Benkard

Patentgesetz
Gebrauchsmustergesetz

Beck'sche Kurz-Kommentare

Band 4

Benkard

Patentgesetz

Gebrauchsmustergesetz

Begründet von

Dr. Georg Benkard
zuletzt Bundesrichter beim Bundesgerichtshof

Bearbeitet von

Claus Dietrich Asendorf
Richter am Bundesgerichtshof,
Karlsruhe

Dr. Klaus Bacher
Richter am Oberlandesgericht,
Karlsruhe

Dr. Frank Peter Goebel
Vorsitzender Richter am
Bundespatentgericht a. D., München/Feldafing

Dr. Klaus Grabinski
Vorsitzender Richter am Landgericht,
Düsseldorf

Dr. Klaus-Jürgen Melullis
Vorsitzender Richter am Bundesgerichtshof,
Karlsruhe

Rüdiger Rogge
Vorsitzender Richter am Bundesgerichtshof a. D.,
Karlsruhe/Waldbronn

Alfons Schäfers
Ministerialdirigent im Bundesministerium
der Justiz a. D., Rechtsanwalt in Bonn

Uwe Scharen
Richter am Bundesgerichtshof,
Karlsruhe

Dr. Christof Schmidt
Richter am Landgericht,
Frankfurt am Main

Prof. Dr. Eike Ullmann
Vorsitzender Richter am Bundesgerichtshof,
Karlsruhe

10., neubearbeitete Auflage

Verlag C. H. Beck München 2006

Zitiervorschlag: Benkard/*Bearbeiter*, PatG, § … Rdnr. …

Verlag C. H. Beck im Internet:
beck.de

ISBN 3406539548

Wilhelmstraße 9, 80801 München
Gesamtherstellung: Druckerei C. H. Beck
(Adresse wie Verlag)

Gedruckt auf säurefreiem, alterungsbeständigem Papier
(hergestellt aus chlorfrei gebleichtem Zellstoff)

Vorwort zur 10. Auflage

Die Autoren freuen sich, nunmehr eine von der Fachwelt seit vielen Jahren angemahnte umfassend überarbeitete Neuauflage des von Georg Benkard begründeten Kommentars zum deutschen Patent- und Gebrauchsmusterrecht vorlegen zu können. Wegen umfangreicher Gesetzesänderungen, einer großen Materialmenge aus Rechtsprechung und Literatur, auch wegen des zunächst bearbeiteten EPÜ-Kommentars, vor allem aber wegen einschneidender Veränderungen im Kreis der Autoren ist das leider erst mit einem zeitlichen Abstand von mehr als 12 Jahren gelungen.

Nach Erscheinen der letzten Auflage ist im Jahre 1993 zunächst der frühere Vorsitzende des Patentsenats am BGH, Herr Prof. Werner Ballhaus verstorben, dessen Verdienste an diesem Kommentar im Vorwort der 8. Auflage gewürdigt wurden. Am 23. 9. 1994 mussten wir dann auch von Prof. Dr. Karl Bruchhausen, dem Nachfolger im Senatsvorsitz Abschied nehmen. Er hat bereits in der 4. Auflage des Kommentars wesentliche Teile bearbeitet und war in den Folge-Auflagen die treibende Kraft. Er hat mit großer Neugier die Entwicklung der Technik verfolgt und mit Leidenschaft, großem Temperament und vielen fruchtbaren Ideen die Entwicklung des Rechts der technischen Erfindungen sowohl im nationalen Rahmen als auch im Bereich der Harmonisierung des europäischen Patentrechts begleitet und vorangetrieben. Besonderes Anliegen war ihm die Ausformung des Patentrechts für den Bereich der chemischen und pharmazeutischen Erfindungen. Er war eine überragende Persönlichkeit und beeindruckte als Richter, Redner, Lehrer, Autor und Berater im Gesetzgebungsverfahren gleichermaßen. Er hat dem „Benkard" viel von dessen Farbe gegeben. Eine eingehende Würdigung seiner Person und seiner Verdienst findet sich in der ihm gewidmeten Festschrift (GRUR 1993, 167) und in seinen Nachruf (GRUR 1994, 755). Der 2002 ebenfalls im Beck-Verlag erschienene Parallel-Kommentar zum Europäischen Patentübereinkommen (Benkard, EPÜ) geht in den Anfängen auf ihn zurück und konnte – ebenso wie die hier vorgelegte 10. Auflage des Kommentars zum nationalen deutschen Recht – nach seinem plötzlichen Tod erst mit großer Verzögerung glücklich zu Ende geführt werden. Die älteren Mitautoren dieses Kommentars sind dankbar, dass sie diesem bedeutenden Patentrechtler und großartigen, ein wenig kantigen, aber doch immer bewundernswerten und liebenswürdigen Menschen über viele Jahre hin begegnen und ihn begleiten durften.

Bei den verbliebenen bisherigen Mitautoren haben sich Veränderungen ergeben. Herr Schäfers und der Unterzeichnete haben ihre frühere berufliche Laufbahn durch Erreichung der Altersgrenze beendet, sind aber weiterhin im Bereich des gewerblichen Rechtsschutzes tätig. Prof. Dr. Ullmann ist seit einigen Jahren Vorsitzender des ebenfalls im Bereich des gewerblichen Rechtsschutzes tätigen I. Zivilsenats des BGH. Es war schwierig, als Ersatz für den zu früh verstorbenen Prof. Dr. Bruchhausen und zur teilweisen Entlastung der älteren Autoren geeignete neue Mitstreiter zu gewinnen. Es ist uns aber wohl gelungen. Mit Herrn Asendorf, Herrn Dr. Melullis und Herrn Scharen sind entsprechend der bisherigen Tradition dieses Kommentars wieder drei aktive Mitglieder des für Patentsachen zuständigen X. Zivilsenats des BGH, darunter dessen derzeitiger Vorsitzender (Dr. Melullis), als Mitautoren beteiligt. Mit Herrn Dr. Goebel, dem langjährigen Vorsitzenden des Gebrauchsmuster-Senats beim Bundespatentgericht konnte für die Bearbeitung des Gebrauchsmusterrechts ein Kollege mit besonderer Kompetenz für dieses Spezialgebiet gewonnen werden. Abgerundet wird die neue Mannschaft durch drei jüngere Kollegen, die einschlägige richterliche Erfahrungen zunächst bei den für Patent- und Gebrauchsmustersachen zuständigen Landgerichten in Mannheim (Dr. Bacher), Düsseldorf (Dr. Grabinski) und Frankfurt (Dr. Schmidt) gesammelt haben und dann als wissenschaftliche Mitarbeiter im X. Zivilsenat des Bundesgerichtshofs an der Entwicklung der einschlägigen höchstrichterlichen Rechtsprechung teilgenommen haben. Dr. Bacher ist inzwischen Richter am OLG Karlsruhe; Dr. Grabinski ist jetzt Vorsitzender einer Patentstreitkammer des LG Düsseldorf.

Der Umfang der für die Neuauflage zu leistenden Arbeit war gewaltig und ist wohl zunächst von allen unterschätzt worden. Die Autoren haben sich zwar bemüht, den bisherigen Stil und Aufbau des Kommenstars weitgehend beizubehalten. Es musste jedoch jeder einzelne Satz kritisch durchgesehen werden; weite Teile mussten neu geschrieben werden. Das ergab sich nicht nur aus der schon durch Zeitablauf erwachsenen Materialfülle. Es waren sehr vielfältige und grundlegende Entwicklungen zu berücksichtigen. Vor allem die sprunghafte Entwicklung der

Vorwort

Technik im Bereich der Datenverarbeitung und der Gentechnik stellten Rechtswissenschaft, Gesetzgebung und Rechtsprechung vor große Herausforderungen, die nicht immer auf Anhieb überzeugend beantwortet werden konnten. Im Bereich der Gentechnik wurden durch EG-RL 98/44 und ihre Umsetzung in das nationale Recht durch Gesetz vom 21. 1. 2005 mit Einfügung bzw. Änderung insbesondere der §§ 1 bis 2a, 9a bis 9c, 24 und 34a PatG viele Probleme gelöst, aber auch viele neue Fragen aufgeworfen. Die zunehmende Internationalisierung und Harmonisierung des Patentwesens erforderten eine verstärkte Berücksichtigung, insbesondere etwa des TRIPS-Abkommens, der EG-RL 2004/48 zur Durchsetzung der Rechte des geistigen Eigentums, der Rechtsprechung des EuGH zum EG-Recht und der ausländischen Rechtsprechung zum harmonisierten Patentrecht in Europa. Weitgehende Änderungen waren im Verfahrensrecht zu berücksichtigen, so u.a. Änderungen des Anmeldeverfahrens und die Neuregelung des Nichtigkeitsberufungsverfahrens durch das Zweite Patentänderungsgesetz v. 16. 7. 1998 sowie eine grundlegende Umgestaltung des Kostenrechts insbesondere durch das Gesetz zur Bereinigung von Kostenregelungen auf dem Gebiet des geistigen Eigentums v. 13. 12. 2001. Berücksichtigt werden mussten weiter die umfangreichen Änderungen der Reformgesetze zum BGB, zur ZPO und zum allgemeinen Kostenrecht und deren Auswirkungen auf Rechtsbeziehungen und Verfahren im Bereich des Patent- und Gebrauchsmusterwesens.

Bei der Neubearbeitung wurde die bis zum 1. November 2005 veröffentlichte Rechtsprechung und Literatur eingearbeitet, teilweise auch noch spätere Veröffentlichungen. Der Gesetzentwurf (RegEntw) v. 21. 2. 2006 zur Änderung des Einspruchsverfahrens und des Patentkostengesetzes (Anhang vor 1) ist bei der Kommentierung berücksichtigt.

Waldbronn im März 2006

Rogge

Verzeichnis der Bearbeiter

Asendorf:	PatG §§ 4, 5 (mit Dr. Schmidt)
Dr. Bacher:	PatG §§ 1, 1 a (mit Dr. Melullis)
Dr. Goebel:	GebrMG Vorbemerkung, §§ 1–5, 6 a–10, 15–18, 21, 28, 29, 31
Dr. Grabinski:	PatG §§ 16, 16 a, 49 a; §§ 139–145 (mit Rogge); GebrMG § 23; §§ 24–27 (mit Rogge)
Dr. Melullis:	PatG §§ 1, 1 a (mit Dr. Bacher); §§ 2, 2 a, 3, 6–8
Rogge:	Vorwort; Einleitung I, II; PatG §§ 12, 21–24, 81–85, 100–122; §§ 139–145 (mit Dr. Grabinski); GebrMG §§ 19, 20; §§ 24–27 (mit Dr. Grabinski)
Schäfers:	Einleitung IV, V; PatG §§ 17–20, 25–49, 50–80, 86–99, 123–138, 147
Scharen:	PatG §§ 9–11, 13, 14 GebrMG §§ 11–14
Dr. Schmidt:	PatG §§ 4, 5 (mit Asendorf)
Prof. Dr. Ullmann:	Einleitung III; Internationaler Teil; PatG §§ 15, 146; GebrMG §§ 6, 22, 30

Inhaltsverzeichnis

Gesetzestexte

Erläuterungsteil

Anhang

Inhalt

Abkürzungsverzeichnis

a. A.	anderer Ansicht
aaO	am angegebenen Ort
ABl.	Amtsblatt
ABl. EG/EU	Amtsblatt der Europäischen Gemeinschaften/der Europäischen Union
ABl. EPA	Amtsblatt des Europäischen Patentamts
abgedr.	abgedruckt
Abs.	Absatz
abw.	abweichend
a. E.	am Ende
ÄndG	Änderungsgesetz
a. F.	alte Fassung
AG	Aktiengesellschaft; Amtsgericht; Ausführungsgesetz
AHKG	Gesetz der Alliierten Hohen Kommission
AIPJ	Australian Intellectual Property Journal
A. I. P.P. I., AIPPI	Association Internationale pour la Protection de la Propriété Intellectuelle (Internationale Vereinigung für geistiges Eigentum)
A. I. P.P. I. Jap. Group Int.	Journal of the Japanese Group of A. I. P.P. I., International Edition
a. M.	anderer Meinung
amtl.	amtlich
Amtsbl.	s. ABl
Angew. Chem.	Angewandte Chemie (Jahr, Seite)
Anh.	Anhang
Anm.	Anmerkung
Ann.	Annales de la propriété industrielle, artistique et littéraire (Jahr, Seite)
AOBV	Ausführungsordnung zum Budapester Vertrag über die internationale Anerkennung der Hinterlegung von Mikroorganismen für die Zwecke von Patentverfahren
AOEPÜ	Ausführungsordnung zum Übereinkommen über die Erteilung europäischer Patente
AOGPÜ	Ausführungsordnung zum Übereinkommen über das europäische Patent für den gemeinsamen Markt
AOPCT	Ausführungsordnung zum Vertrag über die internationale Zusammenarbeit auf dem Gebiet des Patentwesens
AP	Arbeitsrechtliche Praxis (Band, Seite)
ArbEG	Gesetz über Arbeitnehmererfindungen v. 25. 7. 1957
ArbGG	Arbeitsgerichtsgesetz v. 3. 9. 1953 i. d. F. v. 2. 7. 1979
Art.	Artikel
Aufl.	Auflage
AWDBB	siehe RIW
BAG	Bundesarbeitsgericht
BAnz.	Bundesanzeiger (Jahr, Nummer, Seite)
Baumbach/Hefermehl	Wettbewerbsrecht, 23. Aufl. 2004, bearbeitet von Köhler und Bornkamm
Baumbach/Lauterbach/Albers/Hartmann	Zivilprozessordnung, 63. Aufl. 2005
BauR	Baurecht (Jahr, Seite)
Bausch	Nichtigkeitsrechtsprechung in Patentsachen, Bde. 1 + 2 (2000), Bd. 3 (2002)
BayObLG	Bayerisches Oberstes Landesgericht
BayVGH	Bayerischer Verwaltungsgerichtshof
BB	Der Betriebsberater (Jahr und Seite)
BBG	Bundesbeamtengesetz i. d. F. v. 27. 2. 1985
Begr.	(Amtliche) Begründung

Abkürzungen

Beil. .... Beilage
Bek. .... Bekanntmachung
Benkard, EPÜ .... Benkard, Europäisches Patentübereinkommen, 2002
Ber. .... Bericht
Betrieb .... Der Betrieb (Jahr, Seite)
BFH .... Bundesfinanzhof
BG .... Bundesgericht (Schweiz)
BGB .... Bürgerliches Gesetzbuch
BGB-RGRK .... Kommentar zum Bürgerlichen Gesetzbuch, herausgegeben von Mitgliedern des Bundesgerichtshofs, 12. Aufl. 1974 ff.
BGBl. .... Bundesgesetzblatt (Jahr, Teil, Seite)
BGBl. III .... Sammlung des Bundesrechts (Gliederungsnummer)
BGH .... Bundesgerichtshof
BGH-DAT .... Rechtsprechungssammlung Zivilsachen, hrsg. von Krohn u. a.
BGHSt .... Entscheidungen des Bundesgerichtshofs in Strafsachen (Band, Seite)
BGH Warn. .... Rechtsprechung des Bundesgerichtshofs in Zivilsachen (Jahr, Seite, Nummer)
BGHZ .... Entscheidungen des Bundesgerichtshofs in Zivilsachen (Band, Seite)
BioMatHintV .... Verordnung über die Hinterlegung von biologischem Material in Patent- und Gebrauchsmustersachen v. 24. 1. 2005 – s. Anhang 12
BioPatG .... Gesetz zur Umsetzung der Richtlinie über den Schutz biotechnologischer Erfindungen v. 21. 1. 2005
BK .... Beschwerdekammer (EPA)
BKartA .... Bundeskartellamt
Bl. (Bl.PMZ, Blatt) .... Blatt für Patent-, Muster- und Zeichenwesen (Jahr, Seite)
B/L/A/H .... Baumbach/Lauterbach/Albers/Hartmann (s. o.)
BMJ .... Bundesministerium der Justiz
BMVg. .... Bundesminister für Verteidigung
BNA's Eastern Europe Reporter .... Bureau of National Affairs (USA): Eastern Europe Reporter
BPatG, BPatGer .... Bundespatentgericht
BPatGE, BPatGerE .... Entscheidungen des Bundespatentgerichts (Band, Seite)
BRAGO, BRAGebO .... Bundesgebührenordnung für Rechtsanwälte (außer Kraft; s. jetzt RVG)
BRAO .... Bundesrechtsanwaltsordnung v. 1. 8. 1959
BR-Ds. .... Bundesratsdrucksache
BS .... Beschwerdesenat
BStBl. .... Bundessteuerblatt (Jahr, Teil, Seite)
BT-Ds. .... Bundestagsdrucksache (Wahlperiode, Nummer)
Bühring .... Gebrauchsmustergesetz, 6. Aufl. 2003
Busse .... Patentgesetz, 6. Aufl. 2003
BV .... Budapester Vertrag über die internationale Anerkennung der Hinterlegung von Mikroorganismen für die Zwecke von Patentverfahren
BVerfG .... Bundesverfassungsgericht
BVerfGE .... Entscheidungen des Bundesverfassungsgerichts (Band, Seite)
BVerwG .... Bundesverwaltungsgericht
BVerwGE .... Entscheidungen des Bundesverwaltungsgerichts (Band, Seite)

CAFC .... US Court of Appeals for the Federal Circuit
Cah. Prop. Int. .... Cahiers de Propriété Intellectuelle
Chemie-Ing.-Techn. (CIT) .... Chemie-Ingenieur-Technik (Jahr, Seite)
CPT .... China Patents and Trademarks
CR, CuR .... Computer und Recht (Jahr, Seite)

DB .... Der Betrieb (Jahr, Seite)
d. h. .... das heißt
Diss. .... Dissertation
DJ (Dt. Just.) .... Deutsche Justiz (Jahr, Seite)

DJZ .... Deutsche Juristenzeitung (Jahr, Seite)
DÖV .... Die Öffentliche Verwaltung (Jahr, Seite)
Dok. .... Dokument
DPA .... Deutsches Patentamt (bis 1998)
DPMA .... Deutsches Patent- und Markenamt
DPMAV .... Verordnung über das Deutsche Patent- und Markenamt vom 1. 4. 2004 – s. Anhang 1
DPMAVwKostV .... Verordnung über Verwaltungskosten beim DPMA
DR .... Deutsches Recht (Jahr, Seite)
DRiG .... Deutsches Richtergesetz v. 19. 4. 1972
DRiZ .... Deutsche Richterzeitung (Jahr, Seite)
DRP .... Deutsches Reichspatent
DRZ .... Deutsche-Rechts-Zeitschrift
DVBl. .... Deutsches Verwaltungsblatt (Jahr, Seite)
DVO .... Durchführungsverordnung

EBKEPA .... Entscheidungen der Beschwerdekammern des Europäischen Patentamts (Band, Seite)
EG .... Einführungsgesetz; Europäische Gemeinschaft(en)
EGGVG .... Einführungsgesetz zum Gerichtsverfassungsgesetz
EGV .... Vertrag zur Gründung der Europäischen Gemeinschaft (EG-Vertrag)
E(inig)Vtr., Evtr. .... Vertrag über die Herstellung der Einheit Deutschlands v. 31. 8. 1990
Einl. .... Einleitung
Einspr-Richtl. .... Richtlinien für das Einspruchsverfahren v. 22. 3. 1982
E. I. P. R., EIPR .... European Intellectual Property Review
Entw. .... Entwurf
EPA .... Europäisches Patentamt
EPO .... Europäische Patentorganisation
EPOR .... European Patent Office Reports
EPÜ .... Übereinkommen über die Erteilung europäischer Patente vom 5. 10. 1973
Erl. .... Erläuterungen
ErstrG .... Gesetz über die Erstreckung von gewerblichen Schutzrechten v. 23. 4. 1992
ERvGewRV .... Verordnung über den elektronischen Rechtsverkehr im gewerblichen Rechtsschutz – s. Anhang 4
EU .... Europäische Union
EuGH (EurGerHof) .... Gerichtshof der Europäischen Gemeinschaften
EuGH Slg. .... Sammlung der Rechtsprechung des Gerichtshofs der Europäischen Gemeinschaften (Jahr, Seite)
EuGVÜ .... Übereinkommen der Europäischen Gemeinschaft über die gerichtliche Zuständigkeit und die Vollstreckung gerichtlicher Entscheidungen in Zivil- und Handelssachen
EuGVVO .... Verordnung (EG) Nr. 44/2001 über die gerichtliche Zuständigkeit und die Anerkennung und Vollstreckung von Entscheidungen in Zivil- und Handelssachen v. 22. 12. 2000
EuRAG .... Gesetz über die Tätigkeit europäischer Rechtsanwälte in Deutschland
EV .... Einstweilige Verfügung
EWG .... Europäische Wirtschaftsgemeinschaft
EWGV .... Vertrag zur Gründung der Europäischen Wirtschaftsgemeinschaft v. 25. 3. 1957
EWR .... Europäischer Wirtschaftsraum (gem. Abk. über den Europäischen Wirtschaftsraum v. 2. 5. 1952)
Eyermann/Fröhler .... Verwaltungsgerichtsordnung, 11. Aufl. 2000

f., ff. .... folgende, fortfolgende
FGG .... Gesetz über die Angelegenheiten der freiwilligen Gerichtsbarkeit
Fn .... Fußnote

Abkürzungen

FS	Festschrift
FSR	Fleet Street Reports of Industrial Property Cases
FSPLR	Fleet Street Patent Law Report
G	Gesetz
GBl. (GesBl.)	Gesetzblatt
GebrM	Gebrauchsmuster
GebrMG	Gebrauchsmustergesetz i. d. F. v. 28. 8. 1986
GebrMV	Verordnung zur Ausführung des Gebrauchsmustergesetzes (Gebrauchsmusterverordnung) v. 11. 5. 2004
GebVerz.	Gebührenverzeichnis
gerichtl.	gerichtlich
Ges.	Gesetz
GeschmMG	Gesetz über den rechtlichen Schutz von Mustern und Modellen (Geschmacksmustergesetz) v. 12. 3. 2004
gesetzl.	gesetzlich
gewerbl.	gewerblich
GG	Grundgesetz für die Bundesrepublik Deutschland
ggf.	gegebenenfalls
GKG	Gerichtskostengesetz v. 5. 5. 2004
GmbH	Gesellschaft mit beschränkter Haftung
GPatG	Gesetz über das Gemeinschaftspatent und zur Änderung patentrechtlicher Vorschriften v. 26. 7. 1979
GPatG II (2)	Zweites Gemeinschaftspatentgesetz v. 20. 12. 1991 (BGBl. II 1354)
GPÜ	Übereinkommen über das europäische Patent für den Gemeinsamen Markt v. 15. 12. 1975 i. d. F. v. 21. 12. 1989, BGBl. 1991 II S. 1361 ff.
Großkomm. (Bearbeiter)	Großkommentar zum UWG herausgegeben von Jacobs, Lindacher, Teplitzky, 1. Aufl. 1991 ff.
GrSen.	Großer Senat
GR-Textsammlung	Gewerblicher Rechtsschutz, Wettbewerbsrecht, Urheberrecht (Textausgabe)
GRUR	Gewerblicher Rechtsschutz und Urheberrecht (Jahr, Seite)
GRUR Ausl.	GRUR, Auslands- und internationaler Teil (bis 1966)
GRUR Int.	GRUR, Internationaler Teil (seit 1967)
GRUR-RR	GRUR-Rechtsprechungsreport (Jahr, Seite)
GRWU	Gewerblicher Rechtsschutz, Wettbewerbsrecht, Urheberrecht (Textausgabe)
GSZ	Großer Senat in Zivilsachen (BGH)
GVBl.	Gesetz- und Verordnungsblatt
GVG	Gerichtsverfassungsgesetz
GWB	Gesetz gegen Wettbewerbsbeschränkungen i. d. F. v. 15. 7. 2005
Hartmann	Kostengesetze, 35. Aufl. 2005
HGB	Handelsgesetzbuch
HlSchG	Halbleiterschutzgesetz v. 22. 10. 1987
h. M.	herrschende Meinung
HRR	Höchstrichterliche Rechtsprechung (Jahr, Nummer)
i. d. F.	in der Fassung
i. d. R.	in der Regel
IIC	International Review of Industrial Property and Competition Law (bis 2003: ... and *Copyright* Law)
IndProp	Industrial Property and Copyright (Mitteilungsblatt der WIPO; Jahr, Seite)
IndR	Zeitschrift für Industrierecht (Jahr, Seite)
InsO	Insolvenzordnung v. 5. 10. 1994
InstGE	Rechtsprechung der Instanzgerichte zum Recht des geistigen Eigentums (Band, Seite)
IntPatÜG	Gesetz zu dem Übereinkommen v. 27. November 1964 zur Vereinheitlichung gewisser Begriffe des materiellen Rechts der Erfin-

Abkürzungen

MittPräsDPA	Mitteilung des Präsidenten des Deutschen Patentamts
MittPräsDPMA	Mitteilung des Präsidenten des Deutschen Patent- und Markenamts
MMR	Mulimedia und Recht (Jahr, Seite)
Münch.Komm.BGB	Münchener Kommentar zum Bürgerlichen Gesetzbuch, 4. Aufl. 2001 ff.
MuW	Markenschutz und Wettbewerb (Jahr, Seite)
m. w. Nachw. (m. w. N.)	mit weiteren Nachweisen
n. F.	neue Fassung
NiS	Nichtigkeitssenat
NJ	Neue Justiz (Jahr, Seite)
NJW	Neue Juristische Wochenschrift (Jahr, Seite)
NJW-RR	NJW-Rechtsprechungs-Report Zivilrecht (Jahr, Seite)
OG	Oberstes Gericht
OGHBrZ	Oberster Gerichtshof für die britische Zone
OGH(Ö)	Oberster Gerichtshof (Österreich)
oHG	offene Handelsgesellschaft
OLG	Oberlandesgericht
OLGR	OLG-Report, Rechtsprechung der Oberlandesgerichte
OLGRspr.	Die Rechtsprechung der Oberlandesgerichte auf dem Gebiete des Zivilrechts (Jahr, Seite)
Öst. Bl.	Oesterreichische Blätter für gewerblichen Rechtsschutz (Jahr, Seite)
ÖstPA	Österreichisches Patentamt
OWiG	Gesetz über Ordnungswidrigkeiten i. d. F. v. 19. 2. 1987
PA	Patentamt (Kaiserl. Patentamt, Reichspatentamt, Deutsches Patent- und Markenamt)
Palandt	Bürgerliches Gesetzbuch, 64. Aufl. 2005
PatÄndG	Gesetz zur Änderung des Patentgesetzes (1. v. 4. 9. 1967; 2. v. 16. 7. 1998)
PatAnm.	Patentanmeldung
PatAnwGebO	Gebührenordnung für Patentanwälte (nicht amtlich)
PatAnwGes	Patentanwaltsgesetz v. 28. 9. 1933
PatAnwO, PAO	Patentanwaltsordnung v. 7. 9. 1966
PatBl.	Patentblatt (Jahr, Seite)
PatG	Patentgesetz i. d. F. v. 16. 12. 1980
PatKostG	Gesetz über die Kosten des Deutschen Patent- und Markenamts und des Bundespatentgerichts v. 13. 12. 2001 – s. Anhang 6
PatKostZV	Verordnung über die Zahlung der Gebühren des Deutschen Patent- und Markenamts und des Bundespatentgerichts v. 15. 10. 2003
PatV	Verordnung zum Verfahren in Patentsachen vor dem Deutschen Patent- und Markenamt (Patentverordnung) v. 1. 9. 2003 – s. Anhang 2
PCT	Patent Cooperation Treaty – Vertrag über die internationale Zusammenarbeit auf dem Gebiet des Patentwesens
PharmaR	Pharma-Recht (Jahr, Seite)
PIZ	Patentinformationszentrum
PLT	Patent Law Treaty (Patentharmonierungsvertrag; WIPO 2000)
PräsPA	Präsident des (Reichs-, Deutschen) Patentamts
Prop. Ind.	La Propriété Industrielle (Jahr, Seite)
PrPG	Produktpirateriegesetz v. 7. 3. 1990
PrüfRichtl., PrüfRL	Richtlinien für die Prüfung von Patentanmeldungen (Prüfungsrichtlinien) v. 1. 3. 2004 – s. Anhang 3
PVÜ	Pariser Verbandsübereinkunft zum Schutz des gewerblichen Eigentums
RA	Rechtsauskunft
RA/BT	Rechtsausschuß des Deutschen Bundestags

	dungspatente, dem Vertrag vom 19. Juni 1970 über die internationale Zusammenarbeit auf dem Gebiet des Patentwesens und dem Übereinkommen v. 5. Oktober 1973 über die Erteilung europäischer Patente v. 21. 6. 1976
Int.Prop. & Tech. L.J.	Journal of Intellectual Property and Technology Law
I. P. Q.	Intellectual Property Quarterly
i. S.	im Sinne
i. V. m. (i. Verb. m.)	in Verbindung mit
JBeitrO	Justizbeitreibungsordnung v. 11. 3. 1937
JKomG	Gesetz über die Verwendung elektronischer Kommunikationsformen in der Justiz v. 22. 3. 2005
JO	Journal Officiel (Amtsblatt, frz.)
JPOS	Journal of the Patent Office Society (Jahr, Seite)
JR	Juristische Rundschau (Jahr, Seite)
JuS	Juristische Schulung (Jahr, Seite)
JVEG, JVG	Justizvergütungs- und -entschädigungsgesetz v. 5. 5. 2004
JVKostO	Verordnung über Kosten im Bereich der Justizverwaltung v. 14. 2. 1940
JW	Juristische Wochenschrift (Jahr, Seite)
J. W. I. P.	Journal of World Intellectual Property
JZ	Juristenzeitung (Jahr, Seite)
Keidel/Kuntze/Winkler	Freiwillige Gerichtsbarkeit, 15. Aufl. 2003 m. Nachtrag 2005
KG	Kammergericht; Kommanditgesellschaft
KO	Konkursordnung (außer Kraft; s. jetzt: InsO)
Kopp/Schenke	Verwaltungsgerichtsordnung, 14. Aufl. 2005
KostO	Gesetz über die Kosten in Angelegenheiten der freiwilligen Gerichtsbarkeit (Kostenordnung) v. 26. 7. 1957
KostRMoG	Kostenrechtsmodernisierungsgesetz v. 5. 5. 2000
KostVerz, KV	Kostenverzeichnis
Kraßer	Patentrecht – Ein Lehr- und Handbuch, 5. Aufl. 2004
L, LS	Leitsatz
Leipz. Komm.	Strafgesetzbuch, Leipziger Kommentar, Großkommentar, herausgegeben von Jescheck, Ruß u. Willems, 10. Aufl. ab 1985
LG	Landgericht; (Österreich:) Landesgericht
Liedl	Entscheidungen des Bundesgerichtshofs in Zivilsachen – Nichtigkeitsklagen – herausgegeben von Gerhard Liedl
lit.	litera (Buchstabe)
LM	Lindenmaier/Möhring, Nachschlagewerk des Bundesgerichtshofs (Nr. zu §)
Loth	Gebrauchsmustergesetz, 2001
LSG	Landessozialgericht
LwVG	Gesetz über das gerichtliche Verfahren in Landwirtschaftssachen v. 21. 7. 1953
LZ	Leipziger Zeitschrift für Deutsches Recht (Jahr, Seite)
MA	Der Markenartikel (Jahr, Seite)
MarkenG	Gesetz über den Schutz von Marken und sonstigen Kennzeiche v. 25. 10. 1994
MDR	Monatsschrift für Deutsches Recht (Jahr, Seite)
Melullis, Hdb.	Melullis, Handbuch des Wettbewerbsprozesses, 3. Aufl. 2000
Mes	Patentgesetz, Gebrauchsmustergesetz, 2. Aufl. 2005
Meyer-Goßner	Strafprozessordnung, 48. Aufl. 2005
MilRegG (MRG)	Militärregierungsgesetz
MilRegVO (MRVO)	Militärregierungsverordnung
Mitt.	Mitteilungen der Deutschen Patentanwälte (Jahr, Seite)
Mitt. Bl.	Mitteilungen der Deutschen Vereinigung für gewerblich schutz und Urheberrecht (Jahr, Seite)
MittPräs-EPA	Mitteilung des Präsidenten des Europäischen Patentam

RBerG .... Rechtsberatungsgesetz v. 13. 12. 1935
RdA .... Recht der Arbeit (Jahr, Seite)
Rdn. .... Randnummer
Recht .... Zeitschrift „Recht" (Jahr, Nummer)
Records .... Records of the Washington Diplomatic Conference
Reg, RegEntw .... Regierungsentwurf
RG .... Reichsgericht
RGBl. .... Reichsgesetzblatt (Jahr, Teil, Seite)
RGRK .... siehe BGB-RGRK
RGSeuff .... Reichsgericht in Seufferts Archiv (Band, Seite)
RGSt. .... Entscheidungen des Reichsgerichts in Strafsachen (Band, Seite)
RGWarn. .... Reichsgericht in Warneyers Rechtsprechung des Reichsgerichts (Band, Nummer)
RGZ .... Entscheidungen des Reichsgerichts in Zivilsachen (Band, Seite)
Richtl. EPA .... Richtlinien für die Prüfung im Europäischen Patentamt (Loseblattausgabe)
RIW .... Recht der Internationalen Wirtschaft – Außenwirtschaftsdienst des Betriebs-Beraters (Jahr, Seite)
RMinBl. .... Reichsministerialblatt (Jahr, Seite)
ROHG .... Reichsoberhandelsgericht
Rosenberg/Schwab/ Gottwald .... Zivilprozeßrecht, 16. Aufl. 2004
RPA .... Reichspatentamt
RPC .... Report Patent Cases (Jahr, Seite)
RPflG .... Rechtspflegergesetz
Rspr. .... Rechtsprechung
RVG .... Gesetz über die Vergütung von Rechtsanwältinnen und Rechtsanwälten v. 5. 5. 2004

S. .... Seite
s. .... siehe
s. a. .... siehe auch
SaarEinglGes. .... Gesetz über die Eingliederung des Saarlandes auf dem Gebiet des gewerblichen Rechtsschutzes v. 30. 6. 1959
Schriftl. Ber. .... Schriftlicher Bericht
Schulte .... Patentgesetz mit EPÜ, 7. Aufl. 2004
SchulteK (SK) .... Rechtsprechungskartei gewerblicher Rechtsschutz, hrsg. v. Schulte
Schulze RzU .... Rechtsprechung zum Urheberrecht, hrsg. v. Schulze
sic! .... (schweizerische) Zeitschrift für Immaterialgüter-, Informations- und Wettbewerbsrecht
SJZ .... Süddeutsche Juristenzeitung (Jahr, Seite)
SK .... Schulte, Rechtsprechungskartei gewerblicher Rechtsschutz; Systematischer Kommentar (zum StGB)
SMG .... Schuldrechtsmodernisierungsgesetz v. 26. 11. 2001
SMI .... Schweizerische Mitteilungen über Immaterialgüterrecht (Jahr, Seite)
SortSchG, SSchG .... Sortenschutzgesetz i. d. F. v. 11. 12. 1985
Stein/Jonas .... Stein/Jonas, Kommentar zur Zivilprozeßordnung, 22. Aufl. 2002 ff.
StGB .... Strafgesetzbuch
StPO .... Strafprozeßordnung
str. .... streitig
stRspr. .... ständige Rechtsprechung
StraÜ, StrÜb .... (Straßburger) Übereinkommen zur Vereinheitlichung gewisser Begriffe des materiellen Rechts der Erfindungspatente v. 27. 11. 1963

TB BKA .... Tätigkeitsbericht des Bundeskartellamts
Teplitzky .... Wettbewerbsrechtliche Ansprüche, 8. Aufl. 2002
TRIPS .... (WTO-) Übereinkommen über handelsbezogene Aspekte der Rechte des geistigen Eigentums v. 15. 4. 1994 – s. Anhang 14
Tröndle/Fischer .... Strafgesetzbuch, 53. Aufl. 2005

TT-GFVO .... Verordnung (EG) Nr. 772/2004 der Kommission v. 27. 4. 2004 über die Anwendung von Art. 81 Abs. 3 EG-Vertrag auf Gruppen von Technologietransfer- Vereinbarungen – s. Anhang 15

u. a. .... unter anderem
u. a. m. .... und andere mehr
UdG .... Urkundsbeamte(r) der Geschäftsstelle
ÜG (ÜberlG) .... Gesetz zur Änderung und Überleitung von Vorschriften auf dem Gebiet des gewerblichen Rechtsschutzes (1. vom 8. 7. 1949, 2. v. 2. 7. 1949, 3. v. 3. 10. 1951, 4. vom 20. 12. 1951, 5. v. 18. 7. 1953, 6. v. 23. 3. 1961)
Uhlenbruck .... Kommentar zur Insolvenzordnung, 12. Aufl. 2003
u. ö. .... und öfter
UrhG .... Gesetz über Urheberrecht und verwandte Schutzrechte vom 9. 9. 1965
u. U. .... unter Umständen
UWG .... Gesetz gegen den unlauteren Wettbewerb v. 3. 7. 2004

VersR .... Versicherungsrecht (Jahr, Seite)
VG (VerwG) .... Verwaltungsgericht
VerwkostVO .... Verordnung über Verwaltungskosten beim Deutschen Patentamt v. 26. 6. 1970
VerWiGeb. .... Vereinigtes Wirtschaftsgebiet
VGH .... Verwaltungsgerichtshof
vgl. .... vergleiche
VO .... Verordnung
VOBlBrZ .... Verordnungsblatt für die Britische Zone (Jahr, Seite)
Vorbem. .... Vorbemerkung
VPP-Rdbr. .... VPP-Rundbrief
VV .... Vergütungsverzeichnis der Anlage zum Rechtsanwaltsvergütungsgesetz (RVG) v. 5. 5. 2004
VwGO .... Verwaltungsgerichtsordnung v. 21. 1. 1960
VwZG .... Verwaltungszustellungsgesetz v. 12. 8. 2005

Warn. Rspr. .... Warneyers Jahrbuch der Entscheidungen, Rechtsprechung des Reichsgerichts (Jahr, Nummer)
wg .... wegen
Wieczorek/Schütze .... Wieczorek, Kommentar zur Zivilprozeßordnung, 2. Aufl. 1976 ff.
WiGBl. .... Gesetzblatt der Verwaltung des Vereinigten Wirtschaftsgebiets (Jahr, Seite)
WiPO .... World Intellectual Property Organization (Weltorganisation für Geistiges Eigentum)
WiRO .... Wirtschaft und Recht in Osteuropa (Jahr, Seite)
WRP .... Wettbewerb in Recht und Praxis (Jahr, Seite)
WTO .... World Trade Organization (Welthandelsorganisation)
WuW .... Wirtschaft und Wettbewerb (Jahr, Seite)
Wz. .... Warenzeichen
WZG .... Warenzeichengesetz (außer Kraft; s. jetzt MarkenG)

ZAkDR .... Zeitschrift der Akademie für Deutsches Recht (Jahr, Seite)
z. B. .... zum Beispiel
ZHR .... Zeitschrift für das gesamte Handelsrecht und Wirtschaftsrecht (Band oder Jahr, Seite)
ZIP .... Zeitschrift für Wirtschaftsrecht und Insolvenzpraxis (Jahr, Seite)
Zöller .... Zivilprozeßordnung, 25. Aufl. 2005
ZPO .... Zivilprozeßordnung
ZPO-RG .... Gesetz zur Reform des Zivilprozesses v. 27. 7. 2001
ZSEG .... Gesetz über die Entschädigung von Zeugen und Sachverständigen (außer Kraft; s. jetzt JVEG)
z. Z. .... zur Zeit
ZZP .... Zeitschrift für Zivilprozeß (Band, Seite)

Literaturverzeichnis

A. Deutsches Patent- und Gebrauchsmusterrecht

I. Ältere Werke:

Allfeld, Grundriß des gewerblichen Rechtsschutzes, 1910
Althammer, Das Deutsche Patentamt, 1970
Bruchhausen, Patent-, Sortenschutz- und Gebrauchsmusterrecht, 1985/86
Burhenne, Urheber-, Erfinder- und Wettbewerbsrecht, 1951
Bußmann/Pietzcker/Kleine, Gewerblicher Rechtsschutz und Urheberrecht, 3. Aufl. 1962
Damme/Lutter, Das deutsche Patentrecht, 3. Aufl. 1925
Fischer, Grundzüge des gewerblichen Rechtsschutzes, 2. Aufl. 1986
Gareis, Die patentamtlichen und gerichtlichen Entscheidungen in Patentsachen, fortl.
Geigel, Patent- und Gebrauchsmusterrecht, 3. Aufl. 1962
Isay, Patentgesetz und Gebrauchsmustergesetz, 6. Aufl. 1932
Kelbel, Patentrecht und Erfinderrecht, 1966–69
Kisch, Handbuch des deutschen Patentrechts, 1923
Klauer/Möhring, Patentrechtskommentar, 3. Aufl. 1971
Knöpfle, Die Bestimmung des Schutzumfangs der Patente, 1959
Kohler, Handbuch des deutschen Patentrechts, 1900
– Lehrbuch des Patentrechts, 1908
Kühnemann, Patentgesetz, in Pfundtner/Neubert, Das deutsche Reichsrecht II b 27
Lieberknecht, Patente, Lizenzverträge und Verbot von Wettbewerbsbeschränkungen, 1953
Lindenmaier, Das Patentgesetz, 6. Aufl. 1973
Lüdecke/Fischer, Lizenzverträge, 1957
Lutter/Elster, Patentgesetz mit Gebrauchsmustergesetz, Kommentar, 10. Aufl. 1936
Möller, Kommentar zum Patentgesetz, 1936
Nirk, Gewerblicher Rechtsschutz, 1981
Osterrieth, Lehrbuch des gewerblichen Rechtsschutzes, 1908
Pietzcker, Kommentar zum Patentrecht Teil I, 1929
Rasch, Der Lizenzvertrag in rechtsvergleichender Darstellung, 1933
Reimer, Patentgesetz und Gebrauchsmustergesetz, Kommentar, 3. Aufl. 1968
Rietzler, Deutsches Urheber- und Erfinderrecht, 1909
Schramm, Grundlagenforschung auf dem Gebiete des gewerblichen Rechtsschutzes und Urheberrechts, 1954
Seligsohn, Patentgesetz und Gebrauchsmustergesetz, 7. Aufl. 1932
Stauder, Patent- und Gebrauchsmusterverletzungsverfahren in der Bundesrepublik, Großbritannien, Frankreich und Italien, 1988
Tetzner, H., Kommentar zum Patentgesetz und zum Gebrauchsmustergesetz, 2. Aufl. 1951
– Das materielle Patentrecht der Bundesrepublik Deutschland, 1972
Tetzner, V., Leitfaden des Patent- und Gebrauchsmusterrechts der Bundesrepublik Deutschland, 3. Aufl. 1983
Trentini, Gebrauchsmusteranmeldung leicht gemacht, 5. Aufl. 1987
Zeller, Gebrauchsmusterrecht, 2. Aufl. 1952
Zeunert, Beiträge zur Offenbarung der beanspruchten Erfindung, 1968
– Offenbarung des beanspruchten Erfindungsgedankens und Schutzumfang des Patents, 1968

II. Neuere Werke:

Bartenbach/Gennen, Patentlizenz- und Know-how-Vertrag, 5. Aufl. 2001
Bausch, Nichtigkeitsrechtsprechung in Patentsachen (Sammlung ausgewählter Entscheidungen), Bde. 1+2 (2000), Bd. 3 (2002)
Beck'sche Formularsammlung zum gewerblichen Rechtsschutz mit Urheberrecht, 3. Aufl. 2005
Brändel, Technische Schutzrechte, 1995
Brandi-Dohrn/Gruber/Muir, Europäisches und internationales Patentrecht, 5. Aufl. 2002
Bühring, Gebrauchsmustergesetz, 6. Aufl. 2003

Literatur

Busse, Patentgesetz und Gebrauchsmustergesetz, 6. Aufl. 2003
Chrocziel, Einführung in den gewerblichen Rechtsschutz und das Urheberrecht, 2. Aufl. 2002
Däbritz, Patente, 2. Aufl. 2001
Gaul/Bartenbach, Handbuch des gewerblichen Rechtsschutzes, 4. Aufl. 1993
Goebel, Das Patentgesetz in der Praxis des Deutschen Patentamts, 1984
Hellebrand, Patentanmeldung leicht gemacht, 7. Aufl. 1984
Henn, Patent- und Know-how-Lizenzvertrag, 5. Aufl. 2003
Hirsch/Hansen, Der Schutz von Chemie-Erfindungen, 1995
Hubmann/Götting, Gewerblicher Rechtsschutz, 7. Aufl. 2002
Ilzhöfer, Patent-, Marken- und Urheberrecht, 6. Aufl. 2005
Jestaedt, Patentrecht, ein fallbezogenes Lehrbuch, 2005
Keukenschrijver, Patentnichtigkeitsverfahren, 2. Aufl. 2005
Kraßer, Patentrecht – Ein Lehr- und Handbuch, 5. Aufl. 2004
Kühnen/Geschke, Die Durchsetzung von Patenten in der Praxis, 2. Aufl. 2005
Loth, Gebrauchsmustergesetz, 2001
Mes, Patentgesetz, Gebrauchsmustergesetz, 2. Aufl. 2005
Müller, Die Patentfähigkeit von Arzneimitteln – der gewerbliche Rechtsschutz für pharmazeutische, medizinische und biotechnologische Erfindungen, 2003
Nieder, Außergerichtliche Konfliktlösung im gewerblichen Rechtsschutz, 1998
– Die Patentverletzung, 2004
Nirk/Ullmann, Gewerblicher Rechtsschutz und Urheberrecht; Band 1: Patent-, Gebrauchsmuster- und Sortenschutzrecht, 2. Aufl. 1999
Osterrieth, Patenrecht, 2. Aufl. 2004
Pagenberg/Geissler, Lizenzverträge, 5. Aufl. 2003
Pfaff/Osterrieth, Lizenzverträge, 2. Aufl. 2004
Pitz, Patentverletzungsverfahren, 2003
Rebel, Gewerbliche Schutzrechte, 4. Aufl. 2003
Reichel, Gebrauchsmuster- und Patentrecht – praxisnah, 3. Aufl. 1993
Schickedanz, Die Formulierung von Patentansprüchen, 2000
Schramm, Der Patentverletzungsprozeß, 4. Aufl. 1993
Schulte, Patentgesetz mit EPÜ, 7. Aufl. 2005
Stumpf/Groß, Der Lizenzvertrag, 8. Aufl. 2005
van Hees, Verfahrensrecht in Patentsachen, 2. Aufl. 2002
Witte/Vollrath, Praxis der Patent- und Gebrauchsmusteranmeldung, 5. Aufl. 2002

III. Arbeitnehmererfinderrecht:

Bartenbach/Volz, Arbeitnehmererfindergesetz (Kommentar), 4. Aufl. 2002
– Arbeitnehmererfindervergütung (Kommentar zu dem Amtlichen Vergütungsrichtlinien), 2. Aufl. 1999
– Arbeitnehmererfindungen (Praxisleitfaden mit Mustertexten), 3. Aufl. 2004
Reimer/Schade/Schippel, Arbeitnehmererfindungen, 7. Aufl. 2000
Volmer/Gaul, Arbeitnehmererfindungsgesetz, 2. Aufl. 1983

B. Internationales Patentrecht (mit PCT, TRIPS):

Adolphsen, Europäisches und internationales Zivilprozessrecht in Patentsachen, 2005
CLEA (Collection of [Intellectual Property] Laws for Electronic Access), Online-Publikation: http://clea.wipo.org
Drahos/Mayne (eds.), Global Intellectual Property Rights. Knowledge, Access and Development, 2002
Gervais, The TRIPS Agreement, 2nd ed., 2003
Goldstein, International Intellectual Property Law, 2001
Goldstein/Kearsey, Technology patent licensing. An international reference on 21st century patent licensing, patent pools and patent platforms, 2004
Grubb, Patents for chemicals, pharmaceuticals and biotechnology. Fundamentals of global law, practice and strategy, 4th ed., 2004
Heath/Petit (eds.): Patent enforcement worldwide. A survey of 15 countries, 2nd ed., 2005

Ilardi/Blakeney (Hrsg.), International encyclopedia of intellectual property treaties, 2003

Katzarov's Manual on Industrial Property (Loseblatt)

Kur, The TRIPS Agreement Ten Years Later, 36 IIC 558–562 (2005)

MacCarthy/Schechter/Franklyn, McCarthy's desk encyclopedia of intellectual property, 3rd ed., 2004

MacLaren, Licensing law handbook. Intellectual property and licensing law – the European Union and Asia, 2004–2005 ed., 2004

Nolff, TRIPS, PCT and Global Patent Procurement, 2001

Pires de Carvalho, The TRIPS regime of patent rights, 2nd ed., 2005

Roffe (ed.), Resource book on TRIPS and development. UNCTAD-ICTSD, 2005

Russ (ed.), International patent law. Winning legal strategies for registration, litigation & other intricacies of patent law in all major markets, 2004

Schade, Patent-Tabelle. Übersicht über materielles und formelles Recht in 52 Ländern und regionalen Organisationen, 8. Aufl. 2001

Scheer, Internationales Patent-, Muster- und Marken-Recht, Bd. 1: PCT, Argentinien bis Italien, Bd. 2: Japan bis Weißrussland, Internationale Abkommen, 64. Aufl. 2005

Slate, Filing Strategies Under the Patent Cooperation Treaty, 14(10) Int.Prop. & Tech. L.J. 1–6 (2003)

C. Europäisches (EPÜ-) Patentrecht:

Benkard, Europäisches Patentübereinkommen, 2002

Brandi-Dohrn/Gruber/Muir, Europäisches und internationales Patentrecht, 5. Aufl. 2002

Dybdahl, Europäisches Patentrecht: Einführung in das europäische Patentsystem, 2. Aufl. 2004

EPA (Hrsg.), Durchführungsvorschriften zum Europäischen Patentübereinkommen, 2002

– Rechtsprechung der Beschwerdekammern des Europäischen Patentamts, 4. Aufl. 2002

Europäisches Patentübereinkommen – Münchener Gemeinschaftskommentar, 1984 ff. (in Lieferungen)

Fritz/Grünbeck/Hijazi, Schlüssel zum Europäischen Patentübereinkommen – Edition 2005, 2005

Gall/Rippe/Weiss, Die europäische Anmeldung und der PCT in Frage und Antwort, 6. Aufl. 2002

Gruszow, L'accès au brevet européen par la voie internationale, 2002

Paterson, The European Patent System. The Law and Practice of the European Patent Convention, 2nd ed., 2001

Rippe, Europäische und internationale Patentanmeldungen, 3. Aufl. 2003

Schulte/Kühnen, Patentgesetz mit Europäischem Patentübereinkommen. Kommentar auf der Grundlage der deutschen und europäischen Rechtsprechung, 7. Aufl. 2005

Singer/Stauder (Hrsg.), Europäisches Patentübereinkommen, 2. Aufl. 2000

– European Patent Convention. A Commentary, Vol. 1: Substantive Patent Law – Preamble, Articles 1 to 89, 3rd ed. 2003; Vol. 2: Procedural Patent Law – Article 90 to Article 178, 3rd ed. 2003

Tilmann, Community Patent and European Patent Litigation Agreement, 27(2) E. I. P.R. 65–67 (2005)

Visser, The annotated European Patent Convention, 12th ed., 2005

Waage, Principles of Procedure in European Patent Law, 2002

D. Europa (EU und Einzelstaaten) einschließlich nichteuropäischer Nachfolgestaaten der UdSSR

Goebel, Schutzwürdigkeit kleiner Erfindungen in Europa – die materiellen Schutzvoraussetzungen für Gebrauchsmuster in den nationalen Gesetzen und dem EU-Richtlinienvorschlag, GRUR 2001, 916

Holeweg, Europäischer und internationaler gewerblicher Rechtsschutz und Urheberrecht. Tabellarischer Überblick und aktuelle Entwicklungen, GRUR Int. 2001, 141

Phang/Kuchar, Intellectual property law in the European Community. A country-by-country review, 2004

Prime/Booton, European Intellectual Property Law, 2000

Stefanov, Developments in National Patent Law in Bulgaria, Romania and Macedonia, 32 IIC 764–776 (2001)
Tritton, Intellectual Property in Europe, 2nd ed., 2002

Albanien:

Stoppel, Albanien – Neues Gesetz über gewerbliche Schutzrechte, GRUR Int. 1994, 967

Belgien:

Buydens, Droit des brevets d'invention, 1999
Delsaux (ed.), Initiation aux droits intellectuels, 2003
Jadoul/Strowel, Les droits intellectuels: développements récents, 2004
Vanhees, Basisweteksten inzake het recht van de intellectuele eigendom (Gesetzestexte aus dem Recht des Geistigen Eigentums), 4. Aufl. 2003

Bulgarien:

Borisov, Intelectualna sobstvenost. Patenti za izobretenija i polezni modeli (Geistiges Eigentum. Patente für Erfindungen und Gebrauchsmuster), 1999
Stefanov, Die Durchsetzung von gewerblichen Schutzrechten in Bulgarien, GRUR Int. 2003, 336

Dänemark:

Koktvedgaard/Schovsbo, Lærebog i immaterialret. Ophavsret, patentret, brugsmodelret, designret, varemærkeret (Lehrbuch zum Immaterialgüterrecht), 7. udg. 2005
Riis, Intellectual Property Law in Denmark, 2000
Ryberg (et al.), Grundlæggende immaterialret (Grundlegende Immaterialgüterrechte), 2004
Stege/Moghaddam, Kompendium i immaterialret (Kompendium zum Immaterialgüterrecht), 2004

Estland:

Pisuke/Kukrus, The Enforcement of Industrial Property Rights in Estonia, 32 IIC 884–900 (2001)

Finnland:

Bruun, Intellectual Property Law in Finland, 2001
Finnisches PatG (in engl. Übers. m. ergänzenden Informationen): www.prh.fi/en/patentit/lainsaadantoa.html
Haarmann (ed.), Immateriaalioikeuden lakikirja (Gesetzessammlung für das Immaterialgüterrecht), 2002

Frankreich:

Galloux, Droit de la propriété industrielle, 2e éd. 2003
Gaumont Prat, Droit de la propriété industrielle, 2005
Ilardi, La propriété intellectuelle. Principes et dimension internationale, 2005
Jurisclasseur Brevets, Loseblatt, 2 Bde.
Lang, Zeitliche und strategische Planung eines Patentverletzungsprozesses in Frankreich Mitt. 2002, 407
Lang/Fréneaux, Beschränkung der Patentansprüche nach Erteilung in Frankreich, Mitt. 2002, 414
Marcellin, Code de la propriété intellectuelle, 5. éd. 2002
– La saisie-contrefaçon, 3e éd. 2001
– Le droit français de la propriété intellectuelle, 2e éd. 2001
Piotraut, Droit de la propriété intellectuelle, 2004
Schmidt-Szalewski/Pierre, Droit de la propriété industrielle, 2e éd. 2003
Sirinelli (éd.), Code de la propriété intellectuelle, 5e éd. 2005
Tirole/Henry (Hg.), Propriété intellectuelle, 2003
Véron, Der Patentverletzungsprozess in Frankreich, Mitt. 2002, 386
Vivant (éd.), Code de la propriété intellectuelle, 8e éd. 2005
Vivant, Le droit des brevets, 2e éd. 2005

Georgien:

von Füner, Georgien – Neuregelung des gesamten gewerblichen Rechtsschutzes, GRUR Int. 1992, 937

Griechenland:

Minoudis, Protection of Industrial Designs in Greece, 22 IIC 497–513 (1991)

Großbritannien:

Adam, Der sachliche Schutzbereich des Patents in Großbritannien und Deutschland, 2003
Bainbridge, Intellectual Property, 5th ed., 2002
Bently/Sherman, Intellectual property law, 2nd ed., 2004
Christie/Gare (eds.), Blackstone´s statutes on Intellectual property, 7th ed., 2004
CIPA Guide to the Patents Act, 5. Aufl. 2000
Cornish (ed.), Cases and Materials on Intellectual Property, 4th ed., 2003
Cornish/Llewellyn, Intellectual Property: Patents, Trade Marks, Copyrights and Allied Rights, 5th ed., 2003
Dagg/Brook, What's new in the EU: The UK Streamlined Procedure, Mitt. 2005, 346
Davis, Intellectual property law, 2nd ed., 2003
Fysh et al. (eds.), The Modern Law of Patents, 2005
Hart/Fazzani, Intellectual Property Law, 3rd ed., 2004
Jacob/Alexander/Lane, A guidebook to intellectual property: Patents, trade marks, copyright and designs, 5. ed., 2004
LaRoche (ed.), Consolidated intellectual property statutes and regulations, 2005
Mehigan et al. (eds.), Paterson's Licensing Acts 2003, 2002
Mooney Cotter (ed.), Intellectual Property Law, 2003
Phillips, Butterworths intellectual property law handbook, 6th ed., 2003
Pila, The Common Law Invention In Its Original Form I. P. Q. 209–224 (2001)
Rummler, Änderung des Patentgesetzes in Großbritannien, Mitt. 2005, 344
Thorley/Miller, Terrell on the Law of Patents, 15th ed., 2000
Vitoria/Jacob/Cornish et al., Encyclopedia of United Kingdom and European Patent Law, Loseblattausgabe
White, C. I. P.A. Guide to the Patents Act, 5th ed., 2001

Irland:

Clark/Smyth, Intellectual property law in Ireland, 2nd ed., 2005
Parkes, Patente mit kurzer Laufzeit in Irland, GRUR Int. 1994, 807

Island:

Sigurjonsson, Immaterialgüterrecht in Island und das neue isländische Patentgesetz, GRUR Int. 1992, 608

Italien:

Abriani/Cottino/Ricolfi, Diritto industriale (Gewerblicher Rechtsschutz), 2001
Costa/Baldini/Plebani, Guida pratica marchi, brevetti, know-how e licensing (Marken, Patente, Know-how und Lizenzierung), 3 ed. 2003
Di Cataldo, I brevetti per invenzione e per modello, 2 ed. 2000
Floridia, Marchi, invenzioni e modelli, Codice e commentario, 2 ed. 2001
Franceschelli/Aldrovandi, Brevetti, marchio, ditta, insegna (Patente, Marke, Firma, Geschäftsbeziehung) vol. 1/2, 2003
Franceschelli/Tosi (ed.), Il codice della proprietà intellettuale e industriale. Commentario con la giurisprudenza (Der Kodex für geistiges und industrielles Eigentum. Kommentiert mit Rechtsprechung), 2001
Mangini, Manuale breve di diritto industriale (Kurzes Handbuch des gewerblichen Rechtsschutzes), 2001
Redazione giuridica Simone (ed.), Compendio di Diritto Industriale (Kompendium des Gewerblichen Rechtsschutzes), 3 ed. 2002
Scuffi, Diritto processuale dei brevetti e dei marchi, 2001
Sena/Frassi/Giudici, Codice di diritto industriale. Marchi, invenzioni, disegni e modelli, novità vegetali, diritto d'autore e topografie dei prodotti a semiconduttori, 4 ed. 2004

Sirotti Gaudenzi, Manuale pratico dei marchi e brevetti, 2004
Vanzetti/DiCataldo, Manuale di diritto industriale (Handbuch des gewerblichen Rechtsschutzes), 4 ed. 2003

Jugoslawien, ehemaliges (Nachfolgestaaten):

Krneta, Gewerblicher Rechtsschutz und Urheberrecht in den Ländern des ehemaligen Jugoslawiens, GRUR Int. 1993, 717

Kasachstan:

Bolotov, Recent Intellectual Property and Customs Development in Kazakhstan, 12(1) BNA's Eastern Europe Reporter 24–25 (2002)

Kirgisien:

von Füner, Patentgesetz der Kirgisischen Republik, WiRO 2004, 167

Kroatien s. Jugoslawien (Nachfolgestaaten)

Lettland:

Ancitis, The Enforcement of Industrial Property Rights in Latvia, 32 IIC 900–912 (2001)
Kleinke, Die Rechte am geistigen Eigentum in Lettland, WiRO 2005, 207
Strelcova (et al.), Licensing of Intellectual Property in Latvia, 13(3) BNA's Eastern Europe Reporter 28–34 (2003) (Part One); 13(4) a. a. O. 29–35 (2003) (Part Two)

Litauen:

Mickienë, The Enforcement of Industrial Property Rights in Lithuania, 32 IIC 913–923 (2001)

Luxemburg:

o. Verf., Luxemburg – Neues Patentgesetz verabschiedet, GRUR Int. 1993, 95

Niederlande:

Brinkhof/Grosheide/Spoor, Intellectueel eigendom, Loseblatt, 4 Bde.
Gielen (et al.), Intellectuele eigendom. Tekst & commentaar (Geistiges Eigentum. Text und Kommentar), 1998
Hijmans/Gelissen, Beslissingen Nederlands Octrooigemachten, Loseblatt
Reeskamp, Intellectual Property Law in the Netherlands, 2002

Norwegen:

Stenvik, Patenters beskyttelsesomfang (Der Schutzumfang von Patenten), Oslo 2001
Veel Midtbø, Amendments to the Norwegian Patents Act – Implementation of Directive 98/44/EC, 36 IIC 542–549 (2005)

Österreich:

Haybäck, Grundzüge des Marken- und Immaterialgüterrechts, 2001
– Das Recht am geistigen Eigentum. Marken-, (Gebrauchs-)Muster-, Patent- und Urheberrecht, 2004
Kucsko, Geistiges Eigentum. Markenrecht, Musterrecht, Patentrecht, Urheberrecht, 2003
Lang, 10 Jahre Gebrauchsmusterschutz in Österreich – Rückblick und Ausblick, ÖBL 2005, 60
Weinzinger/Sonn, Das österreichische Gebrauchsmustergesetz, GRUR Int. 1995, 745
Weiser, Österreichisches Patentgesetz. Gebrauchsmustergesetz. 25 Jahre österreichische Rechtsprechung, 2. Aufl. 2005

Polen:

Fiolka, The Enforcement of Industrial Property Rights in Poland, 32 IIC 923–934 (2001)
Jahn/Niepieklo, Licensing of Intellectual Property in Poland 14(2) BNA's Eastern Europe Reporter 32–39 (2004)

Kotarba, Ochrona wlasnosci przemyslowej w gospodarce polskiej w dostosowaniu do wymogów Unii Europejskiej i Swiatowej Organizacji Handlu (Der Schutz des industriellen Eigentums in der polnischen Wirtschaft in Anpassung an die Erfordernisse der Europäischen Union und der Welthandelsorganisation), 2000

Nowinska/Tabor/du Vall, Polskie prawo wlasnosci intelektualnej – prawo autorskie, prawo wynalazcze, prawo znaków towarowych (Das polnische Recht des geistigen Eigentums – Urheberrecht, Erfinderrecht, Warenzeichenrecht [Texte: Polnisch/Englisch]), 2000

Rowland-Rouse, Poland´s New Industrial Property Act, 12(1) BNA's Eastern Europe Reporter 22–24 (2002)

Szewc/Jyz, Prawo wlasnosci przemyslowej (Das Recht des gewerblichen Eigentums), 2003

Szymanek, Postepowanie cywilne w sprawach wlasnosci przemyslowei i intelektualnej (Zivilverfahren betreffend gewerbliches und geistiges Eigentum), 2001

Portugal:

Associação Portuguesa de Direito Intelectual (ed.), Direito industrial (Gewerblicher Rechtsschutz), Vol. 1, 2001

Instituto Nacional da Propriedade Industrial (ed.), Propriedade industrial. Legislaçao em Vigor em Portugal (Gewerblicher Rechtsschutz. Geltende Gesetzgebung in Portugal), 1996

Rumänien:

Dinca (ed.), Legislatia proprietatii intelectuale (Gesetzgebung zum geistigen Eigentum), Vol. I/II, 2004

Macovei, Dreptul proprieta brevetii intelectuale (Recht des geistigen Eigentums), 2002

Petroiu, Romania's Intellectual Property Regime, 12(11) BNA's Eastern Europe Reporter 27–31 (2002)

Strenc, Basic Amendments to the Romanian Patent Law 34 IIC 603–613 (2003)

Strenc/Moraru, The Enforcement of Industrial Property Rights in Romania, 32 IIC 975–984 (2001)

Russische Föderation:

Avtorskoe i patentnoe pravo. Normativnaja baza, obrazcy dokumentov (Urheber- und Patentrecht. Gesetzliche Grundlagen, Dokumentenmuster), 2000

Blinnikow/Zellentin, Gewerbliche Schutzrechte in Russland und den GUS-Staaten und Einführung in das Eurasische Patentübereinkommen, 2003

Butler, Intellectual property law in the Russian Federation. Basic legislation, 4th ed., 2005

Cernickina, Pravovaja ochrana obektov promyšlennoj sobstvennosti v Rossijskoj Federacii (Der Rechtsschutz von Gegenständen des gewerblichen Eigentums in der Russischen Föderation), 2001

Dementiev, Russian Patent Law Amendments Introduce Important Changes 13(5) BNA's Eastern Europe Reporter 24–25 (2003)

Kaljatin, Intellektual'naja sobstvennost' – iskljucitel'nye prava (Geistiges Eigentum – ausschließliche Rechte), 2000

Kuzmichenko, Protection of Intellectual Property Rights in Russia and in Russia's Primorsky Krai, 11 (2) BNA's Eastern Europe Reporter 25–30 (2001)

Kuzmina, Voraussetzungen der Patentfähigkeit der Erfindung in Russland, WiRO 2003, 353

Leonidov/Micheeva, Patentnyj zakon Rossii 1901–2001 (Patentgesetz Russlands 1901–2001), 2002

Matevosov, Ochrana promyšlennoj sobstvennosti (Gewerblicher Rechtsschutz), 2003

Pravo intellektual'noj sobstvennosti (Recht des geistigen Eigentums), 2002

Sergeev, Pravo intellektual'noj sobstvennosti v Rossijskoj Federacii (Recht des geistigen Eigentums in der Russischen Föderation), 2001

Schweden:

Bernitz/Karnell, Immaterialrätt. Och otillbörlig konkurrens (Immaterialgüterrecht), 8. uppl. 2004

Domeij, Patentavtalsrätt (Patentvertragsrecht), 2003

Koktvedgaard/Levin, Lärobok i immaterialrätt. Upphovsrätt, patenträtt, mönsterrätt, kännetekenrätt i Sverige, EU och internationellt (Lehrbuch zum Immaterialgüterrecht), 8. uppl. 2004

Literatur

Schweiz:

Bertschinger/Geiser/Münch, Schweizerisches und europäisches Patentrecht, 2002
Heinrich, PatG, EPUe – Schweizerisches Patentgesetz, Europäisches Patentübereinkommen, synoptisch dargestellt, 1999
Kasser/Novier/Schlosser, Propriété intellectuelle. Revueil de textes nationaux et internationaux, 2000
Steiger/Gerszt (Hg.), Erlass-Sammlung Immaterialgüterrecht. Ausgewählte Erlasse aus dem schweizerischen und internationalen Immaterialgüterrecht, 2004
von Büren/David (Hrsg.), Schweizerisches Immaterialgüter- und Wettbewerbsrecht, 2. Aufl. 2002

Serbien und Montenegro s. Jugoslawien (Nachfolgestaaten)

Slowakische Republik:

Rakovsky, New Patent Act, Slovak Financial Law News, October 2001 (Online-Publikation, www.fifoost.org/slowakei/recht/sfln/2001/node53.php)
Slowakisches PatG (in engl. Übers.): www.indprop.gov.sk

Slowenien (s. a. Jugoslawien (Nachfolgestaaten)):

Jadek, The Enforcement of Industrial Property Rights in Slovenia, 32 IIC 963–975 (2001)
Straus, Slowenien regelt den Schutz des gewerblichen Eigentums, GRUR Int. 1992, 520

Spanien:

Aznar Alonso, Factbook Propiedad industrial (Gewerbliches Eigentum), 2. ed. 2004
Bercovitz Rodríguez-Cano (ed.), Manual de propiedad intelectual (Handbuch des geistigen Eigentums), 2001
Casando Cerviño, Propiedad industrial. Teoría y práctica (Industrielles Eigentum. Theorie und Praxis), 2001
Fabry, Gewerblicher Rechtsschutz in Spanien. Was ein ausländischer Anmelder über spanische Patente und Gebrauchsmuster wissen sollte, Mitt. 2003, 405
Heras Lorenzo (ed.), Propiedad industrial (Gewerblicher Rechtsschutz – Gesetzessammlung), 2004
Perez de Castro (ed.), Legislación sobre Propiedad intelectual (Gesetzgebung zum geistigen Eigentum), 2001
Porres de Mateo/Piquero García, Legislación de patentes y modelos de utilidad: Legislación basica y complementaria. Concordancias, jurisprudencia y formularios (Gesetzessammlung zum Patent- und Gebrauchsmusterrecht), 2004
Soler Cantalapiedra, Patentes, marcas y diseño industrial (Gesetzessammlung zum Patent-, Marken- und Geschmacksmusterrecht), 7. ed. 2005
Vega Vega, Protección de la propiedad intelectual (Schutz des geistigen Eigentums), 2002
Vidal-Quadras Trías de Bes, Estudio sobre los requisitos de patentabilidad, el alcance y la violación del derecho de patente (Patentfähigkeit, Schutzumfang und Patentrechtsverletzung), 2005

Tadschikistan:

von Füner, Tadschikisches Patentgesetz, WiRO 2005, 212–214

Tschechien:

Jakl, Právní ochrana vynálezu a uz itnych vzoru. Vypracováni jejich popisu a nároku na ochranu (Handbuch für die Praxis betreffende Anträge auf die Erteilung von Patenten und Gebrauchsmustern), Vyd. 1, Praha 2004
Kopecká, Ochrana prumyslového vlastnictví po prístupu CR do Evropské unie (Der gewerbliche Rechtsschutz nach dem Beitritt der Tschechischen Republik zur Europäischen Union), 2003
Telec, The Enforcement of Industrial Property Rights in the Czech Republic, 32 IIC 935–950 (2001)

Türkei:

Erdem, Patent hakkina iliskin sözlesmelere uygulanacak hukuk (Das anwendbare Recht beim Patentschutz. Die Abkommen über das Patentrecht), 2000

Sargin, Milletleraras unsurlu patent ve ticarî marka lisans sözlesmelerine uygulanacak hukuk (Das auf internationale Patent- und Markenverträge anzuwendende Recht, 2002
Sehiral, Probleme des türkischen Patentrechts – im Hinblick auf die Notwendigkeit einer Harmonisierung mit dem EPÜ, GRUR Int. 2003, 501
Yurtsever, Patentin hukuki korunmasi ve ilgili mevzuat (Der Patentschutz sowie einschlägige Gesetze), 1999

Ukraine:

Androščuk/Rabotjagova, Patentnoe pravo: pravovaja ochrana izobretenij (Patentrecht: Rechtsschutz von Erfindungen), 2. Aufl. 2001
Cvjatockij, Ochrana promyšlennoj sobstvennosti v Ukraine (Schutz des gewerblichen Eigentums in der Ukraine), 1999
Krajnev/Rabotjagova/Djatlik, Patentuvannja vinachodiv v Ukraïni (Patentierung von Erfindungen in der Ukraine), 2000

Ungarn:

Béresi, The Enforcement of Industrial Property Rights in Hungary, 32 IIC 950–963 (2001)
Lantos/Molnár/Török, Patents and Utility Models In Hungary: Choosing European or National Protection – Or Both, 14(12) BNA's Eastern Europe Reporter 19–20 (2004)
Lontai, Szellemi alkotások joga (Rechte des geistigen Eigentums), 2001
Vida/Hegyi, Zweite Reform des ungarischen Patentgesetzes: Anpassung an das europäische Patentsystem und den PCT, GRUR Int. 2003, 708
Vida/Kowal-Wolk/Hegyi, Ungarisches Patentrecht, 2001

E. Amerika

I. Nordamerika

USA:

Adelman/Rader/Thomas/Wegner, Cases and Materials on Patent Law, 2nd ed., 2003
Aisenberg, Modern patent law precedent. Dictionary of key terms and concepts, 6th ed., 2005
Avery/Mayer, Das US-Patent. Erwirkung und Durchsetzung unter besonderer Berücksichtigung der Rechtsprechung, 3. Aufl. 2003
Barrett, Intellectual property, 2004
Chisum, Chisum on Patents, Loseblatt, 14 Bde.
– Principles of Patent Law: Cases and materials, 3rd ed., 2004
Donner, Patent Prosecution. Practice & Procedure Before the U.S. Patent Office, 2nd ed., 1999; 2000 Supplement, 2000
Dreyfuss/Kwall, Intellectual property. Trademark, copyright, and patent law, 2nd ed., 2004
Durham, Patent law essentials. A concise guide, 2nd ed., 2004
Elias/Stim, Patent, Copyright & Trademark, 6th ed., 2003
Francis/Collins, Cases and Materials on Patent Law, 5th ed., 2002
Fritts (ed.),: Code of Federal Regulations. Title 37: Patents, trademarks, and copyrights, 2004
Gader-Shafran, The intellectual property law dictionary, 2004
Goldstein, Copyright, Patent, Trademark and Related State Doctrines: Cases and Materials on the Law of Intellectual Property, 5th ed. 2002
Harmon, Patents and the Federal Circuit, 7th ed., 2005
Herrington/Thompson, Intellectual Property Rights and United States International Trade Laws, 2002
Hewitt, Patent infringement litigation, 2005
Intellectual property primary law sourcebook. Statutes and regulations, 2003
Kinney & Lange (eds.), Federal intellectual property laws and regulations, 2003
Mayer, Das US-Patent, 3. Aufl. 2003
Merges/Ginsburg, Foundations of Intellectual property, 2004
Moore/Michel/Lupo, Patent Litigation and Strategy, 2nd ed., 2002
Mueller, An Introduction to Patent Law, 2003
Müller-Stoy, Grundzüge des U.S.-amerikanischen Patentverletzungsverfahrens, GRUR Int. 2005, 558

Peloso (ed.), Intellectual property, 2003
Samuels (ed.), Patent, trademark, and copyright laws, 2005
Schechter/Thomas, Intellectual Property: The Law of Copyrights, Patents and Trademarks, 2003
– Principles of patent law, 2004
Schneider, Ausgewählte Probleme des US-amerikanischen Patentrechts unter besonderer Berücksichtigung internationaler Harmonisierung, 2001
Schwartz, Patent Law and Practice, 4th ed., 2003
Smith/Parr, Intellectual property. Valuation, exploitation, and infringement damages, 2005
Sung, Patent infringement remedies, 2004

Kanada:

Gagnon, La protection par dessin au Canada et aux États-Unis, 17(2) Cah. Prop. Int. 235–261 (2005)
Gendreau/Mackaay, Législation canadienne en propriété intelectuelle 2005/Canadian legislation on intellectual property, Toronto 2004
Hughes/Woodley, Hughes and Woodley on Patents, Loseblattausgabe
Stikeman, Intellectual Property Law of Canada, 1999, Loseblattausgabe

II. Lateinamerika

Bergerl (et al.), Propiedad intelectula en Iberoamerica (Geistiges Eigentum in Lateinamerika), 2001
Correa, Veränderungen im lateinamerikanischen Patentrecht, GRUR Int. 1994, 799
Flanzbaum (Hrsg.): Seminario de Propiedad Industrial e Intelectual en Iberoamérica (Schutz des geistigen Eigentums in Lateinamerika), 2003
Franz, Die Durchsetzung von Immaterialgüterrechten in Argentinien, Brasilien und Mexiko. Eine Untersuchung vor dem Hintergrund des TRIPS-Übereinkommens, 2005
– Die unmittelbare Anwendbarkeit von TRIPS in Argentinien und Brasilien, GRUR Int. 2002, 1001
Pacón, TRIPS und die Durchsetzung von Schutzrechten: südamerikanische Erfahrungen, GRUR Int. 1999, 1004

Andengemeinschaft (Bolivien, Ecuador, Kolumbien, Peru und Venezuela):

Markowski, Der gewerbliche Rechtsschutz in den Ländern der Andengemeinschaft, 2004
– Patentierbarkeit von Anwendungserfindungen in der Andengemeinschaft, GRUR Int. 2003, 131

Argentinien (s. a. Mercosur):

Giay/O'Farrell, Revalidation Patents and Their Viability Under Argentine and International Law, 36 IIC 345–359 (2005)

Bolivien s. Andengemeinschaft

Brasilien (s. a. Mercosur):

Barbosa, Uma introdução à propriedade intelectual (Eine Einführung in den gewerblichen Rechtsschutz), 2 ed. 2003
Blasi/Soerensen Garca/Marques Mendes, A Propriedade Industrial (Gewerbliches Eigentum), 2000
Brito (et al.) (eds.), Legislação sobre propriedade intelectual (Gewerblicher Rechtsschutz und Urheberrecht – Gesetzessammlung), Rio de Janeiro (u. a.) 2004
del Nero, Propriedade intelectual. A tutela jurídica da biotecnologia (Geistiges Eigentum: Der rechtliche Schutz der Biotechnologie), 2 ed. 2004
Santos, Marcas e patentes, propriedade industrial (Marken und Patente. Industrielles Eigentum), 2 ed. 2001
Soares, Propriedade intelectual no Brasil (Geistiges Eigentum in Brasilien), 2000
Strenger, Marcas e patentes. Verbetes, jurisprudência (Marken und Patente – Kommentare und Rechtsprechung), 2 ed. 2004

Chile:

Ruiz-Tagle Vial, Propiedad intelectual y contratos (Geistiges Eigentum und Verträge), 2001

Ecuador s. Andengemeinschaft

Kolumbien s. Andengemeinschaft

Mercosur (Argentinien, Brasilien, Paraguay, Uruguay):

Hassemer, Gewerbliche Schutzrechte im Mercosur, 2000

Mexiko:

Grave, Gewerbliche Schutzrechte in Mexiko, 2002
Legislación sobre Propiedad Industrial e Inversiones Extranjeras (Gesetzgebung über das geistige Eigentum und ausländische Investitionen), 25 ed. 2000
Pérez Miranda, Derecho de la propiedad industrial y derecho de la competencia (Recht des gewerblichen Eigentums und Wettbewerbsrecht), 3 ed. 2002
Rangel-Ortiz, The New Law Governing Pharmaceutical Patents in Mexico, 36 IIC 434–445 (2005)
– The Role of the Mexican Patent and Trademark Office in Enforcement Activities – Legal Effects on the Competence of Civil Courts, 36 IIC 549–534 (2005)

Paraguay s. Mercosur

Peru s. Andengemeinschaft

Uruguay s. Mercosur

Venezuela (s. auch Andengemeinschaft):

Astudillo Gómez, La protección legal de las invenciones. Especial referencia a la biotecnología (Der gesetzliche Schutz von Erfindungen – insbesondere im Bereich der Biotechnologie), 2 ed. 2004

F. Afrika

Droit francophone (Online-Linksammlung): http://portail.droit.francophonie.org
Nwauche, An Evaluation of the African Regional Intellectual Property Right Systems, 6 J.W.I.P. 101–138 (2003)

Ägypten (s.a. Asien/Arabische Staaten):

Stark, Implications of Biotechnology for Development: Intellectual Property Rights in Egypt, 1995

Arabische Staaten s. Asien/Arabische Staaten

Äthiopien:

Eshete, Grundzüge des äthiopischen Patentrechts im Vergleich zum deutschen und europäischen Patentrecht, 2001

Nigeria:

Shyllon, Intellectual property law in Nigeria, 2003

Südafrika:

Burrell, South African patent and design law, 3rd ed., 1999

G. Asien (ohne asiatische Nachfolgestaaten der UdSSR)

Heath (Hrsg.), Intellectual property law in Asia, 2003
Heath, Gewerblicher Rechtsschutz in Südostasien, GRUR Int. 1997, 187

Zha (et al.), Enforcing Patents in China, Japan and the United States: A Comparison 30(5) A.I.P.P.I.Jap. Group Int. 239–280 (2005)

Arabische Staaten:

Abu Ghazaleh, Intellectual Property Laws of the Arab Countries, 2000
Alexander (ed.), Middle East and Arabic countries patent law handbook, 2003
Price, Intellectual Property Protection in the Middle East Gulf Region, 35 IIC 281–301 (2004)

China, Volksrepublik:

Chow, A Primer on Foreign Investment Enterprises and Protection of Intellectual Property in China, 2002
Feng, Intellectual Property in China, 2nd ed., 2003
Feng/Liu, A Review of Recent Developments in Patent Law in the People's Republic of China, 4 J.W.I.P. 827–869 (2001)
Ganea, Die Neuregelung des chinesischen Patentrechts, GRUR Int. 2002, 686
Ganea/Pattloch, Chinese Intellectual Property Law, 2004
Gao, China's Accession to WTO and Protection of Intellectual Property, CPT 2001 Nr. 3 S. 7–13
Granier/Jue, La propriété intellectuelle. Nouvelles règles pour proteger et defendre ses droits en Chine, 2003
He, An Overview of the Second Revision of the Chinese Patent Law, CPT 2001 Nr. 4 S. 6–10
Hu, Research Guide to Chinese Patent Law and Practice, 2002
Hua, Major Problems of IPR Protection in China: A View of Civil Procedure, 27(8) E.I.P.R. 285–288 (2005)
Jinchuan, Application of Law to Civil Cases Involving Foreign IP Rights, CPT 2005 Nr. 2, 28–33
Lendinez (ed.), Propiedad intelectual y transferencia de tecnología en China (Geistiges Eigentum und Technologietransfer in China), 2. ed. 2004
Li, Recent Chinese Patent Reform, 4 J.W.I.P. 919–945 (2001)
Mo, Reform of the Patent System of the People's Republic of China after WTO, 4 J.W.I.P. 33–89 (2001)
Pattloch, Das IPR des Geistigen Eigentums in der VR China, 2003
– Die Neuordnung des internationalen Technologietransfers in der VR China, GRUR Int. 2003, 695
Shan, Patentrechte und Know-how im Rechtsverkehr in der Volksrepublik China, 2001
Wong/Lee, Practical Approach to Intellectual Property Law in Hong Kong, 2002
Wu, An Overview of the IP Enforcement System in China, CPT 2005 Nr. 1 S. 85–88
Wu, Patent Invalidation in China CPT 2001 Nr. 4 S. 40–42
Xue/Zheng, Chinese Intellectual Property Law in the 21st Century, 2002
Yang, Intellectual Property and Doing Business in China, 2003
Yu, The New Regulations Regarding Customs Protection of Intellectual Property Rights of the People's Republic of China, 36 IIC 835–841 (2005)
Zhu, Priority and Patents for Foreign Applicants in China Under „One Country, Two Systems" 33 IIC 6–14 (2002)

Indien:

Arora, Universal's guide to patents law: Including The Patents Rules, 2nd ed., 2003
Joshi (ed.), Indian IP Laws, [2005]
Lai, C. S. (ed.), Copyright, Designs, Patents & Trade Marks (A compilation of act & rules), 2000
Mukherjee, The Journey of Indian Patent Law towards TRIPS Compliance 35 IIC 125–150 (2004)
Narayana, Intellectual property law in India, 2nd ed., 2003
Sharma (ed.), Laws on intellectual property, 2004
Swaminathan (ed.), An Introduction into the Guiding Principles on the Decisions on Patent Law, 2000

Indonesien:

Antons, Urheberrecht und gewerblicher Rechtsschutz in Indonesien, 1995
Butt, Intellectual Property in Indonesia: A Problematic Legal Transplant 24 E.I.P.R. 429–437 (2002)
Kaehlig, Indonesian Intellectual Property Law, 1993

Israel:

Assia, Patent protection for computer software in Israel, Communications Law 252–253 (1996)
Benyamini, Indirect patent infringement in Israel – judge-made law, in: Bently (ed.), Intellectual Property in the New Millennium – Essays in Honor of William R. Cornish, 2004
Gabrielli, Law of intellectual property, in: Kaplan (ed.), Israeli Business Law, 2nd ed., 1999
Ophir, The Patentability of Computer Software in Israel, GRUR Int. 1996, 357
Siegel-Itzkovich, Israel's patent law criticised, British Medical Journal (BMJ) No. 7133 Vol. 316 (1998)

Japan:

Hinkelmann, Gewerblicher Rechtsschutz in Japan, 2004
Môri/Heath, Employees' Inventions in Japan, 36 IIC 663–682 (2005)
Ono, In Search of Positive Developments in International Intellectual Property Policy. Intellectual Property Litigation System Reform in Japan, 8(4) J. W. I.P. 459–498 (2005)
Rahn, Neuere Entwicklungen bei Patentverletzungsklagen in Japan, Mitt. 2001, 199
Shinohara, Outline of the Intellectual Property High Court of Japan, 30(3) A. I. P.P. I.Jap. Group Int. 131–147 (2005)
Tessensohn/Yamamoto, Important Changes to Japan's Patent Law, 18(3) World Intellectual Property Report 28–32 (2004)

Jemen (s. a. Arabische Staaten):

Al-Ahmar, Intellectual Property Rights in Yemen, 34 IIC 373–403 (2003)

Korea, Republik (Südkorea):

Fabry, Zur Durchsetzung von Schutzrechten in Korea, Mitt. 2005, 105
Han, Der Patentschutz biotechnologischer Erfindungen. Das koreanische Patentrecht im Rechtsvergleich mit deutschem und europäischem Patentrecht, 2005
Heath, Intellectual Property Law in Korea, 2003
Park, Grundzüge des südkoreanischen Patentrechts unter besonderer Berücksichtigung der Arzneimittelpatente, GRUR Int. 2003, 914–925
Park, Patent and Trademark Prosecution in Korea, Mitt. 2005, 97–105

Malaysia:

Abdul Ghani Azmi, Patent Law in Malaysia, 2003
Azmi/Alavi, TRIPS, Patents, Technology Transfer, Foreign Direct Investment and the Pharmaceutical Industry in Malaysia, 4 J. W. I.P. 947–976 (2001)
Jalil, Industrial Designs Law in Malaysia, 2004

Mongolei:

von Füner, Patentrecht der Mongolischen Volksrepublik, WiRO 2003, 175

Nepal:

Karky, Nepal's Accession to the World Trade Organization. Legislative Enactments in Compliance with the TRIPS Agreement, 7(6) J. W. I.P. 891–918 (2004)

Saudi-Arabien (s. a. Arabische Staaten):

Guéblaoui, Das saudiarabische Patentgesetz, GRUR Int. 1992, 819

Singapur:

Götze, Singapur vor einem Quantensprung in der Stärkung des gewerblichen Rechtsschutzes?, GRUR Int. 2005, 28
Kang/Chang/Seow, A Guide to Patent Law in Singapore, 2005

Taiwan:

Fan/Lu, Patent Protection for Biotechnology in Taiwan, Mitt. 2005, 107
Hsu/Shieh et al., Intellectual Property Law in Taiwan, ed. *Heath,* 2003
Tsai, Patent Litigation in Taiwan, Mitt. 2005, 113

Literatur

Thailand:

Veltins, Das thailändische Patentgesetz, GRUR Int. 1980, 137

Vereinigte Arabische Emirate (s. a. Arabische Staaten):

Krämer, Übersicht über das Immaterialgüterrecht der Vereinigten Arabischen Emirate, GRUR Int. 2006, 108

Stark, Das Patent- und Mustergesetz der Vereinigten Arabischen Emirate, GRUR Int. 2000, 0533111, 202

Vietnam:

Le, Comparative Study on Intellectual Property Rights in Vietnam and Japan, 1999

H. Australien und Neuseeland

I. Australien

Fitzgerald/Fitzgerald, Intellectual property in principle, 2004
Lahore/Garnsey et al., Patents, Designs and Trade Mark Law, Commentary, Loseblattausgabe
MacKeough/Stewart/Griffith, Intellectual property in Australia, 3rd ed., 2004
Pila, Inherent patentability in Anglo-Australian law: A history, 14 AIPJ 109–166 (2003)
Reynolds/Stoianoff, Intellectual property. Text and essential cases, 2nd ed., 2005
Spranger, Neueste Entwicklungen bei der Patentierung biotechnologischer Erfindungen in Australien, GRUR Int. 2005, 469–472
van Caenegem, The Technicality Requirement, Patent Scope and Patentable Subject Matter in Australia, 13 AIPJ 309–327 (2002)

II. Neuseeland

James & Wells, Intellectual Property Law in New Zealand (CD/online)
Popplewell, Patents Practice and Procedure (CD/online)

Gesetzestexte

A. Patentgesetz

In der Fassung der Bekanntmachung vom 16. Dezember 1980 (BGBl. 1981 I S. 1), zuletzt geändert durch Art. 3 Vierzehntes AMG-ÄndG vom 29. 8. 2005 (BGBl. I S. 2570)[1, 2]

FNA 420–1

Erster Abschnitt. Das Patent

§ 1 [Voraussetzungen der Erteilung] (1) Patente werden für Erfindungen erteilt, die neu sind, auf einer erfinderischen Tätigkeit beruhen und gewerblich anwendbar sind.

(2) Patente werden für Erfindungen im Sinne von Absatz 1 auch dann erteilt, wenn sie ein Erzeugnis, das aus biologischem Material besteht oder dieses enthält, oder wenn sie ein Verfahren, mit dem biologisches Material hergestellt oder bearbeitet wird oder bei dem es verwendet wird, zum Gegenstand haben. Biologisches Material, das mit Hilfe eines technischen Verfahrens aus seiner natürlichen Umgebung isoliert oder hergestellt wird, kann auch dann Gegenstand einer Erfindung sein, wenn es in der Natur schon vorhanden war.

(3) Als Erfindungen im Sinne des Absatzes 1 werden insbesondere nicht angesehen:

1. Entdeckungen sowie wissenschaftliche Theorien und mathematische Methoden;
2. ästhetische Formschöpfungen;
3. Pläne, Regeln und Verfahren für gedankliche Tätigkeiten, für Spiele oder für geschäftliche Tätigkeiten sowie Programme für Datenverarbeitungsanlagen;
4. die Wiedergabe von Informationen.

(4) Absatz 3 steht der Patentfähigkeit nur insoweit entgegen, als für die genannten Gegenstände oder Tätigkeiten als solche Schutz begehrt wird.

§ 1 a [Menschliche Gene] (1) Der menschliche Körper in den einzelnen Phasen seiner Entstehung und Entwicklung, einschließlich der Keimzellen, sowie die bloße Entdeckung eines seiner Bestandteile, einschließlich der Sequenz oder Teilsequenz eines Gens, können keine patentierbaren Erfindungen sein.

(2) Ein isolierter Bestandteil des menschlichen Körpers oder ein auf andere Weise durch ein technisches Verfahren gewonnener Bestandteil, einschließlich der Sequenz oder Teilsequenz eines Gens, kann eine patentierbare Erfindung sein, selbst wenn der Aufbau dieses Bestandteils mit dem Aufbau eines natürlichen Bestandteils identisch ist.

(3) Die gewerbliche Anwendbarkeit einer Sequenz oder Teilsequenz eines Gens muss in der Anmeldung konkret unter Angabe der von der Sequenz oder Teilsequenz erfüllten Funktion beschrieben werden.

(4) Ist Gegenstand der Erfindung eine Sequenz oder Teilsequenz eines Gens, deren Aufbau mit dem Aufbau einer natürlichen Sequenz oder Teilsequenz eines menschlichen Gens übereinstimmt, so ist deren Verwendung, für die die gewerbliche Anwendbarkeit nach Absatz 3 konkret beschrieben ist, in den Patentanspruch aufzunehmen.

§ 2 [Keine Erteilung] (1) Für Erfindungen, deren gewerbliche Verwertung gegen die öffentliche Ordnung oder die guten Sitten verstoßen würde, werden keine Patente erteilt; ein solcher Verstoß kann nicht allein aus der Tatsache hergeleitet werden, dass die Verwendung der Erfindung durch Gesetz oder Verwaltungsvorschrift verboten ist.

(2) Insbesondere werden Patente nicht erteilt für

1. Verfahren zum Klonen von menschlichen Lebewesen;
2. Verfahren zur Veränderung der genetischen Identität der Keimbahn des menschlichen Lebewesens;

---

[1] Vollständiger Änderungsnachweis: Siehe Gesetzestitel im Kommentarteil.

[2] Die voraussichtlichen Änderungen durch das **G zur Änderung des patentrechtlichen Einspruchsverfahrens und des PatKostG** idF. des RegE (BT-Drs. 16/735 vom 21. 2. 2006; abgedruckt im *Anhang Vor 1.*) sind bei den betroffenen Vorschriften angegeben.

3. die Verwendung von menschlichen Embryonen zu industriellen oder kommerziellen Zwecken;
4. Verfahren zur Veränderung der genetischen Identität von Tieren, die geeignet sind, Leiden dieser Tiere ohne wesentlichen medizinischen Nutzen für den Menschen oder das Tier zu verursachen, sowie die mit Hilfe solcher Verfahren erzeugten Tiere.

Bei der Anwendung der Nummern 1 bis 3 sind die entsprechenden Vorschriften des Embryonenschutzgesetzes[3] maßgeblich.

§ 2a [Pflanzen und Tiere] (1) Für Pflanzensorten und Tierrassen sowie im Wesentlichen biologische Verfahren zur Züchtung von Pflanzen und Tieren werden keine Patente erteilt.

(2) Patente können erteilt werden für Erfindungen,

1. deren Gegenstand Pflanzen oder Tiere sind, wenn die Ausführung der Erfindung technisch nicht auf eine bestimmte Pflanzensorte oder Tierrasse beschränkt ist;
2. die ein mikrobiologisches oder ein sonstiges technisches Verfahren oder ein durch ein solches Verfahren gewonnenes Erzeugnis zum Gegenstand haben, sofern es sich dabei nicht um eine Pflanzensorte oder Tierrasse handelt.

§ 1 a Abs. 3 gilt entsprechend.

(3) Im Sinne dieses Gesetzes bedeuten:

1. „biologisches Material" ein Material, das genetische Informationen enthält und sich selbst reproduzieren oder in einem biologischen System reproduziert werden kann;
2. „mikrobiologisches Verfahren" ein Verfahren, bei dem mikrobiologisches Material verwendet, ein Eingriff in mikrobiologisches Material durchgeführt oder mikrobiologisches Material hervorgebracht wird;
3. „im Wesentlichen biologisches Verfahren" ein Verfahren zur Züchtung von Pflanzen oder Tieren, das vollständig auf natürlichen Phänomenen wie Kreuzung oder Selektion beruht;
4. „Pflanzensorte" eine Sorte im Sinne der Definition der Verordnung (EG) Nr. 2100/94 des Rates vom 27. Juli 1994 über den gemeinschaftlichen Sortenschutz (ABl. EG Nr. L 227 S. 1) in der jeweils geltenden Fassung.

§ 3 [Begriff der Neuheit] (1) Eine Erfindung gilt als neu, wenn sie nicht zum Stand der Technik gehört. Der Stand der Technik umfaßt alle Kenntnisse, die vor dem für den Zeitrang der Anmeldung maßgeblichen Tag durch schriftliche oder mündliche Beschreibung, durch Benutzung oder in sonstiger Weise der Öffentlichkeit zugänglich gemacht worden sind.

(2) Als Stand der Technik gilt auch der Inhalt folgender Patentanmeldungen mit ältere Zeitrang, die erst an oder nach dem für den Zeitrang der jüngeren Anmeldung maßgeblichen Tag der Öffentlichkeit zugänglich gemacht worden sind:

1. der nationalen Anmeldungen in der beim Deutschen Patentamt ursprünglich eingereichten Fassung;
2. der europäischen Anmeldungen in der bei der zuständigen Behörde ursprünglich eingereichten Fassung, wenn mit der Anmeldung für die Bundesrepublik Deutschland Schutz begehrt wird und die Benennungsgebühr für die Bundesrepublik Deutschland nach Artikel 79 Absatz 2 des Europäischen Patentübereinkommens gezahlt ist, es sei denn, daß die europäische Patentanmeldung aus einer internationalen Anmeldung hervorgegangen ist und die in Artikel 158 Abs. 2 des Europäischen Patentübereinkommens genannten Voraussetzungen nicht erfüllt sind;
3. der internationalen Anmeldungen nach dem Patentzusammenarbeitsvertrag in der beim Anmeldeamt ursprünglich eingereichten Fassung, wenn für die Anmeldung das Deutsche Patentamt Bestimmungsamt ist. Beruht der ältere Zeitrang einer Anmeldung auf der Inanspruchnahme der Priorität einer Voranmeldung, so ist Satz 1 nur insoweit anzuwenden, als die danach maßgebliche Fassung nicht über die Fassung der Voranmeldung hinausgeht.

Patentanmeldungen nach Satz 1 Nr. 1 für die eine Anordnung nach § 50 Absatz 1 oder 4 erlassen worden ist, gelten vom Ablauf des achtzehnten Monats nach ihrer Einreichung an als der Öffentlichkeit zugänglich gemacht.

(3) Gehören Stoffe oder Stoffgemische zum Stand der Technik, so wird ihre Patentfähigkeit durch die Absätze 1 und 2 nicht ausgeschlossen, sofern sie zur Anwendung in einem der in § 5 Absatz 2 genannten Verfahren bestimmt sind und ihre Anwendung zu einem dieser Verfahren nicht zum Stand der Technik gehört.

---

[3] ESchG vom 13. 12. 1990 (BGBl. I S. 2746; geänd. durch G vom 23. 10. 2001, BGBl. I S. 2702).

(4) Für die Anwendung der Absätze 1 und 2 bleibt eine Offenbarung der Erfindung außer Betracht, wenn sie nicht früher als sechs Monate vor Einreichung der Anmeldung erfolgt ist und unmittelbar oder mittelbar zurückgeht

1. auf einen offensichtlichen Mißbrauch zum Nachteil des Anmelders oder seines Rechtsvorgängers oder
2. auf die Tatsache, daß der Anmelder oder sein Rechtsvorgänger die Erfindung auf amtlichen oder amtlich anerkannten Ausstellungen im Sinne des am 22. November 1928 in Paris unterzeichneten Abkommens über internationale Ausstellungen zur Schau gestellt hat.

Satz 1 Nr. 2 ist nur anzuwenden, wenn der Anmelder bei Einrichtung der Anmeldung angibt, daß die Erfindung tatsächlich zur Schau gestellt worden ist und er innerhalb von vier Monaten nach der Einreichung hierüber eine Bescheinigung einreicht. Die in Satz 1 Nr. 2 bezeichneten Ausstellungen werden vom Bundesminister der Justiz im Bundesgesetzblatt bekanntgemacht.

§ 4 [Erfindung aufgrund erfinderischer Tätigkeit] Eine Erfindung gilt als auf einer erfinderischen Tätigkeit beruhend, wenn sie sich für den Fachmann nicht in naheliegender Weise aus dem Stand der Technik ergibt. Gehören zum Stand der Technik auch Unterlagen im Sinne des § 3 Abs. 2, so werden diese bei der Beurteilung der erfinderischen Tätigkeit nicht in Betracht gezogen.

§ 5 [Gewerblich anwendbare Erfindung] (1) Eine Erfindung gilt als gewerblich anwendbar, wenn ihr Gegenstand auf irgendeinem gewerblichen Gebiet einschließlich der Landwirtschaft hergestellt oder benutzt werden kann.

(2) Verfahren zur chirurgischen oder therapeutischen Behandlung des menschlichen oder tierischen Körpers und Diagnostizierverfahren, die am menschlichen oder tierischen Körper vorgenommen werden, gelten nicht als gewerblich anwendbare Erfindungen im Sinne des Absatzes 1. Dies gilt nicht für Erzeugnisse, insbesondere Stoffe oder Stoffgemische, zur Anwendung in einem der vorstehend genannten Verfahren.

§ 6 [Recht des Erfinders] Das Recht auf das Patent hat der Erfinder oder sein Rechtsnachfolger. Haben mehrere gemeinsam eine Erfindung gemacht, so steht ihnen das Recht auf das Patent gemeinschaftlich zu. Haben mehrere die Erfindung unabhängig voneinander gemacht, so steht das Recht dem zu, der die Erfindung zuerst beim Patentamt angemeldet hat.

§ 7 [Recht des Anmelders; älteres Recht] (1) Damit die sachliche Prüfung der Patentanmeldung durch die Feststellung des Erfinders nicht verzögert wird, gilt im Verfahren vor dem Patentamt der Anmelder als berechtigt, die Erteilung des Patents zu verlangen.

(2) Wird ein Patent auf Grund eines auf widerrechtliche Entnahme (§ 21 Abs. 1 Nr. 3) gestützten Einspruchs widerrufen oder führt der Einspruch zum Verzicht auf das Patent, so kann der Einsprechende innerhalb eines Monats nach der amtlichen Mitteilung hierüber die Erfindung selbst anmelden und die Priorität des früheren Patents in Anspruch nehmen.

§ 8 [Patentvindikation] Der Berechtigte, dessen Erfindung von einem Nichtberechtigten angemeldet ist, oder der durch widerrechtliche Entnahme Verletzte kann vom Patentsucher verlangen, daß ihm der Anspruch auf Erteilung des Patents abgetreten wird. Hat die Anmeldung bereits zum Patent geführt, so kann er vom Patentinhaber die Übertragung des Patents verlangen. Der Anspruch kann vorbehaltlich der Sätze 4 und 5 nur innerhalb einer Frist von zwei Jahren nach der Veröffentlichung der Erteilung des Patents (§ 58 Abs. 1) durch Klage geltend gemacht werden. Hat der Verletzte Einspruch wegen widerrechtlicher Entnahme (§ 21 Abs. 1 Nr. 3) erhoben, so kann er die Klage noch innerhalb eines Jahres nach rechtskräftigem Abschluß des Einspruchsverfahrens erheben. Die Sätze 3 und 4 sind nicht anzuwenden, wenn der Patentinhaber beim Erwerb des Patents nicht in gutem Glauben war.

§ 9 [Wirkung des Patents] Das Patent hat die Wirkung, dass allein der Patentinhaber befugt ist, die patentierte Erfindung im Rahmen des geltenden Rechts zu benutzen. Jedem Dritten ist es verboten, ohne seine Zustimmung

1. ein Erzeugnis, das Gegenstand des Patents ist, herzustellen, anzubieten, in Verkehr zu bringen oder zu gebrauchen oder zu den genannten Zwecken entweder einzuführen oder zu besitzen.

2. ein Verfahren, das Gegenstand des Patents ist, anzuwenden oder, wenn der Dritte weiß oder es auf Grund der Umstände offensichtlich ist, daß die Anwendung des Verfahrens ohne Zustimmung des Patentinhabers verboten ist, zur Anwendung im Geltungsbereich dieses Gesetzes anzubieten;
3. das durch ein Verfahren, das Gegenstand des Patents ist, unmittelbar hergestellte Erzeugnis anzubieten, in Verkehr zu bringen oder zu gebrauchen oder zu den genannten Zwecken entweder einzuführen oder zu besitzen.

§ 9a [Biologisches Material] (1) Betrifft das Patent biologisches Material, das auf Grund einer Erfindung mit bestimmten Eigenschaften ausgestattet ist, so erstrecken sich die Wirkungen von § 9 auf jedes biologische Material, das aus diesem biologischen Material durch generative oder vegetative Vermehrung in gleicher oder abweichender Form gewonnen wird und mit denselben Eigenschaften ausgestattet ist.

(2) Betrifft das Patent ein Verfahren, das es ermöglicht, biologisches Material zu gewinnen, das auf Grund einer Erfindung mit bestimmten Eigenschaften ausgestattet ist, so erstrecken sich die Wirkungen von § 9 auf das mit diesem Verfahren unmittelbar gewonnene biologische Material und jedes andere mit denselben Eigenschaften ausgestattete biologische Material, das durch generative oder vegetative Vermehrung in gleicher oder abweichender Form aus dem unmittelbar gewonnenen Material gewonnen wird.

(3) Betrifft das Patent ein Erzeugnis, das auf Grund einer Erfindung aus einer genetischen Information besteht oder sie enthält, so erstrecken sich die Wirkungen von § 9 auf jedes Material, in das dieses Erzeugnis Eingang findet und in dem die genetische Information enthalten ist und ihre Funktion erfüllt. § 1 a Abs. 1 bleibt unberuhrt.

§ 9b [Vermehrung des biologischen Materials] Bringt der Patentinhaber oder mit seiner Zustimmung ein Dritter biologisches Material, das auf Grund der Erfindung mit bestimmten Eigenschaften ausgestattet ist, im Hoheitsgebiet eines Mitgliedstaates der Europäischen Union oder in einem Vertragsstaat des Abkommens über den Europäischen Wirtschaftsraum in Verkehr und wird aus diesem biologischen Material durch generative oder vegetative Vermehrung weiteres biologisches Material gewonnen, so treten die Wirkungen von § 9 nicht ein, wenn die Vermehrung des biologischen Materials der Zweck war, zu dem es in den Verkehr gebracht wurde. Dies gilt nicht, wenn das auf diese Weise gewonnene Material anschließend für eine weitere generative oder vegetative Vermehrung verwendet wird.

§ 9c [Vermehrung zu landwirtschaftlichen Zwecken] (1) Wird pflanzliches Vermehrungsmaterial durch den Patentinhaber oder mit dessen Zustimmung durch einen Dritten an einen Landwirt zum Zweck des landwirtschaftlichen Anbaus in Verkehr gebracht, so darf dieser entgegen den §§ 9, 9a und 9b Satz 2 sein Erntegut für die generative oder vegetative Vermehrung durch ihn selbst im eigenen Betrieb verwenden. Für Bedingungen und Ausmaß dieser Befugnis gelten Artikel 14 der Verordnung (EG) Nr. 2100/94 in seiner jeweils geltenden Fassung sowie die auf dessen Grundlage erlassenen Durchführungsbestimmungen entsprechend. Soweit sich daraus Ansprüche des Patentinhabers ergeben, sind diese entsprechend den auf Grund Artikel 14 Abs. 3 der Verordnung (EG) Nr. 2100/94 erlassenen Durchführungsbestimmungen geltend zu machen.

(2) Werden landwirtschaftliche Nutztiere oder tierisches Vermehrungsmaterial durch den Patentinhaber oder mit dessen Zustimmung durch einen Dritten an einen Landwirt in Verkehr gebracht, so darf der Landwirt die landwirtschaftlichen Nutztiere oder das tierische Vermehrungsmaterial entgegen den §§ 9, 9a und 9b Satz 2 zu landwirtschaftlichen Zwecken verwenden. Diese Befugnis erstreckt sich auch auf die Überlassung der landwirtschaftlichen Nutztiere oder anderen tierischen Vermehrungsmaterials zur Fortführung seiner landwirtschaftlichen Tätigkeit, jedoch nicht auf den Verkauf mit dem Ziel oder im Rahmen einer Vermehrung zu Erwerbszwecken.

(3) § 9a Abs. 1 bis 3 gilt nicht für biologisches Material, das im Bereich der Landwirtschaft zufällig oder technisch nicht vermeidbar gewonnen wurde. Daher kann ein Landwirt im Regelfall nicht in Anspruch genommen werden, wenn er nicht diesem Patentschutz unterliegendes Saat- oder Pflanzgut angebaut hat.

§ 10 [Verbotene Verwendung von Mitteln zur Benutzung des Patents] (1) Das Patent hat ferner die Wirkung, daß es jedem Dritten verboten ist, ohne Zustimmung des Patentinhabers im Geltungsbereich dieses Gesetzes anderen als zur Benutzung der patentierten Erfindung berechtigten Personen Mittel, die sich auf ein wesentliches Element der Erfindung beziehen, zur Benutzung der Erfindung im Geltungsbereich dieses Gesetzes anzubieten oder zu liefern, wenn der Dritte weiß oder es auf Grund der Umstände offensichtlich ist, daß diese Mittel dazu geeignet und bestimmt sind, für die Benutzung der Erfindung verwendet zu werden.

(2) Absatz 1 ist nicht anzuwenden, wenn es sich bei den Mitteln um allgemein im Handel erhältliche Erzeugnisse handelt, es sei denn, daß der Dritte den Belieferten bewußt veranlaßt, in einer nach § 9 Satz 2 verbotenen Weise zu handeln.

(3) Personen, die die in § 11 Nr. 1 bis 3 genannten Handlungen vornehmen, gelten im Sinne des Absatzes 1 nicht als Personen, die zur Benutzung der Erfindung berechtigt sind.

§ 11 [Erlaubte Handlungen] Die Wirkung des Patents erstreckt sich nicht auf

1. Handlungen, die im privaten Bereich zu nicht gewerblichen Zwecken vorgenommen werden;
2. Handlungen zu Versuchszwecken, die sich auf den Gegenstand der patentierten Erfindung beziehen;

2a. die Nutzung biologischen Materials zum Zweck der Züchtung, Entdeckung und Entwicklung einer neuen Pflanzensorte;

2b. Studien und Versuche und die sich daraus ergebenden praktischen Anforderungen, die für die Erlangung einer arzneimittelrechtlichen Genehmigung für das Inverkehrbringen in der Europäischen Union oder einer arzneimittelrechtlichen Zulassung in den Mitgliedstaaten der Europäischen Union oder in Drittstaaten erforderlich sind;

3. die unmittelbare Einzelzubereitung von Arzneimitteln in Apotheken auf Grund ärztlicher Verordnung sowie auf Handlungen, welche die auf diese Weise zubereiteten Arzneimittel betreffen;
4. den an Bord von Schiffen eines anderen Mitgliedstaates der Pariser Verbandsübereinkunft zum Schutz des gewerblichen Eigentums stattfindenden Gebrauch des Gegenstands der patentierten Erfindung im Schiffskörper, in den Maschinen, im Takelwerk, an den Geräten und sonstigem Zubehör, wenn die Schiffe vorübergehend oder zufällig in die Gewässer gelangen, auf die sich der Geltungsbereich dieses Gesetzes erstreckt, vorausgesetzt, daß dieser Gegenstand dort ausschließlich für die Bedürfnisse des Schiffes verwendet wird;
5. den Gebrauch des Gegenstandes der patentierten Erfindung in der Bauausführung oder für den Betrieb der Luft- oder Landfahrzeuge eines anderen Mitgliedstaates der Pariser Verbandsübereinkunft zum Schutz des gewerblichen Eigentums oder des Zubehörs solcher Fahrzeuge, wenn diese vorübergehend oder zufällig in den Geltungsbereich dieses Gesetzes gelangen;
6. die in Artikel 27 des Abkommens vom 7. Dezember 1944 über die internationale Zivilluftfahrt (BGBl. 1956 II S. 411)[4] vorgesehenen Handlungen, wenn diese Handlungen ein Luftfahrzeug eines anderen Staates betreffen, auf den dieser Artikel anzuwenden ist.

§ 12 [Beschränkung der Wirkung gegenüber Benutzer] (1) Die Wirkung des Patents tritt gegen den nicht ein, der zur Zeit der Anmeldung bereits im Inland die Erfindung in Benutzung genommen oder die dazu erforderlichen Veranstaltungen getroffen hatte. Dieser ist befugt, die Erfindung für die Bedürfnisse seines eigenen Betriebs in eigenen oder fremden Werkstätten auszunutzen. Die Befugnis kann nur zusammen mit dem Betrieb vererbt oder veräußert werden. Hat der Anmelder oder sein Rechtsvorgänger die Erfindung vor der Anmeldung anderen mitgeteilt und sich dabei seine Rechte für den Fall der Patenterteilung vorbehalten, so kann sich der, welcher die Erfindung infolge der Mitteilung erfahren hat, nicht auf Maßnahmen nach Satz 1 berufen, die er innerhalb von sechs Monaten nach der Mitteilung getroffen hat.

(2) Steht dem Patentinhaber ein Prioritätsrecht zu, so ist an Stelle der in Absatz 1 bezeichneten Anmeldung die frühere Anmeldung maßgebend. Dies gilt jedoch nicht für Angehörige eines ausländischen Staates, der hierin keine Gegenseitigkeit verbürgt, soweit sie die Priorität einer ausländischen Anmeldung in Anspruch nehmen.

§ 13 [Beschränkung der Wirkung für öffentliche Wohlfahrt und Staatssicherheit] (1) Die Wirkung des Patents tritt insoweit nicht ein, als die Bundesregierung anordnet, daß die Erfindung im Interesse der öffentlichen Wohlfahrt benutzt werden soll. Sie erstreckt sich ferner nicht auf eine Benutzung der Erfindung, die im Interesse der Sicherheit des Bundes von der zuständigen obersten Bundesbehörde oder in deren Auftrag von einer nachgeordneten Stelle angeordnet wird.

---

[4] *Sartorius II* Nr. 399.

(2) Für die Anfechtung einer Anordnung nach Absatz 1 ist das Bundesverwaltungsgericht zuständig, wenn sie von der Bundesregierung oder der zuständigen obersten Bundesbehörde getroffen ist.

(3) Der Patentinhaber hat in den Fällen des Absatzes 1 gegen den Bund Anspruch auf angemessene Vergütung. Wegen deren Höhe steht im Streitfall der Rechtsweg vor den ordentlichen Gerichten offen. Eine Anordnung der Bundesregierung nach Absatz 1 Satz 1 ist dem im Register (§ 30 Abs. 1) als Patentinhaber Eingetragenen vor Benutzung der Erfindung mitzuteilen. Erlangt die oberste Bundesbehörde, von der eine Anordnung oder ein Auftrag nach Absatz 1 Satz 2 ausgeht, Kenntnis von der Entstehung eines Vergütungsanspruchs nach Satz 1, so hat sie dem als Patentinhaber Eingetragenen davon Mitteilung zu machen.

§ 14 [Schutzbereich] Der Schutzbereich des Patents und der Patentanmeldung wird durch den Inhalt der Patentansprüche bestimmt. Die Beschreibung und die Zeichnungen sind jedoch zur Auslegung der Patentansprüche heranzuziehen.

§ 15 [Übertragbarkeit des Rechts; Lizenzen] (1) Das Recht auf das Patent, der Anspruch auf Erteilung des Patents und das Recht aus dem Patent gehen auf die Erben über. Sie können beschränkt oder unbeschränkt auf andere übertragen werden.

(2) Die Rechte nach Absatz 1 können ganz oder teilweise Gegenstand von ausschließlichen oder nicht ausschließlichen Lizenzen für den Geltungsbereich dieses Gesetzes oder einen Teil desselben sein. Soweit ein Lizenznehmer gegen eine Beschränkung seiner Lizenz nach Satz 1 verstößt, kann das Recht aus dem Patent gegen ihn geltend gemacht werden.

(3) Ein Rechtsübergang oder die Erteilung einer Lizenz berührt nicht Lizenzen, die Dritten vorher erteilt worden sind.

§ 16 [Schutzdauer] (1) Das Patent dauert zwanzig Jahre, die mit dem Tag beginnen, der auf die Anmeldung der Erfindung folgt. Bezweckt eine Erfindung die Verbesserung oder weitere Ausbildung einer anderen, dem Anmelder durch ein Patent geschützten Erfindung, so kann er bis zum Ablauf von achtzehn Monaten nach dem Tag der Einreichung der Anmeldung oder, sofern für die Anmeldung ein früherer Zeitpunkt als maßgebend in Anspruch genommen wird, nach diesem Zeitpunkt die Erteilung eines Zusatzpatents beantragen, das mit dem Patent für die ältere Erfindung endet.

(2) Fällt das Hauptpatent durch Widerruf, durch Erklärung der Nichtigkeit oder durch Verzicht fort, so wird das Zusatzpatent zu einem selbständigen Patent; seine Dauer bestimmt sich nach dem Anfangstag des Hauptpatents. Von mehreren Zusatzpatenten wird nur das erste selbständig; die übrigen gelten als dessen Zusatzpatente.

§ 16a [Ergänzende Schutzzertifikate] (1) Für das Patent kann nach Maßgabe von Verordnungen der Europäischen Wirtschaftsgemeinschaft über die Schaffung von ergänzenden Schutzzertifikaten, auf die im Bundesgesetzblatt hinzuweisen ist, ein ergänzender Schutz beantragt werden, der sich an den Ablauf des Patents nach § 16 Abs. 1 unmittelbar anschließt. für den ergänzenden Schutz sind Jahresgebühren zu zahlen.

(2)[5] Soweit das Recht der Europäischen Gemeinschaften nichts anderes bestimmt, gelten die Vorschriften des Patentgesetzes über die Berechtigung des Anmelders (§§ 6 bis 8), über die Wirkungen des Patents und die Ausnahmen davon (§§ 9 bis 12), über die Benutzungsanordnung und die Zwangslizenz (§§ 13, 4), über den Schutzbereich (§ 14), über Lizenzen und deren Eintragung (§§ 15, 30), über Gebühren (§ 17 Abs. 2), über das Erlöschen des Patents (§ 20), über die Nichtigkeit (§ 22), über die Lizenzbereitschaft (§ 23), über den Inlandsvertreter (§ 25), über das Patentgericht und das Verfahren vor dem Patentgericht (§§ 65 bis 99), über das Verfahren vor dem Bundesgerichtshof (§§ 100 bis 122), über die Wiedereinsetzung (§ 123), über die Wahrheitspflicht (§ 124), über das elektronische Dokument (§ 125a), über die Amtssprache, die Zustellungen und die Rechtshilfe (§§ 126 bis 128), über die Rechtsverletzungen (§§ 139 bis 141 und § 142a) und über die Klagenkonzentration und die Patentberühmung (§§ 145 und 146) für den ergänzenden Schutz entsprechend.

(3) Lizenzen und Erklärungen nach § 23 des Patentgesetzes, die für ein Patent wirksam sind, gelten auch für den ergänzenden Schutz.

---

[5] Durch das **G zur Änderung des patentrechtlichen Einspruchsverfahrens und des PatKostG** idF. des RegE (BT-Drs. 16/735 vom 21. 2. 2006; abgedruckt im *Anhang Vor 1.*) wird voraussichtlich in § 16a Abs. 2 PatG die Angabe „(§§ 100 bis 122)“ durch die Angabe „(§§ 100 bis 122a)“ ersetzt.

§ 17 [Gebühren] (1) Für jede Anmeldung und jedes Patent ist für das dritte und jedes folgende Jahr, gerechnet vom Anmeldetag an, eine Jahresgebühr zu entrichten.

(2) Für ein Zusatzpatent (§ 16 Abs. 1 Satz 2) sind Jahresgebühren nicht zu entrichten. Wird das Zusatzpatent zu einem selbständigen Patent, so wird es gebührenpflichtig; Fälligkeitstag und Jahresbetrag richten sich nach dem Anfangstag des bisherigen Hauptpatents. Für die Anmeldung eines Zusatzpatents sind Satz 1 und Satz 2 Halbsatz 1 entsprechend anzuwenden mit der Maßgabe, daß in den Fällen, in denen die Anmeldung eines Zusatzpatents als Anmeldung eines selbständigen Patents gilt, die Jahresgebühren wie für eine von Anfang an selbständige Anmeldung zu entrichten sind.

§ 18 *(aufgehoben)*

§ 19 *(aufgehoben)*

§ 20 [Erlöschen des Patents] (1) Das Patent erlischt, wenn
1. der Patentinhaber darauf durch schriftliche Erklärung an das Patentamt verzichtet,
2. die in § 37 Abs. 1 vorgeschriebenen Erklärungen nicht rechtzeitig nach Zustellung der amtlichen Nachricht (§ 37 Abs. 2) abgegeben werden oder
3. die Jahresgebühr oder der Unterschiedsbetrag nicht rechtzeitig (§ 7 Abs. 1, § 13 Abs. 3 oder § 14 Absätze 2 und 5 des Patentkostengesetzes, § 23 Abs. 7 Satz 4 dieses Gesetzes) gezahlt wird.

(2) Über die Rechtzeitigkeit der Abgabe der nach § 37 Abs. 1 vorgeschriebenen Erklärungen sowie über die Rechtzeitigkeit der Zahlung entscheidet nur das Patentamt; die §§ 73 und 100 bleiben unberührt.

§ 21 [Widerruf des Patents] (1) Das Patent wird widerrufen (§ 61), wenn sich ergibt, daß
1. der Gegenstand des Patents nach den §§ 1 bis 5 nicht patentfähig ist,
2. das Patent die Erfindung nicht so deutlich und vollständig offenbart, daß ein Fachmann sie ausführen kann,
3. der wesentliche Inhalt des Patents den Beschreibungen, Zeichnungen, Modellen, Gerätschaften oder Einrichtungen eines anderen oder einem von diesem angewendeten Verfahren ohne dessen Einwilligung entnommen worden ist (widerrechtliche Entnahme),
4. der Gegenstand des Patents über den Inhalt der Anmeldung in der Fassung hinausgeht, in der sie bei der für die Einreichung der Anmeldung zuständigen Behörde ursprünglich eingereicht worden ist; das gleiche gilt, wenn das Patent auf einer Teilanmeldung oder einer nach § 7 Abs. 2 eingereichten neuen Anmeldung beruht und der Gegenstand des Patents über den Inhalt der früheren Anmeldung in der Fassung hinausgeht, in der sie bei der für die Einreichung der früheren Anmeldung zuständigen Behörde ursprünglich eingereicht worden ist.

(2) Betreffen die Widerrufsgründe nur einen Teil des Patents, so wird es mit einer entsprechenden Beschränkung aufrechterhalten. Die Beschränkung kann in Form einer Änderung der Patentansprüche, der Beschreibung oder der Zeichnungen vorgenommen werden.

(3)[6] Mit dem Widerruf gelten die Wirkungen des Patents und der Anmeldung als von Anfang an nicht eingetreten. Bei beschränkter Aufrechterhaltung ist diese Bestimmung entsprechend anzuwenden; soweit in diesem Falle das Patent nur wegen einer Teilung (§ 60) nicht aufrechterhalten wird, bleibt die Wirkung der Anmeldung unberührt.

§ 22 [Nichtigerklärung] (1) Das Patent wird auf Auftrag (§ 81) für nichtig erklärt, wenn sich ergibt, daß einer der in § 21 Abs. 1 aufgezählten Gründe vorliegt oder der Schutzbereich des Patents erweitert worden ist.

(2) § 21 Abs. 2 und 3 Satz 1 und 2 Halbsatz 1 ist entsprechend anzuwenden.

§ 23 [Lizenzbereitschaft] (1) Erklärt sich der Patentanmelder oder der im Register (§ 30 Abs. 1) als Patentinhaber Eingetragene dem Patentamt gegenüber schriftlich bereit, jedermann die Benutzung der Erfindung gegen angemessene Vergütung zu gestatten, so ermäßigen sich die für das Patent nach Eingang der Erklärung fällig werdenden Jahresgebühren auf die Hälfte.

---

[6] Durch das **G zur Änderung des patentrechtlichen Einspruchsverfahrens und des PatKostG** idF. des RegE (BT-Drs. 16/735 vom 21. 2. 2006; abgedruckt im *Anhang Vor 1.*) wird voraussichtlich in § 21 Abs. 3 Satz 2 PatG der zweite Halbsatz gestrichen und das Semikolon durch einen Punkt ersetzt.

Die Wirkung der Erklärung, die für ein Hauptpatent abgegeben wird, erstreckt sich auf sämtliche Zusatzpatente. Die Erklärung ist im Register einzutragen und im Patentblatt zu veröffentlichen.

(2) Die Erklärung ist unzulässig, solange im Register ein Vermerk über die Einräumung einer ausschließlichen Lizenz (§ 30 Abs. 4) eingetragen ist oder ein Antrag auf Eintragung eines solchen Vermerks dem Patentamt vorliegt.

(3) Wer nach Eintragung der Erklärung die Erfindung benutzen will, hat seine Absicht dem Patentinhaber anzuzeigen. Die Anzeige gilt als bewirkt, wenn sie durch Aufgabe eines eingeschriebenen Briefes an den im Register als Patentinhaber Eingetragenen oder seinen eingetragenen Vertreter oder Zustellungsbevollmächtigten (§ 25) abgesandt worden ist. In der Anzeige ist anzugeben, wie die Erfindung benutzt werden soll. Nach der Anzeige ist der Anzeigende zur Benutzung in der von ihm angegebenen Weise berechtigt. Er ist verpflichtet, dem Patentinhaber nach Ablauf jedes Kalendervierteljahres Auskunft über die erfolgte Benutzung zu geben und die Vergütung dafür zu entrichten. Kommt er dieser Verpflichtung nicht in gehöriger Zeit nach, so kann der als Patentinhaber Eingetragene ihm hierzu eine angemessene Nachfrist setzen und nach fruchtlosem Ablauf die Weiterbenutzung der Erfindung untersagen.

(4) Die Vergütung wird auf schriftlichen Antrag eines Beteiligten durch die Patentabteilung festgesetzt. Für das Verfahren sind die §§ 46, 47 und § 62 entsprechend anzuwenden. Der Antrag kann gegen mehrere Beteiligte gerichtet werden. Das Patentamt kann bei der Festsetzung der Vergütung anordnen, dass die Kosten des Festsetzungsverfahrens ganz oder teilweise vom Antragsgegner zu erstatten sind.

(5) Nach Ablauf eines Jahres seit der letzten Festsetzung kann jeder davon Betroffene ihre Änderung beantragen, wenn inzwischen Umstände eingetreten oder bekanntgeworden sind, welche die festgesetzte Vergütung offenbar unangemessen erscheinen lassen. Im übrigen gilt Absatz 4 entsprechend.

(6) Wird die Erklärung für eine Anmeldung abgegeben, so sind die Bestimmungen der Absätze 1 bis 5 entsprechend anzuwenden.

(7) Die Erklärung kann jederzeit gegenüber dem Patentamt schriftlich zurückgenommen werden, solange dem Patentinhaber noch nicht die Absicht angezeigt worden ist, die Erfindung zu benutzen. Die Zurücknahme wird mit ihrer Einreichung wirksam. Der Betrag, um den sich die Jahresgebühren ermäßigt haben, ist innerhalb eines Monats nach der Zurücknahme der Erklärung zu entrichten. Wird der Unterschiedsbetrag nicht innerhalb der Frist des Satzes 3 gezahlt, so kann er mit dem Verspätungszuschlag noch bis zum Ablauf einer Frist von weiteren vier Monaten gezahlt werden.

§ 24 [Zwangslizenz; Patentrücknahme] (1) Die nicht ausschließliche Befugnis zur gewerblichen Benutzung einer Erfindung wird durch das Patentgericht im Einzelfall nach Maßgabe der nachfolgenden Vorschriften erteilt (Zwangslizenz), sofern

1. der Lizenzsucher sich innerhalb eines angemessenen Zeitraumes erfolglos bemüht hat, vom Patentinhaber die Zustimmung zu erhalten, die Erfindung zu angemessenen geschäftsüblichen Bedingungen zu benutzen, und
2. das öffentliche Interesse die Erteilung einer Zwangslizenz gebietet.

(2) Kann der Lizenzsucher eine ihm durch Patent mit jüngerem Zeitrang geschützte Erfindung nicht verwerten, ohne das Patent mit älterem Zeitrang zu verletzen, so hat er gegenüber dem Inhaber des Patents mit dem älteren Zeitrang Anspruch auf Einräumung einer Zwangslizenz, sofern

1. die Voraussetzung des Absatzes 1 Nr. 1 erfüllt ist und
2. seine eigene Erfindung im Vergleich mit derjenigen des Patents mit dem älteren Zeitrang einen wichtigen technischen Fortschritt von erheblicher wirtschaftlicher Bedeutung aufweist.

Der Patentinhaber kann verlangen, dass ihm der Lizenzsucher eine Gegenlizenz zu angemessenen Bedingungen für die Benutzung der patentierten Erfindung mit dem jüngeren Zeitrang einräumt.

(3) Absatz 2 gilt entsprechend, wenn ein Pflanzenzüchter ein Sortenschutzrecht nicht erhalten oder verwerten kann, ohne ein früheres Patent zu verletzen.

(4) Für eine patentierte Erfindung auf dem Gebiet der Halbleitertechnologie darf eine Zwangslizenz im Rahmen des Absatzes 1 nur erteilt werden, wenn dies zur Behebung einer in einem Gerichts- oder Verwaltungsverfahren festgestellten wettbewerbswidrigen Praxis des Patentinhabers erforderlich ist.

(5) Übt der Patentinhaber die patentierte Erfindung nicht oder nicht überwiegend im Inland aus, so können Zwangslizenzen im Rahmen des Absatzes 1 erteilt werden, um eine ausreichende Versorgung des Inlandsmarktes mit dem patentierten Erzeugnis sicherzustellen. Die Einfuhr steht insoweit der Ausübung des Patents im Inland gleich.

(6) Die Erteilung einer Zwangslizenz an einem Patent ist erst nach dessen Erteilung zulässig. Sie kann eingeschränkt erteilt und von Bedingungen abhängig gemacht werden. Umfang und Dauer der Benutzung sind auf den Zweck zu begrenzen, für den sie gestattet worden ist. Der Patentinhaber hat gegen den Inhaber der Zwangslizenz Anspruch auf eine Vergütung, die nach den Umständen des Falles angemessen ist und den wirtschaftlichen Wert der Zwangslizenz in Betracht zieht. Tritt bei den künftig fällig werdenden wiederkehrenden Vergütungsleistungen eine wesentliche Veränderung derjenigen Verhältnisse ein, die für die Bestimmung der Höhe der Vergütung maßgebend waren, so ist jeder Beteiligte berechtigt, eine entsprechende Anpassung zu verlangen. Sind die Umstände, die der Erteilung der Zwangslizenz zugrunde lagen, entfallen und ist ihr Wiedereintritt unwahrscheinlich, so kann der Patentinhaber die Rücknahme der Zwangslizenz verlangen.

(7) Die Zwangslizenz an einem Patent kann nur zusammen mit dem Betrieb übertragen werden, der mit der Auswertung der Erfindung befaßt ist. Die Zwangslizenz an einer Erfindung, die Gegenstand eines Patents mit älterem Zeitrang ist, kann nur zusammen mit dem Patent mit jüngerem Zeitrang übertragen werden.

§ 25 [Inlandsvertreter] (1) Wer im Inland weder Wohnsitz, Sitz noch Niederlassung hat, kann an einem in diesem Gesetz geregelten Verfahren vor dem Patentamt oder dem Patentgericht nur teilnehmen und die Rechte aus einem Patent nur geltend machen, wenn er im Inland einen Rechtsanwalt oder Patentanwalt als Vertreter bestellt hat, der zur Vertretung im Verfahren vor dem Patentamt, dem Patentgericht und in bürgerlichen Rechtsstreitigkeiten, die das Patent betreffen, sowie zur Stellung von Strafanträgen bevollmächtigt ist.

(2) Staatsangehörige eines Mitgliedstaates der Europäischen Union oder eines anderen Vertragsstaates des Abkommens über den Europäischen Wirtschaftsraum können zur Erbringung einer Dienstleistung im Sinne des Vertrages zur Gründung der Europäischen Gemeinschaft als Vertreter im Sinne des Absatzes 1 bestellt werden, wenn sie berechtigt sind, ihre berufliche Tätigkeit unter einer der in der Anlage zu § 1 des Gesetzes über die Tätigkeit europäischer Rechtsanwälte in Deutschland vom 9. März 2000 (BGBl. I S. 182) oder zu § 1 des Gesetzes über die Eignungsprüfung für die Zulassung zur Patentanwaltschaft vom 6. Juli 1990 (BGBl. I S. 1349, 1351) in der jeweils geltenden Fassung genannten Berufsbezeichnungen auszuüben. In diesem Fall kann ein Verfahren jedoch nur betrieben werden, wenn im Inland ein Rechtsanwalt oder Patentanwalt als Zustellungsbevollmächtigter bestellt worden ist.

(3) Der Ort, an dem ein nach Absatz 1 bestellter Vertreter seinen Geschäftsraum hat, gilt im Sinne des § 23 der Zivilprozessordnung als der Ort, an dem sich der Vermögensgegenstand befindet; fehlt ein solcher Geschäftsraum, so ist der Ort maßgebend, an dem der Vertreter im Inland seinen Wohnsitz, und in Ermangelung eines solchen der Ort, an dem das Patentamt seinen Sitz hat.

(4) Die rechtsgeschäftliche Beendigung der Bestellung eines Vertreters nach Absatz 1 wird erst wirksam, wenn sowohl diese Beendigung als auch die Bestellung eines anderen Vertreters gegenüber dem Patentamt oder dem Patentgericht angezeigt wird.

Zweiter Abschnitt. Patentamt

§ 26 [Besetzung] (1) Das Patentamt besteht aus einem Präsidenten und weiteren Mitgliedern. Sie müssen die Befähigung zum Richteramt nach dem Deutschen Richtergesetz besitzen (rechtskundige Mitglieder) oder in einem Zweig der Technik sachverständig sein (technische Mitglieder). Die Mitglieder werden auf Lebenszeit berufen.

(2) Als technisches Mitglied soll in der Regel nur angestellt werden, wer im Inland an einer Universität, einer technischen oder landwirtschaftlichen Hochschule oder einer Bergakademie in einem technischen oder naturwissenschaftlichen Fach eine staatliche oder akademische Abschlußprüfung bestanden hat, danach mindestens fünf Jahre im Bereich der Naturwissenschaften oder Technik beruflich tätig war und im Besitz der erforderlichen Rechtskenntnisse ist. Abschlußprüfungen in einem anderen Mitgliedstaat der Europäischen Union oder in einem anderen Vertragsstaat des Abkommens über den Europäischen Wirtschaftsraum stehen der inländischen Abschlußprüfung nach Maßgabe des Rechts der Europäischen Gemeinschaften gleich.

(3) Wenn ein voraussichtlich zeitlich begrenztes Bedürfnis besteht, kann der Präsident des Patentamts Personen, welche die für die Mitglieder geforderte Vorbildung haben (Absatz 1 und 2), mit den Verrichtungen eines Mitglieds des Patentamts beauftragen (Hilfsmitglieder). Der Auftrag kann auf eine bestimmte Zeit oder für die Dauer des Bedürfnisses erteilt werden und ist so lange nicht widerruflich. Im übrigen gelten die Vorschriften über Mitglieder auch für die Hilfsmitglieder.

§ 27 [Prüfungsstellen; Patentabteilungen] (1) Im Patentamt werden gebildet

1. Prüfungsstellen für die Bearbeitung der Patentanmeldungen und für die Erteilung von Auskünften zum Stand der Technik (§ 29 Abs. 3);
2. Patentabteilungen für alle Angelegenheiten, die die erteilten Patente betreffen, für die Festsetzung der Vergütung (§ 23 Abs. 4 und 6) und für die Bewilligung der Verfahrenskostenhilfe im Verfahren vor dem Patentamt. Innerhalb ihres Geschäftskreises obliegt jeder Patentabteilung auch die Abgabe von Gutachten (§ 29 Abs. 1 und 2)

(2) Die Obliegenheiten der Prüfungsstelle nimmt ein technisches Mitglied der Patentabteilung (Prüfer) wahr.

(3) Die Patentabteilung ist bei Mitwirkung von mindestens drei Mitgliedern beschlußfähig, unter denen sich, soweit die Abteilung im Einspruchsverfahren tätig wird, zwei technische Mitglieder befinden müssen. Bietet die Sache besondere rechtliche Schwierigkeiten und gehört keiner der Mitwirkenden zu den rechtskundigen Mitgliedern, so soll bei der Beschlußfassung ein der Patentabteilung angehörendes rechtskundiges Mitglied hinzutreten. Ein Beschluß, durch den ein Antrag auf Zuziehung eines rechtskundigen Mitglieds abgelehnt wird, ist selbständig nicht anfechtbar.

(4) Der Vorsitzende der Patentabteilung kann alle Angelegenheiten der Patentabteilung mit Ausnahme der Beschlußfassung über die Aufrechterhaltung, den Widerruf oder die Beschränkung des Patents sowie über die Festsetzung der Vergütung (§ 23 Abs. 4) allein bearbeiten oder diese Aufgabe einem technischen Mitglied der Abteilung übertragen; dies gilt nicht für eine Anhörung.

(5) Das Bundesministerium der Justiz wird ermächtigt, durch Rechtsverordnung Beamte des gehobenen und des mittleren Dienstes sowie vergleichbare Angestellte mit der Wahrnehmung von Geschäften zu betrauen, die den Prüfungsstellen oder Patentabteilungen obliegen und die ihrer Art nach keine besonderen technischen oder rechtlichen Schwierigkeiten bieten; ausgeschlossen davon sind jedoch die Erteilung des Patents und die Zurückweisung der Anmeldung aus Gründen, denen der Anmelder widersprochen hat. Das Bundesministerium der Justiz kann diese Ermächtigung durch Rechtsverordnung auf das Deutsche Patent- und Markenamt übertragen.

(6) Für die Ausschließung und Ablehnung der Prüfer und der übrigen Mitglieder der Patentabteilungen gelten die §§ 41 bis 44, 45 Abs. 2 Satz 2, §§ 47 bis 49 der Zivilprozeßordnung über Ausschließung und Ablehnung der Gerichtspersonen sinngemäß. Das gleiche gilt für die Beamten des gehobenen und des mittleren Dienstes und Angestellten, soweit sie nach Absatz 5 mit der Wahrnehmung einzelner den Prüfungsstellen oder Patentabteilungen obliegender Geschäfte betraut worden sind. Über das Ablehnungsgesuch entscheidet, soweit es einer Entscheidung bedarf, die Patentabteilung.

(7) Zu den Beratungen in den Patentabteilungen können Sachverständige, die nicht Mitglieder sind, zugezogen werden; sie dürfen an den Abstimmungen nicht teilnehmen.

§ 28 [Rechtsverordnungen] Das Bundesministerium der Justiz regelt durch Rechtsverordnung, die nicht der Zustimmung des Bundesrates bedarf, die Einrichtung und den Geschäftsgang des Patentamts sowie die Form des Verfahrens in Patentangelegenheiten, soweit nicht durch Gesetz Bestimmungen darüber getroffen sind.

§ 29 [Gutachten; Auskünfte zum Stand der Technik] (1) Das Patentamt ist verpflichtet, auf Ersuchen der Gerichte oder der Staatsanwaltschaften über Fragen, die Patente betreffen, Gutachten abzugeben, wenn in dem Verfahren voneinander abweichende Gutachten mehrerer Sachverständiger vorliegen.

(2) Im übrigen ist das Patentamt nicht befugt, ohne Genehmigung des Bundesministers der Justiz außerhalb seines gesetzlichen Geschäftskreises Beschlüsse zu fassen oder Gutachten abzugeben.

(3) Das Bundesministerium der Justiz wird ermächtigt, zur Nutzbarmachung der Dokumentation des Patentamts für die Öffentlichkeit durch Rechtsverordnung ohne Zustimmung des

Bundesrates zu bestimmen, dass das Patentamt ohne Gewähr für Vollständigkeit Auskünfte zum Stand der Technik erteilt. Dabei kann er insbesondere die Voraussetzungen, die Art und den Umfang der Auskunftserteilung sowie die Gebiete der Technik bestimmen, für die eine Auskunft erteilt werden kann. Das Bundesministerium der Justiz kann diese Ermächtigung durch Rechtsverordnung ohne Zustimmung des Bundesrates auf das Deutsche Patent- und Markenamt übertragen.

§ 30 [Patentregister] (1) Das Patentamt führt ein Register, das die Bezeichnung der Patentanmeldungen, in deren Akten jedermann Einsicht gewährt wird, und der erteilten Patente und ergänzender Schutzzertifikate (§ 16a) sowie Namen und Wohnort der Anmelder oder Patentinhaber und ihrer etwa nach § 25 bestellten Vertreter oder Zustellungsbevollmächtigten angibt, wobei die Eintragung eines Vertreters oder Zustellungsbevollmächtigten genügt. Auch sind darin Anfang, Teilung, Ablauf, Erlöschen, Anordnung der Beschränkung, Widerruf, Erklärung der Nichtigkeit der Patente und ergänzender Schutzzertifikate (§ 16a) sowie die Erhebung eines Einspruchs und einer Nichtigkeitsklage zu vermerken.

(2) Der Präsident des Patentamts kann bestimmen, daß weitere Angaben in das Register eingetragen werden.

(3) Das Patentamt vermerkt im Register eine Änderung in der Person, im Namen oder im Wohnort des Anmelders oder Patentinhabers und seines Vertreters sowie Zustellungsbevollmächtigten, wenn sie ihm nachgewiesen wird. Solange die Änderung nicht eingetragen ist, bleibt der frühere Anmelder, Patentinhaber, Vertreter oder Zustellungsbevollmächtigte nach Maßgabe dieses Gesetzes berechtigt und verpflichtet.

(4) Das Patentamt trägt auf Antrag des Patentinhabers oder des Lizenznehmers die Erteilung einer ausschließlichen Lizenz in das Register ein, wenn ihm die Zustimmung des anderen Teils nachgewiesen wird. Der Antrag nach Satz 1 ist unzulässig, solange eine Lizenzbereitschaft (§ 23 Abs. 1) erklärt ist. Die Eintragung wird auf Antrag des Patentinhabers oder des Lizenznehmers gelöscht. Der Löschungsantrag des Patentinhabers bedarf des Nachweises der Zustimmung des bei der Eintragung benannten Lizenznehmers oder seines Rechtsnachfolgers.

§ 31 [Akteneinsicht] (1)[7] Das Patentamt gewährt jedermann auf Antrag Einsicht in die Akten sowie in die zu den Akten gehörenden Modelle und Probestücke, wenn und soweit ein berechtigtes Interesse glaubhaft gemacht wird. Jedoch steht die Einsicht in das Register und die Akten von Patenten einschließlich der Akten von Beschränkungsverfahren (§ 64) jedermann frei; das gleiche gilt für die Einsieht in die Akten von abgetrennten Teilen eines Patents (§ 60).

(2) In die Akten von Patentanmeldungen steht die Einsicht jedermann frei,

1. wenn der Anmelder sich gegenüber dem Patentamt mit der Akteneinsicht einverstanden erklärt und den Erfinder benannt hat oder
2. wenn seit dem Anmeldetag (§ 35 Abs. 2) oder, sofern für die Anmeldung ein früherer Zeitpunkt als maßgebend in Anspruch genommen wird, seit diesem Zeitpunkt achtzehn Monate verstrichen sind

und ein Hinweis nach § 32 Abs. 5 veröffentlicht worden ist.

(3) Soweit die Einsicht in die Akten jedermann freisteht, steht die Einsicht auch in die zu den Akten gehörenden Modelle und Probestücke jedermann frei.

(4) In die Benennung des Erfinders (§ 37 Abs. 1) wird, wenn der vom Anmelder angegebene Erfinder es beantragt, Einsicht nur nach Absatz 1 Satz 1 gewährt; § 63 Abs. 1 Satz 4 und 5 ist entsprechend anzuwenden.

(5) In die Akten von Patentanmeldungen und Patenten, für die gemäß § 50 jede Veröffentlichung unterbleibt, kann das Patentamt nur nach Anhörung der zuständigen obersten Bundesbehörde Einsicht gewähren, wenn und soweit ein besonderes schutzwürdiges Interesse des Antragstellers die Gewährung der Einsicht geboten erscheinen läßt und hierdurch die Gefahr eines schweren Nachteils für die äußere Sicherheit der Bundesrepublik Deutschland nicht zu erwarten ist. Wird in einem Verfahren eine Patentanmeldung oder ein Patent nach § 3 Abs. 2 Satz 3 als Stand der Technik entgegengehalten, so ist auf den diese Entgegenhaltung betreffenden Teil der Akten Satz 1 entsprechend anzuwenden.

---

[7] Durch das **G zur Änderung des patentrechtlichen Einspruchsverfahrens und des PatKostG** idF. des RegE (BT-Drs. 16/735 vom 21. 2. 2006; abgedruckt im *Anhang Vor 1.*) wird voraussichtlich in § 31 Abs. 1 Satz 2 PatG der zweite Halbsatz gestrichen und das Semikolon durch einen Punkt ersetzt.

§ 32 [Offenlegungsschrift; Patentschrift; Patentblatt] (1) Das Patentamt veröffentlicht
1. die Offenlegungsschriften,
2. die Patentschriften und
3. das Patentblatt.

Die Veröffentlichung kann in elektronischer Form erfolgen.

(2) Die Offenlegungsschrift enthält die nach § 31 Abs. 2 jedermann zur Einsicht freistehenden Unterlagen der Anmeldung und die Zusammenfassung (§ 36) in der ursprünglich eingereichten oder vom Patentamt zur Veröffentlichung zugelassenen geänderten Form. Die Offenlegungsschrift wird nicht veröffentlicht, wenn die Patentschrift bereits veröffentlicht worden ist.

(3) Die Patentschrift enthält die Patentansprüche, die Beschreibung und die Zeichnungen, auf Grund deren das Patent erteilt worden ist. Außerdem sind in der Patentschrift die Druckschriften anzugeben, die das Patentamt für die Beurteilung der Patentfähigkeit der angemeldeten Erfindung in Betracht gezogen hat (§ 43 Abs. 1). Ist die Zusammenfassung (§ 36) noch nicht veröffentlicht worden, so ist sie in die Patentschrift aufzunehmen.

(4) Die Offenlegungs- oder Patentschrift wird unter den Voraussetzungen des § 31 Abs. 2 auch dann veröffentlicht, wenn die Anmeldung zurückgenommen oder zurückgewiesen wird oder als zurückgenommen gilt oder das Patent erlischt, nachdem die technischen Vorbereitungen für die Veröffentlichung abgeschlossen waren.

(5)[8] Das Patentblatt enthält regelmäßig erscheinende Übersichten über die Eintragungen im Register, soweit sie nicht nur den regelmäßigen Ablauf der Patente oder die Eintragung und Löschung ausschließlicher Lizenzen betreffen, und Hinweise auf die Möglichkeit der Einsicht in die Akten von Patentanmeldungen einschließlich der Akten von abgetrennten Teilen eines Patents (§ 60).

§ 33 [Entschädigung für angemeldete Erfindungen] (1) Von der Veröffentlichung des Hinweises gemäß § 32 Abs. 5 an kann der Anmelder von demjenigen, der den Gegenstand der Anmeldung benutzt hat, obwohl er wußte oder wissen mußte, daß die von ihm benutzte Erfindung Gegenstand der Anmeldung war, eine nach den Umständen angemessene Entschädigung verlangen; weitergehende Ansprüche sind ausgeschlossen.

(2) Der Anspruch besteht nicht, wenn der Gegenstand der Anmeldung offensichtlich nicht patentfähig ist.

(3) Auf die Verjährung finden die Vorschriften des Abschnitts 5 des Buches 1 des Bürgerlichen Gesetzbuchs entsprechende Anwendung mit der Maßgabe, dass die Verjährung frühestens ein Jahr nach Erteilung des Patents eintritt. Hat der Verpflichtete durch die Verletzung auf Kosten des Berechtigten etwas erlangt, findet § 852 des Bürgerlichen Gesetzbuchs entsprechende Anwendung.

Dritter Abschnitt. Verfahren vor dem Patentamt

§ 34 [Anmeldung einer Erfindung] (1) Eine Erfindung ist zur Erteilung eines Patents beim Patentamt anzumelden.

(2) Die Anmeldung kann auch über ein Patentinformationszentrum eingereicht werden, wenn diese Stelle durch Bekanntmachung des Bundesministeriums der Justiz im Bundesgesetzblatt dazu bestimmt ist, Patentanmeldungen entgegenzunehmen. Eine Anmeldung, die ein Staatsgeheimnis (§ 93 Strafgesetzbuch) enthalten kann, darf bei einem Patentinformationszentrum nicht eingereicht werden.

(3) Die Anmeldung muß enthalten:
1. den Namen des Anmelders;
2. einen Antrag auf Erteilung des Patents, in dem die Erfindung kurz und genau bezeichnet ist;
3. einen oder mehrere Patentansprüche, in denen angegeben ist, was als patentfähig unter Schutz gestellt werden soll;
4. eine Beschreibung der Erfindung;
5. die Zeichnungen, auf die sich die Patentansprüche oder die Beschreibung beziehen.

---

[8] Durch das **G zur Änderung des patentrechtlichen Einspruchsverfahrens und des PatKostG** idF. des RegE (BT-Drs. 16/735 vom 21. 2. 2006; abgedruckt im *Anhang Vor 1.*) werden voraussichtlich in § 32 Abs. 5 PatG die Wörter „einschließlich der Akten von abgetrennten Teilen eines Patents (§ 60)" gestrichen.

(4) Die Erfindung ist in der Anmeldung so deutlich und vollständig zu offenbaren, daß ein Fachmann sie ausführen kann.

(5) Die Anmeldung darf nur eine einzige Erfindung enthalten oder eine Gruppe von Erfindungen, die untereinander in der Weise verbunden sind, daß sie eine einzige allgemeine erfinderische Idee verwirklichen.

(6) Das Bundesministerium der Justiz wird ermächtigt, durch Rechtsverordnung Bestimmungen über die Form und die sonstigen Erfordernisse der Anmeldung zu erlassen. Es kann diese Ermächtigung durch Rechtsverordnung auf das Deutsche Patent- und Markenamt übertragen.

(7) Auf Verlangen des Patentamts hat der Anmelder den Stand der Technik nach seinem besten Wissen vollständig und wahrheitsgemäß anzugeben und in die Beschreibung (Absatz 3) aufzunehmen.

(8) Das Bundesministerium der Justiz wird ermächtigt, durch Rechtsverordnung Bestimmungen über die Hinterlegung von biologischem Material, den Zugang hierzu einschließlich des zum Zugang berechtigten Personenkreises und die erneute Hinterlegung von biologischem Material zu erlassen, sofern die Erfindung die Verwendung biologischen Materials beinhaltet oder sie solches Material betrifft, das der Öffentlichkeit nicht zugänglich ist und das in der Anmeldung nicht so beschrieben werden kann, daß ein Fachmann die Erfindung danach ausführen kann (Absatz 4). Es kann diese Ermächtigung durch Rechtsverordnung auf das Deutsche Patent- und Markenamt übertragen.

§ 34a [Herkunftsort des biologischen Materials] Hat eine Erfindung biologisches Material pflanzlichen oder tierischen Ursprungs zum Gegenstand oder wird dabei derartiges Material verwendet, so soll die Anmeldung Angaben zum geographischen Herkunftsort dieses Materials umfassen, soweit dieser bekannt ist. Die Prüfung der Anmeldungen und die Gültigkeit der Rechte auf Grund der erteilten Patente bleiben hiervon unberührt.

§ 35 [Übersetzung; Anmeldetag] (1) Ist die Anmeldung ganz oder teilweise nicht in deutscher Sprache abgefaßt, so hat der Anmelder eine deutsche Übersetzung innerhalb einer Frist von drei Monaten nach Einreichung der Anmeldung nachzureichen. Enthält die Anmeldung eine Bezugnahme auf Zeichnungen und sind der Anmeldung keine Zeichnungen beigefügt, so fordert das Patentamt den Anmelder auf, innerhalb einer Frist von einem Monat nach Zustellung der Aufforderung entweder die Zeichnungen nachzureichen oder zu erklären, daß jede Bezugnahme auf die Zeichnungen als nicht erfolgt gelten soll.

(2) Der Anmeldetag der Patentanmeldung ist der Tag, an dem die Unterlagen nach § 34 Abs. 3 Nr. 1 und 2 und, soweit sie jedenfalls Angaben enthalten, die dem Anschein nach als Beschreibung anzusehen sind, nach § 34 Abs. 3 Nr. 4

1. beim Patentamt
2. oder, wenn diese Stelle durch Bekanntmachung des Bundesministeriums der Justiz im Bundesgesetzblatt dazu bestimmt ist, bei einem Patentinformationszentrum

eingegangen sind. Sind die Unterlagen nicht in deutscher Sprache abgefaßt, so gilt dies nur, wenn die deutsche Übersetzung innerhalb der Frist nach Absatz 1 Satz 1 beim Patentamt eingegangen ist; anderenfalls gilt die Anmeldung als nicht erfolgt. Reicht der Anmelder auf eine Aufforderung nach Absatz 1 Satz 2 die fehlenden Zeichnungen nach, so wird der Tag des Eingangs der Zeichnungen beim Patentamt Anmeldetag; anderenfalls gilt jede Bezugnahme auf die Zeichnungen als nicht erfolgt.

§ 36 [Anmeldungsunterlagen] (1) Der Anmeldung ist eine Zusammenfassung beizufügen, die noch bis zum Ablauf von fünfzehn Monaten nach dem Anmeldetag oder, sofern für die Anmeldung ein früherer Zeitpunkt als maßgebend in Anspruch genommen wird, bis zum Ablauf von fünfzehn Monaten nach diesem Zeitpunkt nachgereicht werden kann.

(2) Die Zusammenfassung dient ausschließlich der technischen Unterrichtung. Sie muß enthalten:

1. die Bezeichnung der Erfindung;
2. eine Kurzfassung der in der Anmeldung enthaltenen Offenbarung, die das technische Gebiet der Erfindung angeben und so gefaßt sein soll, daß sie ein klares Verständnis des technischen Problems, seiner Lösung und der hauptsächlichen Verwendungsmöglichkeit der Erfindung erlaubt;
3. eine in der Kurzfassung erwähnte Zeichnung; sind mehrere Zeichnungen erwähnt, so ist die Zeichnung beizufügen, die die Erfindung nach Auffassung des Anmelders am deutlichsten kennzeichnet.

§ 37 [Benennung des Erfinders] (1) Der Anmelder hat innerhalb von fünfzehn Monaten nach dem Anmeldetag oder, sofern für die Anmeldung ein früherer Zeitpunkt als maßgebend in Anspruch genommen wird, innerhalb von fünfzehn Monaten nach diesem Zeitpunkt den oder die Erfinder zu benennen und zu versichern, daß weitere Personen seines Wissens an der Erfindung nicht beteiligt sind. Ist der Anmelder nicht oder nicht allein der Erfinder, so hat er auch anzugeben, wie das Recht auf das Patent an ihn gelangt ist. Die Richtigkeit der Angaben wird vom Patentamt nicht geprüft.

(2) Macht der Anmelder glaubhaft, daß er durch außergewöhnliche Umstände verhindert ist, die in Absatz 1 vorgeschriebenen Erklärungen rechtzeitig abzugeben, so hat ihm das Patentamt eine angemessene Fristverlängerung zu gewähren. Die Frist soll nicht über den Erlaß des Beschlusses über die Erteilung des Patents hinaus verlängert werden. Bestehen zu diesem Zeitpunkt die Hinderungsgründe noch fort, so hat das Patentamt die Frist erneut zu verlängern. Sechs Monate vor Ablauf der Frist gibt das Patentamt dem Patentinhaber Nachricht, daß das Patent erlischt, wenn er die vorgeschriebenen Erklärungen nicht innerhalb von sechs Monaten nach Zustellung der Nachricht abgibt.

§ 38 [Änderung der Anmeldung] Bis zum Beschluß über die Erteilung des Patents sind Änderungen der in der Anmeldung enthaltenen Angaben, die den Gegenstand der Anmeldung nicht erweitern, zulässig, bis zum Eingang des Prüfungsantrags (§ 44) jedoch nur, soweit es sich um die Berichtigung offensichtlicher Unrichtigkeiten, um die Beseitigung der von der Prüfungsstelle bezeichneten Mängel oder um Änderungen des Patentanspruchs handelt. Aus Änderungen, die den Gegenstand der Anmeldung erweitern, können Rechte nicht hergeleitet werden.

§ 39 [Teilung der Anmeldung] (1) Der Anmelder kann die Anmeldung jederzeit teilen. Die Teilung ist schriftlich zu erklären. Wird die Teilung nach Stellung des Prüfungsantrags (§ 44) erklärt, so gilt der abgetrennte Teil als Anmeldung, für die ein Prüfungsantrag gestellt worden ist. Für jede Teilanmeldung bleiben der Zeitpunkt der ursprünglichen Anmeldung und eine dafür in Anspruch genommene Priorität erhalten.

(2) Für die abgetrennte Anmeldung sind für die Zeit bis zur Teilung die gleichen Gebühren zu entrichten, die für die ursprüngliche Anmeldung zu entrichten waren. Dies gilt nicht für die Gebühr nach nach dem Patentkostengesetz für die Recherche nach § 43, wenn die Teilung vor der Stellung des Prüfungsantrags (§ 44) erklärt worden ist, es sei denn, daß auch für die abgetrennte Anmeldung ein Antrag nach § 43 gestellt wird.

(3) Werden für die abgetrennte Anmeldung die nach den §§ 34, 35 und 36 erforderlichen Anmeldungsunterlagen nicht innerhalb von drei Monaten nach Eingang der Teilungserklärung eingereicht oder werden die Gebühren für die abgetrennte Anmeldung nicht innerhalb dieser Frist entrichtet, so gilt die Teilungserklärung als nicht abgegeben.

§ 40 [Prioritätsrecht des Anmelders] (1) Dem Anmelder steht innerhalb einer Frist von zwölf Monaten nach dem Anmeldetag einer beim Patentamt eingereichten früheren Patent- und Gebrauchsmusteranmeldung für die Anmeldung derselben Erfindung zum Patent ein Prioritätsrecht zu, es sei denn, daß für die frühere Anmeldung schon eine inländische oder ausländische Priorität in Anspruch genommen worden ist.

(2) Für die Anmeldung kann die Priorität mehrerer beim Patentamt eingereichter Patent- oder Gebrauchsmusteranmeldungen in Anspruch genommen werden.

(3) Die Priorität kann nur für solche Merkmale der Anmeldung in Anspruch genommen werden, die in der Gesamtheit der Anmeldungsunterlagen der früheren Anmeldung deutlich offenbart sind.

(4) Die Priorität kann nur innerhalb von zwei Monaten nach dem Anmeldetag der späteren Anmeldung in Anspruch genommen werden; die Prioritätserklärung gilt erst als abgegeben, wenn das Aktenzeichen der früheren Anmeldung angegeben worden ist.

(5) Ist die frühere Anmeldung noch beim Patentamt anhängig, so gilt sie mit der Abgabe der Prioritätserklärung nach Absatz 4 als zurückgenommen. Dies gilt nicht, wenn die frühere Anmeldung ein Gebrauchsmuster betrifft.

(6) Wird die Einsicht in die Akte einer späteren Anmeldung beantragt (§ 31), die die Priorität einer früheren Patent- und Gebrauchsmusteranmeldung in Anspruch nimmt, so nimmt das Patentamt eine Abschrift der früheren Patent- oder Gebrauchsmusteranmeldung zu den Akten der späteren Anmeldung.

§ 41 [Prioritätserklärung] (1) Wer nach einem Staatsvertrag die Priorität einer früheren ausländischen Anmeldung derselben Erfindung in Anspruch nimmt, hat vor Ablauf des 16. Monats nach dem Prioritätstag Zeit, Land und Aktenzeichen der früheren Anmeldung anzugeben und eine Abschrift der früheren Anmeldung einzureichen, soweit dies nicht bereits geschehen ist. Innerhalb der Frist können die Angaben geändert werden. Werden die Angaben nicht rechtzeitig gemacht, so wird der Prioritätsanspruch für die Anmeldung verwirkt.

(2) Ist die frühere ausländische Anmeldung in einem Staat eingereicht worden, mit dem kein Staatsvertrag über die Anerkennung der Priorität besteht, so kann der Anmelder ein dem Prioritätsrecht nach der Pariser Verbandsübereinkunft entsprechendes Prioritätsrecht in Anspruch nehmen, soweit nach einer Bekanntmachung des Bundesministeriums der Justiz im Bundesgesetzblatt der andere Staat aufgrund einer ersten Anmeldung beim Patentamt ein Prioritätsrecht gewährt, das nach Voraussetzungen und Inhalt dem Prioritätsrecht nach der Pariser Verbandsübereinkunft vergleichbar ist; Absatz 1 ist anzuwenden.

§ 42 [Mängel der Anmeldung] (1) Genügt die Anmeldung den Anforderungen der §§ 34, 36, 37 und 38 offensichtlich nicht, so fordert die Prüfungsstelle den Anmelder auf, die Mängel innerhalb einer bestimmten Frist zu beseitigen. Entspricht die Anmeldung nicht den Bestimmungen über die Form und über die sonstigen Erfordernisse der Anmeldung (§ 34 Abs. 6), so kann die Prüfungsstelle bis zum Beginn des Prüfungsverfahrens (§ 44) von der Beanstandung dieser Mängel absehen.

(2) Ist offensichtlich, daß der Gegenstand der Anmeldung

1. seinem Wesen nach keine Erfindung ist,
2. nicht gewerblich anwendbar ist,
3. nach § 2 von der Patenterteilung ausgeschlossen ist oder
4. im Falle des § 16 Abs. 1 Satz 2 eine Verbesserung oder weitere Ausbildung der anderen Erfindung nicht bezweckt,

so benachrichtigt die Prüfungsstelle den Anmelder hiervon unter Angabe der Gründe und fordert ihn auf, sich innerhalb einer bestimmten Frist zu äußern. Das gleiche gilt, wenn im Falle des § 16 Abs. 1 Satz 2 die Zusatzanmeldung nicht innerhalb der vorgesehenen Frist eingereicht worden ist.

(3) Die Prüfungsstelle weist die Anmeldung zurück, wenn die nach Absatz 1 gerügten Mängel nicht beseitigt werden oder wenn die Anmeldung aufrechterhalten wird, obgleich eine patentfähige Erfindung offensichtlich nicht vorliegt (Absatz 2 Nr. 1 bis 3) oder die Voraussetzungen des § 16 Abs. 1 Satz 2 offensichtlich nicht gegeben sind (Absatz 2 Satz 1 Nr. 4, Satz 2). Soll die Zurückweisung auf Umstände gegründet werden, die dem Patentsucher noch nicht mitgeteilt waren, so ist ihm vorher Gelegenheit zu geben, sich dazu innerhalb einer bestimmten Frist zu äußern.

§ 43 [Antrag auf Ermittlung von öffentlichen Druckschriften] (1) Das Patentamt ermittelt auf Antrag die öffentlichen Druckschriften, die für die Beurteilung der Patentfähigkeit der angemeldeten Erfindung in Betracht zu ziehen sind (Recherche). Soweit die Ermittlung dieser Druckschriften einer zwischenstaatlichen Einrichtung vollständig oder für bestimmte Sachgebiete der Technik ganz oder teilweise übertragen worden ist (Absatz 8 Nr. 1), kann beantragt werden, die Ermittlung in der Weise durchführen zu lassen, daß der Anmelder das Ermittlungsergebnis auch für eine europäische Anmeldung verwenden kann.

(2) Der Antrag kann von dem Patentsucher und jedem Dritten, der jedoch hierdurch nicht an dem Verfahren beteiligt wird, gestellt werden. Er ist schriftlich einzureichen. § 25 ist entsprechend anzuwenden. Wird der Antrag für die Anmeldung eines Zusatzpatents (§ 16 Abs. 1 Satz 2) gestellt, so fordert das Patentamt den Patentsucher auf, bis zum Ablauf eines Monats nach Zustellung der Aufforderung für die Anmeldung des Hauptpatents einen Antrag nach Absatz 1 zu stellen; wird der Antrag nicht gestellt, so gilt die Anmeldung des Zusatzpatents als Anmeldung eines selbständigen Patents.

(3) Der Eingang des Antrags wird im Patentblatt veröffentlicht, jedoch nicht vor der Veröffentlichung des Hinweises gemäß § 32 Abs. 5. Hat ein Dritter den Antrag gestellt, so wird der Eingang des Antrags außerdem dem Patentsucher mitgeteilt. Jedermann ist berechtigt, dem Patentamt Druckschriften anzugeben, die der Erteilung eines Patents entgegenstehen könnten.

(4) Der Antrag gilt als nicht gestellt, wenn bereits ein Antrag nach § 44 gestellt worden ist. In diesem Fall teilt das Patentamt dem Antragsteller mit, zu welchem Zeitpunkt der Antrag nach

§ 44 eingegangen ist. Die für die Recherche nach § 43 gezahlte Gebühr nach dem Patentkostengesetz wird zurückgezahlt.

(5) Ist ein Antrag nach Absatz 1 eingegangen, so gelten spätere Anträge als nicht gestellt. Absatz 4 Satz 2 und 3 ist entsprechend anzuwenden.

(6) Erweist sich ein von einem Dritten gestellter Antrag nach der Mitteilung an den Patentsucher (Absatz 3 Satz 2) als unwirksam, so teilt das Patentamt dies außer dem Dritten auch dem Patentsucher mit.

(7) Das Patentamt teilt die nach Absatz 1 ermittelten Druckschriften dem Anmelder und, wenn der Antrag von einem Dritten gestellt worden ist, diesem und dem Anmelder ohne Gewähr für Vollständigkeit mit und veröffentlicht im Patentblatt, daß diese Mitteilung ergangen ist. Sind die Druckschriften von einer zwischenstaatlichen Einrichtung ermittelt worden und hat der Anmelder dies beantragt (Absatz 1 Satz 2), so wird dies in der Mitteilung angegeben.

(8) Der Bundesminister der Justiz wird ermächtigt, zur beschleunigten Erledigung der Patenterteilungsverfahren durch Rechtsverordnung zu bestimmen, daß

1. die Ermittlung der in Absatz 1 bezeichneten Druckschriften einer anderen Stelle des Patentamts als der Prüfungsstelle (§ 27 Abs. 1), einer anderen staatlichen oder einer zwischenstaatlichen Einrichtung vollständig oder für bestimmte Sachgebiete der Technik oder für bestimmte Sprachen übertragen wird, soweit diese Einrichtung für die Ermittlung der in Betracht zu ziehenden Druckschriften geeignet erscheint;
2. das Patentamt ausländischen oder zwischenstaatlichen Behörden Auskünfte aus Akten von Patentanmeldungen zur gegenseitigen Unterrichtung über das Ergebnis von Prüfungsverfahren und von Ermittlungen zum Stand der Technik erteilt, soweit es sich um Anmeldungen von Erfindungen handelt, für die auch bei diesen ausländischen oder zwischenstaatlichen Behörden die Erteilung eines Patents beantragt worden ist;
3. die Prüfung der Patentanmeldungen nach § 42 sowie die Kontrolle der Gebühren und Fristen ganz oder teilweise anderen Stellen des Patentamts als den Prüfungsstellen oder Patentabteilungen (§ 27 Abs. 1) übertragen wird.

§ 44 [Prüfungsantrag] (1) Das Patentamt prüft auf Antrag, ob die Anmeldung den Anforderungen der §§ §§ 34, 37 und 38 genügt und ob der Gegenstand der Anmeldung nach den §§ 1 bis 5 patentfähig ist.

(2) Der Antrag kann von dem Patentsucher und jedem Dritten, der jedoch hierdurch nicht an dem Prüfungsverfahren beteiligt wird, bis zum Ablauf von sieben Jahren nach Einreichung der Anmeldung gestellt werden. Die Zahlungsfrist für die Prüfungsgebühr nach dem Patentkostengesetz beträgt drei Monate ab Fälligkeit (§ 3 Abs. 1 des Patentkostengesetzes). Diese Frist endet jedoch mit Ablauf von sieben Jahren nach Einreichung der Anmeldung.

(3) Ist bereits ein Antrag nach § 43 gestellt worden, so beginnt das Prüfungsverfahren erst nach Erledigung des Antrags nach § 43. Im übrigen ist § 43 Abs. 2 Satz 2 bis 4, Abs. 3, 5 und 6 entsprechend anzuwenden. Im Falle der Unwirksamkeit des von einem Dritten gestellten Antrags kann der Patentsucher noch bis zum Ablauf von drei Monaten nach Zustellung der Mitteilung, sofern diese Frist später als die in Absatz 2 bezeichnete Frist abläuft, selbst einen Antrag stellen. Stellt er den Antrag nicht, wird im Patentblatt unter Hinweis auf die Veröffentlichung des von dem Dritten gestellten Antrags veröffentlicht, daß dieser Antrag unwirksam ist.

(4) Das Prüfungsverfahren wird auch dann fortgesetzt, wenn der Antrag auf Prüfung zurückgenommen wird. Im Falle des Absatzes 3 Satz 3 wird das Verfahren in dem Zustand fortgesetzt, in dem es sich im Zeitpunkt des Eingangs des vom Patentsucher gestellten Antrags auf Prüfung befindet.

§ 45 [Beseitigung von Mängeln] (1) Genügt die Anmeldung den Anforderungen der §§ §§ 34, 37 und 38 nicht oder sind die Anforderungen des § 36 offensichtlich nicht erfüllt, so fordert die Prüfungsstelle den Anmelder auf, die Mängel innerhalb einer bestimmten Frist zu beseitigen. Satz 1 gilt nicht für Mängel, die sich auf die Zusammenfassung beziehen, wenn die Zusammenfassung bereits veröffentlicht worden ist.

(2) Kommt die Prüfungsstelle zu dem Ergebnis, daß eine nach den §§ 1 bis 5 patentfähige Erfindung nicht vorliegt, so benachrichtigt sie den Patentsucher hiervon unter Angabe der Gründe und fordert ihn auf, sich innerhalb einer bestimmten Frist zu äußern.

§ 46 [Anhörungen und Vernehmungen] (1) Die Prüfungsstelle kann jederzeit die Beteiligten laden und anhören, Zeugen, Sachverständige und Beteiligte eidlich oder uneidlich vernehmen sowie andere zur Aufklärung der Sache erforderliche Ermittlungen anstellen. Bis zum Beschluß über die Erteilung ist der Anmelder auf Antrag zu hören, wenn es sachdienlich ist. Der Antrag ist schriftlich einzureichen. Wird der Antrag nicht in der vorgeschriebenen Form eingereicht oder erachtet die Prüfungsstelle die Anhörung nicht als sachdienlich, so weist sie den Antrag zurück. Der Beschluß, durch den der Antrag zurückgewiesen wird, ist selbständig nicht anfechtbar.

(2) Über die Anhörungen und Vernehmungen ist eine Niederschrift zu fertigen, die den wesentlichen Gang der Verhandlung wiedergeben und die rechtserheblichen Erklärungen der Beteiligten enthalten soll. Die §§ 160a, 162 und 163 der Zivilprozeßordnung sind entsprechend anzuwenden. Die Beteiligten erhalten eine Abschrift der Niederschrift.

§ 47 [Form der Beschlüsse der Prüfungsstelle] (1) Die Beschlüsse der Prüfungsstelle sind zu begründen, schriftlich auszufertigen und den Beteiligten von Amts wegen zuzustellen. Am Ende einer Anhörung können sie auch verkündet werden; Satz 1 bleibt unberührt. Einer Begründung bedarf es nicht, wenn am Verfahren nur der Anmelder beteiligt ist und seinem Antrag stattgegeben wird.

(2) Der schriftlichen Ausfertigung ist eine Erklärung beizufügen, durch welche die Beteiligten über die Beschwerde, die gegen den Beschluß gegeben ist, über die Stelle, bei der die Beschwerde einzulegen ist, über die Beschwerdefrist und über die Beschwerdegebühr belehrt werden. Die Frist für die Beschwerde (§ 73 Abs. 2) beginnt nur zu laufen, wenn die Beteiligten schriftlich belehrt worden sind. Ist die Belehrung unterblieben oder unrichtig erteilt, so ist die Einlegung der Beschwerde nur innerhalb eines Jahres seit Zustellung des Beschlusses zulässig, außer wenn eine schriftliche Belehrung dahin erfolgt ist, daß eine Beschwerde nicht gegeben sei; § 123 ist entsprechend anzuwenden.

§ 48 [Zurückweisung der Anmeldung] Die Prüfungsstelle weist die Anmeldung zurück, wenn die nach § 45 Abs. 1 gerügten Mängel nicht beseitigt werden oder wenn die Prüfung ergibt, daß eine nach den §§ 1 bis 5 patentfähige Erfindung nicht vorliegt. § 42 Abs. 3 Satz 2 ist anzuwenden.

§ 49 [Beschluß der Erteilung des Patents] (1) Genügt die Anmeldung den Anforderungen der §§ 34, 37 und 38, sind nach § 45 Abs. 1 gerügte Mängel der Zusammenfassung beseitigt und ist der Gegenstand der Anmeldung nach den §§ 1 bis 5 patentfähig, so beschließt die Prüfungsstelle die Erteilung des Patents.

(2) Der Erteilungsbeschluß wird auf Antrag des Anmelders bis zum Ablauf einer Frist von fünfzehn Monaten ausgesetzt, die mit dem Tag der Einreichung der Anmeldung beim Patentamt oder, falls für die Anmeldung ein früherer Zeitpunkt als maßgebend in Anspruch genommen wird, mit diesem Zeitpunkt beginnt.

§ 49a [Verfahren für Erteilung eines ergänzenden Schutzzertifikats] (1) Beantragt der als Patentinhaber Eingetragene einen ergänzenden Schutz, so prüft die Patentabteilung, ob die Anmeldung der entsprechenden Verordnung des Rates der Europäischen Wirtschaftsgemeinschaft sowie den Absätzen 3 und 4 und dem § 16a entspricht.

(2) Genügt die Anmeldung diesen Voraussetzungen, so erteilt die Patentabteilung das ergänzende Schutzzertifikat für die Dauer seiner Laufzeit. Andernfalls fordert sie den Anmelder auf, etwaige Mängel innerhalb einer von ihr festzusetzenden, mindestens zwei Monate betragenden Frist zu beheben. Werden die Mängel nicht behoben, so weist sie die Anmeldung durch Beschluß zurück.

(3) § 34 Abs. 6 ist anwendbar. Die §§ 46 und 47 sind auf das Verfahren vor der Patentabteilung anzuwenden.

§ 50 [Geheimpatente] (1) Wird ein Patent für eine Erfindung nachgesucht, die ein Staatsgeheimnis (§ 93 des Strafgesetzbuches) ist, so ordnet die Prüfungsstelle von Amts wegen an, daß jede Veröffentlichung unterbleibt. Die zuständige oberste Bundesbehörde ist vor der Anordnung zu hören. Sie kann den Erlaß einer Anordnung beantragen.

(2) Die Prüfungsstelle hebt von Amts wegen oder auf Antrag der zuständigen obersten Bundesbehörde, des Anmelders oder des Patentinhabers eine Anordnung nach Absatz 1 auf, wenn deren Voraussetzungen entfallen sind. Die Prüfungsstelle prüft in jährlichen Abständen, ob die Voraussetzungen der Anordnung nach Absatz 1 fortbestehen. Vor der Aufhebung einer Anordnung nach Absatz 1 ist die zuständig oberste Bundesbehörde zu hören.

(3) Die Prüfungsstelle gibt den Beteiligten Nachricht, wenn gegen einen Beschluß der Prüfungsstelle, durch den ein Antrag auf Erlaß einer Anordnung nach Absatz 1 zurückgewiesen oder eine Anordnung nach Absatz 1 aufgehoben worden ist, innerhalb der Beschwerdefrist (§ 73 Abs. 2) keine Beschwerde eingegangen ist.

(4) Die Absätze 1 bis 3 sind auf eine Erfindung entsprechend anzuwenden, die von einem fremden Staat aus Verteidigungsgründen geheimgehalten und der Bundesregierung mit deren Zustimmung unter der Auflage anvertraut wird, die Geheimhaltung zu wahren.

§ 51 [Akteneinsicht] Das Patentamt hat der zuständigen obersten Bundesbehörde zur Prüfung der Frage, ob jede Veröffentlichung gemäß § 50 Abs. 1 zu unterbleiben hat oder ob eine gemäß § 50 Abs. 1 ergangene Anordnung aufzuheben ist, Einsicht in die Akten zu gewähren.

§ 52 [Anmeldung außerhalb der Bundesrepublik] (1) Eine Patentanmeldung, die ein Staatsgeheimnis (§ 93 des Strafgesetzbuches) enthält, darf außerhalb des Geltungsbereichs dieses Gesetzes nur eingereicht werden, wenn die zuständige oberste Bundesbehörde hierzu die schriftliche Genehmigung erteilt. Die Genehmigung kann unter Auflagen erteilt werden.

(2) Mit Freiheitsstrafe bis zu fünf Jahren oder mit Geldstrafe wird bestraft, wer
1. entgegen Absatz 1 Satz 1 eine Patentanmeldung einreicht oder
2. einer Auflage nach Absatz 1 Satz 2 zuwiderhandelt.

§ 53 [Keine Anordnung über Geheimhaltung] (1) Wird dem Anmelder innerhalb von vier Monaten seit der Anmeldung der Erfindung beim Patentamt keine Anordnung nach § 50 Abs. 1 zugestellt, so können der Anmelder und jeder andere, der von der Erfindung Kenntnis hat, sofern sie im Zweifel darüber sind, ob die Geheimhaltung der Erfindung erforderlich ist (§ 93 des Strafgesetzbuches), davon ausgehen, daß die Erfindung nicht der Geheimhaltung bedarf.

(2) Kann die Prüfung, ob jede Veröffentlichung gemäß § 50 Abs. 1 zu unterbleiben hat, nicht innerhalb der in Absatz 1 genannten Frist abgeschlossen werden, so kann das Patentamt diese Frist durch eine Mitteilung, die dem Anmelder innerhalb der in Absatz 1 genannten Frist zuzustellen ist, um höchstens zwei Monate verlängern.

§ 54 [Erteilung eines Geheimpatents] Ist auf eine Anmeldung, für die eine Anordnung nach § 50 Abs. 1 ergangen ist, ein Patent erteilt worden, so ist das Patent in ein besonderes Register einzutragen. Auf die Einsicht in das besondere Register ist § 31 Abs. 5 Satz 1 entsprechend anzuwenden.

§ 55 [Entschädigung für Unterlassung der Verwertung] (1) Ein Anmelder, Patentinhaber oder sein Rechtsnachfolger, der die Verwertung einer nach den §§ 1 bis 5 patentfähigen Erfindung für friedliche Zwecke mit Rücksicht auf eine Anordnung nach § 50 Abs. 1 unterläßt, hat wegen des ihm hierdurch entstehenden Vermögenschadens einen Anspruch auf Entschädigung gegen den Bund, wenn und soweit ihm nicht zugemutet werden kann, den Schaden selbst zu tragen. Bei Beurteilung der Zumutbarkeit sind insbesondere die wirtschaftliche Lage des Geschädigten, die Höhe seiner für die Erfindung oder für den Erwerb der Rechte an der Erfindung gemachten Aufwendungen, der bei Entstehung der Aufwendungen für ihn erkennbare Grad der Wahrscheinlichkeit einer Geheimhaltungsbedürftigkeit der Erfindung sowie der Nutzen zu berücksichtigen, der dem Geschädigten aus einer sonstigen Verwertung der Erfindung zufließt. Der Anspruch kann erst nach der Erteilung des Patents geltend gemacht werden. Die Entschädigung kann nur jeweils nachträglich und für Zeitabschnitte, die nicht kürzer als ein Jahr sind, verlangt werden.

(2) Der Anspruch ist bei der zuständigen obersten Bundesbehörde geltend zu machen. Der Rechtsweg vor den ordentlichen Gerichten steht offen.

(3) Eine Entschädigung gemäß Absatz 1 wird nur gewährt, wenn die erste Anmeldung der Erfindung beim Patentamt eingereicht und die Erfindung nicht schon vor dem Erlaß einer Anordnung nach § 50 Abs. 1 von einem fremden Staat aus Verteidigungsgründen geheimgehalten worden ist.

§ 56 [Bestimmung der zuständigen obersten Bundesbehörde] Die Bundesregierung wird ermächtigt, die zuständige oberste Bundesbehörde im Sinne des § 31 Abs. 5 und der §§ 50 bis 55 und § 74 Abs. 2 durch Rechtsverordnung zu bestimmen.

§ 57 *(aufgehoben)*

§ 58 [Veröffentlichung der Patenterteilung] (1) Die Erteilung des Patents wird im Patentblatt veröffentlicht. Gleichzeitig wird die Patentschrift veröffentlicht. Mit der Veröffentlichung im Patentblatt treten die gesetzlichen Wirkungen des Patents ein.

(2) Wird die Anmeldung nach der Veröffentlichung des Hinweises auf die Möglichkeit der Einsicht in die Akten (§ 32 Abs. 5) zurückgenommen oder zurückgewiesen oder gilt sie als zurückgenommen, so gilt die Wirkung nach § 33 Abs. 1 als nicht eingetreten.

(3) Wird bis zum Ablauf der in § 44 Abs. 2 bezeichneten Frist ein Antrag auf Prüfung nicht gestellt oder wird eine für die Anmeldung zu entrichtende Jahresgebühr nicht rechtzeitig entrichtet (§ 7 Abs. 1 des Patentkostengesetzes), so gilt die Anmeldung als zurückgenommen.

§ 59 [Einspruch] (1) Innerhalb von drei Monaten nach der Veröffentlichung der Erteilung kann jeder, im Falle der widerrechtlichen Entnahme nur der Verletzte, gegen das Patent Einspruch erheben. Der Einspruch ist schriftlich zu erklären und zu begründen. Er kann nur auf die Behauptung gestützt werden, daß einer der in § 21 genannten Widerrufsgründe vorliege. Die Tatsachen, die den Einspruch rechtfertigen, sind im einzelnen anzugeben. Die Angaben müssen, soweit sie nicht schon in der Einspruchsschrift enthalten sind, bis zum Ablauf der Einspruchsfrist schriftlich nachgereicht werden.

(2) Ist gegen ein Patent Einspruch erhoben worden, so kann jeder Dritte, der nachweist, daß gegen ihn Klage wegen Verletzung des Patents erhoben worden ist, nach Ablauf der Einspruchsfrist dem Einspruchsverfahren als Einsprechender beitreten, wenn er den Beitritt innerhalb von drei Monaten nach dem Tag erklärt, an dem die Verletzungsklage erhoben worden ist. Das gleiche gilt für jeden Dritten, der nachweist, daß er nach einer Aufforderung des Patentinhabers, eine angebliche Patentverletzung zu unterlassen, gegen diesen Klage auf Feststellung erhoben hat, daß er das Patent nicht verletze. Der Beitritt ist schriftlich zu erklären und bis zum Ablauf der in Satz 1 genannten Frist zu begründen. Absatz 1 Satz 3 bis 5 ist entsprechend anzuwenden.

(3)[9] § 43 Abs. 3 Satz 3 und die §§ 46 und 47 sind im Einspruchsverfahren entsprechend anzuwenden.

§ 60[10] **[Teilung des Patents]** (1) Der Patentinhaber kann das Patent bis zur Beendigung des Einspruchsverfahrens teilen. Wird die Teilung erklärt, so gilt der abgetrennte Teil als Anmeldung, für die ein Prüfungsantrag (§ 44) gestellt worden ist. § 39 Abs. 1 Satz 2 und 4, Abs. 2 und 3 ist entsprechend anzuwenden. Für den abgetrennten Teil gelten die Wirkungen des Patents als von Anfang an nicht eingetreten.

(2) Die Teilung des Patents wird im Patentblatt veröffentlicht.

§ 61[11] **[Aufrechterhaltung oder Widerruf des Patents]** (1) Die Patentabteilung entscheidet durch Beschluß, ob und in welchem Umfang das Patent aufrechterhalten oder widerrufen

---

[9] Durch das **G zur Änderung des patentrechtlichen Einspruchsverfahrens und des PatKostG** idF. des RegE (BT-Drs. 16/735 vom 21. 2. 2006; abgedruckt im *Anhang Vor 1.*) wird voraussichtlich § 59 Abs. 3 PatG wie folgt gefasst und ein Abs. 4 mit folgendem Wortlaut angefügt:

„(3) Eine Anhörung findet im Einspruchsverfahren statt, wenn ein Beteiligter dies beantragt oder die Patentabteilung dies für sachdienlich erachtet. Mit der Ladung soll die Patentabteilung auf die Punkte hinweisen, die sie für die zu treffende Entscheidung als erörterungsbedürftig ansieht.

(4) Im Übrigen sind § 43 Abs. 3 Satz 3 und die §§ 46 und 47 im Einspruchsverfahren entsprechend anzuwenden."

[10] Durch das **G zur Änderung des patentrechtlichen Einspruchsverfahrens und des PatKostG** idF. des RegE (BT-Drs. 16/735 vom 21. 2. 2006; abgedruckt im *Anhang Vor 1.*) wird voraussichtlich § 60 PatG aufgehoben.

[11] Durch das **G zur Änderung des patentrechtlichen Einspruchsverfahrens und des PatKostG** idF. des RegE (BT-Drs. 16/735 vom 21. 2. 2006; abgedruckt im *Anhang Vor 1.*) wird voraussichtlich§ 61 PatG wie folgt geändert: a) Nach Absatz 1 wird folgender Absatz 2 eingefügt:

„(2) Abweichend von Absatz 1 entscheidet der Beschwerdesenat des Bundespatentgerichts,

1. wenn ein Beteiligter dies beantragt und kein anderer Beteiligter innerhalb von zwei Monaten nach Zustellung des Antrags widerspricht, oder

2. auf Antrag nur eines Beteiligten, wenn mindestens 15 Monate seit Ablauf der Einspruchsfrist, im Fall des Antrags eines Beigetretenen seit Erklärung des Beitritts, vergangen sind.

Dies gilt nicht, wenn die Patentabteilung eine Ladung zur Anhörung oder die Entscheidung über den Einspruch innerhalb von drei Monaten nach Zugang des Antrags auf patentgerichtliche Entscheidung zugestellt hat. Im Übrigen sind die §§ 59 bis 62, 69 bis 71 und 86 bis 99 entsprechend anzuwenden."

b) Die bisherigen Absätze 2 und 3 werden die Absätze 3 und 4.

wird. Das Verfahren wird von Amts wegen ohne den Einsprechenden fortgesetzt, wenn der Einspruch zurückgenommen wird.

(2) Wird das Patent widerrufen oder nur beschränkt aufrechterhalten, so wird dies im Patentblatt veröffentlicht.

(3) Wird das Patent beschränkt aufrechterhalten, so ist die Patentschrift entsprechend zu ändern. Die Änderung der Patentschrift ist zu veröffentlichen.

§ 62[12] **[Kosten des Einspruchverfahrens]** (1) In dem Beschluß über den Einspruch kann die Patentabteilung nach billigem Ermessen bestimmen, inwieweit einem Beteiligten die durch eine Anhörung oder eine Beweisaufnahme verursachten Kosten zur Last fallen. Die Bestimmung kann auch getroffen werden, wenn ganz oder teilweise der Einspruch zurückgenommen oder auf das Patent verzichtet wird. Die Patentabteilung kann anordnen, dass die Einspruchsgebühr nach dem Patentkostengesetz ganz oder teilweise zurückgezahlt wird, wenn es der Billigkeit entspricht.

(2) Zu den Kosten gehören außer den Auslagen des Patentamts auch die den Beteiligten erwachsenen Kosten, soweit sie zur zweckentsprechenden Wahrung der Ansprüche und Rechte notwendig waren. Der Betrag der zu erstattenden Kosten wird auf Antrag durch das Patentamt festgesetzt. Die Vorschriften der Zivilprozeßordnung über das Kostenfestsetzungsverfahren und die Zwangsvollstreckung aus Kostenfestsetzungsbeschlüssen sind entsprechend anzuwenden. An die Stelle der Erinnerung tritt die Beschwerde gegen den Kostenfestsetzungsbeschluß; § 73 ist mit der Maßgabe anzuwenden, daß die Beschwerde innerhalb von zwei Wochen einzulegen ist. Die vollstreckbare Ausfertigung wird vom Urkundsbeamten der Geschäftsstelle des Patentgerichts erteilt.

§ 63 [Nennung des Erfinders] (1) Auf der Offenlegungsschrift (§ 32 Abs. 2), auf der Patentschrift (§ 32 Abs. 3) sowie in der Veröffentlichung der Erteilung des Patents (§ 58 Abs. 1) ist der Erfinder zu nennen, sofern er bereits benannt worden ist. Die Nennung ist im Register (§ 30 Abs. 1) zu vermerken. Sie unterbleibt, wenn der vom Anmelder angegebene Erfinder es beantragt. Der Antrag kann jederzeit widerrufen werden; im Falle des Widerrufs wird die Nennung nachträglich vorgenommen. Ein Verzicht des Erfinders auf Nennung ist ohne rechtliche Wirksamkeit.

(2) Ist die Person des Erfinders unrichtig oder im Falle des Absatzes 1 Satz 3 überhaupt nicht angegeben, so sind der Patentsucher oder Patentinhaber sowie der zu Unrecht Benannte dem Erfinder verpflichtet, dem Patentamt gegenüber die Zustimmung dazu zu erklären, daß die in Absatz 1 Satz 1 und 2 vorgesehene Nennung berichtet oder nachgeholt wird. Die Zustimmung ist unwiderruflich. Durch die Erhebung einer Klage auf Erklärung der Zustimmung wird das Verfahren zur Erteilung des Patents nicht aufgehalten.

(3) Auf amtlichen Druckschriften, die bereits veröffentlicht sind, wird die nachträgliche Nennung des Erfinders (Absatz 1 Satz 4, Absatz 2) oder die Berichtigung (Absatz 2) nicht vorgenommen.

(4) Das Bundesministerium der Justiz wird ermächtigt, durch Rechtsverordnung Bestimmungen zur Ausführung der vorstehenden Vorschriften zu erlassen. Er kann diese Ermächtigung durch Rechtsverordnung auf das Deutsche Patent- und Markenamt übertragen.

§ 64 [Beschränkung des Patents] (1) Das Patent kann auf Antrag des Patentinhabers durch Änderung der Patentansprüche mit rückwirkender Kraft beschränkt werden.

(2) Der Antrag ist schriftlich einzureichen und zu begründen.

(3) Über den Antrag entscheidet die Patentabteilung. § 44 Abs. 1 und die §§ 45 bis 48 sind entsprechend anzuwenden. In dem Beschluß, durch den dem Antrag stattgegeben wird, ist die Patentschrift der Beschränkung anzupassen. Die Änderung der Patentschrift ist zu veröffentlichen.

---

[12] Durch das **G zur Änderung des patentrechtlichen Einspruchsverfahrens und des PatKostG** idF. des RegE (BT-Drs. 16/735 vom 21. 2. 2006; abgedruckt im *Anhang Vor 1.*) wird voraussichtlich § 62 PatG wie folgt geändert: a) In Absatz 1 Satz 1 werden die Wörter „über den Einspruch“ durch die Angabe „nach § 61 Abs. 1“ ersetzt.

b) Absatz 2 Satz 3 wird wie folgt gefasst:

„Die Vorschriften der Zivilprozessordnung über das Kostenfestsetzungsverfahren (§§ 103 bis 107) und die Zwangsvollstreckung aus Kostenfestsetzungsbeschlüssen (§§ 724 bis 802) sind entsprechend anzuwenden.“

Vierter Abschnitt. Patentgericht

§ 65 [Errichtung; Zuständigkeit; Besetzung] (1) Für die Entscheidungen über Beschwerden gegen Beschlüsse der Prüfungsstellen oder Patentabteilungen des Patentamts sowie über Klagen auf Erklärung der Nichtigkeit von Patenten und in Zwangslizenzverfahren (§§ 81, 85) wird das Patentgericht als selbständiges und unabhängiges Bundesgericht errichtet. Es hat seinen Sitz am Sitz des Patentamts. Es führt die Bezeichnung „Bundespatentgericht".

(2) Das Patentgericht besteht aus einem Präsidenten, den Vorsitzenden Richtern und weiteren Richtern. Sie müssen die Befähigung zum Richteramt nach dem Deutschen Richtergesetz besitzen (rechtskundige Mitglieder) oder in einem Zweig der Technik sachverständig sein (technische Mitglieder). Für die technischen Mitglieder gilt § 26 Abs. 2 entsprechend mit der Maßgabe, daß sie eine staatliche oder akademische Abschlußprüfung bestanden haben müssen.

(3) Die Richter werden vom Bundespräsidenten auf Lebenszeit ernannt, soweit nicht in § 71 Abweichendes bestimmt ist.

(4) Der Präsident des Patentgerichts übt die Dienstaufsicht über die Richter, Beamten, Angestellten und Arbeiter aus.

§ 66 [Beschwerdesenate; Nichtigkeitssenate] (1) Im Patentgericht werden gebildet

1. Senate für die Entscheidung über Beschwerden (Beschwerdesenate);
2. Senate für die Entscheidung über Klagen auf Erklärung der Nichtigkeit von Patenten und in Zwangslizenzverfahren (Nichtigkeitssenate).

(2) Die Zahl der Senate bestimmt der Bundesminister der Justiz.

§ 67 [Besetzung der Senate] (1)[13] Der Beschwerdesenat entscheidet in den Fällen des § 23 Abs. 4 und des § 50 Abs. 1 und 2 in der Besetzung mit einem rechtskundigen Mitglied als Vorsitzendem und zwei technischen Mitgliedern, in den Fällen, in denen die Anmeldung zurückgewiesen oder über die Aufrechterhaltung, den Widerruf oder die Beschränkung des Patents entschieden wird und der §§ 131, 132 und 133 in der Besetzung mit einem technischen Mitglied als Vorsitzendem, zwei weiteren technischen Mitgliedern und einem rechtskundigen Mitglied, in den Fällen des § 31 Abs. 5 in der Besetzung mit einem rechtskundigen Mitglied als Vorsitzenden, einem weiteren rechtskundigen Mitglied und einem technischen Mitglied, im übrigen in der Besetzung mit drei rechtskundigen Mitgliedern.

(2) Der Nichtigkeitssenat entscheidet in den Fällen der §§ 84 und 85 Abs. 3 in der Besetzung mit einem rechtskundigen Mitglied als Vorsitzendem, einem weiteren rechtskundigen Mitglied und drei technischen Mitgliedern, im übrigen in der Besetzung mit drei Richtern, unter denen sich ein rechtskundiges Mitglied befinden muß.

§ 68 [Geschäftsverteilung; Präsidium; Vertreter des Präsidenten] Für das Patentgericht gelten die Vorschriften des Zweiten Titels des Gerichtsverfassungsgesetzes[14] nach folgender Maßgabe entsprechend:

1. In den Fällen, in denen auf Grund des Wahlergebnisses ein rechtskundiger Richter dem Präsidium nicht angehören würde, gilt der rechtskundige Richter als gewählt, der von den rechtskundigen Mitgliedern die höchste Stimmenzahl erreicht hat.

---

[13] Durch das **G zur Änderung des patentrechtlichen Einspruchsverfahrens und des PatKostG** idF. des RegE (BT-Drs. 16/735 vom 21. 2. 2006; abgedruckt im *Anhang Vor 1.*) wird voraussichtlich § 67 Abs. 1 wie folgt gefasst:

„(1) Der Beschwerdesenat entscheidet in der Besetzung mit

1. einem rechtskundigen Mitglied als Vorsitzendem und zwei technischen Mitgliedern in den Fällen des § 23 Abs. 4 und des § 50 Abs. 1 und 2;

2. einem technischen Mitglied als Vorsitzendem, zwei weiteren technischen Mitgliedern sowie einem rechtskundigen Mitglied in den Fällen,

a) in denen die Anmeldung zurückgewiesen
b) in denen der Einspruch als unzulässig verworfen wurde,
c) des § 61 Abs. 1 Satz 2 und des § 64 Abs. 1,
d) des § 61 Abs. 2 sowie
e) der §§ 130, 131 und 133;

3. einem rechtskundigen Mitglied als Vorsitzendem, einem weiteren rechtskundigen Mitglied und einem technischen Mitglied in den Fällen des § 31 Abs. 5;

4. drei rechtskundigen Mitgliedern in allen übrigen Fällen."

[14] *Schönfelder* Nr. 95.

2. Über die Wahlanfechtung (§ 21 b Abs. 6 des Gerichtsverfassungsgesetzes) entscheidet ein Senat des Patentgerichts in der Besetzung mit drei rechtskundigen Richtern.
3. Den ständigen Vertreter des Präsidenten ernennt der Bundesminister der Justiz.

§ 69 [Öffentlichkeit der Verhandlung; Sitzungspolizei] (1) Die Verhandlung vor den Beschwerdesenaten ist öffentlich, sofern ein Hinweis auf die Möglichkeit der Akteneinsicht nach § 32 Abs. 5 oder die Patentschrift nach § 58 Abs. 1 veröffentlicht worden ist. Die §§ 172 bis 175 des Gerichtsverfassungsgesetzes sind entsprechend anzuwenden mit der Maßgabe, daß
1. die Öffentlichkeit für die Verhandlung auf Antrag eines Beteiligten auch dann ausgeschlossen werden kann, wenn sie eine Gefährdung schutzwürdiger Interessen des Antragstellers besorgen läßt,
2. die Öffentlichkeit für die Verkündung der Beschlüsse bis zur Veröffentlichung eines Hinweises auf die Möglichkeit der Akteneinsicht nach § 32 Abs. 5 oder bis zur Veröffentlichung der Patentschrift nach § 58 Abs. 1 ausgeschlossen ist.

(2) Die Verhandlung vor den Nichtigkeitssenaten einschließlich der Verkündung der Entscheidungen ist öffentlich. Absatz 1 Satz 2 Nr. 1 gilt entsprechend.

(3) Die Aufrechterhaltung der Ordnung in den Sitzungen der Senate obliegt dem Vorsitzenden. Die §§ 177 bis 180, 182 und 183 des Gerichtsverfassungsgesetzes über die Sitzungspolizei gelten entsprechend.

§ 70 [Beratung und Abstimmung] (1) Für die Beschlußfassung in den Senaten bedarf es der Beratung und Abstimmung. Hierbei darf nur die gesetzlich bestimmte Anzahl der Mitglieder der Senate mitwirken. Bei der Beratung und Abstimmung dürfen außer den zur Entscheidung berufenen Mitgliedern der Senate nur die beim Patentgericht zur Ausbildung beschäftigten Personen zugegen sein, soweit der Vorsitzende deren Anwesenheit gestattet.

(2) Die Senate entscheiden nach Stimmenmehrheit; bei Stimmengleichheit gibt die Stimme des Vorsitzenden den Ausschlag.

(3) Die Mitglieder der Senate stimmen nach dem Dienstalter, bei gleichem Dienstalter nach dem Lebensalter; der Jüngere stimmt vor dem Älteren. Wenn ein Berichterstatter ernannt ist, so stimmt er zuerst. Zuletzt stimmt der Vorsitzende.

§ 71 [Richter kraft Auftrags] (1) Beim Patentgericht können Richter kraft Auftrags verwendet werden. § 65 Abs. 2 Satz 3 ist anzuwenden.

(2) Richter kraft Auftrags und abgeordnete Richter können nicht den Vorsitz führen.

§ 72 [Geschäftsstelle] Beim Patentgericht wird eine Geschäftsstelle eingerichtet, die mit der erforderlichen Anzahl von Urkundsbeamten besetzt wird. Die Einrichtung der Geschäftsstelle bestimmt der Bundesminister der Justiz.

Fünfter Abschnitt. Verfahren vor dem Patentgericht

1. Beschwerdeverfahren

§ 73 [Beschwerde] (1) Gegen die Beschlüsse der Prüfungsstellen und Patentabteilungen findet die Beschwerde statt.

(2) Die Beschwerde ist innerhalb eines Monats nach Zustellung schriftlich beim Patentamt einzulegen. Der Beschwerde und allen Schriftsätzen sollen Abschriften für die übrigen Beteiligten beigefügt werden. Die Beschwerde und alle Schriftsätze, die Sachanträge oder die Erklärung der Zurücknahme der Beschwerde oder eines Antrags enthalten, sind den übrigen Beteiligten von Amts wegen zuzustellen; andere Schriftsätze sind ihnen formlos mitzuteilen, sofern nicht die Zustellung angeordnet wird.

(3) Erachtet die Stelle, deren Beschluß angefochten wird, die Beschwerde für begründet, so hat sie ihr abzuhelfen. Sie kann anordnen, daß die Beschwerdegebühr nach dem Patentkostengesetz zurückgezahlt wird. Wird der Beschwerde nicht abgeholfen, so ist sie vor Ablauf von einem Monat ohne sachliche Stellungnahme dem Patentgericht vorzulegen.

(4) Steht dem Beschwerdeführer ein anderer an dem Verfahren Beteiligter gegenüber, so gilt die Vorschrift des Absatzes 3 Satz 1 nicht.

§ 74 [Beschwerdeberechtigte] (1) Die Beschwerde steht den am Verfahren vor dem Patentamt Beteiligten zu.

(2) In den Fällen des § 31 Abs. 5 und des § 50 Abs. 1 und 2 steht die Beschwerde auch der zuständigen obersten Bundesbehörde zu.

§ 75 [Aufschiebende Wirkung] (1) Die Beschwerde hat aufschiebende Wirkung.

(2) Die Beschwerde hat jedoch keine aufschiebende Wirkung, wenn sie sich gegen einen Beschluß der Prüfungsstelle richtet, durch den eine Anordnung nach § 50 Abs. 1 erlassen worden ist.

§ 76 [Befugnisse des Präsidenten des Patentamts] Der Präsident des Patentamts kann, wenn er dies zur Wahrung des öffentlichen Interesses als angemessen erachtet, im Beschwerdeverfahren dem Patentgericht gegenüber schriftliche Erklärungen abgeben, den Terminen beiwohnen und in ihnen Ausführungen machen. Schriftliche Erklärungen des Präsidenten des Patentamts sind den Beteiligten von dem Patentgericht mitzuteilen.

§ 77 [Beitritt des Präsidenten des Patentamts] Das Patentgericht kann, wenn es dies wegen einer Rechtsfrage von grundsätzlicher Bedeutung als angemessen erachtet, dem Präsidenten des Patentamts anheimgeben, dem Beschwerdeverfahren beizutreten. Mit dem Eingang der Beitrittserklärung erlangt der Präsident des Patentamts die Stellung eines Beteiligten.

§ 78 [Mündliche Verhandlung] Eine mündliche Verhandlung findet statt, wenn
1. einer der Beteiligten sie beantragt,
2. vor dem Patentgericht Beweis erhoben wird (§ 88 Abs. 1) oder
3. das Patentgericht sie für sachdienlich erachtet.

§ 79 [Beschwerdeentscheidung] (1) Über die Beschwerde wird durch Beschluß entschieden.

(2) Ist die Beschwerde nicht statthaft oder nicht in der gesetzlichen Form und Frist eingelegt, so wird sie als unzulässig verworfen. Der Beschluß kann ohne mündliche Verhandlung ergehen.

(3) Das Patentgericht kann die angefochtene Entscheidung aufheben, ohne in der Sache selbst zu entscheiden, wenn
1. das Patentamt noch nicht in der Sache selbst entschieden hat,
2. das Verfahren vor dem Patentamt an einem wesentlichen Mangel leidet,
3. neue Tatsachen oder Beweismittel bekannt werden, die für die Entscheidung wesentlich sind.

Das Patentamt hat die rechtliche Beurteilung, die der Aufhebung zugrunde liegt, auch seiner Entscheidung zugrunde zu legen.

§ 80 [Kostenentscheidung] (1) Sind an den Verfahren mehrere Personen beteiligt, so kann das Patentgericht bestimmen, daß die Kosten des Verfahrens einem Beteiligten ganz oder teilweise zur Last fallen, wenn dies der Billigkeit entspricht. Es kann insbesondere auch bestimmen, daß die den Beteiligten erwachsenen Kosten, soweit sie zur zweckentsprechenden Wahrung der Ansprüche und Rechte notwendig waren, von einem Beteiligten ganz oder teilweise zu erstatten sind.

(2) Dem Präsidenten des Patentamts können Kosten nur auferlegt werden, wenn er nach seinem Beitritt in dem Verfahren Anträge gestellt hat.

(3) Das Patentgericht kann anordnen, daß die Beschwerdegebühr nach dem Patentkostengesetz zurückgezahlt wird.

(4) Die Absätze 1 bis 3 sind auch anzuwenden, wenn ganz oder teilweise die Beschwerde, die Anmeldung oder der Einspruch zurückgenommen oder auf das Patent verzichtet wird.

(5)[15] Im übrigen gelten die Vorschriften der Zivilprozeßordnung über das Kostenfestsetzungsverfahren und die Zwangsvollstreckung aus Kostenfestsetzungsbeschlüssen entsprechend.

---

[15] Durch das **G zur Änderung des patentrechtlichen Einspruchsverfahrens und des PatKostG** idF. des RegE (BT-Drs. 16/735 vom 21. 2. 2006; abgedruckt im *Anhang Vor 1.*) wird voraussichtlich § 80 Abs. 5 PatG wie folgt gefasst:

„(5) Im Übrigen sind die Vorschriften der Zivilprozessordnung über das Kostenfestsetzungsverfahren (§§ 103 bis 107) und die Zwangsvollstreckung aus Kostenfestsetzungsbeschlüssen (§§ 724 bis 802) entsprechend anzuwenden."

2. Nichtigkeits- und Zwangslizenzverfahren

§ 81 [Klage] (1) Das Verfahren wegen Erklärung der Nichtigkeit des Patents oder des ergänzenden Schutzzertifikats oder wegen Erteilung oder Rücknahme der Zwangslizenz oder wegen der Anpassung der durch Urteil festgesetzten Vergütung für eine Zwangslizenz wird durch Klage eingeleitet. Die Klage ist gegen den im Register als Patentinhaber Eingetragenen oder gegen den Inhaber der Zwangslizenz zu richten. Die Klage gegen das ergänzende Schutzzertifikat kann mit der Klage gegen das zugrundeliegende Patent verbunden werden und auch darauf gestützt werden, daß ein Nichtigkeitsgrund (§ 22) gegen das zugrundeliegende Patent vorliegt.

(2) Klage auf Erklärung der Nichtigkeit des Patents kann nicht erhoben werden, solange ein Einspruch noch erhoben werden kann oder ein Einspruchsverfahren anhängig ist.

(3) Im Falle der widerrechtlichen Entnahme ist nur der Verletzte zur Erhebung der Klage berechtigt.

(4) Die Klage ist beim Patentgericht schriftlich zu erheben. Der Klage und allen Schriftsätzen sollen Abschriften für die Gegenpartei beigefügt werden. Die Klage und alle Schriftsätze sind der Gegenpartei von Amts wegen zuzustellen.

(5) Die Klage muß den Kläger, den Beklagten und den Streitgegenstand bezeichnen und soll einen bestimmten Antrag enthalten. Die zur Begründung dienenden Tatsachen und Beweismittel sind anzugeben. Entspricht die Klage diesen Anforderungen nicht in vollem Umfang, so hat der Vorsitzende den Kläger zu der erforderlichen Ergänzung innerhalb einer bestimmten Frist aufzufordern.

(6) Kläger, die ihren gewöhnlichen Aufenthalt nicht in einem Mitgliedstaat der Europäischen Union oder einem Vertragsstaat des Abkommens über den Europäischen Wirtschaftsraum haben, leisten auf Verlangen des Beklagten wegen der Kosten des Verfahrens Sicherheit; § 110 Abs. 2 Nr. 1 bis 3 der Zivilprozeßordnung gilt entsprechend. Das Patentgericht setzt die Höhe der Sicherheit nach billigem Ermessen fest und bestimmt eine Frist, innerhalb welcher sie zu leisten ist. Wird die Frist versäumt, so gilt die Klage als zurückgenommen.

§ 82 [Zustellung der Klage; Erklärungsfrist] (1) Das Patentgericht stellt dem Beklagten die Klage zu und fordert ihn auf, sich darüber innerhalb eines Monats zu erklären.

(2) Erklärt sich der Beklagte nicht rechtzeitig, so kann ohne mündliche Verhandlung sofort nach der Klage entschieden und dabei jede vom Kläger behauptete Tatsache für erwiesen angenommen werden.

§ 83 [Widerspruch] (1) Widerspricht der Beklagte rechtzeitig, so teilt das Patentgericht den Widerspruch dem Kläger mit.

(2) Das Patentgericht entscheidet auf Grund mündlicher Verhandlung. Mit Zustimmung der Parteien kann ohne mündliche Verhandlung entschieden werden.

§ 84 [Urteil; Kostenentscheidung] (1) Über die Klage wird durch Urteil entschieden. Über die Zulässigkeit der Klage kann durch Zwischenurteil vorab entschieden werden.

(2) In dem Urteil ist auch über die Kosten des Verfahrens zu entscheiden. Die Vorschriften der Zivilprozeßordnung über die Patentkosten sind entsprechend anzuwenden, soweit nicht die Billigkeit eine andere Entscheidung erfordert; die Vorschriften der Zivilprozeßordnung über das Kostenfestsetzungsverfahren und die Zwangsvollstreckung aus Kostenfestsetzungsbeschlüssen sind entsprechend anzuwenden. § 99 Abs. 2 bleibt unberührt.

§ 85 [Verfahren wegen Erteilung der Zwangslizenz, einstweilige Verfügung] (1) In dem Verfahren wegen Erteilung der Zwangslizenz kann dem Kläger auf seinen Antrag die Benutzung der Erfindung durch einstweilige Verfügung gestattet werden, wenn er glaubhaft macht, daß die Voraussetzungen des § 24 Abs. 1 bis 6 vorliegen und daß die alsbaldige Erteilung der Erlaubnis im öffentlichen Interesse dringend geboten ist.

(2) Der Erlaß der einstweiligen Verfügung kann davon abhängig gemacht werden, daß der Antragsteller wegen der dem Antragsgegner drohenden Nachteile Sicherheit leistet.

(3) Das Patentgericht entscheidet auf Grund mündlicher Verhandlung. Die Bestimmungen des § 83 Abs. 2 Satz 2 und des § 84 gelten entsprechend.

(4) Mit der Zurücknahme oder der Zurückweisung der Klage auf Erteilung der Zwangslizenz (§ 81) endet die Wirkung der einstweiligen Verfügung; ihre Kostenentscheidung kann geändert

werden, wenn eine Partei innerhalb eines Monats nach der Zurücknahme oder nach Eintritt der Rechtskraft der Zurückweisung die Änderung beantragt.

(5) Erweist sich die Anordnung der einstweiligen Verfügung als von Anfang an ungerechtfertigt, so ist der Antragsteller verpflichtet, dem Antragsgegner den Schaden zu ersetzen, der ihm aus der Durchführung der einstweiligen Verfügung entstanden ist.

(6) Das Urteil, durch das die Zwangslizenz zugesprochen wird, kann auf Antrag gegen oder ohne Sicherheitsleistung für vorläufig vollstreckbar erklärt werden, wenn dies im öffentlichen Interesse liegt. Wird das Urteil aufgehoben oder geändert, so ist der Antragsteller zum Ersatz des Schadens verpflichtet, der dem Antragsgegner durch die Vollstreckung entstanden ist.

3. Gemeinsame Verfahrensvorschriften

§ 86 [Ausschließung und Ablehnung von Gerichtspersonen] (1) Für die Ausschließung und Ablehnung der Gerichtspersonen gelten die §§ 41 bis 44, 47 bis 49 der Zivilprozeßordnung entsprechend.

(2) Von der Ausübung des Amtes als Richter ist auch ausgeschlossen

1. im Beschwerdeverfahren, wer bei dem vorausgegangenen Verfahren vor dem Patentamt mitgewirkt hat;
2. im Verfahren über die Erklärung der Nichtigkeit des Patents, wer bei dem Verfahren vor dem Patentamt oder dem Patentgericht über die Erteilung des Patents oder den Einspruch mitgewirkt hat.

(3) Über die Ablehnung eines Richters entscheidet der Senat, dem der Abgelehnte angehört. Wird der Senat durch das Ausscheiden des abgelehnten Mitglieds beschlußunfähig, so entscheidet ein Beschwerdesenat des Patentgerichts in der Besetzung mit drei rechtskundigen Mitgliedern.

(4) Über die Ablehnung eines Urkundsbeamten entscheidet der Senat, in dessen Geschäftsbereich die Sache fällt.

§ 87 [Offizialmaxime; Vorbereitung der Verhandlung] (1) Das Patentgericht erforscht den Sachverhalt von Amts wegen. Es ist an das Vorbringen und die Beweisanträge der Beteiligten nicht gebunden.

(2) Der Vorsitzende oder ein von ihm zu bestimmendes Mitglied hat schon vor der mündlichen Verhandlung oder, wenn eine solche nicht stattfindet, vor der Entscheidung des Patentgerichts alle Anordnungen zu treffen, die notwendig sind, um die Sache möglichst in einer mündlichen Verhandlung oder in einer Sitzung zu erledigen. Im übrigen gilt § 273 Abs. 2, 3 Satz 1 und Abs. 4 Satz 1 der Zivilprozeßordnung entsprechend.

§ 88 [Beweiserhebung] (1) Das Patentgericht erhebt Beweis in der mündlichen Verhandlung. Es kann insbesondere Augenschein einnehmen, Zeugen, Sachverständige und Beteiligte vernehmen und Urkunden heranziehen.

(2) Das Patentgericht kann in geeigneten Fällen schon vor der mündlichen Verhandlung durch eines seiner Mitglieder als beauftragten Richter Beweis erheben lassen oder unter Bezeichnung der einzelnen Beweisfragen ein anderes Gericht um die Beweisaufnahme ersuchen.

(3) Die Beteiligten werden von allen Beweisterminen benachrichtigt und können der Beweisaufnahme beiwohnen. Sie können an Zeugen und Sachverständige sachdienliche Fragen richten. Wird eine Frage beanstandet, so entscheidet das Patentgericht.

§ 89 [Ladungen] (1) Sobald der Termin zur mündlichen Verhandlung bestimmt ist, sind die Beteiligten mit einer Ladungsfrist von mindestens zwei Wochen zu laden. In dringenderen Fällen kann der Vorsitzende die Frist abkürzen.

(2) Bei der Ladung ist darauf hinzuweisen, daß beim Ausbleiben eines Beteiligten auch ohne ihn verhandelt und entschieden werden kann.

§ 90 [Gang der Verhandlung] (1) Der Vorsitzende eröffnet und leitet die mündliche Verhandlung.

(2) Nach Aufruf der Sache trägt der Vorsitzende oder der Berichterstatter den wesentlichen Inhalt der Akten vor.

(3) Hierauf erhalten die Beteiligten das Wort, um ihre Anträge zu stellen und zu begründen.

§ 91 [Richterliche Fragepflicht] (1) Der Vorsitzende hat die Sache mit den Beteiligten tatsächlich und rechtlich zu erörtern.

(2) Der Vorsitzende hat jedem Mitglied des Senats auf Verlangen zu gestatten, Fragen zu stellen. Wird eine Frage beanstandet, so entscheidet der Senat.

(3) Nach Erörterung der Sache erklärt der Vorsitzende die mündliche Verhandlung für geschlossen. Der Senat kann die Wiedereröffnung beschließen.

§ 92 [Verhandlungsniederschrift] (1) Zur mündlichen Verhandlung und zu jeder Beweisaufnahme wird ein Urkundsbeamter der Geschäftsstelle als Schriftführer zugezogen. Wird auf Anordnung des Vorsitzenden von der Zuziehung des Schriftführers abgesehen, dann besorgt ein Richter die Niederschrift.

(2) Über die mündliche Verhandlung und jede Beweisaufnahme ist eine Niederschrift aufzunehmen. Die §§ 160 bis 165 der Zivilprozeßordnung sind entsprechend anzuwenden.

§ 93 [Freie Beweiswürdigung; erkennende Richter] (1) Das Patentgericht entscheidet nach seiner freien, aus dem Gesamtergebnis des Verfahrens gewonnenen Überzeugung. In der Entscheidung sind die Gründe anzugeben, die für die richterliche Überzeugung leitend gewesen sind.

(2) Die Entscheidung darf nur auf Tatsachen und Beweisergebnisse gestützt werden, zu denen die Beteiligten sich äußern konnten.

(3) Ist eine mündliche Verhandlung vorhergegangen, so kann ein Richter, der bei der letzten mündlichen Verhandlung nicht zugegen war, bei der Beschlußfassung nur mitwirken, wenn die Beteiligten zustimmen.

§ 94 [Verkündung; Zustellung; Begründung] (1) Die Endentscheidungen des Patentgerichts werden, wenn eine mündliche Verhandlung stattgefunden hat, in dem Termin, in dem die mündliche Verhandlung geschlossen wird, oder in einem sofort anzuberaumenden Termin verkündet. Dieser soll nur dann über drei Wochen hinaus angesetzt werden, wenn wichtige Gründe, insbesondere der Umfang oder die Schwierigkeit der Sache, dies erfordern. Die Endentscheidungen sind den Beteiligten von Amts wegen zuzustellen. Statt der Verkündung ist die Zustellung der Endentscheidung zulässig. Entscheidet das Patentgericht ohne mündliche Verhandlung, so wird die Verkündung durch Zustellung an die Beteiligten ersetzt.

(2) Die Entscheidungen des Patentgerichts, durch die ein Antrag zurückgewiesen oder über ein Rechtsmittel entschieden wird, sind zu begründen.

§ 95 [Berichtigung der Entscheidung] (1) Schreibfehler, Rechenfehler und ähnliche offenbare Unrichtigkeiten in der Entscheidung sind jederzeit vom Patentgericht zu berichtigen.

(2) Über die Berichtigung kann ohne vorgängige mündliche Verhandlung entschieden werden. Der Berichtigungsbeschluß wird auf der Entscheidung und den Ausfertigungen vermerkt.

§ 96 [Antrag auf Berichtigung] (1) Enthält der Tatbestand der Entscheidung andere Unrichtigkeiten oder Unklarheiten, so kann die Berichtigung innerhalb von zwei Wochen nach Zustellung der Entscheidung beantragt werden.

(2) Das Patentgericht entscheidet ohne Beweisaufnahme durch Beschluß. Hierbei wirken nur die Richter mit, die bei der Entscheidung, deren Berichtigung beantragt ist, mitgewirkt haben. Der Berichtigungsbeschluß wird auf der Entscheidung und den Ausfertigungen vermerkt.

§ 97 [Vertretung] (1) Vor dem Patentgericht kann sich ein Beteiligter in jeder Lage des Verfahrens durch einen Bevollmächtigten vertreten lassen. Durch Beschluß kann angeordnet werden, daß ein Bevollmächtigter bestellt werden muß. § 25 bleibt unberührt.

(2) Die Vollmacht ist schriftlich zu den Gerichtsakten einzureichen. Sie kann nachgereicht werden; hierfür kann das Patentgericht eine Frist bestimmen.

(3) Der Mangel der Vollmacht kann in jeder Lage des Verfahrens geltend gemacht werden. Das Patentgericht hat den Mangel der Vollmacht von Amts wegen zu berücksichtigen, wenn nicht als Bevollmächtigter ein Rechtsanwalt oder ein Patentanwalt auftritt.

§ 98 *(aufgehoben)*

§ 99 [Entsprechende Anwendung des GVG und der ZPO] (1) Soweit dieses Gesetz keine Bestimmungen über das Verfahren vor dem Patentgericht enthält, sind das Gerichtsverfassungsgesetz[16] und die Zivilprozeßordnung[17] entsprechend anzuwenden, wenn die Besonderheiten des Verfahrens vor dem Patentgericht dies nicht ausschließen.

(2) Eine Anfechtung der Entscheidungen des Patentgerichts findet nur statt, soweit dieses Gesetz sie zuläßt.

(3) Für die Gewährung der Akteneinsicht an dritte Personen ist § 31 entsprechend anzuwenden. Über den Antrag entscheidet das Patentgericht. Die Einsicht in die Akten von Verfahren wegen Erklärung der Nichtigkeit des Patents wird nicht gewährt, wenn und soweit der Patentinhaber ein entgegenstehendes schutzwürdiges Interesse dartut.

(4) § 227 Abs. 3 Satz 1 der Zivilprozeßordnung ist nicht anzuwenden.

Sechster Abschnitt. Verfahren vor dem Bundesgerichtshof

1. Rechtsbeschwerdeverfahren

§ 100 [Zulassung der Rechtsbeschwerde] (1)[18] Gegen die Beschlüsse der Beschwerdesenate des Patentgerichts, durch die über eine Beschwerde nach § 73 entschieden wird, findet die Rechtsbeschwerde an den Bundesgerichtshof statt, wenn der Beschwerdesenat die Rechtsbeschwerde in dem Beschluß zugelassen hat.

(2) Die Rechtsbeschwerde ist zuzulassen, wenn

1. eine Rechtsfrage von grundsätzlicher Bedeutung zu entscheiden ist oder
2. die Fortbildung des Rechts oder die Sicherung einer einheitlichen Rechtsprechung eine Entscheidung des Bundesgerichtshofs erfordert.

(3) Einer Zulassung zur Einlegung der Rechtsbeschwerde gegen Beschlüsse der Beschwerdesenate des Patentgerichts bedarf es nicht, wenn einer der folgenden Mängel des Verfahrens vorliegt und gerügt wird:

1. wenn das beschließende Gericht nicht vorschriftsmäßig besetzt war,
2. wenn bei dem Beschluß ein Richter mitgewirkt hat, der von der Ausübung des Richteramtes kraft Gesetzes ausgeschlossen war oder wegen Besorgnis der Befangenheit mit Erfolg abgelehnt war,
3. wenn einem Beteiligten das rechtliche Gehör versagt war,
4. wenn ein Beteiligter im Verfahren nicht nach Vorschrift des Gesetzes vertreten war, sofern er nicht der Führung des Verfahrens ausdrücklich oder stillschweigend zugestimmt hat,
5. wenn der Beschluß auf Grund einer mündlichen Verhandlung ergangen ist, bei der die Vorschriften über die Öffentlichkeit des Verfahrens verletzt worden sind, oder
6. wenn der Beschluß nicht mit Gründen versehen ist.

§ 101 [Beschwerdeberechtigte; Beschwerdegründe] (1) Die Rechtsbeschwerde steht den am Beschwerdeverfahren Beteiligten zu.

(2) Die Rechtsbeschwerde kann nur darauf gestützt werden, daß der Beschluß auf einer Verletzung des Rechts beruht. Die §§ 546 und 547 der Zivilprozessordnung gelten entsprechend.

§ 102 [Frist; Form; Gebühren; Begründung] (1) Die Rechtsbeschwerde ist innerhalb eines Monats nach Zustellung des Beschlusses beim Bundesgerichtshof schriftlich einzulegen.

(2) In dem Rechtsbeschwerdeverfahren vor dem Bundesgerichtshof gelten die Bestimmungen des § 144 über die Streitwertfestsetzung entsprechend.

(3) Die Rechtsbeschwerde ist zu begründen. Die Frist für die Begründung beträgt einen Monat; sie beginnt mit der Einlegung der Rechtsbeschwerde und kann auf Antrag von dem Vorsitzenden verlängert werden.

---

[16] *Schönfelder* Nr. 95.

[17] *Schönfelder* Nr. 100.

[18] Durch das **G zur Änderung des patentrechtlichen Einspruchsverfahrens und des PatKostG** idF. des RegE (BT-Drs. 16/735 vom 21. 2. 2006; abgedruckt im *Anhang Vor 1.*) werden voraussichtlich in § 100 Abs. 1 PatG nach der Angabe „§ 73" die Wörter „oder über die Aufrechterhaltung oder den Widerruf eines Patents nach § 61 Abs. 2" eingefügt.

(4) Die Begründung der Rechtsbeschwerde muß enthalten

1. die Erklärung, inwieweit der Beschluß angefochten und seine Abänderung oder Aufhebung beantragt wird;
2. die Bezeichnung der verletzten Rechtsnorm;
3. insoweit die Rechtsbeschwerde darauf gestützt wird, daß das Gesetz in bezug auf das Verfahren verletzt sei, die Bezeichnung der Tatsachen, die den Mangel ergeben.

(5) Vor dem Bundesgerichtshof müssen sich die Beteiligten durch einen beim Bundesgerichtshof zugelassenen Rechtsanwalt als Bevollmächtigten vertreten lassen. Auf Antrag eines Beteiligten ist seinem Patentanwalt das Wort zu gestatten. § 157 Abs. 1 und 2 der Zivilprozessordnung ist insoweit nicht anzuwenden. § 143 Abs. 3 gilt entsprechend.

§ 103 [Aufschiebende Wirkung] Die Rechtsbeschwerde hat aufschiebende Wirkung. § 75 Abs. 2 gilt entsprechend.

§ 104 [Prüfung der Zulässigkeit] Der Bundesgerichtshof hat von Amts wegen zu prüfen, ob die Rechtsbeschwerde an sich statthaft und ob sie in der gesetzlichen Form und Frist eingelegt und begründet ist. Mangelt es an einem dieser Erfordernisse, so ist die Rechtsbeschwerde als unzulässig zu verwerfen.

§ 105 [Mehrere Beteiligte] (1) Sind an dem Verfahren über die Rechtsbeschwerde mehrere Personen beteiligt, so sind die Beschwerdeschrift und die Beschwerdebegründung den anderen Beteiligten mit der Aufforderung zuzustellen, etwaige Erklärungen innerhalb einer bestimmten Frist nach Zustellung beim Bundesgerichtshof schriftlich einzureichen. Mit der Zustellung der Beschwerdeschrift ist der Zeitpunkt mitzuteilen, in dem die Rechtsbeschwerde eingelegt ist. Die erforderliche Zahl von beglaubigten Abschriften soll der Beschwerdeführer mit der Beschwerdeschrift oder der Beschwerdebegründung einreichen.

(2) Ist der Präsident des Patentamts nicht am Verfahren über die Rechtsbeschwerde beteiligt, so ist § 76 entsprechend anzuwenden.

§ 106 [Anzuwendende Vorschriften] (1) Im Verfahren über die Rechtsbeschwerde gelten die Vorschriften der Zivilprozeßordnung über Ausschließung und Ablehnung der Gerichtspersonen, über Prozeßbevollmächtigte und Beistände, über Zustellungen von Amts wegen, über Ladungen, Termine und Fristen und über Wiedereinsetzung in den vorigen Stand entsprechend. Im Falle der Wiedereinsetzung in den vorigen Stand gilt § 123 Abs. 5 bis 7 entsprechend.

(2) Für die Öffentlichkeit des Verfahrens gilt § 69 Abs. 1 entsprechend.

§ 107 [Entscheidung durch Beschluß] (1) Die Entscheidung über die Rechtsbeschwerde ergeht durch Beschluß; sie kann ohne mündliche Verhandlung getroffen werden.

(2) Der Bundesgerichtshof ist bei seiner Entscheidung an die in dem angefochtenen Beschluß getroffenen tatsächlichen Feststellungen gebunden, außer wenn in bezug auf diese Feststellungen zulässige und begründete Rechtsbeschwerdegründe vorgebracht sind.

(3) Die Entscheidung ist zu begründen und den Beteiligten von Amts wegen zuzustellen.

§ 108 [Zurückverweisung an das Patentgericht] (1) Im Falle der Aufhebung des angefochtenen Beschlusses ist die Sache zur anderweitigen Verhandlung und Entscheidung an das Patentgericht zurückzuverweisen.

(2) Das Patentgericht hat die rechtliche Beurteilung, die der Aufhebung zugrunde gelegt ist, auch seiner Entscheidung zugrunde zu legen.

§ 109 [Kostenentscheidung] (1) Sind an dem Verfahren über die Rechtsbeschwerde mehrere Personen beteiligt, so kann der Bundesgerichtshof bestimmen, daß die Kosten, die zur zweckentsprechenden Erledigung der Angelegenheit notwendig waren, von einem Beteiligten ganz oder teilweise zu erstatten sind, wenn dies der Billigkeit entspricht. Wird die Rechtsbeschwerde zurückgewiesen oder als unzulässig verworfen, so sind die durch die Rechtsbeschwerde veranlaßten Kosten dem Beschwerdeführer aufzuerlegen. Hat ein Beteiligter durch grobes Verschulden Kosten veranlaßt, so sind ihm diese aufzuerlegen.

(2) Dem Präsidenten des Patentamts können Kosten nur auferlegt werden, wenn er die Rechtsbeschwerde eingelegt oder in dem Verfahren Anträge gestellt hat.

(3) Im übrigen gelten die Vorschriften der Zivilprozeßordnung über das Kostenfestsetzungsverfahren und die Zwangsvollstreckung aus Kostenfestsetzungsbeschlüssen entsprechend.

2. Berufungsverfahren

§ 110 [Zulässigkeit] (1) Gegen die Urteile der Nichtigkeitssenate des Patentgerichts (§ 84) findet die Berufung an den Bundesgerichtshof statt.

(2) Die Berufung wird durch Einreichung der Berufungsschrift beim Bundesgerichtshof eingelegt.

(3) Die Berufungsfrist beträgt einen Monat. Sie beginnt mit der Zustellung des in vollständiger Form abgefaßten Urteils, spätestens aber mit dem Ablauf von fünf Monaten nach der Verkündung.

(4) Die Berufungsschrift muß enthalten:

1. die Bezeichnung des Urteils, gegen das die Berufung gerichtet wird;
2. die Erklärung, daß gegen dieses Urteil Berufung eingelegt werde.

(5) Mit der Berufungsschrift soll eine Ausfertigung oder beglaubigte Abschrift des angefochtenen Urteils vorgelegt werden.

(6) Beschlüsse der Nichtigkeitssenate sind nur zusammen mit ihren Urteilen (§ 84) anfechtbar; § 71 Abs. 3 der Zivilprozeßordnung ist nicht anzuwenden.

§ 111 [Begründung] (1) Der Berufungskläger muß die Berufung begründen.

(2) Die Berufungsbegründung ist, sofern sie nicht bereits in der Berufungsschrift enthalten ist, in einem Schriftsatz beim Bundesgerichtshof einzureichen. Die Frist für die Berufungsbegründung beträgt einen Monat; sie beginnt mit der Einlegung der Berufung. Die Frist kann auf Antrag von dem Vorsitzenden verlängert werden, wenn nach seiner freien Überzeugung das Verfahren durch die Verlängerung nicht verzögert wird oder wenn der Berufungskläger erhebliche Gründe darlegt.

(3) Die Berufungsbegründung muß enthalten:

1. die Erklärung, inwieweit das Urteil angefochten wird und welche Abänderungen des Urteils beantragt werden (Berufungsanträge);
2. die bestimmte Bezeichnung der im einzelnen anzuführenden Gründe der Anfechtung (Berufungsgründe) sowie die neuen Tatsachen, Beweismittel und Beweiseinreden, die die Partei zur Rechtfertigung ihrer Berufung anzuführen hat.

(4) Vor dem Bundesgerichtshof müssen sich die Parteien durch einen Rechtsanwalt oder einen Patentanwalt als Bevollmächtigten vertreten lassen. Dem Bevollmächtigten ist es gestattet, mit einem technischen Beistand zu erscheinen.

§ 112 [Zustellung; Erwiderung] (1) Die Berufungsschrift und die Berufungsbegründung sind dem Berufungsbeklagten zuzustellen. Mit der Zustellung der Berufungsschrift ist der Zeitpunkt mitzuteilen, in dem die Berufung eingelegt ist. Die erforderliche Zahl von beglaubigten Abschriften soll der Berufungskläger mit der Berufungsschrift oder der Berufungsbegründung einreichen.

(2) Der Senat oder der Vorsitzende kann dem Berufungsbeklagten eine Frist zur schriftlichen Berufungserwiderung und dem Berufungskläger eine Frist zur schriftlichen Stellungnahme auf die Berufungserwiderung setzen.

§ 113 [Verwerfung] (1) Der Bundesgerichtshof hat von Amts wegen zu prüfen, ob die Berufung an sich statthaft und ob sie in der gesetzlichen Form und Frist eingelegt und begründet ist. Mangelt es an einem dieser Erfordernisse, so ist die Berufung als unzulässig zu verwerfen.

(2) Die Entscheidung kann ohne mündliche Verhandlung durch Beschluß ergehen.

§ 114 [Termin zur mündlichen Verhandlung] Wird die Berufung nicht durch Beschluß als unzulässig verworfen, so ist der Termin zur mündlichen Verhandlung zu bestimmen und den Parteien bekanntzumachen.

§ 115 [Beweiserhebung] (1) Der Bundesgerichtshof trifft nach freiem Ermessen die zur Aufklärung der Sache erforderlichen Verfügungen. Er ist an das Vorbringen und die Beweisanträge der Parteien nicht gebunden.

(2) Beweise können auch durch Vermittlung des Patentgerichts erhoben werden.

§ 116 [Mündliche Verhandlung; Ladungsfrist] (1) Das Urteil des Bundesgerichtshofs ergeht auf Grund mündlicher Verhandlung. § 69 Abs. 2 gilt entsprechend.

(2) Die Ladungsfrist beträgt mindestens zwei Wochen.

(3) Von der mündlichen Verhandlung kann abgesehen werden, wenn

1. die Parteien zustimmen
2. eine Partei des Rechtsmittels für verlustig erklärt werden soll oder
3. nur über die Kosten entschieden werden soll.

§ 117 [Neue Tatsachen und Beweismittel] (1) Die Geltendmachung neuer Tatsachen und Beweismittel im Termin ist nur insoweit zulässig, als sie durch das Vorbringen des Berufungsbeklagten in der Erklärungsschrift veranlaßt wird.

(2) Der Bundesgerichtshof kann auch Tatsachen und Beweise berücksichtigen, mit denen die Parteien ausgeschlossen sind.

(3) Auf eine noch erforderliche Beweisaufnahme ist § 115 anzuwenden.

(4) Soll das Urteil auf Umstände gegründet werden, die von den Parteien nicht erörtert worden sind, so sind diese zu veranlassen, sich dazu zu äußern.

§ 118 [Beweisfiktion; Urteil auf Grund der Akten] (1) Von einer Partei behauptete Tatsachen, über welche die Gegenpartei sich nicht erklärt hat, können für erwiesen angenommen werden.

(2) Erscheint in dem Termin keine der Parteien, so ergeht das Urteil auf Grund der Akten.

§ 119 [Verhandlungsniederschrift] (1) In dem Termin ist eine Niederschrift aufzunehmen, die den Gang der Verhandlung im allgemeinen angibt.

(2) Die Niederschrift ist von dem Vorsitzenden und dem Urkundsbeamten der Geschäftsstelle zu unterschreiben.

§ 120 [Verkündung des Urteils] (1) Das Urteil wird in dem Termin, in dem die Verhandlung geschlossen wird, oder in einem sofort anzuberaumenden Termin verkündet.

(2) Wird die Verkündung der Entscheidungsgründe für angemessen erachtet, so erfolgt sie durch Verlesung der Gründe oder durch mündliche Mitteilung des wesentlichen Inhalts.

(3) Das Urteil wird von Amts wegen zugestellt.

§ 121 [Streitwert; Kosten] (1) In dem Verfahren vor dem Bundesgerichtshof gelten die Bestimmungen des § 144 über die Streitwertfestsetzung entsprechend.

(2) In dem Urteil ist auch über die Kosten des Verfahrens zu entscheiden. Die Vorschriften der Zivilprozeßordnung über die Prozesskosten (§§ 91 bis 101) sind entsprechend anzuwenden, soweit nicht die Billigkeit eine andere Entscheidung erfordert; die Vorschriften der Zivilprozeßordnung über das Kostenfestsetzungsverfahren (§§ 103 bis 107) und die Zwangsvollstreckung aus Kostenfestsetzungsbeschlüssen (§§ 724 bis 802) sind entsprechend anzuwenden.

3. Beschwerdeverfahren

§ 122 [Beschwerde an den BGH] (1) Gegen die Urteile der Nichtigkeitssenate des Patentgerichts über den Erlaß einstweiliger Verfügungen im Verfahren wegen Erteilung einer Zwangslizenz (§ 85) findet die Beschwerde an den Bundesgerichtshof statt. § 110 Abs. 6 entsprechend.

(2) Die Beschwerde ist innerhalb eines Monats schriftlich beim Bundesgerichtshof einzulegen.

(3) Die Beschwerdefrist beginnt mit der Zustellung des in vollständiger Form abgefaßten Urteils, spätestens aber mit dem Ablauf von fünf Monaten nach der Verkündung.

(4) Für das Verfahren vor dem Bundesgerichtshof gelten § 74 Abs. 1, §§ 84, 110 bis 121 entsprechend.

4. Gemeinsame Verfahrensvorschriften[19]

§ 122a [Verfahrensrüge der beschwerten Partei] *Auf die Rüge der durch die Entscheidung beschwerten Partei ist das Verfahren fortzuführen, wenn das Gericht den Anspruch dieser Partei auf rechtliches Gehör in entscheidungserheblicher Weise verletzt hat. Gegen eine der Endentscheidung vorausgehende Entscheidung findet die Rüge nicht statt. § 321a Abs. 2 bis 5 der Zivilprozessordnung ist entsprechend anzuwenden.*

Siebenter Abschnitt. Gemeinsame Vorschriften

§ 123 [Wiedereinsetzung in den vorigen Stand] (1)[20] Wer ohne Verschulden verhindert war, dem Patentamt oder dem Patentgericht gegenüber eine Frist einzuhalten, deren Versäumung nach gesetzlicher Vorschrift einen Rechtsnachteil zur Folge hat, ist auf Antrag wieder in den vorigen Stand einzusetzen. Dies gilt nicht für die Frist zur Erhebung des Einspruchs (§ 59 Abs. 1), für die Frist, die dem Einsprechenden zur Einlegung der Beschwerde gegen die Aufrechterhaltung des Patents zusteht (§ 73 Abs. 2), und für die Frist zur Einreichung von Anmeldungen, für die eine Priorität nach § 7 Abs. 2 und § 40 in Anspruch genommen werden kann.

(2) Die Wiedereinsetzung muß innerhalb von zwei Monaten nach Wegfall des Hindernisses schriftlich beauftragt werden. Der Antrag muß die Angabe der die Wiedereinsetzung begründenden Tatsachen enthalten; diese sind bei der Antragstellung oder im Verfahren über den Antrag glaubhaft zu machen. Innerhalb der Antragsfrist ist die versäumte Handlung nachzuholen; ist dies geschehen, so kann Wiedereinsetzung auch ohne Antrag gewährt werden. Ein Jahr nach Ablauf der versäumten Frist kann die Wiedereinsetzung nicht mehr beantragt und die versäumte Handlung nicht mehr nachgeholt werden.

(3) Über den Antrag beschließt die Stelle, die über die nachgeholte Handlung zu beschließen hat.

(4) Die Wiedereinsetzung ist unanfechtbar.

(5) Wer im Inland in gutem Glauben den Gegenstand eines Patents, das infolge der Wiedereinsetzung wieder in Kraft tritt, in der Zeit zwischen dem Erlöschen und dem Wiederinkrafttreten des Patents in Benutzung genommen oder in dieser Zeit die dazu erforderlichen Veranstaltungen getroffen hat, ist befugt, den Gegenstand des Patents für die Bedürfnisse seines eigenen Betriebs in eigenen oder fremden Werkstätten weiterzubenutzen. Diese Befugnis kann nur zusammen mit dem Betrieb vererbt oder veräußert werden.

(6) Absatz 5 ist entsprechend anzuwenden, wenn die Wirkung nach § 33 Abs. 1 infolge der Wiedereinsetzung wieder in Kraft tritt.

(7) Ein Recht nach Absatz 5 steht auch demjenigen, zu, der im Inland in gutem Glauben den Gegenstand einer Anmeldung, die infolge der Wiedereinsetzung die Priorität einer früheren ausländischen Anmeldung in Anspruch nimmt (§ 41), in der Zeit zwischen dem Ablauf der Frist von zwölf Monaten und dem Wiederinkrafttreten des Prioritätsrechts in Benutzung genommen oder in dieser Zeit die dazu erforderlichen Veranstaltungen getroffen hat.

§ 123a [Fristversäumung] (1) Ist nach Versäumung einer vom Patentamt bestimmten Frist die Patentanmeldung zurückgewiesen worden, so wird der Beschluss wirkungslos, ohne dass es

---

[19] Durch das **G zur Änderung des patentrechtlichen Einspruchsverfahrens und des PatKostG** idF. des RegE (BT-Drs. 16/735 vom 21. 2. 2006; abgedruckt im *Anhang Vor 1.*) wird voraussichtlich im sechsten Abschnitt nach § 122 PatG der Unterabschnitt „4. Gemeinsame Verfahrensvorschriften" mit dem hier abgedruckten neuen § 122a eingefügt. Die Überschrift in eckigen Klammern ist – wie alle Paragraphenüberschriften des PatG – nichtamtlich.

[20] Durch das **G zur Änderung des patentrechtlichen Einspruchsverfahrens und des PatKostG** idF. des RegE (BT-Drs. 16/735 vom 21. 2. 2006; abgedruckt im *Anhang Vor 1.*) wird voraussichtlich § 123 Abs. 1 Satz 2 PatG wie folgt gefasst:

„Dies gilt nicht für die Frist

1. zur Erhebung des Einspruchs (§ 59 Abs. 1) und zur Zahlung der Einspruchsgebühr (§ 6 Abs. 1 Satz 1 des Patentkostengesetzes),

2. für den Einsprechenden zur Einlegung der Beschwerde gegen die Aufrechterhaltung des Patents (§ 73 Abs. 2) und zur Zahlung der Beschwerdegebühr (§ 6 Abs. 1 Satz 1 des Patentkostengesetzes) und

3. zur Einreichung von Anmeldungen, für die eine Priorität nach § 7 Abs. 2 und § 40 in Anspruch genommen werden kann."

seiner ausdrücklichen Aufhebung bedarf, wenn der Anmelder die Weiterbehandlung der Anmeldung beantragt und die versäumte Handlung nachholt.

(2) Der Antrag ist innerhalb einer Frist von einem Monat nach Zustellung der Entscheidung über die Zurückweisung der Patentanmeldung einzureichen. Die versäumte Handlung ist innerhalb dieser Frist nachzuholen.

(3)[21] Gegen die Versäumung der Frist nach Absatz 2 ist eine Wiedereinsetzung nicht gegeben.

(4) Über den Antrag beschließt die Stelle, die über die nachgeholte Handlung zu beschließen hat.

§ 124 [Wahrheitspflicht] Im Verfahren vor dem Patentamt, dem Patentgericht und dem Bundesgerichtshof haben die Beteiligten ihre Erklärungen über tatsächliche Umstände vollständig und der Wahrheit gemäß abzugeben.

§ 125 [Anforderung von Unterlagen] (1) Wird der Einspruch oder die Klage auf Erklärung der Nichtigkeit des Patents auf die Behauptung gestützt, daß der Gegenstand des Patents nach § 3 nicht patentfähig ist, so kann das Patentamt oder das Patentgericht verlangen, daß Urschriften, Ablichtungen oder beglaubigte Abschriften der im Einspruch oder in der Klage erwähnten Druckschriften, die im Patentamt und im Patentgericht nicht vorhanden sind, in je einem Stück für das Patentamt oder das Patentgericht und für die am Verfahren Beteiligten eingereicht werden.

(2) Von Druckschriften in fremder Sprache sind auf Verlangen des Patentamts oder des Patentgerichts einfache oder beglaubigte Übersetzungen beizubringen.

§ 125a [Einreichung elektronischer Dokumente] (1) Soweit in Verfahren vor dem Patentamt für Anmeldungen, Anträge oder sonstige Handlungen und in Verfahren vor dem Patentgericht und dem Bundesgerichtshof für vorbereitende Schriftsätze und deren Anlagen, für Anträge und Erklärungen der Beteiligten sowie für Auskünfte, Aussagen, Gutachten und Erklärungen Dritter die Schriftform vorgesehen ist, genügt dieser Form die Aufzeichnung als elektronisches Dokument, wenn dieses für die Bearbeitung durch das Patentamt oder das Gericht geeignet ist. Die verantwortende Person soll das Dokument mit einer qualifizierten elektronischen Signatur nach dem Signaturgesetz[22] versehen.

(2) Das Bundesministerium der Justiz bestimmt durch Rechtsverordnung, die nicht der Zustimmung des Bundesrates bedarf, den Zeitpunkt, von dem an elektronische Dokumente bei dem Patentamt und den Gerichten eingereicht werden können, sowie die für die Bearbeitung der Dokumente geeignete Form. Die Zulassung der elektronischen Form kann auf das Patentamt, eines der Gerichte oder auf einzelne Verfahren beschränkt werden.

(3) Ein elektronisches Dokument ist eingereicht, sobald die für den Empfang bestimmte Einrichtung des Patentamts oder des Gerichts es aufgezeichnet hat.

§ 126 [Amtssprache] Die Sprache vor dem Patentamt und dem Patentgericht ist deutsch, sofern nichts anderes bestimmt ist. Im übrigen finden die Vorschriften des Gerichtsverfassungsgesetzes über die Gerichtssprache Anwendung.

§ 127 [Anwendung des Verwaltungszustellungsgesetzes] (1)[23] Für Zustellungen im Verfahren vor dem Patentamt gelten die Vorschriften des Verwaltungszustellungsgesetzes[24] mit folgenden Maßgaben:

1. Wird die Annahme der Zustellung durch eingeschriebenen Brief ohne gesetzlichen Grund verweigert, so gilt die Zustellung gleichwohl als bewirkt.

---

[21] Durch das **G zur Änderung des patentrechtlichen Einspruchsverfahrens und des PatKostG** idF. des RegE (BT-Drs. 16/735 vom 21. 2. 2006; abgedruckt im *Anhang Vor 1.*) wird voraussichtlich § 123a Abs. 3 PatG wie folgt gefasst:

„(3) Gegen die Versäumung der Frist nach Absatz 2 und der Frist zur Zahlung der Weiterbehandlungsgebühr nach § 6 Abs. 1 Satz 1 des Patentkostengesetzes ist eine Wiedereinsetzung nicht gegeben."

[22] SiG vom 16. 5. 2001 (BGBl. I S. 876).

[23] Durch das **G zur Änderung des patentrechtlichen Einspruchsverfahrens und des PatKostG** idF. des RegE (BT-Drs. 16/735 vom 21. 2. 2006; abgedruckt im *Anhang Vor 1.*) wird voraussichtlich in § 127 Abs. 1 Nr. 3 PatG die Angabe „§ 5 Abs. 2" durch die Angabe „§ 5 Abs. 4" ersetzt.

[24] *Sartorius* Nr. 110.

2. An Empfänger, die sich im Ausland aufhalten, kann auch durch Aufgabe zur Post zugestellt werden. § 184 Abs. 2 Satz 1 und 4 der Zivilprozessordnung gilt entsprechend.
3. Für Zustellungen an Erlaubnisscheininhaber (§ 177 der Patentanwaltsordnung) ist § 5 Abs. 2 des Verwaltungszustellungsgesetzes entsprechend anzuwenden.
4. An Empfänger, denen beim Patentamt ein Abholfach eingerichtet worden ist, kann auch dadurch zugestellt werden, daß das Schriftstück im Abholfach des Empfängers niedergelegt wird. Über die Niederlegung ist eine schriftliche Mitteilung zu den Akten zu geben. Auf dem Schriftstück ist zu vermerken, wann es niedergelegt worden ist. Die Zustellung gilt als am dritten Tag nach der Niederlegung im Abholfach bewirkt.

(2) Für Zustellungen im Verfahren vor dem Bundespatentgericht gelten die Vorschriften der Zivilprozessordnung.

§ 128 [Rechtshilfe] (1) Die Gerichte sind verpflichtet, dem Patentamt und dem Patentgericht Rechtshilfe zu leisten.

(2) Im Verfahren vor dem Patentamt setzt das Patentgericht Ordnungs- oder Zwangsmittel gegen Zeugen oder Sachverständige, die nicht erscheinen oder ihre Aussage oder deren Beeidigung verweigern, auf Ersuchen des Patentamts fest. Ebenso ist die Vorführung eines nicht erschienenen Zeugen anzuordnen.

(3) Über das Ersuchen nach Absatz 2 entscheidet ein Beschwerdesenat des Patentgerichts in der Besetzung mit drei rechtskundigen Mitgliedern. Die Entscheidung ergeht durch Beschluss.

§ 128a [Vergütung nach dem JVEG] Zeugen erhalten eine Entschädigung und Sachverständige eine Vergütung nach dem Justizvergütungs- und -entschädigungsgesetz.[25]

Achter Abschnitt. Verfahrenskostenhilfe

§ 129 [Verfahrenskostenhilfe] Im Verfahren vor dem Patentamt, dem Patentgericht und dem Bundesgerichtshof erhält ein Beteiligter Verfahrenskostenhilfe nach Maßgabe der Vorschriften der §§ 130 bis 138.

§ 130 [Patenterteilungsverfahren] (1) Im Verfahren zur Erteilung des Patents erhält der Anmelder auf Antrag unter entsprechender Anwendung der §§ 114 bis 116 der Zivilprozeßordnung Verfahrenskostenhilfe, wenn hinreichende Aussicht auf Erteilung des Patents besteht. Auf Antrag des Anmelders oder des Patentinhabers kann Verfahrenskostenhilfe auch für die Jahresgebühren gemäß § 17 Abs. 1 gewährt werden. Die Zahlungen sind an die Bundeskasse zu leisten.

(2) Die Bewilligung der Verfahrenskostenhilfe bewirkt, daß bei den Gebühren, die Gegenstand der Verfahrenskostenhilfe sind, die für den Fall der Nichtzahlung vorgesehenen Rechtsfolgen nicht eintreten. Im übrigen ist § 122 Abs. 1 der Zivilprozeßordnung entsprechend anzuwenden.

(3) Beantragen mehrere gemeinsam das Patent, so erhalten sie die Verfahrenskostenhilfe nur, wenn alle Anmelder die Voraussetzungen des Absatzes 1 erfüllen.

(4) Ist der Anmelder oder Patentinhaber nicht der Erfinder oder dessen Gesamtrechtsnachfolger, so erhält er die Verfahrenskostenhilfe nur, wenn auch der Erfinder die Voraussetzungen des Absatzes 1 erfüllt.

(5) Auf Antrag können so viele Jahresgebühren in die Verfahrenskostenhilfe einbezogen werden, wie erforderlich ist, um die einer Bewilligung der Verfahrenskostenhilfe nach § 115 Abs. 3 der Zivilprozeßordnung entgegenstehende Beschränkung auszuschließen. Die gezahlten Raten sind erst dann auf die Jahresgebühren zu verrechnen, wenn die Kosten des Patenterteilungsverfahrens einschließlich etwa entstandener Kosten für einen beigeordneten Vertreter durch die Ratenzahlungen gedeckt sind. Soweit die Jahresgebühren durch die gezahlten Raten als entrichtet angesehen werden können, ist § 5 Abs. 2 des Patentkostengesetzes entsprechend anzuwenden.

(6) Die Absätze 1 bis 3 sind in den Fällen der §§ 43 und 44 auf den antragstellenden Dritten entsprechend anzuwenden, wenn dieser ein eigenes schutzwürdiges Interesse glaubhaft macht.

---

[25] *Schönfelder* Nr. 116.

§ 131 [Patentbeschränkungsverfahren] Im Verfahren zur Beschränkung des Patents (§ 64) sind die Bestimmungen des § 130 Abs. 1, 2 und 5 entsprechend anzuwenden.

§ 132 [Einspruchsverfahren] (1) Im Einspruchsverfahren (§§ 59 bis 62) erhält der Patentinhaber auf Antrag unter entsprechender Anwendung der §§ 114 bis 116 der Zivilprozeßordnung und des § 130 Abs. 1 Satz 2 und Abs. 2, 4 und 5 Verfahrenskostenhilfe. Hierbei ist nicht zu prüfen, ob die Rechtsverteidigung hinreichende Aussicht auf Erfolg bietet.

(2) Absatz 1 Satz 1 ist auf den Einsprechenden und den gemäß § 59 Abs. 2 beitretenden Dritten sowie auf die Beteiligten im Verfahren wegen Erklärung der Nichtigkeit des Patents oder in Zwangslizenzverfahren (§§ 81, 85) entsprechend anzuwenden, wenn der Antragsteller ein eigenes schutzwürdiges Interesse glaubhaft macht.

§ 133[26] **[Beiordnung eines Patentanwalts oder Rechtsanwalts]** Einem der Beteiligten, dem die Verfahrenskostenhilfe nach den Vorschriften der §§ 130 bis 132 bewilligt worden ist, wird auf Antrag ein zur Übernahme der Vertretung bereiter Patentanwalt oder Rechtsanwalt seiner Wahl oder auf ausdrückliches Verlangen ein Erlaubnisscheininhaber beigeordnet, wenn die Vertretung zur sachdienlichen Erledigung des Verfahrens erforderlich erscheint oder ein Beteiligter mit entgegengesetzten Interessen durch einen Patentanwalt, einen Rechtsanwalt oder einen Erlaubnisscheininhaber vertreten ist. § 121 Abs. 3 und 4 der Zivilprozeßordnung ist entsprechend anzuwenden.

§ 134 [Hemmung von Gebührenfristen] Wird das Gesuch um Bewilligung der Verfahrenskostenhilfe nach den §§ 130 bis 132 vor Ablauf einer für die Zahlung einer Gebühr vorgeschriebenen Frist eingereicht, so wird der Lauf dieser Frist bis zum Ablauf von einem Monat nach Zustellung des auf das Gesuch ergehenden Beschlusses gehemmt.

§ 135 [Gesuch um Bewilligung der Verfahrenskostenhilfe] (1) Das Gesuch um Bewilligung der Verfahrenskostenhilfe ist schriftlich beim Patentamt, beim Patentgericht oder beim Bundesgerichtshof einzureichen. In Verfahren nach den §§ 110 und 122 kann das Gesuch auch vor der Geschäftsstelle des Bundesgerichtshofs zu Protokoll erklärt werden. § 125 a gilt entsprechend.

(2) Über das Gesuch beschließt die Stelle, die für das Verfahren zuständig ist, für welches die Verfahrenskostenhilfe nachgesucht wird.

(3) Die nach den §§ 130 bis 133 ergehenden Beschlüsse sind unanfechtbar, soweit es sich nicht um einen Beschluß der Patentabteilung handelt, durch den die Patentabteilung die Verfahrenskostenhilfe oder die Beiordnung eines Vertreters nach § 133 verweigert; die Rechtsbeschwerde ist ausgeschlossen, § 127 Abs. 3 der Zivilprozeßordnung ist auf das Verfahren vor dem Patentgericht entsprechend anzuwenden.

§ 136 [Anwendung von Vorschriften der ZPO] Die Vorschriften des § 117 Abs. 2 bis 4, des § 118 Abs. 2 und 3, der §§ 119 und 120 Abs. 1, 3 und 4 sowie der §§ 124 und 127 Abs. 1 und 2 der Zivilprozeßordnung sind entsprechend anzuwenden, § 127 Abs. 2 der Zivilprozessordnung mit der Maßgabe, dass die Beschwerde unabhängig von dem Verfahrenswert stattfindet. Im Einspruchsverfahren sowie in den Verfahren wegen Erklärung der Nichtigkeit des Patents oder in Zwangslizenzverfahren (§§ 81, 85) gilt dies auch für § 117 Abs. 1 Satz 2, § 118 Abs. 1, § 122 Abs. 2 sowie die §§ 123, 125 und 126 der Zivilprozeßordnung.

§ 137 [Aufhebung der Verfahrenskostenhilfe] Die Verfahrenskostenhilfe kann aufgehoben werden, wenn die angemeldete oder durch ein Patent geschützte Erfindung, hinsichtlich deren Verfahrenskostenhilfe gewährt worden ist, durch Veräußerung, Benutzung, Lizenzvergabe oder auf sonstige Weise wirtschaftlich verwertet wird und die hieraus fließenden Einkünfte die für die Bewilligung der Verfahrenskostenhilfe maßgeblichen Verhältnisse so verändern, daß dem betroffenen Beteiligten die Zahlung der Verfahrenskosten zugemutet werden kann; dies gilt auch nach Ablauf der Frist des § 124 Nr. 3 der Zivilprozeßordnung. Der Beteiligte, dem Verfahrenskostenhilfe gewährt worden ist, hat jede wirtschaftliche Verwertung dieser Erfindung derjenigen Stelle anzuzeigen, die über die Bewilligung entschieden hat.

---

[26] Durch das **G zur Änderung des patentrechtlichen Einspruchsverfahrens und des PatKostG** idF. des RegE (BT-Drs. 16/735 vom 21. 2. 2006; abgedruckt im *Anhang Vor 1.*) wird voraussichtlich § 133 Satz 2 PatG wie folgt gefasst:

„§ 121 Abs. 4 und 5 der Zivilprozessordnung ist entsprechend anzuwenden."

§ 138 [Rechtsbeschwerdeverfahren] (1) Im Verfahren über die Rechtsbeschwerde (§ 100) ist einem Beteiligten auf Antrag unter entsprechender Anwendung der §§ 114 bis 116 der Zivilprozeßordnung Verfahrenskostenhilfe zu bewilligen.

(2) Das Gesuch um die Bewilligung von Verfahrenskostenhilfe ist schriftlich beim Bundesgerichtshof einzureichen; es kann auch vor der Geschäftsstelle zu Protokoll erklärt werden. Über das Gesuch beschließt der Bundesgerichtshof.

(3) Im übrigen sind die Bestimmungen des § 130 Abs. 2, 3, 5 und 6 sowie der §§ 133, 134, 136 und 137 entsprechend anzuwenden mit der Maßgabe, daß einem Beteiligten, dem Verfahrenskostenhilfe bewilligt worden ist, nur ein beim Bundesgerichtshof zugelassener Rechtsanwalt beigeordnet werden kann.

Neunter Abschnitt. Rechtsverletzungen

§ 139 [Unterlassungs- und Schadensersatzanspruch] (1) Wer entgegen den §§ 9 bis 13 eine patentierte Erfindung benutzt, kann vom Verletzten auf Unterlassung in Anspruch genommen werden.

(2) Wer die Handlung vorsätzlich oder fahrlässig vornimmt, ist dem Verletzten zum Ersatz des daraus entstandenen Schadens verpflichtet. Fällt dem Verletzer nur leichte Fahrlässigkeit zur Last, so kann das Gericht statt des Schadensersatzes eine Entschädigung festsetzen, die in den Grenzen zwischen dem Schaden des Verletzten und dem Vorteil bleibt, der dem Verletzer erwachsen ist.

(3) Ist Gegenstand des Patents ein Verfahren zur Herstellung eines neuen Erzeugnisses, so gilt bis zum Beweis des Gegenteils das gleiche Erzeugnis, das von einem anderen hergestellt worden ist, als nach dem patentierten Verfahren hergestellt. Bei der Erhebung des Beweises des Gegenteils sind die berechtigten Interessen des Beklagten an der Wahrung seiner Herstellungs- und Betriebsgeheimnisse zu berücksichtigen.

§ 140 [Verletzung des einstweiligen Schutzes] Werden vor der Erteilung des Patents Rechte aus einer Anmeldung, in deren Akten die Einsicht jedermann freisteht (§ 31 Abs. 1 Satz 2 Halbsatz 2 und Abs. 2), gerichtlich geltend gemacht und kommt es für die Entscheidung des Rechtsstreits darauf an, daß ein Anspruch nach § 33 Abs. 1 besteht, so kann das Gericht anordnen, daß die Verhandlung bis zur Entscheidung über die Erteilung des Patents auszusetzen ist. Ist ein Antrag auf Prüfung gemäß § 44 nicht gestellt worden, so hat das Gericht der Partei, die Rechte aus der Anmeldung geltend macht, auf Antrag des Gegners eine Frist zur Stellung des Antrags auf Prüfung zu setzen. Wird der Antrag auf Prüfung nicht innerhalb der Frist gestellt, so können in dem Rechtsstreit Rechte aus der Anmeldung nicht geltend gemacht werden.

§ 140a [Vernichtungsanspruch] (1) Der Verletzte kann in den Fällen des § 139 verlangen, daß das im Besitz oder Eigentum des Verletzers befindliche Erzeugnis, das Gegenstand des Patents ist, vernichtet wird, es sei denn, daß der durch die Rechtsverletzung verursachte Zustand des Erzeugnisses auf andere Weise beseitigt werden kann und die Vernichtung für den Verletzer oder Eigentümer im Einzelfall unverhältnismäßig ist. Satz 1 ist auch anzuwenden, wenn es sich um ein Erzeugnis handelt, das durch ein Verfahren, das Gegenstand des Patents ist, unmittelbar hergestellt worden ist.

(2) Die Bestimmungen des Absatzes 1 sind entsprechend auf die im Eigentum des Verletzers stehende, ausschließlich oder nahezu ausschließlich zur widerrechtlichen Herstellung eines Erzeugnisses benutzte oder bestimmte Vorrichtung anzuwenden.

§ 140b [Auskunft sanspruch gegen Benutzer] (1) Wer entgegen den §§ 9 bis 13 eine patentierte Erfindung benutzt, kann vom Verletzten auf unverzügliche Auskunft über die Herkunft und den Vertriebsweg des benutzten Erzeugnisses in Anspruch genommenen werden, es sei denn, daß dies im Einzelfall unverhältnismäßig ist.

(2) Der nach Absatz 1 zur Auskunft Verpflichtete hat Angaben zu machen über Namen und Anschrift des Herstellers, des Lieferanten und anderer Vorbesitzer des Erzeugnisses, des gewerblichen Abnehmers oder Auftraggebers sowie über die Menge der hergestellten, ausgelieferten, erhaltenen oder bestellten Erzeugnisse.

(3) In Fällen offensichtlicher Rechtsverletzung kann die Verpflichtung zur Erteilung der Auskunft im Wege der einstweiligen Verfügung nach den Vorschriften der Zivilprozeßordnung angeordnet werden.

(4) Die Auskunft darf in einem Strafverfahren oder in einem Verfahren nach dem Gesetz über Ordnungswidrigkeiten wegen einer vor der Erteilung der Auskunft begangenen Tat gegen den zur Auskunft Verpflichteten oder gegen einen in § 52 Abs. 1 der Strafprozeßordnung bezeichneten Angehörigen nur mit Zustimmung des zur Auskunft Verpflichteten verwertet werden.

(5) Weitergehende Ansprüche auf Auskunft bleiben unberührt.

§ 141 [Verjährung] Auf die Verjährung der Ansprüche wegen Verletzung des Patentrechts finden die Vorschriften des Abschnitts 5 des Buches 1 des Bürgerlichen Gesetzbuchs entsprechende Anwendung. Hat der Verpflichtete durch die Verletzung auf Kosten des Berechtigten etwas erlangt, findet § 852 des Bürgerlichen Gesetzbuchs entsprechende Anwendung.

§ 142 [Strafvorschriften] (1) Mit Freiheitsstrafe bis zu drei Jahren oder mit Geldstrafe wird bestraft, wer ohne die erforderliche Zustimmung des Patentinhabers oder des Inhabers eines ergänzenden Schutzzertifikats (§ 16a, § 49a)

1. ein Erzeugnis, das Gegenstand des Patents oder des ergänzenden Schutzzertifikats ist (§ 9 Satz 2 Nr. 1), hergestellt oder anbietet, in Verkehr bringt, gebraucht oder einem der genannten Zwecke entweder einführt oder besitzt oder
2. ein Verfahren, das Gegenstand des Patents oder des ergänzenden Schutzzertifikats ist (§ 9 Satz 2 Nr. 2), anwendet oder zur Anwendung im Geltungsbereich dieses Gesetzes anbietet.

Satz 1 Nr. 1 ist auch anzuwenden, wenn es sich um ein Erzeugnis handelt, das durch ein Verfahren, das Gegenstand des Patents oder des ergänzenden Schutzzertifikats ist, unmittelbar hergestellt worden ist (§ 9 Satz 2 Nr. 3).

(2) Handelt der Täter gewerbsmäßig, so ist die Strafe Freiheitsstrafe bis zu fünf Jahren oder Geldstrafe.

(3) Der Versuch ist strafbar.

(4) In den Fällen des Absatzes 1 wird die Tat nur auf Antrag verfolgt, es sei denn, daß die Strafverfolgungsbehörde wegen des besonderen öffentlichen Interesses an der Strafverfolgung ein Einschreiten von Amts wegen für geboten hält.

(5) Gegenstände, auf die sich die Straftat bezieht, können eingezogen werden. § 74a des Strafgesetzbuches ist anzuwenden. Soweit den in § 140a bezeichneten Ansprüchen im Verfahren nach den Vorschriften der Strafprozeßordnung über die Entschädigung des Verletzten (§§ 403 bis 406c) stattgegeben wird, sind die Vorschriften über die Einziehung nicht anzuwenden.

(6) Wird auf Strafe erkannt, so ist, wenn der Verletzte es beantragt und ein berechtigtes Interesse daran dartut, anzuordnen, daß die Verurteilung auf Verlangen öffentlich bekanntgemacht wird. Die Art der Bekanntmachung ist im Urteil zu bestimmen.

§ 142a [Maßnahmen der Zollbehörde: Beschlagnahme, Einziehung] (1) Ein Erzeugnis, das ein nach diesem Gesetz geschütztes Patent verletzt, unterliegt auf Antrag und gegen Sicherheitsleistung des Rechtsinhabers bei seiner Einfuhr oder Ausfuhr der Beschlagnahme durch die Zollbehörde, sofern die Rechtsverletzung offensichtlich ist. Dies gilt für den Verkehr mit anderen Mitgliedstaaten der Europäischen Union sowie mit den anderen Vertragsstaaten des Abkommens über den Europäischen Wirtschaftsraum nur, soweit Kontrollen durch die Zollbehörden stattfinden.

(2) Ordnet die Zollbehörde die Beschlagnahme an, so unterrichtet sie unverzüglich den Verfügungsberechtigten sowie den Antragsteller. Dem Antragsteller sind Herkunft, Menge und Lagerort des Erzeugnisses sowie Name und Anschrift des Verfügungsberechtigten mitzuteilen; das Brief- und Postgeheimnis (Artikel 10 des Grundgesetzes) wird insoweit eingeschränkt. Dem Antragsteller wird Gelegenheit gegeben, das Erzeugnis zu besichtigen, soweit hierdurch nicht in Geschäfts- oder Betriebsgeheimnisse eingegriffen wird.

(3) Wird der Beschlagnahme nicht spätestens nach Ablauf von zwei Wochen nach Zustellung der Mitteilung nach Absatz 2 Satz 1 widersprochen, so ordnet die Zollbehörde die Einziehung des beschlagnahmten Erzeugnisses an.

(4) Widerspricht der Verfügungsberechtigte der Beschlagnahme, so unterrichtet die Zollbehörde hiervon unverzüglich den Antragsteller. Dieser hat gegenüber der Zollbehörde unverzüglich zu erklären, ob er den Antrag nach Absatz 1 in bezug auf das beschlagnahmte Erzeugnis aufrechterhält.

1. Nimmt der Antragsteller den Antrag zurück, hebt die Zollbehörde die Beschlagnahme unverzüglich auf.
2. Hält der Antragsteller den Antrag aufrecht und legt er eine vollziehbare gerichtliche Entscheidung vor, die die Verwahrung des beschlagnahmten Erzeugnisses oder eine Verfügungsbeschränkung anordnet, trifft die Zollbehörde die erforderlichen Maßnahmen.

Liegen die Fälle der Nummern 1 oder 2 nicht vor, hebt die Zollbehörde die Beschlagnahme nach Ablauf von zwei Wochen nach Zustellung der Mitteilung an den Antragsteller nach Satz 1 auf; weist der Antragsteller nach, daß die gerichtliche Entscheidung nach Nummer 2 beantragt, ihm aber noch nicht zugegangen ist, wird die Beschlagnahme für längstens zwei weitere Wochen aufrechterhalten.

(5) Erweist sich die Beschlagnahme als von Anfang an ungerechtfertigt und hat der Antragsteller den Antrag nach Absatz 1 in bezug auf das beschlagnahmte Erzeugnis aufrechterhalten oder sich nicht unverzüglich erklärt (Absatz 4 Satz 2), so ist er verpflichtet, den dem Verfügungsberechtigten durch die Beschlagnahme entstandenen Schaden zu ersetzen.

(6) Der Antrag nach Absatz 1 ist bei der Oberfinanzdirektion zu stellen und hat Wirkung für zwei Jahre, sofern keine kürzere Geltungsdauer beantragt wird; er kann wiederholt werden. Für die mit dem Antrag verbundenen Amtshandlungen werden vom Antragsteller Kosten nach Maßgabe des § 178 der Abgabenordnung erhoben.

(7) Die Beschlagnahme und die Einziehung können mit den Rechtsmitteln angefochten werden, die im Bußgeldverfahren nach dem Gesetz über Ordnungswidrigkeiten gegen die Beschlagnahmen und Einziehung zulässig sind. Im Rechtsmittelverfahren ist der Antragsteller zu hören. Gegen die Entscheidung des Amtsgerichts ist die sofortige Beschwerde zulässig; über sie entscheidet das Oberlandesgericht.

Zehnter Abschnitt. Verfahren in Patentstreitsachen

§ 143 [Gerichte für Patentstreitsachen] (1) Für alle Klagen, durch die ein Anspruch aus einem der in diesem Gesetz geregelten Rechtsverhältnisse geltend gemacht wird (Patentstreitsachen), sind die Zivilkammern der Landgerichte ohne Rücksicht auf den Streitwert ausschließlich zuständig.

(2) Die Landesregierungen werden ermächtigt, durch Rechtsverordnung die Patentstreitsachen für die Bezirke mehrerer Landgerichte einem von ihnen zuzuweisen. Die Landesregierungen können diese Ermächtigungen auf die Landesjustizverwaltungen übertragen. Die Länder können außerdem durch Vereinbarung den Gerichten eines Landes obliegende Aufgaben insgesamt oder teilweise dem zuständigen Gericht eines anderen Landes übertragen.

(3) Von den Kosten, die durch die Mitwirkung eines Patentanwalts in dem Rechtsstreit entstehen, sind die Gebühren nach § 13 des Rechtsanwaltsvergütungsgesetzes und außerdem die notwendigen Auslagen des Patentanwalts zu erstatten.

§ 144 [Herabsetzung des Streitwerts] (1) Macht in einer Patentstreitsache eine Partei glaubhaft, daß die Belastung mit den Prozeßkosten nach dem vollen Streitwert ihre wirtschaftliche Lage erheblich gefährden würde, so kann das Gericht auf ihren Antrag anordnen, daß die Verpflichtung dieser Partei zur Zahlung von Gerichtskosten sich nach einem ihrer Wirtschaftslage angepaßten Teil des Streitwerts bemißt. Die Anordnung hat zur Folge, daß die begünstigte Partei die Gebühren ihres Rechtsanwalts ebenfalls nur nach diesem Teil des Streitwerts zu entrichten hat. Soweit ihr Kosten des Rechtsstreits auferlegt werden oder soweit sie diese übernimmt, hat sie die von dem Gegner entrichteten Gerichtsgebühren und die Gebühren seines Rechtsanwalts nur nach dem Teil des Streitwerts zu erstatten. Soweit die außergerichtlichen Kosten dem Gegner auferlegt oder von ihm übernommen werden, kann der Rechtsanwalt der begünstigten Partei seine Gebühren von dem Gegner nach dem für diesen geltenden Streitwert beitreiben.

(2) Der Antrag nach Absatz 1 kann vor der Geschäftsstelle des Gerichts zur Niederschrift erklärt werden. Er ist vor der Verhandlung zur Hauptsache anzubringen. Danach ist er nur zulässig, wenn der angenommene oder festgesetzte Streitwert später durch das Gericht heraufgesetzt wird. Vor der Entscheidung über den Antrag ist der Gegner zu hören.

§ 145 [Weitere Klage wegen eines anderen Patents] Wer eine Klage nach § 139 erhoben hat, kann gegen den Beklagten wegen derselben oder einer gleichartigen Handlung auf Grund eines anderen Patents nur dann eine weitere Klage erheben, wenn er ohne sein Verschulden nicht in der Lage war, auch dieses Patent in dem früheren Rechtsstreit geltend zu machen.

Elfter Abschnitt. Patentberühmung

§ 146 [Patentberühmung] Wer Gegenstände oder ihre Verpackung mit einer Bezeichnung versieht, die geeignet ist, den Eindruck zu erwecken, daß die Gegenstände durch ein Patent oder eine Patentanmeldung nach diesem Gesetz geschützt seien, oder wer in öffentlichen Anzeigen, auf Aushängeschildern, auf Empfehlungskarten oder in ähnlichen Kundgebungen eine Bezeichnung solcher Art verwendet, ist verpflichtet, jedem, der ein berechtigtes Interesse an der Kenntnis der Rechtslage hat, auf Verlangen Auskunft darüber zu geben, auf welches Patent oder auf welche Patentanmeldung sich die Verwendung der Bezeichnung stützt.

Zwölfter Abschnitt. Übergangsvorschriften

§ 147[27] **[Übergangsvorschriften]** (1) Artikel 229 § 6 des Einführungsgesetzes zum Bürgerlichen Gesetzbuche[28] findet mit der Maßgabe entsprechende Anwendung, dass § 33 Abs. 3 und § 141 in der bis zum 1. Januar 2002 geltenden Fassung den Vorschriften des Bürgerlichen Gesetzbuchs über die Verjährung in der bis zum 1. Januar 2002 geltenden Fassung gleichgestellt sind.

(2) Für Stundungen von Patentjahres- oder Aufrechterhaltungsgebühren, die bis zum 31. Dezember 2001 nach § 18 in der bis zu diesem Zeitpunkt geltenden Fassung gewährt wurden, bleiben die bisher geltenden Vorschriften anwendbar.

(3) Abweichend von § 61 Abs. 1 Satz 1 entscheidet über den Einspruch nach § 59 der Beschwerdesenat des Patentgerichts, wenn

1. die Einspruchsfrist nach dem 1. Januar 2002 beginnt und der Einspruch vor dem 1. Juli 2006 eingelegt worden ist oder
2. der Einspruch vor dem 1. Januar 2002 erhoben worden ist, ein Beteiligter dies bis zum 30. Juni 2006 beantragt und die Patentabteilung eine Ladung zur mündlichen Anhörung oder die Entscheidung über den Einspruch innerhalb von zwei Monaten nach Zugang des Antrags auf patentgerichtliche Entscheidung noch nicht zugestellt hat.

Für das Einspruchverfahren vor dem Beschwerdesenat des Patentgerichts gelten die §§ 59 bis 62, mit Ausnahme des § 61 Abs. 1 Satz 1, entsprechend. Der Einspruch ist beim Deutschen Patent- und Markenamt einzulegen. Der Beschwerdesenat entscheidet in der Besetzung von einem technischen Mitglied als Vorsitzenden, zwei weiteren technischen Mitgliedern und einem rechtskundigen Mitglied. Gegen die Beschlüsse der Beschwerdesenate findet die Rechtsbeschwerde an den Bundesgerichtshof nach § 100 statt.

---

[27] Durch das **G zur Änderung des patentrechtlichen Einspruchsverfahrens und des PatKostG** idF. des RegE (BT-Drs. 16/735 vom 21. 2. 2006; abgedruckt im *Anhang Vor 1.*) wird voraussichtlich § 147 Abs. 2 und 3 PatG aufgehoben.

[28] *Schönfelder* Nr. 21.

B. Gebrauchsmustergesetz (GebrMG)

In der Fassung der Bekanntmachung vom 28. August 1986 (BGBl. I S. 1455), zuletzt geändert durch Art. 2 G zur Umsetzung der RL über den rechtlichen Schutz biotechnologischer Erfindungen vom 21. 1. 2005 (BGBl. I S. 146)[29,30]

FNA 421–1

§ 1 [Voraussetzungen des Schutzes] (1) Als Gebrauchsmuster werden Erfindungen geschützt, die neu sind, auf einem erfinderischen Schritt beruhen und gewerblich anwendbar sind.

(2) Als Gegenstand eines Gebrauchsmusters im Sinne des Absatzes 1 werden insbesondere nicht angesehen:

1. Entdeckungen sowie wissenschaftliche Theorien und mathematische Methoden;
2. ästhetische Fomschöpfungen;
3. Pläne, Regeln und Verfahren für gedankliche Tätigkeiten, für Spiele oder für geschäftliche Tätigkeiten sowie Programme für Datenverarbeitungsanlagen;
4. die Wiedergabe von Informationen,
5. biotechnologische Erfindungen (§ 1 Abs. 2 des Patentgesetzes).

(3) Absatz 2 steht dem Schutz als Gebrauchsmuster nur insoweit entgegen, als für die genannten Gegenstände oder Tätigkeiten als solche Schutz begehrt wird.

§ 2 [Kein Schutz] Als Gebrauchsmuster werden nicht geschützt:

1. Erfindungen, deren Verwertung gegen die öffentliche Ordnung oder die guten Sitten verstoßen würde; ein solcher Verstoß kann nicht allein aus der Tatsache hergeleitet werden, daß die Verwertung der Erfindung durch Gesetz oder Verwaltungsvorschrift verboten ist.
2. Pflanzensorten oder Tierarten;
3. Verfahren.

§ 3 [Begriff der Neuheit] (1) Der Gegenstand eines Gebrauchsmusters gilt als neu, wenn er nicht zum Stand der Technik gehört. Der Stand der Technik umfaßt alle Kenntnisse, die vor dem für den Zeitrang der Anmeldung maßgeblichen Tag durch schriftliche Beschreibung oder durch eine im Geltungsbereich dieses Gesetzes erfolgte Benutzung der Öffentlichkeit zugänglich gemacht worden sind. Eine innerhalb von sechs Monaten vor dem für den Zeitrang der Anmeldung maßgeblichen Tag erfolgte Beschreibung oder Benutzung bleibt außer Betracht, wenn sie auf der Ausarbeitung des Anmelders oder seines Rechtsvorgängers beruht.

(2) Der Gegenstand eines Gebrauchsmusters gilt als gewerblich anwendbar, wenn er auf irgendeinem gewerblichen Gebiet einschließlich der Landwirtschaft hergestellt oder benutzt werden kann.

§ 4 [Erfordernisse der Anmeldung] (1) Erfindungen, für die der Schutz als Gebrauchsmuster verlangt wird, sind beim Patentamt anzumelden. Für jede Erfindung ist eine besondere Anmeldung erforderlich.

(2) Die Anmeldung kann auch über ein Patentinformationszentrum eingereicht werden, wenn diese Stelle durch Bekanntmachung des Bundesministeriums der Justiz im Bundesgesetzblatt dazu bestimmt ist, Gebrauchsmusteranmeldungen entgegenzunehmen. Eine Anmeldung, die ein Staatsgeheimnis (§ 93 Strafgesetzbuch) enthalten kann, darf bei einem Patentinformationszentrum nicht eingereicht werden.

(3) Die Anmeldung muß enthalten:

1. den Namen des Anmelders;
2. einen Antrag auf Eintragung des Gebrauchsmusters, in dem der Gegenstand des Gebrauchsmusters kurz und genau bezeichnet ist;

---

[29] Vollständiger Änderungsnachweis: Siehe Gesetzestitel im Kommentarteil.

[30] Die voraussichtlichen Änderungen durch das **G zur Änderung des patentrechtlichen Einspruchsverfahrens und des PatKostG** idF. des RegE (BT-Drs. 16/735 vom 21. 2. 2006; abgedruckt im *Anhang Vor 1.*) sind bei den betroffenen Vorschriften angegeben.

3. einen oder mehrere Schutzansprüche, in denen angegeben ist, was als schutzfähig unter Schutz gestellt werden soll;
4. eine Beschreibung des Gegenstandes des Gebrauchsmusters;
5. die Zeichnungen, auf die sich die Schutzansprüche oder die Beschreibung beziehen.

(4) Das Bundesministerium der Justiz wird ermächtigt, durch Rechtsverordnung Bestimmungen über die Form und die sonstigen Erfordernisse der Anmeldung zu erlassen. Es kann diese Ermächtigung durch Rechtsverordnung auf das Deutsche Patent- und Markenamt übertragen.

(5) Bis zur Verfügung über die Eintragung des Gebrauchsmusters sind Änderungen der Anmeldung zulässig, soweit sie den Gegenstand der Anmeldung nicht erweitern. Aus Änderungen, die den Gegenstand der Anmeldung erweitern, können Rechte nicht hergeleitet werden.

(6) Der Anmelder kann die Anmeldung jederzeit teilen. Die Teilung ist schriftlich zu erklären. Für jede Teilanmeldung bleiben der Zeitpunkt der ursprünglichen Anmeldung und eine dafür in Anspruch genommene Priorität erhalten. Für die abgetrennte Anmeldung sind für die Zeit bis zur Teilung die gleichen Gebühren zu entrichten, die für die ursprüngliche Anmeldung zu entrichten waren.

(7) Das Bundesministerium der Justiz wird ermächtigt, durch Rechtsverordnung Bestimmungen über die Hinterlegung, den Zugang einschließlich des zum Zugang berechtigten Personenkreises und die erneute Hinterlegung von biologischem Material zu erlassen, sofern die Erfindung die Verwendung biologischen Materials beinhaltet oder sie solches Material betrifft, das der Öffentlichkeit nicht zugänglich ist und das in der Anmeldung nicht so beschrieben werden kann, daß ein Fachmann die Erfindung danach ausführen kann (Absatz 3). Es kann diese Ermächtigung durch Rechtsverordnung auf das Deutsche Patent- und Markenamt übertragen.

§ 4a [Weitere Erfordernisse der Anmeldung] (1) Ist die Anmeldung ganz oder teilweise nicht in deutscher Sprache abgefaßt, so hat der Anmelder eine deutsche Übersetzung innerhalb einer Frist von drei Monaten nach Einreichung der Anmeldung nachzureichen. Enthält die Anmeldung eine Bezugnahme auf Zeichnungen und sind der Anmeldung keine Zeichnungen beigefügt, so fordert das Patentamt den Anmelder auf, innerhalb einer Frist von einem Monat nach Zustellung der Aufforderung entweder die Zeichnungen nachzureichen oder zu erklären, daß jede Bezugnahme auf die Zeichnungen als nicht erfolgt gelten soll.

(2) Der Anmeldetag der Gebrauchsmusteranmeldung ist der Tag, an dem die Unterlagen nach § 4 Abs. 3 Nr. 1 und 2 und, soweit sie jedenfalls Angaben enthalten, die dem Anschein nach als Beschreibung anzusehen sind, nach § 4 Abs. 3 Nr. 4

1. beim Patentamt
2. oder, wenn diese Stelle durch Bekanntmachung des Bundesministeriums der Justiz im Bundesgesetzblatt dazu bestimmt ist, bei einem Patentinformationszentrum

eingegangen sind. Sind die Unterlagen nicht in deutscher Sprache abgefaßt, so gilt dies nur, wenn die deutsche Übersetzung innerhalb der Frist nach Absatz 1 Satz 1 beim Patentamt eingegangen ist, anderenfalls gilt die Anmeldung als nicht erfolgt. Reicht der Anmelder auf eine Aufforderung nach Absatz 1 Satz 2 die fehlenden Zeichnungen nach, so wird der Tag des Eingangs der Zeichnungen beim Patentamt Anmeldetag; anderenfalls gilt eine Bezugnahme auf die Zeichnungen als nicht erfolgt.

§ 5 [Für frühere Patentanmeldung beanspruchtes Prioritätsrecht] (1) Hat der Anmelder mit Wirkung für die Bundesrepublik Deutschland für dieselbe Erfindung bereits früher ein Patent nachgesucht, so kann er mit der Gebrauchsmusteranmeldung die Erklärung abgeben, daß der für die Patentanmeldung maßgebende Anmeldetag in Anspruch genommen wird. Ein für die Patentanmeldung beanspruchtes Prioritätsrecht bleibt für die Gebrauchsmusteranmeldung erhalten. Das Recht nach Satz 1 kann bis zum Ablauf von zwei Monaten nach dem Ende des Monats, in dem die Patentanmeldung erledigt oder ein etwaiges Einspruchsverfahren abgeschlossen ist, jedoch längstens bis zum Ablauf des zehnten Jahres nach dem Anmeldetag der Patentanmeldung, ausgeübt werden.

(2) Hat der Anmelder eine Erklärung nach Absatz 1 Satz 1 abgegeben, so fordert ihn das Patentamt auf, innerhalb von zwei Monaten nach Zustellung der Aufforderung das Aktenzeichen und den Anmeldetag anzugeben und eine Abschrift der Patentanmeldung einzureichen. Werden diese Angaben nicht rechtzeitig gemacht, so wird das Recht nach Absatz 1 Satz 1 verwirkt.

§ 6 [Prioritätsrecht des Anmelders] (1) Dem Anmelder steht innerhalb einer Frist von zwölf Monaten nach dem Anmeldetag einer beim Patentamt eingereichten früheren Patent-

oder Gebrauchsmusteranmeldung für die Anmeldung derselben Erfindung zum Gebrauchsmuster ein Prioritätsrecht zu, es sei denn, daß für die frühere Anmeldung schon eine inländische oder ausländische Priorität in Anspruch genommen worden ist. § 40 Abs. 2 bis 4, Abs. 5 Satz 1, Abs. 6 des Patentgesetzes ist entsprechend anzuwenden, § 40 Abs. 5 Satz 1 mit der Maßgabe, daß eine frühere Patentanmeldung nicht als zurückgenommen gilt.

(2) Die Vorschriften des Patentgesetzes über die ausländische Priorität (§ 41) sind entsprechend anzuwenden.

§ 6a [Inanspruchnahme des Prioritätsrechts] (1) Hat der Anmelder eine Erfindung auf einer inländischen oder ausländischen Ausstellung zur Schau gestellt, kann er, wenn er die Erfindung zum Gebrauchsmuster innerhalb einer Frist von sechs Monaten seit der erstmaligen Zurschaustellung der Erfindung anmeldet, von diesem Tag an ein Prioritätsrecht in Anspruch nehmen.

(2) Die Ausstellungen im Sinne des Absatzes 1 werden im Einzelfall in einer Bekanntmachung des Bundesministeriums der Justiz im Bundesgesetzblatt über den Ausstellungsschutz bestimmt.

(3) Wer eine Priorität nach Absatz 1 in Anspruch nimmt, hat vor Ablauf des 16. Monats nach dem Tag der erstmaligen Zurschaustellung der Erfindung diesen Tag und die Ausstellung anzugeben sowie einen Nachweis für die Zurschaustellung einzureichen.

(4) Die Ausstellungspriorität nach Absatz 1 verlängert die Prioritätsfristen nach § 6 Abs. 1 nicht.

§ 7 [Antrag auf Ermittlung von öffentlichen Druckschriften] (1) Das Patentamt ermittelt auf Antrag die öffentlichen Druckschriften, die für die Beurteilung der Schutzfähigkeit des Gegenstandes der Gebrauchsmusteranmeldung oder des Gebrauchsmusters in Betracht zu ziehen sind (Recherche).

(2) Der Antrag kann von dem Anmelder oder dem als Inhaber Eingetragenen und jedem Dritten gestellt werden. Er ist schriftlich einzureichen. § 28 ist entsprechend anzuwenden. § 43 Abs. 3, 5, 6 und 7 Satz 1 des Patentgesetzes ist entsprechend anzuwenden.

§ 8 [Register für Gebrauchsmuster] (1) Entspricht die Anmeldung den Anforderungen des §§ 4, 4a, so verfügt das Patentamt die Eintragung in das Register für Gebrauchsmuster. Eine Prüfung des Gegenstandes der Anmeldung auf Neuheit, erfinderischen Schritt und gewerbliche Anwendbarkeit findet nicht statt. § 49 Abs. 2 des Patentgesetzes ist entsprechend anzuwenden.

(2) Die Eintragung muss Namen und Wohnsitz des Anmelders sowie seines etwa nach § 28 bestellten Vertreters und Zustellungsbevollmächtigten sowie die Zeit der Anmeldung angeben.

(3) Die Eintragungen sind im Patentblatt in regelmäßig erscheinenden Übersichten bekanntzumachen. Die Veröffentlichung kann in elektronischer Form erfolgen.

(4) Das Patentamt vermerkt im Register eine Änderung in der Person des Inhabers des Gebrauchsmusters, seines Vertreters oder seines Zustellungsbevollmächtigten, wenn sie ihm nachgewiesen wird. Solange die Änderung nicht eingetragen ist, bleiben der frühere Rechtsinhaber und sein früherer Vertreter oder Zustellungsbevollmächtigter nach Maßgabe dieses Gesetzes berechtigt und verpflichtet.

(5) Die Einsicht in das Register sowie in die Akten eingetragener Gebrauchsmuster einschließlich der Akten von Löschungsverfahren steht jedermann frei. Im übrigen gewährt das Patentamt jedermann auf Antrag Einsicht in die Akten, wenn und soweit ein berechtigtes Interesse glaubhaft gemacht wird.

§ 9 [Geheime Gebrauchsmuster] (1) Wird ein Gebrauchsmuster angemeldet, dessen Gegenstand ein Staatsgeheimnis (§ 93 des Strafgesetzbuches) ist, so ordnet die für die Anordnung gemäß § 50 des Patentgesetzes zuständige Prüfungsstelle von Amts wegen an, daß die Offenlegung (§ 8 Abs. 5) und die Bekanntmachung im Patentblatt (§ 8 Abs. 3) unterbleiben. Die zuständige oberste Bundesbehörde ist vor der Anordnung zu hören. Sie kann den Erlaß einer Anordnung beantragen. Das Gebrauchsmuster ist in ein besonderes Register einzutragen.

(2) Im übrigen sind die Vorschriften des § 31 Abs. 5, des § 50 Abs. 2 bis 4 und der §§ 51 bis 56 des Patentgesetzes entsprechend anzuwenden. Die nach Absatz 1 zuständige Prüfungsstelle ist auch für die in entsprechender Anwendung von § 50 Abs. 2 des Patentgesetzes zu treffenden Entscheidungen und für die in entsprechender Anwendung von § 50 Abs. 3 und § 53 Abs. 2 des Patentgesetzes vorzunehmenden Handlungen zuständig.

§ 10 [Gebrauchsmusterstelle] (1) Für Anträge in Gebrauchsmustersachen mit Ausnahme der Löschungsanträge (§§ 15 bis 17) wird im Patentamt eine Gebrauchsmusterstelle errichtet, die von einem vom Präsidenten des Patentamts bestimmten rechtskundigen Mitglied geleitet wird.

(2) Das Bundesministerium der Justiz wird ermächtigt, durch Rechtsverordnung Beamte des gehobenen und des mittleren Dienstes oder vergleichbare Angestellte mit der Wahrnehmung von Geschäften zu betrauen, die den Gebrauchsmusterstellen oder Gebrauchsmusterabteilungen obliegen und die ihrer Art nach keine besonderen technischen oder rechtlichen Schwierigkeiten bieten; ausgeschlossen davon sind jedoch Zurückweisungen von Anmeldungen aus Gründen, denen der Anmelder widersprochen hat. Das Bundesministerium der Justiz kann diese Ermächtigung durch Rechtsverordnung auf das Deutsche Patent- und Markenamt übertragen.

(3) Über Löschungsanträge (§§ 15 bis 17) beschließt eine der im Patentamt zu bildenden Gebrauchsmusterabteilungen, die mit zwei technischen Mitgliedern und einem rechtskundigen Mitglied zu besetzen ist. Die Bestimmungen des § 27 Abs. 7 des Patentgesetzes gelten entsprechend. Innerhalb ihres Geschäftskreises obliegt jeder Gebrauchsmusterabteilung auch die Abgabe von Gutachten.

(4) Für die Ausschließung und Ablehnung der Mitglieder der Gebrauchsmusterstelle und der Gebrauchsmusterabteilungen gelten die §§ 41 bis 44, 45 Abs. 2 Satz 2, §§ 47 bis 49 der Zivilprozeßordnung über Ausschließung und Ablehnung der Gerichtspersonen sinngemäß. Das gleiche gilt für die Beamten des gehobenen und des mittleren Dienstes und Angestellten, soweit sie nach Absatz 2 mit der Wahrnehmung einzelner der Gebrauchsmusterstelle oder den Gebrauchsmusterabteilungen obliegender Geschäfte betraut worden sind. § 27 Abs. 6 Satz 3 des Patentgesetzes gilt entsprechend.

§ 11 [Wirkung der Eintragung] (1) Die Eintragung eines Gebrauchsmusters hat die Wirkung, daß allein der Inhaber befugt ist, den Gegenstand des Gebrauchsmusters zu benutzen. Jedem Dritten ist es verboten, ohne seine Zustimmung ein Erzeugnis, das Gegenstand des Gebrauchsmusters ist, herzustellen, anzubieten, in Verkehr zu bringen oder zu gebrauchen oder zu den genannten Zwecken entweder einzuführen oder zu besitzen.

(2) Die Eintragung hat ferner die Wirkung, daß es jedem Dritten verboten ist, ohne Zustimmung des Inhabers im Geltungsbereich dieses Gesetzes anderen als zur Benutzung des Gegenstandes des Gebrauchsmusters berechtigten Personen Mittel, die sich auf ein wesentliches Element des Gegenstandes des Gebrauchsmusters beziehen, zu dessen Benutzung im Geltungsbereich dieses Gestzes anzubieten oder zu liefern, wenn der Dritte weiß oder es auf Grund der Umstände offensichtlich ist, daß diese Mittel dazu geeignet und bestimmt sind, für die Benutzung des Gegenstandes des Gebrauchsmusters verwendet zu werden. Satz 1 ist nicht anzuwenden, wenn es sich bei den Mitteln um allgemein im Handel erhältliche Erzeugnisse handelt, es sei denn, daß der Dritte den Belieferten bewußt veranlaßt, in einer nach Absatz 1 Satz 2 verbotenen Weise zu handeln. Personen, die die in § 12 Nr. 1 und 2 genannten Handlungen vornehmen, gelten im Sinne des Satzes 1 nicht als Personen, die zur Benutzung des Gegenstandes des Gebrauchsmusters berechtigt sind.

§ 12 [Erlaubte Handlungen] Die Wirkung des Gebrauchsmusters erstreckt sich nicht auf

1. Handlungen, die im privaten Bereich zu nichtgewerblichen Zwecken vorgenommen werden;
2. Handlungen zu Versuchszwecken, die sich auf den Gegenstand des Gebrauchsmusters beziehen;
3. Handlungen der in § 11 Nr. 4 bis 6 des Patentgesetzes bezeichneten Art.

§ 12a [Schutzbereich] Der Schutzbereich des Gebrauchsmusters wird durch den Inhalt der Schutzansprüche bestimmt. Die Beschreibung und die Zeichnungen sind jedoch zur Auslegung der Schutzansprüche heranzuziehen.

§ 13 [Kein Gebrauchsmusterschutz] (1) Der Gebrauchsmusterschutz wird durch die Eintragung nicht begründet, soweit gegen den als Inhaber Eingetragenen für jedermann ein Anspruch auf Löschung besteht (§ 15 Abs. 1 und 3).

(2) Wenn der wesentliche Inhalt der Eintragung den Beschreibungen, Zeichnungen, Modellen, Gerätschaften oder Einrichtungen eines anderen ohne dessen Einwilligung entnommen ist, tritt dem Verletzten gegenüber der Schutz des Gesetzes nicht ein.

(3) Die Vorschriften des Patentgesetzes über das Recht auf den Schutz (§ 6), über den Anspruch auf Erteilung des Schutzrechts (§ 7 Abs. 1), über den Anspruch auf Übertragung (§ 8), über das Vorbenutzungsrecht (§ 12) und über die staatliche Benutzungsanordnung (§ 13) sind entsprechend anzuwenden.

§ 14 [Später angemeldetes Patent] Soweit ein später angemeldetes Patent in ein nach § 11 begründetes Recht eingreift, darf das Recht aus diesem Patent ohne Erlaubnis des Inhabers des Gebrauchsmusters nicht ausgeübt werden.

§ 15 [Löschungsanspruch] (1) Jedermann hat gegen den als Inhaber Eingetragenen Anspruch auf Löschung des Gebrauchsmusters, wenn

1. der Gegenstand des Gebrauchsmusters nach den §§ 1 bis 3 nicht schutzfähig ist,
2. der Gegenstand des Gebrauchsmusters bereits auf Grund einer früheren Patent- oder Gebrauchsmusteranmeldung geschützt worden ist oder
3. der Gegenstand des Gebrauchsmusters über den Inhalt der Anmeldung in der Fassung hinausgeht, in der sie ursprünglich eingereicht worden ist.

(2) Im Falle des § 13 Abs. 2 steht nur dem Verletzten ein Anspruch auf Löschung zu.

(3) Betreffen die Löschungsgründe nur einen Teil des Gebrauchsmusters, so erfolgt die Löschung nur in diesem Umfang. Die Beschränkung kann in Form einer Änderung der Schutzansprüche vorgenommen werden.

§ 16 [Löschungsantrag] Die Löschung des Gebrauchsmusters nach § 15 ist beim Patentamt schriftlich zu beantragen. Der Antrag muß die Tatsachen angeben, auf die er gestützt wird. Die Vorschriften des § 81 Abs. 6 und des § 125 des Patentgesetzes gelten entsprechend.

§ 17 [Löschungsverfahren] (1) Das Patentamt teilt dem Inhaber des Gebrauchsmusters den Antrag mit und fordert ihn auf, sich dazu innerhalb eines Monats zu erklären. Widerspricht er nicht rechtzeitig, so erfolgt die Löschung.

(2)[31] Andernfalls teilt das Patentamt den Widerspruch dem Antragsteller mit und trifft die zur Aufklärung der Sache erforderlichen Verfügungen. Es kann die Vernehmung von Zeugen und Sachverständigen anordnen. Für sie gelten die Vorschriften der Zivilprozeßordnung entsprechend. Die Beweisverhandlungen sind unter Zuziehung eines beeidigten Protokollführers aufzunehmen.

(3) Über den Antrag wird auf Grund mündlicher Verhandlung beschlossen. Der Beschluß ist in dem Termin, in dem die mündliche Verhandlung geschlossen wird, oder in einem sofort anzuberaumenden Termin zu verkünden. Der Beschluß ist zu begründen, schriftlich auszufertigen und den Beteiligten von Amts wegen zuzustellen. § 47 Abs. 2 des Patentgesetzes ist entsprechend anzuwenden. Statt der Verkündung ist die Zustellung des Beschlusses zulässig.

(4) Das Patentamt hat zu bestimmen, zu welchem Anteil die Kosten des Verfahrens den Beteiligten zur Last fallen. § 62 Abs. 2 und § 84 Abs. 2 Satz 2 und 3 des Patentgesetzes sind entsprechend anzuwenden.

§ 18 [Beschwerde] (1) Gegen die Beschlüsse der Gebrauchsmusterstelle und der Gebrauchsmusterabteilungen findet die Beschwerde an das Patentgericht statt.

(2) Im übrigen sind die Vorschriften des Patentgesetzes über das Beschwerdeverfahren entsprechend anzuwenden. Betrifft die Beschwerde einen Beschluß, der in einem Löschungsverfahren ergangen ist, so ist für die Entscheidung über die Kosten des Verfahrens § 84 Abs. 2 des Patentgesetzes entsprechend anzuwenden.

(3) Über Beschwerden gegen Beschlüsse der Gebrauchsmusterstelle sowie gegen Beschlüsse der Gebrauchsmusterabteilungen entscheidet ein Beschwerdesenat des Patentgerichts. Über Beschwerden gegen die Zurückweisung der Anmeldung eines Gebrauchsmusters entscheidet der Senat in der Besetzung mit zwei rechtskundigen Mitgliedern und einem technischen Mitglied, über Beschwerden gegen Beschlüsse der Gebrauchsmusterabteilungen über Löschungsanträge in der Besetzung mit einem rechtskundigen Mitglied und zwei technischen Mitgliedern.

---

[31] Durch das **G zur Änderung des patentrechtlichen Einspruchsverfahrens und des PatKostG** idF. des RegE (BT-Drs. 16/735 vom 21. 2. 2006; abgedruckt im *Anhang Vor 1.*) werden voraussichtlich in § 17 Abs. 2 Satz 3 GebrMG nach dem Wort „Zivilprozessordnung" die Wörter „(§§ 373 bis 401 sowie 402 bis 414)" eingefügt.

Für Beschwerden gegen Entscheidungen über Anträge auf Bewilligung von Verfahrenskostenhilfe ist Satz 2 entsprechend anzuwenden. Der Vorsitzende muß ein rechtskundiges Mitglied sein. Auf die Verteilung der Geschäfte innerhalb des Beschwerdesenats ist § 21g Abs. 1 und 2 des Gerichtsverfassungsgesetzes anzuwenden. Für die Verhandlung über Beschwerden gegen die Beschlüsse der Gebrauchsmusterstelle gilt § 69 Abs. 1 des Patentgesetzes, für die Verhandlung über Beschwerden gegen die Beschlüsse der Gebrauchsmusterabteilungen § 69 Abs. 2 des Patentgesetzes entsprechend.

(4) Gegen den Beschluß des Beschwerdesenats des Patentgerichts, durch den über eine Beschwerde nach Absatz 1 entschieden wird, findet die Rechtsbeschwerde an den Bundesgerichtshof statt, wenn der Beschwerdesenat in dem Beschluß die Rechtsbeschwerde zugelassen hat. § 100 Abs. 2 und 3 sowie die §§ 101 bis 109 des Patentgesetzes sind anzuwenden.

§ 19 [Wirkung auf einen Rechtsstreit] Ist während des Löschungsverfahrens ein Rechtsstreit anhängig, dessen Entscheidung von dem Bestehen des Gebrauchsmusterschutzes abhängt, so kann das Gericht anordnen, daß die Verhandlung bis zur Erledigung des Löschungsverfahrens auszusetzen ist. Es hat die Aussetzung anzuordnen, wenn es die Gebrauchsmustereintragung für unwirksam hält. Ist der Löschungsantrag zurückgewiesen worden, so ist das Gericht an diese Entscheidung nur dann gebunden, wenn sie zwischen denselben Parteien ergangen ist.

§ 20[32] **[Zwangslizenz]** Die Vorschriften des Patentgesetzes über die Erteilung oder Zurücknahme einer Zwangslizenz oder wegen der Anpassung der durch Urteil festgesetzten Vergütung für eine Zwangslizenz (§ 24) und über das Verfahren (§§ 81 bis 99, 110 bis 122) gelten für eingetragene Gebrauchsmuster entsprechend.

§ 21 [Anwendung von Vorschriften des Patentgesetzes] (1) Die Vorschriften des Patentgesetzes über die Erstattung von Gutachten (§ 29 Abs. 1 und 2, über die Wiedereinsetzung in den vorigen Stand (§ 123), über die Weiterbehandlung der Anmeldung (§ 123a), über die Wahrheitspflicht im Verfahren (§ 124), über das elektronische Dokument (§ 125a), über die Amtssprache (§ 126), über Zustellungen (§ 127), über die Rechtshilfe der Gerichte (§ 128) und über die Entschädigung von Zeugen und die Vergütung von Sachverständigen (§ 128a) sind auch für Gebrauchsmustersachen anzuwenden.

(2) Die Vorschriften des Patentgesetzes über die Bewilligung von Verfahrenskostenhilfe (§§ 129 bis 138) sind in Gebrauchsmustersachen entsprechend anzuwenden, § 135 Abs. 3 mit der Maßgabe, daß dem nach § 133 beigeordneten Vertreter ein Beschwerderecht zusteht.

§ 22 [Übertragbarkeit des Rechts] (1) Das Recht auf das Gebrauchsmuster, der Anspruch auf seine Eintragung und das durch die Eintragung begründete Recht gehen auf die Erben über. Sie können beschränkt oder unbeschränkt auf andere übertragen werden.

(2) Die Rechte nach Absatz 1 können ganz oder teilweise Gegenstand von ausschließlichen oder nicht ausschließlichen Lizenzen für den Geltungsbereich dieses Gesetzes oder einen Teil desselben sein. Soweit ein Lizenznehmer gegen eine Beschränkung seiner Lizenz nach Satz 1 verstößt, kann das durch die Eintragung begründete Recht gegen ihn geltend gemacht werden.

(3) Ein Rechtsübergang oder die Erteilung einer Lizenz berührt nicht Lizenzen, die Dritten vorher erteilt worden sind.

§ 23 [Schutzdauer] (1) Die Schutzdauer eines eingetragenen Gebrauchsmusters beginnt mit dem Anmeldetag und endet zehn Jahre nach Ablauf des Monats, in den der Anmeldetag fällt.

(2) Die Aufrechterhaltung des Schutzes wird durch Zahlung einer Aufrechterhaltungsgebühr für das vierte bis sechste, siebte und achte sowie für das neunte und zehnte Jahr, gerechnet vom Anmeldetag an, bewirkt. Die Aufrechterhaltung wird im Register vermerkt.

(3) Das Gebrauchsmuster erlischt, wenn

1. der als Inhaber Eingetragene durch schriftliche Erklärung an das Patentamt auf das Gebrauchsmuster verzichtet oder
2. die Aufrechterhaltungsgebühr nicht rechtzeitig (§ 7 Abs. 1, § 13 Abs. 3 oder § 14 Abs. 2 und 5 des Patentkostengesetzes) gezahlt wird.

---

[32] Durch das **G zur Änderung des patentrechtlichen Einspruchsverfahrens und des PatKostG** idF. des RegE (BT-Drs. 16/735 vom 21. 2. 2006; abgedruckt im *Anhang Vor 1.*) wird voraussichtlich in § 20 GebrMG die Angabe „bis 122" durch die Angabe „bis 122 a" ersetzt.

§ 24 [Unterlassungs- und Schadenersatzanspruch; Verjährung] (1) Wer den Vorschriften der §§ 11 bis 14 zuwider ein Gebrauchsmuster benutzt, kann vom Verletzten auf Unterlassung in Anspruch genommen werden.

(2) Wer die Handlung vorsätzlich oder fahrlässig vornimmt, ist dem Verletzten zum Ersatz des daraus entstandenen Schadens verpflichtet. Fällt dem Verletzer nur leichte Fahrlässigkeit zur Last, so kann das Gericht statt des Schadenersatzes eine Entschädigung festsetzen, die in den Grenzen zwischen dem Schaden des Verletzten und dem Vorteil bleibt, der dem Verletzer erwachsen ist.

§ 24a [Vernichtung] (1) Der Verletzte kann in den Fällen des § 24 verlangen, daß das im Besitz oder Eigentum des Verletzers befindliche Erzeugnis, das Gegenstand des Gebrauchsmusters ist, vernichtet wird, es sei denn, daß der durch die Rechtsverletzung verursachte Zustand des Erzeugnisses auf andere Weise beseitigt werden kann und die Vernichtung für den Verletzer oder Eigentümer im Einzelfall unverhältnismäßig ist.

(2) Die Bestimmungen des Absatzes 1 sind entsprechend auf die im Eigentum des Verletzers stehende, ausschließlich oder nahezu ausschließlich zur widerrechtlichen Herstellung eines Erzeugnisses benutzte oder bestimmte Vorrichtung anzuwenden.

§ 24b [Auskunftsanspruch] (1) Wer den Vorschriften der §§ 11 bis 14 zuwider ein Gebrauchsmuster benutzt, kann vom Verletzten auf unverzügliche Auskunft über die Herkunft und den Vertriebsweg des benutzten Erzeugnisses in Anspruch genommen werden, es sei denn, daß dies im Einzelfall unverhältnismäßig ist.

(2) Der nach Absatz 1 zur Auskunft Verpflichtete hat Angaben zu machen über Namen und Anschrift des Herstellers, des Lieferanten und anderer Vorbesitzer des Erzeugnisses, des gewerblichen Abnehmers oder Auftraggebers sowie über die Menge der hergestellten, ausgelieferten, erhaltenen oder bestellten Erzeugnisse.

(3) In Fällen offensichtlicher Rechtsverletzung kann die Verpflichtung zur Erteilung der Auskunft im Wege der einstweiligen Verfügung nach den Vorschriften der Zivilprozeßordnung angeordnet werden.

(4) Die Auskunft darf in einem Strafverfahren oder in einem Verfahren nach dem Gesetz über Ordnungswidrigkeiten wegen einer vor der Erteilung der Auskunft begangenen Tat gegen den zur Auskunft Verpflichteten oder gegen einen in § 52 Abs. 1 der Strafprozeßordnung bezeichneten Angehörigen nur mit Zustimmung des zur Auskunft Verpflichteten verwertet werden.

(5) Weitergehende Ansprüche auf Auskunft bleiben unberührt.

§ 24c [Verjährung] Auf die Verjährung der Ansprüche wegen Verletzung des Schutzrechts finden die Vorschriften des Abschnitts 5 des Buches 1 des Bürgerlichen Gesetzbuchs entsprechende Anwendung. Hat der Verpflichtete durch die Verletzung auf Kosten des Berechtigten etwas erlangt, findet § 852 Abs. 2 des Bürgerlichen Gesetzbuchs entsprechende Anwendung.

§ 25 [Strafvorschriften] (1) Mit Freiheitsstrafe bis zu drei Jahren oder mit Geldstrafe wird bestraft, wer ohne die erforderliche Zustimmung des Inhabers des Gebrauchsmusters

1. ein Erzeugnis, das Gegenstand des Gebrauchsmusters ist (§ 11 Abs. 1 Satz 2), herstellt, anbietet, in Verkehr bringt, gebraucht oder zu einem der genannten Zwecke entweder einführt oder besitzt oder
2. das Recht aus einem Patent entgegen § 14 ausübt.

(2) Handelt der Täter gewerbsmäßig, so ist die Strafe Freiheitsstrafe bis zu fünf Jahren oder Geldstrafe.

(3) Der Versuch ist strafbar.

(4) In den Fällen des Absatzes 1 wird die Tat nur auf Antrag verfolgt, es sei denn, daß die Strafverfolgungsbehörde wegen des besonderen öffentlichen Interesses an der Strafverfolgung ein Einschreiten von Amts wegen für geboten hält.

(5) Gegenstände, auf die sich die Straftat bezieht, können eingezogen werden. § 74a des Strafgesetzbuches ist anzuwenden. Soweit den in § 24a bezeichneten Ansprüchen im Verfahren nach den Vorschriften der Strafprozeßordnung über die Entschädigung des Verletzten (§§ 403 bis 406c) stattgegeben wird, sind die Vorschriften über die Einziehung nicht anzuwenden.

(6) Wird auf Strafe erkannt, so ist, wenn der Verletzte es beantragt und ein berechtigtes Interesse daran dartut, anzuordnen, daß die Verurteilung auf Verlangen öffentlich bekanntgemacht wird. Die Art der Bekanntmachung ist im Urteil zu bestimmen.

§ 25 a [Beschlagnahme] (1) Ein Erzeugnis, das ein nach diesem Gesetz geschütztes Gebrauchsmuster verletzt, unterliegt auf Antrag und gegen Sicherheitsleistung des Rechtsinhabers bei seiner Einfuhr oder Ausfuhr der Beschlagnahme durch die Zollbehörde, sofern die Rechtsverletzung offensichtlich ist. Dies gilt für den Verkehr mit anderen Mitgliedstaaten der Europäischen Union sowie mit den anderen Vertragsstaaten des Abkommens über den Europäischen Wirtschaftsraum nur, soweit Kontrollen durch die Zollbehörden stattfinden.

(2) Ordnet die Zollbehörde die Beschlagnahme an, so unterrichtet sie unverzüglich den Verfügungsberechtigten sowie den Antragsteller. Dem Antragsteller sind Herkunft, Menge und Lagerort des Erzeugnisses sowie Name und Anschrift des Verfügungsberechtigten mitzuteilen; das Brief- und Postgeheimnis (Artikel 10 des Grundgesetzes) wird insoweit eingeschränkt. Dem Antragsteller wird Gelegenheit gegeben, das Erzeugnis zu besichtigen, soweit hierdurch nicht in Geschäfts- oder Betriebsgeheimnisse eingegriffen wird.

(3) Wird der Beschlagnahme nicht spätestens nach Ablauf von zwei Wochen nach Zustellung der Mitteilung nach Absatz 2 Satz 1 widersprochen, so ordnet die Zollbehörde die Einziehung des beschlagnahmten Erzeugnisses an.

(4) Widerspricht der Verfügungsberechtigte der Beschlagnahme, so unterrichtet die Zollbehörde hiervon unverzüglich den Antragsteller. Dieser hat gegenüber der Zollbehörde unverzüglich zu erklären, ob er den Antrag nach Absatz 1 in bezug auf das beschlagnahmte Erzeugnis aufrechterhält.

1. Nimmt der Antragsteller den Antrag zurück, hebt die Zollbehörde die Beschlagnahme unverzüglich auf.
2. Hält der Antragsteller den Antrag aufrecht und legt er eine vollziehbare gerichtliche Entscheidung vor, die die Verwahrung des beschlagnahmten Erzeugnisses oder eine Verfügungsbeschränkung anordnet, trifft die Zollbehörde die erforderlichen Maßnahmen.

Liegen die Fälle der Nummern 1 oder 2 nicht vor, hebt die Zollbehörde die Beschlagnahme nach Ablauf von zwei Wochen nach Zustellung der Mitteilung an den Antragsteller nach Satz 1 auf; weist der Antragsteller nach, daß die gerichtliche Entscheidung nach Nummer 2 beantragt, ihm aber noch nicht zugegangen ist, wird die Beschlagnahme für längstens zwei weitere Wochen aufrechterhalten.

(5) Erweist sich die Beschlagnahme als von Anfang an ungerechtfertigt und hat der Antragsteller den Antrag nach Absatz 1 in bezug auf das beschlagnahmte Erzeugnis aufrechterhalten oder sich nicht unverzüglich erklärt (Absatz 4 Satz 2), so ist er verpflichtet, den dem Verfügungsberechtigten durch die Beschlagnahme entstandenen Schaden zu ersetzen.

(6) Der Antrag nach Absatz 1 ist bei der Oberfinanzdirektion zu stellen und hat Wirkung für zwei Jahre, sofern keine kürzere Geltungsdauer beantragt wird; er kann wiederholt werden. Für die mit dem Antrag verbundenen Amtshandlungen werden vom Antragsteller Kosten nach Maßgabe des § 178 der Abgabenordnung erhoben.

(7) Die Beschlagnahme und die Einziehung können mit den Rechtsmitteln angefochten werden, die im Bußgeldverfahren nach dem Gesetz über Ordnungswidrigkeiten gegen die Beschlagnahme und Einziehung zulässig sind. Im Rechtsmittelverfahren ist der Antragsteller zu hören. Gegen die Entscheidung des Amtsgerichts ist die sofortige Beschwerde zulässig; über sie entscheidet das Oberlandesgericht.

§ 26 [Herabsetzung des Streitwerts] (1) Macht in bürgerlichen Rechtsstreitigkeiten, in denen durch Klage ein Anspruch aus einem der in diesem Gesetz geregelten Rechtsverhältnisse geltend gemacht wird, eine Partei glaubhaft, daß die Belastung mit den Prozeßkosten nach dem vollen Streitwert ihre wirtschaftliche Lage erheblich gefährden würde, so kann das Gericht auf ihren Antrag anordnen, daß die Verpflichtung dieser Partei zur Zahlung von Gerichtskosten sich nach einem ihrer Wirtschaftslage angepaßten Teil des Streitwerts bemißt. Die Anordnung hat zur Folge, daß die begünstigte Partei die Gebühren ihres Rechtsanwalts ebenfalls nur nach diesem Teil des Streitwerts zu entrichten hat. Soweit ihr Kosten des Rechtsstreits auferlegt werden oder soweit sie diese übernimmt, hat sie die von dem Gegner entrichteten Gerichtsgebühren und die Gebühren seines Rechtsanwalts nur nach dem Teil des Streitwerts zu erstatten. Soweit die außergerichtlichen Kosten dem Gegner auferlegt oder von ihm übernommen werden, kann der Rechtsanwalt der begünstigten Partei seine Gebühren von dem Gegner nach dem für diesen geltenden Streitwert beitreiben.

(2) Der Antrag nach Absatz 1 kann vor der Geschäftsstelle des Gerichts zur Niederschrift erklärt werden. Er ist vor der Verhandlung zur Hauptsache anzubringen. Danach ist er nur zulässig, wenn der angenommene oder festgesetzte Streitwert später durch das Gericht heraufgesetzt wird. Vor der Entscheidung über den Antrag ist der Gegner zu hören.

§ 27 [Gerichte für Gebrauchsmusterstreitsachen] (1) Für alle Klagen, durch die ein Anspruch aus einem der in diesem Gesetz geregelten Rechtsverhältnisse geltend gemacht wird (Gebrauchsmusterstreitsachen), sind die Zivilkammern der Landgerichte ohne Rücksicht auf den Streitwert ausschließlich zuständig.

(2) Die Landesregierungen werden ermächtigt, durch Rechtsverordnung die Gebrauchsmusterstreitsachen für die Bezirke mehrerer Landgerichte einem von ihnen zuzuweisen, sofern dies der sachlichen Förderung der Verfahren dient. Die Landesregierungen können diese Ermächtigungen auf die Landesjustizverwaltungen übertragen. Die Länder können außerdem durch Vereinbarung den Gerichten eines Landes obliegende Aufgaben insgesamt oder teilweise dem zuständigen Gericht eines anderen Landes übertragen.

(3) Von den Kosten, die durch die Mitwirkung eines Patentanwalts in einer Gebrauchsmusterstreitsache entstehen, sind die Gebühren nach § 13 des Rechtsanwaltsvergütungsgesetzes und außerdem die notwendigen Auslagen des Patentanwalts zu erstatten.

§ 28 [Inlandsvertreter] (1) Wer im Inland weder Wohnsitz, Sitz noch Niederlassung hat, kann an einem in diesem Gesetz geregelten Verfahren vor dem Patentamt oder dem Patentgericht nur teilnehmen und die Rechte aus einem Gebrauchsmuster nur geltend machen, wenn er im Inland einen Rechtsanwalt oder Patentanwalt als Vertreter bestellt hat, der zur Vertretung im Verfahren vor dem Patentamt, dem Patentgericht und in bürgerlichen Rechtsstreitigkeiten, die das Gebrauchsmuster betreffen, sowie zur Stellung von Strafanträgen bevollmächtigt ist.

(2) Staatsangehörige eines Mitgliedstaates der Europäischen Union oder eines anderen Vertragsstaates des Abkommens über den Europäischen Wirtschaftsraum[33] können zur Erbringung einer Dienstleistung im Sinne des Vertrages zur Gründung der Europäischen Gemeinschaft als Vertreter im Sinne des Absatzes 1 bestellt werden, wenn sie berechtigt sind, ihre berufliche Tätigkeit unter einer der in der Anlage zu § 1 des Gesetzes über die Tätigkeit europäischer Rechtsanwälte in Deutschland vom 9. März 2000 (BGBl. I S. 182) oder zu § 1 des Gesetzes über die Eignungsprüfung für die Zulassung zur Patentanwaltschaft vom 6. Juli 1990 (BGBl. I S. 1349, 1351) in der jeweils geltenden Fassung genannten Berufsbezeichnungen auszuüben. In diesem Fall kann ein Verfahren jedoch nur betrieben werden, wenn im Inland ein Rechtsanwalt oder Patentanwalt als Zustellungsbevollmächtigter bestellt worden ist.

(3) Der Ort, an dem ein nach Absatz 1 bestellter Vertreter seinen Geschäftsraum hat, gilt im Sinne des § 23 der Zivilprozessordnung als der Ort, an dem sich der Vermögensgegenstand befindet; fehlt ein solcher Geschäftsraum, so ist der Ort maßgebend, an dem der Vertreter im Inland seinen Wohnsitz, und in Ermangelung eines solchen der Ort, an dem das Patentamt seinen Sitz hat.

(4) Die rechtsgeschäftliche Beendigung der Bestellung eines Vertreters nach Absatz 1 wird erst wirksam, wenn sowohl diese Beendigung als auch die Bestellung eines anderen Vertreters gegenüber dem Patentamt oder dem Patentgericht angezeigt wird.

§ 29 [Durchführungsverordnungen] Das Bundesministerium der Justiz regelt durch Rechtsverordnung, die nicht der Zustimmung des Bundesrates bedarf, die Einrichtung und den Geschäftsgang des Patentamts sowie die Form des Verfahrens in Gebrauchsmusterangelegenheiten, soweit nicht durch Gesetz Bestimmungen darüber getroffen sind.

§ 30 [Gebrauchsmusterberühmung] Wer Gegenstände oder ihre Verpackung mit einer Bezeichnung versieht, die geeignet ist, den Eindruck zu erwecken, daß die Gegenstände als Gebrauchsmuster nach diesem Gesetz geschützt seien, oder wer in öffentlichen Anzeigen, auf Aushängeschildern, auf Empfehlungskarten oder in ähnlichen Kundgebungen eine Bezeichnung solcher Art verwendet, ist verpflichtet, jedem, der ein berechtigtes Interesse an der Kenntnis der Rechtslage hat, auf Verlangen Auskunft darüber zu geben, auf welches Gebrauchsmuster sich die Verwendung der Bezeichnung stützt.

§ 31 [Übergangsvorschriften] Artikel 229 § 6 des Einführungsgesetzes zum Bürgerlichen Gesetzbuche[34] findet mit der Maßgabe entsprechende Anwendung, dass § 24c in der bis zum 1. Januar 2002 geltenden Fassung den Vorschriften des Bürgerlichen Gesetzbuchs über die Verjährung in der bis zum 1. Januar 2002 geltenden Fassung gleichgestellt ist.

---

[33] *Sartorius II* Nr. 310.

[34] *Schönfelder* Nr. 21.

Erläuterungsteil

Einleitung

I. Der Zweck des Patentrechts

Literaturhinweis. (Auswahl, alphabetisch geordnet): Adrian, Patentrecht im Spannungsfeld zwischen Innovationsschutz u. Allgemeininteresse, 1996; Balz, Eigentumsordnung und Technologiepolitik, Tübingen 1980; Beier, Die herkömmlichen Patentrechtstheorien und die sozialistische Konzeption des Erfinderrechts, GRUR Int. **70,** 1; ders., Die Bedeutung des Patentsystems für den technischen, wirtschaftlichen und sozialen Fortschritt, GRUR Int. **79,** 227; ders., Staatliche Innovationsförderung und Patentsystem, GRUR Int. **82,** 77 ff.; ders., Patentschutz – weltweit Grundlage technischen Fortschritts und industrieller Entwicklung, in Oppenländer, Patentwesen, technischer Fortschritt und Wettbewerb, 1984, S. 29 ff.; Beier/Straus, Das Patentwesen und seine Informationsfunktion – gestern und heute, GRUR **77,** 282; Bernhardt, Die Bedeutung des Patentschutzes in der Industriegesellschaft, Köln 1974; Bussmann, Patentrecht und Marktwirtschaft, GRUR **77,** 121; Dahmann, Patentwesen, technischer Fortschritt und Wettbewerb, Frankfurt 1981; Damme, Der Schutz technischer Erfindungen als Erscheinungsform moderner Volkswirtschaft, 1910; Deller, Fortschritt durch Forschung, Erfindungen und Patente, GRUR Ausl. **67,** 317; Dornbach, Macht nur Not erfinderisch? Mitt. **82,** 1001; Fechner, Geistiges Eigentum u. Verfassung, 1999; Fischer und Mehringer, Patentschutz – Anreiz für schöpferische Tätigkeit, Festschrift „Hundert Jahre Patentamt", München 1977, S. 333 ff.; Grefermann u. a., Patentwesen und technischer Fortschritt, Teil I, Die Wirkung des Patentwesens im Innovationsprozeß, Göttingen 1974; Grefermann, Patentwesen und technischer Fortschritt, Festschrift „Hundert Jahre Patentamt", München 1977, S. 37 ff.; Greif, Die Rolle patentgeschützter Importe für den Technologietransfer in Entwicklungsländer, GRUR **76,** 413; Haesemann, Wurzeln d. Patentrechts, in FS Bartenbach (2005), S. 261 ff.; Häußer, Der Erfinder: Stiefkind der Nation? Mitt. **81,** 1; ders., Schutzrechte und technische Information als Überlebensstrategie für das einzelne Unternehmen und die Volkswirtschaft, Mitt. **84,** 121; Heinemann, Immaterialgüterschutz in d. Wettbewerbsordnung, 2002; Hirsch, Patentrecht und Wettbewerbsordnung, WuW **70,** 99 ff.; Hocks/Pfeiffer, Innovationsschutz als maßgeblicher Faktor für die Wettbewerbsfähigkeit eines modernen Industriestaates, GRUR Int. **85,** 805; W. und W. Horn, Der Fortschritt und das Patentrecht, GRUR **77,** 329; Jabbusch, Funktionsfähigkeit des Patentschutzes und Patentgesetzgebung, GRUR **80,** 761; Jestaedt, Patentschutz u. öffentliches Interesse, in FS Fritz Traub (1994), S. 141 ff.; Karsten D., Wirtschaftsordnung und Erfinderrecht, Diss. Darmstadt 1964; Kaufer, Patente, Wettbewerb und technischer Fortschritt, 1970; Kraft, Patent und Wettbewerb in der Bundesrepublik Deutschland, Köln usw. 1972; A. Krieger, „Innovation" im Spannungsfeld zwischen Patentschutz und Freiheit des Wettbewerbs, GRUR **79,** 350; Kronz, Innovationsschutz – ein Instrument der Wirtschaftspolitik, Mitt. **83,** 128; Kunz-Hallstein, Patentschutz, Technologietransfer und Entwicklungsländer – eine Bestandsaufnahme, GRUR Int. **75,** 261; Lehmann, Eigentum, geistiges Eigentum, gewerbliche Schutzrechte. Property Rights als Wettbewerbsbeschränkungen zur Förderung des Wettbewerbs, GRUR Int. **83,** 356 ff; Machlup, Die wirtschaftlichen Grundlagen des Patentrechts, GRUR Int. **61,** 373, 473, 524; Mangalo, Patentschutz und Technologietransfer im Nord-Süd-Konflikt, GRUR Int. **77,** 349; Müller, Ziele und Wege des Patentschutzes in Vergangenheit und Zukunft, GRUR **65,** 450; Noël, Die Bedeutung des Patentschutzes für den Mittelstand, GRUR Int. **84,** 265; Oppenländer, Die Wirkung des Patentwesens im Innovationsprozeß, GRUR **77,** 362; ders., Die wirtschaftspolitische Bedeutung des Patentwesens aus der Sicht der empirischen Wirtschaftsforschung, GRUR Int. **82,** 598 ff.; ders., Die volkswirtschaftliche Bedeutung des technischen Fortschritts, Festschrift „Hundert Jahre Patentamt", München 1977, S. 3 ff.; ders., Patentschutz und Wettbewerb im Innovationsprozeß, in Oppenländer, Patentwesen, technischer Fortschritt und Wettbewerb, 1984, S. 47 ff.; Pfanner, Förderung der technischen Entwicklung und gewerblicher Rechtsschutz, GRUR Int. **83,** 362 ff.; Prahl, Patentschutz und Wettbewerb, Göttingen 1969; Prosi G., Entspricht der Patentschutz noch den Wettbewerbserfordernissen? WuW **80,** 641; Rahn, Die Bedeutung des gewerblichen Rechtsschutzes für die wirtschaftliche Entwicklung: Die japanischen Erfahrungen, in Oppenländer, Patentwesen, technischer Fortschritt und Wettbewerb, 1984, S. 77 ff.; Rott, Patentrecht u. Sozialpolitik unter d. TRIPS-Übereinkommen, 2002; Säger, Ethische Aspekte d. Patentwesens, GRUR **91,** 267 ff.; Scheffler, D., Das deutsche Patentsystem und die mittelständische Industrie, Diss. Stuttgart 1986; ders., Genügt das deutsche Patentsystem mittelständisch industriellen Bedürfnissen? Mitt. **89,** 126; Schick, Erfindung und Heuristik, Mitt. **89,** 121; Scholz/Schmalholz, Patentschutz und Innovation, in Oppenländer, Patentwesen, technischer Fortschritt und Wettbewerb, 1984, S. 189 ff.; Schulte-Beckhausen, Das Verhältnis des § 1 UWG zu d. gewerbl. Schutzrechten u. zum Urheberrecht, 1994 (S. 65 ff.); Stumpf, Interessenlage und Interessenkollision beim Technologietransfer: die Rolle des Patentwesens, GRUR Int. **77,** 441; Troller, Begriff und Funktion der Erfindung im bürgerlichen und sozialistischen Recht, GRUR Int. **79,** 59; Unterburg, Die Bedeutung der Patente in der industriellen Entwicklung, Berlin 1970; Wagret, Volkswirtschaftliche Aspekte des Patentwesens, GRUR Int. **67,** 77; Walz, Der Schutzinhalt des Patentrechts im Recht der Wettbewerbsbeschränkungen, Tübingen 1973; Weidlich/Spengler, Patentschutz in der Wettbewerbswirtschaft, Köln usw. 1967.

1 **1. Der Zweck des Patentrechts,** für neue, auf erfinderischer Tätigkeit beruhende und gewerblich anwendbare Erfindungen Patente zu erteilen, ist nicht mit einem Satz zu umschreiben. Das Patentgesetz soll für einen umgrenzten Kreis geistiger Leistungen, nämlich für Leistungen auf dem Gebiet der Technik Schutz gewähren, BGHZ **67,** 22, 33 – Dispositionsprogramm. Dabei ist jedoch durch eine zweckentsprechende Auslegung des Begriffes der „technischen Erfindung" dem Anliegen Rechnung zu tragen, dass es die vornehmliche Aufgabe des Patentrechts ist, die nach dem jeweils neuestens Stand der Wissenschaft und Forschung patentwürdigen Ergebnisse zu erfassen, BGHZ **52,** 74, 76 – Rote Taube. Im Vordergrund steht das Bestreben der Patente erteilenden Staaten, diejenigen, die Kenntnisse über gewerblich anwendbare Erfindungen besitzen, zur Preisgabe ihrer Kenntnisse zu veranlassen, damit die Allgemeinheit in diesem Staat aus der Kenntnis der der Öffentlichkeit preisgegebenen Erfindungen Nutzen ziehen kann. Es ist nicht Ziel des Patentrechts, die reine Theorie um neue Methoden zu bereichern, BGHZ **45,** 102, 108 f. m. w. Nachw. – Appetitzügler I, sondern der Allgemeinheit gewerblich anwendbare Erkenntnisse zu verschaffen, BGHZ **57,** 1, 8 – Trioxan; BGH Bl. **92,** 308, 310 – Antigene – Nachweis. Die Patenterteilung hat nicht allein den Zweck, den Erfinder nur wegen seiner erfinderischen Leistung zu belohnen; der Erfinder (Anmelder) muss durch die Offenbarung der Erfindung andere in die Lage versetzen, die Erfindung benutzen zu können, BGH GRUR **81,** 734, 735 – Erythronolid; GB House of Lords GRUR Int. **93,** 325 ff. Für die Offenbarung von Erfindungen gegenüber der Patentbehörde stellt das Patentrecht ein zeitlich begrenztes, allerdings gebührenbelastetes Schutzrecht in Aussicht, in dem der Erfinder genannt wird, um ihn der Öffentlichkeit gegenüber als Erfinderpersönlichkeit auszuweisen. Auf diese Weise soll der Erfindergeist zu für das Gewerbe nutzbringenden Leistungen angereizt werden, BGHZ **45,** 102, 108 f. – Appetitzügler; **100,** 67, 71 – Tollwutvirus. Dieser Anreiz soll nicht durch dem erfinderischen Verdienst nicht gerecht werdende Anspruchsformulierungen (bloße Angabe der Aufgabe) vermindert werden, BGH GRUR **85,** 31, 32 – Acrylfasern. Die Aussicht auf den Erwerb des Schutzrechts, das einen Vorteil im Wettbewerb verschaffen kann, BPatGer GRUR **82,** 361, 362, und auf die Nennung des Erfinders gegenüber der Allgemeinheit soll die schöpferischen Persönlichkeiten zu neuen Leistungen anspornen, die die technischen Kenntnisse der Allgemeinheit erweitern und auf diese Weise den allgemeinen Nutzen durch einen ständigen Fortschritt auf dem Gebiet der Technik fördern. Im technischen Fortschritt wird das Ziel und der Zweck des Patentwesens gesehen, PA Mitt. **38,** 390. Er erfordert oft mühevolle und kostspielige Forschungs- und Entwicklungsarbeit. Das Patent soll dem Erfinder einen angemessenen Lohn dafür verschaffen, dass er der Allgemeinheit seine Erfindung offenbart hat, BGH GRUR **69,** 534, 535 m. w. Nachw. – Skistiefelverschluss, damit jedermann die Erfindung auf Grund zulässiger Versuche zur Grundlage von Weiterentwicklungen machen und sie nach Ablauf des Schutzes frei nutzen kann, um an der durch die Erfindung vermittelten Bereicherung der Technik teilzuhaben, BGH GRUR **81,** 734 – Erythronolid. Ein Patent das dies nicht ermöglicht, verfehlt seinen Zweck, BGH aaO. Das Patent soll dem Erfinder (Anmelder) eine Sicherung der oft kostspieligen und viel Kapital erfordernden Investitionen im gewerblichen Innovationsprozess gewähren. Auf diese Weise werden die Erfinder durch ein Patent für ihre auf schöpferischer Intuition und/oder mühevoller, kostspieliger Forschungs- und Entwicklungsarbeit beruhenden Leistungen, die zu überraschendem Fortschritt geführt haben, belohnt, so schon RGZ **20,** 40, 41 – „Patentschutz wird als Belohnung für erfolgreiche Arbeit gewährt" –; RGZ **85,** 95, 99 – das schöpferische Verdienst soll belohnt werden –. Endlich dient das Patentrecht dem Schutz der Erfinderpersönlich-

keit. Es enthält aus diesem Grunde aus dem Naturrecht abgeleitete Regeln über die Zuordnung der Rechte der Erfinder, siehe § 6 Rdn. 1. Eine der oft übersehenen praktischen Auswirkungen des Patentschutzes ist die Sicherung einzelner Erfinder und kleiner und mittlerer Unternehmer gegen die wirtschaftliche Übermacht von Großunternehmen. Über unterschiedliche ideelle und materielle Interessen, die das Verhalten der auf dem Gebiet des Erfindungs- und Patentwesens tätigen Personen bestimmen, berichtet Somfai, Die Interessen im Patentrecht. Versuch einer rechtssoziologischen Analyse, GRUR **71,** 183–188.

In neuerer Zeit wird verstärkt darüber diskutiert, ob in Voraussetzungen und Umfang des Patentschutzes stärkere Einschränkungen geboten sind. Dazu werden ethische, soziale, wettbewerbsrechtliche und z. T. auch verfassungsrechtliche Gründe angeführt; es wird teilweise auch die Meinung vertreten, die Gewährung eines umfassenden Patentschutzes würde die weitere Entwicklung technischen Fortschritts zumindest in bestimmten Bereichen (insbes. EDV-Technik und Gen-Technik) eher hemmen als fördern. Solche Bedenken haben sich insbesondere in der Diskussion über die EG-Richtlinie 98/44 zum Schutz biotechnologischer Erfindungen (s. Anlage 11) und deren Umsetzung in nationales deutsches Recht durch Gesetz v. 21. 1. 2005 und in dem (vorläufigen) Scheitern einer EG-Richtlinie zum Schutz von Software-Erfindungen niedergeschlagen. Weiterführend wird insoweit verwiesen auf die Darstellung in den Lehrbüchern zum Patentrecht, insbesondere bei Kraßer, S. 32ff., und auf die einschlägigen jüngeren Veröffentlichungen im vorangestellten Literaturhinweis.

2. Zur **theoretischen Rechtfertigung des Patentschutzes** ist das Naturrecht herangezogen worden. Es ist gelehrt worden, eine neue technische Idee gebühre demjenigen, der sie erfunden habe. Dem Erfinder stehe die alleinige wirtschaftliche Auswertung seiner Erfindung zu. Diese Theorie, die auf ein ewiges Recht zur Ausbeutung einer neuen technischen Lehre von erfinderischer Qualität hinauslaufen würde, steht im Widerspruch zu der Wirklichkeit, dass auch Erfinder auf den Leistungen der Technik aufbauen, die andere früher schon erbracht haben. Ihre Realisierung würde den technischen Fortschritt zum Erliegen bringen. Für die Zuordnung des Erfinderrechts, d. h. der Erfindung zum Erfinder, hat die Naturrechtstheorie auch heute noch ihre Berechtigung, siehe § 6 Rdn. 1. Der Verdeutlichung der Motive für die Schaffung und Aufrechterhaltung des Patentsystems für technische Erfindungen dient die Belohnungstheorie. Nach dieser Theorie wird der Erfinder, der der Erteilungsbehörde seine Erfindung zur Veröffentlichung offenbart, mit einem zeitlich befristeten Ausschließlichkeitsrecht belohnt, damit er sich durch einen rechtlich abgesicherten Vorsprung vor seinen Mitbewerbern einen Gewinn verschaffen kann. Nach dieser Theorie ist das Patent gewissermaßen ein Gegenwert (Lohn) dafür, dass der Erfinder der Allgemeinheit seine Erfindung zugänglich macht und nicht für sich behält, so dass sie mit seinem Tode endgültig für die Allgemeinheit verlorengehen oder auch sonst auf mehr oder weniger lange Zeit der Allgemeinheit vorenthalten bleiben würde, PA Bl. **38,** 118, 119. Diese Theorie setzt ein System des frei zugänglichen Marktes und einen funktionierenden freien Wettbewerb auf dem Markt voraus. Bei Systemen der Staatswirtschaft und der staatlichen Eingriffe in die Bedingungen des Wettbewerbs, z. B. der Preiskontrolle auch für patentierte Erzeugnisse, verliert diese Theorie an Überzeugungskraft. Sie basiert auf der Grundüberzeugung der freien Preisbildung und der Anerkennung der Berechtigung des im freien Wettbewerb erzielbaren Gewinns. Das Verdienst dieser Theorie liegt besonders darin, das zur Belohnung des Erfinders diesem gewährte Recht in eine klare Beziehung zu der zur Erlangung und Erhaltung des Rechts notwendigen Offenbarung der Erfindung gesetzt zu haben, die es der Allgemeinheit ohne weiteres ermöglichen muss, die Erfindung zeitig kennenzulernen und nach Ablauf der Schutzfrist auswerten zu können. Die Anspornthorie orientiert sich mehr an den wirtschaftspolitischen Zwecken des Patentwesens. Sie basiert auf der Vorstellung, dass die Aussicht auf die Erlangung eines Patents und die dadurch gesicherte Gewinnerwartung den Erfindergeist stimuliert und die Bereitschaft zu vermehrten Ausgaben für Forschung, Entwicklung und Einführung von Neuerungen auf dem Markt erhöht und dadurch den technischen Fortschritt zum Wohle der Allgemeinheit fördert. Es ist nicht unwahrscheinlich, dass der wirtschaftliche Erfolg, den ein Unternehmer mit patentierten Erzeugnissen auf dem Markt erzielt, andere zu Verbesserungen anreizt, um an dem Erfolg teilzuhaben. Die Bedeutung der Patente ist in diesem Zusammenhang nicht mit Sicherheit abzuschätzen, aber auch nicht von vornherein zu leugnen. Die Vertragstheorie, nach der der Erfinder mit dem Staat einen Pakt schließt, der ihm als Gegenleistung dafür, dass er der Allgemeinheit seine Erfindung preisgibt, ein zeitlich befristetes Ausschließungsrecht zur alleinigen Auswertung der Erfindung sichert, drückt die Belohnungs- oder Offenbarungstheorie mit einem anderen Bilde aus, das sich an den rechtlichen Gegebenheiten des Erteilungsaktes zu orientieren sucht. Sie ist für das Verständnis des Patentwesens am wenigsten förderlich. 2

II. Geschichtliche Entwicklung

1 **Literaturhinweis zur Geschichte des Patentwesens: a)** Erläuterungswerke u. ä.: Kohler, Handbuch des deutschen Patentrechts (1900) S. 16 ff.; – Osterrieth, Lehrbuch des gewerblichen Rechtsschutzes (1908) S. 26 ff.; – Kisch, Handbuch des deutschen Patentrechts (1923) S. 4 ff.; – Damme/Lutter, Das deutsche Patentrecht 3. Aufl. (1925) S. 1 ff.; – Pietzcker, Patentgesetz (1929) Einl. S. 18 ff.; – Isay, Patentgesetz, 6. Aufl. (1932) Einl. S. 18 ff.; – Kraßer, Patentrecht, Lehr- und Handbuch, 5. Aufl. (2004) S. 50 ff.; – Bußmann/Pietzcker/Kleine, Gewerblicher Rechtsschutz und Urheberrecht (1929) S. 159 ff.; – Hubmann/Götting, Gewerblicher Rechtsschutz 7. Aufl. (2002), S. 11 ff.; – Busse, Patentgesetz 6. Aufl. (2003) S. 5 ff.

b) Monographien: Dutton, The Patent System and Inventive Activity During the Industrial Revolution 1750–1852, Manchester 1984; Kurz, Weltgeschichte des Erfindungsschutzes, 2000; Mac Leod, Inventing the Industrial Revolution. The English Patent System 1660–1800, Cambridge 1988; Müller A., Die Entwicklung des Erfindungsschutzes und seiner Gesetzgebung in Deutschland, Diss. München 1898; Öhlschlegel H., Das Bergrecht als Ursprung des Patentrechts, Düsseldorf 1978; Silberstein, Erfindungsschutz und merkantilistische Gewerbeprivilegien, Polygraphischer Verlag Zürich (1961), mit umfassendem Literatur- und Quellenverzeichnis (S. XIII ff.); Wehr J., Die Anfänge des Patentwesens in Deutschland, Diss. Erlangen 1936.

2 **c)** Zeitschriftenaufsätze u. ä.: Bahke, Der Erfinder zwischen Kunst, Wissenschaft und Technik, GRUR **85,** 596; Beier, Wettbewerbsfreiheit und Patentschutz, GRUR **78,** 123; ders., Gewerbefreiheit und Patentschutz. Zur Entwicklung des Patentrechts in Deutschland im 19. Jahrhundert, in Coing/Wilhelm, Wissenschaft und Kodifikation des Privatrechts im 19. Jahrhundert, Bd. IV S. 183 ff.; Beier/Moufang, Vom deutschen zum europäischen Patentrecht – 100 Jahre Patentrechtsentwicklung im Spiegel der Grünen Zeitschrift, FS GRUR in Deutschland, 1991, 241 ff.; Beil, Hundert Jahre Patentierung von Chemie-Erfindungen, GRUR **77,** 289; Berkenfeld, Das älteste Patentgesetz der Welt, GRUR **49,** 139 ff.; ders., Any manner of New Manufactures, GRUR **48,** 179 ff.; Bluhm, Die Entstehung des ersten gesamtdeutschen Patentgesetzes, GRUR **52,** 341 ff.; Bruchhausen, Der lange Weg zum modernen Patentrecht für chemische Erfindungen, GRUR **77,** 297; Dölemeyer, Einführungsprivilegien und Einführungspatente als historische Mittel des Technologietransfers, GRUR Int. **85,** 735 ff.; ders., Wege der Rechtsvereinheitlichung. Zur Auswirkung internationaler Verträge auf europäische Patent- und Urheberrechtsgesetze des 19. Jahrhunderts, in: Aspekte europäischer Rechtsgeschichte, 1982, 85 ff.; ders., Vom Privileg zum Gesetz am Beispiel österreichischer Erfindungsprivilegien, in: COMMUNE, 1988, 57 ff.; Fischer, Das deutsche Patentamt 1877–1945, Mitt. **68,** 5; Fleischer, Patentgesetzgebung und chemisch-pharmazeutische Industrie im deutschen Kaiserreich (1871–1918); Gehm, Das sächsische Patentwesen im 19. Jahrhundert, Mitt. **03,** 450 ff.; Hallmann und Ströbele, Das Patentamt von 1877 bis 1977; Festschrift „Hundert Jahre Patentamt", 1977, S. 403; Harraeus, Ausschnitte aus der Entwicklung der Patentgesetzgebung, Festschrift zur 11. Verleihung der Dieselmedaille (1966) S. 24; Heggen, Die Anfänge des Erfindungsschutzes in Preußen 1793 bis 1815, GRUR **74,** 75; ders., Zur Vorgeschichte des Reichspatentgesetzes von 1877, GRUR **77,** 322; A. Krieger, „Innovation" im Spannungsfeld zwischen Patentschutz und Freiheit des Wettbewerbs, GRUR **79,** 350; Mandich, Venetian Origins of Inventors Rights, JPOS **1960,** 328 ff.; Meldau, Erfindungsschutz im Reich der Deutschen, DR **36,** 160; Morand, Les lois cantonales relation aux brevets (Schweiz), FS zum 100-jährigen Bestehen eines eidgenöss. Patentgesetzes 1988, S. 3; Müller, Patentschutz im deutschen Mittelalter, GRUR **39,** 936; Müller, Ziele und Wege des Patentschutzes in Vergangenheit und Zukunft, GRUR **65,** 450; Neumeyer, Die historischen Grundlagen der ersten modernen Patentgesetze in den USA und in Frankreich, GRUR Ausl. **56,** 241 ff.; Nirk, 100 Jahre Patentschutz in Deutschland, Festschrift „Hundert Jahre Patentamt", 1977, S. 345;

Nörr, Zwischen den Mühlsteinen. Eine Privatrechtsgeschichte der Weimarer Republik, 1988, § 26, Patentrecht S. 162f.; Öhlschlegel, Französische gewerbliche Schutzrechte aus dem 17. Jahrhundert, Mitt. **80,** 163; ders., Zur Geschichte des gewerblichen Rechtsschutzes, Mitt. **78,** 201; Pohlmann, Neue Materialien zur Frühentwicklung des deutschen Erfinderschutzes im 16. Jahrhundert, GRUR **60,** 272ff. (derselbe ferner in GRUR **62,** 9ff. 23/24); Prager, Examination of Inventions from the Middle Ages to 1836, JPOS **1964,** 268; Preu, Von der Zunft zum europäischen Patent und der Gemeinschaftsmarke, Mitt. **82,** 122; Schneider, Wie es zu Deutschlands erstem Patent kam, Mitt. **90,** 192; Strauß, Rechtsangleichung des Erfinderrechts im deutschen Zollverein, Festschrift für Otto Riese (1964) S. 239; Treue W., Die Entwicklung des Patentwesens im 19. Jahrhundert in Preußen und im Deutschen Reich, in Coing/Wilhelm, Wissenschaft und Kodifikation des Privatrechts im 19. Jahrhundert, Bd. IV S. 163ff.; Wadle E., Der Einfluß Frankreichs auf die Entwicklung gewerblicher Schutzrechte in Deutschland, in Gedächtnisschrift für L.-J. Constantinesco, 1983, S. 871ff.; ders., Der Weg zum gesetzlichen Schutz des geistigen und gewerblichen Schaffens – Die deutsche Entwicklung im 19. Jahrhundert, FS GRUR in Deutschland 1991, 93ff.; Zimmermann, Aktuelle Fragen auf dem Gebiet des chemischen Patentwesens im Licht einer historischen Betrachtung, GRUR **66,** 539; ders., „Frühe Beispiele aus der Welt der gewerblichen Eigentumsrechte, GRUR **67,** 173; Zur Geschichte des Patentrechts auf dem Gebiete der Chemie siehe Schmauderer, CIT **71,** 531ff.

1. Privilegien und erste **Anfänge.** Altertum und Mittelalter kannten noch kein Patentrecht im heutigen Sinne. Anfänge eines Erfinderschutzes brachte das Privilegienwesen: die „Privilegien", von den Landesherren nach Gutdünken gewährt und in Form von Schutzbriefen (litterae patentes = offene Briefe) erteilt, wurden seit dem späten Mittelalter, in England seit dem 14. Jahrhundert, auch für neue Erfindungen vergeben. Eine erste rechtliche Ordnung erhielt das Patentwesen im Patentgesetz Venedigs von 1474 (Berkenfeld GRUR **49,** 139ff.; Silberstein S. 16ff.). Über die Erteilung eines Patents für ein Wasserschöpfwerk an Galileo Galilei berichtet Theobald, GRUR **28,** 726ff. In Deutschland entwickelte sich im 16. Jahrhundert im Rahmen des Privilegienwesens gewohnheitsrechtlich ein ausgeprägtes Patentrecht (Pohlmann GRUR **60,** 272ff.; Silberstein S. 41ff.), das jedoch unter den Auswirkungen des dreißigjährigen Krieges verkümmerte und schließlich in Vergessenheit geriet. Von Bestand und für die weitere Entwicklung fruchtbar war dagegen das englische Statute of Monopolies von 1623/1624 (Silberstein S. 202ff.), das erst im 19. Jahrhundert durch neuere Regelungen abgelöst und lange Zeit als das älteste Patentgesetz angesehen wurde (Kohler S. 20ff.). In Frankreich blieb es bis zur Revolution von 1789 bei dem Privilegienwesen (Silberstein S. 209ff.); im Zuge der Revolution aber erging schon am 7. 1. 1791 ein erstes Patentgesetz (Plasséraud/Savignon, L'état et l'invention. Histoire de brevets, Paris 1986). Kurz zuvor, 1790, war in den USA auf Grund der Verfassung von 1787 ein Patentgesetz nach englischem Vorbild erlassen worden (Neumayer, Die historischen Grundlagen der Ersten modernen Patentgesetze in den USA und in Frankreich, GRUR Int. **56,** 241). Im Laufe des 19. Jahrhundert folgten weitere europäische Staaten mit patentrechtlichen Regelungen. 3

a) Die **französische Patentgesetzgebung** erlangte in den Gebieten Deutschlands, die heute zur Bundesrepublik Deutschland zählen, erheblichen Einfluss (siehe hierzu: Wadle, Der Einfluss Frankreichs auf die Entwicklung gewerblicher Schutzrechte in Deutschland, in Lüke/Ress/Will, Rechtsvergleichung, Europarecht und Staatenintegration, Gedächtnisschrift für Constantinesco, 1983, S. 871ff.). Im von Frankreich während der napoleonischen Zeit annektierten **Rheinland** wurde das französische Patentgesetz vom 7. 1. 1791, dessen Text bei Bormann/v. Daniels, Handbuch der für die königlich-preußische Rheinprovinzen verkündigten Gesetze, Verordnungen und Regierungsbeschlüsse aus der Zeit der Fremdherrschaft, Bd. I S. 478ff., abgedruckt ist, am 3. 3. 1799 eingeführt (Bormann/v. Daniels, aaO, Bd. I, S. 377 u. 478). Das bayerische Gewerbegesetz vom 11. 9. 1825 ließ diese Vorschriften im linksrheinischen Rheinbayern – der heutigen Pfalz – zunächst unberührt. Das Großherzogtum Berg, das im Wesentlichen den rechtsrheinischen Teil der späteren preußischen Rheinprovinz umfasste, übernahm das französische Patentgesetz mit dem Dekret vom 3. 11. 1809 (Bormann/v. Daniels, aaO, Bd. VII, S. 88ff.). 4

b) Im damaligen **Preußen** zählte die Erteilung von Erfindungsprivilegien gemäß § 7 Teil II. Titel 13 ALR zu den dem König vorbehaltenen Angelegenheiten. Der preußische König erließ am 14. 10. 1815 in Paris „zur Ermunterung und Belohnung des Kunstfleißes" die Bekanntmachung (Publikandum) einer Verwaltungsanordnung über die Voraussetzungen und die Formalität bei Patenten, die über Jahrzehnte angewendet wurde (veröffentlicht in Amtsblatt der königl.-preuss. Regierung zu Trier 1823, S. 378ff.). Erst mit § 9 der allgemeinen Gewerbeordnung vom 17. 1. 1845 erfolgte in Preußen eine gesetzliche Regelung des Patentschutzes (siehe 5 hierzu: Heggen, Erfindungsschutz und Industrialisierung in Preußen 1793–1877, 1975; Klostermann, Das geistige Eigentum, Bd. 2 Die Patentgesetzregelung aller Länder, 1869, S. 195 ff.; Treue, Die Entwicklung des Patentwesens im 19. Jahrhundert in Preußen und im Deutschen Reich, in Coing/Wilhelm, Wissenschaft und Kodifikation des Privatrechts im 19. Jahrhundert, 1979, Bd. IV, S. 163). Das Königreich **Württemberg** nahm eine Patente für nützliche Erfindungen betreffende Bestimmung in § 31 Abs. 2 der Verfassungsurkunde vom 25. 9. 1819 auf (Reg.Bl. S. 634), überließ allerdings die Patenterteilung dem Ermessen der Regierung. Es regelte dann das Patentrecht in der Allgemeinen württembergischen Gewerbeordnung vom 22. 4. 1828 (siehe hierzu: Möhler, Entwicklung des gewerblichen Rechtsschutzes in Württemberg, 1927; Münzenmeyer, H. P., Das Patentwesen im Königreich Württemberg 1818–1877, Mitt. **90,** 137 ff.). Das Großherzogtum **Hessen** nahm in Art. 104 Satz 2 der Verfassungsurkunde vom 22. 12. 1820 die Vorschrift auf, dass die Regierung Patente für Erfindungen auf bestimmte Zeit erteilen könne. Die Verfassungsurkunde des Kurfürstentums Hessen vom 5. 1. 1831 bestimmte in § 36 dasselbe, begrenzte die Patentlaufzeit auf zehn Jahre. Das Königreich **Bayern** regelte das Patentrecht für die sieben älteren Kreise – außerhalb von Rheinbayern – in dem Gesetz vom 11. 9. 1825 betreffend die Grundbestimmungen des Gewerbewesens (siehe dazu: Greisbacher, Die Entstehung des gewerblichen Urheberrechts in Bayern von der Zeit des Privilegs bis zur Reichsgesetzgebung, Diss. Erlangen 1948, Klostermann, aaO, S. 217 ff.). Zur Entwicklung im Königreich **Sachsen** und dessen VO z. Erteilung von Erfindungsprivilegien vgl. Gehm, Mitt. **03,** 450 ff.

6 **c)** Nachdem im Rahmen des **Zollvereins** eine „Übereinkunft der zum Zoll- und Handels-Verein verbundenen Regierungen wegen Erteilung von Erfindungspatenten und Privilegien" vom 21. 9. 1842 getroffen worden war (Preuß.Ges.Sammlg. 1843, S. 265; Näheres dazu: Heß, Die Vorarbeiten zum deutschen Patentgesetz vom 25. 5. 1877, Diss. Frankfurt 1966, S. 26 ff.; Strauß, Rechtsangleichung des Erfinderrechts im Deutschen Zollverein, in Festschrift für Otto Riese, 1964, S. 239 ff.), erließ das Großherzogtum Baden am 23. 5. 1845 ein Reskript des Innenministers über die Voraussetzungen und das Verfahren zur Erlangung von Erfindungsprivilegien (siehe dazu: Klostermann, aaO, S. 223; Wehr, Die Anfänge des Patentwesens in Deutschland, Diss. Erlangen 1936, S. 68 f.). Das Königreich Hannover regelte das Patentrecht in der Gewerbeordnung vom 1. 8. 1847 (Ges.Sammlg. S. 215). In Braunschweig und Oldenburg ergingen neben der Zollvereinsübereinkunft vom 21. 9. 1842 keine gesetzlichen Vorschriften über Patente. In den Reichsstädten Hamburg, Bremen und Lübeck wurden damals keine Patente erteilt. Zur Regelung des geistigen Eigentums in der Frankfurter Reichsverfassung 1848/49 siehe Wadle, Das geistige Eigentum in der Reichsverfassung der Paulskirche, in Gedächtnisschrift für Geck, Köln 1989, S. 929 ff.

2. Das deutsche Patentwesen 1871–1945

7 **a) 1871 bis 1933.** Nach der Gründung des Deutschen Reichs, dem nach Art. 4 Nr. 5 der Reichsverfassung vom 16. 4. 1871 die Gesetzgebungsbefugnis über die Erfindungspatente" zustand, kam es trotz anfänglich noch starker Widerstände schon bald zum Ersten **Reichs-Patentgesetz vom 25. 4. 1877** (RGBl. S. 501), das am 1. 7. 1877 in Kraft trat und das auf einen Schlag sowohl in seinen sachlich-rechtlichen Bestimmungen als auch in seinen organisatorischen und verfahrensrechtlichen Bestimmungen die in den Grundzügen noch heute gültige Ordnung des deutschen Patentwesens brachte. Bei der Handhabung des Gesetzes auftretende Mängel, namentlich in der Organisation und im Verfahren des Patentamts, gaben Anlass zur Überprüfung durch eine Sachverständigenkommission (Patentenquête von 1886) und zum Erlass eines neuen **Patentgesetzes vom 7. 4. 1891** (RGBl. S. 79), das gleichzeitig mit dem ersten **Gebrauchsmustergesetz vom 1. 6. 1891** (RGBl. S. 290) am 1. 10. 1891 in Kraft trat. Für die „kleineren" Erfindungen und technischen Gestaltungen, für die der Zeitaufwand des Patenterteilungsverfahrens und die hohen Gebühren der Patente nicht lohnte, hatte bis dahin allenfalls ein Schutz nach dem (für rein technisch, nicht ästhetisch bedingte Gestaltungen allerdings kaum passenden) Geschmacksmustergesetz vom 11. 1. 1876 (RGBl. S. 11) gesucht werden können. Das Gebrauchsmustergesetz unterschied sich – wie bis heute – von dem Patentgesetz vor allem dadurch, dass es die Erteilung des Schutzrechts (die Eintragung) nicht von einer vorherigen Prüfung der sachlich-rechtlichen Schutzvoraussetzungen, sondern lediglich von der Erfüllung der formalen Anmeldeerfordernisse abhängig machte. Zur Ergänzung ergingen die Verordnung zur Ausführung des PatG und des GebrMG vom 11. 7. 1891 (RGBl. S. 349) und die Verordnung betr. das Berufungsverfahren beim Reichsgericht in Patentsachen vom 6. 12. 1891 (RGBl. S. 389), später das **Gesetz betr. die Patentanwälte vom 21. 5. 1900** (RGBl. S. 233) und das – für Erfindungen seit dem 1. Juli 1980 überholte – Gesetz betr. den Schutz von Erfin-

dungen, Muster und Warenzeichen auf Ausstellungen vom 18. 3. 1904 (RGBl. S. 141). Durch das Gesetz betr. den Patentausführungszwang vom 6. 6. 1911 (RGBl. S. 243) wurde mittels Änderung des § 11 PatG 1891 (jetzt § 24) die Erteilung von Zwangslizenzen zugelassen und dafür die Möglichkeit der Zurücknahme von Patenten eingeschränkt. Der erste Weltkrieg und die Nachkriegszeit führten zu einer Reihe zeitbedingter Maßnahmen im Patentwesen, namentlich im patentamtlichen Verfahren und im Gebührenrecht. Von Bestand blieb vor allem die **Einführung des Einzelprüfers** durch die Verordnung über Vereinfachungen im Patentamt vom 9. 3. 1917 (RGBl. S. 221). Das **Gesetz über die patentamtlichen Gebühren** vom 9. 7. 1923 (RGBl. II S. 297) erhöhte **die gesetzliche Patentdauer** von 15 auf 18 Jahre und stellte die bis dahin im PatG und im GebrMG selbst enthaltenen Gebührenbeträge erstmals in einem besonderen „Tarif" zusammen. Um die Änderungen der Kriegs- und Nachkriegszeit einzuarbeiten, wurden das Patentgesetz und das Gebrauchsmustergesetz – mit der Paragraphenfolge von 1891 – unter dem **7. 12. 1923** (RGBl. II S. 437) **neu bekanntgemacht.** Durch das Gesetz über die Änderungen im patentamtlichen Verfahren vom 1. 2. 1926 (RGBl. II S. 127) wurde beim Reichspatentamt zur Förderung einer einheitlichen Rechtsprechung der Beschwerdeabteilungen ein **Großer Senat** gebildet, dessen Entscheidung bei beabsichtigten Abweichungen von der bisherigen Rechtsprechung in grundsätzlichen Fragen einzuholen war.

b) 1933 bis 1938. Bestrebungen, die auf eine gründlichere Reform des Patentrechts abziel- 8
ten, hatten zwar bereits im Jahre 1913 (Bl. **13,** Beil. zu Nr. 7/8) und dann wieder in den Jahren 1928, 1930 und 1932 zur Aufstellung amtlicher Gesetzesentwürfe geführt, blieben aber zunächst ohne weiteren Erfolg. Erst im Jahre 1936 wurden – mit neuer Paragraphenfolge – ein neues **Patentgesetz** und ein neues **Gebrauchsmustergesetz** erlassen, beide **vom 5. 5. 1936** (RGBl. II S. 117 und S. 130) und beide in Kraft getreten am 1. 10. 1936. Diese beiden Gesetze sind seither zwar mehrfach erheblich geändert und deshalb auch viermal (1953, 1961, 1968, 1981 = BGBl. S. 1) in neuer Fassung und zuletzt mit neuer Paragraphenfolge bekanntgemacht worden, mit diesen Änderungen und Neufassungen aber bis heute in Geltung geblieben. Die hauptsächlichen Gesichtspunkte für die Neugestaltung des Patent- und Gebrauchsmusterrechts durch die Gesetze von 1936 waren folgende: die Förderung des Erfinders als schöpferischer Persönlichkeit (Schonfrist § 2 S. 2 (jetzt erheblich eingeschränkt § 3 Abs. 4), Erfinderprinzip § 3 (jetzt § 6), Gebührenvergünstigungen §§ 11, 14 (jetzt § 18, 23), Erfindernennung §§ 26, 36 (jetzt §§ 37, 63), Teilstreitwert § 53 (jetzt § 144), andererseits eine Einschränkung der Erfinderrechte mit Rücksicht auf die Belange der Allgemeinheit (Benutzung für die Verteidigung § 8 (jetzt § 13), Neuregelung des Zwangslizenzrechts §§ 15, 41 (jetzt §§ 24, 85), ferner die Vereinfachung und übersichtlichere Gestaltung des Gesetzesstoffes unter Einarbeitung weiterer Vorschriften der Kriegs- und Nachkriegszeit (namentlich der Bestimmungen über den Einzelprüfer und der Bestimmungen über die Wiedereinsetzung in den vorigen Stand § 43 (§ 123), und schließlich die Anpassung des deutschen Rechts an die Haager Fassung (1925) der Pariser Verbandsübereinkunft (Bl. **36,** 103). Von den sonstigen Neuerungen sind hervorzuheben: die Einführung der einstweiligen Verfügung und der vorläufigen Vollstreckbarkeit in Zwangslizenzsachen (§ 41 = jetzt § 85), die Erstreckung der Schadenersatzpflicht bei Patentverletzungen auf leichte Fahrlässigkeit (§ 47 Abs. 2 = jetzt § 139 Abs. 2), die Konzentration der Patentstreitsachen bei bestimmten Landgerichten (§ 51 = jetzt § 143 PatG, § 19 = jetzt 27 GebrMG) die Einführung einer Auskunftspflicht bei Berühmung mit einem Schutzrecht (§ 55 = jetzt 146 PatG, § 22 = jetzt 30 GebrMG) und der Übergang der Gebrauchsmuster-Löschungsverfahren von den Zivilgerichten auf das Patentamt (§§ 8, 9 = jetzt 16, 17 GebrMG). Zugleich mit dem neuen Patentgesetz und dem neuen Gebrauchsmustergesetz traten am 1. 10. 1936 ein neues **Gesetz über die patentamtlichen Gebühren vom 5. 5. 1936** (RGBl. II S. 142; heute ersetzt durch Patentkostengesetz v. 13. 12. 2001), die Verordnung über das Reichspatentamt vom 6. 7. 1936 (RGBl. II S. 219) und die Neufassung der Verordnung über das Berufungsverfahren beim Reichsgericht in Patentsachen vom 30. 9. 1936 (RGBl. II S. 316) in Kraft. Schon im Jahre 1933 waren ein neues **Patentanwaltsgesetz vom 28. 9. 1933** (RGBl. I S. 669) und eine Prüfungsordnung für Patentanwälte vom 7. 10. 1933 (RMinBl. S. 502) erlassen worden, die (mit einigen zwischenzeitlichen Änderungen) bis 1966 gegolten haben. 1938 folgte das (im Jahre 1966 neugefasste) Gesetz über die Beiordnung von Patentanwälten in Armensachen vom 5. 2. 1938 (RGBl. I S. 116).

c) 1939 bis 1945. Während des zweiten Weltkriegs wurden durch zwei Verordnungen, 9
„über Maßnahmen auf dem Gebiet des Patent-, Gebrauchsmuster- und Warenzeichenrechts" vom 1. 9. 1939 (RGBl. II S. 958) und vom 9. 11. 1940 (RGBl. II S. 256) und durch drei Verordnungen „über außerordentliche Maßnahmen im Patent- und Gebrauchsmusterrecht" vom 10. 1. 1942 (RGBl. II S. 81), vom 12. 5. 1943 (RGBl. II S. 150) und vom 16. 1. 1945

(RGBl. II S. 11) eine Reihe durch die Kriegsverhältnisse bedingter, und inzwischen aufgehobener Maßnahmen getroffen. Von Bestand geblieben sind die **Streichung der 5-Jahres-Ausschlussfrist** für Nichtigkeitsklagen (§ 37 Abs. 3 PatG 1936) durch die Verordnung zur Änderung des Patentgesetzes vom 23. 10. 1941 (RGBl. II S. 372) und ferner – bis zum Inkrafttreten des Arbeitnehmererfindungsgesetzes vom 25. 7. 1957 – die Erste gesetzliche **Regelung des Arbeitnehmererfindungsrechts** durch die Verordnung über die Behandlung von Erfindungen von Gefolgschaftsmitgliedern vom 12. 7. 1942 (RGBl. I S. 466) und die Durchführungsverordnung dazu vom 20. 3. 1943 (RGBl. I S. 257).

10 **3. 1945 bis 1992. a)** Der **Zusammenbruch** des Deutschen Reichs 1945 führte zum Zusammenbruch auch des deutschen Patentwesens. Da das Reichspatentamt geschlossen wurde, war die Anmeldung von Patenten und Gebrauchsmuster nicht mehr möglich. Die Erfinder blieben auf einen etwaigen Schutz aus dem bürgerlichen Recht oder aus dem Wettbewerbsrecht beschränkt (siehe hierzu: Der gegenwärtige Stand des Patent- und Gebrauchsmusterrechts, 1. Beiheft zur DRZ, 2. Aufl. [1950] und die 6. Auflage § 6 Rdn. 168, 196). Doch schon bald wurde wieder ein geordnetes Patentwesen aufgebaut, allerdings getrennt in den drei westlichen Besatzungszonen, der späteren Bundesrepublik, einschließlich West-Berlins einerseits und in der sowjetischen Besatzungszone, der späteren DDR, andererseits. Danach haben sich das Patent- und das Gebrauchsmusterrecht in den beiden Teilen Deutschlands bis zur Wiedervereinigung am 3. 10. 1990 mehr und mehr voneinander weg entwickelt.

11 **b)** In der **DDR** wurde zunächst mit Wirkung vom 1. Oktober 1950 das Amt für Erfindungs- und Patentwesen errichtet (GBl. Nr. 106, S. 1000) und ein Patentgesetz erlassen (GBl. Nr. 106, S. 989ff.). Die 18 Jahre vom auf den Anmeldetag folgenden Tag laufenden Patente konnten nach Wahl des Anmelders Wirtschaftspatente oder Ausschließungspatente sein (§ 1 Abs. 1), letztere konnten jederzeit in Wirtschaftspatente umgewandelt werden (§ 3 Abs. 2), Zusatzpatente waren möglich (§ 9 Abs. 2). Patente wurden für neue gewerblich benutzbare Erfindungen erteilt (§ 1 Abs. 1 Satz 1). Ausgenommen waren den Gesetzen oder guten Sitten zuwiderlaufende Erfindungen (§ 1 Abs. 2) und Erfindungen für Nahrungs-, Genuss- und Arzneimittel und auf chemischem Wege hergestellte Stoffe, ausgenommen für bestimmte Herstellungsverfahren (§ 1 Abs. 3). Die Wirkung des Patents war so geregelt, dass nur die Befugten den Gegenstand der Erfindung herstellen, in Verkehr bringen, feilhalten oder gebrauchen durften, wofür sich bei Verfahrenspatenten diese Wirkungen auch auf die unmittelbaren Verfahrenserzeugnisse erstreckte (§ 1 Abs. 4), wobei Einrichtungen an vorübergehend ins Inland gelangenden Fahrzeugen von der Wirkung des Patents ausgenommen sind (§ 7 Abs. 4). Die Neuheit war unter Einschluss einer sechsmonatigen Neuheitsschonfrist so geregelt, dass sie durch Beschreibung der Erfindung in öffentlichen Druckschriften aus den letzten hundert Jahren oder in Bekanntmachungen des Patentamts oder durch offenkundige Benutzung im Inland genommen wurde, die anderen Sachverständigen die Benutzung ermöglichte (§ 4). Vorpatentierung schloss erneute Patenterteilung aus (§ 6 Abs. 1). Das Recht auf das Patent stand dem Erfinder oder seinem Rechtsnachfolger, bei Auftragserfindungen dem Auftraggeber zu, bei von mehreren gemeinsam gemachten Erfindungen dem zuerst Anmeldenden (§ 5 Abs. 2 Satz 3). Der Berechtigte konnte vom Nichtberechtigten die Umschreibung der Anmeldung oder des Patents verlangen (§ 6 Abs. 2). Zugunsten des Vorbenutzers war ein Vorbenutzungsrecht geregelt, das sich bei der Vorbenutzung durch einen volkseigenen Betrieb auf die gesamte volkseigene Wirtschaft erstreckte (§ 7). Das Recht auf das und aus dem Patent und der Anspruch auf seine Erteilung gingen auf den Erben über und konnten ganz oder teilweise auf andere übertragen werden (§ 8). Das Patent erlosch bei Verzicht und nicht rechtzeitiger Gebührenzahlung (§ 10). Nichtigkeitsgründe waren die mangelnde Patentfähigkeit, Vorpatentierung und unbefugte Entnahme (§ 11). Bei volkswirtschaftlicher, sozialer und kultureller Notwendigkeit konnte ein Ausschließungspatent gegen angemessene Entschädigung eingeschränkt oder aufgehoben werden (§ 12 Abs. 1). Bei Nichtbenutzung konnte das Patent gelöscht werden (§ 12 Abs. 2).

12 In der **DDR** galt ab 1. 1. 1984 das Gesetz über den Rechtsschutz für Erfindungen – Patentgesetz – vom 27. 10. 1983 (GBl. I Nr. 29 S. 284ff., siehe dazu Schönfeld, GRUR Int. **85**, 731). Dieses Gesetz hat das Patentgesetz vom 6. 9. 1950 (GBl. Nr. 106 S. 989) abgelöst. Es sah für den Schutz von Erfindungen drei verschiedene Arten von Patenten vor:

Erstens die dem Erfinderschein entsprechenden **Wirtschaftspatente,** die das Recht der Erfinder auf moralische und materielle Anerkennung, das Recht der sozialistischen Betriebe und staatlicher Organe zur Benutzung der Erfindung und für Erfindungen, die nicht im Zusammenhang mit der Tätigkeit der Erfinder im Ursprungsbetrieb oder mit dessen Unterstützung entstanden sind, das Recht der Erfinder begründeten, die Erfindung zu benutzen (§§ 8, 10 PatG

DDR). Die Art der moralischen und materiellen Anerkennung für Erfinder war in den §§ 29–32 der Neuererverordnung vom 22. 12. 1972 (GBl. II 1972 Nr. 1 S. 1) näher geregelt, siehe dazu Lebedeva, Der Erfinderschein – seine Rechtsnatur, GRUR Int. **82,** 699; Straus, Der Erfinderschein – Eine Würdigung aus der Sicht der Arbeitnehmererfindung, GRUR Int. **82,** 706.

Zweitens **Ausschließungspatente,** die das ausschließliche Recht des Patentinhabers begründeten, die Erfindung zu benutzen (§§ 8, 11 PatG DDR), d.h. den Gegenstand der Erfindung im Umfang der in der Patentschrift als geschützt dargelegten Erfindung, herzustellen, anzuwenden, anzubieten oder zu vertreiben, was sich bei Herstellungsverfahren auch auf die unmittelbaren Verfahrenserzeugnisse bezog (§ 12 PatG DDR). Das ausschließliche Benutzungsrecht war mit Rücksicht auf den internationalen Verkehr (§ 12 Abs. 3 PatG DDR) und den Vorbenutzer (§ 13 PatG DDR) beschränkt und konnte wegen volkswirtschaftlicher, sozialer oder kultureller Notwendigkeit eingeschränkt oder aufgehoben werden, wobei im Benutzungsfalle eine angemessene Entschädigung zu zahlen war (§ 11 Abs. 3 PatG DDR).

Drittens **Geheimpatente** für Erfindungen zur Erhöhung oder Sicherung der Verteidigungsbereitschaft und für Erfindungen, die besondere staatliche Interessen betrafen (§ 9 PatG DDR).

Für Erfindungen, die im Zusammenhang mit der Tätigkeit der Erfinder in einem sozialistischen Betrieb oder in einem staatlichen Organ oder mit dessen Unterstützung entstanden waren, wurden nur Wirtschaftspatente, aber keine Ausschließungspatente erteilt (§ 8 Abs. 2 PatG DDR). Ausländer konnten in Übereinstimmung mit internationalen Verträgen, z.B. der PVÜ, oder bei Gegenseitigkeit Patente erwerben (§ 1 Abs. 3 PatG DDR). Die Laufzeit betrug 18 Jahre ab Anmeldung (§ 15 Abs. 2 PatG DDR). Zusatzpatente gab es nicht mehr (siehe aber § 32 Abs. 3 PatG DDR).

Das Patentgesetz der DDR definierte Erfindungen als technische Lösungen, die sich durch **13**
Neuheit, industrielle Anwendbarkeit und technischen Fortschritt auszeichnen und auf einer erfinderischen Leistung beruhen (§ 5 Abs. 1 PatG DDR). Für die Neuheit stellte das Gesetz darauf ab, ob die technische Lösung vor dem Anmeldetag einem unbestimmten Personenkreis soweit zur Kenntnis gelangen konnte, dass ihre Benutzung möglich gewesen wäre. Eine bereits beim Patentamt der DDR angemeldete Lösung galt nicht als neu, wenn darauf ein Patent erteilt wurde (§ 5 Abs. 2 Satz 2 PatG DDR). Alles, was in irgendeinem Bereich der Volkswirtschaft realisiert werden konnte, galt als industriell anwendbar (§ 5 Abs. 3 PatG DDR). Als fortschrittlich wurde eine Lösung dann angesehen, wenn sie gegenüber dem bekannten Stand der Technik einen Effekt ermöglichte, der geeignet war, gesellschaftliche Bedürfnisse besser zu befriedigen (§ 5 Abs. 4 PatG DDR). Auf erfinderischer Leistung beruhte, was nicht offensichtlich aus dem bekannten Stand der Technik herleitbar gewesen ist (§ 5 Abs. 5 PatG DDR).

Das Patentgesetz der DDR schloss eine ganze Reihe von Erfindungen vom Patentschutz aus. Dazu zählten zunächst solche, die im Widerspruch zur sozialistischen Moral standen (§ 6 Abs. 1 PatG DDR), weiter Erfindungen, die auf chemischem oder mikrobiologischem Wege hergestellte oder im Wege der Kernfusion erzielte Stoffe betrafen; Herstellungs- und Verwendungsverfahren wurden geschützt; ferner Erfindungen, die Nahrungs-, Genuss- oder Arzneimittel betrafen, wofür nur Herstellungsverfahren geschützt wurden (§ 6 Abs. 2 PatG DDR); schließlich die Diagnose, Prophylaxe und Therapie von Erkrankungen an Mensch und Tier, Vorrichtungen ausgenommen; Pflanzensorten, Tierarten sowie Verfahren zu ihrer Züchtung; überwiegend biologische Verfahren, ausgenommen mikrobiologische Verfahren; Mikroorganismenstämme; wissenschaftliche Prinzipien, Methoden und Entdeckungen; Rechenprogramme; Kennzeichen, Fahrpläne, Regeln; ästhetische Formgestaltungen; Projekte und Zeichnungen für die Planung von Anlagen, Gebäuden und Territorien (§ 5 Abs. 6 PatG DDR).

Patente waren zur Erteilung schriftlich beim Patentamt anzumelden; dabei war die Erfindung so zu beschreiben, dass ihre Benutzung durch andere Sachkundige möglich ist (§ 16 PatG DDR). Das Patentamt prüfte, ob die Anmeldung den Anmeldeerfordernissen entsprach und ob die Erteilung eines Patents ausgeschlossen war. Je nach dem Ausgang der Prüfung erteilte es das Patent oder wies es die Anmeldung zurück (§§ 17, 18 Abs. 2 Satz 2 PatG DDR). Mit der Patenterteilung trat die vorläufige Schutzwirkung ein; über Ansprüche auf Unterlassung oder Schadenersatz durfte endgültig erst nach der nachträglichen Prüfung entschieden werden (§ 17 Abs. 2 PatG DDR). Auf Antrag erfolgte eine nachträgliche Überprüfung sämtlicher Schutzvoraussetzungen mit dem Ergebnis, das Patent ganz oder teilweise zu bestätigen oder aufzuheben (§ 18 Abs. 1 PatG DDR). Das Patentamt konnte nach entsprechender Prüfung auch direkt ein endgültiges Patent erteilen oder die Anmeldung zurückweisen (§ 18 Abs. 2 PatG DDR). Es fand kein Einspruchs-, wohl aber ein Beschwerdeverfahren statt (§ 20 PatG DDR). Auf Antrag fand ein Nichtigkeitsverfahren vor dem Patentamt (Spruchstelle) statt; Nichtigkeitsgründe waren fehlende Patentierungsvoraussetzungen der §§ 5 und 6 (§ 21 PatG DDR); für die Berufung war ein Senat des Obersten Zivilgerichts zuständig (§ 21 Abs. 3 PatG DDR). Auswärtige mussten sich durch einen vom Patentamt zugelassenen Vertreter vertreten lassen (§ 25 Abs. 2 PatG DDR). Verletzungsansprüche auf Unterlassung und Schadenersatz konnten im Wege der Klage beim Bezirksgericht Leipzig geltend gemacht werden (§ 29 Abs. 1 PatG DDR). Diese Ansprüche verjährten in 3 Jahren nach Kenntnis der Verletzung und des Verletzers, sonst in 10 Jahren von der Verletzung an (§ 29 Abs. 3 PatG DDR). Bei Verfahren zur Herstellung eines neuen Stoffes, galt die Umkehr der Beweislast (§ 29 Abs. 2 PatG DDR).

Die DDR war an dem Abkommen der RGW-Mitgliedsländer über den Rechtsschutz von Erfindungen, Geschmacks-, Gebrauchsmustern und Warenzeichen bei der wirtschaftlichen und wissenschaftlich-technischen Zusammenarbeit vom 12. 4. 1973 (GBl. II S. 109), an den Abkommen über die Vereinheitlichung der Erfordernisse für die Ausarbeitung und Einreichung von Erfindungsanmeldungen vom 5. 7. 1975 (Mitteilungsblatt des Amtes für Erfindungs- und Patentwesen der DDR 1975, Heft 9, S. 2–9) und am Abkommen über die gegenseitige Anerkennung von Urheberscheinen und anderen Schutzdokumenten für Erfindungen vom 18. 12. 1976 (GBl. II 1977 S. 333 ff.) beteiligt.

14 Mit dem Gesetz zur Änderung des Patentgesetzes vom 29. Juni 1990 hat die DDR mit Wirkung vom 1. Juli 1990 ihr Patentrecht weiter an das Recht der Bundesrepublik angepasst, die Patentlaufzeit auf 20 Jahre verlängert, das Wirtschaftspatent abgeschafft und Arbeitnehmererfinderrecht in das Patentgesetz aufgenommen (GBl. Nr. 40, S. 571 ff.).

15 **c) Neubeginn in Westdeutschland. aa) 1945–1959.** Für das Gebiet der **Bundesrepublik Deutschland** erging zunächst für das Vereinigte Wirtschaftsgebiet (britische und amerikanische Zone) das Gesetz über die **Errichtung von Annahmestellen** für Patent-, Gebrauchsmuster- und Warenzeichen-Anmeldungen vom 5. 7. 1948 (WiGBl. S. 65) mit Durchführungsverordnung vom 14. 7. 1948 (WiGBl. S. 66), zu dessen Vollzug Annahmestellen in Darmstadt und in Berlin errichtet wurden; die Wirkung der hier eingereichten Anmeldungen wurde später durch § 1 des Gesetzes vom 30. 1. 1950 (BGBl. S. 24) auf die Länder der französischen Besatzungszone und durch Art. I a des Berliner Gesetzes vom 4. 3./13. 5. 1954 (GVBl. S. 90, 293) auf Berlin erstreckt.

Durch das Gesetz vom 12. 8. 1949 (WiGBl. S. 251) – auf die Länder der französischen Besatzungszone durch die Verordnung vom 24. 9. 1949 (BGBl. S. 29) und auf Berlin durch das Berliner Gesetz vom 4. 3. 1954 (GVBl. S. 90) erstreckt – wurde sodann **das „Deutsche Patentamt"** mit Sitz in München errichtet, das am 1. 10. 1949 eröffnet wurde und durch § 4 der Verordnung vom 8. 9. 1950 (BGBl. S. 678) in die Verwaltung des Bundes überführt wurde. Durch insgesamt 6 **„Gesetze zur Änderung und Überleitung von Vorschriften auf dem Gebiet des gewerblichen Rechtsschutzes"** mit teils nur auf Zeit, vorwiegend auf Dauer gedachten Regelungen sowie durch einige weitere Gesetze wurden dann im Laufe der Jahre das Patentrecht und das Gebrauchsmusterrecht mehrfach erheblich geändert und ergänzt.

16 **Das 1. Überleitungsgesetz** vom 8. 7. 1949 (WiGBl. S. 175) mit Durchführungsverordnungen vom 1. 10. 1949 (BGBl. S. 27) und vom 14. 6. 1950 (BGBl. S. 227) brachte außer der Anpassung der Gesetze an die veränderten Verhältnisse vor allem eine zeitweilige Vereinfachung des Erteilungsverfahrens (namentlich den Wegfall der Neuheitsprüfung von Amts wegen, § 3 Nr. 1, 6), die Gewährung des Altersrangs der Ersten „Niederlegung" für die in der patentamtslosen Zeit gemachten Erfindungen (§ 4) sowie eine eingehende Regelung für die „Alt-Schutzrechte", d. h. die vor dem 8. 5. 1945 vom Reichspatentamt erteilten und noch in Kraft befindlichen „Alt-Patente", „Alt-Gebrauchsmuster" und „Alt-Warenzeichen", und für die Weiterbehandlung der „Alt-Schutzrechtsanmeldungen", d. h. der vor dem 8. 5. 1945 beim Reichspatentamt eingereichten und noch nicht erledigten Patentanmeldungen (noch nicht erledigte Gebrauchsmusteranmeldungen wurden nicht weiterbehandelt). Durch **das 2. Überleitungsgesetz** vom 2. 7. 1949 (WiGBl. S. 179) mit Durchführungsverordnungen vom 5. 11. 1949 (BGBl. S. 31) wurden einzelne Bestimmungen des Patentanwaltsgesetzes von 1933 an die nunmehrigen Verhältnisse angepasst, die Zugehörigkeit zur Patentanwaltschaft neu geordnet und das Recht der „Erlaubnisscheininhaber" neu geregelt. **Das Gesetz Nr. 8 der Alliierten Hohen Kommission** vom 20. 10. 1949 (AHK ABl. S. 18) mit Änderungen durch die Gesetze Nr. 30 vom 29. 6. 1950, Nr. 39 vom 21. 9. 1950, Nr. 41 vom 9. 11. 1950 und Nr. 66 vom 15. 11. 1951 (AHK ABl. S. 472, 600, 661, 1309) und mit 2 Durchführungsverordnungen des Bundes vom 8. 5. und 9. 11. 1950 (BGBl. S. 357, 785) regelte die Wiederherstellung der durch Kriegsmaßnahmen betroffenen deutschen Schutzrechte von Ausländern, die Weiterbehandlung ihrer noch nicht erledigten Anmeldungen und die Verlängerung ihrer Schutzrechte, die Inanspruchnahme der Priorität von Erstanmeldungen in Feindstaaten während der Kriegszeit sowie das Weiterbenutzungsrecht gutgläubiger Zwischenbenutzer und die Festsetzung von Lizenzgebühren dafür durch den Großen Senat des Patentamts. Durch **das Gesetz vom 15. 7. 1951**

(BGBl. I S. 449) wurde die Dauer von gewissen aufrechterhaltenen Alt-Patenten und auf Grund aufrechterhaltener Alt-Anmeldungen erteilten Patenten in der Weise verlängert, dass der Zeitraum vom 8. 5. 1945 bis zum 7. 5. 1950 nicht auf die Patentdauer angerechnet wurde. **Das 3. Überleitungsgesetz** vom 3. 10. 1951 (BGBl. I S. 847) regelte die Aufrechterhaltung der „Alt-Patente österreichischen Ursprungs" d. h. der aus einer Anmeldung beim Österreichischen Patentamt hervorgegangenen und durch die Verordnung vom 27. 7. 1940 (RGBl. I S. 1050) auf das Reichsgebiet erstreckten Patente, und die Weiterbehandlung der „Alt-Patentanmeldungen österreichischen Ursprungs". Durch **das 4. Überleitungsgesetz** vom 20. 9. 1951 (BGBl. I S. 979) wurden die durch das 1. Überleitungsgessetz angeordneten Vereinfachungen des Erteilungsverfahrens im Wesentlichen beseitigt und insbesondere für die nach dem 31. 12. 1951 eingehenden Patentanmeldungen wieder die Neuheitsprüfung von Amts wegen vorgesehen.

Das 5. Überleitungsgesetz vom 18. 7. 1953 (BGBl. I S. 615) brachte eine größere Zahl 17
auf die Dauer berechneter Neuerungen, namentlich eine Neufassung des § 13 (Benutzung einer Erfindung im Interesse der öffentlichen Wohlfahrt oder der Sicherheit des Bundes), eine erste Regelung für geheimzuhaltende Erfindungen (§ 50 PatG, § 9 GebrMG), die Einführung eines Verfahrens zur Selbstbeschränkung von Patenten (§ 63), eine Regelung des Armenrechts (jetzt Verfahrenskostenhilfe) auch für das patentamtliche Verfahren (§§ 129 ff. PatG, § 21 Abs. 2 GebrMG) sowie die Einführung der förmlichen Beschwerde auch im Gebrauchsmuster-Eintragungsverfahren (§ 4 Abs. 2 = jetzt § 18 GebrMG). Als Anlagen 1 und 2 wurden dem 5. Überleitungsgesetz die ab 1. 8. 1953 geltenden vollständigen Fassungen des Patentgesetzes (BGBl. I S. 623) und des Gebrauchsmustergesetzes (S. 637) beigefügt. Zur Ergänzung der neuen Armenrechtsbestimmungen erging gleichzeitig das Gesetz über die Erstattung von Gebühren für im Armenrecht beigeordnete Vertreter in Patent- und Gebrauchsmustersachen vom 18. 7. 1953 (BGBl. I S. 654). Die Verordnung über das Reichspatentamt vom 6. 7. 1936 wurde – nunmehr als „Verordnung über das Deutsche Patentamt" – durch Verordnung vom 1. 8. 1953 (BGBl. I S. 714) den neuen Verhältnissen angepasst. Eine umfassende Kodifikation eines verwandten Rechtsgebietes brachte das Gesetz über Sortenschutz und Saatgut von Kulturpflanzen **(Saatgutgesetz)** vom 27. 6. 1953 (BGBl. I S. 450). Mit Wirkung vom 1. 10. 1957 wurden die bisherigen Bestimmungen über das Arbeitnehmererfinderrecht durch **das Gesetz über Arbeitnehmererfindungen** vom 25. 7. 1957 (BGBl. I S. 756) mit seinen 2. Durchführungsverordnungen vom 1. 10. 1957 (BGBl. I S. 1679, 1680) abgelöst. Wegen der §§ 20, 21 (Lizenzverträge) erlangte **das Gesetz gegen Wettbewerbsbeschränkungen** vom 27. 7. 1957 (Neufassung vom 24. 9. 1980 BGBl. I S. 1761, 1766) für das Patentrecht Bedeutung. Mit der Staatsrechtlichen Eingliederung des **Saarlandes** in die Bundesrepublik (Saarvertrag vom 27. 10. 1956 – BGBl. II S. 1587, 1589 –, Gesetz vom 23. 12. 1956 – BGBl. I S. 1011) ist am 6. 7. 1959 gemäß § 1 des Gesetzes zur Einführung von Bundesrecht im Saarland vom 30. 6. 1959 (BGBl. I S. 313) das gesamte damals geltende Bundesrecht auf dem Gebiet des gewerblichen Rechtsschutzes im Saarland in Kraft getreten und ferner im gesamten Bundesgebiet **das Gesetz für die Eingliederung des Saarlandes** auf dem Gebiet des gewerblichen Rechtsschutzes vom 30. 6. 1959 (BGBl. I S. 388), das nähere Bestimmungen über die Aufrechterhaltung von Schutzrechten und Schutzrechtsanmeldungen im Saarland, über das Nichtigkeits- und Löschungsverfahren bei Saar-Schutzrechten sowie über die Erstreckung der in der Bundesrepublik bestehenden Schutzrechte auf das Saarland und der im Saarland bestehenden Schutzrechte auf das übrige Bundesgebiet brachte.

bb) Stabilisierung. 1960 bis 1976. Als das Bundesverwaltungsgericht in dem Urteil vom 18
13. 6. 1959 (BVerwGE **8,** 350 = GRUR **59,** 435) feststellte, dass nach dem damaligen Rechtszustand das Patentamt weder als Ganzes noch in seinen Beschwerdesenaten als Gericht angesehen werden könne und demzufolge die Entscheidungen der Beschwerdesenate bei den allgemeinen Verwaltungsgerichten angefochten werden könnten (Art. 19 Abs. 4 GG) wurde die Einordnung der patentamtlichen Instanzen in die durch das Grundgesetz bestimmte institutionelle Ordnung des Bundes dringlich. Um alsbald Klarheit über die Rechtsbeständigkeit der bisherigen Entscheidungen der Beschwerdesenate zu schaffen, erging **das Gesetz vom 17. 2. 1960** (BGBl. I S. 78), das für die Anfechtung der bis zum 13. 6. 1959 ergangenen Beschlüsse und Entscheidungen des Patentamts bei den Verwaltungsgerichten eine Frist bis zum 1. 4. 1960 setzte. Durch **das 12. Gesetz zur Änderung des Grundgesetzes** vom 6. 3. 1961 (BGBl. I S. 141), das dem Bund mit dem neuen Art. 96 a Abs. 1 GG die Befugnis gab, für Angelegenheiten des gewerblichen Rechtsschutzes ein Bundesgericht zu errichten, wurde die verfassungsrechtliche Grundlage dafür geschaffen, die bisherigen Beschwerde- und Nichtigkeitssenate des Deutschen Patentamts aus diesen herauszulösen und in dem als selbstständiges Bundesgericht

neu errichteten **Bundespatentgericht,** ebenfalls mit dem Sitz in München, zusammenzufassen, siehe dazu A. Krieger, Das Bundespatentgericht als „Bundesgericht für Angelegenheiten des gewerblichen Rechtsschutzes", GRUR **77,** 343.

19 **Das 6. Überleitungsgesetz** vom 23. 3. 1961 (BGBl. I S. 274), das am 1. 7. 1961 in Kraft trat, brachte vor allem eingehende Bestimmungen über die **Gerichtsverfassung des Patentgerichts** (Beschwerde- und Nichtigkeitssenate, rechtskundige und technische Mitglieder, §§ 36b–36k jetzt §§ 65–72 PatG, § 10 GebrMG) und entsprechende Änderungen der Bestimmungen über die Organisation des Patentamts (§§ 17, 18 = jetzt §§ 26, 27 PatG) sowie eingehende, zu einem großen Teil neue Bestimmungen über das **Verfahren,** namentlich **des Patentgerichts** (§§ 41a–41o = jetzt §§ 86–99 PatG). Gegen die Beschlüsse der Beschwerdesenate wurde das Rechtsmittel der (unter bestimmten Voraussetzungen vom Beschwerdesenat zuzulassenden) **Rechtsbeschwerde an den Bundesgerichtshof** (§§ 41p–41y = jetzt §§ 100–109 PatG, § 18 Abs. 5 GebrMG) gegeben, der wie vor ihm das Reichsgericht seit jeher Berufungsinstanz gegenüber den Entscheidungen der Nichtigkeitssenate und Revisionsinstanz gegenüber den Urteilen der Land- und Oberlandesgerichte in Verletzungssachen gewesen war und nunmehr oberste gerichtliche Instanz in allen Angelegenheiten des gewerblichen Rechtsschutzes ist; der Große Senat (jetzt: des Patentgerichts) blieb nur noch für Lizenzsachen nach dem AHK-Gesetz Nr. 8 zuständig. Das 6. Überleitungsgesetz brachte ferner eine Reihe von Änderungen, die durch die am 31. 10. 1958 in Lissabon beschlossene (und am 4. 1. 1962 in Kraft getretene) **Änderung der Pariser Verbandsübereinkunft** erforderlich geworden waren, eine Neuregelung der **Geheimpatente** und Geheimgebrauchsmuster (§§ 30a–30g = jetzt §§ 50–56 PatG, § 9 GebrMG), sowie einige weitere Änderungen und Ergänzungen in Einzelfragen wie z. B. Bestimmungen über die Öffentlichkeit des Verfahrens (§ 36g = jetzt § 69), die Einarbeitung der Berufungsverordnung in das Patentgesetz (§§ 42a–42l = §§ 111–121) und die Erteilung von Zwangslizenzen an Gebrauchsmustern (§ 20 GebrMG). Der Wortlaut des Patentgesetzes, des Gebrauchsmustergesetzes und des (nunmehr so bezeichneten) Gesetzes über die Gebühren des Patentamts und des Patentgerichts in der vom 1. 7. 1961 an geltenden **neuen Fassung** wurde – wiederum unter Beibehaltung der Paragraphenfolge der Gesetze von 1936 als Grundgerüst – unter dem **9. 5. 1961** bekanntgemacht (BGBl. I S. 549). Zur Ergänzung wurden – gleichfalls am 9. 5. 1961 – eine neue Verordnung über das Deutsche Patentamt (BGBl. I S. 585) sowie eine Verordnung über die Gebührenzahlung und eine Verordnung über Verwaltungskosten erlassen (BGBl. I S. 588, 589). Am 5. 5. 1961 erging die Anordnung des Bundespräsidenten über die Amtstracht beim Bundespatentgericht (BGBl. I S. 596), am 24. 5. 1961 eine Verordnung zur Ausführung des § 30g (= jetzt § 56 PatG) (BGBl. I S. 595) und am 19. 7. 1961 die Verordnung des Präsidenten des Deutschen Patentamts über die Wahrnehmung von Geschäften durch Beamte des gehobenen und des mittleren Dienstes (Bl. **61** S. 275). Die Anmeldebestimmungen für Patente wurden unter dem 30. 3. 1965 neu erlassen (Bl. **65** S. 160).

20 Die Folgezeit brachte – neben der Einfügung des § 26 GebrMG (Teilstreitwert) durch das Gesetz vom 21. 7. 1965 (BGBl. I S. 625) – als Wesentlichstes die neue **Patentanwaltsordnung vom 7. 9. 1966** (BGBl. I S. 557; amtl. Begr. Bl. **66** S. 335) nebst einer neuen Ausbildungs- und Prüfungsordnung vom 3. 1. 1967 (BGBl. I S. 118). Im Jahre 1968 folgte ein neues **Sortenschutzgesetz vom** 20. 5. 1968 (BGBl. I S. 429), das an die Stelle des Saatgutgesetzes vom 27. 6. 1953 trat und durch Einfügung einer neuen Nr. 2 in § 1 Abs. 2 (= jetzt § 2 Nr. 2 Satz 2) PatG den Sortenschutz und das Patentrecht gegeneinander abgrenzt.

21 **Das Patentänderungsgesetz** vom 4. 9. 1967. Das stetige Ansteigen der Zahl der Patentanmeldungen, die zunehmende Kompliziertheit der Anmeldungen und das lawinenartige Anschwellen des Prüfstoffes führten zu einer zunehmenden Verschlechterung der Geschäftslage des Deutschen Patentamts, die sich in einem „Stau" von nicht binnen angemessener Zeit geprüften Patenanmeldungen und in einer immer länger werdenden Dauer des Patenterteilungsverfahrens auswirkte. Das machte gesetzgeberische Maßnahmen zur Normalisierung und Stabilisierung der Geschäftslage beim Deutschen Patentamt notwendig.

Das „Gesetz zur Änderung des Patentgesetzes, des Warenzeichengesetzes und weiterer Gesetze" – auch **„Vorabgesetz"** genannt – vom 4. 9. 1967 (BGBl. I S. 953) – am 1. 10. 1968 mit der am 2. 1. 1968 bekanntgemachten Neufassung des Patentgesetzes in Kraft getreten – hielt zwar an dem bewährten **Grundsatz** des deutschen Patentrechts fest, dass **Patente nur auf Grund umfassender Prüfung** der materiellen Patentfähigkeit erteilt werden. Es sollten aber nicht mehr unterschiedslos alle, sondern nur die wirtschaftlich bedeutsamen Anmeldungen, und zwar auf einen besonders zu stellenden gebührenpflichtigen Antrag hin, der patentamtlichen Prüfung in dem insoweit fast unverändert bleibenden bisherigen Erteilungsverfahren unterworfen werden (sog. **System der verschobenen Prüfung** = examen différé), während diejenigen Anmeldungen, für die kein Prüfungsantrag gestellt wird, 7 Jahre nach der Anmeldung als zurückgenommen gelten sollten. Um die Öffentlichkeit baldmöglichst über die beim Deutschen Patentamt vorliegenden Patentanmeldungen zu unterrichten, sollten ferner **alle Anmeldungen,** und zwar unabhängig davon, ob ein Prüfungsantrag gestellt ist oder nicht, 18 Monate nach dem Prioritätstag „offengelegt" und in Offenlegungsschriften veröffentlicht werden; die offengelegten Anmeldungen sollten einen **beschränkten einstweiligen Schutz** genießen (Zahlung einer Entschädigung für die Benutzung der Erfindung durch Dritte). Andererseits sollten nicht mehr nur für erteilte Patente, sondern auch schon **für alle Anmeldungen** vom Beginn des auf die Anmeldung folgenden dritten Jahres ab die **Jahresgebühren** erhoben werden. Das Gesetz vom 4. 9. 1967 hat ferner, und zwar bereits **mit Wirkung vom 1. 1. 1968,** das bisher in § 1 Abs. 2 Nr. 2 PatG a. F. enthaltene sog. **Stoffschutzverbot** (Verbot der Erteilung von Sachpatenten für Erfindungen von Nahrungs-, Genuss- und Arzneimitteln sowie von Stoffen, die auf chemischem Wege hergestellt werden) **beseitigt.** Das Gebrauchsmustergesetz wurde durch das Gesetz vom 4. 9. 1967 nur unwesentlich geändert.

Im Anschluss an das Gesetz vom 4. 9. 1967 wurden in größerer Zahl zusätzliche Bestimmungen getroffen. Neu erlassen wurden die VO über das Deutsche Patentamt und die VO über die Zahlung der Gebühren, beide vom 5. 9. 1968 (BGBl. I S. 997, S. 1000), sowie die Anmeldebstimmungen für Patente und die für Gebrauchsmuster, beide vom 30. 7. 1968 (BGBl. I S. 1004, 1008).

cc) Internationale Harmonisierung (ab 1976) und Neufassung (1980). Das Gesetz über internationale Patentübereinkommen vom 21. Juli 1976 (BGBl. II S. 649 ff., im Wesentlichen in Kraft getreten am 1. 1. 1978). Um das sog. Straßburger Patentübereinkommen (s. u. Internationaler Teil Rdn. 80) ratifizieren zu können und um sicherzustellen, dass die beim Deutschen Patentamt eingereichten Patentanmeldungen und die darauf erteilten Patente nicht in grundsätzlichen Punkten von den nach dem Europäischen Patentübereinkommen vom 5. 10. 1973 geltenden Regelungen (s. u. Internationaler Teil Rdn. 101 ff.) abweichenden rechtlichen Vorschriften unterworfen sind, hat das Gesetz eine Reihe von Änderungen des Patentgesetzes vorgenommen. Diese Änderungen betreffen in der Hauptsache die Neuregelung der Patentierungsvoraussetzungen (§§ 1 bis 5 PatG) und in deren Folge die Neufassung der Regelung über die Nichtigkeitsgründe (§ 22 i. V. m. § 21) und der Einspruchsgründe (§ 21), sowie die Neuregelung des Schutzbereichs des Patents (§ 14) und die Verlängerung der Laufzeit des Patents von 18 auf 20 Jahre (§ 16 Abs. 1 Satz 1). Die Möglichkeit von Auskünften des Patentamts über den Stand der Technik wurde eröffnet (§ 29 Abs. 3). Mit der Neuregelung ging die Abschaffung des Ausstellungsschutzes nach dem Gesetz betreffend den Schutz von Erfindungen, Mustern und Warenzeichen auf Ausstellungen vom 18. 3. 1904 für Patente, die am 1. Juli 1980 in Kraft trat, und die Streichung der Vorschrift über das Schutzhindernis der Vorpatentierung (Identität = § 4 Abs. 2) einher. In der Übergangsvorschrift ist die Neuheitsschonfrist des § 2 Satz 2 PatG 1968 bis zum 1. Juli 1980 beibehalten worden (s. Art. XI, § 3 Abs. 6 und Bekanntmachung vom 29. 5. 1980 Bl. **80,** 191). 22

Das Gemeinschaftspatentgesetz vom 26. 7. 1979 (BGBl. I S. 1269 – im Wesentlichen am 1. 1. 1981 in Kraft getreten). Die Zustimmung zu dem nicht in Kraft getretenen Gemeinschaftspatentübereinkommen vom 15. 12. 1972 ist zum Anlass genommen worden, das deutsche Patentrecht in einem weiteren Bereich an das derzeitige und zukünftige europäische Patentrecht anzugleichen und noch eine nicht geringe Anzahl von Änderungen des Patentgesetzes vorzunehmen. Die Angleichung des Rechts an das derzeitige und zukünftige europäische Patentrecht betrifft in der Hauptsache die Neuregelung der Wirkung des Patents (§§ 9, 10, 11, 139, 142) und des Erteilungsverfahrens (§§ 49, 57, 58–62, 81 Abs. 2), bei dem an die Stelle der Bekanntmachung der Anmeldung nunmehr die Erteilung des Patents getreten ist, gegen das binnen drei Monaten nach der Veröffentlichung Einspruch erhoben werden kann, der zur Aufrechterhaltung oder zum Widerruf des Patents führt. Weitere Maßnahmen zur Harmonisierung des deutschen Patentrechts sind die erstmalige Regelung der Lizenz in § 15 Abs. 2, die Verpflichtung des Anmelders zur Einreichung einer Zusammenfassung (§ 36 und § 45 Abs. 1 Satz 3) und die vorzeitige Offenlegung der Anmeldung vor Ablauf der 18-Monatsfrist auf Grund des Einverständnisses des Anmelders (§ 31 Abs. 2 Nr. 1). Weitere Änderungen des Patentgesetzes betreffen das Teilungsrecht (§§ 39, und 60), die innere Priorität (§ 40), die Beteiligung des Präsidenten des Patentamts im Beschwerde- und Rechtsbeschwerdeverfahren (§§ 76, 80 Abs. 2 und 105 Abs. 2), den Beitritt des Präsidenten des Patentamts im Beschwerdeverfahren (§§ 77, 80 Abs. 2 und 109 Abs. 2) sowie den Anwaltszwang im Berufungsverfahren vor dem Bundesgerichtshof (§ 121). 23

Das Gesetz über die Prozesskostenhilfe vom 13. Juni 1980 (Bl. **80,** 243 ff.) hat in Art. 3 24
die Vorschriften des Patentgesetzes über das Armenrecht und über die Stundung von Gebühren

und Auslagen zugunsten bedürftiger Anmelder und Patentinhaber geändert. Es hat das Institut des „Armenrechts“ durch die Prozesskostenhilfe“ und „Verfahrenskostenhilfe“ ersetzt (siehe Überschrift des achten Abschnitts des Patentgesetzes und §§ 129ff.) und anstelle der „Bedürftigkeit“ auf die „Zumutbarkeit“ der Zahlung abgestellt (siehe §§ 18, 24 Abs. 4 Satz 6).

Das Patentgesetz hat durch das **Einführungsgesetz zum StGB** vom 2. 3. 1974 (Art. 135, BGBl. I 469, 571), das § 50 aufgehoben und die §§ 30c Abs. 2 = jetzt 52 Abs. 2, 46 Abs. 2 Satz 1 = jetzt 128 Abs. 2 Satz 1 und 49 = jetzt 142 geändert hat, ferner durch das **Gesetz zur Änderung des Gerichtskostengesetzes** u.a. Gesetze vom 20. 8. 1975 (BGBl. I 2189), das § 42 Abs. 2 Satz 3 = jetzt 110 Abs. 2 Satz 3 (Urteilsgebühr des BGH) änderte, und durch die sog. **Vereinfachungsnovelle** vom 3. 12. 1976 (Art. 9 Nr. 7, BGBl. I 3281, 3310), die die §§ 41b Abs. 2 Satz 2 = jetzt 87 Abs. 2 Satz 2, 41i Abs. 1 = jetzt 94 Abs. 1 und 43 = jetzt 123 änderte, verschiedene Änderungen erfahren.

25 Um das vielfach geänderte und ergänzte Patentgesetz besser überschaubar zu machen, ist es in der **Neufassung** vom 16. 12. 1980 mit neuer Paragraphenfolge am 3. 1. 1981 im Bundesgesetzblatt bekanntgemacht worden (BGBl. S. 1). An die Stelle der früheren Anmeldebestimmungen für Patente, siehe oben Rdn. 17, ist am 29. 5. 1981 die Verordnung über die Anmeldung von Patenten (Patentanmeldeverordnung) getreten (BGBl. I S. 521), die am 12. 11. 1986 geändert worden ist (Streichung der Bestimmung über die Gebrauchsmuster-Hilfsanmeldung (BGBl. I S. 1738)).

26 **dd) Weitere Änderungen 1980–1990.** Eine Änderung hat das Patentgesetz durch das **Gesetz zur Änderung des Gebrauchsmustergesetzes** vom 15. 8. 1986 (BGBl. I 1446ff.) erfahren. Art. 2 Abs. 9 hat in § 15 Abs. 3 PatG eine Bestandschutzregelung für Lizenzen eingeführt, die am 1. 1. 1987 in Kraft getreten ist. Wegen der Änderung des Patentgesetzes durch das Gesetz zur Änderung von Kostengesetzen vom 9. 12. 1986 (BGBl. I S. 2326) wird auf die Erläuterungen zu den §§ 135, 136 PatG verwiesen. Das **Gebrauchsmustergesetz** ist durch Gesetz den Regelungen des Patentgesetzes angeglichen worden. Die Gebrauchsmusterhilfsanmeldung ist durch das Recht, den Anmeldetag einer früheren Patentanmeldung zu beanspruchen, ersetzt worden. Die innere Priorität (§ 40 PatG) ist auch für Gebrauchsmusteranmeldungen eingeführt worden. Für Gebrauchsmuster ist ein Recherche vorgesehen worden. Außerdem hat das Gesetz die Möglichkeit einer zweiten Verlängerung der Schutzdauer um zwei weitere Jahre – also auf insgesamt acht Jahre – geschaffen. Die Neuregelungen sind am 1. 1. 1987 in Kraft getreten. Zur besseren Übersicht über die gesetzliche Regelung ist das Gebrauchsmustergesetz im Bundesgesetzblatt vom 4. 9. 1986 (I 1456ff.) mit neuer Paragraphenfolge **neu bekanntgemacht** worden. Anstelle der früheren Anmeldebestimmungen für Gebrauchsmuster vom 30. 7. 1968, siehe oben Rdn. 17, ist am 12. 11. 1986 die Verordnung über die Anmeldung von Gebrauchsmustern (Gebrauchsmusteranmeldeverordnung) erlassen worden (BGBl. I S. 1739ff.).

27 Das Gesetz zur Stärkung des geistigen Eigentums und zur **Bekämpfung der Produktpiraterie** vom 7. März 1990 (BGBl. 422) hat sowohl in das Patentgesetz als auch in das Gebrauchsmustergesetz den Vernichtungs- und Auskunftsanspruch sowie die Grenzbeschlagnahme eingeführt. Im Gebrauchsmusterrecht hat es zu einer bedeutsamen Änderung geführt, indem es das Raumformerfordernis abgeschafft hat. Zu weiteren Änderungen des Gebrauchsmustergesetzes siehe Vorbem. Rdnr. 2d zum GebrMG.

28 **d) Deutsche Wiedervereinigung. aa)** Der Beitritt der Länder Brandenburg, Mecklenburg-Vorpommern, Sachsen, Sachsen-Anhalt und Thüringen zur Bundesrepublik Deutschland hat auf dem Gebiet des Patentrechts und des Gebrauchsmusterrechts mit Wirkung vom 3. Oktober 1990 einheitliches Recht geschaffen (siehe dazu den Vertrag über die Herstellung der Einheit Deutschlands – **Einigungsvertrag** vom 31. August 1990 BGBl. II S. 885 und folgende Literatur: Faupel, Deutsche Einheit und Schutz des geistigen Eigentums, Mitt. **90,** 201; v. Mühlendahl/Mühlens, Gewerblicher Rechtsschutz im vereinigten Deutschland, GRUR **92,** 725; Schaefer, Vereinheitlichung des gewerblichen Rechtsschutzes in Deutschland, NJ **92,** 248; Vogel, Die Auswirkungen des Vertrages über die Herstellung der Einheit Deutschlands auf die Verfahren vor dem Deutschen Patentamt und dem Bundespatentgericht, GRUR **91,** 83). Von diesem Zeitpunkt an wurde das Patentamt der DDR aufgelöst und war das Deutsche Patentamt alleinige Zentralbehörde auf dem Gebiet des Patent- und Gebrauchsmusterrechts (Anl. I Kap. III Sachgeb. E Abschnitt II § 1 Abs. 1 EinigV). Von diesem Zeitpunkt an beim Deutschen Patentamt eingehende Patent- und Gebrauchsmusteranmeldungen sowie die hierauf erteilten oder eingetragenen Schutzrechte gelten im gesamten Bundesgebiet (zur Klarstellung: auch in den beigetretenen Ländern (§ 2 der Anl. I Kap. III Sachgeb. E Abschnitt II EinigV). Die vorher beim Patentamt der DDR oder beim Deutschen Patentamt eingereichten Anmeldungen und erteilten oder eingetragenen Schutzrechte werden mit Wirkung für ihr bisheriges Schutzgebiet

aufrechterhalten und unterliegen weiterhin den für sie geltenden Vorschriften. Dies gilt entsprechend für Anmeldungen und Schutzrechte gemäß internationalem Abkommen mit Wirkung für die genannten Gebiete, z. B. europäische Patente für das Gebiet der Bundesrepublik (§ 3 aaO). Beim Patentamt der DDR noch nicht erledigte Anmeldungen wurden beim Deutschen Patentamt weiterbehandelt (§ 3 Abs. 3 und 5 aaO). Über gegen dessen Entscheidungen gerichtete Beschwerden entscheidet das Bundespatentgericht. Dieses entscheidet auch über Beschwerden, die am 3. 10. 1990 noch bei der Beschwerdespruchstelle, des DDR Patentamts anhängig waren (§ 3 Abs. 2 aaO), ebenso über Nichtigkeitsklagen (§ 3 Abs. 2 Satz 4). Anmeldungen beim DDR Patentamt genießen für Anmeldungen beim Deutschen Patentamt ein Prioritätsrecht nach Art. 4 PVÜ (§ 4 aaO). Für ab dem 1. Juli 1990 erfolgte Benutzungshandlungen in dem Gebiet, in dem ein Schutzrecht vor einer Erstreckung noch nicht galt, schließt § 5 (aaO) den Erwerb eines redlichen Besitzstandes aus. Dies gilt auch für eine Schutzrechtsanmeldung, der in dem anderen Gebiet ein älteres Schutzrecht entgegenstehen würde (§ 5 Satz 2 aaO). Für ab dem 3. 10. 1990 beim Deutschen Patentamt eingereichte Patentanmeldungen erweiterte § 6 (aaO) den Stand der Technik im Sinne des § 3 Abs. 2 PatG auch auf eine beim Patentamt der DDR eingereichte Patentanmeldung. § 7 (aaO) bestimmt den Schutz aus einer noch beim DDR Patentamt eingereichten Patentanmeldung als Löschungsgrund für ein nach dem 3. 10. 1990 angemeldetes und darauf eingetragenes Gebrauchsmuster. Auf Erfindungen, die vor dem 3. Oktober 1990 in den neuen Ländern gemacht wurden, sind die dort geltenden Vorschriften des Arbeitnehmererfinderrechts anzuwenden (§ 11 aaO).

bb) Das **Erstreckungsgesetz** vom 23. April 1992 (BGBl. I 938) hat sich bemüht, im vereinigten Deutschland auf dem Gebiet des gewerblichen Rechtsschutzes die vollständige Rechtseinheit herzustellen (siehe dazu: Bgr. der BuReg. Bl. **92,** 213; Ber. des Rechtsausschusses Bl. **92,** 250; Bourcevet, Zur Erstreckung von Chemiepatenten im einheitlichen Schutzgebiet der Bundesrepublik Deutschland, Mitt. **92,** 259; Brändel, Rechtsfragen des „Erstreckungsgesetzes" zum Schutzbereich und zur Benutzungslage von Patenten im vereinten Deutschland, GRUR **92,** 653 ff.; ders., Das „Weiterbenutzungsrecht" (§ 28 Erstreckungsgesetz) – eine Zwangslizenz besonderer Art, GRUR **93,** 169 ff.; Eisenführ, Der Referentenentwurf des Erstreckungsgesetzes, Mitt. **91,** 185; Gaul, Die arbeitnehmererfindungsrechtlichen Auswirkungen des Erstreckungsgesetzes, Mitt. **92,** 289; Gaul/Burgmer, GRUR **92,** 283; Niederleithinger, Mitt. **91,** 125; v. Mühlendahl/Mühlens, Gewerblicher Rechtsschutz im vereinigten Deutschland, GRUR **92,** 725; weil ein einheitliches Staatsgebiet in seinem gesamten Staatsgebiet geltende Schutzrechte erfordert. 29

Das ErstrG dehnt die Schutzwirkungen der am 1. Mai 1992 in der Bundesrepublik Deutschland begründeten Patente und Gebrauchsmuster und deren Anmeldungen und zu diesem Zeitpunkt in der DDR begründeten Patente und deren Anmeldungen auf ganz Deutschland aus. Die Erstreckung erfolgt automatisch (von Gesetzes wegen), ohne dass es eines Antrages des Rechtsinhabers bedürfte. Sie erfasst alle Schutzrechte, gleichgültig, ob sie Inländern oder Ausländern gehören, und ob ihren Inhabern im Bundesgebiet oder im Beitrittsgebiet, auf die der Schutz erstreckt wird, für denselben Schutzgegenstand bereits ein Schutzrecht zusteht. Das gilt auch für auf Grund internationaler Abkommen (z. B. EPÜ oder PCT) vor dem 3. 10. 1990 mit Wirkung für die Bundesrepublik eingereichte Anmeldungen und vom Europäischen Patentamt erteilte Patente, die hier gelten (§ 1 Abs. 2 ErstrG). Ebenso gilt das für mit Wirkung für die ehemalige DDR eingereichte Anmeldungen und vom DDR Patentamt anerkannte Patente (§ 4 Abs. 2 ErstrG), deren Rechte erst von dem Tage an geltend gemacht werden können, an dem eine deutsche Übersetzung vom DPA veröffentlicht worden ist, wenn das Patent nicht in deutscher Sprache veröffentlicht war (§ 8 Abs. 1 ErstrG). Bei fehlerhafter Übersetzung wird der redliche Benutzer durch ein unentgeltliches Benutzungsrecht geschützt, wenn die Benutzung in der fehlerhaften Übersetzung keine Patentverletzung dargestellt hätte (§ 8 Abs. 4 ErstrG). Bei erstreckten Patentanmeldungen ist erforderlichenfalls die Offensichtlichkeitsprüfung nachzuholen, eine deutsche Fassung einzureichen; es wird freie Einsicht gewährt und eine Offenlegungsschrift veröffentlicht (§ 10 ErstrG). Die Erstreckung von Doppelschutz hat das Gesetz geglaubt, hinnehmen zu können. Den Fall des Zusammentreffens in ihrem Schutzbereich übereinstimmender Rechte hat das ErstrG nicht nach dem Zeitrang der Rechte, sondern so geregelt, dass die Schutzinhaber weder gegeneinander noch gegen Personen Rechte geltend machen können, denen sie die Benutzung gestattet haben (§ 26 Abs. 1 ErstrG), sofern die Benutzung nicht zu einer unbilligen wesentlichen Beeinträchtigung führt (§ 26 Abs. 2 ErstrG).

Die Erstreckung der Patente und deren Anmeldungen mit Ursprung in der ehemaligen DDR erfolgt mit folgender Maßgabe: Sie entfalten ihre Wirkungen unabhängig davon, ob sie mit oder ohne Sachprüfung erteilt sind, wie nach dem Patentgesetz erteilte Patente (§ 6 ErstrG), die

Wirtschaftspatente wie Patente, für die die Lizenzbereitschaft erklärt ist (§ 7 ErstrG); zur Änderung des § 23 PatG durch das GPatG 2 siehe BGBl. 1991 II S. 1354, 1355f. Besteht gegenüber einem erstreckten Patent ein Vorbenutzungsrecht, so gilt dieses im gesamten Bundesgebiet (§ 27 ErstrG). Weiterbenutzungsrechte nach Art. 3 Abs. 4 Satz 1 des PatentändG der DDR, die zur Benutzung der geschützten Erfindung gegen eine angemessene Vergütung berechtigen, bleiben bestehen und werden auf das übrige Bundesgebiet erstreckt (§ 9 ErstrG). Diejenigen, die Erfindungen nach erstreckten Patenten vor dem 1. 7. 1990 rechtmäßig in Benutzung genommen hatten, sind zur Weiterbenutzung im gesamten Bundesgebiet berechtigt, soweit die Benutzung nicht zu einer unbilligen wesentlichen Beeinträchtigung führt (§ 28 ErstrG) (s. § 12 Rdn. 35 ff.). Wenn Wirtschaftspatente später auf das Vorliegen aller Schutzvoraussetzungen geprüft sind, kann die Lizenzbereitschaftserklärung widerrufen werden (§ 7 Abs. 2 ErstrG). Ohne Sachprüfung erteilte Patente können nachträglich der vollen Sachprüfung unterzogen werden, auch kann eine Recherche beantragt werden (§§ 12, 11 ErstrG), daneben bleibt die Möglichkeit der Nichtigkeitsklage auch gegen vom DDR Patentamt erteilte Patente unberührt. Wegen der Vorschriften über die Schutzfähigkeit, nach denen diese Patente geprüft werden, und der Laufdauer bleibt es beim früheren Recht der DDR, von dem die Bundesregierung eine Auslegung erwartet, die sich nach dem im Bundesrecht herkömmmlichen Auslegungskriterium richtet (s. die Begr. zu § 5 ErstrG in Bl. **92,** 213, 223). Das ErstrG sieht keine Regelung für die Auswirkungen der Erstreckung auf Lizenzverträge vor. Die Bundesregierung glaubte, dass die Beteiligten durch Auslegung bestehender Vereinbarungen oder Neugestaltung (Vertragsanpassung) einen interessengerechten Ausgleich finden würden (aaO S. 218).

Das ErstrG hat eine Einigungsstelle zur Vermittlung einer gütlichen Einigung bei Kollisionsfällen, die sich aus dem Zusammentreffen von Schutzrechten ergeben, beim Patentamt eingerichtet (§§ 39 bis 46 ErstrG).

30 **4. Entwicklung seit 1993.** Nach der durch das Erstreckungsgesetz auch im patentrechtlichen Bereich vollzogenen deutschen Einheit betraf die weitere Entwicklung des Patentrechts im Wesentlichen entweder die internationale Harmonisierung des Patentrechts durch Umsetzung übernationaler Vorgaben in das nationale deutsche Patent- und Gebrauchsmusterrecht oder die Übertragung der im Allgemeinen deutschen Recht realisierten Reformen des Bürgerlichen Rechts und des Verfahrensrechts auf den Bereich des Patent- und Gebrauchsmusterrecht.

31 **a)** Durch das **Patentänderungsgesetz v. 23. 3. 1993** (BGBl. I S. 366; s. auch BlPMZ **93,** 169 ff. mit Entwurfsbegründung u. weiteren Stellungnahmen) wurden die §§ 16 a und 49 a PatG sowie § 6 a IntPatÜG eingeführt und damit die Voraussetzungen geschaffen für die in das nationale Patentsystem integrierte Anmeldung, Eintragung und Durchsetzung von ergänzenden Schutzzertifikaten zu deutschen oder – mit Wirkung für Deutschland erteilten – europäischen Patenten nach Maßgabe entsprechender EG-Verordnungen. Im Einzelnen wird dazu auf die Erläuterungen bei §§ 16 a, 49 a verwiesen.

32 **b)** Einige kleinere Änderung ergaben sich gelegentlich von Rechtsreformen in Bereichen mit Schwergewicht außerhalb des Patentrechts. So die Neufassung d. Kostenregelung in § 143 III PatG durch Gesetz v. 2. 9. 1994 (BGBl. I S. 2278, 2293); die Erweiterung der Prioritätsregelung gemäß § 41 II PatG durch Gesetz v. 25. 10. 1994 (BGBl. I S. 3082, 3117); die Neufassung des § 89 IV PatG bei Abschaffung der allgemeinen Gerichtsferien durch Gesetz v. 28. 10. 1996 (BGBl. I S. 1546, 1547).

33 **c)** Größere Bedeutung hatte das **Zweite Gesetz zur Änderung des Patentgesetzes** und anderer Gesetze (2. PatÄndG) v. 16. 7. 1998 (BGBl. I S. 1827 ff.; s. auch BlPMZ **98,** S. 382 ff.; 393 ff. mit Entwurfsbegründung und weiteren Stellungnahmen). Es wurde nicht nur das Deutsche Patentamt umbenannt in „Deutsches Patent- und Markenamt“, die Einreichung von Patentanmeldungen bei Patentinformationszentren eingeführt und die Einreichung einer Patentanmeldung erleichtert (u. a. Einreichung auch bei Patentinformationszentren – § 34 II; auch in fremder Sprache unter Vorbehalt späterer Übersetzung – § 35; nicht notwendig in schriftlicher Form – § 34 Abs. 7, heute Abs. 6 – mit Blick auf eine zukünftige elektronische Form. Es wurden ferner die Vorschriften über die Zwangslizenz den Vorgaben des TRIPS-Übereinkommens angepasst – s. § 24 PatG und die dortigen Erläuterungen. Die zulassungsfreie Rechtsbeschwerde wurde nunmehr auch für den Fall der Versagung rechtlichen Gehörs (§ 100 Abs. 3 Nr. 3 PatG) eröffnet. Vor allem aber wurde das Berufungsverfahren in Patentnichtigkeitssachen (§§ 110 ff. PatG) in wesentlichen Punkten neu geregelt und stärker einem Berufungsverfahren nach ZPO angeglichen (keine Gebührenzahlung als Voraussetzung wirksamer Berufungseinlegung, Einlegung der Berufung unmittelbar beim BGH unter Wegfall des früheren Vorschaltverfahrens zur Zulässigkeitsprüfung durch das BPatG, andererseits aber jetzt mit der Notwendigkeit einer form- und fristgerechten Berufungsbegründung; vgl. Erläuterungen zu §§ 110 ff.

PatG. Das Gesetz enthält schließlich noch vielfältige sonstige Änderungen, insbesondere solche im Kostenbereich.

d) In den Folgejahren ergaben sich zunächst wieder nur kleinere Änderungen: Anpassung der Sicherheitsleistung nach § 110 Abs. 6 (zunächst Abs. 7) PatG an die entsprechende ZPO-Regelung durch Gesetz v. 6. 8. 1998 (BGBl. I S. 2030, 2034); Änderung des § 68 Nr. 1 PatG durch Gesetz v. 22. 12. 1999 (BGBl. I S. 2598, 2599); Änderungen bei der Zustellung nach § 127 PatG durch Gesetz v. 25. 6. 2001 (BGBl. I S. 1206, 1213); Anpassung der §§ 101 Abs. 2 u. 136 S. 1 PatG an die entsprechend geänderten Vorschriften der ZPO durch Gesetz v. 27. 7. 2001 (BGBl. I S. 1887, 1921); Anpassung der Verjährungsvorschriften gemäß §§ 33 III, 141, 147 I PatG, §§ 24c, 31 GebrMG an das gleichzeitig modernisierte Verjährungsrecht des BGB durch Gesetz v. 26. 11. 2001 (BGBl. I S. 3138, 3183). 34

e) Durch **Gesetz zur Bereinigung von Kostenregelungen** auf dem Gebiet des geistigen Eigentums vom 13. 12. 2001 (BGBl. I S. 3656ff. = s. auch BlPMZ **02,** 14ff. mit Entwurfsbegründung und weiteren Stellungnahmen) erfolgte auch im Bereich des Patentrechts eine umfassende Neuregelung der anfallenden Kosten und Gebühren, ihrer Fälligkeit und Säumnisfolgen. Zweck der Neuregelung war insbesondere eine Modernisierung des Rechnungs- und Zahlungsverkehrs mit verbesserten Möglichkeiten der Automatisierung, aber auch eine Änderung der Kostenstruktur. Die für Verfahren vor Patentamt und Patentgericht maßgeblichen Vorschriften wurden im Wesentlichen in dem (an die Stelle des früheren PatGebG getretenen) neuen Patentkostengesetz (PatKostG) und dessen Gebührenverzeichnis zusammengefasst. Fälligkeit, Vorauszahlungspflicht, Zahlungsfristen und Folgen der Nichtzahlung sind dort in den §§ 3 bis 7 geregelt. Einige bisherige Gebührentatbestände wurden gestrichen, andere neu eingeführt; insbesondere wurden eine Einspruchsgebühr in Patentsachen und streitwertabhängige Gebühren für Klagen und einstweilige Verfügungsverfahren vor dem Bundespatentgericht eingeführt. Zugleich wurde auf Empfehlung des Rechtsausschusses die „Übergangsregelung" des § 147 III PatG eingeführt, wonach zur Entlastung des Patentamts die Entscheidung über Einspruchsverfahren schon für die erste Instanz dem Patentgericht übertragen wurde und als Rechtsmittel nur noch eine etwaige Rechtsbeschwerde zum BGH verblieb. Die Regelung sollte befristet zunächst nur bis zum 1. 1. 2005 gelten, wurde aber durch Gesetz v. 9. 12. 2004 (BGBl. I S. 3232) zunächst verlängert auf die Zeit bis zum 1. 7. 2006. 35

f) Durch Gesetz v. 19. 7. 2002 (BGBl. I S. 2681, 2686) wurde mit Einführung des § 125a PatG und entsprechender Verweisung in § 21 I GebrMG die gesetzliche Grundlage für die Einreichung von **Patentanmeldungen und anderen Eingaben in elektronischer Form** geschaffen, die durch Verordnung v. 5. 8. 2003 (BGBl. I S. 1558 = BlPMZ **03,** 320) ausgefüllt wurde. 36

g) Weitere Änderungen geringeren Gewichts ergeben sich aus der Aufhebung der früheren Abs. 3 u.4 in § 143 PatG und § 27 GebrMG durch Gesetz v. 23. 7. 2002 (BGBl. I S. 2850); aus Änderung der §§ 33 III, 141 PatG, der entsprechenden §§ 27 II u. 29 GebrMG und Einführung des § 6a GebrMG durch Gesetz v. 12. 3. 2004 (BGBl. I S. 390) sowie aus Einfügung des § 128a PatG (Entschädigung/Vergütung für Zeugen u. Sachverständige), Änderung des § 143 III PatG und der entsprechenden Bestimmungen in §§ 21 I, 27 III GebrMG durch Kostenrechtsmodernisierungsgesetz v. 5. 5. 2004 (BGBl. I S. 718, 841). 37

h) Wesentliche Änderungen ergeben sich aus dem Gesetz zur **Umsetzung der Richtlinie über den rechtlichen Schutz biotechnologischer Erfindungen** v. 21. 1. 2005 (BGBl. I S. 146ff = Bl.PMZ **06,** 93ff. mit Entwurfsbegründung und weiteren Stellungnahmen). Das Gesetz ist Ergebnis langen Streits zur Umsetzung der Richtlinie 98/44/EG über den rechtlichen Schutz biotechnologischer Erfindungen v. 6. 7. 1998 (BlPMZ **05,** 104; s. Anhang 11). Zuvor hatte bereits der EuGH durch Urteil v. 28. 10. 2004 erkannt, dass die Bundesrepublik Deutschland gegen ihre Pflicht zur fristgerechten Umsetzung der Richtlinie verstoßen hat. Das Gesetz hat im PatG zur Einführung eines neuen § 1 Abs. 2, einer Änderung des § 2, zur Einfügung der neuen §§ 1a, 2a, 9a bis 9c, 34a, zu weiteren Änderungen in § 24 sowie im GebrMG zur Einfügung der Nr. 5 in § 1 Abs. 2 und zu einer Änderung des § 2 Nr. 1 geführt. Auf den Wortlaut der Vorschriften und ihre Kommentierung wird verwiesen. Der Gesetzgeber hat davon abgesehen, die Richtlinie wortlautgetreu umzusetzen und sich dafür entschieden, den ihm verbliebenen Spielraum für einen möglichst eingeschränkten Schutz zu nutzen. Ob sich der Gesetzgeber in allen Punkten an den vorgegebenen verbindlichen Rahmen gehalten hat, ist derzeit noch nicht zuverlässig zu beurteilen. Bemerkenswert ist jedoch, dass die Ausführungsordnung zum EPÜ in ihren maßgeblichen Bestimmungen (Regel 23b bis 23e) sehr viel enger und ohne Einschränkungen an dem Wortlaut der Richtlinie orientiert sind. Dies kann zu einer 38 teilweise unterschiedlichen Behandlung der gleichen Erfindung in einem – auch mit Wirkung für Deutschland angemeldeten – europäischen Patent einerseits und einem entsprechenden nationalen deutschen Patent andererseits führen. Entsprechende Unterschiede sind auch im deutschen Nichtigkeitsverfahren gegen europäische Patente einerseits und nationalen deutsche Patente andererseits zu beachten. Durch Art. 3 des Arzneimittel-Änderungsgesetzes v. 29. 8. 2005 (BGBl. I S. 2570, 2600) wurde mit Einfügung von Nr. 2b in § 11 das Versuchsprivileg erweitert.

39 **i) Weitere Entwicklung.** Zur weiteren Entwicklung ist zunächst auf die Richtlinie 2004/48/EG v. 29. 4. 2004 zur Durchsetzung der Rechte des geistigen Eigentums (Anhang 13; ABl. EU L 195/16 v. 2. 6. 2004) zu verweisen, deren Bestimmungen – soweit noch erforderlich – bis zum 29. 4. 2006 in das nationale Rechte umzusetzen sind. Zur Notwendigkeit entspr. Änderungen d. deutschen Rechts vgl. Rdn. 2 vor § 139. In der Diskussion ist eine weitere EG-Richtlinie zum Schutz von Software-Erfindungen, die dann gegebenenfalls auch in deutsches Recht umzusetzen wäre. Zu Änderung Einspruchsverfahren s. RegEntw im Anhang vor 1.

40 **k)** Wegen der weiteren Entwicklung des **zwischenstaatlichen Patentrechts** wird auf die Ausführungen unten im Internationalen Teil verwiesen.

III. Überblick über das materielle Patent- und Gebrauchsmusterrecht

41 **1.** Das Patentgesetz und das Gebrauchsmustergesetz befassen sich nicht mit den Rechtsverhältnissen an Erfindungen schlechthin, sondern nur mit den Rechtsverhältnissen an denjenigen Erfindungen, für die der Schutz durch ein Patent oder ein Gebrauchsmuster nachgesucht oder erteilt ist, – also mit dem **Recht auf das Patent, dem Recht an dem Patent und dem Recht aus dem Patent oder** Gebrauchsmuster. Das materielle Patent- und Gebrauchsmusterrecht in beiden Gesetze zu finden, im wesentlichen aber im Patentgesetz.

42 Unabhängig davon, ob ein Schutzrecht erwirkt werden soll oder nicht, entsteht bereits mit der Fertigstellung und Verlautbarung einer Erfindung, allein auf Grund der Urheberschaft daran, in der Person des Erfinders automatisch das **„Recht an der Erfindung"**, auch „allgemeines Erfinderrecht" genannt (Näheres dazu bei § 6). Das „Recht an der Erfindung" hat bisher noch keine zusammenfassende ausdrückliche gesetzliche Regelung erhalten. Es gelten dafür, soweit spezielle Regelungen fehlen, die Regelungen des allgemeinen bürgerlichen Rechts. Eine eigene zusammenhängende Regelung hat das Recht der Erfindungen als freie Erfindungen oder als „Diensterfindungen" im Arbeitnehmererfindungsgesetz vom 25. 7. 1957 (BGBl. I S. 756) in der Fassung des Gesetzes v. 18. 1. 2002 – BGBl. I, 414 – erhalten. Vereinzelte Regelungen in Bezug auf „gesetzlich nicht geschützte Erfindungsleistungen" finden sich z. B. im GWB und in der TT-GFVO, vgl. hierzu § 15 Rdn. 252ff., und in §§ 17, 18 UWG.

43 Das **„Recht auf das Patent"** (Gebrauchsmuster) steht dem Erfinder – bei einer gemeinsam gemachten Erfindung den Erfindern gemeinschaftlich – zu (§ 6 PatG, § 13 Abs. 3 GebrMG). Dieses Recht ist vererblich und übertragbar (§ 15 PatG, § 22 GebrMG). Im Verfahren vor dem Patentamt „gilt" allerdings der Anmelder „als berechtigt", die Erteilung des Patents (Gebrauchsmusters) zu verlangen (§ 7 Abs. 1 PatG, § 13 Abs. 3 GebrMG); dem Anmelder steht der in § 15 Abs. 1 und in § 8 Satz 1 PatG und in § 22, § 13 Abs. 3 GebrMG so genannte, ebenfalls vererbliche und übertragbare **„Anspruch auf Erteilung des Patents"** bzw. „Eintragung des Gebrauchsmusters" zu. Ist aber der Anmelder in Wahrheit nicht berechtigt gewesen, die Erfindung anzumelden, oder hat er den wesentlichen Gegenstand seiner Anmeldung der Verlautbarung eines anderen ohne dessen Einwilligung entnommen, so kann der „Berechtigte" bzw. der durch die widerrechtliche Entnahme „Verletzte" die Abtretung des Anspruchs auf die Erteilung des Schutzrechts verlangen oder gegen das erteilte Patent Einspruch erheben (§ 8 Satz 1, 21

Abs. 1 Nr. 3, 59 PatG, § 13 Abs. 3 GebrMG). Ist das Patent bereits erteilt oder das Gebrauchsmuster bereits eingetragen, so kann der Berechtigte bzw. Verletzte die Übertragung des Patents bzw. des Gebrauchsmusters verlangen (§ 8 Satz 2 PatG, § 13 Abs. 3 GebrMG) oder auch auf Nichtigerklärung des Patents bzw. Löschung des Gebrauchsmusters klagen (§§ 22, 81 Abs. 3 PatG, § 15 Abs. 2 i.V.m. § 13 Abs. 2 GebrMG); auf Nichtigerklärung allerdings erst nach Ablauf der Einspruchsfrist oder nach Beendigung des Einspruchsverfahrens, § 81 Abs. 2 PatG. – Der Erfinder hat ferner das Recht, bei einem Patent als Erfinder **„genannt"** und deshalb vom Anmelder **„benannt"** zu werden (§§ 63, 37 PatG). Schließlich behält ein Erfinder gegenüber der späteren Anmeldung der Erfindung durch einen anderen und gegenüber dem darauf erteilten oder eingetragenen Schutzrecht (Patent oder Gebrauchsmuster) unter bestimmten Voraussetzungen das Recht, im Rahmen seines Betriebs seine Erfindung **weiter zu benutzen** (§ 12 PatG, § 13 Abs. 3 GebrMG).

Eine Erfindung zur Erteilung eines Schutzrechts beim Deutschen Patentamt anzumelden, ist jedermann berechtigt, – gleichgültig, ob er **Inländer oder Ausländer** ist, – und im letzteren Fall insbesondere auch, ob er einem der Verbandsstaaten der Pariser Verbandsübereinkunft (vgl. Einl. Intern. Teil Rdn. 5ff.) angehört oder dort seinen Wohnsitz hat. Wer im Ausland wohnt, muss jedoch einen Inlandsvertreter bestellen (§ 25 PatG, § 28 GebrMG) und wer außerhalb der Europäischen Gemeinschaft und des Europäschen Wirtschaftsraums wohnt, Sicherheit für die Prozesskosten leisten (§ 81 Abs. 7 PatG, § 16 Satz 4 GebrMG). – Ein Schutzrecht, das beim Deutschen Patentamt angemeldet und von ihm erteilt ist, entfaltet (anders als das Recht an der Erfindung, Rdn. 10 zu § 6 PatG) seine Wirkungen nur im Geltungsbereich des Patent- bzw. Gebrauchsmustergesetzes, – sog. **„Territorialitätsgrundsatz"** – (Rdn. 8–14 zu § 9 PatG, Rdn. 6 zu § 11 GebrMG). Es kann demzufolge auch nur durch Handlungen im Geltungsbereich dieser Gesetze „verletzt" werden (Rdn. 10ff. zu § 9 PatG und Rdn. 14 zu § 10 PatG sowie Rdn. 6 zu § 11 GebrMG). 44

2. Die materiellen Voraussetzungen des Patent- (Gebrauchsmuster-)Schutzes.

a) Die materielle Patentfähigkeit einer Erfindung ist in §§ 1 bis 5 PatG geregelt. Nach § 1 werden Patente für Erfindungen erteilt, die neu sind, auf einer erfinderischen Tätigkeit beruhen und gewerblich anwendbar sind. 45

Unter einer **patentierbaren Erfindung** versteht man – kurz gesagt – eine „Regel für technisches Handeln". Nach § 1 Abs. 2 werden beispielsweise als Erfindungen nicht angesehen und dadurch von der Patentierbarkeit ausgenommen: Entdeckungen sowie wissenschaftliche Theorien und mathematische Methoden (Nr. 1), ästhetische Formschöpfungen (Nr. 2) Pläne, Regeln und Verfahren für gedankliche Tätigkeiten, für Spiele oder für geschäftliche Tätigkeiten (Nr. 3), Programme für Datenverarbeitungsanlagen (Nr. 3) und die Wiedergabe von Informationen (Nr. 4). § 1 Abs. 3 stellt klar, dass die in Absatz 2 genannten Gegenstände oder Tätigkeiten nur insoweit nicht patentfähig sind, als für sie als solche Schutz begehrt wird. § 2 Nr. 1 nimmt Erfindungen von der Patentierung aus, deren Veröffentlichung oder Verwertung gegen die öffentliche Ordnung oder die guten Sitten verstoßen würde, § 2 Nr. 2 ferner Pflanzensorten oder Tierarten sowie im Wesentlichen biologische Verfahren zur Züchtung von Pflanzen und Tieren, außer mikrobiologischen Verfahren und die mit deren Hilfe gewonnenen Erzeugnisse und Pflanzensorten, die ihrer Art nach nicht im Artenverzeichnis zum SortenschutzG aufgeführt sind sowie die Verfahren zur Züchtung derartiger Pflanzensorten. Ferner sind Verfahren zur chirurgischen oder therapeutischen Behandlung des menschlichen oder tierischen Körpers und Diagnostizierverfahren, die am menschlichen oder tierischen Körper vorgenommen werden, von der Patenterteilung ausgenommen, indem sie von § 5 Abs. 2 Satz 1 nicht für gewerblich anwendbar erklärt worden sind, was allerdings nicht für Erzeugnisse (Stoffe und Stoffgemische) zur Anwendung in diesen Verfahren, also z.B. für Arzneimittel und Diagnosemittel, gilt, die der Patenterteilung zugänglich sind. Die Erteilung von Patenten auf Erfindungen von Nahrungs-, Genuss- und Arzneimitteln sowie von auf chemischem Wege hergestellten Stoffen ist nicht mehr ausgeschlossen.

Der Begriff der **„Neuheit"** einer Erfindung ist in § 3 umschrieben. Eine Erfindung gilt als neu, wenn sie nicht zum Stand der Technik gehört (§ 3 Abs. 1 Satz 1). Zum Stand der Technik gehören alle vor dem für den Altersrang (Zeitrang = Priorität) maßgebenden Tag der Öffentlichkeit zugänglich gemachten Kenntnisse (§ 3 Abs. 1 Satz 2) sowie der Inhalt bestimmter Patentanmeldungen (§ 3 Abs. 2). Vom Stand der Technik sind innerhalb einer Frist von sechs Monaten vor der Anmeldung erfolgte Offenbarungen der Erfindung ausgenommen, die auf einen offensichtlichen Missbrauch zum Nachteil des Anmelders oder seines Rechtsvorgängers oder auf die Schaustellung auf einer internationalen Ausstellung zurückgehen (§ 3 Abs. 4). § 3 46

Abs. 3 enthält eine Sonderregelung für Stoffe und Stoffgemische zur Anwendung in sog. therapeutischen Verfahren.

Der Begriff der **„erfinderischen Tätigkeit“** ist in § 4 umschrieben. Danach gilt eine Erfindung als auf einer erfinderischen Tätigkeit beruhend, wenn sie sich für den Fachmann nicht in nahe liegender Weise aus dem Stand der Technik ergibt (§ 4 Satz 1), wobei die Anmeldungen (§ 3 Abs. 2) aus dem Stand der Technik ausscheiden (§ 4 Satz 2).

In § 5 PatG, § 3 Abs. 2 GebrMG, ist der Begriff der **„gewerblichen Anwendbarkeit“** umschrieben, die gegeben ist, wenn der Gegenstand der Erfindung auf irgendeinem gewerblichen Gebiet – die Landwirtschaft eingeschlossen – hergestellt oder benutzt werden kann. Chirurgische, diagnostische oder therapeutische Verfahren, nicht aber Arzneimittel und Diagnosemittel, sind für nicht gewerblich anwendbar erklärt (§ 5 Abs. 2).

47 Der für den Stand der Technik (§§ 3 und 4 PatG; § 3 Abs. 1 GebrMG) maßgebliche Zeitrang ist grundsätzlich der Tag der Anmeldung des Patents oder Gebrauchsmusters. Verschiebungen des Zeitranges auf einen früheren Tag können sich ergeben: bei der sog. Entnahmepriorität, § 7 Abs. 2, der inneren Priorität, § 40 PatG; § 6 Abs. 1 GebrMG, und bei der Unionspriorität nach der Pariser Verbandsübereinkunft (Erläuterungen dazu unten Einl. Intern. Teil Rdn. 10ff.). Der für die Beurteilung des Gebrauchsmustergegenstandes maßgebliche Tag kann sich bei Beanspruchung des Anmeldetages einer früheren Patentanmeldung auf einen früheren Tag verschieben (§ 5 Abs. 1 GebrMG). Durch die Neuheitsschonfrist des § 3 Abs. 4 PatG; § 3 Abs. 1 S. 3 GebrMG, findet keine Verschiebung des Alters-(Zeit-)ranges statt, sondern werden nur bestimmte Vorgänge aus dem Stand der Technik ausgenommen.

48 **Die materielle Gebrauchsmusterfähigkeit** ist in §§ 1 bis 3 und 13 Abs. 2 sowie 15 Abs. 1 Nr. 2 GebrMG geregelt. Nach § 1 GebrMG können Erfindungen (Ausnahme: Verfahren § 2 Nr. 3 GebrMG) als Gebrauchsmuster geschützt werden, die neu sind, auf einem erfinderischen Schritt beruhen und gewerblich anwendbar sind.

Die nähere Bestimmung und Abgrenzung der sog. **„absoluten Schutzvoraussetzungen“** (der Lehre zum technischen Handeln, ist auch hier Sache der Rechtsprechung und Rechtslehre (vgl. die Anm. zu § 1 GebrMG). Der Gegenstand des Gebrauchsmusters muss auf einem **erfinderischen Schritt** beruhen (§ 1 S. 1 GebrMG). Dass Erfindungen, die Erzeugnisse oder Anordnungen betreffen, gewerblich anwendbar sind, da sie auf irgendeinem gewerblichen Gebiet hergestellt oder benutzt werden können (siehe § 3 Abs. 2 GebrMG), versteht sich eigentlich von selbst, ist aber zur Klarstellung in die gesetzliche Regelung aufgenommen worden.

Technischer Fortschritt ist wie auch für das Patent keine selbstständige Schutzvoraussetzung für den Gebrauchsmusterschutz. Als Anhalt für das Vorliegen eines erfinderischen Schrittes kann dem erzielten Fortschritt für den Schutz des Gebrauchsmustergegenstandes jedoch auch weiterhin erhebliche praktische Bedeutung zukommen.

49 **Vom Gebrauchsmusterschutz ausgeschlossen** sind alle Erfindungen, die Verfahren betreffen, § 2 Nr. 3 GebrMG. § 1 Abs. 2 und 3 GebrMG sowie § 2 GebrMG fügen dem teils klarstellend teils als eigenständige Regelung folgende Schutzausschließungsgründe hinzu:

- Entdeckungen, die wissenschaftlichen Theorien und mathematischen Methoden als solche (§ 1 Abs. 2 Nr. 1 und 3 GebrMG), die nicht dem Begriff der technischen Erfindung genügen;
- ästhetischen Formschöpfungen als solche (§ 1 Abs. 2 Nr. 2 GebrMG), die nicht durch technische Mittel wirken, sondern das Schönheitsempfinden ansprechen;
- Pläne, Regeln und Verfahren für gedankliche oder für geschäftliche Tätigkeiten oder für Spiele als solche (§ 1 Abs. 2 Nr. 3 GebrMG);
- Programme für Datenverarbeitungsanlagen als solche (§ 1 Abs. 2 Nr. 3 GebrMG);
- die Wiedergabe von Informationen als solche (§ 1 Abs. 2 Nr. 4 GebrMG);
- die gegen die öffentliche Ordnung verstoßenden Gegenstände, wozu ein Gesetzesverstoß oder ein Verstoß gegen eine Verwaltungsvorschrift nicht ausreicht und wovon Staatsgeheimnisse ausgeklammert sind (§ 2 Nr. 1 GebrMG);
- die gegen die guten Sitten verstoßenden Gegenstände (§ 2 Nr. 1 GebrMG);
- Pflanzensorten (§ 2 Nr. 2 GebrMG);
- Tierarten (§ 2 Nr. 2 GebrMG);
- Verfahren (§ 2 Nr. 3 GebrMG).

50 Das Erfordernis der **Neuheit** des Gebrauchsmustergegenstandes ist in den §§ 1 und 3 GebrMG geregelt. Neu ist der Gegenstand des Gebrauchsmusters, wenn er nicht zum Stand der Technik gehört (§ 3 S. 1 GebrMG). Was zum Stand der Technik zählt, ist in § 3 Satz 2 und 3 GebrMG zwar in Anlehnung an § 3 PatG jedoch mit verschiedenen Abweichungen von dieser Vorschrift definiert.

Der für den Gegenstand des Gebrauchsmusters maßgebende Stand der Technik umfasst dem Grundsatz nach alle Kenntnisse, die vor dem maßgeblichen Tag (siehe Rdn. 46) durch Beschreibung oder Benutzung der Öffentlichkeit zugänglich gemacht worden sind (§ 3 Abs. 1 S. 2 GebrMG). Von diesem Grundsatz sieht das Gesetz drei Ausnahmen vor:

Erstens gehören nur durch schriftliche Beschreibung vermittelte Kenntnisse zum Stand der Technik (§ 3 Abs. 1 S. 2 GebrMG), Druckschrift wird nicht verlangt. Mündliche Beschreibung zählt im Gegensatz zum Patentgesetz nicht zum Stand der Technik.

Zweitens gehören nur durch solche Benutzung vermittelte Kenntnisse zum Stand der Technik, die in der Bundesrepublik Deutschland erfolgt ist (§ 3 Abs. 1 S. 2 GebrMG). Im Ausland erfolgte Benutzungen zählen im Gegensatz zum Patentgesetz nicht zum Stand der Technik, auch nicht solche Kenntnisse, die in sonstiger Weise, d. h. anders als durch Beschreibung oder Benutzung der Öffentlichkeit zugänglich gemacht worden sind.

Drittens gehören nicht zum Stand der Technik diejenige Beschreibung oder Benutzung, die innerhalb der umfassenden Neuheitsschonfrist von sechs Monaten vor dem maßgeblichen Tag (siehe Rdn. 46) erfolgt ist und auf der Ausarbeitung des Anmelders oder seines Rechtsvorgängers beruht (§ 3 Abs. 1 S. 3 GebrMG).

Abweichend vom Patentgesetz zählt der Inhalt nachveröffentlichter, aber prioritätsälterer Patent- oder Gebrauchsmusteranmeldungen in oder für die Bundesrepublik Deutschland nicht zum Stand der Technik. Die auf derartige Anmeldungen erteilten oder eingetragenen Rechte (Patente oder Gebrauchsmuster) hindern die Begründung des Gebrauchsmusterschutzes (§§ 13 Abs. 1 i. V. m. 15 Abs. 1 Nr. 2 GebrMG) unter dem Gesichtspunkt des älteren Rechts.

b) Der „Prioritätsgrundsatz“ besagt, dass dann, wenn **mehrere** unabhängig voneinander 51
dieselbe Erfindung gemacht haben, das Recht auf das Patent (Gebrauchsmuster) demjenigen zusteht, der die Erfindung **zuerst** beim Patentamt **angemeldet** hat (§ 6 Satz 3 PatG, § 13 Abs. 3 GebrMG). Grundsätzlich ist also Prioritätszeitpunkt der Anmeldezeitpunkt (wegen weiterer an den Anmeldezeitpunkt anknüpfenden Folgen vgl. unten Rdn. 52, sowie § 7 PatG). Ebenso wie der Stichtag für die Neuheit kann sich jedoch auch der Prioritätszeitpunkt auf einen anderen Zeitpunkt als den der Anmeldung verschieben (vgl. § 7 PatG). Aus dem Prioritätsgrundsatz folgt **für das Patentrecht:** der Inhalt einer prioritätsälteren Patentanmeldung, die der Öffentlichkeit zugänglich gemacht wird, wird zum Stande der Technik gerechnet (fingiert), eine prioritätsältere Gebrauchsmusteranmeldung dagegen nicht; die darauf erfolgte Eintragung des Gebrauchsmusters hindert die Erteilung eines Patents auf eine jüngere Patentanmeldung nicht, sondern lässt lediglich die Ausübung des Rechts aus dem prioritätsjüngeren Patent von der Erlaubnis des Inhabers des prioritätsälteren Gebrauchsmuster abhängig werden (§ 14 GebrMG). **Für das Gebrauchsmusterrecht** lautet der Satz (weil das Gebrauchsmuster ohne „Neuheitsprüfung“ eingetragen wird, unten Rdn. 55) dahin, dass ein Gebrauchsmusterschutz durch die Eintragung überhaupt nicht begründet wird, soweit das Muster auf Grund einer prioritätsälteren Patent- oder Gebrauchsmusteranmeldung geschützt ist (§ 13 Abs. 1 i. V. m. § 15 Abs. 1 Nr. 2 GebrMG); das danach schon an sich wirkungslose prioritätsjüngere Gebrauchsmuster wird aber auf – von jedermann zu stellenden – Löschungsantrag auch noch formell gelöscht (§ 15 Abs. 1 Nr. 2 GebrMG).

c) Die Offenbarung einer Erfindung ist nicht lediglich ein verfahrensrechtliches „Erfordernis der Anmeldung“, wie es nach § 35 Abs. 2 PatG in diesem Gesetzeszusammenhang erscheinen könnte, sondern sie ist zugleich ein Element des materiellen Rechts und daher systematisch zutreffend auch im Straßburger Übereinkommen (dort Art. 8 Abs. 1 und 2) behandelt. Rechtsbegründend ist eine Anmeldung nur insoweit, als sie die zu schützende Erfindung offenbart, d. h. – mit den Worten von § 35 Abs. 2 PatG – „die Erfindung so deutlich und vollständig offenbart, dass ein Fachmann sie ausführen kann“. **Nur das, was in der Anmeldung offenbart ist,** kann Patent- oder Gebrauchsmusterschutz erlangen – und nur das, was in der erteilten Patentschrift oder in dem eingetragenen Gebrauchsmuster offenbart ist, kann Patent- oder Gebrauchsmusterschutz genießen (Näheres z. B. in Rdn. 14ff. zu § 35 PatG, Rdn. 9 zu § 11 GebrMG, Rdn. 37, 38 zu § 22 PatG). Ist etwas noch nicht in der ursprünglichen Patentanmeldung oder Gebrauchsmusteranmeldung, sondern **erst später offenbart** worden und ist durch die nachträgliche Offenbarung der Gegenstand der ursprünglichen Patentanmeldung „erweitert“ worden, so können insoweit, was die Patentanmeldung angeht, daraus Rechte nicht hergeleitet werden (§ 38 Satz 2 PatG). Wenn auf die Erweiterung ein Patent erteilt ist, kann wegen der unzulässigen Erweiterung Einspruch eingelegt werden (§ 21 Abs. 1 Nr. 4) und Nichtigkeitsklage erhoben werden (§ 22), im letzteren Falle auch wegen einer unzulässigen Erweiterung des Patents. Solange kein Widerruf oder Nichtigerklärung erfolgt ist, berührt die unzulässige Erweiterung den Bestand des Patents nicht (vgl. Rdn. 47 zu § 38 PatG, Rdn. 64 zu

§ 9 PatG). Durch eine spätere Offenbarung wird die Wirksamkeit des Gebrauchsmusters (im Löschungsverfahren für die Löschbarkeit des Gebrauchsmusters) berührt, soweit der Gegenstand des Gebrauchsmusters über den Inhalt der ursprünglich eingereichten Fassung der Anmeldung hinausgeht (§§ 13 Abs. 1 und 15 Abs. 3 GebrMG).

3. Die Wirkungen des Patent-(Gebrauchsmuster-)Schutzes

53 **a)** Nach § 9 Satz 1 PatG und § 11 Abs. 1 S. 1 GebrMG haben das Patent und das Gebrauchsmuster **„die Wirkung"**, dass **allein der Patentinhaber (Gebrauchsmusterinhaber) befugt** ist, die patentierte Erfindung (den Gegenstand des Gebrauchsmusters) **zu benutzen.** Jedem Dritten ist es nach § 9 Satz 2 PatG; § 11 Abs. 1 Satz 2 GebrMG verboten, ohne seine Zustimmung ein Erzeugnis, das Gegenstand des Patents (des Gebrauchsmusters) ist, herzustellen, anzubieten, in Verkehr zu bringen oder zu gebrauchen oder zu den genannten Zwecken entweder einzuführen oder zu besitzen (§ 9 Satz 2 Nr. 1 PatG; § 11 Abs. 1 Satz 2 GebrMG), oder ein Verfahren, das Gegenstand des Patents ist, anzuwenden oder unter bestimmten Voraussetzungen zur Anwendung anzubieten (Nr. 2) oder unmittelbare Erzeugnisse eines patentierten Verfahrens anzubieten, in Verkehr zu bringen oder zu gebrauchen oder zu den genannten Zwecken entweder einzuführen oder zu besitzen (Nr. 3). Sie haben ferner die Wirkung, dass Dritten mittelbare Benutzungshandlungen verboten sind (§ 10 PatG; § 11 Abs. 2 GebrMG). Auf Handlungen im privaten Bereich und zu Versuchszwecken und auf Fahrzeuge im vorübergehenden grenzüberschreitenden Verkehr erstreckt sich die Wirkung des Patents nicht (§ 11 PatG; § 12 GebrMG). Das Patent erstreckt sich ferner nicht auf die unmittelbare Einzelzubereitung von Arzneimitteln in Apotheken auf Grund ärztlicher Verordnung sowie auf Handlungen, welche die auf diese Weise zubereiteten Arzneimittel betreffen (§ 11 Nr. 3 PatG). Ergänzend dazu wird in § 139 PatG und § 24 GebrMG bestimmt, dass derjenige, der den §§ 9 bis 13 PatG zuwider eine Erfindung benutzt (bzw. den §§ 11 bis 14 GebrMG zuwider ein Gebrauchsmuster benutzt), vom Verletzten auf **Unterlassung** in Anspruch genommen werden kann und bei vorsätzlichem oder fahrlässigem Handeln dem Verletzten zum **Schadenersatz** verpflichtet ist; wer vorsätzlich handelt, macht sich auch **strafbar** (§ 142 PatG, § 25 GebrMG). Nach diesen Vorschriften hat das Patent (Gebrauchsmuster) vor allem die (negative) Wirkung eines Verbotsrechts; sie sind in diesem Sinn ein **„Ausschließlichkeitsrecht"** (vgl. dazu sowie zum sog. positiven Benutzungsrecht Rdn. 4 und 5ff. zu § 9 PatG).

54 Rechtslehre und Rechtsprechung haben zusätzlich Rechtsgrundsätze entwickelt namentlich zum **räumlichen Schutzbereich** („Territorialitätsprinzip", vgl. oben Rdn. 44 mit Rdn. 8ff. zu § 9 PatG und Rdn. 6 zu § 11 GebrMG). Den **sachlichen Schutzbereich** des Patents regeln jetzt § 14 PatG und § 12a GebrMG nach denen der Inhalt der Patentansprüche (Schutzansprüche) den sachlichen Schutzbereich des Patents oder Gebrauchsmusters bestimmt. Die Beschreibung und die Zeichnungen sind zur Auslegung der Patentansprüche (Schutzansprüche) heranzuziehen. Der **Verbrauch des Patentrechts** – auch Erschöpfung des Patentrechts genannt – ist im Patentgesetz, anders als in den Gesetzen zu sonstigen Immaterialgüterrechten nicht geregelt, ergibt sich aber aus der Regelung der Benutzungsbefugnisse in § 9 (vgl. dort Rdn. 9). Im Gesetz selbst ist weiter bestimmt, dass die „Wirkungen" des Patents bzw. Gebrauchsmusters gegen denjenigen nicht eintreten, der ein sog. privates **Vorbenutzungsrecht** hat (§ 12 Abs. 1 PatG, § 13 Abs. 3 GebrMG), und dass sie insoweit nicht eintreten, als die Benutzung der Erfindung im Interesse der öffentlichen Wohlfahrt oder im Interesse der Sicherheit des Bundes von der **Bundesregierung** angeordnet wird (§ 13 PatG, § 13 Abs. 3 GebrMG). Zu nennen sind hier ferner als weitere „Gegenrechte" die **Weiterbenutzungsrechte** z.B. nach § 123 Abs. 5 PatG; § 21 GebrMG. Das sog. **„Geheimpatent"** (§§ 50ff. PatG) und das „Geheimgebrauchsmuster" (§ 9 GebrMG) dagegen haben an sich alle Wirkungen eines Ausschließlichkeitsrechts; für die daraus folgenden Ansprüche und deren Durchsetzung gelten jedoch, weil die Rechte nicht bekannt gemacht werden dürfen, gewisse Besonderheiten; insbesondere steht dem Schutzrechtsinhaber dafür, dass er die Verwertung der Erfindung für friedliche Zwecke unterlässt, unter bestimmten Voraussetzungen ein Entschädigungsanspruch gegen den Bund zu (§ 55 PatG, § 9 Abs. 2 GebrMG).

55 **b)** Die in Rdn. 53 genannten **„Wirkungen"** sollte ein Patent oder Gebrauchsmuster natürlich an sich nur dann haben, wenn es nicht bloß formell, sondern **auch materiell zu Recht besteht.** Das ist jedoch nach dem geltenden deutschen Recht nur beim Gebrauchsmuster so, nicht beim Patent. Der **Gebrauchsmusterschutz** tritt trotz der Eintragung grundsätzlich nicht ein, wenn und soweit die **materiellrechtlichen Schutzvoraussetzungen** fehlen; das ist jetzt in § 13 Abs. 1 GebrMG ausdrücklich gesagt. Wer die Unwirksamkeit eines Gebrauchsmusters geltend machen will, braucht also nicht erst die formelle Löschung des Gebrauchsmusters zu

erwirken (§ 15 GebrMG), sondern kann sich jederzeit, insbesondere auch im Verletzungsprozess, auf die Unwirksamkeit des Gebrauchsmusters berufen. – **Das erteilte Patent** dagegen äußert sein „Wirkungen" grundsätzlich so lange und in dem Umfang, mit dem es **formell besteht,** es kann, wenn die materiellrechtlichen Schutzvoraussetzungen fehlen, seine Wirkungen ganz oder zum Teil durch Widerruf im Einspruchsverfahren (§ 21 Abs. 3) oder Nichtigerklärung im Nichtigkeitsverfahren (§ 22 PatG) oder durch Beschränkung im Beschränkungsverfahren (§ 64 PatG) verlieren, verliert sie dann allerdings rückwirkend, und muss bis zum Widerruf oder bis zu der Nichtigerklärung oder Beschränkung als in dem erteilten Umfang wirksam hingenommen werden, auch im Verletzungsprozess (vgl. Rdn. 61 bis 67 zu § 22 PatG, Rdn. 6 zu § 64 PatG, Rdn. 59 zu § 9 PatG). Zur Wirkung der Nichtigerklärung oder der Löschung auf Lizenzverträge § 15 Rdnr. 192ff.

c) Einen **einstweiligen** (vorläufigen) **Schutz** genießt schon die offengelegte Patentanmeldung (§ 33 Abs. 1 PatG). Der mit der **Offenlegung einer (ungeprüften) Patentanmeldung** eintretende einstweilige Schutz hat die Wirkung, dass der Anmelder von demjenigen, der den Gegenstand der Anmeldung benutzt hat, obwohl er wusste oder wissen musste, dass die von ihm benutzte Erfindung Gegenstand der Anmeldung war, eine nach den Umständen angemessene Benutzungsentschädigung verlangen kann; andere Ansprüche, also insbesondere der Unterlassungs- und der Schadenersatzanspruch sind ausgeschlossen (§ 33 Abs. 1 PatG). Aber auch der Entschädigungsanspruch besteht nicht, wenn die materiellen Schutzvoraussetzungen „offensichtlich" fehlen (§ 33 Abs. 2 PatG), und er fällt rückwirkend weg, wenn die Anmeldung zurückgenommen wird, als zurückgenommen gilt oder aus einem anderen Grund nicht zum Patent führt (§ 58 Abs. 2 PatG). Der Entschädigungsanspruch ist keine Sanktion gegen rechtswidrige Benutzung, sondern ein Ausgleich für eine realisierte Nutzungsmöglichkeit und richtet sich nur gegen den Nutznießer, nicht aber den Veranlasser einer Fremdbenutzung, BGHZ **107,** 161, 163, 165 – Offenend-Spinnmaschine. 56

4. a) Beginn und Ende der Laufzeit und der Schutzwirkung. Die regelmäßige **Laufzeit** eines Patents (Patentdauer) beträgt 20 Jahre, die mit dem auf die Anmeldung beim Deutschen Patentamt folgenden Tag beginnen; die Laufzeit eines Zusatzpatents endet jedoch, auch wenn es erst später angemeldet ist, bereits mit der seines Hauptpatents (§ 16 Abs. 1 Satz 2 PatG). Die regelmäßige Laufzeit eines Gebrauchsmusters beträgt 3 Jahre von dem auf die Anmeldung folgenden Tage ab und kann zunächst um weitere 3 Jahre und dann zweimal um je 2 weitere Jahre – also maximal 10 Jahre – verlängert werden (§ 23 GebrMG). Die **Schutzwirkung** des Patents oder Gebrauchsmusters als Ausschließlichkeitsrecht (oben Rdn. 53) endet mit der Laufzeit; sie beginnt jedoch nicht schon mit der Anmeldung, sondern erst mit der Veröffentlichung der Erteilung des Patents (§ 58 Abs. 1 Satz 3, beschränkt schon mit der „Offenlegung" der Anmeldung, oben Rdn. 56) beim Gebrauchsmuster mit der Eintragung des Gebrauchsmusters. Vor dem Beginn der Schutzwirkung können Ansprüche gegen Dritte allenfalls aus dem bürgerlichen Recht oder dem Wettbewerbsrecht entstehen (vgl. Rdn. 3 Vorbem. zu §§ 9–14 PatG). 57

b) Vorzeitiges Erlöschen und rückwirkender Wegfall des Schutzrechts. Ein **erteiltes Patent** „erlischt" vorzeitig (ohne Rückwirkung) in den Fällen des § 20 PatG (Verzicht, Versäumung der Frist für die Erfinderbenennung, Versäumung der Fristen für die Zahlung der Jahresgebühren) und des § 24 Abs. 2 PatG (Klage auf Zurücknahme); – es kann im förmlichen Beschränkungsverfahren mit rückwirkender Kraft beschränkt werden (§ 64 PatG); – und seine Wirkungen gelten als von Anfang an nicht eingetreten, wenn und soweit es im Einspruchsverfahren widerrufen (§ 21 Abs. 3 PatG) oder im förmlichen Nichtigkeitsverfahren –, das u. U. auch noch nach dem Ablauf oder vorzeitigen Erlöschen durchgeführt werden kann (Rdn. 23f. zu § 22 PatG), – für nichtig erklärt wird (§ 22 PatG). Der einstweilige (vorläufige) Schutz einer Patentanmeldung entwickelt sich durch die Patenterteilung entweder zum endgültigen Schutz des Patents oder aber er fällt – und zwar stets mit Rückwirkung – weg, wenn und soweit die Anmeldung nicht zum Patent führt (§ 58 Abs. 2 PatG), weil sie zurückgenommen, zurückgewiesen oder beschränkt wird oder als zurückgenommen gilt (§ 58 Abs. 2 PatG). Die Zurücknahmefiktion mit der Rückwirkungsfolge des § 58 Abs. 2 PatG ist vorgesehen bei nicht rechtzeitiger Entrichtung der Jahresgebühren für die Anmeldung (§§ 58 Abs. 3 und 17 Abs. 3 PatG), bei nicht rechtzeitiger Entrichtung der Erteilungsgebühr (§ 57 Abs. 2 PatG), bei während der 7-Jahresfrist unterlassenem Prüfungsantrag (§ 58 Abs. 3 PatG), bei Teilung der Anmeldung für den abgetrennten Teil der Anmeldung (§ 60 Abs. 1 Satz 4 PatG) und bei Beanspruchung der sog. inneren Priorität für die frühere Anmeldung (§ 40 Abs. 5 PatG). Ein **eingetragenes Gebrauchsmuster** erlischt vorzeitig ohne Rückwirkung, wenn darauf verzichtet wird (§ 23 Abs. 7 GebrMG), und mit beschränkter Rückwirkung (nämlich mit dem Ablauf der Ersten, zweiten oder dritten Schutzfrist), wenn die Verlängerungsgebühr auch innerhalb der Nachho- 58 lungsfrist nicht gezahlt wird (§ 23 Abs. 2 und 6 GebrMG); – es ist (trotz der Eintragung!) von Anfang an wirkungslos, wenn und soweit die materiellrechtlichen Schutzvoraussetzungen fehlen (oben Rdn. 55); die im Löschungsverfahren angeordnete förmliche „Löschung" oder (nach Ablauf der Schutzfrist) ausgesprochene „Feststellung der Unwirksamkeit" ist hier – anders als die Nichtigerklärung eines Patents – nur deklaratorisch.

59 Die Grundsätze über die Rückwirkung des Widerrufs oder der Nichtigerklärung usw. (siehe oben) haben jedoch keine Geltung für **Verträge,** insbesondere Lizenzverträge, über Patente, Patentanmeldungen oder Gebrauchsmuster; diese Verträge bleiben vielmehr grundsätzlich bis zum Widerruf oder bis zur Nichtigerklärung des Patents oder bis zur Löschung des Gebrauchsmusters wirksam, können aber – ggf. auch schon vor dem Widerruf oder der Nichtigerklärung usw. – für die Zukunft aufgelöst werden (vgl. Rdn. 192ff. zu § 15 PatG).

60 **5. Über das Patent (Gebrauchsmuster) als Gegenstand des Vermögens und des Rechtsverkehrs** bestimmen das Patentgesetz in § 15 Abs. 1 und das Gebrauchsmustergesetz in § 22 Abs. 1, dass das Recht auf das Patent (Gebrauchsmuster), der Anspruch auf seine Erteilung (bzw. Eintragung) und das Recht aus dem Patent (bzw. das durch die Eintragung begründete Recht) **auf die Erben übergehen** und dass sie beschränkt oder unbeschränkt **auf andere übertragen werden** können. Nach §§ 15 Abs. 2 PatG; 22 Abs. 2 GebrMG können die in Absatz 1 genannten Rechte ganz oder teilweise Gegenstand von ausschließlichen oder nicht ausschließlichen Lizenzen für die Bundesrepublik oder für Teile des Bundesgebietes sein. Außerdem bestimmen § 15 Abs. 2 Satz 2 PatG; § 22 Abs. 2 Satz 2 GebrMG, dass das Patent (Gebrauchsmuster) gegen den Lizenznehmer geltend gemacht werden kann, soweit er gegen eine Beschränkung seiner Lizenz nach Satz 1 verstößt. § 15 Abs. 3 PatG und § 22 Abs. 3 GebrMG sichern den Bestand an der Patent- (Gebrauchsmuster-)anmeldung oder an dem Patent (Gebrauchsmuster) erteilter Lizenzen. Ein Rechtsübergang oder die Erteilung einer (ausschließlichen) Lizenz berührt nicht (den Bestand von) Lizenzen, die Dritten vorher erteilt sind. Die Einräumung einer weiteren einfachen Lizenz lässt den Bestand einer früher erteilten einfachen Lizenz ohnehin unberührt.

61 Die Vorschriften in § 30 Abs. 1 und 3, § 25 PatG, § 8 Abs. 2 und 4, § 28 GebrMG (Eintragung des Schutzrechtsinhabers und eines etwaigen Inlandsvertreters in die Patent- bzw. Gebrauchsmusterrolle, Vermerk von Änderungen dazu in der Rolle) haben sachlich-rechtliche Bedeutung nur als Vorschriften für die **Legitimation,** insbesondere in den Verfahren vor dem Patentamt, dem Patentgericht und den ordentlichen Gerichten.

62 Die in § 34 PatG vorgesehene Eintragung einer ausschließlichen Lizenz in die Patentrolle hat sachliche Bedeutung nur als Hindernis gegenüber einer späteren Lizenzbereitschaftserklärung (§ 23 Abs. 2 PatG). Eine nähere Regelung, teils verfahrensrechtlicher, teils sachlich-rechtlicher Art, haben die Erteilung einer **Zwangslizenz** (§ 24 Abs. 1 PatG, § 20 GebrMG), die **Lizenzbereitschaftserklärung** und das darauf beruhende Benutzungsrecht Dritter (§ 23 PatG), die Benutzung auf Grund einer **Anordnung der Bundesregierung** (§ 13 PatG; § 13 Abs. 3 GebrMG) sowie die oben Rdn. 49 genannten **Vor- und Weiterbenutzungsrechte** erhalten; für letztere ist insbesondere auch bestimmt (zumeist ausdrücklich oder durch Verweisung), dass sie – nur – zusammen mit dem Betrieb des Berechtigten vererbt oder veräußert werden können (§§ 12 Abs. 1 Satz 3; 123 Abs. 5 Satz 2 PatG; 13 Abs. 3 und 21 Abs. 1 GebrMG).

63 **6. Das Kartellrecht hat Auswirkungen nicht auf den Bestand, sondern allein auf die Ausübung des Rechts aus dem Patent.** Das deutsche **„Gesetz gegen Wettbewerbsbeschränkungen"** orientiert sich nach der 7. GWB-Novelle am Gemeinschaftsrecht, vgl. hierzu § 15 Rdn. 252ff.

IV. Überblick über die Verfahren und die Instanzen im Patent- und Gebrauchsmusterrecht

Literaturhinweis: Löscher, Rechtsweg und Instanzenzug im gewerblichen Rechtsschutz, DRiZ **62,** 8. Kraßer, Patentrecht, 5. Aufl., 2004, 4. Abschnitt 1. Kapitel, §§ 23 bis 26. van Hees, Verfahrensrecht in Patentsachen, 2. Aufl. 2002. Keukenschrijver, Das Patentnichtigkeitsverfahren, 2. Aufl. 2005. Schramm, Der Patentverletzungsprozeß, 5. Aufl., 2005.

1. Allgemeines. Im Prinzip sind die Zuständigkeiten im Patent- und Gebrauchsmusterrecht wie folgt verteilt: **die Anmeldung** einer Erfindung zur Erteilung eines Patents oder zur Eintragung eines Gebrauchsmusters erfolgt bei dem Patentamt (§ 34 Abs. 1 PatG, § 4 Abs. 1 GebrMG); – über den mit der Anmeldung entstandenen Anspruch des Anmelders auf **Erteilung des Patents** bzw. auf **Eintragung des Gebrauchsmusters** (vgl. oben Rdn. 23) wird im Verfahren vor dem Patentamt und weiter im Beschwerdeverfahren vor dem Patentgericht und ggf. im Rechtsbeschwerdeverfahren vor dem BGH entschieden (unten Rdn. 38, 39); – für Angriffe Dritter gegen die Rechtsbeständigkeit eines erteilten Patents sind das **Einspruchsverfahren** vor dem Patentamt, derzeit allerdings beim Patentgericht unmittelbar, siehe § 147 Abs. 3 PatG und die dortigen Erl., und – nach dem „normalen" Rechtsbestand – weiter das Beschwerdeverfahren vor dem Patentgericht sowie ferner, wenn kein Einspruch erhoben worden ist oder ein Einspruchsverfahren mit der Aufrechterhaltung des Patents geendet hat, das **Nichtigkeitsverfahren** vor dem Patentgericht und weiter das Berufungsverfahren vor dem BGH gegeben, für Angriffe Dritter gegen ein eingetragenes Gebrauchsmuster das **Löschungsverfahren** vor dem Patentamt und weiter das Beschwerdeverfahren vor dem Patentgericht und ggf. das Rechtsbeschwerdeverfahren vor dem BGH (unten Rdn. 40 bis 42); – **Streitigkeiten wegen Verletzung der Rechte** aus einem erteilten Patent oder wegen Benutzung des Gegenstands einer offengelegten Patentanmeldung oder wegen Verletzung der Rechte aus einem eingetragenen Gebrauchsmuster sowie **Streitigkeiten über die Rechte an der Erfindung, an der Anmeldung oder an dem Patent** oder **Streitigkeiten aus Lizenzverträgen** werden im Wege der Klage vor den ordentlichen Zivilgerichten, zumeist vor dem Landgericht und weiter auf Berufung vor dem Oberlandesgericht und auf Revision vor dem BGH, ausgetragen (unten Rdn. 44–46). – Trotz dieser im Prinzip klaren Verteilung der Zuständigkeiten auf Patentamt und Patentgericht einerseits und Zivilgerichte andererseits ergeben sich doch mancherlei **Überschneidungen,** und zwar besonders auch in Bezug auf die Zuständigkeit zur Prüfung der Schutzfähigkeit, der Rechtsbeständigkeit und des Schutzumfangs bei Patentanmeldungen, erteilten Patenten und Gebrauchsmustern oder zur Prüfung einer behaupteten widerrechtlichen Entnahme (§§ 8, 21 Abs. 1 Nr. 3, 22 Abs. 1 PatG). Darüber hinaus ist im Patentgesetz, im Gebrauchsmustergesetz sowie im Gesetz über Arbeitnehmererfindungen noch eine größere Anzahl **sonstiger Verfahren** vorgesehen und unterschiedlich geregelt (unten Rdn. 47, 48), so dass sich insgesamt ein äußerst vielgestaltiges Bild der Zuständigkeiten und Instanzenzüge im Patent- und Gebrauchsmusterrecht ergibt. – Auch die **Bezeichnung der Verfahren** im Sprachgebrauch der Gesetze ist vielgestaltig: die Klagen vor den Zivilgerichten, durch die ein Anspruch aus einem der im Patentgesetz oder Gebrauchsmustergesetz geregelten Rechtsverhältnisse geltend gemacht wird, werden ausdrücklich als „Patentstreitsachen" bzw. „Gebrauchsmusterstreitsachen" definiert (§ 143 PatG, § 27 Abs. 1 GebrMG); als eine die Verfahren vor dem Patentamt und Patentgericht zusammenfassende Bezeichnung wird der Begriff „Gebrauchsmustersachen" auch im Gebrauchsmustergesetz selbst wiederholt verwendet (§ 10 Abs. 1, § 21 Abs. 1 und 2); die entsprechende Bezeichnung „Patentsachen" als eine zusammenfassende Bezeichnung für die im Patentgesetz geregelten Verfahren vor Patentamt und Patentgericht dagegen kommt nur im Gesetz über die Erstattung von Gebühren des beigeordneten Vertreters in Patent-, Gebrauchsmuster-, Topographieschutz- und Sortenschutzsachen vom 18. 7. 1953, zuletzt geändert durch Gesetz vom 5. 5. 2004 (Kostenrechtsmodernisierungsgesetz, Art. 4 Abs. 49), BGBl. I S. 718, 842) vor; im Patentgesetz selbst werden diese Verfahren nach ihrem jeweiligen Gegenstand bezeichnet, z. B. als „Verfahren zur Erteilung des Patents" (§ 130), „Prüfungsverfahren" (§ 44 Abs. 2, 4, 5), „Einspruchsverfahren" (§ 59 Abs. 2 Satz 1 und Abs. 3, § 81 Abs. 2, § 132 Abs. 1), „Verfahren zur Beschränkung des Patents" (§ 131), „Verfahren wegen Erklärung der Nichtigkeit des Patents" (§ 81 Abs. 1), „Verfahren wegen Erteilung einer Zwangslizenz" (§ 81 Abs. 1, § 85). Durch die VO (EWG) Nr. 1768/92 des Rates vom 18. 7. 1992 über die Schaffung eines ergänzenden Schutzzertifikats für Arzneimittel (ABl. EG Nr. L 182/1 vom 2. Juli 1992; Bl. **92** 496) sowie die entsprechende VO (EG) Nr. 1610/96 des Europäischen Parlaments und des Rates über die Schaffung eines ergänzenden Schutzzertifikats für Pflanzenschutzmittel vom 23. 7. 1996 (ABl. EG Nr. L 198/30 v. 8. 8. 1996) ist die Möglichkeit geschaffen worden, für Arznei- und Pflanzenschutzmittelpatente einen – abhängig von der Dauer von der Anmeldung des Patents bis zur Zulassung des Arznei- oder Pflanzenschutzmittels – um bis zu fünf Jahre längeren Schutz zu erhalten, vgl. § 16a. Für die Erlangung dieses Schutzes ist ein neues Anmeldeverfahren eingeführt worden; vgl. dazu § 49a, der durch das Gesetz vom 23. 3. 1993 zur Änderung des Patentgesetzes und anderer Gesetze, BGBl. I 366, Bl. **93,** 172, in das Patentgesetz eingefügt worden ist. 64

2. Das „Verfahren zur Erteilung eines Patents" führt zu dem vom Anmelder gewünschten Abschluss, also zur Erteilung eines Patents, letztlich nur dann und nur insoweit, als 65 nach Prüfung aller formellen und materiellen Voraussetzungen der „Gegenstand der Anmeldung" von der patenterteilenden Stelle als patentfähig anerkannt wird (§ 49 Abs. 1 PatG) und der Anmelder einen diesem Prüfungsergebnis entsprechenden Patenterteilungsantrag gestellt hat oder stellt, und nur mit der Folge, dass durch die Erteilung des Patents dessen „Gegenstand", nicht aber auch dessen „Schutzumfang" festgelegt ist (§ 34 PatG Rdn. 44; Rdn. 32ff. vor § 34 PatG). Das Verfahren ist durch das Patentänderungsgesetz vom 4. 9. 1967, BGBl. I 953, lediglich insofern anders gestaltet worden, als das eigentliche Prüfungsverfahren (das allein zur Erteilung eines Patents führen kann) nicht schon stets durch den Eingang einer Patentanmeldung (§ 34 PatG), sondern nur und erst durch einen besonders zu stellenden, gebührenpflichtigen Prüfungsantrag (§ 44 PatG) in Gang gesetzt wird (sog. **System der aufgeschobenen Prüfung;** vgl. Rdn. 29f. vor § 34 PatG). Über das für jede Patentanmeldung (unabhängig von der Stellung oder Nichtstellung eines Prüfungsantrags) geltende Verfahren unterrichtet das unten bei V abgedruckte Schaubild mit den Erläuterungen dazu (Rdn. 49ff.). Das durch einen Prüfungsantrag eingeleitete **„Prüfungsverfahren"** ist ein vom Untersuchungsgrundsatz beherrschtes, einem justizförmigen Verfahren angenähertes einseitiges Antragsverfahren, an dem (auch wenn ein Dritter den Prüfungsantrag gestellt hat) nur der Anmelder beteiligt ist (§ 44 Abs. 2 PatG). Das Verfahren endet mit der Erteilung des Patents oder mit der Zurückweisung der Patentanmeldung (§§ 48, 49 PatG). Zuständig für die Bearbeitung der Patentanmeldungen sind die **Prüfungsstellen** des Patentamts (§ 27 Abs. 1 Nr. 1 PatG). – Gegen die „Beschlüsse" der Prüfungsstellen (§ 47 Abs. 1 PatG), durch die eine Patentanmeldung nach § 48 PatG (im Prüfungsverfahren) oder nach § 42 Abs. 3 PatG bei der Offensichtlichkeitsprüfung zurückgewiesen wird, findet die **Beschwerde** statt (§ 73 PatG), über die die Beschwerdesenate des Patentgerichts entscheiden (§ 66 Abs. 1 Nr. 1 PatG). Die Beschwerdesenate sind als Gericht erste Instanz (zumeist sogar einzige gerichtliche Instanz), in der Sache selbst aber zweite Instanz; sie entscheiden als Gericht über Beschwerden gegen Verwaltungsakte einer Verwaltungsbehörde, des Patentamts, in der Weise, dass sie einen unrichtigen „Beschluss" des Patentamts nicht nur aufheben, sondern durch die richtige Entscheidung ersetzen können. Sie entscheiden je nach dem, worüber durch den angefochtenen Beschluss entschieden worden ist, in unterschiedlicher Besetzung (§ 67 Abs. 1 PatG). Das Beschwerdeverfahren ist ebenfalls vom Untersuchungsgrundsatz beherrscht (§ 87 Abs. 1 PatG). Das Patentamt ist daran nicht beteiligt; der Präsident des Patentamts kann sich jedoch im Beschwerdeverfahren äußern (§ 76 PatG) und unter den besonderen Voraussetzungen des § 77 PatG ausnahmsweise auch dem Verfahren beitreten. – Gegen die Beschwerdeentscheidungen der Beschwerdesenate findet, – wenn vom Beschwerdesenat zugelassen, bei näher bezeichneten schweren Verfahrensverstößen aber auch ohne Zulassung –, die **Rechtsbeschwerde** an den BGH statt (§ 100 Abs. 1, 3 PatG); das Rechtsbeschwerdeverfahren ist revisionsähnlich gestaltet (vgl. Rdn. 4 vor § 100 PatG).

66 **Die Eintragung eines Gebrauchsmusters** dagegen erfolgt auf die bloße Anmeldung hin, im Wesentlichen **ohne vorherige Prüfung** der materiellen Voraussetzungen des Gebrauchsmusterschutzes. Es wird lediglich geprüft, ob die (formalen) Anmeldeerfordernisse der §§ 4, 4a GebrMG erfüllt und ob die sog. „absoluten Schutzvoraussetzungen" der Gebrauchsmusterfähigkeit gegeben sind und keine Schutzausschließungsgründe (§ 1 Abs. 2, § 2 GebrMG) vorliegen. Insbesondere findet keine Prüfung des Gegenstandes der Anmeldung auf die sog. „relativen" Schutzvoraussetzungen Neuheit, erfinderischer Schritt und gewerbliche Anwendbarkeit statt, § 8 Abs. 1 Satz 2 GebrMG. Die Eintragung kann auch noch nach Ablauf der (zehnjährigen) Schutzfrist erfolgen (Rdn. 7 zu § 8 GebrMG). Zuständig ist die **Gebrauchsmusterstelle** des Patentamts (§ 10 Abs. 1 GebrMG). Gegen ihre Beschlüsse, also insbesondere gegen die Zurückweisung der Anmeldung, findet die **Beschwerde** an das Patentgericht statt (§ 18 Abs. 1 GebrMG), gegen die Beschwerdeentscheidungen des (nach § 18 Abs. 4 GebrMG besetzten) Beschwerdesenats die **Rechtsbeschwerde** an den BGH, falls sie vom Beschwerdesenat zugelassen oder ohne Zulassung statthaft ist (§ 18 Abs. 4 GebrMG).

67 **3. Einspruchs- und Beschränkungsverfahren.** Das nach Prüfung der Anmeldung erteilte Patent (oben Rdn. 38) wird auf **Einspruch eines Dritten** widerrufen, wenn einer der in § 21 Abs. 1 PatG genannten Gründe – die auch Nichtigkeitsgründe sind (vgl. unten Rdn. 42) – vorliegt und von einem Dritten mit Einspruch geltend gemacht wird (§ 59 Abs. 1 PatG). Der Einspruch muss innerhalb von drei Monaten nach der Veröffentlichung der Patenterteilung erhoben werden (§ 59 Abs. 1 PatG); nach Ablauf der Einspruchsfrist kann ein Dritter, gegen den eine Klage wegen Verletzung des Patents anhängig geworden ist oder der seinerseits negative Feststellungsklage erhoben hat, noch innerhalb von drei Monaten seit Klageerhebung dem Einspruchsverfahren als Einsprechender beitreten (§ 59 Abs. 2 PatG). – Das Einspruchs-

verfahren, an dem der Patentinhaber und der oder die Einsprechenden beteiligt sind, ist ein kontradiktorisches Verfahren, das vom Untersuchungsgrundsatz beherrscht wird (§ 59 Abs. 3 i.V. mit § 46 PatG) und das nach der Zurücknahme des Einspruchs von Amts wegen fortgesetzt wird (§ 61 Abs. 1 Satz 2 PatG). Zuständig für das Einspruchsverfahren ist die Patentabteilung (§ 27 Abs. 1 Nr. 2 PatG), lediglich vorübergehend das Bundespatentgericht (§ 147 Abs. 3). Die Patentabteilung entscheidet durch Beschluss, ob und in welchem Umfang das Patent aufrechterhalten oder widerrufen wird (§ 61 Abs. 1 Satz 1 PatG). Der Beschluss kann mit der Beschwerde zum Patentgericht angefochten werden (§ 73 Abs. 1 PatG).

Das „Verfahren zur Beschränkung des Patents" (§ 64 PatG) ist für den Patentinhaber selbst ein Weg, um freiwillig ein zu weit gefasstes Patent mit rückwirkender Kraft beschränken zu lassen, insbesondere um damit einer sonst etwa drohenden Nichtigkeitsklage zuvorzukommen (auf die hin er dann allerdings das Gleiche durch beschränkte Verteidigung im Nichtigkeitsverfahren erreichen kann, Rdn. 33ff. zu § 22 PatG). Das Verfahren ist ein stets einseitiges Antragsverfahren ohne Beteiligung Dritter, in dem lediglich geprüft wird, ob der Antrag zulässig und die beantragte Änderung der Patentansprüche eine Beschränkung ist, nicht auch, ob der verbleibende Rest die materiellen Voraussetzungen des Patentschutzes erfüllt (Rdn. 14–16 zu § 64 PatG), und in dem, wenn dem Antrag stattgegeben wird, die Patentschrift der Beschränkung angepasst wird. Zuständig ist die **Patentabteilung** des Patentamts (§ 64 Abs. 3 Satz 1 PatG); gegen die Zurückweisung des Antrags ist die **Beschwerde** zum Patentgericht gegeben (§ 73 PatG), gegen die Entscheidung des Beschwerdesenats ggf. die **Rechtsbeschwerde** zum BGH (§ 100 PatG). Hat die Änderung der Patentansprüche nicht nur zu einer Beschränkung, sondern auch zu einer Erweiterung geführt, so kann das jeder Dritte mit der Nichtigkeitsklage angreifen (§ 22 Abs. 1 PatG). 68

4. Die „Klage auf Erklärung der Nichtigkeit" (§ 22, §§ 81ff. PatG) ist abgesehen von dem Fall des § 59 Abs. 2 PatG nach Ablauf der Einspruchsfrist (§ 59 Abs. 1 Satz 1 PatG) für Dritte die einzige Möglichkeit, um ein erteiltes Patent, dem es an den materiellrechtlichen Schutzvoraussetzungen fehlt, dessen Gegenstand über den Inhalt der ursprünglichen Anmeldungsunterlagen hinausgeht oder dessen Schutzbereich im Einspruchs- oder Beschränkungsverfahren erweitert worden ist, (rückwirkend) zu Fall zu bringen (vgl. oben Rdn. 30). Nur der Einwand der „Patenterschleichung" (Rdn. 67f. zu § 9 PatG) kann auch ohne vorherige Nichtigerklärung geltend gemacht werden. Der Einwand der „widerrechtlichen Entnahme" kann von dem dadurch Verletzten sowohl durch Nichtigkeitsklage mit dem Ziel der Nichtigerklärung des Patents (§ 22 Abs. 2 i.V. mit § 21 Abs. 1 Nr. 3, § 81 Abs. 3 PatG) als auch durch Klage vor dem ordentlichen Zivilgericht mit dem Ziel der Übertragung des Patents (§ 8) und schließlich auch ohne eine der beiden Klagen als Einwand gegenüber Ansprüchen aus dem Patent (Rdn. 66 zu § 9) geltend gemacht werden. – Das **Nichtigkeitsverfahren** wird durch die Klage eingeleitet, die in der Regel jeder beliebige Dritte erheben kann (Rdn. 19f. zu § 22 PatG). Es ist ein vom Untersuchungsgrundsatz beherrschtes (§ 87 Abs. 1 PatG), kontradiktorisches Verfahren, in dem entsprechend dem jeweiligen Klagegrund (ggf. nochmals) geprüft wird, ob für den Gegenstand des an sich rechtskräftig erteilten Patents die materiellrechtlichen Schutzvoraussetzungen (oben Rdn. 25, 27, 28) gegeben sind (vgl. Rdn. 9ff. zu § 22 PatG), ob die Anmeldung oder das Patent erweitert wurde oder ob der wesentliche Inhalt des Patents einem anderen entnommen wurde (§ 22 Abs. 1 i.V. mit § 21 Abs. 1 PatG). Das Nichtigkeitsverfahren kann – stets mit Rückwirkung – zur völligen Nichtigerklärung des Patents, zur teilweisen Nichtigerklärung (Beschränkung) oder zur Klarstellung führen (Rdn. 59f. zu § 22 PatG); geprüft und ggf. verbindlich neu festgelegt wird auch hier nur der „Gegenstand", nicht der „Schutzumfang" des Patents (Rdn. 54 zu § 22 PatG); geändert werden im Falle der Teilnichtigerklärung oder Klarstellung nur die Ansprüche, nicht auch die Beschreibung. – Zuständig für die Entscheidung über Patentnichtigkeitsklagen sind die **Nichtigkeitssenate** des Patentgerichts (§ 66 Abs. 1 Nr. 2 PatG). Gegen ihre Urteile (§ 84 PatG) findet – ohne eine weitere Voraussetzung als die der „Beschwer" durch die angefochtene Entscheidung – die **Berufung an den BGH** statt (§ 110 PatG); auch das Berufungsverfahren ist vom (abgeschwächten) Untersuchungsgrundsatz beherrscht (§ 115 PatG) und führt (im Rahmen der zweitinstanzlichen Anträge) zur nochmaligen Prüfung der Nichtigkeitsklage in tatsächlicher und rechtlicher Hinsicht (Rdn. 11ff. zu § 110 PatG). 69

Das Gebrauchsmuster-Löschungsverfahren (§§ 15–17 GebrMG) hat schon deshalb nicht die gleiche große Bedeutung wie das Patent-Nichtigkeitsverfahren (oben Rdn. 42), weil es nicht der einzige Weg ist, um die Unwirksamkeit eines eingetragenen Gebrauchsmusters geltend zu machen. Da das Gebrauchsmuster ohne vorherige Prüfung der materiellen Voraussetzungen des Gebrauchsmusterschutzes eingetragen wird (oben Rdn. 39), tritt, wenn sie feh- 70 len, trotz der Eintragung der Gebrauchsmusterschutz nicht ein, worauf sich jedermann jederzeit berufen kann (oben Rdn. 30). Das Löschungsverfahren hat aber natürlich insofern Bedeutung, als es die Rechtslage klärt und ein eingetragenes Gebrauchsmuster, wenn und soweit es materiell-rechtlich nicht wirksam ist, auch formell (rückwirkend) zur Löschung bringt; ist gleichzeitig ein Verletzungsstreit anhängig, so hat das Löschungsverfahren nach näherer Maßgabe des § 19 GebrMG den Vorrang. – Das Löschungsverfahren wird durch einen **Antrag** eingeleitet, den in der Regel jeder beliebige Dritte (nach Ablauf des Gebrauchsmusters aber nur bei Glaubhaftmachung eines besonderen eigenen Rechtsschutzinteresses) stellen kann und der nach Ablauf des Gebrauchsmusters auf die Feststellung zu richten ist, dass es nicht zu Recht bestanden habe (Rdn. 7 zu § 15, Rdn. 11 zu § 16 GebrMG); der durch „widerrechtliche Entnahme" Verletzte kann entweder im Löschungsverfahren die Löschung des Gebrauchsmusters oder im Wege der Klage vor dem ordentlichen Zivilgericht die Übertragung des Gebrauchsmusters verlangen (§ 15 Abs. 2, § 13 Abs. 3 GebrMG). Das Löschungsverfahren ist ebenso wie das Patentnichtigkeitsverfahren ein vom Untersuchungsgrundsatz beherrschtes kontradiktorisches Verfahren. Zuständig für die Entscheidung über Löschungsanträge sind die **Gebrauchsmusterabteilungen** des Patentamts (§ 10 Abs. 3 GebrMG); gegen ihre Beschlüsse findet die **Beschwerde** an das Patentgericht statt (§ 18 Abs. 1 GebrMG), gegen die Beschwerdeentscheidungen des (nach § 18 Abs. 3 besetzten) Beschwerdesenats die **Rechtsbeschwerde** an den BGH, falls sie zugelassen oder ohne Zulassung statthaft ist (§ 18 Abs. 4 GebrMG).

71 5. **Für die Klagen wegen Verletzung der Rechte aus einem Patent** oder wegen Benutzung einer offengelegten Patentanmeldung (oben Rdn. 29, 31), – den Hauptfall der **„Patentstreitsachen"** –, sind die **Landgerichte,** und zwar mit Ausnahme Bayerns, für jedes Bundesland oder auch für mehrere Bundesländer gemeinsam nur ein Landgericht, ausschließlich zuständig (§ 143 PatG). Das Verfahren ist das der Zivilprozessordnung, mit der Besonderheit, dass auch die Patentanwälte zwar nicht zur Vertretung, aber zur Mitwirkung berufen sind (§ 143 Abs. 5 PatG, § 4 PatAnwO). Gegen die Urteile der Landgerichte findet die **Berufung** an die übergeordneten Oberlandesgerichte, gegen deren Urteile die **Revision nach Maßgabe der §§ 542ff. ZPO** an den BGH statt. – Um über die vom Kläger geltend gemachten Ansprüche entscheiden zu können, ist im Verletzungsprozess vor allem zu prüfen, ob die angegriffene „Verletzungsform" unter das Patent fällt. Dazu sind einerseits die für die Beurteilung der Verletzungsfrage maßgeblichen **Merkmale der Verletzungsform** festzustellen (Rdn. 116 zu § 14), andererseits aber in Bezug auf das Patent selbst grundsätzlich nur diejenigen Dinge zu prüfen, die nicht im Erteilungsverfahren oder im Nichtigkeitsverfahren zu prüfen sind, also insbesondere der **„Schutzbereich" des Patents** (Rdn. 13ff. zu § 14) in der Richtung zu bestimmen, ob die Verletzungsform darunter fällt. Dagegen ist ein **erteiltes Patent,** solange es formell besteht, im Verletzungsprozess grundsätzlich so hinzunehmen, wie es erteilt ist. Die materielle Patentfähigkeit ist aber z.B. in den oben Rdn. 30 genannten Ausnahmefällen und mit den dort bezeichneten Folgen zu prüfen; es können ferner auch zu prüfen sein der Einwand der „Erschleichung" oder der „widerrechtlichen Entnahme" (oben Rdn. 42) und, wenn der Beklagte ein Vorbenutzungsrecht geltend macht, der Zeitpunkt der Offenbarung der Patentlehre (oben Rdn. 28). Davon abgesehen kommt bei Zweifeln an der Rechtsbeständigkeit eines erteilten Patents nur eine Aussetzung des Verletzungsstreits nach § 148 ZPO in Betracht, wenn bereits ein Einspruchsverfahren (oben Rdn. 40) anhängig ist oder eine Nichtigkeitsklage gegen das Patent erhoben ist, die nach Auffassung des Prozessgerichts Aussicht auf Erfolg haben könnte (Rdn. 70 zu § 139 PatG). – Die Klage auf Benutzungsentschädigung aus einer (ungeprüft) **offengelegten Patentanmeldung** (oben Rdn. 31) wird in der Regel nur dann zu einer Verurteilung führen können, wenn zuvor die materielle Patentfähigkeit der Anmeldung geprüft ist: das Prozessgericht kann selbst prüfen, ob der Gegenstand der Anmeldung „offensichtlich" nicht patentfähig ist (§ 33 Abs. 2 PatG) und, wenn es dieser Auffassung ist, die Klage abweisen; andernfalls wird es in der Regel den Ausgang des „Prüfungsverfahrens" abwarten, dessen Einleitung der Beklagte erzwingen kann (vgl. § 140 und die Erläuterungen dazu).

72 **Für die Klagen wegen Verletzung der Rechte aus einem Gebrauchsmuster** (oben Rdn. 29), den Hauptfall der „Gebrauchsmusterstreitsachen", sind auf Grund des Gesetzes zur Änderung des GebrMG vom 15. 8. 1986, BGBl. I S. 1446, ohne Rücksicht auf den Streitwert ausschließlich die Landgerichte zuständig (§ 27 Abs. 1 GebrMG i.V.m. § 23 Nr. 1 GVG), und zwar ggf. die von den Landesregierungen bestimmten „Gerichte für Gebrauchsmusterstreitsachen" (§ 27 Abs. 2 und 3 GebrMG). Im Gebrauchsmuster-Verletzungsprozess wird – anders als im Patent-Verletzungsprozess (oben Rdn. 44) – grundsätzlich auch geprüft, ob und inwie-

weit die materiellrechtlichen Schutzvoraussetzungen gegeben sind (oben Rdn. 30). Das Prozessgericht kann jedoch sein Verfahren aussetzen, wenn bereits ein Löschungsverfahren (oben Rdn. 43) anhängig ist, und muss das tun, wenn es selbst die Gebrauchsmustereintragungen für unwirksam hält (§ 19 Satz 1 und 2 GebrMG). Auch ist das Prozessgericht an die Zurückweisung eines Löschungsantrags gebunden, muss also das Gebrauchsmuster als wirksam hinnehmen, wenn das Löschungsverfahren zwischen denselben Parteien stattgefunden hat wie der Verletzungsprozess (§ 19 Satz 3 GebrMG).

6. a) Streitigkeiten aus Lizenzverträgen über Patente, Patentanmeldungen und Ge- 73
brauchsmuster (oder auch über nicht geschützte, aber geheimgehaltene Erfindungsleistungen, § 21 GWB) sowie Streitigkeiten um die Gültigkeit solcher Verträge sind ebenfalls „Patentstreitsachen" bzw. „Gebrauchsmusterstreitsachen" im Sinne von § 143 PatG, § 27 GebrMG (Rdn. 1 ff. zu § 143 PatG), gehören also – als „Patentstreitsachen" oder als „Gebrauchsmusterstreitsachen" – ausschließlich vor die Landgerichte bzw. die besonders bestimmten Landgerichte (vgl. oben Rdn. 44, 45). Der Einwand, dem lizenzierten Schutzrecht fehle es an den materiellrechtlichen Schutzvoraussetzungen, kann hier nur beschränkt, in der Regel nur für die Zukunft Erfolg haben (vgl. oben Rdn. 33 a. E.). Wenn – wie häufig – auch Einwendungen aus §§ 20, 21 GWB erhoben werden, dann kollidieren u. U. die (ausschließlichen) Zuständigkeiten des § 143 PatG mit den (ebenfalls ausschließlichen) Zuständigkeiten der §§ 87 ff. GWB; die letzteren gehen vor, so dass die „Gerichte für Patent- und Gebrauchsmusterstreitsachen" ggf. an die „Kartellspruchkörper" zu verweisen haben (vgl. BGHZ **49,** 33, 38 = GRUR **68,** 218, 219 und Rdn. 10 zu § 143 PatG; BGH, Urteil vom 13. 7. 2004 – KZR 40/02 – GRUR **04,** 966 = WRP 04, 1372).

b) Für Zwangslizenzen bestehen zwei gesonderte Verfahrenszüge: über die „Klage auf 74
Erteilung einer Zwangslizenz" (§ 24, §§ 81 ff. PatG, § 20 GebrMG) wird von einem Nichtigkeitssenat des Patentgerichts nach den für das Patentnichtigkeitsverfahren geltenden Vorschriften des Patentgesetzes durch Urteil entschieden, gegen das die Berufung an den BGH (§ 110 PatG) oder, wenn das Urteil zunächst nur eine einstweilige Verfügung ist (§ 85 PatG), die Beschwerde an den BGH (§ 122 PatG) gegeben ist; im selben Verfahren wird auch über eine Änderung der bei der Erteilung festgesetzten „Bedingungen", insbesondere der Benutzungsvergütung entschieden (Rdn. 30 zu § 24 PatG); im Übrigen aber gehören alle aus der Erteilung einer Zwangslizenz erwachsenden Streitigkeiten, insbesondere die Klage des Patentinhabers auf Zahlung der im Erteilungsurteil festgesetzten Vergütung, seine Schadenersatzansprüche bei Wegfall einer einstweiligen Verfügung oder Aufhebung eines für vorläufig vollstreckbaren Urteils (§ 85 Abs. 5, 6 PatG) sowie etwaige Feststellungsklagen des Lizenznehmers, als „Patentstreitsachen" oder „Gebrauchsmusterstreitsachen" vor die dafür zuständigen ordentlichen Zivilgerichte (vgl. Rdn. 26, 29, 31 zu § 24 PatG, Rdn. 10 zu § 85 PatG). – Ähnlich und doch wieder auch anders sind die Verfahrenszüge bei der **Lizenzbereitschaftserklärung** (§ 23 PatG) geregelt: die an „jedermann" gerichtete „Erklärung der Lizenzbereitschaft" erfolgt gegenüber dem Patentamt, ihre Behandlung durch das Patentamt kann Anlass zu einer Beschwerde an das Patentgericht und ggf. zu einer Rechtsbeschwerde an den BGH geben (vgl. Rdn. 6, 7 zu § 23 PatG); das Lizenzverhältnis mit einem bestimmten Dritten kommt dadurch zustande, dass dieser seine Benutzungsabsicht dem Patentinhaber anzeigt (§ 23 Abs. 3 PatG); die angemessene Vergütung für die Benutzung kann auf Antrag eines Beteiligten durch die Patentabteilung des Patentamts festgesetzt werden (§ 23 Abs. 4, 5 PatG), gegen deren Entscheidung die Beschwerde an das Patentgericht und weiter ggf. die Rechtsbeschwerde an den BGH gegeben ist (Rdn. 14 zu § 23 PatG); diese Festsetzung bildet jedoch – ebenso wie die Festsetzung der Vergütung bei der Erteilung einer Zwangslizenz – keinen zur Vollstreckung geeigneten Titel; alle sonstigen Streitigkeiten der Beteiligten über ihre Rechte und Pflichten, insbesondere auch die Klage des Patentinhabers auf Zahlung der Benutzungsvergütung, sind als „Patentstreitsachen" nach § 143 PatG vor den Zivilgerichten auszutragen (Rdn. 12, 13 zu § 24 PatG). – In diesem Zusammenhang sind noch zu nennen der Anspruch des Patentinhabers gegen den Bund auf angemessene Vergütung bei Freigabe der Benutzung der Erfindung durch eine **Anordnung der Bundesregierung** nach **§ 13 PatG** und der Anspruch des Patent- oder Gebrauchsmusterinhabers bzw. Patentsuchers gegen den Bund auf Entschädigung wegen der Nichtbenutzung einer **geheimzuhaltenden Erfindung** nach **§§ 50 ff., 55 PatG, § 9 GebrMG;** für diese Ansprüche steht im Streitfall der Rechtsweg vor den ordentlichen Gerichten offen (§ 13 Abs. 3, § 55 Abs. 2 PatG, § 9 Abs. 2 GebrMG); sie sind Patent- bzw. Gebrauchsmusterstreitsachen im Sinne von § 143 PatG, § 27 GebrMG (oben Rdn. 44, 45). Die „Anordnung" der Bundesregierung nach § 13 PatG als solche kann vor dem Bundesverwaltungsgericht angefochten werden (§ 13 Abs. 2 PatG); die Anordnung der Geheimhaltung

dagegen erfolgt durch die Prüfungsstelle des Patentamts von Amts wegen oder auf Antrag der zuständigen obersten Bundesbehörde; gegen die Anordnung und gegen ihre Aufhebung ist die Beschwerde an das Patentgericht und weiter ggf. die Rechtsbeschwerde an den BGH gegeben (§§ 50, 74, 100 PatG).

75 **7. Sonstige Verfahren.** Als **Neben- und Anhangsverfahren bei Patentamt und Patentgericht** sind zu nennen: das Verfahren über die Verfahrenskostenhilfe (§§ 129ff. PatG, § 21 Abs. 2 GebrMG), das Kostenfestsetzungsverfahren (§§ 62 Abs. 2, 80 Abs. 5 PatG, §§ 17 Abs. 4, 18 Abs. 3 GebrMG) und das Akteneinsichtsverfahren (§§ 31, 99 Abs. 3 PatG, § 8 Abs. 5 GebrMG); Beschlüsse im Verfahren über die Verfahrenskostenhilfe sind nur in bestimmten Ausnahmefällen anfechtbar (§ 135 Abs. 3 PatG); gegen Beschlüsse des Patentamts in Kostenfestsetzungs- und Akteneinsichtsverfahren ist die Beschwerde an das Patentgericht und weiter z. T. die Rechtsbeschwerde an den BGH gegeben (§§ 73, 100 PatG). Hinzugetreten sind neuerdings die Verfahren zur Erteilung eines ergänzenden Schutzzertifikats nach Maßgabe der VO (EWG) Nr. 1768/92 des Rates vom 18. 6. 1992 und VO (EG) Nr. 1610/96 des Europäischen Parlaments und des Rates vom 23. 7. 1996 (siehe oben Rdn. 37 und die Erläuterungen zu §§ 16a und 49a PatG, die durch das Gesetz vom 23. 3. 1993 in den Rahmen des Patentgesetzes eingefügt worden sind, sowie Annexverfahren, die sich aus den Verweisungen in § 16a PatG ergeben (z. B. Verfahren auf Erteilung einer Zwangslizenz an einem ergänzenden Schutzzertifikat oder über die Nichtigerklärung eines Zertifikats). – In allen Streitfällen zwischen Arbeitgeber und Arbeitnehmer auf Grund des **Gesetzes über Arbeitnehmererfindungen** kann die beim Patentamt errichtete **„Schiedsstelle“** angerufen werden (§§ 28ff. ArbEG), die nach den Grundsätzen der Zivilprozessordnung über das schiedsrichterliche Verfahren verfährt, aber lediglich einen Einigungsvorschlag machen kann; Klagen vor den ordentlichen Zivilgerichten können in der Regel erst erhoben werden, nachdem ein Verfahren vor der Schiedsstelle vorausgegangen ist (§ 37 ArbEG). – Vor die **Landgerichte** gehörige **„Patentstreitsachen“** im Sinne des § 143 PatG sowie „Gebrauchsmusterstreitsachen“ im Sinne des § 27 GebrMG sind außer den oben Rdn. 44 genannten Sachen ferner noch insbesondere alle Rechtsstreitigkeiten über Erfindungen eines Arbeitnehmers mit Ausnahme glatter Zahlungsklagen (§ 39 ArbEG), positive und negative Feststellungsklagen, Klagen auf Einwilligung zu Eintragungen oder Miteintragungen in die Patent- oder Gebrauchsmusterrolle, Klagen wegen der Erfindernennung und -benennung u. a. (vgl. die Zusammenstellung in Rdn. 3 zu § 143 PatG). – Zu nennen sind schließlich noch die inzwischen beseitigten **„Klagen wegen Zurücknahme eines Patents“**, über die von den Nichtigkeitssenaten des Patentgerichts (mit Berufung an den BGH) zu entscheiden war, sowie die Strafverfahren (§ 142 PatG, § 25 GebrMG), die als Privatklageverfahren (§ 374 Abs. 1 Nr. 8 StPO) praktisch kaum mehr vorkamen. Das Produktpirateriegesetz vom 7. 3. 1990, BGBl. I 422, hat hier allerdings – wie bei den übrigen Schutzrechten des geistigen Eigentums – einschneidende Verschärfungen des Strafrahmens sowohl für die einfachen Patent- und Gebrauchsmusterverletzungen wie auch für die gewerbsmäßige Begehungsform gebracht und diese qualifizierte Begehungsform als Offizialdelikt ausgestaltet (vgl. dazu Rdn. 9 zu § 142 PatG). Wesentliche praktische Erfahrungen mit diesem neuen Saktionensystem gibt es nach wie vor nicht, für Patent- und Gebrauchsmusterverletzungen die Strafverschärfungen im Rahmen der Bekämpfung der Produktpiraterie wohl auch eher Signalcharakter haben. Neu ist durch das Produktpirateriegesetz das Verfahren vor den Zollbehörden zur Grenzbeschlagnahme schutzrechtsverletzender Gegenstände eingeführt worden (vgl. § 142a PatG und § 25a GebrMG). Für Rechtsmittelverfahren sind in diesem Zusammenhang das Amtsgericht sowie, als Beschwerdeinstanz, das Oberlandesgericht zuständig, wie dies den Bußgeldverfahren nach dem Ordnungswidrigkeitengesetz entspricht. Die Vorschrift ist aber inzwischen durch Gemeinschaftsrecht, nämlich zuletzt die VO (EG) Nr. 1383/2003 des Rates vom 22. Juli 2003 über das Vorgehen der Zollbehörden gegen Waren, die im Verdacht stehen, bestimmte Rechte geistigen Eigentums zu verletzen, und die Maßnahmen gegenüber Waren, die erkanntermaßen derartige Rechte verletzen (Amtsblatt Nr. L 196/7 vom 2. 8. 2003), weitgehend überlagert.

V. Schematische Darstellung des Patenterteilungsverfahrens

76 **1.** Das weiter unten abgedruckte **Schaubild** zeigt in schematischer Vereinfachung, wie nach den seit 1968 geltenden Vorschriften des Patentgesetzes mit den **Patentanmeldungen zu verfahren** ist, die seitdem beim Patentamt **eingereicht** werden. Zur Erläuterung des Schaubilds wird unter Hinweisen auf die einschlägigen Vorschriften (und die Anmerkungen dazu in diesem Kommentar) folgendes bemerkt:

77 Wenn eine **Patentanmeldung** am „Tag x“ beim Patentamt **eingereicht** wird (§ 34 Abs. 1 PatG) ggf. unter Inanspruchnahme der **Priorität** einer **beim Patentamt eingereichten frü-**

heren Patent- oder Gebrauchsmusteranmeldung (§ 40 PatG) oder einer **ausländischen Erstanmeldung** (§ 41 PatG) vom Tage „x–y", so gelangt sie damit – bildlich ausgedrückt – auf ein sich mit der Zeit von unten nach oben fortbewegendes Förderband. Das Förderband führt die Anmeldung (falls sie nicht geheim zu halten ist, § 31 Abs. 5 mit § 50 Abs. 1, 4 PatG) automatisch zur **Offenlegung** im Zeitpunkt „x + Zustimmung" (§ 31 Abs. 2 Nr. 1 PatG) oder im Zeitpunkt „x + 18 Monate" bzw. „x–y + 18 Monate" (§ 31 Abs. 2 Nr. 2 PatG). Von der Offenlegung an genießt die Anmeldung die (beschränkten) **Schutzwirkungen des § 33 Abs. 1 PatG.** Vom Zeitpunkt „x + 2 Jahre" an – genauer: am letzten Tage des Monats des dritten und jedes folgenden Jahres nach dem auf die Anmeldung folgenden Jahr, der durch seine Benennung dem Monat entspricht, in den der Anmeldetag fällt (§ 3 Abs. 2 PatkostG) – sind für die Anmeldung **Jahresgebühren** zu entrichten (§ 17 Abs. 1 PatG); wird eine Jahresgebühr nicht rechtzeitig entrichtet, so gilt die Anmeldung als zurückgenommen (§ 6 Abs. 2 PatKostG i.V.m. § 58 Abs. 3 PatG) mit der Folge, dass die Schutzwirkungen des § 33 Abs. 1 PatG als nicht eingetreten gelten (§ 58 Abs. 2 PatG). Befindet sich die Anmeldung im Zeitpunkt „x + 7 Jahre" noch auf dem Förderband, – ist also bis dahin weder ihre Zurücknahme erfolgt oder wegen Nichtzahlung einer Jahresgebühr fingiert (§ 58 Abs. 3 PatG, im Schaubild nicht dargestellt) noch ein Prüfungsantrag für sie gestellt (§ 44 PatG) noch ihre Zurückweisung bei der Offensichtlichkeitsprüfung erfolgt (§ 42 Abs. 3 PatG), – so **gilt die Anmeldung als zurückgenommen** (§ 58 Abs. 3 PatG).

Alsbald nach dem Eingang der Anmeldung am „Tag x", möglichst vor der Offenlegung der Anmeldung, ggf. auch noch später (aber nicht mehr, wenn ein Antrag auf Prüfung gestellt ist), prüft eine Prüfungsstelle der Vorprüfungsabteilung die Anmeldung auf **offensichtliche Mängel** (§ 42 PatG); diese Prüfung kann zu der – mit der Beschwerde anfechtbaren – **Zurückweisung der Anmeldung** führen (§ 42 Abs. 3; Rdn. 20ff. zu § 42 PatG). Ein **Antrag auf Neuheitsrecherche** – genauer: ein Antrag auf Ermittlung der für die Beurteilung der Patentfähigkeit der angemeldeten Erfindung in Betracht zu ziehenden öffentlichen Druckschriften (§ 43 PatG) – kann vom Eingang der Anmeldung ab jederzeit, solange die Anmeldung anhängig ist (aber nicht mehr, wenn bereits ein Antrag auf Prüfung oder ein anderweitiger Antrag auf Neuheitsrecherche vorliegt), vom Patentsucher oder von einem Dritten gestellt werden (Rdn. 7, 8 zu § 43 PatG); die Mitteilung des Recherchenergebnisses (Rdn. 32, 33 zu § 43 PatG) kann Anlass geben, die Anmeldung zurückzunehmen oder einen Prüfungsantrag zu stellen, hat aber von sich aus keine weiteren Folgen. Zum eigentlichen „Erteilungsverfahren", das allein zur Erteilung eines Patentes führen kann (oben Rdn. 38), kommt es nur, wenn der Patentsucher oder ein Dritter einen **Antrag auf Prüfung** stellt (§ 44 PatG). Mit diesem Antrag (der von der Einreichung der Anmeldung ab bis zum Ablauf von 7 Jahren danach gestellt werden kann, § 44 Abs. 2 PatG) wird das „Prüfungsverfahren" (§§ 44–49 PatG) eingeleitet, das entweder mit der **Zurückweisung der Anmeldung** (§ 48 PatG) oder mit der **Erteilung des Patents** (§ 49 Abs. 1 PatG) abschließt; mit der Veröffentlichung der Patenterteilung im Patentblatt treten die in den §§ 9ff. PatG bezeichneten **Wirkungen des Patents** ein. Gegen die Beschlüsse der Prüfungsstelle im Patenterteilungsverfahren (in allen seinen Stadien) ist (im Schaubild nicht dargestellt) die Beschwerde an das Patentgericht (§ 73 PatG) und weiter ggf. die Rechtsbeschwerde an den BGH (§ 100 PatG) gegeben. 78

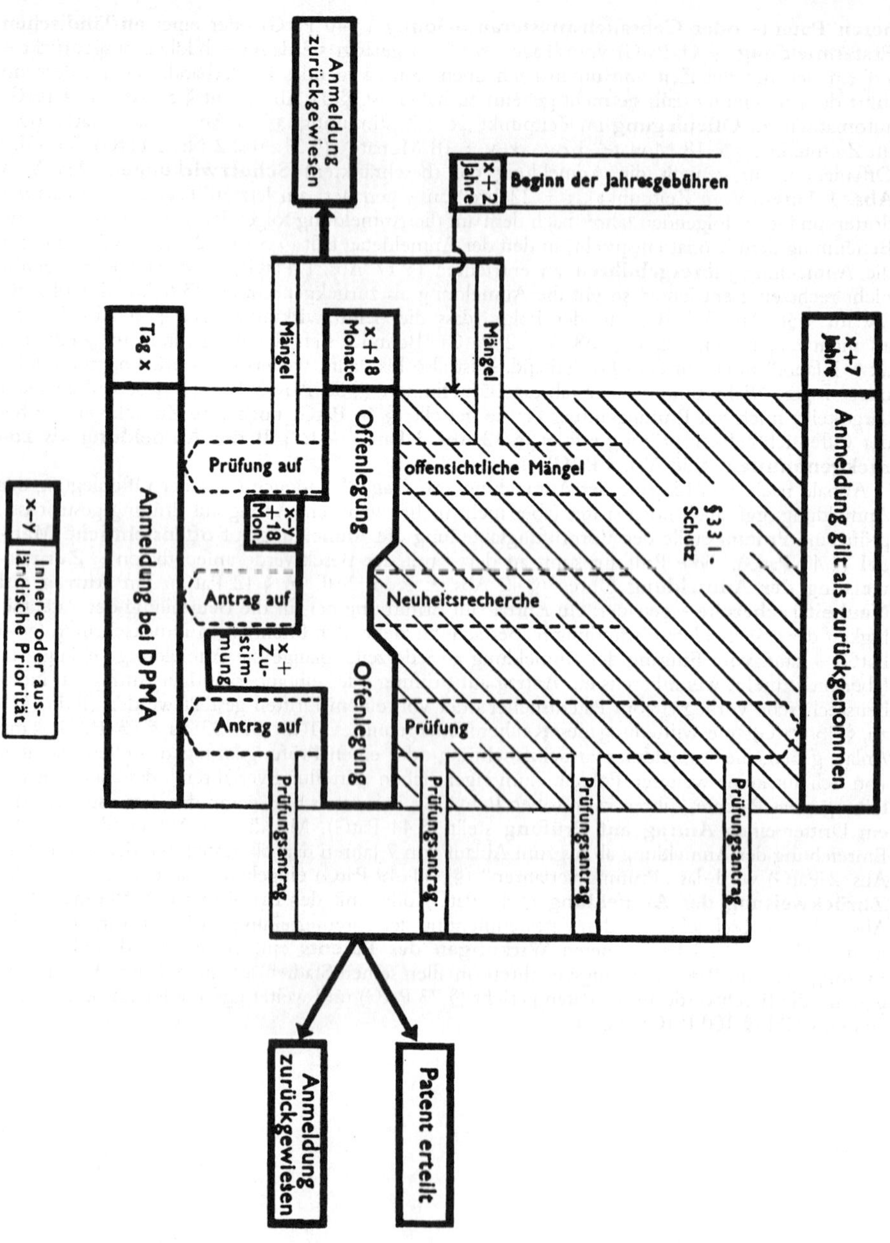
Anmeldung zurückgewiesen
x+2 Jahre
Beginn der Jahresgebühren
Tag x
Mängel
x+18 Monate
Mängel
x+7 Jahre
Anmeldung bei DPMA
Prüfung auf
Offenlegung
offensichtliche Mängel
§ 33 I-Schutz
Anmeldung gilt als zurückgenommen
x–y
Innere oder ausländische Priorität
x–y +18 Mon.
Antrag auf
Neuheitsrecherche
x + Zustimmung
Offenlegung
Antrag auf
Prüfung
Prüfungsantrag
Prüfungsantrag
Prüfungsantrag
Prüfungsantrag
Anmeldung zurückgewiesen
Patent erteilt

Internationaler Teil – Das zwischenstaatliche Patentrecht

Inhaltsübersicht

Literaturhinweis: Troller, Die mehrseitigen völkerrechtlichen Verträge im internationalen gewerblichen Rechtsschutz und Urheberrecht, Basel, 1965; ders., Immaterialgüterrecht, 2 Bde. 3. Aufl., 1983/1985; Windisch, Gewerblicher Rechtsschutz und Urheberrecht im zwischenstaatlichen Bereich, 1969; Hilf, Die Auslegung mehrsprachiger Verträge, 1973; Ulmer, Die Immaterialgüterrechte im internationalen Privatrecht, Schriftenreihe zum Gewerblichen Rechtsschutz, Bd. 38, Köln 1975; Nirk in Klauer/Möhring, Internationales Patentrecht; Verdross/Simma, Universelles Völkerrecht, Berlin 1984; Beier/Schricker, GATT or WIPO, New Ways in the International Protection of Intellectual Property (1988); Buck, Geistiges Eigentum und Völkerrecht. Beiträge des Völkerrechts zur Fortentwicklung des Schutzes von geistigem Eigentum, Berlin 1994; Brandi-Dohrn/Gruber/Muir, Europäisches und internationales Patentrecht, 5. Aufl., 2002 Im Übrigen vgl. die Literaturangaben bei den einzelnen Abschnitten.

A. Grundlagen

1. Das **zwischenstaatliche Patentrecht** regelt **patentrechtliche Lebenssachverhalte mit Auslandsbeziehungen.** Es wird beherrscht von dem der Machtabgrenzung verschiedener Staaten zueinander entspringenden Grundsatz der Territorialität des Patentrechts. Soviel Staaten es gibt, die Patente erteilen, soviel unabhängige Patente können auf ein und dieselbe Erfindung verliehen werden, BGHZ **49,** 331, 333f. – Voran; RGZ **51,** 263, 266f.; **84,** 370, 375. Patente entfalten ihre Wirkungen nur innerhalb des Gebiets des Erteilungsstaates, BGHZ aaO; RGZ **51,** 139, 140. Dasselbe gilt für Gebrauchsmuster. Im Inland erteilte Patente entfalten im Ausland keinen Schutz, während im Ausland erteilten Patenten im Inland kein Schutz verliehen ist, RGZ **18,** 28, 35 (2. 10. 1886). Auf ein und dieselbe Erfindung in verschiedenen Staaten erteilte Patente sind sowohl im Stadium vor als auch nach ihrer Erteilung völlig unabhängig voneinander. Sie unterliegen den teilweise recht verschiedenen Patentrechtsordnungen der jeweiligen Staaten. Um die Erfinder wirksamer zu schützen und den Erwerb von Schutzrechten in anderen Staaten zu erleichtern, sowie um die Härten nationaler Regelungen für Ausländer zu beseitigen oder zu mildern, haben die Staaten zwei- und mehrseitige Vereinbarungen abgeschlossen, aus denen den Staatsangehörigen oder Bewohnern fremder Staaten in anderen Staaten Rechte und Erleichterungen erwachsen sind. 1

Das zwischenstaatliche Patentrecht hat mit Beginn der siebziger Jahre des 20. Jahrhunderts eine **durchgreifende Neuentwicklung** erfahren. Das Übereinkommen zur Vereinheitlichung gewisser Begriffe des materiellen Rechts der Erfindungspatente – **StraÜ** – (vgl. Rdn. 80), der Vertrag über die internationale Zusammenarbeit auf dem Gebiet des Patentwesens – **PCT** – (vgl. Rdn. 81ff.), das Europäische Patentübereinkommen – **EPÜ** – (vgl. Rdn. 101ff.) und die Bestrebungen um ein Gemeinschaftspatent (vgl. Vorauflage Rdn. 155ff. und u. Rdn. 155) haben mit ihrer Zielsetzung, das Anmeldesystem und das Verfahren zur Erlangung und zur Sicherung eines überregionalen Patentschutzes zu vereinheitlichen, auch das nationale Patentrecht der beteiligten Vertragsstaaten in wesentlichen Bereichen neu gestaltet. Das geschaffene Völkervertragsrecht hat sich in der nationalen Gesetzgebung zum Anmelde- und Erteilungsverfahren niedergeschlagen, es führte zu einer weitreichenden Neuregelung des materiellen Patentrechts und zeitigt Auswirkungen auf das Recht der Patentverletzung und auf den Verletzungsstreit selbst. Daneben wirken Richtlinien und Verordnungen des Gemeinschaftsgesetzgebers auf die Gestaltung und Durchsetzung des nationalen Rechts ein. 2

3 Während die Pariser Verbandübereinkunft – PVÜ – (vgl. Rdn. 9ff.) dem Anmelder es ermöglicht, über eine nationale Anmeldung sich für eine bestimmte Frist das Recht zu sichern, in anderen Vertragsstaaten die gleiche Erfindung nachanzumelden, ermöglicht es der PCT weitergehend, mit einer Anmeldung mehrere Anmelde- und Erteilungsverfahren in verschiedenen Vertragsstaaten in Gang zu setzen. Das Europäische Patentübereinkommen fasst die Vielzahl nationaler Erteilungsverfahren für die Vertragsstaaten des EPÜ zu einem Verfahren vor dem Europäischen Patentamt zusammen und gewährt mit einem Erteilungsakt ein geprüftes Patent mit einheitlichem Schutzumfang, das in den benannten Vertragsstaaten die Wirkungen dort erteilter Patente entfaltet. Während die Rechtswirkungen des nach dem Europäischen Patentübereinkommen erteilten Patents in den Grenzen der jeweiligen Schutzrechtsstaaten enden, will eine Vereinbarung zu einem Gemeinschaftspatent ein über die nationalen Grenzen hinauswirkendes, das Gebiet des Gemeinsamen Marktes erfassendes Patent schaffen. Zur Verwirklichung der Zielsetzung des Gemeinschaftspatents, einem Schutzrecht auf dem Gebiet des Gemeinsamen Marktes Geltung zu verschaffen und seine Verletzung ohne Rücksicht auf die nationalen Grenzen zu sanktionieren, bedarf es der Vereinheitlichung des Folgenrechts und der Schaffung einer europäischen Gerichtsbarkeit. Die Verwirklichung des Geistes der internationalen Verträge ist – bislang erfolglos – von der Arbeit der mit ihnen befassten Organe, aber im Wesentlichen von der Bereitschaft der verpflichteten Vertragsstaaten supranationalem Handeln bestimmt.

4 **2.** Die auf Grund des **Übereinkommens zur Errichtung der Weltorganisation für geistiges Eigentum** vom 14. 7. 1967 **(WIPO-Konvention)** – BGBl 1970 II 297; Zustimmungsgesetz vom 5. 6. 1970 – BGBl 1970 II 293; in Kraft seit 19. 9. 1970 – (Text: GR-Textsammlung Nr. 920) – gegründete Organisation – **WIPO/OMPI** – hat die Aufgabe, den Schutz des geistigen Eigentums durch Zusammenarbeit der Staaten weltweit zu stärken, Art. 3 des Übereinkommens. Zugleich hat die Organisation die verwaltungsmäßige Zusammenarbeit der Verbände u.a. zum Schutze des gewerblichen Eigentums zu fördern, vgl. A. Krieger/ D. Rogge, Die neue Verwaltungsstruktur der Pariser und Berner Union und die neue Weltorganisation für geistiges Eigentum, GRUR Int. **67,** 462ff. Das zur Wahrnehmung der Aufgaben der Organisation zuständige **Internationale Büro** hat seinen Sitz in Genf. Dem Übereinkommen gehören 182 Staaten an (Stand 1. 3. 2005). Noch nicht alle Vertragsstaaten sind zugleich Mitglied der PVÜ. Die WIPO hat seit 1974 den Status einer Sonderorganisation der Vereinten Nationen. Von daher rührt auch die Zusammenarbeit mit der UNCTAD zur Revision der PVÜ und zur Zusammenarbeit mit den Entwicklungsländern, vgl. u. Rdn. ü 22 und 74. Die weltweite Harmonisierung der Patentgesetze rechnet zum Programm der WIPO, vgl. Rdn. 75; Ber. GRUR Int. **87,** 361; Pagenberg, Probleme der Patentharmonisierung im Rahmen der WIPO, FS Nirk, 1992, S. 809ff. Die Europäische Patentorganisation (EPO) und die WIPO haben am 7. 10. 1987 eine Vereinbarung über die Aufgaben des Europäischen Patentamts im Rahmen des PCT (vgl. Rdn. 81ff.) vereinbart, ABl. EPA **87,** 515ff., vgl. Rdn. 91.

Die 1988 aufgeworfene Frage nach der Einbindung des Allgemeinen Zoll- und Handelsabkommens (General Agreement on Tariffs and Trade) **GATT** in den Schutz des geistigen Eigentums(Beier/Schricker, GATT or WIPO (1988); Bail in Hilf/Oehler (Hrsg), Der Schutz des geistigen Eigentums in Europa (1991), S. 139ff.) hat durch den Abschluss des Übereinkommens zur Errichtung einer Welthandelsorganisation v. 15. 4. 1994 **(WTO-Abkommen)** – BGBl. 1994 II 1625 – zur Zusammenarbeit von GATT und WIPO geführt (Drexl, GRUR Int. **94,** 777ff.). Bestandteil des WTO-Abkommens ist das Übereinkommen über handelsbezogene Aspekte der Rechte des geistigen Eigentums (Agreement on trade-related aspects of intellectual property rights) **TRIPS** – BGBl. 1994 II 1625, 1730 – (vgl. u. Rdn. 76).

B. Zustandekommen und Auslegung

5 Beim Abschluss bilateraler völkerrechtlicher Verträge (Vereinbarung, Abkommen) haben die Vertragspartner die Freiheit der Wahl der Vertragsteilnehmer. Der **Vertragsabschluss** erfordert die Willensübereinstimmung der vertragschließenden Teile, BGHZ **31,** 374, 382. Bei multilateralen Verträgen (Kollektivabkommen), die den Beitritt anderer Länder eröffnen, sind die im Zeitpunkt des Vertragsabschlusses vorhandenen Vertragspartner individuell nicht mehr in der Lage, die Teilnahme eines anderen Landes zu verhindern. Der Beitritt ist dann allein vom Willen des beitretenden Landes abhängig, während die Zustimmungserklärung der ursprünglichen Staaten bereits in der Beitrittsklausel ausgesprochen ist, BGHZ **31,** 374, 382. Eröffnet ein Kollektivvertrag den Beitritt für „Länder", dann muss der Beitretende Völkerrechtssubjekt sein, d.h. die bereits dem Abkommen zugehörigen Vertragspartner werden durch den Beitritt nur gebunden, soweit der Beitretende ihnen gegenüber Völkerrechtssubjekt

ist, BGHZ **31,** 374, 383. Die völkerrechtlichen Verträge werden durch das **Zustimmungsgesetz** innerdeutsches Recht, Art. 59 Abs. 2 GG, BVerfGE **82,** 159, 192f.; BGH GRUR **57,** 430, 432; **69,** 611, 612. Zu den verschiedenen Stadien des Vertragsabschlusses vgl. Verdross/Simma, Universelles Völkerrecht: Theorie und Praxis, 3. Aufl., 1984; Ipsen, Völkerrecht, Ein Studienbuch, 3. Aufl., S. 104ff. Zwischenstaatliche Verträge verlieren durch ihre Transformierung in das innerstaatliche Recht nicht ihre Eigenschaft als Vertrag zwischen Staaten, BGH GRUR **69,** 611, 612. Der Doppelcharakter des Zustimmungsgesetzes, BVerfGE **1,** 410; **82** aaO bedingt die Anwendung besonderer Auslegungsgrundsätze, die sich nicht völlig mit den Auslegungsgrundsätzen innerstaatlicher Gesetze decken, BGH GRUR **69,** 611, 612; NJW **99,** 1187.

Für die **Auslegung** zwischenstaatlicher Verträge ist das **Wiener Übereinkommen vom 23. 5. 1969 über das Recht der Verträge** – mit Zustimmungsgesetz vom 3. 8. 1985, BGBl 1985 II 926 – heranzuziehen; Denkschrift der Bundesregierung BT-Drucksache 10/1004 S. 41ff.; Beschlussempfehlung und Bericht BT-Drucksache 10/3468; EPA GRUR Int. **03,** 948, 950. Die Wiener Konvention ist für die Bundesrepublik am 20. 8. 1987 (BGBl 1987 II 757) in Kraft getreten (Literatur: Schmitt, Zur Wiener Konvention über das Recht der internationalen Verträge, GRUR Int. **70,** 361; Wetzel/Rauschning, Die Wiener Vertragsrechtskonvention, Frankfurt 1978). Das Abkommen wird ergänzt durch das Wiener Übereinkommen v. 21. 3. 1986 über das Recht der Verträge zwischen Staaten und internationalen Organisationen BGBl. 1990 II 1414; hierzu BT-Drucksache 11/5728, 7790); dieses Übereinkommen ist noch nicht in Kraft. Die Konvention findet nach ihrem Art. 4 nur auf Verträge Anwendung, die nach ihrem Inkrafttreten geschlossen werden. Die Auslegungsgrundsätze der Konvention können jedoch entsprechend auch auf ältere Verträge angewandt werden, vgl. EPA (GBK) ABl. **85,** 60. In erster Linie ist der aus dem Gesamtinhalt, dem Zweck und der Entstehungsgeschichte zu ermittelnde übereinstimmende Wille der vertragschließenden Staaten maßgebend, BGH GRUR **69,** 611, 612 m.w.N.; Bernhardt, Die Auslegung völkerrechtlicher Verträge, insbesondere in der neueren Rechtsprechung internationaler Gerichte, 1963; Walter, Die Auslegung staatsvertraglichen und harmonisierten Rechts: Gewicht und Bedeutung von Entscheidungen ausländischer Gerichte und Beschwerdekammern des EPA, GRUR **98,** 866, 867. 6

Art. 31 der Wiener Konvention bestimmt, dass ein Vertrag nach Treu und Glauben, in Übereinstimmung mit der gewöhnlichen, seinen Bestimmungen in ihrem Zusammenhang zukommenden Bedeutung und im Lichte seines Zwecks und seiner Zielsetzung auszulegen ist. Bei der Auslegung multilateraler und bilateraler Völkerrechtsverträge steht der im Vertragstext objektiv zum Ausdruck gekommene Konsens der Vertragsteile im Vordergrund. Eine den Willen der Vertragsschließenden erforschende – subjektive – Auslegung greift nicht Platz. Der einzelne Vertragspassus ist im Zusammenhang mit dem gesamten Vertragstext zu lesen. Zu diesem Kontext rechnen auch die Präambel des Vertrags und seine Anlagen, einschließlich der sich auf den Vertrag beziehenden Übereinkünfte und Protokolle der Vertragsstaaten. Spätere Übereinkünfte über die Auslegung und die Anwendung der Vertragsbestimmungen geben ebenso wie eine übereinstimmende Anwendungspraxis wichtige Anhaltspunkte für die Auslegung des Vertrags im Einzelfall; vgl. hierzu Verdross/Simma, Universelles Völkerrecht, S. 490ff. Die Vorarbeiten, die zu dem Vertrag führten, sowie die Umstände, unter denen er zustandekam, – Erkenntnisse der Entstehungsgeschichte –, sind bei mangelnder Eindeutigkeit des Vertragstextes und der Protokolle als Auslegungsmittel heranzuziehen, BGHZ **88,** 209, 225 – Hydropyridin; **82,** 89, 95 – Roll- und Wippbrett; **115,** 299, 302. 7

Ist ein Vertrag in mehreren gleichermaßen verbindlichen Sprachen abgefasst, so darf sich der Richter nicht damit begnügen, den Vertrag nur anhand der Fassung in seiner authentischen Landessprache auszulegen. Da davon auszugehen ist, dass die Ausdrücke des Vertrages in den verschiedenen Vertragssprachen die gleiche Bedeutung haben sollen, muss die Auslegung auch die anderen sprachlichen Formen des Vertrags einbeziehen, vgl. BGHZ **82,** 89, 91f. – Roll- und Wippbrett; Haertel/Stauder GRUR Int. **82,** 85, 90. Erst die Gesamtheit der authentischen sprachlichen Fassungen des Völkerrechtsvertrags offenbart seinen Inhalt, da jede Übersetzung allein schon eine Auslegung darstellt; vgl. Verdross/Simma aaO. S. 500; insbesondere Hilf, Die Auslegung mehrsprachiger Verträge, 1973, S. 83ff., 86, 231ff.; Bruchhausen GRUR Int. **83,** 205, 211. Die Grundsätze zur Auslegung eines völkerrechtlichen Vertrags sind – wie dieser selbst – Bundesrecht. Sie unterliegen in vollem Umfang der revisionsgerichtlichen Nachprüfbarkeit. 8

C. Multilaterale Verträge

1. Die Pariser Verbandsübereinkunft – PVÜ

Literaturhinweis: Osterrieth/Axster, Die internationale Übereinkunft zum Schutze des gewerblichen Eigentums vom 20. März 1883, Berlin 1903; Ladas, The International Protection of Industrial Property, Cambridge 1930; Becher, die Bedeutung der Pariser Verbandsübereinkunft für das Patentwesen, Staatsverlag der DDR, Berlin 1967; Troller, Die mehrseitigen völkerrechtlichen Verträge im internationalen gewerblichen Rechtsschutz und Urheberrecht, 1965, S. 35 ff.; Bodenhausen, Pariser Verbandsübereinkunft zum Schutze des gewerblichen Eigentums, Köln 1971; Wieczorek, Die Unionspriorität im Patentrecht, Schriftenreihe zum gewerblichen Rechtsschutz, Band 31, 1975; Lins, Das Prioritätsrecht für inhaltlich geänderte Nachanmeldungen, 1992; Ruhl, Unionsspriorität, 2000;

Kühnemann, Deutschland und die Pariser Verbandsübereinkunft zum Schutze des gewerblichen Eigentums, DJ **36,** 856; Trüstedt, Die Priorität einer Anmeldung nach deutschem Recht unter besonderer Berücksichtigung der Unionspriorität, GRUR Ausl. **59,** 573; Zutrauen, Zur Frage der Identität zwischen Vor- und Nachanmeldung bei Beanspruchung der Unionspriorität, GRUR Ausl. **60,** 498; E. Ulmer, Europäische Patentanmeldung und Pariser Unionsvertrag, Festschrift für H. Dölle, 1963, Bd. II, S. 461; Pfanner, Die Teilung von Patentanmeldungen – Pariser Verbandsübereinkunft und innerstaatliches Recht, GRUR Ausl. **66,** 262; Schricker, Fragen der Unionspriorität im Patentrecht, GRUR Int. **67,** 85; Ulmer/Beier (Hrsg.), Die Stockholmer Konferenz für geistiges Eigentum 1967, Sonderveröffentlichung zu GRUR Int. 1969; Raible, Pariser Verbandsübereinkunft und nationales Recht, GRUR Int. **70,** 137; Wieczorek, Die Inanspruchnahme der Unionspriorität im Inland, in Mitarbeiterfestschrift für E. Ulmer 1973, 235; ders., Unionspriorität und inhaltliche Änderung der Voranmeldung, GRUR Int. **74,** 172; Spiess, Die Erweiterung der Nachanmeldung im Vergleich zur prioritätsbegründenden Ursprungsanmeldung, GRUR **75,** 126; Fikentscher, Neuheitserfordernis, Selbstkollision und Unionspriorität im Patentrecht, GRUR **77,** 318; Kunz-Hallstein, Die Genfer Konferenz zur Revision der Pariser Verbandsübereinkunft zum Schutze des gewerblichen Eigentums, GRUR Int. **81,** 137; Ballreich, Ist Gegenseitigkeit ein für die Pariser Verbandsübereinkunft maßgebliches Völkerrechtsprinzip?, GRUR Int. **83,** 470; Beier, Hundert Jahre Pariser Verbandsübereinkunft. Ihre Rolle in Vergangenheit, Gegenwart und Zukunft, GRUR Int. **83,** 339; Kunz-Hallstein, Patentverletzung durch Einfuhr von Verfahrenserzeugnissen, Probleme der Auslegung und Revision des Art. 5^{quater} PVÜ, GRUR Int. **83,** 548; Bogsch, Les cent premières années de la convention de Paris pour la protection de la propriété industrielle, Prop. Ind. **83,** 205; Gramm/Lins, Ein Anspruch, – eine Priorität?, GRUR Int. **83,** 634; Teschemacher, Anmeldetag und Priorität im europäischen Patentrecht, GRUR Int. 1983, 695; Asendorf, Europäische und internationale Patentanmeldungen als Grundlage für die Nachanmeldung der Erfindung in einem benannten Vertragsstaat, GRUR **85,** 577; Beier/Moufang, Verbesserungserfindungen und Zusatzpatente im Prioritätsrecht der Pariser Verbandsübereinkunft, GRUR Int. **89,** 869; Beier/Katzenberger, zur Wiedereinsetzung in die versäumte Prioritätsfrist des Art. 4 PVÜ; Beier/Straus, Probleme der Unionspriorität im Patentrecht, GRUR Int. **91,** 255; Daus, Einige Fallstricke der Unionspriorität in den USA, GRUR Int. **92,** 614; Nikolai, Ersanmelder- oder Ersterfinderprinzip: Eine vergleichende Untersuchung des deutschen und amerikanischen Patentrechts, GRUR Int. 1993, 169; Straus, Zum relevanten Offenbarungsgehalt von Prioritätsanmeldungen nach Art. 4 H Pariser Verbandsübereinkunft, GRUR Int. 1995, 103; Joos, Identität der Erfindung, Mehrfach- und Teilpriorität im europäischen Patentrecht, FS Beier (1996), 73 v. Hellfeld, Welche Wirkung hat die Inanspruchnahme einer Priorität?, Mitt. 1997, 294; Tönnies, Ist die Identität der Erfindung Voraussetzung für die Wirkung des Prioritätsrechts?, GRUR Int. 1998, 451; Nöthe, Prioritätsverlust durch Ergänzung der Erfindung bei europäischen Nachanmeldungen?, GRUR Int. 1998, 454; Joos, Veröffentlichungen im Prioritätsintervall – eine Erwiderung, GRUR Int. 1998, 456; Ruhl, Eine Hungerkur für die Snackfood-Linie? Zum Verfahren G 2/98 über die Frage, ob ein der Nachanmeldung hinzugefügtes

Merkmal stets zum Prioritätsverlust führt, Mitt. 1999, 135; Ruhl, Priorität und Erfindungsidentität nach der Entscheidung der großen Beschwerdekammer in der Sache G 2/98, GRUR Int. 2002, 16; Kunz-Hallstein, Vor einhundert Jahren – Beitritt Deutschlandes zur Pariser Verbandsübereinkunft, GRUR Int. 2003, 528; Bremi/Liebetanz, Kann man ein Prioritätsrecht „verbrauchen"?, Mitt. **04,** 148.

I. 1. Für die Convention d'Union pour la protection de la propriété industrielle, **Pariser Verbandsübereinkunft** sogenannter **Unionsvertrag,** erste Fassung vom 20. 3. 1883, geändert in Haag 6. 9. 1925, in London 2. 6. 1934, in Lissabon 31. 10. 1958 und in Stockholm 14. 7. 1967, ist jetzt die Stockholmer Fassung maßgebend, BGBl. 1970 II S. 391 ff. = Bl. **70,** 293 ff.; schriftl. Ber. des Rechtsausschusses BT-Drucksache V/4511, 1 ff. = Bl. **70,** 350 f.; Amtl. Begr. BT-Drucksache VI/401, 4 f. = Bl. **70,** 351 f.; Denkschrift BT-Drucksache VI/401, 167 ff. = Bl. **70,** 353 ff. Der Stockholmer Fassung hat der Deutsche Bundestag durch Gesetz vom 5. 6. 1970 zugestimmt (BGBl. II S. 293 f.). Die Stockholmer Fassung der PVÜ ist am 19. 9. 1970 für die Bundesrepublik Deutschland in Kraft getreten (Bekanntmachung vom 13. 10. 1970, BGBl. II S. 1073). Die Stockholmer Fassung haben inzwischen eine Reihe von Staaten ratifiziert. Für viele Staaten gilt noch die Lissaboner Fassung (BGBl. 1961 II S. 273). Für weitere Staaten gilt die Londoner Fassung (RGBl. 1937 II S. 584 ff.). Eine Reihe von Staaten hat die Londoner Fassung noch nicht ratifiziert, für diese gilt noch die Haager Fassung. Der erste Beitritt Deutschlands zur Union erfolgte mit Wirkung vom 1. 5. 1903. Zum Stand der Vertragsparteien s. BGBl.-Fundstellennachweis B, abgeschlossen zum 31. 12. jeden Jahres. 9

Verbandsländer, für die verschiedene Fassungen der PVÜ gelten, wenden die jüngste gemeinsam geltende Fassung an. Ein Verbandsland, in dem eine jüngere Fassung gilt, kann diese auch im Verhältnis zu einem Verbandsland anwenden, für das eine ältere Fassung gilt. Näheres siehe Art. 27 PVÜ. Zwischen der Bundesrepublik Deutschland und der DDR bestanden vertragliche Bezeichnungen auf Grund der PVÜ in der Stockholmer Fassung seit dem 24. 11. 1972, Bek. v. 24. 1. 1975 – BGBl. II S. 163. Das Prioritätsrecht aus einer **DDR-Patentanmeldung** bleibt für eine nach dem Beitritt beim Deutschen Patentamt eingereichte Patentanmeldung erhalten, Anl. I Kap. II Sachgeb. E Abschn. II § 4 EinigungsV.

2. Der Unionsvertrag ist innerdeutsches Recht, RGZ **85,** 374, 375; BPatGE **3,** 116, 117; Pfanner GRUR Ausl. **66,** 262, 263 f.; er wirkt wie jedes innerdeutsche Gesetz. Vertragsbestimmungen, die einen Sachverhalt unmittelbar regeln und keiner Konkretisierung durch den nationalen Gesetzgeber bedürfen – **self executing** –, sind unmittelbar geltendes innerstaatliches Recht, BGHZ **71,** 152, 159 f. – Spannungsvergleichsschaltung; Raible GRUR Int. **70,** 137, 138; Appelationshof GRUR Int. **78,** 209 für Griechenland; a. A.: LG Braunschweig GRUR Int. **72,** 92, 93 f.; Corte di Appello Turin GRUR Ausl. **67,** 361, 362 für Italien. Es hängt vom Verfassungssystem des einzelnen Verbandsstaates ab, ob die Regeln der PVÜ als unmittelbar geltendes nationales Recht anzusehen sind, Bodenhausen PVÜ, S. 6 f. Soweit die nähere Ausgestaltung bestimmter Regelungen dem nationalen Recht überlassen bleibt, sind nicht die nationalen Behörden und Gerichte angesprochen, sondern es ist der Gesetzgeber aufgerufen, BGHZ aaO.; Reimann in Anm. hierzu GRUR **78,** 419, 420. Die gebotene Regelung muss aber nicht notwendig durch ein besonderes Gesetz erfolgen, sondern kann sich auch aus allgemeinen Regeln der Patentgesetze ergeben, BGHZ aaO. Eine Norm kann in ihren verschiedenen Abschnitten sowohl unmittelbar regelnden als auch nur anordnenden Charakter haben, a. A. zu Art. 5 A Corte di Cassazione GRUR Int. **73,** 151, 153 für Italien. Zur Qualifizierung der einzelnen Normen des Unionsvertrags vgl. Bodenhausen, PVÜ, S. 3 ff. 10

3. Die Rechtswirkung des Unionsvertrags im Inland ist unabhängig vom internationalen Bestand, d. h. unter der Geltung des Unionsvertrages mit einem Verbandsland erworbene Rechte seiner Staatsangehörigen bleiben im Zweifel auch bei Beendigung des Vertrages mit dem betreffenden Land bestehen, RGZ **85,** 374, 377. Die innere Geltung des Unionsvertrages bleibt bis zu einer Aufhebung durch den Gesetzgeber auch bei einem Wegfall der internationalen Bindung durch Krieg zunächst unverändert, RGZ **85,** 374, 376. Hinsichtlich der Folgen des zweiten Weltkrieges auf den Unionsvertrag hat die Rechtsprechung der Bundesrepublik Deutschland den Standpunkt eingenommen, dass dieser im Verhältnis der Feindstaaten zueinander durch den Krieg nicht außer Kraft getreten ist, der Verbandsschutz vielmehr während des Kriegszustandes nur de facto geruht hat und nach Beendigung des Kriegszustandes wieder aufgelebt ist, BGHZ **31,** 374, 381; BGH GRUR **54,** 111, 113; **55,** 342, 343. 11

II. Übersicht über den Inhalt der PVÜ

Nach Art. 1 Abs. 1 bilden die Länder, auf die die Übereinkunft Anwendung findet, einen Verband zum Schutz des gewerblichen Eigentums. Der Begriff „Länder" deckt sich mit dem 12

Begriff „Staaten", worunter Völkerrechtssubjekte zu verstehen sind, die internationale Übereinkommen schließen können, BGHZ **31,** 374, 383. Die Anwendbarkeit erfolgt auf Grund der Ratifikation, Art. 20, des Beitritts, Art. 20, 21, oder der Notifikation gemäß Art. 24. Den Verbandsländern sind über Art. 2 Abs. 1 TRIPS gleichgestellt die Mitgliedstaaten der WTO, vgl. hierzu auch EPA GRUR Int. **03,** 948, 949f.

13 Der Unionsvertrag erstreckt sich auf das gewerbliche Eigentum im weitesten Sinne, Art. 1 Abs. 3, erfasst – hier interessierend – daher Patente, Gebrauchsmuster sowie den Schutz technischer Leistungen im Wege des unlauteren Wettbewerbs, Art. 1 Abs. 2, BGH GRUR **92,** 523-Betonsteinelemente. Es werden die verschiedenen Arten der gewerblichen Patente erfasst, wie Einführungspatente, Verbesserungspatente, Zusatzpatente, Zusatzbescheinigungen usw., Art. 1 Abs. 4; zu diesen Begriffen s. Bodenhausen, PVÜ, Art. 1 Abs. 4 Anm. c, d, e.

14 Hauptgrundsatz ist der der **Gleichstellung,** Art. 2. Alle Staatsangehörigen der Verbandsländer genießen in allen Verbandsländern in Bezug auf den Schutz des gewerblichen Eigentums die Vorteile, welche die Gesetze des Verbandslandes den eigenen Staatsangehörigen gewähren und in Zukunft gewähren werden, Art. 2 Abs. 1 Satz 1. Sie haben den gleichen Schutz wie diese und die gleichen Rechtsbehelfe gegen jeden Eingriff in ihre Rechte, Art. 2 Abs. 1 Satz 2. Dieser Grundsatz ist auf die natürlichen und juristischen Personen, BGH GRUR **69,** 48, unter Einschluss der Gesellschaften anzuwenden. Die Angehörigen der Verbandsländer können die Anwendung des betreffenden nationalen Rechts wie die eigenen Staatsangehörigen verlangen – **Inländerbehandlung,** BGH GRUR **92,** 523 – Betonsteinelemente. Zur Frage der Inländerbehandlung bei besonderen Abkommen nach Art. 19 PVÜ: Ulmer, Festschrift f. Hans Dölle, 1963, Bd. II S. 461, insb. 464ff. Die Staatsangehörigen eines Verbandslandes dürfen nicht schlechter gestellt werden als die Inländer, RGSt. **48,** 138. Sie sollen aber auch nicht stärker geschützt werden als Inländer, RGZ **117,** 215, 224.

15 Das Prinzip der **Gegenseitigkeit** wohnt der PVÜ **nicht** inne, Bodenhausen aaO. S. 13; vgl. aber Ballreich GRUR Int. **83,** 470, 475f. Der auf Grund der PVÜ zu gewährende innerstaatliche Schutz kann dem ausländischen Verbandsangehörigen grundsätzlich nicht unter Hinweis auf mangelnden oder unzureichenden entsprechenden Schutz in seinem Heimatstaat versagt werden.

16 Besteht in einem Verbandsland ein Verfahrensschutz zur Herstellung eines Erzeugnisses, so hat der Patentinhaber hinsichtlich des eingeführten Erzeugnisses alle Rechte, die ihm die Gesetzgebung des Einfuhrlandes auf Grund des Verfahrenspatents hinsichtlich der im Land selbst hergestellten Erzeugnisse gewährt. Art. 5^{quater}, d.h., der Schutz darf nicht auf im Inland hergestellte Verfahrenserzeugnisse beschränkt werden; er selbst ist damit auch ausschließlich zum Import berechtigt, Kunz-Hallstein GRUR Int. **83,** 548, 552. Für die Anerkennung eines Rechts ist die Anbringung eines Zeichens oder Vermerks über das Patent oder das Gebrauchsmuster auf dem Erzeugnis nicht erforderlich, Art. 5 D.

17 **Ungleichheiten des Patentschutzes** in verschiedenen Staaten, z.B. unterschiedliche Laufzeiten, rechtfertigen keinen vorteilhafteren Schutz des Ausländers, wenn das inländische Recht diesen Vorteil nicht kennt. Die **Verbandsangehörigen** müssen die Bedingungen und Förmlichkeiten erfüllen, die das betreffende Land seinen eigenen Staatsangehörigen auferlegt, auch wenn diese in ihrem Heimatland nicht verlangt werden. Art. 2 Abs. 1 Satz 2.

18 Der Genuss eines Rechts, z.B. eines Prioritätsrechts darf für Staatsangehörige eines Verbandslandes nicht vom Erfordernis des **Wohnsitzes** oder einer **Niederlassung** in dem Land abhängig gemacht werden, in denen sie Schutz beanspruchen, d.h. Rechte erwerben oder ausüben wollen, Art. 2 Abs. 2. Besondere Voraussetzungen für Ausländer im **gerichtlichen** und Verwaltungsverfahren, z.B. Ausländersicherheit, § 110 ZPO, Prozesskostenhilfe, §§ 114ff. ZPO, §§ 129ff. PatG, oder Inlandsvertreter, § 25 PatG, § 28 GebrMG, können vorgeschrieben werden, Art. 2 Abs. 3. Art. 3 stellt den Staatsangehörigen solche Personen gleich, die in einem Verbandsland ihren Wohnsitz oder eine tatsächliche und nicht nur zum Schein bestehende gewerbliche Niederlassung haben, vgl. dazu: Troller, Die mehrseitigen völkerrechtlichen Verträge (1965), S. 37; Blum GRUR Ausl. **64,** 513; Maday GRUR Ausl. **65,** 236. Diese Personen brauchen also nicht Staatsangehörige eines Verbandslandes zu sein.

19 Staatsangehörige eines Verbandslandes und Personen, die in dem Verbandsland wohnen, können dort keine „Inländerbehandlung" verlangen. Art. 2 gilt nur für ausländische Staatsangehörige und im Ausland wohnende Personen, nicht jedoch für Inländer (Bodenhausen, PVÜ, Art. 2 Abs. 1 Anm. f; Art. 3 Anm. d; Wieczorek, Unionspriorität, S. 121; a.A. Pfanner GRUR Ausl. **66,** 262, 267). **Die nationalen Rechte des Inländers** erfahren durch die PVÜ keine Erweiterung, Eidg. Amt RA GRUR Int. **79,** 119.

20 Die PVÜ ist nicht auf die Vereinheitlichung des internationalen materiellen Patentrechts ausgelegt. Diese Aufgabe ist den regionalen Patentverträgen i.S. des Art. 19 PVÜ vorbehalten (vgl.

u. Rdn. 29ff.). Die Diskussion um die **Inländerbegünstigung** durch die PVÜ entzündete sich besonders bei der Anwendung des freien Teilungsrechts nach Art. 4 G Abs. 2 PVÜ. Diese Streitfrage ist für die ab 1. 1. 1981 eingereichten Patentanmeldungen nicht mehr von Bedeutung, Art. 12, 17 GPatG; vgl. im Übrigen hierzu Vorauflage Int. Teil Rdn. 20. § 39 PatG lässt auf der Grundlage des Art. 4 G Abs. 2 PVÜ das Recht zur freien Teilung der Patentanmeldung zu, vgl. hierzu auch BGHZ **98,** 196 – Kraftfahrzeuggetriebe; GRUR **98,** 458, 459 – Textdatenwiedergabe Das Teilungsrecht findet seine Grenze an der innerstaatlichen Verfahrensordnung; eine Teilungserklärung im Rechtsbeschwerdeverfahren ist unbeachtlich, BGH GRUR **80,** 104, 105 – Kupplungsgewinde.

Die Hauptwirkung des Unionsvertrages ist das **Prioritätsrecht,** Art. 4 (s. Rdn. 30ff.). Nach 21
Art. 4bis sind die in den verschiedenen Verbandsländern von Verbandsangehörigen angemeldeten Patente unabhängig von den Patenten für dieselbe Erfindung in anderen Ländern. Insbesondere sind die während der Prioritätsfrist angemeldeten Patente sowohl hinsichtlich der Gründe der Nichtigkeit und des Verfalls als auch hinsichtlich der Dauer unabhängig voneinander, Art. 4bis Abs. 2; vgl. dazu Corte di Cassazione GRUR Int. **70,** 161, 162 – für Italien. Die Tatsache der **Erteilung von Parallelpatenten** im Ausland wird wegen der unterschiedlichen Schutzvoraussetzungen in den verschiedenen Ländern in der Regel nicht als Indiz für die erfinderische Qualifikation des deutschen Patents herangezogen, BGH Liedl **69/70,** 385, 393. Auch was den **Schutzbereich** angeht, sind die Patente in den verschiedenen Ländern völlig selbstständig zu beurteilen. Aus Übereinstimmungen und Abweichungen der Anspruchsfassungen ausländischer Patente, die dieselbe Erfindung betreffen – auch wenn deren Priorität beansprucht ist oder wenn für sie die Priorität der deutschen Anmeldung beansprucht ist –, können in der Regel keine zwingenden Schlussfolgerungen für die Auslegung eines dieser Patente gezogen werden, weil gleich lautende Anmeldungen in verschiedenen Ländern erfahrungsgemäß nicht selten genug unterschiedliche Schicksale haben, BGH Liedl **61/62,** 304, 330; BGH I ZR 11/58 vom 24. 10. 1958.

Die **Schutzdauer** ist unabhängig von der Inanspruchnahme der Priorität, Art. 4bis Abs. 5. 22
Der Erfinder hat das Recht, als solcher im Patent genannt zu werden, Art. 4ter. Die Verbandsländer können ein Patent nicht deshalb verweigern oder für ungültig erklären, weil der Vertrieb des patentierten Erzeugnisses oder Verfahrenserzeugnisses Beschränkungen oder Begrenzungen durch die Landesgesetzgebung unterworfen ist, z.B. weil die Sicherheits- oder Qualitätsanforderungen des betreffenden Staates nicht genügen oder weil der betreffende Staat ein Herstellungs- oder Vertriebsmonopol verliehen hat, Art. 4quater.

Art. 5 A Abs. 1 schließt den **Ausübungszwang** im Lande der Nachanmeldung aus. Die 23
Ausführung der patentgeschützten Vorrichtung in jedem Unionsland soll also genügen, um einem Verfall des Patents entgegenzuwirken. Jedoch darf jedes Land innerstaatliche Vorschriften, welche die Gewährung von Zwangslizenzen vorsehen, zur Verhütung von Missbrauch, z.B. infolge unterlassener Ausübung des Patents, erlassen (Art. 5 A Abs. 2).

Der **Verfall,** z.B. eine Zurücknahme **des Patents** darf nur vorgeschrieben werden, wenn 24
zur Verhütung der Mißbräuche eine Zwangslizenz nicht genügt. Sie darf nicht vor Ablauf von 2 Jahren seit Gewährung der ersten Zwangslizenz eingeleitet werden. Art. 5 A Abs. 3 Satz 2; es handelt sich hierbei um unmittelbar anzuwendendes Vertragsrecht – self executing –, Bodenhausen, PVÜ S. 8; Kunz-Hallstein in Anm. GRUR Int. **78,** 91, 92; Appelationsh. Athen GRUR Int. **78,** 209 – für Griechenland; a.A. Corte di Cassazione GRUR Int. **73,** 151, 153 – für Italien; Nat. BerG GRUR Int. **78,** 90, 91 – für Argentinien.

Zwangslizenzen in das Recht des Patentinhabers wegen unterlassener oder ungenügender 25
Ausübung sind frühestens 3 Jahre seit Erteilung des Patentes oder frühestens 4 Jahre nach der Anmeldung statthaft, wobei die länger laufende Frist maßgebend ist, Art. 5 A Abs. 4. Die Zwangslizenz darf keine ausschließliche und kann nur eine betriebsgebundene (Unter-)Lizenz sein, Art. 5 A Abs. 4. Die Anwendung einer Zwangslizenz ist ausgeschlossen, wenn der Patentinhaber seine Untätigkeit mit berechtigten Gründen entschuldigt, Art. 5 A Abs. 4 Satz 1 Hs. 2, RGZ **116,** 2, 4. Bei Zwangslizenzen aus sonstigen Gründen gelten die Wartefristen nach Art. 5 A Abs. 4 nicht.

Zur Zahlung von zur **Aufrechterhaltung** von gewerblichen Schutzrechten vorgesehenen 26
Gebühren gewährt der Unionsvertrag eine Nachfrist von mindestens 6 Monaten, ein innerstaatlicher Zuschlag ist statthaft, Art. 5bis.

Der **Gebrauch** geschützter Einrichtungen **auf Schiffen** oder bei **Luft- oder Land-** 27
fahrzeugen ist keine Patentverletzung (Art. 5ter), wenn die Fahrzeuge oder Gegenstände vorübergehend oder unbeabsichtigt in ein anderes Land und damit den Bereich eines anderen Schutzrechts gelangen. Fahrzeuge gelangen auch dann nur vorübergehend in ein Land, wenn sie dieses in Ausübung des internationalen Transportverkehrs regelmäßig anfahren, District

Court GRUR Int. **75,** 305, 307 m. Anm. Stauder. Zur nationalen Regelung vgl. § 11 Nr. 5 PatG.

28 Nach Art. 11 ist ein **Ausstellungsschutz** für patentfähige Erfindungen und Gebrauchsmuster auf amtlichen Ausstellungen oder amtlich anerkannten internationalen Ausstellungen vorgesehen (vgl. Hamburger GRUR Ausl. **63,** 189). Art. 11 PVÜ macht den Schutz der Ausstellungspriorität zugunsten des Angehörigen eines Verbandslandes nicht von der Gewährleistung der Gegenseitigkeit abhängig, vgl. auch BGHZ **92,** 188, 191 f. – Ausstellungspriorität. Der zeitweilige Ausstellungsschutz führt nicht zu einer **Verlängerung** der **Prioritätsfrist,** Art. 11 Abs. 2. Den Verbandsländern ist vorbehalten, die Prioritätsfrist mit dem Zeitpunkt der Einbringung des Erzeugnisses in die Ausstellung beginnen zu lassen, also zu verkürzen, Art. 11 Abs. 2 Satz 2. Davon hat der deutsche Gesetzgeber keinen Gebrauch gemacht. Demzufolge kommt nicht einmal eine auf den Zeitpunkt der Ausstellung bezogene zeitliche Verschiebung der Priorität in Betracht, BPatG GRUR **88,** 911, 913. Art. 12 regelt die Verpflichtung der Verbandsländer zur **Errichtung der Patentämter** und zur amtlichen Veröffentlichung der Namen der Patentinhaber und der Bezeichnung der patentierten Erfindungen.

29 Art. 25 enthält die Verpflichtung der Verbandsländer, die notwendigen Maßnahmen zur Anwendung der PVÜ zu ergreifen. Jedes Land muss im Zeitpunkt der Hinterlegung der Ratifikations- oder Beitrittsurkunde in der Lage sein, den Bestimmungen der PVÜ Wirkung zu verleihen, Art. 25 Abs. 2. Die Art. 13–18 und 30 betreffen die Organisation des Verbandes. Die Art. 20–24 und 26 die Ratifikation, den Beitritt und die Kündigung, Art. 28 die Beilegung von Streitigkeiten. Art. 19 gestattet den einzelnen Verbandsländern untereinander Sonderabkommen zum Schutz des gewerblichen Eigentums abzuschließen. Art. 27 befasst sich mit dem Geltungsbereich von Neufassungen der PVÜ, siehe oben Rdn. 9.

III. Einzelfragen

30 **1.** In der Praxis haben diejenigen Bestimmungen, die den Verbandsangehörigen ein Recht auf den **Altersrang – Prioritätsrecht –** einräumen, die größte Bedeutung erlangt. Die erste Anmeldung einer Erfindung durch einen Verbandsangehörigen in einem der Verbandsländer lässt für den Anmelder ein Prioritätsrecht zur Entstehung gelangen, das sich für die Nachanmeldung in den anderen Verbandsländern auswirkt, s. Art. 4 A Abs. 1 (vgl. Redies GRUR Ausl. **37,** 247; Kolbe, Über die Rechtsnatur des Prioritätsrechts, Diss. Köln, 1931; Wieczorek, Unionspriorität, 240 ff.; Zutrauen GRUR Ausl. **60,** 498; Beier/Straus GRUR Int. **91,** 255 ff.).

Voraussetzung für die Entstehung des **Prioritätsrechts** ist

a) die Zugehörigkeit des Anmelders zum Verband, siehe Art. 2 und 3, und zwar schon zurzeit der ersten Anmeldung. Mehrere Anmelder müssen sämtlich Unionsangehörige sein, PA Bl. **04,** 259, 261;

b) die Zugehörigkeit des Landes zum Verband, in dem die erste Anmeldung erfolgt ist, PA Bl. **04,** 167, 168 f.; vgl. Schricker, Die Inanspruchnahme der Unionspriorität beim Beitritt neuer Verbandsländer, GRUR Ausl. **66,** 373; und zwar schon im Zeitpunkt der ersten Anmeldung (Bodenhausen, PVÜ, Art. 4 A Abs. 1 Anm. c). War dies im Zeitpunkt der ersten Anmeldung noch nicht der Fall, kann eine Priorität mit dem Rang des Beitrittsdatums in Anspruch genommen werden, Ruhl, Unionspriorität, Rdn. 170 f.; zur Bedeutung dieser Frage im Rahmen des EPÜ vgl. EPA (GBK) ABl. EPA **04,** 483 ff.

c) die vorschriftsmäßige Hinterlegung einer Patent- oder Gebrauchsmusteranmeldung, Art. 4 A Abs. 1.

31 Als prioritätsbegründende vorschriftsmäßige **Hinterlegung** wird diejenige Anmeldung anerkannt, die den nationalen Vorschriften des jeweiligen Verbandslandes für eine vorschriftsmäßige nationale Hinterlegung entspricht, Art. 4 A Abs. 2. Sowohl die internationale wie die europäische Patentanmeldung sind prioritätsbegründend, Art. 4 A Abs. 2 PVÜ, Art. 11 Abs. 3 PCT, Art. 66 EPÜ, auch für einen Gebrauchsmusterschutz, Art. 4 E Abs. 2, BPatG GRUR Int. **82,** 124.

Die **Vorschriftsmäßigkeit** der ersten Hinterlegung ist nach dem jeweiligen **ausländischen Recht** zu beurteilen, Art. 4 A Abs. 2, Cour d'appel de Paris GRUR Int. **68,** 207; BPatG GRUR Int. **82,** 124 betr. EPÜ. Auch eine nachträgliche Erweiterung der ursprünglichen Anmeldung ist für die darin erstmalig offenbarten Teile eine vorschriftsmäßige erste Hinterlegung, aus der ein Prioritätsrecht hergeleitet werden kann, Trüstedt GRUR Ausl. **59,** 573, 579; BPatG Mitt. **87,** 11. Als vorschriftsmäßige nationale Hinterlegung ist jede Anmeldung anzusehen, die zur Festlegung des Zeitpunktes ihrer Hinterlegung in dem betreffenden Land ausreicht, Art. 4 A Abs. 3. Die erste Anmeldung muss diesen Formerfordernissen spätestens bis zum Ablauf der Prioritätsfrist genügen, Ruhl, Unionspriorität, Rdn. 212 (bis zur Einreichung der Nachanmeldung: Vorauflage, Int. Teil Rdn. 31; Beier/Straus GRUR Int. **91,** 255, 256.

Die erste Anmeldung braucht nicht im **Heimatstaat** hinterlegt zu werden, RGZ, **141,** 295, 299f. Das Prioritätsrecht entsteht auch dann, wenn zunächst in einem **ausländischen Verbandsstaat** angemeldet wird, LG Konstanz Mitt. **85,** 71 – betr. Geschmacksmuster. Ist zunächst im Ausland angemeldet worden, so kann für die Nachanmeldung im Heimatstaat das Prioritätsrecht in Anspruch genommen werden, RGZ **141,** 295, 299f.; Wieczorek, Unionspriorität, 121ff., 126; ders., Mitarbeiterfestschr. S. 235, 243, sieht hierin eine gewohnheitsrechtliche Ergänzung der Prioritätsregelung des Art. 4 A; nunmehr auch Eidg. Amt RA GRUR Int. **86,** 741 – für die Schweiz. Eine in einem bestimmten Land getätigte Anmeldung begründet für eine spätere Anmeldung in diesem Land kein Prioritätsrecht, RGZ **141,** 295, 300. Das **Prioritätsrecht** gilt nur **für ein anderes Verbandsland,** Art. 4 A Abs. 1. Dieser Grundsatz wird allerdings von Art. 8 Abs. 2b PCT durchbrochen. Art. 8 Abs. PCT eröffnet die Möglichkeit, für die internationale Anmeldung die Priorität einer vorausgegangenen nationalen Anmeldung zu beanspruchen. Die Wirkung der internationalen Anmeldung als eine Vielzahl nationaler Anmeldungen (Art. 11 Abs. 3 PCT, vgl. u. Rdn. 25) hat zur Folge, dass auch der Hinterlegungsstaat als Bestimmungsstaat im Sinne des Art. 4 Abs. 1 ii PCT benannt werden kann **(„Autodesignation“).** Entsprechendes gilt, wenn für die europäische Patentanmeldung die Priorität einer nationalen Anmeldung in einem der benannten Vertragsstaaten beansprucht wird, vgl. BGHZ **82,** 88, 99f. – Roll- und Wippbrett; Bossung GRUR Int. **75,** 272, 277; Asendorf GRUR **85,** 577, 579f. zur inneren Priorität vgl. nunmehr § 40 PatG. 32

Das **spätere Schicksal der ersten Anmeldung** ist für den **Bestand des Prioritätsrechts** nach seiner Inanspruchnahme ohne Bedeutung, Art. 4 A Abs. 3 letzter Halbsatz. Die Zurücknahme, Zurückweisung oder ein anderes rechtliches Schicksal der ersten Anmeldung berührt den Bestand eines in Anspruch genommenen Prioritätsrechts nicht, RGZ **141,** 295, 299. Ist die erste Anmeldung zurückgenommen, fallengelassen oder zurückgewiesen worden, bevor sie öffentlich ausgelegt worden ist und ohne dass Rechte bestehen geblieben sind und ohne dass sie schon Grundlage für die Inanspruchnahme des Prioritätsrechts gewesen ist, kann eine identische jüngere Patentanmeldung ein Prioritätsrecht begründen, Art. 4 C Abs. 4; anders noch RGZ **141,** 295, 299, die aber insoweit überholt ist (vgl. dazu Beier GRUR Ausl. **64,** 24, 25; Wieczorek, Unionspriorität 35, 37ff.). Eine derartige Anmeldung steht einer Inanspruchnahme des Prioritätsrechts aus einer jüngeren Anmeldung, die denselben Gegenstand betrifft wie die ältere, nicht entgegen, Art. 4 C Abs. 4 Satz 1, Ch. Schricker GRUR Int. **72,** 24, 25 m.w.N. Insoweit wird der Grundsatz, dass nur die erste Anmeldung ein Prioritätsrecht begründet, durchbrochen, s. Beier GRUR Ausl. **64,** 24, 25; unten Rdn. 37. 33

2. Nachanmelder kann der Anmelder der ersten Anmeldung, der nicht der Erfinder sein muss, oder sein Rechtsnachfolger sein, s. Art. 4 A Abs. 1. Es ist entweder Personenübereinstimmung nötig oder der Nachanmelder muss sein Recht innerhalb der Frist vom ersten Anmelder erworben haben, PA Bl. **10,** 5, 6. 34

Die Erwähnung des Rechtsnachfolgers in Art. 4 A Abs. 1 stellt klar, dass das aus der Grundanmeldung herrührende **Prioritätsrecht übertragbar** ist. Das Prioritätsrecht ist nach deutscher Auffassung auch unabhängig von der ersten Anmeldung übertragbar, BPatG GRUR Int. **82,** 452, 453; Ruhl, Unionspriorität, Rdn. 257; für Frankreich vgl. Tribunal Valence GRUR Ausl. **65,** 627, 629. Danach braucht der Inhaber der Nachanmeldung nicht zugleich Inhaber der ersten Anmeldung zu sein. Das bedeutet zugleich, dass das Recht auf das nachgemeldete Patent nicht Gegenstand der Übertragung des Prioritätsrechts sein muss. Die Form der Übertragung richtet sich nach innerstaatlichem Recht. In Deutschland ist sie formlos gültig (§§ 413, 398 BGB), PA Bl. **06,** 127, 129; Trüstedt GRUR Ausl. **59,** 573, 580. Vgl. auch Coldewey Mitt. **70,** 105; Ehrmann Mitt. **70,** 223. Nach italienischem Recht ist die Pfändung des Prioritätsrechtes unstatthaft, weil es als Persönlichkeitsrecht angesehen wird, Corte di Cassazione Mitt. **36,** 127. 35

Der Nachanmelder muss die **Unionszugehörigkeit** besitzen, vgl. Art. 2 und 3, und zwar zurzeit der Nachanmeldung, PA Bl. **04,** 167, 168; Bodenhausen, PVÜ, Art. 4 A Abs. 1 Anm. b; Wieczorek, Unionspriorität, 129, 136; Windisch, Gewerblicher Rechtschutz, 179; a.A. Nirk in Klauer/Möhring, IntPatR, Anm. 15. Bei einer Mehrheit von Anmeldern wirkt das Prioritätsrecht zugunsten sämtlicher Anmelder, PA Bl. **10,** 5, 6. 36

3. Der **Gegenstand des Prioritätsrechts** reicht nur soweit wie der **Inhalt der Erstanmeldung** den Gegenstand der Erfindung zum ersten Mal offenbart, PA GRUR **26,** 115, 116; BGH GRUR Ausl. **60,** 506, 508 – Schiffslukenverschluss. Von mehreren Voranmeldungen, welche den Gegenstand der Erfindung offenbaren, begründet nur die **erste** Anmeldung ein Prioritätsrecht, Art. 4 C Abs. 2, 4, BGH GRUR Ausl. aaO.; PA Mitt. **86,** 212, 213. 37

Die **Gesamtheit der Anmeldung** ist für die **Offenbarung** maßgebend, Art. 4 H PVÜ, BGHZ **63,** 150, 154 – Allopurinol; GBK EPA GRUR Int. **02,** 80, 83; BGHZ **148,** 383, 389 – 38

Luftverteiler. Die Offenbarung des Erfindungsgedankens kann auch außerhalb der Schutzansprüche etwa in der Beschreibung erfolgen. Die Priorität kann nicht deshalb verweigert werden, weil bestimmte Merkmale der Erfindung nicht in den Patentansprüchen der Anmeldung des Ursprungslandes enthalten sind, Art. 4 H.

39 Es kommt entscheidend darauf an, ob der Durchschnittsfachmann die Erfindung der Gesamtheit der Anmeldungsunterlagen der Grundanmeldung entnehmen kann, Bodenhausen, PVÜ, Art. 4 H Anm. d. Für das Erfordernis der deutlichen Offenbarung müssen die Merkmale der Erfindung nicht wortwörtlich in den Anmeldeunterlagen der Hinterlegung genannt sein. Es gehören auch solche Merkmale zu der hinterlegten Erfindung und begründen ein Prioritätsrecht, die der Durchschnittsfachmann ohne weiteres Nachdenken der ersten Anmeldung im Zeitpunkt ihrer Hinterlegung entnimmt, BGHZ **63,** 150, 153 – Allopurinol; GBK EPA GRUR Int. **02,** 80, 83; BGHZ **148,** 383, 388 – Luftverteiler Der **Umfang der Offenbarung** der **Erstanmeldung** ist von den Behörden zu bestimmen, die mit der Nachanmeldung befasst sind, BGH GRUR Ausl. **60,** 506, 508 – Schiffslukenverschluss, vgl. auch Beier/Moufang GRUR Int. **89,** 869, 876. Es gelten die zu § 3 entwickelten Kriterien neuheitsschädlicher Offenbarung, BGHZ **148,** 383, 388 – Luftverteiler. Identität ist anzunehmen, wenn die Nachanmeldung in der Erstanmeldung (neuheitsschädlich) vorweggenommen ist. Eine Offenbarung in der Zeichnung genügt, PA Mitt. **86,** 212, 213. Die Nachanmeldung braucht nicht eine wörtliche Übersetzung der ersten Anmeldung zu sein, BGH GRUR **66,** 488, 492 re. Sp. Für die Beanspruchung der Priorität ist ausreichend, dass einzelne nicht ausdrücklich erwähnte Merkmale der Erfindung dem Durchschnittsfachmann sich ohne weiteres als unerlässlich zu ergänzen aus der Voranmeldung ergeben, BGHZ **148,** 383, 388 – Luftverteiler; Ruhl, Unionspriorität, Rdn. 47 f. Hieraus kann folgen, dass auf Grund einer Stoffschutzerfindung mit nur einem Herstellungsverfahren die Unionspriorität für weitere dem Fachmann ohne weiteres geläufige Herstellungsverfahren zuzuerkennen ist, Wieczorek, Unionspriorität, S. 159.

40 Das Prioritätsrecht erstreckt sich im Zweifel nicht auf solche Teile, die als **nicht zur Erfindung gehörend** bezeichnet werden, was etwa durch Formulierungen wie „die Erfindung setzt erst bei einem bestimmten Punkte ein“, sie ist eine „Verbesserung einer älteren Vorrichtung“, zum Ausdruck gebracht werden kann. PA GRUR **26,** 115, 116; vgl. dazu Patents Appeal Tribunal GRUR Int. **68,** 428; Wieczorek, Unionspriorität, 155; Ruhl, Unionspriorität, Rdn. 376. Wird im Laufe des Erteilungsverfahrens später eine solche Erklärung abgegeben, so schränkt diese das Prioritätsrecht nach Art. 4 A Abs. 3 nicht ein, PA GRUR **26** aaO. Eine frühere Anmeldung, die die Erfindung nach einer späteren Anmeldung nicht offenbart, steht der Inanspruchnahme der Priorität aus der späteren Anmeldung nicht entgegen, RG GRUR **39,** 895. Keine genügende Offenbarung in der ersten Anmeldung liegt vor, soweit darin lediglich unter Angabe des Aktenzeichens auf den Inhalt einer weiteren ausländischen Anmeldung Bezug genommen worden ist, BGH GRUR **66,** 488, 491 f.

41 Der Erfindungsgegenstand der Nachanmeldung muss aus der ersten Anmeldung ohne ergänzende Versuche zu entnehmen sein, RGZ **141,** 295, 301. Die Entstehung des **Prioritätsrechts** setzt eine **fertige Erfindung** voraus, BGH GRUR **69,** 271, 273 – Zugseilführung; Obergericht Tokyo GRUR Int. **77,** 453, 454 – für Japan. Entgegen der Ansicht des Obergerichts Tokyo ist eine Erfindung auch dann fertig, wenn sie keine Ausführungsbeispiele aufweist, aber ihre Ausführung dem Fachmann ohne weiteres geläufig ist, vgl. die krit. Anm. von Kuwata GRUR Int. **77,** 455. Art. 4 A Abs. 2 erlaubt es dem Staat der Nachanmeldung nicht, die Nennung von Ausführungsbeispielen für eine ordnungsgemäße Hinterlegung zu fordern. Sieht das Recht des Nachanmeldestaates in der Nennung von Ausführungsbeispielen (nicht nur eine förmliche, sondern) eine sachlich notwendige Voraussetzung für eine hinreichende Offenbarung einer fertigen Erfindung, so gewinn er sein Prüfungsrecht aus Art. 4 H, vgl. Rdn. 39; Beier/Straus GRUR Int. **91,** 255, 260; Straus, GRUR Int. 95, 103, 106; vgl. auch Ruhl, Unionspriorität, Rdn. 433. Wird für einen Mikroorganismus Patentschutz unter Inanspruchnahme einer Priorität begehrt, muss bereits im Prioritätszeitpunkt die Hinterlegung des Mikroorganismus erfolgt sein, BGHZ **64,** 101, 112 – Bäckerhefe.

42 Geht der **Gegenstand der Nachanmeldung,** für den der **Inhalt der Patentansprüche** maßgebend ist, über den Inhalt der ersten Anmeldung hinaus, fehlt es an der Gleichheit der Erfindungen (vgl. Rdn. 43 ff.). Überschießende Merkmale können ein selbstständiges Prioritätsrecht entstehen lassen, Art. 4 F Abs. 2. Entsprechendes gilt auch für die Frage, ob Zusatzpatente als prioritätsbegründende Erstanmeldung beansprucht werden können.

43 **4.** Voraussetzung für die Inanspruchnahme der Unionspriorität für die Nachanmeldung ist die **Gleichheit der Erfindung** der Grund- und der Nachanmeldung, vgl. den Wortlaut von Art. 4 C Abs. 4. Nur soweit sich die Grund- und die Nachanmeldung inhaltlich decken, kommt eine Priorität der Nachanmeldung mit Zeitrang der Grundanmeldung in Betracht, RG GRUR **30,** 1111, 1112; GBK EPA GRUR Int. 95, 336, 337 – Prioritätsintervall; GRUR Int. **02,** 80, 83; BGHZ **148,** 383, 388 – Luftverteiler. Auf die Identität der Person des Erfinders kann es nicht ankommen, vgl. Rdn. 34; Beier/Straus GRUR Int. **91,** 255, 260. Der Zeitvorrang einer Nachanmeldung kann nur durch eine solche Grundanmeldung gewahrt werden, welche die Erfindung nach der Nachanmeldung offenbart. Die in den hinterlegten Anmeldeunterlagen offenbarte Erfindung und die in der Nachanmeldung beanspruchte Lehre sind zu vergleichen. Für die Ermittlung des Offenbarungsgehalts der hinterlegten Erfindung gilt Art. 4 H PVÜ, vgl. vorstehend Rdn. 39.

Für die Beurteilung des Umfangs des beanspruchten Schutzgegenstandes der Nachanmeldung ist das Recht des Staates der Nachanmeldung bestimmend. Art. 4 H PVÜ findet hier keine Anwendung, Wieczorek, Unionspriorität, S. 155; a. A. Raible GRUR Int. **70,** 137, 138 f. Eine Prioritätsverknüpfung ist nur berechtigt für den in der Nachanmeldung unter Schutz gestellten Erfindungsgegenstand. In den Nachanmeldeländern, welche den Inhalt der Schutzansprüche für den Schutzbereich der Erfindung für maßgeblich erachten (Art. 69 EPÜ, § 14 PatG), genügt zur Feststellung der Erfindungsidentität ein **Vergleich der Ansprüche der Nachanmeldung mit dem Offenbarungsgehalt der Prioritätsanmeldung,** GBK EPA GRUR Int. **02,** 80, 83; BGHZ **148,** 383, 388 – Luftverteiler Auf die Anmeldeunterlagen der Nachanmeldung ist hier grundsätzlich nicht zurückzugreifen. Die Ansprüche brauchen sich nicht zu decken, PA MuW **XI,** 162; öst. PA ÖPat. Bl. **70,** 155. Bei Maßangaben ist ein Spielraum im Rahmen des Fachwissens zuzubilligen, RGZ **141,** 295, 301. **44**

Bei einer Übereinstimmung beider Anmeldungen spielt es keine Rolle, wenn von den in beiden Anmeldungen enthaltenen Merkmalen im Laufe der Prüfungsverfahren das eine oder das andere in den Vordergrund gerückt wird, RG GRUR **39,** 895, 896. Die Hervorhebung eines Vorteils in der Nachanmeldung hebt deren Identität mit der ersten Anmeldung nicht auf, wenn dadurch keine Veränderung des Gegenstandes der Erfindung herbeigeführt wird, RG MuW **30,** 445, 446. Jede sonstige Veränderung des Gegenstandes der angemeldeten Erfindung im Verhältnis zu dem offenbarten Gegenstand der ersten Anmeldung – ob erweiternd oder beschränkend – lässt die Wirkung des Prioritätsrechts entfallen, GBK EPA GRUR Int. 95, 336, 337 – Prioritätsintervall; GRUR Int. **02,** 80, 83; BGHZ **148,** 383, 388 – Luftverteiler; Joos GRUR Int. 98, 456, 460; Vgl. auch Benkard/Ullmann/Grabinski, EPÜ, Art. 88 Rdn. 7 ff. Das Prioritätsrecht muss praktisch handhabbar sein und nötigt deshalb eher zu einer formalisierenden Betrachtung der offenbarten Merkmale der ersten Erfindung und der des beanspruchten Gegenstandes der Nachanmeldung. Der Verkehr braucht sichere Kriterien, um die „Klammer" der Prioritätswirkung zu erkennen und sich hierauf einrichten zu können. Diese Rechtsicherheit kann mit einer Differenzierung danach, ob und wie das zusätzliche Merkmal des Anspruchs der Nachanmeldung die Funktion und Wirkung der Erfindung der Erstanmeldung zu beeinflussen vermag, nicht gewährleistet werden, BGHZ **148,** 383, 390 f. – Luftverteiler. Hiervon ist auszugehen (Benkard/Ullmann/Grabinski, EPÜ, Art. 88 Rdn. 12; kritisch: Kraßer[5] § 24 3–8. **45**

Verfahrens- und Erzeugnispatente können als gleich anzusehen sein, öst. PA GRUR Ausl. **36,** 58; Cour d'appel de Paris GRUR Int. **68,** 207. Die Erstanmeldung eines chemischen Verfahrens erfasst auch die nachfolgende Stoffschutzanmeldung (Wieczorek, Unionspriorität, S. 159; Becher, Pariser Verbandsübereinkunft, S. 104). Dies gilt auch, wenn der Staat der Erstanmeldung einen Stoffschutz nicht vorsieht. Der für die Prioritätsberechtigung maßgebliche Offenbarungsgehalt der Erstanmeldung wird durch das materielle Patentrecht des Hinterlegungsstaates nicht berührt. Der **Umfang der Offenbarung** der Erstanmeldung ist von den Behörden und Gerichten zu bestimmen, die mit der Nachanmeldung befasst sind, BGH GRUR Ausl. **60,** 506, 508 – Schiffslukenverschluss m. Anm. v. Pechmann. **46**

Wenn die Erfindung der ersten Hinterlegung nicht die gleiche ist wie die der Nachanmeldung, sind beispielsweise Veröffentlichungen während des Prioritätsintervalles für die Nachanmeldung neuheitsschädlich, RGZ **141,** 295, 303; GBK EPA GRUR Int. 95, 336, 337 – Prioritätsintervall; GRUR Int. **02,** 80, 83; BGHZ **148,** 383, 388 – Luftverteiler. Die Unionspriorität des Hauptpatents erstreckt sich nicht auf das Zusatzpatent, PA Bl. **34,** 129; Krüger MuW **33,** 330, 332; Beier/Moufang GRUR Int. **89,** 869, 87; vgl. auch § 16 Abs. 1 Satz 2 PatG. **47**

5. Das Prioritätsrecht gilt nur für die Nachanmeldungen derselben Erfindung in anderen Unionsländern innerhalb der **Prioritätsfrist** von 12 Monaten, Art. 4 C. Die Prioritätsfrist von 12 Monaten dient dem Zeitgewinn des Anmelders für Maßnahmen aller Art, technische Erprobung, wirtschaftliche Gestaltung, Finanzierung, PA Bl. **43,** 44. Er hat Zeit zur Überlegung, ob und in welchem Unionsland er eine Nachanmeldung vornehmen will. Die Prioritätsfrist ent- **48**

hebt ihn der Notwendigkeit gleichzeitig in allen gewünschten Staaten Anmeldungen vornehmen zu müssen.

49 Die Prioritätsfrist läuft vom **Zeitpunkt** der vorschriftsmäßigen Hinterlegung der ersten Anmeldung an. Der Tag der Hinterlegung wird nicht in die Frist eingerechnet, Art. 4 C Abs. 2. Die Frist ist für alle Unionsländer die gleiche, RGZ **141,** 295, 299. Eine spätere Anmeldung derselben Erfindung in demselben oder in einem anderen Land begründet – mit Ausnahme von Art. 4 C Abs. 4 (Rdn. 33) – kein Prioritätsrecht mehr, RGZ **141,** 295, 299; BPatGE **4,** 130, 132; Patents Appeal Tribunal GRUR Ausl. **67,** 102, 105 – für Großbritannien.

50 Der Tag der ersten Hinterlegung der Anmeldung ist maßgebend. Der dadurch gegebene Prioritätszeitpunkt ist **unverrückbar,** DPA Bl. **56,** 278, 279; Trüstedt GRUR Ausl. **59,** 573, 577. Wird beispielsweise eine Erfindung 1971 in Österreich und 1972 in den USA angemeldet, so kann für die 1973 in Deutschland getätigte Anmeldung derselben Erfindung nicht mehr die Priorität der Anmeldung – 1972 – in den USA beansprucht werden, weil diese nicht die erste Hinterlegung der Erfindung darstellt, Bodenhausen, PVÜ, Art. 4 A Abs. 1 Anm. d. Ob ein Land eine frühere Priorität anerkennt, z. B. wenn eine Ergänzung der ersten Anmeldung durch Aufnahme neuer Merkmale ohne Prioritätsverlust zulässig ist, oder auf Grund einer Neuheitsschonfrist, PA Bl. **40,** 138; BPatG GRUR Ausl. **67,** 274, o. dgl., ist international unerwünscht, aber gleichgültig (vgl. v. Pechmann GRUR Ausl. **60,** 508, 509).

51 Es wird als nicht zulässig angesehen, die **Prioritätsfrist** nach Art. 4 C PVÜ **und** die **Neuheitsschonfrist** zu summieren; d. h. die Prioritätsfrist von 12 Monaten verlängert sich nicht um die Neuheitsschonfrist von 6 Monaten, BGH GRUR Int. **71,** 399. – customer prints. Joos (GRUR Int. **98,** 454, 460) weist zutreffend darauf hin, dass der Gefahr patenthindernder Zwischenveröffentlichungen am besten mit einer (international) geregelten Neuheitsschonfrist begegnet werden könnte.

52 Eine **Verschiebung der Priorität** auf einen früheren oder späteren Zeitpunkt nach innerstaatlicher Gesetzgebung eines Unionslandes ist in anderen Verbandsländern nicht zu beachten, Art. 4 C Abs. 2, PA Bl. **34,** 128, 129; DPA Bl. **56,** 278, 279, es sei denn, eine Nachdatierung des Anmeldungsdatums auf einen späteren Zeitpunkt ist zugleich als Aufgabe aller Rechte aus der früheren Anmeldung zu werten, Art. 4 C Abs. 4 PVÜ (Rdn. 39). Hat die Nachdatierung den Fortfall der Rechte aus dem früheren Anmeldezeitpunkt zur Folge, ist Art. 4 C Abs. 4 nach seinem Sinn und Zweck entsprechend anzuwenden, Großbritannien – Comptroller – GRUR Int. **62,** 239; BPatG GRUR Int. **75,** 437, 438; Ch. Schricker GRUR Int. **72,** 24 f.; Wieczorek, Die Unionspriorität, S. 53; vgl. ders. auch in GRUR Int. **74,** 172 ff.; Weiss, GRUR Int. **75,** 409; a. A. Commissione di ricorsi – Italien GRUR Int. **72,** 23, 24, die eine ausdrückliche Aufgabe der früheren Anmeldung verlangt. Zur Behandlung der provisional specification oder der complete specification des früheren britischen Rechts als prioritätsbegründe Anmeldung vgl. 8. Aufl. Einl. Int. Teil Rdn. 16; Beier/Moufang GRUR Int. **89,** 869, 874 f. Die Ausscheidungsanmeldung behält das Prioritätsrecht der Stammanmeldung, § 39 Abs. 1 Satz 3 PatG.

53 Innerhalb der internationalen Frist von 12 Monaten muss die **Nachanmeldung** bewirkt werden. Für die materielle Bedeutung der Prioritätsfrist ist das innerstaatliche Recht maßgebend. Die Frist wird nach §§ 187 Abs. 1, 188 BGB berechnet. Der Tag der Hinterlegung wird nicht in die Frist eingerechnet, Art. 4 C Abs. 2. Fällt der letzte Tag der Frist in dem Land der Nachanmeldung auf einen gesetzlichen Feiertag oder einen Tag, an dem das Amt zur Entgegennahme von Anmeldungen nicht geöffnet ist, so erstreckt sich die Frist auf den nächstfolgenden Werktag, Art. 4 C Abs. 3. Innerhalb der Frist muss der Eingang der Nachanmeldung beim Patentamt erfolgen, die Aufgabe bei der Post wahrt die Frist nicht, BPatG Mitt. **76,** 18 f. Die **Wiedereinsetzung** in die Prioritätsfrist ist möglich, § 123 Abs. 1 Satz 2 PatG (i. d. F des Gesetzes v. 16. 7. 1998 – BGBl. I S. 1827); zum Weiterbenutzungsrecht gutgläubiger Dritter in solchen Fällen vgl. Ruhl, Unionspriorität, Rd. 245 f.

Das Prioritätsrecht kann für dieselbe Erfindung in einem Verbandsland nur einmal wirksam in Anspruch genommen werden (vgl. auch Art. 4 C Abs. 4 PVÜ). Ob diesem Grundsatz bereits im Erteilungsverfahren Rechnung getragen werden muss (so EPA Mitt. **04,** 172, 173 zu Art. 87 Abs. 1 EPÜ) erscheint fraglich (vgl. auch Bremi/Liebetanz Mitt. **04,** 148, 150). Ein **Verbrauch** der förmlichen Inanspruchnahme der Priorität sieht die Verbandsübereinkunft nicht vor und wurde auch in BGH GRUR Ausl. **60,** 506, 507-Schiffslukenverschluss im Fall der Rücknahme der ersten Nachanmeldung verneint. Ausgeschlossen ist es jedenfalls, aus einer mehrfachen Inanspruchnahme der Priorität für „mehrere dieselben" Erfindungen nationalen patentrechtlichen Schutz mehrfach geltend zu machen.

54 Erste Hinterlegung kann sowohl eine Patent- als auch eine Gebrauchsmusteranmeldung sein. Aus einer Patentanmeldung kann die **Unionspriorität** für ein **Gebrauchsmuster,** aus einer Gebrauchsmusteranmeldung für ein Patent in Anspruch genommen werden, Art. 4 E Abs. 2,

BPatG GUR **81,** 816. Auch hierbei beträgt die Prioritätsfrist 12 Monate. Erfinderscheine der Ostblockstaaten, s. Pfanner GRUR Ausl. **65,** 483; Mast GRUR Ausl. **67,** 460; Wieczorek, Unionspriorität, 165ff., begründen das Prioritätsrecht wie Patentanmeldungen, Art. 4i. Für die Anmeldung eines Erfinderscheins kann die Priorität einer Patent-, Gebrauchsmuster- oder Erfinderscheinanmeldung in Anspruch genommen werden, Art. 4i Abs. 2. Hinsichtlich der internationalen und der europäischen Patentanmeldung vgl. Rdn. 32, 60.

Für eine Gebrauchsmusteranmeldung kann die Unionspriorität einer ausländischen **Geschmacksmusteranmeldung** in Anspruch genommen werden, BPatGE **9,** 211, 214; Bodenhausen, PVÜ, Art. 4 E Anm. b; Wieczorek, Unionspriorität, 164f. Die Prioritätsfrist beträgt 6 Monate, Art. 4 E Abs. 1 i.V.m. Art. 4 C Abs. 1; BPatGE **9,** 216, 218. Auf Grund der Hinterlegung eines Geschmacksmusters kann ein Prioritätsrecht für eine Patentanmeldung hingegen nicht erlangt werden, Schweizer BG GRUR Int. **77,** 326 – für die Schweiz.; Patents Court GRUR Int. **83,** 664, 665 – für das Vereinigte Königreich; vgl. auch EPA (JBK) GRUR Int. **81,** 559; öVGH GRUR Int. **81,** 122, 124 – keine Priorität aus Geschmacksmuster für Patentanmeldung –; a.A. PA Mitt. **86,** 212, 213. Art. 4 E Abs. 2 gibt insoweit für Patentanmeldungen eine abschließende Regelung. 55

Eine **ausdehnende Auslegung** dieser Norm verbietet sich schon im Hinblick auf die einengende Regelung des Art. 4i, wonach die Prioritätswirkung einer Erfinderscheinanmeldung an die Voraussetzung geknüpft ist, dass der Erfinder im Staat der Erstanmeldung das Recht haben muss, anstelle des Erfinderscheins ein Patent beanspruchen zu können (Bodenhausen, PVÜ, Art. 4i Anm. c; Schweizer BG aaO, S. 327; im Erg. Wieczorek, Unionspriorität, 169). 56

6. Art. 4 F gestattet es, für einzelne Gegenstände der Nachanmeldung mehrere Prioritäten – **mehrfache Unionspriorität** – zu beanspruchen, nicht aber für einen Teil eines Gegenstands der Nachanmeldung. Eine **partielle Unionspriorität** für einzelne Merkmale der beanspruchten Erfindung scheidet aus, vgl. GBK EPA GRUR Int. 95, 336, 337 – Prioritätsintervall; GRUR Int. **02,** 80, 83; BGHZ **148,** 383, 388 – Luftverteiler. Art. 4 F lässt es nicht zu, verschiedenen Merkmalen eines einheitlichen Gegenstands (Anspruchs) unterschiedliche Prioritäten zukommen zu lassen. Wer sich den Teil der Voranmeldung prioritätswahrend sichern will, hat ihn als solchen in der Nachanmeldung zu beanspruchen, Benkard/Ullmann/Grabinski, EPÜ, Art. 88 Rdn. 11; Joos GRUR Int. **98,** 456, 458. Das kann auch durch nachträgliche Teilung geschehen, sofern die Einheitlichkeit des jeweiligen Erfindungsgegenstandes gewahrt bleibt, Joos GRUR Int. **98,** 456, 459; vgl. auch BGH GRUR **98,** 458f. – Textdatenwiedergabe. Nur insofern sind mehrere Prioritäten für einen (ursprünglichen) Anspruch möglich. Es ist nicht zulässig, mehrer Prioritäten „mosaikartig" zusammenzusetzen, Brandi-Dohrn/Gruber/Muir[5], Rdn. 2.22ff. Die Wirkung der jeweils beanspruchten Priorität reicht nur soweit, als sich die prioritätsbegründende Anmeldung mit der beanspruchten Nachanmeldung deckt. Ist bei mehrfach beanspruchter Unionspriorität Identität nur mit der jüngsten Voranmeldung gegeben, so gewährt nur deren Prioritätsrang das Prioritätsrecht für den (gesamten) Gegenstand der Erfindung der Nachanmeldung, vgl. auch § 40 Abs. 3 PatG, Art. 88 Abs. 3 EPÜ. 57

Auch aus der **Kumulierung** einzelner Merkmale mehrerer **Voranmeldungen** kann ein einheitliches Prioritätsrecht nicht hergeleitet werden, da dieses nur so weit reicht, wie die jeweilige Voranmeldung den Erfindungsgegenstand offenbart, Art. 4 A Abs. 1, vgl. auch Lins/Gramm GRUR Int. **83,** 634, 636; Teschemacher, GRUR Int. **83,** 695, 700. Für den Teil der Nachanmeldung, der in den Grundanmeldungen nicht enthalten ist, begründet die Nachanmeldung ein eigenes Prioritätsrecht, Art. 4 F Abs. 2. 58

Die **Teilung** der Anmeldung führt nicht zum Verlust des Prioritätsrechts, Art. 4 G Abs. 1, BPatG Mitt. **73,** 51. Der Inhaber des Prioritätsrechts kann auch von sich aus bei der Nachanmeldung die Teilung vornehmen, ohne sein Prioritätsrecht einzubüßen, Art. 4 G Abs. 2, vgl. dazu: Pfanner, Die Teilung von Patentanmeldungen, GRUR Ausl. **66,** 262; Wagner, Freiwillige Teilung einer Patentanmeldung, Mitt. **72,** 105; BPatGE **9,** 163ff.; **13,** 189, 190ff.; siehe auch Erl. zu § 39 PatG. Der Gegenstand der verbleibenden Teilanmeldung darf aber nicht über den Offenbarungsgehalt der früheren Anmeldung hinausgehen, EPA GRUR Int. **05,** 606, 607. 59

7. Wer die Priorität einer früheren Anmeldung in einem Verbandsland in Anspruch nehmen will, muss im Laufe des Erteilungsverfahrens eine ausdrückliche **Prioritätserklärung** über den Zeitpunkt und das Land der ersten Anmeldung abgeben, Art. 4 D Abs. 1 (vgl. Mediger, Prioritätserklärungen und Erklärungen zur Priorität, Mitt. **57,** 201). Weitere Förmlichkeiten zur wirksamen Inanspruchnahme der PVÜ-Priorität sind der Regelung durch den nationalen Gesetzgeber überlassen, Art. 4 D (vgl. § 41). Bei der Inanspruchnahme der Priorität aus einer europäischen oder einer internationalen Patentanmeldung muss ein bestimmtes Land nicht ge- 60 nannt werden, da alle Vertragsstaaten des EPÜ und des PCT Verbandsländer der PVÜ sind und die Gefahr unzulässiger Selbstbenennung nicht mehr besteht, § 40 PatG, § 6 Abs. 1 GebrMG – anders (noch) BPatG GRUR **81,** 816, 817. Die Frist zur Prioritätserklärung beträgt in Deutschland für Patente und Gebrauchsmuster 2 Monate von der Nachanmeldung an, vgl. § 40 Abs. 4 PatG, § 6 Abs. 1 Satz 2 GebrMG. Bei Geschmacksmusteranmeldungen gilt eine 16-Monatsfrist nach dem Prioritätstag, § 14 GeschmG. Im Ausland ist die Unionspriorität in verschiedenen Staaten auch bei einer Patentanmeldung schon mit der Nachanmeldung geltend zumachen, vgl. auch Ruhl, Unionspriorität, Rdn. 276 ff. Für europäische Patentanmeldungen ist die Inanspruchnahme einer Priorität unter Angabe von Tag und Staat der früheren Anmeldung mit der Anmeldung selbst zu erklären, Art. 88 Abs. 1 EPÜ, Regel 38 Abs. 2, 41 Abs. 2 AOEPÜ; Benkard/Ullmann/Grabinski, EPÜ, Art. 88 Rdn. 1 f. Das Gleiche gilt auch für die internationalen Anmeldungen nach PCT, Art. 8 PCT, Regel 4. 10 b AOPCT.

61 Wer die Priorität einer früheren Anmeldung in Anspruch nimmt, muss das Aktenzeichen dieser Anmeldung angeben, Art. 4 D Abs. 5. Weiter kann innerhalb von 3 Monaten seit der Nachanmeldung eine Abschrift der früheren Anmeldung und eine Bescheinigung der Erteilungsbehörde, bei der die erste Anmeldung eingereicht worden ist, dass die Abschrift mit der ersten Anmeldung übereinstimmt, verlangt werden. Art. 4 D Abs. 3. Es kann ferner eine Bescheinigung der Erteilungsbehörde über den Zeitpunkt der ersten Hinterlegung sowie eine Übersetzung der ersten Anmeldung verlangt werden. Art. 4 D Abs. 3 Satz 3. Andere **Förmlichkeiten** für die Prioritätserklärung dürfen nicht gestellt werden; diese Vorschriften sind zwingend, Art. 4 D Abs. 4 Satz 1, PA Bl. **14,** 219, 220. Werden sie nicht beachtet, werden die Angaben unvollständig oder unrichtig gemacht, so ist der Anmelder seines Anspruches auf den Altersrang nach dem Unionsvertrage verlustig, sein Prioritätsrecht ist verwirkt, BGH GRUR Ausl. **60,** 506, 508 – Schiffslukenverschluss; GRUR **73,** 139, 140 – Prioritätsverlust; **79,** 626 – Elektrostatisches Ladungsbild; Beier/Straus GRUR Int. **91,** 255; BPatG GRUR Int. **82,** 124, 126.

62 Die Folgen der Nichtbeachtung der Vorschrift über die Prioritätserklärung und über die Prioritätsbelege dürfen über den Verlust des Prioritätsrechts nicht hinausgehen, Art. 4 D Abs. 4 Satz 2 – dies verkennt BPatG GRUR Int. **82,** 452, 454. Der nationale Gesetzgeber kann aber auch von der Androhung von Rechtsnachteilen für diesen Fall absehen, BGH GRUR **73,** aaO. Den Verlust der Anmeldung – Zurückweisung – darf er nicht vorsehen, BGH aaO. Im Falle des Verlustes des Prioritätsrechts muss das Prüfungsverfahren mit der Maßgabe der Priorität des Anmeldetages der Nachanmeldung weitergeführt werden, PA Bl. **35,** 148, 149. Die Prioritätserklärung soll vermeiden, dass die Öffentlichkeit später mit einem früheren Altersrang überrascht wird (Duchesne MuW **XXIV,** 148, 152). Durch sie wird der Anspruch gegen den Staat begründet, dass die Erteilungsbehörde und die Gerichte die Nachanmeldung so behandeln, als sei sie im Zeitpunkt der ersten Anmeldung erfolgt (Isay, PatG 6. Aufl. 1932, S. 678). Die Angaben über die Prioritätsbeanspruchung, den Zeitpunkt und das Land der ersten Hinterlegung und das Aktenzeichen der ersten Anmeldung werden veröffentlicht, z. B. in der Veröffentlichung der Patentanmeldung, der Patenturkunde und bei der Gebrauchsmustereintragung, Art. 4 D Abs. 2 und 5, BPatGE **3,** 116, 117, jedoch nicht, wenn offensichtlich keine Grundlage für die Inanspruchnahme besteht, z. B. bei offensichtlicher Fristüberschreitung, Angabe eines Landes, das nicht zur Union gehört, PA Bl. **35,** 137, 138. Ist den Formalitäten der Prioritätsinanspruchnahme genügt, dann ist die Priorität der Grundanmeldung im Prüfungsverfahren zu beachten, BPatGE **3,** 116, 117; BPatG Mitt. **86,** 148.

63 **8.** Der **Zeitvorrang** der Unionspriorität **ist maßgebend** für die Frage des Standes der Technik, des Vorbenutzungsrechts sowie für den Zeitpunkt der Offenlegung, Beier/Straus GRUR Int. **91,** 255, 257. Insoweit ist das Prioritätsrecht auf eine bevorzugte Behandlung der Anmeldung und des späteren Patents gerichtet, vgl. BPatG GRUR Ausl. **66,** 387; BGH GRUR Int. **71,** 399 – customer prints.

64 Der **Zeitvorrang** ist aber ohne Einfluss auf die Laufzeit (Art. 4bis Abs. 5), die Gebühren (Höhe und Fälligkeit) und die Zulässigkeit eines Zusatzpatents, PA Bl. **34,** 129 m. w. N. – für Zusatzpatent. Die **Nachanmeldung hat Vorrang** vor allen anderen Anmeldungen, die in den Zeitraum zwischen der ersten Anmeldung und der Nachanmeldung fallen, RG Bl. **20,** 108, 109. Wird auf Grund eines früheren Altersranges später ein Schutzrecht erteilt, so begründet dieses für eine spätere, aber vor der Nachanmeldung erfolgte Anmeldung das Hindernis der Identität, §§ 13 Abs. 1, 15 Abs. 1 Nr. 2 GebrMG (§ 4 Abs. 2 PatG 1968), oder der mangelnden Neuheit, § 3 Abs. 2 PatG, vgl. Art. 4 B PVÜ. Verschiedene Erstanmeldungen am gleichen Tage begründen auch bei unterschiedlichem Zeitrang der Nachanmeldungen denselben Zeitrang. Eine Bindung an die Entscheidung im Erteilungsland der ersten Anmeldung tritt nicht ein, d. h.

ein dort nicht erkannter Stand der Technik ist hier zu berücksichtigen, BGHZ **44,** 263, 271 – Flächentransistor. Art. 4 B und § 12 Abs. 2 PatG schließen ausdrücklich die Entstehung von Vorbenutzungsrechten im Zwischenzeitraum aus, RGZ **153,** 321, 324. Dies folgt daraus, dass die zeitlich ältere ausländische Anmeldung (die Grundanmeldung) insoweit an die Stelle der inländischen Anmeldung tritt.

Die Grundanmeldung schafft in jedem Unionsstaat ein **Recht auf Nachanmeldung,** vorausgesetzt, dass nach den zurzeit der Nachanmeldung geltenden innerstaatlichen Vorschriften die Nachanmeldung eine patentfähige Erfindung verkörpert und den in diesem Zeitpunkt geltenden innerstaatlichen Formvorschriften genügt ist, RGZ **85,** 374, 377; BGHZ **44,** 263, 267 – Flächentransistor. 65

Das Prioritätsrecht bewirkt eine **Rangsicherung,** BGH GRUR Int. **71,** 399 – customer prints. Es bedeutet nicht, dass sein Inhaber in allen Verbandsländern in jeder Beziehung so gestellt würde, als ob er seine Erfindung in jedem Verbandsland bereits am Tage der ersten Anmeldung hinterlegt hätte, BGHZ aaO; BPatGE **2,** 164, 169; BPatG GRUR Ausl. **67,** 274, 275. 66

Das Prioritätsrecht schafft keinen Schutz davor, dass in den Verbandsländern nach der ersten Hinterlegung die gesetzlichen Vorschriften über den Begriff der patentfähigen Erfindung und die bei deren Anmeldung einzuhaltenden Formvorschriften nicht geändert werden dürften, denn eine so weitgehende Beschränkung der **Gesetzgebungsautonomie** hat der Unionsvertrag nicht zum Inhalt, BGHZ aaO; BPatGE aaO. Das Prioritätsrecht ist ein subjektives Recht, das allerdings unter dem Vorbehalt der patentrechtlichen Gesetzgebungshoheit der Verbandsländer steht, d. h. eine im Prioritätsintervall eingetretene Änderung des innerstaatlichen Patentrechts findet auf die Nachanmeldung Anwendung, BGHZ aaO – betreffend Gewohnheitsrecht. Das Grundgesetz steht einer Gesetzesänderung des Patentrechts nicht entgegen, die eine Beeinträchtigung des Prioritätsrechts zur mittelbaren Folge hat, BGHZ aaO.

Das **Prioritätsrecht** wird nicht durch die Beanspruchung der Priorität bei der ersten Nachanmeldung **verbraucht,** einer erneuten Beanspruchung bei einer späteren fristgerechten Nachanmeldung steht nichts im Wege, wenn die frühere Nachanmeldung zurückgenommen worden ist, BGH GRUR Ausl. **60,** 506, 507 – Schiffslukenverschluss; a. A. Isay, PatG 6. Aufl. 1932, S. 678; Mediger, Mitt. **57,** 201. 67

Das Prioritätsrecht entfaltet seine **Wirkung** sowohl während des Prüfungsverfahrens als auch während der ganzen **Dauer des Patents,** im Nichtigkeitsverfahren und im Verletzungsprozess (Troller, Das internationale Privatrecht und Zivilprozessrecht im gewerblichen Rechtsschutz und Urheberrecht, 1952, S. 89). Es bleibt während der ganzen Zeit als gesetzliches Verteidigungsmittel wirksam (Ladas, Industrial Property, Cambridge USA, 1930, S. 267). Während des Prüfungsverfahrens und vor der Patenterteilung ist ein Verzicht auf die Unionspriorität zulässig, vgl. BPatGE **3,** 116, 117; Trüstedt GRUR Ausl. **59,** 573, 576. 68

Nach der Erteilung des Patents ist ein **Verzicht** auf die Unionspriorität mit der Wirkung, dass das Patent einen jüngeren Zeitrang erhielte, nicht möglich. Die Änderung des einmal wirksam beanspruchten Zeitranges eines Patents ist jeder Disposition entzogen (Trüstedt GRUR Ausl. **59,** 573, 577; Wieczorek, Unionspriorität, 187; a. A. Krüger GRUR **33,** 353, 358 f.). Eine Unterlassung der Eintragung des Prioritätsvermerks in der Rolle beeinträchtigt das durch ordnungsgemäße Inanspruchnahme erworbene Prioritätsrecht nicht, BPatGE **9,** 211, 212. 69

9. Verfahrensfragen. Die Angaben des Nachanmelders zur **materiellen Berechtigung** der Priorität nach dem Unionsvertrag werden im Erteilungsverfahren, auch nachdem ein Prüfungsantrag gestellt ist, nicht nachgeprüft, BPatG Mitt. **86,** 148; BPatGE **38,** 20, 24; vgl. auch BGHZ **92,** 188 – zur Ausstellungspriorität. Es findet zunächst nur eine Prüfung der formellen Erfordernisse einer vorschriftsmäßigen Beanspruchung der Unionspriorität statt. Der Umstand, dass Dritte möglicherweise durch eine unrichtige Veröffentlichung des Prioritätszeitpunktes von den Anträgen nach §§ 43 Abs. 2, 44 Abs. 2 oder von einem Einspruch absehen oder diesen anders begründen, sind nicht als bedeutsam anzusehen, da immer noch die Nichtigkeitsklage möglich ist, PA Gr.Sen. Bl. **29,** 312, 313. 70

Im Erteilungsverfahren unterbleibt zunächst die Prüfung der Übereinstimmung des technischen Inhalts von Vor- und Nachanmeldung, PA Bl. **35,** 137, 138, und auch die Prüfung der Rechtsnachfolge in das Prioritätsrecht, PA Bl. **35,** 137, 138. Die materielle Berechtigung der Unionspriorität wird nur zusammen mit der Prüfung der Anmeldung auf Erfindungsqualität – Neuheit und erfinderische Tätigkeit – geprüft, da ihr insoweit nur die Bedeutung eines Entscheidungsgrundes zukommt. Die Berechtigung der Unionspriorität wird nur nachgeprüft, wenn das Prioritätsverhältnis für die Schutzfähigkeit des Anmeldegegenstandes Bedeutung erlangt, sonst nicht, z. B. wenn neuheitsschädliches Material aus dem Prioritätsintervall vorliegt, BPatG GRUR **79,** 51; BPatG Mitt. **86,** 148; **87,** 93; abwegig BPatG (13. Senat) GRUR Int. 71

82, 454. Erst wenn Patenthindernisse aus dem Prioritätsintervall auftauchen, findet eine Prüfung der materiellen Fragen statt, Beier/Straus GRUR Int. **91,** 255, 257; Ruhl, Unionspriorität, Rdn. 694ff.

72 Verfahrensfragen bei der Beanspruchung der Unionspriorität, z.B. deren **formelle Vorschriftsmäßigkeit** (Art. 4 D PVÜ, § 41 PatG), werden ausschließlich im Erteilungsverfahren geprüft. Darüber kann vorab entschieden werden, BPatGE **9,** 211, 213 m.w.N; vgl. auch BGHZ **92,** 188, 189f. – Ausstellungspriorität. Die dort getroffene Entscheidung dieser Fragen ist im Verletzungs- oder Nichtigkeitsverfahren nicht mehr nachprüfbar und deshalb **bindend,** PA Bl. **26,** 221, 222; **35,** 33 m.w.N. Das gilt z.B. für einen Berichtigungsbeschluss der Prioritätserklärung, PA Bl. **35,** 33, oder für die Gewährung der Wiedereinsetzung in die Frist zur Prioritätserklärung BGH GRUR Ausl. **60,** 506, 507 – Schiffslukenverschluss. Die Entscheidung materieller Fragen des Prioritätsrechts durch die Erteilungsbehörde ist für den Verletzungsrechtsstreit und das Nichtigkeitsverfahren nicht bindend, PA Bl. **26,** 221, 222. Belege zum Nachweis der materiellen Prioritätsberechtigung können noch im Nichtigkeitsverfahren beigebracht werden, PA Bl. **35,** 148, 149, ebenso der Nachweis über die Rechtsnachfolge in das Prioritätsrecht, PA Bl. **35,** 33.

73 Die **materielle Berechtigung** der Unionspriorität ist im Nichtigkeitsverfahren und im Verletzungsprozess **selbstständig nachprüfbar,** BGH GRUR **63,** 563, 566 – Aufhängevorrichtung. Zum materiellen Bereich gehören z.B. die Fragen der Offenbarung, der Erfindungsidentität, der Rechtsnachfolge und der Verwirkung des Prioritätsrechts. Auch der Einwand, die Patentanmeldung stütze sich nicht auf die erste Anmeldung im Sinne des Art. 4 C Abs. 2 ist materiellrechtlicher Natur (Bodenhausen, PVÜ, Art. 4 D Anm. k; BPatG GRUR **79,** 51; a.A. BPatG Bl. **76,** 24). Diesem Einwand ist deshalb im Erteilungsverfahren nur nachzugehen, wenn er wegen vorveröffentlichten Materials im streitigen Prioritätsintervall für die Beurteilung der Schutzwürdigkeit von Bedeutung ist, BPatG GRUR **79,** 51.

74 **IV.** Die PVÜ ist ständigen **Revisionsbestrebungen** unterworfen. Zu den Fragestellungen vgl. Vorauflage Int. Teil Rdn. 74ff. Entsprechend der von Ballreich (GRUR Int. **87,** 747) gestellten Frage: Enthält das GATT den Weg aus dem Dilemma der stehengebliebenen PVÜ-Revision? haben die Bemühungen von GATT und WIPO mit der der Schaffung des Übereinkommens über handelsbezogene Aspekte der Rechte des geistigen Eigentums (Agreement on trade-related aspects of intellectual property rights) **TRIPS** zu einer vorläufigen befriedenden Regelung geführt.

75 2. TRIPS

Literatur: Beier/Schricker (HrsG.), From GATT to TRIPs, IIC Studies, Vol. 18, 1996; Staehelin, Das TRIPs-Abkommen, Bern 1997; Ullrich, Technologieschutz nach TRIPS: Prinzipien und Probleme, GRUR Int. 1995, 623; Dreier, TRIPS und die Durchsetzung von Rechten des geistigen Eigentums, GRUR Int. 1996, 205; Straus, Die Bedeutung des TRIPS für das Patentrecht, GRUR Int. 1996, 179; Hilpert, TRIPS und das Interesse der Entwicklungsländer am Schutz von Immaterialgüterrechten in ökonomischer Sicht, GRUR Int. 1998, 91; Berrisch/Kamann, WTO-Recht im Gemeinschaftsrecht –(k)eine Kehrtwende des EuGH, EWS **00,** 89.

76 Das Übereinkommen über handelsbezogene Aspekte der Rechte des geistigen Eigentums (Agreement on trade-related aspects of intellectual property rights) **TRIPS** – BGBl. 1994 II 1730 – ist Bestandteil des WTO-Abkommens v. 15. 4. 1994 – BGBl. 1994 II 1625; (vgl. o. Rdn. 4).; Zustimmungsgesetz v. 30. 8. 1994 – BGBl. II 1438, 1625; BT-Drucksachen 12/7655 (neu); 7984, 8122. Das TRIPS ist seit 1. 1. 1995 für die Bundesrepublik Deutschland in Kraft (BGBl 1995 II 456).

77 Dem TRIPS geht es um die Schaffung gemeinsamer Standards der handelsbezogenen Aspekte der Immaterialgüterrechte. Neben dem Grundsatz der Inländerbehandlung, der nicht nur für die Gewährung der Schutzrechte, sondern eine Gleichbehandlung auch bei deren Durchsetzung fordert (Art. 3 Abs. 1 TRIPS), bestehen die Verpflichtung der Vertragstaaten zur Weitergabe von Vergünstigungen – Meistbegünstigungsgrundsatz (Art. 4 TRIPS) – und – als wichtigstes – das Gebot, die niedergelegten Mindeststandards zum Schutz des gewerblichen Eigentumsschutzes einzuhalten (Art. 1 Abs. 1 Satz 2 TRIPS).

78 Das Übereinkommen enthält zum Patentrecht verbindliche Vorgaben hinsichtlich der Patentfähigkeit (Art. 27 TRIPS), zu den Schutzvoraussetzungen, zur Schutzdauer, zum Recht aus dem Patent, welches im Grundsatz als ausschließliches Recht gestaltet ist (Art. 28 TRIPS), und zu den Schutzschranken. Die Frage der Erschöpfung fand keinen internationalen Konsens (Art. 6 TRIPS). Zur Benutzung eines Patents ohne Zustimmung des Patentinhabers trifft

Art. 31 TRIPS eine umständliche und bürokratische Kompromissregelung, ohne den Begriff der Zwangslizenz zu verwenden. Art. 34 TRIPS sieht eine Beweislastregelung zugunsten des Inhabers von Verfahrenspatenten vor. Hinsichtlich des Rechtsschutzsystems wird die Möglichkeit einer gerichtlichen Überprüfung von Entscheidungen gefordert, mit denen Patente widerrufen oder für verfallen erklärt werden (Art. 32 TRIPS). Die in Art. 42 ff. TRIPS enthaltenen allgemeinen wie besonderen verfahrensrechtlichen Maßnahmen stellen Rahmenbedingungen dar, ohne allerdings auf das nationale Verfahrensrecht unmittelbar durchzuschlagen, EuGH GRUR **01,** 235 Tz. 42, 44 – TRIPS-Abkommen; OLG Hamburg GRUR **03,** 873, 874; Dreier, GRUR Int. **96,** 205, 215; vgl. auch GBK EPA ABl. EPA **04,** 483, 500 f. Aus Art. 43 TRIPS kann keine weiterreichende Befugnis oder gar Pflicht des Gerichts zur Anordnung der Vorlage von Beweisurkunden gefolgert werden als das nationale Recht dies vorsieht, Osterrieth, Patentrecht[2], Rdn. 74; vgl. auch Mes, PatG[2], § 139 Rdn. 119).

Das nationale wie das europäische Patentrecht genügt den Geboten des TRIPS. Die Regeln **79**
des Übereinkommens sind mit dem Zustimmungsgesetz Teil des nationalen Rechts. Bei der Auslegung des TRIPS gelten die Regeln zur Auslegung völkerrechtlicher Verträge (o. Rdn. 6; EPA GRUR Int. **03,** 948, 950). Fällt eine gemeinschaftsrechtliche Regelung – Richtlinie, Verordnung – in den Anwendungsbereich des TRIPS, ist zur Auslegung der maßgeblichen Bestimmung des Übereinkommens der Gerichtshof der Europäischen Gemeinschaften berufen, EuGH GRUR **01,** 235 Tz. 47 – TRIPS-Abkommen; GRUR **05,** 153 Tz. 41 – Anheuser-Busch/Budvar. Die Gemeinschaft ist Vertragspartner des TRIPS und ist als solcher gehalten, durch den Gerichtshof das Recht zu wahren, EuGH GRUR **04,** 858 Tz. 20 – Heidelberger Bauchemie. Mit der Festlegung der Mindeststandards ist das Abkommen auf eine weitgehende Vereinheitlichung der nationalen (oder internationalen) Patentrechtsordnungen angelegt, ohne allerdings damit einen internationalen patentrechtlichen Schutz zu eröffnen. Eine konventionskonforme Auslegung nationaler Vorschriften ist geboten, BGH GRUR **02,** 1046, 1048 – Faxkarte.

3. Übereinkommen zur Vereinheitlichung gewisser Begriffe des materiellen Rechts **80**
der Erfindungspatente. Das (sog. **Straßburger Übereinkommen – StraÜ**) wurde am 27. 11. 1963 von den Mitgliedsstaaten des Europarats in Straßburg abgeschlossen.

Die Bundesrepublik hat diesem Übereinkommen in Art. I Nr. 1 IntPatÜG zugestimmt – Gesetz v. 21. 6. 1976; BGBl. 1976 II S. 649, 658 ff.; Denkschrift zum Übereinkommen in BT-Drucksache 7/3712 S. 377 ff.; vgl. dazu Pfanner, Vereinheitlichung des materiellen Patentrechts im Rahmen des Europarats, GRUR Ausl. 1964, 217 ff.; Troller, Die mehrseitigen völkerrechtl. Verträge, S. 95 ff. Das Übereinkommen ist am 1. 8. 1980 in Kraft getreten, nachdem die Bundesrepublik Deutschland als 8. Mitgliedsstaat am 30. 4. 1980 die Ratifikationsurkunde hinterlegt hatte, Art. 9 Abs. 3 StraÜ. Das Übereinkommen ist weiter in Kraft für Dänemark, Frankreich, Irland, Italien, Liechtenstein, Luxemburg, Mazedonien, Niederlande, Schweden, Schweiz und das Vereinigte Königreich. Das Straßburger Übereinkommen schuf den Rahmen für das Europäische Patentübereinkommen (EPÜ). In Art. 1–7 StraÜ sind die Voraussetzungen der Patentierbarkeit festgelegt, Art. 8 StraÜ betrifft den Inhalt des Patents und seinen Schutzbereich. Diese materiellrechtlichen Regelungen sind über die Anpassung an das Europäische Patentübereinkommen weitgehend vom deutschen Patentrecht übernommen worden. Das Inkrafttreten des Straßburger Übereinkommens ist für den nationalen Patentschutz besonders bedeutsam, da hieran der Wegfall der Neuheitsschonfrist gekoppelt ist, Art. XI § 3 Abs. 6 IntPatÜG. Die Vorschriften des StraÜ hindern den nationalen Gesetzgeber indes nicht, den Schutz von Gebrauchsmustern nach eigenen Regeln zu gestalten, Haertel GRUR Int. **87,** 377 f.

4. Vertrag über die internationale Zusammenarbeit auf dem Gebiet des Patentwesens (Patent Cooperation Treaty – PCT)

Literaturhinweis: Hallmann, PCT Vertrag über die internationale Zusammenarbeit auf dem Gebiet des Patentwesens, Textausgabe mit Einführung, 2. Aufl. 1981; Pietzcker, EPÜ, GPÜ, PCT Leitfaden der internationalen Patentverträge, 1977; Fraulob, Neuregelung des internationalen Patentrechts, 1978; Singer, Das neue Europäische Patentsystem, 1979, S. 159 ff;

Scheer, Die Internationale Patentanmeldung; das Europäische Patent; das Gemeinschaftspatent, 1992; Gall, Die europäische Patentanmeldung und der PCT in Frage und Antwort, 3. Aufl. 1997; Preu, Europäisches und internationales Patentrecht: Einführung zum EPÜ und PCT, 3. Aufl. 1997; Preu/Brand-Dohrn/Gruber/Muir, Europäisches und internationales Patentrecht, Einführung zum EPÜ und PCT, 5. Aufl.; 2002; Rippe, Europäische und internationale Patentanmeldungen, 3. Aufl. 2003; PCT-Leitfaden für Anmelder, hrsg. von der WIPO, http://www.wipo.int/int/pct/guide/en/index.html.

Bericht der deutschen Delegation über die Washingtoner Konferenz vom 25. 5.–19. 6. 1970 in GRUR Int. **71,** 101 ff.; Pfanner, Der Vertrag über die internationale Zusammenarbeit auf dem Gebiet des Patentwesens (PCT) und seine Auswirkung auf die Industrie, GRUR Int. **71,** 459 ff. mit einem ausführlichen Literaturverzeichnis bei Anm. 2; Haertel, Der Vertrag über die internationale Zusammenarbeit auf dem Gebiet des Patentwesens und das Bundespatentgericht, in „Zehn Jahre Bundespatentgericht", 1971, S. 55 ff. Pfanner, Zusammenwirken von PCT und Europapatent, GRUR Int. **73,** 383; Singer u. Bernecker, Das Verhältnis des Europäischen Patentübereinkommens zum Übereinkommen über das Gemeinschaftspatent und zum Patent Cooperation Treaty, GRUR Int. **74,** 74; Gall, Der Rechtsschutz des Patentanmelders auf dem Euro-PCT-Weg, GRUR Int. **81,** 417 ff.; Bartels, Die Vorteile des PCT für den Anmelder, Mitt. **83,** 162 ff.; Kolle/Schatz, Das Europäische Patentamt als internationale und regionale Behörde nach dem PCT, GRUR Int. **83,** 521 ff.; Pfanner, Internationale Zusammenarbeit auf dem Gebiet des Patentwesens, DB **83,** 1861; Bartels, Vorteile des PCT für den deutschen Patentanmelder, GRUR Int. **86,** 523 ff.; Teschemacher, Die Zusammenführung von Recherche und Prüfung im europäischen Patenterteilungsverfahren, GRUR Int. 04, 796; Gall, Der Euro-PCT-Weg, Mitt. **91,** 150; Reischle, Ausführliche Darstellung der ab 1. Januar 2004 geltenden Änderungen der PCT-Ausführungsordnung, Mitt. **04,** 529; Körner, Reform of the Patent Cooperation Treaty and Filing Strategy, IIC **05,** 433.

81 **I.** Der PCT ist am 19. 6. 1970 von zwanzig Staaten, darunter die Bundesrepublik Deutschland, später von weiteren fünfzehn Staaten unterzeichnet worden. Die Bundesrepublik Deutschland hat dem Vertrag zugestimmt durch das Gesetz über internationale Patentübereinkommen vom 21. 6. 1976 BGBl. II, 649 – IntPatÜG –; Begründung des Entwurfs in BT-Drucksache 7/3712 Seite 23 ff., 385 ff. (Denkschrift zum PCT). Der Vertrag ist für die Bundesrepublik seit 24. 1. 1978 in Kraft, Art. 63 Abs. 1 PCT, Art. XI § 3 Abs. 2 IntPatÜG, Bekanntmachung vom 19. 12. 1977 – BGBl. II 1978, 11; Kapitel II des Vertrags (internationale vorläufige Prüfung) und die Ausführungsordnung zum PCT-Vertrag (AOPCT) sind seit 29. 3. 1978 für die Bundesrepublik anwendbar, Bekanntmachung vom 16. 3. 1978 – BGBl. II, 485. Internationale Anmeldungen gemäß PCT können seit 1. 6. 1978 eingereicht werden. Dieser Zeitpunkt steht im Einklang mit dem Beginn der Tätigkeit des Europäischen Patentamts nach dem Europäischen Patentübereinkommen (EPÜ). Ende 2004 waren es schon 113 Staaten. Der PCT ist für alle EPÜ-Staaten in Kraft. Die Beitrittsberechtigung erstreckt sich auf den Kreis der Vertragspartner der PVÜ, Art. 62 PCT. Eine Änderung wichtiger Verfahrensvorschriften trat zum 1. 1. 1985 in Kraft. Die letzte Änderung erfolgte mit Beschl. v. 2. 10. 2001 – BGBl. 2002 II 727). Die Ausführungsordnung erfuhr zum 1. 7. 1992 zahlreiche Änderungen (Bek. der AOPCT in vollständiger Fassung – vom 29. 6. 1992, BGBl. II S. 627 m. Berichtigung S. 1052 u. 1993 II 211). Weitere Änderungen wurden am 29. 9. 1992 (BGBl. 1993 II 203 ff.) beschlossen; sie stehen im Zusammenhang mit dem Beitritt der VR China zum PCT und dem Zerfall der osteuropäischen Staaten. Mit der Einfügung der zum 1. 10. 1992 in Kraft getretenen Regeln 32.1 und 32.2 AOPCT (Bekanntmachung v. 3. 3. 1993, BGBl. II S. II 202) reagierte die WIPO auf den Zerfall von Vertragsstaaten, insbesondere auf die Auflösung der Sowjetunion. Geben die Nachfolgestaaten eine Erklärung zur weiteren Anwendung des PCT ab, worüber der PCT-Anmelder informiert wird, kann dieser innerhalb einer Frist von drei Monaten die Erstreckung seiner Anmeldung auf die Nachfolgestaaten erklären. Einer solchen Erklärung bedarf es hinsichtlich der russischen Föderation nicht, da diese insoweit in vollem Umfang in die Verpflichtung der Sowjetunion eingetreten ist. Eine Erstreckungserklärung ist nicht möglich für die baltischen Staaten, die sich nicht als Nachfolgestaaten der ehemaligen Sowjetunion verstehen, und naturgemäß auch nicht für solche Staaten, deren Vorgängerstaat nicht dem PCT angehörte (z. B. Jugoslawien). Mit Wirkung zum 1. 1. 2004 sind wesentliche Regeln zur Entlastung der großen Patentämter geschaffen worden: http://www.wipo.int.documents/govbody/wo_pct/index_31.htm; vgl. hierzu Reischle Mitt. **04,** 529 Weitere Änderungen der AOPCT beziehen sich insbesondere auf das Gebührenverzeichnis (letzte Änderung: Beschl. v. 1. 10. 2003 – Bekanntmachung v. 26. 8. 2004 BGBl. 2004 II 1341.

II. Gegenstand des Vertrags

Der PCT eröffnet dem Erfinder erstmals die Möglichkeit, sich durch **eine internationale Anmeldung** einen multinationalen Schutz für die angemeldete Erfindung zu sichern; erfasst werden nicht nur Anmeldungen für Erfindungspatente, Erfinderscheine, sondern u. a. auch für Gebrauchsmuster (Art. 2i, ii PCT) Der PCT führt – anders als das EPÜ (vgl. u. Rdn. 101 ff.) – nicht zu einem einheitlichen Patenterteilungssystem. Er **vereinheitlicht** lediglich das **Anmeldeverfahren für internationale Patentanmeldungen** und **die Neuheitsrecherche.** In seinem Kapitel II sieht er die Möglichkeit eines vorläufigen und nicht bindenden Gutachtens darüber vor, ob die beanspruchte Erfindung neu, erfinderisch und gewerblich verwertbar ist (internationale vorläufige Prüfung). Dieser Prüfungsbericht ermöglicht es insbesondere den Erfindern aus solchen Staaten, die ein Vorprüfungsverfahren nicht kennen, den Wert der angemeldeten Erfindung frühzeitig zu beurteilen. Die endgültige Prüfung der internationalen Anmeldung und die Erteilung des Schutzrechts erfolgen in jedem der vom Anmelder benannten Vertragsstaaten gesondert nach dem dort geltenden Patentrecht. Hat der Anmelder die Erteilung eines regionalen Patents nach dem EPÜ – oder gegebenenfalls nach einem Gemeinschaftspatentübereinkommen – begehrt, übernimmt insoweit das Europäische Patentamt das Prüfungs- und Erteilungsverfahren. 82

Das PCT-Verfahren der internationalen Anmeldung enthebt den Anmelder der Notwendigkeit, seine Erfindung innerhalb der einjährigen Prioritätsfrist nach Art. 4 C PVÜ gesondert in den Verbandsländern anzumelden, in denen er einen Patentschutz erhalten will. Es erspart den einzelnen prüfenden Patentämtern die Mehrarbeit, die sich daraus ergibt, dass die Anmeldungen bisher in verschiedenen Ländern getrennt auf neuheitsschädliches Material recherchiert werden mussten. Der wesentliche Vorteil des PCT-Verfahrens für den Anmelder besteht darin, dass er durch **eine einzige internationale Anmeldung** und die Bestimmung der Vertragsstaaten, in denen er Schutz für die Erfindung auf der Grundlage der internationalen Anmeldung begehrt, **in jedem Bestimmungsstaat die Wirkung einer vorschriftsmäßigen nationalen Anmeldung mit internationalem Anmeldedatum** erreicht, Art. 3, 4, 11 Abs. 3 PCT. 83

Die Sprache, in welcher die internationale Anmeldung einzureichen ist, soll der Sprache entsprechen, in welcher sie nach Regel 48.3 AOPCT veröffentlicht werden kann, vgl. im Übrigen: Art. 3 Abs. 4 (i) PCT, Regel 12.1 AOPCT. Internationale Anmeldungen können in deutscher Sprache eingereicht werden. Englisch genügt in jedem Fall, Regel 12.1b, 48.3b AOPCT. Für den deutschen Anmelder bedeutet dies, dass er mit seiner internationalen Anmeldung beim Deutschen Patentamt in deutscher Sprache (Art. III § 1 Abs. 2 IntPatÜG) eine vielfache Anmeldewirkung in den von ihm benannten Vertragsstaaten herbeiführt. 84

Die Schutzrechtsanmeldung nach dem PCT bringt den weiteren Vorteil, dass das **Patenterteilungsverfahren** vor den nationalen Ämtern oder dem Europäischen Patentamt ohne einen ausdrücklichen Antrag des Anmelders **vor Ablauf des 30. Monats** seit dem Prioritätstag **nicht betrieben werden darf** (Art. 23, 22 Abs. 1 PCT). Da der Anmelder vor Ablauf dieser Frist im Besitz des internationalen Recherchenberichts sein wird, gewinnt er Zeit und hinreichende Informationen für seine Entscheidung, ob und in welchen der benannten Staaten er das erst dann mit den nationalen Gebühren belastete Erteilungsverfahren (vgl. Art. III § 4 Abs. 2 IntPatÜG) fortführen will. Entsprechendes gilt, wenn der Anmelder nach Kapitel II des PCT-Vertrags um eine vorläufige internationale Prüfung seiner Anmeldung nachsucht, Art. 39, 40 PCT, Art. III § 6 Abs. 2 IntPatÜG. 85

III. Übersicht über das Anmeldeverfahren

1. Die **erste Phase** beginnt mit der **Einreichung der internationalen Patentanmeldung** beim vorgeschriebenen Anmeldeamt, Art. 10 PCT. Die **Priorität** einer früheren Anmeldung in einem Mitgliedstaat der **PVÜ** kann beansprucht werden, Art. 8 PCT. Das **Anmeldeamt** ist nach der Wahl des Anmelders entweder das nationale Amt des Vertragsstaats seiner Staatsangehörigkeit oder das nationale Amt seines Wohn- oder Geschäftssitzes bzw. seiner tatsächlichen und nicht nur zum Schein bestehenden gewerblichen oder Handelsniederlassung oder ein regionales Patentamt, Regel 19.1 i. V. m. 18.1 AOPCT. 86

Die maschinengeschriebene oder gedruckt einzureichende **Anmeldung,** Regel 11.9 AOPCT, muss enthalten: einen Antrag, also ein Gesuch auf Behandlung nach dem PCT., den Namen des Anmelders, die Bezeichnung der Erfindung, u. U. den Namen des Erfinders, eine Beschreibung, Ansprüche, Zeichnungen und eine Zusammenfassung, Art. 4–7 PCT; Regel 3–12 Ausführungsordnung. Das Einreichen einer Anmeldung nach dem 1. 1. 2004 als internationale Anmeldung hat die Bestimmung all derjenigen Vertragsstaaten des PCT zur Folge, für die der Vertrag am Tag der internationalen Anmeldung in Kraft ist – **Bestimmungsstaat** –, (Regel 4.9 a AOPCT) Auslegungszweifel, welcher Staat bestimmt sein sollte, bestehen sonach nicht mehr; zum früheren Recht vgl. BGH, GRUR Int. **98,** 721, 722 – Induktionsofen; EPA GRUR Int. **03,** 468, 469 f.

Zugleich werden alle Staaten für alle möglichen Schutzrechtsarten bestimmt, die das nationale oder regionale Recht vorsieht. Entsprechend Regel 4.9.b AOPCT hat die u. a. Bundesrepublik Deutschland einen Vorbehalt gegen die unmittelbare Bestimmung als Vertragsstaat eingelegt; dem Anmelder steht es somit frei, die Bundesrepublik Deutschland als Bestimmungsstaat ausdrücklich anzunehmen, vgl. Reischle, Mitt. **04,** 529, 532; Das Deutsche Patentamt ist Bestimmungsamt auch, wenn in der internationalen Anmeldung die Bundesrepublik nur für ein Gebrauchsmuster bestimmt worden ist, Art. III § 4 Abs. 1 IntPatÜG i. d. F. des Art. 6 Nr. 6 GPatG 2.

Für die Anmeldung verlangt das Deutsche Patentamt als Anmeldeamt eine sog. Übermittlungsgebühr nach Regel 14.1 AOPCT, Art. III § 1 Abs. 3 IntPatÜG. Für jede internationale Anmeldung ist eine **„internationale Gebühr“,** bestehend aus einer „Grundgebühr“ und einer „Bestimmungsgebühr“ entsprechend der Zahl der Bestimmungsstaaten zu zahlen, Regel 15 AOPCT. Der neueste Stand der Gebühren ist der gemäß Art. 55 Abs. 4 PCT herausgegebenen PCT – Gazette zu entnehmen, Regel 86 AOPCT.

87 Nach Eingang der Gebühren wird die internationale Anmeldung auf bestimmte Mindestanforderungen, Art. 11 Abs. 1 PCT, geprüft. Sind sie erfüllt, setzt das Anmeldeamt das **internationale Anmeldedatum** fest. Das internationale Anmeldedatum gilt als das tatsächliche Anmeldedatum in jedem Bestimmungsstaat, Art. 11 Abs. 3 PCT. Genügt die Anmeldung diesen Erfordernissen nicht gibt das Amt dem Anmelder Gelegenheit, die Mängel zu beseitigen. Geschieht dies, wird als internationales Anmeldedatum der Eingangstag der den Mangel beseitigenden Eingabe festgelegt, Art. 11 Abs. 2 b PCT. Kommt der Anmelder der Aufforderung zur Richtigstellung nicht nach, verweigert das Anmeldeamt die Festsetzung des internationalen Anmeldedatums. Der Anmelder erhält eine begründete Benachrichtigung, dass seine Anmeldung nicht als internationale Anmeldung behandelt wird, Regel 20.7 AOPCT. Nach der Festsetzung des internationalen Anmeldedatums überprüft das Anmeldeamt die internationale Anmeldung auf die Einhaltung der Formerfordernisse, Art. 14 PCT.

88 Werden nach Aufforderung **Mängel nicht** oder nicht fristgerecht **behoben,** benachrichtigt das Anmeldeamt – nach einem Warnschreiben, Art. 29.4 Abs. 2 AOPCT – den Anmelder, dass seine Anmeldung als zurückgenommen gilt, Art. 14 Abs. 4 PCT, Regel 29. 1 (a) (ii) AOPCT. Nach dem PCT-Verfahren findet keine Anfechtung der Entscheidung des Anmeldeamts statt, welche die Festsetzung eines internationalen Anmeldedatums ablehnt oder die internationale Anmeldung als zurückgenommen beurteilt – das BPatG (GRUR Int. **81,** 461; Bl. **89,** 138) meint, auch im Rahmen der internationalen Phase einen Rechtsweg über Art. 19 Abs. 4 GG eröffnen zu müssen, soweit die internationale Anmeldung beim Deutschen Patentamt eingereicht ist. Dem ist nicht zuzustimmen, vgl. auch EPA GRUR Int. **91,** 810, 811 – Rechtsmittelinstanz (PCT-Fälle). Der Anmelder kann nur vor den einzelnen nationalen Bestimmungsämtern eine Überprüfung der zurückweisenden Entscheidung verlangen, Art. 25 PCT, Regel 51.1 AOPCT. Für dieses Verfahren und seine Rechtsmittel gilt das nationale Patentrecht, vgl. für das Deutsche Patentamt als Bestimmungsamt Art. III § 5 IntPatÜG. Eine erfolgreiche Überprüfung führt nicht zur Weiterführung des PCT-Verfahrens, sondern hat nur Bedeutung für das jeweilige nationale Patenterteilungsverfahren, Art. 25 Abs. 2 a PCT (vgl. Haertel aaO S. 62; Hallmann aaO XXVI).

89 **Unzutreffende Beanstandungen** im internationalen Anmeldeverfahren führen nicht zu einem Rechtsverlust, sondern zwingen den Anmelder nur zu einem frühzeitigen Betreiben der nationalen Verfahren. Das Erteilungsverfahren wird als nationales Verfahren mit dem Zeitrang der internationalen Anmeldung weiterbehandelt, Art. III § 5 IntPatÜG, Art. 25 Abs. 2 a PCT. Darüberhinaus kann das Bestimmungsamt auch bei zu Recht ergangener Entscheidung der internationalen Behörde gemäß Art. 24 Abs. 2 PCT gehalten sein, die Anmeldung mit dem Zeitrang der internationalen Anmeldung weiter zu behandeln, dies insbesondere dann, wenn die Versäumnis einer der in Regel 82bis AOPCT nunmehr des näheren bestimmten Fristen des Art. 48 Abs. 2 PCT als entschuldigt angesehen werden kann, vgl. hierzu Bundesamt GRUR Int. **84,** 707 – für die Schweiz; EPA GRUR Int. **85,** 202; Gall Mitt. **86,** 81 ff.

90 Ist die internationale **Anmeldung formell in Ordnung** oder in Ordnung gebracht, leitet das Anmeldeamt ein Exemplar der internationalen Anmeldung dem Internationalen Büro und ein weiteres Exemplar der **Internationalen Recherchenbehörde** zu, Art. 12 PCT, Regel 22, 23AOPCT. Die Aufgaben des Internationalen Büros der Vertragsstaaten übernimmt das Internationale Büro der WIPO. Soweit Mitgliedstaaten des PCT-Vertrags noch nicht Mitglieder des

WIPO-Abkommens sind, wird die Funktion des Internationalen Büros von den Vereinigten Internationalen Büros für den Schutz des geistigen Eigentums (BIRPI) wahrgenommen, Art. 2 xix PCT. Die Internationalen Recherchenbehörden werden durch die Versammlung des PCT-Verbandes bestimmt, Art. 16 Abs. 3a PCT; vgl. hierzu Pfanner DB **83,** 1861.

Nach Art. 16 Abs. 2 PCT wird die Errichtung einer **einzigen Internationalen Recherchenbehörde angestrebt.** Der erste Schritt zur Verwirklichung dieses Ziels ist durch die Vereinbarung zwischen dem Internationalen Büro und der Europäischen Patentorganisation „über die Aufgaben des Europäischen Patentamts als Internationale Recherchenbehörde und mit der internationalen vorläufigen Prüfung beauftragte Behörde“ vom 7. 10. 1987 (ABl. EPA **87,** 515ff.) getan. Diese Vereinbarung ist am 1. 1. 1988 in Kraft getreten und ersetzt die vorausgegangene Vereinbarung vom 11. 4. 1978 i. d. F. vom 3. 1. 1985. Die Grundlage für diese Vereinbarung war in Art. 154, 155 EPÜ und im Zentralisierungsprotokoll Abschnitt I Abs. 2 zum EPÜ – BGBl. 1976 II 994, 996 – geschaffen worden, hierzu Kolle/Schatz GRUR Int. **83,** 521, 527. Die Vereinbarung schreibt bindend die Aufgabe des EPA fest, für die internationale Recherche nach den PCT-Richtlinien vorzugehen, EPA (GBK) GRUR Int. **91,** 370, 371 – Polysuccinatester. Nach Art. 3 Abs. 1 dieser Vereinbarung wird das Europäische Patentamt als Internationale Recherchenbehörde (IRB) – **ISA** (International Search Authority) – und nach Art. 3 Abs. 2 als mit der internationalen vorläufigen Prüfung beauftragte Behörde – **IPEA** (Preliminary international Examination Authority) – tätig, wenn es vom Anmeldeamt zu diesem Zweck benannt worden ist. Für die beim Deutschen Patentamt als Anmeldeamt eingegangenen internationalen Anmeldungen nimmt das Europäische Patentamt diese Aufgaben wahr, MittPräsPA gemäß Art. III § 3 IntPatÜG, Art. 32 Abs. 2 PCT vom 24. 4. 1978 in Bl. **78,** 165. Das EPA als Internationale Recherchebehörde sieht sich als berechtigt und verpflichtet an, die Einheitlichkeit der Erfindung (Regel 13 AOPCT) an Hand des ermittelten Standes der Technik zu prüfen, EPA ABl. **90,** 140, 143ff. (abweichend von EPA ABl. **90,** 126) 91

Die Internationale Recherchenbehörde führt die internationale Recherche durch, die mit dem dem Anmelder und dem Internationalen Büro übermittelten Recherchenbericht in Form einer Liste der recherchierten Veröffentlichungen – ohne wertenden Kommentar – abschließt, Art. 15–18 PCT; Regel 33–44 AOPCT. Vor dem Internationalen Büro ist der Anmelder befugt, einmal die Ansprüche der internationalen Anmeldung im Rahmen des Offenbarungsgehalts der ursprünglichen Anmeldung zu ändern, Art. 19 PCT. Dieses übermittelt den Bestimmungsländern die internationale Anmeldung und den Recherchenbericht. Der internationale Recherchenbericht ersetzt grundsätzlich die nationale Recherche (vgl. Art. III § 7 IntPatÜG). Für die Anmeldungen nach dem 1. 1. 2004 wird von der Recherchenbehörde zugleich ein Gutachten über die Patentfähig- und -würdigkeit erstellt – schriftlicher Bescheid. Dieser ist unverbindlich und dient der Erleichterung des weiteren Verfahrens. Der schriftliche Bescheid der ISA kann in dem internationalen vorläufigen Prüfungsbericht der IPEA aufgehen, vgl. Reischle Mitt. **04,** 529, 530. 92

18 Monate nach dem Prioritätszeitpunkt wird die **internationale Anmeldung** in der Regel zusammen mit dem Recherchenbericht – ohne den vorgenannten schriftlichen Bescheid – vom Internationalen Büro **veröffentlicht,** Art. 21 PCT, Regel 48 AOPCT. Auf Antrag des Anmelders ist seine Anmeldung vor Ablauf dieser Frist zu veröffentlichen. Mit der Veröffentlichung der Anmeldung endet die erste Phase des Verfahrens. Die Veröffentlichung hat dieselbe Schutzwirkung wie eine inländische Veröffentlichung einer ungeprüften nationalen Anmeldung, Art. 29 PCT, Art. III § 8 Abs. 1 IntPatÜG. Ist die Anmeldung in englischer, französischer, japanischer, russischer, spanischer oder deutscher Sprache eingereicht worden, so wird sie in eben dieser Sprache veröffentlicht, andernfalls in englischer Übersetzung, Art. 21 Abs. 4 PCT, Regel 48.3 AOPCT. Der Recherchenbericht und die Zusammenfassung werden auf jeden Fall in Englisch veröffentlicht, Regel 4.3c AOPCT. Die Übersetzung ins Englische steht in der Verantwortung des Internationalen Büros. Ist die internationale Anmeldung nicht in deutscher Sprache veröffentlicht worden, so treten die inländischen Schutzwirkungen erst mit der Veröffentlichung der deutschen Übersetzung ein, Art. III § 8 Abs. 2 IntPatÜG. Der Anmelder genießt in diesem Umfange während der anschließenden zweiten Phase bereits vorläufigen Patentschutz im Rahmen des jeweiligen nationalen Rechts der Bestimmungsstaaten. Auf die Veröffentlichung einer internationalen Anmeldung mit der Bundesrepublik als Bestimmungsstaat wird im Patentblatt hingewiesen, MittPräsPA Bl. **80,** 325. 93

2. In der **zweiten Phase** kann das bis dahin nach Art. 23 PCT in der Regel ausgesetzte Erteilungsverfahren allein vor der nationalen Patenterteilungsbehörde weitergeführt werden, wenn der Anmelder keinen Antrag auf eine internationale vorläufige Prüfung stellt, Art. 31 Abs. 1 PCT. Der Antrag auf internationale vorläufige Prüfung ist nunmehr innerhalb einer Frist zu 94 stellen, nämlich innerhalb von 22 Monaten ab Prioritätstag oder – wenn späterer Fristablauf – drei Monate ab Absendung des internationalen Recherchebericht oder des schriftlichen Bescheids der ISA (Regel 54bis Abs. 1 AOPCT) Solchenfalls hat der Anmelder gemäß Art. 22 PCT jedem Bestimmungsamt spätestens mit Ablauf von 30 Monaten seit dem Prioritätsdatum ein Exemplar der internationalen Anmeldung zuzuleiten, eine Übersetzung einzureichen und die nationale Gebühr zu entrichten, vgl. BGH GRUR **85,** 37 – Schraubenpresse. Vor dem Bestimmungsamt hat der Anmelder die Möglichkeit, die Ansprüche, die Beschreibung und die Zeichnung im Rahmen der ursprünglichen internationalen Anmeldung zu ändern, Art. 28 PCT. Vor dem nationalen Amt findet dann die Prüfung der internationalen Anmeldung statt, falls eine Prüfung in dem betreffenden Staat vorgesehen ist. Das Bestimmungsamt darf seine unterbliebene Benennung gemäß Art. 26 PCT berichtigen, EPA GRUR Int. **03,** 468, 469f. Welcher Vertragsstaat in der internationalen Anmeldung bestimmt sein sollte, kann durch Auslegung der Anmeldung zu ermitteln sein,

95 In der zweiten Phase kann aber auch eine **internationale vorläufige Prüfung der Anmeldung** nach Art. 31–39 PCT erfolgen, wenn der Anmelder dies beantragt und der betreffende Staat (Art. 31 Abs. 2 PCT) – wie die Bundesrepublik Deutschland – mangels eines Vorbehalts nach Art. 64 Abs. 1 PCT ihm diese Möglichkeit eingeräumt hat. Die Frist für den Eintritt in die nationale Phase (Art. 22 PCT) beträgt dreißig Monate, Art. 39 Abs. 1 PCT. In dem Antrag sind die Vertragsstaaten (Bestimmungsstaaten) anzugeben, in denen die Prüfungsergebnisse verwendet werden sollen, **ausgewählter Staat,** Art. 31 Abs. 4 (a) PCT.

Die Prüfung erfolgt durch die **beauftragte Prüfungsbehörde,** Art. 32 PCT. Gemäß der Vereinbarung zwischen der WIPO und der Europäischen Patentorganisation v. 7. 10. 1987 (Rdn. 91) ist das **Europäische Patentamt** als **IPEA** mit der internationalen vorläufigen Prüfung beauftragt. Ist die internationale Anmeldung beim Deutschen Patentamt eingereicht worden, führt somit das Europäische Patentamt die internationale vorläufige Prüfung durch. Die vorläufige Prüfung erstreckt sich auf die im Vertrag unverbindlich für die Vertragsstaaten festgelegten Voraussetzungen der Neuheit, der erfinderischen Tätigkeit und der gewerblichen Verwertbarkeit, Art. 33 PCT, Regel 64, 65 AOPCT; sie geht aber nicht auf die Frage ein, ob diese Voraussetzungen nach nationalem Recht vorliegen. Mündliche Offenbarungen werden beispielsweise nicht zum Stand der Technik gerechnet. Ist das Datum der nicht-schriftlichen Offenbarung schriftlich festgehalten, wird im vorläufigen Prüfungsbericht darauf hingewiesen, Art. 33 Abs. 2 PCT, Regeln 64.2, 70.9 AOPCT.

Der Anmelder hat das Recht, mündlich oder schriftlich mit der Prüfungsbehörde zu verkehren, Art. 34 PCT, Regel 66.6 AOPCT. Er erhält Bescheide und darf dazu Stellung nehmen. Er kann seinen Antrag auf vorläufige Prüfung auch zurücknehmen; erklärt er die Zurücknahme nach der gemäß Art. 22 PCT jeweils anwendbaren Frist, so führt dies zur Rücknahme der internationalen Anmeldung; nimmt der Anmelder die Benennung eines Vertragsstaates als ausgewählter Staat zurück, so fällt dieser als Bestimmungsstaat aus, Art. 37 Abs. 4 (b) PCT.

Der **unverbindliche Prüfungsbericht** äußert sich zu jedem Anspruch, Art. 35 PCT. Er wird dem Anmelder und dem Internationalen Büro übermittelt, dort übersetzt und jedem ausgewählten Amt übersandt, Art. 36 PCT. Der Antrag auf internationale vorläufige Prüfung ist vertraulich zu behandeln, Art. 38 PCT. Eine Veröffentlichung des vorläufigen Prüfungsberichts erfolgt nicht. Erst nach Ablauf von dreißig Monaten darf das nationale Amt Ämtern des ausgewählten Staates die Prüfung auf Patentfähigkeit aufnehmen, Art. 40 PCT.

96 Der Vertrag ist auch auf die Erteilung regionaler Patente nach dem EPÜ – und einem Gemeinschaftspatentübereinkommen – abgestimmt. Die durch zwischenstaatliche Patentabkommen zugelassene regionale Anmeldung wird der nationalen Anmeldung gleichgestellt, Art. 2 (iv,vi) PCT. Art. 45 Abs. 1 PCT gibt die Gewähr, dass **internationale Anmeldungen** auch als Anmeldungen **für die Erteilung regionaler Patente** eingereicht werden können, hierzu Gall GRUR Int. **81,** 491 ff. Für die regionalen Anmeldungen nach EPÜ begründet dies die Zuständigkeit des Europäischen Patentamts als Bestimmungsamt, Art. 153 Abs. 1 EPÜ. Das EPA hat zur Wahrnehmung seiner Aufgaben als Bestimmungsamt gemäß Art. 153 EPÜ die internationale Anmeldung selbstständig daraufhin zu überprüfen, ob um ein europäisches Patent nachgesucht wird, EPA GRUR Int. **90,** 144, 145 – PCT-Formblatt/Mc WHIRTER.

97 Der deutsche Gesetzgeber hat von der in Art. 45 Abs. 2 PCT, Art. 153 Abs. 1 Satz 2 EPÜ vorgesehenen Möglichkeit, die Benennung der Bundesrepublik Deutschland als Bestimmungsstaat in der internationalen Anmeldung als einen Antrag auf die Erteilung eines europäischen Patents nach dem EPÜ anzusehen, keinen Gebrauch gemacht; Art. III § 4 Abs. 1 Satz 2 IntPatÜG setzt einen auf die Erteilung eines europäischen Patents gerichteten Antrag voraus.

Der für ein **Gemeinschaftspatent** notwendigen gemeinsamen Benennung der Vertragsstaaten der EU trägt Art. 4 Abs. 1 (ii) PCT schon Rechnung. Zu den über den PCT-Vertrag eröffneten verschiedenen Kombinationsmöglichkeiten einer nationalen Anmeldung mit einer internationalen und einer europäischen Patentanmeldung vgl. Bossung GRUR Int. **75,** 272 ff.; Kolle/Schatz GRUR Int. **83,** 521 ff.

Der PCT-Vertrag ist nicht darauf angelegt, auf das nationale oder regionale Erteilungsverfahren bestimmend überzugreifen. Besonders bedeutsam für die internationale Rechtsvereinheitlichung ist aber Art. 27 PCT, wonach das nationale Recht keine zusätzlichen **Formerfordernisse** für die internationale Anmeldung vorschreiben darf. Die Vorschriften über die Abfassung der internationalen Patentanmeldung (Regeln 3 ff. AOPCT) und der europäischen Patentanmeldung (Regeln 26 ff. AOEPÜ) sind aufeinander abgestimmt. **98**

freibleibend **99–100**

5. Europäisches Patentübereinkommen – EPÜ

Literatur: Pietzcker, EPÜ, GPÜ, PCT – Leitfaden der internationalen Patentverträge, 1977; Fraulob, Neuregelung des internationalen Patentrechts, 1978; Mathély, Le droit européen des brevets d'invention, Paris 1978; Haertel, Europäisches Patentübereinkommen, Textausgabe mit Einführung und Sachregister, 2. Aufl. 1978; Europäisches Patentrecht (EPÜ), Praxis des europäischen Übereinkommens, herausgegeben von der Patentanwaltskammer – Körperschaft des öffentlichen Rechts – München, 2. Aufl. 1979; Singer, Das Neue Europäische Patentsystem, 1979; Gall, Die Europäische Patentanmeldung in Frage und Anwort, Köln, 1982; Beier/Haertel/Schricker (Hrsg.), Europäisches Patentübereinkommen, Münchner Gemeinschaftskommentar, Köln, 1984 ff. – mit Anhang zur Rechtsprechung und zur Bibliographie zum europäischen Patentrecht; Europäische Patentorganisation, 10 Jahre Europäisches Patentübereinkommen, Sonderheft von ABl. EPA, 1987; Hess, Rechtsfolgen von Patentverletzungen im Europäischen Patentrecht, Berlin 1987; Ohl, Die Patentvindikation im deutschen und europäischen Recht, Weinheim 1987; Cronauer, Das Recht auf das Patent im Europäischen Patentübereinkommen, Köln 1988; Singer, Europäisches Patentübereinkommen, Köln 1989; Scheer, Die Internationale Patentanmeldung; das Europäische Patent; das Gemeinschaftspatent, 1992; Singer/Stauder, Europäisches Patentübereinkommen, 2. Aufl., 2000; Gall, Die europäische Patentanmeldung und der PCT in Frage und Antwort, 6. Aufl. 2002; Preu, Brandi-Dohrn/Gruber/Muir, Europäisches und internationales Patentrecht, Einführung zum EPÜ und PCT, 5. Aufl. 2002; Benkard, EPÜ, 2002; Rippe, Europäische und internationale Patentanmeldungen, 3. Aufl., 2003; Dybdahl, Europäische Patentrecht, 2. Aufl., 2004; vgl. auch Hinweise im vorangestellten Literaturverzeichnis.

Moser v. Filseck, Überlegungen zum Europäischen Patentrecht, GRUR Int. **71,** 1; Bossung, Die Münchner Diplomatische Konferenz über die Einführung eines europäischen Patenterteilungsverfahrens, Mitt. **73,** 81; Bericht der Deutschen Deligation über die Münchner Diplomatische Konferenz über das europäische Patentrecht, GRUR Int. **74,** 47; Singer, Das Europäische Patenterteilungsverfahren, Mitt. **74,** 2; Coldewey, Besonderheiten des Europäischen Patentübereinkommens, Mitt. **77,** 148; **78,** 45; Haertel/Singer, Zwei Jahre Europäisches Patentamt und europäisches Patentrecht, GRUR Int. **80,** 709.Haertel, Die Harmonisierungswirkung des europäischen Patentrechts, GRUR Int. **81,** 479; Staehelin, Europäisches Patenterteilungssystem in der Praxis, GRUR Int. **81,** 284; Armetage, Anspruchsformulierung und Auslegung nach den Patentgesetzen der europäischen Länder, GRUR Int. **81,** 670; ders., Die Auslegung europäischer Patente (Art. 69 und das Auslegungsprotokoll), GRUR Int. **83,** 242; Teschemacher, Anmeldetag und Priorität im europäischen Patentrecht, GRUR Int. **83,** 695; Gall, Die Patenterteilung an der Schnittstelle zwischen europäischer und nationaler Phase, GRUR Int. **83,** 11; Liuzzo, Inhaberschaft und Übertragung des europäischen Patents, GRUR

Int. **83,** 20; Haertel, Die Harmonisierung des nationalen Patentrechts durch das europäische Patentrecht, GRUR **83,** 200; Bruchhausen, Die Methodik der Auslegung und Anwendung des europäischen Patentrechts und des harmonisierten nationalen Patentrechts, GRUR Int. **83,** 205; Singer, Möglichkeiten der Unterrichtung über die Materialien zum europäischen Patentrecht, GRUR Int. **83,** 213; Straus, Möglichkeiten der Unterrichtung über die Rechtsprechung und die Literatur zum europäischen Patentrecht, GRUR Int. **83,** 217; Mangini, Die rechtliche Regelung der Verletzungs- und Nichtigkeitsverfahren in Patentsachen in den Vertragsstaaten des Münchner Patentübereinkommens, GRUR Int. **83,** 226; Stauder, Die tatsächliche Bedeutung von Verletzungs- und Nichtigkeitsverfahren in der Bundesrepublik Deutschland, Frankreich, Großbritannien und Italien, GRUR Int. **83,** 234; Straus, Die internationale Beurteilung von Arbeitnehmererfindungen im europäischen Patentrecht, GRUR Int. **84,** 1; Le Tallec, Das Protokoll über die gerichtliche Zuständigkeit und die Anerkennung von Entscheidungen über den Anspruch auf Erteilung eines europäischen Patents (Anerkennungsprotokoll), GRUR Int. **85,** 245; Teschemacher, Die Erteilung des europäischen Patents, GRUR **85,** 802; Bezzenberger, Gedanken zum europäischen Patentrecht, GRUR Int. **87,** 367; Kolle, Das Europäische Patentamt als Sachverständiger im Patentprozeß, GRUR Int. **87,** 476; Ford, Wiedereinsetzung in den vorigen Stand im Verfahren nach dem Europäischen Patentübereinkommen, GRUR Int. **87,** 458; Gall, Das Europäische Patent in der Erteilungsphase, Mitt. **87,** 135; Nieder, Verbot des Doppelschutzes im europäischen Patentrecht, Mitt. **87,** 205 (= Festschrift für Klaka, 1987, S. 103). Singer, Wie legt das Europäische Patentamt das Europäische Patentübereinkommen aus?, Festschr. Preu (1988), S. 201; Gall, Die Entwicklung des Rechtsschutzsystems nach dem Europäischen Patentübereinkommen, Festschr. Preu (1988), S. 235; Koenigs, Rechtsfolgen der Einheitlichen Europäischen Akte für den gewerblichen Rechtsschutz, Festschr. Preu (1988), S. 267; Schulte, Die Änderung des europäischen Patents nach seiner Erteilung und das Verbot der Erweiterung des Schutzbereichs, GRUR Int. **89,** 460; Armitage, Updating the European Patent Convention, GRUR Int. **90,** 662; Singer/Singer, Der Vertrauensschutz im Europäischen Patentrecht, GRUR Int. **90,** 788; van Benthem, Europäisches Patentsystem und Weltpatentsystem, GRUR Int. **90,** 684; Stauder, Die Entstehungsgeschichte von Art. 69 (1) EPÜ und Art. 8 (3) Straßburger Übereinkommen über den Schutzbereich des Patents, GRUR Int. **90,** 793; Bruchhausen, Können die bei der Patentverletzung entstehenden Ausgleichsansprüche harmonisiert werden?, GRUR Int. **90,** 707; Singer, Die Rechtsfortbildung durch die Große Beschwerdekammer des Europäischen Patentamts, Festschr. Pedrazzini (1990), S. 699; Ullrich, Patentschutz im europäischen Binnenmarkt, GRUR Int. **91,** 1; Beier, Vom deutschen zum europäischen Patentrecht – 100 Jahre Patentrechtsentwicklung im Spiegel der Grünen Zeitschrift, Festschr. 100 Jahre GRUR, S. 241; Kunz-Hallstein, Institutionelle Fragen einer Revision des Europäischen Patentübereinkommens – Zur geplanten Änderung von Art. 63 EPÜ, GRUR Int. **91,** 351; Kraßer, Die Änderung von Patentansprüchen während des Prüfungsverfahrens im europäischen Patentrecht, GRUR Int. **92,** 699; Braendli, Die Rolle des Europäischen Patentsystems im expandierenden Europa, GRUR Int. **92,** 881; Rogge, Abwandlungen eines europäischen Patents in Sprache und Inhalt – Änderungen und Übersetzungen, GRUR **93,** 282; Brinkhof, Prozessieren aus europäischen Patenten – einige prozessuale Aspekte der Internationalisierung des Patentrechts, GRUR **93,** 177; Bossung, Rückführung des europäischen Patentrechts in die Europäische Union, GRUR Int. **95,** 923; Rogge, Die Nichtigerklärung europäischer Patente in Deutschland, GRUR Int. **96,** 1111 Brinkhof, Nichtigerklärung europäischer Patente, GRUR Int. **96,** 1115; Pereira da Cruz, The European Patent Convention, Mitt. **97,** 335; Bardehle, Die Ergebnisse der Diplomatischen Konferenz zur Revision des Europäischen Patentübereinkommens, Mitt. **01,** 145; Nack/Phélip, Bericht über die Diplomatische Konferenz zur Revision des Europäischen Patentübereinkommens, GRUR Int. **01,** 322; Kober, Die Rolle des Europäischen Patetnamts im Spannungsfeld globaler Wirtschaftsentwicklungen GRUR Int. **01,** 493; Teschemacher, Die Zusammenführung von Recherche und Prüfung im europäischen Patenterteilungsverfahren, GRUR Int. **04,** 796; Heath, Anhängigkeit nationaler Gerichtsverfahren und das EPÜ, GRUR Int. **04,** 736

101 I. Das **Übereinkommen über die Erteilung europäischer Patente (EPÜ)** wurde am 5. 10. 1973 in München unterzeichnet; es wird nach dem Ort seines Abschlusses auch Münchner Übereinkommen (MPÜ) genannt. An der diplomatischen Konferenz in München nahmen 21 europäische Staaten teil. Bis zum 5. 4. 1974 (Art. 165 EPÜ) unterzeichneten 16 europäische Staaten dieses Übereinkommen. Gegenstand dieses multilateralen völkerrechtlichen Vertrags sind auch die hierzu ergangene Ausführungsordnung (AOEPÜ), das Protokoll über die gerichtliche Zuständigkeit und die Anerkennung von Entscheidungen über den Anspruch auf Erteilung eines europäischen Patents (Anerkennungsprotokoll), das Protokoll über die Vorrechte

und Immunitäten der Europäischen Patentorganisation (Protokoll über Vorrechte und Immunitäten), das Protokoll über die Zentralisierung des Europäischen Patentsystems und seine Einführung (Zentralisierungsprotokoll) und das Protokoll über die Auslegung des Art. 69 des Übereinkommens, Art. 164 EPÜ; Text: BGBl. 1976 II S. 827ff.; GR-Textsammlung Nr. 520 (EPÜ), Nr. 521 (AOEPÜ).

Die Bundesrepublik Deutschland hat dem Übereinkommen durch das Gesetz über internationale Patentübereinkommen (IntPatÜG) vom 21. 6. 1976, BGBl. II 649 zugestimmt; Amtl. Begründung des Entwurfs in BT-Drucksache 7/3712 S. 13ff., 400ff. (Denkschrift zum EPÜ Das EPÜ ist für die Bundesrepublik Deutschland und 6 weitere europäische Staaten am **7. 10. 1977 in Kraft getreten,** Bekanntmachung vom 9. 9. 1977, BGBl. II 792. Die mit der Ratifizierung des Europäischen Patentübereinkommens vollzogene Änderung des nationalen deutschen Patentrechts gemäß Art. IV IntPatÜG ist damit am 1. 1. 1978 in Kraft getreten, Art. XI § 3 Abs. 5 IntPatÜG. Sie betrifft allein die nach dem 1. 1. 1978 eingereichten Patentanmeldungen und die darauf erteilten Patente, Art. XI § 1 IntPatÜG. Für die früheren Schutzrechtsanmeldungen und die sich daraus ergebenden Patente verbleibt es bei dem bisherigen Rechtszustand. Die Vorschriften über das europäische Patentrecht gemäß Art. II IntPatÜG sind am 1. 6. 1978, dem Tag, seit dem europäische Patentanmeldungen beim Europäischen Patentamt eingereicht werden können, in Kraft getreten, Art. XI § 3 Abs. 3 IntPatÜG, Bekanntmachung des BMJ vom 30. 10. 1978 – BGBl. II 1296.

Die Vertragsstaaten haben am 17. 12. 1991 die Revision des Art. 63 EPÜ beschlossen – BGBl. 1993 II 242; die Revision ist am 4. 7. 1997 Kraft getreten – BGBl. 1997 II 1446. Die Vereinbarung ermöglicht im Wesentlichen die Verlängerung der Schutzdauer über das ergänzende Schutzzertifikat, vgl. die Erläuterungen zu § 16a PatG. Umfangreiche Änderungen wurden im Rahmen einer Diplomatischen Konferenz als **Revisionsakte** v. 29. 11. 2000 beschlossen – ABl. EPA Sonderhefte 1 und 4/2001. Diese bedarf der Ratifizierung durch die Vertragssaaten. Die Revisionsakte ist noch nicht in Kraft (Stand: 1. 5. 2005). Darin ist u. a. eine Wiedereinsetzung gegen die Versäumung der zwölfmonatigen Prioritätsfrist vorgesehen. Auch wird das Auslegungsprotokoll zu Art. 69 EPÜ ergänzt durch die Aussage, dass auch äquivalente Ausführumgsformen in den Schutzbereich fallen; vgl. den Bericht von Nack/Phélip GRUR Int. **01,** 322

Neben der Bundesrepublik Deutschland sind gegenwärtig (1. 1. 2005) **Mitgliedstaaten** des EPÜ: Belgien, Dänemark, Finnland, Frankreich, Griechenland, Irland, Italien, Liechtenstein, Luxemburg, Monaco, Niederlande, Österreich, Portugal, Schweden, Schweiz, Spanien, Vereinigtes Königreich und Zypern. Das Hoheitsgebiet der 16 Mitgliedstaaten kennzeichnet den möglichen territorialen Schutzbereich des europäischen Patents, Art. 2 Abs. 2, 168 EPÜ; Liechtenstein bildet mit der Schweiz ein einheitliches Schutzgebiet, Patentschutzvertrag vom 22. 12. 1978, Europäische Patente können nur für beide Staaten gemeinsam verlangt werden (Art. 142, 149 EPÜ), Benkard/Joos, EPÜ, Vor Art. 142ff. Rdn. 22ff. **Beitrittsberechtigt** sind nur europäische Staaten. Neben den 21 Staaten, die an der vorbereitenden Regierungskonferenz in Luxemburg teilgenommen haben, steht der Beitritt Island und Zypern offen, die zu dieser Konferenz eingeladen waren, aber nicht teilgenommen haben. Nur Zypern hat davon bislang Gebrauch gemacht. Andere europäische Staaten – das betrifft vornehmlich die ehemaligen Ostblockstaaten – können zum Beitritt nur auf Beschluss des Verwaltungsrats der Europäischen Patentorganisation eingeladen werden (Art. 166 EPÜ), der gemäß Art. 35 EPÜ einer Dreiviertelmehrheit bedarf. Das am 3. Mai 1992 in **Porto** zwischen den Mitgliedstaaten der Europäischen Gemeinschaft und der EFTA unterzeichnete Abkommen über den **Europäischen Wirtschaftsraum** – ZustimmungsG v. 31. 3. 1993 (BGBl. II 266), hierzu BT-Drucksachen 12/3202f, 3743 – bezieht die EFTA-Staaten in den EG-Binnenmarkt ein. Das EWR-Abkommen ist in Kraft seit 1. 1. 1994 – BGBl. II 515 In Protokoll 28 ist bestimmt, dass alle EFTA-Staaten die materiellen Regelungen des EPÜ in ihr nationales Recht übernehmen. Das bedeutet eine weitgehende Vereinheitlichung des materiellen Patentrechts in 18 europäischen Staaten. 102

II. Gegenstand des Vertrags

Das Europäische Patentübereinkommen führt die durch die Pariser Verbandsübereinkunft eingeleitete und durch den PCT-Vertrag fortentwickelte internationale Vereinheitlichung des Anmeldeverfahrens zu einem einheitlichen europäischen Erteilungsverfahren fort. Das EPÜ stellt ein Sonderabkommen dar, wie Art. 19 PVÜ es den Verbandsländern einräumt, im Lichte des PCT besehen erweist es sich als ein regionaler Patentvertrag im Sinne des Art. 45 Abs. 1 PCT (Präambel zum EPÜ). Mit diesem Übereinkommen wird ein für alle beteiligten europäi- 103 schen Staaten einheitliches Verfahren zur Erteilung eines europäischen Patents geschaffen. Während die Einheitlichkeit des internationalen Anmeldeverfahrens nach PCT mit dem Recherchenbericht oder dem unverbindlichen vorläufigen Prüfungsbericht endet und dann in die nationalen Erteilungsverfahren zerfällt, wird das Erteilungsverfahren nach EPÜ vom Europäischen Patentamt als internationaler Behörde unter Wahrung einheitlicher Voraussetzungen der Patentierbarkeit und der Patentfähigkeit nach eigenen Verfahrensgrundsätzen bis zur bestandskräftigen Erteilung oder Zurückweisung des nachgesuchten Patents zu Ende geführt.

104 Das europäische Patent stellt sich als ein Bündel von Patenten mit Wirkung in den benannten Vertragsstaaten dar **(europäisches Bündelpatent).** Das Übereinkommen gibt den nationalen Verletzungsgerichten einheitliche Auslegungsregeln zur Bestimmung des Schutzumfangs zur Hand und bestimmt die Nichtigkeitsgründe für das vor den nationalen Instanzen durchzuführende Nichtigkeitsverfahren. Die **Harmonisierungswirkung** des europäischen Patentübereinkommens reicht weit über seinen völkerrechtlich verpflichtenden Gehalt hinaus. Das Übereinkommen lässt ein nationales Patenterteilungsverfahren der Vertragsstaaten unberührt. Seine materiell-rechtlichen Regeln beschränken sich de iure auf die europäischen Patente und haben auf die nach nationalem Verfahren erteilten Schutzrechte keinen unmittelbaren Einfluss. Gleichwohl haben nahezu alle Mitgliedstaaten die Zustimmung zum Europäischen Patentübereinkommen zum Anlass genommen, das nationale Recht dem materiellen europäischen Patentrecht über die vom Straßburger Patentübereinkommen (Rdn. 80) zwingend vorgeschriebene Anpassung hinaus anzugleichen.

105 Die *Bundesrepublik Deutschland* hat die Rechtsangleichung in Art. IV IntPatÜG vorgenommen, vgl. Krieger GRUR Int. **81,** 273. Sie führte zu einer – wortreichen – Bestimmung der patentfähigen Erfindung (§§ 1, 2 PatG) ohne eine wesentliche Änderung des bisherigen Rechtszustandes, hatte aber eine weitreichende Umgestaltung des Begriffs der Neuheit zur Folge (§ 3 PatG). Neben einer Erläuterung der erfinderischen Tätigkeit (§ 4 PatG) und der gewerblichen Anwendbarkeit (§ 5 PatG) wurde eine Auslegungsregel zur Bestimmung des Schutzbereichs des Patents (§ 14 PatG) gegeben und die Laufzeit des Schutzrechts auf 20 Jahre heraufgesetzt (§ 16 Abs. 1 PatG). Der Katalog der Einspruchsgründe (§ 21 Abs. 1 PatG) und der Nichtigkeitsgründe (§ 22 Abs. 1 PatG) wurde neu gefasst. Zugleich wurden die Voraussetzungen für die Weitergabe einer geheimhaltungsbedürftigen Anmeldung neu geregelt. Die Darstellung des mit der Ratifizierung des europäischen Patentübereinkommens geänderten materiellen deutschen Patentrechts ist der Kommentierung der einschlägigen Paragraphen des Patentgesetzes zu entnehmen. Im vorliegenden Zusammenhang beschränkt sich die Erläuterung des EPÜ auf die wesentlichen Grundzüge des Erteilungsverfahrens.

III. Grundzüge des Erteilungsverfahrens

106 Das europäische Erteilungsverfahren lässt sich in verschiedene Abschnitte unterteilen. Der erste Verfahrensabschnitt endet mit der Veröffentlichung der europäischen Patentanmeldung, der zweite Abschnitt mit der Erteilung des europäischen Patents oder der Zurückweisung der Patentanmeldung. Der dritte Abschnitt eröffnet den Einspruch gegen das erteilte Patent, während das Beschwerdeverfahren das gesamte Erteilungsverfahren überlagert.

1. Von der Anmeldung bis zu ihrer Veröffentlichung

107 **a)** Die Anmeldeschrift ist beim Europäischen Patentamt oder bei seiner Zweigstelle in Den Haag einzureichen, Art. 75 EPÜ; dieser untersteht die Dienststelle Berlin, welche seit 1. 7. 1989 auch Annahmestelle i. S. des Art. 75 Abs. 1 EPÜ ist, EPA ABl. **89,** 218; weitere Dienststellen können geschaffen werden, Art. 7 EPÜ.

Die in Art. 75 Abs. 1 (b) EPÜ vorgesehene Möglichkeit, eine europäische Anmeldung über das nationale Patentamt einzureichen, hat der *deutsche Gesetzgeber* nunmehr in Art. II § 4 Abs. 1 IntPatÜG i. d. F. von Art. 1 Abs. 4 GPatG (Art. 11 GPatG 2) geschaffen. Nach Art. II § 4 Abs. 2 IntPatÜG sind geheimhaltungsbedürftige Erfindungen zwingend über das Deutsche Patentamt einzureichen. Der Anmelder hat in einer Anlage zur Anmeldung darauf hinzuweisen, dass seine Erfindung ein Staatsgeheimnis enthalten könnte, Art. II § 4 Abs. 2 Nr. 1 IntPatÜG.

108 **aa)** Die europäische Anmeldung kann nur auf die Erteilung eines Patents gerichtet sein. Sie muss unter Angabe des Namens des Anmelders und des Erfinders enthalten einen Antrag auf Erteilung eines europäischen Patents, die Beschreibung der Erfindung, mindestens einen Patentanspruch, eine Zusammenfassung und die Zeichnungen, auf welche die Anmeldung Bezug nimmt, bei Nennung mindestens eines Vertragsstaates, Art. 78–81 EPÜ. Eine nachträgliche Benennung weiterer Vertragsstaaten ist ausgeschlossen; es wird deshalb vielfach vorsorglich von einer umfassenden Benennung Gebrauch gemacht. Die Benennung eines Vertragsstaates kann bis zur Erteilung des europäischen Patents zurückgenommen werden, Art. 79 Abs. 2 EPÜ. Die Anmeldung ist in einer der drei **Amtssprachen,** Deutsch, Englisch oder Französisch, einzureichen, Art. 14 Abs. 1 EPÜ. Wird die Anmeldung unter den Voraussetzungen des Art. 14 Abs. 2 EPÜ in einer anderen Sprache eingereicht, so ist innerhalb von drei Monaten, jedoch nicht später als 13 Monate nach dem Prioritätstag eine Übersetzung in einer Amtssprache nachzureichen, Regel 6 AOEPÜ. Die für die Anmeldung gewählte Amtssprache ist grundsätzlich auch **Verfahrenssprache,** Art. 14 Abs. 3 EPÜ, Regeln 2, 3 AOEPÜ. Für die Abfassung der Anmeldeschrift sind in Regeln 24 ff. AOEPÜ bestimmte Formvorschriften aufgestellt. Für Patentanmeldungen, welche auf **Mikroorganismen** Bezug nehmen, wurden besondere Grundsätze ausgearbeitet. Regel 28 AOEPÜ ist auch zur Anpassung an die Vorschriften des Budapester Vertrags (vgl. u. Rdn. 158) mit Wirkung vom 1. 6. 1980 durch Beschluss des Verwaltungsrats vom 30. 11. 1979 revidiert worden, GRUR Int. **80,** 152; vgl. hierzu Teschemacher GRUR Int. **79,** 444; Troller GRUR Int. **80,** 199; v. Pechmann GRUR Int. **80,** 339; Mitt. EPA vom 18. 7. 1986 in ABl. **86,** 269.

Anmeldetag ist der Tag, an welchem der in Art. 80 EPÜ genannte Mindestinhalt der Anmeldung der Anmeldebehörde vorliegt; soweit in Bezug genommene Zeichnungen nicht am Anmeldetag eingereicht werden, kann eine Verschiebung des Anmeldetags die Folge sein, Art. 91 Abs. 6 EPÜ – hierzu Teschemacher GRUR Int. **83,** 695 ff. Die **Priorität** einer früheren identischen Anmeldung für ein Patent, ein Gebrauchsmuster, ein Gebrauchsmusterzertifikat oder einen Erfinderschein kann beansprucht werden, Art. 87 EPÜ. Die Inanspruchnahme einer Priorität ist bei der Einreichung der europäischen Patentanmeldung zu erklären, Art. 88 EPÜ, Regel 38 Abs. 2 AOEPÜ. Der Gegenstand der europäischen Patentanmeldung muss in der früheren Anmeldung insgesamt klar erkennbar sein, EPA GRUR Int. **90,** 974. Es muss Identität des Gegenstandes der zweiten Anmeldung mit der prioritätsbegründenden Erstanmeldung gegeben sein, GBK EPA GRUR Int. 95, 336, 337 – Prioritätsintervall; EPA GRUR Int. **05,** 606, 607. Für die Reichweite der Offenbarung der Erstanmeldung gelten die Grundsätze der Neuheitsprüfung GBK EPA GRUR Int. **02,** 80, 83; BGH GRUR **04,** 133, 136 – Elektronische Funktionseinheit; Benkard/Ullmann/Grabinski, EPÜ, Art. 88 Rdn. 10 ff. Ist die frühere Anmeldung nicht in einem Verbandsstaat der PVÜ erfolgt, so kann die Priorität zuerkannt werden, wenn dieser Staat nach einer Bekanntmachung des Verwaltungsrats die Gegenseitigkeit für die europäische Patentanmeldung wie auch für die nationale Anmeldung in jedem Mitgliedstaat der EPÜ gewährt, Art. 87 Abs. 5 EPÜ. Hinsichtlich der Anwendung des TRIPS in diesem Zusammenhang vgl. GBIC EPA ABl. **04,** 483, 503. Das Prioritätsrecht hat die Wirkung, dass der Prioritätstag für die Prüfung der Neuheit als Tag der europäischen Patentanmeldung gilt, Art. 89 EPÜ, EPA (JBK) GRUR Int. **84,** 239. **109**

Grundsätzlich ist in der Anmeldung auch der Erfinder zu nennen, Art. 81 EPÜ, Regel 17 AOEPÜ. Die Erfindernennung kann innerhalb einer Frist von 16 Monaten nach dem Anmelde- bzw. Prioritätstag nachgeholt werden, Regel 42 Abs. 2 AOEPÜ. Ist der **Anmelder nicht der Erfinder,** so hat er zu erklären, wie er das Recht auf das europäische Patent erlangt hat, Art. 81 EPÜ. Eine Überprüfung der materiellen Berechtigung des Anmelders findet im Erteilungsverfahren nicht statt, Art. 58, 60 Abs. 3 EPÜ. Art. 60 Abs. 1 EPÜ erhebt zum Grundsatz, dass das Recht auf Erteilung des Patents dem Erfinder zusteht – Erfinderprinzip, **formelle Berechtigung.** Hiervon haben die nationalen Gerichte auszugehen. Bei Arbeitnehmererfindungen kann nach der nationalen Rechtsordnung ein anderes Prinzip gelten, Art. 60 Abs. 1 Satz 2 EPÜ. **110**

bb) Die Prüfung der **materiellen Berechtigung** obliegt den nationalen Gerichten (oder nationalen Patentbehörden). Deren Zuständigkeit richtet sich – solange das Erteilungsverfahren noch nicht abgeschlossen ist, also der „Anspruch auf Erteilung eines europäischen Patents" in Streit ist – nach Art. 2–6 des **Anerkennungsprotokolls** zum EPÜ (BGBl 1976 II 982). Die Gerichtsstandsregelung des Anerkennungsprotokolls geht anderen zwischenstaatlichen Vereinbarungen (z. B. EUGVO) vor, Art. 11 Abs. 1 Anerkennungsprotokoll. Eine **Gerichtsstandsvereinbarung** ist zulässig, bei Streit um eine Arbeitnehmererfindung nur, soweit die nationale Rechtsordnung des Arbeitsvertrags eine solche Vereinbarung zulässt, Art. 5 Abs. 2 Anerkennungsprotokoll. Beim Vindikationsstreit haben die nationalen Gerichte vom Erfinderprinzip des Art. 60 Abs. 1 EPÜ auszugehen. Bei Streitigkeiten zwischen **Arbeitnehmer und Arbeitgeber** gilt gemäß Art. 60 Abs. 1 Satz 2 EPÜ das nationale Recht des Beschäftigungsorts, hilfsweise des Betriebssitzes. Die Wahl einer anderen Rechtsordnung ist zulässig, soweit das vorrangig anwendbare nationale Recht der Arbeitsvertragsparteien dies gestattet, vgl. hierzu Bauer RIW/AWD **70,** 512, 514; Straus GRUR Int. **84,** 1, 3; ders., GRUR Int. **90,** 353. Der *Gesetzgeber der* **111**

Bundesrepublik Deutschland hat für die Geltendmachung des Rechts auf Erteilung des europäischen Patents – wie auch für die Vindikation des erteilten Patents – in Art. II § 5 IntPatÜG eine besondere Regelung geschaffen.

112 Das **Anerkennungsprotokoll** soll verhindern, dass während des Erteilungsverfahrens über den Anspruch auf Erteilung widersprüchliche Entscheidungen in den Vertragsstaaten ergehen. Das **zuerst angerufene** Gericht hat – seine Zuständigkeit vorausgesetzt – den Streit zu entscheiden, Art. 8 Anerkennungsprotokoll. Die von ihm getroffene (abweisende oder zusprechende) Entscheidung ist für alle Vertragsstaaten und für das EPA ohne besonderes Anerkennungsverfahren bindend, Art. 9 Anerkennungsprotokoll. Regel 13 AOEPÜ sieht deshalb vor, dass das Erteilungsverfahren nach Veröffentlichung der europäischen Patentanmeldung bis zum Abschluss des Berechtigungsstreits ausgesetzt werden kann. Wird das **Recht auf Erteilung** des Patents dem Kläger zugesprochen, kann dieser gemäß Art. 61 die Anmeldung als eigene weiterverfolgen, eine neue europäische Patentanmeldung für dieselbe Erfindung unter Wahrung der Priorität der vindizierten Anmeldung (Art. 61 Abs. 2, 76 Abs. 1 EPÜ) einreichen oder die Zurückweisung der europäischen Patentanmeldung beantragen.

113 **Nach Erteilung des Patents** findet auf den Berechtigungsstreit das Anerkennungsprotokoll keine Anwendung. Die Zuständigkeit der nationalen Gerichte bestimmt sich dann nach den allgemeinen Regeln des internationalen Zivilverfahrensrechts, insbesondere nach dem EUGVO, vgl. hierzu EuGH GRUR Int. **84,** 693 – Schienenbefestigung. Das anwendbare materielle Recht wird vorrangig durch Art. 60 EPÜ bestimmt. Die Anerkennung der Entscheidung folgt nach EUGVO oder bilateralen Verträgen. Ist ein Einspruchsverfahren anhängig, kann dessen Aussetzung begehrt werden, Regel 13 Abs. 4 AOEPÜ. Nach Umschreibung in das nationale Patentregister kann der Berechtigte anstelle des bisherigen Patentinhabers in das Einspruchsverfahren eintreten, Art. 99 Abs. 5 EPÜ.

Die gemäß Art. 138 Abs. 1e eröffnete Möglichkeit, die **mangelnde Berechtigung** des Patentinhabers im nationalen **Nichtigkeitsverfahren** geltend zu machen, hat der deutsche Gesetzgeber in Art. II § 6 Abs. 1 Nr. 5 Int. PatÜG wahrgenommen. Die Nichtigerklärung beschränkt sich auch hier nur auf das nationale Hoheitsgebiet.

Zum Anerkennungsprotokoll vgl. BT-Drucksache 7/3712 S. 439ff.; Stauder, Anerkennungsprotokoll in Münchner Gemeinschaftskommentar; Le Tallec GRUR Int. **85,** 245ff. Zur Vindikation: Ohl, Die Patentvindikation im deutschen und europäischen Recht, GRUR-Abhandlungen, 1987, S. 55ff.

114 b) Auf die Anmeldung erfolgt zunächst die **Eingangsprüfung.**

Die Eingangsstelle, welche zur Zweigstelle in Den Haag gehört (Art. 16 EPÜ), prüft, ob die Anmeldung den Voraussetzungen des Art. 80 EPÜ genügt und ihr der Anmeldetag zuerkannt werden kann. Werden Mängel festgestellt, so erhält der Anmelder Gelegenheit, diese innerhalb eines Monats zu beseitigen, Art. 90 Abs. 1 (a) EPÜ, Regel 39 AOEPÜ. Als Anmeldetag ist der Tag festzustellen, an dem die in Art. 80 EPÜ genannten Unterlagen vollständig vorliegen. Beseitigt der Anmelder die Mängel seiner Anmeldung nicht, so wird diese nicht als europäische Anmeldung behandelt, Art. 90 Abs. 2 EPÜ. Die Anmeldung kann auch nicht im nationalen Verfahren weiterbetrieben werden. Der Anmelder ist über diesen Rechtsverlust nach Regel 69 AOEPÜ zu unterrichten.

115 In der Eingangsprüfung ist weiter festzustellen, ob die Anmelde- und die Recherchengebühr rechtzeitig gezahlt worden sind und ob die Patentanmeldung in der Verfahrenssprache rechtzeitig eingereicht worden ist, Art. 90 Abs. 1 (b, c). Werden hier Unterlassungen festgestellt, so gilt die Patentanmeldung als zurückgenommen, Art. 90 Abs. 3 EPÜ. Die **Rücknahmefiktion** führt zu keinem totalen Rechtsverlust. Auf die zurückgenommene Patentanmeldung kann die Inanspruchnahme der Priorität für eine weitere europäische Anmeldung in anderen europäischen Staaten (Art. 87 Abs. 2 EPÜ) oder innerhalb der PVÜ für eine nationale Anmeldung gestützt sein, da die Rücknahme der Erstanmeldung das Prioritätsrecht nicht vereitelt, Art. 4 A Abs. 3 PVÜ, str. vgl. insoweit RGZ **141,** 295, 299; Wieczorek, Unionspriorität, 35f.; beachte aber Art. 87 Abs. 4 EPÜ, der Art. 4 C Abs. 4 PVÜ entspricht (vgl. hierzu o. Rdn. 33). Der Anmelder kann aber auch innerhalb einer dreimonatigen Frist über den beim Europäischen Patentamt zu stellenden **Umwandlungsantrag** (Art. 136 EPÜ) erreichen, dass die Anmeldung in den von ihm benannten Vertragsstaaten als nationales Erteilungsverfahren weitergeführt wird, sofern das nationale Verfahrensrecht dies vorsieht, Art. 135 Abs. 1 (b) EPÜ, vgl. Benkard/Joos, EPÜ, Art. 135 Rdn. 2, 5.

116 *Der deutsche Gesetzgeber* räumt dem Anmelder diese Umwandlungsmöglichkeit nicht ein. Vom Anmelder einer europäischen Patentanmeldung ist zu erwarten, dass er den Verfahrensregeln der EPÜ und der AOEPÜ sowie den Entscheidungen des Europäischen Patentamts nach-

kommt. Betreibt er seine europäische Patentanmeldung mangelhaft, so besteht kein Anlass, ihn mit seiner fehlgeschlagenen europäischen Anmeldung noch den Weg zum Erteilungsverfahren vor dem Deutschen Patentamt zu eröffnen (Amtl. Begründung zu Art. II § 9 IntPatÜG, BT-Drucksache 7/3712 S. 21).

Art. II § 9 Abs. 1 IntPatÜG gibt die Vergünstigung, eine fehlgeschlagene europäische Patentanmeldung in eine nationale Anmeldung umzuwandeln, nur für die Fälle der Art. 77 Abs. 5 und 162 Abs. 4 EPÜ (§ 135 Abs. 1 a EPÜ). Das europäische Erteilungsverfahren scheitert in diesen Fällen nicht wegen einer Nachlässigkeit des Anmelders, sondern an dem von ihm nicht zu vertretenden Umstand, dass die nationale Anmeldebehörde die europäische Anmeldung nicht innerhalb der in Art. 77 Abs. 5 EPÜ aufgezeigten Frist dem Europäischen Patentamt hat zugehen lassen – gegen deren Versäumnis Wiedereinsetzung nicht gewährt werden kann, EPA GRUR Int. **80,** 422f. – oder dass das Europäische Patentamt wegen einer Beschränkung des Gebietes der Technik nach Art. 162 Abs. 2 EPÜ ein Erteilungsverfahren nicht hat durchführen können.

c) Hat die Anmeldung die Eingangsprüfung erfolgreich überstanden, wird sie der Prüfung der weiteren formellen Voraussetzungen unterzogen – **Formalprüfung** –, Art. 91 EPÜ. **117**

Dem Anmelder wird Gelegenheit gegeben, Mängel innerhalb einer bestimmten Frist zu beheben, Regeln 41–43 AOEPÜ. Mängel bei der Inanspruchnahme der Priorität können zu deren Verlust führen, Art. 91 Abs. 3 EPÜ, Regel 41 Abs. 2 AOEPÜ. Wird eine Benennungsgebühr nicht rechtzeitig entrichtet, so gilt die Benennung des betreffenden Staates als zurückgenommen. Die nicht fristgerechte Nennung des Erfinders führt nach Art. 91 Abs. 5 EPÜ, Regel 42 AOEPÜ zur Fiktion der Rücknahme der Anmeldung. Der Mangel von Zeichnungen, auf welche die Anmeldung Bezug nimmt, kann nicht ohne Rechtsnachteil behoben werden. Der Anmelder muss sich entscheiden, ob er die Bezugnahme auf die Zeichnungen fallen lässt oder ob der Anmeldetag auf den Tag der Einreichung der Zeichnungen neu festgesetzt werden soll, Art. 91 Abs. 6 EPÜ, Regel 43 Abs. 1 AOEPÜ. Äußert sich der Anmelder nicht fristgerecht, wird die Bezugnahme auf die Zeichnungen gestrichen, Regel 43 Abs. 2 AOEPÜ.

d) Neben der Formalprüfung laufen die Arbeiten zur Erstellung des europäischen **Recherchenberichts,** Art. 92 EPÜ. **118**

Die Recherchenabteilung, welche ebenfalls zur Zweigstelle Den Haag gehört (Art. 17 EPÜ), erhält bereits nach Abschluss der Eingangsprüfung ein Aktenexemplar als Arbeitsgrundlage. Der europäische Recherchenbericht, der etwa drei Monate nach Eingang der Anmeldung erstellt sein kann, nennt die Schriftstücke, welche für die Beurteilung der Neuheit und der erfinderischen Tätigkeit in Betracht zu ziehen sind, Regel 44 AOEPÜ. Die Schriftstücke werden im Recherchenbericht nach den Patentansprüchen, auf welche sie sich erstrecken, und nach Veröffentlichungszeitraum geordnet. Nach den Schriftstücken, die vor dem Prioritätstag veröffentlicht wurden, und neben den Schriftstücken, deren Veröffentlichung in die Zeitspanne zwischen Prioritätstag und Anmeldetag fällt, sind die nach dem Anmeldetag veröffentlichten früher angemeldeten europäischen Patentanmeldungen zu nennen, Regel 44 Abs. 3 AOEPÜ. Mit dieser Einteilung wird herausgestellt, welche Schriftstücke bei der Neuheitsprüfung (Art. 54 Abs. 2, 3, Art. 89 EPÜ) in Betracht zu ziehen sind, aber bei der Beurteilung der erfinderischen Tätigkeit außerachtgelassen werden müssen (Art. 56 Satz 2 EPÜ). Zugleich wird mit der Untergliederung der Fall berücksichtigt, dass eine beanspruchte Priorität nicht zuerkannt werden kann. Beruht die europäische Patentanmeldung auf einer internationalen Anmeldung nach PCT und ist ein internationaler Recherchenbericht nach Art. 18 PCT erstellt, so bedarf es grundsätzlich nur noch eines ergänzenden europäischen Recherchenberichts, Art. 157 Abs. 2 EPÜ; zur Praxis vgl. van Benthem GRUR Int. **90,** 684, 690.

e) Vertritt die Recherchenabteilung die Auffassung, dass die **Einheitlichkeit** der Anmeldung nicht gegeben ist, so erstellt sie den Recherchenbericht für die in den Ansprüchen zuerst offenbarte Erfindung. **119**

Sie hat dem Anmelder aber auch die Möglichkeit zu eröffnen, durch Zahlung von Recherchengebühren auch für die weiteren Erfindungen in seiner Anmeldung einen Recherchenbericht zu erhalten, Regel 46 Abs. 1 AOEPÜ. Dem Anmelder ist zu raten, die zusätzlichen Recherchengebühren zu zahlen, da sonst diese Teile seiner Anmeldung gemäß Art. 90 Abs. 3 EPÜ als zurückgenommen gelten. Die Ansicht der Recherchenabteilung, die Anmeldung ermangele der Einheitlichkeit, ist durch ein Rechtsmittel nicht überprüfbar, Art. 106 Abs. 1 EPÜ. Dem Anmelder verbleibt nur, die Entscheidung der Prüfungsabteilung abzuwarten. Die Durchführung des Recherchenverfahrens darf nicht unnötig verzögert werden.

Teilt später die Prüfungsabteilung die Ansicht der Recherchenabteilung von der mangelnden **120**
Einheitlichkeit nicht, so sind die zusätzlich gezahlten Recherchengebühren auf Antrag dem Anmelder zu erstatten, Regel 46 Abs. 2 AOEPÜ. Die Möglichkeit zu einer Nachrecherche

durch die Recherchenabteilung des Europäischen Patentamts bei einer im PCT-Verfahren als nicht einheitlich behandelten europäischen Patentanmeldung eröffnet Regel 104b Abs. 3 AOEPÜ. Im Übrigen tritt der internationale Recherchenbericht nach Art. 18 PCT an die Stelle des europäischen Recherchenberichts, Art. 157 Abs. 1 EPÜ; vorbehaltlich eines anderweiten Beschlusses des Verwaltungsrats wird jedoch ein ergänzender Recherchenbericht erstellt, Art. 157 Abs. 2a EPÜ. Der europäische Recherchenbericht wird mit den recherchierten Schriftstücken und der Zusammenfassung (Art. 85 EPÜ) dem Anmelder übersandt, Art. 92 Abs. 2 EPÜ, Regel 47 AOEPÜ.

121 f) In der Regel wird der Recherchenbericht mit der **Veröffentlichung der europäischen Patentanmeldung,** welche unverzüglich nach Ablauf von 18 Monaten nach dem Anmeldetag oder Prioritätstag zu erfolgen hat, bekanntgegeben werden können, Art. 93 Abs. 2 EPÜ.

Die Veröffentlichung einer internationalen Anmeldung nach Art. 21 PCT in einer der Amtssprachen des EPÜ tritt an die Stelle der Veröffentlichung der europäischen Patentanmeldung, Art. 158 EPÜ. Liegt bei Veröffentlichung der europäischen Patentanmeldung der Recherchenbericht nicht vor, so wird er nachträglich veröffentlicht; diese Situation wird insbesondere im Falle der Inanspruchnahme einer Priorität auftreten. Art. 93 Abs. 1 Satz 3 EPÜ berücksichtigt auch die Möglichkeit, dass vor Ablauf der Veröffentlichungsfrist auf Grund eines frühzeitig gestellten Prüfungsantrags das Patent wirksam erteilt ist. In diesem Falle wird die Anmeldung zusammen mit der europäischen Patentschrift veröffentlicht. Die Patentanmeldung ist immer in ihrer **ursprünglich eingereichten Fassung** zu veröffentlichen (Art. 93 Abs. 2 EPÜ), da allein diese im Falle des Art. 54 Abs. 3 EPÜ als Stand der Technik berücksichtigt werden darf. Erfolgt eine Änderung der Patentansprüche (Regel 86 Abs. 2 AOEPÜ), so sind die geänderten Patentansprüche neben den ursprünglichen Ansprüchen in die Veröffentlichung der Anmeldung aufzunehmen, Regel 49 Abs. 3 AOEPÜ.

122 Die Veröffentlichung der europäischen Patentanmeldung bringt die Ersten **materiellen Schutzwirkungen** in den in der Veröffentlichung angegebenen benannten Vertragsstaaten, Art. 67 Abs. 1 EPÜ, Regel 49 Abs. 2 AOEPÜ. Der Schutzbereich wird durch die zuletzt eingereichten, gemäß Art. 93 EPÜ veröffentlichten Patentansprüche bestimmt, Art. 69 Abs. 2 EPÜ. Die Ausgestaltung der Schutzwirkungen einer veröffentlichten europäischen Patentanmeldung ist den Vertragsstaaten überlassen. Trifft der nationale Gesetzgeber für die europäische Patentanmeldung keine besondere Regelung, so entsprechen deren Schutzwirkungen denen eines erteilten Patents, Art. 67 Abs. 1, 64 EPÜ. Diese Bestimmung ist ohne ein nationales Ausführungsgesetz unmittelbar anwendbar – self executing –, RA EPA ABl. EPA **79,** 63. Keinesfalls aber dürfen die Schutzwirkungen für eine europäische Patentanmeldung geringer ausgestaltet werden als sie der nationale Gesetzgeber für eine – nach zwingender Verfahrensvorschrift – veröffentlichte ungeprüfte inländische Patentanmeldung vorsieht, Art. 67 Abs. 2 Satz 2 EPÜ. Ein Mindestschutz, nämlich eine den Umständen nach angemessene Entschädigung, darf nicht unterschritten werden, Art. 67 Abs. 2 Satz 3 EPÜ, vgl. hierzu Johannesson, Zum Recht aus der offengelegten deutschen und veröffentlichten europäischen Patentanmeldung, GRUR **77,** 136ff.

123 Der Gesetzgeber der *Bundesrepublik Deutschland* hat in **Art. II § 1 IntPatÜG** die Schutzwirkungen einer veröffentlichten europäischen Patentanmeldung dem einstweiligen Schutz aus einer inländischen Offenlegungsschrift gemäß § 33 Abs. 1 PatG gleichgestellt. Wer in vorwerfbarer Weise den Gegenstand der europäischen Anmeldung benutzt, ist zur Leistung einer **angemessenen Entschädigung** verpflichtet. Weiterreichende Ersatzansprüche oder ein Unterlassungsanspruch bestehen nicht.

124 Der gegenüber dem Entschädigungsanspruch aus der veröffentlichten nationalen Patentanmeldung mögliche **Einwand** nach § 33 Abs. 2 PatG, der Gegenstand der Patentanmeldung sei **offensichtlich nicht patentfähig,** kann gegenüber der veröffentlichten europäischen Patentanmeldung nicht erhoben werden, Nieder, Festschrift für Klaka (1987), S. 103, 108 Fn. 13; Kraßer[5] befürwortet eine analoge Anwendung von § 33 Abs. 2. Eine solche scheidet indes aus, da der bundesdeutsche Gesetzgeber für den Entschädigungsanspruch aus einer veröffentlichten europäischen Patentanmeldung in Art. II § 1 IntPatÜG eine besondere und somit abschließende Regelung geschaffen hat. Die praktische Bedeutung der Kontroverse ist gering, da Entschädigungsforderungen für die Zeit der Veröffentlichung der Patentanmeldung generell nicht vor der Erteilung des Patents geltend gemacht werden. Der durch Art. 67 Abs. 2 Satz 3 EPÜ den Vertragsstaaten vorgeschriebene Mindestschutz – eine verschuldensabhängige Haftung auf eine den Umständen nach angemessene Entschädigung – darf nicht unterschritten werden, vgl. auch Amtl. Begründung zu Art. II § 1 IntPatÜG, BT-Drucksache 7/3712 S. 15. Die über Art. 115 EPÜ nach der Veröffentlichung der Anmeldung jedem Dritten eingeräumte Möglichkeit, Ein-

wände gegen deren Patentierbarkeit beim Europäischen Patentamt zu erheben, steht einer erfolgreichen Geltendmachung des Entschädigungsanspruchs nicht entgegen. Eine Einschränkung für die Verjährungsregelung enthält das EPÜ nicht. Der Entschädigungsanspruch aus Art. II § 1 Abs. 1 IntPatÜG konnte deshalb der dreijährigen **Verjährung** nach § 141 Satz 1 PatG unterworfen werden.

Die in Art. II § 1 Abs. 2 IntPatÜG vorgesehene Regelung, wonach der Anmelder Entschädigung für die Benutzung einer nicht in deutscher Sprache veröffentlichten europäischen Patentanmeldung erst verlangen kann vom Tage der Veröffentlichung der von ihm eingereichten deutschen Übersetzung durch das Deutsche Patentamt oder des Zugangs der Übersetzung an den Benutzer seiner Erfindung, macht von dem **Sprachenvorbehalt** in Art. 67 Abs. 3 EPÜ Gebrauch, vgl. Art. II § 2 Abs. 2 IntPatÜG u. VO des BMJ vom 27. 11. 1978 – BGBl. II 1377 und des PräsPA vom 18. 12. 1978 – BGBl. II 1469f. **125**

Die Veröffentlichung der deutschen Übersetzung durch das Deutsche Patentamt oder ihre Übermittlung an den Benutzer der Erfindung ist Entstehungsvoraussetzung für den Entschädigungsanspruch. Der Anmelder vermag deshalb seinen Anspruch grundsätzlich nicht damit zu begründen, der Benutzer sei der Sprache der veröffentlichten europäischen Patentanmeldung mächtig, einer Übersetzung habe es nicht bedurft. Der Zusendung einer Übersetzung bedarf es nicht, wenn der in Anspruch genommene Benutzer dem Anmelder gegenüber hierauf verzichtet hat. Der Entschädigungsanspruch entsteht in diesem Fall mit Zugang der Verzichtserklärung. **126**

Ist der Verletzungstatbestand nicht ohne weiteres erkennbar, so ist bei der Berechnung des Entschädigungsanspruchs dem Benutzer eine angemessene, grundsätzlich nicht über einen Monat hinausreichende Überlegungsfrist seit – unterstellter – Kenntnis der veröffentlichten europäischen Patentanmeldung oder – erforderlichenfalls – ihrer deutschen Übersetzung zuzubilligen. **127**

Die gleichen Rechtswirkungen treten ein, wenn die nach Art. 21 PCT veröffentlichte **internationale Patentanmeldung** an die Stelle der Veröffentlichung der europäischen Patentanmeldung tritt, Art. II § 1 Abs. 3 IntPatÜG. Voraussetzung hierfür ist, dass das Europäische Patentamt als Bestimmungsamt tätig geworden und die Anmeldung in einer Amtssprache veröffentlicht worden ist, Art. 158 Abs. 1 u. 3 EPÜ. Kommt es nicht zur Erteilung des Patents, so fallen die Schutzwirkungen der veröffentlichten europäischen Patentanmeldung rückwirkend weg. Sie gelten auch in dem Vertragsstaat als nicht eingetreten, dessen Benennung zurückgenommen wird oder als zurückgenommen gilt, Art. 67 Abs. 4 EPÜ. **128**

g) Nach der Veröffentlichung der europäischen Patentanmeldung ist jedermann auf seinen Antrag **Einsicht in die Akten der europäischen Patentanmeldung** zu gewähren, Art. 128 Abs. 4 EPÜ. **129**

Regeln 94, 95 AOEPÜ beschreiben das Verfahren der Akteneinsicht. Regel 93 AOEPÜ nennt die Schriftstücke, welche von der Akteneinsicht ausgeschlossen sind; es handelt sich dabei um Schriftstücke, die für die Unterrichtung der Öffentlichkeit über die Schutzrechtanmeldung nicht von Bedeutung sind. Vor der Veröffentlichung der Patentanmeldung können die Akten grundsätzlich nur mit Zustimmung des Patentanmelders eingesehen werden, Art. 128 Abs. 1 EPÜ. Beruft sich aber der Anmelder einem Dritten gegenüber auf seine – noch nicht veröffentlichte – Anmeldung, so kann dieser auch ohne dessen Zustimmung Einsicht in die Akten verlangen, Art. 128 Abs. 2 EPÜ. Dem Dritten wird damit frühzeitig die Möglichkeit eingeräumt zu erwägen, inwieweit er bei seiner gewerblichen Tätigkeit auf den Gegenstand der Patentanmeldung Rücksicht zu nehmen hat. Ein weiteres berechtigtes Interesse, ohne Zustimmung des Anmelders die Akten einer nichtveröffentlichten Patentanmeldung einsehen zu können, besteht dann, wenn sich eine veröffentlichte (Teil-)Anmeldung auf eine frühere Anmeldung stützt, Art. 128 Abs. 3 EPÜ. Der Dritte soll überprüfen können, ob die neue Anmeldung vom Offenbarungsgehalt der früheren Anmeldung gedeckt ist.

2. Vom Prüfungsantrag zur Erteilung oder Zurückweisung. Der Hinweis auf die Veröffentlichung des europäischen Recherchenberichts im Europäischen Patentblatt setzt die sechsmonatige Frist zur Stellung des **Prüfungsantrags** in Lauf, Art. 94 Abs. 2 EPÜ, Regel 50 AOEPÜ. Wird der Antrag nicht fristgerecht gestellt, wozu die Entrichtung der Prüfungsgebühr gehört, so wird die europäische Patentanmeldung als zurückgenommen behandelt, Art. 94 Abs. 3 EPÜ. Das Prüfungsverfahren läuft vor den Prüfungsabteilungen des Europäischen Patentamts in München ab. Die stufenweise Ausdehnung des Tätigkeitsbereichs des EPA nach Art. 162 EPÜ ist abgeschlossen. Die Sachprüfung kann für alle europäischen Patentanmeldungen beim EPA durchgeführt werden, ABl. EPA **79,** 443. Nach Abschnitt IV des Zentralisierungsprotokolls konnte während einer Übergangszeit von 15 Jahren die Prüfungstätigkeit für die europäische Patentanmeldung auch von nationalen Patentämtern, die das Prüfungsverfahren **130**

in einer der Amtssprachen durchführen können, erfolgen kann. Auch bei der dezentralisierten Prüfung oblag die endgültige Entscheidung über die europäische Patentanmeldung – Erteilung oder Zurückweisung – der Prüfungsabteilung des Europäischen Patentamts in ihrer Zusammensetzung nach Art. 18 Abs. 2 EPÜ, Abschnitt IV Abs. 1 a Zentralisierungsprotokoll.

131 Die **Prüfung** der Anmeldung, die bis zum Erlass der Entscheidung über Erteilung oder Zurückweisung in der Regel der Federführung eines Prüfers unterliegt (Art. 18 Abs. 2 Satz 2 EPÜ) erstreckt sich auf alle formalen und sachlichen Erfordernisse, denen die Erfindung für die Erteilung eines Patents genügen muss. Die Ermittlung der Grundlagen für die Prüfungsentscheidung erfolgt **von Amts wegen,** Art. 114 EPÜ. Dritte können Einwände erheben, ohne dass sie dadurch Beteiligte des Verfahrens werden, Art. 115 EPÜ. Dem **Anmelder** ist stets Gelegenheit zu geben, zu Bedenken gegen die Erteilung des Patents Stellung zu nehmen, Art. 96 Abs. 2 EPÜ. Nimmt er sein Recht zur Stellungnahme innerhalb der ihm gesetzten Frist nicht wahr, so gilt die europäische Anmeldung als zurückgenommen, Art. 96 Abs. 3 EPÜ.

132 Kommt die Prüfungsabteilung zu der Auffassung, dass die **Einheitlichkeit der Erfindung** nicht gegeben ist (Art. 82 EPÜ, Regel 30 AOEPÜ), so gibt sie dem Anmelder Gelegenheit, für die auszuscheidenden Teile eine Teilanmeldung einzureichen, Regel 25 AOEPÜ, Art. 76 EPÜ. Die Teilung der Anmeldung muss nicht immer durch den Mangel der Einheitlichkeit veranlasst sein, sie kann auch in Anwendung des freien Teilungsrechts nach Art. 4 G Abs. 2 PVÜ erfolgen. Die **europäische Teilanmeldung** (vgl. hierzu Strebel Mitt. **82,** 129 ff.) darf nur für die in der ursprünglichen Anmeldung genannten Vertragsstaaten eingereicht werden. Für sie gilt der Anmeldetag der früheren Anmeldung, sie genießt auch deren Prioritätsrecht, Art. 76 Abs. 1 EPÜ. Bei der Eintragung in das europäische Patentregister werden bei der ursprünglichen Anmeldung die Nummern der Teilanmeldungen und bei der Teilanmeldung die Nummer der Ursprungsanmeldung vermerkt, Regel 92 Abs. 1 j, k AOEPÜ. Das Schicksal der Teilanmeldung ist vom Bestand der ursprünglichen Anmeldung unabhängig.

133 Der Anmelder kann den ersten Bescheid des Prüfers auch zum Anlass nehmen, die **Patentansprüche neu** zu **fassen;** die erste Möglichkeit hierzu bestand schon nach Erhalt des europäischen Recherchenberichts, Regel 86 AOEPÜ. Die Prüfungsabteilung kann ihm auch noch weitere Änderungen gestatten. Der Gegenstand der geänderten Schutzansprüche muss durch die **ursprüngliche Fassung der Anmeldung offenbart** sein, kann aber – bis zur Erteilung des Patents – über den Schutzumfang der zunächst formulierten Ansprüche hinausreichen, Art. 123 Abs. 2 EPÜ. Die spätere Änderung der Schutzansprüche im Einspruchsverfahren oder im (nationalen) Nichtigkeitsverfahren darf den Schutzbereich der Patentansprüche in der erteilten Fassung nicht erweitern, Art. 123 Abs. 3, 138 Abs. 2 EPÜ; vgl. hierzu Schulte GRUR Int. **89,** 460, 463, 465, der erkennt, dass die Aufnahme von Äquivalenten wegen der dadurch begründeten Gefahr des Schutzes von deren Äquivalenten zu einer (unzulässigen) Erweiterung des Schutzbereichs führen kann, die vom Verletzungsrichter nicht hinzunehmen ist., daraus aber nicht die gebotene Konsequenz zieht, dass für die Offenbarung des Gegenstandes der Erfindung auch im Erteilungsverfahren nur auf den Offenbarungsbegriff abgestellt werden kann, wie er bei der Frage der neuheitsschädlichen Offenbarung maßgeblich ist vgl. o. Rdn. 109.

134 Ein europäisches Patent kann für die benannten Vertragsstaaten auch mit **unterschiedlich gefassten Ansprüchen** erteilt werden. Dieser Fall tritt dann ein, wenn nur für einzelne der benannten Vertragsstaaten eine frühere europäische Patentanmeldung als Stand der Technik berücksichtigt werden muss (Art. 54 Abs. 3, 4 EPÜ) und deshalb nur für diese eine eingeschränkte Fassung der Schutzansprüche und der Beschreibung geboten ist, Regel 87 AOEPÜ.

135 Die abschließende **Entscheidung** über die europäische Patentanmeldung trifft die Patentabteilung in der Besetzung mit drei Technikern, Art. 18 Abs. 2 EPÜ. Die Patenterteilung kann nur beschlossen werden, wenn der Anmelder hierzu seine Zustimmung erklärt hat (Regel 51 Abs. 4 AOEPÜ), die in Art. 97 Abs. 2 EPÜ aufgeführten Gebühren entrichtet und die nach Regel 51 Abs. 6 AOEPÜ verlangten Übersetzungen fristgerecht eingegangen sind. Erklärt der Anmelder seine Zustimmung nicht fristgerecht, wird die Anmeldung zurückgewiesen, Art. 97 Abs. 1 EPÜ. Die Versäumnis der Fristen zur Erfüllung der Formerfordernisse hat zur Folge, dass die Anmeldung als zurückgenommen angesehen wird, Art. 97 Abs. 3, 5 EPÜ, vgl. hierzu Gall Mitt. **87,** 135.

136 Der **Patenterteilungsbeschluss** wird erst wirksam, wenn im Europäischen Patentblatt auf die Erteilung hingewiesen worden ist, Art. 97 Abs. 4 EPÜ. Der Hinweis wird nicht vor Ablauf der Frist zur Einzahlung der Gebühren, sind Übersetzungen einzureichen, nicht vor Ablauf von fünf Monaten seit Fristbeginn bekanntgemacht, Art. 97 Abs. 4, 5 EPÜ. Gleichzeitig mit dieser Bekanntmachung wird die europäische Patentschrift herausgegeben, Art. 98 EPÜ. Regeln 53, 49 Abs. 1, 2 AOEPÜ. Neben der Beschreibung (in der Verfahrenssprache), gegebenenfalls der Zeichnung und den Patentansprüchen in den drei Amtssprachen (Art. 14 Abs. 7 EPÜ) enthält

die Patentschrift die benannten Staaten und etwaige Prioritätserklärungen; zugleich wird darin die Frist angegeben, innerhalb derer Einspruch eingelegt werden kann, Regel 53 AOEPÜ.

Mit dem Tag der **Bekanntmachung des Hinweises auf die Erteilung** entfaltet das europäische Patent seine nationalen Schutzwirkungen, Art. 64 EPÜ. Nach Art. 65 Abs. 1 EPÜ kann jeder Vertragsstaat vorschreiben, dass die europäische Patentschrift in seine Amtssprache übersetzt werden muss, sofern die Fassung des EPA nicht bereits in dieser Sprache vorliegt. Die meisten Vertragsstaaten haben Vorschriften nach Art. 65 Abs. 1 u. 2 EPÜ erlassen. Bei Nichtbeachtung dieser Vorschriften gelten die Wirkungen des europäischen Patents in diesen Staaten nach Art. 65 Abs. 3 EPÜ als von Anfang an nicht eingetreten. Die Bundesrepublik Deutschland verlangt seit 1. 6. 1992 eine Übersetzung der europäischen Patentschrift, Art. II § 3 IntPatÜG i. d. F. von Art. 6 Nr. 4 GPatG 2. Wird die Übersetzung nicht frist- oder formgerecht eingereicht, so gelten die Wirkungen des europäischen Patents für die Bundesrepublik Deutschland als von Anfang an nicht eingetreten, Art. II § 3 Abs. 2 IntPatÜG. **137**

3. Einspruchsverfahren. Gegen die Erteilung des Patents kann innerhalb einer Frist von neun Monaten seit der Bekanntmachung des Hinweises auf sie unter Wahrung bestimmter Formvorschriften (Regeln 55, 56 AOEPÜ) **Einspruch** beim Europäischen Patentamt eingelegt werden. Einspruchsberechtigt ist jede geschäftsfähige Person jeder Nationalität unabhängig davon, ob sie durch die Patenterteilung in ihren Rechten betroffen ist, Art. 99 Abs. 1 EPÜ. Die Einspruchsabteilung, vor welcher erforderlichenfalls (Art. 116 Abs. 1 EPÜ) die mündliche Verhandlung stattfindet, entscheidet durch drei technisch vorgebildete Prüfer, Art. 19 EPÜ. Ein rechtskundiger Prüfer kann im Bedarfsfall hinzugezogen werden. Die Einsprechenden und der Patentinhaber sind die Verfahrensbeteiligten, Art. 99 Abs. 4, 5 EPÜ. Nach Ablauf der Einspruchsfrist kann einem anhängigen Einspruchsverfahren nur noch der vermeintliche Verletzer beitreten; über die Verletzungsfrage muss ein Rechtsstreit anhängig sein, sei es auch nur in der Form der negativen Feststellungsklage, Art. 105 EPÜ. **138**

Der Einspruch ist auf den Widerruf des europäischen Patents gerichtet, Art. 102 Abs. 1 EPÜ. Der Einspruch kann nicht auf den **Widerruf** des europäischen Patents für einzelne der benannten Vertragsstaaten beschränkt werden. Hat der Einspruch Erfolg, so wird das europäische Patent für alle Vertragsstaaten, in denen es Wirkung hat, widerrufen. Zu einem auf einzelne benannte Staaten beschränkten Widerruf kann es aber kommen, wenn eine entgegengehaltene frühere europäische Patentanmeldung nur für diese Staaten neuheitsschädliche Wirkung nach Art. 54 Abs. 3, 4 EPÜ hat.

Mit dem Widerruf des Patents entfallen dessen Schutzwirkungen von Anfang an, Art. 68 EPÜ. Wegen dieser in die Vergangenheit reichenden **Rechtsfolge des Widerrufs** des Patents kann das Einspruchsverfahren auch dann noch durchgeführt werden, wenn das europäische Patent erloschen oder durch – ex nunc wirkenden – Verzicht des Anmelders für alle benannten Vertragsstaaten weggefallen ist, Art. 99 Abs. 3 EPÜ. Das Einspruchsverfahren ist in diesem Fall auf Antrag des Einsprechenden (Regel 60 Abs. 1 AOEPÜ) jedenfalls dann fortzusetzen, wenn der Patentinhaber Schadensersatzansprüche wegen Patentverletzung geltend macht oder die Aufrechterhaltung des Schutzrechts öffentlichem Interesse zuwiderliefe. Im letztgenannten Fall kann das Verfahren auch bei Rücknahme des Einspruchs und ohne die Beteiligung des Einsprechenden oder seiner Rechtsnachfolger von Amts wegen weitergeführt werden, Regel 60 Abs. 2 AOEPÜ, EPA GRUR Int. **90,** 224, 225 – ICI. **139**

Die **Einspruchsgründe** sind in Art. 100 EPÜ abschließend aufgezählt. Zu einem Widerruf des Patents können führen: fehlende Neuheit, fehlende erfinderische Tätigkeit, mangelnde gewerbliche Anwendbarkeit, mangelnde (absolute) Patentierbarkeit, unzureichende Offenbarung und unzulässige Erweiterung des Gegenstands der Erfindung. Nur hinsichtlich der substantiiert vorgetragenen Einspruchsgründe besteht eine Verpflichtung zur Überprüfung, EPA GRUR Int. **91,** 812, 813f. – SUMITOMO. Auch nach Ablauf der Einspruchsfrist vorgebrachte Einspruchsgründe sind auf ihre Relevanz zu prüfen, EPA GRUR Int. **01,** 560. Der Mangel der Einheitlichkeit ist kein Einspruchsgrund. Die Einspruchsabteilung hat deshalb auch nicht zu prüfen, ob bei einer Aufrechterhaltung des Patents in einem geänderten Umfang (Art. 102 Abs. 3 EPÜ) die Einheitlichkeit gewahrt ist, EPA (GBK) ABl. **92,** 253. Auch die widerrechtliche Entnahme vermag den Einspruch gegen ein europäisches Patent nicht zu begründen. Die Entscheidung über die materielle Berechtigung des Anmelders ist der nationalen Gerichtsbarkeit vorbehalten, Art. 99 Abs. 5 EPÜ. Die rechtskräftige nationale Entscheidung ist gemäß Art. 9 des Anerkennungsprotokolls vom Europäischen Patentamt zu respektieren. Die der Vindikationsklage stattgebende Entscheidung führt zu einer Änderung des Eintrags des Patentinhabers im Patentregister beim Europäischen Patentamt. Greifen die geltend gemachten Einspruchsgründe nicht durch, so wird der Einspruch zurückgewiesen. Der Patentinhaber kann dem Ein- **140** spruch auch mit einer Änderung der Patentansprüche begegnen, deren Schutzbereich darf dabei aber nicht erweitert werden, Art. 123 Abs. 3 EPÜ. Es wird ihm auch gestattet, selbst den Widerruf des Patents zu beantragen, EPA GRUR Int. **86,** 405; in einem solchen Fall ist das Patent ohne weitere Prüfung zu widerrufen, EPA GRUR Int. **90,** 976 – MAN. Erachtet die Einspruchsabteilung das Patent in der geänderten Fassung für bestandskräftig, so beschließt sie dessen Aufrechterhaltung im geänderten Umfang, Art. 102 Abs. 3 EPÜ. Hierzu bedarf es des Einverständnisses des Patentinhabers und der rechtzeitigen Entrichtung der Druckkostengebühr für die neue europäische Patentschrift.

141 **4. Beschwerdeverfahren.** Gegen die Entscheidung der Einspruchsabteilung kann wie gegen jede abschließende Entscheidung im Erteilungsverfahren das Rechtsmittel der **Beschwerde** eingelegt werden, Art. 106 Abs. 1 EPÜ. Entsprechend der Regelung in Art. 99 Abs. 3 EPÜ kann auch dann noch Beschwerde eingelegt werden, wenn das Patent für alle benannten Vertragsstaaten seine Wirkung bereits verloren hat, Art. 106 Abs. 2 EPÜ. Die Beschwerde ist unter Entrichtung der Beschwerdegebühr innerhalb einer Frist von zwei Monaten nach Zustellung der angefochtenen Entscheidung schriftlich unter Wahrung der Form der Regel 64 AOEPÜ beim Europäischen Patentamt einzulegen. Innerhalb von vier Monaten nach Zustellung der angefochtenen Entscheidung muss eine Beschwerdebegründung eingereicht sein, Art. 108 EPÜ. Die Beschwerde hat aufschiebende Wirkung, Art. 106 Abs. 1 EPÜ. Beschwerdeberechtigt ist jeder Verfahrensbeteiligte, der durch die angefochtene Entscheidung beschwert ist, Art. 107 EPÜ. Sämtliche am erstinstanzlichen Verfahren Beteiligte sind auch am Beschwerdeverfahren beteiligt, Art. 107 Satz 2 EPÜ. Ein Verbot der reformatio in peius gibt es im Beschwerdeverfahren vor dem Europäischen Patentamt nicht; Art. 114 Abs. 1 EPÜ gilt auch im Beschwerdeverfahren; zum Umfang der Prüfungspflicht EPA GRUR Int. **91,** 812, 813f. – SUMITOMO. Wendet sich der Anmelder gegen eine die Patentanmeldung teilweise zurückweisende Entscheidung, so hat er eine vollständige Zurückweisung seiner Anmeldung durch die Beschwerdekammer zu gewärtigen. Die Pflicht zur Amtsermittlung beschränkt zugleich die Befugnis, gemäß Art. 114 Abs. 2 EPÜ verspätetes Vorbringen des Einsprechenden unberücksichtigt zu lassen, EPA (TBK) ABl. **86,** 346f.; **87,** 112, 115; 119, 121; zur Amtspraxis vgl. Gori GRUR Int. **87,** 140, 144f.; Günzel Mitt. **92,** 203ff. Ein Tätigkeitsbericht über die Rechtsprechung der Beschwerdekammern wird jährlich in ABl.EPA gegeben, zuletzt Beilage zu ABl. **92** Heft 6. Die Entscheidung der Beschwerdekammer unterliegt keinem Rechtsmittel. Der Rücknahme der Beschwerde des Patentinhabers gegen die auf den Einspruch ergangene Entscheidung kommt rechtsgestaltende Wirkung nur zu, als damit die angefochtene Entscheidung hinsichtlich der (beschränkten) Aufrechterhaltung oder des Widerrufs des Patents in Bestandskraft erwächst, BGH GRUR 02, 511, 514 – Kunststoffrohrteil

142 Die in Art. 112 EPÜ eröffnete Möglichkeit, die **Große Beschwerdekammer** anzurufen, erweitert nicht den Instanzenzug. Die Entscheidung der großen Beschwerdekammer dient der Klärung grundsätzlicher Rechtsfragen und der Sicherung einer einheitlichen Rechtsanwendung. Soweit die Große Beschwerdekammer in einem anhängigen Beschwerdeverfahren tätig wird, ist ihre Entscheidung für die Beschwerdekammer bindend, Art. 112 Abs. 3 EPÜ. Soweit sie auf Antrag des Präsidenten des Europäischen Patentamts (Art. 112 Abs. 1b EPÜ) zu einer Rechtsfrage Stellung nimmt, welche zwei Beschwerdekammern in abgeschlossenen Verfahren unterschiedlich entschieden haben, so gibt sie eine – formell nicht bindende – gutachtliche Äußerung ab, Art. 22 Abs. 1b EPÜ. Die Große Beschwerdekammer beschließt unter dem Vorsitz eines rechtskundigen Mitglieds mit weiteren vier rechtskundigen Mitgliedern und zwei technisch vorgebildeten Mitgliedern, Art. 22 Abs. 2 EPÜ. Die Zusammensetzung der Beschwerdekammern hängt davon ab, welche Abteilung die angefochtene Entscheidung erlassen hat, Art. 21 EPÜ. Art. 21 Abs. 3b EPÜ sieht zudem vor, dass im Einzelfall die Beschwerdekammer selbst die Besetzung mit drei technisch vorgebildeten und zwei rechtskundigen Mitgliedern für erforderlich erachten kann. Die Verfahrensregeln des EPÜ haben die Beschwerdekammern und die große Beschwerdekammer hinsichtlich der Garantien für die Unabhängigkeit und die Unparteilichkeit ihrer Mitglieder richterlichen Spruchkörpern nachgebildet. Bedenken aus dem Grundrecht der Rechtswegegarantie des Art. 19 Abs. 4 GG sind gegen die Entscheidung des EPA als zwischenstaatliche Behörde nicht zu erheben, vgl. auch Völp GRUR Int. **79,** 396, 397.

IV. Nationale Folgeverfahren

143 Mit dem **bestandskräftigen Abschluss des Erteilungsverfahrens** für die europäische Patentanmeldung endet auch die Entscheidungskompetenz des Europäischen Patentamts. Endet das Verfahren mit der Zurückweisung der Anmeldung, ihrer Rücknahme oder der Rücknahmefiktion oder mit dem Widerruf des Patents, so ist es gemäß Art. 135 Abs. 1b EPÜ dem nati-

onalen Gesetzgeber freigestellt, den Anmelder über den **Umwandlungsantrag** unter Wahrung der Priorität der europäischen Patentanmeldung (Art. 66 EPÜ) das nationale Erteilungsverfahren betreiben zu lassen.

1. Diese Möglichkeit der Umwandlung gewährt das deutsche Recht nicht, Art. II § 9 IntPatÜG (vgl. Rdn. 116). Dem Anmelder bleibt es indes unbenommen, eine unabhängig von der europäischen Patentanmeldung getätigte nationale Anmeldung weiterzubetreiben (vgl. Bossung GRUR Int. **75,** 333, 336). Mit der Erteilung des europäischen Patents kann der **Konflikt einer doppelten Patentierung** der zugleich nach nationalem Erteilungsrecht geschützten Anmeldung entstehen. Art. 139 EPÜ will eine Doppelpatentierung weitgehend vermeiden. Haben die identischen Schutzrechtsanmeldungen nicht den gleichen Anmeldetag oder genießen sie nicht die gleiche Priorität, so wird der Konflikt über die mangelnde Neuheit der Erfindung gelöst, Art. 139 Abs. 1 u. 2 EPÜ. Ist die – nicht vorveröffentlichte – nationale Anmeldung prioritätsälter, so kann wegen Art. 139 Abs. 2 und Art. 54 Abs. 3 EPÜ die mangelnde Neuheit des europäischen Patents für den nationalen Bereich erst im Nichtigkeitsverfahren geltend gemacht werden, EPA GRUR Int. **92,** 544, 545 – Älteres nationales Recht/MOBIL. Das europäische Erteilungsverfahren soll mit der Prüfung älterer nationaler Anmeldungen nicht belastet sein. Für den Fall, dass das europäische Patent und das nationale Patent den gleichen Anmelde- oder Prioritätstag aufweisen, ist es gemäß Art. 139 Abs. 3 EPÜ dem jeweiligen Vertragsstaat vorbehalten vorzuschreiben, ob und unter welchen Voraussetzungen er eine doppelte Schutzrechtserteilung zulassen will. 144

Der *deutsche Gesetzgeber* hat sich gegen einen doppelten Schutz der gleichen Erfindung für denselben Erfinder oder seinen Rechtsnachfolger ausgesprochen, Art. II § 8 IntPatÜG (vgl. hierzu Kühnen, Die Reichweite des Doppelschutzverbots nach Art. II § 8 IntPatÜG, FS R. König (2002), 309ff.) Nach rechtskräftiger Erteilung des mit Wirkung für die Bundesrepublik Deutschland erteilten europäischen Patents verliert ein identisches vom Deutschen Patentamt erteiltes Patent seine Schutzwirkung; auf das schwebende nationale Erteilungsverfahren hat das Doppelschutzverbot keinen Einfluss, BPatG GRUR **88,** 683, 684. Der Wegfall der Schutzwirkung tritt von Gesetzes wegen ein. Der Verlust des nationalen Rechts ist endgültig, Art. II § 8 Abs. 2 IntPatÜG. Der Einwand der (teilweisen) Wirkungslosigkeit des nationalen Rechts ist im Verletzungsstreit zuzulassen, vgl. auch BPatGE **28,** 113, 116. Die in Art. II § 8 Abs. 3 IntPatÜG eröffnete Möglichkeit, beim Bundespatentgericht ein besonderes Feststellungsverfahren zur Wirkungslosigkeit des Patents zu betreiben, ist mit Wirkung vom 1. 6. 1992 weggefallen, Art. 6 Nr. 5, Art. 15 Abs. 2 GPatG 2. Der Bestand eines identischen Gebrauchsmusters bleibt de iure unberührt (Schulte/Kühnen[7], § 9 Rdn. 82; a.A. Vorauflage Einl. Int. Teil Rdn. 145), de facto dürfte jedoch der Gebrauchsmusterschutz (§ 13 GebrMG) auf die Fälle der geringeren Schutzanforderungen (§ 3 GebrMG) beschränkt sein. 145

2. Die **Nichtigerklärung des europäischen Patents** ist dem nationalen Verfahren vorbehalten, Art. 138 EPÜ. Solange ein Einspruch nach dem EPÜ erhoben werden kann oder ein solches Verfahren anhängig ist, ist das nationale Verfahren nicht eröffnet (§ 81 Abs. 2 PatG). Diese Vorrangregelung begegnet keinen rechtsstaatlichen Bedenken, BGZ **163,** 369, 372 – Strahlungssteuerung. Die Nichtigkeit des europäischen Patents kann jeweils nur für das Hoheitsgebiet des Staates des Nichtigkeitsverfahrens ausgesprochen werden, Art. 138 Abs. 1 EPÜ, dies gilt insbesondere für die Form der teilweisen Nichtigerklärung, Art. 138 Abs. 2 EPÜ. Die im Erteilungsverfahren gewählte Verfahrenssprache (Art. 14, 70 EPÜ) hat auf Verfahrenssprache zur Fassung der im Nichtigkeitsverfahren beschränkt verteidigten Ansprüche keine Bedeutung, BGH GRUR **92,** 839, 840 – Linsenschleifmaschine. Ebenso wie die Schutzwirkungen des europäischen Bündelpatents auf das Territorium des benannten Vertragsstaats beschränkt sind, muss sich der Ausspruch seiner Nichtigkeit auf das jeweilige staatliche Hoheitsgebiet beschränken. 146

Das europäische Patent, das mit Wirkung für die Bundesrepublik Deutschland erteilt worden ist, kann im nationalen Verfahren nach § 64 PatG beschränkt werden. Die Beschränkung knüpft an das erteilte Patent an, das nach Art. 2 Abs. 2 EPÜ dieselbe Wirkung hat und denselben Vorschriften unterliegt wie ein nationales Patent und damit auch dem Beschränkungsverfahren. Der EPÜ-Kompetenzen werden nicht berührt, BGHZ **133,** 79, 80 – Bogensegment; Rogge GRUR **93,** 284, 288. Wird das Patent sowohl im europäischen Einspruchsverfahren wie auch nach § 64 PatG beschränkt, verbleibt als Schutzgegenstand nur, was nach beiden Beschränkungen gegeben ist, BGHZ **147,** 137, 139 – Trigonellin. Das europäische Patent kann im nationalen Verfahren in der für das Erteilungsverfahren maßgeblichen fremden Verfahrenssprache beschränkt verteidigt werden; § 184 GVG steht nicht entgegen, BGH GRUR **04,** 407, 410f. – Fahrzeugleitsystem.

147 Art. 138, 139 EPÜ nennen abschließend die Gründe, welche vom nationalen Gesetzgeber zur Nichtigerklärung des europäischen Patents angeführt werden dürfen. Der nationale Gesetzgeber muss nicht alle Nichtigkeitsgründe übernehmen; es steht ihm vielmehr frei, eine Auswahl zu treffen. Die Frage der Nichtigkeit eines europäischen Patents kann sich daher in den einzelnen Vertragsstaaten unterschiedlich darstellen. Nach Art. 138, 139 EPÜ können über die Einspruchsgründe hinaus Nichtigkeitsgründe sein: Die – im Einspruchsverfahren möglicherweise erfolgte – unzulässige Erweiterung des Schutzbereichs; die mangelnde Berechtigung des Patentinhabers und das Verbot der Doppelpatentierung gemäß Art. 139 Abs. 2 EPÜ. Weitere Nichtigkeitsgründe können sich für einen Vertragsstaat nur dann ergeben, wenn er von einem Vorbehalt nach Art. 167 Abs. 2 EPÜ Gebrauch gemacht hat. Der auf eine Übergangszeit von zunächst zehn Jahren seit dem Inkrafttreten des Übereinkommens zeitlich beschränkte Vorbehalt hat zur Folge, dass in dem Vorbehaltsstaat gegen die während dieses Zeitraums erteilten europäischen Patente die vorbehaltenen (absoluten) Patentierungsverbote als Unwirksamkeits- oder Nichtigkeitsgründe geltend gemacht werden können. Dieser Vorbehalt konnte sich erstrecken auf das Verbot der Patenterteilung für chemische Stoffe, Nahrungs- oder Arzneimittel sowie für landwirtschaftliche oder gartenbauliche Verfahren.

148 Der *deutsche Gesetzgeber* hat für die (Teil-)Nichtigerklärung des europäischen Patents alle Nichtigkeitsgründe des EPÜ übernommen, Art. II § 6 IntPatÜG. Der deutsche Nichtigkeitsrichter wendet bei der Entscheidung über die Nichtigerklärung eines europäischen Patents materielles europäisches Recht an. Auch der Katalog der Nichtigkeitsgründe für das nationale Patent wurde in der Neufassung von §§ 22, 21 PatG gem. Art. IV Nr. 9 IntPatÜG und Art. 8 Nr. 12 GPatG erweitert.

149 3. Die Gestaltung der **Schutzwirkungen** eines erteilten europäischen Patents und ihrer prozessualen Sicherung ist grundsätzlich dem nationalen Gesetzgeber und dem nationalen gerichtlichen Verfahren vorbehalten, Art. 2 Abs. 2, 64 Abs. 3 EPÜ; hierzu Hess, Rechtsfolgen von Patentverletzungen im Europäischen Patentrecht (1987); Bruchhausen GRUR Int. **90,** 707 ff. Gleichwohl enthält das EPÜ für das Verletzungsrecht bedeutsame übergreifende Bestimmungen. Art. 64 Abs. 2 EPÜ erstreckt den Schutz von Verfahrenspatenten auf die durch das Verfahren unmittelbar hergestellten Erzeugnisse. Diese Vorschrift ist besonders in den Staaten bedeutsam, welche auf Grund eines Vorbehalts nach Art. 167 Abs. 2 EPÜ einen Stoffschutz nicht gewährt hatten. Für die Ermittlung des Schutzbereichs gibt Art. 69 EPÜ in Verbindung mit dem Protokoll über seine Auslegung den Verletzungsrichtern der verschiedenen europäischen Vertragsstaaten eine weitreichende Entscheidungshilfe zur Hand. Der *deutsche Gesetzgeber* hat mit der Einfügung des mit Art. 69 Abs. 1 EPÜ wortlautgleichen § 14 PatG zu erkennen gegeben, dass für europäische und nationale Patente einheitliche Auslegungsregeln gelten sollen. Zur Ermittlung des Schutzbereichs vgl. die Erläuterungen zu § 14 PatG.

150 Eine weitere Harmonisierung der Tätigkeit der verschiedenen mit einem europäischen Patent befassten Nichtigkeits- und Verletzungsverfahren kann durch die **gutachtliche Stellungnahme** des Europäischen Patentamts erreicht werden. Nach Art. 25 EPÜ ist die Prüfungsabteilung des Europäischen Patentamts verpflichtet, auf Ersuchen des nationalen Verletzungs- oder Nichtigkeitsgerichts ein das Gericht nicht bindendes Gutachten zum Gegenstand des betroffenen Patents abzugeben, hierzu Kolle GRUR Int. **87,** 476 mit Hinweis auf Richtlinien.

151, 152 freibleibend

6. Gemeinschaftspatent – Hinweis

153 **Literaturhinweis:** Dokumente der Luxemburger Konferenz über das Gemeinschaftspatent 1975, hrsg. vom Generalsekretäriat des Rates der Europäischen Gemeinschaften, Luxemburg, 1982; Denkschrift zum GPÜ, BT-Drucksache 8/2087 S. 112; 12/632 S. 66; Singer, Das neue europäische Patentsystem, 1979. Bericht der deutschen Deligation über die Luxemburger Konferenz über das Gemeinschaftspatent, GRUR Int. **76,** 187; Singer, Das Gemeinschaftspatentübereinkommen, Mitt. **76,** 125; Schmieder, Deutsches Patentrecht in Erwartung des europäischen Gemeinschaftspatents, NJW **80,** 1190; Stauder, Einheitliche Anknüpfung der Verletzungssanktionen im Gemeinschaftspatentübereinkommen; GRUR Int. **83,** 586; Osterburg, Gedanken zur Vereinheitlichung des Vorbenutzungsrechts für Erfindungen im gemeinsamen Markt, GRUR Int. **83,** 97; Haardt, Die Errichtung eines Berufungsgerichts für Gemeinschaftspatente, GRUR Int. **85,** 252; Bruchhausen, Die Rolle des Gemeinsamen Berufungsgerichts für Gemeinschaftspatente im Verletzungsprozeß, GRUR **85,** 620; Stauder, Die Vereinbarung über Gemeinschaftspatente, das Streitregelungsprotokoll und das Änderungsprotokoll, GRUR Int. **86,** 302; Haertel, Die Luxemburger Konferenz über das Gemeinschaftspatent 1985 und ihre wesentlichen Ergebnisse, GRUR Int. **86,** 293; Bruchhausen, Die Institutionen und Verfahren

bei Klagen, die Gemeinschaftspatente betreffen, GRUR Int. **87,** 497; A. Krieger, Das Luxemburger Übereinkommen über das Gemeinschaftspatent – Herausforderung und Verpflichtung, GRUR Int. **87,** 729 (= Reden und Festbeiträge zum 10. Jahrestag des Inkrafttretens des Europäischen Patentübereinkommens, S. 66ff.). Scordamaglia, Die Gerichtsstandsregelung im Gemeinschaftspatentübereinkommen und das Vollstreckungsübereinkommen von Lugano, GRUR Int. **90,** 777; Krieger, Das Luxemburger Vertragswerk über Gemeinschaftspatente in Hilf/Oehler (Hrsg.), Der Schutz des geistigen Eigentums in Europa, 1991, S. 103; Foglia, Zum Verfahrensrecht des Gemeinschaftspatents – Streitregelung auf dem Gebiet der Gemeinschaftspatente, GRUR Int. **91,** 465; Stauder, Zum materiellen Recht des Gemeinschaftspatents, GRUR Int. **91,** 470; Vivant, Das Europäische Gerichtsstands- und Vollstreckungsübereinkommen und die gewerblichen Schutzrechte, RIW **91,** 26; Schäfers/Schennen, Die Lissaboner Konferenz über das Gemeinschaftspatent, GRUR Int. **92,** 638 (Ber.); Schäfers, Das Gemeinsame Berufungsgericht für Gemeinschaftspatente: völkerrechtliche und verfassungsrechtliche Aspekte GRUR **93,** 289; Le Tallec, La Cour d'appel commune pour les brevets communautaires, GRUR **93,** 231; Schäfers, Anmerkungen zu einem gemeinschaftsrechtlichen Gemeinschaftspatent, GRUR **99,** 820; Stauder, Vom europäischen Patent zum Gemeinschaftspatent, in Baudenbacher/Simon (Hrsg.), Neueste Entwicklungen im europäischen und internationalen Immaterialgüterrecht, 2001, 43; Schade, Das Streitregelungssystem zum Gemeinschaftspatent nach dem Verordnungsvorschlag der Kommission, GRUR 00, 827; Dreiss/Keussen, Zur Streitregelung beim Gemeinschaftspatent, GRUR **01,** 891; Bossung, Unionspatent statt Gemeinschaftspatent – Entwicklungen des europäischen Patents zu einem Patent der Europäischen Union, GRUR Int. **02,** 463 mit Nachtrag GRUR Int. **02,** 575; Kretschmer, Bericht, GRUR **03,** 499; Tilmann, Gemeinschaftspatent mit einem zentralen Gericht, GRUR Int. **03,** 381; Pagenberg, Streitprotokoll für Patentverletzungen, GRUR Int. **03,** 718; Stauder, Bericht, GRUR **03,** 500; Ullrich, Die gemeinschaftsrechtliche Entwicklung des Rechts Geistigen Eigentums in Behrens (Hrsg.), Stand und Perspektiven des Schutzes Geistigen Eigentums in Europa, 2004, 9; Vieregge, Bericht, GRUR **04,** 573; Bauer, Das Ringen um das Gemeinschaftspatent, ÖBl. **05,** 4.

I. Wie in Art. 142 EPÜ vorgesehen, hatten schon am 15. 12. 1975 die damals neun Vertragsstaaten der Europäischen Gemeinschaft mit der Unterzeichnung des **Übereinkommens über das Patent für den Gemeinsamen Markt (GPÜ)** in **Luxemburg** sich zu einem einheitlichen materiellen Schutzrecht für das Gebiet des Gemeinsamen Marktes **(Gemeinschaftspatent)** bekannt. Dieser multilaterale völkerrechtliche Vertrag wird nach dem Ort seines Abschlusses auch Luxemburger Patentübereinkommen genannt. Diesem Übereinkommen hat die Bundesrepublik Deutschland mit Gesetz vom 26. 7. 1979 – BGBl. II 833 („Gesetz zu dem Übereinkommen vom 15. Dezember 1975 über das Europäische Patent für den Gemeinsamen Markt" – GPatG –) zugestimmt. Das **GPÜ** in der **1975** unterzeichneten Fassung ist jedoch nicht in Kraft getreten; zu den Hintergründen vgl. BT-Drucks. 12/632 S. 9ff. 154

Am 21. 12. 1989 haben in Brüssel in zwölf Vertragstaaten der Europäischen Gemeinschaft im Anschluss an die **Dritte Luxemburger Konferenz** über das Gemeinschaftspatent mit der „Vereinbarung über Gemeinschaftspatente" – **Vereinbarung 1989** – das Gemeinschaftspatentübereinkommen erneut zum Inhalt eines völkerrechtlichen Vertrags gemacht. Gegenstand dieser Vereinbarung ist gemäß ihrem Art. 1 das GPÜ vom 15. 12. 1975 in der durch die Vereinbarung geänderten Fassung einschließlich der ergänzenden Protokolle, und zwar

- das Protokoll über die Regelung von Streitigkeiten über die Verletzung und Rechtsgültigkeit von Gemeinschaftspatenten (Streitregelungsprotokoll)
- das Protokoll über die Vorrechte und Immunitäten des Gemeinsamen Berufungsgerichts und
- das Protokoll über die Satzung des Gemeinsamen Berufungsgerichts.

Diese Protokolle waren schon Gegenstand der auf der Zweiten Luxemburger Konferenz vom 4. bis 18. 12. 1992 getroffenen, lediglich paraphierten Vereinbarung, vgl. 8. Aufl. Einl. VI Rdn. 45ff.

Zu der Vereinbarung über Gemeinschaftspatente, die auch Erklärungen über eine gemeinsame Regelung für die Erteilung von Zwangslizenzen an Gemeinschaftspatenten, über die Anpassung des nationalen Patentrechts u. a. einschließt, gehört auch das Protokoll über eine etwaige Änderung der Bedingungen für das Inkrafttreten der Vereinbarung der Gemeinschaftspatente.

Damit haben sich die Vertragschließenden die Möglichkeit geschaffen, abweichend von der Regel des Art. 10 der Vereinbarung über Gemeinschaftspatente, wonach die Vereinbarung zu ihrem Inkrafttreten der Ratifikation durch alle zwölf EG-Mitgliedstaaten bedarf, durch einstimmigen Beschluss die Zahl der für das Inkrafttreten des GPÜ erforderlichen Ratifikationsurkunden zu verringern.

Das Gemeinschaftspatentübereinkommen ist nicht in Kraft getreten. Auf der Lissaboner Konferenz vom 4./5. 5. 1992 wurde vergeblich um ein erleichtertes Inkrafttreten der Vereinbarung über Gemeinschaftspatente gerungen, Schäfers/Schennen, GRUR Int. **92,** 638 (Ber.). Damit wurde eines der Ziele der Einheitlichen Europäischen Akte zur Binnenmarktstruktur – BGBl. 1986 II 1102 – verfehlt, die bis 31. 12. 1992 verwirklicht sein sollten, Art. 23 der Akte. Der Vereinbarung über Gemeinschaftspatente konnte jeder Staat beitreten, der Mitglied der EG geworden ist, Art. 7 Abs. 1 Vereinbarung 1989. Den EFTA-Staaten ist über Art. 8 der Vereinbarung durch einstimmigen Beschluss des Rats der EG die Möglichkeit zum Beitritt eröffnet.

155 Ohne ein Gemeinschaftspatent ist eine funktionierende rechtliche und wirtschaftliche Einheit in Europa nicht vorstellbar. Die im GPÜ niedergelegten Strukturen sind Grundlage für sonstige gemeinschaftsrechtliche Regelungen in diesem Bereich.

II. Die von der Kommission eingeleitete Initiative zur Einführung eines Gemeinschaftspatents über eine auf Art. 308 EG gestützte Verordnung fand ihren Niederschlag in einem Vorschlag für eine Verordnung des Rates über ein Gemeinschaftspatent v. 1. 8. 2000 – **GPVO** – ABl. v. 28. 11. 2000 Nr. C 337 E, S. 278 – in der Fassung v. 11. 6. 2003 (Dok. 10404/03); Gemeinsamer Politischer Standpunkt des Rates der EU v. 3. 3. 2003, GRUR Int. **03,** 389. Daneben hat sich eine Arbeitsgruppe etabliert zur Erarbeitung von Textvorschlägen für das sog. European Patent Law Agreement (EPLA), vgl. hierzu Pagenberg, GRUR Int. **03,** 718. Die Errichtung eines Gemeinschaftspatentsystems ist ins Stocken geraten, vgl. Vieregge (Ber), GRUR **04,** 573. Es bleibt abzuwarten, wer den erforderlichen Schwung aufbringt und welcher Weg beschritten werden wird.

Von einer näheren Darstellung des Systems des Vorschlags der Kommission zur GPVO wird abgesehen. Auf die ausführliche (hoffungsfrohe) Darstellung des Gemeinschaftspatentübereinkommens und des Streitregelungsprotokolls wird auf die Vorauflage, Int. Teil Rdn. 156ff verwiesen. Zum Stand (Ende 2003) der Bemühungen um eine europäische Patentgerichtsbarkeit vgl. M. Schneider, Die Patentgerichtsbarkeit in Europa – Status quo und Reform, Schriftenreihe zum gewerblichen Rechtsschutz, Band 136 (2005).

7. Gebrauchsmuster

156 Die Kommission hat angekündigt, ihren Vorschlag für eine **Richtlinie** des Europäischen Parlaments und des Rats über die Angleichung der Rechtsvorschriften betreffend den Schutz von Erfindungen durch **Gebrauchsmuster** (1997/0356/COD) zurückzuziehen, so dass er aktuell nicht von Bedeutung ist, vgl. Mitteilung der Kommission vom 27. 9. 2005, KOM (2005) 462 endg.

8. Ergänzende multilaterale Übereinkommen

I. Straßburger Abkommen über die Internationale Patentklassifikation (IPC)

157 Das Abkommen 24. 3. 1971 ist am 7. 10. 1975 für die Bundesrepublik Deutschland in Kraft getreten – BGBl. 1975 II S. 283; Änderungen vom 2. 10. 1979, in Kraft am 25. 2. 1982 – BGBl. 1984 II 799. Generalbericht und Text GRUR Int. **72,** 77ff., 83ff.; vgl. dazu auch Haertel, Die Internationale Patentklassifikation und ihre Bedeutung für die Neuheitsrecherche, GRUR Int. **72,** 65ff.; Wittmann, Die Internationale Patentklassifikation, GRUR Int. **73,** 590ff. Dieses Abkommen löst die **Übereinkunft** der Mitgliedsstaaten des Europarats **über die Internationale Patentklassifikation** vom 19. 12. 1954 ab. Das Straßburger Abkommen soll ein weltweit einheitliches Klassifikationssystem sichern. Ein Sachverständigenausschuss, in dem jeder Mitgliedsstaat vertreten ist, sorgt für die ständige Anpassung des Klassifikationssystems an die technologische Entwicklung. Dem Abkommen sind mittlerweile (Stand: 2. 5. 2005) 45 europäische und außereuropäische Staaten beigetreten.

II. Budapester Vertrag

158 Von besonderer Bedeutung für den Patentschutz für mikrobiologische Verfahren und deren Erzeugnisse gemäß § 2 Nr. 2 PatG und Art. 53 EPÜ i. V. mit Regel 28 AOEPÜ ist der **Budapester Vertrag über die internationale Anerkennung der Hinterlegung von Mikroorganismen für die Zwecke von Patentverfahren (BV).** Der Vertrag wurde am 28. 4. 1977 in Budapest von 13 Staaten der Pariser Verbandsübereinkunft unterzeichnet, darunter die Bundesrepublik Deutschland. Weitere 5 Staaten haben noch vor Ablauf der Zeichnungsfrist unterschrieben. Der Vertrag ist für 48 europäische und außereuropäische Staaten in Kraft (Stand: 1. 4. 2005), für die Bundesrepublik Deutschland seit 20. 1. 1981, BGBl 1980 II 1531. Änderung vom 26. 9. 1980 in Kraft seit 24. 5. 1984 – BGBl 1984 II 679. Der Budapester Vertrag und die hierzu ergangene Ausführungsordnung (AOBV) – geändert durch Beschluss vom 20. 1. 1981 – BGBl II 331 sind abgedruckt in GR-Textsammlung Nr. 515f. Erläuternde Hinweise: Hallmann, Der Budapester Vertrag über die internationale Anerkennung der Hinterlegung von Mikroorganismen, GRUR Int. **78,** 55; v. Pechmann, Hinterlegung und Freigabe neuer Mikroorganismen, Mitt. **78,** 41.

1. Das Vereinigte Königreich gab 1962 die Anregung zum Abschluss eines internationalen Abkommens, wonach die Hinterlegung einer mikrobiologischen Kultur im Ausland als ausreichend anerkannt und der Transfer der hinterlegten Mikroorganismen durch Importbeschränkungen nicht behindert werden sollte. Eine völlige Freigabe des zwischenstaatlichen Austausches von Mikroorganismen konnte, insbesondere wegen nationaler gesundheitspolizeilicher Vorschriften, vertraglich nicht verankert werden. Art. 5 BV enthält jedoch eine eindringliche Absichtserklärung, Aus- und Einfuhrbeschränkungen nur gelten zu lassen, als diese im Hinblick auf die nationale Sicherheit oder Gefahren für Gesundheit und Umwelt unumgänglich sind. Die grundlegende Idee, die Hinterlegung des Mikroorganismus in einem Vertragsstaat auch für die Patentverfahren in den übrigen Vertragsstaaten für ausreichend zu erachten, wurde in Art. 3 BV verwirklicht. Über die Mitgliedschaft zum Budapester Vertrag wird für den Anmelder die mehrfache Hinterlegung der Kultur für seine in den Vertragsstaaten betriebenen Patentanmeldungen entbehrlich, für die Patentämter erübrigt sich die Feststellung, ob die nach Art. 6, 7 BV anerkannte Hinterlegungsstelle zur Hinterlegung geeignet ist. Vertragspartei des Budapester Vertrags kann jeder Mitgliedsstaat der PVÜ werden, Art. 15 BV. Auch einer zwischenstaatlichen Organisation zum Schutze des gewerblichen Eigentums, deren Mitgliedsstaaten der PVÜ angehören, ist die Möglichkeit eingeräumt, an den Rechtswirkungen des Budapester Vertrags teilzuhaben. Mit ihrer Anerkennungserklärung nach Art. 9 BV wird die zwischenstaatliche Patentorganisation nicht Vertragspartei (vgl. Art. 10 Abs. 1 c BV), sie lässt aber ihren Anmelder an den Vorteilen des Budapester Vertrags teilhaben. Die Europäische Patentorganisation (EPO) hat eine Erklärung gemäß Art. 9 BV mit Wirkung vom 26. 11. 1980 abgegeben, ABl. EPA **80,** 380. **159**

2. Die Regelung der materiellen Voraussetzungen der hinreichenden Offenbarung des Mikroorganismus und der Freigabe der hinterlegten Kultur an Dritte ist dem nationalen Recht und den zwischenstaatlichen Patentübereinkommen vorbehalten, BGH GRUR, **85,** 1035, 1036 – Methylomonas. Die Einheitlichkeit der Rechtsanwendung im EPÜ-Bereich darf dabei nicht außer acht gelassen werden, vgl. BGHZ **100,** 67, 70 – Tollwutvirus. Wesentlicher **Gegenstand des Budapester Vertrags** und seiner Ausführungsordnung ist die Anerkennung einer Hinterlegung bei einer internationalen Hinterlegungsstelle (Art. 3–9 BV) und das Verfahren für die Abgabe von Proben durch die Hinterlegungsstelle (Regel 11 AOBV). Der Status als internationale Hinterlegungsstelle wird dadurch erlangt, dass ein Vertragsstaat dem Generaldirektor der WIPO eine Hinterlegungsstelle aus seinem Hoheitsgebiet benennt und versichert, dass diese die in Art. 6 Abs. 2 BV geforderten Voraussetzungen erfüllt, Art. 7 BV. Das Internationale Büro hat diese Mitteilung zu veröffentlichen; danach kann die Hinterlegungsstelle ihre Funktion nach dem Budapester Vertrag aufnehmen, Art. 6 Abs. 2 BV. Auch eine zwischenstaatliche Patentorganisation kann internationale Hinterlegungsstellen benennen, Art. 7 Abs. 1a BV. Die gemäß Art. 7 BV anerkannten Hinterlegungsstellen werden in ABl. EPA fortlaufend mitgeteilt. **160**

a) Die **internationale Hinterlegungsstelle** hat den Mikroorganismus zur Hinterlegung anzunehmen, ständig seine Lebensfähigkeit zu prüfen und sorgfältig aufzubewahren, Art. 6 Abs. 2v BV. Der Hinterlegungszeitraum beträgt mindestens 30 Jahre seit dem Tag der Hinterlegung, darüber hinaus jedenfalls 5 Jahre nach dem Eingang des letzten Antrags auf Abgabe einer Probe, Regel 9. 1 AOBV. **161**

b) Die **Anerkennung der Hinterlegung** durch die Vertragsstaaten oder eine internationale Patentorganisation umfasst die Tatsache und den Zeitpunkt der Hinterlegung ebenso wie den Tatumstand, dass eine von der Hinterlegungsstelle gelieferte Probe vom hinterlegten Mikroorganismus stammt, Art. 3 Abs. 1a BV. Die Vertragsstaaten können vom Anmelder eine Empfangsbestätigung über die Hinterlegung des Mikroorganismus verlangen (Art. 3 Abs. 2 BV), die von der Hinterlegungsstelle zu erteilen ist, Art. 6 Abs. 2 vi BV, Regel 7 AOBV. Desgleichen hat die internationale Hinterlegungsstelle auf Antrag des Hinterlegers, eines Dritten oder der Erteilungsbehörde, an die Proben abgegeben wurden, eine **Bescheinigung über die Lebensfähigkeit des Mikroorganismus** zu erteilen, Regel 10. 2 AOBV. Diese Bescheinigung dient der Sicherstellung der hinreichenden **Offenbarung der Patentanmeldung durch den hinterlegten Organismus.** Verliert der Mikroorganismus seine Lebensfähigkeit, so hat die Hinterlegungsstelle den Hinterleger hiervon unverzüglich in Kenntnis zu setzen, Art. 4 Abs. 1a i **162**

BV. Der Anmelder hat dann die Möglichkeit, innerhalb von 3 Monaten nach Erhalt dieser Nachricht den Mikroorganismus erneut zu hinterlegen. Der Patentanmelder hat dann allerdings sich im nationalen Verfahren gegenüber dem Einwand der mangelnden Identität des neu hinterlegten Mikroorganismus mit dem ursprünglich hinterlegten Stamm zu verteidigen, Art. 4 Abs. 1c BV.

163 **c)** Eine verästelte Ausgestaltung hat das Verfahren zur **Abgabe von Proben** des hinterlegten Mikroorganismus in Regel 11. 1–3 AOBV erfahren. Die Regelungen differenzieren danach, wer die Abgabe einer Probe verlangt. Die einfachste Regelung enthält Regel 11. 2 AOBV für die Abgabe von Proben an den Hinterleger selbst oder an eine mit seiner Einwilligung handelnde Person („berechtigte Person"); auf deren Antrag ist eine Probe abzugeben. Verlangen die Patentämter eine Probe, so haben sie eine Erklärung beizufügen, dass bei ihnen eine Patentanmeldung eingereicht wurde, die sich auf den Mikroorganismus bezieht, und dass die Probe nur für Zwecke dieses Patentverfahrens verwendet wird, Regel 11. 1 AOBV. Für die **internationale Patentanmeldung** nach PCT bringt Regel 11.5 AOBV eine Verfahrensvereinfachung. Der Einschaltung der mit der Anmeldung befassten Patentbehörde bedarf es auch, wenn ein Dritter ohne Einverständnis des Hinterlegers eine Probe verlangt.

164 Es ist der nationalen Patentbehörde überlassen, im Einzelfall zu prüfen, ob die nationalen Vorschriften zur Freigabe der Probe an den Dritten erfüllt sind. Die internationale Hinterlegungsstelle ist von der Prüfung freigestellt, ob die Rechtsvorschriften der einzelnen Vertragsstaaten gewahrt sind. Der Dritte hat auf einem Formblatt sich von der nationalen Patentbehörde bestätigen zu lassen, dass die Freigabebedingungen erfüllt sind; er heißt deshalb **„bestätigte Partei"**, Regel 11. 3 AOBV. Auch dem EPA kommt eine entsprechende Vermittlungsfunktion zu. Zur Anpassung an Regel 11. 3 (a) (iii) AOBV ist Regel 28 AOEPÜ mit Wirkung vom 1. 6. 1980 durch Beschluss des Verwaltungsrats vom 30. 11. 1979 revidiert worden, GRUR Int. **80,** 152; vgl. Rdn. 108. Der Kontakt mit der Hinterlegungsstelle ist grundsätzlich in deren Amtssprache aufzunehmen, Regel 3. 1b v, 11. 4a AOBV. Zur sprachlichen Fassung der Formblätter vgl. Regel 7. 2 AOBV. Die gebührenpflichtigen Tatbestände sind in Regel 12. 1 AOBV aufgeführt. Die Festsetzung der Höhe der Gebühren bleibt der jeweiligen internationalen Hinterlegungsstelle vorbehalten.

9. Weitere multilaterale Vereinbarungen

165 Diese betreffen im Rahmen wirtschaftlicher und technischer Zusammenarbeit auch das Erfindungswesen. Die Übereinkommen beziehen sich insbesondere auf militärische Forschungsprojekte, auf Vorhaben aus dem Forschungsbereich und auf Projekte der Weltraumforschung sowie der Nachrichtentechnik. Sie sehen den Austausch oder die Erleichterung des Austausches technischer Informationen vor, die Erfindungen einschließen, die durch Patente oder andere Formen des gewerblichen Rechtsschutzes gedeckt sind; vielfach findet sich auch eine Regelung über die Nutzungsrechte. Vgl. hierzu 8. Aufl. Einl. Int. Teil Rdn. 70. Im Bl. wird über den Abschluss solcher internationalen Verträge, die auch den Patentschutz betreffen, fortlaufend berichtet.

D. Bilaterale Verträge

166 Die **Bundesrepublik Deutschland** hat mit zahlreichen fremden Staaten **bilaterale Verträge** abgeschlossen, die gewerbliche Schutzrechte berühren. Insbesondere in Verträgen über die wissenschaftliche und technische Zusammenarbeit sind Vertragsklauseln zur beiderseitigen Nutzung und/oder Geheimhaltung gewerblicher Schutzrechte enthalten. In Bl. f. PMZ wird fortlaufend berichtet. Hinweise auf zweiseitige internationale Abkommen, die für den Patentschutz bedeutsam sind, werden in dem vom Deutschen Patentamt herausgegebenen Taschenbuch des gewerblichen Rechtsschutzes (Loseblattausgabe) gegeben.

A. Patentgesetz

in der Fassung der Bekanntmachung vom 16. 12. 1980 (BGBl. 1981 I S. 1), geändert durch Art. 2 G zur Änd. des GebrauchsmusterG v. 15. 8. 1986 (BGBl. I S. 1446), Art. 7 G zur Änd. von Kostengesetzen v. 9. 12. 1986 (BGBl. I S. 2326), Art. 4 G zur Stärkung des Schutzes des geistigen Eigentums und zur Bekämpfung der Produktpiraterie v. 7. 3. 1990 (BGBl. I S. 422), Art. 7 Zweites G über das Gemeinschaftspatent v. 20. 12. 1991 (BGBl. II S. 1354), Art. 3 Erstes G zur Änd. des SortenschutzG v. 27. 3. 1992 (BGBl. I S. 727), Art. 1 G zur Änd. des PatentG und anderer Gesetze v. 23. 3. 1993 (BGBl. I S. 366), Art. 12 G zur Neuordnung des Berufsrechts der Rechtsanwälte und der Patentanwälte v. 2. 9. 1994 (BGBl. I S. 2278), Art. 13 MarkenrechtsreformG v. 25. 10. 1994 (BGBl. I S. 3082), Art. 13 G zur Abschaffung der Gerichtsferien v. 28. 10. 1996 (BGBl. I S. 1546), Art. 2 Zweites G zur Änd. des Patentgesetzes und anderer Gesetze v. 16. 7. 1998 (BGBl. I S. 1827), Art. 2f EuGH-Gesetz v. 6. 8. 1998 (BGBl. I S. 2030), Art. 1 G zur Änd. des G zur Neuordnung des Berufsrechts der Rechtsanwälte und der Patentanwälte v. 17. 12. 1999 (BGBl. I S. 2448), Art. 4 G zur Stärkung der Unabhängigkeit der Richter und Gerichte v. 22. 12. 1999 (BGBl. I S. 2598), Art. 2 Abs. 26 ZustellungsreformG v. 25. 6. 2001 (BGBl. I S. 1206), Art. 42 ZivilprozessreformG v. 27. 7. 2001 (BGBl. I S. 1887), Art. 5 Abs. 20 SchuldrechtsmodernisierungsG v. 26. 11. 2001 (BGBl. I S. 3138), Art. 7 und Art. 21 Abs. 2 Geistiges Eigentum-Kostenregelungs-BereinigungsG v. 13. 12. 2001 (BGBl. I S. 3656), Art. 4 Abs. 1 Transparenz- und PublizitätsG v. 19. 7. 2002 (BGBl. I S. 2681), Art. 3 OLG-VertretungsÄndG v. 23. 7. 2002 (BGBl. I S. 2850), Art. 2 Abs. 7 GeschmacksmusterreformG v. 12. 3. 2004 (BGBl. I S. 390), Art. 4 Abs. 41 KostenrechtsmodernisierungsG v. 5. 5. 2004 (BGBl. I S. 718), Art. 1 G zur Änd. des PatentG und anderer Vorschriften des gewerbl. Rechtsschutzes v. 9. 12. 2004 (BGBl. I S. 3232), Art. 1 G zur Umsetzung der RL über den rechtlichen Schutz biotechnologischer Erfindungen v. 21. 1. 2005 (BGBl. I S. 146) und Art. 3 Vierzehntes G zur Änd. des AMG v. 29. 8. 2005 (BGBl. I S. 2570)

Erster Abschnitt. Das Patent

1 *Erfindung. Patentfähigkeit.* (1) **Patente werden für Erfindungen erteilt, die neu sind, auf einer erfinderischen Tätigkeit beruhen und gewerblich anwendbar sind.**

(2) [1]**Patente werden für Erfindungen im Sinne von Absatz 1 auch dann erteilt, wenn sie ein Erzeugnis, das aus biologischem Material besteht oder dieses enthält, oder wenn sie ein Verfahren, mit dem biologisches Material hergestellt oder bearbeitet wird oder bei dem es verwendet wird, zum Gegenstand haben.** [2]**Biologisches Material, das mit Hilfe eines technischen Verfahrens aus seiner natürlichen Umgebung isoliert oder hergestellt wird, kann auch dann Gegenstand einer Erfindung sein, wenn es in der Natur schon vorhanden war.**

(3) **Als Erfindungen im Sinne des Absatzes 1 werden insbesondere nicht angesehen:**

1. Entdeckungen sowie wissenschaftliche Theorien und mathematische Methoden;
2. ästhetische Formschöpfungen;
3. Pläne, Regeln und Verfahren für gedankliche Tätigkeiten, für Spiele oder für geschäftliche Tätigkeiten sowie Programme für Datenverarbeitungsanlagen;
4. die Wiedergabe von Informationen.

(4) **Absatz 3 steht der Patentfähigkeit nur insoweit entgegen, als für die genannten Gegenstände oder Tätigkeiten als solche Schutz begehrt wird.**

Inhaltsübersicht

I. Vorbemerkungen

1 **1. Inhalt der Regelung.** Die gegenwärtige Fassung des § 1 ist – mit Ausnahme des mit Wirkung vom 28. Februar 2005 eingefügten neuen Absatzes 2 – seit dem 1. Januar 1978 in Kraft. Sie enthält eine abschließende Regelung der Patentierbarkeitsvoraussetzungen (ebenso Busse/Keukenschrijver, § 1 Rdn. 10). Ihr Inhalt stimmt wörtlich mit Art. 52 EPÜ überein. Dieser Gleichklang wurde im Interesse der **Rechtseinheit** herbeigeführt, um sicherzustellen, dass der Kreis der patentfähigen Erfindungen derselbe ist, gleichgültig, ob ein Patent mit Wirkung für die Bundesrepublik Deutschland via Deutsches oder Europäisches Patentamt erstrebt wird (BT-Ds. 7/3712 v. 2. 6. 1975, S. 27). Andere Staaten, die ihr Recht der Regelung im Europäischen Patenterteilungsübereinkommen angeglichen haben, sind zuweilen von dessen Wortlaut abgewichen, um ihren Staatsbürgern dessen Inhalt besser verständlich zu machen. So hat beispielsweise Großbritannien den Begriff der ästhetischen Formschöpfungen nach § 1 Abs. 3 Nr. 2 durch eine Aufzählung von Beispielen erläutert und die Begriffe der öffentlichen Ordnung und der guten Sitten gemäß § 2 nach britischem Verständnis definiert (siehe dazu: Armitage, Die neue britische Patentgesetzgebung, GRUR Int. **78,** 224, 229).

1 a **2. Zweck des Patentschutzes.** Bei der sachlichen Rechtfertigung des patentrechtlichen Ausschließungsrechtes lassen sich **vier theoretische Ansätze** unterscheiden, die bei genauer Betrachtung allerdings lediglich unterschiedliche Blickrichtungen **ohne wirkliche sachliche Abweichungen** wiedergeben (vgl. Busse/Keukenschrijver, Einl. Rdn. 55).

1 b Schon vor Inkrafttreten des EPÜ und des § 1 in seiner heutigen Gestalt wurde der Grund für die Verleihung des Patents überwiegend in der Anerkennung der besonderen schöpferischen Leistung (im Bereich der Technik) gesehen, sog. **Belohnungstheorie;** vgl. BGH GRUR **69,** 534, 535 – Skistiefelverschluss; BGHZ **45,** 102, 108 – Appetitzügler; **100,** 67, 70 – Tollwutvirus; **117,** 217, 229f. – Klinische Versuche; Kraßer, § 3 III 2; Chrocziel, Die Benutzung patentierter Erfindungen zu Versuchs- und Forschungszwecken, S. 171f.; Hieber, GRUR **96,** 439, 445; Mes, § 1 Rdn. 2. Die Erteilung ist danach eine Gegenleistung dafür, dass der Erfinder den technischen Fortschritt und das technische Wissen der Allgemeinheit bereichert und ihr die von ihm geschaffene Lehre überlassen hat, vgl. EPA ABl. **94,** 58 – Gesonderter Anspruchssatz; EPA GRUR Int. **95,** 978, 980f. – Pflanzenzellen; BGHZ **45,** 102, 108 – Appetitzügler; **100,** 67, 71 – Tollwutvirus; BGH GRUR **69,** 534, 535 – Skistiefelverschluss; **88,** 290, 292 – Kehlrinne. Nach einem anderen Ansatz soll mit der Gewährung des zeitlich begrenzten Ausschließlichkeitsrechtes ein Anreiz für technische Entwicklungen und deren Bekanntgabe gegeben und so der technische Fortschritt gefördert werden **(Ansspornungstheorie).** Durch die Gewährung eines Schutzes vor Nachahmungen, wie ihn der Erfinder mit einer bloßen Geheimhaltung nicht gewährleisten kann, soll er veranlasst werden, seine Schöpfung zum Patent anzumelden und sie damit der Öffentlichkeit, insbesondere der Fachwelt, bekannt zu geben. Die Bedeutung der Patenterteilung als Gegenleistung für den Verzicht auf die Geheimhaltung der Erfindung betont die **Vertragstheorie** (Offenbarungstheorie). Als Ergebnis vor allem eines im Wesentlichen naturrechtlichen Ansatzes sieht die **Eigentumstheorie** den Grund für die Erteilung des Patents darin, dass dem Erfinder als Urheber der technischen Schöpfung die gleiche Anerkennung und der gleiche Schutz wie beim Sacheigentum gebührt.

II. Das Patent

2 **1.** Das Patent ist ein subjektives privates Recht, das seine Entstehung einem öffentlichrechtlichen Erteilungsakt verdankt.

2 a Die **Erteilung** erfolgt durch **Verwaltungsakt,** BGH GRUR **74,** 146, 147 – Schraubennahtrohr; GRUR **99,** 571, 572 – Künstliche Atmosphäre; Kraßer, § 22 I 3 und § 23 I 7; Busse/Keukenschrijver, Vor § 34 PatG Rdn. 85; König, GRUR **99,** 809, 810. Der Erteilungsakt wirkt rechtsbegründend, RGZ **155,** 321, 325. Eine vereinzelt gebliebene Gegenauffassung, wonach die Patenterteilung als „rechtlich verbindliche Feststellung eines durch den Schöpfungsakt des Erfinders schon vorher entstandenen Privatrechts" zu verstehen sei (Krabel, GRUR **77,** 204, 206f.), ist mit dem Gesetzeswortlaut („Patente werden … erteilt") kaum zu vereinbaren. Die der Erfindung zugrundeliegende Schöpfung berechtigt den Erfinder als solche

nicht, Dritte von ihrer Benutzung auszuschließen. Sie vermittelt ihm zunächst nur das sachliche Recht an seiner geistigen Schöpfung. Darauf aufbauend entsteht mit Fertigstellung und Verlautbarung der Erfindung das Recht auf das Patent (§ 6), das in zweifacher Hinsicht in Erscheinung tritt. Zum einen enthält es das **Erfinderpersönlichkeitsrecht,** das als weitgehend immaterielles Recht vor allem die Beziehung des Erfinders zu seiner Schöpfung und die daraus resultierende persönliche Stellung und Wertschätzung zum Gegenstand hat. Von größerem Gewicht ist seine weitere Bedeutung als das materielle **Recht an der Erfindung.** Als solches verleiht es seinem Inhaber die alleinige Befugnis, für die Erfindung ein Schutzrecht zu erwirken. Mit deren Vollzug durch die Anmeldung bei der zuständigen Stelle wird der materiell-rechtliche Anspruch auf Erteilung des Patents ausgelöst.

2b Ebenso wie die Erteilung beurteilt sich auch der **weitere Bestand** des Patents nach den Regeln des öffentlichen Rechts, zu denen naturgemäß in erster Linie die einschlägigen Vorschriften des Patentgesetzes zählen.

2c Seinen **Wirkungen** nach ist das Patent hingegen ein privates, bürgerliches Recht, wie das Eigentum. Das Patent ist ein absolutes Recht; es erzeugt subjektive Rechte des Patentinhabers gegen alle, nicht nur gegen bestimmte Personen. Solange und soweit es Bestand hat, ist es von allen zu achten. Das Alleinrecht des Patentinhabers (§ 9) schließt alle anderen von der gewerblichen Benutzung der Erfindung aus, doch darf er das Recht nur ausüben, soweit nicht Rechte Dritter entgegenstehen (z.B. sein Patent in ein älteres Schutzrecht eingreift). Das Patentrecht ist ein im Inland befindliches Vermögensrecht, RGZ **31,** 52, 56; **116,** 78, 81; vgl. auch BGH NJW **90,** 2931. Es ist ein Immaterialgüterrecht, Kraßer, § 1 II 6. Zum „Recht an der Erfindung" s. § 6 Rdn. 9. Zum „Erfinderpersönlichkeitsrecht" s. § 6 Rdn. 16; § 63 Rdn. 1 ff.

3 **2.** Die vom Patentamt veröffentlichte **Patentschrift** (§ 58 Abs. 1 Satz 2) gibt Aufschluss über den Inhalt des Patents, d.h. über die Erfindung, die im Patent unter Schutz gestellt ist. Sie enthält – außer der Nennung des Erfinders (§ 63 Abs. 1 Satz 1) – einen oder mehrere Patentansprüche, die Patentbeschreibung und gegebenenfalls Patentzeichnungen (näheres s. § 32 Abs. 3).

3a Die **Veröffentlichung** der Patentschriften durch das Patentamt dient der umfassenden Unterrichtung der Öffentlichkeit über die erteilten Patente. Seit einiger Zeit sind Patentschriften aus Deutschland und vielen anderen Staaten auch im Internet verfügbar, http://depatisnet.dpma.de.

3b Wegen des **Inhalts** der in der Patentschrift dargestellten Erfindung und deren Schutzbereich wird auf die nachfolgenden Erläuterungen und die Erläuterung zu § 14 verwiesen.

III. Die Patentkategorien

Literaturhinweis: Bruchhausen, Der Schutzgegenstand verschiedener Patentkategorien, GRUR **80,** 364; Engel, Patentkategorie bei Vorrichtungserfindungen, Mitt. **76,** 227.

4 **1.** Patente können **Erzeugnisse oder Verfahren** betreffen (siehe § 9 Satz 2 Nr. 1 bis 3). Dementsprechend werden die Erfindungen in solche eingeteilt, die Erzeugnisse (besser die Gestaltung von Erzeugnissen, Gegenständen, Vorrichtungen oder Stoffen) betreffen oder Verfahren zum Gegenstand haben, die die Herstellung von Erzeugnissen, die Benutzung von Gegenständen oder die Erzielung eines Ergebnisses zum Inhalt haben, EPA GRUR Int. **84,** 525, 526 – IFF. Erzeugnispatente und Verfahrenspatente zeitigen unterschiedliche Rechtswirkungen, denn den einzelnen Kategorien sind spezifische Benutzungsarten zugeordnet, die sich zum Teil erheblich unterscheiden. Die Verschiedenheit der Schutzwirkungen liefert den Grund für die Einteilung der Patentkategorien, EPA GRUR Int. **88,** 941, 942 – Kategorienwechsel/MOOG: Wegen der unterschiedlichen Rechtsfolgen kann es von wesentlicher Bedeutung sein, in welche Kategorie eine Erfindung oder ein erteiltes Patent einzuordnen ist.

5 **a)** Maßgebend für die **Einordnung** einer Erfindung in die verschiedenen Patentkategorien ist in erster Linie der nach objektiven Gesichtspunkten zu beurteilende Inhalt der Erfindung, wie er sich nach dem sachlichen Offenbarungsinhalt der Anmeldungsunterlagen charakterisiert, BGHZ **95,** 295, 297 – Borhaltige Stähle; BPatGE **22,** 1, 3 m.w. Nachw. Hat der Anmelder nur Vorrichtungsmerkmale oder Eigenschaften eines Erzeugnisses offenbart, so kann er kein Verfahren beanspruchen; hat er dagegen nur ein Verfahren kennzeichnende Merkmale offenbart, so kann er nicht ein Erzeugnis (eine Vorrichtung) beanspruchen, BPatGE **8,** 136, 138; vgl. auch BPatGE **7,** 15, 16. Die Möglichkeit des Anmelders, die **Patentkategorie** zu **wählen,** ist durch das Interesse der Allgemeinheit an eindeutig definierten und in ihren Rechtswirkungen überschaubaren Schutzrechten begrenzt, BPatGE **20,** 12, 13. Stehen dem Anmelder nach Art und Umfang der offenbarten Erfindung verschiedene Möglichkeiten offen (z.B. Verfahren, Er-

zeugnis – Vorrichtung – als Mittel zur Ausführung des Verfahrens), so kann er die Kategorie, die er wünscht, festlegen, BGHZ **95,** 295, 298; BPatGE **22,** 1, 2; das Patentamt kann die Bestimmung nicht an Stelle des Anmelders treffen. Der Patentsucher (Anmelder) ist bezüglich der Kategoriewahl „Herr der Anmeldung"; sein erklärter Wille ist maßgebend, BGH GRUR **67,** 241, 242 – Mehrschichtplatte. Dem Anmelder muss grundsätzlich eine Anspruchsfassung zugestanden werden, die ihm den weitestgehenden Schutz seiner Erfindung gewährleistet, BPatGE **7,** 12, 14. Das hat auch für die Wahl der Kategorie zu gelten. Der Anmelder wird, sofern es sich um die Erfindung neuer Sachen handelt, regelmäßig ein Erzeugnispatent wählen, das ihm den umfassendsten Schutz gewährt. Der Anmelder ist aber rechtlich nicht gehindert, sein Schutzbegehren auch dann, wenn es sich um die Erfindung eines neuen Erzeugnisses handelt, auf ein Herstellungsverfahren oder ein Anwendungsverfahren zu richten, BGHZ **95,** 295, 298. Die Wahl der Kategorie hat für ihn keineswegs nur alternativen Charakter; er kann sich auch **kumulativ** in einer Anmeldung für mehrere Patentkategorien entscheiden, sofern dies nach dem Inhalt der Erfindung gerechtfertigt ist (z. B. Erzeugnisanspruch, Herstellungsanspruch und Verwendungsanspruch). Der Anmelder kann die Erteilung des Patents in der Ausgestaltung (Kategorie) verlangen, die seiner technischen Lehre entspricht, BGHZ **54,** 181, 184 f. – Fungizid; **73,** 183, 187 – Farbbildröhre. Lässt sich die technische Lehre in mehrere Anspruchsformen fassen, so kann der Anmelder auf alle in Betracht kommenden Erscheinungsformen der Erfindung einen Anspruch richten, BGHZ **73,** 183, 187. Er kann hierfür auch bei gleichzeitiger Anmeldung von Patenten verschiedener Kategorien selbstständige Patente erhalten, BPatGE **14,** 185, 187. Dies gilt sowohl für eine Lehre, die sich in verschiedene Kategorien einordnen lässt, BGHZ **54,** 181, 184 f.; **73,** 183, 187, als auch für eine Lehre, die mehrere Ausprägungen innerhalb derselben Kategorie findet, z. B. Vorrichtung zur Herstellung eines Erzeugnisses und das mittels der Vorrichtung hergestellte Erzeugnis, BGHZ **73,** 183, 187, oder Herstellungsverfahren und Anwendungsverfahren. Die kumulative Gewährung von verschiedenartigen Ansprüchen findet am Rechtsschutzinteresse seine Begrenzung, BGHZ **73,** 183, 187; BGH GRUR **98,** 130 – Handhabungsgerät.

b) Im **Erteilungsverfahren** ist tunlichst darauf zu achten, dass Merkmale eines Herstellungsverfahrens und Merkmale einer Vorrichtung nicht derart miteinander verquickt werden, dass unklar und offen bleibt, welcher Kategorie das erteilte Patent zuzurechnen ist. Das bedeutet jedoch entgegen BPatGE **8,** 136, 142 f.; **16,** 200, 201, nicht, dass ein Anspruch nicht gleichzeitig Verfahrens- und Vorrichtungsmerkmale enthalten dürfe, wenn dies der Verdeutlichung der betreffenden Lehre dient, BPatG Mitt. **76,** 239; **77,** 133, 134. Solange der Charakter eines Erzeugnisse oder Verfahren betreffenden Patents durch die Aufnahme beschränkender oder verdeutlichender Merkmale einer anderen Patentkategorie nicht verwischt wird, steht der Aufnahme von den Erzeugnisschutz beschränkenden Verfahrensmerkmalen in einen ein Erzeugnis betreffenden Anspruch (Erzeugnis erhalten durch … [folgt Verfahren]) oder der Aufnahme von Vorrichtungsmerkmalen in einen Verfahrensanspruch (Verfahren gekennzeichnet durch die Benutzung der Vorrichtung) nichts entgegen, BPatGE **8,** 136, 142, und **16,** 200, 201; BPatG Mitt. **76,** 239; **77,** 133, 134. Sie sind vom BGH ausdrücklich zugelassen worden, BGHZ **57,** 1, 23 – Trioxan; BGH GRUR **60,** 483, 485 – Polsterformkörper. Im Einzelfall kann auf die Umschreibung komplizierter Verfahrensschritte durch ein einfaches Vorrichtungsmerkmal nicht verzichtet werden (Belser, GRUR **79,** 347, 348; Walenda, Mitt. **77,** 68, 69, jeweils mit Beispielen). Die Notwendigkeit, in einem Verfahrensanspruch unter anderem die Ausgangsstoffe und das Endprodukt zu kennzeichnen, führt zwangsläufig dazu, dass in den Patentanspruch Erzeugnismerkmale aufgenommen werden müssen, BGHZ **95,** 295, 298 – Borhaltige Stähle. 6

Im **Verletzungsprozess** ist die zutreffende Kategorie im Wege der **Auslegung** anhand der Patentschrift, des Standes der Technik und des Verlaufs des Erteilungsverfahren zu ermitteln, siehe BGH GRUR **79,** 149, 151 – Schießbolzen – mit Beispielen. 6 a

c) Eine den objektiven Gegebenheiten entsprechende oder bei mehreren möglichen Patentkategorien vom Anmelder getroffene Wahl der **Patentkategorie** (Erzeugnis- oder Verfahrenspatent) kann nach der Patenterteilung nicht ohne weiteres **geändert** werden. Eine Änderung ist insbesondere ausgeschlossen, wenn dadurch der Gegenstand des Schutzes unzulässig geändert wird, BGH GRUR **84,** 644, 645 – Schichtträger; **88,** 287, 288 f. – Abschlussblende. Unzulässig ist danach z. B. der Wechsel von einem auf ein Zwischenprodukt als solches gerichteten Anspruch zu einem Anspruch auf die Verwendung des Zwischenprodukts zur Herstellung eines Endprodukts, sofern damit zugleich Schutz für das auf diese Weise entstandene Endprodukt begehrt wird, BGH GRUR **84,** 644, 645, sowie der Wechsel von einem Anspruch, der eine Vorrichtung in einer bestimmten definierten Verwendung schützt, auf einen reinen Vorrichtungsanspruch, EPA GRUR Int. **96,** 945 – Herzphasensteuerung. Zulässig ist hingegen der 7

Wechsel von einem – grundsätzlich alle Verwendungsmöglichkeiten umfassenden – Erzeugnisanspruch zu einem Verwendungsanspruch, der sich auf eine dieser Verwendungsmöglichkeiten beschränkt, BGH GRUR **88,** 287, 288 – Abschlussblende; **90,** 508, 509 – Spreizdübel; EPA GRUR Int. **90,** 522 – Reibungsverringernder Zusatz. Wer sein Sachpatent dadurch einschränkt, dass er auf einen Verwendungsanspruch übergeht, erklärt dadurch, dass er auf einen etwaigen Schutz der unmittelbaren Verfahrenserzeugnisse verzichtet, BGHZ **110,** 82, 87 – Spreizdübel II.

8 **d)** Eine **Umdeutung der Patentkategorie** ist bei einem offensichtlich dem Wesen der Erfindung nicht gerecht werdenden Fehlgreifen in der Ausdrucksweise zulässig, BGH GRUR **67,** 241, 242 – Mehrschichtplatte; **88,** 287, 289 – Abschlussblende; BPatGE **19,** 116, 117 m. w. Nachw.; **22,** 1, 2; BPatG GRUR **91,** 198, 199; EPA GRUR Int. **88,** 941, 942 – Kategorienwechsel. Zugelassen wurde z. B. der Wechsel von einem Herstellungsverfahren, das nie als neu angesehen wurde, zu einem Verwendungsanspruch für das Verfahrenserzeugnis, BPatG GRUR **91,** 198, 199; ebenso der Wechsel von einem Verfahren zum Betreiben eines Geräts zu einem Sachanspruch auf das Gerät selbst, wenn sich im Wege der Auslegung ergibt, dass schon der ursprüngliche Anspruch der Sache nach nicht auf ein Verfahren, sondern auf eine Vorrichtung gerichtet war, EPA GRUR Int. **92,** 549, 551 – Herzschrittmacher. Die Änderung eines Verfahrensanspruchs, der auf die Erzeugung eines Ölnebels zur Schmierung durch Mischung eines auf eine bestimmte Temperatur erhitzten Trägergases mit Ölen bestimmter Viskosität gerichtet war, in einen Anwendungsanspruch, das genannte Verfahren auf Öle bestimmter Viskosität anzuwenden, ist vom BGH zugelassen worden, BGH Beschl. v. 14. 12. 1978 – X ZR 45/75.

9 **e)** Auf der Grundlage ein und derselben Erfindung können verschiedene Lehren zu technischem Handeln entstehen; sie können auch zum Gegenstand **mehrerer Ansprüche in ein und derselben Anmeldung** gemacht werden. Die verschiedenen Ansprüche können **ein und derselben Patentkategorie** angehören. Dies ist regelmäßig bei Hauptanspruch, Nebenansprüchen (§ 34 Rdn. 67 ff.) und Unteransprüchen (§ 34 Rdn. 69 ff.) der Fall.

10 **f)** In einer Anmeldung können aber auch Ansprüche **verschiedener Patentkategorien** zusammengefasst werden, sofern die Einheitlichkeit i. S. des § 34 Abs. 5 gewahrt wird, BPatG GRUR **88,** 901, 902; siehe auch § 34 Rdn. 74 ff. Neben dem das Verfahren betreffenden Hauptanspruch (Verfahrenspatent) können neue Vorrichtungen, die der Ausführung des Verfahrens dienen, zum Gegenstand weiterer Ansprüche gemacht werden, BPatG Mitt. **69,** 12, 14; **73,** 32, 34; **88,** 110, 111; Hesse, Mitt. **69,** 246 ff.; von Rospatt, GRUR **85,** 740. Es können aber auch umgekehrt dem ein Erzeugnis betreffenden Hauptanspruch Verfahrensansprüche (Herstellung, Anwendung) nachgeordnet sein, EPA GRUR Int. **82,** 53, 54 – Thermoplastische Muffen. Enthält ein einem Verfahrensanspruch nachgeordneter Vorrichtungsanspruch eine Bezugnahme, so hat diese nicht nur die Bedeutung der Angabe eines bestimmten Verwendungszwecks, sondern belehrt den Fachmann über die nähere konstruktive Gestaltung der Vorrichtung, damit das Verfahren mit ihr ausgeführt werden kann, d. h. die Vorrichtung konstruktiv auf das Verfahren abgestellt ist, BGH Urt. v. 2. 10. 1984 – X ZR 24/81 – Wurstfüllung; BPatG Bl. **86,** 153. Ansprüche verschiedener Anspruchskategorien in einer Anmeldung sind als **Nebenansprüche** anzusehen, die selbstständig auf Patentfähigkeit zu prüfen sind, BPatG Mitt. **73,** 32, 33; GRUR **81,** 122; **88,** 295, 296; Bl. **86,** 153; es sei denn, es geht um eine nähere Ausgestaltung eines unmittelbaren Verfahrenserzeugnisses eines im Hauptanspruch geschützten Herstellungsverfahrens, dann handelt es sich um einen Unteranspruch, BPatG GRUR **88,** 295, 296; vgl. auch Utermann, GRUR **81,** 537; von Rospatt, GRUR **85,** 740, 741 f.

11 **g)** Die Zusammenfassung des Hauptanspruchs mit untergeordneten Ansprüchen einer anderen Patentkategorie in einer Anmeldung scheitert im Allgemeinen nicht am Einwand fehlenden **Rechtsschutzinteresses.** Es ist immer möglich, dass sich der Hauptanspruch aus irgendwelchen Gründen als nicht schutzfähig erweist, z. B. weil der Erfindungsgegenstand unvollständig oder unzutreffend gekennzeichnet ist oder weil sich herausstellt, dass eine neuheitsschädliche Vorwegnahme vorliegt. Kann z. B. der ein Erzeugnis betreffende Hauptanspruch mangels Neuheit nicht erteilt werden, so kann möglicherweise ein weiterer auf die Herstellung oder die Verwendung dieses Erzeugnisses gerichteter Anspruch schutzfähig sein, was alsdann im Erteilungsverfahren oder in einem späteren Nichtigkeitsverfahren zu prüfen ist. Durch eine solche für den Anmelder (Patentinhaber) vorteilhafte Zusammenfassung mehrerer Ansprüche in einer Anmeldung wird die Allgemeinheit nicht benachteiligt, wenn neben dem bereits umfassenden Erzeugnisanspruch (Hauptanspruch) mehrere in der Art der Herstellung erheblich voneinander abweichende, auf verschiedenen Lösungsprinzipien beruhende Verfahrensansprüche sowie weitere Ansprüche für gleichartige (homogene) Verwendungen erteilt werden. Die Interessen

der Allgemeinheit können hinreichend gewahrt werden, wenn durch eine Mehrfachklassifikation die für eine sachgemäße Prüfung erforderliche Ordnung und Übersicht geschaffen wird. In Einzelfällen kann allerdings ein **Missbrauch** vorliegen; vgl. dazu unten Rdn. 74j.

2. Das Erzeugnispatent

a) Das sog. Erzeugnispatent stellt eine Erfindung unter Schutz, die die Gestaltung, Konstruktion oder den Entwurf eines Erzeugnisses zum Gegenstand hat. Die Fassung des Patentanspruches, der ein Erzeugnis (eine Sache, Vorrichtung, Maschine oder Anordnung, ein Gerät oder einen Stoff) nach seiner äußeren und/oder inneren Beschaffenheit mit körperlichen, stofflichen oder funktionellen Merkmalen und Eigenschaften umschreibt, darf nicht darüber hinwegtäuschen, dass Gegenstand eines Erzeugnispatents die Gestaltung des Erzeugnisses, nicht jedoch das Erzeugnis als körperliches Individuum ist. Gegenstand des Erzeugnispatents ist **die das Erzeugnis betreffende Erfindung,** nicht das Erzeugnis (die Sache) selbst, vgl. BPatGE **17,** 181, 185. Das erfindungsgemäß gestaltete, konstruierte Erzeugnis ist erst das Ergebnis der Umsetzung der immateriellen Erfindung, der Lehre zum technischen Handeln, in die Welt des körperlich Fassbaren. § 9 Satz 2 Nr. 1, der das Erzeugnis als Gegenstand des Patents bezeichnet, richtet den Schutz des Patents am körperlich Fassbaren aus, ohne selbst zu bestimmen, dass Gegenstand des Patents nicht die Erfindung, sondern ein Erzeugnis als Sache sei. Damit fügt sich auch die Erzeugniserfindung nahtlos in das System von der Erfindung als Lehre zum technischen Handeln ein. 12

b) Für das Erzeugnispatent ist **das erfindungsgemäß gestaltete Erzeugnis** von erheblicher Bedeutung für die Beurteilung der Patentfähigkeit. Es gibt beispielsweise Auskunft darüber, ob es den mit der Erfindung erstrebten Zweck erreicht, was eine Aussage darüber ermöglicht, ob die Erfindung brauchbar ist. Erreicht das erfindungsgemäß gestaltete Erzeugnis den erstrebten Zweck nicht, dann ist die Erfindung mangels Brauchbarkeit nicht patentfähig, siehe dazu Rdn. 71. Selbstverständlich muss das erfindungsgemäß gestaltete Erzeugnis auch hergestellt werden können, sonst fehlt es an der Ausführbarkeit, siehe Rdn. 70. In aller Regel ergibt sich aus der Beschreibung, z.B. einer Vorrichtung, für den Fachmann, wie er sie herstellen kann; hierzu bedarf es dann in den Anmeldungsunterlagen oder in der Patentschrift keiner besonderen Angaben, BGHZ **100,** 67, 71 – Tollwutvirus. Das erfindungsgemäß gestaltete Erzeugnis muss für irgend einen Zweck verwendet werden können, sonst fehlt es an der gewerblichen Anwendbarkeit, siehe § 5 Rdn. 5f. Auch dies ergibt sich in aller Regel aus dem Erzeugnis selbst. Die Funktionsweise (Realisierung eines bestimmten Zwecks) steht im Vordergrund und gibt oft Anlass, Verfahrensmerkmale in einen Vorrichtungsanspruch aufzunehmen, EPA GRUR Int. **88,** 941, 942 – Kategorienwechsel. Soweit der Fachmann aus den Merkmalen und Eigenschaften des Erzeugnisses selbst keinen Herstellungsweg und keinen Verwendungszweck erkennen kann, ist es erforderlich, aber auch genügend, mindestens eine einzige Herstellungsart, BGHZ **100,** 67, 71, und einen Verwendungszweck anzugeben, BGH GRUR **59,** 125 – Textilgarn. Die mit dem erfindungsgemäß gestalteten Erzeugnis erreichten Gebrauchsvorteile können einen wesentlichen Anhalt für die Beurteilung der erfinderischen Tätigkeit liefern, siehe dazu § 4 Rdn. 56. Für das Erzeugnispatent ist es wesentlich, dass es kein bestimmtes Herstellungsverfahren und auch keine bestimmte Verwendung eines Erzeugnisses unter Schutz stellt, siehe BGH GRUR **59,** 125 – Textilgarn. 13

c) In der Regel rechtfertigt nur die neue und auf erfinderischer Tätigkeit beruhende äußere Formgebung und/oder **innere (stoffliche) Zusammensetzung (Beschaffenheit)** des Erzeugnisses die Patentfähigkeit des Erzeugnispatents; zur Ausnahme bei der Arzneimittelerfindung siehe § 5 Rdn. 47ff. Der Schutz für das neu gestaltete Erzeugnis (Sache) scheitert nicht daran, dass seine Herstellung erst mit Hilfe einer in der Anmeldung offenbarten erfinderischen Vorrichtung (oder einem dort offenbarten erfinderischen Verfahren) möglich ist, BGH GRUR **59,** 125 – Textilgarn; BGHZ **73,** 183, 188f. – Farbbildröhre. Für bereits bekannte Erzeugnisse oder Erzeugnisse, deren Schaffung nahegelegen hat, kommen nur neue Herstellungsverfahren oder Verwendungsverfahren zu einem neuen Zweck als patentfähig in Betracht. 14

d) Betrifft die Erfindung die Gestaltung von Erzeugnissen, so sind die erfindungsgemäß gestalteten Erzeugnisse im Patentanspruch **eindeutig** zu **kennzeichnen.** Schutzrechte mit einem diffusen Inhalt, deren Schutzgegenstand für den Fachmann auf dem betreffenden Gebiet völlig unbestimmt ist, widerstreiten dem Gebot der Rechtssicherheit (-klarheit), BPatG Mitt. **82,** 75, 76. Das Erzeugnis (oder die Erzeugnisse) müssen vom Stand der Technik und von nicht beanspruchten Erzeugnissen unterscheidbar identifiziert sein, BGHZ **57,** 1, 8f. – Trioxan; **73,** 183, 188 – Farbbildröhre; BGH GRUR **85,** 31, 33 – Acrylfasern; BPatG GRUR **76,** 697 – 15 disclaimer. Siehe hierzu Näheres bei Rdn. 85 ff. Ein Stoff kann durch einen stofflichen, einen energetischen und einen strukturellen Aspekt charakterisiert werden (siehe dazu Balk, Mitt. **70,** 169, 170).

15 a **Chemische Stoffe** können durch eine Summenformel oder durch eine Strukturformel eindeutig gekennzeichnet werden, EPA GRUR Int. **86,** 550, 552 – Bestrahlungsverfahren. Die Angabe einer Summenformel kann nicht verlangt werden, wenn der Anmelder andere zuverlässig feststellbare Parameter zur Kennzeichnung seiner Erfindung wählt, wie es ihm freigestellt ist, und wenn dies bei der betreffenden Stoffklasse nicht allgemein üblich ist, BPatG GRUR **79,** 629, 631 – Gardimycin.

15 b **Andere Stoffe** (Mischungen, Lösungen, Legierungen) werden regelmäßig durch die Art ihrer stofflichen (inneren) Zusammensetzung eindeutig umschrieben. Dies geschieht dadurch, dass angegeben wird, aus welchen Ausgangsstoffen, die nach Art und Menge näher bestimmt sind, das beanspruchte Erzeugnis hergestellt ist. Ein sich ständig weiter umsetzendes Reaktionsgemisch kann nicht durch seine chemische Zusammensetzung oder durch physikalische Werte eindeutig umschrieben werden, weshalb das BPatG einen Erzeugnisanspruch ablehnte, BPatGE **12,** 112, 114 f. (bedenklich, vgl. unten Rdn. 18).

15 c Eine **Vorrichtung** wird in der Regel durch ihre körperlichen (äußeren) Merkmale eindeutig gekennzeichnet. Hierzu kann auch eine die Abmessung oder Gestaltung umschreibende Formel dienen, RG Bl. **07,** 107 ff.; BPatG Mitt. **80,** 15, 16. Den Fall einer unbestimmten Kennzeichnung einer Datenverarbeitungsanlage behandelt BPatGE **21,** 118 ff.

15 d Erweist sich eine eindeutige Kennzeichnung eines Erzeugnisses durch innere oder äußere unmittelbar wahrnehmbare Merkmale als unmöglich oder gänzlich unpraktikabel, so kann es durch eindeutig unterscheidbare **Parameter seiner Eigenschaften** gekennzeichnet werden, BGHZ **57,** 1, 25 – Trioxan; BGH GRUR **85,** 31, 32 – Acrylfasern; EPA ABl. **84,** 75, 79 f. – Zahnradgekräuseltes Garn, wobei ein nachgereichter Parameter nachweislich dem Stoff zu eigen sein muss, BPatGE **15,** 1, 8. Die für eine Rechenmaschine verwendeten Schaltungsanordnungen können im Einzelfall durch logische Gleichungen definiert werden, auf Grund der logischen Gleichung können die logischen Verknüpfungen dargestellt werden, BPatGE **21,** 64. Bei dieser Art der Kennzeichnung wird die Beschreibung der unmittelbar an der Sache wahrzunehmenden Beschaffenheit durch einen mittelbaren Schluss von den angegebenen Parametern auf eine bestimmte körperliche Beschaffenheit der Sache ersetzt, BGH GRUR **85,** 31, 32.

15 e Ist auch eine Kennzeichnung des Erzeugnisses durch Parameter seiner Eigenschaften unmöglich oder gänzlich unpraktikabel, so kann das Erzeugnis durch das **Verfahren zu seiner Herstellung (product by process)**, BGHZ **57,** 1, 21 ff. – Trioxan; BGHZ **122,** 144, 154 – Tetraploide Kamille; BPatGE **20,** 20, 24; EPA GRUR Int. **84,** 525, 527 – Anspruchskategorien; **86,** 550, 551 – Bestrahlungsverfahren; **95,** 705, 706 – Chromanderivate, oder durch die zu seiner Herstellung benutzte Vorrichtung gekennzeichnet werden, BGHZ **73,** 183, 188 – Farbbildröhre; BGH GRUR **85,** 31, 32 – Acrylfasern (siehe dazu Bühling, GRUR **74,** 299; Meyer-Dulheuer, GRUR Int. **85,** 435). Die Möglichkeit der eindeutigen Kennzeichnung eines Erzeugnisses durch das Verfahren zu seiner Herstellung ist nicht auf chemische Stoffe beschränkt, BGHZ **73,** 183, 188 – Farbbildröhre; BPatGE **20,** 20, 24, sondern gilt auch für auf eine andere Weise hergestellte Erzeugnisse, z. B. eine Farbbildröhre, BGHZ **73,** 183, 188, einen netzartigen Faservliesstoff, BPatGE **20,** 20, 24; Chemiefasern, BGH GRUR **85,** 31, 32. In Ausnahmefällen kann ein Erzeugnis auch durch eine **Kombination** aus körperlichen Merkmalen und dem zu seiner Herstellung angewandten Verfahren gekennzeichnet werden, BGH GRUR **2001,** 1129, 1133 f. – Zipfelfreies Stahlband. In der Kennzeichnung eines Erzeugnisses durch sein Herstellungsverfahren liegt nach der Rechtsprechung grundsätzlich **keine Beschränkung** des Schutzes auf den zur Kennzeichnung angegebenen Verfahrensweg. Die Beschreibung des Herstellungsweges dient in diesen Fällen grundsätzlich nur der eindeutigen Kennzeichnung des Erzeugnisses, BGHZ **57,** 1, 22 ff. – Trioxan; vgl. auch US Court of Customs and Patent Appeals GRUR Int. **77,** 456, 457 – Süßstoff. Eine Differenzierung entsprechend der im Patentanspruch verwendeten Formulierung („erhalten durch"/„erhältlich durch") wird befürwortet von Rogge, Mitt. **2005,** 145 ff. Wegen Ausnahmen siehe unten Rdn. 26; zu Stoffpatenten vgl. auch unten Rdn. 88 f.

15 f Es versteht sich, dass bei den **Anforderungen** an die Eindeutigkeit der Kennzeichnung eines Erzeugnisses nur ein solcher Grad von Genauigkeit verlangt werden kann, der nach den gegebenen Umständen und den Bedürfnissen der Praxis zur Abgrenzung der Erfindung von dem, was nicht beansprucht ist, und vom bereits Bekannten noch als tragbar erscheint, BGHZ **57,** 1, 9 – Trioxan. Es kann nicht außer Betracht bleiben, in welcher Weise auf dem betreffenden Gebiet die **Verständigung unter Fachleuten** und die Unterrichtung der interessierten Öffentlichkeit erfolgt, BPatG GRUR **79,** 52. Der BGH hat die Angaben eines Patentanspruches über die Abmessungen von winzigen Poren eines hochmolekularen, räumlich vernetzten Bierklärmittels, die selbst mit einem Elektronenmikroskop nicht sichtbar gemacht werden können, trotz Fehlens eines Hinweises auf eine bestimmte Messmethode als hinreichend bestimmt angesehen, da sich der Fachmann solchenfalls an zur Zeit der Anmeldung gebräuchliche Standardmessmethoden hält, BGH Liedl **78–80,** 842. Die Kennzeichnung einer Erfindung mit Angaben, die allein ihr technisches Problem (die Aufgabe) betreffen, begegnet keinen die Identifizierbarkeit des Schutzbegehrens betreffenden Bedenken, sie verfehlt aber den Zweck, das anzugeben, was als patentfähig unter Schutz gestellt werden soll, § 34 Abs. 3 Nr. 3, BGH GRUR **85,** 31, 32 – Acrylfasern; a. A. Czekay GRUR **84,** 83, 88f.; **85,** 477ff.; Brauns, Mitt. **85,** 115f.

Liegen die Voraussetzungen für eine product by process-Beschreibung nicht vor, ist die Patenterteilung zu versagen. Der nachträgliche **Widerruf** eines erteilten Patents kann auf diesen Grund hingegen nicht gestützt werden, BGHZ **135,** 369, 373f. – Polyäthylenfilamente. **15g**

e) Das **Erzeugnispatent** gewährt insoweit einen umfassenden **Schutz,** als dem Patentinhaber sämtliche Herstellungs- und Verwendungsmöglichkeiten des erfindungsgemäß gestalteten Erzeugnisses vorbehalten sind, BGHZ **57,** 1, 22 – Trioxan; **58,** 280, 285f. – Imidazoline; BGH GRUR **59,** 125 – Textilgarn; **73,** 183, 186 – Farbbildröhre; **77,** 212, 213 – Piperazinoalkylpyrazole; **79,** 149, 151 – Schießbolzen; **81,** 259, 260 – Heuwerbungsmaschine II; **91,** 436, 442 – Befestigungsvorrichtung II, und zwar ohne Rücksicht darauf, ob der Erfinder diese Möglichkeiten erkannt hat oder nicht, und ohne Rücksicht darauf, ob sie in der Patentschrift angegeben sind oder nicht. Der Schutz eines Erzeugnispatents erstreckt sich dagegen nicht auf das mit Hilfe des Erzeugnisses hergestellte weitere Erzeugnis, BGHZ **73,** 183, 186 – Farbbildröhre; BGH GRUR **79,** 540, 542 – Biedermeiermanschetten. **16**

Für die Verletzung eines Erzeugnispatents kommt es grundsätzlich weder auf die **Herstellungsart** noch auf den **Herstellungsweg** an; unerheblich ist, ob der in der Patentschrift erwähnte Vorteil eines bestimmten Herstellungsweges genutzt wird, BGH GRUR **60,** 478, 481 – Blockpedale; OLG Karlsruhe GRUR **87,** 892, 896; wegen Ausnahmen vgl. oben Rdn. 15e und unten Rdn. 26. Selbst in den (seltenen) Fällen, in denen dem Fachmann ohne Hilfe des Erfinders kein Weg zur Herstellung eines neugestalteten Erzeugnisses zur Verfügung steht, genügt die Angabe eines einzigen Herstellungsweges, um den umfassenden Sachschutz zu erlangen, BGHZ **100,** 67, 71 – Tollwutvirus. Das hindert nicht, dass später neue und erfinderische Herstellungsverfahren oder Verwendungen zum Gegenstand von Herstellungs- und Verwendungspatenten gemacht werden; diese Patente sind abhängig von dem Erzeugnispatent, so dass der Zweiterfinder, der das geschützte Erzeugnis nach seinem abhängigen Patent herstellen oder verwenden will, dem Ersterfinder lizenzpflichtig wird, während umgekehrt auch der Ersterfinder die geschützten neuen Herstellungs- und Verwendungsverfahren nur benutzen kann, wenn er dem Zweiterfinder Lizenzgebühren zahlt (Vogt, GRUR **64,** 180 li. Sp.). Hieran zeigt sich, dass das Benutzungsrecht nach § 9 Satz 1 und das Verbotsrecht nach § 9 Satz 2 ihrem Umfange nach auseinanderfallen können. **16a**

Da das erfindungsgemäß gestaltete Erzeugnis Gegenstand eines Erzeugnispatents ist, erstreckt sich der Schutz ganz allgemein auch auf **„neue Brauchbarkeiten"** und „neue Benutzungsarten", die in der Patentschrift nicht erwähnt sind, BGH GRUR **56,** 77, 78 – Rödeldraht. Der Schutz des Erzeugnispatents ist im Prinzip „absolut"; er umfasst im Prinzip den Schutz des Erzeugnisses beim Gebrauch für alle Verwendungszwecke, BGH GRUR **59,** 125 – Textilgarn; **79,** 149, 151 – Schießbolzen; **77,** 212, 213 – Piperazinoalkylpyrazole; BGHZ **58,** 280, 288 – Imidazoline. Der Sachschutz eines Vorrichtungspatents umfasst in der Regel alle Funktionen, Wirkungen, Zwecke, Brauchbarkeiten und Vorteile der Vorrichtung, BGH GRUR **56,** 77, 78 – Rödeldraht; **79,** 149, 151 – Schießbolzen, ohne Rücksicht darauf, ob der die Patentfähigkeit der Vorrichtung allein begründende Verwendungszweck im Einzelfall auch tatsächlich genutzt wird, BGH GRUR **79,** 149, 151 m. w. Nachw. – Schießbolzen; **91,** 436, 442 – Befestigungsvorrichtung II; siehe dazu aber Bruchhausen, GRUR **80,** 364, 365f.; GRUR Int. **91,** 413ff.; FS Preu 1988, S. 3. Auch aus einem „sozialen" Verwendungszweck lassen sich – entgegen der Auffassung von Gruber und Kroher, GRUR Int. **84,** 201, 206 – keine Einschränkungen des Schutzes herleiten. **16b**

Obwohl der das Erzeugnis selbst betreffende Anspruch bereits den Schutz für sämtliche Herstellungswege und -arten umfasst, ist der Anmelder nicht gehindert, erfinderische oder auch irgendwie **zweckmäßige Herstellungsverfahren** zum Gegenstand besonderer Ansprüche zu machen. Der Erfinder, der für ein neues und erfinderisches Erzeugnis ein besonderes Herstellungsverfahren erfunden hat, muss sich nicht mit einem geringeren Schutz begnügen als derjenige, der ein neues Erzeugnis erfindet, dessen Herstellung dem Fachmann keine Schwierigkeiten bereitet und für das er auch kein neues erfinderisches Herstellungsverfahren vorschlägt; auch **16c** in diesem Falle sind dem Patentinhaber im Prinzip sämtliche Herstellungswege und Verwendungszwecke vorbehalten, ohne dass diese in der Patentschrift angegeben zu werden brauchen (Bock, Festschrift für Günter Wilde, 1970, S. 1–21; Nastelski, GRUR Int. **72,** 43, 46).

17 **f)** Die Erzeugnispatente schützen Lehren zum technischen Handeln, die die Gestaltung von **Erzeugnissen** (Sachen, Vorrichtungen, Geräte, Stoffe u. dgl.) betreffen. Erzeugnisse sind **Sachen** mit bestimmten Eigenschaften oder bestimmter Beschaffenheit, BPatGE **19,** 116, 117, nicht auch Energieformen und elektrischer Strom (Pietzcker, § 1 Anm. 52; Lindenmaier, § 1 Anm. 40), oder Funktionen eines Gegenstandes bei der Einwirkung auf ein Substrat, BPatGE **19,** 116, 117. Sie können auf mechanischem oder physikalischem Wege, z. B. durch einfaches Mischen (Mischungen, Lösungen, RG GRUR **39,** 905, 906) oder auch durch Wärmeeinwirkung (Legierungen, RG GRUR **39,** 905, 906) oder auf chemischem Wege (als neue durch chemische Reaktion entstehende Verbindungen) hergestellt werden; **Erzeugnisse** sind die Arbeitsergebnisse der Herstellungsverfahren. Ist auch das **Verfahren** patentiert, so erstreckt sich der Patentschutz nach § 9 Satz 2 Nr. 3 auf die durch das Verfahren unmittelbar hergestellten Erzeugnisse, und zwar auf bekannte wie auf neue Erzeugnisse. Sind die Erzeugnisse neu und erfinderisch, so kann über den Schutz des § 9 Satz 2 Nr. 3 hinaus für die Gestaltung der neuen Erzeugnisse selbst ein Patent erteilt werden, dessen Schutz sich außer auf sämtliche Verwendungsmöglichkeiten auch auf sämtliche Herstellungsarten erstreckt, BGHZ **73,** 183, 186 – Farbbildröhre; vgl. hierzu Bock in Festschrift Wilde S. 1 ff., nicht jedoch auf die mit dem Erzeugnis (Vorrichtung) hergestellten Erzeugnisse, BGHZ **73,** 183, 186 – Farbbildröhre m. w. Nachw.

18 **g)** Erzeugnisse können auch **Halbfabrikate oder Zwischenprodukte** sein, die ihrerseits das Ausgangsmaterial für weitere Erzeugnisse (Endprodukte) bilden, BGH GRUR **69,** 265 – Disiloxan; **70,** 506 – Dilactame; **74,** 718 – Chinolizine; Rdn. 32, 93. Auch auf Halbfabrikate oder Zwischenprodukte erteilte Erzeugnispatente entfalten einen umfassenden Schutz, OLG Karlsruhe GRUR **87,** 892, 896. Für „Reparaturmaterial“ aus mehreren räumlich voneinander getrennten Grundmischungen, die nach dem Zusammenmischen miteinander reagieren und zur Reparatur von Schäden an Kautschukgegenständen aushärten, sowie für einen „Reaktionslack“ aus mehreren Komponenten, die binnen kurzer Zeit nach dem Mischen verhärten (vernetzen) und dann nicht mehr mit eindeutigen Merkmalen festzulegen sind, hat das BPatG Erzeugnispatente versagt, BPatGE **14,** 1 und **12,** 112. Dem kann nicht gefolgt werden. Ein die Gestaltung von Erzeugnissen betreffendes Patent verlangt weder eine räumliche noch eine zeitliche Einheit des Erzeugnisses. Dadurch, dass der Verwender des reaktionsfähigen Gemisches dieses in seinem Gewerbe (bei der Reparatur und beim Lackieren) herstellen und gebrauchen kann, sind die Gemische gewerblich anwendbar. Ein Erzeugnis ist auch die Verpackungs- oder Applikationseinheit eines Arzneimittels, bei der verschiedene Stoffe, Stoffmischungen oder -lösungen zwar räumlich getrennt voneinander konfektioniert, jedoch zu einer Verpackungseinheit zusammengefasst sind, um die aufeinander folgende Einwirkung der Wirkstoffe in abgestimmter Konzentration zu ermöglichen, wie bei Mehrschichtendragees oder -kapseln, BPatG GRUR **80,** 169, 170 – Zweiphasenremineralisierung – dort als Verwendungsanspruch gewährt.

19 **h)** Erzeugnisse, auf die sich sie gestaltende Erfindungen beziehen und auf deren Gestaltung auch Erzeugnispatente erteilt werden können, sind auch **unbewegliche Sachen,** wie z. B. Gebäude, PA GRUR **39,** 57, Deiche, Dämme, Kanäle, BPatG GRUR **84,** 39, eine Lagerfläche eines Gewerbebetriebes, ein Stallfußboden, BPatGE **4,** 159, ein Unterbau für Straßendecken, BGH GRUR **79,** 48 – Straßendecke, eine Einrichtung zum Ausnutzen winkelig aneinanderstoßender Räume zum Vorführen von Filmen, PA Bl. **14,** 257, 259, ferner Brücken, Theaterbauten, Sport- und Lagerhallen, Lagerbehälter, Rollbahnen, Schienenunterbau, Schornsteine, Talsperren, BPatG GRUR **84,** 39; BPatGE **27,** 7, 12 – Eisenbahnbrücke, Tanks, Silos u. a. m.; siehe dazu: H. Tetzner, Mitt. **76,** 61; Kronz, Mitt. **77,** 24. Auch Lehren, die die Gestaltung von **Grundstücksbestandteilen** betreffen, sind dem Patentschutz zugänglich. Die Gestaltung von Erzeugnissen, die dazu bestimmt sind, in Grundstücke, z. B. Gebäude, fest eingebaut zu werden, wie alle Bauelemente, z. B. Deckenbausteine, sind nicht deshalb vom Patentschutz ausgeschlossen, weil die Teile mit dem Einbau zu untrennbaren Bestandteilen des Grundstückes werden und damit ihre rechtliche Selbstständigkeit verlieren. Nur dann, wenn bei der Verwirklichung der Erfindung keine selbstständige, im wirtschaftlichen Verkehr verwertbare Sache, sondern ein Gegenstand entsteht, der in einem anderen Verkehrsgut untergeht, ist ein Patentschutz durch ein Erzeugnispatent nicht möglich. Das gilt ebenso für Erfindungen, die sich auf die Gestaltung von Teilen beweglicher Sachen beziehen. Das BPatG hat für einen „Stallfußboden, bestehend aus vorgefertigten armierten Platten“ die Patentierbarkeit anerkannt, weil es sich um einen Erzeugnisschutz handele und die Erfindung die den Stallfußboden bildenden Platten betreffe, die

in ihrer Beschaffenheit schon vor dem Einbau erfindungsgemäß besonders ausgebildet sind, BPatGE **4,** 159, 160. Zur gewerblichen Anwendbarkeit derartiger Erfindungen, siehe § 5 Rdn. 14.

i) Zu den Erzeugnispatenten zählen auch alle Patente, bei denen die erfindungsgemäß gestalteten körperlichen Gegenstände in der Patentbezeichnung oder im Patentanspruch durch den **Hinweis auf** ihr **Einsatzfeld** umschrieben sind. Dazu zählen insbesondere die Patente, die körperlich fassbare Arbeitsmittel (Vorrichtungen, Maschinen, Geräte u. dgl.) betreffen, sich auf Mittel zur Erreichung eines verfolgten Zwecks beziehen (z. B. zum Färben, Heilen, Ernähren, Bekämpfen von Schädlingen usw. dienende Mittel wie Farbstoffe, Arzneimittel, Nahrungsmittel, Genussmittel, Insektizide, Herbizide, Fungizide u. a.) oder den Verwendungszweck des Gegenstandes mitteilen, (z. B. „Spritzgussmaschine für thermoplastische Kunststoffe"). Allen diesen Patenten ist gemeinsam, dass sie mit den bezeichneten Funktionen in Wirklichkeit den Fachmann belehren, wie er den bezeichneten Gegenstand äußerlich oder innerlich, d. h. räumlich-körperlich oder in seinen konstruktiven Einzelheiten ausgestalten soll, BGH GRUR **84,** 644, 645 m. w. Nachw. – Schichtträger. Verwendungshinweise und Handlungsbeschreibungen sind im Einzelfall mittelbare Umschreibungen räumlich-körperlicher Merkmale eines Gegenstandes, die der Fachmann in die Tat umsetzt, um den betreffenden Zweck zu erreichen, BGH Liedl **1982/83,** 252, 260 – Mischkapsel. Vermittelt ein Verwendungshinweis für ein bekanntes Erzeugnis nicht die Lehre einer weiteren Zurichtung des Erzeugnisses für die vorgeschlagene Verwendung, so ist der Gegenstand eines so gefassten „Mittelanspruchs" mit dem bekannten Erzeugnis identisch, BGH GRUR **84,** 644, 645 – Schichtträger. 20

j) Im Patentanspruch ist nur das beanspruchte Erzeugnis zu kennzeichnen. Soweit bei einem Erzeugnispatent ein **Verwendungszweck im Patentanspruch** angegeben ist, schränkt diese Angabe den Patentschutz nur ein, wenn und soweit sie eine Umschreibung für eine besondere äußere oder innere körperliche Ausgestaltung des Erzeugnisses zum Inhalt hat, die der Fachmann ohne weiteres vornimmt, wenn er die Vorrichtung für den angegebenen Zweck herstellen und verwenden will, BPatGE **15,** 106, 111; BGH GRUR **79,** 149, 151 – Schießbolzen; **80,** 219 f. – Überströmventil; **81,** 259, 260 – Heuwerbungsmaschine II. Regelmäßig wird dadurch der Schutz aus dem Patent nicht auf die Benutzung des Erzeugnisses zu dem genannten Zweck eingeschränkt, BGH GRUR **79,** 149, 151 – Schießbolzen; **80,** 219 f. – Überströmventil; **81,** 263 – Heuwerbungsmaschine II; **84,** 644, 645 – Schichtträger; **91,** 436, 442 – Befestigungsvorrichtung II. Dadurch wird die Anwendungsmöglichkeit für das Erzeugnis auch nicht in den Gegenstand des Erzeugnispatents einbezogen, BGH GRUR **80,** 219, 220 – Überströmventil; **84,** 644, 645 – Schichtträger. Die Offenbarung einer Anwendungsmöglichkeit für das im Patentanspruch unter Schutz gestellte Erzeugnis in der **Beschreibung** reicht für sich nicht aus, um die dabei beschriebenen Anlageteile, mit denen das geschützte Erzeugnis zusammen verwendet werden soll, in den geschützten Gegenstand einzubeziehen, BGH GRUR **80,** 219, 220 – Überströmventil. Die Angabe des Verwendungszwecks im Patentanspruch oder in der Beschreibung eines Erzeugnispatents erweitert dessen **Schutzbereich** nicht, da der auf das gestaltete Erzeugnis gerichtete Anspruch im Prinzip jedweden Gebrauch des erfindungsgemäß gestalteten Erzeugnisses erfasst, BGHZ **58,** 280, 286 – Imidazoline; BGH GRUR **59,** 125 – Textilgarn; **77,** 212, 213 – Piperazinolalkylpyrazole; **79,** 149, 151 – Schießbolzen; **91,** 436, 442 – Befestigungsvorrichtung II. 20 a

Derartige Angaben, die den Verwendungszweck betreffen und sprachlich auf eine Zweckbindung hindeuten, vereinfachen die **Umschreibung der körperlichen Ausgestaltung** der körperlichen Gegenstände. Sie sind als vereinfachte Schreibweise nützlich und zweckmäßig, um einer Anordnung von Bauteilen einen Sinn zu vermitteln, d. h. um dem Fachmann eine sinnvolle Lehre zum technischen Handeln zu geben, BPatGE **15,** 106, 111. Sie belehren ihn beispielsweise darüber, aus verschiedenen Bestandteilen (Wirkstoffen, Zusatz-, Hilfs-, Träger- und Füllstoffen) in der für den betreffenden Zweck geeigneten Form (fest – Tablette, Pille, Dragee – flüssig – Lösung, Tropfen, Salbe – gasförmig – Spray zum Einatmen) ein gebrauchsfertiges Erzeugnis zusammenzusetzen, BGH GRUR **77,** 212, 213 ff. – Piperazinoalkylpyrazole. Die erforderlichen Zusatz-, Hilfs-, Träger- und Füllstoffe brauchen im Patentanspruch nicht im Einzelnen ausdrücklich genannt zu werden, wenn sie dem Fachmann im Hinblick auf den mit dem Erzeugnis verfolgten Zweck bekannt oder geläufig sind. Der Angabe „für thermoplastische Kunststoffmassen" entnimmt der Fachmann die Weisung, wie eine Vorrichtung im Einzelnen abweichend von einer für „zähplastische Kautschukmasse" bekannten Spritzgussmaschine auszugestalten ist, BGH GRUR **67,** 25 – Spritzgussmaschine III – mit kritischer Anmerkung von Spieß; ders., GRUR **67,** 123 ff. Enthält ein Patentanspruch, wie er im Lichte des Gesamtinhalts der Patentschrift zu lesen ist, eine Bestimmungsangabe (z. B.: „Heuwerbungsmaschine"), durch 21 die mittelbar die räumlich-körperlichen Merkmale der Maschine zur Erreichung des betreffenden Zwecks umschrieben sind, dann findet der Grundsatz, nach dem sich der Schutz eines Erzeugnispatents auf jedwede Verwendung des geschützten Erzeugnisses erstreckt, jedenfalls nicht auf solche Erzeugnisse Anwendung, die zufolge ihrer anderen Zweckbestimmung (hier: „Verteilen und Auflockern von Stroh in einem Mähdrescher") eine dementsprechend andere räumlich-körperliche Ausgestaltung erfahren, BGH GRUR **81,** 259, 260f. – Heuwerbungsmaschine II. Nur bei einem entsprechenden Schutzumfang des Patents fällt ein derart räumlich-körperlich ausgestaltetes Erzeugnis in den Schutzbereich des Patents, BGH aaO. Die Angabe „Reibungselement ... zum Festhalten des Bolzens an beliebiger Stelle des Laufs" ist als Erläuterung der konkreten Ausgestaltung des betreffenden Konstruktionselements gewertet worden, d.h. als mittelbare Umschreibung der räumlich-körperlichen Ausgestaltung des Reibungselements, die durch den genannten Zweck bedingt ist, den Bolzen festzuhalten, aber auch verschieben zu können, BGH GRUR **79,** 149, 151 – Schießbolzen.

22 Ausdrückliche oder mittelbare Hinweise auf den Verwendungszweck eines körperlich gestalteten Gegenstandes erleichtern die **Rechtswahrung oder -verfolgung,** BGH GRUR **84,** 644, 645 – Schichtträger; sie stellen klar, dass der mit bestimmten körperlichen Merkmalen umschriebene Gegenstand (Erzeugnis, Sache, Stoff) dem genannten Zweck dienen soll, BGH GRUR **77,** 212, 213 – Piperazinoalkylpyrazole. Sie erleichtern die Beurteilung der Offenbarungsfrage, der erfinderischen Tätigkeit und der gewerblichen Anwendbarkeit. Regelmäßig wird die dem Verwendungszweck entsprechende Gestaltung des Erzeugnisses mit seinen Merkmalen, die seine innere und äußere Beschaffenheit betreffen, in der Beschreibung und in der Zeichnung im Einzelnen dargestellt. Für einen Stoffanspruch, der ein Arzneimittel betrifft, kann im Patentanspruch keine richtungsweisende Indikationsangabe verlangt werden, BGH GRUR **77,** 212, 213f. Das Patentamt kann nicht die Aufnahme des Verwendungszwecks in das Erzeugnis betreffende Patentansprüche verlangen. Die Angaben hierzu gehören ebenso wie die zur Wirkungsweise und zum Anwendungsgebiet in die Beschreibung. Derartige Angaben sind bei der die Gestaltung eines Erzeugnisses betreffenden Erfindung nicht Bestandteil der unter Schutz zu stellenden oder im Patent geschützten Erfindung.

23 **k) Vorrichtungs-(Einrichtungs-)Patente** sind Erzeugnispatente, deren Gegenstand Arbeitsmittel (Maschinen, Geräte) mit dem für sie in der Patentschrift aufgezeigten bestimmten Funktionszweck und der dementsprechenden körperlichen Gestaltung sind, EPA GRUR Int. **88,** 941, 442 – Kategorienwechsel. Vorrichtungen und Einrichtungen wenden ein Arbeitsmittel wegen seines funktionellen Zwecks an. Man spricht daher auch von **Arbeitsmittelpatenten.** Arbeitsmittel sind die technischen Hilfsmittel, die zur Ausführung eines Verfahrens dienen. Sie können dabei bestimmungsgemäß auf andere Sachen einwirken (Herstellungsverfahren, Rdn. 28, 31) oder sonstige Tätigkeiten an Sachen ausüben (Arbeitsverfahren, Rdn. 35). Die Vorrichtung ist ein Hilfsmittel, ein „Organ" des Verfahrens. Die Vorrichtung ist meist durch eine bestimmte Arbeitsweise (Funktionsablauf) gekennzeichnet. Diese Arbeitsweise kann auf einem allgemeineren Prinzip beruhen, das auch Gegenstand eines Verfahrenspatents sein kann. Die Vorrichtung selbst ist dann nur ein Mittel, wie nach dem Verfahren beispielsweise gearbeitet werden kann (ein Ausführungsbeispiel). Wird eine bekannte Vorrichtung, sei es auch nur in einer konstruktiven Einzelheit, in Anpassung an einen neuen Verwendungszweck der Vorrichtung verändert, dann liegt eine Vorrichtungserfindung vor, bei der die Lösung der in der neuen Funktion liegenden Aufgabe durch die konstruktive Anpassung der Vorrichtung an deren neuen Verwendungszweck ermöglicht wird; es liegt dann je nach der Fassung des Patentanspruchs und der Beschreibung, dem Stand der Technik und dem Gang des Erteilungsverfahrens ein Verfahrens-(Verwendungs-)Patent oder ein Erzeugnis-(Sach-)Patent vor, BGH GRUR **79,** 149, 150 – Schießbolzen.

24 Ein **Verfahrenspatent** (vgl. unten Rdn. 27ff.) erfasst nicht unmittelbar die **Vorrichtungen,** mit deren Hilfe die Lehre des Verfahrens ausgeführt werden kann, BGH GRUR **79,** 540, 542 – Biedermeiermanschetten. Es ergreift diese nur unter den besonderen Voraussetzungen der mittelbaren Patentverletzung, siehe § 10. Über die mittelbare Patentverletzung kann der Schutz des Verfahrens insofern weiter reichen als der Schutz des für eine Vorrichtung erteilten Erzeugnispatents. Die Arbeitsweise der Vorrichtung kann wohl Teil des Verfahrens sein, sofern die Vorrichtung einen Schritt des geschützten Verfahrens verwirklicht. Die Arbeitsweise einer Vorrichtung genießt als solche keinen Verfahrensschutz, falls ein solcher nicht gesondert beansprucht ist. Die von einer Vorrichtung in zeitlicher Aufeinanderfolge durch ihre Organe maschinell ausgeübte Tätigkeit kann Gegenstand eines Verfahrenspatents sein, BPatG Mitt. **76,** 239, 240, siehe dazu Engel, Mitt. **76,** 227ff. Wenn die Vorrichtung allein patentiert ist, sind die mit der Maschine hergestellten Erzeugnisse nicht geschützt; denn § 9 Satz 2 Nr. 3 gilt nur für

Herstellungsverfahren, BGHZ **73,** 183, 186 – Farbbildröhre; BGH GRUR **79,** 540, 542 – Biedermeiermanschetten. Reicht einerseits der Schutz für ein Verfahren über die mittelbare Patentverletzung, § 10, weiter als der Schutz für eine Vorrichtung, so kann andererseits auch der Schutz des für eine Vorrichtung erteilten Erzeugnispatents über ein bestimmtes Verfahren hinausgehen. So können beispielsweise mit ein und derselben Vorrichtung bei gleicher Grundbauweise verschiedene Herstellungsverfahren durchgeführt werden. Zu den Gestaltungsmöglichkeiten, die dem Anmelder bei der Formulierung der Ansprüche zur Verfügung stehen, siehe bereits oben Rdn. 5 und 10f.

l) Außer Vorrichtungen und Einrichtungen bestehen auch **Anordnungen** ihrem Wesen nach aus Mitteln, die vorwiegend körperlich sind und die unmittelbar, d. h. ohne Hinzutreten eines menschlichen Entschlusses, funktionell zusammenwirken und einen Erfolg herbeiführen, was bei der Packung mit Tabletten, die einzeln einzunehmen sind, nicht der Fall ist, BPatGE **24,** 205, 209. Hierzu gehören z. B. auch **Schaltungen,** BPatGE **8,** 136, 139 (unter Hinweis auf Kunze Bl. **52,** 258ff.); vgl. auch BPatGE **41,** 64 und BGHZ **42,** 248 – Spannungsregler; **42,** 263 – Verstärker; BGH GRUR **2004,** 138 – Dynamisches Mikrofon. Man spricht auch von Anordnungs- oder Schaltungspatenten. Anordnungen und Schaltungen bilden keine besondere Patentkategorie, sondern gehören wie Vorrichtungen und Einrichtungen zur Kategorie der Erzeugnispatente. Für elektrische Schaltungen, deren erfindungswesentliche Merkmale rein elektrisch-funktioneller Art sind und als solche nur mittelbar auf räumlich-körperliche Merkmale hinweisen, können Erzeugnispatente erteilt werden. Im Übrigen kann alles, was in einer irgendwie gearteten Raumform seinen Ausdruck findet, Gegenstand eines Erzeugnispatents sein, jedoch darf eine Raumform für ein Erzeugnispatent nicht verlangt werden. 25

m) In Ausnahmefällen kann der Schutz eines Erzeugnispatents auf **Erzeugnisse** beschränkt werden, **die auf eine bestimmte Art und Weise hergestellt** sind, BGH GRUR **60,** 483, 485 – Polsterformkörper; zweifelnd BGH GRUR **79,** 149, 151 – Schießbolzen; vgl. auch BGH GRUR **2001,** 1129, 1133f. – Zipfelfreies Stahlband; GRUR **2005,** 749, 752 – Aufzeichnungsträger. Für eine Einschränkung des Schutzes spricht die Fassung des Patentanspruches „Erzeugnis x erhalten durch .. (folgt Verfahren)“, insbesondere wenn der Anmelder erklärt, er erstrebe mit dieser Anspruchsfassung keine Erstreckung des Schutzes auf Produkte anderer Herstellungsverfahren, BGHZ **57,** 1, 23 – Trioxan; vgl. aber BGHZ **122,** 144, 155 – Tetraploide Kamille; umfassend zu dieser Frage Rogge, Mitt. **2005,** 145. Die Befürchtung, durch derart gefasste Sachansprüche würden Rechtsklarheit und Rechtssicherheit verfehlt (so BPatGE **16,** 200, 202ff.), ist durch klare und eindeutige Erklärungen in der Patentschrift leicht auszuräumen. Eine Verquickung von Sach- und Verfahrensschutz in einem einzigen Anspruch ist allerdings zu vermeiden. Auch der Schutz eines **Verfahrenspatents** kann durch die Anwendung einer **bestimmten Vorrichtung** beschränkt werden. Durch derartige Beschränkungen bleibt der Charakter des Erzeugnis- oder Verfahrenspatents im Wesentlichen unberührt. Wenn es auch zur Klarstellung der Patentkategorie angezeigt ist, Vorrichtungs-(Erzeugnis-)merkmale und Verfahrensmerkmale unterscheidend zu charakterisieren, so steht das der Aufnahme eines Vorrichtungs-(Erzeugnis-)merkmals in einen Verfahrensanspruch nicht entgegen, wenn dies zur besseren Verdeutlichung des Verfahrensablaufs erforderlich ist, BPatG Mitt. **76,** 238; BPatGE **20,** 12, 14; siehe dazu Engel, Mitt. **76,** 227. Dies gilt aus dem entsprechenden Grunde für die Aufnahme von Verfahrensmerkmalen in Erzeugnisansprüche, Walenda, Mitt. **77,** 68f.; Belser, GRUR **79,** 347f. Für die Zulässigkeit der „Mischform zwischen Erzeugnis- und Verfahrenspatent“ spricht auch die in § 9 Satz 2 Nr. 3 geregelte Mischform des „Verfahrens- und Erzeugnispatents“, denn nach dieser Vorschrift wird Patentschutz für Erzeugnisse gewährt, die unmittelbar durch das geschützte Verfahren hergestellt sind. 26

3. Das Verfahrenspatent. Das Verfahrenspatent lässt bereits nach Wortlaut und Inhalt des Patentanspruchs ohne weiteres eine „Lehre zum technischen Handeln“ erkennen. Denn im Verfahrenspatent wird ein bestimmtes technisches Handeln, das in mehreren Verfahrensmaßnahmen bestehen kann, unter Schutz gestellt. Was im Verfahrenspatent als Gegenstand geschützt wird, ist die im Patentanspruch ausdrücklich als solche gekennzeichnete Lehre zum technischen Handeln (Kastenmeier/Beier, Prop. Ind. **86,** 248). Das Verfahren ist so genau zu umschreiben, dass der Fachmann es zur Erreichung des erstrebten Erfolges nacharbeiten kann. Hilfsmittel zur Ausführung des Verfahrens können durch handelsübliche und eindeutige Typenbezeichnungen, die im Einzelfall besser geeignet sind als physikalische und chemische Charakterisierungen, definiert werden, BPatG GRUR **78,** 709, 710. Verfahrensschritte können im Einzelfall auch durch Wirkungsangaben oder Vorrichtungsmerkmale(-angaben) beschrieben werden, BGH Liedl **1982/83,** 280, 290 m. w. Nachw. – Brennen von Grobkeramik. Mit Rücksicht auf den Schutz der Verfahrenserzeugnisse gemäß § 9 Satz 2 Nr. 3 sind Herstel- 27 lungsverfahren, siehe Rdn. 28 bis 33, von sonstigen Verfahren, siehe Rdn. 35, zu unterscheiden.

28 **a)** Beim **Herstellungsverfahren** besteht die Lehre zum technischen Handeln in der Beschreibung der beiden eigentlichen Verfahrensmaßnahmen, nämlich der Wahl der Ausgangsstoffe und der Art der Einwirkung auf diese Stoffe, BGHZ **95,** 295, 298 – Borhaltige Stähle; GRUR **66,** 249, 250 – Suppenrezept. Dabei kann es sich um Herstellung (im engeren Sinn) oder auch um sonstige Bearbeitung (im weiteren Sinn) handeln (z. B. Verfahren zur Herstellung eines Textilgewebes und als weiteres Herstellungsverfahren das Färben dieses Gewebes; im letzteren Fall ist das „unmittelbar" hergestellte Erzeugnis des Färbeverfahrens das gefärbte Gewebe). Die Herstellungsverfahren können verschiedenster Art sein; sie können mechanische, physikalische, biologische oder chemische Vorgänge zum Gegenstand haben, wesentlich ist nur, dass auf ein „Substrat" (Ausgangswerkstück oder Ausgangswerkstoff) technisch zum Zwecke der Veränderung eingewirkt und ein Erzeugnis hervorgebracht wird, BPatGE **8,** 136, 138 unten (unter Hinweis auf Fromme Bl. **52,** 257 1. Sp.); **19,** 116, 117. Bei den Herstellungsverfahren ist das Arbeitsergebnis ein körperliches Erzeugnis. Die Herstellungsverfahren können zu neuen, aber auch zu bereits bekannten Erzeugnissen führen.

29 **b)** Die Herstellung kann sich auf die **äußere Formgebung** (Formgestaltung) eines Erzeugnisses beziehen, hierzu gehören beispielsweise „Raumformen" von „Geräten". Beispiele für Herstellungs- und Bearbeitungsverfahren (im Unterschied zu „Arbeitsverfahren"): Fräsen, Schmieden, Lochen, Auspressen, Ziehen, Stanzen, Schweißen, BPatGE **8,** 136, 139; Verfahren zur Verwendung von Versteifungsmaterial bei der Herstellung von Schuhkappen, RG GRUR **27,** 696; äußere Gestaltung eines Arzneimittels (Suppositorien, gekennzeichnet durch eine die Dosierbarkeit erleichternde Formgebung), BPatGE **7,** 7, 9; Gestaltung des Filtermundstücks einer Zigarette, BPatGE **7,** 88, 90 – „Rezessfilterzigarette".

30 **c)** Für die Herstellung (und Bearbeitung) von Erzeugnissen kann auch die Art der **inneren,** stofflichen **Beschaffenheit** des verwendeten Materials von Bedeutung sein. Gegenstand von Herstellungs- (oder Bearbeitungs-)verfahren können auch Erzeugnisse sein, die nicht durch eine bestimmte Gestalt festgelegt sind. In diesen Fällen spricht man gewöhnlich von **„Stoffen".** Es handelt sich dabei um Erzeugnisse, für welche nicht die äußere Formgebung, sondern die innere (stoffliche) Beschaffenheit als solche wesentlich ist. Die herzustellenden Stoffe können fest, flüssig oder gasförmig sein. In Betracht kommen vor allem die auf chemischem Wege hergestellten Stoffe. Die Herstellung kann aber auch auf mechanischem oder physikalischem Wege, z. B. mittels Wärmeeinwirkung, geschehen; hierzu gehört die Herstellung von Mischungen, Lösungen, Legierungen usw. (Rdn. 33), wobei die Ausgangsstoffe auch auf chemischem Wege gewonnen sein können, vgl. BGH GRUR **66,** 201 – Ferromagnetischer Körper. Die Herstellungsverfahren können einfache Mischverfahren sein, BGH GRUR **82,** 162, 163 – Zahnpasta; diese kommen als patentfähig nur dann in Betracht, wenn sie zur Herstellung neuer und wertvoller Stoffe (Gemische) führen und wenn in der Auswahl der Ausgangsstoffe eine erfinderische Leistung liegt, d. h. wenn sie einen überraschenden, vom Fachmann nicht ohne weiteres voraussehbaren (technischen, therapeutischen oder sonstigen) Effekt der Endprodukte ergeben. Herstellungsverfahren, die zu bekannten oder nahe liegenden Erzeugnissen führen, kommen als schutzfähig nur dann in Betracht, wenn die Auswahl der Ausgangsstoffe und/oder die Arbeitsweise als solche gegenüber bekannten Herstellungsverfahren neu und erfinderisch sind.

31 **d)** Jedes **Herstellungsverfahren** ist im Patentanspruch dadurch zu **kennzeichnen,** dass aus näher bezeichnetem **Ausgangsmaterial** (Werkstück, Werkstoff) mittels näher bezeichneter Arbeitsmethoden (**Verfahrensweise,** insbesondere Herstellungsstufen) näher bezeichnete **Endprodukte** (Enderzeugnisse) erhalten werden, BGHZ **95,** 295, 297 f. – Borhaltige Stähle; BGHZ **45,** 102, 107 – Appetitzügler I. Das Ausgangsmaterial muss identifizierbar beschrieben sein, was wohl entgegen BPatGE **23,** 253, 254, auch durch das Verfahren zu seiner Herstellung geschehen sein kann. Das Enderzeugnis folgt an sich zwangsläufig aus den beiden eigentlichen Verfahrensmaßnahmen, nämlich aus der Wahl des Ausgangsmaterials und aus der Art der Einwirkung auf dieses Material. Aus diesen beiden Grundmerkmalen besteht bei Herstellungsverfahren die eigentliche Lehre zum technischen Handeln. Das Endergebnis dieses Handelns ist das Enderzeugnis. Seine Angabe im Patentanspruch ist wesentlich für die in § 9 Satz 2 Nr. 3 festgelegte Erstreckung der Schutzwirkung auf die unmittelbaren Verfahrenserzeugnisse sowie für die Feststellung der gewerblichen Anwendbarkeit des Verfahrens. Schließlich kann die Beschreibung des Enderzeugnisses auch für die Ausführbarkeit des Verfahrens dann von Bedeutung sein, wenn sich aus ihr für den Fachmann ohne weiteres ergibt, was er im Einzelnen bei der „Nacharbeitung" der Lehre zu beachten hat, ohne dass diese Einzelheiten ausdrücklich im Patentanspruch genannt zu werden brauchen. Sie kann auch für die Brauchbarkeit der Erfin-

dung von Bedeutung sein. Eignet sich beispielsweise ein Verfahren zur Herstellung gefärbter Substrate nur für Kunststoffe, nicht aber für Baumwolle und Wolle, so ist es für letztere nicht brauchbar und deshalb insoweit nicht patentfähig, BPatGE **23,** 31, 34. Die Aufnahme der Formel des Endprodukts im chemischen Verfahrensanspruch ist nicht erforderlich, wenn die Verfahrenserzeugnisse durch eine Bezeichnung (hier: „Arylsulfenhalogenide") bestimmt und vollständig definiert sind, BPatG GRUR **71,** 112. Wenn bei einem chemischen Verfahren die einzuhaltenden Bedingungen weder durch eine wörtliche Umschreibung noch durch chemische oder mathematische Formeln ausreichend definiert werden können, können diese auch durch graphische Darstellung (Diagramm) definiert werden, BPatGE **11,** 199. Wenn bei einem eigenartigen chemischen Verfahren die Verfahrensmaßnahmen hinreichend offenbart sind, ist eine irrtümlich unrichtige Angabe der Konstitution des Endprodukts unschädlich, BPatG GRUR **73,** 313, 314 – Cycloalkene. Die **erfinderische Leistung** kann in der Wahl des Ausgangsmaterials und dessen quantitativer Zusammensetzung liegen, BGHZ **95,** 295, 298 f. – Borhaltige Stähle; zu den sog. chemischen Analogieverfahren siehe Rdn. 94, § 4 Rdn. 42. Sie kann auch in der vorteilhaften Eigenart der Arbeitsmethode begründet sein, z. B. bei den sog. „eigenartigen" chemischen Herstellungsverfahren, die auch dann erfinderisch sein können, wenn sie von üblicherweise verwendeten Ausgangsstoffen zu bekannten Enderzeugnissen (-produkten) führen.

e) (End-)Erzeugnisse von Herstellungsverfahren können auch **Halbfabrikate** (Rdn. 18) **und Zwischenprodukte** (Rdn. 18, 93) sein, die ihrerseits das Ausgangsmaterial für die Herstellung der für den Letztverbraucher geeigneten (End-)Erzeugnisse bilden können. Die gewerbliche Anwendbarkeit solcher (handelsfähigen) Halbfabrikate und Zwischenprodukte ist nicht zweifelhaft. 32

f) Auch **einfache Mischverfahren** sind nicht von der Patentierbarkeit ausgenommen. Der BGH hat die Anweisung, einen Stoff zusammen mit einem anderen Stoff zu verwenden, als Mischverfahren zur Herstellung eines Gemisches oder einer Verbindung, mithin als Herstellungsverfahren angesehen, BGH GRUR **82,** 162, 163 – Zahnpasta. Bei ihnen kann sich die Neuheit und die erfinderische Tätigkeit aus der Wahl der zu mischenden Ausgangsstoffe und aus den überraschenden vorteilhaften Eigenschaften der Produkte der Mischverfahren ergeben. **Legierungen** sind Stoffkombinationen überwiegend chemischer Natur mit bestimmten Eigenschaften, bei denen es zumeist auf die Auswahl und quantitative Zusammensetzung der Komponenten ankommt, BGH GRUR **92,** 842, 844 – Chrom-Nickel-Legierung. 33

g) Der **Schutz des Herstellungsverfahrenspatents** erstreckt sich – außer auf die eigentliche Verfahrenslehre, die aus den beiden für die Herstellung wesentlichen Grundverfahrensmaßnahmen (Auswahl des Materials und Einwirkung auf dieses Material) besteht – nach § 9 Satz 2 Nr. 3 auch auf die durch das Verfahren unmittelbar hergestellten **Erzeugnisse.** Dem Patentinhaber ist außer der geschützten bestimmten Art der Herstellung regelmäßig auch jede mögliche Verwendung der Erzeugnisse vorbehalten. Soweit sich Möglichkeiten der Verwendung nicht bereits aus der Art der Erzeugnisse von selbst ergeben, wird in der Beschreibung zur Begründung der gewerblichen Anwendbarkeit und der erfinderischen Tätigkeit eine bestimmte Verwendungsart angegeben werden müssen, für die sich möglicherweise ein überraschender technischer, therapeutischer oder sonstiger Effekt des Erzeugnisses ergeben kann. Die Angabe seines solchen Verwendungszwecks gehört aber nicht zu der nach dem Patentanspruch geschützten Verfahrenslehre, BGHZ **45,** 102, 107 – Appetitzügler I; der **Verwendungszweck** ist daher auch **nicht im Patentanspruch anzugeben;** er kann vielmehr im Laufe des Erteilungsverfahrens nachgebracht und ausgetauscht (verändert) werden, BGHZ **58,** 280, 287 – Imidazoline; vgl. im Einzelnen § 34 Rdn. 17 ff. Falls der Verwendungszweck in irgendeiner Form im Patentanspruch angegeben wird, so liegt hierin regelmäßig keine Beschränkung der nach dem Patentanspruch geschützten Lehre zur **Herstellung** des Erzeugnisses. Gegenstand des Herstellungsverfahrenspatents ist nur die Herstellung des Erzeugnisses, nicht aber eine besondere Art der Verwendung dieses Erzeugnisses, BGH GRUR **82,** 162, 163 – Zahnpasta; siehe aber für medizinische Anwendungserfindungen § 5 Rdn. 50. 34

Soweit sich für die nach dem geschützten Verfahren hergestellten neuen Erzeugnisse weitere neue und erfinderische Verwendungsmöglichkeiten ergeben, können diese zum Gegenstand **abhängiger** Verwendungspatente gemacht werden. Die geschützten Erzeugnisse können zur Herstellung anderer Erzeugnisse oder bei sonstigen (Arbeits-)Verfahren verwendet werden. Zu der Frage, ob und unter welchen Voraussetzungen neben Stoffansprüchen auch Herstellungsansprüche und Verwendungsansprüche (in derselben Anmeldung) zulässig sind, vgl. oben Rdn. 10 und § 34 Rdn. 74. 34 a

35 **h)** Von den Herstellungsverfahren unterscheiden sich die sonstigen **(Arbeits-)Verfahren** rein negativ dadurch, dass sie nicht auf das Hervorbringen eines „Erzeugnisses" gerichtet sind, BPatG Mitt. **76,** 239, oder nicht die Veränderung eines bereits bestehenden Objekts zum Ziel haben, EPA GRUR Int. **88,** 941, 942 – Kategorienwechsel, z.B. Fördern, Wenden, Ordnen, Zählen, Reinigen, Messen bestimmter Objekte usw. Auf die in diesen Fällen vorhandenen „Objekte" wird „veränderungsfrei" eingewirkt. Mit diesen Arbeitsverfahren wird eine Tätigkeit an einem Objekt ausgeübt, ohne dass dieses Objekt als solches nach Abschluss des Verfahrens eine Veränderung aufweist, BPatGE **8,** 136, 139; BPatG Mitt. **76,** 238. Weitere Beispiele für Arbeitsverfahren: Auswerten statistischer Angaben, RG MuW **35,** 438; analytische Untersuchungsverfahren und Untersuchungsverfahren zum Erkennen von schadhaften Stellen in Schutzüberzügen von Eisenteilen, PA Mitt. **30,** 195, 196. Auch Verfahren zur Schädlingsbekämpfung sind Arbeitsverfahren; die zu schützenden Objekte (Pflanzen, Tiere) sollen „veränderungsfrei" bleiben; soweit die zu bekämpfenden Schädlinge (Insekten) durch das Verfahren „verändert", nämlich vernichtet werden, ist das Arbeitsergebnis nicht auf das Hervorbringen von „Erzeugnissen" i.S. von § 9 Satz 2 Nr. 3 gerichtet. Arbeitsverfahren erfordern oft auch, Vorrichtungsmerkmale zur Definition der Verfahrensschritte heranzuziehen, EPA GRUR Int. **88,** 941, 942 – Kategorienwechsel.

36 **i)** Sowohl Herstellungs- als auch Arbeitsverfahren können **„Übertragungserfindungen"**, auch **„Verwendungserfindungen"** sein (vgl. Rdn. 75, 77), wenn ein an sich bekanntes Herstellungsverfahren auf die Herstellung anderer Erzeugnisse „übertragen" wird oder wenn eine „neue Brauchbarkeit" eines bekannten Erzeugnisses oder eines bekannten Verfahrens aufgefunden und für einen neuen Zweck verwendet wird, indem das Erzeugnis oder das Verfahren nunmehr in einem Herstellungs- oder Arbeitsverfahren Anwendung findet, vgl. Rdn. 75 und § 5 Rdn. 47 ff.

37 **j)** Die **Klärung** der Frage, ob ein Verfahren zur Herstellung eines Erzeugnisses oder ein Arbeitsverfahren vorliegt, kann dem **Verletzungsprozess** überlassen werden. Unklarheiten in dieser Hinsicht führen nicht zur Zurückweisung der Anmeldung im Erteilungsverfahren.

38 **4.** Eine eigene Art der Patente sind die sog. **Anwendungs- oder Verwendungspatente** für Anwendungs- und Verwendungserfindungen, siehe Rdn. 75. Bei ihnen rechnet die bestimmte Anwendung oder Verwendung einer Sache zur Erreichung eines Zustandes zum Gegenstand des Patents, BGH GRUR **82,** 162, 163 – Zahnpasta. Neben der objektiven Eignung der zumeist bekannten Sache oder der bekannten Stoffe für die neuartige Verwendung steht die entsprechende Zweckbestimmung im Vordergrund, BGHZ **101,** 159, 167 – Antivirusmittel. Seine **Schutzfähigkeit** setzt voraus, dass diese Verwendung des an sich bekannten Mittels eine durch den Stand der Technik und das allgemeine Fachwissen nicht nahegelegte erfinderische Maßnahme darstellt. Zur objektiven Eignung des Mittels für die neuartige Verwendung muss eine entsprechende Zweckbestimmung hinzukommen.

38 a **a)** Anders als die Aufnahme einer Zweckangabe führt das auf eine **Verwendung** gerichtete Schutzbegehren zu einem **inhaltlich beschränkten Schutzrecht,** BGH GRUR **79,** 149, 151 – Schießbolzen, BGHZ **101,** 159, 169 – Antivirusmittel; EPA GRUR Int. **90,** 522, 524 – Reibungsverringernder Zusatz. Voraussetzung für die Benutzung eines Verwendungspatents ist, dass zu der objektiven Eignung des Arbeitsmittels für die neuartige Verwendung die entsprechende Zweckbestimmung bzw. -erreichung durch den Benutzer hinzukommt, BGH GRUR **79,** 149, 150 m.w. Nachw. – Schießbolzen; BGHZ **101,** 159, 165 – Antivirusmittel. Fehlt die entsprechende oder äquivalente Zweckbestimmung, dann liegt keine Benutzung vor.

38 b **b)** Betrifft ein Verwendungspatent die Verwendung eines Stoffes zu einem bestimmten Zweck, so erfasst es nicht nur diejenigen Handlungen, die unmittelbar diesen Zweck verwirklichen, z.B. bei einem Bierklärverfahren mittels Kieselsäure die Behandlung von Bier mit diesem Klärmittel, BGH GRUR **84,** 425, 426 – Bierklärmittel, sondern bereits solche Handlungen, bei denen der Stoff **augenfällig,** d.h. mit Sinnen zu erfassen, zu der betreffenden Verwendung **hergerichtet** wird. Der BGH hat in Abweichung von seinen beiläufigen Äußerungen in BGHZ **53,** 274, 282 – Schädlingsbekämpfungsmittel, bei einem Patent, das die Verwendung eines Stoffes zur Bekämpfung einer Krankheit betraf, die Formulierung und Konfektionierung des **Medikaments,** seine Dosierung und seine gebrauchsfertige Verpackung ausdrücklich als vom Verwendungsanspruch ergriffen angesehen, BGHZ **68,** 156, 161 – Benzolsulfonylharnstoff; was er wiederholt für die augenfällige Ausrichtung eines Wirkstoffes zur Verwendung bei der therapeutischen Behandlung einer Krankheit bestätigt hat, GRUR **82,** 548, 549 – Sitosterylglykoside; BGHZ **101,** 159, 167 – Antivirusmittel; BGHZ **147,** 137, 140 – Trigonellin. Er hat diesen Grundsatz klarstellend dahin erläutert, dass er von der Art der verwendeten Sub-

stanz und vom speziellen Verwendungszweck unabhängig sei, also ebenso die augenfällige Herrichtung einer Substanz, z. B. zur Unkraut- oder Schädlingsbekämpfung oder für die Erreichung eines anderen Zwecks erfasse, BGHZ **88,** 209, 212 – Hydropyridin; BGH GRUR **84,** 425, 426 – Bierklärmittel. Dieser Teil der Verwendung wird – ohne dass das im Patentanspruch mit Worten zum Ausdruck zu kommen braucht – unmittelbar dem ausschließlichen Recht des Patentinhabers zugerechnet; der Patentinhaber ist deshalb wirksam dagegen geschützt, dass die Substanz im Inland hergerichtet und die hergerichtete Substanz im Inland feilgehalten oder in Verkehr – auch zum Export – gebracht wird, oder auch im Ausland hergerichtet und in das Inland eingeführt wird, BGHZ **88,** 209, 217 – Hydropyridin. Auf diese Weise hat der Verwendungsanspruch eine Komponente, die einem Anspruch entspricht, der auf die Gestaltung eines Erzeugnisses gerichtet ist. Diese Komponente kann bei der wirtschaftlichen Verwertung des Anwendungs- oder Verwendungspatents durchaus im Vordergrund stehen (Kraßer, § 33 III d 4), erschöpft aber den Schutz dieser Patente nicht; diese erfassen die tatsächliche Anwendung oder Verwendung in gleicher Weise, BGH GRUR **84,** 425, 426 – Bierklärmittel. Allerdings bewirkt das Inverkehrbringen des hergerichteten Stoffes eine Genehmigung der betreffenden Verwendung (Kraßer, § 33 III d 3). Wenn ein Gegenstand bekannt war, kann seine bekannte gegenständliche Ausbildung keine sinnfällige Herrichtung für eine besondere Art einer geschützten Verwendung sein, BGH GRUR **90,** 508, 509 – Spreizdübel.

Die Große Beschwerdekammer des **EPA** hat Verwendungsansprüche für **Arzneimittel** hin- **38 c**
gegen als unzulässig angesehen, EPA GRUR **85,** 273, 274 – Zweite medizinische Indikation. Stattdessen wird ein zweckgebundener Stoffschutz gewährt.

c) Im Rahmen der ursprünglichen Offenbarung kann ein auf ein Erzeugnis gerichteter An- **38 d**
spruch auf eine bestimmte Form seiner Verwendung **beschränkt** werden, BGH GRUR **88,** 287 – Abschlussblende. So wird ggf. auch die Verteidigung eines Schutzrechtes möglich, das mit seinem ursprünglichen auf einen Sachschutz gerichteten Ansprüchen nicht patentfähig ist. Wird auf diese Weise weder der Schutzbereich des erteilten Patents erweitert noch sein Gegenstand auf ein aliud verschoben, ist ein solcher Übergang auch noch im Nichtigkeitsverfahren möglich. Der Wechsel vom Sachschutz zum Verwendungspatent allein hat eine solche Änderung regelmäßig nicht zur Folge. Voraussetzung hierfür ist, dass die neue Anwendung in den ursprünglichen Anmeldungsunterlagen angegeben wurde, Hesse, Mitt. **83,** 106, 107.

d) Verwendungsansprüche werden üblicherweise zur Kategorie der **Verfahrensan-** **38 e**
sprüche gerechnet, weil sie auf den zweckgerichteten Einsatz einer (zumeist bekannten) Sache zu der geschützten Verwendung gerichtet sind, BGHZ **110,** 82, 87 – Spreizdübel II; vgl. auch BGH GRUR **82,** 162 – Zahnpasta. Diese Einordnung trifft jedoch **nur bedingt** zu; sie geht weitgehend am Wesen der Verwendungserfindung vorbei. Die auf die Verwendung oder Anwendung einer Sache für einen bestimmten Zweck gerichteten Ansprüche können nicht schlechterdings den auf die Erzeugung eines Stoffes oder einer Sache ausgerichteten Herstellungsverfahren gleichgesetzt werden (vgl. auch Busse/Keukenschrijver, § 1 Rdn. 156); in der Regel handelt es sich um einen auf einen bestimmten Zweck gerichteten bzw. beschränkten Sachanspruch, wie ihn das EPA zutreffend für Arzneimittelansprüche entwickelt hat. Soweit es sich um ein Verfahren handelt, ist das Ergebnis des in der Verwendung oder Anwendung einer Sache in einer bestimmten Weise liegenden Verfahrens in der Regel kein unmittelbar hergestelltes Erzeugnis, sondern ein **abstrakter Handlungserfolg,** auf den die Verwendung oder Anwendung abzielt und in dem sich die Handlung erschöpft, vgl. BGH GRUR **90,** 505 – geschlitzte Abdeckfolie. Das schließt allerdings nicht aus, dass auch ein Anwendungs- oder Verwendungsverfahren im Ausnahmefall unmittelbar zu einem Erzeugnis führen kann, BGHZ **110,** 82 – Spreizdübel II. In der Regel wird eine auf die Herstellung eines Produkts unter Verwendung bekannter Stoffe gerichtete Lehre jedoch nicht eine Verwendung, sondern allgemein ein Herstellungsverfahren zum Gegenstand haben. Dessen unmittelbare Erzeugnisse werden – wie auch sonst bei diesem Patent – ohne Beschränkung auf eine bestimmte Verwendung geschützt, vgl. BGH GRUR **82,** 162 – Zahnpasta.

5. Mittelpatent und -ansprüche. Mittelpatente oder Mittelansprüche, haben zur Zeit des **39**
Stoffschutzverbotes in der patentrechtlichen Diskussion einen breiten Raum eingenommen. Sie wurden eingesetzt, um trotz des Stoffschutzverbots eine möglichst weitreichende Schutzwirkung zu erzielen. Mit dem Wegfall des Stoffschutzverbots durch das Patentänderungsgesetz vom 4. 9. 1967 ist die Notwendigkeit für diese Sonderform entfallen, BGH GRUR **82,** 548, 549 – Sitosterylglykoside. Wie in allen übrigen Bereichen hat der Anmelder nunmehr die Wahl zwischen einem Erzeugnis- und einem Verwendungsanspruch. Über letzteren kann seit der Entscheidung BGHZ **68,** 156, 161 – Benzolsulfonylharnstoff auch ein zweckgebundener Stoffschutz erreicht werden, vgl. dazu oben Rdn. 38 b; 38 e. Für einen Mittelanspruch als eigenstän-

dige Kategorie ist daneben weder Bedürfnis noch Raum (a.A. Mes, § 5 Rdn. 25; zweifelnd Busse/Keukenschrijver, § 1 Rdn. 140). Sofern ein Patentanspruch dennoch die Bezeichnung „Mittel für ..." enthält, ist deshalb durch **Auslegung** zu ermitteln, welchen Zweck diese Angabe hat: Ist darin eine bloße Funktionsangabe für den beanspruchten neuen und erfinderischen Stoff (Sache, Mischung u. dgl.) zu sehen, handelt es sich in Wirklichkeit um ein Erzeugnispatent, siehe dazu BGH GRUR **79,** 149, 150f. – Schießbolzen; **77,** 212, 213 – Piperazinoalkylpyrazole. Soweit das Erzeugnis (Stoff, Sache, Mischung u. dgl.) nicht neu oder nicht erfinderisch ist, verbirgt sich hinter dem Anspruch in Wirklichkeit ein Verwendungs- oder Anwendungspatent (Maikowski, GRUR **77,** 200ff.) mit den Rechtswirkungen, die in Rdn. 38ff. umschrieben sind; ein darüber hinausgehender Schutz lässt sich aus der Formulierung als Mittelanspruch nicht herleiten, BGHZ **101,** 159, 166ff. – Antivirusmittel. Nach der Entscheidungspraxis des **EPA** kommt ein Verwendungsanspruch für **Arzneimittel** allerdings nicht in Frage; vgl. dazu oben Rdn. 38c.

39a **6.** Außer den Grundbezeichnungen Erzeugnispatent und Verfahrenspatent für die beiden Hauptkategorien werden noch der jeweiligen Eigenart entsprechend u.a. folgende **weitere Patentbezeichnungen** verwendet: **Herstellungspatent** für Verfahren, die auf die Herstellung eines Erzeugnisses gerichtet sind; **Stoffpatent** für Erzeugnisse, die nicht durch die äußere Formgebung, sondern durch deren stoffliche Beschaffenheit gekennzeichnet sind. **Auswahlpatent,** PA Mitt. **37,** 174, 175, für die Auswahl von Sachen oder Verfahren aus einem bestimmten Bereich verschiedener Möglichkeiten; **Verbesserungspatent,** RGSt **25,** 214, 219; **Verbilligungspatent,** RG Mitt. **39,** 63; **Legierungspatent,** RG Bl. **24,** 107. Bei bahnbrechenden Erfindungen, die weite Anwendungsbereiche eröffnen, spricht man von **Pionierpatenten,** RG GRUR **37,** 786, 787; RG GRUR **39,** 533, 534; siehe dazu: Welte, Der Schutz von Pioniererfindungen, 1991; wegen seiner Unbestimmtheit ist dieser Begriff aber ebenso wenig zu empfehlen wie der Begriff **Konstruktionspatent,** RG GRUR **39,** 533, 534; **42,** 308, 309; BGH I ZR 153/59 vom 21. 10. 1960, mit dem die Vorstellung eines besonders engen Schutzbereichs verbunden wird. In absprechendem Sinne werden gebraucht: Wegelagererpatent, RGZ **70,** 319, 321; Sperrpatent, RG MuW **40,** 165, 167. Wegen weiterer Sonderformen siehe unten Rdn. 75ff. sowie § 2a Rdn. 9ff. (biologische Patente), § 9 Rdn. 75ff. (abhängige Patente) und. § 16 Rdn. 7ff. (Zusatzpatente).

IV. Die Erfindung

40 **1. Allgemeines.** Die Erfindung liegt begrifflich und zeitlich vor dem Patent. Sie bildet in sachlicher Hinsicht dessen Grundlage und Voraussetzung, weshalb sie nicht alle übrigen sachlichen Anforderungen der Patentfähigkeit (wie Neuheit, Erfindungsqualität und gewerbliche Anwendbarkeit) zu erfüllen braucht. Mit der Fertigstellung und Verlautbarung der Erfindung erlangt der Erfinder zunächst das **„Recht an der Erfindung",** auch „allgemeines Erfinderrecht" genannt (§ 6 Rdn. 3, 9). Sind auch die übrigen Voraussetzungen der Patentfähigkeit erfüllt, so erlangt der Erfinder mit der Fertigstellung und Verlautbarung auch das **„Recht auf das Patent"** (§ 6 Rdn. 10). Die Erteilung des Patents setzt also zunächst das Vorliegen einer „fertigen Erfindung" voraus (siehe Rdn. 51). Die fertige Erfindung besteht – ganz allgemein – in der Anweisung, Kräfte, Stoffe oder Energien der – belebten und unbelebten – Natur zur unmittelbaren Herbeiführung eines kausal übersehbaren Erfolges zu benutzen, und besteht in der Lösung einer Aufgabe (Problem), BGH GRUR **85,** 31, 32 – Acrylfasern (unten Rdn. 54 bis 69). Für eine allgemeine „Idee" kann noch kein Schutz begehrt werden; denn durch Patenterteilung können nicht Ideen unter Schutz gestellt werden, sondern nur Lösungen von Problemen unter Angabe der zur Lösung verwendeten Mittel, BGH GRUR **85,** 31, 32 – Acrylfasern.

41 **2. Technische Erfindung** (Regel für technisches Handeln).

Literaturhinweis: Kuster, Zur Frage der Definition des Erfindungsbegriffes, Schweizerische Juristen-Zeitung **75,** 69ff.; Blum, Zum Begriff der patentfähigen Erfindung nach dem Europäischen Patentübereinkommen, GRUR Int. **77,** 357; Cueni, Erfindung als geistiges Sein und ihr Schutz, GRUR **78,** 78; Engel, Zum Begriff der technischen Erfindung nach der Rechtsprechung des Bundesgerichtshofs, GRUR **78,** 201; Kindermann, Zur Lehre von der Technischen Erfindung, GRUR **79,** 443ff. und **79,** 501ff.; Kulhavy, Erfindungsbegriff werturteilsfrei, Mitt. **79,** 124; Schick, Erfindungsbegriff und Erkenntnistheorie, Mitt. **79,** 41; Troller, Begriff und Funktion der Erfindung im bürgerlichen und sozialistischen Recht, GRUR Int. **79,** 59ff.; Kulhavy, Die Entwicklung der Erfindungslehre, Mitt. **80,** 61; Beyer, Der Begriff der technischen Erfindung aus naturwissenschaftlich-technischer Sicht, Festschrift 25 Jahre Bundespatentgericht,

1986, S. 189; Jander, Der Satz zur technischen Erfindung aus der ABS-Entscheidung, Mitt. **88,** 227; Niedlich, Die technische Erfindung, GRUR **88,** 17; Pedrazzini, Die Entwicklung des Erfindungsbegriffes, FS zum 100-jährigen Bestehen eines eidgenöss. Patentgesetzes, **1988,** S. 21; Ochmann, Zum Begriff der Erfindung als Patent-Schutzvoraussetzung, FS Nirk, München **1992,** S. 759; Wiebe, Immaterialgüterrecht in der Informationsgesellschaft, GRUR **94,** 233; Schar, Zum objektiven Technikbegriff im Lichte des Europäischen Patenübereinkommens, Mitt. **98,** 322; Eichmann, Technizität von Erfindungen – Technische Bedingtheit von Marken und Mustern, GRUR **2000,** 751; Hössle, Der nicht-statische Technikbegriff – Zu den BGH-Beschlüssen „Logikverifikation" und „Sprachanalyseeinrichtung", GRUR Int. **2000,** 930 = Mitt. **2000,** 343; Jander, Ist die amerikanische Regel bezüglich der Technizität einer Erfindung besser als die deutsche?, Mitt. **2000,** 347; Sellnick, Erfindung, Entdeckung und die Auseinandersetzung um die Umsetzung der Biopatentrichtlinie der EU, GRUR **2002,** 121; Tauchert, Zum Begriff der technischen Erfindung, Jur-PC Web-Dok. 28/**2002;** Jänich, Sonderrechtsschutz für geschäftliche Methoden, GRUR **2003,** 483; Anders, Erfindungsgegenstand mit technischen und nichttechnischen Merkmalen, GRUR **2004,** 461.

a) Das **Gesetz** enthält keine allgemeine Definition des Erfindungsbegriffs. Eine abschließende Festlegung des Begriffs ist bisher nicht gelungen, trotz zahlreicher Versuche (vgl. Müller, Mitt. **26,** 122; Troller, GRUR Int. **79,** 59; Schick, GRUR Int. **84,** 406). Rechtsprechung und Literatur haben dem Begriff im Lauf der Zeit aber festere Konturen verliehen und wesentliche Merkmale definiert, anhand derer im Einzelfall beurteilt werden kann, ob eine Erfindung vorliegt. Eine in jeder Hinsicht abschließende Festlegung ist dabei schon deshalb nicht möglich, weil der Technikbegriff auch zeitlichen Wandlungen unterworfen sein kann, vgl. dazu unten Rdn. 46. Die daraus resultierenden Unsicherheiten können bei Beachtung und Anwendung der in Rechtsprechung und Literatur entwickelten Abgrenzungskriterien auf das unvermeidbare Minimum reduziert werden. 42

b) Nach der Rechtsprechung des BGH ist eine Erfindung eine **Lehre zum technischen Handeln,** Busse/Keukenschrijver, § 1 Rdn. 18; Schulte/Moufang, § 1 Rdn. 22, d.h. eine Anweisung, mit technischen Mitteln, also unter Einsatz von Naturkräften oder -erscheinungen, ein beabsichtigtes Ergebnis zur Lösung eines technischen Problems zu erzielen, BGH GRUR **58,** 602, 603 – Wettschein; **65,** 533, 534 – Typensatz; **75,** 549 – Buchungsblatt. Sachlich gleich, wenn auch formal allgemeiner ist die Formel, die als Erfindung eine **Lehre** zum **planmäßigen Handeln** unter Einsatz **beherrschbarer Naturkräfte** zur unmittelbaren Erreichung eines kausal übersehbaren (technischen) **Erfolges** definiert, BGHZ **52,** 74, 79 – Rote Taube; **67,** 22, 32 – Dispositionsprogramm; BGH GRUR **77,** 152, 153 – Kennungsscheibe; **80,** 849, 850 – Antiblockiersystem; **86,** 531, 533 – Flugkostenminimierung. Beide Definitionen werden in der Rechtsprechung des BGH im Wesentlichen gleichgesetzt. Von einem ähnlichen, an die Benutzung der Naturkräfte anknüpfenden Verständnis geht auch die britische Rechtsprechung aus, in der lediglich das Moment des physikalisch Greifbaren stärker betont wird. Danach setzt eine Erfindung voraus, dass sie einen praktischen Effekt in der physischen Welt bewirkt, vgl. High Court GRUR Int. **89,** 419, 420 – Automatisiertes System für Wertpapierhandel. 43

c) Die oben wiedergegebene Definition besagt zum Ersten, dass nur eine **Anweisung** oder **Regel zum Handeln** eine Erfindung sein kann. Dies folgt aus der Abgrenzung zur Entdeckung, die nach Abs. 3 Nr. 1 grundsätzlich keine Erfindung darstellt. Für das Auffinden von Naturgesetzen oder in der Natur vorkommender Stoffe kann ein Patent auch dann nicht erteilt werden, wenn sie bis dahin unbekannt waren, BGH GRUR **69,** 531 – Erfindungshöhe; EPA ABl. **95,** 388 – Relaxin. Das beruht nicht nur auf ihrem eher abstrakten Charakter, den das EPA bei seiner Abgrenzung zu schutzfähigen Erfindungen in den Vordergrund stellt, EPA GRUR Int. **95,** 974 – Warteschlangensystem; vgl. auch EPA GRUR Int. **87,** 173– Computerbezogene Erfindung. Die mangelnde Patentfähigkeit ist vielmehr notwendige Folge des mit der Erteilung von Patenten von der Rechtsordnung verfolgten Zwecks. Mit ihr sollen nicht wissenschaftliche Erkenntnisse und Bemühungen, sondern die **gewerbliche Tätigkeit** gefördert werden, BGHZ **57,** 1, 8 – Trioxan. Ebenso wie die in der Natur vorkommenden Stoffe sollen auch die Naturgesetze selbst grundsätzlich allen zugänglich sein, auch wenn sie unter Mühen und Kosten aufgefunden wurden und gewinnbringend eingesetzt werden könnten. Das gebietet zum einen schon die mit Verfassungsrang ausgestattete Freiheit der Wissenschaft (vgl. Art. 5 GG). Darüber hinaus ist die freie Zugänglichkeit der Naturgesetze und ihre Kenntnis unerlässliche Voraussetzung für den **technischen Fortschritt.** Dieser kann nur gesichert werden, wenn die wissenschaftlichen Grundlagen der künftigen Entwicklung allen Interessierten zur Verfügung stehen. Die Reservierung bloßer Erkenntnisse zugunsten ihrer Entdecker wäre daher mit dem Zweck des Patentschutzes, den (technischen) Fortschritt zu fördern, nicht zu verein- 44 baren. Das beschränkt die Erfindung auf Maßnahmen zur Herbeiführung eines künstlichen Erfolges, die nur als Lehre zu einem hierauf zielgerichteten Handeln verstanden werden kann, Busse/Keukenschrijver § 1 Rdn. 18. Patentfähig sind daher nicht schon die Halbleitertheorie und ihre physikalischen und chemischen Grundlagen; Schutz kommt erst für die auf Grund dieser Theorien entwickelten Halbleiter, das Verfahren zu ihrer Herstellung oder ihre Verwendung in elektrischen bzw. elektronischen Schaltungen in Betracht. Nicht die Erkenntnis, dass Wasserdampf Druck ausüben und dabei Kräfte auslösen kann, sondern die auf der Grundlage dieser Erkenntnis entwickelte Dampfmaschine kann eine patentfähige Erfindung sein, Singer/Lunzer Art. 52 EPÜ Rdn. 52.07. Erfindung im Sinne des Patentrechts ist damit nicht das bloße abstrakte Wissen oder eine Erkenntnis, sondern erst ihre Umsetzung in eine praktische Nutzanwendung; nur sie kann Gegenstand eines Schutzrechtes sein. Eine Erfindung ist damit eine Lehre, die nicht dem bloßen Bereich der Wissenschaft verhaftet bleibt, sondern zur angewandten Wissenschaft wird, vgl. auch Corte di Cassazione GRUR Int. **90,** 864, 866 – Analysemethode. Erst dann kann sie auch die für den Patentschutz erforderliche gewerbliche Anwendbarkeit aufweisen, die eine Wiederholbarkeit des patentgemäßen Erfolgs unter Verwendung der in der Patentschrift offenbarten Mittel voraussetzt, Schulte/Moufang, § 1 Rdn. 55 ff.

45 **d)** Als Gegenstand einer Erfindung kommen nach der weitaus herrschenden Ansicht zum europäischen und deutschen Patentrecht nur **technische Lehren** in Betracht, BGHZ **52,** 74, 79 – Rote Taube; **67,** 22 – Dispositionsprogramm; **115,** 23, 30 – Chinesische Schriftzeichen; **115,** 11, 18 f. – Seitenpuffer; **143,** 255, 261 – Logikverifikation; EPA GRUR Int. **90,** 522 – Reibungsverringernder Zusatz; **92,** 279, 280 – Schriftzeichenform; vgl. auch EPA ABl. **95,** 275 – Hepatitis-A-virus; GRUR Int. **2002,** 87, 89 – Steuerung eines Pensionssystems; Busse/Keukenschrijver, § 1 Rdn. 19; Mes § 1 Rdn. 9; Schar, Mitt. **98,** 322, 323; krit. v. Hellfeld, GRUR **89,** 471, 483; im Hinblick auf ein künftiges Recht auch van Raden/Wertenson, GRUR **95,** 523. Der technische Charakter der Lehre ist das einzig brauchbare Abgrenzungskriterium gegenüber anderen schöpferischen Leistungen des Menschen, für die ein Patentschutz weder vorgesehen noch geeignet ist, BGHZ **67,** 22, 33 – Dispositionsprogramm; **115,** 23, 30 – Chinesische Schriftzeichen; Schar, Mitt. **98,** 323. Nach seinem Zweck, den technischen Fortschritt zu fördern und den Erfindergeist für das Gewerbe in nutzbringender Weise anzuregen, BGHZ **45,** 102, 108 – Appetitzügler; **100,** 67, 73 – Tollwutvirus; **130,** 259, 271 – Klinische Versuche, kann das Patent nur eine technische Anweisung oder Regel erfassen; es ist kein Auffangbecken für anderweitig nicht geschützte geistige Schöpfungen, BGHZ **67,** 22, 33 – Dispositionsprogramm.

45 a Für den technischen Charakter der Lehre ist die **sprachliche Einkleidung** des Anmeldegegenstandes ohne Bedeutung, BGH GRUR **78,** 103 – Prüfverfahren; GRUR **86,** 531 – Flugkostenminimierung; Mes, § 1 Rdn. 10. Maßgebend ist allein der wahre Gehalt der offenbarten Lehre, der ggf. im Wege der Auslegung nach Maßgabe des § 14 ermittelt werden muss. Patentfähigkeit und Schutzbereich sind allein nach dem so bestimmten Inhalt und nicht nach einer mehr oder weniger geschickten Beschreibung zu beurteilen.

45 b Es genügt, dass die Lehre **überhaupt** technischen Charakter aufweist, BGHZ **117,** 144, 149 – Tauchcomputer; **143,** 255, 262 f. – Logikverifikation; **159,** 197, 203 – Elektronischer Zahlungsverkehr; EPA GRUR Int. **88,** 585, 586 – Röntgeneinrichtung; **91,** 118, 120 – Textverarbeitung; ABl. **90,** 395 – Farbige Plattenhülle; GRUR Int. **92,** 654 – Anzeiger; **94,** 1038, 1040 – Editierbare Dokumentenform; **95,** 909, 911 – Universelles Verwaltungssystem. Von einer ausschließlich oder überwiegend technischen Natur ist die Patentfähigkeit nicht abhängig. Auch das bei der Bewertung der erfinderischen Tätigkeit diskutierte Problem der Gewichtung zwischen technischen und nicht patentfähigen Elementen stellt sich bei der Frage, ob eine technische Lehre vorhanden ist, nicht. Die in der früheren Rechtsprechung des BGH zur Abgrenzung von nicht schutzfähigen Kombinationen entwickelte **Kerntheorie** ist mit der Entscheidung BGHZ **117,** 144, 149 – Tauchcomputer praktisch **aufgegeben** und seither nicht mehr angewandt worden. Nach dieser Theorie sollte eine Kombination technischer und nicht technischer Elemente nur patentfähig sein, wenn die technische Maßnahme einen so wesentlichen Beitrag zur Erzielung des Erfolgs liefert, dass sie der Lehre das Gepräge gibt (so noch BGHZ **115,** 23, 31 – Chinesische Schriftzeichen). Zwar kann eine nur untergeordnete und für ihre Funktion unbedeutende Maßnahme einer insgesamt untechnischen Lehre Erfindungsqualität nicht verleihen, ähnlich EPA GRUR Int. **94,** 236 – Kartenleser. Das betrifft jedoch nur die Frage der erfinderischen Tätigkeit, nicht aber ihren technischen Charakter. Hier besteht für eine weitere Beschränkung kein Anlass. Andernfalls müsste aus diesem Grund die Schutzfähigkeit auch dann entfallen, wenn die technischen Elemente einer solchen Kombination für sich bewertet neu und erfinderisch wären und für die Ausführung zweckmäßig oder gar notwendig erscheinen, vgl.

BGH GRUR **78,** 102 – Prüfverfahren; BGHZ **67,** 22 – Dispositionsprogramm; BGH GRUR **81,** 39 – Walzstabteilung; **86,** 531 – Flugkostenminimierung; BGHZ **115,** 23, 31 – Chinesische Schriftzeichen. Mit dem Zweck des Patentschutzes wäre das nicht zu vereinbaren. Der Ausschluss einer solchen Lehre vom Patentschutz lässt sich auch nicht mit der Gefahr rechtfertigen, bei einer isolierten Betrachtung der technischen Merkmale könne der Erfindungsgedanke verfehlt werden (so noch BGH GRUR **78,** 420, 421 – Fehlerortung). Probleme bei der Bestimmung des Schutzbereiches sind ebenfalls kein Argument gegen die Patentfähigkeit; sie müssen auch sonst hingenommen und gelöst werden.

Auch eine **Kombination** von technischen und nicht technischen Merkmalen ist daher grundsätzlich patentfähig, Busse/Keukenschrijver § 1 Rdn. 34; Schulte/Moufang, § 1 Rdn. 45. Das Gleiche gilt für eine Lehre, die neben patentfähigen auch nicht schutzfähige, bekannte oder vom Patentschutz ausgeschlossene Merkmale enthält, vgl. BGHZ **159,** 197, 203 – Elektronischer Zahlungsverkehr; EPA GRUR Int. **88,** 585 – Röntgeneinrichtung, **91,** 118, 120 – Textverarbeitung; **95,** 589, 590 – Verfahren zur Empfängnisverhütung. Einen vorhandenen technischen Charakter verliert eine Lehre nicht deshalb, weil sie neben technischen auch dem Patentschutz nicht zugängliche Merkmale aufweist. Diese können die anderweit begründete Patentfähigkeit nicht wieder zunichte machen, EPA GRUR Int. **95,** 909, 911 – Universelles Verwaltungssystem. Ausgeschlossen ist der Patentschutz nur dort, wo – wie bei therapeutischen und chirurgischen Behandlungen (§ 5 Abs. 2) – das Vorhandensein derartiger Elemente einer Patentierung schlechthin entgegensteht. Allerdings soll nach Ansicht des EPA einem Anspruch, der als Ganzes betrachtet eine geschäftliche Transaktion betrifft, die erforderliche Technizität auch dann fehlen, wenn innerhalb des Verfahrens einzelne Schritte mit einem technischen Charakter zu vollziehen sind, EPA GRUR Int. **94,** 236 – Kartenleser; vgl. auch Schulte/Moufang, § 1 Rdn. 48; Busse/Keukenschrijver, § 1 Rdn. 36. In einer neueren Entscheidung hat das EPA die Technizität hingegen schon dann bejaht, wenn in irgendeiner Form technische Mittel verwendet werden, EPA GRUR Int. **2005,** 332, 334 – Auktionsverfahren. Letzteres erscheint eher zutreffend. Bei Computerprogrammen ist allerdings zusätzlich der Patentierungsausschluss nach § 1 Abs. 3 Nr. 3 zu beachten; vgl. dazu BGHZ **159,** 197, 204 – Elektronischer Zahlungsverkehr sowie unten Rdn. 122 und 133 ff. **45 c**

e) Der Begriff der **Technik** ist im Gesetz ebenso wie der Begriff der Erfindung nicht erläutert. Nach seinem Regelungszusammenhang geht das Gesetz von einem objektiven Technikbegriff aus (Schar, Mitt **98,** 328). Von ihm geschützt werden nur Anweisungen zum technischen Handeln, die sich unter gleichen Bedingungen mit dem Ergebnis eines identischen Erfolgs wiederholen lassen. Die Definition des Technikbegriffes und damit der Erfindung im Sinne des Patentrechts muss Raum für die **Einbeziehung künftiger Entwicklungen** lassen, die nur durch das Patentrecht angemessenen Schutz erfahren können, so im Ergebnis zutreffend Wiebe GRUR **94,** 233, 241; van Raden, GRUR **95,** 451, 453. Der Technikbegriff ist damit nicht statischer Natur, BGHZ **143,** 255, 266 – Logikverifikation; **144,** 282, 285 – Sprachanalyseeinrichtung; Hössle Mitt. **2000,** 343, 345, sondern muss dynamisch verstanden werden, ebenso Busse/Keukenschrijver, § 1 Rdn. 20. Das schließt die Möglichkeit wertender und gewichtender Betrachtung bei seiner Auslegung ein. Nur so wird in dem gebotenen Umfang eine Anpassung des Begriffsinhaltes an technische und gesellschaftliche Entwicklungen ermöglicht. Jedenfalls mit dieser Maßgabe bildet die von der weitaus herrschenden Ansicht vertretene Beschränkung der technischen Erfindung auf die bewusste und gezielte Verwendung von Naturkräften zur Herbeiführung eines in der Regel technischen Erfolgs ein brauchbares Kriterium zur Abgrenzung von nicht patentfähigen Entwicklungen und Schöpfungen des Menschen. Deren Einsatz umfasst nicht allein die gezielte Benutzung einer Kraft zur Herbeiführung eines beabsichtigten Erfolgs; technisch in diesem Sinne ist vielmehr grundsätzlich jede gezielte Verwendung oder Ausnutzung dieser Kräfte. Das schließt die Nutzbarmachung der Wechselwirkung von Naturkräften ein (Kindermann, CR **92,** 658, 665). **46**

Technik in diesem Sinne betrifft den Bereich des körperlich Greifbaren, die **Welt der Dinge,** ihre Funktionen und Eigenschaften. Greifbar in diesem Sinne sind auch Naturkräfte, die sich wie die Elektrizität oder die Wechselwirkungen in einem Atom der unmittelbaren menschlichen Beobachtung entziehen; es genügt, dass sie überhaupt festgestellt oder gemessen können, auch wenn dazu weitere Hilfsmittel erforderlich sind. Neben der Verwendung von Sachen und Kräften kann auch die Offenbarung einer bisher unbekannten Eigenschaft eines bekannten Stoffes einen patentfähigen Beitrag zum Stand der Technik enthalten, wenn sie eine neue technische Wirkung zur Verfügung stellt, EPA GRUR Int. **90,** 522, 524 – Reibungsverringernder Zusatz; ABl. **90,** 114 – Mittel zur Regulierung des Pflanzenwachstums. Das Aufdecken der Eigenschaft selbst ist jedoch nur eine Entdeckung, keine Erfindung. Ihr fehlt die **46 a**

Anweisung zum technischen Handeln. Um zur Erfindung zu werden, muss die Erkenntnis daher in eine Handlungsanweisung umgesetzt werden. Das kann auch durch das Aufzeichnen von Effekten geschehen, die mit ihrer Hilfe herbeigeführt werden können. Der Vorschlag zur Ausnutzung spezieller optischer Erscheinungen zur Erreichung eines technischen Zwecks wie ein Untersuchungsverfahren zum Erkennen schadhafter Stellen bei der Herstellung von Schutzüberzügen hat einen technischen Gehalt und kann daher eine Erfindung sein, BPatGE **11,** 67.

46b Den Gegensatz zur Welt der Dinge bildet die im Wesentlichen nichttechnische **Welt der Vorstellungen und Bewusstseinsinhalte,** vgl. BGHZ **52,** 74, 77 – Rote Taube. Sie richtet sich mit Anweisungen vor allem an den menschlichen Geist. Der unmittelbare Einsatz von Naturkräften zur Herbeiführung eines vorbestimmten Erfolgs ist ihr fremd. Ihre Umsetzung verlangt den Einsatz der menschlichen Verstandestätigkeit, einen Akt der Erkenntnis und dessen Ausführung durch den Menschen unter Benutzung seines Verstandes. Hierher gehören etwa bildliche Darstellungen (Piktogramme) zur prägnanten und kurzen Bezeichnung von Gegenständen oder Räumen, die Aufteilung von Formularen durch Spalten, Linien oder Farbgebung als Anleitung oder zur Erleichterung beim Ausfüllen, BGH GRUR **58,** 602, 603 – Wettschein; **75,** 549, 550 – Buchungsblatt; **77,** 152, 153 – Kennungsscheibe; vgl. auch BPatGE **4,** 3, 6 = Mitt. **64,** 27 m. Anm. Mediger; BPatGE **20,** 29, 30 ff.; **10,** 246, 251 f. – Farbige Verschlusskappe eines Kunststoffbeutels. Das Gleiche gilt nach der Übung des EPA, wenn das Ergebnis der patentgemäßen Lehre unmittelbar als das einer menschlichen Tätigkeit erscheint, wie bei der Anbringung verschlüsselter Kenndaten auf Tonträgern zur Verhinderung nicht autorisierter Kopien, EPA GRUR Int. **86,** 553 – Kodierte Kennzeichnung. Auch Aufdrucke zur Wahrnehmung durch den Menschen wie die Wiedergabe des Wachstums einer Pflanze auf einer Samentüte wenden sich allein an die menschliche Vorstellung und sind daher nicht technisch, BPatGE **1,** 151, 152

47 **f)** Technik im Sinne des Patentrechts ist in erster Linie das Arbeiten mit den Mitteln der **Naturkräfte,** BGHZ **52,** 74, 77 ff. – Rote Taube; **115,** 23, 30 – Chinesische Schriftzeichen; Troller, GRUR Int. **79,** 59, 61; Savignon, GRUR Int. **85,** 83, 86; Straus, GRUR Int. **87,** 333, 338; Niedlich GRUR **88,** 17; Hüni, GRUR Int. **89,** 192, 193; Beier, GRUR Int. **90,** 219; Straus GRUR **92,** 252, 254; Wiebe GRUR **94,** 233, 234 jeweils m. w. Nachw.; krit. Schar, Mitt. **98,** 324 unter Hinweis auf die Kritik von Pietzcker, Patentgesetz 1929, 1. Hlbbd, S. 21. Dazu gehören Mittel aus allen Bereichen der Naturwissenschaften, d. h. insbesondere der Physik, der Chemie und der Biologie, BGH GRUR **65,** 533, 534 – Typensatz; GRUR **66,** 249, 250 – Suppenrezept; GRUR **75,** 549 – Buchungsblatt; BGHZ **67,** 22, 32 – Dispositionsprogramm. Arbeiten mit Mitteln der Naturkräfte ist jede **Ausnutzung von Naturgesetzen.** Mit diesem Inhalt kann der so definierte Technikbegriff auch im Gebrauchsmusterrecht nutzbar gemacht werden. Zu Unterschieden in der Behandlung der technischen Schutzrechte führt er daher nicht.

47a Der **menschliche Verstand** und die durch ihn gesteuerte Tätigkeit des Menschen gehören nicht zu den Naturkräften, für deren Anwendung Patentschutz gewährt wird, BGHZ **67,** 22, 32 – Dispositionsprogramm; BGH GRUR **80,** 849 – Antiblockiersystem; GRUR **86,** 531 – Flugkostenminimierung; Busse/Keukenschrijver, § 1 Rdn. 24; Schulte/Moufang, § 1 Rdn. 50. Gemeint sind nur die Kräfte, die außerhalb der menschlichen Verstandestätigkeit liegen und unter ihrem Einsatz vom Menschen beherrscht werden. Eine Anweisung allein an den menschlichen Geist kann daher als solche nicht technisch sein, BGH GRUR **75,** 549 – Buchungsblatt; vgl. auch SchweizBG GRUR Int. **74,** 227 – Dimensionale Synthese. Zwar wird eine technische Lehre nicht dadurch ausgeschlossen, dass sie zu ihrer Umsetzung einer Mitwirkung des Menschen bedarf. Auch dann können im Patent jedoch nur die Ausnutzung der in der Natur vorkommenden Vorgänge oder Kräfte, nicht aber die Mitwirkung des Menschen und die an diesen gerichtete Anweisung unter Schutz gestellt werden.

g) Biologische Erfindungen (§ 1 Abs. 2)

Literaturhinweis: Blum, Fragen der Patentfähigkeit von Erfindungen auf dem Gebiet der lebenden Materie, GRUR Int. **81,** 293; Teschemacher, Die Patentfähigkeit von Mikroorganismen nach deutschem und europäischem Recht, GRUR Int. **81,** 357; Fitzner, Der patentrechtliche Schutz mikrobiologischer Erfindungen, Berlin **1982;** Dolder, Schranken der Patentierbarkeit biotechnologischer Erfindungen nach dem Europäischen Patentübereinkommen. Mitt. **84,** 1; Cadman, Der Schutz von Mikroorganismen im europäischen Patentrecht, GRUR Int. **85,** 242; Savignon, Die Natur des Schutzes der Erfindungspatente und seine Anwendung auf lebende Materie, GRUR Int. **85,** 83; Utermann, Patentschutz für biotechnologische Erfindungen, GRUR Int. **85,** 34; v. Füner, Sachschutz für neuen Mikroorganismus – Zum x-ten

Mal „Bäckerhefe". Mitt. **85,** 169; v. Pechmann, Zum Problem des Schutzes gentechnologischer Erfindungen bei Pflanzen durch Sortenschutz und/oder Patente, GRUR **85,** 717; Beier, Gentechnologie und gewerblicher Rechtsschutz, Festschr. 25 Jahre BPatG **1986,** 133; Beier, Biotechnologie und gewerblicher Rechtsschutz, GRUR Int. **87,** 285; Gareis, Anwendungsfelder und wirtschaftliche Bedeutung der Biotechnologie, GRUR Int. **87,** 287; v. Pechmann, Ausschöpfung des bestehenden Patentrechts für Erfindungen auf dem Gebiet der Pflanzen- und Tierzüchtungen unter Berücksichtigung des Beschlusses des Bundesgerichtshofs – Tollwutvirus, GRUR **87,** 476; Vossius, Patentschutz für Tiere, GRUR **90,** 333; Di Cerbo, Die Patentierbarkeit von Tieren, GRUR Int. **93,** 399; Strauss, Pflanzenpatente und Sortenschutz – Friedliche Koexistenz, GRUR **93,** 794; Lange, Patentierungsverbot für Pflanzensorten, GRUR Int. **96,** 586; Straus, Völkerrechtliche Verträge und Gemeinschaftsrecht als Auslegungsfaktoren des Europäischen Patentübereinkommens – Dargestellt am Patentierungsausschluss von Pflanzensorten in Art. 53 (b), GRUR Int. **98,** 1; Busche, Die Patentierung biologischer Erfindungen nach Patentgesetz und EPÜ, GRUR Int. **99,** 299; Tronser, Ziele und Grenzen des Patentrechts – Dürfen Erfindungen patentfähig sein, die lebende Materie, auch höhere Lebewesen, und den Menschen oder menschliche Bestandteile betreffen?, DRiZ **2000,** 281, 287; Sellnick, Erfindung, Entdeckung und die Auseinandersetzung um die Umsetzung der Biopatentrichtlinie der EU, GRUR **2002,** 121.

Siehe ergänzend die Literaturhinweise bei § 1 a und § 2 a.

Die Art der benutzten Naturkräfte ist für den technischen Charakter der Lehre grundsätzlich ohne Bedeutung. Patentfähige Erfindungen sind nicht auf die Gebiete von Physik und Chemie beschränkt. Für die Patentfähigkeit genügt, dass überhaupt Naturkräfte zur Herbeiführung des patentgemäßen Erfolges benutzt werden. Auch Einwirkungen auf die **belebte Natur** können Gesetzmäßigkeiten folgen und eine Bereicherung des Standes der Technik enthalten, BPatGE **11,** 66, 67; **7,** 78. Neben der Verwendung chemischer und physikalischer kann daher auch der **Gebrauch biologischer Kräfte,** Erscheinungen und Vorgänge patentfähig sein, vgl. schon BGHZ **52,** 74, 77 ff. – Rote Taube; **67,** 22, 32 – Dispositionsprogramm; Goebel, Mitt. **99,** 173, 174; technisch ist, was die belebte oder unbelebte Natur mittels Anwendung von Naturgesetzen nutzbar macht BGH GRUR **75,** 430, 431 – Bäckerhefe. Ein Patent kann daher auch für landwirtschaftliche Verfahren erteilt werden, wenn es sich der Naturkräfte bedient und nicht unter einen der im Gesetz genannten Ausschlusstatbestände fällt, vgl. EPA GRUR Int. **89,** 581, 583 – Schweine I. **48**

Der zur Umsetzung der **Biopatent-Richtlinie** (Richtlinie 98/44/EG vom 6. Juli 1998, ABl. L 213/13) mit Wirkung vom 28. Februar 2005 eingefügte neue § 1 Abs. 2 stellt die Patentierbarkeit von Erfindungen, die Erzeugnisse aus biologischem Material oder Verfahren zur Herstellung, Bearbeitung oder Verwendung biologischen Materials betreffen, ausdrücklich klar. Eine Änderung gegenüber dem früheren Recht dürfte allein darin nicht liegen (so auch BT-Ds. 15/1709, S. 9 f.). Die Hauptbedeutung der neuen Vorschriften liegt in den ergänzenden Regelungen der §§ 1 a, 2, 2 a und 9 a ff. Vgl. im Einzelnen die Kommentierung hierzu. **48 a**

h) Weitere Voraussetzung für eine Erfindung ist der Eintritt eines **Erfolges.** Auch dieser Erfolg muss auf dem Gebiet der **Technik** liegen. Auf abstrakte, nicht zwangsläufig eintretende Resultate gerichtete Anweisungen und Ansprüche sind danach mangels Technizität nicht patentfähig, EPA 31. 5. 1994 – T 453/91 – Method for physical VLSI-chip design; vgl. auch High Court GRUR Int. **89,** 419 – Automatisiertes System für Wertpapierhandel. Mit dieser Erwägung ist der Erzeugung und Änderung abstrakter, beliebiger Daten ein technischer Charakter abgesprochen worden. Als nicht patentfähig, weil nur beliebige Daten betreffend, hat das EPA ferner einen Algorithmus zur Bearbeitung großer Datenmengen gewertet, GRUR Int. **87,** 173 – Computerbezogene Erfindung. Das Gleiche gilt für ein Verfahren zum physikalischen Entwerfen eines Chips, das lediglich zu einem Entwurf in Form eines Bildes führte, dessen Realisierung ungewiss blieb; hingegen wurden Verfahrensansprüche zugelassen, die auch die materielle Herstellung des Chips einschlossen, EPA 31. 5. 1994 – T 453/91 – Method for physical VLSI-chip design. Der BGH hat demgegenüber ein Verfahren, mit dem die korrekte Umsetzung eines Logikplans in ein entsprechendes Layout für hochintegrierte Schaltungen (Chips) überprüft werden kann, als dem Gebiet der Technik zugehörig angesehen, BGHZ **143,** 255, 266 – Logikverifikation; vgl. dazu unten Rdn. 50 c und 131. **49**

Von dem technischen Erfolg zu unterscheiden sind die **weiteren Wirkungen,** die auf ihm beruhen und deren Herbeiführung vielfach das eigentliche Ziel der patentgemäßen Lehre ist. Diese weiteren Wirkungen müssen nicht technisch sein oder auf einem technischen Gebiet liegen, vgl. BGH GRUR **77,** 152, 153 – Kennungsscheibe; im Ergebnis auch EPA GRUR Int. **2002,** 87, 89 – Steuerung eines Pensionssystems; Busse/Keukenschrijver, § 1 Rdn. 37; Schulte/ **49 a**

Moufang, § 1 Rdn. 51f. Die Erfindung kann sich in der Lehre erschöpfen, einen Gegenstand (eine Sache) in bestimmter Weise auszubilden oder bei der Herstellung oder Bearbeitung eines Gegenstands in bestimmter Weise zu verfahren. Geschieht das mit Mitteln der Technik, ist sie technisch. Ob sie in einer nachgeordneten Stufe ihrer Anwendung auch oder gerade zu außertechnischen Ergebnissen führt und führen soll, ist dann unerheblich, BGH GRUR **77,** 657, 658 – Straken. Da die nachgeordneten Wirkungen nicht Bestandteil der erfinderischen Aufgabenlösung sind, können sie auch auf ästhetischem oder künstlerischem (BGH GRUR **88,** 290, 293 – Kehlrinne; **66,** 249, 250 – Suppenrezept; **67,** 590, 591 – Garagentor; **75,** 549 – Buchungsblatt), wirtschaftlichem (anders zu Unrecht BGH GRUR **86,** 531, 532 – Flugkostenminimierung) oder medizinischem (vgl. § 5 Abs. 2 und § 3 Abs. 3) Gebiet liegen. Technischer Charakter und damit Patentfähigkeit werden hiervon auch dann nicht berührt, wenn sie das eigentliche Ziel einer Anwendung der offenbarten Lehre sind. Eine mechanische Vorrichtung zum Aufbringen von Farbe verliert ihren technischen Charakter nicht deshalb, weil sie einem Künstler die Arbeit erleichtern soll. Umgekehrt wird eine ihrer Natur nach untechnische Lehre nicht allein deshalb technisch, weil die mit ihrer Hilfe erzielten weiteren Resultate technisch sind oder in einem technischen Vorgang verwertet werden können, BGH GRUR **77,** 657, 658 – Straken.

50 **i)** Der Einsatz von Naturkräften muss für den erzielten Erfolg **kausal** sein. Das mit der Lehre angestrebte Ergebnis muss unmittelbar, d.h. ohne eine zwischengeschaltete Betätigung des menschlichen Geistes, durch den Einsatz von Naturkräften erzielt werden, BGH GRUR **77,** 152 – Kennungsscheibe; **80,** 849, 850 – Antiblockiersystem; Schulte/Moufang, § 1 Rdnr. 50. Der Einsatz der Naturkräfte muss den kausal übersehbaren Erfolg herbeiführen. Er darf nicht entfallen, ohne dass zugleich auch dieser technische Erfolg entfiele, BGHZ **67,** 22, 27 – Dispositionsprogramm. Bedarf es zur Herbeiführung des Erfolgs notwendig auch einer menschlichen Tätigkeit und der Betätigung des menschlichen Verstandes, ist das erzielte Ergebnis gerade nicht Folge einer Verwendung technischer Mittel, BGHZ **67,** 22, 27. An einer technischen Lehre fehlt es daher auch, wenn die vom Verstand des Menschen gesteuerte Tätigkeit nur ein Bindeglied zwischen dem Einsatz von Naturkräften bildet, ohne sie aber der Erfolg nicht erreicht werden kann. Technisch sind hier nur die einzelnen Elemente, bei denen die Naturkräfte eingesetzt werden, nicht aber ihre weitere Kombination. Die Notwendigkeit eines unmittelbaren Zusammenhangs zwischen den eingesetzten Naturkräften und dem beabsichtigten Erfolg steht andererseits einem technischen Charakter nicht entgegen, wenn ihre Umsetzung eine Überwachung und Steuerung der eingesetzten Naturkräfte durch den Menschen verlangt. Die Einschaltung des Menschen zur Bedienung und Überwachung von Geräten oder Abläufen ist in der Technik nicht unüblich, ohne dass sich dadurch etwas an dem Charakter der Maßnahme ändern würde, vgl. DPA Bl. **92,** 478. Die vom Menschen eingeschaltete, bediente und überwachte Maschine bleibt ein Gegenstand der Technik, der auf der Verwendung von Naturkräften beruht. Allerdings erfüllen Bedienung und Steuerung der Maschine als Gegenstand menschlicher Tätigkeit den Technikbegriff nicht; technisch können hier nur der Aufbau und der von Eingriffen des Bedienungspersonal unabhängige Lauf der Vorrichtung sein.

50a Die Abgrenzung zwischen einer technischen und einer nicht technischen Anweisung richtet sich danach, ob das erzielte Ergebnis **unmittelbar** Ergebnis der menschlichen (Geistes-)Tätigkeit ist oder nur durch eine von dieser beherrschte und gesteuerte Naturkraft bewirkt wurde. Nicht technisch ist die durch ein maschinell erzeugtes Warnsignal ausgelöste Reaktion des Bedienungspersonals. Die Erzeugung dieses Signals und eine ihm vorausgegangene, ohne Eingriff des Menschen vollzogene Auswertung der wesentlichen Parameter in der Maschine kann den Technikbegriff jedoch erfüllen (ähnl. BPatGE **36,** 77, wo bei einer computergesteuerten Einparkhilfe, die vom Lenker die Ausführung der vom Rechner erzeugten Signale verlangt, zwar nicht diese Umsetzung, wohl aber die Erzeugung der vom Fahrer aufgenommenen Signale als technisch angesehen wurde; vgl. auch BPatG GRUR **2000,** 408). Das Gleiche gilt für die parallele Anzeige der tatsächlichen und der angestrebten Zustände in einem technischen Gerät, EPA Mitt. **94,** 126 – Schaltanzeige für eine Gangschaltung.

50b Der bloße Einsatz technischer Mittel **bei Gelegenheit** einer menschlichen Tätigkeit erfüllt den Technikbegriff nicht, BGHZ **67,** 22, 27 – Dispositionsprogramm. Eine Anweisung an den menschlichen Geist ist auch dann nicht technisch, wenn zu ihrer Verwirklichung technische Geräte sinnvoll, praktisch oder notwendig sind. Eine als Ganzes betrachtet untechnische, eine geschäftliche Maßnahme betreffende Lehre wird nicht dadurch technisch, dass sie einzelne Schritte mit einer technischen Komponente enthält, EPA GRUR Int. **94,** 236 – Kartenleser; anders EPA GRUR Int. **2005,** 332, 334 – Auktionsverfahren: Eine Lehre sei schon dann technisch, wenn in irgendeiner Form technische Mittel verwendet werden; vgl. auch BPatG

GRUR **99,** 1078 – Automatische Absatzsteuerung, wo der Umstand, dass die Umsetzung einer Geschäftsidee mit nicht näher beschriebenen Computerprogrammen erfolgen sollte, als für die Begründung der Technizität ausreichend angesehen wurde. Die Durchführung einer Berechnung durch einen Menschen bleibt auch dann gedankliche Tätigkeit ohne technischen Charakter, wenn dabei Schreibgerät oder Rechenmaschine benutzt werden.

Für **entbehrlich** hat der Bundesgerichtshof die unmittelbare Kausalität für eine Lehre gehalten, mit der die korrekte Umsetzung eines Logikplans in ein entsprechendes Layout für hochintegrierte Schaltungen (Chips) überprüft werden kann: Der unmittelbare Einsatz beherrschbarer Naturkräfte sei hier nicht erforderlich, weil der von der Lehre betroffene Bereich – die Fertigung von hochintegrierten Schaltungen – dem industriellen Bereich der Technik angehöre und nicht ohne entsprechende technische Überlegungen zu erledigen sei, BGHZ **143,** 255, 266 f. – Logikverifikation. Das ist vom Ansatz des Technizitätsbegriffes her nicht unproblematisch; für andere Fallkonstellationen dürfte das Erfordernis der unmittelbaren Kausalität trotz dieser Entscheidung weiterhin Bestand haben (a. A. wohl Busse/Keukenschrijver, § 1 Rdn. 24; vgl. nunmehr BGH GRUR **2005,** 143, 145 – Rentabilitätsermittlung). **50 c**

j) Einzelfälle

Markierungen und **Anzeigevorrichtungen** sind technisch, wenn sie selbst einen technischen Effekt auslösen, für die Erzielung einer Wirkung also nicht der Umsetzung durch den menschlichen Geist bedürfen. Beispiele hierfür: Spielwürfel mit neuen Auflageflächen, BPatGE **2,** 109, 110; Faltung und Anordnung der Durchschriftbögen eines Formulars, BPatGE **20,** 29, 30 f.; Aufdruck auf einem Band, der bei dessen Bewegung wie ein Zeiger wirkt, BPatG Mitt. **64,** 97, 98; Kennungsscheibe mit farbigen Markierungen zur Erkennung und Unterscheidung eines umlaufenden Plattenstapels, BGH GRUR **77,** 152, 153 – Kennungsscheibe. Auch die automatische optische Anzeige von Zuständen in einer Vorrichtung oder einem System ist technisch, EPA GRUR Int. **90,** 463, 464 – Computerbezogene Erfindung; Mitt. **94,** 126 – Schaltanzeige für eine Gangschaltung. **50 d**

Schreib- oder Zeichenhilfen, sonstige optische Hilfsmittel sowie Lehr- und Anschauungsmittel können Gegenstand eines Patents sein, wenn sie sich nicht auf die Wiedergabe von Informationen oder eine Anweisung an den menschlichen Geist beschränken, sondern sich technischer Mittel bedienen, BPatG Mitt. **64,** 97, 98; BPatGE **6,** 145, 147; EPA GRUR Int. **92,** 654 – Anzeiger. **50 e**

Die **Angabe von Messwerten,** Messwertrelationen oder Abmessungen in der Beschreibung eines Gegenstandes kann eine technische Lehre enthalten, wenn ein Fachmann durch diese Angaben in die Lage versetzt wird, einen Gegenstand mit bestimmten (technischen) Eigenschaften herzustellen, BGH GRUR **98,** 899 – Alpinski, für einen Ski mit bestimmten, gezielt erzeugten Fahreigenschaften. **50 f**

Maßnahmen mechanischer oder chemischer Art, wie z. B. **Aufrauen,** BGH GRUR **75,** 549 – Buchungsblatt, und **Glätten** verwenden technische Mittel. Am Gebrauch solcher Mittel und damit einer technischen Lehre fehlt es hingegen bei Markierungen, an denen sich der Benutzer beim Falten (Umklappen) eines Briefbogens orientieren soll, BPatGE **15,** 166, 170. Hier liegt lediglich eine Anweisung an den menschlichen Verstand vor, die der Benutzer umsetzen soll. Um den angestrebten Erfolg zu erreichen, bedarf es der Zwischenschaltung einer Anweisung (Legende) oder einer geistigen Vorbereitung. **50 g**

Ein technischer Charakter fehlt allgemein dann, wenn **keine technischen Mittel** zur Durchführung einer Lehre angegeben oder vorausgesetzt werden, vgl. EPA GRUR Int. **86,** 553 – Kodierte Kennzeichnung, für ein Verfahren zur Anbringung einer kodierten, durch Verschlüsselung von Kenndaten gebildeten Kennzeichnung. **50 h**

3. Die fertige Erfindung

a) Zu den Voraussetzungen der Patentfähigkeit wurde früher das Vorliegen einer **„fertigen Erfindung"** gezählt. Fertig in diesem Sinne ist eine Erfindung, wenn der Durchschnittsfachmann die Lehre nach den Angaben des Erfinders mit Erfolg ausführen kann, BGH GRUR **71,** 210, 212 – Wildverbissverhinderung. Dieses Kriterium deckt sich im Wesentlichen mit den Erfordernis der Ausführbarkeit; vgl. unten Rdn. 70 ff. sowie Rdn. 64. Eine darüber hinausgehende selbstständige Bedeutung kommt diesem Merkmal im Zusammenhang mit der Patentfähigkeit nicht zu. **51**

b) Die Frage, ob bereits eine fertige Erfindung vorgelegen hat, kann von Bedeutung sein im Zusammenhang mit Ansprüchen aus **widerrechtlicher Entnahme;** vgl. BGH GRUR **71,** 210 – Wildverbissverhinderung; OLG Frankfurt GRUR **87,** 886, 889. **52**

53 c) Ob eine „fertige" Erfindung vorliegt, ist aus der **objektiven Sicht** des Fachmanns zu beurteilen. Ob der Erfinder selbst die Erfindung bereits für ausführbar hält, ist dagegen unerheblich, BGH GRUR **71,** 210, 213 – Wildverbissverhinderung in Abkehr von der früheren Rechtsprechung.

4. Aufgabe und Lösung

Literaturhinweis: Zumstein, Aufgabe bei chemischen Verfahrenserfindungen, Mitt. **75,** 162; Scheuber, Die Aufgabenstellung, Mitt. **76,** 27; Gernhardt, Angabe der durch eine Erfindung zu lösenden Aufgabe, Mitt. **81,** 235; Hesse, Die Aufgabe – Begriff und Bedeutung im Patentrecht, GRUR **81,** 853; Dürschke, Nochmals: Offenbarung der „Aufgabe" einer Erfindung, Mitt. **83,** 225; Müller, Offenbarung der „Aufgabe" einer Erfindung, Mitt. **83,** 169; Schmieder, Die Aufgabenstellung als Schritt zur Erfindung, GRUR **84,** 549; Schreiber, Die sogenannte „Aufgabe" und die Begründung der Erfindungshöhe mit der Neuheit, Mitt. **84,** 48; Jeser, Aufgabe und Anspruchsunterteilung, Mitt. **85,** 143; Balk, Zur Formalisierung von Aufgabe und Lösung einer technischen Lehre, Mitt. **86,** 230; Bruchhausen, Über die Schwierigkeiten bei der Handhabung des Erfindungsbegriffes, Festschrift 25 Jahre Bundespatentgericht, **1986,** S. 125; Schachenmann, Begriff und Funktion der Aufgabe im Patentrecht, Diss. Zürich **1986;** Gramm, Die Bedeutung von Aufgabe und Ziel der Erfindung im Patentrecht, Ber. Eisenführ, GRUR **89,** 662f., 897; Niedlich, Das Problem „Aufgabe" GRUR **89,** 749; Niedlich, Die Aufgabe im Patenterteilungsverfahren, GRUR **89,** 794; von Falck, Neues vom Schutzumfang von Patenten, II. Die Bedeutung der Aufgabe, GRUR **90,** 650, 651; U. Krieger, Definition und Bedeutung der Aufgabe bei Erzeugniserfindungen im deutschen und europäischen Patentrecht, GRUR Int. **90,** 743; Brodeßer, Die sogenannte „Aufgabe" der Erfindung, ein unergiebiger Rechtsbegriff, GRUR **93,** 185ff.; Szabo, Der Ansatz über Aufgabe und Lösung in der Praxis des Europäischen Patentamts, Mitt. **94,** 225.

54 a) Die Lehre zum technischen Handeln ist die an den Fachmann gerichtete **Information** (Belehrung) darüber, welche Naturkräfte oder -erscheinungen und wie er diese einsetzen muss, um einen kausal übersehbaren Erfolg zu erreichen. Die Erreichung des angestrebten Erfolges gehört zum Bereich des „technischen" Problems, vgl. EPA ABl. **84,** 368, 372 – Toluoloxidation. Die einzusetzenden Naturkräfte oder -erscheinungen sind die Mittel zur Lösung des Problems. Die Erfindung wird damit maßgeblich durch die **Problemlösung** charakterisiert, BGH GRUR **85,** 31, 32 m.w. Nachw. – Acrylfasern; Schweiz. BG GRUR Int. **89,** 328, 329 – Schneehalter; BPatG Bl. **86,** 221; siehe auch Müller, Mitt. **83,** 169; Lewinsky, Mitt. **83,** 225f. Gleichwohl ist auch das Problem von Bedeutung. Problem und Lösung bestimmen gemeinsam und in ihrem Zusammenwirken Wesen und Gegenstand der beanspruchten Lehre, BGH GRUR **91,** 811, 814 – Falzmaschine; EPA GRUR Int. **90,** 468, 469 – Datenprozessornetz.

55 b) Trotz ihrer häufigen äußerlichen Übereinstimmung können das **technische Problem** und die im Patent beschriebene sog. **Aufgabe** nicht ohne weiteres gleichgesetzt werden, Hesse, GRUR **81,** 853, 855. Schutzfähigkeit und Schutzumfang richten sich nicht nach der subjektiven Zielvorstellung des Anmelders, sondern nach dem, was die im Patent beschriebene Erfindung tatsächlich leistet, BGHZ **98,** 12, 20 – Formstein; BGH GRUR **91,** 522, 523 – Feuerschutzabschluss; **91,** 811, 813f. – Falzmaschine; vgl. auch BGHZ **78,** 358 – Spinnturbine II; BGH GRUR **60,** 546 – Bierhahn und GRUR **67,** 194, 196 – Hohlwalze; BPatG GRUR **97,** 523 – Faksimile-Vorrichtung; EPA GRUR Int. **83,** 650 – Metallveredlung; **86,** 723 – Neuformulierung der Aufgabe; SA ABl. **94,** 32 – Dampfturbinenanlage; vgl. auch GRUR Int. **89,** 679 – Plasmid p SG 2; Busse/Keukenschrijver, § 1 Rdn. 92; Schulte/Moufang, § 1 Rdn. 63.

55a Daher ist **unerheblich,** ob der Erfinder die durch seine Entwicklung gelösten Probleme **erkannt** und in der Patentschrift beschrieben hat. Was die Erfindung tatsächlich leistet, ist aus der Sicht des **Fachmanns** in der Zeit vor Vollendung der Erfindung zu beurteilen, BGH GRUR **87,** 510, 511 – Mittelohr-Prothese; Brodeßer, GRUR **93,** 185. Problematisch erscheint daher, wenn das EPA im Rahmen des Aufgabe-Lösungs-Ansatzes auch subjektive Momente berücksichtigt und erst dann auf die objektiven Verhältnisse zurückgreift, wenn der Stand der Technik unrichtig wiedergegeben ist oder die in der Beschreibung bezeichnete Aufgabe nicht gelöst wird, vgl. EPA GRUR Int. **97,** 741 – Polymerpuder. Bei der Beurteilung, ob und welches technische Problem durch die patentgemäße Erfindung gelöst wird, sind in erster Linie objektive Maßstäbe anzulegen, so zu Recht EPA GRUR Int. **82,** 673, 674f. – Aryloxybenzaldehyd; **84,** 525 – Formkörper aus Poly (p-methylstyrol); vgl. auch GRUR Int. **86,** 723 – Neuformulierung der Aufgabe; Busse/Keukenschrijver, § 1 Rdn. 92. Entscheidend ist, was der Fachmann nach den Anmeldeunterlagen unter Heranziehung des gesamten Standes der Technik und seines allgemeinen Fachwissens als das objektiv durch die Erfindung gelöste Problem erkennt, BGHZ **78,** 358, 364 – Spinnturbine II; BGH GRUR **91,** 522 – Feuerschutzabschluss; **91,** 811, 814 – Falzmaschine; vgl. auch OGH Wien, GRUR Int. **85,** 766, 767 – Befestigungsvorrichtung für Fassadenelemente; Handelsgericht Zürich, GRUR Int. **92,** 783, 784 – Werkzeughalterspindeln II.

Von der Erfindung nicht erreichte Lösungen oder Vorteile können bei der Bewertung der Problemstellung nicht berücksichtigt werden, EPA GRUR Int. **82,** 673, 674f. – Aryloxybenzaldehyd; **84,** 525 – Formkörper aus Poly (p-methylstyrol). Gegenstand der Erfindung ist allein das objektiv **tatsächlich gelöste** Problem. Andererseits kommt ein Patent auch dann in Betracht, wenn die offenbarte Lehre andere Vorteile aufweist oder ein anderes Problem löst, als in der Beschreibung angegeben wurden, BGH GRUR **91,** 522, 523 – Feuerschutzabschluss; BGHZ **78,** 358, 364 – Spinnturbine II; BPatG GRUR **97,** 523 – Faksimile-Vorrichtung; EPA GRUR Int. **84,** 527 – Simethicon-Tablette; vgl. auch EPA GRUR Int. **86,** 723 – Neuformulierung der Aufgabe. Ein Patent muss bei Vorliegen der sonstigen Voraussetzungen daher auch erteilt werden, wenn erst die nicht aufgeführten, aber dem Fachmann erkennbaren Vorteile die Schutzfähigkeit seiner Lehre begründen. **56**

Ihre **Grenze** findet diese Pflicht in dem Gedanken der §§ 14, 21, 22 und 38. Danach ist im Ergebnis eine Erteilung ausgeschlossen, wenn der Schutzbereich des erteilten Rechts über die **Offenbarung** in der Anmeldung hinaus erweitert oder auf ein aliud erstreckt wird, ähnl. schon BGH GRUR **62,** 83, 85 – Einlegesohle. In einem solchen Fall ist sie nicht Gegenstand der Anmeldung, so dass ein entsprechend weiter gefasstes Patent auf diese nicht gestützt werden kann. Ob eine weitere Anmeldung mit diesem Inhalt Erfolg verspricht, hängt im Ergebnis davon ab, in welchem Umfang bei deren Einreichung noch die Voraussetzungen der Patentierung gegeben sind. Maßstab für die Bestimmung des Offenbarungsgehaltes der Anmeldung ist auch hier jeweils das Verständnis des Fachmanns am Tag der betreffenden Anmeldung. Was er den Unterlagen als Problem und dessen Lösung entnehmen kann, bestimmt den Inhalt der in ihnen offenbarten Lehre. Die in dem Patent formulierte Aufgabe fließt in diese Bewertung nur in dem Umfang ein, in dem sie die Vorstellung des Fachmanns von Problem und Lösung beeinflusst. Eine stärkere Betonung der subjektiven Vorstellung des Anmelders würde den Patentschutz in einem sachlich weder gebotenen noch zu rechtfertigenden Umfang einschränken. **57**

c) Da die Erfindung aus Problem und Lösung besteht, ist die **Aufgabenstellung** als solche noch keine Erfindung, BGH GRUR **84,** 194, 195 – Kreiselegge I; **85,** 31, 32 – Acrylfasern; vgl. auch SchweizBG GRUR Int. **89,** 328, 329 – Schneehalter. Sie beschränkt sich auf das Auffinden und die Darstellung eines technischen Problems, so an sich zutreffend auch EPA ABl. **91,** 438 – Einzige allgemeine Idee; vgl. auch SA ABl. **93,** 14 – Mittellinie; im Ergebnis auch Schulte/Moufang, § 4 Rdn. 72. Eine patentfähige Erfindung kann nur in der Lösung dieses Problems liegen, BGH GRUR **84,** 194 – Kreiselegge I; Hesse, GRUR **81,** 853, 854; erst sie enthält die eine Erteilung rechtfertigende Bereicherung des Standes der Technik durch eine Anweisung zum technischen Handeln. Eine Lösung ohne zugrundeliegendes Problem ist schon logisch nicht möglich. Allerdings kann sich die Offenbarung in der Patentschrift auf die Darstellung der Lösung beschränken, wenn der Fachmann dem ohne weiteres zugleich das bewältigte Problem entnimmt. **58**

Angesichts des notwendigen Zusammenspiels von Problem und Lösung kann es auch eine **Aufgabenerfindung** im eigentlichen Sinne, bei der Aufgabe oder technische Problemstellung allein den Gegenstand der Erfindung bilden, nicht geben. Die scheinbar abweichende Auffassung des EPA beruht auf seinem besonderen Verständnis der patentrechtlichen Aufgabe. Als solche sieht das EPA nicht lediglich die zugrundeliegende technische Problemstellung an; in sie werden vielmehr auch die mit der Lehre erzielten Wirkungen einbezogen, vgl. EPA GRUR Int. **84,** 527 – Simethicon-Tablette. Patentfähigkeit wird danach nicht schon durch die Formulierung eines bisher unbekannten Problems begründet; die so verstandene Aufgabe schließt vielmehr wesentliche Teile der Problemlösung ein. Damit liegt auch dieser Ansicht die Vorstellung von einem durch Problem und Lösung bestimmten Erfindungsbegriff zugrunde; Unterschiede etwa zur Rechtsprechung der deutschen Gerichte bestehen insoweit lediglich in der Gewichtung der einzelnen Merkmale. Zu weiteren Einzelheiten vgl. die Kommentierung bei Benkard, EPÜ, Art. 52 Rdn. 86. **59**

Art und Inhalt der technischen Problemstellung können jedoch die Feststellung einer **erfinderischen Tätigkeit** beeinflussen. Bei einer Lösung, die rückschauend einfach erscheint, kann sich der erforderliche schöpferische Überschuss auch aus den Schwierigkeiten ergeben, das zugrundeliegende Problem zu definieren und so erst den Weg zu seiner Lösung zu erkennen, vgl. EPA GRUR Int. **84,** 527 – Simethicon-Tablette; Schulte/Moufang, § 4 Rdn. 73. Ihr **60**

Wert kann auch darin liegen, dass der Erfinder sich von bekannten Konstruktionen und Lösungsvorschlägen lösen musste, BGH Liedl **1971/73,** 238, 245f. – Weidepumpe. Einen Beitrag zur Erfindung liefert die Problemstellung auch insoweit, als mit ihr zur Lösung ungeeignete Mittel ausgeschieden werden und sie damit bereits einen Schritt in Richtung auf die Lösung enthält, BGH GRUR **78,** 98 – Schaltungsanordnung. Das hat jedoch nicht bereits die Schutzfähigkeit der Problemstellung zur Folge; auch hier wird allein die aus Aufgabe und Lösung bestehende technische Lehre unter Schutz gestellt.

61 Anders als die Lösung muss die **Problemstellung nicht neu** sein, Busse/Keukenschrijver, § 1 Rdn. 92; Schulte/Moufang, § 1 Rdn. 69. Auch eine neue Lösung eines bekannten Problems kann eine Bereicherung des Standes der Technik enthalten. Alternativlösungen darf der Schutz nicht schon deshalb versagt werden, weil das zugrundeliegende Problem bekannt und bereits einmal oder mehrfach mit anderen Mitteln gelöst wurde. Schutzwürdig sind solche Alternativlösungen schon deshalb, weil sie einen zusätzlichen Lösungsweg gegenüber dem Stand der Technik anbieten; um weitere Vorteile etwa in Form einer erleichterten Herstellung oder verringerter Kosten müssen sie im Allgemeinen den Stand der Technik nicht bereichern.

62 Das technische Problem und seine Lösung werden durch den **Stand der Technik** nicht berührt. Das Vorliegen einer Lehre zum technischen Handeln ist unabhängig davon, ob sie sich vom Stand der Technik abhebt. Der Stand der Technik ist bei der Prüfung von Neuheit und erfinderischem Schritt von Bedeutung. Für das Verständnis der Patentschrift und der aus Problem und Lösung bestehenden technischen Lehre spielt er keine Rolle. Diese ist aus der Schrift selbst, nicht aus dem Stand der Technik oder der am nächsten kommenden Veröffentlichung zu ermitteln, BGH GRUR **87,** 280 – Befestigungsvorrichtung; teilweise abweichend EPA SA ABl. **94,** 32 – Dampfturbinenanlage, EPA 19. 7. 1995 – T 419/93 – Schlagzäh-Modifizierungsmittel für Kunststoffe, nach denen der Stand der Technik zur Beurteilung des erreichten Fortschritts und der korrekten Darstellung gegenüber dem Bekannten heranzuziehen ist.

63 **d)** Die **Lösung** ist die Anweisung an den Fachmann, mit Hilfe der offenbarten (technischen) Mittel einen vorhersehbaren Erfolg herbeizuführen. Sie lehrt die Mittel, die er gezielt und planmäßig einsetzen soll, um das zugrundeliegende technische Problem zu lösen. Sie bezeichnet die Mittel oder den Weg, auf dem der mit der patentgemäßen Lehre angestrebte Erfolg zu erreichen ist.

64 Die **Mittel zur Problemlösung** müssen in der Patentschrift so offenbart werden, dass ein Fachmann die Erfindung ausführen kann, § 34 Abs. 4. Das verlangt nicht nur eine Darstellung der technischen Lehre, sondern schließt darüber hinaus ein, dass sie grundsätzlich auch tatsächlich umgesetzt werden kann. Der offenbarte Vorschlag muss das rein theoretische Stadium verlassen haben und zu einer konkreten Handlungsanweisung gediehen sein. Dazu muss er eine praktisch brauchbare Problemlösung enthalten, d.h. der Erfinder muss einen kausalen Zusammenhang zwischen der Lösung und dem angestrebten technischen Erfolg offenbaren, der über die Darstellung der wissenschaftstheoretischen Grundlagen hinausgeht. Sein Vorschlag darf sich nicht in der Darstellung einer wissenschaftlichen Theorie erschöpfen, sondern muss eine praktische Nutzanwendung aufzeigen. Dafür genügt auch ein zufällig aufgefundener Lösungsweg nicht, bei dem dem Erfinder die Mittel zur Erreichung des Ziels unbekannt bleiben und von ihm daher auch nicht aufgezeigt werden. Erforderlich ist vielmehr gerade eine Beschreibung der Mittel, mit denen sich den angestrebte Erfolg auch von jedem weiteren Fachmann herbeiführen lässt. Nur in diesem Sinne muss die Erfindung andererseits auch **fertig** sein, vgl. dazu auch oben Rdn. 51. Serienreife muss ebenso wenig vorliegen wie eine völlige Freiheit von Kinderkrankheiten. Diese können die Schutzfähigkeit aus dem Gesichtpunkt der Ausführbarkeit allenfalls dann in Frage stellen, wenn sie eine gezielte Reproduktion des patentgemäßen Erfolgs nicht zulassen, dessen Eintritt vielmehr eher als zufälliges Ergebnis erscheint.

65 Auf **nähere Angaben zum Lösungsweg** kann verzichtet werden, wenn dieser dem Fachmann in Kenntnis der patentgemäßen Lehre ohne weiteres zur Verfügung steht, BGH GRUR **80,** 849, 851 – Antiblockiersystem; BPatGE **24,** 187, 188; vgl. auch House of Lords, GRUR Int. **93,** 325, 328 – Tumornekrosefaktor; EPA GRUR Int. **86,** 467 – Redox Katalysator; ABl. **86,** 211 – Zeolithe; GRUR Int. **87,** 171 – Herbizide. Im Übrigen verdient Patentschutz nicht nur eine Lehre, die dem Fachmann nach Art eines Rezeptes alle Anweisungen gibt, die zu ihrer erfolgreichen Umsetzung erforderlich sind. Grundsätzlich genügt daher die Bezeichnung der Mittel, die der Fachmann zur Verwirklichung der offenbarten Lehre benötigt, BGH Bl. **92,** 301, 310 – Antigene-Nachweis, so dass er den gesamten Gegenstand der Ansprüche – und nicht nur einen Teil davon – ohne unzumutbares Herumexperimentieren und ohne eigenes erfinderisches Zutun ausführen kann, vgl. auch EPA GRUR Int. **95,** 591, 593 – Reinigungsmittel; **88,** 934 – Beständige Bleichmittel. Das kann auch dann erreicht sein, wenn die Offenbarung dem

Fachmann lediglich den Weg weist, auf dem er zur Erreichung des patentgemäßen Erfolgs weiterarbeiten kann und muss. Die Lösung kann auch mit einer Bemessungsregel (Formel) umschrieben werden, BGHZ **80,** 323, 325 – Etikettiermaschine; BGH GRUR **82,** 610, 611 – Langzeitstabilisierung; BPatGE **22,** 105, 107 – Fadenwinkel.

Die **wissenschaftlichen Grundlagen** der Erfindung muss der Erfinder weder mitteilen, BGHZ **63,** 1, 10 – Chinolizine, noch muss er sie überhaupt erkannt haben, BGHZ **51,** 1, 7 – Trioxan; BGH GRUR **94,** 357, 358 – Muffelofen. Es genügt, dass die offenbarte Lehre zu dem gewünschten Ergebnis führt. Offenbart werden muss nur, auf welchem Wege und mit welchen Mitteln der erstrebte Erfolg erreicht wird. Dafür reicht die Beschreibung eines Wirkungszusammenhanges aus. **66**

Eine **fehlerhafte Darstellung** der wissenschaftlichen Grundlagen in der Patenschrift schadet nur dann, wenn sie der erfolgreichen Ausführung der beschriebenen Lehre durch Dritte entgegensteht. Auch ein Irrtum des Erfinders über die bei seiner Erfindung wirkenden Naturgesetze schließt die Patentfähigkeit nicht aus, solange dadurch das Nacharbeiten der offenbarten Lehre durch fachkundige Dritte nicht in Frage gestellt wird. Anders ist es jedoch, wenn Schutz gerade für einen zu Unrecht angenommenen Wirkungszusammenhang begehrt wird. **67**

Auch sonst stehen **Fehler in der Beschreibung** der patentgemäßen Lehre der Patentfähigkeit nach § 1 nicht entgegen; sie können allenfalls die Ausführbarkeit berühren. Diese ist auch bei einer fehlerhaften Darstellung der Erfindung noch gegeben, wenn der Fachmann sie auf Grund seines allgemeinen Fachwissens erkennen und berichtigen kann, EPA GRUR Int. **87,** 171 – Herbizide. Die Ausführbarkeit fehlt jedoch, wenn die Beschreibung den Fachmann an der Verwirklichung des angestrebten Erfolgs mit den offenbarten Mitteln hindert, BGH Bl. **92,** 301, 308 – Antigene-Nachweis. **68**

e) Gegenstand der Erfindung ist damit das von den Motiven und Vorstellungen des Erfinders befreite technische Problem, das die Erfindung aus der Sicht des Fachmann tatsächlich, d.h. objektiv, bewältigt, BGHZ **78,** 358, 364 – Spinnturbine II. Dieser Gegenstand ist auf Grund der Verhältnisse an dem Tag zu bestimmen, nach dem sich der Zeitrang der Anmeldung richtet. Mit dem Patent wird das unter Schutz gestellt, was der Fachmann den Ansprüchen und der Beschreibung nach seinem Fachwissen am Prioritätstag als technische Lehre zum Handeln entnehmen kann. Später erlangte Kenntnisse können zur Beurteilung der erfindungsgemäßen Lehre, insbesondere ihrer Neuheit und der ihr zugrundeliegenden erfinderischen Tätigkeit, grundsätzlich nicht herangezogen werden, EPA ABl. **94,** 50 – Magnetpflaster. Das gilt auch dann, wenn eine technische Lehre im Sinne einer patentfähigen Erfindung erst auf Grund dieses Wissens zu erkennen ist. Eine andere Frage ist demgegenüber, in welchem Umfang die offenbarte Erfindung zu einem späteren Zeitpunkt durch den Stand der Technik geprägt und beeinflusst wird. Hier können u. U. die von ihr vermittelten Kenntnisse unter Berücksichtigung eines vergrößerten allgemeinen Fachwissens zu einem breiteren Offenbarungsgehalt führen, als er für den Prioritätstag zugrundezulegen ist, vgl. dazu unten § 3 Rdn. 16. Auch in seinem Schutzumfang kann ein Patent spätere, bei seiner Anmeldung noch nicht bekannte Ausführungsformen erfassen. **69**

5. Ausführbarkeit

a) Die **Ausführbarkeit** der Anweisung ist nicht unmittelbar Merkmal der Erfindung, gehört jedoch zu deren Wesen, Mes, § 1 Rdn. 58; Busse/Keukenschrijver, § 1 Rdn. 12; im Ergebnis auch Schulte/Moufang, § 1 Rdn. 53f. Sie bildet neben der erfinderischen Tätigkeit, der Neuheit und der gewerblichen Anwendbarkeit kein selbstständiges Element der Schutzfähigkeit. Eine nicht ausführbare Lehre kann allerdings im Ergebnis den Technikbegriff nicht vollständig ausfüllen, da mit ihrem Einsatz überhaupt kein Erfolg und damit auch kein technischer herbeigeführt werden kann. In diesem Umfang bildet sie mittelbar ein Element des Erfindungsbegriffs, zu dessen Ausfüllung sie von Lehre und Rechtsprechung auch in neuerer Zeit noch herangezogen wird, vgl. BGHZ **100,** 67, 71 – Tollwutvirus; BGHZ **122,** 144, 149f. – Tetraploide Kamille; Mes, § 1 Rdn. 58; vgl. auch Kraßer, § 13.6. Insoweit setzt daher schon der Erfindungsbegriff die Möglichkeit einer reproduzierbaren Erreichbarkeit des angestrebten Erfolgs mit Hilfe der vorgeschlagenen Mittel voraus, vgl. BGH GRUR **75,** 430 – Bäckerhefe. **70**

b) Die **technische Brauchbarkeit** (Leistungsfähigkeit) der Erfindung stellt sich als besonderer Aspekt der Ausführbarkeit dar, BGH GRUR **65,** 298, 301 – Reaktions-Messgerät. An der Brauchbarkeit fehlt es, wenn der nach der Lehre des Patents angestrebte technische Erfolg, mit den offenbarten Mitteln nicht erreicht wird oder die angestrebten Wirkungen mit diesen Mitteln nicht erzielt werden können, BGH Bl. **85,** 117, 118, d.h. wenn die offenbarte Lehre zur Herbeiführung des patentgemäßen Erfolgs nicht geeignet ist. Das ist beispielsweise wegen **71** des Satzes von der Erhaltung der Energie dann der Fall, wenn die Beschreibung verspricht, aus einem Gerät mehr Energie herauszuholen, als ihm zugeführt wird, BGH Bl. **85,** 117, 118.

71a Ob die Brauchbarkeit eine eigenständige Voraussetzung der **Schutzfähigkeit** bildet, erscheint sowohl für das EPÜ (vgl. dazu die Kommentierung bei Benkard, EPÜ, Art. 52 Rdn. 100) als auch für das an das EPÜ angeglichene deutsche Recht zweifelhaft. Die unter dem Aspekt der Brauchbarkeit behandelten Probleme lassen sich weitgehend mit den sonstigen Instrumentarien des Patentrechts lösen. Fehlt die Brauchbarkeit, weil sich mit Hilfe dieser Lehre ein verwendbarerer Gegenstand nicht erzeugen lässt, werden in der Regel schon die gewerbliche Anwendbarkeit (§ 5) oder aber eine hinreichende Offenbarung (§ 34 Abs. 4) fehlen. Insoweit schließt insbesondere die mangelhafte Offenbarung regelmäßig auch die Darstellung einer Lehre ein, die gegen die Naturgesetze verstößt oder bei der der angestrebte bzw. beanspruchte technische Effekt objektiv schlechthin nicht zu erreichen ist (im Ergebnis ebenso Busse/Keukenschrijver, § 1 Rdn. 13, Singer/Stauder/Teschemacher, Art. 83 EPÜ Rdn. 21, 23; MGK/Teschemacher, Art. 83 EPÜ Rdn. 56ff.). Für die verbleibenden Fälle scheint eine Patenterteilung grundsätzlich hinnehmbar, da mit dieser eine unzumutbare Beeinträchtigung des geschäftlichen Verkehrs regelmäßig nicht verbunden sein kann. An der Benutzung von Gegenständen, die nicht funktionieren oder nicht zu verwenden sind, wird regelmäßig ein Interesse nicht bestehen.

71b Andererseits kann insbesondere auf dem Gebiet der **Pharmazeutika** im weiteren Sinne allein der Umstand, dass auf sie ein Patent erteilt ist, eine erhebliche **Werbewirkung** auslösen, der nicht immer mit den Mitteln des Wettbewerbsrechtes zu begegnen ist. Vor allem hier kann der Gedanke Bedeutung gewinnen, dass eine technische Lehre, die nicht brauchbar ist, regelmäßig keine Erfindung im Sinne des Patentrechts sein kann. Patente werden erteilt für eine Bereicherung des Standes der Technik; sie sind u.a. die Gegenleitung dafür, dass der Erfinder eine solche Bereicherung allgemein zugänglich macht. Was eine solche Bereicherung nicht darstellt, verdient grundsätzlich nicht den Schutz des Patentrechts. Auch kann es an der erfinderischen Tätigkeit fehlen, wenn feststeht, dass die vom Patent vorgeschlagene Zugabe eines Wirkstoffs keine therapeutische Wirkung zeigt, BGHZ **147,** 137, 142f. – Trigonellin.

72 **c)** Die Ausführbarkeit einer Erfindung muss die **Wiederholbarkeit** einschließen; denn die Ausführbarkeit muss unabhängig vom Zufall sein (Benkard, Wiederholbarkeit als Erfordernis der Patentfähigkeit, GRUR **53,** 97; Christ, Mitt. **90,** 133). Ausführbar ist nur eine Lehre, die der Fachmann auf Grund der Angaben in der Patentschrift beliebig oft zuverlässig und mit im Wesentlichen gleich bleibendem Erfolg ausführen kann, BGHZ **52,** 74, 81ff. – Rote Taube; **64,** 101, 108 – Bäckerhefe; **100,** 67, 69 – Tollwutvirus; BGHZ **122,** 144, 150 – Tetraploide Kamille. Die Feststellung der Wiederholbarkeit bietet bei den auf dem Gebiet der „toten Technik" ausführbaren Lehren regelmäßig keine Schwierigkeiten. Ist Gegenstand der Erfindung die Gestaltung eines Erzeugnisses, so liegt die patentwürdige Bereicherung der Allgemeinheit darin, dass der Allgemeinheit eine herstellbare neugestaltete Sache zur Verfügung gestellt wird; dafür genügt in der Regel die Beschreibung der neuen Beschaffenheit der Sache, sofern dem nacharbeitenden Fachmann nur irgendein beliebiger Weg zu ihrer Herstellung zur Verfügung steht, BGHZ **100,** 67, 71ff. – Tollwutvirus. Ist das nicht der Fall, genügt für die Erlangung eines umfassenden Sachschutzes die Angabe eines einzigen Herstellungsweges, BGH aaO. Bei der Anwendung von Kräften und Stoffen der **belebten Natur** kann die Wiederholbarkeit eher zu Zweifeln Anlass geben. Bei Züchtungsverfahren liegt Wiederholbarkeit nur dann vor, wenn das Züchtungsverfahren so genau erkannt und beschrieben wird, dass jederzeit das Züchtungsergebnis neu erreicht werden kann, siehe dazu im Einzelnen unten § 2a Rdn. 14 und 22ff.

72a **d)** Auch wenn die Schutzfähigkeit danach im Ergebnis eine ausführbare Lehre verlangt, ist die Ausführbarkeit bei der Feststellung einer Erfindung **nicht zu prüfen,** Busse/Keukenschrijver, § 1 Rdn. 13. Eine solche Prüfung wird durch § 34 Abs. 4 ausgeschlossen, der als speziellere Regelung vorgeht; vgl. auch MGK/Teschemacher, Art. 83 EPÜ Rdn. 63. Nach § 34 Abs. 4 ist die Erfindung in der Anmeldung so zu offenbaren, dass sie ein Fachmann ausführen kann. Das schließt die Klärung der Ausführbarkeit selbst ein. Vgl. dazu im Einzelnen oben Rdn. 63ff. sowie die Kommentierung zu § 34.

72b Da Ausführbarkeit, Brauchbarkeit und Wiederholbarkeit keine Voraussetzung der Patenterteilung nach den §§ 1ff. bilden, kann ihr Fehlen nicht unmittelbar zur **Zurückweisung eines Patentbegehrens** führen. Dem trägt § 21 für die mangelnde Ausführbarkeit teilweise Rechnung. Nach dessen Regelung bildet sie einen selbstständigen Widerrufs- und Nichtigkeitsgrund (Abs. 1 Nr. 2) neben der fehlenden Patentfähigkeit nach den §§ 1 bis 5 (Abs. 1 Nr. 1); vgl. dazu auch unten Rdn. 74n. Ihre Rechtfertigung findet diese Sonderbehandlung darin, dass bis zur Erteilung des Patents in der Regel nicht abschließend zu beurteilen ist, ob und mit welchem

Erfolg die angemeldete Lehre umzusetzen ist, zumal dem Patentamt die Mittel zu einer eigenen Erprobung fehlen. Da andererseits Schutz nicht nur für bereits ausgeführte oder umgesetzte Erfindungen beansprucht werden kann, darf eine bisher fehlende Ausführung der Anmeldung nicht entgegengehalten werden. Zudem würde das Erteilungsverfahren unerträglich belastet, müsste hier schon Ausführbarkeit und Wiederholbarkeit abschließend nachgegangen werden. Deren Fehlen kann vielfach abschließend erst festgestellt werden, wenn praktische Erfahrungen mit der unter Schutz gestellten Lehre vorliegen. Das legt es nahe, sie einem der Erteilung nachgeschalteten Verfahren zu überantworten, zumal dann der Patentinhaber nicht mehr dem Risiko ausgesetzt ist, durch eine Erprobung und eine damit verbundene Publizität die Neuheit seiner Lehre zu gefährden. Für eine solche spätere Überprüfung bieten sich das Einspruchs- oder Nichtigkeitsverfahren an. Dass damit vorübergehend ein sachlich unberechtigter Patentschutz gewährt wird, kann hingenommen werden, da eine nicht ausführbare Lehre keine wesentliche Behinderung des technischen Fortschritts mit sich bringen wird.

6. Weitere Voraussetzungen für die Patenterteilung

a) Soziale Nützlichkeit. Von der technischen Brauchbarkeit (oben Rdn. 71) ist die Brauchbarkeit der Erfindung für die Allgemeinheit, auch als soziale Nützlichkeit bezeichnet (Lindenmaier, GRUR **42,** 485), zu unterscheiden. Sie ist keine Voraussetzung der Patentfähigkeit. Ein Nutzen oder eine vorteilhafte Wirkung oder Bedeutung der beanspruchten Lehre für die Allgemeinheit müssen für die Erteilung des Schutzrechts nicht festgestellt werden, Busse/Keukenschrijver, § 1 Rdn. 16; vgl. auch Singer/Stauder, Art. 52 EPÜ Rdn. 19; teilweise anders Schulte/Moufang, § 1 Rdnr. 21, der allerdings von einem sehr abstrakten Begriff der Nützlichkeit ausgeht, der letztlich durch jede Neuerung erfüllt werden kann. Ein Anspruch auf das Patent besteht auch dann, wenn sie zu diesem Zeitpunkt nicht zu erkennen sind, Busse/Keukenschrijver, § 1 Rdn. 16; teilweise anders wohl Mes, § 1 Rdn. 65. 73

Allerdings kann eine **objektive Nutzlosigkeit** die gewerbliche Anwendbarkeit ausschließen (vgl. Court of Appeal GRUR Int. **98,** 419 – Hepatits-C-Virus II), jedoch nur dann, wenn ein solcher Nutzen schlechthin und für alle Zeit dauerhaft sicher zu verneinen sind. Das wird nur in besonders gelagerten Ausnahmefällen der Fall sein. Ob eine Erfindung künftig vorteilhafte Wirkungen mit sich bringt, kann bei Anmeldung und Erteilung regelmäßig nicht mit Sicherheit beurteilt werden. Schon das verbietet es, ihren Schöpfer durch die Versagung des Patents um den verdienten Lohn für den jedenfalls nicht auszuschließenden Fall zu bringen, dass seine Erfindung entgegen der ursprünglichen Erwartung zu einem späteren Zeitpunkt einem Bedarf entspricht. Zwingende Allgemeininteressen stehen der Schutzgewährung hier auch dann nicht entgegen, wenn die Erfindung während der gesamten Laufzeit des Patents ohne Nutzen für die Allgemeinheit bleibt. Durch die Erteilung eines nutzlosen Schutzrechts wird allenfalls die Benutzung einer Lehre verhindert, an deren Verwendung kein Interesse bestehen kann. Besteht ein solches Interesse, ist auch ein Nutzen gegeben. 73 a

Auch **Vorteile** oder eine Nützlichkeit der Erfindung **für ihren Schöpfer** setzt die Erteilung eines Patentes nicht voraus, BPatG GRUR **95,** 397 – Außenspiegelanordnung; vgl. auch Singer/Stauder, Art. 52 EPÜ Rdn. 19; einschränkend BPatGE **29,** 39. Die wirtschaftliche Verwertung oder Verwertbarkeit der Erfindung muss bei Anmeldung oder Erteilung weder zu erwarten noch wahrscheinlich sein. Ein Schutzrecht kann grundsätzlich auch mit dem Ziel begehrt werden, eine Benutzung der Erfindung während der Schutzdauer zu unterbinden. Diese Befugnis kann allerdings durch nationale Regelungen über die Verpflichtung zur Erteilung von Zwangslizenzen eingeschränkt werden. Ihnen werden jedoch durch internationale Vereinbarungen wie insbesondere das TRIPS-Abkommen und die Pariser Verbandübereinkunft (Art. 5) Grenzen gesetzt. 73 b

b) Von einem technischen **Fortschritt** der angemeldeten Lehre hängt die Erteilung eines Patents nach den §§ 1ff. nicht ab, Schulte/Moufang, § 1 Rdn. 15; Busse/Keukenschrijver, § 1 Rdn. 11; vgl. auch EPA GRUR Int. **84,** 700, 701 – Spiroverbindungen; Singer/Stauder, Art 52 EPÜ Rdn. 19. Auch wenn eine Erfindung regelmäßig ein Bedürfnis befriedigen und sich deshalb als nützlich erweisen wird, ist eine solche Wirkung nach dem geltenden Patentrecht nicht (mehr) Voraussetzung der Patentfähigkeit. 74

Auf der Grundlage des **früheren Rechts** hatten Praxis und Lehre als Voraussetzung für die Patentierung eine Bereicherung der Technik in der Gestalt eines Fortschritts der neuen Lehre gegenüber dem Stand der Technik verlangt, der nicht notwendig auf dem herkömmlich als Technik bezeichneten Gebiet zu liegen brauchte, sondern beispielsweise auch auf wirtschaftlichem, sozialem oder ästhetischem Gebiet oder auf dem Gebiet der belebten Natur, der Biologie, der Physiologie oder der Therapie liegen konnte, BGHZ **53,** 283, 285 – Anthradipyrazol; 74 a wegen Einzelheiten vgl. die 9. Auflage dieses Kommentars. Im Lauf der Entwicklung hatte sich dieses Erfordernis allerdings zu einer Leerformel entwickelt: Es wurde regelmäßig bereits dann bejaht, wenn die beanspruchte Lehre neu und erfinderisch war, da das Vorliegen eines erfinderischen Schrittes regelmäßig eine technische Fortschrittlichkeit der Entwicklung impliziert, vgl. Singer/Lunzer, Rdn. 52.05.

74b c) Die **Identifizierbarkeit** der beanspruchten Lehre ist nach geltendem Recht keine eigene Voraussetzung der Patentfähigkeit nach den §§ 1ff. Zwar müssen die Patentansprüche so klar und inhaltlich bestimmt sein, dass sie eine Überprüfung der Erfindung auf ihre Schutzfähigkeit zulassen, BGHZ **57,** 1, 3f. – Trioxan. Klarheit und inhaltliche Bestimmtheit der Patentansprüche betreffen aber allein die Frage nach dem Umfang der mit der Anmeldung beanspruchten Lehre und damit eine der Voraussetzungen für die Prüfung von Neuheit, erfinderischer Tätigkeit, gewerblicher Anwendbarkeit und Ausführbarkeit.

74c d) Eine vollständige **Freiheit von Fehlern** und Ausschuss bei Anwendung der patentgemäßen Lehre setzt die Patentfähigkeit nicht voraus; schutzfähig sind nicht nur vollkommene Lehren. Ebenso wie Kinderkrankheiten der patentgemäßen Lehre betreffen auch sie in erster Linie die Ausführbarkeit. Auch in deren Zusammenhang schließen sie Patentschutz nicht aus, wenn die patentgemäße Lehre gewollt und gezielt mit einiger Zuverlässigkeit wiederholt ausgeführt werden kann. Ausführbarkeit verlangt nur, dass das patentgemäße Ergebnis als Folge der eingesetzten Mittel bzw. der getroffenen Maßnahmen und nicht nur zufällig erreicht wurde, Schulte/Moufang, § 1 Rdn. 58; EPA GRUR Int. **88,** 934 – Beständige Bleichmittel. Es genügt, wenn die Anwendung der offenbarten Lehre mit einer gewissen statistischen Erwartungsquote zwangsläufig und ohne Umwege zum Erfolg führt, EPA GRUR Int. **84,** 439, 440 – Vinylchloridharze. Ist das der Fall, müssen Fehlschläge nicht auf Ausnahmefälle beschränkt bleiben; sie dürfen nur kein Gewicht erreichen, das den erzielten Erfolg als eher zufällig erscheinen lässt und deshalb die Wiederholbarkeit des Erfolges in Frage stellt, EPA GRUR Int. **86,** 467 – Redox Katalysator; **95,** 591, 593 – Reinigungsmittel.

74d An der **Wiederholbarkeit** in diesem Sinne fehlt es, wenn der Erfolg nur unter günstigen Umständen und möglicherweise eintritt, BGH Bl. **92,** 308 – Antigene-Nachweis; EPA ABl. **2001,** 1 – Cellulose. Muss man sich auf den Zufall verlassen, um die Erfindung ausführen zu können, liegt in der Regel keine patentfähige Erfindung vor, sofern die zufälligen Ereignisse nicht mit einer Häufigkeit eintreten, bei der ein Erfolg bei der Ausführung weitgehend gesichert erscheint, EPA GRUR Int. **2001,** 243, 244f. – Cellulose. Ebenso liegt es, wenn es noch umfangreicher oder aufwändiger Versuche bedarf oder diese das Können des Durchschnittsfachmanns übersteigen, BGH GRUR **80,** 166, 168 – Doppelachsaggregat.

74e e) Ein Verstoß gegen **gesetzliche Ge- oder Verbote** bei der Umsetzung der beanspruchten Lehre berührt weder die Patentfähigkeit nach den §§ 1ff. noch die Ausführbarkeit. Grundsätzlich patentierbar ist auch eine Lehre, deren Umsetzung oder Verwertung verboten oder sonst unzulässig ist. Ausschlaggebend ist insoweit allein, ob sie tatsächlich durch einen Fachmann verwirklicht werden kann. Der Gewährung von Patentschutz steht daher – von den Fällen der §§ 1a, 2 und 2a abgesehen – auch nicht entgegen, dass ein durch das Patent geschützter Stoff, der zur Behandlung von Krankheiten verwendet werden soll, weder über die erforderliche Zulassung als Arzneimittel verfügt noch seine Unbedenklichkeit bei Verwendung für den vorgesehenen Zweck festgestellt ist.

74f f) Ein **Rechtsschutzinteresse** an der Erteilung des Patents muss der Anmelder nicht darlegen. Zwar ist das Verfahren auf Erteilung des Schutzrechts den gleichen prozessualen Anforderungen unterworfen, wie sie sonst im Verkehr mit Gerichten und Behörden gelten. Damit setzt es auch ein vernünftiges Interesse an der Erteilung des beantragten Patents voraus, BGHZ **54,** 181, 184 – Fungizid; vgl. auch Vor § 34 Rdnr. 6. Der dem zugrundeliegende Gedanke der Vermeidung einer unnötigen oder sinnlosen Inanspruchnahme staatlicher Stellen gilt auch hier. Das danach erforderliche Interesse ergibt sich regelmäßig jedoch bereits aus der Anmeldung selbst, mit der ein anderweitig nicht zu erreichender Schutz des Erfinders für die angemeldete Erfindung herbeigeführt werden soll. Demgemäß muss er grundsätzlich auch nicht darlegen, aus welchem Grunde und mit welchem Ziel er die Erfindung zum Patent anmeldet. Das beantragte Schutzrecht kann allenfalls bei einem **schlechthin fehlenden Interesse** an seiner Erteilung versagt werden. Dieses Fehlen muss durch die Erteilungsbehörde positiv festgestellt worden sein; bis dahin ist von dem Vorliegen eines für die Erteilung ausreichenden Interesses auszugehen. Auf bloße Zweifel an einem schutzwürdigen Interesse kann die Versagung eines Schutzrechtes nicht gestützt werden.

74g Ein schutzwürdiges Interesse an der Anmeldung besteht grundsätzlich auch für **abhängige Erfindungen,** deren gewerbliche Benutzung eine Zustimmung des Inhabers des Grundpatentes voraussetzt. Die Anmeldung einer solchen Erfindung ist zulässig auch dann, wenn diese Zustimmung bereits verweigert wurde. Darauf, ob insoweit eine Änderung zu erwarten ist, kommt es nicht an. Das Rechtsschutzinteresse ergibt sich auch hier daraus, dass die Erteilung die Benutzung der abhängigen Erfindung dem Inhaber des Patents vorbehält; zur abhängigen Erfindung vgl. unten § 9 Rdn. 75ff.

Inhaltliche **Übereinstimmungen im Schutzbereich** der Ansprüche einer Anmeldung untereinander oder zum Stand der Technik berühren – von Fällen missbräuchlicher Anmeldungen abgesehen – das Rechtsschutzbedürfnis grundsätzlich nicht. Patente auf ein Produkt und das Verfahren zu seiner Herstellung betreffen verschiedene Gegenstände und können daher grundsätzlich nebeneinander gewährt werden (BGHZ **73,** 183 – Farbbildröhre), zumal jeder der beiden Ansprüche im Verlauf der weiteren Entwicklung im Einspruchs- oder Nichtigkeitsverfahren vernichtet werden kann. Vgl. dazu oben Rdn. 10. **74h**

Bei einer inhaltlichen oder sachlichen Übereinstimmung von Ansprüchen kann ein schutzwürdiges Interesse fehlen, wenn mit ihrer Anmeldung kein weitergehender Schutz erreicht werden kann, als ihn der Anmelder bereits besitzt. An einer **mehrfachen identischen Patentierung** des gleichen Gegenstandes besteht regelmäßig kein schutzwürdiges Interesse. **74i**

Ein die Erteilung ausschließender **Missbrauch** kann vorliegen, wenn mit der Anmeldung dem Patentschutz zuwiderlaufende Ziele verfolgt werden. Missbrauch liegt regelmäßig vor, wenn die Anmeldung nach der erkennbaren Vorstellung des Anmelders allein einer mit dem Inhalt des Patentrechts unvereinbaren Erstreckung des Schutzes dient. Danach kommt ein Patent nicht in Betracht für die bestimmungsgemäße Verwendung eines unter Patentschutz gestellten Gegenstandes, mit der sich der Patentinhaber nach der Veräußerung auch dessen Benutzung und Reparatur vorbehalten will, BGH GRUR **98,** 130 – Handhabungsgerät. Bei der Annahme eines solchen Missbrauchs ist jedoch Vorsicht geboten. Grundsätzlich ist der Inhaber eines Verfahrenspatents nicht gehindert, sich von dem Erwerber einer zur Ausführung des Verfahrens bestimmten und geeigneten Vorrichtung die Zahlung von Lizenzgebühren versprechen zu lassen, BGH GRUR **80,** 38 – Fullplastverfahren; GRUR **2001,** 223 – Bodenwaschanlage. Herstellung, Vertrieb und Einbau von Ersatzteilen können erneut eine Benutzung der patentgemäßen Lehre darstellen, BGHZ **159,** 76, 90 – Flügelradzähler. Danach kann allein in einem auf einen Sach- wie einen Verwendungsanspruch gerichteten Patentbegehren ein Missbrauch jedenfalls nicht ohne weiteres gesehen werden. Auch in solchen Fällen kann ein schutzwürdiges Interesse in möglichen späteren Gefahren für den Bestand des Patents im Hinblick auf mögliche Nichtigkeitsverfahren gegen den einen wie den anderen Anspruch gesehen werden, die in einem solchen Verfahren nicht notwendig das gleiche Schicksal erleiden müssen. **74j**

Vom Patentschutz ausgeschlossen können danach nur Ansprüche sein, die ohne schutzwürdiges Interesse dem Wortsinn nach den gleichen Gegenstand mehrfach unter Schutz stellen sollen, also **inhaltlich keinerlei Unterschiede** aufweisen. Auch bei Ansprüchen, die sich außer auf ein Produkt auch auf seine Herstellung beziehen, ist eine Erteilung daher nicht schlechthin, sondern nur ausnahmsweise in Missbrauchsfällen und bei Fehlen jedes schutzwürdigen Interesses ausgeschlossen. Dabei wird ohne Vorliegen besonderer Umstände regelmäßig davon auszugehen sein, dass mit der Anmeldung einer solchen Kombination patentrechtswidrige Ziele nicht verfolgt werden. **74k**

Bei **Ansprüchen mit unterschiedlichem** Inhalt ist regelmäßig von einem ausreichend **schutzwürdigen Interesse** des Anmelders für sein gesamtes Schutzbegehren auszugehen. Dieses ist dann in der Regel auch nicht rechtsmissbräuchlich. Das gilt insbesondere dort, wo die Kombination eine sachliche Erweiterung des Schutzes nicht zur Folge hat. Grundsätzlich keinen Bedenken begegnet daher ein Schutzbegehren, das auf einen Gegenstand und das Verfahren zu seiner Herstellung gerichtet ist. Hier ist das Erzeugnis regelmäßig ohnehin schon als unmittelbares Ergebnis einer Anwendung des Verfahrens unter Schutz gestellt. **74l**

g) Der Anspruch auf das Patent wird weiter begrenzt durch die **guten Sitten** und die **öffentliche Ordnung;** vgl. dazu die Kommentierung zu § 2. Ein Sittenverstoß in diesem Sinne wird regelmäßig auch einer sozial schädlichen Erfindung entgegengehalten werden können; weitergehend Mes, § 1 Rdn. 65. **74m**

h) Eine ausreichende **Offenbarung** der Erfindung setzt die Patentfähigkeit als solche nach den §§ 1ff. nicht voraus. Die Bekanntgabe der beanspruchten technischen Lehre betrifft allein die Anforderungen an die Patentanmeldung (§ 34 Abs. 4). Aus einer unzureichenden Verlautbarung der Erfindung kann daher deren mangelnde Patentfähigkeit nicht hergeleitet werden. Demgemäß kann ein Widerruf nach § 21 Abs. 1 Nr. 1 oder eine Nichtigkeitsklage nach § 22 in Verbindung mit der genannten Vorschrift auf diesen Gesichtspunkt nicht gestützt wer- **74n**

den. Das Gesetz hat das Fehlen einer ausreichenden Offenbarung folgerichtig in § 21 Abs. 1 Nr. 2 zu einem eigenen Widerrufs- bzw. Nichtigkeitsgrund erhoben; vgl. dazu bereits oben Rdn. 72b.

V. Besondere Arten von Erfindungen

75 **1.** Bei einer **Anwendungs- oder Verwendungserfindung** erschöpft sich der Gegenstand der patentgemäßen Lehre in der Offenbarung einer Zweckbindung, Verwendung oder Brauchbarkeit in der Regel bekannter Dinge oder Verfahren, Siekmann, GRUR **98,** 85, 86. Gegenstand des Verwendungspatentes (vgl. dazu oben Rdn. 38ff.) ist mithin die Benutzung des in ihm bezeichneten Gegenstandes (Produkt oder Verfahrens) zu dem dort genannten Zweck, BGHZ **101,** 159, 166f. – Antivirusmittel; vgl. auch. BGH GRUR **72,** 638, 639 – Aufhellungsmittel.

75 a Ein wesentlicher Anwendungsbereich findet sich in der **Biochemie.** Hier haben Erfindungen ihren Schwerpunkt häufig in der Lehre, mit einem bestimmten Stoff eine bisher nicht bekannte Wirkung zu erzielen, vgl. BGHZ **88,** 209 – Hydropyridin, EPA ABl. **90,** 114, 117 – Mittel zur Regulierung des Pflanzenwachstum; GRUR Int. **90,** 522, 524 – Reibungsverringernder Zusatz, solange dem nicht ein spezielles Patentierungsverbot wie § 5 Abs. 2 entgegensteht. Das gilt auch dann, wenn der Stoff als solcher bereits bekannt ist. Die Offenbarung unbekannter Eigenschaften eines bekannten Stoffes kann ein patentfähiger Beitrag zum Stand der Technik sein, soweit sie eine neue technische Wirkung zur Verfügung stellt, EPA GRUR Int. **90,** 522, 524 – Reibungsverringernder Zusatz; auch für sie kommt ein Verwendungspatent in Betracht. Die bloße Offenbarung von bisher unbekannten Wirkungen oder Eigenschaften eines Stoffes enthält als solche jedoch regelmäßig nur eine Entdeckung, die unmittelbar einem Patentschutz nicht zugänglich ist.

75 b Weitere **Beispiele:** Verwendung eines Zusatzes in Schmierölen zur Reibungsverminderung, nachdem die Verwendung desselben Zusatzes zur Verringerung der Rostbildung bekannt war, EPA GRUR Int. **90,** 522ff. – Reibungsverringernder Zusatz; Verwendung eines als Fungizid bekannten Stoffes als Wachstumsregulator, EPA GRUR Int. **90,** 532 – Mittel zur Regulierung des Pflanzenwachstums; Verwendung eines Stoffes als Fungizid, nachdem er als Wachstumsregulator bekannt war, EPA ABl. **90,** 114, 122 – Mittel zur Regulierung des Pflanzenwachstums; EPA GRUR Int. **89,** 678, 679 – Triazolylderivate; Verwendung eines Handschuhkastens zum Bearbeiten von Plutonium bei der Brennelementherstellung, BPatG Bl. **89,** 166, 167; Verwendung einer Vorrichtung, deren Verwendung zum Zerstören von Gewebe bekannt war, zum Zertrümmern von im Körper befindlichen Konkrementen, BPatG GRUR **91,** 823, 825; Verwendung einer Kokille und einer darauf abgestimmten Elektrode zur Erzeugung von Rohblöcken besonderer Beschaffenheit, BPatGE **19,** 116, 117f.; Verwendung eines an sich bekannten Wirkstoffes zur Schädlingsbekämpfung oder Anwendung eines bestimmten Wirkstoffes bei der Schädlingsbekämpfung, BGHZ **53,** 274, 281 – Schädlingsbekämpfungsmittel; Verwendung eines Stoffes zur Bekämpfung einer Krankheit, BGHZ **68,** 156 – Benzolsulfonylharnstoff; **88,** 209 – Hydropyridin; BGH GRUR **82,** 548 – Sitosterylglykoside; EPA GRUR Int. **85,** 193; als fungizides Mittel, BGHZ **54,** 181, 182 – Fungizid, als optisches Aufhellungsmittel, BGH GRUR **72,** 638 – Aufhellungsmittel, zum Färben von Papier oder bei der Zubereitung von Schreibpasten, BGH GRUR **72,** 646 – Schreibpasten.

76 **2.** Der Verwendungserfindung verwandt ist die **Funktionserfindung.** Sie hat ebenfalls eine neue Brauchbarkeit in Form einer neuen Funktion eines bekannten Produktes oder Stoffes zum Gegenstand. Das bloße Auffinden dieser weiteren Funktion ist regelmäßig nur eine **Entdeckung** (Funktionsentdeckung), die nach Abs. 3 als solche vom Patentschutz ausgeschlossen ist, BGH GRUR **96,** 753 – Informationssignal; vgl. auch BGH GRUR **56,** 77 – Rödeldraht. Aus ihr kann sich jedoch eine Lehre zum technischen Handeln ergeben, wenn sie dem bekannten Gegenstand eine der neuen Funktion angepasste **Gestaltung** vermittelt, diesen in einer bisher nicht bekannten Weise verwendet oder mit seiner Hilfe ein bisher nur zufällig erreichter Erfolg nunmehr planmäßig und gezielt herbeigeführt werden kann.

76 a Soweit die Erkenntnis der bisher nicht bekannten Funktionen nur eine in dieser Form nicht bekannte Benutzung bekannter Produkte, Vorrichtungen oder Verfahren eröffnet, wird es sich regelmäßig um ein Verwendungspatent handeln; diese Verwendung bestimmt dann den Schutzbereich. Demgegenüber kann das Ergebnis einer der entdeckten Funktion angepassten neuen Gestaltung des Bekannten ein neues Erzeugnis, eine neue Vorrichtung oder ein neues Verfahren sein, das als solches als Gegenstand eines Patentschutzes in Betracht kommt. Der **Begriff der Funktionserfindung** schließt damit unterschiedliche, bereits von anderen Bestimmungen des Gegenstandes einer Erfindung erfasste Sachverhalte ein. Insoweit ist er **un-**

scharf und mißverständlich (so zu Recht Weiß, GRUR **66,** 113). Da er zu einer weiteren Klärung nicht beitragen kann, sollte auf seine Verwendung verzichtet werden. Die von ihm erfassten Sachverhalte können befriedigend und dabei zugleich klarer und eindeutiger durch die übrigen Patentkategorien gelöst werden.

3. Die **Übertragungserfindung** hat die Übernahme eines aus einem technischen Bereich **77** bekannten Gegenstandes auf einen anderen zum Inhalt. Die erfinderische Leistung liegt hier darin, eine anderweit bekannte Problemlösung auf einem Gebiet einzusetzen, auf dem sie bisher nicht bekannt und gebräuchlich war. Die Übertragungserfindung kann sowohl ein Verfahren als auch eine Vorrichtung oder ein sonstiges Erzeugnis betreffen. Wird der Einsatz eines im Stand der Technik bekannten Produkts auf einem anderen Gebiet gelehrt, wird regelmäßig nur eine Verwendungserfindung in Betracht kommen. Dass der benutzte Gegenstand zum Stand der Technik gehört, schließt seine erneute Unterschutzstellung auch im Zusammenhang mit der Offenbarung bisher nicht bekannter Verwendungen aus, soweit nicht Sonderregelungen wie der zweckgebundene Stoffschutz nach § 3 Abs. 3 eingreifen.

4. Zum Begriff der **Kombinationserfindung** gehört das technische Zusammenwirken **78** mehrerer Einzelmerkmale zu einem Gesamterfolg. Nicht erforderlich ist, dass jedes Merkmal von den anderen abhängt und in gleicher Weise für die Erzielung aller Vorteile notwendig ist. Sie hat nicht eine bloße Summierung dieser Mittel, sondern die Lösung eines technischen Problems durch eine sich ergänzende und abgestimmte Funktion und Arbeitsweise der eingesetzten Elemente zum Gegenstand, BGH GRUR **92,** 432 – Steuereinrichtung; **92,** 599 – Teleskopzylinder. Bei ihr geht es um das funktionale Zusammenwirken der erfindungsgemäßen Kombination dieser Mittel. Von der bloßen **Aggregation** ohne erfinderische Qualität unterscheidet sie sich durch das funktionale Zusammenwirken ihrer Bestandteile, das eine über ihre bloße Addition hinausgehende Wirkung aufweist. Dafür genügt, dass dieser Erfolg durch das Zusammenwirken der technischen Wirkungen aller Einzelelemente erreicht wird. Dass sämtliche Merkmale in einer wechselseitigen Abhängigkeit stehen, ist nicht erforderlich; eine Kombinationserfindung liegt auch vor, wenn der technische Gesamterfolg nur durch ihr Zusammenwirken bei einem gemeinsamen Ablauf herbeigeführt wird (Busse/Keukenschrijver, § 1 Rdn. 100).

Der erfinderische Schritt liegt bei der Kombinationserfindung in der Verbindung von im **78 a** Stand der Technik bekannten Stoffen, Vorrichtungen oder Verfahren zu einem neuen Ganzen in Form eines Produkts oder Verfahrens, vgl. BGH GRUR **79,** 619, 620 – Tabelliermappe. Bei seiner Bewertung werden die einzelnen Merkmale nur berücksichtigt, soweit sie zur Lösung der in der Beschreibung gestellten Aufgabe beitragen. Das muss ggfs. vom Anmelder vorgebracht und belegt werden, EPA GRUR Int. **84,** 240 – Niederspannungsschalter.

Eine Kombinationserfindung kann sowohl bei **Verfahren** als auch bei **Stoffen** und **Er-** **78 b** **zeugnissen** vorliegen. Außer in Fällen der konstruktiven Verbindung bekannter Bauteile zu einem sinnvollen Ganzen ist sie etwa auch bei Mischungen oder Legierungen denkbar, bei denen bekannte Stoffe in veränderten Mischungsverhältnissen zur Erzielung bislang unbekannter Wirkungen zusammengeführt werden.

Der Schutz der Kombination betrifft allein die offenbarte neue Verbindung bekannter Ele- **78 c** mente und ihr Zusammenwirken. Die **Bedeutung** der Kombinationserfindung beschränkt sich auf Sachverhalte, bei denen bekannte Elemente auf erfinderische Weise zu einem neuen Ganzen verbunden werden. Sind auch die Einzelelemente ganz oder teilweise erfinderisch, wird in der Regel unmittelbar ein Sach- oder Verfahrenspatent erteilt werden. Da erst das Zusammenwirken bekannter Mittel einen den Stand der Technik bereichernden Erfolg bewirkt, kann allein dieses die Schutzfähigkeit begründen und bildet deshalb die Grundlage für die Bemessung des Schutzbereichs. Der jeweilige Schutzumfang eines auf eine solche Erfindung erteilten Patents richtet sich nach dem Gegenstand der Kombination. Dabei ist zu beachten, dass aus einem solchen Patent in der Regel keine zum Stand der Technik gehörende Benutzungsform unterbunden werden kann.

5. **Legierungserfindungen** betreffen Stoffkombinationen, BGH GRUR **92,** 842, 844 – **79** Chrom-Nickel-Legierung, für die seit jeher Stoffschutz anerkannt worden ist. Bei ihnen kommt es zumeist weniger auf die „Verfahrensmaßnahme" der Art und Weise der Umsetzung und Mischung der Komponenten als vielmehr auf deren Auswahl und quantitative Zusammensetzung an, BGH GRUR **92,** 842, 844. Legierungen werden durch die einzelnen Komponenten mit ihren Gehaltsangaben definiert. Die Mengenbereiche der Komponenten umfassen sämtliche innerhalb der angegebenen Grenzen möglichen Variationen, auch die Zusammensetzungen, die nicht einzeln zahlenmäßig ausdrücklich genannt sind, BGH GRUR **92,** 842, 844. Die Zusammenfassung in einem Mengenbereich ist eine vereinfachte Schreibweise für die zahlreichen

möglichen Varianten, auf die sich alsdann der – absolute – Stoffschutz erstreckt. Grenzwertangaben eines Mengenbereiches von Komponenten einer Legierung haben nur die Bedeutung, den beanspruchten Schutzbereich abzugrenzen, BGH GRUR **92,** 842, 844f. Wegen der großen Zahl der möglichen (konkreten, speziellen) Einzellegierungen ist aus Gründen der Rechtssicherheit ein strenger Maßstab an den Offenbarungsgehalt der Legierungsanmeldung zu legen. Ist die stoff- und mengenmäßig (qualitativ und quantitativ) eindeutig umschriebene Legierung neu und erfinderisch, so kann ein Stoffpatent (Erzeugnispatent) erteilt werden.

80 Stellt die angemeldete Legierung nur den **Ausschnitt** aus einem bekannten größeren Legierungsbereich dar, so wird die Schutzfähigkeit einer solchen „Auswahlerfindung" meist damit begründet, dass der spezielle engere Legierungsbereich bessere oder anders geartete Eigenschaften aufweise, als sie für den größeren Legierungsbereich bislang bekannt waren. Da die konkret und speziell aus dem an sich bekannten, größeren Bereich ausgewählte Legierung qualitativ und quantitativ (nach Art und Menge der Komponenten) vollständig im Bereich der bekannten Legierung liegt und als solche selbstverständlich auch herstellbar und für den gleichen Zweck verwendbar ist, kann sie – trotz besonderer, herstellungs- und/oder verwendungsmäßig nützlicher Eigenschaften – als „Stoff" nicht mehr neu sein, vgl. dazu auch BGH GRUR **2000,** 591, 594 – Inkrustierungsinhibitoren, in teilweiser Abweichung von der Entscheidungspraxis des EPA. Wegen weiterer Einzelheiten vgl. unten § 3 Rdn. 84.

81 **6. Auswahlerfindungen,** bei denen aus der Fülle der in der Technik bekannten Mittel ein bestimmtes bekanntes Mittel zur Verwirklichung eines bestimmten Zwecks ausgewählt ist, sind zahlreich. Es besteht jedoch kein Anlass, für diese Art von Erfindungen eine besondere Gruppenbezeichnung zu schaffen und sie nach gemeinsamen Maßstäben zu beurteilen (so auch Pletzcker, GRUR **86,** 269ff.; Jochum, GRUR **92,** 293, 294). In den vergangenen Jahren sind als „Auswahlerfindungen" vornehmlich solche technischen Lehren bezeichnet worden, die aus einer im Stand der Technik mit einer umfassenden Bezeichnung umschriebenen Vielzahl von Mitteln ein dort nicht ausdrücklich genanntes spezielles Mittel auswählten, z. B. aus einer in einer Druckschrift mit einer Gruppenbezeichnung oder -formel umschriebenen Gruppe oder Gattung von Stoffen einen bestimmten Stoff oder eine Untergruppe – einen Alkohol mit einer bestimmten Stellung der Hydroxylgruppe aus der Stoffgattung Alkohol, BPatG GRUR **91,** 819, 821; vgl. auch EPA GRUR Int. **83,** 660, 661; House of Lords, GRUR Int. **83,** 51ff. Als Auswahlerfindung sind auch die Lehren bezeichnet worden, aus einem Legierungs- oder Mischungsbereich eine spezielle Legierung oder Mischung oder einen engeren Legierungs- oder Mischungsbereich auszuwählen oder aus weiten Verfahrensparametern, z. B. Druck oder Temperatur, einen speziellen oder engeren Parameter anzuwenden. Zu dieser Art von Erfindungen sind auch diejenigen gezählt worden, bei denen aus einem weitgefassten Anwendungsbereich für ein Mittel ein spezieller oder engerer Anwendungsbereich ausgewählt wurde, siehe z. B. BPatG **8,** 18, 22 u. **31,** 96, der neu sein muss, BPatG GRUR **91,** 819, 821. Das EPA hat Stoffe, die durch eine Kombination eines Ausgangspaares zustandegekommen sind, die aus einem umfänglichen Bereich der Möglichkeiten konkret gegriffen worden sind, regelmäßig wie aus Bausteinen (Bruchstücken) zusammengesetzte neue Stoffe angesehen, nicht jedoch die Behandlung bestimmter Ausgangsstoffe nach aufgelisteten Herstellungsmethoden, bei denen keine Modifikation der Ausgangsstoffe eintritt, GRUR Int. **82,** 744, 746f. – Diastereomere; siehe auch EPA ABl. **85,** 209, 214f.; – Thiochlorformiate; **87,** 149, 153 – Antihistaminika; ebenso wenn Substituenten für polysubstituierte chemische Stoffe aus umfänglichen Listen ausgewählt sind, EPA GRUR Int. **89,** 226, 227 – Xanthine, oder eine Verbindung aus einem bereichsmäßig definierten Stoffkollektiv willkürlich ausgewählt ist, EPA ABl. **84,** 401, 410; siehe aber EPA GRUR Int. **90,** 225, 227 – Copolymere. Bei „Auswahlerfindungen" wird vor allem die Frage der **Neuheit** erörtert. Vgl. dazu unten § 3 Rdn. 85b.

7. Stofferfindung

Literaturhinweis: Heyer/Hirsch, Stoffschutz – ein Stück Rechtsgeschichte, GRUR **75,** 632; Vossius, Stoffschutz für Auswahlerfindungen auf dem Gebiet der Chemie, GRUR **76,** 165; Maikowski, Der Mittelanspruch, GRUR **77,** 200; Schmied-Kowarzik, Mittel- oder Verwendungsansprüche bei Arzneimittelerfindungen, GRUR **77,** 626; v. Pechmann, Der Schutz für das unmittelbare Verfahrenserzeugnis und der mittelbare Stoffschutz, GRUR **77,** 377; Schmied-Kowarzik, Über den Schutz von Stereoisomeren, GRUR **78,** 663; Fürniss, Die Bedeutung der Beschaffenheit chemischer Stoffe in der Patentrechtsprechung, GRUR **79,** 263; Christ, Die Patentierungsvoraussetzungen für Stofferfindungen in systematischer Betrachtungsweise, Mitt. **87,** 121; Einsel/Yamazaki, Chemieanmeldungen in Japan, Mitt. **88,** 185; Menzel, Chemische Erfindungen, FS 100jähriges Bestehen eines eidgenöss. Patentsystems, **1988,** S. 147;

Molnár, Neuere Entwicklungen auf dem Gebiet der Chemie-Patente in Ungarn, GRUR Int. **88,** 748; Bruchhausen, Hundert Jahre „Kongorot"-Urteil, GRUR **89,** 153; Fürniss, Pragmatik und Logik in der Chemiepatent-Rechtsprechung, GRUR **89,** 5; Hüni, Absoluter und zweckgebundener Stoffschutz und andere Harmonisierungsprobleme in der europäischen Rechtsprechung, GRUR Int. **90,** 425; Bruchhausen, Der Schutz chemischer und pharmazeutischer Erfindungen, FS GRUR in Deutschland **1991,** S. 323; Bodewig, Umweltschutz und Patentrecht – Zum Schutz wiederverwertbarer Stoffe, GRUR **92,** 567; Fürniss, Stoffschutz und Äquivalenz, FS Nirk, München **1992,** S. 305; Sgarbi, A few comments on the „cimetidine" case. Possible effects on the interpretation of European patents by Italian courts, Mitt. **92,** 264; Hirsch/Hansen, Der Schutz von Chemie-Erfindungen, Weinheim **1995.**

a) Allgemeines. Die Bedeutung der Stoffpatente liegt vor allem im Bereich der **Chemie.** **82**
Ihr Schutz ist eine vergleichsweise junge Entwicklung. Das deutsche Recht hat lange gezögert, Stoffe und insbesondere chemische Verbindungen unter Schutz zu stellen. Schutz wurde lediglich für das jeweilige Herstellungsverfahren gewährt, aus dem sich mittelbar ein Ausschließlichkeitsrecht für das in diesem Verfahren gewonnene Produkt ergab. Ein Grund für dieses Zögern war, dass sich der Stoffschutz nur schwer in das System des Patentrechts einfügen ließ. Mit ihm wird nicht eine technische Handlungsanweisung, sondern das Ergebnis ihrer Umsetzung unter Schutz gestellt. Ansatzweise erkennbar wird diese Problematik auch heute noch bei der Behandlung der Neuheit von Stofferfindungen. Die Kenntnis eines Stoffes und seiner chemischen Zusammensetzung wird weitgehend als unschädlich angesehen; neuheitsschädlich getroffen ist ein Stoff erst dann, wenn der Öffentlichkeit ein Verfahren zu seiner Herstellung bekannt ist. Im Lauf der Entwicklung sind die mit dieser Problematik verbundenen Bedenken mit Rücksicht auf den Bedarf an einem Stoffschutz zurückgetreten.

b) Der Gegenstand der Stofferfindung. Bei der Stofferfindung besteht das der Erfindung **83**
zugrunde liegende technische Problem (die Aufgabe) darin, einen neuen Stoff einer näher umschriebenen Art der Konstitution bereitzustellen, BPatG GRUR **76,** 697 – disclaimer; z.B. anders substituierte Morpholine, BGH GRUR **70,** 237, 240 – Appetitzügler II, oder anders substituierte Imidazoline, BGHZ **58,** 280, 287 – Imidazoline, weitere Lichtstabilisatoren für Polymere mit dem Grundgerüst des Piperidinspirooxazolons, EPA GRUR Int. **84,** 700, 702 – Spiroverbindungen, oder andere Legierungen. Im Einzelfall kann das technische Problem auch darin bestehen, einen Stoff bereitzustellen, der bestimmte Anforderungen besser erfüllt als bisher bekannte Stoffe, z.B. einen Farbstoff mit wesentlich verbesserten Farbwerten bei im Wesentlichen gleich guten oder nur geringfügig schlechteren Echtheitseigenschaften, EPA ABl. **89,** 115, 118 – gelbe Farbstoffe. Gelöst wird das Problem bei der Stofferfindung dadurch, dass der neue Stoff (die neue chemische Verbindung oder die neue Legierung) geschaffen (bereitgestellt) wird, BGHZ **58,** 280, 287 – Imidazoline; EPA GRUR Int. **84,** 700, 702 – Spiroverbindungen. Die Angaben über den technischen, z.B. therapeutischen Effekt der beanspruchten Stoffe gehören nicht zum Gegenstand der Stofferfindung, BGHZ **58,** 280, 287 – Imidazoline; BGH GRUR **78,** 696, 697 – a-Aminobenzylpenicillin.

c) Die Wirkung des Stoffpatents. Das für die Erfindung von Stoffen erteilte Patent er- **84**
streckt sich auf den erfindungsgemäßen Stoff als solchen. Es führt zu einem Schutz des Stoffes unabhängig von der Art seiner Herstellung. Ein in der Patentbeschreibung geschildeter Herstellungsweg beschränkt den Schutz nicht auf diesen Herstellungsweg. Die Wahl eines anderen Herstellungsweges ist unerheblich; sie hat nicht zur Folge, dass sich der Schutz des Stoffpatents nicht auf den auf andere Weise hergestellten Stoff erstrecken würde. Auch der auf andere als im Stoffpatent geschilderte Weise hergestellte Stoff wird vom Patentschutz für den Stoff erfasst, BGHZ **57,** 1, 22 – Trioxan.

Der Schutz des Stoffpatents erfasst den patentgemäßen Stoff selbst und **jede Form seiner** **84 a**
Verwendung unabhängig davon, in welchem Sachzusammenhang sie in Betracht steht, BGHZ **58,** 280, 286 – Imidazoline; EPA GRUR Int. **2000,** 357 – L-Carnitin. Das gilt auch dann, wenn eine solche Verwendung gegenüber dem Grundpatent ihrerseits patentfähig ist, insbesondere wenn es zu ihrem Auffinden eines erfinderischen Schrittes bedurfte, BGHZ **133,** 247, 255 – Polyferon. Ob der Inhaber des Grundpatents diese Verwendungsmöglichkeit erkannt hat, ist unerheblich, BGHZ **133,** 247, 254f. – Polyferon. Bedurfte es zu ihrer Auffindung einer erfinderischen Tätigkeit, kann eine abhängige Erfindung vorliegen, BGHZ **130,** 259, 274. – Klinische Versuche I. Für diese kann zwar ihrerseits ein Patent erteilt werden; seine Benutzung setzt jedoch eine Erlaubnis durch den Inhaber des Grundpatents voraus.

d) Kennzeichnung von Stofferfindungen. Zu den sich „aus der Natur der Sache" erge- **85**
benden Besonderheiten des Schutzes von Stofferfindungen gehört vor allem die Art der **Kennzeichnung** des erfundenen neuen Stoffes. Stoffe sind – wie jede patentgeschützte körperliche

Sache – **im Anspruch** (ergänzt durch die Beschreibung) so zu kennzeichnen, dass sie „eindeutig identifiziert", d.h. von anderen nicht beanspruchten Stoffen unterschieden werden können, BGHZ **57,** 1, 9f. – Trioxan; **73,** 183, 188 – Farbbildröhre; **92,** 129, 134 – Acrylfasern; BPatG GRUR **83,** 173. Diese „eindeutige Identifizierung" dient der „Unterscheidbarkeit" und ist notwendig, um den sich aus dem Patentanspruch ergebenden „Gegenstand der Anmeldung und des Patents" feststellen und vom Stand der Technik abgrenzen zu können und um weiter feststellen zu können, ob ein Dritter von dem „Gegenstand des Patents" Gebrauch macht, BGHZ **57,** 1, 8f. – Trioxan. Gegenüber einer vorbekannten Lehre, die für eine chemische Lösung einen pH-Wert von mindestens 10 verlangt, ist eine Erfindung, die für eine gleiche Lösung demgegenüber bewusst einen pH-Wert unter 10 vorschlägt, genügend abgegrenzt gekennzeichnet, BGH GRUR **65,** 473, 477 – Dauerwellen I. Das BPatG hat trotz übereinstimmender chemischer Konstitution einen Stoff, der sich in der Hygroskopizität, im Röntgenspektrum und im IR-Spektrum von einem bekannten Stoff unterschied, als patentfähiges Individuum angesehen, BPatGE **20,** 6ff., siehe dazu Hirsch, GRUR **78,** 263ff. Soweit für die Ausführbarkeit (Reproduzierbarkeit, Wiederholbarkeit) der Erfindung (durch Herstellung des geschützten Stoffes) besondere Weisungen erforderlich sind, können sie in der Beschreibung gebracht werden; es ist nicht erforderlich, dass sie im Hauptanspruch (Erzeugnisanspruch) enthalten sind oder zum Gegenstand besonderer (untergeordneter) Ansprüche gemacht werden, BGH GRUR **59,** 125 – Textilgarn.

86 **aa)** Um einen Stoff als „Individuum", d.h. von anderen Stoffen unterscheidbar, eindeutig zu charakterisieren, kann es im Einzelfall genügen, seine **wissenschaftliche Bezeichnung** anzugeben. Im Einzelfall kann es ausreichen, ihn durch seine **Summenformel** zu charakterisieren. Die Angabe der Summenformel für einen chemischen Stoff kann nicht verlangt werden, wenn der Anmelder andere unterscheidungskräftigere Parameter für den beanspruchten Stoff mitgeteilt hat, BPatG GRUR **78,** 633, 635; **79,** 629, 631. Bei Stoffen, die durch eine präzise Strukturformel umschrieben sind, kann die Anmeldung nicht zurückgewiesen werden, weil keine charakteristischen Eigenschaften, z.B. Schmelzpunkt, Elementaranalysenwerte, Absorptionsmaxima angegeben sind, BPatG GRUR **79,** 849, 851 – Optische Aufheller. Die **chemische Strukturformel** wird in der Regel als die beste Definition eines Stoffes angesehen, BPatG GRUR **78,** 264, was jedoch die Kenntnis seiner Konstitution voraussetzt. Diese wird regelmäßig bei niedermolekularen chemischen Stoffen verlangt. In der Regel sind Stoffe gleicher chemischer Konstitution identisch, BPatG GRUR **78,** 264. Unterschiedliche Erscheinungsformen ein und desselben Stoffes stehen der Identität nicht entgegen, solange der Fachmann sie auf Grund seines Fachwissens herzustellen vermag (Hirsch, GRUR **78,** 263ff.). Erfordert die Herstellung einer für den gewerblichen Gebrauch wesentlichen Erscheinungsform eines bekannten Stoffes erfinderisches Bemühen, rechtfertigt dies die Annahme einer patentfähigen Individualität. Ob das darüber hinaus für alle nicht ohne weiteres herstellbaren Erscheinungsformen des in der Konstitution identischen Stoffes gilt, so BPatGE **20,** 6, 8f. – Cephaloridin, das im Gegensatz zum vorbekannten hygroskopischen Cephaloridin nicht hygroskopisch ist, ist ungeklärt. Zur Identität von Legierungen gleicher qualitativer und quantitativer Zusammensetzung der Komponenten bei verschiedenen Eigenschaften, die durch äußere Einwirkungen auf Legierungen entstehen, siehe Bayer/Schwarzmaier/Zeiler, Festschrift Zehn Jahre Bundespatentgericht, S. 221; Gerber, Mitt. **72,** 201. Zur Frage der Identität des Stoffes bei auftretenden Verunreinigungen und bei Mischungen siehe Hirsch, GRUR **78,** 263, 265ff.

87 **bb)** Ist die Konstitution eines Stoffes nicht bekannt, so kann die Identifizierung auf andere Weise erfolgen. Danach kann bei Stoffen, deren chemische Struktur nicht durch eine Formel oder eine entsprechende wissenschaftliche Bezeichnung angegeben werden kann, die Kennzeichnung auch durch Angabe von **physikalischen und chemischen Eigenschaften** („Parameter") erfolgen, wenn und soweit diese Eigenschaften einzeln oder gemeinschaftlich eine eindeutige Identifizierung des Stoffes ermöglichen, BGHZ **57,** 1, 9f. – Trioxan; **92,** 129, 134 – Acrylfasern; BPatG GRUR **83,** 737, 738; EPA ABl. **84,** 75, 79f. – Zahnradgekräuseltes Garn; EPA GRUR Int. **86,** 550, 552 – Bestrahlungsverfahren. Eine solche Kennzeichnung ist gegenüber der Strukturformel oder der wissenschaftlichen Bezeichnung (Genfer Nomenklatur) nur ein Behelf; sie ersetzt die Beschreibung der unmittelbar wahrzunehmenden Beschaffenheit des Stoffes durch einen mittelbaren Schluss von den angegebenen Parametern auf eine bestimmte Beschaffenheit des Stoffes, BGHZ **92,** 129, 134 – Acrylfasern. Es ist notwendig, aber auch ausreichend, dass der durch die Beschreibung erläuterte Patentanspruch so viele Angaben zur Kennzeichnung eines makromolekularen Stoffes unbekannter Struktur (Konstitution) enthält, wie erforderlich sind, um seine erfinderische Eigenart durch zuverlässig feststellbare (messbare) Charakteristiken (Parameter) von zuverlässig feststellbaren Charakteristiken anderer

(nicht beanspruchter) makromolekularer Stoffe zu unterscheiden und um die Voraussetzungen der Patentfähigkeit zuverlässig beurteilen zu können, BGHZ **57,** 1, 9f. – Trioxan; BPatGE **14,** 4. Das gilt in gleicher Weise für nicht-makromolekulare chemische Stoffe, BPatGE **15,** 1, 8; z.B. für Antibiotica, BPatG GRUR **73,** 463; **78,** 633, 635; **79,** 629, 631. Es ist grundsätzlich dem Anmelder überlassen, welche Parameter er zur Kennzeichnung und Abgrenzung des Stoffes wählt, BPatG GRUR **79,** 629, 631; jedoch kann von ihm verlangt werden, weniger unterscheidungskräftige Parameter zugunsten unterscheidungskräftigerer zurückzustellen, vgl. BPatG GRUR **78,** 633, 635 m.w. Nachw. Als Parameterangabe allein das technische Problem (die Aufgabe) zu umschreiben, ist unzulässig, BGHZ **92,** 129, 135f. – Acrylfasern; a.A. Czekay, GRUR **84,** 83, 88f.; **85,** 477; Brauns, Mitt. **85,** 115f. Ein unterscheidungskräftiger Parameter, der nachweislich dem beanspruchten Stoff eigen ist, kann auch nachgereicht werden, BPatGE **15,** 1, 8f.; ebenso die nachträglich aufgefundene genaue Struktur einer Verbindung, BPatG Mitt. **87,** 10.

cc) Ist die Strukturformel des chemischen Stoffes nicht bekannt und kann der chemische Stoff auch nicht durch zuverlässig feststellbare Charakteristiken identifiziert werden, so kann der Stoffanspruch durch das Herstellungsverfahren gekennzeichnet werden **(product by process),** BGHZ **57,** 1, 22ff. – Trioxan; **73,** 183, 188 – Farbbildröhre; **92,** 129, 136 – Acrylfasern; BGHZ **122,** 144, 154 – Tetraploide Kamille; BPatGE **13,** 44; **15,** 1, 8; **20,** 20, 24; BPatG GRUR **83,** 173; EPA GRUR Int. **84,** 525, 527 – Anspruchskategorien; **86,** 550, 551 – BICC; **95,** 705, 706 – Chromanderivate; Busse/Keukenschrijver, § 1 Rdn. 131; Meyer-Dulheuer, GRUR Int. **85,** 435ff.; vgl auch oben Rdn. 15e. Diese Art der Kennzeichnung kommt aber nur ausnahmsweise in Betracht, wenn auch charakteristische Eigenschaften nicht in zur Kennzeichnung ausreichendem Maße angegeben werden können; das wird der Anmelder im Einzelfall darzulegen haben. 88

Auch in diesem Fall wird kein Anspruch auf ein Herstellungsverfahren, sondern ein **Erzeugnisanspruch** erteilt, EPA ABl. **90,** 476, 489 – Krebsmaus; **2001,** 319, 335 – reines Terfenadin. Das Herstellungsverfahren dient dem Ersatz für die sonst nicht mögliche bestimmte Beschreibung des beanspruchten Erzeugnisses, vgl. BPatG Bl. **86,** 263, 264. Es ist unschädlich, wenn das zur Beschreibung eines Stoffes herangezogene Herstellungsverfahren bereits durch ein anderes Patent unter Schutz gestellt ist, BPatG GRUR **78,** 586, 587. Gleichgültig ist, ob das Herstellungsverfahren schutzfähig ist oder nicht. Soweit auf Grund eines Herstellungsverfahrens ein neues Erzeugnis mit unerwarteten wertvollen Eigenschaften unmittelbar hergestellt wird, kann dieses Erzeugnis über den Schutz des § 9 Satz 2 Nr. 3 hinaus stets auch zum Gegenstand eines Erzeugnispatents gemacht werden, BGHZ **73,** 183, 186 – Farbbildröhre. 88a

Bei einem product-by-process-Anspruch darf der Stoff nicht mit einem Herstellungsweg umschrieben werden, von dem feststeht, dass er nicht mit hinreichender Aussicht auf Erfolg **ausführbar** ist, denn in einem solchen Falle wäre das Herstellungsverfahren zur Umschreibung des unter Schutz gestellten Stoffes ungeeignet, BGH GRUR **78,** 162, 163–7-Chlor-6-demethyltetracyclin. 89

e) Stoffschutz für Stoffgruppen. Ein Stoffschutz für chemische Stoffe kann sowohl für ein einzelnes chemisches Individuum als auch für eine Gruppe von chemischen Stoffen, d.h. für einen **Stoffbereich** oder Stoffbereiche erteilt werden, BGHZ **57,** 1, 20f. – Trioxan; BPatG GRUR **76,** 697 – disclaimer. Stoffansprüche, die eine Vielzahl von Verbindungen umfassen, können jedoch nur zugelassen werden, soweit der vom Anspruch abgesteckte Rahmen durch eine repräsentative Anzahl von Beispielen mit konkreten Angaben zu den geltend gemachten Eigenschaften – nach Lage des Einzelfalles – als in seinen Grenzen gedeckt und in seinem Bereich ausgefüllt anerkannt werden kann. Bei denjenigen Verbindungen, die nicht durch Beispiele erläutert sind, muss ein hinreichender Anhalt dafür bestehen, dass sie gleichfalls die beschriebenen Eigenschaften besitzen, BPatGE **19,** 83f. Gruppenformeln im Patentanspruch dürfen keine Verbindungen umfassen, von denen feststeht, dass sie der Fachmann mit den Kenntnissen im Anmelde- (Prioritäts-)zeitpunkt nicht herzustellen vermag, BGH GRUR **78,** 162, 164 – 7-Chlor-6-demethyltetracyclin, wenn diese hinreichend ausgegrenzt werden können, BGHZ **112,** 297, 306 – Polyesterfäden. Versagen im Einzelfall schadet nicht; wenn die mit einer Gruppenformel bezeichneten Verbindungen oder Verfahren teilweise versagen, muss mit der Bedeutung der Erfindung abgewogen werden, BGHZ **112,** 297, 306 – Polyesterfäden; vgl. auch BGH GRUR **65,** 138, 141f. – Polymerisationsbeschleuniger; **65,** 473, 475 – Dauerwellen; **76,** 213, 214 – Brillengestelle. 90

Ist ein Patentbegehren auf eine Gruppe von Stoffen (Stoffanspruch) oder auf ein Analogieverfahren zur Herstellung dieser Gruppe von Stoffen (Verfahrensanspruch) gerichtet und hängt die Beurteilung des Patentbegehrens als patentfähig vom **Nachweis** der geltend gemachten 91 vorteilhaften Wirkung der Stoffe auf einem bestimmten Anwendungsgebiet ab, dann müssen sich – ohne Unterschied, ob es sich um einen Stoff- oder um einen Verfahrensanspruch handelt – die dem Nachweis dienenden Versuche auf solche und so viele einzelne Verbindungen (Vertreter der Stoffgruppe) erstrecken, dass es glaubhaft erscheint, dass nach den aus den Versuchen gewonnenen Ergebnissen die geltend gemachte Wirkung auch bei den übrigen der zu der Gruppe gehörenden Verbindungen eintritt, BPatG GRUR **71,** 352, 354; **71,** 512 – Butene. Eine Einschränkung einer ursprünglich unübersehbar weit gefassten Formel auf eine ursprünglich nicht festgelegte Kombination ausgewählter Substituenten, für die nicht einmal Regeln genannt waren, ist willkürlich und unzulässig, BPatG GRUR **83,** 735, 736f.

91a **f) Neben dem Stoffanspruch zugelassene Ansprüche.** Der Anmelder, der ein neues Erzeugnis erfunden hat, kann statt des umfassenden Schutzes eines Erzeugnispatents auch den **beschränkten Schutz** des Herstellungsverfahrens wählen, wobei es wiederum gleichgültig ist, ob es sich um ein sog. „eigenartiges" Verfahren oder um ein „Analogieverfahren" handelt, vgl. oben Rdn. 28ff., unten Rdn. 94. Es ist nicht zweifelhaft, dass ein Rechtsschutzbedürfnis daran besteht, anstelle des an sich möglichen Stoffanspruchs das Patentbegehren auf ein Analogieverfahren zur Herstellung des Stoffes zu richten. Wenn der Anmelder mit dem technischen, therapeutischen oder sonstigen Effekt des Stoffes eine nicht nahe liegende und daher erfinderische Verwendungsweise aufgezeigt hat, kann er sein Patentbegehren statt auf den Stoff auch auf dessen Verwendung richten. Das kann er – entsprechende Offenbarung vorausgesetzt –, wenn sich der beanspruchte Stoff als bekannt herausstellt, indem er den Stoffanspruch auf die offenbarte Verwendungsweise einschränkt, BGHZ **58,** 280, 291 – Imidazoline.

92 **g) Naturstoffe.** Naturstoffe sind als solche nicht patentfähig, BPatG GRUR **78,** 238, 239 – Antanamid; US Supreme Court, GRUR Int. **80,** 627, 629 – Chakrabarty; denn diese sollen jedermann frei verfügbar bleiben, BGHZ **64,** 101, 107 – Bäckerhefe. Es können jedoch Patente auf solche Erfindungen erteilt werden, die bislang noch **nicht bekannte Erscheinungsformen oder Isolierungen** derartiger Naturstoffe betreffen; hierbei handelt es sich um die Schaffung „neuer" Erzeugnisse, die als solche patentierbar sind. Erfahrungsgemäß werden in der Natur in gebundener Form vorkommende Stoffe bei ihrer Isolierung häufig so wesentlichen Änderungen unterworfen, dass sie mit dem in der Natur vorkommenden Stoff nicht mehr identisch sind, BPatG GRUR **78,** 238, 239; US Supreme Court, GRUR Int. **80,** 627, 629. Ein Stoffwechselprodukt von Mikroorganismen ist so lange nicht als Naturprodukt anzusehen, als es bei der Kultivierung von Mikroorganismen in vitro gewonnen wurde und es beim Wachstum des Mikroorganismus in der Natur entweder nicht entsteht oder aus ökologischen Gründen sofort wieder verändert wird, BPatGE **15,** 1, 10. Neue Erzeugnisse sind auch hergerichtete und präparierte menschliche Organe und Gewebeteile, z.B. Transplantate aus menschlichen Sehnengewebestücken, BPatG GRUR **85,** 276; vgl. jetzt § 1a Abs. 2 und die Kommentierung hierzu.

92a Die Patentierbarkeit **synthetisch hergestellter Stoffe,** die in der Natur vorkommen, ist anzuerkennen, BPatG GRUR **78,** 238, 239 mit zustimm. Anm. von Utermann GRUR **78,** 240f.; **78,** 702, 703 – Menthonthiole. Indem der Erfinder mitteilt, wie der neue Stoff der angegebenen Konstitution synthetisch hergestellt und gewerblich angewendet werden kann, gibt er eine Lehre zum technischen Handeln, BPatG GRUR **78,** 702, 703 m.w. Nachw. Dasselbe gilt für die Bereitstellung eines neuen Mikroorganismus durch eine induzierte Mutation oder durch eine selektive Züchtung (Kultivierung), BPatGE **21,** 43, 46f. Ein Stoffanspruch für synthetisch hergestellte Naturstoffe ist dann zu verneinen, wenn zur Zeit der Anmeldung bekannt ist, dass der Naturstoff in reiner Form vorhanden ist bzw. gewonnen wird. In diesem Falle führt die Synthetisierung nicht zu einem neuen, sondern zu einem bekannten Stoff; als patentierbar könnte in diesem Falle nur das Herstellungsverfahren in Betracht kommen, so dass sich gemäß § 9 Satz 2 Nr. 3 der Patentschutz auf das erfindungsgemäß hergestellte Erzeugnis auch dann erstreckt, wenn es seiner Konstitution nach gegenüber dem bekannten Naturstoff nicht neu ist. Die Tatsache der Existenz des Naturstoffes ist kein die Patentfähigkeit hindernder Umstand, BPatG GRUR **78,** 586, 587 m.w. Nachw., sofern nicht die Kenntnis der Fachwelt hinzukommt. Nur ein der Öffentlichkeit zugänglicher Naturstoff ist nicht neu, BPatG **78,** 238, 239. Solange die Identität des synthetisch hergestellten Stoffes mit einem Naturstoff nicht feststeht, braucht der Patentanspruch nicht auf den synthetisch hergestellten Stoff gerichtet zu werden. Es versteht sich von selbst, dass er das **Naturvorkommen** nicht erfasst, wohl aber Isolierungen aus Naturvorkommen, vgl. dazu BPatG GRUR **78,** 238, 239f.; a.A. Tauchner, Mitt. **79,** 84, 86. Neben dem Stoffanspruch braucht nicht das Herstellungs- oder Gewinnungsverfahren beansprucht zu werden; der Anmelder muss es aber in der Anmeldung offenbaren, wenn es dem Fachmann nicht geläufig ist, BPatG GRUR **78,** 238, 240.

h) Erfindungen von Zwischenprodukten. Stoff- oder Erzeugnispatente müssen nicht notwendig ein Endprodukt betreffen. Patentfähig sind grundsätzlich auch Erfindungen, die auf die Herstellung eines Zwischenprodukts gerichtet sind. Das entsprach für Erzeugnisse, die nicht auf chemischem Wege hergestellt worden sind, schon immer allgemeiner Auffassung. Mit der Aufhebung des Stoffschutzverbotes hat sich dieser Gedanke zunehmend auch für chemische Erzeugnisse durchgesetzt, vgl. etwa BGH GRUR **70,** 506 – Dilactame; BGHZ **63,** 1, 8 – Chinolizine; BGH GRUR **72,** 642, 644 – Lactame; **74,** 718, 719 – Alkalidiamidophosphite; **84,** 644 – Schichtträger; s. a. Reuschl/Egerer, GRUR **95,** 711; dies. GRUR Int. **98,** 87. Von ihrer grundsätzlichen Patentfähigkeit geht auch das EPA aus, EPA GRUR Int. **82,** 747, 748 – Copolykarbonate; **83,** 44, 45 – Bis-expoxyaether; **83,** 660 – Cyclopropan; **83,** 657, 658 – Benzylester; **87,** 696 – Acetonphenonderivate; **91,** 644, 645 – (R, R, R)-Alpha-Tocopherol; **92,** 541, 542 – Pyrimidine. 93

Zwischenprodukte sind Erzeugnisse, die im Verlauf eines Produktionsprozesses entstehen. Unter den Begriff fallen in erster Linie, aber nicht nur zur Weiterverarbeitung bestimmte Erzeugnisse, Vorrichtungen und Stoffe (teilw. abw. Busse/Keukenschrijver, § 1 Rdn. 138). Sie bilden ihrerseits das Ausgangsmaterial für weitere Erzeugnisse (Endprodukte), BGH GRUR **70,** 506 – Dilactame. Von dem Begriff erfasst wird im Ergebnis jedes Resultat eines Herstellungsvorganges, das Grundlage eines weiteren Produktionsschrittes sein kann oder als Zwischenstadium eines Produktionsvorganges entsteht, unabhängig davon, ob dieser für seine Gewinnung oder Feststellung unterbrochen werden müsste. Der Begriff als solcher ist ambivalent; ein Zwischenprodukt kann sowohl das Ergebnis notwendiger Teilschritte eines einheitlich ausgestalteten Herstellungsprozesses als auch einer gesonderten Produktion sein, die nach seiner Herstellung gesondert wieder aufgenommen wird. Als solcher bildet er einerseits den Abschluss der ihm zugrundeliegenden Produktion und insoweit ein Endprodukt; andererseits ist er als Vorstufe für das im Ergebnis angestrebte Produkt nur eine Zwischenstufe. Seine Einordnung als Zwischen- oder Endprodukt hängt hier allein vom Standpunkt des Betrachters ab (so auch im Erg. Reuschl/Egerer, GRUR **95,** 711). Dieser kann ebenso wie die Frage, ob das Zwischenprodukt lediglich als Zwischenstufe eines einheitlichen Herstellungsprozesses des gleichen Unternehmens erzeugt oder als Halbzeug von einem Dritthersteller erworben wird, die Patentfähigkeit nicht ausschlaggebend berühren. 93 a

Die **Schutzfähigkeit** von Zwischenprodukten richtet sich nach den auch sonst geltenden allgemeinen Grundsätzen. Soweit sie bzw. die ihnen zugrundeliegende Lehre nicht bereits selbst die Voraussetzungen der Patentfähigkeit erfüllen, kann sich ihre Schutzfähigkeit auch daraus ergeben, dass sie dem Endprodukt seine Wirkungen oder Eigenschaften vermitteln, wobei es genügt, dass ihre Beteiligung an dem Herstellungsprozess eine notwendige, nicht hinwegzudenkende Bedingung für den Erfolg darstellt, BGH GRUR **74,** 718, 720 – Alkalidiamidophosphite. Patentfähig kann die ein Zwischenprodukt betreffende Lehre auch deshalb sein, weil sie einen neuen und erfinderischen Weg zur Herstellung des Endprodukts aufzeigt. Das ist jedoch keine zwingende Voraussetzung der Patentfähigkeit eines solchen Produkts. Die Eröffnung eines weiteren Herstellungsweges bildet nur ein allerdings gewichtiges Indiz für die Sonderschutzrechtsfähigkeit, die sich auch aus anderen Umständen ergeben kann; vgl. dazu auch EPA GRUR Int. **91,** 644, 645 – Tocopherol; **83,** 44, 46 – bis-epoxiäther; Singer/Stauder/Kroher Art. 56 EPÜ Rdn. 73. Für eine Beschränkung der Schutzfähigkeit auf solche Zwischenprodukte, die einen Strukturbeitrag für das fertige Erzeugnis liefern (so EPA ABl **83,** 327 – cycloporan) besteht vor diesem Hintergrund kein Anlass. Zwar wird eine aus diesem Grund abzuleitende Schutzfähigkeit die Regel sein; es erscheint jedoch nicht ausgeschlossen, dass sie sich auch aus von der Herstellung des Endprodukts unabhängigen Gesichtspunkten wie Besonderheiten des Produkts und seiner anderweitigen Einsatzfähigkeit ergibt. 93 b

8. Analogieverfahren sind als solche einem Patentschutz nicht ohne weiteres zugängliche Verfahren. Von Bedeutung sind sie vor allem im Bereich der Chemie. Mit ihnen werden Stoffe analoger Konstitution in der gleichen Arbeitsweise wie im Stand der Technik oder dort bekannte Stoffe in analoger Weise zu bekannten Verfahren zueinander in Einwirkung mit dem Ziel gebracht, auf diese Weise neue Endprodukte analoger Konstitution zu erhalten, EPA ABl. **83,** 327 – Cyclopropan; **84,** 217 – Gelatinierung; Busse/Keukenschrijver, § 1 Rdn. 146. Vereinfacht ausgedrückt sind sie der Versuch, mit Mitteln, die den in bekannten Verfahren eingesetzten vergleichbar sind, zu ähnlichen Ergebnissen wie dort zu gelangen. Die Formel des EPA, dass für solche Verfahren Schutz gewährt werden könne, wenn die Aufgabe, d. h. die Notwendigkeit, bestimmte patentierbare Erzeugnisse als Verfahrenswirkung zu erzielen, nicht bereits Bestandteil des Stands der Technik ist (EPA ABl. **84,** 265 – Simethicon-Tablette), beschreibt die wesentlichen Schutzvoraussetzungen vergleichsweise kompliziert. Neu und erfinderisch 94 kann ein Analogieverfahren nur sein, wenn sich mit ihm nicht nur die erwartungsgemäßen Wirkungen erzielen lassen, sondern seine Verwendung zu darüber hinausgehenden unerwarteten und deshalb überraschenden Erzeugnissen führt, BGHZ **41,** 231, 242f. – Arzneimittelgemisch; **45,** 102, 105f. – Appetitzügler I; **51,** 378, 381 – Disiloxan.

94a Seine eigentliche Bedeutung hatte der Patentschutz für Analogieverfahren während der Zeit des **Stoffschutzverbotes,** Busse/Keukenschrijver, § 1 Rdn. 148. Mit dessen Aufhebung ist er jedoch nicht obsolet geworden. Das EPA geht weiterhin von der grundsätzlichen Patentfähigkeit von Analogieverfahren aus, EPA ABl. **87,** 301 – Zetophenonderivate; **88,** 452.

VI. Gegenstände, die nicht als Erfindungen angesehen werden, § 1 Abs. 3

95 **1.** Während § 1 Abs. 1 die patentfähigen Erfindungen umschreibt, gibt § 1 Abs. 3 eine beispielhafte Aufzählung von Gegenständen oder Tätigkeiten, die **nicht als Erfindungen angesehen** werden. Die Aufzählung ist nicht abschließend, vgl. Poth, Mitt. **92,** 305. Aus einer fehlenden Erwähnung in § 1 Abs. 3 allein ist daher eine Patentfähigkeit nicht herzuleiten, BPatG GRUR **87,** 800, 801 – Elektronisches Kurvenzeichengerät. § 1 Abs. 3 wird durch die Regelung in § 1 Abs. 4 ergänzt, die besagt, dass die in § 1 Abs. 3 genannten Gegenstände oder Tätigkeiten lediglich **„als solche"** nicht als Erfindungen anzusehen sind. Dass ein in § 1 Abs. 3 genannter Gegenstand oder eine dort genannte Tätigkeit Grundlage oder Ziel einer Lehre zum technischen Handeln ist, steht nicht entgegen, diese Lehre als Erfindung anzusehen.

95a Bei der Lektüre älterer Rechtsprechung und Literatur ist eine am 28. Februar 2005 in Kraft getretene Änderung in der **Nummerierung** der einzelnen Absätze zu beachten: Der heutige Absatz 3 war bis dahin Absatz 2, der heutige Absatz 4 war Absatz 3. Am Wortlaut der beiden Absätze hat sich hierdurch nichts geändert.

95b Als Grund für die Patentierungsverbote des § 1 Abs. 3 wird in der Praxis des EPA in erster Linie ein **abstrakter Charakter** der dort genannten Gegenstände angeführt, EPA GRUR Int. **95,** 974, 975 – Warteschlangensystem; **87,** 173, 174 – Computerbezogene Erfindung; **89,** 581, 582 – Schweine I; **95,** 589, 590 – Verfahren zur Empfängnisverhütung. Mit dieser Überlegung kann der Ausschluss der in Abs. 3 genannten Gegenstände vom Patentschutz indessen nur bedingt gerechtfertigt werden. Auch die schutzfähige Erfindung kann abstrakt sein, zumal sie, um Schutzfähigkeit zu erlangen, dem Fachmann nur die Richtung für weitere eigene Forschungen weisen muss. Die sachliche Rechtfertigung für den Ausschluss der in § 1 Abs. 3 genannten Gegenstände vom Patentschutz ist vielmehr überwiegend in dem **Fehlen einer technischen Lehre** zu sehen (ebenso Busse/Keukenschrijver, § 1 Rdn. 39). Diese findet sich weder bei Entdeckungen noch bei wissenschaftlichen Theorien oder mathematischen Methoden; sie können allenfalls die Grundlage für eine technische Lehre im Sinne des Erfindungsbegriffes schaffen. Ästhetische Formschöpfungen sind das Ergebnis künstlerisch gestaltender Tätigkeit, aber weder ein dem Bereich der Technik zuzurechnender Vorgang noch selbst ein technischer Erfolg. Pläne, Regeln und Verfahren für gedankliche Tätigkeiten, Spiele und geschäftliche Tätigkeiten richten sich an den menschlichen Geist und sind schon deshalb nicht technisch im Sinne des Erfindungsbegriffes. Das Gleiche gilt für die Wiedergabe von Informationen. Ob dieser Gedanke auch den Ausschluss der Programme für Datenverarbeitungsanlagen vom Patentschutz trägt, erscheint zweifelhaft. Anders als die einleitenden Worte der Vorschrift anzudeuten scheinen, beruhen die Ausnahmen damit nicht auf einer Fiktion, sondern sind weitgehend notwendige Folge der Beschränkung des Patentschutzes auf technische Lehren. Bei diesem Verständnis ist die Regelung **weitgehend überflüssig.** Von Bedeutung ist sie lediglich bei Computerprogrammen (vgl unten Rdn. 133ff.); im Übrigen bestätigt sie lediglich die Erkenntnis, dass für Errungenschaften des menschliches Geistes, denen eine technische Lehre fehlt, ein Patent nicht erteilt werden kann.

95c Als Einschränkung des allgemeinen Anspruchs auf das Patent wird die Liste des § 1 Abs. 3 **eng ausgelegt.** Sie ist als **Ausnahme** gewollt und kann auf andere Sachverhalte allenfalls in engen Grenzen übertragen werden, Schulte/Moufang, § 1 Rdn. 118; Singer/Stauder, Art. 52 EPÜ Rdn. 6, 22. Dafür spricht auch die Regelung in Abs. 4, die im unmittelbaren Zusammenhang mit dem Negativkatalog in Abs. 3 gelesen werden muss. Danach sind die dort genannten Gegenstände nicht schlechthin, sondern nur „als solche" dem Patentschutz entzogen. Erfindungsqualität fehlt einer Lehre damit nur, soweit sie die in Abs. 3 genannten Gegenstände oder Tätigkeiten an sich betrifft. Enthält sie hingegen über diese hinaus auch weitere Merkmale, kann sie eine patentfähige Erfindung darstellen, EPA GRUR Int. **95,** 974, 975 – Warteschlangensystem; vgl. auch Schwedisches OVG, GRUR Int. **1991,** 303, 304 – Frequenzkomponentenbestimmung bei Sprachsignalen. Anders als bei § 5 Abs. 2 kann ein Patent daher auch für eine Lehre erteilt werden, bei der sich aus dem Zusammenwirken eines der in Abs. 3 genannten Gegenstände mit anderen eine dem Technikbegriff genügende Erfindung ergibt, EPA GRUR Int. **95,** 589, 590 – Verfahren zur Empfängnisverhütung. Das Gewicht der schutzfähigen Merkmale innerhalb der Gesamterfindung ist für ihren technischen Charakter regelmäßig nicht von ausschlaggebender Bedeutung; im Interesse eines möglichst umfassenden Patentschutzes muss hier genügen, dass die Lehre *auch* technische Mittel zur Herbeiführung eines technischen Erfolgs offenbart (vgl. dazu oben Rdn. 45 b f.).

Ob mit Hilfe der beanspruchten Lehre einer der in Abs. 3 genannten Gegenstände erzeugt oder ein **Vorstadium** für seine Anwendung geschaffen werden soll, berührt ihre Patentfähigkeit nicht. Dieser Gesichtpunkt betrifft allein ihre weiteren Wirkungen, nicht ihren Gegenstand. Allein nach diesem bestimmt sich die Schutzfähigkeit. Dementsprechend nehmen auch die Beschwerdekammern des EPA eine patentfähige Erfindung an, wenn sie einen (erfinderischen) Beitrag zum Stand der Technik auf einem nicht nach Art. 52 Abs. 2 EPÜ vom Patentschutz ausgeschlossenen Gebiet leistet, EPA GRUR Int. **91,** 118, 120 – Textverarbeitung. 95 d

2. Entdeckung, wissenschaftliche Theorien, mathematische Methoden, § 1 Abs. 3 Nr. 1

Literaturhinweis: Beier/Straus, Der Schutz wissenschaftlicher Forschungsergebnisse, **1982;** dazu Besprechung von Gottlob, Mitt. **83,** 98; Engel, Persönlichkeitsrechtlicher Schutz für wissenschaftliche Arbeiten und Forschungsergebnisse, GRUR **82,** 705; Beier/Straus, Der Schutz wissenschaftlicher Entdeckungen, GRUR **83,** 100; Boguslawski, Der Rechtsschutz von wissenschaftlichen Entdeckungen in der UdSSR, GRUR Int. **83,** 484; Kronz, Patentschutz für Forschungsergebnisse, Mitt. **83,** 26.

a) Die **Entdeckung** ist das **Auffinden von bereits Vorhandenem.** Sie kann einen Stoff (BPatG GRUR **78,** 238, 239 – Naturstoffe; EPA GRUR Int. **95,** 708, 710 – Relaxin), Erscheinungen, Vorgänge, Naturgesetze oder sonstige Dinge und Gegebenheiten betreffen. Die Entdeckung verbreitert und vermehrt das wissenschaftliche, technische oder sonstige Wissen. Demgegenüber betrifft die Erfindung das menschliche Können, Schatz, GRUR Int. **97,** 588, 589. Der bloßen Erkenntnis fehlt die eine Erfindung prägende Anweisung zum (technischen) Handeln, d. h. die Umsetzung in eine praktische Anwendung, Mes, § 1 Rdn. 67 f.; Schulte/Moufang, § 1 Rdn. 121; Singer/Stauder, Art 52 EPÜ Rdn. 25. 96

Trotz dieser scheinbar eindeutigen Abgrenzung sind die **Übergänge** zwischen Entdeckung und Erfindung **fließend.** So ist das Auffinden eines Verfahrens zur Herstellung einer chemischen Verbindung als solches zunächst nur eine Entdeckung. Seine Anwendung in Form eines reproduzierbaren Verfahrens kann jedoch eine Erfindung enthalten (EPA GRUR Int. **95,** 708, 710 – Relaxin), auch wenn sie mit der Entdeckung bereits weitgehend vollendet ist. Die Patentfähigkeit einer solchen Umsetzung wird nicht dadurch berührt, dass schon die Entdeckung als technische Lehre formuliert werden könnte. § 1 Abs. 3 schließt in Verbindung mit Abs. 4 nur die Entdeckung als solche, nicht jedoch aus ihr abgeleitete praktische Nutzanwendungen vom Patentschutz aus, auch wenn diese nach der Entdeckung noch so nahegelegen haben. Die für die Patentfähigkeit erforderliche erfinderische Tätigkeit kann sich dann auch aus der in der Entdeckung liegenden Leistung ergeben, vgl. Corte di Cassazione, GRUR Int. **90,** 864, 867 – Analysemethode; Court of Appeal, GRUR Int. **93,** 780, 781 – Quadratwurzelberechnung. 96 a

Das Auffinden des Aufbaus (der **DNA-Sequenz**) eines **Gens** ist eine bloße Entdeckung. Vgl. im Einzelnen die Kommentierung zu § 1 a; zur Entscheidungspraxis des EPA vgl. die Kommentierung bei Benkard, EPÜ, Art. 52 Rdn. 161. 96 b

b) Wissenschaftliche Theorien sind der Versuch einer verstandesmäßigen, auf Naturgesetzen oder logischen Überlegungen aufbauenden **Erklärung** für beobachtete oder erwartete Vorgänge. Sie enthalten unmittelbar keine Lehre zum technischen Handeln. Als eine auf mehr oder weniger gesicherten Grundlagen aufbauende Vorstellung von Ursachen und Zusammenhängen auftretender Erscheinungen und Phänomene können sie jedoch die Voraussetzungen für die Entwicklung einer Anweisung zum technischen Handeln schaffen und damit einer Erfindung vorausgehen. Tritt diese zur Theorie hinzu, kann die Grenze zur Erfindung überschritten sein. 97

c) Mathematische Methoden

Literaturhinweis: Parfomak, The Karmarkar Algorithm – „New" Patentable Subject Matter?, IIC **90,** 31; Stern; Patenting Algorithms in America, EIPR **90,** 292; Schickedanz, Das Patentierungsverbot von „mathematischen Methoden", „Regeln und Verfahren für gedankliche Tätigkeiten" und die Verwendung mathematischer Formeln im Patentanspruch, Mitt. **2000,** 173.

98 Mathematische Methoden enthalten unmittelbar ebenfalls keine Anweisung zum technischen Handeln. Sie sind **abstrakte gedankliche Konzepte,** die Art und Weise des Umgangs mit den zugrundeliegenden Zahlen und ihre Verwendung beschreiben, EPA GRUR Int. **87,** 173, 175 – Computerbezogene Erfindung. Konzepte dieser Art wenden sich an den Menschen und seinen Verstand, dem eine Rechenregel an die Hand gegeben wird, die nach den Gesetzen der Logik abgearbeitet werden kann. Ihre Anwendung hat regelmäßig unmittelbar kein technisches Ergebnis zur Folge. Das gilt auch dann, wenn mit ihrer Hilfe eine bisher benutzte Lehre wissenschaftlich und nachvollziehbar erklärt wird. Unabhängig von der letztlich unmöglichen Definition des Begriffs der Mathematik gilt für sie im Kern das Gleiche wie für die wissenschaftlichen Theorien. Wie diese kann auch die mathematische Methode allenfalls die Grundlagen für technische Handlungsanweisungen schaffen; selbst enthält sie diese (noch) nicht.

98a Ein Verfahren zur Lösung eines **mathematischen Problems** bedient sich als solches keiner Naturkräfte oder -erscheinungen und ist daher nicht patentfähig, EPA GRUR Int. **90,** 465 – Zusammenfassen und Wiederauffinden von Dokumenten. Das Gleiche gilt für ein abstraktes Konzept zur Behandlung von Zahlen jedenfalls dann, wenn auf diese Weise nur Zahlenwerte ermittelt, nicht aber ein direkter Erfolg insbesondere in der gegenständlichen Welt herbeigeführt wird, EPA GRUR Int. **87,** 173, 174 – Computerbezogene Erfindung. Methoden zur Berechnung eines Bauwerkes können daher als solche grundsätzlich nicht patentiert werden, vgl. Schweiz BG GRUR Int. **74,** 227, 228 – Dimensionale Synthese. Auch einer Rechenformel zur Berechnung einer Linienschar zur Beschreibung der Oberfläche eines Körpers, die anstelle des bisher auf einer manuell-empirischen Grundlage berechnenden Strakens vorgeschlagen wurde, fehlt der technische Charakter, BGH GRUR **77,** 657, 658 – Straken. Lediglich eine mathematische Methode ist auch die Analyse des zyklischen Verhaltens einer durch eine Vielzahl von Punkten dargestellten Kurve EPA SA ABl. **97,** 12 – method of functional analysis. Das gilt auch dann, wenn für die Ausführung dieser Formeln und Modelle Hardware in Form eines Computers eingesetzt wird, EPA GRUR Int. **90,** 465, 467 – Zusammenfassen und Wiederauffinden von Dokumenten; teilw. anders noch EPA GRUR Int. **87,** 173, 175 – Computerbezogene Erfindung.

98b Regeln zur Auswahl, Gliederung und Zuordnung bestimmter Bedeutungsinhalte sind auch dann keine patentfähige Erfindung, wenn ihre Anwendung die **Zuhilfenahme technischer Geräte** voraussetzt oder nahelegt und zu auf technischem Gebiet verwertbaren Ergebnissen führt, BGH GRUR **81,** 39 – Walzstabteilung. Eine mathematische Methode, die schnellere Berechnungen der Quadratwurzel ermöglicht, ist als Algorithmus auch dann vom Patentschutz ausgeschlossen worden, wenn sie in der Hardwareeinheit eines Rechners niedergelegt ist, vgl. Brit. Court of Appeal GRUR Int. **92,** 780, 782 – Quadratwurzelberechnung.

98c **Algorithmen** enthalten in der Regel Vorgaben, mit deren Hilfe nach den im Einzelnen festgelegten Regeln eine schrittweise Abwicklung von Arbeiten und Arbeitsvorgängen ermöglicht wird, vgl. Hübner, GRUR **94,** 883, 884; s.a. Ensthaler/Möllenkamp, GRUR **94,** 151 ff. Ihr Ziel ist regelmäßig allein die Lösung von Problemen mit Mitteln der Logik; auf die Hilfe der Naturkräfte wird allenfalls bei ihrer tatsächlichen Umsetzung zurückgegriffen. Wie mathematische Methoden weisen Algorithmen, deren eher schematische Befolgung die Lösung gleichgelagerter Aufgaben ermöglicht (zum Begriff vgl. BGH GRUR **77,** 96 – Dispositionsprogramm), unmittelbar nicht notwendig einen technischen Gehalt auf und sind daher insoweit nicht patentfähig, BPatG Mitt. **85,** 117, 118. Das gilt insbesondere, wenn sie auf geistigem Gebiet liegende mathematisch – organisatorische Lehren zum Gegenstand haben, BGH GRUR **80,** 849, 850 – Antiblockiersystem. Als Handlungsanweisung können sie jedoch auch als solche patentfähig sein, wenn diese Anweisung bereits einen technischen Gehalt aufweist, Schickedanz, Mitt. **2000,** 173, 180. Die **Ordnung von Testfällen** vor deren Eingabe nach einem bestimmten, den Erfindungszweck sicherstellenden Prinzip ist als eine dem Algorithmus verwandte Organisationsregel auch dann nicht technisch, wenn sie der Verbesserung eines Fehlerortungsverfahrens dient, BGH GRUR **78,** 420, 421 – Fehlerortung.

98d Ebenso wie die übrigen Ausnahmen nach Abs. 3 gelten auch die mathematischen Methoden nicht schlechthin, sondern nur **als solche** nicht als Erfindung. Ihre Verwendung in einem Verfahren zur Erzeugung eines technischen Erfolgs schließt daher eine patentfähige Erfindung nicht aus, EPA GRUR Int. **87,** 173, 175 – Computerbezogene Erfindung, EPA SA ABl. **2001/3,** 16; Schulte/Moufang, § 1 Rdnr. 125. Das soll nach Auffassung des BPatG auch dann gelten, wenn sich erfinderische Tätigkeit und Neuheit in der Nutzbarmachung mathematischer Regeln erschöpfen, BPatG GRUR **96,** 866 – Viterbi-Algorithmus. Eine technische Lehre entfällt nicht deshalb, weil sie auf nicht technischen Erkenntnissen beruht. Entscheidend ist allein der Einsatz der Naturkräfte zur Bewirkung eines von ihnen unmittelbar verursachten Effektes. Diese Vorgänge lassen sich vielfach durch mathematische Regeln und durch Algorithmen beschreiben, deren Heranziehung für Ausgestaltung und Beschreibung technischer Vorgänge dem Bereich der Technik daher nicht fremd ist und sich vielfach anbieten wird. Auf sie wird in Patentansprüchen und deren Erläuterung in der Beschreibung vor allem deshalb zurückgegriffen, weil so eine technische Vorrichtung oder ein Verfahren zuverlässig oder genauer erfasst werden können, BGH GRUR **77,** 657, 658 – Straken; EPA GRUR Int. **87,** 173, 175 – Computerbezogene Erfindung. Gegenstand der Erfindung ist jedoch auch dann nicht die Rechenregel, die nur beschreibende Funktion hat. Patentschutz kann allein der mit ihrer Hilfe beschriebene Gegenstand genießen, BGH GRUR **77,** 657, 658 – Straken. Die Offenbarung einer wissenschaftlichen Erkenntnis mit dem Ziel, einen bisher nur unbewusst und zufällig erreichten Erfolg nunmehr bewusst, gezielt und planmäßig herbeizuführen, kann die Mitteilung einer patentfähigen Erfindung enthalten, BGH GRUR **56,** 77 – Rödeldraht.

Beispiele: Ein Schleifverfahren, bei dem die jeweilige Kontur des Schleifgutes mit der gewünschten verglichen und der weitere Schleifvorgang über nach einer Rechenregel ermittelte Korrekturwerte gesteuert wird, ist auf dieser Grundlage technisch, BPatG GRUR **90,** 197. Die digitale Bearbeitung eines Bildes nach einer mathematischen Methode hat eine Veränderung einer physikalischen Erscheinung in Form eines materiellen Objektes oder eines als elektrisches Signal gespeicherten Bildes zur Folge und kann, wenn sie in einem Rechner und deshalb mit technischen Mitteln geschieht, ein technischer Vorgang sein, EPA GRUR Int. **87,** 173, 175 – Computerbezogene Erfindung. Ein Verfahren zur Bestimmung der Tonhöhe eines Sprachsignals, das für seine Anwendung einer besonderen technischen Ausrüstung bedarf, beschränkt sich nicht auf die Anwendung der zugrundeliegenden abstrakten mathematischen Methode, sondern kann auch eine patentfähige Erfindung enthalten, Schwed OVG GRUR Int. **91,** 303, 304 – Frequenzkomponentenbestimmung bei Sprachsignalen. Technisch ist weiter eine Methode zur Steuerung eines physikalischen Vorgangs, die auf der Analyse verschiedener Parameter durch einen Computer, deren Auswertung und einer auf dieser beruhenden Prozesssteuerung beruht; mathematische Methode und Computerprogramm bilden hier nur ein Element bei einem durch die Steuerung des physikalischen Prozesses als technisch ausgewiesenen Vorgang, EPA SA ABl. **97,** 12 – method of functional analysis. Für schutzfähig gehalten hat eine Technische Beschwerdekammer des EPA auch ein Verfahren zur Verschlüsselung oder Entschlüsselung einer in Form eines digitalen Worts dargestellten Nachricht, die mit Hilfe von Algorithmen des Typs RSA dargestellt wird und bei der das Verfahren zur Verwendung in digitalen Systemen bestimmt ist, EPA SA ABl. **2001/3,** 16. **98e**

Die mangelnde Patentfähigkeit von Algorithmen schließt einen Patentschutz auch insoweit aus, als sie Grundlage und Bestandteil von **Computerprogrammen** sind. Das gilt auch für das in maschinengerechte Einzelschritte aufgelöste Konzept, das dem Programm zugrunde liegt, BPatGE **19,** 102, 105. Auch in diesem Zusammenhang kann daher nicht schon der Algorithmus, sondern allenfalls seine Verwendung im Rahmen eines konkreten Programms Patentfähigkeit erlangen. Die Verwendung entsprechender oder identischer Algorithmen im Rahmen anderer Programme wird durch einen solchen Schutz grundsätzlich nicht berührt. Zur Patentfähigkeit der unter Verwendung solcher Regeln und Algorithmen entwickelten Programme vgl. unten Rdn. 104ff. Über sie kann sich mit Blick auf die Algorithmen allenfalls ein auf die konkrete Verwendung in der jeweiligen Software bezogener (zielgerichteter) Schutz ergeben. Mit Blick auf diese Finalität kann ein solcher Schutz grundsätzlich andere von einer Benutzung der gleichen Rechen- oder Handlungsregel im Kontext eines anderen Programms nicht ausschließen, auch wenn dieses dem gleichen oder einem vergleichbaren Zweck dient. **98f**

3. Ästhetische Formschöpfungen, § 1 Abs. 3 Nr. 2, sollen das räumliche, farbliche oder klangliche (Schönheits-) Empfinden ansprechen, auf das sie durch ihre Gestaltung Einfluss nehmen. Ihr Zweck ist die Einwirkung auf die Sinne des Menschen, bei dem sie einen ansprechenden Eindruck hervorrufen sollen, EPA ABl. **90,** 395, 400 – Farbige Plattenhülle; Busse/Keukenschrijver, § 1 Rdn. 45; Schulte/Moufang, § 1 Rdn. 127. Beschränkt sich die beanspruchte Lehre auf eine solche Wirkung, ist sie **nicht technisch** und damit auch nicht patentfähig. Sie kann jedoch schutzfähig sein, wenn die Verwendung von Farben oder sonstigen Gestaltungsmitteln auch einem technischen Zweck dient. Die beabsichtigte Herbeiführung auch eines ästhetischen Effekts schließt die Patentfähigkeit nicht notwendig aus. Entscheidend sind die Wirkungen, die mit der offenbarten Lehre erzielt werden. Sind diese auch technisch, kann eine Erfindung vorliegen. Wird hingegen einer auf das ästhetische Empfinden wirkenden Maßnahme keine weitere technische Funktion hinzugefügt, bleibt sie dem Gestalterischen verhaftet. Patentschutz kommt hier nicht in Betracht, EPA ABl. **90,** 395, 400 – Farbige Plattenhülle. **99**

99a Nach Abs. 4 gelten auch ästhetische Schöpfungen nur **als solche** nicht als patentfähige Erfindung. Vom Patentschutz ausgenommen sind sie nur, soweit nach der beanspruchten Lehre gestalterische Mittel auf die Sinne des Menschen wirken sollen. Die Erteilung eines Patents ist demgegenüber nicht deshalb ausgeschlossen, weil eine technische Lehre auch einen ästhetischen Effekt auslösen soll, BGH GRUR **88,** 290, 293 – Kehlrinne; **77,** 152, 153 – Kennungsscheibe; vgl. auch Singer/Stauder, Art. 52 EPÜ Rdn. 27. Patentfähig kann daher ein Gegenstand sein, der über einen technischen Erfolg in einer weiteren Stufe eine ästhetische Wirkung herbeiführen will.

100 Die Aufnahme ästhetischer Merkmale in eine technische Lehre nimmt ihr nicht zwangsläufig die Patentfähigkeit; auch hier ist die **Kombination** technischer und nicht technischer Elemente kein absolutes Hindernis für die Patenterteilung. Durch die Verbindung wird ein anderweitig begründeter technischer Charakter nicht notwendig berührt; die Verwendung technischer Mittel zur Herbeiführung eines ästhetischen Effekts ist grundsätzlich technisch, Busse/Keukenschrijver, § 1 Rdn. 45; Schulte/Moufang, § 1 Rdn. 127. Die von einem Maler verwendete Spritzpistole bleibt ein technisches Gerät, auch wenn sie zum Aufbringen von Farbe zur Erzielung eines ästhetischen Eindrucks verwendet wird. Auch eine Maschine zum Bedrucken von Stoff ist ein technisches, dem Patentschutz grundsätzlich zugängliches Gerät. Zu Recht hat das EPA einer Vorrichtung zur vor äußeren Einflüssen geschützten Aufnahme von Kunstwerken in Form eines platten- oder quaderförmigen lichtdurchlässigen Bauelements mit Platten aus transparentem Material Patentschutz nicht deshalb versagt, weil auf ihrer geschützten Innenseite bestimmungsgemäß ein nicht näher definiertes Kunstwerk nach Art einer Glasmalerei durch Siebdruck aufgebracht werden sollte, EPA 21. 6. 1993 – T 686/90 – Platten- oder quaderförmiges lichtdurchlässiges Bauelement. Die Lehre dient – auch – dem Schutz dieses Kunstwerks vor Witterungseinflüssen und damit auch einem technischen Zweck; die Erzeugung eines ästhetischen Eindrucks ist lediglich ein weiteres Anliegen, das den Einsatzzweck, nicht aber Problemstellung und Lösung betrifft.

100a **Beispiele:** Die Anweisung, Pflanzen in einer bestimmten Form anzuordnen, um dem Betrachter ein Gefühl von Ruhe und Glück zu vermitteln, geht über eine ästhetische Formschöpfung nicht hinaus, BPatG GRUR **99,** 414 – Pflanzenanordnung. Die Anweisung, ein durch Ungleichmäßigkeiten der Oberfläche beeinträchtigtes Aussehen durch eine Mattierung zu kaschieren, hat eine Technische Beschwerdekammer des EPA als bloßes gestalterisches Mittel angesehen, für das ein Patent nicht erteilt werden könne. Da diese Fehler die technische Funktion des Gegenstandes nicht berührten, diene die vorgeschlagene Maßnahme allein einem verbesserten Aussehen und sei daher auf eine ästhetische Formschöpfung als solche gerichtet, EPA 21. 4. 1993 – T 962/91 – Plattenförmige Informationsträger und Verfahren zu seiner Herstellung. Das Gleiche gilt für die Verbindung eines Uhrgehäuses mit der Färbung des Uhrglases und dem Armband der Uhr, EPA 25. 11. 1991 – T 456/90 – Montre-bracelet dont le bracelet est attaché au boîtier de montre par une charnière. Weitergehend hat eine Technische Beschwerdekammer als bloße ästhetische Formschöpfung ohne technischen Gehalt auch die Lehre bewertet, auf einer Plattenhülle sichtbare Fingerabdrücke dadurch zu vermeiden, dass diese mit einer Kunststofffolie überzogen wird, die infolge ihrer Farbgebung eine bestimmte Mindestlichtstärke aufweist, EPA ABl. **90,** 395 – Farbige Plattenhülle. Beide Ansätze erscheinen bedenklich, weil die ästhetische Wirkung der jeweiligen Lehre nur die mittelbare Folge einer Einwirkung auf den Gegenstand ist. In erster Linie wird ein Gegenstand mit technischen Mitteln mit dem Ziel bearbeitet, eine ästhetische Wirkung zu erreichen. In einer solchen Einwirkung wird aber regelmäßig eine technische Lehre zu sehen sein, BGH GRUR **66,** 249 – Suppenrezept; **67,** 590 – Garagentor; Mitt. **72,** 235 – Raureifkerze; **77,** 152 – Kennungsscheibe; EPA 21. 6. 1993 – T 686/90 – Platten- oder quaderförmiges lichtdurchlässiges Bauelement. Im Ergebnis werden die nachgesuchten Patente deshalb zu Recht versagt worden sein, weil die jeweils offenbarte technische Maßnahme nicht neu, jedenfalls aber nicht erfinderisch gewesen sein dürfte.

4. Pläne, Regeln und Verfahren, § 1 Abs. 3 Nr. 3.

Literaturhinweis: Hössle, Patentierung von Geschäftsmethoden – Aufregung umsonst?, Mitt. **2000,** 331; Schickedanz, Das Patentierungsverbot von „mathematischen Methoden", „Regeln und Verfahren für gedankliche Tätigkeiten" und die Verwendung mathematischer Formeln im Patentanspruch, Mitt. **2000,** 173; Jänich, Sonderrechtsschutz für geschäftliche Methoden, GRUR **2003,** 483.

101 **a)** Pläne, Regeln und Verfahren **für gedankliche Tätigkeiten** enthalten eine Anweisung an den menschlichen Geist und können deshalb keine Erfindung sein. Ihr Ausschluss vom Pa-

tentschutz geht auf Regel 39 iii AOPCT zurück. Anders als die Erfindung sprechen sie die geistigen Fähigkeiten des Menschen nicht im Hinblick auf die Beherrschung von Naturkräften zur Erreichung eines vorbestimmten technischen Erfolgs, sondern auf sein Denken selbst an. Sie geben eine Lehre zur Anwendung der Verstandeskräfte, um ein bestimmtes Resultat nicht unter Ausnutzung der Naturkräfte, sondern der menschlichen Denkfähigkeit selbst herbeizuführen. Damit fehlt auch ihnen ein technischer Inhalt.

Unter diesen Ausschlusstatbestand fallen **Symbole, Zeichen oder Markierungen,** deren Bedeutung auf einer bloßen Definition beruht. Zum Erkennen ihrer Bedeutung bedarf es einer gedanklichen Tätigkeit des Menschen; das schließt einen technischen Gehalt aus, EPA GRUR Int. **86,** 553 – Kodierte Kennzeichnung. Regeln für den **Handel** mit Leistungen oder Waren, die Werbung von Kunden, die **Buchführung** und kaufmännisches Rechnen (BGH GRUR **75,** 549. Buchungsblatt) sowie zur Lösung **betriebswirtschaftlicher** Probleme (BGH GRUR **2005,** 143, 144 – Rentabilitätsermittlung) kommen als Gegenstand eines Patentes ebenfalls nicht in Betracht. Vom Patentschutz ausgeschlossen sind weiter Anweisungen und Maßnahmen zum **Ordnen und Sortieren von Daten,** Unterlagen oder sonstigen Gegenständen. Als eine nicht patentfähige Anweisung ist ferner ein Planungsverfahren zur Gestaltung eines Verteilungsnetzes für elektrische Energie angesehen worden, SchweizBGE **95** I 579, 582. Das Gleiche gilt für einen Bebauungsplan, d. h. die zeichnerische Darstellung der Bebaubarkeit eines Geländes. Im Einzelnen bedarf es jedoch jeweils genauer Prüfung. **Markierungen** mit einer unmittelbar technischen Wirkung können dem Patentschutz zugänglich sein. So sind in Abständen in eine Platte eingelassene Kerben, die nicht nur den Abstand bezeichnen, sondern auch Sollbruchstellen enthalten, mit dieser Funktion technisch. Das Erkennen der einer Markierung beigelegten Bedeutung erfordert hingegen eine rein geistige (gedankliche) Tätigkeit des Menschen, weshalb der Bedeutungsinhalt der Markierung kein technisches Merkmal einer Erfindung sein kann, BGH GRUR **77,** 152, 153 – Kennungsscheibe. **101 a**

Gegenstand einer patentfähigen Erfindung kann auch das zur Markierung oder für deren Herstellung eingesetzte **Mittel** sein, wie eine besondere Farbe, die im Laufe der Zeit gezielt verblasst und so ein späteres Überstreichen entbehrlich macht. Signale, die wie die Steuerzeichen eines elektronisch gespeicherten Textes unmittelbar, d. h. ohne Dazwischentreten eines Menschen ausgewertet und zur Steuerung des Druckers verwendet werden, können einen technischen Gehalt aufweisen und eine Erfindung darstellen, EPA GRUR Int. **90,** 977 – Farbfernsehsignal; **94,** 1038, 1040 – Editierbare Dokumentenform. Wird durch den Einsatz technischer Mittel ein Verfahren für gedankliche Tätigkeiten ganz oder teilweise **ohne menschliche Eingriffe** durchgeführt und dadurch im Hinblick auf § 1 zu einem technischen Vorgang, ist eine Erfindung im Sinne der Vorschrift gegeben, vgl. EPA GRUR Int. **91,** 118, 120 – Textverarbeitung; im Ergebnis ähnlich und weitergehend BPatG GRUR **99,** 1078 – Automatische Absatzsteuerung. **101 b**

Methoden und Lehren zur **Unterrichtung des Menschen** sind als Verfahren für gedankliche Tätigkeiten dem Patentschutz grundsätzlich nicht zugänglich. Die Nummerierung von Noten und Tasten als Erleichterung zum Erlernen eines Musikinstruments enthält lediglich eine Unterrichtsmethode und ist daher nicht patentfähig, EPA GRUR Int **92,** 654, 656 – Anzeiger. Hingegen sind Lehrmittel nicht schon deshalb vom Patentschutz ausgeschlossen, weil sie den Lernenden zur Bildung von eigenen Vorstellungen anregen sollen. Sind sie ihrem Gegenstand nach technisch, berührt diese weitere Wirkung ihre Patentfähigkeit nicht, vgl. zum Unterschied zwischen technischem Erfolg und beabsichtigter Wirkung oben Rdn. 100 f. **101 c**

b) Eine technische Lehre fehlt auch Regeln zum **Sortieren und Ordnen von Daten,** BGHZ **115,** 23, 30 f. – Chinesische Schriftzeichen; EPA GRUR Int. **90,** 465, 467 – Zusammenfassen und Wiederauffinden von Dokumenten. Die Ablage von Schriftstücken in alphabetischer Reihenfolge ist als solche eine an den Geist des Menschen gerichtete Anweisung. Dass sie auch mit Mitteln der Technik umgesetzt werden kann, verleiht ihr allein keinen technischen Charakter, BGH GRUR **77,** 152, 153 – Kennungsscheibe; EPA GRUR Int. **91,** 279, 281 – Schriftzeichenform; **90,** 465, 467 – Zusammenfassen und Wiederauffinden von Dokumenten; **91,** 118, 120 – Textverarbeitung. Die der Bestimmung und dem Ersetzen sprachlicher Ausdrücke oberhalb eines vorgegebenen Verständlichkeitsniveaus zugrundeliegenden Anweisungen richten sich an Wissen und Urteilsvermögen des jeweiligen Bearbeiters und enthalten daher nur einen nicht technischen Plan für eine gedankliche Tätigkeit, EPA GRUR Int. **91,** 118, 120 – Textverarbeitung. Auch die Verbesserung einer Lehrmethode, die sich auf Änderungen in den von einer bekannten Vorrichtung dargestellten Informationen beschränkt, enthält nur Anweisungen an den Verstand des Menschen und ist daher nicht patentfähig, EPA GRUR Int **92,** 654, 656 – Anzeiger. **101 d**

102 **c)** Pläne, Regeln und Verfahren für **Spiele** richten sich wie die Anweisungen für gedankliche Tätigkeiten als solche ebenfalls nur an den menschlichen Geist. Sie betreffen die dem Spiel zugrundeliegende Idee und ihre Umsetzung. Eine Lehre zur Anwendung oder Ausnutzung der Naturkräfte fehlt ihnen regelmäßig auch dann, wenn bei der Ausführung des Spiels besonders gestaltete Geräte eingesetzt werden und diese in einem technischen Verfahren oder mit technischen Mitteln erzeugt wurden. Die Spielidee und die zu ihrer Umsetzung geschaffenen Pläne, Regeln und Verfahren erhalten damit keinen technischen Charakter, sondern richten sich unmittelbar weiterhin allein an den menschlichen Verstand. Von diesem werden sie aufgenommen und verarbeitet; allein dieser bestimmt über den Einsatz der dem Spiel dienenden Gegenstände und folgt dabei den von den Regeln ausgehenden Anweisungen. Der Sinn des Spiels liegt in der Unterhaltung des Menschen, der in den Ablauf eingebunden wird und diesen beeinflussen soll. Naturkräfte werden bei dieser Umsetzung der Spielidee nicht eingesetzt.

102 a Für ein Spiel verwendete Geräte können auf einer technischen Lehre beruhen und patentfähig sein. Vom Patentschutz ausgeschlossen sind nur die Pläne, Regeln und Verfahren **als solche.** In einem Spiel eingesetzte **technische Mittel** beruhen hingegen auch dann auf einer technischen Lehre, wenn sie der Spieler beeinflusst und steuert. Mit ihnen können daher auch zur Erreichung eines im Rahmen des Spielplans benötigten Ereignisses Naturkräfte eingesetzt werden. Technisch ist daher ein Zufallsgenerator in Form einer Maschine, der die Voraussetzungen für die im Verlauf des Spiels für von den Teilnehmern zu treffenden Entscheidungen und so die tatsächlichen Grundlagen für den Einsatz des Verstandes durch den Spieler schafft. Auch dann bleiben der Plan des Spiels, seine Idee und deren gedankliche Umsetzung selbst jedoch nicht technisch; für sie kann ein Patent nicht erteilt werden, vgl. BPatG GRUR **2005,** 493 – Jackpotzuwachs. Als Gegenstand einer patentfähigen Erfindung kommen nur die zu seiner Verwirklichung eingesetzten Mittel in Betracht.

103 **d)** Pläne, Regeln und Verfahren für **geschäftliche Tätigkeiten** enthalten ebenfalls keine technische Regel oder Anweisung, sondern wenden sich – wie die für Spiele und gedankliche Tätigkeiten – an den menschlichen Geist. Schon das schließt nach dem geltenden europäischen Recht ihre Patentfähigkeit aus (anders für das amerikanische Patentrecht, das allerdings in seiner geltenden Fassung die Patentierbarkeit nicht auf technische Gegenstände beschränkt: US Court of Appeal GRUR Int. **99,** 633, 636 – Finanzdienstleistungs-Anordnung). Hierher gehören Anweisungen und Vorschläge für jede Art geschäftlicher Tätigkeit, wie Anregungen für die Gestaltung von **Werbung** sowie die Grundlagen und Ausgestaltung der Tätigkeit selbst. Anweisungen und Anleitungen zur **Arbeitsordnung,** für die Kundenwerbung, die Abrechnung einschließlich des kaufmännischen Rechnens und der **Buchhaltung,** für **Disposition** (vgl. BGHZ **67,** 22 – Dispositionsprogramm) und Lagerhaltung sind nicht technisch. Dasselbe gilt für **betriebswirtschaftliche Regeln,** BGH GRUR **2005,** 143, 144 – Rentabilitätsermittlung. Regeln für die geschäftliche Spekulation oder die **Vermögensanlage** enthalten lediglich Anweisungen an den Menschen und sind daher keine Erfindungen. Das Gleiche gilt für das Sortieren und Ordnen von Daten als solches, BPatG GRUR **90,** 261, 262 – Seismische Aufzeichnungen. Beschriftungsinhalt und Gestalt von **Formularen** sind ebenfalls als solche nicht technisch, BGH GRUR **75,** 549, 550 – Buchungsblatt; BPatG Mitt. **64,** 97, 98 f. Auch in der Gestaltung von Buchungsblättern liegt keine Benutzung von Naturkräften außerhalb des menschlichen Geistes; ihre Aufteilung in Spalten und Zellen ist ebenfalls nicht technisch.

103 a Eine bestimmungsgemäß auf geschäftliche Tätigkeiten beschränkte **Verwendung technischer Gegenstände** schließt deren Patentfähigkeit nicht aus. Das gilt erst recht, wenn solche Gegenstande auf Grund der späteren Entwicklung vorwiegend anlässlich solcher Tätigkeiten benutzt werden. Auch hier kann die anderweitig begründete Patentfähigkeit durch ihre weiteren Wirkungen, ihren Einsatzzweck oder zusätzliche Merkmale nicht beseitigt werden, auch wenn diese selbst einem Patentierungsverbot unterliegen würden, EPA GRUR Int. **95,** 909, 911 – Universelles Verwaltungssystem. Umgekehrt macht der bloße Gebrauch technischer Mittel bei Ausführung eines Geschäfts die geschäftliche Tätigkeit nicht patentfähig. Anders kann es sein, wenn der Einsatz dieser Mittel eine notwendige Bedingung zur Lösung eines technischen Problems bildet. Wirken die nicht technischen Merkmale mit den technischen in einer Wechselwirkung so zusammen, dass eine technische Wirkung entsteht, d. h. die Mischung als Ganzes – auch – eine technische Aufgabe löst, kann es sich um eine auch technische Lehre handeln, EPA GRUR Int **92,** 654, 656 – Anzeiger. Sind die technischen Merkmale hingegen wie bei der Benutzung eines Taschenrechners für die Berechnung geschäftlicher Werte nur Träger für nicht technische Maßnahmen, ohne darüber hinaus mit ihnen zusammenzuwirken, fehlt es in der Regel an einer technischen Lehre, EPA GRUR Int. **92,** 279, 280 – Schriftzeichenform. Ohne zwingenden Zusammenhang zwischen den technischen Mitteln und einem

technischen Erfolg ist die Lehre regelmäßig als Ganzes von der Patentierbarkeit ausgeschlossen, EPA GRUR Int. **94,** 236, 237 – Kartenleser.

Ein Verfahren zur **Regelung des Kraftfahrzeugverkehrs** in einem städtischen Gebiet ist als Plan für geschäftliche Tätigkeiten vom Patentschutz ausgeschlossen, EPA 12. 12. 1985 – T 16/83 – Verkehrsregelung. Problematisch ist demgegenüber die Auffassung des BGH, einem Verfahren zur Minimierung von Flugkosten durch Optimierung des Treibstoffdurchsatzes auf der Grundlage einer Berechnung, in die neben dem Treibstoffverbrauch und der Geschwindigkeit des Flugzeuges vor allem der Treibstoffpreis einfließen, fehle Erfindungsqualität, weil das Ergebnis maßgeblich durch markt- und betriebswirtschaftlichen Faktoren bestimmt werde (BGH GRUR **86,** 531, 533 – Flugkostenminimierung). Dabei wird übersehen, dass der angestrebte betriebswirtschaftliche Erfolg nur die weitere Wirkung des Einsatzes technischer Mittel ist, der nicht auf technischem Gebiet liegen muss (vgl. dazu oben Rdn. 100f.). Messung und Auswertung des Treibstoffverbrauches enthalten die Lösung eines technischen Problems mit technischen Mitteln. Zu eng ist auch die Annahme einer allein geschäftlichen Tätigkeit durch eine Beschwerdekammer des EPA bei einem Verfahren zum Betrieb von Selbstbedienungsautomaten, bei denen der Kunde die Benutzungsberechtigung dadurch erwirbt, dass er eine maschinenlesbare Karte in das Gerät einführt, deren Identifizierungsmerkmale gespeichert, nach Ausfüllen eines elektronischen Formulars über die künftige Benutzungsberechtigung entschieden und diese dann jeweils durch einen Vergleich der Daten auf der Karte mit den im Gerät gespeicherten geprüft werden (EPA GRUR Int. **94,** 236, 237 – Kartenleser). Bei einem solchen Gerät werden durch die zumindest teilweise maschinelle Bearbeitung auch Naturkräfte eingesetzt. Damit liegt eine technische Lehre vor. Für deren Patentfähigkeit kommt es im Hinblick auf die erforderliche Technizität auch nach der Auffassung des EPA nicht auf das Gewicht der technischen Merkmale an. Zu Recht ist deshalb in einer späteren Entscheidung der technische Charakter für ein computergestütztes System zur Vergabe von Wartenummern an Kunden bejaht worden, bei dem die Kunden in der Reihenfolge ihres Eintreffens an einem Terminal eine Nummer ziehen konnten und anschließend über eine optische Anzeige aufgerufen wurden, EPA GRUR Int. **95,** 974 – Warteschlangensystem. Der Vorschlag, im Laderaum des Schiffes gelagertes, lose fließendes Ladegut mittels einer Verpackungsanlage in Säcke zu füllen, die vom Schiff in einem Container mitgeführt und jeweils zum Abpacken des Ladeguts auf dem Kai aufgestellt wird, betrifft nach Ansicht des EPA nicht lediglich eine geschäftliche Tätigkeit, sondern enthält wegen des Gebrauchs der Anlage auch technische Merkmale und ist daher patentfähig, EPA 12. 3. 1992 – T 636/88 – Method of material distribution and apparatus for use in the method. 103 b

5. Programme für Datenverarbeitungsanlagen, § 1 Abs. 3 Nr. 3

Literaturhinweise: Betten, Zum Rechtsschutz von Computerprogrammen, Mitt. **83,** 62; Kindermann, Vertrieb und Nutzung von Computersoftware aus urheberrechtlicher Sicht, GRUR **83,** 150; Betten, Urheberrechtsschutz von Computerprogrammen?, Mitt. **84,** 201; Schwerdtel, Schutz für Software aus praktischer Sicht, Mitt. **84,** 211; Appleton, European Patent Convention: Article 52 and Computer Programs, EIPR **85,** 279; Bauer, Rechtsschutz von Computerprogrammen in der Bundesrepublik Deutschland – Eine Bestandsaufnahme nach dem Urteil des Bundesgerichtshofs vom 9. Mai 1985, CR **85,** 5; Gall, Computerprogramme und Patentschutz – Die neuen Richtlinien für die Prüfung im Europäischen Patentamt, Mitt. **85,** 181; Schulze, Urheberrechtsschutz von Computerprogrammen – geklärte Rechtsfrage oder bloße Illusion?, GRUR **85,** 997; v. Hellfeld, Der Schutz von Computerprogramme enthaltenden Erfindungen durch das Europäische und das Deutsche Patentamt – eine Konfrontation, GRUR **85,** 1025; Gall, Computerprogramme und Patentschutz nach dem Europäischen Patentübereinkommen, CR **86,** 523; v. Gravenreuth, Juristisch relevante technische Fragen zur Beurteilung von Computer-Programmen, GRUR **86,** 720; Brandi-Dohrn, Der Schutz von Computersoftware in Rechtsprechung und Praxis, GRUR **87,** 1; Betten, Patentschutz für softwarebezogene Erfindungen, GRUR **88,** 248; Pfeifer, Informationsverarbeitung und Patentschutz – Das Erfordernis der „Technischen Lehre" in der Praxis des Deutschen, Europäischen und US-Patentamtes, CR **88,** 975; Anders, Die Patentierbarkeit von Programmen für Datenverarbeitungsanlagen: Rechtsprechung im Fluss?, GRUR **89,** 861; Dreier, Copyright Protection for Comput er Programs in Foreign Countries: Legal Issues and Trends in Judicial Decisions and Legislation, IIC **89,** 803; Jander, Zur Rechtsprechung in Sachen Computer-Software, Mitt. **89,** 205; v. Hellfeld, Sind Algorithmen schutzfähig?, GRUR **89,** 471; Anders, Patentierbare Computerprogramme – Ein Versuch der Besinnung auf PatG § 1 und die Dispositionsprogramm-Entscheidung, GRUR **90,** 498; Beyer, Der Begriff der Information als Grundlage für die Beurteilung des technischen Charakters von programmbezogenen Erfindungen, GRUR **90,** 399; Ensthaler, Zum patentrechtlichen Schutz von Computerprogrammen, Der Betrieb **90,** 209; Pilny, Schnittstellen in Computerprogrammen, GRUR Int. **90,** 431; Soltysinski, Protection of Computer Programs: Comparative and International Aspects, IIC **90,** 1; Anders, Patentability of Programs for Data Processing Systems in Germany: Is the Case Law Undergoing a Change?, IIC **91,** 475; Erdmann/Bornkamm, Schutz von Computerprogrammen, Zur Rechtslage nach der EG-Richtlinie vom 14. 5. 1991, GRUR **91,** 877; Jander, Zur Technizität von Computersoftware, Mitt. **91,** 90; Kolle, Patentability of Software-Related Inventions in Europe, IIC **91,** 660; Lehmann, Der neue Europäische Rechtsschutz von Computerprogrammen, NJW **91,** 2112; Lehmann, Die Europäische Richtlinie über den Schutz von Computerprogrammen, GRUR Int. **91,** 327; Sherman, The Patentability of Computer-related Inventions in the United Kingdom and the European Patent Office, EIPR **91,** 85; Wenzel, Problematik des Schutzes von Computer-Programmen, GRUR **91,** 105; Beyer, Der Begriff der Information als Grundlage für die Beurteilung des technischen Charakters von programmbezogenen Erfindungen, GRUR Int. **92,** 327; Broy/Lehmann, Die Schutzfähigkeit von Computerprogrammen nach dem europäischen und deutschen Urheberrecht – eine interdisziplinäre Stellungnahme, GRUR **92,** 419; Kindermann, Softwarepatentierung, CR **92,** 577, 658; Ullmann, Urheberrechtlicher und patentrechtlicher Schutz von Computerprogrammen, CR **92,** 641; Vinje, Die EG-Richtlinie zum Schutz von Computerprogrammen und die Frage der Interoperabilität, GRUR Int. **92,** 250; Raubenheimer, Die jüngere BGH-Rechtsprechung zum Softwareschutz nach Patentrecht, CR **94,** 328; Betten, Patentschutz von Computerprogrammen, GRUR **95,** 775; van Raden, Die Informatorische Taube – Überlegungen zur Patentfähigkeit informationsbezogener Erfindungen, GRUR **95,** 451; Schöninger, Patentfähigkeit von Software, CR **97,** 598; Tauchert, Elektronische Speicherelemente als Erzeugnisschutz für Computerprogramme, Mitt. **97,** 207; Tauchert, Zur Beurteilung des technischen Charakters von Patentanmeldungen aus dem Bereich der Datenverarbeitung unter Berücksichtigung der bisherigen Rechtsprechung, GRUR **97,** 149; Melullis, Zur Patentfähigkeit von Programmen für Datenverarbeitungsanlagen, GRUR **98,** 843; Schiuma, TRIPS und das Patentierungsverbot von Software „als solcher", GRUR Int. **98,** 852; Esslinger/Hössle, Zur Entscheidung „State Street v. Signature Financial" des amerikanischen Court of Appeals for the Federal Circuit, Mitt. **99,** 327; Schmidtchen, Zur Patentfähigkeit und Patentwürdigkeit von Computerprogrammen und von programmbezogenen Lehren, Mitt. **99,** 281; Tauchert, Patentschutz für Computerprogramme – Sachstand und neue Entwicklungen, GRUR **99,** 829; Tauchert, Zur Patentierbarkeit von Programmen für Datenverarbeitungsanlagen, Mitt. **99,** 248; Busche, Der Schutz von Computerprogrammen – Eine Ordnungsaufgabe für Urheberrecht und Patentrecht?, Mitt. **2000,** 164; Nack, Sind jetzt computerimplementierte Geschäftsmethoden patentfähig? – Analyse der Bundesgerichtshofsentscheidung „Sprachanalyseeinrichtung", GRUR Int. **2000,** 854; Busche, Softwarebezogene Erfindungen in der Entscheidungspraxis des Bundespatentgerichts und des Bundesgerichtshofes, Mitt. **2001,** 49; Engelhard, Sprachanalyseeinrichtung, Mitt. **2001,** 58; Horns, Anmerkungen zu begrifflichen Fragen des Softwareschutzes, GRUR **2001,** 1; Kiesewetter-Köbinger, Über die Patentprüfung von Programmen für Datenverarbeitungsanlagen, GRUR **2001,** 185; Sandl, Open Source-Software: politische, ökonomische und rechtliche Aspekte, CR **2001,** 346; Schölch, Softwarepatente ohne Grenzen, GRUR **2001,** 16; Klopmeier, Zur Technizität von Software, Mitt **2002,** 65; Röttinger, Patentierbarkeit computerimplementierter Erfindungen – Zum EG-Richtlinien-Vorschlag KOM 2002 (92) vom 20. 2. 2002, CR **2002,** 616; Sedlmaier, Der Richtlinienvorschlag für die Patentierbarkeit computerimplementierter Erfindungen – eine Anmerkung, Mitt **2002,** 9; Sedlmaier, Verwirrung durch Klarstellungen im Softwarepatentrecht, Mitt. **2002,** 55; Ganahl, Ist die Kerntheorie wieder aktuell?, Mitt. **2003,** 537; Metzger, Softwarepatente im künftigen europäischen Patentrecht, CR **2003,** 313; Pfeiffer, Zur Diskussion der Softwareregelungen im Patentrecht – Zum Ausschluss von Programmen für Datenverarbeitungsanlagen als solche von der Patentfähigkeit, GRUR **2003,** 581; Anders, Erfindungsgegenstand mit technischen und nichttechnischen Merkmalen, GRUR **2004,** 461; Müller/Gerlach, Softwarepatente und KMU – Eine kritische Würdigung der aktuellen Richtlinienentwürfe des Parlaments und der Ratspräsidentschaft unter Berücksichtigung der Konsequenz für kleine und mittlere Unternehmen, CR **2004,** 389; Nack, Neue Gedanken zur Patentierbarkeit von computerimplementierten Erfindungen, GRUR Int. **2004,** 771; Weyand/Haase, Anforderungen an einen Patentschutz für Computerprogramme, GRUR **2004,** 198.

104 **a) Allgemeines.** Die Patentfähigkeit von Programmen für Datenverarbeitungsanlagen war schon bei Inkrafttreten der Regelung in § 1 Abs. 3 Nr. 3 und des inhaltsgleichen Art. 52 Abs. 2 lit. c EPÜ **heftig umstritten.** Ihren Grund findet diese Auseinandersetzung in dem von einem

Teil der beteiligten Unternehmen als unzureichend empfundenen Schutz von Software außerhalb des Patentrechtes; vgl. zum Schutz außerhalb des Patentrechts, insbesondere zu den Mängeln des Urheberrechtsschutzes Betten, Mitt. **84,** 201; Lehmann, NJW **91,** 2112; Brandi-Dohrn, GRUR **95,** 1. Für ihn besteht angesichts ihrer zunehmenden Bedeutung für insbesondere die größeren Softwareunternehmen ein als dringend angesehener Bedarf; zur wirtschaftlichen Bedeutung von Softwarepatenten s. Anders, GRUR **89,** 861. Von einem anderen Teil, vor allem jenen Unternehmen, die freie Software anbieten und unter anderem von deren Einrichtung und Betreuung leben (unter anderem der open source Bereich), wird ein solcher Schutz als unnötig und für den technischen Fortschritt hinderlich angesehen. Der auf Grund der (EG-)Richtlinie 91/250 vom 14. 5. 1991 (ABl EG L 122, S. 42) in den meisten Vertragsstaaten eingeführte **Urheberrechtsschutz** genügt den Anforderungen der Befürworter eines Patentschutzes für Software nur bedingt, Schulze, GRUR **85;** Bauer, CR **85,** 5; Brandi-Dohrn, GRUR **87,** 1; Wenzel, GRUR **91,** 105, 109. Problematisch ist nicht nur die unglücklich lange Schutzdauer von mindestens 70 Jahren (Art. 1 der Richtlinie 93/98/EWG des Rates vom 29. 10. 1993 zur Harmonisierung der Schutzdauer des Urheberrechts und bestimmter verwandter Schutzrechte, ABl. EG L 290 vom 24. 11. 1993, S. 0009–0013; vgl. dazu auch KantG Genf GRUR Int **88,** 948, 949 – CAO-Programm). Als unzureichend wird die urheberrechtliche Lösung vor allem wegen ihres nur eingeschränkten Schutzes gegenüber Nachahmungen mit nur geringfügigen Abwandlungen bewertet. Den Vorgaben der Richtlinie folgend beschränkt sich etwa das deutsche UrhG in den § 69 a auf das Verbot unberechtigter Vervielfältigung und Dekompilierung; eine Nachbildung im Sinne etwa der patentrechtlichen Äquivalenzlehre wird von der Regelung nach ihrem Wortlaut nur in beschränktem Umfang erfasst.

Diesen Streit hat § 1 Abs. 3 Nr. 3 trotz des scheinbar eindeutigen Wortlauts nicht beigelegt 105
oder gar entschieden. Den übrigen Alternativen des Negativkataloges entsprechend schließt die Vorschrift Patentschutz nur für Computerprogramme **als solche** aus. Ein generelles Verbot der Patentierung von Computerprogrammen enthält das Gesetz daher nicht, Busche Mitt. **2001,** 57. Der Begriff des Computerprogramms ist vielschichtig. Er erfasst sowohl das jedenfalls dem Fachmann noch verständliche Quellprogramm wie auch dessen nur maschinenlesbare Form; unter ihn wird schließlich auch die im Computer gespeicherte und von dessen CPU abzuarbeitende und abgearbeitete Fassung dieses Codes fallen. Mit Rücksicht auf diese Vielschichtigkeit entzieht er sich einer eindeutigen Definition weitgehend, Betten, GRUR **88,** 248, 249. Damit lässt diese Regelung breiten Raum für unterschiedliche Wertungen: Vertreten wird von der weitgehenden Ablehnung jeder Patentfähigkeit bis zur Annahme, der im Gesetz verwendete Begriff der Software als solcher enthalte eine bloße Leerformel (vgl. dazu v. Hellfeld GRUR **89,** 471, 475), nahezu das gesamte Spektrum denkbarer Auffassungen. Gemeinsam ist der Mehrzahl der Lösungsansätze allerdings eine Tendenz zu einer zunehmenden Erstreckung des Patentschutzes auf Software. Weiter erschwert wird die rechtliche Bewertung dadurch, dass der Übergang zwischen Hard- und Software eher fließend ist. Nahezu jede Softwarelösung ist auch ohne Programm durch eine entsprechende Gestaltung der Hardware zu erreichen. Welche der beiden Lösungen gewählt wird, hängt oft von der vorhandenen Rechnerarchitektur ab. Eine unterschiedliche patentrechtliche Behandlung der auf diese Weise entstandenen technisch gleichwertigen Lösungen ist nur schwer zu rechtfertigen, Engel, GRUR **93,** 194, 196; siehe auch GRUR Int. **87,** 173, 175 – Computerbezogene Erfindung; vgl. auch Brandi-Dohrn, GRUR **85,** 1, 5, der umgekehrt aus einer mangelnden Schutzfähigkeit von Software ein entsprechendes Verbot auch für deren Umsetzung in Form von Hardware diskutiert.

b) Bestrebungen, die Patentierbarkeit computerimplementierter Erfindungen in einer **EU-** 106
Richtlinie zu regeln, sind vorerst **gescheitert.** Die unterschiedlichen Auffassungen über Sinn und möglichen Inhalt einer solchen Regelung hatten das Legislativverfahren schwierig und zum Teil unübersichtlich gemacht. Der ursprüngliche Entwurf der Kommission (KOM (2002) 92 endg. vom 25. 6. 2002, ABl. EG C 151 E, S. 129) wurde vom Parlament in erster Lesung in zahlreichen Punkten geändert (Standpunkt des Parlaments vom 24. 9. 2003, Dokument Nr. P5_TC1-COD(2002)0047). Der Rat hat sich auf einen Kompromissvorschlag verständigt (Gemeinsamer Standpunkt vom 7. 3. 2005, Dokument Nr. 11 979/1/04), der vom Parlament jedoch abgelehnt worden ist (Dokument Nr. P6_TA-PROV(2005)0275 vom 6. 7. 2005). Das Gesetzgebungsverfahren ist damit abgeschlossen. Ob und wann das Vorhaben erneut aufgegriffen wird, ist derzeit nicht absehbar.

c) Patentfähigkeit. Ein völliger Ausschluss von Software vom Patentschutz ist weder mit 107
dem Gesetzeswortlaut noch mit der Funktion des Patents als eines technischen Schutzrechtes zu vereinbaren, Schöninger CR **97,** 598; er ist zudem mit Art. 27 des TRIPS-Übereinkommen kaum in Einklang zu bringen, Busse/Keukenschrijver, § 1 Rdn. 49. Für eine Vorrichtung, die

aus einer Kombination von Hard- und Software besteht, die integral miteinander verzahnt sind, kann Patentschutz nicht allein deshalb versagt werden, weil dort auch digitale Logik eingesetzt wird. Ein Computersystem, das zur Verwendung in bestimmten Bereichen programmiert ist, stellt einen technischen Gegenstand auch dann dar, wenn sein eigentlicher Witz in seiner Programmierung besteht, BGHZ **143,** 255, 261 – Logikverifikation; EPA GRUR Int. **2002,** 87, 89 – Steuerung eines Pensionssystems. Für sie kann, weil es sich um einen technischen Gegenstand handelt, anderweitig ausreichender Schutz nicht erlangt werden. Vor dem Hintergrund des Zwecks des Patentschutzes kann andererseits die Schutzwürdigkeit einer solchen Kombination bei Erfüllung der sonstigen Patentierungsvoraussetzungen nicht ohne weiteres verneint werden. Folgerichtig nehmen BGH und EPA in Übereinstimmung mit der wohl weitaus herrschenden Ansicht Patentfähigkeit an, wenn die Software über das übliche Zusammenwirken mit einem Rechner hinaus einen **technischen Inhalt** aufweist (BGHZ **115,** 23, 30f. – Chinesische Schriftzeichen; EPA 16. 4. 1993 – T 833/91 – Simulation of computer program external interfaces; siehe auch Betten, GRUR **95,** 775, 778f.; Kraßer, § 12 IV c cc 2; ähnlich Engel, GRUR **93,** 194, 198 jeweils m.w Nachw.), insbesondere einen zusätzlichen **technischen Effekt** auslöst. In diesem Fall fehlt ein sachlicher Grund dafür, die Software vom Patentschutz auszuschließen. Heute ist weitgehend anerkannt, dass technischer Gehalt und Erfindungsqualität einer Lehre durch ihre Charakterisierung als Computerprogramm nicht ausgeschlossen werden, vgl. statt aller BGH GRUR **80,** 849 – Antiblockiersystem. Die in dieser Frage bestehenden Meinungsunterschiede betreffen im Wesentlichen nur die Frage, wann ein Computerprogramm eine technische Lehre enthält und wann es ein vom Patentschutz ausgeschlossenes Programm als solches darstellt.

108 Auf der Grundlage dieser Überlegung werden Programme, die **unmittelbar einen technischen Effekt auslösen,** auf die Welt der Dinge einwirken sollen oder sonst eine physikalische Entität aufweisen, nahezu einhellig als technisch und damit grundsätzlich patentfähig angesehen, BGH GRUR **80,** 849, 851 – Antiblockiersystem; BGHZ **159,** 197, 204 – Elektronischer Zahlungsverkehr; EPA GRUR Int. **87,** 173 – Computerbezogene Erfindung; **88,** 585 – Röntgeneinrichtung; **90,** 468, 469 – Datenprozessornetz; CR **93,** 26 – Verfahren zur Kompression redundanter Folgen serieller Datenelemente; GRUR Int. **94,** 1038, 1040 – Editierbare Dokumentenform; Brandi-Dohrn, GRUR **87,** 1, 3f.; Anders, GRUR **89,** 861, 864f.; ders., GRUR **90,** 498; Beyer, GRUR **90,** 399; Wenzel, GRUR **91,** 105, 108; Engel, GRUR **93,** 194 Betten, GRUR **95,** 775; Tauchert, GRUR **97,** 149; Busche, Mitt. **2000,** 164, 171 jeweils m. w. Nachw., auch wenn die Begründung für die Gewährung von Patentschutz im Einzelnen differiert.

109 Patentfähig sind danach Programme, die unmittelbar unter Verwendung von Naturkräften einen über die übliche Arbeit eines Computers hinausgehenden **technischen Erfolg** herbeiführen. Für das deutsche und europäische Recht wird die Einwirkung auf den Rechner selbst nicht als ausreichend angesehen (anders wohl US Court of Appeals GRUR Int. **99,** 633, 636 – Finanzdienstleistungs-Anordnung); erforderlich ist ein darüber hinausgehender technischer Effekt. Hierher gehören vor allem technische Anwendungsprogramme, die Messergebnisse aufarbeiten, BGHZ **117,** 144, 149 – Tauchcomputer; EPA 15. 7. 1996 – T953/94 SA ABl. **97,** 12 – A method of functional analysis, den Ablauf technischer Einrichtungen überwachen und regeln oder sonst steuernd bzw. regelnd nach außen wirken, BGH GRUR **80,** 849, 851 – Antiblockiersystem; Anders, GRUR **89,** 861, 864, 866; teilweise abweichend BGH GRUR **86,** 531, 533 – Flugkostenminimierung, wo zu Unrecht für eine Vorrichtung zur maschinellen Ermittlung des Treibstoffverbrauchs und dessen Auswertung mit dem Ziel einer Optimierung ein technischer Gegenstand verneint worden ist. Technisch ist danach die Ansteuerung eines Röntgengerätes mit dem Ziel einer optimierten Führung, EPA GRUR Int. **88,** 585, 586 – Röntgeneinrichtung; s. a. BPatG Beschl. v. 28. 11. 1996–21 W (pat) 6/95 für die Verwendung eines Rechners zur Erzeugung der Parameter für bei einem medizinischen Gerät benötigte Impulsformen. Eine zur Erzielung von optimaler Belichtung bei hinreichender Überlastungssicherheit der Röntgenröhren von einem Ablaufprogramm gesteuerte Röntgeneinrichtung ist ein technischer Gegenstand, EPA GRUR Int. **88,** 585, 586 – Röntgeneinrichtung. Schaltungen zur Steuerung elektrischer Geräte und Verbraucher, die Informationen erkennen, unterscheiden und auf dieser Grundlage Steuersignale erzeugen können, sind auch dann technisch, wenn Schaltung und Steuerung über ein in einem Mikrorechner abgelegtes Programm erfolgen, BPatG GRUR **89,** 42 – Rollladen-Steuerung; **87,** 799, 800 – Elektronisches Stellwerk; EPA 6. 2. 1990 – T 318/89 – Erntemaschine mit einem automatisch steuerbaren beweglichen, das Erntegut ausstoßenden Stutzen. Eine computergesteuerte Anlage zur Regelung einer Flächenheizung kann eine patentfähige Erfindung enthalten, BPatG GRUR **91,** 195 – Temperatursteuerung. Die hier angesprochene Software ist gekennzeichnet durch eine Aufeinanderfolge technischer Maßnahmen, die über den planmäßigen Einsatz von Naturkräften unmittelbar zu einem bestimmten Ergebnis führt, BGH GRUR **80,** 849, 851 – Antiblockiersystem.

Aufgrund seiner **unmittelbaren Einwirkung in die physische Welt** ist grundsätzlich als patentfähig angesehen worden weiter ein Verfahren zur optimierten Gestaltung der Leiterbahnen bzw. Verdrahtung einer integrierten Halbleiterschaltung, bei dem die Verdrahtungswege zunächst durch einen Computer und das in diesem gespeicherte Programm ermittelt und anschließend auf dieser Basis automatisch erstellt werden, BPatG Bl. **97,** 37. Die automatische Auswertung der beim Betrieb eines Gerätes auftretenden relevanten Daten und eine darauf beruhende Steuerung einer Anlage sind technisch auch dann, wenn beides durch ein Computerprogramm gesteuert und kontrolliert wird; ein derartiges Programm kann daher patentfähig sein, EPA GRUR Int. **88,** 585, 586 – Röntgeneinrichtung. **110**

Eine Einrichtung zur Überwachung von Rechenbausteinen, insbesondere Mikroprozessoren, durch Vergleich der bei der Abarbeitung eines Prüfprogramms erzeugten Signale mit in einem nicht flüchtigen Speicher vorhandenen Muster bedient sich der **Naturkräfte** und ist daher als technisch angesehen worden, EPA ABl. **95,** 305 – Elektronische Rechenbausteine; vgl. auch EPA 16. 1. 1991 – T 177/90 – Verfahren zur Fehleranalyse an integrierten Schaltungen. Das Gleiche gilt für ein Prüfverfahren in der industriellen Fertigung, bei dem die Produkte in verschiedenen Stadien geprüft, die Ergebnisse der Prüfung gespeichert und zur Steuerung nachfolgender Herstellungs- und Prüfungsschritte benutzt werden, BPatG GRUR **92,** 681, 682 – Herstellungsverfahren für ein elektronisches Gerät. Die automatische Ermittlung und Anzeige der verbleibenden Tauchzeit, die durch Messgeräte ermittelte, gespeicherte und ausgewertete Messgrößen nach einem Programm (einer Rechenregel) auch die von der nach durchtauchten Tiefen und unter Wasser abhängigen Dekompressionshalte einbezieht, ist ein von der menschlichen Verstandestätigkeit unabhängiger technischer Vorgang, BGHZ **117,** 144, 149 – Tauchcomputer. Das BPatG hat als technisch ferner ein Programm zur Darstellung von Erdschichten und ihren Eigenschaften bewertet, bei dem gezielt erzeugte seismische Wellen ausgewertet werden. Die Eingabe von aus beherrschbaren Naturkräften (bzw. -erscheinungen) abgeleiteten Messgrößen und deren sinnvolle Verknüpfung mache es ohne eine Zwischenschaltung menschlicher Verstandestätigkeit möglich, reale Amplitudenänderungen besser von ähnlichen Reflexionen anderer Strukturen unterscheiden zu können, wodurch erstrebte Erkenntnisse zuverlässiger erkannt werden könnten, BPatG GRUR **90,** 261, 262f. – Seismische Aufzeichnungen. **111**

Technisch ist ferner eine Kombination von Hard- und Software, bei der die Software unmittelbar auf die **Arbeitsweise des technischen Gerätes** Einfluss nimmt und dessen inneren Ablauf unabhängig von der Art der verarbeiteten Daten und dem gedanklichen Inhalt des jeweiligen Programms steuert. Grundsätzlich schutzfähig sind daher mit einem Computer die zu seinem Betrieb erforderlichen Systemprogramme wie insbesondere das Betriebssystem, BGHZ **115,** 11, 21f. – Seitenpuffer; Anders, GRUR **90,** 498, 499, 500; Engel, GRUR **93,** 194, 198. Das Gleiche gilt für ein programmgesteuertes Verfahren zur Erfassung und Speicherung der Informationen über die aktuelle Speicherbelastung durch den jeweiligen Rechenprozess mit dem Ziel, durch eine darauf aufbauende Ladestrategie eine optimierte Speicherausnutzung zu erreichen, BGH GRUR **92,** 33 – Seitenpuffer. Ein technischer Charakter ist weiter bejaht worden bei einem Verfahren zur Koordinierung und Steuerung der internen Kommunikation zwischen Programmen und Dateien, die in einem Datenverarbeitungssystem mit einer Vielzahl von in einem Telekommunikationsnetz miteinander verbundenen Prozessoren bei verschiedenen Prozessoren geführt werden, und das nicht auf die Art der Daten und die Art und Weise gerichtet ist, wie ein Anwendungsprogramm auf diese einwirkt, EPA GRUR Int. **90,** 468, 469 – Datenprozessornetz. Eine von unterschiedlichen Zuständen abhängige automatische optische Anzeige löst auch dann eine technische Aufgabe mit technischen Mitteln, wenn die Auswertung der zugrundeliegenden Daten über ein Computerprogramm geschieht, EPA GRUR Int. **90,** 463, 464 – Computerbezogene Erfindung. **112**

Eine technische Lehre enthält nach Ansicht des EPA die Aufnahme von in digitalisierter Form gespeicherten **Steuerzeichen** in einen Text, mit denen das Verhalten des angeschlossenen Druckers und die von diesem ausgegebenen Zeichen beeinflusst werden sollen, EPA GRUR Int. **94,** 1038, 1040 – Editierbare Dokumentenform. Das Gleiche gilt für ein Verfahren für ein elektronisches Dokumentensystem mit mehreren Prozessoren oder Workstations, bei der im Datenstrom der Rechner untereinander für das einzelne Gerät nicht ausführbare Anweisungen gespeichert und nach dem Abarbeiten der übrigen Anweisungen dem Datenstrom wieder zugeführt werden (EPA 21. 9. 1993 T 71/91 – An electronic document distribution network), sowie für die optische Anzeige von Ereignissen, die in der Ein-/Ausgabevorrichtung eines Textverarbeitungssystems auftreten; diese hat das EPA (GRUR Int. **90,** 463, 464 – Computer- **113** bezogene Erfindung) als Lösung einer technischen Aufgabe mit technischen Mitteln gewertet, weil die Information, dass ein bestimmtes Ereignis eingetreten sei, so umgewandelt werden musste, dass sie optisch angezeigt werden kann.

114 Technischer Charakter ist einem durch Software realisierten Verfahren zugebilligt worden, mit dem **Daten** zum Zweck einer verbesserten Ausnutzung des Datenspeichers zur Speicherung **komprimiert** und später bei Gebrauch wieder dekomprimiert werden konnten, EPA CR **93,** 26 – Verfahren zur Kompression redundanter Folgen serieller Datenelemente. Dabei hat die Beschwerdekammer entscheidend darauf abgestellt, dass die Speicherung der Daten ein technischer Vorgang sei; das softwaremäßig verwirklichte Verfahren zur Datenkompression selbst wurde nicht als technisch bewertet. Als patentfähig wurde ferner ein Verfahren zur Eingabe eines Drehwinkelwertes in ein interaktives System zum graphischen Zeichnen bewertet, das eine Drehung der auf dem Bildschirm des durch einen Benutzer bedienten Computers dargestellten Gegenstände mit größerer Genauigkeit erlaubt, EPA 20. 4. 1994 – T 59/93 – Method for interactive rotation of displayed graphic objects. Eine technische Lehre soll auch der Bereitstellung eines für die verschiedenen Teile eines Finanzbuchhaltungsprogramms gleichen einheitlichen Buchungsbelegs zugrunde liegen, EPA GRUR Int. **95,** 909, 911 – Universelles Verwaltungssystem.

115 Die **Anzeige von Zuständen oder Ereignissen,** die in einer Textverarbeitung auftreten können, wurde ebenfalls als Lösung einer technischen Aufgabe angesehen, GRUR Int. **90,** 463, 464 – Computerbezogene Erfindung. Diese Feststellung ist allerdings später dahin eingeschränkt worden, dass die Anzeige von Abweichungen der dargestellten Information von der nach den Vorgaben des Programms erwarteten Informationen keinen technischen Vorgang enthält, EPA 29. 10. 1993 – T 790/92 – Editing business charts. Das schließt unter anderem auch eine Rechtschreibkontrolle von der Patentfähigkeit aus. Demgegenüber ist Patentfähigkeit bejaht worden für ein auf eine kontextsensitive Hilfe gerichtetes Verfahren, das eine dem jeweiligen Arbeitszustand des Hauptprogramms entsprechende Hilfe bereitstellt, EPA 19. 4. 1994 – T 887/92 Method for providing an on-line help facility for interactive information handling systems. Zu diesem Zweck wird der Ablauf des Hauptprogramms überwacht und die Verzweigung auf die Hilfefunktion dem jeweils erreichten Zustand angepasst. Das verlagert den Begriff des Computerprogramms als solches zunehmend auf die reine Informationsverarbeitung, insbesondere die in der Interaktion mit dem Benutzer ablaufende Veränderung von Daten. Demgegenüber erscheint auf dieser Grundlage die allein im Rechner ohne Einschaltung des Benutzers erfolgende Datenverarbeitung eher als technischer und damit patentfähiger Vorgang. Nicht patentfähig ist hingegen ein Verfahren, bei dem das Verhalten des Benutzers laufend analysiert und dem Benutzer bei bestimmten Verhaltensmustern eine interaktive Hilfe angeboten wird, BGH GRUR **2005,** 141, 142 – Anbieten interaktiver Hilfe.

116 Als grundsätzlich patentfähig ist ferner die programmgesteuerte Auswahl möglicher Fortsetzungen eines in natürlicher Sprache eingegebenen Satzes angesehen worden, die auf einer schrittweisen Analyse einzelner Worte oder Satzteile beruht, EPA 16. 4. 1993 – T 236/91 – Menu-based natural language understanding system. Ein Verfahren zur Suche und/oder Korrektur einer fehlerhaften Zeichenkette, das im Wesentlichen auf Erkenntnissen beruht, die durch statistische Erhebung gewonnen werden können, hat der BGH hingegen als nicht auf technischem Gebiet liegend angesehen, BGHZ **149,** 68, 77 – Suche fehlerhafter Zeichenketten; vgl. dazu auch BPatGE **45,** 109 – Suche fehlerhafter Zeichenketten – Tippfehler.

d) Meinungsstand

117 **aa) Einführung.** Über die vorstehend beschriebene, im Wesentlichen gemeinsame Grundüberzeugung hinaus gibt es zahlreiche **unterschiedliche Ansätze** zur Bestimmung patentfähiger Software und ihrer Abgrenzung von den Computerprogrammen als solchen, wobei im Einzelnen ein deutlicher Trend zu erkennen ist, Software auch dem Schutz des Patentrechts zu unterstellen, Schöninger CR **97,** 598. Die Annahme, der technische Charakter könne allein aus Eigenschaften und Funktionen hergeleitet werden, die außerhalb der grundlegenden gemeinsamen Eigenschaften aller Programme liegen (Engel GRUR **95,** 194, 198) beschränkt die Patentfähigkeit von Software im Wesentlichen auf die von der gemeinsamen Grundüberzeugung erfassten Sachverhalte. Dahinter steht auch die Sorge, die Grenzen der Patentierbarkeit zu weit auszudehnen. Da ein Universalcomputer mit entsprechender Software zur Lösung beliebiger Probleme eingesetzt werden kann, wird nicht schon die Ansteuerung der Maschine durch das Programm als patentwürdig angesehen, sondern weitere Kriterien verlangt. Nach der Gegenposition des niederländischen Patentamts wird mit dem Laden eines von einem Computer direkt adressierbaren Programms jeweils eine technisch andersartige Maschine geschaffen, die

grundsätzlich patentfähig sein soll (Niederl. PA CR **86,** 541; CR **88,** 29); ein weitergehender technischer Effekt oder eine technische Wirkung sind danach nicht erforderlich. Das führt zu einer grundsätzlichen Patentfähigkeit von Software, die mit dem Patentierungsverbot nach § 1 Abs. 3 Nr. 3 und Art. 52 Abs. 2 lit. c EPÜ unvereinbar ist. Der Ansatz lässt sich nur für das niederländische Recht aufrechterhalten, das ein entsprechendes Verbot nicht kannte.

Die Gleichsetzung des Computerprogramms als solchem allein mit dem **Programmlisting,** d. h. der Abfolge der Maschinenbefehle in für den Menschen verständlichen Zeichen (Tauchert, GRUR **97,** 149, 155), ist mit dem Gesetzeswortlaut nicht zu vereinbaren. Sie führt zu einer grundsätzlichen Patentfähigkeit von Software in maschinenlesbarer Form, die durch § 1 Abs. 3 Nr. 3 verhindert werden soll. Nach der dem Gesetz zugrundeliegenden Vorstellung soll jedenfalls das Vorliegen eines Computerprogramms allein für die Patentfähigkeit nicht genügen. Darüber hinaus lassen sich weder dem Patentgesetz noch dem EPÜ sonstige Anhaltspunkte für eine Gleichsetzung des Programms für Datenverarbeitungsanlagen als solchem mit dem dem Urheberrechtsschutz unterliegenden Quellprogramm (so Tauchert, GRUR **99,** 829; Mitt **99,** 248; vgl. auch GRUR **97,** 149; im Ergebnis auch BPatE **43,** 35) entnehmen. Das Patentierungsverbot dient nicht der Abgrenzung zum Urheberrechtsschutz. Formulierungen, die auf eine solche Abgrenzung hindeuten könnten, enthält weder das Patentgesetz noch das EPÜ. Der Ausschluss der Programme für Datenverarbeitungsanlagen vom Patentschutz im EPÜ hat vielmehr unmittelbar patentrechtliche Gründe; er beruht u. a. darauf, dass ein Teil der beteiligten Staaten unlösbare Schwierigkeiten bei der Bestimmung schutzfähiger Gegenstände befürchtete. Für den inhaltsgleichen § 1 Abs. 3 Nr. 3 kann keine andere Zielsetzung angenommen werden. 118

bb) Beschwerdekammern des EPA. Mehr als Hilfserwägung zur Stützung eines anderweitig abgeleiteten technischen Charakters haben einige Beschwerdekammern des EPA die **Notwendigkeit technischer Überlegungen** bei der Realisierung eines Programms herangezogen, EPA GRUR Int. **95,** 909, 911 – Universelles Verwaltungssystem; **90,** 465, 468 – Zusammenfassen und Wiederauffinden von Dokumenten; ähnlich BPatG GRUR **97,** 617 – Vorbereitung von Musterdaten. Für die Technizität von Software lässt sich daraus wenig gewinnen. Technische Überlegungen setzt im Ergebnis jede Programmierung voraus, die sich nach den technischen Möglichkeiten des Computers richten muss, Engelhard Mitt. **2001,** 58, 60. Zweck eines Programms ist die Steuerung einer Maschine zur Lösung einer ihr gestellten Aufgabe. Unterschiede bestehen allenfalls bei den Anforderungen an die technischen Erwägungen. Eine Differenzierung zwischen programmiertechnischen und der als technisch angesehenen Auseinandersetzung mit Aufbau und Arbeitsweise der Datenverarbeitungsanlage (so BPatG GRUR **97,** 617 – Vorbereitung von Musterdaten) erscheint daher gekünstelt. 119

Überwiegend haben das Europäische Patentamt und seine Beschwerdekammern im Anschluss an ihre Definition der Erfindung ursprünglich die Patentfähigkeit von Software danach bestimmt, ob sie einen **erfinderischen Beitrag zum Stand der Technik** auf einem vom Patentschutz nicht ausgeschlossenen Gebiet liefert, EPA GRUR Int. **90,** 522 – Reibungsverringernder Zusatz; ähnlich High Court GRUR Int. **89,** 419 – Merril Lynch's Application (System/Wertpapierhandel). Damit haben sie Neuheit und erfinderische Tätigkeit zur Prüfung der Patentfähigkeit nach Art. 52 Abs. 2 EPÜ herangezogen. 120

Dieser Mangel wird in der **späteren Praxis** vermieden, nach der genügt, wenn die im Patent beanspruchte Lehre – als Ganzes betrachtet – einen **technischen Beitrag** zum Stand der Technik leistet, EPA GRUR Int. **91,** 118, 120 – Textverarbeitung; ABl. **90,** 395 – Farbige Plattenhülle; GRUR Int. **94,** 1038, 1040 – Editierbare Dokumentenform; ABl. **95,** 305 – Elektronische Rechenbausteine. In dieser Form hat das Merkmal auch Eingang in die Prüfungsrichtlinien des EPA gefunden. Das ist problematisch bereits deshalb, weil der Begriff des Standes der Technik nicht ein technisches Gebiet umschreibt; er ist, wie auch sein Gegenstück in der englischen Sprache – state of the art – belegt, eine Umschreibung für das der Allgemeinheit Bekannte, Vorhandene. Von seiner Prämisse ausgehend hat das EPA bei der Beurteilung von Neuheit und Erfindungshöhe auch die nichttechnischen Merkmale darauf untersucht, ob und in welcher Form sie im Stand der Technik bekannt oder gebräuchlich sind, EPA GRUR Int. **2002,** 87, 91 – Steuerung eines Pensionssystems; ergibt sich das Besondere der beanspruchten Lehre erst aus ihnen, steht der Umstand, dass sie als solche im „Stand der Technik" bekannt waren oder durch ihn nahegelegt wurden, der Patentierung entgegen. Im Zuge der weiteren Entwicklung ist dann verstärkt danach differenziert worden, ob und in welchem Umfang die einzelnen Bestandteile zur technischen Problemlösung beitragen; die Prüfung auf Neuheit und Erfindungshöhe setzt dann bei diesen Elementen der erfinderischen Lehre an. 121

In neuerer Zeit wurde die Technizität dann bejaht, wenn in irgendeiner Form **technische Mittel** verwendet werden, EPA GRUR Int. **2005,** 332, 334 – Auktionsverfahren. Mit diesem 122

Ansatz nähert sich das EPA der These des BGH an, dass eine notwendige Verwendung eines körperlichen Gegenstandes bei der beanspruchsten Lehre in der Regel technischen Charakter im Sinne des Patentrechts besitzt. Die „Beitragslehre" hat es damit aber nicht aufgegeben. Sie ist weiterhin für die **erfinderische Tätigkeit** von Bedeutung. Bei der Prüfung der erfinderischen Tätigkeit sollen nämlich Lösungselemente, die nicht zu einem technischen Charakter beitragen, unberücksichtigt bleiben, EPA GRUR Int. **2005,** 332, 334 – Auktionsverfahren.

123 Einen technischen Gegenstand bildet nach der Spruchpraxis des EPA insbesondere jede Vorrichtung, die als eine **physikalische Entität** oder ein konkretes Erzeugnis anzusehen ist, auch wenn sie einem dem Patentschutz entzogenen Zweck wie der Unterstützung wirtschaftlicher Tätigkeiten dient, EPA GRUR Int. **2002,** 87, 89 – Steuerung eines Pensionssystems; die Erteilung des Patents ist hier daran gescheitert, dass die besonderen wirtschaftlichen Maßnahmen und Vorgehensweisen als solche im einschlägigen Verkehr bekannt und gebräuchlich waren. Schutzfähig ist ferner ein Verfahren zur **Verschlüsselung** oder Entschlüsselung einer in Form eines digitalen Worts dargestellten Nachricht, die mit Hilfe von Algorithmen des Typs RSA dargestellt wird und bei der das Verfahren zur Verwendung in digitalen System bestimmt ist, EPA T 27/97, SA ABl. **2001/3,** 16. Das Gleiche gilt für Anweisungen zur Nutzung eines Postverwendungssystems durch die Verknüpfung mit Datenbanken, die eine effizientere und wirtschaftlichere Nutzung des Systems ermöglichen sollen, EPA T 513/98, SA ABl. **2001/3,** 16. Ein System zum Wiederauffinden von Bildern, das vor den auf einem ebenfalls beanspruchten Träger aufgezeichneten Informationen Gebrauch macht, ist auch als solches ebenfalls als technisch und daher grundsätzlich patentfähig angesehen worden, EPA GRUR Int. **2001,** 167, 169 – Datenstrukturprodukt. Als technisch sind schließlich auch Vorrichtungen oder Verfahren angesehen worden, bei denen technische Mittel wie „Server-Computer", „Client-Computer" oder ein „Netz" Verwendung finden, EPA GRUR Int. **2005,** 332, 334 – Auktionsverfahren; im konkreten Fall scheiterte die Patentierung daran, dass der technische Beitrag der Lehre als nicht erfinderisch und die vom Anmelder als erfinderisch postulierten Elemente als nicht technisch angesehen wurden.

124 Der **Beitrag** kann in dem zugrundeliegenden zu lösenden Problem, den Mitteln zu seiner Lösung oder in den durch die Lösung erzielten Wirkungen liegen. Verlangt wird lediglich, dass die beanspruchten Gegenstände über die normale physikalische Wechselwirkung zwischen Programm und Computer hinausgehen, EPA 1. 7. 1998 – T 1137/97 – Asynchronous resynchronization of a commit procedure; 4. 2. 1999 – T 935/97 – Method and system in a data processing system windowing environment for displaying previously obscured information, und hier ein technisches Problem lösen; vgl. dazu auch Tauchert, GRUR **99,** 829. Hiervon abgesehen genügt im Übrigen letztlich jede unmittelbare Auswirkung auf die körperliche Welt. Einen technischen Beitrag liefert bereits ein Verfahren zur digitalen Verarbeitung von Bildsignalen mit dem Ziel einer vereinfachten Darstellung auf dem Bildschirm, EPA GRUR Int. **87,** 173 – Computerbezogene Erfindung. Keinen technischen Beitrag leisten danach Programme und Programmteile, die lediglich Äquivalente einer entsprechenden menschlichen Tätigkeit darstellen. Das entspricht im Ergebnis etwa der Auffassung des BGH, nach der ein Computerprogramm nicht patentfähig ist, wenn der Erfolg seiner Lehre mit gedanklichen Maßnahmen des Sammelns und Ordnens von Daten steht und fällt, BGHZ **115,** 23, 31 – Chinesische Schriftzeichen; ebenso BPatG GRUR **98,** 35, 37 – CAD/CAM-Einrichtung.

125 Als nicht technisch hat das EPA Maßnahmen der **Planung und Organisation** angesehen, die allein eine Verarbeitung von Daten nach vorgegebenen Auswahlkriterien zum Gegenstand haben. Im Verlaufe der Entwicklung haben sich dabei die Gewichte jedoch zunehmend zugunsten der Erteilung von Schutzrechten verschoben. Nicht technisch ist danach ein Verfahren zur Ordnung und Darstellung von Schriftzeichen, die aus dem Speicher des Rechners abgerufen und ggf. durch andere dort gespeicherte Formen ersetzt werden können, EPA GRUR Int. **92,** 279, 280 – Schriftzeichenform; vgl. auch BGHZ **115,** 23, 30 – Chinesische Schriftzeichen. Die Bereitstellung eines für die Datenverarbeitung erforderlichen Regelwerks gehe als solche ebenfalls nicht über das gedanklich-organisatorische Konzept hinaus und enthalte daher keinen technischen Vorgang. Das Gleiche gelte für das Konzept für eine gleichzeitige Darstellung mehrerer Bilder auf einem Bildschirm, für die der Bildschirminhalt horizontal und vertikal in vier gleiche Teile aufgeteilt wird (EPA 4. 10. 1996 – T 599/93, SA **96** ABl. 14 – Anordnung zum gleichzeitigen Darstellen von mehreren Bildern auf dem Bildschirm eines Sichtgerätes), das lediglich das grundlegende Konzept, nicht seine technische Umsetzung betreffe. Technischen Gehalt könnten erst die Anweisungen an die Hardware zu deren Steuerung aufweisen. Systeme und Verfahren, die herkömmliche Datenverarbeitungsgeräte durch ein Programm so steuern, dass sie Dokumente entsprechend dem angegebenen Regelwerk zusammenfassen, speichern und wiederauffinden, sind ebenfalls nicht als patentfähig bewertet worden, EPA GRUR Int.

90, 465 – Zusammenfassen und Wiederauffinden von Dokumenten. Nur auf einem nicht technischen Plan beruhten auch die Verfahrensschritte, auf einem Gegenstand eine kodierte Kennzeichnung aufzubringen, den Gegenstand mit Kenndaten zu versehen und die Kennzeichnung durch Verschlüsselung der Kenndaten zu bilden, EPA GRUR Int. **86,** 553 – Kodierte Kennzeichnung. Keinen technischen Beitrag leistet ferner die Formulierung von Bedingungen, um anhand gespeicherter Informationen zu ermitteln, welcher Bieter im Rahmen einer Auktion den Zuschlag erhält, EPA GRUR Int. **2005,** 332, 334 – Auktionsverfahren.

Bei Programmen zur **Textverarbeitung** ist nach Ansicht der Beschwerdekammern des EPA ein technischer Charakter nicht gegeben bei allen Funktionen und Programmteilen, die sich auf die sprachliche Bedeutung von Worten eines Textes beziehen, EPA 14. 3. 1989 – T 121/85; 23. 10. 1990 – T 95/96; 15. 4. 1994 – T 110/90, EPA GRUR Int. **94,** 1038, 1040 – Editierbare Dokumentenform. Ein Thesaurus-Programm, das sprachliche Ausdrücke erkennt und alternative Begriffe zur Auswahl bereitstellt, ist als durch den Computer gestützte gedanklich-logische Tätigkeit und deshalb nicht patentfähig angesehen worden, EPA GRUR Int. **91,** 118 – Textverarbeitung. Das Gleiche gilt für eine Rechtschreibkontrolle, d. h. die Überprüfung der vom Benutzer einer Textverarbeitung eingegebenen Wörter auf ihre Schreibweise anhand von mit dem Programm verbundenen Daten und Mustern (EPA 14. 3. 1989 – T 121/85 – Automatic spelling checking and correction process in a text processing system) und zur automatischen Feststellung und Korrektur von Homophonfehlern (EPA 22. 6. 1989 – T 65/86 – System for detecting and correcting contextual errors in a text processing system), sowie für deren Logik und Algorithmen (EPA 14. 3. 1989 – T 121/85; 5. 10. 1988 – T 22/85, EPA GRUR Int. **90,** 465 – Zusammenfassen und Wiederauffinden von Dokumenten), für die Erzeugung einer Wortliste aus einem Text nach linguistischen und semantischen Kriterien (EPA 16. 3. 1989 – T 158/88), in Verfahren zur Erleichterung der Texteingabe für die Bedienungsperson (EPA 23. 10. 1990 – T 95/86 – Method for assisting an operator of an interactive text processing system) sowie für Verfahren und eine Methode zum Darstellen und Editieren von Daten in Tabellenform nach ihrer Stellung in einer Textverarbeitung (EPA 5. 12. 1989 – T 186/86 – Method for displaying and editing spatially related data in an interactive text processing system). Patentschutz wurde ferner versagt einem Programm, durch das der Benutzer auf Abweichungen von der üblichen Darstellung in einem Schaubild aufmerksam gemacht werden sollte, EPA 29. 10. 1993 – T 790/92 – Editing business charts. Auch die Herstellung von Inhaltsverzeichnis und Index innerhalb einer Textverarbeitung scheiden danach als Gegenstand einer patentfähigen Erfindung aus. **126**

Wegen des Fehlens eines Beitrags zum Stand der Technik auf einem vom Patentschutz nicht ausgeschlossenen Gebiet hat das EPA ferner als grundsätzlich nicht schutzfähig Programme angesehen, mit deren Hilfe **andere Software hergestellt** werden kann. So wurde Patentschutz nicht gewährt für ein System zur Schaffung von Software aus fertigen Bausteinen und Modulen (EPA 29. 10. 1993 – T 204/93 – System for generating software source code components) oder zur konzeptionellen oder praktischen Entwicklung von Anwendungsprogrammen (EPA 16. 4. 1993 – T 833/91 – Simulation of computer program external interfaces). **127**

Insgesamt hat die Praxis des EPA und seiner Beschwerdekammern im Verlauf der Entwicklung die Möglichkeiten einer Patentierung von Software oder sog. softwarebezogener Erfindungen deutlich **erweitert.** Ihren vorläufigen Abschluss hat diese Entwicklung mit der Einführung des Begriffes des **„Computerprogrammprodukts“** gefunden, mit dem praktisch die ursprünglichen durch das EPÜ vorgegebenen Grenzen aufgegeben worden sind, EPA GRUR Int. **99,** 1053 – Computerprogrammprodukt. **128**

cc) Bundesgerichtshof. In **älteren Entscheidungen** hat der BGH den Grundsatz aufgestellt, Software sei patentfähig, wenn sie einen neuen und erfinderischen Aufbau einer Datenverarbeitungsanlage notwendig mache, BGHZ **67,** 22, 29 – Dispositionsprogramm; vgl. auch BGHZ **78,** 98, 100 – Walzstabteilung; BGH GRUR **77,** 657, 658 – Straken; **78,** 102 – Prüfverfahren; **78,** 420, 421 – Fehlerortung, **80,** 849, 851 – Antiblockiersystem. Diese Auffassung hat er zu Recht aufgegeben, BGHZ **115,** 11, 21 – Seitenpuffer. Nach dem älteren Ansatz ist die Patentfähigkeit von Software nicht zu beurteilen. Schutz würde danach nicht für die Software gewährt; diese bildet lediglich ein Element zur Begründung der Schutzfähigkeit einer aus Soft- und Hardware bestehenden Kombination. Deren technischer Charakter ergibt sich schon daraus, dass sie mit dem Rechner ein technisches Gerät enthält. Ist die verwendete Anlage bekannt und deshalb nicht mehr neu, schiede danach eine Patentierung aus. Der ursprüngliche Ansatz hat daher nur die Patentierung einer neuen und erfinderischen Brauchbarkeit einer bekannten Anlage selbst offengehalten; die Schutzfähigkeit von Software selbst ließ sich außer in dieser Kombination allenfalls auf dem Wege einer Verwendungserfindung begründen. **129**

130 In seiner **jüngeren Rechtsprechung** hat der BGH in teilweiser Anlehnung an die Praxis des EPA stärkeres Gewicht auf einen **technischen Inhalt** der Software gelegt. Hierbei unterscheidet er zwischen dem allgemeinen, schon aus § 1 Abs. 1 PatG abzuleitenden Erfordernis der Technizität und den speziellen Anforderungen, die sich aus § 1 Abs. 3 Nr. 3 ergeben.

131 Eine entscheidende Grundvoraussetzung für die Patentfähigkeit wird danach weiterhin in der Feststellung der **Technizität** gesehen, für die der BGH im Einklang mit der wohl herrschenden Meinung das normale Zusammenspiel zwischen Programm und Rechner nicht als ausreichend erachtet, BGHZ **143,** 255, 263 – Logikverifikation. Bei der Prüfung der Technizität wird im Einzelnen eine wertende Betrachtung vorgenommen, BGHZ **143,** 255, 262f. – Logikverifikation; maßgebend dafür ist eine Gesamtbetrachtung, BGHZ **117,** 144, 149 – Tauchcomputer. Technisch ist danach zunächst jede Erfindung, die unmittelbar auch die **Hardware** betrifft, BGHZ **143,** 255, 262f. – Logikverifikation; ähnlich EPA GRUR Int. **2002,** 87, 89 – Steuerung eines Pensionssystems. Technisch ist ferner auch eine Lehre, die Hard- und Software kombiniert, auch wenn die Hardware als solche bekannt ist, BGHZ **143,** 255, 263. – Logikverifikation. Als technisch hat der BGH außerdem Programme bewertet, die die **Funktionsfähigkeit** einer Datenverarbeitungsanlage unmittelbar betreffen und das Zusammenwirken ihrer Elemente erst ermöglichen, BGHZ **115,** 11, 21– Seitenpuffer; im Ergebnis auch BGHZ **143,** 255, 263 – Logikverifikation, unabhängig davon, ob damit zugleich neue oder veränderte Hardware erforderlich wird. Die erforderliche Technizität ist ferner bejaht worden bei einem Programm zur Prüfung der Schaltelemente eines elektronischen Bauteils (Chip) auf ihre Übereinstimmung mit der zugrundeliegenden Schaltung, BGHZ **143,** 255, 263. – Logikverifikation. Hergeleitet wurde sie in diesem Fall aus der Einbindung des Programms und des mit ihm bewältigten Verfahrens in einen Herstellungsprozess, der als solcher einen technischen Vorgang darstellt. Als technisch angesehen wurde des Weiteren ein Verfahren zur Durchführung einer Transaktion im elektronischen Zahlungsverkehr, bei dem Daten unter Einsatz von Verschlüsselungstechniken übermittelt werden, BGHZ **159,** 197, 203 – Elektronischer Zahlungsverkehr.

132 Patentfähigkeit abgesprochen worden ist dagegen allen Programmen, deren Bedeutung und Funktion sich in **Maßnahmen des Sammelns und Ordnens** erschöpft und mit diesen steht oder fällt; dass die gegenständlichen Bestandteile der Hardware zu dem damit verbundenen Erfolg beitragen, hat der BGH nicht als ausreichend für die Begründung einer Erfindung angesehen, BGHZ **115,** 23, 31 – Chinesische Schriftzeichen.

133 In jüngster Zeit hat der BGH klargestellt, dass die Bejahung von **Technizität** für die Patentfähigkeit von Software **nicht ausreicht.** Aus § 1 Abs. 3 Satz 3 ergeben sich vielmehr **zusätzliche Erfordernisse,** BGHZ **159,** 197, 204 – Elektronischer Zahlungsverkehr:

134 Aus § 1 Abs. 3 und 4 folgt zum einen, dass ein Verfahren nicht schon deshalb als patentierbar angesehen werden kann, weil es bestimmungsgemäß den **Einsatz eines Computers** erfordert, BGHZ **149,** 68, 73f. – Suche fehlerhafter Zeichenketten. Nicht ausreichend ist es auch, wenn sich der technische Gehalt einer Lehre darauf beschränkt, Informationserfassung und -übermittlung mit Hilfe der elektronischen Datenverarbeitung vorzunehmen, BGH GRUR **2005,** 141, 142 – Anbieten interaktiver Hilfe.

135 Die Vorschriften verbieten zum anderen, jedwede in computergerechte Anweisungen gekleidete Lehre als patentierbar zu erachten, wenn sie nur – irgendwie – über die Bereitstellung der Mittel hinausgeht, welche die Nutzung als Programm für Datenverarbeitungsanlagen erlauben. Die **prägenden Anweisungen** der beanspruchten Lehre müssen vielmehr insoweit der **Lösung eines konkreten technischen Problems** dienen, BGHZ **149,** 68, 73f. – Suche fehlerhafter Zeichenketten; **159,** 197, 204 – Elektronischer Zahlungsverkehr. Dies ist nicht der Fall, wenn der beanspruchten Lehre Erkenntnisse zugrunde liegen, die durch statistische Erhebung gewonnen werden können, BGHZ **149,** 68, 78f. – Suche fehlerhafter Zeichenketten. Ebenfalls nicht ausreichend ist eine Lehre, die vorsieht, das Verhalten eines Computerbenutzers automatisch zu analysieren und diesem unter bestimmten Voraussetzungen eine interaktive Hilfe anzubieten, um ihn zur Erteilung von Aufträgen zu bewegen, BGH GRUR **2005,** 141, 142 – Anbieten interaktiver Hilfe. Entsprechendes gilt für ein Verfahren, bei dem anhand der Einsatzdaten eines Gerätes unter Heranziehung betriebswirtschaftlicher Parameter berechnet wird, ob die Anschaffung eines zweiten Gerätes sinnvoll ist, BGH GRUR **2005,** 143, 144 – Rentabilitätsermittlung. Dass die prägenden Anweisungen im Stand der Technik bereits bekannt waren, steht der Patentierbarkeit demgegenüber nicht entgegen, BGHZ **159,** 197, 205 – Elektronischer Zahlungsverkehr.

136 Die aus § 1 Abs. 3 und 4 abgeleiteten Erfordernisse gelten auch dann, wenn sich die Lehre auf ein **Speichermedium** und damit formal auf eine Vorrichtung bezieht, auf der ein Programm zur Ausführung eines bestimmten Verfahrens abgespeichert ist. Dem Speichermedium kommt in solchen Fällen nur die Funktion eines Informationsträgers zu. Die Patentierbarkeit

hängt davon ab, ob das Verfahren, dessen Nutzung der Datenträger ermöglicht, den oben dargestellten Anforderungen entspricht, BGHZ **149,** 68, 78 – Suche fehlerhafter Zeichenketten.

dd) Großbritannien. In Übereinstimmung mit dem Ansatz des EPA haben die britischen Gerichte ein Datenverarbeitungsprogramm für den Handel mit Wertpapieren nicht als patentfähig angesehen, weil es hinsichtlich der darin niedergelegten geschäftlichen Regeln und Anweisungen und der auf ihrer Grundlage beruhenden Vorschläge über eine reine Datenverarbeitung nicht hinausging, Patents Court GRUR Int. **89,** 419; Court of Appeal GRUR Int. **91,** 42, 43 – Automatisiertes System für Wertpapierhandel. 137

ee) Frankreich. Die Cour de Paris hat eine Folge von Befehlen zur Steuerung der Abläufe in einer Rechenmaschine als solche nicht als patentfähig angesehen, GRUR Int. **74,** 279; die in diesem Zusammenhang angestellten Erwägungen decken sich im Kern mit dem Ansatz der wohl herrschenden Lehre. 138

ff) Nach einer in der Literatur vertretenen Auffassung soll die Speicherung von Software auf einem **Datenträger** zur Begründung der Patentfähigkeit der Kombination aus Träger und Information genügen, vgl. Betten GRUR **95,** 775, 788; daraus wird zugleich ein Patentschutz für die gespeicherte Information abgeleitet. Dem steht entgegen, dass sich die auf dem Datenträger niedergelegte Information durch die Art ihrer Speicherung nicht verändert, BGHZ **149,** 68, 78 – Suche fehlerhafter Zeichenketten; EPA GRUR Int. **88,** 585, 586 – Röntgeneinrichtung; Court of Appeal GRUR Int. **92,** 780, 782 – Quadratwurzelberechnung; Engel, GRUR **93,** 194, 197; teilw. abw. Tauchert, Mitt. **97,** 207 ff.; vgl. auch oben Rdn. 136. Ein literarischer Text oder ein Musikstück werden nicht deshalb technisch, weil sie als digitale Information auf einem Datenträger oder im Speicher eines Rechners abgelegt werden; technisch ist allenfalls der Vorgang der Speicherung. Auch die in einem Programm enthaltenen Informationen werden nicht durch ihre Speicherung auf einem Träger, sondern allenfalls über die in einem Rechner ausgelösten Vorgänge technisch. Die Praxis in den USA, in den Patentansprüchen das auf einem Datenträger gespeicherte Programm unter Schutz zu stellen, ist vor dem dortigen rechtlichen Hintergrund zu sehen. Mit ihr soll der nach einem anderen Verletzungsrecht erforderliche Nachweis einer unbefugten Benutzung der geschützten Erfindung erleichtert werden. 139

gg) Eine neuere Ansicht sieht als technisch jede Lehre zum **planmäßigen Einsatz von Materie, Energie und Information** zur Herbeiführung eines naturgesetzlich bestimmten Erfolgs an, vgl. Beyer, Festschr. 25 Jahre BPatG, 208; ders., GRUR **90,** 399; siehe auch v. Hellfeldt, GRUR **89,** 471, 484; Tauchert, GRUR **97,** 149, 154. Das Problem des gesetzlichen Patentierungsverbotes lässt sich damit nicht lösen. Die gesetzliche Regelung kann durch eine willkürliche Neudefinition des Technikbegriffes nicht unterlaufen werden. Zudem folgt aus der Feststellung, dass die Anwendung der Naturgesetze ohne Wissen und damit Information nicht möglich ist (Tauchert, GRUR **97,** 149, 154), nicht umgekehrt deren technischer Charakter. Die Information ist als solche nicht technisch, EPA GRUR Int. **88,** 585, 586 – Röntgeneinrichtung; technischen Charakter kann allenfalls ihre Verarbeitung unter Benutzung der physikalischen Eigenschaften und Fähigkeiten der Hardware aufweisen. Darüber hinaus fehlt eine zwingende Definition der Information; in der Informatik steht dieser Begriff für zahlreiche unterschiedliche Inhalte. Er reicht von der an den menschlichen Geist gerichteten Mitteilung bis zu den bei Ausführung eines Programms in dem Rechner erzeugten Schaltzuständen als Verkörperung der jeweiligen Verarbeitung von Daten. Auch diese mangelnde Präzision des Begriffs lässt eine dem Zweck des Patentierungsverbotes entsprechende Abgrenzung von nicht patentfähiger Software nicht zu. 140

hh) Eine insbesondere von Tauchert (GRUR **99,** 829, 830; ähnlich schon GRUR **97,** 149 und Mitt. **97,** 207) begründete Lehre knüpft für den Begriff des „Programms als solchem" u. a. an dessen Schutz im **Urheberrecht** an. Da mit diesem nach der ausdrücklichen gesetzlichen Regelung der Quellcode geschützt werde, könne dieser als der nach dem Negativkatalog vom Patentschutz ausgeschlossene Gegenstand, d. h. als das Programm als solches angesehen werden. Demgegenüber löse die Kompilierung des Programms in die maschinenlesbare Form mit Hilfe eines Compilers oder Interpreters – ggfs. unter Einbeziehung der Routinen des Betriebssystems – die mit dem Programm verbundenen Wirkungen und Funktionen aus, deren Beschreibung patentfähig sei, soweit der Anspruchsgegenstand dem Technikbegriff entspreche und die übrigen formalen und sachlichen Bedingungen für ein Patent erfüllt sind. 141

ii) Eigene Stellungnahme. Das Abstellen auf den technischen Inhalt eines Programms geht an dem Regelungsgehalt des Patentierungsverbots vorbei. Dieses spricht Computerprogrammen 142 als solchen die Eigenschaft einer patentfähigen Erfindung ab; von fehlender Technizität ist in diesem Zusammenhang im Gesetz nicht die Rede. Hinzu kommt, dass die Verneinung des technischen Charakters von Software auch auf der Grundlage der engen Definition des Bundesgerichtshofes eine durch die Wirklichkeit nicht gedeckte **Fiktion** ist. Jedenfalls das im Rechner geladene Programm bewirkt schon beim und nach dem Laden, mit Sicherheit aber bei seiner Abarbeitung in Zusammenarbeit mit der CPU im Rechner, insbesondere in dessen Speicher, eine Veränderung elektrischer Ladungen und damit Veränderungen auch in der physikalischen Welt, die ihre Grundlage in dem Einsatz von Elektrizität und damit von Naturkräften findet, Wenzel, GRUR **95,** 105, 108; Melullis, GRUR **98,** 843, 850; im Ergebnis auch Tauchert, Mitt. **99,** 248, 249; Schmidtchen, Mitt. **99,** 281, 285 jeweils m. w. Nachw.; siehe auch EPA GRUR Int. **99,** 1053 – Computerprogrammprodukt. Das erfüllt bereits den klassischen Technikbegriff, so auch im Ergebnis EPA GRUR Int. **88,** 585, 586 – Röntgeneinrichtung; Anders, GRUR **89,** 861, 867; ders. GRUR **90,** 498, 500; vgl. auch Ganter, JurPC **94,** 2793, 2799; v. Hellfeld, GRUR **89,** 471, 477; van Raden, GRUR **95,** 451, 455; Esslinger/Hössle, Mitt. **99,** 327, 329; Busse/Keukenschrijver, § 1 Rdn. 21. Folgerichtig spricht die Regelung in § 1 Abs. 3 Computerprogrammen als solchen nicht die Technizität, sondern lediglich rechtlich den Erfindungscharakter ab. Beide Begriffe können nicht ohne weiteres gleichgesetzt werden; das Vorhandensein einer technischen Lehre ist nur eine der Voraussetzungen für das Vorliegen einer patentfähigen Erfindung, so dass aus der Verneinung einer Erfindung nicht zwangsläufig das Fehlen einer technischen Lehre folgt (anders wohl EPA GRUR Int. **99,** 1053, 1055 – Computerprogrammprodukt/IBM, wo unter Bezugnahme auf die Praxis der Beschwerdekammern des EPA das Fehlen einer solchen Lehre allein aus dem Patentierungsverbot hergeleitet wird).

143 Angesichts des auch von der wohl herrschenden Meinung nicht geleugneten technischen Charakters von Programmen, gibt die Frage der **Technizität** auf der Basis des geltenden Rechts für die Bestimmung von Inhalt und Umfang des Patentierungsverbotes wenig her; das Verbot muss unabhängig von dieser Frage als eigenständige Regelung verstanden werden. Aus ihm ergibt sich letztlich, dass eine bestimmte Handlung, Abwicklung oder Anweisung nicht schon deshalb patentfähig sein soll, weil sie mit und durch einen Computer vollzogen werden soll. Um Patentfähigkeit zu erlangen, muss eine solche Lehre vielmehr einen von der Verwendung eines Rechners unabhängigen technischen Gehalt aufweisen; insoweit trifft – wenn auch auf Grund einer anderen Überlegung – der Ansatz der technischen Beschwerdekammern des EPA durchaus zu. Er schließt es jedoch zugleich aus, den untersagten Patentschutz durch die Hintertür doch mit den im Rechner ablaufenden Vorgängen und deren Technizität zu begründen. Auch insoweit können für die Begründung der Schutzfähigkeit nur solche Umstände herangezogen werden, die nicht unter das Patentierungsverbot fallende Anweisungen betreffen. Für die Beurteilung der Schutzfähigkeit können sie lediglich in dem Umfang von Bedeutung sein, in dem sie auf die Gestaltung der eigentlichen technischen Lehre Einfluss genommen haben. Ein darüber hinausgehender Patentschutz für Software ist demgegenüber nicht im Wege der bloßen Rechtsanwendung zu erreichen; um ihn zu verwirklichen bedarf es vielmehr einer Entscheidung des Gesetzgebers.

144 Auf der Basis des geltenden Rechts kommt Patentschutz nur dort in Betracht, wo die Software von der üblichen Ansteuerung eines Rechners unabhängig der Lösung eines konkreten technischen Problems dient (vgl. BGHZ **159,** 197, 204 – Elektronischer Zahlungsverkehr). Das ist insbesondere dort der Fall, wo sie wie bei der Steuerung und Regelung von Geräten und Einrichtungen **integraler Bestandteil einer technischen Problemlösung** ist. In diesem Fall wird sie wie etwa bei der Steuerung eines Fahrstuhles, einer Waschmaschine oder des Sendersuchlaufs bei einem Fernseh- oder Radiogerät nicht als solche, sondern als Bestandteil einer Problemlösung unter Schutz gestellt; damit ist dem Wortlaut der Regelung genügt.

145 Zu Recht hat der BGH daher Patentschutz für ein Programm versagt, dessen Erfolg sich in Maßnahmen des **Sammelns und Ordnens von Daten** erschöpft, BGHZ **115,** 23, 31 – Chinesische Schriftzeichen; ebenso BPatGE BPatGE **38,** 31– CAD/CAM-Einrichtung. Hiergegen ist vorgebracht worden, dieses Argument versage, wenn die Tätigkeit des Sammelns und Ordnens nicht Inhalt des Programms ist, sondern eine diesem vorgelagerte Tätigkeit betrifft (so Schmidtchen, Mitt. **99,** 281, 285); dies ist im Ansatz richtig, ändert aber nichts daran, dass Patentschutz nicht in Betracht kommt, wenn sich der Inhalt des Programms auf diese Tätigkeit beschränkt. Eine programmbezogene Erfindung kann deshalb grundsätzlich nur bei Eigenschaften und Funktionen patentfähig sein, die über die den bekannten Programmen gemeinsamen Merkmale hinausgehen (so im Ergebnis, wenn auch mit anderem Ansatz zutreffend Engel, GRUR **93,** 194, 198; vgl. auch EPA GRUR Int. **91,** 118, 120 – Textverarbeitung; 14. 3. 1989

– T 121/85 – Automatic spelling checking and correction process in a text processing system; 29. 10. 1993 – T 204/93 – System for generating software source code components, wo die Schutzfähigkeit mit der Begründung verneint wird, dass die Verwendung und Kombination bekannter und gespeicherter Module nicht eine im Wesentlichen neue Arbeitsweise des Computers zur Folge habe).

6. Der Ausschluss der **Wiedergabe von Informationen (§ 1 Abs. 3 Nr. 4)** vom Patentschutz lässt sich mit dem Fehlen einer technischen Lehre erklären. Informationen sind Mitteilungen von Tatsachen und Vorgängen. Sie richten sich an Geist und Vorstellung des Menschen und dienen der Vermittlung von Wissen und Kenntnissen (Schulte/Moufang, § 1 Rdn. 180). Ihr Ziel ist nicht eine unmittelbare Veränderung der Außenwelt, der Zustand der Technik wird von ihrer Wiedergabe nicht berührt, Windisch, GRUR **80,** 587, 588. Er korrespondiert u. a. mit dem zu den Grundrechten des Menschen gehörenden Recht auf Meinungsfreiheit, der eine Monopolisierung von der Information des einzelnen dienenden Informationen nicht zulässt. **146**

Information im Sinne des Ausschlusstatbestandes ist die an den Menschen gerichtete Mitteilung. Inhalt und Form dieser Mitteilung sind weitgehend ohne Bedeutung. Neben der Information im engeren Sinne, der Unterrichtung über Sachverhalte und Gegebenheiten gehören hierher etwa auch **Anweisungen** oder Aufforderungen. Von dem Begriff nicht erfasst werden demgegenüber die physischen Wechselwirkungen in und zwischen Maschinen (EPA GRUR Int. **2001,** 167, 169 – Datenstrukturprodukt), wie sie etwa Gegenstand der Informatik oder der Informationstechnologie sind. Abgesehen von den über sie verarbeiteten, auch der Unterrichtung des Menschen dienenden Daten sind Information, Informationstechnik und -verarbeitung im Sinne der Datenverarbeitung oder von Computerprogrammen daher nicht Gegenstand dieses Ausschlusstatbestandes. Sie werden allein erfasst von den Patentierungsverboten für mathematische Regeln als solche bzw. für Programme für Datenverabeitungsanlagen als solche. Von diesem Ansatz her unterscheidet das EPA zwischen (der Unterrichtung des Menschen dienenden oder hierfür jedenfalls geeigneten) Informationen im klassischen Sinne, die als solche einem Patentschutz auch dann nicht zugänglich sind, wenn sie auf einem Datenträger aufgezeichnet wurden, und funktionalen Daten, die die technische Funktion eines Gerätes betreffen und bestimmen. Für diese wird ein Patentschutz als denkbar angesehen, EPA GRUR Int. **2001,** 167, 168f. – Datenstrukturprodukt. Nicht patentfähig sind danach etwa die mit dem Fernsehsignal übertragenen Daten, deren Wegfall lediglich zur Folge hat, dass statt einer für den Menschen verständlichen Information der sog. Schnee auf dem Bildschirm erscheint. Nicht notwendig unter den Ausschlusstatbestand fallen demgegenüber solche Daten, deren Wegfall die (technische) Funktion des mit ihrer Hilfe betriebenen Gerätes beeinträchtigen oder ausschließen würde (EPA GRUR Int. **2001,** 167, 168f. – Datenstrukturprodukt), wie etwa das die Informationen transportierende Trägersignal. **147**

Als Wiedergabe von Informationen vom Patentschutz ausgeschlossen ist jede **Einwirkung auf die menschliche Vorstellung** unabhängig davon, ob sie mit Mitteln der Sprache oder über akustische oder optische Signale erfolgt. Das betrifft zunächst Darstellungen, die den menschlichen Verstand ansprechen und sein Wissen vergrößern sollen, Busse/Keukenschrijver, § 1 Rdn. 77. Eine Wiedergabe von Informationen in diesem Sinne enthalten Formulare, Tabellen, Skalen und schriftliche Darstellungen. Markierungen und Farbgebungen, die Aufschluss über Eigenarten und Inhalt ihres jeweiligen Trägers geben sollen, sind in der Regel bloße Information im Sinne des Negativkatalogs und daher nicht patentfähig. Erfindungscharakter fehlt daher auch einer unterschiedlichen Farbgestaltung für Plattenhüllen von Disketten, mit der eine vom Inhalt der gespeicherten Informationen abhängige Sortierung der Datenträger erleichtert werden soll, EPA ABl **90,** 395 – Farbige Plattenhülle. Das Gleiche gilt für die Anbringung von Markierungslaschen auf einem Musikinstrument, mit dem dessen Spielen nach Noten erleichtert wird, EPA GRUR Int. **92,** 654 – Anzeiger. **148**

Die **Art und Weise,** in der die Informationen jeweils übermittelt werden, ist für den Ausschlusstatbestand ohne Bedeutung. Von ihm erfasst werden daher auch Informationen, die auf einem technischen Weg, etwa durch Funk oder Fernschreiber oder über das Internet, an den Empfänger gelangt sind. Dabei betrifft das Patentierungsverbot jedoch nur die übermittelte Information; der Übermittlungsweg als solcher kann als Gegenstand eines Schutzrechtes in Betracht kommen, wenn er dessen Voraussetzungen erfüllt, d. h. technisch, neu und erfinderisch ist. Mit Hilfe elektrischer Signale **übermittelte Daten** hat das EPA daher zu Recht als Wiedergabe von Informationen angesehen, für die ein Patent nicht erteilt werden könne, EPA ABl. **88,** 19 – Röntgeneinrichtung. Demgemäß sind auch die von Funk und Fernsehen ausgestrahlten Töne und Bilder als solche vom Patentschutz ausgeschlossen. **149**

Das Gleiche gilt für die auf einer CD in Form von Erhöhungen und Vertiefungen niedergelegten Informationen. Ein Werk der Sprache oder Musik wird durch eine solche Form der Speicherung nicht zu einem technischen Gegenstand; technisch und damit grundsätzlich patentfähig können hier nur die Verfahren der Speicherung und der Wiedergabe sowie der Datenträger selbst sein.

150 Nach § 1 Abs. 3 Nr. 4 vom Patentschutz ausgeschlossen ist auch die Lehre, ein Buch mit Blättern auszustatten, auf denen sich Kindergeschichten befinden, die sich auf ein jeweils ein in Umrissform dargestelltes Kinderspielzeug beziehen. Dieses Merkmal dient der Identifizierung des Bilderbuchs durch ein Kind, das noch nicht lesen kann, und damit der Erzielung eines rein geistigen Effekts, vgl. EPA 3. 12. 1991 – T 144/90 – Kinderbuch.

151 Auch § 1 Abs. 3 Nr. 4 schließt nur die Wiedergabe von Informationen **als solche** vom Patentschutz aus. **Verfahren oder Vorrichtungen** zur Wiedergabe von Informationen können demgegenüber Gegenstand eines Patents sein. Maßgeblich ist – ähnlich wie bei Computerprogrammen – ob die beanspruchte Lehre Anweisungen enthält, die der Lösung eines konkreten technischen Problems mit technischen Mitteln dienen, BGH GRUR **2005,** 749, 752 – Aufzeichnungsträger.

152 Nicht unter den Ausschlusstatbestand fallen deshalb die **technischen Einrichtungen** zur Erzeugung und Weiterleitung von Informationen. Geräte zur Informationsvermittlung und -übertragung, Signal-, Mess- und Regeleinrichtungen sind technisch und daher bei Vorliegen der sonstigen Voraussetzungen patentfähig, Busse/Keukenschrijver, § 1 Rdn. 77. Das Gleiche gilt für die automatische optische Anzeige von Zuständen in einem Gerät oder System, EPA Mitt. **94,** 126 – Schaltanzeige für eine Gangschaltung; vgl. auch EPA GRUR Int. **90,** 463, 464 – Computerbezogene Erfindung. Die für Sendung und Empfang von Rundfunk- und Fernsehsendungen benötigten Einrichtungen und deren technische Bestandteile sind grundsätzlich ebenso patentfähig wie Druckmaschinen zur Herstellung von Zeitungen und Zeitschriften. Das schließt auch die für die interne Verarbeitung benötigten Informationen ein, EPA GRUR Int. **94,** 1038, 1040 – Editierbare Dokumentenform.

153 Dass ein technischer Gegenstand **auch Träger von Informationen** ist, schließt seine Patentierung nicht aus. Datenspeicher- und -wiedergabegeräte können daher Gegenstand eines Patents sein. Ebenso wenig hindert der Informationsgehalt von DNA-Sequenzen deren Patentierung, Busse/Keukenschrijver, § 1 Rdn. 77. Ein Farbfernsehsignal, das durch technische Merkmale des Systems gekennzeichnet ist, in dem es erzeugt und/oder empfangen wird, fällt nicht unter die Ausschlussbestimmungen des § 1 Abs. 3 Nr. 4, vgl. EPA GRUR Int. **90,** 977 – Farbfernsehsignal. Ein System zum Wiederauffinden von Bildern, das vor den auf einem ebenfalls beanspruchten Träger aufgezeichneten Informationen Gebrauch macht, ist auch als solches technisch und daher grundsätzlich einem Patentschutz zugänglich, GRUR Int. **2001,** 167, 169 – Datenstrukturprodukt. Entsprechendes gilt für ein Verfahren zum Umkodieren von Datenbits, das die optische Auswertbarkeit der Informationen verbessert, BGH GRUR **2005,** 749, 752 – Aufzeichnungsträger.

1a *Patentierbarkeit des menschlichen Körpers und seiner Bestandteile.* (1) **Der menschliche Körper in den einzelnen Phasen seiner Entstehung und Entwicklung, einschließlich der Keimzellen, sowie die bloße Entdeckung eines seiner Bestandteile, einschließlich der Sequenz oder Teilsequenz eines Gens, können keine patentierbaren Erfindungen sein.**

(2) **Ein isolierter Bestandteil des menschlichen Körpers oder ein auf andere Weise durch ein technisches Verfahren gewonnener Bestandteil, einschließlich der Sequenz oder Teilsequenz eines Gens, kann eine patentierbare Erfindung sein, selbst wenn der Aufbau dieses Bestandteils mit dem Aufbau eines natürlichen Bestandteils identisch ist.**

(3) **Die gewerbliche Anwendbarkeit einer Sequenz oder Teilsequenz eines Gens muss in der Anmeldung konkret unter Angabe der von der Sequenz oder Teilsequenz erfüllten Funktion beschrieben werden.**

(4) **Ist Gegenstand der Erfindung eine Sequenz oder Teilsequenz eines Gens, deren Aufbau mit dem Aufbau einer natürlichen Sequenz oder Teilsequenz eines menschlichen Gens übereinstimmt, so ist deren Verwendung, für die die gewerbliche Anwendbarkeit nach Absatz 3 konkret beschrieben ist, in den Patentanspruch aufzunehmen.**

Inhaltsübersicht

Literaturhinweis: Straus, Bericht – Patentschutz für biotechnische Erfindungen, GRUR Int. **85,** 108; Utermann, Patentschutz für biotechnologische Erfindungen, GRUR Int. **85,** 34; Vossius/Jaenichen, Zur Patentierung biologischer Erfindungen nach Europäischem Patentübereinkommen und Deutschem Patentgesetz – Formulierung und Auslegung von Patentansprüchen, GRUR **85,** 821; Straus, Patent Protection for Biotechnological Inventions, IIC **86,** 445; Trüstedt, Patentrecht und Gentechnologie, GRUR **86,** 640; Goldstein, Der Schutz biotechnologischer Erfindungen in den Vereinigten Staaten – Gegenwärtige Praxis und zukünftige Entwicklung, GRUR Int. **87,** 310; Teschemacher, Biotechnologische Erfindungen in der Erteilungspraxis des Europäischen Patentamts, GRUR Int. **87,** 303; Winnacker, Eröffnet die Gentechnologie neue Beschreibungsmöglichkeiten für Erfindungen im Bereich der lebenden Natur? – Derzeitiger Stand und Aussichten, GRUR Int. **87,** 292; Szabo, Patent Protection of Biotechnological Inventions – European Perspectives, IIC **90,** 468; Vossius/Grund, Patentierung von Teilen des Erbguts, der Mensch als Sklave? – Einspruchsverfahren gegen das Relaxin-Patent, Mitt. **95,** 339; v. Pechmann, Wieder aktuell: Ist die besondere technische, therapeutische oder biologische Wirkung Offenbarungserfordernis bei der Anmeldung chemischer Stofferfindungen?, GRUR Int. **96,** 366; Schatz, Zur Patentierbarkeit gentechnischer Erfindungen in der Praxis des Europäischen Patentamts, GRUR Int. **97,** 588; Oser, Patentierung von (Teil-) Gensequenzen unter besonderer Berücksichtigung der EST-Problematik, GRUR Int. **98,** 648; Straus, Abhängigkeit bei Patenten auf genetische Information – ein Sonderfall?, GRUR **98,** 314; Fuchs, Patentrecht und Humangenetik, JZ **99,** 597; Goebel, Bio-/Gentechnik und Patentrecht – Anmerkungen zur Rechtsprechung, Mitt. **99,** 173; Koenig/Müller, EG-rechtliche Vorgaben zur Patentierbarkeit gen-therapeutischer Verfahren unter Verwendung künstlicher Chromosomen nach der Richtlinie 98/44/EG, GRUR Int. **2000,** 295; Meyer-Dulheuer, Die Bedeutung von Sequenzprotokollen für den Offenbarungsgehalt biotechnologischer Patente, GRUR **2000,** 1; Meyer-Dulheuer, Der Schutzbereich von auf Nucleotid- oder Aminosäuresequenzen gerichteten biotechnologischen Patenten, GRUR **2000,** 179; Tronser, Ziele und Grenzen des Patentrechts – Dürfen Erfindungen patentfähig sein, die lebende Materie, auch höhere Lebewesen, und den Menschen oder menschliche Bestandteile betreffen?, DRiZ **2000,** 281, 287; Burdach, Patentrecht: eine neue Dimension in der medizinischen Ethik?, Mitt. **2001,** 9; Busche, Patentrecht zwischen Innovationsschutz und ethischer Verantwortung, Mitt. **2001,** 4; Dörries, Patentansprüche auf DNA-Sequenzen: ein Hindernis für die Forschung?, Mitt. **2001,** 15; Feuerlein, Patentrechtliche Probleme der Biotechnologie, GRUR **2001,** 561; Hansen, Hände weg vom absoluten Stoffschutz – auch bei DNA-Sequenzen, Mitt. **2001,** 477; Krauß, Die richtlinienkonforme Auslegung der Begriffe „Verwendung" und „Funktion" bei Sequenzpatenten und deren Effekte auf die Praxis, Mitt. **2001,** 396; Nieder, Die gewerbliche Anwendbarkeit der Sequenz oder Teilsequenz eines Gens – Teil der Beschreibung oder notwendiges Anspruchsmerkmal von EST-Patenten?, Mitt. **2001,** 97; Nieder, Gensequenz und Funktion – Bemerkungen zur Begründung des Regierungsentwurfs für ein Gesetz zur Umsetzung der Richtlinie 98/44/EG, Mitt. **2001,** 238; Schrell, Funktionsgebundener Stoffschutz für biotechnologische Erfindungen?, GRUR **2001,** 782; Straus, Produktpatente auf DNA-Sequenzen – Eine aktuelle Herausforderung des Patentrechts, GRUR **2001,** 1016; von Renesse/Tanner/von Renesse, Das Biopatent – eine Herausforderung an die rechtsethische Reflexion, Mitt. **2001,** 1; Deutsch, Der rechtliche Rahmen des Klonens zu therapeutischen Zwecken, MedR **2002,** 15; Köster, Absoluter oder auf die Funktion eingeschränkter Stoffschutz im Rahmen von „Biotech"-Erfindungen, insbesondere bei Gen-Patenten, GRUR **2002,** 833; Sellnick, Erfindung, Entdeckung und die Auseinandersetzung um die Umsetzung der Biopatentrichtlinie der EU, GRUR **2002,** 121; Spranger, Stoffschutz für „springende Gene"? – Transposons im Patentrecht, GRUR **2002,** 399; Tilmann, Patentverletzung bei Genpatenten, Mitt. **2002,** 438;

van Raden/von Renesse, Überbelohnung – Anmerkungen zum Stoffschutz für biotechnologische Erfindungen, GRUR **2002,** 393; Zintler, Die Biotechnologierichtlinie, Frankfurt **2002;** Albers, „Patente auf Leben", JZ **2003,** 275; Keukenschrijver, Stoffschutz und Beschreibungserfordernis – Legt Art. 5 Abs. 3 der Biotechnologie-Richtlinie eine Neubewertung nahe?, Festschrift für Winfried Tilmann, **2003,** 475; Kleine/Klingelhöfer, Biotechnologie und Patentrecht – Ein aktueller Überblick, GRUR **2003,** 1; Krauß/Engelhard, Patente im Zusammenhang mit der menschlichen Stammzellenforschung – ethische Aspekte und Übersicht über den Status der Diskussion in Europa und Deutschland, GRUR **2003,** 985; Krefft, Patente auf humangenomische Erfindungen, Köln **2003;** Kunczik, Die Legitimation des Patentsystems im Lichte biotechnologischer Erfindungen, GRUR **2003,** 845; Welch, Der Patentstreit um Erythropoietin (EPO), GRUR Int. **2003,** 579; Grund/Keller, Patentierbarkeit embryonaler Stammzellen, Mitt. **2004,** 49.

I. Allgemeines

1 Die seit dem 28. Februar 2005 geltende Vorschrift ist eine der zentralen Bestimmungen zur Umsetzung der **Biopatent-Richtlinie** (Richtlinie 98/44/EG des Europäischen Parlaments und des Rates vom 6. Juli 1998 über den rechtlichen Schutz biologischer Erfindungen, ABl. L 213/13). Die Umsetzung hätte gemäß Art. 15 Abs. 1 der Richtlinie bis zum 30. Juli 2000 erfolgen müssen, hat sich aber wegen der kontroversen Diskussion um das Thema verzögert. Ein Antrag auf Nichtigerklärung der Richtlinie, mit dem insbesondere der dem § 1a PatG entsprechende Art. 5 der Richtlinie als Verstoß gegen die Menschenwürde angegriffen wurde, ist erfolglos geblieben (EuGH GRUR Int. **2001,** 1043, 1046f.; kritisch dazu Schulte/Moufang § 1a Rdn. 19; zur Entstehungsgeschichte der Richtlinie eingehend Zintler, S. 35ff.). Zur Frage einer unmittelbaren Anwendung der Richtlinie vgl. Krefft, S. 41ff. sowie unten § 2 Rdn. 1f.

2 Die Absätze 1 bis 3 der Vorschrift entsprechen inhaltlich im Wesentlichen den entsprechenden Absätzen von Art. 5 der Richtlinie. Keine Entsprechung im Wortlaut der Richtlinie findet dagegen § 1a Abs. 4, der erst in letzter Minute in das Gesetz aufgenommen worden ist (vgl. BT-Ds. 15/4417, S. 9). Wegen Einzelheiten dazu vgl. Rdn. 19ff. Für europäische Patente enthält Regel 23e EPÜ-AO bereits seit 1. September 1999 eine Regelung, deren Wortlaut mit demjenigen von Art. 5 Abs. 3 der Richtlinie identisch ist (vgl. Mitteilung ABl. EPA **99,** 573, 581).

3 Die Vorschrift betrifft nach Wortlaut und Systematik nur den **menschlichen** Körper und menschliche Gene bzw. Gensequenzen. Die für die Praxis wohl bedeutsamste Regelung, nämlich § 1a Abs. 3, ist kraft der Verweisung in § 2a Abs. 2 Satz 2 aber auch für **pflanzliche und tierische Gensequenzen** und Teilsequenzen anwendbar. Der Ausschluss des absoluten Stoffschutzes in Abs. 4 gilt hingegen nach dem klaren Wortlaut der Vorschrift nur für Sequenzen oder Teilsequenzen, die mit dem Aufbau von entsprechenden Teilen eines menschlichen Gens übereinstimmen.

II. Der menschliche Körper und seine Bestandteile (Abs. 1 und 2)

4 **1.** Nach Abs. 1 können der menschliche Körper und seine Bestandteile nicht Gegenstand eines Patents sein. Die Vorschrift hat im Wesentlichen klarstellende Bedeutung (ebenso Busse/Keukenschrijver, Rdn. 3, Mes, Rdn. 3, Schulte/Moufang, Rdn. 10; vgl auch Singer/Stauder/Schatz, Art. 53 EPÜ Rdn. 58). Zum menschlichen Körper gehören nach dem klaren Wortlaut der Vorschrift, der insoweit vom Wortlaut des Art. 5 Abs. 1 der Richtlinie abweicht, aber in Erwägungsgrund 16 der Richtlinie eine Entsprechung findet, auch die **Keimzellen** (Gameten), d.h. Ei- und Samenzellen (anders zu Regel 23e Abs. 1 EPÜ-AO wohl Singer/Stauder/Schatz, Art. 53 EPÜ Rdn. 58: von der befruchteten Eizelle an; zu den einzelnen Stadien der Befruchtung vgl. Koenig/Müller, GRUR Int. **2000,** 295, 300f.).

5 Eine analoge Anwendung der Bestimmung auf **Tiere oder Pflanzen** ist nicht möglich. Insoweit enthält § 2a Abs. 2 eine besondere Regelung.

6 Ebenfalls nicht patentierbar ist die bloße **Entdeckung** von Bestandteilen des menschlichen Körpers. Dasselbe ergibt sich bereits aus § 1 Abs. 3 Nr. 1 (ebenso Busse/Keukenschrijver Rdn 4, Mes, Rdn. 4, Schulte/Moufang Rdn. 18; vgl auch Singer/Stauder/Schatz, Art. 53 EPÜ Rdn. 59). Wegen der zuletzt genannten Vorschrift ist auch die Entdeckung von Bestandteilen von **Tieren oder Pflanzen** nicht patentierbar (ebenso Singer/Stauder/Schatz, Art. 53 EPÜ Rdn. 59).

7 Keine bloße Entdeckung ist hingegen das Entwickeln eines Verfahrens zur **Gewinnung von Körperbestandteilen,** z.B. einer Gensequenz (Keukenschrijver/Busse Rdn. 6; Schulte/

Moufang Rdn. 24; Oser, GRUR Int. **98,** 648, 650). Ein solches Verfahren kann, bei Vorliegen der übrigen Voraussetzungen, Gegenstand eines Patents sein.

Nicht unter Abs. 1 subsumiert wird der menschliche Körper nach dem **Tod** (Busse/Keukenschrijver Rdn. 3). Dem dürfte im Ergebnis zuzustimmen sein. Isolierte Teile aus dem Körper eines Toten dürften schon nach Maßgabe von Abs. 2 patentierbar sein. Der Patentierbarkeit eines toten Körpers als ganzem dürfte in der Regel aber § 2 Abs. 1 entgegenstehen. 8

2. Abgetrennte Bestandteile des menschlichen Körpers sind nach Abs. 2 der Patentierung zugänglich. Hierbei ist unerheblich, ob die Bestandteile durch Isolierung oder durch ein anderes technisches Verfahren gewonnen worden sind. 9

Die **Isolierung** erfolgt in der Regel durch Entnahme von Gewebe oder Körperflüssigkeiten (vgl. auch die Beispielsfälle bei Kraßer, § 14 II c 1); auch die Abtrennung fällt darunter (ebenso Busse/Keukenschrijver Rdn. 9). Nach Erwägungsgrund 26 der Richtlinie muss bei einer Patentanmeldung die Person, bei der Entnahmen vorgenommen werden, der Entnahme zugestimmt haben. In § 1a hat dies keinen Niederschlag gefunden (zum Gesetzgebungsverfahren vgl. Kraßer § 14 II c 1). Eine Patentanmeldung, die auf einer rechtswidrigen Isolierung von Körperbestandteilen beruht, kann aber im Einzelfall gemäß § 2 Abs. 1 als sittenwidrig anzusehen sein (ebenso Schulte/Moufang Rdn. 23; vgl. auch EPA (Einspruchsabteilung) GRUR Int. **95,** 708, 711 – Relaxin). 10

Ein nur **vorübergehend** isolierter Körperbestandteil, z.B. Blut, das zur Dialysebehandlung entnommen worden ist, oder eine außerhalb des Körpers befruchtete Eizelle, wird in der Literatur als nicht patentierbar angesehen (Schulte/Moufang Rdn. 21). Dem dürfte jedenfalls für den Fall zuzustimmen sein, dass die Lehre, für die Patentschutz begehrt wird, gerade darin besteht, Körperbestandteile nur vorübergehend zu entnehmen. Für die befruchtete Eizelle dürfte es auf diese Unterscheidung hingegen nicht ankommen. Sie ist schon nach Abs. 1 von der Patentierung ausgeschlossen, weil sie nicht nur ein Bestandteil, sondern eine Entwicklungsphase des menschlichen Körpers ist, und zwar unabhängig davon, ob sie bestimmungsgemäß wieder in einen Körper eingesetzt werden soll. 11

Andere technische Verfahren im Sinne von Abs. 2 kommen vor allem bei Gensequenzen in Betracht, die – nach der Gewinnung von Ausgangsmaterial durch Isolierung – in Form von DNA synthetisch hergestellt werden können (zum technologischen Hintergrund Kraßer, § 14 II d aa; Krefft, S. 17ff.; Oser, GRUR Int. **98,** 648f.; vgl. als Beispielsfall EPA (Einspruchsabteilung) GRUR Int. **95,** 708, 710f. – Relaxin). 12

III. Beschreibung der Funktion (Abs. 3)

§ 1a Abs. 3 stellt eine entscheidende Hürde für die Patentierbarkeit von Sequenzen oder Teilsequenzen eines Gens auf. Bereits in der Anmeldung muss die **gewerbliche Anwendbarkeit** beschrieben werden. Hierzu muss die Funktion angegeben werden, die die Sequenz bzw. Teilsequenz erfüllt. 13

1. Die Anforderung, dass auch die Funktion anzugeben ist, findet sich im Wortlaut von Art. 5 Abs. 3 der **Richtlinie** nicht. Der deutsche Gesetzgeber hat sie aus Erwägungsgrund 23 der Richtlinie hergeleitet, wonach ein einfacher DNA-Abschnitt ohne Angabe einer Funktion keine patentierbare Lehre darstellt (BT-Ds. 15/1709, S. 10). Nach Erwägungsgrund 23 fehlt es in diesem Fall freilich nicht an der gewerblichen Anwendbarkeit, sondern an einer Lehre zum technischen Handeln. Diesem Unterschied dürfte aber keine ausschlaggebende Bedeutung zukommen, zumal die Funktionsangabe in Erwägungsgrund 24 der Richtlinie für den speziellen Fall, dass eine Sequenz oder Teilsequenz eines Gens zur Herstellung eines Proteins oder Teilproteins verwendet wird, wiederum zu den Voraussetzungen der gewerblichen Anwendbarkeit gezählt wird. Im Ergebnis ist deshalb im Wesentlichen unbestritten, dass die Patentierung von Sequenzen oder Teilsequenzen eines Gens ohne Angabe der Funktion nach der Richtlinie nicht in Betracht kommt. Streit herrscht hingegen darüber, ob die Richtlinie es auch erfordert, die Funktionsangabe in den Anspruch aufzunehmen. Siehe hierzu Rdn. 21. 14

2. Abs. 3 gilt nicht nur für menschliche Gene, sondern kraft der Verweisung in § 2a Abs. 2 Satz 2 auch für **tierische und pflanzliche** Gene. In der Literatur wird darüber hinaus die analoge Anwendung auf DNA-Sequenzen wie Regulatorsequenzen befürwortet (Schulte/Moufang, Rdn. 26). 15

3. Die die gewerbliche Anwendbarkeit begründende **Funktion** kann, wie in Erwägungsgrund 24 der Richtlinie ausdrücklich erwähnt, darin liegen, dass die Sequenz oder Teilsequenz für ein bestimmtes – in der Anmeldung konkret anzugebendes – **Protein** codiert. Ausreichend ist aber auch eine andere Funktion, z.B. als Sonde, Adaptor, Linker, Primer (Tilmann, Mitt. 16

2002, 438, 441; Nieder, Mitt. **2001,** 97, 98), Marker (Busse/Keukenschrijver Rdn. 15) oder als diagnostisches Mittel (Schulte/Moufang Rdn. 29). Zum technischen Hintergrund vgl. Krefft, S. 21 ff.

17 **4.** Auf der Grundlage von Art. 5 Abs. 3 der Richtlinie ist umstritten, zu welchem **Zeitpunkt** die Angabe spätestens zu erfolgen hat. Zwar lässt der Wortlaut der Vorschrift („in der Anmeldung") kaum einen Zweifel daran, dass die Funktionsangabe grundsätzlich im Zeitpunkt der Anmeldung zu erfolgen hat. Unterschiedliche Auffassungen gibt es aber zu der Frage, ob fehlende Angaben später nachgeholt werden können. Teils wird dies generell verneint (Schulte/Moufang, Rdn. 30; Nieder, Mitt. **2001,** 97, 99), teils für den Fall bejaht, dass die Lehre zum technischen Handeln, für die Schutz begehrt wird, auch ohne die Funktionsangabe aus der Anmeldung hervorgeht (so Busse/Keukenschrijver, Rdn. 13 f.; Oser, GRUR Int. **98,** 648, 653 f.). Für das deutsche Recht dürfte dieser Streit für menschliche Gene durch die Regelung in § 1 a Abs. 4 entschieden sein. Wenn der Gesetzgeber verlangt, die Verwendung für die gemäß Abs. 3 angegebene Funktion in den Anspruch aufzunehmen, dürfte kein Zweifel daran bestehen, dass die Funktionsangabe für die Beschreibung der technischen Lehre unabdingbar ist.

18 Im Anwendungsbereich des § 2 a Abs. 2 Satz 2, also bei **tierischen und pflanzlichen** Genen, bleibt der Meinungsstreit hingegen weiterhin von Bedeutung. Hier dürfte Erwägungsgrund 23 der Richtlinie, wonach ohne die Funktionsangabe keine technische Lehre vorliegt, ebenfalls dafür sprechen, dass die Funktion schon bei der Anmeldung anzugeben ist (vgl. auch Singer/Stauder/Schatz, Art. 53 EPÜ Rdn. 62).

IV. Beschränkter Stoffschutz (Abs. 4)

19 § 1 a Abs. 4 enthält eine Regelung zu der Frage, die im Laufe des **Gesetzgebungsverfahrens** zur Umsetzung der Biopatent-Richtlinie wohl am heftigsten umstritten war (vgl. Tilmann, Mitt. **2002,** 438, 439). Die Vorschrift ist erst im Rechtsausschuss des deutschen Bundestages in das Gesetz aufgenommen worden (BT-Ds. 15/4417, S. 9; vgl. demgegenüber noch BT-Ds. 15/1709, S. 11, wo ein absoluter Stoffschutz auch für Sequenzen und Teilsequenzen noch ausdrücklich als notwendig bezeichnet worden war).

20 **1.** Nach § 1 Abs. 4 muss bei Erfindungen, die eine Sequenz oder Teilsequenz eines Gens zum Gegenstand haben, deren Aufbau mit dem Aufbau eines entsprechenden Teils eines menschlichen Gens übereinstimmt, die Verwendung für die gemäß Abs. 3 beschriebene Funktion in den Patentanspruch aufgenommen werden. Damit wird der – nach der Rechtsprechung zu Stoffpatenten grundsätzlich mögliche (vgl. allgemein § 1 Rdn. 84 f.) – **absolute Stoffschutz** für Sequenzen und Teilsequenzen der genannten Art **ausgeschlossen.** Die gemäß Abs. 3 erforderliche Funktionsangabe kann damit nicht mehr als „Türöffner" (Busse/Keukenschrijver, Rdn. 16) verwendet werden, um zu einem Schutz der Sequenz oder Teilsequenz für jeden beliebigen Verwendungszweck zu gelangen. Vorteilhaft ist dies für Erfinder, die weitere Verwendungsmöglichkeiten für eine bereits für bestimmte Verwendungen patentierte Sequenz oder Teilsequenz auffinden: Sofern die weiteren Voraussetzungen vorliegen, erhalten sie ein Patent, das nicht vom zuerst erteilten Patent abhängig ist, also ohne Zustimmung des Inhabers des früheren Patents ausgeübt werden darf (vgl. für den absoluten Stoffschutz dagegen § 1 Rdn. 84 a). Vgl. auch § 2 Rdn. 6 f.

21 **2.** Die im Laufe des Gesetzgebungsverfahrens erörterte Streitfrage, ob sich die Aufnahme der Verwendung in den Patentanspruch und der Ausschluss des absoluten Stoffschutzes schon aus Art. 5 Abs. 3 der **Richtlinie** und § 1 a Abs. 3 herleiten lässt (verneinend Busse/Keukenschrijver Rdn. 16 und § 34 Rdn. 32), ist damit für das deutsche Recht entschieden. Offen bleibt allenfalls die Frage, ob der Ausschluss eines absoluten Stoffschutzes einen Verstoß gegen die Richtlinie oder zumindest gegen Art. 27 TRIPS und Art. 167 EPÜ darstellt (in diesem Sinne Krauß, Mitt. **2001,** 396, 399; Dörries, Mitt. **2001,** 15; Köster, GRUR **2002,** 833, 837 ff.). Schon angesichts des heftigen Streits über die Auslegung der Richtlinie und der anderen internationalen Übereinkommen in diesem Punkt (für ein aus der Richtlinie abzuleitendes Verbot des absoluten Stoffschutzes: Kraßer, § 14 II d cc 2; Zintler, S. 142 ff., 144; Meyer-Dulheuer, GRUR **2000,** 179, 181; Nieder, Mitt. **2001,** 97, 98; van Raden/von Renesse, GRUR **2002,** 393, 395; Kunczik, GRUR **2003,** 845, 849; mit Einschränkungen auch Straus, GRUR **2001,** 1016, 1020; Krefft, S. 308, 317) dürfte aber viel für die Auffassung sprechen, dass die genannten Vorschriften insoweit keine strikte Vorgabe enthalten (so Albers, JZ **2003,** 275, 283; vgl. zum ganzen auch Keukenschrijver, FS Tilmann, 475 ff.), sondern dem nationalen Gesetzgeber einen Spielraum belassen, der durch § 1 a Abs. 4 in zulässiger Weise ausgefüllt worden ist.

3. Die ausdrückliche Beschränkung des Anwendungsbereichs von § 1 a Abs. 4 auf Sequenzen und Teilsequenzen, die nicht mit entsprechenden Teilen menschlicher Gene übereinstimmen, und der Umstand, dass § 2 a Abs. 2 Satz 2 diese Vorschrift – anders als § 1 a Abs. 3 – nicht für entsprechend anwendbar erklärt, rechtfertigt den Gegenschluss, dass für Sequenzen und Teilsequenzen, die lediglich mit Teilen von **tierischen oder pflanzlichen** Genen übereinstimmen, ein absoluter Stoffschutz möglich ist (so auch BT-Ds. 15/4417, S. 9). 22

2 *Gute Sitten, öffentliche Ordnung.* (1) **Für Erfindungen, deren gewerbliche Verwertung gegen die öffentliche Ordnung oder die guten Sitten verstoßen würde, werden keine Patente erteilt; ein solcher Verstoß kann nicht allein aus der Tatsache hergeleitet werden, daß die Verwendung der Erfindung durch Gesetz oder Verwaltungsvorschrift verboten ist.**

(2) [1]**Insbesondere werden Patente nicht erteilt für**

1. **Verfahren zum Klonen von menschlichen Lebewesen;**
2. **Verfahren zur Veränderung der genetischen Identität der Keimbahn des menschlichen Lebewesens;**
3. **die Verwendung von menschlichen Embryonen zu industriellen oder kommerziellen Zwecken;**
4. **Verfahren zur Veränderung der genetischen Identität von Tieren, die geeignet sind, Leiden dieser Tiere ohne wesentlichen medizinischen Nutzen für den Menschen oder das Tier zu verursachen, sowie die mit Hilfe solcher Verfahren erzeugten Tiere.**

[2]**Bei der Anwendung der Nummern 1 bis 3 sind die entsprechenden Vorschriften des Embryonenschutzgesetzes maßgeblich.**

Inhaltsübersicht

Literaturhinweise: Straus, Ethische, rechtliche und wirtschaftliche Probleme des Patent- und Sortenschutzes für die biotechnologische Tierzüchtung und Tierproduktion, GRUR **90,** 913; Baumbach/Rasch, Kann man das menschliche Genom und damit den Menschen patentieren? Mitt. **92,** 209; Goebel: Ist der Mensch patentierbar? Zur Frage der Patentfähigkeit von Humangenen, Mitt. **95,** 153; Vossius/Grund, Patentierung von Teilen des Erbguts, der Mensch als Sklave? – Einspruchsverfahren gegen das Relaxin-Patent, Mitt. **95,** 339; Straus, Patentrechtliche Probleme der Gentherapie, GRUR **96,** 10; Rogge, Patente auf genetische Erfindungen im Lichte der öffentlichen Ordnung und der guten Sitten, GRUR **98,** 303; Kienle, Die neue EU-Richtlinie zum Schutz biotechnologischer Erfindungen – rechtliche und ethische Probleme der Patentierung biologischer Substanzen, WRP **98,** 692; Busche, Die Patentierung biologischer Erfindungen nach Patentgesetz und EPÜ, GRUR Int. **99,** 299; Spranger, Ethische Aspekte bei der Patentierung menschlichen Erbgutes nach der Richtlinie 98/44/EG, GRUR Int. **99,** 595; Goebel, Bio-/Gentechnik – Anmerkungen zur Rechtsprechung, Mitt. **99,** 173; Fuchs, Patenrecht und Humangenetik, Mitt. 2000, 1; Koenig/Müller, EG-rechtliche Vorgaben zur Patentierbarkeit gentherapeutischer Verfahren unter Verwendung künstlicher Chromosomen nach der Richtlinie 98/44/EG, GRUR Int. **2000,** 295; Calame: Öffentliche Ordnung und gute Sitten als Schranken der Patentierbarkeit gentechnologischer Erfindungen, Basel 2001; v. Renesse/Tanner/v. Renesse, Das Biopatent – eine Herausforderung an die rechtsethische Reflexion, Mitt. **2001,** 1; Busche, Patentrecht zwischen Innovation und ethischer Verantwortung, Mitt. 2001, 4; Burdach, Patentrecht:Eine neue Dimension in der medizinischen Ethik, Mitt. **2001,** 9; Dörries, Patentansprüche auf DNA-Sequenzen: Ein Hindernis für die medizinische Forschung?, Mitt. 2001, 15; Straus, Produktpatente auf DNN-Sequenzen – Aktuelle Herausforderung des Patentrechts, GRUR **2001,** 1016; Kleine/Klingerlhöfer, Biotechnologie und Patentrecht – Ein aktueller Überblick, GRUR **2003,** 1; Kunczik, Die Legitimation des Patentsystems im Lichte biotechnischer Erfindungen. GRUR **2003,** 845; Ahrens, Genpatente – Rechte am Leben? – Dogmatische Aspekte der Patentierbarkeit von Erbgut; GRUR **2003,** 89; Krefft, Patente auf human-genomische Erfidungen, Schriftenreihe zum gewerblichen Rechtsschutz Band 122, 2003; Krauß/Engelhard, Patente im Zusammenhang mit der menschlichen Stammzellenforschung – ethische Aspekte und Übersicht über den Status der Diskussion in Europa und Deutschland, GRUR **2003,** 985; Grund/Keller, Patentierbarkeit embryonaler Stammzellen, Mitt **2004,** 49; Kock/Porzig/Willnegger, Der Schutz von pflanzenbiotechnologischen Erfindungen und von Pflanzensorten unter Berücksichtigung der Biotechnologierichtlinie, GRUR Int. **2005,** 183; Krauß, Die Effekte der Umsetzung der Richtlinie über den rechtlichen Schutz biotechnologischer Erfindungen auf die deutsche Praxis im Bereich dieser Erfindungen, Mitt **2005,** 490.

A. Vorbemerkung

1 **a)** Die durch das IntPatÜG an die Stelle des bisherigen § 1 Abs. 2 gesetzte Regelung des früheren § 2 PatG, die in zwei Abschnitten eine Regelung für zwei sachlich nur bedingt zusammengehörige Gruppen von Erfindungen enthielt, für die Patente nicht erteilt werden, ist durch das Gesetz zur Umsetzung der Richtlinie über den Schutz biotechnologischer Erfindungen vom 21. 1. 2005 (BGBl. I S. 146) in zwei selbstständige Vorschriften aufgeteilt worden. § 2 in der nunmehr geltenden Fassung betrifft den Patentierungsausschluss bei Verstößen gegen die öffentliche Sicherheit und Ordnung, der in Umsetzung der Richtlinie, z. T. darüber hinausgehend, die sittlichen Grenzen für die Patentierung von Lebewesen und Teilen von ihnen festlegt. Der neue § 2a knüpft an die frühere Regelung in Abs. 2 des § 2 PatG 1981 an, die zum Teil im Hinblick auf die sittlichen Grenzen der Patentierung von Erfindungen auf dem Gebiet der Biotechnologie, zum Teil auch durch gesetzliche Begriffsbestimmungen für diesen Bereich ergänzt wird.

1a Nach § 2 vom Patentschutz ausgenommen sind allgemein Erfindungen, deren gewerbliche, d. h. auf Erzielung von Entgelten gerichtete Verwertung gegen die öffentliche Ordnung oder die guten Sitten verstoßen würde; der frühere Ausschluss der Patentierung auch bei Erfindungen, deren Veröffentlichung einen solchen Verstoß begründen würde, ist mit der Neufassung der Vorschrift entfallen. Das beruht auf der Absicht weiterer Harmonisierung mit dem TRIPS-Abkommen, das ein die sitten- und rechtswidrige Veröffentlichung einschließendes Patentierungsverbot nicht kennt (Begr. RegEntwurf BT-Ds. 14/5642 S. 14). Diese Streichung hat zugleich die Regelung in dem früheren § 2 Abs. 1 Satz 2 entbehrlich gemacht. Mit dem Ausschluss von Erfindungen, deren Verwertung gegen die öffentliche Ordnung oder gegen die guten Sitten verstoßen würde (Nr. 1) knüpft das Gesetz äußerlich in ähnlicher Weise wie das allgemeine Polizeirecht an die Ge- und Verbote durch die Rechts- oder Sittenordnung an. Die frühere Gegenausnahme für unter § 50 Abs. 1 PatG fallende Erfindungen (Geheimpatente) in § 2 Abs. 1 Satz 2 alter Fassung ist in diesem Zuge entfallen. Eine Begründung für diese Änderung enthält der Regierungsentwurf nicht; die Änderung ist auch im weiteren Verlauf des Gesetzgebungsverfahrens nicht diskutiert worden. Große praktische Bedeutung hat die Vorschrift ohnehin nicht gehabt.

1b **b)** In seinem allgemeinen Ausgangspunkt entspricht § 2 im wesentlichen Art. 53 EPÜ, der seinerseits auf Art. 2 StrÜ zurückgeht. Wie diese knüpft die Vorschrift zwar an die Gesetze und Regeln der Rechts- und Sittenordnung an; setzt den Verstoß gegen die öffentliche Sicherheit und Ordnung jedoch nicht mit beiden gleich, wie durch den 2. Hlbs. der Vorschrift bestätigt wird. Danach kann ein Ausschluss von der Patentierbarkeit nicht allein daraus hergeleitet werden, dass die Verwertung der Erfindung durch Gesetz oder Verwaltungsvorschrift verboten ist. Es bedarf vielmehr des Hinzutretens weiterer Umstände.

1c **c)** Eine Tatbestandsmäßigkeit nach § 2 berührt die Patentfähigkeit der davon erfassten technischen Lehre und insbesondere die Qualifizierung als Erfindung als solche nicht; die Vorschrift schließt lediglich die Patentierung aus (Busse/Keukenschrijver, § 2 Rdnr. 8; MGK/Moufang, Art 53 Rdnr. 24). Sie setzt damit an einer späteren Stufe als das Patentierungsverbot nach § 1 Abs. 3 an.

1d **d)** Ob eine Gesetzes- oder Sittenwidrigkeit bei der gewerblichen Verwertung der Erfindung eintritt, muss das Patentamt nicht akribisch ermitteln. Von ihm wird lediglich eine Prüfung auf offensichtliche Rechts- oder Sittenwidrigkeit verlangt. Nach § 42 Abs. 2 PatG beschränkt sich schon die Pflicht der Erteilungsbehörde zu Hinweisen auf die mögliche Gefahr einer Zurückweisung der Anmeldung im Falle des § 2 PatG auf Fälle, in denen ein Ausschluss von der Patentierung nach dieser Regelung offensichtlich ist. Eine Zurückweisung kann nur erfolgen, wenn nach einem solchen Hinweis die Anmeldung aufrechterhalten wird, obwohl eine

Patentierbarkeit offensichtlich fehlt. Nicht offensichtliche Ausschlussfälle gebieten daher eine Zurückweisung nicht; eine Prüfung auf derartige Sachverhalte erübrigt sich mithin.

Die Zurückweisung einer Anmeldung ist nur möglich, wenn ein Verstoß gegen die öffentliche Ordnung oder die guten Sitten konkret festgestellt wird; die nur abstrakte Möglichkeit einer Verletzung genügt nicht (Singer/Stauder/Schatz Art 53 Rdnr. 13). Auch der Widerruf eines Patents wegen eines Verstoßes gegen die öffentliche Ordnung ist nur unter dieser Voraussetzung oder dann möglich, wenn der Verstoß im Zeitpunkt der Widerrufsentscheidung des Patentamts hinreichend substantiiert ist (vgl. EPA GRUR Int. **95,** 978 – Pflanzenzellen zu 18.5). Erteilungs-, Einspruchs- und Beschwerdeverfahren wären überfordert, müsste in ihnen abschießend geklärt werden, ob und welche nachteiligen Folgen die Anwendung der patentgemäßen Lehre mit sich bringt. In allen drei Verfahren müssen praktische Erfahrungen mit der patentgemäßen Lehre nicht vorliegen; eine Umsetzung muss bis zur endgültigen Erteilung nicht stattgefunden haben. Nach Sinn und Zweck des Patentschutzes darf eine Erteilung an bloßen Unsicherheiten nicht scheitern. Es ist vielmehr Sache der jeweils berufenen staatlichen Stellen, ggf. gegen eine mit der Rechts- oder Sittenordnung unvereinbare Anwendung geschützter Lehren vorzugehen. Das Patentamt hat bei der Erteilung von Patentschutz für zur Behandlung von Menschen und Tieren eingesetzte Stoffe und Geräte grundsätzlich nicht zu prüfen, ob diese den behaupteten Erfolg herbeiführen oder Gefahren für den Patienten mit sich bringen können. Das obliegt vielmehr den dafür zuständigen staatlichen Einrichtungen, die die Anforderungen für die Zulassung zur Behandlung von Mensch und Tier festlegen und überwachen. **1 e**

e) Bei Erfindungen aus dem Bereich der belebten Natur werden die Maßstäbe für den Patentierungsausschluss wesentlich durch die neu geschaffenen Tatbestände in Abs. 2 bestimmt, mit denen die Richtlinie 98/44/EG über den rechtlichen Schutz biotechnologischer Erfindungen v. 6. 7. 1998 (Biotechnologierichtlinie – ABl EG Nr. L 213, 30. 7. 1998, S. 13) umgesetzt werden soll. Diese Umsetzung durch das Gesetz vom 21. 1. 2005 hat vergleichsweise spät stattgefunden; in dieser Verspätung hat die Kommission der EU eine Vertragsverletzung durch die Bundesrepublik Deutschland gesehen, die entsprechend durch den EuGH verurteilt worden ist. Sachlich sind die in der Novelle getroffenen Regelungen jedenfalls auch insoweit für den Geltungszeitraum der Richtlinie zugrunde zu legen, als er vor Inkrafttreten der Neuregelung liegt. Nach der Rechtsprechung des EuGH ist der Umsetzung bedürftiges Gemeinschaftsrecht auch vor einer förmlichen Übernahme jedenfalls dann anzuwenden, wenn dies im Einzelfall wegen seines hinreichend konkreten Inhalts möglich ist. Das gilt insbesondere dann, wenn der nationale Gesetzgeber – wie hier – seiner Pflicht zur Umsetzung des Gemeinschaftsrechts nicht fristgerecht nachgekommen ist (EuGH Slg 1990, I-0495 ff.; Slg 1991, I-2567 ff.; Slg 1996, I-4845). Konkrete Regelungen in diesem Sinne enthält die Richtlinie, wie sich bereits daraus ergibt, dass das Übernahmegesetz ihren Wortlaut in weiten Bereichen ohne größere Änderungen übernimmt. **1 f**

Die Regelungen der Patentgesetze und -übereinkommen betreffend den Patentschutz, insbesondere der teilweise Ausschluss der belebte Natur vom Patentschutz (siehe §§ 2 Nr. 2 und 5 Abs. 2). Die Regelungen der Patentgesetze und -übereinkommen, insbesondere der Ausschluss der belebten Natur vom Patentschutz wurden vor Inkrafttreten des Europäischen Patentübereinkommen vielfach als unzureichend empfunden; diese Diskussion ist auch seither nicht völlig verstummt. Ihre sachliche Berechtigung ist nur bedingt anzuerkennen; überwiegend verkennt sie Bedeutung und Inhalt des Patentschutzes. An einer Lebensform als solcher kommt dieser schon nach seinem Gegenstand nicht in Betracht. Patentschutz wird nach deutschem wie europäischem Patentrecht gewährt für technische Entwicklungen, er kann daher allenfalls eine solche Entwicklung im Hinblick auf die Erzeugung eines Lebewesens zum Gegenstand haben, das dann Schutz als das Ergebnis solcher Maßnahmen genießen kann. Auch von daher kann es ein Patent auf Leben nicht geben (so auch im Erg. Busse/Keukenschrijver, § 2 PatG Rdnr. 36; vgl. a. MGK/Moufang, Art 53 Rdnrn. 50 f.). Dass an Pflanzen und Tieren privatrechtliches Eigentum denkbar ist, berührt die Patentierung von Leben nicht; weder die zugrunde liegenden Sachverhalte noch die rechtlichen Grundlagen sind vergleichbar. **2**

In die öffentliche Diskussion sind Patente auf Leben vor allem durch die Fortschritte der Gentechnik gerückt worden. Für die Mitgliedsstaten der Europäischen Gemeinschaften hat die Kommission hierauf, vor allem aber auf die sich abzeichnende unterschiedliche Handhabung in den einzelnen Staaten, mit der Richtlinie 98/44/EG zum Schutz biotechnologischer Erfindungen (Biotechnologierichtlinie) reagiert, die das Patentierungsverbot wegen Verstoßes gegen die öffentliche Sicherheit und Ordnung im Bereich solcher Erfindungen konkretisieren sollte (dazu Koenig/Müller, GRUR Int. **99,** 595 ff.). § 2 Abs. 2 greift deren Art. 6 auf, dem er weitgehend, wenn auch nicht völlig entspricht. Von zunehmender Bedeutung für die Grenzen der Patentierbarkeit ist die veränderte Stellung der Gesellschaft zur Gentechnik, zum Schutz der Umwelt **2 a** sowie zu Rolle, Stellung und Schutz von Tieren, die zunehmend als Mitgeschöpfe begriffen werden. Vor allem hier werden zunehmend aus ethischen Gründen Schranken gegenüber Eingriffen in die Unversehrtheit der Natur zu Lasten der betroffenen Lebewesen und ihrer körperlichen Unversehrtheit errichtet.

3 **B. 1. Die Konfliktsgründe des § 2 Nr. 1.** Die Regelung in § 2 Nr. 1 ist trotz ihrer Beschränkung auf offensichtliche Rechts- oder Sittenverstöße in mehrfacher Hinsicht unglücklich. Sie ist der Sache nach weitgehend überflüssig, weil die Erteilung des Patents kein positives Benutzungsrecht schafft (Schulte § 2 Rdnr. 22; krit. Busse/Keukenschrijver, § 2 Rdnr. 8) und das Patentamt bei der Erteilung daher an sich auch nicht darüber zu befinden hat, in welchem Umfang die beanspruchte Lehre benutzt werden kann und soll (Schulte, § 2 Rdnr. 22). Das Patent schafft kein Recht zur Benutzung der Erfindung, sondern nur ein (andere an der Benutzung hinderndes) Ausschließlichkeitsrecht. Ebensowenig enthält die Patenterteilung eine staatliche Anerkennung der Erfindung; eine Mitverantwortung für den Inhalt der aus den Anmeldungsunterlagen zu erstellenden Patentschrift trifft weder das Patentamt noch allgemein den Staat (so zutr. VGH München GRUR-RR **2003,** 297; Schulte, § 2 Rdnr. 22); sie zu bewerten würde von den Fällen der Offensichtlichkeit abgesehen die Erteilungsbehörde überfordern und das Erteilungsverfahren unerträglich belasten. Im Rahmen des gesetzlichen Prüfungsauftrags hat das Amt lediglich die Patentierungvoraussetzungen zu beurteilen; eine Stellungnahme zu Bedeutung, Angemessenheit und Sinnhaftigkeit der Erfindung ist von ihm weder zu erwarten noch zu leisten (Schulte, § 2 Rdnr. 22). Ebensowenig kann es abschließend untersuchen, ob die Verwertung der Erfindung zu Gesetzesverstößen führen kann (Busse/Keukenschrijver, § 2 PatG Rdnr. 8). Dem entspricht der auf Fälle einer offensichtlichen Verletzung der öffentlichen Ordnung oder der guten Sitten beschränkte Prüfungsumfang auf Seiten des Patentamtes (§ 42 PatG).

3 a Die Regelung ist unglücklich, weil sie nicht nur das Erteilungsverfahren mit Fragen belastet, deren abschließende Prüfung nicht seine Aufgabe sein kann, sondern vor allem deshalb, weil sie u. U. auf Grund zeitgebundener und einem Wandel unterliegender Vorstellungen die Erteilung des Schutzrechts unmöglich macht und so wertvolle Erfindungen ohne Not vom Patentschutz auch dann ausschließen kann, wenn im weiteren Verlauf während der Schutzdauer keine Bedenken gegenüber Verwertung oder Bekanntmachung der Erfindung bestehen. Eine Patentierung zu diesem späteren Zeitpunkt wird vielfach daran scheitern, dass die Erfindung dann nicht mehr neu ist oder andere zu diesem Zeitpunkt die gleiche Lehre entwickelt und ihrerseits unter günstigeren Umständen zum Patent angemeldet haben. Eine derart weitreichende Beschränkung der Patentierung ist umso weniger geboten oder sachlich zu rechtfertigen, als die Erteilungsbehörde eine sachliche Entscheidung über die Befugnis zur Verwertung der Entscheidung nicht zu treffen hat (vgl. dazu auch die Begr. zum Regierungsentwurf des 6. ÜG Bl. **61,** 140; Schulte § 2 Rdnr. 14, 22; Kranz, GRUR **62,** 389, 390f.; Roederer, Angew. Chem. **34,** 616). Dass es sich dabei nicht nur um theoretische Überlegungen handelt, zeigt die Entwicklung sittlicher Vorstellungen im letzten Jahrhundert. Maßnahmen zur Empfängnisverhütung, die das RG als sittenwidrig angesehen und deshalb vom Patentschutz ausgeschlossen hat (RGBl. **08,** 292), werden heute ebenso wenig mit diesem Verdikt belegt wie eine Vorrichtung, die alten und kranken Personen die Ausübung des Geschlechtsverkehrs ermöglichen soll (vgl. dazu PABl. **15,** 248, 249). Pharmazeutika zur Steigerung der männlichen Potenz sind ebenso wie Medikamente zur Empfängnisverhütung in vielen Staaten der Welt nicht nur frei zugänglich, sondern darüber hinaus Gegenstand allgemeiner Diskussion in Presse und Öffentlichkeit. Auf sie kann aber heute nur deshalb zurückgegriffen werden, weil sie in der Vergangenheit entwickelt worden sind. Auch vor diesem Hintergrund kann die Verweigerung eines Ausschlussrechtes für den Erfinder nicht einleuchten, zumal den herrschenden Vorstellungen in ausreichendem Maße durch eine Regelung Rechnung getragen werden kann, die die Benutzung der Erfindung oder der mit ihrer Hilfe gewonnenen Produkte ausschließt.

3 b Ihre Rechtfertigung kann die Regelung ebenso wie die entsprechenden Vorschriften des EPÜ (Art 53) und zahlreicher nationaler Patentgesetze daher allenfalls daraus ziehen, dass die Patentämter nicht zur Beteiligung an der Vorbereitung gesetzes- oder sittenwidriger Maßnahmen gezwungen sein sollten, auch wenn die mit ihrer Tätigkeit von der Öffentlichkeit verbundene Vorstellung einer Billigung der Lehre des erteilten Patents und seiner Benutzung sachlich falsch ist. Mit dem Wegfall des Patentierungsverbotes bei Verletzung der öffentlichen Sicherheit und Ordnung durch die Veröffentlichung der beanspruchten Technik wird insoweit von den Befürwortern eines Patatentierungsverbotes nicht in der Mitwirkung bei der Bekanntmachung eines Verstoßes gegen die Sitten- oder Rechtsordnung, sondern in dem Anschein einer Billigung der Erfindung durch staatliche Einrichtungen gesehen, die sich – der rechtlichen Wirklichkeit zum Trotz – in der Öffentlichkeit allein auf Grund der Erteilung des Ausschließlich-

keitsrechtes soll bilden können. Auch der Bundesgerichtshof hat den Zweck der Regelung nicht darin gesehen, gesetzwidriges Handeln zu unterbinden; sie sei vielmehr als Ausdruck der allgemeinen Erwägung, dass solche Erfindungen nicht als patentwürdig anerkannt und vom Staat nicht durch Patenterteilung belohnt und geschützt werden, die bestimmungsgemäß allein zu solchen Zwecken verwendet werden können, welche von der Rechtsordnung missbilligt werden (GRUR **73,** 585, 586 – IUP). Bei dieser Rechtfertigung kann eine Versagung des Patents nur in Ausnahmefällen in Betracht kommen; Fehlvorstellungen der Öffentlichkeit über den Inhalt der mit der Erteilung getroffenen Entscheidung können eine Zurückweisung der Erteilung allenfalls in solchen Fällen rechtfertigen, die die Allgemeinheit als besonders abträglich oder gar verabscheungswürdig ansieht (so auch EPA GRUR Int. **93,** 865 – Patent für pflanzliche Lebensformen für die paralle Regelung in Art 53 EPÜ).

Dem Zweck der Regelung entsprechend ist für die Frage, ob ein Verstoß gegen die öffentliche Ordnung oder die guten Sitten vorliegt, nicht auf den Anmelde- oder Prioritätstag, sondern auf den Zeitpunkt der jeweiligen Wirksamkeit der Entscheidung abzustellen. Da Grund der Regelung letztlich nur die äußerliche Integrität des Entscheidungsträgers ist, kommen nur die Verhältnisse an diesem Tag als Beurteilungsgrundlage in Betracht. Für das Erteilungsverfahren sind dies die Verhältnisse im Zeitpunkt der Erteilung; Wandlungen der öffentlichen Ordnung oder der guten Sitten, die zwischen der Anmeldung und der Erteilung eintreten, sind daher für und gegen die Zulässigkeit der Erteilung des Patents zu beachten, PABl. **20,** 52, 53 = JW **20,** 577 mit Anm. Allfeld. Andernfalls würde einer Erfindung die Schutzfähigkeit abgesprochen, die zum Zeitpunkt der abschließenden Entscheidung im Hinblick auf die Recht- oder Sittenordnung keinen Bedenken (mehr) begegnet. Die Anwendung des § 2 Nr. 1 verlangt zugleich eine Prognose, dass im Zeitpunkt der Verwertung der Erfindung ein Verstoß gegen die staatliche oder sittliche Ordnung stattfinden wird; ist abzusehen, dass die gegen die Verwertung gerichteten Regeln in absehbarer Zukunft entfallen, wird das Patent schon nach dem Grundsatz der Verhältnismäßigkeit nicht versagt werden können. Ggf. ist die Entscheidung über die Erteilung bis zum Abschluss der Entwicklung zurückzustellen. Im Einspruchs- und Nichtigkeitsverfahren sind maßgebend demgegenüber die Verhältnisse am Schluss der letzten mündlichen Verhandlung in der Tatsacheninstanz. Die mangelnde Patentierbarkeit nach § 2 gehört zu den Widerrufsgründen nach § 21 Abs. 1 Nr. 1. Wollte man hier allein auf die Verhältnisse bei Erteilung des Patents abstellen, wäre das Gericht im Nichtigkeitsverfahren zu der Mitwirkung gezwungen, von der die Regelung die staatlichen Stellen befreien will. Das wäre mit ihrer Funktion ebenso wenig zu vereinbaren wie die Vernichtung eines Schutzrechtes, das nach einer Änderung der Verhältnisse jetzt nicht mehr von dem Verbot erfasst wird. **3 c**

2. Ausgeschlossen ist die Patentierung, wenn die gewerbliche Verwertung der Erfindung einen Verstoß gegen die öffentliche Ordnung oder die guten Sitten begründen würde. Aus der Verwendung des Konjunktiv im Gesetz folgt, dass der Verstoß nicht eingetreten sein muss; Handlung und Erfolg sollen beide verhindert werden. Dass das Patentamt als staatliche Behörde den Bindungen an das Polizei- und Ordnungsrecht nicht unterliegt, berührt den Patentierungsausschluss nicht, da die Behörden durch die Regelung bereits vor dem Anschein einer Mitwirkung an einem solchen Rechts- oder Sittenverstoß bzw. dessen Billigung und Unterstützung bewahrt werden sollen. Hinzu kommt, dass die Prüfungsbehörde u. U. einer Haftung gegenüber dem durch seine Mitwirkung Betroffenen unterliegen kann, soweit es zu dessen Gunsten bestehende Prüfungspflichten verletzt hat (VGH München GRUR-RR 2003, 297 – Aufreißdeckel). **4**

Verwertung ist jede Form der Benutzung, insbesondere der wirtschaftlichen Auswertung der unter Schutz gestellten Lehre. Ob der Erfinder zuvor bei der Entwicklung der beanspruchten Lehre gegen die Rechts- oder Sittenordnung verstoßen hat, spielt in diesem Zusammenhang keine Rolle. Das Verbot der Patentierung nach § 2 Abs. 1 greift nur ein, wenn die Benutzung der Erfindung einen solchen Verstoß begründet (vgl. MGK/Moufang Art. 53 Rdnr. 43). Ein Vertriebsverbot schließt daher ein auf die Herstellung des entsprechenden Produkt gerichtetes Patent grundsätzlich nicht aus (Schulte § 2 Rdnr. 14). Eine Verwertung zu nicht geschäftlichen Zwecken ist unerheblich. **4 a**

Erforderlich ist, dass die jeweilige Regelung die Verwertung zu Erwerbszwecken vollständig untersagt. Von der Patentierung ausgeschlossen werden kann eine Erfindung aus dem Gesichtspunkt einer unzulässigen Verwertung nur dann, wenn für sie nur ordnungswidrige Benutzungen denkbar sind. Ist eine sinnvolle Verwertung der Erfindung möglich, die weder gegen die öffentliche Ordnung noch gegen die guten Sitten verstößt, ist die Patenterteilung auf die Erfindung nicht nach § 2 Abs. 1 ausgeschlossen, BGH GRUR **72,** 704, 707; **73,** 585. Die Patenterteilung wird daher nicht gehindert, wenn die Erfindung auch in einer Gesetz oder Sittenord- **4 b** nung nicht verletzenden Weise benutzt werden kann (Schulte § 2 Rdnr. 15). Im Hinblick auf die bestehenden legalen Benutzungsmöglichkeiten darf in einem solchen Fall Patentschutz nicht schlechthin verweigert werden. Unberücksichtigt bleibt ferner die Möglichkeit einer missbräuchlichen Verwendung; für die Feststellung eines Verstoßes gegen die öffentliche Ordnung oder die Sittenordnung ist bei der Verwertung der Erfindung der ordnungsgemäße (bestimmungsgemäße) Gebrauch des patentierten Erzeugnisses maßgebend, RG Bl. **04,** 35, 36; RGZ **149,** 224, 229f. Der mögliche Missbrauch einer Lehre in Einzelfällen bildet grundsätzlich keine hinreichende Rechtfertigung dafür, dem Erfinder den Schutz des Patentrechts insgesamt und damit auch gegenüber solchen Verwendungen zu versagen, die nicht im Widerspruch zur Rechts- und Sittenordnung stehen. Ebensowenig schadet es, dass missbräuchliche Verwendungen zu einem verbotenen oder gar strafbaren Tun führen können; auch insoweit kommt es zunächst auf die ordnungs- bzw. bestimmungsgemäße Verwendung an. Dass der patentgemäße Gegenstand neben anderen auch zu von der Rechtsordnung mißbilligten, insbesondere kriminellen Handlungen verwendet werden kann, schließt eine Patenterteilung daher allenfalls dann aus, wenn daneben schlechterdings keine legale Benutzung denkbar ist. Die Vorschrift soll Patente verhindern, die überall Anstoß erregen würden. Dass die Verwendung von Waffen, Werkzeugen, Giften, Sprengstoffen bei einem Missbrauch der öffentlichen Ordnung zuwiderlaufen könnte, hindert daher die Patentierung von Erfindungen nicht, die sich auf diese Gegenstände beziehen. Das Gleiche gilt für Abtreibungsmittel, weil sie der Arzt bei medizinischer Indikation oder in den sonst vom Gesetz zugelassenen Fällen als Arzneimittel verwenden kann. Auch die bloße Gefährlichkeit einer Erfindung rechtfertigt einen Ausschluss von der Patentierung nicht (EPA GRUR Int **93,** 240, 241 – Krebsmaus; Mes, § 2 Rdnr. 8). Dass Waffen, Sprengstoffe und Munition nicht nur zu rechtswidrigen Zwecken missbraucht werdeun können, sondern von Haus aus gefährlich sind, schließt Patente auf sie daher nicht aus.

4c Vorschriften, die kein absolutes Verbot enthalten, sondern einzelne Benutzungsarten zulassen, können schon ihrem Inhalt nach keinen allgemeinen Verstoß gegen die öffentliche Ordnung begründen; als Grundlage für einen Patentierungsausschluss scheiden sie regelmäßig aus. An einem Verstoß gegen die öffentliche Ordnung fehlt es daher regelmäßig dann, wenn das Verbot schon seinerseits Ausnahmen enthält, unter denen das grundsätzlich untersagte Verhalten zulässig sein kann (Busse/Keukenschrijver, § 2 Rdnr. 13). Es steht der Patenterteilung daher nicht entgegen, dass die Verwertung zwar einem Gesetz (wie der Trinkwasser-Aufbereitungs-Verordnung v. 19. 12. 1959, BGBl. I S. 762) und damit der öffentlichen Ordnung zuwiderlaufen kann, der Gegenstand der Erfindung aber auch anderweitig verwendbar ist (nach dem erfindungsgemäßen Verfahren kann auch Wasser behandelt werden, das kein Trinkwasser i. S. der VO ist), BPatG Mitt. **72,** 135, 137 re. Sp.; BGH GRUR **72,** 704, 707 – Wasseraufbereitung. Der Patentierung eines Bauaufzuges steht die öffentliche Ordnung in der Ausgestaltung des auf der Gewerbeordnung beruhenden Verbotes der Personenbeförderung in Bauaufzügen nicht entgegen, da das Verbot nur die „Benutzung" des Bauaufzuges zur Personenbeförderung betrifft, einerlei ob er als reiner Bauaufzug gebaut ist oder auch Personen befördern soll. Das Herstellen, Inverkehrbringen und Anbieten des zum Patent angemeldeten Bauaufzuges ist also gesetzlich nicht verboten, BPatGE **5,** 129, 134.

5 **3. Der Verstoß gegen die öffentliche Ordnung**

5a Mit dem **„ordre public"** kann die öffentliche Ordnung im Sinne von Abs. 1 nicht ohne weiteres gleichgesetzt werden. Beide betreffen unterschiedliche rechtliche Ansätze, auch wenn eine Verletzung der öffentlichen Ordnung vielfach zugleich einen Verstoß gegen den ordre public bedeuten wird. Im Anwendungsbereich des § 2 geht es nicht um Fragen des Kollisionsrechtes (so zutr. Keukenschrijver in Busse, PatG, § 2 PatG Rdnr. 13; a. A. MGK/Moufang, Art. 53 Rdnr. 30ff.; wohl auch Singer/Stauder/Schatz, Art 53 Rdnr. 11). Zweck der Regelung ist allein, das Patentamt von der Erteilung von Patenten zu entbinden, die nur einem von der Rechtsordnung und Gesellschaft allgemein mißbilligten Zweck dienen können. Diese andere Zielsetzung verleiht der Norm einen engeren Geltungsbereich, als er etwa den Regelungen über den ordre public zugrunde liegt

5b Trotz der äußerlichen Übereinstimmung im Wortlaut ist der Begriff der öffentlichen Ordnung auch nicht – wie etwa im Polizei- und Ordnungsrecht – mit den Ge- und Verboten der Rechtsordnung gleichzusetzen. Sinn und Zweck der patentrechtlichen Regelung gebieten ein deutlich engeres Verständnis des Begriffs. Ein allgemeines Verbot von Erfindungen, die mit der aktuellen Rechts- oder Sittenordnung kollidieren, hätte zur Folge, dass auch in der Sache wertvolle Erfindungen im Ergebnis dauerhaft einem Patentschutz nicht zugänglich wären. Auch vor dem Hintergrund sich ständig wandelnder gesellschaftlicher Anschauungen ist im Rahmen dieser Abwägung ein Ausschluss von der Patentierung daher nur dort zu rechtfertigen, wo gewichtige, zu den tragenden Grundsätzen der Rechts- und Sittenordnung zählende Normen oder Grundsätze betroffen sind, die allgemein als grundlegend und verbindlich angesehen werden (BPatGE 46, 170 = GRUR 2003, 710 – Verkehrszeichen; Busse/Keukenschrijver § 2 Rdnr. 12; Schulte, § 2 Rdnr. 21; Singer/Stauder, EPÜ 2. Aufl. Art. 53 Rdnr. 11; EPA ABl **95,** 545 – Pflanzenzellen; vgl. a. BT-Ds. 7/3712 vom 2. 6. 75 S. 27). Die Generalklausel der „öffentlichen Ordnung" wird demgemäß im Zusammenhang des § 2 PatG durch solche Normen umrissen, „die der Gesetzgeber in einer die Grundlagen des staatlichen oder wirtschaftlichen Lebens berührenden Frage auf Grund bestimmter staatspolitischer, sozialer oder wirtschaftlicher Anschauungen, nicht nur aus bloßen Zweckmäßigkeitserwägungen gegeben hat", RGZ **169,** 240, 245, d.h. durch Vorschriften von essentieller Bedeutung (Singer/Lunzer, Rdnr. 53.02; Rogge, GRUR **98,** 203, 205; Mes, § 2 PatG Rdnr. 6) und von Rechtssätzen, die überragend wichtige Rechtsgüter schützen.

Normen, die wesentliche Grundlagen des menschlichen Zusammenlebens in einer Gemeinschaft betreffen sind vor allem Vorschriften über den Schutz der Grund- und Menschenrechte, wie sie in allen Vertragsstaaten anerkannt sind und etwa in der UN-Charta oder der Europäischen Menschenrechtskonvention ihren Niederschlag gefunden haben. Ihre Verletzung wird regelmäßig wegen der Bindung staatlicher Stellen an die Grundrechte schon unmittelbar die Erteilung eines Schutzrechtes ausschließen; § 2 PatG bestätigt insoweit nur eine ohnehin selbstverständliche Rechtsfolge. Der Bundesgerichtshof hat insoweit in der öffentlichen Ordnung die Grundlagen des deutschen staatlichen oder wirtschaftlichen Lebens gesehen, BGHZ **42,** 7, 13 m.w. Nachw., zu denen auch die wesentlichen Verfassungsgrundsätze rechnen, die eine unverrückbare Grundlage des deutschen staatlichen oder sozialen Lebens bilden, BGHZ **42,** 7, 13, die Essentialien des demokratischen Prinzips, BGHZ **94,** 248, 250, wie sie in den Grundrechten der UN-Charta und der Verfassung niedergelegt sind wie beispielsweise die Unantastbarkeit der Menschenwürde, BGHZ **48,** 327, 330, das Recht auf Leben und körperliche Unversehrtheit und persönliche Freiheit, Art. 2 Abs. 2 GG, und der Schutz von Ehe und Familie, Art. 6 GG oder der Schutz überindividueller Interessen, BGHZ **94,** 248, 249 m.w. Nachw. Danach wird von der öffentlichen Ordnung im Sinne des § 2 vor allem das Recht des Menschen auf körperliche Unversehrtheit (Art. 3 EMRK) und persönliche Freiheit erfasst, wobei hier auch der Schutz von Embryonen einzubeziehen ist, wie er in Deutschland im Embryonenschutzgesetz bestimmt wird (Mes, § 2 PatG Rdnr. 7; Busse/Keukenschrijver, § 2 PatG Rdnr. 13). Hierher gehören ferner die gesetzlichen Verbote nach dem Gesetz zur Regelung von Fragen der Gentechnik (Gentechnikgesetz), dem Stammzellengesetz oder den tragenden Grundsätzen des Tierschutzgesetzes. Zu den überragend wichtigen Gütern in diesem Sinne gehört weiter der **Schutz der Umwelt** (EPA ABl **95,** 545 = GRUR Int. **95,** 978 – Pflanzenzellen; Schulte § 2 Rdnr. 17). 5c

Für den Ausschluss von der Patentierung muss eine ernsthafte Gefährdung dieses Rechtsgutes durch die beanspruchte Erfindung dargestellt bzw. im Einspruchsverfahren substantiiert dargelegt werden; auf die bloße Möglichkeit einer Gefährdung können Zurückweisung der Anmeldung oder der Widerruf eines erteilten Patents nicht gestützt werden (Singer/Stauder, Art. 53 Rdnr. 13). 5d

Von der Patentierung ausgeschlossen sind nach § 2 weiter Erfindungen, deren Verwertung voraussichtlich den **öffentlichen Frieden oder das geordnete Zusammenleben** in der Gemeinschaft stört oder ernsthaft gefährdet (vgl. EPA GRUR Int. **95,** 978 – Pflanzenzellen zu 18.5., 18.6). Sicherheitsvorschriften und Normen, die der Abwehr von Gefahren für Leib und Leben des Menschen dienen, sind Teil der öffentlichen Ordnung. Eine auf ihre Verletzung zielende Erfindung kann nicht patentiert werden. 5e

Teil der öffentlichen Ordnung im Sinne des § 2 können ferner Regelungen zur Sicherung der **Redlichkeit im Geschäftsverkehr** vor betrügerischen Manipulationen sein. In diesem Umfange können auch Verstöße gegen Sicherheitsvorschriften, das Arzneimittel-, Lebensmittel- oder Weingesetz einen Verstoß gegen die öffentliche Ordnung ergeben. Ein Verstoß gegen Rechtsnormen, bei denen Ausnahmegenehmigungen zugelassen sind, oder die Herstellung eines Erzeugnisses zum verbotenen Export, begründet keinen Verstoß gegen die öffentliche Ordnung. Wie die Möglichkeit der Bewilligung der Ausnahmegenehmigung zeigt, gehören derartige Normen nicht zu den tragenden Grundsätzen der Rechtsordnung. Volkswirtschaftlich zunächst schädlich erscheinende Erfindungen, durch die vorhandene Werte vernichtet werden und das Gefüge der Wirtschaft erschüttert wird, sind weder unter dem Gesichtspunkt des Verstoßes gegen die öffentliche Ordnung noch des Verstoßes gegen die guten Sitten (s. Rdn. 6) von der Patenterteilung ausgeschlossen (s. Plassmann, ZAkDR **37,** 54f.). 5f

Ein staatliches Interesse an der Geheimhaltung der Erfindung hindert deren Patentierung nicht. Auch militärische Entwicklungen mit militätischem Zweck oder einer entsprechenden Eignung können patentiert werden (vgl. § 2 Nr. 1 Satz 2). 5g

6 **4. Der Verstoß gegen die guten Sitten.** Der Begriff der „guten Sitten" ist ebenso wie der der „öffentlichen Ordnung" eine Generalklausel, die der Rechtsanwendung einen gewissen Spielraum überlässt. Auch hier ist zur Vermeidung zu enger Schranken für künftige Entwicklungen ein enger Maßstab zugrundezulegen. Im Hinblick auf den Zweck des Gesetzes kann die maßgebliche Sittenordnung nicht mit den zeitlich wandelbaren, jeweils gerade herrschenden Moralvorstellungen gleichgesetzt werden (Busse/Keukenschrijver § 2 Rdnr. 18; teilweise anders noch BGHZ 10, 228, 232 wo auf das „Anstandsgefühl aller billig und gerecht Denkenden" abgehoben wird, ebenso Voraufl.; Mes § 2 Rdnr. 8; Schulte § 2 Rdnr. 23), Der Hinweis auf die Legaldefinition in § 138 BGB trägt den besonderen Anforderungen des Patentrechts nicht hinreichend Rechnung. Nach Sinn und Zweck des Patentrechts muss der Begriff der guten Sitten – wie der der öffentlichen Ordnung – auf seine tragenden Grundlagen zurückgeführt werden, soweit ein Ausschluss von der Patentierung in Frage steht. Die Gewährung des zeitlich begrenzten Ausschließlichkeitsrechtes soll dem Entwickler die Sicherheit verschaffen, seine Schöpfung zeitlich begrenzt allein auswerten zu dürfen und so einen Gewinn zu erzielen, der ihm über die Möglichkeit einer Kompensation seines Aufwandes zumindest eine Aussicht auf ein Einkommen verschafft (so zutr. auch Spranger, GRUR Int. **99,** 595, 597f.). Die im Interesse der gesamten Menschheit liegende Verwirklichung dieser Zielsetzung würde durch kleinliche Maßstäbe bei dieser Würdigung gefährdet; geboten ist daher eine großzügige, im Zweifel ein Schutzrecht gewährende Betrachtung. Die Rückwirkung ethischer Vorstellungen auf das Patentrecht muss auf gewichtige, evidente Fälle beschränkt bleiben (Busche, Mitt. 2001, 4, 8); sie darf nicht zu einer verdeckten Sozialkontrolle moderner Technologien führen (Fuchs, Mitt. 2000, 1, 9). Ein Verstoß gegen die guten Sitten kommt daher nur bei der Verletzung ethisch fundierter Normen von zentraler Bedeutung in Betracht, die allgemein als verbindlich angesehen werden (Moufang Art. 53 Rdnr. 37; Singer/Stauder/Schatz Art 53 Rdnr. 17); erforderlich ist ein Verstoß gegen die guten Sitten von erheblichem Gewicht (Rogge, GRUR **98,** 303, 305). Was gute Sitten im Sinne des Ausschlusstatbestandes im Einzelnen sind, ergibt sich mithin aus den sittlichen Grundlagen der Rechtsordnung, in die vor allem das in der Verfassung und in den Grundrechten verkörperte Wertsystem einfließt, BVerfGE **7,** 206; **24,** 251; BGH NJW **72,** 1414; z.B. der Schutz der Menschenwürde, BPatGE **29,** 39, 42, auch dessen Sozialstaatsklausel, Art. 20, 28 GG, BVerfGE **8,** 329.

6a Der Begriff der guten Sitten knüpft an die Bewertung eines Verhaltens als vertretbar oder falsch an, wobei diese Überzeugung auf der Gesamtheit der in einem Kulturkreis tief verwurzelten, anerkannten Normen gründet. Grundlage der Bewertung ist zwar das Empfinden aller billig und gerecht Denkenden, aber in der Form, wie es seinen Niederschlag in diesen Normen gefunden hat. Ob eine Verwertung der Erfindung gegen die guten Sitten verstoßen würde, ist danach auf Grund einer Gesamtabwägung aller Umstände zu beurteilen. Diese Abwägung muss ausgehen von dem Zweck des Patentschutzes, den technischen Fortschritt zu fördern.

6b Bei der Abwägung sind der Nutzen der Erfindung und ihre schädlichen Wirkungen, insbesondere die von ihr ausgehenden Gefahren für Mensch und Umwelt, gegenüberzustellen (vgl. EPA ABl. **92,** 589 – Krebsmaus III zu 1); in diesem Zusammenhang können auch mittelbare Vorteile berücksichtigt werden, wie etwa die Verbesserung der Bewahrung gentechnischer Ressourcen infolge der von einer Patentierung ausgehenden Anreize (dazu Strauss, Patentierung von Pflanzen und Tieren S. 167f). Maßgebend sind jeweils die Verhältnisse des konkreten Einzelfalls (vgl. EPA, ABl **95,** 545 = GRUR Int. **95,** 978 – Pflanzenzellen zu 13). Der Ausschluss von der Patentierung ist eher die Ausnahme, die vor allem in solchen Fällen in Betracht kommt, die die Allgemeinheit als besonders abträglich oder gar verabscheuungswürdig ansieht (EPA GRUR Int. **93,** 865 – Patent für pflanzliche Lebensformen). Mehr noch als bei dem Tatbestandsmerkmal der öffentlichen Ordnung bedarf es hier einer Abwägung zwischen den durch die Sittenordnung verfolgten und geschützten Zielen und den Folgen, die sich aus der Entscheidung über die Erteilung des Patents für sie und den Betroffenen ergeben. Dabei sind dem Wortlaut der Regelung entsprechend auch die Folgen und Nachteile einzustellen, die sich aus der Verwertung der Erfindung ergeben. Zu Recht hat daher das EPA bei der Genmanipulation von Säugetieren schon vor der Biotechnologierichtlinie eine Abwägung zwischen dem Nutzen der Erfindung für die Menschheit einerseits und der möglichen Gefährdung der Umwelt und dem Leiden der Tiere verlangt, die in Anwendung der beanspruchten Lehre ungewöhnlich anfällig für krebserregende Substanzen und Reize werden, so dass sich leicht schmerzenerregende Tumore bilden, ABl. **90,** 476, 490 – Krebsmaus/HARVARD.

6c Im Gesetz ist der Sittenverstoß als ein eigenständiger Grund gestaltet, das nachgesuchte Patent zu versagen. Er ist unabhängig von einem Verstoß gegen die öffentliche Ordnung und steht selbstständig neben diesem Versagungsgrund. Ein Gesetzesverstoß besagt daher für den weiteren Grund nach § 2 Abs. 1 wenig. Vermag dieser einen Patentierungsausschluss aus dem Gesichtspunkt einer Verletzung der öffentlichen Ordnung nicht zu tragen, kann mit dem Hinweis auf diese Rechtsverletzung allein auch ein Sittenverstoß nicht begründet werden. Beide Ausschließungsgründe entsprechen sich in ihrer Wertigkeit. Ein Sittenverstoß bleibt jedoch denkbar, wo das Gesetz etwa infolge noch unberücksichtigt gebliebener neuer Entwicklungen lückenhaft ist (Busse/Keukenschrijver, § 2 Rdnr. 18). Andererseits schließt das Fehlen einer gesetzlichen Regelung einen Sittenverstoß nicht aus; gesetzlich nicht geregelte Sachverhalte können mit der Sittenordnung gleichwohl in einem solchen Maße unvereinbar sein, dass eine Patentierung ausgeschlossen werden muss. Rechts- und Sittenordnung überlappen sich in ihren Regelungsbereichen nur teilweise; sittlich geprägte Maßstäbe finden in die Rechtsordnung häufig über Generalklauseln Eingang.

Auch vor dem Hintergrund einer veränderten Arbeitswelt sind arbeitsparende Maschinen **6d**
auch dann nicht sittenwidrig, wenn dadurch Arbeitsplätze verlorengehen (so schon PA Mitt. **34,** 144; **34,** 291, 292). Nicht sittenwidrig ist weiter ein Schutz für die Herstellung von Heilmitteln (PA Bl. **24,** 6f.), auch wenn damit der Zugang zu den Arzneimitteln wegen erhöhter Kosten erschwert wird. Ohne die Leistung des Erfinders stünde das Heilmittel überhaupt nicht zur Verfügung; auch deshalb muss ihm die Möglichkeit der Refinanzierung seiner Ausgaben eröffner werden. Ohne eine solche Möglichkeit wird zudem das Interesse an weiterer, in der Regel kostenintensiver Forschung erlahmen. Die Patentierung ärztlicher Verfahren ist ebenfalls nicht bereits wegen der Monopolisierung durch ein Patent von vornherein schlechthin sittenwidrig (BGHZ **48,** 313, 316ff.). Auch der Patentierung der Verwendung von Substanzen zur therapeutischen Behandlung des Menschen oder der Verwendung von Blut, menschlichen Organen und Geweben stehen sozialethische Gründe nicht entgegen, BGHZ **88,** 209, 227 – Hydropyridin; BPatG GRUR **85,** 276, 277. Das BPatG sieht einen Sittenverstoß in einem nutzlosen Scheintotenentlarvungssystem, das unter Mißachtung des toten Körpers diesen zum Objekt wirtschaftlicher Verwertung herabwürdigt, indem trotz der Endgültigkeit des Todes die anstößige Ausnutzung der seelischen Bedrängnis der trauernden Angehörigen möglich gemacht werde, BPatGE **29,** 39, 42f. (bedenklich). Intrauterinpessare hat der Bundesgerichtshof bereits 1972 jedenfalls mit Rücksicht auf Fälle ärztlich gebotener Unterbrechung der Schwangerschaft als patentfähig angesehen (GRUR **73,** 585, 586). Mittel zur Empfängnisverhütung sind nach heutigen Maßstäben auch dann nicht mehr mit einem sittlichen Verdikt belegt, wenn sie ein freizügiges Sexualverhalten ermöglichen.

Ein vom Gesetzgeber bewusst zugelassenes Verhalten wird in der Regel nicht als sittenwidrig **6e**
angesehen werden können (Rogge, GRUR **98,** 303, 395; Schulte § 1 PatG Rdnr. 18). Es wird daher regelmäßig auch dann nicht vom Patentschutz ausgeschlossen sein, wenn es einer Mehrheit von Personen aus gewichtigen Gründen als anstößig erscheint. Demgegenüber wird die Verwendung einer Lehre, die notwendig einen rechtswidrigen Eingriff voraussetzt, in aller Regel mit der Sittenordnung unvereinbar sein. Das gilt insbesondere für rechtswidrige Eingriffe in den menschlichen Körper (Fuchs, Mitt. 2000, 1, 8).

Mit dem Hinweis, dass eine Monopolisierung genetischer Ressourcen unerwünscht sei, wird **6f**
die Diskussion über die Patentfähigkeit von **Genen und Gensequenzen** auf der falschen Ebene geführt. Voraussetzungen und Grenzen der Patentfähigkeit lassen sich in angemessener Weise auf der Grundlage des allgemeinen Patentrechts bestimmen; für die Einführung der Angabe eines Verwendungszweckes, wie sie die Biothechnologierichtlinie vorgegeben und der nationale Gesetzgeber über die Richtlinie hinaus in § 1a vorgeschrieben hat, bestand weder ein Anlass noch ein Bedarf. Patentschutz für Stoffe kommt nur in Betracht, wenn mit der beanspruchten Lehre erstmals in erfinderischer Weise der Zugriff auf sie ermöglicht wird; Herstellung bzw. Gewinnung und Stoffschutz stehen in einem engen Zusammenhang. Ist diese Bereitstellung das Ergebnis einer erfinderischen Leistung, ist auch vor dem Hintergrund der öffentlichen Ordnung und der guten Sitten nicht einzusehen, dass dem Erfinder der Lohn für seine Leistung versagt und diese für andere als die benannten Verwendungen praktisch gemeinfrei werden soll; eine Verweisung auf den Schutz des Herstellungsverfahrens ist hier ebenso wenig geboten wie in den anderen Fällen des Stoffpatents. Ebensowenig besteht der Sache nach Anlass, die Patentierung – wie in der Biotechnologierichtlinie bestimmt, von einer den Umfang des Patentschutzes nicht begrenzenden Angabe über einen möglichen Einsatzzweck abhängig zu machen; dieser kann allenfalls im Rahmen der Prüfung der gewerblichen Anwendbarkeit eine Rolle spielen. Die Einführung eines weiteren Kriteriums über das Erfordernis der gewerblichen Anwendbarkeit hinaus, ist hier eine gefährliche Überbestimmung. Sind, wovon auf Grund der technischen Entwicklung heute wohl im Regelfall auszugehen sein wird, Isolierung und nutzbare Bereitstellung eines Gens oder einer Gensequenz dem Fachmann ohne erfinderisches Bemühen zugänglich, kommt eine Patentierung des Stoffes „Gen“ ohnehin nicht in Betracht; es kann allein um eine bisher nicht bekannte Verwendung dieses bekannten und zugänglichen

Stoffes gehen. Gegen deren Patentierung bestehen bei Erfüllung der Voraussetzungen auch vor dem Hintergrund der öffentlichen Ordnung und der guten Sitten allein wegen des Zusammenhangs mit der Nutzung natürlicher Resourchen wiederum keine Bedenken. Damit erledigt sich zugleich der im Zusammenhang mit Genpatenten oft gehörte Einwand, die Gewährung uneingeschränkter Stoffpatente auf Gene führe zu einer Überbelohnung (vgl. etwa Kunczik GRUR 2003, 845 ff.). Bei konsequenter Anwendung des Patentrechts kann ein Schutzrecht nur bei erfinderischer erstmaliger wiederholbarer Bereitstellung des Stoffes erteilt werden; dann aber ist – wie auch sonst bei Stoffpatenten, die Erteilung des Patents keine Überbelohnung. Jeder weitere Nutzer der Sequenz ist zu dieser Nutzung nur infolge der einem entsprechenden Patent zugrundeliegenden Leistung in der Lage und macht von dieser Gebrauch. Ihn zu einer Vergütung für diese Benutzung zu verpflichten oder sie ihm ohne Zustimmung des Berechtigten zu verwehren, erscheint nicht unangemessen.

6g Auch unter Berücksichtigung des europäischen Gemeinschaftsrechts ist eine Erfindung, die sich mit lebender Materie und deren Veränderung befasst, nicht per se sittenwidrig (vgl. EPA ABl. 1984, 112 – Vermehrungsgut zu 2; GRUR Int. **88,** 629, 631 – Hybridpflanzen zu 8, ABl. 1990, 476 – Krebsmaus II zu 5; s. a. BGH GRUR **75,** 430 – Bäckerhefe). Das gilt grundsätzlich auch für die im Einzelnen in ihrer Zulässigkeit heftig umstrittene Patentierung gentechnischer Veränderungen bei Mensch, Tier und Pflanze (EPA GRUR Int. **95,** 978 – Pflanzenzellen zu 17.1; Busche, GRUR Int. **99,** 299). Zwar unterscheidet sich die Gentechnik durch den gezielten Eingriff in den Genom von der bloßen Züchtung. Auch die seit jeher als unbedenklich angesehene Züchtung von Tieren und Pflanzen kann und soll im Ergebnis eine solche Veränderung bewirken, insbesondere dann, wenn sie zu einem dauerhaften Erwerb neuer Eigenschaften und Merkmale und der Entstehung neuer Arten und Sorten führen soll. Ein Verstoß gegen die öffentliche Ordnung kann sich bei Veränderungen des Genoms daher nur aus besonderen Gefahren ergeben, die diese Art der genetischen Veränderung insbesondere für die Umwelt und die in ihr lebenden Wesen mit sich bringt. Dafür genügt jedoch eine abstrakte Gefährlichkeit nicht; ein Patent kann vielmehr aus diesem Grunde nur versagt werden, wenn jeweils eine konkrete Gefahr festgestellt wird. Es ist Sache des Gesetzgebers in den einzelnen Vertragsstaaten oder der Europäischen Union festzulegen, unter welchen Voraussetzungen derartige Manipulationen zulässig sein können; das Patentrecht sollte sich – auch um die künftige technische Entwicklung nicht zu gefährden – hier mit der Annahme eines Verbots eher zurückhalten. Die aus der Biotechnologie-Richtlinie der Europäische Union ersichtlichen Grenzen gehen über das danach Gebotene hinaus; sie sind auch aus der Fehlvorstellung zu erklären, dass die Patentierung einer Erfindung deren staatliche Legitimierung bedeute.

C. Der Patentierungsausschluss nach Abs. 2

7 **1. Einführung.** Abs. 2 schließt für eine Reihe von beispielhaft aufgeführten Sachverhalten eine Patentierung aus; mit dieser Regelung hat der nationale Gesetzgeber die konkret bezeichneten Vorgaben durch die Biotechnologierichtlinie in das nationale Patentrecht umgesetzt. Für einen Gegenstand, der unter den Ausschlusstatbestand fällt, kann ein Patent nicht erteilt werden, vgl. EPA SAABl 2005 S. 20 für die vergleichbare Vorschrift des Art. 53 a EPU. Greifen dessen Voraussetzungen nicht ein, bleibt die Erfindung nach der Grundregel des Abs. 1 zu prüfen. Auf eine genaue Zuordnung zu den Sachverhalten einer Verletzung der öffentlichen Ordnung oder der guten Sitten hat der Gesetzgeber dabei verzichtet; im Ergebnis bedarf es mit Blick auf die stringente Rechtsfolge einer solchen Zuordnung allenfalls aus wissenschaftlichem Interesse. In erster Linie stehen hinter dem Ausschluss von der Patentierung ethische und sittliche Erwägungen. Diese sind im Verlauf der Entwicklung der vergangenen Jahre jedoch zum Teil bereits Gegenstand sondergesetzlicher Verbote geworden. Deren Einbeziehung in Anwendung und Auslegung der Ausschlusstatbestände ist nach dem Willen des Gesetzes geboten, wie die Bezugnahme auf das Embryonenschutzgesetz für einen Teil des Kataloges nach Absatz 2 belegt. Nach den Nrn. 1–3 des Abs. 2 sind vor allem Eingriffe in die menschliche Erbmasse sowie die industrielle Verwertung des werdenden menschlichen Lebens untersagt. Die Vorschrift verbietet Patente für das Klonen von Menschen (Nr. 1), die Veränderung der genetischen Identität des Menschen (Nr. 2) und die Verwendung menschlicher Embryonen zu gewerblichen oder kommerziellen Zwecken (Nr. 3). In Nr. 4 werden schließlich Patente ausgeschlossen, die Tieren durch die Veränderung ihrer genetischen Identität Schmerzen oder Leiden zu fügen, denen kein wesentlicher medizinischer Nutzen für Mensch oder Tier gegenübersteht. Eine vergleichbare Regelung für Eingriffe in die pflanzliche Erbmasse fehlt im Gesetz. Hier ist der Gesetzgeber auf der Grundlage der bisherigen Erkenntnisse der naturwissenschaftlichen Forschung davon ausgegangen, dass mangels vergleichbarer Auswirkungen ein Regelungsbedarf derzeit nicht besteht.

Auf eine ähnliche umfassende Beschränkung der Patentierung wie sie § 1a PatG für den menschlichen Körper vorsieht, hat der Gesetzgeber bei den Bestandteilen der Körper von Pflanzen und Tieren verzichtet. Weder ist grundsätzlich die Erteilung von Patenten für deren Körper oder seine Bestandteile untersagt, noch hängt die Patentierung von Genen oder Gensequenzen wie bei § 1 Abs. 4 von der Angabe eines konkreten Verwendungszweckes ab. 8

2. Eine von den Ausschlusstatbeständen in § 2 nicht erfasste Patentierung **des menschlichen Körpers und seiner Organe** ist schon nach § 1a weitgehend ausgeschlossen; ihr steht darüber hinaus auch die Beschränkung des Patentrechts auf Erfindungen entgegen. Denkbar sind allenfalls Schutzrechte auf Verfahren, mit denen die Bestandteile des Körpers oder seiner Zellen künstlich hergestellt werden, und die in solchen Verfahren gewonnenen Produkte. Die auch für Schutzrechte mit einem solchen Gegenstand teilweise geforderte vollständige Zurückhaltung bedeutet den Ausschluss wirtschaftlicher Kompensation für die zum Teil erheblichen Aufwendungen bei der Entwicklung von Medikamenten und medizinischen Hilfsmitteln und damit im Ergebnis eine auch aus der Sicht der Sittenordnung bedenkliche Gefahr für den medizinischen Fortschritt. Sie ist nachzuvollziehen nur dort, wo der lebende oder tote Mensch als materieller Ausgangspunkt solcher Verfahren genommen wird; auf die davon freie Erzeugung etwa auf Grund von in Mikroorganismen eingeschleusten Genen lässt er sich nicht übertragen. Größere Bedenken ergeben sich hier aus den möglicherweise schwerwiegenden Folgen einer Manipulation des menschlichen, tierischen oder pflanzlichen Lebens mit Hilfe dieser Produkte. Bei der Abwägung sind die mit der Erfindung oder ihrer Verwertung verbundenen Vorteile den aus ihrer Umsetzung resultierenden Nachteilen gegenüberzustellen, wobei zu berücksichtigen ist, dass sich bei Anmeldung einer Erfindung ihre Bedeutung für den technischen Fortschritt regelmäßig jedenfalls nicht abschließend übersehen lassen wird. 9

3. **Verfahren zum Klonen** von menschlichen Lebewesen sind alle Verfahren, mit denen ein menschliches Wesen geschaffen werden soll, das in seinem Zellkern die gleichen Eigenschaften aufweist wie ein bereits vorhandenes lebendes oder verstorbenes menschliches Wesen. Entscheidend ist die Übereinstimmung im Zellkern. Nach den Erwägungsgründen der Richtlinie zielt der Patentierungsausschluss auf die Erzeugung gleicher, d.h. im Zellkern identischer Lebewesen (Herdegen, GRUR Int. 2000, 859, 860f.); eine weitergehende Identiät ist nicht erforderlich, zumal Übereinstimmungen im übrigen Inhalt der Zelle in ihrer biologischen Relevanz fraglich erscheinen. Maßnahmen der künstlichen Befruchtung sollen auf diese Weise nicht unterbunden werden; der sittliche Vorwurf trifft allein die für das Klonen typische Veränderung der Zelle etwa mit dem Ziel der Herstellung identischer Wesen. Von der künstlichen Befruchtung unterscheidet sich das Klonen dadurch, dass anders als bei dem der Natur nachgebildeten Vorgang die erzeugte Zelle nicht über eine Verschmelzung der Kerne von Vater- und Mutterzelle in der Eizelle, sondern durch Einbringung eines fertigen Kern in eine Zelle gebildet wird; das geklonte Wesen verfügt nicht über Vater und Mutter, sondern stammt von einem Zell- oder Erbgutspender ab (Schulte, § 2 Rdnr. 31). Welches Ziel mit dem Klonen verfolgt wurde, ist für den Ausschluss von der Patentierbarkeit unerheblich. Das Klonen wird als solches als sittenwidrig bewertet; es kommt daher nach dem geltenden Recht auch nicht darauf an, ob mit ihm an sich anerkennenswerte Ziele etwa bei Diagnose und Therapie von Krankheiten der Menschheit oder bestimmter Menschen verfolgt werden. Die Erzeugung eines Menschen als Ersatzteillager oder die Nutzung des menschlichen Körpers zur Gütererzeugung, mögen sie auch von hohem therapeutischen Nutzen sein, werden als mit der Sittenordnung schlechthin unvereinbar angesehen (vgl. Dolder, Mitt. **84,** 1). Im Hinblick auf die damit aus wirtschaftlichen Gründen eher beschränkt interessante Forschung auf diesen Gebieten erscheint die restriktive Handhabung dieser Frage durch das nationale Patentrecht nicht unbedenklich. 10

Der Ausschluss von der Patentierung bezieht sich auf menschliche Wesen in jeder Entwicklungsstufe; er schließt daher insbesondere Embryonen ein. Verfahren zum Klonen von menschlichen Wesen werden in erster Linie solche sein, die der Erzeugung von Embryonen dienen. Andererseits beschränkt sich der Ausschluss auf Verfahren zum Klonen von menschlichen Wesen als solchen. Die identische Herstellung von Organen aus menschlichen Zellen, wie sie Gegenstand und Ziel der Stammzellenforschung ist, wird von dem Ausschlusstatbetsand nicht erfasst (Schulte, § 2 Rdnr. 31). 11

Die Regelung betrifft allein das Klonen menschlicher Lebewesen; Verfahren zum Klonen von Tieren werden von ihr nicht erfasst. Sie können allein aus dem allgemeinen Verbot bei einer sitten- oder ordnungswidrigen Verwertung von der Patentierung ausgeschlossen sein. Damit ist die Regelung in erster Linie für den Verletzungsprozess, zu dem es wegen der Sittenwidrigkeit solcher Verwertungen nicht kommen wird, von Bedeutung. Verfahren zum Klonen von Tieren werden sich in vielen Fällen auch auf den Menschen anwenden lassen. 12

13 **4.** Dem Ausschluss der **Verfahren zur Veränderung der genetischen Identität** der Keimbahn des menschlichen Lebewesens von der Patentierung liegt die Vorstellung zugrunde, dass auch die Einflussnahme auf das menschliche Erbgut mit dem Ziel einer Beeinflussung der Eigenschaften der Nachkommen von der Gesellschaft nicht hingenommen werden soll. Das Verbot bezieht sich damit auf Verfahren, deren Ziel eine Veränderung des Genoms der Nachkommenschaft ist. Genetische Veränderungen von Ei- oder Samenzelle, die nicht befruchtet werden (sollen), werden von dem Ausschlussgrund nicht erfasst (Koenig/Müller, GRUR Int. 2000, 291, 297). Das Gleiche gilt für die Veränderung anderer Zellen des menschlichen Körpers, die nicht die Keimbahn betreffen (Koenig/Müller, GRUR Int. 2000, 291, 295). Das entscheidende Merkmal ist damit die genetische Veränderung der Keimbahn, d.h. der Zellinie des Menschen. Auch diese Regelung schließt daher Verfahren zur künstlichen Befruchtung, die über das Zusammenfügen zweier Gensätze hinaus die genetische Identität der Keimbahn unberücksichtigt lässt, von der Patentierung nicht aus. Das Gleiche gilt für alle sonstigen diagnostischen, päventiven oder therapeutischen Maßnahmen, die über den natürlichen Vorgang hinaus keine Eingriffe in das Genom einschließen; ihre Patentierbarkeit bestimmt sich nach § 5 PatG. Vorbehaltlich der Ausschlüsse nach dieser Vorschrift patentfähig sind daher Verfahren zur Behandlung der Keimbahn ohne Eingriff in deren genetische Identität (Schulte, § 2 Rdnr. 34) und jede Therapie, auch Gentherapie, die nicht auf das Genom von Ei- bzw. Spermazelle ausgerichtet ist und deren Ergebnisse nicht an die Nachkommen weitergeben werden (Schulte aaO).

14 Von der Patentierung ausgenommen ist ferner die **Verwendung menschlicher Embryonen** zu industriellen oder kommerziellen Zwecken. Für die Ausfüllung dieses Begriffs kann nicht allein auf das nationale Recht zurückgegriffen werden, wie es seinen Niederschlag etwa in den Definitionen des Embryonenschutzgesetzes gefunden hat. Da der Ausschlusstatbestand auf das Gemeinschaftsrecht zurückgeht, sind dessen Maßstäbe für die Auslegung maßgebend, der Begriff ist gemeinschaftsautonom auszulegen (Koenig/Müller, EuZW **99,** 681, 686). Eine allgemein anerkannte Definition für das gesamte Gebiet der Gemeinschaft fehlt; für das Verständnis sind daher vor allem die Erwägungsgründe der Richtlinie von Bedeutung. Danach ist beabsichtigt ein umfassender Schutz menschlichen Lebens davor, als Grundlage kommerziellen Handelns zu dienen. Anders als in der Medizin ist mit dem Begriff des Embryos gemeint daher das Individuum vom Zeitpunkt der Befruchtung der Eizelle bis zur Geburt (Schulte, § 2 Rdnr. 35). Embryo in diesem Sinne ist daher auch das mit einer Befruchtung außerhalb der Mutter entstandene Zellgebilde. Die Regelung will die Patentierung einer Verwendung menschlichen Lebens zu den genannten Zwecken in jedem Stadium seines Werdens von der Patentierung ausschließen; auf diese Weise soll schon der Befruchtung der Eizelle mit dem Ziel der Herstellung eines gewerblichen Zwecken bestimmten Lebewesens jedenfalls im Bereich des Patentrechtes entgegengewirkt werden. Diese wird als solche und unabhängig von dem Entwicklungsstand des Wesens als sittlich verwerflich bewertet.

15 Der Ausschluss von der Patentierung beschränkt sich auf die Verwendung der Embryonen für industrielle oder kommerzielle Zwecke: Verfahren mit einer anderen Zielrichtung werden danach von dieser Bestimmung nicht erfasst. Das schließt nicht aus, dass eine solche Verwendung auch unabhängig von dem Katalog der Regelung als in einem solchen Maße sittenwidrig erscheint, dass für sie eine Patentierung nicht in Betracht gezogen werden kann. Das wird im Einzelfall auch auf Grund einer Abwägung zwischen dem von der Rechtsordnung durch das Embryonenschutzgesetz und die Biotechnologierichtlinie sowie deren Umsetzung ins nationale Recht mit einem hohen Rang ausgestatteten Recht des entstehenden Lebens auf ungestörte Entwicklung sowie Unversehrtheit einerseits und dem mit dem angemeldeten Verfahren erstrebten Ziel andererseits zu beurteilen sein. Gründe, die eine solche Lehre trotz der Eingriffe in die grundsätzlich hoch zu bewertende Integrität des Embryos rechtfertigen, können etwa ein besonderer, auch vor dem Hintergrund von deren Bewertung durch die Rechtsordnung höher zu bewertender Nutzen für ihn oder die Mutter sein wie etwa das Ziel, deren Leben zu retten oder eine nachteilige Entwicklung für das Kind zu verhindern oder doch wenigstens positiv zu beeinflussen.

16 **Verfahren zur Veränderung der genetischen Identität von Tieren** sind nicht in gleicher Weise vom Patentschutz ausgeschlossen wie Eingriffe in die Identität der Keimbahn des Menschen. Im sittlichen Empfinden der Menschheit verlieren Tiere jedoch zusehends eine Stellung als bloßes Objekt menschlichen Handelns, wie für das nationale Recht auch § 90a BGB – wenn auch weitgehend folgenlos – zum Ausdruck bringt, dass Tiere keine Sache sind. Die Biotechnologierichtlinie und in deren Gefolge das nationale Recht tragen diesen geänderten Vorstellungen dadurch Rechnung, dass sie die Patentierbarkeit von auf Eingriffe in die Identität der Keimbahn von Tieren gerichtete Erfindungen von einer (qualitativen) Güterabwägung abhängig machen. Damit wird einerseits anerkannt, dass Tiere sowohl für die menschliche Ernährung als auch für die Forschung in vieler Hinsicht unverzichtbar sein können

und Entwicklungen auf diesem Gebiet auch dauerhafte und über Generationen stabile Eingriffe in das Genom der Lebewesen verlangen können. Maßnahmen, die wie eine durch Veränderung des Genoms erzeugte Anfälligkeit für Erkrankungen, Leiden der Tiere auslösen können, sind vom Patentschutz ausgeschlossen, wenn sie keinen wesentlichen medizinischen Nutzen für den Menschen oder das Tier zur Folge haben. Gefordert ist damit eine Mittel-Zweck-Relation, in die bei der Entstehung von Leiden als Vorteil nur ein medizinischer Nutzen für die Menschheit oder einzelne Menschen bzw. für die Tierwelt oder Tiere, insbesondere das so behandelt Tier eingestellt werden kann. Bei einer genetischen Veränderung zu anderen Zwecken, etwa im Zusammenhang mit der Entwicklung von Kosmetika, ist eine Patentierung solcher Eingriffe ausgeschlossen, wenn sie zu Leiden der nach dem Verfahren veränderten Tiere oder ihrer Nachkommen führen.

Gesichert wird der Ausschluss der Patentierung solcher Eingriffe dadurch, dass er nicht nur **17**
die Patentierung des auf die Erzeugung solcher Tiere gerichtete Verfahrens erfasst, sondern auch für die mit ihm erzeugten Tiere selbst gilt. Erfasst sind dabei nur Tiere, die in dem oder mit dem Verfahren erzeugt werden, das zu den Leiden der Tiere führt. Erforderlich ist dazu ein unmittelbarer Zusammenhang zwischen der Veränderung der Keimbahn und den Leiden der in diesem Verfahren erzeugten Tiere.

Angesichts der notwendigen Verbindung zwischen dem die genetische Identität verändern- **18**
den Eingriff und den Leiden der mit seiner Hilfe erzeugten Tiere kommt dem hierauf zu stützenden Ausschluss von der Pattentierung nur ein enger Geltungsbereich zu. Neben ihm bleibt jedoch wie auch sonst bei den in der Richtlinie genannten Fällen der allgemeine Ausschluss bei Verstößen gegen die öffentliche Ordnung bzw. die guten Sitten zu prüfen; anderen Verfahren zur Züchtung von Tieren, die bei diesen ohne einen hinreichend rechtfertigenden Zweck zu Leiden führen, kann daher auf Grund des allgemeinen Ausschlusstatbestandes die Patentierbarkeit fehlen. In diesem Zusammenhang kann auch auf die Grundprinzipien des Tierschutzes sowie das geänderte Verhältnis zur Tierwelt zurückzugreifen sein.

Wegen der Begriffsbestimmungen bei Anwendung der Nrn. 1–3, insbesondere zum Embry- **19**
onenbegriff verweist Abs. 2 Satz 2 auf das (nationale) Embryonenschutzgesetz. Diese Verweisung ist problematisch. Als Umsetzung der Biotechnologierichtlinie sind die Ausschlusstatbestände nicht im nationalen Kontext, sondern gemeinschaftrechtlich autonom auszulegen, Koenig/Müller, EuZW **99,** 681, 686. Innerhalb der Union besteht aber über die Frage, wann menschliches Leben beginnt, und damit über den Embryonenbegriff keine Einigkeit. Erforderlich ist jedoch in jedem Fall das Vorliegen einer Zellteilung auf dem Wege zum mehrzelligen Wesen. Allein die Fähigkeit einer Zelle zur Bildung aller Zelltypen und damit des ganzen Lebewesens (Totipotenz) wird in diesem Zusammenhang noch nicht als ausreichend angesehen werden können (Busse/Keukenschrijver, Rdnr. 46 m. w. Nachw.).

2a (1) **Für Pflanzensorten und Tierrassen sowie im Wesentlichen biologische Verfahren zur Züchtung von Pflanzen und Tieren werden keine Patente erteilt.**

(2) [1]**Patente können erteilt werden für Erfindungen,**

1. **deren Gegenstand Pflanzen oder Tiere sind, wenn die Ausführung der Erfindung technisch nicht auf eine bestimmte Pflanzensorte oder Tierrasse beschränkt ist;**
2. **die ein mikrobiologisches oder ein sonstiges technisches Verfahren oder ein durch ein solches Verfahren gewonnenes Erzeugnis zum Gegenstand haben, sofern es sich dabei nicht um eine Pflanzensorte oder Tierrasse handelt.**

[2]**§ 1a Abs. 3 gilt entsprechend.**

(3) **Im Sinne dieses Gesetzes bedeuten:**

1. **„biologisches Material" ein Material, das genetische Informationen enthält und sich selbst reproduzieren oder in einem biologischen System reproduziert werden kann;**
2. **„mikrobiologisches Verfahren" ein Verfahren, bei dem mikrobiologisches Material verwendet, ein Eingriff in mikrobiologisches Material durchgeführt oder mikrobiologisches Material hervorgebracht wird;**
3. **„im Wesentlichen biologisches Verfahren" ein Verfahren zur Züchtung von Pflanzen oder Tieren, das vollständig auf natürlichen Phänomenen wie Kreuzung oder Selektion beruht;**
4. **„Pflanzensorte" eine Sorte im Sinne der Definition der Verordnung (EG) Nr. 2100/94 des Rates vom 27. Juli 1994 über den gemeinschaftlichen Sortenschutz (ABl. EG Nr. L 227 S. 1) in der jeweils geltenden Fassung."**

Biologische Erfindungen

Literaturhinweis: Duttenhöfer, Über den Patentschutz biologischer Erfindungen, Festschrift „Zehn Jahre Bundespatentgericht", 1971, S. 171–200; von Pechmann, Sind Vermehrungsansprüche bei biologischen Erfindungen ungesetzlich? GRUR **75,** 395; Beier, Zukunftsprobleme des Patentrechts, GRUR **72,** 214, 216–218 (Biologische Erfindungen); Wuesthoff, Biologische Erfindungen im Wandel der Rechtsprechung, GRUR **77,** 404; Hesse, Züchtungen und Entdeckungen neuer Pflanzensorten durch Arbeitnehmer, GRUR **80,** 404; Blum, Fragen der Patentfähigkeit von Erfindungen auf dem Gebiet der lebenden Materie, GRUR Int. **81,** 293; Straus, Patentschutz für gentechnologische Pflanzenzüchtungen?, GRUR Int. **83,** 591; Utermann, Patentschutz für biotechnologische Erfindungen, GRUR Int. **85,** 34; Savignon, Die Natur des Schutzes der Erfindungspatente und seine Anwendung auf lebende Materie, GRUR Int. **85,** 83; Lange, Die Natur des Züchterrechts (Sortenschutzrechts) in Abgrenzung zur patentfähigen Erfindung, GRUR Int. **85,** 88; von Pechmann, Zum Problem des Schutzes gentechnologischer Erfindungen bei Pflanzen durch Sortenschutz und/oder Patente, GRUR **85,** 717; Vossius/Jaenischen, Zur Patentierung biologischer Erfindungen nach Europäischem Patentübereinkommen und Deutschem Patentgesetz, GRUR **85,** 821; Beier/Crespi/Straus, Biotechnologie und Patentschutz, 1986; Beier/Straus, Gentechnologie und gewerblicher Rechtsschutz, Festschrift 25 Jahre Bundespatentgericht 1986, S. 133, und Bitburger Gespräche, Jahrbuch 1986, 1 S. 127ff.; Looser, Zur Diskussion um ein gewerbliches Schutzrecht in der Tierzüchtung, GRUR **86,** 27; Lesser, La protection des semences par brevet aux Etats-Unis d'Amerique: perspectives, Prop. Ind. **86,** 392; Trüstedt, Patentrecht und Gentechnologie, GRUR **86,** 640; Mast, Sortenschutz/Patentschutz und Biotechnologie, 1986; ders., Das Verhältnis von Sorten- und Patentschutz im Lichte der Entwicklung der Biotechnologie, 1986; Roth, Gegenwärtige Probleme beim Schutz von Erfindungen auf dem Gebiete der Pflanzentechnologie, GRUR Int. **86,** 759; Straus, Zur Anwendbarkeit der Erfinderverordnung auf sortenschutzfähige Pflanzenzüchtungen freier Erfinder, Zugleich ein Diskussionsbeitrag zum Verhältnis von Patent- und Sortenschutz, GRUR **86,** 767; Lukes, Das Verhältnis von Sortenschutz und Patentschutz bei biotechnologischen Erfindungen, GRUR Int. **87,** 318; Royon, Die Schutzbedürfnisse der Züchter von Obst- und Zierpflanzen, GRUR Int. **87,** 329; Straus, Das Verhältnis von Sortenschutz und Patentschutz für biotechnologische Erfindungen in internationaler Sicht, GRUR Int. **87,** 333; Kräußlich, Neue Entwicklungen auf dem Gebiet der Tierzucht und deren wirtschaftliche Bedeutung, GRUR Int. **87,** 340; von Pechmann, Ist der Ausschluß von Tierzüchtungen und Tierbehandlungsverfahren vom Patentschutz gerechtfertigt? GRUR Int. **87,** 344; von Pechmann, Ausschöpfung des bestehenden Patentrechts für Erfindungen auf dem Gebiet der Pflanzen- und Tierzüchtung unter Berücksichtigung des Beschlusses des Bundesgerichtshofs – Tollwutvirus, GRUR **87,** 475; Rau/Jaenichen, Neuheit und erfinderische Tätigkeit bei Erfindungen, deren Gegenstand Proteine oder DNA-Sequenzen sind, GRUR **87,** 753; Adler, Können Patente u. Pflanzenzüchterrechte nebeneinander bestehen? GRUR Int. **88,** 11; Ber. AIPPI GRUR Int. **88,** 53; **92,** 210; Papke, Der Züchter und sein Recht, Zur rechtssystematischen Einordnung des Sortenschutzes, Mitt. **88,** 61; Rogge, Zur Anwendbarkeit der Grundsätze des Tollwutvirus-Beschlusses des Bundesgerichtshofs auf makrobiologische Erfindungen, insbesondere im Bereich der Pflanzenzüchtungen, GRUR Int. 88, 653; Häußer, La protection des procédés et produits biotechnologiques modernes au titre de la propriété industrielle, Prop. Ind. **89,** 177ff.; Lesser, Animals Patents, New York 1989; Markey,

Die Patentierbarkeit von Tieren in den Vereinigten Staaten, GRUR Int. **89,** 482; Beier, Gewerblicher Rechtsschutz für moderne biotechnologische Verfahren und Produkte, GRUR Int. **90,** 219ff.; Neumeier H., Sortenschutz und/oder Patentschutz für Pflanzenzüchtungen, Berlin 1990; Lançon, Life Patents, What's happening in Europe, Patent World January **90,** 39; Chidini/Hassan, Biotecnologie Novita'vegetali e brevetti Milano 1990; Vossius, Patentschutz für Tiere; „Krebsmaus/HARVARD", GRUR **90,** 333; Savignon, Considérations sur les principes du raprochement des législations en matietre de brevets: la brevetabilité des êtres vivants, GRUR Int. **90,** 766; Straus, Ethische, rechtliche und wirtschaftliche Probleme des Patent- und Sortenschutzes für die biotechnologische Tierzüchtung und Tierproduktion, GRUR **90,** 913; Bergmans, La protection des innovations biologiques. Une étude de droit comparé, Brüssel 1991; Baumbach, Mikroorganismenschutz per se – eine Brücke zwischen Patentschutz und Sortenschutz? Mitt. **91,** 13; Cook/Doyle/Jabbari, Pharmaceutical Biotechnologie and the Law, New York 1991; Teschemacher, Die Schnittstelle zwischen Patent- und Sortenschutz nach der Revision des UPOV-Übereinkommens von 1991, FS Nirk, München 1992, S. 1005; von Pechmann/Straus: Die Diplomatische Konferenz zur Revision des Internationalen Übereinkommens zum Schutz von Pflanzenzüchtungen GRUR Int. **91,** 507; Vossius, Über den Patentschutz von Erfindungen auf dem Gebiet der Biologie in Deutschland und Europa, FS Zentaro Kitagawa, Berlin 1992, S. 1046; Vossius/Schrele, Die „Harvard Krebsmaus" in der dritten Runde vor dem Europäischen Patentamt, GRUR Int. **92,** 269; Bauer: Patente für Pflanzen – Motor des Fortschritts?, Düsseldorf 1993; Jestaedt, Auskunfts- und Rechnungslegungsanspruch bei Sortenschutzverletzung, GRUR **93,** 219; Huber, Der Sortenschutz und seine Auswirkungen auf die Patentierung von Pflanzen, Mitt. **94,** 174; Straus, Patentrechtliche Probleme der Gentherapie, GRUR **96,** 10; Häußer, Neue Pflanzen im Spannungsfeld zwischen Patent- und Sortenschutz, GRUR Int. **96,** 330; Lange, Patentierungsverbot für Pflanzensorten, GRUR Int. **96,** 586; Winter, Das Patentierungsverbot für Pflanzensorten – Ein unzeitgemäßes Hindernis für die Patentierung gentechnisch veränderter Pflanzen? Mitt. **96,** 270; Straus, Völkerrechtliche Verträge und Gemeinschaftsrecht als Auslegungsfaktoren des Europäischen Patentübereinkommens, Dargestellt am Patentierungsausschluß von Pflanzensorten in Artikel 53 b), GRUR Int. **98,** 1; Moser, Die Ausnahmen von der Patentierbarkeit nach Artikel 53b) EPÜ, GRUR Int. **98,** 209; Rogge, Patente auf genetische Erfindungen im Lichte der öffentlichen Ordnung und der guten Sitten, GRUR **98,** 303; Thomsen, Die Ausnahme von Patentierbarkeit nach Artikel 53b) EPÜ und den entsprechenden Rechtsvorschriften der EPÜ-Vertragsstaaten, GRUR Int. **98,** 212; Kienle, Die neue EU-Richtlinie zum Schutz biotechnologischer Erfindungen – rechtliche und ethische Probleme der Patentierung biologischer Substanzen, WRP **98,** 692; Busche, Die Patentierung biologischer Erfindungen nach Patentgesetz und EPÜ, GRUR Int. **99,** 299; Spranger, Ethische Aspekte bei der Patentierung menschlichen Erbgutes nach der Richtlinie 98/44/EG, GRUR Int. **99,** 595; Goebel, Bio-/Gentechnik – Anmerkungen zur Rechtsprechung, Mitt. **99,** 173; Fuchs, Patenrecht und Humangenetik, Mitt. **2000,** 1; Koenig/Müller, EG-rechtliche Vorgaben zur Patentierbarkeit gentherapeutischer Verfahren unter Verwendung künstlicher Chromosomen nach der Richtlinie 98/44/EG, GRUR Int. **2000,** 295; v. Renesse/Tanner/v. Renesse, Das Biopatent – eine Herausforderung an die rechtsethische Reflexion, Mitt. **2001,** 1; Busche, Patentrecht zwischen Innovation und ethischer Verantwortung, Mitt. **2001,** 4; Burdach, Patentrecht: Eine neue Dimension in der medizinischen Ethik, Mitt. **2001,** 9; Dörries, Patentansprüche auf DNA-Sequenzen: Ein Hindernis für die medizinische Forschung?, Mitt. **2001,** 15; Straus, Produktpatente auf DNA-Sequenzen – Aktuelle Herausforderung des Patentrechts, GRUR **2001,** 1016; Kleine/Klingelhöfer, Biotechnologie und Patentrecht – Ein aktueller Überblick, GRUR **2003,** 1; Kunczik, Die Legitimation des Patentsystems im Lichte biotechnischer Erfindungen. GRUR **2003,** 845; Ahrens, Genpatente – Rechte am Leben? – Dogmatische Aspekte der Patentierbarkeit von Erbgut, GRUR **2003,** 89; Krefft, Patente auf human-genomische Erfidungen, Schriftenreihe zum gewerblichen Rechtsschutz Band 122, 2003; Krauß/Engelhard, Patente im Zusammenhang mit der menschlichen Stammzellenforschung – ethische Aspekte und Übersicht über den Status der Diskussion in Europa und Deutschland, GRUR **2003,** 985; Grund/Keller, Patentierbarkeit embryonaler Stammzellen, Mitt **2004,** 49; Kock/Porzig/Willnegger, Der Schutz von pflanzenbiotechnologischen Erfindungen und von Pflanzensorten unter Berücksichtigung der Biotechnologierichtlinie, GRUR Int. **2005,** 183; Haedicke, Die Harmonisierung von Patent- und Sortenschutz im Gesetz zur Umsetzung der Biotechnologierichtlinie, Mitt **2005,** 241; Krauß, Die Effekte der Umsetzung der Richtlinie über den rechtlichen Schutz biotechnologischer Erfindungen auf die deutsche Praxis im Bereich dieser Erfindungen, Mitt **2005,** 490.

1 **1. Vorbemerkung**

2 Der **Weg zu einer** befriedigenden **Lösung** der Probleme der biologischen Erfindungen war schwierig und langwierig. Nachdem lange Zeit ein Patentschutz für die belebte Natur weitgehend ausgeschlossen worden war, hat der BGH 1969 unter dem Eindruck der Fortschritte der Wissenschaft und der Erkenntnis, dass sich die Reaktionen und Energieäußerungen der Lebewesen nach den gleichen Gesetzmäßigkeiten vollziehen, nach denen auch chemische und physikalische Prozesse ablaufen, klargestellt, dass Patentschutz auch für die planmäßige Ausnutzung biologischer Naturkräfte und Erscheinungen vom Patentschutz in Betracht kommt. Aufgrund der eingetretenen Entwicklung in Wissenschaft und Technik können auch biologische Verfahren berechenbar und beherrschbar sein; demgemäß hat der BGH Tierzüchtungsverfahren unter der Voraussetzung einer gesicherten Wiederholbarkeit als dem Patentschutz grundsätzlich zugänglich erachtet, BGHZ **52,** 74, 79 – Rote Taube. Im Jahre 1975 hat er den sog. Sachschutz für neue Mikroorganismen zugelassen, wenn der Erfinder einen nacharbeitbaren, d.h. mit hinreichender Aussicht auf Erfolg wiederholbaren Weg aufzeigt, wie der neue Mikroorganismus erzeugt werden kann, etwa durch induzierte Mutation oder durch eine Züchtung, BGHZ **64,** 101, 108 – Bäckerhefe. Schließlich hat er 1987 den Patentschutz für einen erzeugten (nicht entdeckten) neuen Virus für zulässig erachtet, dessen Freigabe erklärt und gesichert ist, und zwar ohne Rücksicht darauf, ob die Erzeugung wiederholbar ist, BGHZ **100,** 67, 70ff. – Tollwutvirus. In der Folge ist die Patentfähigkeit von Erfindungen auf dem Gebiet der belebten Natur für das deutsche Recht wie international grundsätzlich anerkannt worden (vgl. etwa EPA ABl. **84,** 112 – Vermehrungsgut; ABl. **90,** 476 – Krebsmaus I; SchweizBG GRUR **96,** 1059 – Tetraploide Kamille II; US Supreme Court GRUR Int. **80,** 627, 629; Klett, GRUR Int. **98,** 215, 218 für das schweiz. Recht; s.a. Schatz, GRUR Int. **97,** 588, 589; Moser, GRUR Int. **98,** 209, 210; MGK/Moufang, Art. 53 Rdnr. 57; Singer/Stauder/Schatz, Art. 53 Rdnr. 5; Busse/Keukenschrijver, § 2 PatG Rdnr. 26; Spranger, GRUR Int. **99,** 595, 597; Goebel, Mitt. **99,**173, 174 jeweils m.w.N.). Diese Entwicklung hat ihren vorläufigen Abschluss mit der Richtlinie 98/44/EG über den Schutz biotechnologischer Erfindungen vom 6. Juli 1998 (Biotechnologierichtlinie), ABl. L 213 S. 13, gefunden, mit der die Mitgliedsstaaten verpflichtet wurden, vorbehaltlich der im Einzelnen bestimmten Ausnahmen biotechnologische Erfindungen zu schützen. Der deutsche Gesetzgeber ist dem durch die Regelung in § 2a Abs. 2 Satz 1 Nr. 1 PatG nachgekommen, nach dem Patente erteilt werden können für Erfindungen, deren Gegenstand Pflanzen oder Tiere sind, soweit sie nicht unter den Ausschlusstatbetsand nach Abs. 1 fallen.

3 **2. Der Schutz von Erfindungen auf dem Gebiet der belebten Natur.** Die Regelungen in § 2a sind durch das Gesetz zur Umsetzung der Biotechnologie-Richtlinie vom 21. 1. 2005 (BGBl. I S. 146) Gegenstand einer eigenen Vorschrift geworden; dabei haben sie zugleich eine Ergänzung und Erweiterung gefunden. Entsprechend den Vorgaben der Richtlinie ist die grundsätzliche Patentfähigkeit von Erfindungen auf dem Gebiet der belebten Natur nunmehr im Gesetz ausdrücklich bestimmt (§ 1 Abs. 2, dessen Regelung § 2a Abs. 2 Satz 1 Nr. 1 unter Klarstellung der Grenzen des Patentierungsverbotes nach Abs. 1 aufgreift. Diese allgemeine Regelung, die die mit der Entscheidung „Rote Taube“ eingeleitete Entwicklung aufgreift und fortschreibt, wird ergänzt durch eine spezielle Vorschrift zur Patentierung von mikrobiologischen Verfahren und den mit ihrer Hilfe gewonnenen Erzeugnissen, § 2a Abs. 2 Satz 1 Nr. 2, die in ihrem Kern der früheren Regelung in § 2 Satz 1 Nr. 2 PatG 1981 entspricht. § 2a Abs. 1 schließt einen Patentschutz für Pflanzensorten und Tierrassen grundsätzlich aus; dieser Ausschluss wird bekräftigt in Absatz 2 Nr. 1 der Vorschrift; beide greifen unter Anpassung an die Eigenständigkeit die frühere Regelung in § 2 Nr. 2 PatG 1981 ohne wesentliche sachliche Änderung auf. Wie nach dem früheren Recht kommt danach ein Patent für Pflanzensorten und Tierrassen sowie für im Wesentlichen biologische Verfahren zur Züchtung von Pflanzen und Tieren nicht in Betracht. Absatz 3 übernimmt schließlich im Wesentlichen unverändert die Definitionen der Biotechnologierichtlinie für die Anwendung der Regeln zur Patentierung von Erfindungen auf dem Gebiet der belebten Natur.

Eine weitere Regelung für biologische Erfindungen enthält § 5 Abs. 2, der Verfahren zur chirurgischen oder therapeutischen Behandlung des menschlichen oder tierischen Körpers und Diagnostizierverfahren, die am menschlichen oder tierischen Körper vorgenommen werden, für nicht gewerblich anwendbar erklärt und dadurch von der Patenterteilung ausschließt. Hiervon ausdrücklich ausgenommen sind Erzeugnisse, insbesondere Stoffe oder Stoffgemische, zur Anwendung in den genannten Verfahren (§ 5 Abs. 2), so dass auch biologische Erzeugnisse zur Anwendung in Verfahren zur chirurgischen oder therapeutischen Behandlung des menschlichen oder tierischen Körpers und zur Anwendung in Diagnostizierverfahren, die am menschlichen oder tierischen Körper vorgenommen werden, der Patenterteilung zugänglich sind. § 2 Nr. 2 Satz 1 und Satz 2 erster Halbsatz gehen auf Art. 2 lit. b) des Straßburger Übereinkommens zurück und entsprechen Art. 53 lit. b) EPÜ. Von Bedeutung sind ferner der durch das Umsetzungsgesetz neu geschaffene § 9a PatG, der die Wirkungen des § 9 PatG auf jedes biologische Material erstreckt, das aus dem ursprünglichen geschützten Material gewonnen wurde, § 9b PatG, der diese Wirkungen bei Vermehrungsgut beschränkt, das neue patentrechtliche Landwirteprivileg (§ 9c PatG) und § 11 PatG in der Neufassung durch dieses Gesetz, der das Versuchsprivileg für biologische Erfindungen modifiziert. Wegen der näheren Einzelheiten vgl. die Kommentierung zu diesen Vorschriften.

Einstweilen frei 4–5

§ 2a Abs. 1 hindert die Erteilung eines Patents nur für die in der Vorschrift genannten biolo- 6
gischen Erfindungen. Lehren, bei denen nicht mit nicht biologischen Mitteln auf die lebende Materie eingewirkt wird, fallen nicht unter das Patentierungsverbot. Ob ein (nichtmikrobiologisches) Verfahren als „im Wesentlichen biologisch" im Sinne des § 2a Abs. 1 anzusehen ist, richtet sich nach dem Gegenstand der beanspruchten Lehre. Dazu muss – ausgehend vom Wesen der Erfindung – unter Berücksichtigung des Gesamtanteils der menschlichen Mitwirkung und deren Auswirkung auf das erzielte Ergebnis abgestellt werden (EPA GRUR Int. **88,** 629, 631 – Hybridpflanzen zu 6). Verfahren zur Steigerung des Ertrags, des Wachstums, der Ausbeute, der Gestalt und der Funktion von Lebewesen sind grundsätzlich patentfähig, soweit sie nicht als Behandlung von Mensch und Tier nach § 5 Abs. 2 vom Patentschutz ausgeschlossen sind (vgl. EPA ABl. **90,** 114 – Mittel zur Regulierung des Pflanzenwachstums; ABl. **92,** 22 – Wachstumsregulation).

Einstweilen frei 7–8

3. **Zu den biologischen Erfindungen zählen** im Wesentlichen drei nach dem äußeren 9
Erscheinungsbild zu unterscheidende Gruppen: *erstens* Lehren, bei denen mit anderen Mitteln als lebender Materie auf den Ablauf biologischen Geschehens eingewirkt wird, *zweitens* Lehren, bei denen mit biologischen Mitteln nichtlebende Materie beeinflusst wird und *drittens* Lehren, bei denen mit biologischen Mitteln auf den Ablauf biologischen Geschehens eingewirkt wird, bei denen also sowohl die Mittel als auch das Ergebnis auf dem Gebiet biologischer Erscheinungen liegen, BGHZ **52,** 74, 79 – Rote Taube. Zu den Bereichen der belebten Natur, auf die sich biologische Erfindungen beziehen können, gehören Pflanzen, Tiere und Menschen.

a) Zu der ersten Gruppe zählen Verfahren, bei denen das Wachstum, die Beschaffenheit, die 10
Ausbeute, der Ertrag u. dgl. von Pflanzen und Tieren oder die Körperfunktionen des Menschen durch **chemische** oder **physikalische Mittel** beeinflusst werden. Die durch diese Verfahren herbeigeführten Veränderungen der Lebewesen (Pflanze, Tier und Mensch) betreffen im allgemeinen nicht deren Erbstruktur; sie sind deshalb notwendig an jedem Individuum zu wiederholen, an dem die betreffende Veränderung vorgenommen werden soll. Hierher gehören ein Verfahren, bei dem durch eine systematisch wechselnde Belichtungsdauer (abwechselnde Langtag- und Kurztagbehandlung, d.h. -belichtung) einer Pflanze eine mehrdoldige Blüte einer sonst nur eindoldig blühenden Pflanze (Poinsettia) erreicht wurde, DPA GRUR Int. **58,** 337 weiter Verfahren und Mittel zur Regulierung des Wachstums von Pflanzen durch eine chemische Verbindung, EPA ABl. **90,** 114ff. – BAYER; **92,** 22, oder zur Bekämpfung von Pflanzenkrankheiten, die durch Pilze, Bakterien oder Insekten verursacht oder übertragen werden, BGHZ **54,** 181, 187 – Verwendung von Trichlormethansulfenyl-N-anilid als Fungizid; EPA GRUR Int. **89,** 678, 679 – Triazolylderivate/BASF. Die Heilbehandlung von Pflanzen ist seit jeher als patentierbar angesehen worden; der Pflanzenschutz gegen aggressive Agrarchemikalien durch Einwirkung von chemischen Mitteln auf Vermehrungs- oder Saatgut ist patentfähig; für die so behandelten Pflanzen kann Patentschutz beansprucht werden, EPA GRUR Int. **84,** 301, 302 – Vermehrungsgut/CIBA-GEIGY; **86,** 720, 721 – Appetitzügler/DUPONT. Als patentierbar anerkannt sind ferner landwirtschaftliche Kulturverfahren, die sich in erster Linie auf Pflanzen beziehen, PA GRUR **32,** 1114, 1115f., und die waldtechnischen Verfahren, RG Mitt. **32,** 118, 119f.; weiter Verfahren und Mittel zur Beeinflussung physiologischer Vorgänge im tierischen Körper, z.B. zur Ertragssteigerung als Fleisch-, Fell-, Wolle-, Eier-, Heilmittel-, Impfstofflieferant, DPA Bl. **59,** 71 – in der die Beifütterung antipyretisch wirkender Stoffe zur Herabsetzung der Brutlust der Hennen und zur Erhöhung der Eierproduktion als patentfähig anerkannt und die Verfütterung von Antibiotika zur Beschleunigung des Wachstums von Jungvieh als patentfähig bezeichnet wurde –; ebenso die Beeinflussung der Körperfunktionen des Menschen, z.B. im Bereich der Kosmetik. Im entfernten Sinne kann man hierhin auch die Beinflussung des Wachstums durch Düngung und Zuführung von Nährstoffen sowie die Be-

kämpfung von lästigen Lebewesen, z. B. Pilzen mit Fungiziden, BGHZ **54,** 181; öst. PA GRUR Int. **74,** 257ff, MGK/Moufang Art. 53 Rdnr. 73, Ungeziefer, Schädlingen mit Schädlingsbekämpfungsmitteln, BGHZ **53,** 274, Unkräuter mit selektiven Herbiciden, GRUR **70,** 361 – Schädlingsbekämpfungsmittel; GRUR **70,** 601 – Fungizid; BlPMZ **73,** 257 – selektive Herbizide; BGH Bl. **73,** 257; BPatG GRUR **76,** 633, österreichisches Patentamt GRUR Int. **74,** 257 – Mikroorganismenbekämpfung, zählen; ebenso Desinfektionsverfahren und -mittel. Die Fälle, bei denen mit chemischen oder physikalischen Mitteln eine Veränderung der Erbstruktur der Lebewesen bewirkt wird, gehören auch zu der ersten Gruppe; sie sollen aber im Zusammenhang bei der dritten Gruppe behandelt werden, siehe Rdn. 12. Zur Heilbehandlung von Menschen und Tieren siehe § 5 Abs. 2.

11 **b)** Zu der zweiten Gruppe rechnen die durch Mikroorganismen beeinflussten **biologischen Prozesse,** z. B. die in der Gärungsindustrie und bei der Herstellung von Bier, RG Bl. **24,** 6, 7, Hefegebäck, RG Bl. **24,** 6, 7, oder von Brot, BGH GRUR **89,** 899 – Sauerteig, und bei denen organische Säuren (Essigsäure, RG Bl. **24,** 6, 7, Milchsäure, Oxalsäure, Zitronensäure) umgesetzt werden. Hierbei bedient man sich des Umstandes, dass bestimmte Mikroorganismen Stoffwechselprodukte ausscheiden, die nützliche Eigenschaften aufweisen, z. B. Bakterien, die zur Sauermilchbereitung, Käsebereitung, bei der Herstellung von Sauerteig, bei der Einsäuerung (Silierung) von Sauerkraut, z. B. BPatG GRUR **78,** 586ff., oder als Tierfutter u. dgl. verwendet werden, und Pilze, die zur Herstellung von Bier, Gebäck und vor allem für die Herstellung von Antibiotika Verwendung finden. Eine Lehre, die erstrebt, mit lebendem mikrobiologischem Ausgangsmaterial mittels planmäßiger Ausnutzung biologischer Naturkräfte und Erscheinungen unbelebte Erzeugnisse zu gewinnen und Zustände zu verändern, ist eine Lehre zum technischen Handeln und nicht deshalb vom Patentschutz ausgeschlossen, weil sie sich eines Ausgangsmaterials aus der belebten Natur und der Ausnutzung biologischer Naturkräfte und Erscheinungen bedient, BGHZ **64,** 101, 104 m. w. Nachw. – Bäckerhefe. Von dieser Art der biologischen Erfindungen sind in § 2a Nr. 2 die mikrobiologischen Verfahren und die mit deren Hilfe gewonnenen Erzeugnisse zur Patenterteilung zugelassen.

12 **c)** Zu der dritten Gruppe gehören die Erfindungen, die die **Züchtung von Lebewesen,** d. h. von Mikroorganismen, Pflanzen oder Tieren zum Gegenstand haben. Von dieser Gruppe sind nur Pflanzensorten und Tierarten(-rassen) sowie im Wesentlichen biologische Verfahren zur Züchtung von Pflanzen oder Tieren nach ausdrücklicher gesetzlicher Regelung in § 2a Abs. 1 vom Patentschutz ausgeschlossen; § 2a Abs. 2 Nr. 1 greift diese Ausnahme erneut auf und bekräftigt sie. Wenn diese Ausschlussgründe nicht gegeben sind, sind Erfindungen auch dann nicht vom Patentschutz ausgeschlossen, wenn die bei der Lehre zum technischen Handeln angewandten Mittel und die dabei erzielten Ergebnisse auf biologischem Gebiet liegen, BGHZ **52,** 74, 81 – Rote Taube, oder das bei ihnen verwendete Ausgangsmaterial und das erreichte Ergebnis und die angewandten Mittel dem Bereich der belebten Natur und den biologischen Naturkräften angehören, BGHZ **64,** 101, 104 – Bäckerhefe; an dem mit dieser Rechtsprechung erreichten Zustand haben weder die Biotechnologierichtlinie noch das Gesetz zu deren Umsetzung etwas ändern wollen.

12a Zu dieser dritten Gruppe gehören auch diejenigen Erfindungen, die von der Möglichkeit der Nutzung physiologischer Vorgänge im menschlichen oder tierischen Körper oder von deren Zellen, Geweben oder Organen Gebrauch machen, wovon die Verfahren zur Herstellung von Heilseren besondere Bedeutung erlangt haben. § 5 Abs. 2 Satz 1 steht einer Patentierung dieser Erfindungen nicht entgegen (siehe dazu Dolder, Mitt. **84,** 1). Schon in den Entscheidungen des RPA und des RG zum Friedmann-Patent Nr. 336 051 (betr. Verfahren zur Herstellung von Heil- und Schutzstoffen gegen Tuberkulose), Bl. **24,** 6, wurde die Behandlung lebender tierischer Körper zur Gewinnung von Schutzstoffen – unter Verwendung von Schildkrötentuberkelbazillen – als patentfähig anerkannt. In der Entscheidung des RPA wird ausgeführt, dass es sich bei diesen Verfahren um die Schaffung eines Arzneimittels „nach einem besonderen, allerdings nicht im engeren Sinn, technischen Verfahren" handele; das Verfahren finde auf biologischem Gebiet Anwendung und benutze die Lebensvorgänge der lebenden Natur, statt dass, wie sonst üblich, chemische Kräfte lebloser Materie zum Ausgleich gebracht würden. Wie bei chemischen Verfahren üblicher Art werde aber auch hier der Verlauf des Prozesses durch eine auf einen bestimmten Erfolg eingestellte menschliche Tätigkeit beeinflusst.

12b Der tierische Organismus kann auch zu anderen Zwecken mit biologischen Mitteln beeinflusst werden. Dass es sich dabei um technische, grundsätzlich patentierbare Erfindungen handeln kann, ist anzuerkennen. Hierzu werden in weitem Umfange gerechnet Verfahren zur Tiererzeugung, Verfahren zur Erhöhung und Verbesserung natürlicher Funktionen der Tiere, wie Milchabsonderung, Eierlegen usw. im Wege der Züchtung durch gezielte Kreuzung und

Selektion oder Beeinflussung der Vermehrungszellen durch biologische Mittel. Entsprechend zu behandeln sind die mutagenen Verfahren zur Veränderung der Erbstruktur, z. B. die Ultraviolettbestrahlung, Röntgenbestrahlung oder die Behandlung von Lebewesen mit Nikotin oder Stickstofflost, s. BGH GRUR **78,** 162, 163 – betr. Mikroorganismen. Bei diesen Verfahren ist die durch den Patentschutz erforderliche Wiederholbarkeit des Ergebnisses bei höheren Tierarten mit komplexen Erbverhältnisses, BGHZ **52,** 74, 85 – Rote Taube, und auch bei Mikroorganismen, BGH GRUR **78,** 162, 164 li. Sp. – 7-Chlor-6-demethyltetracyclin m. w. Nachw., als im Einzelfall nicht gesichert angesehen worden, zur selektiven Züchtung von Mikroorganismen siehe aber BPatG GRUR **78,** 586, 587 f. – Lactobazillus bavaricus.

Bei der Züchtung höherer Arten von Lebewesen mit komplexen Erbverhältnissen ist die genetisch identische Wiederholung der Züchtung praktisch unmöglich. Darauf kommt es jedoch bei vielen Erfindungen nicht an. Es sollen meistens bestimmte Eigenschaften der Lebewesen durch Züchtung verändert werden. Führt eine ausreichend bestimmte phänotypische Beschreibung des Züchtungsmaterials und der Züchtungsmaßnahmen den Fachmann mit einer ausreichenden Sicherheit und mit zumutbarem Aufwand zum erstrebten Erfolg, dann ist dem Erfordernis der Wiederholbarkeit genügt. Es ist nur ein solcher Grad von Übereinstimmung der Reproduktion zu verlangen, der nach den gegebenen Umständen unter Berücksichtigung der Bedürfnisse der Praxis (den Anforderungen der Prüfung und der Rechtsklarheit für die Betroffenen) noch als tragbar erscheint, vgl. BGHZ **57,** 1, 9 – Trioxan. Gelegentliche Fehlschläge stehen dem nicht entgegen. **12 c**

4. Schutz biologischer Erfindungen **13**

a) Vorbemerkung § 2 a Abs. 2 Satz 1 Nr. 1 knüpft die Patentierung von Erfindungen, deren Gegenstand Pflanzen oder Tiere sind, nicht an besondere Voraussetzungen; die Vorschrift bestimmt lediglich eine Ausnahme für den Fall, dass die Ausführung der Erfindung technisch auf eine bestimmte Pflanzensorte oder Tierrasse beschränkt ist. Der für diese Fälle bestimmte Ausschluss von der Patentierbarkeit korrespondiert mit dem Patentierungsverbot nach Abs. 1, das seinen Gegenstand und Inhalt bestimmt. Eine Patenterteilung ist danach wie nach dem früheren Recht ausgeschlossen, wenn Gegenstand der Erfindung eine Pflanzensorte oder Tierrasse ist. Über die Anerkennung von Erfindungen auf dem Gebiet der belebten Natur als möglichen Gegenstand von Patenten ist mit der Neuregelung eine sachliche Änderung nicht verbunden. Sowohl die Biotechnologierichtlinie als auch das Gesetz zu ihrer Umsetzung wollten an dem erreichten Stand zur Schutzfähigkeit solcher Erfindungen nichts ändern; mit ihnen sollte insoweit lediglich diese Schutzfähigkeit als solche festgeschrieben werden, BT-Drucks. 14/5642 S. 8. Bei der Ausgestaltung dieses Schutzes gilt daher das bisherige nationale Recht weiter. **13 a**

Dem Ausschluss von der Patentierung für Pflanzensorten und Tierrassen steht das TRIPS-Abkommen nach seinem Art. 27 nicht entgegen. Andere als die genannten Erfindungen mit einem biologischen Gegenstand waren und sind der Patenterteilung zugänglich; der Ausschlusstatbestand ist sowohl nach dem früheren als auch nach dem geltenden Recht eng auszulegen. **13 b**

b) Schutzvoraussetzungen. Patentrechtlich besteht grundsätzlich kein Unterschied zwischen Tier, Mikroorganismus und Pflanze (Hesse GRUR **69,** 644, 645 f. unter II; Duttenhöfer, aaO S. 197–199; Beier, GRUR **72,** 214, 217 r. Sp.). An der Wiederholbarkeit als Patentierungsvoraussetzung ist sowohl für Patente für Pflanzen, für Pflanzensorten als auch für Pflanzenzüchtungspatente als auch für Verfahrenspatente festgehalten worden. Als ausreichend wird jedoch angesehen, dass das Züchtungsverfahren als solches wiederholbar ist, BPatG GRUR **75,** 654, 655 f. – Usambara-Veilchen; BGHZ 122, 144 = GRUR **93,** 651 – Tetraploide Kamille. Für eine neue Kamillensorte, die durch einen Gehalt an Wirk-(Inhalts-)stoffen gekennzeichnet war, hat der BGH eine Feststellung darüber verlangt, wie der Fachmann Angaben über Wirkstoffgehalte versteht, nämlich nicht, was theoretisch, sondern praktisch erreichbar ist. BGH aaO. Es ist als ausreichend angesehen worden, wenn bei einer Mehrheit der erzeugten Pflanzen die beanspruchten Wirkstoffgehalte dauerhaft vorhanden sind. Bei der Beurteilung der erfinderischen Tätigkeit hat der BGH die Beurteilung des gesamten Erfindungsgegenstands, nicht aber nur von Teilaspekten verlangt, BGHZ 122, 144 = GRUR **93,** 651 – Tetraploide Kamille. **14**

Bei sog. **Erzeugnispatenten,** die auf den Schutz für die umgestalteten Pflanzen gerichtet sind, können diese durch das Verfahren zu ihrer Herstellung gekennzeichnet werden (Product-by-process-Anspruch), BGHZ 122, 144 = GRUR **93,** 651 – Tetraploide Kamille. Der Anmelder kann nicht gezwungen werden, Samen der beanspruchten Pflanzen bei einer anerkannten Einrichtung zu hinterlegen, wenn das Herstellungsverfahren die beanspruchten Pflanzen kennzeichnet, BGH aaO. Die Hinterlegung und Freigabe von vermehrungsfähigem Material bei an- **14 a** erkannten Hinterlegungsstellen steht im Ermessen des Anmelders. Ob die Gentechnologie hinsichtlich der Wiederholbarkeit zu wesentlich veränderten Verhältnissen führen wird, bleibt abzuwarten; optimistisch Trüstedt, GRUR **86,** 640, 644; siehe dazu Winnacker, GRUR Int. **87,** 292ff.

14b Für einen mit erbbeständigen Eigenschaften ausgestatteten Gegenstand ist ein sog. Erzeugnispatent möglich, wenn dem Fachmann ein Weg aufgezeigt wird, wie das Erzeugnis hergestellt werden kann. Er muss das Erzeugnis tatsächlich nachschaffen können, ohne auf ein vom Erfinder oder dessen Rechtsnachfolger geschaffenes Erzeugnis als Grundlage der Benutzung oder Vermehrung angewiesen zu sein, BGHZ **64,** 101, 107; **52,** 74, 83 unten; BGH GRUR **78,** 162, 163f.; BGHZ **100,** 67, 72 – Tollwutvirus; BGHZ **122,** 144 = GRUR **93,** 651, 653 – Tetraploide Kamille; BPatG GRUR **75,** 654, 655f.

14c Soweit es sich um **Verfahrensansprüche** handelt, wird in der Rechtsprechung des BGH das Erfordernis der Wiederholbarkeit vorausgesetzt (BGHZ **52,** 74, 81ff.; BGHZ **100,** 67, 72 – Tollwutvirus; auch Heydt Anm. GRUR **69,** 675 re. Sp.; Hubmann, 5. Aufl. § 8 III 2 S. 85). Für die Patentfähigkeit muss das Verfahren vom Fachmann mit Erfolg nachgearbeitet werden können.

14d Der BGH hat für **Vermehrungsansprüche** die Erfüllung derselben Voraussetzungen verlangt wie für den Schutz des Erzeugnisses und auch hierfür am Erfordernis der tatsächlichen Wiederholbarkeit der Erzeugung des Organismus festgehalten, BGHZ 64, 101, 106. Die Bedenken des BPatG gegen Vermehrungsansprüche sind von der Erwägung der nicht gegebenen Wiederholbarkeit der Züchtung getragen, GRUR **75,** 654, 656f. Im Falle der Patentfähigkeit kann der Anmelder seinen Anspruch auf die neue Pflanzensorte als solche, BGHZ **122,** 144; GRUR **93,** 651, 653 – Tetraploide Kamille, und/oder auf die Vermehrung des Züchtungsergebnisses richten, um einen umfassenden Schutz für seine Erfindung zu erlangen. Die hierauf erteilten Erzeugnispatente haben die Wirkung, dass allein die Patentinhaber (Züchter) befugt sind, die neue Pflanze herzustellen (§ 9 Satz 2 Nr. 1). Weil es sich nicht um eine „tote Sache", sondern um ein „Lebewesen" handelt, wird die Herstellung entsprechend den biologischen Gegebenheiten in Form der – generativen oder vegetativen – Vermehrung ausgeführt. Die Weitervermehrung ist danach nur mit Erlaubnis des Patentinhabers zulässig. Ob der Züchter sein Schutzbegehren umfassend als sog. Erzeugnisanspruch oder als Vermehrungsanspruch formuliert, ändert an sich nichts daran, dass beide Arten von Ansprüchen in den Rechtsfolgen im Wesentlichen gleich zu beurteilen sind.

14e Für den sog. Sachschutz der Mikroorganismen hat der BGH die strenge Anwendung des Erfordernisses der Wiederholbarkeit mit Rücksicht auf praktische Bedürfnisse erheblich gemildert. Er hat die Möglichkeit der Vermehrung eines ersten Züchtungsergebnisses bei einem ordnungsgemäß hinterlegten und der Öffentlichkeit zugänglich gemachten Mikroorganismus als tragbaren Ersatz für das erfolgreiche Nacharbeiten der den Mikroorganismus selbst betreffenden Erfindung (als gleichwertige Verwirklichung des Wiederholbarkeitserfordernisses) anerkannt, BGHZ **100,** 67, 73 – Tollwutvirus. Von Pechmann befürwortet, diese Möglichkeit auch bei anderen vermehrungsfähigen mehrzelligen Organismen pflanzlicher oder tierischer Art bei einer Hinterlegung von Samen oder Zellkulturen zu eröffnen, GRUR **87,** 475, 476f., was aber bei Pflanzenerfindungen vom Patentanmelder nicht verlangt werden kann, BGHZ **122,** 144 = GRUR **93,** 651, 653 – Tetraploide Kamille. International bestimmen sich die Anforderungen an eine Hinterlegung biologischen Materials für die Zwecke des gewerblichen Rechtsschutzes nach dem Budapester Vertrag über die internationale Anerkennung der Hinterlegung von Mikroorganismen für die Zwecke von Patentverfahren vom 28. April 1977 (Bl **81,** 54), der in das nationale Recht umgesetzt (BGBl. II 1980, 1531 = Bl. **80,** 69) und durch eine Ausführungsanordnung (BGBl. II 1980 S. 1104, 1122 mit späteren Änderungen) ergänzt ist.

14f Für den Schutz der Erfindungen nach § 2a Abs. 2 gilt § 1a PatG entsprechend. Damit wird insbesondere klargestellt, dass die § 1a Abs. 3 zugrundeliegenden Gedanken und für die genannten biologischen Erfindungen gilt. Erforderlich ist damit auch hier die konkrete Angabe der gewerblichen Anwendbarkeit eines Gens in der Anmeldung soweit die Erfindung Gene betrifft. Eine Übertragung auf andere biologische Erfindungen wird weder in der Vorschrift noch in der Regierungsbegründung angesprochen; für sie ist angesichts der singularen Bedeutung des Benennungserfordernisses und des Fehlens einer solchen Rechtfertigung für diese Regelung auch kein Raum. Die räumliche Zusammenfassung der Verweisung auf § 1a mit Pflanzen und Tiere allgemein betreffenden Erfindungen beruht auf einem Mißgriff, durch den die Struktur der Regelung zwar unklar geworden ist (Krauß, Mitt. **2005,** 490, 494); aus dem sich ein Wille des Gesetzgebers, über die Vorgaben der Richtlinie hinauszugehen, aber nicht herleiten lässt.

c) Schutzumfang Soweit Patentschutz möglich ist, werden die unmittelbaren Erzeugnisse der Verfahren zur Züchtung von Pflanzensorten nach § 9 Satz 2 Nr. 3 geschützt. Das gilt sowohl für Erzeugnisse von Verfahren, die im Wesentlichen biologischer Natur sind, (Züchtungsverfahren) als auch von Verfahren anderer Art. Voraussetzung ist hierfür allerdings, dass eine neue Pflanzenart das Endprodukt des Verfahrens ist. Abzulehnen ist aber die Auffassung, der Schutz eines Verfahrenspatents könne sich über § 9 Satz 2 Nr. 3 auf die einzelnen Exemplare nachfolgender Generationen erstrecken, BGHZ **52,** 74, 83. Sie sind keine „unmittelbaren" Verfahrenserzeugnisse im Sinne dieser Vorschrift. Da dies mittelbar zu einem patentrechtlichen Schutz auch für die Sorte führen kann, hat das EPA den diese betreffenden Patentierungsausschluss auch auf das Verfahren zu ihrer Erzeugung erstreckt, EPA ABl. **95,** 545 – Pflanzenzellen; ähnl. ABl. **98,** 551 – transgene Pflanze; vgl. a. Große Beschwerdekammer ABl. **2000,** 111 – transgene Pflanze. Das entspricht der Neufassung des § 2a, mit der die grundsätzliche Patentfähigkeit von Erfindungen auf dem Gebiet der belebten Natur auf Erfindungen beschränkt wird, deren Ausführung technisch nicht auf eine Pflanzensorte beschränkt ist. 15

5. Pflanzensorten 16

a) Der Ausschluss von **Erfindungen, die Pflanzensorten** und im Wesentlichen biologische Verfahren zur Züchtung von Pflanzen **betreffen,** findet seine Rechtfertigung darin, dass für diese Art von Erfindungen ein spezifischer Schutz als Sortenschutzrecht geschaffen worden ist, EPA GRUR Int. **84,** 301, 302 – Vermehrungsgut/CIBA-GEIGY; ABl. **90,** 71, 79 – Hybridenpflanzen/LUBRIZOL mit kritischer Anm. von van de Graaf GRUR Int. **90,** 632ff., das nach Voraussetzungen und Rechtsfolgen diesen Schutzgegenständen besser angepasst ist als das Patentgesetz, mag es auch keinen Schutz für Verfahren gewähren (Wuesthoff, GRUR **62,** 334, 337; **62,** 555, 556; **64,** 644; **68,** 24, 25; **77,** 404, 405; Hoffmann/Peinemann, BB **68,** 1140; a.A. Straus, Das Verhältnis von Sortenschutz und Patentschutz für biotechnologische Erfindungen aus internationaler Sicht. Die Biotechnologie und gewerblicher Rechtsschutz, München 1988, S. 127ff.; Straus/v. Pechmann, Verhältnis zwischen Patentschutz für biotechnologische Erfindungen und Schutz von Pflanzenzüchtungen. Patentierbarkeit von Tierrassen, Ber. AIPPI; GRUR Int. **88,** 58ff.). Nach § 1 des Sortenschutzgesetzes wird – als gewerbliches Schutzrecht – „Sortenschutz" erteilt für eine Pflanzensorte, wenn sie unterscheidbar, homogen, beständig, neu und durch eine eintragungsfähige Sortenbezeichnung bezeichnet ist. Unter Pflanzensorte ist eine Vielzahl von Pflanzen zu verstehen, die in ihren Merkmalen weitgehend gleich sind (homogen) und nach jeder Vermehrung (oder jedem Vermehrungszyklus) innerhalb bestimmter Toleranzgrenzen gleichbleiben (stabil), also Zuchtsorten, Klone, Linien, Stämme und Hybriden, EPA GRUR Int. **84,** 301, 302; ABl. **90,** 71, 79. Die Behandlung von Pflanzen mit einer Chemikalie ist kein für eine Pflanzensorte kennzeichnendes Merkmal; so behandelte Pflanzen sind dem Patentschutz zugänglich, EPA aaO, S. 302. Samen und Pflanzen einer Generationspopulation, die nicht stabil ist, sind keine Pflanzensorten und deshalb patentfähig, EPA ABl. **90,** 71, 79f. Mit dem Ausschluss der im Wesentlichen biologischen Verfahren zur Züchtung der genannten Pflanzensorten soll verhindert werden, dass über § 9 Satz 2 Nr. 3 Patentschutz auch der Sorte selbst erreicht werden könnte. 16 a

Soweit Sortenschutz für Pflanzensorten möglich ist, ist auch ein Patentschutz für gentechnisch veränderte Pflanzensorten als solche ausgeschlossen. Die gesetzliche Spezialregelung für den Sortenschutz geht der allgemeinen Regelung des Patentgesetzes vor. Das Gesetz (§ 2a Abs. 1) schließt den Patentschutz für Pflanzensorten und Tierrassen allgemein aus. Das bezieht Pflanzensorten und Tierarten (-rassen) ein, die infolge der gezielten Veränderung ihres Genoms und nicht durch Züchtung entstanden sind, sofern sie nur als Sorte oder Rasse angesprochen werden können. Für die Verfahren zur Erzeugung von Pflanze oder Tier außerhalb von Sorten und Rassen besteht eine vergleichbare Stringenz nicht; der Ausschluss bezieht sich hier nur auf im wesentlichen biologische Verfahren zur Züchtung von Pflanzen und Tieren. Als patentfähig scheiden solche Verfahren nach der Legaldefinition des § 2a Abs. 3 Nr. 3 schon deshalb aus, weil es sich um Verfahren zur Züchtung von Pflanzen oder Tieren handelt, die vollständig auf natürlichen Phänomenen wie Kreuzung oder Selektion beruhen; das Gewicht dieser Verfahren ist der von der die Natur nachbildenden Auslese abweichende Eingriff in das jeweilige Genom. Gentechnische Verfahren als solche können hingegen allenfalls mit der Überlegung des EPA vom Patentschutz ausgeschlossen werden, dass mit ihnen auch ein dem Patentschutz nicht zugängliches Verfahrensergebnis dem Patentschutz unterstellt würde, ABl. **95,** 545 – Pflanzenzellen; ähnl. ABl. **98,** 551 – transgene Pflanze; vgl. a. Große Beschwerdekammer ABl. **2000,** 111 – transgene Pflanze. Dem kann nicht beigetreten werden, zumal auf diese Weise allein wegen des anderweit gesicherten Produktschutzes dem Entwick- 16 b ler der Schutz für das viel bedeutsamere Verfahren versagt bliebe. Ist das Verfahren nicht auf eine Sorte oder Rassen beschränkt, sondern sollen sorten-, art- oder rassenübergreifende Veränderungen erreicht werden, ist es ohnehin nicht vom Patentschutz ausgeschlossen, vgl. auch EPA GRUR Int. **84,** 301, 302 – Vermehrungsgut/CIBA-GEIGY; ABl. **90,** 71, 79 – Hybridenpflanzen/LUBRIZOL.

16c Für Erfindungen von **Pflanzenarten, die nicht dem Sortenschutz zugänglich sind,** und sämtliche Verfahren zur Züchtung von Pflanzen, die nicht im Wesentlichen biologischer Natur sind, ist die Patenterteilung unter den allgemeinen Voraussetzungen möglich (vgl. GPA SAABl 2005, 22; wie hier Wuesthoff, GRUR **77,** 404, 406). Das ist z. B. der Fall bei höher zu klassifizierenden Einheiten als „Sorten" oder „Rassen", z. B. „Säuger" oder „Nager", EPA GRUR Int. **93,** 240, 241 – Krebsmaus/HARVARD III; SA ABl 2005, 22. Ferner ist die Patenterteilung für allgemein verwendbare Züchtungsverfahren, die nicht lediglich der Züchtung einer einzelnen Sorte dienen, nicht durch § 2 Nr. 2 ausgeschlossen (Bericht des Ausschusses für Ernährung, Landwirtschaft und Forsten – 17. Ausschuss – zu § 67 des Entwurfs des SortenschutzG = § 56 des SortenschutzG 1968, abgedruckt Bl. **68,** 229, 230; vgl. auch die Begründung zum Entwurf zu § 67 SortenschutzG Bl. **68,** 215, 228). Dasselbe gilt beispielsweise für Verfahren, die mit physikalischen, chemischen oder gentechnischen Mitteln ausgeführt werden, um – sorten- oder rassenübergreifend – Pflanzen oder Tieren neue wertvolle Eigenschaften zu verleihen, EPA ABl. **84,** 112 = GRUR Int. **84,** 301, 302 – Vermehrungsgut/CIBA-GEIGY für Behandlung mit chemischen Mitteln. Nicht vom Patentschutz ausgeschlossen sind auch die mit einer Chemikalie behandelten Planzen, EPA aaO; ABl. **90,** 71, 79. Das DPA hat Ende 1986 für eine Hybridart aus Tomaten und Kartoffeln (sog. Tomoffel) das Patent 28 42 179 und für eine tetraploide Kamille das Patent 34 23 207 erteilt. Über das letztere hat der BGH in seinem ersten eine Pflanzensorte betr. Beschluss vom 30. 7. 1993 – X ZB 13/90 – entschieden und den Beschluss des PatG Bl. **91,** 72 aufgehoben.

16d Wird für eine Pflanzensorte ein Patent angemeldet oder erteilt, kann der Anmelder oder Patentinhaber oder sein Rechtsnachfolger in dem Falle, dass später Sortenschutz zu erreichen ist, wählen, ob er das Patent behalten (oder die Patentanmeldung weiterverfolgen) oder Sortenschutz erlangen will. Im letzteren Falle kann er für den Sortenschutzantrag den Zeitrang der Patentanmeldung beanspruchen, § 41 Abs. 2 Satz 1 SortSG. Wird der Sortenschutz unanfechtbar erteilt, kann er für die Sorte Rechte aus dem Patent oder aus der Patentanmeldung (§ 33 PatG) nicht mehr geltend machen, § 41 Abs. 2 Satz 3 SortSG; ein anhängiges Patenterteilungsverfahren wird nicht fortgeführt, § 41 Abs. 2 Satz 3 zweiter Halbsatz SortSG. Bevor der Patentinhaber seine Wahl für den Sortenschutz getroffen hat, hat er ein Rechtsschutzinteresse an der Aufrechterhaltung seines Patents, BGHZ 122, 144 = GRUR **93,** 651, 653 – Tetraploide Kamille.

16e **b) Pflanzensorte.** Sachlich zu rechtfertigen ist der Ausschluss von der Patentierung bei Pflanzen nur mit Blick auf die nach der Vorstellung des Gesetzgebers vorrangige Möglichkeit der Unterschutzstellung nach dem Sortenschutzrecht. Folgerichtig ist der Ausschluss daher auf die Fälle zu beschränken, in denen für die Erfindung und deren Ergebnis Sortenschutz erlangt werden kann. Dem entspricht die Definition der Pflanzensorte in § 2a Abs. 3 Nr. 4 als Sorte im Sinne der Definition der gemeinschaftsrechtlichen Sortenschutzverordnung (VO (EG) Nr. 2100/94 vom 27. 7. 1994 – ABl. L 227 S. 1) in der jeweiligen Fassung.

16f Eine Pflanzensorte ist nach Art 5 Abs. 2 dieser Verordnung eine pflanzliche Gesamtheit innerhalb eines einzigen botanischen Taxons der untersten bekannten Rangstufe, die, unabhängig davon, ob die Bedingungen für die Erteilung des Sortenschutzes vollständig erfüllt sind,

- durch die sie sich erstens aus einem bestimmten Genotyp oder einer bestimmten Kombination von Genotypen ergebende Ausprägung der Merkmale definiert,
- zweitens zumindest durch die Ausprägung eines der erwähnten Merkmale von jeder anderen pflanzlichen Gesamtheit unterschieden
- und drittens in Anbetracht ihrer Eignung, unverändert vermehrt zu werden, als Einheit angesehen werden kann.

Bei der Ausgestaltung dieser Definition hat sich der nationale Gesetzgeber auf die Vorgaben durch die Biotechnologierichtlinie beschränkt; auf eine Einbeziehung der Vorschriften des nationalen Sortenschutzrechtes wurde verzichtet. Im Hinblick auf die sachliche Übereinstimmung der Definitionen, die beide an Artikel 1 vi des UPOV-Übereinkommens anknüpfen, erscheint insoweit eine Bezugnahme entbehrlich. Die mit dem Gesetz ausgesprochene dynamische Verweisung auf das Europäische Gemeinschaftsrecht ist angesichts der Bindung des nationalen Gesetzgebers an die Vorgaben der Richtlinie auch vor dem Hintergrund der Problematik einer solchen Verweisung im nationalen Recht unbedenklich.

Im Sortenschutzrecht wird die Gesamtheit der genetischen Informationen einer Pflanzenart unter Schutz gestellt, die durch ihren Genotyp auf der untersten Ebene von anderen unterschieden werden kann, und bei der die genetischen Informationen im Wege der natürlichen Vererbung an nachfolgende Generationen weitergeben werden können (Straus, GRUR **93,** 794, 795). Die Gemeinsamkeit einzelner DNA-Sequenzen oder Gene reicht regelmäßig nicht zur Begründung einer Sorte (EPA ABl. **2000,** 111 – transgene Pflanze). Die Bestimmung nur über eine solche Sequenz und nicht das gesamte Genom betrifft regelmäßig nicht konkrete Lebewesen, sondern eine nach abstrakten Merkmalen definierte Gruppe, für die Sortenschutz nicht zu erlangen ist. Eine Mehrheit von Pflanzen, die nicht durch ihr gesamtes Genom, sondern nur durch ein oder mehrere einzelne Gene bestimmt wird, ist in der Regel keine Pflanzensorte und damit grundsätzlich patentfähig (so auch im Erg. EPA ABl. **2000,** 111 – transgene Pflanze; vgl. a. Grund, Mitt. **2000,** 329). Unter einer Pflanzensorte ist damit eine Vielzahl von Pflanzen zu verstehen, die in ihren Merkmalen weitgehend gleich sind und nach jeder Vermehrung oder jedem Vermehrungszyklus innerhalb bestimmter Toleranzgrenzen gleich bleiben (EPA ABl. **2000,** 111 – transgene Pflanze; GRUR Int. **85,** 301, 302 – Vermehrungsgut; GRUR Int. **88,** 629, 631 – Hybridpflanzen). 16g

Auf welche Weise die Pflanzensorte erzeugt wurde, ist für den Ausschlusstatbetsand ohne Belang. Der Ausschluss von der Patentierung gilt allgemein für Pflanzensorten. Vom Patentschutz ausgeschlossen ist nicht nur das Ergebnis biologischer Züchtungsverfahren. Dem Patentierungsverbot unterliegen auch Sorten, die im Wege der gentechnischen Manipulation gewonnen wurden (EPA ABl. **2000,** 111 – Transgene Pflanze zu 3.10), sofern sie ihrerseits insoweit und im Hinblick auf die beanspruchte Lehre als Sorte angesprochen werden können. Das betrifft alle Zuchtsorten, Klone, Linien, Stämme und Hybriden, die so angebaut werden können, dass sie von anderen Sorten deutlich unterschieden werden können, hinreichend homogen und in ihren wesentlichen Merkmalen beständig sind (EPA GRUR Int. **85,** 301, 302 – Vermehrungsgut; GRUR Int. **88,** 629, 631 – Hybridpflanzen; GRUR Int. **95,** 978 – Pflanzenzellen; im Erg. auch SchweizBG GRUR Int. **96,** 1059 – Tetraploide Kamille II für die vergleichbare Vorschrift in Art. 1a des Schweizer Patentrechts); für sie kommt Patentschutz nicht in Betracht (EPA GRUR Int. **88,** 629, 631 – Hybridpflanzen). Ohne Beständigkeit der maßgeblichen Eigenschaften oder Merkmale liegt eine Pflanzensorte im Sinne der §§ 2a Abs. 1, 2a Abs. 2 Nr. 1 nicht vor. Diese setzt voraus, dass die Eigenart der Pflanze ohne Eingriff des Menschen auf natürlichem Wege von der Generation der Eltern an die nachfolgenden weitergeben werden können. Keine Sorte sind daher Hybridpflanzen, die nur durch Klonen der Elternpflanzen vermehrt werden können, weil die gewünschten Merkmale bei einer weiteren geschlechtlichen Vermehrung nicht beständig auftreten (EPA GRUR Int. **88,** 629, 631 – Hybridpflanzen). 16h

Angesichts der Funktion der Regelung, eine doppelte Unterschutzstellung neben dem Sortenschutz zu verhindern, kommt Patentschutz in Betracht, wenn und soweit ein Sortenschutzrecht mangels Vorliegens der gesetzlichen Voraussetzungen nicht entstehen kann (so auch im Erg. EPA ABl. **84,** 112 – Vermehrungsgut; vgl. a. ABl. **96,** 169 – Inadmissible referral; GRUR Int. **95,** 978 – Pflanzenzellen). Das ist auch der Fall, wenn die beanspruchte Erfindung eine höhere taxonomische Einheit als die Pflanzensorte betrifft oder nicht der Züchtung von Sorten dient (Huber, Mitt. **94,** 174, 175; EPA (Gr. Beschwerdekammer) ABl. **2000,** 111 – transgene Pflanze in teilweiser Abweichung von der Vorlagentscheidung ABl. **98,** 511 – transgene Pflanze). Darauf, ob für den Gegenstand der Erfindung bereits ein Sortenschutzrecht erteilt wurde, kommt es nicht an. Zu Recht hat das EPA daher Patentschutz für einen Anspruch versagt, der nach seiner Formulierung und Erläuterung auf den Schutz für eine durch gentechnische Manipulationen geschaffene, einem Sortenschutz an sich zugängliche Art gerichtet war (EPA GRUR Int. **95,** 978 – Pflanzenzellen; krit. Lang, GRUR Int. **96,** 586; vgl. a. Winter, Mitt. **96,** 270ff.). Dafür kann genügen, dass sich die so erzeugte Pflanze in einer oder mehreren Eigenschaften von der Generation ihrer Eltern unterscheidet und diese Eigenschaften an ihre Abkömmlinge weitergeben kann; bereits das schafft eine Pflanze, die sich von allen anderen unterscheidet und über beständige Eigenschaften verfügt. Ansprüche, mit denen lediglich bestimmte Eigenschaften und Fähigkeiten verbessert werden sollen, schaffen keine Pflanzensorte, wenn sie auch bei anderen Pflanzen eingesetzt werden können. Patentfähig ist daher ein Verfahren zur Erzeugung sortenübergreifender Pflanzenarten mit einer Resistenz gegen bestimmte Faktoren wie Erkrankungen, Schädlingsbefall oder Herbizide (EPA GRUR Int. **93,** 865 – Patent für pflanzliche Lebensformen; ABl. **2000,** 111 – transgene Pflanze; MGK/Moufang, Art. 53 Rdnr. 77). Patente kommen in Betracht weiter für Hybride, die nicht eine neue Pflanzensorte zum Gegenstand haben wie eine somatische Hybride aus Kartoffel und Tomate (MGH/Moufang, Art. 53 Rdnr. 74) 16i

16j Der sortenrechtliche Sonderschutz betrifft nur die Pflanze als Ganzes, nicht aber ihre Bestandteile. Demgemäß besteht grundsätzlich auch kein Anlass, für diese Bestandteile Patentschutz im Hinblick auf ein bestehendes oder mögliches Sortenschutzrecht zu versagen. Für einzelne Zellen einer Pflanze kommt Patentschutz daher auch dann in Betracht, wenn hinsichtlich der gesamten Pflanze Sortenschutz denkbar ist. Pflanzenzellen fallen nicht unter die Definition einer Pflanze oder Pflanzensorte, sondern sind mikrobiologische Erzeugnisse im weiteren Sinne (EPA GRUR Int. **95,** 978 – Pflanzenzellen). Patentschutz für eine Behandlung von Pflanzgut zur Erzeugung gewünschter Eigenschaften, die mit diesem Ziel an einer Mehrzahl unterschiedlicher Pflanzenarten und -sorten sowie an deren Erbgut vorgenommen werden kann, wird durch § 2a nicht ausgeschlossen (EPA ABl. **84,** 112 – Vermehrungsgut). Das Produkt dieser Behandlung ist wegen der Verschiedenartigkeit des Ausgangsmaterials inhomogen; eine Sorte wird auf diese Weise nicht erzeugt, so dass Sortenschutz nicht erlangt werden kann. Lehren, die sich nur mit der Behandlung von Pflanzen befassen, sind nicht nach § 2a vom Patentschutz ausgenommen. Für Dünger oder Pflanzenschutzmittel kann ein Patent daher auch erteilt werden, wenn sie nur bei einer Pflanzensorte eingesetzt werden können. Schutzfähig ist auch die Behandlung von Vermehrungsgut einer Pflanze mit schwefelhaltigen Oxim-Derivaten zum Schutz vor aggressiven Agrarchemikalien. Auch für Maßnahmen zur Feststellung und Behandlung von Erkrankungen der Pflanzen kann ein Patent erteilt werden. Auch Pflanzen als solche oder einzelne Pflanzen schließt die Regelung in § 2a Abs. 1 nicht vom Patentschutz aus (vgl. Busche, GRUR Int. **99,** 299, 300).

16k Auch für Samen und Pflanzen ist Patentschutz möglich, soweit die Voraussetzungen des § 2a nicht erfüllt sind. Dass sie lebende Materie sind oder weil das genetische Material von Pflanzen das gemeinsame Erbe der Menschheit bleiben sollte, schließt eine Patentierung nur in dem vom Gesetz genannten Fällen aus; sie verstößt auch mit dieser Erwägung nicht gegen die Sittenordnung im Sinne des § 2 nF., zumal die Patentierung in der Regel eine Veränderung des als Ausgangsprodukt verwendeten Wildtyps nicht einschließt (vgl. EPA GRUR Int. **95,** 978 – Pflanzenzellen zu 10). Einer exakten Definition des Begriffs der biologischen Erfindung, die sich angesichts der zunehmenden Überlappung der einzelnen Disziplinen der Naturwissenschaft in Abgrenzung zu anderen Bereichen nur schwer eindeutig gewinnen ließe, bedarf es daher für die Bestimmung der grundsätzlichen Patentfähigkeit nicht. Zu prüfen ist lediglich, ob die Voraussetzungen der im Gesetz genau umrissenen Ausschlusstatbestände erfüllt sind

17 **6.** Wie Pflanzensorten scheiden auch **Tierrassen** als Gegenstand eines Patents aus (Siehe dazu: Di Carto, GRUR Int. **93,** 399; Kinkeldey, GRUR Int. **93,** 394; Looser, Zur Diskussion um ein gewerbliches Schutzrecht in der Tierzüchtung, GRUR **86,** 27). Den Vorgaben der Biotechnologierichtlinie entsprechend hat der nationale Gesetzgeber den Ausschlusstatbestand auf Tierrassen beschränkt und nicht den Begriff der Tierart aus dem früheren nationalen Recht übernommen, der inhaltlich unbestimmt ist und in der Vergangenheit zu Abgrenzungsproblemen geführt hat. Der Ausschluss der Tierrassen vom Patentschutz hat vor allem historische Gründe. Er geht im Wesentlichen zurück auf Art. 2 StraÜ. In vielen Vertragsstaaten wie u. a. Deutschland wurden Tierarten und die Verfahren zu ihrer Züchtung nicht als geeignetes Objekt für einen Patentschutz angesehen. Das StraÜ vom 27. 11. 1963 hat dies aufgegriffen und Pflanzensorten und Tierarten (Tierrassen) sowie die im Wesentlichen biologischen Verfahren zu ihrer Züchtung von dem allgemein zu schaffenden Patentschutz ausgenommen. Dieser Hintergrund gebietet eine enge Fassung des Ausschlusstatbestandes; er kann einen Auschluss vom Patentschutz allenfalls in einem ähnlichen Umfang rechtfertigen, wie dies bei der Züchtung und Gestaltung von Pflanzen der Fall ist. Demgemäß ist das EPA schon bei dem Begriff der Tierarten seit längerem von einem engeren Verständnis ausgegangen, nach dem der Ausschluss von der Patentierung nur bestimmte Gruppen von Tieren, nicht Tiere an sich erfasst. Säuger und Nager wurden als eine höher anzusiedelnde taxonomische Einheit angesehen, als sie durch den Begriff der Tierart (animal variety, race animale) beschrieben wird (EPA ABl. **90,** 476 – Krebsmaus II; ebenso SA ABl. 2005, 22). Erfasst wurde danach nur eine bestimmte Rasse von Tieren (weitergehend MGK/Moufang, der den Begriff der Tierart mit Tierrasse gleichsetzen will). Die Richtlinie hat diese Erwägung aufgegriffen und den Ausschlusstatbestand ausdrücklich auf Tierrassen beschränkt. Der nationale Gesetzgeber ist dieser Vorgabe nachgekommen. Erfindungen, die arten- oder rassenübergreifende Veränderungen an Tieren zum Gegenstand haben, fallen damit nicht unter die Ausnahmevorschrift.

17a **Gentechnische Manipulationen** bei größeren Einheiten wie Säuger oder Nager führen auch dann nicht zu einer neuen (Tier-)Art, wenn die neu erworbenen Eigenschaften an die jeweiligen Nachkommen weitergegeben werden und dies das Ziel der Erfindung ist (vgl. EPA ABl. **90,** 476 – Krebsmaus II; vgl. a. MGK/Moufang, Art. 53 Rdnrn. 100ff.). In einem solchen

Fall kann nicht lediglich ein das Vorgehen bei der Manipulation betreffendes Verfahrenspatent gewährt werden; auch ein auf das in Anwendung des Verfahrens erzeugte Tier gerichteter Sachschutz ist denkbar. Andernfalls könnten derartige Erfindungen nicht geschützt werden. Ein dem Sortenschutz vergleichbares Sonderrecht existiert für die Züchtung von Tierarten nicht. Damit scheidet zugleich die Gefahr eines Doppelschutzes aus. Auch sonst sind keine überzeugenden Gründe zu erkennen, die einen Ausschluss von Tiere betreffenden technischen Verfahren vom Patentschutz rechtfertigen könnten. Eine überzeugende Begründung fehlte schon der historischen Vorstellung von der mangelnden Patentfähigkeit derartiger Schöpfungen; heute erscheint sie zusätzlich insbesondere mit Blick auf die Entwicklung der Gentechnik als überholt.

Hesse hält den Ausschluss der Erfindungen, die Tierarten sowie die im Wesentlichen biologischen Verfahren zur Züchtung von Tieren betreffen, für unvereinbar mit Art. 3 und 14 GG (GRUR **71,** 101, 104f.; ebenso von Pechmann, GRUR Int. **87,** 344, und GRUR **87,** 475, 480). Das erscheint fraglich, da das geistige Eigentum zwar den Schutz des Art 14 GG genießt, der Gesetzgeber verfassungsrechtlich jedoch nicht gehalten ist, sämtliche Schöpfungen menschlichen Geistes einem über das allgemeine Deliktsrecht hinausgehenden gesetzlichen Schutz zu unterwerfen. So wird dessen Fehlen etwa bei Entdeckungen, Spielen, Geschäftsmethoden und den vom Patentschutz ausgeschlossenen medizinischen Behandlungen ohne weiteres als unbedenklich angesehen. Mit der Biotechnologierichtlinie, die ein entsprechendes, dem nationalen Recht vorgehendes Verbot enthält, hat sich diese Frage zudem erübrigt. **17 b**

7. Bei **nicht biologischen Verfahren** stellt der Eingriff des Menschen nach dem Wesen der beanspruchten Lehre über die Benutzung der Gesetze der Vererbungslehre hinaus ein wesentliches Element für die Herbeiführung des erfindungsgemäßen Erfolgs dar (EPA GRUR Int. **88,** 629, 631 – Hybridpflanzen zu 8; Singer/Lunzer, Rdnr. 53.04; Mes, § 2a PatG Rdnr. 10). In der ausgeführten Form darf das Verfahren nicht den klassischen Züchtungsverfahren entsprechen; ein wesentliches Indiz ist weiter, wenn es in dieser Form in der Natur nicht vorkommt (Singer/Stauder/Schatz, Art. 53 Rdnr. 48). Züchtungen in Änderung oder Abkehr von den bekannten klassischen Verfahren sind typischerweise kein im Wesentlichen biologisches Züchtungsverfahren (EPA GRUR Int. **88,** 629, 631 – Hybridpflanzen zu 8), insbesondere wenn sie eine zusätzliche und entscheidende technische Einwirkung durch den Menschen oder den Einsatz technischer Mittel verlangen. Verfahren, die zumindest einen technischen Schritt erfordern, der nicht ohne menschliche Mitwirkung ausgeführt werden kann (EPA ABl. **95,** 545 – Pflanzenzellen; vgl. a. ABl. **90,** 476 – Krebsmaus II; Singer/Stauder/Schatz, Art. 53 Rdnr. 49) sind grundsätzlich patentfähig. Erforderlich ist jedoch das Vorhandensein einer technischen Maßnahme; eine menschliche Mitwirkung wie etwa bei der künstlichen Bestäubung kann einem natürlichen Zuchtverfahren die Patentfähigkeit allein nicht vermitteln. **18**

Für die Unterscheidung der im Wesentlichen biologischen Verfahren zur Züchtung von Pflanzen und Tieren von den nicht biologischen Verfahren ist das erzielte Ergebnis von untergeordneter Bedeutung. Beide sollen eine Veränderung des Erbgutes und damit des Genoms der gezüchteten Lebewesen bewirken. Die Beteiligung des Menschen an der Erzeugung eines Lebewesens mit neuen Eigenschaften sagt für sich ebenfalls nichts über das Vorliegen eines biologischen Verfahrens aus (a. A. Huber, Mitt. **94,** 174, 176, der bereits bei einem planmäßigen Eingreifen des Menschen ein im Wesentlichen biologisches Verfahren ausschließen will). Auch ein im Wesentlichen biologisches Züchtungsverfahren wird in der Regel vom Menschen gesteuert und kontrolliert. Nach Wortlaut und Systematik der Regelung liegt der entscheidende Unterschied vielmehr in der Art des Verfahrens. Nach dem Zweck der Ausschlussregelung sollen lediglich die sog. natürlichen Züchtungsverfahren vom Patentschutz ausgenommen werden; einen Ausschluss auch solcher biologischer Verfahren, bei denen eine maßgebliche technische Entwicklung stattfindet, bezweckt die Regelung hingegen nicht (Schulte, § 2 PatG Rdnr. 125). Im Wesentlichen biologisch sind demgemäß solche Züchtungsverfahren, bei denen das Ergebnis in Anwendung der üblichen biologischen Vorgänge und unter Ausnutzung insbesondere der Vererbungsregeln erreicht wird. Sie beruhen auf Selektion und Kreuzung von Eltern mit dem Ziel, unter Verwendung des Fortpflanzungsmechanismus, wie er dem jeweiligen Wesen eigen ist, nach den Gesetzen der biologischen Vererbung Nachkommen mit den gewünschten Eigenschaften zu erzeugen. Eine solche Züchtung kann nach § 2a nicht patentiert werden. **18 a**

Verfahren zur gentechnischen Veränderung des Erbmaterials mit dem Ziel einer Erzeugung von Nachkommen mit bestimmten Eigenschaften werden herkömmlich nicht als im Wesentlichen biologisches Verfahren verstanden. Zwar wäre ihre Einbeziehung in den Ausnahmetatbestand des § 2a nicht ausgeschlossen, wenn man die Vorschrift nicht vor ihrem historischen Hintergrund auslegt, sondern wie den Erfindungsbegriff in einem dynamischen Sinn versteht (vgl. dazu. Bruchhausen in Voraufl, § 2 PatG Rdnr. 12a). Dagegen spricht jedoch, **18 b**

dass es hier nicht um die sachliche Zuordnung zu unterschiedlichen Schutzsystemen geht (vgl. Busse/Keukenschrijver, § 2 PatG Rdnr. 57), sondern um die Frage, welchen Schutz chemische und physikalische Eingriffe in die belebte Natur verdienen. Die Gründe, die zum Ausschluss von der Patentfähigkeit nach § 2a geführt haben, greifen hier daher nicht ein; solche Verfahren und ihre Ergebnisse müssen grundsätzlich als patentfähig angesehen werden (MGK/Moufang, Art. 53 Rdnr. 113ff.). Kein im Wesentlichen biologisches Züchtungsverfahren ist danach die Einschleusung einer aktivierten Onkogen-Sequenz in das Genom eines Säugetieres zur Erzeugung von Individuen mit bestimmten, von der Art des eingeschleusten Gens abhängigen Eigenschaften (EPA ABl. **90,** 476 – Krebsmaus II). Das Gleiche gilt für ein Verfahren zur Züchtung von Pflanzen zur Transformation von Pflanzenzellen oder -gewebe mit rekombinanter DNA und anschließender Regeneration und Vervielfältigung der so erzeugten Pflanzen und Samen (EPA GRUR Int. **95,** 978 – Pflanzenzellen).

18c Das EPA hat sich bei der Auslegung des Begriffes „im Wesentlichen biologisches Verfahren zur Züchtung" nicht davon leiten lassen, ob die Abfolge von Verfahrensschritten als im wissenschaftlichen Sinne biologisch bezeichnet werden kann. Ein Verfahren zur Erzeugung von Hybridpflanzen, das wesentliche Änderungen der klassischen biologischen Zuchtverfahren mit sich brachte und wegen des Wirkungsgrades und des hohen Ertrages einen bedeutenden technologischen Charakter aufwies, wurde vom EPA nicht als „im Wesentlichen biologisch" gewertet, ABl. **90,** 71, 78 – Hybridpflanzen/LUBRIZOL. Gegen Erfindungen, die sich auf arten- d.h. rassenübergreifende Veränderungen von Tieren beziehen, z.B. Erhöhung von Milchleistung von Kühen ohne Rücksicht auf die jeweilige Rasse der Kühe oder Verbesserung der Fleischqualität von Schweinen ohne Rücksicht auf die jeweilige Rasse oder Erreichung der Immunität gegen bestimmte Krankheiten ohne Rücksicht auf die jeweilige Tierart oder -rasse, dürften hinsichtlich der Patentierbarkeit keine Bedenken bestehen. Auch dem Patentschutz für Besamungsverfahren, z.B. Samentransfer, dürfte § 2 Nr. 2 nicht entgegenstehen. Diese Vorschrift schließt den Patentschutz für Tiersamen als solchen nicht ausdrücklich aus. Das könnte eine Schutzmöglichkeit für erfolgreiche Tierzüchter eröffnen.

18d Auch für Verfahren zur gentechnischen Veränderung von Pflanze oder Tier kann im Hinblick auf die Patentierbarkeit nicht vom Erfordernis der Wiederholbarkeit der Verfahrenslehre abgesehen werden, BGHZ **52,** 74, 83. Dasselbe gilt für einen Schutz des Züchtungsergebnisses, denn auch für dieses müsste ein wiederholbares Herstellungsverfahren offenbart werden, BGHZ **52,** 74, 85; **64,** 101, 106f.; BGH GRUR **78,** 162, 163f. Nichts anderes gilt für Ansprüche, die auf die Vermehrung derart erzeugter Tiere gerichtet sind, BGHZ **64,** 101, 106. Die unmittelbaren Erzeugnisse von nicht im Wesentlichen biologischen Verfahren zur Züchtung von Tieren sind nach § 9 Satz 2 Nr. 3 geschützt. Voraussetzung hierfür ist allerdings, dass eine neue Art von Tieren das Endprodukt des Verfahrens ist.

19 **8. Mikrobiologische Erfindungen**

Literaturhinweis: Wirtz, Zur Offenbarung biochemischer Verfahren, GRUR **69,** 115; Wirtz, Die Einordnung der mikrobiologischen Verfahren sowie der zu gewinnenden Erzeugnisse unter den Erfindungsbegriff im Straßburger Übereinkommen, GRUR **70,** 105; Hüni, Stoffschutz für Erzeugnisse mikrobiologischer Verfahren, GRUR **70,** 542; Duttenhöfer, Über den Patentschutz biologischer Erfindungen, Festschrift „Zehn Jahre Bundespatentgericht", 1971, S. 171, 181–189; Fabel, Zur Offenbarung mikrobiologischer Verfahren, Mitt. **71,** 45; Wirtz, Nochmals: „Die schutzlosen Mikroorganismen", GRUR **71,** 238; Windisch, Neuere Entscheidungen, insbesondere des Bundesgerichtshofs, und ihre Konsequenzen für die deutsche Patentpraxis auf dem Gebiet der Chemie, GRUR 71, 550, 555/56; von Pechmann, Über nationale und internationale Probleme des Schutzes mikrobiologischer Erfindungen, GRUR **72,** 51; Dittmann, Patentrechtliche Besonderheiten bei Chemie-Erfindungen, Mitt. **72,** 81, 88 re. Sp.; Widtmann, Patentfähigkeit von Mikroorganismen, Mitt. **72,** 89; Vossius, Der Patentschutz von Mikroorganismen nach dem deutschen Patentgesetz und dem zukünftigen europäischen Patenterteilungsverfahren, GRUR **73,** 159; von Pechmann, Gewerblicher Rechtsschutz auf dem Gebiet der Mikrobiologie, GRUR Int. **74,** 128; **74,** 448; Epstein, Der Schutz der Erfindungen auf dem Gebiet der Mikrobiologie, GRUR Int. **74,** 271ff.; Wüsten, Zur Frage der Offenbarung mikrobiologischer Erfindungen, GRUR **74,** 359; Vossius, Der Schutz von Mikroorganismen und mikrobiologischen Verfahren, GRUR **75,** 477; Vossius, Das Problem der Freigabe von hinterlegten Mikroorganismen, GRUR **75,** 584; Hansen/Wüsten, Freigabe von Mikroorganismus-Kulturen, Mitt. **76,** 110ff.; **76,** 147; Vossius, Bedingungen für die Freigabe von Mikroorganismen-Kulturen, GRUR **77,** 74; Trüstedt, „Bäckerhefe", GRUR **77,** 196; Blum U., Der Patentschutz für mikrobiologische Erzeugnisse nach dem schweizerischen

Patentrecht und dem Europäischen Patentübereinkommen, St. Gallen 1979; Trüstedt, Patentierung mikrobiologischer Erfindungen, GRUR **81,** 95; Teschemacher, Die Patentfähigkeit von Mikroorganismen nach deutschem und europäischem Recht, GRUR Int. **81,** 357; Boeters, Erfahrungen bei der Hinterlegung von Gewebekulturen, Mitt. **82,** 73; Fitzner, Der patentrechtliche Schutz mikrobiologischer Erfindungen, Diss. Berlin FU, 1982; Boeters/Collins, Hinterlegung von Plasmiden, Mitt. **83,** 91; Cadmann, Der Schutz von Mikroorganismen im europäischen Patentrecht, GRUR Int. **85,** 242; Vossius/Jaenichen, Zur Patentierung biologischer Erfindungen nach Europäischem Patentübereinkommen und Deutschem Patentgesetz, Formulierung und Auslegung von Patentansprüchen, GRUR **85,** 821; von Füner, Sachschutz für neuen Mikroorganismus, Mitt. **85,** 169; Engel, Der Sachschutz für Mikroorganismen nach dem neuen deutschen Patentrecht, GRUR **87,** 332; Trüstedt, Patentrecht und Gentechnologie, V. Mikrobiologie, GRUR **86,** 640, 645; Dänner, Bedürfnisse der Anmelder biotechnologischer Erfindungen, GRUR Int. **87,** 315; Beier, Anm. zu BGH GRUR Int. **87,** 357 ff. – Tollwutvirus – S. 359 ff.; Marterer, Die Patentierbarkeit von Mikroorganismen per se, GRUR Int. **87,** 490; Baumbach, Mikroorganismusschutz per se – eine Brücke zwischen Patentschutz und Sortenschutz, Mitt. **91,** 13 ff.

a) Mikrobiologische Verfahren

Literaturhinweis: Trüstedt, Patentierung mikrobiologischer Erfindungen, GRUR **81,** 95; Blum, Fragen der Patentfähigkeit von Erfindungen auf dem Gebiet der lebenden Materie, GRUR Int. **81,** 293; Teschemacher, Die Patentfähigkeit von Mikroorganismen nach deutschem und europäischem Recht, GRUR Int. **81,** 357; Fitzner, Der patentrechtliche Schutz mikrobiologischer Erfindungen, Diss. Berlin 1982; Cadman, Der Schutz von Mikroorganismen im europäischen Patentrecht, GRUR Int. **85,** 242; v. Füner, Sachschutz für neuen Mikroorganismus – Zum x-ten Mal „Bäckerhefe". Mitt. **85,** 169; Straus, Rechtsfragen der Anerkennung der Hinterlegung von Mikroorganismen nach dem Budapester Vertrag, GRUR Int. **86,** 601; Engel, Sachschutz für Mikroorganismen nach dem neuen deutschen Patentrecht – zugleich Anmerkung zum BGH-Beschluss „Tollwutvirus", GRUR **87,** 332; Marterer, Die Patentierbarkeit von Mikroorganismen per se, GRUR Int. **87,** 490; Rauh/Jaenichen, Neuheit und erfinderische Tätigkeit bei Erfindungen, deren Gegenstand Proteine oder DNA-Sequenzen sind, GRUR **87,** 753; Baumbach, Mikroorganismenschutz per se – Eine Brücke zwischen Patentschutz und Sortenschutz, Mitt. **91,** 13; Schatz, Zur Patentierbarkeit gentechnischer Erfindungen in der Praxis des Europäischen Patentamts, GRUR Int. **97,** 588 **20**

Mikrobiologische Verfahren betreffen die Verwendung von Mikroorganismen oder deren Teilen zur Herstellung oder Veränderung von Erzeugnissen und die Entwicklung neuer Mikroorganismen für bestimmte Anwendungszwecke, d.h. in erster Linie Verfahren zur Gewinnung, Veränderung (Transformation) und Verwendung von Mikroorganismen (Schatz, GRUR Int. **97,** 588, 591). Sie und die mit ihrer Hilfe gewonnenen Erzeugnisse sind nach § 2a Abs. 2 Nr. 2, der auf eine entsprechende Vorgabe der Biotechnologierichtlinie zurückgeht, ausdrücklich von dem Patentierungsverbot ausgenommen. Für das nationale Recht entspricht die grundsätzliche Patentfähigkeit solcher Verfahren der bereits zuvor geltenden Rechtlage. Erfindungen auf diesem Gebiet waren schon seit längerem als patentierbar anerkannt. Bereits im RPA wurden von jeher zahlreiche Patente für Erfindungen erteilt, bei denen auf biologische Weise Gegenstände erzeugt werden, z.B. Verfahren zur Brotbereitung, bei welchem Hefe verwendet wird, die gleichfalls aus Lebewesen besteht, ferner zur Bierbereitung, Essigfabrikation u.a.m. Diesen ältesten Patenten schlossen sich Patente an, die die fermentative Erzeugung von Butylalkohol und Azeton zum Gegenstand haben. Außer den mikrobiologischen Verfahren für die Herstellung organischer Säuren, wie Oxalsäure, Glutaminsäure, sowie für die Gewinnung von Vitaminen und Heilseren haben vor allem die aus dem Stoffwechsel von Mikroorganismen gewonnenen *Antibiotika* als Heilmittel immer größere Bedeutung erlangt. Bei den zuletzt genannten mikrobiologischen Verfahren bedient man sich des Umstandes, dass bestimmte Mikroorganismen Stoffwechselprodukte ausscheiden, die nützliche Eigenschaften aufweisen. Als Musterbeispiel für diese Art von Verfahren sei genannt z.B. die Verwendung des Stammes Streptomyces feofaciens zur Herstellung von Tetracyclin, BPatGE **9,** 150 ff.; die Verwendung des Stammes Actinomyces levoris zur Herstellung von Levorin und Levoristatin, BPatGE **16,** 1 ff.; die Verwendung von bestimmten Mutanten von Streptomyces aureofaciens zur selektiven Herstellung von 7-Chlor-6-demethyltetracyclin, BGH GRUR **78,** 162. **20 a**

Mikroorganismen sind alle für das bloße Auge nicht sichtbaren, im Allgemeinen einzelligen Organismen, die im Labor vermehrt und manipuliert werden können (Singer/Stauder/Schatz Art 53 Rdnr. 53; vgl. a. Busse/Keukenschrijver, § 2 PatG Rdnr. 59; EPA GRUR Int. **95,** 978 **20 b**

– Pflanzenzellen; Singer/Lunzer, Rdnr. 53.05; Mes, § 2a PatG Rdnr. 13). Zu ihnen gehören neben Bakterien (EPA ABl. **89,** 275 – Polypeptide-Expression) Pilze und Hefen, Algen, Protozoen sowie menschliche, tierische und pflanzliche Zellen (MGK/Moufang, Art. 53 Rdnr. 118), ferner Viren (Moufang, Art. 53 Rdnr. 122) und Träger von Erbgut wie die Plasmide (EPA ABl. **88,** 452 – Plasmid pSG; GRUR Int. **95,** 978 – Pflanzenzellen zu 34), die unter anderem in der Gentechnik Bedeutung erlangt haben. Wie Mikroorganismen behandelt das EPA auch Zelllinien, GRUR Int. **90,** 530, 531 – Aktenzeichen der Hinterlegung/ROCKEFELLER. Samenkörner, wie Sojabohnen, zählen nicht dazu, Supreme Court of Canada GRUR Int. **91,** 154ff. – Sojabohnen.

20c **Mikrobiologisch** sind nach der Definition in Abs. 3 Nr. 3 Verfahren, bei denen mikrobiologisches Material verwendet, ein Eingriff in mikrobiologisches Material durchgeführt oder mikrobiologisches Material hervorgebracht wird. Im Wesentlichen handelt es sich um Verfahren, bei denen Kleinlebewesen oder Teile von ihnen zur Herstellung oder Veränderung von Erzeugnissen verwendet oder für bestimmte Anwendungszwecke neue Mikroorganismen entwickelt werden. Dabei werden allein biochemische und mikrobiologische Vorgänge einschließlich gentechnischer und verfahrenschemischer Methoden eingesetzt, um die Fähigkeiten von Mikroben und kultivierten Zellen zu nutzen (EPA GRUR Int. **95,** 978 – Pflanzenzellen). Sie bestehen in der Regel in der Kultivierung eines Mikroorganismus in einem Nährmedium. Das ist der Fall bei den traditionellen Fermentations- und Biotransformationsverfahren, der Manipulation von Mikroorganismen durch gentechnische oder Fusionsverfahren, und der Herstellung oder Veränderung von Erzeugnissen in rekombinanten Systemen (vgl. a. die Beispiele bei EPA ABl. **86,** 369 – Probevorrichtung; ABl. **88,** 452 – Plasmid pSG). Die bei der Vermehrung des Mikroorganismus entstehenden Stoffwechselprodukte sind dann die erfindungsgemäß gewünschten Endprodukte. Die bei der Kultivierung der Mikroben angewandten Bedingungen sind meist die bei Gärungsprozessen üblichen; sie können merkmalsmäßig durchweg eindeutig offenbart werden. Mikrobiologisch ist weiter die gentechnische Behandlung einzelner Zellen (EPA GRUR Int. **95,** 978 – Pflanzenzellen). Zu den mikrobiologischen Verfahren zählt auch die Verwendung von Mikroorganismen, um bestimmte Zustände zu verändern, z.B. Schmutzwasser oder verunreinigte Luft zu reinigen, Rohöl bei niedrigen Temperaturen flüssig zu halten u.a.m. (Siehe dazu Näheres bei Rehm H.-J., Industrielle Mikrobiologie, 2. Aufl. 1980; Bogen H.-J., Gezähmt für die Zukunft, 1973; Gareis, Anwendungsfelder und wirtschaftliche Bedeutung der Biotechnologie, GRUR Int. **87,** 287ff.).

20d **Mehrstufige Verfahren,** bei denen lediglich einer oder mehrere Schritte mikrobiologischer Natur sind, können grundsätzlich jedenfalls dann patentiert werden (Schulte, § 1 PatG Rdnr. 134), wenn der mikrobiologische Schritt das Ergebnis wesentlich beeinflusst. Wie bei der Kombination technischer und nichttechnischer Merkmale besteht auch hier kein Anlass, einen grundsätzlich patentfähigen Schritt allein deshalb vom Patentschutz auszunehmen, weil er mit weiteren, nicht patentfähigen Merkmalen kombiniert wurde. Den mikrobiologischen stehen mehrstufige technische Verfahren jedoch dann nach Auffassung des EPA nicht gleich, wenn sie lediglich einen biologischen Verfahrensschritt aufweisen, und wenn bei ihnen Mikroorganismen lediglich bei einzelnen von mehreren aufeinander folgenden Schritten eines zusammengehörenden Ablaufs eingesetzt werden, EPA ABl. **95,** 545 – Pflanzenzellen zu 39. Anlass für diese Differenzierung ist die Besorgnis einer möglichen Umgehung des Patentierungsverbotes für Pflanzensorten.

21 **b)** Das Neue dieser Art von mikrobiologischen Verfahren liegt im Wesentlichen in der Wahl des Mikroorganismus. Hier beginnen die bei einer Patentierung auftretenden Schwierigkeiten. Trotz eines inzwischen gut ausgebauten Klassifikationssystems (Abteilung, Klasse, Ordnung, Familie, Gattung-Genus-, Art-Spezies) bereitet die **Identifikation** eines Mikroorganismus Schwierigkeiten. Dies beruht im Wesentlichen darauf, dass die einzelnen Arten wiederum eine oft sehr große Anzahl von Stämmen umfassen. Es ist häufig nicht möglich, eine Spezies ganz genau zu beschreiben und festzustellen, ob es sich um eine neuentdeckte oder eine bekannte Spezies handelt; die Unterscheidung von anderen Spezies ist eben bereits deshalb so schwierig, weil die Grenzen zwischen den verschiedenen Spezies nicht markant genug sind. Diese Schwierigkeiten werden aber noch dadurch ganz erheblich gesteigert, dass sich aus dem Verhalten der zu einer Spezies gehörenden einzelnen Stämme oft nicht eindeutig feststellen lässt, ob diese Stämme tatsächlich untereinander gleich oder verschieden sind. Dies beruht vor allem auf der Fähigkeit der Mikroorganismen, sich an die jeweilige Umgebung anzupassen. Die große Variabilität der lebenden Substanz macht eine **eindeutige Beschreibung** und Zuordnung eines bei mikrobiologischen Verfahren verwendeten speziellen Mikroorganismusstammes oft **praktisch unmöglich,** und es hat sich herausgestellt, dass in den meisten Fällen die bloße Beschreibung der

Eigenschaften von neuentdeckten Mikroorganismen für eine eindeutige Offenbarung der Erfindung nicht ausreicht. Zu dem sich durch die Gentechnologie eröffnenden Möglichkeiten der Beschreibung von Mikroorganismen, siehe Winnacker, GRUR Int. **87,** 292.

Bei einem Herstellungsverfahren für ein Antibiotikum mittels Verwendung eines neuen Mikroorganismus hat daher das BPatG (BPatGE **9,** 150ff.) die Beschreibung einer derartigen Erfindung mit Wort, Zeichnung und Formel nicht für genügend erachtet, sondern die Offenbarung am Anmeldetage im Allgemeinen nur dann als ausreichend bezeichnet, wenn der Organismus spätestens zugleich mit der Anmeldung bei einer dafür geeigneten Stelle hinterlegt wird und in den ursprünglichen Unterlagen die Hinterlegungsstelle sowie die Hinterlegungsbezeichnung angegeben werden. **21 a**

c) Ein weiteres Problem betrifft die Zugänglichkeit des vom Anmelder verwendeten Mikroorganismen für Interessenten bzw. für die Allgemeinheit, weil nämlich die vom Patentgesetz geforderte **Wiederholbarkeit** des Verfahrens mit dem gewünschten Ergebnis überhaupt nicht gesichert, sogar praktisch unmöglich ist, wenn der Benutzer der Erfindung gezwungen wäre, selbst den betreffenden Stamm oder sich ähnlich verhaltende Stämme zu suchen, zu isolieren und zu züchten; denn das genaue Nacharbeiten der vom Erfinder vorgenommenen Tätigkeiten, deren wichtigste im Aufsuchen und Isolieren eines bestimmten Mikroorganismenstammes besteht, kann eben in aller Regel nicht wiederholt werden. Es muss vermieden werden, dass ein Interessent, der die den Mikroorganismus einschließende Erfindung nacharbeiten will, lediglich auf den zunächst nur in der Hand des Erfinders befindlichen Mikroorganismus verwiesen wird, was zu einer dem Patentrecht fremden Art der tatsächlichen Monopolisierung führen würde, BGHZ **52,** 74, 83 – Rote Taube; **100,** 67, 72 – Tollwutvirus. Den Besonderheiten der mikrobiologischen Verfahren wird mit Rücksicht auf praktische Bedürfnisse (BGHZ **100,** 67, 73f.) dadurch Rechnung getragen, dass die **Reproduzierbarkeit** des Mikroorganismus als ausreichende Möglichkeit der Benutzung der Erfindung durch andere Sachverständige angesehen und zu diesem Zweck die – im Patentgesetz nicht ausdrücklich vorgesehene – Hinterlegung des Organismus an einer hierfür geeigneten Stelle zugelassen wird; denn in der Mehrzahl der Fälle kann nur die Hinterlegung des Stammes zum Zeitpunkt der Anmeldung zu einer eindeutigen Offenbarung der neuen Erfindung führen. Eine Aufbewahrung des Mikroorganismus beim Anmelder reicht dazu nicht aus, BGH GRUR **85,** 1035, 1037 – Methylomonas. **22**

Betrifft die Erfindung den Einsatz von Mikroorganismen, ohne dass der Erfolg vom Einsatz bestimmter Mikroorganismen abhängig wäre, vielmehr Mikroorganismen der unterschiedlichsten Art eingesetzt werden können, dann ist es für die Wiederholbarkeit (Ausführbarkeit) ohne Belang, ob bei einzelnen, in der Beschreibung genannten Ausführungsbeispielen nicht sichergestellt ist, dass sie der Fachwelt durch andauernde Hinterlegung zur Verfügung stehen, BPatG Bl. **87,** 360, 361. **22 a**

Stimmen die Eigenschaften, die von einem hinterlegten Mikroorganismus (Hybridoma) produziert wurden, nicht mit den Eigenschaften der beanspruchten monoklonalen Antikörper überein, ist die Erfindung nicht hinreichend offenbart, wenn sie in der Beschreibung an keiner Stelle beschrieben sind, EPA GRUR Int. **92,** 457, 459f. – Monoklonaler Antikörper/ORTHO. **22 b**

Der rechtliche Rahmen einer solchen Hinterlegung richtet sich völkerrechtlich nach dem Budapester Vertrag über die internationale Anerkennung der Hinterlegung von Mikroorganismen für die Zwecke von Patentverfahren vom 28. April 1977 (BGBl. II 1980, S. 1531; BGBl. II 1981; S. 331; Bl. **81,** 54); darüber hinaus hat der Präsident des Deutschen Patent- und Markenamts für die Patentanmeldung nach nationalem Recht in der Verordnung über die Hinterlegung von biologischem Material in Patent- und Gebrauchsmusterverfahren (Biomaterial-Hinterlegungsverordnung – BioMatHintVO) vom 24. Januar 2005 (BGBl. I S. 151) Grundsätze für die Hinterlegung bestimmt, die zum Teil über die Vorschriften des Budapester Vertrages hinausgehen. **22 c**

d) Bei mikrobiologischen Verfahren hat der BGH verlangt, dass der Anmelder entweder einen nacharbeitbaren Weg aufzeigt, wie der in dem Verfahren zu verwendende Mikroorganismus erzeugt oder beschafft werden kann, ohne dass der Fachmann genötigt ist, ihn unter erfinderischem Aufwand selbst zu erzeugen oder aufzufinden und zu isolieren, oder die Nacharbeitbarkeit (Wiederholbarkeit) des Verfahrens durch **Hinterlegung** des Mikroorganismus sicherzustellen, BGHZ **64,** 101, 110f.; BGH GRUR **78,** 162, 164; siehe auch BPatGE **9,** 150ff.; **15,** 1, 9; **16,** 1 – Levorin; Straus/Moufang, Hinterlegung und Freigabe von biologischem Material für Patentierungszwecke, Baden-Baden 1989. **23**

Die in der Rechtsprechung entwickelten Grundsätze finden sich nicht nur in den Vorschriften des Budapester Vertrags; sie sind im Wesentlichen auch durch die BioMatHintVO über- **23 a** nommen worden. Nach deren § 1 ist eine Hinterlegung nur ausreichend, wenn das biologische Material spätestens am Anmeldetag bzw. dem Tag der in Anspruch genommenen Priorität bei einer anerkannten Hinterlegungsstelle hinterlegt wurde, die Anmeldung die einschlägigen Informationen enthält, die dem Anmelder hinsichtlich der Merkmale des hinterlegten Materials bekannt geworden sind, und in der Anmeldung die Hinterlegungsstelle und das Aktenzeichen der Hinterlegung mitgeteilt werden. Liegen die Angaben nicht vor, können sie innerhalb der in der Verordnung genannten Fristen nachgereicht werden (§ 3 BioMatHintVO). Die Hinterlegung muss nicht durch den Anmelder geschehen sein; auch eine Hinterlegung durch andere Personen kann genügen, soweit sie das biologische Material in dem jeweils gebotenen Umfang zugänglich macht. Vom Tag der Anmeldung an muss das Material der Hinterlegungsstelle für die jeweilige Aufbewahrungsdauer vorbehaltlos zur Herausgabe von Proben zur Verfügung stehen und so zugänglich sind. Bis zur Offenlegung der Anmeldung kann dieser Zugriff beschränkt werden auf den Hinterleger, das Patentamt und den Anmelder bzw. einen sonstigen Dritten, der zur Entgegennahme einer Probe durch Gerichts- oder Verwaltungsentscheidung befugt ist. Nach der Offenlegung ist dieser Zugang grundsätzlich jedermann zu eröffnen, er kann auf Antrag des Hinterlegers auf Herausgabe einer Probe an einen vom Antragsteller benannten Sachverständigen beschränkt werden. Nach der Erteilung von Patent, ergänzendem Schutzzertifikat oder nach Eintragung des Gebrauchsmusters müssen die Proben jedermann zugänglich sein (§ 5 BioMatHintVO). Vor Aushändigung der Probe muss der Empfänger sich verpflichten, deren Gegenstand oder das daraus abgeleitete Material nicht Dritten zugänglich zu machen oder das Material zu anderen als Versuchszwecken zu verwenden, es sei denn, er ist zu einer anderen Benutzung rechtlich befugt worden. Die Hinterlegungsdauer beträgt 5 Jahre über die Dauer des jeweiligen Schutzrechtes hinaus; in jedem Fall ist sie bis zum Ablauf von 5 Jahren nach der letzten Probeanforderung aufzubewahren (§ 3 BioMatHintVO). Eine erneute Hinterlegung nicht mehr zugänglichen Materials ist unter den Voraussetzungen des § 9 BioMatHintVO zulässig. Völkerrechtlich beetimmen sich die Anforderungen an die Hinterlegung nach dem Budapester Vertrag über die internationale Anerkennung der Hinterlegung von Mikroorganismen für die Zwecke des Patentrechts (Bl. **81,** 54), dessen Vorschriften der nationalen Verordnung vorgehen, insbesondere soweit sie eine internationale Hinterlegung, d. h. eine solche außerhalb des Gebietes der Bundesrepublik Deutschland zulassen und deren Modalitäten bestimmen. Auf diesen völkerrechtlichen Vertrag nimmt die VO Bezug und erklärt dessen Bestimmungen für vorrangig (§ 8). Regel 28 der AO zum EPÜ gestattet für das europäische Patentrecht wie die deutsche VO bei Mikroorganismen allgemein die Hinterlegung biologischen Materials und die Bezugnahme auf von dritter Seite hinterlegtes Material; die Vorschrift ersetzt die früheren Bestimmungen zur Hinterlegung von Mikroorganismen nach dem Beschluss des Verwaltungsrates vom 14. Juni 1996 (Bl. **96,** 454). Anders als nach dem nationalen Recht ist nach Regel 28, die im Übrigen weitgehend der BioMatHintVO entspricht, ein Einverständnis mit einer Herausgabe nur an einen Sachverständigen weitgehend ausreichend.

23 b Einer erneuten Hinterlegung eines bereits viele Jahre vor der Anmeldung hinterlegten Mikroorganismus, von dem seit langem von der Hinterlegungsstelle Proben bezogen werden konnten, bedarf es nicht, weil er vom Fachmann ohne unzumutbaren Aufwand beschafft werden kann, BPatG GRUR **72,** 178, 179–6-Aminopenicillansäure. Der Anmelder muss jedoch sicherstellen, dass der Mikroorganismus von der Hinterlegungsstelle noch nach Ablauf des Patents zur Verfügung der interessierten Fachwelt gehalten wird, BGH GRUR **81,** 734, 735 – Erythronolid; **85,** 1035, 1036 – Methylomonas. Zum Hinterlegungserfordernis bei einer Erfindung, bei der es nicht auf bestimmte Mikroorganismen ankommt, s. Rdn. 22 a.

24 **e)** Von den mikrobiologischen Erfindungen sind **nach der Fassung des § 2 a Abs. 2 Nr. 2** erster Halbsatz nur die mikrobiologischen Verfahren und die mit deren Hilfe gewonnenen Erzeugnisse als nicht von der Patentierung ausgeschlossen genannt. Nicht ausdrücklich erwähnt das Gesetz die Erzeugung neuer Arten von Mikroorganismen und die neuen Mikroorganismen selbst. Das bedeutet nicht, dass die Herstellungsverfahren (die Erzeugung) und die neuen Mikroorganismen selbst von der Patentierung ausgeschlossen wären. Der Ausschluss von Pflanzen und Tieren und deren im Wesentlichen biologische Züchtung von der Patenterteilung erfasst die Mikroorganismen als eine davon verschiedene Art von Lebewesen nicht.

25 **f) Verfahren zur Erzeugung** neuer Arten **von Mikroorganismen** können sich biologischer Mittel der Selektion, Kreuzung und Vermehrung, BPatG GRUR **78,** 586 ff., oder physikalischer oder chemischer Mittel wie der mutagenen Behandlung der Mikroorganismen, z. B. mittels UV-Licht, Röntgenstrahlen oder Stickstoff-Lost oder anderer Chemikalien oder biologischer und physikalischer oder chemischer Mittel bedienen (siehe dazu: Perlman, Botanical Review, 1953, S. 46 ff.). Voraussetzung für die Patentfähigkeit derartiger Verfahren ist die Wie-

derholbarkeit des Verfahrens, BGH GRUR **78,** 162, 164; BPatGE **16,** 1, 2f. Angesichts der Erfahrung, dass Voraussagen über den Erfolg einer mutagenen Behandlung im Allgemeinen nicht möglich sind – das niederländische Patentamt hat in diesem Zusammenhang von einem „Glücksspiel" gesprochen, GRUR Int. **56,** 436f. –, sind an deren Nachweis strenge Anforderungen zu stellen. Da bei biologischen Verfahren zur Erzeugung neuer Arten von Mikroorganismen (Züchtungsverfahren) eine genetische Identität der erzeugten neuen Mikroorganismen nicht verlangt werden kann, sondern eine phänotypische Identität ausreicht, siehe oben Rdnr. 12, kann die Wiederholbarkeit des Züchtungsverfahrens eher sichergestellt werden. Für Erzeugungsverfahren neuer Mikroorganismen mittels Züchtung oder technischer Einwirkung auf die Ausgangsorganismen gilt das Erfordernis der Wiederholbarkeit, BGHZ **100,** 67, 72 – Tollwutvirus, jedoch kann zur Beschreibung der Lehre zum technischen Handeln nach Ausgangsmaterial und Endprodukten eine Hinterlegung der Ausgangsorganismen und der neuen Mikroorganismen erfolgen, BGHZ **64,** 101, 112. Die Bezugnahme auf in hinterlegten Mikroorganismen enthaltene DNA-Moleküle kann als Definition für ein Ausgangsmaterial ausreichen, anhand dessen man zu einem Plasmid oder einem Teil davon gelangen kann, EPA ABl. **90,** 335, 348 – Alpha-Interferone/BIOGEN. Die Hinterlegung kann Grundlage einer product-by-process-Definition eines Produkts sein, das mit bekannten Verfahrensschritten des Isolierens zuverlässig erhalten werden kann oder bereitsteht, EPA aaO. Ein Sachschutz für nicht reproduzierbar erhaltene Zellkulturen ist nicht möglich, wohl aber die Hinterlegung zur Verwendung bei der Schaffung neuer Mikroorganismen (Boeters/Lindenmaier, GRUR **82,** 703, 704).

g) Bei Erfindungen, die den Mikroorganismus selbst (als solchen) betreffen, stellen sich hinsichtlich der Patentierbarkeit im Wesentlichen die folgenden Fragen: 26

(a) Die Abgrenzung von der nicht patentfähigen Entdeckung, § 1 Abs. 3 Nr. 1 und
(b) die Sicherstellung der Wiederholbarkeit.

aa) Mikroorganismen sind als solche nur patentfähig, wenn sie das Ergebnis einer wiederholbaren menschlichen Tätigkeit sind. Ihr bloßes Auffinden in der Natur enthält in der Regel lediglich eine nicht patentfähige Entdeckung, BGH GRUR **69,** 672 – Rote Taube; GRUR **75,** 430 – Bäckerhefe; GRUR **87,** 231 = BGHZ **100,** 67, 73 – Tollwutvirus; BPatG GRUR **78,** 586, 587. Die Rechtsprechung hat damit dem Grundsatz Rechnung getragen, dass die in der Natur vorkommenden Organismen für jedermann verfügbar bleiben sollen, BGHZ **52,** 74, 80 – Rote Taube; **64,** 101, 107 – Bäckerhefe; **100,** 67, 73 – Tollwutvirus. Sie verlangt deshalb, dass der Mikroorganismus von Menschenhand geschaffen wird, BGHZ **64,** 101, 107; **100,** 67, 73. Das ist nicht so zu verstehen, dass die Erzeugung eines neuen Mikroorganismus vollständig in der Hand des Menschen liegen müsste, d.h. dass Menschenhand ihm Leben verleihen müsste. Es genügt, dass der Mensch bei der Erzeugung des neuen Mikroorganismus seine Hand im Spiel hat und ihn nicht allein auffindet. Eine schutzfähige Erfindung kann daher in der Isolierung eines Organismus aus einem in der Natur vorkommenden Gemisch liegen (BGH GRUR **87,** 231 – Tollwutvirus; Busse/Keukenschrijver, § 2 PatG Rdnr. 62). Das Gleiche gilt für die Zucht einer bislang aus der Natur nicht bekannten Zelle oder eines neuen Virus mit veränderten Eigenschaften (BGH BGHZ **100,** 67, 74 – Tollwutvirus), denn der isolierte Mikroorganismus kommt so (isoliert) in der Natur nicht vor. Die isolierte Form des Mikroorganismus verdankt ihre Entstehung der menschlichen Tätigkeit und nicht nur dem bloßen Auffinden. Die Rechtsprechung hat den durch die menschliche Einwirkung auf ein Substrat (auf eine Probe eines Gemüses bestimmter Herkunft) durch Methoden der selektiven Züchtung in mehreren Stufen zutage geförderten Mikroorganismus (Lactobazillus bavaricus) als von Menschenhand erzeugt angesehen, BPatG GRUR **78,** 586, 587, ebenso einen durch Züchtung erhaltenen neuen Tollwutvirus zur Erzeugung eines Impfserums, BGHZ **100,** 67ff. 26 a

bb) Die Rechtsprechung hat zunächst für den Schutz von Erfindungen, die den Mikroorganismus selbst betreffen, verlangt, dass der Anmelder in der Anmeldung einen nacharbeitbaren, d.h. einen mit hinreichender Aussicht auf Erfolg wiederholbaren Weg aufzeigen müsse, wie der beanspruchte Mikroorganismus erzeugt werden könne, BGH GRUR **78,** 162, 164 m.w.Nachw. – 7-Chlor-6-demethyltetracyclin, und die Hinterlegung und Freigabe des Mikroorganismus bei einer anerkannten Stelle nicht als ausreichend erachtet, um das Wiederholbarkeitserfordernis zu erfüllen, BGH aaO; BPatG Bl. **86,** 263, 264. Dieselben Anforderungen hat sie an den Mikroorganismus betreffende Vermehrungsansprüche, BGHZ **64,** 101, 106f., und an Ansprüche gestellt, die das Konzentrat des Mikroorganismus in gängigen Nährstoffen und in üblichen Erscheinungsformen (in gefrorenem Zustand) sowie in Mischungen, selbst mit Verwendungsangaben betrafen, BGH GRUR **81,** 263 – Bakterienkonzentrat. Dagegen hat sie bei Verwendungs- und Herstellungsansprüchen für Mikroorganismen von Anfang an die Hinterlegung und Freigabe des Mikroorganismus bei einer anerkannten Stelle als ausreichende Ersatz- 26 b beschreibung zugelassen, BGHZ **64,** 101, 110ff.; BGH GRUR **78,** 162, 164; **81,** 263; **81,** 734; **85,** 1035. Nachdem diese Rechtsprechung auf beachtliche Kritik gestoßen war und das Europäische Patentamt einen gegenteiligen Standpunkt eingenommen hatte, Richtl. EPA C IV 3.6, hat auch der BGH seine Rechtsprechung geändert und nunmehr auch für die Sicherstellung der Wiederholbarkeit der den Mikroorganismus selbst betreffenden Erfindung die Hinterlegung und Freigabe bei einer anerkannten Stelle genügen lassen, BGHZ **100,** 67, 73 – Tollwutvirus. In dieser Entscheidung hat der BGH Viren als Mikroorganismen im Sinne von § 2 Nr. 2 (jetzt § 2a Abs. 2 Nr. 2) erster Halbsatz behandelt. Nunmehr wird man auch bei Mikroorganismen betreffenden Vermehrungsansprüchen, Mischungen von Mikroorganismen und Erscheinungsformen von Mikroorganismen durch Hinterlegung und Freigabe das Wiederholbarkeitserfordernis sicherstellen können.

26c Der Mikroorganismus kann auch durch das Verfahren zu seiner Bereitstellung (product-by-process-Anspruch) umschrieben werden, BPatG GRUR **78,** 586, 587; ist dieses Verfahren mit zumutbarem Aufwand nacharbeitbar, bedarf es nicht der Hinterlegung und Freigabe des Mikroorganismus. Ebensowenig bedarf es der Hinterlegung bei einem Verfahren mit einer enzymatischen Reaktion unter Verwendung eines Mikroorganismus, das nicht von der Verwendung bestimmter Mikroorganismen abhängig ist, sondern mit Mikroorganismen unterschiedlicher Art ausgeführt werden kann, BPatG Bl. **87,** 360, 361.

27 **h)** Wird Schutz für **ein mit Hilfe eines mikrobiologischen Verfahrens gewonnenes Erzeugnis** begehrt, so kann dieses Erzeugnis durch seine chemische Bezeichnung, die Summenformel oder die Konstitutionsformel umschrieben werden. Ist diese noch nicht vorhanden oder noch nicht bekannt, dann müssen unterscheidungskräftige Parameter angegeben werden. Solchenfalls genügt es, wenn das Erzeugnis sich durch mindestens einen zuverlässig zu ermittelnden Parameter vom Stand der Technik abgrenzen lässt. Ist auch das nicht möglich, so kann das Erzeugnis durch das Verfahren zu seiner Herstellung umschrieben werden, BPatG GRUR **73,** 463, 464f. – Thermothiocin unter Hinweis auf BGHZ **57,** 1 – Trioxan.

28 **9.** Abs. 3 übernimmt die gesetzlichen Definitionen der Biotechnologierichtlinie zu einzelnen Begriffen aus dem Bereich der Erfindungen auf dem Gebiet der belebten Natur. Diese sind bereits in die vorstehende Kommentierung eingearbeitet worden. Die Definition des biologischen Materials (Nr. 1) stellt in Verbindung mit den vorausgegangenen Regelungen sicher, dass von den Sonderregeln zum Schutz biologischer Erfindungen nur solche Resultate technischer Anweisungen erfasst werden, die selbst als Leben angesprochen werden können, weil sie genetische Informationen enthalten und sich selbst reproduzieren oder in einem biologischen System reproduziert werden können, bei denen also eine Erzeugung auf einen der belebten Natur zuzurechnenden Vermehrungsweg erfolgt.

3 *Neuheit.* (1) [1]**Eine Erfindung gilt als neu, wenn sie nicht zum Stand der Technik gehört.** [2]**Der Stand der Technik umfaßt alle Kenntnisse, die vor dem für den Zeitrang der Anmeldung maßgeblichen Tag durch schriftliche oder mündliche Beschreibung, durch Benutzung oder in sonstiger Weise der Öffentlichkeit zugänglich gemacht worden sind.**

(2) [1]**Als Stand der Technik gilt auch der Inhalt folgender Patentanmeldungen mit älterem Zeitrang, die erst an oder nach dem für den Zeitrang der jüngeren Anmeldung maßgeblichen Tag der Öffentlichkeit zugänglich gemacht worden sind:**

1. **der nationalen Anmeldungen in der beim Deutschen Patentamt ursprünglich eingereichten Fassung;**
2. **der europäischen Anmeldungen in der bei der zuständigen Behörde ursprünglich eingereichten Fassung, wenn mit der Anmeldung für die Bundesrepublik Deutschland Schutz begehrt wird und die Benennungsgebühr für die Bundesrepublik Deutschland nach Artikel 79 Absatz 2 des Europäischen Patentübereinkommens gezahlt ist, es sei denn, daß die europäische Patentanmeldung aus einer internationalen Anmeldung hervorgegangen ist und die in Artikel 158 Abs. 2 des Europäischen Patentübereinkommens genannten Voraussetzungen nicht erfüllt sind;**
3. **der internationalen Anmeldungen nach dem Patentzusammenarbeitsvertrag in der beim Anmeldeamt ursprünglich eingereichten Fassung, wenn für die Anmeldung das Deutsche Patentamt Bestimmungsamt ist.**

[2]**Beruht der ältere Zeitrang einer Anmeldung auf der Inanspruchnahme der Priorität einer Voranmeldung, so ist Satz 1 nur insoweit anzuwenden, als die danach maßgebliche Fassung nicht über die Fassung der Voranmeldung hinausgeht.** [3]**Patentan-**

meldungen nach Satz 1 Nr. 1, für die eine Anordnung nach § 50 Abs. 1 oder 4 des Patentgesetzes erlassen worden ist, gelten vom Ablauf des achtzehnten Monats nach ihrer Einreichung an als der Öffentlichkeit zugänglich gemacht.

(3) **Gehören Stoffe oder Stoffgemische zum Stand der Technik, so wird ihre Patentfähigkeit durch die Absätze 1 und 2 nicht ausgeschlossen, sofern sie zur Anwendung in einem der in § 5 Abs. 2 genannten Verfahren bestimmt sind und ihre Anwendung zu einem dieser Verfahren nicht zum Stand der Technik gehört.**

(4) [1]**Für die Anwendung der Absätze 1 und 2 bleibt eine Offenbarung der Erfindung außer Betracht, wenn sie nicht früher als sechs Monate vor Einreichung der Anmeldung erfolgt ist und unmittelbar oder mittelbar zurückgeht**

1. **auf einen offensichtlichen Mißbrauch zum Nachteil des Anmelders oder seines Rechtsvorgängers oder**
2. **auf die Tatsache, daß der Anmelder oder sein Rechtsvorgänger die Erfindung auf amtlichen oder amtlich anerkannten Ausstellungen im Sinne des am 22. November 1928 in Paris unterzeichneten Abkommens über internationale Ausstellungen zur Schau gestellt hat.**

[2]**Satz 1 Nr. 2 ist nur anzuwenden, wenn der Anmelder bei Einreichung der Anmeldung angibt, daß die Erfindung tatsächlich zur Schau gestellt worden ist und er innerhalb von vier Monaten nach der Einreichung hierüber eine Bescheinigung einreicht.** [3]**Die in Satz 1 Nr. 2 bezeichneten Ausstellungen werden vom Bundesminister der Justiz im Bundesgesetzblatt bekanntgemacht.**

Inhaltsübersicht

I. Einführung

1. Überblick

1 **Literaturhinweise,** allgemein zur patentrechtlichen Neuheit: H. A. Schmitz, Begriff der Neuheit im Patentrecht, Diss. Köln 1936; Mediger, Die neue Erfindung, GRUR **41,** 390; Richard Wirth, Der Neuheitsgehalt des erfundenen Gegenstandes, MuW **41,** 62; Starck, Die Neuheitsvermutung nach § 2 PatG, insbes. bei widerrechtlicher Entnahme durch den Anmelder, GRUR **39,** 876; Richard Wirth, Die Fiktion des § 2 PatG, Mitt. **38,** 269; Weber GRUR **48,** 224; Ernst Reimer, Der Neuheitsbegriff im deutschen Patentrecht, GRUR Ausl. **53,** 18; Harraeus, Gedanken zum § 2 PatG, GRUR **61,** 105; zum Neuheitsbegriff in verschiedenen Staaten vgl. Dersin Bl. **52,** 211; Mediger, Die notwendigen Voraussetzungen für den öffentlichen Charakter von druckschriftlichen und nichtdruckschriftlichen Schriftwerken, Mitt. **61,** 207; Schramm, Stand der Technik, Fachgebiet, Fachkönnen, Mitt. **64,** 181; Balk, Neuheitsprüfung von Stoffansprüchen, Mitt. **66,** 85; Puchberger, Prüfung von Erfindungen auf Neuheit, Mitt. **68,** 21; Kolle, Der Stand der Technik als einheitlicher Rechtsbegriff, GRUR Int. **71,** 63/78; von Falck, Durchschnittsfachmann und Stand der Technik, Mitt. **69,** 252; ders., Die irrtümliche Angabe eines zu starken Standes der Technik in der Beschreibung von Schutzrechten, GRUR **72,** 233.

Literaturhinweis zum geltenden Recht: Dickels, Die Neuheit der Erfindung im Vorentwurf eines Abkommens über ein europäisches Patentrecht unter besonderer Berücksichtigung der sogenannten „älteren Rechte", Diss. TH München 1970; Loth, Neuheitsbegriff und Neuheitsschonfrist im Patentrecht, Schriftenreihe zum gewerblichen Rechtsschutz, Bd. 73 (1988); Decker, Der Neuheitsbegriff im Immaterialgüterrecht, Diss. Regensburg 1989. Kolle, Der Stand der Technik als einheitlicher Rechtsbegriff, GRUR Int. **71,** 63. Hoepffner, Dépot légal technique? – Überlegungen zum absoluten Neuheitsbegriff im Patentrecht, GRUR Int. **73,** 370. Bossung, Erfindung und Patentierbarkeit im europäischen Recht, 3. Teil, Mitt. **74,** 141; ders., Das nationale Vorverfahren im europäischen Patentsystem, GRUR Int. **75,** 272, 333; Teschemacher, Das ältere Recht im deutschen und europäischen Patenterteilungsverfahren, GRUR **75,** 641; Fikentscher, Neuheitserfordernis, Selbstkollision und Unionpriorität im Patentrecht, GRUR **77,** 318; Zeiler, Über Umfang und Beweiserheblichkeit der öffentlichen Druckschriften im Patenterteilungsverfahren, GRUR **77,** 751; Bossung, Stand der Technik und eigene Vorverlautbarung im internationalen, europäischen und nationalen Patentrecht, GRUR Int. **78,** 381; Steup/Goebel, Stand der Technik und eigene Vorverlautbarung im internationalen, europäischen und nationalen Patentrecht – Eine Erwiderung, GRUR Int. **79,** 336; Papke, Die Preisgabe des Erfindungsgedankens, GRUR **80,** 775; Flaig, Stand der Technik durch technische Zeichnungen im Rahmen offenkundiger Handlungen, GRUR **81,** 373; Meinke, „Aufwertung" des druckschriftlichen Standes der Technik durch offenkundige Vorbenutzung, Mitt. **81,** 57; Schönherr, „Mosaikarbeit" und Neuheitsschädlichkeit, Mitt. **81,** 49; Bauer, Abgrenzung gegenüber „älterem Recht"?, GRUR **81,** 312; Liesegang, Zur Neuheit einer Bemessungsregel, Mitt. **82,** 71; Cornish, Die wesentlichen Kriterien europäischer Erfindungen: Neuheit und erfinderische Tätigkeit, GRUR Int. **83,** 221; Ochmann, Die Vorveröffentlichung und die Reichweite ihres Offenbarungsgehalts als Problem der Neuheit im Lichte der Rechtsprechung des Bundesgerichtshofs und des Patentgesetzes in der geltenden Fassung, GRUR **84,** 235; Dörries, Zum sachlichen Umfang des Neuheitsbegriffs, GRUR **84,** 240; Bühling, Der patentrechtliche Neuheitsbegriff im Wandel der jüngeren Rechtsprechung, GRUR **84,** 246; Singer, Der Neuheitsbegriff in der Rechtsprechung der Beschwerdekammern des Europäischen Patentamts, GRUR **85,** 789; Ballhaus, Steht die Beschreibung einer Erfindung in einem an eine Zeitschrift nur eingesandten Beitrag der Erteilung eines Patents entgegen?, Festschrift für H. Kirchner (1985), S. 1; Hüni, Neuheit bei Auswahlerfindungen chemischer Produkte, GRUR 87, 663; Loth, Neuheitsbegriff und Neuheitsschonfrist im Patentrecht, 1988, Schriftenreihe zum gewerblichen Rechtsschutz, Band 73; Nieder, Offenkundigkeit durch Geheimnisverrat, Lohn der Leistung und Rechtssicherheit. Festschr. für Albert Preu, München 1988, 29; Hüni, Zur Frage der Neuheit bei Verwendungserfindungen (Art. 54 EPÜ), GRUR Int. **89,** 192; Szabo, Probleme der Neuheit auf dem Gebiet der Auswahlerfindungen, GRUR Int. **89,** 447; Vivian, Neuheit und Auswahlerfindungen, GRUR Int. **89,** 451; Aschert, Der Begriff der Neuheit im Licht neuerer Entscheidungen, GRUR Int. **89,** 836; von Füner, Die Neuheit von chemischen Erfindungen im Prüfungsverfahren beim Deutschen und Europäischen Patentamt, Mitt. **89,** 225; Bossung, Das der „Öffentlichkeit zugänglich Gemachte" als Stand der Technik, GRUR Int. **90,** 690; Gronning-Nielsen, Der Begriff der Neuheit, GRUR Int. **91,** 445; Turrini, Der Begriff der Neuheit: Überblick über die Rechtsprechung der Beschwerdekammern des

Europäischen Patentamts, GRUR Int. **91,** 447; Bardehle, Der WIPO-Harmonisierungsvertrag und die Neuheitsschonfrist, Mitt. **91,** 146; Dörries, Zum Offenbarungsgehalt einer Vorbeschreibung, GRUR **91,** 717; Günzel, Die Vorbenutzung als Stand der Technik im Sinne des Europäischen Patentübereinkommens, Amtspraxis und Rechtsprechung der Beschwerdekammern, Festschr. Nirk (1992), S. 441; Vossius, Der Beurteilungsmaßstab für die Neuheit einer Erfindung nach deutschem und europäischen Patentrecht, Festschr. Nirk (1992), 1033; Schwanhäusser, Neuheit einer Bemessungsregel – der Fall „Schmiermitteladditiv", Mitt. **92,** 233; König, Zum Offenbarungsinhalt bedingungsfreier Gehaltsbereiche bei Legierungserfindungen, Mitt. 92, 236; Gesthuysen, Das Patenthindernis der älteren, jedoch nachveröffentlichten Patentanmeldung, GRUR **93,** 205; Straus, Neuheit, ältere Anmeldungen und unschädliche Offenbarungen im europäischen und deutschen Patentrecht, GRUR Int. **94,** 89; Vossius, Der Terfenadin-Verletzungsstreit; zum Stand der Neuheitsprüfung, GRUR **94,** 472; Lederer, Die offenkundige Vorbenutzung nach neuem Recht, Festschr. Vieregge (1995), 547; Castro, Vorbenutzung als Stand der Technik und ihr Beweis, GRUR Int. **96,** 1099; Mandel, Die Vorbenutzung der Erfindungen im französischen Recht, GRUR Int. **96,** 1104. Vollrath, Zum Umfang der neuheitsschädlichen Offenbarung einer zum Stand der Technik gehörenden Beschreibung, GRUR **97,** 721; Rogge, Gedanken zum Neuheitsbegriff nach geltendem Patentrecht, GRUR **96,** 931 = IIC **97,** 443; Maiwald, Rechtsprechung zur Neuheit im EPA und in Deutschland, Mitt. **97,** 272; Ulrich Vollrath, Zum Umfang der neuheitsschädlichen Offenbarung einer zum Stand der Technik gehörenden Beschreibung, GRUR **97,** 721; Spangenberg, The Novelty of „Selection" Inventions, II C **97,** 808; Rogge, Der Neuheitsbegriff unter besonderer Berücksichtigung kollidierender Patentanmeldungen, GRUR **98,** 186; Spangenberg, Die Neuheit sogenannter „Auswahlerfindungen", GRUR Int. **98,** 193; Gramm, Der Stand der Technik und das Fachwissen, GRUR **98,** 240; Tönnies, Als was gilt das „gilt als" – Zur Funktion der Fiktion im Patentrecht, GRUR **98,** 345; Hans Christ, Der „Crackkatalysator", Mitt. **98,** 408; Stortnik, Die Einsicht in die Akten von Patenten steht jedermann frei (§ 31 PatG) – Wann wird der Inhalt von Patentakten Stand der Technik? GRUR **99,** 533; Vgl. im übrigen die Literaturhinweise bei den einzelnen Abschnitten.

3 in der Fassung von Art. IV Nr. 3 IntPatÜG geht auf Art. 4 StraÜ zurück; er entspricht der Regelung in Art. 54, 55 EPÜ. Im Vergleich zum alten Recht ist der Bereich des bei der Beurteilung der Patentfähigkeit zu berücksichtigenden Standes der Technik erheblich erweitert worden. Das geltende Recht zählt zum Stand der Technik ohne jede zeitliche oder territoriale Begrenzung alle der Öffentlichkeit zugänglich gemachten Kenntnisse, die aufgrund mündlicher oder schriftlicher Beschreibung, durch Benutzung oder in sonstiger Weise verlautbart worden sind. Er kann der Patentanmeldung entgegengehalten werden, soweit er der Öffentlichkeit vor dem Stichtag, der sich nach der Priorität der Anmeldung bestimmt, zugänglich geworden ist oder als zu diesem Zeitpunkt nach Abs. 2 als zugänglich geworden gilt. Die bisherige Regelung, die eine bereits patentierte Erfindung von einer erneuten Patentierung gemäß § 4 Abs. 2 PatG 1968 ausschloss, ist zugunsten der Regelung in § 3 Abs. 2 verlassen worden, die den Inhalt von Patentanmeldungen mit älterem Zeitrang auch ohne ihre Veröffentlichung vor der jüngeren Anmeldung unter bestimmten Voraussetzungen (fiktiv) dem bei der Neuheitsprüfung zu berücksichtigenden Stand der Technik zurechnet Die Neuheitsschonfrist und der Ausstellungsschutz haben in § 3 Abs. 4 eine starke Beschränkung erfahren. Die Diskussion um die Wiedereinführung der Neuheitsschonfrist ist weiterhin lebhaft, vgl. Loth, Neuheitsbegriff usw., S. 342 ff., 406 ff.; Kollmer, GRUR **81,** 107; von Pechmann, GRUR **80,** 436; Stellungnahme Patentanwaltskammer Mitt. **98,** 447. Hierzu bedarf es eines internationalen Übereinkommens, gegebenenfalls im Rahmen der PVÜ, vgl. Bericht GRUR **84,** 417; GRUR Int. **84,** 507; **85,** 604; Bardehle, Mitt. **91,** 146; Bericht ABl EPA **99,** 155. In den letzten Jahren hat diese Diskussion u. a. im Anschluß an die Bemühungen um eine Verbesserung der patentrechtlichen Stellung bei Erfindungen von Hochschullehrern, aber auch in Anlehnung an die Entwicklung im internationalen Patenrecht neue Nahrung erhalten, vgl. Rau, Mitt. **98,** 414; Dänner, Mitt. **99,** 47; Götting, Mitt. **99,** 81; Bardehle, Mitt. **99,** 126; Beckmann, Mitt. **2000,** 191. 1a

§ 3 Abs. 3 enthält eine dem früheren deutschen Recht unbekannte Sonderregelung für Stoffe und Stoffgemische, die zur Anwendung in chirurgischen oder therapeutischen Verfahren und in Diagnostizierverfahren bestimmt sind. 1b

2. Geltungsbereich 2

a) § 3 Abs. 1–3 gilt für alle seit dem 1. Januar 1978 eingereichten Patentanmeldungen, Art. XI § 1 Abs. 1 IntPatÜG. Die Schutzdauer vor diesem Stichtag angemeldeter Schutzrechte ist heute abgelaufen; das für sie maßgebliche Recht zur Beurteilung der Neuheit in den §§ 2 2a und 4 Abs. 2 PatG 1968, das zum Teil inhaltlich deutlich von den geltenden Vorschriften abweicht, hat daher heute praktisch keine Bedeutung mehr. Es kommt nur ausnahmsweise dann zur Anwendung, wenn ein vor dem Stichtag angemeldetes Patent etwa wegen einer Inanspruchnahme aus dem Schutzrecht zulässigerweise auch nach Ablauf der Schutzdauer mit der Nichtigkeitsklage angegriffen werden kann. In einem solchen Fall ist seine Schutzfähigkeit weiterhin nach den zurzeit seiner Anmeldung geltenden Vorschriften zu beurteilen. Wegen der näheren Einzelheiten des früheren Rechts vgl. Voraufl.

2b **b)** Die Neuheit der vor dem 3. Oktober 1990 beim Patentamt der **DDR** eingereichten **Patentanmeldungen** (und hierauf erteilter **Patente**) ist auch, soweit deren Schutz gemäß § 4 Abs. 1 ErstrG erstreckt worden ist, weiterhin gemäß § 5 Abs. 2 DDR-PatentG v. 27. 10. 1983 (Bl. **84,** 37 = GRUR **90,** 929) i. d. F. des Änderungsgesetzes v. 29. 6. 1990 (Bl. **90,** 347 = GRUR **90,** 932) zu beurteilen, § 5 ErstrG i. V. Anl. I Kap. III Sachgebiet E Abschn. II Nr. 1 § 3 Abs. 1 EinigungsV. § 5 DDR-PatG entspricht in seiner materiellen Regelung im Wesentlichen § 3 PatG. Die vor dem Inkrafttreten des DDR-PatentÄndG (1. 7. 1990) eingereichten Patentanmeldungen sind nach dem bis dahin geltenden DDR-PatentG 1983 zu beurteilen; DDR-Patente, die auf Anmeldungen vor dessen Inkrafttreten (1. 1. 1984) beruhen, sind am DDR-PatentG 1950 (Bl. **50,** 263 m. Änd. 1963 = Bl. **63,** 275) zu messen, vgl. v. Mühlendahl/Mühlens GRUR **92,** 725, 732 f., Zur Neuheitsschädlichkeit von DDR-Patentanmeldungen gemäß § 3 Abs. 2 vgl. Rdn. 79 a.

3. Zweck der Vorschrift

3 **Literaturhinweis:** Turrini, Der Begriff der Neuheit: Überblick über die Rechtsprechung der Beschwerdekammern des Europäischen Patentamts, GRUR Int. 1991, 447; van den Berg, Die Bedeutung der Neuheitsprüfung für die Priorität und die Änderung von Patentanmeldungen und Patenten, GRUR Int. 93, 354; Harden, Die Neuheitsprüfung – Ihre Bedeutung für die Prüfung der Zulässigkeit von Änderungen und des Anspruchs auf Priorität, GRUR Int. 93, 370; Rogge, Der Neuheitsbegriff unter besonderer Berücksichtigung kollidierender Patentanmeldungen, GRUR Int. **98,** 186.

3a Die Neuheitsprüfung hat sich nicht damit zu befassen, ob der Gegenstand der Schutzrechtsanmeldung durch den Stand der Technik nahegelegt wird. Das ist der Feststellung der erfinderischen Tätigkeit gemäß § 4 vorbehalten, EPA ABl **87,** 369, 370 – Kraftstoff-Einspritzventil/NISSAN; GRUR Int. **91,** 816 – Reaktionsfarbstoffe/HOECHST; vgl. auch Cour de cassation GRUR Int. **79,** 426 – Pastetenrezept; 426 f. – BH-Körbchen – für Frankreich m. Anm. Pagenberg; Bruchhausen GRUR **72,** 226, 229; Busse/Keukenschrijver § 3 Rdnr. 17. Nach ihrer gesetzlichen Ausgestaltung ist die Neuheit kein die erfinderische Tätigkeit einschließender Oberbegriff. Zwar steht sie in einer gewissen Wechselwirkung mit der Feststellung der erfinderischen Tätigkeit gemäß § 4. So besteht ein Zusammenhang beispielsweise mit der Frage zulässiger Prioritätsbeanspruchung, mit der Beurteilung unzulässiger Erweiterung und mit der Auslegung des Schutzbereich einer patentierten Erfindung. Neuheit und erfinderische Tätigkeit müssen trotz dieses Zusammenhangs gleichwohl getrennt voneinander geprüft werden EPA GRUR Int. **91,** 816 – Reaktionsfarbstoffe zu 4. Im Rahmen der Prüfung der Patentfähigkeit insgesamt bildet die der Neuheit eine eher grobe Vorsichtung, die der Untersuchung der erfinderischen Tätigkeit gedanklich vorgeschaltet ist und diese inhaltlich oder sachlich nicht vorwegnehmen darf BGH GRUR **95,** 30 = BGHZ **128,** 270, 274 – Elektrische Steckverbindung: EPA ABl, **90,** 93 – Reibungsverringernder Zusatz. Damit ist sie ein eher formaler, von Wertungen weitgehend freier Erkenntnisakt, der sich im Wesentlichen auf die Frage beschränkt, ob und welche Unterschiede die angemeldete Lehre zum Stand der Technik aufweist. Ob diese Unterschiede die Erteilung eines Patents rechtfertigen, betrifft in erster Linie die Frage der erfinderischen Tätigkeit.

3b Nach der Funktion des Patentrechtes ist schutzfähig nur eine Erfindung, die dem Stand der Technik eine bisher nicht bekannte Lösung technischer Probleme hinzufügt (Kraßer, § 16 I). Das Patent soll nach Sinn und Funktion des Patentrechts nicht einzelnen den einen bereits bekannten Stand der Technik vorbehalten; sein Zweck ist die Förderung des (technischen) Fortschritts. Mühe und Arbeit des Forschers, die lediglich zu einer Erweiterung seines persönlichen Wissens führen, verdienen keinen Patentschutz. Anmeldungen, die nur den Stand der Technik wiedergeben, sind daher generell von der Patenterteilung ausgeschlossen. Allein die objektive Bereicherung der Technik bildet die Rechtfertigung dafür, dem Erfinder ein Recht zur ausschließlichen Benutzung seiner Entwicklung einzuräumen und damit Dritte von deren Benutzung ohne seine Zustimmung auszuschließen, Busse/Keukenschrijver § 3 Rdnr. 17; Kraßer § 17 II 1. Daran fehlt es bei einer technischen Lehre, die der Allgemeinheit bereits bekannt ist oder von ihr oder beliebigen Personen bereits uneingeschränkt benutzt werden könnte (Kraßer, § 16 I 2).

Ob die Vorwegnahme im Stand der Technik von dauerhaftem Bestand ist, spielt für die Frage einer Vorwegnahme keine Rolle. Darauf, ob einmal geschaffenes Wissen heute noch zur Verfügung steht oder gar genutzt wird, kommt es nicht an. Auch ein der Öffentlichkeit nur vorübergehend zugängliches Wissen ist grundsätzlich neuheitsschädlich BGH GRUR **85,** 1035, 1036 – Methylomonas. Eine einmalige, wieder in Vergessenheit geratene technische Mitteilung kann einer Patentanmeldung neuheitsschädlich entgegenstehen, wenn sie auch regelmäßig bei der Neuheitsprüfung tatsächlich nicht zur Verfügung stehen und deshalb nicht berücksichtigt werden wird. Vorveröffentlichungen rechnen deshalb auch dann zum Stand der Technik, wenn sie unbeachtet geblieben oder wieder in Vergessenheit geraten sind, RG GRUR **41,** 465, 468; für die Neuheitsprüfung insoweit auch Schw.BG GRUR Int. **71,** 87, 88. Dass die Entgegenhaltungen niemals praktisch ausgeführt, sondern **„papierener Stand der Technik"** geblieben sind, spielt für die Neuheitsprüfung keine Rolle, BGH Ia ZR 184/63 v. 23. 6. 1964; Busse/Keukenschrijver § 3 Rdnr. 115; anders für die Vergütungspflicht bei technischen Verbesserungsvorschlägen nach dem Arbeitnehmererfinderrecht Reimer-Schade-Schippel, S. 344f.; Schiedsstelle GRUR **63,** 523 = BlPMZ **63,** 75; Mönig, GRUR **72,** 518. Vgl. zu Fragen der Neuheit und des „papierenen Standes der Technik" die rechtsvergleichende Darstellung von Kolle GRUR Int. **71,** 63/78. An zeitlich weit zurückliegende Veröffentlichungen sind jedoch strenge Anforderungen zu stellen, besonders für die Offenbarung des Erfindungsgedankens, RG GRUR **40,** 431, 434; MuW **41,** 199, 201. Verfahrensrechtliche Konsequenzen – Einschränkung der Ermittlung von Amts wegen – zieht EPA ABl **92,** 268, 279 – Fusionsproteine/HARVARD. **3c**

Auf eine absolute materielle Neuheit in dem Sinne, dass die technische Lehre noch von niemanden zuvor erkannt oder angewandt worden ist, kann es bei der Neuheitsprüfung schon aus Gründen mangelnder Beweisbarkeit nicht ankommen. Der Gesetzgeber hat mit § 3 PatG in der Fassung des Art. IV Nr. 3 IntPatÜG den **absolut formellen Neuheitsbegriff** der für das europäische Patenterteilungsverfahren geltenden Regeln der Art. 54, 55 EPÜ (Art. 4 StraÜ) in das deutsche Patentrecht übernommen, Begründung BT-Drucksache 7/3712 S. 28; BGH GRUR **96,** 349 – Corioliskraft; Mitt. **99,** 362, 364 = Bl. **99,** 365 – Herzklappenprothese; Kraßer § 17 I; Rogge, GRUR **98,** 186. Ausgehend hiervon schließt das geltende Recht eine Patentierung dann aus, wenn die Lehre objektiv zum Stand der Technik gehört; anders als nach dem früheren Recht kommt es weder auf die Art ihrer Bekanntgabe noch darauf an, ob die Allgemeinheit sie tatsächlich zur Kenntnis genommen hat. Der Kreis der zu berücksichtigenden neuheitsschädlichen Tatsachen ist damit gegenüber dem früheren Recht erheblich erweitert worden; entscheidend ist allein ihre objektive Zugänglichkeit für die Allgemeinheit. Eine zeitliche oder räumliche Beschränkung gibt es nicht. § 3 Abs. 2 rechnet darüber hinaus bestimmte nachveröffentlichte Patentanmeldungen mit älterem Zeitrang zum Stand der Technik. Obwohl die ältere Patentanmeldung zum Zeitpunkt der jüngeren Anmeldung der Öffentlichkeit nicht zugänglich war, wird sie für die Beurteilung der Neuheit als bekanntes technisches Wissen in den Stand der Technik einbezogen. Zur Vermeidung von identischen Doppelpatentierungen durch die gleiche Stelle wird der Bereich des in Abs. 1 Satz 2 definierten Standes der Technik durch die gesetzliche Fiktion des **§ 3 Abs. 2** erweitert. Der patentrechtliche Neuheitsbegriff wird damit der materiellen Neuheit über einen **fingierten Stand der Technik** angenähert. Der Schutz der Neuheitsschonfrist wird auf einen Missbrauchstatbestand zurückgeführt. Ein Ausstellungsschutz besteht nur für Schaustellungen auf internationalen Ausstellungen. **3d**

Von dem Sonderfall des Abs. 2 abgesehen ist entscheidend für die Neuheit das Fehlen einer früheren Zugänglichkeit der maßgeblichen Information für die Öffentlichkeit. Nur Erkenntnisse, die an die Öffentlichkeit gedrungen sind, können dem Stand der Technik zugeordnet werden und sind neuheitsschädlich. Der Gesetzgeber bringt damit zum Ausdruck, dass kein durchgreifendes öffentliches Interesse besteht, Erfindungen vom Patentschutz auszunehmen, deren Gegenstand einzelnen vorbekannt ist, an dessen Nutzung die Allgemeinheit aber nicht teilhaben konnte. Nimmt eine mündliche oder schriftliche Beschreibung oder eine Benutzungshandlung den Gegenstand der Patentanmeldung in einer der Öffentlichkeit zugänglichen Weise vorweg, so fehlt der Anmeldung daher die Neuheit. Diese wird demgegenüber nicht beeinträchtigt, wenn die Öffentlichkeit bislang nicht hätte auf die frühere Beschreibung oder Vorbenutzung zugreifen können. Es kommt daher auch nicht darauf an, was dem Erfinder oder Anmelder oder etwaigen Miterfindern bekannt gewesen ist; geschützt wird durch das Patentrecht nur die objektive Erweiterung des Standes der Technik (Busse/Keukenschrijver § 3 Rdnr. 17). § 3 Abs. 1 Satz 2 nimmt weiter geheim gehaltene Vorbeschreibungen und Vorbenutzungen vom Stand der Technik aus; vgl. aber Abs. 2 Satz 3 bezüglich geheimer Patentanmeldungen. Auch ohne Veröffentlichung und damit bereits eröffneten Zugang der Öffentlichkeit können technische Informationen der Neuheit entgegenstehen. **3e**

3f Nach der Legaldefinition des Abs. 1 gilt eine Erfindung als neu, wenn sie nicht zum Stand der Technik gehört. Damit geht die Vorschrift vom grundsätzlichen Vorliegen der Neuheit aus; sie lässt lediglich zu, diese Annahme im Einzelfall zu widerlegen. Die genaue Einordnung der Regelung ist streitig. Teilweise wird sie als Legaldefinition angesehen, als in eine solche Definition gekleidete Vermutung (Tönnies, GRUR 1998, 345, 349), als bloße unwiderlegliche Vermutung (Schulte, § 3 PatG Rdnr. 11), als – wenn auch nur unter besonderen Umständen widerlegliche Vermutung (BGH GRUR 1966, 484 – Pfennigabsatz; im. Erg. a. Hövelmann, GRUR 1999, 476) und schließlich als Fiktion (Mes § 3 Rdnr. 4; vgl. a. BGH GRUR 1983, 729, 730 – Hydopyridin). Von der Annahme der unwiderleglichen Vermutung abgesehen führen die unterschiedlichen Auffassungen zur rechtlichen Natur der Regelung im Wesentlichen zum gleichen Ergebnis; Unterschiede zeigen sich vor allem bei der Behandlung von Sonderfällen, insbesondere einer von dem gesetzlich bestimmten Regelfall abweichenden Fallgestaltung. In der Sache besteht bei allen Unterschieden in der rechtlichen Begründung im Einzelnen Übereinstimmung, dass die Regelung des Art. 54 ihrem Wortlaut entsprechend eine Patentierung wegen mangelnder Neuheit ausschließt, wenn der mit der Anmeldung beanspruchte Gegenstand zum Stand der Technik gehört und diese Zugehörigkeit jeweils im Einzelfall festgestellt werden muss.

4 **II. Neuheitsprüfung**

5 **1. Gegenstand der Neuheitsprüfung** ist die Frage, ob die beanspruchte Erfindung dem jeweiligen Stand der Technik etwas Weiteres, bisher nicht Bekanntes hinzufügt. Sie besteht daher in einem Vergleich der beanspruchten Erfindung mit dem Wissen, das der jeweilige Stand der Technik der Fachwelt am Prioritätstag vermittelt (BGH GRUR 1974, 148, 149 – Stromversorgungseinrichtung; vgl. a EPA, = GRUR Int. **82,** 744 – Diastereomere; ABl **83,** 498 – Reinigung von Sulfonsäuren zu 4)).

6 Für den Neuheitsvergleich sind die objektiven Verhältnisse am Prioritätstag der zu prüfenden Anmeldung, nicht die subjektive Vorstellung des Anmelders ausschlaggebend BGH GRUR **73,** 263, 265 – Rotterdam-Geräte; GRUR 1989, 899 – Sauerteig; GRUR **94,** 354 – Muffelofen; Busse/Keukenschrijver, § 3 PatG Rdnr. 107; vgl. a. EPA ABl **82,** 183 – Elektrodenschlitten; ABl **89,** 383 – Drahtgliederbänder; ABl **90,** 280 – Fehlerhaftes Referat. Da Neuheit nur fehlt, wenn die beanspruchte Lehre im Stand der Technik bereits vorhanden ist, kann die beanspruchte Erfindung grundsätzlich allein durch den objektiven Stand der Technik vorweggenommen werden, d. h. das, was objektiv belegt bzw. belegbar als technisches Wissen vorhanden ist (EPA ABl **83,** 133 – Metallverarbeitung; ABl **86,** 281 – Bestrahlungsverfahren; Poth, Mitt. **98,** 455). Dem Anmelder kann daher einerseits eine irrtümliche eigene Angabe zum Stand der Technik bei der Schutzrechtsprüfung, etwa in der Patentbeschreibung, grundsätzlich nicht entgegengehalten werden, BGH GRUR **71,** 115, 117 – Lenkradbezug I (betr. Gbmuster); a. A. v. Falck GRUR **72,** 233, 236. Andererseits ist unerheblich, ob er oder der Verfasser oder Urheber der Entgegenhaltung deren volle Bedeutung selbst subjektiv erkannt und beschrieben haben. Aus diesen subjektiven Vorstellungen lässt sich insbesondere keine Einschränkung der einem Fachmann durch eine Schrift oder sonstige Offenbarung vermittelten Kenntnisse herleiten; maßgeblich ist allein der objektive Inhalt der Offenbarung aus der Sicht der maßgeblichen Fachwelt. Das Hervorheben oder die Bevorzugung eines Verfahrens vor anderen ist daher für eine neuheitsschädliche Beschreibung nicht erforderlich, BGHZ **76,** 97, 105 – Terephtalsäure. Auch andere Angaben des Anmelders in der Anmeldung beeinflussen den der Prüfung zugrundezulegenden Stand der Technik ebenso wie sein über diesen hinausgehendes persönliches, nicht allgemein zugängliches Wissen nicht. Zwar hat er nach § 35 Abs. 5 auf Verlangen des Patentamts den Stand der Technik nach seinem besten Wissen vollständig und wahrheitsgemäß anzugeben und in die Beschreibung aufzunehmen; nach § 124 haben weiter alle Beteiligten ihre Erklärungen über tatsächliche Umstände vollständig und der Wahrheit gemäß abzugeben. Bewusstes Verschweigen, die Unterdrückung einer dem Anmelder bekannten Vorbenutzung oder einer schwer auffindbaren Vorveröffentlichung mag daher den Schluss rechtfertigen, der Anmelder habe das Patent erschlichen. Die Erklärungspflicht betrifft nur für das Erteilungsverfahren relevante Angaben. Umstände, die die Erteilung nicht berühren, unterliegen der Mitteilungspflicht nicht. Anzugeben ist daher nur der sog. äußere Stand der Technik, nicht jedoch ein „innerer" (betriebsinterner) Stand der Technik, den nur der Erfinder (Anmelder) kennt, der aber – mangels Öffentlichkeit bzw. mangels Offenkundigkeit – einem außenstehenden Fachmann nicht zugänglich ist. Er würde der Patentierung nicht entgegenstehen.

7 Zum neuheitsschädlichen Material gehört jede der Öffentlichkeit zugängliche Benutzung oder Veröffentlichung einer technischen Lehre. Ort und Art ihrer Veröffentlichung sind grund-

sätzlich unerheblich (vgl. dazu so wie zur Art des Materials im Einzelnen unten Rdn. 13ff., 56ff.). Auch Lehrbücher, Enzyklopädien sowie Handbücher gehören neben Abhandlungen zu neuen technischen Handlungsanweisungen zum Stand der Technik. Das Gleiche gilt für eine Datenbank, die der Fachwelt als Quelle zur Verfügung stehen jedenfalls dann, wenn die Datenbank ohne unzumutbaren Aufwand durchsucht werden kann und die Information klar und deutlich bereit stellen, ohne dass zusätzliche Recherchen erforderlich wären, EPA ABl. 2005, 497 – Chimäres Gen/Bayer.

Einstweilen frei 8

2. Zeitpunkt. Nach § 3 gilt eine Erfindung als neu, wenn sie an dem dem für den **Zeitrang der Patentanmeldung** maßgeblichen Tag nicht zum Stand der Technik gehört. 9

a) Grundsätzlich bestimmt der **Tag des Eingangs der Patentanmeldung** beim Deutschen Patentamt deren Zeitrang, § 35 Abs. 1, Kraßer § 16 III. Diese Festlegung begegnet keinen verfassungsrechtlichen Bedenken BVerfG Bl. **90,** 247. Der Anmeldetag wird nach den objektiven Gegebenheiten allein durch den Eingang der Anmeldung bestimmt, BGH GRUR **71,** 565, 567; BPatGE **15,** 12, 13; Krasser § 16 III. Maßgebend ist grundsätzlich der Eingang der Anmeldungsunterlagen beim Patentamt. Bei fernschriftlicher Einlegung an Sonn- und Feiertag ist Anmeldetag der folgende Werktag BPatG Mitt. **82,** 16. Werden die Unterlagen erst später in einer Weise vervollständigt, die eine Prüfung der Patentfähigkeit ermöglicht, kann sich der Anmeldetag auf dieses Datum verschieben BPatGE 29, 36; BPatG GRUR 89, 906. Verzögerungen beim Postlauf wirken sich zu Lasten des Anmelders aus BGH GRUR **89,** 38 – Schlauchfolie; BPatGBl. 88, 324. Der Anmeldetag wird als kalendermäßige Einheit behandelt, BPatGE 33, 200 = Bl. 93, 271. Nach der Uhrzeit des Eingangs wird grundsätzlich nicht weiter differenziert. Vorgänge am Anmeldetag selbst können nur in den Grenzen des § 3 Abs. 2 neuheitsschädlich sein. Dem entsprechen Art. 4 Abs. 2 StraÜ, Art. 11 PCT, Regel 20, 33 AO PCT, Art. 54 Abs. 2 EPÜ. Der Tag des Eingangs wird durch Perforationsstempel auf den Anmeldeunterlagen vermerkt und später in den Beschluss über die Patenterteilung aufgenommen, aus dem er dann in der Folge abzulesen ist. Die Festlegung des Zeitpunkts der Anmeldung in der Patentschrift bleibt unabänderlich für Beginn und Ende der Laufzeit des Patents sowie für die Berechnung und Fälligkeit der Jahresgebühren nach § 17 Abs. 1. Während des Erteilungsverfahrens ist eine Richtigstellung des Anmeldetags jederzeit zulässig, BGH GRUR **71,** 565, 567 – Funkpeiler. 9 a

Eine förmliche Entscheidung über den Anmeldetag ergeht während des Patenterteilungsverfahrens grundsätzlich nicht, BPatGE **2,** 56, 59; BPatG Mitt. **70,** 236, 237; GRUR **94,** 111; eine entsprechende bindende Zwischenentscheidung sieht das Erteilungsverfahren nach nationalem Recht grundsätzlich nicht vor. Ist einer internationalen Patentanmeldung von dem zuständigen Anmeldeamt die Zuerkennung des Anmeldedatums gemäß § 25 PCT versagt worden, so kann das DPA gemäß Art. III § 5 IntPatÜG dazu veranlasst sein, für das Weiterbetreiben des nationalen Anmeldeverfahrens den Tag der Anmeldung festzusetzen. Diese Entscheidung ist dann als Zwischenentscheidung entsprechend § 318 ZPO für das weitere Verfahren bindend, vgl. BGH GRUR **67,** 477, 478 – UHF-Empfänger II. Die Festsetzung des Anmeldedatums für eine internationale Patentanmeldung durch das zuständige Anmeldeamt hat gemäß Art. 11 Abs. 3 Hs. 2 PCT für das nationale Erteilungsverfahren bindende Wirkung. Das Gleiche gilt für die Zuerkennung des Anmeldetages einer europäischen Patentanmeldung nach Art. 90, 66 EPÜ. Dieser Anmeldetag bleibt auch bestehen für die auf Grund eines Umwandlungsantrags gemäß Art. II § 9 IntPatÜG, Art. 135 Abs. 1a EPÜ betriebene nationale Patentanmeldung, Art. II § 9 Abs. 1 Satz 1 Hs. 2 IntPatÜG; BGHZ **82,** 88, 90 – Roll- und Wippbrett. 9 b

b) Bei wirksamer Inanspruchnahme einer **Priorität (§§ 40, 41)** tritt deren Zeitpunkt an die Stelle des Tages der Anmeldung. Die Feststellung des maßgeblichen Standes der Technik richtet sich damit nach einem **früheren** Zeitpunkt, prioritätsjüngere Anmeldungen bleiben außer Betracht, soweit die Priorität zu Recht in Anspruch genommen wurde BPatGE 42, 42 – Elektrische Funktionseinheit. Gemäß Art. 4 A PVÜ kann die Priorität einer Auslandsanmeldung in einem Verbandsstaat in Anspruch genommen werden, vgl. § 41; die für eine europäische Patentanmeldung in Anspruch genommene Priorität bleibt nach Umwandlung in eine nationale Patentanmeldung gemäß Art. 135, 162 Abs. 4 EPÜ, Art. II § 9 IntPatÜG beibehalten, auch wenn es sich um eine inländische Voranmeldung handelte, BGHZ **82,** 88, 92 – Roll- und Wippbrett. Deutsche Patentanmeldungen können auch die „innere" Priorität einer früheren Patent- oder Gebrauchsmusteranmeldung im Inland in Anspruch nehmen § 40. Wegen der näheren Einzelheiten vgl. die Kommentierung zu §§ 40, 41. Das durch eine Anmeldung beim Patentamt der **DDR** begründete **Prioritätsrecht** gemäß Art. 4 PVÜ wirkt fort, Anl. I Kap. III Sachgeb. E Abschn. II § 4 EinigungsV. Dem durch eine widerrechtliche Entnahme beeinträch- 10 tigten Erfinder steht die sog. Entnahmepriorität gemäß § 7 Abs. 2 zu. Abweichend von den genannten Prioritätsverschiebungen hat § 3 Abs. 4 keine zeitliche Verschiebung des Neuheitsstichtages zur Folge, vgl. Rdn. 96.

10a Die Priorität schützt nur, soweit Voranmeldung und Nachanmeldung sich decken BPatG GRUR 93, 963; vgl. EPA, ABl 1995, 18 – Prioritätsintervall; vgl. a. EPA GrBK GRUR Int. 2002, 80. Für die Prüfung der Übereinstimmung gelten die gleichen Grundsätze wie bei der Neuheitsprüfung, BGH, GRUR **2004,** 133 Elektronische Funktionseinheit. Der Prioritätsschutz reicht nicht weiter als die in der Voranmeldung offenbarte Erfindung. Erweiterungen der Nachanmeldung sind dem Stand der Technik am Tag ihrer Anmeldung ausgesetzt, es sei denn, hierfür sei zulässigerweise eine weitere Priorität beansprucht.

10b Im Falle der Teilung der Patentanmeldung bleibt für die ausgeschiedenen Anmeldungsteile die Priorität der ursprünglichen Anmeldung erhalten, § 39 Abs. 1 Satz 2. Insoweit handelt es sich in Wirklichkeit nur um eine Fortsetzung des früheren Verfahrens. Einer Patentanmeldung, die einen schon in einer früheren Anmeldung beschriebenen Gegenstand betrifft, kann nur dann der Tag des Eingangs der früheren Anmeldung als Anmeldetag zugrunde gelegt werden, wenn sich die spätere Anmeldung nach den Umständen des Falles als Ausscheidung aus der früheren Anmeldung darstellt und wenn der Wille des Anmelders, mit der neueingereichten Anmeldung die frühere Anmeldung teilweise fortzuführen, ausreichend erkennbar ist, BGH GRUR **71,** 565 568 – Funkpeiler.

10c Zum Zeitpunkt für die Beurteilung des Standes der Technik vgl. unten Rdn. 16.

10d **c)** Neuheitsschädlich ist das Material, das der Öffentlichkeit an dem für die Priorität maßgeblichen Tage zugänglich ist. Zu welchem Zeitpunkt diese Zugänglichkeit erstmals begründet wurde, spielt keine Rolle; entscheidend ist allein, dass die Kenntnisse (Informationen) vor dem Stichtag einmal zugänglich geworden sind. Besteht die maßgebliche Information aus mehreren Teilen, kommt es auf den Zeitpunkt an, an dem sie vollständig zur Verfügung steht, Busse/ Keukenschrijver Rdnr. 80.

11 **3.** Zur **Feststellung einer Vorwegnahme** muss die Lehre, die der Fachmann dem Stand der Technik entnimmt, ermittelt und auf ihre Übereinstimmung mit der beanspruchten Erfindung untersucht werden EPA SA ABl **86,** 15. Die Prüfung der Neuheit der Patentanmeldung im Erteilungsverfahren oder des erteilten Patents im Einspruchs- und Nichtigkeitsverfahren oder im Verletzungsprozess erfolgt damit durch einen Vergleich des beanspruchten Patents mit dem Stand der Technik gemäß § 3 Abs. 1 Satz 2 und Abs. 2. Ausgangspunkt dieser Prüfung ist die beanspruchte Erfindung, wie sie sich aus den Anmeldeunterlagen bzw. – nach der Erteilung des Rechts – der Patentschrift ergibt, nicht ihre theoretische Erläuterung. Dieser Prüfung ist die technische Lehre zugrundezulegen, die ein Fachmann den eingereichten Schutzansprüchen, ggfs. erläutert durch den weiteren Inhalt der Anmeldeunterlagen, an dem für den Zeitrang maßgebenden Tag entnimmt (BGH GRUR 1995, 330 – Elektrische Steckverbindung; vgl. a. für die vergleichbare Problematik bei der Bestimmung des Schutzbereichs BGH GRUR **86,** 803 – Formstein; GRUR 1988, 896 – Ionenanalyse I; GRUR **91,** 44 – Autowaschvorrichtung). Diesem Gegenstand ist das beim Zeitrang der Anmeldung zum Stand der Technik rechnende Material (Entgegenhaltungen) gegenüberzustellen. Für diese Gegenüberstellung muss der Gegenstand jeder einzelnen neuheitsschädlichen Benutzungshandlung oder Beschreibung bestimmt werden, der dann jeweils einzeln mit dem Gegenstand des beanspruchten Patents auf Identität zu überprüfen ist.

12 **4. Einzelvergleich** Eine technische Lehre „gehört" (§ 3 Abs. 1 Satz 1) nur dann zum Stand der Technik, wenn sie als solche, als abgeschlossene Lehre in einer Vorverlautbarung mitgeteilt wird. Die Neuheitsprüfung hat zum Ziel festzustellen, ob sich der Gegenstand der Patentanmeldung von jeder einzelnen Vorveröffentlichung und Vorbenutzung hinsichtlich der erfindungsgemäßen Merkmale in irgendeinem Punkt unterscheidet; die Zahl der jeweiligen Abweichungen ist hierbei bedeutungslos, BGH GRUR **84,** 797 Zinkenkreisel m. Anm. Bruchhausen LM PatG 81 § 100 Nr. 8. Dem entsprechend ist eine angemeldete Lehre neu, wenn sie nicht nur **Übereinstimmungen,** sondern auch **Unterschiede** – also keine vollständige Identität – mit den im Stand der Technik bekannten Lehren aufweist. Für die Feststellung der Neuheit genügt daher, dass der Anmeldungsgegenstand von einer vorbekannten Gestaltung nur in einem der beanspruchten Merkmale abweicht, BGHZ **90,** 318, 322 – Zinkenkreisel. Das Bekanntsein nur einzelner Merkmale hindert daher die Neuheit nicht. Sind alle Merkmale bekannt, kann Neuheit vorliegen, wenn erstmals ihre Kombination zur Herbeiführung eines technischen Effekts offenbart wird. Da Patentschutz nur die insgesamt neue Erfindung verdient, wird sie andererseits neuheitsschädlich getroffen auch dann, wenn sie im Stand der Technik auch nur mit einer vom Anspruch erfassten Ausführungsform **vorweggenommen** wurde, EPA ABl **95,** 755 –

Vorbenutzung. Der Anmelder kann dem durch eine Einschränkung der beanspruchten Lehre begegnen, die diese Ausführungsformen aus dem Schutzanspruch herausnimmt. Das kann durch eine Abgrenzung zum Stand der Technik in Form eines Disclaimers geschehen, solange ein solcher Disclaimer zulässig ist. Jedenfalls für das Europäische Patent ist dessen Einfügung durch die Entscheidung der Großen Beschwerdekammer vom 8. April 2004 – G 1/03 deutlich erschwert worden, anders noch EPA ABl **82,** 149 – Polyätherpolyole zu 3; ABl **86,** 295 – Thenoylperoxid zu 6.4; ABl **84,** 481 – Bleilegierungen zu 10, 11; ABl **93,** 13 – Flache Torsionsfeder; vgl. a. Große Beschwerdekammer ABl **94,** 541 – Beschränkendes Merkmal zu 13 ff. Der Bundesgerichtshof ist der Großen Beschwerdekammer bisher für das deutsche Recht nicht gefolgt Zum Disclaimer vgl. a. Müller: Disclaimer – Eine Hilfe für den Erfinder, GRUR **87,** 484; Sieckmann: Der Disclaimer im Gewerblichen Rechtsschutz in der Bundesrepublik Deutschland, GRUR **96,** 236.

Da nur eine vollständige Vorwegnahme im Stand der Technik die Neuheit ausschließen kann, 12 a ist die beanspruchte Lehre bei der Neuheitsprüfung – anders als bei der auf erfinderische Tätigkeit – **mit jeder Entgegenhaltung** (Beschreibung- oder Benutzungshandlung) **gesondert zu vergleichen,** BGHZ **76,** 97, 104 – Terephtalsäure; **90,** 318, 322 – Zinkenkreisel; BGH GRUR **89,** 494 = Bl. 89, 314 – Schrägliegeeinrichtung, BPatG Bl. **83,** 308; Bl. **91,** 165, 166; ebenso EPA SA ABl **2001,** 22; ABl **87,** 369, 370 – Kraftstoff-Einspritzventil/NISSAN; GRUR Int. **90,** 225 – Copolymere/DU PONT; Busse/Keukenschrijver § 3 Rdnr. 108 ff.; Dörries GRUR **84,** 240; Kraßer § 17 III 1; Rogge, GRUR **96,** 931, 932; Singer, Europ. PatentÜ, Art. 54 Rdn. 11; Singer, GRUR **85,** 789, 795. Für die Feststellung einer Vorwegnahme muss der Stand der Technik daher jeweils einzeln mit der beanspruchten Erfindung verglichen werden BGH GRUR **80,** 283 – Tereptalsäure; GRUR **84,** 797 – Zinkenkreisel; EPA ABl **88,** 1 – Alternativansprüche; Singer/Lunzer Rdnr. 54.09; Singer/Stauder/Spangenberg Art 54 Rdnr. 55; s.a. Mes, § 3 PatG Rdnr. 7; Busse/Keukenschrijver § 2 PatG Rdnr. 107; Poth, Mitt. **98,** 455. Eine Zusammenfassung des mehrerer Entgegenhaltungen oder des Wissens aus dem gesamten Stand der Technik ist im Rahmen der Neuheitsprüfung nicht zulässig: aus den Entgegenhaltungen darf nicht mosaikartig ein willkürlicher Stand der Technik geformt werden (Vgl. dazu a. Schönherr Mitt **81,** 49). Für eine Vorwegnahme muss die einzelne Quelle aus dem Stand der Technik die gleiche technische Lehre offenbaren, wie sie mit der Anmeldung beansprucht wird. Das richtet sich nach ihrem eigenen Offenbarungsgehalt, nicht danach, wie dieser etwa in Kombination mit dem sonstigen Stand der Technik verstanden werden kann. Der Offenbarungsgehalt des Standes der Technik wird allein durch den jeweiligen Gegenstand der Vorbenutzung oder -veröffentlichung bestimmt (BGH GRUR **95,** 30 = BGHZ 128, 270, 275 – Elektrische Steckverbindung; EPA ABl, 1990, 93 – Reibungsverringernder Zusatz), nicht jedoch ihren gesamten, in der Regel weitergehenden Schutzbereich (so aber Gesthuysen, GRUR **93,** 205, 209; vgl. a. Bossung, GRUR Int. **78,** 381, 384; ähnl. a. Teschemacher GRUR **75,** 641, 647). Kombinationen, die der Fachmann erst auf Grund seines Fachwissens vornimmt, bleiben bei der Neuheitsprüfung unberücksichtigt EPA SA ABl **98,** 19. Insoweit kommt es auch nicht darauf an, ob eine solche Verbindung von einem fachkundigen Leser erwartet werden kann; solche, erst auf Grund weiteren Nachdenkens gewonnenen Erkenntnisse spielen erst bei der Bewertung der erfinderischen Tätigkeit eine Rolle. Soweit sie nicht in der jeweiligen Schrift angesprochen ist, wird auch die Kombination verschiedener Ansprüche aus einer Schrift in der Regel nicht ohne weiteres als vorveröffentlicht und daher neuheitsschädlich angesehen werden können (EPA ABl **2003,** 452 – Fluorkohlenwasserstoffe/Lubrizol zu 3.2.

Was erst aus der Verknüpfung unterschiedlicher Schriften oder Benutzungen gewonnen 12 b werden kann, ist nicht Stand der Technik (EPA SA ABl 2001, 22; Rogge, GRUR 1996, 931, 932), sondern kann allenfalls die erfinderische Tätigkeit berühren. Eine Kombination von einzelnen Merkmalen oder Unteransprüchen, die sich danach für den Fachmann nach dem Inhalt der Entgegenhaltung nicht als eine von ihr gewollte Ausführungsform darstellt, ist regelmäßig nicht neuheitsschädlich offenbart BGH, Urt. v. 18. 5 1999 – X ZR 113/96; EPA SA ABl **91,** 31 – Schüttgut/WAAGNER-BIRO; vgl. a. EPA GRUR Int. **88,** 938 – Katalysator/BAYER; 25. 1. 90 – T 580/88 – Korrektur von Winkelfehlern/BOSCH. Eine aus der Kombination mehrere Schriften gebildete Lehre kann Stand der Technik sein, wenn eine solche dem Fachmann etwa auf Grund einer Bezugnahme als Bestandteil des Offenbarungsgehalts auch der zum Vergleich herangezogenen Quelle erscheint. Das ist der Fall, wenn dort auf sie – etwa zur Ergänzung und Erläuterung der Offenbarung - Bezug genommen wird.

Bei einem Vergleich der Patentanmeldung mit dem Inhalt eines Zusatzpatents ist der in Be- 12 c zug genommene Teil des Hauptpatents mit heranzuziehen, BGHZ **76,** 97, 104 – Terephtalsäure. Auch mehrere an sich selbstständige Artikel, die bei jeweils eigenen Überschriften unter einem gemeinsamen Titel stehen und in der gleichen Zeitschrift veröffentlicht werden, können eine Einheit bilden und daher der Neuheitsprüfung als Gesamtheit zugrundezulegen sein BPatG Bl. 83, 308.

12 d Auch jede in einem Einzeldokument enthaltene Ausführungsform muss für sich betrachtet werden; verschiedene Bestandteile jeweils spezifischer Ausführungsformen in einem Dokument sind nur dann als Einheit zu sehen, wenn das Dokument selbst eine solche Kombination offenbart, EPA GRUR Int. 91, 808, 809 – Schere/GREHAL. Die Darstellung einzelner Ausführungsarten nimmt deren Kombination nicht vorweg. Eine Klasse chemischer Verbindungen offenbart nicht notwendig jede einzelne Verbindung, die sich aus der Kombination der Varianten ergeben kann, EPA GRUR Int. 89, 226 – Xanthine/DRACO.

12 e **5. Der Gegenstand der Patentanmeldung,** der am Stand der Technik zu messen ist, ergibt sich aus dem in den Patentansprüchen formulierten Patentbegehren, BGH GRUR 90, 33 – Schüsselmühle. Ausschlaggebend ist der Inhalt der Patentansprüche, die den Gegenstand des Patents und der ihm zugrundeliegenden Anmeldung prägen, auch wenn der Inhalt des Schutzrechtes durch die bei der Anmeldung eingereichten Ansprüche – anders als beim erteilten Schutzrecht – nicht abschließend festgelegt wird. Gemäß § 35 Abs. 1 Nr. 2 hat der Anmelder in Patentansprüchen anzugeben, was er als patentfähig unter Schutz gestellt wissen will. Nur der mit den Ansprüchen beanspruchte Gegenstand der Erfindung unterliegt der Prüfung auf patentrechtliche Schutzfähigkeit BGH GRUR 90, 33 – Schüsselmühle. In dem Entscheidungsquintett vom März 2002 (GRUR 2002, 511 – Kunststoffrohrteil; GRUR 2002, 513 – Schneidmesser I; GRUR 2002, 519 – Schneidmesser II; GRUR 2002, 523 – Custodiol I und GRUR 2002, 527 – Custodiol II) hat der BGH klargestellt, dass das in den Ansprüchen beschriebene Begehren für das Verständnis des Patents auch dann entscheidend bleibt, wenn sich aus der Sicht des Fachmanns bei Lektüre der Patentschrift bei objektiver Betrachtung ergibt, dass sich die dargestellte technische Lehre auch über diesen Bereich hinaus anwenden lässt; diese in erster Linie für das Verletzungsverfahren entwickelten Gedanken gelten in gleicher Weise für die Bestimmung des Patentbegehrens bei der Neuheitsprüfung. Mit dieser Maßgabe ist der weiteren Prüfung die technische Lehre zugrundezulegen, die aus der Sicht eines Fachmanns den eingereichten Schutzansprüchen, ggf. erläutert durch den weiteren Inhalt der Anmeldeunterlagen, an dem für den Zeitrang maßgebenden Tag zu entnehmen ist BGH Bl. **91,** 159 – Haftverband; BGH GRUR **95,** 330 – Elektrische Steckverbindung; vgl. a. für die vergleichbare Problematik bei der Bestimmung des Schutzbereichs BGH GRUR **86,** 803 – Formstein; GRUR **88,** 896 – Ionenanalyse I; GRUR **91,** 44 – Autowaschvorrichtung. Bei dieser Auslegung muss auch für die Zwecke der Prüfung auf Neuheit und erfinderische Tätigkeit den Merkmalen und Begriffen der mit der Anmeldung beanspruchten Erfindung die breiteste technisch sinnvolle Bedeutung beigemessen werden BGH GRUR 2004, 47 – Kalandrierte Gummibahn I; EPA SA ABl **99,** 14. Nur so kann einem mit dem Zweck des Patentrechts unvereinbaren Auseinanderfallen des jeweils maßgeblichen Gegenstand des Schutzrechts in Erteilungs-, Einspruchs- und Nichtigkeitsverfahren vorgebeugt werden. Da aus einem Patent Verbietungsrechte jedenfalls gegenüber allen Benutzungen hergeleitet werden können, die unter den Wortlaut der Patentansprüche fallen, kann nur dieser die maßgebliche Grundlage für die Prüfung der Schutzfähigkeit bilden. Zugleich gebietet dieser Zusammenhang bereits in diesem Stadium eine Berücksichtigung aller erkennbaren Auslegungen, auf deren Grundlage später der Schutzbereich bestimmt wird.

12 f Angaben in der Beschreibung und zeichnerisch dargestellte Merkmale, die in die Fassung der Ansprüche keinen Eingang gefunden haben, begründen in der Regel keinen patentrechtlichen Schutz, vgl. § 14. Es erübrigt sich dann, sie auf Neuheit zu prüfen. Der Erfindungsgegenstand, der die Prüfung auf Neuheit bestehen muss, bestimmt sich nach der jeweiligen Anspruchsfassung, die vom Inhalt der ursprünglichen Anmeldungsunterlagen gedeckt sein muss, § 38 Satz 2.

12 g Bis zur Erteilung des Schutzrechts können die Patentansprüche im Rahmen des Offenbarungsgehaltes der ursprünglichen Anmeldungsunterlagen durch den Anmelder geändert werden. Die im Erteilungsverfahren verfolgten Patentansprüche müssen jedoch vom Offenbarungsgehalt der ursprünglichen Anmeldungsunterlagen erfasst sein. Nur Änderungen des Patentbegehrens, die den Gegenstand der Anmeldung nicht erweitern, sind bis zum Erteilungsbeschluss zulässig, § 38 (§ 26 Abs. 5 PatG 1968: bis zum Beschluss über die Bekanntmachung). Einer Erfindungsmeldung kann nur insoweit die Priorität des ersten Eingangs der Anmeldung zukommen, als in deren Unterlagen die in Anspruch genommenen Erfindungsmerkmale dem Fachmann hinreichend offenbart enthalten sind, BGH GRUR **53,** 120, 121. Änderungen, die den Gegenstand der Anmeldung erweitern, begründen keine Rechte, § 38 Satz 2. **Unzulässige Erweiterungen** der Patentanmeldung sind deshalb nicht in die Neuheitsprüfung einzubeziehen.

Maßgebend für die Beurteilung ist das, was das die Anmeldung nach dem Inhalt ihrer Ansprüche, erläutert durch Beschreibung und Abbildungen, als unter Schutz zu stellende technische Lehre beansprucht. Das richtet sich insoweit in erster Linie nach dem Inhalt der Ansprüche und der Beschreibung, auch wenn die Fassung der Ansprüche in der Anmeldung zunächst nur einen Vorschlag enthalten, den der Anmelder während des Erteilungsverfahrens im Rahmen des Offenbarungsgehaltes der Anmeldeunterlagen jederzeit ändern kann. Für die Beurteilung der Patentfähigkeit kann jedoch nur das jeweilige Petitum des Anmelders herangezogen werden, das sich allein aus den sein aktuelles Schutzbegehren bestimmenden und konkretisierenden Ansprüchen ersehen lässt. Für deren Verständnis kann die Vorstellung des Durchschnittsfachmanns vom Inhalt der in der Anmeldung beanspruchten technischen Lehre eine wertvolle Hilfe bilden BGH Bl. **91,** 159 – Haftverband; BGH GRUR **95,** 330 – Elektrische Steckverbindung, d. h. von dem, was sie ihm an Information vermittelt BGH GRUR **95,** 330 – Elektrische Steckverbindung; GRUR **2000,** 296 – Schmierfestzusammensetzung; EPA ABl **95, 305,** 387 – Elektronische Rechenbausteine; **98,** 489, 493 – Erythor-Verbindungen, kann sie jedoch nicht ersetzen. Bei dieser Bewertung zugrundezulegen ist nicht das Verständnis einer existenten Person oder Personengruppe, sondern die Vorstellungen eines mit durchschnittlichen Fähigkeiten und Kenntnissen ausgestatteten Angehörigen der jeweiligen Fachkreise (der Fachwelt). Insoweit folgt die Auslegung einer eher nach normativen Gesichtspunkten bestimmten Person. Lediglich die Grundlagen für die Bestimmung ihrer Kenntnisse und Fähigkeiten richten sich danach, welche Aus- und ggf. Weiterbildung die Angehörigen der jeweiligen Fachkreise genossen haben; diese bilden den Ausgangspunkt für die Beurteilung der Frage, nach welchen Anforderungen sich Bestimmung und Beurteilung der beanspruchten Lehre richten. Mit dieser Maßgabe bildet den Beurteilungsmaßstab nicht das, was ein konkreter Fachmann der jeweiligen Schrift entnimmt, sondern was sich auf der Basis des jeweiligen Wissens eines Durchschnittsfachmanns objektiv der Schrift im Wege der Auslegung entnehmen lässt, vgl. BGHZ 160, 204 = GRUR 2004, 1023 – Bodenseitige Vereinzelungseinrichtung. Definitionen in der Patentschrift gehen dem üblichen Verständnis verwendeter Begriffe auch dann vor, auch wenn sie dem Sprachgebrauch der Fachwelt widersprechen; Patentschrift und damit auch die ihr zugrundeliegende Anmeldung enthalten ihr „eigenes Lexikon" Vgl. BGH GRUR **99,** 909 – Spannschraube. 12 h

Bei einer **Kombinationserfindung** ist die Prüfung auf die Gesamtkombination abzustellen; das Vorbekanntsein einzelner Elemente einer Kombination hindert die Neuheit der Gesamtkombination nicht, RG GRUR **42,** 204; BGHZ **16,** 326, 331; **62,** 29, 31 – Drehkippbeschlag; BGHZ **90,** 318, 323 – Zinkenkreisel, auch dann nicht, wenn sie bei verschiedenen Ausführungsformen in der gleichen Druckschrift enthalten sind, EPA GRUR Int. **91,** 808 – Schere/GREHAL. Neuheitsschädlich getroffen ist eine Kombination aber dann, wenn sämtliche Merkmale innerhalb derselben Entgegenhaltung bei einer Ausführungsform teils identisch, teils technisch äquivalent vorweggenommen sind BGH GRUR **62,** 86, 89 – Fischereifahrzeug. Sind in einer Entwicklung technische und nichttechnische Merkmale zu einem gemeinsamen Ganzen verbunden, ist für die patentrechtliche Beurteilung dieser Kombination der Kenntnis- und Wissensstand der Fachleute zugrundezulegen, die sich typischerweise mit der Lösung des konkreten technischen Problems befassen, BPatG Mitt 2005, 363, 365. 12 i

6. Gegenstand der Entgegenhaltung

Literaturhinweis: Boecker, Das Problem des älteren Rechts im künftigen europäischen Patentrecht, GRUR Int. **63,** 341; Pfanner, Vereinheitlichung des materiellen Patentrechts im Rahmen des Europarats, GRUR Int. **64,** 47; Kraßer, Die ältere Anmeldung als Patenthindernis, GRUR Int. **67,** 285; Moser v. Filseck, Zur Abgrenzung einer jüngeren gegenüber einer prioritätsälteren europäischen Patentanmeldung, GRUR Int. **70,** 156; ders., Festschrift für Möhring, S. 254; Høst-Madsen, Die Problematik kollidierender Patentanmeldungen im künftigen Europäischen Patenterteilungsverfahren, GRUR Int. **70,** 370; Bardehle, Das ältere Recht im Europa-Patent, GRUR **72,** 211; ders., GRUR **75,** 650; Blumenberg, Die ältere Anmeldung im künftigen europäischen Patentrecht, GRUR Int. **72,** 261; Habersack, Das ältere Recht im Patentwesen, Mitt. **73,** 41; Bossung, Erfindung und Patentierbarkeit im europäischen Patentrecht, 3. Teil, Mitt. **74,** 141; Teschemacher, Das ältere Recht im Deutschen und Europäischen Patenterteilungsverfahren, GRUR **75,** 641; Bossung, Stand der Technik und eigene Vorverlautbarung im internationalen, europäischen und nationalen Patentrecht, GRUR Int. **78,** 381; Preu, Stand der Technik und Schutzbereich, GRUR **80,** 691; Ochmann, Die Vorveröffentlichung und die Reichweite ihres Offenbarungsgehalts als Problem der Neuheit 13 im Lichte der Rechtsprechung des Bundesgerichtshofs und des Patentgesetzes in der geltenden Fassung, GRUR **84,** 235; Dörries, Zum sachlichen Umfang des Neuheitsbegriffs, GRUR **84,** 240; Bühling, Der patentrechtliche Neuheitsbegriff im Wandel der jüngeren Rechtsprechung, GRUR **84,** 246; Singer, Der Neuheitsbegriff in der Rechtsprechung der Beschwerdekammern des Europäischen Patentamts, GRUR **85,** 789; Vollrath, Zum Umfang der neuheitsschädlichen Offenbarung einer zum Stand der Technik gehörenden Beschreibung, GRUR **97,** 721.

13 a Für die Neuheitsprüfung wird dem Gegenstand der beanspruchten Erfindung oder des erteilten Patents der Gegenstand der jeweiligen Entgegenhaltung gegenübergestellt. Dieser ergibt sich aus dem **Gesamtinhalt** der einzelnen mündlichen oder schriftlichen Beschreibung oder Benutzungshandlung. Bei seiner Ermittlung darf angesichts des gebotenen Einzelvergleichs der Inhalt der Offenbarung nicht verlassen werden; es ist auch unzulässig, Teile einer Dokumentation aus ihrem Zusammenhang zu lösen und daraus eine technische Information herzuleiten, die von der Gesamtlehre des Dokuments abweicht, EPA ABl **90,** 188, 193 – Ionisationskammer/SCANDITRONIC. Unerheblich ist, ob die neuheitsschädliche Information als eine wesentliche Erkenntnis dargestellt oder herausgehoben wird; Gegenstand der mit der älteren Schrift offenbarten Lehre ist auch das, was dort nur beiläufig geäußert wurde. Eine besondere Hervorhebung der technischen Lehre ist nicht erforderlich, BGHZ **76,** 97, 104 – Terephtalsäure; BPatGE **15,** 12, 15. Entscheidend ist allein, was der Fachmann der Entgegenhaltung als technische Lehre entnimmt. Dabei ist auch der Inhalt einer in der Vorveröffentlichung in Bezug genommenen Druckschrift zu berücksichtigen, wenn sie erkennbar zu deren Grundlage und damit Inhalt gemacht ist, BGHZ aaO – Terephtalsäure; BPatGE 16, 18, 21; BPatG Mitt. **85,** 153; vgl. Rdn. 12b. Zum Stand der Technik und seiner Bestimmung im Einzelnen vgl. nachstehend Rdn. 13b ff.

13 b III. Stand der Technik

13 c **1. Der Stand der Technik im Sinne des § 3 Abs. 1** umfasst alle Handlungsanweisungen, die irgendwann vor dem für den Zeitrang der Patentanmeldung maßgeblichen Tag irgendwo in der Welt auf irgendeine Art und Weise der Öffentlichkeit zugänglich gemacht worden sind – **absolut formeller Neuheitsbegriff,** Begründung BT-Drucksache 7/3712 S. 28. Das Gesetz geht von der Vorstellung aus, dass alle diese Informationen die Neuheit hindern. Dieses Wissen ist der Prüfung so zu zugrundezulegen, als ob es im Ganzen der Fachwelt am Anmeldetag gegenwärtig gewesen wäre. So wird sichergestellt, dass nur solche Anmeldungen mit einem Patent belohnt werden, die objektiv eine Erweiterung des Standes der Technik darstellen, Busse/Keukenschrijver § 3 Rdnr. 98; eine Bereicherung dieses Standes wird nicht gefordert, wie sich schon daraus ergibt, dass es nach dem geltenden Recht auf einen durch die Erfindung vermittelten technischen Fortschritt nicht ankommt. Das Gesetz geht davon aus, dass eine solche Bereicherung regelmäßig mit der Erweiterung des Standes der Technik verbunden sein wird, auch wenn sie möglicherweise nur in weiteren Wegen zu bekannten Zielen bestehen mag. Da eine Beschränkung auf eine bestimmte Form der **Vorveröffentlichung** ebenso wenig wie eine zeitliche, mengenmäßige oder räumliche Begrenzung stattfindet, Kraßer § 16 IV 1, ist neuheitsschädlich auch das im Ausland und mit einer geringen Auflage veröffentlichte Material, auch wenn es nicht ins Inland gelangt ist. Damit spielt auch der Zeitpunkt, zu dem die Information ins Inland gelangt ist, nach dem geltenden Recht keine Rolle, Kraßer § 16 III. Eigene Vorveröffentlichungen und Benutzungshandlungen des Patentanmelders können neuheitsschädlich sein, sofern er nicht einen Prioritätsschutz oder den Schutz des § 3 Abs. 4 für sich in Anspruch nehmen kann.

13 d Auf einen unmittelbar technischen Gehalt kommt es für die Neuheitsprüfung nicht an, Kraßer § 16 I 1, Busse/Keukenschrijver § 3 Rdnr. 74, auch wenn natürlich einem technischen Schutzrecht in erster Linie auf einen solchen Gegenstand bezogene Anweisungen entgegenstehen werden. Einzubeziehen sind alle Vorveröffentlichungen und Vorbenutzungen ohne Rücksicht darauf, ob der Anmelder sie gekannt hat, und ob sie Allgemeingut geworden sind. Auch alte Vorveröffentlichungen, die in das alsbaldige Wissen der Fachwelt nicht übergegangen sind oder ihr entschwunden sind, behalten ihre neuheitsschädliche Wirkung. Wiederholung und Handhabung einer im technischen Schrifttum bereits einmal veröffentlichten oder bekannten Lehre ist keine neue Erfindung, auch dann nicht, wenn die früher gegebene Lehre in der Zwischenzeit vergessen wurde, sogar wenn sich ein Vorurteil gegen die Befolgung gebildet hat und das Wiederaufgreifen der früher gegebenen Lehre einem dringenden Bedürfnis entsprochen hat, um dessen Befriedigung man sich lange Zeit vergeblich bemüht hatte, BGH Ia ZR 2/65 v. 29. 2. 1968 (Sterilisieren).

2. Bestimmung des Standes der Technik 14

a) Beurteilungsmaßstab Für die Beurteilung der Neuheit der Erfindung ist die Frage nach dem Umfang der Offenbarung (Offenbarungsinhalt) der Entgegenhaltung von erheblicher Bedeutung. Für dessen Bestimmung gibt § 3 Abs. 1 Satz 2 keine eindeutigen Hinweise. Allerdings fällt auf, dass § 3 Abs. 1 Satz 2 mit den „Kenntnissen, die der Öffentlichkeit zugänglich gemacht worden sind" einen eher objektiv zu bestimmenden Ausgangspunkt angibt, während bei der Prüfung der erfinderischen Tätigkeit gemäß § 4 auf eine Beurteilung des Inhalts der Entgegenhaltung durch den Fachmann abgestellt wird BGH GRUR **95,** 330 – Elektrische Steckverbindung. Auch mit einem einheitlichen Offenbarungsbegriff lässt sich für die Beantwortung dieser Frage wenig gewinnen (anders BGH GRUR 81, 812 – Etikettiermaschine). Das Bemühen um einen einheitlichen Offenbarungsbegriff im Patentrecht (vgl. dazu Voraufl.) ist lediglich als Streben nach einem Konsens über den Mindestbereich patentrechtlicher Offenbarung – Gegenstand der Erfindung – gutzuheißen. Eine vollständige Gleichschaltung der patentrechtlichen Offenbarung in allen ihren Erscheinungsformen erscheint jedoch wenig sinnvoll; der Begriff ist in seinen speziellen Anwendungsbereichen vielmehr in dem jeweiligen Kontext auch bei einer einheitlichen Grunddefinition im Einzelnen unterschiedlich auszufüllen. 14 a

Grundlage für die Beurteilung der Neuheit der Erfindung ist das („fiktive") Wissen des gedachten Fachmanns, BGH GRUR **95,** 330 – Elektrische Steckverbindung. Fachmann in diesem Sinne ist die Person, die in dem jeweiligen Gewerbe- oder Industriezweig typischerweise mit entsprechenden Entwicklungen betraut wird. Der mit dem durchschnittlichen Wissen und den durchschnittlichen Fähigkeiten der einschlägigen Fachkreise ausgestattete gedachte Fachmann ist Adressat und Bezugsperson für das Verständnis des Standes der Technik, Ochmann GRUR **84,** 235, 238. Was ihm auf Grund des Standes der Technik nach § 3 Abs. 1 Satz 2 und Abs. 2 als bekannt unterstellt wird, ist nicht neu. Wesentlich ist damit, was aus der Sicht eines typischen Vertreters dieser Fachwelt, der mit durchschnittlichen Fähigkeiten ausgestattet ist und weder über ein besonderes Wissen verfügt noch unterdurchschnittlich befähigt ist, der jeweiligen Entgegenhaltung als technische Information erschließt. Das richtet sich einerseits nach den tatsächlichen Verhältnissen auf dem jeweiligen Gebiet, die ggf. im Wege der Beweisaufnahme zu klären sind, enthält darüber hinaus jedoch auch eine rechtliche Bewertung. Insoweit hat der Begriff des Fachmanns auch in diesem Zusammenhang einen normativen Charakter. 14 b

Für die Neuheitsprüfung entscheidend ist, was sich dem Fachmann aus der jeweiligen Quelle im Stand der Technik als Problem und dessen Lösung tatsächlich erschließt. Dazu muss der Offenbarungsgehalt der Informationsquelle bestimmt werden, für den auf das Verständnis eines fachkundigen Lesers mit durchschnittlichen Kenntnissen und Fähigkeiten auf dem jeweiligen Fachgebiet abzustellen ist. Zu dem Offenbarungsgehalt gehören alle Erkenntnisse, die ein solcher Leser der jeweiligen Verlautbarung unmittelbar, d. h. ohne weiterführende Informationen und Überlegungen, entnimmt (EPA 23. 8. 1990 – T 12/90 zu 2.11), auch wenn auf sie nicht gesondert hingewiesen wird, Busse/Keukenschrijver § 3 Rdnr. 113. Eine Patentschrift kann daher auch Informationen über einen technischen Sachverhalt vermitteln, der weder in den Ansprüchen noch in den Beispielen ausdrücklich erwähnt wurde (EPA 30. 3. 1992 – T 247/91). Für ihr Verständnis ist regelmäßig unerheblich, ob eine in den Unterlagen eines technischen Schutzrechts offenbarte Lehre Gegenstand des patent- oder gebrauchsmusterrechtlichen Schutzbegehrens geworden ist. Ist solchen Unterlagen eine technische Handlungsanweisung zu entnehmen, ist diese daher auch dann Stand der Technik, wenn sie keinen Eingang in die Schutzansprüche gefunden hat. Ergebnisse, die nach dem Inhalt der Entgegenhaltung nicht beabsichtigt sind, die sich bei deren Nacharbeiten aber zwangsläufig und nicht nur zufällig einstellen, sind neuheitsschädlich offenbart, BGHZ **76,** 97, 107 – Terephtalsäure; BPatGE **22,** 5, 7 f.; BPatGE **41,** 402 – Kaffeefiltertüte;– mögen sie auch unerkannt geblieben sein, BGHZ **95,** 295, 302 – borhaltige Stähle. Auch ein überraschendes Ergebnis eines vorveröffentlichten Verfahrens kann neuheitsschädlich sein, sofern es sich zwangsläufig einstellt, BGHZ – Terephtalsäure aaO. Zum Stand der Technik gehört auch das, was sich erst bei Untersuchung des Bekannten ergibt, mag diese auch aufwändig sein. Derartige mehr oder weniger zeit- und arbeitsaufwändige Untersuchungen können zur Identifizierung eines Stoffes gerade im Bereich der Chemie erforderlich sein, vgl. BGH GRUR **86,** 372, 374 – Thrombozyten-Zählung und damit als übliches Vorgehen eine Vorwegnahme trotz des Aufwandes nicht in jedem Fall ausschließen. Eine hinreichende Offenbarung einer technischen Lehre ist nicht gegeben, wenn der Fachmann sie nur unter großen Schwierigkeiten oder nur zufällig praktisch verwirklichen kann, vgl. BGH GRUR **80,** 166, 168 – Doppelachsaggregat. 14 c

Nur selten wird der Gegenstand der Schutzrechtsanmeldung im Stand der Technik in gleichen Worten, in einer bis in das Detail übereinstimmenden zeichnerischen Darstellung be- 15 schrieben oder in einer identischen Ausführung benutzt worden sein. Die sprachlichen Möglichkeiten und die Mittel zur Verwirklichung auch des gleichen technischen Gedankens sind zu vielfältig, als dass eine völlig übereinstimmende Darstellung oder Verwirklichung des Gegenstands der beanspruchten Erfindung erwartet werden könnte. Im Rahmen der Neuheitsprüfung ist festzustellen, ob die beanspruchte Lehre der Sache nach zum Stand der Technik gehört. Maßgebend dafür ist der Inhalt der technischen Offenbarung der im Stand der Technik bekannten Lehren, nicht die Art ihrer Darstellung. Auch bei Darstellungsunterschieden kann die technische Lehre daher vorbekannt sein und damit zum Stand der Technik zählen. Der Vergleich der Patentanmeldung mit der Entgegenhaltung dient der Feststellung der **technischen Identität,** BGH GRUR **64,** 612, 616f. – Bierabfüllung. Eine **philologische Beurteilung** ist der Neuheitsprüfung daher fremd. Dieselbe technische Lehre kann möglicherweise mit Rechenformeln, in einer maschinenorientierten Programmiersprache oder in der Umgangssprache gleichermaßen umfassend dargestellt werden, vgl. BGH GRUR **77,** 657, 658 – Straken; BPatGE **22,** 105, 107.

15 a Von der Lehre der Vorveröffentlichung mit erfasst ist das bei ihrer Anwendung vom Fachmann regelmäßig erzielte Ergebnis, BGHZ **95,** 295, 301 – borhaltige Stähle. Dem Fachmann sind auch die Kenntnisse zugänglich gemacht, die sich beim Nacharbeiten eines von mehreren beschriebenen Verfahrenswegen unmittelbar und zwangsläufig einstellen, BPatGE 41, 402 – Kaffeefiltertüte; vgl. EPA GRUR Int. **90,** 225 – Copolymere/DU PONT; eine besondere Hervorhebung eines Verfahrensweges ist für eine neuheitsschädliche Vorbeschreibung nicht erforderlich, BGHZ **76,** 97, 105 – Terephtalsäure.

15 b Zum Verständnis des offenbarten Inhalts der einzelnen Entgegenhaltung kann das **allgemeine Fachwissen** herangezogen werden, v. Falck Mitt. **69,** 252, 255; Kolle GRUR Int. **71,** 63, 67, anders wohl Busse/Keukenschrijver § 3 Rdn. 106, der das Fachwissen nicht zum neuheitsschädlichen Material rechnet. Schon mit Blick auf die Zweckbestimmung der Neuheitsprüfung muss sich die Bestimmung des Offenbarungsgehaltes einer Verlautbarung aus dem Stand der Technik nach dem richten, was die Fachwelt ihr entnimmt. Soll die Regelung technische Lehren vom Patentschutz ausschließen, die der Allgemeinheit bereits zur Verfügung stehen, kann allein das Verständnis der Allgemeinheit vom Inhalt einer Schrift oder Benutzung das ausschlaggebende Kriterium sein. Zur Verfügung steht auf Grund der Vorwegnahme nur das Wissen, das ihr durch die Schrift vermittelt wird, wobei als Maßstab wiederum vor allem die Kenntnisse und Fähigkeiten des Durchschnittsfachmanns auf dem jeweiligen Gebiet heranzuziehen sind. Der weitere Streit, ob es sich insoweit um einen Erkenntnisakt auf der Ebene des entsprechenden Angehörigen der einschlägigen Fachwelt handelt oder diese Wertung nach objektiven Kriterien nur auf der Grundlage seines Wissens und seiner Fähigkeiten zu vollziehen ist, betrifft ein Scheinproblem. Der Fachmann, sein Wissen und seine Fähigkeiten werden hier wie bei der Bewertung auf erfinderische Tätigkeit nur zur Bestimmung des Beurteilungsmaßstabes herangezogen; sie sind ein Synonym für die durchschnittlichen Kenntnisse und Fertigkeiten der einschlägigen Fachwelt, auf deren Grundlage erst eine sachgerechte Bewertung dessen möglich wird, ob und welche Kenntnisse der Allgemeinheit aus einer Vorbenutzung vermittelt werden.

16 **b)** Maßgeblich für die Beurteilung ist der zugrundezulegende Erkenntnisstand zu dem **Zeitpunkt,** der für die Priorität der zu beurteilenden Anmeldung in Anspruch genommen wird, nicht der frühere des erstmaligen Zugänglichwerdens der Entgegenhaltung Krasser § 17 III 3; vgl. a. Rogge GRUR **96,** 932. Eine Interpretation auf der Grundlage der bei ihrer ersten Bekanntgabe vorhandenen Kenntnisse, wie sie von einigen Beschwerdekammern des EPA zugrundegelegt wird (so EPA 8. 7. 1992 – T 233/90; 16. 6. 1992 – T 205/91; 28. 2. 1992 – T 667/91; EPA SA **96** ABl 16; vgl. a. Singer/Lunzer Rdnr. 54.08), ist mit dem Zweck der Neuheitsprüfung nicht zu vereinbaren und widerspricht der Definition des Standes der Technik in Abs. 2, so im Erg a. Rogge, GRUR **96,** 931, 932; Busse/Keukenschrijver, § 2 PatG Rdnr. 90; s. a. die Nachweise bei Blum/Pedrazzini, Das Schweizerische Patentrecht, Bd. 1 S. 343f. Da die Neuheitsprüfung die Patentierung des am Prioritätstag Bekannten ausschließen soll, kann nur auf den an diesem Tage herrschenden Erkenntnisstand abgestellt werden; Erscheinungstag einer Veröffentlichung oder Anmeldetag einer früheren Erfindung treffen darüber schon deshalb keine Aussage, weil sich die Technik und damit auch Wissen und Können der Fachwelt weiterentwickeln. Was der Fachmann bei der Anmeldung eines Patents einer Schrift oder Benutzung an technischen Informationen entnimmt, wird auch durch seine aktuellen Kenntnisse und Fähigkeiten bestimmt. Die aus einer technischen Lehre hervorgehenden Informationen werden nicht im Zeitpunkt ihrer erstmaligen Veröffentlichung eingefroren, sondern bilden eine Grundlage für den allgemeinen Wissensstand des Fachmanns im Prioritätszeitpunkt; dieser ist der jeweilige Abschluss eines mit der Erstveröffentlichung eingeleiteten dynamischen

Prozesses der Erkenntnisgewinnung, vgl. auch Blum-Pedrazzini, Das Schweizerische Patentrecht, Bd. 1 (1957, Nachträge 1975) Anm. 6, S. 344; im Erg. a. EPA 1. 10. 1991 – T 74/90). Mit der fortlaufenden Erweiterung des Erkenntnis- und Wissenstandes des Fachmanns kann sich auch sein Verständnis vom Informationsgehalt einer Veröffentlichung ändern. Hierauf beruhende zusätzliche Erkenntnisse sind daher Teil des der Öffentlichkeit am Prioritätstag zugänglichen Wissens und damit auch dann Stand der Technik, wenn sie bei der erstmaligen Veröffentlichung der Lehre der Öffentlichkeit noch nicht zugänglich waren. Demgemäß kann auch ein nach der erstmaligen Zugänglichkeit einer Entgegenhaltung, aber vor der Priorität der Anmeldung veröffentlichter Aufsatz, der ihre Lehre weiter erörtert, herangezogen werden, um das Verständnis der Entgegenhaltung am Anmeldetag zu ermitteln, anders EPA 31. 1. 1991 – T 507/89. Spätere vor dem Anmeldetag der zu prüfenden Anmeldung veröffentlichte Erläuterungen eines Verfassers können das Verständnis vom Inhalt seiner früheren Äußerungen ebenso wie das allgemeine Fachwissen und der Kenntnisstand in Industrie, Handel und Handwerk beeinflussen.

c) Offenbarungsgehalt 17

aa) Erkennbarkeit Eine Vorwegnahme liegt nur vor, wenn eine Erkenntnisquelle aus dem 18
Stand der Technik dem fachkundigen Leser mit dem für das jeweilige Fachgebiet vorauszusetzenden durchschnittlichen Kenntnissen und Fähigkeiten, das Wesen der mit der Anmeldung oder dem Patent beanspruchten Erfindung unmittelbar vermitteln kann, BGH GRUR **55,** 386 – Optik. Nur eine nachvollziehbare vorveröffentlichte technische Lehre ist neuheitsschädlich. Nach dem Zweck der Neuheitsprüfung, die Patentierung des der Allgemeinheit bereits zugänglichen Wissens verhindern, kann eine technische Lehre nur dann zum Stand der Technik gezählt werden, wenn aus der Veröffentlichung oder Benutzung das **Wesen der Erfindung für Dritte erkennbar** wird (BGH GRUR **88,** 755 – Druckguss; GRUR **96,** 747, 752 – Lichtbogen-Plasma-Beschichtungssystem; GRUR **99,** 976, 977 – Anschraubscharnier; GRUR **2001,** 819, 822 – Schalungselement; ebenso EPA ABl **93,** 277 – Öffentliche Zugänglichkeit; SA ABl **99,** 13; SA ABl 2001/3, 22; vgl. a. SA ABl **98,** 18 – Faltbare Kunststoff-Flasche; ABl **2003,** 452 – Fluorkohlenwasserstoffe/Lubrizol zu 3.2.1.2; SA ABl **2005,** 22; im Erg, a. SchweizBG GRUR Int. **92,** 293, 294 – Stapelvorrichtung; SchweizBG GRUR Int. **92,** 293, 294 – Stapelvorrichtung; Schwed. PatentbeschwerdeG, GRUR Int. **98,** 251 Modul/Cale; Singer/Stauder/Spangenberg Art 54 Rdnrn. 15, 35 ff.; Busse/Keukenschrijver, § 3 PatG Rdnr. 88). Um der Fachwelt den Gegenstand des Schutzbegehrens in die Hand geben, d. h. in der aus den angemeldeten Patentansprüchen ersichtlichen Form vermitteln und so kundbar machen können BGH GRUR **56,** 208 – Handschuh; EPA **89,** 491 – Copolymere zu 3.2, muss die Entgegenhaltung ihrem Gegenstand nach daher geeignet sein, ihr die Lehre der Erfindung in Form einer Anweisung zum technischen Handeln erkennbar zu machen (BGH GRUR **88,** 755 – Druckguss; EPA GRUR Int. **82,** 744 – Diastereomere zu 5; ABl **85,** 209 – Thiochlorformiate zu 4; GRUR Int. **87,** 17 – Füllstoff zu 7) und so das für das Erkennen, Verstehen und Nacharbeiten erforderliche Wissen zu vermitteln, BGHZ **136,** 40 – Leiterplattennutzen; vgl. a. EPA 7. 7. 1993 – T 447/92 – circuit breaker; Busse/Keukenschrijver § 3 Rdnr. 116; Kraßer § 17 III 2. Vorweggenommen wird die beanspruchte Lehre mithin nur durch eine Entgegenhaltung, aus der ihr Gegenstand klar, deutlich und unmissverständlich so hervorgeht (EPA ABl **96,** 32 – Al-MgSi extrusion alloy and method; vgl. auch C IV 7.2 der Prüfungsrichtlinien), dass er bei Kenntnisnahme von der Offenbarung verstanden, nachgearbeitet und ausgeführt werden kann (EPA ABl **92,** 277 – Öffentliche Zugänglichkeit; ABl **90,** 22 – Dicke magnetischer Schichten zu 8; ABl **93,** 318 – Priorität zu 2.1.3). Das setzt zum einen voraus, dass durch die Vorwegnahme im Stand der Technik sämtliche Merkmale der nunmehr beanspruchten Erfindung einschließlich ihrer Wirkung vermittelt werden (EPA 7. 7. 1993 – T 447/92). Zum anderen muss die aus der Quelle gewonnene Information den Fachmann in die Lage versetzen, den patentgemäßen Gegenstand mit Zuverlässigkeit gewinnen zu können; lediglich zufällige Ergebnisse genügen in diesem Zusammenhang nicht (BGH Urt. v. 14. 3. 1989 – X ZR 30/87 – S. 6/7 – Herbizidkonzentrate; EPA ABl 2003, 452 – Fluorkohlenwasserstoffe/Lubrizol zu 3.2.1.2). Über die Erkennbarkeit der Quelle hinaus verlangt eine Vorwegnahme daher weiter, dass sie zugleich das Erkennen der technischen Regel und ihrer Umsetzung ermöglicht (BGH GRUR 2001, 819, 822 – Schalungselement; vgl. a. BGH GRUR **88,** 755, 756 – Druckguss; EPA SA ABl 2001/3, 22; SA ABl 2001/3, 22; Singer/Stauder/Spangenberg Art 54 Rdnr. 33). Bei der Beurteilung einer Vorwegnahme sind daher zwei Stufen zu unterscheiden: die Zugänglichkeit der Informationsquelle und die Zugänglichkeit der Informationen, die sich aus dieser Quelle gewinnen lassen (EPA ABl **95,** 755 – Vorbenutzung zu 2.1; Singer/Stauder/Spangenberg Art 54 Rdnr. 14).

19 Wird eine Erfindung öffentlich benutzt, so wird ein Fachmann in der Regel auch das Wesen der Erfindung erkennen können. Das ist jedoch nicht zwingend. Auch eine an sich offenkundige Benutzungshandlung, die tatsächlich eine wesensgleiche Erfindung betrifft, kann den erforderlichen Offenbarungsgehalt vermissen lassen. Die Möglichkeit des Erkennens ist aus den Umständen zu schließen, die mindestens die Wahrscheinlichkeit der Wahrnehmung des Vorbenutzten enthalten müssen, MuW **36,** 409; PA Mitt. **39,** 68. Vorführungen und Schaustellungen, die als solche offenkundig sind, aber dem Fachmann den Erfindungsgedanken nicht, jedenfalls aber nicht ohne weiteres erkennbar machen, ermöglichen in der Regel auch keine Nachbenutzbarkeit in diesem Sinne, RG GRUR **38,** 865; ebenso wenig ein solcher Gebrauch, bei dem die Bedeutung des technischen Vorgangs einem Fachmann (möglicherweise sogar dem Benutzer selbst) verschlossen blieb, RG GRUR **37,** 358, oder nur durch erfinderische Tätigkeit erkennbar war, RG GRUR **38,** 865. Bei Ausstellungen kommt es auf die Erkennbarkeit des Erfindungsgedankens für besichtigende Fachleute an, RG GRUR **39,** 710, 712; vgl. a. BGHZ **136,** 40 – Leiterplattennutzen. Die äußere Betrachtung einer verwickelten Schaltung, ohne zugehörige Zeichnungen, lässt den inneren Zusammenhang in der Regel nicht ersehen, PA Mitt. **38,** 216 (hierzu kritisch Wirth Mitt. **38,** 269, 270). Nachbenutzung ist nicht möglich bei Teilvorrichtungen einer Maschine, die ohne Erklärung oder Vorführung nicht verständlich sind, PA Bl. **15,** 226. Bei weitem Zurückliegen der Benutzungshandlung, ist ausreichend, dass die Nachbenutzung im Zeitpunkt der Benutzungshandlung möglich war, RG GRUR **36,** 911; unrichtig demgegenüber RG MuW **33,** 192, 194, das für eine lange zurückliegende Vorbenutzung die Möglichkeit der Nachbenutzung verneint, weil zur Zeit der Neuanmeldung die Erinnerung an die notwendigen Einzelheiten geschwunden sei. Mangels Erkennbarkeit ist die in einem Bauelement verwirklichte Erfindung nicht schon dann ohne weiteres der Öffentlichkeit zugänglich, wenn die Bauelemente auf einer einzelnen, mit dem Herstellerbetrieb verbundenen Baustelle verwendet werden und die Erfindung nur bei Zerlegung der Bauelemente erkennbar wird, BGH Mitt 2001, 250 – Schalungselement. Eine in ausgelieferten Stählen verkörperte technische Lehre ist nicht offenkundig geworden, wenn nach der allgemeinen Lebenserfahrung nur eine zu fern liegende und deshalb im Ergebnis allein theoretische Möglichkeit bestand, von dem beanspruchten Gegenstand Kenntnis zu nehmen, insbesondere, wenn deren Analyse allenfalls infolge eines reinen Zufalls erfolgt wäre, der nach der Lebenserfahrung und den tatsächlichen Umständen dieses Falles praktisch nicht eintreten konnte BPatGE 40, 104. An der erforderlichen Reproduzierbarkeit fehlt es, wenn ein Fachmann auch bei einer Untersuchung eines im Handel erhältlichen Produkts dessen Aufbau oder Zusammensetzung nicht in einer seine Herstellung ermöglichenden Weise gewinnen kann und sich so bei einer Reproduktion mit hoher Wahrscheinlichkeit Abweichungen ergeben (EPA ABl **2001,** 84 – Impfstoff gegen canine Coronaviren zu 11).

20 **bb)** Zur Feststellung einer neuheitsschädlichen Offenbarung ist daher entscheidend auf den für einen Fachmann erkennbaren **Inhalt der** jeweiligen vorverlautbarten **technischen Lehre** abzustellen. Dieser Offenbarungsgehalt wird bestimmt durch den Gegenstand der Vorbenutzung oder -veröffentlichung und dessen gesamten Informationsgehalt, BGHZ **128,** 270, 275 – Elektrische Steckverbindung; EPA ABl, **90,** 93 – Reibungsverringernder Zusatz; 23. 1. 97, T 928/93 – Einbauelement/RASCHIG; SA ABl **2005,** 30, 31; nicht jedoch ihren gesamten, in der Regel weitergehenden Schutzbereich so aber Gesthuysen, GRUR **93,** 205, 209; vgl. a. Bossung, GRUR Int. **78,** 381, 384; ähnl. a. Teschemacher GRUR **75,** 641, 647. Was erst aus der Verknüpfung unterschiedlicher Schriften oder Benutzungen gewonnen werden kann, ist nicht Stand der Technik, sondern kann allenfalls die erfinderische Tätigkeit berühren Technik, vgl. dazu im Einzelnen unten § 4. Bei der Auslegung der jeweiligen Quelle ist aber der Sachzusammenhang zu berücksichtigen, in dem die für den Vergleich herangezogene Information steht. Funktional zusammenhängende Merkmale dürfen nicht auseinander gerissen werden BPatGE **38,** 122, 123 – Nockenschleifvorrichtung; Kraßer § 17 III 3. Die Hinzufügung weiterer Elemente gegenüber dem aus dem Stand der Technik Bekannten begründet regelmäßig die Neuheit der so gebildeten technischen Lehre; auch das Weglassen einzelner Elemente aus dem Stand der Technik kann einer Vorwegnahme entgegenstehen. Für den Fachmann erkennbar überflüssige Merkmale können diese Wirkung jedoch weder in dem einen wie dem anderen Fall auslösen EPA SA ABl 2001/3, 24. Andere Benutzungen oder Veröffentlichungen können zur Ergänzung oder Interpretation des jeweils betrachteten Standes der Technik regelmäßig nur herangezogen werden, wenn sie Bestandteil der von seinem Wortsinn ausgehenden Information sind. Das ist der Fall, wenn in der jeweiligen Quelle auf sie zur Ergänzung und Erläuterung der Offenbarung Bezug genommen wird BGH GRUR **64,** 612, 616 – Bierabfüllung; BGHZ **76,** 97, 104 – Terephtalsäure; BGH Bl. **85,** 373, 374; BPatGE 36, 165; EPA EPA GRUR Int. **88,**

585 – Alternativansprüche zu 4.2; SA ABl **96,** 17. Maßgebend ist, ob die Schrift aus dem Stand der Technik selbst aus der Sicht eines Fachmanns eine Verbindung zu weiteren Informationen herstellt. Dazu bedarf es keiner ausdrücklichen Erwähnung einer solchen Kombination; sie kann sich für den Fachmann auch über den reinen Wortlaut hinaus aus der Veröffentlichung ergeben Kraßer § 17 III 3. In einen solchen Fall liegt in der Einbeziehung keine unzulässige kumulierende Betrachtung mehrerer Schrifttumstellen, wenn nur so sich dem Fachmann der Aussagegehalt dieser (einen) vorveröffentlichten Lehre erschließt, vgl. EPA GRUR Int. **88** aaO. Eine solche Bezugnahme verändert i. d. R. den Inhalt der anderen Druckschrift nicht, soweit mit ihr nur deren vollständiger Abdruck ersetzt wird. Das betrifft indessen nur solche Kombinationen, die ein Fachmann der Schrift selbst entnimmt, nicht aber das, was er auf Grund seines Fachwissens nach einigem Nachdenken als weitere mögliche Verbindung erkennt. Auch wenn eine Schrift mehrere Einzelangaben enthält, sind damit nicht zugleich ohne weiteres deren sämtliche möglichen und denkbaren Kombinationen offenbart EPA ABl **88,** 302, 307 – Katalysator/ Bayer. Durch die Bezugnahme kann er jedoch in einen konkreten – gegebenenfalls veränderten – Zusammenhang gestellt sein und so unter Umständen einen veränderten Sinngehalt erfahren. In einem solchen Fall kann der in Bezug genommene Text nicht mit seinem vollen Wortlaut, sondern nur insoweit als offenbart zu würdigen sein, wie dies dem Sinngehalt der Ausführungen, die auf ihn Bezug nehmen, entspricht BGH Bl. **85,** 373.

Entscheidend ist, was ein Fachmann der Schrift oder Benutzung aus dem Stand der Technik als technische Information entnimmt; diese muss sich ihm als ihr Gegenstand – wenn auch ggf. erst nach einer näheren Untersuchung und Zerlegung – erschließen. Dazu muss sich die Information in dem Gegenstand im Sinne einer ausreichend ausführbaren Anweisung zum technischen Handeln verdichtet haben (BGH GRUR **55,** 386); lediglich zufällig und in Sonderfällen eintretende Wirkungen schaffen eine hinreichende Offenbarung schon mangels Erkennbarkeit einer entsprechenden Anweisung zum technischen Handeln regelmäßig nicht, BGH GRUR **56,** 77, 79). 21

Eine Veröffentlichung, die lediglich allgemeine Verweise auf mehrere Schriften enthält, aus deren Kombination sich die mit der Anmeldung beanspruchte Lehre ergeben könnte, nimmt diese nicht vorweg, wenn eine solche Kombination in der Schrift weder angesprochen noch sonst wie offenbart wird (EPA SA ABl **2000,** 15 – Dressing). Die Ankündigung, einen bestimmten Stoff auf seine Wirksamkeit bei bestimmten Erkrankungen zu erproben, kann einer auf den Einsatz bei diesen Leiden gerichteten Lehre aber je nach den Umständen die Neuheit nehmen (EPA SA ABl **2000,** 16). Bei der Vornahme solcher Versuche am Menschen haben regelmäßig schon nach den arzneimittelrechtlichen Zulassungsregelungen Tierversuche stattgefunden, die zu positiven Ergebnissen geführt haben. Eine solche Ankündigung kann die Lehre aber nicht vorwegnehmen, wenn der Fachmann ihr nicht entnehmen kann, dass hinsichtlich der Brauchbarkeit des Stoffes bei dieser Indikation bereits Erfahrungen aus Tierversuchen vorliegen. 22

Eine Handlungsanweisung im Sinne eines Kochrezeptes, die ohne eigene Überlegungen des nacharbeitenden Fachmanns umgesetzt werden kann, ist nicht erforderlich. Von einem Fachmann ist zu erwarten, dass er bei der Lektüre einer technischen Darstellung seinen Sachverstand einsetzt, um ihren Inhalt zu erkennen und zu verstehen. Eine Schrift, Benutzung oder sonstige Quelle, die dem Fachmann nur die Richtung zur Lösung seines Problems und den Weg dorthin aufzeigt, auf dem er noch weiterarbeiten muss, steht der Neuheit in der Regel jedoch nicht in jedem Fall entgegen. Soweit für die Verwirklichung der Lehre weitgehende Überlegungen und Schritte erforderlich sind, die sich nicht ohne weiteres aus dem Inhalt der Entgegenhaltung erschließen, bildet diese regelmäßig kein neuheitsschädliches Material. Sie kann die jetzt beanspruchte Lehre allenfalls nahe legen. Das gilt auch dann, wenn es für die Fertigstellung der Erfindung keines erheblichen Aufwandes mehr bedarf (EPA 7. 7. 1993 – T 447/92 – circuit breaker). Ob in einem solchen Fall der Stand der Technik die Erteilung eines Patentes ausschließt, ist eine Frage der Bewertung der bis zur Fertigstellung der Erfindung erforderlichen Leistung, die nicht bei der Prüfung der Neuheit, sondern der erfinderischen Tätigkeit stattfinden soll. 23

Grundsätzlich nicht neuheitsschädlich sind Bekundungen, die nur eine bloße Anregung zur Erlangung bestimmter Erkenntnisse, aber nicht selbst die Erkenntnis vermitteln. Allgemeine, als eine bestimmte technische Lehre nicht konkretisierbare Angaben können nicht als neuheitsschädliche Vorverlautbarungen angesehen werden, Kraßer § 17 III 2. Was in einer öffentlichen Druckschrift nur als bloße Anregung zu Versuchen oder als Andeutung ohne Offenbarung eines Lösungswegs angegeben wird, begründet keine Vorwegnahme, RG GRUR **35,** 359; **41,** 30; PA GRUR **42,** 38, nur vage Andeutungen genügen nicht, Bruchhausen GRUR **82,** 641, 642. Ein allgemeiner Gedanke ohne Lösung ist nicht neuheitsschädlich, RGZ **56,** 54, 56; RGZ **88,** 208; auch nicht physikalisch-theoretische Erkenntnisse oder Anregungen, die sich nicht zu Er- 24 fahrungswissen und einer entsprechenden Anweisung zum technischen Handeln verdichtet haben, BGH GRUR **55,** 386. Auch Spekulationen über mögliche Handlungsformen werden in der Regel nicht ausreichen; eine der beanspruchten Lehre in allen Einzelheiten entsprechende Kenntnis wird sich daraus regelmäßig nicht herleiten lassen (vgl. EPA GRUR Int **97,** 918 – Modifizieren von Pflanzenzellen). Andererseits rechnet die Definition in § 3 Abs. 1 zum Stand der Technik nicht nur abgeschlossene Entwicklungen, sondern alle der Öffentlichkeit zugänglichen Kenntnisse. Theoretische Überlegungen oder wissenschaftliche Theorien können zur Vorwegnahme führen, soweit sie für den Fachmann bereits eine ausführbare technische Lehre ergeben. In einem solchen Fall kann auch eine unfertige, d. h. für einen Fachmann noch nicht vollständig ausführbare technische Lehre der Allgemeinheit bereits die Information über einen technischen Gegenstand verschaffen, der die fertige Erfindung vorwegnimmt (Busse/Keukenschrijver, § 2 PatG Rdnr. 74). Das gilt insbesondere dann, wenn auch die angemeldete Erfindung lediglich einen Lösungsweg aufzeigt und dabei über die bereits geäußerten Vermutungen zu diesem technischen Gegenstand nicht hinausgeht. Wissenschaftliche Erörterungen eines neu erkannten Phänomens hindern die Neuheit nicht, wenn keine Andeutung für eine praktische Ausgestaltung und nicht irgendein vom Fachmann ausführbarer Verbesserungsvorschlag gemacht wird, BGH Liedl **63/64,** 355, 369, bzw. ohne näheres Nachdenken sofort erkennbar wird. Eine schematische Handwerksregel hindert die Patentierung grundsätzlich nur im Umfang ihrer bisherigen Anwendung. Soweit mit ihr der Fachwelt weitergehende Erkenntnisse über die Wirkungszusammenhänge und deren Ursachen vermittelt wurden, wird dies im Allgemeinen nur die erfinderische Tätigkeit berühren. Für die Vorwegnahme durch eine Handlungsanweisung ausreichend ist andererseits die Offenbarung ihrer Abläufe, d. h. der tatsächlichen kausalen Vorgänge; ein Irrtum über naturgesetzliche Zusammenhänge ist ohne Bedeutung, BGH GRUR **55,** 386. Nicht erforderlich ist auch, dass die Veröffentlichung die physikalischen Grundlagen wissenschaftlich erkannt hat, RG GRUR **33,** 296, doch müssen die technischen Gesetzmäßigkeiten, d. h. die für eine Wiederholbarkeit der Abläufe erforderlichen Parameter offenbart worden sein, RG GRUR **34,** 244, 246.

25 Eine bekannte technische Lehre ist im Rahmen der Neuheitsprüfung nicht ohne weiteres auf andere als die in der Offenbarung aus dem Stand der Technik genannten Gebiete zu übertragen, insbesondere wenn aus der Sicht des nacharbeitenden Fachmanns für sie technische Gründe oder Notwendigkeiten nicht zu erkennen sind. Das Vorhandensein einer identischen Lösung für ein anderes technisches Problem schließt daher regelmäßig die Neuheit allein nicht aus. Hinzu kommen muss vielmehr eine Übereinstimmung in dem körperlichen Gegenstand, der Vorrichtung oder des Verfahrens, die mit der zu beurteilenden Anmeldung beansprucht werden. Nur wenn eine offenbarte Vorrichtung, ein bekanntes Verfahren oder ein sonstiger technischer Gegenstand ohne Umgestaltung auch für die Lösung des der Anmeldung zugrunde liegenden Problems verwendet werden kann, wird regelmäßig die Neuheit zu verneinen sein – neu ist dann nicht der identische Gegenstand, sondern allenfalls seine Verwendung. Im Übrigen werden gleiche Lösungen auf anderen Gebieten der Technik regelmäßig nicht die Neuheit, sondern allein das Vorliegen einer erfinderischen Tätigkeit berühren. Wegen der abweichenden technischen Bereiche wird hier in der Regel eine gegenständliche Vorwegnahme nicht vorliegen. Es kann im Allgemeinen vielmehr allein darum gehen, ob die Übernahme der Ideen aus anderen Bereichen für einen Fachmann nahegelegen hat. Demgegenüber kann eine Vorwegnahme vorliegen, wenn die bekannte Lehre von den Technikern als ein fachübergreifender Lösungsvorschlag angesehen wird oder eine allgemeine Problemlage zum Gegenstand hat (BGH GRUR **63,** 568 – Wimpernfärbestift). Bei einem auf „Mischer, besonders für Baustoffe aller Art" gerichteten Patent ist das gesamte Gebiet der Mischertechnik bei der Neuheitsprüfung zu berücksichtigen BGH Liedl **61/62,** 684, 690 – Mischer 01. Die allgemein bekannte Eignung eines Merkmals zur Überwindung eines verbreiteten Nachteils offenbart nicht notwendig zugleich implizit seine Verwendbarkeit auf einem verwandten technischen Gebiet zur Überwindung eines vergleichbaren Problems. Hierdurch kann eine solche Lösung in der Regel allenfalls nahegelegt werden.

26 Erkenntnisse, die der Fachmann einer Entgegenhaltung erst auf Grund des durch die zu prüfende Anmeldung vermittelten Wissens von der beanspruchten Erfindung gewinnen kann, gehören nicht zum Stand der Technik (unzulässige rückschauende Betrachtungsweise BGH GRUR **89,** 899 – Sauerteig; BPatGE **21,** 67, 71; EPA SA ABl **96,** 14 zu 3.3). Neuheitsschädlich sind nur die technischen Informationen, die sie die Vorveröffentlichung oder -benutzung dem Fachmann allein auf Grund ihres eigenen Inhalts und unabhängig von der Lehre der beanspruchten Erfindung verschafft (EPA 16. 8. 1995 – T 272/92 3.3). Dafür ist entscheidend, was der unbefangene fachkundige Betrachter der jeweiligen Darstellung neben der Struktur der als neuheitsschädlich erscheinenden Merkmale als deren technische Funktion entnimmt (EPA GRUR Int. **85,** 829 – Wandelement).

Der Beurteilung ihrer Zugehörigkeit zum Stand der Technik ist die Entgegenhaltung als Ganzes (EPA ABl **90,** 188 – Ionisationskammer) und mit ihrem gesamten Inhalt zugrundezulegen, BPatGBl. **96,** 459. Eine ihrer grundsätzlichen Zielrichtung zuwiderlaufende Verallgemeinerung von Einzelangaben ist nicht zulässig. BGH Bl. **74,** 208 – Stromversorgungseinrichtung; BPatGBl. **96,** 459. Funktional zusammengehörende Merkmale dürfen nicht auseinander gerissen werden, BPatGE 38, 122 – Nockenschleifvorrichtung. Darauf, ob ein Merkmal als **erfindungswesentlich offenbart** worden ist oder nicht, kommt es nicht an, BGHZ **80,** 323, 329 – Etikettiermaschine; BPatGE **15,** 12, 15; Fischer in Anm. zu BGH – Autoscooterhalle GRUR **77,** 601. Maßgeblich ist allein, ob die technische Lehre so **deutlich offenbart** ist, dass der Fachmann sie ohne weiteres und beliebig oft ausführen kann, BGH Bl. **73,** 170, 171 – Schmelzrinne; GRUR **96,** 747 – Lichtbogen-Plasma-Beschichtungssystem; BPatGE **15,** 12, 16. Bei technischen Schutzrechten sind neben der in den Ansprüchen bezeichneten Erfindung auch die **Beschreibung** und die zur Erläuterung der technischen Lehre geschilderten Ausführungsbeispiele eine Informationsquelle für den Fachmann und daher Teil der Offenbarung BGH GRUR **81,** 812 – Etikettiermaschine; GRUR **85,** 214 – Walzgutkühlbett. Die durch sie vermittelten Kenntnisse gehören zum Stand der Technik auch dann, wenn sie über die in den Schutzansprüchen beschriebene Lehre hinausgehen. Auch die einer Patentbeschreibung vorangestellte Zusammenfassung kann dem Fachmann eine technische Lehre vermitteln (EPA 25. 5. 1998 – T 243/96). Das Gleiche gilt für Merkmale, die sich allein aus den beigefügten **Abbildungen** ergeben BGH GRUR **96,** 757 – Zahnkranzfräser unter stillschweigender Aufgabe von GRUR **72,** 595 – Schienenschalter; BPatG **15,** 12, 15; **24,** 277, 179; BPatGE **24,** 177; BPatGBl. **89,** 329; EPA GRUR Int. **85,** 829 – Wandelement; GRUR Int. **86,** 125 – Venturi; Busse/Keukenschrijver § 3 Rdnr. 120; Kraßer § 17 III 3. Diese sind auch dann neuheitsschädlich, wenn der Anmelder in der Patentbeschreibung hierauf nicht Bezug nimmt; BGHZ **80,** 323, 329f. – Etikettiermaschine; GRUR **85,** 214, 216 – Walzgut-Kühlbett; BPatGBl. **89,** 392. Technische Abbildungen reichen aus, sofern sie deutlichen Aufschluss geben, RG Mitt. **35,** 344; BPatGE 24, 177; EPA GRUR Int. **86,** 125, 126 – Venturi/CHARBONNAGES. Ist die Vorrichtung lediglich schematisch ohne einzelne Details dargestellt, lässt sich daraus nicht entnehmen, dass die offenbarte Lehre ein nicht dargestelltes Detail gerade ausschließt, vgl. EPA GRUR Int. **90,** 223 – Heißgaskühler/SULZER. Schematische Darstellungen, wie sie üblicherweise in Patentschriften und Gebrauchsmusterbeschreibungen zu finden sind, geben regelmäßig nur das Prinzip der beanspruchten Vorrichtung wieder. Sie offenbaren jedoch keine exakten Abmessungen. Auch bei exakter Übereinstimmung der beanspruchten Lehre mit den durch Nachmessen ermittelten Werten steht eine solche Abbildung der Neuheit einer späteren Lehre daher regelmäßig nicht entgegen (EPA 16. 11. 1993 – T 857/91; EPA ABl **85,** 310 – Venturi zu 6, 5). Ebensowenig lassen sie Anwendungsmöglichkeiten erkennen, die der in der zugehörigen Beschreibung erläuterten Lehre widersprechen (EPA ABl **90,** 188 – Ionisationskammer zu 3.1). Solche Anwendungen gehören regelmäßig auch dann nicht zum Offenbarungsgehalt der älteren Schrift, wenn sie nach dem Inhalt der zeichnerischen Darstellung als eine denkbare Ausführung erscheinen und äußerlich mit den Abbildungen der beanspruchten Lehre übereinstimmen. 27

cc) Ausführbarkeit Das Gesetz versagt Patentschutz nur dann, wenn die beanspruchte Lehre der Allgemeinheit bereits zur Verfügung stand. Vorweggenommen wird eine Erfindung daher regelmäßig nur durch eine Lehre im Stand der Technik sein, die ein **Fachmann wiederholbar nacharbeiten** kann, Busse/Keukenschrijver § 3 Rdnr. 116. Aus dem Stand der Technik kommt als neuheitsschädlich grundsätzlich nur in Betracht, was bereits – entweder in einer öffentlichen Mitteilung oder in einer Vorbenutzung – als ausführbare technische Lehre vorliegt, deren Ergebnisse sich gezielt und nicht nur zufällig bei ihrer Anwendung erreichen lassen. Das entgegengehaltene Dokument muss die Erfindung daher auch deshalb so deutlich und vollständig offenbaren, dass ein Fachmann sie ausführen kann, EPA ABl **90,** 250, 257. **Unfertige Entwicklungen,** die die beanspruchte Lehre noch nicht als ausführbare Anweisung enthalten, sind damit grundsätzlich bei der Neuheitsprüfung ausgeschlossen; sie können jedoch im Rahmen der Prüfung auf erfinderische Tätigkeit Bedeutung gewinnen. Die Beschränkung auf fertige Entwicklungen heißt jedoch nur, dass ein vorbeschriebener Gegenstand **herstellbar** sein muss, eine bereits erfolgte Herstellung ist nicht erforderlich, BGH GRUR **78,** 696, 698 – a-Aminobenzylpenecillin. Eine Vorwegnahme liegt weiter nicht vor, wenn sich das Ergebnis der neuen Lehre zufällig einmal, aber nicht wiederholbar einstellt, BGHZ **95,** 295, 301 – borhaltige Stähle. Es genügt auch nicht, dass nach einer Vorveröffentlichung, die eine andere technische Aufgabe betrifft, die mit einer späteren Anmeldung erstrebte technische Wirkung bereits unerkannt in gewissem Umfang erreicht wird, RGZ **126,** 62; RG Mitt. **34,** 163. 28

29 **Fehlerhafte Darstellungen** sind, solange die Fehler die Ausführbarkeit der offenbarten Lehre nicht berühren, grundsätzlich Bestandteil des Standes der Technik (EPA 12. 11. 1991 – T 591/90; EPA SA 1996 ABl 17). Erkennbare Fehler wird der Fachmann in der Regel korrigieren. Veröffentlichungen, die solche Fehler und Ungenauigkeiten enthalten, gehören dann mit dem zutreffenden Inhalt zum Stand der Technik EPA 12. 11. 1991 – T 591/90. Eine trotz eines nicht erkannten Fehlers ausführbare Lehre wird regelmäßig aus der Sicht des Betrachters widersprüchlich und daher unverständlich sein; sie wird daher nur dann der Neuheit entgegenhalten werden können, wenn der Fachmann ihre Ausführbarkeit trotz der vorhandenen Fehler erkennt. Im übrigen ist sie zur Beeinflussung des Standes der Technik nicht geeignet (EPA SA 1996 ABl 17).

30 **Druckfehler** oder sonstige Darstellungsfehler in einer Vorveröffentlichung können eine Vorwegnahme bewirken, wenn sie dem Fachmann die Vorstellung einer sinnvollen technischen Lehre vermitteln und er sie nicht ohne weiteres als Fehler aus dem sonstigen Inhalt der Druckschrift erkennen konnte, PA Mitt. **37,** 382; Wrede Mitt. **37,** 223. Maßgebend für den Offenbarungsgehalt der Schrift ist auch insoweit das Verständnis, das die Fachwelt objektiv auf Grund der vorliegenden Offenbarung gewinnt. Geht diese infolge einer fehlerhaften Darstellung über den gewollten Sinngehalt hinaus, muss sie daher der weiteren Beurteilung zugrundegelegt werden. Dabei kann jedoch nicht nur darauf abgestellt werden, ob auf diese Weise scheinbar der Gegenstand der zu beurteilenden Anmeldung bei deren Kenntnis durch die Veröffentlichung vorweggenommen wird; der Beurteilung ist wie auch sonst zugrundezulegen das Verständnis, das die Fachwelt ohne die Kenntnis der nunmehr beanspruchten Lehre gewinnt. Daher wird in die Bestimmung des Offenbarungsgehaltes auch einfließen müssen, ob der Fachmann nach dem Gesamtinhalt auf eine in diesem Sinne weitergehende Offenbarung schließt oder die Fehlerhaftigkeit der Darstellung erkennt, so dass aus seiner Sicht für darauf zu stützende weitergehende Interpretationen kein Anlass besteht. Es würde auf eine unnatürliche Betrachtungsweise hinauslaufen, einer fehlerhaften Darstellung in einer Druckschrift, die ein Fachmann ohne weiteres erkennt und richtig stellt, einen eigenen (weitergehenden) Offenbarungsgehalt beizumessen, BGH GRUR **74,** 148, 149 – Stromversorgungseinrichtung; EPA GRUR Int. **86,** 467; **87,** 170. Erkennbare Ungereimtheiten sind vom Gesamtinhalt der Druckschrift her richtig zu stellen. Der berichtigte Inhalt der Druckschrift ist auch hier maßgebend. Die Erkennbarkeit des Fehlers eines Dokuments als solche ist nicht erforderlich, um die irrtümlich vermittelte Lehre als Stand der Technik auszuschalten, wenn der Fehler in der unrichtigen Vermittlung einer Primärquelle liegt, EPA GRUR Int. **90,** 857, 858 – Fehlerhaftes Referat/ICI; dazu auch Turrini GRUR Int. **91,** 448.

31 Der zu berücksichtigende Stand der Technik umfasst nicht nur vollendete Vorrichtungen, sondern auch solche veröffentlichte technische Lehren, die **mit Nachteilen behaftet** sein mögen (vgl. z. B. Reimer/Neumar, PatG 3. Aufl. § 2 Rdn. 6 S. 171 erster Abs.), solange dem Fachmann die offenbarte Lehre wegen der bekannten Fehler nicht als unausführbar erscheint (BGH Urt. v. 12. 12. 2000 – X ZR 121/97 – Kniegelenk-Endprothese; vgl. a: BGH GRUR 1964, 612, 615 Bierabfüllung). Mit **unsinnigen oder nicht nachvollziehbaren Anweisungen** in einer Verlautbarung kann die Fachwelt regelmäßig jedoch nichts anfangen; durch sie wird das vorhandene technische Wissen nicht bereichert. Derartige Informationen können einer Erfindung daher regelmäßig nicht als neuheitsschädliches Material entgegengehalten werden. Das Gleiche gilt für Vorschläge, mit deren Hilfe sich ohne Kenntnis der patentgemäßen Lehre der angestrebte Erfolg nicht planmäßig und wiederholbar, sondern allenfalls zufällig reproduzieren lässt. Der Fachmann ist in erster Linie an der technischen Realität interessiert. Anweisungen, die nicht umgesetzt werden können, sind für ihn kein relevantes Wissen (EPA ABl **90,** 22 – Dicke magnetischer Schichten). Damit richtet sich die Beurteilung des Standes der Technik nach ähnlichen Maßstäben, wie sie an eine für die Zwecke der Anmeldung ausreichende Offenbarung zu stellen sind § 35 Abs. 2 (Vgl. EPA GRUR Int. **87,** 171 – Herbizide; GRUR Int. **90,** 974 – Prä-Pro-Rennin/COLLABORATIVE). Ist das Erzeugnis als solches bekannt, kann es nicht mehr patentiert werden, auch wenn es dafür bisher keine sinnvolle Verwendung gab; in Betracht hat kommt lediglich ein Verwendungspatent. Hat die Fachwelt gegenüber der Verwendung eines Gegenstandes zu einem bestimmten Zweck (zu Unrecht) **Vorbehalte,** kann eine auf diese Verwendung zielende Lehre neu sein. Die Überwindung solcher Vorurteile ist nicht allein bei der Prüfung der erfinderischen Tätigkeit von Bedeutung, sondern kann ggf. auch schon bei der Frage der Neuheit berücksichtigt werden (teil. abw. Poth, Mitt. **98,** 461). Andernfalls wäre eine solche Verwendung ggfs. mangels Neuheit selbst dann nicht schutzfähig, wenn sie auf einem erfinderischen Schritt beruht.

32 **dd) Abwandlungen** Der fachkundige Leser entnimmt einer Quelle regelmäßig nicht nur das, was dort ausdrücklich als technisches Problem und seine Lösung bezeichnet oder dargestellt

ist (EPA ABl **82,** 296 – Diastereomere zu 7; 10. 3. 1992 – T 562/90 – procédé de traitements thermochimiques). Allein eine veränderte Formulierung, der bloße Austausch von Worten oder Begriffen kann eine spätere Entwicklung nicht vom Stand der Technik absetzen, wenn mit dem geänderten Wortlaut nicht auch eine inhaltliche Änderung verbunden ist (EPA ABl **85,** 209 – Thiochlorformiate zu 4). Darüber hinaus bedarf es zur Vorwegnahme „einfachster technischer Äquivalente“ nicht deren ausdrücklicher Vorbeschreibung. Kenntnisse, die dem Fachmann durch das Nacharbeiten unmittelbar und zwangsläufig offenbar werden, sind bei der Beurteilung des Offenbarungsinhalts der Entgegenhaltung zu berücksichtigen, BGHZ **76,** 97, 105 – Terephtalsäure; BPatGE **22,** 5, 7; BPatGE 41, 402 – Kaffeefiltertüte, auch wenn sie nicht ausdrücklich genannt sind, Kolle GRUR Int. **71,** 63, 66. Bestandteil einer Offenbarung ist alles, was aus der Sicht des Fachmanns selbstverständlich zur Ausführung ihrer Lehre gehört, für ihre Umsetzung unerlässlich ist, oder was er bei Kenntnisnahme vom Gegenstand der Entgegenhaltung fast automatisch einbezieht, auch wenn er sich dessen nicht bewusst wird (vgl. BGHZ 128, 270, 275 – Elektrische Steckverbindung; BGH GRUR **2000,** 296, 297 – Schmierfettzusammensetzung; EPA ABl **2003,** 452 – Fluorkohlenwasserstoffe/Lubrizol zu 3.2.1.2; Rogge, GRUR Int. **98,** 186, 188; Busse/Keukenschrijver, § 3 PatG Rdnr. 100; ähnl. EPA 29. 2. 1992 – T 518/91 – Vakuumgeformte elektrische Heizvorrichtung zu 3.2; ABl **93,** 495 – Waschmittel zu 5; 1. 6. 1993 – T 71/93 – Methode and apparatus for rheological testing; vgl. a. C IV 7.2 der Prüfungsrichtlinien; s. a. Vollrath, GRUR **97,** 721; Mes § 3 PatG Rdnr. 21; Singer/Lunzer, Rdnr. 54.10); was der Fachmann mühelos aus der Vorveröffentlichung entnehmen kann, rechnet zum Stand der Technik, RG GRUR **36,** 542, 543. Mittel, die ihrer regelmäßigen Funktion nach dem Fachmann zur Erzielung gleicher Wirkung bekannt sind, können daher neuheitsschädlich offenbart sein, wenn sie sich dem fachkundigen Leser bei der Lektüre der Schrift gewissermaßen sofort aufdrängen, auch wenn sie in der Entgegenhaltung nicht ausdrücklich genannt werden, BGH GRUR **62,** 86, 89 – Fischereifahrzeug; BGH GRUR **53,** 29, 32 – Plattenspieler I. In die Vorveröffentlichung wird auf diesem Wege nichts hineingetragen, was nicht schon in ihr enthalten ist, BGH GRUR **54,** 584 – Holzschutzmittel. Auch der von Kraßer (Bernhardt/Kraßer, § 32 III; Krasser § 17 III 4) eingeführte Begriff des „fachnotorisch austauschbaren Mittels“ dient dem Verständnis des neuheitsschädlichen Offenbarungsgehalts, vgl. BPatGE **30,** 6; BPatGBl. **91,** 165; Ullmann GRUR **88,** 333, 335. Die demgegenüber von Pfanner geäußerte Ansicht (GRUR Int. **64,** 247, 252; ebenso wohl: PatentanwKomm EPÜ (Beetz) B 11), neu sei auch der Ersatz einzelner Elemente der vorbeschriebenen Ausführungsform durch allgemein bekannte, technisch gleichwirkende Mittel (Nieten statt Schrauben) ist zu eng. Für das Verständnis einer technischen Lehre ist deren Ergänzung durch die Kenntnisse und das Wissen des Fachmanns vielfach unerlässlich (Vollrath, GRUR **97,** 721, 723). Bei ihrer Interpretation klammert er sich nicht in unnatürlicher Weise an Begriffe und Worte ihrer Beschreibung oder Äußerlichkeiten einer Benutzung, sondern versucht deren Sinn zu erfassen. Ein Neuheitsvergleich, der nur den reinen Wortlaut einer Schrift oder die konkrete Gestalt einer Benutzung aus dem Stand der Technik berücksichtigt, wäre mit seiner Funktion im System der Patentvoraussetzungen nicht zu vereinbaren (EPA GRUR Int. **82,** 744, 745 – Diastereomere zu 7; Rogge, GRUR **96,** 931, 933).

Die Beschränkung der Neuheitsprüfung auf den Offenbarungsgehalt der Quellen im Stand der Technik heißt daher nicht, dass die beanspruchte Lehre oder ihre Ergebnisse dort bereits ausdrücklich erwähnt sein müssen. Um eine Vorwegnahme zu begründen, muss die entgegengehaltene Druckschrift allerdings die für das weitergehende Verständnis erforderliche Erkenntnis selbst vermitteln, RG GRUR **41,** 30f. Die bloße Anregung zu einer erfindungsfunktionell gleichwertigen, abweichenden Ausführungsform, mag diese zwar nahe liegen, reicht als neuheitsschädliche Vorverlautbarung aber nicht aus. Ein dem individuellen Zweck der Entgegenhaltung angepasstes anderes Lösungsmittel liegt nicht mehr im Bereich schlichter Selbstverständlichkeit, BGH GRUR **53,** 29, 32 – Plattenspieler I. Kenntnisse, die erst aus der Patentanmeldung gewonnen werden können, dürfen nicht zum Verständnis der Entgegenhaltung berücksichtigt werden – darin läge eine unzulässige rückschauende Betrachtungsweise, RGZ **146,** 79, 83f.; BGH GRUR 89, 901 – Sauerteig *(„keine künstliche Synthese ex post“)*. Die Erstreckung des Offenbarungsgehaltes auf Variationen der dargestellte Lehre darf nicht zu einer Erweiterung des Informationsgehaltes einer Vorveröffentlichung führen, die über deren Inhalt hinausgeht oder mit ihm nicht zu vereinbaren ist. In diesem Umfang können die Erkenntnisse des Fachmanns bei der Betrachtung einer Schrift oder Vorbenutzung allenfalls im Rahmen der Prüfung der erfinderischen Tätigkeit Berücksichtigung finden. Neben den unmittelbar in der Druckschrift veranschaulichten Ausführungsformen sind nur platt selbstverständliche Abwandlungen oder Ergänzungen, die der Fachmann quasi selbstverständlich mitliest, neuheitsschädlich offenbart (BGHZ **76,** 97, 103 – Terephtalsäure; **103,** 150, 156 – Fluoran; **128,** 270 – Elektrische **33**

Steckverbindung; BGH GRUR **2000,** 296, 297 – Schmierfettzusammensetzung; BPatG GRUR **98,** 361 – Drucksteuerventil; EPA ABl **81,** 434 – Reflektorzwischenlage; ebenso Busse/Keukenschrijver, § 3 PatG Rdnr. 100; Krasser § 17 III 3; Rogge, GRUR Int. **98,** 186, 188; ähnl. EPA ABl **93,** 495 – Waschmittel zu 5; s. a. Vollrath, GRUR **97,** 721; Mes § 3 PatG Rdnr. 21; Singer/Lunzer, Rdnr. 54.10). Auf dem, was der Fachmann in dieser Weise mitliest, aufbauende weitere, erst durch zusätzliche Erwägungen zu gewinnende Erkenntnisse gehören nicht zum Offenbarungsgehalt und sind daher nicht neuheitsschädlich BPatGE **39,** 123 – Näherungsschalter II. Es ist eine Frage der erfinderischen Tätigkeit und nicht der Neuheit, wenn sich die beanspruchte Lehre für einen Fachmann auch unter Berücksichtigung seines erweiterten Kenntnisstandes nicht schon bei Lektüre der Veröffentlichung ergibt, sondern er darüber hinausgehende Überlegungen unter Rückgriff auf sein Fachwissen anstellen muss. Auch eine mosaikartige Betrachtung ist bei der Neuheitsprüfung nicht statthaft. Nicht zulässig ist es, den Inhalt der Entgegenhaltung um das zu erweitern, was ihr ein Fachmann gestützt auf sein sonstiges Wissen und seine Fähigkeiten zu ihrer weiteren Ausgestaltung entnehmen kann, RG GRUR **35,** 913; Blum-Pedrazzini, Das Schweizerische Patentrecht, Band I (1957, Nachträge 1975) Art. 7 Anm. 6. In eine ältere Druckschrift darf daher insbesondere nicht vom Standpunkt jüngerer Erkenntnis ein ihr fehlender Gedanke hineingelegt werden, RG GRUR **38,** 188, 190; RGZ **146,** 79, 83f., soweit nicht schon allein der infolge des technischen Fortschritts erweiterte Wissenstand des Fachmanns ohne weiteres zu diesem anderen Verständnis der Schrift führt. Danach scheidet eine nach dem Wortlaut einer Entgegenhaltung an sich mögliche Auslegung als neuheitsschädlich aus, wenn der Stand der Technik den Fachmann dahin belehrt, dass eine solche Auslegungsmöglichkeit nicht in Betracht kommen kann, etwa weil das danach anzuwendende Verfahren technisch nicht ausführbar erscheint, BGH GRUR **64,** 612, 615 – Bierabfüllung. Eine abgewandelte Ausführungsform ist demgegenüber durch die Entgegenhaltung vorweggenommen, wenn das zusätzliche Merkmal – als **platt selbstverständlich** – nicht zur Qualifikation als Unteranspruch in der Entgegenhaltung ausreichen würde. Erweist es sich als ein praktisch brauchbares, einiges Überlegen erforderndes Lösungsmittel, das die Fassung eines Unteranspruchs zulässt (BGH GRUR **55,** 476, 478 – Spülbecken), so ist es in der Regel nicht neuheitsschädlich getroffen. Diese Formel steht zugleich im Einklang mit dem Rechtssatz, dass eine Erfindung dann als Zusatzpatent geschützt werden kann, wenn sie im Vergleich zum nicht veröffentlichten Hauptpatent neu ist und jedenfalls einen Überschuss aufweist, der für einen entsprechenden Unteranspruch des Hauptpatents zu fordern wäre, RGZ **148,** 297; BGHZ **49,** 227, 229 – Halteorgan; Kraßer § 17 III ; § 16 Rdn. 17.

34 Der Begriff des **technisch gleichwertigen Lösungsmittels** kann nur bedingt sinnvoll zur Bestimmung einer neuheitsschädlichen Offenbarung eingesetzt werden, Kraßer § 17 III 4; wohl auch Ochmann GRUR **84,** 235, 239f.

35 **Äquivalente,** bei denen sich die Lösung erst aus der Kombination mit anderen Schriften oder unter Hinzuziehung des Fachwissens eines kundigen Lesers auf Grund weiterer Überlegungen ergibt, gehören nach diesem Grundsatz nicht zum relevanten Offenbarungsgehalt (EPA ABl **87,** 369 – Einspritzventil zu 6; 13. 5. 1992 – T 517/90; SA ABl **96,** 18 – Drillmaschine; SA ABl **98,** 19; SA ABl **98,** 19; Singer/Lunzer, Rdnr. 54.10; Poth, Mitt. **98,** 460); ihre Prüfung im Rahmen der Neuheit ist nicht angebracht. Die Richtlinien des EPA nehmen die Äquivalenzfrage ebenfalls aus der Neuheitsprüfung heraus, EPA-RichtlPrüf. Teil C Kap. IV 7.2; auch die Praxis verfährt danach und bezieht in die neuheitsschädliche Vorverlautbarung nur ein, was sich für den Fachmann beim Lesen des Dokuments zweifelsfrei ergibt, EPA ABl **81,** 434; **87,** 369, 370 – Kraftstoff-Einspritzventil/NISSAN; Singer GRUR **85,** 789, 793; Turrini GRUR Int. **91,** 447, 449. Dem ist zuzustimmen. Die Bandbreite des Äquivalenzbegriffes ist groß. Er reicht von der platten Selbstverständlichkeit, die sich dem Fachmann als ersetzendes oder ergänzendes Lösungsmittel aufdrängt, über gleichwirkende Lösungsmöglichkeiten, die er ohne nähere Überlegung einer Entgegenhaltung oder einem Schutzrecht entnehmen kann, bis zu den Gleichwerten, die der Fachmann nur nach weiteren, besonderen oder näheren, aber nicht erfinderischen Überlegungen auffinden kann, BGH GRUR **69,** 534, 536 – Skistiefelverschluss. Was der Fachmann nur nach Überlegungen als Weiterbildung der vorbeschriebenen Lehre aus einer Entgegenhaltung ableiten kann, bleibt daher im Rahmen der Neuheitsprüfung außer Betracht. Die Neuheitsschädlichkeit reicht nur dann über die wörtliche Beschreibung hinaus, wenn es sich bei den ergänzenden oder ändernden Maßnahmen um „simple, technische Maßnahmen" handelt (Bardehle GRUR **72,** 211, 213), die sich mühelos aus der Entgegenhaltung dem Fachmann erschließen (Bruchhausen GRUR **72,** 226, 229; Ochmann GRUR **84,** 235, 239; Ullmann GRUR **88,** 333, 335). Der Gedanke von den nahegelegten Gleichwerten hat seine wesentliche Bedeutung für die Bestimmung des Schutzbereichs einer Erfindung und für die Abgrenzung eines nahe liegenden Schritts zur erfinderischen Tätigkeit im Rahmen des § 4.

Eine Berücksichtigung auch von solchen Erkenntnissen, die der Fachmanns erst aus der Kombination mehrerer Entgegenhaltungen gewinnt, wäre mit der Systematik der §§ 3ff. nicht zu vereinbaren. Nach der Systematik des Gesetzes gehören diese Überlegungen zu der Frage, in welchem Umfang die mit dem Patent beanspruchte Lehre durch den Stand der Technik nahegelegt war und damit zur Beurteilung der erfinderischen Tätigkeit. Kombinationen von Offenbarungen aus dem Stand der Technik, die als solche bislang weder veröffentlicht oder sonst zugänglich geworden sind, bleiben daher bei der Prüfung der Neuheit grundsätzlich unberücksichtigt (Rogge, GRUR Int. 98, 186, 187; Mes, § 3 PatG Rdnr. 32; EPA GRUR Int. 1988, 585 – Alternativansprüche zu 4.2. Durch eine Schrift, Benutzung oder in sonstiger Weise kann nur das offenbart werden, was der Fachmann ihr als widerspruchsfreie Information tatsächlich entnehmen kann. Eine dort nicht vollzogene Kombination ihrer Merkmale würde diesen Offenbarungsgehalt künstlich erweitern und einen tatsächlich nicht vorhandenen Stand der Technik schaffen (EPA ABl **88,** 302 – Katalysator zu 9.2.).

Die sog. **glatten Äquivalente** anders zu behandeln, besteht kein Anlass. Der Begriff der glatten Äquivalenz, der alle Gleichwerte erfasst, die sich dem Fachmann ohne nähere Überlegungen aus der Beschreibung einer technischen Lehre erschließen, ist in seiner Bedeutung nicht so eng begrenzt, dass er allgemein zur Beurteilung einer neuheitsschädlichen Vorverlautbarung verwendet werden könnte, Kraßer § 17 III 5; Troller, Immaterialgüterrechte I, S. 200 Fn. 76; a. A. Loth, Neuheitsbegriff usw., S. 270. Vgl. hierzu 8. Aufl. Rdn. 24. Gleichwertigkeit in diesem Sinne hat ihre wesentliche Bedeutung für die Bestimmung des Schutzbereichs einer Erfindung und für die Abgrenzung eines nahe liegenden Schritts zur erfinderischen Tätigkeit im Rahmen des § 4. Die Erkenntnis von weiteren technischen Möglichkeiten ergibt sich nicht unmittelbar aus dem Stand der Technik, sondern erst aus weiterführenden Überlegungen und Kombinationen des Fachmanns, die die Neuheit nicht in Frage stellen können. Dass eine Alternative einfach aufzufinden ist, besagt als solches für die Frage der Neuheit nichts. Die verbreitete Neigung, „die Neuheitsprüfung unter Einbeziehung glatter Äquivalente durchzuziehen, wobei jedoch der Begriff der glatten Äquivalenz eng (!) bestimmt werden müsse", Diskuss. Ber. GRUR **84,** 269, 270, verlagert ohne Not einen Teil der Prüfung der erfinderischen Tätigkeit in die Neuheitsprüfung. Ihr Hintergrund ist zu sehen in dem Fehlen einer § 3 Abs. 2 entsprechenden Regelung für die erfinderische Tätigkeit, die danach durch eine nicht veröffentlichte, aber bereits angemeldete technische Lehre nicht ausgeschlossen werden kann. Die Folgen des dahinter stehenden Verzichtes des Gesetzgebers auf eine solche Regelung können jedoch durch eine Korrektur des Neuheitsbegriffes nicht aufgefangen werden; sie zu beseitigen ist allein Aufgabe des Gesetzgebers. Soweit der Einbeziehung der glatten Äquivalente das Wort geredet wird, werden daher auch vielfach Einschränkungen gemacht, dies solle „nicht bedingungslos" gelten (Ochmann GRUR **84,** 235, 239), oder der Begriff der glatten Äquivalenz müsse, „eng bestimmt" werden (Diskuss. Ber. GRUR **84,** 269, 270), o. Rdn. 33. 36

Eine Anwendung oder Ausführung, die von der im Stand der Technik beschriebenen Lehre **abweicht oder** ihr gar **widerspricht,** ist aus der Sicht des Fachmanns regelmäßig nicht Bestandteil ihrer Offenbarung EPA ABl **90,** 188 – Ionisationskammer; Kraßer § 17 III 3. Technische Abwandlungen, die eine individuelle Anpassung der technischen Lehre der Entgegenhaltung erfordern, sind durch diese nicht vorweggenommen, Kraßer § 17 III 5; Preu, GRUR **80,** 691, 692; eine zweckmäßige Maßnahme, die nicht ohne einiges Nachdenken gefunden werden kann, ist keine platte Selbstverständlichkeit, BGH GRUR **55,** 476, 478 – Spülbecken. Das ist auch dann der Fall, wenn für das Funktionieren der älteren Lehre nach deren Offenbarung wesentliche Teile weggelassen werden, EPA SA ABl **2001,** 23 – Epilationsgerät. Eine so veränderte Lehre gehört daher nicht zu dem durch die Entgegenhaltung geschaffenen Stand der Technik vgl. EPA 31. 3. 1995 – T 969/92. Auch das Herausgreifen einzelner Merkmale einer im Stand der Technik vorhandenen Lehre führt nicht zu einer Vorwegnahme, wenn die Elemente der älteren Lehre auf diese Weise eine von dem dargestellten Kontext abweichende Funktion oder Gestaltung erhalten EPA ABl **90,** 188 – Ionisationskammer. 37

ee) Ein **anderer Verwendungszweck oder andere Funktionen** einer bekannten Vorrichtung schließen eine Vorwegnahme nicht aus BGHZ **58,** 280, 290 – Imidazoline; GRUR **82,** 548, 549 – Sitosterylglykoside; **84,** 644, 645 – Schichtträger; Urt. v. 5. 11. 1996 – X ZR 53/94; BPatG GRUR **91,** 823 ebenso wenig wie eine neue Verwendung einer identischen Vorrichtung aus dem Schutzbereich eines Sachpatents herausfällt, BGH GRUR **79,** 149, 151 – Schießbolzen. Neu kann hier allenfalls eine bisher unbekannte Verwendung des Bekannten sein. Eine Hardware bekannten Typs wird nicht dadurch neu, dass sie (unverändert) zur Verarbeitung eines neuen Programms eingesetzt wird; a. A. niederl. Octroriaad CR **86,** 541, 543. Das gilt auch dann, wenn die Hardware programmabhängig neu eingerichtet wird, anders EPA 38

GRUR Int. **87,** 173, 175 – VICOM. Der aufgefundene neue Verwendungszweck einer bekannten Vorrichtung erlaubt allein die Erteilung eines Verwendungspatents, BPatGE 30, 45. Die Bekanntheit eines Stoffes nimmt umgekehrt dessen bisher unbekannter Verwendung nicht die Neuheit, EPA GRUR Int. **89,** 678 – Triazolylderivate/BASF. Die Verwendung eines bekannten Stoffes ist neu, wenn die beanspruchte technische Wirkung der Öffentlichkeit bislang nicht durch eines der in § 3 Abs. 1, 2 genannten Mittel der Öffentlichkeit zugänglich gemacht worden ist, EPA (GBK) GRUR Int. **90,** 522, 528 – reibungsverringernder Zusatz/MOBIL OIL III; ABl **90,** 114 – zweite nichtmedizinische Indikation. Ein Vorrichtungspatent kann einem Verfahrenspatent neuheitsschädlich gegenüberstehen, wenn das Verfahren, für dessen Ausübung die Vorrichtung nach der Vorveröffentlichung gebaut ist, mit dem Verfahren der Patentanmeldung völlig übereinstimmt, BGH Liedl **65/66,** 115, 124. Wird aber die bekannte Vorrichtung auch nur in einer konstruktiven Einzelheit in Anpassung an den neuen (erfinderischen) Verwendungszweck verändert, kann ein neuer Gegenstand vorliegen, für den Sachschutz in Betracht kommt, vgl. BGH GRUR **79,** 149, 150f. – Schießbolzen. In diesem Fall ist nicht nur der Verwendungszweck, sondern auch die konstruktive Ausgestaltung der Vorrichtung neu.

39 Der Einsatz einer gleichen Vorrichtung auf einem **weiteren, bisher nicht gebräuchlichen Fachgebiet** kann deren Neuheit nicht begründen, vgl. auch BGH GRUR **63,** 568, 569 li. Sp. – Wimpernfärbestift, solange er nicht auch zu einer Veränderung der Vorrichtung führt. Eine zum Stand der Technik gehörende technische Lehre umfasst grundsätzlich alle technischen Brauchbarkeiten; sie ist an einen besonderen Zweck nicht gebunden, sondern schützt das Erzeugnis unabhängig von diesem und absolut. Damit wäre die Annahme einer allein durch einen neuen Verwendungszweck begründeten Neuheit, die einen selbstständigen Patentschutz für das Erzeugnis zur Folge haben kann, nicht zu vereinbaren. Einem Patent mit dem Anspruch „Mischer, besonders für Baustoffe aller Art" (ohne Beschränkung auf Baustoff-Mischer) steht das neuheitsschädliche Material auf dem gesamten Gebiet der Mischertechnik entgegen, BGH Liedl **61/62** S. 684, 690. Material, das ein Fachmann zur Lösung des technischen Problems nicht heranziehen würde, weil es aus weit entfernt liegenden technischen Bereichen stammt, ist hingegen grundsätzlich nicht neuheitsschädlich (EPA SA ABl 2001, 24 – Butylenoxid-Addukte/BASF). Das gilt jedoch nur dann, wenn dieses Material völlig aus dem Gesichtkreis des einschlägigen Fachmanns herausfällt. Bei dieser Maßgabe kann es dann auch bei der Beurteilung der erfinderischen Tätigkeit nicht berücksichtigt werden.

40 Auch die Darstellung bisher nicht bekannter Eigenschaften oder Wirkungen hebt einen bekannten Gegenstand nicht vom Stand der Technik ab, BGH GRUR **98,** 899 – Alpinski. Das nachträgliche Auffinden einer überraschenden Wirkungsweise einer Vorrichtung begründet keine Neuheit für den Schutz der Vorrichtung als solche. Eine identische oder in der Sache übereinstimmende Vorwegnahme im Stand der Technik hindert die Neuheit grundsätzlich auch dann, wenn damit ein anderes technisches Problem gelöst werden soll; die Vorrichtung selbst war und ist in diesem Fall Stand der Technik. Aus der Verwendung einer neuen rechnerischen Formel zur Bezeichnung eines bekannten Gegenstandes ist die patentrechtliche Neuheit nicht herzuleiten, BPatGE 22, 105, 107. Das Gleiche gilt für neue Einsatzmöglichkeiten eines der Öffentlichkeit bereits zugänglichen Verfahrens. Beurteilungsmaßstab ist hier nicht allein die äußerliche Übereinstimmung. Maßgebend ist vielmehr, ob es sich aus der Sicht des Fachmanns noch um den gleichen Gegenstand handelt. Daran kann es auch bei einer scheinbaren Übereinstimmung mit der Abbildung einer Vorveröffentlichung fehlen. Das Gleiche gilt dann, bei einer allgemein gehaltenen Beschreibung einer Vorrichtung neben einem bekannten und eingeführten Bauteil verbal auch eine Ausführungsform erfasst wird, die von dem eingefahrenen Erfahrungshorizont des Fachmann abweicht, und der Schrift kein weiterer Anhaltspunkt dafür zu entnehmen ist, dass und warum auch diese bisher völlig ungebräuchliche und aus seiner Sicht ungeeignete Form erfolgreich verwendet werden kann. Die Neuheitsprüfung darf sich daher nicht auf die Feststellung äußerlicher Übereinstimmungen beschränken, sondern muss die Lehre erforschen, die der Durchschnittsfachmann der Schrift entnimmt. Deren Sinngehalt muss daher im Einzelfall sorgfältig ermittelt werden. Das gilt in verschärftem Maße dann, wenn Beschreibung und zeichnerische Darstellung nur ein technisches Prinzip beschreiben, wie dies regelmäßig bei Patent- und Gebrauchsmusterbeschreibungen der Fall ist.

41 **ff) Verallgemeinerungen.** Eine im Stand der Technik bekannte spezielle Lehre schließt im Umfang ihrer Offenbarung regelmäßig die Neuheit einer Lösung aus, bei der die lediglich bekannten speziellen Merkmale durch solche einer höheren Ordnung ersetzt werden. Die Auswechselung spezieller Begriffe durch eine übergeordnete Definition kann die Patentfähigkeit der so gebildeten Lehre nicht begründen, soweit sie auch die bekannte Ausführungsform einschließt. Mit der Abstraktion der verwendeten Begriffe wird der bekannte Stand der Technik

lediglich erweitert. Die allgemein formulierte Lehre erfasst auch die im Stand der Technik bekannte Ausführung und ist daher insoweit nicht mehr neu. Das steht ihrer Patentfähigkeit insgesamt entgegen. Patentschutz ist hier nur zu erreichen, wenn die bekannte Lösung aus dem Schutzbegehren herausgenommen wird und für die verbleibende Lehre die Voraussetzungen der Patentfähigkeit erfüllt sind. Demgegenüber werden **Alternativlösungen,** bei denen die bekannten speziellen Elemente durch andere ersetzt werden, von einer Lehre aus dem Stand der Technik allenfalls dann neuheitsschädlich getroffen, wenn der Fachmann sie am Prioritätstag der Anmeldung als Teil der ursprünglichen Offenbarung versteht, in diese die Abwandlungen also automatisch einbezieht. Im Übrigen kann die Offenbarung spezieller Lösungsmittel die Verwendung anderer regelmäßig auch dann nicht vorwegnehmen, wenn beide der gleichen Gattung angehören. Hier kann sich allenfalls die Frage eines Naheliegens dieser Variationen und damit der erfinderischen Tätigkeit stellen.

Die Ersetzung spezieller Erfindungsmerkmale („Schraube und Mutter") durch einen allgemeinen Begriff („Sperrorgan") begründet allein keine Neuheit des Erfindungsgegenstandes, vgl. auch BGH Bl. **53,** 227 – Kabelhalter; sie ist auch in dieser Form zumindest teilweise durch den bekannten Stand der Technik vorweggenommen und damit insgesamt neuheitsschädlich getroffen. Die Angabe eines Zahlen- oder Mengenbereichs („von – bis") nimmt jeden einzelnen darin enthaltenen Wert vorweg, vgl. BGH GRUR **82,** 610, 611 – Langzeitstabilisierung; BGHZ **95,** 295, 301 – borhaltige Stähle. Der Auswahl eines engen Bereichs kommt gegenüber einem differenziert beschriebenen (vgl. BGHZ **80,** 323, 330 – Etikettiermaschine) umfassenden Bereich keine Neuheit zu; der dabei erzielte (überraschende) Effekt ist kein neuheitsbegründendes Element, wenn dieses Ergebnis sich zwangsläufig auch beim Nacharbeiten der vorveröffentlichten Lehre ergibt, BGHZ **95,** 295, 301 – borhaltige Stähle; **76,** 97, 107; insoweit auch BPatG Mitt. **80,** 15, 16; BPatGE 41, 402 – Kaffeefiltertüte. Abweichend hiervon neigt die Erteilungspraxis des EPA dazu, der Auswahl eines Mengen- und Messbereichs, sofern sie qualitativ und nicht quantitativ ist, die Neuheit zuzusprechen, vgl. EPA ABl **85,** 209, 213; GRUR Int. **85,** 827, 828 – Thiochlorformiate/HOECHST. Singer GRUR **85,** 789, 795; Szabo GRUR Int. **89,** 447, 450, einschränkend EPA GRUR Int. **87,** 171f. – Füllstoff/PLÜSS-STAUFER, vgl. Rdn. 84. Diese Praxis ist wesentlich durch den Ansatz des EPA beeinflusst, bei Ansprüchen mit Bereichsangaben von einer weiteren Prüfung der von einer von der Angabe erfassten Teile des Gesamtrahmens abzusehen, sofern die Voraussetzungen der Patentierung für die dargestellten Ausführungsbeispiele vorliegen. Auf die Rechtsprechung des BGH lassen sich diese Überlegungen schon deshalb nicht übertragen, weil danach für die Patentfähigkeit auch eines weit gefassten Patentanspruchs genügen kann, dass in der Beschreibung ein ausführbares Beispiel der Umsetzung der patentgemäßen Lehre aufgeführt ist, BGHZ 66, 17 = GRUR 76, 299 – Alkylendiamine I. 42

gg) Konkretisierungen Die Offenbarung eines **allgemeinen Begriffs** schließt die Vorwegnahme eines speziellen Begriffs dann ein, Ullmann GRUR **88,** 333, 335 Fn. 13, wenn sie der Fachmann bei Lektüre der Veröffentlichung einbezieht. Auch hier ist der entscheidende Gesichtspunkt das Verständnis des maßgeblichen Fachmanns, nicht die abstrakte Zugehörigkeit. In einer abstrakten Ausführung kann die konkrete Lehre neuheitsschädlich offenbart sein, Bruchhausen GRUR **82,** 1, 3. Entnimmt die Fachwelt der Schrift, dass die patentgemäßen Wirkungen mit allen unter den allgemeinen Begriff fallenden Stoffen oder sonstigen Merkmalen erzielt werden können, sind diese grundsätzlich zum Offenbarungsgehalt der älteren Schrift zu rechnen. Lässt sich eine chemische Reaktion durch die Beigabe eines beliebigen Alkohols erzielen, kann eine über den Stand der Technik hinausgehende Lehre nicht schon in dem Vorschlag der Verwendung eines bestimmten Alkohols gesehen werden. Es ist jedoch unzulässig, eine identische Vorwegnahme verschiedener Lösungsmerkmale allein mit dem Hinweis auf deren Zugehörigkeit zur gleichen Gattung zu begründen; eine Antriebswelle ist ebenso wie ein Zahnrad ein Antriebsaggregat, gleichwohl nimmt weder das eine Merkmal das andere, noch der Oberbegriff die besondere Ausführungsform vorweg, solange nicht die Quelle aus der Sicht des fachkundigen Lesers eine Einbeziehung dieser Alternativen einschließt. Die Zugehörigkeit einer alternativen Lösung zu dem gleichen Oberbegriff bezieht diese nicht ohne weiteres in der Stand der Technik ein. Die Vorverlautbarung eines besonderen Lösungsmerkmals steht der Verwendung eines anderen speziellen Lösungsmerkmals der gleichen Gattung nur dann neuheitsschädlich entgegen, wenn sich beide dem Fachmann auf Grund des Inhalts der Schrift oder seines allgemeinen Fachwissens ohne weiteres als technisch gleichwirkend darstellen. 43

Der spezielle Begriff (Schaumstoff) kann gegenüber dem allgemeinen Begriff (elastisches Material) neuheitsschädlich sein. Nach BGHZ **66,** 17, 33f. – Alkyendiamine I kann einer Vorveröffentlichung, die Verbindungen und Verbindungsgruppen neben vielen anderen aufführt, 44 nicht unmittelbar das mit einzelnen konkreten Ausgangsverbindungen und einem bestimmten Verfahrenserzeugnis genannte Verfahren der Patentanmeldung entnommen werden, vgl. auch BGHZ **100,** 243, 248 – Streichgarn.

45 Ist der Stand der Technik **undifferenziert,** weist z. B. keine ausdrückliche Bemessungsregel aus, so ist die angemeldete Lehre neu, wenn sie sich auf einen bestimmten durch Parameter konkretisierten Bereich bezieht, BGHZ **80,** 323, 331 – Etikettiermaschine. Weist hingegen der Stand der Technik einen bestimmten Messbereich aus, so ist eine Lehre nur neu, soweit sie eine Verfahrensweise betrifft, die außerhalb des bisher bekannten Verfahrens liegt, BGH GRUR **82,** 610, 611 – Langzeitstabilisierung. Das Schutzbegehren kann nicht auf einen Gesamtbereich einer Einstellungsregel (1–10) erstreckt werden, wenn ein Teilbereich (1–7) zum Stand der Technik gehört. Bei Angabe eines durch konkrete Werte eng begrenzten Bereichs gehören die innerhalb des Bereichs liegenden Werte zum Gegenstand der Erfindung, vgl. BPatG GRUR **90,** 597 zu § 4 PatG 1968. Fehlt aber eine Mengen- oder Größenangabe, kann eine bestimmte Angabe neu sein, EPA GRUR Int. **88,** 251, 252 – Diagnostische Mittel/Boehringer-Kodak, soweit sie nicht aus der Sicht der Fachwelt durch den Offenbarungsgehalt der Vorveröffentlichung eingeschlossen wird. Insoweit kann das Fehlen einer konkreten Angabe zu Maßen und Größen bedeuten, dass der gesamte Bereich (1–100%) von der beschriebenen Lehre erfasst werden soll. Verfahrensschritte, die außerhalb des bisher bekannten Verfahrens liegen, können als neu beansprucht werden, BGH GRUR **82,** 610, 611 – Langzeitstabilisierung; BGHZ **95,** 295, 301 – borhaltige Stähle; Storch GRUR **81,** 815.

46 **hh) Eine Kombinationserfindung** ist neuheitsschädlich getroffen nur durch einen Stand der Technik, der die gleiche Kombination von Merkmalen offenbart; dass nur einige dieser Merkmale sich im Stand der Technik als Kombination finden oder gar nur jeweils für sich begründet sind, enthält noch keine Offenbarung der patentgemäßen Kombination, BGH GRUR **92,** 559 – Teleskopzylinder, Busse/Keukenschrijver § 3 Rdnr. 125.

47 **ii) Einzelfälle**

47a Ob den Fachmann ein Verfahrensergebnis **überrascht,** ist für die Frage der Vorwegnahme einer Handlungsanweisung durch ein bekanntes Verfahrens unerheblich, BGHZ **76,** 97, 107 Terephtalsäure.

47b Mit der Beschreibung eines Verfahrens werden auch solche Kenntnisse offenbart, die sich für den Fachmann beim Nacharbeiten unmittelbar und zwangsläufig ergeben, BGHZ **76,** aaO.; BGHZ **95,** 295, 302 – borhaltige Stähle; BPatGE 41, 402 – Kaffeefiltertüte.

47c Aus der Bekanntheit eines Erzeugnisses kann nicht auf die mangelnde Neuheit des Verfahrens zu seiner Herstellung geschlossen werden, BGHZ **100,** 242, 248 – Streichgarn; eine zur Durchführung des Verfahrens geeignete Vorrichtung kann dieses aber vorwegnehmen, wenn mit ihr alle Merkmale des Verfahrensablaufes offenbar werden, Busse/Keukenschrijver § 3 Rdnr. 135.

47d Bei **chemischen Verfahren** erfordert die Möglichkeit der Nachbenutzung Klarheit über das Verfahrensziel und die Bedingung, die seine Erreichung bei beliebiger Wiederholung ermöglichen, MuW **41,** 67, 69; BGHZ **76,** 97, 105 – Terephtalsäure; BGHZ **95,** 295, 301 – borhaltige Stähle.

47e Bei einem Stoff, der durch sein Herstellungsverfahren beschrieben ist (product by process-Anspruch) richtet sich die Beurteilung der Neuheit nach dem Stoff, nicht nach dem Verfahren. Der Austausch von Verfahrensparametern, der nicht auch zu einer Veränderung des Stoffes selbst führt, hat daher Neuheit des Stoffes nicht zur Folge, EPA GRUR Int. **84,** 525 – Anspruchskategorien.

47f Eine technische Wirkung, die mit der Vorrichtung der Entgegenhaltung in gewissem Umfang erzielt werden konnte, aber als solche zum Prioritätszeitpunkt nicht erkannt worden war, steht nicht neuheitsschädlich entgegen, BGH GRUR **56,** 77, 79, sofern sie sich nicht bei deren Benutzung zwangsläufig einstellte, vgl. BGH GRUR **78,** 696, 699 – a-Aminobenzylpenicillin; BGHZ **76,** 97, 105 – Terephtalsäure; BPatGE **22,** 5, 7f.; BPatGE 41, 402 – Kaffeefiltertüte.

47g Bei einer Stofferfindung erstreckt sich die Neuheitsprüfung auf die Neuheit des – herstellbaren – Stoffes als solchen; auf die Wirkung des Stoffes und seine bisherige Verwendung für einen bestimmten Zweck kommt es dabei nicht an, BGH GRUR **72,** 541, 544 re. Sp. – Imidazoline. Kommt es auf die neuen therapeutischen Eigenschaften eines Wirkstoffs an (§ 3 Abs. 3), so ist Neuheit nur dann zu verneinen, wenn die Zusammensetzung des Stoffs und die erfolgreich zu behandelnde Krankheit aus der Beschreibung oder Benutzung dem Fachmann ohne weiteres erkennbar sind, Bruchhausen GRUR **82,** 641, 643.

Eine vorbeschriebene **chemische Verbindung** steht einem Fachmann, auch ohne dass ihm deren chemischen und physikalischen Eigenschaften bekannt sind, neuheitsschädlich zur Verfügung, wenn der Fachmann auf Grund der gegebenen Hinweise und seines allgemeinen Fachwissens ohne weiteres in der Lage ist, die Verbindung herzustellen, BGHZ **103,** 150, 156 – Fluoran; vgl. auch EPA GRUR Int. **88,** 938 – Katalysator/BAYER; **90,** 225 – Copolymere/DU PONT. 47 h

Ein **Datenflussplan** oder ein Programmablaufplan für ein Datenverarbeitungsproblem sind regelmäßig keine ausreichende Lehre zum technischen Handeln, da sich aus nicht zugleich zwangsläufig auch ein bestimmter hardwaremäßiger schaltungstechnischer Aufbau ergibt, BPatG BlPMZ **82,** 214. 47 i

d) Der Öffentlichkeit zugänglich 48

aa) Öffentlichkeit Der im Gesetz nicht näher erläuterte Begriff der Öffentlichkeit ist nach dem Zweck der Neuheitsprüfung auszulegen, die Patentierung des der Allgemeinheit bereits zugänglichen Wissens verhindern. Seinem Gegenstand nach betrifft er eine zahlenmäßig nicht festgelegte Mehrheit von Personen. Der Öffentlichkeit zugänglich ist eine technische Lehre danach dann, eine nicht entfernt liegende Möglichkeit besteht, dass andere Sachverständige ausreichende Kenntnis von dem vorbenutzten Gegenstand und dessen Eigenschaften erlangen (vgl. BGH GRUR **66,** 484, 486 Pfennigabsatz; **73,** 263, 264 Rotterdam-Geräte; GRUR **86,** 372 – Thrombozyten-Zählung, BPatGE **33,** 207; BPatGE **34,** 38), d.h. wenn eine nicht beschränkte Anzahl von verständigen Personen und damit ein unbestimmter, wegen der Beliebigkeit seiner Zusammensetzung für den Informanten nicht mehr kontrollierbarer hinreichend fachkundiger Personenkreis von ihnen Kenntnis erlangt hat oder Kenntnis erlangen konnte, BGH Mitt. **99,** 362, 364 = Bl. **99,** 365 – Herzklappenprothese; Schulte § 3 PatG Rdnr. 27, 30; EPA 18. 1. 1995 – T 406/92). Damit sind in erster Linie die Kreise angesprochen, die an der Lehre aus Gründen ihrer eigenen wirtschaftlichen Betätigung interessiert und nach Ausbildung und sonstiger Qualifikation in der Lage sind, den wesentlichen technischen Sachverhalt zu erkennen und zu beurteilen (EPA 28. 7. 1992 – T 877/90), insbesondere weil sie sich gewerblich oder beruflich auf dem Gebiet der angemeldeten Erfindung betätigen. Der Erfinder bleibt dabei ebenso wie sein der Öffentlichkeit nicht zugängliches weitergehendes Wissen unberücksichtigt, EPA 3. 5. 1994 – T 654/92, auch wenn dem eine längere Benutzung der Erfindung durch ihn zugrunde liegt. Das Wissen seiner Mitarbeiter ist unschädlich, soweit diese einer Geheimhaltungspflicht unterliegen und diese einhalten. Zur Geheimhaltungspflicht vgl. unten Rdn. 67 ff. 49

Auf die Größe des informierten Personenkreises kommt es nicht an (EPA SA ABl **2001**/3, 21). Innerhalb der Patentierungsvoraussetzung der Neuheit dient der Begriff der Öffentlichkeit dazu, die dem Urheber verbundenen Personenkreise, bei denen eine Weitergabe der Erfindung ausgeschlossen werden kann, von solchen abzugrenzen, die von ihm wegen ihrer Größe und Zusammensetzung nicht mehr kontrolliert werden können (BGH Mitt. **99,** 362, 364 = Bl. **99,** 365 – Herzklappenprothese; vgl. a. GRUR 1999, 976 – Anschraubscharnier). Damit setzt er zwar seinem Wortsinn nach eine beliebige, nicht einzeln abgrenzbare Mehrheit von Personen voraus (EPA SA ABl **2001**/3, 21), ohne dass es auf deren Zahl ankäme, Busse/Keukenschrijver § 3 Rdnr. 84. Dem ist bei der Unterrichtung auch nur Einzelner schon deshalb genügt, weil auch in diesem Fall jedenfalls bei Fehlen einer Geheimhaltungsverpflichtung mit der Weitergabe des erlangten Wissen zu rechnen ist. Auf diese Weise kann es an die Allgemeinheit gelangen, für die damit eine in der Regel nicht nur theoretische Zugriffsmöglichkeit eröffnet wird. Dass die entscheidenden Informationen bereits an eine größere Zahl von Personen gelangt sind, ist damit nicht erforderlich, EPA SA ABl 2001, 20; eine **einzelne Person** oder ein begrenzter Personenkreis können Adressat einer neuheitsschädlichen Information sein, sofern deren Weiterverbreitung an beliebige Dritte nach der Lebenserfahrung zu erwarten ist, BGH GRUR **59,** 178 f. – Heizpressplatte; **62,** 518, 520 – Blitzlichtgerät; **63,** 311, 312 – Stapelpresse; **86,** 372, 372 – Trombozyten-Zählung; EPA 27. 8. 1992 – T 228/91; EPA 28. 7. 1992 – T 877/90, dh, wenn nach dem normalen Verlauf der Dinge davon ausgegangen werden kann, dass sie die relevanten Informationen an beliebige Interessierte weitergeben werden. (vgl. BGH GRUR **93,** 466 – Preprint-Versendung; GRUR **96,** 747, 752 – Lichtbogen-Plasma-System; Singer/Stauder/Spangenberg Art. 54 Rdnr. 18). Durch die Herausgabe eines Betriebshandbuches an einen beschränkten Kreis von Interessenten kann die Möglichkeit zur Information einer unbeschränkten Anzahl von Fachleuten eröffnet werden, BPatGE **33,** 18. An einer Zugriffsmöglichkeit fehlt es demgegenüber dann, wenn eine Weitergabe dieser Kenntnisse an beliebige Dritte nicht ohne weiteres zu erwarten ist. Das Wissen einzelner, auf das die Allgemeinheit keinen 50

Zugriff hat, kann als solches eine schädliche Vorwegnahme daher nicht ohne weiteres begründen, EPA 3. 5. 1994 – T 654/92.

51 Vorwegnahme durch Unterrichtung Einzelner setzt daher voraus, dass der Adressat der Information in der Lage ist, die technische Lehre Dritten zu vermitteln. Dazu muss er die Lehre erkennen und in der für ihre Weitergabe an Dritte, insbesondere die einschlägigen fachmännischen Kreise erforderlichen Weise verstehen können. Haben nur Laien die Vorbenutzung gesehen oder deren mündliche Beschreibung gehört, so muss zur Feststellung der Neuheitsschädlichkeit eine gewisse Wahrscheinlichkeit für eine solche Erkenntnismöglichkeit dargetan sein, BGH GRUR **63,** 311, 313 – Stapelpresse; GRUR **66,** 484, 486 – Pfennigabsatz. Sind die erfindungswesentlichen Merkmale einfach zu erkennen, so kann auch ein interessierter technischer Laie ein geeigneter Informationsadressat sein; erforderlich, aber auch genügend ist, dass er über einen Sachverstand verfügt, auf Grund dessen er die wesentlichen Merkmale der technischen Lehre erkennen und zumindest einem Dritten in einer Weise mitteilen kann, dass dieser zur Nacharbeit befähigt wird. Eine bisher nicht beschriebene, aber bei der praktischen Ausführung einer bekannten Lehre tatsächlich eintretende Wirkung, die Grundlage der beanspruchten (Verwendungs-)Erfindung sein soll, ist der Öffentlichkeit erst dann zugänglich, wenn sie bei der Ausführung so klar zutage tritt, dass sich – potentiell – dadurch das Wesen der Erfindung, d. h. der Kausalzusammenhang zwischen Anwendung und Wirkung, dem Fachmann als Mitglied der Öffentlichkeit erschließt, vgl. EPA GRUR Int. **92,** 282, 283 – Wachstumsregulierung/BAYER; zur Entwicklung der Amtspraxis des EPA in diesem Zusammenhang vgl. Günzel, Festschr. Nirk (1992), S. 441, 445 f. Hat ein Medikament mit einer bestimmten Indikation tatsächlich die Behandlung weiterer Krankheiten zur Folge, sind diese weiteren Indikationen nur dann vorweggenommen, wenn diese tatsächlich eintretende Wirkung oder der Wirkungszusammenhang bereits vor dem Anmeldetag erkannt worden sind.

52 Nicht ohne weiteres gerechtfertigt ist der Schluss auf eine Weitergabe an beliebige Dritte bei der Unterrichtung Einzelner ferner dann, wenn diese einer Geheimhaltungspflicht unterliegen. Vgl. dazu im Einzelnen unten Rdnr. 67ff. Auch bei Unterrichtung eines größeren Personenkreises kann eine Vorwegnahme fehlen, wenn die betroffenen Personen durch eine solche Pflicht gebunden sind und nichts dafür zu erkennen ist, dass diese Verpflichtung nicht eingehalten wird. Die Darstellung einer technischen Lehre vor einem größeren fachkundigen Personenkreis wie den Teilnehmern einer Tagung oder einer Vortragsveranstaltung muss sie daher nicht notwendig öffentlich zugänglich machen EPA 28. 8. 1989 – T 300/86; hier kann eine Geheimhaltungspflicht bestehen. Das gilt auch dann, wenn sich die Pflicht zur Vertraulichkeit für die Teilnehmer nur aus den Umständen ergibt, etwa weil sie sämtlich Lizenznehmer des Veranstalters sind. Ohne eine solche Verpflichtung werden einem solchen Kreis gegebene Informationen jedoch regelmäßig allgemein zugänglich EPA SA ABl **96,** 16. Die Annahme des Bundespatentgerichts, das „Datenblatt" eines Fachverbandes der Reifenhersteller, das zum vertraulichen Austausch technischer Informationen ausschließlich den Verbandsmitgliedern zugänglich gemacht wird, sei auch dann nicht der Öffentlichkeit zugänglich, wenn alle namhaften europäischen Reifenhersteller Verbandsmitglieder sind (BPatGE **42,** 6 – Datenblatt) erscheint problematisch vor dem Hintergrund, dass diese Information angesichts des Verteilers der gesamten Fachwelt vorgelegen hat und von dieser verwendet werden konnte.

53 **bb) Zugänglichkeit.** Papke: Die Preisgabe des Erfindungsgedankens; Zur Struktur des „Zugänglichmachens" i. S. des § 2 I 2 PatG. GRUR **80,** 775.

53 a **aaa)** Der Gesetzeswortlaut „der Öffentlichkeit zugänglich gemacht" beschränkt die Neuheitsschädlichkeit nicht auf den der Allgemeinheit bekannten Stand der Technik, sondern bezieht jede offenbarte Lehre ein, auf die die fachkundige Allgemeinheit, d. h. ein unbestimmter, wegen der Beliebigkeit seiner Zusammensetzung für den Erfindungsbesitzer nicht mehr kontrollierbarer Personenkreis, **zugreifen könnte,** (BGH Mitt. **99,** 362, 364 = Bl. **99,** 365 – Herzklappenprothese; Kraßer S. 143; Schulte § 3 PatG Rdnr. 27, 30. Dafür genügt die bloße Möglichkeit zu ihrer Kenntnisnahme BGH GRUR **71,** 214 – customer prints; Mitt **99,** 362 – Herzklappenprothese; GRUR **99,** 962 – Anschraubscharnier; Mitt 2001, 250 – Schalungselement; EPA SA ABl **2001,** 20; Kraßer § 16 I; Schulte § 3 PatG Rdnr. 27, 30. Dass Öffentlichkeit oder Allgemeinheit bereits über die Information verfügen, wird vom Gesetz nicht verlangt; nach seinem Wortlaut genügt die bloße Zugänglichkeit und damit die bloße Möglichkeit einer Kenntnisnahme. Für eine Vorwegnahme kann daher auch genügen, dass die erforderlichen Informationen nur durch eine nähere Untersuchung zu gewinnen sind, auch wenn sie zur Zerstörung des Untersuchungsobjektes führen sollten, soweit eine solche Untersuchung nur möglich ist, vgl. dazu BGH GRUR 2001, 819 – Schalungselement.

53 b Auch wenn die bloße Existenz einer Information diese nicht Stand der Technik werden lässt, bleibt unerheblich, ob die bestehende Möglichkeit der Kenntnisnahme genutzt worden ist oder genutzt wird, Busse/Keukenschrijver § 3 Rdnr. 84 Troller, Immaterialgüterrecht I, 161. Ein bereits vorliegender Besitz der Öffentlichkeit oder Allgemeinheit an der Erfindung wird vom Gesetz nicht verlangt. Es muss daher auch nicht nachgewiesen werden, dass der Erfindungsgedanke tatsächlich einem Dritten bekannt geworden ist, Kraßer § 16 IV 4. Es ist weder darauf abzustellen, dass ein Mitglied der Allgemeinheit von der Veröffentlichung wusste, noch dass es danach gefragt hat, EPA GRUR Int. **90,** 853 – Veröffentlichung/RESEARCH ASSOCIATION. Erforderlich und genügend ist es, dass ein nicht bestimmter Personenkreis in der Lage gewesen ist, die mitgeteilte technische Lehre kennen zu lernen, RGZ **1,** 42, 44; PA Gr. Sen. GRUR **53,** 440f.; BGHZ **18,** 81, 90f. – Zwischenstecker II; BGH GRUR **62,** 518, 520 – Blitzlichtgerät; BGH GRUR **71,** 214 – customer prints; BPatG Mitt. **80,** 94, 95; GRUR **91,** 309, 311. Neuheitsschädlich ist auch die Information, die in einem nur in einem engen räumlichen Bereich verbreiteten Blatt enthalten war (EPA SA ABl **2001,** 20; SA ABl **2001,** 22). Wie oft die Möglichkeit einer Kenntnisnahme eröffnet wurde, spielt ebenfalls keine wesentliche Rolle; entscheidend ist allein, dass sie zur Möglichkeit der Kenntnisnahme durch eine nicht begrenzte Zahl von Personen geführt hat, die die technische Information aufnehmen und umsetzen könnten. Informationen im Internet sind mit der Einstellung in eine dem Zugriff der Öffentlichkeit unterliegende Website zugänglich; darauf, ob tatsächlich ein Zugriff stattgefunden hat, kommt es nicht an Busse/keukenschrijver § 3 Rdnr. 78. Allerdings begegnet hier die Feststellung des Zeitpunkt der Einstellung regelmäßig Schwierigkeiten.

54 Da bereits die objektive Möglichkeit einer Kenntnisnahme ausreicht, ist grundsätzlich weiter unerheblich, aus welchem Grunde der Öffentlichkeit ggf. eine Zugriffsmöglichkeit bisher unbekannt geblieben ist, insbesondere ob die Fachwelt aus einer ihr vorliegenden Information bereits die richtigen Schlüsse auf die Funktionsweise der dem Patent entsprechenden bekannten Lehre gezogen hat, ob ein der Öffentlichkeit zugänglicher Gegenstand näher untersucht wurde oder ob es zum Verstehen der bekannten Lehre noch weitergehender Überlegungen bedarf (Singer/Stauder/Spangenberg Art 54 Rdnr. 27); es genügt, dass der Stand der Technik die für die Kenntnis der patentgemäßen Lehre wesentlichen Kenntnisse enthält und vermitteln kann (BGH GRUR **2001,** 1129 – zipfelfreies Stahlband; EPA ABl **93,** 277 – Öffentliche Zugänglichkeit). Für die Zugänglichkeit ist nicht entscheidend, ob überhaupt Anlass bestand, den dem Verkehr zugänglichen Gegenstand zu untersuchen (BGH GRUR **86,** 372, 373 – Thrombozyten-Zählung); es reicht grundsätzlich aus, dass die tatsächliche Möglichkeit der Kenntnisnahme der beanspruchten Lehre durch die Öffentlichkeit gegeben ist, ohne dass es grundsätzlich auf einen Anlass zur Untersuchung oder den dafür erforderlichen Aufwand ankäme (BGH GRUR **97,** 892, 894 – Leiterplattennutzen; BPatGE **40,** 104; EPA GRUR Int. **93,** 698). Dieser Grundsatz gilt für alle Formen der neuheitsschädlichen Verlautbarung, unabhängig davon, ob diese als Benutzung oder als Beschreibung oder in sonstiger Weise erfolgt, Bossung GRUR Int. **78,** 381, 389. Eine differenzierende Betrachtung ist lediglich bei der Feststellung der tatsächlichen Umstände der jeweiligen neuheitsschädlichen Verlautbarung geboten. Dass eine Lehre Gegenstand eines Betriebsgeheimnisses ist, schließt ihre Zugänglichkeit nicht aus, wenn die erforderlichen Kenntnisse durch eine Untersuchung des frei zugänglichen Produktionsergebnisses gewonnen werden können, BPatGE **28,** 73. Erforderlich bleibt jedoch, dass die Untersuchung die notwendigen Kenntnisse verschaffen kann. Fehlt es daran, begründen Zugänglichkeit des Gegenstandes und die Untersuchungsmöglichkeit noch keine Vorwegnahme der in dem Gegenstand verkörperten Lehre, BGH GRUR **2001,** 1129 – zipfelfreies Stahlband.

55 Es kommt nur auf die **objektive Möglichkeit der Kenntnisnahme** an BGH Mitt **99,** 362 – Herzklappenprothese; GRUR **99,** 962 – Anschraubscharnier; Mitt **2001,** 250 – Schalungselement; EPA SA ABl 2001, 20; Kraßer § 16 IV 4; Schulte § 3 PatG Rdnr. 43. Diese ist auch dann gegeben, wenn die technische Lehre in einer für die betroffene Fachwelt ungewöhnlichen und daher von ihr übersehenen Publikation mitgeteilt wird, Kraßer § 16 IV 4; Patentschutz wird gewährt für die Offenbarung einer der Allgemeinheit bisher nicht zugänglichen technischen Lehre, nicht für das Auffinden nur schwer zugänglicher Literatur. Nach dem bei der Prüfung der Neuheit zugrundezulegenden objektiven Maßstab für die Zugänglichkeit kann dem Zugriff der Fachwelt unterliegendes Material auch dann nicht unbeachtet bleiben, wenn es bei der Entwicklung der beanspruchten Lehre durch den Erfinder tatsächlich keine Berücksichtigung gefunden hat (Busse/Keukenschrijver, § 3 PatG Rdnr. 86; Kraßer § 16 IV 4; Rogge, GRUR **96,** 931, 933; vgl. a. BGH GRUR **97,** 892, 894 – Leiterplattennutzen; teilw. anders Bossung GRUR Int. **78,** 381, 390f.; einschränkend ders. GRUR Int. **90,** 690, 697; anders auch Hövelmann, GRUR **99,** 476, 477 unter Hinweis auf BGH GRUR **66,** 484 – Pfennigabsatz). Der weite Begriff des Standes der Technik in § 3 verbietet es, druckschriftliche Vorveröffentlichungen auf deren bibliographische „Ermittelbarkeit" (so: Bossung aaO) zu beschränken. Die Besorgnis, ein Erfinder könnte sich die geheime Ausnutzung seiner Erfindung sichern und zugleich den Patentschutz Dritter verhindern, indem er seine Beschreibung der Erfindung in einem „unbekannten Provinzblatt" irgendwo auf der Welt veröffentlicht (vgl. Dickels, Die Neuheit der Erfindung usw., S. 71; Seligsohn, Geheimnis und Erfindungsbesitz, 1921, Seite 69f.), rechtfertigt es nicht, den Kreis neuheitsschädlicher Schriftstücke ihrer Art nach auf diejenigen zu begrenzen, von denen auf „normalem Wege" (Seligsohn aaO; Dickels aaO) Kenntnis genommen werden kann. Die Neuheitsschädlichkeit mündlicher oder schriftlicher Vorverlautbarungen und von Benutzungshandlungen beschränkt sich nicht auf den Bereich, den die Erteilungsbehörde der Prüfung von Amts wegen üblicherweise zugrunde legt. Erweist sich allerdings, dass die vom Einsprechenden oder Nichtigkeitskläger eingeführte Entgegenhaltung aus einem nicht einschlägigen Publikationsorgan nur als „Patentsperre" gewollt war und der Fachwelt verborgen blieb, kann es im Einzelfall gerechtfertigt sein, diese bei der Prüfung der Schutzfähigkeit des angegriffenen Patents nicht dem Stand der Technik zuzurechnen. Denn es kann rechtsmissbräuchlich sein, eine unbekannt gebliebene Entgegenhaltung als Stand der Technik in das Verfahren einzuführen, wenn diese erklärtermaßen das technische Wissen der Allgemeinheit nicht bereichern sollte und nicht bereichert hat. Dies ist aber eine verfahrensrechtliche Beurteilung (dahingehend wohl auch Bossung GRUR Int. **90,** 690, 698f.).

56 Bei der Neuheitsprüfung ist es daher auch nicht zulässig, eine örtlich beschränkte, der Öffentlichkeit aber zugängliche Benutzungshandlung außer acht zu lassen, weil sie mangels Vorankündigung unbeachtet geblieben ist und von einem Informationssuchenden nur durch Zufall hätte gefunden werden können. Entscheidend ist, ob im Zeitpunkt der Kundgabe der technischen Lehre die objektive Möglichkeit bestand, dass fachkundige Repräsentanten der Öffentlichkeit von der technischen Lehre (irgendwann) Kenntnis nehmen. Der tatsächliche Fortgang der Dinge ist unerheblich. Der Nachweis, dass kein technisch Kundiger von der Vorbenutzung Kenntnis genommen hat, kann nur von indizieller Bedeutung für ihre mangelnde Neuheitsschädlichkeit sein, und nur dann, wenn die weiteren Umstände der konkreten Verlautbarung die objektive Möglichkeit einer Kenntnisnahme durch Dritte ausschließen, Ballhaus, Festschrift f. Kirchner, S. 1, 4; vgl. auch BGH GRUR **66,** 484, 486 – Pfennigabsatz. Wichtiger für die Feststellung neuheitsschädlicher Kundgabe ist, ob für den Mitteilungsempfänger im konkreten Einzelfall eine Pflicht zur Geheimhaltung bestanden hat oder zu erwarten war, BGH GRUR **62,** 518, 520f. – Blitzlichtgerät. Bestand diese Pflicht, so ist die Benutzungshandlung nicht neuheitsschädlich, wenn die Pflicht eingehalten wird. Eine unter ihrem Bruch erfolgte Weitergabe macht die Information aber der Öffentlichkeit zugänglich, BGH GRUR **66,** 484, 487 – Pfennigabsatz; vgl. Rdn. 67; die Rechtsverletzung spielt in diesem Zusammenhang keine Rolle, weil es nur auf die tatsächliche Zugänglichkeit ankommt. Maßgeblicher Zeitpunkt für die Prüfung auf Neuheitsschädlichkeit ist dann nicht der Zeitpunkt der Benutzung, sondern der Zeitpunkt der Weitergabe der Information.

56 a **bbb)** Die **schriftliche Beschreibung** erfasst jede lesbare Unterlage, die der Öffentlichkeit eine technische Information zugänglich machen. Sie schließt die nach dem früheren Recht neuheitsschädlichen Druckschriften ein, ist aber nicht auf diese beschränkt. Dass sie nur gegen Entgelt zu beziehen sind, spielt für die Frage der Zugänglichkeit keine Rolle, EPA SA ABl **2005,** 20. Patenthindernd können neben Patentanmeldungen und -schriften auch Gebrauchsmusteranmeldungen jedenfalls vom Zeitpunkt ihrer jeweiligen Veröffentlichung oder Bekanntmachung sein. Ferner gehören hierher alle sonstige Druckwerke, die einen technischen Gedanken wiedergeben. Das sind etwa Lehrbücher, insbesondere wenn sie für Aus- und Weiterbildung technischer Berufe bestimmt sind, Aufsätze in Zeitschriften und sonstigen Periodika und technische Unterlagen über Geräte, Vorrichtungen und Erzeugnisse wie Konstruktionszeichnungen, Beschreibungen und Bedienungsanleitungen. Auch allgemeine Literatur kann technische Informationen enthalten. Die Art der schriftlichen Beschreibung ist ohne Bedeutung. Neben Druckwerken können daher auch hand- und maschinenschriftliche Äußerungen neuheitsschädlich sein, wenn die darin enthaltenen Informationen der Öffentlichkeit zugänglich sind. Das Gleiche gilt für Veröffentlichungen, die in einer nur bestimmten Personen verständlichen Schrift wie der Blindenschrift oder nicht lateinischen Schriften verfasst sind. Unerheblich ist auch die Sprache der Veröffentlichung. Grundsätzlich enthalten daher Schriften in einer fremden Sprache eine die Patentierung ausschließende Vorwegnahme auch dann, wenn diese dem konkreten Erfinder wie dem einschlägigen Fachmann im Inland überwiegend unbekannt ist. Das gilt auch dann, wenn die Sprache nicht oder nicht in erster Linie zur Kommunikation unter Menschen bestimmt ist. Neuheitsschädlich kann daher grundsätzlich auch die in einem Programm enthaltene Information sein, die ein Fachmann bei einer Dekompilierung eines

Computerprogramms auf Grund seiner Kenntnis der Programmsprache erhalten kann (Rogge, GRUR **96,** 931, 932).

Fremdsprachige Druckschriften sind nach dem Wissen des inländischen Fachmanns zu deuten; fremdsprachliche Texte sind dabei auch dann umzusetzen, wenn es sich um entlegene Idiome handelt. Auffassung und Verständnis der ausländischen Fachwelt vom Inhalt der Schrift können bedeutsam sein, sofern sie weiterreichen als die Erkenntnisse des nationalen Fachmanns. „Zur Umschlüsselung einer zeichnerischen Erfindungsoffenbarung in eine international lesbare und gültige Patenterteilung" vgl. Maier Mitt. **73,** 64ff. 56b

Schriftliche Beschreibungen sind der Öffentlichkeit zugänglich, wenn ein nicht bestimmter Personenkreis die Möglichkeit hat, von ihrem Inhalt Kenntnis zu nehmen, Kraßer § 16 IV 2. Von einer Vorwegnahme einer technischen Lehre kann dabei nur gesprochen werden, wenn diese in der Schrift in der Weise dargestellt wird, dass sie ein Fachmann nacharbeiten kann. Die bloße Ankündigung, sich mit einem bestimmten Problem zu befassen, genügt nicht, BGH GRUR **72,** 707, 708 – einstellbare Streckwalze. Für die Zugänglichkeit kommt es auch hier allein auf die tatsächliche Möglichkeit der Kenntnisnahme dieser Informationen an, BGHZ **18,** 81, 89ff. – Zwischenstecker II. Ein Schriftstück ist öffentlich, wenn einem über einen engen Kreis von bestimmten Interessenten hinausgehenden großen Empfängerkreis bekannt werden kann, dass es zur Verteilung bereit gehalten werde und es tatsächlich abgefordert werden kann. Die Kundgabe der Bereitschaft zur Verteilung braucht den genauen Inhalt noch nicht erkennen zu lassen, BGH GRUR **71,** 214 – customer prints, da die Möglichkeit der Kenntnisnahme bereits mit dieser Bekanntgabe und der Zugriffsmöglichkeit eröffnet ist. Dass die Druckschrift erst zu einem späteren Zeitpunkt auf Anforderung alsbald angefertigt und dann dem Empfänger ausgehändigt werden kann, genügt nicht, solange sie dem Zugriff Dritter nicht unterliegt; der Allgemeinheit wird ihr Inhalt erst mit der Eröffnung einer solchen Zugriffsmöglichkeit zugänglich. Dass die Schrift bereits in einer größeren Auflage vorliegt, ist nicht erforderlich. Auch ein einzelnes Exemplar einer schriftlichen Beschreibung kann neuheitsschädlich sein, eine umfangreiche Verbreitung in großer Zahl ist nicht erforderlich, Kraßer § 16 IV 2. 57

Bücher und Zeitschriften sind der Öffentlichkeit zugänglich gemacht, wenn sie im Buchhandel erschienen sind. Der Zeitpunkt der Zugänglichkeit kann vorverlegt sein, wenn sie Vorabexemplaren einem größeren und unbestimmten Kreis überlassen oder in Bibliotheken eingestellt werden. Zur Veröffentlichung eines Schriftwerks kann es genügen, dass es in einer öffentlichen Bibliothek oder sonstigen der Allgemeinheit zugänglichen Stellen zur Kenntnisnahme ausliegt, z.B. eine Doktordissertation in Schreibmaschinenschrift, PA GRUR **35,** 46; BPatG GRUR **89,** 189 betr.: Diplomarbeit; BPatGE **40,** 90 – Elektronische Hochgeschwindigkeitskamera; EPA GRUR Int. **90,** 853, 855f. – Veröffentlichung. Eine (sonst nicht verbreitete) Schrift wird nicht schon mit ihrem Eingang bei der Bibliothek und der Einreihung in deren Archiv, sondern im Regelfall erst mit ihrer Katalogisierung der Öffentlichkeit zugänglich, BPatG Mitt. **84,** 148, 149; EPA. – Veröffentlichung; Zugriffsmöglichkeiten für beliebige Dritte entstehen hier erst, wenn die Bücherei den Eingang bekannt macht und die Schrift für Interessierte bereithält (EPA GRUR Int. **90,** 853, 855 – Veröffentlichung; SA ABl 2002, 17). Ein in der Bücherei eines Fachinstituts vorhandener Bericht enthält eine Vorwegnahme jedenfalls dann, wenn auf seine Existenz in allgemein zugänglichen Berichten hingewiesen und von dem Institut Interessierten Kopien des Berichts auf Anforderung überlassen werden (EPA 13. 7. 1999 – T 611/95). Eine Broschüre, die möglichen Kunden ohne jede Beschränkung überlassen wird, ist öffentlich zugänglich, Busse/Keukenschrijver § 3 Rdnr. 84. Eine Druckschrift, die im Rahmen einer geschlossenen Dozententagung an den zahlenmäßig begrenzten Kreis der Tagungsteilnehmer verteilt worden ist, gilt zumindest solange nicht als öffentliche Druckschrift, wie ihre Einreihung in eine Universitäts- oder sonstige Bibliothek nicht nachgewiesen ist, BPatG Mitt. **70,** 17; ein ohne Geheimhaltungsverpflichtung überlassener Vortrag auf einer Tagung ist demgegenüber regelmäßig öffentlich zugänglich. Dissertationen und Diplomarbeiten werden regelmäßig mit der Bekanntgabe ihrer Einreichung durch die Hochschule öffentlich zugänglich, wenn damit zugleich die Möglichkeit eröffnet wird, von ihrem Inhalt in einer für ihr Verstehen ausreichenden Weise Kenntnis zu nehmen. Unmittelbar mit ihrer Einreichung und wenige Tage danach stehen sie in der Regel in dieser Weise noch nicht zur Verfügung BPatGE 36, 174 – Viterbi-Algorithmus. Das bloße Angebot, sie durchzublättern, wird für eine Vorwegnahme regelmäßig nicht genügen (Busse/Keukenschrijver, § 3 PatG Rdnr. 31); erforderlich ist vielmehr eine Art der Bekanntgabe, die der Fachwelt die Möglichkeit der Kenntnisnahme eröffnet (EPA SA ABl **2002,** 17). Eine Diplomarbeit, die nur wenige Tage vor der Anmeldung bei einem Hochschulinstitut abgegeben wurde, ist der Öffentlichkeit nach der Lebenserfahrung nicht vor dem Anmeldetag zugänglich, wenn eingereichte Arbeiten üblicherweise erst in späteren Institutsberichten mitgeteilt und Zugang zur Lehrstuhlbibliothek nur auf Antrag gewährt werden 57a

(BPatG, GRUR **96,** 866 – Viterbi-Algorithmus); im Einzelnen hängt hier die Zugänglichkeit von den Umständen des jeweiligen Sachverhalts ab.

58 Ein Zeitschriftenbeitrag wird der Öffentlichkeit nicht schon dann zugänglich, wenn der Verlag ihn vor der Veröffentlichung einem außenstehenden Fachmann zur Begutachtung überlässt, Ballhaus, Festschr. f. Kirchner, S. 1, 6; bei einer solchen Überlassung wird von dem Gutachter in der Regel Verschwiegenheit erwartet. Die Erlaubnis zur Veröffentlichung eines Buch- oder Aufsatzmanuskripts eröffnet keinen allgemeinen Zugriff auf seinen Inhalt. Sie schließt die Erlaubnis zur unkontrollierten Weitergabe an Dritte vor dem Abdruck nicht ein; von ihrem Inhalt kann die Öffentlichkeit regelmäßig erst mit Herausgabe und Verteilung des Druckwerks Kenntnis nehmen (BPatGE **35,** 122; EPA 11. 5. 1993 – T 842/91). Die Versendung von Manuskripten unter Wissenschaftlern dient aus deren Sicht in der Regel nur der persönlichen Unterrichtung und der Vorbereitung wissenschaftlicher Diskussionen; eine Erlaubnis zur Weitergabe an einen unbestimmten Kreis ist ohne ausdrückliche Gestattung damit in der Regel nicht verbunden (vgl. dazu BGH GRUR **93,** 466 – Preprint-Versendung). Mitteilungen in einem Schriftsatz sind mit der Zustellung an den Prozessgegner der Öffentlichkeit zugänglich gemacht, BPatG GRUR **86,** 604, 605. Auf den urheberrechtlichen Begriff der Veröffentlichung, der die Zustimmung des Berechtigten voraussetzt (§ 6 UrhG), kann für die Beurteilung der Neuheitsschädlichkeit nicht abgestellt werden.

58 a Der Inhalt eines Briefes wird allein durch seine Absendung der Öffentlichkeit angesichts der Verpflichtung der mit seiner Weiterleitung betrauten Personen zur Geheimhaltung nicht zugänglich. Das kann hier regelmäßig erst mit dem Eingang des Schriftstücks bei einem nicht zur Verschwiegenheit verpflichteten Empfänger der Fall sein (EPA ABl **90,** 213 – Veröffentlichung).

58 b Werberundschreiben und Zeichnungen sind öffentlich, wenn sie entweder öffentlich verteilt oder in anderer Weise an einen weiteren nicht begrenzten Kreis von Personen gerichtet werden, RG MuW **27/28,** 215; BPatG GRUR **91,** 821, 822. Dies gilt auch für Bedienungsanleitungen, die mit der Maschine ausgeliefert werden EPA ABl **87,** 465 – Antioxydans; 25. 3. 1994 – T 958/91. Der Inhalt eines Versuchsberichts, auf dem vermerkt ist, dass er nur wörtlich und in seiner Gesamtheit publiziert werden darf und – lediglich – eine Verbreitung zum Zwecke der Werbung der schriftlichen Zustimmung bedarf, ist der Öffentlichkeit zugänglich gemacht, BPatG Mitt. **80,** 94, 95. Werkstattzeichnungen und Firmenunterlagen werden anders als wissenschaftliche Veröffentlichungen der Allgemeinhit nicht ohne weiteres bekannt gegeben; ihre Existenz begründet daher allein keine Vermutung für die Zugänglichkeit (EPA SA ABl 2001/3, 20). Werkstattzeichnungen, die nicht nur für die Fertigung, sondern auch für die Information von Kunden verwendet wurden, sind demgegenüber öffentliche Druckschriften, BPatGE 23, 27 = GRUR **80,** 988. In einem solchen Fall muss mit ihrer Weitergabe an einen unbestimmten Personenkreis gerechnet werden. Rundschreiben an Verkaufsstellen eines Unternehmens sind auch ohne ausdrücklichen Geheimhaltungsvermerk nicht öffentlich, RG MuW **27/28,** 215 für AEG. Als unbestimmter, nicht begrenzter Personenkreis gilt bereits die Zahl derjenigen Firmen, die an dem Verfahren in der betreffenden Druckschrift aus irgendwelchen Gründen überhaupt interessiert sind (BGH GRUR **61,** 24 f. für vorläufige technische Vorschriften zum Imprägnieren von Holzmasten, herausgegeben vom Fernmeldetechnischen Zentralamt der Bundespost). Eine Anzeige, die der Kundschaft anbietet, sich mit ihren Problemen zu befassen und die Anfrager individuell zu beraten, hat in der Regel Neuheitsschädlichkeit wegen der dahinterstehenden Maßnahmen nicht zur Folge, BGH GRUR **72,** 707, 708 – einstellbare Streckwalze. Das Angebot einer Vorrichtung in einem Katalog offenbart nicht notwendig alle technischen Einzelheiten des angebotenen Gegenstandes, sondern nur dann, wenn der Fachmann bereits Abbildung und Beschreibung diese Einzelheiten entnehmen kann (EPA SA ABl **2000,** 14; SA ABl **2000,** 15). Fehlt es an einer solchen Möglichkeit der Kenntnisnahme, werden in dem Prospekt nicht eindeutig geschilderte technische Einzelheiten erst dann zugänglich, wenn ein Fachmann die Vorrichtung auf ihre Funktionsweise und ihren Aufbau untersuchen kann. Eine Veröffentlichung, die lediglich allgemeine Verweise auf mehrere Schriften enthält, aus deren Kombination sich die mit der Anmeldung beanspruchte Lehre ergeben könnte, nimmt diese nicht vorweg, wenn eine solche Kombination in der Schrift weder angesprochen noch sonst wie offenbart wird (EPA SA ABl **2000,** 15).

58 c Auf die Beschaffenheit des Informationsträgers kommt es nicht an. Funksignale können ebenso wie das gesprochene Wort den Gegenstand der technischen Lehre vermitteln. Zum Stand der Technik gehören auch über die sog. Neuen Medien und das Internet verbreiteten Informationen, wobei hier allerdings die Bestimmung des Zeitpunktes der erstmaligen Veröffentlichung Schwierigkeiten bereiten kann. Auch skizzenhafte zeichnerische Darstellungen können im Rahmen der Information, die sie vermitteln, neuheitsschädlich sein, BPatG Mitt. **82,** 74. Eine schematische Darstellung, welche die Gestaltung der technischen Lehre im Detail offen lässt, nimmt dieser nicht die Neuheit EPA GRUR Int. **86,** 125f. – Venturi/CHARBONNAGES; GRUR Int. **90,** 223 – Heißgaskühler/SULZER. Auf eine Vervielfältigung der Verlautbarung kommt es nicht an. Die Art und Weise der Verlautbarung – schriftlich oder mündlich, mittels Bild- oder Tonträger, durch Benutzungshandlungen oder Freigabe (eines hinterlegten Mikroorganismus) – kann für die Feststellung des Zeitpunkts der öffentlichen Zugänglichkeit von Bedeutung sein.

Das Merkmal der Öffentlichkeit eines Schriftwerks ist schlechthin **unabhängig von dem Ort des Erscheinens.** Es ist unerheblich, ob das Schriftwerk am Tage der Anmeldung überhaupt im Inland bekannt war oder auch nur einem deutschen Fachmann hätte bekannt sein können. Gleichgültig ist auch, ob eine Druckschrift in Fachkreisen in Vergessenheit geraten war, MuW **12,** 82; PA (Gr. Sen.) Bl. **53,** 33. Die Schrift braucht **nicht mehr vorhanden** zu sein; es genügt, dass sie öffentlich vorgelegen hat; diese Tatsache kann ebenso wie der Inhalt auch auf andere Weise als durch Vorlage der Schrift selbst bewiesen werden. Auf die **sprachliche Fassung** kommt es nicht an. 59

Als neuheitsschädlich kommen auch eigene Veröffentlichungen des Erfinders selbst in Betracht. Das gilt auch für die gegen den Willen des Erfinders und späteren Anmelders erfolgten **unbefugten Veröffentlichungen** einer Druckschrift, BGH GRUR **66,** 255f. – Schaufenstereinfassung; Ausnahme: § 3 Abs. 4 Nr. 1, unten Rdn. 94ff. Allein entscheidend ist objektiv die Tatsache der Veröffentlichung. Unbeachtlich sind daher Vorbehalte, z.B. „als Manuskript gedruckt"; auch die mit einem solchen Vermerk versehene Druckschrift wird durch Verbreitung öffentlich, RG PBl. **1881,** 29; RPA PBl. **1883,** 53. 60

Eingetragene Gebrauchsmuster und **offengelegte Patentanmeldungen** des In- und Auslands sind je nach den Umständen ihrer Bekanntgabe als neuheitsschädliche Schriftwerke zu behandeln, PA GRUR **53,** 440; BPatG Mitt. **81,** 47; BPatGE 41, 265 – Hohlprofil. Abgesehen von dem Sonderfall des Abs. 2 wird der Inhalt von Patentanmeldungen Stand der Technik, sobald die Öffentlichkeit von der Anmeldung und den mit ihr eingereichten Unterlagen Kenntnis zu nehmen kann. Das tritt jedenfalls mit ihrer Veröffentlichung oder Bekanntmachung ein. Die Erteilungsakten sind von dem Zeitpunkt an der Öffentlichkeit neuheitsschädlich zugänglich gemacht, an dem die Voraussetzungen für ihre Offenlegung erfüllt sind und der Hinweis gemäß § 32 Abs. 5 veröffentlicht ist. Vor diesem Zeitpunkt erscheint eine ausreichende Zugriffsmöglichkeit demgegenüber eher zweifelhaft (verneinend EPA SA ABl 2001/3, 20; ebenso BPatG Bl. **95,** 324). Zwar ist die Möglichkeit einer Kenntnisnahme durch Dritte im Hinblick auf das bestehende Akteneinsichtsrecht nicht völlig auszuschließen, worauf Stortnik, GRUR **99,** 533, 534 im rechtlichen Ansatz zutreffend hinweist. Praktisch wird eine solche Akteneinsicht vor dem Hinweis des Patentamts kaum in Betracht kommen. Vor Ablauf der Frist zur Offenlegung kann ein Anspruch auf Einsicht bestehen, wenn sich der Anmelder mit ihr einverstanden erklärt und den Erfinder benannt hat (§ 31 Abs. 2 PatG); hierauf wird im Patentblatt hingewiesen (§ 32 Nr. 5 PatG). Ob das zu einer praktisch bedeutsamen Einsichtnahme führt, erscheint jedoch eher fraglich; insoweit ist eine Zugänglichkeit jedoch auch nicht auszuschließen. Gebrauchsmuster werden nach deutschem Recht erst nach der Eintragung veröffentlicht; vor diesem Zeitpunkt besteht daher regelmäßig keine Möglichkeit einer Kenntnisnahme vom Inhalt der zugrundeliegenden Anmeldung. Für die seit dem 1. 1. 1978 eingereichten Patentanmeldungen (Art. XI § 1 Abs. 1, Art. IV IntPatÜG) gelten auch nationale **Geheimanmeldungen,** für die eine Geheimhaltungsanordnung nach § 50 Abs. 1 oder 4 erlassen worden ist, vom Ablauf des 18. Monats seit ihrer Einreichung als Stand der Technik, § 3 Abs. 2 Satz 3, vgl. Rdn. 94ff. Europäische Patentanmeldungen werden nach Art .93 Abs. 1 regelmäßig 18 Monate nach ihrer Einreichung bzw. einer in Anspruch genommenen früheren Priorität veröffentlicht. Wird das Schutzrecht vor diesem Zeitpunkt erteilt, verschiebt sich die Bekanntmachung entsprechend; sie findet dann gleichzeitig mit der Veröffentlichung der Patentschrift statt (Art. 93 Abs. 2). **Ausländische Rechtsordnungen** sehen vielfach eine neuheitsschädliche Offenlegung der Anmeldungsunterlagen spätestens 18 Monate nach dem Anmelde- oder Prioritätstag vor, vgl. auch Art. 21 PCT, Art. 93 EPÜ. Die Hinterlegung eines **Geschmacksmusters** macht den hinterlegten Gegenstand von dem Zeitpunkt an der Öffentlichkeit zugänglich, zu dem es jedermann gestattet ist, von dem Muster Einsicht zu nehmen. Sie offenbart aber nicht ohne weiteres, was erst durch solche Untersuchungen am hinterlegten Gegenstand erkannt werden kann, bei denen die Gefahr einer Veränderung dieses Gegenstands besteht, die aber nicht erforderlich sind, um einen ausreichenden ästhetischen Eindruck von dem Gegenstand zu gewinnen, BGH GRUR **98,** 382 – Schere. 61

ccc) Eine neuheitsschädliche **mündliche Beschreibung** ist jede frühere Darstellung der beanspruchten Lehre durch das gesprochene Wort, die der Öffentlichkeit diese Lehre zugänglich machen kann. Das kann geschehen im direkten Gespräch, einem Vortrag, Rundfunk- und 62

Fernsehsendungen oder mit Hilfe von Tonträgern, durch die die beanspruchte Lehre bedingungslos zur Kenntnis gebracht wird (EPA ABl **98,** 421 – Pfannentransportfahrzeug zu 3.2.1); eine Veröffentlichung im Internet oder in den sonstigen elektronischen Medien wird mit Rücksicht auf die Art der Verbreitung eher den schriftlichen Äußerungen zuzurechnen oder als Bekanntgabe in sonstiger Weise anzusehen sein, ohne dass es im Hinblick auf die Gleichwertigkeit der Formen einer Vorwegnahme auf eine exakte Einordnung ankäme. Vorträge und sonstige mündliche Offenbarungen können eine Vorwegnahme nur in dem Umfang begründen, in dem sie die Zuhörer den Äußerungen des Vortragenden entnehmen konnten. Erfahrungsgemäß deckt sich die mit dem gesprochenen Wort aufgenommene Information nicht zwangsläufig mit der, die der Vortragende hat vermitteln wollen, so dass das Vortragsmanuskript, ein Wortprotokoll oder auch ein Tonbandmitschnitt nicht zwangsläufig den Umfang der Vorwegnahme durch seine Ausführungen belegen können. Informationen, die sich erst bei mehrfachem Anhören des Tonbandprotokolls erschließen, sind in der Regel nicht schon auf Grund der einmaligen mündlichen Äußerung Stand der Technik (EPA SA ABl **2002,** 17); es bedarf vielmehr der sicheren Feststellung, dass sie zumindest einzelne der Zuhörer bereits auf Grund des Vortrags selbst in dieser Form erkannt und aufgenommen haben, Fehlt es daran, kann erst eine schriftliche Veröffentlichung des Vortrags zu einer Vorwegnahme führen.

62 a Für die Feststellung des neuheitsschädlichen Inhalts einer mündlichen Vorverlautbarung gelten die gleichen Grundsätze wie für die Neuheitsschädlichkeit einer schriftlich oder zeichnerisch dargestellten technischen Lehre.

62 b **Mündliche Beschreibungen** und **Verlautbarungen in sonstiger Weise** sind der Öffentlichkeit zugänglich gemacht, wenn ein unbestimmter Personenkreis von dem so beschriebenen Gegenstand Kenntnis erlangt hat oder Kenntnis erlangen konnte, vgl. EPA ABl **92,** 268, 278 f. – Fusionsproteine/HARVARD). Auch insoweit ist grundsätzlich unerheblich, wie groß der Kreis der Gesprächsteilnehmer war; schon die Unterredung mit einer einzelnen Person kann den Erfindungsgegenstand neuheitsschädlich offenbaren, wenn zu erwarten ist, dass die Mitteilung an beliebige Dritte weitergegeben wird oder damit gerechnet werden muss, dass sie in einer Weise weitergegeben wird, die der Kontrolle des Informanten entzogen ist. Der für den Recherchenbericht nach Art. 15 PCT geltende Grundsatz, mündliche Verlautbarungen nur dann als neuheitsschädlichen Stand der Technik zu berücksichtigen, wenn sie Gegenstand späterer schriftlicher Veröffentlichungen geworden sind (Regel 33.1 a, b PCTAO; vgl. auch EPA Richtl. Teil B VI. 2), kann für das deutsche Prüfungsverfahren nicht übernommen werden, zu Beweisfragen vgl. Rdn. 69 ff.

62 c **ddd)** Eine wesentliche Informationsquelle bilden die **elektronischen Medien,** die gerade auch der schnellen Verbreitung technischer Informationen dienen. Die in einem Computerprogramm enthaltenen Informationen können der Fachwelt zugänglich sein, wenn ein Fachmann sie – etwa nach einer Dekompilierung des Programms – ohne unzumutbaren Aufwand entschlüsseln kann (Rogge, GRUR Int. **98,** 186, 188). Dass die Dekompilierung von Software urheberrechtlich untersagt ist, steht einer Zugänglichkeit dieser Informationen nicht entgegen. Auch die zunehmende Vernetzung kommerziell genutzter Rechner und Einrichtungen wie dem im Internet hat die Informationsmöglichkeiten drastisch erweitert. Schwierigkeiten bereitet bei den in dieser Form verbreiteten Informationen allerdings regelmäßig ihre eindeutige zeitliche Zuordnung. Anders als druckschriftlich veröffentlichte Informationen lässt sich bei ihnen in der Regel nicht ohne weiteres sicher bestimmen, wann sie für Dritte zugänglich geworden sind. Als alleinige Grundlage einer Verneinung der Neuheit sind solche Informationen daher kaum geeignet BPatG Bl. **2003,** 154; sie können nur den Zugang zu dem für die Prüfung geeigneten und relevanten Material erleichtern.

63 **eee)** Der Begriff der **„Benutzung“,** wie er der Vorbenutzung i. S. des § 3 Abs. 1 zugrundeliegt, geht über den Begriff der Benutzung i. S. der §§ 9, 139 hinaus, vgl. BGH GRUR **70,** 358, 359 – Heißläuferdetektor; **75,** 254, 256 – Ladegerät; **88,** 755, 756 – Druckguss. Benutzung ist jede Verwendung einer technischen Lehre, die sie der Öffentlichkeit zugänglich macht. Sie kann darin bestehen, dass das Erzeugnis hergestellt, angeboten, in Verkehr gebracht oder dort gebraucht wird oder dass ein Verfahren bzw. seine Verwendung angeboten, in Verkehr gebracht oder angewendet werden (EPA ABl **98,** 421 – Pfannentransportfahrzeug zu 3.1.1). Der Zweck der Benutzungshandlung ist unerheblich; Gewerbsmäßigkeit der Bekanntgabe oder Benutzung ist nicht erforderlich, RG GRUR **37,** 213, 215; **44,** 125. Je nach ihrem Gegenstand kann sie bestehen in der Nutzung einer entsprechenden Vorrichtung bzw. Stoffes, der Anwendung eines entsprechenden Verfahrens oder jeder sonstigem Umsetzung der Lehre. Eine körperliche Anwesenheit des Produkts setzt die Vorbenutzung nicht zwingend voraus; sie kann auch in einem bloßen Angebot liegen, wenn damit die technische Lehre der Öffentlichkeit zugänglich gemacht wird (BGH GRUR **64,** 612 – Bierabfüllung; GRUR **88,** 755, 756 – Druckguss; GRUR **99,** 976 – Anschraubscharnier; vgl. a. GRUR **75,** 254 – Ladegerät). Dann wird allerdings regelmäßig auch eine neuheitsschädliche mündliche oder schriftliche Beschreibung vorliegen. Benutzung ist auch das Gebrauchen, das über bloße Versuche hinausgeht, RG GRUR **32,** 289, 291. Benutzung der fertigen Erfindung zwecks Erprobung der Wirtschaftlichkeit ist neuheitsschädlich, ebenso solche zur Erprobung des technischen Erfolges, falls sie mit der fertigen Erfindung angestellt wird, RGZ **150,** 95. Zur Kundbarmachung können weiter Maßnahmen genügen wie das Zurschaustellen in einer Kunstgewerbeschule, RG GRUR **39,** 710, 712; **44,** 125; die Ausstellung in einem Museum, BGH GRUR 56, 208; 62, 86, 88f. – Fischereifahrzeug, oder die Vorführung zu wissenschaftlichen Zwecken im Fachunterricht; RG GRUR **37,** 213, 215. Anderseits ist nicht jede gewerbsmäßige Benutzungshandlung i. S. des § 9 für eine Kundbarmachung nach § 3 Abs. 1 geeignet. So wird das Herstellen für sich allein mangels Offenkundigkeit als neuheitsschädliche Benutzungshandlung meist noch nicht genügen. Praktisch bedeutsamer sind das Anbieten, das Inverkehrbringen, vor allem aber das Gebrauchen und das Besitzen zu vorgenannten Zwecken. Ein einziges Angebot oder ein einziger Benutzungsfall kann als neuheitsschädliche Benutzung genügen.

Die rechtliche Grundlage der Verwendung ist grundsätzlich unerheblich. Für die Benutzung **63 a** genügt jeder Gebrauch, der die beanspruchte Lehre der Öffentlichkeit objektiv zugänglich gemacht hat. Unerheblich ist auch, ob der konkrete Benutzer die in der Benutzung verkörperte erkannt oder gar verstanden hat, sofern nur die zu ihrer Verwirklichung erforderliche Kenntnis auf diesem Wege an die Öffentlichkeit gelangen konnte. Erfindungsbesitz braucht anders als bei der Begründung eines Vorbenutzungsrechtes nicht vorzuliegen BGH GRUR **64,** 496, 497 – Formsand; s. a. SchweizBG GRUR Int. **61,** 408).

Wer der Öffentlichkeit die beanspruchte Lehre durch eine Benutzung zugänglich gemacht **63 b** hat, spielt für die Neuheitsprüfung grundsätzlich keine Rolle. Auch eine Benutzung oder Beschreibung der Erfindung durch den Erfinder oder Anmelder kann sie Stand der Technik werden lassen, wenn sie vor dem Anmeldetag stattgefunden hat. Macht sie die beanspruchte Lehre der Öffentlichkeit zugänglich, schließt sie die Neuheit aus, soweit nicht zugunsten des Anmelders eine Schonfrist eingreift.

Der Vorbenutzer braucht nur die neuheitsschädliche Handlung tatsächlich vorgenommen zu **63 c** haben. Die Erkenntnis ihrer erfinderischen oder auch nur technischen Bedeutung kann ihm fehlen. Erfindungsbesitz wird bei ihm – im Gegensatz zum Vorbenutzungsrecht des § 12 – nicht gefordert. Es genügt, wenn für einen **Fachmann** der äußere Ursachenzusammenhang zwischen Arbeitsmittel und Erfolg bei der Vorbenutzungshandlung erkennbar ist; gleichgültig ist, ob der Vorbenutzer den Erfindungsgedanken erkannte, RG GRUR **37,** 213, 215; **38,** 865, 867. Ist der Vorbenutzer selbst Fachmann und hat er den Erfindungsgedanken nicht erkannt, so kann dies ein Beweiszeichen dafür sein, dass auch eine Benutzung durch andere Sachverständige nicht möglich erscheint, und aus diesem Grunde die Neuheitsschädlichkeit zu verneinen ist.

Die Vorbenutzung ist für die Vergangenheit **zeitlich** nicht begrenzt. Da die bloße Tatsache **64** der Benutzung und deren Offenkundigkeit ausreicht, ist der Zeitpunkt der Vorbenutzung unerheblich, ebenso, dass sie längere Zeit vor der Patentanmeldung nicht ausgeübt wurde, Bl. **30,** 42; MuW **35,** 97; oder dem Fachmann keine Zeit mehr zur Nachbenutzung blieb, RGZ **150,** 95. Entscheidend ist allein, dass objektiv die Möglichkeit einer Kenntnisnahme durch einen nicht bestimmten Personenkreis bestanden hat.

Benutzungshandlungen sind: Anbieten eines körperlichen Gegenstandes, RGZ 33, 163 **64 a** (GebrM); Ausstellung auf der Messe, MuW **27/28,** 215; Vorführung, verbunden mit Erläuterungen, MuW **33,** 572, ein Liefervorschlag für einen Gegenstand, der körperlich noch nicht hergestellt worden ist, sofern der Vorschlag nur in eindeutiger Weise alle technischen Angaben enthält, die ein Fachmann für eine der beanspruchten Lehre entsprechende Herstellung oder Ausführung benötigt, BGH GRUR **59,** 178f. – Heizpressplatte; **62,** 518, 520 – Blitzlichtgerät; **88,** 755, 756 – Druckguss. Für die Vorwegnahme ist entscheidend die Bekanntheit der technischen Information, nicht die Herausgabe eines in ihrer Umsetzung gefertigten Gegenstandes oder die Ausführung eines entsprechenden Verfahrens; auf eine „alsbaldige Lieferbereitschaft" kommt es für den Begriff der Benutzung i. S. des § 3 nicht an, vgl. BGH GRUR **62,** 86, 88f. – Fischereifahrzeug, Inverkehrbringen z. B. durch Kauf, Tausch, Schenkung, Miete, Pacht, Leihe; Liefern eines Gegenstandes, wenn der Erfindungsgedanke für den Fachmann erkennbar hervortritt, RG GRUR **34,** 31.

Auch **Verfahrens**erfindungen können durch Feilhalten, Inverkehrbringen und Gebrauchen **64 b** offenkundig vorbenutzt werden, z. B. durch Vorführung, Mitt. **34,** 62; PA Mitt. **37,** 173. Durch das Verfahrenserzeugnis wird das Verfahren selbst grundsätzlich nicht offenbart, BGHZ **100,** 242, 248 – Streichgarn. Mit dem Angebot einer Vorrichtung zur Durchführung eines

Verfahrens kann die Benutzung des Verfahrens (durch Feilhalten) dann verbunden sein, wenn dieses sich unmittelbar aus der Vorrichtung ergibt, BGH GRUR **64,** 612, 616 – Bierabfüllung; PA MuW **36,** 468; Mitt. **64,** 72, 75. Dies ist regelmäßig dann nicht der Fall, wenn nur Teile der Vorrichtung gezeigt werden, BGH GRUR **88,** 755, 756 – Druckguss; vgl. a. BGH GRUR **56,** 73.

64c Bei einer **Übertragungserfindung** (vgl. § 1 Rdn. 77) liegt eine Vorbenutzung nur vor, wenn dem Dritten die Anlage nicht nur gezeigt, sondern auch erkennbar gemacht wurde, dass sie der erfindungsgemäßen Verwendung dienen kann, BGH Liedl **61/62,** 264, 278. Die Demonstration einer Anlage schließt die Benutzung grundsätzlich nur solcher Verfahren ein, zu deren Durchführung sie vorgesehen ist. Verfahren, zu deren Ausübung sie objektiv geeignet, nach der Meinung der Fachwelt aber nicht bestimmt ist, sind nur dann vorbenutzt, wenn eine solche Benutzbarkeit für Fachmann etwa durch eine entsprechende Demonstration ohne weiteres erkennbar war, BGH GRUR **64,** 612, 616 – Bierabfüllung.

64d Wird während einer Vortragsveranstaltung ein Schaubild durch Erläuterungen des Vortragenden selbst oder durch einen Diskussionsbeitrag ergänzt, so erfasst die neuheitsschädlich offenbarte Lehre auch diese Zusatzmerkmale. Eine zeitlich verschobene Ergänzung einer Vorverlautbarung nimmt an deren Zeitrang nicht teil.

64e Die prinzipielle Möglichkeit, den **Programminhalt** eines **Mikrochips** zu erschließen, reicht zur Bejahung einer neuheitsschädlichen Benutzungshandlung nicht aus, wenn bei der Vorführung und Benutzung der Maschine detaillierte Einzelheiten des auf dem Mikrochip gespeicherten Programms nicht offenbart werden und es in Anbetracht des Aufwandes für ein Disassemblerprogramm oder ein reverse engineering fernliegt, dass ein Dritter auf diese Art und Weise den Inhalt des Mikrochips aus der in dem Produktionsablauf befindlichen Maschine erschließt, EPA CR **92,** 535, 539 – Mikrochip. Anders kann es sich verhalten, wenn das Programm vom Datenträger kopiert und – ohne den Betriebsablauf zu stören – analysiert werden kann, vgl. Betten in Anm. zu EPA – Mikrochip aaO S. 539, wobei auch hier der u. U. mit einem solchen Disassemblieren verbundene Aufwand und dessen Relation zur Aussagekraft des Resultats in Form einer großen Menge mehr oder weniger ungeordneter Programmzeilen in Rechnung gestellt werden muss.

65 **Benutzungshandlungen sind der Öffentlichkeit zugänglich:** bei einem **Anbieten,** wenn die Weiterverbreitung der von dem Empfänger des Angebots erhaltenen Kenntnis an beliebige Dritte nach der Lebenserfahrung nahe liegt, BGH GRUR **59,** 178, 179 – Heizpressplatte; wenn nach der Lebenserfahrung damit zu rechnen war, dass die Angebotsempfänger, die weder zur Geheimhaltung verpflichtet noch an einer Geheimhaltung interessiert waren, die mit dem Liefervorschlag übersandte Zeichnung sowohl mit ihren technischen Beratern erörtern als auch Konkurrenten zwecks Abgabe von Vergleichsangeboten vorlegen würden, BGH GRUR **62,** 86, 89 – Fischereifahrzeug, ebenso für die Übergabe eines Musterstücks an Kaufinteressenten in dem Zeitpunkt, als dieser einen Lieferungsvertrag über eine größere Zahl von Gegenständen zwecks Weiterkaufs abschließt, BGH GRUR **62,** 518, 520 f. – Blitzlichtgerät; bei Benutzung eines Verfahrens durch Angebot einer zur Durchführung eines Verfahrens geeigneten Vorrichtung, wenn der Angebotsempfänger zur Geheimhaltung des Verfahrens nicht verpflichtet ist und auch kein eigenes Geheimhaltungsinteresse hat, BGH GRUR **64,** 612, 616 – Bierabfüllung; bei Vorbenutzung eines **Herstellungsverfahrens** auch dann, wenn Sachkundige auf Grund des fertigen **Erzeugnisses** Kenntnis von dem Verfahren erlangen können; es genügt, wenn dieses Verfahren durch eine **Untersuchung** entdeckt werden kann, und zwar auch dann, wenn die Untersuchung erst durch eine Zerstörung des nach dem Verfahren hergestellten Erzeugnisses möglich ist, sofern für die Vornahme derartiger Untersuchungsarbeiten ein „Anlass" besteht und damit eine gewisse Wahrscheinlichkeit begründet ist, BGH GRUR **56,** 73; bei vorbehaltloser, auch einmaliger **Lieferung** ohne Geheimhaltungsvorkehrungen, BGH GRUR **99,** 976 = NJW-RR 1999, 1717 – Anschraubscharnier**;** RG MuW **32,** 194 f.; Mitt. **33,** 136 f.; GRUR **36,** 875, 877; BPatG GRUR **91,** 123, 124; Schw. BG GRUR Int. **92,** 293, 294; Singer, EuropPatentÜ, Art. 54 Rdn. 5, vgl. Papke GRUR **80,** 775, 776; kritisch: Bossung GRUR Int. **90,** 690, 696; bei Einbau von geschützten Fenstern in ein Krankenhaus, PA MuW **33,** 531; Lieferung eines technischen Geräts an das Labor eines Universitätsinstituts, GRUR **96,** 747 – Lichtbogen-Plasma-Beschichtungssystem; BPatG Mitt. **91,** 118; bei Lieferung einer die Erfindung verkörpernden Sache an eine Privatperson, die selbst nicht in der Lage ist, das Wesen der Erfindung zu erkennen, erst dann, wenn die Sache an solche Personen weitergegeben wird, in deren Händen eine Untersuchung der Sache durch Sachverständige nach dem regelmäßigen Ablauf nahe liegend ist, BGH GRUR **66,** 484 – Pfennigabsatz; bei **Vorführung,** MuW **40,** 165, besonders im Prüffeld des Lieferanten, PA Mitt. **18,** 72; bei Vorführung vor geladenen Gästen, wenn diese sich zur Weitergabe des Gesehenen und Gehörten befugt halten dürfen

(Werbeveranstaltung), Mitt. **37,** 245; bei Vorführung eines Geräts zu dem erklärten Zweck, die Herstellerfirmen zur Verbesserung dieser Vorrichtung anzuregen, BGH Liedl **61/62** 41, 746; bei einem Vortrag mit Demonstrationen vor Fachleuten, die über den Gegenstand schon durch eine Kurzfassung vorunterrichtet waren, BPatG GRUR **75,** 17, 18. eine Vorführung des Gegenstandes verbunden mit Erläuterungen, durch die in eindeutiger Weise alle technischen Einzelheiten dargestellt werden, die für die Herstellung durch andere Fachleute erforderlich sind (BGH GRUR **59,** 178 Heizpressplatte; **62,** 518, 520 Blitzlichtgerät; **88,** 755, 756 Druckguss, Urt. v. 16. 1. 1996 – X ZR 64/93), Verteilung eines schriftlichen Berichts während einer Besprechung an Mitglieder des Universitätsinstituts, BGH, Urt. v. 11. 2. 1992 – X ZR 98/89. Der übliche Urheberrechtsvorbehalt auf mitgelieferten Zeichnungen schließt die Neuheitsschädlichkeit nicht aus, PA Mitt. **38,** 216; **69,** 178; BPatG Mitt. **86,** 172, wohl aber kann ein Hinweis auf die Strafbarkeit einer Verbreitung eine Geheimhaltungsverpflichtung zur Folge haben. Vorgänge in **Fabriken** stehen oft je nach den Umständen des Einzelfalls unter Geheimhaltungspflicht und sind dann nicht ohne weiteres offenkundig: RGZ **122,** 245: auch nicht durch Kenntnis von Arbeitern und Angestellten, selbst fremden Monteuren und Besuchern, weil diesen Geheimhaltungspflichten obliegen, RG GRUR **41,** 95. Die offene Lagerung im Fabrikhof kann neuheitsschädlich sein, PA Mitt. **17,** 7, soweit es sich um öffentliches Gelände handelt, PA Mitt. **44,** 19 und der gelagerte Gegenstand durch die gebotenen Anschauungsmöglichkeiten die in im verkörperte Lehre dem Betrachter preisgibt. Eine neuheitsschädliche Benutzung liegt vor, wenn die präsentierte Maschine nicht kompliziert ist, die erfinderischen Merkmale klar zu sehen sind, die Kunden ein erhebliches Interesse für die Art der Herstellung haben, nach der Lebenserfahrung Verständnis für die vorhandene Maschinenrichtung vorausgesetzt werden kann, so dass sie in der Lage waren, die erfindungswesentlichen Merkmale zu erkennen und anderen Sachverständigen mitzuteilen, und wenn schließlich eine gewisse Wahrscheinlichkeit besteht, dass die Kunden – mangels Begründung einer Geheimhaltungspflicht – über ihre Beobachtungen mit Konkurrenten des Vorbenutzers sprechen, BGH GRUR **63,** 311, 313 – Stapelpresse. Eine der Öffentlichkeit zugängliche Benutzung ist auch dann gegeben, wenn der Gegenstand auf einer Ausstellung nicht gesondert, sondern nur als Zubehörteil mit der Hauptsache zusammen ausgestellt wird, BPatGE **21,** 24. Eine Geheimhaltungspflicht wird nicht bereits dadurch begründet, dass die Tür zu dem Raum, in dem die Maschine untergebracht ist, mit einem Schild „Unbefugten ist der Zutritt verboten" versehen ist. Hatten trotz eines solchen Verbotsschildes Betriebsfremde (Kunden) Gelegenheit, den Raum zu betreten, so hätte es zur Geheimhaltung der aufgestellten Maschinen besonderer geeigneter Vorkehrungen bedurft, um die Besichtigung zu verhindern, PA Mitt. **17,** 1; BGH GRUR **63,** 311, 313 – Stapelpresse. Die Herausgabe einer Betriebsanleitung oder eines Betriebshandbuches macht die darin verkörperten Informationen öffentlich zugänglich, BPatGE 33, 18. Selbst die Benutzung im **Haushalt** begründet infolge der Wahrnehmbarkeit und Wahrnehmung durch Dritte die Neuheitsschädlichkeit, vgl. GRUR **42,** 261; BGH GRUR **53,** 384.

Benutzungshandlungen sind als **nicht der Öffentlichkeit zugänglich** gemacht angesehen worden: Die Verwendung auf Eisenbahngrundstücken, PA GRUR **34,** 108; Mitt. **37,** 23; **66**
die Benutzung im Gefängnis, RGSt **28,** 185 (GebrM); Benutzung auf einer Baustelle, Mu W **31,** 404; Mitteilung an Beamte, PA Mitt. **19,** 85; Vorlage an Behörden oder bei nicht öffentlichen Tagungen von Vertretern einer großen Verwaltung (Reichsbahn), GRUR **35,** 488, 494; ebenso wenig Besichtigung durch Hochschullehrer und -schüler, Mu W **36,** 99; nur ausnahmsweise Vorführung beim Unterricht, PA Bl. **34,** 28. Die Offenkundigkeit fehlt: beim Transport auf der Straße, Mitt. **27,** 35; in Kisten auf der Bahn, GRUR **31,** 517; selbst in offenen Bahnwagen, wenn beliebige Dritte keine ausreichende Feststellung über die Eigenschaften der beförderten Gegenstände treffen können, PA Mitt. **44,** 19; bei Lieferung einer Maschine an einen Dritten, der sie geheimhält, PA Mitt. **35,** 315; wenn zwar keine Geheimhaltungspflicht begründet worden ist, wenn aber nach der Lebenserfahrung zu erwarten ist, dass der nicht zur Geheimhaltung verpflichtete Dritte trotzdem, z. B. wegen eines eigenen geschäftlichen Geheimhaltungsinteresses, die Benutzungshandlung tatsächlich geheim halten wird, RG GRUR **31,** 263, 267; BGH GRUR **59,** 178, 179 – Heizpressplatte; **78,** 297, 298 – Hydraulischer Kettenbandantrieb; erst recht dann, wenn feststeht, dass der Dritte seine Kenntnis tatsächlich geheimgehalten hat, RG GRUR **40,** 351, 352 re. Sp.; **42,** 261, 265 li. Sp.; BGH GRUR **66,** 484, 487 – Pfennigabsatz; bei Lieferung an den Erfinder auf Bestellung, GRUR **31,** 517; Übersendung von Mustern, PA Mitt. **57,** 78 Lieferung einer Ware, wenn der gelieferte Gegenstand nach den eigenen Angaben und Anweisungen der auftraggebenden Firma ausgeführt wurde und infolgedessen ein Vertrauensverhältnis bestand, PA Bl. **61,** 243; Vorführung vor einem Beauftragten des Bestellers zwecks Abnahme, PA Mitt. **31,** 260; Benutzung in abgeschlossenem Waldrevier, Mitt. **32,** 118; Verwendung von Förderkörben auf einer Zeche, PA

Mitt. **36,** 120 (vgl. aber für Untertagebetrieb noch RPA 3. 12. 1932 in Mitt. **56,** 115; PA Mitt. **69,** 178); Besichtigung, bei der wesentliche Innenteile nicht erkennbar waren, Bl. **15,** 228; Feilhalten, wenn ein Unterlieferant dem Hauptlieferanten Vorschläge über die Ausgestaltung einer technischen Vorrichtung für ein Angebot an einen ausländischen Abnehmer unterbreitet, weil hier die Weiterverbreitung der von dem Empfänger des Angebots erhaltenen Kenntnis an beliebige Dritte nach der Lebenserfahrung nicht naheliegt, BGH GRUR **59,** 178 – Heizpressplatte. Zulieferer, die eine nicht zum Patent angemeldete Lehre benutzen, dürfen diese im Zweifel nur für denjenigen benutzen, der sie ihnen zur Verfügung gestellt hat, und sind diesem zur Geheimhaltung verpflichtet, BGH GRUR **64,** 449, 452 re. Sp. unter 3. Sichtgeräte für Rundsicht-Radaranlagen, die während des Krieges aus abgeschossenen oder abgestürzten Flugzeugen geborgen oder in Deutschland nachgebaut worden sind, sind nicht dadurch offenkundig geworden, dass sie in einer eigens dafür eingesetzten Arbeitsgemeinschaft, der auch Vertreter von einzelnen Unternehmen der Elektroindustrie angehörten, erörtert worden sind, BGH GRUR **73,** 263, 264 – Rotterdam-Geräte.

67 **cc) Geheimhaltungspflicht** Mitteilungen – mündlich, schriftlich oder in sonstiger Weise – und Benutzungshandlungen des Erfinders bedeuten keine neuheitsschädliche Preisgabe des Erfindungsgedankens, wenn der Mitteilungsempfänger einer Geheimhaltungspflicht unterworfen ist **und diese Verpflichtung einhält,** BGH GRUR **78,** 297, 298 Hydraulischer Kettenbandantrieb; die rechtliche Verpflichtung allein schließt die Zugänglichkeit nicht aus, vgl. BGH GRUR 1966, 255, 256 – Schaufenstereinfassung; EPA ABl 1994, 713 – Geheimhaltungsvereinbarung. Auf die Zahl der Informierten kommt es nicht an, solange alle der Verpflichtung unterliegen und diese einhalten, vgl. GPA SA ABl. 2005, 24. Von letzterem wird ohne Hinzutreten besonderer Umstände regelmäßig auszugehen sein, BGH GRUR **96,** 747 – Lichtbogen-Plasma-Beschichtungssystem, solange nichts dafür spricht, dass die Verpflichtung verletzt wird BGH, Urt. v. 20. 6. 2000 – X ZR 17/98. Die Verletzung solcher Pflichten wird nicht die Regel, sondern die Ausnahme sein. In diesen Fällen verbietet sich die Feststellung, nach der Lebenserfahrung bestehe schon wegen der Bekanntgabe an den verpflichteten Dritten die nicht zu entfernte Möglichkeit, beliebige Außenstehende würden von der Mitteilung oder Benutzungshandlung Kenntnis erlangen. Die Offenkundigkeit ist damit auf jeden Fall zu verneinen, wenn feststeht, dass der Dritte seine Kenntnis tatsächlich geheim gehalten hat, RG GRUR **42,** 261, 265; BGH GRUR **66,** 484, 486 – Pfennigabsatz. Hält der Dritte sich jedoch nicht an die Vereinbarung, sondern gibt sein Wissen seinerseits an nicht unter einer entsprechenden Verpflichtung stehende Personen weiter, gelten die gleichen Grundsätze wie bei jeder Information Dritter, BGH GRUR **96,** 747 – Lichtbogen-Plasma-Beschichtungssystem. Gibt der Geheimhaltungspflichtige die Erfindung unter Bruch seiner Verpflichtung an Dritte preis, so wird sie dadurch offenkundig, BGH GRUR **62,** 518, 521 – Blitzlichtgerät; GRUR **66,** 484, 487 – Pfennigabsatz; Schw. BG GRUR Int. **92,** 293, 294. Die Vereinbarung einer Geheimhaltungsverpflichtung schafft daher keinen absoluten rechtlichen Schutz, sondern gewährt diesen nur bei ihrer Einhaltung. Auf guten oder bösen Glauben der Dritten oder die Bösgläubigkeit des vertragsbrüchigen Geheimhaltungspflichtigen selbst kommt es nicht an. Auch die missbräuchlich erfolgte Vorveröffentlichung ist neuheitsschädlich, Ausnahme: § 3 Abs. 4 Nr. 1, vgl. Rdn. 94 ff. Aus dem Bruch der Geheimhaltungspflicht oder der Treuepflicht können dem Erfinder allein Schadenersatzansprüche erwachsen. § 3 Abs. 4 Nr. 1 gewährt nur einen beschränkten Schutz gegen Geheimnisbruch. Eine weiterreichende Einschränkung der Neuheitsschädlichkeit missbräuchlicher Offenbarung der Erfindung ist ausgeschlossen, vgl. auch BGH GRUR **66,** 255, 256 – Schaufenstereinfassung. Der Einwand dolosen Verhaltens drängt die aus Gründen der Rechtssicherheit und Rechtsklarheit festzustellende Neuheitsschädlichkeit des (treuwidrig) offenbarten Erfindungsgegenstands nicht zurück. Dem Nichtigkeitskläger kann nicht entgegengehalten werden, die Neuheitsschädlichkeit selbst pflichtwidrig herbeigeführt zu haben (so aber: RGZ **167,** 339, 357; Gaul/Bartenbach, Handbuch B 42), ebenso wenig wie diesem Tatumstand im Erteilungsverfahren Rechnung getragen werden kann. Etwas anderes gilt, wenn das angegriffene Patent abgelaufen ist und für die Nichtigkeitsklage ohnehin ein besonderes, aus den Rechtsbeziehungen der Prozessparteien herzuleitendes Rechtsschutzbedürfnis bestehen muss.

67 a Maßgeblicher Zeitpunkt für die Beurteilung als neuheitsschädliche Tatsache ist der Zeitpunkt des Geheimnisbruchs, da zuvor von einer nach der Lebenserfahrung nicht zu entfernten Möglichkeit der Kenntnisnahme durch außenstehende Dritte (BGH GRUR **63,** 311, 312 – Stapelpresse) nicht gesprochen werden kann, vgl. auch RGZ **167,** 339, 341, 357.

68 Die Geheimhaltungspflicht kann unter den Beteiligten ausdrücklich vereinbart sein, sie kann sich als Nebenpflicht eines bestehenden Vertragsverhältnisses ergeben oder von den Beteiligten

stillschweigend vorausgesetzt sein. Ein Hinweis auf die Strafbarkeit unbefugter Verwertung oder Mitteilung des Inhalts von Unterlagen kann ihren Empfänger nach den Umständen zur Wahrung der Vertraulichkeit verpflichten. Dafür kann der Hinweis auf entsprechende Vorschriften oder ein auf Unterlagen angebrachter Geheimhaltungsvermerk genügen (BPatG Mitt. 82, 151; EPA 6. 10. 1993 – T 887/90). **Arbeitnehmer** sind im Verhältnis zu ihrem Prinzipal ohne ausdrückliche Regelung im Arbeitsvertrag nicht schlechthin zur Geheimhaltung verpflichtet; eine Verwendung und Weitergabe der Informationen, die sie auf Grund ihres (früheren) Beschäftigungsverhältnisses erlangt haben, ist grundsätzlich rechtlich zulässig (BGH GRUR **2002,** 91, 92 = WRP 2001, 1174, 1176 – Spritzgießwerkzeuge; vgl. a. BGHZ **136,** 40 – Leiterplattennutzen; einschr. und teilweise anders BAG NJW 1988, 1686, 1687; weitergehend auch EPA 10. 11. 1994 – T 1085/92, das eigenes Personal normalerweise nicht als Öffentlichkeit ansehen will; auch Mautz/Löblich, MDR **2000,** 67, 69, 71; Depenheuer Mitt. **97,** 1). Nach dem Ausscheiden aus dem Betrieb kann von ihnen Vertraulichkeit ohne besondere Absprache ohnehin regelmäßig nicht verlangt werden, insbesondere wenn eine solche Beschränkung faktisch auf ein Wettbewerbsverbot hinausläuft. Ein solches Verbot kann nach deutschem Recht nur gegen Zahlung einer gesonderten Vergütung und zeitlich begrenzt vereinbart werden. Im Übrigen wird auf die Verhältnisse des Einzelfalls abzustellen sein. Eine nebenvertragliche Geheimhaltungspflicht kann sich dann aus dem Arbeitsverhältnis ergeben, wenn der Arbeitnehmer mit dem Umgang geheim zu haltenden technischen know hows zu rechnen hat; eine solche Pflicht kann dem Belegschaftsangehörigen in den aufgezeigten Grenzen auch durch eine Betriebsvereinbarung gemäß Art. 87 Abs. 1 BetrVG auferlegt werden, vgl. hierzu Gaul/Bartenbach, Handbuch B 41. Eine herausgehobene Stellung eines Mitarbeiters kann in gesteigertem Maße Treuepflichten auslösen, die auch bei Fehlen ausdrücklicher Vereinbarungen zur Verschwiegenheit verpflichten können. Die gleiche Pflicht kann sich aus einer Beteiligung an der Erfindung ergeben. Ein **Arbeitnehmererfinder** darf Erfolg und Schutzfähigkeit der von ihm entwickelten technischen Lehre nicht dadurch gefährden, dass er deren Gegenstand vor einer Anmeldung durch den Geschäftsinhaber Dritten zugänglich macht. Aus dem gleichen Grunde werden auch sonst in die Entwicklung eingeschaltete Mitarbeiter des Erfinders regelmäßig auch ohne besondere ausdrückliche Absprache zur Verschwiegenheit verpflichtet sein. Ihnen kann die arbeitsrechtliche Treuepflicht gebieten, die wegen der Zugehörigkeit zum Betrieb erlangten Kenntnisse nicht gegen den Prinzipal zu verwenden und insbesondere nicht durch vorzeitige Bekanntgabe ihres internen Wissens Patentschutz unmöglich zu machen. Das gilt für alle, die wegen ihrer Betriebszugehörigkeit Kenntnis von der Erfindung erlangt habe. Andererseits hat es der Arbeitgeber durch die Formulierung der Verträge mit seinen Mitarbeitern in der Hand, für eine vertrauliche Behandlung von Betriebsinterna zu sorgen. Kommt er dem nicht nach, bleibt für eine ergänzende Vertragsauslegung nur wenig Raum. Eine allgemeine Verpflichtung von Arbeitnehmern, sämtliche im Betrieb erlangten Kenntnisse für sich zu behalten, kann daher nicht angenommen werden; sie wird nur unter besonderen Umständen in Betracht kommen (BGHZ **136,** 40 – Leiterplattennutzen). Dass eine Lehre Betriebsgeheimnis ist, schließt ihre Zugänglichkeit nicht aus, wenn die erforderlichen Kenntnisse durch eine Untersuchung des frei zugänglichen Produktionsergebnisses gewonnen werden können, BPatGE **28,** 73.

Eine **stillschweigend einverständliche Geheimhaltungspflicht** kann anzunehmen sein, wenn auf Grund eines besonderen Vertrauensverhältnisses die berechtigte Erwartung begründet ist, die Mitteilung werde vertraulich behandelt, RG MuW **39,** 125; BGH GRUR **73,** 263, 264 – Rotterdamgeräte; GRUR **78,** 297, 298 – Hydraulischer Kettenbandantrieb; BPatG Mitt. **79,** 230, 231. Hiervon wird regelmäßig auszugehen sein, wenn ein Dritter patentgemäße Gegenstände für den Erfinder im Wege der Lohn- und Auftragsarbeit herstellt. Von einem solchen Auftragnehmer ist auch ohne besondere Abrede nach Treu und Glauben regelmäßig zu erwarten, dass er die im Zusammenhang mit der Produktion erlangten Kenntnisse nicht an Dritte weitergibt, BGH Mitt. **99,** 362 – Herzklappenprothese; GRUR **99,** 920, 922 – Flächenschleifmaschine; BPatG BlPMZ **92,** 258. Die in einem solchen Fall auch unabhängig von dem besonderen Charakter noch nicht zum Patent angemeldeter Erfindungen bestehende Pflicht zur Rücksichtnahme schließt auch eine Geheimhaltung der Entwicklungsergebnisse ein; auf diesem Weg erlangte Kenntnisse unterliegen daher im Allgemeinen einer Pflicht zur Geheimhaltung (EPA SA ABl **95** ABl 27). Das Gleiche gilt für die Herstellung der geschützten Gegenstände durch Unternehmen, die mit dem Rechtsinhaber wirtschaftlich verbunden sind (BGH GRUR **99,** 976, 977 – Anschraubscharnier; Mitt. **99,** 362, 364 = Bl. **99,** 365 – Herzklappenprothese). Das Wissen gemeinsam an einer Entwicklung beteiligter Personen ist in der Regel nicht für die Öffentlichkeit bestimmt, sondern wird von diesen bis zur Schaffung der Voraussetzungen einer gewerblichen Verwertung zurückgehalten. Hier müssen alle Beteiligten daher von einer Ver- 68 a traulichkeit ausgehen. Gemeinsame Entwicklungen sind regelmäßig durch ein beiderseitiges Interesse an dem wirtschaftlichen Erfolg geprägt. Das wird auch ohne ausdrückliche Absprache in der Regel Vertraulichkeit der eingebrachten und neu gewonnenen Erkenntnisse verlangen (EPA SA ABl **99,** 13 zu 2). Im Vorfeld einer solchen gemeinsamen Arbeit kann schon die Erwartung einer vertraulichen Behandlung der überlassenen Kenntnisse die gleichen Wirkungen haben wie eine ausdrückliche Vereinbarung (BGH GRUR **78,** 297 – Hydraulischer Kettenbandantrieb für das frühere deutsche Recht). Bei gewerblicher Entwicklungs- und Erprobungstätigkeit müssen redliche Beteiligte von einem Interesse der Rechtsinhaber an der Geheimhaltung der dabei entstandenen Kenntnisse ausgehen. In eine solche Entwicklung eingeschaltete Unternehmen sind daher in der Regel auch ohne ausdrückliche Absprache zur Geheimhaltung verpflichtet (BGH Mitt. **99,** 362, 364 = Bl. **99,** 365 – Herzklappenprothese; BPatG Bl. **98,** 371 – Schwingungsdämpfer). Es kann daher von dem Erfahrungssatz ausgegangen werden, dass die an der Planung und Entwicklung einer neuen technischen Anlage gemeinsam Beteiligten ein Interesse an der Geheimhaltung des gemeinsam entwickelten technischen know how haben, jedenfalls bis zu einer vertraglichen oder schutzrechtlichen Absicherung, BGH GRUR **78,** 297, 298 – Hydraulischer Kettenbandantrieb. Bei Forschungsaufträgen, Gutachten oder wissenschaftlicher Beratung wird eine Geheimhaltung auch ohne besondere Vereinbarung in aller Regel erwartet, BPatGE 34, 145; hiervon muss auch der Beauftragte ausgehen. In diesen Fällen kann der Rechtsinhaber daher grundsätzlich darauf vertrauen, dass ein entsprechendes Wissen geheim bleibt. Das gilt jedenfalls solange, wie die Kenntnisse nur solchen Personen zugänglich sind, die an dieser Entwicklungs- und Erprobungstätigkeit beteiligt sind. Besteht ein solches Interesse, gilt Entsprechendes bei einer Übertragung der Herstellung oder einzelner Herstellungsschritte auf Dritte, BGH Mitt. **99,** 362, 364 = Bl. **99,** 365 – Herzklappenprothese. Treten nicht besondere Umstände hinzu, wird daher in der Regel auch hier eine Geheimhaltungspflicht des Dritten bestehen (BGH GRUR **78,** 297, 298 – Hydraulischer Kettenantrieb; GRUR **96,** 747, 753 – Lichtbogen-Plasma-System). Ein Berater, dem Erzeugnisse zur Begutachtung vorgelegt werden, kann zur Vertraulichkeit über den Gegenstand seiner Begutachtung gehalten sein (BGH GRUR **64,** 259 – Schreibstift). Der Durchführung klinischer Versuche bei neuen, noch nicht zugelassenen Pharmazeutika liegt im Allgemeinen ein besonderes Vertrauensverhältnis zugrunde, das eine Offenkundigkeit der Untersuchungen und deren Ergebnisse ausschließt, BPatG Mitt. **88,** 207. Ist auch dem Mitteilungsempfänger an einer Geheimhaltung gelegen, kann von einer stillschweigenden Geheimhaltungsabrede ausgegangen werden, BGH GRUR **59,** 178 – Heizpressplatte; **62,** 518, 520f. – Blitzlichtgerät. BGH GRUR **78,** 297, 298 – Hydraulischer Kettenbandantrieb; vgl. auch BGH GRUR **66,** 484, 486 – Pfennigabsatz. Dass die Mitteilungsempfänger in Wettbewerb miteinander stehen, schließt ein gemeinsames Interesse an der Geheimhaltung nicht aus, BPatG Mitt. **79,** 230, 232. Ein eigenes geschäftliches Interesse gibt jedem der Beteiligten regelmäßig Anlass, die erlangten Informationen anderen nicht ohne weiteres zu offenbaren. Ein Angebot zur Übertragung der Erfindung erfolgt in der Regel unter dem stillschweigenden Einverständnis, den für die Schutzrechtsanmeldung vorgesehenen Gegenstand geheimzuhalten, RG GRUR **41,** 95. Diese Verpflichtung besteht auch nach Rücknahme einer Patentanmeldung fort, solange der Angebotsempfänger vernünftigerweise damit rechnen muss, dass der Erfinder oder dessen Rechtsnachfolger die Anmeldung wieder aufnimmt, RG GRUR **41,** 95, 96.

68 b Verschwiegenheitspflicht kann auch bei Anpassung eines komplexen Geräts an die Bedürfnisse des Kunden bestehen; in einem solchen Fall unterliegen auch die Angestellten des Kunden, denen das Gerät vor seiner Anpassung gezeigt wird, in der Regel einer Geheimhaltungspflicht (EPA SA ABl **98,** 16). Auch Gespräche im Vorfeld einer auf Dauer angelegten, auf die Produktion oder Vermarktung des erfindungsgemäßen Gegenstands angelegten Geschäftsbeziehung können zur vertraulichen Behandlung der in diesem Zusammenhang überlassenen Informationen verpflichten (EPA SA 1996 ABl 20). Die Überlassung von technischen Unterlagen im Zuge der Akquisition eines Kundenauftrags macht die darin enthaltenen Informationen jedenfalls dann nicht öffentlich zugänglich, wenn sie lediglich das Ausgangsmaterial für eine darauf aufbauende, im Interesse des Kunden notwendige Entwicklung enthalten (EPA ABl **94,** 713 – Geheimhaltungsvereinbarung). Hier kann davon ausgegangen werden, dass die Geheimhaltung auch im Interesse des Kunden liegt. Bei Ankündigung einer Schutzrechtsanmeldung kann sich ebenfalls eine Geheimhaltungspflicht ergeben (Singer/Stauder/Spangenberg Art 54 Rdn. 24).

68 c Mitteilungen im Zusammenhang mit der Anbahnung von Geschäftsbeziehungen sind in der Regel nicht für eine Veröffentlichung bestimmt; hier muss der Empfänger der Information ihre Vertraulichkeit in Rechnung stellen. Das gilt insbesondere für die Offenbarung technischer Einzelheiten über den Gegenstand der künftigen Geschäftsbeziehung, die bislang nicht an die

Öffentlichkeit gelangt sind und an deren Geheimhaltung allen Beteiligten im Interesse des angestrebten künftigen geschäftlichen Erfolgs gelegen sein muss.

Eine Redaktion ist bis zur Veröffentlichung eines ihr zugesandten Manuskripts zur Geheimhaltung verpflichtet; diese Verpflichtung trifft in der Regel auch den mit der sachverständigen Prüfung befassten außenstehenden Dritten, Ballhaus, Festschr. f. Kirchner, S. 1, 6; vgl. auch BGH GRUR **93,** 466, 469 – Preprint-Versendung. In der Übersendung eines Artikels mit Forschungsergebnissen an den Herausgeber einer Fachzeitschrift nebst Zustimmung zur Veröffentlichung liegt daher – jedenfalls im naturwissenschaftlichen Forschungsbereich – ein Zugänglichmachen für die Öffentlichkeit noch nicht, BPatG Mitt. **2002,** 47. **68 d**

Eine Geheimhaltung ist nicht beabsichtigt, wenn die Möglichkeit eingeräumt wird, die Informationen in der Werbung zu verwerten, BPatG Mitt. **80,** 94, 95. Aus der Überlassung von Produkten und Unterlagen zu Testzwecken allein lässt sich eine Pflicht zur Geheimhaltung nicht zwingend ableiten. Maßgebend sind die weiteren Umstände, die erst die Vertraulichkeit begründen können. Der Verkauf einer geringen Zahl von Dämpfern an einen Autohersteller wird in der Regel der Erprobung für die Serie und der Vorbereitung notwendiger Anpassungen dienen. Wie bei einer gemeinsamen Entwicklung kann der Veräußerer daher erwarten, dass die Produkte und die in ihnen enthaltenen technischen Informationen nicht weitergeben werden; mit dem Verkauf sind sie der Öffentlichkeit noch nicht zugänglich gemacht worden (EPA 22. 6. 1994 – T 782/92). Auch die Übergabe der Probe eines Produkts zu Analysezwecken macht dieses jedenfalls nicht ohne weiteres offenkundig (EPA 28. 4. 1993 – T 267/91). Demgegenüber wird die Überlassung von Reifen an einen Dritten, der ihn im Gebrauch für ihre Tauglichkeit für seine Zwecke erproben will und soll, ohne besondere Geheimhaltungsvereinbarung im Allgemeinen eine Zugänglichkeit für die Öffentlichkeit schaffen (EPA 8. 12. 1992 – T 221/91). Bei umfangreichen Tests mit zahlreichen Testpersonen spricht die Lebenserfahrung gegen eine Pflicht zur Geheimhaltung bei allen Beteiligten (EPA SA ABl 1998, 17 – High density absorbent structures, method of their manufacture and absorbent products containing them). **68 e**

Besitzt der Angebotsempfänger kein eigenes Geheimhaltungsinteresse, ist vielmehr davon auszugehen, dass er das Angebot mit seinen technischen Beratern oder mit anderen Firmen zur Einholung von Vergleichsangeboten diskutieren wird, so ist die mit dem Angebot verbundene Benutzungshandlung der Öffentlichkeit zugänglich gemacht, BGH GRUR **62,** 86, 89 – Fischereifahrzeug; vgl. auch Flaig GRUR **81,** 373, 378. Die weitergehende Meinung Tetzners (GRUR **59,** 179 in Anm. zu BGH – Heizpressplatte; vgl. auch Eisenführ GRUR **78,** 299 in Anm. zu BGH – Hydraulischer Kettenbandantrieb), ein stillschweigendes Einverständnis zur Geheimhaltung ergebe sich schon daraus, dass ein anständiger Geschäftsmann die Geheimsphäre des ihm offensichtlich vertrauensvoll Mitgeteilten auch dann zu respektieren pflege, wenn nicht ausdrücklich Geheimhaltung vereinbart sei, vernachlässigt die notwendige Würdigung der Umstände des jeweiligen Einzelfalles. Ist der Angebotsempfänger zur Geheimhaltung nicht verpflichtet und hat er auch kein eigenes Geheimhaltungsinteresse, liegt es nach der Lebenserfahrung vielmehr nahe, dass die erhaltenen technischen Kenntnisse an beliebige Dritte verbreitet werden, BGH GRUR **64,** 612 – Bierabfüllung; GRUR **66,** 484, 486 – Pfennigabsatz. Die Aushändigung einer Broschüre mit der Beschreibung der Erfindung an potentielle Kunden und Käufer macht die darin enthaltenen Informationen daher in der Regel öffentlich zugänglich. Die Teilnehmer der Vorführung eines Gerätes vor einem größeren Personenkreis unterliegen ebenso wie die einer allgemeinen Betriebsbesichtigung nicht in jedem Fall automatisch auch ohne besondere Vereinbarung einer Geheimhaltungsverpflichtung. Eine Besichtigung durch einzelne Personen aus persönlichen oder geschäftlichen Gründen wird hingegen regelmäßig ein besonderes, zur Wahrung von Geschäftsgeheimnissen verpflichtendes Vertrauensverhältnis begründen (BGHZ **136,** 40 – Leiterplattennutzen). Zu weitgehend ist die Ansicht Heines (GRUR **63,** 314 in Anm. zu BGH – Stapelpresse), aus der bloßen Gewährung des Zutritts folge für jeden Teilnehmer einer Betriebsbesichtigung eine Geheimhaltungspflicht. Die Pflicht zur Geheimhaltung wird nicht bereits dadurch begründet, dass die Tür zu dem Raum, in dem eine Maschine untergebracht ist, mit einem Schild „Unbefugten ist der Zutritt verboten" versehen war. Hatten trotz dieses Verbotsschildes Kunden Gelegenheit, den Raum zu betreten, so ist die Geheimhaltung nicht gewahrt; es hätte besonderer Vorkehrungen bedurft, um die Besichtigung zu verhindern, BGH GRUR **63,** 311, 313 – Stapelpresse. Erfolgt die Besichtigung der Vorrichtung aus persönlichen, geschäftlichen oder sonstigen sachlichen Gründen, so folgt daraus ein Vertrauensverhältnis, das zur Geheimhaltung verpflichtet, PA Mitt. **31,** 260; RG GRUR **36,** 247, 248 – Besichtigung einer Stellwerksanlage durch Hochschullehrer und Studierende. **68 f**

Die ursprünglich berechtigte Erwartung kann entfallen, wenn Umstände hinzutreten, auf Grund derer der Mitteilungsempfänger sich für berechtigt halten durfte, die erlangte Kenntnis **68 g** weiterzugeben, beispielsweise nach Abschluss eines Lieferungsvertrages zum Zwecke des Weiterverkaufs, BGH GRUR **62,** 518, 520 – Blitzlichtgerät.

68h **dd) Wegfall der Zugänglichkeit** Neuheitsschädlich sind alle Informationen, auf die die Öffentlichkeit einmal Zugriff nehmen konnte. Bestand eine derartige Zugriffsmöglichkeit in der Vergangenheit, fehlt Neuheit grundsätzlich auch dann, wenn diese Information der Fachwelt nicht mehr bewusst ist. Die einmal begründete Vorwegnahme kann regelmäßig nicht wieder beseitigt werden (BGH GRUR **85,** 1035 – Methylomonas). Anders kann es allerdings sein, wenn auch das Wissen um die dem Stand der Technik zugrundeliegende technische Lehre nicht mehr vorhanden ist und auch nicht mehr reproduziert werden kann. Von der einer Zugänglichkeit von (technischen) Informationen für die Öffentlichkeit wird nicht mehr gesprochen werden können, wenn im Prioritätszeitpunkt eine früher bekannte technische Lehre objektiv weder nachvollzogen noch ausgeführt werden kann, weil alle dafür notwendigen Kenntnisse in Vergessenheit geraten sind. In Fällen dieser Art wird sich allerdings regelmäßig ein Neuheitsproblem auch deshalb nicht stellen, weil auch der Nachweis der Zugänglichkeit dieser Informationen in der Vergangenheit nicht zu führen sein wird. Die Unterlagen eines 1927 eingetragenen und 1930 infolge Ablaufs der Schutzdauer erloschenen deutschen Gebrauchsmusters stellen eine öffentliche Druckschrift dar BPatGE **23,** 19; vgl. a. BGH GRUR **55,** 393).

3. Beweisfragen

69 Der Anmelder hat die Neuheit der Erfindung nicht zu beweisen. Ihm muss vielmehr seitens der Erteilungsbehörde oder des Einsprechenden und des Nichtigkeitsklägers nachgewiesen werden, dass die angemeldete Erfindung zum Stand der Technik gehört. Abgesehen davon, dass es schlechthin unmöglich ist zu beweisen, dass die als neu beanspruchte Lehre nicht zum Stand der Technik gehört, ist eine solche Beweislastverteilung mit dem das Patentverfahren beherrschenden Grundsatz der Amtsermittlung nicht zu vereinbaren. Bei seiner Entscheidung darf das Amt sich nicht auf die Feststellung von Wahrscheinlichkeiten beschränken. Nach seinem Wortlaut geht § 3 jedenfalls zumindest von einer für die Neuheit streitenden Vermutung aus. Danach gilt eine (angemeldete) Erfindung als neu, soweit sie nicht zum Stand der Technik gehört. Der mit dem Wort „wenn" eingeleitete Satz bildet danach nur eine Einschränkung der zuvor getroffenen Aussage zur (unterstellten) Neuheit. Auch das Europäische Patentrecht geht von dieser Rechtslage aus EPA GRUR Int. **98,** 410 – Nomineller Erscheinungstag einer Zeitschrift zu 4. Eine etwaige Nichterweislichkeit der für die Versagung des Patents maßgeblichen Tatsachen geht daher zu Lasten der Erteilungsbehörde bzw. desjenigen, der sich in dem jeweiligen Verfahren auf das Fehlen der Neuheit beruft und hieraus Rechte herleiten will (Busse/Keukenschrijver, § 3 PatG Rdnr. 238; vgl. a. EPA ABl **90,** 213 – Veröffentlichung zu 4.4; ABl EPA **98,** 32 – Beweis einer Vorveröffentlichung; GRUR Int. **98,** 410; Singer/Stauder/Spangenberg Art 54 Rdnr. 121.

69a Bei mangelnder Erweislichkeit einer Vorwegnahme ist demgemäß von der Neuheit auszugehen, die objektive Beweislast trifft die Erteilungsbehörde bzw. denjenigen, der gegen die Vermutung Neuheit (und erfinderische Tätigkeit) in Frage stellen will. Zu ihren Gunsten können jedoch die Grundsätze vom Beweis des ersten Anscheins eingreifen BPatG GRUR **91,** 821 = BPatGE **32,** 109; EPA GRUR Int. **98,** 410; GRUR Int. **98,** 988 – erythro-Verbindungen/NOVARTIS.

69b Für den Nachweis mündlicher Vorverlautbarungen oder von Benutzungshandlungen gelten strenge **Beweisregeln.** Erfahrungsgemäß wird nach der Offenbarung einer brauchbaren Erfindung nicht selten behauptet, schon ähnliches gehört, gesehen oder gemacht zu haben. Die neuheitsschädlichen Tatsachen müssen im Einzelnen schlüssig behauptet und technisch erheblich sein, RG MuW **35,** 135, 139; GRUR **35,** 488, 493. Anträge zur Tatsachenermittlung sind unzulässig, RG GRUR **31,** 263, 265; Pfab Mitt. **73,** 1, 10f. Die Erteilungsbehörde hat mündliche Vorverlautbarungen oder Benutzungshandlungen nur zu recherchieren, wenn substantiiertes Tatsachenmaterial zum Gegenstand des neuheitsschädlichen Tatbestandes vorliegt, vgl. auch EPA ABl **92,** 268, 279 – Fusionsproteine/HARVARD). Eine grundsätzliche Beschränkung der Prüfung auf solche mündliche Vorverlautbarungen und Benutzungshandlungen, die später schriftlich aufgezeichnet wurden – entsprechend Regel 33.1a, b AOPCT – ist nicht zulässig.

70 Der **Nachweis der Vorbenutzung** setzt die Behauptung und Feststellung bestimmter Tatsachen voraus, aus denen sich die Wesensgleichheit des vorbenutzten Gegenstandes mit der Erfindung ergeben muss. Zur Darlegung einer offenkundigen Vorbenutzung bedarf es konkreter Angaben darüber, was wo wann wie und durch wen geschehen ist sowie der Darlegung der öffentlichen Zugänglichkeit des Anmeldungsgegenstandes mit der Möglichkeit der Nachbenutzung durch andere, insbesondere Sachkundige BPatGE **24,** 25, 26; BPatG Mitt. 84, 115. Der

„farblose Hinweis" auf eine unzureichend definierte Verwendungsart reicht zum Nachweis der Benutzung eines Verfahrens durch das Angebot einer Vorrichtung nicht aus, BGH GRUR **64,** 612, 617 – Bierabfüllung. Entsprechendes gilt, wenn nur Teile der Vorrichtung zur Durchführung des Verfahrens gezeigt werden, BGH GRUR **88,** 755, 756 – Druckguss. Auch die bloße Bezugnahme auf die angemeldete Erfindung genügt zur Substantiierung der behaupteten Benutzungshandlung regelmäßig nicht, BPatGE **22,** 119, 120. Es gehören hierzu ganz konkrete Angaben über die näheren Umstände der Benutzungshandlung nach Art, Zeit und Ort, BGH GRUR **63,** 311, 312 – Stapelpresse. Es geht aber nicht an, als Voraussetzung für die Zulässigkeit des Zeugenbeweises zu verlangen, dass zunächst anderweit gewisse Anhaltspunkte für die unter Beweis gestellten Tatsachen erbracht werden. Der Pflicht zur Substantiierung eines Beweisangebots zu einer offenkundigen Vorbenutzung ist nur dann nicht genügt, wenn das Gericht auf Grund des tatsächlichen Vorbringens nicht in der Lage ist zu entscheiden, ob die gesetzlichen Voraussetzungen einer offenkundigen Vorbenutzung vorliegen können. Der Vortrag näherer Einzelheiten ist nur insoweit erforderlich, als dies für die Rechtsfolgen von Bedeutung ist. Eine in Einzelheiten aufgegliederte Sachdarstellung kann allenfalls dann geboten sein, wenn der Gegenvortrag dazu Anlass bietet. Auch dann muss derjenige, der sich auf eine offenkundige Vorbenutzung beruft, allein nicht nunmehr alle Einzelheiten des behaupteten Sachverhalts darzustellen. Einzelheiten müssen vielmehr nur in dem Umfang angegeben werden, wie der bisherige Sachvortrag infolge der Einlassung des Gegners unklar geworden ist. Eine Beweiserhebung kann unter dem Gesichtspunkt mangelnder Substantiierung für eine möglicherweise beweiserhebliche Tatsache ist nur dann abgelehnt werden, wenn die unter Beweis gestellten Tatsachen so ungenau bezeichnet sind, dass ihre Erheblichkeit nicht beurteilt werden kann, oder wenn sie zwar in das Gewand einer bestimmt aufgestellten Behauptung gekleidet, aber aufs Geradewohl gemacht, gleichsam „ins Blaue" aufgestellt, mit anderen Worten, aus der Luft gegriffen sind und sich deshalb als Rechtsmissbrauch darstellen (BGH GRUR **92,** 559; WM **95,** 1235; NJW **96,** 394; WM **96,** 321. Bei der Annahme von Willkür in diesem Sinn ist Zurückhaltung geboten; in der Regel wird sie nur das Fehlen jeglicher tatsächlicher Anhaltspunkte rechtfertigen können (vgl. BGH NJW **92,** 1967, 1968; NJW **95,** 211). Es reicht für die Beweiserheblichkeit aus, wenn der Beweisführer im Einzelnen angibt, welche Tatsachen in das Wissen des Zeugen gestellt werden, BGH GRUR **75,** 254, 255 – Ladegerät II.

Neben dem Nachweis des Gegenstandes der Vorverlautbarung oder der Benutzungshandlung **70 a**
bedarf es der Feststellung, dass dieser der Öffentlichkeit zugänglich gemacht wurde. Es kommt nicht auf die Feststellung an, ob tatsächlich die Allgemeinheit und damit ein „anderer Fachleute" von der Vorbenutzung Kenntnis erlangt oder gar von der vorbenutzten Lehre Gebrauch gemacht hat, da für die Zugänglichkeit die Feststellung einer „nicht zu entfernten Möglichkeit" genügt, dass beliebige Dritte und damit auch andere Fachleute zuverlässige ausreichende Kenntnis vom Gegenstand der Vorbenutzung erhalten haben, vgl. Rdn. 53 ff. (55). Dabei kommt es darauf an, welcher Schluss aus den gesamten Umständen des Einzelfalles nach der *Lebenserfahrung* für das Bestehen einer solchen Möglichkeit zu ziehen ist. Insoweit spielt hier die Lebenserfahrung eine wichtigere Rolle als bei der Feststellung des Gegenstandes der Vorbenutzung. Von der Vorbenutzung durch Auslieferung von Serienprodukten, wie den Serienfahrzeugen eines großen Fahrzeugherstellers kann danach im Regelfall ausgegangen werden BPatG Mitt. **84,** 115. Man darf daraus aber nicht schließen, dass an die Feststellung des Tatbestandes der Offenkundigkeit nur sehr geringe Anforderungen zu stellen seien, BGH GRUR **63,** 311, 312 – Stapelpresse.

Die für die Neuheitsschädlichkeit ausreichende Feststellung, für beliebige fachkundige Dritte **71**
habe die Möglichkeit der Kenntnisnahme von der Benutzungshandlung bestanden, kann nicht durch den **Gegenbeweis** entkräftet werden, die Benutzungshandlung sei abweichend vom gewöhnlichen Lauf der Dinge nicht offenkundig geworden, Gaul/Bartenbach, Handbuch B 43; a. A. für § 2 PatG 1968 BGH GRUR **66,** 484, 487 – Pfennigabsatz; 6. Auflage Rdn. 42 d.

Der **Nachweis** neuheitsschädlicher **mündlicher Vorverlautbarung** wird in der Regel nur **72**
gelingen, wenn schriftliche Aufzeichnungen über das mündlich Referierte vorliegen, Vortragsmanuskripte, Zeichnungen, Schaubilder. Die Aussage eines Zeugen über lange zurückliegende Beobachtungen, die für ihn keine tiefergehende Bedeutung hatten, ist in einem erheblichen Maße Fehlerquellen ausgesetzt, RG GRUR **37,** 370, 371; BGH Liedl **61/62,** 264, 276. Dieser Tatumstand erlaubt es aber nicht, von der Erhebung des Zeugenbeweises überhaupt abzusehen, BGH GRUR **75,** 254, 255 – Ladegerät, oder eine Beweiserhebung durch Mutmaßungen zu ersetzen, BGH X ZR 49/80 vom 11. 11. 1980 S. 4 – Pökelvorrichtung. Eidesstattliche Versicherungen sind kein geeignetes Beweismittel, BPatG Mitt. **80,** 16.

Die Behauptung einer Vorbenutzung lässt sich sehr häufig nur dadurch zuverlässig prüfen **73**
und klären, dass sich das erkennende Gericht im Wege der Augenscheinseinnahme die angeb-

lich vorbenutzte Sache oder das angeblich vorbenutzte Verfahren vorführen lässt und die benannten Zeugen selbst vernimmt; letzteres gilt auch für den Nachweis mündlicher Vorverlautbarung. Eine solche Klärung lässt sich im Allgemeinen im Inland ohne unverhältnismäßigen Aufwand durchführen. Wird aber eine im Ausland geschehene neuheitsschädliche Vorbenutzung oder mündliche Vorverlautbarung als zum Stand der Technik gehörend für die Prüfung der Neuheit und der Erfindungshöhe beachtlich, so stellen sich nicht selten für alle Beteiligten erhebliche **Beweisschwierigkeiten.** Die Gefahr eines Missbrauchs der Verteidigung mit weithergeholtem und nur schwer und umständlich nachprüfbarem neuheitsschädlichem Material ist nicht von der Hand zu weisen. Eine Beweisaufnahme, insbesondere eine Vernehmung von Zeugen, durch andere als das zur Entscheidung berufene Prozessgericht wird hier in der Regel nicht zu einer angemessenen Klärung führen; nicht mit der Materie vertraute Richter werden nur in Ausnahmefällen sachgerechte Fragen stellen und die Antworten der Beteiligten richtig einschätzen und bewerten können. **Das Haager Übereinkommen über die Beweisaufnahme im Ausland in Zivil- und Handelssachen vom 18. 3. 1970** – BGBl. II 1977, 1472 mit Ausführungsgesetz vom 22. 12. 1977 – BGBl. 3105 (abgedruckt in Bl. **78,** 285ff.) bringt für die beteiligten Staaten eine wesentliche Erleichterung. Das Übereinkommen ist seit dem 21. 6. 1979 in Kraft, BGBl. II, 780.

IV. Nachveröffentlichte Patentanmeldungen

74 Bauer: Abgrenzung gegenüber „älterem Recht"?, GRUR **81,** 312; Aldous: Earlier Patent Applications as Part of the Prior Art, II C **90,** 539; Gesthuysen, Das Patenthindernis der älteren, jedoch nachveröffentlichten Patentanmeldung, GRUR **93,** 205; Straus: Neuheit, ältere Anmeldungen unschädliche Offenbarungen im europäischen und deutschen Patentrecht, GRUR Int. **94,** 89; Rogge: Der Neuheitsbegriff unter besonderer Berücksichtigung kollidierender Patentanmeldungen, GRUR **98,** 186; Gall, Staatenbenennung und älteres europäisches Recht – die Lage nach dem 1. Juli 1997, Mitt **98,** 161, 175.

74a Zum Stand der Technik rechnen auch nachveröffentlichte Patentanmeldungen mit älterem Zeitrang, § 3 Abs. 2. Der Regelung liegt eine Fiktion zugrunde, die die Anwendung des Abs. 1 nicht ausschließt. Der Gegenstand einer nachveröffentlichten Patentanmeldung ist über die Regelung in § 3 Abs. 2 hinaus als neuheitsschädlicher Stand der Technik gemäß § 3 Abs. 1 zu berücksichtigen, wenn vor dem Prioritätstag öffentlich über ihn referiert wurde. Mit ihr wird der Kreis des neuheitsschädlichen Materials auf bestimmte Patentanmeldungen erweitert, die zwar vor der zu beurteilenden Anmeldung eingereicht wurden, aber bis zu denen Anmeldung nicht veröffentlicht sind und deshalb an sich nicht zum Stand der Technik zählen würden. Erfasst werden

- beim Deutschen Patent- und Markenamt eingereichte Anmeldungen
- europäische Anmeldungen, mit denen Patentschutz für Deutschland begehrt wird, sofern nicht die europäische aus einer internationalen Anmeldung hervorgegangen ist und die Voraussetzungen des Art 158 II EPÜ (Einreichung in einer der Amtssprachen und Zahlung der Gebühr) erfüllt sind
- und PCT Anmeldungen, für die das Deutsche Patent- und Markenamt Bestimmungsamt ist.

74b Die in der Vorschrift vorgesehene Gleichstellung europäischer Anmeldungen ist im Hinblick auf den Zweck der Regelung und die Art 66, 139 EPÜ geboten. Da die auf solche Anmeldungen erteilten Schutzrechte jedenfalls die gleiche Wirkung wie ein nationales Patent haben, mit dem Übergang in die nationale Phase in vielfacher Hinsicht also wie ein nationales Patent erscheinen, wäre die Regelung sinnlos, würden solche Anmeldungen ausgeklammert. Das verlangt ihre Berücksichtigung wie ein nationale Anmeldung bei der Neuheitsprüfung.

74c § 3 Abs. 2 soll die Patentierung von Erfindungen verhindern, die Gegenstand eines anderen im Inland geltenden Patents werden können (Vgl. BGH GRUR **95,** 330, 32 – Elektrische Steckverbindung; Kraßer, GRUR Int. **96,** 345, 347; Kraßer § 17 II 2; Krieger, GRUR Int. **96,** 354, 356; Rogge, GRUR **96,** 931, 933; Busse/Keukenschrijver, § 3 PatG Rdnr. 176; Maiwald, Mitt. **97,** 272; Poth, Mitt. **98,** 455. In ihr kehrt in rudimentärer Form das Doppelpatentierungsverbot des früheren Rechts zurück. Diesem Zweck genügt die Vorschrift jedoch nur bedingt (vgl. BGH GRUR **91,** 376 – Beschusshemmende Metalltür; Bossung GRUR Int. 78, 387; Kraßer § 17 II 2), wie sich schon aus den Anforderungen an die Priorität ergibt. Neuheitsschädlich ist nur die ältere Anmeldung, deren Priorität vor dem für die Patentanmeldung maßgeblichen Zeitrang liegt. Eine am gleichen Tag eingegangene Patentanmeldung gehört nicht zum Stand der Technik, so dass insoweit die Erteilung inhaltsgleicher Schutzrechte denkbar bleibt. Um als neuheitsschädlich berücksichtigt werden zu können, muss die ältere nationale Patentanmeldung weiter noch anhängig, d. h. nicht zuvor durch bestandskräftigen Zurückweisungsbeschluss, Rücknahme oder gesetzliche Fiktion der Rücknahme erledigt sein BPatGE **33,** 171; Kraßer § 16 V 3 und an oder nach dem für den Zeitrang der jüngeren Anmeldung maßgeblichen Tag veröffentlicht sein. Wird sie vorher veröffentlicht, ist sie ohnehin gemäß § 3 Abs. 1 Stand der Technik; erfolgt später trotz vorheriger Erledigung der Anmeldung eine Bekanntgabe, ist der Inhalt der Veröffentlichung von deren Bekanntwerden beim Stand der Technik zu berücksichtigen. Wird die ältere Anmeldung der Öffentlichkeit überhaupt nicht zugänglich gemacht, scheidet sie als Stand der Technik vollständig aus. Wird sie vor ihrer Veröffentlichung zurückgenommen, bleibt sie mit dem Datum der Anmeldung als Stand der Technik gemäß § 3 Abs. 2 außer Betracht, auch wenn ihr Inhalt gleichzeitig oder später auf andere Weise der Öffentlichkeit zugänglich gemacht wird; berücksichtigt wird sie hier nur nach § 3 Abs. 1 mit dieser Bekanntgabe.

Vor allem an der Regelung in Abs. 2 hat sich eine Diskussion über die Reichweite des Standes der Technik im Zusammenhang mit der Neuheitsprüfung entzündet, vgl. zum Streitstand Bossung Mitt. **73,** 81, 89 m. Nw. Fn. 25; Kraßer GRUR **67,** 285 Diskuss. Ber. GRUR 84, 269: ein vollständiger Abschluss dieser Diskussion ist angesichts der Bedeutung der Neuheit für die Erteilung von Patenten nicht zu erwarten. Anmeldungen mit einer früheren Priorität, die vor dem Prioritätstag der späteren Anmeldung nicht veröffentlicht worden sind, können nach dem Wortlaut des Gesetzes nur unter den Voraussetzungen des § 3 Abs. 2 im Rahmen der Neuheitsprüfung berücksichtigt werden; eine entsprechende Einbeziehung in die Prüfung auf erfinderische Tätigkeit sieht das Gesetz nicht vor. Führt die Neuheitsprüfung nicht zu einem Patenthindernis, ist auf derartige Anmeldungen daher ein Patent auch dann zu erteilen, wenn sie in den Schutzbereich der älteren Anmeldung fallen oder durch diese nahegelegt wurden. Darin wurde ein unerträglicher Widerspruch zu dem für das „Patentrecht immanenten Doppelschutzverbot" gesehen (Bossung GRUR Int. **78,** 381, 383, der durch eine Einbeziehung äquivalenter Lösungsmittel in die neuheitsschädliche Offenbarung der älteren Anmeldung zu lösen sei mit der Folge, dass der für die Neuheitsprüfung maßgebliche Gegenstand einer Entgegenhaltung in dem Umfang verstanden werde, wie ihr (möglicher) Schutzumfang reiche, Bossung Mitt. **73,** 81, 89; Gesthuysen GRUR 93, 205, 210; vgl. auch Entscheidung des Octrooiraad GRUR Int. **80,** 533 – für die Niederlande. Der Informationsgehalt der Entgegenhaltung aus dem Stand der Technik umfasse nur solche Ausführungsformen nicht, die sich erst auf Grund erfinderischer Überlegungen aus der Entgegenhaltung ableiten ließen oder die erst auf Grund anderer Informationen aus dem Stand der Technik nahegelegt würden, Bossung Mitt. **74,** 141, 144. Mit diesem Ansatz wird die in § 3 Abs. 1 und § 4 Satz 1 aufgezeigte Systematik des Gesetzes bei der Beurteilung einer patentfähigen Erfindung aufgegeben. Die Behandlung prioritätsälterer Patentanmeldungen in § 3 Abs. 2 und § 4 Satz 2 gibt hierzu keine ausreichende Rechtfertigung. Die Prüfung, ob eine Patentanmeldung sich in nahe liegender Weise aus dem Stand der Technik ergibt, ist der Feststellung der erfinderischen Tätigkeit vorbehalten. § 4 gibt eine eigenständige Bestimmung des Begriffs der erfinderischen Tätigkeit, für den der Neuheitsbegriff und seine Voraussetzungen nicht maßgeblich sind. Überlegungen, wie sie bei der Neuheitsprüfung angemessen sind, sind bei der Prüfung auf erfinderische Leistung unzulässig, vgl. EPA GRUR Int. **91,** 816 – Reaktionsfarbstoff/HOECHST. Die §§ 3 Abs. 2, 4 Satz 2 hindern demnach nicht allgemein, für nicht im erfinderischen Bereich liegende, naheliegende Abwandlungen des offenbarten Erfindungsgegenstands der Erstanmeldung ist ein Schutzrecht zu erteilen, BGH GRUR **84,** 272, 274 – Isolierglasscheibenrandfugenfüllvorrichtung. Dafür ist nur entscheidend, ob sich die jüngere Anmeldung von dem nach § 3 Abs. 1 verbleibenden sonstigen Stand der Technik erfinderisch abhebt; auf das als neuheitsschädlich nur fingierte Material kommt es in diesem Zusammenhang nicht an. Die prioritätsältere (nachveröffentlichte) Anmeldung darf weder in die mosaikartige Betrachtung des Standes der Technik einbezogen werden, noch ist sie Grundlage eines Einzelvergleichs zur Bemessung des erfinderischen Abstandes. Hieraus ergibt sich, dass die jüngere Patentanmeldung zwar im Schutzbereich des älteren nachveröffentlichten Patents liegen kann, aber gleichwohl gegenüber dem für die Prüfung auf Erfindungshöhe maßgeblichen Stand der Technik Patentwürdigkeit aufweist, vgl. auch Preu GRUR **80,** 691, 692; vgl. im Übrigen 8. Aufl. Rdn. 18, 19. **74 d**

Eine Veröffentlichung außerhalb des Anmeldeverfahrens nimmt nicht am neuheitsschädlichen Rang der älteren Anmeldung teil; sie ist nur als Stand der Technik nach § 3 Abs. 1 zu berücksichtigen. Dies gilt auch für eine versehentliche Veröffentlichung nach der Beendigung des Anmeldeverfahrens, z. B. Offenlegung trotz vorausgegangener Rücknahme, vgl. § 32 Abs. 4. Nach dem Sinn der Regelung, Doppelpatentierungen zu vermeiden, kann nur die verfahrensmäßige Veröffentlichung im Erteilungsverfahren genügen. Eine Rücknahme der Patentanmeldung nach der Offenlegung beseitigt andererseits die Wirkung des § 3 Abs. 2 nicht. **74 e**

75 Bei den seit dem 1. 1. 1978 eingereichten Patentanmeldungen (Art. XI § 1 Abs. 1, Art. IV IntPatÜG) gelten auch nationale **Geheimanmeldungen,** für die eine Geheimhaltungsanordnung nach § 50 Abs. 1 oder 4 erlassen worden ist, vom Ablauf des 18. Monats seit ihrer Einreichung als Stand der Technik, § 3 Abs. 2 Satz 3, vgl. auch Art. 37 Abs. 2 GPÜ. Geheimanmeldungen werden trotz fehlender Veröffentlichung entsprechend der älteren nachveröffentlichten Patentanmeldung als Stand der Technik im Sinne des § 3 Abs. 2 behandelt, vgl. Bericht des Rechtsausschusses zu Art. IV Nr. 3 IntPatÜG, Bl. **76,** 347, 350. Sie finden nur bei der Neuheitsprüfung Berücksichtigung, §§ 3 Abs. 2, 4 Satz 2. Bei der Beurteilung der erfinderischen Tätigkeit werden sie nicht in Betracht gezogen, auch wenn die 18-Monatsfrist am Anmeldetag schon verstrichen ist. Die Fiktion der Veröffentlichung der Geheimanmeldung erhebt diese nur zum Stand der Technik im Sinne des § 3 Abs. 2, nicht im Sinne des § 3 Abs. 1. Bei späterer Veröffentlichung rechnet sie ab dem Zeitpunkt ihrer Bekanntgabe zum Stand der Technik gemäß § 3 Abs. 1.

76 Die nachveröffentlichte ältere Patentanmeldung gilt als Stand der Technik gemäß § 3 Abs. 2 auch dann, wenn auf sie **kein Schutzrecht** erteilt wird; entscheidend ist neben der zeitlich früheren Anmeldung allein deren spätere Veröffentlichung. Der Gegenstand der älteren Anmeldung ist in die Neuheitsprüfung einzubeziehen, ohne dass der Ausgang des Anmeldeverfahrens abgewartet werden muss. Der Prüfer hat sich mit dem Schutzbereich der älteren Anmeldung nicht auseinanderzusetzen.

76a Bei der Neuheitsprüfung gemäß § 3 Abs. 2 ist die ältere Patentanmeldung in ihrer ursprünglich eingereichten Fassung heranzuziehen. Den Ansprüchen der jüngeren Anmeldung oder des jüngeren Patents wird der **Gesamtinhalt der älteren Anmeldung** gegenübergestellt – whole contents approach. Die Einordnung der älteren nachveröffentlichten Patentanmeldung in den Stand der Technik gemäß § 3 Abs. 2 gebietet es, deren gesamten technischen Inhalt, nicht nur den der Ansprüche, bei der Neuheitsprüfung zu berücksichtigen. Auch die nachveröffentlichte Anmeldung wird mit ihrem gesamten Inhalt dem neuheitsschädlichen Stand der Technik zugerechnet, unabhängig davon, ob auf sie ein Schutzrecht erteilt worden ist oder nicht.

76b Die ältere Anmeldung wird wie der sonstige Stand der Technik mit ihrem **gesamten Inhalt** in die Neuheitsprüfung einbezogen. Eine Beschränkung auf den Gegenstand der Ansprüche der älteren Anmeldung ist unzulässig, auch wenn auf diese ein Schutzrecht erteilt worden ist. Sie kann daher die Erteilung eines Patents auf die nachfolgende Anmeldung auch dort ausschließen, wo sie lediglich eine technische Lehre offenbart, ohne dass für diese ein Schutz beansprucht wurde. Da sie auch insoweit als Stand der Technik zu behandeln ist, kann hierfür auch später ein Schutz nicht mehr beansprucht werden. Der Inhaber der älteren Anmeldung soll davon ausgehen können, dass der von ihm offenbarte Erfindungsgedanke nicht mehr für einen Dritten geschützt wird, Begründung BT-Drucksache 7/3712 S. 29. Hinzu kommt, dass der Gegenstand des Schutzes auf die ältere Anmeldung erst mit der Erteilung des Patents konkretisiert wird; bis zu diesem Zeitpunkt sind auch die vom Anmelder eingereichten Ansprüche lediglich Vorschläge, an die er nicht gebunden ist. Neuheitsschädlich sind auch technische Hinweise (z.B. in Zeichnungen), deren Schutz mangels Bezug zur beschriebenen technischen Lehre nicht hätte beansprucht werden können. Vom Patentschutz soll ausgeschlossen bleiben, was den technischen Wissensstand nicht mehr bereichert, BT-Drucksache aaO. Zur Feststellung des Umfangs der neuheitsschädlichen Offenbarung gilt das oben Gesagte.

76c Die **Zusammenfassung** der Anmeldung nach § 36 gehört nicht zum neuheitsschädlichen Inhalt der älteren Anmeldung, da sie „ausschließlich" der technischen Unterrichtung dient, § 36 Abs. 2 Satz 1, vgl. auch Art. 85, 54 Abs. 3 EPÜ.

77 Maßgeblich ist der Inhalt der Patentanmeldung in der **ursprünglich eingereichten Fassung.** Mit deren Inhalt ist sie der Neuheitsprüfung auch dann zugrundezulegen, wenn später Ansprüche, Beschreibung oder zeichnerische Darstellung geändert werden, insbesondere eingeschränkt werden oder teilweise entfallen. Die ursprüngliche Fassung ist auch dann maßgebend, wenn die Offenlegungsschrift von der Anmeldeschrift abweicht. Bei der Neuheitsprüfung berücksichtigt werden muss daher auch ein solcher Teil der ursprünglichen Anmeldung, der an ihrer späteren Veröffentlichung nicht teilnimmt. Was ursprünglich in der Patentanmeldung genannt war, wird zum Stand der Technik, auch wenn es nicht veröffentlicht wird. Unzulässige Änderungen oder Ergänzungen der ursprünglichen Anmeldung (§ 38) begründen keine Neuheitsschädlichkeit im Sinne des § 3 Abs. 2. Diese sind erst vom Zeitpunkt ihrer Veröffentlichung Stand der Technik gemäß § 3 Abs. 1. Der genannte Grundsatz gilt für die inländische, die europäische und die internationale ältere Anmeldung, § 3 Abs. 2 Nr. 1–3, vgl. Rdn. 79ff. Der Offenbarungsgehalt der älteren Anmeldung ist nach den gleichen Grundsätzen zu bestimmen, wie sie auch sonst bei der Neuheitsprüfung zugrundegelegt werden. Maßgebend ist grundsätzlich allein die aus der Schrift ersichtliche Lehre, wie sie sich aus der Sicht des Durchschnittsfachmanns darstellt. Die Einbeziehung von Äquivalenten ist ausgeschlossen. Sie gehören auch im Rahmen der Fiktion des Abs. 2 nicht zur Prüfung der Neuheit. Abwandlungen der in der älteren Anmeldung offenbarten Lehre, die unmittelbar zum Inhalt der Schrift gehören, weil der Fachmann sie bei deren Lektüre gewissermaßen automatisch mitliest, fließen hingegen in die Neuheitsprüfung ein.

Der ältere **Zeitrang** der entgegengehaltenen Anmeldung kann auch auf der Inanspruchnahme der **Priorität** einer inländischen (§ 40) oder ausländischen (§ 41) Voranmeldung beruhen, vgl. § 3 Abs. 2 Satz 2; Art. 87 EPÜ, Art. 8 PCT. Die Priorität muss im Zeitpunkt der Veröffentlichung der älteren Anmeldung noch beansprucht sein. Der Inhalt der älteren Anmeldung ist nur im Umfang einer zulässigen Prioritätsbeanspruchung neuheitsschädlich. Auch für die Feststellung der dazu erforderlichen Übereinstimmung gelten die gleichen Grundsätze wie bei der Prüfung der Neuheit selbst, BGH GRUR **2004,** 133 – Elektronische Funktionseinheit. Der Anmeldungsgegenstand, der über den Inhalt der Voranmeldung hinausgeht, nimmt an deren Zeitrang nicht teil, § 3 Abs. 2 Satz 2. Für die Neuheitsprüfung ist nicht der Inhalt der Voranmeldung, sondern der Inhalt der prioritätsbeanspruchenden Patentanmeldung in der bei der zuständigen Behörde eingereichten Fassung maßgebend, § 3 Abs. 2 Satz 1 Nr. 1–3, BT-Drucksache 7/3712 S. 29. Eine weiterreichende Offenbarung der prioritätsbegründenden Voranmeldung bleibt unbeachtlich, wenn diese nicht auf sonstige Weise der Öffentlichkeit zugänglich gemacht worden ist und deshalb selbst nach § 3 Abs. 1 oder Abs. 2 zum Stand der Technik rechnet. Enthält die entgegengehaltene Anmeldung die Merkmale a, b, d, die prioritätsbegründende Voranmeldung die Merkmale a, b, c, so nehmen am neuheitsschädlichen Zeitrang der Voranmeldung nur die Merkmale a und b teil. Das Merkmal d wird neuheitsschädlich mit dem Zeitpunkt seiner Veröffentlichung. Das Merkmal c der Voranmeldung bleibt unberücksichtigt, falls dieses nicht auf sonstige Weise zum Stand der Technik zu rechnen ist. **78**

Gemäß § 3 Abs. 2 Satz 1 Nr. 1–3 sind neuheitsschädlich die **nationalen Patentanmeldungen** sowie die europäischen und die internationalen Patentanmeldungen, soweit diesen die Wirkung einer nationalen Patentanmeldung zukommt, Rdn. 80, 81. Nach Art. 7, 4 Abs. 3 StraÜ ist diese Gleichstellung vorgesehen und nach Art. 139 Abs. 1 EPÜ geboten. Ausländische ältere (nachveröffentlichte) Patentanmeldungen werden dem Stand der Technik nicht zugeordnet, da eine Kollision zwischen einem ausländischen älteren Recht und einem jüngeren inländischen Schutzrecht nicht eintreten kann. **79**

Patentanmeldungen in der ehemaligen DDR sind keine nationalen Anmeldungen im Sinne des § 3 Abs. 2 Nr. 1, vgl. Rdn. 130. Nach § 6 der Besonderen Bestimmungen zum gewerblichen Rechtsschutz im Einigungsvertrag werden anhängige (nachveröffentlichte) **DDR-Patentanmeldungen** aber hinsichtlich der nach dem 3. Oktober 1990 beim Deutschen Patentamt eingereichten Patentanmeldungen als neuheitschädlich gemäß § 3 Abs. 2 Nr. 1 angesehen. Das Erstreckungsgesetz enthält keine weiterreichende Einbeziehung der DDR-Altanmeldungen in den Stand der Technik (vgl. auch Begründung zum ErstrG, Bl. **92,** 213, 215). § 4 ErstrG ordnet die Erstreckung des Schutzes der am 1. 5. 1992 bestehenden Anmeldungen von Ausschlusspatenten und Wirtschaftspatenten, nicht jedoch deren Neuheitsschädlichkeit i. S. des § 3 Abs. 2 Nr. 1 an. **79 a**

Die Veröffentlichung der nationalen Patentanmeldung erfolgt durch den Hinweis im Patentblatt gemäß §§ 32 Abs. 5, 31 Abs. 2. Bei einer entgegengehaltenen nationalen Anmeldung, die aus der Umwandlung einer europäischen Anmeldung gemäß Art. 135 Abs. 1 a EPÜ herrührt, ist der Zeitrang der europäischen Anmeldung maßgebend, Art. II § 9 Abs. 1 Satz 1 Hs. 2 IntPatÜG, Art. 66 EPÜ, vgl. BGHZ **82,** 88, 90 – Roll- und Wippbrett. Auch der Zeitrang einer zurückgewiesenen internationalen Patentanmeldung bleibt beibehalten, wenn sie erfolgreich gemäß Art. III § 5 IntPatÜG als nationale Anmeldung weiterbehandelt wird, Art. 25 Abs. 2 a PCT. **79 b**

Prioritätsältere nachveröffentlichte Gebrauchsmuster rechnen nicht zum Stand der Technik des § 3 Abs. 2. Das Zusammentreffen von identischem Gebrauchsmuster und Patent wird durch § 14 GebrMG gelöst. **79 c**

§ 3 Abs. 2 Satz 1 Nr. 2 stellt die **ältere europäische Patentanmeldung** für die Neuheitsprüfung einer inländischen Patentanmeldung dann gleich, wenn die Bundesrepublik Deutschland gemäß Art. 79 EPÜ wirksam als Vertragsstaat benannt ist. Die Verpflichtung zur Gleichbehandlung mit einer inländischen Patentanmeldung ergibt sich aus Art. 139 Abs. 1 EPÜ. Hiernach hat der benannte Vertragsstaat einer älteren europäischen Patentanmeldung die gleichen rechtlichen Wirkungen zuzuerkennen, wie einer älteren nationalen Anmeldung. Die Benennung als Vertragsstaat, welche mit der Patentanmeldung zu erklären ist (Art. 79 Abs. 1, 78 Abs. 1 a EPÜ), muss im Zeitpunkt der Veröffentlichung der Patentanmeldung (Art. 93 EPÜ) vorliegen. Ist die Benennung vorher zurückgenommen worden (Art. 79 Abs. 3 EPÜ) oder die **80**

Fiktion ihrer Zurücknahme wegen Nichtzahlung der Benennungsgebühr festgestellt worden (Art. 91 Abs. 4, 119 EPÜ, Regel 69 AOEPÜ), bleibt die europäische Patentanmeldung bei der nationalen Neuheitsprüfung außer Betracht. Die Gefahr einer Kollision eines vom EPA erteilten Patents mit einem im nationalen Verfahren gewährten Schutzrecht besteht dann nicht. Die europäische Patentanmeldung bleibt Stand der Technik, wenn die Benennung der Bundesrepublik nach der Veröffentlichung zurückgenommen wird. Eine gemäß Art. 135 Abs. 1a EPÜ umgewandelte europäische Patentanmeldung wird zur nationalen Anmeldung, deren Zeitrang sich allerdings nach der europäischen Anmeldung bestimmt, Art. II § 9 IntPatÜG, Art. 66 EPÜ, vgl. Rdn 79.

80 a Eine europäische Patentanmeldung steht im nationalen Erteilungsverfahren schutzhindernd nur entgegen, soweit sie im europäischen Erteilungsverfahren als ältere Anmeldung zu berücksichtigen ist. Der Zweck des IntPatÜG, das nationale Erteilungsverfahren dem europäischen Erteilungsverfahren anzugleichen, gebietet diese Auslegung, vgl. Bericht des Rechtsausschusses Bl. **76,** 347, 350. § 3 Abs. 2 Nr. 2 Hs. 2 rechnet deshalb eine europäische Patentanmeldung, welche aus einer internationalen Patentanmeldung nach dem PCT-Vertrag hervorgegangen ist, nur dann zum Stand der Technik, wenn diese in einer der Amtssprachen und gegen Zahlung der erforderlichen Gebühr (Art. 158 Abs. 2 EPÜ) dem EPA zugeleitet worden ist. Die **Zusammenfassung** der älteren europäischen Patentanmeldung bleibt entsprechend Art. 85, 54 Abs. 3 EPÜ bei der Neuheitsprüfung nach § 3 Abs. 3 Nr. 2 unberücksichtigt.

81 § 3 Abs. 2 Satz 1 Nr. 3 rechnet auch **ältere internationale Patentanmeldungen** nach dem **PCT**-Vertrag zum neuheitsschädlichen Stand der Technik, wenn die Bundesrepublik in der Anmeldung als Bestimmungsstaat (Art. 4 Abs. 1 ii PCT) genannt ist. Die Bestimmung eines Vertragsstaates in der internationalen Anmeldung bedeutet, dass das Schutzbegehren auf die Erteilung eines nationalen Patents dieses Staates gerichtet ist, Art. 4 Abs. 3 PCT, vgl. Einl. Int. Teil Rdn. 26. Die internationale Anmeldung ist nur dann als ältere neuheitsschädliche Anmeldung zu berücksichtigen, wenn sie in deutscher Sprache vorliegt, Art. III §§ 8 Abs. 3, 4 Abs. 2 IntPatÜG; auch muss die Anmeldegebühr innerhalb der in Art. 22 Abs. 2 PCT vorgesehenen Frist entrichtet sein. Ist die internationale Anmeldung beim Deutschen Patentamt als internationalem Anmeldeamt (Art. 10 PCT, Regel 19. 1 AOPCT) eingereicht, so gilt die Anmeldegebühr mit der Zahlung der Übermittlungsgebühr als entrichtet, Art. III § 4 Abs. 2 Satz 2 IntPatÜG. Sind die vorgenannten Voraussetzungen nicht gegeben – z.B. es fehlt die deutsche Übersetzung der internationalen Anmeldung –, so rechnet die internationale Patentanmeldung erst mit dem Zeitpunkt ihrer Veröffentlichung (Art. 21 PCT) zum Stand der Technik gemäß § 3 Abs. 1. Der Zeitrang der internationalen Anmeldung besteht für die nationale Anmeldung fort, wenn das deutsche Patentamt im Weiterbehandlungsverfahren nach Art. 25 PCT, Art. III § 5 IntPatÜG die Gründe ihrer Zurückweisung durch das internationale Anmeldeamt als nicht gerechtfertigt feststellt, Art. 25 Abs. 2a PCT, vgl. Rdn. 79.

V. Patente im Bereich der Chemie

82 **Literaturhinweis:** Vgl. zunächst § 1 Rdn. 79ff.; Bruchhausen, Die Neuheit von Stofferfindungen gegenüber allgemeinen Formeln und dergleichen, GRUR **72,** 226/30; Schmied-Kowarzik, Vier Jahre Stoffschutz, GRUR **72,** 255, 267/68 (unter L); Hüni, Zum Problem der Auswahlerfindung von chemischen Verbindungen, GRUR **72,** 391/94; Eggert, Chemie-Patentrecht – kein Sonderrecht – GRUR **72,** 453, 457/59 (unter V und VI); H.-J. Müller, Zum Neuheitsbegriff bei Legierungserfindungen, GRUR **72,** 464/67; ders., Stoffschutz für Speziallegierungen, Mitt. **72,** 189/90; Gerber, Stoffschutz und Neuheitsbegriff, insbesondere bei Legierungen, Mitt. **72,** 201/08; Röhl, Zur Auswahlerfindung bei Legierungen, GRUR **72,** 467/69; Klöpsch, Zur Auswahlerfindung, GRUR **72,** 625/31; Pfab Mitt. **73,** 1, 8/9; Balk Mitt. **73,** 45/46; Moser von Filseck, Zur Frage der Neuheit bei Patentanmeldungen und Patenten für chemische Stoffe, GRUR Int. **73,** 373; Dinné, Betablocker, Neuheit im Chemie-Patentrecht, Mitt. **79,** 201ff.; Hirsch, Chemieerfindungen und Schutz nach neueren Gerichtsentscheidungen, 1980, GRUR Abhandlungen Heft 10; Bruchhausen, Wann gehört die Anwendung eines Stoffes (oder Stoffgemischs) zur therapeutischen Behandlung des menschlichen (oder tierischen) Körpers oder in Diagnostizierverfahren, die am menschlichen (oder tierischen) Körper vorgenommen werden, zum Stand der Technik? (Art. 54 Abs. 5 EPÜ, § 3 Abs. 3 PatG 1981), GRUR **82,** 641; Bericht der Deutschen Landesgruppe (Schmied-Kowarzik u. Heimbach), Der Schutz von Gruppen chemischer Stoffe und von Auswahlerfindungen, GRUR **83,** 109; Dörries, Auswahlerfindungen im Bereich der Chemie, GRUR **84,** 90; ders., Zum sachlichen Umfang des Neuheitsbegriffs, GRUR **84,** 240; Hirsch, Neuheit von chemischen Erfindungen, GRUR **84,** 243; Schmied-Kowarzik, Der Schutz von Zwischenprodukten bei neuen Verfahren, die zu bekannten Endprodukten führen, GRUR **84,** 301; Hüni, Zur Neuheit bei chemischen Erfindungen in der Spruchpraxis des Europäischen Patentamts, GRUR Int. **86,** 461; Pietzcker, Die Auswahlerfindung – Begriff ohne Inhalt, GRUR **86,** 269; H.-J. Müller, Disclaimer – Eine Hilfe für den Erfinder, Zur Neuheitsfrage bei Werkstoff-Erfindungen, GRUR **87,** 484; von Füner, Die Neuheit von chemischen Erfindungen im Prüfungsverfahren beim Deutschen und Europäischen Patentamt, Mitt. **89,** 225; Schwanhäusser, Neuheit einer Bemessungsregel – der Fall „Schmiermitteladditiv", Mitt. **92,** 233; v. Pechmann, Wieder aktuell: Ist die besondere technische, therapeutische oder biologische Wirkung Offenbarungserfordernis bei der Anmeldung chemischer Stofferfindungen, GRUR Int. **96,** 366; Spangenberg, Die Neuheit sogenannter „Auswahlerfindungen", GRUR Int. **98,** 193; v. Raden/v. Renesse, „Überbelohnung" – Anmerkungen zum Stoffschutz für biotechnologische Erfindungen, GRUR **2002,** 393; Spranger, Stoffschutz für „springende Gene" – Transposons im Patentrecht, GRUR **2002,** 399.

1. Grundsätze der Neuheitsprüfung Die oben dargestellten Grundsätze betreffen auch das Recht der Chemiepatente. Die Frage, ob eine schutzwürdige neue Erfindung vorliegt ist, für das Gebiet der chemischen Industrie nicht wesentlich anders zu beurteilen als für andere Gebiete der Technik, BGHZ **53,** 283, 288f. – Anthradipyrazol; BGHZ **103,** 150, 156 – Fluoran. 83

a) Stellt eine angemeldete **Legierung** nur den Ausschnitt aus einem bekannten größeren Legierungsbereich dar, so kann mangels Neuheit kein Sachpatent erteilt werden, weil die konkret und speziell aus dem an sich bekannten, größeren Bereich ausgewählte Legierung qualitativ und quantitativ (nach Art und Menge der Komponenten) vollständig im Bereich der bekannten Legierung liegt und als solche selbstverständlich auch herstellbar ist (so die deutsche Praxis auf dem Gebiet der Legierungen;). Die Neuheitsschädlichkeit der Offenbarung ist nicht davon abhängig, dass der beanspruchte Ausschnitt in der umfassenden Vorveröffentlichung beispielsweise als besonders vorteilhaft hervorgehoben ist, vgl. auch BGHZ **111,** 21, 26 – Crackkatalysator zu § 26 Abs. 1 PatG 1968; BGH WRP **98,** 889 – Leuchtstoff; Dörries GRUR **91,** 717, 719; Eine bei der Herstellung von Legierungen einzuhaltende „Einstellungsregel" ist nicht neu, wenn und soweit Legierungen mit denselben qualitativen und quantitativen Bestandteilen zum Stand der Technik gehören, bei deren Herstellung die beanspruchte Einstellungsregel, wenn auch unerkannt, eingehalten worden ist, BGH, GRUR 86, 163, 164 – Borhaltige Stähle. Einem eine bestimmte Zeit beanspruchenden Legierungsverfahren fehlt die Neuheit, wenn (oder soweit) es mit einem Verfahren nach dem Stand der Technik übereinstimmt (oder sich überschneidet), BGH GRUR **82,** 610, 611 – Langzeitstabilisierung. Nur wenn der Stand der Technik undifferenziert ist, keine ausdrücklich begrenzte Bemessungsregel ausweist, kann die angemeldete Lehre, die sich auf einen bestimmten durch Parameter konkretisierten Bereich bezieht, neu sein, BGHZ **80,** 323, 331 – Etikettiermaschine. Soweit die Bandbreite des angemeldeten Anspruchs einen Teilbereich des Standes der Technik umfasst, fehlt die Neuheit, BGH GRUR **82,** 610, 611 – Langzeitstabilisierung; BGHZ **95,** 295, 301 – borhaltige Stähle. Neuheitsschädlich offenbart sind auch solche Zahlenwerte, die im Randbereich der vorveröffentlichten Ausführungsbeispiele liegen, vom Fachmann aber mitgelesen werden, vgl. EPA GRUR Int. **87,** 171f. – Füllstoff/PLÜSS-STAUFER. Überschneidungen können durch die Formulierung eines disclaimers („indes nicht", „ausgenommen") vermieden werden, vgl. Liesegang Mitt. **82,** 71, 72. Durch Grenzwerte definierte Mengenbereiche der Komponenten einer Legierung umfassen sämtliche innerhalb der angegebenen Grenzen möglichen Variationen, auch Zusammensetzungen, die nicht einzeln zahlenmäßig ausdrücklich genannt sind, sofern dem Fachmann erkennbar die charakteristischen Eigenschaften der Legierung gewahrt bleiben, BGH GRUR **92,** 842, 844f. – Chrom-Nickel-Legierung (zu § 26 Abs. 1 Satz 4). 84

Die Neuheit der Patentanmeldung ist aber zu bejahen, wenn die Entgegenhaltung zwar allgemein Legierungsgruppen nennt, die für jede einzelne Legierung gesetzmäßig bestimmten Stoffanteile aber nicht offenbart, BGH Bl. **73,** 170, 171 – Schmelzrinne. Anregungen der Vorveröffentlichung können nur dann die Neuheit beeinträchtigen, wenn sie sich zu einer jederzeit ohne weiteres wiederholbaren technischen Lehre verdichtet haben, BGH Bl. **73,** 170, 172 – Schmelzrinne; BGHZ **76,** 97, 105 – Terephtalsäure; Neuheitsschädlichkeit ist auch dann gegeben, wenn das Ergebnis der vorbeschriebenen technischen Lehre unerkannt blieb, BGHZ **92,** 295, 301 – borhaltige Stähle; EPA GRUR Int. **85,** 198, 200 – Vinylacetat/FERNHOLZ. 84a

b) Auch im Bereich des **chemischen Stoffschutzes** ist grundsätzlich nur als neuheitsschädlich anzusehen, was konkret vorbeschrieben ist. Das setzt voraus, dass der Stoff mit einem bekannten, nach Stoff- oder Verfahrensparametern eindeutig identifizierten bekannten Stoff identisch ist. Liegt eine Übereinstimmung in den zur Identifizierung wesentlichen Parametern vor, kann auch die Beschreibung eines Stoffes auf einer anderen Grundlage, etwa durch einen 85

Poduct by process-Anspruch, ihm Neuheit nicht verleihen (EPA GRUR Int. **86,** 550, 552; Busse/Keukenschrijver, § 3 PatG Rdnr. 128). Danach ist Stoffschutz zulässig, solange die betreffende unter eine allgemeine Formel fallende Verbindung nicht konkret vorbeschrieben ist BPatGE **13,** 1, 7. Die neuheitsschädliche Offenbarung eines Stoffes bedarf der Nennung der für diesen Stoff eigenartigen (Stoff- oder Verfahrens-)Parameter, EPA GRUR Int. **91,** 816 – Reaktionsfarbstoffe/HOECHST. Fehlt es daran, ist er grundsätzlich auch dann neu, wenn er sich von dem Bekannten nur in einem zuverlässig festzustellenden Parameter unterscheidet (BGH GRUR **72,** 80 – Trioxan; EPA ABl **90,** 195 – Enantiomere; GRUR Int. **91,** 816 – Reaktionsfarbstoffe). Auch eine Verbindungsgruppe, die neben vielen anderen Verbindungen und Verbindungsgruppen nur beispielsweise aufgeführt wird, ist nicht neuheitsschädlich offenbart, wenn der Druckschrift nicht unmittelbar das mit konkreten einzelnen Ausgangsverbindungen und mit einem konkret definierten Verfahrenserzeugnis bestimmt umschriebene Verfahren entnommen werden kann, BGHZ **66,** 17, 33 ff. – Alkylendiamine I. Ein durch Eigenschaftsangaben (Parameter) definierter Stoff ist in der Regel dann als neu anzusehen, wenn er sich durch mindestens einen, nach den jeweiligen Umständen charakteristischen Parameter von bekannten Stoffen unterscheidet, BPatGE **15,** 1, 10; **20,** 6, 8 f.; BGHZ **57,** 1, 11 – Trioxan; BPatGE **15,** 1, 10; **20,** 6, 8 f.; BPatG GRUR **83,** 737; EPA GRUR Int. **90,** 851, 851 – Enantiomere/HOECHST, vgl. allg. BGHZ **90,** 318, 322 – Zinkenkreisel.

85 a Die Neuheit des Stoffes kann nicht mit Eigenschaften belegt werden, welche die Stoffparameter unverändert lassen – Geruchsfreiheit bei reinerer Herstellung des Stoffes, EPA GRUR Int. **86,** 259, 260 (kritisch hierzu Hüni GRUR Int. **86,** 461 f.). Der Hinweis auf einen bisher nicht erkannten Vorteil eines Stoffe oder des Verfahrens zu seiner Herstellung begründet nicht seine Neuheit, BGHZ **95,** 295, 302 – borhaltige Stähle; EPA GRUR Int. **86,** 198, 210, sondern kann allenfalls zu einem Verwendungspatent führen. Bei einem durch sein Verfahren zur Herstellung gekennzeichneten Stoff (product by process, vgl. § 1 Rdn. 88) bedarf es zur Feststellung der Neuheit des Nachweises, dass die Veränderung der Verfahrensparameter zu einem anderen Ergebnis führt, EPA GRUR Int. **86,** 259, 260.

85 b Dem Begriff der **Auswahlerfindung** (§ 1 Rdn. 81 mit Lit. Hinw.) darf nicht darüber hinwegtäuschen, dass allein die Auswahl eines Stoffes aus einem umfassenden Mengenbereich dessen Neuheit nicht begründen kann, vgl. hierzu auch BGHZ **111,** 21, 26 – Crackkatalysator mit den Bemerkungen von Dörries GRUR **91,** 717, 719. Der aus einem größeren (Verfahrens- oder Stoff-)Bereich herausgegriffene Teilbereich erhält seine Neuheit nicht durch einen dort schon vorhandenen, aber neu entdeckten Effekt, BGH GRUR **78,** 696, 699 – a-Aminobenzylpenicillin; BGHZ **76,** 97, 104 f. – Terephtalsäure; EPA ABl **85,** 209, 215, sondern muss per se neu sein, BPatG GRUR **91,** 819. Der Grundsatz, dass ein allgemeiner Begriff die Neuheit eines speziellen Gegenstandes nicht vorwegnimmt, kann dem nicht entgegengehalten werden. Das Begriffspaar „allgemein/speziell“ greift nicht, wenn – wie bei der Auswahlerfindung – der beanspruchte Stoff einer aus einer Vielzahl vorbeschriebener Stoffe ist. Es ist hier wie auch sonst auf den Umfang der Offenbarung der Vorveröffentlichung abzustellen.

85 c Ist der beanspruchte (ausgewählte) Stoff dem Fachmann über eine Vorveröffentlichung hinreichend deutlich in seiner Struktur und als herstellbar offenbart, ist er nicht neu, auch wenn er nicht ausdrücklich formelmäßig gekennzeichnet war, vgl. BGHZ **103,** 150, 156 – Fluoran; EPA GRUR Int. **90,** 225, 227 – Copolymere/DU PONT. Die Kenntnis von der chemikalischen Zusammensetzung oder dem physikalisch-chemischen Aufbau des beanspruchten Stoffes ist für die Neuheitsprüfung nur von untergeordneter Bedeutung (BGH GRUR **88,** 447 = BGHZ 103, 150 – Fluoran). Es genügt, wenn er eindeutig als das Produkt eines der Öffentlichkeit zugänglichen Verfahrens gekennzeichnet ist (BPatG Mitt. **77,** 274). Kann ein Fachmann der Offenbarung im Stand der Technik die für Gewinnung und Identifizierung des Stoffes erforderlichen Parameter entnehmen, bedarf es auch einer Darstellung weiterer Einzelheiten nicht (EPA GRUR Int. **85,** 827 – Thiochlorformiate zu 7; GRUR Int. **90,** 225 – Copolymere zu 3.4). Ein nach dem Verfahren zu seiner Herstellung bekannter und hinreichend identifizierter Stoff ist daher auch dann neuheitsschädlich getroffen, wenn klare Vorstellungen über seinen chemischen Aufbau und seine Struktur fehlen.

85 d Undifferenzierte Vorbeschreibungen nehmen den durch konkrete Parameter gekennzeichneten Stoff nicht vorweg (BGHZ **80,** 323, 330 – Etikettiermaschine), während das Erfordernis auch zeit- und arbeitsaufwändiger Analysen zur Identifizierung des Stoffes und seiner Eigenschaften einer neuheitsschädlichen Offenbarung nicht entgegenstehen muss, BGH GRUR **86,** 372, 374 – Thrombozyten-Zählung. Formeln mit variablen Substituenten vermitteln dem Durchschnittschemiker eine klar begrenzte Zahl eindeutig definierbarer chemischer Stoffe, BPatG Bl. **86,** 305 (LS), bestätigt durch BGH, GRUR 1988, 447 – Fluoran mit dem klarstellenden Zusatz, wonach allein die Tatsache, dass die beanspruchte Verbindung unter eine vorbekannte Formel falle, für die Neuheitsfrage noch nichts aussage. Maßgebend ist allein, ob ein Sachverständiger durch die Angaben einer vorveröffentlichten Druckschrift über eine chemische Verbindung ohne weiteres in die Lage versetzt wird, die diese chemische Verbindung betreffende Erfindung auszuführen, d. h. den betreffenden Stoff in die Hand zu bekommen.

Die Auffassung des EPA, die Darstellung einer Klasse chemischer Verbindungen, die nur **85 e** durch eine allgemeine Strukturformel mit mindestens zwei variablen Gruppen definiert ist, erfasse nicht alle Einzelindividuen, die sich aus der Kombination aller möglichen Variablen innerhalb dieser Gruppen ergebe (EPA GRUR Int. **89,** 226, 227 – Xanthines; ABl **84,** 401 – Spiroverbindungen; vgl. a. SA ABl **99,** 18), ist in dieser Allgemeinheit mit dem patentrechtlichen Neuheitsbegriff nicht zu vereinbaren. Auch bei der Prüfung der Neuheit engerer Bereichsangaben gegenüber bekannten gibt es keine Abstufung, nach der bestimmte Teilbereiche als vorteilhaft, zweckmäßig oder bevorzugt offenbart sein müssten; dies gilt mangels anderer Anhaltspunkte auch bei durch Grenzwerte definierten Parameterangaben (BGH GRUR **90,** 510 – Crackkatalysator 1; BGH GRUR **92,** 842, 844 – Chrom-Nickel-Legierung). Die Angabe eines durch konkrete Werte eng begrenzten, quantitativ definierten Bereiches (Teilchengröße eines Stoffes in Waschmitteln 1 bis 50 mm) schließt die innerhalb der Grenzen liegenden Zwischenwerte, die ein Sachverständiger einfach individualisieren kann, auch dann ein, wenn sie nicht ausdrücklich genannt sind, BPatGE **31,** 96. Darauf, ob es der Fachmann „ernsthaft erwogen" hätte, die bekannte Lehre im Bereich der Parameter des Streitpatents anzuwenden, wie das EPA meint (ABl **93,** 495) kommt es jedenfalls im Regelfall nicht an, BPatG Mitt. **95,** 320. Das Gleiche gilt für seine Annahme, eine umfassende numerische Bereichsangabe enthalte jedenfalls nicht ohne weiteres auch eine gleichermaßen umfassende Offenbarung der denkbaren Unterbereiche (vgl. ABl **93,** 495 – Waschmittel; dagegen zu Recht BGH GRUR **2000,** 591 – Inkrustrierungsinhibitoren). Der Fachmann versteht durch Grenzwerte definierte Bereiche in der Regel dahin, dass die Grenzwerte nur eine vereinfachte Schreibweise auch für die Zwischenwerte bilden, so dass er bei solchen Angaben die eingeschlossenen Bereiche als mögliche praktische Ausführungsart in Betracht ziehen wird, BGH Mitt. **2002,** 16 – Filtereinheit. Die bloße Auswahl von Stoffen aus größeren Gruppen kann deren Neuheit allein daher nicht begründen (teilw. anders EPA ABl **84,** 401 – Spiroverbindungen; GRUR Int. **89,** 226, 227 – Xanthines). Die Vorwegnahme setzt eine individuelle Beschreibung des Stoffs im Stand der Technik nicht notwendig voraus (anders EPA ABl **90,** 195 – Enantiomere; ABl **84,** 401 – Spiroverbindungen; SA ABl **99,** 15). Entscheidend ist auch hier die Information, die der Fachmann einer allgemeiner gehaltenen Beschreibung entnimmt. Dass eine allgemeine Formel oder Beschreibung spezielle Verbindungen zwar umfasst, aber nicht konkret bezeichnet, heißt nicht umgekehrt, dass die allgemeine Angabe für den Fachmann schlechthin nicht als Offenbarung davon erfasster einzelner Stoffe oder Mischungen in Betracht kommt. Entscheidend ist vielmehr, ob ein Fachmann diese in die allgemeinen Angabe einer größeren Familie einbezieht (BGHZ 103, 150 – Fluoran) und sie ihm damit als mögliche Lösung der jeweiligen Aufgabe zugänglich gemacht werden. Dabei wird nach der Lebenserfahrung davon auszugehen sein, dass aus der Sicht des Fachmanns auch eine nur pauschale Angabe geeigneter Stoffe oder Mischungen grundsätzlich alle davon erfassten Alternativen einschließen wird, sofern er nicht einzelne von ihnen – möglicherweise auch auf Grund einer Fehlvorstellung – als ungeeignet erkennt oder ansieht (EPA SA ABl **99,** 17). Der Offenbarungsgehalt einer chemischen Formel kennt keine zahlenmäßige Obergrenze der darin vermittelten chemischen Stoffe; es kommt nicht auf eine leichte Überschaubarkeit der genannten Stoffe an, sondern lediglich darauf, ob diese für den Fachmann ohne weiteres erkennbar sind, BGHZ **103,** 150, 157 – Fluoran.

Auch bei chemischen Stoffpatenten kann das Auffinden bisher nicht erkannter Eigenschaften, **85 f** Wirkungen und Vorteile die Neuheit eines bekannten, eindeutig identifizierten und bereits herstellbaren Stoffes selbst entgegen einer verbreiteten Auffassung nicht begründen (BGHZ **76,** 97, 104 – Terephtalsäure; **95,** 295, 303 – Borhaltige Stähle; EPA ABl **84,** 401 – Spiroverbindungen; ABl **85,** 209 – Thiochlorformiate; ABl **84,** 309 – Anspruchskategorien zu 8; GRUR Int. **86,** 259, 260 – Vinylester-Crotonsäure-Copolymerisate zu 3.1 mit krit. Anm. Hüni GRUR Int. **86,** 461; vgl. a. v. Raden/v. Renesse, GRUR 2002, 393, 398; Spranger GRUR 2002, 399 ff.). Vom Stand der Technik kann sich auch eine Auswahl nur durch Erscheinungen abheben, die per se neu sind (EPA 3. 7. 1991 – T 279/89 – Reaction injection moulded polyurethane elastomers). Neu entdeckte Wirkungen oder Eigenschaften eröffnen auch hier allenfalls eine bislang unbekannte Verwendung. Ist der ausgewählte Stoff als solcher vorbekannt, so verbleibt dem Anmelder gegebenenfalls die Möglichkeit, dessen überraschende Eigenschaften über ein Verwendungspatent unter Schutz zu stellen, EPA GRUR Int. **90,** 522, 525 – reibungsverringernder Zusatz/MOBIL OIL III. Zu Tendenzen der Amtspraxis des EPA, die Bestandteile eines Produkts nur dann als der Öffentlichkeit zugänglich gemacht anzusehen, wenn für einen Fachmann Anlass zu ihrer Untersuchung bestand, vgl. Günzel, Festschr. Nirk (1992), S. 441, 445; Dörries GRUR **84,** 90, 92 auch zu den Bemühungen einer internationalen Verständigung über den Begriff der Auswahlerfindung.

85h Die Vorwegnahme eines Stoffes im Stand der Technik hängt nicht davon ab, ob er in der Vorwegnahme ausdrücklich als ein geeignetes Mittel zur Ausführung der dargestellten Lehre beschrieben wird (anders EPA 23. 8. 1990 – T 12/90); dieser Gesichtspunkt kann allein die Verwendung des Stoffes berühren und daher nur bei Verwendungspatenten und den diesen nahestehenden Erfindungen nach Abs. 3 Bedeutung gewinnen. Neuheitsschädlich getroffen ist der Stoff, wenn der Fachmann den Stoff im Stand der Technik auffinden und in die Hand bekommen kann. Darüber sagt die Zugehörigkeit des Stoffes zu einer Gruppe noch nichts aus; entscheidend ist allein, ob dem Fachmann eine Möglichkeit zur Herstellung des jeweiligen Stoffes aus der Gruppe eröffnet wird, BGH GRUR **88,** 447 – Fluoran. Dafür kann allerdings genügen, dass eine Stofffamilie und ein für sie typisches Herstellungsverfahren bekannt sind, das auch die konkrete Verbindung einschließt. Wird das Ergebnis eines solchen Herstellungsverfahrens allein durch das Verhältnis der Ausgangsmaterialien bestimmt, offenbart eine Veröffentlichung im Stand der Technik alle Produkte, die sich in Anwendung der mitgeteilten Mischungsverhältnisse zwangsläufig einstellen, auch wenn sie in der Schrift nicht im Einzelnen mitgeteilt werden. Auf seine ausdrückliche Beschreibung, wie sie in der Spruchpraxis des EPA gefordert wird, kann es nicht ankommen. Diese formale Betrachtung ist auch deshalb geboten, weil sich nur so Doppelpatentierungen vermeiden lassen. Eine nach den Angaben aus dem Stand der Technik herzustellende Verbindung wird auch ohne ausdrückliche Erwähnung von einem entsprechenden Patent erfasst; wäre gleichwohl von ihrer Neuheit auszugehen, könnte sie in einem weiteren Schutzrecht allein deshalb erneut unter Schutz gestellt werden, weil sie dort erstmals ausdrücklich aufgeführt wird. Das ist mit Sinn und Zweck des auf eine Bereicherung des Standes der Technik zielenden Patentrechts nicht zu vereinbaren.

86 Das **formale Prinzip der Neuheitsprüfung** bedeutet auch im Bereich der Chemie nicht, all das als neu anzusehen, was nicht expressis verbis vorbeschrieben ist. Für eine Anwendung und Auslegung des Neuheitsbegriffs im Sinne eines „Alles-oder-Nichts-Prinzips" ist kein Raum. Auch im Bereich der Chemie ist der neuheitsschädliche Offenbarungsgehalt einer Entgegenhaltung nicht auf das wortwörtlich Vorbeschriebene beschränkt. Der von Schmied-Kowarzik (GRUR **78,** 663, 666) und anderen (vgl. Beil GRUR **71,** 53, 55; 383, 389; Dörries GRUR **84,** 240, 241) verfochtenen starren Regel, jede chemische Verbindung, die nicht ausdrücklich vorbeschrieben ist, als neu zu qualifizieren und bei der Beurteilung des Offenbarungsgehalts von dem Verständnis des Fachmanns gänzlich abzusehen, kann nicht gefolgt werden. Mag im Bereich der Chemie die Feststellung nicht vorbeschriebener, aber dem Fachmann platt selbstverständlicher Ergänzungen nicht häufig vorkommen, so rechtfertigen Schwierigkeiten im Einzelfall nicht einen Regelsatz, der die Möglichkeit einer dahingehenden Feststellung von vornherein ausschließt (vgl. auch Bruchhausen GRUR **72,** 226, 230; Klöpsch GRUR **72,** 625, 627, 629; Hirsch GRUR **84,** 243, 244). Bei seinem Verständnis vom Offenbarungsgehalt einer Verlautbarung aus dem Stand der Technik wird der Fachmann sich auch bei Chemiepatenten nicht in unnatürlicher Weise an den Wortlaut einer Schrift oder die konkreten Einzelheiten einer Benutzung klammern, sondern den Sinn der dargestellten technischen Lehre zu erfassen suchen. Bringt die Bezeichnung einer größeren zusammengehörigen Gruppe oder einer Stofffamilie aus seiner Sicht zum Ausdruck, dass sämtliche der damit bezeichneten Stoffe Teil der offenbarten Lehre sind, sind diese oder ihre Verwendung neuheitsschädlich getroffen, wenn auch die weiteren Voraussetzungen gegeben sind. Kann der Fachmann die einzelnen Stoffe in die Hand bekommen, trifft eine vorbekannte, auf allgemeine Bezeichnungen abstellende Lehre auch von dieser erfasste Untergruppen neuheitsschädlich (BGHZ **103,** 150 – Fluoran; Kraßer § 17 IV). Daher liegt eine Vorwegnahme durch eine solche Offenbarung auch dann vor, wenn der bei der späteren Anmeldung verwendete Stoff dort nicht ausdrücklich aufgeführt wurde, sondern seine Einbeziehung allein aus der Zugehörigkeit zu der allgemein beschriebenen Gruppe folgt (so auch im Erg. zu Recht Busse/Keukenschrijver § 3 PatG Rdnr. 141). Neu erkannte Eigenschaften oder Wirkungen können auch in diesem Zusammenhang keine stoffliche Neuheit schaffen, sondern allenfalls zu einem Verwendungspatent führen.

87 Zustimmung verdient deshalb die in BGH GRUR **74,** 332, 334 – Cholinsalycilat getroffene Feststellung, ein Verfahren zur Herstellung von kristallinem Cholinsalycilat sei nicht neu, wenn es zwar nicht vollständig, aber doch in einem Maße vorbeschrieben sei, dass es für den „Fachmann eine Selbstverständlichkeit" gewesen sei, die kristalline Substanz herzustellen. Ein Verfahren zur Herstellung einer chemischen Verbindung ist vorweggenommen, wenn anstelle der in der Entgegenhaltung angegebenen Verbindung ein Ausgangsstoff eingesetzt wird, dessen Auswahl dem Fachmann „eine Selbstverständlichkeit" ist, BGH GRUR **78,** 696, 698 – a-Aminobenzylpenicillin. Auch die Ausrichtung eines vorbeschriebenen Verfahrens auf die Erzielung eines bisher nicht bekannten Ergebnisses kann nicht als ein neues Verfahren angesprochen werden, wenn sich bei der tatsächlichen Ausführung des vorbeschriebenen Verfahrens das erstrebte Ergebnis von selbst einstellt, BGH GRUR **78,** 696, 699 – a-Aminobenzylpenicillin; BGHZ **76,** 97, 107 – Terephtalsäure. Die Angabe der chemischen Konstitution eines Stoffes vermittelt dem Fachmann außer der Kenntnis der ausdrücklich beschriebenen Erscheinungsformen auch die bei Nacharbeitung der geschilderten Herstellungsverfahren zwangsläufig auftretenden Erscheinungsformen, BPatGE **20,** 6, 9; vgl. hierzu auch Hirsch GRUR **78,** 263, 265. Durch die Beschreibung eines Verfahrens werden der Fachwelt auch die Kenntnisse zugänglich gemacht, die bei der Nacharbeitung unmittelbar und zwangsläufig offenbar werden, BGHZ aaO – Terephtalsäure; BGH GRUR **86,** 372, 374 – Thrombozyten-Zähler. Der neuheitsschädlichen Offenbarung des Stoffes muss nicht entgegenstehen, dass die Untersuchungen – wie im Bereich der Chemie üblich – zur Identifizierung des Stoffes – zeit- und arbeitsaufwändig sind, BGH – Thrombozyten-Zählung aaO., die Verfahrensweise zu seiner Herstellung muss aber allgemeinem Fachwissen entspringen, EPA GRUR Int. **87,** 170 f. – Herbizide/ICI.

Ein chemischer Stoff ist nicht mehr neu, wenn er als Verfahrenserzeugnis Gegenstand eines **87 a** vorveröffentlichten Verfahrenspatent war, BPatG Mitt. **77,** 274. Es kommt nicht darauf an, ob das zu gewinnende Endprodukt in der Vorveröffentlichung in allen Einzelheiten beschrieben ist, vgl. auch EPA GRUR Int. **90,** 225, 227 – Copolymere/DU PONT. Auch eine Hervorhebung oder Bevorzugung eines von mehreren dargestellten Verfahrenswegen ist für eine neuheitsschädliche Vorbeschreibung nicht zu verlangen, BGHZ aaO. – Therephtalsäure. Unerheblich ist, ob der Fachmann das Verfahrensergebnis schon bei der Lektüre der Patentschrift erkannt hat oder ob es ihn als Ergebnis des nachgearbeiteten Verfahrens überrascht, BGHZ aaO. – Therephtalsäure; **95,** 295, 301 – borhaltige Stähle. Ebensowenig wie die subjektiven Vorstellungen des Anmelders können die von den objektiven Gegebenheiten abweichenden Erwartungen des Fachmanns den in der Ausführung des Verfahrens sich offenbarenden Gehalt der mitgeteilten technischen Lehre einschränken. Abwandlungen des vorbeschriebenen chemischen Stoffes oder Stoffgemischs oder des Verfahrens zu seiner Herstellung, die über den Rahmen platt selbstverständlicher Ergänzungen hinausreichen, sind dem neuheitsschädlichen Stand der Technik nicht zuzurechnen; (glatt) äquivalente Abwandlungen oder Ergänzungen eines chemischen Stoffes oder eines Verfahrens zu seiner Herstellung sind in den Bereich der neuheitsschädlichen Offenbarung nicht einzubeziehen, BPatGE **20,** 6, 9; nicht entscheidungserheblich in BGHZ aaO. – Therephtalsäure; **80,** 323, 330 – Etikettiermaschine. Ein im Stand der Technik bisher nicht bekanntes Herstellungsverfahren verleiht dem unter seiner Verwendung erstellten Stoff keine Neuheit, wenn dieser als solcher bereits bekannt war; in Betracht kommt hier nur ein Verfahrenspatent für das Produktionsverfahren.

Verfahren zur Herstellung einer chemischen Verbindung offenbaren nicht ohne weiteres **87 b** auch Möglichkeiten für die Produktion verwandter Stoffe (BGH GRUR **78,** 696, 698 – a-Aminobenzylpenicillin; vgl. a. EPA ABl **90,** 195 – Enantiomere); entscheidend ist auch hier, was der Fachmann jeweils der Verlautbarung an Informationen unmittelbar entnehmen kann. Der Umfang ihrer Offenbarung wird – wie auch sonst – allein von diesem Informationswert bestimmt. Weitergehende Assoziationen, die sich dem Fachmann auf Grund seines Fachwissens oder anderer Quellen erschließen, berühren auch in diesem Zusammenhang nicht die Neuheit, sondern können allenfalls bei der Prüfung der erfinderischen Tätigkeit Bedeutung gewinnen (vgl. Rogge, GRUR **96,** 931, 938; s. a. Hansen, GRUR **96,** 943 ff.). Für einen Fachmann auf dem Gebiet der präparativen organischen Chemie gehört die weitere Reinigung der in einem chemischen Verfahren erzeugten Verbindungen im Bedarfsfall zu den üblichen Maßnahmen. Sind ihm die dafür erforderlichen Reinigungsverfahren als solche bekannt, kommt ein Patent für die Herstellung einer besonders reinen Substanz nur dann in Betracht, wenn dafür diese allgemeine Regel nicht gilt, etwa weil alle früheren Versuche zur Herstellung weiterer Reinheit mit den herkömmlichen Mitteln fehlgeschlagen sind (EPA GRUR Int. **98,** 988 – erythro-Verbindungen). Einen derartigen Ausnahmefall muss der Anmelder bzw. Patentinhaber nachweisen; kommt er dem nicht nach, genügt für die Zurückweisung seiner Anmeldung bzw. den Widerruf des Patents der Hinweis auf die allgemeine Erfahrung.

Für die Bekanntheit einer chemischen Verbindung ist nicht erforderlich, dass sie im Priori- **87 c** tätszeitpunkt bereits hergestellt war, BGH GRUR **78,** 696, 698 – a-Aminobenzylpenicillin; Moser v. Filseck GRUR Int. **73,** 373, 374. Die tatsächliche Verwirklichung eines offenbarten Erfindungsgedankens ist für die Neuheitsprüfung unerheblich. Für die Neuheitsfrage ist allein entscheidend, ob der Fachmann den Erfindungsgegenstand der Entgegenhaltung im Zeitpunkt der beanspruchten Priorität herstellen konnte. War der Stoff oder das Stoffgemisch nicht herstellbar, steht allerdings auch deren formelmäßige Erwähnung in der Literatur der Neuheit der

Patentanmeldung nicht entgegen, BPatGE **20,** 6, 9; EPA GRUR Int. **87,** 170, 171 – Herbizide/ICI; Heyer u. Hirsch GRUR **75,** 632, 633.

88 **2. Arzneimittel und § 3 Abs. 3 § 3 Abs. 3** ist das Einfallstor für den **Erzeugnisschutz im pharmazeutischen Bereich.** § 3 Abs. 3 entspricht Art. 54 Abs. 5 EPÜ. Er ergänzt § 5 Abs. 2, der Art. 52 Abs. 4 EPÜ nachgebildet ist. In § 5 Abs. 2 werden Verfahren zur chirurgischen oder therapeutischen Behandlung und Diagnostizierverfahren vom Patentschutz ausgenommen. Stoffe oder Stoffgemische, die in einem dieser Verfahren zur Anwendung kommen, sind aber patentierbar, § 5 Abs. 2 Satz 2. Die Regelung betrifft den Patentschutz von Stoffen, die als solche im Stand der Technik bekannt sind, für die jedoch erstmals eine auf erfinderischer Tätigkeit beruhende Anwendung in einem therapeutischen, chirurgischen oder diagnostischen Verfahren offenbart wird. Bei neuen Stoffen ist sie überflüssig. Hier kann Stoffschutz gewährt werden, der dem Patentinhaber einen weitergehenden, nämlich alle Verwendungsformen abdeckenden Schutz verschafft. Das schließt den Gebrauch für medizinische Zwecke ein. Insoweit stellen die §§ 3 Abs. 3 und 5 Abs. 2 klar, dass einer solchen Erfindung die mangelnde Patentfähigkeit medizinischer Diagnose- und Behandlungsverfahren nicht entgegengehalten werden kann. Auf andere Erzeugnisse als Stoffe und Stoffgemische kann die Regelung nach Abs. 3 auch dann nicht angewendet werden, wenn sie für medizinische Zwecke bestimmt sind. Nach ihrem Wortlaut betrifft sie allein solche Stoffe und damit im Ergebnis nur Arzneimittel. Als Ausnahme von dem Grundsatz, dass eine neue Verwendung die Neuheit eines Produkts oder eines Verfahrens nicht begründen kann, ist die Regelung einer Analogie nicht zugänglich (BGH Bl. **95,** 322 – Isothiazolon; EPA GRUR Int. **94,** 848, 850 – Zweite chirurgische Verwendung; Busse/Keukenschrijver, § 3 PatG Rdnr. 195; s. a. Utermann GRUR **85,** 813). Neue Verwendungsmöglichkeiten für **medizinische Werkzeuge und Hilfsmittel** können daher über die Vorschrift nicht geschützt werden. BGH Urt. v. 7. 2. 1995 – X ZR 58/93 – 3-Isothiazolonzubereitung, insoweit in Bl. **95,** 322 nicht abgedruckt; 4. 5. 1999 – X ZR 55/97. Für eine bisher nicht bekannte Verwendung eines zum Stand der Technik gehörenden chirurgischen Instruments kommt ein Erzeugnispatent nicht in Betracht (EPA 15. 12. 1992 – T 227/91 aaO). Da hier ein Verwendungspatent nicht ausgeschlossen ist, besteht für eine Ausweitung der Ausnahme auf diese Sachverhalte kein Bedarf. Ob der Stoff und seine medizinische Verwendung durch den Stand der Technik nahegelegt ist, berührt in der Regel die Neuheit nicht, sondern betrifft in erster Linie die erfinderische Tätigkeit. Die Neuheit kann allerdings in Frage gestellt sein, wenn der Fachmann die vorgeschlagene Verwendung bei den im Stand der Technik bekannten Lehren gewissermaßen automatisch ergänzt (teilw. weitergehend EPA GRUR Int. **84,** 303 – Pyrolidin-Derivate).

89 **a) Arzneimittel/Erzeugnispatent** Der absolute Stoffschutz gilt auch im Arzneimittelbereich. Ist der Stoff als solcher neu, so kann er als Erzeugnispatent mit absoluter Wirkung geschützt werden, auch wenn seine überraschenden und überlegenen Eigenschaften sich nur im Bereich therapeutischer oder chirurgischer Heilverfahren oder Diagnostizierverfahren einstellen, vgl. § 5 Rdn. 17. Gehört der Stoff zum Stand der Technik, so scheidet ein absoluter Stoffschutz aus, gleichwohl ist er gemäß § 3 Abs. 3 als Erzeugnis patentierbar, wenn seine Anwendung in den in § 5 Abs. 2 genannten Verfahren nicht zum Stand der Technik gehört. § 3 Abs. 3 spricht nicht allein die schon vor dem 1. 1. 1978 zulässige Patentierung einer (neuartigen und überraschenden) Verwendung des Stoffes an, vgl. BGHZ **58,** 280, 299 – Imidazoline; **68,** 156, 159 – Benzolsulfonylharnstoff; BGH GRUR **82,** 548, 549 – Sitosterylglykoside; die Vorschrift führt vielmehr den Stoff selbst ausnahmsweise als **Arzneimittel** dem **Erzeugnisschutz** zu (vgl. § 5 Rdn. 20). § 3 Abs. 3 gewährt einen zweckgebundenen (Arzneimittel-)Stoffschutz in den Fällen der ersten medizinischen Anwendung, BGHZ **88,** 209, 217 – Hydropyridin; EPA (GBK) ABl **85,** 60, 62 f. – Zweite medizinische Indikation/BAYER. Die Neuheit des Mittels beruht auf der erstmaligen neuen medizinischen Anwendung. Gegenüber anderen Gebieten der Technik bringt § 3 Abs. 3 eine (nicht analogiefähige) Sonderregelung insoweit, als die Neuheit eines (vorbekannten) Mittels mit seiner erstmaligen bestimmten (therapeutischen) Anwendung begründet wird, vgl. EPA (GBK) ABl aaO. – Zweite medizinische Indikation zu Art. 52 Abs. 4 EPÜ; Utermann GRUR **85,** 813, 817. § 3 Abs. 3 enthält insoweit eine Ausnahme von dem Grundsatz, dass eine neue Verwendungsweise nicht die Neuheit eines bereits bekannten Stoffes oder einer bekannten Vorrichtung begründet, vgl. BGHZ **58,** 280, 290 – Imidazoline; GRUR **82,** 549 – Sitosterylglykoside; vgl. auch schweiz. PA GRUR Int. **79,** 168; § 5 Rdn. 20. Ist der Stoff als solcher bekannt, seine Anwendung zu einem der in § 5 Abs. 2 genannten Zwecke aber neu und erfinderisch, so ist er als neues Arzneimittel patentierbar. Die Anwendung des bekannten Stoffes in den genannten Verfahren rechnet zum Gegenstand der beanspruchten Erfindung und muss deshalb in den ursprünglichen Anmeldungsunterlagen offenbart sein.

Beim Erzeugnisschutz im pharmazeutischen Bereich handelt es sich um einen eingeschränkten, „gebietsgebundenen" Stoffschutz, Nirk GRUR **77,** 356, 361. Die erstmalige Bereitstellung eines an sich bekannten Stoffes für den Arzneimittelbereich rechtfertigt einen solchen **zweckgebundenen Stoffschutz.** Dieser Schutz ist auf den Arzneimittelsektor beschränkt, dort aber absolut. Der Stoffschutz nach § 3 Abs. 3 erstreckt sich nicht auf die Herstellung des Mittels, das bestimmungsgemäß nicht Arzneimittel ist. Er erstreckt sich auf die Herstellung aller Arzneimittel gleicher Stoffbeschaffenheit und Zweckbestimmung, vgl. hierzu BGH GRUR **87,** 794, 797 – Antivirusmittel. Trotz seiner Ausgestaltung als Stoffanspruch ist der so gewährte Schutz in seinem tatsächlichen Ansatz aber auch einem Verwendungsanspruch vergleichbar. Er behält dem Patentinhaber der Sache nach die Benutzung des Stoffes in einem der in Abs. 3 genannten medizinischen Verfahren vor. Im Ergebnis unterliegt ein solcher Anspruch den gleichen Beschränkungen wie jeder zweckgebundene Stoffanspruch (Schwed. PatbeschwG GRUR Int. **88,** 788 – Hydropyridin). 90

b) Zweite Indikation Erweist sich die Anwendung des (bekannten) Stoffes in den in § 5 Abs. 2 angegebenen Verfahren als Stand der Technik, scheidet dessen Patentfähigkeit als Arzneimittel aus, § 3 Abs. 3. Einen Erzeugnisschutz für die zweite und folgende medizinische Indikation hat der Bundesgerichtshof für das nationalen Recht lange verneint, BGHZ 88, 209, 217 – Hydropyridin. EPA (GBK) ABl 85, 60, 63 – Zweite medizinische Indikation/BAYER. Der Ansicht von Bossung (GRUR Int. 78, 381, 384 – ähnlich auch Zutrauen GRUR Int. 77, 223, 225). Mit seinem Beschluss vom 5. 10. 2005 (WRP 2006, 278 = Mitt. 2006, 29 – Arzneimittelgebrauchsmuster), mit dem ein zweckgebundener Stoffschutz unter Verneinung einer Einordnung als Verfahren für das Gebrauchsmusterrecht zugelassen wurde, ist diese strenge Linie eingeschränkt worden. Sachlich war die Differenzierung nur schwer zu rechtfertigen: ihren Grund findet sie allein in dem auf die erste Indikation beschränkten Wortlaut des Gesetzes. Für das nationale Recht ist die Unterscheidung im Ergebnis weitgehend unschädlich, weil ein Schutz der Verwendung des bekannten Stoffes im Ergebnis über ein Verwendungspatent erreicht werden kann BGH GRUR **83,** 729 – Hydropyridin; BPatG GRUR **96,** 868 – Knochenzellenpräparat; vgl. a. BGH GRUR **90,** 505 – Geschlitzte Abdeckfolie wobei offen bleibt, ob ein solcher Schutz sich auf ein Verfahren – die Verwendung als Arzneimittel oder einen zweckgebundenen Stoffschutz bezieht. Dabei spricht nach dem Inhalt eines solchen Verwendungsanspruchs allerdings viel dafür, diesen seiner Funktion entsprechend als einen auf eine bestimmte Verwendung bezogenen und damit zweckgebundenen Stoffanspruch zu begreifen. 91

Die erfinderische **Verwendung** eines auf dem Anwendungsgebiet schon bekannten Stoffes für einen neuen Zweck ist damit für das nationale Recht als solche schutzfähig, BGHZ **58,** 280, 299 – Imidazoline; BGH Bl. **73,** 257 – Herbicide; BPatG GRUR **76,** 633 – Selektive Herbicide; EPA (GBK) GRUR Int. **90,** 522, 526 – reibungsverringernder Zusatz/MOBIL OIL III. § 3 Abs. 3 steht der Patentierung der Verwendung eines als Heil- oder Diagnosemittel schon bekannten Stoffes zu einem neuen therapeutischen Zweck nicht entgegen, BGHZ **88,** 209, 217 – Hydropyridin; EPA (GBK) ABl **85,** 60 – Zweite medizinische Indikation jedenfalls zu Art. 54 Abs. 5 EPÜ; vgl. auch § 5 Rdn. 23. Der BGH ließ schon früher für die zweite und weitere Indikation einen Verwendungsanspruch in jedenfalls der Fassung zu „Verwendung des Stoffes A zur Behandlung der Krankheit X". Die Beschwerdekammern des EPA sehen eine solche Verwendung im Anschluss an die Entscheidung der Großen Beschwerkammer (ABl **85,** 60 – Zweite medizinische Indikation; vgl. a. ABl **90,** 114 – Mittel zur Regulierung des Pflanzenwachstums) als vom Patentschutz ausgeschlossene medizinische Behandlung an (Vgl. EPA ABl **83,** 266 – Nimodipin; im Erg. ebenso Beschwerdeabteilung des niederl. Patentamts GRUR Int. 1989, 588 – zweite medizinische Indikation; s. a. High Court, GRUR Int. 1986, 408, 409 m. Anm. Pagenberg GRUR Int. **86,** 376); sie gewähren aber für weitere erfinderische Indikationen einen „Anspruch auf die Verwendung eines Stoffes A zur Herstellung eines Arzneimittels A zur Bekämpfung der Krankheit X" (Verwendungs-Herstellungsanspruch). Unterschiedliche Schutzwirkungen dürften hieraus nicht herzuleiten sein, da auch der Schutzbereich des nach BGH formulierten Anspruchs durch das Verbot des § 5 Abs. 2 beschränkt ist, vgl. hierzu auch Utermann GRUR **85,** 813, 818; Gramm GRUR **84,** 761, 768. 91 a

Anders als der reine Verwendungsanspruch erstreckt sich der Schutz in den Fällen des Abs. 3 auf die Herrichtung und die Verwendung des Stoffes zum angegebenen Zweck, BGHZ **68,** 156, 160 f. – Benzolsulfonylharnstoff; BGHZ **88,** 209, 216 f. – Hydropyridin; BGH GRUR **87,** 794, 796 – Antivirusmittel, was ebenfalls deutlich macht, dass der Verwendungsanspruch den Bedarf nur zum Teil decken kann. Der zweckgebundene Stoffanspruch richtet sich gegen die augenfällige Herrichtung (Packung mit Verwendungshinweis) sowie gegen das Feilhalten und in Verkehr bringen der für die konkrete Neuverwendung hergerichteten Substanz. Herrichtung 91 b und Verwendung des Mittels im bisherigen Anwendungsbereich bleiben patentfrei, BGHZ **88,** 209, 215 – Hydropyridin, möglicherweise auch in anderen, jetzt noch nicht erkannten Anwendungen. Die neue technische Wirkung ist Merkmal der beanspruchten (Verwendungs-)Erfindung, EPA (GBK) GRUR Int. **90,** 522, 528 – reibungsverringernder Zusatz/MOBIL OIL III. Ist diese technische Wirkung der Öffentlichkeit zuvor nicht zugänglich gemacht worden, so ist die beanspruchte Erfindung neu, auch wenn diese Wirkung zuvor (unerkannt) inhärent aufgetreten ist, vgl. EPA (GBK) aaO. Der Verwendungsanspruch für die zweite Indikation kann von einem umfassenderen pharmazeutischen Erzeugnispatent patentrechtlich abhängig sein, Nirk GRUR **77,** 356, 360; Klöpsch in Anm. zu BGH – Hydropyridin GRUR **83,** 733, 735; a.A. Vossius u. Rauh GRUR **78,** 7, 14, obschon auch sie einen Sachschutz für die erste Indikation befürworten.

91 c Die medizinische Indikation ist neu, wenn sie in der Art der Anwendung oder ihrem medizinischen Einsatzgebiet bisher im Stand der Technik nicht bekannt ist. Schon der Umstand, dass die besondere Wirksamkeit eines Mittels im Stand der Technik nicht vorbeschrieben oder vorbenutzt ist, begründet die Neuheit der Lehre, dieses Mittel im neuen Wirkungsbereich zu verwenden, BGH Bl. **73,** 257, 258 – Herbicide; vgl. auch BGH GRUR **56,** 77, 78 – Rödeldraht. Die Neuheit des Verwendungsanspruchs für eine weitere medizinische Indikation beruht auf der Neuheit des therapeutischen Anwendungsbereichs, EPA (GBK) ABl **85,** 60, 63 – Zweite medizinische Indikation/BAYER. Die Neuheit ist auch dann gegeben, wenn der therapeutische Erfolg bisher nur zufällig oder unbewusst sich einstellte, auf Grund der neuen Anweisung nunmehr aber bewusst und planmäßig erzielt wird, vgl. hierzu auch BGH GRUR **56,** 77, 78 – Rödeldraht. Unterschiede in der Anwendung können sich nicht nur aus der behandelten Krankheit ergeben; auch Änderungen in der Art des behandelten Subjekts, d.h. die Anwendung des Stoffes oder sonstigen Erzeugnisses bei anderen Lebewesen (Mensch statt Tier) können eine weitere Indikation darstellen (EPA ABl **89,** 24 – Schweine II), sofern die jeweiligen Gruppen voneinander abgegrenzt werden können, keine Überlappungen auftreten und die Abgrenzung nicht willkürlich erscheint (EPA SA ABl **2001,** 27). Auch eine gegenüber dem Stand der Technik veränderte Einsatzform (Verwendung von Lanthan zur Beseitigung von Zahnbelägen gegenüber der im Stand der Technik bekannten Verwendung des gleichen Stoffes zur Herabsetzung der Löslichkeit des Zahnschmelzes und der damit verbundenen Vorbeugung gegen Karies) kann Neuheit begründen (EPA ABl **92,** 414 – Entfernung von Zahnbelag). Das Gleiche gilt für Abweichungen in der immunologischen Reaktion, die sich bei einer Modifizierung der Verwendung eines bekannten Stoffes zur Behandlung derselben Krankheit ergeben (EPA GRUR Int. **89,** 585 – Schweine II), Problematisch erscheint demgegenüber die Annahme von Neuheit bei einer lediglich anderen technischen Wirkung zur Erzielung des gleichen Erfolgs. Zu Recht hat Keukenschrijver insoweit darauf hingewiesen, dass auf diese Weise schon der Wirkungszusammenhang unter Schutz gestellt werden kann (Busse § 3 PatG Rdnr. 201). Auch andere Dosiervorschriften werden regelmäßig nicht zur Neuheit der so bestimmten Anwendung führen.

92 **c) Anwendungshinweise.** Eine Zweckangabe, die kein technisches Unterscheidungsmerkmal darstellt, sondern nur eine Anwendungsmöglichkeit des beanspruchten Stoffes oder Produktes aufzeigen soll, kann ihm regelmäßig Neuheit nicht verschaffen (EPA 8. 6. 1994 – T 51/93 – Subcutaneous administration of human chorionic gonadotrophin); sie ist – wie auch sonst – regelmäßig ohne Einfluss auf Inhalt und Schutzbereich der erfindungsgemäßen Lehre. Über die Zweckangabe hinaus muss die Lehre vielmehr auf die Anwendung in einem der in § 5 Abs. 2 aufgeführten Verfahren gerichtet sein. Das muss nicht ausdrücklich in der Fassung eines Verwendungsanspruches zum Ausdruck kommen; es genügt, dass sich aus der Beschreibung der beanspruchten Lehre in den Schutzansprüchen ihre Zweckbestimmung im Rahmen einer medizinischen Anwendung ergibt (EPA 22. 7. 1993 – T 893/90 – Method for controlling bleeding zu 4.5, 4.6 gegen 8. 6. 1994 – T 51/93 – Subcutaneous administration of human chorionic gonadotrophin, wo ausdrücklich ein auf eine Verwendung gerichteter Anspruch gefordert wurde). Auch insoweit fehlt für eine unterschiedliche Behandlung der ersten und jeder weiteren Indikation ein überzeugender Grund. Entgegen der von einer Beschwerdekammer des EPA geäußerten Auffassung (4. 2. 1992 – T 303/90 und T 401/90 – Contraceptive methods) muss grundsätzlich wie bei der ersten grundsätzlich auch bei jeder weiteren Indikation genügen, dass die Verwendung des Stoffes zur Erzielung eines therapeutischen oder diagnostischen Erfolgs in einem der in § 5 Abs. 2 genannten Verfahren gelehrt wird.

92 a Für die Prüfung der **Neuheit** des Verwendungsanspruchs für eine zweite Indikation kommt es auf eine neue Zubereitungsform (so: v. Pechmann Mitt. **77,** 106, 109; BPatG GRUR **80,** 1067) nicht entscheidend an, vgl. BGH GRUR **82,** 548, 549 – Sitosterylglykoside; EPA

ABl **87,** 355 Triazolylderivate/BASF; sie ist jedoch für die Identifizierbarkeit des Schutzgegenstandes (vgl. § 5 Rdn. 24) und für eine effiziente Verwirklichung des patentrechtlichen Schutzes zu empfehlen, vgl. auch Trüstedt, Chem. Ing. Techn. **74,** 529, 535. Eine gewerbliche Herrichtung des Stoffes für die konkrete therapeutische Anwendung ist nicht Voraussetzung für eine neuheitsschädliche Vorbenutzung. Der vorbeschriebene Gegenstand muss herstellbar, nicht aber bereits hergestellt sein, BGH GRUR **78,** 696, 698 – a-Aminobenzylpenicillin. Pharmakologisch erfolgreiche Tierversuche geben nicht die sichere Erkenntnis für eine wirksame therapeutische Anwendung des Mittels beim Menschen, sie sind deshalb nicht neuheitsschädlich. Der Hinweis auf eine allgemeine pharmakologische Verwendbarkeit steht weder dem Schutz der ersten noch der weiteren Indikation neuheitsschädlich entgegen, vgl. hierzu Bruchhausen GRUR **82,** 641 ff.

3. Naturstoffe, chemische Stoffe, die in der Natur vorkommen, sind als solche patentierbar, wenn sie erstmals als synthetisch hergestellte Stoffe der Allgemeinheit zur Verfügung gestellt werden. Das Vorhandensein des Stoffes in der Natur steht der patentrechtlichen Neuheit der auf den Stoff gerichteten Patentanmeldung nicht entgegen, wenn seine Gewinnung nicht vorbeschrieben oder sonst bekannt war. Die Neuheit der technischen Lehre besteht in der erstmaligen Bereitstellung des isolierten Stoffes, BPatG GRUR **78,** 238, 239. War die Isolierung des Stoffes zum Prioritätszeitpunkt nicht ohne weiteres geläufig und zeitigt der Stoff unerwartete Wirkungen, so wird seine Patentwürdigkeit zu bejahen sein. Sein Vorkommen in der Natur allein macht ihn nicht zu einer neuheitsschädlich vorbenutzten Sache, vgl. auch BPatG GRUR **78,** 702, 704. Andererseits lässt sich die Neuheit des Stoffes nicht allein damit begründen, dass er im Prioritätszeitpunkt erweislich nicht synthetisch herstellt war, vgl. hierzu auch BGH GRUR **78,** 696, 698 – a-Aminobenzylpenicillin. **93**

Nach EPA ABl **90,** 335, 350 – Alpha Interferone/BIOGEN ist eine **DNA-Sequenz,** auch wenn sie in einer bekannten Genbank enthalten ist, nicht neuheitsschädlich offenbart, solange nicht die für ihre Isolierung und Charakterisierung notwendigen spezifischen Hybridisierungssonden nicht offenbart sind, vgl. hierzu auch Turrini GRUR Int. **91,** 447, 448. **93 a**

Wird ein an sich bekannter und isolierter Stoff erstmals als Arzneimittel eingesetzt, kann ein Erzeugnisschutz entsprechend der Regelung des § 3 Abs. 3 gewährt werden. Es gelten die Ausführungen oben (Rdn. 89 ff.). Vgl. im Übrigen § 1 Rdn. 92; Utermann, Naturstoffe, GRUR **77,** 1; Bunke, Zur Patentfähigkeit von Naturstoffen, GRUR **78,** 132; Tauchner, Schutzumfang von Naturstoffen, Mitt. **79,** 84; Vossius/Jaenichen, Zur Patentierung biologischer Erfindungen nach Europäischem Patentübereinkommen und Deutschem Patentgesetz, GRUR **85,** 821; Rauh/Jaenichen, Neuheit und erfinderische Tätigkeit bei Erfindungen, deren Gegenstand Proteine oder DNA-Sequenzen sind, GRUR Int. **87,** 753. **93 b**

VI. Unschädliche Offenbarungen, § 3 Abs. 4

1. Zusammentreffen mit nationalen Regelungen. § 3 Abs. 4 bringt eine wesentliche Änderung des bisherigen Patentrechts. Die Neuheitsschonfrist des § 2 Satz 2 PatG 1968 und der Schutz des Ausstellungsgesetzes vom 18. 3. 1904 sind weggefallen. Offenbarungen innerhalb der dem Anmeldetag vorausgegangenen 6 Monate sind nur dann nicht neuheitsschädlich, wenn sie auf einen offensichtlichen Missbrauch zum Nachteil des Anmelders oder seines Rechtsvorgängers zurückgehen. Der Ausstellungsschutz ist auf internationale Ausstellungen beschränkt. § 3 Abs. 4 beruht auf Art. 4 Abs. 4 StraÜ und entspricht Art. 55 EPÜ. Der Ausstellungsschutz des § 3 Abs. 4 Nr. 2 wird den Mindestanforderungen zum Schutz öffentlicher Schaustellungen gemäß Art. 11 Abs. 1 PVÜ gerecht, a. A. Bossung GRUR Int. **78,** 381, 396. Art. 11 PVÜ überlässt es den Verbandsländern, „nach Maßgabe ihrer innerstaatlichen Rechtsvorschriften" den Schaustellungen auf amtlich anerkannten internationalen Ausstellungen Schutz zu gewähren. Die Beschränkung des Ausstellungsschutzes auf Weltausstellungen und internationale Fachausstellungen im Sinne des Abkommens vom 22. November 1928 hält sich im Rahmen der durch Art. 11 Abs. 1 PVÜ den Verbandsländern vorbehaltenen Regelungsbefugnis, vgl. auch Steup/Goebel GRUR Int. **79,** 336, 337. Eine Änderung der Regeln zur Neuheitsschonfrist über eine Revision der PVÜ ist nicht zu erwarten; Steup/Goebel aaO. Zu den Aktivitäten der WIPO zur Neuheitsschonfrist vgl. Bardehle Mitt. **91,** 146 ff.; Loth, Neuheitsbegriff usw., S. 172 ff. mit eigenen Vorschlägen S. 406 ff. Die Abschaffung der Neuheitsschonfrist wird weitgehend für verfehlt erachtet. **94**

Einstweilen frei **95**

2. Sechsmonatsfrist. § 3 Abs. 4 erfasst den neuheitsschädlichen Stand der Technik gemäß Abs. 1 und Abs. 2. Schriftliche, mündliche und sonstige neuheitsschädliche Vorveröffentlichungen bleiben ebenso wie prioritätsältere Patentanmeldungen außer Betracht, wenn sie **96**

innerhalb 6 Monate vor Einreichung der Patentanmeldung erfolgt sind und im Übrigen die Merkmale des Missbrauchstatbestandes (Nr. 1) oder des Ausstellungsschutzes (Nr. 2) vorliegen. Diese Entgegenhaltungen werden für die Neuheitsprüfung der Patentanmeldung aus dem Stand der Technik herausgenommen; sie bleiben auch bei der Würdigung der erfinderischen Leistung außer Betracht. Die **Sechsmonatsfrist** wird von dem Tag „der Einreichung" der Patentanmeldung, nicht vom Prioritätstag an berechnet, BGH GRUR **96,** 349, 350 – Corioliskraft II; Mes, § 3 PatG Rdnr. 36; Busse/Keukenschrijver, § 3 PatG Rdnr. 215; Kraßer § 16 VI 2; Schulte, § 3 PatG Rdnr. 141; Günzel, Festschrift Nirk, s. 441, 453; Götting, Mitt. **99,** 81, sowie zu Art. 55 Abs. 1 lit. a EPÜ; EPA (GBK)ABl **2001,** 83 – Sechsmonatsfrist; Singer, EPÜ, Art. 55 Rdnr. 2; 82; ebenso SchweizBG GRUR Int. **92,** 293, 294 – Stapelvorrichtung; krit. Loth, Neuheitsbegriff, S. 300, 302; ders. MGK Art. 55 EPÜ Rdnr. 62; Eisenführ, Mitt. **97,** 268, 269; anders: es kommt auf den Prioritätstag an Gerechtshof Den Haag, GRUR Int. **95,** 253; Hoge Raad ABl **98,** 278 = GRUR Int. 1997, 838; Bardehle, Mitt. **99,** 126; vgl. a. Teschemacher, GRUR Int. **83,** 695, 703 für die konkreteren Regelungen des Europäischen Patentübereinkommens). Die Vorschrift stellt nach Wortlaut und Funktion allein auf den Anmeldetag ab. Fällt die Vorveröffentlichung oder der maßgebliche Zeitrang der älteren Patentanmeldung in diese Frist, bleiben sie bei der Neuheitsprüfung unberücksichtigt. Frühere Offenbarungen oder Patentanmeldungen sind immer neuheitsschädlich. Der Anmeldetag als maßgeblicher Zeitpunkt zur Berechnung der Sechsmonatsfrist kann nicht mit dem Hinweis auf eine verzögerte Postzustellung in Frage gestellt werden, BGH GRUR **89,** 38 – Schlauchfolie.

97 **3. Kausalität.** Es scheiden nur solche Offenbarungen bei der Neuheitsprüfung aus, welche auf den Anmelder oder seinen Rechtsvorgänger – unmittelbar oder mittelbar – **zurückgehen.** Die Vorschrift will den Anmelder davor schützen, dass ihm seine eigene Erfindung als neuheitsschädlich entgegengehalten wird, wenn ihre Bekanntgabe auf einem offensichtlichen Missbrauch zu seinem Nachteil oder einer nach internationalen Absprachen als unschädlich anzusehenden Zurschaustellung auf einer Messe beruht. Demgemäß muss die Veröffentlichung unmittelbar oder mittelbar auf die angemeldete Erfindung zurückzuführen sein (BGH GRUR **89,** 33 – Schlauchfolie; Bl. **94,** 121, 122 – Akteneinsicht XIII), d. h. zwischen der Vorverlautbarung und der Erfindung, welche der Patentanmeldung zugrundeliegt, muss eine kausale Verknüpfung bestehen. Vorverlautbarung und Patentanmeldung müssen ihren gemeinsamen Ursprung in der Erfindung des Anmelders oder seines Rechtsvorgängers haben. Erfindungen Dritter fallen nicht unter den Schutz des § 3 Abs. 4. Es besteht kein Anlass, einen Anmelder in gleicher Weise auch vor Erfindungen Dritter zu schützen. Zur Feststellung der Kausalität ist nicht auf eine Nachfolge im Recht, sondern auf die Kette der tatsächlichen Wissensvermittlung abzustellen, BPatG GRUR **78,** 637.

97 a Für das Erteilungsverfahren müssen die Voraussetzungen der Neuheitsschonfrist **glaubhaft gemacht** werden; ein förmlicher Nachweis ist in der Regel nicht erforderlich (so auch im Erg. MGK/Loth, Art. 55 Rdnr. 104). Eine vollständige Überprüfung im Sinne des prozessualen Beweisrechts würde Erteilungs- und Einspruchsverfahren überfordern. Die Verlagerung der abschließenden Klärung auf das Nichtigkeitsverfahren erscheint trotz der weiteren Folge zumutbar, dass ein erteiltes Patent nur bei positiver Feststellung eines der geltend gemachten Nichtigkeitsgründe beseitigt werden kann. Auch insoweit wären Erteilungs- und Beschwerdeverfahren mit einer abschließenden Klärung überfordert. Zudem wäre ein eine Versagung eines Patents allein wegen bestehender Zweifel an der materiellen Berechtigung des Anmelders mit Sinn und Zweck des Patentrechts nicht zu vereinbaren. Dem Anmelder kommen zum Nachweis des Kausalzusammenhangs die Grundsätze des Anscheinbeweises zugute, BPatG GRUR **78,** 637. Was gemäß § 3 Abs. 4 bei der Neuheitsprüfung außer Betracht bleibt, scheidet auch bei der Beurteilung der erfinderischen Tätigkeit gemäß § 4 als Stand der Technik aus. Unberücksichtigt bleibt somit nicht nur eine identische Vorverlautbarung, sondern jede (kausal verknüpfte) Information, die den Gegenstand der Erfindung nahelegt.

97 b Durch Abs. 4 wird nur der **Anmelder** geschützt. Die Vorschrift soll ihn vor den Folgen einer rechtswidrigen Preisgabe der Erfindung durch einen Dritten bewahren, mit der die von ihm beanspruchte technische Lehre der Öffentlichkeit zugänglich gemacht wird (EPA ABl **87,** 465 – Antioxydans zu 6). Auf seine materielle Berechtigung kommt es nicht an. Die Regelung knüpft allein an die durch die Anmeldung begründete formelle Stellung an. Die tatsächliche materielle Berechtigung an der Erfindung soll im Erteilungsverfahren nicht geprüft werden Ebensowenig wie Art. XI § 3 Abs. 6 IntPatÜG (hierzu: BGH GRUR **92,** 157, 159 – Frachtcontainer) und § 2 PatG 1968 stellt die Neuheitsschonfrist des § 3 Abs. 4 auf die materielle Berechtigung des Patentanmelders ab. Die Vergünstigung aus § 3 Abs. 4 bleibt auch nach einer Vindikation erhalten.

4. Folge der Neuheitsschonfrist nach Abs. 4 ist allein die Unbeachtlichkeit von Offenbarungen innerhalb der Frist. Sie begründet keinen Zeitvorrang (Priorität) für die spätere Anmeldung, sondern nur eine relativ zugunsten des jeweiligen Anmelders wirkende **Immunität,** die für Dritte keine weiteren Auswirkungen hat. § 3 Abs. 4 hat nur zur **Folge,** dass unter engen Voraussetzungen ein bestimmter Stand der Technik bei der Prüfung auf Neuheit und erfinderische Leistung ausscheidet. Eine Summierung der Neuheitsschonfrist des § 3 Abs. 4 Nr. 1 und der Prioritätsfrist nach Art. 4 C PVÜ findet nicht statt; das Gleiche gilt für die nicht neuheitsschädliche Schaustellung der Erfindung auf internationalen Ausstellungen gemäß § 3 Abs. 4 Nr. 2, Art. 11 Abs. 2 S. 1 PVÜ. Die Regelung bleibt deutlich hinter dem Schutz des Erfinders im früheren nationalen Patentrecht zurück. Auch aus diesem Grund ist sie vielfach kritisiert und als revisionsbedürftig angesehen worden (vgl. MGK/Loth Art. 55 EPÜ Rdnr. 37; ders. Neuheitsbegriff und Neuheitsschonfrist im Patentrecht, 1988, 172 und 406; Bardehle Mitt. **91,** 146; vgl. a. Busse/Keukenschrijver § 3 PatG Rdnr. 212 mit Hinweisen zu aktuellen Reformbemühungen). 98

Eine der prioritätsbegründenden Anmeldung vorausgehende Vorverlautbarung ist für die Nachanmeldung immer neuheitsschädlich, auch wenn sie es für die erste Anmeldung nicht gewesen sein sollte. Die internationalen Regeln für Inanspruchnahme der (äußeren) Priorität betreffen nur die Rangsicherung. Die PVÜ enthält keine Regel zur Neuheitsschonfrist. Auch Art. 89 EPÜ nimmt ausdrücklich nur auf Art. 54 Abs. 2 u. 3, nicht auf Art. 55 EPÜ Bezug. Eine Kumulierung der Neuheitsschonfrist und der Prioritätsfrist erscheint bei Inanspruchnahme der äußeren Priorität ohne eine korrespondierende Handhabung zumindest im EPÜ-Bereich derzeit nicht möglich; Schw. BG GRUR Int. **92,** 293, 295; vl. auch Kraßer § 16 VI 1 (S. 148); kritisch: Loth, Neuheitsbegriff usw., S. 300, 302ff. Bei der seit 1. 1. 1981 eröffneten Inanspruchnahme der Priorität einer deutschen Anmeldung (innere Priorität, § 40) erscheint es indes nicht ausgeschlossen, den Nachanmelder an einer Vergünstigung des § 3 Abs. 4 für die Erstanmeldung teilhaben zu lassen, sofern die kausale Verknüpfung (vgl. Rdn. 97) der Vorverlautbarung auch zur späteren Anmeldung besteht. Bei der Inanspruchnahme der Priorität einer Gebrauchsmusteranmeldung bliebe dabei nicht die gemäß § 3 Abs. 1 Satz 2 GbmG unschädliche Vorveröffentlichung außer Betracht, sondern nur soweit sie der strengeren Vorschrift des § 3 Abs. 4 unterfiele. Es gibt Bestrebungen, auf internationaler Basis eine Kumulierung der Prioritätsfrist und der Neuheitsschonfrist zu erreichen, vgl. Ber. Pagenburg/Bardehle, GRUR Int. **82,** 185, 187; Loth, Neuheitsbegriff usw., S. 172ff. zur Rechtslage in der Schweiz RA GRUR Int. **81,** 651. Zur Regelung im Gebrauchsmustergesetz 1986 vgl. dort § 3 Rdn. 10, 11. 98 a

5. Missbrauchstatbestand Nach § 3 Abs. 5 unerheblich kann nur eine Bekanntgabe der Erfindung durch einen anderen als den Anmelder sein. Eine Verlautbarung der Erfindung durch ihn oder auf seine Veranlassung kann nur unter den Voraussetzungen des Abs. 1 lit. b) zur Neuheitsschonfrist führen (MGK/Loth, Art. 55 Rdnr. 72; Busse/Keukenschrijver, § 3 PatG Rdnr. 219); eine andere. vorzeitige Bekanntgabe des Erfindungsgegenstandes innerhalb der Sechsmonatsfrist, die der Anmelder selbst veranlasst hat, ist schädlich. Entgegen § 2 Satz 2 PatG 1968 reicht zum Neuheitsschutz des **§ 3 Abs. 4 Nr. 1** nicht aus, dass die Vorverlautbarung auf der angemeldeten Erfindung beruht. Die Offenbarung der Erfindung muss mittelbar oder unmittelbar auf einen **offensichtlichen Missbrauch zum Nachteil des Anmelders oder seines Rechtsvorgängers** zurückgehen. 99

Der Bundesrat hatte auf Vorschlag seines Rechtsausschusses empfohlen, eine Erläuterung in § 3 Abs. 4 aufzunehmen, die den Begriff des „offensichtlichen Missbrauchs" verdeutlichen sollte. Danach sollte ein offensichtlicher Missbrauch im Sinne dieser Vorschrift insbesondere dann vorliegen, wenn der Dritte die Kenntnis von der Erfindung in einer Weise erlangt oder an die Öffentlichkeit weitergegeben hat, die eine vertragliche oder gesetzliche Pflicht gegenüber dem Erfinder oder seinem Rechtsnachfolger verletzt, BT-Drucksache 7/3712 S. 444. Die Bundesregierung widersprach einer gesetzlichen Definition aus Gründen der europäischen Harmonisierung, BT-Drucksache aaO. Auch der Rechtsausschuss des Bundestags nahm hiervon Abstand, legte aber die genannte Interpretation seinem schriftlichen Bericht zum IntPatÜG zugrunde, Bl. **76,** 347, 350; vgl. auch Bossung GRUR Int. **78,** 381, 391. 99 a

a) Ein **offensichtlicher Missbrauch** zum Nachteil des Anmelders oder seines Rechtsvorgängers ist festzustellen, wenn der Dritte in objektiv erkennbar pflichtwidriger Weise den Gegenstand der Erfindung der Öffentlichkeit vorzeitig preisgibt oder zum Patent anmeldet; BGH GRUR **92,** 38, 39 – Schlauchfolie, Kraßer § 16 VI 4. Der Dritte handelt pflichtwidrig, wenn die Kenntnis vom Erfindungsgegenstand in „einer Weise erlangt oder an die Öffentlichkeit weitergegeben hat, die eine ihm obliegende gesetzliche oder vertragliche Verpflichtung gegen- 100 über dem Erfinder oder dessen Rechtsnachfolger verletzte", Bossung GRUR Int. **78,** 381, 391; Busse/Keukenschrijver § 3 Rdn. 216, MGK/Loth, Art. 55, Rdnr. 89. Die Pflicht zur Geheimhaltung kann sich aus einer ausdrücklichen vertraglichen Abrede oder auf Grund der besonderen Tatumstände ergeben, vgl. Rdn. 67 f. Auch der Erfinder selbst kann den Missbrauchstatbestand erfüllen, sei es, dass er seinem Arbeitgeber die Erfindung vorenthält und selbst anmeldet, sei es, dass er zum Nachteil seines Rechtsnachfolgers handelt. Für die Feststellung des Missbrauchstatbestandes ist nicht ausreichend, dass der Dritte ohne die Einwilligung des Erfinders oder dessen Rechtsnachfolgers gehandelt hat (vgl. auch Denkschrift zu Art. 4 Abs. 4 StraÜ – BT-Drucksache 7/3712 S. 381). Allein der Umstand, dass die Kenntnis von der Erfindung ohne Willen und Wissen des Rechtsinhabers an die Öffentlichkeit gelangt ist, genügt zur Ausfüllung des Missbrauchstatbestandes nicht, Kraßer § 16 VI 4. Hinzukommen muss eine Rechts- oder Pflichtwidrigkeit des Informanten. Die Gegenmeinung, die einen Missbrauch schon beim bloßen objektiven Fehlen einer Einwilligung oder Zustimmung des Berechtigten unabhängig von der Erkennbarkeit seines Willens annehmen will (vgl. etwa MGK/Loth, Art. 55 Rdnr. 95) verkennt die Bedeutung dieses Begriffs. Dass ex post gesehen ein entgegenstehender Wille zu erkennen ist, kann allein einen Missbrauch nicht begründen; für ihn können grundsätzlich nur die Verhältnisse bei der Preisgabe der Erfindung relevant sein.

100 a Zwischen dem gesetzwidrigen oder vertragswidrigen Verhalten des Dritten und der die Kenntnis der Öffentlichkeit von der Erfindung muss eine Kausalbeziehung bestehen. § 3 Abs. 4 Nr. 1 setzt aber nicht voraus, dass der Dritte selbst die Information an die Öffentlichkeit weitergegeben hat; auch eine Rolle als Wissensvermittler erfüllt den Missbrauchstatbestand.

100 b Auf eine subjektive Vorwerfbarkeit, ein vorsätzliches oder grob fahrlässiges Verhaltens des Mitteilenden (so: Kraßer § 16 IV 4; PatentanwKomm EPÜ (Beetz) B14; vgl. auch Dickels, Die Neuheit usw., S. 84), stellt das Gesetz nicht ab (Mes, § 3 PatG Rdnr. 69; anders wohl Schulte/Moufang, § 3 Rdn. 146, der bei gutem Glauben einen Missbrauchsfall verneint.). Die Absichten des Dritten bei der Weitergabe können die Feststellung eines offensichtlichen Missbrauchs erleichtern (EPA ABl **96,** 129 – desodorierendes Reinigungsmittel). So wird eine Preisgabe der Erfindung in Schädigungsabsicht regelmäßig zu einem offensichtlichen Missbrauch zu einem Nachteil des Anmelders führen; notwendig ist ihre Feststellung jedoch nicht. Maßgebend ist die objektive Pflichtwidrigkeit, die ein Erkennen durch den Schädiger nicht voraussetzt. Es bedarf weder einer Schädigungsabsicht noch eines vorsätzlichen oder böswilligen Verhaltens auf seiner Seite (EPA ABl **87,** 465 – Antioxydans zu 6; MGK/Loth, Art. 55 Rdnr. 94; anders – ein Missbrauch setzt Schädigungsabsicht voraus: Gaul/Bartenbach B 104); auch die die Pflichtwidrigkeit seines Vorgehens muss er nicht erkannt haben. Verlangt wird lediglich ein objektiv vorliegender offenkundiger Missbrauch zum Nachteil des Anmelders. Arglosigkeit des Dritten, die mit dem erkennbaren Willen des Berechtigten in Widerspruch steht, schließt die Feststellung missbräuchlichen Verhaltens nicht aus. Der Begriff des offensichtlichen Missbrauchs im Sinne des § 3 Abs. 4 Nr. 1 stellt auf die objektiven Gegebenheiten ab und ist frei von der Feststellung subjektiv vorwerfbaren Verhaltens. Auf die Bewusstseinslage des Dritten kommt es nicht an, Bossung GRUR Int. 78, 381, 392; vgl. auch Kraßer § 16. Der Missbrauchstatbestand greift nur ein, wenn der Anmelder und sein Rechtsvorgänger selbst alles Erforderliche zur Erhaltung der Erfindung getan haben, Denkschrift zu Art. 4 Abs. 4 StraÜ – BT-Drucksache 7/3712 S. 381; EPA ABl **87,** 465, 468 – Antioxidans/TELECOMMUNICATIONS. Den Schutz des Abs. 4 genießt der Berechtigte grundsätzlich dann aber auch dann, wenn er keine weiteren Maßnahmen zur Geheimhaltung seiner Erfindung getroffen hat (einschr. wohl Kraßer § 16 VI 4). Allerdings wird bei einem sorglosen Umgang des Berechtigten mit seiner Erfindung von einem Missbrauch bei der Bekanntgabe nicht mehr gesprochen werden können. Das bedeutet indessen nur, dass er seinerseits nicht Anlass für die Vorstellung geben darf, seine Interessen verlangten keine Geheimhaltung. Über den normalen Schutz, wie er in eigenen Angelegenheiten vor einer Patentanmeldung zu erwarten ist, hinausgehende Sicherungsmaßnahmen sind ohne besonderen Anlass von ihm hingegen nicht zu erwarten. Zu Recht weist Loth (MGK Art. 55 Rdnr. 96) darauf hin, dass die § 3 entsprechende Regelung in Art 55 EPÜ nicht einer Bestrafung oder Sanktionierung der Verletzung von Sorgfaltspflichten, sondern die mit dem absoluten Neuheitsbegriff und seiner Rigorosität verbundenen Härten mildern soll. Ein Missbrauch zum Nachteil des Anmelders entfällt nicht schon deshalb, weil dieser nicht alle ihm möglichen Maßnahmen zur Geheimhaltung seiner Erfindung ergriffen hat, solange seine Sorglosigkeit bei objektiver Betrachtung nicht zugleich dazu führt, dass ein der Offenbarung der beanspruchten Lehre entgegenstehender Wille nicht mehr zugrundegelegt werden kann (Busse/Keukenschrijver § 3 PatG Rdnr. 219).

100 c Mit dem Merkmal der **Offensichtlichkeit** ist ein besonderer Unwertvorwurf nicht verbunden. Loth, Neuheitsbegriff usw., S. 331; ders., Münchner GK, Art. 55 Rdn. 93 f. Es qualifiziert den Missbrauch lediglich nach seiner Erkenn- und Beweisbarkeit; nach seiner Funktion soll es die Annahme eines Missbrauchs auf ohne weiteres, insbesondere ohne nähere Recherche erkennbare Pflichtverletzungen beschränken. Bossung, GRUR Int. **78,** 381, 391). Offensichtlich ist ein Missbrauch schon dann, wenn die Rechts- oder Pflichtwidrigkeit klar und unzweifelhaft (eindeutig) feststeht (Vgl. EPA GRUR Int. **88,** 246 – Antioxydans zu 6), wobei Offensichtlichkeit im Sinne der Vorschrift nicht nur die auf der Hand liegenden Missbrauchsfälle meint (Gaul/Bartenbach, B 104). Der Normzweck des § 3 Abs. 4 verlangt eine großzügige Behandlung. Entscheidend kann danach allein sein, ob die mangelnde Befugnis zur Bekanntgabe der Erfindung und die daraus resultierenden Nachteile für den Anmelder auf Grund des objektiven Sachverhalts unschwer zu erkennen sind (so auch im Erg. EPA GRUR Int. **88,** 246 – Antioxydans zu 6; Busse/Keukenschrijver, § 3 PatG Rdnr. 221; Bossung, GRUR **78,** 381, 392), d. h. insbesondere die fehlende Befugnis zur Verlautbarung der Erfindung objektiv klar und unzweifelhaft feststeht (Hoge Raad, GRUR Int. **97,** 838 – Organon). Offensichtlich missbräuchlich ist nicht nur ein Tatbestand, dessen Feststellung der Erteilungsbehörde aus den ihr zugänglichen Informationsquellen ohne weiteres möglich ist, Gaul/Bartenbach, Handbuch, B 69; ein offensichtlich missbräuchliches Verhalten des Dritten kann auch gegeben sein, wenn es als solches für das Amt nicht von vornherein erkennbar war.

b) Unvollständige Vorwegnahme Eine missbräuchliche Offenbarung bleibt bei der Prü- 101
fung der Schutzfähigkeit auch dann außer Betracht, wenn sie den Gegenstand der Patentanmeldung nicht in vollem Umfang, nur **unvollständig vorwegnimmt** (vgl. für § 2 Satz 2 PatG 1968: BGH GRUR **69,** 271, 272 – Zugseilführung mit Anm. Fischer S. 273 f. auch zu § 3 Abs. 4). Nach dem Zweck des Missbrauchtatbestandes soll das Patentbegehren nicht dadurch beeinträchtigt werden, dass wesentliche Elemente der Erfindung ohne den Willen des Erfinders oder seines Rechtsnachfolgers der Öffentlichkeit preisgegeben werden. Der Schutz des Missbrauchtatbestandes darf nicht dadurch ausgeschaltet werden, dass die Erfindung nur unvollständig offenbart wird; Loth, Münchner GK, Art. 55 Rdn. 88.

Unerheblich ist, ob im Zeitpunkt der Vorverlautbarung der erfindungswesentlichen Ele- 102
mente durch den Dritten die Erfindung im Umfang ihrer Anmeldung bereits fertig entwickelt war. Für den Schutz der Neuheitsschonfrist ist nicht erforderlich, dass der Vorverlautbarung die **fertige Erfindung** bereits zugrunde lag, BGH GRUR **69,** 271, 273 – Zugseilführung. Offenbart die Vorverlautbarung selbst nur eine unvollkommene technische Lehre, kann sie ohnehin nicht neuheitsschädlich sein, o. Rdn. 28.

c) Der Nachteil, den die Missbrauchshandlung des Dritten **für den Anmelder oder** 103
dessen Rechtsvorgänger zur Folge hat, liegt schon darin, dass dieser die Schutzrechtsanmeldung gegenüber dem so begründeten Stand der Technik zu verteidigen hat. Er wird nicht ausgeräumt, wenn die ältere Anmeldung wegen widerrechtlicher Entnahme vindiziert oder im Einspruchsverfahren zu Fall gebracht werden kann, Loth, Münchner GK, Art. 55 Rdn. 98. Auch nach erfolgter Vindikation oder nach erfolgreichem Einspruchsverfahren kann die missbräuchlich eingereichte ältere Anmeldung nicht als Stand der Technik entgegengehalten werden.

5. Ausstellungsschutz. § 3 Abs. 4 Nr. 2 gewährt einen beschränkten Schutz für die vor- 104
zeitige Schaustellung der Erfindung. Eine **Schaustellung** der Erfindung ist dann eine **unschädliche Offenbarung,** wenn der Anmelder oder sein Rechtsvorgänger sie auf einer amtlichen oder amtlich anerkannten **Ausstellung** im Sinne des **am 22. November 1928** in Paris unterzeichneten **Abkommens über Internationale Ausstellungen** mit mehreren Änderungsprotokollen, zuletzt vom 30. 11. 1972 – BGBl. 1974 II 273, für die Bundesrepublik in Kraft seit 9. 6. 1980 – BGBl. 1982 II 90. Text: GR-Textsammlung) durchgeführt haben. Dieses Übereinkommen bezieht sich im Wesentlichen auf Weltausstellungen und internationale Fachausstellungen. Ausstellungen, die weniger als 3 Wochen dauern, sind in diesem Abkommen generell ausgenommen. Der Bundesminister der Justiz macht im BGBl. bekannt, welche Ausstellungen den Schutz des § 3 Abs. 4 Nr. 2 gewähren, § 3 Abs. 4 Satz 3. Bl. u. ABl EPA informieren hierüber.

a) Geltendmachung. Seit dem Zeitpunkt der Schaustellung bis zur Patentanmeldung dür- 105
fen nicht mehr als 6 Monate verstrichen sein. Der Anmelder muss bereits bei Einreichen der Anmeldung **geltend machen,** dass die Erfindung zur Schau gestellt worden ist. Ohne diese Erklärung verfällt der Ausstellungsschutz. Die Bescheinigung über die Ausstellung und den Zeitpunkt der Schaustellung, welche von der für den Schutz des gewerblichen Eigentums auf diesen Ausstellungen zuständigen Stelle erteilt wird (vgl. Regel 23 AO EPÜ), ist binnen 4 Monaten nach der Anmeldung vorzulegen, § 3 Abs. 4 Satz 2; Wiedereinsetzung kann gewährt werden, § 123.

106 **b) Ausstellung/Schaustellung** Der Zeitpunkt der Schaustellung wird meist mit der Eröffnung der Ausstellung zusammenfallen, er kann ihr auch nachfolgen. Auch Benutzungshandlungen, die in einem unmittelbaren örtlichen und zeitlichen Zusammenhang mit der Schaustellung stehen, werden vom Ausstellungsschutz des § 3 Abs. 4 Nr. 2 erfasst, auch wenn sie vor der förmlichen Ausstellungseröffnung erfolgt sind (vgl. BGH GRUR **75,** 254, 255 – Ladegerät II zum AusstellungsG von 1904). Eine Schaustellung liegt nur vor, wenn der Erfindungsgegenstand der Allgemeinheit zugänglich ausgestellt wurde, BGH GRUR **77,** 796, 798 – Pinguin (betr. Geschmacksmuster).

107 **c) Nachfolgende Verlautbarungen** Neben der Offenbarung durch die Schaustellung selbst scheiden auch die ihr **nachfolgenden Benutzungshandlungen** und **Beschreibungen** der Erfindung als neuheitsschädlich aus, sofern diese auf die Schaustellung während der Ausstellung unmittelbar oder mittelbar zurückzuführen sind. Eine innerhalb der Sechsmonatsfrist erfolgte Offenbarung des zur Schau gestellten Erfindungsgegenstandes bleibt aber als neuheitsschädlicher Stand der Technik nur dann unberücksichtigt, wenn festzustellen ist, dass sie ohne die Schaustellung nicht erfolgt wäre. Die Offenbarung bleibt in dem Umfang außer Betracht, wie sie dem zur Schau gestellten Erfindungsgegenstand entspricht. Eine Beschreibung oder Patentanmeldung des Erfindungsgegenstandes, die mit der Schaustellung nicht in einem kausalen Zusammenhang steht, wird vom Ausstellungsschutz nicht erfasst. Der Ausstellungsschutz des § 3 Abs. 4 Nr. 2 gewährt abweichend von Nr. 2 AusstellungsG kein Prioritätsrecht, vgl. Rdn. 98. Die Schaustellung auf der internationalen Ausstellung schafft keinen Zeitvorrang; zu rechtlichen Konsequenzen vgl. auch Loth, Münchner GK, Art. 55 Rdn. 102. Eine innerhalb der Sechsmonatsfrist erfolgte Beschreibung des Erfindungsgegenstandes ist neuheitsschädlich gemäß § 3 Abs. 1, 2, wenn sie nicht auf die Schaustellung zurückgeht.

108 **d) Unvollständige Offenbarung** Die vom Anmelder oder seinem Rechtsvorgänger veranlasste Schaustellung sowie jede weitere auf ihr beruhende Offenbarung des Erfindungsgegenstandes bleibt bei der Neuheitsprüfung auch dann außer Betracht, wenn sie den Gegenstand der Patentanmeldung **nicht in vollem Umfang** vermittelt hat; sie darf auch nicht als Stand der Technik bei der Prüfung auf erfinderische Leistung berücksichtigt werden. Der Ausstellungsschutz von Nr. 2 und der Missbrauchsschutz von Nr. 1 bewahren den Anmelder in eng begrenzten Voraussetzungen vor den Nachteilen, die aus der vorzeitigen Offenbarung der Erfindung herrühren. Dieser Schutz steht ihm nicht nur dann zu, wenn der Erfindungsgegenstand in vollständiger, neuheitsschädlicher Form verlautbart wurde, sondern auch dann, wenn er nur teilweise, in einer lediglich für die Beurteilung der erfinderischen Tätigkeit bedeutsamen Weise offenbart worden ist, vgl. Rdn. 101.

109 **VII. Doppelpatentierung.** Der absolute Neuheitsbegriff des § 3 Abs. 1 und die Einbeziehung des Gesamtinhalts älterer (vorveröffentlichter oder nachveröffentlichter) Patentanmeldungen in den Stand der Technik vermeidet weitgehend die **Entstehung identischer Schutzrechte.** Soweit aber eine Entgegenhaltung aus dem Stand der Technik bei der Prüfung auf Schutzfähigkeit aus rechtlichen Gründen (§ 4 Satz 2, § 3 Abs. 4) außer Betracht bleibt, ist eine mehrfache Patenterteilung mit sich überschneidenden Schutzbreichen nicht ausgeschlossen, vgl. Rdn. 74c.

110 **1. Mehrere nationale Patente.** § 4 Satz 2 lässt die **ältere (nachveröffentlichte) Patentanmeldung** bei der Beurteilung der erfinderischen Tätigkeit unberücksichtigt. Da der Begriff der neuheitsschädlichen Offenbarung nach der hier vertretenen Auffassung nur selbstverständliche (technisch äquivalente), nicht aber sonstige nahe liegende Abwandlungen erfasst, bleibt denkbar, dass auf die Zweitanmeldung Patentansprüche gewährt werden, deren Gegenstand vom Schutzbereich des auf die Erstanmeldung erteilten Patents erfasst wird. Es bestehen sich überschneidende Schutzbereiche, vgl. auch Preu GRUR **80,** 691, 692. Dieser relativ seltene Fall kann insbesondere dann auftreten, wenn jeweils die schrittweise Fortentwicklung einer Erfindung zum Patent angemeldet wird, ohne die Priorität der vorausgegangenen Anmeldung gemäß §§ 40, 41 in Anspruch zu nehmen oder in Anspruch nehmen zu können. Tritt die Weiterentwicklung aus dem Rahmen platter Selbstverständlichkeit heraus, so kann die prioritätsältere (nachveröffentlichte) Patentanmeldung nicht gemäß § 3 Abs. 2 neuheitsschädlich entgegengehalten werden.

111 Die Möglichkeit einer doppelten Patentierung besteht auch dann, wenn eine an sich neuheitsschädliche Patentanmeldung gemäß § 3 Abs. 4 Nr. 1 wegen offensichtlich missbräuchlichen Verhaltens des Dritten bei der Neuheitsprüfung außer Betracht zu bleiben hat. Laufen die Erteilungsverfahren parallel, ohne dass der Zweitanmelder – gegebenenfalls – seine Rechte aus § 7 Abs. 2 geltend macht, ist eine identische Schutzrechtserteilung nicht ausgeschlossen, vgl. hierzu auch Loth, Münchner GK, Art. 55 Rdn. 55f.

Der Konflikt der doppelten Patentierung ist im Verletzungsstreit auszutragen, vgl. auch § 139; Habersack Mitt. **73,** 41, 43f.; Nieder Mitt. **87,** 205, 207ff. Der Inhaber mehrerer Schutzrechte mit gleichem Schutzumfang (Selbstkollision) darf den Lohn seiner Erfindung in der Auseinandersetzung mit dem Verletzer nur einmal beanspruchen. Bei einer Fremdkollision muss dem Inhaber des jüngeren Patents im Verletzungsstreit der Einwand identischer älterer Vorpatentierung entgegengesetzt werden können. Bei identischer Patentierung mit gleichem Zeitrang ist der Lohn der Erfindung zu teilen. Der Missbrauchstatbestand des § 3 Abs. 4 ist gegebenenfalls im Einspruchsverfahren oder im Nichtigkeitsverfahren geltend zu machen, §§ 21 Abs. 1 Nr. 3, 22. **112**

Soweit die jüngere Patentanmeldung einen erfinderischen Überschuss enthält und dieser geltend gemacht wird, handelt es sich nicht um ein Problem der Doppelpatentierung, sondern es liegt der Fall einer abhängigen Erfindung vor verwiesen. **113**

2. Prioritätsgleiches Patent Art. 139 Abs. 3 EPÜ schließt die **doppelte Patentierung prioritätsgleicher Anmeldungen im europäischen und nationalen Rahmen** grundsätzlich nicht aus. Die Lösung des Konflikts ist dem nationalen Gesetzgeber überlassen, Bardehle Mitt. **77,** 105ff. Gemäß Art. II § 8 IntPatÜG verliert ein nationales Patent seine Schutzwirkungen, wenn es mit einem prioritätsgleichen, identischen europäischen Patent desselben Anmelders oder seines Rechtsvorgängers zusammentrifft. Das nationale Patent hat ab dem Zeitpunkt der rechtswirksamen Erteilung des europäischen Patents in dem Umfang, in dem es dieselbe Erfindung wie das europäische Patent schützt, keine Wirkung mehr, Art. II § 8 IntPatÜG. Das nationale Schutzrecht lebt auch bei einer Nichtigerklärung oder einem späteren Erlöschen des europäischen Patents nicht wieder auf, Art. II § 8 Abs. 2 IntPatÜG. Über den (teilweisen) Wegfall der Schutzwirkungen des nationalen Patents hat das Gericht des Verletzungsverfahrens zu befinden. Der Einwand der mangelnden Schutzwirkung des nationalen Patents ist im Verletzungsverfahren zu erheben, Einl. Int. Teil Rdn. 42; Nieder Mitt. **87,** 205, 206. Die in Art. II § 8 Abs. 3 IntPatÜG eröffnete Möglichkeit, den Wegfall der Schutzwirkungen durch das Bundespatentgericht feststellen zu lassen, besteht seit dem 1. 6. 1992 nicht mehr, Art. 6 Nr. 5, Art. 15 Abs. 1 GPatG 2. **114**

Bei einem Zusammentreffen eines prioritätsgleichen, identischen nationalen Patents mit einem **Gemeinschaftspatent** desselben Anmelders oder seines Rechtsvorgängers sieht Art. 80 GPÜ eine Art. II § 8 Abs. 1 und 2 IntPatÜG weitgehend entsprechende Regelung vor, vgl. Int. Teil Rdn. 176f. Art. 1 Abs. 3 GPatG weist klarstellend auf die jeweils heranzuziehende Rechtsgrundlage hin. **115**

VIII. Übergangsrecht zu § 3 Abs. 4

1. Gemäß Art. XI § 3 Abs. 6 Satz 1 IntPatÜG trat § 3 Abs. 4 zweieinhalb Jahre nach § 3 Abs. 1–3 in Kraft. Diese Regelung geht auf die Anregung des Rechtsausschusses des Deutschen Bundestags zurück, Ausschussbericht Bl. **76,** 347, 348, 350. Von der in Art. 12 Abs. 1b, 2 StraÜ vorgesehenen Möglichkeit, die Neuheitsschonfrist und den Schutz des AusstellungsG von 1904 für eine Übergangszeit von 5 Jahren nach dem Inkrafttreten des StraÜ beizubehalten, wurde kein Gebrauch gemacht. Die Rechtsvereinheitlichung sollte nicht unnötig verzögert werden, Ausschussbericht aaO S. 348. Andererseits sollten diese für den Anmelder günstigen Schutzbestimmungen nicht ohne das Inkrafttreten des StraÜ wegfallen. Bis zum 30. 6. 1980 gelten die im PatG 1968 gewährten Vergünstigungen der Neuheitsschonfrist des § 2 Satz 2 PatG 1968 und des AusstellungsG von 1904 auch für die seit dem 1. 1. 1978 eingereichten Patentanmeldungen fort. Da die Neuheitsregel in Art. IV Nr. 1 IntPatÜG insgesamt neu gefasst wurde, bedurfte es in **Art. XI § 3 Abs. 6 Satz 2 IntPatÜG** einer ausdrücklichen Wiederholung der Schonfristregelung im Sinne des § 2 Satz 2 PatG 1968. Von der Schonfrist des Art. XI § 3 Abs. 6 Satz 2 IntPatÜG werden alle nach § 3 Abs. 1 Satz 2 an sich schädlichen Vorveröffentlichungen und Benutzungshandlungen erfasst, also auch die mündliche Verlautbarung und die Benutzung des Erfindungsgegenstandes im Ausland; auch die ältere (nachveröffentlichte) Patentanmeldung rechnet nicht zum Stand der Technik gemäß § 3 Abs. 2, wenn sie innerhalb von sechs Monaten vor der Anmeldung eingereicht ist und auf der Erfindung des Anmelders oder seines Rechtsvorgängers beruht, BGH GRUR **91,** 376, 377 – Beschusshemmende Metalltür. Die Berufung auf die Neuheitsschonfrist nach Art. XI § 3 Abs. 6 IntPatÜG setzt eine materielle Berechtigung des Anmelders nicht voraus, BGH GRUR **92,** 157, 158 – Frachtcontainer. Das AusstellungsG von 1904 blieb in seiner bisherigen Fassung bis zum 30. 6. 1980 in Kraft, Art. XI § 3 Abs. 6 Satz 1, Art. VI IntPatÜG. **116**

2. Die ursprünglich allein vorgesehene Übergangsregelung des **Art. XI § 1 Abs. 2, 3 IntPatÜG** (= Art. IX § 1 Abs. 2 IntPatÜGE, BT-Drucksache 7/3712) schließt an das Inkrafttreten **117**

von § 3 Abs. 4 und Art. VI IntPatÜG (Wegfall des Schutzes nach dem AusstellungsG von 1904) an. § 3 Abs. 4 wird für einen Übergangszeitraum von 6 Monaten berechnet vom Zeitpunkt seines Inkrafttretens (1. 7. 1980) durch Art. XI Abs. 2, 3 IntPatÜG ergänzt. Mit Art. XI Abs. 2, 3 IntPatÜG soll das Vertrauen des Anmelders auf den bis zu diesem Zeitpunkt geltenden Rechtszustand geschützt werden (BT-Drucksache 7/3712 S. 32f.). Art. XI § 1 Abs. 2, 3 IntPatÜG ist nicht ausdrücklich auf seinen § 3 Abs. 6 abgestimmt. Art. XI § 1 Abs. 2 IntPatÜG bezieht sich allgemein auf Art. IV Nr. 3 IntPatÜG (= § 3 PatG), ohne sich – entsprechend dem Wortlaut seines § 3 Abs. 6 – auf § 3 Abs. 4 PatG zu beschränken. Diese redaktionelle Ungenauigkeit rührt daher, dass für das Inkrafttreten von § 3 Abs. 4 nach dem ursprünglichen Gesetzesentwurf kein besonderer Zeitpunkt vorgesehen war, vgl. Art. IX § 3 Abs. 5 IntPatÜGE, BT-Drucksache 7/3712. Erst in der endgültigen Fassung des IntPatÜG wurde ein besonderes Junktim mit dem Inkrafttreten des StraÜ geschaffen, vgl. vorstehend Rdn. 116.

118 **a)** Nach Art. XI § 1 Abs. 2 Satz 1 IntPatÜG kann einer Patentanmeldung, die nach dem Inkrafttreten von § 3 Abs. 4 (1. 7. 1980) eingereicht worden ist, eine Beschreibung oder Benutzung des Erfindungsgegenstandes, die auf den Anmelder oder seinen Rechtsvorgänger zurückgeht, weder bei der Neuheitsprüfung noch bei der Prüfung auf erfinderische Leistung entgegengehalten werden. Die Vorverlautbarung muss innerhalb von sechs Monaten vor der Anmeldung erfolgt sein. Der Schutz der Übergangsregelung betrifft nur Patentanmeldungen, die bis zum 31. 12. 1980 eingereicht worden sind. Gemäß Art. XI § 1 Abs. 2 Satz 2 IntPatÜG verdient der Anmelder den Schutz der Übergangsregelung nicht, wenn die neuheitsschädliche Vorverlautbarung nach dem Inkrafttreten des § 3 Abs. 4 (1. 7. 1980) durch ihn oder seinen Rechtsnachfolger erfolgt ist. Es ist unerheblich, ob der Anmelder vom Inkrafttreten des § 3 Abs. 4 wusste. Eine innerhalb der Sechsmonatsfrist liegende Offenbarung des Erfindungsgegenstandes durch Dritte ist unschädlich, unabhängig davon, ob diese vor oder nach dem 1. 7. 1980 erfolgt ist; sie muss auf die angemeldete Erfindung zurückgehen. Ein missbräuchliches Verhalten zum Nachteil des Anmelders setzt Art. XI § 1 Abs. 2 IntPatÜG nicht voraus.

119 **b)** Art. XI § 1 Abs. 3 IntPatÜG erklärt die durch das AusstellungsG von 1904 vor dessen Änderung gemäß Art. VI, XI § 3 Abs. 6 IntPatÜG begründeten Schutzwirkungen für fortbestehend. Ausstellungsschutz und Schaustellungspriorität nach dem AusstellungsG von 1904 bleiben erhalten, auch wenn die Erfindung erst nach dem 1. 7. 1980 zum Patent angemeldet wird. Die Bedeutung dieser Übergangsregel endet mit Ablauf des sechsten Monats berechnet vom Eröffnungstag der letzten vor dem 1. 7. 1980 eröffneten Ausstellung im Sinne des AusstellungsG von 1904.

120 **3.** Fällt eine ältere Patentanmeldung, in welcher der Gegenstand der Erfindung vorbeschrieben ist, bei der Prüfung der Schutzfähigkeit als Stand der Technik aus, weil der Anmelder die Neuheitsschonfrist des Art. XI § 3 Abs. 6 oder § 1 Abs. 2 IntPatÜG für sich in Anspruch nehmen kann, so besteht die Gefahr einer doppelten Patentierung.

121 Für die nach dem 1. 1. 1978 eingereichten Patentanmeldungen sind §§ 4 Abs. 2, 13 Abs. 1 Nr. 2 PatG 1968 außer Kraft gesetzt (Art. XI § 3 Abs. 5 Int. PatÜG), während der Schutz der Neuheitsschonfrist entsprechend § 2 Satz 2 PatG 1968 bis zum 31. 12. 1980 eingreifen kann, Art. XI § 3 Abs. 6, § 1 Abs. 2 Int. PatÜG. Das Gesetz sieht eine den § 4 Abs. 2, 13 Abs. 1 Nr. 2 PatG 1968 entsprechende Regelung nicht vor. Bleibt die ältere Anmeldung bei der Prüfung der Schutzfähigkeit der jüngeren Anmeldung außer Betracht und wird auf beide Anmeldungen ein Patent erteilt, so besteht der Konflikt doppelter Patentierung identischer oder nahe liegender Schutzrechte, vgl. BGH GRUR **91,** 376, 377 – Beschusshemmende Metalltür.

4 *Erfinderische Tätigkeit.* [1]**Eine Erfindung gilt als auf einer erfinderischen Tätigkeit beruhend, wenn sie sich für den Fachmann nicht in naheliegender Weise aus dem Stand der Technik ergibt.** [2]**Gehören zum Stand der Technik auch Unterlagen im Sinne des § 3 Abs. 2, so werden diese bei der Beurteilung der erfinderischen Tätigkeit nicht in Betracht gezogen.**

Literaturhinweise: Abhandlungen: Bochnovic, The Inventive Step, 1982; Pagenberg, Die Bedeutung der Erfindungshöhe im amerikanischen und deutschen Patentrecht, Köln 1975; Schwenk, Die Behandlung der Erfindungshöhe nach deutschem, englischem, amerikanischem und europäischem Recht, Diss. München 1978; Ullrich, Standards of Patentability for European Patents, 1977; Dolder, Erfindungshöhe, 2003.

Aufsätze: Anders, Über die Wahl des Ausgangspunkts für die Beurteilung der erfinderischen Tätigkeit unter besonderer Berücksichtigung jüngerer Entscheidungen des BGH, FS 50 Jahre VPP (2005), 136ff.; Barger, Vorschlag für eine objektive Beurteilung der Erfindungshöhe, Wirtschaftsrecht in Theorie und Praxis 1986, S. 19; Bartels, Die Läuterung der „Generalklausel" des Patentgesetzes, GRUR **1964,** 285; Beil, Erfindungshöhe als Voraussetzung der Patentfähigkeit, CIT **1955,** 113; Belser, Kausalitätsprinzip und Erfindungshöhe, Mitt. **1968,** 171; van Benthem und Wallace, Zur Beurteilung des Erfordernisses der erfinderischen Tätigkeit (Erfindungshöhe) im europäischen Patenterteilungsverfahren, GRUR Int. **1978,** 219; Beyer, Recherche und Prüfung einer Erfindung auf Patentfähigkeit, GRUR **1986,** 345; Bossung, Erfindung und Patentierbarkeit im europäischen Patentrecht, Mitt. **1974,** 141, 146; Brodesser, Die sogenannte Aufgabe der Erfindung, ein unergiebiger Rechtsbegriff, GRUR 1993, 185ff.; Bruchhausen, „Erfindungshöhe", Mitt. **1981,** 144; ders., Die Revisibilität der Begriffe „persönlich geistige Schöpfung", „eigentümliche Erzeugnisse", „auf einer erfinderischen Tätigkeit beruhen" und „auf einem erfinderischen Schritt beruhen", FS v. Gamm, **1990,** 353; Christ, Die Patentierungsvoraussetzungen für Stofferfindungen, 3. Erfinderische Tätigkeit, Mitt. **1987,** 121, 127; Cornish, Die wesentlichen Kriterien der Europäischen Erfindungen: Neuheit und erfinderische Tätigkeit, GRUR Int. **1983,** 221; Dörries, Zum Erfordernis der Erfinderischen Tätigkeit aus der Sicht eines Anmelders, GRUR **1985,** 627; Dreiss, Der Durchschnittsfachmann als Maßstab für ausreichende Offenbarung, Patentfähigkeit und Patentauslegung, GRUR 1994, 781ff.; Hagen, Neuheit und Erfindungshöhe im Patentrecht und Neuheit und Gestaltungshöhe im Urheberrecht der angewandten Kunst, GRUR **1978,** 137; Hesse, Die Aufgabe – Begriff und Bedeutung im Patentrecht, GRUR 1981, 853; Häußer, Anspruchsfassung, Erfindungshöhe und Schutzumfang im deutschen Patentrecht, Mitt. **1981,** 135; Huck, Die Fiktionen im Patentrecht, GRUR **1974,** 67; Jestaedt, Die erfinderische Tätigkeit in der neueren Rechtsprechung des Bundesgerichtshofs, GRUR **2001,** 939ff.; Kroher/Pagenberg, Das Niveau der Erfindungshöhe, GRUR Int. **1985,** 756; Kulhavy, Die Entwicklung der Erfindungslehre, Mitt. **1980,** 61; ders., Prüfung auf erfinderische Tätigkeit, Mitt. **1981,** 50; Kumm, Die objektive Beurteilung der erfinderischen Leistung, GRUR **1964,** 236; ders., Zur Beurteilung der erfinderischen Leistung, GRUR **1965,** 1; Lindenmaier. Erfindungshöhe, Mitt. **1959,** 121; Mediger, Die Erfindung und ihr Maß, Mitt **1959,** 125; Meier-Beck, Was denkt der Durchschnittsfachmann, Mitt. 2005, 529ff.; Melullis, Zur Patentfähigkeit von Programmen für Datenverarbeitungsanlagen, GRUR 1998, 843ff.; Müller-Börner, Zur Frage der Erfindungshöhe, GRUR **1973,** 74; Nähring, Zur Frage der Erfindungshöhe im Patenterteilungsverfahren, GRUR **1959,** 57; Ochmann, Die erfinderische Tätigkeit und ihre Feststellung, GRUR **1985,** 941; Oelering, Zur Beurteilung der Erfindungshöhe mit Hilfe der Informationstheorie, GRUR **1966,** 84; Öhlschlegel, Die Beurteilung der Erfindungshöhe mit Hilfe der Informationstheorie, GRUR **1964,** 477; Pagenberg, Die Beurteilung der erfinderischen Tätigkeit im System der europäischen Prüfungsinstanzen, GRUR Int. **1978,** 143, 190; ders., Die „erfinderische Tätigkeit" aus französischer Sicht, GRUR Int. **1975,** 149; ders., Beweisanzeichen auf dem Prüfstand – Für eine objektive Prüfung auf erfinderische Tätigkeit, GRUR Int. **1986,** 83; ders., Bericht über die Diskussion über erfinderische Tätigkeit im europäischen Patentrecht, GRUR Int. **1978,** 243; ders., Die Prüfungsmethode bei der Beurteilung der Erfindungshöhe nach deutschem Recht unter bes. Berücksichtigung der Praxis des BPatG, GRUR **1980,** 766; dazu: Pakuscher, GRUR **1981,** 1; Schick, Synergismus und Erfindungshöhe, Mitt. **1980,** 156; ders., Erfindungshöhe und Wahrscheinlichkeit, Mitt. **1981,** 146; ders., Erfindung und Schöpfung, Mitt. **1982,** 181; ders., Die erfinderische Tätigkeit gemäß den Richtlinien des Europäischen Patentamts, Mitt. **1983,** 181; ders., Erfindungshöhe und Syllogismus, Mitt. **1987,** 142; ders., Mosaikarbeit und Erfindungshöhe, Mitt. **1990,** 90; ders., Ein Hilfsdiagramm zur Erläuterung der erfinderischen Tätigkeit nach Art. 52 und 56 EPÜ, Mitt. **1992,** 315; Schickedanz, Zum Problem der Erfindungshöhe bei Erfindungen, die auf Entdeckungen beruhen, GRUR **1972,** 161; Schickedanz, W., Die rückschauende Betrachtung bei der Beurteilung der erfinderischen Tätigkeit, GRUR 2001, 459ff.; Schulze, Technischer Fortschritt und Erfindungshöhe, Mitt. **1976,** 132; Sedlmaier, Verwirrungen durch Klarstellungen im Softwarepatentrecht, Mitt. 2002, 55ff.; Singer, Die Rechtsprechung der Beschwerdekammern des Europäischen Patentamts zur erfinderischen Tätigkeit (Art. 56 EPÜ), GRUR Int. **1985,** 234; Spieß, Der technische Fortschritt bei neuen chemischen Stoffen und die Erfindungshöhe, GRUR **1968,** 559; Stuhr, Zum Thema Erfindungshöhe, GRUR **1961,** 377; Tauchert, Grundlagen und aktuelle Entwicklung bei der Patentierung von Computerprogrammen, FS für Reimar König (2003), 455; Trüstedt, Fortschritt und Erfindungshöhe als Voraussetzung der Patentfähigkeit nach deutscher Rechtsentwicklung, GRUR **1956,** 349; ders., Zum Thema Erfindungshöhe beim Patent und Gebrauchsmuster, GRUR **1958,** 309; ders., Gebrauchsmuster, (V. Erfindungshöhe), GRUR

1980, 877, 880; Völker, Die Begründungspflicht des Werturteils über die Erfindungshöhe, GRUR **1983,** 83; Wächtershäuser, Das Elend der Beweisanzeichen, GRUR **1982,** 591; Weller, Kausalitätsprinzip und Erfindungshöhe, Mitt. **1968,** 89; Winkler, Zur Definition der Erfindungshöhe, GRUR **1958,** 153; ders., Quantisierbarkeit der Erfindungshöhe, Mitt. **1963,** 61; ders., Fortschritt und Erfindungshöhe im europäischen Patentrecht, Mitt. **1977,** 13; Wirth P., Erfindungshöhe und technischer Fortschritt als mehrdimensionale Informationsgrößen, GRUR **1960,** 405.

Inhaltsübersicht

I. Allgemeines

1. Zweck und Bedeutung der Vorschrift. Nach § 1 Abs. 1 werden Patente für Erfindungen erteilt, die neu sind, auf einer erfinderischen Tätigkeit beruhen und gewerblich anwendbar sind. Damit sind drei **materiellrechtliche Voraussetzungen** bezeichnet, die vorliegen müssen, damit für eine technische Neuerung (§ 3) ein Patent erteilt werden kann. Die erfinderische Tätigkeit als eine von diesen drei Voraussetzungen wird durch § 4 näher geregelt. Indem die Vorschrift bestimmt, dass eine Erfindung als auf erfinderischer Tätigkeit beruhend gilt, wenn sie sich für den Fachmann nicht in naheliegender Weise aus dem Stand der Technik ergibt, unterscheidet sie zwischen solchen Neuerungen, die den Stand der Technik zwar bereichern, deren Auffinden vom Fachmann aber erwartet werden kann und ihm deshalb „nahe liegen", und solchen Neuerungen, deren Auffinden vom Fachmann nicht erwartet werden kann und es deshalb rechtfertigen, den wirtschaftlichen Wert der Erfindung für eine begrenzte Zeit ausschließlich dem Erfinder zuzuordnen. Die erfinderische Tätigkeit grenzt daher den patentfreien Bereich nichterfinderischer Weiterentwicklungen der Technik vom Bereich schöpferischer technischer Leistungen ab. Mit den Worten „wenn sie sich für den Fachmann in nahe liegender Weise aus dem Stand der Technik ergibt" umschreibt die Vorschrift die Fortschrittszone, die dem gewöhnlichen Können des Fachmanns – der routinemäßigen Weiterentwicklung der Technik – vorbehalten ist und patentfrei bleibt, weil diese nicht durch den Patentschutz behindert werden soll (EPA GRUR Int. 1985, 580, 582 – Verpackungsmaschine/MICHAELSEN; vgl. Häußer, Mitt. 1983, 121, 122). Neuerungen, die im Rahmen einer solchen „normalen technologischen Weiterentwicklung" (EPA-Richtlinien C IV 9.3) zustande kommen, bedürfen keiner Förderung durch den Ansporneffekt des Patentrechts; ihre Erfinder verdienen dessen Belohnungseffekt nicht, weil sie lediglich vollzogen haben, was ohnehin durch irgendeinen der routinemäßig tätigen Fachleute erreicht worden wäre (EPA GRUR Int. 1982, 53, 55 – Thermoplastische Muffen; GRUR Int. 1985, 580, 582 – Verpackungsmaschine/MICHAELSEN; Denkschrift zum StrÜ, BlPMZ 1976, 340 I; Kraßer, Patentrecht, 5. Aufl., § 18 I. a) 1). Nur die über das routinemäßige, handwerkliche Können des Fachmanns hinausgehenden **geistig-schöpferischen** Leistungen beruhen auf erfinderischer Tätigkeit und können durch Patente geschützt werden. (BGH GRUR 1954, 107, 110 – Mehrfachschelle; vgl. auch Schweiz. BG GRUR Int. 1985, 595, 596 – Schneeketten). Die genannten Formulierungen zeigen, dass die Abgrenzung zwischen nahe liegenden und auf erfinderischer Tätigkeit beruhenden (patentwürdigen) technischen Neuerungen eine **Wertung** enthält, aus der sich die erhebliche praktische Bedeutung der Vorschrift erklärt: Sie ist die zentrale Bestimmung, an der sich in der Mehrzahl der Fälle entscheidet, ob für eine neue Lehre zum technischen Handeln ein Patent erteilt oder ein erteiltes Patent widerrufen oder für nichtig erklärt werden muss (vgl. dazu Liedl, Das deutsche Patentnichtigkeitsverfahren, 1979, 199; Rogge, GRUR Int. 1996, 1111; Jestaedt, GRUR 2001, 939 jew. mit statistischen Angaben). Für die an patentrechtlichen Verfahren Beteiligten beinhaltet sie Unsicherheiten und Risiken, weil das Erfordernis der erfinderischen Tätigkeit im Erteilungs-, Einspruchs- und Nichtigkeitsverfahren eigenständig zu prüfen ist (BGH GRUR 1996, 757, 759 – Zahnkranzfräser m. w. N.). Rechtlich gesehen handelt es sich bei dem Begriff der „erfinderischen Tätigkeit" um einen **unbestimmten Rechtsbegriff** (BGH GRUR 1987, 501, 512 – Mittelohrprothese; Bruchhausen, FS v. Gamm, 353, 365; Rdn. 10 f.), dessen Ausfüllung einerseits einen Akt wertender Entscheidung erfordert und deshalb von der Sicht der an der Entscheidung Beteiligten mitgeprägt wird (vgl. Mediger, Mitt. 1959, 125; Dick, GRUR 1965, 189), der jedoch andererseits auf tatsächlichen Grundlagen beruht, ohne deren Feststellung die Rechtsfrage, ob eine technische Neuerung auf „erfinderischer Tätigkeit" beruht, nicht zutreffend entschieden werden kann. 1

2. Anwendungsbereich. § 4 ist auf alle seit dem 1. 1. 1978 in der Bundesrepublik Deutschland eingereichte nationale Patentanmeldungen und die darauf erteilten Patente anzu- 2 wenden. Die Vorschrift gilt nicht für DDR-Anmeldungen und DDR-Patente, auf die nach § 5 ErstrG, Anlage I Kap. III Sgb E Abschnitt II Nr. 1 in Verbindung mit § 3 Abs. 1 EinigV weiterhin DDR-Recht Anwendung findet (BGH Urt. v. 16. 9. 1997 – X ZR 105/94 – Verkehrskabelmessanordnung; Urt. v. 17. 7. 2001 – X ZR 59/97, Umdr. S. 43; BPatG GRUR 1993, 657, 658 – Anordnung zur Digitalisierung; GRUR 1993, 659 – Steuerung der Ausgangsleistung; GRUR 1993, 733 – Schutzkappe für Hybridschaltkreise; dazu Einl. PatG Rdn. 20f.; Busse/Keukenschrijver, PatG, 6. Aufl., § 4 Rdn. 5 und vor § 1 Rdn. 5). Sie gilt auch nicht für europäische Patentanmeldungen und für darauf erteilte Patente, auf welche die gleich lautenden Vorschriften der Art. 54 Abs. 1, Art. 56 EPÜ anzuwenden sind.

3. Entstehungsgeschichte

Literaturhinweise: Wirth, Das Maß der Erfindungshöhe, GRUR 1906, 57ff.; Momber, Das Irrationale im Begriff des Erfindens und im Urteil über die Erfindung, GRUR 1923, 60ff.; Wirth, Schöpfung und Fortschritt als Kriterium der Erfindungshöhe, GRUR 1923, 73ff.; Bueren, Inwieweit ist bei Patenten Erfindungshöhe zu fordern, GRUR 1933, 341ff.; Lindenmaier, Das neue Patentrecht und die Rechtsprechung, GRUR 1938, 213ff.; Fischer, Geistiges und gewerbliches Schaffen, GRUR 1939, 89ff.; Lindenmaier, Die schöpferische Leistung als Voraussetzung der Patenterteilung (Erfindungshöhe und technischer Fortschritt, GRUR 1939, 153ff.; Wobsa, Die patentfähige Erfindung, GRUR 1939, 161ff.; Ohnesorge, Der Zusammenhang zwischen Neuheit, Erfindungshöhe, Bereicherung der Technik und deren Verhältnis zu ihren Bezugsgrundlagen, GRUR 1939, 219ff.; Wirth, Das Denken der Erfindungshöhe, GRUR 1941, 58ff.; Schuster, Die Erfindungshöhe, GRUR 1942, 237ff.; Kirchner, Erfindungshöhe, Mittt. 1942, 1ff.; Beier, F.-K., Zur historischen Entwicklung des Erfordernisses der Erfindungshöhe, GRUR 1985, 606ff.; Pietzcker, R., Voraussetzungen der Patentierung: Neuheit, Fortschritt und Erfindungshöhe, FS GRUR (1991), Bd. I, 417ff.;

3 § 4 PatG (= § 2a PatG 1978) ist ohne Vorbild in den früheren Fassungen des PatG. Die Vorschrift steht am Ende einer langen Diskussion und einer nicht immer gradlinig verlaufenen Entwicklung der Rechtsprechung zu der Frage, was eine „Erfindung" ist und nach welchen Kriterien eine patentwürdige technische Neuerung von patentfrei zu haltenden, im Können des Fachmanns liegenden Weiterentwicklungen der Technik abgegrenzt werden kann.

4 **a) Das PatG von 1877 und die Patentenquête von 1887.** Das PatG von 1877 enthielt weder eine Begriffsbestimmung der **Erfindung** noch eine Regelung über die erfinderische Tätigkeit (Erfindungshöhe). Deshalb bestanden zunächst erhebliche Unsicherheiten, wo der Bereich der patentfrei zu haltenden Neuerungen, wie sie der gewöhnliche Fortschritt der Technik mit sich bringt, enden und der Bereich patentwürdiger Erfindungen beginnen sollte. Nicht zuletzt aus diesem Grunde wurde die Patentenquête von 1877 einberufen. Sie hatte insbesondere die Frage zu erörtern, ob das Fehlen einer gesetzlichen Begriffsbestimmung der Erfindung erhebliche praktische Nachteile mit sich gebracht habe und sich diese durch Aufnahme einer Begriffsbestimmung in das Gesetz vermeiden ließen. Zur Erläuterung dieser Frage wurde darauf hingewiesen, dass die Entscheidungspraxis des PA wie des RG neben Neuheit und gewerblicher Anwendbarkeit für die Erteilung eines Patents weiter verlangte, dass sich der Gegenstand der Anmeldung oder des Patents als Ergebnis einer über das Durchschnittsmaß gewerblichen Könnens hinausgehenden geistigen Arbeit darstelle, was in den beteiligten Kreisen zu Rechtsunsicherheit geführt habe, da diese bei der Anmeldung eines Patents nicht übersehen könnten, ob die angemeldete Erfindung als patentwürdig anerkannt werde (Stenographische Berichte über die Verhandlungen der Enquête in Betreff der Revision des Patentgesetzes vom 25. 5. 1877, Berlin 1877, S. 5, 6). Die Erörterungen der Enquête führten nicht zu einer Definition des Begriffs der Erfindung, brachten aber immerhin das Ergebnis, dass zu viele den qualitativen Anforderungen an ein Patentsystem nicht genügende Patente angemeldet und teilweise auch erteilt würden (Bolze, S. 21; Jansen, S. 24; Caro, S. 28; Hartig, S. 30; Langen, S. 35; Knoop S. 36) und sich dem durch Einführung eines Gebrauchsmustergesetzes für Neuerungen, die nicht über das Durchschnittsmaß gewerblichen Könnens hinausgehen, abhelfen lasse (Euler, S. 15; Reuling S. 26; Knoop, S. 36). Unentschieden blieb, ob man die erwünschten qualitativen Anforderungen an eine Erfindung im Sinne des PatG dadurch erreichen könne, dass die Erteilung eines Patents vom Vorliegen einer erheblichen Neuerung, die für das gewerbliche Leben einen Fortschritt darstellt, abhängig gemacht wird (Bolze, S. 14f.), oder davon, dass das Erzeugnis Ergebnis einer über das Durchschnittsmaß gewerblichen Könnens hinausgehenden geistigen Arbeit ist (Euler, S. 15; Caro S. 28).

b) Entwicklung bis zum PatG 1978. Angesichts der in der Patentenquête angesprochenen Unsicherheiten gegenüber der Beurteilung von Erfindungen nach dem durchschnittlichen Können des Fachmanns sah die Rechtsprechung des RG im Naheliegen einer technischen Maßnahme zunächst kein Hindernis für ihre Patentwürdigkeit (RG BlPMZ 1900, 302, 305; 1902, 21, 23). Für das Vorliegen einer Erfindung sollten nicht „subjektive" Kriterien wie überraschende Wirkung, Naheliegen, Aufwand an schöpferischer Tätigkeit oder an geistiger Arbeit und dergleichen entscheidend sein, sondern das „objektive" Kriterium des „wesentlichen Fortschritts nach irgendeiner Richtung hin" (PA BlPMZ 1913, 292, 297). Dabei war man sich bewusst, dass eine feste Richtlinie fehlte, um zu bestimmen, wo der patentfrei zu haltende normale Gang der Entwicklung verlassen wird und die Wesentlichkeit des Fortschritts beginnt. Die Entscheidung über die Erheblichkeit des Fortschritts wurde deshalb als Werturteil der zur Entscheidung berufenen Stellen aufgefasst, „von deren Wertgefühl vorausgesetzt werden kann, dass es durch die dauernde Verfolgung der **erfinderischen Tätigkeit** der in- und ausländischen Industrie unter sorgfältiger Berücksichtigung ihrer durchschnittlichen Leistungsfähigkeit und des jeweiligen Standes der Technik diejenige Schulung erhalten hat, die vor Willkür und zu weitgehender Subjektivität schützt" (PA GRUR 1916, 59, 60). Das im Kriterium eines „wesentlichen" Fortschritts enthaltene Werturteil diente dazu, die schon beim Mittelmaß an technischem Wissen und Können sich ständig vollziehende natürliche Weiterentwicklung der Technik, der eine erfinderische Bedeutung nicht zugemessen wurde, patentfrei zu halten und die Verleihung eines Ausschließlichkeitsrechts für Neuerungen vorzubehalten, „die, abseits von jenem natürlichen Entwicklungsgang liegend und den allmählichen Gang des Fortschritts unterbrechend, das betreffende Sonderfachgewerbe ruckartig auf eine höhere Stufe in technischer oder wirtschaftlicher Hinsicht bringen und so die Zeit seiner Durchbildung erheblich abkürzen" (PA GRUR 1916, 59). Mit dieser Rechtsprechung war die erfinderische Tätigkeit als Werturteil über den mit dem Gegenstand des Patents erzielten **Fortschritt** dogmatisch im technischen Fortschritt als Voraussetzung der Patentfähigkeit angesiedelt (Momber, GRUR 1923, 60, 66). 5

Das RG hat diese frühe Linie der Rechtsprechung 1923 mit seiner ersten zur Frage der Erfindungshöhe veröffentlichten Entscheidung verlassen, indem es ausgeführt hat, dass ein gewerblicher Fortschritt allein die Patenterteilung noch keineswegs rechtfertige, denn es müsse hinzukommen, „dass dem Schritt vom Bekannten zum Geschützten die Erfindungshöhe innewohnt"; erforderlich sei „eine schöpferische Geistestätigkeit" (RG MuW 1923, 197 unter Hinweis auf eine nicht veröffentlichte frühere Entscheidung; nach Lindenmaier, GRUR 1939, 153, 157 geht diese Rechtsprechung auf nicht veröffentlichte Urteile des RG aus den Jahren ab 1914 zurück, so dass in einem nicht veröffentlichten Urteil vom 10. 10. 1917 von einer feststehenden Rspr. gesprochen werden konnte, nach der neben dem technischen Fortschritt das Vorliegen von Erfindungshöhe erforderlich war; vgl. auch Beier, GRUR 1985, 606, 614f.). Seit dieser Entscheidung hat die Rechtsprechung unter dem auf Wirth (GRUR 1906, 57ff.; GRUR 1923, 73ff.) zurückgehenden Begriff der **„Erfindungshöhe"** versucht, auf die Eigenart der schöpferischen Tätigkeit als Maßstab der Patentwürdigkeit abzustellen. Die Entwicklung war jedoch nicht einheitlich. Neben Entscheidungen, die die Frage der Patentwürdigkeit allein unter dem Gesichtspunkt des Fortschritts betrachten (RG GRUR 1925, 124, 126; 1926, 472, 476; 1928, 651, 652; 1929, 576, 578; 1934, 28, 31; wohl auch GRUR 1936, 308, 310, 311 – die Entscheidung bejaht Fortschritt und daneben Patentwürdigkeit), stehen Entscheidungen, die darauf abstellen, ob der Fachmann die fragliche Maßnahme auf der Grundlage des Stands der Technik unschwer auffinden konnte (RG GRUR 1930, 1178; GRUR 1935, 43, 45; 1936, 793, 796), die einen erfinderischen Verdienst fordern, der das Durchschnittskönnen eines auf dem Gebiet der Erfindung erfahrenen Fachmanns überragt (RG GRUR 1923, 44 – zum Patent; 1929, 593, 595 – zum Gebrauchsmuster), oder eine geistige Leistung fordern (RG GRUR 1929, 483, 484 – zum Gebrauchsmuster) und das Erfordernis des Fortschritts neben dem Erfordernis der Erfindungshöhe nennen (RG GRUR 1934, 582, 584). Mit dem Erfordernis der Erfindungshöhe befassen sich insbesondere Entscheidungen zum Gebrauchsmusterrecht, die betonen, dass für den Gebrauchsmusterschutz geringere Anforderungen an die Erfindungshöhe zu stellen seien als für den Patentschutz (RG GRUR 1933, 31, 32; 1933, 144, 145; 1933, 494, 495; 1934, 311, 313; 1937, 460, 461), gleichzeitig aber über handwerksmäßige Fertigkeiten hinausgehende Überlegungen für die Gebrauchsmusterfähigkeit einer technischen Neuerung für erforderlich halten (RG GRUR 1934, 188, 189). Diese Rspr. ist von Isay dahin verstanden worden, dass sich bei Vorliegen eines erheblichen Fortschritts die Frage, ob die geistige Leistung als solche einen Erfindungswert besitzt, nicht mehr gestellt habe und nur in Fällen, in denen der Fortschritt zweifelhaft erschienen sei, das Vorliegen einer geistigen Leistung zur Begründung der Patentfähigkeit erforderlich sei (Isay, Patentgesetz, 5. Aufl., 1931, § 1 PatG Rdn. 27, 28). 6

Nach Pietzcker beruhte diese Rechtsprechung darauf, dass ein schöpferischer Gedanke in erster Linie zum Begriff der Erfindung gehöre und eine Erfindung daher nur dann patentwürdig sei, wenn sie zu ihrer Konzeption mehr als das gewöhnliche fachmännische Können erfordere, also Erfindungshöhe aufweise, was gleichbedeutend mit nicht nahe liegend sei (Pietzcker, PatG, 1929, Einl. Anm. 3; § 1 PatG Anm. 26, 27); für die Patentwürdigkeit einer Erfindung genüge jeder Fortschritt, daneben sei aber immer Patentwürdigkeit im Sinne der Erfindungshöhe erforderlich (Pietzcker, aaO Rdn. 27).

7 Eine Klärung der nicht eindeutigen Rechtslage setzte mit dem Beschluss des PA vom 22. 10. 1933 (BlPMZ 1933, 267) ein, mit dem sich das PA der Rechtsprechung des RG angeschlossen und außer der Neuheit und Fortschrittlichkeit „eine gewisse Erfindungshöhe" als Voraussetzungen einer patentwürdigen Erfindung anerkannt hat, wobei die Voraussetzungen der Fortschrittlichkeit und der Erfindungshöhe in einer Wechselwirkung stehen sollten, so dass bei einem großen Fortschritt die Erfindungshöhe kleiner sein dürfe und umgekehrt (PA BlPMZ 1933, 267; RG MuW 1938, 365, 366). Damit war der Weg frei, den technischen Fortschritt als Voraussetzung der Patentfähigkeit beizubehalten, als entscheidendes Kriterium der Patentfähigkeit aber den Charakter der diesen Fortschritt zeitigenden Neuerung als einer schöpferischen Leistung zu betrachten. Nur beim Zusammentreffen von technischem Fortschritt mit schöpferischer Leistung als seiner Ursache konnte nach dieser Rechtsprechung von einer patentfähigen Erfindung gesprochen werden (RPA GRUR 1939, 182, 184). Damit wurde das Ausmaß der schöpferischen Leistung (Erfindungshöhe) zu einem neben dem technischen Fortschritt selbstständigen Erfordernis der Patentfähigkeit. Der Begriff der Erfindungshöhe, der synonym mit dem Begriff der erfinderischen Tätigkeit benutzt wurde, wurde objektiv verstanden, so dass es auf die subjektive Kenntnis der Person des Erfinders vom Stand der Technik nicht ankam (RG GRUR 1939, 892, 893). Erfindungshöhe wurde nicht als geistige Leistung des individuellen Erfinders beim Werdegang der Erfindung betrachtet, sondern als Vorhandensein einer höheren geistigen Leistung, als sie dem Durchschnittsfachmann bei seiner herkömmlichen gewöhnlichen Arbeit der Regeln nach möglich ist (Lindenmaier, GRUR 1939, 153, 155). Das nach der älteren Rechtsprechung des PA noch im Begriff des „wesentlichen" oder „erheblichen" Fortschritts enthaltene Werturteil über die Erfindung (PA GRUR 1916, 59, 60) hatte sich unter dem Begriff der Erfindungshöhe zu einem selbstständigen Patentierungserfordernis entwickelt. Begünstigt wurde diese Entwicklung durch den Umstand, dass die Begründung des PatG 1936 – nicht zuletzt unter Anknüpfung an nationalsozialistisches Gedankengut (Lindenmaier, GRUR 1938, 213 ff.; ders., GRUR 1939, 153 ff.; dazu Beier, GRUR 1985, 606, 615) – die Entfaltung der schöpferischen Persönlichkeit als Aufgabe des Patentrechts ansah (Begründung zum PatG 1936, BlPMZ 1936, 103). Der Sache nach beruhte die Entscheidung der Frage, ob die Qualität einer patentwürdigen Erfindung neben Fortschrittlichkeit auch „Erfindungshöhe" oder „erfinderische Tätigkeit" voraussetzt, jedoch nicht auf nationalsozialistischem Gedankengut, sondern war die Antwort auf das seit der Patentenquête von 1887 offene Problem, ob für die Patentwürdigkeit einer Erfindung erforderlich ist, dass sie auf einer das Durchschnittsmaß gewerblichen Könnens hinausgehenden geistigen Leistung beruht. Das RG hat abschließend noch entschieden, dass zwischen Fortschritt und Erfindungshöhe keine Wechselwirkung dergestalt bestehe, dass bei einem mit der Erfindung erzielten erheblichen technischen Erfolg geringere Anforderungen an die Erfindungshöhe gestellt werden dürften, ein technischer Erfolg allenfalls als Beweisanzeichen für das Vorliegen von Erfindungshöhe angesehen werden könne (RG GRUR 1940, 195, 196; zur historischen Entwicklung vgl. Bueren, GRUR 1933, 341 ff.; Schuster, GRUR 1942, 237 ff.; Beier, GRUR 1985, 614 ff.; Asendorf, GRUR 1988, 87 ff.; Pietzcker, FS GRUR 1991, 417 ff.). Die Rechtsprechung des BGH hat bis zur Einfügung des § 2a (jetzt § 4) in das PatG 1978 durch das IntPatÜG auf den in der Rechtsprechung des RG zuletzt erreichten Stand der Rechtsrechung aufgebaut (vgl. die knappe Darstellung bei Lindenmaier, PatG 6. Aufl., 1973, § 1 PatG Rdn. 40–43).

8 **c) PatG 1978.** Die Vorschrift des § 4 ist durch das IntPatÜG als § 2a in das PatG 1978 eingefügt worden. Sie hat einerseits eine einschneidende Änderung der Rechtslage gebracht, als nach altem Recht aus dem Wesen einer patentfähigen Erfindung der Fortschritt als materiellrechtliche Voraussetzung ihrer Patentierbarkeit hergeleitet worden war und die Rechtsprechung des BGH an diesem Patentierungserfordernis festgehalten hatte (vgl. dazu Bock in Benkard, PatG 6. Aufl., § 1 PatG Rd. 56 ff.; Nastelski in Reimer, PatG u. GebrMG 3. Aufl., § 1 PatG Rdn. 25 ff.). Diese Voraussetzung der Patentfähigkeit kennt das seit dem 1. Januar 1978 geltende Recht nicht mehr (dazu Schulze, Mitt. 1976, 132; Dinné, Mitt. 1977, 18). Für seit dem 1. 1. 1978 eingereichte Patentanmeldungen und auf sie erteilte Patente kann daher die erfinderischer Tätigkeit nicht allein mit der Fortschrittlichkeit der Erfindung begründet werden (BGH GRUR 1994, 36, 38 – Messventil; EPA ABl. 1984, 401 – Spiroverbindungen; EPA ABl. 1987, 149 – Antihistaminika; Jestaedt, Patentrecht, Rdn. 343). Zwar kann ein technischer Fortschritt ein **Indiz für das** Ausmaß der erfinderischen Tätigkeit darstellen; Voraussetzung dafür ist aber, dass überhaupt eine schöpferische Leistung – wenn auch geringen Grades – vorliegt (BGH GRUR 1996, 36, 38 – Messventil; vgl. aber auch Busse/Keukenschrijver, § 4 PatG Rdn. 111; Jestaedt, Patentrecht, Rdn. 402; zum Problem der „Beweisanzeichen" vgl. Rdn. 47 f.; zum Fortschritt als Hilfskriterium Rdn. 66 f.).

Andererseits hat § 4 PatG 1981 die der Patentenquête 1887 gestellte Frage, ob eine patentfähige Erfindung erfinderische Tätigkeit voraussetzt, beantwortet und gesetzlich geregelt. Die Vorschrift steht – unter klarstellender Einfügung des Begriffs des Fachmanns – in Einklang mit Art. 5 Satz 1 des Straßburger Übereinkommens zur Vereinheitlichung gewisser Begriffe des materiellen Rechts der Erfindungspatente (dazu Einl. Rdn. **80;** vgl. auch Benkard/Jestaedt, EPÜ, Art. 56 Rdn. 1, 2). Mit ihr ist eine Rechtsangleichung im Bereich der europäischen Staaten vollzogen worden, die zu einer Gleichsetzung der Begriffe „erfinderische Tätigkeit", „inventive step", „activité inventive" mit dem Begriff der „Erfindungshöhe" nach altem Recht geführt hat. Die Bundesregierung hat in der amtlichen Begründung des Entwurfes zum IntPatÜG erklärt, die Vorschriften enthielten keine Änderung des bis dahin geltenden Rechts; das Erfordernis der „erfinderischen Tätigkeit" entspreche der nach der bisherigen Entscheidungspraxis verlangten Patentierbarkeitsvoraussetzung der „Erfindungshöhe" (BT-Ds 7/3712 v. 2. 6. 1975, S. 27 li. Sp.). Die hierfür in § 4 aufgestellten Kriterien entsprächen denen, die für das bisherige Recht zum Begriff der „Erfindungshöhe" entwickelt worden seien (BT-Ds 7/3712 v. 2. 6. 1975, S. 30 li. Sp.). Während teilweise die Auffassung vertreten worden ist, dass die bisherige Rechtsprechung und Praxis durch die Neufassung keine grundlegende Änderung erfahren sollte (Singer, Mitt. 1974, 2, 6; vgl. auch van Benthem/Waller, GRUR 1978, 219, die sich bei der Beurteilung der erfinderischen Tätigkeit gem. Art. 56 EPÜ im Wesentlichen an den im deutschen Recht entwickelten Kriterien orientieren wollen), ist dieser These im Hinblick auf das Zustandekommen der neuen Texte widersprochen worden (Haertel, GRUR Int. 1981, 479, 487 f.). Da den Regelungen das Ziel einer Rechtsharmonisierung zu Grunde liegt, stimmen die Begriffe der erfinderischen Tätigkeit im PatG und im EPÜ überein, so dass aus teilweise in der Praxis vorhandenen Auslegungs- und Anwendungsunterschieden nicht auf einen unterschiedlichen materiellen Gehalt der Vorschriften geschlossen werden kann (vgl. Busse/Keukenschrijver, § 4 PatG, Rdn. 7). Zwar haben sich in der Praxis des EPA bei der Prüfung der erfinderischen Tätigkeit einige Besonderheiten entwickelt (Prüfung vom „nächstkommenden Stand der Technik", vgl Rdn. 12, 13; „Aufgabe-Lösungs-Ansatz", vgl Rdn. 13; „could-would-test", vgl Rdn. 49), die nur teilweise in die nationale Praxis Eingang gefunden haben (dazu Keukenschrijver, VPP-Rundbrief 2000, 96, 97; Jestaedt, Patentrecht, Rdn. 358 f., 372 f., 388). Aus dem Umstand, dass in Einzelfällen die erfinderische Tätigkeit seitens des EPA und seitens der nationalen Nichtigkeitsinstanzen unterschiedlich beurteilt worden ist, lässt sich aber nicht auf unterschiedliche, mehr oder weniger „großzügige" Maßstäbe bei der Beurteilung der erfinderischen Tätigkeit schließen (vgl. Rogge, GRUR Int. 1996, 1111 ff.; Brinkhoff, GRUR Int. 1996, 1115 ff.; Keukenschrijver, GRUR 2003, 177 ff.; Kraßer, Patentrecht 5. Aufl., § 18 I a, 4). 9

II. Die erfinderische Tätigkeit als Rechtsbegriff

1. Tatsächliche und normative Aspekte im unbestimmten Rechtsbegriff der erfinderischen Tätigkeit. Die Prüfung der Neuheit und der erfinderischen Tätigkeit beziehen sich auf denselben Gegenstand, nämlich „die Erfindung", betrachten ihn aber unter verschiedenen Aspekten: Mit dem Erfordernis der Neuheit wird sichergestellt, dass einerseits nur solche Gegenstände unter Schutz gestellt werden, die den im Stand der Technik bereits bekannten Lösungen eine weitere (neue) Lösung hinzufügen und ihn deshalb bereichern (§ 3 Abs. 1); andererseits sollen Doppelpatentierungen vermieden werden (§ 3 Abs. 2; vgl. Benkard/Melullis, Art. 54 EPÜ Rdn. 7 f.). Dementsprechend ist im Rahmen der Neuheitsprüfung der Gegenstand der Erfindung mit jedem vorbekannten Gegenstand **einzeln** zu vergleichen; ein Vergleich der Erfindung mit dem Wissen und den Anregungen, die sich dem Fachmann aus einer Zusammenschau des Stands der Technik in seiner Gesamtheit erschließen, findet im Rahmen der Neuheitsprüfung nicht statt (§ 3 Rdn. 12). Demgegenüber ist die erfinderische Tätigkeit vom **Stand der Technik** aus zu beurteilen. Dabei ist der Stand der Technik in seiner Gesamtheit (als „Mosaik") zu betrachten. In diese Betrachtung sind alle der Öffentlichkeit vor dem Prioritätstag zugänglichen Lehren (Beschreibungen, Benutzungen u. dgl. s. § 3 Abs. 1 Satz 2) einzubeziehen (BGH GRUR 1953, 120, 122 – Rohrschelle, seitdem st. Rspr; dazu rechtsverglei- 10 chend Schönherr, Mitt. 1981, 49, 50). **Es ist zu fragen, ob ein über durchschnittliche Kenntnisse und Fähigkeiten verfügender Fachmann, wie er auf dem technischen Gebiet der Erfindung in einschlägig tätigen Unternehmen am Prioritätstag typischerweise mit Entwicklungsaufgaben betraut wurde und dem unterstellt wird, dass ihm der gesamte am Prioritätstag öffentlich zugängliche Stand der Technik bei seiner Entwicklungsarbeit zur Verfügung stand, in der Lage gewesen wäre, den Gegenstand der Erfindung aufzufinden, ohne eine das durchschnittliche Wissen und Können einschließlich etwaiger Routineversuche übersteigende Leistung erbringen zu müssen.** Der BGH fragt in seinen Beweisbeschlüssen in Patentnichtigkeitsverfahren die erfinderische Tätigkeit betreffend: ***„a) Welche Schritte muss der Fachmann vollziehen, um zu der Lösung des Streitpatents zu gelangen? b) Hatte der Fachmann Veranlassung, Überlegungen in diese Richtung anzustellen? c) Was spricht im Einzelnen dafür oder dagegen, dass der Fachmann auf Grund solcher Überlegungen zur Lösung des Streitpatents gelangt wäre?"*** Die Frage zielt nicht darauf abzuzählen, wie viele Schritte der Fachmann zum Auffinden der patentgemäßen Lösung vollziehen musste (Rdn. 50), sondern dient der Feststellung, ob die vorgeschlagene Lösung bereits so im Stand der Technik angelegt war, dass er sie auf Grund seines Fachwissens und seiner Fähigkeiten ohne erfinderisches Zutun durch nahe liegende Abwandlungen des schon Vorbekannten auffinden konnte (Jestaedt, GRUR 2001, 939, 942). Die Beantwortung dieser Frage ist als **künstliche Synthese ex post** bezeichnet worden (BGH GRUR 1953, 120, 122 – Rohrschelle; 1954, 317, 320 – Mehrschichtträger; BGH BlPMZ 1967, 137). Der Begriff erscheint insoweit wenig glücklich, als es bei der Entscheidung über die erfinderische Tätigkeit nicht darum geht, die Erfindung nachträglich aus dem Stand der Technik zu konstruieren (Jestaedt, GRUR 2001, 939, 941). Die Umschreibung bringt aber zutreffend zum Ausdruck, dass die Erfindung an einem **objektiv fiktiven Maßstab,** nämlich der Kunstfigur des Fachmanns (Rdn. 18, 35 ff.) und der ihm unterstellten Kenntnis des gesamten vorbekannten Stands der Technik, gemessen wird (Jestaedt, GRUR 2001, 939, 941 f; Kraßer vergleicht die Entscheidung über das Naheliegen und das ihr zugrunde liegende Verfahren mit der Bewertung von Prüfungsleistungen, Patentrecht, § 18 2, 6, S. 301 f.). Die Erfindung wird auf diese Weise in einer über die Neuheitsprüfung hinausgehenden Weise in Relation zum Stand der Technik gesetzt mit der sichergestellt wird, dass nicht jede technische Neuerung patentiert wird, sondern nur eine dem Fachmann nicht nahe liegende, erfinderische und damit patentwürdige Neuerung (Rdn. 1). Dabei bezeichnet die erfinderische Tätigkeit ein **qualitatives Kriterium der Patentfähigkeit** (Kraßer, Patentrecht, Kap. 18 I, 7; Benkard/Jestaedt, EPÜ, Art. 56 Rdn. 7; Busse/Keukenschrijver, § 4 PatG Rdn. 10), das auf die Kreativität der technischen Leistung ausgerichtet ist. Deshalb liegt in der Beurteilung der erfinderischen Tätigkeit ein **Akt wertender Entscheidung** (BGHZ 128, 270, 275 = GRUR 1995, 330, 331 – elektrische Steckverbindung; GRUR 2004, 411, 413 – Diabehältnis). Als wertende Entscheidung über die in der Erfindung liegende Leistung ist die Feststellung der erfinderischen Tätigkeit keine Tatsachenfeststellung, sondern die Entscheidung einer **Rechtsfrage** (vgl. nur Pagenberg, GRUR 1980, 766; Vossius, GRUR 1993, 344, 345) und als solche einer Beweiserhebung nicht zugänglich (BGH GRUR 2004, 411, 413 – Diabehältnis). **Wertungsgesichtspunkte,** die bei der Entscheidung über die Qualität der erfinderischen Tätigkeit zu berücksichtigen sind, sind daher **keine „Beweisanzeichen",** sondern Hilfskriterien bei der rechtlichen Gewichtung tatsächlicher Umstände (Rdn. 47 f.). Die Entscheidung der Rechtsfrage ergeht jedoch auf **tatsächlicher Grundlage,** nämlich der Feststellung des zuständigen Fachmanns, seines Wissens und Könnens und des vor dem Prioritätstag öffentlich zugänglichen Stands der Technik. Wer auf dem technischen Gebiet der Erfindung typischerweise mit Entwicklungsarbeiten betraut wird und deshalb Fachmann im Sinne des § 4 ist, lässt sich in aller Regel empirisch feststellen. Das gilt auch für die Frage, welche Ausbildung ein solcher Fachmann typischerweise erhalten hat und über welche Kenntnisse, Erfahrungen und Fähigkeiten er am Prioritätstag verfügt hat, wobei diese tatsächlichen Aspekte ein normatives Element insoweit enthalten, als nicht das Wissen und Können bestimmter natürlicher Personen maßgeblich ist, sondern das **durchschnittliche** Wissen und Können **typischerweise** auf dem einschlägigen technischen Gebiet tätiger Personen. Tatfrage ist auch, welcher Stand der Technik zum Prioritätstag öffentlich bekannt war. Der Begriff der erfinderischen Tätigkeit ist demzufolge ein **unbestimmter Rechtsbegriff,** in dem sich Tat- und Rechtsfragen überschneiden. Der BGH hat insoweit davon gesprochen, dass die Entscheidung über die erfinderische Tätigkeit die Entscheidung einer Rechtsfrage ist, deren Prüfung „im Wesentlichen auf tatsächlichem Gebiet" liegt (BGH GRUR 1987, 510, 512 – Mittelohrprothese; BGH GRUR 1984, 797, 798 – Zinkenkreisel, der die Entscheidung über die erfinderische Tätigkeit als eine dem Tatrichter vorbehaltene Wertung bezeichnet; dazu Bruchhausen, FS v. Gamm, 353 ff.). Die Beurteilung aus der Sicht des Fachmanns führt daher immer dann, wenn die maßgebliche Sicht des Fachmanns zu bestimmten Gegenständen festzustellen ist, dazu, dass eine unmittelbarer Feststellung nicht möglich ist; auf sie kann nur mittels wertender Würdigung der tatsächlichen Umstände geschlossen werden (BGH GRUR 2004, 1023, 1025 – bodenseitige Vereinzelungseinrichtung).

3. Konkretisierung des Rechtsbegriffs der erfinderischen Tätigkeit

a) Objektive Beurteilung. Die Beurteilung der erfinderischen Tätigkeit erfolgt auf objek- 11
tiver Grundlage, sie ist ein **objektives Kriterium** der Patentfähigkeit (EPA GRUR Int. 1983, 650, 651 – Metallveredelung/BASF). Deshalb kommt es auf die subjektiven Vorstellungen des Anmelders oder Erfinders für die Qualifikation einer Neuerung als erfinderisch nicht an (BGH Liedl 1974/77, 343, 365 – Schraubennahtrohr II). Maßgeblich sind vielmehr das Wissen und Können des **Fachmanns** (Rdn. 18, 35 ff.) am Prioritätstag. Deshalb ist es gleichgültig, ob der Erfinder als Branchenfremder oder Insider zu der neuen Lehre gelangt ist (EPA GRUR Int. 1983, 650, 651 f. – Metallveredelung/BASF) und ob er längere Zeit gebraucht hat, um zu der Neuerung zu gelangen (BGH GRUR 1961, 529, 533 – Strahlapparat, dort wegen der Kriegs- und Nachkriegsverhältnisse für unbeachtlich gehalten). Ein Irrtum des Erfinders über ursächliche Zusammenhänge oder wissenschaftliche Grundlagen steht der Feststellung erfinderischer Tätigkeit nicht entgegen (BGH Lidl 1961/62, 741, 771 – Leitbleche III; GRUR 1965, 138, 142 – Polymerisationsbeschleuniger; GRUR 1994, 357, 358 – Muffelofen). Unerheblich ist, ob der Erfinder über Kenntnisse oder Erfahrungen verfügt hat, welche die im Stand der Technik niedergelegten Informationen und das Wissen und Können des Fachmanns am Prioritätstag überstiegen haben („interner Stand der Technik"; BGH GRUR 1973, 263, 265 – Rotterdam-Geräte). Da das Vorliegen erfinderischer Tätigkeit objektiv und nicht nach dem tatsächlichen Werdegang der Erfindung zu beurteilen ist, ist weiter unerheblich, ob der Erfinder den ganzen Stand der Technik oder nur einzelne Entgegenhaltungen gekannt hat oder hätte kennen müssen. Die Unkenntnis des Standes der Technik begründet die erfinderische Tätigkeit nicht (RG GRUR 1939, 892, 893). Gleichgültig ist, ob sich die Erfindung aus einer Eingebung (flash of genius), aus einer glücklichen Intuition, aus bewusstem Denken, aus systematischer Arbeitsplanung oder systematischem Arbeitseinsatz mit systematischen Versuchen und entsprechend hohem Aufwand an Mühe, Kosten und Zeit ergeben hat. Dass das Ergebnis mit viel Fleiß und umfangreichen Versuchen gefunden wurde, steht der Annahme erfinderischer Tätigkeit nicht entgegen (BGH GRUR 2001, 813, 817 – Taxol). Auf vielen Gebieten ergeben sich erfinderische Neuerungen aus dem planmäßigen Arbeitseinsatz mit großen Versuchsreihen. Erfindungen auf diesen Gebieten, die einen erheblichen Fortschritt gebracht haben, kann die erfinderische Tätigkeit nicht deshalb abgesprochen werden, weil sie das Ergebnis systematischer Versuche darstellen (BPatGE 5, 78, 80; BPatG GRUR 1978, 702, 705 f.).

Die Beurteilung der erfinderischen Tätigkeit unter objektiver Betrachtung schließt ein, dass 12
nach der neueren deutschen Praxis die **in der Anmeldung oder Patentschrift formulierte Aufgabe** nicht zur Beurteilung der erfinderischen Leistung herangezogen wird, sondern darauf abgestellt wird, was die beanspruchte Lösung gegenüber dem Stand der Technik **tatsächlich leistet** (BGH GRUR 1984, 194, 195 – Kreiselegge; BGHZ 92, 129 = GRUR 1985, 31, 32 – Acrylfasern; GRUR 1985, 369 – Körperstativ; GRUR 1987, 510, 511 – Mittelohrprothese; GRUR 1991, 522 – Feuerschutzabschluss; GRUR 1991, 811, 814 – Falzmaschine; BGH Bausch 1994/98, 479, 482 – laminierte Metalldichtung; GRUR 2003, 693, 695 – Hochdruckreiniger; GRUR 2004, 579, GRUR 2004, 579, 582 – Imprägnieren von Tintenabsorbierungsmitteln; GRUR 2005, 141, 142 – Anbieten interaktiver Hilfe; Hesse, GRUR 1981, 853; Keil GRUR 1986, 12; Brodeßer, GRUR 1993, 185, 186; vgl. auch Schweiz. BG GRUR Int. 1989, 328, 330 – Schneehalter; § 1 Rdn. 54 ff.; zur älteren gegenteiligen Praxis vgl. Voraufl. § 1 Rdn. 58 ff.). Maßgeblich ist nicht, was in der Patentschrift als „Aufgabe" bezeichnet ist, sondern das durch die Erfindung für den Fachmann objektiv gelöste technische Problem (BGH GRUR 2003, 693, 695 – Hochdruckreiniger; GRUR 2005, 141, 142 – Anbieten interaktiver Hilfe). Die Einbeziehung von Lösungsansätzen oder Lösungsmitteln schon in die Aufgabe, die die Erfindung lösen soll, wird als eine unzulässige Verkürzung der erfinderischen Leistung angesehen (BGH BlPMZ 1991, 159, 161 – Haftverband; BPatGE 41, 196; vgl. aber auch Brandi-Dohrn, GRUR 1990, 596, 597, der die Aufgabenstellung in bestimmten Fällen zur Beurteilung der erfinderischen Tätigkeit heranziehen will). Auf diese Weise wird unter objektiven Gesichtspunkten untersucht, um welche Leistung der Stand der Technik durch die Erfindung bereichert wird, wobei Angaben in der Beschreibung zur Aufgabe dem Verständnis der Erfindung dienen und in der Rechtsprechung des BGH regelmäßig zur Auslegung des Patentanspruchs und damit zur Feststellung des Gegenstands der Erfindung herangezogen werden; sie sind aber zur Fest-

stellung der erfinderischen Tätigkeit ungeeignet (BGH Bausch 1994/98, 159, 166 – Betonring; GRUR 2005, 141, 142 – Anbieten interaktiver Hilfe).

13 Demgegenüber wird in der Rechtsprechung des **EPA** die erfinderische Tätigkeit nach dem **Aufgabe-Lösungs-Ansatz** (problem-solution-approach) geprüft, indem in der Regel zunächst der sog. „nächstliegende" Stand der Technik ermittelt wird (closest state – l'état le plus proche, siehe ABl. 1989, 115, 123 – gelbe Farbstoffe/SUMITOMO; 1987, 149, 154f. – Antihistaminika/EISAI; 1984, 401 – Spiroverbindungen/CIBA-GEIGY; vgl. Szabo, Mitt. 1994, 225ff.; Benkard/Jestaedt, EPÜ, Art. 56 Rdn. 32f. m.w. Nachw.). Ausgehend von ihm wird das technische Problem festgestellt, das durch die Erfindung gelöst wird, wobei das EPA die Angaben der Anmeldung zu Grunde legt und nur dann prüft, welche – andere – Aufgabe durch die Erfindung gelöst wird, wenn in der Anmeldung von einem unzutreffenden Stand der Technik ausgegangen wird (vgl. Benkard/Jestaedt, EPÜ, Art. 56 Rdn. 10ff., 16; Anders, FS 50 Jahre VPP, 136ff.; Szabo, Mitt. 1994, 225ff.). Die praktische Bedeutung der unterschiedlichen Prüfungsweise erscheint gering, da das EPA die Prüfung der erfinderischen Tätigkeit vom nächstliegenden Stand der Technik nicht als den ausschließlich gangbaren Weg betrachtet, sondern nur **als Ausgangspunkt** zur Beantwortung der Frage, ob dem Fachmann die Erfindung aus der Gesamtschau des Stands der Technik nahegelegen hat (EPA T 465/92, GRUR Int. 1996, 723 – Aluminiumlegierung/ALCAN m. Anm. Szabo; EPA T 967/97, Mitt. 2002, 315 – Chipkarte). Zudem ist zweifelhaft, ob sich durch den Aufgabe-Lösungs-Ansatz eine **rückschauende Betrachtung** (Rdn. 15, 16) mit einem Hineininterpretieren der Erfindung in den Stand der Technik vermeiden lässt, weil sich die Frage, welcher Stand der Technik der nächstliegende ist, nur aus dem Vergleich der im Stand der Technik bekannten Lehren mit der Erfindung beantworten lässt und deshalb die Kenntnis der Erfindung voraussetzt (Anders, FS 50 Jahre VPP, 136, 143; Kraßer, Patentrecht, § 18 II, 10, S. 317).

14 **b) Maßgeblicher Zeitpunkt.** Für die Beurteilung der erfinderischen Tätigkeit sind die **Verhältnisse vor dem Prioritätstag der Anmeldung** maßgeblich (st. Rspr. seit RG GRUR 1938, 876, 881 – Grubenexplosionsbekämpfung IV; EPA T 24/81, GRUR Int. 1983, 650, 651 – Metallveredelung). Für den der Prüfung zu Grunde zu legenden Stand der Technik folgt dies schon aus dem Umstand, dass sich die Erfindung für den Fachmann nicht in nahe liegender Weise aus dem Stand der Technik ergeben darf (§ 4 Satz 1). Stand der Technik sind die nach § 3 Abs. 1 der Öffentlichkeit vor dem Prioritätstag zugänglichen Kenntnisse. Die erfinderische Tätigkeit ist daher an dem Stand der Technik zu messen, wie er der Neuheitsprüfung zu Grunde liegt (BGH GRUR 1969, 271, 272 – Zugseilführung; st. Rspr.). Ausgenommen davon sind Unterlagen nach § 3 Abs. 2, die der Öffentlichkeit nicht zugänglich sind und deshalb nach der ausdrücklichen Regelung in § 4 Satz 2 bei der Beurteilung der erfinderischen Tätigkeit außer Betracht bleiben. Der Prioritätstag ist nicht nur maßgeblich für den zu berücksichtigenden Stand der Technik; er ist auch maßgeblich für die Frage, wer Fachmann auf dem Gebiet der Technik ist, auf dem die Erfindung liegt, und mit welchem Fachwissen, mit welchen Fertigkeiten und Erfahrungen er an die Lösung technischer Probleme herangeht (BGH GRUR 2004, 411, 413 – Diabehältnis), auf dieser Grundlage den als Erfindung beanspruchten Gegenstand versteht und den Stand der Technik betrachtet.

15 **c) Verbot rückschauender Betrachtungsweise.** Daraus folgt zugleich, dass bei der Beurteilung der erfinderischen Tätigkeit eine **rückschauende Betrachtungsweise** unzulässig ist. **Der Stand der Technik darf nicht in Kenntnis der mit der Erfindung gefundenen Lösung betrachtet und ausgewertet werden** und die Erfindung **darf nicht unter Verwertung späterer Erkenntnisse bewertet und aus ihnen heraus für nahe liegend** gehalten werden (BGH GRUR 1980, 100, 103 – Bodenkehrmaschine; GRUR 1981, 338 – Magnetfeldkompensation; GRUR 1989, 899, 902 – Sauerteig; GRUR 2001, 232, 234 – Brieflocher; Mitt. 2003, 116, 120 – Rührwerk; High Court of Australia GRUR Int. 1981, 691, 692 – Luftdurchlässiges Heftpflaster; EPA ABl. 1982, 249, 255 – thermoplastische Hohlkörper; ABl. 1982, 394, 401 – Methylen-bis-(phenyl-isocyanat); GRUR Int. 1984, 700, 701 – Spiroverbindungen/CIBA-GEIGY; ABl. 1987, 237, 240 – Ätzverfahren/SCHMID; vgl. Benkard/Jestaedt, EPÜ, Art. 56 Rdn. 20). Es steht der erfinderischen Tätigkeit deshalb nicht entgegen, dass ein neuer Vorschlag rückschauend ein Anwendungsfall eines bekannten Prinzips ist, wenn die Kenntnis des Prinzips zum Auffinden der patentgemäßen Lösung nicht ausreichte (BGH Liedl 1974/77, 98, 105 – Fensterausstellvorrichtung). Dem Verbot rückschauender Betrachtung steht nicht entgegen, zur Feststellung des Aussagegehalts einer Vorveröffentlichung auch spätere Veröffentlichungen heranzuziehen (BGH GRUR 1964, 612, 616 – Bierabfüllung). Ein Ergebnis, das erst durch gedankliche Umkehr einer Druckschrift zu entnehmen ist, erweckt dagegen den Anschein, durch rückschauende Betrachtungsweise gewonnen worden zu sein (BGH

BlPMZ 1991, 159, 161 – Haftverband). Bei der Entscheidung über die erfinderische Tätigkeit ist deshalb die Kenntnis der patentgemäßen Lösung auszublenden (zur Problematik vgl. Monsch, R., Die Vermeidung der rückblickenden Betrachtungsweise bei der Beurteilung der Patentfähigkeit einer Erfindung, FS für Dr. Rudolf E. Blum, 1989, S. 85 ff.; Schickedanz, GRUR 2001, 459 ff.) und eine **künstliche (fiktive) Synthese ex-post** zum Prioritätstag zu bilden (Rdn. 10; BGH GRUR 1953, 120, 122 – Rohrschelle; 1954, 317, 320 – Mehrschichtträger; Jestaedt GRUR 2001, 939, 942), bei der auf der Grundlage einer Gesamtschau des Standes der Technik zu fragen ist, ob ein vollständig mit dem Stand der Technik vertrauter Fachmann **am Prioritätstag** die Erfindung aus dem Stand der Technik entwickeln konnte (Tribunal de grande instance de Paris GRUR Int. 1975, 176, 178 – Fermentierschrank).

Mit dem Verbot rückschauender Betrachtungsweise steht die Frage in Zusammenhang, ob bei der Prüfung der erfinderischen Tätigkeit **besondere Vorteile oder Wirkungen** des beanspruchten Gegenstand berücksichtigt werden dürfen, wenn diese weder ursprünglich offenbart noch dem Fachmann am Prioritätstag auf Grund seines Fachwissens erkennbar waren. Grundsätzlich ist davon auszugehen, dass der Prüfung auf erfinderische Tätigkeit das zugrunde zu legen ist, was die Erfindung objektiv leistet (Rdn. 12). Dazu gehören solche Vorteile, die der Fachmann erkennt, weil sie in der Anmeldung beschrieben sind oder weil sie sich dem Fachmann aus seinem Fachwissen erschließen, mag der Erfinder sie erkannt haben oder nicht. Deshalb kann bei der Beurteilung der erfinderischen Tätigkeit auf solche Vorteile, überraschende Wirkungen und dergleichen zurückgegriffen werden. Eine Einschränkung ist in der Rechtsprechung insoweit gemacht worden, als auf besondere Vorteile oder Wirkungen, die der Erfindung erst ihren Sinn geben oder auf eigener erfinderischer Tätigkeit beruhen, nicht bei der Beurteilung der erfinderischen Tätigkeit berücksichtigt werden sollen, wenn sie in den ursprünglichen Unterlagen nicht genannt sind und sich dem Fachmann nicht aus seinem Fachwissen erschließen (BGH GRUR 1962, 83, 85 – Einlegesohle, vgl. Rdn. 56; Keukenschrijver sieht hierin die ohne Not erfolgte Einführung der fachmännischen Sicht als Filter, Busse/Keukenschrijver § 4 PatG Rdn. 76). Abweichend ist für Stofferfindungen (dazu § 34 Rdn. 31 ff.) entschieden worden. Bei ihnen liegt die Erfindung in der Bereitstellung eines neuen Stoffs. Gegenstand der Prüfung ist daher, ob die Bereitstellung dieses Stoffs auf erfinderischer Tätigkeit beruht, wobei besondere Wirkungen und Anwendungsmöglichkeiten des neuen Stoffs, auch solche, die sich dem Fachmann nicht in nahe liegender Weise erschließen, im Verlauf des Erteilungsverfahrens nachgebracht werden können (BGH GRUR 1966, 312, 315 – Appetitzügler I; GRUR 1972, 541, 543 – Imidazoline). Eine Grenze findet die Berücksichtigung besonderer Vorteile und Wirkungen, die weder ursprünglich offenbart noch dem Fachmann aus seinem Fachwissen erkannbar sind, jedenfalls dann, wenn ihre Berücksichtigung dazu führt, dass dem beanspruchten Gegenstand ein **technischer Inhalt** beigemessen wird, den der Fachmann am Prioritätstag den **ursprünglichen Unterlagen** nicht entnehmen konnte, weil er in ihnen nicht offenbart ist und sich dem Fachmann auch nicht aufgrund seines Fachwissens erschlossen hat (BGH GRUR 1962, 83, 85 – Einlegesohle vgl. auch BGH GRUR 2002, 49, 51 – Drehmomentübertragungseinrichtung; GRUR 2004, 407, 411 – Fahrzeugleitsystem; GRUR 2005, 145, 146 – elektrisches Modul; dazu Rdn. 22 ff.). 16

d) Der gesamte Stand der Technik als Beurteilungsgrundlage. Die objektive Beurteilung der erfinderischen Tätigkeit aus der Sicht des Fachmanns bedeutet, dass die beanspruchte Lehre von der Ausgangslage her beurteilt wird, von der der Fachmann, der sich vor dem Prioritätstag vor die Aufgabe gestellt sieht, ein technisches Problem zu lösen, auszugehen hatte. Diese Ausgangslage ist durch die **Gesamtheit des am Prioritätstag öffentlich zugänglichen Stands der Technik** gekennzeichnet, wie er der Neuheitsprüfung nach § 3 zugrunde liegt und aus dem der Fachmann schöpfen kann. Bei der Beurteilung der erfinderischen Tätigkeit wird **unterstellt,** dass der Stand der Technik dem Fachmann in seiner Gesamtheit am Prioritätstag vorgelegen habe (BGH Bausch 1994/99, 159, 162 – Betonringe). Welche Mühe es machte, ihn aufzufinden oder heranzuziehen, ist rechtlich unerheblich, so dass auch unbeachtlich ist, ob er unter einer anderen Patentklasse veröffentlicht ist (EPA GRUR Int. 1986, 545, 546 – BOEING; BGH Liedl 1963/64, 157, 166). Diesen gesamten Stand der Technik hat der Fachmann zur Verfügung, um aus ihm Anregungen für die Lösung seines technischen Problems zu erhalten. Er betrachtet ihn insgesamt („mosaikartig“ im Gegensatz zum Einzelvergleich bei der Neuheitsprüfung). Eine Wertung der im Stand der Technik vorbekannten Gegenstände danach, welcher Gegenstand den **„nächstliegenden“** Stand der Technik darstellt, kann sinnvoll sein, ist aber keineswegs zwingend (Rdn. 13; Jestaedt, GRUR 2001, 939, 941; vgl. auch EPA T 465/92, GRUR Int. 1996, 723 – Aluminiumlegierung/ALCAN m. Anm. Szabo; EPA T 967/97, Mitt. 2002, 315 – Chipkarte). In der Rechtsprechung des Bundespa- 17 tentgerichts wird teilweise davon ausgegangen, dass bei der Prüfung der erfinderischen Tätigkeit als Ausgangspunkt für die Überlegungen und das Handeln des Fachmanns nicht ein bestimmter „nächstliegender" Stand der Technik vorentscheidend fixiert werden darf (BPatG GRUR 2004, 317 – Programmartmitteilung). Das deckt sich nicht mit der Rechtsprechung des BGH, die je nach Sachlage bei der Prüfung der erfinderischen Tätigkeit vom nächstliegenden Stand der Technik ausgeht (vgl. z. B. BGH GRUR 2004, 407, 401 – Fahrzeugleitsystem; BGH GRUR 2001, 819, 821 – Schalungselement), aber auch alternative Ausgangspunkte zur Grundlage der Prüfung auf erfinderische Tätigkeit wählt (vgl. z. B. BGH GRUR 2000, 591, 596 – Inkrustierungsinhibitoren; 2003, 317, 320 – kosmetisches Sonnenschutzmittel).

18 **e) Die Kunstfigur des Fachmanns als Auslegungshilfe und Bewertungsmaßstab.** § 4 setzt mit dem Begriff der erfinderischen Tätigkeit die Erfindung in eine Relation zum Stand der Technik, in deren Mittelpunkt der Fachmann steht. Er ist in mehrfacher Hinsicht für die Beurteilung der erfinderischen Tätigkeit relevant, nämlich als Auslegungshilfe im Rahmen Feststellung des beanspruchten Gegenstandes, der Feststellung des Inhalts des Stands der Technik und der durch ihn vermittelten Anregungen, und als Maßstab für das Ausmaß der für die Patentierung erforderlichen erfinderischen Tätigkeit. Aus dem Umstand, dass die Erfindung unter objektiven Gesichtspunkten auf erfinderische Tätigkeit zu prüfen ist, folgt, dass der Fachmann im patentrechtlichen Sinne **keine existierende Person und insbesondere nicht der gerichtliche Sachverständige ist,** sondern eine **Kunstfigur** darstellt: Der Fachmann im patentrechtlichen Sinne bezeichnet die **durchschnittlichen Kenntnisse und die durchschnittliche Leistungsfähigkeit der auf dem Gebiet der Erfindung tätigen Industrie** und stellt einen Querschnitt durch die Gesamtheit der Fachleute dar, die in einschlägigen Unternehmen zum Prioritätstag mit der Erfindung entsprechenden Entwicklungsarbeiten **typischerweise** betraut sind. Er repräsentiert diejenigen Kenntnisse und Fähigkeiten, die von ihnen zu erwarten sind (Durchschnittsfachmann im Sinne des üblichen Fachwissens sowie der durchschnittlichen Kenntnisse, Erfahrungen und Fähigkeiten der einschlägig tätigen „Fachwelt", BGH GRUR 2004, 1023, 1025 – bodenseitige Vereinzelungseinrichtung). Der Begriff des Fachmanns enthält mit dem Abstellen auf das **Fachwissen** eine **kognitive,** mit dem Abstellen auf das **Fachkönnen** eine **kreative** (Kraßer, Patentrecht § 18 II, 3, S. 308) und mit dem Abstellen auf das **durchschnittliche** Fachwissen und Fachkönnen eine **normative** Komponente. Wer am Prioritätstag auf dem technischen Gebiet der Erfindung üblicherweise mit Entwicklungsarbeiten betraut wurde, über welche Ausbildung und durch sie vermittelte allgemeine Kenntnisse sowie berufliche Erfahrungen derartige Personen üblicherweise verfügten, lässt sich in der Regel ebenso empirisch ermitteln wie die Bedeutung, welche die Fachwelt bestimmten technischen Begriffen und dergleichen am Prioritätstag zugemessen hat. Die Kunstfigur des Fachmanns wird daher **einerseits** bemüht, um den mit der Anmeldung oder dem erteilten Patent beanspruchten Gegenstand zu bestimmen (Rdn. 34). Wie eine Anmeldung oder ein Patent auszulegen ist, ist zwar eine Rechtsfrage, die jedoch auf tatsächlicher Grundlage zu entscheiden ist, nämlich danach, über welche Ausbildung, Kenntnisse und berufliche Erfahrung Fachleute, die sich auf dem einschlägigen technischen Gebiet der Erfindung betätigen, üblicherweise (durchschnittlich) verfügen, welche Arbeitsweisen sie verwenden und wie sie deshalb die in der Anmeldung oder dem Patent verwendeten technischen Begriffe und den beanspruchten Gegenstand sinnvollerweise verstehen (BGH GRUR 1998, 1003, 1004 – Leuchtstoff.; GRUR 2004, 1023, 1025 – bodenseitige Vereinzelungseinrichtung; zur Abgrenzung von Tat- und Rechtsfragen in der Figur des Fachmanns vgl. Meier-Beck, Mitt. 2005, 529 ff.). Die Auslegungsgrundsätze gelten im Nichtigkeits- und Verletzungsverfahren in gleicher Weise (BGH GRUR 2001, 232, 233 – Brieflocher m. w. N.; Jestaedt, GRUR 2001, 939, 940). Die Kunstfigur des Fachmanns wird bei der Prüfung der erfinderischen Tätigkeit **andererseits** bemüht, um zu entscheiden, welche Informationen und Anregungen mit Entwicklungen auf dem einschlägigen technischen Gebiet befasste Fachleute dem Stand der Technik entnommen haben, wie nach dem fachmännischen Verständnis bestimmte Begriffe im Zusammenhang einer entgegengehaltenen Offenlegungs- oder Patentschrift oder im Zusammenhang mit sonstigem Stand der Technik zu verstehen sind und in welche Richtung die mit durchschnittlichen Fähigkeiten und Kenntnissen ausgestattete Fachwelt durch den Stand der Technik gewiesen wurde. Auch bei dieser Entscheidung durchdringen sich durch das Abstellen auf einen durchschnittlichen Maßstab normative und tatsächliche Elemente der Entscheidung. Da für die Erteilung des Patents eine **(kreative) technische Leistung** erforderlich ist, die über das durchschnittliche Können des Fachmanns, nämlich die routinemäßige Weiterentwicklung der Technik, hinausgeht (Rdn. 1, 10), enthält die Figur des Fachmanns schließlich den **Wertungsgesichtspunkt,** nach dem sich bemisst, ob die beanspruchte technische Lehre patentwürdig ist. Maßgeblich ist, ob der Fachmann den beanspruch-

ten Gegenstand mit Hilfe seines Fachwissens und Fachkönnens auf der Grundlage des Stands der Technik bei dessen Gesamtbetrachtung auffinden konnte (Rdn. 10). Dagegen findet eine Differenzierung der Anforderungen an das Ausmaß erfinderischer Tätigkeit je nach der Breite des beanspruchten Schutzes nicht statt (anders noch die frühere Rspr., die bei einem Patent, mit dem ein sehr weitreichender Schutz beansprucht wurde, besonders hohe Anforderungen an das Ausmaß der erfinderischen Tätigkeit gestellt hat; vgl. PA Bl. 1940, 54 unter Hinweis auf RG Bl. 1939, 139).

3. Beweislast. Unter den Voraussetzungen des § 4 **gilt** eine Erfindung als auf erfinderischer Tätigkeit beruhend. Die Formulierung stimmt mit § 3 Abs. 1 Satz 1 überein, demzufolge eine Erfindung als neu **gilt,** wenn sie nicht zum Stand der Technik gehört. Dem entspricht, dass das Gesetz für die Zurückweisung der Anmeldung ein negatives Ergebnis der Prüfung voraussetzt: Die Prüfung der Erfindung muss ergeben, dass eine nach den §§ 1 bis 5 PatG patentfähige Erfindung **nicht** vorliegt (§ 48 Satz 1). In gleicher Weise setzen der Widerruf und die Nichtigerklärung des Patents voraus, dass der Gegenstand des Patents **nicht** patentfähig ist (§ 21 Abs. 1 Nr. 1). Daraus ist herzuleiten, dass das Gesetz von einer für das Beruhen einer neuen technischen Lehre auf erfinderischer Tätigkeit streitenden Vermutung ausgeht. Deshalb hat nicht der Anmelder das Beruhen der Erfindung auf erfinderischer Tätigkeit nachzuweisen. Vielmehr müssen im Erteilungsverfahren die Erteilungsbehörde und im Einspruchs- oder Nichtigkeitsverfahren der Einsprechende oder Nichtigkeitskläger nachweisen, dass die Erfindung nicht auf erfinderischer Tätigkeit beruht, sondern durch den Stand der Technik nahegelegt ist. Die sog. objektive Beweislast für das Naheliegen der Erfindung liegt demnach auf Seiten der Erteilungsbehörde beziehungsweise auf Seiten der Einsprechenden und Nichtigkeitskläger (BPatG GRUR 1997, 523, 524 – Faksimile-Vorrichtung; EPA ABl. 1986, 211 – Geolithe; EPA GRUR Int. 1990, 142, 143 – Photographische Kuppler/KODAK; vgl. § 3 Rdn. 69f.; § 22 Rdn. 74). Dabei ist der Prüfungsmaßstab für das Vorliegen erfinderischer Tätigkeit in allen Verfahren, also dem Erteilungs-, Einspruchs- und Nichtigkeitsverfahren, einheitlich (Jestaedt, Patentrecht, Rdn. 347 m. w. Nachw.). 19

III. Die Erfindung als Gegenstand der Prüfung auf erfinderische Tätigkeit

1. Die Erfindung. Die Prüfung der Neuheit und der erfinderischen Tätigkeit beziehen sich, wenn auch unter verschiedenen Aspekten, auf **„die Erfindung"**. Der Feststellung, ob die Erfindung neu und erfinderisch ist, muss daher vorrangig die Bestimmung dessen vorausgehen, was als schöpferische Leistung in Relation zum Stand der Technik zu setzen, wertend zu beurteilen ist und im Falle der Patenterteilung nach §§ 9, 10 in Verbindung mit § 14 durch ein Ausschließlichkeitsrecht für den Patentinhaber geschützt wird. Das erfordert die Bestimmung des **technischen Gegenstandes** des Patentbegehrens, aber auch die Beachtung **normativer Gesichtspunkte.** Denn nicht alles, worauf ein Patentanspruch im Laufe des Erteilungs-, Einspruchs- oder Nichtigkeitsverfahren erstreckt oder beschränkt worden ist, kann in zulässiger Weise zum Gegenstand der Erfindung gerechnet und der Prüfung auf erfinderische Tätigkeit zugrunde gelegt werden (Rdn. 21ff.). Aus dem Zweck des Patentrechts, ein technisches Schutzrecht bereitzustellen, und aus dem Umstand, dass die Erfindung gemäß §§ 3, 4 PatG in Relation zum Stand der Technik zu setzen ist, ergibt sich, dass dem Patentschutz nur **Lehren zum technischen Handeln** zugänglich sind. Deshalb ist die **Technizität** des Gegenstandes, für den um Patentschutz nachgesucht wird, neben dessen Neuheit und Beruhens auf erfinderischer Tätigkeit allgemeine Voraussetzung seiner Patentfähigkeit nach § 1 Abs. 1 (vgl. § 1 Rdn. 41ff.). Es entspricht gefestigter Rechtsprechung, dass Patentschutz nur für Erfindungen auf dem Gebiet der Technik gewährt wird (BGH GRUR 1977, 96, 99 – Dispositionsprogramm; BGHZ 115, 23, 30 = GRUR 1992, 36 – chinesische Schriftzeichen; GRUR 1992, 430 – Tauchcomputer; BGH GRUR 2000, 498, 499 – Logikverifikation; GRUR 2000, 1007, 1008 – Sprachanalyseeinrichtung). Der Begriff der Technik ist wie der Begriff der Erfindung im Gesetz allerdings nicht definiert. Er entzieht sich als **Rechtsbegriff, der der Abgrenzung dem Patentschutz zugänglicher Gegenstände und Tätigkeiten von anderen Immaterialgütern** dient, einer eindeutigen und abschließenden Klärung. Erforderlich ist deshalb eine Wertung im Rahmen einer Gesamtbetrachtung des Anmeldungsgegenstands im Einzelfall, die auf die prägenden Anweisungen der beanspruchten Lehre abstellt (BGHZ 143, 255, 263 = GRUR 2000, 498, 499 – Logikverifikation; BGHZ 144, 282 = GRUR 2000, 1007, 1008 – Sprachanalyseeinrichtung; BGHZ 159, 197, 202 – elektronischer Zahlungsverkehr; dazu Hössle, Mitt. 2000, 343). Mit dieser Betrachtungsweise werden die einzelnen Merkmale des Erfindungsgegenstandes nicht unterschiedlich gewichtet; vielmehr soll sichergestellt werden, dass sich die Feststellung erfinderischer Tätigkeit auf der Grundlage vollzieht, derentwegen der 20 angemeldete Gegenstand eine Lehre zum technischen Handeln darstellt. Da durch den Patentschutz ausschließlich Problemlösungen auf einem Gebiet der Technik gefördert werden sollen, weil sie in Ansehung des Stands der Technik auf erfinderischer Tätigkeit beruhen, geht es bei dieser Betrachtungsweise darum, diejenigen Anweisungen zu erfassen, die insoweit bedeutsam sind, als sie eine Aussage darüber erlauben, ob eine schutzwürdige Bereicherung der Technik vorliegt (BGHZ 159, 197, 205f. – elektronischer Zahlungsverkehr). Die danach gebotene wertende Betrachtung trägt dem Gedanken Rechnung, dass technische Merkmale in dem Patentanspruch nur dann eine Patentierung rechtfertigen können, wenn sich die erfinderische Neuheit in ihnen niederschlägt, nicht jedoch dann, wenn Neuheit und schöpferische Leistung auf den nicht-technischen Teil der Lehre und damit auf Gegenständen oder Tätigkeiten beruht, die keinen Beitrag zu der vom Anmeldungsgegenstand beanspruchten technischen Lehre leisten und „als solche" von der Patentierung ausgeschlossen sind (§ 1 Abs. 2, 3 PatG, Art. 52 Abs. 2, 3 EPÜ; BGH GRUR 1977, 96, 98f. – Dispositionsprogramm; näher dazu Rdn. 26ff.).

21 **2. Maßgeblichkeit der Patentansprüche.** Ausgangspunkt für die Bestimmung des technischen Gegenstandes, für den Schutz beansprucht wird, ist die Erfindung in ihrer allgemeinsten Form, wie sie im Erteilungsverfahren als **Patentanspruch 1 (Hauptanspruch)** herausgearbeitet wird und nach der Erteilung in ihm enthalten ist, so dass dieser Gegenstand zu ermitteln und der Prüfung zu Grunde zu legen ist, soweit im Einspruchs- oder Nichtigkeitsverfahren nicht abweichende Fassungen des Patentanspruchs verteidigt werden (Rdn. 23f.). Gleiches gilt für Patentansprüche, die eine **weitere eigenständige Ausgestaltungen** der Erfindung zum Gegenstand haben, also nicht nur zweckmäßige weitere Ausgestaltungen der Erfindung im Sinne eines „echten" Unteranspruchs betreffen **(Nebenansprüche).** Sie sind wie der Hauptanspruch auf erfinderische Tätigkeit zu prüfen, wobei unerheblich ist, ob ein solcher Nebenanspruch eine Rückbeziehung enthält (Busse/Keukenschrijver, § 4 PatG Rdn. 54). Die **Patentkategorie** ist zu beachten. Ein dem Fachmann nicht offenbarter Effekt (eine Eigenschaft) des **Verfahrenserzeugnisses** kann nicht zur Begründung der erfinderischen Tätigkeit des **Herstellungsverfahrens** herangezogen werden (BGH Liedl 1974/77, 211, 226 – Abdichtungsmittel). Aus der Eigenschaft eines **Sachanspruchs** folgt, dass es auf die **Patentfähigkeit der beanspruchten Sache** ankommt, nicht aber auf die Patentfähigkeit des Verfahrens, durch welches die Sache im Patentanspruch gekennzeichnet wird (BGHZ 144, 154f. – tetraploide Kamille; BGH GRUR 2001, 1129, 1133 – zipfelfreies Stahlband). Der danach maßgebliche Patentanspruch kann im Erteilungs-, Einspruchs- und Nichtigkeitsverfahren jedoch sehr unterschiedliche Fassungen aufweisen.

22 **a) Erteilungsverfahren.** Im Erteilungsverfahren ist die nach § 35 **angemeldete** Erfindung auf erfinderische Tätigkeit zu prüfen. Das ist der Gegenstand, auf den sich der Erteilungsantrag bezieht und der in den mit der Anmeldung einzureichenden Patentansprüchen umschrieben wird. Die vom Anmelder formulierten und ursprünglich eingereichten Patentansprüche stellen weder notwendig noch in der Regel die endgültige Fassung des Schutzbegehrens dar. Denn im Erteilungsverfahren ist für Patentansprüche zu sorgen, die die unter Schutz zu stellende Lehre klar und deutlich beschreiben (BGHZ 103, 262, 266 – Düngerstreuer). Was die unter Schutz zu stellende neue Lehre ist, ergibt sich nicht allein aus den vom Anmelder mit der Patentanmeldung eingereichten Patentansprüchen, sondern ist diejenige neue Lehre, die sich dem Fachmann des betreffenden Fachgebiets am Anmeldetag aus der **Gesamtheit der ursprünglichen schriftlichen Unterlagen ohne weiteres** erschließt (BGHZ 111, 21, 26 – Crackkatalysator). Deshalb kommt es in diesem Verfahrensabschnitt nicht darauf an, ob dem Fachmann ein Merkmal der Erfindung im Patentanspruch oder in der Beschreibung offenbart wird. Maßgeblich sind die Merkmale, die der Fachmann der Gesamtheit der Unterlagen als zur Erfindung gehörend entnehmen kann (BGH GRUR 1985, 1037, 1038 – Raumzellenfahrzeug I; GRUR 1988, 197 – Runderneuern; st. Rspr. vgl. § 34 Rdn. 14ff., 14d). Auf diese Merkmale kann das Patentbegehren durch Änderung der Patentansprüche bis zum Beschluss über die Erteilung des Patents erstreckt werden. Werden die Patentansprüche in diesem – zulässigen (§ 38 Satz 1; vgl. § 38 Rdn. 16ff.) – Rahmen geändert, ist das Patentbegehren in diese Fassung Gegenstand der Prüfung. Änderungen, die darüber hinausgehen und das Schutzbegehren auf Gegenstände oder Merkmale erstrecken, die der Fachmann nicht aus den ursprünglichen Unterlagen als zur Erfindung gehörend erkennt, stellen **unzulässige Erweiterungen** dar, aus denen Rechte nicht hergeleitet werden können (§ 38 Satz 2), auf die das Patentbegehren nicht in zulässiger Weise gerichtet werden kann und die deshalb der Prüfung auf erfinderische Tätigkeit nicht zu Grunde gelegt werden dürfen. Der Anmelder ist nach § 45 auf einen solchen Mangel hinzuweisen. Gleiches gilt, wenn sich bei der Prüfung herausstellt, dass vorbekannte oder naheliegende und damit nicht patentfähige Ausführungen der Erfindung unter den Patentanspruch fallen und die-

ser daher in der Fassung, wie er dem Patenterteilungsantrag zu Grunde liegt, nicht gewährbar ist (EPA T 314/99 RBK 2001, 29; vgl. Busse/Keukenschrijver, § 4 Rdn. 189). Hilft der Anmelder in diesen Fällen dem Mangel der Anmeldung nicht durch Einreichung neuer beschränkter Patentansprüche ab, ist die Anmeldung infolge der Bindung der Erteilungsbehörde an den Erteilungsantrag insgesamt zurückzuweisen (BGH GRUR 1962, 398 – Atomschutzvorrichtung; GRUR 1978, 39 – Titelsetzgerät; BPatG GRUR 2001, 144). Hilft der Anmelder dem Mangel ab, indem er hilfsweise neue Ansprüche einreicht, ist die Anmeldung im Hauptantrag zurückzuweisen und der hilfsweise verfolgte Anspruch auf erfinderische Tätigkeit zu prüfen (vgl. § 48 Rdn. 4ff., 4e).

b) Einspruchs- und Nichtigkeitsverfahren. Die Prüfung der erfinderischen Tätigkeit im Einspruchs- und Nichtigkeitsverfahren unterscheidet sich von der im Erteilungsverfahren durch die **Zäsur der Patenterteilung:** Gegenstand der Prüfung ist jetzt der Patentanspruch in seiner **erteilten Fassung** (BGH GRUR 1990, 33, 34 – Schüsselmühle, zum Einspruchsverfahren), wobei es der Feststellung des Gegenstands der angegriffenen Patentansprüche nur in dem Umfang bedarf, wie dies zur Prüfung der Bestandsfähigkeit des Patents gegenüber den geltend gemachten Widerrufs- und Nichtigkeitsgründen erforderlich ist (BGH GRUR 2004, 47, 48 – blasenfreie Gummibahn I). Für den Gegenstand des erteilten Patentanspruchs ist es unerheblich, ob die ursprünglichen Unterlagen einen über seinen Gegenstand hinausgehenden Erfindungsgegenstand offenbart haben und daher die Erteilung eines weiterreichenden Patentanspruchs gerechtfertigt hätten, wenn und soweit dieser keinen Eingang in den erteilten Patentanspruch gefunden hat. Ein Gegenstand, der durch das erteilte Patent zwar offenbart, von ihm aber nicht geschützt ist, kann im Patentnichtigkeitsverfahren nicht nachträglich in das Patent einbezogen und unter Schutz gestellt werden (BGH GRUR 2004, 407, 411 – Fahrzeugleitsystem; GRUR 2005, 145, 146 – elektronisches Modul). Gleichwohl ist der Offenbarungsgehalt der ursprünglichen Unterlagen für das weitere Verfahren nicht bedeutungslos. Denn in beiden Verfahren steht es dem Patentinhaber frei, den Patentanspruch in einer beschränkten Fassung zu verteidigen und die Beschränkung durch Merkmale herbeizuführen, die in den ursprünglichen Unterlagen als zur Erfindung gehörend offenbart sind, sofern durch die Aufnahme solcher Merkmale der Schutzbereich des erteilten Patentanspruchs nicht erweitert wird, die verteidigte Fassung also einen „zulässig" verteidigten Gegenstand betrifft (vgl. § 22 Rdn. 50ff., 54, § 38 Rdn. 22ff.). Eine beschränkte Verteidigung des Patents im Nichtigkeitsverfahren vor dem Bundespatentgericht schließt es nicht aus, dass der Patentinhaber mit der Berufung das Patent wieder in der geltenden Fassung verteidigt, so dass diese der Prüfung auf erfinderische Tätigkeit im Berufungsverfahren zugrunde zu legen ist (BGH GRUR 2004, 583, 584, – Tintenstandsdetektor). Erfasst der Patentanspruch nahegelegte Ausführungsformen der Erfindung, so ist das Patent im Einspruchsverfahren teilweise zu widerrufen (§ 21 Abs. 2) und im Nichtigkeitsverfahren teilweise für nichtig zu erklären (§ 22 Abs. 2), wobei ein teilweiser Widerruf des Patents im Einspruchsverfahren die Einwilligung des Patentinhabers voraussetzt (BGHZ 105, 381 – Verschlussvorrichtung für Gießpfannen; vgl. § 21 Rdn. 21, § 21, Rdn. 40), ohne die das Patent vollständig zu widerrufen ist. Dagegen ist für die teilweise Nichtigerklärung des Patents die Einwilligung des Patentinhabers nicht erforderlich (vgl. § 22 Rdn. 77). **23**

Enthält der Patentanspruch in der Fassung, wie er dem Einspruchs- oder Nichtigkeitsverfahren zugrunde zu legen ist, Merkmale, die in den ursprünglichen Unterlagen der Patentanmeldung nicht als zur Erfindung gehörend offenbart sind (unzulässige Erweiterungen, § 38), so ist dies ein Widerrufs- und Nichtigkeitsgrund (§ 21 Abs. 1 Nr. 4, § 22 Abs. 1 erste Alternative). Entscheidend ist, ob die ursprüngliche Offenbarung in ihrer Gesamtheit das in den erteilten Patentansprüchen niedergelegte Schutzbegehren umfasst; den mit der Anmeldung ursprünglich formulierten Patentansprüchen kommt keine eine weitergehende Offenbarung in der Beschreibung einschränkende Bedeutung zu (BGH Urt. v. 5. 7. 2005 – X ZR 30/02, Einkaufswagen II). Gegenstände, die über den Inhalt der ursprünglichen Unterlagen hinausgehen, können der Prüfung auf erfinderische Tätigkeit auch im Einspruchs- und Nichtigkeitsverfahren nicht zugrunde gelegt werden. Stellt sich heraus, dass solche Merkmale im Erteilungs- oder Einspruchsverfahren unzulässiger Weise in den Patentanspruch aufgenommen worden sind, dann sind sie aus dem Patentanspruch zu entfernen. Dem steht jedoch regelmäßig der Umstand entgegen, dass durch die Streichung eines Merkmals aus dem Patentanspruch dessen Gegenstand allgemeiner gefasst und dadurch sein Schutzbereich erweitert wird. Die Erweiterung des Schutzbereichs ist in § 22 Abs. 1 zweite Alternative als Nichtigkeitsgrund ausgebildet. Das **EPA** hat aus den entsprechenden Regelungen in Art. 123 Abs. 2 und 3 EPÜ den Schluss gezogen, diese Regelungen würden eine **„unentrinnbare Falle"** für den Anmelder darstellen, wenn das beschränkende Merkmal „einen technischen Beitrag zum Gegenstand der Erfindung" leiste **24**

(EPA G 1/93, ABl. 1994, 541, 551 unter 13, 14 – beschränkendes Merkmal/ADVANCED SEMICONDUCTOR PRODUCTS; vgl. krit. dazu Benkard/Schäfers, EPÜ, Art. 123 Rdn. 107 ff.; vgl. auch Günzel, Mitt. 2000, 81 ff.; Wheeler, GRUR Int. 1998, 199 ff.; Laddie, GRUR Int. 1998, 202 ff.; Bringhoff, GRUR Int. 1998, 204 ff.; Rogge, GRUR Int. 1998, 208 ff.; zu gleichgelagerten Problematik im EPÜ bei Disclaimern vgl. Gehring, Mitt. 2003, 197 ff.; Stamm, Mitt. 2004, 56 ff.; ders. Mitt. 2004, 243 ff.; allgemein zu Disclaimern in der Praxis des EPA vgl. Sieckmann, GRUR 1996, 236 ff.; König, Mitt. 2004, 477 ff.). Ausgehend von der Erwägung, mit einem **Disclaimer** könne eine nahe liegende Lehre nicht erfinderisch gemacht werden, weil sich durch die Ausklammerung eines Teils des Anspruchsgegenstandes nichts an der ursprünglichen Lehre ändere (ABL. 1989, 441, 447 – Heißgaskühler/SULZER = GRUR Int. 1990, 223), mit der Aufnahme eines Disclaimers dürfe nicht der Zweck verfolgt werden, aus einem nahe liegenden einen nicht nahe liegenden Gegenstand zu machen (EPA T 308/97, SA ABl. 2000, 23), hat das EPA restriktive Regeln entwickelt, unter denen nicht in den ursprünglichen Unterlagen als zur Erfindung gehörend offenbarte Merkmale in Form eines Disclaimers zur Abgrenzung vom Stand der Technik in den Patentanspruch aufgenommen werden dürfen (EPA G 1/03 GRUR Int. 2004, 959, 963 unter 2.3 – Disclaimer/PPG; dazu Stamm Mitt. 2004, 488ff.; Gehring, Mitt. 2004, 490 ff.).

25 Die **deutsche Rechtsprechung** ist dem nicht gefolgt. In der deutschen Praxis ist die Aufnahme **beschränkender Merkmale** zur Abgrenzung der beanspruchten Lehre von vorbekannten oder nahegelegten Ausführungsformen auch dann anerkannt, wenn sie nicht ursprünglich offenbart sind, solange der beanspruchte Gegenstand durch die Aufnahme des beschränkenden Merkmals nicht auf ein **aliud** gegenüber dem ursprünglichen Patentbegehren gerichtet und damit erweitert, sondern lediglich beschränkt wird (BGH GRUR 1979, 224, 227 – Aufhänger m. Anm. Schramm; GRUR 1986, 163, 164 – borhaltige Stähle, dazu H.-J. Müller, GRUR 1987, 484, 488). Sie hatte bereits zum alten (nicht harmonisierten) Recht entschieden, dass der Anmelder ein ursprünglich nicht als zur Erfindung gehörend offenbartes Merkmal, das Eingang in den Patentanspruch gefunden hat, gegen sich gelten lassen muss, dass es aber statt der durch die Interessen der Allgemeinheit nicht erforderlichen Nichtigerklärung genügt, wenn das nicht ursprungsoffenbarte beschränkende Merkmal im Patentanspruch durch einen klärenden Zusatz dahin kenntlich gemacht wird, dass aus ihm keine Rechte hergeleitet werden (BGH GRUR 1979, 224, 227 – Aufhänger; vgl. Rogge, GRUR Int. 1998, 208 ff.). Fraglich war lediglich, ob ein entsprechender Zusatz im Patentanspruch anzubringen ist oder auch in der Beschreibung enthalten sein kann (BPatG GRUR 1990, 114 ff. – Flanschverbindung). Der Bundesgerichtshof hat seine zum alten (nicht harmonisierten) Recht vertretene Auffassung für das neue Recht bestätigt und entschieden, dass in einem ursprünglich nicht offenbarten, den beanspruchten Gegenstand **lediglich beschränkenden** Merkmal zwar eine unzulässige Änderung des Erfindungsgegenstandes liegt, die aber nicht zur Nichtigerklärung des Patents zwingt, wenn dem Gesichtspunkt der Rechtssicherheit für Dritte, die damit rechnen dürfen, dass dem Anmelder kein Patent auf eine über die ursprüngliche Offenbarung hinausgehende Lehre erteilt wird, dadurch Rechnung getragen werden kann, dass **das fragliche Merkmal der Prüfung der erfinderischen Tätigkeit nicht zugrunde gelegt wird** (BGH GRUR 2001, 140, 142 f. – Zeittelegramm; dazu Keukenschrijver GRUR 2003, 178; allgemein zur Beseitigung unzulässiger Erweiterungen eingehend Schulte, § 21 PatG Rdn. 68 ff.). Unentschieden geblieben ist insoweit nach wie vor lediglich, wie der Umstand, dass es sich bei dem fraglichen Merkmal um eine unzulässige Änderung handelt, zu kennzeichnen ist, nämlich ob dies immer im Patentanspruch geschehen muss oder auch in der Beschreibung geschehen kann. Das **EPA** ist diesem Ansatz nicht gefolgt, weil es in ihm die Prüfung unterschiedlicher Gegenstände sieht: eines unter Einschluss der Beschränkung enger gefassten Gegenstands im Rahmen der Neuheitsprüfung und eines breiter gefassten Gegenstands ohne die Beschränkung im Rahmen der Prüfung der erfinderischen Tätigkeit, wofür das EPÜ keine Grundlage biete (EPA G 1/03 GRUR Int. 2004, 959, 963 unter 2.3.2 – Disclaimer/PPG; vgl. auch § 21 Rdn. 39).

3. Die technische Lehre als Bezugspunkt des Erfordernisses erfinderischer Tätigkeit

26 **a) Grundsatz.** Der Prüfung auf erfinderische Tätigkeit ist grundsätzlich der beanspruchte Gegenstand **in der Gesamtheit seiner Lösungsmerkmale** zu unterziehen (BGH GRUR 1981, 341 – piezoelektrisches Feuerzeug; BGHZ 122, 144, 152 – tetraploide Kamille = GRUR 1993, 651; BGHZ 147, 137, 141 – Trigonellin = GRUR 2001, 730; EPA T 175/84 ABl. EPA 1989, 71, 73 – Kombinationsanspruch; vgl. auch it. Corte de Cassatione, GRUR Int. 1990, 864, 868). Einzelne Merkmale dürfen grundsätzlich weder vernachlässigt noch ganz

außer Betracht gelassen werden (Keil GRUR 1986, 12, 15; Anders Mitt. 2000, 41, 43). Eine im Patentanspruch vorgenommene Zuordnung der Merkmale zum „Oberbegriff" oder zum „kennzeichnenden Teil" ist für die Prüfung ohne Bedeutung (BGH GRUR 1953, 120, 122 – Rohrschelle; GRUR 1994, 357,358 – Muffelofen;. vgl Busse/Keukenschrijver, aaO, § 4 Rdn. 58 m.w. N). Ebenso ist unerheblich, ob die Patentschrift ein Merkmal oder eine Merkmalskombination irrtümlich als bekannt bezeichnet, denn der Beurteilung der Schutzfähigkeit ist die tatsächliche Sach- und Rechtslage zugrunde zu legen, nicht die vom Erfinder zum Ausdruck gebrachte vermeintliche Lage (BGH GRUR 1971, 115, 118 – Lenkradbezug; GRUR 1973, 263, 265 – Rotterdam-Geräte; GRUR 1994, 357, 358 – Muffelofen). Nicht nur der über den Stand der Technik hinausgehende Teil der Erfindung ist auf erfinderische Tätigkeit zu prüfen, sondern ihr gesamter Gegenstand (BGHZ 73, 330, 336f = GRUR 1979, 619 – Tabelliermappe; GRUR 1984, 272 – Isolierglasscheibenrandfugenfüllvorrichtung). Bei der Ermittlung des Gegenstandes der Erfindung darf **der technische Zusammenhang seiner Merkmale** nicht zerrissen werden, vielmehr ist die Erfindung im technisch-funktionalen Zusammenhang ihrer Lösungsmerkmale auf erfinderische Tätigkeit zu prüfen (zur Gefahr des sinnwidrigen „Zerhackens" der Erfindung durch Merkmalsanalysen vgl. Meier-Beck, GRUR 2001, 967ff.). Deshalb kann aus dem Bekanntsein oder Naheliegen einzelner Merkmale nicht bereits auf das Naheliegen der Kombination einer Merkmalsgesamtheit geschlossen werden (EPA T 37/85 ABl. 1988, 86 – Gießpfannen/Mannesmann; zu Kombinationserfindungen vgl. Rdn. 81ff.). Widersprüchlichkeiten, unklare Anweisungen oder einen technischen, zur mangelnden Ausführbarkeit führenden Fehler wird der Fachmann zu korrigieren und in einer dem Zweck der offenbarten Lösung entsprechenden Weise aufzulösen suchen (BGH Mitt. 2002, 176, 178). Der Grundsatz, dass der Prüfung auf erfinderische Tätigkeit der beanspruchte Gegenstand in der Gesamtheit seiner Merkmale zu unterziehen ist, gilt jedoch nicht einschränkungslos.

b) Merkmale, die keinen Beitrag zur Lösung des technischen Problems leisten. Der Grundsatz, dass der Erfindungsgegenstand in der Gesamtheit seiner Lösungsmerkmale der Prüfung auf erfinderische Tätigkeit zugrunde zu legen ist, gilt nicht für solche Merkmale, die zur Lösung des technischen Problems nichts beitragen (BGH GRUR 2004, 407, 410 – Fahrzeugleitsystem; EPA T 37/82 ABl. 1984, 71, 74 – Niederspannungsschalter/SIEMENS). Wird einem beanspruchten Mittel zu Wiederbelebung des Haarwuchses ein Stoff beigegeben, von dem festgestellt werden kann, dass er erwartungsgemäß wirkungslos ist, kann das Vorliegen erfinderischer Tätigkeit nicht auf dieses Merkmal gestützt werden (BGHZ 147, 137, 143f. = GRUR 2001, 730 – Trigonellin; EPA 641/00 GRUR Int. 2003, 852, 854 – Zwei Kennungen/COMVIK unter 6 m.w.Nachw.). Hierdurch wird verhindert, technisch unsinnige Lehren zu patentieren. Nichts anderes gilt für Merkmale, die eine von einem bestimmten Zweck oder Ergebnis losgelöste, letztlich nach Belieben getroffene Auswahl eines engeren Bereichs aus einem größeren betreffen (BGH GRUR 2004, 47, 50 – blasenfreie Gummibahn I). Das BPatG hat im Interesse eines möglichst weiten Schutzumfangs beanspruchte rein spekulative Merkmale, die der Fachmann auf Grund seines Fachwissens aus dem für ihn relevanten Bereich ausschließt, als nicht vom beanspruchten Gegenstand erfasst angesehen und von der Prüfung der erfinderischen Tätigkeit ausgeschlossen (BPatGE 41, 202ff.; dazu Keukenschrijver, FS König, 255, 265). 27

c) Technische und „nichttechnische" Merkmale

Literatur: Anders, Wie viel technischen Charakter braucht eine computerimplementierte Geschäftsmethode, um auf erfinderischer Tätigkeit zu beruhen? GRUR 2001, 555ff.; ders., Erfindungsgegenstand mit technischen und nichttechnischen Merkmalen, GRUR 2004, 461ff.; Ganahl, Ist die Kerntheorie wieder aktuell? Mitt. 2003, 537ff.; Keukenschrijver, Sind bei der Beurteilung der erfinderischen Tätigkeit sämtliche Merkmale im Patentanspruch gleichermaßen zu berücksichtigen?, FS König (2003), 255ff.; König, Patentfähige Datenverarbeitungsprogramme – Ein Widerspruch in sich, GRUR 2001, 577ff.; Krasser, Erweiterung des patentrechtlichen Erfindungsbegriffs? GRUR 2001, 959ff.; Melullis, Zum Patentschutz für Computerprogramme, FS Erdmann, 401ff.; ders., Zur Sonderrechtsfähigkeit von Computerprogrammen, FS König, 341ff.; Sedlmair, Mitt. 2002, 448ff.; Tauchert, Grundlagen und aktuelle Entwicklungen bei der Patentierung von Computerprogrammen, FS König, 481ff.; Stjerna, Neues zur Patentierbarkeit computerimplementierter Erfindungen, Mitt. 2005, 49ff.; vgl. die Hinweise § 1 vor Rdn. 104.

aa) Ausgangspunkt. Eine besondere und für das Vorliegen erfinderischer Tätigkeit problematische Fallgruppe sind Patentansprüche, in denen der Erfindungsgegenstand neben techni- 28 schen sogenannte „nichttechnische" Merkmale umfasst. In ständiger Rechtsprechung ist anerkannt, dass dem Patentschutz nur **Lehren zum technischen Handeln** zugänglich sind, die **Technizität** der Erfindung daher Voraussetzung ihrer Patentfähigkeit ist (dazu Rdn. 29ff.). Nicht erforderlich ist dagegen, dass das Ergebnis der Lehre zum technischen Handeln nichttechnischen Zwecken dient. Deshalb steht der Patentierbarkeit einer technischen Lehre nicht entgegen, dass mit ihr geschmackliche, ästhetische, betriebswirtschaftliche oder sonstige Zwecke verfolgt oder Wirkungen erzielt werden (BGH GRUR 1966, 249 – Suppenrezept; GRUR 1977, 152, 153 – Kennungsscheibe; GRUR 1986, 531, 531 – Flugkostenminimierung m.w. Nachw.; vgl. § 1 Rdn. 44f.). Das gilt auch für Rechner, die in bestimmter Weise programmtechnisch eingerichtet sind, und Datenträger, auf denen Daten gespeichert sind. Der Umstand, dass auf einem Rechner Daten verarbeitet oder auf einem Gegenstand Daten gespeichert werden, bezeichnet das Einsatzgebiet derartiger Gegenstände und nimmt ihnen nicht den technischen Charakter (BGH GRUR 2000, 1007, 1008 – Sprachanalyseeinrichtung; GRUR 2005, 749, 752 – Aufzeichnungsträger). Demgegenüber gewährt das Urheberrecht Schutz nicht unter dem Gesichtspunkt der Technizität einer Leistung, sondern unter dem Gesichtspunkt des auf einer persönlichen geistigen Leistung beruhenden Werks (§ 2 UrhG). Mußte für die Herstellung einer Vase das Porzellan erfunden werden, trägt die erfinderische Leistung nichts zu der Frage bei, ob die Formgebung der Vase eine persönlich geistige Leistung darstellt. Die Schutzfähigkeit eines Computerprogramms nach § 2 Abs. 1 Nr. 1, § 69a Abs. 1 und 3 UrhG setzt keine besondere schöpferische Gestaltungshöhe voraus, sondern stellt in erster Linie darauf ab, dass es sich um eine individuelle geistige Schöpfung des Programmierers handelt, so dass auch die „kleine Münze" des Programmschaffens dem urheberrechtlichen Schutz unterfällt und lediglich die einfache, routinemäßige Programmierleistung, die jeder Programmierer auf diese oder ähnliche Weise erbringen würde, schutzlos bleibt (BGH Urt. v. 3. 5. 2005 – I ZR 111/02 – Fash 2000 m.w. Nachw.). Ob mit dem Programm Texte verarbeitet, neue Primzahlen errechnet werden oder eine komplizierte technische Anlage gesteuert wird, trägt nichts zu der Frage bei, ob die Erstellung des Programms für den Programmierer eine Routinearbeiten übersteigende Leistung war. Fälle, in denen ein Programm für Datenverarbeitungsanlagen „als solches" angemeldet und damit die Programmierleistung offengelegt worden wäre, sind – soweit ersichtlich – bislang nicht vorgekommen, da nach § 1 Abs. 2 Nr. 3, 3 PatG, Art. 52 Abs. 2 Buchst. c EPÜ Programme für Datenverarbeitungsanlagen als solche vom Patentschutz ausgenommen sind. Deshalb waren bislang im wesentlichen Fälle zu entscheiden, in denen in den Schutzansprüchen neben der Angabe, dass eine Aufgabe unter Einsatz eines Rechners und/oder eines Programms für einen Rechner erledigt werden soll, Anweisungen enthalten waren, die die zu verarbeitenden Daten und die Reihenfolge und den Zweck von Schritten ihrer Verarbeitung benennen (beispielhaft die Patentansprüche in BPatG GRUR 1999, 1078ff. – automatische Absatzsteuerung; EPA T 931/95, ABl. 2001, 441ff. – Steuerung eines Pensionssystems/ PBS PARTNERSHIP; BGH GRUR 1977, 96ff. – Dispositionsprogramm; GRUR 2002, 143ff. – Suche fehlerhafter Zeichenketten) oder auch das Zusammenwirken mehrerer Rechner bei der Übertragung bestimmter Daten und die Verfahrensschritte bei ihrer Verarbeitung beschreiben, ohne das erforderliche Programm als solches offen zu legen (BGHZ 159, 197ff. – elektronischer Zahlungsverkehr; vgl. Melullis, FS Erdmann 401, 405f, mit weitere Beispielen in Fn. 15). Insbesondere in solchen Fällen stellt sich die Frage, ob der beanspruchte Gegenstand als solcher technisch ist, ob sich in ihm technische und nichttechnische Merkmale mischen und in Bezug auf welche Merkmale der beanspruchte Gegenstand auf erfinderischer Tätigkeit beruhen muss, um patentfähig zu sein. Die Frage wird zwar vornehmlich bezüglich „programmbezogener" oder „computerimplementierter" Erfindungen diskutiert (zum Sprachgebrauch vgl. Anders, GRUR 2001, 555 Fn. 3), stellt sich aber auch in anderen Bereichen, etwa hinsichtlich ästhetischer Merkmale (vgl Keukenschrijver, FS König, 255ff.). Von ihrer Beantwortung hängt ab, in welchem Umfang schöpferische Leistungen aus dem Bereich anderer Immaterialgüter in den Patentschutz einbezogen werden können, wodurch die Gefahr entsteht, dass sich die Prüfung der erfinderischen Tätigkeit auf **außertechnische Sachverhalte und Aufgaben einschließlich der Bestimmung des zuständigen Fachmanns** und seines Wissens und Könnens verlagert (vgl. beispielhaft BPatG GRUR 1999, 1078, 1080 – Automatische Absatzsteuerung: Wirtschaftsingenieur als Fachmann für die optimale Steuerung des Waren- oder Dienstleistungsabsatzes; vgl. Melullis, FS Erdmann 401, 406, 412). Der BGH ist dem für Leistungen aus dem Bereich des Designs bereits entgegengetreten und hat darauf erkannt, das bei einem ein besonderes Design aufweisenden technischen Produkt auch dann, wenn das Produktdesign zunehmend Bedeutung gewinnt, der für die technische Lösung zuständige Fachmann der **Techniker** und **nicht der Designer** ist (BGH GRUR 2003, 693, 694 – Hochdruckreiniger).

bb) Technizität des beanspruchten Gegenstandes. Zur Beurteilung der Frage, ob der beanspruchte Gegenstand technischer Natur ist (§ 1 Abs. 1), ist das Bundespatentgericht zunächst davon ausgegangen, aus dem beanspruchten Gegenstand seien die untechnischen Merkmale auszusondern und der dann verbleibende, nur durch die technischen Merkmale gekennzeichnete Gegenstand mit dem Stand der Technik auf Neuheit, Fortschrittlichkeit und Erfindungshöhe zu vergleichen (BPatG Mitt. 1964, 97; BPatGE 27, 58 ff.). Der BGH hat zunächst ebenso entschieden (BGH GRUR 1977, 152 ff. – Kennungsscheibe, zum Gebrauchsmuster), ist davon aber später abgerückt und davon ausgegangen, dass bei Erfindungsgegenständen, die sowohl technische als auch nichttechnische Merkmale enthalten, eine Gewichtung nach dem Kern der Erfindung vorzunehmen sei (BGH GRUR 1978, 102 – Prüfverfahren). Weder die sprachliche Einkleidung des Patentanspruchs noch der Umstand, dass die beanspruchte Lehre unter Verknüpfung mit den zu ihrer Ausführung zweckmäßig oder notwendig heranzuziehenden technischen Einrichtungen formuliert worden ist, sei entscheidend. Die Technizität des Erfindungsgegenstandes wurde verneint, wenn der Kern der Erfindung eine Regel war, deren Befolgung den Einsatz beherrschbarer Naturkräfte außerhalb der menschlichen Verstandestätigkeit nicht gebietet, auch wenn zu ihrer Ausführung der Einsatz technischer Mittel zweckmäßig oder allein sinnvoll erscheint. Die erforderliche Technizität wurde bejaht, wenn die Verwendung technischer Mittel nicht nur Bestandteil der Problemlösung selbst ist, sondern die beanspruchte Lehre in ihrem technischen Aspekt auch eine vollständige Problemlösung bietet (BGH GRUR 1986, 531, 633 – Flugkostenminimierung m. w. Nachw.). Diese Rechtsprechung ist aufgegeben und darauf erkannt worden, dass bei der Prüfung von Erfindungen, die Merkmale technischer Natur mit Merkmalen nichttechnischer Art verknüpfen, der gesamte Erfindungsgegenstand unter Einschluss auch der nichttechnischen Merkmale zu berücksichtigen sei. Der Erfindungsgegenstand dürfe nicht zerlegt und dann nur ein Teil der Erfindung, der aus den technischen Merkmale besteht, auf erfinderische Tätigkeit geprüft werden. Danach war bei einer Erfindung, die technische und nichttechnische Merkmale enthält, der gesamte Erfindungsgegenstand unter Einschluss einer etwaigen Rechenregel bei der Prüfung der erfinderischen Tätigkeit zu berücksichtigen (BGH GRUR 1992, 430, 432 – Tauchcomputer). 29

In der **neueren Rechtsprechung** ist dieser Ausgangspunkt dahin differenziert worden, dass die nach § 1 Abs. 1 erforderliche Technizität als Voraussetzung einer patentierbaren Erfindung auch dann vorliegen muss, wenn der beanspruchte Gegenstand ein Programm für Datenverarbeitungsanlagen ist (BGH GRUR 2000, 498, 499 – Logikverifikation); **erforderlich ist eine Gesamtbetrachtung des Anmeldegegenstandes im Einzelfall,** die eine **Bewertung** und die Möglichkeit einschließt, bei Vorliegen sachgerechter Gründe einzelne Anspruchsmerkmale unter Berücksichtigung ihres nach fachmännischem Verständnis gegebenen Zusammenhangs unterschiedlich zu gewichten (BGH GRUR 2000, 498, 500 – Logikverifikation). In Anlehnung an die Rechtsprechung des EPA wird auf eine ganzheitliche Sicht abgestellt um festzustellen, ob der beanspruchte **Gegenstand als Ganzes** betrachtet einen technischen Beitrag zum Stand der Technik liefert. In Abgrenzung zur Rechtsprechung des EPA wird nach diesem Ansatz **nur die Technizität** des beanspruchten Gegenstandes geprüft und ausdrücklich klargestellt, dass die „wertende" Gesamtbetrachtung in ihrem Ergebnis nicht davon abhängen darf, ob der zu beurteilende Gegenstand neu und erfinderisch ist (BGH GRUR 2000, 498, 500 – Logikverifikation). Danach sind bei der Feststellung der Technizität des beanspruchten Gegenstandes technische wie nichttechnische Merkmale und damit der beanspruchte Gegenstand in der Gesamtheit seiner Merkmale zu berücksichtigen. Man kann diese Rechtsprechung als „positive Infektionstheorie" bezeichnen, weil sie besagt, dass der beanspruchte Gegenstand insgesamt als technisch beurteilt wird, wenn er technische Merkmale enthält, und seinen technischen Charakter nicht schon deshalb verliert, weil ihm nichttechnische Merkmale hinzugefügt werden (vgl. Keukenschrijver, FS König, 261). 30

Zunächst war offengeblieben, ob die Gesamtheit der Merkmale in gleicher Weise wie der Prüfung der Technizität auch der Prüfung auf **erfinderische Tätigkeit** zugrunde zu legen ist; in der Entscheidung Sprachanalyseeinrichtung ist dies als zweifelhaft bezeichnet worden (BGH GRUR 2000, 1007, 1009 – Sprachanalyseeinrichtung). Die Frage ist dann einerseits in der Rechtsprechung zu den Ausschlusstatbeständen (§ 1 Abs. 2 PatG und Art. 52 Abs. 2 EPÜ), im Übrigen zum Erfordernis der erfinderischen Tätigkeit im Wesentlichen geklärt worden. Zum Ausschluss der in § 1 Abs. 2 PatG und Art. 52 Abs. 2 EPÜ genannten Gegenstände und Tätigkeiten „als solchen" von der Patentierbarkeit war bereits entschieden, dass diese Gegenstände vom Ausschluss nur dann erfasst werden, wenn sich der beanspruchte Gegenstand **in diesen Gegenständen und Tätigkeiten erschöpft** (BGH GRUR 1992, 430, 431 – Tauchcomputer). Dieser Ansatz ist in der Rechtsprechung des BGH unter teleologischen und Gesichts- 31 punkten des Gesetzessystematik dahin weiterverfolgt worden, dass der Ausschluss von der Patentierbarkeit nur dann eingreift, wenn die vom Ausschluss erfassten Gegenstände und Tätigkeiten **losgelöst von einer konkreten Umsetzung** beansprucht werden; soweit sie hingegen zur Lösung eines konkreten technischen Problems Verwendung finden, sind sie – in diesem Kontext – grundsätzlich patentierbar (BGH GRUR 2002, 143, 145 – Suche fehlerhafter Zeichenketten). Im allgemeinen wird zwar angenommen, den Gegenständen und Tätigkeiten des Negativkatalogs sei gemeinsam, dass ihnen der technische Charakter fehle (§ 1 Rdn. 95b; vgl. Schulte/Moufang, § 1 PatG Rdn. 156; Teschemacher GRUR Int. 1981, 357, 360; Busse/Keukenschrijver, § 1 PatG Rdn. 39, 40; differenzierend Benkard/Melullis, Art. 52 EPÜ Rdn. 155, 156; eingehend Melullis, FS Erdmann, 401ff.). Die deutsche Rechtsprechung legt die Ausschlusstatbestände aber **eigenständig** nach ihrem Sinn und Zweck im Zusammenhang mit dem Technizitätserfordernis nach § 1 Abs. 1 aus. **Programme für Datenverarbeitungsanlagen** sind nicht schon deshalb patentierbar, weil sie bestimmungsgemäß den Einsatz eines Computers erfordern (BGH GRUR 2002, 143, 144 – Suche fehlerhafter Zeichenketten). Ein **Verfahren für eine Geschäftsmethode** ist nicht schon deshalb patentierbar, weil es bestimmungsgemäß den Einsatz eines Computers erfordert (BGHZ 159, 197, 204 – elektronischer Zahlungsverkehr). In **computergerechte Anweisungen gekleidete Merkmale** sind nicht schon dann als patentierbar zu betrachten, wenn sie nur – irgendwie – über die Bereitstellung der Mittel hinausgehen, welche ihre Nutzung als Programm für Datenverarbeitungsanlagen erlauben (BGH GRUR 2002, 143, 144 – Suche fehlerhafter Zeichenketten; vgl. auch BPatG Mitt. 2005, 361 – Kfz-Kürzel). Die beanspruchte Lösung muss vielmehr über die Angabe, dass ein Programm und/oder ein Computer Verwendung findet, hinaus **Anweisungen enthalten, die der Lösung eines konkreten technischen Problems mit technischen Mitteln** dienen (BGHZ 159, 197, 204 = GRUR 2004, 667 – elektronischer Zahlungsverkehr; GRUR Int. 2005, 262, 263 – Rentabilitätsermittlung), **durch eine auf technischen Überlegungen beruhende Erkenntnis und deren Umsetzung geprägt sein** (BGHZ 143, 255, 264 – Logikverifikation; GRUR 2002, 143, 144 – Suche fehlerhafter Zeichenketten). Unter dieser Voraussetzung ist es im Hinblick auf die Ausschlusstatbestände unschädlich, wenn als solche von der Patentierbarkeit ausgeschlossene Gegenstände und Tätigkeiten Bestandteil eines umfassenderen durch die beanspruchte Lehre gelösten Problems sind, das seinerseits nicht oder nur teilweise technischen Charakter trägt (BGH GRUR 2005, 141, 142 – Anbieten interaktiver Hilfe).

32 **cc) Bezugspunkt für das Vorliegen erfinderischer Tätigkeit.** Durch diese Gesamtbetrachtung des beanspruchten Gegenstands soll sichergestellt werden, dass sich die **Feststellung erfinderischer Tätigkeit** auf der Grundlage vollzieht, derentwegen der angemeldete Gegenstand eine Lehre zum technischen Handeln darstellt, die sich mit den im Stand der Technik bekannten Lösungen vergleichen lässt. Ein aus technischen und nichttechnischen Merkmalen bestehender Patentanspruch muss über den Einsatz eines Computer oder Programms zur Datenverarbeitung hinaus **weitere Anweisungen enthalten, denen ein konkretes technisches Problem zugrunde liegt, so dass bei der Prüfung auf erfinderische Tätigkeit eine Aussage darüber möglich ist, ob eine Bereicherung der Technik vorliegt, die einen Patentschutz rechtfertigt** (BGHZ 159, 197, 205f. = GRUR 2004, 667 – elektronischer Zahlungsverkehr). Diese **technische Anweisung** und, soweit dies in der Sache in Betracht kommt, ihr sich aus dem Zusammenhang mit nichttechnischen Merkmalen ergebender Gehalt ist demzufolge der maßgebliche Bezugspunkt für die Prüfung der erfinderischen Tätigkeit (vgl. Melullis, FS Erdmann, 401ff, 420; Stjerna, Mitt. 2005, 49, 53). Auf der Grundlage dieser Rechtsprechung hat des BPatG für die Beurteilung der erfinderischen Tätigkeit für einen Gegenstand, der technische wie nichttechnische Merkmale enthält, darauf abgestellt, dass lediglich die Anweisungen zugrunde zu legen sind, denen eine konkrete technische Problemstellung zugrunde liegt, und auf den Techniker als den zuständigen Fachmann abgestellt (BPatG Mitt. 2005, 363).

33 Der Ansatz dieser Rechtsprechung stimmt mit der neueren Praxis des EPA im wesentlichen überein (zur Entwicklung vgl. eingehend Benkrad/Melullis, EPÜ, Art. 52 Rdn. 188ff.). Sie geht dahin, bei einer Erfindung, die aus einer Mischung technischer wie nichttechnischer Merkmale besteht und als Ganzes technischen Charakter aufweist, bei der Prüfung der erfinderischen Tätigkeit alle Merkmale zu berücksichtigen, die zum technischen Charakter der Erfindung beitragen, wohingegen Merkmale, die keinen solchen Beitrag leisten, das Vorliegen erfinderischer Tätigkeit nicht stützen können (EPA 641/00, GRUR Int. 2003, 852 – Zwei Kennungen/COMVIK). Patentansprüche, die Merkmale umfassen, die wie Programme für Datenverarbeitungsanlagen kraft Gesetzes nicht als Erfindungen angesehen werden, werden

zwar unabhängig davon, ob die technischen oder die „nichttechnischen" Merkmale überwiegen, für zulässig gehalten (EPA T 26/86, GRUR Int. 1988, 585 – Röntgeneinrichtung/KOCH & STERZEL; EPA GRUR Int. 2003, 852, 853 – Zwei Kennungen/COMVIK). Aus dem Aufgabe-Lösungs-Ansatz wird aber hergeleitet, dass die von der beanspruchten Erfindung gelöste Aufgabe eine technische sein muss und ein Merkmal, das nicht durch eine technische Wirkung zur Lösung der technischen Aufgabe beiträgt, für die Beurteilung der erfinderischen Tätigkeit ohne Belang sei. Das EPA sieht eine solche Bewertung in Einklang mit dem allgemeinen Erfordernis, dass eine Erfindung technischen Charakter aufweisen müsse, woraus der Schluss zu ziehen sei, dass eine Erfindung im Sinne von Art. 52 EPÜ nur aus Merkmalen bestehen könne, die zu diesem technischen Charakter beitragen (EPA GRUR Int. 2003, 852, 854 – Zwei Kennungen/COMVIK unter 6.; ebenso für **ästhetische Merkmale** EPA ABl. 1990, 395 ff. – farbige Plattenhülle/FUJI).

4. Auslegung des maßgeblichen Patentanspruchs. Für die Auslegung des danach beanspruchten Gegenstands gelten im Rahmen der Prüfung der erfinderischen Tätigkeit keine anderen Regeln, als sie auch sonst zur Ermittlung des beanspruchten Gegenstandes gelten (§ 14 Rdn. 57 ff.): Der Prüfung auf erfinderische Tätigkeit ist der Patentanspruch mit der ihm zukommenden breitesten technisch sinnvollen Bedeutung zu Grunde zu legen, wie sie dem beanspruchten Gegenstand vom Fachmann unter Heranziehung von Beschreibung und Zeichnungen zugemessen wird (Benkard/Melullis, EPÜ, Art. 54 Rdn. 20). Da es auf die Sicht des Fachmanns ankommt, nämlich darauf, wie die einschlägig tätige Fachwelt den Inhalt einer technischen Lehre sinnvollerweise versteht, ist der beanspruchte Gegenstand einer unmittelbaren Feststellung entzogen; auf ihn kann nur mittels wertender Würdigung der tatsächlichen Umstände geschlossen werden (BGH GRUR 2004, 1023, 1025 – bodenseiteige Vereinzelungseinrichtung). Eine Auslegung des Patentanspruchs „unter seinem Sinngehalt" darf der Prüfung auf erfinderische Tätigkeit nicht zu Grunde gelegt werden (BGH GRUR 2004, 579, 582 – Imprägnieren von Tintenabsorbierungsmitteln). Der Patentanspruch darf auch nicht deshalb eingeengt ausgelegt werden, weil die Schutzfähigkeit seines Gegenstandes bei einengendem Verständnis leichter bejaht werden kann (BGH GRUR 2004, 47, 49 – blasenfreie Gummibahn I). Gegenstand der Prüfung auf erfinderische Tätigkeit ist das von den Motiven und Vorstellungen des Erfinders befreite technische Problem, das die Erfindung aus der Sicht des Fachmanns tatsächlich (objektiv) löst (BGHZ 78, 358, 364 – Spinnturbine II; BGH GRUR 1997, 116, 117 – Prospekthalter; GRUR 1998, 133, 134 – Kunststoffaufbereitung; GRUR 1999, 109, 119 – Spannschraube; GRUR 2001, 232 – Brieflocher). Dabei ist, sofern die Patentschrift keine abweichenden Erläuterungen gibt, von dem in der Fachwelt üblichen Verständnis der in der Patentschrift verwendeten Begriffe auszugehen. Weicht die Patentschrift von dem allgemeinen Sprachgebrauch ab, ist dieses abweichende Verständnis maßgebend. Die Patentschrift bildet insoweit ihr „eigenes Wörterbuch" (BGH in st. Rspr., vgl. BGHZ 150, 149, 156 – „Schneidmesser I"; BGH GRUR 2002, 519, 521 – „Schneidmesser II"; GRUR 2002, 511, 512 – „Kunststoffrohrteil; GRUR 2002, 523, 525 – „Custodiol I"; GRUR 2002, 527, 529 – „Custodiol II"). Da sich das Erfordernis der Neuheit und das Erfordernis der erfinderischen Tätigkeit auf denselben Gegenstand, nämlich die Erfindung beziehen, für die im Falle der Anmeldung um Patentschutz nachgesucht und die im Falle der Erteilung des Patents geschützt wird, gelten für die Feststellung dessen, was Gegenstand der Erfindung ist, dieselben Regeln wie für die Feststellung des Sinngehalts wie im Rahmen der Neuheitsprüfung (vgl. § 3 Rdn. 12 ef.) und für die Auslegung des Patentanspruchs im Verletzungsstreit (BGH GRUR 1997, 116 – Prospekthalter; GRUR 2001, 232, 233 – Brieflocher; BGHZ 156, 180, 186 = GRUR 2004, 47, 48 – „blasenfreie Gummibahn I"; GRUR 2004, 1023, 1025 – bodenseitige Vereinzelungseinrichtung). Eine wichtige Auslegungshilfe bietet insbesondere der in der Patentschrift als in Betracht gezogen Stand der Technik, die Erörterung der mit ihm verbundenen Vor- und Nachteile und die daraus in der Beschreibung hergeleitete Aufgabe, die mit der patentgemäßen Lösung gelöst werden soll. Der in der Patentschrift ausgewiesene Stand der Technik benennt die vom Patentamt bei der Patenterteilung für wesentlich gehaltene Grundlage, von der die patentierte Erfindung ausgeht, auf der sie aufbaut und erleichtert auf diese Weise das Verständnis der Erfindung (BGH GRUR 1978, 235, 237 – Stromwandler; vgl. Preu, GRUR 1980, 691, 694). Dagegen kommt es für die **Feststellung des beanspruchten Gegenstandes** nicht auf die Berücksichtigung des gesamten Stands des Technik an, wie er der Bewertung der erfinderischen Tätigkeit zu Grunde zu legen ist. Ein Stand der Technik, der im Erteilungsverfahren nicht vorgelegen hat und deshalb auf die Formulierung des Patentanspruchs keinen Einfluss gehabt hat, kann zum Verständnis der beanspruchten technischen Lehre nichts beitragen (vgl. Ballhaus/Sikinger, GRUR 1986, 337, 338). 34

IV. Der Fachmann (Fachwissen und Fachkönnen)

Literaturhinweise: Blum, Das Kriterium des gut ausgebildeten Fachmanns, GRUR Int. 1956, 199; Dreiss, Der Durchschnittsfachmann als Maßstab für ausreichende Offenbarung, Patentfähigkeit und Patentauslegung, GRUR 1994, 781; Eisenführ, Durchschnittsfachmann und erfinderische Tätigkeit, FS Preu, 13ff.; v. Falck, Durchschnittsfachmann und Stand der Technik, Mitt. 1969, 252ff.; Fritz, Erfindungshöhe; Durchschnittsfachmann – abweichende Entwicklung, GRUR 1959, 113ff.; Meier-Beck, Was denkt der Durchschnittsfachmann? Mitt. 2005, 529ff.; Niedlich, Die Bedeutung des Durchschnittsfachmanns, FS König, 399; GRUR Int. 1956, 199; Papke, Der allwissende Durchschnittsfachmann, GRUR 1980, 147; Ritscher/Ritscher, Der fiktive Fachmann als Maßstab des Nichtnahe liegens, FS 100 Jahre eidgen. PatG, 263ff.; Vollrath, Der technische Fachmann im Patentgesetz und im Europäischen Patentübereinkommen, Mitt. 1994, 292ff.;

35 **1. Der Fachmann als Beurteilungsmaßstab der erfinderischen Tätigkeit.** Der Fachmann im patentrechtlichen Sinne ist der Maßstab, an dem das Vorliegen erfinderischer Tätigkeit gemessen wird. Er ist eine **Kunstfigur,** mit der die durchschnittlichen Kenntnisse und die durchschnittliche Leistungsfähigkeit der auf dem Gebiet der Erfindung tätigen Industrie zum Prioritätstag umschrieben wird. Der Begriff bezeichnet die Gesamtheit der Fachleute, die in einschlägigen Unternehmen zum Prioritätstag mit der Erfindung entsprechenden Entwicklungsarbeiten typischerweise betraut sind, und repräsentiert diejenigen Kenntnisse und Fähigkeiten, die von ihnen zu erwarten sind (Durchschnittsfachmann im Sinne des üblichen Fachwissens sowie der durchschnittlichen Kenntnisse, Erfahrungen und Fähigkeiten der einschlägig tätigen „Fachwelt", BGH GRUR 2004, 1023, 1025 – bodenseitige Vereinzelungseinrichtung). Der Begriff des Fachmanns enthält mit dem Abstellen auf das Fachwissen eine kognitive, mit dem Abstellen auf das Fachkönnen eine kreative (Kraßer, Patentrecht § 18 II, 3, S. 308) und mit dem Abstellen auf das durchschnittliche Fachwissen und Fachkönnen eine normative Komponente. Wer am Prioritätstag auf dem technischen Gebiet der Erfindung üblicherweise mit Entwicklungsarbeiten betraut wurde, über welche Ausbildung und durch sie vermittelte allgemeine Kenntnisse sowie berufliche Erfahrungen derartige Personen üblicherweise verfügten, lässt sich in der Regel ebenso empirisch ermitteln wie die Bedeutung, welche die Fachwelt bestimmten technischen Begriffen und dergleichen am Prioritätstag zugemessen hat. Die entscheidende Frage, die der Bundesgerichtshof in seinen Beweisbeschlüssen in Nichtigkeitssachen an den Sachverständigen stellt, lautet deshalb: ***„Welchen Ausbildungsstand und welche beruflichen Erfahrungen haben im Durchschnitt diejenigen Personen, die sich (in der Praxis) auf dem Fachgebiet, zu dem die Lehre gemäß dem Streitpatent gehört, mit der Entwicklung von Neuerungen befassen?"*** Da für die Erteilung des Patents eine (kreative) technische Leistung erforderlich ist, die über das durchschnittliche Können des Fachmanns, nämlich die routinemäßige Weiterentwicklung der Technik, hinausgeht (Rdn. 1, 10), enthält die Figur des Fachmanns den **Wertungsmaßstab,** nach dem sich bemisst, ob die beanspruchte technische Lehre patentwürdig ist. Maßgeblich ist, ob der Fachmann den beanspruchten Gegenstand mit Hilfe seines Fachwissens und Fachkönnens auf der Grundlage des Stands der Technik bei dessen Gesamtbetrachtung auffinden konnte. Das Naheliegen einer technischen Lehre entscheidet sich danach, was von einem Durchschnittsfachmann am Prioritätstag zu erwarten war (BGH GRUR 1953, 120, 122 – Rohrschelle). Demgemäß wird das, was ein Durchschnittsfachmann zu leisten imstande war, nicht als erfinderisch angesehen (BGH GRUR 1954, 107, 110 – Mehrfachschelle). Ob der beanspruchte Gegenstand nahe liegend oder erfinderisch ist, ist demzufolge am **typischerweise** zu erwartenden Wissen und Können des Fachmanns zu messen indem die Frage beantwortet wird, ob ein über durchschnittliche Kenntnisse und Fähigkeiten verfügender Fachmann, wie er auf dem technischen Gebiet der Erfindung in einschlägig tätigen Unternehmen am Prioritätstag typischerweise mit Entwicklungsaufgaben betraut wurde und dem unterstellt wird, dass ihm der gesamte am Prioritätstag öffentlich zugängliche Stand der Technik bei seiner Entwicklungsarbeit zur Verfügung stand, in der Lage gewesen wäre, den Gegenstand der Erfindung aufzufinden, ohne eine das durchschnittliche Wissen und Können einschließlich etwaiger Routineversuche übersteigende Leistung erbringen zu müssen (Rdn. 10).

36 **2. Der zuständige Fachmann und seine Qualifikation.** Abzustellen ist auf den zuständigen Fachmann. **Welcher** Fachmann zuständig ist, richtet sich nach dem **technischen Gebiet, auf dem der Gegenstand der beanspruchten Lehre liegt** (BGH GRUR 1959, 532, 536f. – Elektromagnetische Rührvorrichtung, BGH Liedl 1974/77, 69, 78 – Schießscheibe). Darauf, wer den beanspruchten Gegenstand verwendet, kommt es grundsätzlich auch dann nicht an, wenn mit der Erfindung besonderen Wünschen oder Anregungen der Verwender Rechnung

getragen wird (BGH 1962, 290, 293 – Brieftauben-Reisekabine). Maßgeblich ist vielmehr, welche Fachleute auf dem jeweiligen technischen Fachgebiet mit Entwicklungsarbeiten nach Art der beanspruchten Lehre betraut werden (BGH Mitt. 1977, 60 – Leckanzeigegerät; BlPMZ 1989, 133 – Gurtumlenkung; das EPA hat ihn als Fachmann der Branche bezeichnet, EPA GRUR Int. 1983, 650, 651f. – Metallveredlung/BASF; st. Rspr). Betrifft die Erfindung beispielsweise ein kosmetisches Sonnenschutzmittel, ist der zuständige Fachmann ein Diplomchemiker, Pharmazeut oder Diplom-Biologe, denn es gibt keine spezifische Ausbildung zum Fachmann für kosmetische Sonnenschutzmittel. Als maßgeblicher Fachmann wurde derjenige ermittelt, der auf einem dieser Gebiete ausgebildet worden ist und sich in der Praxis mit der Entwicklung von Sonnenschutzmitteln befasst (BGH GRUR 2003, 317, 319 – kosmetisches Sonnenschutzmittel). Ob der Fachmann eine Hoch- oder Fachhochschulausbildung durchlaufen hat, eine Ausbildung zum Techniker absolviert oder eine sonstige Ausbildung erhalten hat, richtet sich nach den typischen Verhältnissen auf dem einschlägigen technischen Gebiet. Deshalb gibt es Fälle, in denen der maßgebliche Fachmann entweder eine Hochschulausbildung erhalten hat oder zum Techniker gegebenenfalls mit Weiterqualifizierung ausgebildet worden ist. Es geht um den **technisch zuständigen** Fachmann. Auch wenn das Produktdesign zunehmend Bedeutung gewinnt, ist der für die technische Lösung zuständige Fachmann der Techniker und **nicht der Designer** (BGH GRUR 2003, 693, 694 – Hochdruckreiniger). Da die Verhältnisse am Prioritätstag maßgeblich sind, sind Änderungen in der Qualifikation der einschlägig tätigen Fachleute etwa beim Übergang von handwerklicher zu industrieller Fertigung zu berücksichtigen. War auf einem bestimmten Gebiet handwerkliche Fertigung einschließlich der Herstellung für die Fertigung benötigter Vorrichtungen vorherrschend und wird auf industrielle automatische Fertigung umgestellt, so ist der Fachmann für die Konstruktion der erforderlichen Werkzeuge und Vorrichtungen nicht mehr der bisher zuständige Handwerker, sondern der auf dem Gebiet der Konstruktion entsprechender Maschinen typischerweise tätige Maschinenbauer (BGH GRUR 1978, 37, 38 – Börsenbügel). Überragende Sachkenner (RG MuW 1934, 168, 170; RG GRUR 1939, 915, 918; BGH X ZR 8/69 vom 26. 7. 1972) Wissenschaftler (BGH Liedl 1974/77, 325, 334 – Schnellaufzug = BGH GRUR 78, 98, 99 – Schaltungsanordnung) hervorragende Fachleute (BGH BlPMZ 1991, 159, 160 – Haftverband) besonders befähigte und kenntnisreiche Hochschullehrer (RGZ 140, 53, 60), Fachleute von wissenschaftlichem Rang, die die Entwicklung ihres Fachgebietes maßgebend beeinflusst haben (RG GRUR 1942, 544, 547), a highly specialised and outstanding scientist (EPA, T 249/88, EPOR 1996, 29) oder ein Nobelpreisträger (EPA T 60/89, ABl. EPA 1992, 268, 277 – „Fussionsproteine/HARVARD) stehen über dem Durchschnitt. Sind am Prioritätstag auf einem wenig erforschten Sachgebiet nur wenige hochqualifizierte Spezialisten tätig, kann die erfinderische Tätigkeit nicht daran gemessen werden, ob der beanspruchte Gegenstand das Können dieser Fachleute übersteigt. Fehlt es auf einem Gebiet an gesichertem allgemeinen Erfahrungswissen und ist es nicht möglich, mit Hilfe eines erlernbaren Fachwissen Ergebnisse zu erhalten, so gehört zu jeder weiteren Erkenntnis das Herantasten an das Wesen neuer Probleme, eine suchende und forschende Tätigkeit, der das Beruhen auf erfinderischer Tätigkeit nicht abgesprochen werden kann (BGH, GRUR 1955, 283, 286 – Strahlentransformator). Werden auf einem Fachgebiet Entwicklungsarbeiten typischerweise durch Teams von Fachleuten unterschiedlicher Fachrichtung ausgeführt, ist der Fachmann ein entsprechender Stab durchschnittlich qualifizierter und erfahrener Mitarbeiter (EPA ABl. 1990 Heft 6 S. 27; ebenso schweiz. BG GRUR Int. 1995, 167, 168 – Wegwerfwindel). Betrifft das zu lösende Problem neben dem eigentlichen Fachgebiet des Fachmanns weitere Fachgebiete, wird vom Fachmann erwartet, dass er einen **weiteren Fachmann** zu Rate zieht (BGH GRUR 1983, 64 – Liegemöbel; GRUR 1999, 145, 147 – Stoßwellen-Lithotripter). Liegt die Erfindung auf dem Gebiet der Herstellung und Entwicklung medizinischer Diagnostika, werden vom Fachmann Kenntnisse und Erfahrungen der klinischen Chemie und der Hämatologie oder die Zuziehung eines weiteren Fachmanns erwartet (BGH GRUR 1986, 372ff. – Thrombozyten-Zählung). Gleiches gilt, wenn der Fachmann erkennt, dass die Lösung des technischen Problems auf einem anderen Gebiet zu finden sein kann (BGH GRUR 1962, 350, 352– Dreispiegel-Rückstrahler; GRUR 1986, 798, 799 – Abfördereinrichtung für Schüttgut; dazu kritisch Dreiss, GRUR 1994, 781, 785f.). In diesen Fällen stellt das durchschnittliche Wissen und Können **beider Fachleute** den Maßstab dar, an dem die erfinderische Tätigkeit zu messen ist.

3. Das Fachwissen. Von dem danach zuständigen Fachmann wird erwartet, dass er an die Lösung eines technisches Problems mit seinem Fachwissen herangeht. Dazu gehört neben der unterstellten Kenntnis der Entgegenhaltungen aus dem Stand der Technik das **fachspezifische Fachwissen** (BGH GRUR 1978, 37, 38 – Börsenbügel), aber auch das **Allgemeinwissen des** 37

auf dem betreffenden Gebiet tätigen Durchschnittsfachmanns. Es ist auf den **durchschnittlichen Wissensstand des Praktikers** abzustellen, soweit dieser die sich auf seinem Fachgebiet ergebenden Vorgänge praktisch und theoretisch übersieht (BGH Liedl 1967/68, 204, 218). Diesen allgemeinen Wissensstand der Fachleute nennt man das **Fachwissen.** Es bezeichnet die Kenntnisse, die der Fachmann durch Ausbildung und praktische Berufserfahrung erwirbt und die ihn als Fachmann seines (speziellen) Fachgebiets ausweisen. Es umfasst die Summe aller praktischen Kenntnisse und Erfahrungen, über die ein durchschnittlicher Fachmann auf einem bestimmten Gebiet verfügt. Es kann sich in der Fachliteratur wie Lehrbüchern, Nachschlagewerken und geläufigen Fachzeitschriften und dergleichen ausdrücken (BGH GRUR 1998, 895, 897 – Regenbecken; BPatGE 34, 264) oder auf Anschauung und Mitteilung bei der praktischen Arbeit beruhen und sich daraus ergeben, dass bestimmte Maßnahmen auf dem Fachgebiet des Fachmanns weit verbreitet sind und zum Grundlagenwissen auf diesem Fachgebiet gehören (BGH GRUR 1998, 895f. – Regenbecken). Es umfasst auch das **technische Allgemeinwissen** (Grundlagenwissen), über das jeder Techniker auf Grund seiner Ausbildung verfügt (BGH BlPMZ 1989, 133 – Gurtumlenkung unter II, 3), gleichgültig, auf welchem Fachgebiet er tätig ist (EPA T 195/84 ABl. 1986, 121; EPA T 206/83 ABl. 1987, 5). Dieses allgemeine und spezielle Fachwissen ist die Basis, auf der der Fachmann die ihm im Stand der Technik begegnenden technischen Lehren versteht (Schulte/Moufang, PatG § 3 Rdn. 13; § 4 Rdn. 45f.).

38 Zwischen dem Fachwissen und dem Stand der Technik besteht kein substantieller Unterschied (Benkard/Jestaedt, EPÜ, Art. 56 Rdn. 46; Busse/Keukenschrijver, § 4 PatG Rdn. 129). Enthält der Stand der Technik kein Vorbild für den beanspruchten Gegenstand, ist vom allgemeinen Fachwissen auszugehen, um den beanspruchten Gegenstand auf Naheliegen zu prüfen (BGH GRUR 2001, 232, 234 – Brieflocher). Bei der Beurteilung der erfinderischen Tätigkeit ist nicht nur der Stand der Technik auf dem eigentlichen Gebiet der beanspruchten Lehre, sondern auch auf den benachbarten Gebieten und auf nichtspezifischen (allgemeinen) Gebieten heranzuziehen. Lösungen allgemeiner technischer Aufgaben auf nichtspezifischen Gebieten der Technik sind als Teil des technischen Allgemeinwissens anzusehen, das bei einem Spezialisten vorauszusetzen ist (EPA T 195/84, GRUR Int. 1986, 545 – Technisches Allgemeinwissen/BOEING). Über das spezielle Gebiet der Anmeldung oder des Patents hinaus ist der Stand der Technik auf dem allgemeinen technischen Gebiet heranzuziehen, auf dem sich in großem Umfange gleiche oder ähnliche Probleme stellen und von denen erwartet werden muss, dass sie dem Fachmann geläufig sind (BGH Liedl 1961/62, 618, 633 – Zerspaner; BGH GRUR 1969, 182, 183 l. Sp. – Betondosierer; BlPMZ 1989, 133 – Gurtumlenkung). Das Fachwissen und insbesondere das technische Allgemeinwissen finden erfahrungsgemäß selten einen Niederschlag in schriftlichen Aufzeichnungen, was zur besonderen Sorgfalt bei seiner Ermittlung nötigt, insbesondere ob es auch schon am Anmeldetage vorhanden war. Es muss darauf geachtet werden, dass das nach dem Anmeldetage entstandene Fachwissen und die durch die Erfindung gewonnenen Erkenntnisse gedanklich ausgeschaltet werden (BGH GRUR 2001, 232, 234 – Brieflocher; BPatG Mitt. 1977, 87, 88f, wo auf die besonderen Gefahren einer Fehlbeurteilung der erfinderischen Tätigkeit aus dem allgemeinen Fachwissen bei lange zurückliegenden Anmeldetagen und bei – nachträglich – besonders einfach erscheinenden Erfindungen aufmerksam gemacht wird; vgl auch die kritischen Bemerkungen von Schickedanz, GRUR 1987, 71ff.). Eine Differenzierung des Fachwissens danach, für welchen Staat ein Patent beantragt oder erteilt ist, findet nicht statt (EPA T 426/88 ABl. 1992, 427, 433 – Verbrennungsmotor/LUCAS; Benkard/Jestaedt, EPÜ, Art. 56 Rdn. 47).

39 Vom Fachmann wird erwartet, dass er sich auf dem seinem Fachgebiet **übergeordneten allgemeinen** technischen Gebiet und seinem Fachgebiet nahe verwandten **Nachbargebieten** grob auskennt und sich dort zu findende Lösungen nutzbar macht (BGH GRUR 1997, 272, 273 – Schwenkhebelverschluss), so dass er sich Kenntnisse auf Nachbargebieten seines Fachgebiets zurechnen lassen muss (Schulte/Moufang, § 4 PatG Rdn. 53; Busse/Keukenschrijver, § 4 PatG Rdn. 148, 156). Die von einem Durchschnittsfachmann zu erwartenden Kenntnisse sind zwar nach dem betreffenden technischen Sondergebiet zu bestimmen. Spezialkenntnisse des Nachbargebiets werden vom Fachmann deshalb regelmäßig nicht verlangt (EPA T 422/93, ABl. 1997, 24). Nachbargebiete sind jedenfalls dann zu beachten, wenn die Gebiete so nahe verwandt sind, dass zu erwarten ist, dass der mit Entwicklungsarbeiten befasste Fachmann auf der Suche nach der Lösung eines Problems die Entwicklung des Nachbargebietes berücksichtigt (BGH GRUR 1963, 568, 569 – Wimpernfärbestift; BlPMZ. 1989, 133 – Gurtumlenkung). Auch in einer anderen Patentklasse ausgezeichnete vorveröffentlichte Patente können beachtlich sein (BGH Liedl 1963/64, 157, 166; EPA GRUR Int. 1986, 545, 546 – Allgemeines Fachwissen/BOEING). Das Wissen und die Erfahrungswelt der Fachkonstrukteure ist nicht eng auf jeweils eine Patentklasse begrenzt, z. B. muss ein Fachingenieur, der eine Fördereinrichtung für eine Einwickelmaschine schaffen soll, im Gesamtbereich der Fördermaschinen Umschau halten (zu Übertragungserfindungen unten Rdn. 79 f.). Erfahrungsgemäß sieht sich der Fachmann auch über sein eigentliches Fachgebiet hinaus auf anderen Gebieten nach entsprechend verwendbaren Lösungsmitteln für ein und dasselbe technische Problem oder Teilproblem um, besonders bei benachbarten Gebieten der Technik (RG MuW 1931, 535, 536), z. B. bei Bauelementen, die auch in einem anderen technischen Zusammenhang Verwendung finden können (BGH Liedl 1969/70, 82, 102 m. w. Nachw. – Eisabzapfer). Wenn eine Erfindung sowohl die Kenntnis funktionsmäßiger wie fertigungstechnischer Probleme erfordert, kann bei der Beurteilung der erfinderischen Tätigkeit keine Aufspaltung des Fachwissens vorgenommen werden; vielmehr ist auf einen Fachmann abzustellen, der auf beiden Gebieten durchschnittliches Fachwissen besitzt (BGH Liedl 1959/60, 355, 364). Das EPA macht die Zurechnung von Kenntnissen auf Nachbargebieten davon abhängig, ob es für den Fachmann sinnvoll war, die Lösung für sein Problem auf einem Nachbargebiet zu suchen (EPA, T 32/81, ABl. 1982, 225), und rechnet diese Kenntnisse dem Fachmann nicht zu, wenn er von ihrer Verwendung etwa durch ein Vorurteil, durch eingebildete technische Schwierigkeiten, eine zurückhaltende Vorsicht oder der Scheu vor Risiken abgehalten wurde (EPA T 455/91 ABl. 1995, 684; zur Praxis des EPA vgl. Benkard/Jestaedt, EPÜ, Art. 56 Rdn. 49 ff.).

4. Das Fachkönnen. Da der Fachmann im patentrechtlichen Sinne eine Verkörperung der typischerweise auf dem technischen Gebiet der Erfindung mit Entwicklungsaufgaben betrauten Fachleute ist, kann dem Fachmann grundsätzlich zugetraut werden, unter Aufgreifen von aus dem Stand der Technik bekannten Anregungen bekannte Lösungen zu verbessern, etwa bekannte Vorrichtungen zu vereinfachen (BGH Bausch 1994/98, 291, 296 – Sammelstation) oder raumsparender und kostengünstiger zu bauen (BGH Bausch 1994/98, 168, 174 – Einphasensynchronmotor). Dabei wendet er die auf seinem Fachgebiet üblichen Regeln und Methoden der Konstruktion, Abwandlung und üblichen Versuche an, so dass die Arbeit des Konstrukteurs auch bei geschickter Kombination bekannter Elemente in aller Regel noch nicht erfinderisch ist; sie kann aber über bloße Routine hinausgehen und erfinderischen Rang z. B. dann erlangen, wenn die Konstruktion wegen des mit ihr erreichten Effekts ungewöhnlich ist (BGH Liedl 1963/64, 191, 210). Aus normalen, routinemäßigen Versuchen gewonnene Erkennisse gehören zum Fachwissen; ihre Ergebnisse können das Vorliegen erfinderischer Tätigkeit nicht begründen (BGH BlPMZ 1966, 234, 235 – Abtastverfahren; Schulte/Moufang § 4 PatG Rdn. 48, 124). Einen Ingenieur, der unter Ausnutzung der spezifischen Vorteile eines bekannten Maschinenelements zu einer geschickten Lösung gelangt, wird man als guten Konstrukteur, aber noch nicht als „erfinderischen" Kopf anerkennen (BGH Liedl 1965/66, 22, 29/30). 40

5. Beispiele zum zuständigen Fachmann aus der Rechtsprechung des BGH. Bei Erzeugnissen, die überwiegend in dem Handwerk angenäherten Kleinbetrieben hergestellt werden und im Rahmen des üblichen Herstellungsprogramms und der technisch-personellen Ausstattung dieser Betriebe liegen, ist nicht auf einen als Konstrukteur ausgebildeten Ingenieur abzustellen, sondern auf einen mit praktischen Erfahrungen ausgerüsteten qualifizierten Handwerker (BGH Liedl 1956/58, 605, 612). Bei der Herstellung von Kleideraufhängern aus an den Enden durch Blechteile verstärktem Lederband hat der BGH einen im Wesentlichen handwerklich geschulten Techniker mit praktischen Erfahrungen bei der Herstellung von Kleinteilen aus Blech als Durchschnittsfachmann angesehen (BGH GRUR 1979, 224, 226 – Aufhänger). Bei einer Ölfeuerungssteuerung ist ein Elektroingenieur mit einer wissenschaftlichen Ausbildung an einer Hochschule als Durchschnittsfachmann angesehen worden, weil die als Entwickler derartiger Steuerungen in Betracht kommenden Großfirmen regelmäßig Fachleute mit dieser Qualifikation in ihren Entwicklungsabteilungen beschäftigen (BGH Urt. v. 9. 11. 1978 – X ZR 14/76). Bei einer schwenkbaren Transport- und Bereithaltepfanne zum Stranggießen ist als Durchschnittsfachmann ein auf dem Gebiet der Konstruktion von Stranggießanlagen tätiger Ingenieur mit Hochschulbildung angesehen worden (BGH GRUR 1981, 42 – Pfannendrehturm). Bei einer Schwimmbadabdeckung ist nicht auf das Fachkönnen des Wissenschaftlers auf dem Gebiet der Hydromechanik, sondern auf das eines Fachmannes abzustellen, der auf dem Gebiet der Konstruktion von Schwimmbadabdeckungen praktisch tätig ist (BGH Urt. v. 15. 8. 1978 – X ZR 39/75). Beim Schutz einer bestimmten Masse zu Herstellung von Modellen und Formen ist derjenige Fachmann angenommen worden, der Modelle und Formen herstellt, nicht aber ein Ingenieur mit Kenntnissen der Kolloidchemie (RG MuW 1927/28, 128). In einem anderen Fall wurde abgestellt auf den Spezialfachmann zur Berechnung von Anlagen für Luft- und Kraftbedarf, der über den Wissensbereich des gewöhnlichen Ingenieurs verfügt, wie es auf technischen Lehranstalten vermittelt wird (RG GRUR 1939, 41

341, 343). Maßgeblicher Durchschnittsfachmann bei einer Ziegeleimaschine mit fördertechnischem Einschlag ist der auch fördertechnisch orientierte Ziegeleimaschinenbauer, der jedenfalls die grundlegenden Prinzipien der allgemeinen Fördertechnik kennt (BGH Liedl 1959/60, 418, 425). Wenn sich die Patentschrift an die Konstrukteure von Abbrennschweißmaschinen wendet, ist eine wissenschaftliche Vorbildung des Durchschnittsfachmanns vorauszusetzen (RG GRUR 1938, 508, 513). Bei einem Patent für Kontrollvorrichtungen an Umwälzpumpen für Heizungsanlagen ist ein Konstrukteur mit akademischer Bildung, der Fachkenntnisse des Pumpen- und Motorbauers sowie des Elektrotechnikers in sich vereinigt, als Durchschnittsfachmann angesehen worden (BGH Liedl 1965/66, 34, 44). Auf dem Gebiet des Elektrozubehörs können Konstrukteure und Entwicklungsingenieure, die Schutzkontaktstecker verbessern sollen, Erfahrungen, die bei anderen Steckdosen gemacht worden sind, nicht außer acht lassen; dabei kann es auf die Betriebsorganisation des Patentinhabers nicht ankommen (BGH BlPMZ 1963, 365, 366 – Schutzkontaktstecker). Stellt sich dem Maschinenbauer das Problem, eine bestimmten Anforderungen genügende maschinelle Einrichtung auf elektromagnetischem Wege zu betätigen, hier: einen Hubrührer, bei dem die Veränderung der Hubzahl, der Hebekraft und der Einschaltdauer unabhängig von der Netzfrequenz gestaltet sein soll, elektromagnetisch zu betätigen, so ist als maßgebender Durchschnittsfachmann nicht der Maschinenbauer, sondern der Elektrotechniker anzusehen (BGH GRUR 1959, 532, 536f. – Elektromagnetische Rührvorrichtung; hierzu Bartels GRUR 1961, 261; Dreiss GRUR 1994, 781, 785 f.); anders bei einer Vorrichtung zum elektrostatischen Farbspritzen, wo die Entwicklung zurzeit der Anmeldung von Technikern betrieben wurde, die zuvor auf dem Gebiet des mechanischen Farbspritzens tätig waren, hier ist ein Fachmann mit einer Ausbildung für das mechanische Farbspritzen maßgebend, der nur Grundkenntnisse auf elektrotechnischem und -physikalischem Gebiet besitzt oder einen Elektrotechniker zu Rate zieht, soweit das üblich ist oder ihm erforderlich erscheint (BGH Liedl 1974/77, 258, 279f. – Farbspritzpistole). Zur Frage, wer als für die Beurteilung der erfinderischen Tätigkeit maßgebender Durchschnittsfachmann anzusehen ist, vgl. weiter BGH GRUR 1988, 290, 294 – Kehlrinne für Dächer (Hersteller von Bauzubehör, der Kunststoffachleute befragt); GRUR 1962, 290, 293 (Techniker des Karosseriebaues für Brieftauben-Reisekabine); 1962, 350, 352f. (für die Anwendung von Kunstharz statt Glas bei Herstellung von Dreispiegel-Rückstrahlern ist der Kunststoffachmann maßgebend, den der auf dem Gebiet der Optik tätige Rückstrahler-Fachmann hätte befragen können und müssen); BGH Liedl 1969/70, 82, 104 – „Eisabzapfer" (Verwendung von Kunststoff statt Metall bei einer Vorrichtung wegen der besonderen thermischen Eigenschaften des Kunststoffs), EPA ABl. 1982, 225, 227 – Reinigungsvorrichtung für Förderbänder (der Werkstoffachmann bei einer Fördervorrichtung, bei der die Materialeigenschaften eines Bauelements in Betracht zu ziehen waren). Als Durchschnittsfachmann für den Bau von Gebläsegehäusen für eine Vorrichtung zum Versprühen eines Insektenvertilgungsmittels kommt ein Maschinenbauer in Betracht, der auch über die erforderlichen strömungstechnischen Kenntnisse verfügt (BGH Liedl 1967/68, 112, 130). Der Tierarzt ist Durchschnittsfachmann für die Herstellung tierärztlicher Instrumente (BGH Liedl 1969/70, 12, 21f. – Venenkompressionszange); für die Sauerteigbereitung ein auf dem Gebiet der Bäckereitechnik tätiger Lebensmitteltechniker (BGH GRUR 1989, 899, 902 – Sauerteig). Durchschnittsfachmann auf dem engen Spezialgebiet des Schweißens, Bohrens, Fräsens mit hochgespannten Elektronenstrahlen im Vakuum ist, solange dieses Spezialgebiet noch in der Entwicklung begriffen ist, ein mit Enwicklungsarbeiten auf diesem Gebiet vertrauter Fachingenieur (BGH Liedl 1969/70, 110, 125). Bei einer auf Körperschall ansprechenden Schießscheibe ein Fachmann des Apparatebaus mit Kenntnissen auf dem Gebiet der Messtechnik (BGH Liedl 1974/77, 69, 78); bei einer Schaltungsanordnung zum Steuern der Drehzahl eines eine Abfördereinrichtung für Schüttgut antreibenden Elektromotors einer Wiegeeinrichtung ein Maschinenbauer, der einen erfahrenen Regelungstechniker zu Rate zieht (BGH GRUR 1986, 798. 799 – Abfördereinrichtung für Schüttgut – mit kritischer Anm. v. Gramm, aaO, S. 801ff.; kritisch auch Eisenführ, FS Preu, 1988, S. 13ff.; Dreiss, GRUR 1994, 781, 785f.); beim Korrosionsschutz von Wasseranlagen der auf dem Gebiet des Sanitär- und Heizungsbaus ausgebildete Ingenieur (BGH Liedl 1974/77, 246, 253). Bei einem Durchschnittsfachmann auf dem Gebiet der Aufzugtechnik sind Kenntnisse auf dem Gebiet der Konstruktion von Elektromotoren zu erwarten (BGH GRUR 1978, 98, 99 – Schaltungsanordnung), bei einem Fachmann für Probenzuführgeräte für Gaschromatographen Kenntnisse über die Absorptionsspektralanalyse (EPA ABl. 1990 Heft 6 S. 27). Bei einer Liftachsensteuerung für Fahrzeuge ist Durchschnittsfachmann ein auf dem Gebiet der Fahrwerke von Nutzkraftwagen praktisch tätiger Konstrukteur mit der Qualifikation eines graduierten Ingenieurs, der über Kenntnisse auf dem Gebiet der Regeltechnik verfügt oder sich diese Kenntnisse durch Erkundigungen bei einem Regeltechniker verschafft (BGH GRUR 1980, 166, 168 – Doppelachsaggregat). Bei einem Patent betreffend die Herstellung einer selbsthärtenden Abdruckmasse auf dem Dentalgebiet (BGH GRUR 1965, 138, 141) oder für ein Dauerwellenpräparat (BGH GRUR 1965, 473, 475) kommt nicht der Zahnarzt oder der Friseur, der die Mittel anwendet, als Durchschnittsfachmann in Betracht, sondern der akademisch ausgebildete Industriechemiker, der die erfindungsgemäßen Mittel mit einer Gebrauchsanweisung für den Benutzer herstellt; ebenso bei der Verwendung von Epoxydharzen, Härtern und Flexibilisierungsmitteln zum Vakuumgießen von Brillengestellen, wobei vom Fachmann Kenntnisse zu erwarten sind, wie aus Brillengestellen fertige Brillen hergestellt werden (BGH Liedl 1974/77, 144, 152); bei der Herstellung von Polyamidfasern ein Chemiker oder Verfahrenstechniker, der mit der Spinnfaserherstellungstechnik und mit den Eigenschaften der in Frage kommenden polymeren Stoffe vertraut ist (BPatG GRUR 1989, 496, 498 li. Sp.), beim Herstellen von Globen ein Fachmann, der mit den Kenntnissen eines Kartographen und eines Druckers vertraut ist (BGH Liedl 1965/66, 411, 422). Bei der Herstellung von Düngerstreuern sind bei ihm die Kenntnisse der Entwicklung von Kunstdüngerstreuern vorauszusetzen (BGH Ia ZR 24/64 vom 17. 2. 1966); bei der Herstellung von Stalldungförderern die allgemeinen Kenntnisse eines Förderfachmannes (BGH Liedl 1965/66, 115, 131); auf dem Gebiet der Abgleichkerne mit Kernbremsen Kenntnisse sowohl auf den Gebieten der technischen Mechanik, der Hochfrequenztechnik und der Fertigungstechnik als auch über die für Kernbremsen in Betracht kommenden Stoffe (BGH Liedl 1967/86, 204, 218), wobei zu erwarten ist, dass er die Hersteller der Stoffe nach den in Betracht kommenden Daten befragt und zumutbare Versuche über die Brauchbarkeit der in Frage kommenden Stoffe durchführt. Bei allgemeinen technologischen Aufgaben-Grundsatzproblemen, die in gleicher Weise und mit gleichen Lösungsmitteln den verschiedensten Zwecken dienen, ist vorauszusetzen, dass die Grundlagen trotz Verschiedenheit der Einzelzwecke bekannt sind und dass sich der Fachmann des Einzelgebietes quer über die verschiedenen Fachzweige hinweg auf dem übergreifenden Gesamtgebiet der Technik unterrichtet und auf dem laufenden hält (BGH Liedl 1965/66, 290, 297), für fachübergreifende Probleme BPatG GRUR 1988, 413, 416. Bei dem mit der Entwicklung von Spritzgußmaschinen für thermoplastische Kunststoffe befassten Fachmann müssen Kenntnisse auf dem Gebiet der Kautschukverarbeitung vorausgesetzt werden, weil die Maschinen von den gleichen Firmen hergestellt werden (BGH GRUR 1967, 25, 27 – Spritzgußmaschine III). Richtet sich die Patentschrift an die Leiter von Bergwerken, dann sind deren Kenntnisse zurzeit der Anmeldung maßgebend (RG GRUR 1938, 876, 881). Von einem Fachmann auf dem Gebiet der Legierungen ist zu erwarten, dass er unter Zuhilfenahme von Lehrbüchern, die ihm zur Verfügung stehen, Zustandsbilder der Metalle zu deuten vermag, (RG Mitt. 1941, 119, 120). Das EPA hat die Gebiete des Holzschutzes, das sich mit totem Material befasst, und des Pflanzenschutzes, das sich mit lebenden Pflanzen befasst, als weit entfernt angesehen. Einem Holzschutzfachmann würden auf der Suche nach einer verbesserten Holzschutzmittelkomponente durch eine Veröffentlichung über die verbesserte Wirkung einer Substanz (Tolylfluanid) beim Schutz von lebenden Pflanzen gegen Mehltau keine Anregungen zu Versuchen mit dieser Substanz als Holzschutzmittelkomponente vermittelt (EPA GRUR Int. 1987, 248, 249 – Tolylfluanid/BAYER). Muffelöfen zum Schmelzen von Glas werden typischerweise von Fachhochschulabsolventen der Fachrichtung Ofenbau und Wärmetechnik mit höherem wissenschaftlichen Niveau und besonderen Erfahrungen auf dem Gebiet der Gastechnologie entwickelt (BGH GRUR 1994, 357, 359 – Muffelofen). Fachmann für Verfahren zur Regelung der Durchflussmenge der Heizflüssigkeit durch Heizkörper ist nicht der Heizungsmonteur, der die eingebaute Heizanlage einstellt, sondern der Heizungs- Lüftungs- und Klimaingenieur mit Fachhochschulabschluss, der die dazu erforderlichen Geräte und mit ihnen durchzuführende Verfahren entwickelt (BGH GRUR 1994, 36, 37 – Messventil). Die Entwicklung von Schwenkhebelverschlüssen für Blechschranktüren fällt in die Zuständigkeit von Technikern, die sich auf den verwandten Gebieten der Konstruktion von Fensterbeschlägen, Torverschlüssen und Autoschlössern grob auskennen und sich dort zu findende Lösungsvorschläge nutzbar machen (BGH GRUR 1997, 272, 273 – Schwenkhebelverschluss). Fachmann für Regenbecken ist ein Bauingenieur mit Erfahrung in der Siedlungswasserwirtschaft (BGH GRUR 1998, 895, 896 – Regenbecken). Für ein Gerät zur invasiven intrakorporalen Zertrümmerung von von Harn- und Nierensteinen ist Fachmann ein Physiker oder an einer Hochschule ausgebildeter Physikingenieur, Ingenieur für biomedizinische Technik oder Maschinenbauingenieur, der über medizinische Kenntnisse verfügt oder insoweit andere Fachleute beizieht (BGH GRUR 1999, 145, 147 – Stoßwellen-Lithotripter). Im Bereich der Chemie wurde als Fachmann für ein Verfahren zur Herstellung von Tetrafuoräthan ein promovierter Chemiker (BPatG GRUR 1996, 44, 45 – Tetrafluoräthan), für die halbsynthetische Herstellung von Taxol im Team zusammenarbeitende promovierte Chemiker mit Erfahrung auf dem Gebiet der Naturstoffsynthese ermittelt (BGH GRUR 2001, 813, 816 – Taxol), für Schalungselemente

Bauingenieure (BGH GRUR 2001, 819, 820 – Schalungselement) und für ein Verfahren zur Herstellung kaltgewalzten Blechs ein diplomierter oder promovierter Ingenieur mit eisenhüttenkundlicher Hochschulausbildung (BGH GRUR 2001, 1129, 1131 – zipfelfreies Stahlband). Als Fachmann für Zahnkranzfräser wurde ein Diplomingenieur für Werkzeugmschinen (BGH GRUR 1997, 757, 759 – Zahnkranzfräser), dagegen für Bürogeräte (BGH GRUR 2001, 232, 234 – Brieflocher) und eine Kupplungsvorrichtung zur Verbindung eines Werkstücks mit einer Bearbeitungsvorrichtung (BGH GRUR 2003, 223, 225 – Kupplungsvorrichtung II) ein als Maschinenbautechniker ausgebildeter Konstrukteur der jeweils einschlägigen Fachrichtung angesehen. Auf dem Gebiet der Kautschukverarbeitung ist Fachmann ein Fachhochschulingenieur der Fachrichtung Verfahrenstechnik mit Erfahrungen auf dem Gebiet der Kautschukverarbeitung (BGH GRUR 2004, 47, 48 – blasenfreie Gummibahn I). Fachmann für die Herstellung von Tintentanks für Drucker ist ein Maschinenbauingenieur der Fachrichtung Feinwerktechnik mit mehrjähriger Berufserfahrung und Kenntnissen auf den Gebieten der Benetzung und Mechatronik (BGH GRUR 2004, 583, 585 – Tintenstandsdetektor). Als Fachmann für die Herstellung elektronischer Module wurde ein Elektroingenieur angesehen (BGH GRUR 2005, 145, 147 – elektronisches Modul). Werden Paneelelemente mehrheitlich in kleineren oder mittleren Betrieben hergestellt, in denen die Fortentwicklung bekannter Techniken vornehmlich nicht an einer Hochschule ausgebildeten Praktikern, einem Meister oder Techniker überlassen wird, ist vom Wissen und Können dieses Personenkreises auszugehen (BGH GRUR 2005, 233, 235 – Paneelelemente); ebenso für Diabehältnisse (BGH GRUR 2004, 411, 412 – Diabehältnis).

V. Der Stand der Technik

42 **1. Der gesamte Stand der Technik als Beurteilungsgrundlage.** Nach § 4 ist der Prüfung des beanspruchten Gegenstand auf erfinderische Tätigkeit **„der Stand der Technik“** zugrunde zu legen. Das ist der Stand der Technik, wie er in § 3 Abs. 1 unter der Geltung des **absolut-formellen Neuheitsbegriffs** auch der Prüfung auf Neuheit zugrunde liegt. Er umfasst alle Handlungsanweisungen, die irgendwann vor dem für den Zeitrang der Patentanmeldung maßgeblichen Tag irgendwo in der Welt auf irgendeine Art und Weise der Öffentlichkeit zugänglich gemacht worden sind (absolut formeller Neuheitsbegriff.; Begründung BT-Drucksache 7/3712 S. 28; vgl § 3 Rdn. 38ff.). Er enthält weder eine räumlich noch eine sprachliche und schließlich auch keine inhaltliche Begrenzung etwa dahin, dass bei der Prüfung auf Neuheit und erfinderische Tätigkeit nur bestimmte technische Sachgebiete zu berücksichtigen wären. Diese in § 3 enthaltene Definition des Stands der Technik einschließlich Vorbenutzugshandlungen (BGH Liedl 1987/88, 1, 14ff. – „Schallabschirmwandung“; Busse/Keukenschrijver, PatG, 6. Aufl., § 4 Rdn. 28) gilt auch für die Beurteilung des Stands der Technik im Rahmen der erfinderischen Tätigkeit. Die erfinderische Tätigkeit ist damit grundsätzlich an demselben Stand der Technik zu messen, der auch der Beurteilung der Neuheit zugrunde zu legen ist (Rdn. 17; BGH GRUR 1969, 271, 272 – „Zugseilführung“; BGH Bausch 1994/98, 159, 162 – Betonring; vgl. bereits RG GRUR 1941, 466, 468 – „Malerbürste“; Busse/Keukenschrijver, PatG, 6. Aufl., § 4 Rdn. 28). Die erfinderische Tätigkeit ist ausgehend von allen der Öffentlichkeit zugänglichen Lehren (Beschreibungen oder Benutzungen u. dgl., § 3 Abs. 1 Satz 2) zu würdigen (BGH GRUR 1953, 120, 122 – Rohrschelle seitdem st. Rsp.; dazu rechtsvergleichend: Schönherr, Mitt. 1981, 49, 50). Da zum Wissen des Durchschnittsfachmanns in diesem Sinne alles gehört, was der Öffentlichkeit zugänglich war, so dass es auch andere Fachleute benutzen konnten, ist wegen der Frage, welche technischen Lehren öffentlich zugänglich sind, auf die Erläuterungen zu § 3 zu verweisen. Ein Unterschied zwischen dem Stand der Technik, der der Neuheitsprüfung einerseits und der Prüfung der erfinderischen Tätigkeit andererseits zugrunde zu legen ist, besteht nur insoweit, als bestimmte ältere aber **nachveröffentlichte Patentanmeldungen** in die Neuheitsprüfung einbezogen werden (§ 3 Abs. 2, Rdn. 33), bei der Prüfung der erfinderischen Tätigkeit aber keine Berücksichtigung finden (§ 4 Satz 2) und bei der Prüfung der erfinderischen Tätigkeit der Stand der Technik in seiner **Relevanz** für das Auffinden des beanspruchten Gegenstandes von Bedeutung ist.

43 **2. Die Ausnahme älterer aber nachveröffentlichter Patentanmeldungen von der Prüfung auf erfinderische Tätigkeit.** Nach § 3 Abs. 2, der wörtlich mit Art. 54 Abs. 3 EPÜ übereinstimmt, können ältere nationale Patentanmeldungen sowie ältere europäische und internationale Patentanmeldungen mit Deutschland als Bestimmungsstaat, die im Zeitpunkt der Anmeldung der beanspruchten Lehre noch nicht veröffentlicht waren, neuheitsschädlich sein (vgl. § 3 Rdn. 74ff.), sie werden aber nach der ausdrücklichen Regelung in § 4 Satz 2 bei der Beurteilung der erfinderischen Tätigkeit nicht in Betracht gezogen. Dies bedeutet, dass die ältere

nachveröffentlichte Patentanmeldung bei der Prüfung der erfinderischen Tätigkeit vollständig unberücksichtigt bleibt und der gesamte beanspruchte Gegenstand auf der Grundlage des am Prioritätstag öffentlich zugänglichen Stands der Technik unter Ausschluss der älteren Anmeldung auf erfinderische Tätigkeit zu prüfen ist (BGH GRUR 1984, 272, 274 – Isolierglasscheibenrandfugenfüllvorrichtung; BGH GRUR 1988, 896, 899 – Ionenanalyse; a. A. Gesthuysen GRUR 1993, 205 ff, demzufolge auf der Grundlage der Entstehungsgeschichte § 4 Satz 2 dahin auszulegen sein soll, dass der beanspruchte Gegenstand in einem Einzelvergleich mit der älteren Anmeldung daraufhin zu prüfen ist, ob er durch die ältere Anmeldung nicht nur vorweggenommen, sondern auch nahegelegt ist, S. 210). § 3 Abs. 2 dient der Vermeidung von Doppelpatentierungen, begrenzt die Verfolgung dieses Zwecks aber auf den Umfang der Neuheitsprüfung (vgl. BGH GRUR 1995, 330, 332 – elektrische Steckverbindung). Führt sie zu dem Ergebnis, dass der beanspruchte Gegenstand nicht vorweggenommen ist, kann ein weiterreichender Schutz gegen Doppelpatentierungen weder unter dem Gesichtspunkt eines abweichend gefassten Neuheitsbegriffs (so wohl Teschemacher, GRUR 1975, 641, 647 f.) noch unter dem Gesichtspunkt einer Regelungslücke erreicht werden (BGH GRUR 1991, 376, 377 – beschusshemmende Metalltür).

3. Heranziehung des Stands der Technik durch den Fachmann. Das Erfordernis der Neuheit erfasst die Erfindung unter einem anderen Aspekt als das Erfordernis der erfinderischen Tätigkeit. Während durch die Voraussetzung der Neuheit sichergestellt werden soll, dass überhaupt eine technische Neuerung vorliegt, soll mit dem Erfordernis der erfinderischen Tätigkeit sichergestellt werden, dass die technische Neuerung einen Abstand zum Stand der Technik aufweist, der sie patentwürdig erscheinen lässt (Rdn. 1, 10). Sie darf sich für den Fachmann im Sinne des üblichen Fachwissens sowie der durchschnittlichen Kenntnisse, Erfahrungen und Fähigkeiten der einschlägig tätigen „Fachwelt" (BGH GRUR 2004, 1023, 1025 – bodenseitige Vereinzelungseinrichtung; Rdn. 18, 35 ff.) nicht in nahe liegender Weise aus dem Stand der Technik ergeben. Das impliziert einen unterschiedlichen Blick auf den Stand der Technik bei der Prüfung der Neuheit einerseits und bei der Prüfung der erfinderischen Tätigkeit andererseits. Während es bei der Prüfung der Neuheit um die Feststellung objektiver Unterschiede zwischen den aus dem Stand der Technik vorbekannten Gegenständen und Verfahren und dem Gegenstand der Erfindung geht, so dass die Beurteilung der Neuheit der Erfindung herkömmlich als reiner Erkenntnisakt aufgefasst wird (Busse/Keukenschrijver, § 3 PatG Rdn. 17), ist die Entscheidung über das Vorliegen erfinderischer Tätigkeit die Entscheidung einer Rechtsfrage durch einen Akt wertender Erkenntnis (Rdn. 10) unter dem Gesichtspunkt, ob der Fachmann die beanspruchte Lehre aus dem Stand der Technik auffinden konnte, ohne erfinderisch tätig werden zu müssen. 44

Der Prüfung erfinderischer Tätigkeit ist demzufolge kein anderer Stand der Technik zugrunde zu legen als der Prüfung der Neuheit (Busse/Keukenschrijver, § 3 PatG Rdn. 17), wohl aber ist im Rahmen der Frage nach dem Naheliegen des beanspruchten Gegenstandes vorrangig zu klären, welche aus dem Stand der Technik insgesamt bekannten Gegenstände und Verfahren ein mit typischen Kenntnissen und Fähigkeiten ausgestatteter zuständiger Fachmann zur Lösung seines Problems für unbeachtlich halten und daher außer Betracht lassen darf und welche vorbekannten Gegenstände und Verfahren er für seine Überlegungen **heranziehen** muss (Busse/Keukenschrijver, § 4 PatG Rdn. 146), weil von einem Fachmann seiner Qualifikation zu erwarten ist, dass er sie bei der Entwicklungsarbeit heranzieht, beachtet und auswertet. Die Prüfung der erfinderischen Tätigkeit beruht daher in einem ersten Schritt (Gesamtbetrachtung des Stands der Technik auf objektiver Grundlage, Mosaikarbeit zum Prioritätstag als Stichtag) auf einer **Wertung** des Stands der Technik in seiner **Relevanz** für das Auffinden der beanspruchten Gegenstands aus der Sicht des **zuständigen Fachmanns,** der nicht nur den Stand der Technik auf seinem engeren Fachgebiet in Betracht zu ziehen hat, sondern auch den Stand der Technik auf denjenigen allgemeineren und benachbarten Gebieten, auf denen von ihm Kenntnisse und Erfahrungen erwartet oder wegen des Erfordernisses der Zuziehung eines weiteren Sachverständigen zugerechnet werden (Rdn. 36 ff.). Dabei müssen alle Entgegenhaltungen miteinander als der technische Erfahrungsschatz berücksichtigt werden, welcher dem mit normaler Kombinationsgabe ausgestatteten Fachmann für die Lösung seiner Aufgabe zur freien Auswertungen zu Gebote stand (BGH BlPMZ 1963, 365, 366 – Schutzkontaktstecker). Umfasst ist nicht nur das präsente Fachwissen eines Fachmanns (Busse/Keukenschrijver, PatG, 6. Aufl., § 4 Rdn. 29; Schulte/Moufang, PatG, 7. Aufl. § 4 Rdn. 15). Auch das, was von der Fachwelt nie zur Kenntnis genommen wurde oder bereits wieder in Vergessenheit geraten ist gehört ebenso zum Stand der Technik wie eine Lehre, die nie realisiert wurde (sog. „papierener Stand der Technik"). Innerhalb des Wissensstandes des Fachmanns darf nicht unterschieden werden, ob 45 eine Lehre der sog. lebendigen Technik angehört und sofort gegenwärtig ist oder erst mühsam hat hervorgeholt werden müssen (RG GRUR 1941, 466, 468f. – Malerbürste). Entgegenhaltungen, die niemals praktisch ausgeführt worden sind, sind grundsätzlich nicht anders als sonstiger Stand der Technik zu würdigen; sie können also auch zu keiner „wohlwollenderen" Prüfung des Patents führen. Vorveröffentlichungen aus älterer Zeit, die die Fachwelt nicht angeregt haben, die Technik in Richtung auf die Erfindung weiterzuentwickeln, geben allerdings Anlass zur Vorsicht bei der Annahme, sie hätten dem Fachmann einen bestimmten Gedanken nahegelegt (RG GRUR 1941, 466, 469). Auch eine in einer Druckschrift beschriebene nicht ausführbare Lehre kann die Anregung vermitteln, mit inzwischen vorhandenen besseren konstruktiven Möglichkeiten erneut eine Ausführung der Lehre zu versuchen (BPatG Mitt. 1984, 190, 191). Für den Inhalt einer Druckschrift aus dem Stand der Technik kommt es auf deren Gesamtinhalt an; bei einer Patentschrift nicht nur auf die darin geschilderten bevorzugten, sondern auf alle Ausführungsbeispiele (EPA GRUR Int. 1983, 650, 652f. – Metallveredlung/BASF). Vom Fachmann wird erwartet, dass er in seine Erwägungen nicht nur den druckschriftlich mitgeteilten Inhalt einer Entgegenhaltung zur Kenntnis nimmt und in seine Erwägungen einbezieht, sondern auch das Ergebnis praktischer Versuche, wenn ihm dies durch den Offenbarungsgehalt einer Entgegenhaltung nahegelegt wird (BGH GRUR 2004, 579, 582 – Imprägnieren von Tintenabsorbierungsmitteln). Setzt sich der beanspruchte Gegenstand aus der Kombination bekannter Stoffe zusammen, die im Stand der Technik auf vielfache Weise kombiniert werden und von deren bekannten Kombinationen festgestellt worden ist, dass sie den Anforderungen der Praxis in bestimmten Hinsichten nicht genügen, besteht für den Fachmann Anlass auszuprobieren, ob mit neuen Kombinationen bekannter Komponenten bessere Ergebnisse zu erzielen sind; ein auf diesem Wege gefundenes Ergebnis liegt im Rahmen fachmännischen Könnens (BGH GRUR 2000, 296, 298 – Schmierfettzusammensetzung). Bei der Betrachtung des Stands der Technik kann der Fachmann eine Entgegenhaltung nicht schon deswegen beiseite legen, weil sie Äußerungen enthält, die nicht für die beanspruchte Lösung sprechen. Denn er ist gehalten, mitgeteilte Ergebnisse kritisch zu überprüfen und über Wege nachzudenken, wie das gewünschte Ergebnis gleichwohl erreicht werden kann (BGH GRUR 2001, 813, 817 – Taxol). Ein Dokument gehört auch dann zum Stand der Technik, wenn es eine negative Beurteilung der technischen Lehre enthält (BGH, Urt. v. 12. 12. 2000 – X ZR 121/97 Kniegelenk-Endprothese unter ii2, Schulte Kartei PatG 4.1 Nr. 76; Schulte/Moufang, PatG, 7. Aufl. § 4 Rdn. 15). Ein aus der Beschreibung einer komplizierten elektrischen Schaltung erkennbarer Fehler der Zeichnung wird vom Durchschnittsfachmann erfahrungsgemäß richtiggestellt, nicht aber untersucht der Fachmann, ob die fehlerhafte Zeichnung eine von der Beschreibung abweichende Lehre gibt, die fehlerhafte Darstellung in der betreffenden Zeichnung ist deshalb für die Beurteilung der erfinderischen Tätigkeit auszuscheiden (BGH GRUR 1974, 148, 150 – Stromversorgungseinrichtung). Ob in einer Druckschrift aus dem Stande der Technik das der zu beurteilenden Erfindung zugrundeliegende Problem ausdrücklich angegeben ist, ist unerheblich; der Fachmann hat sie in seine Betrachtung einzubeziehen, wenn er erkennen konnte, dass die beschriebenen Lösungsmittel dazu dienen, das Problem zu lösen (EPA ABl. 1987, 112, 118 – BRITAX). Dagegen haben alle Erkenntnisse aus der Betrachtung des Stands der Technik auszuscheiden, die der Öffentlichkeit zum Prioritätstag nicht zugänglich waren. Versuchsergebnisse, die einem Beteiligten lediglich intern zur Verfügung stehen, nicht aber der Öffentlichkeit zugänglich sind, dürfen zur Beurteilung der erfinderischen Tätigkeit daher nicht herangezogen werden (BPatGE 32, 206; BlPMZ 1992, 258, 259).

VI. Kriterien zur Beurteilung der erfinderischen Tätigkeit

1. Allgemeines

46 **a) Gesamtschau des Stands der Technik („Mosaikarbeit").** Bei der Entscheidung über die erfinderische Tätigkeit ist unter Ausblendung der Kenntnis der patentgemäßen Lösung eine **künstliche (fiktive) Synthese ex-post zu bilden** (Rdn. 10, 13; BGH GRUR 1953, 120, 122 – Rohrschelle; 1954, 317, 320 – Mehrschichtträger; Jestaedt GRUR 2001, 939, 942), bei der auf der Grundlage einer Gesamtschau des Standes der Technik zu fragen ist, ob ein vollständig mit dem Stand der Technik vertrauter Fachmann am Prioritätstag die Erfindung aus dem Stand der Technik entwickeln konnte (Tribunal de grande instance de Paris GRUR Int. 1975, 176, 178 – Fermentierschrank; **sog. „mosaikartige" Zusammenschau des Stands der Technik**). Dabei ist zu beachten, dass der Techniker an die Entwicklungsarbeit zwar mit seinem gesamten technischen Wissen herantritt und an Hand dieses Wissens überlegt, ob und in welcher Weise ein Gegenstand verbessert werden kann (High Court of Australia GRUR Int. 1981, 691, 692 – luftdurchlässiges Heftpflaster). Der Techniker betrachtet aber den bean-

spruchten Gegenstand in gleicher Weise wie die aus dem Stand der Technik bekannten Gegenstände nicht unter Außerachtlassung der **technischen Zusammenhänge** zwischen ihren jeweiligen Merkmalen. Deshalb ist es nicht zulässig, in Kenntnis der zu beurteilenden Erfindung eine gezielte Auswahl von Auszügen und Informationsteilen aus vielen Veröffentlichungen zu treffen, daraus ein Mosaik zu bilden und anhand dieses nicht mit dem Stand der Technik übereinstimmenden Mosaiks zu fragen, ob ein Nachforscher die Erfindung aus dem Stand der Technik ableiten kann (High Court of Australia GRUR Int. 1981, 691, 692 – Luftdurchlässiges Heftpflaster). Ferner ist es unzulässig, sich in ihrem Aussagegehalt widersprechende Druckschriften miteinander zu kombinieren (EPA ABl. 1982, 394, 401 – Methylen-bis-(phenylisocyanat). Es begegnet auch berechtigten Zweifeln, eine Erfindung durch Umkehr davon herzuleiten, was in einer Schrift des Standes der Technik ausgeführt ist (BGH BlPMZ 1991, 159, 161 – Haftverband). Da es auf den technischen (funktionellen) Zusammenhang ankommt, in welchem dem Fachmann ein Gegenstand und seine zusammenwirkenden Bestandteile aus dem Stand der Technik begegnen, erhält er beispielsweise dann keine Anregung in Richtung auf eine Funktionstrennung zwischen mechanischer und elektrischer Verbindung eines elektrischen Speichermoduls, wenn ihm das Prinzip der Funktionstrennung als solches bekannt ist, der Stand der Technik aber keine Hinweise gibt, wie mechanische und elektrische Verbindung zueinander ausgestaltet werden sollen und aus dem Stand der Technik zu ersehen ist, dass eine hohe Anzahl von Teilen als nachteilig betrachtet wird (BGH GRUR 2005, 145, 148 – elektrisches Modul). Es spricht für erfinderische Tätigkeit, wenn der Fachmann die Funktionen bekannter Bauteile eines Erzeugnisses ändern muss, um eine vereinfachte Konstruktion und damit eine Kostenersparnis zu erzielen, und der Stand der Technik zu einem solchen veränderten Konzept keine Anregung liefert (BGH GRUR 2005, 233, 235 m. w. Nachw. – Paneelelemente). Auch wenn alle Einzelkomponenten des beanspruchten Gegenstands im Stand der Technik bekannt sind, begründet dieser Umstand für sich nicht das Naheliegen der beanspruchten Konzeption, wenn mit ihr auf ein neues Lösungskonzept übergegangen wird (BGH GRUR 2003, 223, 225 – Kupplungsvorrichtung II). Vermittelt eine Druckschrift dem Fachmann nicht die Anregung, in einer bestimmten Richtung nach einer Lösung zu suchen, fehlt es auch an einer Anregung für die Lösung selbst (BPatG GRUR 1986, 307, 309 – Digitale Signalverarbeitungsanordnung). Liegt die erfinderische Tätigkeit in der Auffindung eines neuen Konzepts begründet, ist es ohne Bedeutung, dass die konstruktive Verwirklichung ohne Schwierigkeiten erfolgen konnte, nachdem der grundsätzliche Gedanke einmal gefasst war (BGH Liedl 1971/73, 238, 246 m. w. Nachw. – Weidepumpe; 1965/66, 377, 397f. – Gasfeuerzeug; BGH GRUR 1964, 676, 679 – Läppen).

b) Bewertung auf der Grundlage sämtlicher Umstände; Bedeutung sog. „Beweisanzeichen". Nach § 4 ist maßgeblich, ob sich der beanspruchte Gegenstand „für den Fachmann in nahe liegender Weise aus dem Stand der Technik ergibt." Das Gesetz fordert einen Vergleich des beanspruchten Gegenstands mit dem Stand der Technik, so dass dieser Vergleich und seine rechtliche Bewertung unter **qualitativen Gesichtspunkten** maßgebende Grundlage für das Vorliegen erfinderischer Tätigkeit ist. Für die Beurteilung der erfinderischen Tätigkeit kommt es auf **die im Verfahren befindlichen Entgegenhaltungen in Verbindung mit dem allgemeinen Fachwissen** an (BGH GRUR 1996, 862, 864 – Bogensegment). Der BGH fragt in den Beweisbeschlüssen in Patentnichtigkeitsverfahren die erfinderische Tätigkeit betreffend: ***„a) Welche Schritte muss der Fachmann vollziehen, um zu der Lösung des Streitpatents zu gelangen? b) Hatte der Fachmann Veranlassung, Überlegungen in diese Richtung anzustellen? c) Was spricht im Einzelnen dafür oder dagegen, dass der Fachmann auf Grund solcher Überlegungen zur Lösung des Streitpatents gelangt wäre?"*** Diese Frage nimmt Bezug auf den der Prüfung der Neuheit zugrundeliegenden Stand der Technik, nicht aber auf sonstige Umstände. Die Entscheidung über das Beruhen des beanspruchten Gegenstands auf erfinderischer Tätigkeit ist die Entscheidung einer **Rechtsfrage** (Rdn. 10), die im Einzelfall nicht geringe Schwierigkeiten bereiten kann. Die Praxis ist diesen Schwierigkeiten begegnet, indem sie verschiedene Umstände herangezogen hat, die **Anhaltspunkte für oder gegen das Naheliegen** einer neuen Lehre zu liefern vermögen (sog. „Beweisanzeichen"). Mögen diese Anhaltspunkte einzeln und für sich allein betrachtet auch noch keinen sicheren Anhalt für die erfinderische Tätigkeit geben, so können sie in Verbindung mit anderen Umständen Bedeutung für die Beurteilung der erfinderischen Tätigkeit gewinnen (BGHZ 79, 330, 337 – Tabelliermappe). Es wird davon ausgegangen, dass sie die Entscheidung im Einzelfall erleichtern helfen, indem sie diese auf eine breitere Grundlage stellen. Dieser Praxis ist oft mit Skepsis begegnet worden. Man hat die Heranziehung von Anzeichen für das Vorliegen erfinderischer Tätigkeit für einen „Ersatz für die technisch fachmännische Bewertung der Erfindung" aus objektiver Sicht gehal- 47 ten (zum Meinungsstreit vgl. EPA GRUR Int. 1983, 650, 653 – Metallveredlung/BASF mit kritischer Anm. von Pagenberg, 14 IIC 542ff., ders. GRUR 1980, 766ff.; Pakuscher, GRUR 1981, 1ff. mit Erwiderung Pagenberg, GRUR 1981, 151ff.; Bruchhausen, Mitt. 1981, 144; Wächtershäuser, GRUR 1982, 591ff.; Völcker, GRUR 1983, 83ff.). Der BGH hat in seiner älteren Rechtsprechung für das abschließende Urteil über die erfinderische Tätigkeit die Abwägung aller Elemente eines komplexen Sachverhalts vorausgetzt, wozu auch die Hilfserwägungen gehören (BGH GRUR 1991, 120, 121 – Elastische Bandage). Das EPA hat es für rechtsfehlerhaft gehalten, „angesichts der technischen Fakten auf die ‚sekundären' Beweisanzeichen für die erfinderische Tätigkeit nicht mehr einzugehen" (EPA ABl. 1992 Heft 6, S. 29 – Epilady).

48 Auch die **neuere Rechtsprechung** hält eine Entscheidung über das Vorliegen erfinderischer Tätigkeit unter Berücksichtigung aller tatsächlichen Umstände für erforderlich, stellt jedoch darauf ab, dass ein Umstand wie der mit dem beanspruchten Gegenstand erzielte technische Fortschritt nur ein **Indiz für das Ausmaß** der erfinderischen Tätigkeit darstellen kann, was voraussetzt, dass **überhaupt eine schöpferische Leistung** – wenn auch geringen Grades – vorliegt (BGH GRUR 1996, 36, 38 – Messventil). Der mit dem beanspruchten Gegenstand erzielte technische Fortschritt ist demzufolge kein „Beweisanzeichen" für das Vorliegen erfinderischer Tätigkeit, sondern ein Wertungsgesichtspunkt innerhalb der Entscheidung der Rechtsfrage, ob dem beanspruchten Gegenstand ein so hinreichender Abstand zu aus dem Stand der Technik bekannten Gegenständen innewohnt, der es gerechtfertigt erscheint, ihm hinreichende Patentwürdigkeit zuzusprechen. Ebenso ist für **synergistische Effekte** entschieden worden. Synergistische Effekte, die über die bloße Summenwirkung einer aus mehreren Stoffen zusammengesetzten Mischung hinausgehen, können als Anzeichen für erfinderische Tätigkeit gewertet werden, wenn sie für den Fachmann unerwartet und überraschend sind; dies setzt bei der Kombination bekannter Stoffe voraus, dass Anhaltspunkte dafür vorliegen, dass die Kombination **als solche nicht nahegelegt** ist (BGH GRUR 2003, 317, 320 – kosmetisches Sonnenschutzmittel). Der Effekt als „Beweisanzeichen" für das Vorliegen erfinderischer Tätigkeit wird danach als Bewertungskriterium in Ansatz gebracht, sofern festgestellt werden kann, dass der beanspruchte Gegenstand als solcher auf einer schöpferischen Leistung beruht. Das Zeitmoment als „Beweisanzeichen" ist grundsätzlich in Frage gestellt worden (BGH Urt. v. 6. 4. 2004 – X ZR 155/00, Umdruck S. 14). Da es sich bei den „Anzeichen" für erfinderische Tätigkeit nicht um „Beweis"-Anzeichen etwa im Sinne eines Anscheinsbeweises handeln kann, weil die Entscheidung über die erfinderische Tätigkeit die wertende Entscheidung einer Rechtsfrage ist, können die fraglichen Anzeichen nur **innerhalb der einheitlichen Entscheidung über das Vorliegen erfinderischer Tätigkeit** Bedeutung erlangen, so dass ihnen wenn auch keine selbstständige, so doch eine Hilfsfunktion bei der Entscheidung über das Naheliegen des beanspruchten Gegenstands zukommt (ebenso Busse/Keukenschrijver § 4 Rdn. 164, 165). In diese Richtung weisen die genannten neueren Entscheidung, ohne die Frage ausdrücklich anzusprechen.

49 **c) Could-Would-Test (approach).** In der Praxis des **EPA** ist zur Vermeidung rückschauender Betrachtung der sog. **„could-would-approach"** entwickelt worden. Ihm liegt zugrunde, dass eine Erfindung nicht schon als dem Fachmann nahe liegend betrachtet werden kann, wenn er sie aus dem Stand der Technik hätte ableiten können, sondern erst dann als nahe liegend betrachtet werden kann, wenn er sie auf Grund eines hinreichenden Anlasses in Erwartung einer Verbesserung oder eines Vorteils auch **tatsächlich vorgeschlagen haben würde** (vgl. Benkard/Jestaedt, EPÜ Art. 56 Rdn. 60 m. Nachw. zur Rspr. des EPA). Die deutsche Rechtsprechung hat diesen Ansatz zunächst nicht übernommen. In der Entscheidung „blasenfreie Gummibahn I" hat der BGH zwar ausgesprochen, der „could-would-approach" könne im Einzelfall für die Beurteilung der erfinderischen Tätigkeit wichtige Fingerzeige geben, konnte aber offen lassen, ob dieses Kriterium zur Prüfung der erfinderischen Tätigkeit auch nach deutsche Rechtspraxis anzuwenden ist (BGH GRUR 2004, 47, 50 – blasenfreie Gummibahn I). Inzwischen ist darauf erkannt worden, dass, wenn aus dem Stand der Technik eine nach der erfindungsgemäßen Lehre vorgeschlagene Maßnahme als nachteilig zu ersehen ist, dies gegen die Annahme spricht, der Fachmann habe die vorgeschlagene Lösung nicht nur finden, sondern im Sinne der Praxis des EPA (could-would-test) auch vorgeschlagen (BGH GRUR 2005, 145, 148 – elektrisches Modul).

2. Bewertungskriterien im Einzelnen

50 **a) Schritte zur Lösung.** Für das Vorliegen erfinderischer Tätigkeit ist die Antwort auf die Frage entscheidend, in welchem Ausmaß und in welcher Hinsicht sich der beanspruchte Gegenstand so vom Stand der Technik abhebt, dass ihm Patentwürdigkeit zugesprochen werden

kann. Der BGH fragt in den Beweisbeschlüssen in Patentnichtigkeitsverfahren die erfinderische Tätigkeit betreffend: *„a) Welche Schritte muss der Fachmann vollziehen, um zu der Lösung des Streitpatents zu gelangen? b) Hatte der Fachmann Veranlassung, Überlegungen in diese Richtung anzustellen? c) Was spricht im Einzelnen dafür oder dagegen, dass der Fachmann auf Grund solcher Überlegungen zur Lösung des Streitpatents gelangt wäre?"* Die Frage zielt nicht darauf ab abzuzählen, wie viele Schritte der Fachmann bis zum Auffinden der patentgemäßen Lösung vollziehen musste, sondern dient der Feststellung, ob die vorgeschlagene Lösung bereits so im Stand der Technik angelegt war, dass er sie auf Grund seines Fachwissens und seiner Fähigkeiten ohne erfinderisches Zutun durch nahe liegende Abwandlungen des schon Vorbekannten auffinden konnte (Jestaedt, GRUR 2001, 939, 942). Für erfinderische Tätigkeit spricht in der Regel, wenn der Fachmann mehrere Schritte vollziehen musste, um vom Stand der Technik zum beanspruchten Gegenstand zu gelangen (BGH GRUR 1978, 98, 99 – Schaltungsanordnung; GRUR 1980, 100, 103 – Bodenkehrmaschine; GRUR 1981, 190, 193 – Skistiefelauskleidung; GRUR 1985, 369 – Köperstativ; zur Praxis des EPA vgl. Benkard/Jestaedt, EPÜ, Art. 56 Rdn. 85). Maßgeblich ist allerdings, ob es sich insgesamt um Routinearbeit handelt oder Schwierigkeiten zu bewältigen waren. Auch wenn mehrere Schritte zu vollziehen sind, um zum beanspruchten Gegenstand zu kommen, können sie Routinearbeit sein, wenn sie sowohl für sich als auch in ihrer Kombination insgesamt dem Durchschnittskönnen des Fachmanns unterfallen (Beispiel: BGH Mitt. 2003, 116ff. – Rührwerk). Andererseits kann erfinderisch sein, wenn nur ein Schritt erforderlich war, um die Lösung zu finden, sofern diesem Schritt Erfindungsqualität zuzuerkennen ist. Erforderlich ist eine **qualitative** Bewertung (Rdn. 10), bei der der Umstand, dass der Fachmann eine Reihe von Schritten vollziehen musste, um die Lösung aufzufinden, ein erheblicher Faktor bei der Feststellung erfinderischer Tätigkeit sein kann.

b) „Einfache" Lösungen. Bei rückschauend einfach erscheinenden Lösungen muss man 51
sich vor dem ersten Eindruck hüten, den man in Kenntnis der Erfindung gewonnen hat; einfache Lösungen sind nicht immer nahe liegend (RG BlPMZ 1937, 220, 221), können es aber insbesondere mit Rücksicht auf die Art der Qualifikation des Fachmanns sein, denn es kommt darauf an, mit welchem Fachwissen er den Stand der Technik betrachtet (BGH Mitt. 2003, 116ff. – Rührwerk). Einfachheit des Gedankens (der Lehre) schließt die erfinderische Tätigkeit nicht aus (BPatG Mitt. 1977, 87, 88). Erfahrungsgemäß ist es schwieriger, statt einer komplizierten Lösung eine einfache zu entwickeln, mit der das gleiche Ergebnis erzielt wird (EPA GRUR Int. 1985, 580, 582 – Verpackungsmaschine/MICHAELSEN). Deshalb kann ein Anhaltspunkt für erhebliche Verbesserung darin liegen, dass komplizierte Vorrichtung bei gleicher Leistung auf eine einfachere Technik reduziert wird (BGH GRUR 1999, 145, 148 – Stoßwellen-Lithotripter). Die Einfachheit kann gerade dann für eine erfinderische Tätigkeit sprechen, wenn die Lösung deswegen überraschte und, obwohl sie seit langer Zeit von den Beteiligten gewünscht wurde, noch von keiner Seite vorgeschlagen wurde (BGH GRUR 2001, 232, 234 – Brieflocher; vgl. bereits RG BlPMZ 1937, 220, 221), wenn trotz lange bestehenden Bedürfnisses bisher niemand auf die einfache Lösung gekommen war (PA Mitt. 1942, 23, 24; EPA GRUR Int. 1988, 583, 584 – Polyamid/BAYER), oder eine konstruktiv verhältnismäßig einfache Maßnahme, die trotz der Einfachheit als ein gangbarer Lösungsweg unerkannt blieb, einen erheblichen Fortschritt brachte (BGH Liedl 1965/66, 77, 95f. – Flaschenblasen; EPA GRUR Int. 1985, 580, 582 – Verpackungsmaschine/MICHAELSEN; BPatG GRUR 1991, 746, 747f.). Beruht die Erfindung auf der Erkenntnis eines wesentlichen Effekts (Ausschaltung einer unerwünschten Nebenwirkung einer Medikamentengabe), so ist die erfinderische Tätigkeit danach zu beurteilen, ob diese Erkenntnis nahegelegen hat, nicht aber danach, ob die Maßnahme, diesen Effekt zu erreichen (Trennschicht einer Mehrschichttablette), einfach und nahe liegend war, denn ohne die Erkenntnis des Effekts musste die Maßnahme überflüssig und sinnlos erscheinen (EPA GRUR Int. 1984, 527f. – Simethicon-Tablette/RIDER).

c) Gang der technischen Entwicklung. Der Stand der Technik liefert wertvolle Anhalts- 52
punkte für den Gang der technischen Entwicklung, der für die Beurteilung der erfinderischen Tätigkeit hilfreich ist (RG GRUR 1937, 922, 927f.; 1940, 195, 196; BGH GRUR 1953, 120, 122 – Rohrschelle; siehe dazu Meurer-Inffeld, Mitt. 1980, 6, insbesondere zur Grund- und Folgeerfindung). Rein theoretische Überlegungen über das Naheliegen einer Erfindung haben zu unterbleiben, wenn sich der tatsächliche Gang der technischen Entwicklung überblicken lässt (PA GRUR 1942, 37). Ist die gleiche Erfindung innerhalb eines kurzen Zeitraumes mehrfach gemacht worden, kann dies im Einzelfall, z.B. bei der Kombination bekannter Elemente oder bei einer zweckmäßigen Synthese bekannter Dinge, ein Anzeichen dafür sein, dass es nicht schwer war, die Lösung zu finden (vgl. BGH GRUR 1953, 384, 385 – Zwischenstecker); für erfinderische Tätigkeit in diesen Fällen spricht, wenn die technische Entwicklung in eine andere

Richtung verlief (BGH Mitt. 1972, 18, 19 – Elektrischer Rasierapparat; dazu Rdn. 52). Unter dem Gesichtspunkt des Gangs der technischen Entwicklung kann es ein Anzeichen für erfinderische Tätigkeit sein, dass ein Konkurrent kurz vor dem Anmeldetag eine Produktion aufgenommen hat, ohne die vorteilhafte Lehre nach der Erfindung zu verwirklichen (BGHZ 73, 330, 337 – Tabelliermappe); ebenso, wenn kurze Zeit vor der Anmeldung einer Erfindung eine Produktion aufgenommen wird, welche die erfindungsgemäße Lehre nicht verwirklicht, obschon dies vorteilhaft gewesen wäre (BPatGE 6, 145, 152), oder in unmittelbarer zeitlicher Nähe zur Anmeldung zwei weitere Erfindungen angemeldet wurden, die Nachteile aufwiesen (BGH GRUR 1960, 427, 428 – Fensterbeschläge). Eine in andere Richtung als die Lehre des Patents laufende tatsächliche Entwicklung spricht für eine erfinderische Tätigkeit (BGH Mitt. 1972, 18, 19 – Elektrischer Rasierapparat), ebenso, wenn vorbekannte Vorrichtungen den Fachmann von der Anwendung bekannter Arbeitsmittel für die vorteilhafte Lösung einer speziellen Aufgabe ablenkten (BGH GRUR 1954, 317, 319 – Mehrschichtträger). Geht der Gang der Entwicklung zu komplexen Lösungen, kann die Rückkehr zu einfachen Lösungen als eine Abkehr von eingefahrenen Wegen (Rdn. 55) zur Begründung der erfinderischen Tätigkeit mit heranzuziehen sein, auch wenn darin noch keine Überwindung einer eingewurzelten Fehlvorstellung liegt (BGH GRUR 1999, 145, 148 – Stoßwellen-Lithothripter). Arbeitet die Fachwelt daran, brauchbare kleinbauende Leuchtstofflampen zu entwickeln, dann liegt es dem Fachmann nahe, bei der Entwicklung solcher Gegenstände auf Leuchtstoffe zurückzugreifen, die für Lampen der beanspruchten Art allgemein als besonders geeignet und vorteilhaft gerade bekannt geworden sind (BGH GRUR 1998, 1003, 1005 – Leuchtstoff.). Auch aus dem weiteren Gang der Entwicklung können Schlüsse für die Beurteilung der erfinderischen Tätigkeit gezogen werden (BGH Mitt. 1972, 18, 19 – Elektrischer Rasierapparat; BPatGE 23, 14, 18 – peroral zu verabreichendes Seborrhoebehandlungsmittel). Die Tatsache, dass der Gegenstand der Erfindung die technische Entwicklung in der Praxis wesentlich beeinflusst hat, kann im Einzelfall für eine erfinderische Tätigkeit sprechen (BGH GRUR 1980, 100, 104 – Bodenkehrmaschine; BGH Liedl 1971/73, 74, 83 – Bierabfüllung II).

53 **d) Überwindung besonderer Schwierigkeiten; Abstand der Erfindung von vorbekannten Lösungen.** Beruht der beanspruchte Gegenstand darauf, dass der Fachmann zu seinem Auffinden besondere Schwierigkeiten zu überwinden hatte, beruht die Erfindung regelmäßig auf erfinderischer Tätigkeit. Maßgeblich sind die technischen Schwierigkeiten, die sich dem Fachmann in den Weg stellen; allein auf **wirtschaftlichen** Gründen beruhende Schwierigkeiten sprechen nicht gegen das Naheliegen des beanspruchten Gegenstands (BGH GRUR 2000, 296, 298 – Schmierfettzusammensetzung). Der beanspruchte Gegenstand wird dem Fachmann durch den Stand der Technik nicht nahegelegt, wenn er nur auf Grund eingehender theoretischer Überlegungen aufgefunden werden konnte, die eine weitgehende Erkenntnis der physikalischen Zusammenhänge und ihre technische Anwendung zeigen, die maßgebend sind (RG MuW 1939, 215, 218 – Lautsprecher), ferner wenn die Vorgänge wissenschaftlich-technisch nicht so bekannt sind, dass die einzusetzenden Mittel theoretisch ausreichend im Voraus bestimmt werden oder leicht experimental abgeleitet werden konnten, sondern dazu ein unverhältnismäßig großes Feld abgearbeitet werden musste und die gefundene Lösung außerhalb lange bekannter und angewendeter Kennziffern lag (OGH DDR GRUR Int. 1983, 178 – Absorptionsverfahren). Erfinderische Tätigkeit ergab sich aus den Schwierigkeiten, einen für gentechnologische Zwecke geeigneten Plasmid (EPA ABl. 1988, 452, 458ff. – Plasmid-p-SGZ/HOECHST), oder Polypeptide aufzufinden, die groß genug sind, um den proteolytischen Enzymen zu widerstehen, die in isolierbarer Form hergestellt werden können (EPA ABl. 1989, 275, 292ff. – Polypeptid-Expression/GENENTECH I). Verlangt eine Lehre ein über den allgemeinen Wissensstand hinausgehendes Können unter der Qualifikation eines Nobelpreisträgers, z.B. ein heterologes Protein mit einem bakteriellen Leader-Sequenz-Protein zu fusionieren und das gewünschte Protein aktiv durch die Zellmembran hindurch in die Umgebung der Bakterienzelle auszuscheiden, um die Isolierung eines in einer Wirtszelle exprimierten Proteins zu verbessern, ist erfinderische Tätigkeit bejaht worden (EPA GRUR Int. 1992, 771, 775 – Fusionsproteine/HARVARD). Erfinderische Tätigkeit kann gegeben sein, wenn die Hauptschwierigkeit nicht in der Verwirklichung, sondern in der Konzeption des Gedankens lag und es nicht von vornherein zu übersehen war, ob er zum Erfolg führen und ob das Arbeitsergebnis befriedigen würde, der Versuch, für den es an jedem Vorbild fehlte, ein nicht geringes Wagnis bedeutete und nicht mit Sicherheit zu erwarten war, dass der beschrittene Weg gangbar war (BGH Liedl 1961/62, 618, 644, 645 – Holzzerspanvorrichtung). Bei der Übertragung einer für Textilwaren bekannten Prüfvorrichtung auf die Prüfung von Getreide wurde wegen als unüberwindbar geltender Schwierigkeiten die erfinderische Tätigkeit bejaht (RG MuW 1927/28,

50, 51 m.w. Nachw.); ebenso bei der Abkehr von bisher beachteten Konstruktionsprinzipien, der Bedenken entgegenstanden (BGH GRUR 1958, 389, 391 – Kranportal), und in einem Fall, in dem der Erfolg des zur Überwindung der Schwierigkeiten notwendigen, nicht geringen Konstruktionsaufwandes nicht mit einiger Sicherheit vorauszusehen war (BGH Mitt. 1972, 18 – Elektrischer Rasierapparat). Erfinderische Tätigkeit wurde vom BGH in einem Falle bejaht, in dem der Stand der Technik keine Anregung in Richtung auf die gefundene Lösung gab und die ihr aus dem Stand der Technik am nächsten kommende Lösung völlig umkonstruiert werden musste, um zu der Erfindung zu gelangen (BGH GRUR 1970, 289, 294 – Dia-Rähmchen IV), wenn der Fachmann die Funktionen bekannter Bauteile eines Erzeugnisses ändern muss, um eine vereinfachte Konstruktion und damit eine Kostenersparnis zu erzielen, und der Stand der Technik zu einem solchen veränderten Konzept keine Anregung liefert (BGH GRUR 2005, 233, 235 – Paneelelement) oder wenn mit dem beanspruchten Gegenstand auf ein anderes Lösungskonzept übergegangen wird (BGH GRUR 2003, 223, 226 – Kupplungsvorrichtung II). Eine neue Lehre, bei der der Inhalt verschiedener Druckschriften aus dem Stand der Technik miteinander kombiniert ist, ist nicht nahegelegt, wenn die dazu erforderlichen Überlegungen den Rahmen des Fachkönnens eines Durchschnittsfachmanns überschreiten (BGH GRUR 1974, 148, 150 – Stromversorgungseinrichtung); ebenso nicht, wenn eine neue Lehre gleichzeitig zwei Anliegen gerecht wird, der Stand der Technik zwar jeweils einem dieser Anliegen gerecht wurde, aber je für sich die Erfüllung des anderen ausschloss (BGH Urt. v. 31. 5. 1983 – X ZR 45/80 – Reibebrett); ferner nicht bei der Lösung einer Doppelaufgabe (Ausbeuteerhöhung und gleichzeitige Verfahrensvereinfachung), bei der eine Konfliktlage bestand, weil der Fachmann keinen Vorschlag in Betracht gezogen hätte, von dem er annehmen musste, dass er bei der Lösung der einen Teilaufgabe die Lösung der anderen ausschließen würde (EPA GRUR Int. 1985, 827, 828 – Thiochlorformiate/HOECHST). Das BPatG hat die erfinderische Tätigkeit einer Lehre bejaht, die eine Anordnung zur laufenden Ermittlung und Überwachung der Lebensdauer von dickwandigen Bauelementen betraf, die konkret die Art angab, wie der Impulsgeber beaufschlagt wird und wie die abzugebende Impulszahl in Abhängigkeit von einer mit Kurven konstanter Standzeit zusammenhängender Kennlinie abgeleitet und als Maß für die Lebensdauer aufaddiert wird, gegenüber einem Datenflussplan, bei dem die Verarbeitung der Messdaten in einem vorprogrammierten Rechner erfolgte, und der darüber hinaus keinen Hinweis über den Aufbau des Gerätes gab (BPatGE 24, 187, 189f.). Die erfinderische Tätigkeit wurde in einem Falle verneint, in dem es sich um rein technisch-konstruktive Schwierigkeiten handelte (z.B. Probleme der Statik), die in der Fachwelt nicht als unüberwindlich galten und von einem mit durchschnittlichem Wissen (auch auf dem Gebiet der Statik) ausgerüsteten Fachmann gelöst werden konnten (BGH Liedl 1965/66, 576, 597). Die erfinderische Tätigkeit wird oft mit besonderen Schwierigkeiten bei der praktischen Ausgestaltung einer Lehre zum technischen Handeln zu rechtfertigen versucht, die ihrer Auffindung entgegengestanden hätten. Wird in solchen Fällen Schutz für die allgemeine Lehre beansprucht, ohne die Mittel zur Überwindung der Schwierigkeiten zu offenbaren, dann können diese Schwierigkeiten nicht für die erfinderische Tätigkeit herangezogen werden (BGH GRUR 1981, 42 – Pfannendrehturm).

Eine ähnlichen Betrachtung wie diejenige, die ihren Blick auf die besonderen Schwierigkeiten richtet, die bei der Erfindung zu überwinden waren, liegt der Erwägung zugrunde, dass ein großer **Abstand** der Erfindung **von vorbekannten Lösungen,** ein **wesentlicher Unterschied zum Bekannten** oder ein erheblicher Vorteil für erfinderische Tätigkeit sprechen (BGH GRUR 1979, 224, 227 – Aufhänger). Diese Erwägung kann sich auf den Wortsinn des Begriffes „nahe liegend" stützen, der eine erfinderische Tätigkeit ausschließt. In diesem Zusammenhang wird der gedankliche Aufwand gewertet, der notwendig war, um vom Stand der Technik zur Erfindung zu gelangen. Im Falle „Bodenkehrmaschine" wurde die erfinderische Tätigkeit damit begründet, dass die geschützte Lehre vom Stand der Technik aus eine Reihe von Überlegungen erforderte, die als geistig selbstständige Schritte insgesamt als eine das Können des Durchschnittsfachmanns übersteigende Leistung zu werten seien (BGH GRUR 1980, 100, 103; 1985, 369, 370); im Falle „Schaltungsanordnung" damit, dass eine Reihe von Überlegungen notwendig waren, um von mehreren technischen Möglichkeiten zu einer einfachen, geringen Aufwand erfordernden und nicht störanfälligen Lösung zu kommen (BGH GRUR 1978, 98, 99). Sie wurde bejaht für eine mit einstellbarer Achskrümmung ausgestattete Streckwalze, zu der nur von einem fernab liegenden Stand der Technik unter Anpassung an die gegebenen Erfordernisse zu gelangen war und die einen erheblichen Fortschritt erbrachte (BGH GRUR 1972, 707, 708). Sind vom Stand der Technik aus eine Reihe von Schritten nötig, um zu der Erfindung zu gelangen, kann das als Anzeichen für erfinderische Tätigkeit gewertet werden, besonders dann, wenn der Letzte entscheidende – auf den ersten Blick einfach erschei- 54 nende – Schritt aus dem Stand der Technik nicht abzuleiten war (BGH GRUR 1982, 289, 290 – Massenausgleich; EPA ABl. 1984, 10, 15 – Aufzeichnungsgerät/IBM; vgl. Rdn. 50).

55 **e) Abkehr von eingefahrenen Wegen.** Bei **Abkehr von eingefahrenen Wegen** oder von einer alten eingebürgerten Bauart in der Erkenntnis, dass trotz gewisser konstruktiver Bedenken im Endergebnis ein entscheidender Vorteil erhalten wird, ist erfinderische Tätigkeit gegeben (BPatGE 1, 4, 6). Für Nicht-Naheliegen kann sprechen, wenn die Fachwelt zu einer anderen Lösung geneigt hatte (BGH GRUR 1953, 120, 123 – Rohrschelle). Eine Lösung, für die es im Stand der Technik weder ein Vorbild noch Anregungen gab und die ein Praktiker nur auffand, indem er sich über die bisherigen Erkenntnisse der von ausgebildeten Fachleuten beachteten Getriebelehre hinwegsetzte, beruht auf erfinderischer Tätigkeit, weil sie nicht dem durchschnittlichen Fachkönnen zugerechnet werden kann (BGH GRUR 1983, 64, 66f. – Liegemöbel). Die Abkehr von einer bislang gebräuchlichen Verfahrensweise (Zusatz von Stabilisierungsmitteln zu hohen Wasserstoffperoxid-Konzentrationen in der Ätzlösung) und die Rückkehr zu als überholt angesehenen unstabilisierten Lösungen wurde als typisches Anzeichen für erfinderische Tätigkeit gewertet (EPA ABl. 1987, 237, 240f. – Ätzverfahren/SCHMID). Es spricht für erfinderische Tätigkeit, wenn dem Fachmann zwar ein Gegenstand und seine zusammenwirkenden Bestandteile aus dem Stand der Technik begegnen und ihm das Prinzip der Funktionstrennung als solches bekannt ist, er aber keine Anregung in Richtung auf eine Funktionstrennung zwischen mechanischer und elektrischer Verbindung eines elektrischen Speichermoduls erhält und diese vornimmt, obwohl aus dem Stand der Technik zu ersehen ist, dass eine hohe Anzahl von Teilen als nachteilig betrachtet wird (BGH GRUR 2005, 145, 148 – elektrisches Modul). Es spricht für erfinderische Tätigkeit, wenn der Fachmann die Funktionen bekannter Bauteile eines Erzeugnisses ändern muss, um eine vereinfachte Konstruktion und damit eine Kostenersparnis zu erzielen, und der Stand der Technik zu einem solchen veränderten Konzept keine Anregung liefert (BGH GRUR 2005, 233, 235 m. w. Nachw. – Paneelelemente).

56 **f) Besondere Vorteile und Eigenschaften.** In den Unterlagen offenbarte oder dem Fachmann aus seinem Fachwissen erkennbare **besondere Vorteile oder Wirkungen** einer neuen Lehre können bei der gebotenen objektiven Betrachtungsweise (Rdn. 11ff.) für die Beurteilung der erfinderischen Tätigkeit herangezogen werden, wenn sich diese Vorteile auf eine auch ohne die Erkenntnis dieser Vorteile in sich abgeschlossenen und verständlichen Erfindung beziehen (BGH GRUR 1971, 403, 406 – Hubwagen), **nicht aber Vorteile,** deren Ausnutzung der betreffenden Erfindung erst ihren **eigentlichen Sinn** geben würden (BGH GRUR 1960, 542, 544 – Flugzeugbetankung I; 1962, 83, 85 – Einlegesohle) und auf die sich der Anmelder oder Patentinhaber im Rahmen beschränkter Verteidigung des erteilten Patents deshalb nicht in zulässiger Weise beschränken kann (BGH GRUR 2004, 407, 411 – Fahrzeugleitsystem; GRUR 2005, 145, 146 – elektrisches Modul; vgl. Rdn. 16, 23 f.). In der Patentschrift nicht genannte und auch für den Fachmann auf Grund seines Fachkönnens am Prioritätstag nicht erkennbare Vorteile können bei der Beurteilung der erfinderischen Tätigkeit keine Berücksichtigung finden (BGH GRUR 1971, 403, 406 – Hubwagen; BGH Liedl 1974/77, 191, 209 – Verpackungsanlage; zur teilweise abweichenden Praxis bei Stofferfindungen Rdn. 16). Bei dem Vorteil muss es sich um einen **besonderen, zusätzlichen Vorteil** handeln. Hat die zum typischen Aufgabenkreis des Fachmanns gehörende Bewältigung eines konstruktiven Problems wie die kostengünstigere Herstellung durch Vereinfachung der Werkzeuge eine der beanspruchten Lehre entsprechende Ausgestaltung nahe gelegt, beruht die Lehre auch dann nicht auf einer erfinderischen Tätigkeit, wenn der Stand der Technik für die damit zugleich erreichte Verbesserung der Lösung einer weiteren Problemstellung keine hinreichende Anregung vermittelt hat (BGH GRUR 2003, 693, 695 – Hochdruckreiniger). Einen **„Bonus-Effekt"** für zu erwartende Vorteile gibt es nicht (vgl. Benkard/Jestaedt, EPÜ, Art. 56 Rdn. 111). Ein dem Fachmann nicht offenbarter Effekt (eine Eigenschaft) des **Verfahrenserzeugnisses** kann nicht zur Begründung der erfinderischen Tätigkeit des **Herstellungsverfahrens** herangezogen werden (BGH Liedl 1974/77, 211, 226 – Abdichtungsmittel). Aus der Eigenschaft eines **Sachanspruchs** folgt, dass es auf die **Patentfähigkeit der beanspruchten Sache** und ihrer Vorteile ankommt, nicht aber auf die Patentfähigkeit des Verfahrens, durch welches die Sache im Patentanspruch gekennzeichnet wird (BGHZ 122, 144, 154f. – tetraploide Kamille; BGH GRUR 2001, 1129, 1133 – zipfelfreies Stahlband). **Kaufmännische Überlegungen** oder dem beanspruchten Gegenstand vom Nutzer beigemessene **nichttechnische Eigenschaften** und ein darauf beruhender Markterfolg können nicht die erfinderische Tätigkeit begründen, wenn sie nicht auf technischen Ursache beruhen (BGH GRUR 1990, 594 – Computerträger; GRUR 1994, 36, 38 – Messventil; vgl. Rdn. 228ff.). Der **wirtschaftliche Erfolg** eines Produkts kann nur insoweit als

Indiz für das vorliegen erfinderischer Tätigkeit herangezogen werden, als er auf **technischen Ursachen** beruht (BGH GRUR 1991, 120, 121 – elastische Bandagen m.w. Nachw.; BGH GRUR 1994, 36, 38 – Messventil).

g) Überwindung technischer Fehlvorstellungen

aa) Grundsatz. Erfinderische Tätigkeit liegt regelmäßig in der Überwindung einer allgemeinen, eingewurzelten (nachhaltig wirkenden) technischen Fehlvorstellung (früher Vorurteil genannt) (BGH GRUR 1954, 584, 585 – Holzschutzmittel; 1956, 73, 76 – Kalifornia-Schuhe; 1958, 389, 391 – Kranportal; 1964, 612, 618 – Bierabfüllung; 1984, 580, 581 – Chlortoluron; BGH BlPMZ 1973, 257, 259 – Herbicide; EPA GRUR Int. 1985, 675, 676 – Olefinpolymere/SOLVAY; BGHZ 133, 57, 67 – Rauchgasklappe; BGH GRUR 1984, 560, 561 – Chlortoluron; BPatG GRUR 1979, 544; siehe dazu: Hesse, GRUR 1982, 514ff.). Gerechtfertigt ist dieser Schluss allerdings nur dann, wenn die Fehlvorstellung in dem Sinne technisch begründet gewesen ist, dass die patentierte Lehre aus der Sicht der Fachwelt im Prioritätszeitpunkt entweder für technisch nicht ausführbar oder der mit ihr erzielte technische Erfolg für nicht erreichbar gehalten und dieser Irrtum durch die Erfindung widerlegt worden ist (BGH GRUR 1957, 212, 213 – Karbidofen; BGH Liedl 1961/62, 397, 411 – Straßenbeleuchtung; BGH Liedl 1971/73, 248, 255 – Dichtungsmaterial; BGH GRUR 1984, 580, 581; BGHZ 133, 57, 67 – Rauchgasklappe; BPatG GRUR 1979, 544 – Fußnotenhinweis), beispielsweise wenn dem auf dem betreffenden Gebiet tätigen Konstrukteur kein Auftrag erteilt worden wäre, nach der erfindungsgemäßen Lehre vorzugehen, weil das so erzielbare Ergebnis „absurd erschienen wäre" (BGH Liedl 1971/73, 74, 81 – Bierabfüllung II). Besteht eine solche technische Fehlvorstellung, kann erfinderische Tätigkeit nicht verneint werden, weil Versuche zu ihrer Überwindung geführt hätten (BGH Liedl 1969/60, 79, 90 – Kurbelwellenausgleichsgewichte). Eine technische Fehlvorstellung wird dagegen dann nicht überwunden, wenn gegenüber der vorgeschlagenen Lösung zu Recht bestehende Bedenken lediglich ignoriert und mit ihr tatsächlich und vorhersehbar verbundene Nachteile einfach in Kauf genommen werden (BGH Liedl 1971/73, 289, 295f. – Duschanlage zur Körperreinigung; EPA T 69/83, ABl. 1984, 357, 365 – Thermoplastische Formmassen/BAYER). In diesen Fällen liegen keine Fehlvorstellung vor, sondern fortbestehende Bedenken, die lediglich unter Abwägung mit (ebenfalls zu erwartenden) Vorteilen neu bewertet werden. Dafür geben letztlich wirtschaftliche Erwägungen den Ausschlag. In solchen Fällen ist nicht das Naheliegen der Erfindung in Frage gestellt, sondern lediglich deren Realisierung (BGHZ 133, 57, 67f. – Rauchgasklappe). Eine Fehlvorstellung liegt ferner nicht schon dann vor, wenn in einem Dokument Äußerungen enthalten sind, die nicht für die aufgefundene Lösung sprechen, denn der Fachmann ist gehalten, mitgeteilte Ergebnisse kritisch zu überprüfen und über Wege nachzudenken, wie das gewünschte Ergebnis gleichwohl erreicht werden kann (BGH GRUR 2001, 813, 817 – Taxol). Dass der Gang der Entwicklung in eine andere Richtung zeigt und der beanspruchte Gegenstand dieser Entwicklungslinie nicht folgt, stellt keine Überwindung einer Fehlvorstellung im Sinne der Rechtsprechung dar (BGH GRUR 1999, 145, 148 – Stoßwellen-Lithothripter). In diesen Fällen kann das Vorliegen erfinderischer Tätigkeit auch nicht mit dem Argument begründet werden, aus der Sicht des Fachmanns hätten im Prioritätszeitpunkt mehrere andere Lösungsmöglichkeiten bestanden und er habe sich für eine Lösung entscheiden, die aus der Sicht aller oder eines Teils der Fachleute weniger nahe liegend oder vorteilhaft erschienen sei. Denn aus einer solchen relativen Einordnung lässt sich für die Beantwortung der allein nach objektiven Kriterien zu beantwortenden Frage, ob die Entwicklung der beanspruchten Lehre das Können und die Fähigkeiten des Durchschnittsfachmanns im Prioritätszeitpunkt überschritten haben, nichts herleiten (BGHZ 133, 57, 65 – Rauchgasklappe). 57

bb) Beispiele. Überwindung der Fehlvorstellung, dass Bakterien oder Bakterienenzyme den ß-Lactamring der Penicilline öffnen, durch den Vorschlag bestimmter penicillinspaltender Bakterien zur Einwirkung auf Penicillin G, die die bakteriostatische Aktivität des Penicillin herabsetzen (BPatG GRUR 1972, 178, 179 – 6-Aminopenicillansäure); der entgegen dem allgemeinen Fachwissen, dass eine Verringerung der Katalysatorkonzentration die Reaktion verlangsamt, gemachte Vorschlag, mit einer verringerten Katalysatorkonzentration die Ausbeute zu erhöhen, die bei einem scheinbar unüberwindlichen Lösungskonflikt als von vornherein aussichtslos ausschied (EPA GRUR Int. 1985, 827, 828 – Thiochlorformiate/HOECHST). Die Überwindung einer **Fehlvorstellung der Verbraucher über die wirtschaftliche Verwertbarkeit** eines Gegenstand ist **unbeachtlich** (BGH GRUR 1953, 438 – Ausweishülle; GRUR 1958, 438 – Schädlingsbekämpfungsspritze; BGH Liedl 1974/77, 246, 256 – Korrosionsschutzverfahren; BPatGE 1, 6, 8; BPatG GRUR 1964, 447). Die Überwindung eines Fehlurteils liegt nicht 58 schon dann vor, wenn einzelne Fachleute bei der Einführung einer Lehre in die Praxis Bedenken geäußert haben (BGH GRUR 1957, 212f.). Gleiches gilt für Bedenken, die sich gegen den Betrieb der erfindungsgemäßen Anlage richten, der den Benutzern wegen unvermeidlicher Nachteile nicht zuzumuten ist (BGH Liedl 1971/73, 289, 295f. – Duschanlage). Das EPA hat das Weglassen einer als vorteilhaft angesehenen Komponente eines Gemisches unter bewusster Inkaufnahme eines deshalb zu erwartenden Nachteils nicht als Überwindung einer eingefahrenen Fehlvorstellung (Vorurteils) gewertet (EPA ABl. 1984, 357, 365 – Thermoplastische Formmassen/BAYER). Es darf sich nicht lediglich um Fachregeln handeln, die nicht uneingeschränkt als verbindlich angesehen werden, (BGH GRUR 1953, 86, 87 – Schreibhefte). Ebenso wenig reicht eine einzelne Meinungsäußerung eines sachkundigen Wettbewerbers in einer Patentschrift aus, die ein Fachmann als ungenügend belegt erkennen konnte (BGH GRUR 1984, 580, 582 – Chlortoluron). Auf Teilgebiete begrenzte Fehlvorstellungen sind im Allgemeinen nicht entscheidend. Sie können ins Gewicht fallem, wenn sie sich auf einem wichtigen Teilgebiet unter Vorantritt der Wissenschaft gebildet haben, so dass ihnen auch für angrenzende Gebiete Beachtung geschenkt wird. Eine allgemein bestehende Fehlvorstellung der Fachwelt wird nicht durch eine bloße beiläufige, nicht näher begründete Bemerkung in einer Druckschrift beseitigt, die in einer Fußnote lediglich auf Schrifttumsstellen verweist, deren Inhalt die Bemerkung nicht trägt, (BPatG GRUR 1979, 544 – Fußnotenhinweis). Eine technische Fehlvorstellung wurde verneint, wenn sich die Fehlvorstellung nicht auf die Verarbeitung thermoplastischer Kunststoffe schlechthin, sondern nur auf die Verarbeitung dünnflüssig werdender Kunststoffe bezog (BGH GRUR 1967, 25, 28f. – Spritzgussmaschine III mit Anm. von Spieß; ders. in GRUR 1967, 123). Wer sich darauf beruft, eine Fehlvorstellung (Vorurteil) habe den Fachmann von der Erfindung abgehalten, trägt die **Beweislast** für die Fehlvorstellung (EPA ABl. 1984, 217, 228 – Gelatinierung/EXXON).

59 **h) Glücklicher Griff.** Erfinderisch kann der **glückliche Griff** aus der Fülle von Lösungselementen aus dem Stande der Technik sein (RG MuW 1933, 354, 355), die Auswahl geeigneter Mittel **aus einer Fülle von Möglichkeiten,** wenn die Auswahl einer geeigneten und erfolgreichen Methode mehr als das Ergebnis des Zufalls, sondern eines gezielten planmäßigen Handelns anzusehen ist (BPatGE 24, 222, 228), wenn, ohne dass das Ergebnis vorherzusehen gewesen wäre, ein verhältnismäßig großes Feld von Möglichkeiten hätte abgearbeitet werden müssen (OGH DDR GRUR Int. 1983, 178 – Absorptionsverfahren), oder wenn damit die Förderung eines stockenden Entwicklungsganges zu einem das Bisherige weit übertreffenden technischen Erfolg erreicht wird (RG GRUR 1936, 585, 589), z.B. eine sinnvolle Auswahl vorbekannter Mittel und deren Kombination mit weiteren bisher noch nicht verwirklichten Konstruktionsmaßnahmen, wenn trotz schon seit längerer Zeit bestehenden dringenden Bedürfnisses keine Vorrichtung bekannt war, die den Erfordernissen gerecht wurde (BGH Urt. v. 30. 11. 1978 – X ZR 32/76 – Überzugsvorrichtung – insoweit in GRUR 1979, 222, nicht abgedruckt), oder aus einer vielgestaltigen Menge vorbekannter einzelner Merkmale und Teilkombinationen eine auf das Nötigste und Zweckmäßigste beschränkte verblüffend einfache Gesamtkombination zur Herstellung eines Massenartikels gefunden wurde (BGH Liedl 1965/66, 77, 95ff. – Flaschenblasen) oder ein geeignetes Verfahren zur Auswertung der Vorzüge der Spannbetontechnik für weitgespannte Brückentragwerke aus der verwirrenden Vielfalt der bekannten Verfahren des Brückenbaues und der Spannbetontechnik gefunden wird (BGH Liedl 1963/64, 626, 654). Die Erreichung im Stand der Technik nicht bekannter Vorteile kann die erfinderische Tätigkeit unter dem Gesichtspunkt einer Kombination vorteilhafter Maßnahmen begründen, die als glücklicher Griff erscheint (BGH Liedl, 1971/73, 315, 319 – Loseblattgrundbuch; GRUR 1996, 757, 763 – Zahnkranzfräser). Erfinderische Tätigkeit ist zu bejahen, wenn es bei einem verwirrenden Stand der Technik einer kritischen Würdigung der bisher geäußerten Meinungen, einer sorgfältigen Analyse aller Gegebenheiten, eines überlegenden Überblicks über die bestehenden Möglichkeiten und einer überdurchschnittlichen Kombinationsgabe bedurfte, um mit einem glücklichem Griff die Lehre des Patents zu finden (BGH GRUR 1965, 473, 478 l.Sp. – Dauerwellen I), oder der Stand der Technik erkennen lässt, dass zur Auffindung der Erfindung neben großer Erfahrung ein offener Blick für die Mängel und Vorteile bekannter Lösungen und eine besondere konstruktive Begabung gehörte, BGH GRUR 1960, 427, 428 – Fensterbeschläge), ebenfalls wenn der Erfinder aus mehreren sich zur Lösung der gestellten Aufgabe anbietenden technischen Möglichkeiten diejenige ausgewählt hat, die sich durch ihre Einfachheit, ihren geringen Aufwand und ihre geringe Störanfälligkeit heraushebt (BGH GRUR 1978, 98, 99 – Schnellaufzug). Doch kann auch bei „glücklichen Lösungen" für einen neuen, einfacheren und billigeren Weg zur Herstellung eines Massenartikels die erfinderische Tätigkeit immer nur dann bejaht werden, wenn die Lösung das Maß des

Handwerklichen und rein Konstruktiven überragt (BGH Liedl 1967/68, 171, 192 m.w. Nachw.). Besteht der glückliche, nicht nahe liegende Einzelfall in der Auffindung eines grundsätzlichen Gedankens, dann ist es für die erfinderische Tätigkeit unerheblich, dass dessen Umsetzung ohne Schwierigkeiten möglich war, nachdem der grundsätzliche Gedanke einmal gefasst war (RG MuW 1940, 189, 190 – Kardenwickel).

Die Frage der erfinderischen Tätigkeit bei einer Erfindung auf **chemischem Gebiet** ist bejaht worden, wenn durch Experimentieren aufs Geratewohl mit einer kaum überschaubaren Anzahl chemischer Modifikationen auf der Suche nach einer Lösung, die als Glücksspiel zu bezeichnen wäre, (EPA ABl. 1987, 177, 183 – Metallic-Lackierung/HOECHST), wenn mit einem glücklichen Griff („Glückstreffer") aus Tausenden von Verbindungen einer chemischen Stoffklasse, bei denen für einen Erfolg kein Anhalt bestand, eine Verbindung mit vorteilhaften Wirkungen gefunden wurde (BGH GRUR 1984, 580, 582 – Chlortoluron). Bei der Auffindung der Konstitution eines neuen Naturstoffes aus dem Rest eines schon durchforschten Aromamittels, die die synthetische Herstellung dieser neuen Verbindung mit überraschenden vorteilhaften Eigenschaften (spezifischere Nuancierung von Aromen, breiteres Wirkungsspektrum, Verringerung der Kosten im Verhältnis 3000 : 1) ermöglichte, wurde die erfinderische Tätigkeit trotz des Umstandes bejaht, dass gewisse Anhaltspunkte dafür sprachen, dass in dem Rest des Aromamittels irgendwelche Stoffe aufzufinden waren, die für wertvolle Aromaeigenschaften wesentlich sind, wobei als ausschlaggebend angesehen wurde, dass die Konstitutionsaufklärung, um die man sich bisher vergeblich bemüht hatte, nur durch planmäßiges Vorgehen unter Anwendung aufwändiger Untersuchungsmethoden und erheblicher Überlegungen möglich war (BPatG GRUR 1978, 702, 704f. – Menthonthiole). Zur Auswahl der Ausgangsstoffe bei chemischen Analogieverfahren vgl. Vogt GRUR 1964, 171f. 60

i) Versuche, Ausprobieren, Optimierung. Vom Fachmann wird erwartet, dass er die auf seinem Fachgebiet üblichen Routineversuche durchführt. Aus normalen, routinemäßigen Versuchen gewonnene Erkenntnisse gehören zum Fachwissen; ihre Ergebnisse können das Vorliegen erfinderischer Tätigkeit nicht begründen (BGH BlPMZ 1966, 234, 235 – Abtastverfahren). Was Sache des Ausprobierens ist, bedarf keiner erfinderischen Tätigkeit, insbesondere, wenn es darum geht, einen geeigneten Kompromiss zwischen verschiedenen Bedingungen zu finden (EPA GRUR Int. 1983, 810 – Parabolspiegelantenne/CSELT), ebenso nicht, was sich dem Durchschnittsfachmann aus dem Stand der Technik aufdrängt, was dieser beim Ausprobieren einer im Zuge der technischen Entwicklung liegenden konstruktiven Gestaltung ohne weiteres ersehen kann (BGH GRUR 1960, 27, 29 – Verbindungsklemme); ferner nicht, wenn der Stand der Technik zu Versuchen anregte, die einen Erfolg erwarten ließen (BPatG GRUR 1983, 172, 173 – Anästhetikum); ferner nicht, was der Fachmann auf Grund vorprogrammierter Varianten durch einfache Versuche als für den bestimmungsgemäßen Zweck geeignet erkennen konnte (BGH GRUR 1986, 372, 374 – Thrombozytenzählung). Vom Fachmann wird dagegen nicht erwartet, Versuche durchzuführen, zu denen ihm das Fachwissen und der Stand der Technik keine Veranlassung geben, etwa wenn der Holzschutzfachmann auf der Suche nach einer verbesserten Holzschutzmittelkomponente in einer Veröffentlichung zwar über die verbesserte Wirkung einer Substanz (Tolylfluanid) beim Schutz von lebenden Pflanzen gegen Mehltau informiert wird, aber keine Anregungen zu Versuchen mit dieser Substanz als Holzschutzmittelkomponente erhält (EPA GRUR Int. 1987, 248, 249 – Tolylfluanid/BAYER). Vom Fachmann wird erwartet, dass er in seine Erwägungen nicht nur den druckschriftlich mitgeteilten Inhalt einer Entgegenhaltung zur Kenntnis nimmt und in seine Erwägungen einbezieht, sondern auch das Ergebnis praktischer Versuche, wenn ihm dies durch den Offenbarungsgehalt einer Entgegenhaltung nahegelegt wird (BGH GRUR 2004, 579, 582 – Imprägnieren von Tintenabsorbierungsmitteln). Würde eine Idee den Fachmann zum Erfolg führen, kommt es darauf an, ob für ihn eine angemessene Erfolgserwartung bestand, die Idee auszuprobieren; wenn es über das allgemeine Fachwissen hinausging, Versuche anzustellen, liegt erfinderische Tätigkeit vor (EPA ABl. 1992, 268, 282 – Fusionsproteine/HARVARD). **Optimierungsmaßnahmen,** etwa die Abstimmung zwischen der Porigkeit eines Tintenabsorbierungsmittels und dem zu seinem Befüllen erforderlichen Druck, gehört zu den durch praktische Versuchen die der Fachmann im Rahmen seines Fachkönnens durchführt (BGH GRUR 2004, 579, 582 – Imprägnieren von Tintenabsorbierungsmitteln). Gleiches gilt für eine Bemessungsregel, die das Ergebnis des routinemäßigen Auslotens bekannter Parameter (Mengenbereiche) zur Optimierung von Produkteigenschaften ist (BPatG Mitt. 1984, 75, 76). Verbesserungen der Materialeigenschaften infolge geänderter Abmessungen, die durch eine überschaubare Reihe von Versuchen zu ermitteln sind, setzen keine schöpferische gedankliche Tätigkeit voraus (BGH GRUR 1981, 649, 651 – Polsterfüllgut). Beim Austausch von Bitumenlösungen und 61

-emulsionen durch heißflüssiges Bitumen beim Imprägnieren von Schaumstoffen ist die Abkehr von der allgemeinen Übung, die Vereinfachung des Verfahrens und die Verbesserung der Erzeugnisse nicht als erfinderische Tätigkeit anerkannt worden, weil sich der Durchschnittsfachmann durch zumutbare Erkundigungen und wenig Aufwand verursachende Versuche ein Bild von der Durchführbarkeit des Stoffaustausches machen konnte (BGH Liedl 1971/73, 248, 258 – Dichtungsmaterial). Einen Erfahrungssatz, dass nur die Lösung nahe liegt, die der Fachmann zunächst versuchen würde, gibt es nicht (BGH Bausch 1994/98, 445 – Zerstäubervorrichtung; Mitt. 2002, 16 – Filtereinheit). Dass das Ergebnis einer Lehre zum technischen Handeln mit viel Fleiß und umfangreichen Versuchen gefunden wurde, steht der Annahme erfinderischer Tätigkeit nicht entgegen (BGH GRUR 2001, 813, 817 – Taxol). Besteht eine technische Fehlvorstellung (Rdn. 57f.), kann erfinderische Tätigkeit nicht verneint werden, weil Versuche zu ihrer Überwindung geführt hätten (BGH Liedl 1969/60, 79, 90 – Kurbelwellenausgleichsgewichte).

62 **j) Zweckmäßige Maßnahmen.** Die erfinderische Tätigkeit wurde bei Handeln nach bloßen Regeln der Zweckmäßigkeit verneint: bei baulicher Anordnung, die der Durchschnittsfachmann ausarbeiten kann, ohne Hemmungen überwinden zu müssen (RG MuW 1935, 134, 135), bei geringfügigen Verbesserungen ohne tiefere Überlegung (RG GRUR 1935, 661, 664), bei bloßer Konstruktionsarbeit (RG GRUR 1936, 936, 937), bei Auswahl von Werkstoffen für ein Unteranwendungsgebiet eines großen Anwendungsgebietes (PA Mitt. 1938, 251, 252), bei der Auswahl des geeigneten Materials aus einer kleinen Gruppe als geeignet bekannter Materialien (EPA ABl. 1983, 15, 19 – Elektromagnetischer Schalter), bei Einsatz eines bekannten, in seiner vorteilhaften Funktion überschaubaren Mittels anstelle eines Mittels, dessen Nachteile auf der Hand lagen (flexibler Schubschlauch statt Schraubenfeder, EPA GRUR Int. 1982, 254f. – Wirbelstromprüfeinrichtung), bei Verwendung eines für die Anwendung bekannten Stoffs für einen besonderen Anwendungsfall (BGH GRUR 1998, 1003, 1005f. – Leuchtstoff.), bei Übernahme einer allgemeinen (bekannten) Idee oder aus der Mechanik allgemein bekannter Vorrichtungen, die sich deren bekannte Funktion und vorteilhafte Wirkungen zunutze macht (EPA GRUR Int. 1986, 545, 546 – BOEING), bei Verwendung von Kaliumbifluorid als Holzschutzmittel, das seit langem als fungizid und insektizid wirksam bekannt war, obwohl erst langwierige und schwierige Vergleichsversuche zum technischen Erfolg führten, für die noch die versuchstechnischen Voraussetzungen (Versuchsanordnung) zu schaffen war (BGH BlPMZ 1955, 153, 154 = GRUR 1954, 584 (bedenklich); siehe dazu auch BPatGE 5, 78, 79f.), bei Auswahl eines bestimmten Aromastoffs des Tabaks, der durch eine übliche Analyse der im Tabakstaub enthaltenen Inhaltsstoffe gewonnen wird und sich nach kommerziellen Bedürfnissen (Geschmacksrichtung der Verbraucher) richtet (BPatG Mitt. 1973, 49, 50 r. Sp.), die Änderung der Größenverhältnisse zur Verkleinerung einer Erntemaschine, um die erforderlichen Zugkräfte herabzusetzen (Mitt. 1934, 34, 35) und die Dimensionierung von Konstruktionsmerkmalen eines Gymnastikgeräts (BGH Liedl 1971/73, 198, 208), ebenso die Wahl einer leistungsvermindernden Alternative (manuelle statt Fernsteuerung einer Ultraschallsonde in Kernreaktoren, EPA ABl. 1990 Heft 6 S. 18).

63 **k) Handwerkliche Maßnahmen.** Die erfinderische Tätigkeit wurde verneint bei Vornahme rein handwerklicher Maßnahmen (BGH GRUR 1954, 107, 110 – Mehrfachschelle; 1954, 258, 259 – Schaleisen; 1956, 73, 76 – Kalifornia-Schuhe), bei einer einfachen baulichen Maßnahme (BGH GRUR 1961, 529, 533 – Strahlapparat), bei einem einfachen und billigen Weg zur Herstellung eines Artikels, der das Handwerkliche und Konstruktive nicht überragt (BGH Liedl 1974/77, 50, 62f. – Mähdrescher; 1967/68, 171, 192 – Selbstschlussventil), ferner bei einer das handwerkliche Können eines Fachmannes nicht übersteigenden Maßnahme, obwohl sie als zweckmäßige und geschickte Lösung bewertet wurde, die einen nicht unerheblichen fertigungstechnischen Vorteil brachte (BGH Liedl 1971/73, 261, 274 – Atemmaske), die auf einem absolut nächstliegenden Gedanken beruhte (EPA ABl. 1989, 441, 444 – Heißgaskühler/SULZER). Keine erfinderische Tätigkeit ist die Auswahl des als solches vorbeschriebenen Dichtungsmittels „Bitumen + Kunstharz" als Dichtungsmaterial im Betonrohrbau (BGH GRUR 1962, 80, 82 – Rohrdichtung), die Anwendung von Polyäthylen als Werkstoff für Einlegesohlen (BGH GRUR 1962, 83, 84 – Einlegesohle) sowie die Verwendung von Kunstharz statt Glas für Dreispiegel-Rückstrahler (BGH GRUR 1962, 350, 352f. – Dreispiegel-Rückstrahler). Genügt das Fachwissen des Bergmanns, der mehr als andere Fachleute auf Anpassung an wechselnde Arbeitsbedingungen besonders eingestellt ist, um einer schwierigen Aufgabe unter Anwendung z.T. gleicher Mittel gerecht zu werden, so ist die erfinderische Tätigkeit für die Lösung eines leichteren Problems auf ähnlichem Gebiet zu verneinen (BGH GRUR 1954, 258 – Schaleisen), ebenso, wenn die neue Lehre von bekannten Herstellungs-

vorgängen ausgeht und diese unverändert übernimmt und lediglich darin besteht, die Herstellungsweise in ihrer Reihenfolge so zu gliedern und die herkömmlichen Werkzeuge so zu ordnen, dass durch den Einsatz eines bekannten Arbeitsmittels eine kontinuierliche (automatische) Fertigung erreicht wird (BGH GRUR 1978, 37, 38 – Börsenbügel), ebenso die einfache Umkehrung der Arbeitsvorgänge Vorformen und Anformen (EPA GRUR Int. 1982, 53, 55 – Thermoplastische Muffen). Nicht erfinderisch ist eine Lehre, mit der die Verwendung eines nach seinem Fundort bestimmten Naturvorkommens vorgeschlagen wird, das gegenüber vorbekannten, schon zu demselben Zweck verwendeten Vorkommen keine besonders abweichenden und dadurch überraschenden Eigenschaften aufweist (Geflügelkraftfutter, das Mergel mit Griteinlagerungen enthält, BGH GRUR 1969, 531).

l) Allgemeine technische Aufgaben. Eine engere Lehre ermangelt in der Regel der erfinderischen Tätigkeit, wenn die weitere (allgemeine) Lehre bekannt ist. Die Anwendung von Mitteln, die sich aus bekannten **mathematischen Lehrsätzen** von selbst ergeben, ist nicht erfinderisch, ebenso nicht die Anwendung des normalen **allgemeinen Wissens auf einem Sondergebiet** (PA BlPMZ 1938, 118, 119). Bei **allgemeinen technologischen Aufgaben,** die in gleicher Weise und mit gleichen Lösungsmitteln auf verschiedenen Gebieten angewendet werden und den verschiedensten Zwecken dienen, sind die Grundlagen trotz Verschiedenheit der Einzelzwecke als nahe liegend anzusehen. Prinzipien und Lösungen allgemeiner Aufgaben mit weitreichenden Anwendungsmöglichkeiten gehören zum technischen Allgemeinwissen, wobei zu berücksichtigen ist, wer **Fachmann** ist und über welche **Qualifikation** er verfügt (Rdn. 36ff.; zu Übertragungserfindungen Rdn. 79f.). Durch grundlegende Nachschlagewerke, die eine allgemeine Fachtheorie oder Methodik beschreiben und diese nur auf **bestimmten Fachgebieten** durch **spezielle Anwendungsbeispiele** veranschaulichen, werden Anwendungsmöglichkeiten auf anderen Gebieten nicht ausgeschlossen (EPA ABl. 1992, 427, 433 – Verbrennungsmotor/LUCAS). Ob hinsichtlich der zu lösenden technischen Aufgabe ein sich über verschiedene, unter Umständen entfernte Zweige der Technik erstreckendes einheitliches Wissensgebiet anzunehmen ist, ist nicht auf Grund theoretischer Erwägungen zu entscheiden, sondern nach der tatsächlichen technischen Entwicklung (RG GRUR 1943, 284, 285). Über solche Grundsatzprobleme hält sich der Fachmann des Einzelgebietes quer über die verschiedenen Fachzwecke hinweg auf dem übergreifenden Gesamtgebiet der Technik, z.B. Feinwerktechnik, Getriebetechnik, Fördertechnik, auf dem laufenden (EPA GRUR Int. 1986, 545, 546 – BOEING). Daher ist es kein patentwürdiges Verdienst, eine bei Filmkameras bekannte Kupplungseinrichtung auch für Messbänder zu verwenden (BGH Liedl 1965/66, 290, 297). Keine erfinderische Tätigkeit liegt vor, wenn ein bekanntes Maschinenelement auf ein technisches Sondergebiet übertragen wird (RG MuW 1938, 43, 44), z.B. eine bei Lichtbogenschweißanlagen bekannte selbsttätige Abstandsregelung zur Regelung des Elektrodenabstandes in Metallbearbeitungsmaschinen (Funkenerosion) vorgeschlagen wird (PA Mitt. 1959, 58) oder eine Maßnahme vorzusehen, die der Fachmann aus einem Grundlagen-(lehr-)buch über grundsätzliche Materialfragen metallischer Leiterwerkstoffe entnehmen kann (BPatG BlPMZ 1991, 349, 351). Es gibt Teilgebiete der Technik, die bestimmte Vorrichtungen, z.B. Getriebe oder Getriebeteile für Maschinen aus den entlegensten technischen Gebieten verwendbar machen. Vorrichtungen dieser Art besitzen daher gleiche Geltung für alle jene – an sich entlegenen – technischen Gebiete (RG GRUR 1943, 284, 285). Wichtig ist, ob die Fachleute das sie betreffende Fachwissen trotz praktischer Anwendung auf verschiedenen Sondergebieten der Technik als ein einheitliches Gebiet ansehen. Es kommt dabei weniger auf den betrieblichen Anwendungsbereich als darauf an, ob die Fachleute die technische Aufgabe als Aufgabe von allgemeiner Bedeutung ansehen, und zwar auch dann, wenn das Mittel in demselben Großbetrieb (hier: Brauerei) bereits auf einem Gebiet angewendet wird, das mit dem Gebiet auf dem es nunmehr angewendet werden soll, technisch nicht zusammenhängt (BPatGE 3, 88, 93). Die Übertragung einer elastischen Lagerung von Maschinen und Maschinenteilen von Spinnzentrifugen, wo sie die Herstellung eines einwandfreien Fadengespinstes bezweckte, aber auch eine Dämpfung der Geräusche bewirkte, auf Motorlagerung von Staubsaugern zur Minderung des Motorgeräusches wurde als nahe liegend angesehen, weil der Fachmann wusste, dass sich die Dämpfung von Erschütterungen geräuschmindernd auswirkt, und die Achslagerung eine Aufgabe von allgemeiner Bedeutung ist, die an Hochschulen unabhängig vom speziellen Anwendungsgebiet gelehrt wird (RG BlPMZ 1936, 248, 249). Tritt bei automatischen Spielwerken und bei Staubsaugern die gleiche Aufgabe der erschütterungsfreien Lagerung des Antriebes auf, dann sieht sich der Durchschnittsfachmann überall da nach Lösungsvorschlägen um, wo diese Aufgabe zu lösen war (RG MuW 1938, 324, 325). Die erfinderische Tätigkeit wurde verneint für die pneumatische Förderung eines empfindlichen Gutes (Tabak) mit technischen Mitteln, die für die Förderung weniger empfindlicher Stoffe (Baumwolle) bereits bekannt war und nachdem das Bedenken gegen die pneumatische Förderung von Tabak überwunden war (RG MuW 1933, 22, 23). Dagegen wurde die Anwendung gleichartiger Luftfördervorrichtungen für Samenbaumwolle auf Güter anderer Beschaffenheit (Schnittabak in Zigarettenmaschinen) als erfinderisch gewertet, weil eine vorteilhate Anpassung an das zu fördernde Gut erreicht wurde (RG GRUR 1943, 120, 122). Bewirkt die Anpassung eine neue Brauchbarkeit des an sich bekannten Lösungsgedankens mit wesentlichen Vorteilen, so spricht das für die Notwendigkeit erfinderischer Überlegungen (RG GRUR 1937, 782, 786); ebenso, wenn die Übertragung ein neues Gebiet betrifft und über die Anpassung an dieses hinausgeht (RG GRUR 1937, 352, 355) oder wenn sich die Fachgebiete sowohl hinsichtlich der verarbeiteten oder bearbeiteten Materialien (Gewebe aus Textilien und nichtmagnetisches Metall) als auch im Hinblick auf die Arbeitsmethodik unterscheiden, so dass vom Fachmann nicht zu erwarten war, dass er die Entwicklung auf dem anderen Gebiet verfolgt und sich ständig über den dortigen Stand der Technik informiert (BPatGE 21, 32, 34 – Schneidvorrichtung für Stapel aus flaumigem textilen Gewebe).

65 **m) Nicht erforschtes Gebiet.** Fehlt es auf einem technisch noch nicht erforschten Gebiet an gesichertem allgemeinen Fachwissen und erfordert deshalb jede weitere Erkenntnis eine forschende Tätigkeit, so hat eine derartige Tätigkeit in der Regel erfinderischen Rang (BGH GRUR 1955, 283, 286 – Strahlentransformator), insbesondere dann, wenn auf einem technisch eng begrenzten Spezialgebiet, auf dem sich die Entwicklung immer schrittweise vollzogen hatte, ein nicht unerheblicher Fortschritt erzielt wurde (BGH GRUR 1957, 120, 121 – Plattenspieler II). Die Einspruchsabteilung des EPA hat einem DNA-Fragment, das für ein menschliches Protein codiert, das Beruhen auf erfinderischer Tätigkeit zugesprochen, weil kein Stand der Technik feststellbar war, der den beanspruchten Gegentand nahe legen konnte (GRUR Int. 1995, 708, 710 – Relaxin unter 4.6.1).

3. Hilfskriterien

a) Technischer Fortschritt

66 **aa) Grundsatz.** In dem Problem, ob und in welcher Weise der technische Fortschritt (Hilfskriterium), den der beanspruchte Gegenstand gegenüber dem Stand der Technik aufweist, bei der Beurteilung der erfinderischen Tätigkeit zu berücksichtigen ist, spiegelt sich die seit dem ersten Patentgesetz kontrovers diskutierte Frage, ob sich die Patentwürdigkeit einer Erfindung nach dem als zunächst „objektiv" verstandenen Kriterium der Fortschrittlichkeit einer Erfindung zu bemessen hat, oder ob sich die Patentwürdigkeit einer Erfindung nach dem zunächst als „subjektiv" oder „individualpsychologisch" verstandenen Kriterium der das Können des Fachmanns übersteigenden erfinderischen Tätigkeit bemisst (Rdn. 4 ff.). Seitdem der technische Fortschritt als eigenständige materiellrechtliche Voraussetzung der Patentfähigkeit entfallen ist (Rdn. 8), kann ein erheblicher technischer Fortschritt zwar als Anhaltspunkt für das Ausmaß einer erfinderischen Leistung zu berücksichtigen sein, genügt für sich allein jedoch nicht zur Begründung der erfinderischen Tätigkeit (BGH Liedl 1956/58, 310, 321). Ist die Lehre des Patents durch den Stand der Technik nahegelegt, so kann auch ein mit ihr erzielter großer technischer Fortschritt und ein bedeutender wirtschaftlicher Erfolg die Patentfähigkeit nicht begründen (BGH GRUR 1969, 182 – Betondosierer; BGH Liedl 1963/64, 422, 433). Ein Gegenstand, der gegenüber dem Stand der Technik vorhersehbare Wirkungen erreicht, ist nicht allein deshalb erfinderisch (EPA ABl. 1988, 87, 88 – Passivisierung eines Katalysators/PHILLIPS PETROLEUM). Der BGH hat in seiner jüngsten Rechtsprechung diesen Standpunkt nochmals bestätigt, indem darauf hingewiesen worden ist, dass der mit dem beanspruchten Gegenstand erzielte technische Fortschritt ein Indiz für das Ausmaß der erfinderischen Tätigkeit sein kann, dass die Berücksichtigung dieses Umstand aber voraussetzt, dass **überhaupt eine schöpferische Leistung** – wenn auch geringen Grades – vorliegt (BGH GRUR 1996, 36, 38 – Messventil) und die Berücksichtigung eines Vorteils wie eines synergistischen Effekts, der über die bloße Summenwirkung hinausgeht, voraussetzt, dass Anhaltspunkte dafür vorliegen, dass der beanspruchte **Gegenstand als solcher nicht nahe gelegt** war (BGH GRUR 2003, 317, 320 – kosmetisches Sonnenschutzmittel). Daraus ist abzuleiten, dass der mit dem beanspruchten Gegenstand verbundene technische Fortschritt kein eigenständiges, die erfinderische Tätigkeit begründendes Moment in der rechtlichen Bewertung einer Erfindung auf ihre Patentwürdigkeit ist, sondern integraler Bestandteil der Wertung einer zunächst festzustellenden schöpferischen Leistung auf ihre für die Patentwürdigkeit erforderliche Qualität (Rdn. 47 f.).

bb) Beispiele für beachtlichen Fortschritt. Ein im Rahmen der Bewertung für die Patentfähigkeit **hinreichender** erfinderischer Tätigkeit kann sich ein zu berücksichtigender Fortschritt aus einer Überlegenheit gegenüber vorbekannten Lösungen und aus einer Andersartigkeit der Lösung ergeben (PA Mitt. 1941, 120), ferner aus einer Vereinfachung bekannter Vorrichtungen (PA Mitt. 1929, 8, 9), bei zusätzlichen Wirkungen, die gegenüber schon Bekanntem erzielt werden (RG MuW 1935, 394, 395) oder aus vielfältigeren Verwendungsmöglichkeiten einer neuen Konstruktion, wobei es gleichgültig ist, dass die konstruktiven Änderungen, weil bereits in anderem Zusammenhang benutzt, im Nachhinein einfach erscheinen (BPatG GRUR 1991, 746, 747f.), wenn die vorgeschlagene Lösung einen überraschenden technischen und wirtschaftlichen Fortschritt aufweist und sich dem vorbekannten Stand der Technik als überlegen erweist (schw. BG GRUR Int. 1996, 1224 – Resonanzetikette). Er kann auch ohne Überlegenheit bei einem neuen brauchbaren Weg gegeben sein (PA GRUR 1942, 66, 67; BGHZ 53, 283, 287 – Anthradipyrazol; BGH GRUR 1984, 580, 581 – Chlortoluron), um dem Fachmann ein weiteres „Mittel" an die Hand zu geben, wenn andere versagen oder im Einzelfall nicht angewendet werden können, oder ihm bei verschiedenen sachlichen oder örtlichen Gegebenheiten oder Bedürfnissen die Möglichkeit zu eröffnen, nach Zweckmäßigkeitsgründen unter mehreren „Mitteln" zu wählen. Besteht die Erfindung in einem neuen Vorschlag für eine optimale Lösung für eine automatisch und rationell arbeitende Maschine, dann spielt es keine Rolle, dass nicht auch noch deren Arbeitsergebnis (die mit der Maschine bearbeiteten Erzeugnisse) verbessert wird (BGH GRUR 1964, 676, 678 – Läppen). Beruht eine Erfindung auf einer überraschenden Verbesserung einer bestimmten Eigenschaft eines Erzeugnisses, braucht sie nicht auch noch dessen andere Verwendungseigenschaften zu verbessern, allerdings dürfen sich diese auch nicht so verschlechtern, dass die Verbesserungen durch eintretende Nachteile wieder aufgehoben werden; maßgebend ist das Gesamtergebnis. Nachteile können bei bestimmten Verwendungsweisen völlig in den Hintergrund treten und an Bedeutung verlieren (EPA ABl. 1989, 115, 119, 120, m.w.N. – gelbe Farbstoffe/SUMITOMO). Ein zu beachtender Fortschritt kann vorliegen, wenn gegenüber vorbekannten Vorschlägen eine unerwartete Überlegenheit erreicht wird (EPA GRUR Int. 1981, 688, 689f. – Reaktionsdurchschreibpapier; 1991, 121, 127 – Alpha-Interferone/BIOGEN) oder wenn sich überraschende Eigenschaften ergeben (EPA GRUR Int. 1982, 444, 446 – Polyätherpolyole), ein überraschend vorteilhafter Effekt gelungen ist (BPatG Mitt. 1982, 229; 83, 93), ein sprunghafter Fortschritt erzielt wurde (BPatG GRUR 1991, 823, 825), wenn sich eine unerwartete Wirkung einstellt, z.B. ein Test zur Feststellung der thermischen und farblichen Stabilität von Sulfonsäuren am Ende eines Reinigungsverfahrens die Reinigung besonders schwefelsäurereicher Sulfonsäuren möglich macht (EPA GRUR Int. 1984, 237, 238 – EXXON), wenn eine nicht vorhersehbare Vereinfachung der Technik erreicht wird (EPA ABl. 1982, 394, 402 – Methylen-bis-(phenylisocyanat)), eine einfache Konstruktion, die einfach zu bestimmen und zu warten ist, eine Zeit-, Arbeits- und Materialersparnis bringt (BGH Mitt. 1975, 117, 118 – Entwicklungsgerät), wenn zahlreiche Lösungen auf dem betreffenden Gebiet vorlagen, die Lösung mit den fortschrittlichen Eigenschaften aber bisher nicht aufgefunden ist (BGH GRUR 1962, 518, 519 – Blitzlichtgerät, GebrM-sache), wenn der Stand der Technik für die neue und fortschrittliche Lehre kein Vorbild und keine Anregung bot (BGH GRUR 1974, 715, 717 – Spreizdübel) oder wenn Erfahrungen auf einem Gebiet (Pflanzenschutz) keine Vorhersagen über die Wirkung der Erfindung auf anderem Gebiet (Holzschutzmittel) erlauben (EPA ABl. 1987, 53, 61 – Tolylfluanid/BAYER). Im Einzelfall wurde bereits eine geringe Verbesserung der Ausbeute bei einem bedeutenden Verfahren zur Herstellung chemischer Massengüter bei der Bewertung der erfinderischen Tätigkeit berücksichtigt (EPA ABl. 1984, 368, 371f. – Toluoloxidation/STAMICARBON). Der Fortschritt kann auch darauf beruhen, dass ein Erzeugnis eines Verfahrens eine besondere **ästhetische** (hier: geschmackliche) Wirkung hat oder wenn das Verfahren von einer neuen technischen Maßregel Gebrauch macht (BGH GRUR 1966, 249, 250 – Suppenrezept; 1988, 290, 293 – Kehlrinne). Beim Erzeugnispatent kann sich der technische Fortschritt aus dem mit der neuen Lehre auf einem ästhetischen Gebiet erzielten Erfolg ergeben, wenn durch eine neue Konstruktion der Schönheitssinn angesprochen wird (BGH GRUR 1967, 590, 591 – Garagentor; Mitt. 1972, 235, 238 – Raureifkerze). In diesen Fällen muss der außertechnische Fortschritt aber auf eine Lehre zum technischen Handeln zurückgehen, mit technischen Mitteln erzielt werden. Wird ein „untechnisches" Resultat nicht durch technische Mittel erzielt, sondern durch ästhetische oder sonstige **„nichttechnische"** Mittel, kann die in ihm zum Ausdruck kommende schöpferische Leistung der Prüfung auf erfinderische Tätigkeit nicht zugrunde gelegt werden (Rdn. 32f.). 67

b) Überraschungsmoment. Bei der Bewertung der erfinderischen Tätigkeit kann das 68
Überraschungsmoment (Hilfskriterium) zu berücksichtigen sein (BGH GRUR 1989, 899,

903 – Sauerteig; EPA GRUR Int. 1991, 817, 818 – Thermoplastische Formmassen/BASF). Es kann sich sowohl auf die neue Lehre selbst beziehen, die einen mit dem Stand der Technik vertrauten Fachmann überrascht (bereits RG GRUR 1934, 523, 525), zum Beispiel, dass bei einer Copolymerisation eines Vinylesters und Crotonsäure ein Nachpolymerisieren mit nachdosiertem Vinylester den störenden Geruch beseitigt (EPA GRUR Int. 1986, 259, 261 – Vinylester-Crotonsäure-Copolymerisate/HOECHST), aber auch auf den mit der neuen Lehre bewirkten Erfolg, das unvorhersehbare Ergebnis (BGH GRUR 1953, 120 – Glimmschalter; 1955, 283, 286 – Strahlentransformator; BGHZ **51,** 378, 382 – Disiloxan). Maßgebend ist der Nachweis der unvorhersehbaren Überlegenheit gegenüber dem nächstliegenden Stand der Technik (der Verbindung mit der größten strukturellen Nähe), unerheblich ist, ob eine Überlegenheit gegenüber weiter ab liegenden Verbindungen (handelsüblichen Produkten) vorhanden und vorhersehbar war (EPA ABl. 1987, 149, 154f. m.w.N. – Antihistaminika/EISAI). Der Vergleich kann im Einzelfall so angelegt sein, dass nur das Unterscheidungsmerkmal der Erfindung zur Geltung kommt (EPA GRUR Int. 1990, 142, 143 – Photographische Kuppler/KODAK). Würde eine Idee den Fachmann zum Erfolg führen, kommt es darauf an, ob für ihn eine angemessene Erfolgserwartung bestand, die Idee auszuprobieren; wenn es über das allgemeine Fachwissen hinausging, Versuche anzustellen, liegt erfinderische Tätigkeit vor (EPA ABl. 1992, 268, 282 – Fusionsproteine/HARVARD). Bei einer mikrobiologischen Erfindung kann ein durch eine mutagene Behandlung eines Mikroorganismus hervorgerufener unvorhersehbarer (überraschender) Effekt die erfinderische Tätigkeit ergeben (BPatGE 9, 150, 155ff.), ebenso wenn die Wirkung einer Verbindungsgruppe vom Stand der Technik her unglaubhaft erschien (BGH GRUR 1965, 138, 142 – Polymerisationsbeschleuniger). Ein dem Fachmann nicht offenbarter Effekt (eine Eigenschaft) des Verfahrenserzeugnisses kann nicht zur Begründung der erfinderischen Tätigkeit des Herstellungsverfahrens herangezogen werden (BGH Liedl 1974/77, 211, 226 – Abdichtungsmittel). Ist eine Eigenschaft des patentgemäßen Produkts dagegen **zwangsläufige Folge** durch **den Stand der Technik nahegelegter Maßnahmen,** liegt in ihr kein unerwarteter und überraschender Effekt, so dass sie das Beruhen auf erfinderischer Tätigkeit nicht begründen kann (BGH GRUR 2004, 579, 583 – Imprägnieren von Tintenabsorbierungsmitteln; BPatG GRUR 1989, 496, 499 – Faser-Herstellungsverfahren). Bei Wirkstoffkombinationen zur selektiven Unkrautbekämpfung kommt es darauf an, ob der Fachmann dem Stand der Technik Anregungen, einen **synergistischen Effekt** bei der Lösung des speziellen Problems (hier: Senkung der herbiziden Aufwandmenge und Erhöhung der Sicherheitsmenge in bestimmten Kulturen) zu erreichen, entnehmen konnte (EPA GRUR Int. 1987, 698, 700 – Synergistische Herbizide/CIBA-GEIGY). Synergistische Effekte, die über die bloße Summenwirkung einer aus mehreren Stoffen zusammengesetzten Mischung hinausgehen, können als Anzeichen für erfinderische Tätigkeit gewertet werden, wenn sie für den Fachmann unerwartet und überraschend sind (Busse/Keukenschrijver, § 4 Rdn. 74; Benkard/Jestaedt, EPÜ, Art. 56 Rdn. 98). Dies setzt bei der Kombination bekannter Stoffe jedoch voraus, dass Anhaltspunkte dafür vorliegen, dass die Kombination als solche nicht nahegelegt war (BGH GRUR 2003, 317, 320 – kosmetisches Sonnenschutzmittel).

c) Lange Zeit vorhandenes Bedürfnis

69 **aa) Grundsatz.** Ein lange bestehendes, unbefriedigend gelöstes Bedürfnis kann als **Hilfskriterium** für sich allein das Vorliegen erfinderischer Tätigkeit nicht begründen, wenn festgestellt werden kann, dass der beanspruchte Gegenstand nahegelegt und besondere technische Schwierigkeiten bei seinem Auffinden nicht zu überwinden waren (BGH GRUR 1963, 568, 569 – Wimpernfärbestift; 1959, 532, 537 – Elektromagnetische Rührvorrichtung; BPatGer Mitt. 1979, 195, 196) oder wenn ein zweckmäßiger konstruktiver Gedanke von einem Fachmann ohne Schwierigkeiten auf Grund weniger Versuche gefunden werden konnte (BGH Liedl 1974/77, 10, 16f. – Rauchwagen). Ist dies zweifelhaft kann für das Vorliegen erfinderischer Tätigkeit sprechen, dass die Fachwelt in langer Zeit trotz vorhandenen Bedürfnisses die offenbarte Lehre nicht gefunden hat (vgl. bereits RG GRUR 1937, 611, 614; BGH GRUR 1953, 120 – Glimmschalter; 1953, 120, 122 – Rohrschelle; 1955, 244, 246 – Repassiernadel I; 1957, 488 – Schleudergardine; 1957, 543 – Polstersessel; BGH GRUR 2001, 232, 234 – Brieflocher; st. Rspr.). Gleiches gilt für langes vergebliches Bemühen der Fachwelt, insbesondere lange vergebliche Versuche zur Beseitigung vorhandener Mängel (RG GRUR1933, 132, 134; BGH GRUR 1953, 120 – Glimmschalter; 1953, 120, 122 – Rohrschelle; 1959, 22, 24 – Einkochdose; 1965, 416, 419 – Schweißelektrode; 1970, 289, 294 – Dia-Rähmchen IV; 1979, 619, 620 – Tabelliermappe; BGH BlPMZ 1963, 365, 366 – Schutzkontaktstecker; Schweiz. BG GRUR Int. 1985, 595, 596 – Schneeketten), für eine Vervollkommnung einer dreißig Jahre

bekannten unvollkommenen Lösung bei Problemen aus einem begrenzten technischen Sondergebiet (RG GRUR 1939, 689, 691). Hierfür reichen jedoch weder das Zeitmoment noch das Bedürfniselement für sich aus, vielmehr müssen beide Gesichtspunkte gemeinsam vorliegen (Rdn. 52). Beispiele:

bb) Beispiele für hinreichende Anhaltspunkte. Für ein Wasseraufbereitungsverfahren, zu dem der Stand der Technik keine Anregung gab, auf das trotz dringenden Bedürfnisses und anderer Bemühungen bisher niemand gekommen war und das überraschende Vorteile bot (BGH GRUR 1972, 704, 706 f. – Wasser-Aufbereitung); ebenso für den Ersatz eines üblichen Maschinenelements durch ein anderes, das jahrzehntelang unbeachtet blieb, aber erhebliche Vorteile brachte (Konus- und Lamellenkupplung; PA Mitt. 1939, 267, 268); für eine Verbesserung, die anderen Fachleuten trotz Bemühungen in dieser Richtung nicht gelungen war (RG GRUR 1936, 556, 557; BPatG GRUR 1978, 702, 705). Das ungelöste Problem braucht nicht im Schrifttum vor dem Anmeldezeitpunkt herausgestellt zu sein; auch aus nachveröffentlichten Schriften kann auf ein im Anmeldezeitpunkt ungelöstes dringendes Bedürfnis geschlossen werden (BGH BlPMZ 1973, 257, 259 – Herbicide). Wenn ein seit langem ungelöstes Problem bestanden hat, ist nach der Lebenserfahrung anzunehmen, dass es den beteiligten Fachkreisen nicht verborgen geblieben ist, aber keiner Lösung zugeführt werden konnte (BGH BlPMZ 1973, 257, 259). Ein seit 7 Jahren ungelöst gebliebenes arbeitsbedingtes Gesundheitsproblem ist als Anzeichen für erfinderische Tätigkeit gewertet worden (EPA GRUR Int. 1985, 580, 582 – Verpackungsmaschine/MICHAELSEN), ebenso, dass 20 Jahre nachteilig gearbeitet wurde, ohne die vorteilhafte Kombination zu finden (EPA ABl. 1987, 405, 411 f. – Gasreinigung/AIR PRODUCTS); ebenso die Tatsache, dass zur Lösung eines seit kürzerer Zeit bestehenden erheblichen Bedürfnisses Anregungen aus einer 25 Jahre zuvor veröffentlichten Druckschrift nicht aufgegriffen waren (BGH GRUR 1982, 289, 290 – Massenausgleich); ebenso für die Befriedigung eines Bedürfnisses, das fortwährend bestanden hat, wenn vor dem Anmeldetag Anregungen aus einer 16 Jahre alten Druckschrift aus Blindheit der Fachwelt nicht aufgegriffen worden waren (OGH DDR NJ 1987, 42, 43), für eine einfache dünne Haftschicht aus Chrom oder Chrom-Nickel bei einem kupferbeschichteten Keramikkondensator, nachdem eine zweifache Haftschicht aus Nickel und eine solche aus Chrom-Nickel so lange unbeachtet geblieben war, oder eine Schrift 23 Jahre trotz dringenden Bedürfnisses unbeachtet geblieben war (BGH Mitt. 1975, 117, 118 – Entwicklungsgerät). Wird für ein Massenprodukt über Jahrzehnte die erfindungsgemäße Lösung nicht verwirklicht, bildet dies ein Indiz gegen die Richtigkeit der Annahme, der Fachmann habe zu einer technisch vorteilhaften wie kostengünstigen Maßnahme für ein alltägliches Bürogerät ohne erfinderische Tätigkeit finden können (BGH GRUR 2001, 232, 234 – Brieflocher). 70

cc) Beispiele für nicht hinreichende Anhaltspunkte. Bei Anwendung eines Kunststoffes, der schon in den Kriegsjahren 1939/45 entwickelt und ausprobiert worden war, aber erst 1950 in ausreichendem Maße zur Verfügung stand, wurde für die 1950 angemeldete Erfindung trotz langjährigen Bedürfnisses eine erfinderische Tätigkeit verneint (BGH GRUR 1960, 27, 29 – Verbindungsklemmen), denn das Zeitmoment allein, ohne dringendes Bedürfnis spricht nicht für erfinderische Tätigkeit (EPA ABl. 1984, 473, 480 – Hörgerät/BOSCH). Für einen 1960 angemeldeten Campingtisch wurde ein über längere Zeit bestehendes dringendes Bedürfnis nicht anerkannt, weil ein solches erst mit der fortschreitenden Motorisierung entstand (BGH Liedl 1974/77, 50, 62), ebenso nicht für eine Schnellaufzugschaltung, für die ein Bedürfnis erst mit dem Aufkommen der Schnellaufzüge dringender wurde (BGH Liedl 1974/77, 325, 333). Bei langlebigen teuren Wirtschaftsgütern braucht der Umstand, dass man zur Fortentwicklung des Standes der Technik lange Zeit (hier 20 Jahre) benötigte, noch keine erfinderische Tätigkeit zu begründen (BGH Mitt. 1962, 74, 77 – Braupfanne); ebenso für Hafendrehkran (BGH Liedl 1965/66, 576, 599). Hat sich das Bedürfnis für die Erfindung erst kurze Zeit vor der Anmeldung ergeben, so ist der Umstand, dass eine Druckschrift lange Zeit (hier 50 Jahre) keine Anregung in Richtung der Erfindung gegeben hat, kein Indiz für die erfinderische Tätigkeit (BPatGE 3, 3 unter Hinweis auf BGH GRUR 1962, 290, 294 – Brieftauben-Reisekabine II), insbesondere bei einer noch verhältnismäßig jungen Technologie (Stranggießen von Stahl und Eisen), bei der sich das Hauptaugenmerk der bei der Entwicklung Tätigen in den Anfängen zunächst auf die Beherrschung der Technologie als solcher und auf die dabei auftretenden Probleme richtete und dann erst im Zuge der Entwicklung anfänglich weniger bedeutsame Fragen der Ausgestaltung des Betriebsablaufs (Heranschaffen und Bereithalten der Schmelze für einen vollkontinuierlichen Betrieb) in den Blickpunkt traten; in einem solchen Falle kommt dem Zeitmoment, dass der Vorschlag des Patents, eine seit mehr als 40 Jahren für das diskontinuierliche Kokillengießen bekannte Einrichtung beim Stranggießen anzuwenden, erst eine Reihe 71 von Jahren nach der Einführung des Stranggießens gemacht wurde, keine Bedeutung für die erfinderische Tätigkeit zu (BGH GRUR 1981, 42 – Pfannendrehturm).

72 **dd) Zeitmoment, sonstige Umstände.** Ob das Zeitmoment für sich ein Hilfskriterium zur Bewertung der erfinderischen Tätigkeit ist, ist zweifelhaft (BGH Urt. v. 6. 4. 2004 – X ZR 155/00, Umdruck S. 14) und wohl zu verneinen. Wenn ein auftretendes Bedürfnis **alsbald** befriedigt werden kann, kann weder aus diesem Umstand noch aus einem bedeutenden wirtschaftlichen Erfolg ein Anzeichen für die erfinderische Tätgkeit hergeleitet werden (BGH Liedl 1963/64, 422, 433 – Schuko-Konturenstecker; EPA GRUR Int. 1983, 650, 653 – Metallveredlung/BASF). 4 Jahre wurden für die Bereitstellung eines neuen Mähdrescher als nicht ausreichend angesehen (BGH Liedl 1974/77, 40, 46 – Mähdrescher); anders 20 Jahre bei einer Kombination unvereinbar erscheinender Mittel (EPA GRUR Int. 1988, 248f.). Für eine **sowohl Vorteile als auch Nachteile** aufweisende Lösung ist kein dringendes Bedürfnis anzuerkennen, daher auch bei relativ später erstmaliger Lösung kein Anzeichen für eine erfinderische Tätigkeit gegeben (BGH Liedl 1965/66, 22, 23 – Lamellen-Schrägsteller; 1971/73, 289, 295 – Duschanlage; BGH Urt. v. 17. 3. 1987 – X ZR 101/85 – Verbindungsprofil), ebenso wenig für ein **erheblich eingeschränktes Bedürfnis** (BGH Liedl 1971/73, 289, 293). War die Fachwelt aus wirtschaftlichen Erwägungen heraus wegen **fehlender Rentabilität** an einem der Erfindung entsprechenden Vorschlag nicht interessiert, dann liegt für diese Zeit ein dringendes Bedürfnis nicht vor (BPatG Mitt. 1979, 195, 196). Die Praxis hat ein lange bestehendes dringendes Bedürfnis verneint bei **Modeströmungen** unterworfenen Neuerungen (RG Mitt. 1936, 79, 82 – für eine Brillenform), und weil sich keine Versuche feststellen ließen, dem Bedürfnis auf andere, weniger vorteilhafte Weise abzuhelfen (BGH Liedl 1971/73, 302, 311 – Pulverbehälter für Flammspritzbrenner). In der Erkenntnis eines **zukünftigen technischen Bedürfnisses,** das ohne weiteres und **von jedem Fachmann erkennbar** auftreten musste, ist kein Anzeichen für eine erfinderische Tätigkeit gesehen worden (RG MuW 1935, 16, 17). Die Tatsache, dass sich die Praktiker auf einem bestimmten Gebiet nicht schon früher mit der Lösung eines bestimmten Problems befasst haben, ist angesichts dessen, dass sich die Entwicklung technischer Verfahren gemeinsam in einer Reihe von kurzen Schritten vollzieht, während derer sich der Fachmann immer intensiver mit Fragen befasst, die ihm zunächst als weniger wichtig erschienen sind, allein kein ausreichender Anhaltspunkt für erfinderische Tätigkeit (EPA ABl. 1982, 217, 223 – Shell-Aryloxybenzaldehyd).

73 **d) Massenartikel.** Auch wenn der Erfindungsgedanke lediglich die Folgerung aus den auf einem bestimmten technischen Gebiet gemachten Erfahrungen darstellt, ist erfinderische Tätigkeit bejaht worden, wenn damit ein neuer, einfacherer und billigerer Weg zur Herstellung eines **Massenartikels** gewiesen wird, für den ein steigender Bedarf besteht (BGH GRUR 1954, 391 – Latex; BGH Liedl 1965/66, 77, 95ff. – Flaschenblasen); ebenso, wenn die Brauchbarkeit eines gebräulichen Massenartikels erheblich verbessert wurde, wozu der Stand der Technik weder Vorbilder noch Anregungen bot, (BGH GRUR 1974, 715, 717 – Spreizdübel). Der Umstand, dass für ein Massenprodukt über Jahrzehnte die erfindungsgemäße Lösung nicht aufgefunden worden ist, stellt ein Indiz gegen die Richtigkeit der Annahme dar, der Fachmann habe zu der vorgeschlagenen, ebenso technisch vorteilhaften wie kostengünstigen Maßnahme ohne erfinderische Tätigkeit finden können (BGH GRUR 2001, 232, 234 – Brieflocher).

e) Markterfolg

74 **Literaturhinweise:** Lewinsky, Erfinderische Tätigkeit – wirtschaftlicher Erfolg, Mitt. 1986, 41ff.; Daus, Der wirtschaftliche Erfolg von Patenten als Beweisanzeichen (USA), GRUR Int. 1989, 362ff.

Aus dem großen Absatz und aus dem erzielten wirtschaftlichen Erfolg allein kann als **Hilfskriterium** auf das Vorliegen erfinderischer Tätigkeit nicht geschlossen werden (vgl. bereits RG GRUR 1939, 277, 280; BPatG Mitt. 1988, 212), insbesondere können eine verbreitete Imitation und der wirtschaftliche Erfolg eine aus sonstigen Gründen fehlende erfinderische Tätigkeit nicht ersetzen (BGH BlPMZ 1967, 137 – Kondenswasserabscheider). Ein großer Markterfolg kann jedoch ein Anhalt für erfinderische Tätigkeit sein, wenn er auf einer sprunghaften (überraschenden) Bereicherung der Technik beruht und eine umfangreiche Nachahmung durch Mitbewerber darauf zurückzuführen ist, dass ein neues Produkt dem bisher angebotenen technisch deutlich überlegen ist und die Fachfirmen überkommenen Vorstellungen verhaftet geblieben sind (BGH BlPMZ 1991, 161, 162 – Haftverband). Das gilt nicht, wenn der Markterfolg auf ein erfolgreiches Marketing oder darauf zurückzuführen ist, dass ein Marktteilnehmer preisgünstiger als seine Mitbewerber produziert, weil er z.B. als erster auf am Markt angebotene, billigere Grundstoffe für sein Produkt zugegriffen hat (BGH GRUR 1991, 120, 121 – elastische

Bandage; vgl auch Urt. v. 4. 12. 1990 – X ZR 11/88, S. 14 – Perücke; BGH Liedl 1984/86, 313, 323 ff. – Ätzen; Liedl 1974/77, 246, 256 – Korrosionsschutzverfahren; Liedl 1967/68, 223, 237 – Straßenbrücke; BGH Liedl 1965/66, 34, 45 – Spaltrohrpumpe). Der Markterfolg ist kein Umstand, der bei der Bewertung der erfinderischen Tätigkeit zu berücksichtigen ist, wenn, um ihn zu erreichen, keine technischen Schwierigkeiten zu überwinden waren, sondern eine Zurückhaltung des Marktes die Ursache dafür war, dass eine mit handwerklichen Mitteln zu bewältigende, nahe liegende Maßnahme bis zum Anmeldezeitpunkt noch nicht realisiert worden war (BGH GRUR 1987, 351, 353 – Mauerkasten II). Auch die Bewährung der Erfindung in der Praxis spricht allein nicht für erfinderische Tätigkeit (BGH BlPMZ 1967, 137 – Kondenswasserabscheider). Der wirtschaftliche Erfolg eines Produkts kann nur insoweit als Indiz für das vorliegen erfinderischer Tätigkeit herangezogen werden, als er auf technischen Ursachen beruht (BGH GRUR 1991, 120, 121 – elastische Bandagen; GRUR 1994, 36, 38 – Messventil).

f) Mehrfacherfindungen. Der Umstand, dass eine Erfindung mehrfach gemacht wurde, 75
spricht als solcher weder für noch gegen ihr Naheliegen. Besteht die beanspruchte Lösung in einer Kombination an sich bekannter Merkmale, kann dies gegen erfinderische Tätigkeit sprechen, wenn sie „in der Luft" gelegen hat (BGH GRUR 1953, 120, 122 – Rohrschelle; GRU 1953, 384 – Zwischenstecker I; GRUR 1981, 341 – piezoelektrisches Feuerzeug); es gibt aber auch zufällige Doppelerfindungen (BGH GRUR 1953, 120 – Glimmschalter). Hat eine bekannt gewordene Erfindung weitere Anmeldungen zu Folge, die auf sie aufbauen, spricht dies für erfinderische Tätigkeit (EPA T 282/85, ABl. 1989, 275 – Polypeptid-Expression; vgl. Benkard/Jestaedt, EPÜ Art. 56 Rdn. 85; Busse/Keukenschrijver, § 4 PatG Rdn. 38).

VII. Erfinderische Tätigkeit bei verschiedenen Arten von Erfindungen

1. Anwendungs- und Verwendungserfindungen

a) Ausgangspunkt. Anwendungs- oder Verwendungserfindungen betreffen technische 76
Lehren, bei denen ein **bekanntes Erzeugnis oder Verfahren** in einer **neuen Funktion** auf Grund des Auffindens neuer Anwendungsbereiche, Funktionen und weiterer zunächst nicht erkannter Eigenschaften auf im Stand der Technik nicht bekannte Art angewendet wird (§ 1 Rdn. 38 ff., 75 ff.). Neuheit und gegebenenfalls erfinderische Tätigkeit beruhen darauf, dass dem Fachmann vor dem Prioritätstag die Kenntnis dieser Funktion, Eigenschaft oder dergleichen weder im Stand der Technik offenbart worden ist noch ihm auf Grund seines Fachwissens zur Verfügung stand (BGH GRUR 1962, 83, 85 – Einlegesohle). In diesen Fällen scheidet ein unmittelbar auf den zu verwendenden Gegenstand gerichteter uneingeschränkter Sachanspruch aus, weil der Gegenstand als solcher und in seinen bekannten Eigenschaften und Funktionen nicht mehr neu ist. Neu ist hingegen die Verwendung in anderer technischer Funktion, die Benutzung zu einem anderen Zweck. Wird eine bis zum Prioritätstag der Verwendungserfindung neue und erfinderische Funktion, Brauchbarkeit oder Eigenschaft des bekannten Gegenstands gefunden, kann darauf ein Verwendungsanspruch erteilt werden. Der auf die Verwendung einer Substanz zur Erreichung eines bestimmten Zwecks gerichtete Patentanspruch gewährt Schutz gegen die augenfällige Herrichtung der Substanz, mag sie anspruchsgemäß für die Erreichung eines therapeutischen, oder eines anderen Zwecks bestimmt sein, etwa zur Unkraut- oder Schädlingsbekämpfung oder für die Erreichung eines andren Zwecks. Deshalb ist der Verwendungsanspruch unabhängig von der Art der verwendeten Substanz (BGH GRUR 1983, 729 – Hydropyridin). Verwendungsansprüche sind in der Regel eine **eigene Art der Verfahrenspatente** (BGH GRUR 1990, 508, 510 – Spreizdübel; diese Einordnung trifft nur bedingt zu, vgl. § 1 Rdn. 38 e), bei denen die bestimmte Anwendung oder Verwendung der betreffenden Sache oder des betreffenden Verfahrens Gegenstand der beanspruchten technischen Lehre ist und bei denen sich die Aufnahme der Zweckbestimmung in den Patentanspruch als eine Beschränkung des Schutzes auf die Verwendung des betroffenen Gegenstandes für den angegebenen Zweck auswirkt (§ 1 Rdn. 38 a; zum Problem der Abhängigkeit einer Anwendungs- oder Verwendungserfindung vgl. § 9 Rdn. 75 ff.). Da durch eine Angabe zur Verwendung eines Gegenstandes der Sachschutz nicht auf die Benutzung des Erzeugnisses zu dem genannten Zweck eingeschränkt wird, sondern alle Verwendungsarten erfasst (BGH GRUR 1991, 436, 442 – Befestigungsvorrichtung II; dazu § 1 Rdn. 20 a f.), kann ein auf die Sache (Vorrichtung) gerichteter Patentanspruch auf eine ursprünglich offenbarte Verwendung der Sache beschränkt werden (BGH GRUR 1988, 287, 288 – Abschlussblende; GRUR 1990, 508, 509 – Spreizdübel; BPatG GRUR 1991, 823, 825).

b) Erfinderische Tätigkeit. Bei Verwendungserfindungen ist die Frage der erfinderischen 77
Tätigkeit danach zu beurteilen, ob die **neuartige Anwendung oder Verwendung** des Ge-

genstands dem Durchschnittsfachmann auf Grund des Standes der Technik und des allgemeinen Fachwissens eine nahe liegende Maßnahme ist oder nicht; die neue Art der Verwendung des bekannten Gegenstands muss erfinderische Qualität aufweisen (BGH GRUR 1956, 77, 78 – Spann- und Haltevorrichtung m. w. Nachw. zur älteren Rspr.). Bei der Verwendung eines bekannten Stoffs zu einem neuen therapeutischen Zweck muss die Verwendung des Stoffs zu diesem Zweck erfinderisch sein; unerheblich ist dagegen, ob die zur Durchführung der neuen Verwendung erforderlichen Anpassungsmaßnahmen nahe liegend sind (BGH GRUR 1982, 548, 549 – Sitosterylglykoside). Der erfinderische Schritt kann darin liegen, dass eine neuerkannte Funktion (Verwendungszweck) eines bekannten Erzeugnisses (Sache, Stoff, Vorrichtung u. dgl.) oder Verfahrens für einen neuen Zweck, d. h. zur Erreichung eines neuen Erfolges verwendet wird. Nicht auf erfinderischer Tätigkeit beruhend ist eine Lehre beurteilt worden, die der Durchschnittsfachmann auffinden konnte, wenn er die Anregung einer bekannten Druckschrift aufgegriffen hätte, die Anwendbarkeit der darin beschriebenen Lehre auf neue Belastungen zu erproben, die deren Eignung ergeben hätte (BGH Liedl 1971/73, 212, 218 – Flanschkupplung). Anders wurde bei der Auffindung einer neuen Zweckbestimmung einer bekannten Vorrichtung entschieden, die nur unter besonderen Umständen eine bisher unerkannt gebliebene technische Wirkung hat (RG JW 1937, 1887, 1889) oder, nachdem sie seit 20 Jahren bekannt war, ihre neue Verwendung einen sprunghaften Fortschritt brachte, für den seit langem ein dringendes Bedürfnis bestand (BPatG GRUR 1991, 823, 825); ebenso wurde entschieden für die Änderung der Berechnung optischer Systeme mit Hilfe von Optimierungsprogrammen, die ohne Eingriff des Fachmanns einen neuen Zieldatensatz mit den gewünschten neuen Leistungsdaten errechnen, was die Verwendung von Massengläsern möglich macht (BPatG GRUR 1989, 388, 389 re. Sp. unter 3b). Das EPA hat eine Verwendung eines Mittels zur Verminderung der Reibung nicht durch die Verwendung zum Schutz vor Rost als nahegelegt angesehen (EPA T 59/87–3.3.1 Beschl. v. 14. 8. 1990 – Reibungsmindernder Zusatz/MOBIL IV). Die Übertragung eines bestimmten Verfahrens (Ampullenschmierung) auf ein anderes technisches Gebiet (Preßluftwerkzeuge) begründet keine erfinderische Tätigkeit, wenn zur Übertragung nur kaufmännische und wirtschaftliche Überlegungen nötig waren (BGH GRUR 1958, 131 – Schmierverfahren). Bei Erfindungen, die die Anwendung bekannter Stoffe zum Gegenstand haben, sollen bei der Beurteilung der erfinderischen Tätigkeit strengere Anforderungen zu stellen sein (PA GRUR 1952, 161 unter D 1). Die Lösung des Problems, aus bekannten Stoffen einen geeigneten Stoff für die Anwendung zu einem besonderen Zweck auszusuchen, wurde im Allgemeinen keine erfinderische Tätigkeit zugebilligt (PA Mitt. 1938, 251). Sie ist für die Erkenntnis bejaht worden, ein bekanntes, seither als wertlos verworfenes Destillat zur Gewinnung eines wertvollen Stoffes zu verwenden, weil jener Stoff unzersetzt im Destillat blieb (PA Mitt. 1935, 159), bei einem überraschenden nicht zu erwartenden Fortschritt der neuen Lehre, CMPP-Amine als selektive Herbicide anzuwenden (BGH BlPMZ 1973, 257, 258 – Herbicide). Wenn der Fachmann für eine bestimmte Anwendung eines bekannten Verfahrens offensichtlich Material verwenden könnte, das auf dem Markt allgemein und für den gewünschten Zweck erhältlich ist, und dieses – unabhängig von seinen Eigenschaften – aller Wahrscheinlichkeit nach auch verwenden würde, so ist diese Verwendung nicht allein wegen dieser Eigenschaften schon als erfinderisch anzusehen (EPA T 513/90, GRUR Int. 1994, 618 ff. – Geschäumte Körper/JAPAN STYRENE). Richtet sich der Anspruch auf eine in der Natur der Sache liegende, wenn auch nicht erkannte spätere Verwendung einer bekannten Substanz, beruht sein Gegenstand nicht auf erfinderischer Tätigkeit, wenn sich aus dem Stand der Technik eine feststehende Verbindung zwischen dem früheren und dem späteren Verwendungszweck ergibt (EPA T 112/92 GRUR Int. 1994, 745 – Glucomannan/MARS II).

78 **c) Die Sonderregelung des § 3 Abs. 3.** § 3 Abs. 3 trifft eine Sonderregelung für die Verwendung bekannter Stoffe in chirurgischen, therapeutischen und diagnostischen Verfahre (§ 3 Abs. 3, § 5 Abs. 2), mit der der zweckgebundene Stoffschutz für an sich bekannte Stoffe zur Verwendung auf therapeutischem und diagnostischem Gebiet eingeführt worden ist. Die Art. 54 Abs. 5 EPÜ entsprechende Regelung ist als eine vom Regelfall **abweichende Bestimmung des Neuheitsbegriffs** für Erfindungen zu verstehen, die schon nach der Rechtslage vor dem 1. 1. 1978 nach der deutschen Rechtsprechung in der Form von Verwendungsansprüchen für neuartige und überraschende Verwendungen eines bekannten Stoffs für medizinische Indikationen patentierbar waren (vgl. § 3 Rdn. 88 f.; näher § 5 Anhang Rdn. 55; Benkard/Melullis, EPÜ, Art. 54 Rdn. 220). Nach § 3 Abs. 3 kann zwar auf einen **bekannten** Stoff, für den **erstmals** eine therapeutische Anwendung aufgefunden wird, ein Sachpatent erteilt werden; Gegenstand der Erfindung ist aber nicht der Stoff als solcher, sondern das Auffinden einer neuen Wirksamkeit in einem der in § 5 Abs. 2 genannten Verfahren. Deshalb ist Gegen-

stand der Prüfung auf erfinderische Tätigkeit, ob die Verwendung des bekannten Stoffs für eines der genannten Verfahren auf erfinderischer Tätigkeit beruht. Da es sich um eine Sonderegelung für den Bereich der therapeutischen und diagnostischen Behandlung handelt, kann die Zulässigkeit eines beschränkten Sachanspruchs zur Verwendung von Stoffen **in anderen als den in § 5 Abs. 2 genannten Verfahren** aus der Vorschrift des § 3 Abs. 3 nicht hergeleitet werden. Die Vorschrift enthält eine nicht analogiefähige Ausnahmeregelung für bekannte Stoffe zur Anwendung in Verfahren zur chirurgischen, therapeutischen oder diagnostischen Behandlung (§ 5 Abs. 2); sie ist auf Stoffe und die genannten Verfahren beschränkt; sie kann daher nicht auf Geräte zur chirurgischen Behandlung (EPA GRUR Int. 1994, 848, 850 – zweite chirurgische Verwendung/CODMAN) und erst recht nicht auf die Verwendung bekannter Stoffe in sonstigen Verfahren erstreckt werden (vgl. § 3 Rdn. 88, 90; Busse/Keukenschrijver, § 3 PatG Rdn. 195). Zu Arzneimittelerfindungen und Verwendungserfindungen, wenn eine zweite oder weitere therapeutische Verwendungen eine bekannten Stoffs aufgefunden werden, vgl. Rdn. 85, § 1 Rdn. 91 f. und Anhang zu § 5.

2. Übertragungserfindungen

Literaturhinweis: Bartels, Die Rolle des Durchschnittsfachmanns bei der Übertragungserfindung bis zu deren Verschmelzung zur homogenen Erfindung, GRUR 1961, 260.

Bei der Übertragungserfindung (§ 1 Rdn. 77) ist die erfinderische Tätigkeit in der Regel zu verneinen, wenn es sich um eine Übertragung einer bekannten Lehre auf ein benachbartes technisches Gebiet handelt (BPatG Mitt. 1988, 115, 116), insbesondere wenn dort in einem Lehr- und Grundlagenbuch Fragen grundsätzlicher Art, wie Materialfragen in der Elektrotechnik behandelt sind (BPatG GRUR 1991, 821, 823). Es kommt darauf an, ob es für den Fachmann des einen technischen Gebietes, der sich eine Aufgabe gestellt hat, naheliegt, sich auf anderen Gebieten der Technik umzusehen, auf dem die gleiche Aufgabe zu lösen war (BGH GRUR 1959, 532, 536 – Elektromagnetische Rührvorrichtung; EPA GRUR Int. 1986, 264, 265 – Stiftspitzer/MÖBIUS). Was auf einem nahe verwandten Gebiet bekannt ist, ist auf dem benachbarten Gebiet zum technischen Grundwissen zu rechnen (BGH GRUR 1961, 529, 533 – Strahlapparat). Erfinderische Tätigkeit fehlt, wenn zu erwarten ist, dass auf einem Gebiet gemachte Erfahrungen angesichts der zweckbedingten Zusammengehörigkeit der Vorrichtungen auf dem anderen Gebiet nicht außer acht gelassen werden (BGH BlPMZ 1963, 365, 366 – Schutzkontaktstecker; s. auch BPatGE 21, 32, 34). Wenn der Konstrukteur bei einer Vorrichtung mit einem beweglichen Anker ein technisches Problem zu lösen hat, ist zu erwarten, dass er den Stand der Technik auf dem benachbarten Gebiet der Vorrichtungen mit Drehanker heranzieht, auf dem dasselbe Problem auftritt (EPA ABl. 1983, 15, 19 – Elektromagnetischer Schalter). Keine erfinderische Tätigkeit für Anwendung einer bekannten Vorrichtung zur Verarbeitung von (zähplastischer) Kautschukmasse auf dünnflüssig werdende thermoplastische Kunststoffe (BGH GRUR 1967, 25, 27 – Spritzgussmaschine III). Wenn in einer Druckschrift bestimmte Wirkstoffe zur Entfernung von Zahnbelag vorgeschlagen sind, ist es für den Fachmann nahe liegend, einen der genannten Wirkstoffe zu einem Mundspray oder Zahngel zu verarbeiten (EPA ABl. 1992, 414, 423 – Entfernung von Zahnbelag/ICI). 79

Die Heranziehung von Erkenntnissen aus **Nachbargebieten** kann erfinderisch sein wenn eine Maßnahme bisher bei einem Scheinwerfer einem völlig anderen Zweck diente, als das bei der eine Verkehrsleuchte betreffenden Erfindung der Fall ist (EPA ABl. 1982, 419, 423 – Reflexionslamellen). Die Verwendung eines Mittels auf einem Gebiet eines Großbetriebes (hier: Brauerei) legt diese Anwendung auf einem anderen Gebiet desselben Betriebes dann nicht nahe, wenn zwischen diesen beiden Gebieten kein technologischer Zusammenhang besteht, vielmehr ein völlig anderes technisches Problem gestellt wird (BPatGE 3, 88, 93). Die Verwendung eines Vertreters einer chemischen Stoffklasse, der als selektiv wirkendes Mittel zur Bekämpfung von Unkraut in Baumwollstrukturen bekannt war, zur selektiven Bekämpfung von Unkraut in Gerste- und Weizenkulturen wurde wegen der überlegenen Wirkung und der großen Spezifität des Wirkstoffes in Gerste- und Weizenkulturen sowie wegen der hierbei befriedigten seit langem bestehenden dringenden Bedürfnisses als erfinderische Leistung anerkannt (BPatG GRUR 1976, 633, 634 m. Anm. Schmied-Kowarzik, aaO S. 630). Bei Erfindungen, die üblicherweise in handwerkmäßigen Kleinstbetrieben hergestellte Erzeugnisse betreffen und sich im Rahmen des üblichen Herstellungsprogramms und der technisch-personellen Ausstattung derartiger Betriebe halten, ist nicht zu erwarten, dass der Fachmann sich die Kenntnisse und Erfahrungen der Fachleute auf anderen Gebieten zunutze macht (BGH GRUR 1978, 37, 38 – Börsenbügel). So hat das BPatG die Übertragung einer auf dem Gebiet der Metallverarbeitung geläufigen Maßnahme (Verwendung eines ungespitzten Drahtstiftes zum Lochen) auf einen Eierpick, bei denen 80 sich die Fachwelt stetig und intensiv um Verbesserungen bemüht hatte, als erfinderisch gewertet (BPatG Mitt. 1982, 149f.). Haben Gebiete eine **getrennte technische Entwicklung** genommen und liegen sie daher weit auseinander, so dass die Fachleute mit dem jeweils andren Gebiet nicht vertraut sind, wird die Übertragung einer technischen Maßnahme auf das jeweils andere Gebiet in der Regel als nicht nahe liegend anzusehen sein. Zur Heranziehung von Erkenntnissen aus übergeordneten allgemeinen technischen Gebieten sowie Nachbargebieten vgl. im Übrigen Rdn. 37, 39.

3. Kombinationserfindung

81 **a) Grundsatz.** Bei der Prüfung einer Kombinationserfindung auf erfinderische Tätigkeit ist auf die Gesamtkombination aus allen Merkmalen abzustellen (BGH GRUR 1953, 120, 122 – Rohrschelle; 1975, 593, 597f. – Mischmaschine III; 1976, 88, 89 – Ski-Absatzbefestigung; 1981, 732, 734 – First- und Gratabdeckung; 1981, 736, 738 – Kautschukrohlinge; EPA ABl. 1988, 428 – Kombinationsanspruch/KABELMETALL, 1989, 71, 73). Das Vorbekanntsein einzelner mehrerer oder aller Teile der Kombination ist unschädlich (BGH GRUR 1954, 317, 319 – Mehrschichtträger; GRUR 1975, 593, 597f. – Mischmaschine III; Mitt. 1975, 117, 118 – Entwicklungsgerät; GRUR 1999, 145, 148 – Stoßwellen-Lithotripter; GRUR 2003, 223, 225 – Kupplungsvorrichtung III) und lässt keinen zuverlässigen Schluss auf dessen Naheliegen zu (EPA ABl. 1988, 86 – Gießpfannen/MANNESMANN). Die Vereinigung der Einzelelemente zu der Kombination muss erfinderisch sein. Es muss deshalb geprüft werden, ob der Stand der Technik Anregungen (oder Hinweise) gegeben hat für das Zusammenwirken aller Merkmale (Lösungsmittel) **unter Berücksichtigung ihrer Funktionen innerhalb der Kombination** (BGH GRUR 1981, 736, 738 – Kautschukrohlinge; EPA ABl. 1992, 268, 282 – Fusionsproteine/HARVARD). Es ist zwar nicht zu beanstanden, im Stand der Technik nach den einzelnen Merkmalen der Kombination zu forschen. Es lässt sich auch nicht immer vermeiden, sich getrennt mit einzelnen Merkmalen der Kombination zu befassen. Rechtlich fehlsam ist es jedoch, das Ergebnis der Einzelbetrachtung für sich allein zur Grundlage für die Beurteilung der erfinderischen Tätigkeit zu erheben, (BGH GRUR 1981, 736, 738 – Kautschukrohlinge). Selbst wenn alle Merkmale einer Kombinationserfindung für sich bekannt sind, ist ihre Vereinigung eine erfinderische Tätigkeit, wenn ihre Vereinigung eine selbstständige und eigenartige Lösung des Problems darstellt (BGH GRUR 1959, 22, 24 – Einkochdose).

82 **b) Beispiele.** Bei der bloßen Vereinigung bekannter Merkmale liegt erfinderische Tätigkeit vor, wenn die Vereinigung eine auf das Zusammenwirken der sämtlich bekannten Einzelelemente zurückzuführende vorteilhafte Gesamtwirkung herbeiführt (BGH GRUR 1961, 572, 576 – Metallfenster) oder wenn, obwohl die Einzelmerkmale für sich lange bekannt waren, niemand zuvor auf den Gedanken kam, sie zu vereinigen (BGH GRUR 1953, 120, 122 – Rohrschelle), insbesondere wenn ein großes Bedürfnis für die vorteilhafte Lösung bestand und es lange dauerte, bis die einfache und vorteilhafte Anordnung gefunden wurde (BGH GRUR 1954, 107, 110 – Mehrfachschelle; High Court of Australia GRUR Int. 1981, 691, 692 – Luftdurchlässiges Heftpflaster; EPA GRUR Int. 1991, 815 – Gefrorener Fisch/FRISCO-FINDUS), wenn ihr Zusammenwirken zu einer einfach zu bedienenden und zu wartenden, technisch einfachen Konstruktion mit überraschend wertvollen Vorteilen (fortlaufende, gleichmäßige, zeit-, arbeit- und materialsparende Colorfilmentwicklung) führte, zu der der Stand der Technik keine Anregung gab (BGH Liedl 1974/77, 83, 94 – Entwicklungsgerät = Mitt. 1977, 117), wenn dabei eine auf das Nötigste und Zweckmäßigste beschränkte verblüffend einfache Gesamtkombination geschaffen wurde (BGH Liedl 1965/66, 77, 95ff. – Flaschenblasen) oder wenn die kombinierten Grundtechniken eher unvereinbar waren und ihr Vorteil unvorhersehbar war und geraume Zeit unbeachtet blieb (EPA ABl. 1987, 405, 418 – Gasreinigung/AIR PRODUCTS). Als erfinderisch wurde eine Kombination aus bekannten Merkmalen angesehen, wenn nicht nur die Eigengesetzlichkeit der einzelnen Mittel, sondern auch deren gegenseitige Abhängigkeit voneinander erkannt und die Möglichkeit eines technisch wirkungsvollen Gesamteffekts geschaffen wurde (BGH Liedl 1971/73, 62, 70 – Düngerstreuer), ebenso, wenn durch eine Reihe von einfachen, geschickt aufeinander abgestimmten Maßnahmen ein handliches, einfach zu handhabendes und wenig störanfälliges Gerät geschaffen wurde, das die Unvollkommenheiten älterer Konstruktionen vermied (BGH Liedl 1971/73, 157, 168 – Haarschneidegerät), ferner wenn auf dem betreffenden technischen Gebiet zahlreicher Stand der Technik existiert, der eine Vielzahl von Kombinationen bekannter Einzelmerkmale ermöglicht, und die neue Kombination einzelne Kenntnisse über die Vor- und Nachteile des Bekannten und der Funktion der Einzelmerkmale voraussetzt und eine Konzeption der richtigen Einordnung der Merkmale erfordert (BGH Liedl 1971/73, 221, 235f. – Einspritzmotor). Das EPA hat die erfinderische Tä-

tigkeit für den Vorschlag, die Farbwiedergabe durch die Auswahl geeigneter Kuppler zu Cyanfarbstoffen zu verbessern, die einer Verschiebung der maximalen Absorptionswellenlänge mit steigender Farbdichte vermieden, bejaht, gegenüber einem Stand der Technik, der eine Blauwiedergabe durch einen anderen Kuppler verbesserte, den Fachmann aber nicht auf den Zusammenhang der Verschiebung der maximalen Absorptionswellenlänge hinwies und nicht angab, aus welchem Grund die spezielle Kombination von Cyankuppler gewählt wurde (ABl. 1992 Heft 6, S. 24, 25). Ein Gesamtverfahren aus mehreren Verfahrensstufen (-schritten) kann auf Grund der Kombination aller Verfahrensstufen erfinderisch sein; der erfinderische Charakter des Ganzen kann jedoch bereits schon auf einem erfinderischen Teil der Verfahrensstufen beruhen (EPA GRUR Int. 1987, 697 – Acetonphenonderivate/BAYER). Das gilt nicht allein für Verfahrenserfindungen, sondern auch für andere Kombinationserfindungen, deren erfinderischer Charakter auf einzelnen oder mehreren Elementen der Gesamtkombination beruhen, d.h. von ihnen getragen werden kann. Der Satz lässt sich jedoch nicht dahin umkehren, dass der erfinderische Charakter einer Erfindung aus mehreren Elementen (z.B. Verfahrensstufen) zwangsläufig auf einzelne ihrer Elemente durchschlägt oder deren Erfindungscharakter indiziert (EPA GRUR Int. 1987, 697, 698 für den Fall der Herstellung von Zwischenprodukten innerhalb eines Gesamtverfahrens).

Nicht erfinderisch ist es, wenn sich die bei der gemeinsamen Anwendung von mehreren bekannten Maßnahmen erreichbare Wirkung ohne weiteres aus der Summe der Einzelwirkungen ergibt und als solche voraussehbar ist (BPatGE 1, 6, 7) oder keinen kombinatorischen Effekt erzielen (EPA ABl. 1988, 87 – Beschwerdefrist/BEHR), und auch eine Kombination aus bekanntem Material, mit bekannten Eigenschaften, in bekannter Weise, um bekannte Wirkungen zu erzielen, ohne unerwartete Besonderheiten (EPA ABl. 1991, 514, 520 – Profilstab/KÖMMERLING). Eine mosaikartige Zusammenstellung vorteilhafter Einzelmerkmale aus dem Stand der Technik übersteigt nicht das Können eines Durchschnittsfachmannes (BGH BlPMZ 1963, 365, 366 – Schutzkontaktstecker). Die erfinderische Tätigkeit wurde für eine Kombinationserfindung verneint, deren Merkmale teils einzeln, teils in Unterkombination bekannt waren, deren Zusammenfügung nur eine Variation der bekannten Merkmale ergab, die keinen klaren Fortschritt gegenüber dem Stand der Technik aufwies (BGH GRUR 1958, 134, 138; EPA GRUR Int. 1993, 161, 162). Die Zusammenfassung der für sich bekannten Einzelaggregate zu einem vollautomatischen Gesamtaggregat, wobei die Einzelaggregate in ihrer üblichen technischen Funktion eingesetzt und in gebräuchlicher Weise miteinander verknüpft werden, ist dem durchschnittlichen Fachkönnen zuzurechnen (BGH Liedl 1974/77, 191, 209 – Verpackungsanlage), ebenso die Kombination zweier bekannter Maßnahmen, die nur einer einfachen Überlegung bedurfte und auf dem Wege zur Lösung eines seit langem bekannten Problems lag, an die sich der Stand der Technik kurz vor der Anmeldung bereits nahe herangetastet hatte (BGH Liedl 1971/73, 26, 41f. – Feuerfester Stein). 83

4. Mischungen. Bei aus verschiedenen Stoffen zusammengesetzten **Mischungen, Lösungen** uns dergleichen können sich aus deren **neuen und überraschend wertvollen Eigenschaften** Anhaltspunkte für die erfinderische Tätigkeit ergeben. So hat das BPatG den Zusatz von Zimtsäurederivaten zu Rauchtabak zur Verbesserung der Fülle und des Geschmacks als erfinderisch gewertet, obwohl bestimmte Zimtsäurederivate in geringen Mengen Inhaltsstoffe ganz bestimmter Tabaksorten (türkischer) sind (BPatG Mitt. 1981, 64). Es kann im Einzelfall nicht nahe liegend sein, die Komponenten der Mischung, Lösung oder dergleichen in einem bestimmten Verhältnis zueinander zusammenzufügen oder das Verfahren zur Herstellung eines derartigen Gegenstandes so zu führen, dass bestimmte Komponenten verwendet werden. Wird ein Verfahren zur Herstellung einer blasenfreien Gummibahn beansprucht, bei dem der zu vulkanisierenden Masse zerkleinertes vulkanisiertes Material einer bestimmten Partikelgröße beigemengt wird und stellt die beanspruchte Partikelgröße eine beliebige, **von einem bestimmten Zweck oder Ergebnis losgelöste Auswahl** eines engeren aus einem weiteren Bereich dar, kann daraus das Vorliegen erfinderischer Tätigkeit nicht hergeleitet werden (BGH GRUR 2004, 47, 50 – blasenfreie Gummibahn I). Bei Wirkstoffkombinationen zur selektiven Unkrautbekämpfung kommt es darauf an, ob der Fachmann dem Stand der Technik Anregungen, einen **synergistischen Effekt** bei der Lösung des speziellen Problems (hier: Senkung der herbiziden Aufwandmenge und Erhöhung der Sicherheitsmenge in bestimmten Kulturen) zu erreichen, entnehmen konnte (EPA GRUR Int. 1987, 698, 700 – Synergistische Herbizide/CIBA-GEIGY). Synergistische Effekte, die über die bloße Summenwirkung einer aus mehreren Stoffen zusammengesetzten Mischung hinausgehen, können als Anzeichen für erfinderische Tätigkeit gewertet werden, wenn sie für den Fachmann unerwartet und überraschend sind (Busse/Keukenschrijver, § 4 Rdn. 74; Benkard/Jestaedt, EPÜ, Art. 56 Rdn. 98). Dies setzt bei 84 der Kombination bekannter Stoffe jedoch voraus, dass Anhaltspunkte dafür vorliegen, dass die Kombination als solche nicht nahegelegt war (BGH GRUR 2003, 317, 320 – kosmetisches Sonnenschutzmittel). Beim Mischungen und Lösungen kann es eine erfinderische Leistung sein, im Hinblick auf ein bestimmtes Ziel (Anwendungszweck) ein bestimmtes Zusammensetzungsverhältnis zu wählen. Wird jedoch eine Komponente eines Gemischs durch eine andere ersetzt, deren besseren Eigenschaften bekannt waren, und wird dadurch das Gemisch verbessert, so ist dessen Verbesserung vorhersehbar und nahe liegend, besonders wenn in einer „Einbahnstraßen-Situation" Alternativen fehlen (EPA ABl. 1984, 415, 425 – Formmassen/BAYER). Stellt der Fachmann fest, dass die zur Verfügung stehenden Schmierfettzusammensetzungen bestimmten Anforderungen nicht genügen, stellt eine Mischung bekannter Komponenten keine erfinderische Leistung dar, wenn er aus dem Stand der Technik Anregungen zum Ausprobieren neuer Kombinationen erhielt und derartige Versuche nicht angestellt worden waren, weil Schmierfette entsprechender Eigenschaften mangels Bedarfs zunächst wirtschaftlich nicht herzustellen waren (BGH GRUR 2000, 296, 298 – Schmierfettzusammensetzung). Wird für die Herstellung eines Waschmittels vorgeschlagen, bestimmte (Meth)Acrylsäure-Maleinsäure-Copolymerisate zu verwenden, liegt die vorgeschlagene Lösung liegt nahe, wenn die im Stand der Technik bekannten Lösungen ausgehend von der herkömmlichen Waschmittelformulierung und unter Beibehaltung der bisherigen Qualität vorschlagen, den Phosphatgehalt eines Waschmittels so weit wie möglich zu minimieren, indem entweder Phosphate durch Ersatzstoffe ersetzt oder Zusatzstoffe beigefügt werden, die sowohl die Reinigungswirkungen von Detergentien verstärken als auch als Sekundärwaschmittel Ablagerungen verhindern, solche Zusatzstoffe bereits als Phosphatersatzstoffe vorgeschlagen worden sind, die Verwendung dieser Zusatzstoffe eine probate Variante war, so dass es nur noch des Einsatzes des Basiswissens des Fachmanns bedarf, um zu der patentgemäßen Lösung zu kommen (BGH GRUR 2000, 591, 596 – Inkrustierungsinhibitoren).

85 Für einen neuen pharmazeutisch wirkenden Stoff oder ein neues Stoffgemisch (Arzneimittelgemische, Kombinationspräparat) kann ein Erzeugnispatent (Stoffanspruch) erteilt werden, wenn sich aus der unerwarteten wertvollen therapeutischen Wirksamkeit des Stoffs oder Stoffgemischs die erfinderische Tätigkeit bei der Bereitstellung des neuen Erzeugnisses ergibt. Ein **Arzneimittel** oder **Arzneimittelgemisch,** das aus bekannten Stoffen nach einem bestimmten Mengenverhältnis hergestellt wird, ist auch dann, wenn hinsichtlich des Mischverfahrens oder des Mischprodukts kein besonderer technischer Effekt erzielt wird, erfinderisch, wenn **bei der Anwendung** des Arzneimittelgemisches ein **unerwarteter therapeutischer Effekt** erzielt wird (anders noch BGHZ **41,** 231 – Arzneimittelgemisch, weil nach § 1 Abs. 2 Nr. 2 PatG 1936 Stoffschutz für Arzneimittel ausgeschlossen war). Ein Arzneimittelgemisch, dessen Komponenten aus bereits selbstständig wirksamen Arzneimitteln, einem Sedativum und einem Analgetikum, besteht, das durch die Kombination der beiden Teile einen überraschenden therapeutischen, synergistischen Effekt erzielt, der – über eine bloße Summen- und Additionswirkung hinaus – die analgetische Wirksamkeit der einen Komponente (Analgetikum) durch den Zusatz eines Sedativums (Beruhigungsmittel), das als solches mit keiner wahrnehmbaren analgetischen (schmerzstillenden) Wirksamkeit verbunden ist, steigert (potenziert), ist nicht nahe liegend, ebenso wenn die Fachwelt eine therapeutische Wirksamkeit gegen eine bestimmte Krankheit nur bei einer hohen Dosierung eines bekannten Mittels erwartet, diese erfindungsgemäß bei der Kombination mit einem subeffektiven Anteil eines anderen Mittels eintritt (BPatG GRUR 1980, 41, 42 – Synergismus). Wenn in einem auf die Zusammensetzung einer Tablette gerichteten Patentanspruch eine der Komponenten durch ein Verfahren definiert ist, mit dem geeignete Stoffe ausgewählt werden können, ist bei der Beurteilung der erfinderischen Tätigkeit nur zu prüfen, ob es nach dem Stand der Technik nahelag, solche Stoffe zu verwenden, die objektiv der gewählten Definition entsprechen; ob auch das im Patentanspruch beschriebene Auswahlverfahren nahelag, ist unerheblich (BGH GRUR 1992, 375, 376 – Tablettensprengmittel). Erfinderische Tätigkeit kann vorliegen, wenn die Komponenten für sich als Heilmittel bekannt waren, die Applikationseinheit aber so formuliert wird, dass das Nebeneinanderstellen der Komponenten zu einem neuen und überraschenden Effekt führt (EPA GRUR Int. 1984, 102, 103 – Cytostatische Kombination/ASTA; vgl auch BPatG GRUR 1980, 169, 170 – Zweiphasenremineralisierung). Erzeugnisschutz für das auf eine bestimmtet Weise formulierte (formgestaltete) Arzneimittel kommt in Betracht, wenn für die Formulierung unter Verwendung des für die therapeutische Verwendung wesentlichen Wirkstoffs und inerten Trägerstoffe erfinderische Schritte notwendig waren (BPatGE 23, 14, 16ff.). Auch ein Darmreinigungsmittel, das aus therapeutisch indifferenten Stoffen besteht, ist wegen seiner überraschenden physiologischen Gesamtwirkung erfinderisch (anders noch BGH GRUR 1966, 28 – Darmreinigungsmittel mit Rücksicht auf § 1 Abs. 2 Nr. 2 PatG 1936). Bei einem Transplantat aus menschlichem Gewebe kann ein überraschender Heilerfolg und verkürzte Krankheitsdauer für erfinderische Tätigkeit sprechen (BPatG GRUR 1985, 276, 278). Das Gleiche gilt ganz allgemein für sonstige „Mittel", soweit sie aus mehreren Komponenten (Wirkstoffen und Zusatzstoffen) zusammengesetzt sind, z. B. zur Schädlingsbekämpfung, Unkrautvernichtung u. a. m.

5. Legierungen. Bei Legierungserfindungen kann sich die erfinderische Tätigkeit aus einem besonders technisch fortschrittlichen Ergebnis ergeben, das von dem Fachmann nicht vorausgesehen werden konnte (BGH BlPMZ 1973, 170). Sie kann sich aus der Angabe der Einzelkomponenten (qualitativ und quantitativ) ergeben. Stellt diese einen Ausschnitt aus einem bekannten größeren Legierungsbereich dar, kann sie sich aus den neu gefundenen, überraschend guten (besseren, optimalen) oder andersartigen Eigenschaften der ausgewählten Legierungen ergeben, nicht dagegen, wenn die beanspruchte Partikelgröße einer Komponente eine nach Belieben und losgelöst von einem bestimmten Zweck oder Ergebnis getroffene Auswahl eines engeren aus einem größeren Bereich darstellt (BGH GRUR 2004, 47, 50 – blasenfreie Gummibahn I). Bei einem bekannten Legierungsbereich lässt sich das „Optimum" in der Regel durch routinemäßige Versuche feststellen. Bei lediglich verbesserten, aber sonst gleichartigen Eigenschaften der aus einem bekannten Legierungsbereich ausgewählten Legierungen ist in der Regel die erfinderische Tätigkeit zu verneinen. 86

6. Stofferfindungen. Bei der Erfindung eines neuen Stoffes kann sich die erfinderische Tätigkeit aus der Schaffung eines neuen Stoffes selbst ergeben, wenn diese zu einer nicht zu erwartenden Bereicherung der Technik führt (EPA GRUR Int. 1991, 644, 645 – Alpha-Tocopherol/BASF), beispielsweise wenn die neue **Konstitution des Stoffes** auf eine **überdurchschnittliche Leistung** des Fachmannes zurückzuführen ist. Dies wurde bejaht, wenn eine ganze Reihe von Möglichkeiten bestand, an einer ganz bestimmten Stelle im Gesamtmolekül die Struktur einer Verbindung durch diese Substitution abzuwandeln, wozu eine Mehrzahl gedanklicher Schritte, eine große Anzahl von Variationsmöglichkeiten und eine gute Herbizidaktivität erhalten wurde (EPA ABl. 1990, 212 – Enantiomere/HOECHST). Dies wurde in einem Falle verneint, in dem die neuen Stoffe dasselbe Grundgerüst und eine ähnliche Substitution aufwiesen und dem Fachmann bekannt war, dass es für den zu erreichenden Effekt auf das gemeinsame Grundgerüst, nicht aber auf eine spezielle Substitution ankam (EPA GRUR Int. 1984, 700, 702; zur Frage, ob die erfinderische Wirkung einer Verbindung für alle Stoffe einer Gruppe erforderlich ist, EPA GRUR Int. 1996, 1049 ff. – Triazpoe/AGREVO). Die Bereitstellung eines neuen Stoffes auf einem gut durchforschten Gebiet, auf dem nicht vorauszusehen war, dass sich noch unerkannte Stoffe finden ließen, die vorteilhafte Eigenschaften besitzen, und zu dessen Gewinnung ein mehrstufiges Gewinnungsverfahren zu entwickeln war (hier eine neue Art von Milchsäurebakterien durch eine mehrstufige selektive Züchtung) ist als erfinderisch angesehen worden (BPatG GRUR 1978, 586, 588 – Lactobazillus bavaricus). 87

Die erfinderische Tätigkeit kann sich auch daraus ergeben, dass der neue Stoff bei seiner Verwendung in Erscheinung tretende **überraschende Eigenschaften oder Wirkungen** aufweist, die ihrer Art oder ihrem Ausmaß nach, nach dem Stand der Wissenschaft und Erfahrung zurzeit der Anmeldung nicht oder nicht im gleichen Maße erwartet werden konnten (BGHZ 51, 378, 382 – Disiloxan; Christ, Mitt. 1982, 121, 127; zur Frage der ursprünglichen Offenbarung solcher Vorteile und Wirkungen Rdn. 16), beispielsweise die eine absolut tödliche Dosis Phalloidin des Knollenblätterpilzes aufhebende Wirkung des Dekapeptid Antamanid (BPatG GRUR 1978, 238, 239). Erfinderische Tätigkeit wurde verneint bei Enantiomeren eines bekannten Racemats mit einem asymmetrischen Kohlenstoffatom, dessen physiologische Aktivität bei einem Enantiomeren höher ist als beim anderen oder beim Racemat. Das durch Versuche zu testen, ist übliche Routine und nahe liegend und begründet keine erfinderische Tätigkeit, was bei Verbindungen mit mehr als einem asymmetrischen Kohlenstoffatom anders zu beurteilen sein mag, ebenso bei Racematen abseits des Entwicklungstrends oder bei der Gewinnung aktiver oder qualitativ anders wirkenden Enantiomeren aus inaktiven oder verschieden wirkenden Racematen (EPA ABl. 1990, 195, 209 – Enantiomere/HOECHST). Sollen überraschende überlegene Eigenschaften der beanspruchten Stoffe, die als Anzeichen für erfinderische Tätigkeit in Betracht kommen, durch Vergleichsversuche nachgewiesen werden, ist auf größtmögliche Übereinstimmung des beanspruchten Stoffes und eines Stoffes nach dem Stand der Technik in Struktur und Anwendung zu achten, weil die Eigenschaften chemischer Stoffe strukturabhängig (strukturgeprägt) sind. Bei Strukturähnlichkeit auftretende sprunghafte Verbesserungen werden als überraschend angesehen. Größere Abstände in der Struktur mindern den überraschenden Effekt der auftretenden Unterschiede (EPA GRUR Int. 1984, 700, 701 – Spiroverbindungen/CIBA-GEIGY). Maßgebend ist der Nachweis der unvorhersehbaren Überlegenheit gegenüber dem nächstliegenden Stand der Technik (der Verbindung mit der größten struktu- 88 rellen Nähe), unerheblich, ob eine Überlegenheit gegenüber weiter ab liegenden Verbindungen (handelsüblichen Produkten) vorhanden und vorhersehbar war (EPA ABl. 1987, 149, 154f. – Antihistaminika/EISA). Scheitert der Nachweis an Kosten oder Verboten der Tierversuche, geht das zu Lasten des Anmelders (EPA aaO). Der Vergleich kann im Einzelfall so angelegt sein, dass nur das Unterscheidungsmerkmal der Erfindung zur Geltung kommt, (EPA GRUR Int. 1990, 142, 143 – Photographische Kuppler/KODAK). Bei einem pharmazeutischen Wirkstoff ist als überlegene Wirkungsweise nicht nur die größere therapeutische Wirkungsbreite, sondern auch die größere Anwendungssicherheit, z.B. Ausschaltung von Nebenwirkungen, sowie der Vorteil der erstmaligen Vermeidung der Suchtgefahr von Bedeutung (BPatG GRUR 1983, 240. 241). Sind jahrelange Versuche erforderlich, um die Heilwirkung eines Serums gegen Tuberkulose zu klären und es als Heilmittel beim Menschen anwenden zu können, liegt erfinderische Tätigkeit vor (RG BlPMZ 1924, 8, 9).

89 **7. Naturstoffe betreffende Erfindungen.** Die Bereitstellung eines synthetisch hergestellten Naturstoffes ist erfinderisch, wenn seine Wirkung überraschend ist, z.B. die Wirkung einer absolut tödlichen Dosis Phalloidin des Knollenblätterpilzes aufhebt wie das Dekapeptid Antamanid (BPatG GRUR 1978, 238, 239), ebenso die Bereitstellung eines Aromastoffes, dessen wertvolle organoleptische Eigenschaften nicht voraussehbar waren; dass gewisse Anhaltspunkte in dieser Richtung bestanden, wurde für unschädlich gehalten, wenn nicht vorherzusehen war, dass im Rest des bekannten Buccublätteröls eine einzige Verbindung enthalten war, die leicht synthetisch hergestellt werden kann und allein Träger des Inhaltsstoffes ist, der den organoleptischen Gesamteindruck des Naturstoffes (Aroma der schwarzen Johannisbeere) bewirkt (BPatG GRUR 1978, 702, 705 – Menthonthiole); ebenso die Bereitstellung einer neuen und vorteilhaften Art von Mikroorganismen auf einem gut durchforschten Gebiet, auf dem keine noch unerkannten Organismen mit brauchbaren Eigenschaften mehr zu erwarten waren, und für deren Gewinnung ein mehrstufiges selektives Züchtungsverfahren zu entwickeln war (BPatG GRUR 1978, 586, 588 – Lactobazillus bavaricus). Für die Lehre, ein Naturvorkommen (Mergel mit Griteinlagerungen) für ein Kraftfutter für Geflügel, insbesondere Tauben, zu verwenden, wurde die erfinderische Tätigkeit verneint, weil es gegenüber bekannten Naturvorkommen keine besonders abweichenden und dadurch überraschenden Eigenschaften aufwies (BGH GRUR 1969, 531 – Geflügelfutter).

90 **8. Zwischenprodukte betreffende Erfindungen.** Als Kriterium für erfinderische Tätigkeit für ein Zwischenprodukt gilt die nicht zu erwartende Bereicherung der Technik durch die **Bereitstellung** des Zwischenprodukts unabhängig davon, mit welchem Effekt das Nichtnahe liegen begründet wird (EPA GRUR Int. 1991, 644, 645 – Alpha-Tocopherol/BASF). Steht fest, dass ein chemisches Zwischenprodukt durch seine Bereitstellung den Stand der Technik in überraschender Weise bereichert, kommt es nicht mehr darauf an, ob dies im Zusammenhang mit dessen erfinderischer Herstellungsweise, erfinderischer Weiterverarbeitung oder im Rahmen des Konzepts eines erfinderischen Gesamtverfahrens für das Sachprodukt steht (EPA GRUR Int. 1991, 644, 645). Neben dem überraschenden Effekt des durch das Zwischenprodukt ursächlichen Endprodukts ist dafür auch der „Verfahrenseffekt" maßgebend (EPA GRUR Int. 1991, 644, 645f.).

91 Zur Begründung der erfinderischen Tätigkeit können die am Endprodukt in Erscheinung tretenden **Eigenschaften und Wirkungen** herangezogen werden, wenn der Anmelder die Ursächlichkeit der dem Zwischenprodukt innewohnenden Eigenschaften für die Eigenschaften des Endprodukts darlegt und erforderlichenfalls nachweist. Die Frage der Ursächlichkeit des Zwischenprodukts für die Eigenschaften oder Wirkungen des Endprodukts ist nach der naturwissenschaftlichen Bedingungslehre (conditio sine qua non) zu beantworten; maßgebend ist jede Ursache oder Mitursache, die zur Entstehung des Endprodukts beiträgt und nicht hinweggedacht werden kann, ohne dass die Entstehung des Endprodukts entfiele (BGH GRUR 1974, 718, 720). Der Erfinder ist einer wissenschaftlichen Erklärung dafür enthoben, warum die Eigenschaften oder Wirkungen ursächlich auf das Zwischenprodukt zurückgehen; er muss nur dartun und belegen, dass dies der Fall ist (BGH GRUR 1974, 718, 720). Zu den „dem Zwischenprodukt innewohnenden Eigenschaften" gehört insbesondere auch die „Konstitution" des chemischen Stoffes; sie hat für den Chemiker etwa die gleiche Bedeutung wie die „Konstruktion" einer Maschine für den Ingenieur (Eggert, GRUR 1972, 453, 455 li. Sp.). Das EPA spricht in diesem Zusammenhang von einem „Strukturbeitrag" des Zwischenprodukts zum Endprodukt (EPA GRUR Int. 1983, 660, 661 = EPA ABl. 1983, 327; s. auch EPA GRUR Int. 1987, 697). Für die erfinderische Tätigkeit bei den Erfindungen betreffend Zwischenprodukte sind jedoch nicht nur die Eigenschaften und Wirkungen des Endprodukts maßgebend. Auch wenn das Endprodukt keine neuen und überraschenden Eigenschaften oder Wirkungen

aufweist, vielmehr als solches bereits dem Stande der Technik angehört, kann der neue, mit dem neuen „Zwischenprodukt" gewiesene **Herstellungsweg** erfinderisch sein (BPatG GRUR 1974, 272, 274 – Aminomethylindole; Mitt. 1987, 10 – Lactondiol X), wenn er z.B. auf unerwartete Weise eine bessere Ausbeute (BPatG Mitt. 1987, 10 – selbst über eine zusätzliche Verfahrensstufe –; EPA GRUR Int. 1983, 44, 65f. – Bisepoxyäther; 1991, 644, 645 – Alpha-Tocopherol/BASF) oder eine zeitliche Verkürzung, Vereinfachung oder Verbilligung des Herstellungsprozesses (BPatG Mitt. 1987, 10 – 12 statt bisher 16 Verfahrensstufen; EPA GRUR Int. 1991, 644, 645, 15–17 Verfahrensschritten auf sechs), ermöglicht. Ein für die erfinderische Tätigkeit sprechende Fortschritt kann bei Vorliegen eines entsprechenden Bedürfnisses das Aufzeigen eines weiteren („zweiten") Herstellungsweges sein (BPatG GRUR 1974, 272, 275; BGHZ 53, 283, 287f. – Anthradipyrazol; Nastelski GRUR Int. 1972, 43, 50).

Für die Beurteilung der erfinderischen Tätigkeit einer ein Zwischenprodukt betreffenden Erfindung liefert die strukturelle Andersartigkeit einer Verbindung allein noch keinen positven Anhalt (EPA GRUR Int. 1983, 44, 45 – Bis-epoxyäther); ebenso wenig der erfinderische Charakter des Gesamtverfahrens zur Herstellung des Endprodukts mittels des Zwischenprodukts (EPA GRUR Int. 1987, 697, 698 – Acetonphenonderivate/BAYER). Vielmehr ist zu fragen, ob es für den Fachmann nach dem Stand der chemischen Wissenschaft und Erfahrung im Anmeldezeitpunkt überschaubar (vorhersehbar) war, dass die mit dem Zwischenprodukt zu schaffenden Endprodukte überlegene Eigenschaften oder Wirkungen haben würden, oder ob das für ihn überraschend war. Wenn er auf Grund des Standes der Technik übersehen (voraussehen) kann, dass mit der Schaffung und dem Einsatz des Zwischenprodukts die überlegenen Eigenschaften oder Wirkungen des Endprodukts erreicht werden können, ist die erfinderische Tätigkeit zu verneinen, denn ein im Anmeldezeitpunkt überschaubarer Erfolg ist nicht überraschend (BGHZ 63, 1, 10 – Chinolizine; 51, 378, 382 – Disiloxan). Gehen die für die Beurteilung der erfinderischen Tätigkeit maßgebenden Eigenschaften oder Wirkungen des Endprodukts **ausschließlich auf die Art der Weiterverarbeitung** des Zwischenprodukts zurück, dann ist der Schutz für das Zwischenprodukt ausgeschlossen (BGH GRUR 1974, 718, 720 – Chinolizine). Ist das Weiterverarbeitungsprodukt weder neu noch erfinderisch, können dessen Eigenschaften die erfinderische Tätigkeit für das Zwischenprodukt nicht begründen (EPA GRUR Int. 1992, 541, 543 = ABl. 1992, 107, 114 – Pyrimidine/DOW). 92

9. Auswahlerfindungen. Bei Verfahren zur Herstellung neuer Erzeugnisse kann die Auswahl einer chemischen Verbindung aus einer Stoffgruppe, die eine ungeheure Zahl von als Flotationsmitteln bekannten Verbindungen umfasst, erfinderisch sein, weil es praktisch unmöglich ist, durch Versuche die geeigneten Verbindungen zu finden, die sich für den erstrebten Zweck eignen (PA Mitt. 1937, 174, 175). Die Auswahl gerade des Mittels aus einer größeren Zahl von Mitteln, das einen Erfolg am besten und sichersten herbeiführt, ist eine erfinderische Tätigkeit, wenn die Auswahl die Überwindung von Schwierigkeiten erfordert und einen großen Fortschritt gegenüber dem Stand der Technik gebracht hat (bereits RG BlPMZ 1911, 291, 292; zu den Schwierigkeiten, einen für gentechnologische Zwecke geeigneten Plasmid aufzufinden, EPA ABl. 1988, 452, 458ff. – Plasmid p SGZ/HOECHST). Eine von einem bestimmten Zweck oder Ergebnis losgelöste, letztlich **nach Belieben getroffene Auswahl** eines engeren Bereichs aus einem größeren ist für sich grundsätzlich nicht geeignet, eine erfinderische Leistung zu begründen (BGH GRUR 2004, 47, 50 – blasenfreie Gummibahn I). 93

10. Analogieverfahren. Die erfinderische Tätigkeit ergibt sich bei **Analogieverfahren** (§ 1 Rdn. 94f.) daraus, dass das bis dahin unbekannte (d.h. neue) Erzeugnis des Verfahrens Eigenschaften oder Wirkungen aufweist, die in Anbetracht der zu bekannten Erzeugnissen analogen Konstitution nach dem Stande der Wissenschaft und Erfahrung zurzeit der Anmeldung ihrer Art oder ihrem Ausmaß nach nicht oder nicht im gleichen Maße erwartet werden konnten, sondern **überraschend** waren (BGHZ 45, 102, 105 – Appetitzügler I; 51, 378, 381f. – Disiloxan). Der Grundsatz gilt auch bei der Stofferfindung (BGH GRUR 1972, 541, 533 – Imidazoline; a.A. BPatG GRUR 1989, 496, 499). Zwar wird die Patentfähigkeit (erfinderische Tätigkeit) eines Analogieverfahrens von den überraschenden und unerwarteten Eigenschaften der Verfahrenserzeugnisse getragen (PA BlPMZ 1953, 60); diese müssen aber nicht ursprungsoffenbart sein, sondern können im Verlauf des Erteilungsverfahrens nachgebracht werden (BGH GRUR 1972, 541, 543 – Imidazoline), so dass ein größerer zeitlicher Rahmen besteht, Vorteile, die in den ursprünglichen Unterlagen nicht offenbart sind und die sich dem Fachmann nicht aus seinem Fachwissen erschließen, bei der Beurteilung der erfinderischen Tätigkeit zu berücksichtigen (Rdn. 16). Vorhersehbare Ergebnisse, die bei der Anwendung neuer Ausgangsstoffe und erwartungsgemäß neuer Endprodukte des Verfahrens erzielt werden, weisen das insoweit neue Verfahren als nahe liegend aus (US Court of Appeals, GRUR Int. 1986, 492, 493 – Urethan). 94

11. Gentechnische und biologische Verfahren

95 **a) Fachmann.** Die Grundsätze zur Bestimmung des Fachmanns (Rdn. 36) gelten auch im Bereich biologischer und gentechnischer Erfindungen (Benkard/Jestaedt, EPÜ, Art. 56 Rdn. 57f.). Da es sich bei dem Gebiet der Gentechni um ein relativ junges Gebiet handelt, ist die Bestimmung des Fachmann allerdings auf Schwierigkeiten gestoßen (über Schwierigkeiten der englischen Gerichte siehe den Bericht von Sherman GRUR Int. 1990, 191ff.). Die Richter des englischen Berufungsgerichts waren einer Meinung, dass als solcher ein Forschungsteam in Betracht komme, zu dem hochqualifizierte Molekularbiologen, Proteinsequenzierer, Proteinchemiker und andere Spezialisten gehörten, denen man ein hohes Maß an erfinderischer Kraft zumessen könne (1989 RPC 147, 214). Das EPA verlangt nicht die Qualifikation eines Nobelpreisträgers, sondern eines in der Lehre oder Forschung tätigen Wissenschaftlers, der in einem Laboratorium arbeitet (EPA ABl. 1992, 268, 277 – Fusionsproteine/HARVARD); es hat auch nicht auf einen Fachmann abgestellt, der wissenschaftliche Forschungstätigkeit auf unerforschten Gebieten leistet, sondern für das Jahr 1981 auf ein Team abgestellt, dem die Schwierigkeiten bekannt sind, die bei der beabsichtigten Klonierung eines neuen Gens zu erwarten seien. Die rasche Entwicklung der Biologie und Gentechnik hat zur Folge, dass im Einzelfall für den Prioritätstag des beanspruchten Gegenstands zu ermitteln ist, wer zu diesem Zeitpunkt zuständiger Fachmann war; allgemeine Festlegungen lassen sich daher insbesondere für diese Gebiete nicht treffen, vielmehr ist im Einzelfall zu ermitteln, welche Qualifikation und Erfahrungen Fachleute aufwiesen, die am Prioritätstag typischerweise in der einschlägig tätigen Industrie mit Entwicklungsarbeiten auf dem Gebiet des beanspruchten Gegenstands befasst wurden (Rdn. 35ff).

96 **b) Erfinderische Tätigkeit.** Das EPA hat in einer ein biotechnologisches Verfahren, bei dem allgemein gehaltene Verfahrensschritte (Einsetzen eines bestimmten Pflanzengens, Übertragen einer bestimmten Kombination in eine Pflanzenzelle) beansprucht waren, betreffenden Entscheidung darauf abgestellt, welche technischen Beitrag der beanspruchte Gegenstand zum Stand der Technik leistet und eine besonders sorgfältigen Prüfung für erforderlich gehalten, wenn der beanspruchte Gegenstand auf die tatsächliche Erzielung einer in der Theorie vorweggenommenen Wirkung gerichtet ist (EPA T 694/92, GRUR Int. 1997, 918, 919 – Modifizieren von Pflanzenzellen/MYCOGEGE; dazu Oser, GRUR Int. 1998, 648, 653). Sie kann bei Züchtungsverfahren vorliegen, die das Ergebnis eines planmäßigen und langwierigen Verfahrens mit großem Arbeitsaufwand sind (BGHZ 122, 144 = GRUR 1993, 651 – tetrapoide Kamille; vgl auch Schweizer BG GRUR Int. 1996, 1059ff. – Tetraploide Kamille II). Das EPA bejahte die erfinderische Tätigkeit für das Plasmid p SGZ, das aus einem hinterlegten Streptomyces erhältlich ist und ein bestimmtes Molekulargewicht, eine bestimmte Konturlänge und eine bestimmte Moleküllänge aufweise und das Verfahren zu seiner Gewinnung (Herstellung) sowie dessen Verwendung zur Konstruktion von Vektorplasmiden umfasse (ABl. 1988, 452ff. – Plasmid p SGZ/HOECHST). Als ausschlaggebend wertete es die innerhalb der Gattung Streptomyces getroffene und nicht nahegelegte Auswahl. Nicht alle Bakterien oder alle Streptomyceten enthielten ein Plasmid, es komme in Streptomyceten nur sporadisch (sehr selten) vor; außerdem sei nicht jedes gefundene Plasmid für gentechnologische Anwendungen geeignet. Es gab kein gezieltes Vorgehen, geeignete Plasmiden mit den sie befähigenden Parametern (Molekülgrößen) ausfindig zu machen. Es sei keine Routineangelegenheit, für gentechnologische Zwecke geeignete manipulierbare, analysierbare, identifizierbare und von anderen Plasmiden unterscheidbare mit überlegenen Restriktionsverhalten zu finden. Für die Expression bestimmter heterologen Polypeptide in isolierbarer Form in einem bakteriellen Wirt unter Kontrolle eines homologen Regulons wurde erfinderische Tätigkeit bejaht, weil Veröffentlichungen vom Weg der Erfindung wegführten und besondere Schwierigkeiten zu überwinden waren (ABl. 1989, 275, 292f. – Polypeptid-Expression/GENENTECH I), ebenso für die Klonierung und Expression eines bestimmten Gens, wenn die Ausführbarkeit nicht zu erwarten war (EPA ABl. 1996, 673, 678 – Chymosin; SA ABl. 1995, 27 – Determination of antigens). Für ein humanes Beta-Iterferon wurde das Beruhen auf erfinderischer Tätigkeit verneint, weil allenfalls Routinearbeit erforderlich war und Erfolg versprach (EPA SA ABl. 1999, 273, 291. Humanes Beta-Interferon). Ein auf einem bestimmten Gebiet der Gentechnik (z.B. der Expression in Hefe) tätiger Fachmann würde ein Mittel, das sich auf einem benachbarten gentechnischen Gebiet (z.B. der bakteriellen Gentechnik) als brauchbar erwiesen hat, auch auf seinem eigenen Fachgebiet für geeignet halten, wenn eine solche Übertragung des technischen Wissens ohne weiteres und ohne offensichtliche Risiken möglich erscheint (EPA T 455/91 GRUR Int. 1995, 972ff. – Expression in Hefe/GENENTECH).

c) Erfinderische Tätigkeit nach Art. 5 Abs. 2, 3 RiL EG/98/44 und § 1a PatG

Literaturhinweise: Oser, Patentierung von (Teil-)Gensequenzen unter besonderer Berücksichtigung der EST-Problematik, GRUR Int. 1998, 648 ff.; Strauss, Produktpatente auf DANN-Sequenzen – Eine aktuelle Herausforderung des Patentrechts, GRUR 2001, 1016 ff.; vgl. die Literaturhinweise zu § 1a. 97

Hinsichtlich der in Art. 5 Abs. 2, 3 RiL EG/98/44 und § 1a getroffenen Regelungen ist insbesondere umstritten, ob den geforderten Funktionsangaben die Bedeutung zukommt, dass erst sie zu einer technischen Lehre führen, ob sie in den Patentanspruch aufzunehmen sind und welche Auswirkungen sie auf den Schutzumfang des Patents haben (vgl. § 1a Rdn. 14, 21; Busse/Keukenschrijver, § 1a RegEnt. Rdn. 12 ff.; Schulte/Moufang, § 1a Reg.Ent. Rdn. 28 ff., 31 jew. m. Nachw.; zur Frage, ob die Regelungen Anlass zu einer Revision des absoluten Stoffschutzes geben, vgl. Keukenschrijver, FS Tilmann, 475 ff.). Für die Frage der erfinderischen Tätigkeit ist aus dem Erfordernis der Funktionsangabe für eine Sequenz oder Teilsequenz eines Gens „entgegen der Imidazoline-Doktrin" des BGH hergeleitet worden, angesichts des Stands der Sequenziertechnik könne das der Stofferfindung in diesen Fällen zugrunde liegende technische Problem nicht in der Bereitstellung eines neuen chemischen Stoffs einer näher umschriebenen Konstitution allein gesehen werden, sondern nur im Verbund mit der Auffindung einer oder mehrerer Funktionen eines in der Natur vorhandenen Stoffs, dessen Auffindung und Strukturaufklärung an sich auf keiner erfinderischen Tätigkeit beruhen würden. Die Frage, ob Funktionsangaben in den Patentanspruch aufgenommen werden müssen, hänge davon ab, wo der entscheidende, auf erfinderischer Tätigkeit beruhende Beitrag der Erfindung zu sehen sei. Beruhe bereits die Bereitstellung der DNA-Sequenz auf erfinderischer Tätigkeit, wäre die Forderung nach Aufnahme der Funktionsangabe in den Patentanspruch nicht gerechtfertigt; anders sei es, wenn die Erfindungshöhe bei der Funktionsangabe liege (Strauß, GRUR 2001, 1016, 1021; vgl. auch Oser, GRUR Int. 1998, 648, 649, 652).

5 *Gewerbliche Anwendbarkeit.* (1) **Eine Erfindung gilt als gewerblich anwendbar, wenn ihr Gegenstand auf irgendeinem gewerblichen Gebiet einschließlich der Landwirtschaft hergestellt oder benutzt werden kann.**

(2) [1]**Verfahren zur chirurgischen oder therapeutischen Behandlung des menschlichen oder tierischen Körpers und Diagnostizierverfahren, die am menschlichen oder tierischen Körper vorgenommen werden, gelten nicht als gewerblich anwendbare Erfindungen im Sinne des Absatzes 1.** [2]**Dies gilt nicht für Erzeugnisse, insbesondere Stoffe oder Stoffgemische, zur Anwendung in einem der vorstehend genannten Verfahren.**

Inhaltsübersicht

Literaturhinweis: Gramm, Die gewerbliche Anwendbarkeit, GRUR **1984,** 761 ff.; Keil, Umweltschutz als Patenthindernis, GRUR **1993,** 705 ff.; Keukenschrijver, Stoffschutz und Beschreibungserfordernis – Legt Art. 5 Abs. 3 der Biotechnologie-Richtlinie eine Neubewertung nahe?, FS für Winfried Tilmann, S. 475 ff.; Koenig/Müller, EG-rechtliche Vorgaben zur Patentierbarkeit gentherapeutischer Verfahren unter Verwendung künstlicher Chromosomen nach der Richtlinie 98/44/EG, GRUR Int. **2000,** S. 295 ff.; Meyer-Dulheuer, Der Schutzbereich von auf Nucleotid- oder Aminosäuresequenzen gerichteten biotechnologischen Patenten, GRUR **2000,** 179 ff.; Oser, Patentierung von (Teil-)Gensequenzen unter besonderer Berücksichtigung der EST-Problematik, GRUR Int. **1998,** 648 ff.; Sieckmann, Der Verwendungsanspruch, GRUR **1998,** 85 ff.; Schatz, Zur Patentierbarkeit gentechnischer Erfindungen in der Praxis des Europäischen Patentamts, GRUR Int **1997,** S. 588 ff.; Straus, Patentrechtliche Probleme der Gentherapie, GRUR **1996,** 10 ff.; ders., Produktpatente auf DNA-Sequenzen – Eine aktuelle Herausforderung des Patentrechts, GRUR **2001,** 1016 ff.; Tilmann, Reichweite des Stoffschutzes bei Gensequenzen, GRUR **2004,** 561 ff.; Vogel, Gewerbliche Verwertbarkeit und Wiederholbarkeit als Patentierungsvoraussetzung, Diss. TU München 1977.

1 **1. Vorbemerkung.** § 5 Abs. 1 geht auf Art. 3 des Straßburger Übereinkommens zur Vereinheitlichung gewisser Begriffe des materiellen Rechts der Erfindungspatente zurück und entspricht Art. 57 EPÜ. § 5 Abs. 2 geht auf Art. 52 Abs. 4 EPÜ zurück, wurde aber aus rechtsdogmatischen Gründen an anderer Stelle als im EPÜ eingestellt (Busse/Keukenschrijver, PatG, 6. Aufl. § 5 Rdn. 1; Benkard/Melullis, EPÜ, Art. 52 Rdn. 227 f.; Begr., BlPMZ **1976,** 322, 334). Die Bestimmung ist durch Art. IV Nr. 4 IntPatÜG in das PatG eingefügt worden; die geltende Bezeichnung geht auf die Neubekanntmachung 1981 zurück. § 5 gilt für alle Patente und Patentanmeldungen, die seit dem 1. Januar 1978 angemeldet worden sind (Art IX IntPatÜG). Für Patente, deren Anmeldung bis zum 31. Dezember 1977 erfolgt ist, und für bis zu diesem Zeitpunkt erfolgte Patentanmeldungen gilt im Hinblick auf die gewerbliche Verwertbarkeit § 1 des PatG 1968, der in seiner Bedeutung mit § 5 Abs. 1 übereinstimmt. Besonderheiten bestehen nach dem zur Umsetzung der Richtlinie 98/44/EG vom 6. Juli 1998 über den rechtlichen Schutz biotechnologischer Erfindungen durch Gesetz vom 21. 1. 2005 (BGBl. I 2005, 146) am 28. 2. 2005 in Kraft getretenen § 1 a für Erfindungen, welche einen isolierten Bestandteil des menschlichen Körpers einschließlich der Sequenz oder Teilsequenz eines Gens zum Gegenstand haben (zu den besonderen Voraussetzungen der Anmeldung vgl. Rdn. 42).

2 **2. Einordnung der Vorschrift.** § 5 ist in Zusammenhang mit § 1 Abs. 1 zu lesen, der als drittes Erfordernis der Patenterteilung verlangt, dass Erfindungen gewerblich anwendbar sind. Dieses Kriterium ist im Gegensatz zu der Neuheit und der erfinderischen Tätigkeit „absolut“, dass heißt nicht am Stand der Technik zu messen (Busse/Keukenschrijver, PatG, 6. Aufl. § 5 Rdn. 4).

3 **3. Zweck und Systematik der Vorschrift.** § 5 erläutert den Begriff der gewerblichen Anwendbarkeit des § 1 Abs. 1 in drei Richtungen. *Erstens* erklärt er in Abs. 1 alle Erfindungen für gewerblich anwendbar, deren Gegenstand auf irgendeinem gewerblichen Gebiet unter Einschluss der Landwirtschaft hergestellt oder benutzt werden kann. *Zweitens* erklärt Abs. 2 Satz 1 Verfahren zur chirurgischen, therapeutischen und diagnostischen Behandlung von Mensch und Tier für nicht gewerblich anwendbar. *Drittens* nimmt Abs. 2 Satz 2 alle Erzeugnisse, die zur Verwendung im Verfahren nach Satz 1 bestimmt sind, von dieser Ausnahme wieder aus. Erzeugnisse, die dazu bestimmt sind, in Verfahren zur chirurgischen oder therapeutischen Behandlung und Untersuchung von Mensch und Tier verwendet zu werden, können somit gewerblich anwendbar sein. Nach § 1 a gilt dies auch für **isolierte Bestandteile des menschlichen Körpers** einschließlich der Sequenz oder Teilsequenz eines Gens, wobei die Sequenz oder Teilsequenz des Gens in der Patentanmeldung nach § 1 a Abs. 3 konkret beschrieben sein muss (vgl. Rdn. 42).

4 Der Sinn von § 5 Abs. 1 im Kontext mit § 1 Abs. 1 ist folgender: Patente sollen dem Ansporn für den Gewerbefleiß dienen. Deshalb sind nur solche Erfindungen dem Patentschutz zugänglich, deren Gegenstand auf irgendeinem gewerblichen Gebiet hergestellt und benutzt, d. h. praktisch verwertet werden kann. Da Patente nicht den Sinn haben, die reine Theorie um neue Methoden und Erkenntnisse zu bereichern, sondern den Zweck haben, den Erfindergeist für das Gewerbe in nutzbringender Weise anzureizen (BGHZ **57,** 1, 8 – Trioxan m. w. Nachw., RG PatBl **1889,** 209 – Kongorot; Schulte/Moufang, PatG 7. Aufl., § 5 Rdn. 8) müssen pa-

tentfähige Erfindungen der praktischen Verwertung in einem Gewerbebetrieb zugänglich sein.

4. Gewerbliche Anwendbarkeit. Gewerbliche Anwendbarkeit ist gegeben, wenn das Erfundene (Sache oder Verfahren) seiner Art nach geeignet ist, entweder in einem technischen Gewerbebetrieb **hergestellt** zu werden oder technische **Verwendung** in einem Gewerbe zu finden (BGHZ **48,** 313, 322 – Glatzenoperation = GRUR **1968,** 142, 145 re. Sp.). Bei Erfindungen, die eine Sache – Vorrichtung oder Stoff – zum Gegenstand haben, ist diese Voraussetzung ohne weiteres gegeben. Denn jede Sache kann in einem technischen Gewerbebetrieb hergestellt werden. Erforderlich aber auch ausreichend ist die Möglichkeit der Herstellung oder Verwendung auf irgendeinem gewerblichen Gebiet (BGH BlPMZ **1985,** 117, 118 – Offensichtlichkeitsprüfung). Dabei stehen Bedenken, ein Verfahrenserzeugnis könne auf Grund bestehender Vorschriften nicht zugelassen oder zertifiziert werden, seiner Patentierbarkeit nicht entgegen. Die Frage, ob die gewerbliche Anwendung einer Erfindung erlaubt ist, spielt für die Beurteilung nach § 5 keine Rolle (vgl. Busse/Keukenschrijver, PatG, 6. Aufl. § 5 Rdn. 13 a. E.). Diese Frage hat in § 2 Nr. 1 eine spezielle Regelung erfahren. Siehe dazu Näheres bei § 2 Rdn. 3 ff.). Gewerbliche Anwendbarkeit liegt bereits dann vor, wenn ein beanspruchtes Verfahren unzweifelhaft benutzt werden kann, sei es auch zur Herstellung eines für den Export bestimmten Erzeugnisses (BPatG, Beschl. vom 22. 5. 2003, 14 W (pat) 324/02, zitiert nach juris). Dasselbe gilt für ein Erzeugnis, für das die Typenfreigabe des technischen Überwachungsvereins nicht erteilt wird (BPatG, Beschl. vom 10. 4. 2002, 9 W (pat) 74/00, zitiert nach juris). 5

a) Benutzung des Gegenstandes der Erfindung i. S. v. § 5 Abs. 1 liegt nicht erst vor, wenn alle angegebenen oder angestrebten Wirkungen des beanspruchten Gegenstands bei der gewerblichen Anwendung erreicht werden. Es genügt, wenn das Erfundene seiner Art nach geeignet ist, in einem Gewerbebetrieb hergestellt oder verwendet zu werden. Dass es neben der gewerblichen Anwendung des Gegenstandes der Erfindung andere nicht gewerbliche Arten der Verwendung gibt, hindert die Patentierung der Erfindung nicht. Auch eine rein private Verwendungsmöglichkeit reicht aus, wenn gewerbliche Herstellbarkeit gegeben ist, wie bei Spiel- und Sportgeräten sowie bei Zwischenprodukten. Anderes kann bei **Verfahrenserfindungen** gelten. Nur Verfahren, die ausschließlich im nicht gewerblichen Bereich ausgeführt werden können, sind nicht gewerblich anwendbar (BPatG GRUR **1985,** 276). Dass ein zur kosmetischen Behandlung des menschlichen oder tierischen Körpers (Gewichtsverminderung) verwendeter chemischer Stoff sich auch zur Heilung einer Krankheit, z. B. der pathologischen Fettsucht eignet, schließt die Patentfähigkeit des kosmetischen Verfahrens nicht aus (EPA T 144/83 GRUR Int. **1986,** 720, 721 – Appetitzügler/DUPONT). Die Verwendung einer empfängnisverhütenden Zusammensetzung durch die Probandin selbst ist nicht gewerblich (EPA T 74/93 ABl **1995,** 712, 717 f. – Verfahren zur Empfängnisverhütung/BRITISCH TECHNOLOGIE GROUP; Busse/Keukenschrijver, PatG, 6. Aufl. § 5 Rdn. 9). Der Anmelder hat die Möglichkeit **eine** gewerblichen Anwendbarkeit darzutun. Es kann nicht von ihm verlangt werden, weitere oder alle Möglichkeiten darzulegen, dass der Gegenstand seiner Erfindung in irgendeinem Stadium seiner Anwendung auch im nicht gewerblichen Bereich angewendet werden kann oder dass in irgendeinem Stadium eine gewerbliche Anwendung schlechthin nicht möglich ist (BGHZ 68, 156, 161 – Benzolsulfonylharnstoff – zu § 1 a. F. PatG „gewerbliche Verwertbarkeit" ergangen). 6

b) Abgrenzung der gewerblichen Anwendbarkeit zur Ausführbarkeit. Nach allgemeinem Verständnis ist die Ausführbarkeit einer technischen Lehre gegeben, wenn diese in einem Maße ausreichend offenbart ist, dass der erstrebte Erfolg vom Fachmann bei Einhaltung des im Patent angegebenen Lösungswegs unter Benutzung der vorhandenen wissenschaftlichen Hilfsmittel in praktisch ausreichendem Maße erreicht werden kann (vgl. § 1 Rdn. 70 ff.; § 34 Rdn. 15 ff.; BPatG, GRUR 1995, 394, 396 – Perfluorocarbon; Busse/Keukenschrijver, PatG, 6. Aufl. § 34 Rdn. 273 ff.). Dies entspricht den übereinstimmenden Definitionen sowohl in § 34 Abs. 4 PatG als auch in Art. 83, 100 lit. b) 138 Abs. 1 lit. b) EPÜ, Art. II § 6 Abs. 1 Nr. 2 IntPatÜG. Nach der französischen und italienischen Tradition (vgl. auch EPA-Prüfrichtlinien C-II 4.1, 4.11; C-IV 1.2) wird diese Frage unter dem Gesichtspunkt der gewerblichen Anwendbarkeit betrachtet (vgl. dazu: Busse/Keukenschrijver, PatG, 6. Aufl. § 5 Rdn. 6; Kraßer, Patentrecht, 5. Aufl. § 13 Nr. 6). Daraus wird der Schluss gezogen, dass gewerbliche Anwendbarkeit mit der Ausführbarkeit der vom Anmelder gegebenen Lehre gleichbedeutend ist (Corte di Appello Mailand, GRUR Int 1995, 597, 599 – Cimetidin IV: „die Voraussetzung der gewerblichen Anwendbarkeit [ist] erfüllt, wenn die Erfindung mit konstanten Merkmalen reproduzierbar und technisch realisierbar ist"; Benkard/Jestaedt, EPÜ, Art. 57 Rdn. 1). Dem kann nicht gefolgt werden. Denn die Frage, ob eine Erfindung so deutlich offenbart ist, dass ein 7

Fachmann sie ausführen kann, richtet sich lediglich an den Offenbarungsgehalts der Patentschrift. Die Frage, ob eine Erfindung gewerblich anwendbar ist, betrifft hingegen unmittelbar den Gegenstand der Erfindung und zielt darauf ab, den Patentschutz solchen Erfindungen vorzubehalten, deren Gegenstand tatsächlich praktisch verwertbar ist, vgl. i. e. oben Rdn. 5. Die gewerbliche Anwendbarkeit ist deshalb auch von der Frage nach der Brauchbarkeit einer Erfindung zu lösen (BGH, BlPMZ **1985,** 117, 118 – Offensichtlichkeitsprüfung).

5. Das gewerbliche Gebiet

8 **a) Allgemeines.** Der patentrechtliche Begriff des Gewerbes ist umfassend. Zum Gewerbe zählen die auf einige Dauer angelegten und auf die Erzielung von Erträgen ausgerichteten selbstständigen Tätigkeiten. Darauf, ob die Ausübung des Gewerbes als solches erlaubt ist, kommt es ebenso wenig an, wie auf die Frage, ob die gewerbliche Anwendung der konkreten Erfindung erlaubt ist (Rdn. 5). Zum Gewerbe rechnen sowohl die Erzeugung von Wirtschafts- und Gebrauchsgütern aller Art als auch Vertrieb und deren Beförderung. Dazu gehört ferner die Erbringung von Dienstleistungen aller Art gegen Entgelt, z. B. der Frisöre und Schönheitspfleger (BPatG GRUR 1985, 125, 126).

9 **b)** Die **Ausübung eines freien Berufes,** wie die Tätigkeit als Arzt, Apotheker, Anwalt, Architekt wird nicht als gewerbliche Tätigkeit angesehen (BGHZ 48, 313, 323 – Glatzenoperation; BPatG GRUR 1991, 823, 826). Allerdings sind Gegenstände, die für die Ausübung freier Berufe bestimmt sind, gewerblich anwendbar iSd § 5, da sie in einem Gewerbebetrieb hergestellt werden können. Verfahren, die *ausschließlich* (!) von Angehörigen der freien Berufe angewendet werden können (z. B. reinen Heilverfahren), fehlt die gewerbliche Anwenbarkeit (BGHZ 48, 313, 323 – Glatzenoperation, BGH GRUR 1977, 652 – Benzolsulfonylharnstoff; Benkard/Jestaedt, EPÜ, Art. 57 Rdn. 5; Schulte/Moufang, PatG, 7. Aufl., § 5 Rdn. 11). Pagenberg zählt die Tätigkeit der Heilberufe wie auch anderer freier Berufe zum „gewerblichen" Bereich des § 5 (GRUR Int 1984, 40, 41 li. Sp).

10 **c)** Der **Staat und staatliche Stellen** sowie die Gemeinden können sich gewerblich betätigen, z. B. im Bereich der Beförderung von Personen und Gütern, z. B. Postgut, in der Übermittlung und Verbreitung von Nachrichten, Schlachthöfe, Müllabfuhr usw. Die Betätigung des Staates bei der Erhebung von Steuern und der Sicherung des Steueraufkommens ist keine gewerbliche Betätigung. Verfahren, die allein diesem hoheitlichen Zweck dienen, z. B. der Kennzeichnung steuerfreier Güter – Denaturierungsverfahren der Zollbehörden (PA BlPMZ 1914, 257, 259), sind nicht gewerblich anwendbar, wohl aber die hierbei verwendeten Mittel, die in einem Gewerbebetrieb hergestellt werden können. Der Analogie des § 5 Abs. 2 Satz 2 bedarf es hierzu nicht (abweichend Bossung, Mitt. 1974, 121, 123 zu Art. 52 Abs. 4 Satz 2 EPÜ).

11 **d) Erfindungen, die Erzeugnisse betreffen,** sind ohne weiteres gewerblich anwendbar. Erzeugnisse, wie Vorrichtungen, Geräte und Stoffe können in einem Gewerbebetrieb hergestellt werden. Dies gilt auch für chemische Zwischenprodukte, die zu einem Endprodukt weiterverarbeitet werden (Schnabel, Mitt. 1968, 161, 162, 168). Denn auch Zwischenprodukte können in einem Gewerbebetrieb hergestellt (BGHZ **51,** 378, 384 – Disiloxan) und zu einem Endprodukt weiterverarbeitet werden. Erforderlich ist insoweit nur, dass die Möglichkeit der Weiterverarbeitung in der Anmeldung angegeben wird oder sich von selbst versteht. Die Offenbarung der Weiterverarbeitungsmöglichkeit ist erforderlich, weil erst sie das beanspruchte Zwischenprodukt als gewerblich verwertbar ausweist (BGH GRUR **1972,** 642, 644 – Lactame; BPatGE **17,** 192, 195). Darauf, ob ein reaktionsfähiges Lackgemisch aus mehreren Komponenten binnen kurzer Zeit (bis etwa eine Stunde) verhärtet (vernetzet), kommt es nicht an (BPatGE **12,** 112, 115 f.). Denn für die gewerbliche Anwendbarkeit des Erzeugnisses genügt es, wenn es im Betrieb dessen, der es verwendet, als Mischung hergestellt und verwendet werden kann, auch wenn das Erzeugnis nur eine kurze Lebensdauer hat. Dass ein Erzeugnis außerhalb des Gewerbes benutzt werden kann, ist unschädlich. Aus diesem Grunde ist die gewerbliche Anwendbarkeit von Erfindungen, die medizinische Instrumente und Apparate oder Arzneimittel oder dergleichen betreffen, nicht zweifelhaft (BGHZ **48,** 313, 322 – Glatzenoperation; EPA G 1/83 ABl. **1985,** 60 = GRUR **1985,** 273 = GRUR Int **1985,** 193, 196 – Zweite medizinische Indikation/BAYER AG) ebenfalls nicht für Prothesen, z. B. für einen künstlichen Backenzahn (BGH Liedl **1974/77,** 368, 375 – Künstlicher Backenzahlen) sowie hergerichtete und präparierte Teile des menschlichen Körpers (BPatG GRUR **1985,** 276, betreffend menschliches Sehnengewebestück als Transplantat – zu Verfahren zur chirurgischen oder therapeutischen Behandlung, Diagnostizierverfahren vgl. i. e. unten Rdn. 18 ff.).

Für die gewerbliche Anwendbarkeit kommt es nicht darauf an, ob die **Erfindung „von Wert"** ist und ob sie tatsächlich angewendet wird; es genügt, dass sie überhaupt ihrer Art nach geeignet ist, auf irgendeinem gewerblichen Gebiet Anwendung zu finden (BGH BlPMZ **1985,** 117, 118 – Offensichtlichkeitsprüfung). 12

e) Zur Gütererzeugung zählen auch die Betriebe der **Urproduktion** wie Bergbau, Landwirtschaft unter Einschluss des gewerblichen Gartenbaus, Forstwirtschaft, Jagd, Fischerei und dergleichen. Landwirtschaftliche Verfahren, wie Viehzucht, gelten als gewerblich anwendbar, EPA T 116/85 ABl. **1989,** 13; GRUR Int **1989,** 581, 583 – Schweine I/WELLCOME), insbesondere die Massenhaltung von Tieren in Herden, EPA aaO. Die Gemeinnützigkeit einer Tätigkeit, z.B. im öffentlichen Gesundheitswesen, schließt eine gewerbliche Tätigkeit nicht aus (BPatG GRUR 1985, 276, 277). 13

f) Erfindungen, die **unbewegliche Sachen** betreffen oder deren Gegenstand auf eine **Veränderung eines Grundstückes oder seiner Bestandteile** gerichtet ist, sind ebenfalls gewerblich anwendbar, solange ihr Gegenstand auf einem gewerblichen Gebiet benutzt werden kann. Der BGH hat die Schutzfähigkeit einer Erfindung, die einen „einschichtigen Unterbau für Straßendecken oder dgl." zum Gegenstand hat, nicht in Zweifel gezogen (BGH GRUR 1979, 48 ff. – „Straßendecke"; ebenso BPatG GRUR 1984, 39; anders RG GRUR **1941,** 275, 276; RGZ 1939, 33, 34; vgl. auch *Tetzner,* Mitt. 1976, 61 ff.). 14

g) Erfindungen, die Verfahren betreffen, sind gewerblich anwendbar, wenn sie in einem Gewerbe benutzt werden können. Die Möglichkeit, dass der Gegenstand einer Erfindung in einem Gewerbe, und zwar auf irgendeinem gewerblichen Gebiet benutzt werden kann, steht in § 5 gleichwertig neben der Möglichkeit, dass der Gegenstand der Erfindung auf einem gewerblichen Gebiet hergestellt werden kann. 15

aa) Herstellungs- und Arbeitsverfahren wie die Verwendung eines Stoffes oder Stoffgemisches zur Herstellung eines Arzneimittels (EPA G 1/83, ABl. **1985,** 60 = GRUR **1985,** 273 = GRUR Int. **1985,** 193, 195 – zweite medizinische Indikation/BEYER) sind deshalb ohne weiteres gewerblich anwendbar (BGHZ **48,** 313, 322 – Glatzenoperation). Dasselbe gilt für **Arbeitsverfahren,** die sich auf Sachen beziehen. Ein Verfahren zum Erlangen oder Wiedergeben eines Bildes eines physikalischen Gegenstandes oder eines Bildes eines simulierten Gegenstandes (wie bei der rechnergestützten Konstruktion und Fertigung), das bei der Untersuchung der Eigenschaften eines Gegenstandes oder beim Entwerfen industrieller Artikel verwendet werden kann, ist gewerblich anwendbar (EPA T 208/84 GRUR Int. **1987,** 173, 174 – Computerbezogene Erfindung/VICOM). 16

bb) Bei **Anwendungsverfahren,** das heißt Verfahren, die eine bestimme Handlungsweise lehren, ist im Einzelfall zu prüfen, ob das Verfahren in einem Gewerbe technische Verwendung finden kann (BGHZ **48,** 313, 322 – Glatzenoperation; zu chirurgischen, therapeutischen oder diagnostischen Verfahren vgl. unten Rdn. 18 ff.). Eine Erfindung ist als gewerblich anwendbar angesehen worden, wenn sie die Verwendung eines Stoffes zur Bekämpfung einer Krankheit zum Gegenstand hat, weil sie im gewerblichen Bereich liegende Handlungen wie die Formulierung und Konfektionierung eines Stoffes als Medikament, dessen Dosierung und gebrauchsfertige Verpackung erfasst (BGHZ **68,** 156, 161 – Benzolsulfonylharnstoff; **88,** 209, 211 – Hydropyridin, m.w. Nachw.; BPatG GRUR **80,** 169, 170 – Zweiphasenremineralisierung; a.A.: EPA G 1/83, ABl. **1985,** 60 = GRUR **1985,** 273 = GRUR Int. **1985,** 193, 195 – zweite medizinische Indikation/BEYER; zu dieser Problematik vgl. unten Rdn. 53 f.). Gewerblich anwendbar ist weiter die Verwendung einer bekannten Vorrichtung zum Zertrümmern von Nierensteinen, die durch geometrische Anpassung an den konkreten Verwendungszweck sinnfällig hergerichtet werden muss (BPatG GRUR **1991,** 823, 826 – Körperkonkremente). Erst dann, wenn jede Möglichkeit der Benutzung eines Verfahrens auf einem gewerblichen Gebiet ausgeschlossen ist, ist ein Anwendungsverfahren nicht gewerblich anwendbar (BGHZ **88,** 209, 215 – Hydropyridin). Dies ist festgestellt worden für eine Erfindung, die ein chirurgisches Behandlungsverfahren zur Verhinderung und Beseitigung der Glatzenbildung zum Gegenstand hat (BGHZ **48,** 313 ff. – Glatzenoperation). Verfahren zur Behandlung des menschlichen oder tierischen Körpers, die weder chirurgische sind, noch therapeutischen oder diagnostischen Zwecken dienen, sondern z.B. kosmetischen oder hygienischen Zwecken oder bei Nutztieren der Steigerung des Ertrages, sind gewerblich anwendbar, so z.B. die Anwendung einer Substanz zur Bräunung oder zur Verhinderung des Schnarchens (Hansen, GRUR Int **1985,** 557 f. m.w. Nachweisen). Ein Verfahren zum Entfernen von Warzen oder Leberflecken ohne Eingriff in das menschliche Gewebe ist keine therapeutische Behandlung, sondern dient kosmetischen Zwecken, da diese weitverbreiteten Erscheinungen weder als Anomalie noch als Krankheit angesehen werden (BVerwG NJW **1969,** 418; **1973,** 579). 17

6. Verfahren zur chirurgischen oder therapeutischen Behandlung, Diagnostizierverfahren (Abs. 2 Satz 1)

18 **a) Allgemeines, Zweck der Vorschrift.** Von der Patentierung ausgeschlossen sind nach Abs. 2 Satz 1 Verfahren, die der Heilung von Krankheiten oder Verletzungen, der Verminderung gesundheitlicher Störungen, der Linderung von Gebrechen und der Beseitigung oder der Korrektur körperlicher Fehler dienen. Nach Abs. 2 Satz 2 gilt dies nicht für Erzeugnisse, insbesondere Stoffe oder Stoffgemische, die zur Anwendung in einem solchen Verfahren vorgesehen sind. Dabei sind die beiden in § 5 Abs. 2 enthaltenen Regelungen als Verdeutlichung und Klarstellung von Abs. 1 anzusehen, wonach alle gewerblich anwendbaren Erfindungen dem Patentschutz zugänglich sind. Sie stellen keine Einschränkung dieses Grundsatzes dar. Abs. 2 Satz 1 ist deshalb im Einklang mit § 1 so auszulegen, dass er nur diejenigen Verfahren zur therapeutischen Behandlung des menschlichen Körpers vom Patentschutz ausnimmt, die sich ausschließlich in einem nicht gewerblichen Bereich vollziehen und deshalb nicht gewerblich anwendbar sind (BGHZ **88,** 209, 215 – Hydopyridin, vgl. auch Rdn. 33). Abs. 2 gilt auch, wenn die Störung nicht durch eine Krankheit, sondern durch einen natürlichen Zustand wie Menstruation, Alter, Erschöpfung, Kopfschmerzen verursacht wurde (Benkard/Melullis, EPÜ, Art. 52 Rdn. 246; Busse/Keukenschrijver, PatG, 6. Aufl. § 5 Rdn. 21). Nach der **gesetzlichen Fiktion des Abs. 2 gelten** die dort genannten **medizinischen Verfahren als nicht gewerblich anwendbar.** Die Vorschrift schließt den Patentschutz schlechthin aus. Die Patentfähigkeit fehlt den in Abs. 2 genannten Verfahren auch dann, wenn sie an sich technisch und gewerblich anwendbar sind (EPA T 182/90, ABl. **1994,** 641, 643 = GRUR Int. **1994,** 1042 – Durchblutung/SEE-SHELL; EPA T 820/92, ABl. **1995,** 113, 121 (5.4) – Verfahren zur Empfängnisverhütung; Benkard/Melullis, EPÜ, Art. 52 Rdn. 227; zur Kritik an dieser Gesetzestechnik vgl. Moufang, GRUR Int. **1992,** 17).

19 Der **Zweck** dieser Regelung besteht nach heutigem Verständnis darin, Verfahren zur chirurgischen oder therapeutischen Behandlung des menschlichen oder tierischen Körpers als nicht gewerbliche Tätigkeit von dem Patentschutz auszunehmen, um die Entscheidungsfreiheit des Arztes bei der Auswahl von Maßnahmen zur Beseitigung von Krankheiten oder von Untersuchungsmethoden zur deren Erkennung zu erhalten (BGH GRUR **2001,** 321, 322 – Endoprotheseeinsatz; EPA T 329/94, ABl. **1998,** 241, 244 – Verfahren zur Blutextraktion/ BAXTER; EPA T 655/92, ABl. **1998,** 17, 20 – Kontrastmittel für die NMR-Abbildung/ NYCOMED AS; EPA T 24/91, ABl. **1995,** 512, 515 – Hornhaut/THOMPSON; Busse/ Keukenschrijver, PatG, 6. Aufl., § 5 Rdn. 19; Schulte/Moufang, PatG, 7. Aufl., § 5 Rdn. 16). Demgegenüber steht in älteren Entscheidungen der Gedanke im Vordergrund, dass der Arzt kein Gewerbe betreibt und das Heilverfahren somit keine gewerbliche Verwertung gestattet (BGHZ 48, 313, 325 f. – Glatzenoperation).

20 **b)** Der **Anwendungsbereich** der Ausnahmeregelung des Abs. 2 orientiert sich an dem Zweck der Vorschrift. Sie ist eng auszulegen (BPatGE 32, 93, 97; EPA T 385/86, ABl. **1988,** 308, 311 – Nicht-invasive messwertermittlung/BRUKER; EPA T 116/85, ABl. **1989,** 13, 18 – Schweine I/WELLCOME; EPA T 82/93, ABl. **1996,** 274 – Herzphasensteuerung; EPA T 329/94, ABl. **1998,** 241, 244 – Verfahren zur Blutextraktion/BAXTER; EPA T 655/92, ABl. **1998,** 17, 20 – NMR-Abbildung/NYCOMED). Abs. 2 gilt nur soweit Einschränkungen bei der medizinischen Behandlung von Mensch und Tier aus ethischen Gründen nicht hingenommen werden können. Abs. 2 betrifft daher auch nur die **Behandlung von Menschen und Tieren,** (BGH GRUR 1983, 729 – Hydropyridin; EPA T 426/89, ABl. 1992, 172 – Herzschrittmacher zum Beenden einer Tachykardie; Benkard/Melullis, EPÜ, Art. 52 Rdn. 231). Für die Behandlung von **Pflanzen** und deren Krankheiten gilt die Fiktion nicht.

21 Aus demselben Grund betrifft Abs. 2 allein die Behandlung des **lebenden Körpers** von Mensch und Tier. Die **Tötung** oder das **Schlachten von Tieren** ist weder Chirurgie noch Therapie. Die Tötung kann allenfalls als mittelbare Behandlung des Körpers unter Abs. 2 fallen; so zum Beispiel bei der Tötung von Parasiten (EPA T 116/85, ABl. **1989,** 13 – Schweine I/ WELLCOME). Ist die Tötung wesentlicher Teil eines mehrstufigen Verfahrens, fällt das gesamte Verfahren nicht unter Abs. 2 (EPA T 182/90, ABl. **1994,** 641, 646 – Durchblutung/ SEE-SHELL; Busse/Keukenschrijver, PatG, 6. Aufl. § 5 Rdn. 28; Schulte/Moufang, PatG, 7. Aufl., § 5 Rdn. 26). Auch Eingriffe in den toten menschlichen oder tierischen Körper, um medizinische oder kriminalistische Erkenntnisse zu gewinnen, sind keine Verfahren zur chirurgischen oder therapeutischen Behandlung des menschlichen oder tierischen Körpers (Göbbels, Die Duldung ärztlicher Eingriffe, 1950, S. 4). Ein Verfahren zur Präparation oder Konservierung dem menschlichen oder tierischen Körper entnommener Organe (Organbank) ist durch § 5 Abs. 2 Satz 1 nicht vom Patentschutz ausgeschlossen (vgl. Zipse GRUR Int. **1973,** 182,

186). Das gilt auch für Eingriffe in derartige Organe außerhalb des menschlichen oder tierischen Körpers.

Für die Anwendbarkeit von Abs. 2 ist es gleichgültig, ob das Verfahren von einem Arzt oder einem sonstigen Angehörigen eines Heilberufes ausgeführt wird. Die Vorschrift hindert nicht generell die Patentierung von Maßnahmen, die Heilkundigen vorbehalten sind; sie verbietet nur die Erteilung von Patenten über Verfahren zur Behandlung von Mensch und Tier (Benkard/Melullis, EPÜ Art. 52 Rdn. 233). Umgekehrt kann auch die Behandlung eines Krankheitsbildes durch einen Laien eine vom Patentschutz ausgenommene Therapie oder Diagnose sein (Benkard/Melullis, EPÜ Art. 52 Rdn. 233; EPA T 182/90, ABl. **1994,** 641 – Durchblutung/SEE-SHELL; EPA T 24/91, ABl. **1995,** 512, 515 – Hornhaut/THOMPSON; EPA T 329/94, ABl. **1998,** 241, 244 = GRUR Int. **1998,** 608 – Verfahren zur Blutextraktion/BAXTER). Eine Behandlung von Tieren verliert ihrem therapeutischen Charakter nicht dadurch, dass sie von einem Landwirt oder Züchter ausgeübt wird (EPA T 116/85, ABl. **1989,** 13 = GRUR Int. **1989,** 581 – Schweine I/WELCOME). Der Umstand, dass Maßnahmen allein von einem Heilkundigen ausgeübt werden können, ist allerdings als starkes Indiz dafür zu werten, dass es sich um ein Verfahren im Sinne des Abs. 2 handelt (Benkard/Melullis, a. a. O.; EPA T 24/91, ABl. **1995,** 512 – Hornhaut/THOMPSON). 22

Verfahren, die **mehrfache Einsatzmöglichkeiten** haben, das heißt nicht nur chirurgischen, therapeutischen oder diagnostischen Maßnahmen dienen, sind gewerblich anwendbar, soweit diese weiteren Wirkungen eindeutig abgrenzbar sind (EPA T 468/94, SA ABl. **1998,** 13). Der Patentschutz muss dann gegebenenfalls durch einen Disclaimer auf die weiteren Einsatzgebiete beschränkt werden (Busse/Keukenschrijver PatG, 6. Aufl. § 5 Rdn. 20; Benkard/Melullis, EPÜ Art. 52 Rdn. 237). Bilden der nichttherapeutische Effekt (EPA T 780/89 ABl **1993,** 40 = GRUR Int. **1994,** 57 – Immunstimulierende Mittel/BEYER – Erhöhung der Fleischproduktion) und die therapeutische Wirkung (EPA 11. 1. 1994 T 820/92 ABl. **1995,** 113 = GRUR Int. **1995,** 589 – Verfahren zur Empfängnisverhütung/THE GENERAL HOSPITAL – Prophylaxe gegen bestimmte Infektionen) eine Einheit, so ist das Verfahren als Ganzes nicht patentierbar (Schulte/Moufang, PatG 7. Aufl. § 5 Rdn. 33). **Mehrstufige Verfahren** sind als Ganzes nicht patentierbar, wenn eine notwendige Stufe eine therapeutische Behandlung ist (EPA T 655/92 ABl. **1998,** 17 = GRUR Int. **1998,** 409 – NMR-Abbildung/NYCOMED; EPA T 82/93 ABl. **1996,** 274 = GRUR Int. **1996,** 945 – Herzphasensteuerung/TEL; EPA T 820/92 ABl. **1995,** 113 = GRUR Int. **1995,** 589 – Verfahren zur Empfängnisverhütung/THE GENERAL HOSPITAL; Schulte/Moufang, PatG 7. Aufl. § 5 Rdn. 33). 23

c) Verfahren zur chirurgischen Behandlung des menschlichen oder tierischen Körpers werden in § 5 Abs. 2 Satz 1 für nicht gewerblich anwendbar erklärt. Bei derartigen Verfahren wird mit Instrumenten in den lebenden Körper von Mensch oder Tier eingegriffen, oder es werden gebrochene Knochen oder verrenkte Gelenke wiedereingerenkt (BPatGE **30,** 134 f.; brit. PA GRUR Int **1985,** 120, 121 – Embryo Transplantierung). Die moderne Chirurgie beschränkt sich nicht mehr auf Eingriffe mit dem Skalpell, sondern greift mit hochfrequenten Strömen, Strahlen, Laser in die Organe des menschlichen oder tierischen Körpers ein. Nach allgemeiner Auffassung umfasst der Begriff der chirurgischen Behandlung deshalb Eingriffe, die sowohl operativ (blutig) mit Instrumenten als auch konservativ (unblutig) erfolgen können. Chirurgisch sind alle direkt oder indirekt in das Gefüge des Organismus eingreifenden Behandlungsmethoden wie Endoskopie, Punktion, Injektion, Exzision und die Öffnung der Körperhöhlen (EPA T 182/90, ABl. **1994,** 641, 645 – Durchblutung/SEE-SHELL; BGH GRUR **2001,** 32 – Endoprotheseeinsatz; Busse/Keukenschrijver, PatG, 6. Aufl., § 5 Rdn. 26). Bei einem **mehrstufigen Verfahren** genügt es für die Anwendbarkeit von Abs. 2 Satz 1, wenn eine dieser Stufen einen chirurgischen Schritt erfordert (EPA 11. 1. 1994 – T 820/92, ABl. **1995,** 512 – Verfahren zur Empfängnisverhütung; EPA T 82/93, ABl. 1996, 274 – Herzphasensteuerung/TEL). Eine chirurgische Behandlung ist auch dann gegeben, wenn sie an künstlichen Organen oder Implantaten vollzogen wird, die in den menschlichen oder tierischen Körper eingebracht wurden, um die körperliche Funktion oder die jeweiligen natürlichen Gewebe- bzw. Organteile zu ersetzen. Denn auch in diesem Fall soll mit der Behandlung die Funktionsfähigkeit des menschlichen oder tierischen Körpers wieder hergestellt werden (BGH GRUR **2001,** 321, 322 – Endoprotheseeinsatz). Dabei ist es für die Anwendung von § 5 Abs. 2 Satz 1 gleichgültig, ob der Eingriff in den menschlichen Körper innerhalb des Fachbereiches der allgemeinen Chirurgie oder innerhalb eines speziellen Fachbereiches der Medizin erfolgt, wie z. B. in der Augenheilkunde, der Dermatologie, der Frauenheilkunde, der Geburtshilfe, der Hals-, Nasen- Ohrenheilkunde, der Neurochirurgie, der Orthopädie, der Psychochirurgie oder der Urologie. 24

25 Bei der chirurgischen Behandlung stand lang Zeit – anders als bei Verfahren zur therapeutischen Behandlung und bei Diagnostizierverfahren – nicht der spezifische Zweck, sondern die **Art des Eingriffs** im Vordergrund (EPA T 35/99, ABl. **2000,** 447, 450 = GRUR Int. **2001,** 65 – Perikardialzugang/GEORGETOWN UNIVERSITY; Benkard/Melullis, EPÜ, Art 52 Rdn. 241). Chirurgische Verfahren am menschlichen oder tierischen Körper waren ohne Rücksicht darauf von § 5 Abs. 2 Satz 1 für nicht gewerblich anwendbar erklärt, ob sie aus medizinischen oder anderen Gründen erfolgten (EPA T 182/90 ABl. **1994,** 641 = GRUR Int. **1994,** 1042 – Durchblutung/SEE-SHELL; Brit. Patent Court RPC 1983, 219, 228; Brit. PA GRUR Int. 1985, 120, 121 – Embryo-Transplantierung, für den Eingriff zur Implantation eines Tierembryos in ein Muttertier mittels Einschnitts in die Gebärmutter; Benkard/Melullis, EPÜ, Art. 52 Rdn. 240; Busse/Keukenschrijver, PatG, 6. Aufl. § 5 Rdn. 26). Auch **kosmetische Eingriffe** (sog. Schönheitsoperationen) zur Veränderung des äußeren Erscheinungsbildes unterfielen der Vorschrift (BPatGE **30,** 134, 135 – zur Implantation von Haarbündeln in die Kopfschwarte mittels atraumatischer Nadeln). Dabei waren Operationsverfahren, die kosmetischen Zwecken dienen, unabhängig davon nicht patentierbar, ob sie zur Beseitigung körperlicher Defekte etwa nach einem Unfall bestimmt waren oder sich lediglich mit Korrekturen des äußeren Erscheinungsbildes zur Anpassung an ein Schönheitsideal befassten. Die Diathermiebehandlung von Leberflecken oder Warzen, bei der mit einer kleinen spitzen, in einem Stromkreis befindlichen Nadel in das Gewebe gestochen wird, das dann örtlich durch die entstehende Wärme zerstört wird (Kaltkauterverfahren), war zwar keine therapeutische Behandlung (BVerwG NJW 1973, 579; 1966, 418, 419) wohl aber fiel sie in das Gebiet der Chirurgie. Einstiche in die Haut zum Tätowieren oder Ohrlochstechen zählten hingegen ebenso wenig zur chirurgischen Behandlung wie das Haare- oder Nägelschneiden (BPatGE **30,** 134, 135; Busse/Keukenschrijver, PatG, 6. Aufl. § 5 Rdn. 28; Schulte/Moufang, PatG 7. Aufl., § 5 Rdn. 29). Eine Durchbrechung des Grundsatzes, dass der Begriff „Chirurgie" nicht den Zweck, sondern die Art der Behandlung kennzeichnet, nahm das EPA insoweit vor, als ein Verfahren, bei dem ein Tier bewusst getötet wird, oder eine Behandlung zu einem ähnlich destruktiven Zweck vorgenommen wird, keine chirurgische Behandlung darstellt (EPA 29. 9. 1999 – T 35/99 ABl. **2000,** 447, 450 (2) = GRUR Int. **2001,** 65 – Perikardialzugang/GEORGETOWN University). Hier blieb es bei dem Grundsatz, dass die Tötung eines Menschen oder eines Tieren nicht als Behandlungsverfahren im Sinne von Abs. 2 angesehen wird (vgl. oben Rdn. 21).

26 Von dieser Rechtsprechung ist das EPA mit seiner Entscheidung **Verfahren zur Haarentfernung/THE GENERAL HOSPITAL CORP** (T 383/03, ABl. **2005,** 159 = GRUR Int. **2005,** 712) abgerückt. Chirurgische Behandlungen, die eindeutig weder bestimmt noch potentiell geeignet sind, die Gesundheit, die physische Unversehrtheit oder das physische Wohlergehen von Mensch und Tier zu erhalten oder wiederherzustellen, fallen danach nicht mehr unter das Patentierungsverbot des § 5 Abs. 2, Art. 52 Abs. 4 EPÜ (EPA T 383/03, ABl. **2005,** 159, 166 – Verfahren zur Haarentfernung/THE GENERAL HOSPITAL CORP). Das EPA geht dabei von der Überlegung aus, der Sinn und Zweck der eng auszulegenden Ausnahmevorschrift des § 5 Abs. 2 bzw. des Art. 52 Abs. 4 EPÜ bestehe darin, die nicht kommerziellen und nichtindustriellen Tätigkeiten auf dem Gebiet der Human- und Veterinärmedizin von patentrechtlichen Beschränkungen frei zu halten (EPA T 775/97; EPA T 385/86, ABl. **1988,** 308, 311 = GRUR Int. **1988,** 938, 939 – Nicht-invasive Messwertermittlung/BRUKER; vgl. auch: EPA G 1/83, ABl. **1985,** 60 = GRUR **1985,** 273 = GRUR Int. **1985,** 193, 196 – Zweite medizinische Indikation/BEYER), um dem Arzt die Freiheit zu erhalten, sich für die am besten geeignete Maßnahme zur Behandlung seines Patienten entscheiden zu können (BGH GRUR **2001,** 321 – Endoprotheseeinsatz). Unter diesem Gesichtspunkt kommt es nach dem EPA nicht länger darauf an, ob eine kosmetische Behandlung auf therapeutischem oder auf chirurgischen Wege erfolgt (EPA T 383/03, **2005,** 159, 166 – Verfahren zur Haarentfernung/THE GENERAL HOSPITAL CORP; ebenso bereits ansatzweise EPA T 35/99, ABl. **2000,** 447 = GRUR Int. **2001,** 65, 66 – Perikardialzugang/GEORGETOWN UNIVERSITY; EPA, Entsch. v. 3. 4. 2001 – T 775/97 – Method and apparatus for bilateral intra-aotic bypass/EXPANDABLE GRAFTS PARTNERSHIP).

27 **d) Hilfsmethoden auf dem Gebiet der Chirurgie** fallen nicht unter die Ausnahmeregelung des Abs. 2 Satz 2. **Gewerblich anwendbar** ist deshalb alles, was mit einer Wunde in Berührung kommen kann, um diese keimfrei oder keimarm zu machen. Dazu zählen Verfahren zur Sterilisation von Instrumenten, Nahtmaterial oder Verbandstoffen, z. B. mittels kochenden Wassers, gespannten Dampfes oder Heißluft, Asepsis genannt, und Verfahren zur Desinfektion der Hände des Operateurs oder des Operationsfeldes, z. B. mittels Jodtinktur, Sublimat, Zephirol, Sulfonamiden oder Antibiotica, Antisepsis genannt; sie sind keine Verfahren zur chirurgi-

schen Behandlung des menschlichen oder tierischen Körpers, auch wenn sie zu den wichtigsten Grundpfeilern der modernen operativen Chirurgie gerechnet werden (siehe Holle/Jensen, Grundriss der gesamten Chirurgie, 7. Aufl. 1960, S. 9; siehe dazu weitere Literatur: Allgoewer/Siewert, Chirurgie, Berlin u.s.w. 5. Aufl. 1992; Berchtold, Lehrbuch der allgemeinen und speziellen Chirurgie, Berlin 2. Aufl. 1990; Häring, Lehrbuch Chirurgie, Berlin 2. Aufl. 1988; Heberer, Chirurgie, Berlin 5. Aufl. 1986; Koslowski, Lehrbuch der Chirurgie, Stuttgart 3. Aufl. 1988; Schmitt, Allgemeine Chirurgie, Leipzig 11. Aufl. 1991). Verfahren zur Desinfektion des menschlichen oder tierischen Körpers können auch in Laboratorien angewendet werden und sind deshalb gewerblich anwendbar. Nicht dagegen **Verfahren zur Desinfektion** von Wunden zur therapeutischen Behandlung. Auch die Methoden der **Anästhesie** (Schmerzbetäubung) zählen nicht zu den chirurgischen Verfahren, obwohl diese vielfach ohne sie nicht auszuführen wären. Sie sind aber der therapeutischen Behandlung von Mensch und Tier zuzurechnen, z.B. Verfahren zur Überwachung der Narkosetiefe (DPA GRUR 1953, 172). Dasselbe gilt für Verfahren zur künstlichen Blutdrucksenkung und zur künstlichen Unterkühlung (Hibernation, Hypothermie). Keine chirurgische Behandlung des menschlichen Körpers ist die Röntgen- und Strahlenbehandlung sowie die Behandlung mit Ultraschall- und elektrischen Wellen, soweit damit nicht – wie mit einem Skalpell – in ein Organ des menschlichen oder tierischen Körpers eingegriffen wird (siehe Göbbels, Die Duldung ärztlicher Eingriffe, 1950, S. 7; a.A. Engisch, Die rechtliche Bedeutung der ärztlichen Operation, 1958, S. 5, der Letztere zu den ärztlichen Operationen rechnet).

Ein chirurgisches Verfahren im Sinne von Abs. 2 Satz 1 liegt nur dann vor, wenn auf den **28** menschlichen oder tierischen Körper direkt oder indirekt eingewirkt wird (vgl. oben Rdn. 24). Daran fehlt es bei einem Verfahren zur Durchflussmessung, das in einem implantierten Medikamentendosiergerät zum Einsatz gebracht wird (EPA T 245/87, ABl. **1989,** 174 – Durchflussmessung/SIEMENS). Ebenso nicht erfasst ist die Einführung eines Geräts zur Sammlung von Ausscheidungen (EPA T 1165/97 RBK 2000, 19, 34). Auch die extracorporale Aufbereitung entnommener Körpersubstanzen (z.B. Blut) fällt nicht unter die Ausschlussbestimmung, selbst wenn die Substanz dem Körper bei einer Dialyse oder Eigenblutbehandlung sogleich oder später wieder zugeführt wird (Busse/Keukenschrijver, PatG, 6. Aufl. § 5 Rdn. 26; Schulte/Moufang, PatG 7. Aufl., § 5 Rdn. 38). Verfahren, die einen extracorporalen Kreislauf einschließen, sind hingegen zu den chirurgischen Verfahren zu rechnen, ebenso Broncho-, Cysto-, Gastro- und Tracheoskopieverfahren sowie die Herz- oder Harnleiterkatheterisation (siehe Holle/Jensen, Grundriss der gesamten Chirurgie, 7. Aufl. 1960, S. 962, 963, 1062, 1185 u. 1313).

e) Verfahren zur therapeutischen Behandlung. Erfindungen, die Verfahren zur thera- **29** peutischen Behandlung des menschlichen oder tierischen Körpers (sog. Heilverfahren) zum Gegenstand haben, erklärt Abs. 2 Satz 1 ebenfalls für nicht gewerblich anwendbar. Therapeutische Verfahren in diesem Sinne haben zum Ziel, die Gesundheit zu erhalten. Sie dienen in erster Linie der Behandlung einer Krankheit, ihrer Heilung oder der Linderung von Leiden und Schmerzen (EPA T 144/83, ABl. **1986,** 301 = GRUR Int. **1986,** 720, 721 – Appetitzügler/DU PONT; EPA T 81/84, ABl. **1988,** 207 = GRUR Int. **1988,** 777, 778 – Dysmenorrhoe/RORER; Brit. Pat. Court GRUR Int **1984,** 308, vgl. dazu auch Moufang, Medizinisches Verfahren im Patentrecht, GRUR Int. **1992,** 10 mit zahlreichen Nachw.). Dabei ist gleichgültig, ob die Ursachen oder lediglich die Symptome behandelt werden. Voraussetzung ist allerdings die Einwirkung auf die Physis oder Psyche des Behandelten (Benkard/Melullis, EPÜ, Art. 52 Rdn. 258). Das Programmieren eines Herzschrittmachers stellt eine Maßnahme an einem Erzeugnis dar, die keine unmittelbare therapeutische Behandlung des menschlichen oder tierischen Körpers darstellt, und damit der Patentierung des Schrittmachers nicht entgegensteht (EPA T 426/89 ABl. **1992,** 172, 178, 179 = GRUR Int. **1992,** 549 – Herzschrittmacher/SIEMENS). Die therapeutische Behandlung schließt nach allgemeinem Verständnis die Behandlung des menschlichen oder tierischen Körpers mit chemischen Stoffen oder Stoffgemischen ein (EPA G 1/83 ABl. **1985,** 60 = GRUR **1985,** 273 = GRUR Int. **1985,** 193, 195 – Zweite medizinische Indikation/BAYER). Maßnahmen, die dem lediglich vorausgehen, erfüllen den Begriff nicht.

Der Ausschluss der Patentierbarkeit umfasst sowohl die **vorbeugende** als auch die **heilende** **30** **Behandlung** (EPA 15. 10. 1987 – T 19/86, ABl. **1989,** 25 (7) = GRUR Int. **1989,** 585, 585f. – Schweine II/DUPHAR; EPA ABl. **1992,** 414, 420 – Entfernung von Zahnbelag/ICI). Zur therapeutischen Behandlung zählen daher alle im weitesten Sinne medizinische Maßnahmen, die Ursachen oder Symptome einer Funktionsstörung des Körpers heilen, lindern, beseitigen oder abschwächen sollen oder dazu bestimmt sind, dem Risiko des Erwerbs einer solchen Störung entgegenzuwirken oder es zu verringern (EPA T 81/84, ABl. 1988, 207 (4) = GRUR Int. **1988,** 777, 778 – Dysmenorrhoe/RORER).

31 Von Abs. 2 Satz 1 **nicht** umfasst sind hingegen Erfindungen, die eine Behandlung des menschlichen oder tierischen Körpers aus anderen als therapeutischen Gründen betreffen (vgl. Rdn. 25). Insoweit unterlagen Verfahren zur therapeutische Behandlungen bislang anderen Grundsätzen als Verfahren zur chirurgischen Behandlung, die der Patentierbarkeit auch dann entzogen waren, wenn sie nicht medizinischen Zwecken dienen (vgl. aber die neuere Rechtsprechung des EPA zur gewerblichen Anwendbarkeit von Verfahren zur chirurgischen Behandlung (EPA T 383/03, ABl. **2005,** 159, 166 – Verfahren zur Haarentfernung/THE GENERAL HOSPITAL CORP; dazu i. e. Rdn. 26). Zu den gewerblich anwendbaren Behandlungsverfahren zählen z. B. kosmetische Verfahren, wie Haarfärbe- und Formungsverfahren zur Wellung, Kräuselung, Aussteifung oder Glättung des Haares, Dauerwellenverfahren (Schweiz. BG GRUR **1951,** 283), Haarfärbeverfahren, (DPA BlPMZ **1950,** 352; Dersin GRUR **1951,** 2), Verfahren zur Stimulierung des Wachstums und der Regenerierung des Haars, (BPatG GRUR **1985,** 125), Verfahren zur Veränderung oder Tönung der Hautfarbe, z. B. Bräunungsverfahren, Körperhygiene, Kosmetik (EPA T 36/83 GRUR Int. **1986,** 717, 718 – Thenoylperoxid/ROUSSEL-UCLAF; EPA T 144/83 GRUR **1986,** 720, 721 – Appetitzügler/DU PONT), Verfahren zur Straffung der alternden Haut (DPA BlPMZ **1959,** 172), Verfahren zum Lackieren von Nägeln oder zum Entfernen von Nagellack. Diese Verfahren bezwecken, das Aussehen des Menschen zu verschönern. Auch Verfahren, die das Wohlbefinden des Menschen zum Ziel haben, dienen nicht der therapeutischen Behandlung, z. B. Verfahren zur Verhinderung des Schnarchens und Desinfektionsverfahren (s. Rdn. 27). Die Feststellung oder Verhütung der Empfängnis sind keine therapeutische Behandlung, denn die Schwangerschaft ist kein pathologischer Zustand.

32 Zu den therapeutischen Verfahren iSv Abs 2 Satz 1 zählen auch die Verfahren der **Gentherapie** (Busse/Keukenschrijver, PatG, 6. Aufl. § 5 Rdn. 22). Bei der Frage nach dem Patentschutz ist zwischen der *in-vivo* und der *ex-vivo* Gentherapie zu unterscheiden (Straus, GRUR **1996,** 10, 12). Keine Besonderheiten weist die *in-vivo* Gentherapie auf, die zuverlässige und wirkungsvolle Vektorensysteme voraussetzt, welche in industriellem Maßstab hergestellt werden. Denn bei ihr wird das neue gentechnisch gewonnene Medikament direkt in Form von Injektionen, Infusionen oder Spray verabreicht (Straus, a. a. O.). Dagegen kommt bei einem Verfahren, bei welchem dem Patienten Zellen oder Zellgewebe *„ex-vivo"* entnommen wird, in die „in-vitro" Erbinformationen ersetzt oder zusätzliche Erbinformationen eingebaut werden, um dem Patienten die Zellen wieder einzuführen, patentrechtlicher Schutz des komplexen Verfahrens als Ganzem deshalb nicht in Betracht, weil sowohl die Gewebeentnahme als auch die Transfusion therapeutischen Zwecken dient und deshalb nach Abs. 2 Satz 1 bzw. Art. 52 Abs. 4 EPÜ von der Patentierbarkeit ausgeschlossen ist (EPA T 182/90, ABl. **1994,** 641 = GRUR Int. **1994,** 1042 – Durchblutung/SEE-SHELL; Busse/Keukenschrijver, PatG, 6. Aufl. § 5 Rdn. 22; Straus, GRUR **1996,** 10, 13; zur gewerblichen Anwendbarkeit von gentherapeutischen Verfahren an Vorkernen imprägnierter Eizellen: Koenig/Müller GRUR Int. **2000,** 295, 302 ff.).

33 Nur solche Verfahren sind in § 5 Abs. 2 Satz 1 für nicht gewerblich anwendbar erklärt, die ***ausschließlich* die therapeutische Behandlung des menschlichen oder tierischen Körpers** betreffen und deshalb nicht gewerblich anwendbar sind. Im Gegensatz zu den allein in der Hand des Arztes liegenden Behandlungsverfahren fallen deshalb Anwendungsverfahren, die neben der Verwendung eines Stoffes zur Bekämpfung einer Krankheit *auch* die augenfällige Herrichtung dieses Stoffes zur Verwendung bei der therapeutischen Behandlung dieser Krankheit zum Gegenstand haben, in den Anwendungsbereich von Abs. 2, weil mindestens die Herstellung des Stoffes gewerblich anwendbar ist (BGHZ **88,** 209, 215, 217 – Hydropyridin; BPatG GRUR **1985,** 125 – Haarwachstum; BPatG GRUR **1985,** 276 – Schichtkeratoplastiktransplantat). Dient beispielsweise ein Verfahren zum Auftragen einer Sonnencreme – wie regelmäßig – auch dem Schutz der Haut vor den schädlichen Einwirkungen der Sonneneinstrahlung, insbesondere der UV-Bestrahlung, ist es auch dann als therapeutische Behandlung anzusehen, wenn es in erster Linie für kosmetische Zwecke angeboten wird (EPA T 1077/93 ABl. SA 1996, 15 – Compositions cosmétiques contentant un complexe cuivrique). Das Gleiche gilt für einen Therapieplan, der darauf abzielt, Beschwerden in der Menopause innerhalb eines achtundzwanzigtägigen Zyklus mit bestimmten variierenden Hormongaben zu lindern oder zu beheben (BPatGE **24,** 205, 208), sofern der Plan nicht vom Arzneimittelhersteller in einer entsprechend formulierten Applikationseinheit verwirklicht werden kann, was bei einer Verpackungseinheit noch nicht der Fall ist. Auch reine Verordnungen oder an den Patienten gerichteten Informationen, mit denen eine bestimmte Menge einer Arznei entsprechend dem Krankheitsbild angepasst an das Körpergewicht festgesetzt wird, stellen keine der ärztlichen Anwendung vorausgehende Handlung dar und liegen somit außerhalb des Bereichs der gewerblichen Nutzung (BPatGE **24,** 16, 20). Das EPA hat beiläufig ein Verfahren als therapeutisch eingeordnet, bei dem festgelegt ist, wann welches Volumen welcher Medikamentenflüssigkeit innerhalb welcher Zeit aus einem implantierten Dosiergerät dem Körper zugeführt wird, weil die Steuerungsmaßnahmen funktionell mit der Qualität und Quantität der Medikamentengabe zusammenhängen und einen unmittelbaren kausalen Einfluss auf die ausgeübte therapeutische Wirkung hätten (EPA T 245/87, GRUR Int. **1989,** 682, 683 – Durchflussmessung/SIEMENS), nicht aber, wenn „unter Einsatz von Naturkräften" ausschließlich Informationen über den momentanen Betriebszustand eines implantierten Geräts gewonnen werden, also nur ein Verfahren zur Messung der Leistung der in das Gerät eingebauten Pumpe vorliege, das keinen funktionellen Zusammenhang zur vom Gerät abgegebenen Medikamentendosis bewirke (EPA aaO). Von der Patentierung ausgeschlossen sind die **Massage,** die **physiotherapeutische Behandlung (Hypnose), die Krankengymnastik, die Bestrahlungs-, Schock- und Zellulartherapie** (Trüstedt, GRUR **1983,** 478, 480 re. Sp.). Soweit diese hingegen auch einen Bereich von Handlungen erfassen, der auf einem gewerblichen Gebiet liegt, wie die „augenfällige (besser: sinnfällige) Herrichtung", z. B. die Formulierung des Heilmittels aus Wirkstoff und Trägerstoff, die Konfektionierung dieses Stoffes als Heilmittel, die Dosierung und gebrauchsfertige Verpackung als Heilmittel, sind sie gewerblich anwendbar.

Verfahren zur **Behandlung von Nutztieren zur Verbesserung der Leistungsfähigkeit,** 34
z. B. um höhere Erträge an Fleisch, Milch, Eiern, Wolle usw. zu erreichen, gehören nicht in den Bereich der therapeutischen Behandlung und sind deshalb gewerblich anwendbar (Singer, Mitt. **1974,** 2, 4 f.). Das Patentamt hat die Beifütterung von antipyretisch wirkenden Substanzen zur Unterdrückung der Brutlust der Hennen zur Erhöhung der Eierproduktion nicht als therapeutisches Verfahren angesehen; es hat die erhöhte Temperatur während der Brutzeit nicht als krankhaften, sondern als normalen Zustand angesehen (DPA BlPMZ **1959,** 71) und auch die Verfütterung von Antibiotika zur Beschleunigung des Wachstums von Jungvieh als patentfähig bezeichnet (DPA aaO). Ebenso sind Verfahren zur künstlichen Befruchtung von Tieren keine therapeutische Behandlung des tierischen Körpers. Von den Möglichkeiten der Nutzung physiologischer Vorgänge im Tierkörper haben die Verfahren zur Herstellung von Heilserum besondere Bedeutung gewonnen. Grundlegend sind hierfür die Entscheidungen des RPA und des RG zum Friedmann-Patent Nr. 336 051 (betr. Verfahren zur Herstellung von Heil- und Schutzstoffen gegen Tuberkulose) geworden, BlPMZ **1924,** 6. Hier wird die Behandlung lebender tierischer Körper zur Gewinnung von Schutzstoffen – unter Verwendung von Schildkrötentuberkelbazillen – als patentfähig anerkannt. In der Entscheidung des RPA wird ausgeführt, dass es sich bei diesen Verfahren um die Schaffung eines Arzneimittels „nach einem besonderen, allerdings nicht im engsten Sinn, technischen Verfahren" handele; das Verfahren finde auf biologischem Gebiet Anwendung und benutze die Lebensvorgänge der lebenden Natur, statt dass, wie sonst üblich, chemische Kräfte lebloser Materie zum Ausgleich gebracht würden. Wie bei chemischen Verfahren üblicher Art werde aber auch hier der Verlauf des Prozesses durch eine auf einen bestimmten Erfolg eingestellte menschliche Tätigkeit beeinflusst. Nach Anspruch 2 des Friedmann-Patents Nr. 336 051 wurde zwecks Gewinnung von Heil- und Schutzstoffen gegen Tuberkulose zu Züchtungszwecken eine Passage der Kulturen von Schildkröten-Tuberkelbazillen durch den menschlichen Körper geschützt. Der menschliche Organismus wird bei diesem Verfahren als Naturkraft genutzt. Die Bedenken ethischer Natur, die dagegen erhoben werden, dass der Mensch durch eine derartige Ausnutzung seiner eigensten organisch-biologischen Kräfte zum Objekt gewerblicher Verrichtung gemacht werde (vgl. Blum/Pedrazzini, aaO Art. I, Anm. 11 a, S. 84/85 m. w. Nachw. und Dolder, Mitt. **1984,** 1 ff.), sind nicht stichhaltig (Warschauer, Mitt. **1927,** 219). Verfahren zur Bekämpfung von Schädlingen sind seit jeher als gewerblich anwendbar angesehen worden, z. B. zum Beseitigen von Insekten, Mäusen, Ratten usw., oder Läusebefall bei Mensch und Tier (Brit. Patent Court FSR **1984,** 258).

Verfahren, die am **toten menschlichen oder tierischen Körper** vorgenommen werden, 35
um medizinische oder kriminalistische Erkenntnisse zu gewinnen, sind keine therapeutische Behandlung des menschlichen oder tierischen Körpers. Auch therapeutische Behandlungsverfahren, bei denen an den dem menschlichen oder tierischen Körper entnommenen Organen, Flüssigkeiten oder Gewebeproben entnommen werden, sind in § 5 Abs. 2 Satz 1 nicht für nicht gewerblich anwendbar erklärt (Dost in Europäisches Patentrecht, 1978, 1. Teil, Rdn. 28). Das Feststellen (Muten) und Abschirmen geopathogener Störzonen (Erdstrahlen) in Räumen ohne konkrete Beziehung des Behandelnden zur Krankheit des Behandelten stellt keine therapeutische Behandlung im Sinne des Heilpraktikergesetzes dar (BGH [II. Zivilsenat], NJW 1987, 2928 f.).

36 **f) Diagnostizierverfahren,** die am menschlichen oder tierischen Körper vorgenommen werden, sind in Abs. 2 Satz 1 für nicht gewerblich anwendbar erklärt. Diagnostik ist das Vermögen (die Kunst), einen pathologischen Zustand zu erkennen und zu unterscheiden, um das erforderliche Heilverfahren einzuschlagen (BPatG Mitt. **1984,** 215f.). Sie umfasst sowohl die Erhebung der Fakten zur Erkennung und systematischen Einordnung des Krankheitsbildes als auch die schlussfolgernde Wertung, die „Stellung der Diagnose" (Schweiz BG GRUR Int. **1983,** 316 – Diagnostizierverfahren; BPatG Mitt. **1984,** 214, 215f.). Zu ihr gehören alle Schritte, die unternommen werden, um einen pathologischen Zustand zu erkennen und die Abweichungen des erkrankten Organismus gegenüber dem gesunden und deren Ursache festzustellen. Um von der Patentierbarkeit ausgenommen zu sein, muss das Ergebnis des Diagnostizierverfahrens unmittelbar gestatten, über eine medizinische Behandlung zu entscheiden. Verfahren die nur **Zwischenergebnisse** liefern, sind keine Diagnostizierverfahren, selbst wenn sie bei der Diagnose zu verwerten sind (EPA T 385/86, ABl. **1988,** 308 = GRUR Int. **1988,** 938, 939 – Nicht-invasive Messwertermittlung/BRUKER). Der Ausschlusstatbestand des Abs. 2 Satz 2 erfasst auch nicht Untersuchungsverfahren, deren Ergebnis allein noch keinen Hinweis auf die zu stellende Diagnose gibt, sondern das die Diagnose bildende Ergebnis enthält, wie z.B. die Verwendung eines Tomodensimeters (EPA Entsch. v. 21. 11. 1983 – T 61/83 – Tomodensimetrieverfahren, EPA Entsch. v. 20. 8. 1984 – T 208/83); ein Verfahren zur Korrektur der Diffraktionsstrahlung bei der Messung einer durch einen Körper hindurchgehenden Primärstrahlung (EPA T 18/84 vom 7. 12. 1984) oder ein tomographisches Verfahren (EPA T 45/84 vom 22. 1. 1985; EPA T 385/86, ABl. **1988,** 308 = GRUR Int. **1988,** 938, 940 – Nicht-invasive Messwertermittlung/BRUKER; Payraudeau, GRUR Int. **1989,** 478, 480); er erfasst ferner nicht ein Verfahren zur Bestimmung der Zuckerkonzentration in einer Flüssigkeit, das im Rahmen eines Diagnostizierverfahrens angewandt werden kann (EPA T 83/87 vom 14. 1. 1988) und ein zu implantierendes Gerät zur Erfassung von Daten über den Herzrhythmus (BerGer Paris Ann. 1985, 116; Payraudeau, GRUR Int. **1989,** 478, 480). Das EPA begründet dies mit dem Zweck des Ausschlusses der Patentierbarkeit von Diagnostizierverfahren. Ein Verfahren zur Erfassung chemischer oder physikalischer Daten aus dem lebenden Organismus mittels Diagnosegeräten, bei dem Daten aufgezeichnet und oder in Bildform wiedergeben werden, fällt nicht unter den Ausschluss des Abs. 2 Satz 1 bzw. Art. 52 Abs. 4 EPÜ, weil bei solchen Verfahren die Schrittfolge, für die Schutz begehrt wird, keinen Schritt enthält, der den Charakter einer ärztlichen Diagnose oder medizinischen Behandlung hat oder zu seiner Durchführung einen Arzt erfordert, sondern auch von einem Techniker ausgeführt werden kann, um eine Arbeitsgrundlage für die nachfolgende Diagnosetätigkeit des Arztes zu schaffen (EPA T 655/92, ABl. **1998,** 17, 21 – NMR-Abbildung/NYCOMED; EPA T 964/99, ABl. **2002,** 4, 12 ff. = GRUR Int. 2002, 259, 261 – Vorrichtung und Verfahren zur Probeentnahme von Stoffen mittels wechselnder Polarität/CYGNUS INC). Der Präsident des Europäischen Patentamts hat diese Grundsätze zuletzt in Frage gestellt und der Großen Beschwerdekammer des EPA unter anderem die Frage vorgelegt, ob als Diagnostizierverfahren im Sinne von Art. 52 Abs. 4 EPÜ nur solche Verfahren anzusehen sind, „die alle beim Stellen einer ärztlichen Diagnose auszuführenden Verfahrensabschnitte enthalten", oder ob ein solches Diagnostizierverfahren bereits dann vorliegt, wenn „das beanspruchte Verfahren nur einen Verfahrensabschnitt enthält, der Diagnosezwecken dient oder sich auf die Diagnose bezieht (EPA, ABl. **2004,** 229 = GRUR Int. **2004,** 671 – nur Vorlagefragen). Das Verfahren ist unter dem Az. G 1/04 anhängig. Aus der bislang gültigen Praxis folgt, dass Abs. 2 Satz 1 nur solche Untersuchungsmaßnahmen vom Patentschutz ausschließt, die *ausschließlich* zur *chirurgischen* oder *therapeutischen* Behandlung vorgenommen werden (BPatGE **26,** 110, 113 = GRUR **1985,** 278, 279). Das gilt beispielsweise nicht für ein am menschlichen oder tierischen Körper vorgenommenes Verfahren unter Einsatz eines Herzschrittmachers, bei dem der Herzschrittmacher zwar eine therapeutische Wirkung erzielt, die Erfindung jedoch auf die Steuerung der Stimulationsenergie des Schrittmachers gerichtet ist, mithin also auf ein den Energieverbrauch des Schrittmachers verbesserndes Verfahren (EPA T 789/96 GRUR Int. **2002,** 863, 864 – Therapeutisches Verfahren/ELA MIDICAL). Untersuchungsmethoden, die auch andere Einsatzmöglichkeiten eröffnen, also beispielsweise Tauglichkeitsprüfungen, Blutalkoholbestimmungen oder Befunderhebungen zu kosmetischen Zwecken, sind auch dann gewerblich anwendbar, wenn sie vom Arzt vorgenommen werden (BPatG Mitt. **1984,** 214, 215f.). Nur ausschließlich der Heilkunde dienende Diagnoseverfahren sind nicht gewerblich anwendbar (BPatG Mitt. **1984,** 214, 215f.; EPA T 385/86, ABl **1988,** 308 = GRUR Int. **1988,** 938, 939 – Nicht-invasive Messwertermittlung/BRUKER). Ein Verfahren, das dazu dient, die Dialysierfähigkeit (Leistungsfähigkeit) einer künstlichen Niere zu bestimmen, bleibt auch dann gewerblich anwendbar, wenn ihr Betrieb die Beteiligung des Patienten erfordert, weil die Bestimmung der Dialysierfähigkeit an sich

keine therapeutische oder diagnostische Wirkung auf den Patienten ausübet (BPatG, Urt. v. 22. 6. 2004 – 4 Ni 28/03 (EU) – Verfahren zur Bestimmung der Dialysierfähigkeit, zitiert nach juris). Bei Diagnostizierverfahren, die sowohl therapeutischen oder chirurgischen Zwecken als auch anderen Zwecken dienen, besteht die Möglichkeit, den Patentschutz mittels eines Disclaimers auf die nichttherapeutischen und nichtchirurgischen Zwecke zu beschränken (vgl. Busse/Keukenschrijver, PatG, 6. Aufl. § 5 Rdn. 34).

Zweck der Regelung ist die Vermeidung ethisch nicht zu rechtfertigender Einschränkungen bei der Diagnostik. Als Ausnahmevorschrift ist auch der Ausschluss der Patentierbarkeit von Diagnostizierverfahren eng auszulegen (grundlegend: EPA T 385/86, ABl. **1988,** 308, 311 = GRUR Int. **1988,** 938, 939 – Nicht-invasive Messwertermittlung/BRUKER; Benkard/Melullis, EPÜ, Art. 52 Rdn. 262). 37

Ein am menschlichen oder tierischen Körper vorgenommenes Diagnostizierverfahren liegt erst vor, wenn sowohl die Untersuchung zur Istwertermittlung als auch die Feststellung des Symptoms anhand des Ergebnisses der Untersuchung unmittelbar am lebenden menschlichen oder tierischen Körper vorgenommen und dabei wahrgenommen werden kann. Dies ist z. B. der Fall bei einem Allergietest, bei dem die anormale Abweichung anhand einer Hautveränderung festzustellen ist. Dagegen ist ein Verfahren gewerblich anwendbar, wenn die am Körper ermittelten Daten auf einem vom Körper losgelösten Datenträger erst nach weiteren, außerhalb des Körpers vorgenommenen Schritten eine anormale Abweichung erkennen lassen. Dasselbe gilt für Diagnostizierverfahren, die außerhalb des menschlichen Körpers, z. B. an dem Körper entnommenen Flüssigkeiten wie Blut oder Urin oder an Gewebeproben vorgenommen werden (EPA T 385/86, ABl. **1988,** 308 = GRUR Int. **1988,** 938, 939 – Nicht-invasive Messwertermittlung/BRUKER; Dost in Europäisches Patentrecht, 1978, 1. Teil, Rdn. 28). Maßnahmen, die ein Fachmann der Kernresonanzspektroskopie in einem gewerblichen Labor trifft, um dem Arzt selbstständig eine Grundlage für seine nachfolgende Diagnosetätigkeit zu schaffen, sind kein vom Patentschutz ausgeschlossenes Diagnoseverfahren, sondern gewerblich anwendbar, EPA 25. 9. 1987 – T 385/86, ABl. 1988, 308 = GRUR Int. **1988,** 938, 939 – Nicht-invasive Messwertermittlung/BRUKER. Hierzu zählt z. B. ein Verfahren zur Messung der Narkosetiefe am lebenden menschlichen Körper (DPA GRUR **1953,** 172, dessen Begründung heute überholt ist). 38

7. Gegenausnahme des Abs. 2 Satz 2. Nach Abs. 2 Satz 2 sind **Erzeugnisse,** insbesondere **Stoffe oder Stoffgemische,** die zur Anwendung in einem Verfahren nach Abs. 2 Satz 1 bestimmt sind, vom Patentierungsverbot des Abs. 2 Satz 1 ausgenommen. Von der Gegenausnahme des Abs. 2 werden in erster Linie Arzneimittel erfasst. Diese sind, soweit sie die sonstigen Voraussetzungen erfüllen, grundsätzlich patentfähig (EPA 14. 5. 1985 T 36/83 ABl **86,** 295 – Thenoylperoxid/ROUSSEL-UCLAF, Benkard/Melullis, EPÜ, Art. 52 Rdn. 270). Als Stoffgemische sind auch Kombinationspräparate mit äußerlich getrennten Bestandteilen anzusehen, die gleichzeitig, getrennt oder zeitlich abgestuft wirksam werden (EPA 25. 1. 1983 T 9/81 ABl. **1983,** 372 (5) = GRUR Int. **1984,** 102, 103 – Cytostatische Kombination/ASTA; vgl. auch BPatG 27. 9. 1979 16 W (pat) 25/79, GRUR **1980,** 169, 170 – Zweiphasenremineralisierung;; vgl. § 4 Rdn. 85). 39

Über die in Satz 2 ausdrücklich genannten Stoffe und Stoffgemische hinaus gilt die Gegenausnahme auch für alle sonstigen Erzeugnisse zur Anwendung in einem der genannten Verfahren. Patentfähig sind auch **zur Therapie oder Diagnostik verwendete Geräte** (Benkard/Melullis, EPÜ, Art. 52 Rdn. 270). Das Gleiche gilt für Nadeln, Scheren, Skalpelle und Spritzen sowie für Apparate und Vorrichtungen, die der Beseitigung bzw. dem Ausgleich vorhandener Defekte dienen, wie Herzschrittmacher, Herz-Lungen-Maschinen, künstliche Organe, Brillen, Hörgeräte, Prothesen und künstliche Gelenke (EPA T 190/83, Mitt. **1988,** 173 – Künstliches Kniegelenk; EPA T 712/93 SA ABl. **1998,** 12 (3) – betr. ein künstliches Kugelpfannengelenk). Dem Patentschutz zugänglich ist auch ein in den Körper des Patienten implantiertes Gerät zur dosierten Abgabe von Medikamenten (EPA T 245/87 ABl **1989,** 171 = GRUR Int. **1989,** 682 – Durchflussmessung/SIEMENS). Dasselbe gilt für menschliche Organe oder Gewebeteile, die zur Transplantation vorgesehen sind (Benkard/Melullis, EPÜ, Art. 52 Rdn. 271). Die Verwendung eines menschlichen Sehnengewebes als Hormontransplantat ist patentfähig (BPatGE **26,** 104 = GRUR **1985,** 276 – Schichtkeratoplastiktransplantat). Denn die Aufbereitung eines bereits explantierten Körperteils in einem biomedizinischen Gewerbebetrieb, wie etwa einer nach wirtschaftlichen Gesichtspunkten aufgebauten Organbank, begründet die gewerbliche Anwendbarkeit (BPatG **26,** 104 = GRUR **1985,** 276, 277 – Schichtkeratoplastiktransplantat). Patentfähig sind auch Stoffe oder Stoffgemische, die aus entnommenen Körpersubstanzen (zB Blut) gewonnen und zu therapeutischen Zwecken (zB Eigenblutbehandlung) eingesetzt werden 40

(Busse/Keukenschrijver, PatG, 6. Aufl. § 5 Rdn. 36). Die Patentfähigkeit ist weiter gegeben für Hilfsmittel, wie beispielsweise Knochenzement (EPA 23. 7. 1983 T 173/82 – Faserverstärker Knochenzement).

8. Anmeldeverfahren

41 **a) Allgemeines.** Bei den meisten Erfindungen ist ohne weiteres zu übersehen, dass ihr Gegenstand auf irgendeinem gewerblichen Gebiet hergestellt oder benutzt werden kann. Deshalb erübrigt es sich in der Regel, bei der Anmeldung besondere **Angaben über die gewerbliche Anwendbarkeit der Erfindung** zu machen, sofern sich diese aus der Art der betreffenden Erfindung von selbst versteht (vgl. auch § 10 (2) Nr 5 PatV und Regel 27 (1)f EPÜ). Bei der chemischen Stofferfindung ist nicht immer zu erkennen, ob die Erfindung überhaupt in der Technik verwendbar ist oder ob sie nur die wissenschaftlichen Kenntnisse erweitert. Bei Erfindungen, bei denen die praktische Anwendbarkeit nicht ohne weiteres zu erkennen ist, verlangt der BGH, dass bei der Anmeldung ein technisches Gebiet angegeben wird, auf dem die Erfindung Anwendung finden soll (BGHZ **58,** 280, 289 – Imidazoline). Das BPatG hat bei einer solchen Erfindung das Nachreichen von Angaben über die praktisch sinnvolle Verwendung als unzulässig angesehen (BPatGE **17,** 192, 198 ff.).

42 **b) Erfindungen auf dem Gebiet der Gentechnologie.** Eine Ausnahme von dem in der Imidazoline-Entscheidung des BGH aufgestellten Grundsatz, wonach es bei chemischen Stofferfindungen ausreicht, bei der Anmeldung ein technisches Gebiet angegeben wird, auf dem die Erfindung Anwendung finden soll (BGHZ **58,** 280, 289), sieht der zur Umsetzung der Richtlinie 98/44/EG vom 6. Juli 1998 über den rechtlichen Schutz biotechnologischer Erfindungen durch Gesetz vom 21. 1. 2005 (BGBl. I 2005, 146) am 28. 2. 2005 in Kraft getretene § 1 a vor. Nach dessen Abs 3 gilt für die **gewerbliche Anwendbarkeit einer Sequenz oder Teilsequenz eines Gens,** dass deren **gewerbliche Anwendbarkeit in der Anmeldung konkret unter Angabe der von der Sequenz oder Teilsequenz erfüllten Funktion** beschrieben werden muss. Die Regelungen des § 1 a Abs 3 und 4 stellen **keine formalen Erfordernisse des Anmeldeverfahrens** dar. Vielmehr ist die **Beschreibung der Funktion** das **wesentliche Kriterium** für den Patentprüfer, um den zum Patent angemeldeten Genabschnitt bestimmen zu können (Begr. des RegE, BT Drucks. 14/5642, S. 10 f.; vgl. auch Erwägungsgrund 25 der BioPatRL). Die Funktion der Gensequenz ist als **technische Funktion** zu verstehen (Krauß, Mitt. **2001,** 396). Sie kann sich aus der natürlichen Funktion ergeben, ist jedoch nicht notwendigerweise deckungsgleich mit dieser, sondern kann auch in der Eignung als Sonde oder diagnostisches Mittel bestehen (Schulte/Moufang PatG 7. Aufl., § 1 a Rdn. 28). Der europäische Richtliniengesetzgeber hat der Funktionsangabe bei DNA-Sequenzen eine hohe Bedeutung beigemessen. Nach Erwägungsgrund 23 BioPatRL liegt bei fehlender Funktionsangabe keine technische Lehre vor. Nach Erwägungsgrund 24 BioPatRL setzt die gewerbliche Anwendbarkeit einer Gensequenz, die zur Herstellung eines Proteins verwendet wird, Angaben darüber voraus, welches Protein hergestellt wird und welche Funktion es hat (Schulte/Moufang PatG 7. Aufl., § 1 a Rdn. 28). Indem § 1 a Abs 3 eine *konkrete* Funktionsbeschreibung fordert, geht die Vorschrift über die Anforderungen der Richtlinie 98/44/EG hinaus. Allgemeine Hinweise auf die Gensequenzen grundsätzlich innewohnenden Werte dürften also ohne weitere, konkretere Offenbarungen nicht ausreichen. Erforderlich aber auch ausreichend ist es vielmehr, mindestens eine mit der beanspruchten DNA-Sequenz verbundene nützliche Eigenschaft zu zeigen, die kausal zur Lösung eines Problems beiträgt indem sie beispielsweise als Marker in der Diagnostik dient (Keukenschrijver, FS Tilmann, 475, 477). Andernfalls setzt man die Anmeldung nicht nur der Gefahr aus, dass es an einer technischen Lehre und an einer gewerblichen Anwendbarkeit fehlt; auch die Ausführbarkeit der Erfindung stünde dann in Frage (Oser GRUR Int. **1998,** 648, 651). Obwohl § 1 a Abs 3 nur die Beschreibung der gewerblichen Anwendbarkeit einer Sequenz oder Teilsequenz **in der Patentanmeldung** vorschreibt, wird in der Literatur darauf hingewiesen, dass die Angabe ihrer Funktion als das die Patentfähigkeit begründende und den Schutzbereich bestimmende technische Merkmal ihren Platz auch in den Ansprüchen finden muss. Das ergebe sich schon daraus, dass in den Ansprüchen der Gegenstand der Erfindung durch Angabe aller technischen Merkmale zu bezeichnen ist, die zur Lösung der vorliegenden Aufgabe erforderlich sind (Meyer-Dulheuer GRUR **2000,** 179, 181). Ausdrücklich in diesem Sinne geregelt ist dies nach § 1 a Abs 4 für Erfindungen, die einen isolierten Bestandteil des menschlichen Körpers einschließlich der Sequenz oder Teilsequenz eines Gens zum Gegenstand haben, deren Aufbau mit dem Aufbau einer natürlichen Sequenz oder Teilsequenz eines ***menschlichen*** **Gens** übereinstimmt. Wird die Funktion einer Gensequenz angegeben, ist die Frage der **erfinderische Tätigkeit** nach allgemeinen Kriterien zu beurteilen. Das

Überraschungsmoment kann nach herkömmlicher Ansicht dabei berücksichtigt werden (Keukenschrijver, FS Tilmann, 475, 477).

Anhang: Die Arzneimittelerfindung

Literaturhinweis: Antony, Schutz für Erfindungen der „ersten pharmazeutischen Verwendung", GRUR Int **1974,** 176; Bruchhausen, Die zweite medizinische Indikation von Arzneimitteln im europäischen Patenrecht, GRUR Int. **1985,** 239; Bühling, Die Bedeutung von Arzneimittelansprüchen für den Patentschutz von Verwendungserfindungen nach dem neuen Deutschen und Europäischen Patentgesetz, GRUR **1978,** 15; Casalonga/Dossmann, Patent Protection of the Therapeutic Use and Pharmaceutical Product, 70 (1988) IPTOS 173ff.; Deutsch, Arzneimittel im gewerblichen Rechtsschutz, GRUR Int. **1983,** 489; Dinné, Mittel-Ansprüche auf pharmazeutischem Gebiet, Mitt. **1970,** 181; ders., Zum Schutzbereich der 2. Indikation, Mitt. **1984,** 105; Eggert, Patentschutz für Arzneimittel auf Basis bekannter Stoffe, Mitt. **1969,** 233; Gaumont, Le médicament: brevetabilité et porteé du brevet, Revue trim. de droit commercial et de droit economique 1980, 441–471; Féaux de Lacroix, Auslegung von Zweckangaben in Verfahrensansprüchen – zweite medizinische Indikation, GRUR **2003,** 282ff.; Gruber/Kroher, Die Patentierbarkeit von Arzneimittelansprüchen im Rechtsvergleich zwischen Deutschland und Ländern der britischen Rechtstradition, GRUR Int. **1984,** 201; Günzel, Die Rechtsprechung der Beschwerdekammern des EPA zur Patentierung der zweiten medizinischen Indikation, GRUR **2001,** S. 566ff.; Hirsch, Über die Patentfähigkeit von Arzneimittelerfindungen, Präparative Pharmazie, Bd. 5 (1969), S. 150/53; Hansen, Zum Patentschutz der 2. Indikation, GRUR **1977,** 15; ders., Zur Bedeutung der EPA-Entscheidungen über die 2. Indikation für pharmazeutische Erfindungen, GRUR Int **1985,** 557; ders., Neue Probleme der zweiten Indikation in der europäischen und nationalen Patentpraxis, GRUR Int. **1988,** 379; de Haas, Brevetabilité des produits pharmaceutiques en droit français et européen, Prop. Ind. **1984,** 129; ders., Brevet et médicament en droit français et en droit européen, Paris 1981; Hüni, La Convention sur le brevet européen et la brevetabilité des applications thérapeutiques de substances connues, Prop. Ind. **1986,** 358; Klöpsch, Zur Schutzfähigkeit und zum Schutzumfang der sogenannten zweiten Indikation im deutschen und europäischen Patentrecht, GRUR **1979,** 283; ders., Die richtige Anspruchskategorie für ein Arzneimittel, Mitt. **1977,** 130; ders., Zur Schutzfähigkeit von Arzneimitteln nach dem Münchener Patentübereinkommen, GRUR Int. **1982,** 102; ders., Anmerkung zu BGH-Hydropyridin, GRUR **1983,** 733; Koktvedgaard/Osterborg, Patente für pharmazeutische Erfindungen in Dänemark, GRUR Int. **1984,** 573; Kraft, Patentrechtliche Probleme im Zusammenhang mit der Lieferung von chemischen Wirkstoffen und daraus formulierten Spezialitäten, GRUR **1971,** 373ff. unter B; Krasa, Zur Schutzfähigkeit der 2. Indikation, GRUR **1977,** 476; Kraßer, Patentschutz für neue medizinische Anwendungen bekannter Stoffe, Festschrift 25 Jahre Bundespatentgericht, 1986, S. 159; Lançon, Die Patentierbarkeit auf dem Gebiet der Therapie und Diagnose: Überblick über die Rechtsprechung der Beschwerdekammern des Europäischen Patentamts, GRUR Int. **1991,** 428; Müller, Pro Schutz der 2. Indikation, GRUR **1983,** 471; Nastelski, Verwendungsansprüche für Arzneimittel? Festschrift für Günther Wilde, 1970, S. 113/23; Nirk, Zur Bedeutung und Abgrenzung von Arzneimittelansprüchen, GRUR **1977,** 356; Nöthe, Patentschutz auf dem Arzneimittelsektor im Lichte der Benzolsulfonylharnstoff-Entscheidung, GRUR **1978,** 623; Ono, La protection effective des droits de propriété industrielle – Examen de la situation actuelle au Japon du point de vue des industries chimique et pharmaceutique, Prop. Ind. **1988,** 358; Pagenberg, Rechtsprechung zur zweiten Indikation – Quo vadis? GRUR Int. **1986,** 376; Panchen, Die Patentierbarkeit auf dem Gebiet der Therapie und Diagnose, GRUR Int **1991,** 420; Papke, Erste und weitere Indikation, GRUR **1984,** 10; v. Pechmann, Pro und Contra Schutz der 2. Indikation, GRUR **1983,** 471; Schmied-Kowarzik, GRUR **1972,** 255, 266 („J. Arzneimittel-Erfindungen"); ders., Mittel- oder Verwendungsansprüche bei Arzneimittelerfindungen, GRUR **1977,** 626; Scuffi, Die Erfindungen auf dem Pharmasektor – Stand der Mailänder und Turiner Rechtsprechung, GRUR Int. **1991,** 481; De Smets, Die Patentierbarkeit auf dem Gebiet der Therapie und Diagnose in belgischem Recht, GRUR Int **1991,** 425; Steger, Contra Schutz der 2. Indikation, GRUR **1993,** 474; Stieger, Artikel 54 Abs. 5 des Münchener Patentübereinkommens: Eine pharmazeutische Sondernorm, GRUR Int. **1980,** 203; Suchy, Patentschutz für die zweite Indikation, Mitt. **1982,** 88; Trüstedt, Patentansprüche für Heilmittel, Mitt. **1978,** 181; ders., Die Patentierbarkeit der weiteren medizinischen Indikation, GRUR **1983,** 478; Tsironis, A., Stoff- und Verfahrensschutz unter besonderer Berücksichtigung der Arzneimittelerfindung nach deutschem, griechischem und europäischem Patentrecht, Diss. München 1989; Tsur, La brevetabilité des methodes de traitment thérapeutique du 43 corps humain, Prop. Ind. **1985,** 178; Tums, Patentschutz für Heilverfahren, GRUR Int. **1995,** 277; Utermann, Der zweckgebundene Verfahrensanspruch für Arzneimittel, GRUR **1985,** 813; Vitrò, Zusammenhang zwischen Übereinkommensrecht und italienischem Recht bezüglich der Patentfähigkeit von Medikamenten: Allgemeine und spezifische Formeln, GRUR Int. **1991,** 478; Vossius, Schutz von Erfindungen auf dem Gebiet der Arzneimittel, GRUR **1971,** 59; Fabel, Bemerkungen zu vorstehendem Aufsatz, GRUR **1971,** 63; Vossius, Die Patentierbarkeit der 2. medizinischen Indikation nach deutschem und europäischem Patentrecht, GRUR **1983,** 483; Vossius und Rau, Der Patentschutz von Verwendungserfindungen auf dem Gebiet der Pharmazie nach geltendem und zukünftigem Deutschen und nach Europäischem Patentrecht unter Berücksichtigung der zweiten Indikation, GRUR **1978,** 7; dies., Patentierbarkeit der zweiten Indikation, GRUR **1980,** 776; Windisch, Neuere Entscheidungen, insbesondere des Bundesgerichtshofs, und ihre Konsequenzen für die deutsche Patentpraxis auf dem Gebiet der Chemie, GRUR **1971,** 550, 554 li. Sp., 558f.; Zutrauen, Zur Patentierbarkeit der zweiten Indikation eines bekannten Arzneimittels, GRUR Int. **1977,** 223.

44 **1. Schutzmöglichkeiten.** Infolge der Aufhebung des Patentierungsverbots für Arzneimittel können seit dem 1. Januar 1968 in der Bundesrepublik Deutschland für Arzneimittel (pharmazeutische Präparate, Medikamente, Diagnosemittel u. dgl.) **Erzeugnisansprüche** gewährt werden. Arzneiliche Wirkstoffe sind wie sonstige Erzeugnisse (Stoffe, Mischungen) zu behandeln (BGHZ 58, 280, 285 – Imidazoline). Wird ein **neuer Wirkstoff** oder eine neue Wirkstoffkombination bereitgestellt, so kann hierauf ein Stoffpatent gewährt werden, das den allgemeinen Regelungen über das Stoffpatent unterfällt (Rdn. 45). Daneben kann für die **Herstellung** eines Arzneimittels ein Verfahrenspatent (**Herstellungsverfahren,** Rdn. 51) sowie auf die Verwendung des Stoffs zur Behandlung einer Erkrankung ein **Verwendungspatent** (Rdn. 53f.) erteilt werden. Anmelder **neuer** Wirkstoffe und neuer Arzneimittel dürften in der Regel dem sog. Erzeugnispatent (Stoffanspruch) wegen seines umfassenden Schutzes den Vorzug vor Herstellungs- und Verwendungsansprüchen geben. Es steht ihnen jedoch frei, sich den neuen Wirkstoff, das Verfahren zur Herstellung des Wirkstoffes, die Verwendung des Wirkstoffes zur Herstellung des Arzneimittels und/oder die Verwendung des Wirkstoffes als Arzneimittel patentieren zu lassen. Dem Schutz durch Erzeugnisansprüche sind auch **neue Formulierungen eines Arzneimittels zugänglich** (Rdn. 46). Diesen Schutzmöglichkeiten ist durch **§ 3 Abs. 3** eine weitere Schutzmöglichkeit hinzugefügt worden, wenn für einen bekannten Stoff erstmals eine Verwendung in einem der in § 5 Abs. 2 genannten Verfahren aufgefunden wird. Für bekannte Stoffe, für die eine **erste medizinische Indikation** aufgefunden wird, kann durch den **zweckgebundenen Stoffschutz** nach § 3 Abs. 3 ein auf die Verwendung des bekannten Stoffs als Arzneimittel beschränktes Sachpatent erteilt werden (Rdn. 47f.). Durch die Einführung des zweckgebundnen Stoffschutzes für das Auffinden der ersten medizinischen Indikation eines bekannten Stoffs wird nicht ausgeschlossen, dass das Auffinden einer **zweiten oder weiteren medizinischer Indikationen** durch Erteilung von **Verwendungspatenten** (nicht von Mittelansprüchen, vgl. BGH GRUR 1982, 548, 549 – Sitosterylglykoside) unter Schutz gestellt wird (BGHZ **88,** 209 – Hydropyridin). Auch das EPA hält das Auffinden einer zweiten oder weiteren medizinischen Indikation eines bekannten Stoffs für patentierbar (EPA G 01/83 ABl. **1985,** 60 = GRUR 1985, 273 = GRUR Int. 1985, 193, 195 – Zweite medizinische Indikation/BAYER AG; dazu Günzel, GRUR 2001, 566ff.), vertritt jedoch die Auffassung, dass als Schutzform für die zweite und weitere medizinische Indikationen nur ein Anspruch gewährt werden kann, der auf die Verwendung des Stoffs oder Stoffgemischs zur Herstellung eines Arzneimittels zur Anwendung in einem in Art. 54 Abs. 4 EPÜ (= § 5 Abs. 2 PatG) genannten Verfahren gerichtet ist (EPA Gr 01/83 GRUR Int. 1985, 193, 196 – zweite medizinische Indikation unter 23; T 4/98, GRUR Int. 2002, 438, 440 – Liposomenzusammensetzung/SEQUUS unter 8.1).

2. Erzeugnispatent

45 **a) Absoluter Stoffschutz für *neue* Stoffe und Stoffgemische.** Absoluter Stoffschutz kommt in Betracht, wenn Gegenstand der Erfindung ein **neuer Stoff** (Wirkstoff) oder ein **neues Stoffgemisch** (Arzneimittelgemisch) ist und sich aus der unerwarteten wertvollen therapeutischen Wirksamkeit des Stoffes oder Stoffgemisches die erfinderische Tätigkeit bei der Bereitstellung des neuen Stoffes oder Stoffgemisches ergibt (insoweit übereinstimmend: BGHZ **88,** 209, 213 – Hydropyridin; **68,** 156, 161 – Benzolsufonylharmstoff; BGH GRUR 1982, 549, 550 – Sitosterylglykoside; EPA G 1/83 ABl. **1985,** 60 = GRUR **1985,** 273 = GRUR Int. **1985,** 193, 196 – zweite medizinische Indikation/BEYER). Als neue Wirkstoffe kommen auch bislang der Öffentlichkeit nicht zugängliche Erscheinungsformen oder Isolierungen von Natur-

stoffen in Betracht (siehe § 1 Rdn. 92). Der Erzeugnisschutz für neue Stoffe und neue Stoffgemische ist absolut (BGHZ **58,** 280, 288 – Imidazoline). Das Erzeugnispatent für ein Arzneimittel auf der Basis eines neuen Stoffs erfasst sämtliche Arten der Herstellung des neuen Stoffes oder neuen Stoffgemisches und erstreckt sich im Prinzip auch auf sämtliche bekannten oder unbekannten, vom Erfinder erkannten oder nicht erkannten Verwendungen des neuen Stoffes oder neuen Stoffgemisches und damit auch auf ihre Verwendung zur Herstellung von Arzneimitteln. Der Patentschutz für einen neuen Wirkstoff erstreckt sich gemäß § 9 Satz 2 Nr. 1 auch auf die unter Verwendung des Wirkstoffes hergestellten Arzneimittel, auch auf Kombinationspräparate, die den geschützten Wirkstoff enthalten. Dagegen begründet eine neue Verwendungsweise eines bereits bekannten Stoffs nicht dessen Neuheit (BGHZ **58,** 280, 290 – Imidazoline; BGH GRUR **1982,** 548, 549 – Sitosterylglykoside). Für bekannte Stoffe kommt ein absoluter Erzeugnisschutz nicht in Betracht.

b) Formulierung eines Arzneimittels. Erzeugnisschutz für das auf erfinderische Weise formulierte (formgestaltete) Arzneimittel kommt in Betracht, wenn für die Formulierung eines Arzneimittels unter Verwendung der für die therapeutische Verwendung wesentlichen Wirkstoffe und inerten Trägerstoffe erfinderische Schritte erforderlich sind, weil im Hinblick auf die verwendeten Wirkstoffe oder die Art der Applikation dem Fachmann nicht nahe liegende Maßnahmen zu ergreifen sind. Arzneimittel können auch wegen ihrer äußeren Formgestaltung patentierbar sein (BPatGE **7,** 7, 11). Deshalb kommt Erzeugnisschutz auch für das auf erfinderische Weise formulierte (formgestaltete) Arzneimittel in Betracht. So hat das BPatG ein Patent für einen Wirkstoff (S-Carboxymethylcystein) in der Darreichungsform von Kapseln, Kügelchen, Pillen, Dragees oder Tabletten zur peroralen Behandlung der Seborrhoe erteilt, weil der Anmelder die nach dem Stand der Technik (topische Präparate wie Lösungen, Suspensionen, Tropfen, Sprays, Aerosole, Öle, Cremes oder Gele mit dem genannten Wirkstoff) nicht nahe liegende und fortschrittliche Darreichungsform des Wirkstoffes bereitgestellt hatte (BPatGE **23,** 14, 16 ff.; zu neuen Formulierungen vgl. auch EPA Gr 01/83 GRUR 1985, 193, 196 – zweite medizinische Indikation unter 20). Wenn in einem auf die Zusammensetzung einer Tablette gerichteten Patentanspruch eine der Komponenten durch ein Verfahren definiert ist, mit dem geeignete Stoffe ausgewählt werden können, ist bei der Beurteilung der erfinderischen Tätigkeit nur zu prüfen, ob es nach dem Stand der Technik nahe lag, solche Stoffe zu verwenden, die objektiv der gewählten Definition entsprechen. Ob auch das im Patentanspruch beschriebene Auswahlverfahren nahe lag, ist unerheblich (BGH GRUR **1992,** 375, 376 – Tablettensprengmittel; vgl. hier auch zu den Anforderungen, die an den Fachmann (Industrieapotheker mit Pharmaziestudium und mehrjähriger Berufserfahrung) bei der Tablettierung zu stellen und typisch sind). Bereitet die Formulierung allein des Wirkstoffes in einem zur therapeutischen Behandlung geeigneten Zustand (gasförmig, flüssig oder fest) oder zusammen mit Trägerstoffen für einen Chemiker keine Schwierigkeiten und übersteigt das nicht das durchschnittliche Können eines Arzneimittelfachmanns, dann rechtfertigen allein die mit dem – bekannten – Wirkstoff erzielten überraschenden Wirkungen bei der Behandlung einer bestimmten Krankheit nicht den Patentschutz für das formulierte Arzneimittel (BGH GRUR **1982,** 548, 549 – Sitosterylglykoside). Ein Erzeugnis ist auch ein solches pharmazeutisches Produkt, bei dem verschiedene Stoffe, Stoffgemische oder -lösungen in einer Verpackungs- oder Applikationseinheit zusammengefasst aber getrennt konfektioniert sind, um wie Mehrschichtendragees oder -kapseln eine aufeinander folgende Einwirkung der Wirkstoffe in abgestimmter Konzentration zu ermöglichen (BPatG GRUR **1980,** 169, 170 – Zweiphasenremineralisierung – dort als Verwendungsanspruch gewährt). Das gilt selbst dann, wenn die Bestandteile bereits für sich als Heilmittel bekannt waren, ihr Nebeneinanderstellen zu einer Komposition, um gleichzeitig, getrennt – etwa im Magen und im Darm zur Wirkung gelangend – oder zeitlich abgestuft in einem Körper angewendet zu werden, jedoch neu und überraschend ist (EPA T 8/81, GRUR Int. **1984,** 102, 103 – Cytostastische Kombination/ASTA). Die Angabe einer Tagesdosis für ein formuliertes Arzneimittel unterscheidet dieses nicht von einem bekannten Arzneimittel mit demselben Wirkstoff (BPatGE **24,** 16, 19; zu dem Merkmal „Dreifach- bzw. Zehnfachdosis" vgl. EPA T 4/98 ABl. **2002,** 139 = GRUR 2002, 438 – Liposomenzusammensetzung/SEQUUS). 46

c) Zweckgebundener Stoffschutz auf der Basis bekannter Stoffe. Wird für einen **bekannten** Stoff eine **erste therapeutische Verwendbarkeit** aufgefunden, kann nach § 3 Abs. 3 ein Erzeugnispatent erteilt werden, das sich auf die Herstellung von Arzneimitteln unter Verwendung dieses Stoffs beschränkt. Dem Anmelder eines neuen Stoffs steht es frei, sich darauf zu beschränken, statt des absoluten Stoffschutzes einen zweckgebundenen Stoffschutz zu beantragen (BGHZ **58,** 280, 288 – Imidazoline; BGHZ **54,** 181, 188 – Fugizid). 47

48 **aa) Altes Recht.** Vor dem Inkrafttreten der Neuregelung der §§ 3 Abs. 3 und 5 Abs. 2 Satz 2 und dem Erlass der Benzolsulfonylharnstoffentscheidung des BGH (BGHZ **68,** 156 – Benzolsulfonylharnstoff.) ist ausgiebig darüber diskutiert worden, wie dem berechtigten Interesse der pharmazeutischen Industrie an einem Patentschutz für **Arzneimittel auf der Basis bekannter Stoffe** Rechnung getragen werden konnte. Es wurde darauf hingewiesen, dass kein Unterschied in der erfinderischen Leistung bestehe, ob festgestellt wird, dass einer der unzähligen in allen Laboratorien der Welt meist nach analogen Verfahren synthetisierten neuen Stoffe wertvolle therapeutische Eigenschaften besitze oder ob das bei einer der Millionen bekannter Verbindungen der Fall sei (Eggert, Mitt. **1969,** 233, 236). Ferner wurde es als unbillig angesehen, wenn nur für Arzneimittel mit neuen Wirkstoffen, nicht aber auch für neue Arzneimittel aus an sich bekannten Stoffen Patentschutz gewährt würde. Die Versagung des Patentschutzes für Arzneimittel auf Basis bekannter Stoffe hätte zur Folge, so hieß es weiter, dass für die Arzneimittelhersteller ein hinreichender Anreiz fehlen würde, die Forschung in größerem Umfange auch auf an sich bekannte Stoffe zu erstrecken. Ein „nach Millionen zählender Schatz bekannter Verbindungen" bliebe sonst für die therapeutische Forschung ungenutzt (Eggert, aaO S. 236; Dinné, Mitt. **1970,** 181; Hüni, Prop. Ind. **1986,** 358; Kraft, GRUR **1971,** 373, 378 r. Sp.; Nirk, GRUR **1977,** 356, 359; Schmied-Kowarzik, GRUR **1970,** 490, 492f.). Das aber würde nach Nastelski (in Festschrift Wilde S. 119f.) auch dem Interesse der Allgemeinheit an der Ausschöpfung aller hier gebotenen Möglichkeiten widersprechen.

49 **bb) Regelung des § 3 Abs 3.** Im Gegensatz zu der für Anmeldungen vor dem 1. 1. 1978 geltenden Regelung des Stoffschutzes, die **bekannte Stoffe und bekannte Stoffgemische** vom Stoffschutz ausschloss (BGHZ **58,** 280, 290 – Imidazoline), lässt die geltende Fassung des § 3 Abs. 3 den **Erzeugnisschutz** für Arzneimittel in einem im Sinne des zweckgebundenen Stoffschutz eingeschränkten Umfange auch **auf der Basis bekannter Stoffe** und Stoffgemische (für Stoffe oder Stoffgemische, die zum Stand der Technik gehören) zu. Bekannte Stoffe und bekannte Stoffgemische sind dem Erzeugnisschutz zugänglich, sofern ihre Anwendung zur chirurgischen oder therapeutischen Behandlung des menschlichen oder tierischen Körpers oder bei Diagnostizierverfahren, die am menschlichen oder tierischen Körper vorgenommen werden, **nicht** zum Stand der Technik gehört (§ 3 Abs. 3, sog. **erste medizinische Indikation** vgl. auch). Sofern ein Stoff oder Stoffgemisch für eine andere als in § 3 Abs. 3 genannte Anwendung bekannt war, z.B. als Farb-, Spreng-, Gerb- oder Kraftstoff oder als Lösungs-, Bleich-, Backhilfs- oder Düngemittel ist als Gegenstand des Erzeugnisschutzes nicht mehr der bekannte Stoff oder das bekannte Stoffgemisch an sich anzusehen. Geschützt ist in diesem Fall der Stoff (oder das Stoffgemisch) zur Anwendung im therapeutischen Verfahren (oder im chirurgischen Verfahren oder im Diagnostizierverfahren). Der Erfinder, der einen bekannten Stoff erstmals für die Therapie bereitstellt, hat in der Regel Anspruch auf einen zweckgebundenen Stoffanspruch, der sich auf das gesamte Gebiet der Therapie, nicht nur auf die Behandlung einer speziellen Krankheit erstreckt, und zwar sowohl auf die Therapie, die Chirurgie und die Diagnose, sofern nicht Gründe der mangelnden erfinderischen Tätigkeit eine Beschränkung des Anwendungsbereichs verlangen (EPA T 128/82, GRUR Int. **1984,** 303, 304f. – Pyrrolidin-Derivate/HOF; EPA T 36/83, GRUR Int. **1986,** 717, 718 – Thenoylperoxid/ROUSSEL-UCLAF). Er ist nicht auf eine bestimmte Darreichungsform beschränkt (EPA G 1/83 ABl. **1985,** 60 = GRUR **1985,** 273 = GRUR Int. **1985,** 193, 195 – Zweite medizinische Indikation/BAYER AG). Gehört eine solche Anwendung des Stoffes oder Stoffgemisches bereits zum Stand der Technik, scheidet ein Schutz nach § 3 Abs. 3 aus und es kommt nur ein Verwendungsanspruch in Betracht (BGHZ **88,** 209, 223f. – Hydropyridin; Brit. PA GRUR Int. **1984,** 306, 307 – Ticlopidin; **1984,** 442, 443 – Hydropyridin (UK); EPA G 1/83 ABl. **1985,** 60 = GRUR **1985,** 273 = GRUR Int. **1985,** 193, 196 – zweite medizinische Indikation/BAYER AG; BPatG GRUR **1985,** 276).

50 Die **Anwendung des bekannten Stoffes oder des bekannten Stoffgemisches** zu den genannten Verfahren (Therapie oder Diagnose) rechnet zum **Gegenstand der Erfindung** und ist deshalb **in den ursprünglichen Anmeldungsunterlagen zu offenbaren.** Die Angaben, die die Anwendung des bekannten Stoffes oder bekannten Stoffgemisches in Verfahren nach § 5 Abs. 2 ergeben, sind von den Angaben über den therapeutischen Effekt zu scheiden. Letztere dienen dem Beleg für die erfinderische Tätigkeit und können im Laufe des Erteilungsverfahrens nachgeholt und auch ausgewechselt werden.

51 **3. Herstellungsverfahren.** Die **Herstellung** von Stoffen oder Stoffgemischen zur Anwendung in therapeutischen Verfahren und die Herstellung von Arzneimitteln sind unter folgenden Voraussetzungen als **Herstellungsverfahren** patentierbar:

a) Bei allen Stoffen und Stoffgemischen (gleichgültig, ob neu, als solche bekannt oder für die therapeutische Verwendung bekannt) sind neue (eigenartige) und erfinderische Verfahren patentierbar.

b) Bei **neuen** Stoffen und **neuen** Stoffgemischen sind auch chemisch nicht eigenartige Verfahren (Analogieverfahren, siehe § 1 Rdn. 31, 94f) und bei Stoffgemischen auch einfache Mischverfahren patentierbar. Ihr Schutz rechtfertigt sich bei neuen Stoffen und neuen Stoffgemischen wegen des überraschenden therapeutischen Effekts der neuen Verfahrensprodukte, der auf die erfinderische Auswahl der Ausgangsstoffe des Verfahrens zurückzuführen ist.

c) Bei **in ihrer Zusammensetzung neuen** Arzneimitteln und bei **neuen Formulierungen** von Arzneimitteln sind Verfahrensansprüche auf das neue Zusammenführen der Wirkstoffe und der Trägerstoffe und die neue Art der Formulierung (Formgestaltung) der Arzneimittel denkbar, wenn in diesen Verfahren eine erfinderische Verfahrenslehre zum Ausdruck kommt.

d) Der Schutz der zu aa) bis cc) genannten Herstellungsverfahren erstreckt sich nach § 9 Satz 2 Nr. 3 auch auf die durch das Verfahren unmittelbar hergestellten Erzeugnisse (siehe § 9 Rdn. 53ff.). In Bezug auf die unmittelbaren Verfahrenserzeugnisse sind dem Patentinhaber im Prinzip sämtliche Verwendungsarten geschützt, siehe § 1 Rdn. 34.

e) Für die Herstellung **bekannter Stoffe, bekannter Stoffgemische oder bekannter** 52
Arzneimittel scheiden Analogie- (Herstellungs-)verfahren aus (Nirk, GRUR 1977, 356, 359), selbst wenn mit den Erzeugnissen überraschende therapeutische oder diagnostische Wirkungen erzielt werden. Gängige oder geläufige Verfahren zur Herstellung (Formulierung) gebrauchsfertiger Arzneimittel sind mangels erfinderischer Tätigkeit nicht patentfähig. Die Tatsache, dass die neu aufgefundene andersartige therapeutische Wirksamkeit einen unerwarteten wertvollen Heilerfolg herbeiführt, eröffnet auch nicht die Möglichkeit, das Verfahren zur Herstellung des Wirkstoffes als Analogieverfahren unter Schutz zu stellen. Dieses setzt vielmehr ein als solches neues Verfahrenserzeugnis voraus, woran es bei bekannten Stoffen oder bekannten Stoffgemischen fehlt. Das erstmals aus einem bekannten Wirkstoff formulierte Arzneimittel zählt nicht als neues Verfahrenserzeugnis in diesem Sinne. Die überraschenden therapeutischen Wirkungen, die mit dem bekannten Wirkstoff erzielt werden, rechtfertigen keinen absoluten Erzeugnisschutz für das daraus formulierte Arzneimittel (BGH GRUR 1982, 548, 459 – Sitosterylglykoside) und auch nicht den Schutz des Herstellungsverfahrens des formulierten Arzneimittels aus dem bekannten Wirkstoff, der zu einem absoluten Schutz des formulierten Arzneimittels als „unmittelbares Verfahrenserzeugnis" führen würde.

4. Verwendungspatente für zweite und weitere Indikationen

a) Ausgangspunkt. Zum Stand der Technik gehörende Stoffe und Stoffgemische sind ge- 53
mäß § 3 Abs. 3 von dem eingeschränkten Erzeugnisschutz ausgeschlossen, wenn ihre Anwendung zur chirurgischen oder therapeutischen Behandlung des menschlichen oder tierischen Körpers oder bei Diagnostizierverfahren **bereits zum Stand der Technik gehört** (BGHZ **88,** 209, 223f. – Hydropyridin; EPA G 1/83 ABl. **1985,** 60 = GRUR **1985,** 273 = GRUR Int. **1985,** 193, 196 – Zweite medizinische Indikation/BAYER AG; BPatG GRUR **1985,** 276; Brit. PA GRUR Int. **1984,** 306, 307 – Ticlopidin; **1984,** 442, 443 – Hydropyridin (UK); BPatG GRUR **1985,** 276). **Übereinstimmung** besteht insoweit, als das **Auffinden einer zweiten oder weiteren medizinischen Indikation** für einen bekannten Stoff oder ein bekanntes Stoffgemische eine patentfähige Erfindung darstellen kann und der Patentschutz für eine solche Erfindung durch § 3 Abs. 3 PatG, Art. 54 Abs. 5 EPÜ nicht ausgeschlossen ist (BGHZ 88, 209ff. – Hydropyridin; EPA Gr 01/83, GRUR Int. 1985, 193ff. – Zweite medizinische Indikation). Dagegen wird die Reichweite des Ausschlusses von Verfahren zur chirurgischen oder therapeutischen Behandlung des menschlichen oder tierischen Körpers und Diagnostizierverfahren von der Patentierbarkeit unterschiedlich beurteilt.

b) Die deutsche Praxis gewährt für die **zweite und weitere medizinische Indika-** 54
tionen Verwendungspatente (vgl. § 1 Rdn. 88f. § 4 Rdn. 78). Einen Widerspruch zu § 5 Abs. 2 Satz 1 sieht die deutsche Rechtsprechung entgegen der Auffassung des EPA (Rdn. 57) in dieser Praxis nicht. Die Verwendung eines Stoffs zur Bekämpfung einer Krankheit war bereits nach der alten Rechtslage in Deutschland patentierbar, weil sich ein darauf gerichteter Anspruch insbesondere an die Hersteller entsprechender Arzneimittel richtet, die entsprechend formulierte und unter Hinweis auf die neue therapeutische Verwendbarkeit verpackte Heilmittel herstellen und anbieten, und sich nicht auf die therapeutische, chirurgische oder diagnostische Verwendung des so hergerichteten Stoffs in der Hand des Arztes beschränkt. Bereits in der **Benzolsulfonylharnstoff**-Entscheidung (BGHZ **68,** 156ff.) hat der BGH entschieden, dass ein Verfahren,

welches die **Anwendung eines Stoffes** zum Zwecke der Bekämpfung einer Krankheit zum Gegenstand hat, patentierbar ist, wenn es neben der therapeutischen, chirurgischen oder diagnostischen Verwendung in der Hand des Arztes auch die Möglichkeit gewerblicher Verwertung bietet. Der **gewerblichen Anwendbarkeit** solcher Verwendungsansprüche steht es nicht entgegen, wenn die Verwendung eines Stoffes zur Behandlung einer Krankheit auch der ärztlichen Anwendung und Verordnung des Medikaments und damit einer nach § 5 Abs. 2 Satz 2 nicht gewerblichen Handlung dient. Nach dieser Rechtsprechung umfasst die Verwendung eines Stoffes zur Behandlung einer Krankheit regelmäßig auch die **augenfällige Herrichtung des Stoffes zu der betreffenden Verwendung und damit eine Reihe von Handlungen wie die Konfektionierung des Medikaments, seine Dosierung und seine gebrauchsfertige Verpackung** (BGHZ 68, 156, 161 – Benzolsulfanylharnstoff insoweit unter Aufgabe der in der Schädlingsbekämpfungsmittel-Entscheidung geäußerten Auffassung, die Verwendung beginne nicht schon bei der Konfektionierung, BGHZ 53, 274, 282). Bei der Verwendung eines Stoffes oder Stoffgemisches (Wirkstoffes) oder einer daraus formulierten Spezialität (Arzneimittel) handelt es sich nicht um eine ausschließlich und unmittelbar nur an den Arzt oder den Patienten gerichtete Lehre zur Heilbehandlung („Verfahren zur chirurgischen oder therapeutischen Behandlung des menschlichen oder tierischen Körpers oder Diagnostizierverfahren“), sondern auch um eine an den Arzneimittelhersteller (pharmazeutische oder biomedizinische Industrie oder Apotheker) gerichtete Lehre zur Herstellung (Formulierung) des betreffenden Heilmittels. Die Formulierung, Konfektionierung, Dosierung und gebrauchsfertigen Verpackung des Wirkstoffes vollzieht sich im gewerblichen Bereich und wird vom Schutz des Verwendungspatents erfasst (BGHZ 68, 156, 161 – Benzolsulfonylharnstoff; 88, 209, 211 m. w. Nachw.). § 5 Abs. 2 Satz 1 wird in Übereinstimmung mit dem in § 1 vorangestellten Grundsatz so ausgelegt, dass er nur diejenigen Verfahren zur therapeutischen Behandlung des menschlichen Körpers vom Patentschutz ausnimmt, die sich ausschließlich in einem nicht gewerblichen Bereich vollziehen und deshalb nicht gewerblich anwendbar sind (BGHZ 88, 209, 215 – Hydropyridin, wo diese Lehre vom bloßen Heilverfahren, BGHZ 48, 13 – Glatzenoperation, abgegrenzt ist; dazu kritisch: Pagenberg GRUR Int. 1984, 40, 41 f.; BPatG GRUR 1983, 172 – Tieranästhetikum; GRUR 1985, 276). Die Lehre der Verwendung eines bestimmten Stoffes zu einem therapeutischen Zweck wird als für den Arzt oder den Patienten solange praktisch wertlos angesehen, bis ein Arzneimittelhersteller unter Verwendung des Stoffes das Arzneimittel in der geeigneten Form herstellt. Dieser setzt das Arzneimittel aus dem für den therapeutischen Zweck geeigneten Wirkstoff (oder den Wirkstoffen) und anderen inerten Bestandteilen (z. B. Trägerstoffen) zusammen und bringt es in die für den therapeutischen Zweck entsprechende Form, die sich nach der Applikationsart (z. B. oral, rektal, parenteral) richtet und ein Pulver, Pillen, Tabletten, Dragees, Tropfen, Zäpfchen (Suppositorien), Ampullen, Salben, Puder, Spray usw. sein kann. Hierbei handelt es sich für Galeniker in der Regel um Routinearbeit, so dass die hierfür erforderlichen Maßnahmen in der Patentschrift nicht angegeben werden und dort auch nicht angegeben zu werden brauchen. Die gewerbliche Anwendbarkeit von Verwendungsansprüchen ist deshalb nach diesem Ansatz nicht zu verneinen. Diese Grundlage ermöglicht auch den Schutz für den Vorschlag, einen für eine therapeutische Verwendung bereits bekannten Stoff (oder ein Stoffgemisch) für einen neuen therapeutischen Zweck zu verwenden (Schutz für die sog. zweite oder weitere Indikationen: BGHZ **88,** 209 ff. – Hydropyridin). Der unerwartet wertvolle neue Heilerfolg rechtfertigt die erfinderische Tätigkeit der neuen Lehre (Verwendungserfindung).

55 Bei Hinweisen auf die medizinische Verwendung eines Stoffs kann fraglich sein, ob der so formulierte Anspruch ein **Sachanspruch** ist, in den der **Verwendungszweck für einen neuen Stoff oder ein neues Stoffgemisch** aufgenommen worden ist, ob der Anspruch ein **Sachanspruch** ist, der die **Verwendung eines bekannten Stoffs für die erste medizinische Indikation** (§ 3 Abs. 3) betrifft, oder ob es sich um einen Verwendungsanspruch handelt, der die **zweite oder eine weitere Indikation eines bereits als therapeutisch wirksam erkannten bekannten Stoffs** oder Stoffgemischs betrifft. Die Beantwortung der Frage, ob ein nicht als Sach- sondern **Verwendungsanspruch** formulierter Anspruch auf die vom Erfinder erkannte und offenbarte spezifische Heilwirkung des Wirkstoffes zu richten ist oder ob der bloße Hinweis auf die Anwendung zu therapeutischen Zwecken genügt, hängt von der Einschätzung der erfinderischen Tätigkeit ab. Liegt diese darin begründet, **erstmals** die therapeutische Wirksamkeit eines Stoffes offenbart zu haben, dann genügt ein allgemeiner Hinweis auf die therapeutische Verwendung des Stoffes. Ist dagegen die therapeutische Wirksamkeit eines Wirkstoffes bereits bekannt oder für den Fachmann nahe liegend und begründet erst die überraschende spezifische **weitere** Heilwirkung die erfinderische Tätigkeit für die Verwendungserfindung, dann ist diese in den Anspruch aufzunehmen.

Nach denselben Kriterien beurteilt sich auch der sachliche Schutzbereich des Verwendungsanspruches. Das **Verwendungspatent** erfasst nicht diejenigen Handlungen, die sich allein auf den anzuwendenden, aber noch nicht hergerichteten Stoff (oder Stoffgemisch) als solchen beziehen. Dessen Herstellung, Anbieten, Inverkehrbringen, Gebrauchen, Einführen oder Besitzen wird vom Verwendungspatent nicht erfasst. Insoweit behalten die Ausführungen des Urteils „Schädlingsbekämpfungsmittel" (BGHZ **53,** 274ff.) Geltung. Der Schutz des Verwendungspatents setzt erst in dem Augenblick ein, in dem die Herrichtung des betreffenden Stoffes (oder Stoffgemisches) für die geschützte Anwendung augenfällig (besser: sinnfällig) wird, also durch die Formulierung des Stoffes mit anderen inerten Bestandteilen für den betreffenden Zweck, die Konfektionierung, Dosierung oder die gebrauchsfertige Verpackung für den betreffenden Zweck, was letztlich auch durch einen Beipackzettel geschehen kann, sinnfälligen Ausdruck findet (BGHZ **68,** 156, 161 – Benzolsulfonylharnstoff; **88,** 209, 217 – Hydropyridin). Der Schutz knüpft somit an objektiv feststellbare Kriterien an. Er erfasst dann aber auch nicht allein das Formulieren, Konfektionieren, Dosieren oder das gebrauchsfertige Verpacken, sondern unmittelbar auch das Anbieten, Inverkehrbringen (auch Export), Gebrauchen, Einführen und Besitzen des hergerichteten Stoffes oder Stoffgemisches (BGHZ **88,** 209, 217 – Hydropyridin). Auf diese Weise wird der Inhaber des Verwendungspatents auch gegen Importe der im patentfreien Ausland augenfällig für den betreffenden Zweck hergerichteten Stoffe (oder Stoffgemische) und gegen Exporte der so hergerichteten Stoffe geschützt. Mit dem Inverkehrbringen des so hergerichteten Stoffes genehmigt dessen Hersteller die Benutzung des hergerichteten Stoffes bei der geschützten Anwendung. 56

b) Auch nach **der Rechtsprechung des EPA** ist dem Text des Europäischen Patentübereinkommens der Ausschluss der zweiten und weiterer therapeutischer Anwendungen bereits als Medikamente bekannter Stoffe oder Stoffgemische von der Patentierung durch ein europäisches Patent nicht zu entnehmen. Es hat sich jedoch gehindert gesehen, Erfindungen auf dem Gebiet der Therapie und der Diagnose im Hinblick auf Art. 52 Abs. 4 EPÜ die Schutzform des Verwendungsanspruches zuzubilligen (EPA Gr 1/83, GRUR Int. **1985,** 193, 195f. – zweite medizinische Indikation; ABl. **1990,** 114, 120 – Mittel zur Regulierung des Pflanzenwachstums/BAYER; vgl. auch High Court of Justice (UK) GRUR Int. **1986,** 408; niederl. PA GRUR Int. **1989,** 588; schwed. BeschwGer. GRUR Int **1988,** 788ff.). Sie haben derartigen Erfindungen für die erste therapeutische oder diagnostische Verwendung nur den zweckgebundenen Stoffanspruch des Art. 54 Abs. 5 EPÜ und für die zweite und weitere therapeutische oder diagnostische Verwendungen nur den Anspruch auf die **Verwendung** eines bekannten Stoffes oder Stoffgemisches **zur Herstellung eines Arzneimittels für eine** bestimmte **neue** therapeutische oder diagnostische **Anwendung** (für eine andere Krankheit) zugebilligt (EPA aaO.; High Court aaO.; dazu Hansen GRUR **1985,** 557) und diesen Schutz bei derselben Krankheit auch für die Behandlung einer anderen Gruppe zu Behandelnder zugelassen (Impfung sero-positiver statt wie bekannt sero-negativer Schweine gegen Anjeszky-Viren, EPA GRUR Int. **1989,** 585, 586 – Schweine II/DUPHAR). Es hat die Verwendung von Gemischen mit Lanthensalzen zum wirksamen Entfernen von Zahnbelag als eine weitere medizinische Indikation gegenüber der Verwendung dieser Salze in Zahnpflegemitteln zur Verringerung der Löslichkeit des Zahnschmelzes angesehen und diese Verwendung als überraschend angesehen (EPA ABl. **1992,** 414, 425f. – Entfernung von Zahnbelag/ICI) und für die zuletzt genannte Art von Verwendungserfindungen einen zweckgebundenen Herstellungs-Verfahrensanspruch zugelassen (Utermann, GRUR 1985, 813ff.), der abweichend von anderen Herstellungsverfahren seine Neuheit aus der neuen Verwendung des Verfahrensprodukts herleite, selbst wenn das Herstellungsverfahren als solches sich von einem bekannten Verfahren, bei dem derselbe Wirkstoff verwendet werde, nicht unterscheide (EPA aaO., S. 196 re. Sp.; High Court aaO. S. 413 re. Sp.) d.h. das Arzneimittel sich bei der neuen Verwendung nach Zusammensetzung und Darreichungsform nicht von einem bereits bekannten unterscheidet, sondern mit diesem identisch ist (insoweit abweichend das niederl. PA GRUR Int. **1989,** 588). Der Schutz der unmittelbaren Verfahrenserzeugnisse dieses Herstellungsverfahrens wird nicht als absolut anzuerkennen sein. Er kann sich nicht auf bereits bekannte Erzeugnisse für eine andere therapeutische oder diagnostische Verwendung beziehen. Mit dieser Einschränkung der Schutzwirkung der Verfahrenserzeugnisse deckt sich der vom EPA und vom High Court als gewährbar angesehene Schutz für diese Verwendungserfindungen so weitgehend mit dem nach nationalem deutschen Recht anerkannten Schutz, dass die Anmelder diese Art des Schutzes auch im deutschen Verfahren wählen können und darauf erteilte Patente denselben Grundsätzen unterliegen wie die in der Bundesrepublik Deutschland bereits gewährten Verwendungspatente. 57

58 **5. Mittelansprüche** für Arzneimittel sind wegen der Schutzwirkung der Verwendungsansprüche, siehe Rdn. 24, überflüssig und wegen der mit ihnen verbundenen unklaren Rechtsverhältnisse unzulässig (BGH GRUR 1982, 548, 549 – Sitosterylglykoside).

6 *Erfinderrecht.* **[1]Das Recht auf das Patent hat der Erfinder oder sein Rechtsnachfolger. [2]Haben mehrere gemeinsam eine Erfindung gemacht, so steht ihnen das Recht auf das Patent gemeinschaftlich zu. [3]Haben mehrere die Erfindung unabhängig voneinander gemacht, so steht das Recht dem zu, der die Erfindung zuerst beim Patentamt angemeldet hat.**

Inhaltsübersicht

Literaturhinweise: Abhandlungen: Hirsch, Das Recht aus der Erfindung, 1930; Wunderlich, die gemeinschaftliche Erfindung, München 1962; Lüdecke, Erfindungsgemeinschaften, Berlin 1962; Farag Moussa, Les femmes inventeurs existent – Je les ai rencontrées, Genf, 1986; Marbach, Rechtsgemeinschaften an Immaterialgüterrechten – dargestellt an Erfinder- und Urhebergemeinschaften, Bern 1987; Storch, die Rechte des Miterfinders in der Gemeinschaft, München 1988; Steffen, Die Miturhebergemeinschaft, Frankfurt a. M. 1989; Waldenberger, Die Miturheberschaft im Rechtsvergleich, München 1992; Schmidt, Die Rechtsverhältnisse in einem Forscherteam, Baden-Baden 1998; Homma, Der Erwerb des Miterfinderrechts, Theoretische und praktische Überlegungen zur Bestimmung der Miterfinder. Baden-Baden 1998; Niedtela-Schmutte, Miterfindungen in Forschungs- und Entwicklungskooperationen, Heidelberg 2002; Henke, Die Erfindungsmeinschaft, Köln 2005.

Dissertationen: Reiling, Die Erfindung vor ihrer Anmeldung zur Patentierung, Halle, 1912; Fabian, Der Schutz des Rechts an der Erfindung vor der Anmeldung zum Patent nach bürgerlichem Recht, Breslau, 1933; Böhning, Der privatrechtliche Schutz der Erfindung außerhalb des Patentgesetzes, Marburg, 1935; Baumann, Der Schutz des Erfinders, Erlangen, 1936; Wank, Das Persönlichkeitsrecht des Erfinders, Erlangen, 1936; Feller, Die Rechte aus der Erfindung, München, 1938; Lang, Persönlichkeitsschutz des Erfinders, Hamburg, 1953; Kirchner, Die Rechtsstellung des Doppelerfinders, Erlangen-Nürnberg, 1969; Doutoff, Das Recht auf Erfindernennung als Bestandteil des Erfinderpersönlichkeitsrechts, Diss. München 1976; Cronauer, Das Recht auf das Patent im Europäischen Patentübereinkommen, Köln 1988; Bespr. Pedrazzini GRUR Int. **90,** 337; Ohl GRUR **89,** 545 und Teschemacher Mitt. **89,** 97; Goertzen, Die Gesellschaftserfindung, München, 1989; Stieger, Das Recht aus dem Patent und seine Schranken, Zürich 2001.

Aufsätze: Oppenheimer, Der Erfinderschutz vor der Anmeldung, Mitt. **11,** 35; Starck, Das Recht an der Erfindung vor der Anmeldung, Mitt. **20,** 112; Zeller, Die Stellung des Pfandgläubigers in das Erfinderrecht, LZ **29,** 26; Heydt, Erfinder und Erfindungsbesitzer im Patentgesetz vom 5. 5. 1936, GRUR **36,** 470; Heymann, Der Erfinder im neuen deutschen Patentrecht, Festschrift der ZAkDR „Das Recht des schöpferischen Menschen", 1936, S. 99 ff.; Kisch, Anmelderprinzip oder Erfinderprinzip, Festschrift der ZAkDR „Das Recht des schöpferischen Menschen", 1936, S. 127 ff.; Bley, Das Erfinderrecht als Persönlichkeitsrecht und als Zugriffsgegenstand, ZAkDR **37,** 677; Spengler, Die gemeinschaftliche Erfindung, GRUR **38,** 231; Zeller, Wer hat das Recht zur Patentanmeldung? GRUR **41,** 252; Starck, Die Erfindung als Rechtsgut, MuW **37,** 153; Tetzner, Gläubigerzugriff in das Erfinderrecht, DJ **41,** 1139; Benkard, Persönlichkeitsrecht und Erfinderschutz, GRUR **50,** 481; Ehlers, Kann ein Erfinder die Nennung seines Namens auch bei anderen als den amtlichen Veröffentlichungen über die Erfindung verlangen? GRUR **50,** 359; Tetzner, Gläubigerzugriff in Erfinderrechte und Patentanmeldungen, JR **51,** 166; Arlt, Das Recht auf das Patent, Erfindungs- und Vorschlagwesen **53,** 50; Hubmann, Die Zwangsvollstreckung in Persönlichkeits- und Immaterialgüterrechte, Festschrift für H. Lehmann 1956, II, S. 812 ff.; Pinzger, Zwangsvollstreckung in das Erfinderrecht, ZZP **60,** 415; Schade, die gemeinschaftliche und die Doppelerfindung von Arbeitnehmern, GRUR **72,** 510; Johannson, Erfinder – Erfindungen – „Betriebserfindungen", GRUR **73,** 581; Bruch, Ein Erfinder über das Erfinden, Festschrift „Hundert Jahre Patentamt", München 1977, S. 317 ff.; Schade, Der Erfinder, GRUR **77,** 390; Häußer, Der Erfinder: Stiefkind der Nation? Mitt. **81,** 1; Krasser, Erfinderrecht und widerrechtliche Entnahme, Festschrift für Heinrich Hubmann, 1985, S. 221; Liuzzo, Inhaberschaft und Übertragung des europäischen Patents, GRUR Int. **83,** 20; Preu, Das Erfinderpersönlichkeitsrecht und das Recht auf das Patent, in Festschrift für Heinrich Hubmann 1985, 349; ders., Reukauf, Mögliche Regelungen der Lizenzerteilung im Zusammenhang mit Kooperationen, GRUR **86,** 415; Sefzig, Das Verwertungsrecht des einzelnen Miterfinders, GRUR **95,** 302; Hövelmann, Streitgenossen vor dem Patentamt und dem Patentgericht, Mitt **99,** 129; P. Mes, Der Anspruch auf das Patent – ein Rechtsschutzanspruch?, GRUR 2001, 584; Ubertazzi, Gedanken zur Erfinder- und Uerhebergemeinschaft, GRUR Int. 2004, 805.

Sonstige: Begründung, Bl. **36,** 104; O. Gierke, Deutsches Privatrecht, (1895) Bd. I, S. 854 ff.; Pietzcker, Erfindung und Erfinderrecht in Rechtsvergleichendes Handwörterbuch, 3. Bd., 1931, S. 144 ff.

A. 1. § 6 Satz 1 ordnet das Recht auf das Patent dem Erfinder zu. Grundlage des Zu- 1
ordnungsprinzips ist die schöpferische Leistung einer schöpferischen Persönlichkeit

2. Das Patentgesetz vom 7. 4. 1891 (RGBl. S. 79) war noch vom **Anmeldergrundsatz** aus- 2
gegangen. Heute ist der **Erfindergrundsatz,** der zur Begründung des aktuellen Zuordnungsprinzips eingeführt worden ist (vgl. Regierungsbegründung Bl. **36,** 104), durch die formale Legitimation zur Patentanmeldung, § 7 Abs. 1, modifiziert. Allerdings bedeutet der Erfindergrundsatz nicht, dass im Patenterteilungsverfahren in jedem Falle sicherzustellen wäre, dass nur der wahre Erfinder das Patent erhält, auch nicht, dass nur der erste Erfinder das Patent erhält, vgl. § 6 Satz 3. Auch hängt der Zeitrang (die Priorität) nicht von dem Zeitpunkt der Erfindung ab.

3. Erfinder ist derjenige, der den Erfindungsgedanken erkennt, dessen schöpferischer Tätig- 3
keit die Erfindung entspringt. Träger des schöpferischen Gedankens ist der Mensch als Einzelwesen, selbst wenn er in einer Gruppe, z. B. Forschungsteam handelt, vgl. LG Nürnberg-Fürth GRUR **68,** 252, 254. Deshalb kann nur eine physische Person Erfinder sein. Juristische Personen, Handelsgesellschaften, Körperschaften des öffentlichen Rechts, Anstalten und Betriebe können nur durch natürliche Personen handeln, sie kommen unmittelbar als Erfinder nicht in Betracht. Bei Erfindungen eines Organs einer jur. Person ist dieses der Erfinder, niemals die juristische Person. Die juristische Person kann die Erfindung nur derivativ als Rechtsnachfolger des Erfinders erwerben, BGH GRUR **71,** 210, 212 – Wildverbissverhinderung. Das gilt auch für Erfindungen von Arbeitnehmern, bei denen unabhängig von der Rechtsform des Arbeitgebers der oder die beteiligten Arbeitnehmer Erfinder sind und dem Prinzipal lediglich ein Recht auf Übernahme der Erfindung zustehen kann (vgl. § 7 Abs. 1 ArbEG).

a) Die Erfindung ist notwendig das Ergebnis menschlicher schöpferischer Tätigkeit; Die 3 a
Computererfindung kann jedoch nicht anerkannt werden, weil dem Ergebnis der Arbeit des Computers noch die Beziehung zum Erfinder fehlt. Auch wenn **ein Computer** bei entsprechender Programmierung besonders auf dem Gebiet von Konstruktionen, Kombinationen, Anwendungen bekannter Erzeugnisse und Verfahren und der Auswahl aus bekannten Bereichen neue Ergebnisse zutage fördern kann, bringt erst die Erkenntnis des Erfinders, dass das vom Computer erarbeitete Ergebnis die Lösung eines technischen Problems (einer Aufgabe) ist, die Erfindung zustande.

3b **b)** Erfinder der mit Hilfe eines Computers zustandegekommenen Erfindung ist derjenige, der durch die Programmgestaltung und die Auswertung der Ergebnisse des Computers die Lösung der technischen Problemstellung erreicht und erkennt, nicht dagegen, der Konstrukteur des Computers, dessen Eigentümer oder Besitzer und das sonstige Bedienungspersonal, (siehe hierzu Volmer, Die Computererfindung, Mitt. **71,** 256ff., dem der Hinweis auf das (subjektive) Band zwischen dem Ergebnis der Arbeit des Computers zum schöpferischen Menschen zu verdanken ist, dem aber nicht gefolgt werden kann, wenn er für den Erfindungsbegriff (auch) auf die subjektiv neuartige Erkenntnis des Erfinders abstellen will; siehe hierzu ferner: Milde, Can a computer be an „author" or an „inventor"? JPOS **1969,** 378; Schickedanz, GRUR **73,** 343, 347, der Zweifel daran äußert, wie ein Computer ohne Hilfe eines Menschen zu der Erkenntnis des der Erfindung zugrunde liegenden Bedürfnisses oder Problems gelangen kann). Zipse (Mitt. **72,** 41ff.) sieht in der Analyse und der Erkenntnis der vom Computer gelieferten Lösung des gesuchten Problems eine Entdeckung. Damit kann der Erfindercharakter nicht geleugnet werden. Es ist unschädlich, dass einer schöpferischen neuen Lehre zum technischen Handeln eine vom Erfinder gemachte Entdeckung zugrunde liegt, die vom Erfinder zu einer Lehre zum technischen Handeln umgesetzt wird. Dazu liefert der Computer mit dem erarbeiteten Ergebnis zwar einen Beitrag; er macht aber nicht die Erfindung.

4 **4.** Erfinder ist der tatsächliche Urheber der Erfindung, nicht derjenige, der ihre Entwicklung in Auftrag gegeben hat oder ihren Schöpfer beschäftigt (vgl. BGH GRUR 55, 286 – Kopiergerät; vgl. auch Heymann aaO S. 115ff.; Heydt GRUR 36, 470, 472; Buß GRUR 36, 833, 834). Der Erfinder erwirbt kraft Erfindungsakts sämtliche Rechte an der Erfindung, BGH GRUR 71, 210, 212; 82, 95, 96 – Pneumatische Einrichtung. Die Rechtsstellung eines Erfinders als Erfinderpersönlichkeit kann durch Vereinbarung weder erworben noch begründet oder veräußert werden, LG Nürnberg-Fürth GRUR 68, 252, 253f.

5 **5.** Auch bei einer **Betriebserfindung** liegt die erfinderische Leistung, die schöpferische Tätigkeit daher bei dem tatsächlichen Urheber; er ist der Erfinder, nicht der ihn beschäftigende Betrieb oder dessen Inhaber. Dass Feststellung und Bestimmung der Anteile mehrerer Beteiligten Schwierigkeiten bereiten kann, bildet keinen Anlass zu einer anderen Betrachtung. Auch wenn die Erfindung durch die im Betrieb vorhandenen Kenntnisse und den dort erreichten, über den normalen Stand der Technik hinausgehenden betriebsinternen Stand der Technik ermöglicht und erleichtert wurde, sind der bzw. die wahren Erfinder festzustellen. Hierzu gehören im Einzelfall auch diejenigen, die zu diesem hohen, über das Wissen der Allgemeinheit hinausgehenden betriebsinternen Stand der Technik beigetragen haben; gehörte dieses nicht zum Stand der Technik und hat es zu der Erfindung beigetragen, ist Erfinder nicht nur der, der den letzten Schritt zur Vollendung der technischen Lehre getan hat. Wenn diese Grenzen beachtet werden, ist der Begriff der Betriebserfindung zur Kennzeichnung der Fälle, in denen die Erfinder wirklich nicht festgestellt werden können, haltbar. Zum Stand der Meinungen: vgl. für: Redies GRUR **37,** 410; Tetzner § 3 Anm. 10; Müller/Pohle GRUR **50,** 172; Witte GRUR **58,** 163; Riemschneider GRUR **58,** 433; Beil Mitt. **51,** 87; Friedrich GRUR **44,** 224; gegen: PA Bl. **51,** 294, 295 = GRUR **51,** 577; Hueck RdA **52,** 119; Reimer/Schade/Schippel, ArbEG § 4 Anm. 23ff.; Volmer/Gaul, ArbEG, **E** 127; § 4 Anm. 12; Heydt GRUR **36,** 470, 475; Kraßer, § 19 II 4f, § 21 3f.; BGH GRUR **53,** 29, 30 hat die Frage offengelassen. Vgl. auch: Schwahn, Die Betriebserfindung im deutschen Patentrecht, Diss. München, 1954. Betriebserfindungen haben Bedeutung sowohl bei der Arbeitnehmererfindung als auch bei Gesellschaftererfindungen und bei den im Betrieb mitarbeitenden sog. freien Erfindern (Volmer NJW **54,** 92, 94).

6 **6.** Da es sich bei einer Erfindung nur um die tatsächliche Anweisung zum Handeln , d.h. um einen Realakt handelt, LG Nürnberg-Fürth GRUR **68,** 252, 254, können auch geschäftsunfähige und beschränkt geschäftsfähige natürliche Personen Erfinder sein. Die Erfindung ist kein Rechtsgeschäft, setzt somit **Geschäftsfähigkeit** nicht voraus.

7 **7.** Das Recht an der Erfindung kommt nur bei **fertigen Erfindungen** (vgl. § 1 Rdn. 51–53) in Betracht. Eine Erfindung, die noch nicht das Stadium einer gewerblich anwendbaren und technisch brauchbaren Erfindung erreicht, also noch nicht fertig ist, gehört zum allgemeinen Persönlichkeitsrecht, dem Recht an der Privatsphäre des Erfinders, der nach neuen und brauchbaren Lösungen sucht. Sie gehört solange nur der Privatsphäre des Erfinders an, bis sie z.B. im patentamtlichen Prüfungsverfahren oder durch den Erfinder selbst an Dritte preisgegeben wird. Nur bei einer verlautbarten fertigen Erfindung gebietet es der Schutzzweck des Patentgesetzes, den Berechtigten vor der Gefährdung oder Beeinträchtigung durch Dritte zu schützen. Solange er seine Erfindung der Außenwelt noch nicht verlautbart hat existiert sie als Recht oder rechtlich geschützte Position noch nicht. Erst mit ihrer **Verlautbarung** werden die

Voraussetzungen der Individualisierung und Konkretisierung geschaffen, die für die Entstehung eines Rechts notwendig sind, damit es von den Rechtsgenossen respektiert werden kann, vgl. BGH GRUR **71,** 210, 213 – Wildverbissverhinderung, zu weitgehend (das Recht an der Erfindung entsteht schon dann, wenn der Erfinder den fertigen Erfindungsgedanken erkannt habe) daher Benkard GRUR **50,** 481; Krausse/Katluhn/Lindenmaier, § 3 Anm. 1; Heymann, aaO S. 102; Starck MuW **37,** 153). Als bloß innerer Akt entzieht sich diese Erkenntnis der sachlichen Überprüfbarkeit; die Begründung eines darauf gestützten Rechts hätte eine unerträgliche Rechtsunsicherheit zur Folge. Die erforderliche Sicherheit entsteht erst nach einer belegbaren Dokumentation der Erfindung, die ohne ihre Verlautbarung schwer vorstellbar ist. Die Stellung eines Erfinders, der einen von ihm erkannten Erfindungsgedanken noch nicht der Außenwelt kundgegeben hat, wird von der Rechtsordnung nicht geschützt; sie benötigt auch keinen Schutz, weil der Erfindung, die noch allein im Kopfe des Erfinders ruht, von Dritten noch keine Gefahr droht, der mit Mitteln der Rechtsordnung begegnet werden müsste. Einen Schutz dagegen, dass ein anderer dieselbe Erfindung macht und anmeldet, gibt es nicht. Erst wenn der Erfinder die fertige Erfindung der Außenwelt kundtut, den Erfindungsgedanken in eine feste, verkehrsfähige Form bringt, seine erfinderische Erkenntnis festlegt, seinen Erfindungsgedanken äußerlich erkennbar fixiert (vgl. Fabian aaO S. 3, 18; Lang aaO S. 36), kann seine Rechtsstellung in einer Schutz gebietenden Weise gefährdet werden. Deshalb setzt in diesem Augenblick der Schutz des Patentgesetzes ein, vgl. BGH GRUR **71,** 210, 213, siehe auch Benkard GRUR **50,** 481, 488 Ziff. 5 und 7; Dunkhase MuW **26,** 305, 307; Feller aaO S. 45. Die rechtliche Möglichkeit, eine künftige Erfindung zu überlassen, führt schon deshalb zu keinen anderen Bewertung, weil im Rahmen der Vertragsfreiheit auch Vereinbarungen über erst in der Zukunft entstehende Rechte oder sonstige Gegenstände denkbar und zulässig sind; Hinweise auf die Entstehung des Rechts lassen sich daher daraus nicht gewinnen.

8. Wie die **Verlautbarung** erfolgt, ist gleichgültig. Jede Kundgebung an die Außenwelt genügt, wie eine mündliche Mitteilung, BGH GRUR **71,** 210, 213 – Wildverbissverhinderung, die Niederlegung in einem Modell, die Demonstration eines Versuches, eine Beschreibung, Zeichnung und dergleichen. Eine körperliche Niederlegung des Erfindungsgedankens ist nicht erforderlich, RG GRUR **39,** 193, 197, ebenso wenig eine Ausnutzung in einem Betrieb RG GRUR **42,** 209, 211, 212. Es genügt jede Verlautbarung des Erfindungsgedankens, die die Möglichkeit eröffnet, dass ein Dritter von der technischen Lehre der Erfindung Kenntnis erlangt. Dazu muss die Erfindung ist in einer Form zur allgemeinen Kenntnis gegeben werden, die vor der Anmeldung die Neuheit in Frage stellen und damit die Patentfähigkeit gefährden könnte, vgl. dazu § 3 PatG. Mit der Verlautbarung des Erfindungsgedankens wird die Erfindung konkretisiert, so dass sie zu einem Objekt wird, das für die Rechtsordnung Bedeutung gewinnt. Der Patentanmeldung bedarf es dazu nicht, auch wenn deren Einreichung in der Regel den spätesten denkbaren Akt einer solchen Verlautbarung darstellen wird. Vor ihr kann sie sich etwa auch in einer Darstellung der Erfindung gegenüber einem zur Verschwiegenheit verpflichteten Personenkreis oder in einer allgemeinen Darstellung des Lösungsgedankens erschöpfen, der den fachkundigen Hörer noch nicht zu einer Nacharbeit des Offenbarten befähigt. Erforderlich, aber auch ausreichend ist, dass die beanspruchte Lehre durch die Verlautbarung in nachprüfbarer Weise verselbstständigt wird. 8

9. Mit einer solchen Verlautbarung der fertigen Erfindung entsteht das **Recht an der Erfindung,** worunter alle Rechte aus der Erfindung zu verstehen sind, BGH GRUR **82,** 95, 96 – Pneumatische Einrichtung. Mit ihm wird vor allem die sachliche Berechtigung an allen aus der Erfindung fließenden Rechten festgeschrieben und dem Erfinder eine Rechtsstellung gegeben, die mit der des Eigentümers vergleichbar ist. Die Erfindung ist wie privates Eigentum nach Art. 14 GG geschützt (Heing, Mitt. **75,** 201, 205ff.; Krabel, GRUR **77,** 204, 206; Bernhardt, NJW **59,** 2043, 2044). Auf dieses Recht gründen sich das Recht auf das Patent, § 6 (vgl. Pinzger ZZP **60,** 415) und der Übertragungsanspruch, § 8 vgl. BGHZ **47,** 132, 136 – UFH-Empfänger II. Mit dem Recht an der Erfindung können auch die Rechte aus der widerrechtlichen Entnahme, §§ 7 Abs. 2, 8 2. Alternative; 21 Abs. 1 Nr. 3, die nur den Erfindungsbesitz (vgl. Rdn. 20) voraussetzen, und das Vorbenutzungsrecht, § 12, zusammenfallen, das Vorbenutzungsrecht erfordert daneben Benutzungshandlungen. Das Recht an der Erfindung hat eine **Doppelnatur.** Es ist ein Vermögensrecht und hat persönlichkeitsrechtlichen Charakter. Es begründet das Recht auf das Patent und das Erfinderpersönlichkeitsrecht, BGH GRUR **79,** 145, 148 – Aufwärmvorrichtung; LG Nürnberg-Fürth GRUR **68,** 252, 253; Weiss GRUR **64,** 638. 9

10. Wichtigste Folge des Rechts an der Erfindung ist das **Recht auf das Patent** sowohl im Inland als auch im Ausland, soweit die ausländische Rechtsordnung ein solches Recht vorsieht. Ob der Erfinder gegen die unbefugte Anmeldung seiner Erfindung im Ausland vorgehen kann, 10 richtet sich zunächst nach den dortigen Rechtsbehelfen gegen eine unbefugte Anmeldung. Sind dort einschlägige Rechtsbehelfe (z.B. Einspruch oder Nichtigkeitsklage) gegeben, dann muss festgestellt werden, ob sie auch für den Fall gewährt werden, dass eine in das Anmeldeland eingeführte Erfindung unbefugt zum Patent angemeldet wird.

10a In Deutschland sind die Rechtsbehelfe zum Schutz des Erfinderrechts auch dann gegeben, wenn es sich um eine im Ausland gemachte Erfindung handelt (vgl. Klauer/Möhring § 4 Anm. 27; Feller aaO S. 49 für den Einspruch nach § 21 Abs. 1 Nr. 3). Sofern ein inländischer Gerichtsstand gegeben ist, kann vor einem deutschen Gericht auf Abtretung des durch widerrechtliche Entnahme erlangten ausländischen Patents geklagt werden, Art. 16 Nr. 4 EGVÜ steht dem nicht entgegen, EuGH GRUR Int. **84,** 693, 696 re. Sp.; vgl. auch § 9 Rdn. 14). Aus dem Umstand, dass sich das Recht auf das Patent aus dem Recht an der Erfindung ableitet, folgt, dass ersteres für eine Vielzahl von Staaten zur Entstehung gelangt. Diese Rechte sind unabhängig voneinander. Der Erfinder kann sie verschiedenen Personen überlassen, d.h. er kann verschiedenen Personen gestatten, in einem bestimmten Staat ein Patent anzumelden. Das Recht, in den übrigen Staaten Patente anzumelden, verbleibt beim Erfinder. In einem solchen Falle kommt es zur Abspaltung von Teilbereichen des Rechts an der Erfindung (Feller aaO S. 101).

11 Das Recht auf das Patent richtet sich in erster Linie **gegen den Staat** und verpflichtet die Patenterteilungsbehörde, ein Patent zu erteilen, wenn alle sachlich- und verfahrensrechtlichen Voraussetzungen für ein Patent erfüllt sind. Es besteht ein Rechtsanspruch auf die Erteilung des Patents, BGHZ **54,** 181, 184 – Fungizid; diese steht daher nicht im Ermessen der Patenterteilungsbehörde, wenn die genannten Voraussetzungen erfüllt sind. Der Patenterteilungsanspruch betrifft die Erfindung in ihrer konkreten Gestalt, der Erfinder kann demzufolge die Erteilung des Patents grundsätzlich in der Ausgestaltung verlangen, die der gegebenen neuen technischen Lehre entspricht, BGHZ **54,** 181, 184. Soweit der Inhalt der erfindungsgemäßen neuen Lehre reicht, hat der Erfinder Anspruch auf die Gewährung eines Ausschließlichkeitsrechts in Form eines Patents, BGHZ **54,** 181, 187. Ein Gebot, einen chemischen Stoff, der allein durch das Verfahren zu seiner Herstellung identifiziert ist, nur durch einen Verfahrensanspruch zu schützen, ist mit dem Spielraum des Anmelders bei der Formulierung des beanspruchten Schutzes nicht zu vereinbaren, BGHZ **57,** 1, 23 – Trioxan.

12 Das Recht richtet sich zum anderen **gegen Privatpersonen** und hat zum Inhalt, allein die Erfindung zum Patent anmelden zu können und ein Patent zu erlangen. Das ist aus der Regelung abzuleiten, die das Gesetz für den Fall vorsieht, dass ein Dritter unbefugt die Erfindung des Berechtigten zum Patent anmeldet, vgl. §§ 7 Abs. 2; 8; 21 Abs. 1 Nr. 3; 37 Abs. 1. Die Feststellungsklage ist zulässig, wenn das Recht von einem Dritten bestritten wird, BGH GRUR **79,** 145, 148 – Aufwärmvorrichtung, vgl. RG GRUR **38,** 256, 258; LG Nürnberg-Fürth GRUR **68,** 252, 254.

12a Das Recht auf das Patent wird durch die Anmeldung verwirklicht, BGHZ **47,** 132, 141 – UFH-Empfänger II. Die drohende Gefahr der Anmeldung durch einen Dritten kann durch eine Unterlassungsklage abgewehrt werden (Klauer/Möhring, § 3 Anm. 13; Reimer, § 3 Anm. 7). Eine einstweilige Verfügung ist zulässig. Bei einer bereits erfolgten unbefugten Anmeldung besteht ein Rechtsanspruch auf Zurücknahme, vgl. § 1004 BGB (Reimer, § 3 Anm. 7; a.A. Baumann, aaO S. 38). Für eine Klage auf Zurücknahme der Anmeldung kann es allerdings nach der Patenterteilung am Rechtsschutzinteresse fehlen, solange die Möglichkeit des Einspruchs und des Beitritts dazu nach § 59 besteht. Der verletzte Erfinder kann die Übertragung der Anmeldung oder des Patents vom unbefugten Anmelder oder vom Patentinhaber verlangen, § 8, vgl. BGHZ **47,** 132, 136. Starck spricht mit Rücksicht hierauf von einer dinglichen Wirkung der Erfindung, MuW **37,** 153. Der verletzte Erfinder kann Einspruch gegen die Anmeldung erheben, § 21 Abs. 1 Nr. 3, und nach dessen Erfolg nachanmelden, § 7 Abs. 2, sowie endlich gegen das dem Nichtberechtigten erteilte Patent auf Nichtigerklärung antragen, § 22. Neben den genannten Rechtsbehelfen kann er bei schuldhafter Verletzung seines Rechts Schadenersatz verlangen, OLG Frankfurt GRUR **87,** 886, 887ff.

13 Auch Beeinträchtigungen des Rechts an der Erfindung, die vom Erfindungsbesitzer ausgehen, kann der Erfinder abwehren, z.B.: A macht eine Erfindung. B hat Erfindungsbesitz an dieser Erfindung, weil er über Beschreibung, Zeichnung u. dgl. verfügt, in der die Erfindung des A verkörpert ist. C meldet die Erfindung des A, die er den Zeichnungen des B entnommen hat, zum Patent an. Legt B Einspruch ein, wozu er befugt ist, vgl. § 21 Abs. 1 Nr. 3 Rdn. 10, so gefährdet er dadurch die Rechte des A. A kann von B die Unterlassung der Fortführung des Einspruchsverfahrens und die Zurücknahme des Einspruchs verlangen, § 1004 BGB. Ferner kann A von C die Übertragung der Anmeldung und von B die Abtretung der Rechte aus der widerrechtlichen Entnahme unter Einschluss des Nachanmelderechts verlangen.

Diese Rechtsstellung des Erfinders in Bezug auf seine Erfindung rechtfertigt, das das Recht an der Erfindung als ein absolutes Recht anzusehen, das in dem genannten Umfange von jedermann zu respektieren ist, vgl. RGZ **29,** 52, 53; **77,** 81, 83; **83,** 37, 41f.; RGSt. **28,** 27, 30; BPatGE **12,** 119, 121. Es ist ein „sonstiges Recht" i.S. von § 823 Abs. 1 BGB. Seine schuldhafte Verletzung verpflichtet zum Schadenersatz, BGH Mitt. **96,** 16 – Gummielastische Masse; OLG Frankfurt GRUR **87,** 886, 887ff. In der Rechtsprechung ist es ein **unvollkommen absolutes Immaterialgüterrecht** genannt worden, RGZ **139,** 87, 97; RG GRUR **38,** 256, 258 m.w. Nachw. Seine Unvollkommenheit ist im Vergleich mit dem bereits erteilten Patent darin zu sehen, dass es kein ausschließliches Benutzungsrecht an der Erfindung (Verbotsrecht) gewährt, ein absoluter Schutz dagegen, dass Dritte die Erfindung benutzen, besteht nicht, RGZ **37,** 41, 43; **77,** 81, 83; RG JW **96,** 192; RG GRUR **51,** 278, 281; BGHZ **16,** 172, 175 – Dücko; OLG München GRUR **51,** 157, 158 (allg. Meinung). 14

Der wettbewerbliche Schutz der Erfindung, vgl. Vorbemerkung zu §§ 9–14 Rdn. 4ff., geht nicht auf eine Verletzung des Rechts an der Erfindung zurück, sondern beruht auf einer anderen Grundlage. Eine weitere Unvollkommenheit des Rechts an der Erfindung besteht in dem Recht des Doppelerfinders an seiner eigenen Erfindung, vgl. Rdn. 21. Der Erfinder kann sich nur gegen solche Handlungen zur Wehr setzen, die auf der Kenntnis seiner Erfindung beruhen, nicht gegen solche, die nicht auf seine Erfindung zurückgehen. 14a

Eine letzte Unvollkommenheit des Rechts an der Erfindung besteht darin, dass es durch eine Veröffentlichung der Erfindung ohne vorherige Patentanmeldung untergeht, vgl. Rdn. 22. Es verleiht dem Erfinder auch keine unentziehbare Anwartschaft auf Erteilung eines Patents, die der Gesetzgeber beim Erlass von Rechtsänderungen auf dem Gebiet des Patentrechts zu respektieren hätte, BGH GRUR **66,** 251, 254 – Batterie; **66,** 309, 311 – Flächentransistor. Die im deutschen Recht bestehenden Unvollkommenheiten des Rechts an der Erfindung finden ihre innere Rechtfertigung in dem Gedanken, dass der Erfinder, der seine Erfindung noch nicht angemeldet hat, noch nicht den umfassenden Patentschutz verdient. 14b

Das Recht der freien Entfaltung der Persönlichkeit, Art. 2 GG, das vor Eingriffen in die Privatsphäre schützt und einen Schutz der privaten Geheimsphäre bietet, gewährt dem Erfinder das Recht, über das ob, wann und wie der **Veröffentlichung** seiner Geisteserzeugnisse zu bestimmen (Gierke, Bd. 1, S. 859; Kohler, Handbuch S. 75; Pietzcker, Rechtsvergleichendes Handwörterbuch 3. Bd.S. 150; Tetzner DJ **41,** 1139: Lang aaO S. 85ff., 116; zweifelnd Kraßer, § 20 V 3; vgl. auch RGZ **52,** 227, 231; BPatG. Bl. **70,** 49, 60). Soweit nicht anderweit rechtliche Bindungen bestehen, hat auch allein er zu entscheiden, ob die Erfindung zum Patent angemeldet oder der Allgemeinheit zur Verfügung gestellt wird. Unbefugte Veröffentlichungen können mit der Unterlassungsklage abgewehrt werden, die durch eine einstweilige Verfügung gesichert werden kann (Feller aaO S. 137; Pietzcker aaO S. 152). Schuldhaft unbefugte Veröffentlichungen einer Erfindung verpflichten zum Schadenersatz. 15

Das Recht des Erfinders an seiner Erfindung ist auch persönlichkeitsrechtlicher oder ideeller Natur, zum allgemeinen Persönlichkeitsrecht, siehe Brandner, JZ **83,** 689. Das **Erfinderpersönlichkeitsrecht** entsteht allein auf Grund der Tatsache des Erfindens oder Miterfindens, BGH GRUR **78,** 583, 585 – Motorkettensäge, und ist als „sonstiges Recht" im Sinne von § 823 Abs. 1 BGB anerkannt, BGH GRUR **79,** 145, 148 – Aufwärmvorrichtung. Es ist Nichterfindern nicht zugänglich, es kann nicht durch eine Vereinbarung begründet oder erworben werden, LG Nürnberg-Fürth GRUR **68,** 252, 253f. Das Patentgesetz schützt die Erfinderehre (vgl.: Wank, Das Persönlichkeitsrecht des Erfinders, Diss. Erlangen, 1938; Strömholm, Zum Persönlichkeitsschutz im Urheberrecht und im gewerblichen Rechtsschutz, Festschrift f. Georg Roeber, 1973, 611; Windisch, Persönlichkeitsbezogene Komponenten in Immaterialrechten, GRUR **93,** 352ff.). Der Anmelder hat den Erfinder zu benennen, § 37 Abs. 1. Bei unrichtiger Benennung, z.B. weil ein Nichterfinder oder ein nicht Beteiligter als Erfinder oder Miterfinder benannt ist, hat der Erfinder gegen den Anmelder aus seinem Persönlichkeitsrecht auf Achtung der Erfinderehre einen Anspruch auf Berichtigung der unrichtigen Erfinderbenennung, BGH GRUR **78,** 583, 585. Dieser Anspruch kann in entsprechender Anwendung des § 1004 BGB zur Beseitigung des Gefährdungszustandes, der eine Verletzung dieses absoluten Rechts erwarten lässt, schon vor der Nennung des Erfinders bei der Offenlegung der Anmeldung gem. § 63 durchgesetzt werden, BGH GRUR **69,** 133 r. Sp. Vor der Veröffentlichung der Erfindernennung kann diese ohne Zustimmung des benannten Miterfinders geändert werden, BPatGE, **13,** 53, 56f., nachher ist die Nennung eines weiteren Erfinders von der Zustimmung der bereits genannten Miterfinder abhängig, BPatG GRUR **84,** 646, 647 re. Sp. Die Ansprüche des Erfinders wegen Verletzung des Erfinderpersönlichkeitsrechts durch unrichtige oder unvollständige Nennung bei der Veröffentlichung der Patenterteilung sowie auf der Patentschrift gegen den Anmelder, den Patentinhaber und den zu Unrecht Benannten ergeben sich aus § 63 Abs. 2 und 16

3. Er kann auch auf Feststellung klagen, dass er der Erfinder ist, wenn ihm ein Dritter seinen Anspruch darauf, erfunden oder miterfunden zu haben, streitig macht, BGH GRUR **79,** 145, 148 m.w. Nachw. –Aufwärmvorrichtung; LG Nürnberg-Fürth GRUR **68,** 252, 254. Der Erfinder kann den Widerruf falscher Erklärungen verlangen. Er hat allein das Recht, sich als Urheber oder Schöpfer seiner Erfindung zu bezeichnen. Bei Verschulden kann Schadenersatz verlangt werden, § 823 Abs. 1 BGB, der bei besonders schweren Beeinträchtigungen des Persönlichkeitsrechts auch Geldersatz für den immateriellen Schaden umfassen kann, vgl. BVerfG JZ **73,** 662; BGHZ **95,** 212, 214f.; BGH GRUR **65,** 495, 497 m.w. Nachw.; **71,** 525, 526; **72,** 97, 98 m.w. Nachw.; **74,** 794, 795; OLG Frankfurt GRUR **64,** 561, 562; OLG Karlsruhe GRUR **89,** 73, nicht jedoch für Beeinträchtigungen, die die erfinderpersönlichkeitsrechtlichen Belange nicht nennenswert berühren, BGH Urt. v. 25. 5. 1973 – I ZR 2/72. Das Recht des Erfinders auf Anerkennung der Erfinderehre findet seine Grenze an dem, was allgemein üblich ist. Aus dem allgemeinen Erfinderpersönlichkeitsrecht kann ein Anspruch auf einen Antrag auf Ehrung des Erfinders durch eine Ausstellungsleitung durch Ausstellung einer ehrenden Urkunde oder den Erfinder des Ausstellungsgutes auf der Ausstellung namentlich zu nennen, nicht hergeleitet werden, soweit sich keine Verkehrsübung dahin ausgebildet hat, BGH GRUR **61,** 470, 472 – Mitarbeiterurkunde. Eine Beschränkung der Rechte auf Achtung der Erfinderehre auf die in § 63 vorgesehenen Rechte kennt das Patentgesetz nicht.

17 Das Recht an der Erfindung geht auf den Erben über, § 15. Wie die Erwähnung des Rechtsnachfolgers in § 6 Satz 1, des Rechtsvorgängers in § 3 Abs. 4 Nr. 1 und 2 und des Rechtsübergangs und der Übertragung in § 15 Abs. 1 zeigt, kann der Erfinder seine Erfindung auch rechtsgeschäftlich auf einen anderen übertragen, RGZ **37,** 41, 42; **83,** 37, 41; BPatG. GRUR **87,** 234. Es ist zwischen dem Verpflichtungsgeschäft (Kauf, Einbringung in eine Gesellschaft, OLG Karlsruhe GRUR **83,** 67, 69, u. dgl.) und dem dinglichen Übertragungsgeschäft zu unterscheiden. Zu den Einzelheiten siehe bei § 15; zu den Folgen von Leistungsstörungen bei solchen Geschäften vgl. Beyerlein Mitt. 2004, 193ff. Mit der Übertragung geht der gesamte vermögensrechtliche Teil der Erfindung auf den Erwerber (Rechtsnachfolger) über. Zur Abspaltung des Rechts auf das Patent für einen bestimmten Staat vgl. Rdn. 10. Wenn das Gesetz nur das Recht auf das Patent als übertragbar bezeichnet, s. §§ 15, 37, so ist das eine ungenaue Formulierung, denn dieses Recht ist nur ein Ausfluss des Rechts an der Erfindung, vgl. Rdn. 9.

Die persönlichkeitsrechtlichen Befugnisse des Erfinders bleiben von einer Veräußerung der Erfindung unberührt, LG Nürnberg-Fürth GRUR **68,** 252, 253; BPatG. GRUR **87,** 234, das allerdings insoweit zu Unrecht von einer Beteiligung an dem Patent spricht.

17a Das Erfinderpersönlichkeitsrecht ist ein höchstpersönliches Recht, das nicht übertragbar, nicht pfändbar und unverzichtbar ist; BGH GRUR **78,** 583, 585; BPatG. GRUR **87,** 234; es kann nur vom Erfinder persönlich, nicht aber von einem Dritten geltend gemacht werden, BGH GRUR **78,** 583, 585 – Motorkettensäge. Das Recht auf Erfindernennung bleibt dem Erfinder auch nach der Veräußerung seiner Erfindung erhalten, vgl. § 63 Abs. 1 Satz 5. Die ideellen Rechte gehen neben dem Vermögensrecht an der Erfindung auf den Erben über, BPatG, GRUR **87,** 234, und zwar mit der Maßgabe, dass dieser die ideellen Rechte des Erfinders weiterverfolgen kann, BPatG. GRUR **87,** 234 (siehe auch Krauße/Katluhn/Lindenmaier, § 3 Anm. 2; Reimer, § 3 Anm. 3; § 36 Anm. 9; vgl. auch §§ 22, 23 KUG). Noch nach dem Tode einer Erfinderpersönlichkeit können zu Lebzeiten dazu Berufene oder nahe Angehörige des Verstorbenen grobe Eingriffe in das den Tod überdauernde Persönlichkeitsrecht des Erfinders abwehren, BGHZ **50,** 133, 139ff.; BGH GRUR **74,** 797, 798, z.B. gegen täuschende Werbung einschreiten, die das Lebenswerk eines Verstorbenen in Misskredit bringt, BGH GRUR **84,** 907, 908 – Frischzellenkosmetik. Der Wille des Verstorbenen, wer zur Wahrung seiner einzelnen persönlichkeitsrechtlichen Befugnisse berufen sein soll, ist auch dann beachtlich, wenn er nicht in einer letztwilligen Verfügung niedergelegt ist, BGHZ **15,** 249, 259. Er kann dafür eine andere Vertrauensperson auswählen als seine Erben. Diese sind an die Auswahl des Verstorbenen gebunden, BGHZ **15,** 249, 259. Andere Dritte können die Rechte nicht im eigenen Namen geltend machen, BGH GRUR **78,** 583, 585.

17b An der Erfindung sind auch dingliche Rechte, wie Nießbrauch und Pfandrecht möglich. Eine einfache wie auch eine ausschließliche Lizenz kann an ihr bestellt werden; BGHZ **51,** 263, 267 – Silobehälter; BGH GRUR **63,** 207, 210 – Kieselsäure. Die Rechte erstrecken sich im Falle der Patenterteilung auf das Patent (Starck Mitt. **20,** 112, 114). Die Übertragung und die Bestellung von Rechten können durch formlosen Vertrag erfolgen. In der Mitteilung des Erfindungsgedankens liegt allein keine Übertragung des Rechts an der Erfindung. Der Empfang der Mitteilung begründet allein noch keine Rechtsnachfolge in Bezug auf die Erfindung. Bei der Übertragung des Rechts auf das Patent für ein bestimmtes Land verbleibt die Erfindung mit den weiteren Rechten beim Erfinder.

18 Es ist heute unbestritten, dass das Recht an der Erfindung schon vor der Anmeldung der **Zwangsvollstreckung** unterliegt, wenn der Erfinder seine Absicht kundgetan hat, die Erfindung zu verwerten, KG JW **30,** 2803 Nr. 10; BGHZ **16,** 172, 175 – Dücko. Derartige Kundgebungen sind beispielsweise eigene Auswertungshandlungen, die Erteilung einer Benutzungserlaubnis an Dritte sowie Verhandlungen darüber, Verkaufsverhandlungen, Vorführungen der Erfindungslehre und Vorbereitungen dazu, Verpfändungen und Sicherungsübertragung (vgl. Krauße/Katluhn/Lindenmaier, § 3 Anm. 6; Tetzner, § 9 Anm. 66 und DJ **41,** 1139, 1140; Reimer, § 3 Anm. 5; Klauer/Möhring, § 9 Anm. 91; Bley, ZAkDR **37,** 677ff.; Lang, aaO S. 131). Ob das Recht an der Erfindung auch schon vorher der Zwangsvollstreckung unterliegt, wenn die Erfindung zwar verlautbart ist, z.B. schriftlich fixiert, die Verwertungsabsicht aber noch nicht kundgetan ist, ist streitig. Dafür: Feller, aaO S. 109ff. mit Nachweisen aus dem deutschen und ausländischen Recht; Isay, Anhang §§ 1, 2 Anm. 19; Kisch, Handbuch S. 56; JW **30,** 2803; Klauer/Möhring, § 9 Anm. 12; Hirsch, aaO S. 91ff.; Lutter, § 3 Anm. 6; Mentzel, Zeitschrift f. Konkurs- und Treuhandwesen, 1937 S. 17f.; K. Schmidt/W. Schulz, ZIP **82,** 1015, 1018. Dagegen: OLG Hamburg OLG Rechtspr. **5,** 133; OLG Köln Bl. **07,** 236, 237 = OLG Rechtspr. **15,** 6; Adler GRUR **19,** 18ff.; Bley ZAkDR **37,** 677, 678ff.; Hubmann in Bettermann/Nipperdey/Scheuner, Die Grundrechte, Bd. IV 1, S. 33; Jaeger, Konkursordnung, 8. Aufl. 1958, § 1 Anm. 11; Kohler, Handbuch S. 263; Kraßer, § 40 III 3; Lang, aaO S. 136, 137; Krauße/Katluhn/Lindenmaier, § 3 Anm. 6; Kuhn/Uhlenbruck, Konkursordnung, 10. Aufl. 1986, § 1 Anm. 62; Osterrieth, Lehrbuch, S. 82; Pinzger, ZZP **60,** 415ff.; Reimer, § 3 Anm. 5; Seligsohn, 5. Aufl. § 3 Anm. 4; Stein/Jonas, Kommentar zur ZPO, 19. Aufl. 1975, § 857 II 3 Anm. 41; Wieczorek, ZPO 2. Aufl. 1977, § 857 A II b 1; Zeller, LZ **29,** 26ff.; Tetzner, § 9 Anm. 65; ders. DJ **41,** 1139f. Dem negativen Standpunkt gebührt der Vorzug. Erst mit der Kundgabe der Verwertungsabsicht wird die Erfindung zum Gegenstand des Güterverkehrs. Bis dahin gehört sie in den Bereich der Geheimsphäre des Erfinders, dem als enger Persönlichkeitsbereich des Erfinders der Vorrang vor den Belangen des Gläubigers gebührt. Das gebietet die Achtung vor diesem Bereich der menschlichen Persönlichkeitssphäre. Der Zwangsvollstreckung unterliegende Erfindungen fallen in die **Konkursmasse,** vgl. RGZ **52,** 227, 230 für eine bereits angemeldete Erfindung. Wenn der Gemeinschuldner eine vor Konkurseröffnung in Verwertungsabsicht verlautbarte Erfindung nach der Konkurseröffnung zum Patent anmeldet, kann der Konkursverwalter die Anmeldung oder das darauf erteilte Patent zur Masse ziehen und verwerten.

19 Der Erwerber der Erfindung im Wege der Übertragung – auch im Wege der Zwangsvollstreckung – (Sonderrechtsnachfolge) oder im Wege der Erbfolge (Gesamtrechtsnachfolge, siehe BPatG. GRUR **87,** 234) ist **Rechtsnachfolger** i.S. von § 6. Ob mehrfache Erbgänge oder mehrfache Veräußerungen stattgefunden haben, ist ohne Bedeutung. Rechtsnachfolger ist jeder, der sein Recht an der Erfindung direkt oder indirekt vom Erfinder ableitet. Der Rechtsnachfolger hat die vermögensrechtlichen Rechte aus der Erfindung. Er ist berechtigt, das Patent anzumelden. Er hat das Recht auf das Patent. Auch eine juristische Person kann Rechtsnachfolger sein. Wegen der ideellen Rechte vgl. Rdn. 17a.

20 **Erfindungsbesitz** und die Inhaberschaft am Recht an der Erfindung können auseinanderfallen. Da der Erfindungsbesitz nichts weiter ist als der tatsächliche Zustand, der die Möglichkeit zur Benutzung der Erfindung gewährt, RGZ **123,** 57, 61, und nichts weiter als die Kenntnis des fertigen Erfindungsgedankens voraussetzt, RG GRUR **42,** 209, 211; BGH GRUR **60,** 546, 548 – Bierhahn, kann aus ihm nicht ohne weiteres auf die Inhaberschaft des materiellen Rechts an der Erfindung geschlossen werden. Er kann auch unrechtmäßig erlangt sein. Gleichwohl gewährt er ohne Rücksicht auf das materielle Recht an der Erfindung das Einspruchs- und Nachanmelderecht aus § 7 Abs. 2 und § 21 Abs. 1 Nr. 3 vgl. § 7 Rdn. 15f. Zum Recht des Erfindungsbesitzers, den Übertragungsanspruch zu erheben vgl. § 8 Rdn. 3, zum Recht der Nichtigkeitsklage vgl. § 22 Rdn. 20. Im Widerstreit mit dem Recht an der Erfindung hat letzteres den Vorrang, BGH GRUR **91,** 127, 128 – Objektträger; Engländer, Iherings Jahrbücher Bd. 71, S. 1, 40; Kühnemann, § 5 Anm. 2; vgl. oben Rdn. 13. Die Persönlichkeitsrechte hat der Erfindungsbesitzer nicht.

21 Haben mehrere Erfinder unabhängig voneinander dieselbe Erfindung gemacht, dann hat jeder von ihnen aus seiner Erfindung ein gleichstarkes eigenes Recht auf das Patent. Eine Erfindung ist unabhängig gemacht, wenn sie auf einer selbstständigen schöpferischen Tätigkeit beruht, ohne auf der erfinderischen Tätigkeit eines anderen Erfinders aufzubauen (vgl. Buß, GRUR **36,** 833, 834; Heydt GRUR **36,** 470, 473f.). Der Begriff der Abhängigkeit, vgl. § 9 Rdn. 75ff., der auf den sachlichen Schutzbereich des Patents abstellt, ist nicht anwendbar, da es hier allein auf die erfinderische Tätigkeit ankommt. Das Patentgesetz löst die Rechtskollision der **Doppelerfindung** nach dem Zeitrang der Anmeldung, nicht aber nach dem Zeitrang der

tatsächlichen Erfindung, siehe § 6 Satz 3. Vor der Anmeldung haben Erfindungen kein Altersvorrecht. Das Gesetz gewährt dem Erfinder keinen Schutz dagegen, dass ein Dritter dieselbe, unabhängig gemachte Erfindung zum Patent anmeldet. Der Vindikationsanspruch versagt gegenüber demjenigen, der eine Doppelerfindung zum Patent angemeldet hat, BGH GRUR **79,** 145, 147 – Aufwärmvorrichtung. Der Erfinder verliert sein Recht auf das Patent, wenn auf die prioritätsältere Anmeldung derselben Erfindung durch einen unabhängigen Erfinder ein Patent erteilt wird (vgl. Kühnemann § 3 Anm. 3, der eine verbesserte Formulierung des § 6 Satz 3 vorschlägt). Der mögliche Verlust des Rechts auf das Patent soll einen Anreiz schaffen, die Erfindung frühzeitig anzumelden und dadurch der Allgemeinheit zu offenbaren. Zugleich soll mit dem Vorrang der ersten Anmeldung im Interesse der Rechtssicherheit der schwierig zu entscheidende Streit darüber ausgeschlossen werden, wer zeitlich früher in den Besitz der Erfindung gelangt ist. Daneben soll § 6 Satz 3 Doppelpatentierungen verhindern, BGHZ **41,** 378, 380 – Erntemaschine. Eine vorrangige Anmeldung einer unabhängigen Erfindung bringt das Recht an der Erfindung des anderen Erfinders noch nicht notwendig zum Erlöschen, anders noch RGZ **56,** 223, 226. Wenn diese nämlich zurückgenommen, DPA Mitt. **58,** 56, 57, und nicht zur Veröffentlichung führt, bleibt die Möglichkeit einer weiteren Anmeldung durch den anderen Erfinder erhalten. Der weitere Erfinder verliert mit der Patenterteilung auf die ältere Anmeldung die Möglichkeit der Benutzung seiner Erfindung, sofern er nicht die Voraussetzungen des Vorbenutzungsrechts, § 12, erfüllt.

22 Das Recht an der Erfindung **erlischt,** wenn die Erfindung durch eine schriftliche oder mündliche Beschreibung oder durch eine Benutzung oder in sonstiger Weise der Öffentlichkeit zugänglich gemacht, d. h. veröffentlicht wird. Geht diese Veröffentlichung auf die betreffende Erfindung zurück, dann erlischt das Recht an der Erfindung erst 6 Monate nach der Veröffentlichung, wenn diese auf einen offensichtlichen Missbrauch zum Nachteil des Erfinders zurückgeht (Neuheitsschonfrist § 3 Abs. 4 Nr. 1) oder die Erfindung nach § 3 Abs. 4 Nr. 2 durch Ausstellung veröffentlicht worden ist. Durch die Patenterteilung an einen nichtberechtigten Anmelder geht das Recht an der Erfindung nicht unter (Starck MuW **37,** 153), wie die dem verletzten Erfinder für diesen Fall gewährten Rechtsbehelfe, §§ 7 Abs. 2; 8 und 21 Abs. 1 Nr. 3 und § 22 zeigen, anders RGZ **75,** 225, 228; **140,** 53, 55. Das Recht an der Erfindung geht durch die Erteilung des Patents an den materiell Berechtigten in dem Patent auf. Das Patent tritt in diesem Falle an die Stelle dieses Rechts. Die Erfinderpersönlichkeitsrechte gehen durch die Erteilung eines Patents nicht unter, LG Nürnberg-Fürth GRUR **68,** 252, 253.

23 Neben dem Recht auf das Patent erwähnt das Gesetz in § 15 den Anspruch auf Erteilung des Patents und das Recht aus dem Patent. Unter dem Anspruch auf Erteilung des Patents ist die durch die Anmeldung begründete Rechtsstellung gegenüber der Erteilungsbehörde zu verstehen, vgl. § 7. Das Recht aus der Anmeldung umschreibt die aus der Anmeldung begründete Rechtsstellung, wozu vor der Offenlegung z. B. das Prioritätsrecht zur Auslandsanmeldung, Int. Teil Rdn. 30–47, oder das Prioritätsrecht nach § 40 zu rechnen sind. Nach der Offenlegung der Anmeldung rechnet dazu der Entschädigungsanspruch gemäß § 33. Das Recht aus dem Patent ist mit anderen Worten die aus dem Patent selbst resultierende Rechtsstellung, vgl. § 9 Rdn. 4 ff.

24 B. Erfindungen für Dritte

24 a **1.** Dass der tatsächliche Urheber der Erfindung für einen dritten und in dessen Auftrag tätig geworden ist, berührt seine Stellung als Erfinder grundsätzlich nicht. Hat er die technische Lehre entwickelt, ist er auch dann Erfinder, wenn dem eine vertragliche oder sonstige Beziehung zu einem Dritten zugrunde gelegen hat. Dem Dritten kann jedoch auf Grund der Beziehung zu dem Erfinder ein Anspruch auf Übertragung oder Überlassung seiner Erfindung zustehen, der auch das Recht zur Anmeldung zum Patent einschließen kann. Für Erfindungen von Arbeitnehmern kann sich eine solche Verpflichtung aus dem Gesetz über Arbeitnehmererfindungen (ArbEG) vom 25. 7. 1957 (BGBl. I S. 756) ergeben, das diese Fragen gesetzlich geregelt hat. Wegen der historischen Entwicklung und der Einzelheiten dieses Gesetzes über wird auf die einschlägigen Erläuterungswerke verwiesen: Bartenbach/Volz, Arbeitnehmererfindergesetz, 4. Aufl. 2002; Bartenbach/Volz, Arbeitnehmererfinderrecht, 2. Aufl. 2001; Bartenbach/Volz, Gesetz über Arbeitnehmererfindungen, 1980; Halbach, Gesetz über Arbeitnehmererfindungen, Kommentar, 1962; Haertel/Krieger/Kaube, Arbeitnehmererfinderrecht, 4. Aufl. 1995; Heine/Rebitzki, Arbeitnehmererfindungen, Kommentar, 3. Aufl. 1966 und Die Vergütung für Erfindungen von Arbeitnehmern im privaten Dienst, 1960; Lindenmaier/Lüdecke, Die Arbeitnehmererfindungen, Kommentar, 1961; Reimer/Schade/Schippel/Kaube/Leuze, Das Recht der Arbeitnehmererfindung, Kommentar, 7. Aufl. 2000; Volmer, Arbeitnehmererfindungsgesetz,

Kommentar, 1964; Volmer/Gaul, Arbeitnehmererfindungsgesetz, 2. Aufl. 1983; Volz, Das Recht der Arbeitnehmererfindung im öffentlichen Dienst, 1985.

Die Geltung dieses Gesetzes ist auf Arbeitnehmer im Rechtssinn beschränkt; für sonstige Personen, die für Dritte tätig sind und von ihnen vergütet werden, gelten seine Vorschriften nicht. Zum Arbeitnehmerbegriff: Hueck/Nipperdey, Lehrbuch des Arbeitsrechts, 6. Aufl. § 9 II und III; BAG Betrieb 56, 1063; BAG Mitt. 63, 93, 96; BGHZ 10, 187, 190; BGH GRUR 58, 334, 336; OLG Hamburg GRUR 60, 487, 488, 489.

2. Zu dem Personenkreis der hiervon nicht erfassten sog. **freien Erfinder** zählen die gesetzlichen Vertreter juristischer Personen, BGHZ **10,** 187, 190 (in BGH GRUR **58,** 336 offengelassen), wie die Vorstands- und Aufsichtsratsmitglieder einer AG, BGH GRUR **65,** 302, 304; BGH KZR 1/59 vom 11. 11. 1959, soweit sie nicht zugleich Arbeitnehmer der AG sind (Volmer, ArbEG § 1 Anm. 14), Geschäftsführer einer GmbH, BGH GRUR **65,** 302, 304; **90,** 193, 194; **90,** 515, 516f.; LG Braunschweig Bl. **76,** 858; Schiedsstelle Bl. **59,** 16 (siehe dazu: Gaul, Die Behandlung von schutzwürdigen Erfindungen durch GmbH-Geschäftsführer, GmbH-Rundschau, **1982,** 101), Konkursverwalter u. dgl., Gesellschafter von Handelsgesellschaften, BGH GRUR **55,** 286, 289; **65,** 302, 304; **91,** 127, 129 – Objektträger; Genossen einer Genossenschaft, Mitglieder eines Vereins, selbstständige Unternehmer, die auf Grund eines Dienst-, Werk- oder Werklieferungsvertrages für ein anderes Unternehmen tätig sind, BGH GRUR **53,** 29; BAG GRUR **57,** 242; RG MuW **33,** 188, 189; **40,** 164, 165, ferner Pensionäre, die aus dem Betrieb ausgeschieden sind, selbstständige Heimarbeiter und Hausgewerbetreibende, sog. freie Mitarbeiter, wie beratende Wissenschaftler, BGH AP Nr. 1 zu § 612; GRUR **56,** 93; OLG Hamburg GRUR **50,** 90; **56,** 500; freie Patentanwälte, die Erfindungen für einen Betrieb bearbeiten, selbstständige Handelsvertreter, RG Mitt. **40,** 127 = MuW **40,** 164, 165. 25

3. Auch bei diesen Personen entsteht das Erfinderrecht grundsätzlich in der Person des Erfinders, BGH GRUR **55,** 286, 289 – Kopiergerät. Die Erfindung bleibt frei, sofern nicht **vertragliche Beziehungen** eine Pflicht zur Übertragung auf den Dienstherrn, die Gesellschaft, den Besteller begründen, BGH GRUR **65,** 302, 304 – Schellenreibungskupplung. Fehlen derartige Beziehungen ganz, wie bei Studenten im Verhältnis zur Universität oder Hochschule, bei Gefangenen in Strafanstalten, verbleibt es beim Grundsatz. Für Beamte und sonstige Angehörige des öffentlichen Dienstes gelten Sonderregelungen, die sowohl die Art der Inanspruchnahme einer im Dienst gemachten Erfindung als auch deren Vergütung betreffen (§§ 40, 41 ArbEG). Diese Regelungen werden weiter modifiziert durch eine Sondervorschrift für Erfindungen an Hochschulen (§ 41 ArbEG), durch die sich die bisherige Diskussion um die arbeitnehmererfinderrechtliche Stellung der Hochschullehrer und anderer an den Hochschulen tätigen Personen weitgehend erledigt hat. Vgl. zu der älteren Praxis Ballhaus, Rechtliche Bindungen bei Erfindungen von Universitätsangehörigen, GRUR **84,** 1; Budach, Die erfinderrechtliche Situation im Hochschulbereich, in Patentschutz und Patentverwertung, Referate der Seminarveranstaltung der Universität Bayreuth, 1983, S. 107ff.; Frieling, Forschungstransfer: Wem gehören universitäre Forschungsergebnisse, GRUR **87,** 407; Gaum, Patent- und Urheberrecht: Arbeitnehmererfindungen und Hochschullehrerprivileg in Verträgen der Universitäten mit Industriepartnern aus der Europäischen Gemeinschaft – Geltung ausländischen Rechts, GRUR **91,** 805; Gramm, GRUR **87,** 864; Kraßer/Schricker, Patent- und Urheberrecht an Hochschulen. Die Verwertungen von Erfindungen und urheberrechtlich geschützten Werken an Hochschulen wissenschaftlich Tätiger, Baden-Baden 1988; Kraßer, Die Behandlung der Erfinder- und Urheberrechte im Hochschulbereich, Ber. Lins GRUR **91,** 594f.; Wimmer, Die wirtschaftlichen Verwertungen von Doktorandenerfindungen, GRUR **61,** 449; Mallmann, Veröffentlichungsrecht und Arbeitnehmererfindungsrecht, in Fläming, Handbuch des Wissenschaftsrechts, Heidelberg 1982, S. 1388; Dessemontet, Die Universitätserfindungen (rechtsvergl.), GRUR Int. **83,** 133; ders., Les inventions dans les Universités suisses, Prop. Ind. **82,** 378. Vgl. ff. Literatur: Bartenbach, Zwischenbetriebliche Forschungs- und Entwicklungskooperation und das Recht der Arbeitnehmererfindung, 1985; Burlage, Werkvertrag und Erfindungserwerb, MuW **XVII,** 40; Gaul, Erfindervergütung an geschäftsführende Gesellschafter, DB **90,** 671.; Jestaedt, Die Vergütung des Geschäftsführers für unternehmensbezogene Erfindungen, FS Nirk, München 1992, S. 493; Kroitzsch, Erfindungen in der Vertragsforschung und bei Forschungs- und Entwicklungsgemeinschaften unter dem Blickpunkt des Arbeitnehmererfindungsgesetzes, GRUR **74,** 177; Paul, Der industrielle Lohnfertigungsvertrag über geschützte Gegenstände, NJW **63,** 2249; Schramm, Auftrags-, Dienst- und Gesellschafter-Erfindung, BB **61,** 105; Zeller, Auftragserfindung bei Zusammenarbeit, GRUR **41,** 253; Fernández de Córdoba: Patentschutz im universitären Bereich. GRUR Int. **96,** 218. 26

27 **4.** Die Beteiligten können jedoch abweichende Vereinbarungen treffen. Insoweit gilt der Grundsatz der Vertragsfreiheit, nach dem sowohl dingliche Vorausverfügungen getroffen (§§ 398, 413 BGB), BGH GRUR **91,** 127, 128 – Objektträger, soweit dem Erfordernis ausreichender Bestimmtheit Rechnung getragen wird, RG GRUR **39,** 371, 372; BGHZ **9,** 237, 238f. betreffend Urheberrecht, als auch rein schuldrechtliche Verpflichtungen zur Übertragung einer zukünftigen Erfindung begründet werden können. Eine Verpflichtung zur Übertragung von Erfindungen muss nicht ausdrücklich im Vertrag genannt sein, sie kann sich auch stillschweigend aus der Treuepflicht des Dienstvertrages ergeben, BGH GRUR **53,** 29, 30 – Plattenspieler I; GRUR **65,** 302, 304 – Schellenreibungskupplung. Zur Beantwortung der Frage, ob eine solche stillschweigend übernommene Verpflichtung vorliegt, sind alle Umstände des Falles heranzuziehen, insbesondere sind als Anhaltspunkte auch der Aufgaben- und Pflichtenkreis des Unternehmens gegenüber dem Besteller, des Gesellschafters oder des Dienstpflichtigen sowie die diesem zugesagte Vergütung zu berücksichtigen.

27 a Welche Regelung im einzelnen Vertragsinhalt ist, ist durch Auslegung des Vertrags zu ermitteln. Es kann auch ein Optionsrecht des Dienstherrn begründet werden, nach welchem dieser die Erfindung des Dienstpflichtigen in ähnlicher Weise in Anspruch nehmen kann wie ein Arbeitgeber Erfindungen, die dem ArbEG unterliegen, jedoch mit Ausnahme der gesetzlichen Verfügungsbeschränkung des § 7 Abs. 3 ArbEG. § 6 Satz 1 PatG schließt ein das Recht des Erfinders zur Vorausverfügung über eine zukünftige Erfindung nicht aus. Liegt eine solche vor, so tritt ein Rechtserwerb zugunsten des Dienstherrn sogleich nach Vollendung der Erfindung ohne weiteren Übertragungsakt ein; doch handelt es sich auch hierbei um einen vom Erfinder abgeleiteten Rechtserwerb.

27 b Eine Vereinbarung, nach der sich jemand verpflichtet, für einen anderen auf einem näher bezeichneten Gebiet erfinderisch tätig zu werden und zukünftige Erfindungen zum Patent anzumelden mit der Wirkung, dass das Patent sofort auf den anderen übergehen soll, ist zulässig und wirksam, RGZ **139,** 52, 56 m. w. Nachw. Nach dem Grundsatz der Vertragsfreiheit ist es bei sog. freien Erfindern möglich, ein dem ArbEG entsprechendes Rechtsverhältnis zu begründen (Lindenmaier/Lüdecke, ArbEG § 1 Anm. 5), was auch stillschweigend geschehen kann, BGH GRUR **65,** 302, 304 – für die Vergütungsregelung des ArbEG, siehe aber BGH GRUR **90,** 193, 194 – Autokindersitz, wo eine entsprechende Anwendung der Vergütungsregelung des ArbEG verneint wurde. Es kann allerdings nicht die Zuständigkeit der Schiedsstelle (§ 28 Arb EG) vereinbart werden, Schiedsstelle Bl. **59,** 16, 17. Bei Streitigkeiten sind vielmehr die ordentlichen Gerichte zuständig, KG GRUR **42,** 68. Die Vereinbarung einer dem ArbEG entsprechenden Regelung kann bei genügender Kenntnis beider Vertragspartner über die im ArbEG getroffene gesetzliche Regelung durch bloße Bezugnahme auf dieses Gesetz erfolgen. Es empfiehlt sich jedoch eine schriftliche Fixierung der vereinbarten Regelung.

27 c Macht ein Unternehmer bei der Ausführung eines Werkvertrages eine Erfindung zu dem Gegenstand, auf den sich der Werkvertrag bezieht und den er für den Besteller anfertigen soll, so gehört die Erfindung zunächst ihm. Er braucht sie grundsätzlich dem Besteller nicht zu überlassen, PA Mitt. **35,** 314, 315; vgl. aber RGZ **100,** 35, 38 (siehe dazu Stern, Erfindungen im Rahmen der Durchführung einer baugewerblichen Arbeitsgemeinschaft, BauR **74,** 217). Es kann in einem Werkvertrag vereinbart werden, dass die bei der Ausführung des Werkes vom Unternehmer gemachten Erfindungen dem Besteller zustehen und ohne weiteres mit der Fertigstellung der Erfindung auf den Besteller übergehen, RG MuW **17,** 55, 56. Bezieht sich der Werkvertrag auf eine erfinderische Tätigkeit des Unternehmers, dann ist er zur Überlassung der Erfindung verpflichtet, PA Mitt. **35,** 314, 315. Teilt der Besteller dem Unternehmer einen Erfindungsgedanken mit, dann erwirbt der Unternehmer daran kein über die Ausführung der Bestellung hinausgehendes Benutzungsrecht, RG GRUR **39,** 472, 474; vgl. auch BGH GRUR **59,** 528, 530 – Autodachzelt. Teilt der Erfinder seine Erfindung jemand mit, dem er gestattet, sie bei der Herstellung seines Erzeugnisses anzuwenden, so lässt sich daraus nicht ableiten, dass er danach seine Erfinderrechte nicht mehr an Dritte abtreten durfte, BGH Urt. v. 8. 5. 1973 – X ZR 69/69. Der zur Herausgabe verpflichtete Erfinder kann nur dann zur Lieferung einer Beschreibung der Erfindung angehalten werden, wenn ein besonderes Rechtsverhältnis, z. B. Dienst- oder Gesellschaftsvertrag eine derartige Verpflichtung begründet, für einen entsprechenden Vergleich siehe RGZ **39,** 420. Die Ansicht, dass derjenige, der sich während einer Zusammenarbeit in unzulässiger Weise vom späteren Anmelder Material verschafft, gezwungen werden kann, es im Einspruchsverfahren zu unterlassen, dieses Material dort vorzubringen, so BAG NJW **80,** 608, ist aufgegeben worden, BGH GRUR **82,** 161, 162 – Einspruchsverbietungsklage. Erfindungen, die auf den Dienstherrn übergehen, verbleiben bei diesem. Eine Kündigung des Vertragsverhältnisses berührt die Rechte nicht, RG GRUR **37,** 458, 460. Die Rechtsverhältnisse von Erfindungen, die im Rahmen der Auftrags- oder Vertragsforschung und

bei Forschungs- und Entwicklungsgemeinschaften von Arbeitnehmern gemacht werden, behandeln Ullrich, Auslegung und Ergänzung der Schutzrechtsregeln gemeinsamer Forschung und Entwicklung, GRUR **93,** 338 ff.; Kroitzsch, GRUR **74,** 177 ff., und Bartenbach (siehe Rdn. 26) ausführlich. Auf im Ausland begründete und dort zu erfüllende Verpflichtungen findet das dort geltende Recht Anwendung, BGH GRUR **76,** 385, 387 – Rosenmutation.

Maßstab für die Auslegung sind die angemessenen, vernünftig verstandenen Interessen der Beteiligten. Eine Verpflichtung zur Überlassung an den Auftraggeber wird immer dann angenommen werden, wenn dieser nach der Art und dem Inhalt des Vertrages mit dem Erfinder nach Treu und Glauben erwarten durfte, dass ihm der Erfolg der von ihm in Auftrag gegebenen Arbeiten auch insoweit zufällt. Daran wird es in der Regel bei Erfindungen fehlen, die z. Zt. der Erfindung völlig aus seinem Produktionsbereich herausfallen; diese sind in der Regel frei. Es kommt nicht darauf an, ob er in der Lage war, eine Umstellung oder Ausdehnung der Produktion vorzunehmen, RG GRUR **36,** 1053, 1055; nicht frei, wenn der Vertragspartner Entwicklungen in Bezug auf ein neues Gebiet aufgenommen hat, RG GRUR **37,** 41, 43. **27 d**

Was für Erfindungen innerhalb eines Dienstverhältnisses gilt, trifft auch für **Erfindungen von Gesellschaftern** zu. Deren Erfindung kann bei entsprechender Vertragsgestaltung ohne weiteren Übertragungsakt der Gesellschaft zufallen, BGH GRUR **55,** 286, 289 – Kopiergerät; auch hier entsteht das Recht jedoch zunächst in der Hand des tatsächlichen Erfinders. Bei einem Gesellschaftsvertrag einer offenen Handelsgesellschaft bestimmen dessen Inhalt und Zweck, ob eine stillschweigende Vorausverfügung des Gesellschafters über die Erfindung zugunsten der Gesellschaft anzunehmen ist, sowie ob und in welchem Umfange der Gesellschafter verpflichtet ist, die Rechte an der Erfindung auf die Gesellschaft zu übertragen, BGH GRUR **55,** 286, 289 – Kopiergerät. Es ist sowohl eine vertragliche Regelung möglich, nach der die Erfindung ohne weiteres der Gesellschaft zufällt, als auch eine solche, nach der nur eine Anbietungspflicht des Gesellschafters begründet wird, RG MuW **38,** 164, 167. Die Verbindung zu einer Gesellschaft verlangt, für einen gemeinsamen Zweck zu handeln, BGH GRUR **79,** 540/2. Bei freien Erfindern, die dem Dienstherrn vertraglich verbunden sind, das gesamte Ergebnis ihrer beruflichen Tätigkeit zur Verfügung zu stellen, was bei persönlich haftenden Gesellschaftern einer offenen Handels- oder Kommanditgesellschaft, RGZ **136,** 415, 418 ff., oder bei gesetzlichen Vertretern von juristischen Personen der Fall sein kann, aber nicht notwendig sein muss, kann die Verpflichtung aus dem Dienstvertrag so weit gehen, ihre im Produktionsbetrieb des Dienstherrn liegenden Erfindungen zu übertragen, insbesondere wenn diese auf betriebliche Erfahrungen zurückgehen und im Betrieb die notwendigen praktischen Versuche durchgeführt worden sind, RGZ **136,** 415, 418 ff.; OLG Hamburg GRUR **50,** 90. Hierzu genügen auch Anregungen aus dem Kundenkreis, RG Mitt. **29,** 179. Bei Erfindern mit freierer Stellung kann eine derartig weitgehende Bindung nur in Ausnahmefällen angenommen werden. Bei der Verpflichtung zur Übertragung eines Patents im Rahmen eines Gesellschaftsvertrags kann das Patent im Einzelfall mit Ende des Vertrages wieder uneingeschränkt den Gesellschaftern zufallen, wenn das Patent nur zur Nutzung in die Gesellschaft eingebracht war. **27 e**

5. Ohne entsprechende ausdrückliche oder konkludente Abreden können die Vorschriften des ArbEG über die einseitige Inanspruchnahme von Diensterfindungen (§ 6 ArbEG) und über die Anbietungspflicht (§ 19 ArbEG) nicht analog angewandt werden, BGH GRUR **55,** 335 – zur DVO vom 20. 3. 1943 (RGBl. I, 257); BGH GRUR **65,** 302, 304; Volmer, ArbEG § 1 Anm. 24; a. A. Heine/Rebitzki, ArbEG § 1 Anm. 4 für gesetzliche Vertreter juristischer Personen, und Volmer/Gaul, ArbEG § 1 Anm. 63 ff. für arbeitnehmerähnliche Personen. Fehlt eine solche Abrede, liegt eine freie Erfindung vor, BGH GRUR **53,** 29, 30. **28**

6. Freie Erfindungen sind regelmäßig auch die vor Beginn der vertraglichen Regelung gemachten fertigen Erfindungen, die während der Vertragszeit zum Patent angemeldet werden, RG GRUR **34,** 24, 25. Auf früher gemachte Erfindungen braucht der Dienstpflichtige bei einem Entwicklungsauftrag eines neuen Dienstherrn nicht in jedem Falle zurückzugreifen. Frei sind ebenso die nach Beendigung gemachten, – wenn der Erfindungsgedanke erst dann erkannt wurde, RGZ **140,** 53, 59; RG Mitt. **36,** 14, 15. Bei Ablauf der Vertragsbeziehungen noch in der Entstehungsstufe befindliche Erfindungen sind frei, RGZ **105,** 315, 318, 319. Der Unternehmer kann ohne besondere Absprache nur fertige Erfindungen beanspruchen, RGZ **140,** 53, 57. Der Dienstpflichtige ist im Allgemeinen nicht verpflichtet, dem Dienstherrn beim Ausscheiden seine noch in der Entwicklung begriffenen Gedanken und Versuche, die vielleicht einmal zu Erfindungen ausreifen können, zu offenbaren und zur Auswertung zu überlassen, RGZ **140,** 53, 57. Vertragliche Vereinbarungen können aber eine weitergehende Verpflichtung zur Überlassung jeglicher Ergebnisse der Tätigkeit begründen, vgl. aber: Tetzner DJ **41,** 1139, 1140. Maßgebliche Zäsur ist das rechtliche Ende der vertraglichen Beziehung. Während der **29**

Kündigungsfrist und während des Schlussurlaubs, solange das Vertragsverhältnis fortdauert, fertig gewordene Erfindungen sind daher regelmäßig nicht frei, RGZ **140,** 53, 57; BGH GRUR **71,** 407, 408 – Schlussurlaub, selbst wenn der Gewährung des Schlussurlaubs die Bedeutung zukommt, dass der Dienstpflichtige tatsächlich früher endgültig aus dem Betrieb ausscheidet und seine Verpflichtung zur Dienstleistung bereits ihr Ende gefunden hat, er aber für die Urlaubszeit noch Gehalt erhält, BGH GRUR **71,** 407, 408 in Abweichung von RGZ **140,** 53, 57 siehe auch Gaul/Bartenbach, GRUR **79,** 750, 751.

29 a Bei einer Erfindung, die nach Beendigung eines Gesellschafts-, Dienst-, Werk- oder Werklieferungsverhältnisses zum Patent angemeldet wird, trifft die Gesellschaft, den Dienst- oder Geschäftsherrn, die Rechte an der Erfindung des Ausgeschiedenen geltend machen, die Behauptungs- und Beweispflicht dafür, dass der Erfinder die Erfindung vor seinem Ausscheiden gemacht hat. Behauptet der Erfinder, dass er die Erfindung unmittelbar – innerhalb drei Wochen – nach seinem Ausscheiden gemacht habe, so ist es seine Sache, zunächst im Einzelnen darzulegen, wann und auf welche Weise die Erfindung entstanden ist, BGH GRUR **55,** 286, 290 – Kopiergerät. Grund für diese Umkehrung der Beweislast ist die Lebenserfahrung, nach der eine so kurzfristige neue Entwicklung eher ausgeschlossen erscheint. Sie tritt daher nur bei Zeiträumen von so kurzer Dauer ein, dass nach der Lebenserfahrung eine Erfindung in der Zwischenzeit ausgeschlossen erscheint, nicht bei längeren Zeiträumen – 10 Monaten, DPA Bl. **60,** 314, 315. Hat ein Vertragspartner es mit Rücksicht auf den Ablauf der Vertragsbeziehungen vertragswidrig unterlassen, während der Dauer des Vertragsverhältnisses Überlegungen hinsichtlich einer ihm obliegenden Verbesserung anzustellen, und erfindet er dann eine Verbesserung alsbald nach Vertragsbeendigung, ist er wegen positiver Vertragsverletzung zur Überlassung des Schutzrechts verpflichtet, wenn anzunehmen ist, dass er die Erfindung bei vertragsgemäßer Erfüllung seiner Vertragspflichten während der Dauer des Vertragsverhältnisses gemacht hätte, BGH X ZR 56/78 GRUR **81,** 128 – Flaschengreifer.

29 b Der Unternehmer hat kein Benutzungsrecht, wenn er die Erfindung dem Erfinder zur eigenen Ausbeutung überließ, zumal dann nur dieser Erfindungsbesitz hat, RGZ **56,** 223, 227. Hat der Unternehmer eine im Betrieb gemachte Erfindung als unbrauchbar abgelehnt, so verliert er die Ansprüche auf die Erfindung, KG MuW **41,** 56.

29 c Auch bei freien Erfindungen kann Treu und Glauben es im Einzelfall aber gebieten, dass der Erfinder dem Auftraggeber gegenüber ein aus der Erfindung erwachsenes Ausschließlichkeitsrecht nicht geltend macht, so z.B. wenn die Erfindung erst dadurch ermöglicht worden ist, dass dem Hersteller der innere Stand der Technik und die daraus im Unternehmen des Bestellers gewonnenen Kenntnisse und Erfahrungen zugänglich gemacht worden sind, BGH GRUR **53,** 29, 31 – Plattenspieler I; vgl. auch BGH GRUR **56,** 542 – Anhängerkupplung. Eine derartige Verpflichtung ist auch bei solchen Personen anzunehmen, die nach Auflösung der vertraglichen Beziehungen noch durch Treuepflichten an den früheren Vertragspartner gebunden sind, z.B. ein aus dem Betrieb ausgeschiedener Ruhegehaltsempfänger, der eine Erfindung macht, die auf betriebliche Erfahrungen und Kenntnisse zurückgeht, BGH I ZR 34/60 vom 27. 10. 1961, dort verneint. Meldet jemand ein Vorrichtungspatent, dessen Gegenstand er bei Lizenzverhandlungen mit dem Erfinder kennengelernt hat, zur Erlangung eines Sperrpatents an, um dem Erfinder die Ausnutzung seines prioritätsälteren Verfahrenspatents unmöglich zu machen, kann der Erfinder im Wege des Schadenersatzes eine kostenlose einfache Lizenz an dem Vorrichtungspatent verlangen, § 826 BGB, RG MuW **40,** 165, 167.

30 **7.** Auch hinsichtlich der Frage, ob und in welchem Umfange eine **Vergütung** für die Überlassung einer Erfindung oder eines Benutzungsrechts an ihr zu zahlen ist, muss auf das zwischen den Parteien bestehende Vertragsverhältnis zurückgegriffen werden. Bei Dienstverträgen gilt § 612 BGB. Für außergewöhnliche Leistungen eines freien Mitarbeiters, die über den vertraglichen Rahmen hinausgehen, wozu wertvolle Erfindungen zu rechnen sind, gebührt diesem auch ohne besondere Abrede eine Vergütung, OLG Hamburg GRUR **56,** 500, 501. Aus einem hohen Gehalt und einer hohen Beteiligung am Umsatz kann allein nicht ohne weiteres der Schluss hergeleitet werden, der Dienstpflichtige müsse seine Erfindungen kostenlos hergeben, BGH GRUR **65,** 302, 304 – Schellenreibungskupplung. Es kann aber im Einzelfall angemessen sein, dass keine besondere Vergütung gezahlt wird, weil die erfinderische Leistung schon durch eine laufende Vergütung abgegolten ist. Eine solche Regelung kann auch vereinbart werden, vgl. BGH GRUR **65,** 302, 304. Die Vergütungsregelung des ArbEG kann stillschweigend vereinbart werden, BGH GRUR **65,** 302, 306. Aus einer Gehaltsaufbesserung nach der Überlassung einer Erfindung und aus der Vorausabtretung späterer Erfindungen kann allein eine stillschweigende Abgeltung schon bestehender Vergütungsansprüche nicht hergeleitet werden, BGH GRUR **65,** 302, 304f. Die für die Abtretung einer schutzfähigen Erfindung zugesagte besondere Entlohnung entfällt nicht deshalb, weil Fabrikationsreife und Wettbewerbsfähigkeit noch nicht gegeben ist, RAG GRUR **43,** 174, 175. Es verstößt nicht gegen Treu und Glauben, wenn der Erfinder eine Vergütung verlangt, obwohl die Erfindung wegen besonderer Verhältnisse zeitweise nicht ausgewertet werden kann, RAG GRUR **43,** 174, 175.

Die Vergütung ist im Streitfall durch das Gericht nach dessen Ermessen festzusetzen, RGZ **139,** 87, 96. Freies Ermessen bedeutet billiges Ermessen, RG MuW **32,** 96. Die Berechnung der angemessenen Beteiligung des Erfinders am Ertrag der Erfindung muss auch die Vorteile berücksichtigen, die dem Unternehmer unmittelbar oder mittelbar durch die Sperrwirkung des Patentes zufließen, RAG GRUR **40,** 270, 273; **43,** 174, 175. Bei sehr wertvollen und ertragreichen Erfindungen kann in der Vorenthaltung einer Sondervergütung ein Verstoß gegen die guten Sitten liegen, KG GRUR **42,** 68, 75, dort verneint, mangels Rechtsanspruch aus dem Vertrag. **30 a**

Hat sich ein freier Mitarbeiter zur Übertragung von Erfindungen verpflichtet, so widerspricht es Treu und Glauben, ihm die monatl. Vergütung für die persönliche Mitarbeit im Werk, die ihrer Natur nach zur laufenden Bestreitung des Lebensunterhalts bestimmt ist, vorzuenthalten, um einen Druck auf die Ablieferung der Erfindungen auszuüben, BGH GRUR **61,** 466, 470 – Gewinderollkopf. Die für die Überlassung neuer technischer Ideen zur Auswertung und zum Erwerb eigener Rechte versprochene Vergütung unterliegt nicht der kurzen Verjährung gemäß § 196 Abs. 1 Nr. 1 und § 196 Abs. 2 BGB, BGH GRUR **79,** 800, 802 f. – Mehrzweckfrachter. **30 b**

C. 1. Mehrere Erfinder Abhandlungen: Abel, Rechtsgemeinschaft im Patentrecht, Wien, 1904; Zeller, Die Mitberechtigung an der Erfindung, Marburg, 1925; Wunderlich, Die gemeinschaftliche Erfindung, München, 1962; Lüdecke, Erfindungsgemeinschaften, Berlin, 1962; Ramoni-Fitting, L'invention commune, Diss. Lausanne, 1974; Marbach E., Rechtsgemeinschaften an Immaterialgüterrechten – dargestellt an Erfinder- und Urhebergemeinschaften, Bern 1987; Cronauzer, Das Recht auf das Patent im Europäischen Patentübereinkommen, Köln, Berlin, München, 1988; Goertzen, Die Gesellschaftserfindung, Diss. München 1989; Henke, Die Erfindungsgemeinschaft, Köln, Berlin, München, 2005; Waldenberger, Die Miturheberschaft im Rechtsvergleich. Diss. München 1990. **31**

Aufsätze: Schmid, Mehrere Inhaber eines Patents, GRUR **1898,** 193; Isay, Fragen zur Patentgemeinschaft, GRUR **24,** 25; Engländer, Zur Behandlung der Patentrechtsgemeinschaft, GRUR **24,** 53; Elster, Der Anreger als Erfinder und Urheber, GRUR **30,** 697; Calé, Rechtsgemeinschaft an Patenten, GRUR **31,** 90; Schnabel, Bemerkungen zur Rechtslage bei der Erfindungsgemeinschaft, Die Reichsbahn **35,** 939; Spengler, Die gemeinschaftliche Erfindung, GRUR **38,** 231; Zeller, Doppelerfindung, GRUR **38,** 383; Zeller, Gemeinschaftserfindungen, GRUR **42,** 247; Kisch, Patentgemeinschaft, GRUR **52,** 267; Arlt, Das Recht auf das Patent, Erfindungs- und Vorschlagswesen **53,** 50, 67; Beil, Erfindernennung und Miterfinder, Chemie-Ing.-Techn. **53,** 533, 633; Schade, Die gemeinschaftliche und die Doppelerfindung von Arbeitnehmern, GRUR **72,** 510; Seeger/Wegner, Offene Fragen der Miterfinderschaft, Mitt. **75,** 108; Fischer, Verwertungsrechte bei Patentgemeinschaften, GRUR **77,** 313; Beier, Die gemeinschaftliche Erfindung von Arbeitnehmern, GRUR **79,** 669; Storch, Die Rechte des Miterfinders in der Gemeinschaft, FS für Albert Preu 1988, S. 39;; Heide, Ausgleichspflichten für Vermehrungsungleichgewichte in Patentmitinhabergemeinschaften, Mitt 2004, 499.

Die gesetzliche Regelung des Falls, dass mehrere gemeinsam eine Erfindung gemacht haben, in § 6 Satz 2 ist unvollkommen. Sie befasst sich nur mit dem gemeinschaftlichen Recht auf das Patent. Das Gesetz nennt nicht die Voraussetzungen, unter denen mehrere gemeinsam eine Erfindung gemacht haben, BGH GRUR **66,** 558, 559; LG Nürnberg-Fürth GRUR **68,** 252, 254. Die Beteiligung mehrerer Personen an einer Erfindung löst erfinderpersönlichkeitsrechtliche und vermögensrechtliche Fragen aus (vgl. Lüdecke aaO S. 13 ff.). **31 a**

2. Ein **Recht** auf Erfinderbenennung und -nennung, §§ 37 Abs. 1 und 63 PatG hat jeder, der einen schöpferischen Beitrag zu der gemeinschaftlichen Erfindung geleistet hat, vgl.: RG GRUR **38,** 256, 262; **40,** 339, 341; **44,** 80, 81; RG MuW **39,** 345, 346 = RG Mitt. **39,** 198, 199; BGH GRUR **69,** 133, 135 – Luftfilter; PA Mitt. **43,** 75, 76; vgl. auch LG Hamburg GRUR **58,** 77 r. Sp.; VerwG Darmstadt GRUR **60,** 79, 82. . Miterfinder ist jeder, der einen schöpferischen Beitrag zu der Erfindung geleistet hat. Die tatrichterliche Bejahung oder Verneinung eines solchen Beitrags erfordert Feststellungen dazu, was nach Haupt- und Unteransprüchen des Patents Gegenstand der geschützten Erfindung ist, BGH Mitt. **96,** 16 – Gummielastische Masse I; GRUR **2004,** 50 – Verkranzungsverfahren. Der Begriff der schöpferischen Beteiligung ist durchaus auch brauchbar zur Abgrenzung der schöpferischen Beteiligung von der konstruktiven Mithilfe, wenn die Voraussetzungen bei Erfindungen mit einem geringen Grad der erfinderischen Tätigkeit nicht zu hoch geschraubt werden, was nach BGH GRUR **66,** 558, **32**

560, nicht sein darf, und wenn eine isolierte Betrachtung der einzelnen Anteile der Miterfinder vermieden wird, BGH GRUR **66,** 558, 560. Die Voraussetzung des schöpferischen Anteils ist vom schließlich gefundenen Enderfolg der fertigen Erfindung her zu werten.

32 a Der Beitrag des Miterfinders braucht nicht selbstständig erfinderisch zu sein, RG GRUR **40,** 339, 341; PA Bl. **51,** 294, 296; d.h. er braucht für sich allein betrachtet nicht alle Voraussetzungen einer patentfähigen Erfindung zu erfüllen, BGH GRUR **66,** 558, 559; BGH **96,** 16 – Gummielastische Masse I, insbesondere braucht er noch keine fertige Erfindung oder einen vollständig erfassten Erfindungsgedanken zu beinhalten, BGH X ZR 89/65 vom 27. 11. 1969 in GRUR **70,** 296 nicht abgedruckt; BGH GRUR **71,** 210, 213 – Wildverbissverhinderung. Ist er es, dann ist allerdings in jedem Fall eine Miterfinderschaft gegeben, BGH Mitt. **96,** 16 – Gummielastische Masse I. Dass ein Beteiligter an dem Ausführungsbeispiel des Patents keinen Anteil hat, das in der Patentschrift als besonders zweckmäßig bezeichnet ist, ist für die Frage der Miterfinderschaft unschädlich, RG GRUR **41,** 152 re. Sp.

32 b In Fällen, in denen erst die Anteile der Miterfinder zusammengenommen eine erfinderische Leistung ergeben, die Einzelanteile der Miterfinder das Maß des Durchschnittskönnens eines Fachmannes auf dem betreffenden Gebiet nicht übersteigen, stellt der BGH nur sehr geringe Anforderungen für den Erwerb einer Beteiligung an der Erfindung, BGH GRUR **66,** 558, 560. Dass der entscheidende Gedanke nur von einem Beteiligten stammt, schließt andere nicht von der Stellung als Miterfinder aus, LG Nürnberg-Fürth GRUR **68,** 252, 255. es genügt, dass die Handlungen eines Beteiligten sich ursächlich für den Enderfolg ausgewirkt haben, der Beteiligte die allgemeine technische Aufgabe gestellt, einen bestimmenden Einfluss auf die spätere Problemlösung genommen und durch eine negative Auswahl der in Aussicht genommenen Lösungsversuche durch den Vorschlag erfolgloser Versuche zur Lösung beigetragen hat, BGH GRUR **66,** 558, 560f. In der genannten Entscheidung billigt der BGH die Auffassung des RG, dass es einen wesentlichen Beitrag darstellen kann, wenn ein Miterfinder den anderen von einem technischen Irrtum abgehalten hat, RG MuW **39,** 345, 346, und dass ein Miterfinder bei einer Gesamtleistung von einem geringen Grad an erfinderischer Tätigkeit die tragende Idee des anderen Miterfinders trotz entgegenstehender Hemmungen praktisch durchgearbeitet hat, RG GRUR **40,** 339, 340. In BGH GRUR **71,** 210, 213 werden die für eine Mitberechtigung ausreichenden Anteile an der Erfindung darin gesehen, dass ein Beteiligter die Aufgabe und den grundsätzlichen Lösungsweg aufgezeigt hat, mit dem der Durchschnittsfachmann das Problem allein noch nicht lösen konnte, und der andere Beteiligte diese Gedanken auf Grund selbstständiger Überlegungen und Versuche durch den Hinweis auf geeignete Mittel und Geräte der praktischen Verwirklichung zugeführt hat. In den USA wird darauf abgestellt, ob die Beiträge einzelner Erfinder auf Grund gemeinsamer Anstrengungen hervorgebracht worden sind, Court of Appeals, 6. C. GRUR Int. **83,** 320.

32 c Ein wesentlicher Beitrag kann vorhanden sein, wenn jemand einen anderen auf Grund eigener Überlegungen auf einen von diesem bereits eingeschlagenen oder angedachten, aber als nicht Erfolg versprechend wieder aufgegebenen Weg verweist, OLG München 6 U 931/68 vom 11. 7. 1968 – Revision vom BGH einstimmig zurückgewiesen – X ZR 60/68 vom 18. 5. 1971. Das Patentamt stellt in Bl. **51,** 294, 296, auf die Kausalität des Beitrages ab. Ein schöpferischer Beitrag liegt vor, wenn das, was ein Beteiligter zur Erfindung beigesteuert hat, sich über den Stand der Technik und das Fachkönnen des Durchschnittsfachmanns erhebt, OLG Düsseldorf GRUR **71,** 215, 216; Lüdecke aaO S. 31. Lüdecke verwendet hierfür den Begriff der „qualifizierten Mitwirkung" aaO S. 31, jedoch entbehrt auch diese an sich brauchbare Umschreibung der letzten Schärfe, BGH GRUR **66,** 558, 560; LG Nürnberg-Fürth GRUR **68,** 252, 255.

32 d Rein konstruktive Beigaben, rein mechanische Ausführungsarbeiten nach Anweisung, streng weisungsgebundene Konstruktions- und Experimentieraufgaben, BGH GRUR **66,** 558, 559, oder bloße nichtschöpferische Anregungen in der Form der Gewährung von Anschauung oder das Beisteuern eines Ausführungsbeispiels, das in die Zeichnung und Beschreibung der Patentschrift aufgenommen worden ist, nachdem eine fertige Erfindung vorlag, genügen nicht. Ebenso nicht eine neuartige Anregung, die sich innerhalb des Fachkönnens eines Durchschnittsfachmanns hält. Wenn einer der Beteiligten einen schöpferischen Beitrag zu einer Erfindung geleistet hat, reicht eine dem Durchschnittskönnen des Fachmanns entsprechende Mitwirkung eines anderen nicht aus, dessen Miterfindereigenschaft zu begründen, OLG Düsseldorf GRUR **71,** 215, 216.

32 e Das Maß der schöpferischen Mitwirkung des einzelnen Miterfinders lässt sich nur an Hand des geschützten Erfindungsgedankens, nach dem Problem und dessen Lösung bestimmen, RG GRUR **38,** 256, 261; **44,** 80, 81; OLG Düsseldorf GRUR **71,** 215, 216; BGH X ZR 42/67 vom 28. 4. 1970. Unter Heranziehung des Beurteilungsmaßstabes der erfinderischen Tätigkeit kann dann ergründet werden, ob der Beitrag eines Miterfinders als schöpferisch zu betrachten ist. Unter der Voraussetzung, dass eine schöpferische Leistung vorliegt, kann auch eine Anregung, ein Hinweis für die Versuchsanordnung oder eine Aufgabenstellung die Miterfinderschaft begründen, LG Hamburg GRUR **58,** 77 re. Sp.; Lüdecke aaO S. 38. Bei der Erfindung, zu der das von einem Computer erarbeitete Ergebnis beigetragen hat, kann der Operator (Programmgestalter) Miterfinder sein, der durch die Stellung der Aufgabe, durch das Aufzeigen oder Einengen von Lösungsmöglichkeiten bei der Beauftragung des Computers beigetragen hat (Volmer, Mitt. **71,** 256, 263), nicht jedoch die Programmierer und sonstige Hilfspersonen, die nur mit der Betätigung des Computers beschäftigt sind (Volmer aaO) oder die Anweisungen des Erfinders mit handwerklichen Mitteln in ein computergerechtes Programm umgesetzt haben.

Der BGH hat in der Ausgestaltung einer bereits fertigen Erfindung mit einer aus dem Stande der Technik entnommenen bekannten Maßnahme, in der Beschaffung von Anschauungsmaterial, in dem Hinweis auf in der Fachwelt bekannte Verfahren sowie in der Mithilfe bei der Fassung der Anmeldungsunterlagen nach zeichnerischen Unterlagen keinen schöpferischen Beitrag zu einer Erfindung gesehen, BGH X ZR 42/67 vom 28. 4. 1970. Ob das Beisteuern einer Maßnahme, die in einem Unteranspruch unter Schutz gestellt worden ist, die Miterfindereigenschaft begründet, beurteilt sich danach, ob in dieser Maßnahme eine schöpferische Leistung zu sehen ist oder nicht, vgl. RG GRUR **38,** 256, 262. Erfinderpersönlichkeitsrechtliche Beziehungen können nicht nur auf Grund schöpferischer Zusammenarbeit begründet werden, sondern auch dadurch, dass ein widerrechtlich Entnehmender, der dem Entnahmeobjekt eine erfinderische Zutat hinzugefügt und das Ganze in einer Anmeldung vereinigt hat, vom Erfinder erfolgreich auf Einräumung der Mitberechtigung und Umschreibung der Anmeldung oder des Patentes in Anspruch genommen wird, Kleeff, GRUR **39,** 874, 875; Reimer, § 5 Anm. 5; a. A. Lüdecke, aaO S. 43 f., und auch dadurch, dass die zunächst unabhängig voneinander gemachten Erfindungen dann in gegenseitiger Billigung in ein und derselben Anmeldung zu einer einheitlich geformten Fassung verschmolzen werden, RG JW **39,** 239 Nr. 26; vgl. auch RG GRUR **41,** 152 r. Sp.; nicht jedoch auf Grund von Vereinbarungen mit einem nicht an der Erfindung Beteiligten, LG Nürnberg-Fürth GRUR **68,** 252, 254. **32 f**

Die Frage nach dem quotenmäßigen Anteil der einzelnen Miterfinder stellt sich beim Erfinderpersönlichkeitsrecht nicht, LG Nürnberg-Fürth GRUR **68,** 252, 255; denn für die Erfindernennung sind die Quoten unerheblich (Lüdecke aaO S. 51). Die Verpflichtung zur Benennung des Erfinders nach § 37 Abs. 1 und die Nennung des Erfinders nach § 63 beziehen sich nicht auf die Anteile und Beiträge der einzelnen Miterfinder an der Erfindung, selbst wenn sich die Teile, z. B. einer Anmeldung, die ein Miterfinder beigesteuert hat, von den anderen Teilen sondern lassen, weil sie Gegenstand eines echten oder unechten Unteranspruches sind, BGH GRUR **69,** 133, 134 f. – Luftfilter, und lässt daher den Umfang und das Ausmaß der Beteiligung der Miterfinder offen, BGH GRUR **69,** 133, 134 f. Selbst der geringfügigste schöpferische Anteil an der Erfindung löst das Recht auf die Erfindernennung aus. Aus der Verletzung des Erfinderpersönlichkeitsrechts kann der Miterfinder auf Feststellung der Miterfindereigenschaft klagen, wenn dieses bestritten wird, LG Nürnberg-Fürth GRUR **68,** 252, 254; siehe dazu auch BGH GRUR **79,** 145, 148 – Aufwärmvorrichtung. Ferner kann er in einem solchen Falle auf Unterlassung und Schadenersatz klagen. Der Miterfinder ist nicht gehindert, Dritten gegenüber das wahre Ausmaß seiner Beteiligung an der Erfindung näher zu umschreiben, BGH GRUR **69,** 133, 135. **32 g**

3. § 6 Satz 2 regelt die materielle Rechtsinhaberschaft bezüglich des Rechts auf das Patent, BGH GRUR **79,** 540, 541 – Biedermeiermanschetten. Das **Vermögensrecht** aus der Erfindung entsteht zunächst in der Person der Miterfinder, die an der Erfindung einen schöpferischen Anteil haben, kraft tatsächlichen Zusammenwirkens, RG GRUR **40,** 339, 341; RG MuW **39,** 345, 346. Über das Recht können im Voraus und nachträglich vertragliche Verfügungen getroffen werden. Auf diese Weise können auch andere Personen als diejenigen, die einen schöpferischen Beitrag zur Erfindung geleistet haben, an dem Vermögensrecht an der Erfindung beteiligt werden, RG MuW **39,** 345 346; RG Mitt. **39,** 198, 200. So sind Vereinbarungen denkbar, nach denen die Erfindung mit ihrer Entstehung in das Vermögen einer Gesellschaft fällt, an der neben den Miterfindern auch Kapitalgeber und sonstige Mitarbeiter beteiligt sind, die zur Erfindung beigetragen haben, aber keinen schöpferischen Beitrag geleistet haben, RG MuW **39,** 345, 346; vgl. RGZ **118,** 46, 49 für den Beitrag einer im Stand der Technik bekannten Maßnahme, die vereinbarungsgemäß in einem Unteranspruch aufgenommen worden ist; RG GRUR **24,** 21, 22 für einen Beitrag, der darin bestand, dass Räumlichkeiten, Arbeitskräfte, Versuchsapparate und Rohstoffe zur Verfügung gestellt wurde; RG GRUR **38,** 256, 259 selbst für den Fall einer erfolglosen Mitarbeit, wenn das dem Parteiwillen entspricht. Auch die Mitberechtigten an einer **33**

Erfindung können in der Weise über ihre Anteilsrechte an der Erfindung verfügen, dass sie diese auf einen der Beteiligten übertragen oder z.B. Gesamthandseigentum an der Erfindung, der Anmeldung oder dem Patent begründen, BGH GRUR **79,** 540, 541 – Biedermeiermanschetten. Der Dritte leitet sein Recht jedoch in allen diesen Fällen von dem oder den Erfindern ab; ein originärer Erwerb der Erfindung findet nicht statt.

33a Das Recht zur Veröffentlichung steht allen Beteiligten gemeinsam zu. Die Veröffentlichung der Erfindung durch einen einzelnen verletzt die Rechte der anderen (Lang, Persönlichkeitsrecht und Persönlichkeitsschutz des Erfinders, Diss. Hamburg 1953 S. 148).

34 **4.** Für die **Rechtsbeziehungen** vermögensrechtlicher Art **untereinander** und im Verhältnis zu **Außenstehenden** sind in erster Linie die getroffenen vertraglichen Abreden maßgebend, RG GRUR **40,** 339, 341. Gesetzliche Regelungen gelten nur, soweit die Parteien keine abweichenden Vereinbarungen getroffen haben. Wie das Recht des einzelnen an der Erfindung Beteiligten gegenüber den anderen Beteiligten verwirklicht werden kann, ist dem Zuordnungsgrundsatz der §§ 6 Satz 2 und 8 Satz 1 und 2 zu entnehmen; danach kommt den an der Erfindung Beteiligten eine dingliche Mitberechtigung zu, die ihnen einen Anspruch auf Einräumung eines Miteigentumsanteils gegen denjenigen gewährt, der formell allein Rechtsinhaber ist, BGH GRUR **79,** 540, 541 – Biedermeiermanschetten. Nach § 6 Satz 2 steht den Miterfindern mangels abweichender Vereinbarung das Recht auf das Patent gemeinsam zu. Das Gleiche gilt für das auf Grund der Anmeldung erteilte Patent, RG GRUR **40,** 339, 340. Die Mitberechtigten können einen Teilhaber ermächtigen, die Erfindung im eigenen Namen zum Patent anzumelden (§§ 185 Abs. 1, 675 BGB), BGH X ZR 38/66 vom 27. 3. 1969. Der Teilhaber ist dann Treuhänder der Mitberechtigten. Ist der Beitrag eines „Miterfinders" so groß, dass der Beitrag des anderen demgegenüber nicht ins Gewicht fällt, kann ist die Erfindung insgesamt nur dem einen zuzurechnen sein, BGH X ZR 89/65 vom 27. 11. 1969. So kann bei einem Patent mit einem Verfahrensanspruch und einem Vorrichtungsanspruch die Verfahrenserfindung die Erfindung der Vorrichtung mittragen und umgekehrt, BGH GRUR **79,** 540, 542. Wird der Anteil eines einzelnen Miterfinders bestritten, so kann er gegen die bestreitenden Beteiligten auf Feststellung der Mitberechtigung klagen, RGZ **117,** 49, 51, siehe oben Rdn. 32 a.E.

34a Ob die **unberechtigte Anmeldung** der einer Gemeinschaft gehörenden Erfindung durch einen Mitberechtigten die bei einer widerrechtlichen Entnahme gegebenen Rechtsbehelfe – Einspruchsrecht nach § 21 Abs. 1 Nr. 3 und Nachanmelderrecht nach § 7 Abs. 2 und die Nichtigkeitsklage nach § 22 i.V.m. § 21 Abs. 1 Nr. 3 – gewährt, ist in der Literatur umstritten (Zitate bei RGZ **117,** 47, 50 und Lüdecke aaO S. 170f.). Mit der Rechtsprechung ist diese Frage zu verneinen, RGZ **117,** 47, 50f. = JW **27,** 1560 mit zust. Anm. von Engländer; RG Bl. **30,** 258, 259; PA MuW **36,** 153, 154; PA Mitt. **43,** 75, 76, weil der Anmelder ein Mitberechtigter und kein insgesamt Nichtberechtigter ist, RG Bl. **30,** 258, 259; RGZ **117,** 47, 50, und diese Rechtsbehelfe über das Schutzbedürfnis der übrigen Beteiligten hinausgehen, RGZ **117,** 47, 51. Der Mitinhaber eines Patents ist nicht befugt, eine Nichtigkeitsklage zu erheben, RG MuW **27/28,** 207, 208; RG Bl. **02,** 117, 178; BGH GRUR **55,** 535, 536. Die Beteiligten haben gegen den unberechtigten Anmelder nach § 8 einen Anspruch auf Einräumung einer Mitberechtigung an der Anmeldung oder an dem Patent, BGH GRUR **79,** 540, 541; OLG Düsseldorf GRUR **71,** 215, 216. Die Abtretung eines der Mitberechtigung entsprechenden Teils eines rechtskräftig erteilten Patents kann wegen dessen Unteilbarkeit nicht verlangt werden, BGH GRUR **79,** 540, 542; wohl aber bei trennbaren Bestandteilen einer Anmeldung siehe § 8 Rdn. 6.

34b Welche Art von Gemeinschaft – Bruchteils – oder Gesamthandsgemeinschaft – bei einer gemeinschaftlichen Erfindung vorliegt, regelt das Patentgesetz nicht. Das ist auf Grund des der Gemeinschaft zugrunde liegenden Rechtsverhältnisses nach dem BGB zu entscheiden. Wenn die Beteiligten keine Vereinbarungen getroffen haben, z.B. bei der Freigabe einer Arbeitnehmererfindung an mehrere angestellte Miterfinder, dann stehen die Beteiligten auf Grund der bloßen Tatsache der gemeinsam erfinderischen Tätigkeit in einem Gemeinschaftsverhältnis nach §§ 741ff., BGB, RGZ **118,** 46; RG GRUR **37,** 37, 38; **38,** 256, 258; **39,** 371, 372; **40,** 339, 340; RG MuW **32,** 390 re. Sp.; **39,** 345, 346; BGH GRUR **2001,** 226 – Rollenantriebseinheit; GRUR 2003, 702, 704 – Gehäusekonstruktion; GRUR **2005,** 663 – gummielastische Masse II, ebenso, wenn ein Arbeitnehmer während zweier paralleler Arbeitsverhältnisse eine Erfindung gemacht hat, die von beiden Arbeitgebern in Anspruch genommen worden ist, Gaul/Bartenbach, GRUR **79,** 750, 752. Die Vorschriften der Gemeinschaft finden auch dann Anwendung, wenn die Beteiligten eine dahingehende Vereinbarung getroffen haben, RG GRUR **24,** 21, 22. Eine Patentgemeinschaft nach § 741 BGB kann auch durch eine zeitweise Übertragung eines Anteils an dem Patent begründet werden, RG GRUR **43,** 355, 356. Bei der

Gemeinschaft im Sinne von § 741 BGB kann über das Patent als Ganzes nur gemeinschaftlich verfügt werden, LG Leipzig GRUR **40,** 355, 356, jeder Teilhaber kann aber nach § 747 Satz 1 BGB über seinen Anteil an der Erfindung verfügen, BGH GRUR **79,** 540, 541; RG Mitt. **38,** 275, 277 li. Sp.; LG Leipzig GRUR **40,** 355, 356; nicht jedoch über seinen Beitrag zum Ganzen, BGH GRUR **59,** 335, 337 – Wenn wir alle Engel wären (UrhR). Das Recht zur freien Verfügung über den Anteil kann nach § 137 BGB nicht mit dinglicher Wirkung ausgeschlossen werden.

Wenn die Beteiligten über das gemeinsame Haben des Patents hinaus auf vertraglicher Grundlage zur Erreichung eines gemeinsamen Zwecks zusammenarbeiten, finden die Vorschriften über die Gesellschaft, §§ 705 ff. BGB, Anwendung, BGH GRUR **79,** 540, 542; vgl. auch RG MuW **20/21,** 160, 161. Das kann beispielsweise der Fall sein bei einem Vertrag zur gemeinsamen Arbeit an einer noch ungelösten technischen Aufgabe mit dem Willen, im Falle des Gelingens die Erfindung gemeinsam zu erwerben und zu verwerten, RG GRUR **38,** 256, 258. In diesen Fällen steht den Beteiligten das Recht an der Erfindung, die Anmeldung und das Patent zur gesamten Hand zu, mit der Folge, dass darüber nur gemeinsam verfügt werden kann, vgl. a. BPatG Mitt 2004, 218. Eine Verfügung über den Anteil des Einzelnen an der Gemeinschaft ist nur mit Zustimmung aller Beteiligten möglich, §§ 717, 719 BGB. Alle sich aus dem in die Gesellschaft eingebrachten Patent ergebenden Forderungen, z. B. auf Enteignungsentschädigung oder Entschädigung nach § 55 PatG, gehören zum Gesellschaftsvermögen, BGH X ZR 6/69 vom 4. 5. 1972. Auch die Erbengemeinschaft nach einem Erfinder oder Patentinhaber und die Einbringung der Erfindung in eine OHG oder KG führt ein Gesamthandsverhältnis herbei. **34 c**

Eine reale Beteiligung der Sache nach, etwa hinsichtlich eines Patentanspruchs oder eines Ausführungsbeispiels kennt das deutsche Recht nicht (vgl. Klauer/Möhring, § 3 Anm. 18). **34 d**

Jeder Teilhaber kann auf seinen Anteil an der Erfindung oder an dem Patent verzichten. Das RG hat einen derartigen Verzicht in der Weigerung gesehen, Patentgebühren zu bezahlen, wozu der Teilhaber verpflichtet war, RG JW **31,** 404 Nr. 4 = MuW **30,** 400. Beim Verzicht eines Teilhabers wächst dessen Anteil den verbleibenden Teilhabern an, besonders in einem Falle, in dem der Verzicht durch Vertrag erklärt wird, den der andere Teilhaber annimmt, RG JW **31,** 404 Nr. 4 mit Anmerkung von Engländer zum Stand der Lehrmeinungen, vgl. auch Klauer/ Möhring, § 3 Anm. 18 am Ende. **34 e**

5. Für die **Verwaltung und Benutzung** des gemeinsamen Rechts gelten je nach der Art der Beziehung der Berechtigten untereinander (vgl. dazu oben Rdn. 34) die Regeln der Gemeinschaft oder der Gesellschaft (§§ 743 Abs. 2, 744 und 745 BGB). Ohne abweichende Vereinbarung darf grundsätzlich jeder Teilhaber die geschützte Erfindung benutzen, d. h. das geschützte Erzeugnis herstellen, anbieten usw. oder das geschützte Verfahren anwenden (BGH GRUR 2005, 663 – gummielastische Masse II) und dessen unmittelbare Erzeugnisse anbieten, in Verkehr bringen usw. (Fischer, GRUR **77,** 313, 315; siehe aber Klauer/Möhring, § 3 Rdn. 18; K. Schmidt in Münch. Kommentar, § 743 Anm. 18). Dadurch wird der Mitgebrauch durch die übrigen Teilhaber im Regelfall nicht unzumutbar beeinträchtigt, die ebenfalls die geschützte Erfindung benutzen dürfen. Eine mögliche Beeinträchtigung der anderen Mitberechtigten bei ihrer geschäftlichen Verwertung der Erfindung steht einem solchen Benutzungsrecht grundsätzlich nicht entgegen; auch in einem solchen Fall kann sie nur durch eine vertragliche Regelung unter den Berechtigten ausgeschlossen werden, BGH GRUR 2005, 663 – gummielastische Masse II. Die Ansicht, dass jeder Teilhaber nur eine dem Interesse aller Teilhaber nach billigem Ermessen entsprechende Benutzung der Erfindung verlangen könne, LG Leipzig GRUR **40,** 355, 356, ist zu eng. Sie kann leicht dazu führen, dass die Nutzung insgesamt blockiert werden kann. Einschränkungen können sich jedoch aus der Art der Beteiligung an der Erfindung ergeben, So wird nicht ohne weiteres davon ausgegangen werden können, dass ein Miterfinder, der nur einen geringen Beitrag etwa zur Gestaltung einer Ausführungsform geleistet hat, ohne weiteres die gesamte Erfindung benutzen kann. Die Grenzen des Benutzungsrechtes werden hier ggf. im Wege der ergänzenden Vertragsauslegung zu bestimmen sein. Durch Vereinbarung oder Stimmenmehrheit nach Maßgabe der Anteile kann die Benutzung der Erfindung vom Regelfall abweichend gestaltet werden. Wird durch einen Mehrheitsbeschluss das Benutzungsrecht der Minderheit ausgeschlossen, bleibt dieser das Recht, die Auflösung der Gemeinschaft zu verlangen. **35**

Ohne ausdrückliche abweichende Vereinbarung ist für die Nutzung durch einen der Berechtigten keine Lizenz an die übrigen zu entrichten, BGH GRUR **2005,** 663 – gummielastische Masse II; Gennen Festschrift Bartenbach, 335; Heide Mitt 2004, 499, 502; gegen Krasser § 19 V b; Chakraborty/Tilmann, Festschrift König, 66, 78; Storch, Festschrift Preu 39, 40; **35 a**

Fischer GRUR **77,** 316; vgl. a. Isay, GRUR **24,** 24, 26; Engländer, GRUR **24,** 53, 55 Goetz Hueck, Gleichbehandlungsgrundsatz. insbes. s. 30f. und s. 226, Note 6; Lüdecke, S. 210f.; Wunderlich, S. 113; Lindenmaier, Rdn. 23 zu § 3. § 743 Abs. 2 BGB gewährt jedem Gemeinschafter ein uneingeschränktes Recht zur Benutzung des gemeinschaftlichen Rechts, solange durch diese Benutzung nicht der Mitgebrauch durch die übrigen Teilhaber beeinträchtigt wird. Die Einschränkung eigener Gewinnmöglichkeiten durch eine solche Benutzung stellt eine solche Beeinträchtigung nicht dar; sie ist notwendige Folge des gesetzlichen Benutzungsrechtes und diesem immanent. Insoweit besteht kein Unterschied zur sonstigen Nutzung etwa eines im gemeinschaftlichen Eigentum stehenden Gegenstandes, für den eine solche Nutzungsbefugnis seit langem in der Rechtsprechung des Bundesgerichtshofes anerkannt ist, BGH NJW **66,** 1707, 1708. Will der einzelne Mitberechtigung eine solche Benutzung ohne Lizenzgebühren etwa mit Blick auf die Kostenlast nicht hinnehmen, bleibt nur der eine Vereinbarung über die gemeinschaftliche Verwaltung, die mit Mehrheitsbeschluss oder im Wege der Vereinbarung zu treffen ist § 754 BGB, oder die Auflösung der Gemeinschaft, notfalls im Wege der Verwertung des Schutzrechts durch Verkauf oder Versteigerung, §§ 749ff. BGB, Ein Anspruch auf Rechnungslegung über die Benutzung durch einen der Berechtigten steht den Übrigen daher nur zu, wenn eine solche Absprache getroffen wurde.

35 b Demgegenüber wird die Einbringung des Schutzrechts in eine Gesellschaft aller Mitberechtigten eine eigene, von der Gesellschaft unabhängige Nutzung in aller Regel ausschließen; sie liefe im Allgemeinen dem Gesellschaftszweck und der internen Verpflichtung der Gesellschafter untereinander zuwider. Insoweit gingen die Regeln des Gesellschaftsrechtes denen der Bruchteilsgemeinschaft vor; aus diesen lässt sich daher zugunsten des Einzelnen in diesem Fall kein Benutzungsrecht herleiten.

35 c Jedem Teilhaber gebührt nach dem Maße seiner Berechtigung ein Anteil an den Früchten des gemeinsamen Rechts (§ 743 Abs. 1 BGB) und an den Gebrauchsvorteilen, BGH NJW **66,** 1708. Dazu zählen die Lizenzeinnahmen, RG GRUR **37,** 37, 38, nicht aber die einem eigenen Recht unterliegende Benutzung (vgl. Rdn. 35).

35 d Im Einzelfall richtet sich das Maß der Beteiligung jedes Teilhabers nach dem zugrunde liegenden Rechtsverhältnis, z. B. nach dem Gesellschaftsvertrag oder den Erbanteilen, RG Mitt. **39,** 198 oder der innerhalb der Gesellschaft zu treffenden Verwaltungsregelung, BGH GRUR **2005,** 663 – gummielastische Masse II. Deren Abschluss kann jeder Mitberechtigte schon vor dem Hintergrund der mit dem Patent verbundenen Lasten wie den von allen gemeinsam zu tragenden Jahresgebühren verlangen. Wenn keine vertraglichen Abreden bestehen, kann der Umfang der schöpferischen Mitarbeit an der Erfindung von Bedeutung sein, RG GRUR **40,** 339, 340. Maßgebend hierfür ist das Verhältnis der Anteile der Mitberechtigten zueinander und im Verhältnis zur erfinderischen Gesamtleistung, wobei der Stand der Technik und das Können des Fachmanns heranzuziehen sind, BGH GRUR **79,** 540, 542 – Biedermeiermanschetten. Das Maß der schöpferischen Beteiligung an der Erfindung bietet einen wichtigen Anhaltspunkt bei der Auslegung einer Vereinbarung über die Anteile an dem Vermögensrecht, RG GRUR **40,** 339, 340. Auch nicht erfinderische Beiträge zu der geschützten Gesamtleistung sind – allerdings in abgeschwächtem Maße – für die Auslegung von Bedeutung, RG GRUR **40,** 339, 341; **44,** 80, 81; siehe aber OLG Düsseldorf GRUR **71,** 215, 216. Auch der größere Anteil an der Leistung, die für die wirtschaftliche Auswertung der Erfindung von Bedeutung ist, ist als Anhaltspunkt für die Auslegung von Wichtigkeit (Lüdecke, aaO S. 66f.). Wenn zwei Erfinder bei der Verschmelzung ihrer unabhängig gemachten Erfindungen zu einer einheitlichen Patentanmeldung, die von beiden Gedanken enthält, ihre beiderseitigen Leistungen als im Wesentlichen gleichwertig angesehen haben, gilt § 742 BGB mangels Vereinbarung über die Anteile, RG GRUR **41,** 152, 153. Bei einer Teamarbeit, bei der ein ständiger Gedankenaustausch stattfindet und unter gegenseitigen Anregungen gemeinsam nach einer Lösung gesucht wird, sind im Zweifel gleiche Anteile als gewollt anzusehen, auch wenn schließlich ein einzelner den letzten Gedanken gehabt hat, vgl. brit. PA GRUR Ausl. **63,** 604, 606; Wunderlich GRUR Ausl. **63,** 606, 607. Wenn die Lösung schließlich im Alleingang gefunden worden ist, kann ein höherer Anteil gewollt und zugebilligt sein, vgl. brit. PA GRUR Ausl. **63,** 604, 606; Wunderlich GRUR Ausl. **63,** 606, 607. Im Zweifel sind gleiche Anteile anzunehmen, §§ 722, 741 BGB, RG GRUR **38,** 256, 262; RG MuW **41,** 135; LG Leipzig GRUR **40,** 355, 356; vgl. aber Schade, GRUR **72,** 510, 516. Diese Auslegungsregel ist jedoch erst anzuwenden, wenn sich nach Ausschöpfung aller Erkenntnisquellen keine letzte Klarheit über den Wert der einzelnen Beiträge der Beteiligten gewinnen lässt, BGH GRUR **79,** 540, 542.

35 e Die Teilhaber haben allein für sich nicht das Recht, Dritten **Lizenzen** an dem gemeinsamen Recht zu vergeben (Klauer/Möhring, § 3 Anm. 18; Reimer, § 3 Anm. 11; a. A. Fischer, GRUR **77,** 313, 315f.); diese enthält eine mit dem Nutzungsrecht als solchem nicht mehr zu verbindende Beeinträchtigung und Einschränkung der Rechte der Übrigen. Ob Dritten im Rahmen der Lieferung von Mitteln und Vorrichtungen zur Ausführung geschützter Verfahren durch einen Teilhaber ein Benutzungsrecht an der gemeinschaftlichen Erfindung verschafft werden kann, so Fischer, GRUR **77,** 313, 315, ist zweifelhaft.

Jeder Teilhaber kann die gemeinsame Erfindung gegen eine widerrechtliche Entnahme durch einen Dritten verteidigen, § 744 BGB, und das gemeinsame Patent im Nichtigkeitsverfahren allein verteidigen, RGZ **76,** 298, 299. Nach § 748 BGB muss jeder entsprechend seinem Anteil zu den Kosten der Anmeldung, den Jahresgebühren und den Kosten der Verteidigung der Erfindung beitragen. Dafür erhält er einen seinem Anteil entsprechenden Teil der Früchte. Die unbezifferte Verpflichtung zur Finanzierung der Auswertung einer Erfindung findet dort ihre Grenze, wo die Weiterbearbeitung keinen Erfolg mehr verspricht und mit Rücksicht auf die gemeinsamen Belange der Gesellschafter nicht mehr ratsam und vertretbar ist, RG GRUR **41,** 46, 48. Eine Patentgemeinschaft allein begründet für die Mitberechtigten außerhalb der Erfindung auf dem betreffenden Gebiet kein Konkurrenzverbot, insbesondere keine Verpflichtung, sich der Beteiligung an Wettbewerbsunternehmen zu enthalten, RG MuW **32,** 390. Ob der Zweck der Gemeinschaft die Anmeldung von Auslandspatenten gebietet, die den Wert der Erfinderrechte erhalten, ist Sache des Einzelfalles, RG GRUR **41,** 152, 153. Eine gemeinschaftliche Entwicklungsarbeit mit vereinbarter Schutzfreiheit des erstrebten Ergebnisses hat zur Folge, dass ein an der Entwicklungsarbeit Beteiligter aus Schutzrechten, die er auf seine Ergebnisse der Entwicklungsarbeit erlangt hat, gegen andere an dieser Arbeit Beteiligte keine Rechte geltend machen kann, BGH GRUR **56,** 542, 544 – Anhängerkupplung. 35 f

6. Eine zur gemeinsamen Nutzung und Verwertung gegründete Gesellschaft besteht im Zweifel für die Dauer des Patents, RG GRUR **41,** 46, 47; besonders bei der Gesellschaft zur Erlangung und Verwertung des Patents, RG MuW **X,** 243 re. Sp.; **XIV,** 328 re. Sp. Erwirbt ein Mitberechtigter sämtliche Anteile an einer Gemeinschaft, so ist die Gemeinschaft aufgelöst. Die Gemeinschaft kann weiter durch Vereinbarung aller Beteiligten aufgelöst werden. Außerdem kann jeder Teilhaber jederzeit die **Aufhebung** der Gemeinschaft verlangen (§ 749 Abs. 1 BGB), es sei denn, dieses Recht ist vertraglich oder sonst ausgeschlossen (§ 749 Abs. 2 BGB). In diesem Falle kann die Aufhebung der Gemeinschaft aus wichtigem Grunde verlangt werden. Da die Gemeinschaft Folge des gemeinsamen Habens des Schutzrechts ist, schließt ihre Aufhebung dessen Beendigung ein. Eine Teilung in Natur (§ 752 BGB) ist angesichts der Natur des gemeinschaftlichen Gegenstandes regelmäßig ausgeschlossen; in Betracht kommen daher nur die Teilung durch Verkauf (§ 753 BGB), die nach der gesetzlichen Regelung nach den Vorschriften über den Pfandverkauf, d. h. in erster Linie im Wege der Versteigerung, erfolgt. Die Beteiligten sind jedoch nicht gehindert, einverständlich eine Verwertung in anderer Form vorzunehmen, auch durch Übernahme des Schutzrechts durch einen von ihnen. 36

Ein Gesellschaftsverhältnis kann nach § 723 BGB vorzeitig aus wichtigem Grund gekündigt werden, RG GRUR **41,** 46, 47; RG MuW **XXVI,** 88, 89; **XXVI,** 153 re. Sp. Ein wichtiger Grund zur Kündigung liegt vor, wenn dem Gesellschafter nach Lage des Falles ein weiteres Verbleiben in der Gesellschaft billigerweise nicht mehr zugemutet werden kann, z. B. wegen Erschöpfung der Gesellschaftsmittel für die Verwertung des Schutzrechts, RG GRUR **38,** 343, 348, oder wenn ein gedeihliches Zusammenarbeiten infolge der Erschütterung der Vertrauensgrundlage nicht mehr möglich ist, RG MuW **36,** 285, 286, z. B. durch grundloses Bestreiten der Miterfinderschaft, RG GRUR **40,** 339, 342. Kündigung zur Unzeit verpflichtet bei Verschulden zum Ersatz des daraus entstehenden Schadens, § 723 Abs. 2 BGB, RG GRUR **41,** 46, 48. Eine Gesellschaft zur Verwertung von Schutzrechten endigt nach § 726 BGB nicht schon mit der Erschöpfung der für die Verwertung der Schutzrechte notwendigen Gesellschaftsmittel, sondern erst dann, wenn sich alle Gesellschafter endgültig weigern, die über ihre Einlagen hinausgehenden Nachzahlungen zu leisten, RG GRUR **38,** 343, 346. 36 a

War ein Patent der Substanz nach in eine Gesellschaft eingebracht, so führt die Auflösung der Gesellschaft durch Kündigung oder dgl. zur Auseinandersetzung des Gesamthandseigentums der Gesellschafter am Patent, RG MuW **14,** 328 re. Sp.; RG GRUR **37,** 1001, 1002; **41,** 224, 226 f.; es sei denn, die Gesellschafter haben eine solche durch Vertrag ausgeschlossen, RG GRUR **39,** 377, 379; **43,** 355, 356. Eine Abtretung eines Anteils am Patent für die Dauer eines Vertrages hat zur Folge, dass das Patent mit Vertragsablauf ohne weiteres an den Veräußerer zurückfällt, RG GRUR **43,** 355, 356. Die Beteiligten können auch vereinbaren, dass die in eine Gesellschaft eingebrachten Patente nach Beendigung des Gesellschaftsverhältnisses wieder uneingeschränkt den Gesellschaftern zufallen. Hatte eine Gesellschaft nur ein Benutzungsrecht an dem Patent erworben, dann fällt dieses mit der Auflösung der Gesellschaft ohne besonderen Übertragungsakt an den Berechtigten zurück, RG Mitt. **37,** 380. 36 b

7 *Anmelder und Nachanmelderecht.* (1) **Damit die sachliche Prüfung der Patentanmeldung durch die Feststellung des Erfinders nicht verzögert wird, gilt im Verfahren vor dem Patentamt der Anmelder als berechtigt, die Erteilung des Patents zu verlangen.**

(2) **Wird ein Patent auf Grund eines auf widerrechtliche Entnahme (§ 21 Abs. 1 Nr. 3) gestützten Einspruchs widerrufen oder führt der Einspruch zum Verzicht auf das Patent, so kann der Einsprechende innerhalb eines Monats nach der amtlichen Mitteilung hierüber die Erfindung selbst anmelden und die Priorität des früheren Patents in Anspruch nehmen.**

Inhaltsübersicht

Literaturhinweis: Regierungsbegründung Bl. **36,** 104; Haase, Patentanmeldungen entmündigter Geisteskranker, GRUR **29,** 255; Hirsch, Das Recht aus der Erfindung, 1930; Hoffmann, Das Recht des Erfinders, in Schriftenreihe der JW, 1936; Hüfner, Die zivilistische Anmeldung als Grundlage der Priorität, GRUR **13,** 145; Momber, Patentanmeldungen entmündigter Geisteskranker, GRUR **28,** 23; Nicolai, Erstanmelder- oder Ersterfinderprinzip: Eine vergleichende Untersuchung des deutschen und amerikanischen Patentrechts, GRUR Int. **73,** 169; Pfanner, Die Patentanmeldung Geschäftsunfähiger und Geschäftsbeschränkter, GRUR **55,** 556; Schade, Der Erfinder, GRUR **77,** 390; Zeunert, Der Gegenstand der Anmeldung und der Umfang der zulässigen Änderung des Patentbegehrens vor der Bekanntmachung, GRUR **66,** 405 ff., **66,** 465 ff.

1 **A. 1. Vorbemerkung:** § 7 hat durch das IntPatÜG, vom 21. 6. 1976 (Art. IV Nr. 5) und durch das GPatG vom 26. 7. 1979 (Art. 8 Nr. 1) wesentliche Änderungen erfahren. § 4 Abs. 2, a. F., der die Regelung des älteren Rechts (Vorpatentierung, Identität) enthielt, ist durch § 3 Abs. 2, der die älteren Anmeldungen in den Stand der Technik einbezieht, ersetzt worden. Die Regelung der widerrechtlichen Entnahme ist aus § 4 Abs. 3 a. F. herausgenommen und in die Regelung der Gründe für den Widerruf des Patents (§ 21) eingegliedert worden. § 4 Abs. 1 ist als § 7 Abs. 1 unverändert geblieben. § 7 Abs. 2 (früher § 4 Abs. 3) enthält jetzt nur noch die Regelung des Nachanmelderechts, die der Neuregelung des Einspruchs nach der Patenterteilung angepasst worden ist. Dem § 7 entsprechen Art. 60 Abs. 3 und 61 EPÜ. § 7 Abs. 2 gilt nicht für Anmeldungen, deren Bekanntmachung am 1. 1. 1981 bereits beschlossen war; für diese gilt § 4 Abs. 3 Satz 2 PatG 1968 weiter.

2 **2.** Die konsequente Durchführung des in § 6 geregelten Zuordnungsprinzips würde das Erteilungsverfahren mit der Feststellung des wahren Erfinders belasten und damit die sachliche Prüfung der Patentanmeldung verzögern. Deshalb „gilt im Verfahren vor dem Patentamt der Anmelder als berechtigt, die Erteilung des Patents zu verlangen" § 7 Abs. 1. Die Regelung verpflichtet die Erteilungsbehörde zur Erteilung auf die Anmeldung unabhängig vom sachlichen Recht auf das Patent. Kraft dessen ist dem Anmelder das Patent zu erteilen, OLG Düsseldorf BB **70,** 1110, der formell und materiell berechtigter Patentinhaber wird, OLG Düsseldorf aaO. Das sachliche **Recht auf das Patent** bleibt trotz der unberechtigten Anmeldung bei dem wahren Berechtigten, der sein Recht nach §§ 7 Abs. 2, 8, 21 Abs. 1 Nr. 3 und 22 realisieren kann. Der Anmelder hat zwar zum Schutz des wahren Erfinders die Pflicht zur Erfinderbenennung, DPA GRUR **51,** 72. Gegebenenfalls hat er anzugeben, wie das Recht auf das Patent an ihn gelangt ist; die Richtigkeit dieser Angaben wird aber vom Patentamt nicht überprüft, § 37 Abs. 1 Satz 2 und 3. Das Gesetz klammert durch die formale Legitimation des § 7 Abs. 1 ganz bewusst bis zur Erteilung des Patents die Frage nach dem sachlichen Recht auf das Patent aus der Prüfung des Patentamts aus. Das Patenterteilungsverfahren soll sich unabhängig von der Frage nach der materiellen Berechtigung an der Erfindung auf die Frage der Patentfähigkeit der Erfindung und der förmlichen Anforderungen der Ameldung konzentrieren, BPatGE **24,** 54, 56.

3. Die Fiktion des § 7 Abs. 1 PatG kann nicht widerlegt werden; sie gilt ihrem Wortlaut entsprechend auch und gerade dann, wenn der Anmelder nicht Rechtsinhaber ist, BPatGE 41, 192 = Bl. 2000, 220. Die Frage, ob das Patentamt die Anmeldung zurückweisen darf, wenn es ohne eine Verzögerung des Prüfungsverfahrens feststellt, dass der Anmelder nicht das Recht auf das Patent hat, ist umstritten. Heymann, (Festschrift ZAkDR „Das Recht des schöpferischen Menschen" 1936, S. 107) bejaht diese Frage. Dem hat sich Heydt (GRUR **36,** 470, 474; **36,** 1013, 1014) angeschlossen. Kisch (Festschrift ZAkDR S. 131/132) hat dem widersprochen. Der Anmelder müsse auch dann als berechtigt behandelt werden, wenn bewiesen oder sonstwie bekannt sei, dass er nicht das Recht auf das Patent habe (so auch Möller, aaO, § 4 Anm. 1 und 2 und Buß GRUR **36,** 833, 835). Möller (aaO) hält das Patentamt für berechtigt, dem berechtigten Erfinder Mitteilung zu machen, damit dieser seine Rechte wahren kann. Das kann nur gelten, wenn das Patentamt von strafbaren Machenschaften erfährt. Dann darf es nicht an unerlaubten Handlungen mitwirken und Unberechtigten sehenden Auges ein Patent erteilen. Im Übrigen hat es die materielle Berechtigung nicht zu prüfen. Selbst wenn die mangelnde Sachbefugnis des Anmelders bekannt ist, berührt das daher den Anspruch des Anmelders auf Erteilung nicht (BPatGE 41, 192 = Bl. **2000,** 220; vgl. a. Schulte, PatG § 7 Rdn. 6). **3**

Eine Patentanmeldung muss gegenüber dem Patentamt den Willen des Anmelders zum Ausdruck bringen, für die offenbarte Erfindung ein Patent erlangen zu wollen, BGH Bl. **79,** 151 – Etikettiergerät II; BPatGE **27,** 100, 101; PA GRUR **26,** 115; **29,** 520; PA Bl. **10,** 180, 181; **30,** 176, 177; PA Mitt. **39,** 23. Sie ist ein Antrag an das Patentamt, auf eine in dem Antrag beschriebene Erfindung ein Patent zu erteilen, vgl. PA Bl. **13,** 188. **4**

3. Anmelder kann jeder sein, gleichgültig ob Inländer oder Ausländer, der Träger von Rechten und Pflichten sein kann. Das sind die natürlichen und juristischen Personen sowie die offene Handelsgesellschaft und die Kommanditgesellschaft, nach nationalem Recht jetzt auch die Gesellschaft des bürgerlichen Rechts, die in der Rechtsprechung des Bundesgerichtshofes bei einer Teilnahme am Wirtschaftsverkehr wie eine rechtsfähige Person behandelt wird. Eine solche Teilnahme wird bei der Anmeldung eines Patents schon mit Blick auf die damit begründeten wirtschaftlichen Nutzungsmöglichkeiten zu bejahen sein; eine Patentanmeldung, die nicht hierauf zielt, ist schwer vorstellbar. Zur Möglichkeit der Umdeutung in eine Anmeldung der wirklich Beteiligten vgl. § 34 Rdn. 1. Die Wirksamkeit der Anmeldung Geschäftsunfähiger und beschränkt Geschäftsfähiger hängt von der Zustimmung ihrer gesetzlichen Vertreter ab. Deren Zustimmung heilt den Mangel der Anmeldung mit rückwirkender Kraft (vgl. Duchesne, GRUR **26,** 256, 258; Hüfner, GRUR **13,** 145, 152; Momber, GRUR **29,** 407; Pfanner, GRUR **55,** 556, 560). Das Patentamt hat früher die Anmeldung Geschäftsunfähiger als nichtig angesehen, PA Bl. **02,** 204 (vgl. Haase, GRUR **29,** 255, der im Ergebnis zu Recht für Anmeldungen beschränkt Geschäftsfähiger schwebende Unwirksamkeit annimmt, die durch die Zustimmung des gesetzlichen Vertreters mit Wirkung auf den Zeitpunkt der Anmeldung geheilt werde). Diese Betrachtung ist in ihrer rechtlichen Begründung aber zu sehr am rechtsgeschäftlichen Charakter einer Patentanmeldung orientiert, wobei deren Bedeutung als Mittel zur Einleitung eines Verfahrensgangs unberücksichtigt bleibt (vgl. Hüfner GRUR **13,** 145, 152). **5**

Einstweilen frei **6–14**

B. Das Nachanmelderecht (§ 7 Abs. 2)

1. Ziel des auf widerrechtliche Entnahme gestützten Einspruches nach § 21 Abs. 1 Nr. 3 ist nicht nur, dem nichtberechtigten Anmelder das Patent zu nehmen, sondern auch dem Berechtigten sein Recht auf das Patent zu erhalten. Wird dem auf widerrechtliche Entnahme gestützten Einspruch (§ 21 Abs. 1 Nr. 3) stattgegeben, d. h. auf den Einspruch das Patent aus diesem Grunde widerrufen oder verzichtet der Inhaber aus diesem Grunde auf das Patent, so kann der Berechtigte sein Recht auf das Patent durch Nachanmeldung derselben Erfindung verwirklichen. **15**

Ohne Einspruch kann die Entnahmepriorität auch nicht analog gemäß § 7 Abs. 2 in Anspruch genommen werden, BPatGE 36, 258 = Mitt **97,** 69 = GRUR **97,** 442. Der Nachanmelder kann die Priorität der früheren Anmeldung auch nicht in Anspruch nehmen, wenn nach der Geltendmachung einer widerrechtlichen Entnahme die frühere Patentanmeldung zurückgenommen worden ist, ohne dass ein Einspruchsverfahren stattgefunden hat. Die formale Legitimation eines Anmelders nach § 7 Abs. 1 PatG soll verhindern, dass das patentamtliche Verfahren durch Ermittlungen über die Urheberschaft an der Erfindung erschwert und dadurch verzögert wird. Auf diesem Anliegen beruht die gesetzliche Regelung (vgl. Gesetzesbegründung Bl. **36,** 103, 104). Die Vereinfachung erfasst das bis zu dem Beschluss über die Erteilung des Patents zu beachtende patentamtliche Verfahren der Prüfungsstellen. Da nach der geltenden **15 a**

Rechtslage ein auf widerrechtliche Entnahme gestützter Einspruch erst nach Erteilung des Patents zulässig ist (§ 59 Abs. 1 PatG), sind die Prüfungsstellen sowohl von der Ermittlung des Erfinders befreit, als auch der Notwendigkeit enthoben, auf Grund eigener Entscheidung über die Frage zu befinden, ob der wesentliche Inhalt der Anmeldung einem anderen ohne dessen Einwilligung entnommen worden ist, BGH GRUR **97,** 890 = Bl. **97,** 396 – Drahtbiegemaschine.

15 b Das **Nachanmelderecht** besteht nur insoweit, als die angemeldete Erfindung entnommen ist, bei erfinderischer Zutat zu dem Entnommenen also nicht hinsichtlich der Zutat, BGH GRUR **77,** 594, 596 – Geneigte Nadeln. Hat der Anmelder eine Kombinationserfindung angemeldet, die aus trennbaren Bestandteilen besteht, die selbstständig schutzfähig sind, aber nur ein Element der angemeldeten Gesamtkombination dem Berechtigten entnommen, dann hat der Berechtigte das Nachanmelderecht hinsichtlich des ihm entnommenen Kombinationselements, wenn dafür auf seinen Einspruch die Möglichkeit eines selbstständigen Schutzes innerhalb des Patents auf die Gesamtkombination ausgeschlossen wird, BGH GRUR **77,** 594, 596. Dieser Ausschluss des selbstständigen Schutzes kann durch einen Verzicht des Patentinhabers erfolgen, BGH GRUR **77,** 594, 596. Bei einem Verzicht auf das Patent ist Voraussetzung, dass dieser gerade auf den Vorwurf der widerrechtlichen Entnahme zurückzuführen ist, DPA Bl. **60,** 314, 315. Auch bei teilweisem Verzicht entsteht insoweit ein Nachanmelderecht (Tetzner, GRUR **63,** 550, 551). Wird auf das Patent ohne Einspruch verzichtet, dann hat der Erfinder kein Nachanmelderecht mit Prioritätsvergünstigung, öst. PA Öst. Patentblatt **05,** 640.

15 c Die Wahrung der Rechte geschieht, indem der Einsprechende innerhalb eines Monats, gerechnet vom Zugang der amtlichen Mitteilung über den Widerruf oder den Verzicht, denselben Gegenstand anmeldet und hierbei beansprucht, dass der Tag der früheren Anmeldung des Entnehmers seiner Anmeldung als Altersrang zugrunde gelegt wird. Trotz der durch die Prüfung des Patentgesuches seit der früheren Anmeldung verstrichenen Zeit erhält dann die **Nachanmeldung** des wahren Berechtigten (Verletzten) den Altersrang der rechtswidrigen Anmeldung des Verletzers. Dabei handelt es sich nicht um eine fiktive Rückdatierung der Nachanmeldung, deren Anmeldetag vielmehr der Tag der Nachanmeldung ist, sondern um die Anerkennung eines früheren Altersrangs, PA Mitt. **42,** 86 re. Sp. Lediglich der Altersrang der Anmeldung des Verletzten wird auf die Erstanmeldung des Entnehmers zurückbezogen, PA Mitt. **38,** 286, 287; BPatGE **9,** 196, 199. Das ist jetzt durch die Neufassung der Vorschrift „kann die Priorität des früheren Patents in Anspruch nehmen" klargestellt. Wie hier: OLG Frankfurt GRUR **92,** 683, 684 – Gasanalysator II. Im Unterschied zum deutschen Recht kann bei der Nachanmeldung auf Grund des Nachmelderechts gemäß Art. 61 Abs. 1 Buchst. b) EPÜ nur der Anmeldetag der nicht berechtigten früheren europäischen Patentanmeldung beansprucht werden, Art. 61 Abs. 2 i. V. m. Art. 76 Abs. 1 EPÜ, was erhebliche Konsequenzen für die Laufzeit des auf die Nachanmeldung erteilten europäischen Patents haben kann.

15 d Neuheitsschädliche Veröffentlichungen oder Benutzungen zwischen der ersten und der Nachanmeldung sind mit Rücksicht auf die Rückbeziehung des Altersrangs auf die erste Anmeldung nicht zu beachten. Ein Vorbenutzungsrecht (§ 12) kann im Zwischenzeitraum nicht mehr entstehen (Damme/Lutter, S. 426). Eine vor dem Anmeldetag des widerrechtlich Anmeldenden liegende Neuheitsschonfrist nach § 3 Abs. 4 kommt nicht in Betracht. Bei der Nachanmeldung ist der Berechtigte an Verzichte und Beschränkungen des Voranmelders nicht gebunden, BGH GRUR **79,** 847, 848 – Leitkörper, er kann jedoch aus einer unzulässigen Erweiterung der Voranmeldung gemäß § 38 Satz 2 keine Rechte herleiten, weil ihn Fehler treffen, die dem Nichtberechtigten bei der zur Begründung eines Altersrangs notwendigen Offenbarung in der Anmeldung der Erfindung unterlaufen sind, BGH GRUR **79,** 847, 848.

15 e Meldet der Berechtigte nach § 7 Abs. 2 an, dann steht dem Voranmelder, dessen Anmeldung versagt worden ist, im Nachanmeldeverfahren kein Einspruchsrecht mit der Begründung zu, dass ihm die nachgemeldete Erfindung widerrechtlich entnommen sei, PA Mitt. **35,** 315, 316. Dem steht der Einwand der rechtskräftig entschiedenen Sache entgegen, PA Mitt. **35,** 315, 316, der auch dann durchgreift, wenn die Anmeldung durch eine Mittelsperson des Einsprechenden bewirkt war, PA Mitt. **35,** 315, 316.

Patentübertragung und Nachanmelderecht gem. § 7 II

15 f Die Übertragung des Patents auf den Einsprechenden im Laufe eines auf erfinderrechtliche Vindikation gestützten Klageverfahrens im Wege einer Vereinbarung führt nicht ohne weiteres auch zur Erledigung der Hauptsache eines parallel anhängigen, auf widerrechtliche Entnahme gestützten Einspruchsverfahrens. Bei einem solchen Erwerb ist das Einspruchsverfahren jedenfalls dann fortzusetzen, wenn der Einsprechende über seinen Rechtsbehelf das Nachanmel-

derecht nach § 7 Abs. 2 PatG in Einspruch nehmen will. BGHZ 124, 343 = GRUR **96,** 42 – Lichtfleck.

2. Für den Verletzten entsteht durch die Anmeldung der widerrechtlich entnommenen Erfindung eine **Prioritätsanwartschaft,** die sich stufenweise zum vollen Prioritätsrecht verdichtet, zunächst durch Einspruch des Verletzten, dann durch den Widerruf des Patents oder den Verzicht auf das Patent infolge Einspruchs, schließlich durch rechtzeitige Nachanmeldung unter **Beanspruchung des Zeitranges der Voranmeldung,** anders noch BGHZ **75,** 143, 147f. – Leitkörper, wo nur vom Recht auf den Altersrang der Anmeldung des Nichtberechtigten die Rede ist. Daher hat der Einspruch des durch widerrechtliche Entnahme Verletzten nicht nur das auf Patentwiderruf gerichtete Ziel, sondern bedeutet zugleich die positive Geltendmachung des Prioritätsrechtes PA Gr. Sen. 18. 2. 1942, Bl. **42,** 40, 41. Wird gegenüber mehreren Einsprüchen auf das Patent verzichtet, so hat der wegen Entnahme verletzte Einsprechende Anspruch auf den Zeitrang der Voranmeldung; es bleibt jedoch die Patentfähigkeit des von dem Einspruch betroffenen Rechts im Übrigen zu prüfen. Der Verletzte hat ein selbstständiges **Beschwerderecht** gegen den Widerruf des Patents, wenn dieser sich auf mangelnde Neuheit stützt, auch wenn dabei über die widerrechtliche Entnahme nicht entschieden ist, PA Bl. **42,** 40; BPatGE **9,** 196, 199. Andernfalls würde ihm die Möglichkeit der Wahrung seiner Rechte trotz seiner materiellen Berechtigung genommen. Ein selbstständiges Beschwerderecht gegen den Widerruf des widerrechtlich entnommenen Patents hat der Verletzte jedoch nicht, wenn er sich am Verfahren nicht beteiligt hatte, insbesondere nicht Einspruch erhoben oder den Übertragungsanspruch nach § 8 durchgesetzt hat, BPatGE **9,** 196, 199. 16

3. Bei der Nachanmeldung hat der Verletzte die Ursächlichkeit seines Einspruchs für den Widerruf oder den Verzicht auf das Patent darzutun, ebenso die Wesensgleichheit der Nachanmeldung mit dem widerrufenen Patent oder dem Patent, auf das dessen Inhaber verzichtet hat. Letzteren **Beweis** wird er in aller Regel schon vor der Nachanmeldung im Einspruchsverfahren erbracht haben. Die Erklärung des Verzichts unterliegt der freien Beweiswürdigung. Bei dem Verzicht mit Rücksicht auf einen auf widerrechtliche Entnahme gestützten Einspruch spricht eine widerlegbare Vermutung für die Ursächlichkeit des Einspruchs, DPA Bl. **60,** 314, 315. Diese Vermutung ist nicht mehr berechtigt, wenn der Einspruch in erster Linie auf mangelnde Neuheit gestützt war und weitere Einsprüche wegen neuheitsschädlicher Vorwegnahme erhoben waren, DPA Bl. **60,** 314, 315. Beim Widerruf des Patents hat der Verletzte ein Nachanmelderecht nur dann, wenn sich aus den Gründen ergibt, dass der Widerruf wegen widerrechtlicher Entnahme und nicht mangels Patentfähigkeit erfolgte. 17

4. Die **Monatsfrist** für die Nachanmeldung beginnt mit der amtlichen Mitteilung des Widerrufs oder des Verzichts an den Einsprechenden. Hat der Einsprechende die widerrechtliche Entnahme einer vom Patentinhaber angemeldeten Gesamtkombination und eines selbstständig erfinderischen Elements der Gesamtkombination geltend gemacht, dann beginnt die Monatsfrist zur Nachanmeldung nicht schon mit der amtlichen Mitteilung über einen Verzicht des Patentinhabers auf den selbstständigen Schutz für das Kombinationselement, solange nicht darüber entschieden ist, ob das gesamte Patent wegen widerrechtlicher Entnahme der Gesamtkombination zu widerrufen ist, BGH GRUR **77,** 594, 596 – Geneigte Nadeln. Die Frist legt einen Endtermin fest, bis zu dem spätestens der Altersranganspruch des Verletzten im Erteilungsverfahren zu erheben ist, PA Bl. **43,** 129 re. Sp. Die Berechnung der Nachanmeldefrist erfolgt nach §§ 187, 188 BGB. Hatte der Berechtigte unabhängig vom Entnehmer schon früher selbst angemeldet, so bedarf es keiner neuen Nachanmeldung, sondern die bereits vorhandene Anmeldung genügt, indes nur insoweit, als sie sich inhaltlich mit der Anmeldung des Entnehmers deckt. Soweit sie darüber – erfinderisch – hinausgeht, ist der Überschuss entweder abzutrennen und in einem selbstständigen Prüfungsverfahren, aber mit altem Zeitrang, weiter zu behandeln oder unter Verzicht auf die Entnahmepriorität ganz neu anzumelden; in letzterem Fall erhält die Nachanmeldung den Altersrang des Tages der Neuanmeldung, PA Bl. **43,** 129, 130. Gegen die Fristversäumung ist Wiedereinsetzung in den vorigen Stand nicht zulässig (§ 123 Abs. 1). 18

5. Das Gesetz hat dem aus der widerrechtlichen Entnahme Verletzten **verschiedene Rechtsbehelfe** eingeräumt, das Einspruchsrecht nach § 21 Abs. 1 Nr. 3 und das Nachanmelderecht nach § 7 Abs. 2 im Erteilungsverfahren, die Nichtigkeitsklage nach § 22 gegen bereits rechtskräftig erteilte Patente und die Übertragungs- oder Abtretungsklage nach § 8, mit der sowohl die Abtretung des Anspruchs auf Erteilung des Patents – kurz der Anmeldung – während des Erteilungsverfahrens als auch die Übertragung des bereits erteilten Patents verlangt werden kann. Solange über den Einspruch und die Nichtigkeitsklage noch nicht zugunsten des Verletzten entschieden ist, kann neben diesen Rechtsbehelfen der Abtretungs- oder Übertragungsanspruch geltend gemacht werden. Diese Rechtsbehelfe sind nebeneinander statthaft, weil sie 19 verschiedenen Schutzzwecken dienen, BGH GRUR **62,** 140, 141; RG Bl. **31,** 117, 118; RG MuW **30,** 242, 243. Die rechtskräftige Abweisung der Übertragungsklage schließt eine widersprechende Entscheidung im Einspruchs- und Nichtigkeitsverfahren aus. Dagegen schließt die Abweisung des Einspruchs oder der Nichtigkeitsklage die Klage auf Übertragung der Rechte des Patents nicht aus. Wenn der Kläger ein rechtskräftiges Urteil auf Übertragung erstritten hat, erledigen sich der Nichtigkeitsstreit und ein Einspruchsverfahren von selbst, denn sowohl die Nichtigkeitsklage als auch das Einspruchsverfahren setzen eine Personenverschiedenheit der beteiligten Parteien voraus. Die vorgenannten Rechte des Verletzten aus der widerrechtlichen Entnahme sind nur übertragbar, wenn zugleich die Rechte aus der Erfindung übertragen werden, RG GRUR **37,** 378.

Die Erwägung, dass nur der durch die widerrechtliche Entnahme Verletzte Einspruch oder Nichtigkeitsklage erheben kann, schließt es aus, auf den Vortrag eines Dritten die materielle Berechtigung zu prüfen, ob dem Anmelder, der sich auf die Neuheitsschonfrist beruft, die Erfindung gehört, oder ob er diese einem anderen widerrechtlich entnommen hat, BGH GRUR **92,** 157, 159 – Frachtcontainer.

20 **6.** Neben diesen im Patentgesetz geregelten Rechtsbehelfen gewährt auch das bürgerliche Recht dem aus der widerrechtlichen Entnahme Verletzten Abwehr- und Schadenersatzansprüche. Werden die Rechte des Erfinders an der Erfindung durch die drohende Anmeldung eines Nichtberechtigten gefährdet, so kann sich der Erfinder mit einer Abwehrklage nach § 1004 BGB zur Wehr setzen. Nach dieser Vorschrift können auch sonstige Beeinträchtigungen des Rechts an der Erfindung gegen den Erfindungsbesitzer abgewehrt werden. Wenn z. B. B, der den Erfindungsbesitz an einer von A gemachten Erfindung hat, gegen eine widerrechtliche Entnahme des C einspricht, der die widerrechtlich angemeldete Erfindung den Beschreibungen u. dgl. des B entnommen hat, kann A gegen B auf Unterlassung und Zurücknahme des Einspruchs klagen. Ferner kann A die Abtretung der von B geltend gemachten Ansprüche aus der widerrechtlichen Entnahme unter Einschluss des Nachanmelderechts verlangen (Heydt GRUR **36,** 1013, 1017). Bei schuldhafter Verletzung des Rechts an der Erfindung, z. B. bei Zurücknahme der Anmeldung, um die Rechte des Erfinders zu vereiteln, hat der Erfinder Anspruch auf Schadenersatz, § 823 Abs. 1 BGB. Wegen des durch eine schuldhafte widerrechtliche Entnahme verursachten Schadens kann der Verletzte Schadenersatz beanspruchen, §§ 823 Abs. 1 und 826 BGB, RG MuW **31,** 168, 169, wo auch auf § 1 UWG verwiesen worden ist. Da es keinen Erfahrungssatz dafür gibt, dass vorenthaltene Patente durch Eigenproduktion, Lizenzvergabe oder durch Verfolgung von Verletzungshandlungen gewinnbringend verwertet werden können, ist der Verletzte für die Tatsache, dass ihm ein Gewinn entgangen ist, darlegungspflichtig, BGH GRUR **70,** 296, 298 f. Im Betragsverfahren kann eine Schätzung nach § 287 ZPO erfolgen, zu der der Verletzte soviel an tatsächlichen Grundlagen beibringen muss, dass eine wenigstens im Groben zutreffende Schätzung möglich ist, BGH GRUR **70,** 296, 299. Zur Vorbereitung der Durchsetzung von Ersatzansprüchen hat der Verletzte einen Auskunftsanspruch über widerrechtlich getätigte Anmeldungen und über Verfügungen des widerrechtlich Anmeldenden über die angemeldeten Rechte, BGH X ZR 42/67 vom 28. 4. 1970. Mit der einstweiligen Verfügung kann ein strafbewehrtes Verfügungsverbot gegen den Entnehmer verhängt werden, BGH GRUR **71,** 210, 212. Meldet jemand im Ausland ein Vorrichtungspatent, dessen Gegenstand er bei Lizenzverhandlungen mit dem Erfinder kennengelernt hat, zur Erlangung eines Sperrpatents an, um dem Erfinder die Ausnutzung seines prioritätsälteren Verfahrenspatents unmöglich zu machen, kann der Erfinder im Wege des Schadenersatzes eine kostenlose einfache Lizenz an dem Vorrichtungspatent verlangen, § 826 BGB, RG MuW **40,** 165, 167. Hat der widerrechtlich Anmeldende das Patent bereits erhalten, so kann der wirklich Berechtigte, wenn er auf Grund des Patents wegen Verletzung oder sonstiger Eingriffe in Anspruch genommen wird, einredeweise die widerrechtliche Entnahme geltend machen, wobei nach Ablauf der Jahresfrist gemäß § 8 Satz 3 der schlechte Glaube des Klägers darzutun ist, vgl. RGZ **130,** 158, 160; insbesondere kann er geltend machen, der Erfindungsgedanke, aus dem er in Anspruch genommen wird, sei ihm entnommen, RGZ **130,** 158, 160.

21 **7. Die Behauptung einer Entlehnung** in einer Verwarnung ist unzulässig, wenn es sich bei dem Gedanken, dessen Entlehnung behauptet wird, um eine nahe liegende Erkenntnis handelt, die nicht schutzfähig ist, RG GRUR **39,** 557, 562. Der grundlose Vorwurf der widerrechtlichen Entnahme gegenüber Dritten stellt einen unerlaubten Angriff gegen die Ehre dar, § 823 Abs. 2 BGB i. V. m. §§ 185, 186 StGB; § 824 BGB, RG GRUR **40,** 35, 38; BGH GRUR **62,** 34, 35. Wird der Vorwurf im Wettbewerb erhoben, finden §§ 3, 4 UWG Anwendung. Ein gegen derartige Behauptungen gerichteter Unterlassungsantrag setzt ein Verschulden nicht voraus, RG GRUR **40,** 35, 38. Bei Verschulden ist ein Schadenersatzanspruch gegeben,

vgl. aber § 9 UWG. Die Frage der widerrechtlichen Entnahme kann nicht unmittelbar Gegenstand einer Feststellungsklage sein, weil ihr Tatbestand eine Tatsache und kein Rechtsverhältnis ist, der Antrag ist vielmehr auf die Feststellung zu richten, dass dem Kläger Ansprüche aus der widerrechtlichen Entnahme hinsichtlich eines bestimmten Schutzrechtes zustehen, RG GRUR **40,** 35, 41. Für eine negative Feststellungsklage ist das rechtliche Interesse vorhanden, wenn der Beklagte die Urheberschaft an einer Patentanmeldung in Anspruch nimmt und den Vorwurf der widerrechtlichen Entnahme aufrechterhält, RG GRUR **40,** 35, 41.

8 *Erfinderrechtliche Vindikation.* **[1]Der Berechtigte, dessen Erfindung von einem Nichtberechtigten angemeldet ist, oder der durch widerrechtliche Entnahme Verletzte kann vom Patentsucher verlangen, daß ihm der Anspruch auf Erteilung des Patents abgetreten wird. [2]Hat die Anmeldung bereits zum Patent geführt, so kann er vom Patentinhaber die Übertragung des Patents verlangen. [3]Der Anspruch kann vorbehaltlich der Sätze 4 und 5 nur innerhalb einer Frist von zwei Jahren nach der Veröffentlichung der Erteilung des Patents (§ 58 Abs. 1) durch Klage geltend gemacht werden. [4]Hat der Verletzte Einspruch wegen widerrechtlicher Entnahme (§ 21 Abs. 1 Nr. 3) erhoben, so kann er die Klage noch innerhalb eines Jahres nach rechtskräftigem Abschluß des Einspruchsverfahrens erheben. [5]Die Sätze 3 und 4 sind nicht anzuwenden, wenn der Patentinhaber beim Erwerb des Patents nicht in gutem Glauben war.**

Inhaltsübersicht

Literaturhinweise: Gesetzesbegründung Bl. **36,** 104f., **79,** 279f.; Friedrich, Eine Lücke im Patentrecht? MuW **36,** 396; Heydt, Der Anspruch auf Erteilung des Patents und der Übertragungsanspruch aus § 5 Patentgesetz, GRUR **36,** 1013; ders., Erfinder und Erfindungsbesitzer im PatG vom 5. 5. 1936, GRUR **36,** 470; Zeller, Der gute Glaube im Patentrecht, Mitt. **36,** 141; Hoffmann, Das Recht des Erfinders, Schriftenreihe der JW, 1936; Kleeff, Der Gegenstand des Anspruchs des durch widerrechtliche Entnahme Verletzten aus § 5 Patentgesetz nach Erteilung des Patents, GRUR **39,** 874; Starck, Der gute Glaube im PatG, MuW **38,** 318; Tetzner, Erfindervindikation, DJ **41,** 774; V. Tetzner, Die erfinderische Zutat bei widerrechtlicher Entnahme, GRUR **63,** 550; Lüdecke, Die erfinderrechtliche Vindikation (§ 5 PatG) und erteilte Lizenzen, GRUR **66,** 1; Lichti, Die Vindikationsklage nach § 8 des neuen Patentgesetzes, Mitt. **82,** 107; Liuzzo, Inhaberschaft und Übertragung des europäischen Patents, GRUR Int. **83,** 20; Kraßer, „Vindikation“ im Patentrecht und die rei vindicatio, FS von Gamm, **90,** S. 405ff. Giebe, Widerrechtliche Entnahme im Erteilungs- und Einspruchsverfahren, Mitt. **2002,** 301. rechtsvergleichend: Feller, Die Rechte aus der Erfindung, Diss. München 1938; Bruchhausen, Die widerrechtliche Entnahme im Vorentwurf eines Abkommens über ein europäisches Patentrecht, GRUR Ausl. **63,** 299; Ohl, Die Patentvindikation im deutschen und europäischen Recht, Weinheim 1987;

1. Vorbemerkung. § 8 gilt nicht für europäische Anmeldungen und Patente; für diese gilt 1
die spezielle Regelung des Art. II § 5 IntPatÜG. Diese Regelung sieht keinen Übertragungsanspruch des durch eine widerrechtliche Entnahme Verletzten, sondern nur den Übertragungsanspruch des Berechtigten vor. § 8 steht im Zusammenhang mit §§ 59 Abs. 1 Satz 2 zweiter Halbsatz und 81 Abs. 3, die Dritte vom Einspruch und der Nichtigkeitsklage wegen widerrechtlicher Entnahme ausschließen, um den Erfinder oder seinen Rechtsnachfolger zu schützen, BGH GRUR **92,** 157, 159 – Frachtcontainer.

2 **2.** § 8 regelt nur den Fall, dass dem Berechtigten, dessen Erfindung von einem Nichtberechtigten zum Patent angemeldet ist, im Verhältnis zum Anmelder oder zum Patentinhaber allein das Recht auf das Patent (§ 6 Satz 1) zusteht. **Zweck dieser Vorschrift** ist, den Zwiespalt, der sich aus der formalen Anmeldebefugnis auch eines sachlich nicht berechtigten Anmelders oder Patentinhabers und dem materiell Berechtigten, d. h. insbesondere dem Erfinder und seinen Rechtsnachfolgern, ergibt, zugunsten des Letzteren zu lösen, BGH GRUR **79,** 540, 541 – Biedermeiermanschetten; **91,** 127, 128 – Objektträger. Sie gewährt dem Berechtigten einen vom Verschulden unabhängigen, quasi-dinglichen Anspruch auf Abtretung des Anspruchs auf Erteilung des Patents, § 8 Satz 1, oder auf Übertragung des Patents, § 8 Satz 2, OLG Düsseldorf BB **70,** 1110. Krauße/Katluhn/Lindenmaier (§ 5 Anm. 1) nennen diese Regelung die erfinderrechtliche Vindikation; diese Bezeichnung ist missverständlich. § 8 Satz 1 und 2 sehen nur die Übertragung des ganzen Rechts auf den Berechtigten vor, BGH GRUR **79,** 540, 541. Steht dem Berechtigten die Anmeldung oder das Patent bereits zu, etwa weil sie ohne besonderen Übertragungsakt auf ihn übergegangen sind, wie das beispielsweise bei der dinglichen Vorausverfügung, der Inanspruchnahme einer Arbeitnehmererfindung durch den Arbeitgeber nach § 7 Abs. 1 ArbEG, BGH GRUR **71,** 210, 212, oder bei einer Doppelveräußerung der Fall ist, dann kommt § 8 nicht zur Anwendung. Der Anspruch auf Bewilligung der Umschreibung in der Patentrolle gründet sich in solchen Fällen nicht auf § 8, sondern auf §§ 413, 412, 403 BGB, vgl. RGZ **75,** 225, 226; Reimer/Schade/Schippel, ArbEG, § 7 Anm. 3.

3 **3.** Das Gesetz gewährt den Abtretungs- bzw. Übertragungsanspruch sowohl dem an der Erfindung sachlich Berechtigten – das sind der **Erfinder** und sein Rechtsnachfolger, vgl. § 6 Rdn. 3 und 19 sowie BGHZ **47,** 132, 136; **82,** 13, 16f. – als auch dem **Erfindungsbesitzer,** der sein Recht zum Erfindungsbesitz befugt vom Erfinder herleitet, OLG München GRUR **51,** 157. Das Recht des wirklichen Erfinders ist stärker als das Recht des Anmelders sowohl auf Erteilung des Patents als auch aus dem bereits erteilten Patent, auch wenn der Anmelder oder Patentinhaber in gutem Glauben gehandelt hat. Die Eintragung eines Dritten in der Patentrolle oder dessen Benennung als Patentinhaber in der Patentrolle ändern nichts an der Berechtigung des Erfinders, BGHZ **82,** 13, 17. Obwohl das Erfinderrecht nur ein unvollkommenes absolutes Immaterialgüterrecht ist, RGZ **139,** 87, 92 (vgl. § 6 Rdn. 14), wird es durch die Anmeldung eines Dritten und/oder die Erteilung des Patents nicht vernichtet, vgl. RGZ **29,** 49, 55; sondern begründet den Übertragungsanspruch des Dritten, das eine weitere Ausgestaltung des insgesamt verbliebenen Rechts an der Erfindung und des Rechts auf das Patent ist. Das Gesetz regelt den Übertragungsanspruch für den Fall der Anmeldung durch einen Nichtberechtigten und für den Fall der widerrechtlichen Entnahme. Auch wenn im Einzelfall der Tatbestand der widerrechtlichen Entnahme nicht erfüllt ist, z. B. wenn der Berechtigte zunächst mit der Anmeldung der Erfindung durch einen anderen einverstanden war, BGHZ **82,** 13, 16, oder bei der Anmeldung durch einen Mitberechtigten, vgl. § 21 Rdn. 11, ist der Übertragungsanspruch gegeben. Im Beispielsfall kann jedoch nur die Einräumung einer Mitberechtigung verlangt werden, BGH GRUR **72,** 210, 213; **79,** 540, 541; OLG Düsseldorf Betrieb **71,** 618, oder die Übertragung auf die Gesellschafter zur gesamten Hand oder an die Gemeinschafter nach Bruchteilen. In derartigen Fällen hat der erste Halbsatz von § 8 Satz 1 unmittelbar praktische Bedeutung (anders Heydt GRUR **36,** 1013, 1016, der darin nur einen Programmsatz sieht). Der zweite Halbsatz begründet für den sachlich berechtigten Erfinder eine Beweiserleichterung, da der für den Tatbestand der widerrechtlichen Entnahme erforderliche Erfindungsbesitz leichter zu beweisen ist als die Tatsache des Erfindungsvorgangs.

4 **4.** Die umstrittene Frage, ob dem auf Übertragung klagenden **Erfindungsbesitzer** entgegengehalten werden kann, er habe kein sachliches Recht an der Erfindung **und** deshalb kein **Recht auf das Patent** (Buß GRUR **36,** 833, 836ff.; Feller aaO S. 128; Heydt GRUR **36,** 470, 473f.; **36,** 1013, 1014ff.; Heymann, Festschrift ZAkDR „Das Recht des schöpferischen Menschen", 1936, S. 108; Kisch, Festschrift ZAkDR, S. 134; Starck MuW **37,** 153; **38,** 318; Hubmann, Gewerblicher Rechtsschutz, 5. Aufl. 1988, S. 121 VI; Reimer, § 4 Anm. 24, § 5 Anm. 7; Tetzner, § 4 Anm. 31) hat der BGH bejaht, GRUR **91,** 127, 128 – Objektträger. § 8 bezweckt nur die Lösung des Zwiespalts zwischen dem sachlichen und dem formellen Recht, BGH aaO und GRUR **79,** 540, 541 Biedermeiermanschetten sowie GRUR 2005, 567 – Schweißbrennerreinigung in der Weise, dass der sachlich Berechtigte das Patent erhalten soll. Mangelt es an dieser Berechtigung, kann das Patent nicht zugesprochen werden, BGH aaO. Allerdings ist dem Erfindungsbesitzer aus Gründen der Beweiserleichterung der Abtretungs- bzw. Übertragungsanspruch zugebilligt worden, BGH aaO; vgl. die Gesetzesbegründung Bl. **36,** 104f.; Kühnemann § 5 Anm. 2; Möller § 5 Anm. 4. Solange der Beweis des mangelnden sachlichen Rechts nicht geführt ist, ist ihm daher das Patent zuzusprechen. Ist der Beweis

des mangelnden sachlichen Rechts geführt, dann ist die Klage des Erfindungsbesitzers demgegenüber abzuweisen, BGH aaO. Kühnemann (§ 5 Anm. 2) weist mit Recht darauf hin, dass der Erfindungsbesitz sachlich nicht dieselben Rechte geben solle wie die Tatsache der Erfindung selbst. Die Rechte des Erfinders haben gegenüber dem Erfindungsbesitzer den Vorrang, vgl. auch Engländer, Iherings Jahrbücher **71,** 1, 40, der auf den relativen Schutz des Erfindungsbesitzers verweist und das stärkere Recht des Erfinders betont. Der Erfinder oder der Erfindungsbesitzer können den Abtretungs- oder Übertragungsanspruch durch Vertrag auf einen Dritten übertragen, RG GRUR **38,** 117, 118.

Durch die Klage auf Übertragung des erteilten Patents oder der Anmeldung soll erreicht 5
werden, dass der Erfinder die ihm zukommende Rechtsposition erhält, die durch widerrechtliche Anmeldung und die darauf erfolgte Patenterteilung an einen Nichtberechtigten beeinträchtigt war. Der Streit geht um die Frage der materiellen Inhaberschaft, d. h. um die Zuordnung der Erfindung und nicht um die Frage, ob die Erfindung schutzfähig ist oder nicht. Der **Einwand der fehlenden Schutzfähigkeit** der begehrten Anmeldung oder des Patents kann, wenn die Identität mit dem Entnommenen feststeht, vom Beklagten nicht erhoben werden, BGH GRUR **62,** 140, 141 BGH GRUR **91,** 127 – Objektträger; GRUR 2001, 823 – Schleppfahrzeug; LG München I GRUR **56,** 415, 416; Krauße/Katluhn/Lindenmaier, § 5 Anm. 2; Tetzner, § 5 Anm. 2, so seit langem: Cour de Paris Ann. 1867, 732 für Frankreich. Das gilt auch für den Fall, dass wegen Entnahme eines Elements einer Kombinationserfindung die Trennung dieses Teils der Anmeldung und die Abtretung der Trennanmeldung verlangt wird; auch in diesem Falle ist die Patentfähigkeit des entnommenen Elements nicht zu prüfen, BGH GRUR **79,** 692, 694 – Spinnturbine, MDR 1995, 922 – Gummielastische Masse; GRUR 2001, 823 – Schleppfahrzeug; anders noch LG Frankfurt GRUR **76,** 698 für den Fall der Klage auf Abtretung eines Zusatzpatents, dem für den Fall, dass der Gegenstand des Zusatzpatents vollständig entlehnt ist, nicht gefolgt werden kann. Das LG Berlin hat mit Recht eine identische ältere Anmeldung des Klägers unbeachtet gelassen, Mitt. **39,** 66; anders jedoch wenn der Kläger bereits ein Schutzrecht auf seine Erfindung erlangt hat, die der Beklagte zu einem späteren Zeitpunkt erneut angemeldet hat. In einem solchen Fall schließt das bereits erlangte eigene identische Recht mit dem besseren Altersrang eine Übertragungsklage aus, siehe dazu oben Rdn. 7. Bei Klagen auf Feststellung einer widerrechtlichen Entnahme oder auf Untersagung einer solchen Behauptung, RG GRUR **40,** 35, 39; BGH 16. 5. 1961 – I ZR 175/58, in GRUR **62,** 34 nicht abgedruckt, oder wenn nur untrennbare Teile der unberechtigt angemeldeten Erfindung entnommen sind, vgl. BGH 12. 4. 1960 – I ZR 98/58, ist im Falle des Streits über die Schutzfähigkeit des Entnommenen festzustellen, ob dieses schutzfähig ist, bzw. bei teilweiser Entnahme untrennbarer Teile, ob darin ein schöpferischer Anteil an der unberechtigt angemeldeten Erfindung zu sehen ist.

6. Der Verpflichtete. Die Übertragungsklage ist allein gegen den in der Patentrolle einge- 6
tragenen Anmelder oder Patentinhaber zu richten; eine Umschreibung des Patents oder der Anmeldung auf den Rechtsnachfolger im Laufe des Prozesses nach Rechtshängigkeit hat auf den Prozess keinen Einfluss; das rechtskräftige Urteil wirkt für und gegen den Rechtsnachfolger des in der Rolle Eingetragenen, BGH GRUR **79,** 145, 146f. – Aufwärmvorrichtung. Der ihr zugrundeliegende Anspruch richtet sich gegen jeden, der im Hinblick auf das angemeldete Recht einer besseren Berechtigung weichen muss, mag er in gutem Glauben die Anmeldung eingereicht und das Patent erlangt haben oder mag er vorsätzlich oder aus grober Fahrlässigkeit rechtswidrig gehandelt haben, OLG München GRUR **51,** 157, 158. Verpflichteter danach jeder in diesem Sinne schlechter Berechtigte, vgl. BGHZ **82,** 13, 17. Das kann auch der Erfinder sein, der seine Erfindung an einen anderen übertragen hat, OLG Karlsruhe GRUR **83,** 67, 69. Auch der gutgläubige Dritte, der eine Erfindung von einem anderen erworben hat, dem ein Rechtsbruch gegen den wahren Erfinder zur Last fällt, muss die Anmeldung oder das Patent dem wirklichen Erfinder überlassen. Ein Rechtserwerb kraft guten Glaubens findet nicht statt.

Die Erteilung des Patents oder die Eintragung in der Patentrolle schützen weder den formel- 7
len Inhaber noch einen gutgläubigen Dritten (Starck GRUR **38,** 817), der sein Recht von diesem ableitet, z. B. einen Lizenznehmer, RG Mitt. **31,** 17. Mit der Übertragung erlöschen Pfandrechte und Nießbrauch sowie Benutzungsrechte Dritter, ausschließliche und einfache Lizenzen. Der Bestandschutz für Lizenzen, § 15 Abs. 3 gilt nur für Lizenzen, die vom Berechtigten erteilt sind. Vor Ablauf der Fristen gem. Satz 3 und 4 und vom bösgläubigen Patentinhaber erteilte ausschließliche Lizenzen sind dem Berechtigten gegenüber unwirksam (Kraßer, § 20 I e 2 und 3; Ohl, S. 74; Reimer, § 5 Anm. 12; Starck, GRUR **38,** 817, 818; Lüdecke, GRUR **66,** 1, 3; a. A. Hubmann, Gewerblicher Rechtsschutz, 5. Aufl. 1988, S. 121). Einen Schutz des gutgläubigen Lizenznehmers kennt das deutsche Patentrecht nicht, anders Art. 29

Abs. 5 schweiz. PatG, § 49 Abs. 7 öst. PatG und Art. 53 Abs. 5 niederl. PatG, siehe dazu Bruchhausen, GRUR Int. **63,** 299, 307.

8 **7.** Voraussetzung ist, dass der Anspruchsteller eine fertige Erfindung (siehe § 1 Rdn. 51 ff.) besessen hat, BGH GRUR **71,** 210, 212, und die **Wesensgleichheit** der Erfindung des Klägers mit dem Gegenstand der Anmeldung oder des Patents, BGH GRUR **71,** 210, 212, d. h. Übereinstimmung im technischen Problem und seiner Lösung, BGHZ **78,** 358, 363 ff. – Spinnturbine II. Inhaltlich bestimmt sich der Übertragungsanspruch nach dem Umfang der Entlehnung, unbedeutende Zusätze sind unschädlich, LG Berlin Mitt. **39,** 66, vgl. § 21 Rdn. 14. Die Erfindung des Berechtigten muss mit dem Gegenstand der Anmeldung oder des Patents im Wesentlichen übereinstimmen, BGH GRUR **71,** 210, 212. Der Übertragungsanspruch darf nichts erfassen, was dem Erfinder nicht zusteht, andererseits aber auch nicht durch geringfügige Änderungen des Entlehnten beeinträchtigt werden. Es kommt auf den Inhalt der Anmeldung oder des Patents an, BGHZ **68,** 242, 246 – Geneigte Nadeln; BGH GRUR **79,** 692, 693 – Spinnturbine. Die Übereinstimmung richtet sich nach objektiven Gesichtspunkten; es können dazu nur solche Umstände zur näheren Bestimmung der Erfindungsgegenstände herangezogen werden, die einer Feststellung nach objektiven Kriterien zugänglich sind, BGHZ **78,** 358, 364 ff. – Spinnturbine II. Der Übertragungsanspruch ist auch dann begründet, wenn sich die konstruktive Ausgestaltung der mitgeteilten und der unberechtigt angemeldeten Vorrichtung nicht deckt, die Mitteilung aber ein allgemeines Lösungsprinzip offenbarte, von dem die unberechtigte Anmeldung eine vom Durchschnittsfachmann ohne weiteres erkennbare und auffindbare konkrete Ausgestaltung zum Inhalt hat, BGHZ **78,** 358, 368 – Spinnturbine II. Ausgeschiedene Teile der Anmeldung oder durch eine Beschränkung des Patents entfallene Teile des Patents sind für die Beurteilung der Wesensgleichheit ohne Bedeutung. Bei einer nachträglichen Änderung des Anmeldungsgegenstandes ist nicht dessen ursprünglicher Inhalt maßgebend, sondern nur die Fassung des erteilten Patents, BGH GRUR **71,** 210, 212. Stimmt letztere mit dem Entnahmeobjekt nicht mehr überein, dann entfällt der Übertragungsanspruch. Eine Übereinstimmung mit dem ursprünglichen Inhalt der Anmeldung verliert in einem solchen Falle die Bedeutung eines Beweisanzeichens für das Vorliegen einer Entlehnung, RG GRUR **37,** 365 re. Sp.

8 a Mit der Wesensgleichheit zwischen der Erfindung des Vindikationsklägers und der angemeldeten oder patentierten Erfindung des Beklagten setzt die Vindikation voraus, dass das Entnommene erfinderisches Gewicht hatte. Zwar kann der Einwand der fehlenden Schutzfähigkeit durch den Vindikationsbeklagten nicht erhoben werden, wenn die Identität des Gegenstandes der Anmeldung oder des erteilten Patents mit dem Entnommenen feststeht (vgl. BGH GRUR **62,** 140, 141 zu III 2 Stangenführungsrohre). Auf diesen Fall der Identität ist der Vindikationsanspruch jedoch nicht beschränkt. Dem Vindikationsanspruch ist auch derjenige ausgesetzt, der zwar keine vollständige und für sich allein schutzfähige Erfindung, aber einen wesentlichen Beitrag zu dem von ihm angemeldeten oder für ihn geschützten Gegenstand entnommen hat. In diesem Fall kann insbesondere eine erforderliche inhaltliche Abwägung der beiderseitigen Beiträge zur Anmeldung und/oder dem erteilten Schutzrecht sowohl zu einer Alleininhaberschaft wie zu einer Mitinhaberschaft des Berechtigten an der Anmeldung bzw. dem erteilten Schutzrecht führen, BGH Mitt. **96,** 16. § 8 S. 2 PatG gewährt dem Berechtigten einen vom Verschulden unabhängigen Anspruch auf Übertragung des Patents BGHZ 124, 343 – Lichtfleck.

9 Geht das erteilte Patent infolge einer erfinderischen Zutat des Nichtberechtigten über die Erfindung des Berechtigten hinaus, so hat der Berechtigte keinen Anspruch auf Vollübertragung. Der Berechtigte kann in diesem Falle nach dem Zuordnungsgrundsatz der §§ 6 Satz 2 und 8 Satz 1 und 2 die Einräumung einer Mitberechtigung an dem Patent verlangen, BGH GRUR **79,** 540, 541 und Urt. v. 12. 4. 1960 – I ZR 98/58; Kleeff, GRUR **39,** 874; V. Tetzner, GRUR **63,** 550, 553; Reimer, § 5 Anm. 5. Ebenso wenn der Berechtigte seine Erfindung noch nicht vollendet hat und der Anmelder sie der Vollendung zugeführt hat, BGH GRUR **71,** 210, 213. Wenn ein wesentliches Merkmal des Patents nicht entnommen ist, z. B. ein wesentliches Kombinationsmerkmal, dann kann eine Vollübertragung des Patents nicht beansprucht werden, BGH 27. 6. 1963 – I a ZR 110/63. Befindet sich die Anmeldung noch im Erteilungsverfahren, dann gilt Folgendes: Ist der Anmeldungsgegenstand untrennbar, kann der Berechtigte nur die Einräumung einer Mitberechtigung beanspruchen, BGH GRUR **79,** 692, 694 – Spinnturbine. Ist der Anmeldungsgegenstand teilbar, d. h. kann der entnommene Teil der Anmeldung abgetrennt werden, kann der Berechtigte verlangen, dass der Anmelder die Anmeldung teilt und die Trennanmeldung an den Berechtigten abtritt, BGH GRUR **79,** 692, 694. Die Patentfähigkeit des entnommenen Teils ist nicht zu prüfen, BGH GRUR **79,** 692, 694 mit kritischer Anm. von von Falck, aaO S. 695 f.; GRUR **2001,** 823 – Schleppfahrzeug.

8. Unter den Begriff **„dessen Erfindung"** ist nicht die erfinderische Lehre als solche, der 10
objektive Erfindungsgedanke, zu verstehen. Der Erfinder hat keinen Anspruch darauf, allein auf die von ihm erfundene Lehre ein Patent zu erhalten. Er ist durch die Rechte eines anderen Erfinders, der unabhängig dieselbe Erfindung gemacht und zuerst angemeldet hat, beschränkt, vgl. § 6 Rdn. 21. Unter „dessen Erfindung" ist vielmehr das Leistungsergebnis des Erfinders als des Berechtigten zu verstehen, d. h. das Ergebnis seiner erfinderischen Tätigkeit, vgl. Heydt GRUR **36,** 1013, 1014; anders Buß GRUR **36,** 833, 837. Der Übertragungsanspruch nach § 8 setzt voraus, dass sich der Anmelder die schöpferische Leistung des Erfinders, d. h. dessen konkrete Entwicklung zunutze gemacht hat, Heydt GRUR **36,** 1013, 1014. Die angemeldete Lehre muss sich auf diesen Erfinder zurückführen lassen. Ein unabhängiger dritter Erfinder, dessen Leistungsergebnis nicht ausgenutzt wird, hat keine Ansprüche gegen den Anmelder.

9. Während des Erteilungsverfahrens richtet sich der Anspruch auf die Abtretung des An- 11
spruchs auf Erteilung des Patents, d. h. auf die durch die Anmeldung begründete verfahrensmäßige Stellung des Anmelders, die nach der Offenlegung der Anmeldung den Entschädigungsanspruch nach § 33 einschließt. Hat der Patentsucher das Patent bereits erhalten und ist er damit Patentinhaber geworden, so kann der Berechtigte von ihm die **Übertragung des Patents fordern.** Es steht dem Übertragungsantrag nicht entgegen, dass der Anmelder die entlehnte Erfindung zum Gegenstand einer Zusatzanmeldung zu einer nicht entnommenen Hauptanmeldung gemacht hat, BGHZ **78,** 358 – Spinnturbine II. Steht dem Berechtigten eine vollständig identische Anmeldung mit besserem Altersrang zu, dann fehlt es für eine Übertragungsklage am Rechtsschutzinteresse, von BGHZ **78,** 358 offengelassen. Das gilt nicht, wenn es an einer völligen Identität fehlt, BGH aaO. Die Übertragung hat durch Vertrag zu geschehen, BPatGE **9,** 196, 199, der keiner Form bedarf. Im Prozess ist der Klageantrag auf Übertragung des Patents zu richten, weiter auf die Einwilligung des Beklagten in die Umschreibung des Patents in der Patentrolle. Die Vollstreckung geschieht nach § 894 ZPO, BPatGE **9,** 196, 199. Auf Grund des rechtskräftigen Urteils ist der berechtigte Erfinder in der Patentrolle (§ 30) als neuer Patentinhaber einzutragen. Siehe hierzu auch § 30. Die Übertragung des Patents kann nach dessen Ablauf oder nach Erlöschen nicht mehr verlangt werden, in Analogie zu § 8 kann aber die Abtretung von Verletzungsansprüchen verlangt werden, die vor Ablauf oder Erlöschen entstanden sind. Nach Ablauf des Patents ist eine Feststellungsklage möglich, mit dem Ziel der Feststellung der Übertragungspflicht, RG GRUR **36,** 245, 246.

10. Die Regelung des § 8 Satz 3 bis 5 bezweckt in allen Fällen, in denen der Patentinhaber 12
beim Erwerb des Patents in gutem Glauben war, die Auseinandersetzung über die sachliche Zuordnung des Patents nach Ablauf der dort genannten Fristen auszuschließen, wenn nicht fristgerecht die Übertragungsklage erhoben ist, BGH GRUR **79,** 540, 542 – Biedermeiermanschetten. Der Anspruch auf Übertragung des Anspruchs auf Erteilung des Patents besteht gegen gegenüber einem gutgläubigen Anmelder nur innerhalb der in der Vorschrift genannten Fristen. Er ist ist grundsätzlich nur **innerhalb einer Frist von zwei Jahren** gegeben, gerechnet von der Veröffentlichung der Patenterteilung nach § 58 Abs. 1 an. Hat der Verletzte Einspruch wegen widerrechtlicher Entnahme (§ 21 Abs. 1 Nr. 3) erhoben, kann er darüber hinaus **bis zum Ablauf einer Frist von einem Jahr** nach rechtskräftigem Abschluss des Einspruchsverfahrens den Anspruch auch gegen einen gutgläubigen Inhaber des erteilten Patents geltend machen. Einem nicht gutgläubigen Inhaber gegenüber gelten diese Beschränkungen nicht, § 8 Satz 5. Maßgebend sind die Verhältnisse bei Erwerb des Patents; die Regeln über die Bösgläubigkeit finden nur auf den Anwendung, beim Erwerb des Schutzrechts nicht in gutem Glauben war, BGH GRUR **2005,** 567 – Schweißbrennerreinigung. Der während des Erteilungsverfahrens bereits bestehende Anspruch wirkt sich nach Erteilung des Patents während der genannten Fristen gegen den unberechtigten Patentinhaber in gleicher Stärke aus wie gegen den Anmelder. Die Fristen sind Ausschlussfristen; sie werden nach §§ 187, 188 BGB berechnet. Zur Wahrung genügt die Einreichung der Klage bei Gericht, wenn diese demnächst dem Beklagten zugestellt wird (§§ 207, 270 Abs. 3 ZPO). Lichti, Mitt. **82,** 107 hält die beim Dritteinspruch vorgesehene Zweijahresfrist für zu knapp bemessen. Nach Ablauf der Fristen ist keine Wiedereinsetzung möglich mit der Folge, dass der Anspruch auch noch gegen den gutgläubigen Erwerber möglich wäre. § 123 ist auf diese Fristen nicht anwendbar. Die Regelung des § 8 Satz 3 bis 5 gilt entsprechend für den Anspruch auf Einräumung einer Mitberechtigung an dem Patent, BGH GRUR **79,** 540, 542.

11. Nach Ablauf der Fristen der Sätze 3 und 4 kann die Übertragung des Patents nur 13
verlangt werden, wenn der Patentinhaber beim Erwerb des Patents nicht in gutem Glauben war, § 8 Satz 5. BGH GRUR **2005,** 567 – Schweißbrennerreinigung. Nach überwiegender

Meinung in der Literatur ist der Begriff des guten Glaubens nach den Regeln des bürgerlichen Rechts, § 932 Abs. 2 BGB, zu bestimmen (Buß, GRUR **36,** 833, 838; Heydt, GRUR **36,** 470, 474; **36,** 1013, 1018; Hoffmann, aaO S. 20; Mes, § 8 Rdnr. 16; Möller, § 5 Anm. 6). Ristow, JW **36,** 1492, 1493 und Starck, MuW **38,** 318, 319, hingegen entnehmen der Entstehungsgeschichte und dem konkurrierenden Schadenersatzanspruch des verletzten Erfinders, dass auch leichte Fahrlässigkeit den guten Glauben ausschließt; gutgläubig sei mit „nicht schuldhaft" gleichzusetzen. Der gute Glaube fehlt, wenn der Patentinhaber wusste oder infolge grober Fahrlässigkeit nicht wusste, dass ihm oder dem Veräußerer ein Recht an der Erfindung, der Anmeldung oder dem Patent nicht zustand, oder dass ein Dritter (im Besonderen der Kläger), als wirklicher Erfinder berechtigt war oder ihm ein Anteil an der Erfindung zustand, BGH GRUR **79,** 540, 542; OLG Karlsruhe GRUR **83,** 67, 69. Bösgläubig ist der Patentanmelder, wenn ihm oder seinem Rechtsvorgänger die Erfindung vertragswidrig verraten war und ihm in Kenntnis oder in grob fahrlässiger Unkenntnis dieser Tatsache das Patent erteilt wurde oder wenn ihm selbst eine unredliche widerrechtliche Entlehnung zur Last fällt, OLG München GRUR **51,** 157, 158. Der gute Glaube an die Verfügungsbefugnis des Veräußernden ist nutzlos. Nach dem klaren Wortlaut des Gesetzes „beim Erwerb des Patents" muss der Erwerber einer Erfindung oder einer Anmeldung noch zur Zeit der Patenterteilung gutgläubig gewesen sein. Bis zu diesem Zeitpunkt schadet ein nachträglicher Verlust des guten Glaubens (Buß, GRUR **36,** 833, 838). Heydt, GRUR **36,** 1013, 1018, will den Erwerb der Erfindung dem Erwerb des Patents gleichsetzen. Der Übertragungsanspruch ist auch nach Ablauf der Fristen der Sätze 3 und 4 gegen jeden bösgläubigen Erwerber des Patents gegeben. Auf den guten Glauben des Veräußernden kommt es nicht an, a. A. Klauer/Möhring, § 5 Anm. 10. Der Bösgläubige verdient keinen Bestandsschutz. Das Zwischenschieben eines gutgläubigen Dritten ändert nichts an der Rechtslage. Der Berechtigte hat gegen den bösgläubigen Patentinhaber sowohl den Übertragungsanspruch als auch einen Schadenersatzanspruch. Verlangt der Berechtigte neben der Übertragung des Patents den durch die Vorenthaltung des Patents entstandenen Schaden, dann müssen die subjektiven Voraussetzungen der unerlaubten Handlung vorliegen, vgl. §§ 823 ff. BGB. Die Klage auf Übertragung kann mit der Klage auf Schadenersatz wegen unerlaubter Handlung verbunden werden, OLG München GRUR **51,** 157. Verlangt der Kläger Schadenersatz für die zeitweise Vorenthaltung von Schutzrechten, so obliegt ihm der Beweis für den Eintritt eines dadurch verursachten Vermögensnachteils; es gibt keinen Erfahrungssatz, dass ein Besitz von Schutzrechten eine Verwertungsaussicht begründet; dazu müssen konkrete Anhaltspunkte vorgebracht werden, BGH GRUR **70,** 296, 298 f. – Allzweck-Landmaschine. Die kurze Verjährungsfrist aus § 141 PatG und § 852 BGB gilt für den Übertragungsanspruch nach § 8 selbst dann nicht, wenn der Patentinhaber bösgläubig ist.

14 Der Anspruch auf Übertragung des Patents kann durch Zeitablauf **verwirkt** werden, wenn der Patentinhaber infolge langjährig unterlassener Geltendmachung des Anspruchs durch den Berechtigten, der seine eigene Berechtigung und damit deren Fehlen auf Seiten des Patentinhabers kannte oder kennen musste, damit rechnen konnte, dass der Anspruch nicht mehr geltend gemacht werden würde, und im Vertrauen darauf einen Besitzstand geschaffen hat, den ihm zu nehmen, mit Treu und Glauben nicht zu vereinbaren wäre. Die Aufwendungen für die Aufrechterhaltung des Patents reichen für den Besitzstand allein nicht aus. Bei bösgläubigen Erwerbern des Schutzrechts sind an die Voraussetzungen, unter denen ihnen gegenüber ein Verstoß gegen Treu und Glauben vorliegt, strenge Anforderungen zu stellen. Die Geltendmachung des Übertragungsanspruches kann ferner eine unzulässige Rechtsausübung (venire contra factum proprium) darstellen, wenn sich der Berechtigte in einer gegen Treu und Glauben verstoßenden Weise mit seinem früheren Verhalten dem Inhaber des Schutzrechts gegenüber in Widerspruch setzt. Die Frage des Zeitablaufs spielt hierbei keine so wesentliche Rolle wie bei der Verwirkung. Einen solchen Fall betrifft BGH I a ZR 110/63 vom 27. 6. 1963.

14a Der gutgläubige Erwerber des Schutzrechts handelt auch dann nicht arglistig, wenn er nach Ablauf der Fristen in einem Verletzungsrechtsstreit gegenüber dem eigentlich materiell Berechtigten die ihm vom Gesetz zugewiesenen Rechte geltend macht, BGH GRUR **2005,** 567 – Schweißbrennerreinigung. Sind die Fristen verstrichen, kann der ursprünglich Berechtigte die Ansprüche aus Abs. 1 und 2 nicht mehr mit der Klage geltend machen; es kann dem Erwerber angesichts dieser Grundentscheidung des Gesetzes dann nicht verwehrt werden, seinerseits von den ihm nach dem Gesetz zustehenden Rechten Gebrauch zu machen. Für ein allgemeines Vorbenutzungsrecht des ursprünglichen Berechtigten, mit dem er sich gegen einen von dem Erwerber verfolgte Verletzungsklage zur Wehr setzen könnte, ist nach der dem Gesetz zugrunde liegenden Wertung auch dann kein Raum, wenn er seinerseits die Erfindung vor dem gutgläubigen Erwerb des Verletzungsklägers in Benutzung genommen hat.

12. Der verletzte Erfinder oder sein Rechtsnachfolger können im **Verletzungsprozess** innerhalb der Fristen der Sätze 3 und 4 gegen jeden Kläger, der seine Klage auf ein ihnen gegenüber unberechtigt erlangtes Patent oder eine offengelegte Anmeldung stützt, den **Einwand** erheben, das Patent oder die Anmeldung sei ihnen gegenüber unberechtigt erlangt. In diesem Fall greift der Einwand der allgemeinen Arglist durch, vgl. RGZ **130,** 158, 160. Nach Ablauf der Fristen der Sätze 3 und 4 greift der Einwand nur gegenüber dem bösgläubigen Patentinhaber durch, wenn der zur Vindikation Berechtigte während der Frist keine Benutzungshandlungen oder Vorbereitungen dazu vorgenommen hat, wobei allerdings der Verletzer den bösen Glauben des Patentinhabers darzulegen und zu beweisen hat, siehe dazu OLG Karlsruhe **83,** 67, 69. Ob dem Erfinder und seinem Rechtsnachfolger nach Ablauf der Fristen der Sätze 3 und 4 gegenüber dem gutgläubigen Patentinhaber dieser Einwand zusteht, ist umstritten. Der Erfinder oder sein Rechtsnachfolger behalten nach Ablauf der Fristen gegenüber dem gutgläubigen Erwerber des Patents ein Weiterbenutzungsrecht, obwohl der erfinderrechtliche Übertragungsanspruch ausgeschlossen ist, wenn sie vor oder noch zu der Zeit, als ihnen der Übertragungsanspruch zustand, Benutzungshandlungen oder Veranstaltungen dazu vorgenommen haben, OLG Karlsruhe GRUR **83,** 67, 70 (vgl. dazu: Bruchhausen GRUR Ausl. **63,** 299, 306f.; Fabian, Der Schutz des Rechts an der Erfindung vor der Anmeldung zum Patent nach bürgerlichem Recht, Diss. Breslau, 1933, S. 43). Ein Vorbenutzungsrecht nach § 12 bleibt dem Erfinder erhalten, wenn er vor der Anmeldung die Voraussetzungen eines solchen Rechts – Benutzung oder Veranstaltungen – erfüllt hat. **15**

a) Im Prozess des Berechtigten gegen den Nichtberechtigten auf Übertragung der Anmeldung oder des Patents muss der Kläger beweisen, dass er der Urheber der konkret angemeldeten Lehre war. Dazu muss er den Nachweis führen, dass die Anmeldung oder das Patent auf seine erfinderische Leistung zurückgeht. Die Grundsätze des Anscheinsbeweises, die nur bei typischen Geschehensabläufen anzuwenden sind, finden keine Anwendung, da die widerrechtliche Entlehnung eines gewerblichen Schutzrechts nicht zu den typischen Geschehensabläufen zählt, BGH 21. 2. 1963 – I a ZR 61/63; in BGH GRUR **79,** 145, 147 offen gelassen; wohl aber können sich aus den Umständen des Einzelfalles (z. B. aus einem zeitlichen Zusammenhang der Beendigung eines Dienstverhältnisses und der kurze Zeit später erfolgenden Anmeldung des Schutzrechts durch den ausgeschiedenen Diensterfinder) Anhaltspunkte für einen Entnahmetatbestand ergeben, die dem Kläger den weiteren Beweis erleichtern oder gar ersparen können, BGH GRUR **81,** 128 – Flaschengreifer, wo darauf hingewiesen wird, dass schon bei der Erschütterung der Beweislage für diese Anhaltspunkte diese Art der Beweisführung versagt. Für den Kläger kann streiten weiter die Tatsache, dass der Anmelder ihn als Erfinder benannt und versichert hat, dass andere Personen seines Wissens an der Erfindung nicht beteiligt waren, für den Kläger, BGH GRUR **82,** 95, 96 – Pneumatische Einrichtung. **16**

Darzulegen und nachzuweisen ist ferner, dass der Patentinhaber oder der Anmelder nicht auch (Doppel-)Erfinder ist, BGH GRUR **79,** 145, 147 – Aufwärmvorrichtung. Dafür muss er lediglich darlegen und beweisen, dass er dem Anmelder vor der Anmeldung Kenntnis von dem Gegenstand der Erfindung vermittelt hat. Steht dies fest, ist es Sache des Patentanmelders, die Umstände, aus denen eine von ihm behauptete Doppelerfindung hergeleitet werden soll, eingehend zu substantiieren. BGH GRUR **79,** 145, 147f. – Aufwärmvorrichtung; GRUR **2001,** 823 – Schleppfahrzeug. Dazu muss der Vindikationsbeklagte, der die Erfindung unabhängig vom Kläger, von dem feststeht, dass er in Besitz der Erfindung war, gemacht zu haben behauptet, im Einzelnen substantiiert darlegen und beweisen, auf welche konkreten Tatsachen und Umstände er seine unabhängige Erfinderschaft im Einzelnen stützt. **16a**

Der als Nichtberechtigter in Anspruch genommene Anmelder oder Patentinhaber, der einwendet, er sei auf Grund einer Übertragung (§ 15) sachlich berechtigter Inhaber der Anmeldung oder des Patents, hat die Darlegungs- und Beweislast dafür, dass er Rechtsnachfolger des Berechtigten geworden oder dem Berechtigten gegenüber zur Innehabung der Anmeldung oder des Patents berechtigt ist, BGH GRUR **82,** 95, 97. Ein Einverständnis des Berechtigten damit, dass der Nichtberechtigte die Erfindung auf seinen eigenen Namen anmeldet, entzieht der Übertragungsklage solange nicht die Grundlage, wie nicht festgestellt ist, ob nicht eine treuhänderische, zeitlich begrenzte oder vorübergehende Übertragung zur Auswertung der Erfindung vorgelegen hat, BGH GRUR **82,** 95, 97, vgl. dazu die Kritik von Tilmann an den rechtdogmatischen Ausführungen des BGH, GRUR **82,** 97ff. **16b**

b) Weiter muss nachgewiesen werden, dass die der Anmeldung oder dem Patent des Beklagten zugrunde liegende Erfindung in ihrem wesentlichen Inhalt widerrechtlich entlehnt worden ist, BGH GRUR **81,** 128 – Flaschengreifer. **17**

18 **14.** Die Ansprüche aus § 8 oder aus unerlaubter Handlung sind im ordentlichen Rechtsweg zu verfolgen. Die internationale Zuständigkeit richtet sich nach den allgemeinen Regeln; Art. 16 Nr. 4 VollstrAbk (Ausschl. Zuständigkeit im Anmelde- oder Erteilungsstaat) findet auf Übertragungsklagen keine Anwendung, EuGH GRUR Int. **84,** 693, 696 re. Sp., d. h. ein deutsches Gericht kann auch über eine Klage gegen einen hier Ansässigen auf Übertragung von Auslandspatenten und Auslandspatentanmeldungen entscheiden, sofern deren Gültigkeit nicht im Streit ist, EuGH aaO. Örtlich zuständig für die Übertragungsklage ist das Landgericht am Sitz des Beklagten oder am Sitz seines Inlandsvertreters, LG Braunschweig GRUR **74,** 174; OLG Düsseldorf BB **70,** 1110. Außerdem ist das Landgericht örtlich zuständig, in dessen Bezirk das Patentamt seinen Sitz hat, denn die unerlaubte Handlung der widerrechtlichen Entnahme ist durch die unberechtigte Anmeldung der Erfindung beim Patentamt vorgenommen, LG Braunschweig GRUR **74,** 174; OLG Düsseldorf BB **70,** 1110; endlich das Landgericht, von dessen Bereich (§ 143) aus die Anmeldung vorgenommen wurde (§ 32 ZPO), OLG Düsseldorf BB **70,** 1110. Die Möglichkeit des Einspruchs (§ 21 Abs. 1 Nr. 3) und der Nichtigkeitsklage (§ 22) nehmen der Vindikationsklage nicht das **Rechtsschutzinteresse.** Der Übertragungsanspruch ist neben diesen Rechtsbehelfen gegeben, BGH GRUR **62,** 140, 141; BGHZ **78,** 358 – Spinnturbine II; RG MuW **30,** 242, 243. Das BPatG lehnt vor der Patenterteilung eine Aussetzung des Patenterteilungsverfahrens wegen einer schwebenden Übertragungsklage nach § 8 ab, BPatGE **24,** 54, 57, weil der Berechtigte bis dahin keinen Einfluss auf die Gestaltung des Patents (Anspruchsfassung) nehmen könne.

19 Der Rechtsverfolgung vor den ordentlichen Gerichten steht eine rechtskräftige Abweisung einer auf denselben Tatbestand gestützten Nichtigkeitsklage nicht entgegen. Dasselbe gilt für den Einspruch im Patenterteilungsverfahren, was sich aus der Regelung in § 8 Satz 4 unmittelbar ergibt. Verlangt der Erfinder gleichzeitig die Übertragung und die Nichtigerklärung, was nur in getrennten Verfahren geschehen kann, dann setzt er sich der Gefahr aus, dass das Patent zeitlich früher für nichtig erklärt wird, wodurch der Übertragungsanspruch entfällt. Wird ein Patent, dessen Übertragung verlangt wird, auf Antrag eines Dritten rechtskräftig für nichtig erklärt, so tritt in dem Übertragungsprozess eine Erledigung der Hauptsache ein. Da die Schutzfähigkeit des Patents im Übertragungsprozess keine Rolle spielt, tritt anders als bei der Verletzungsklage (vgl. § 22 Rdn. 63) nicht der Fall ein, dass sich die Klage als von Anfang an unbegründet erweist. Über die Kosten ist daher nach § 91 a ZPO zu entscheiden. Die Rechtskraft des Urteils auf Übertragung erstreckt sich auch auf den Rechtsnachfolger, der erst nach Klageerhebung in die Patentrolle eingetragen worden ist, BGH GRUR **79,** 145, 146 ff. – Aufwärmvorrichtung. Bei der Übertragungsklage handelt es sich um eine Patentstreitsache (vgl. unten § 143). Wegen der prozessualen Besonderheiten kann auf die entsprechend anzuwendenden Erläuterungen zu § 139 verwiesen werden.

20 Der Anspruch auf Übertragung kann durch **einstweilige Verfügung** (Veräußerungsverbot oder Sequestration) gesichert werden, wenn die Voraussetzungen für den Übertragungsanspruch und Umstände glaubhaft gemacht werden, die die Befürchtung ergeben, dass der Übertragungsanspruch vereitelt oder ernstlich gefährdet werden könnte. Es muss dafür eine aus glaubhaft gemachten Umständen sich ergebende konkrete Befürchtung gegeben sein, OLG Karlsruhe GRUR **78,** 116, 117; OLG Frankfurt GRUR **78,** 636 – Windabweiser – gegen Weiß, der dazu schon eine abstrakte Gefahr ausreichen lässt, GRUR **55,** 455, 459. Eine konkrete Gefahr ist glaubhaft, wenn bei bevorstehendem Ablauf der Beschwerdefrist gegen einen Versagungsbeschluss, der Anmelder keine Beschwerde einlegen will, OLG Karlsruhe GRUR **54,** 259, 260; siehe auch KG Mitt. **33,** 296; BGH GRUR **71,** 210, 212; vgl. dazu von Gamm GRUR **58,** 172. Eine konkrete Gefahr kann sich auch aus Bemühungen des Schutzrechtsinhabers ergeben, sein Schutzrecht zu veräußern, LG München I GRUR **56,** 415, 416, oder daraus, dass der Anmelder bewusst eine einem anderen gehörende Erfindung angemeldet hat und ihm deshalb zuzutrauen ist, das Schutzrecht zu veräußern oder aufzugeben, OLG München GRUR **51,** 157, 159. Eine konkrete Gefahr wurde vom OLG Frankfurt verneint, weil der Berechtigte auf den Gang des Erteilungsverfahrens Einfluss nehmen konnte, weil ihm ein Miteigentum an der Anmeldung eingeräumt worden war, GRUR **78,** 636 f. Das OLG Karlsruhe verneinte die konkrete Gefahr, weil der Anmelder eine Lizenz erteilt hatte und das Schutzrecht die Grundlage einer vom Lizenznehmer erhobenen Klage bildete und der Anmelder außerdem eine Vertragsstrafe zur Sicherung eines Verfügungsverbots angeboten hatte, OLG Karlsruhe GRUR **78,** 116, 117. Eine einstweilige Regelung setzt außerdem die Dringlichkeit voraus, an der es regelmäßig fehlt, wenn der Berechtigte in Kenntnis der widerrechtlichen Entnahme unangemessen lange zugewartet hat, ehe eine einstweilige Verfügung beantragt wurde, OLG Karlsruhe GRUR **78,** 116, 117. Bei einer Sequestration des streitigen Schutzrechts sind die schwerwiegenden Nachteile der Erschwerung des Erteilungsverfahrens und für den Ruf des Betroffenen abzuwägen, OLG Karlsruhe GRUR **78,** 116, 117.

Vorbemerkungen zu den §§ 9 bis 14

1. Übersicht über die Regelungen: Die §§ 9 bis 13 handeln von der Wirkung des Patents. Nach § 9 Satz 1 gewährt das Patent allein seinem Inhaber die Befugnis, die patentierte Erfindung zu benutzen. § 9 Satz 2 verbietet es jedem Dritten, ohne die Zustimmung des Patentinhabers bestimmte Handlungen in Bezug auf Erzeugnisse und Verfahren vorzunehmen, die Gegenstand des Patents sind (Verbot der unmittelbaren Benutzung). § 10 erstreckt das Verbot auf das Anbieten und Liefern von Mitteln, die sich auf ein wesentliches Element der Erfindung beziehen, an nicht zur Benutzung berechtigte Personen (Verbot der mittelbaren Benutzung). § 11 nimmt Handlungen Dritter in näher bestimmten Bereichen, nämlich im Privatbereich, zu Versuchszwecken, bei der Zubereitung ärztlich verordneter Arznei in Apotheken und deren Verwendung sowie im vorübergehenden grenzüberschreitenden Verkehr von Fahrzeugen, von der Wirkung des Patents aus. § 12 schränkt die Wirkung des Patents gegenüber Vorbenutzern ein. § 13 regelt die Benutzung der Erfindung, die im Interesse der öffentlichen Wohlfahrt und im Interesse der Sicherheit des Bundes angeordnet wird. § 14 regelt den sachlichen Schutzbereich des Patents. Die §§ 9a bis 9c, die am 28. 2. 2005 in Kraft getreten sind (Art. 4 Gesetz zur Umsetzung der Richtlinie über den rechtlichen Schutz biotechnologischer Erfindungen, BGBl. 2005 I 146), ergänzen die Bestimmungen im Hinblick auf biologisches Material, genetische Informationen bzw. pflanzliches Vermehrungsmaterial sowie landwirtschaftliche Nutztiere und tierisches Vermehrungsmaterial. 1

2. Die Regelungen über das alleinige Benutzungsrecht und das Verbotsrecht des Patentinhabers werden durch die **ergänzenden Vorschriften** im neunten Abschnitt **des Patentgesetzes** (§§ 139ff.) vervollständigt, welche die Folgen einer Rechtsverletzung regeln. Weitere Ergänzungen regeln den Beginn (Eintritt) der Wirkung des Patents (§ 58 Abs. 1 Satz 2), die Laufzeit (§ 16 Abs. 1 Satz 1), das Erlöschen (§ 20) und die Zurücknahme (§ 24 Abs. 2) des Patents und den Wegfall der Wirkung des Patents mit rückwirkender Kraft (§§ 21 Abs. 3 und 22 – „Nichtigerklärung"). Außerdem ist auf den vorläufigen Schutz der offengelegten Anmeldung nach § 33 und die Regelung des Wegfalls dieses vorläufigen Schutzes (§§ 21 Abs. 3 und 58 Abs. 2) hinzuweisen. 2

Die Schutzwirkungen des Patents sind im Patentgesetz abschließend geregelt, RGZ **120,** 94, 98; BGHZ **125,** 322, 328 – Cartier-Armreif – m. w. N. Die Ansprüche des Patentinhabers wegen Eingriffen Dritter in die ihm durch das Patent gewährte Rechtsstellung sind jedoch in das allgemeine bürgerliche Recht eingebettet; die im Patentgesetz gewährten Ansprüche (§ 139) werden durch weitere Ansprüche aus dem bürgerlichen Recht ergänzt, z. B. auf Rechnungslegung (§§ 242, 259 BGB) oder auf Herausgabe des Erlangten bei der Eingriffskondiktion (§ 812 BGB), siehe hierzu die Kommentierung zu § 139. Wenn oder soweit kein Patentschutz besteht, können sich im Falle der Nachahmung wettbewerbsrechtliche Ansprüche ergeben. Man spricht insoweit von ergänzendem wettbewerblichen Leistungsschutz. 3

3. Der ergänzende wettbewerbliche Leistungsschutz

Literaturhinweise: ältere Literatur siehe Nachweise in 9. Aufl. Rdn. 3, 4, 5.

Neuere Literatur: Beater, Nachahmen im Wettbewerb, 1995; Sack, Nachahmen im Wettbewerb, ZHR 160 (1996), 493; Piltz, Zur Wettbewerbswidrigkeit des Nachbaus technischer Erzeugnisse, GRUR **96,** 369; Krüger, Zur sittenwidrigen Behinderung durch nahezu identischen Nachbau technischer Erzeugnisse – „Vakuumpumpen“, EWiR **96,** 225; Jenny, Die Nachahmungsfreiheit, 1997; Bopp, Sklavischer Nachbau technischer Erzeugnisse, GRUR **97,** 34; Köhler, Der ergänzende Leistungsschutz – Plädoyer für eine gesetzliche Regelung, WRP **99,** 1075; Pohlmann, Zum wettbewerbsrechtlichen Leistungsschutz bei Herkunftstäuschung, EWiR **99,** 667; Ulrich, Der ergänzende wettbewerbsrechtliche Leistungsschutz, EWiR **2001,** 333; Tauber, Zum Schutz einer fremden Leistung vor wettbewerbswidriger Nachahmung, GRUR Int. **2002,** 1043; Lange, Zum ergänzenden wettbewerbsrechtlichen Leistungsschutz, EWiR **2002,** 497; Lange, Zur wettbewerbsrechtlichen Haftung beim Vertrieb wettbewerbswidrig nachgeahmter Produkte, EWiR **2003,** 1263; Hartwig, Zur Dauer des ergänzenden wettbewerbsrechtlichen Leistungsschutzes, EWiR **2003,** 787; Busche, Ergänzender wettbewerbsrechtlicher Leistungsschutz bei Nachbau technischer Erzeugnisse, LMK **2003,** 91; Loschelder, Der Schutz technischer Entwicklungen und praktischer Gestaltungen durch das Marken- und Lauterkeitsrecht, GRUR Int. **2004,** 767; Krüger, Die „Noppenbahnen-Doktrin“ – Ein Irrweg? Zum Erfordernis der Bekanntheit im ergänzenden wettbewerbsrechtlichen Leistungsschutz, WRP **2004,** 978; Ullmann, Von Horaz bis morgen – es bleibt das Recht des Wettbewerbs und der immateriellen Güter, WRP **2004,** 422; Schrader, Begrenzung des ergänzenden wettbewerbsrechtlichen Leistungsschutzes, WRP **2005,** 562; Sack, Die lückenfüllende Funktion der Generalklausel des § 3 UWG, WRP **2005,** 531; Rauda, Zum Einschieben in fremde Serie, EWiR **2005,** 323; Arlt, Ansprüche des Rechteinhabers bei Umgehung seiner technischen Schutzmaßnahmen, MMR **2005,** 148; Götting,: Ergänzender wettbewerbsrechtlicher Leistungsschutz, Mitt. **2005,** 12.

4 **a) Grundsatz der Nachahmungsfreiheit.** Auch auf dem Gebiet der Technik ist es grundsätzlich erlaubt, der Allgemeinheit zugänglich Gemachtes nachzuahmen, vgl. z. B. Loschelder GRUR-Int. **2004,** 767, 769f. Die Zuweisung von Ausschließlichkeitsrechten nur bei neuen und erfinderischen Leistungen bestätigt und bekräftigt, dass dort, wo ein Patent- oder Gebrauchsmusterschutz nicht besteht oder eingreift, von einem anderen entwickelte technische Lehren genutzt werden dürfen. Auch das Wettbewerbsrecht hat die dem zu Grunde liegende gesetzliche Interessenbewertung und -abwägung hinzunehmen, so dass ein **ergänzender wettbewerblicher Leistungsschutz nur ausnahmsweise** in Betracht kommt, nämlich nur dann, wenn die Art und Weise der an sich freien Verwertung einer fremden Leistung als unlauter zu beanstanden ist, BGH GRUR **2002,** 86 – Laubhefter; **2001,** 443, 444 – Viennetta; **2000,** 521, 523 – Modulgerüst; **99,** 751, 752 – Güllepumpen; **99,** 1106, 1108 – Rollstuhlnachbau; **96,** 210, 211 – Vakuumpumpen; **92,** 523, 524 – Betonsteinelemente; **82,** 305, 308 – Büromöbelprogramm; BGHZ **50,** 125, 128, 129 – Pulverbehälter.

5 **b) Gesetzliche Regelung.** Mit dem seit dem 8. Juli 2004 geltenden § 4 UWG (BGBl. I S. 1414; zum früheren Recht siehe 9. Aufl. Rdn. 4ff.) sind die insoweit beginnend mit RGZ **111,** 254 von der Rechtsprechung herausgearbeiteten Unlauterkeitsgesichtpunkte beispielhaft („insbesondere“, vgl. auch BT-Drucks. 15/1487 S. 13/17), gesetzlich geregelt, vgl. BGH GRUR **2004,** 941, 943 – Metallbett. Nach Nr. 9 handelt unlauter, wer Waren (oder Dienstleistungen) anbietet, die eine Nachahmung der Waren (oder Dienstleistungen) eines Mitbewerbers sind, wenn er

a) eine **vermeidbare Täuschung** der Abnehmer **über die betriebliche Herkunft** herbeiführt,
b) die **Wertschätzung** der nachgeahmten Ware (oder Dienstleistung) **unangemessen ausnutzt** oder **beeinträchtigt** oder
c) die für die Nachahmung erforderlichen **Kenntnisse** oder Unterlagen **unredlich erlangt** hat.

6 **c) Weitere Voraussetzungen.** Nach ständiger Rechtsprechung zum früheren Recht kann ein Mitbewerber eine derartige wettbewerbswidrige Handlung nur begehen, wenn der Ware, die nachgeahmt wird, **wettbewerbliche Eigenart** zukommt. Diese kann sich zwar aus den technischen Merkmalen eines Erzeugnisses ergeben, BGH GRUR **2002,** 86 – Laubhefter; **99,** 1106, 1108 – Rollstuhlnachbau; **2000,** 521, 523 – Modulgerüst, kann grundsätzlich aber nur durch äußere für den Verkehr sichtbare Gestaltungsmerkmale begründet werden, BGH GRUR **2002,** 820 – Bremszangen. Sie ist gegeben, wenn die konkrete Ausgestaltung oder be-

stimmte Merkmale des Erzeugnisses geeignet sind, die interessierten Verkehrskreise auf seine betriebliche Herkunft oder seine Besonderheiten hinzuweisen, BGH GRUR **2005,** 166 – Puppenausstattungen; **2003,** 359, 360 – Pflegebett; **2002,** 629, 631 – Blendsegel. Es muss sich also um ein Erzeugnis mit charakteristischen Besonderheiten handeln, an Hand derer die Mitbewerber und Abnehmer die Erzeugnisse verschiedener Hersteller und Qualitäten unterscheiden können, BGH GRUR **63,** 423, 428. In aller Regel muss die Ware oder Dienstleistung außerdem bei den maßgeblichen Verkehrskreisen eine **gewisse Bekanntheit** erlangt haben, BGH GRUR **2005,** 600 – Handtuchklemmen, wobei es genügt, dass das wettbewerblich eigenartige Erzeugnis bei nicht unerheblichen Teilen der angesprochenen Verkehrskreise eine solche Bekanntheit erreicht hat, dass sich in relevantem Umfang die Gefahr der Herkunftstäuschung ergeben kann, wenn Nachahmungen vertrieben werden, BGH GRUR **2005,** 166 – Puppenausstattungen; **2004,** 941, 943 – Metallbett; **2002,** 275, 277 – Noppenbahnen. Bei geringer wettbewerblicher Eigenart, etwa wenn das nachgeahmte Produkt im Wesentlichen dadurch gekennzeichnet ist, dass es eine gestalterische und praktische Grundidee umsetzt, kommt ein ergänzender wettbewerbsrechtlicher Leistungsschutz allerdings grundsätzlich auch dann nicht in Betracht, wenn das Produkt eine hohe Verkehrsbekanntheit erlangt hat und vom Verkehr auf Grund der tatsächlichen Marktverhältnisse ohne weiteres einem bestimmten Unternehmen zugerechnet wird, BGH GRUR **2003,** 359 – Pflegebett; **2005,** 166 – Puppenausstattungen. Dasselbe trifft zu, wenn angesichts des Gebrauchszwecks, der Verkäuflichkeit und der Verbrauchererwartung unter Berücksichtigung des Freihaltebedürfnisses der Mitbewerber hinsichtlich des Stands der Technik angenommen werden kann, dass in den die Eigenart begründenden Merkmalen die angemessene Lösung eines technischen Problems liegt, BGH GRUR **2002,** 275, 276 f. – Noppenbahn; **2002,** 86, 90 – Laubhefter; **2000,** 521, 526 f. – Modulgerüst; BGHZ **50,** 125, 129, 131 – Pulverbehälter. Schließlich ist die **Intensität der Übernahme** von Bedeutung. Je größer die wettbewerbliche Eigenart und je höher der Grad der Übernahme ist, desto geringer sind die Anforderungen an die besonderen Umstände, die die Wettbewerbswidrigkeit begründen, BGH GRUR **2005,** 166 – Puppenausstattungen; **2004,** 941, 942 – Metallbett; **2003,** 356, 357 – Präzisionsmessgeräte. Es bleibt abzuwarten, ob diese Voraussetzungen von der Rechtsprechung in das neue Recht übernommen werden. Eine entsprechende Tendenz ist erkennbar, vgl. BGH GRUR **2004,** 941, 943 – Metallbett; BGHZ **161,** 204 – Klemmbausteine III.

Mit dem Erfordernis der wettbewerblichen Eigenart erfolgt eine Abgrenzung gegenüber den bloßen **Massen- oder Dutzenderzeugnissen,** bei denen der Verkehr der Frage der Herkunft keine Beachtung zu schenken pflegt. Solche Allerweltserzeugnisse sind dem wettbewerbsrechtlichen Leistungsschutz nicht zugänglich, BGHZ **21,** 266, 272; **50,** 125, 130; BGH GRUR **63,** 152, 155; **66,** 97, 100; **66,** 617, 619; **67,** 315, 317; **68,** 698, 702.

d) Nachahmung. Die Nachahmung kann in einer identischen oder fast identischen Über- 7
nahme, also darin bestehen, dass die Ware ohne nennenswerte zusätzliche eigene Leistung nachgebildet wird. Im Falle einer solchen unveränderten oder direkten Nachahmung dürfen nach bisheriger Rechtsprechung (siehe Rdn. 6) an die wettbewerbliche Eigenart und die Qualität der als unlauter zu beanstandenden Begleitumstände keine allzu hohen Anforderungen gestellt werden. Der Nachahmungstatbestand ist ferner verwirklicht, wenn die wettbewerblich eigenartige Ware als Vorbild für eine mehr oder weniger nachschaffende eigene Leistung genutzt worden ist. Ausreichend ist, wenn die Übernahme wesentliche Elemente des Vorbilds betrifft, so dass dessen Wesenszüge noch erkennbar sind, BGH GRUR **63,** 152, 155 – Rotaprint. Die beliebige Umgestaltung rechtmäßig erworbener Gegenstände ist unter wettbewerbsrechtlichen Gesichtspunkten nicht verboten; das Anbieten oder Verkaufen der umgestalteten Gegenstände ist ebenfalls an sich erlaubt, kann aber unzulässig sein, wenn die Umgestaltung zu einer Nachahmung geführt hat, BGH X ZR 67/71 v. 8. 3. 1973.

e) Unlautere Begleitumstände

aa) Der gesetzlich geregelte Fall einer **vermeidbaren Herkunftstäuschung** ist gegeben, 8
wenn der Verkehr mit dem Original eine betriebliche Herkunftsvorstellung verbindet und gleichwohl nicht im Rahmen des Möglichen und Zumutbaren alles Erforderliche getan ist, um eine Irreführung des Verkehrs auszuschließen, BT-Drucks. 15/1487 S. 18; vgl. auch z. B. BGH GRUR **2002,** 275, 277 – Noppenbahn; **2000,** 521, 526 f. – Modulgerüst; **99,** 1106, 1109 – Rollstuhlnachbau; BGHZ **50,** 125, 130 f. – Pulverbehälter. Ein Beispielsfall ist der zur Verkehrsfähigkeit regelmäßig notwendige und deshalb als solcher ohne ein Schutzrecht nicht zu beanstandende, BGH GRUR **58,** 343; **56,** 553, 558; **62,** 537, 538; **68,** 698, 700; **76,** 666, 668; **84,** 282 – Telekonverter; BB **68,** 804; OLG Karlsruhe GRUR **80,** 792, 793 vgl. auch schweiz. BG GRUR Int. **91,** 314, 315; franz. Cour de Cass. GRUR Int. **92,** 66, detailgetreue **Nach-**

bau von Originalersatz- oder -zubehörteilen, wenn er beim Vertrieb zu Herkunfts- oder Warenverwechslungen führt, die durch geeignete und zumutbare Maßnahmen hätten verhindert werden können. Die erforderliche Irreführung ist gegeben, wenn die Gefahr besteht, dass nicht unbeachtliche Verkehrskreise, die als Abnehmer, Interessenten oder Mitbewerber in Betracht kommen, die Erzeugnisse verschiedener Hersteller infolge ihrer identischen oder ähnlichen Eigenart einem falschen Hersteller zuschreiben oder zu der irrigen Annahme gelangen, zwischen den beteiligten Unternehmen bestünden geschäftliche oder organisatorische Beziehungen, BGHZ **21,** 266, 276; BGH GRUR **63,** 152, 156; **63,** 423, 428; vgl. auch nl. Hoge Raad GRUR Int. **92,** 229, 230. Für den Fall hochentwickelter Präzisionsmaschinen kann bereits eine Übereinstimmung in der technischen Konstruktion und Ausführung genügen, an der sich die Käufer für die Frage der Herkunft und der Qualität orientieren, BGH GRUR **63,** 152, 156. Bei anderen technischen Erzeugnissen kann sich für Fachleute aus der fast vollständigen Übereinstimmung oder aus erheblichen Ähnlichkeiten der Geräte eine Irreführung ergeben, BGH I ZR 94/76 v. 6. 10. 1978 für Membranfolien medizinischer Geräte. Welche Maßnahmen erforderlich und zumutbar sind, einer Irreführung entgegenzuwirken, ist im Einzelfall schwierig zu beurteilen. Unwirtschaftliche, umständliche, technisch nachteilige, äußerlich weniger ansprechende oder kostspieligere Gestaltungen eines Erzeugnisses sind nicht zumutbar, BGH GRUR **62,** 299, 304. Dem Verbot des Handels mit Erzeugnissen, die nahezu identisch nachgeahmt sind und unnötig Verwechslungen zwischen den beiden Erzeugnissen hervorrufen, stehen die Vorschriften des EG-Vertrags über den freien Warenverkehr nicht entgegen, EuGH Slg. **82,** 707, 717 f.; vgl. ferner BGHZ **161,** 204 – Klemmbausteine III.

9 **bb)** Ein **Ausnutzen oder Beeinträchtigen der Wertschätzung** ist gegeben, wenn der Verkehr mit dem Original eine bestimmte Herkunfts- und Gütevorstellung verbindet, so dass durch die Nachahmung dessen guter Ruf ausgenutzt wird, BT-Drucks. 15/1487 S. 18; vgl. auch z.B. BGH GRUR **68,** 49, 51 – Zentralschlossanlagen. Eine unlautere Rufausbeutung liegt nicht vor, wenn der Originalhersteller mit seinem Produkt einen neuen Markt erschlossen hat und der Nachahmer beim Eindringen in diesen Markt die angesprochenen Verkehrskreise in geeigneter Weise darüber informiert, dass sein eigenes von dem nachgeahmten Produkt zu unterscheiden sei, BGHZ **161,** 204 – Klemmbausteine III.

Die dritte im Gesetz ausdrücklich genannte Begehensweise **(unredliche Erlangung erforderlicher Kenntnisse)** ist verwirklicht, wenn der Nachahmer sich die für die Nachahmung erforderlichen Kenntnisse oder Unterlagen durch Erschleichung eines fremden Betriebsgeheimnisses oder durch Vertrauensbruch verschafft hat, BT-Drucks. 15/1487 S. 17; vgl. auch z.B. BGH GRUR **61,** 40, 42 – Wurftaubenpresse, so wenn der Betreffende sich zunächst in der Absicht, einen technisch neuen und wertvollen Gedanken zu erlangen, ein Modell hat vorführen lassen, um die nötigen Unterlagen zu erhalten, und es dann nach der Vorführung abgelehnt hat, den Gedanken endgültig zu erwerben, RG GRUR **42,** 352, 357. Weitere Fälle sind diejenigen einer Werkspionage, die den Nachbau ermöglichte, BGH GRUR **61,** 40, 42, vgl. auch BGH GRUR **60,** 554, 556; **83,** 179, 181; **85,** 294, 296; BGH I b ZR 26/65 v. 28. 4. 1967.

Da die Aufzählung in § 4 Nr. 9 UWG nicht abschließend ist, ist das Gesetz auch dann verletzt, wenn zu dem Nachahmungstatbestand **andere Umstände** hinzutreten, die den im Gesetz genannten **vergleichbar** sind. Nach der bisherigen Rechtsprechung – soweit sie für das Gebiet der Technik relevant ist – kommen insoweit die **Behinderung** und das sog. **Einschieben in eine fremde Serie** in Betracht, BGHZ **41,** 55, 57 – Klemmbausteine I; BGH GRUR **69,** 618, 619 f. – Kunststoffzähne; **92,** 619, 620 – Klemmbausteine II; **99,** 751, 753 Güllepumpen; **2000,** 521, 526 f. – Modulgerüst. Unlauterer Behinderungswettbewerb findet bei planmäßigem und zielgerichtetem Anhängen an die fremde Leistung trotz alternativer Gestaltungsmöglichkeiten statt. Kompatible Erzeugnisse für das von Anfang an auf Deckung eines Folgebedarfs ausgerichtete Verkaufssystem des Originalherstellers anzubieten und zu vertreiben, ist wettbewerbswidrig, wenn es möglich gewesen wäre, die durch den maßstabsgerechten Nachbau begründete Gefahr einer Herkunftstäuschung auszuschließen oder jedenfalls zu mindern, oder wenn die Produkte den in der Originalware verwirklichten Qualitätsmaßstäben nicht gerecht werden, BGH GRUR **2000,** 521 – Modulgerüst.

10 **f) Subjektive Voraussetzungen.** Es ist Kenntnis vom Nachahmungstatbestand und von den die Unlauterkeit begründenden Umständen nötig, vgl. BGH GRUR **98,** 477, 481 – Trachtenjanker. Die erforderliche Kenntnis von der Nachahmung wird regelmäßig ohne weiteres anzunehmen sein, wenn die Nachahmung nach der Originalware auf den Markt gelangt, vgl. BGH GRUR **98,** 477, 481 – Trachtenjanker. Der positiven Kenntnis, für die auch dolus eventualis ausreicht, steht – wie auch sonst – gleich, wenn der Betreffende sich ihr bewusst verschließt.

g) Ansprüche. § 8 Abs. 1 UWG gewährt neben einem Beseitigungsanspruch vor allem einen **Unterlassungsanspruch.** Er richtet sich gegen den Vertrieb (einschließlich Angebot und Werbung), nicht gegen die Herstellung des Nachahmungsprodukts, BGH GRUR **82,** 305, 308 – Büromöbelprogramm. Eine nicht schon im Zeitpunkt der Werbung und/oder des Kaufs, sondern erst nachfolgend auftretende Herkunftstäuschung kann keine Ansprüche aus ergänzendem wettbewerbsrechtlichen Leistungsschutz begründen, BGHZ **161,** 204 – Klemmbausteine III. Die wettbewerbsrechtliche Haftung für den Vertrieb wettbewerbswidrig nachgeahmter, für den Endabnehmer bestimmter Produkte beginnt bereits mit deren Auslieferung an den Zwischenhändler, BGH GRUR **2003,** 892 – Alt Luxemburg. Händler von Imitationen handeln unlauter, wenn sie die Ware von dem Zeitpunkt an vertreiben, zu dem sie von der Imitation Kenntnis erlangen, BGH GRUR **92,** 448, 450 – Pullovermuster. § 8 Abs. 3 UWG lässt eine Beschränkung der Anspruchsberechtigung auf den Hersteller oder ausschließlich Vertriebsberechtigten der Originalware nicht erkennen, vgl. aber BGH GRUR **94,** 630, 634 – Cartier-Armreif; **91,** 223, 224 – Finnischer Schmuck; **88,** 620, 621 – Vespa-Roller. Der ergänzende **wettbewerbliche Leistungsschutz** kann aber **zeitlich begrenzt** sein. Die Beurteilung einer zeitlichen Begrenzung seiner Schutzdauer erfordert eine einzelfallbezogene Gesamtwürdigung unter Abwägung der betroffenen Interessen. Dabei ist zu berücksichtigen, dass der wettbewerbsrechtliche Leistungsschutz grundsätzlich fortbesteht, solange das Verhalten des Verletzers mit dem Makel der Wettbewerbswidrigkeit behaftet ist, d. h. solange die wettbewerbliche Eigenart des nachgeahmten Produkts besteht und in unlauterer Weise ausgenutzt wird, BGH GRUR **2003,** 356 – Präzisionsmessgeräte. Ein wettbewerbsrechtlicher Schutz gegen das sog. Einschieben in eine fremde Serie ist jedenfalls nicht zeitlich unbegrenzt zu gewähren. BGHZ **161,** 204 – Klemmbausteine III. Soweit es um den Schutz technischer Gestaltung geht, ist insoweit die Schutzdauer an den hierfür sondergesetzlich vorgesehenen Fristen zu orientieren, BGHZ **161,** 204 – Klemmbausteine III. Ansprüche aus ergänzendem wettbewerbsrechtlichem Leistungsschutz wegen Herkunftstäuschung und unlauterer Rufausbeutung sind nicht schon dann ausgeschlossen, wenn der Vertrieb des nachgeahmten Produkts gegen ein gesetzliches Verbot verstößt oder selbst wettbewerbswidrig ist, BGH GRUR **2005,** 519 – Vitamin-Zell-Komplex. 11

§ 9 UWG gewährt einen verschuldensabhängigen **Schadensersatzanspruch.** Für den unmittelbar betroffenen Verletzten (Hersteller der Originalware, ausschließlich Nutzungsberechtigter) streitet der allgemeine Erfahrungssatz, dass ihm ein Schaden entsteht, BGH GRUR **93,** 55, 59 – Tchibo/Rolex II. Der Schaden kann wie bei Verletzung eines Patents grundsätzlich in dreierlei Weise (Lizenzanalogie, entgangener Gewinn, Herausgabe des Verletzergewinns) berechnet werden, BGH GRUR **93,** 757, 758 – Kollektion Holiday. Die Lizenzanalogie scheidet allerdings aus, wenn die Unlauterkeit durch eine ausreichende Kennzeichnung des nachgebildeten Erzeugnisses auszuräumen ist, BGH I ZR 56/72 v. 11. 5. 1972. Der allgemeinen Regeln folgende **Auskunftsanspruch** kann auch einen Anspruch auf Drittauskunft umfassen, BGHZ **125,** 322, 329 – Cartier-Armreif.

4. Unlauterkeit in sonstiger Weise. Ein Patentverletzer handelt unlauter, wenn er von seinen Waren behauptet, sie seien besser als alle anderen, selbst wenn er einige Verbesserungen hinzugefügt hat, weil seine Leistung nur zum Teil auf eigenen Leistungen beruht, zum Teil aber auf Leistungen dessen, den er herabsetzt, vgl. RG MuW **36,** 406, 408. Die schuldhaft unrichtige Darstellung des Schutzumfangs eines Patents im Wettbewerb ist unlauter, wenn dadurch zum zwar patentrechtlich erlaubten, aber vertragswidrigen Bezug neutraler Gegenstände aufgefordert wird, vgl. RG Mitt. **35,** 373. Meldet jemand ein Vorrichtungspatent, dessen Vorrichtung er in Lizenzverhandlungen mit dem Erfinder kennengelernt hat, zur Erlangung eines Sperrpatentes an, um dem Erfinder die Ausnutzung seines prioritätsälteren Verfahrenspatents unmöglich zu machen, kann der Erfinder im Wege des Schadenersatzes eine kostenlose einfache Lizenz an dem Vorrichtungspatent verlangen, vgl. RG MuW **40,** 165, 167 – dort mit § 826 BGB begründet. Die Benutzung eines zeitweise erloschenen Patents ist unlauter, wenn ein Mitbewerber bewusst – dolus eventualis genügt – die Notlage des Patentinhabers ausnutzt, der die Wiedereinsetzung betreibt oder beabsichtigt und dem ein Wiedereinsetzungsgrund zur Verfügung steht, BGH GRUR **56,** 265, 270. Bei der Erzeugung eines Konkurrenzprodukts Maschinen einzusetzen, die sich ein Wettbewerber dadurch verschafft hat, dass er Mitarbeiter seines Konkurrenten veranlasst hat, ihm diese pflichtwidrig zu überlassen, ist unlauter, BGH WRP **93,** 396 – Maschinenbeseitigung. Zum wettbewerblichen Schutz von Erfindungen während der patentamtslosen Zeit vom 8. 5. 1945 bis 30. 9. 1949 wird auf die 6. Auflage verwiesen. 12

5. Die Verwarnung

Literaturhinweise: Hopf, Schadensersatz aus unberechtigter Verfahrenseinleitung, 1968; Blaurock, Die Schutzrechtsverwarnung, Diss. 1970; Horn, Die unberechtigte Verwarnung aus gewerblichen Schutzrechten, 1972; Reuthal, Die unberechtigte wettbewerbsrechtliche Abmahnung unter besonderer Berücksichtigung der unberechtigten Schutzrechtsverwarnung, 1985.

Aufsätze: Zeller GRUR **38,** 819; Wobsa GRUR **39,** 762; Kettner GRUR **39,** 878; vom Stein GRUR **56,** 248; Zeller Mitt. **57,** 24; Dyckerhoff WuW **57,** 626; Dietze Mitt **60,** 101; Reimer Mitt. **60,** 185; von Metzen, FS vom Stein, 1961, S. 80; Beil CIT **61,** 63; Moser v. Filseck GRUR **63,** 260; Kunze WRP **65,** 7; Rogge WRP **65,** 40; Bauer MA **66,** 119; Ohl GRUR **66,** 172; **66,** 386; Hesse GRUR **67,** 557; Schwerdtner GRUR **68,** 9, 20; Pehle DRiZ **68,** 436; Horn GRUR **69,** 259; Bruchhausen Mitt. **69,** 286; Horn GRUR **71,** 442; v. Falck/Ohl GRUR **71,** 541, 549; Horn GRUR **74,** 235; Schultz-Süchting GRUR **74,** 432; Körner GRUR **74,** 441; Blaurock JZ **74,** 620; Fischer DB **76,** 85; **76,** 133; Kroitsch GRUR **76,** 509; Sack WRP **76,** 733; Horn GRUR **78,** 492; Hesse GRUR **79,** 438; John GRUR Int. **79,** 236; Winkler GRUR **80,** 526; Lindacher ZHR **80,** 350; Brandi-Dohrn GRUR **81,** 679; Löwisch/Meier-Rudolph JuS **82,** 237, 240; Quiring WRP **83,** 317; Dohi GRUR Int. **85,** 641; Ulrich EWiR **90,** 359; Schmidt JuS **93,** 985; Altmeppen ZIP **96,** 168; Deutsch WRP **99,** 25; Kunath WRP **2000,** 1074; Ullmann GRUR **2001,** 1027; Spickhoff LMK **2004,** 230; Lindacher EWiR **2004,** 1123; Peukert Mitt. **2005,** 73; Teplitzky GRUR **2005,** 9; ders. WRP **2005,** 1433; Sack WRP **2005,** 253 u. 531; Sessinghaus WRP **2005,** 823; Wagner ZIP **2005,** 49; Wagner/Thole NJW **2005,** 3470; Vorwerk ZIP **2005,** 1157; Meier-Beck GRUR **2005,** 535.

13 **a) Vorbemerkungen.** Dem Inhaber eines geprüften Patents kann es grundsätzlich nicht verwehrt werden, die zur Abwehr von Eingriffen in sein Recht notwendigen Maßnahmen zu ergreifen, österr. OGH GRUR Int. **83,** 749. Es ist das gute Recht des Patentinhabers, vor der Begehung von Verletzungen zu warnen, RGZ **94,** 271, 276; OLG Düsseldorf GRUR **59,** 606, 607, auch den mittelbaren Verletzer, RGZ **141,** 336, 339, oder die gewerblichen Abnehmer des Herstellers oder eines Lieferanten, OLG Karlsruhe GRUR **80,** 314, 315, die ebenfalls Verletzer sind. Er darf auch öffentlich warnen und braucht nicht abzuwarten, bis Patentverletzungen begangen sind, RG MuW **26/27,** 293, 294. Eine Behinderung, die sich aus der rechtmäßigen Ausübung eines Rechts ergibt, ist grundsätzlich wettbewerbskonform und von den betroffenen Mitbewerbern hinzunehmen, BGH GRUR **93,** 34, 37 – Bedienungsanweisung. Das Verbot der vergleichenden Werbung steht einem Hinweis auf einen Patentschutz nicht entgegen, wenn Patentverletzungen zu besorgen sind und wenn dies nach den Umständen angemessen und zur Abwehr erforderlich ist, RG GRUR **43,** 181, 182; BGH GRUR **68,** 382, 385 – Favorit II. Bei einer Warnung muss die Beschreibung des Gegenstands und des Schutzbereichs des Patents richtig und vollständig sein, RG GRUR **39,** 557, 561, außerdem ist der Verletzungstatbestand genau zu bezeichnen, damit der Verwarnte prüfen kann, welche Maßnahmen zur Befolgung der Verwarnung er zu ergreifen hat, LG Düsseldorf GRUR **66,** 637. Weist ein Patentinhaber potentielle Abnehmer von Vorrichtungen einer technischen Gattung in allgemein und pauschal gehaltener Weise auf ihm zustehende, derartige Vorrichtungen betreffende Patente hin und macht sie darauf aufmerksam, dass sie im Falle der gewerblichen Benutzung patentverletzender, von Mitbewerbern erworbener Vorrichtungen mit der Geltendmachung von Ansprüchen wegen Patentverletzung rechnen müssten, so können derartige Hinweise wegen ihrer zu allgemein gehaltenen Ausdrucksweise gegen Wettbewerbsrecht verstoßen, OLG Düsseldorf Mitt. **96,** 60.

14 Die eigentliche **Verwarnung** (auch **Abmahnung** genannt) **aus einem Patent** ist ein an eine bestimmte Person oder an einen bestimmbaren Personenkreis gerichtetes ernsthaftes und endgültiges Verlangen, eine bestimmte als Patentverletzung beanstandete Handlung zu unterlassen (vgl. § 59 Abs. 2 Satz 2), BGHZ **38,** 200, 203; OLG Karlsruhe WRP **74,** 215, 217; GRUR **80,** 314; OLG Düsseldorf GRUR **73,** 102, 103; BPatGE **20,** 186, 189. Auch wenn der Adressat nicht ausdrücklich zur Unterlassung aufgefordert wird, kann sich aus den Begleitumständen die unmißverständliche Aufforderung ergeben, bestimmte Handlungen zu unterlassen, BGH GRUR **79,** 332, 334 – Brombeerleuchte; OLG München WRP **80,** 228, 229, zum Beispiel aus einem Hinweis auf strafrechtliche Folgen von Handlungen, vor denen gewarnt wird, LG Mannheim GRUR **80,** 935, 936, zu weitgehend LG Düsseldorf GRUR **68,** 156, 158, das schon auf die Wirkung eines Hinweises auf ein Schutzrecht und deren Inkaufnahme abstellen will. Die sog. **Berechtigungsanfrage** („Erlauben wir uns anzufragen, aus welchen Gründen Sie sich als berechtigt ansehen, unser Patent nicht zu beachten") wird traditionell nicht als eine Verwarnung angesehen, vgl. BGH GRUR **75,** 315, 316 – Metacolor; **97,** 896,

897 – Mecki-Igel III; OLG Braunschweig OLGR Braunschweig **2001,** 11; OLG Düsseldorf GRUR **90,** 548; OLG Karlsruhe GRUR **84,** 143; Ullmann GRUR **2001,** 1027; Wagner ZIP **2005,** 49, 55f.; vgl. aber auch OLG Karlsruhe MDR **96,** 605, wonach eine Berechtigungsanfrage an einen Abnehmer eine wettbewerbswidrige Behinderung darstellen kann. Für den Begriff der „Verwarnung" ist nicht erforderlich, dass der Adressat der Warnung nachgibt, LG Mannheim GRUR **80,** 935, 936; LG Freiburg GRUR **80,** 937, 938. Die Verwarnung wird üblicher Weise mit der Aufforderung verbunden, eine Vertragsstrafe für den Fall der Zuwiderhandlung zu versprechen. Sie ist in der Regel ein **Werturteil** und keine **tatsächliche Behauptung,** BGH GRUR **79,** 332, 334 – Brombeerleuchte; RGZ **88,** 437, 438f.; **94,** 271, 273; RG GRUR **29,** 229, 230; **30,** 888, 891 m.w. Nachw.; **38,** 891, 892; OLG München WRP **80,** 228, 229; Harte/Henning/Omsels, UWG (2004), § 4 Nr. 10, Rd 172 m.w. Nachw.; Peukert Mitt. **2005,** 73, 74; Teplitzky GRUR **2005,** 9, 13; Ullmann GRUR **2001,** 1027, 1030; Hesse GRUR **79,** 438; Winkler GRUR **80,** 526, 528; in RG GRUR **43,** 252, 255 offengelassen; a.A. OLG Saarbrücken OLGR Saarbrücken **2002,** 14. Was im Einzelfall gegeben ist, richtet sich nach der Auffassung der Empfänger. Es ist darauf abzustellen, ob diese die Verwarnung als Werturteil oder als eine dem Beweis zugängliche Tatsachenbehauptung auffassen, wobei der Umstand, dass sie eine Schlussfolgerung aus Tatsachen ist, den Charakter der Tatsachenbehauptung nicht ausschließt, BGH GRUR **70,** 254, 255 m.w. Nachw. Bei zutreffender Darstellung oder Bekanntheit des Sachverhalts spricht aber mehr für ein Werturteil, wenn lediglich daraus nachteilige Schlüsse zu Lasten Dritter gezogen werden, BGH GRUR **70,** 254, 255f.; vgl. auch **79,** 332, 334 – Brombeerleuchte Auf die Verwarnung ist nach internationalem Privatrecht das Recht des Tatorts anzuwenden, der auch den Ort einschließt, an dem der Erfolg der Handlung eintritt, d.h. der Sitz des Unternehmens, das verwarnt wird, LG Mannheim GRUR **80,** 935, 937.

b) Die unberechtigte Verwarnung. Eine Verwarnung kann sich als in der Sache unberechtigt erweisen, weil das Patent widerrufen oder für nichtig erklärt wird, weil die beanstandete Handlung nicht zu den dem Patentinhaber vorbehaltenen Benutzungshandlungen gehört, etwa das sog. Versuchsprivileg von dem angeblichen Verletzer in Anspruch genommen werden kann, oder weil die beanstandete Ausführung nicht in den Schutzbereich des Patents fällt **(unberechtigte Verwarnung).** Da die Umstände, die eine Verwarnung unberechtigt sein lassen, selbst von dem Patentinhaber nicht immer ohne weiteres abschließend und zutreffend beurteilt werden können, beruht eine unberechtigte Verwarnung häufig auf einer Fehleinschätzung. Andererseits bildet eine Verwarnung aus einem Immaterialgüterrecht wie dem Patent für den Rechtsinhaber eine einfache Möglichkeit, sein Recht über dessen rechtlichen Rahmen hinaus faktisch auszuweiten, weil der Verwarnte die Berechtigung des Unterlassungsverlangens seinerseits kurzfristig nicht überprüfen kann. Insbesondere wenn sich die Verwarnung an einen Abnehmer eines Herstellers der beanstandeten Ausführung richtet, wird dieser zudem wegen der am Markt bestehenden Ausweichmöglichkeiten auf Erzeugnisse anderer Anbieter (insbes. des Rechtsinhabers oder seiner Lizenznehmer) einer mit erheblichen Kosten und Risiken verbundenen Auseinandersetzung über Bestand und Inhalt des Immaterialgüterrechts aus dem Wege gehen, vgl. z.B. LG Mannheim 7 O 94/04 v. 16. 7. 2004 (Abmahnung von 6000 gewerblichen Betreibern von Internetseiten wegen Patentverletzung); LG Düsseldorf InstGE **3,** 86 u. 4 0 344/01 v. 17. 9. 2002. In der gleichen Weise kann auch der abgemahnte Hersteller oder Lieferant durch die wirtschaftlichen Folgen einer solchen Auseinandersetzung von einer Verteidigung berechtigter Positionen abgehalten werden und es so zu einer faktischen Erstreckung des Schutzes in Bereiche kommen, die der Rechtsinhaber rechtlich nicht beanspruchen kann. 15

aa) Eingriff in Gewerbebetrieb. Beginnend mit dem Urteil vom 27. Februar 1904, RGZ **58,** 24 – Juteplüsch, das, was das Recht am Gewerbebetrieb anbelangt, auf eine Entscheidung aus dem Jahre 1902 zurückgreift (RG IV 393/01 v. 6. 3. 1902, abgedruckt in: Sammlung sämtlicher Erkenntnisse des Reichsgerichts in Zivilsachen, hrsg. von W. Schubert, Jg. 1902, S. 471, insoweit in RGZ **51,** 66 nicht wiedergegeben) haben das RG und der BGH in ständiger Rechtsprechung hieraus abgeleitet, dass der aus dem Schutzrecht Verwarnte und – bei der Abnehmerverwarnung – der Hersteller oder Lieferant gegenüber dem unberechtigt Verwarnenden **Ansprüche wegen Eingriffs in** ihren eingerichteten und ausgeübten **Gewerbebetrieb** haben können, z.B. BGHZ **2,** 287, 293 – Mülltonnen; BGHZ **38,** 200, 204ff. – Kindernähmaschinen; BGHZ **62,** 29, 31ff. – Maschenfester Strumpf; **65,** 160, 161; **66,** 386; **69,** 479, 481; BGH GRUR **76,** 715, 716f. – Spritzgießmaschine; **79,** 332, 333f. – Brombeerleuchte; **95,** 424, 425 – Abnehmerverwarnung; **96,** 812, 813, insoweit nicht in BGHZ **131,** 233 abgedruckt; GRUR **97,** 741, 742, 957 – Chinaherde; **2001,** 54, 55 – SUBWAY/Subwear. Der BGH hat diese Rechtsprechung gegen grundsätzliche Einwände aus der Literatur verteidigt, GRUR **79,** 16

332, 336 – Brombeerleuchte. Die Instanzrechtsprechung ist ihr zunächst gefolgt, z.B. OLG Düsseldorf GRUR **59,** 606, 607; **61,** 136; OLG Frankfurt GRUR **67,** 114, 115 u. 6 U 194/91 v. 26. 10. 1995; OLG Hamburg GRUR-RR **2003,** 257, vgl. auch 5 U 149/03 v. 25. 11. 2004; OLG Nürnberg GRUR **96,** 48; LG Düsseldorf GRUR **66,** 637; **68,** 156; LG Mannheim GRUR **80,** 935, 936; LG München I Mitt. **92,** 299; LG Freiburg GRUR **80,** 937, 938. Nach weiterer Kritik (insbes. Deutsch WRP **99,** 25; Ullmann GRUR **2001,** 1027) haben jedenfalls das Oberlandesgericht Düsseldorf (GRUR **2003,** 814; Mitt. **2002,** 291; vgl. auch OLG München Mitt. **2004,** 378, LG München I InstGE **4,** 243) diese Rechtsprechung aufgegeben und der I. Zivilsenat des BGH dem Großen Senat für Zivilsachen beim BGH folgende Rechtsfrage zur Entscheidung vorgelegt: Kann eine unbegründete Verwarnung aus einem Kennzeichenrecht bei schuldhaftem Handeln als rechtswidriger Eingriff in den eingerichteten und ausgeübten Gewerbebetrieb gemäß § 823 Abs. 1 BGB zum Schadensersatz verpflichten oder kann sich eine Schadensersatzpflicht, falls nicht § 826 BGB eingreift, nur aus dem Recht des unlauteren Wettbewerbs (§ 3, § 4 Nrn. 1, 8 und 10, § 9 UWG) ergeben?, GRUR **2004,** 958. Der Große Senat für Zivilsachen hat entschieden (GSZ 1/04 v. 15. 7. 2005 GRUR **2005,** 882), dass für eine Aufgabe der Grundsätze der bisherigen Rechtsprechung eine Rechtfertigung nicht zu erkennen sei und damit an diesen festgehalten. Die vorgerichtliche Verwarnung könne nach Gegenstand und Interessenlage nicht mit der Unterlassungsklage gleichgesetzt werden. Wegen der von einer Verwarnung aus Immaterialgüterrechten ausgehenden Gefahr für Wirtschaft und Wettbewerb bedürfe es weiterhin einer Sanktion in Form einer Haftungsfolge für unberechtigte Verwarnungen, die den Schutzrechtsinhaber anhalte, vor einer Unterlassungsaufforderung die gebotenen, von ihm zu erwartenden und ihm zumutbaren Prüfungen zur Berechtigung seines Verlangens vorzunehmen. Auf diese Weise würden der Schutz der geistigen Leistung einerseits und die Freiheit des Wettbewerbs andererseits, die durch die Grenzen des Schutzbereichs objektiv voneinander abgegrenzt würden, auch hinsichtlich der Mittel ihrer Durchsetzung und der Haftung für die Überschreitung dieser Grenzen ins Gleichgewicht gebracht. Das LG München Mitt. **95,** 53 behandelt eine Verwarnung, welche die betreffende Schutzrechtsverletzung unzutreffend angibt, ebenfalls als einen unzulässigen Eingriff in den Geschäftsbetrieb des Verwarnten, weil der Verwarnte infolge der vom Abmahnenden geschaffenen tatsächlichen Unsicherheit bis zur Klärung des Sachverhaltes ohne rechtfertigenden Grund in seiner Geschäftstätigkeit behindert werde.

17 **bb)** Die Feststellung der für einen Anspruch wegen Eingriffs in den eingerichteten und ausgeübten Gewerbebetrieb nötigen **Rechtswidrigkeit der Verwarnung** erfordert keine besondere Interessenabwägung. Die Rechtswidrigkeit ist allein nach objektiven Gesichtspunkten zu beurteilen, auf den guten Glauben des Warnenden, z.B. an den Bestand seines Rechts, kommt es hierfür nicht an, RGZ **141,** 336, 338; RG GRUR **42,** 54, 55; BGHZ **2,** 387, 393; **38,** 200, 206 m.w. Nachw. – Kindernähmaschine; BGH GRUR **76,** 715, 716f. – Spritzgießmaschine; NJW **96,** 397, 399; OLG Hamburg GRUR-RR **2002,** 145; anders RG MuW **30,** 441, 444; vgl. auch Sack WRP **76,** 733, 736; Teplitzky GRUR **2005,** 9, 14; WRP **2005,** 1433. Wegen der weitreichenden Folgen von Verwarnungen, die u.U. zu sofortigen Entscheidungen in der Produktionssphäre zwingen, deren Wirkungen unwiderruflich sind, ist die Handlung des aus einem technischen Schutzrecht Verwarnenden auch nicht durch das Recht der freien Meinungsäußerung nach Art. 5 GG gedeckt, BGH GRUR **69,** 479, 481. Verwarnungen durch den Patentinhaber oder sonstigen Berechtigten aus einem Patent sind deshalb nur insoweit **nicht rechtswidrig,** als sie sich **innerhalb des Schutzbereichs** eines **rechtsgültigen Patents** halten, vgl. RGZ **156,** 321, 325; RG GRUR **34,** 444, 445; **36,** 100, 103; BGH GRUR **63,** 255, 259. So ergibt sich die Rechtswidrigkeit aus dem Widerruf oder aus der Nichtigerklärung eines Patents oder beim Gebrauchsmuster aus dessen Löschung, die das Recht jeweils mit rückwirkender Kraft beseitigen, RG GRUR **41,** 102, 103; BGHZ **38,** 200, 206; BGH GRUR **76,** 715, 716f.; LG Düsseldorf GRUR **68,** 156, was die über die Folgen der Verwarnung (Schadenersatz usw.) entscheidenden ordentlichen Gerichte bindet, BGH GRUR **74,** 146, 147 – Schraubennahtrohr, oder aus der Tatsache, dass das Schutzrecht nachträglich so beschränkt worden ist, dass die beanstandete Ausführungsform nicht mehr von ihm erfasst wird, OLG Frankfurt GRUR **67,** 114, 115, sowie aus der Tatsache, dass der Schutz für die Zeit, zu der vor der Benutzung gewarnt wird, noch nicht in Kraft getreten ist, BGHZ **1,** 194, 198, oder noch keinen Unterlassungsanspruch gewährt, z.B. die offengelegte Patentanmeldung. Die Warnung ist auch widerrechtlich, wenn der Warnende seinem Patent einen Schutzbereich beilegt, der diesem nicht zukommt, RGZ **141,** 336, 338; RG GRUR **41,** 102, 103; BGHZ **71,** 86ff.; vgl. OLG Köln WRP **76,** 49, 52 – für mangelnde Verwechslungsgefahr beim Ausstattungsschutz. Sie kann auch deshalb unberechtigt sein, weil dem Verwarnten oder dessen Lieferanten ein

Vorbenutzungsrecht zusteht, RG GRUR **41,** 102, 103; LG Essen Mitt. **87,** 32, 33, der Verwarnte nach § 23 berechtigt ist, OLG Nürnberg GRUR **96,** 48, oder die falsche Partei verwarnt worden ist, die für die beanstandete Benutzungshandlung nicht verantwortlich ist, LG Düsseldorf GRUR **66,** 637, oder dem Lieferanten des verwarnten Abnehmers vom Patentinhaber die Benutzung des Patents gestattet worden ist, LG Mannheim GRUR **80,** 935, 936f. Beim Rechtsübergang der Erfindung eines Arbeitnehmers auf den Arbeitgeber infolge Inanspruchnahme wird eine zwischenzeitlich vom Arbeitnehmer ausgesprochene Verwarnung des Arbeitgebers nachträglich widerrechtlich, BGH I ZR 156/59 vom 24. 11. 1961. Schätzt der Verwarnende die Rechtslage bei Ausspruch der Verwarnung materiell-rechtlich zutreffend ein, so stellt sich sein Vorgehen aber auch dann als von Anfang an gerechtfertigt dar, wenn zuvor ein erstinstanzliches Gericht hierzu in einem noch nicht rechtskräftig abgeschlossenen Verfahren einen gegenteiligen Standpunkt vertreten hatte, OLG Hamburg GRUR-RR **2002,** 145. Der Warnende kann sich dem Verwarnten gegenüber verpflichten, sich auf die ursprüngliche Wirksamkeit des Patents nicht zu berufen, BGH GRUR **65,** 231, 233, dann kann ein Streit über die objektive Rechtswidrigkeit der Verwarnung nicht mehr auftreten, BGH GRUR **65,** 231, 233. Wenn der Warnende auf sein Patent verzichtet und die gegen den Verwarnten erhobene Verletzungsklage mit der Erklärung zurückgenommen hat, er verzichte dem Verwarnten gegenüber auf alle Ansprüche aus dem Patent, um der Nichtigkeitsklage zu entgehen, dann handelt er arglistig, wenn er sich in einem Prozess, in dem der Verwarnte ihn wegen unberechtigter Verwarnung in Anspruch nimmt, darauf beruft, sein Patent sei bis zum Verzicht rechtsbeständig gewesen, BGH GRUR **65,** 231, 233.

c) Gegen eine rechtswidrige unberechtigte Verwarnung steht dem Verwarnten und – falls eine Abnehmerverwarnung droht – dem Hersteller oder Lieferanten der **Unterlassungsanspruch** zu, der kein Verschulden voraussetzt, RG GRUR **34,** 444, 446; **40,** 441, 443; **42,** 54, 55; BGHZ **38,** 200, 206 m. w. Nachw. Nach OLG Hamburg OLGR Hamburg **2001,** 129, 135 soll allerdings eine lediglich an den Hersteller gerichtete erste Schutzrechtsverwarnung noch keinen Unterlassungsanspruch gemäß § 823 Abs. 1 BGB auslösen. Eine Verwarnung begründet in der Regel nach der Lebenserfahrung die Besorgnis, dass der Warnende allgemein seine Auffassung vertritt und von ihr auch Dritten gegenüber Gebrauch machen wird, BGHZ **14,** 286, 290. Wiederholungsgefahr besteht auch dann, wenn der Vorwurf im Prozess aufrechterhalten wird, BGHZ **14,** 286, 291 m. w. Nachw. Eine allein durch eine Berühmung geschaffene Begehungsgefahr entfällt bei Aufgabe der Berühmung, vgl. BGH GRUR **87,** 125, 126 – Berühmung. Das Rechtsschutzinteresse für die Unterlassungsklage des Verwarnten entfällt, wenn der Patentinhaber seinerseits Klage auf Unterlassung der Patentverletzung gegen den Verwarnten erhebt, BGH GRUR **65,** 86, 88; vgl. BGHZ **8,** 203, 207 – Warenzeichenfall; vgl. dazu Heydt GRUR **59,** 154; Reimer Mitt. **60,** 185. Die Verwarnung kann im Einzelfall nicht untersagt werden, wenn zwar die Maschine, wegen der verwarnt worden ist, nicht verletzt, wohl aber andere Maschinen der gleichen Art, RG GRUR **36,** 100, 103, oder wenn zwar nicht das Patent, auf das die Verwarnung gestützt war, wohl aber ein Gebrauchsmuster des Warnenden verletzt wird, RG GRUR **34,** 444, 445. Noch im Prozess um die Berechtigung der Verwarnung kann ein anderes, die Verwarnung deckendes Schutzrecht nachgeschoben werden, RG Mitt. **34,** 199, 200. Die Unterlassungsklage ist z. B. begründet, wenn dem Verwarnten ein Vorbenutzungsrecht zusteht, LG Mannheim WRP **65,** 188, 189. Es ist wegen der Bindung des Verletzungsrichters an die Patenterteilung vertreten worden, dass die Unterlassungsklage bei identischer Benutzung des Gegenstands des Patents unbegründet ist, solange das Patent nicht rechtskräftig für nichtig erklärt ist, LG Mannheim WRP **65,** 188, 189; Ohl GRUR **66,** 172, 176; Schippel aaO S. 90. Sie ist aber jedenfalls begründet, wenn die Nichtigerklärung mit Sicherheit zu erwarten ist, OLG Karlsruhe Mitt. **65,** 119, und der Patentinhaber das klar erkennen kann, Schippel aaO S. 91. 18

Der Unterlassungsanspruch schließt regelmäßig nicht ein, dem Patentinhaber seinerseits die Erhebung einer Patentverletzungsklage verbieten zu lassen. Insoweit ist der in der Rechtsprechung anerkannte Grundsatz zu beachten, dass derjenige, der ein gesetzlich eingerichtetes und geregeltes Verfahren betreibt, bei subjektiver Redlichkeit nicht in ein geschütztes Rechtsgut seines Verfahrensgegners eingreift, BGHZ **154,** 269, 271f.; **118,** 201, 206; **95,** 10, 18ff.; **74,** 9, 13ff.; **36,** 18, 20ff. Dieser Grundsatz lässt ein **Verbot der Verletzungsklage** praktisch nur zu, wenn nachgewiesen werden kann, dass der Patentinhaber den Patentverletzungsvorwurf erhebt, obwohl er positiv weiß, dass dieser sachlich unberechtigt ist.

d) Beseitigung, Auskunft u. a., negative Feststellungsklage. Wenn die Verwarnung Dritten gegenüber ausgesprochen worden ist, kann vom Hersteller oder Lieferanten im Wege des Beseitigungsanspruchs, § 1004 BGB, vom Warnenden die Zurücknahme der Verwarnung 19 gegenüber den Dritten verlangt werden. Zu diesem Zwecke hat der Verwarner **Auskunft** zu erteilen, welche Dritten er verwarnt hat, RG MuW **40,** 161, 164. Auskunft kann nicht verlangt werden, wenn nur der Wettbewerber selbst verwarnt worden ist, RG GRUR **42,** 54, 56. Ist durch eine unberechtigte öffentliche Warnung ein fortdauernd zu Schädigungen führender Störungszustand herbeigeführt worden, so ist ein **Beseitigungsanspruch,** BGHZ **107,** 46, 61 ff. – Ethofumesat, in Form eines Widerrufs gegeben, vgl. BGH GRUR **59,** 143, 144, der kein Verschulden voraussetzt, BGH GRUR **60,** 500, 503 – Plagiatsvorwurf; **92,** 527, 528 – Plagiatsvorwurf II, der aber unter Berücksichtigung der Interessen der Beteiligten nur mit großer Zurückhaltung behandelt wird, wenn nicht neben der Verwarnung schwerwiegende Angriffe gegen den Verwarnten erfolgt sind, BGH GRUR **70,** 254, 256 f.; beispielsweise vorher die Leistung des Gegners öffentlich herabgesetzt worden ist, BGH GRUR **92,** 527, 529 – Plagiatsvorwurf II; vgl. auch Brodeßer, FS v. Gamm, 1990, S. 345 ff.; Burhenne MDR **56,** 515. Die schuldhafte Unterlassung des Widerrufs einer Abnehmerverwarnung verpflichtet zum Ersatz des dem Hersteller entstandenen Schadens, BGHZ **71,** 86, 93 f.

Der Verwarnte kann die Rechtsunsicherheit, z. B. über den Schutzumfang des Patents des Verwarners, durch eine **negative Feststellungsklage** klären, BGH GRUR **69,** 479, 481; **73,** 667, 669; I ZR 124/93 v. 12. 7. 1995; BPatGE **20,** 186, 188. Er kann dann nachträglich dem Einspruchsverfahren beitreten (§ 59 Abs. 2 Satz 2). Das für eine negative Feststellungsklage erforderliche rechtliche Interesse ist dem Verwarnten schon dann zuzubilligen, wenn die Rechtsberühmung des Abmahnenden die wirtschaftlichen und rechtlichen Interessen des Verwarnten berührt, und an der Ernsthaftigkeit des Verlangens des Abmahnenden keine Zweifel bestehen, BGH I ZR 124/93 v. 12. 7. 1995. Das rechtliche Interesse an der Feststellung kann jedoch entfallen, wenn der Patentinhaber Klage auf Unterlassung und Schadenersatzfeststellung erhebt und diese Klage nicht mehr einseitig zurückgenommen werden kann; maßgebend ist die Entscheidungsreife im Feststellungsstreit, BGH GRUR **85,** 41, 44 – REHAB; **87,** 402, 403 – Parallelverfahren; vgl. auch BGHZ **28,** 203, 207. Eine im Prozess erfolgte Schutzberühmung für ein Merkmal eines Kombinationspatents rechtfertigt das Feststellungsinteresse des dadurch Betroffenen, RG GRUR **37,** 450, 452.

Die unberechtigte Schutzrechtsverwarnung verpflichtet den Verwarner zur **Herausgabe** dessen, was er durch eine Leistung des Verwarnten, die auch in einem Unterlassen bestehen kann, oder auf sonstige Weise unmittelbar auf Kosten des Verwarnten erlangt hat, § 812 BGB, BGHZ **38,** 200, 204; vom Stein GRUR **56,** 248, 250 f.; Bruchhausen Mitt. **69,** 286, 287 f.; Haines, Bereicherungsansprüche bei Warenzeichenverletzungen und unlauterem Wettbewerb, 1970, S. 104; vgl. BGH GRUR **65,** 231, 233; dagegen Zeller Mitt. **57,** 24; Horn GRUR **71,** 442, 446; siehe auch v. Falck/Ohl GRUR **71,** 541, 549. Dazu zählt jedoch nicht der Gewinn auf Grund von Bestellungen, die wegen der Unterlassung des Verwarnten dem Verwarner zugegangen sind, weil es insoweit an der Unmittelbarkeit der Vermögensverschiebung fehlt. Erlangt der Verwarnende durch eine Abnehmerverwarnung Vorteile, weil die Abnehmer nunmehr von seinem Lizenznehmer beziehen und er vom letzteren vermehrte Lizenzgebühren erhält, können diese von dem durch die Abnehmerverwarnung geschädigten Hersteller nicht nach § 812 BGB herausverlangt werden, BGHZ **71,** 86, 98 m. w. Nachw. – Fahrradgepäckträger II.

Die Verwarnung aus einer nicht offengelegten Patentanmeldung begründet kein berechtigtes Interesse an deren **Akteneinsicht,** wohl aber die Verwarnung aus einem Hilfsgebrauchsmuster, BGH GRUR **66,** 698, 700, 701, oder aus einem noch nicht eingetragenen Gebrauchsmuster, dessen Gegenstand dem Verwarnten vorenthalten wird, BPatG GRUR **86,** 57 m. w. Nachw., oder aus einem in der Verwarnung und einem anschließenden Rechtsstreit als mit der Patentanmeldung gleich lautend bezeichneten Gebrauchsmuster, BGH Mitt. **72,** 175; siehe dazu § 31 Rdn. 30 f.

20 **e) Schadenersatz** kann nur bei Verschulden des Verwarnenden verlangt werden, BGHZ **38,** 200, 205; **62,** 29, 33; RG GRUR **39,** 787, 789; **40,** 441, 443, denn eine Gefährdungshaftung ist abzulehnen, weil sie die Rechtsverfolgung des Schutzrechtsinhabers mit einem zu großen Risiko belastete, BGHZ **38,** 200, 205; RGZ **60,** 344, 345 f.; RG GRUR **39,** 787, 789. So kann der Lieferant Schaden, der ihm durch Inanspruchnahme seines Abnehmers aus einem später für nichtig erklärten Patent entstanden ist, wegen Eingriffs in den eigenen Gewerbebetrieb von demjenigen ersetzt verlangen, der in schuldhafter Weise unberechtigt aus dem Patent vorgegangen ist. Der **Schaden** kann in der Gewinneinbuße bestehen, die durch die Einstellung der Herstellung und des Vertriebs, BGH GRUR **63,** 255, 257, durch Abbestellung von Kunden, RGZ **156,** 321, 325, entgangene Aufträge der Abnehmer, BGHZ **71,** 86 ff., oder Beunruhigung der Kundschaft entstanden ist oder durch Aufwendung von Anwaltskosten zur Abwehr

der Verwarnung, LG Düsseldorf GRUR **66,** 637; Mitt. **89,** 77, 78; LG München I GRUR **69,** 307, 308; LG Mannheim GRUR **80,** 935, 937; LG Freiburg GRUR **80,** 937, 938f.; LG Essen Mitt. **87,** 32, 33; a.A. OLG Hamburg Mitt. **2003,** 288 (nur in Ausnahmefällen); LG Nürnberg-Fürth WRP **78,** 325, 326 (für die Warnung wegen einer Zeitungsanzeige), oder von Patentanwaltskosten für die Ermittlung des Stands der Technik, OLG Frankfurt GRUR **67,** 114, 115; LG Düsseldorf Mitt. **89,** 77, 78. Er ist notfalls unter Berücksichtigung aller Umstände nach § 287 ZPO zu schätzen, OLG Dresden MuW **37,** 311. Der Hersteller oder der Vertreiber der streitigen Vorrichtung kann seine Umsatzeinbußen, die daraus folgen, dass die verwarnten Abnehmer diese Vorrichtung nicht (mehr) beziehen, als Schaden jedoch nur ersetzt verlangen, wenn feststeht, dass er das Patent nicht verletzt, vgl. BGH WRP **95,** 489, dort für Anspruch aus UWG. Wirtschaftliche Nachteile, die ein Zulieferer des Verwarnten dadurch erleidet, dass dieser die Verwarnung befolgt, sind grundsätzlich als nur mittelbare Beeinträchtigung nicht zu ersetzen, BGH GRUR **77,** 805 – Klarsichtverpackung. Dies gilt umsomehr, wenn ein Zulieferer des Zulieferers betroffen ist, OLG München Mitt. **2004,** 378. In der Regel kann auch kein Ersatz für den eigenen Zeitaufwand bei der Ermittlung des Schadens und dessen außergerichtlicher Abwicklung verlangt werden, BGHZ **76,** 216, 218 m.w. Nachw. Wenn mit der Herstellung der beanstandeten Erzeugnisse noch nicht begonnen wurde, soll bei herausgeforderter Verwarnung nach OLG Hamburg 5 U 149/03 v. 25. 11. 2004 ein Schadensersatzanspruch ausscheiden, weil im Falle einer Unterlassungsklage des Abmahnenden der Verwarnte außerhalb der §§ 717 Abs. 2, 945 ZPO ebenfalls keinen Schadensersatz verlangen könnte, wenn er für die Dauer des Prozesses mit der Herstellung noch gewartet hätte. Die zum Schadenersatz verpflichtende Handlung kann sowohl ein Tun (Ausspruch der Unterlassungsaufforderung, Versendung der Verwarnungsschreiben) als auch eine Unterlassung sein, wenn eine Verpflichtung zum Handeln besteht, die sich aus vorausgegangenem Tun ergeben kann, z.B. wenn sich später ergibt, dass das beanstandete Verhalten keine Patentverletzung darstellt, BGHZ **71,** 86, 93f.

aa) Für das **Verschulden,** das für einen Schadensersatzanspruch wegen Eingriffs in den eingerichteten und ausgeübten Gewerbebetrieb nötig ist, genügt grundsätzlich jede Verantwortlichkeit im Sinne des § 276 BGB; eine grob fahrlässige Verursachung ist **bei Verwarnungen aus einem Patent** nicht erforderlich, BGH GRUR **68,** 156, 157 – Schutzrechtsverwarnung. Da er über Bestand und technische Einzelheiten seines Schutzrechts in der Regel besser informiert ist als Dritte, muss sich derjenige, der Rechte geltend machen will, vor der Verwarnung grundsätzlich über die Sach- und Rechtslage unterrichten. Hinsichtlich des Fortbestands eines erteilten Patents bedarf es in der Regel allerdings weitergehender Prüfungen nicht; auf die Sachkunde des Patentamts kann sich der Rechtsinhaber verlassen, **76,** 715, 717 – Spritzgießmaschine; RG GRUR **30,** 959, 962. Der Vorwurf des Verschuldens kann insbesondere dann nicht gemacht werden, wenn weder das Patentamt noch die einsprechende Konkurrenz in mehreren Jahren ein neuheitsschädliches Material ermitteln konnten, OLG Düsseldorf GRUR **61,** 136. Tritt nach der Erteilung des Patents keine neue Entwicklung ein, die Zweifel an dessen weiterem **Bestand** wecken kann, fehlt es an einem Verschulden auch dann, wenn das Recht später vernichtet wird, BGH GRUR **51,** 452 – Widia/Ardia; **76,** 715, 716f. – Spritzgießmaschine; Schwerdtner GRUR **69,** 19, 20. Der Verwarner ist also nicht etwa gehalten, Bestand und Bestandsfähigkeit seines Rechts zuvor in einem gerichtlichen Verfahren überprüfen zu lassen, OLG Hamburg GRUR-RR **2002,** 145. Nicht einmal dass der Bestand des Patents in einer gerichtlichen Entscheidung bereits verneint wurde, hat ein Vertretenmüssen des Verwarners notwendig zur Folge; dieser muss in einem solchen Fall die Rechtslage jedoch besonders sorgfältig prüfen. Der Patentinhaber muss also nur begründeten Zweifeln an dem Bestand seines Rechts nachgehen, BGHZ **38,** 200, 204ff. – Kindernähmaschinen; BGH GRUR **79,** 332, 333f. – Brombeerleuchte. Kommen solche Zweifel in Betracht, haben die ordentlichen Gerichte unbeschadet ihrer Bindung an die Nichtigkeitserklärung ein eigenes Nachprüfungsrecht hinsichtlich der für den Warnenden erkennbaren Erheblichkeit von Entgegenhaltungen für den Bestand des Schutzrechts, BGH GRUR **74,** 146, 147 – Schraubennahtrohr. Die Sorgfaltspflicht des Verwarners würde allerdings überspannt, wenn er von einer Verwarnung bereits dann absehen müsste, wenn er eine falsche Entscheidung über den Bestand des nach seiner sorgfältig gebildeten Überzeugung rechtsbeständigen Schutzrechts für nicht ausgeschlossen hält, BGHZ **62,** 29, 35. Hinsichtlich der Frage, wie weit der **Schutzbereich** des Patents reicht, fehlt es an einem der Prüfung der Patentfähigkeit durch das Patentamt vergleichbaren Tatbestand. Der Rechtsinhaber hat deshalb in jedem Fall gewissenhaft prüfen, ob die von ihm für beanstandenswert erachtete Ausführung nach dem Sinngehalt des Patents zu dessen Schutzbereich gehört. Das gilt besonders bei Verwarnung der Abnehmer eines Herstellers, wenn zwischen 21 diesem und einem Patentberechtigten ein Rechtsstreit über die Frage der Patentverletzung schwebt, vgl. aber auch OLG Düsseldorf GRUR **59,** 606, 607. Im Einzelfall kann dann eine Verwarnung unter Abdruck eines erstinstanzlichen Urteils zulässig sein, RG MuW **26/27,** 293, 294, wenn deutlich zum Ausdruck gebracht wird, dass das Urteil einem Rechtsmittel unterliegt, RG MuW **26/27,** 293, 294. Grundsätzlich gilt, dass bei einer Abnehmerverwarnung vor einer endgültigen Klärung der Patentlage den Kunden des Herstellers oder Lieferanten eingehende Angaben über den Streitstand zu machen sind, OLG Karlsruhe Mitt. **65,** 119, 120; OLG Stuttgart BB **64,** 373; LG Mannheim WRP **65,** 188, 190; BB **72,** 330, 331; von Metzen, FS vom Stein, 1961, S. 84, 85.

Bei **Verwarnung aus einem Gebrauchsmuster** (wie früher bei Verwarnung aus einer bekanntgemachten Anmeldung, BGH GRUR **65,** 160, 161; RG GRUR **40,** 441, 446) sind **strengere Anforderungen** zu stellen, weil bei diesem Ausschließlichkeitsrecht keine amtliche Prüfung der Schutzfähigkeit stattfindet, BGH GRUR **63,** 255, 259 m. w. Nachw.; RG JW **19,** 247 Nr. 17; OLG Frankfurt GRUR **67,** 114, 115; OLG München HRR **40,** Nr. 896; OLG Frankfurt 6 U 194/91 v. 26. 10. 1995; LG Düsseldorf GRUR **68,** 156, 157. Bezüglich der Frage der Schutzfähigkeit wird ein hohes Maß an Sorgfalt verlangt, BGHZ **62,** 29, 38; BGH GRUR **79,** 332, 336 – Brombeerleuchte, das sich noch steigert, wenn nicht der Wettbewerber des Verwarnenden, sondern dessen Abnehmer verwarnt werden; wird die Prüfung der Rechtslage den erhöhten Anforderungen nicht gerecht und stellt sich die Abnehmerverwarnung als rechtswidrig heraus, trägt der Warnende das damit verbundene Risiko, BGH GRUR **79,** 332, 336 f., jedenfalls dann, wenn das Recht nicht bereits zuvor einer Prüfung in einer anderen gerichtlichen Auseinandersetzung unterzogen worden ist, BGH GRUR **97,** 741, 742 – Chinaherde; vgl. auch. BGHZ **38,** 200, 204 ff. – Kindernähmaschinen; BGHZ **62,** 29, 31 ff. – Maschenfester Strumpf; BGH GRUR **79,** 332, 333 f. – Brombeerleuchte. Auch der aus einem ungeprüften Schutzrecht Berechtigte ist aber nicht gehalten, den Bestand seines Rechts vor dem Ausspruch einer Verwarnung zunächst gerichtlich feststellen zu lassen, OLG Hamburg GRUR-RR **2002,** 145. Er muss sich aber vergewissern, dass sein Recht weiterhin Bestand haben wird, durch den gerügten Gegenstand verletzt wird und die Verwarnung nach Lage der Dinge sachgerecht und vernünftig erscheint, ehe er zu einer Verwarnung schreitet, RGZ **94,** 271, 276; RG GRUR **41,** 102, 104; BGHZ **62,** 29, 31 ff. – Maschenfester Strumpf; BGH GRUR **63,** 255, 259. Nur wenn er sich hierbei von vernünftigen und billigen Überlegungen hat leiten lassen und seine Überzeugung durch eine gewissenhafte Prüfung gebildet hat, trifft ihn kein Schuldvorwurf, BGHZ **62,** 29, 36; RGZ **94,** 271, 276; RG GRUR **31,** 640, 641, so, wenn er nach gründlicher Recherche und unter Ausschöpfung aller ihm zur Verfügung stehenden Erkenntnismittel zu der Überzeugung gelangt, bei Anwendung der anerkannten Grundsätze könne ihm der Schutz nicht verweigert werden, BGH GRUR **79,** 332, 336 f.

22 bb) **Einzelheiten.** Für ein Verschulden genügt es, wenn der Verwarner in vorwerfbarer Weise den seinem Schutzrecht entgegenstehenden Stand der Technik nur unvollständig berücksichtigt hat, BGH GRUR **63,** 255, 259; **76,** 715, 717; BGHZ **62,** 29, 33; österr. OGH GRUR Int. **83,** 749. Wie weit die Pflicht zur Prüfung des Stands der Technik geht, ist Sache des Einzelfalls, OLG Frankfurt GRUR **67,** 114, 115. Die Unkenntnis einer ausländischen Patentschrift, die bei einer umfangreichen Nachforschung mit Hilfe eines Patentanwalts unentdeckt blieb, ist regelmäßig nicht vorwerfbar, OLG München HRR **40** Nr. 896. Gehen nach Kenntnis der Fachwelt von einem Land auf einem Fachgebiet starke Impulse aus, dann darf der Stand Technik in diesem Land nicht außer acht gelassen werden, OLG Frankfurt, Betrieb **65,** 1044, 1045. Eine Recherche allein im Inland genügt nicht, wenn sich der Gedanke aufdrängt, im Ausland bestehe ein Stand der Technik, der die Berufung auf das eigene Schutzrecht unsicher erscheinen lässt, OLG Frankfurt Betrieb **65,** 1044. Auf einem begrenzten Spezialgebiet ist eine Recherche nach US-Patentschriften und nach weit verbreiteten Fachzeitschriften zumutbar, LG Berlin Mitt. **39,** 148, 149. Eine Auslandsrecherche ist einem Unternehmen zumutbar, das umfangreiche Beziehungen im Ausland unterhält, RG GRUR **41,** 102, 104, oder den betreffenden Auslandsmarkt beliefert und sich als größte Fabrik der Welt auf dem betreffenden Spezialgebiet bezeichnet, BGH GRUR **63,** 255, 259; gesteigerte Sachkenntnis bedingende Umstände, wie langjährige Erfahrungen bedeutender Unternehmen, sind beachtlich, BGHZ **62,** 29, 33 – Maschenfester Strumpf. Die Prüfung der Marktverhältnisse genügt allein nicht, wenn der druckschriftliche Stand der Technik nicht beachtet wird, OLG Frankfurt Betrieb **65,** 1044. Die Unkenntnis einer eigenen, wenn auch lange zurückliegenden neuheitsschädlichen Vorveröffentlichung ist grob fahrlässig, RG GRUR **39,** 787, 790. Ein Verschulden kann auch darin liegen, dass ein Warnungsschreiben abgeschickt worden ist, obwohl vor dem Patentamt schon Zeugen eine offenkundige Vorbenutzung bestätigt hatten, RG GRUR **40,** 441, 446.

Eine vorwerfbare falsche Würdigung eines dem Verwarnenden bekannten Stands der Technik oder eine vorwerfbar unvollständige Berücksichtigung des Stands der Technik kann ein Verschulden begründen, ebenso die vorwerfbar grobe Fehleinschätzung des Vorliegens erfinderischer Tätigkeit, BGH GRUR **63,** 255, 259; **76,** 715, 717; BGHZ **62,** 29, 33; doch erheischt ein Irrtum des Verwarnenden im letzteren Punkt in Bezug auf die Frage der Vorwerfbarkeit eine weniger strenge Beurteilung, BGHZ **62,** 29, 33; BGH GRUR **63,** 255, 259; LG Düsseldorf **68,** 156, 157; österr. OHG GRUR Int. **83,** 749, 750, besonders wenn bei mehrfacher Prüfung der erfinderischen Tätigkeit entgegenstehende Gesichtspunkte nicht aufgefunden wurden, OLG München BB **65,** 1085, 1086. Eine grobe Fehleinschätzung oder eine grob fehlerhafte Bewertung des Stands der Technik begründen ein Verschulden, BGH GRUR **76,** 715, 717.

Ein Verschulden kann auch darin liegen, dass eine Ausführungsform zu Unrecht als unter das Patent fallend eingeordnet wird, BGH GRUR **63,** 255, 259; BGHZ **62,** 29, 33, etwa weil der Verwarnende angenommen hat, er könne für ein Einzelmerkmal einer geschützten Kombination selbstständigen Schutz beanspruchen, vgl. RG GRUR **40,** 441, 446. Ein Irrtum über den Schutzumfang ist jedoch nicht in jedem Falle schuldhaft, RG Mitt. **41,** 44, 45; besonders wenn der Verwarnte den Eindruck erweckt hat, er benutze die geschützte Lehre, OLG München HRR **40,** Nr. 896. Verschulden liegt vor bei der Verwarnung auf Grund eines abhängigen Patents gegen den Lizenznehmer des älteren Patents, RG MuW **30,** 445, 446, oder durch den Lizenznehmer des abhängigen Patents gegen die Abnehmer des Inhabers des älteren Patents, RGZ **156,** 321, 325.

Der Rat eines Patentsanwalts schließt ein Verschulden nicht aus, wenn auch Fragen des bürgerlichen Rechts und des Wettbewerbsrechts von Bedeutung waren, RG MuW **30,** 445, 446; KG GRUR **56,** 571, 572 – Warenzeichensache, oder wenn eine bedeutende Fachfirma mit umfassenden Erfahrungen und Erkenntnismöglichkeiten verwarnt, RG GRUR **39,** 787, 790, oder wenn der Verwarnende bei einer zweifelhaften Rechtslage mit den in Betracht kommenden Rechtsproblemen besonders vertraut ist, BGHZ **2,** 387, 393f. Der BGH hat das Verschulden verneint in einem Falle, in dem der Verwarner vor seiner Verwarnung zweimal unter Beteiligung erfahrener Rechts- und Patentanwälte, die er in seinem Betrieb unter Einsatz seines fachlichen Spezialwissens mit allen technischen Einzelheiten vertraut gemacht hatte, eingehende Untersuchungen über den Rechtsbestand der Schutzrechte vorgenommen hatte und in dem auch die besonders erfahrenen Patentanwälte des Verwarnten die Löschung der Schutzrechte für unwahrscheinlich gehalten hatten sowie auch das Patentamt die Schutzrechte zunächst nicht für vorweggenommen angesehen hatte, BGHZ **62,** 29, 38ff. Er hat in Fällen, die technisch überschaubar sind und von einem Patentanwalt oder einem patentrechtlich erfahrenen Rechtsanwalt erfasst und beurteilt werden können, die Einholung eines Gutachtens eines erfahrenen neutralen Spezialisten, so noch BGH GRUR **63,** 255, 259 – Kindernähmaschine, nicht für in jedem Falle sachdienlich und erforderlich erhalten, BGHZ **62,** 29, 39 – Maschenfester Strumpf. Das hat der BGH bei einer Abnehmerverwarnung aus amtlich nicht geprüften Schutzrechten (Geschmacksmuster und Urheberrecht) mit Rücksicht auf die hierbei besonders hohen Anforderungen an das Maß der aufzuwendenden Sorgfalt nicht ausreichen lassen und die Bejahung des Verschuldens durch die Vorinstanz wegen der unterlassenen Einholung eines schriftlichen Gutachtens durch die besonders sachkundige Partei nicht beanstandet, BGH GRUR **79,** 332, 336f.; vgl. auch OLG Köln WRP **76,** 49, 52f. Dem wird bei der Abnehmerverwarnung aus ungeprüften Gebrauchsmustern Rechnung zu tragen sein. Der österr. OHG hat das Verschulden in einem Falle verneint, in dem sich der Patentinhaber auf das von einem Gericht bestellte Gutachten eines Patentanwalts verlassen hatte, obwohl schon vorher das deutsche Bundespatentgericht und später das schwedische Patentamt, das österreichische Patentamt und der Oberste Patent- und Markensenat eine Entgegenhaltung als schutzhindernd gewertet hatten, weil die Beurteilung der „Erfindungshöhe" von der jeweiligen Praxis abhänge, GRUR Int. **83,** 749, 750. Das ist jedenfalls heute bei den vereinheitlichten Patentgesetzen nicht unbedenklich. Zur Verschuldensfrage bei Hinzuziehung eines Rechtsanwalts siehe auch RG MuW **30,** 445, 446; LG München I GRUR **69,** 307, 308, dessen zu strenger Maßstab von Horn GRUR **69,** 259, 260, zu Recht kritisiert wird; siehe dazu auch Ohl GRUR **66,** 172, 183.

Auch wenn das Landgericht den Standpunkt des Verwarnenden billigt, ist ein Verschulden nicht ausgeschlossen, wenn dieser leicht erkennen konnte, dass das Landgericht von der herrschenden Rechtsprechung abwich, RG GRUR **39,** 609, 612. Das Verschulden kann nicht mit dem Hinweis ausgeräumt werden, sogar Kollegialgerichte hätten das Verhalten des Verwarnten als rechtswidrig angesehen, BGH GRUR **63,** 197, 200. Die entsprechende allgemeine Richtlinie aus dem Recht der Amtshaftung für Beamte, BGHZ **97,** 97, 107, ist nicht anwendbar, BGH GRUR **63,** 197, 200. Fahrlässigkeit in Bezug auf eine zu weite Auslegung des

Patents ist jedoch verneint worden, wenn ein auf dem Gebiet des Patentrechts besonders erfahrenes Landgericht den Standpunkt des Warnenden bereits mehrfach geteilt hatte, RGZ **94,** 271, 276.

Für die Frage des Schadenersatzes für schuldhaft unberechtigte Verwarnungen aus einem erteilten Patent kommt es nicht darauf an, ob das Patent vernichtbar war, sondern darauf, ob es auf Grund von Gesichtspunkten oder Entgegenhaltungen vernichtbar war, die der Verwarnende kannte oder schuldhaft nicht gekannt hat, BGH GRUR **65,** 231, 234; BGH X ZR 72/65 vom 25. 4. 1968. Wird das Verschulden des Verwarners darin gesehen, dass er die Vernichtbarkeit seines Patents kannte oder kennen musste, dann muss das ordentliche Gericht selbstständig prüfen, ob das Patent auf Grund von Entgegenhaltungen, die der Verwarnende kannte oder kennen musste, vernichtbar war, BGH GRUR **65,** 231, 234. Die objektive Möglichkeit zu Zweifeln hinsichtlich der Rechtslage – die theoretische Möglichkeit, dass das Schutzrecht vernichtet wird – begründet für sich allein noch nicht ohne weiteres den Vorwurf des Verschuldens, BGHZ **62,** 29, 36; BGH GRUR **63,** 255, 259; WRP **68,** 50, 53; OLG Frankfurt GRUR **67,** 114, 115; LG Düsseldorf GRUR **68,** 156, 158. Rechtliche Zweifel brauchen den Verwarner nicht abzuhalten, wenn vernünftige Überlegungen es rechtfertigen, die Zweifelsfragen zur Sprache zu bringen und einer Klärung zuzuführen, BGH WRP **65,** 97, 99 m. w. Nachw., besonders wenn der Verwarnte dem Sachverhalt nähersteht und der Verwarnende hinsichtlich der Rechtfertigungsgründe auf Verdacht angewiesen ist, BGH WRP **65,** 97, 99, und wenn vernünftige und billige Überlegungen die Anrufung des Gerichts zur Klärung des Zweifels rechtfertigen, RG GRUR **31,** 640, 641. Mögliche Zweifel an der Rechtslage müssen einen konkreten Beziehungspunkt haben, BGH GRUR **63,** 255, 259; BGHZ **62,** 29, 36f., mit anderen Worten: Es muss ein konkreter Anlass zu Zweifeln bestanden haben, OLG Frankfurt GRUR **67,** 114, 115. Bei ernstlichen Zweifeln an der Rechtsbeständigkeit eines Gebrauchsmusters ist ein Verschulden insbesondere gegeben, wenn der Inhaber – ein großes Unternehmen – sich an die Abnehmer des Herstellers und nicht an diesen selbst wendet, RG GRUR **41,** 102, 104. Es ist zu Recht darauf hingewiesen worden, dass unterschiedliche Maßstäbe an die Sorgfalt zu stellen sind, je nach dem, ob nur der unmittelbare „Verletzer" oder dessen Abnehmer verwarnt werden, LG Düsseldorf GRUR **68,** 156, 158; Rogge GRUR **65,** 41, 43; Moser von Filseck GRUR **63,** 260, 263. Wer zu einer einschneidenden öffentlichen Warnung – Ankündigung der Beschlagnahme und des strafrechtlichen Einschreitens – schreiten will, muss besonders sorgfältig die Rechtslage prüfen, BGH WRP **68,** 50, 53. Bei einer teilweisen rechtswidrigen Warnung ist hinsichtlich des rechtwidrigen Teils das Verschulden zu bejahen, wenn die Verwarnung in ihrem Kerngehalt der rechtlichen Grundlage entbehrte und das bei sorgfältiger Prüfung der Rechtslage, gegebenenfalls nach Einholung rechtsgutachtlicher Äußerungen erkennbar war, BGH WRP **68,** 50, 53. Das LG Düsseldorf will die strengen Verschuldensgrundsätze bei der Beurteilung von Patentverletzungen bei der Verwarnung nicht angewendet wissen, weil das das Risiko der Geltendmachung von Patenten zu sehr erhöhe, GRUR **68,** 156, 157. Das darf nicht dazu verleiten, schon bei leichter Fahrlässigkeit Ersatzansprüche zu versagen. Eine derartige Differenzierung sieht das geltende Recht nicht vor.

23 **cc)** Eine Haftung auf Schadenersatz kann mangels **Ursächlichkeit** entfallen, so z. B. wenn der Schaden auch eingetreten wäre, wenn eine zum Teil berechtigte, zum Teil unberechtigte Warnung sich auf den berechtigten Teil beschränkt hätte, RGZ **156,** 321, 325, ebenso bei teils schuldhafter und teils nicht schuldhafter rechtswidriger Verwarnung, wenn sie sich auf den nicht schuldhaften Teil beschränkt hätte, BGH GRUR **63,** 255, 259; BGH X ZR 72/65 vom 25. 4. 1968. Das ist jedoch nur dann der Fall, wenn anzunehmen ist, dass der nicht rechtswidrige oder nicht schuldhafte Teil der Verwarnung für sich allein genau die gleiche Wirkung bei dem Verwarnten gehabt hätte, RGZ **156,** 321, 325; BGH GRUR **63,** 255, 259; BGH WRP **68,** 50, 53; BGH X ZR 72/65 vom 25. 4. 1968. Die Unterlassung des Verwarners, beim „Verletzer" zunächst anzufragen, weshalb er sich zu seinen Handlungen für berechtigt halte, ist nur dann ursächlich für einen Warnungsschaden durch Verwarnungen an die Abnehmer, wenn feststeht, dass der „Verletzer" dem Verwarnenden alsbald dem Schutzrecht entgegenstehendes Material übermittelt hätte, RG GRUR **41,** 102, 104. Hat der Rechtinhaber seine Verwarnung an den Wettbewerber und dessen Abnehmer gerichtet, der Wettbewerber die Produktion eingestellt, ehe er von der Abnehmerverwarnung erfuhr, ist letzteres für den durch die Produktionseinstellung verursachten Schaden nicht ursächlich, wohl aber für den Schaden, der sich aus einer deshalb verzögerten Wiederaufnahme der Produktion ergibt, BGHZ **62,** 29, 41.

24 **dd)** Wenn der Verwarnte voreilig seinen Absatz einschränkt oder Herstellung und Vertrieb einstellt sowie nicht unverzüglich wiederaufnimmt, wenn die Widerrechtlichkeit der Verwar-

nung erkennbar wird, fällt ihm ein **Mitverschulden** zur Last, das nach § 254 BGB die Ersatzpflicht mindern oder ausschließen kann, RG GRUR **42,** 54, 56f.; BGH GRUR **63,** 255, 259f.; **79,** 332, 337; LG München I GRUR **69,** 307, 308, z.B. bei voreiligem unbesonnenem Verhalten, RG GRUR **31,** 640, 641. Der Ausschluss der Ersatzpflicht ist selten, RG GRUR **42,** 54, 56f. Voraussetzung für ein die Schadenersatzpflicht ausschließendes oder minderndes Verschulden des Verwarnten ist, dass es ihm zum Vorwurf gemacht werden kann, der Verwarnung voreilig nachgegeben zu haben, BGH GRUR **63,** 255, 260. Das ist der Fall, wenn er bei verständiger Prüfung die mangelnde Berechtigung der Verwarnung erkennen konnte, RG GRUR **39,** 787, 791, oder bei Beachtung der im Verkehr erforderlichen Sorgfalt leicht hätte erkennen können, dass die Verwarnung offensichtlich unbegründet war, RG GRUR **42,** 54, 56f., z.B. weil aus einer offengelegten Patentanmeldung verwarnt wurde. Mitverschulden kann bereits gegeben sein, wenn die eingeforderte Unterwerfungserklärung ohne weitere Nachfrage abgegeben wird, OLG Frankfurt 6 U 194/91 v. 26. 10. 1995, wonach dieses Mitverschulden aber nicht mit mehr als 30% angesetzt werden darf. Der Verwarnte, der sich der Verwarnung zunächst gebeugt hat, ist auch gehalten zu prüfen, ob er wegen neuer Umstände dem Unterlassungsverlangen weiterhin nachkommen soll, BGHZ **71,** 86, 93. Es ist zu prüfen, wer den Schaden vorwiegend verursacht hat, RG GRUR **42,** 54, 56f. Dafür ist maßgebend, ob die Handlungsweise der einen Partei den Schaden nicht nur ermöglicht, sondern in wesentlich höherem Maße wahrscheinlich gemacht hat als das Verhalten der anderen Partei, BGH WRP **68,** 50, 53. Das Verhalten beider Parteien ist zu würdigen, RG GRUR **42,** 54, 56f. Ein Gesichtspunkt dabei ist, ob der aus einem geprüften Schutzrecht Verwarnende dem Verwarnten Gelegenheit zur Stellungnahme gegeben hat, ehe er die Unterlassung forderte, BGH GRUR **63,** 255, 259. Die Größe und Stellung des Verwarnenden auf dem betreffenden Fachgebiet fällt ins Gewicht, ferner der Umstand, ob der Verwarnte unverzüglich zur Klärung der Rechtslage beigetragen hat und ob er den Rat eines Sachverständigen eingeholt hat, BGH GRUR **63,** 255, 260. Bei der Abnehmerverwarnung kann ein Verschulden der Abnehmer dem geschädigten Hersteller (Lieferanten) nicht entgegengehalten werden, BGH GRUR **79,** 332, 337 – Brombeerleuchte. Der Verwarnte ist nicht gehalten, vom Verwarner zu beziehen, BGH GRUR **79,** 869, 873 – Oberarmschwimmringe.

Ergibt sich die Widerrechtlichkeit einer Verwarnung aus einer Beschränkung oder der Nichtigerklärung eines Patents, so beginnt die Frist für die **Verjährung** in der Regel nicht schon mit der Kenntnis oder der grob fahrlässigen Unkenntnis einer Entgegenhaltung, sondern erst mit der Kenntnis der rechtskräftigen beschränkenden oder vernichtenden Entscheidung, vgl. BGH X ZR 72/65 vom 25. 4. 1968; LG Düsseldorf GRUR **68,** 156, 159. Entsprechendes gilt bei dem Widerruf des Patents oder der Löschung des Gebrauchsmusters, vgl. BGH GRUR **79,** 869, 873 – Oberarmschwimmringe. Der Beginn der Verjährungsfrist bestimmt sich, soweit die Verwarnung selbst in Betracht kommt, nach dem Zeitpunkt der Verwarnungshandlung, auch bei mehreren zeitlich aufeinander folgenden Verwarnungen, die nicht zu einem Gesamtverhalten zusammengefasst werden dürfen, BGHZ **71,** 86, 94. Die regelmäßige Verjährungsfrist beträgt nach §§ 195, 199 Abs. 1 u. 3 BGB 3 Jahre. Der Verjährungseinrede kann im Einzelfall der Arglisteinwand entgegengesetzt werden, BGHZ **71,** 86, 95f., wo dessen Voraussetzungen umschrieben sind. Danach ist davon abzuraten, mit der Klage auf Schadenersatz zuzuwarten, bis im Verletzungsprozess über die Zulässigkeit der Verwarnung rechtskräftig entschieden ist, siehe dazu Winkler GRUR **80,** 526, 528ff. Nach Ablauf der Verjährungsfrist kann der Geschädigte vom Verwarnenden nach § 852 BGB die Herausgabe der dessen Vermögen mehrenden unrechtmäßig erlangten Vorteile, z.B. erhöhte Lizenzgebühren des Lizenznehmers, der verwarnte Abnehmer des Hersteller beliefert hat, verlangen, BGHZ **71,** 86, 101.

f) Die **Beweislast** dafür, dass ein Eingriff in den Gewerbebetrieb vorliegt, z.B. dafür, dass 25
überhaupt eine Verwarnung erfolgt ist, trifft den Verwarnten, RG GRUR **36,** 100, 102. Die Beweislast dafür, dass die Verwarnung berechtigt ist, weil eine Patentverletzung vorliegt, trifft den Verwarnenden, RGZ **141,** 336, 341; RG GRUR **36,** 100, 102. Sie kann sich allerdings dann umkehren, wenn streitig ist, ob eine bestimmte Maschine das Patent verletzt, der Verwarnte aber durch frühere Patentverletzungen dringend verdächtig ist, auch bei der streitigen Maschine das Patent verletzt zu haben, RG GRUR **36,** 100, 103. Die Beweislast dafür, dass bei einer teils schuldhaften, teils schuldlosen Verwarnung der gesamte Schaden schon bei der schuldlosen Verwarnung eingetreten wäre, trägt der Verwarnende, BGH X ZR 72/65 vom 25. 4. 1968; vgl. BGHZ **8,** 288, 295f. Die Last der Glaubhaftmachung, dass keine Schutzrechtsverletzung vorliegt, obliegt im Verfahren der einstweiligen Verfügung, in dem ein Verbot der Verwarnung erstrebt wird, dem Verwarnten, OLG Düsseldorf GRUR **59,** 606, 607 m.w. Nachw.; LG Mannheim BB **72,** 330, 331; Ohl, GRUR **66,** 172, 182.

Prozesskosten, die § 91 ZPO unterliegen, kann der Verwarnte nur im Kostenfestsetzungsverfahren verfolgen, RG GRUR **39,** 787, 788. Andere **Kosten**, z.B. die Kosten eines Vorprozesses, RG GRUR **39,** 787, 789, oder Recherchierungskosten, OLG Frankfurt Betrieb **65,** 1044, oder nicht notwendige Kosten, die nicht § 91 ZPO unterliegen, können im Wege einer Schadenersatzklage geltend gemacht werden. Der Verwarnte ist zur Antwort verpflichtet, unterlässt er diese, haftet er wegen Verzugs auf Ersatz unnötig entstandener Kosten, siehe BGH GRUR **90,** 381, 382 – Antwortpflicht. § 254 BGB ist zu beachten. Kosten sind beispielsweise aberkannt worden, weil eine Doppelvertretung durch zwei Rechtsanwälte vorlag, OLG Dresden MuW **37,** 311, 312. Macht der Verwarnte gegenüber einer an ihn gerichteten Warnung ein Vorbenutzungsrecht oder offenkundige Vorbenutzung geltend, so ist er gehalten, das dem Warnenden vor Erhebung einer negativen Feststellungsklage mitzuteilen, wenn dieser die Vorbenutzung nicht kennt, sonst muss er bei einem sofortigen Anerkenntnis des Warnenden nach § 93 ZPO die Kosten tragen, OLG Düsseldorf GRUR **40,** 487, 488, oder haftet für die unnötig verursachten Mehrkosten auf Schadenersatz, vgl. BGH GRUR **90,** 381, 382; OLG Hamm GRUR **91,** 391, 392; OLG München GRUR **88,** 843, 844. Das Gleiche gilt für druckschriftliche Vorveröffentlichungen aus dem Ausland, OLG Frankfurt GRUR **72,** 670, 671.

26 g) Auch die **unberechtigte Geltendmachung des Patents im Wege der Unterlassungsklage** kann nach bisheriger Rechtsprechung einen rechtswidrigen Eingriff in den eingerichteten und ausgeübten Gewerbebetrieb des Beklagten oder dessen Lieferanten/Herstellers darstellen, BGH GRUR **96,** 812, 813; **95,** 424, 425 – Abnehmerverwarnung; **76,** 715, 716; **65,** 160, 161; BGHZ **38,** 200, 208; **74,** 9, 14f.; RG GRUR **31,** 640; **39,** 787, 789; für **Antrag auf Erlass einer einstweiligen Verfügung** OLG Karlsruhe Mitt. **2004,** 455. Auch insoweit (siehe Rdn. 18) ist jedoch zu beachten, dass jedenfalls bei einem subjektiv redlichen Verhalten in einem gesetzlich geregelten Rechtspflegeverfahren nicht schon durch die Beeinträchtigung eines durch § 823 Abs. 1 BGB geschützten Rechtsguts die Rechtswidrigkeit indiziert wird, BGHZ **118,** 201, 206; **74,** 9, 13; BGZ **36,** 18, 20f.; vgl. ferner BGHZ **95,** 10, 19; BGHZ **154,** 269, 271. Außerdem gilt nach der Rechtsprechung des für das Recht der unerlaubten Handlung zuständigen Senats des BGH der Grundsatz, dass eine subjektiv redliche Partei, die ein staatliches, gesetzlich eingerichtetes Verfahren einleitet und betreibt, auch dann nicht rechtswidrig in ein geschütztes Rechtsgut ihres Verfahrensgegners eingreift, wenn ihr Begehren sachlich nicht gerechtfertigt ist und dem anderen Teil über dieses Verhalten hinaus Nachteile erwachsen, BGH NJW **2004,** 446, 447; **2003,** 1934, 1935; auch GRUR **2005,** 882, 884. Hiernach kommt eine Haftung gegenüber dem Beklagten nur in Ausnahmefällen in Betracht, nämlich wenn die Vorgehensweise des Klägers sittenwidrig ist und mit (bedingtem) Schädigungsvorsatz erfolgt, BGH NJW **2004,** 446, 447, oder aus einem anderen Grund die prozessuale Entschluss- und Handlungsfreiheit durch ein Haftungsrisiko nicht unzumutbar beeinträchtigt wird. Der Kläger ist jedoch nicht gehalten, vor Klageerhebung sorgfältig in tatsächlicher und rechtlicher Hinsicht die sachliche Berechtigung seines Begehrens zu prüfen oder gar seine Interessen gegen die des Beklagten abzuwägen, BGH NJW **2003,** 1934, 1935, vgl. auch BGHZ **118,** 201, 205f.; BGH MDR **2005,** 263f. sowie hierzu Dümig ZflR **2005,** 108; Demharter RPfleger **2005,** 185. Eine Haftung ohne Verschulden tritt jedenfalls nur im Rahmen der Vorschriften über die Herausgabe des auf Kosten des Verklagten ohne rechtlichen Grund Erlangten – ungerechtfertigte Bereicherung, § 812 BGB – ein, RG Bl. **03,** 229, 230; BGHZ **38,** 200, 205. Eine Gefährdungshaftung außerhalb der Vorschriften der §§ 945, 717 Abs. 2 ZPO – Vollstreckung einer einstweiligen Verfügung oder eines vorläufig vollstreckbaren Urteils – wird mit Recht wegen des übermäßigen Risikos für den Patentinhaber abgelehnt, BGHZ **38,** 200, 205; RG GRUR **39,** 787, 789f.; RGZ **60,** 344, 345f. Auf Grund von § 812 BGB kann ein an den Patentinhaber geleisteter Schadenersatz nach der Vernichtung des Patents zurückgefordert werden, RG Bl. **03,** 229, 230; s. dazu Horn, GRUR **69,** 169, 175f. Ein Ersatz des Schadens, der infolge der Klage, z.B. durch Beunruhigung der Kundschaft, Betriebseinstellung, Verhinderung des Absatzes und der Warenerzeugung oder in Form der Kosten eines Vorprozesses entstanden ist, scheidet aus, selbst wenn ein Instanzurteil auf Unterlassung in der höheren Instanz aufgehoben worden ist, wenn den Kläger kein Verschulden trifft, RGZ **60,** 344, 345f.; vgl. RG GRUR **31,** 640 re. Sp.; **39,** 787, 789f.; BGHZ **38,** 200, 205. So fehlt das Verschulden, wenn der Patentinhaber zunächst die Entscheidung des BPatG im Patentnichtigkeitsverfahren abwartet, dann vor Eintritt der Rechtskraft des ihm günstigen Urteils die Vertriebsgesellschaften abmahnt und gegen sie einstweilige Verfügungen erwirkt, und wenn das Patent nachträglich im Nichtigkeitsverfahren auf Grund des bereits im Erteilungsverfahren eingeführten Standes der Technik wegen fehlender Erfindungshöhe vernichtet wird, OLG Karlsruhe Mitt. **2004,** 455. Die Vollstreckung einer einstweiligen Verfügung oder eines vorläufig voll-

streckbaren Urteils auf Unterlassung, vgl. §§ 945, 717 Abs. 2 und 3 ZPO, begründet jedoch bei nachträglichem rückwirkenden Wegfall des Schutzrechts die Schadenersatzpflicht, BGH GRUR **79,** 869, 873 – Oberarmschwimmringe. Bei der Beurteilung, ob die einstweilige Verfügung als von Anfang an ungerechtfertigt war, ist der Schadensersatzrichter nur im Rahmen der Rechtskraft der Hauptsacheentscheidung gebunden, sonst ist er frei, BGH GRUR **92,** 203, 205 m. w. Nachw. – Roter mit Genever. Ein durch eine unberechtigt zu weit gehende Fassung der einstweiligen Verfügung entstandener Schaden ist zu ersetzen, BGH GRUR **81,** 295, 296; zur Frage, ob er vermeidbar war, siehe BGH GRUR **85,** 397f. Solange ein Urteil auf Unterlassung allerdings keine „Strafandrohung" nach § 890 Abs. 2 ZPO enthält oder dem Urteil keine Vollstreckungsklausel beigefügt ist, steht eine Einstellung von Vertriebshandlungen nicht in einem ursächlichen Zusammenhang mit Vollstreckungsmaßnahmen; ein dadurch entstandener Schaden kann solchenfalls nicht nach § 717 Abs. 2 ZPO ersetzt verlangt werden, BGH GRUR **76,** 715, 717f. Ein Verschulden ist bei zweifelhafter Rechtslage verneint worden, wenn vernünftige und billige Überlegungen die Anrufung des Gerichts zur Klärung der Zweifelsfragen rechtfertigten, RG GRUR **31,** 640, 641. Es ist bejaht worden, wenn das Patent in Kenntnis mangelnder Neuheit – Kenntnis einer identischen Veröffentlichung – angemeldet wurde, RG Bl. **03,** 5, 7, oder bei der Unkenntnis einer eigenen neuheitsschädlichen Vorveröffentlichung, die lange Zeit zurücklag, RG GRUR **39,** 787, 790. Die Geltendmachung eines in arglistiger Weise erwirkten Patents verstößt gegen die guten Sitten, § 826 BGB, RGZ **140,** 184, 187; RG GRUR **41,** 156, 158, und verpflichtet zum Schadenersatz, RG aaO. Dabei gehört das Bewusstsein der Rechtswidrigkeit nicht zum Tatbestand, sondern nur die Kenntnis der Tatsachen, aus denen die Sittenwidrigkeit folgt, und das Wissen, dass derjenige, gegen den das Patent geltend gemacht wird, einen Vermögensschaden erleidet – dolus eventualis genügt –, RG GRUR **41,** 156, 159. Der Patentinhaber haftet auf Schadenersatz gegenüber einem aus dem Patent in Anspruch genommenen „Verletzer" ggfls. auch dann, wenn er an dem erschlichenen Patent eine ausschließliche Lizenz erteilt hat und der gutgläubige Lizenznehmer dem „Verletzer" gegenüber Ansprüche aus dem Patent geltend macht, RG GRUR **41,** 156, 160. Die Vergabe der Lizenz ist für den Schaden ursächlich, RG GRUR **41,** 156, 160. Die sittenwidrige Handlung des Patentanmelders beim Erwerb des Patents – absichtliche Irreführung des Patentamts über den Stand der Technik – steht als unlautere Machenschaft der Ausübung der Rechte aus dem erschlichenen Patent in gleicher Weise entgegen wie bei einem betrügerisch erlangten rechtskräftigen Urteil, RGZ **76,** 67, 68, 69; RG GRUR **41,** 156, 160. Zum Schaden, den der Kläger zu ersetzen hat, gehören auch die in einem Verletzungsprozess zu Lasten des Beklagten erwachsenen Prozesskosten, RG GRUR **41,** 156, 159, jedoch nur die zur zweckentsprechenden Rechtsverfolgung notwendigen Kosten, RG GRUR **41,** 156, 161. Der Ersatzpflicht nicht notwendiger Kosten steht § 254 BGB entgegen. Soweit die Kosten im Kostenfestsetzungsverfahren geltend gemacht werden können, steht das einer Schadenersatzklage entgegen, RG GRUR **39,** 787, 788. Sonst können die Kosten eines Vorprozesses im Wege der Schadenersatzklage verfolgt werden. Durch eine voreilige Einstellung des Betriebs verursachten Schaden kann der unbegründet Verklagte nach § 254 BGB nicht ersetzt verlangen, RG GRUR **31,** 640, 641f.

h) Wird das Patent widerrufen oder nur beschränkt aufrechterhalten, gelten die Wirkungen des Patents und der Anmeldung, soweit es nicht aufrechterhalten wird, als von Anfang an nicht eingetreten. Inzwischen erlangter Schadenersatz ist nach den Vorschriften über die **ungerechtfertigte Bereicherung,** §§ 812ff. BGB, herauszugeben, RG Bl. **03,** 229, 230. Schadenersatz ist nur bei Verschulden zu leisten, siehe dazu Rdn. 20f. Hat der Anmelder auf Grund der Offenlegung der Anmeldung die angemessene Entschädigung nach § 33 gefordert und erhalten, so hat er diese nach den Vorschriften über die ungerechtfertigte Bereicherung, §§ 812ff. BGB, herauszugeben, wenn die Anmeldung zurückgenommen oder innerhalb der Siebenjahresfrist des § 44 Abs. 2 kein Prüfungsantrag gestellt wird oder die Anmeldung zurückgewiesen oder das Patent widerrufen oder nicht aufrechterhalten wird, weil aus diesen Gründen die Wirkungen der Anmeldung oder des Patents als von Anfang an nicht eingetreten gelten, §§ 21 Abs. 3 und 58 Abs. 2, teilweise a. A. Tetzner NJW **69,** 642, 644, der einen Rückforderungsanspruch bei freiwilliger Zahlung der Entschädigung verneint. Wegen der Erhebung von Ansprüchen aus dem einstweiligen Schutz der bekanntgemachten Anmeldungen nach früherem Recht wird auf § 6 Rdn. 194 der 6. Auflage verwiesen. 27

6. Der sog. **Patentverruf,** d. h. eine abträgliche Äußerung über das Patent, z. B. es sei wertlos oder unbrauchbar oder erfasse bestimmte Handlungen nicht, kann im Einzelfall eine Anstiftung zu einer Patentverletzung darstellen, vgl. Reimer, § 6 Anm. 84, doch nur, wenn der Täter und der Angestiftete vorsätzlich das Patent nicht beachten, vgl. § 10 Rdn. 29. Derartige Äuße- 28 rungen können auch im Einzelfall die Besorgnis begründen, der Täter werde das verrufene Patent alsbald benutzen, und auf diese Weise eine vorbeugende Unterlassungsklage hinsichtlich der Patentverletzung durch Herstellen, Anbielten u. dgl. begründen, vgl. Reimer, § 6 Anm. 84. Wörtliche Störungen der Rechtsstellung des Patentinhabers oder seines Lizenznehmers, z.B. durch das Bestreiten seines Rechts, können ferner das rechtliche Interesse des Patentinhabers an der alsbaldigen Feststellung, § 256 ZPO, begründen, dass der Störende nicht berechtigt ist, das Schutzrecht zu benutzen, RGZ **127,** 198, 200f.; ebenso an der Feststellung, dass der Patentinhaber allein befugt ist, das Schutzrecht zu benutzen. Damit ist der Unrechtsgehalt dieser abfälligen Äußerungen jedoch nicht erschöpft. Derartige Äußerungen, z.B. die unberechtigte Inanspruchnahme eines Vorbenutzungsrechts und die unberechtigte Behauptung, eine Konstruktion werde vom Schutzbereich eines Patents nicht erfasst, stören den Patentinhaber bei der Auswertung seines Rechts. Darin liegt zwar keine Patentverletzung, a.A. Lichtenstein/Körner GRUR **66,** 243, 246, weil die §§ 9–10 die Handlungen abschließend normieren. Wohl kann darin aber ein Eingriff in den eingerichteten und ausgeübten Gewerbebetrieb, § 823 Abs. 1 BGB, liegen, LG Berlin GRUR **43,** 92, 93 – für den Fall des Bestreitens des Verbotsrechts aus dem Patent und der Inanspruchnahme des Rechts zur Vornahme der Benutzung der geschützten Lehre –, oder ein Fall des unlauteren Wettbewerbs, z.B. wenn jemand im geschäftlichen Verkehr zu Zwecken des Wettbewerbs das Patent seines Konkurrenten zugunsten seines eigenen Patents herabsetzt, jetzt § 4 Nr. 8 UWG. So hat das RG Bl. **04,** 73, 75 die Behauptung als unzulässig angesehen, einem Patent komme nur eine engere, beschränkte Bedeutung zu, es bedeute keinen praktischen Wert, nur das eigene Verfahren sei wertvoll und liege außerhalb des Patents des Mitbewerbers, denn er habe die Priorität. Ferner ist für unzulässig erachtet worden, dass der Inhaber des älteren Patents durch die öffentliche, aber unrichtige Erklärung, jede Herstellung nach einem jüngeren Patent greife in das ältere Patent ein und werde verfolgt, den Anschein erweckt hatte, als sei das jüngere Patent nichts als eine Umgehung des älteren Patents, RG Bl. **96,** 179, 180. Auch die unrichtige Darstellung des Schutzumfangs eines Patents kann eine nach § 4 Nr. 8 UWG und § 824 BGB unzulässige Handlung sein, die zur Unterlassung und zum Schadenersatz verpflichtet, vgl. RG GRUR **36,** 269, 270. Der BGH hat es als wettbewerbswidrige Anschwärzung betrachtet, wenn im geschäftlichen Verkehr der unrichtige Eindruck erweckt wird, der Mitbewerber habe wider besseres Wissen oder schuldhaft einen ihm nicht zustehenden Patent- oder Musterschutz in Anspruch genommen, BGH GRUR **67,** 596, 597, und hat ferner den öffentlichen Vorwurf, der Mitbewerber habe gutgläubig ein unwirksames Schutzrecht verteidigt und sich zu Unrecht eines Schutzrechts berühmt, als Wettbewerbsverstoß gewertet, BGH GRUR **67,** 596, 597f.; vgl. auch BGH GRUR **92,** 527, 528 – Plagiatsvorwurf II. Gegen ein Patent gerichtete abträgliche Kundgebungen können – so das RG – einen Eingriff in „das Ausschließlichkeitsrecht" – besser das Recht am eingerichteten und ausgeübten Gewerbebetrieb – enthalten, wenn dadurch der Verkehrswert oder die Möglichkeit der Ausnutzung des Patents ungünstig beeinflusst wird, RG GRUR **43,** 205, 206 m.w. Nachw., ebenso das Schreiben an Vertragspartner des Patentinhabers, es sei mit einer Schutzrechtserteilung eines prioritätsälteren Patents zu rechnen, so dass der Vertragspartner sein Recht nicht mehr ausüben könne, RG Bl. **04,** 73, 75, ferner die Äußerung, die Lehre des Patents sei „alt wie Methusalem", in RG GRUR **35,** 722ff. nicht entschieden. Gegen störende Äußerungen solcher Art steht dem Patentinhaber bei Wiederholungsgefahr ein Unterlassungsanspruch, §§ 823 Abs. 1, 1004 BGB, und bei Verschulden ein Schadenersatzanspruch zu, RG GRUR **43,** 205, 206 – das allerdings die Anspruchsgrundlage offenlässt. Der BGH hat in der Anmeldung einer Bezeichnung zum Warenzeichen, die in der Fachwelt bereits für ein auch im Inland durch Patent geschütztes Verfahren aus dem Ausland bekannt geworden ist, eine nach § 826 BGB zum Schadenersatz verpflichtende Handlung erblickt, weil die Anmeldung in Absicht geschehen ist, den ausländischen Inhaber des geschützten Verfahrens zu einer bestimmten Auswertung seines Verfahrens zu veranlassen; in einem solchen Fall ergebe eine Erschwerung der Auswertung der Erfindung auch dann einen Schaden, wenn der Ausländer im Interesse Dritter kostenlose Lizenzen zu vergeben beabsichtigt habe, BGH GRUR **67,** 304, 306. Unrichtiges Bestreiten der Abhängigkeit stellt einen Eingriff in den Gewerbebetrieb dar, wenn es nicht lediglich zur Abwehr gegen die Behauptung der Abhängigkeit erfolgt. Reimer, § 47 Anm. 70b, erblickt auch in dem Fall der Lizenzerteilung durch den Inhaber eines jüngeren abhängigen Patents eine Störung des älteren Patents, die Unterlassungs- und Schadenersatzansprüche gegen den Inhaber des abhängigen Patents auslöse. Dem kann nur unter der Voraussetzung der Beteiligung an der Patentverletzung des Lizenznehmers, vgl. § 10 Rdn. 28, 29, zugestimmt werden. Hinsichtlich der Ansprüche aus § 823 Abs. 1 BGB – Gewerbebetrieb – fehlt es an dem Erfordernis der Unmittelbarkeit.

9 *Wirkung des Patents.* **[1]Das Patent hat die Wirkung, daß allein der Patentinhaber im Rahmen des geltenden Rechts befugt ist, die patentierte Erfindung im Rahmen des geltenden Rechts zu benutzen. [2]Jedem Dritten ist es verboten, ohne seine Zustimmung**

1. ein Erzeugnis, das Gegenstand des Patents ist, herzustellen, anzubieten, in Verkehr zu bringen oder zu gebrauchen oder zu den genannten Zwecken entweder einzuführen oder zu besitzen;

2. ein Verfahren, das Gegenstand des Patents ist, anzuwenden oder, wenn der Dritte weiß oder es auf Grund der Umstände offensichtlich ist, daß die Anwendung des Verfahrens ohne Zustimmung des Patentinhabers verboten ist, zur Anwendung im Geltungsbereich dieses Gesetzes anzubieten;

3. das durch ein Verfahren, das Gegenstand des Patents ist, unmittelbar hergestellte Erzeugnis anzubieten, in Verkehr zu bringen oder zu gebrauchen oder zu den genannten Zwecken entweder einzuführen oder zu besitzen.

Inhaltsübersicht

1 **1. Vorbemerkungen. a)** Die §§ 9 bis 13 umschreiben die **Wirkung des Patents,** indem sie die Befugnisse des Patentinhabers angeben und die Handlungen festlegen, die jedem Dritten im Hinblick auf das Patent verboten sind. Dazu benennen die § 9 und § 10 die dem Patentinhaber vorbehaltenen, Dritten aber verbotenen Handlungen, während die §§ 11 bis 13 die Ausnahmen von den Befugnissen des Patentinhabers und dem Verbot für Dritte festlegen. Der **sachliche Bereich** des durch das Patent gewährten Schutzes ist in § 14 festgelegt. Der **örtliche Bereich** der Befugnis des Patentinhabers und des Verbots für Dritte ist nur in § 9 Satz 2 Nr. 2 und § 10 Abs. 1 ausdrücklich angesprochen. Er ergibt sich im Übrigen aus dem Territorialitätsgrundsatz, siehe Rdn. 8–14. Der **zeitliche Bereich** des Schutzes des Patents ist in § 58 Abs. 1 Satz 3 und § 16 Abs. 1 Satz 1 geregelt. Die Regelung über die Wirkung des Patents in den §§ 9 bis 13 wird durch die §§ 139ff. ergänzt; diese führen die einzelnen Ansprüche auf, die sich aus einem rechtswidrigen Verstoß gegen die §§ 9bis 14 (Patentverletzung) ergeben.

§ 9 hat seine derzeitige Fassung im Wesentlichen durch das GPatG erhalten. § 9 ist durch das Gesetz zur Umsetzung der Richtlinie über den rechtlichen Schutz biotechnologischer Erfindungen vom 21. 1. 2005 (BGBl. I 146; in Kraft seit dem 28. 2. 2005) nur insoweit geändert worden, als in Satz 1 die Worte „im Rahmen des geltenden Rechts“ eingefügt wurden. Diese Ergänzung hat keine eigenständige Bedeutung; es soll lediglich klargestellt werden, dass der Patentinhaber die patentierte Erfindung nur im Rahmen der geltenden Rechtsordnung benutzen darf, vgl. BT-Ds 546/03 S. 28. § 9 Satz 2 entspricht Art. 29 GPÜ.

§ 9 gilt nur für Patente, die auf Anmeldungen erteilt worden sind, die **ab dem 1. Januar 1981** eingereicht worden sind. Für Patente, die auf vor dem 1. Januar 1981 eingereichte Anmeldungen erteilt sind, gilt § 6 PatG 1968 weiter.

2 **b)** § 9 gilt für die vom Deutschen Patentamt bzw. Deutschen Patent- und Markenamt und gem. Art. 64 EPÜ (vgl. auch EPA GRUR **79,** 303) für die vom Europäischen Patentamt mit Wirkung für die Bundesrepublik Deutschland erteilten Patente. Die in § 9 genannten Wirkungen treten mit der Veröffentlichung der Erteilung des Patents ein, § 58 Abs. 1 S. 3. Nur ein eingeschränkter einstweiliger Schutz, der ein Verbotsrecht nicht gewährt, tritt bereits mit der Offenlegung der Anmeldung ein, § 33. Einspruch, Beschwerde und Rechtsbeschwerde haben hinsichtlich der mit der Veröffentlichung der Patenterteilung eintretenden Schutzwirkungen keine aufschiebende Wirkung. Die im Beitrittsgebiet (ehemalige DDR) erteilten Patente haben bis zum 30. April 1992 in der Bundesrepublik Deutschland (alte Bundesländer) keine Wirkungen entfaltet, BGHZ **50,** 213, 218. Erst seit dem 1. Mai 1992 ist ihre Schutzwirkung auf das gesamte Gebiet der Bundesrepublik Deutschland erstreckt (§ 4 Abs. 1 und 2 ErstrG). § 9 gilt deshalb seitdem jedenfalls (siehe hierzu Rdn. 3) auch für erstreckte Patente aus dem Beitrittsgebiet, die auf einer seit dem 1. Januar 1981 eingereichten Anmeldung beruhen. Auf ergänzende Schutzzertifikate ist § 9 entsprechend anzuwenden (§ 16a Abs. 2, zu den Einzelheiten siehe dort). Auf ausländische Patente findet § 9 keine Anwendung. Deren Wirkung richtet sich nach dem betreffenden Auslandsrecht, das allerdings in verschiedenen EU-Staaten der Regelung in § 9 entspricht.

3 **2. Erstreckung.** Die vom Deutschen Patentamt oder mit Wirkung für die Bundesrepublik Deutschland (mit Ausnahme des Beitrittsgebiets) erteilten Patente entfalteten bis zum 30. April 1992 in der DDR bzw. dem Beitrittsgebiet keine Wirkungen, BGHZ **50,** 213, 218; OLG Düsseldorf BB **67,** 307, 308. Die am 1. Mai 1992 im Gebiet der alten Bundesländer bestehenden Patente und Patentanmeldungen, auch solche, die auf Grund internationaler Abkommen mit Wirkung für die Bundesrepublik Deutschland bestanden, sind auf das Beitrittsgebiet erstreckt worden (§ 1 ErstrG), und zwar mit den Schutzwirkungen, die sich aus ihrem Zeitrang (PatG 1968 oder PatG 1981) ergeben. Patente und Anmeldungen, die zu diesem Zeitpunkt im Beitrittsgebiet in Kraft standen, sind auf das Gebiet der alten Bundesländer erstreckt worden (§§ 4 und 5 ErstrG). Für die auf das alte Bundesgebiet erstreckten Schutzrechte aus dem Beitrittsgebiet ist die Erstreckung der Schutzwirkungen nicht so eindeutig zu beantworten. Die amtl. Begr. (Bd. **92,** 213, 224) spricht von den Wirkungen des Patents und verweist insoweit auf „das Patentgesetz“. Damit dürfte das im Zeitpunkt des ErstrG geltende Patentgesetz gemeint sein. Somit wären für die erstreckten früheren DDR-Patente die Schutzwirkungen nach dem Patentgesetz 1981 eingetreten, was zur Folge hätte, dass diese Patente auch gegen die Einfuhr und den Besitz schützen, gleichgültig ob sie vor oder nach 1981 angemeldet worden sind. Das wäre zwar ungereimt, aber wegen der geringen Zahl dieser Patente hinzunehmen. Zu den Fragen des Schutzbereichs dieser Patente siehe § 14 Rdn. 3.

3. Ausschließlichkeitsrecht. Das Patent ist ein subjektives Recht, RGZ **84,** 370, 375, das den Schutz des Art. 14 GG genießt. § 9 stellt jetzt klar, dass das Patent ein Recht verleiht, das in zweierlei Richtungen Bedeutung hat. Das Patent gewährt seinem Inhaber das alleinige Benutzungsrecht (§ 9 Satz 1), das nach § 15 Abs. 1 Satz 1 auf den Erben übergeht sowie nach § 15 Abs. 1 Satz 2 auf andere übertragen und nach § 15 Abs. 2 zum Gegenstand von Lizenzen gemacht werden kann. Das Patent hat **vor allem** aber **negatorische Wirkung,** weil der Patentinhaber ein **Verbotsrecht** hat, mit dem er Dritte von der Benutzung der geschützten Erfindung ausschließen kann (§ 9 Satz 2). Hierin drückt sich die Ausschließlichkeit des Patentrechts aus. Das ausschließliche positive Benutzungsrecht – wie es § 9 Satz 1 mit dem Wort „allein" zum Ausdruck bringt – schließt regelmäßig ein negatives Verbietungsrecht ein, BGH GRUR **92,** 310, 311 – Taschenbuch-Lizenz; BGHZ **118,** 394 – Alf – m. w. N. 4

Inhaber des Ausschließlichkeitsrechts ist der **Patentinhaber,** also zunächst der Anmelder, dem die Erteilungsbehörde das Patent erteilt hat. Ob diesem Anmelder das sachliche Recht auf das Patent (§ 6) bei der Patenterteilung zugestanden hat, ist insoweit ohne Bedeutung, OLG Düsseldorf BB **70,** 1110, Busse/Keukenschrijver § 9 PatG Rdn. 17; Mes § 9 PatG Rdn. 4. Der materiell berechtigte Erfinder, dessen Erfindung von einem Nichtberechtigten angemeldet worden ist, ist solange nicht Patentinhaber, wie er den Übertragungsanspruch nicht durchgesetzt hat. Bis dahin stehen nicht ihm, sondern demjenigen die Rechte aus § 9 zu, dem das Patent erteilt worden ist, OLG Düsseldorf BB **70,** 1110.

4. a) Die ihm allein zustehende Befugnis, die in dem Patent geschützte Erfindung zu benutzen und zu verwerten, gibt dem **Patentinhaber** ein **positives Benutzungsrecht,** RGZ **148,** 146; **159,** 11, 12; **169,** 289, 290; BGHZ **107,** 161, 163 – Offenend-Spinnmaschine; BGH GRUR **63,** 563, 565; **64,** 606, 610; BGH I a ZR 222/63 und I a ZR 243/63 vom 25. 11. 1965; kritisch Geissler FS König, 2003, 133; a. A. Bussmann/Pietzcker/Kleine, S. 213 f.; von Pechmann GRUR **59,** 441, 448; H. Tetzner GRUR Int. **60,** 107, 108; Walleser GRUR Int. **63,** 307; siehe dazu auch Schönherr FS A. Troller, 1976, S. 57, 71 ff. Das positive Benutzungsrecht ist vom RG aus dem Prioritätsgedanken (so Pietzcker aaO S. 213 f.) und Billigkeitsgründen, insbesondere wegen des Verdienstes um die Förderung der Technik, begründet worden, RG GRUR **42,** 548, 549. Es besteht im Umfang des Gegenstands des Patents, nicht im Umfang des Schutzbereichs, Busse/Keukenschrijver § 9 PatG Rdn. 15; a. A. Wichards GRUR **37,** 898; Kraßer § 33 I c 1; Mes § 9 PatG Rdn. 8. Das Recht zur Eigennutzung des Patents durch den Patentinhaber wird nicht bereits durch die Pfändung des Rechts aus dem Patent, sondern erst durch die Pfandverwertung eingeschränkt, BGHZ **125,** 334 – Rotationsbürstenwerkzeug. Selbstverständlich bedeutet das Benutzungsrecht weder, sich über Rechte anderer hinwegsetzen zu dürfen, noch hebt es allgemein geltende Verbote auf, Villinger, GRUR **81,** 541, 543; Busse/Keukenschrijver § 9 PatG Rdn. 14; Kraßer § 33 I c 1. Das besagt § 9 Satz 1 mit der ihm durch das Gesetz zur Umsetzung der Richtlinie über den rechtlichen Schutz biotechnologischer Erfindungen (BGBl. I 2005, 146, siehe Rdn. 1) gegebenen Fassung nunmehr auch ausdrücklich. Das **Benutzungsrecht des Inhabers eines jüngeren Patents** wird daher **durch** den Patentanspruch eines **älteren Patents begrenzt.** Das Verbietungsrecht und das Benutzungsrecht können also bei einer jüngeren abhängigen Erfindung auseinanderfallen, RG GRUR **40,** 23, 25; siehe zur Abhängigkeit näher Rdn. 75 ff. Das positive Benutzungsrecht gibt dem Berechtigten aus dem älteren Patent ein Abwehrrecht gegen die Rechte aus einem jüngeren abhängigen Patent oder Gebrauchsmuster, BGH GRUR **63,** 563, 565 – Aufhängevorrichtung; **64,** 606, 610 – Förderband, allerdings nicht, weil das positive Benutzungsrecht aus dem älteren Patent die Einrede des älteren Rechts begründet, so aber KG GRUR **37,** 129, 130; vgl. auch BGH GRUR **63,** 563, 565 – Aufhängevorrichtung, und Wichards GRUR **37,** 895, 898; Block MuW **39,** 253. In Wirklichkeit liegt in der Benutzung des älteren Patents durch seinen Berechtigten keine Verletzung des jüngeren abhängigen Patents, RG GRUR **40,** 23, 25, weil der am älteren Patent Berechtigte ein besseres Recht hat. Wenn das Abwehrrecht jünger ist, versagt das daraus herrührende positive Benutzungsrecht gegenüber einem älteren Recht, BGH GRUR **64,** 606, 610 – Förderband. Das ältere Recht kann durch ein jüngeres Recht nicht verkümmert werden, RGZ **159,** 11, 12; RG GRUR **40,** 23, 25; BGH GRUR **63,** 563, 565 – Aufhängevorrichtung. Deshalb ist ein aus der Kompetenzabgrenzung abgeleitetes „Benutzungsrecht" des Inhabers des jüngeren identischen Patents hinsichtlich seines unmittelbaren Gegenstands gegenüber dem Inhaber des älteren Patents, so H. Tetzner GRUR **78,** 73, 75 ff., abzulehnen. Der Inhaber des jüngeren abhängigen Patents kann dem Inhaber des älteren Patents auch nicht den Werbehinweis auf solche Wirkungen verbieten, die mit der Lehre des älteren Patents stets verbunden waren, mögen sie auch vom Anmelder nicht erkannt und deshalb in dem älteren Patent nicht beschrieben, vielmehr erst in dem jüngeren Patent offenbart worden sein, KG 5

GRUR **37,** 129, 130. Da das Benutzungsrecht sich auf die Erfindung bezieht, die im Patentanspruch umschrieben ist, reicht andererseits das positive Benutzungsrecht nicht so weit, dass der Inhaber des älteren Rechts auch den Gegenstand eines jüngeren Patents, das von seinem älteren Patent abhängig ist, ohne Erlaubnis des Inhabers des jüngeren Patents benutzen dürfte, BGH I a ZR 74/63 vom 6. 10. 1964; RG GRUR **40,** 23, 25. Das positive Benutzungsrecht beginnt wie das Verbotsrecht mit der Erteilung des Patents, a. A. Bucher GRUR **40,** 73, der es schon mit der Anmeldung beginnen lassen will. Gewisse Äußerungen in BGHZ **47,** 132, 140, 148 – UHF-Empfänger II, die darauf hindeuten, dass ein positives Benutzungsrecht schon auf Grund der Tatsache der bloßen Anmeldung der Erfindung bestehen könne, wenn die Patenterteilung später erfolge, sind nicht unbedenklich. Die bloße Anmeldung gewährt noch kein korrespondierendes Ausschließlichkeitsrecht. Aus einem prioritätsgleichen Gebrauchsmuster kann gegenüber einem Patent ein Benutzungsrecht nur für den zeitlichen Geltungsbereich des Gebrauchsmusters abgeleitet werden, BGH GRUR **92,** 692 – Magazinbildwerfer. **Bei mehreren Patentinhabern** weist § 743 Abs. 2 BGB vorbehaltlich § 745 BGB jedem Teilhaber die Befugnis zu eigenem Gebrauch unabhängig vom jeweiligen Anteil zu. Wenn und solange es an einem Beschluss oder einer in § 745 Abs. 2 BGB ebenfalls genannten, angesichts der Vertragsfreiheit jederzeit möglichen Vereinbarung der Teilhaber fehlt und auch der Anspruch auf eine dem Interesse aller Teilhaber nach billigem Ermessen entsprechenden Benutzung nicht geltend gemacht ist, ist jeder Teilhaber gleichermaßen zum Gebrauch des gemeinschaftlichen Patents befugt, BGH GRUR **2005,** 663, 664 – gummielastische Masse II – m. w. N.; a. A. Sefzig GRUR **95,** 302, 304; Lüdecke, Erfindungsgemeinschaften, 1962, 210f., es sei denn er überschreitet die in § 743 Abs. 2 BGB genannte Grenze, was z. B. der Fall ist, wenn der nutzende Teilhaber durch eigene oder ihm zurechenbare Handlungen dem anderen Teilhaber den tatsächlichen Mitgebrauch verweigert oder dessen Nutzung stört, BGH GRUR **2005,** 663, 664 – gummielastische Masse II.

6 **b)** Das positive **Benutzungsrecht** steht **neben dem Patentinhaber auch** dem **Lizenznehmer** zu, RGZ **159,** 11, 12; **169,** 289, 290; RG GRUR **40,** 23, 25; BGH GRUR **63,** 563, 565. Der Inhaber einer Lizenz an dem älteren Patent leitet sein Benutzungsrecht vom besser Berechtigten ab und handelt daher gegenüber dem Inhaber des jüngeren Patents nicht rechtswidrig, soweit er das ältere Patent auf Grund des Lizenzvertrags benutzt. Ob er eine einfache oder eine ausschließliche Lizenz hat, ist gleichgültig, Reimer § 9 PatG Anm. 7; a. A. Wichards GRUR **37,** 895, 898, der ein positives Benutzungsrecht des einfachen Lizenznehmers verneint. Das Benutzungsrecht des Lizenznehmers endet mit dem Ende seiner Lizenz am älteren Recht. Nicht lizenzierte Benutzungshandlungen und Benutzungshandlungen in der Zeit vor und nach der Lizenznahme an dem älteren Patent verletzen daher das jüngere Patent. Auch derjenige, der als **Abnehmer des Patentinhabers** des älteren Patents eine erworbene Maschine nach dem älteren Patent benutzt, kann sich auf ein **Benutzungsrecht** berufen, RG Mitt. **36,** 109, 111 a. E. Gegenstände, die auf Grund eines älteren Patents erlaubt in den Verkehr gebracht worden sind, dürfen auch nach Ablauf dieses Patents unbeschränkt weiter benutzt werden. Das gilt auch für solche Gegenstände, die ein Lizenznehmer in den Verkehr gebracht hat, Schnabel GRUR **39,** 455; a. A. Wessel II Mitt. **31,** 246, 247.

7 **c)** Das **Benutzungsrecht** des Patentinhabers und anderer Berechtigter **entfällt,** wenn und soweit das Patent widerrufen, für nichtig erklärt oder beschränkt wird, weil damit das Patentrecht rückwirkend beseitigt wird, RG GRUR **42,** 32, 34. Das Benutzungsrecht des Patentinhabers endet mit dem Erlöschen des Patents, BGH GRUR **92,** 692, 694 – Magazinbildwerfer. Das ist unstreitig, wenn der Patentinhaber das Patent während der Laufzeit nicht benutzt oder nur einfache Lizenzen erteilt hat, RGZ **169,** 289, 294; OLG Karlsruhe GRUR **78,** 116, 117. Jedenfalls dann greift der Grundsatz, dass ein Recht Wirkungen nur für den Zeitraum entfalten kann, in dem es in Kraft ist, BGH GRUR **92,** 692, 694 – Magazinbildwerfer. Hat der Patentinhaber das Patent während der Laufzeit in Benutzung genommen oder Veranstaltungen hierzu getroffen, BGH Urt. v. 10. 10. 1991 – X ZR 60/89; RGZ **169,** 289, 292, oder eine ausschließliche Lizenz erteilt, so soll er dagegen aus Billigkeitsgründen sein Benutzungsrecht auch gegenüber dem Inhaber eines jüngeren Patents behalten, selbst wenn er das jüngere Patent gekannt hat, RGZ **169,** 289, 292; 9. Aufl./Bruchhausen § 9 PatG Rdn. 7 m. w. N. Für den Inhaber einer ausschließlichen Lizenz soll entsprechendes gelten, 9. Aufl./Bruchhausen § 9 PatG Rdn. 7; Bucher GRUR **40,** 73, 74; Zeller S. 408; in RGZ **169,** 289, 295 offengelassen. Busse/Keukenschrijver § 9 PatG Rdn. 16 lehnt ein Benutzungsrecht des Patentinhabers und des Lizenznehmers nach Erlöschen des Patents, Schnabel GRUR **39,** 455, 456, und Wessel II Mitt. **31,** 246, 247, lehnen ein weiterwirkendes Benutzungsrecht des Lizenznehmers ab. Vgl. hierzu ferner: Wichards GRUR **43,** 49; Richard Wirth Mitt. **39,** 87; **43,** 97; Lampert GRUR **42,**

108; Mediger GRUR **43,** 266; v. d. Trenck, Wahrheit der Erfindung, S. 358 ff., und MuW **39,** 285. Die besseren Argumente sprechen für die zweite Meinung, weil mit dem Erlöschen des Schutzrechts dessen Gegenstand gemeinfrei wird. Ein Benutzungsrecht kommt jedenfalls nicht schon dann in Betracht, wenn ein ausländischer Lizenznehmer bei einem Angebot im Ausland durch Zeichnungen unterstützt worden ist, BGH Urt. v. 10. 10. 1991 – X ZR 60/89. Unberührt bleiben jedoch die Möglichkeiten, die § 12 (Vorbenutzungsrecht) bietet.

Die vorstehenden Grundsätze vom Verhältnis des älteren und jüngeren Patents gelten ebenso beim Zusammentreffen eines älteren Patents mit einem Gebrauchsmuster, RGZ **169,** 289, 291; BGH GRUR **92,** 692, 694 – Magazinbildwerfer, oder zweier Gebrauchsmuster, vgl. § 6 GebrMG Rdn. 2 und 4. Zum Verhältnis eines jüngeren Patents zu einem älteren Gebrauchsmuster siehe § 6 GebrMG und BGH GRUR **92,** 692, 694 – Magazinbildwerfer.

5. a) Ein Patent entfaltet seine materiellen Wirkungen nur innerhalb des Gebiets des Erteilungsstaats, BGH GRUR **68,** 195, 196; RGZ **30,** 52, 55; **46,** 14, 16; **51,** 139, 140; **84,** 370, 375; RG JW **90,** 280, 281; **94,** 369 Nr. 27, 1, 2; LG Düsseldorf GRUR Int. **68,** 101, 102 – für Gebrauchsmuster, oder des Staats, für dessen Hoheitsgebiet es, z. B. vom Europäischen Patentamt erteilt ist. Im oder für das Inland erteilte Patente entfalten im Ausland keinen Schutz, während im oder für das Ausland erteilten Patenten im Inland kein Schutz verliehen ist, so schon RGZ **18,** 28, 35 (Urt. vom 2. 10. 1886); ferner BGH GRUR **71,** 243, 246 – Gewindeschneidvorrichtungen, und – für Urheberrecht – BGHZ **126,** 252 - Folgerecht bei Auslandsbezug; schweiz. BG GRUR Int. **2000,** 639; **97,** 932. Ein deutsches Patent oder ein mit Wirkung für die Bundesrepublik Deutschland erteiltes europäisches Patent verbietet deshalb nicht die Benutzung der geschützten Erfindung im Ausland, BGH GRUR **2005,** 845 – Abgasreinigungsvorrichtung; **71,** 243, 246; RGZ **75,** 128, 130; RG GRUR **36,** 235, 240; LG Berlin GRUR **36,** 165, 166; Busse/Keukenschrijver § 9 PatG Rdn. 116; Mes § 9 PatG Rdn. 9; a. A. für Gebrauchsmuster LG Saarbrücken, Urt. v. 12. 9. 2000 – 7 II O 140/00. Alles Gebiet außerhalb der Grenzen des Staats, für den das Patent erteilt ist, ist patentfrei, RGZ **75,** 128, 130. Die Herstellung einer in den USA geschützten Maschine in Deutschland berührt das US-Patent nicht, BGH GRUR **71,** 243, 246. Soviel Staaten es gibt, die Patente erteilen oder für die Patente erteilt werden, soviel unabhängige Patente können auf eine und dieselbe Erfindung verliehen werden, BGH GRUR **68,** 195, 196; RGZ **51,** 263, 266 f.; **84,** 370, 375. Jede Handlung, die einen Eingriff in ein ausländisches und in ein deutsches Patent bedeutet, führt zu mehreren selbstständigen Verletzungen, trotz Gleichheit des Patentinhabers, RGZ **84,** 370, 376. Das beruht auf dem **Grundsatz der Territorialität** des Patentrechts, welcher der Machtabgrenzung verschiedener Staaten zueinander entspringt und der den Patentschutz auf das Gebiet des Staats beschränkt, der das Patent verliehen hat oder für dessen Geltungsgebiet es erteilt worden ist, vgl. RGZ **149,** 103, 105. Deshalb versteht es sich von selbst, dass sich ein wegen Verletzung eines für das Inland erteilten Patents mittels Unterlassungsurteils ausgesprochenes Verbot auch ohne diesbezügliche Bestimmung auf das Inland beschränkt, RG GRUR **37,** 286, 288. Mit Rücksicht auf den internationalen Verkehr ist von der räumlichen Geltung der Patente im Inland für Fahrzeuge eine Ausnahmeregelung getroffen worden, vgl. § 11 Nr. 4 bis 6, s. Näheres bei § 11 Rdn. 11 bis 13. Zum Territorialitätsgrundsatz siehe Nirk, Ehrengabe für Heusinger, 1968, S. 217 ff.; Weigel, Gerichtsbarkeit, Zuständigkeit und Territorialprinzip im deutschen gewerblichen Rechtsschutz, 1973; Andermann, Territorialitätsprinzip im Patentrecht und Gemeinsamer Markt, 1975; Ullrich GRUR Int. **95,** 623; Böcksriegel GRUR **99,** 1; Kur WRP **2000,** 935; Lundstedt GRUR Int. **2001,** 103; Otte IPRax **2001,** 315; Busche JR **2001,** 25. Wegen der Schutzwirkungen für die Bundesrepublik Deutschland bzw. für die DDR erteilter Patente seit dem 1. Mai 1992 siehe Rdn. 3. 8

b) Für den Begriff **Inland** ist der staatsrechtliche und nicht der zollrechtliche Begriff maßgebend, Busse/Keukenschrijver § 9 PatG Rdn. 127. Der Begriff Inland deckt sich mit den Grenzen der Bundesrepublik Deutschland, vgl. Zeller GRUR **66,** 229; Benkard GRUR **51,** 177; Löscher LM Nr. 10 zu § 1 GebrMG. Maßgebend ist der Geltungsbereich des Patentgesetzes, das sich bis zum 3. Oktober 1990 auch auf die Westsektoren von Berlin erstreckte, vgl. das Berliner Gesetz vom 20. 9. 1949, Bl. **50,** 263. Wegen des Zeitpunkts und Inhalts der innerdeutschen Erstreckung der für das Beitrittsgebiet (ehemalige DDR) und das übrige Bundesgebiet erteilten Patente siehe Rdn. 3. Das Freihafengebiet ist patentrechtlich gesehen Inland, RGSt **21,** 205, 208; OLG Karlsruhe GRUR **82,** 295, 299; OLG Hamburg GRUR **85,** 923; schweiz. BG GRUR Int. **91,** 227, 228; österr. OGH GRUR Int. **2002,** 934, ebenso sonstige zollrechtliche Ausschlussgebiete, wie z. B. Helgoland. Deutsche Patente und vom Europäischen Patentamt für die Bundesrepublik Deutschland erteilte Patente gelten auch für deutsche Schiffe in fremden Gewässern und auf hoher See, vgl. Benkard GRUR **51,** 177, 178, und für deutsche 9

Flugkörper, d.h. Flugzeuge, Satelliten und Weltraumstationen (zu letzteren Meyer JPTOS **88,** 332ff.), ebenfalls für deutsche Anlagen zur Erforschung und Ausbeutung im Festlandsockelbereich, gleichfalls für künstliche Anlagen auf hoher See, über welche die Bundesrepublik Deutschland Hoheitsgewalt ausübt, siehe dazu Stauder GRUR Int. **75,** 421 sowie Beier/Stauder GRUR Int. **85,** 6.

10 **c)** Ein deutsches Patent, ein vom Europäischen Patentamt mit Wirkung für die Bundesrepublik Deutschland erteiltes europäisches Patent oder ein erstrecktes Patent kann bereits verletzt sein, wenn die fragliche Handlung **wenigstens teilweise im Inland vorgenommen** wird, und sie, soweit sie im Inland vorgenommen wird, den Tatbestand einer dem Patentinhaber allein vorbehaltenen, in § 9 genannten Benutzungshandlung erfüllt, BGH GRUR **70,** 358, 359 – Heißläuferdetektor; **73,** 667, 668 – Rollladenstäbe; LG Düsseldorf GRUR **53,** 285; **70,** 550, 551 (Literaturhinweis: Stauder, Patentverletzung im grenzüberschreitenden Wirtschaftsverkehr, 1975; Reimer, Patentverletzung durch Lieferung ins Ausland, Mitt. **31,** 85; V. Tetzner, Verletzung deutscher Patente bei Auslandsgeschäften, GRUR **80,** 882; Pagenberg, Ausstellen und Anbieten auf internationalen Messen – eine Verletzung inländischer gewerblicher Schutzrechte? GRUR Int. **83,** 560ff.). Der gesamte Akt ist dem Patentinhaber vorbehalten. So kommt es bei einem im Inland abgegebenen Angebot nicht darauf an, ob das Angebot im Ausland zugeht, worauf RGZ **149,** 102, 105 u.a. abgestellt hat. Auch für das Inverkehrbringen ist der Absendevorgang genau so wichtig wie der Zugang. Die Handlung muss ihrem Begehungsort nach in die durch das Patent geschützte inländische Rechtssphäre fallen, RGSt. **10,** 349, 350. Sind die in § 9 Satz 2 Nr. 1 bis 3 genannten Handlungen in der Bundesrepublik Deutschland begangen, dann ist es unerheblich, ob ein Erzeugnis oder ein Verfahren, die Gegenstand des Patents sind, oder unmittelbare Verfahrenserzeugnisse in eine örtliche Beziehung zum Bundesgebiet treten oder eine Handlung hier ihre Wirkung entfaltet, so noch die Rechtspr. des RG siehe 6. Aufl. § 6 Rdn. 9; Stauder, aaO, S. 128f.; Tetzner, aaO, S. 889; Pagenberg GRUR Int. **83,** 560, 563f.; Kraßer § 33 II d 5. Obwohl § 9 das Erfordernis der Vornahme der genannten Handlungen im Geltungsbereich des Gesetzes, d.h. im Inland, nicht erwähnt, sondern nur in Nr. 2 auf das Anbieten zur Anwendung des Verfahrens im Geltungsbereich des Gesetzes abstellt, versteht es sich von selbst, dass sich auch das alleinige Benutzungsrecht des Patentinhabers auf das Inland beschränkt Wenn die im Inland vorgenommenen Handlungen nicht den Begriff der in § 9 Satz 2 Nr. 1 bis 3 aufgezählten Benutzungshandlungen erfüllen, sondern lediglich im Ausland vorgenommene Handlungen fördern, die, wenn sie im Inland geschähen, eine Patentverletzung darstellten, liegt dagegen keine im Inland begangene Patentverletzung vor. Die Unterstützung im Ausland vorgenommener patentfreier Handlungen vom Inland aus, welche nicht in den Benutzungsformen des § 9 Satz 2 Nr. 1 bis 3 erfolgt, steht außerhalb des Machtbereichs des Patentinhabers, s. dazu aber US Court of Appeals, 7. Circuit, GRUR Int. **75,** 359. Durch **Benutzungshandlungen,** die **ausschließlich im Ausland** vorgenommen werden, werden das deutsche Patent und ein mit Wirkung für die Bundesrepublik Deutschland erteiltes europäisches Patent nicht berührt. Die Herstellung, das Anbieten, Inverkehrbringen, Gebrauchen, Einführen und Besitzen patentierter Erzeugnisse oder die Anwendung eines geschützten Verfahrens im Ausland ist nicht patentverletzend, RGZ **30,** 52, 55; **75,** 128, 130; LG Berlin GRUR **36,** 165, 166f.; LG Düsseldorf GRUR **53,** 285; OLG Düsseldorf GRUR **78,** 588, 589. Das gilt auch für auf chemischem Wege hergestellte Stoffe oder ein Gesamtverfahren, wenn die letzte Herstellungsstufe im Ausland vollzogen wird, BGH GRUR **69,** 265, 267.

11 **d)** Als **Patentbenutzung im Inland** ist angesehen worden: Das Anbieten eines patentverletzenden Gegenstands im Geltungsbereich des deutschen Patentgesetzes, wenn der eigentliche Vertrieb des Gegenstandes ausschließlich im Ausland erfolgt, OLG München OLGR München **2005,** 124; vgl. auch BGH WRP **2004,** 1484 – Rotpreis-Revolution in WettbS; OLG Stuttgart GRUR Int. **97,** 806 im MarkenS; ital. OG GRUR Int. **2003,** 876. Die Herstellung von patentgemäßen Erzeugnissen im Inland in der Absicht, sie nicht im Inland in den Verkehr zu bringen, sondern nur in solche Länder zu exportieren, in denen keine Schutzrechte bestehen, BGHZ **23,** 100, 106 – Taeschner-Pertussin I; vgl. auch ital. CA Mailand GRUR Int. **95,** 597, 602. Herstellen oder Anbieten einer Vorrichtung ohne ein Vorrichtungsteil für das Ausland, wo das ebenfalls im Inland produzierte Teil hinzugefügt wird, LG Düsseldorf InstGE **4,** 90. Die Herstellung solcher Teile einer patentierten Vorrichtung im Inland, die ausschließlich geeignet sind, zu der geschützten Vorrichtung zusammengebaut zu werden, und deren Lieferung zum Zusammenbau im Ausland, RGZ **40,** 78, 79f.; RG MuW **24/25,** 203; RG GRUR **36,** 235, 240f.; vgl. auch US Court of Appeals, 5. Circuit, GRUR Int. **72,** 130, 131; a.A. Supreme Court GRUR Int. **72,** 422ff., die durch das Ges. 98–622 korrigiert worden ist (Beier/Stauder GRUR Int. **85,** 6, 11 Fußnote 33a; von Möller GRUR Int. **85,** 776). Die betriebsfertige

Montage einer patentgemäßen Maschine im Inland aus im Ausland hergestellten Teilen, OLG München OLG-Report **94,** 116. Die Lieferung eines Erzeugnisses, das Gegenstand eines Patents ist, oder eines unmittelbaren Verfahrenserzeugnisses vom Inland in das Ausland, RGZ **51,** 139, 140f.; **65,** 157, 161; RGSt. **10,** 349, 351f.; **36,** 178, 180; RG MuW **22/23,** 193, 195; RG GRUR **36,** 121, 123; LG Düsseldorf GRUR **70,** 550, und zwar selbst dann, wenn diese Gegenstände zuvor zur Weiterbeförderung in das Inland eingeführt worden waren, RGZ **45,** 147, 148; **51,** 139, 142; RGSt. **36,** 178, 179; BGHZ **23,** 100, 106. Die Lieferung im Ausland hergestellter Gegenstände oder Erzeugnisse in das Inland, BGH GRUR **64,** 439, 441; **73,** 667, 668; **2002,** 599 – Funkuhr; RGZ **45,** 147, 149f.; **51,** 139, 142; RGSt. **36,** 178, 179; RG GRUR **39,** 354, 357; LG Düsseldorf GRUR **53,** 285; vgl. auch schw. HG St. Gallen sic! **2005,** 31, 32, wobei es nicht darauf ankommt, ob sie im Inland verbleiben oder ausschließlich wieder ausgeführt werden sollen, BGHZ **23,** 100, 106; RGZ **45,** 147, 150; **51,** 139, 142; RGSt. **36,** 178, 179; OLG Hamburg GRUR **85,** 923; GRUR Int. **91,** 301, 302, und es ausreicht, wenn der ausländische Lieferant weiß, dass das Inland Bestimmungsland ist, weil er bereits dann den inländischen Vertrieb bewusst und willentlich mitverursacht hat, BGH GRUR **2002,** 599 – Funkuhr. Die Vorlage und Aushändigung von Mustern eines geschützten Verfahrenserzeugnisses im Inland zwecks Vermittlung von Auslandsverkäufen, RGZ **77,** 248, 249f. Die Vermittlung von Rechtsgeschäften mit einem patentierten Erzeugnis im Inland, das im patentfreien Ausland hergestellt und verkauft wird, ital. Corte di Cassazione Rom GRUR Int. **2004,** 876. Das Anbieten im Inland, wobei es gleichgültig ist, ob der Verkauf im Ausland erfolgt, LG Braunschweig GRUR **71,** 28, 29, so etwa das Angebot auf einer Messe im Inland zur Lieferung einer patentierten Vorrichtung ins Ausland, LG München I InstGE **5,** 13 u. 15. Das Angebot im Ausland vorrätig gehaltener Ware im Inland mittels Lichtbildern, technischer Zeichnungen, Modellen und Werbeschriften, BGH GRUR **69,** 35, 36 – Europareise; RGZ **143,** 173, 175; RG GRUR **36,** 116, 117; abweichend FC Kanada GRUR Int. **89,** 950 wegen abweichender Gesetzeslage. Das Angebot eines im Ausland befindlichen Gegenstands vom Inland in das Ausland, ohne dass der Gegenstand in das Inland gelangt, LG Düsseldorf GRUR **70,** 550, 551. Das im Inland erfolgte Lieferangebot einer im Inland nicht in patentverletzender Form herzustellenden Maschine mit der Maßgabe, die Maschine im Ausland in eine dem Patent entsprechende Form umzubauen, BGH GRUR **60,** 423, 424; OLG Düsseldorf GRUR **64,** 203, 204; vgl. dazu Heine GRUR **60,** 427; Moser von Filseck GRUR **61,** 178, 613, und FS vom Stein, 1961, S. 86; anders (nicht patentverletzend) das Angebot und die Lieferung eines nicht augenfällig auf eine im Inland geschützte Verwendung hergerichteten Gegenstands in das patentfreie Ausland, vgl. OLG Düsseldorf GRUR **64,** 203, 204.

e) Nicht als **Benutzungshandlung im Inland** ist angesehen worden: Die Herstellung von Werkstattzeichnungen im Inland zwecks Herstellung von Maschinen im Ausland unter Benutzung der im Inland geschützten Lehre, RGZ **124,** 368, 371 – dort als Grundsatz vertreten – (soweit diese Entscheidung wegen der aus dem Inland gegebenen Anweisungen und der Entsendung von Angestellten, die im Ausland den Zusammenbau und die fertige Anlage überwachten, die Herstellung der Zeichnung als Beginn der im Ausland erfolgten Herstellungshandlung angesehen hat, kann ihr nicht beigetreten werden, ebenso wohl Busse/Keukenschrijver § 9 PatG Rdn. 132). Die bloße Durchfuhr geschützter Waren durch das Inland, BGHZ **23,** 100, 104; BGH GRUR **58,** 189, 197; **57,** 231; OLG Karlsruhe GRUR **82,** 295, 299f.; schw. BG GRUR Int. **91,** 227, 228; vgl. auch BGH I ZR 246/02 v. 2. 6. 2005 – Diesel – in Markensache m.w.N.; a.A. OLG Hamburg GRUR Int. **99,** 67, 68; LG Hamburg 315 O 305/04 v. 2. 4. 2004; siehe ferner Rdn. 45. Das im Inland erfolgte Erbieten, bei der Ausführung eines im Inland, aber nicht im Ausland geschützten Verfahrens im Ausland behilflich zu sein und durch einen dorthin entsandten Monteur zu unterstützen, RGZ **75,** 128, 130, jetzt ausdrücklich § 9 Satz 2 Nr. 2. Die Verbreitung eines Werbeprospekts für eine patentierte Vorrichtung im Ausland, OLG Karlsruhe GRUR **80,** 784, 785, was aber im Einzelfall die Gefahr der Begehung von Patentverletzungen im Inland begründen kann, OLG Karlsruhe aaO. Die Versendung von Werbeschriften für eine zur Ausführung eines im Inland geschützten Verfahrens dienende Vorrichtung vom Inland in das Ausland, weil die Vorrichtung und das Verfahren dort patentfrei benutzt werden können, RGZ **149,** 102, 104f.; RG GRUR **36,** 121, 123. Der bloße Abschluss von Verträgen im Inland zu dem Zweck, eine in Deutschland geschützte Ware, die im Ausland hergestellt wird, vom Ausland nach dem Ausland zu vertreiben, solange im Inland kein Anbieten erfolgt, vgl. RGZ **30,** 52, 55; **75,** 128, 131; schweiz. BG GRUR Int. **75,** 249; schw. HG St. Gallen sic! **2005,** 31, 33. Das Herstellen, Anbieten und Inverkehrbringen einer ergänzungsbedürftigen Vorrichtung unter Hinweis darauf, dass die zu ergänzenden Teile im Ausland vom Patentinhaber bezogen werden könnten, OLG Düsseldorf GRUR **64,** 203, 204. Ferner, 12 wenn lediglich vom Inland aus bewirkt wird, dass ein Gegenstand im Ausland in den Verkehr gelangt, ohne das Inland zu berühren, weil das Inverkehrbringen ein tatsächlicher Vorgang ist, durch den der Übergang der tatsächlichen Verfügungsgewalt bewirkt wird, RGSt. **10,** 349, 351.

13 **f)** Von der Frage der materiellen Wirkung eines Patents im Gebiet seines Erteilungsstaats ist die Frage zu unterscheiden, ob **Ansprüche wegen** Verletzung eines **ausländischen Patents** oder des ausländischen Teils eines europäischen Patents vor einem deutschen Gericht verfolgt werden können. Diese Frage ist **im EU-Bereich** durch das am 1. Februar 1973 für die Bundesrepublik Deutschland in Kraft getretene Übereinkommen über die gerichtliche Zuständigkeit und die Vollstreckung gerichtlicher Entscheidungen in Zivil- und Handelssachen vom 27. September 1968 (sog. Brüsseler Vollstreckungsübereinkommen, BGBl. II 1972 S. 773) bzw. – seit ihrem Inkrafttreten am 1. März 2001 – durch die **Verordnung (EG) Nr. 44/2001** vom 22. Dezember 2000 über die gerichtliche Zuständigkeit und Anerkennung und Vollstreckung von Entscheidungen in Zivil- und Handelssachen (EuGVVO, ABl. EG Nr. L 12 vom 16. 1. 2001) sowie im Verhältnis zu Polen, Norwegen, Island und der Schweiz durch das **Lugano-Übereinkommen** vom 16. September 1988 (BGBl. 1994 II S. 2693) in positivem Sinn geklärt (siehe dazu näher § 139 Rdn. 100 ff.; zur gegenteiligen Rspr. des RG siehe 9. Aufl. § 9 PatG Rdn. 13). Die Gerichte eines Vertragsstaats können über Ansprüche wegen der Verletzung eines in einem oder mit Wirkung für einen anderen Vertragsstaat erteilten Patents entscheiden, auch über Ersatzansprüche wegen unberechtigter Verwarnung aus einem ausländischen Patent, wenn der Schaden im Inland eingetreten ist, LG Mannheim GRUR **80,** 935, 937. Sind die genannten Regelwerke nicht anwendbar und greift im konkreten Fall auch kein anderes internationales oder zwischenstaatliches Übereinkommen ein, können nach den **Grundsätzen der deutschen internationalen Zuständigkeit** Ansprüche wegen Benutzung eines ausländischen Patents – auch wenn der geltendgemachte Anspruch das zukünftige Verhalten einer Partei im Ausland betrifft, BGH GRUR **60,** 372, 377 – im Inland verfolgt werden, wenn nach deutschem Recht ein **örtlicher Gerichtsstand in der Bundesrepublik Deutschland** gegeben ist, vgl. BGHZ **115,** 90 m. w. N.; BGH BGHReport **2001,** 894; GRUR **80,** 130 m. w. N.; **78,** 194; **60,** 372, 376; **58,** 189, 196 m. w. N.; RGZ **157,** 389, 392 m. w. N.; RG JW **94,** 369 Nr. 26; OLG Düsseldorf GRUR Int. **68,** 100; LG Düsseldorf GRUR Int. **68,** 101; vgl. auch österr. OLG Wien GRUR Ausl. **60,** 447 mit zustimmender Anmerkung von Schönher; schw. HG Zürich GRUR Int. **85,** 411, 412; zur Prorogation der internationalen Zuständigkeit deutscher Patentverletzungsgerichte vgl. BGH GRUR **69,** 373. Der Grundsatz der Territorialität des Patentrechts steht der Rechtsverfolgung vor deutschen Gerichten nicht entgegen, OLG Düsseldorf OLGZ **67,** 61, 63; LG Düsseldorf GRUR Int. **68,** 101, 102; Entsch. **98,** 1; vgl. auch schw. HG Zürich GRUR Int. **85,** 411, denn er hat nur die materielle Begrenzung des Rechts zum Inhalt, LG Düsseldorf GRUR Int. **58,** 430. Hat der wegen Verletzung eines ausländischen Patents in Anspruch Genommene beispielsweise seinen allgemeinen Gerichtsstand im Inland, kann deshalb hier gegen ihn mit Aussicht auf Erfolg geklagt werden. Auf diese Weise können nicht nur ein Schadensersatzanspruch, sondern auch (a. A. Kohler ZZP **X,** 449, 452) ein Anspruch auf Unterlassung von Benutzungshandlungen im Ausland durchgesetzt werden, vgl. RGZ **129,** 385, 388 – für Schadenersatz; BGHZ **22,** 1, 13 m. w. N. – auch für Unterlassungsanspruch, jeweils bei Verletzung ausländischer Warenzeichen; BGH GRUR **62,** 243, 244 – in BGHZ **35,** 329 nicht abgedruckt – bei Verletzung eines im Ausland bestehenden Ausstattungsrechts; GRUR **69,** 607, 608 bei Wettbewerbshandlung; vgl. auch BGHZ **23,** 100, 101; **21,** 266, 270; **35,** 329, 330 für Fälle, in denen neben Schadenersatzansprüchen auch Unterlassungsansprüche wegen Handlungen vom Inland in das Ausland und im Ausland streitig waren, und zwar ein Unterlassungsanspruch deshalb, weil es bei internationaler Zuständigkeit nicht an der Gerichtsbarkeit (Souveränität) fehlt, eine bestimmte Verhaltensnorm für ein fremdes Staatsgebiet aufzustellen, vgl. dazu OLG Düsseldorf OLGZ **67,** 61, 64. So kann ein inländischer Spediteur, der am Transitverkehr mitwirkt, auf Unterlassung in Anspruch genommen werden, wenn die Beförderung der Ware in dem Bestimmungsland zu einer Verletzung des dortigen Patents führen würde, vgl. BGH GRUR **57,** 352, 357. Die Frage der Verletzung des ausländischen Patents und der daraus folgenden Ansprüche ist von dem zuständigen deutschen Gericht nach dem Recht des betreffenden ausländischen Staats zu beantworten, LG Düsseldorf GRUR Int. **68,** 101, 102; vgl. auch BGH GRUR **60,** 372, 377, auch wenn der Inhaber des Schutzrechts und der als Verletzer in Anspruch Genommene Deutsche sind, LG Düsseldorf GRUR Int. **68,** 101, 102. Die Anwendung des ausländischen Rechts wird freilich durch den deutschen **ordre public** begrenzt. Soweit das erstrebte Ergebnis im konkreten Fall in untragbarem Widerspruch zu grundlegenden deutschen Gerechtigkeitsvorstellungen stünde, ist das ausländische

Recht nach Art. 6 EGBGB unanwendbar. Deshalb kann eine Schadensersatzklage wegen Verletzung eines US-amerikanischen Patents zwar auf das dortige Gesetz gestützt werden, wonach bei vorsätzlicher Handlung (willful infringement) ein angemessener Ausgleich bis zum dreifachen Wert des tatsächlichen Schadens (treble damages) betragen kann; die Zuerkennung eines erhöhten Schadensersatzanspruchs wird wegen Art. 6 EGBGB jedoch kaum jemals in Betracht kommen, vgl. LG Düsseldorf GRUR Int. **68,** 101, 103.

Eine **internationale Zuständigkeit** eines deutschen Gerichts **nach § 32 ZPO** – Gerichtsstand der unerlaubten Handlung – für eine Klage wegen Verletzung eines ausländischen Patents wird kaum jemals in Betracht kommen, weil bei Geltung des Territorialgrundsatzes im maßgeblichen Schutzrechtsstaat nur der dort begangene Handlungsakt und der dort eintretende Erfolg eine Patentverletzung bzw. unerlaubte Handlung darstellen, vgl. LG Düsseldorf GRUR Int. **99,** 455; auch BGHZ **35,** 329, 333f. für Wettbewerb auf ausländischem Markt. Auch bei einer sich in dem Schutzrechtsstaat auswirkenden Unterstützungshandlung im Inland kann deshalb lediglich eine Zuständigkeit im betreffenden Ausland, nicht aber eine internationale Zuständigkeit nach § 32 ZPO gegeben sein, vgl. BGH GRUR **2002,** 599 – Funkuhr, für Verletzung deutschen Patents; BGHZ **35,** 329, 333f. für Wettbewerb auf ausländischem Markt. BGH GRUR **60,** 372, 377 hat allerdings einer Partei außerhalb des Geltungsbereichs des Grundgesetzes die Unterlassung von Handlungen außerhalb des Geltungsbereichs des Grundgesetzes verboten. Ein deutsches Gericht darf auch jemanden, der im Ausland eine Patentverletzung im Inland bewusst und willentlich mitverursacht hat, aus § 139 verurteilen, BGH GRUR **2002,** 599 – Funkuhr. Urteile können ferner ergehen, soweit sie im Inland begangene und im Inland verbotene Handlungen mit Auslandsbeziehungen betreffen, z.B. Angebote und Lieferungen vom Inland in das Ausland, vgl. BGHZ **22,** 1, 13; **21,** 266, 270; **35,** 329, 335 – betr. Warenzeichenverletzungen und unlauteren Wettbewerb (sklavischen Nachbau). Der BGH hat auch für eine von einem Deutschen von Deutschland aus in die Wege geleitete Warnung eines ausländischen Anwalts wegen Verletzung ausländischer Schutzrechte – Marken – die deutsche Gerichtsbarkeit bejaht, wobei die nach ausländischem Recht zu beurteilende Frage, ob die Warnung berechtigt ist, der Entscheidung der deutschen Gerichte unterliege. Das greife der Entscheidung des ausländischen Gerichts nicht vor und sei auch kein Eingriff in die ausländische Gerichtsbarkeit, BGHZ **14,** 286, 290. Die Vollstreckung eines Unterlassungsurteils in Deutschland, das einen im Inland befindlichen Schuldner verpflichtet, im Ausland eine Handlung zu unterlassen, verstößt nicht gegen das Territorialitätsprinzip, vgl. KG OLG Rechtspr. **43,** 163.

g) Das RG hat die Geltendmachung von **Ansprüchen aus Verträgen über** die Auswertung **ausländischer Patente,** RG MuW **31,** 534, 535; **40,** 165, 166; vgl. auch OLG Hamm GRUR **36,** 744, 746; LG Düsseldorf GRUR Int. **58,** 430, oder aus unerlaubter Handlung oder Geschäftsführung ohne Auftrag wegen einer Anmeldung im Ausland, die ein ausländisches Erfinderrecht verletzte, oder auf Einräumung einer Lizenz an einem ausländischen Patent, RG MuW **40,** 165, 166, vor deutschen Gerichten zugelassen. Ein deutsches Gericht hat die Gültigkeit ausländischer Patente als Vorfrage zu prüfen, solange nicht die zuständigen ausländischen Behörden und Gerichte die Ungültigkeit bindend festgestellt haben, LG Düsseldorf 4 Q 187/59; GRUR Int. **58,** 430. Hat ein ausländisches Gericht bei der Entscheidung über einen vertraglichen Anspruch in den Entscheidungsgründen die Vorfrage der **Nichtigkeit des ausländischen Patents** bejaht, ist das das deutsche Gericht nicht von der selbstständigen Prüfung der Nichtigkeit eines ausländischen Patents nach dem entsprechenden ausländischen Recht entbunden, wenn in dem Rechtsstreit vor dem deutschen Gericht vertragliche Ansprüche aus der Nichtigkeit des ausländischen Patents hergeleitet werden, es sei denn das ausländische Gericht hätte die Frage der Nichtigkeit des Patents mit Wirkung für den betreffenden Staat ausgesprochen, RG Bl. **13,** 298, 299f. Im Rahmen der Entscheidung über vertragliche Ansprüche muss festgestellt werden, wie ein Auslandsrichter über die Nichtigkeit eines Patents entscheiden würde, RG Bolze **VIII,** Nr. 145. Ein ausländisches Patent darf Im Inland aber nicht für nichtig erklärt werden, vgl. Art. 22 Nr. 4 Satz 1 EuGVVO; Art. 16 Nr. 4 Brüsseler Vollstreckungsübereinkommen; Art. 16 Nr. 4 Lugano-Übereinkommen, wohl kann festgestellt werden, dass eine im Ausland erfolgende Anfechtung wegen materieller Ungültigkeit des Patents Erfolg haben würde, vgl. belg. Cour d'appel Lüttich DJZ **11,** Sp. 100; Nirk Mitt. **69,** 328, 331 m.w.N. sowie § 139 Rdn. 101d. 14

6. Die Erschöpfung des Patentrechts

Literaturhinweis: Allekotte Mitt. **2004,** 1; Axster GRUR Int. **90,** 609; **91,** 287; Beier GRUR Int. **89,** 603; Baudenbacher GRUR Int. **2000,** 584; Beier GRUR Int. **89,** 603; Beier GRUR Int. **96,** 1; Blasendorff Festschrift vom Stein, 1961, S. 13ff.; Blok Patentrettens Kon- 15 sumtionsprincip, Kopenhagen 1974; Brandi-Dohrn GRUR **80,** 757; Brandi-Dohrn GRUR Int. **97,** 122; Bülow, T. v., Der Einfluss des Territorialitätsprinzips auf die Wirkung des europäischen Patents für den Gemeinsamen Markt, Diss. 1976; Busche JR **2001,** 25; Deringer GRUR Ausl. **68,** 105; Ebenroth, Gewerblicher Rechtsschutz und europäische Warenverkehrsfreiheit: ein Beitrag zur Erschöpfung gewerblicher Schutzrechte, 1992; Emmerich JuS **2000,** 612; Finger GRUR **41,** 402; Goltz WuW **75,** 751; Graf GRUR **73,** 55; Heath RIW **97,** 541; IIC **97,** 623; IIC **2004,** 776; FS f. Kolle u. Stauder, 2005, 165; Heydt MuW **33,** 226; Hölder GRUR **2005,** 20; Koch/Froschmaier GRUR **65,** 121; Koppensteiner AWD BB **71,** 357; Krieger GRUR Int. **76,** 208; Leßmann GRUR **2000,** 741; Lieberknecht FS f. Ph. Möhring, 1975, S. 467 ff.; Lindenmaier GRUR **52,** 294; Loewenheim GRUR **82,** 641; GRUR Int. **96,** 307; Lüdecke BB **49,** 657; Mager GRUR **99,** 637; Manz GRUR Int. **99,** 374; Monnet GRUR Ausl. **65,** 302; Müller/Wegner Mitt. **75,** 41; Paul NJW **63,** 980; Pénar GRUR Int. **2004,** 101; Reischl GRUR Int. **82,** 151; Reimer GRUR Int. **72,** 221; Rübel GRUR **2002,** 561; Sack GRUR **99,** 193; Sadlonowa FS f. Kolle u. Stauder, 2005, 263; Samwer GRUR **69,** 1; Stauder GRUR **93,** 305; Straus/Katzenberger, Parallelimporte; Erschöpfung des Patentrechts, 2003; Schatz GRUR Int. **70,** 207; Schennen Mitt. **89,** 7; Schlieder GRUR Int. **73,** 578; Schricker Mitt. **80,** 31; Schricker EWiR **2000,** 543; Schumacher WuW **68,** 487; Selmayr, Die Erschöpfungstheorie im Urheberrecht und die patentrechtliche Lehre vom Zusammenhang der Benutzungsarten, Diss., 1961; Tetzner NJW **62,** 2033; Ullrich GRUR Int. **83,** 370; Ulrich GRUR Int. **91,** 1, 5; Windisch GRUR **74,** 20; ders. FS f. Georg Roeber, 1973, 707 ff.; 1982, 481; Marchetti, Sull' esaurimento del brevetto d'invenzione, 1974.

Ein Erschöpfungstatbestand für das Patentrecht ist nur in dem am 28. 2. 2005 in Kraft getretenen § 9a Abs. 2 gesetzlich geregelt. Im Markenrecht regelt § 24 MarkenG, im Urheberrecht § 17 Abs. 2 UrherrechtsG, im Sortenschutzrecht § 10b SortenschutzG die Erschöpfung. Zur Erschöpfung von Immaterialgüterrechten in der Schweiz vgl. Baudenbacher GRUR Int. **2000,** 584, von gewerblichen Schutzrechten und des Urheberrechts in den USA vgl. Bodewig, GRUR Int. **2000,** 597.

16 **a)** Erschöpfung meint **Verbrauch des Patentrechts,** BGH GRUR **97,** 116 – Prospekthalter, **hinsichtlich eines bestimmten** (einzelnen) **patentgemäßen Erzeugnisses** (Sache, Vorrichtung etc.), Rübel GRUR **2002,** 561, 562; vgl. auch EuGH WRP **99,** 803, 805 – Sebago; OLG München GRUR-RR **2003,** 303 für Markenrecht. Sie ist Rechtsfolge der Tatsache, dass der Patentinhaber oder ein mit dessen Zustimmung handelnder Dritter den betreffenden mit dem Patent unter Schutz gestellten körperlichen Gegenstand oder ein bestimmtes unmittelbares Erzeugnis eines patentierten Verfahrens an einem Ort innerhalb eines bestimmten Gebiets (Bundesrepublik Deutschland, EU oder EWR) in den Verkehr gebracht hat, BGH GRUR **97,** 116 – Prospekthalter; GRUR **2001,** 223 – Bodenwaschanlage; bloße Herstellung mit Zustimmung des Patentinhabers reicht nicht, LG Düsseldorf InstGE **1,** 146. Nach dem erstmaligen Inverkehrbringen muss das auf dem Erzeugnis „lastende" Schutzrecht gegenüber dem Interesse an der Verkehrsfähigkeit der mit Zustimmung des Berechtigten in Verkehr gesetzten Waren zurücktreten, BGH GRUR **2001,** 51 – Reichweite der Erschöpfung, in Urheberrechtssache. Im Streitfall ist das erforderliche Inverkehrbringen mit Zustimmung des Patentinhabers grundsätzlich von dem zu beweisen, der sich darauf beruft, mit einer Handlung nach § 9 Satz 2 keine rechtswidrige Patentverletzung begangen zu haben, BGHZ **143,** 268, 277 – Karate; BGH GRUR **76,** 579, 581 – Tylosin; OLG Düsseldorf GRUR **78,** 588, 589; Hesse GRUR **72,** 675, 681; vgl. ferner österr. OGH ÖBl. **99,** 208, 210 und für Markenrecht EuGH GRUR **2003,** 512 – stüssy; BGH GRUR **2004,** 156 – stüssy II; OLG Karlsruhe GRUR **99,** 343; OLG München Mitt. **98,** 186, aber auch Ingerl/Rohnke, MarkenG § 24 Rdn. 15.

17 Wann ein **Inverkehrbringen** vorliegt, ist in Rdn. 44 behandelt. Es genügt, dass der Patentinhaber den geschützten Gegenstand einem Dritten zum Gebrauch überlassen hat, Lutter § 6 Anm. 9b S. 135. Ob derjenige, dem der Patentinhaber die geschützte Sache oder das geschützte Erzeugnis überlassen hat, oder ein Dritter Eigentümer werden sollte oder **Eigentum** erworben hat, ist für die Frage der Erschöpfung **ohne Bedeutung,** vgl. RGZ **142,** 168, 169; KG GRUR **36,** 743. Verschiedentlich wird allerdings vertreten, ein Inverkehrbringen, das nicht auf Eigentumsverschaffung, sondern nur auf zeitweilige Gebrauchsüberlassung abziele, rechtfertige die Anwendung des Erschöpfungsgrundsatzes nicht, so Kraßer § 33 V b 1; Kohler S. 456; D. Reimer GRUR **72,** 227. Auch bei einer Lieferung des Patentinhabers an den Inhaber einer Vertriebslizenz soll nach Kraft, GRUR **71,** 373, 379 f., kein Freiwerden eintreten. Das ist abzulehnen. Das Inverkehrbringen von der Bundesrepublik Deutschland aus **in das Ausland** macht die Sache ebenfalls gemeinfrei, so dass die Wiedereinfuhr zulässig ist, RGZ **51,** 139, 140f; Busse/Keukenschrijver § 9 PatG Rdn. 135; a. A. LG München I Mitt. **94,** 124; Kraßer

§ 33 V b 1; Stauder, S. 118ff. Beim Inverkehrbringen **vom Ausland aus** in die Bundesrepublik Deutschland gilt das auch, Busse/Keukenschrijver § 9 PatG Rdn. 136, selbst wenn die Einfuhr ins Inland mit der Maßgabe erfolgt, dass die Ware ausschließlich wieder ausgeführt werden soll, RGSt. **36,** 178, 179. Dagegen führt eine **konzerninterne Warenbewegung** wie ein innerbetrieblicher Vorgang nicht zur Gemeinfreiheit der Ware, BGHZ **81,** 282, 285 – Schallplattenimport I, in Urheberechtssache; OLG Hamburg GRUR **85,** 923; OLG Karlsruhe GRUR **99,** 343, 345 in Markensache; Leßmann GRUR **2000,** 741, 748; Sack GRUR **99,** 197; Kraßer, § 33 V b 1; Mes, PatG, § 9 Rdn. 56, es sei denn, ein Konzernunternehmen deckt sich auf dem allgemeinen, für Dritte zugänglichen Markt ein, den ein Schwesterunternehmen beliefert, BGH GRUR Int. **86,** 724, 725; Leßmann GRUR **2000,** 741, 748. **Veräußerungen** an Handelsunternehmen, die lediglich **in** ein **exklusives oder selektives Vertriebssystem** eingebunden sind, stehen konzerninternen Warenbewegungen nicht gleich und führen zur Erschöpfung, vgl. Bayreuther WRP **2000,** 349, 355; Ströbele/Hacker § 24 MarkenG Rnr. 35. Erschöpfung kann auch schon bei **Übergabe** der Ware **an eine Transportperson** eintreten. Das wird entweder davon abhängig gemacht, wer die Transportperson beauftragt hat, vgl. Litten WRP **97,** 678ff.; Bayreuther WRP **2000,** 349, 352ff. (So hat OLG Karlsruhe GRUR **99,** 343, 345 in Markensache Erschöpfung verneint, wenn der die Ware veräußernde Schutzrechtsinhaber den Beförderungsauftrag erteilt hat, ebenso Paul NJW **63,** 980, 984f.; a.A. Benkard/Bruchhausen 9. Aufl. § 9 Rdn. 43; Ingerl/Rohnke § 24 MarkenG); oder es wird ganz allgemein gefragt, ob der Patentinhaber sich des patentierten Erzeugnisses dergestalt entäußert hat, dass es seinem Einfluss nicht mehr unterliegt. Das wird nicht der Fall sein, wenn ihm die Verfügungsgewalt trotz Aushändigung der Ware an den Transporteur erhalten bleibt, OLG Hamburg GRUR-RR **2002,** 96, 97 in Markensache; vgl. ferner OLG Stuttgart NJW-RR **98,** 482, 483; Ströbele/Hacker § 24 MarkenG Rdn. 36; Fezer § 24 MarkenG Rdn. 7d. Soweit Handlungen des Patentinhabers für Dritte noch keine Benutzung der geschützten Erfindung darstellen, dieser beispielsweise nur technische Zeichnungen einer von ihm konzipierten Anlage erstellt hat, kann ihre Vornahme nicht zu einer Erschöpfung der Patentrechte führen, BGH GRUR **2001,** 407 – Bauschuttsortieranlage.

(1) Hat der Patentinhaber oder ein insoweit mit seiner Zustimmung handelnder Dritter das patentierte Erzeugnis oder das unmittelbare Erzeugnis eines patentierten Verfahrens **in der Bundesrepublik Deutschland in den Verkehr gebracht,** dann erstreckt sich die Wirkung des Patents nach seit jeher geltender Rechtsauffassung (vgl. BGHZ **143,** 268, 273 – Karate, m.w.N.; hierzu auch Emmerich JUS **2000,** 612; Schricker EWiR **2000,** 543) nicht auf anschließend in der Bundesrepublik Deutschland vorgenommene Handlungen, die dieses Erzeugnis betreffen (mit Ausnahme der Neuherstellung, siehe Rdn. 36). Die Rechtsmacht aus dem Patent reicht nicht so weit, dass der Patentinhaber bei körperlichen Gegenständen, die er selbst – oder ein Dritter mit seiner Zustimmung – in den Verkehr gebracht hat, die Art und Weise des weiteren Verkehrs mit diesen rechtlich beeinflussen könnte. Der Patentinhaber hat nicht das Recht, bei einmal rechtmäßig in den Verkehr gelangten Gegenständen auch die Art dieses Verkehrs allein zu gestalten, RGZ **51,** 139, 141. Das dem Patentinhaber zum Ausgleich für seine Erfindertätigkeit gegebene ausschließliche Recht besteht nämlich darin, gewerbliche Erzeugnisse selbst herzustellen und selbst in den Verkehr zu bringen oder die Erfindung im Wege der Lizenzvergabe an Dritte zu verwerten, sowie darin, sich gegen jegliche Zuwiderhandlung zur Wehr zu setzen, EuGH GRUR Int. **74,** 454 – Centrafarm; **82,** 47, 48 – Merck/Stephar; **85,** 822, 824 – Pharmon; **97,** 250 – Merck/Primecrown; **97,** 911, 912 – Generics/Sunth Kline; BGHZ **143,** 268, 272 – Karate. Indem er oder mit seinem Willen ein Dritter das patentgeschützte Erzeugnis in Verkehr gebracht hat, hat der Patentinhaber sein Ausschließlichkeitsrecht deshalb hinsichtlich dieses Erzeugnisses ausgeübt, so dass kein Grund mehr besteht, ihm darüber hinaus Einwirkungsmöglichkeiten auf das weitere Schicksal desselben zu geben; vielmehr ist es nunmehr allein Sache des – im Verhältnis zum Patentinhaber rechtmäßigen – Erwerbers, über dieses Erzeugnis zu verfügen, BGHZ **2,** 261, 267; **49,** 331, 335 – Voran; BGH GRUR **59,** 232, 233 – Förderrinne; **73,** 518, 520 – Spielautomat II; **75,** 206, 207 – Kunststoffschaumbahnen; **75,** 598, 600 – Stapelvorrichtung; **76,** 579, 580 – Tylosin; **80,** 38, 39 – Fullplastverfahren; **97,** 116, 117 – Prospekthalter; BGHZ **143,** 268 – Karate; BGH GRUR **2003,** 507 – Enalapril; LG München I InstGE **4,** 13, 18; dieser kann es im Rahmen des bestimmungsgemäßen Gebrauchs ungehindert nutzen und gebrauchen, BGH X ZR 16/68 vom 11. 3. 1971; BGH GRUR **80,** 38, 39, weil es mit dem willentlichen Inverkehrbringen patentrechtlich gesehen **gemeinfrei** geworden ist, RGZ **51,** 139, 140f.; **86,** 436, 440; **103,** 359, 363; **133,** 326, 330; BGHZ **2,** 261, 267; **3,** 193, 200; **5,** 116, 119f.; BGH GRUR **59,** 232, 233; **75,** 598, 600 – Stapelvorrichtung; **80,** 38, 39; BKA GRUR **65,** 499, 502. Als Begründung für die- 18 sen „Rechtsverlust" wird angeführt, der Berechtigte habe alle Vorteile seines Rechts genossen, RGSt. **46,** 92, 94; RGZ **63,** 394, 398; BGHZ **5,** 116, 120; BGH GRUR **80,** 38, 39, – Fullplastverfahren, **2001,** 223 – Bodenwaschanlage, oder durch den Verkauf der geschützten Vorrichtung den Lohn für seine Erfindung erhalten, BGH GRUR **59,** 232, 233; **73,** 518, 520 – Spielautomat II; **76,** 579, 582. Genauer muss man sagen: Der Berechtigte hat damit die Grenzen der ihm eingeräumten Rechtsmacht erreicht. Über diese Grenzen hinaus stehen ihm keine Rechte mehr zu. Der Lehre vom Zusammenhang der Benutzungsarten, RGZ **133,** 326, 330; **135,** 145, 148; **142,** 168, 169; BGHZ **2,** 261, 267; **3,** 193, 200; BGH GRUR **68,** 195, 196, die Kohler (Handbuch des Deutschen Patentrechts, 1900, S. 452 ff.) begründet hat, und der Lehre von der Erschöpfung oder dem Verbrauch des Patentrechts, RGZ **51,** 139, 140 f.; **86,** 436, 440; **103,** 359, 360; RGSt. **36,** 178, 179; **46,** 92, 94; BGHZ **3,** 193, 200; **5,** 116, 119, 120; BGH GRUR **59,** 232, 233; **68,** 195, 196; **73,** 518, 520; **76,** 579, 582; **80,** 38, 39; BGH WRP **68,** 50, 51, die dasselbe Ziel vor Augen hatte und zum gleichen Ergebnis führte, kommt das Verdienst zu, die Grenzen der Rechtsmacht des Patentinhabers gesteckt zu haben, um eine allzu starke Beeinträchtigung des Verkehrs mit patentierten Wirtschaftgütern zu vermeiden. Auch wenn der Patentinhaber ein geschützte Erzeugnis als Teil eines Ganzen in den Verkehr gebracht hat, wird dieses Erzeugnis gemeinfrei; es darf deshalb aus der Verbindung gelöst und mit einer anderen Sache verbunden werden, vgl. RGZ **130,** 242, 244. Die Gemeinfreiheit erstreckt sich auch auf die Benutzung der Erfindung zusammen mit bekannten Zutaten, BGH X ZR 16/68 vom 11. 3. 1971. Bei einem Verkauf einer geschützten Sache durch den Patentinhaber ist für deren gewerblichen Gebrauch keine Lizenz mehr erforderlich, RGZ **124,** 317, 319; BGH GRUR **59,** 232, 233; **75,** 206, 207 – Kunststoffschaum-Bahnen; **80,** 38, 39. Für die weitere Benutzung kann aus kartellrechtlichen Gründen eine Lizenz nicht wirksam vereinbart werden, BGH GRUR **2001,** 223 – Bodenwaschanlage. Der Inhaber eines Verfahrenspatents kann allerdings grundsätzlich nicht gehindert sein, sich von dem Erwerber einer von ihm veräußerten Vorrichtung für die Benutzung des geschützten Verfahrens die Zahlung von Lizenzgebühren versprechen zu lassen, BGH GRUR **2001,** 223 – Bodenwaschanlage; GRUR **80,** 38; Immenga/Mestmäcker/Emmerich, GWB, 3. Aufl., § 17 Rdn. 35; Langen/Bunte/Bräutigam, GWB, 8. Aufl., § 20 Rdn. 16; Schricker Mitt. **80,** 31; a. A. GemeinschaftskommGWB/Axter, 3. Aufl., §§ 20, 21 Rdn. 37; vgl. auch Rosenberger GRUR **80,** 150 f. Der patentrechtlich mit der Veräußerung erschöpfte Schutz wird über das UWG nicht wieder ausgedehnt. Dem Erwerber eines Geräts steht es frei, ob er an der patentierten Vorrichtung etwas ändern will, BGH I ZR 7/65 vom 16. 10. 1968. Das UWG gewährt keinen Schutz gegen ohne große Schwierigkeiten zu beseitigende körperliche Eingriffe in eine patentierte Einrichtung, die ein Mitbewerber mit Einwilligung des Eigentümers der Einrichtung vornimmt, BGH I ZR 7/65 vom 16. 10. 1968 zu § 1 UWG a. F.

19 **(2)** Hat der Patentinhaber oder mit seiner Zustimmung ein Dritter ein patentiertes Erzeugnis oder ein Erzeugnis eines patentierten Verfahrens **außerhalb der Bundesrepublik Deutschland in einem Mitgliedstaat der Europäischen Gemeinschaft in den Verkehr gebracht,** tritt insoweit ebenfalls (jedenfalls grundsätzlich) Erschöpfung der Rechte aus einem deutschen oder einem mit Wirkung für die Bundesrepublik Deutschland erteilten Patent ein, BGHZ **143,** 268 – Karate; siehe aber zu den am 1. 5. 2004 beigetretenen Ländern auch Sadlonowa FS f. Kolle u. Stauder, 2005, 263. Das folgt aus dem Verbot mengenmäßiger Einfuhrbeschränkungen und Maßnahmen gleicher Art, das jetzt in Art. 28 EG-Vertrag i. d. F. v. 2. 10. 1997 (Vertrag von Amsterdam, in Kraft getreten am 1. 5. 1999 – BGBl. 1998 II 386; 1999 II 296 – vorher Art. 30 EG-Vertrag) enthalten ist. Denn angesichts der Substanz des Patentrechts (vgl. hierzu Rdn. 18) wäre anderenfalls die Möglichkeit eröffnet, die nationalen Märkte abzuriegeln und auf diese Weise den Handel zwischen den Mitgliedsstaaten zu beschränken, vgl. EuGH GRUR Int. **74,** 454 – Centrafarm; **82,** 47, 48 – Merck/Stephar; **97,** 250 – Merck/Primecrown. Der Grundsatz der gemeinschaftsweiten Erschöpfung gilt deshalb auch unabhängig davon, ob in dem Mitgliedstaat, in dem das Produkt erstmalig in Verkehr gesetzt wurde, ebenfalls Patentschutz (Parallelpatent für den Patentinhaber) besteht, vgl. EuGH GRUR Int. **74,** 454 – Centrafarm; OLG Stuttgart GRUR Int. **80,** 48, 49 – Regalsysteme, ob das nicht der Fall ist, vgl. EuGH GRUR Int. **82,** 47, 48 – Merck/Stephar; **82,** 47 – Moduretik, oder ob dort eine Patentierung überhaupt möglich gewesen wäre, vgl. BGH GRUR **76,** 579, 582 – Tylosin; kritisch zu dieser Gleichbehandlung GA Fenelly Slg. **96,** I-6330; Britton/Karet EIPR **97,** 207; Sack GRUR **99,** 196; Mager GRUR **99,** 639, die ein Inverkehrbringen frei von Wettbewerb in einem ansonst patentgeschützten Markt für notwendig erachten. Entscheidend ist, dass das Inverkehrbringen in einem Mitgliedsstaat unmittelbar oder mittelbar von dem Willen des Berechtigten gedeckt ist und das mit Wirkung für die Bundesrepublik Deutschland geschützte Er-

zeugnis nach dem EG-Beitritt des betreffenden Mitgliedsstaats dort in den Verkehr gebracht worden ist, vgl. BGH GRUR **76,** 579, 582 – Tylosin; Busse/Keukenschrijver § 9 PatG Rdn. 164. Die Erschöpfungswirkung tritt daher grundsätzlich auch ein, wenn ein Erzeugnis von dem Inhaber eines für dieselbe Erfindung in einem anderen Mitgliedstaat der EU erteilten Patents in den Verkehr gebracht wird, der mit dem Inhaber des Parallelpatents für Deutschland wirtschaftlich verbunden ist, EuGH GRUR Int. **76,** 402, 410 – Terrapin/Terranova, vgl. auch Art. 76 Abs. 2 GPÜ, dazu Ullrich GRUR **83,** 370ff. Ohne dass es auf Konzernverbundenheit ankommt (Busse/Keukenschrijver Rdn. 164; anders Leßmann GRUR **99,** 741, 746, der beim konzernexternen Vertrieb auf den maßgeblichen Zustimmungsberechtigten abstellen will), können als wirtschaftlich verbunden zwei Personen gelten, wenn in Bezug auf die Verwertung eines Patents die eine auf die andere unmittelbar oder mittelbar maßgeblichen Einfluss ausüben kann, oder wenn ein Dritter (oder Dritte) auf beide Personen insoweit unmittelbar oder mittelbar den maßgeblichen Einfluss hat, vgl. RGZ **167,** 40, 49ff., RG DR **41,** 1940, und die Literatur zu § 17 AktG, an den Art. 76 Abs. 2 Satz 2 GPÜ angelehnt ist.

Die **gemeinschaftsweite Erschöpfung** tritt dann **nicht** ein, wenn **ausnahmsweise** Gründe vorliegen, die es nach den Regeln des Gemeinschaftsrechts gerechtfertigt erscheinen lassen, dass das Patent seine Wirkung trotz des Inverkehrbringens behält (siehe dazu Näheres bei Krieger GRUR Int. **76,** 208, 210; O. Axster im Gemeinschaftskommentar, 3. Aufl., §§ 20, 21 GWB Rdn. 55ff.; GRUR Int. **90,** 609ff.; Ebenroth, Gewerblicher Rechtsschutz und europäische Warenverkehrsfreiheit: ein Beitrag zur Erschöpfung gewerblicher Schutzrechte, Heidelberg 1992; Mailänder, Gemeinschaftsrechtliche Erschöpfungslehre und freier Warenverkehr, FS Gaedertz, 1992, S. 369ff.; Schennen Mitt. **89,** 7; Ulrich GRUR Int. **91,** 1, 5f.) und das fortbestehende Recht nach Art. 30 S. 2 EG-Vertrag weder ein Mittel zur willkürlichen Diskriminierung noch eine verschleierte Beschränkung des Handels zwischen den Mitgliedstaaten darstellt, Leßmann GRUR **2000,** 741. Solche Gründe können gegeben sein, wenn Schutz in Anspruch genommen wird gegen ein Erzeugnis, das aus einem Mitgliedstaat stammt, in dem es nicht patentfähig ist, und das von einem Dritten ohne die Zustimmung des Patentinhabers hergestellt worden ist, oder aber wenn zwar jeweils Patente bestehen, deren originäre Inhaber aber rechtlich und wirtschaftlich selbstständig sind, EuGH GRUR Int. **74,** 454 – Negram II. Wenn das Erzeugnis in einem Mitgliedstaat von einem Dritten in den Verkehr gebracht wird, der ohne die Zustimmung des Patentinhabers handelt, der in dem betreffenden Mitgliedstaat über ein Parallelpatent verfügt, werden dadurch die Rechte des Patentinhabers aus einem Patent in der Bundesrepublik Deutschland oder in einem anderen Mitgliedstaat nicht berührt, EuGH GRUR Int. **76,** 402, 410; **74,** 454 – Negram II; **82,** 47, 48 – Moduretik; BGH GRUR **76,** 579, 582 – Tylosin. Die Frage, ob in einem Fall, in dem ein Inverkehrbringen eines Erzeugnisses durch den Patentinhaber, einen Dritten, der mit seiner Zustimmung handelt, oder eine mit dem Patentinhaber verbundene Person in einem Mitgliedstaat erfolgt ist, in dem kein Parallelpatent besteht, der Patentinhaber die Einfuhr dieser Erzeugnisse in einen anderen Mitgliedstaat der EU durch einen Dritten hindern kann, in dem er Patentschutz genießt, wird vom EuGH wegen des Vorrangs des freien Warenverkehrs verneint, GRUR Int. **82,** 47, 48 – Moduretik. Der BGH hat in einem Fall, in dem das Recht des Mitgliedstaats, in dem das Erzeugnis von einem Dritten in Verkehr gebracht wurde, einen Patentschutz für die Erfindung nicht zuließ, dem Grundsatz des freien Warenverkehrs gegenüber dem Recht des Patentinhabers, Beeinträchtigungen seines Schutzrechts durch nicht genehmigte Einfuhren entgegenzutreten, nicht den Vorrang zuerkannt, BGH GRUR **76,** 579, 582 – Tylosin. Der EuGH hat dazu später bemerkt, das möge gerechtfertigt sein, GRUR Int. **82,** 47, 48. Auch in Fällen des Inverkehrbringens durch Dritte, in denen es der Patentinhaber unterlassen, versäumt oder nicht erreicht hat, in dem betreffenden Mitgliedsstaat einen Patentschutz für ein in einem anderen Mitgliedsstaat patentiertes Erzeugnis zu erlangen, ist es sachgerecht, aus dem Patent vorgehen zu können, Busse/Keukenschrijver § 9 PatG Rdn. 165. Im Falle des Inverkehrbringens von Erzeugnissen in einem Mitgliedstaat auf Grund einer Zwangslizenz hat der Grundsatz des freien Warenverkehrs in den anderen Mitgliedstaaten keinen Vorrang vor den dort bestehenden Verbietungsrechten des Patentinhabers, d.h. der Patentinhaber kann dort sein Verbietungsrecht uneingeschränkt (z.B. gegen die Einfuhr in den anderen Mitgliedstaat) geltend machen, EuGH GRUR Int. **85,** 822 – Pharmon; siehe dazu Demaret GRUR Int. **87,** 1ff. Der EuGH hat dem Lizenznehmer einen absoluten Gebietsschutz gegen von ihm, anderen Lizenznehmern und dem Patentinhaber in den Verkehr gebrachten Erzeugnissen versagt, GRUR Int. **82,** 530, 535f. – Maissaatgut. 20

(3) Ferner tritt (jedenfalls grundsätzlich) Erschöpfung der Rechte aus einem mit Wirkung für die Bundesrepublik Deutschland erteilten Patent ein, wenn der Patentinhaber oder mit seiner Zustimmung ein Dritter ein patentiertes Erzeugnis oder das Erzeugnis eines patentierten Ver- 21 fahrens **außerhalb der Bundesrepublik Deutschland in einem dem Europäischen Wirtschaftsraum angehörigen Staat in den Verkehr gebracht hat,** BGHZ **143,** 268 – Karate. Es gelten die gleichen Grundsätze wie beim erstmaligen Vertrieb in einem Mitgliedsstaat der EU (vgl. Art. 2 Protokoll 28 über geistiges Eigentum zum EWR-Abkommen, BGBl 1993, 414).

22 **(4)** Hat der Patentinhaber oder mit seiner Zustimmung ein Dritter das patentierte Erzeugnis oder das unmittelbare Erzeugnis des patentierten Verfahrens **außerhalb der Mitgliedstaaten der Europäischen Gemeinschaft und der dem Europäischen Wirtschaftsraum angehörigen Staaten in den Verkehr gebracht,** so tritt in der Bundesrepublik Deutschland die Erschöpfungsfolge hingegen nicht ein, BGHZ **143,** 268, 273 – Karate; BGH GRUR **68,** 195, 196f. – Voran; **75,** 598, 600 – Stapelvorrichtung; **76,** 579, 582 – Tylosin; OLG Hamburg GRUR **85,** 923; Lieberknecht FS Ph. Möhring, 1975, S. 467ff.; Beier GRUR Int. **96,** 1, 5ff.; Ebenroth S. 51ff.; Kraßer § 33 V c 1.; anders z.B. für die Schweiz HG Zürich GRUR Int. **99,** 555; für Japan OG Tokyo GRUR Int. **95,** 417. Die Erschöpfung des Patentrechts durch Inverkehrbringen äußert Wirkungen grundsätzlich nur in dem Staat, in dem das Inverkehrbringen erfolgt; die Wirkung der Erschöpfung endet grundsätzlich wie die Ausschließlichkeitswirkung des Patents an den Grenzen des betreffenden Staats, BGH GRUR **76,** 579, 582. Jeder Staat gesteht dem Patentinhaber für die Offenbarung seiner Erfindung durch das an seinen Grenzen endende selbstständige Ausschließlichkeitsrecht einen selbstständigen Anspruch auf Belohnung zu, der von der Erlangung eines Vorteils aus einem anderen, wenn auch inhaltsgleichen Patent in einem anderen Staat völlig unabhängig ist, BGH GRUR **76,** 579, 582. Vertriebshandlungen, die zur Patentfreiheit der vertriebenen Erzeugnisse auf dem betreffenden ausländischen Territorium führen, haben auf den Patentschutz im Inland keinerlei Auswirkungen, BGH GRUR **76,** 579, 582. Weder dem Übereinkommen über handelsbezogene Aspekte der Rechte des geistigen Eigentums (TRIPS, BGBl 1994 II, 1730) noch der Pariser Verbandsübereinkunft zum Schutz des gewerblichen Eigentums (PVÜ, BGBl 1970 II, 391) lässt sich eine Verpflichtung zur Übernahme des Grundsatzes der internationalen Erschöpfung entnehmen, BGHZ **143,** 268, 274f. – Karate, m.w.N. Bei Lieferung im Inland patentgeschützter Ware nach Russland zum dortigen Vertrieb kann der Patentinhaber daher den Reimport nach Deutschland untersagen lassen, vgl. zu Markenware OLG Frankfurt/M. GRUR Int. **98,** 313; OLG Köln NJW-WettbR **98,** 205; OLG Stuttgart NJW-WettbR **98,** 109. Erschöpfung tritt selbst dann nicht ein, wenn der betreffende Staat mit der EU ein Liberalisierungsabkommen abgeschlossen hat, EuGH GRUR Int. **82,** 372ff. – Polydor; BGH GRUR **85,** 924, 925 – Schallplattenimport II, anders – obwohl der Assoziationsrat eine Erschöpfung der Rechte nicht vorgesehen hat – Pınar GRUR Int. **2004,** 101ff. für das Assoziierungsabkommen zwischen der EU und der Türkei v. 12. 9. 1963 (BGBl 1964 II, 509), das zu einer Zollunion mit dieser geführt hat. Zur Gemeinfreiheit führt auch nicht, wenn derselbe Inhaber in dem betreffenden Staat und in der Bundesrepublik Deutschland über Patente für dieselbe Erfindung (sog. Parallelpatente) verfügt und er das Erzeugnis auf Grund eines in dem betreffenden Staat bestehenden Patents dort selbst in den Verkehr gebracht hat, RGZ **51,** 139, 140; **51,** 263, 267; BGH GRUR **64,** 372, 375 – Maja; **68,** 195, 196f. – Voran; **76,** 579, 582 – Tylosin; vgl. auch UK Supreme Court of Judicatur, Court of Appeal GRUR Int. **68,** 208; High Court Ch.D. GRUR Int. **74,** 227 m.w.Nachw.; nl. Rechtsbank Amsterdam GRUR Ausl. **65,** 306; anders für Kenia High Court of Kenya GRUR Int. **68,** 210; Heath RIW **97,** 541. Ob dort an Konzernunternehmen geliefert wird, so OLG Hamburg GRUR **85,** 923, ist unerheblich. Die in einem Staat außerhalb der EU und des EWR rechtmäßig hergestellten Erzeugnisse dürfen nicht in einem anderen Staat vertrieben oder gebraucht werden, in dem ein Parallelpatent in Kraft ist, es sei denn, dass an dem betreffenden Patent eine Lizenz bestellt ist, RGZ **51,** 263, 267; **84,** 370, 375f. Diese Grundsätze gelten auch in den Fällen, in denen die Erzeugnisse in einem Land in den Verkehr gebracht worden sind, bevor dieses Land der EU beigetreten ist, BGH GRUR **76,** 579, 582.

23 **c)** Nicht nur, was der Patentinhaber selbst, sondern auch das, was ein **Dritter mit Zustimmung des Patentinhabers** in den Verkehr gebracht hat, ist patentfrei, vgl. Art. 76, 81 GPÜ. Bloße Duldung patentverletzender Handlungen durch den Patentinhaber genügt nicht, so dass der Patentschutz auch gegenüber dem Abnehmer eines unverklagten Verletzers greift, Leßmann GRUR **2000,** 741, 743; Kraßer § 33 V b 2. Auch der Umstand, dass der Patentinhaber seine Rechte gegen einen Verletzer verwirkt hat oder mit seiner gegen diesen gerichteten Verletzungsklage rechtskräftig abgewiesen ist, führt nicht dazu, dass die von diesem Verletzer in den Verkehr gebrachten Gegenstände gemeinfrei werden, von RG MuW **38,** 410, 414 offengelassen. Andererseits muss die Zustimmung des Patentinhabers nicht *ausdrücklich* erfolgt sein, Immenga/Mestmäcker/Ullrich, EG-Wettbewerbsrecht I, 1997, Rdn. 75; a.A. Benkard/Bruch-

hausen 9. Aufl. § 9 PatG Rdn. 17; Kraßer § 33 V b 2; wohl auch Loewenheim GRUR **82,** 464. Es genügt ein Verhalten, das den sicheren Schluss zulässt, dass der Patentinhaber mit dem Inverkehrbringen einverstanden ist, wobei ein nachträgliches Verhalten ausreicht, wenn dieses als Genehmigung des zunächst unberechtigten Inverkehrbringens verstanden werden kann. So reicht es aus, dass der Patentinhaber sich den durch unbefugtes Inverkehrbringen verursachten Schaden ersetzen lässt oder die insoweit erlangte Bereicherung abschöpft und dadurch nachträglich Genehmigung zum Ausdruck bringt, LG München Mitt. **98,** 262; OLG Düsseldorf GRUR **39,** 365; Leßmann GRUR **2000,** 741, 743. Dem hat das OLG Düsseldorf GRUR **39,** 365, 367, den Fall gleichgestellt, dass der Patentinhaber vom Verletzer die als Schadenersatz geforderte Lizenzgebühr wegen der Patentverletzung durch Lieferung von Maschinen entgegengenommen hatte; das gilt aber nicht, wenn der Verletzte nur eine Ersatzleistung für die Verletzung eines identischen Auslandspatents für die im Ausland begangenen Verletzungshandlungen und den dadurch verursachten Schaden entgegengenommmen hat, RGZ **84,** 370, 377f., s. dazu Körner GRUR **80,** 204. Wenn ein Dritter vom Patentinhaber zum Vertrieb beauftragt worden ist, erfolgt das Inverkehrbringen mit der erforderlichen Zustimmung. Die erforderliche Zustimmung liegt vor allem aber in der Erteilung einer **Lizenz;** was ein Lizenznehmer auf Grund der Lizenz befugter Weise in den Verkehr gebracht hat, wird gemeinfrei, RGZ **142,** 168, 169; RG MuW **XI,** 319, 320; BGHZ **2,** 261, 267f.; **3,** 193, 200; BGH GRUR **67,** 676, 680f.; **80,** 38, 39; BKA GRUR **65,** 499, 502, wobei es gleichgültig ist, ob es sich um eine einfache oder um eine ausschließliche Lizenz handelt. Die Einhaltung dem Lizenznehmer auferlegter, die Lizenz ergänzender Wettbewerbsverbote, Bezugsbedingungen oder Preisbindungen ist hierfür nicht erforderlich (vgl. Leßmann GRUR **2000,** 741, 747), weil diese nur das Innenverhältnis zwischen Patentinhaber und Dritten bestimmen. Wenn der Lizenznehmer sein ihm durch die Lizenz gegenständlich festgelegtes Recht am Patent überschreitet und damit das Patent verletzt, vgl. § 15 Rdn. 73, wird ein auf diese Weise in den Verkehr gelangtes Erzeugnis aber nicht gemeinfrei, BGH GRUR **59,** 200, 203 – betr. Urheberrecht; a. A. Tetzner NJW **62,** 2033, 2036f. Patentfrei wird, was eine vollständig **wirtschaftlich abhängige Tochtergesellschaft** mit eigener Rechtspersönlichkeit in Verkehr bringt, OLG Hamburg GRUR **72,** 375, 376 – betr. Urheberrecht (zur Zustimmung bei konzernexternem Vertrieb vgl. Leßmann GRUR **2000,** 741, 746ff.; Ullrich GRUR Int. **83,** 370ff.); anders jedoch bei einem Inverkehrbringen in einem Mitgliedstaat der EU auf Grund einer Zwangslizenz, wodurch das Erzeugnis nicht patentfrei in einem anderen Staat der EU eingeführt werden kann, in dem ein Parallelpatent existiert, EuGH GRUR **85,** 822 – Pharmon. Dem Berechtigten abhanden gekommene Sachen werden nicht gemeinfrei, denn sie sind nicht mit Zustimmung des Patentinhabers in den Verkehr gelangt, Paul NJW **63,** 980, 983. Ebensowenig liegt eine Zustimmung des Patentinhabers zum Inverkehrbringen im Ausland in der Freigabe der Diensterfindung an den Arbeitnehmer für das Ausland, Bartenbach/Volz, ArbEG, 4. Aufl., § 14 Rdn. 37; U. Krieger GRUR **81,** 149f., jedenfalls dann nicht, wenn dort der Inhaber des Parallelpatents, der die Erfindung erworben hat, die Ware in den Verkehr bringt; vgl. auch EuGH GRUR Int. **85,** 822; **97,** 250, wonach bei Bestehen rechtlicher Verpflichtung der Grund für eine Erschöpfung fehlt.

d) Durch das Inverkehrbringen eines geschützten Gegenstands wird jedoch nicht das Recht des Patentinhabers beschränkt, den geschützten Gegenstand **herzustellen,** BGH GRUR **59,** 232, 234 – Förderrinne; **73,** 518, 521 – Spielautomat II. Die Möglichkeit des Dritten zum Gebrauch erstreckt sich nur auf das Anbieten, Inverkehrbringen, Gebrauchen, Einführen und Besitzen; zum Gebrauchen gehören die üblichen Maßnahmen zur Inbetriebnahme, Inbetriebhaltung, Pflege und Ausbesserung, BGH GRUR **59,** 232, 234; **73,** 518, 520. Deshalb ist es unzulässig, aus gebrauchten, nicht mehr funktionsfähigen Gegenständen, die vom Patentinhaber oder von seinem Lizenznehmer in den Verkehr gebracht worden sind, erhalten gebliebene Teile zu entnehmen und wieder zu einem funktionsfähigen Gegenstand **zusammenzubauen,** BGH GRUR **59,** 232, 234 – Förderrinne; LG Düsseldorf GRUR **57,** 599, 600; vgl. auch OLG Düsseldorf vom 22. 12. 1961 und LG Düsseldorf vom 27. 9. 1956 wiedergegeben bei Heiseke WRP **69,** 50, 52f., oder den funktionsunfähigen Gegenstand so umzubauen, dass er wieder einer wirtschaftlichen Verwertung zugeführt werden kann, BGH GRUR **73,** 518, 520. **24**

Heydt will diesen Grundsatz auch bei der Weitervermehrung von Erzeugnissen biologischer Verfahren anwenden, GRUR **69,** 674, 676 m. w. Nachw. Das verkennt das Wesen des Schutzes von unmittelbaren Erzeugnissen von Verfahrenspatenten, s. auch Hesse GRUR **69,** 644, 651. Bei Patentansprüchen, die auf die „vegetative Vermehrung von Mutterpflanzen ... gewonnen durch Kreuzung von ...“ gerichtet sind (vgl. BGH GRUR **62,** 577f.), bei denen der Patentschutz den geschaffenen Klon, also die Nachkommenschaft einer Pflanze erfassen soll, die infolge vegetativer, durch Okulierung oder Stecklinge vorgenommener Vermehrung über die Nachfolgegenerationen hinweg die unverändert gleichen Eigenschaften aufweist, und der Anspruch sich als ein Patent auf ein Verfahren darstellt, das durch seine Anwendung auf eine bestimmte Sachgattung als Ausgangsmaterial (bestimmte Rosengattung) sowie weiter dadurch gekennzeichnet ist, dass dieses Ausgangsmaterial wiederum durch ein bestimmtes (Kreuzungs-) Verfahren gewonnen worden ist, tritt in Fällen, in denen der am 28. 2. 2005 in Kraft getretene § 9a Abs. 2 noch nicht eingreift, die Erschöpfungswirkung nur dann ein, wenn Absaaten, Augen, Reiser, Stecklinge von patentgeschützten Pflanzen oder durch Vermehrung geschaffene patentgeschützte Pflanzen zum Zwecke der Weitervermehrung auch für nachfolgende Generationen veräußert werden; siehe dazu auch Beier GRUR **72,** 214, 218; Groß GRUR **52,** 452; Schade GRUR **52,** 308, 312; Schmidt GRUR **52,** 168; Windisch GRUR **71,** 550, 555f. und Rdn. 55. Anders ist die Rechtslage bei sog. Erzeugnisansprüchen für biologische Erzeugnisse, z.B. Pflanzen. Durch diese wird dem Patentinhaber allein vorbehalten, die anspruchsgemäßen Erzeugnisse herzustellen. Es ist gleichgültig, ob diese „Herstellung" auf biologischem Wege, z.B. durch Vermehrung oder Züchtung erfolgt.

Auch solche Erzeugnisse, die nach der Anmeldung aber vor der Offenlegung der Anmeldung vom späteren Patentinhaber in den Verkehr gebracht worden sind, werden patentfrei, weil dem späteren Patentinhaber hierbei schon das werdende Schutzrecht gegenüber seinen Wettbewerbern zugutekommt, a.A. Tetzner NJW **62,** 2033, 2037 Anm. 21.

25 **e)** Bei einem **Verfahrenspatent** gelten die obigen Grundsätze uneingeschränkt für die nach § 9 Satz 2 Nr. 3 geschützten unmittelbaren Verfahrenserzeugnisse, RGZ **51,** 139, 140; RG GRUR **36,** 121, 123; BGH GRUR **80,** 38, 39 – Fullplastverfahren. Durch das Inverkehrbringen der Verfahrenserzeugnisse werden nur diese, nicht aber das Verfahren selbst gemeinfrei. Auch das Inverkehrbringen der zur Ausübung des Verfahrens erforderlichen Vorrichtung durch den Patentinhaber hat keine Erschöpfung des Patents zur Folge, soweit das Verfahren mit dieser Vorrichtung ausgeübt wird. Das RG hat zwar in zwei Entscheidungen den Standpunkt vertreten, das Verfahren werde gemeinfrei, wenn der Patentinhaber die zur Ausübung des Verfahrens erforderliche Vorrichtung in den Verkehr gebracht habe, RGZ **133,** 326, 330 – damals war das Verfahren neben der Vorrichtung geschützt – und RGZ **135,** 145, 148; vgl. auch RGZ **142,** 168, 169f. Das ist jedoch nicht zu billigen, vgl. BGH GRUR **2001,** 223, 224 – Bodenwaschanlage; in Wirklichkeit haben diese Fälle mit dem hier behandelten Problem der Erschöpfung nichts zu tun. Durch das Inverkehrbringen der zur Ausübung eines Verfahrens erforderlichen Vorrichtung wird das Verfahren selbst nicht in den Verkehr gebracht. Dadurch wird auch keine unmittelbare Benutzungshandlung in Ausübung des Verfahrenspatents vorgenommen. Diese Vorrichtungen sind – was das Verfahrenspatent betrifft – patentfrei, ohne dass es darauf ankommt, ob sie der Patentinhaber in den Verkehr gebracht hat oder ein anderer. Der Grundsatz von der Erschöpfung des Patentrechts findet deshalb keine Anwendung, BGH GRUR **80,** 38, 39; Schricker Mitt. **80,** 31. Es kann sich nur darum handeln, ob derjenige, der vom Inhaber des Verfahrenspatents eine zur Ausübung des Verfahrens erforderliche Vorrichtung erworben hat, diese bestimmungsgemäß benutzen darf. Das ist allerdings in der Regel der Fall, wenn ausdrückliche Abreden fehlen, BGH GRUR **80,** 38, 39. Die rechtliche Begründung dafür ist aber die stillschweigende Erteilung einer Lizenz an dem Verfahrenspatent, BGH GRUR **80,** 38, 39; RGZ **86,** 436, 440; vgl. KG GRUR **29,** 1305; Reimer § 6 Anm. 88. Eine solche Lizenz kann von Bedingungen abhängig gemacht werden, z.B. die erforderlichen weiteren Hilfsmittel vom Patentinhaber zu beziehen, RGZ **135,** 145, 148, oder eine Lizenzgebühr für die Benutzung des geschützten Verfahrens zu zahlen, BGH GRUR **80,** 38, 39. Ob der Erwerber die Vorrichtung zugleich mit der Erlaubnis zur Benutzung des Verfahrens weiterveräußern darf, ist hiervon ausgehend eine Frage des Einzelfalls, RGZ **142,** 168, 169f. Die gleichen Grundsätze gelten, wenn der Inhaber eines Sachpatents eine ungeschützte Maschine zur Herstellung der ihm geschützten Sache veräußert. Auch in diesem Falle erwirbt der Erwerber mit der Maschine zugleich im Wege der Lizenz das Recht, sie bestimmungsgemäß zur Herstellung der patentierten Ware zu benutzen und dann auch die Ware zu vertreiben, vgl. RGZ **142,** 168, 169. Auch dieser Fall hat eigentlich mit der „Erschöpfung des Patentrechts" nichts zu tun. Eine stillschweigende Lizenzerteilung zur Benutzung des Verfahrens im Inland kommt nicht in Betracht, wenn eine zur Ausübung eines im Inland geschützten Verfahrens erforderliche Vorrichtung in das patentfreie Ausland veräußert worden ist.

26 **f) Vertragliche Beschränkungen** des Abnehmers hinsichtlich des Gebrauchs oder der Veräußerung des geschützten Erzeugnisses haben keine patentrechtliche, wohl aber eine schuldrechtliche Wirkung, RGZ **51,** 139, 141; **63,** 394, 398; **133,** 326, 329; RGSt. **36,** 178, 180; RG GRUR **39,** 184, 187; BGH GRUR **59,** 232, 234. Bis zum 12. 7. 2005 unterlagen solche Ver-

träge der Aufsicht der Kartellbehörde nach § 16 GWB, die sie für unwirksam erklären konnte, wenn gewisse Voraussetzungen erfüllt waren. § 17 GWB fand hierauf keine Anwendung, weil es sich nicht um Verträge über Erwerb und Benutzung von Patenten handelte. Seit dem 13. 7. 2005 unterliegen derartige Verträge der allgemeinen Kartellaufsicht (§§ 32 ff. GWB i. d. F. Art. 1 Gesetz v. 7. 7. 2005 – BGBl. I S. 1954).

7. Die unmittelbaren Benutzungshandlungen

Literaturhinweise: Ann, „Identität und Lebensdauer" – Patentverletzung durch Instandsetzung patentierter Vorrichtungen, Festschrift für Reimar König, 2003, S. 17; Beier/Ohly, Was heißt „unmittelbares Verfahrenserzeugnis"? GRUR Int. 1996, 973; Bodewig, Umweltschutz und Patentrecht – Zum Schutz widerverwertbarer Stoffe, GRUR 1992, 567; Brandi-Dohrn, Die Schutzwirkung von Verwendungsansprüchen, Festschrift für Reimar König, 2003, S. 33; Beil, Schutz des Verfahrenserzeugnisses, CIT 1951, 599; Bruchhausen, Über den Schutz der „unmittelbaren Verfahrenserzeugnisse" gem. § 6 Satz 2 des Patentgesetzes, Festschrift für W. vom Stein, 1961, S. 31; Bruchhausen, Sind Endprodukte unmittelbare Verfahrenserzeugnisse eines auf die Herstellung eines Zwischenprodukts gerichteten Verfahrens, GRUR 1979, 743; Bruchhausen, Der Schutzgegenstand verschiedener Patentkategorien, GRUR 1980, 364; Christ/Zhang/Egerer, Über den Schutz des Anbietens eines bekannten Wirkstoffes zu einem bestimmten Zweck in Deutschland bzw. Europa und in China, GRUR Int. 2000, 868; Eichmann, Produktionsvorbereitung und Versuche vor Schutzrechtsablauf, GRUR 1977, 304; Flad, Patentschutz und Patentkategorien, VPP-Rdbr. 1997, 37; Flesche, Die Ermittlung unmittelbarer Verfahrenserzeugnisse, 1965; Götting, Patentverletzung durch Anbieten in Form einer Prospektverteilung, LMK 2004, 92; Hahn, der Schutz von Erzeugnissen patentierter Verfahren, 1968; Hurdle, What ist the Direct Product of a Patented Process? EIPR 1997, 332; Keil, Patentverletzung durch Ausbessern von Verschleißteilen, Mitt. 1983, 136; Kobiako, Durchfuhr als Patentverletzungshandlung, GRUR Int. 2004, 832; König, Möglichkeiten und Grenzen des Verwendungsschutzes, VPP-Rdbr. 2002, 50; Kowal-Wolk/Schuster, Patentverletzung im Reparatur-, Ersatzteil- und Altteilgeschäft – eine Bestandsaufnahme, Festschrift für F.-K. Beier, 1996, S. 87; U. Krieger, Die Benutzungsarten, GRUR 1980, 687; Messer, „Leistungsschau" und Patentverletzung, WRP 1970, 345; Nähring/Zeunert, Das unmittelbare Verfahrenserzeugnis nach § 6 Satz 2 des Patentgesetzes, GRUR 1953, 60; Pagenberg, Ausstellen und Anbieten auf internationalen Messen – eine Verletzung gewerblicher Schutzrechte? GRUR Int. 1983, 560; Preu, Die unmittelbare und die mittelbare Benutzung, GRUR 1980, 697; Rohnke, Rechtsverletzendes Anbieten durch Abbildung in Versand-Katalog, WRP 1992, 296; Rübel, Patentschutz bei Reparatur- und Ersatzteilfällen, GRUR 2002, 561; Russell/Hurdle, What is the Direct Product of a Patented Process? EIPR 1995, 249; Schricker, Anbieten als Verletzungstatbestand im Patent- und Urheberrecht, GRUR Int. 2004, 786; Sefzig, Feilhalten und Anbieten als selbstständige Patentverletzung, GRUR 1992, 413; Villinger, Anmerkungen zu den §§ 9, 10 und 11 des neuen deutschen Patentgesetzes über die Verbietungs- und Benutzungsrechte des Patentinhabers und die mittelbare Patentverletzung, GRUR 1981, 541; Villinger, Rechte des Erfinders/Patentinhabers und daraus ableitbare Rechte von Mitinhabern von Patenten, CR 1996, 331; von Pechmann, Der Schutz für das unmittelbare Verfahrenserzeugnis und der unmittelbare Stoffschutz, GRUR 1977, 377; von Rospatt, Der auf einen Verfahrensanspruch bezugnehmende Vorrichtungsanspruch, GRUR 1985, 740; Wibbelmann, Protection of „Products Directly Obtained by Process" According to Article 64 (2) EPC, RIPR 1996, 174; Wolfram, „Reach-Through Claims" und „Reach-Through Licensing" – Wie weit kann Patentschutz auf biotechnologische Research Tools reichen? Mitt. 2003, 57

Nach § 9 Satz 1 ist allein der Patentinhaber befugt, die patentierte Erfindung zu benutzen. **27**
Der Begriff der **Benutzung** der Erfindung umschließt die Benutzungshandlungen, die das Gesetz in § 9 Satz 2 und – was die mittelbare Benutzung betrifft – in § 10 aufzählt, U. Krieger GRUR **80,** 687, 689 ff.; Schäfers Mitt. **81,** 6, 8; Villinger GRUR **81,** 541 ff. Er wird vom Gesetz in den §§ 3, 10, 12, 33, 139 und 142 ebenfalls verwendet. Er hat dieselbe Bedeutung in den §§ 9 Satz 1, 10, 12, 33, 139, 142 PatG, wie in der Einzelaufzählung der Benutzungshandlungen in § 9 Satz 2 Nr. 1 bis 3, siehe zum früheren Recht: RGSt. **25,** 61, 62 f.; **27,** 51, 53; **27,** 88, 89; RG Bl. **15,** 192, 193; RGZ **56,** 223, 226 f.; RGZ **80,** 15, 16 f.; **110,** 218, 224; **114,** 252, 258; RG MuW **38,** 168, 169; **38,** 370; BGH GRUR **64,** 491, 493; vgl. auch BGH GRUR **69,** 35, 36 – Europareise. Er deckt sich im Wesentlichen auch mit dem Benutzungsbegriff in § 3, RGZ **101,** 36, 37, doch hat der Benutzungsbegriff in § 3 eine weitergehende Bedeutung, BGH GRUR **56,** 208, 209; **62,** 86, 88 f.; **70,** 358, 359; RG MuW **36,** 408, 409; BPatG GRUR **75,** 17, 18.

Trotz vollberechtigten **Eigentums** an einem geschützten Erzeugnis kann eine unerlaubte Patentbenutzung vorliegen, RGZ **142,** 168, 169; KG MuW **XXIII,** 58; GRUR **36,** 743. Die Eigentumsrechte sind für die patentrechtliche Beurteilung der Frage bedeutungslos, ob eine dem Patentinhaber vorbehaltene und Dritten verbotene Benutzung des Gegenstandes der Erfindung in Form des Anbietens, Inverkehrbringens, Gebrauchens, Einführens oder Besitzens eines patentierten Erzeugnisses vorliegt, KG MuW **XXIII,** 58. Einen gutgläubigen Erwerb im Hinblick auf das Patentrecht gibt es nicht. Auch der gutgläubige Erwerber eines Erzeugnisses – selbst wenn der Erwerb durch Versteigerung erfolgt ist, KG MuW **XXIII,** 58 – benutzt das Patent, wenn er das Erzeugnis anbietet, in den Verkehr bringt, gebraucht, einführt oder besitzt. Nur dann, wenn der Erwerb darauf zurückgeht, dass das Erzeugnis vom Patentinhaber oder mit dessen Zustimmung in den Verkehr gebracht hat, ist dieses patentfrei, s. Rdn. 15 ff.

§ 9 Satz 2 gibt abschließend (vgl. Denkschrift GPÜ BlPMZ **79,** 325, 332) die **unmittelbaren Benutzungshandlungen** an, die Dritte nicht vornehmen dürfen, wenn nicht bestimmte Ausnahmetatbestände vorliegen. Das Verbot besteht unabhängig davon, ob bei der Handlung eine auf den Patentschutz hinweisende Kennzeichnung benutzt wird. Einen Ausnahmetatbestand nennt § 9 Satz 2 selbst: Die Zustimmung des Patentinhabers. Weitere Ausnahmetatbestände sind im PatG in den §§ 9a–c, 11 bis 13 geregelt. Die Dritten verbotenen mittelbaren Benutzungshandlungen sind in § 10 abschließend geregelt. § 9 Satz 2 unterscheidet die allein dem Patentinhaber vorbehaltenen und Dritten verbotenen unmittelbaren Benutzungshandlungen nach dem verschiedenen Gegenstand des Patents: Erzeugnis (Nr. 1) oder Verfahren (Nr. 2 und 3). Die unmittelbaren Benutzungshandlungen hinsichtlich patentierter Erzeugnisse sind: Herstellen, Anbieten, Inverkehrbringen, Gebrauchen, Einführen und Besitzen (Nr. 1). Die hinsichtlich patentierter Verfahren dem Patentinhaber vorbehaltenen und Dritten verbotenen unmittelbaren Handlungen sind: Anwenden und zur Anwendung anbieten (Nr. 2) sowie Anbieten, Inverkehrbringen, Gebrauchen, Einführen und Besitzen von unmittelbaren Verfahrenserzeugnissen (Nr. 3). Bei sinnvoller Auslegung reichen die in § 9 Satz 2 Nr. 1 bis 3 aufgeführten Benutzungshandlungen an ein umfassendes Verwertungsrecht heran, denn in den Tatbeständen des Herstellens, Anbietens, Inverkehrbringens, Gebrauchens (Anwendens), Einführens und Besitzens erschöpft sich im Wesentlichen die gewerbliche Auswertung einer Erfindung. Der Patentinhaber hat allerdings nicht das Recht, allein die Art des anschließenden Verkehrs mit einem von ihm bereits in den Verkehr gebrachten geschützten Produkt zu gestalten und die Bedingungen vorzuschreiben, unter denen der weitere Verkehr mit diesem patentierten Produkt stattfinden soll, vgl. Rdn. 15 ff. Er kann nicht die reine Durchfuhr von geschützten Erzeugnissen durch das Gebiet, für das sein Patent erteilt ist, verhindern, BGHZ **23,** 100, 103, 104; BGH GRUR **58,** 189, 197; **57,** 231, 234; OLG Karlsruhe GRUR **82,** 295, 299 f.; schw. BG GRUR Int. **91,** 227, 228, a. A. OLG Hamburg GRUR Int. **99,** 67, 68; LG Hamburg 315 O 305/04 v. 2. 4. 2004; siehe auch Rdn. 45. Sein Ausschließlichkeitsrecht erstreckt sich nicht auf Vorbereitungshandlungen, siehe Rdn. 29. Der Patentinhaber kann aus seinem Patent heraus nicht gegen eine gewerbsmäßige Berichterstattung über seine Erfindung, etwa den Abdruck der Patentschrift oder eine Besprechung seines Patents in einer Fachzeitschrift vorgehen, BGH GRUR **70,** 358, 360; OLG Düsseldorf GRUR **63,** 78, 80; Metzger GRUR **67,** 126, 128. Bloßes Bestreiten der Rechtsinhaberschaft am Patent, vgl. BGH GRUR **59,** 331, 332; GRUR **97,** 896 (Urheberechtssache), die Verfügung eines Nichtberechtigten über das Patent, vgl. BHGZ **136,** 380, 389 (Urheberrechtssache), oder das Angebot eines jüngeren Patents mit der Behauptung, dieses sei von dem älteren Patent unabhängig, und die Aufforderung an den Inhaber des älteren Patents, eine entsprechende Erklärung abzugeben, sind keine Benutzung des Patents, RG GRUR **43,** 205, 206.

28 **b)** Jede einzelne der in § 9 Satz 2 Nr. 1 bis 3 aufgeführten Handlungen ist für sich allein genommen eine Benutzung des Patents, RGSt. **27,** 51, 53; **42,** 110, 111; RG Bl. **12,** 219; BGH GRUR **60,** 423, 424, so dass jedes Mal der Tatbestand einer Patentbenutzung auch dann gegeben ist, wenn verschiedene Personen gehandelt haben. Die Benutzungshandlungen sind unter sich gleichwertig, Gaul/Bartenbach GRUR **68,** 281, 283, und selbstständig, BGH GRUR, 423, 424; OLG Karlsruhe GRUR **87,** 892, 895. Der Hersteller verletzt das Patent, wenn er unbefugt das im Patent geschützte Erzeugnis oder die geschützte Vorrichtung erzeugt oder herstellt. Der Händler, der einen unter Patentverletzung hergestellten Gegenstand erworben hat, verletzt das Patent, wenn er den erworbenen Gegenstand anbietet oder in Verkehr bringt. Weiter benutzt derjenige das Patent, der das geschützte Erzeugnis oder das patentierte Verfahren gebraucht (anwendet), BGH GRUR **82,** 225, 227 – Straßendecke II; OLG Düsseldorf GRUR **39,** 365, 366. Endlich benutzt derjenige das Patent, der patentierte Erzeugnisse oder unmittelbare Erzeugnisse eines patentierten Verfahrens einführt oder besitzt, um sie in den Verkehr zu bringen, anzubieten oder zu gebrauchen.

Hat der Patentinhaber ein Vorrichtungspatent und zugleich ein Verfahrenspatent zur Anwendung der geschützten Vorrichtung, dann kann er die Lieferung der Vorrichtung an diejenigen verbieten, denen er eine Lizenz an dem Verfahrenspatent erteilt hat, vgl. RGZ **65,** 157, 160. Erfordert die Benutzung einer lizenzierten Erfindung die Mitbenutzung einer weiteren Erfindung des Lizenzgebers, ist diese allerdings im Zweifel mitlizenziert, BGH GRUR **2005,** 406 – Leichtflüssigkeitsabscheider. In einem Verletzungsfall steht die Klage gegen den Hersteller des geschützten Erzeugnisses der gleichzeitigen oder späteren Rechtsverfolgung gegen den Abnehmer des unbefugten Herstellers, z. B. den Händler oder den Benutzer, nicht entgegen. In dessen Person ist ein selbstständiger Fall der Patentbenutzung gegeben, OLG Düsseldorf GRUR **39,** 365, 366 ff.; OLG Karlsruhe GRUR **87,** 892, 895. Der Schutzrechtsinhaber braucht mit einem Vorgehen gegen die gewerblichen Abnehmer des Verletzers nicht abzuwarten, bis der Verletzungsprozess rechtskräftig entschieden ist; er kann von diesen bei drohender Verjährung die Anerkennung der Schadenersatzpflicht verlangen, a. A. das nicht zu billigende Urteil des LG München I WRP **78,** 482, 483 f.

Ein Klageverzicht gegenüber dem Hersteller patentgemäßer Erzeugnisse hat keine Bedeutung für die Klage gegen einen Händler, der diese Erzeugnisse anbietet oder in den Verkehr bringt, österr. OLG Wien GRUR **41,** 227, 228. Die rechtskräftige Abweisung der Verletzungsklage gegen den Hersteller führt nicht die Wirkung herbei, dass die von ihm in den Verkehr gebrachten Erzeugnisse gemeinfrei sind. In einem Prozess gegen Abnehmer oder selbstständige Vertreter des Herstellers kann die Frage der Patentverletzung erneut geprüft und unter Umständen abweichend entschieden werden. Eine Rechtskraftbindung tritt wegen Personenverschiedenheit nicht ein. Das Verlangen von Schadenersatz vom Hersteller, die rechtskräftige Feststellung seiner Schadenersatzpflicht und die unter den drei Berechnungsarten des Schadenersatzes getroffene Wahl schließt die Geltendmachung des Unterlassungsanspruchs gegen den Abnehmer wegen unerlaubten Gebrauchs des Erzeugnisses solange nicht aus, wie noch keine volle Ersatzleistung erfolgt ist, die auch den durch den unerlaubten Gebrauch durch den Abnehmer entstandenen Schaden umfasst, OLG Düsseldorf GRUR **39,** 365, 367. Die Klage gegen den Abnehmer des Verletzers ist jedoch unbegründet, wenn der Verletzte durch Ersatzleistung des Verletzers bereits voll befriedigt ist. Wenn der Verletzte durch die Ersatzleistung in die gleiche wirtschaftliche Lage versetzt ist, wie wenn er das geschützte Erzeugnis in den Verkehr gebracht oder der Benutzung des geschützten Verfahrens zugestimmt hätte, dann sind die Abnehmer so zu behandeln, als ob sie den geschützten Gegenstand patentfrei erworben hätten, OLG Düsseldorf GRUR **39,** 365, 367.

c) Vorbereitungshandlungen, welche die zukünftige Benutzung der geschützten Erfindung zum Ziele haben, aber nicht zu den in den §§ 9 und 10 genannten Benutzungshandlungen zählen, werden vom Patentschutz nicht erfasst, BGH GRUR **87,** 626, 627 – Rundfunkübertragungssystem; BGHZ **107,** 46, 54 ff. – Ethofumesat; **116,** 122, 128 – Heliumeinspeisung. Zu klären ist, wann im Einzelfall die dem Patentinhaber vorbehaltene Handlung beginnt, also z. B. – was angesichts internationaler Arbeitsteilung in der Praxis besondere Bedeutung hat – wann mit der Herstellung eines Erzeugnisses begonnen wird, siehe hierzu auch Rdn. 32. Als bloße Vorbereitungshandlungen sind angesehen worden: Der Entwurf einer geschützten Vorrichtung, RG GRUR **37,** 670, 672; die Herstellung von Modellen, OLG Hamburg NJW-RR **95,** 110; PA Bl. **00,** 230, 231; **16,** 75, 76; die Anfertigung von Werkstattzeichnungen, RGSt. **11,** 241, 242; RGZ **122,** 243, 246; **124,** 368, 371 – dort unter besonderen Umständen anders beurteilt –; RG MuW **29,** 131, 133; in RG MuW **24/25,** 203 offengelassen; PA Bl. **00,** 230, 231; OLG Hamm MuW **34,** 338, 339; der bloße Abschluss eines Vertrags über die Lieferung eines patentierten Gegenstands, RGZ **13,** 424, 425; **30,** 52, 55; BGH GRUR **60,** 423, 426; die Entgegennahme von Aufträgen auf geschützte Vorrichtungen oder Erzeugnisse, LG Düsseldorf GRUR **53,** 285; RG GRUR **43,** 247, 248; RGZ **75,** 128, 130; vgl. aber BGH GRUR **60,** 423, 426, – dies allerdings mit der Einschränkung, dass kein Anbieten vorliegt; die Beschaffung und Einrichtung von Maschinen für die Herstellung geschützter Erzeugnisse (Krauße/Katluhn/Lindenmaier, § 6 Rdz. 37); die Ertüchtigung einer Vorrichtung, um die Voraussetzungen für die Ausführung eines geschützten Verfahrens zu schaffen, BGHZ **116,** 122, 129 – Heliumeinspeisung, s. aber unten; die Anlieferung von ungeschütztem Baumaterial zum Bau eines Koksofens und das Ausheben der Baugrube hierfür, OLG Hamm MuW **34,** 338, 340. Der BGH hat dazu den Antrag auf eine FTZ-Prüfnummer für ein Autoradio, GRUR **87,** 626, 627, und den Antrag auf Zulassung eines Erzeugnisses zur Einfuhr und zum Vertrieb nach dem Pflanzenschutzgesetz durch die Biologische Bundesanstalt, BGHZ **107,** 46, 66 – Ethofumesat, gezählt. Auch die **Patentanmeldung** ist keine Benutzungshandlung, RG Bl. **17,** 19; RGZ **133,** 377, 381; **169,** 289, 290; RG GRUR **40,** 154, 158; BGHZ **47,** 132, 139; ebenso wenig eine bloße Beratung, BGH X 29

ZR 6/69 vom 4. 5. 1972, oder Tierversuche bei einem Medikament der Humanmedizin, LG Düsseldorf GRUR Int. **86,** 807, 809. Im Ausnahmefall kann es bei einem besonderen Schutzbedürfnis des Patentinhabers, z.B. wenn es aus besonderen Gründen nicht zumutbar war, spätere Benutzungsfälle vorauszusehen und bei der Fassung der Patentansprüche von vorneherein zu berücksichtigen, angemessen und mit ausreichender Rechtssicherheit vereinbar sein, gewisse Vorbereitungshandlungen in den Schutz einzubeziehen, BGHZ **116,** 122, 131 ff. – Heliumeinspeisung; vgl. auch König Mitt. **2000,** 379, 386; Mitt. **93,** 32, 33; a.A. Epstein S. 122; Singer/Stauder Art. 69 EPÜ Rdn. 23; wohl auch Busse/Keukenschrijver § 9 PatG Rdn. 44, vgl. aber auch § 14 PatG Rdn. 46. Dazu muss ein gewisser Abschluss der vorbereitenden Tätigkeit erreicht sein, der als der eigentlichen Benutzung gleichwertig gelten kann; bei einem Verfahrenspatent muss ein Zustand bestehen, der als tatsächlich vollzogene Umstellung oder Einstellung auf das geschützte Verfahren im Sinne einer abgeschlossenen „Bereitstellung" des geschützten Verfahrens angesehen werden kann. Dadurch muss sich der Betreffende die Vorteile des geschützten Verfahrens in einem solchen Maße sichern, dass eine gewisse Gleichwertigkeit mit der tatsächlichen Ausübung des geschützten Verfahrens erreicht ist, die eine Benutzungsvergütung rechtfertigt, was der BGH in dem entschiedenen Fall verneint hat, weil die wirtschaftlichen Vorteile des geschützten Verfahrens noch nicht genutzt waren, BGHZ **116,** 122, 131 ff. – Heliumeinspeisung. Bei **Verwendungspatenten beginnt die Benutzung** bereits **vor der konkreten Anwendung der Sache** oder des Stoffs, siehe hierzu Rdn. 50 u. § 14 Rdn. 49 f. Vorbereitungshandlungen können im Übrigen bei Besorgnis künftiger Benutzungshandlungen die vorbeugende Unterlassungsklage rechtfertigen, RG GRUR **33,** 292, 294 f., vgl. § 139 Rdn. 27.

30 **d)** Bei der **Verbindung** oder **Vermischung** des patentierten Erzeugnisses mit einem anderen ungeschützten oder durch ein anderes Patent geschützten Erzeugnis oder bei der **Weiterverarbeitung** des patentierten Erzeugnisses endet der Schutz nicht ohne weiteres (siehe dazu die zahlreichen Beispiele bei Utermann GRUR **81,** 537 ff.). Bei der Entscheidung der Frage, ob der Schutz des patentierten Erzeugnisses trotz Verbindung, Vermischung oder Weiterverarbeitung fortdauert oder endet, d.h. ob das Patent für das Erzeugnis auch ein durch Verbindung, Vermischung oder Weiterverarbeitung entstandenes neues Erzeugnis erfasst, ist unter Abwägung des Anliegens der angemessenen Belohnung des Erfinders und des Allgemeininteresses an einem ungehinderten wirtschaftlichen Verkehr zu beurteilen. Die Grundsätze, die zur Reichweite des Schutzes der „unmittelbaren Verfahrenserzeugnisse" entwickelt worden sind, s. Rdn. 54, können herangezogen werden (Moser v. Filseck, GRUR **77,** 351, 352 ff.), doch ist zu beachten, dass dort durch das Erfordernis der „Unmittelbarkeit" vom Gesetzgeber eine enge Grenze gezogen ist, die beim Schutz patentierter Erzeugnisse fehlt. Der BGH hat erklärt, dass der Stoffschutz weiter reicht als der Schutz der „unmittelbaren Verfahrenserzeugnisse" nach § 9 Satz 2 Nr. 3, BGHZ **57,** 1, 24 – Trioxan. Die frühere Rechtsprechung, nach der der Schutz eines Erzeugnisses endet, wenn es in einem anderen Erzeugnis untergeht, KG MuW **XXIII,** 58; GRUR **36,** 743, entspricht nicht mehr den neueren Erkenntnissen. Auch die Ansicht, der Schutz des patentierten Erzeugnisses ende, wenn es aufhöre, ein selbstständiges Verkehrsgut zu sein (vgl. dazu H. Tetzner, Mitt. **76,** 61, 63), ist in dieser Allgemeinheit nicht haltbar. So liegt eine Benutzung des als solchen patentgeschützten Stoffes immer dort vor, wo er in seiner individuellen Konstitution zur gewerblichen Verwendung gelangt. Bei einer Weiterverarbeitung des Stoffes kommt es alleine darauf an, ob der neue Stoff als solcher individuell analysierbar ist. Ist der geschützte Stoff in der weiterverarbeiteten Sache – **Endprodukt** – unverändert geblieben, so ist auch das Inverkehrbringen der neuen Sache als eine Verletzung des Stoffpatents anzusehen; ob darin die seine Patentwürdigkeit begründenden Eigenschaften zum Tragen kommen, ist unerheblich, a.A. Moser v. Filseck GRUR **77,** 351, 354; einschränkend auch 6. Auflage § 6 Rdn. 80a; Bruchhausen GRUR **80,** 364, 366. Das prozentuale Mengenverhältnis des patentgeschützten Stoffes im Endprodukt (vgl. das Beispiel bei v. Pechmann GRUR **77,** 377, 378 r. Sp.o.) ist für die Schadensberechnung, nicht aber für die Feststellung des Tatbestandes der Schutzrechtsverletzung bedeutsam. Die zur Begrenzung des Schutzes eines unmittelbaren Verfahrenserzeugnisses i.S. des § 9 Nr. 3 bei Verfahrenspatenten anzustellenden Erwägungen sind nach Wegfall des Stoffschutzverbotes auf die Kategorie der Stoffpatente nicht zu übertragen, BGHZ **57,** 1, 24 – Trioxan. Auch für einen Sachanspruch, der auf ein **Zwischenprodukt** gerichtet ist (Beispielsfall: BGHZ **51,** 378, 382 f. – Disiloxan), gelten die vorstehenden Bemerkungen. Die Angabe der Weiterverarbeitung des Zwischenprodukts zu einem Endprodukt ist zur Offenbarung der gewerblichen Verwertbarkeit des geschützten Stoffes erforderlich, schränkt aber nicht den beanspruchten Stoffschutz ein, BGH GRUR **72,** 642, 644 – Lactame; vgl. auch BGHZ **63,** 1, 8 – Chinolizine; zum Schutz eines Zwischenprodukts als unmittelbares Erzeugnis eines patentierten Verfahrens vgl. Bruchhausen GRUR **79,** 743 ff. Der Schutz endet

ferner nicht, wenn eine geschützte Vorrichtung durch bestimmungsgemäßen Einbau Teil einer Aggregation wird, deren sämtliche Teile genutzt werden, OLG Karlsruhe GRUR **87,** 892, 896. Bei patentierten Zwischenprodukten und Halbfabrikaten erfasst der Schutz auch die Endprodukte, in denen das Zwischenprodukt unverändert erhalten ist, LG Düsseldorf GRUR **87,** 896, 898, ferner Endprodukte, deren Eigenschaften wesentlich durch die Zwischenprodukte oder Halbfabrikate beeinflusst sind (siehe Moser v. Filseck, aaO, 354; aber Utermann GRUR **81,** 537, 538; zweifelnd auch LG Düsseldorf GRUR **87,** 896, 898). Pharmazeutische Kombinationspräparate, die mehrere wirksame Substanzen enthalten, werden trotz der Vermischung vom Schutz des Patents (oder der Patente) für die Substanz(-en) erfasst (Maikowski GRUR **77,** 200, 203). Verliert das patentierte Erzeugnis bei der Verbindung, Vermischung oder Weiterverarbeitung seine technische Bedeutung vollständig oder hat es für das Endprodukt keine technische Bedeutung mehr oder erfüllt es im Endprodukt nur noch eine unbedeutende technische Funktion, dann wird das Endprodukt nicht mehr vom Patent erfasst (v. Pechmann GRUR **77,** 377, 384; Moser v. Filseck, aaO, 355). So ist dem LG Düsseldorf GRUR **87,** 896, 899 zuzustimmen, dass ein funktionsloser Rest von 0,1 oder 0,4% eines geschützten Zwischenprodukts in einem durch Weiterverarbeitung entstandenen Endprodukt keine Benutzung des Zwischenprodukts ist. BPatG GRUR **81,** 122 ist nicht zu billigen.

8. Benutzen beim Erzeugnispatent

a) Das **Erzeugnispatent** stellt unter Schutz, wie die Gestaltung, Konstruktion oder der Entwurf eines Erzeugnisses sein soll. Sein Gegenstand ist nicht das Erzeugnis als Sache, sondern die das Erzeugnis betreffende Lehre zum technischen Handeln. Siehe Näheres bei § 1 Rdn. 12–26. Der Schutz des Erzeugnispatents ist in der Regel umfassend, § 1 Rdn. 16. Patente, die ein Computerprogramm auf einem Speicherträger oder auch in Form eines Datenstrukturprodukts beanspruchen, vgl. EPA GRUR Int. **99,** 1053 – Computerprogrammprodukt; GRUR Int. **2001,** 167 – Datenstrukturprodukt; BGHZ **149,** 68 – Suche fehlerhafter Zeichenketten, genießen als Erzeugnispatente diesen umfassenden Schutz, Sedlmaier, Die Patentierbarkeit von Computerprogrammen und ihre Folgeprobleme, S. 197; Esslinger/Betten CR **2000,** 18, 20. Vom Erzeugnispatent mit umfassenden Schutz sind Ptente zu unterscheiden, bei denen Erzeugnisschutz nur in bestimmter Hinsicht beansprucht ist. So können nach § 3 Abs. 3 Stoffe in dem Umfang patentiert werden, in dem sie zu einer Anwendung in einem Verfahren bestimmt sind, oder der Schutz kann durch ein finales Element bestimmter Zweckverwirklichung begrenzt sein, vgl. z. B. BGHZ **101,** 159, – Antivirusmittel. Ist ein Erzeugnis zur Verwendung eines bestimmten Gegenstands geschützt, so genügt der Verwendungszweck andererseits für sich allein noch nicht, um diesen Gegenstand zum Teil des geschützten Erzeugnisses zu machen, BGHZ **2,** 387, 391. Ist beispielsweise eine Erfindung geschützt, eine an sich bekannte Mülltonne in besonderer Weise zu handhaben, dann ist die bloße Herstellung der Mülltonne dem Patentinhaber nicht vorbehalten, weil dies nicht Gegenstand der Erfindung ist, vgl. BGHZ **2,** 387, 390. Auch Teile der Gegenstände, welche nur die Voraussetzung für die Benutzung der Erfindung bilden, ohne jedoch den in dem geschützten Erzeugnis zum Ausdruck kommenden Erfindungsgedanken unmittelbar zu verwirklichen, werden vom Patentschutz nicht erfasst, BGHZ **2,** 387, 390 m. w. Nachw.; BGH GRUR **54,** 111, 115; **87,** 626, 628; RGZ **32,** 52, 55; **142,** 325, 327; selbst dann nicht, wenn erst bei ihrer Benutzung die Benutzung der Erfindung praktisch in Frage kommt, RGZ **142,** 325, 330. So ist bei einem patentierten Flaschenverschluss, bei dem die Flasche kein Teil der geschützten Kombination ist, die Herstellung der Flasche patentfrei, RGZ **32,** 52, 55. Von einer bloßen Voraussetzung der Anwendung der Erfindung kann allerdings bei notwendigen Teilen einer Kombination, aus der sich eine Kombinationserfindung zusammensetzt, nicht die Rede sein, RG GRUR **26,** 339, 340. Ein notwendiger funktioneller Zusammenhang, BGHZ **2,** 387, 390, oder eine **funktionelle Unentbehrlichkeit** für das Zusammenwirken eines geschützten Erzeugnisses, BGHZ **2,** 261, 265, oder ein notwendiger gegenseitiger Wirkungszusammenhang, BGHZ **2,** 261, 265; BGH GRUR **87,** 626, 628; RG GRUR **39,** 609, 610 m. w. Nachw., genügen nicht, um außerhalb des Gegenstands des Patentanspruchs stehende Teile, in denen sich der Erfindungsgedanke nicht unmittelbar verwirklicht, in den Patentschutz miteinzubeziehen. Der Umstand, dass der Patentinhaber eine geschützte selbstständige Teilvorrichtung – Schalter – regelmäßig mit einer Gesamtvorrichtung – Heizkissen – in den Verkehr bringt, macht die Gesamtvorrichtung nicht zum Gegenstand des Schutzes, RGZ **130,** 242, 244 ff. Betriebsstoff, RG GRUR **39,** 184, 186; BGHZ **2,** 261, 266, und Antriebsmaschinen, BGHZ **2,** 261, 266; BGH GRUR **54,** 111, 115, werden durch eine Anpassung an die besondere Gestaltung des damit betriebenen geschützten Erzeugnisses noch nicht zu einem Teil des geschützten Erzeugnisses. 31

32 **b)** Der **Begriff des Herstellens** kann sowohl durch die erstmalige Erstellung eines Erzeugnisses als auch durch dessen Neuherstellung verwirklicht werden, Rübel GRUR **2002,** 561. Er umfasst die gesamte Tätigkeit, durch die das Erzeugnis geschaffen wird, vom Beginn an und beschränkt sich nicht auf den letzten, die Vollendung des geschützten Erzeugnisses unmittelbar herbeiführenden Tätigkeitsakt, RGZ **40,** 78, 79; RG GRUR **26,** 339, 341; BGHZ **2,** 387, 391; BGH GRUR **95,** 338, 341 – Kleiderbügel. Nicht dazu gehören die Handlungen, die bei natürlicher Betrachtung nicht schon als Beginn einer Herstellung gelten können, wie z.B. die bloße Anfertigung von Entwürfen und Konstruktionszeichnungen, RGSt. **11,** 241, 242; RG GRUR **37,** 670, 672, Mes § 9 PatG Rdn. 29; siehe Rdn. 29, auch wenn es sich um Vorbereitungshandlungen handelt, die für eine spätere Herstellung unumgänglich sind. Damit die betreffende Handlung, insbesondere eine mit der Herstellung nur beginnende oder zunächst lediglich zu einem unfertigen Erzeugnis führende Handlung von § 9 Satz 2 erfasst wird, muss als ihr dem Handelnden zurechenbares Ergebnis außerdem feststehen, dass wirklich ein Erzeugnis entsteht, das – wortsinngemäß und/oder in abgewandelter Form – alle im Patentanspruch festgelegten erfindungsgemäßen Merkmale aufweist, vgl. Kraßer § 33 II b 1. Denn das Ausschließlichkeitsrecht ist nach § 9 Satz 2 auf die Benutzung der sich in der Gesamtheit ihrer Merkmale verkörpernden geschützten Lehre beschränkt, LG Düsseldorf Entsch. **97,** 104, 107. Wer einen Bausatz für ein patentgemäßes Erzeugnis herstellt, Kraßer § 33 II b 4; Busse/Keukenschrijver § 9 PatG Rdn. 68, nach eigenen Angaben sonstwie eine patentgemäße Vorrichtung bauen lässt, RG GRUR **43,** 169, 173; BGHZ **107,** 46, 53 – Ethofumesat unter Hinweis auf BGH GRUR **58,** 179, 182 – Resin, kann deshalb eine unmittelbare Patentverletzung in der Form des Herstellens begehen, insbes. wenn er den Ausführenden hierbei überwacht und die fertige Vorrichtung überprüft, RGZ **124,** 368, 371; Kraßer § 33 II b 1, nicht aber derjenige, der zwar zur Schaffung eines erfindungsgemäßen Erzeugnisses beiträgt (dann allerdings Beihilfe oder auch Anstiftung möglich, siehe § 10 Rdn. 29), dessen Fertigstellung mit allen Merkmalen des Patentanspruchs aber vom Dritten völlig selbstständig besorgt wird, Kraßer § 33 II b 1; vgl. aber auch OLG Karlsruhe GRUR **82,** 295, 299, das offenbar als ausreichend ein Mitwirken bei der Herstellung durch einen Dritten angesehnen hätte, dem Werkstattzeichnungen überlassen werden. Bei computergesteuerter Konstruktion einer Maschine kann mithin bereits die Erarbeitung der notwendigen Software Beginn der Herstellung sein. Im Übrigen kann ein Herstellen beispielsweise durch die Montage einer komplexen Gesamtanlage, LG Düsseldorf Entsch. **96,** 6, oder den Zusammenbau einer Vorrichtung aus von Zulieferern bezogenen neutralen und auf die geschützte Erfindung zugeschnittenen Teilen geschehen, BGH X ZR 13/69 vom 17. 11. 1970. Werden im patentfreien Ausland hergestellte Maschinenteile im Inland zu einer patentgemäßen betriebsfertigen Maschine montiert, liegt hierin ein § 9 Satz 2 unterfallendes Herstellen, OLG München GRUR **94,** 746. Obwohl das Teil der öffentlichen Verwaltung und hoheitliche Tätigkeit (sog. schlichte Hoheitsverwaltung) ist, umfasst § 9 auch die Herstellung eines Verkehrswegs, wenn die öffentliche Hand die Durchführung ihrer öffentlichen Aufgaben in die Ebene des Privatrechts verlegt, BGH GRUR **79,** 48, 50 – Straßendecke; vgl. auch BGHZ **107,** 46, 53. Für die Frage, ob eine Patentbenutzung durch eine Herstellung des geschützten Erzeugnisses begangen wird, ist es gleichgültig, ob die Schaffung mit Marktbezug oder rein innerbetrieblich erfolgt, Busse/Keukenschrijver § 13 Rdn. 62, und ob es Abnehmer gibt und wie diese das Erzeugnis benutzen, BGH GRUR **79,** 149 – Schießbolzen; RG GRUR **32,** 1030. Wenn eine Maschine so eingerichtet wird, dass sie in patentverletzender Weise bedient werden kann, ist deren Herstellung Tathandlung i.S. § 9 Satz 2. Daran ändert nichts, wenn die Maschine normalerweise anders bedient wird oder eine andere Bedienung vorgeschrieben wird und die Abnehmer deshalb von der patentverletzenden Einrichtung keinen Gebrauch machen, RG GRUR **32,** 1030, 1031 f.; vgl. dazu auch BGH GRUR **79,** 149, 150 – Schießbolzen.

33 **c) (1)** In dem Bestreben, dem Patentinhaber einen ausreichenden Patentschutz zu gewährleisten und ihn gegen offensichtliche Umgehungsversuche zu sichern, hat die Rechtsprechung zum früheren Recht anerkannt, dass unter bestimmten Voraussetzungen schon die **Herstellung von Teilen** eines geschützten Erzeugnisses oder eines **unfertigen Erzeugnisses** eine Herstellungshandlung ist, die ohne Zustimmung des Patentinhabers verboten ist, vgl. z.B. BGHZ **2,** 387, 391; BGH GRUR **71,** 78, 80 m.w. Nachw. Wenn beispielsweise ein Zulieferer erfindungswesentliche Merkmale einer geschützten Gesamtvorrichtung aufweisende Teile herstellt, die von vornherein dazu bestimmt sind, von einem anderen mit weiteren (neutralen) Teilen zu der geschützten Gesamtvorrichtung zusammengesetzt zu werden, und dann von dem anderen ein entsprechender Zusammenbau vorgenommen wird, so war man der Ansicht, beide hätten die geschützte Vorrichtung „hergestellt", BGH X ZR 13/69 vom 17. 11. 1970. Der BGH hat in diesem Zusammenhang von **„erfindungsfunktionell individualisierten" Teilen** gespro-

chen, worunter er verstanden hat, dass es sich um Teile einer Kombination handelt, die zur Verwendung in der Kombination einer besonderen erfindungsfunktionellen Gestaltung – Anpassung – bedürfen, weil sie sonst in der Technik in ihrer erfindungsfunktionellen Gestaltung nicht vorkommen, BGH GRUR **59,** 232, 234; **51,** 111, 115; **54,** 452, 454; **61,** 466, 469; **71,** 78, 80. Eine bloße Anpassung bekannter Teile in den Ausmaßen reichte hierzu nicht aus, es musste eine individuelle Anpassung an das patentierte Erzeugnis hinzukommen, BGH GRUR **54,** 111, 115; **61,** 466, 469; die Teile durften zumindest nicht ohne weiteres auch außerhalb der geschützten Gesamtvorrichtung verwendet werden können und mussten außerdem eine solche Ausgestaltung erhalten haben, die sie durch ihre erfindungsgemäße Anpassung an die geschützte Gesamtvorrichtung aus der Zahl anderer vergleichbarer Einzelteile heraushebt und in eine unmittelbare Beziehung zum Erfindungsgegenstand setzt, BGH GRUR **71,** 78, 80. Deshalb wurde auf unmittelbare Patentverletzung erkannt, wenn gerade dasjenige Bauteil einer Gesamtvorrichtung hergestellt und vertrieben wird, in welchem sich allein der Erfindungsgedanke verwirklicht, BGH I a ZR 270/63 vom 4. 2. 1965, kritisch schon damals Moser v. Filseck GRUR **71,** 81, der darauf abgestellt wissen wollte, ob das gelieferte Teil den Kern der geschützten Erfindung darstellt; ebenso wenn absprachemäßig nacheinander alle Teile einer Vorrichtung verkauft werden, um sie dann zur geschützten Vorrichtung zusammenzubauen, OLG Düsseldorf GRUR **84,** 651, 652. Auch das RG hat danach abgegrenzt, ob **angepasste Teile** hergestellt werden, die sich nicht für einen anderen Zweck eignen und die von vornherein dazu bestimmt sind, zu dem geschützten Erzeugnis zusammengefügt zu werden, RGZ **40,** 78, 79; RG MuW **27/28,** 605, 606; RG GRUR **26,** 163, 164; **36,** 160, 163; **36,** 236, 240, oder die besonders angepasst und sonst nicht ohne weiteres verwendbar sind, RG MuW **24/25,** 203, so dass sie in der Verbindung mit anderen Teilen oder schon durch das Zusammenfügen allein das geschützte Erzeugnis ergeben, RGZ **40,** 78, 79; RG MuW **24/25,** 203; **XXV,** 172; **27/28,** 605, 606; RG GRUR **26,** 163, 164; **36,** 160, 163; **36,** 236, 240. Ob das Zusammenfügen dann im patentfreien Ausland, RG GRUR **36,** 236, 241; RG MuW **24/25,** 203, oder im patentfreien privaten Bereich erfolgt, hielt man für gleichgültig, BGH GRUR **71,** 78, 80. Auch die Herstellung eines unfertigen Erzeugnisses, dessen fehlende Teile überall zu kaufen sind und von den Erwerbern des Erzeugnisses hinzugefügt werden, bedeutete hiernach Benutzung des Patents durch Herstellen, RG Mitt. **31,** 151, 152; vgl. aber OLG Düsseldorf GRUR **64,** 203, 204. Das galt insbesondere dann, wenn sich die vollständige Verwirklichung des Erzeugnisses nach der patentierten Erfindung infolge der vorgenommenen Ausgestaltung beim bestimmungsgemäßen Gebrauch von selbst ergibt, OLG Düsseldorf GRUR **78,** 425, 427, z. B. wenn sich eine chemische Verbindung bei der Formulierung zu einem Arzneimittel oder bei der Anwendung als Arzneimittel durch eine Berührung mit Wasser zu dem patentierten Erzeugnis umsetzt, UK House of Lords FSPLR **1977,** S. 215 ff. – Hetacillin.

(2) Diese Rechtsprechung darf keinesfalls einfach auf das geltende Recht übertragen und hier **34** unbesehen angewendet werden, a. A. offenbar Schulte/Kühnen § 9 PatG Rdn. 39 f.; auch Rübel GRUR **2002,** 561, 564; Mes § 9 PatG Rdn. 25 ff. Abgesehen davon, dass der BGH hiervon schon für das alte Recht insoweit abgerückt war, als er als patentverletzende Herstellung neben derjenigen eines Erzeugnisses mit der Gesamtheit aller Merkmale des Patentanspruchs nur noch die Schaffung einer Ausführungsform angesehen hat, die immerhin alle wesentlichen Merkmale des geschützten Erfindungsgedankens aufweist und zu deren Vollendung es allenfalls noch der Hinzufügung selbstverständlicher für den Erfindungsgedanken nebensächlicher Zutaten bedarf, BGHZ **82,** 254, 256 – Rigg, verbietet sich das wegen der Festlegung des Schutzbereichs eines Patents auf den Inhalt der Patentansprüche (§ 14), BGHZ **159,** 76 – Flügelradzähler, und der Schaffung eines gesetzlichen Tatbestands (§ 10), der gerade die Nutzung von Teilen oder sonstigen Mitteln regelt, die selbst nicht alle Merkmale des betreffenden Patentanspruchs verwirklichen, ohne die aber eine unmittelbare Benutzung der Erfindung nicht möglich ist, im Erg. ebenso Busse/Keukenschrijver § 9 PatG Rdn. 68; Kraßer § 33 II b. Da § 10 das Herstellen zur Benutzung der Erfindung geeigneter Mittel nicht verbietet und § 14 einen Patentschutz für ein Element bzw. eine Unterkombination der Erfindung nicht vorsieht, muss für das PatG 1981 der Grundsatz gelten, dass Herstellungshandlungen, die sich auf Teile eines patentgemäßen Erzeugnisses einschließlich eines insoweit unfertigen Erzeugnisses beschränken, nicht nach § 9 dem Patentinhaber vorbehalten sind, anders allerdings BGHZ **128,** 220, 226 – Kleiderbügel. Erst wenn ihnen die Herstellung des patentgemäßen Erzeugnisses mit all seinen Merkmalen nachfolgt oder ihretwegen sicher damit zu rechnen ist und auch diese Herstellung nach den Umständen des Falles, insbes. den getroffenen oder verabredeten Vorkehrungen dem Handelnden zuzurechnen ist, kann dieser als Hersteller (auch) des patentgemäßen Produkts angesehen werden, Kraßer § 33 II b 3; Chrocziel/Hufnagel FS Tilmann, 2003, 449, 451. Was die nach altem

Recht entschiedenen Sachverhalte anbelangt, kann deshalb beispielsweise weiterhin in dem Fall (BGH GRUR **71,** 78, 80) auf unmittelbare Patentverletzung durch Herstellen entschieden werden, in dem das Patent ein verglastes Diarähmchen betrifft, als nachgebautes Erzeugnis jedoch lediglich Rähmchen ohne Glas hergestellt werden, weil bei Diarähmchen eine Benutzung in verglaster Form vorgegeben ist, Kraßer § 33 II b 4 Fn. 47, ferner in dem Fall (OLG Düsseldorf GRUR **78,** 425, 427), in dem die hergestellte Vorrichtung in ungebrauchtem Zustand noch nicht alle Merkmale des Patentanspruchs aufweist, das fehlende Merkmal aber bei bestimmungsgemäßen Gebrauch und dadurch bedingtem Verschleiß entsteht, Kraßer § 33 II b 4. Zweifelhaft ist die Verantwortlichkeit für die endgültige Herstellung aber bereits dann (RG GRUR **36,** 236, 240), wenn im Inland eine funktionierende Maschine für das Ausland produziert wird, wo sie von Abnehmern, denen diese Möglichkeit geläufig ist, ohne weiteres in die patentgemäße Form umgebaut werden kann, inländische Patentverletzung hier ebenfalls bejahend Kraßer § 33 II b 4. Nach LG Düsseldorf Entsch. **99,** 75 (vgl. auch GRUR-RR **2001,** 201, 204) soll reichen, wenn die angegriffene Ausführung alle wesentlichen Merkmale aufweist und es zur Vollendung allenfalls noch der Hinzufügung selbstverständlicher und für die Erfindung nebensächlicher Zutaten bedarf. Wie bereits vom OLG Düsseldorf GRUR **64,** 203, 204 erkannt, kann jedenfalls in der Herstellung, dem Anbieten und Inverkehrbringen eines in der Gestaltung dem Patent und in den Maßen der Konstruktion des Patentinhabers angepassten Erzeugnisses, dem ein wesentliches Merkmal der geschützten Gesamtkombination fehlt, das wohl durch Zukauf vom Patentinhaber in erfindungsgemäßer Weise, aber auch in nicht patentverletzender Weise ergänzt werden konnte, keine Patentbenutzung gesehen werden. Auch die Herstellung von Teilen des Erzeugnisses, die nach ihrer Beschaffenheit eine Beziehung zu dem geschützten Erzeugnis nicht erkennen lassen, weil sie allgemein verwendbar und ersetzbar sind, erfüllt allein noch nicht den Tatbestand der Herstellung des patentierten Erzeugnisses, vgl. RGZ **40,** 78, 79; RG MuW **XIII,** 382, 383; **24/25,** 203; **27/28,** 605; RG GRUR **26,** 339, 340; **34,** 534. Bei solchen Teilen führt auch die Herstellung in der Absicht, sie im Ausland erfindungsgemäß zu verwenden, nicht zu einer Patentverletzung, vgl. RG MuW **XIII,** 382, 383. Das Gleiche gilt von Teilen, die mit der geschützten Erfindung lediglich in einem funktionellen Zusammenhang stehen, vgl. Rdn. 31. Durch die Lieferung von Teilen kann freilich neben einer mittelbaren Patentverletzung eine Teilnahme an einer von Dritten begangenen Patentverletzung in Betracht kommen, RG GRUR **28,** 385, 386; RGZ **149,** 12, 17. Näheres bei § 10 Rdn. 28f.

35 **(3)** Ist das Herstellen von Teilen eines geschützten Erzeugnisses eine Benutzung des Patents, siehe Rdn. 32ff., dann ist auch das Anbieten, Inverkehrbringen, Einführen oder Besitzen dieser Teile eine Benutzungshandlung, RG GRUR **36,** 160, 163; BGH GRUR **71,** 78, 80, und zwar unabhängig davon, ob der letzte Herstellungsakt ebenfalls eine unerlaubte Benutzungshandlung darstellt oder nicht, etwa weil er im patentfreien Raum (im Ausland oder im privaten Bereich zu nicht gewerblichen Zwecken) erfolgt, BGH GRUR **71,** 78, 80 m. w. Nachw.

36 **d)** Als Herstellung kann auch anzusehen sein, wenn ein ursprünglich in patentgemäßer Form hergestelltes und in den Verkehr gebrachtes Erzeugnis beispielsweise nach Gebrauch oder Beschädigung, aber auch nach vollständiger Zerlegung, vgl. hierzu Kowal-Wolk/Schuster FS Beier S. 87, 102; Rübel GRUR **2002,** 561, 562, wieder in den patentgemäßen Zustand gebracht wird. Zwar umfasst das Recht zum bestimmungsgemäßen Gebrauch, das Personen zusteht, die ein mit Zustimmung des Patentinhabers in den Verkehr gebrachtes erfindungsgemäßes Erzeugnis in Besitz haben, BGHZ **159,** 76 – Flügelradzähler; Rübel GRUR **2002,** 561, 562, alle üblichen Maßnahmen zur Inbetriebnahme, zum Inbetriebhalten und zur Pflege des geschützten Erzeugnisses, BGH GRUR **59,** 232, 234; **73,** 518, 520; LG München I InstGE **4,** 13, 20, die **Wiederherstellung** ist jedoch dem Patentinhaber allein vorbehalten, BGH GRUR **56,** 265, 267. Das macht eine Abgrenzung zwischen zulässigen Handlungen an einem hergestellten Erzeugnis und solchen Handlungen notwendig, die weiterhin dem Patentinhaber vorbehalten sind. Diese wird danach vorgenommen, ob die getroffenen Maßnahmen noch die **Identität** des bereits in den Verkehr gebrachten konkreten patentgeschützten Erzeugnisses **wahren,** BGH BGHZ **159,** 76 – Flügelradzähler; Ann FS König S. 17, 29f.; Rübel GRUR **2002,** 561, 562, oder der Schaffung eines neuen erfindungsgemäßen Erzeugnisses, also einer **Neuherstellung** wirtschaftlich gleichkommen, BGH GRUR **51,** 449, 451; **59,** 232, 234; **73,** 518, 520; OLG Düsseldorf GRUR **38,** 771, 775; vgl. auch UK House of Lords ENPR **2000,** 324; kritisch hinsichtlich Abgrenzung Busse/Keukenschrijver § 9 PatG Rdn. 70. Hierzu bedarf es einer die Eigenart des patentgeschützten Erzeugnisses berücksichtigenden Abwägung der schutzwürdigen Interessen des Patentinhabers an der wirtschaftlichen Verwertung der Erfindung einerseits und des Abnehmers am ungehinderten Gebrauch der in den Verkehr gebrachten konkreten erfin-

dungsgemäßen Vorrichtung andererseits, BGH BGHZ **159,** 76 – Flügelradzähler; BGH GRUR **59,** 232, 235. Angesichts § 14 ist für die zu berücksichtigende Eigenart des patentgeschützten Erzeugnisses die beanspruchte Gesamtkombination maßgeblich, BGH BGHZ **159,** 76 – Flügelradzähler; Rübel GRUR **2002,** 561, 563. Neuherstellung liegt deshalb vor, wenn selbstständig geschützte Teile einer Vorrichtung erneuert werden, OLG Düsseldorf GRUR **38,** 771, 775; Busse/Keukenschrijver § 9 PatG Rdn. 70, beispielsweise bei einem den Schlüssel einer Schließanlage betreffenden Patent ein Ersatzschlüssel hergestellt wird, vgl. österr. OGH ÖBl. **86,** 147, der diesen Vorgang anders beurteilt, wenn das Schließanlagensystem patentgeschützt ist. Es kommt aber auch darauf an, inwieweit sich gerade in dem Teil, das von der zu beurteilenden Maßnahme betroffen ist, die technischen Wirkungen der Erfindung widerspiegeln. Verkörpert gerade dieses Teil die patentwürdige Leistung, so dass beispielsweise durch den Austausch dieses Teils der technische oder wirtschaftliche Vorteil der Erfindung erneut verwirklicht wird, kann nämlich nicht gesagt werden, dass der Patentinhaber bereits durch das erstmalige Inverkehrbringen der Gesamtvorrichtung den ihm zustehenden Nutzen aus der Erfindung gezogen hätte, BGHZ **159,** 76 – Flügelradzähler (kritisch zu diesem Ansatz Tilmann GRUR **2005,** 904); vgl. auch LG Düsseldorf, GRUR Int. **89,** 695, 697; UK House of Lords ENPR **2000,** 324. Das Auswechseln oder Erneuern von Hauptteilen einer geschützten Kombination kann also Neuherstellung sein, BGH GRUR **51,** 449, 451; LG München I InstGE **4,** 13, 19 für Mittel i. S. d. § 10; RG GRUR **26,** 339, 341 – wo von wesentlichen Teilen gesprochen wird. So ist unerlaubt die Erneuerung wesentlicher Teile einer Kombination, die den eigentlichen Kern der Erfindung bilden und die Technik erheblich bereichert haben, auch wenn sie rasch abnutzen und ihrer Natur nach häufig Ersatz fordern, vgl. OLG Düsseldorf GRUR **38,** 771, 778. Weitere Beurteilungskriterien sind die **natürliche Lebensdauer** des in Verkehr gebrachten patentgemäßen Erzeugnisses, BGH GRUR **59,** 23; RG GRUR **39,** 611; Kowal-Wolk/Schuster FS Beier S. 87, 104; kritisch insoweit Ann FS König S. 17, 28; Tilmann GRUR **2005,** 904; auch Rübel GRUR **2002,** 561, 562 f., mit welchen Ausbesserungen während dieser Zeit von vornherein gerechnet wird, Kraßer § 33 II b 5, Umfang und Ziel der durchgeführten Arbeiten, Ann FS König, 2003, S. 17, 29, und der **Zustand des Erzeugnisses vor Arbeitsbeginn,** Ann FS König S. 17, 29. Wird durch die Reparatur die beim Inverkehrbringen zu erwartende (technische oder wirtschaftliche, Bodewig GRUR **92,** 567, 572 Fn. 41) Lebensdauer nennenswert verlängert, kann wiederum das Interesse des Patentinhabers an der wirtschaftlichen Verwertung der Erfindung das Interesse des Abnehmers an ungehindertem Gebrauch überwiegen und deshalb eine Patentverletzung durch Neuherstellung vorliegen. Kann das Erzeugnis nicht mehr als der in den Verkehr gebrachte Patentgegenstand gelten, wofür der Umfang der Instandsetzungs- oder Erneuerungsarbeiten sprechen kann, wird dies regelmäßig ebenfalls so sein, Ann FS König S. 17, 29. Neuherstellung findet danach bei Rekonstruktion einer patentgemäßen Vorrichtung aus Teilen einer (oder mehrerer) zerstörten oder sonstwie unbrauchbar gewordenen Sache, BGH GRUR **56,** 265, 267; LG Düsseldorf GRUR **57,** 599; Kowal-Wolk/Schuster FS Beier S. 87, 101 f.; Ann FS König S. 17, 31 f., aber auch dann statt, wenn Instandsetzungs- oder Umbaumaßnahmen zu einer Wesensveränderung führen, Ann FS König S. 17, 31 f. Ist eine Vorrichtung geschützt, die patentgemäß aus einem abweichend vom Stand der Technik gestalteten Gehäuse und einer abnehmbaren Messkapsel besteht, werden aber die Vorteile der erfindungsgemäßen Lösung an und in der Messkapsel verwirklicht, so erfolgt durch den Austausch der Messkapsel eine Neuherstellung auch dann, wenn das Patent als selbstverständlich voraussetzt, dass die Messeinheit ausgetauscht werden kann, BGH BGHZ **159,** 76 – Flügelradzähler. Werden aus gebrauchten, nicht mehr funktionsfähigen Erzeugnissen erhalten gebliebene Teile entnommen und zu wieder funktionsfähigen patentgemäßen Erzeugnissen zusammengebaut, so liegt ebenfalls ein dem Patentinhaber allein vorbehaltenes und Dritten verbotenes Wiederherstellen vor, BGH GRUR **59,** 232, 234; LG Düsseldorf GRUR **57,** 599, 600; **88,** 116, 119; Rübel GRUR **2002,** 561, 564; Busse/Keukenschrijver § 9 PatG Rdn. 70, der auf den zwischenzeitlichen Verlust der Erzeugniseigenschaft abstellt. Ein weiteres Beispiel ist insoweit die Wiedergewinnung patentierter Stoffe aus Abfall, Bodewig GRUR **92,** 567, 570 ff.; Rübel GRUR **2002,** 561, 564 f.; vgl. auch BGHZ **1,** 194, 198.

e) Der **Umbau** eines geschützten Erzeugnisses ohne Zustimmung des Patentinhabers zu einem ebenfalls im Schutzbereich liegenden Erzeugnis bedeutet regelmäßig eine verbotene Neuherstellung, Mes § 9 PatG Rdn. 28; strenger – immer – Ann FS König S. 17, 32; weiter – nicht wenn sich im Rahmen bestimmungsgemäßen Gebrauchs haltend – Schulte/Kühnen § 9 PatG Rdn. 41. Auch insoweit ist erforderlich, dass die Erfindung in vollem Umfang von neuem verwirklicht wird, BGH GRUR **73,** 518, 520 – Spielautomat II; RG MuW **29,** 506, 507; KG **37**

GRUR **31,** 1280, 1281. Das ist der Fall, wenn Teile durch äquivalente Mittel ersetzt werden, BGH GRUR **73,** 518, 520 – Spielautomat II; OLG Hamm GRUR **26,** 434, 437 f., beispielsweise auch dann, wenn mittels Umbaus eine Ausführungsform eines Spielautomaten hergestellt wird, die sich von der vom Patentinhaber in den Verkehr gebrachten unterscheidet, aber, obgleich neue Teile in die Kombinationserfindung nicht eingefügt oder andere nicht entfernt wurden, wegen geänderter Zuordnung der vorhandenen Teile und der Schaltung ein Äquivalent darstellt, BGH GRUR **73,** 518, 520 f. – Spielautomat II; kritisch insoweit Busse/Keukenschrijver § 9 PatG Rdn. 69 sowie Kraßer § 33 II b 6, der bei sich auf Umgruppierungen beschränkenden Umbaumaßnahmen das Recht des Patentinhabers nicht berührt sieht. Sind nur Teile geschützt, so gilt folgendes: Handelt es sich um selbstständige Teile, die beliebig auch außerhalb des gelieferten Erzeugnisses Verwendung finden können, dann darf das Erzeugnis außerhalb dieser Teile beliebig verändert werden, sofern dadurch nicht die technische Lebensdauer des Gesamterzeugnisses verlängert wird, BGH WRP **68,** 50, 51. Bilden die geschützten Teile dagegen einen Teil eines komplexen Organismus, der über sie insgesamt geschützt ist, dann bestimmt allein der Hersteller, wie er diesen in den Verkehr bringen will. Ein Umbau dieses komplexen Erzeugnisses, das zur Neuherstellung führt, ist dann unzulässig, KG GRUR **31,** 1280, 1282. Der Umbau einer patentierten Vorrichtung, um aus ihren Teilen eine andere, nicht unter den Patentschutz fallende Vorrichtung zusammenzusetzen, wird von § 9 hingegen nicht erfasst, vgl. BGH GRUR **73,** 518, 520 – Spielautomat II; Ann FS König, 2003, S. 17, 32. Insoweit steht dem Erwerber eines Erzeugnisses frei, ob er an dem patentierten Erzeugnis etwas ändern will, BGH I ZR 7/65 vom 16. 10. 1968. Auch das UWG gewährt in diesen Fällen keinen Schutz gegen ohne große Schwierigkeiten zu beseitigende körperliche Eingriffe in ein patentiertes Erzeugnis, die ein Mitbewerber mit Einwilligung des Eigentümers der Einrichtung vornimmt, vgl. BGH I ZR 7/65 vom 16. 10. 1968. Der Umbau einer rechtmäßig erworbenen Vorrichtung in eine patentfreie Vorrichtung ist erlaubt, BGH X ZR 67/71 vom 8. 3. 1973.

38 **f)** Da das Recht zum bestimmungsgemäßen Gebrauch und zur ungehinderten Nutzung der mit Zustimmung des Patentinhabers in den Verkehr gelangten geschützten Erzeugnisse alle üblichen Maßnahmen zur Inbetriebnahme, zum Inbetriebhalten und zur Pflege der geschützten Erzeugnisse umfasst, BGH GRUR **59,** 232, 234; **73,** 518, 520, liegt in dem **Austausch eines Verschleißteils,** das während der zu erwartenden Lebensdauer einer Maschine ersetzt zu werden pflegt, **regelmäßig keine Neuherstellung,** BGHZ **159,** 76 – Flügelradzähler. Das gilt jedenfalls für die Erneuerung von Teilen untergeordneter Bedeutung, die einem raschen Verschleiß ausgesetzt sind und regelmäßig während der Lebensdauer einer Gesamtvorrichtung mehrmals ersetzt werden müssen, BGHZ **159,** 76 – Flügelradzähler; RG GRUR **39,** 609, 611, und von solchen Teilen eines geschützten Erzeugnisses, die so allgemein gebräuchlich und verwendbar sind, dass sie jeder Beziehung zu dem geschützten Erzeugnis entbehren, RG GRUR **26,** 339, 340. Verkörpert gerade der ausgetauschte Teil die patentwürdige Leistung, kann es jedoch anders liegen, siehe Rdn. 35. Dem Patentinhaber gebührt aber auch insoweit kein Reparaturmonopol, BGH GRUR **59,** 232, 235; Kraßer § 33 II b 5. Das Recht zum bestimmungsgemäßen Gebrauch erlaubt auch alle (anderen) **Ausbesserungen und Wartungsmaßnahmen,** soweit sie nicht unter den Begriff „Neuherstellung" (siehe hierzu Rdn. 36) fallen, RG GRUR **39,** 184, 187; BGH GRUR **59,** 232, 234; **73,** 518, 520; OLG Düsseldorf GRUR **38,** 771, 775; Ann FS König S. 17; Rübel GRUR **2002,** 561, 563; Bock DRiZ **55,** 130; Degen FS Isay 1933, S. 25; Fischer GRUR **60,** 98; Keil Mitt. **83,** 136; Lindenmaier GRUR **39,** 505; **52,** 294; Ohnesorge Mitt. **37,** 38; GRUR **39,** 5; MuW **40,** 46; Spengler GRUR **50,** 201 ff; kritisch hinsichtlich Abgrenzung Busse/Keukenschrijver § 9 PatG Rdn. 70. Ist der Wert der Ausbesserung im Verhältnis zu der geschützten Gesamtvorrichtung geringfügig, wie z. B. das Ausfugen undichter Stellen eines patentierten Koksofens oder das Auswechseln einzelner schadhafter Steine eines Koksofens, RG GRUR **26,** 339, 340, die Reparatur von Sprüngen und Rissen eines unbrauchbar gewordenen Motorblocks mittels Spritzens, BGH GRUR **59,** 232, 234, die Instandsetzung einzelner schadhafter Stellen von patentierten Rinnenschüssen mittels Schweißarbeiten, BGH GRUR **59,** 232, 234, die Wiedergewinnung einer vorübergehend gestörten Funktionstüchtigkeit, LG Düsseldorf GRUR **88,** 116, 119, dann ist die Ausbesserung erlaubt, ebenso Arbeiten an Teilen, die besonders beansprucht und schnell schadhaft und reparaturbedürftig werden, wenn es sich um von vornherein übersehbare kleine Reparaturen schadhafter kleiner Stellen handelt, die nach der Lebenserfahrung während der normalen Lebensdauer des geschützten Erzeugnisses von vornherein in Betracht zu ziehen waren, BGH GRUR **59,** 232, 234; Rübel GRUR **2002,** 561, 564; a. A. Keil Mitt. **83,** 136, 140, weil auch bei kleinen Ausbesserungen ein neues Teil entstehe. Die Grenze der Zulässigkeit kann aber überschritten sein, wenn die Arbeiten zur Erneuerung wesentlicher Teile führen, die den eigentlichen Kern der Erfindung bilden und die Technik erheblich bereichert haben, auch wenn die Teile rasch abnutzen und ihrer Natur nach häufig Ersatz fordern, vgl. BGHZ **159,** 76 – Flügelradzähler; LG Düsseldorf GRUR Int. **89,** 695, 697; OLG Düsseldorf GRUR **38,** 771, 778. Auch Ausbesserungen, die sich im Rahmen des Inbetriebhaltens und der pfleglichen Behandlung der geschützten Vorrichtung halten, sind dann patentfrei, wenn die normale Lebensdauer eines Erzeugnisses nach der Verkehrsauffassung von vornherein unter Berücksichtigung der vorgesehenen Ausbesserungsarbeiten zu bemessen ist, BGH GRUR **59,** 232, 234; Ann FS König, 2003, S. 31. Wird die Grenze der optimal pfleglichen Behandlung überschritten, dann ist das jedoch eine verbotene Herstellung, BGH GRUR **51,** 449, 451. Handelt es sich um selbstständig geschützte Teile einer ungeschützten Gesamtvorrichtung, so ist deren Ausbesserung nicht grundsätzlich unerlaubt, BGH GRUR **59,** 232, 234, wohl aber deren Erneuerung, OLG Düsseldorf GRUR **38,** 771, 775; jedoch muss die Frage des Wertverhältnisses und der Lebensdauer allein von der geschützten Teilvorrichtung aus beurteilt werden. Das Gleiche gilt von selbstständig geschützten Teilen einer geschützten Gesamtvorrichtung. Handelt es sich um zulässige Ausbesserungen, so darf sie auch ein Dritter für den Besitzer des geschützten Erzeugnisses vornehmen und die dazu benötigten **Ersatzteile herstellen und liefern,** RG GRUR **26,** 339, 340; **39,** 184, 187; **39,** 609, 611.

g) Das Recht zum bestimmungsgemäßen Gebrauch eines geschützten Erzeugnisses durch den Erwerber umfasst auch das Recht der **Betriebsstofferneuerung,** selbst wenn in besonders zugerichteter Form und Beschaffenheit hergestellt und erneuert wird, RG GRUR **39,** 184, 186f.; BGHZ **2,** 261, 264f.; Busse/Keukenschrijver § 9 PatG Rdn. 71; vgl. auch schw. HG Zürich sic! **99,** 148, 150f. Soweit der Besitzer des geschützten Erzeugnisses zur Betriebsstofferneuerung berechtigt ist, darf ein Dritter den Betriebsstoff liefern, RG GRUR **39,** 184, 187. 39

h) (1) Das **Anbieten** ist dem Patentinhaber sowohl für patentierte Erzeugnisse als auch für patentierte Verfahren und auch für unmittelbare Verfahrenserzeugnisse vorbehalten (siehe hierzu Sefzig GRUR **92,** 613; Rohnke WRP **92,** 296; Schricker GRUR Int. **2004,** 786; Götting LMK **2004,** 92). Dritten ist es deshalb verboten, ohne Zustimmung des Patentinhabers patentierte Erzeugnisse, Verfahren und unmittelbare Verfahrenserzeugnisse patentierter Verfahren anzubieten, zum Anbieten eines Verfahrens siehe Rdn. 51f. Das Anbieten ist nicht nur eine dem Herstellen, Inverkehrbringen, Gebrauchen, Einführen oder Besitzen vorausgehende Vorbereitungshandlung, sondern ist eine selbstständige Benutzungsart neben diesen Handlungen, BGH GRUR **2003,** 1031, 1032 – Kupplung für optische Geräte; OLG Düsseldorf GRUR **2004,** 417, 419 m.w.N.; Schricker GRUR Int. **2004,** 786, 787; vgl. auch BGH GRUR **55,** 87, 89; **60,** 423, 424; **69,** 35, 36; OLG Karlsruhe GRUR **87,** 892, 895; a.A. für den Fall, dass das Inverkehrbringen nicht untersagt ist, Heath FS f. Kolle u. Stauder, 2005, 165, 170. Deshalb ist unerheblich, ob der Anbieter die angebotene Vorrichtung selbst herstellt oder von einem Dritten bezieht, OLG Karlsruhe GRUR **87,** 892, 895. Das angebotene Erzeugnis braucht nicht einmal fertig vorhanden, Schricker GRUR Int. **2004,** 786; vgl. auch RG IndR **15,** 172, 173; RG GRUR **36,** 116, 117; **38,** 770, 771; **38,** 971, 976; RG MuW **40,** 95; BGH GRUR **60,** 423, 425; **69,** 35, 36; OLG Dresden Bl. **25,** 3; LG Düsseldorf GRUR **53,** 285; KG GRUR **10,** 380; OLG Hamm GRUR **33,** 389, 391; anders noch RGSt. **10,** 349, 351, unmittelbar verkehrsfähig, LG Düsseldorf InstGE **1,** 296, geschweige denn im Inland vorrätig, vgl. RGZ **143,** 173, 175; BGH GRUR **60,** 423, 425; **69,** 35, 36, oder zur Veräußerung bereitgestellt zu sein, Schricker GRUR Int. **2004,** 786, 787; vgl. auch KG GRUR **10,** 380. Das Anbieten von Verletzungsstücken im Inland ist auch dann verboten, wenn der Erwerbsvorgang vollständig und rechtskonform im Ausland abgeschlossen wird, a.A. für Urheberrecht OLG Hamburg GRUR-RR **2005,** 41. Nach geltendem Recht (zur Rechtsprechung zum PatG 1968 vgl. 9. Aufl. Rdn. 42, anders wohl auch LG Düsseldorf InstGE **1,** 296) ist Voraussetzung für ein Anbieten auch nicht das Bestehen einer Herstellungs- und/oder Lieferbereitschaft, BGH GRUR **2003,** 1031, 1232 – Kupplung für optische Geräte; Busse/Keukenschrijver § 9 PatG Rdn. 75. Ob ausnahmsweise etwas anderes zu gelten hat, wenn überhaupt kein Zweifel bestehen kann, dass die Herstellung und/oder Lieferung des patentgemäßen Erzeugnisses nicht in Betracht kommt, hat der BGH offen gelassen. Bei Streit insoweit, sollte derjenige darlegungs- und beweispflichtig sein, der sich auf das Fehlen einer Liefermöglichkeit beruft, vgl. LG Düsseldorf InstGE **1,** 174; für Internetwerbung aus dem Ausland a.A. Busse Keukenschrijver § 9 PatG Rdn. 133. Wenn allgemein bekannt ist, dass der Betreffende nicht lieferbereit oder -fähig ist, kann dieser Umstand allerdings die Beantwortung der Frage beeinflussen, ob das Angebot einen patentgemäßen Gegenstand betrifft, BGH Mitt. **2005,** 372, 375 – Radschützer; siehe hierzu Rdn. 42. Für eine Patentverletzung kommt es schließlich auch nicht darauf an, ob das Angebot Erfolg hat, also zu einem Inverkehrbringen führt, OLG Düsseldorf GRUR **2004,** 417, 418 m.w.N.; Schricker 40

GRUR Int. **2004,** 786, 788; für Urheberrechtssache BGH GRUR **91,** 316, 317 – Einzelangebot; vgl. auch BGH GRUR **60,** 423, 426; **69,** 35, 36.

41 **(2)** Anbieten kann schriftlich, mündlich, fernmündlich, im Internet, OLG Karlsruhe InstGE **4,** 115; LG Düsseldorf InstGE **3,** 54, durch Ausstellen, Vorführen oder auf andere Art erfolgen. In § 9 ist der Begriff ganz in wirtschaftlichem Sinne zu verstehen und fällt nicht mit dem juristischen Begriff eines Vertragsangebots zusammen, BGH GRUR **2003,** 1031, 1032 – Kupplung für optische Geräte; Mitt. **2005,** 372, 374 – Radschützer; OLG Düsseldorf GRUR **2004,** 417, 418; Schricker GRUR Int. **2004,** 786, 787. Deshalb unterfällt dem Tatbestand des Anbietens nicht nur ein **Angebot i. S. d. § 145 BGB.** Umfasst sind vielmehr auch **andere Handlungen,** die das Zustandekommen eines Geschäfts über einen unter dem Schutz des Patents stehenden Gegenstand ermöglichen oder befördern sollen, das – wie es etwa beim Abschluss eines Kauf-, Miet- oder Pachtvertrags der Fall ist – die Benutzung dieses Gegenstands einschließt, BGH GRUR **2003,** 1031, 1032 – Kupplung für optische Geräte. Ausreichend ist eine Handlung, die einem bestimmten (Einzelangebot, vgl. BGH GRUR **60,** 423, 426; **69,** 35, 36; **91,** 316, 317; PA MuW **39,** 329) oder beliebigen Dritten **erkennbar macht, dass eine Veräußerung oder Gebrauchsüberlassung beabsichtigt ist,** vgl. OLG Dresden Bl. **25,** 3, und die Empfänger anregen soll, ein Erzeugnis oder Verfahren, das – wie es in § 9 Abs. 1 Nr. 1 heißt – Gegenstand des Patents ist, also von der hiermit unter Schutz gestellten Lehre Gebrauch macht, zum Eigentum oder zur Benutzung zu erwerben, OLG Düsseldorf GRUR **2004,** 417, 418 m. w. N.

Dies kann in dessen **Ausbieten** derart geschehen, dass Interessenten Gebote auf Überlassung abgeben können, vgl. Denkschrift zum Übereinkommen über das europäische Patent für den Gemeinsamen Markt, abgedr. BlPMZ 1979, 325, 332; BGH GRUR **70,** 358, 359 – Heißläuferdetektor. Ein Mittel hierzu ist das **Verteilen eines Werbeprospekts,** BGH Mitt. **2005,** 372, 373 – Radschützer, die Übergabe von Präsentationsunterlegen, LG Düsseldorf InstGE **1,** 296, oder das **Erscheinen einer Zeitungsanzeige,** OLG Düsseldorf GRUR **2004,** 417, 418. Schon das Verteilen eines Werbeprospekts, der lediglich eine Darstellung eines dem Gegenstand des Patents entsprechenden Erzeugnisses enthält, erfüllt in aller Regel den Tatbestand des Anbietens, BGH GRUR **2003,** 1031, 1032 – Kupplung für optische Geräte. Dabei ist unerheblich, ob das patentgemäße Erzeugnis in dem verteilten Prospekt als solches beworben oder nur als Teil eines anderen dort beworbenen Gegenstands erfasst ist, BGH GRUR **2003,** 1031, 1032 – Kupplung für optische Geräte. Jedenfalls wenn Inländern eine Bestellmöglichkeit geboten wird, ist auch eine **vom Inland aus anwählbare Werbung im Internet** ein Angebot i. S. d. § 9, vgl. österr. OGH GRUR Int. **2002,** 265; ÖBl. **2003,** 31; auch Busse/Keukenschrijver § 9 PatG Rdn. 133, der allerdings Nachweis der Lieferbereitschaft im Inland verlangt; vgl. auch KG GRUR-RR **2005,** 170. Jedenfalls ausländische Unternehmen mit einem lokalen oder regionalen Wirkungskreis weisen aber allein mit ihrer Präsens im Internet nicht notwendig darauf hin, dass sie ihre Waren auch im Inland anbieten, vgl. BGH GRUR **2005,** 262 – soco.de in MarkenS. Ein Anbieten findet ferner statt, wenn ein patentiertes Erzeugnis in den mit Vorführeinrichtungen versehenen **Verkaufsraum** für die Kundschaft **eingestellt** wird, vgl. RGZ **166,** 326, 330 f., oder wenn sich jemand auf Wunsch eines Interessenten **zur Herstellung und Lieferung** eines patentverletzenden Gegenstands **bereit erklärt,** vgl. BGH GRUR **60,** 423, 426. Das Fehlen eines festen Preises ist unerheblich, Schricker GRUR Int. **2004,** 786, 788; vgl. auch RG GRUR **38,** 770, 771. Bei großen und teuren Maschinen, die nur auf Bestellung hergestellt zu werden pflegen, oder bei Angeboten an Behörden liegt ein Anbieten schon in dem Erbieten der alsbaldigen Herstellung einer Maschine oder Vorrichtung durch den hierauf eingerichteten Betrieb des Anbietenden, vgl. RG GRUR **38,** 770, 771; **38,** 971, 976; BGH GRUR **60,** 423, 425; **70,** 358, 360; **91,** 316, 317. Patentverletzend ist das Angebot von patentgemäßen Waren im Inland, die im Ausland vorrätig gehalten werden oder dort hergestellt werden sollen, Schricker GRUR Int. **2004,** 786, 787; vgl. auch RGZ **143,** 173, 175; **80,** 15, 16; BGH GRUR **64,** 491, 493; **69,** 35, 36, wobei unerheblich ist, ob die Angebotshandlung im Inland mittels Bildern, Zeichnungen, Modellen oder Werbeschriften erfolgt. Auch wer als Vertreter eines Ditten anbietet, und das Maklerangebot erfüllen den Tatbestand des Anbietens i. S. d. § 9, Schricker GRUR Int. **2004,** 786, 788, 789, so wenn der inländische Makler einen Kaufvertrag zwischen einem ausländischen Lieferanten und einem inländischen Käufer vermittelt, der ins Ausland weiterverkauft, OLG Hamburg GRUR Int. **99,** 67. Eine im Inland begangene Patentbenutzung durch Anbieten ist vom BGH darin gesehen worden, dass im Inland die Lieferung einer hier nicht in patentverletzender Form herzustellenden Maschine ins Ausland mit der Maßgabe angeboten wurde, sie im Ausland durch eine leicht zu bewerkstelligende Änderung bei der Montage in eine dem Patent entsprechende Form umzubauen, BGH GRUR **60,** 423, 425 f. –

dazu kritisch Moser von Filseck GRUR **61,** 178, 613; FS vom Stein, 1961, S. 86; OLG Düsseldorf GRUR **64,** 203, 204, das in dem Angebot einer ergänzungsbedürftigen Vorrichtung in das Ausland unter Hinweis darauf, dass die zu ergänzenden Teile der Gesamtkombination vom Patentinhaber bezogen werden könnten, kein dem Patentinhaber vorbehaltenes Anbieten gesehen hat. Das **Ausstellen auf einer Verkaufsmesse** im Inland ist patentverletzend, auch wenn der Hinweis „Keine Verkäufe nach Deutschland" gegeben wird, a. A. Pagenberg GRUR Int. **83,** 560 ff. Die Ausstellung und Vorführung einer Vorrichtung auf einer allgemeinen Leistungsschau, die den Fachkreisen und der Öffentlichkeit einen Überblick über den erreichten Leistungsstand geben soll, und nicht den Charakter einer „Verkaufsmesse" hat, ist in der Regel **kein Anbieten,** vgl. BGH GRUR **70,** 358, 360, ebenso wenig eine bloße Demonstration einer Versuchseinrichtung vor Fachleuten, schweiz. BG GRUR Int. **61,** 408, 409, oder die bloße Beschreibung in einer Fachveröffentlichung, LG Düsseldorf Urt. v. 16. 3. 1999 – 4 O 305/96. Allein durch die bildliche Darstellung in der Absenderangabe eines Kundenanschreibens wird eine Vorrichtung nicht angeboten, OLG Düsseldorf GRUR-RR **2001,** 25 für Geschmacksmuster. Die Vorlage von Zeichnungen, um Dritte für die Herstellung eines patentierten Erzeugnisses zu gewinnen, ist ebenfalls kein Anbieten des geschützten Erzeugnisses, vgl. RGSt. **11,** 241, 242. Erst recht erfolgt durch die Verbreitung der Patentschrift oder die Besprechung eines Patents in einer Fachzeitschrift kein Anbieten der geschützten Erfindung, BGH GRUR **70,** 358, 360; OLG Düsseldorf GRUR **63,** 78, 80; ebenfalls ist der Nachdruck der Patentschrift in der Presse keine Benutzungshandlung, Metzger GRUR **67,** 126, 128.

(3) Nach § 9 S. 2 Nr. 1 muss dem Angebot nach seinem Inhalt ein Erzeugnis zu Grunde lie- 42
gen, das – wortsinngemäß oder unter Verwendung eines oder mehrerer abgewandelter Mittel – von der Lehre des Patents Gebrauch macht; ein derartiges Erzeugnis muss als solches oder als Bestandteil eines oder mehrerer anderer Erzeugnisse angeboten werden. Ob bzw. dass dies der Fall ist, muss anhand der bestehenden objektiven Gegebenheiten festgestellt werden und kann nur bejaht werden, wenn diese in vergleichbarer Weise wie etwa der produzierte körperliche Gegenstand bei der Herstellung eine verlässliche Aussage über Gestalt und Beschaffenheit des Erzeugnisses zulassen, BGH GRUR **2003,** 1031, 1032 – Kupplung für optische Geräte. Weder was der Handelnde anbieten will, noch die konkreten subjektiven Vorstellungen bestimmter Adressaten, an die sich der Anbietende wendet, bilden insoweit einen brauchbaren Maßstab, BGH GRUR **2003,** 1031 – Kupplung für optische Geräte; Mitt. **2005,** 372, 373 – Radschützer, a. A. OLG Düsseldorf GRUR **2004,** 417, 418 für Empfänderhorizont, ähnlich LG Düsseldorf Mitt. **2001,** 429. Der aus der Sicht der angesprochenen Kreise unter Berücksichtigung aller tatsächlichen Umstände des Einzelfalles zu ermittelnde objektive Erklärungswert der Werbung ist aber ein wesentlicher Gesichtspunkt für die tatrichterliche Würdigung, BGH Mitt. **2005,** 372, 374 – Radschützer. Einer empirischen Ermittlung des Verständnisses von Adressaten bedarf es nicht, BGH Mitt. **2005,** 372, 374 – Radschützer. Ist streitig, ob eine Abbildung eines Prospekts ein patentgemäßes Erzeugnis zeigt, sind die im Streitfall tatsächlich gegebenen Umstände maßgeblich. An Hand einer objektiven Betrachtung dieser Umstände ist aus der Sicht der angesprochenen Kreise zu prüfen, ob der objektive Erklärungswert der Werbung dahin geht, sie gelte einem patentgemäßen Gegenstand, BGH Mitt. **2005,** 372, 374 – Radschützer. Muß bei objektiver Betrachtung der im Streitfall tatsächlich gegebenen Umstände, zu denen allerdings auch gehört, ob und in welchem Umfang eine bloß dargestellte Vorrichtung in ihren erkennbaren Merkmalen die Befolgung von Anweisungen des Patents offenbart oder sich von auf dem Markt vorhandenen – patentfreien – Konkurrenzprodukten unterscheidet, BGH Mitt. **2005,** 372, 374 – Radschützer, davon ausgegangen werden, dass das mittels Verteilens eines Werbeprospekts angebotene Erzeugnis dem Patent entspricht, ist es letztlich unerheblich, wenn im Werbemittel die patentgemäßen Merkmale nicht so zum Ausdruck kommen, dass ein Fachmann allein auf Grund der Befassung mit diesem Werbemittel von ihrem Vorhandensein ausgeht, BGH GRUR **2003,** 1031, 1032 – Kupplung für optische Geräte; Mitt. **2005,** 372, 374 – Radschützer. Ebensowenig müssen zu Angebotszwecken vorgezeigte Muster oder Ausstellungsstücke die Erfindung von außen erkennen lassen, BGH GRUR **2003,** 1031, 1032 – Kupplung für optische Geräte; **69,** 35, 36 – Europareise. Die Annahme eines patentgemäßen Angebots ist dagegen unproblematisch möglich, wenn zu Angebotszwecken verwendete Zeichnungen, Beschreibungen, Lichtbilder oder Modelle den angebotenen Gegenstand so deutlich erkennen lassen, vgl. RG GRUR **38,** 770, 771, dass hieraus für einen Durchschnittsfachmann die Verwirklichung der patentgemäßen Lehre erkennbar ist, vgl. RGZ **77,** 248, 249 f.; RG GRUR **38,** 971, 976; **42,** 261, 265; BGH GRUR **60,** 423, 425. Zu den zu berücksichtigenden objektiven Umständen gehört beispielsweise auch, ob es das abgebildete Erzeugnis zurzeit der Werbung nur in einer schutzrechtsverletzenden Ausführung gab oder Abbil-

dung und Artikelnummer derjenigen entsprechen, die zuvor für unstreitig das Schutzrecht verwirklichende Gegenstände benutzt wurden, BGH Mitt. **2005,** 372, 374 – Radschützer. Bejahendenfalls sprechen beide Umstände für ein patentverletzendes Angebot. Insbesondere Abnehmer, die den Gegenstand in der schutzrechtsverletzenden Ausführung kannten und die zu den angesprochenen Verkehrskreisen gehören, werden dann die unveränderte Werbung im Sinne eines unveränderten Angebots verstehen müssen, BGH Mitt. **2005,** 372, 374 – Radschützer. Ob ein vorgezeigtes oder übergebenes Modell selbst schon zum bestimmungsgemäßen Gebrauch zu verwenden ist, ist gleichgültig, vgl. RGZ **77,** 248, 249 f.

43 Das Anbieten muss **während der Laufzeit des Patents** geschehen. Wann die Lieferung erfolgen soll, ist unerheblich. Das während der Laufzeit gegebene Versprechen, nach Ablauf des Patents den erfindungsgemäßen Gegenstand zu liefern, unterfällt deshalb § 9, OLG Düsseldorf GRUR **2004,** 417, 418; LG Düsseldorf InstGE **1,** 19, 21 ff.; Schricker GRUR Int. **2004,** 786, 787; Sefzig GRUR **92,** 413, 417 f.; Heine GRUR **60,** 427; a. A. OLG Hamburg Beschl. v. 2. 8. 2001 – 3 W 151/01; RGZ **93** 172, 174; Lindenmaier/Weiss § 6 Rdn. 41; zweifelnd BGH GRUR **60,** 423, 426. Auch die Annahme eines Lieferungsauftrags mit der Abrede, erst nach Ablauf der Schutzdauer zu liefern und vorher nicht mit der Herstellung zu beginnen, ist ein Erbieten zur Lieferung, vgl. RG GRUR **43,** 247, 248.

Für die Handlung des Anbietens ist nicht nur der **Zugang** des Angebots von Bedeutung, wie RGZ **149,** 102, 105 angenommen hat, sondern auch dessen **Absendung.** Sowohl am Absendeort als auch am Empfangsort ist bei einem schriftlichen Anbieten die Handlung begangen, vgl. LG Düsseldorf GRUR **53,** 285; **70,** 550. Die Verwirklichung nur eines für die Angebotshandlung erforderlichen Teilakts im Inland führt zur Anwendung von § 9, Busse/Keukenschrijver § 9 PatG Rdn. 133. Auch durch ein erfolgloses Anbieten kann ein Schaden des Patentinhabers entstehen, vgl. BGH GRUR **60,** 423, 426. Besteht der Patenteingriff nur in einem Angebot der geschützten Vorrichtung, so bedarf die Schadenersatzpflicht des Verletzers einer besonderen Begründung dahin, inwiefern dadurch ein Schaden entstanden ist, vgl. RG GRUR **38,** 971, 972.

Zum Anbieten von Teilen einer geschützten Gesamtvorrichtung siehe Rdn. 33 ff.

44 **i)** Ein **Inverkehrbringen** setzt anders als das Anbieten voraus, dass zuvor mindestens ein körperlicher Gegenstand hergestellt ist, der die Erfindung (wortsinngemäß oder unter Verwendung abgewandelter Mittel) verkörpert, OLG Düsseldorf nach RGZ **93,** 172, 173; RG IndR **15,** 172, 173; offengelassen in RGZ **93,** 172, 173. Obwohl bei dieser Alternative in erster Linie an den Absatz in einem Gewerbebetrieb gedacht ist, RGZ **13,** 424, 425, bedeutet jedwede Tätigkeit ein Inverkehrbringen, durch die der Eintritt des patentierten Erzeugnisses in den Handelsverkehr, der Umsatz- und Veräußerungsgeschäfte zum Gegenstand hat, BGHZ **23,** 100, 105, 106; OLG Karlsruhe GRUR **82,** 295, 299; OLG Hamburg GRUR **85,** 923, tatsächlich bewirkt wird, RG Bl. **12,** 219, 220; **15,** 192, 193; RGSt. **37,** 110, 111 m. w. Nachw, **indem das patentierte Erzeugnis** unter Begebung der eigenen Verfügungsgewalt, OLG Düsseldorf GRUR **34,** 302, 303; für Markenrecht OLG München GRUR-RR **2003,** 338, **tatsächlich in die Verfügungsgewalt einer anderen Person übergeht,** OLG Karlsruhe 6 W 112/97 v. 30. 1. 1998; RG Bl. **06,** 166, 168; RGZ **77,** 248, 249. Leihe und Übergabe genügen, Lutter, § 6 Anm. 9 b, S. 135. Auch durch die Anbringung des geschützten Erzeugnisses – Gardinenhaken – in einer vermieteten Wohnung kann ein Inverkehrbringen geschehen, RG Bl. **12,** 219, 220; JW **90,** 281, 282 Nr. 25. Der Übergang der rechtlichen Verfügungsgewalt ist nicht erforderlich. Deshalb ist eine Übereignung nicht nötig, BGH GRUR **2002,** 599; RG JW **90,** 281, 282 Nr. 25; RG Bl. **12,** 219, 220; RGSt. **21,** 205, 207 f. Bei einer Veräußerung durch den Berechtigten wird die Ware durch die Übergabe an den Spediteur, Frachtführer oder Lagerhalter in den Verkehr gebracht, Busse/Keukenschrijver § 9 PatG Rdn. 77; a. A. Paul NJW **63,** 980, 984 f.; bzgl. Markenrecht teilw. a. A. auch OLG Stuttgart NJW-RR **98,** 482; OLG Hamburg GRUR-RR **2002,** 96 f. Die Veräußerung und Versendung vom Inland ins Ausland – **Export** – ist ein Inverkehrbringen im Inland, RGSt. **10,** 349, 351 f.; RGZ **51,** 139, 142; **65,** 157, 160; RG MuW **22/23,** 193, 195; RGSt. **36,** 178, 180; BGHZ **23,** 100, 106; für Urheberrecht BGH GRUR **2004,** 421. Ebenso die Veräußerung und Versendung vom Ausland in das Inland, sofern die Ware im Inland in die Verfügungsgewalt des Importeurs gelangt, BGH GRUR **2002,** 599; RGZ **45,** 147, 150; RGSt. **10,** 349, 350 f.; BGHZ **23,** 100, 106; OLG Hamburg GRUR **85,** 923; GRUR Int. **91,** 301, 302, dort untersucht und mit einem Firmenschild versehen wird, OLG Karlsruhe GRUR **82,** 295, 300. Das gilt selbst dann, wenn die von einem Inländer im Ausland gekaufte und weiter in das Ausland verkaufte Ware lediglich im Freihafen auf Lager genommen wird, RGSt. **21,** 206, 207; BGHZ **23,** 100, 103, 106; OLG Hamburg GRUR **85,** 923. Es ist gleichgültig, ob die eingeführte Ware Gegenstand des Verkehrs oder Gebrauchs im

Inland bleiben soll oder nicht, RGZ **45,** 147, 150. Selbst wenn die Einfuhr mit der Maßgabe erfolgt, dass die eingeführte Ware ausschließlich wieder ausgeführt werden soll, liegt ein Inverkehrbringen im Inland vor, RGSt. **36,** 178, 179. Die Verfügung über die vom Ausland eingeführte Ware im Inland zur Weiterveräußerung in das Ausland ist ein Inverkehrbringen im Inland, RGZ **45,** 147, 149. Bei der Einfuhr geschieht das Inverkehrbringen mit der ersten Aushändigung des vom Ausland eingeführten Gegenstands im Inland, niederl. Hoge Raad, GRUR Int. **63,** 494. Ein Inverkehrbringen im Inland liegt jedoch nicht vor, wenn lediglich von hier aus bewirkt wird, dass eine Ware im Ausland in den Verkehr gelangt, ohne das Inland zu berühren, RGSt. **10,** 349, 351. Das Angebot der geschützten Ware im Handelsverkehr und das Erbieten zur Herstellung sowie die Anpreisung der Ware, RG Bl. **06,** 166, 168, oder die Herstellung allein und die bloße Verwendung von Mustern, RGZ **77,** 248, 249, oder Entwürfen, OLG Hamburg NJW-RR **95,** 110, sind **kein Inverkehrbringen,** wohl aber die Aushändigung und Überlassung eines funktionsfähigen Musters des geschützten Erzeugnisses an einen Dritten zur Absatzwerbung, LG Düsseldorf Mitt. **99,** 271; insoweit zweifelnd Busse/Keukenschrijver § 9 PatG Rdn. 77. Der Vertrieb von Modellbauplänen eines patentierten Schiffes beispielsweise ist patentrechtlich nicht untersagt, OLG Hamburg NJW-RR **95,** 110. Der bloße Erwerb erfüllt den Tatbestand des Inverkehrbringens nicht, denn nur der Veräußerer, Verleiher usw. kann in Verkehr bringen, nicht aber der Erwerber, BGH GRUR **87,** 626, 627 – Rundfunkübertragungssystem; OLG Düsseldorf GRUR **34,** 302, 303. Ebenfalls liegt kein Inverkehrbringen in dem Vorlegen von Zeichnungen, um einen Dritten für die Herstellung des geschützten Erzeugnisses zu gewinnen, RGSt. **11,** 241, 242. Das OLG Karlsruhe, OLGR Karlsruhe **98,** 320, hat die Rückgabe patentverletzender Gegenstände an den Lieferanten oder Hersteller durch einen gewerblichen Abnehmer in Ausübung eines diesem zustehenden vertraglichen Wandlungsrechts nicht als Inverkehrbringen nach § 9 angesehen, weil diese Handlung nicht im Rahmen eines Absatzgeschäfts, sondern zu dessen Rückgängigmachung erfolge.

Zum Inverkehrbringen von Teilen eines geschützten Erzeugnisses, siehe Rdn. 33 ff. Zu den Rechtsfolgen, die sich aus dem Inverkehrbringen eines Erzeugnisses durch den Patentinhaber ergeben, siehe Rdn. 15 ff.

k) Die bloße **Durchfuhr** einer Ware (siehe hierzu Kobiako GRUR Int. **2004,** 832), die aus dem Ausland kommt und für das Ausland bestimmt ist, über inländisches Gebiet ist **kein Inverkehrbringen** im Inland, BGHZ **23,** 100, 103, 104; BGH GRUR **58,** 189, 197; GRUR **57,** 231; OLG Karlsruhe GRUR **82,** 295, 299 f.; schw. BG GRUR Int. **91,** 227, 228; Kobiako GRUR Int. **2004,** 832; Busse/Keukenschrijver, PatG, § 142 a PatG Rdnr. 6 m. w. N.; Kraßer § 33 c 4; vgl. auch BGH I ZR 246/02 v. 2. 6. 2005 – Diesel – in Markensache m. w. N.; a. A. OLG Hamburg GRUR Int. **99,** 67, 68; LG Hamburg 315 O 305/04 v. 2. 4. 2004; für Markenrecht KG GRUR Int. **2002,** 327, 328; Sack WRP **2000,** 702 u. FS Piper, 1996, 603, 614 ff.; Braun/Heise GRUR Int. **2001,** 28; Ströbele/Hacker, MarkenG, 7. Aufl. § 14 Rdn. 100; Fezer, Markenrecht, 3. Aufl. § 14 Rdn. 483; Ekey/Klippel, Markenrecht, § 14 Rdn. 156. Die VO (EG) Nr. 3295/94 v. 22. 12. 1994 (ABl. L 341 v. 30. 12. 1994) lässt diesen inländischen Rechtszustand unberührt: Mit „Waren, die nach den Rechtsvorschriften des Mitgliedstaats ein Patent verletzen“ (Art. 1 Abs. 2 a VO), sind die Gegenstände angesprochen, die nach § 14 zum Schutzbereich des Patents gehören; eine Regelung, welche Benutzungshandlungen insoweit verboten sind, kann hieraus nicht abgeleitet werden. Ein Inverkehrbringen im Inland ist selbst dann nicht gegeben, wenn die Ware in das Inland gelangt ist und von hier auf Grund eines neuen Beförderungsvertrags wieder in das Ausland geht, BGHZ **23,** 100, 104. Der Ansicht des RG, dass ein Inverkehrbringen vorliege, wenn ein ausländischer Spediteur durch die Befugnis, die Auslieferung der Ware zu verlangen, bei den durch das Inland durchgeführten Waren die tatsächliche Verfügungsgewalt erlangt habe, RG Bl. **15,** 230, ist der BGH (BGHZ **23,** 100, 103 f.) nicht beigetreten. Die Begründung der Verfügungsgewalt eines Spediteurs oder Frachtführers im Transitverkehr führt allein kein Inverkehrbringen im Inland herbei, BGHZ **23,** 100, 104, wohl aber die Schaffung der Verfügungsgewalt eines inländischen Importeurs, auch wenn dieser die Ware sogleich wieder ausführt, OLG Hamburg GRUR **85,** 923. So wird die Ware, wenn sie zur Bearbeitung vor Wiederausfuhr eingeführt, Busse/Keukenschrijver, PatG, § 142 a PatG Rdn. 6 m. w. N.; Kraßer § 33 c 4, oder auf dem Transport durch das Inland zum Gegenstand eines Veräußerungsgeschäfts gemacht wird, im Inland in den Verkehr gebracht, RGSt. **21,** 205, 207. Es reicht schon aus, dass der Käufer im Inland die weiter zu verschiffende Ware untersucht und sie hier mit einem Firmenschild versieht, OLG Karlsruhe GRUR **82,** 295, 300. 45

l) Unter die Benutzungsart des **Gebrauchens** fällt die Benutzung sowohl eines patentierten Erzeugnisses als auch eines patentierten Verfahrens, was in § 9 Satz 2 Nr. 2 „anwenden“ ge- 46 nannt wird. Erfasst ist jedwede Verwendung, die irgendwie als bestimmungsgemäß gelten kann, Kraßer § 33 II e 1; Busse/Keukenschrijver § 9 PatG Rdn. 78. Das setzt bei einem Erzeugnispatent naturgemäß die mindest einmalige Herstellung des körperlichen Gegenstands voraus, der die Erfindung verkörpert, RG IndR **15,** 172, 173 m. w. Nachw. Ist nur ein Teil eines Erzeugnisses geschützt, so kommt es darauf an, ob der geschützte Teil für das gebrauchte Ganze technisch wesentlich ist. Der Gebrauch eines Schranks, bei dessen Herstellung patentierte Nägel verwendet worden sind, bedeutet nicht ohne weiteres, dass die Nägel gebraucht werden, RGZ **39,** 32, 35. Die patentierten Nägel haben in der Regel für den Schrank keine oder nur eine untergeordnete technische Bedeutung. Bei einer patentierten Eisenbalkendecke, die in ein Gebäude eingebaut ist, kann das bei natürlicher Betrachtungsweise bei der Inbenutzungsnahme des Gebäudes anders zu beurteilen sein, vgl. RGZ **39,** 32, 35. Trennbare Bestandteile einer Sache behalten in der Regel eine selbstständige Bedeutung, KG GRUR **36,** 743 – witterungsbeständige Dachdecke auf Eisenbahnwaggons; vgl. auch KG MuW **XXIII,** 58. Mit dem Einreichen eines patentrechtlich geschützten Wirkstoffs anlässlich eines Zulassungsverfahrens wird der Gegenstand des Patents gebraucht, nicht jedoch allein mit dem Gesuch um Zulassung, vgl. schw. HG St. Gallen sic! **2005,** 31, 34 m. w. N.; a. A. schw. OGerPräs. Basel-Landschaft sic! **98,** 78, 81 f. Die Mustervorlage zur Absatzwerbung ist ein Gebrauchen des geschützten Erzeugnisses, sofern das Muster alle Eigenschaften des geschützten Erzeugnisses hat, Busse/Keukenschrijver § 9 PatG Rdn. 78, sonst kommt nur ein Anbieten in Betracht, in RGZ **77,** 248, 249, offengelassen.

Trotz vollberechtigten Eigentums ist der Gebrauch eines nicht mit Zustimmung des Patentinhabers in den Verkehr gebrachten Erzeugnisses eine Patentbenutzung, RGZ **142,** 168, 169; KG GRUR **36,** 743; MuW **XXIII,** 58; siehe auch Rdn. 27. Der Erwerber verletzt ohne Rücksicht auf etwaigen guten Glauben beim Erwerb der Sache durch den Gebrauch des Erzeugnisses das Patent, wenn sein Erwerb nicht auf ein mit Zustimmung des Patentinhabers erfolgtes Inverkehrbringen zurückgeht, vgl. Rdn. 15–25. Das Ingangsetzen einer Maschine im Leerlauf ist kein Gebrauchen, RGZ **101,** 36, 39; Kraßer § 33 II e 2; Busse/Keukenschrijver § 9 PatG Rdn. 78. Ein Verfahrenserzeugnis, das in einem Betrieb durch die Beimischung zusätzlicher Substanzen verarbeitet wird, wird durch diese Verarbeitung in Gebrauch genommen, BGH GRUR **64,** 491, 493. Die Ausprobung einer fertigen Erfindung, die nichts mehr mit der Verschaffung des Erfindungsbesitzes zu tun hat, ist regelmäßig ein Gebrauchen, RG MuW **38,** 168, 169, siehe aber § 11 Nr. 2. Wenn die Zerstörung einer Sache nicht als bestimmungsgemäße Verwendung gelten kann, findet durch sie kein Gebrauchen statt, vgl. Kraßer § 33 II e 1. Die Vorführung eines Erzeugnisses auf einer allgemeinen Leistungsschau, die den Fachkreisen und der Öffentlichkeit einen Überblick über den Leistungsstand geben soll, aber nicht den Charakter einer „Verkaufsausstellung" oder Messe hat, ist nach BGH GRUR **70,** 358, 360 – Heißläuferdetektor kein Gebrauchen des Erzeugnisses, a. A. Messer WRP **70,** 345 f., ebenso wenig eine Schaustellung zu wissenschaftlichen oder Lehrzwecken, z. B. in einem Museum, anders wenn mit der Ausstellung merkantile Zwecke verfolgt werden, BGH GRUR **70,** 358, 360; wohl a. A. Kraßer § 33 II e 2. Der BGH hat auch in der Überlassung eines geschützten Radioapparats an die Prüfstelle zur Erlangung der FTZ-Prüfnummer keinen gewerbsmäßigen Gebrauch i. S. v. § 6 PatG 1968 gesehen, BGH GRUR **87,** 626, 627 – Rundfunkübertragungssystem. Das Ber.Ger. von Neuseeland hat hingegen die Übersendung eines Medikaments an die Genehmigungsbehörde, um die Vertriebserlaubnis zu erhalten, als ein dem Patentinhaber vorbehaltenes Gebrauchen gewertet, FSR **1991,** 522 ff.; GRUR Int. **93,** 342, 343 – Cimetidine. Ebenso sind Feldversuche mit einem herbiziden Mittel, bei denen Rüben und Unkraut unmittelbar mit dem Mittel behandelt wurden, als bestimmungsgemäßer Gebrauch des Mittels angesehen worden, BGHZ **107,** 46, 53 f. – Ethofumesat. Der Patentschutz entfaltet seine Wirkungen nicht nur bei erwerbswirtschaftlichen Abläufen und Gegebenheiten, BGHZ **107,** 46, 54.

47 **m)** Das **Einführen** patentierter Erzeugnisse oder unmittelbarer Erzeugnisse patentierter Verfahren wird dadurch bewirkt, dass im Inland die tatsächliche Verfügungsgewalt über vom Ausland hierhin gebrachte Erzeugnisse erlangt wird, vgl. nl. Hoge Raad GRUR Int. **63,** 494. Das trifft bereits zu, wenn die Ware im Freihafen auf Lager genommen wird. Das Einführen von geschützten Erzeugnissen ist eine unerlaubte Benutzungshandlung allerdings nur dann, wenn es zu dem Zwecke erfolgt, die geschützten Erzeugnisse in der Bundesrepublik Deutschland anzubieten, in Verkehr zu bringen oder zu gebrauchen, vgl. zu diesem letztlich einen Gefährdungstatbestand begründenden finalen Element Schäfers Mitt. **81,** 10. Geschieht die Einfuhr ausschließlich zu dem Zweck, die eingeführten Erzeugnisse im Ausland anzubieten, in Verkehr zu bringen oder zu gebrauchen, unterliegt sie nicht dem Verbot des § 9 Satz 2 Nr. 1 und 3. Der

erforderliche Zweck kann durch entsprechende Eignung dargelegt werden. Es sollte dann Sache des Einführenden sein, einen anderen Zweck darzutun und im Bestreitensfall zu beweisen, vgl. Schulte/Kühnen § 9 PatG Rdn. 49. Für den Fall, dass die Erzeugnisse vorher vom Patentinhaber oder mit dessen Zustimmung von Dritten im Ausland in den Verkehr gebracht worden sind, siehe oben Rdn. 18ff. Unter dem Patentgesetz 1968 wurde die bloße Einfuhr nicht vom Patentschutz erfasst, BGH GRUR **87,** 626, 627 – Rundfunkübertragungssystem.

n) Das **Besitzen** patentierter Erzeugnisse oder unmittelbarer Erzeugnisse patentierter Verfahren wird durch die tatsächliche Sachherrschaft über die Erzeugnisse begründet, wobei eine wirtschaftliche Betrachtungsweise maßgeblich ist, U. Krieger GRUR **80,** 687, 689; Busse/Keukenschrijver § 9 PatG Rdn. 82; Schulte/Kühnen § 9 PatG Rdn. 50; a.A. wohl Mes § 9 PatG Rdn. 38. Der High Court of Justice hat den Begriff „Besitzen" allerdings im Sinne von „Vorrätig halten" ausgelegt und das Innehaben mit einer gewissen Kompetenz in Bezug auf die Sache verlangt und aus diesem Grunde in der Verfrachtung einer Ware und in der Einlagerung der Ware auf Order eines Dritten durch eine Luftfrachtgesellschaft keine Benutzungshandlung gesehen, GRUR Int. **80,** 54, 55 – British Airways – mit zustimmender Anmerkung von Stauder. Das Besitzen eines Erzeugnisses ist ebenfalls nur dann eine verbotene Benutzungshandlung, wenn es zu dem Zwecke erfolgt, das Erzeugnis in der Bundesrepublik Deutschland anzubieten, in Verkehr zu bringen oder zu gebrauchen. Die Begründung der Verfügungsgewalt eines Spediteurs oder Frachtführers im Transportgeschäft und des Lagerhalters im Lagergeschäft reicht deshalb allein für eine Patentbenutzung durch Besitzen nicht aus, Kraßer § 33 II f. 48

9. Benutzen beim Verfahrenspatent

Bei einem Verfahrenspatent verbietet § 9 Satz 2 Nr. 2 Dritten lediglich das Anwenden des Verfahrens und – unter weiteren Voraussetzungen – das Anbieten zu dessen Anwendung. Die in Satz 2 Nr. 1 genannten Handlungen, insbesondere das **Inverkehrbringen** des Verfahrens zählen **nicht** zu den dem Patentinhaber vorbehaltenen und Dritten verbotenen unmittelbaren Benutzungshandlungen. 49

a) Anwenden Ein Verfahren wird dadurch angewendet, dass die **beanspruchten Maßnahmen vollständig** (wortsinngemäß oder auf im Schutzbereich liegender gleichwertiger Weise) **durchgeführt,** insbesondere die zur Ausübung des Verfahrens dienende Vorrichtung oder die dazu erforderlichen Hilfsmittel in anpruchsgemäßer Weise benutzt werden, vgl. RGZ **86,** 436, 440; z.B. ein Erzeugnis zu einem bestimmten Zweck unmittelbar angewendet wird, BGH GRUR **70,** 361, 363 – Schädlingsbekämpfungsmittel, siehe dazu BGHZ **107,** 46, 53f. In der **sinnfälligen Herrichtung einer Vorrichtung** zur Ausübung eines patentgeschützten Verfahrens, das reines Arbeitsverfahren ist (zum Verwendungspatent vgl. dagegen BGHZ **88,** 209, 212 – Hydropyridin; **116,** 122, 128 – Heliumeinspeisung; BGH GRUR **90,** 505, 506f. – Geschlitzte Abdeckfolie, Rdn. 50), liegt dagegen noch **keine Anwendung** des Verfahrens, BGH GRUR **2005,** 845 – Abgasreinigungsvorrichtung. Eine solche Herstellung kann allenfalls Teilnahme an einer Anwendung des Verfahrens sein, BGH GRUR **2005,** 845 – Abgasreinigungsvorrichtung. Ein als Verfahren **geschütztes Programm** wird angewendet, wenn es nach dem Laden, das allein noch nicht Anwenden ist, a.A. Lehmann/Kraßer, Rechtsschutz und Verwertung von Computerprogrammen, 2. Aufl. Rdnr. 119, auf dem Computer abläuft, Ullrich/Körner/Ullrich, Der internationale Softwarevertrag, S. 104. Für den Tatbestand des Anwendens reicht Vornahme einer von mehreren notwendigen Maßnahmen im Inland aus, wenn die im Ausland bewerkstelligten anderen Maßnahmen dem im Inland Handelnden ebenfalls zuzurechnen sind, Kraßer § 33 III 1. Ein Fall der unmittelbaren (und nicht bloß der mittelbaren) Patentverletzung liegt deshalb vor, wenn der Handelnde den allerletzten Teilakt des erfindungsgemäßen Verfahrens nicht selbst ausführt, sondern sich hierzu eines Dritten als seines „Werkzeugs" bedient, der das Verfahren vorhersehbar, zwangsläufig und unabhängig von jedem Wissen um die Erfindung zum Abschluss bringt, LG Düsseldorf GRUR-RR **2001,** 201, 204. Bereits die **Vorführung eines Verfahrens** ist ein Anwenden desselben, RG Mitt. **34,** 62, 63; RGZ **146,** 26, 27; Busse/Keukenschrijver § 9 PatG Rdn. 86; a.A. Kraßer § 33 III 3, insbesondere, wenn zum Zwecke der Kundenwerbung an einer Vorrichtung ein Verfahren demonstriert und auf die Vorteile des Verfahrens verwiesen wird, RGZ **146,** 26, 27. Ein Verfahren wird andererseits noch **nicht** dadurch angewendet, dass die zu seiner Ausführung dienende **Maschine** lediglich auf ordnungsgemäßen Gang **erprobt** wird, RGZ **149,** 102, 108. Werden jedoch auf der Maschine nach dem geschützten Verfahren Probestücke hergestellt, die dem Kunden den Nachweis liefern sollen, dass die Maschine mit zufrieden stellendem Ergebnis auf ihren ordnungsgemäßen Gang geprüft worden ist, dann dienen die Probestücke der Verwertung und ihre Herstellung durch das geschützte Verfahren ist eine unerlaubte Benutzung,

Busse/Keukenschrijver § 9 PatG Rdn. 87; a.A. RGZ **149,** 102, 108. Auch das Herstellen, Anbieten oder Inverkehrbringen von Vorrichtungen und Hilfsmitteln zur Ausübung eines geschützten Verfahrens ist kein Anwenden, BGH GRUR **2005,** 845 – Abgasreinigungsvorrichtung; RG GRUR **31,** 385, 387; **35,** 730, 732; **36,** 121, 123; **38,** 584, 588 u.ö.; österr. OGH GRUR Int. **94,** 324; Busse/Keukenschrijver § 9 PatG Rdn. 88. So kann die **Vervielfältigung von und der Handel mit Disketten, CD** usw. **nicht** als Anwenden des darauf gespeicherten als Verfahren geschützten Computerprogramms verfolgt werden, Sedlmaier, Die Patentierung von Computerprogrammen und ihre Folgeprobleme, S. 198. Auch die **Ertüchtigung einer Vorrichtung** zur Benutzung des Verfahrens ist **kein** Anwenden, BGHZ **116,** 122, 128 – Heliumeinspeisung. Deren bestimmungsgemäßer Gebrauch stellt jedoch ein Anwenden des Verfahrens dar, RG GRUR **40,** 265, 267. Der vom BGH in GRUR **64,** 612, 616 ausgesprochene Satz, dass ein Verfahren auch durch das Angebot einer zur Durchführung des Verfahrens geeigneten Vorrichtung benutzt werden könne, gilt nur insoweit, als dadurch ein Verfahren i.S.v. § 3 der Öffentlichkeit zugänglich gemacht werden kann. Der Umstand, dass neben dem Verfahrenspatent auch auf die darin beschriebene Vorrichtung oder auf die Hilfsmittel zur Ausführung des Verfahrens ein Patentanspruch hätte beansprucht und erteilt werden können, ist unbeachtlich. Solange das nicht geschehen ist, kann aus einem Verfahrenspatent im Verletzungsprozess kein Patentschutz hinsichtlich der Vorrichtung oder der Hilfsmittel begehrt werden, RGZ **149,** 102, 109f. Insbesondere ist die **Anfertigung von Bauzeichnungen** für eine Vorrichtung zur Ausübung eines geschützten Verfahrens auch dann keine Benutzung des Verfahrens, wenn der Fachmann das Verfahren bereits aus der Zeichnung erkennen kann, RGZ **122,** 243, 246.

50 **b)** Bei einem **Anwendungs-** oder **Verwendungspatent,** das durch die Anwendung oder Verwendung eines Erzeugnisses für einen bestimmten Zweck gekennzeichnet ist, ist nach der Rechtsprechung eine dem Patentinhaber vorbehaltene und Dritten verbotene unmittelbare Benutzungshandlung nicht erst dann gegeben, wenn in eine unmittelbare Anwendung eingetreten wird, sondern bereits dann, wenn das Erzeugnis objektiv auf die geschützte Anwendung oder Verwendung ausgerichtet ist, d.h. augenfällig (besser: **sinnfällig**) **hergerichtet** ist, BGHZ **68,** 156, 161 – Benzolsulfonylharnstoff unter Aufgabe von BGH GRUR **70,** 361, 363 – Schädlingsbekämpfungsmittel; BGHZ **88,** 209, 211f., 217 – Hydropyridin; BGH GRUR **82,** 548, 549 – Sitosterylglykoside; LG Düsseldorf Entsch. **2000,** 91, 93f; Mitt. **99,** 155; a.A. König Mitt. **2000,** 10, 24; zur Abgrenzung gegenüber anderen Verfahren siehe BGHZ **116,** 122, 128 – Heliumeinspeisung; ansonsten auch Haedicke, Schutzbereich und mittelbare Verletzung von Verwendungspatenten, Mitt. **2004,** 145; Eisenführ, Zum Vorfeldschutz des Verwendungspatents GRUR **90,** 507; Utermann, Der zweckgebundene Verfahrensanspruch für Arzneimittel, GRUR **85,** 813; siehe auch § 14 Rdn. 49f. Der Patentinhaber ist damit wirksam dagegen geschützt, dass ein Dritter die zur Verwendung gelangende Substanz/Sache im Inland gewerblich zu der geschützten Verwendung augenfällig herrichtet, einen derartigen Gegenstand anbietet, in Verkehr bringt, gebraucht oder zu den genannten Zwecken einführt oder besitzt, BGHZ **88,** 209, 217. So erstreckt sich bei einem Patent, das sich auf eine bestimmte Art der Verwendung einer bekannten Sache bezieht, der Schutz bereits auf die durch Gebrauchsanleitung, BGH GRUR **90,** 505 – geschlitzte Abdeckfolie, oder durch einen Verwendungshinweis auf der Verpackung sinnfällig hergerichtete Sache. Eine solche Herrichtung kann also nicht nur durch besondere Gestaltung des zu verwendenden Gegenstands selbst bewirkt werden; dessen bekannte gegenständliche Ausbildung reicht hierfür allerdings nicht aus, vgl. BGH GRUR **90,** 508, 509 – Spreizdübel. Der Patentinhaber ist ferner dagegen geschützt, dass ein Dritter eine im Ausland augenfällig für die geschützte Verwendung hergerichtete Substanz im Inland anbietet oder in Verkehr bringt, BGHZ **88,** 209, 217. Er kann sich schließlich auch gegen den Export derart hergerichteter Substanzen in das Ausland wirksam zur Wehr setzen, was ihm versagt wäre, wenn er allein auf den Schutz gegen eine mittelbare Patentverletzung angewiesen wäre, BGHZ **88,** 209, 217, dazu kritisch Pagenberg GRUR Int. **84,** 40, 41f.; Stieger GRUR Int. **80,** 203, 209; Haedicke Mitt. **2004,** 145; siehe auch Kraßer, 25 Jahre Bundespatentgericht, 1986, S. 159, 171ff.; König Mitt. **2000,** 10, 24. Wenn der Abnehmer ein sonstiges ihm geliefertes Erzeugnis für die geschützte Anwendung oder Verwendung benutzt, kann freilich eine mittelbare Patentbenutzung in Betracht kommen, siehe § 10. Dem Patentinhaber ist auch die Vornahme von Feldversuchen vorbehalten, BGHZ **107,** 46, 53ff. – Ethofumesat. Der Patentinhaber kann die Anwendung seines Verfahrens vom Bezuge der zur Anwendung notwendigen Vorrichtungen oder Hilfsmittel abhängig machen, soweit und solange dies nicht kartellrechtlich verboten ist oder untersagt wird, vgl. § 17 Abs. 2 GWB i.d. bis zum 12. 7. 2005 geltenden Fassung. Eine solche Abmachung hat nur schuldrechtliche Bedeutung, RG GRUR **35,** 730, 732.

c) Anbieten zur Anwendung. (1) Das Anbieten eines Verfahrens zur Anwendung hat für die Praxis keine große Bedeutung. Es ist nur unter weiteren Voraussetzungen verboten (§ 9 Satz 2 Nr. 2 zweite Alternative), s. hierzu schon RGZ **75,** 128, 131. Das Verfahren muss zur Anwendung im Gebiet der Bundesrepublik Deutschland angeboten werden. Ein Anbieten des Verfahrens zur Anwendung im Ausland ist nicht verboten. Schon das RG hat die Veräußerung einer patentierten Verfahrensvorschrift vom Inland in das Ausland nicht als Benutzung des Verfahrens angesehen, RGZ **149,** 102, 105, anders noch RGZ **46,** 14, 17. Außerdem muss der Anbietende an sich wissen, dass die Anwendung des Verfahrens ohne Zustimmung des Patentinhabers verboten ist. Das setzt nicht nur voraus, dass ihm das Verfahrenspatent bekannt ist und er sich über dessen Tragweite im klaren ist, er insbesondere weiß, dass das von ihm zur Anwendung angebotene Verfahren in den Schutzbereich des Patents fällt; der Anbietende muss auch wissen, dass derjenige, der das Verfahren im Inland anwenden soll, kein Recht zur Benutzung des Verfahrens hat. Dem steht es aber gleich, wenn auf Grund der Umstände offensichtlich ist, d. h. klar auf der Hand liegt, dass die angebotene Anwendung des Verfahrens ohne Zustimmung des Patentinhabers verboten ist. Wer sich Erkenntnissen verschließt, die auf Grund von Umständen offensichtlich, d. h. jedermann zugänglich und einleuchtend sind, wird vom Gesetz also so behandelt, als ob er den Sachverhalt – die verbotene Anwendung des Verfahrens – kennt. Das erleichtert die Beweisführung des subjektiven Tatbestandsmerkmals „Kenntnis der verbotenen Anwendung des Verfahrens". Da das Gesetz nur die Anwendung des Verfahrens, die ohne Zustimmung des Patentinhabers verboten ist, erwähnt, greift der Tatbestand des § 9 Satz 2 Nr. 2 zweite Alternative allerdings immer dann nicht ein, wenn die Anwendung des Verfahrens, die durch das Angebot in Aussicht gestellt wird, im Geltungsbereich des Patentgesetzes auch ohne die Zustimmung des Patentinhabers erlaubt ist. Das sind die Fälle der Anwendung eines patentierten Verfahrens im privaten Bereich (§ 11 Nr. 1), zu Versuchszwecken (§ 11 Nr. 2, 2b), zur Nutzung biologischen Materials für neue Pflanzensorten (§ 11 Nr. 2a) und bei der Einzelzubereitung von Arzneimitteln (§ 11 Nr. 3), ferner z. B. bei Vorliegen eines Vorbenutzungsrechts. U. Krieger GRUR **80,** 687, 690, ihm zustimmend Busse/Keukenschrijver § 9 PatG Rdn. 92, nimmt deshalb an, dass das Anbieten eines Verfahrens zur Ausübung in dem durch § 11 Nr. 1–3 vom Patentschutz freigestellten Bereich erlaubt ist. Dasselbe muss dann auch beim Anbieten an Inhaber eines Benutzungsrechts gelten. So kann gegen den Anbieter eines durch ein Verfahrenspatent geschützten Computerprogramms nicht nach § 9 Satz 2 Nr. 2 zweite Alternative vorgegangen werden, solange das Angebot sich nur an Endverbraucher zu privater nicht gewerblicher Nutzung richtet, Esslinger/Betten CR **2000,** 18, 20. Bei im Inland aus dem Internet abrufbaren Angeboten zum Download des Programms kann deshalb der Patentschutz völlig versagen, Esslinger/Betten CR **2000,** 18, 20. 51

(2) Ein Anbieten eines Verfahrens zu einer unerlaubten Anwendung bedeutet **In-Aussicht-Stellen einer Anwendung des Verfahrens,** die durch den Anbietenden selbst oder auf dessen Veranlassung durch einen Dritten vorgenommen wird, Busse/Keukenschrijver § 9 PatG Rdn. 94; Kraßer § 33 III b 4. Es wird nicht vorausgesetzt, dass eine solche Anwendung tatsächlich stattfindet oder gar bereits stattgefunden hat. Der Verbotstatbestand will schon die Gefährdung der Benutzung des patentierten Verfahrens ausräumen. Ein Anbieten eines Verfahrens zu einer unerlaubten Anwendung kann deshalb erfolgen durch das Erbieten der Veräußerung der patentierten Verfahrensvorschrift zur Anwendung, vgl. RGZ **46,** 14, 16; **65,** 157, 159; **101,** 135, 138; RG GRUR **27,** 696, 697; RG JW **03,** 248 Nr. 32; a. A. Villinger GRUR **81,** 541, 544, oder durch das Erbieten der Erteilung einer Benutzungserlaubnis an dem geschützten Verfahren, vgl. RGSt. **37,** 110, 111 f.; **42,** 151, 154; RG Seuff. **54,** Nr. 48 (11. 5. 1898); Krieger GRUR **80,** 687, 690, besonders, wenn der Anbietende zusätzlich eine Garantieerklärung für die Baubehörde ausstellt, RGSt. **37,** 110, 111 f. Der Anbieter maßt sich dadurch die dem Patentinhaber vorbehaltene Verwertung der patentierten Verfahrenserfindung an, RGSt. **42,** 151, 154, und betreibt auf diese Weise unmittelbar die wirtschaftliche Verwertung des patentierten Verfahrens, OLG Düsseldorf GRUR **63,** 78, 80. Da bereits die Anmaßung der dem Patentinhaber vorbehaltenen Befugnis, die Benutzung zu gestatten, das Patentrecht gefährdet, begreift Villinger GRUR **81,** 541, 544 das „Anbieten des Verfahrens zur Verwendung" zu eng, wenn er es auf das Angebot, das Verfahren bei sich selbst auszuüben oder beim Angebotsempfänger ausüben zu lassen, beschränken will, vgl. auch Schäfers Mitt. **81,** 6, 10. Ob ein Anbieten des Verfahrens zur Anwendung vorliegt, wenn lediglich eine bestimmte Verfahrensweise mitgeteilt, RGZ **149,** 102, 104 (dort verneint), oder bekanntgegeben wird oder darauf hingewiesen wird, die Verfahrensweise gewährleiste bei Anwendung gleichzeitig angebotener Stoffe besondere Vorteile, wenn der Mitteilende sich nicht des Rechts berühmt, Schutzrechte an dem 52

Verfahren zu besitzen oder die Benutzung des Verfahrens erst noch gestatten zu müssen, verneinend OLG Düsseldorf GRUR **63,** 78, 80; anders RG JW **03,** 248 Nr. 32, ist zweifelhaft. Das OLG Karlsruhe hat zum früheren Recht angenommen, dass ein Verfahren zur Anwendung angeboten wird, wenn den Abnehmern des für die Anwendung des Verfahrens erforderlichen Materials gleichzeitig versprochen wird, das Rezept bekanntzugeben, GRUR **35,** 301, 303. In der bloßen Mitteilung der Verfahrensvorschrift anlässlich des Verkaufs der für die Anwendung des Verfahrens notwendigen Hilfsmittel ist früher noch kein Anbieten des patentierten Verfahrens zur unerlaubten Anwendung gesehen worden, RGSt. **42,** 151, 154; RG JW **03,** 248 Nr. 32; OLG Karlsruhe GRUR **35,** 301, 303. Die Verbreitung einer Patentschrift oder die Besprechung eines Patents in einer Fachzeitschrift ist kein Anbieten des darin unter Schutz gestellten Verfahrens, vgl. OLG Düsseldorf GRUR **63,** 78, 80. Das Anbieten von Mitteln (Hilfsmitteln oder Vorrichtungen) zur Benutzung der Erfindung ist in § 10 gesondert geregelt, vgl. hierzu auch Kraßer § 33 III b 6.

53 **10. a)** Durch die Vorschrift des **§ 9 Satz 2 Nr. 3** findet der Schutz der Verfahrenspatente eine praktisch sehr bedeutsame Ergänzung. Diese Vorschrift steht im Zusammenhang mit Art. 5 quater PVÜ, vgl. dazu: Kunz-Hallstein GRUR Int. **83,** 548ff. Sie erstreckt die Wirkung des Verfahrenspatents auch auf die **durch das Verfahren unmittelbar hergestellten Erzeugnisse,** vgl. hierzu: Beier GRUR Int. **96,** 973; Bruchhausen GRUR **79,** 743, ders. FS vom Stein 1961, S. 31ff.; v. Pechmann GRUR **77,** 377; Beil GRUR Int. **70,** 26; Fleche, Die Ermittlung unmittelbarer Verfahrenserzeugnisse gemäß § 6 Satz 2 Patentgesetz, 1965; J. Hahn, Der Schutz von Erzeugnissen patentierter Verfahren, 1968; Nähring/Zeunert GRUR **53,** 60ff.; Trüstedt GRUR **52,** 63; Schramm, MuW **33,** 58; Utermann GRUR **81,** 537, dessen Anspruchsformulierung „Verwendung eines Stoffes zur Herstellung eines Erzeugnisses" in Wirklichkeit ein Verfahren zur Herstellung des Erzeugnisses umschreibt. Ein Gegenstand, der keine technischen Bedürfnisse erfüllt oder gewerblich nicht verwertbar ist, wird nicht als unmittelbares Erzeugnis eines Verfahrens angesehen, RGZ **149,** 102, 108. Schon dann, wenn nach einem geschützten Verfahren Probestücke hergestellt worden sind, um dem Kunden nachweisen zu können, dass die das Verfahren ausführende Maschine mit zufrieden stellendem Ergebnis auf ordnungsgemäßen Gang geprüft worden ist, ist gewerbliche Verwertbarkeit gegeben und die Verwendung der Erzeugnisse patentverletzend, a. A. RGZ **149,** 102, 108. Durch § 9 Satz 2 Nr. 3 ist ein bedingter Erzeugnisschutz geschaffen, BGH GRUR **64,** 439, 441; **72,** 80, 88. Wenn die Erzeugnisse durch das geschützte Verfahren „unmittelbar" hergestellt sind, sind sie so geschützt, als ob sie durch ein Erzeugnispatent unter Schutz gestellt wären, RG GRUR **36,** 121, 123. Eine Beschränkung des Schutzes auf eine bestimmte Verwendung des Erzeugnisses findet nicht statt, RGZ **85,** 95, 98f.; **149,** 102, 108; BGH GRUR **82,** 162, 163 – Zahnpasta. Der Inhaber eines inländischen Verfahrenspatents wird auf diese Weise vor der Einfuhr und dem Inlandsvertrieb von Erzeugnissen geschützt, die im Ausland nach dem für ihn im Inland geschützten Verfahren hergestellt werden, BGH GRUR **64,** 439, 441; RG GRUR **39,** 354, 357. Verboten ist auch das vom Inland aus erfolgende Anbieten des unmittelbaren Verfahrenserzeugnisses in das Ausland, LG Düsseldorf GRUR **70,** 550, 551.

Die Erstreckung des Schutzes auf das unmittelbare Erzeugnis des geschützten Verfahrens ändert jedoch nichts daran, dass die geschützte Lehre in dem Verfahren besteht, BGH GRUR **69,** 672, 674; wird das geschützte Verfahren nicht benutzt, so wird ein selbst identisches Erzeugnis vom Schutz gemäß § 9 Satz 2 Nr. 3 nicht erfasst. Dieser Schutz bezieht sich nur auf das unter Anwendung des geschützten Verfahrens hergestellte Erzeugnis, BGH X ZR 5/67 vom 16. 3. 1971; siehe dazu auch BGHZ **57,** 1, 23ff. – Trioxan; **73,** 183, 186 – Farbbildröhre. Das patentierte Verfahren ist auch dann angewendet worden, wenn es zwar nicht wortsinngemäß, aber in sonstiger zum Schutzbereich gehörender Weise verwirklicht wurde. Steht die Anwendung des geschützten Verfahrens fest, erfasst sein Schutz auch bekannte und nicht erfinderische Erzeugnisse, vgl. EPA GRUR Int. **84,** 525 – IFF; nl. GH Den Haag BIE **2001,** 440, 452. Ob dem Käufer oder Besitzer eines bekannten Verfahrenserzeugnisses die Herstellung des Erzeugnisses durch das geschützte Verfahren bekannt oder ob dies offensichtlich ist, spielt entgegen Villinger GRUR **81,** 541, 545 keine Rolle.

Die Anwendung des § 9 Satz 2 Nr. 3 ist unproblematisch bei einem Patentanspruch, der ein **Herstellungsverfahren** lehrt, also, wie mittels benannter Verfahrensschritte aus einem bestimmten Ausgangsprodukt ein von diesem abweichendes Endprodukt entsteht, vgl. Benkard/Jestaedt EPÜ Art. 64 Rdn. 22; sie beschränkt sich jedoch nicht auf reine Herstellungsverfahren, vgl. BGHZ **110,** 82 – Spreizdübel. So bestimmen die EPA-Prüfungsrichtlinien (C-III 4.7b) hinsichtlich der parallelen Vorschrift Art. 64 Abs. 2 EPÜ, dass auch Verfahren in Betracht kommen, mit denen lediglich Veränderungen der Oberfläche, z. B. Streichen, Polieren, bewirkt werden. Vorausgesetzt wird ein Verfahren, durch das körperliche Sachen neu geschaffen werden können, RGSt. **46,** 262, 263, Busse/Keukenschrijver § 9 PatG Rdn. 100f.; v. Meibom/v. Feld FS Bartenbach, 2005, 385, 390; Wolfram Mitt. **2003,** 57, 61; a.A. V. Tetzner Mitt. **67,** 5f.; Hahn S. 38ff.; Lindemaier § 6 PatG Rdn. 76c, die auch unkörperliche Verfahrensergebnisse wie Schall, Licht, Wärme, elektrische Energie als Erzeugnisse ansehen. Diese Voraussetzung kann nicht bei Screening-Verfahren wegen der hierdurch zu erlangenden Informationen, v. Meibom/v. Feld FS Bartenbach, 2005, 385, 391, vgl. auch U.S. Court of Appeals GRUR Int. **2003,** 1040, wohl aber bei Verfahren erfüllt sein, die zunächst nur darauf abzielen, Änderungen und Verbesserungen an einer Sache herbeizuführen, die wirtschaftlich gesehen aber auf ein Neuschaffen hinauslaufen, weil die Änderungen so durchgreifender Natur sind, dass sie das Wesen der Sache vollständig verändern und die veränderte Sache vom Verkehr als etwas Neues angesehen wird, RGSt. **46,** 262, 264; siehe aber BPatGE **8,** 136, 139, oder wenn die Gegenstände durch die Behandlung oder Reparatur eine vorher nicht oder nicht mehr vorhandene Zweckbestimmung erhalten, BGHZ **1,** 194, 198.

Bei einem Herstellungsverfahren i.S.d. § 9 Satz 2 Nr. 3 ist es gleichgültig, ob das Verfahren eine chemische Verbindung, eine feste Lösung oder mechanische Mischung ergibt, vgl. RG Bl. **19,** 56, 58. Sowohl die Erzeugnisse chemischer als auch mechanischer Verfahren sind geschützt, RG Bl. **19,** 56, 58; RGZ **110,** 181, 183. Aber auch Erzeugnisse biologischer Verfahren, z.B. zum Erzeugen von Mikroorganismen sowie Tier- und Pflanzenzüchtungsverfahren werden von § 9 Satz 2 Nr. 3 erfasst, Hesse GRUR **69,** 644, 650; Heydt GRUR **69,** 674, 676. Ein Patentanspruch auf die „Verwendung von x zur Herstellung von y" ist auf die Herstellung des Erzeugnisses „y" gerichtet, BPatG GRUR **81,** 122; Schmied-Kowarzik GRUR **77,** 626, 629. Kein unmittelbares Verfahrenserzeugnis ist ein Material zur Ausübung des Verfahrens – Klebefolie –, das in das Verfahrensprodukt – verklebte Metallgebilde – eingeht, BPatG Mitt. **69,** 75. Der Schutz eines Erzeugnisses (Vorrichtung) erstreckt sich nicht auf das mit ihm (der Vorrichtung) hergestellte Erzeugnis, BGHZ **73,** 183, 186 – Farbbildröhre; BGH GRUR **79,** 540, 542 – Biedermeiermanschette; Schweikhardt GRUR **62,** 116, 117. § 9 Satz 2 Nr. 3 schließt einen Sachanspruch für das Erzeugnis, das mit einer Vorrichtung hergestellt wird, nicht aus, BGHZ **73,** 183, 186, ebenfalls nicht für unmittelbare Erzeugnisse eines Verfahrens.

b) Wird bei einem Reparatur- oder **Arbeitsverfahren** eine vor der Reparatur oder Behandlung selbstständig verwendbare Sache repariert oder behandelt, ohne dass dadurch gegenüber der alten Sache eine neue Sache geschaffen wird, dann ist diese Sache nicht als Erzeugnis dieser Verfahren anzusehen, solange die behandelten oder reparierten Gegenstände ihre bereits vorhandene Zweckbestimmung und Funktion beibehalten, wenn sie auch ohne Behandlung oder Reparatur verwendungsunfähig sind, RGSt. **46,** 262, 263; BGHZ **1,** 194, 198. Das RG hat bei einem geschützten Polierverfahren den damit behandelten Tisch nicht als Erzeugnis des Polierverfahrens angesehen und bei einem geschützten Imprägnierverfahren den damit behandelten Treibriemen nicht als Erzeugnis dieses Verfahrens betrachtet, RGSt. **46,** 262, 263. Das BPatG hat andererseits das Fräsen, Schmieden, Lochen, Auspressen, Ziehen, Stanzen, Schweißen und Sintern eines Ausgangswerkstücks als zur Anwendung des § 9 Satz 2 Nr. 3 führendes Herstellungsverfahren gewertet, BPatGE **8,** 136, 139. Der BGH hat einen noch verwendbaren Motorblock selbst dann nicht als Erzeugnis des geschützten Reparaturverfahrens angesehen, wenn er ohne Wiederinstandsetzung verwendungsunfähig war, weil der Motorblock schon wegen seiner äußeren Gestaltung auch im reparaturbedürftigen Zustand seine Zweckbestimmung beibehalten habe, BGHZ **1,** 194, 198, und nur den Fall anders beurteilt, dass es sich bei dem reparierten Teil vor der Reparatur um wertlosen Schrott handelte, BGHZ **1,** 194, 198. Daraus folgt, dass bei ein und demselben Verfahren je nach dem Grad der Einwirkung auf bereits vorhandene Sachen ein Erzeugnis hergestellt wird oder nicht, vgl. dazu kritisch Trüstedt GRUR **52,** 63, 66; Dittmann Mitt. **72,** 86f. Im Falle eines Prüfungsverfahrens, z.B. zur Ermittlung von Undichtheiten von Hoch-Vakuumröhren, kann man bei den geprüften Produkten nicht von Erzeugnissen des Verfahrens sprechen, vgl. RG MuW **39,** 177, 178, das selbst nach dem Verfahren geprüfte und dann gedichtete Röhren nicht als Erzeugnisse des Prüfungsverfahrens angesehen hat. Ebensowenig greift § 9 Satz 2 Nr. 3 z.B. beim Fördern, Wenden, Ordnen, Zählen, Reinigen und Messen bestimmter Objekte, BPatGE **8,** 136, 139, oder hinsichtlich des Ergebnisses eines Screening-Verfahrens ein, v. Meibom/v. Feld FS Bartenbach, 2005, 385, 393. Auch bei **Verwendungspatenten,** die auf den zweckgerichteten Einsatz einer Sache gerichtet sind und von der Rechtsprechung als Verfahrenspatente eingestuft werden, vgl. BGHZ **110,** 82, 87 – Spreizdübel; **68,** 156 – Benzolsulfonylharnstoff, erstreckt sich der Schutz nicht auf das gewonnene Erzeugnis, BGH GRUR **90,** 508 – Spreizdübel; EPA ABl. **90,** 93 – reibungsverringernder Zusatz. 54

55 c) Nur **unmittelbare Erzeugnisse** des Verfahrens fallen unter den Schutz des § 9 Satz 2 Nr. 3. Mit dem Wort „unmittelbar" hat der Gesetzgeber das Ziel verfolgt, eine zu weite Ausdehnung des Patentschutzes zu verhindern, RGZ **39,** 32, 34; **152,** 113, 114; RGSt. **42,** 357, 358; **46,** 262, 263 m. w. Nachw.; es sollen insbesondere nicht alle Erzeugnisse unter den Schutz des Verfahrenspatents fallen, die mit Stoffen zusammen verarbeitet sind, die nach einem Verfahrenspatent hergestellt worden sind, RGZ **152,** 113, 114; BGH GRUR **72,** 80, 88, weil der Gesetzgeber darin eine zu starke Beschränkung des freien Warenverkehrs gesehen hat, RGZ **39,** 32, 34. Die erforderliche Unmittelbarkeit ist gegeben, wenn es sich um das Erzeugnis handelt, das mit Abschluss sämtlicher Verfahrensschritte des geschützten Verfahrens entstanden ist. Der Zusammenhang zwischen Erzeugnis und Verfahren liegt dann auf der Hand. Problematisch ist die Unmittelbarkeit jedoch, wenn es um ein Erzeugnis geht, das z. B. durch Be- oder Verarbeitung des zunächst geschaffenen Verfahrenserzeugnisses oder dessen Vermischung mit anderen Produkten entstanden ist. Es ist streitig, ob und ggfls. wann auch in diesen Fällen § 9 Satz 2 Nr. 3 eingreift (sog. chronologischer Ansatz oder Anwendung einer Eigenschaftstheorie, vgl. z. B. Bruchhausen GRUR **79,** 743; Beier/Ohly GRUR Int. **96,** 973. Auch dann ist notwendig, dass in dem streitigen Erzeugnis in vergleichbarer Weise gerade (auch) der Zusammenhang mit dem geschützten Verfahren zum Ausdruck kommt. Damit ist nicht gemeint, dass das Verfahren noch in dem Erzeugnis wahrnehmbar ist, vgl. RG Bl. **14,** 136, 137; Busse/Keukenschrijver § 9 PatG Rdn. 105; Benkard/Jestaedt EPÜ Art. 64 Rdn. 24. Da sich in dem zunächst geschaffenen Verfahrenserzeugnis die Anwendung des geschützten Verfahrens ausdrückt, reicht es aus, wenn sich dieses Verfahrenserzeugnis in dem zu beurteilenden Erzeugnis erhalten hat und nicht nur für dessen Wirkungen oder Vorteile ursächlich geworden ist, Kraßer § 33 III c cc 2. Das ist beispielsweise der Fall, wenn das Verfahrenserzeugnis durch Konzentrationsänderung oder Vermengung mit Trägerstoffen nur noch in eine geeignete Applikationsform gebracht worden ist, v. Pechmann GRUR **77,** 377, 379; Kraßer § 33 III c cc 3, oder wenn allein aus patentgemäß hergestelltem und ansonsten unverändert gebliebenem Fasermaterial oder Kunststoff Strümpfe gewirkt oder Gefäße geformt worden sind, v. Pechmann GRUR **77,** 377, 379; Kraßer § 33 III c cc 4; Klauer/Möhring § 6 PatG Rdn. 137. Unmittelbares Verfahrenserzeugnis eines chemischen Herstellungsverfahrens ist auch die isolierte Verbindung in kristalliner Form, selbst wenn für die Isolierung in der Beschreibung nur ein Beispiel angegeben ist, BPatGE **24,** 222, 224 f. Allgemein wird man sagen können, solange das Erzeugnis bei einer Nachbehandlung, Verarbeitung, Verbindung oder Vermischung seine charakteristischen Eigenschaften und seine Selbstständigkeit beibehält, z. B. wenn ein Rohstoff lediglich konfektioniert oder bei der praktischen Ausgestaltung zum Fertigfabrikat in seinem Wesen oder in seinen charakteristischen Eigenschaften nicht wesentlich verändert wird, so dass das Fertigfabrikat den Charakter des Rohstoffes weiter verkörpert, bleibt es ein unmittelbares Verfahrenserzeugnis, vgl. LG Düsseldorf 4 O 333/60 vom 21. 3. 1961 zitiert bei v. Pechmann GRUR **62,** 1, 8. Anders liegt es, wenn das Verfahrenserzeugnis in einem anderen Erzeugnis durch chemische oder physikalische Veränderung aufgeht oder das andere Erzeugnis bei wirtschaftlicher Betrachtung gegenüber dem Verfahrenserzeugnis als neue Sache erscheint, vgl. Kraßer § 33 III c cc 5 ff. So sind insbesondere Endprodukte, die durch eine chemische Umsetzung eines Zwischenprodukts erhalten worden sind, keine unmittelbaren Verfahrenserzeugnisse des auf die Herstellung des Zwischenprodukts gerichteten Verfahrens, Bruchhausen GRUR **79,** 743 ff.; differenzierend v. Pechmann GRUR **77,** 377, 382. Kraft GRUR **71,** 373, 374 ff. meint, wenn ein Verfahren zur Herstellung eines Wirkstoffes geschützt sei, so sei auch die daraus hergestellte Spezialität noch ein unmittelbares Erzeugnis des Verfahrens, gleichgültig ob zu ihrer Fertigung zusätzliche gemeinfreie oder geschützte Wirkstoffe Verwendung finden. Diese Meinung und die Ansicht von Dittmann Mitt. **72,** 81, 86, Unmittelbarkeit sei auch dann noch anzunehmen, wenn das Verfahrenserzeugnis mit einem weiteren Stoff reagiert habe, sofern die wesentlichen Eigenschaften und die charakteristischen und strukturalen Merkmale erkennbar, das Verfahrenserzeugnis also identifizierbar bleibe, gehen sehr weit. Ihnen kann nicht gefolgt werden, soweit sie für eine Verletzung nur auf einen ursächlichen Zusammenhang gleicher wesentlicher Strukturbestandteile unter Erhaltung gleichartiger Wirkungen oder Eigenschaften abstellen (aaO S. 87).

Bei auf Vermehrung von neuen Pflanzen gerichteten Patentansprüchen ist versucht worden, spätere Absaaten sowie Augen, Reiser und Stecklinge als „unmittelbare" Erzeugnisse der neugewonnenen Ursprungspflanze im Sinne des § 9 Satz 2 Nr. 3 zu behandeln und hierfür wiederum gewisse Grenzen zu finden. Schade GRUR **50,** 308, 312 hat spätere Absaaten solange als „unmittelbare" Erzeugnisse ansehen wollen, wie sich die vererblichen Eigenschaften des Originalsaatguts noch nachweisen lassen, ebenso Groß GRUR **52,** 452. Dagegen hat Schmidt GRUR **52,** 168 angenommen, dass bereits die Verbindung des Samens mit dem Erdreich schlechthin zur Patentfreiheit führt. Die Ergebnisse einer Weitervermehrung von direkten Erzeugnissen eines Tier- oder Pflanzenzuchtverfahrens sprengen aber jedenfalls den mit dem Begriff der Unmittelbarkeit gezogenen Rahmen, Hesse GRUR **69,** 644, 650; a. A. Heydt GRUR **69,** 674, 676, und die umfangreiche bei Hesse aaO Anm. 81 zitierte Literatur. Die vorstehend erörterte Streitfrage ist mit Wirkung vom 28. 2. 2005 durch § 9a Abs. 2 für Patente entschieden, die ein Verfahren betreffen, das ermöglicht, biologisches Material zu gewinnen, das auf Grund einer Erfindung mit bestimmten Eigenschaften ausgestattet ist. Seitdem erstrecken sich die Wirkungen von § 9 auf das mit einem solchen Verfahren gewonnene biologische Material und jedes andere mit denselben Eigenschaften ausgestattete biologische Material, das durch generative oder vegetative Vermehrung in gleicher oder abweichender Form aus dem unmittelbar gewonnenen Material gewonnen wird.

(1) Das **RG** hat die Unmittelbarkeit in der Regel dann verneint, wenn das Erzeugnis im An- **56**
schluss an das geschützte Verfahren einer weiteren Behandlung unterworfen worden ist, zu seiner Fertigstellung weitere Hilfsmittel verwendet, RGSt. **42,** 357, 358; RGZ **152,** 113, 114; ebenso Busse/Keukenschrijver § 9 PatG Rdn. 106, oder bei der Herstellung eines Erzeugnisses mehrere Verfahren, z. B. Kombinationsverfahren angewendet worden sind, RGSt. **42,** 357, 358. So hat das RG Semmeln, die aus einem mittels patentierten Verfahrens geteilten Teig hergestellt sind, nicht als unmittelbare Erzeugnisse des Teigteilverfahrens angesehen, RGZ **39,** 32, 34. Ebenfalls nicht das Backstreupulvergemisch aus einem in einem geschützten Verfahren gewonnenen Dikalziumphosphat, dem Buchweizenmehl im Verhältnis 2 : 1 beigemischt worden war, weil das Gemisch gegenüber dem Dikalziumphosphat besondere Eigenschaften und Zwecke für die praktische Verwendung habe, RGSt. **42,** 357, 358f. Auch die mit einem Farbstoff, dessen Herstellungsverfahren geschützt ist, bedruckten Textilien, sind nicht als unmittelbares Verfahrenserzeugnis angesehen worden, Kraßer § 33 III c cc 6; a. A. v. Pechmann GRUR **77,** 377, 380, anders wenn die Verwendung des Verfahrens zum Färben von Textilien unter Schutz gestellt ist, BPatG Mitt. **69,** 76, 77; BPatG GRUR **70,** 365, 366; **72,** 89, 90; **81,** 122; BPatGE **12,** 119, 123. Andererseits hat das RG in einem Falle, bei dem das Erzeugnis unter Verwendung verschiedener Verfahren hergestellt war, die Unmittelbarkeit für das Verfahren bejaht, das zur Herstellung wesentlich mitgewirkt hatte, RGZ **152,** 113, 114. Auch dann, wenn das direkte Verfahrenserzeugnis zu seiner praktischen Ausgestaltung noch bearbeitet, verarbeitet oder verbunden wird, sind nach der Rechtsprechung des RG Ausnahmen zugelassen worden bis zu der Grenze, wo das Erzeugnis durch spätere Handlungen seine Selbstständigkeit verliert, z. B. zum unselbstständigen Bestandteil einer neuen Sache wurde, RGSt. **42,** 357, 358; RGZ **39,** 32, 34, oder als Rohstoff oder Hilfsmittel mittels eines weiteren Verfahrens zu einem Fertigfabrikat verarbeitet wurde, RGSt. **42,** 357, 358; RGZ **152,** 113, 114; so auch Utermann GRUR **81,** 537, 538 für Endprodukte, die aus geschützten Zwischenprodukten durch chemische Umsetzung gewonnen werden, oder bei denen durch eine Nachbehandlung die wesentlichen Eigenschaften des Erzeugnisses oder seine Identität in einem neuen Erzeugnis verloren gegangen sind, RGSt. **42,** 357, 358; KG MuW **XXIII,** 58; OLG Frankfurt MuW **XIII,** 591, z. B. durch chemische Umsetzung mit einem dritten Erzeugnis, durch die ein neuer Stoff mit neuen Wirkungen entsteht, LG Düsseldorf 4 O 333/60 vom 21. 3. 1961 zitiert bei v. Pechmann GRUR **62,** 1, 8. Das BPatG hat als unmittelbar durch ein patentiertes Verfahren zur Herstellung eines chemischen Stoffs hergestellt Verfahrensprodukte in jeder Form und Beschaffenheit angesehen, in der sie beim üblichen Aufarbeiten des Reaktionsgemisches anfallen, es sei denn, dass die Patentschrift die Aufarbeitung ausschließlich in einer bestimmten Art und Weise vorsieht, BPatGE **24,** 222.

(2) Niemand außer dem Patentinhaber darf die unmittelbaren Verfahrenserzeugnisse anbie- **57**
ten, in Verkehr bringen, gebrauchen oder hierfür einführen oder besitzen, sofern kein Ausnahmetatbestand greift, etwa § 11. Die unmittelbaren Verfahrenserzeugnisse sind auch für andere als im Patent genannte Zwecke geschützt, RGZ **85,** 95, 98; **149,** 102, 108; BGH GRUR **82,** 162, 163 – Zahnpasta; siehe § 1 Rdn. 34. Die Beweislast dafür, dass das geschützte Verfahren benutzt worden ist, die Erzeugnisse des Beklagten also Erzeugnisse des geschützten Verfahrens sind, trifft den Patentinhaber, soweit es sich nicht um ein neues Erzeugnis handelt, vgl. § 139 Rdn. 121. Bei einem neuen Erzeugnis wird hingegen nach § 139 Abs. 3 – widerlegbar – vermutet, dass es nach dem patentierten Herstellungsverfahren hergestellt sei, BGHZ **67,** 38, 42ff. – Alkylendiamine II; RG GRUR **39,** 905, 908. Bei Stoffpatenten mit einem product-by-process-Anspruch gilt die Beschränkung des Schutzes auf unmittelbare Erzeugnisse des Verfahrens nicht, BGHZ **57,** 1, 24. Bei Verwendungsansprüchen entscheidet sich die Anwendbarkeit von § 9 Satz 2 Nr. 3 danach, ob sie der Kategorie Verfahrensansprüche zuzuordnen sind, und – bejahendenfalls – ob sich bei Abarbeitung ihrer Lehre ausnahmsweise ein im Vergleich zum Ausgangsprodukt neues Erzeugnis ergibt, vgl. BGHZ **110,** 82 – Spreizdübel. Das Ergebnis einer Verwendung einer Sache ist in der Regel lediglich ein (abstrakter) Handlungserfolg, BGHZ

110, 82, 87; GRUR **90,** 505 – geschlitzte Abdeckfolie. Bei Beschränkung eines auf ein Erzeugnis oder eine Sache gerichteten Patents dahin, dass Patentschutz nur noch für die auf einen zweckgerichteten Einsatz gerichtete Verwendung beansprucht wird, ist außerdem zu berücksichtigen, dass hiermit Verzicht auf den Schutz eines durch das Verfahren etwa unmittelbar hergestellten Erzeugnisses erklärt wird, BGHZ **110,** 82, 87; vgl. dazu auch v. Falck, GRUR **93,** 199ff. Hieraus kann abgeleitet werden, dass nach Erteilung des Patents auch sonst auf die Wirkung des § 9 Satz 2 Nr. 3 verzichtet werden kann, mag der Verzicht des Anmelders eines Verfahrenspatents auf den Schutz des Verfahrenserzeugnisses im Erteilungsverfahren auch nicht möglich sein, wie BPatG Mitt. **69,** 77, 79 meint.

58 **11.** Die Schutzwirkungen des Patents treten nicht schon mit dessen Anmeldung ein. Die in § 9 umschriebenen Wirkungen hat das Patent erst mit der Veröffentlichung seiner Erteilung im Patentblatt, § 58 Abs. 1 Satz 3; sie sind daher notwendig kürzer als die in § 16 Satz 1 vorgesehene Laufdauer des Patents, vgl. BGHZ **1,** 194, 196; BGH GRUR **59,** 528, 530. Die Verletzungsklage kann also mit Aussicht auf Erfolg nur auf die Veröffentlichung des bereits erteilten Patents gestützt werden. Der mit der Veröffentlichung der Erteilung des Patents eintretende Schutz wirkt nicht auf den Zeitpunkt der Anmeldung zurück, s. zum früheren Recht: RG Bl. **12,** 224, 225; BGHZ **1,** 194, 196; BGH GRUR **59,** 528, 530. Unterlassungs-, Schadenersatz- und sonstige Ansprüche bestehern erst ab Veröffentlichung. Insbesondere Schadensersatz kann nicht auch für die Zeitspanne zwischen der Anmeldung und der Offenlegung verlangt werden, weil während dieser Zeit noch kein Ausschließlichkeitsrecht besteht, und nicht für die Zeitspanne zwischen Offenlegung und Veröffentlichung der Patenterteilung, weil § 33 Abs. 1 zweiter Halbsatz für diesen Zeitraum Schadenersatzansprüche auch ausschließt. Vor der Erteilung des Patents hergestellte Gegenstände eines Sachpatents, BGH GRUR **59,** 528, 530, benutzte Verfahren oder danach gefertigte Verfahrenserzeugnisse, BGHZ **1,** 194, 197, erhalten durch die nachträgliche Schutzerteilung keinen patentverletzenden Charakter, BGH aaO, d.h. das seinerzeitige Herstellen, Anbieten, Inverkehrbringen, Gebrauchen oder Besitzen vor der Patenterteilung wird nicht rückwirkend patentverletzend. Nach der Veröffentlichung der Patenterteilung ist die Benutzung vorher erzeugter Gegenstände allerdings in der Regel patentverletzend, vgl. § 12 Rdn. 29f.

Vor der Offenlegung der Anmeldung steht selbst bei Kenntnis des Anmeldungsgegenstands an sich einer **Benutzung der Erfindung nichts entgegen,** vgl. RG GRUR **42,** 548, 550f. Während dieser Zeit kommt allenfalls ein Schutz des Erfinders auf Grund von § 826 BGB oder auf Grund des Wettbewerbsrechts in Betracht. Dieser Schutz versagt bei Benutzung einer Doppelerfindung, BGHZ **3,** 365, 368ff.; Bock DRiZ **55,** 130, oder wenn die benutzte Lehre dem Stand der Technik entspricht, BGHZ **3,** 365, 369. Ansonsten kommt er nur unter besonderen Voraussetzungen in Betracht. Beispiele aus der Rechtsprechung sind: Die unlautere Erlangung der Kenntnis von der Erfindung, RG Bl. **12,** 224, 225, die unlautere Ableitung der eigenen Einrichtungen oder Erzeugnisse von der Leistung des Verletzten, OLG Hamburg GRUR **50,** 82, 85; BGHZ **3,** 365, 369, die rechtswidrige Benutzung eines Geheimverfahrens, BGHZ **16,** 172, 175, die Benutzung einer einem Angestellten anvertrauten Erfindung, wenn der Benutzer damit rechnet, dass der Erfinder ein Schutzrecht darauf beansprucht, RG GRUR **51,** 278, 281.

Ein **vorläufiger Schutz** der Erfindung **beginnt** in dem Zeitpunkt, in dem die Veröffentlichung des Hinweises auf die Möglichkeit der Akteneinsicht erfolgt, **§ 33.** Von diesem Zeitpunkt an kann der Anmelder von demjenigen, der den Gegenstand der Anmeldung benutzt hat, obwohl er wusste oder wissen musste, dass die von ihm benutzte Erfindung Gegenstand der Anmeldung war, eine angemessene Entschädigung verlangen, siehe dazu Ohl GRUR **76,** 557, und Johannesson GRUR **77,** 136, sowie Näheres bei § 33 Rdn. 2ff. Während der Zeit der Offenlegung der Anmeldung bis zu der Erteilung des Patents sind aber Ansprüche auf Unterlassung und Schadenersatz weiterhin ausgeschlossen, § 33 Abs. 1 zweiter Halbsatz, weil auch während dieser Zeit noch keine Ausschließlichkeitswirkung besteht. Der Entschädigungsanspruch nach § 33 begrenzt die Zeitspanne, innerhalb der die Benutzung des Gegenstands der Anmeldung durch Dritte keine Ansprüche auslöst, auf die 18-Monatsfrist nach § 31 Abs. 2 Nr. 2 bis zur Offenlegung, die der Anmelder durch sein gegenüber dem Patentamt zu erklärendes Einverständnis zur Akteneinsicht durch jedermann (§ 31 Abs. 2 Nr. 1) noch verkürzen kann. Der mit der Offenlegung der Anmeldung eintretende Schutz wirkt nicht auf den Zeitpunkt der Anmeldung zurück. Vorher hergestellte Gegenstände eines Sachpatents, benutzte Verfahren oder Verfahrenserzeugnisse werden durch die Offenlegung nicht rückwirkend entschädigungspflichtig.

Wird während des Prozesses wegen Benutzungsentschädigung nach § 33 das Patent erteilt, dann tritt die Patentschrift an die Stelle der Offenlegungsschrift und ist der Beurteilung zugrunde zu legen, zum früheren Recht: RG GRUR **35,** 741, 742. Ist ein Patent auf eine Kombination z.B. aus zwei je für sich allein nicht schutzfähigen Merkmalen erteilt, war aber in dem offengelegten Anspruch nur eines dieser Merkmale unter Schutz gestellt, während das andere und die Kombination nicht beansprucht waren, so ist die Benutzung der Kombination in der Zeit zwischen Offenlegung und Erteilung keine entschädigungspflichtige Benutzung nach § 33, zum früheren Recht s. BGH GRUR **70,** 296, 297.

12. Wegen der durch die **Beendigung des Patentschutzes** eintretenden Rechtswirkungen 59
wird zunächst auf die Erläuterungen bei § 16 Rdn. 2 bis 6 verwiesen.

Mit dem **Ablauf des Patents** hat die Allgemeinheit, was die Benutzung der früher geschützten Erzeugnisse, Verfahren oder Verfahrenserzeugnisse angeht, **völlig freie Hand,** RGZ **93,** 172, 174; siehe dazu auch Eichmann, Produktionsvorbereitung und Versuche vor Schutzrechtsablauf, GRUR **77,** 304. Das RG hat zwar in der genannten Entscheidung ein noch während der Laufzeit des Patents erfolgtes Anbieten der Herstellung und Lieferung der geschützten Vorrichtung nach Ablauf des Patents als zulässig angesehen, in einer späteren Entscheidung ein während der Laufdauer des Patents erfolgtes Anbieten, das auf die patentfreie Zeit gerichtet war, aber als unzulässig bezeichnet, RG GRUR **43,** 247, 248. Sieht man von § 11 ab, handelt nach § 9 Abs. 1 Satz 2 auch derjenige, der vor Ablauf des Patents Feldversuche vornehmen lässt, um den Vertrieb nach Ablauf des Patents vorzubereiten, BGHZ **107,** 46, 58 – Ethofumesat. Wie innerhalb des örtlichen Bereichs sind dem Patentinhaber eben auch innerhalb des zeitlichen Geltungsbereichs des Patents die in § 9 genannten Benutzungshandlungen allein vorbehalten. Dritte dürfen während dieser Zeit weder herstellen – selbst nicht in der Absicht, einstweilen nicht, sondern erst nach Ablauf des Patents zu liefern, – noch anbieten, besitzen, einführen oder vertreiben, BGHZ **107,** 46, 58; RG GRUR **43,** 247, 248; LG Berlin GRUR **85,** 375, 376. Vorbereitungshandlungen, die nicht den Begriff der Benutzung erfüllen, vgl. Rdn. 29, sind dagegen auch während der Laufzeit des Patents erlaubt, so z.B. die Annahme eines Auftrags mit der Abrede, erst nach Ablauf der Schutzdauer zu liefern und vorher nicht mit der Herstellung zu beginnen, RG GRUR **43,** 247, 248.

13. Einwendungen des Verletzers:

a) Der Benutzer eines fremden Patents kann geltend machen, er handele nicht rechtswidrig, 60
er handele auf Grund seines **Benutzungsrechts** am eigenen älteren Recht, vgl. Rdn. 5–7, eines Vorbenutzungsrechts, § 12, eines Weiterbenutzungsrechts nach § 123 Abs. 5 PatG, nach Art. 122 Abs. 6 EPÜ, nach §§ 9, 26, 27, 28 ErstrG, nach Art. 65 Abs. 3 EPÜ, Art. 6, § 3 Abs. 5 Int. PatÜG i.d.F. des GemeinschaftspatentG vom 20. 12. 1991 (BGBl II S. 1354, 1355). Der Benutzer kann sich ferner auf eine **Einwilligung des Patentinhabers,** z.B. in einem Lizenzvertrag oder ein dadurch begründetes Benutzungsrecht berufen, vgl. RG GRUR **34,** 306, 309, s. Näheres § 15 Rdn. 72, das er auch im Wege der Zwangslizenz, § 24, oder der erklärten Lizenzbereitschaft, § 23, erworben haben kann. Es kann auch vereinbart werden, dass ein Patent nur in einem vertraglich bestimmten Umfange geltend gemacht werden darf, RGZ **153,** 329, 332. Solchenfalls kann sich der Beklagte darauf berufen, er halte sich innerhalb desjenigen Bereichs, in dem das Patent nicht geltend gemacht werden dürfe. Eine gemeinschaftliche Entwicklungsarbeit mit **vereinbarter Schutzfreiheit** des erstrebten Ergebnisses hat zur Folge, dass aus den dafür erlangten Schutzrechten gegen die an der Entwicklungsarbeit Beteiligten keine Rechte geltend gemacht werden können, BGH GRUR **56,** 542, 544. Beruft sich der Beklagte auf einen Sachverhalt, der eine üblicherweise verbotene Benutzung des Patents ausnahmsweise zu einem erlaubten Verhalten macht, so trägt er dafür die Behauptungs- und Beweislast, BGH GRUR **76,** 579, 581 – Tylosin.

b) Der **Einwand der Nichtigkeit** eines Patents ist im Verletzungsstreit **nicht zugelassen,** 61
Ströbele, Die Bindung der ordentlichen Gerichte an Entscheidungen der Patentbehörden, 1975; Scharen GRUR **99,** 285, 287; Ohl GRUR **69,** 1; Tetzner GRUR **78,** 73ff.; Schmieder GRUR **78,** 561ff., dessen Auffassung viel zu weit geht; vgl. aber auch Tilmann GRUR **2005,** 904, 907, der für Einführung des Nichtigkeitseinwands eintritt. Das beruht auf der Bindung des ordentlichen Gerichts an den Erteilungsakt des Patents durch das Patentamt, BGH GRUR **2003,** 550 – Richterablehnung; BGHZ **158,** 372 – Druckmaschinen-Temperierungssystem; König Mitt. **93,** 32, 36. Dieser Grundsatz gilt sowohl für europäische Patente als auch für erstreckte Patente, die das Patentamt der ehemaligen DDR erteilt oder anerkannt hat, mögen sie geprüft oder ungeprüft sein (§ 4 ErstrG), und hat eine Ausnahme nur insoweit, als der Einwand widerrechtlicher Entnahme fallweise möglich ist, siehe hierzu Rdn. 63. Ein Verletzer kann sich im Verletzungsrechtstreit also nicht darauf berufen, der Gegenstand des Patents sei nicht neu, vgl. RG MuW **XIV,** 365; RGZ **157,** 154, 158; **167,** 339, 343, 344; BGHZ **3,** 365, 371; BGH

GRUR **53,** 29, 32; **53,** 112, 114; **58,** 179, 181; **59,** 320, 324; **61,** 335, 337f.; **64,** 606, 609, oder enthalte mangels Offenbarung einer Lösung der gestellten Aufgabe, vgl. RG GRUR **35,** 668, 669; **36,** 487, 489, oder mangels technischer Brauchbarkeit, vgl. RG GRUR **35,** 233, 236; **35,** 668, 669, keinen patentfähigen Anspruch oder sei ansonsten nichtig, vgl. RG GRUR **39,** 710, 711. Insbesondere die Berufung auf mangelnde erfinderische Tätigkeit ist unstatthaft. Eine Ausnahme gilt insoweit allerdings für den eingeschränkten einstweiligen Schutz offengelegter Anmeldungen nach § 33, wo sich der Beklagte auf die offensichtlich mangelnde Patentfähigkeit der Anmeldung berufen kann, § 33 Abs. 2.

In der Praxis beruft der Beklagte sich gleichwohl in der Regel im Verletzungsprozess auf die Nichtigkeit des Klagepatents. Kann er hierzu auf eine bereits eingereichte Nichtigkeitsklage verweisen, führt das zu einer Prüfung der Erfolgsaussichten der Nichtigkeitsklage im Hinblick auf eine notwendige **Aussetzung** des Verletzungsprozesses, die bei hinreichender Erfolgsaussicht der Nichtigkeitsklage erfolgen muss (§ 148 ZPO), vgl. hierzu Scharen FS 50 Jahre VPP, 2005, 396; U. Krieger GRUR **96,** 941; Rogge GRUR **96,** 386; Frhr. v. Maltzahn GRUR **85,** 163. Die oben angeführten strengen Ausschlussgründe gelten deshalb in ihrer vollen Strenge nur dann, wenn kein Einspruch eingelegt ist oder keine Nichtigkeitsklage erhoben ist, etwa weil sie vom Beklagten wegen Rechtskraft, Verzichts oder sonstiger Gründe nicht erhoben werden darf (vgl. dazu § 22 Rdn. 33f., 38ff.). Hinweise auf die Rechtslage im Ausland geben Brinkhof GRUR Int. **89,** 444; Walter GRUR Int. **88,** 441; Jahn GRUR Int. **84,** 499, 501; Horn, GRUR **69,** 169f. und Ohl GRUR **69,** 1, 2f.

62 c) Der **Einwand des freien Stands der Technik** (heute **sog. Formstein-Einwand**), d.h. die Berufung darauf, dass das, was der Verletzer tut, schon vor der Anmeldung des Patents zum Gemeingut der Technik gehört oder dem Fachmann nahegelegen habe, ist im deutschen Patentverletzungsprozess nur eingeschränkt möglich, vgl. BGHZ **98,** 12 – Formstein; Jestaedt FS Bartenbach, 2005, 371; Nieder FS König, 2003, 379; Kurig GRUR **95,** 3; siehe hierzu auch § 14 Rdn. 126ff. Wegen der Bindung des Verletzungsrichters an die Patenterteilung ist bei wortsinngemäßer Benutzung des Patentanspruchs ohne weiteres auf die aus dem Patent folgenden Wirkungen zu erkennen, Jestaedt FS Bartenbach, 2005, 371, 376; Nieder FS König, 2003, 379, 382; Gesthuysen GRUR **2001,** 909, 914; Schiuma, Formulierung u. Auslegung, S. 329; v. Falck GRUR **98,** 218; v. Falck/Ohl GRUR **71,** 541, 544; Hesse GRUR **68,** 287, 290f.; Preu GRUR **80,** 691, 694ff.; Tetzner GRUR **69** 12; ders. GRUR **78,** 73; Trüstedt Bl. **52,** 265; Völp GRUR **56,** 12; Wilde Mitt. **69,** 258; Busse/Keukenschrijver § 14 PatG Rnr. 103; vgl. auch Brunner sic! **98,** 428. Schon das RG hat ausgesprochen, dass kein Rechtssatz bestehe, wonach vorbenutzte und vorbeschriebene Gegenstände ohne alle Rücksicht auf einen später erteilten Patentschutz auf jeden Fall gemeinfrei würden, RGZ **167,** 339, 343. Dem hat sich der BGH in GRUR **55,** 139, 140 – Grubenausbau, angeschlossen. Der Formstein-Einwand hat also von vornherein nur Aussicht auf Erfolg, wenn Verletzung eines Patentanspruchs durch abgewandelte Ausführungsform behauptet wird und eine wortsinngemäße Benutzung ausgeschlossen werden kann, vgl. BGH GRUR **99,** 914, 916, 918 – Kontaktfederblock; Meier-Beck GRUR **2000,** 351, 359f. In der ein deutsches Gebrauchsmuster betreffenden Entscheidung BGHZ **134,** 353, 360f. „Kabeldurchführung I" hat der BGH verlangt, dass auch in diesen Fällen sich die Prüfung, ob die als äquivalent angegriffene Ausführungsform durch den Stand der Technik nahegelegt sei, nicht in Widerspruch zu der gerichtlichen Entscheidung setzen dürfe, die in Gebrauchsmustersachen der Patenterteilung entspricht, vgl. hierzu auch Neuhaus FS W. Tilmann, 2003, S. 549; Jestaedt FS Bartenbach, 2005, 371, 383; Nieder FS König, 2003, 379, 387. Der Einwand, eine auf die angegriffene Ausführungsform gerichtete Lehre zum technischen Handeln hätte nicht patentiert werden können bzw. dürfen, kann hiernach also an der in Folge der Auslegung des Patentanspruchs gebotenen Entscheidung nichts ändern, wenn er sich in seinem sachlichen Gehalt gegen die angesichts der Patenterteilung als schutzwürdig hinzunehmende Lehre richtet, OLG Düsseldorf 2 U 183/99 v. 10. 5. 2001; LG Düsseldorf GRUR **94,** 509, 511; Entsch. **97,** 1, 5; Schulte/Kühnen § 14 PatG Rdn. 65; Kühnen/Geschke Rdn. 53; Scharen GRUR **99,** 285, 287f. (zugleich zu dem sich ergebenden Gang der Prüfung; hiergegen Jestaedt FS Bartenbach, 2005, 371, 383f.; Busse/Keukenschrijver § 14 PatG Rdn. 101; wohl auch Brunner SMI **94,** 101, 110; a.A. v. Falck GRUR **98,** 218, 220ff.; Tilmann GRUR **98,** 325, 330; Tilmann/Dagg GRUR **2000,** 459, 464; Gesthuysen GRUR **2001,** 909, 913; Jestaedt FS Bartenbach, 2005, 371, 383; Nieder FS König, 2003, 379, 387; Busse/Keukenschrijver § 14 PatG Rdn. 107; Kraßer § 32 III f bb 5; offenbar auch Blumer sic! **98,** 3, 12. Diese Grundsätze gelten sowohl für vom DPMA erteilte Patente als auch für europäische Patente und für erstreckte Patente des PA der ehemaligen DDR (§ 4 ErstrG), ferner beim Schutz der offengelegten Anmeldung nach § 33. Zur Behandlung des Einwands des freien

Stands der Technik bei vor dem 1. 1. 1978 angemeldeten Patenten siehe die 9. Aufl. Rdn. 60 und insbes. die Erläuterungen der 6. Aufl.

d) Der aus einem Patent in Anspruch Genommene kann entgegenhalten, der Patentinhaber habe ihm die im Patent geschützte Erfindung widerrechtlich entnommen, RGZ **130,** 158, 160, unter Aufgabe des früher vertretenen gegenteiligen Standpunkts. Der **Einwand der widerrechtlichen Entnahme** kann mit Aussicht auf Erfolg von jedem geltend gemacht werden, der durch widerrechtliche Entnahme verletzt ist, wenn er **innerhalb der sich aus § 8 Satz 3, 4 ergebenden Frist** erhoben wird, BGH GRUR **2005,** 567, nicht aber von Dritten, RGZ **45,** 116, 119f. Wenn der aus dem Patent in Anspruch genommene Beklagte mittels Klage nach § 8 die Herausgabe nicht rechtzeitig erlangen kann und ohne die mit der Patentverletzungsklage beanstandete Benutzung des Patents die Gefahr besteht, dass die Verwirklichung des Anspruchs aus § 8 vereitelt oder wesentlich erschwert werde, was gegebenenfalls von dem Beklagten darzulegen und zu beweisen ist, hat der Einwand zur Folge, dass schon die Rechtswidrigkeit der beanstandeten Benutzung des Patents nicht gegeben ist (§ 229 BGB analog), vgl. Kühnen FS Tilmann, 2003, S. 513, 514. Ansonsten handelt es sich um den Arglisteinwand „dolo facit, qui petit quod redditurus", der als allgemeiner Grundsatz auch im Patentverletzungsprozess Anwendung findet, Kühnen FS Tilmann, 2003, S. 513, 514, und durch die Möglichkeit der Nichtigkeitsklage nicht berührt wird; beide Rechtsbehelfe sind nebeneinander möglich, RG GRUR **31,** 147, 148. 63

Nach Ablauf der sich aus § 8 Satz 3, 4 ergebenden Frist ist der Einwand des „Patentverletzers", dem die Erfindung entnommen wurde, begründet, wenn der **Patentinhaber bösgläubig** war, BGH GRUR **2005,** 567; RG GRUR **31,** 147, und zwar ebenfalls unabhängig davon, ob der aus dem Patent in Anspruch genommene Beklagte Ansprüche aus § 8 gegen den klagenden Patentinhaber erhoben hat oder nicht. Der Beklagte hat den bösen Glauben des Klägers darzulegen und zu beweisen. Arglist wurde nicht schon immer dann angenommen, wenn beim Kläger die Kenntnis der angemeldeten Erfindung auf jemand zurückging, der dem „Patentverletzer" die Erfindung entwendet hatte, RG GRUR **31,** 147, 148.

Gegenüber dem gutgläubigen Patentinhaber kann **nach Ablauf der in § 8 Satz 3, 4 bestimmten Fristen** der Einwand der widerrechtlichen Entnahme nicht mehr mit Erfolg erhoben werden kann, BGH GRUR **2005,** 567; Busse/Keukenschrijver § 8 PatG Rdn. 22. Darauf, ob der in Anspruch Genommene zu der Zeit, als er die Übertragung des Rechts verlangen konnte, d.h. innerhalb der nach § 8 Satz 3, 4 maßgeblichen Frist die Erfindung in Benutzung genommen oder Veranstaltungen hierzu getroffen hat, so OLG Karlsruhe GRUR **83,** 67, 70 m.w.N., vgl. dazu Bruchhausen GRUR Int. **63,** 299, 306f.; Fabian, Der Schutz des Rechts an der Erfindung vor der Anmeldung zum Patent nach bürgerlichem Recht, 1933, S. 43, kommt es nicht an. Bei gutem Glauben des Patentinhabers ist der wegen Patentverletzung in Anspruch genommene Beklagte nach Ablauf der in § 8 bestimmten Fristen auf den Weg der Nichtigkeitsklage nach §§ 22 i.V.m. 21 Abs. 1 Nr. 3 angewiesen, BGH GRUR **2005,** 567; Tetzner § 4 Anm. 12; Klauer/Möhring § 5 Anm. 12; a.A. Kraußе/Katluhn/Lindenmaier § 5 Anm. 8.

e) Der **Einwand,** der Gegenstand des Patents sei im Erteilungsverfahren oder im Beschränkungsverfahren nach § 64 **unzulässig erweitert** oder verändert worden, ist im Verletzungsprozess **nicht zugelassen.** Die unzulässige Erweiterung der Anmeldung im Erteilungsverfahren ist gemäß § 21 Abs. 1 Nr. 4 ein Widerrufsgrund und folglich nach § 22 Abs. 1 ein Nichtigkeitsgrund. Die unzulässige Erweiterung des erteilten Patents im Einspruchs- oder Beschränkungsverfahren ist ebenfalls ein Nichtigkeitsgrund nach § 22 Abs. 1. Diese Kompetenz-Regelung erlaubt es dem Verletzungsrichter trotz der Regelung in § 38 Satz 2 nicht, dem Patent im Umfang der unzulässigen Erweiterung seine Wirkung zu versagen. Die Frage einer unzulässigen Erweiterung ist im Patentverletzungsrechtsstreit allerdings zu prüfen, wenn die Verletzungsklage nicht auf einen Patentanspruch in gültiger Fassung, sondern – etwa im Hinblick auf eine ansonsten bevorstehende Nichtigkeitsklage des Beklagten – auf eine der geltenden Fassung gegenüber angeblich eingeschränkte Fassung gestützt ist. Dann folgt aus den genannten Bestimmungen, dass eine Verurteilung des Beklagten wegen Patentverletzung nur in Betracht kommt, wenn bzw. soweit die verteidigte Fassung nicht eine unzulässige Erweiterung des Gegenstands oder des Schutzbereichs der erteilten Fassung zur Folge hat, siehe § 14 Rdn. 78. Wegen des früheren Rechts wird auf § 6 Rdn. 165 der 6. Auflage verwiesen. 64

f) Da alle subjektiven Rechte der Verwirkung unterliegen, BGH BGHReport **2004,** 1540 m.w.N., kann auch die verspätete Geltendmachung der Rechte aus dem Patent gegen einen Patentverletzer im Einzelfall zu einer **Verwirkung** bereits entstandener Ansprüche aus der Patentverletzung führen, BGHZ **146,** 217, 220 – Temparaturwächter; BGH NJW **97,** 3377, 3379 – Weichvorrichtung II; vgl. auch BGH GRUR **53,** 29, 31 – Plattenspieler I; GRUR **76,** 579, 65

581 – Tylosin; BGHZ **68,** 90 Kunststoffhohlprofil I; RG, GRUR **32,** 718, 721; GRUR **38,** 778, 780; MuW **38,** 410, 414; Beier/Wieczorek GRUR **76,** 566, 572; Klaka GRUR **70,** 265, 272f.; **78,** 70. Bei der Anwendung des Grundsatzes, dass ein Recht verwirkt ist, wenn sich ein Schuldner wegen der Untätigkeit seines Gläubigers über einen gewissen Zeitraum hin (Zeitmoment) bei objektiver Beurteilung darauf einrichten durfte und auch eingerichtet hat, der Gläubiger werde sein Recht nicht mehr geltend machen (Umstandsmoment), BGHZ **125,** 303 – Zerlegvorrichtung für Baumstämme; **25,** 47, 52; **26,** 52, 65; **67,** 56, 68; **84,** 280, 281; BGH, NJW-RR **92,** 1240, 1241; NJW-RR **93,** 682, 684, muss aber der Interessenlage der Beteiligten Rechnung getragen werden, wie sie sich typischerweise bei der Verletzung von Patenten und nach den Gegebenheiten des konkreten Verletzungsfalls darstellt, BGHZ **146,** 217, 221 – Temparaturwächter; Kraßer § 35 VII 5; vgl. auch BGH GRUR **53,** 29, 31; RG GRUR **35,** 39, 43. Der Zeitablauf allein, RG MuW **32,** 350, 352; BGH LM Nr. 12 zu § 20 GWB, bloßes Untätigsein, RG MuW **38,** 410, 414, längeres Warten mit der Rechtsverfolgung allein, BGH GRUR **53,** 29, 31; RG Bl. **30,** 299; RG GRUR **38,** 778, 780; **38,** 567, 572; RG MuW **36,** 107, genügen nicht, auch nicht, nachdem der Verletzer der Verwarnung widersprochen hat, RG GRUR **36,** 875, 878. Ungewöhnlich langes Zuwarten kann allerdings ausnahmsweise entscheidende Bedeutung erlangen, weil Zeit- und Umstandsmoment nicht voneinander unabhängig betrachtet werden können, sondern in einer Wechselwirkung stehen, BGHZ **146,** 217, 224f. – Temparaturwächter.

66 **(1)** Ist der Rechtsinhaber über einen längeren Zeitraum untätig geblieben, obwohl er den Verstoß gegen seine Rechte kannte oder bei der gebotenen Wahrung seiner Interessen kennen musste, so dass der Verletzer mit der Duldung seines Verhaltens durch etwaige Berechtigte rechnen durfte, kommt **Verwirkung des Unterlassungsanspruchs** in Betracht, wenn der Verletzer sich daraufhin einen **wertvollen Besitzstand** geschaffen hat, BGHZ **146,** 217, 222 – Temparaturwächter; BGH GRUR **81,** 60, 61 – Sitex; **85,** 72, 73 – Consilia; **89,** 449, 452 Maritim; **93,** 151, 153 – Universitätsemblem; **93,** 913, 914 – KOWOG; **98,** 1034, 1037 – Makalu. So ist Verwirkung angenommen worden, wenn der Berechtigte durch ein langjähriges schweigendes Dulden oder positives Tun in dem Verletzer erkennbarer Kenntnis der wesentlichen Teile der Verletzungsform die Entstehung eines wertvollen und schutzwürdigen, BGH GRUR **76,** 579, 581 – Tylosin, Besitzstands beim gutgläubigen Verletzer gefördert hat, dessen Ausübung er jetzt verbieten will, BGHZ **146,** 217, 225 – Temparaturwächter; BGH GRUR **89,** 449, 452 – Maritim; **93,** 151, 153 – Universitätsemblem, oder wenn die Untätigkeit des Berechtigten beim Verletzer den Eindruck erwecken musste, er habe sich keinen Ansprüchen des Berechtigten ausgesetzt, und der Verletzer sich im Vertrauen hierauf in seinem Gewerbebetriebe so eingerichtet hat, dass ihm wesentliche Nachteile entstehen würden, wenn die verspätete Rechtsverfolgung Erfolg haben würde, die aber nicht entstanden wären, wenn der Berechtigte sein Recht zur rechten Zeit geltend gemacht hätte, RG GRUR **35,** 39, 43; **38,** 567, 573, oder wenn der Verletzer durch das Verhalten des Berechtigten zu geschäftlichen Maßnahmen veranlasst worden ist, die er bei rechtzeitiger Geltendmachung der Ansprüche des Berechtigten nicht getroffen hätte und die nun aufzugeben ihn gegenwärtig unverhältnismäßig schädigen würde, wenn er dem Klageverlangen genügen müsste, RG GRUR **35,** 948, 950, oder wenn die verspätete Geltendmachung von Ansprüchen wegen der längere Zeit geduldeten Verletzung dem Patentinhaber einen unbilligen Vorteil bringen würde, RG Bl. **30,** 299; RG MuW **32,** 350, 352. An den Umfang und die Bedeutung des Besitzstandes sind umso geringere Anforderungen zu stellen, je schutzwürdiger das Vertrauen in eine Berechtigung ist, BGH GRUR **92,** 45, 48 – Cranpool. Nach einer Verwarnung des Patentinhabers sind die Entstehung eines schutzwürdigen Besitzstands und Redlichkeit des Verletzers schwerlich möglich, RG MuW **32,** 350, 352; **36,** 107, 109; **38,** 410, 414; BGH GRUR **53,** 29, 31; **65,** 591, 596, jedoch nicht in jedem Falle ausgeschlossen. Bei einem Patent, gegen das Einsprüche erhoben sind, darf mit der Verfolgung von Ansprüchen auch nach einer Verwarnung bis zur rechtskräftigen Patenterteilung abgewartet werden, vgl. BGH GRUR **53,** 29, 31 zum früheren Recht. Im Einzelfall ist es dem Verletzer zuzumuten, die ungeklärte Rechtslage durch eine negative Feststellungsklage einer Klärung zuzuführen, RG GRUR **35,** 948, 950. Die Zurücknahme einer früheren Klage und folgendes Schweigen des Berechtigten zu den Patentverletzungen kann nicht in jedem Falle bei dem Verletzer das Vertrauen erwecken, der Berechtigte werde nicht gegen ihn vorgehen, RG GRUR **35,** 99, 101. Redlichkeit des Verletzers ist jedoch möglich, wenn der Patentinhaber bei einer nach der Verwarnung stattfindenden Auseinandersetzung zu erkennen gibt, er habe sich vom Verletzer überzeugen lassen, dass keine Verletzung vorliege, und dann lange Zeit nichts unternimmt, so dass der Verletzer darauf vertrauen konnte, der Patentinhaber werde nicht gegen ihn vorgehen, vgl. RG GRUR **36,** 912, 914. Es ist dem Patentinhaber nicht zuzumuten,

zugleich gegen alle Verletzer vorzugehen, wenn er sich einer Vielzahl von Verletzern gegenübersieht, RG MuW **38,** 410, 414. Es genügt, dass er zunächst einen Verletzer verklagt und die übrigen verwarnt, um den Verwirkungseinwand auszuschließen, RG MuW **38,** 410, 414. Die Abnehmer des Herstellers können sich nicht darauf berufen, sie hätten annehmen können, es werde nichts gegen Verletzungen unternommen, weil sie nichts besonderes erfahren hätten, was der Patentinhaber gegen den Hersteller unternommen habe, RG MuW **38,** 410, 414. Darauf, ob der Berechtigte den Verletzer bewusst in den Glauben versetzt hat, er werde nicht gegen ihn vorgehen, kommt es für die Verwirkung nicht an, RG GRUR **35,** 948, 590, denn für den Verwirkungseinwand ist eine Arglist auf Seiten des Berechtigten nicht erforderlich, RG MuW **38,** 410, 414. Wenn es dem Verletzer nicht mehr zuzumuten ist, die Benutzungshandlungen mit Rücksicht auf seinen redlich erworbenen Besitzstand einzustellen, kann die durch § 242 BGB gebotene Rechtsfolge auch in einer Weiterbenutzung gegen ein angemessenes Benutzungsentgelt liegen.

(2) Die **Verwirkung des Schadensersatzanspruchs** setzt anders als diejenige des Unter- 67
lassungsanspruchs keinen schutzwürdigen Besitzstand voraus, sondern nur, dass der Schuldner auf Grund eines hinreichend lange dauernden Duldungsverhaltens des Rechtsinhabers darauf vertrauen durfte, dieser werde nicht mehr mit Schadensersatzansprüchen wegen solcher Handlungen an den Schuldner herantreten, die er auf Grund des geweckten Duldungsanscheins vorgenommen hat, BGHZ **146,** 217, 222 – Temparaturwächter; **26,** 52, 64f. – Sherlock Holmes; BGH GRUR **88,** 776, 778 – PPC. Wenn es deshalb auch genügt, dass der Schuldner sich bei seinen wirtschaftlichen Dispositionen darauf eingerichtet hat und einrichten durfte, keine Zahlung an den Gläubiger (mehr) leisten zu müssen, vgl. RGZ **155,** 148, 152; **158,** 100, 107f., kann es Fälle geben, in denen es zwar nicht gerechtfertigt erscheint, den Verletzer, der auf den Vertrauenstatbestand gestützt einen Besitzstand erworben hat, zur Unterlassung zu verpflichten, es aber wohl in Betracht kommt, ihm die Verpflichtung zur Zahlung von Schadensersatz oder Bereicherungsausgleich aufzuerlegen, BGHZ **146,** 217, 222 – Temparaturwächter; Kraßer § 35 VII 5.; Klaka GRUR 1978, 70, 73; Klauer/Möhring/Hesse § 47 Rdnr. 84; Reimer/Nastelski § 47 Rdnr. 93. Die verspätete Geltendmachung der sich aus der Patentverletzung ergebenden Ansprüche kann auch unter dem Gesichtspunkt des mitwirkenden Verschuldens beim Schadensersatzanspruch von Bedeutung sein, vgl. § 139 Rdn. 56.

Auch gegenüber dem **bereicherungsrechtlichen Anspruch** auf Herausgabe des durch eine Patentverletzung Erlangten ist der Einwand der Verwirkung nicht schlechthin oder regelmäßig ausgeschlossen, BGHZ **146,** 217 – Temparaturwächter; a. A. LG Düsseldorf GRUR **90,** 117, 119; Beier/Wieczorek GRUR **76,** 566, 573; 9. Aufl./Bruchhausen § 9 PatG Rdn. 64; Mes § 139 PatG Rdn. 106. Insoweit gelten die Grundsätze zum Schadensersatzanspruch entsprechend.

g) Hat der Patentinhaber **durch** eine zulässige **Vereinbarung** mit einem Dritten auf die 68
Geltendmachung seiner Ansprüche aus bestimmten Handlungen oder bestimmten Arten von Handlungen **verzichtet,** folgt hieraus für diesen Dritten eine Einrede, wenn er wegen Verletzung des Patents in Anspruch genommen wird, RGZ **153,** 329, 331. Der Verzicht verpflichtet den Patentinhaber, solche Ansprüche erst gar nicht geltend zu machen, RGZ **153,** 329, 331. Die Mitwirkung des Patentinhabers bei der Aufstellung einer DIN-Norm ist in der Regel kein Verzicht auf Rechte aus dem Patent, vgl. RGZ **161,** 385, 387; BGHZ **8,** 202, 209 – für Warenzeichen ausgesprochen.

h) Die Rechtsausübung des Patentinhabers muss sich im Rahmen von Treu und Glauben 69
halten. Andernfalls kann der aus einem Patent in Anspruch Genommene den **Einwand der Arglist** erheben, siehe zum Arglisteinwand bei widerrechtlicher Entnahme Rdn. 63 und allgemein Kaestner, Missbrauch von Immaterialgüterrechten, 2005. Der Patentinhaber darf sich insbesondere nicht dem Vorwurf des Selbstwiderspruchs **(venire contra factum proprium)** aussetzen, vgl. BGH GRUR **61,** 181, 183 – Warenzeichensache; RG GRUR **35,** 948, 950; OGHBrZ **3,** 63, 69. Erklärt der Patentanmelder im Einspruchsverfahren, für eine bestimmte Ausführungsform keinen Patentschutz zu begehren, und macht er im Verletzungsstreitverfahren gleichwohl gegenüber einem am Einspruchsverfahren Beteiligten Ansprüche aus dem Patent wegen dieser Ausführungsform geltend, so verstößt er hiergegen, wenn seine Erklärung Grundlage für die Aufrechterhaltung des betreffenden Patentanspruchs oder dessen Fassung war (gegen diese Voraussetzung Kraßer § 32 III c 5) und wenn der in Anspruch Genommene auf die Redlichkeit und Zuverlässigkeit des Patentanmelders vertrauen durfte, BGH Mitt. **97,** 364 – Weichvorrichtung II; siehe auch § 14 Rdn. 77; a. A. 9. Aufl./Ullmann § 14 PatG Rdn. 80. Es muss sich um ein qualifiziertes Vertrauen handeln, das sich auf eine eindeutige Handlung des Patentinhabers im Einspruchsverfahren (oder Nichtigkeitsverfahren, Kraßer § 32 III c 5) stützt, welche die Ausführung, derentwegen der Verletzungsprozess geführt wird, zweifelsfrei von dem

im vorangegangenen Verfahren verteidigten Patent ausnimmt, vgl. Kraßer § 32 III c 5, auch RG GRUR **32,** 447, 450; BPatG Mitt. **78,** 190, 191. Es muss ausgeschlossen sein, dass lediglich eine mißglückte Anspruchsformulierung durch eine bessere ersetzt werden sollte; der Patentinhaber muss sich der „Sache nach" einem beschränkenden Verlangen gebeugt haben, vgl. BGH GRUR **67,** 413, 417 – Kaskodeverstärker; **87,** 510, 511 – Mittelohr-Prothese (zur Möglichkeit der Anfechtung einer Verzichtserklärung wegen Irrtums vgl. BGH GRUR **66,** 146, 149 – Beschränkter Bekanntmachungsantrag; **77,** 485, 486 – Rücknahme der Patentanmeldung; BPatGE **19,** 109, 111). In diesem Fall steht der Einwand aus Treu und Glauben jedem zu, der am vorangegangenen Verfahren beteiligt war, und zwar auch gegen den klagenden Lizenznehmer, BGH Mitt. **97,** 364 – Weichvorrichtung II. Bei anderen Beklagten versagt der Einwand mangels der durch ein vorangegangenes Verfahren begründeten Sonderbeziehung. Diesen gegenüber gilt der Grundsatz, dass es für die Bestimmung des Schutzbereichs eines Patents nicht auf Vorgänge im Erteilungsverfahren ankommt, BHZ **150,** 161 – Kunststoffrohrteil, in BGH Mitt. **97,** 364 – Weichvorrichtung II – noch offengelassen; Kraßer § 32 III c 5; siehe ferner § 14 Rdn. 32f. Ein Patentinhaber kann ferner widersprüchlich handeln, wenn er mit einem nach § 64 beschränkten Patentanspruch mehr erreichen will als mit dem unbeschränkten Patentanspruch, vgl. BGH GRUR **62,** 677, 678. Aus einem Sperrpatent, das der Patentinhaber auf eine Vorrichtung erlangt hat, die er bei Lizenzverhandlungen mit dem Erfinder eines Verfahrenspatents durch vertrauliche Angaben kennengelernt hat, kann die Auswertung des prioritätsälteren Verfahrenspatents des Erfinders nicht unmöglich gemacht werden; der Erfinder kann sich gegen eine Klage aus dem Vorrichtungspatent mit dem Einwand der Arglist verteidigen, vgl. RG MuW **40,** 165, 167, wo dem Erfinder aus § 826 BGB unter dem Gesichtspunkt des Schadenersatzes eine einfache Lizenz an dem Vorrichtungspatent zugesprochen wurde. Der Einwand der Arglist kann durchgreifen, wenn der Patentinhaber den Beklagten lange Zeit hindurch bewusst in dem Glauben gehalten hat, er werde gegen die Verletzung seines Patents nicht vorgehen, RG GRUR **35,** 99, 101; **36,** 875, 878. Das RG hat gegenüber einer Schadenersatzklage den Einwand der Arglist durchgreifen lassen, weil der Patentinhaber wusste, dass der Verletzer einen Auftrag eines Dritten auf Lieferung einer kostspieligen Vorrichtung im Werte von 600–800000 RM angenommen hatte, weil er den Verletzer ohne Widerspruch den Auftrag mit großem Kostenaufwand ausführen ließ, obwohl er sich sagen musste, dass der Verletzer sein Schweigen dahin deutete, dass keine Patentverletzung vorliege oder der Patentinhaber wegen der zweifelhaften Rechtslage nicht gegen ihn vorgehen wolle, und weil er erst dann gegen den Verletzer vorging, RG GRUR **39,** 674, 677. Das RG hat andererseits den Umstand, dass der Patentinhaber nach dem Widerspruch des Verletzers gegen seine Warnung einige Jahre geschwiegen hat, RG GRUR **36,** 875, 878, oder dass der Patentinhaber die Klage zurücknahm und dann lange schwieg, aber gegen andere scharf vorging, RG GRUR **35,** 99, 101, nicht zur Begründung des Arglisteinwandes ausreichen lassen.

In der Rechtsprechung ist es in der Regel nicht als unzulässige Rechtsausübung angesehen worden, dass der Patentinhaber gegen die Abnehmer des Herstellers wegen gewerblichen Gebrauchs der unter Verletzung des Patents hergestellten Maschinen vorging, OLG Düsseldorf GRUR **39,** 365, 367; vgl. aber von Metzen, FS vom Stein, 1961, 84, 85 sowie BGH GRUR **2005,** 882. Ein Werkunternehmer, der von einem Patentinhaber im Rahmen eines Werklieferungsvertrags mit der Herstellung patentgeschützter Gegenstände beauftragt worden ist, ohne dass ihm eine über dieses Vertragsverhältnis hinausgreifende Herstellungslizenz eingeräumt worden ist, kann nach Kündigung des Werklieferungsvertrags der Geltendmachung des Schutzrechtes durch den Patentinhaber selbst dann nicht die Einrede unzulässiger Rechtsausübung oder der allgemeinen Arglist entgegensetzen, wenn er bereits erhebliche Kosten für Materialbeschaffung und sonstige Vorbereitungen für die Herstellung aufgewendet hat, BGH GRUR **59,** 528, 531. Auch der Gesichtspunkt, dass die Verurteilung zu Unterlassung zur Zerstörung unverhältnismäßig großer wirtschaftlicher Werte führen muss, sollte in aller Regel nicht dazu führen, im Falle der Patentverletzung den Unterlassungsantrag als rechtsmissbräuchlich anzusehen, Kraßer § 35 VII 6. Ausnahmen hiervon müssen sich auf wirklich außergewöhnliche Fälle beschränken, vgl. hierzu Kraßer § 35 VII 6; Tetzner, § 1 Rdn. 33; Hubmann/Götting, § 17 Rdn. 14.

70 **i) Der Einwand der Patenterschleichung** (vgl. dazu: Skaupy, Der Erschleichungseinwand im Patentrecht, JW **39,** 321; Stürner, Die erschlichene Wiedereinsetzung in den vorigen Stand, Mitt. **40,** 117; Zeller GRUR **51,** 51; Nirk FS Zehn Jahre Bundespatentgericht, 1971, S. 85, 86) ist in Betracht zu ziehen, wenn der Patentinhaber dem Patentamt in arglistiger Weise Entgegenhaltungen oder Vorbenutzungen vorenthalten hat, die zu einer Zurückweisung der Anmeldung geführt hätten, BGH GRUR **65,** 231, 234, wenn ein solches Verhalten zur Auf-

rechterhaltung eines erteilten Patents durch das Patentamt oder zur Abweisung einer Nichtigkeitsklage geführt hat, Kraßer § 35 VII 8, oder wenn eine Wiedereinsetzung in eine zur Erteilung oder Erhaltung des Patents zu beachtende, aber versäumte Frist durch unwahre Angaben erreicht worden ist. Er hatte bis 1941 z.Z. der Präklusivfrist für die Nichtigkeitsklage (§ 28 Abs. 3, später § 35 Abs. 3) eine erhöhte Bedeutung. Nach Abschaffung der zeitlichen Beschränkung der Nichtigkeitsklage durch die VO vom 23. 10. 1941 (RG Bl. II S. 372) hat dieser Einwand an Bedeutung verloren, weil jetzt die Nichtigerklärung eines Patents während der gesamten Laufzeit des Patents zulässig ist. Mit Rücksicht darauf ist in der Rechtspr. die Frage aufgeworfen worden, ob noch ein Bedürfnis nach Anerkennung des Tatbestands der Patenterschleichung besteht, BGH GRUR **54,** 107, 111; **54,** 317, 319; **58,** 75, 77. Diese Frage ist unter Geltung des PatG 1981 allenfalls in einem ganz eingeschränkten Umfange zu bejahen. Wie es früher schon das KG MuW **41,** 18, 19 gesehen hat, ist der Einwand ausgeschlossen, soweit er in seinem sachlichen Gehalt zur Begründung eines Einspruchs oder einer Nichtigkeitsklage dienen kann oder hätte dienen können, Busse/Keukenschrijver § 139 PatG Rdn. 194; a.A. 9. Aufl./Bruchhausen § 9 PatG Rdn. 67f. Das verlangt die Bindung der Verletzungsgerichte an die Patenterteilung, die hier anders als bei widerrechtlicher Entnahme nicht durch einen ebenfalls von den Verletzungsgerichten zu beurteilenden zivilrechtlichen Anspruch beeinflusst wird. Die Erhebung des Einwands vor den ordentlichen Gerichten kann in diesen Fällen deshalb nur zur Aussetzung, nicht aber zu einer Abweisung der Klage führen, vgl. auch Schumann, Festschrift ZAkDR „Das Recht des schöpferischen Menschen", 1936, S. 75, 91; Pietzcker, § 10 Anm. 14 Ziff. 1. In den anderen Fällen, also insbes. bei Erschleichung einer Wiedereinsetzung, da dieser Tatbestand im Nichtigkeitsverfahren nicht zur Begründung der Nichtigkeit herangezogen werden kann, BGH GRUR Ausl **60,** 506, 507, ist zu bedenken, dass das Gesetz durch Beschränkung der Nichtigkeitsgründe eine Entscheidung zu Gunsten aus anderen Gründen zu beanstandenden Patenten getroffen hat. Das sollte auch insoweit zu einem Ausschluss des Einwands der Patenterschleichung im Verletzungsprozess führen, im Grundsatz ebenso Kraßer § 35 VII 8; a.A. 9. Aufl./Bruchhausen § 9 PatG Rdn. 67f. insbes. für Erschleichung der Wiedereinsetzung unter Hinweis auf BGHZ **6,** 172; BGH GRUR **56,** 265, 269; GRUR Int. **60,** 506, und für Vorwegnahme eines europäischen Patents durch eine nachveröffentlichte nationale Patentanmeldung auch Busse/Keukenschrijver § 139 PatG Rdn. 195; für in Folge sittenwidriger Verletzung der prozessualen Wahrheitspflicht rechtskräftig abgewiesenem Nichtigkeitskläger auch Kraßer FS Nirk, 1992, S. 531, 545ff.; ders. § 35 VII 8. Die Rechtspr. des RG und des BGH zum früheren Recht sah allerdings so wie bei einem betrügerisch erlangten rechtskräftigen Urteil auch die Ausübung eines durch sittenwidrige Machenschaften erschlichenen Patents als nach § 826 BGB unzulässig an, vgl. RGZ **76,** 67, 68f.; RG GRUR **41,** 156, 160; BGH GRUR **56,** 265, 269. Das führte dazu, dass in solchen Fällen der aus dem Patent in Anspruch genommene Beklagte im Verletzungsprozess den Einwand der Nichtigkeit des Patents erheben und der Verletzungsrichter dem Patent seine Wirkung versagen konnte, vgl. BGH GRUR **65,** 231; GRUR **56,** 265; GRUR **54,** 107; **52,** 564; RGZ **76,** 67; **84,** 263; **140,** 184; **157,** 1; GRUR **37,** 380; GRUR **39,** 787; GRUR **41,** 156. Wegen der Einzelheiten siehe 9. Aufl. § 9 PatG Rdn. 67f.

k) Ein Unterfall des Tatbestands der Patenterschleichung ist die **Erschleichung der Patentruhe** durch ein Abkommen mit einem Nichtigkeitskläger, um der drohenden Nichtigerklärung des Patents zu entgehen, RGZ **140,** 184, 192; KG GRUR **40,** 32, 35. Insoweit gilt das Rdn. 70 Ausgeführte entsprechend; ein berechtigter Einwand gegenüber der Verletzungsklage ergibt sich hieraus nicht, Busse/Keukenschrijver § 139 PatG Rdn. 194; a.A. 9. Aufl./Bruchhausen § 9 PatG Rdn. 68. Die Rechtspr. zum früheren Recht hat aber auch diesen Einwand zugelassen, vgl. RGZ **157,** 1; **140,** 184; RG GRUR **37,** 380; **38,** 280; **38,** 513; **39,** 963; BGHZ **3,** 193; BGH GRUR **65,** 231; KG GRUR **40,** 32; OLG Naumburg Mitt. **37,** 333. Wegen der Einzelheiten siehe 9. Aufl. § 9 PatG Rdn. 68. 71

l) Der Benutzer eines Patents kann den Einwand der **obrigkeitlichen Anordnung** erheben; das heißt, er kann geltend machen, die Benutzung des fremden Patents sei nicht rechtswidrig, weil die zuständige Stelle nach § 13 angeordnet habe, dass die Erfindung im Interesse der öffentlichen Wohlfahrt oder im Interesse der Sicherheit des Bundes benutzt werden solle, vgl. Näheres dazu bei § 13. Wenn derartige Anordnungen ergangen sind, ist für den Unterlassungsanspruch gegen staatliche Stellen der Rechtsweg vor den ordentlichen Gerichten verschlossen. Der Patentinhaber ist auf den Vergütungsanspruch gegen den Bund oder auf Entschädigungsansprüche angewiesen (vgl. § 13 Rdn. 13ff.; zum früheren Recht vgl. RGZ **77,** 14, 16; **102,** 390, 391; **120,** 264, 267f.). 72

Allein die Tatsache, dass eine Benutzung des Patents durch einen Zulieferanten zum Zwecke der Landesverteidigung erfolgt oder auf Aufträgen und Auflagen von Behörden beruht, schließt eine Patentverletzung nicht aus, solange keine Benutzungsanordnung nach § 13 erfolgt ist. Ohne Wissen und Willen der zuständigen Stellen tritt eine Benutzungsanordnung nicht ein, LG München I GRUR **52,** 228, 229. Der Verletzer kann sich auch nicht darauf berufen, die von ihm hergestellten und vertriebenen Gegenstände seien beispielsweise nach den vom Deutschen Normenausschuss veröffentlichten DIN-Normen hergestellt, RGZ **161,** 385, 386, solange nicht eine Maßnahme nach § 13 ergangen ist, denn der Umstand allein, dass für die Herstellung unter Patentschutz stehender Gegenstände Normen vorgeschrieben sind, deren Einhaltung zu einem Eingriff in ein Patent führt, reicht nicht aus, um dem Patent seine Wirkung zu nehmen, vgl. RGZ **161,** 385, 386. Normung und Patentschutz schließen sich nicht aus, RG GRUR **41,** 53, 54, eine amtliche Empfehlung steht dem Patentschutz nicht entgegen, RG GRUR **41,** 53, 54, kritisch dazu Reimer, § 47 Anm. 83; vgl. auch Weber MuW **40,** 85 und Zahn GRUR **80,** 157. Die Mitwirkung des Patentinhabers bei der Aufstellung einer DIN-Norm rechtfertigt allein nicht die Annahme, der Patentinhaber sei mit einer bei Beachtung der Normvorschrift unumgänglichen Benutzung der ihm geschützten Erfindung einverstanden, vgl. RGZ **161,** 385, 387; BGHZ **8,** 202, 209 – dort für Warenzeichen ausgesprochen.

73 **m)** Der Beklagte kann sich gegenüber einer Patentverletzungsklage jedenfalls insoweit auf das **kartellrechtliche Diskriminierungsverbot** (§ 20 Abs. 1 GWB, Art. 82, 30 Abs. 2 EG-Vertrag) berufen, als es um das **Schadensersatzverlangen** des Klägers geht, BGHZ **160,** 67 – Standard-Spundfass; vgl. auch Völp WRP **57,** 314, 315; a. A. 9. Aufl./Bruchhausen Rdn. 70, der unter Hinweis auf BGH GRUR **62,** 537, 541 – für Warenzeichen und BGHZ **100,** 51, 59 – Handtuchspender; BGH GRUR **93,** 34, 37 Bedienungsanweisung – für Urheberrecht; Fahrenschon GRUR **55,** 281, 282 diesen Einwand generell ablehnt, weil kein anderen Unternehmen üblicherweise zugänglicher Geschäftsverkehr bestehe, soweit der Patentschutz reiche. Die Weigerung, Dritten eine Lizenz für Erzeugnisse zu erteilen, die das Patent verkörpern, bedeutet als solche noch keinen Missbrauch; sobald sie aber dazu führt, dass einem Dritten der Zugang zu einem von dem Patent abgeleiteten Markt verwehrt ist, kommt der auf das Kartellrecht gestützte Einwand in Betracht, Wirtz/Holzhäuser WRP **2004,** 683, 685, 688. So ist ein Verstoß gegen das kartellrechtliche Diskriminierungsverbot gegeben, wenn die Benutzung des Patents nicht durch eine andere technische Gestaltung substituierbar ist, weil durch eine Industrienorm oder durch ein anderes, von den Nachfragern wie eine Norm beachtetes Regelwerk eine standardisierte, durch das Patent geschützte Gestaltung des Produkts vorgegeben ist, und der Patentinhaber Herstellern Lizenzen erteilt hat, es dem wegen Patentverletzung in Anspruch genommenen, gleichartigen Unternehmen gegenüber aber ohne sachlichen Grund ablehnt, auch ihm die Benutzung des Patents zu gestatten, BGHZ **160,** 67 – Standard-Spundfass. Die Frage nach der sachlichen Berechtigung der unterschiedlichen Behandlung ist auf Grund einer Gesamtwürdigung und Abwägung aller beteiligten Interessen zu beantworten, die sich an der auf die Freiheit des Wettbewerbs gerichteten Funktion des Kartellrechts orientiert, BGHZ **160,** 67 – Standard-Spundfass, m. w. N. Dabei ist zu berücksichtigen, dass das Patent auch bei marktbeherrschender Stellung das Recht schützt, nicht jedem Interessenten, sondern anstelle oder neben einer Eigennutzung nur einzelnen Bewerbern eine Lizenz zur Nutzung zu erteilen, BGHZ **160,** 67 – Standard-Spundfass. Ist nur eine relative Schlechterbehandlung zu beurteilen, weil der Patentinhaber teils Freilizenzen vergeben hat, im Übrigen aber nur zu entgeltlichen Lizenzen bereit ist, fehlt die sachliche Berechtigung, wenn die Schlechterbehandlung auf Willkür oder Überlegungen beruht, die wirtschaftlich oder unternehmerisch vernünftigem Handeln fremd sind, oder betroffene Unternehmen durch die Ausübung der Macht des marktbeherrschenden Unternehmens in ihrer Wettbewerbsfähigkeit untereinander beeinträchtigt werden sollen, BGHZ **160,** 67 – Standard-Spundfass, m. w. N. In dem Umstand, dass der Patentinhaber zunächst nur einen von mehreren etwaigen Verletzern verklagt, kann im Allgemeinen noch keine willkürliche Diskriminierung nach Art. 30 Satz 2 EG-Vertrag gesehen werden, BGH GRUR **77,** 719, 724 – Terranova-Terrapin; s. dazu Brändel GRUR **80,** 512, 513.

Ob einem wegen Patentbenutzung geltend gemachten **Unterlassungsantrag** mit Aussicht auf Erfolg Missachtung des **Diskriminierungsverbots** entgegengehalten werden kann, hat der BGH bislang offengelassen, BGHZ **160,** 67 – Standard-Spundfass. OLG Düsseldorf InstGE **2,** 168 hat die Frage verneint, weil die Aufnahme der Patentbenutzung ohne vorheriges Nachsuchen um eine Lizenz und – bei Zurückweisung eines solchen Ersuchens – ohne vorherige Anrufung der Kartellbehörde oder des Kartellgerichts Anmaßung einer Selbsthilfe bedeute, die – sofern nicht die Vorraussetzungen des § 229 BGB vorlägen – von der Rechtsordnung missbilligt werde, ebenso v. Merveldt WuW **2004,** 19. Nach Ansicht von Kühnen FS Tilmann, 2003, S. 513 ist hingegen dann, wenn der Benutzer beim Patentinhaber um die Erteilung einer Lizenz zu angemessenen Bedingungen nachgesucht und dieser das Angebot, auf welches er nach kartellrechtlichen Vorschriften hätte eingehen müssen, unberechtigt ausgeschlagen hat, die auf Verletzung des Patents gestützte Unterlassungsklage unter der Voraussetzung als unbegründet abzuweisen, dass sich der Beklagte ernsthaft und glaubhaft zur Erbringung derjenigen Leistung bereit erklärt hat, von der die Erteilung einer Lizenz abhängig gemacht worden wäre, und der Beklagte insoweit nicht nur leistungswillig, sondern auch leistungsfähig ist. Die letztgenannte Auffassung verdient den Vorzug, ebenso Wirtz/Holzhäuser WRP **2004,** 683, 693. Wenn ein kartellrechtlicher Anspruch auf Gestattung bestimmter Benutzung besteht, der klageweise durchgesetzt werden könnte, steht – vergleichbar der Lage beim Einwand der widerrechtlichen Entnahme (Rdn. 63) – dem wegen Patentverletzung Verklagten ein die zukünftige Benutzung berührender Gegenanspruch zu, der dem Begehren nach Verbot dieser Benutzung bereits mittels des Arglisteinwands entgegengesetzt werden kann. Ist die Benutzung lediglich gegen ein Entgelt zu gestatten, kann dieser Einwand nur greifen, wenn die Erfüllung dieser Pflicht durch den auf Unterlassung in Anspruch genommenen Beklagten sichergestellt ist, weil sich auf § 242 BGB nur berufen kann, wer selbst gesetzestreu ist. Die bei Benutzung eines urheberrechtlich geschützten Werks in BGHZ **148,** 221, 231 f. – Spiegel-CD-Rom aufgezeigten Bedenken bestehen im Patentrecht nicht, weil § 24 dem § 11 UrhWG nicht entspricht.

n) Ist der Eingriff in das Patent zur Abwendung einer gegenwärtigen Gefahr notwendig und der drohende Schaden unverhältnismäßig groß (Lebensgefahr durch Atomreaktorkatastrophe, die anderweit nicht zu beherrschen ist), kann der Eingriff unter dem Gesichtspunkt des **zivilrechtlichen Notstands** gerechtfertigt sein, BGH GRUR **92,** 305, 309 – Heliumeinspeisung; OLG Karlsruhe GRUR **89,** 260, 264. Solchenfalls versagt der patentrechtliche Untersagungsanspruch und ist der Patentinhaber auf den Entschädigungsanspruch nach § 904 Satz 2 BGB verwiesen. 74

14. a) Der Einwand, mit der streitigen Handlung habe man ein **Patent mit einer jüngeren Priorität benutzt,** schließt in Deutschland (anders z.B. nl. Rechtspr., GH Den Haag GRUR Int. **98,** 58, 61) eine Verurteilung wegen Verletzung eines Patents mit älterer Priorität nicht aus, BGHZ **142,** 7, 18 – Räumschild; **112,** 140 – Befestigungsvorrichtung II; OLG Düsseldorf GRUR **99,** 702; Meier-Beck GRUR **2000,** 355, 360; Kühnen GRUR **96,** 729, 733; Scharen GRUR **99,** 285; ders. FS Tilmann, 2003, S. 599f.; vgl. auch schw. BG GRUR Int. **91,** 658; HG Zürich sic! **97,** 208, 213. Diese Verurteilung hat zu erfolgen, wenn sog. **Abhängigkeit** des jüngeren vom älteren Patent besteht (zur Abhängigkeit vgl. – z.T. kritisch zu der nachfolgend dargestellten Rspr. des BGH – neben den bereits Genannten: Allekotte GRUR **2002,** 472; Nieder GRUR **2002,** 935; König GRUR **2002,** 1009, ders. Mitt. **96,** 75; Gramm GRUR **2001,** 926; Gesthuysen GRUR **2001,** 909; v. Falck GRUR **2001,** 905; Osterloh GRUR **2001,** 989; Kraßer FS Fikentscher, 1998, S. 516; Straus GRUR **98,** 314; Loth FG Beier, 1996, S. 113; Pietzcker GRUR **93,** 272; Schwanhäusser Mitt. **90,** 69, ders. GRUR **72,** 22; U. Krieger GRUR Int. **89,** 216; **90,** 596; Balass FS zum 100jährigen Bestehen eines eidgenöss. Patentgesetzes, 1988, S. 295; Gütlein GRUR **87,** 481; Blasendorff ZAkDR **39,** 565; Kisch ZAkDR **36,** 501; Winkler Mitt. **59,** 265; siehe ferner § 14 Rdn. 118ff.). Hierbei geht es um eine erfinderische Ausgestaltung der Erfindung des älteren Patents, RG GRUR **43,** 205, 209. Die in einem älteren Patent geschützte Erfindung wird zwar vom jüngeren Patent genutzt, sie ist aber mit erfinderischer Kraft weiterentwickelt worden ist, RG GRUR **39,** 482, 485; BGH GRUR **75,** 484, 486 – Etikettiergerät; BGHZ **112,** 140, 150 – Befestigungsvorrichtung II; **112,** 297, 301 – Polyesterfäden. Es ist gerade das Wesen der Abhängigkeit, dass auch das jüngere Patent eine Erfindung darstellt, vgl. RG Mitt. **11,** 17, 18; RG MuW **IX,** 256; **XII,** 507; RG GRUR **21,** 185, 186; RG MuW **37,** 239, 241. Abhängigkeit besteht allerdings nur, **soweit** die durch das jüngere Patent geschützte technische Lehre nicht ohne Eingriff in den Schutzbereich des älteren Patents benutzt werden kann, Kraßer § 33 I c 8; Scharen FS Tilmann, 2003, S. 599, 600; vgl. ferner BGHZ **142,** 7, 18 – Räumschild; **125,** 303 – Zerlegvorrichtung für Baumstämme; **112,** 140 – Befestigungsvorrichtung II; auch schon RG MuW **35,** 22, 24; RG GRUR **43,** 205, 209; **40,** 550; RG MuW **IX,** 256; BGH GRUR **53,** 112, 114; BGH I a ZR 79/64 vom 14. 7. 1966 in GRUR **67,** 84 nicht abgedruckt; GRUR **75,** 484 – Etikettiergerät; Schlagwort: **Notwendiger Gebrauch des älteren Rechts bei Benutzung des jüngeren.** Hierüber entscheiden die Gemeinsamkeiten der beiden Lehren zum technischen Handeln, weshalb es auf die Übereinstimmungen, nicht auf die Unterschiede ankommt, RG GRUR **38,** 828, 830; **41,** 221, 223. 75

b) Der erforderliche Gebrauch des älteren Patents bei Benutzung des jüngeren kann gegeben sein, wenn das jüngere Verfahren notwendigerweise die Mittel des im älteren Patent geschützten Verfahrens nutzt, vgl. RG MuW **35,** 22, 24, etwa deshalb, weil im jüngeren Patent lediglich ein weiteres Merkmal beansprucht ist, oder wenn eine geschützte Vorrichtung in einem allgemein beanspruchten Merkmal erfinderisch verbessert (konkretisiert) wird, vgl. BGH Liedl 76

61/62, 741, 760f., oder wenn ein Gerät fortentwickelt wird, indem mehrere Merkmale durch gleichwirkende und gleichwertige Mittel ersetzt sind, und die Fortentwicklung eine patentfähige Erfindung darstellt, BGH GRUR **75,** 484, 486; BGHZ **112,** 140, 150; schweiz. BG GRUR Int. **91,** 658, 660 – Doxycyclin III. Das RG hat beispielsweise in dem Vorschlag einer Nutzung einer Untergruppe einer Stoffart in einem jüngeren Patent eine Abhängigkeit gegenüber einem älteren Patent gesehen, in dem die Nutzung der Allgemeingruppe der betreffenden Stoffart unter Schutz gestellt war, RG GRUR **36,** 156, 159 (Allyle aus der Gruppe der Alkyle). Ein Erzeugnis- oder Vorrichtungspatent kann von einem Verfahrenspatent abhängig sein und umgekehrt, vgl. RGZ **33,** 149, 151 (dort zahlreiche Beispiele). Von einer Erfindung, die ein Lösungsprinzip unter Schutz stellt, können spätere Erfindungen, die besondere Lösungen des geschützten Prinzips betreffen, abhängig sein, vgl. RG GRUR **43,** 167, 169. Ein Verwendungspatent auf einen neuen Verwendungszweck einer geschützten Vorrichtung oder eines geschützten Verfahrens ist von letzteren abhängig, RGZ **85,** 95, 99, ebenso ein Verwendungspatent auf die Verwendung eines geschützten Stoffs. Die Möglichkeit, die geschützte Vorrichtung oder den Stoff vom Patentinhaber zu erwerben, wodurch diese patentfrei werden, s. Rdn. 15ff., hebt die Abhängigkeit nicht auf. Das jüngere Patent macht vom Gegenstand des älteren Patents auch dann Gebrauch, wenn die Benutzung des jüngeren Patents das ältere Patent zwar nicht wortsinngemäß verwirklicht, aber notwendig in den sachlichen Schutzbereich des älteren Patents fällt, vgl. RG GRUR **39,** 533, 534; **39,** 716; RG MuW **41,** 15. Bei wortsinngemäßer Benutzung des Gegenstands des älteren Patents ist dessen mangelnde Ausführbarkeit gleichgültig, nur so ist RGZ **70,** 319, 320f. haltbar. Eine Übereinstimmung in der nicht geschützten Aufgabenstellung begründet die Abhängigkeit nicht, RG GRUR **35,** 804, 805, ebenso wenig wie die Verschiedenheit in der Aufgabe der beiden Schutzrechte eine Abhängigkeit ausschließt, BGH I a ZR 207/63 vom 15. 12. 1964. Keine Abhängigkeit, wenn das ältere Patent bloße Anregungen für einen neuen technischen Weg vermittelt, um denselben technischen Erfolg zu erzielen, RG GRUR **38,** 424, 425, auch dann nicht, wenn das ältere Patent nur eine unwesentliche fertigungstechnische Verbesserung einer bekannten Vorrichtung umfasst, das jüngere Patent aber eine Lösung mit anderen Mitteln bringt, BGH I a ZR 201/63 vom 30. 1. 1964. Ob das jüngere Patent gleich gute Wirkungen erzielt wie das ältere Patent, ist einerlei. Abhängigkeit wird auch durch die Benutzung des älteren Patents in verschlechterter Ausführungsform, vgl. hierzu § 14 Rdn. 105, nicht ausgeschlossen, RG MuW **36,** 123, 124; GRUR **38,** 828, 831; **39,** 533, 534, 536.

77 c) Der **Einwand,** mit der streitigen Handlung habe man ein Patent mit einer jüngeren Priorität benutzt, **berührt** die Vorgehensweise bei der **Prüfung der Verletzung** des älteren Patents **nicht,** BGHZ **142,** 7, 18f. – Räumschild; Scharen FS Tilmann, 2003, S. 599ff. Die Benutzung einer Ausführung, welche die Lehre einer abhängigen Erfindung wortsinngemäß verwirklicht oder sonstwie in deren Schutzbereich liegt, bildet weder einen eigenständigen Tatbestand der Verletzung des älteren Patents, BGHZ **142,** 7 – Raumschild; Gramm GRUR **2001,** 926, 931; Scharen FS Tilmann, 2003, S. 599ff.; Busse/Keukenschrijver § 14 PatG Rdn. 100; teilw. a.A. König Mitt. **96,** 75ff.; **94,** 178, 180ff., noch ändert sie etwas daran, dass – wie auch sonst – zu fragen ist, ob diese eine dem Wortsinn des älteren Patents genügende oder eine insoweit zwar abgewandelte, aber wegen Gleichwirkung und Gleichwertigkeit (so z.B. BGHZ **150,** 149, 154 – Schneidmesser I) gleichwohl zum Schutzbereich des älteren Rechts gehörende Ausführung ist. Steht die Benutzung eines jüngeren Patents fest, mag allerdings besondere Bedeutung dem Umstand zukommen, dass bei Beantwortung der Frage der Verletzung des älteren Klagepatents die Merkmale der angegriffenen Ausführung nicht nur in ihrer konkreten Ausgestaltung in den Blick genommen werden dürfen, vgl. schon BGH GRUR **75,** 484, 486 – Etikettiergerät. Denn bereits dann, wenn eine konkrete Ausführung in einem (oder mehreren) ihrer Merkmale mit einem allgemeineren Begriffsmerkmal umschrieben werden kann und sie in der so umschriebenen Form vom Fachmann der im (älteren) Klagepatent beanspruchten Ausbildung als entsprechend oder als gleichwirkend und gleichwertig erkannt werden kann, bedeutet die Benutzung der konkreten Ausführung zugleich eine Benutzung dieses Patents, vgl. BGHZ **112,** 140, 150ff. – Befestigungsvorrichtung II; siehe ferner § 14 Rdn. 117f. Gerade wenn als Einwand vorgebracht wird, mit der streitigen Handlung habe man ein Patent mit einer jüngeren Priorität benutzt, ist daher die angegriffene Ausführung daraufhin zu untersuchen, ob sie **neben** (vgl. BGHZ **125,** 303, 315 – Zerlegvorrichtung für Baumstämme: „nebengeordnete" Lehre oder Ausgestaltung) der durch ihre konkrete Gestalt verkörperten und durch das jüngere Patent geschützten Lehre für den Fachmann Ausdruck einer weiteren Lehre mit jedenfalls zum Teil anderen Merkmalen ist, wenn man alle Elemente der konkreten Gestaltung außer Betracht lässt, die aus der Sicht des Klagepatents entbehrlich sind (vgl. BGHZ **112,** 140, 151 – Befesti-

gungsvorrichtung II), und ob diese Lehre zum technischen Handeln von der des Klagepatents in zu dessen Schutzbereich gehörender Weise Gebrauch macht. Das ist dann der Fall, wenn die angegriffene Ausführung nicht nur mit den Merkmalen des jüngeren Patents, sondern auch mit den Merkmalen des älteren Patents bzw. in einer Weise **zutreffend** beschrieben werden kann, die zu einer Zugehörigkeit zum Schutzbereich des älteren Patents erforderlich ist, Scharen FS Tilmann, 2003, S. 599ff.

d) Die Abhängigkeit des jüngeren vom älteren Patent kann eine vollkommene sein. Das ist der Fall, wenn jede Ausführungsform des jüngeren Patents und auch alle sie betreffenden Benutzungsarten unter die begrifflich notwendige Benutzung des älteren Patents fallen, etwa bei der Verbesserungs- oder der Übertragungserfindung. Wenn beispielsweise nur einzelne Benutzungshandlungen nach § 9, etwa der Gebrauch des jüngeren Patents ohne Benutzung der Erfindung des älteren nicht möglich sind, so bei der Anwendung einer Vorrichtung nach einem geschützten Verfahren, RG GRUR **43,** 205, 207, oder bei der Erfindung einer neuen Vorrichtung zur Erzeugung des früher geschützten Gegenstands oder endlich zu dessen Verwendung, liegt lediglich **Teilabhängigkeit** vor, weil zwar die Vorrichtung hergestellt, angeboten, eingeführt, im Besitz gehalten oder in Verkehr gebracht, aber nicht gebraucht werden darf, RG GRUR **43,** 205, 207. Bei einer Verwendungserfindung spricht die Rechtslehre von unechter Abhängigkeit, weil der Inhaber des jüngeren Patents zur Verwendung seiner Vorrichtung sich nur den nach dem älteren Patent hergestellten und in den Verkehr gebrachten Stoff zu beschaffen braucht, der dadurch patentfrei geworden ist, vgl. Rdn. 15ff. Die Rechtsfolgen sind somit verschieden, je nach dem sich die Abhängigkeit aus einem Verfahrenspatent oder einem Vorrichtungspatent ableitet, RG GRUR **43,** 205, 207. 78

e) Die Abhängigkeit berührt die Wirksamkeit eines Patents nicht RGSt. **42,** 127, 129f.; RGZ **50,** 111, 114. Die Abhängigkeit einer jüngeren Anmeldung von einem älteren Patent ist kein Grund zur Versagung des Patents, RG GRUR **38,** 828, 831. Deshalb prüft das Patentamt die Frage der Abhängigkeit im Patenterteilungsverfahren nicht, BGH GRUR **64,** 606, 611; RGZ **33,** 149, 155ff.; **45,** 72, 76; **91,** 188, 190; RG GRUR **38,** 31, 33; PA Mitt. **31,** 127, 128; PA GRUR **25,** 78, 79. Sie ist auch kein Nichtigkeitsgrund, RGZ **33,** 149, 155. Deshalb ist auch im Nichtigkeitsverfahren nicht über die Abhängigkeit zu befinden, RGZ **33,** 149, 155; RG GRUR **37,** 855, 857; Liedl **61/62,** 741, 762. Nur die Ausübung des abhängigen Patents unterliegt gegenüber dem Inhaber des älteren Patents einer Beschränkung. Sie bedarf nämlich der Zustimmung des Inhabers des älteren Patents, BGH GRUR **62,** 370, 374; **64,** 606, 611; RG MuW **32,** 352, 354; RG GRUR **38,** 543, 545; RGZ **50,** 111, 114; RGSt. **42,** 127, 129. Die Benutzung eines abhängigen Patents ist ohne die Zustimmung des Inhabers des älteren Patents rechtswidrig, BGH GRUR **64,** 606, 611; OLG Düsseldorf GRUR **66,** 521, 522. Der Inhaber des älteren Patents darf ein von diesem abhängiges Patent, das von der Lehre seines Patents Gebrauch macht und beispielsweise seine Erfindung verbessert, nicht benutzen, RGZ **50,** 111, 114; RGSt. **42,** 127, 129f.; BGH I a ZR 18/63 vom 28. 11. 1963. Auch er muss das jüngere Patent respektieren; auch ihm gegenüber folgt aus dem jüngeren Patent das Untersagungsrecht, vgl. RGZ **50,** 111, 114; RGSt. **42,** 127, 129f. Auf diese Weise können bei sich überschneidenden abhängigen Patenten das Benutzungsrecht und das Untersagungsrecht auseinanderfallen, RG GRUR **41,** 154, 155 m. w. Nachw. 79

Ein abhängiges Patent behält gegenüber **Dritten** seine volle Geltung, es ist ein voll wirksames Patent, RGZ **50,** 111, 114; RGSt. **42,** 127, 129. Der Inhaber eines abhängigen Patents kann Eingriffe Dritter in sein Patent verbieten, RGZ **126,** 127, 130, auch wenn er selbst sein Benutzungsrecht nicht ausüben darf, RGZ **126,** 127, 131. Für eine Unterlassungsklage ist selbst dann die erforderliche Wiederholungsgefahr nicht ausgeräumt, wenn der Dritte schon aus dem älteren Patent rechtskräftig zur Unterlassung verurteilt worden ist, RGZ **126,** 127, 131. Der Inhaber eines abhängigen Patents kann von einem Dritten, der sein Patent verletzt, Schadenersatz in Form der Gewinnherausgabe und der angemessenen Lizenzgebühr verlangen, RGZ **126,** 127, 132, vgl. § 139 Rdn. 63ff.; 72ff. Bei abhängigen Patenten kann es, wie auch sonst, vorkommen, dass ein Verletzer zugleich mehrere Patente verletzt, vgl. RGZ **126,** 127, 130ff.; **159,** 11, 12. Deshalb dürfen bei der Ermittlung der als Schadenersatz geschuldeten angemessenen Lizenz nicht von vorneherein alle bereits im älteren Patent enthaltenen Elemente ausgeklammert werden und die angemessene Lizenz allein mit der Benutzung des überschießenden Teils begründet werden, BGH GRUR **92,** 432, 433 = **92,** 597 – Steuereinrichtung I. 80

f) Die Frage der Abhängigkeit kann im Verfahren vor den ordentlichen Gerichten, vgl. RGZ **33,** 149, 155ff.; PA GRUR **25,** 78, 79; BGH Liedl **61/62,** 741, 762, durch Feststellungsklage geklärt werden. Der Abhängigkeitsstreit ist Patentstreitsache (§ 143). Der Inhaber und der ausschließliche Lizenznehmer, vgl. RGZ **95,** 304, 306f., des älteren Patents können auf Feststel- 81 lung der Abhängigkeit des jüngeren Patents vom älteren Patent antragen, vgl. RGZ **91,** 188, oder auf Feststellung, dass der Inhaber des jüngeren Patents ohne Zustimmung des Inhabers des älteren Patents während der Schutzdauer des älteren Patents die im jüngeren Patent geschützte Vorrichtung (oder das darin geschützte Verfahren oder die Anordnung) nicht gebrauchen oder ausüben darf, vgl. RGZ **95,** 304, 305, oder auf beides, vgl. RG GRUR **36,** 923, 924; **39,** 716; **43,** 205, 206. Einer bloßen Teilabhängigkeit (vgl. Rdnr. 78) ist Rechnung zu tragen. So kann sich die Klage auf Feststellung der Abhängigkeit eines Patents nur auf bestimmte in dem jüngeren Patent unter Schutz gestellte Ausführungsformen beziehen oder auf Feststellung geklagt werden, dass eine Ausführungsform des jüngeren Patents abhängig ist, wenn sie in bestimmter Weise betrieben wird, vgl. RG GRUR **39,** 716. Besteht auch Streit darüber, ob die tatsächlich benutzte Lehre überhaupt durch das jüngere Patent unter Schutz gestellt ist, so ist darüber in dem Feststellungsstreit über die Abhängigkeit mitzuentscheiden, vgl. RG GRUR **39,** 716. Das nach § 256 ZPO erforderliche Interesse des Inhabers oder ausschließlichen Lizenznehmers des älteren Patents an der alsbaldigen Feststellung der Abhängigkeit folgt nicht schon aus der Tatsache der Abhängigkeit allein, sondern ist nur dann gegeben, wenn der Inhaber des jüngeren Patents durch sein Verhalten die Rechte des Berechtigten am älteren Patent gefährdet oder einen erkennbaren Anlass zur Besorgnis einer solchen Gefährdung gibt, etwa durch Bestreiten der Abhängigkeit oder durch Unterstützung der Unsicherheit in dieser Richtung, vgl. RGZ **95,** 304, 306f. Wenn das Patentamt sich zur Frage der Abhängigkeit zweiter Patente geäußert hat, so bindet das die ordentlichen Gerichte nicht, RGZ **45,** 72, 76, 79. Urteile, die der Inhaber des älteren Patents in einem Verletzungsprozess gegen einen Dritten erstritten hat, der eine dem jüngeren Patent entsprechende Ausführungsform benutzt hat, können einen Anhalt für die Abhängigkeit des jüngeren Patents ergeben, OLG Celle GRUR **36,** 756, 759. Die Abhängigkeitsklage kann mit der Unterlassungs-, Rechnungslegungs- und Schadenersatzklage wegen Patentverletzung verbunden werden, vgl. RG GRUR **21,** 185; **39,** 482, 484; denn die Verletzungsklage betrifft nur die von der Frage der Abhängigkeit unabhängige Frage der tatsächlichen Benutzung, vgl. RG GRUR **21,** 185, 186. Der Inhaber des jüngeren Patents kann seinerseits negative Feststellungsklage dahin erheben, dass sein Patent von dem älteren nicht abhängig ist, vgl. RGZ **45,** 72, 74; RG GRUR **38,** 188. In einem solchen Falle kann sich das Feststellungsinteresse auch aus der Berühmung der Abhängigkeit im Prozess ergeben, vgl. RG Mitt. **27,** 48. Wenn der Inhaber des älteren Patents die Klage auf Unterlassung, Rechnungslegung und Schadenersatz erhebt, entfällt das Rechtsschutzinteresse der negativen Feststellungsklage, vgl. RG GRUR **38,** 188; BGHZ **28,** 203, 207; Heydt GRUR **59,** 154; Reimer Mitt. **60,** 185.

Der Inhaber des älteren Patens kann nebeneinander die Nichtigkeitsklage und die Klage auf Feststellung der Abhängigkeit gegen den Inhaber des jüngeren Patents erheben, vgl. RG GRUR **39,** 482, 483. Bei Nichtigerklärung des jüngeren Patents erledigt sich die Hauptsache im Abhängigkeitsstreit. Für die Kostenentscheidung nach § 91a ZPO ist zu prüfen, ob die Abhängigkeitsklage Erfolg gehabt hätte, vgl. RG GRUR **39,** 482, 483; **40,** 550ff. Die rückwirkende Kraft der Nichtigkeitserklärung führt nicht dazu, dem Kläger der Abhängigkeitsklage die Kosten aufzuerlegen, vgl. RG GRUR **39,** 482, 483. Im Zwangslizenzstreit ist die Abhängigkeit zunächst zu unterstellen, PA GRUR **25,** 78, 79; RG MuW **38,** 200, 202. Das Urteil im Zwangslizenzstreit büßt seine Bedeutung ein, wenn später rechtskräftig festgestellt wird, dass das jüngere Patent nicht abhängig ist, RGZ **95,** 188, 191, denn ein Urteil im Verletzungsstreit schafft Rechtskraft, RG MuW **38,** 200, 202.

9a

(1) **Betrifft das Patent biologisches Material, das auf Grund einer Erfindung mit bestimmten Eigenschaften ausgestattet ist, so erstrecken sich die Wirkungen von § 9 auf jedes biologische Material, das aus diesem biologischen Material durch generative oder vegetative Vermehrung in gleicher oder abweichender Form gewonnen wird und mit denselben Eigenschaften ausgestattet ist.**

(2) **Betrifft das Patent ein Verfahren, das es ermöglicht, biologisches Material zu gewinnen, das auf Grund einer Erfindung mit bestimmten Eigenschaften ausgestattet ist, so erstrecken sich die Wirkungen von § 9 auf das mit diesem Verfahren unmittelbar gewonnene biologische Material und jedes andere mit denselben Eigenschaften ausgestattete biologische Material, das durch generative oder vegetative Vermehrung in gleicher oder abweichender Form aus dem unmittelbar gewonnenen Material gewonnen wird.**

(3) [1]**Betrifft das Patent ein Erzeugnis, das auf Grund einer Erfindung aus einer genetischen Information besteht oder sie enthält, so erstrecken sich die Wirkungen von**

§ 9 auf jedes Material, in das dieses Erzeugnis Eingang findet und in dem die genetische Information enthalten ist und ihre Funktion erfüllt.

Inhaltsübersicht

Literaturhinweis zu §§ 9a–c: Haedicke, Die Harmonisierung von Patent- und Sortenschutz im Gesetz zur Umsetzung der Biotechnologie-Richtlinie, Mitt. 2005, 241; Krauß, Die Effekte der Umsetzung der Richtlinie über den rechtlichen Schutz biotechnologischer Erfindungen auf die deutsche Praxis im Bereich dieser Erfindungen, Mitt. 2005, 490.

1. Die Vorschrift ergänzt § 9. Sie ist am 28. 2. 2005 in Kraft getreten (Art. 4 Gesetz zur Umsetzung der Richtlinie über den rechtlichen Schutz biotechnologischer Erfindungen vom 21. 1. 2005 – BGBl. I 146). Sie gilt deshalb für Benutzungshandlungen i. S. d. § 9, die seit diesem Datum begangen wurden. Mit Abs. 1 und 2 sollen Art. 8, mit Abs. 3 soll Art. 9 der Richtlinie 98/44/EG des Europäischen Parlaments und des Rates vom 6. 7. 1998 über den rechtlichen Schutz biotechnologischer Erfindungen (ABl. L 213/13) umgesetzt werden. Der Wortlaut von § 9a stimmt weitgehend mit dem dieser Bestimmungen überein. § 9a beantwortet die Frage, ob trotz der Fähigkeit biologischen Materials, sich selbst zu vermehren, der Patentschutz mit der ersten, vom Patentinhaber hergestellten bzw. behandelten Generation enden kann, vgl. BT-Drucks. 15/1709 S. 12. Das wird durch die Regelung ausgeschlossen, um den Patentschutz auf diesem Gebiet nicht wirtschaftlich weitgehend zu entwerten, vgl. BT-Drucks. 15/1709 S. 12. 1

2. a) § 9a Abs. 1 betrifft **(Sach-)Patente für biologisches Material.** Was biologisches Material ist, ist in § 1a Abs. 3 Nr. 1 gesetzlich definiert. Hierauf wird verwiesen. Erfasst sind beispielsweise einzelne Pflanzen, modifizierte Pflanzenzellen, pflanzliche Gewebe, Vektoren (z. B. Plasmide), Pflanzenteile oder Pflanzenorgane sowie entsprechendes tierisches Material. Das beanspruchte Material muss ferner **mit bestimmten Eigenschaften** ausgestattet sein. Es reicht eine bestimmte Tauglichkeit, etwa eine bestimmte Resistenz, und es kommt jede Eigenschaft in Betracht. Sie muss nur Folge der genetischen Informationen sein, die das Material angesichts seiner beanspruchten Qualität enthält. Ob die Information oder Eigenschaft in der Patentschrift beschrieben ist oder gar Grund für die Patenterteilung war, ist belanglos, Busse/Keukenschrijver § 9a RegE Rdn. 4; a. A. Schulte/Kühnen § 9a PatG Rdn. 6. 2

b) Der Patentschutz erstreckt sich abgesehen von der in § 9c Abs. 3 geregelten Ausnahme **auf alle** im Wege der Vermehrung (Erzeugung oder Fortpflanzung, vgl. Art. 13 Abs. 2a VO (EG) Nr. 2100/94) erhaltenen **Reproduktionen,** die ihrerseits mit den Eigenschaften ausgestattet sind, also sowohl auf ein einzelnes durch Fortpflanzung entstandenes Individuum, Busse/Keukenschrijver § 9a RegE Rdn. 5; Schulte/Kühnen § 9a PatG Rdn. 7, als auch auf die durch Vermehrung entstandenen Folgegenerationen mit diesen Eigenschaften. Der Patentschutz kann sich daher auf eine Pflanzensorte erstrecken, ohne dass diese selbst patentierbar wäre, EuGH GRUR Int. **2001,** 1043 Rdn. 46 – Biotechnologie-Richtlinie; vgl. aber auch Rdn. 5. Bei den Reproduktionen interessiert nur das Vorhandensein der patentgemäßen Eigenschaften, dagegen nicht, ob das erzeugte biologische Material in gleicher Form wie das Original oder in abweichender Form gewonnen wurde. Da in der Rechtsprechung zu § 14 anerkannt ist, dass Wirkungsgleichheit im Wesentlichen ausreicht (siehe dort Rdn. 105), sollte auch insoweit genügen, dass die Eigenschaften der ersten Generation noch in einem praktisch erheblichen Maß erhalten geblieben sind, ähnlich Busse/Keukenschrijver § 9a RegE Rdn. 6; Schulte/Kühnen § 9a PatG Rdn. 11. Erst bei (späteren) Folgegenerationen, bei denen die Eigenschaften verloren gegangen sind, greift der Patentschutz nicht mehr. Der Patentinhaber ist so gegen vegetative oder generative Vermehrung beispielsweise einer unter Patentschutz stehenden Pflanze geschützt, weil Vermehrungsgut mit den patentgemäßen Eigenschaften von Dritten nicht hergestellt, angeboten, in den Verkehr gebracht, gebraucht und zu diesen Zwecken nicht eingeführt und besessen werden darf, vgl. BT-Drucks. 15/1709 S. 12. Zur Erschöpfung siehe § 9b, zum Landwirteprivileg § 9c Abs. 1f., zu Fällen der Auskreuzung § 9c Abs. 3. 3

4 **3.** § 9 Abs. 2 betrifft **Verfahrenspatente,** deren Lehre ermöglicht, biologisches Material (vgl. § 1 a Abs. 3 Nr. 1) mit bestimmten Eigenschaften zu gewinnen. Gemeint sind vornehmlich Herstellungsverfahren, aber auch Verwendungsverfahren, wenn diese ein Material bestimmter anderer Eigenschaft hervorbringen. Entsprechend § 9 Nr. 3 erstreckt sich bei solchen Patenten der Schutz auch auf unmittelbare Verfahrenserzeugnisse (siehe hierzu § 9 Rdn. 55 ff.), darüber hinaus aber auch auf jedes andere biologische Material mit den patentgemäßen Eigenschaften, das durch Vermehrung in gleicher oder abweichender Form aus einem unmittelbar gewonnenen Material erzeugt wurde. Auch hier wirkt der Patentschutz also auf alle Folgegenerationen weiter, bei denen sich die patentgemäßen Eigenschaften erhalten haben. Zur Erschöpfung siehe § 9 b, zum Landwirteprivileg § 9 c Abs. 1 f., zu Fällen der Auskreuzung § 9 c Abs. 3.

5 **4.** Nach der Begründung zum Entwurf eines Gesetzes zur Umsetzung der Richtlinie über den rechtlichen Schutz biotechnologischer Erfindungen (BT-Drucks. 15/1709 S. 14) soll der Schutz nach § 9 a Abs. 2 eine Pflanzensorte oder Tierrasse nicht umfassen, wenn diese das unmittelbare Erzeugnis des patentierten Verfahrens ist, ebenso Schulte/Kühnen § 9 a PatG Rdn. 14. In der vom EuGH vorgenommenen Auslegung von Art. 8 f. der EG-Richtlinie, denen die Bestimmung nachgebildet ist (vgl. Rdn. 1), wird die Anwendung von § 9 a Abs. 1 u. 2 durch das Verbot der Patentierung von Pflanzensorten und Tierrassen (§ 2 a Abs. 1) hingegen nicht eingeschränkt, EuGH GRUR Int. **2001,** 1043 Rdn. 46 – Biotechnologie-Richtlinie; vgl. auch Rechtsprechung der Beschwerdekammern des EPA, 3. Auflage 1998, II. B.6.1 und 6.2.

6 **5.** § 9 a Abs. 3 Satz 1 trägt dem Umstand Rechnung, dass beanspruchtes biologisches Material beispielsweise durch Kreuzung auch die Eigenschaften einer anderen Pflanzensorte verbessern kann, vgl. BT-Drucks. 15/1709 S. 12. Die Regelung legt fest, dass der Schutz für ein patentiertes Erzeugnis auch dann nicht entfällt, wenn sich die erfindungsgemäße Eigenschaft in einem anderen biologischen Material ausdrückt, vgl. BT-Drucks. 15/1709 S. 12. Anderes Material darf ebenfalls nicht Gegenstand von in § 9 Nr. 1 genannten Handlungen Dritter sein, wenn das patentierte Erzeugnis in dieses Material Eingang gefunden hat und auch dort die genetische Information, die dem patentierten Erzeugnis zu Grunde liegt, enthalten ist und ihre Funktion erfüllt. Auch dieser Schutz endet, sobald Material entsteht, das die durch die Information vermittelte Eigenschaft nicht mehr hat. Zur Erschöpfung siehe § 9 b, zum Landwirteprivileg § 9 c Abs. 1 f., zu Fällen der Auskreuzung § 9 c Abs. 3.

7 § 9 a Abs. 3 Satz 2 stellt klar, dass die in Satz 1 normierte Erstreckung des Schutzes auf jedes Material mit der genetischen Information nichts daran ändert, dass kein Patent für Material erlangt werden kann, das durch § 1 a Abs. 1 vom Patentschutz ausgenommen ist.

9b

[1]Bringt der Patentinhaber oder mit seiner Zustimmung ein Dritter biologisches Material, das auf Grund der Erfindung mit bestimmten Eigenschaften ausgestattet ist, im Hoheitsgebiet eines Mitgliedstaates der Europäischen Union oder in einem Vertragsstaat des Abkommens über den Europäischen Wirtschaftsraum in Verkehr und wird aus diesem biologischen Material durch generative oder vegetative Vermehrung weiteres biologisches Material gewonnen, so treten die Wirkungen von § 9 nicht ein, wenn die Vermehrung des biologischen Materials der Zweck war, zu dem es in den Verkehr gebracht wurde. [2]Dies gilt nicht, wenn das auf diese Weise gewonnene Material anschließend für eine weitere generative oder vegetative Vermehrung verwendet wird.

Inhaltsübersicht

1 **1.** Die Vorschrift ergänzt § 9 a Abs. 1. Sie ist am 28. 2. 2005 in Kraft getreten (Art. 4 Gesetz zur Umsetzung der Richtlinie über den rechtlichen Schutz biotechnologischer Erfindungen vom 21. 1. 2005 – BGBl. I 146). Sie gilt deshalb, wenn patentiertes biologisches Material seit diesem Datum vermehrt wurde. Mit § 9 b soll Art. 10 der Richtlinie 98/44/EG des Europäischen Parlaments und des Rates vom 6. 7. 1998 über den rechtlichen Schutz biotechnologischer Erfindungen (ABl. L 213/13) umgesetzt werden. Der Wortlaut von § 9 b entspricht inhaltlich weitgehend dem dieser Bestimmung.

2. § 9b Satz 1 enthält eine **ausdrückliche Regelung der Erschöpfung** (siehe hierzu § 9 Rdn. 15 ff.) bei Patenten, die biologisches Material betreffen, das auf Grund der Erfindung mit bestimmten Eigenschaften ausgestattet ist (siehe hierzu § 9a Rdn. 2). Der Ausschluss der Wirkungen des Patents erfasst wie auch sonst bei der Erschöpfung nur das Material, das tatsächlich vom Patentinhaber oder mit dessen Zustimmung in der Bundesrepublik Deutschland, im sonstigen EG-Bereich oder im europäischen Wirtschaftsraum in den Verkehr gebracht wurde. Das dort mit Zustimmung des Patentinhabers in den Verkehr gebrachte Material darf von dem Erwerber angebaut oder sonstwie vermehrt werden, vgl. BT-Drucks. 15/1709 S. 14. Anders als bei § 9a stellt das Gesetz hier aber nicht darauf ab, dass bei der zweckgerichteten Reproduktion die patentgemäßen Eigenschaften erhalten bleiben. Auch darauf, wie und wo die Vermehrung erfolgt, kommt es nicht an. 2

a) Einen privilegierenden Zweck der Reproduktion sieht das Gesetz lediglich als gegeben an, wenn die Vermehrung Grund für das Inverkehrbringen durch den Patentinhaber oder mit dessen Zustimmung durch einen Dritten war. Die **Vermehrung muss** allerdings nicht alleiniger **Zweck des Inverkehrbringens gewesen sein.** Ob das Material zum Zwecke der Vermehrung in den Verkehr gebracht wurde, ist an Hand der konkreten Umstände der Handlung des Patentinhabers oder des mit dessen Zustimmung handelnden Dritten zu ermitteln. Anhaltspunkte können vor allem ein abgeschlossener Vertrag, aber auch die Aufbereitung des Materials, z.B. als Saatgut, bieten. Verkauft ein Patentinhaber Saatgut an einen Landwirt, so geschieht dies gerade zum Zwecke des Anbaus und der Verwertung der gewonnenen Erzeugnisse. Vorbehaltlich Satz 2 kann der Patentinhaber diese Benutzungshandlungen i.S.d. § 9 deshalb nicht untersagen, vgl. BT-Drucks. 15/1709 S. 12. 3

b) Die Beweislast dafür, dass das Material mit Zustimmung des Patentinhabers und zum Zwecke der Vermehrung in den Verkehr gelangt ist, trifft den wegen Patentverletzung in Anspruch Genommenen. Er kann sich aber auf Erfahrungen des täglichen Lebens beziehen. So ist als Saatgut hergerichtetes Material üblicherweise zum Zwecke der Vermehrung im Handel. Hat der in Anspruch Genommene solches Material erworben, wird deshalb der Patentinhaber dartun müssen, dass die Vermehrung nicht ein Zweck war, zu dem dieses Material mit seiner Zustimmung in den Verkehr gebracht wurde, vgl. Schulte/Kühnen § 9b PatG Rdn. 9. 4

3. § 9b Satz 2 schränkt die nach Satz 1 patentrechtlich zulässige Verwertung des Materials ein, das aus dem mit Zustimmung des Patentinhabers in den Verkehr gebrachten biologischen Material gewonnen wurde. Die **Erschöpfung erfasst nicht** die Verwendung des gewonnenen Materials für **eine weitere generative oder vegetative Vermehrung.** So darf der Landwirt das Erntegut, das aus dem Patentschutz unterliegendem biologischen Material rechtmäßig produziert wurde, nicht seinerseits ganz oder teilweise als Saatgut weiterverkaufen, vgl. BT-Drucks. 15/1709 S. 12, 14. Außerhalb des privaten, nicht gewerblichen Bereichs darf das produzierte Material nicht erneut angebaut werden. Bei pflanzlichem Vermehrungsmaterial, landwirtschaftlichen Nutztieren und tierischem Vermehrungsmaterial ist die Anwendung des § 9b Satz 2 allerdings durch das Landwirteprivileg eingeschränkt, siehe § 9c. 5

9c

(1) [1]**Wird pflanzliches Vermehrungsmaterial durch den Patentinhaber oder mit dessen Zustimmung durch einen Dritten an einen Landwirt zum Zweck des landwirtschaftlichen Anbaus in Verkehr gebracht, so darf dieser entgegen den §§ 9, 9a und 9b Satz 2 sein Erntegut für die generative oder vegetative Vermehrung durch ihn selbst im eigenen Betrieb verwenden. [2]Für Bedingungen und Ausmaß dieser Befugnis gelten Artikel 14 der Verordnung (EG) Nr. 2100/94 in seiner jeweils geltenden Fassung sowie die auf dessen Grundlage erlassenen Durchführungsbestimmungen entsprechend. [3]Soweit sich daraus Ansprüche des Patentinhabers ergeben, sind diese entsprechend den auf Grund Artikel 14 Abs. 3 der Verordnung (EG) Nr. 2100/94 erlassenen Durchführungsbestimmungen geltend zu machen.**

(2) [1]**Werden landwirtschaftliche Nutztiere oder tierisches Vermehrungsmaterial durch den Patentinhaber oder mit dessen Zustimmung durch einen Dritten an einen Landwirt in Verkehr gebracht, so darf der Landwirt die landwirtschaftlichen Nutztiere oder das tierische Vermehrungsmaterial entgegen den §§ 9, 9a und 9b Satz 2 zu landwirtschaftlichen Zwecken verwenden. [2]Diese Befugnis erstreckt sich auch auf die Überlassung der landwirtschaftlichen Nutztiere oder anderen tierischen Vermehrungsmaterials zur Fortführung seiner landwirtschaftlichen Tätigkeit, jedoch nicht auf den Verkauf mit dem Ziel oder im Rahmen einer Vermehrung zu Erwerbszwecken.**

(3) [1]**§ 9a Abs. 1 bis 3 gilt nicht für biologisches Material, das im Bereich der Landwirtschaft zufällig oder technisch nicht vermeidbar gewonnen wurde. [2]Daher kann ein Landwirt im Regelfall nicht in Anspruch genommen werden, wenn er nicht diesem Patentschutz unterliegendes Saat- oder Pflanzgut angebaut hat.**

Auszug aus der **Verordnung (EG) Nr. 2100/94** des Rates vom 27. Juli 1994 über den gemeinschaftlichen Sortenschutz (ABl. L 227)

Art. 14 Abweichung vom gemeinschaftlichen Sortenschutz

(1) Unbeschadet des Artikels 13 Absatz 2 können Landwirte zur Sicherung der landwirtschaftlichen Erzeugung zu Vermehrungszwecken im Feldanbau in ihrem eigenen Betrieb das Ernteerzeugnis verwenden, das sie in ihrem eigenen Betrieb durch Anbau von Vermehrungsgut einer unter den gemeinschaftlichen Sortenschutz fallenden Sorte gewonnen haben, wobei es sich nicht um eine Hybride oder eine synthetische Sorte handeln darf.

(2) Absatz 1 gilt nur für folgende landwirtschaftliche Pflanzenarten:

a) Futterpflanzen:
Cicer arietinum L. – Kichererbse
Lupinus luteus L. – Gelbe Lupine
Medicago sativa L. – Blaue Luzerne
Pisum sativum L. (partim) – Futtererbse
Trifolium alexandrinum L. – Alexandriner Klee
Trifolium resupinatum L. – Persischer Klee
Vicia faba – Ackerbohne
Vicia sativa L. – Saatwicke
und, im Fall Portugals, für Lolium multiflorum Lam – Einjähriges und Welsches Weidelgras;

b) Getreide:
Avena sativa – Hafer
Hordeum vulgare L. – Gerste
Oryza sativa L. – Reis
Phalaris canariensis L. – Kanariengras
Secale cereale L. – Roggen
X Triticosecale Wittm. – Triticale
Triticum ästivum L. emend.
Fiori et Paol. – Weizen
Triticum durum Desf. – Hartweizen
Triticum spelta L. – Spelz;

c) Kartoffeln:
Solanum tuberosum – Kartoffel;

d) Öl- und Faserpflanzen:
Brassica napus L. (partim) – Raps
Brassica rapa L. (parti) – Rübsen
Linum usitatissimum – Leinsamen mit Ausnahme von Flachs.

(3) Die Bedingungen für die Wirksamkeit der Ausnahmeregelung gemäß Absatz 1 sowie für die Wahrung der legitimen Interessen des Pflanzenzüchters und des Landwirts werden vor dem Inkrafttreten dieser Verordnung in einer Durchführungsordnung gemäß Artikel 114 nach Maßgabe folgender Kriterien festgelegt:

- Es gibt keine quantitativen Beschränkungen auf der Ebene des Betriebs des Landwirts, soweit es für die Bedürfnisse des Betriebs erforderlich ist;
- das Ernteerzeugnis kann von dem Landwirt selbst oder mittels für ihn erbrachter Dienstleistungen für die Aussaat vorbereitet werden, und zwar unbeschadet einschränkender Bestimmungen, die die Mitgliedstaaten in Bezug auf die Art und Weise, in der dieses Ernteerzeugnis für die Aussaat vorbereitet wird, festlegen können, insbesondere um sicherzustellen, daß das zur Vorbereitung übergebene Erzeugnis mit dem aus der Vorbereitung hervorgegangenen Erzeugnis identisch ist;
- Kleinlandwirte sind nicht zu Entschädigungszahlungen an den Inhaber des Sortenschutzes verpflichtet. Als Kleinlandwirte gelten
  - im Fall von in Absatz 2 genannten Pflanzenarten, für die die Verordnung (EWG) Nr. 1765/92 des Rates vom 30. Juni 1992 zur Einführung einer Stützungsregelung für Erzeuger bestimmter landwirtschaftlicher Kulturpflanzen (4) gilt, diejenigen Landwirte, die Pflanzen nicht auf einer Fläche anbauen, die größer ist als die Fläche, die für die Produktion von 92 Tonnen Getreide benötigt würde; zur Berechnung der Fläche gilt Artikel 8 Absatz 2 der vorstehend genannten Verordnung;
  - im Fall anderer als der in Absatz 2 genannten Pflanzenarten diejenigen Landwirte, die vergleichbaren angemessenen Kriterien entsprechen;
- andere Landwirte sind verpflichtet, dem Inhaber des Sortenschutzes eine angemessene Entschädigung zu zahlen, die deutlich niedriger sein muß als der Betrag, der im selben Gebiet für die Erzeugung von Vermehrungsmaterial derselben Sorte in Lizenz verlangt wird; die tatsächliche Höhe dieser angemessenen Entschädigung kann im Laufe der Zeit Veränderungen unterliegen, wobei berücksichtigt wird, inwieweit von der Ausnahmeregelung gemäß Absatz 1 in Bezug auf die betreffende Sorte Gebrauch gemacht wird;
- verantwortlich für die Überwachung der Einhaltung der Bestimmungen dieses Artikels oder der auf Grund dieses Artikels erlassenen Bestimmungen sind ausschließlich die Inhaber des Sortenschutzes; bei dieser Überwachung dürfen sie sich nicht von amtlichen Stellen unterstützen lassen;

– die Landwirte sowie die Erbringer vorbereitender Dienstleistungen übermitteln den Inhabern des Sortenschutzes auf Antrag relevante Informationen; auch die an der Überwachung der landwirtschaftlichen Erzeugung beteiligten amtlichen Stellen können relevante Informationen übermitteln, sofern diese Informationen im Rahmen der normalen Tätigkeit dieser Stellen gesammelt wurden und dies nicht mit Mehrarbeit oder zusätzlichen Kosten verbunden ist. Die gemeinschaftlichen und einzelstaatlichen Bestimmungen über den Schutz von Personen bei der Verarbeitung und beim freien Verkehr personenbezogener Daten werden hinsichtlich der personenbezogenen Daten von diesen Bestimmungen nicht berührt.

Art. 94 Verletzung

(1) Wer

a) hinsichtlich einer Sorte, für die ein gemeinschaftlicher Sortenschutz erteilt wurde, eine der in Artikel 13 Absatz 2 genannten Handlungen vornimmt, ohne dazu berechtigt zu sein, oder

b) die korrekte Verwendung einer Sortenbezeichnung im Sinne von Artikel 17 Absatz 1 oder die einschlägige Information im Sinne von Artikel 17 Absatz 2 unterläßt oder

c) entgegen Artikel 18 Absatz 3 die Sortenbezeichnung einer Sorte, für die ein gemeinschaftlicher Sortenschutz erteilt wurde, oder eine mit dieser Sortenbezeichnung verwechselbare Bezeichnung verwendet,

kann vom Inhaber auf Unterlassung der Verletzung oder Zahlung einer angemessenen Vergütung oder auf beides in Anspruch genommen werden.

(2) Wer vorsätzlich oder fahrlässig handelt, ist dem Inhaber darüber hinaus zum Ersatz des weiteren aus der Verletzung entstandenen Schadens verpflichtet. Bei leichter Fahrlässigkeit kann sich dieser Anspruch entsprechend dem Grad der leichten Fahrlässigkeit, jedoch nicht unter die Höhe des Vorteils, der dem Verletzer aus der Verletzung erwachsen ist, vermindern.

Art. 95 Handlungen vor Erteilung des gemeinschaftlichen Sortenschutzes

Der Inhaber kann von demjenigen, der in der Zeit zwischen der Bekanntmachung des Antrags auf gemeinschaftlichen Sortenschutz und dessen Erteilung eine Handlung vorgenommen hatte, die ihm nach diesem Zeitraum auf Grund des gemeinschaftlichen Sortenschutzes verboten wäre, eine angemessene Vergütung verlangen.

Art. 96 Verjährung

Die Ansprüche nach den Artikeln 94 und 95 verjähren in drei Jahren von dem Zeitpunkt an, in dem der gemeinschaftliche Sortenschutz endgültig erteilt worden ist und der Inhaber von der Handlung und der Person des Verpflichteten Kenntnis erlangt hat, oder, falls keine solche Kenntnis erlangt wurde, in dreißig Jahren von der Vollendung der jeweiligen Handlung an.

Art. 97 Ergänzende Anwendung des nationalen Rechts bei Verletzungen

(1) Hat der nach Artikel 94 Verpflichtete durch die Verletzung auf Kosten des Inhabers oder eines Nutzungsberechtigten etwas erlangt, so wenden die nach den Artikeln 101 oder 102 zuständigen Gerichte hinsichtlich der Herausgabe ihr nationales Recht einschließlich ihres internationalen Privatrechts an.

(2) Absatz 1 gilt auch für sonstige Ansprüche, die sich aus der Vornahme oder der Unterlassung von Handlungen nach Artikel 95 in der Zeit zwischen der Bekanntmachung des Antrags auf Erteilung des gemeinschaftlichen Sortenschutzes und der Erledigung des Antrags ergeben können.

(3) Im übrigen bestimmt sich die Wirkung des gemeinschaftlichen Sortenschutzes allein nach dieser Verordnung.

Art. 98 Geltendmachung des Rechts auf den gemeinschaftlichen Sortenschutz

(1) Ist der gemeinschaftliche Sortenschutz einer Person erteilt worden, die nach Artikel 11 nicht berechtigt ist, so kann der Berechtigte unbeschadet anderer nach dem Recht der Mitgliedstaaten bestehender Ansprüche vom nichtberechtigten Inhaber verlangen, daß der gemeinschaftliche Sortenschutz ihm übertragen wird.

(2) Steht einer Person das Recht auf den gemeinschaftlichen Sortenschutz nur teilweise zu, so kann sie nach Absatz 1 verlangen, daß ihr die Mitinhaberschaft daran eingeräumt wird.

(3) Die Ansprüche nach den Absätzen 1 und 2 können nur innerhalb einer Ausschlußfrist von fünf Jahren nach Bekanntmachung der Erteilung des gemeinschaftlichen Sortenschutzes geltend gemacht werden. Dies gilt nicht, wenn der Inhaber bei Erteilung oder Erwerb Kenntnis davon hatte, daß ihm das Recht auf den gemeinschaftlichen Sortenschutz nicht oder nicht allein zustand.

(4) Die Ansprüche nach den Absätzen 1 und 2 stehen dem Berechtigten entsprechend auch hinsichtlich eines Antrags auf Erteilung des gemeinschaftlichen Sortenschutzes zu, der von einem nicht oder nicht allein berechtigten Antragsteller gestellt worden ist.

Art. 99 Bestätigung der Sortenkennzeichnung

Der Inhaber einer Ursprungssorte und der Züchter einer im Wesentlichen von der Ursprungssorte abgeleiteten Sorte haben Anspruch auf Erhalt einer Bestätigung darüber, daß die betreffenden Sorten als Ursprungs- bzw. im Wesentlichen abgeleitete Sorten gekennzeichnet werden.

Art. 100 Folgen des Wechsels der Inhaberschaft am gemeinschaftlichen Sortenschutz

(1) Bei vollständigem Wechsel der Inhaberschaft am gemeinschaftlichen Sortenschutz infolge eines zur Geltendmachung der Ansprüche gemäß Artikel 98 Absatz 1 nach Artikel 101 oder 102 erwirkten rechtskräftigen Urteils erlöschen Nutzungsrechte und sonstige Rechte mit der Eintragung des Berechtigten in das Register für gemeinschaftliche Sortenschutzrechte.

(2) Hat vor Einleitung des Verfahrens gemäß den Artikeln 101 oder 102 der Inhaber oder ein zu diesem Zeitpunkt Nutzungsberechtigter hinsichtlich der Sorte im Gebiet der Gemeinschaft eine der in Artikel 13 Absatz 2 genannten Handlungen vorgenommen oder dazu wirkliche und ernsthafte Vorkehrungen getroffen, so kann er diese Handlungen fortsetzen oder vornehmen, wenn er bei dem neuen in das Register für gemeinschaftliche Sortenschutzrechte eingetragenen Inhaber die Einräumung eines nicht ausschließlichen Nutzungsrechts beantragt. Der Antrag muß innerhalb der in der Durchführungsordnung vorgeschriebenen Frist gestellt werden. Das Nutzungsrecht kann in Ermangelung eines Einvernehmens zwischen den Parteien vom Amt gewährt werden. Artikel 29 Absätze 3 bis 7 gilt sinngemäß.

(3) Absatz 2 findet keine Anwendung, wenn der Inhaber oder Nutzungsberechtigte zu dem Zeitpunkt, zu dem er mit der Vornahme der Handlungen oder dem Treffen der Veranstaltungen begonnen hat, bösgläubig gehandelt hat.

Art. 101 Zuständigkeit und Verfahren für Klagen, die zivilrechtliche Ansprüche betreffen

(1) Das Lugano-Übereinkommen sowie die ergänzenden Vorschriften dieses Artikels und der Artikel 102 bis 106 dieser Verordnung sind auf Verfahren für Klagen anzuwenden, die die in den Artikeln 94 bis 100 genannten Ansprüche betreffen.

(2) Verfahren der in Absatz 1 genannten Art sind anhängig zu machen bei den Gerichten

a) des Mitgliedstaats oder sonstigen Vertragsstaats des Lugano-Übereinkommens, in dem der Beklagte seinen Wohnsitz oder Sitz oder, in Ermangelung eines solchen, eine Niederlassung hat, oder,

b) falls diese Voraussetzung in keinem Mitgliedstaat oder Vertragsstaat gegeben ist, des Mitgliedstaats, in dem der Kläger seinen Wohnsitz oder Sitz oder, in Ermangelung eines solchen, eine Niederlassung hat, oder,

c) falls auch diese Voraussetzung in keinem Mitgliedstaat gegeben ist, des Mitgliedstaats, in dem das Amt seinen Sitz hat.

Die zuständigen Gerichte sind für die Entscheidung über die in einem jeden der Mitgliedstaaten begangenen Verletzungshandlungen zuständig.

(3) Verfahren für Klagen, die Ansprüche wegen Verletzungshandlungen betreffen, können auch beim Gericht des Ortes anhängig gemacht werden, an dem das schädigende Ereignis eingetreten ist. In diesem Fall ist das Gericht nur für die Verletzungshandlungen zuständig, die in dem Mitgliedstaat begangen worden sind, zu dem es gehört.

(4) Für das Verfahren und die Zuständigkeit der Gerichte gilt das Recht des nach den Absätzen 2 oder 3 bestimmten Staates.

Art. 102 Ergänzende Bestimmungen

(1) Klagen, die den Anspruch auf das Recht nach Artikel 98 betreffen, unterliegen nicht der Anwendung von Artikel 5 Absätze 3 und 4 des Lugano-Übereinkommens.

(2) Ungeachtet des Artikels 101 sind Artikel 5 Absatz 1, Artikel 17 und Artikel 18 des Lugano-Übereinkommens anzuwenden.

(3) Für die Anwendung der Artikel 101 und 102 wird der Wohnsitz oder Sitz einer Partei nach den Artikeln 52 und 53 des Lugano-Übereinkommens bestimmt.

Art. 103 Anwendbares Verfahrensrecht

Soweit nach den Artikeln 101 und 102 die Zuständigkeit nationaler Gerichte gegeben ist, sind unbeschadet der Artikel 104 und 105 die Verfahrensvorschriften des betreffenden Staates für gleichartige Klagen anzuwenden, die entsprechende nationale Schutzrechte betreffen.

Art. 104 Klagebefugnis bei der Verletzungsklage

(1) Die Verletzungsklage wird durch den Inhaber erhoben. Ein Nutzungsberechtigter kann die Verletzungsklage erheben, sofern solche Klagen im Fall eines ausschließlichen Nutzungsrechts nicht ausdrücklich durch eine Vereinbarung mit dem Inhaber oder durch das Amt gemäß den Artikeln 29 bzw. 100 Absatz 2 ausgeschlossen sind.

(2) Jeder Nutzungsberechtigte kann der vom Inhaber erhobenen Verletzungsklage beitreten, um den Ersatz seines eigenen Schadens geltend zu machen.

Art. 105 Bindung des nationalen Gerichts oder der sonstigen Stelle

Das nationale Gericht oder die sonstige Stelle, vor denen eine Klage betreffend einen gemeinschaftlichen Sortenschutz anhängig ist, hat von der Rechtsgültigkeit des gemeinschaftlichen Sortenschutzes auszugehen.

Art. 106 Aussetzung des Verfahrens

(1) Betrifft die Klage Ansprüche gemäß Artikel 98 Absatz 4 und hängt die Entscheidung von der Schutzfähigkeit der Sorte nach Artikel 6 ab, so kann diese Entscheidung erst ergehen, wenn das Amt über den Antrag auf gemeinschaftlichen Sortenschutz entschieden hat.

(2) Betrifft die Klage einen erteilten gemeinschaftlichen Sortenschutz, hinsichtlich dessen ein Verfahren zur Rücknahme oder zum Widerruf nach den Artikeln 20 oder 21 eingeleitet worden ist, so kann, sofern die Entscheidung von der Rechtsgültigkeit des gemeinschaftlichen Sortenschutzes abhängt, das Verfahren ausgesetzt werden.

Art. 107 Ahndung der Verletzung des gemeinschaftlichen Sortenschutzes

Die Mitgliedstaaten treffen alle geeigneten Maßnahmen, um sicherzustellen, dass für die Ahndung von Verletzungen eines gemeinschaftlichen Sortenschutzes die gleichen Vorschriften in Kraft treten, die für eine Verletzung entsprechender nationaler Rechte gelten.

Auszug aus der Verordnung (EG) Nr. 1768/95 der Kommission vom 24. Juli 1995 über die Ausnahmeregelung gemäß Artikel 14 Absatz 3 der Verordnung (EG) Nr. 2100/94 über den gemeinschaftlichen Sortenschutz (ABl. L 173) in der Fassung der VO (EG) Nr. 2605/98 der Kommission vom 3. Dezember 1998 (ABl. L 328)

Art. 1 Geltungsbereich

(1) Diese Verordnung enthält die Durchführungsbestimmungen hinsichtlich der Bedingungen für die Wirksamkeit der Ausnahmeregelung gemäß Artikel 14 Absatz 1 der Grundverordnung.

(2) Diese Bedingungen gelten für die Rechte und Pflichten des Sortenschutzinhabers im Sinne des Artikels 13 Absatz 1 und für deren Ausübung bzw. Erfüllung sowie für die Ermächtigung und Pflichten des Landwirts und für deren Inanspruchnahme bzw. Erfüllung, sofern diese Rechte, Ermächtigung und Pflichten aus den Bestimmungen des Artikels 14 der Grundverordnung abgeleitet sind. Sie gelten ferner für Rechte, Ermächtigungen und Pflichten anderer, die aus den Bestimmungen des Artikels 14 Absatz 3 der Grundverordnung abgeleitet sind.

(3) Sofern in dieser Verordnung nicht anderslautend bestimmt, richtet sich die Ausübung der Rechte, die Inanspruchnahme der Ermächtigung und die Erfüllung der Pflichten nach dem Recht und dem internationalen Privatrecht des Mitgliedstaats, in dem der die Regelung in Anspruch nehmende Betrieb liegt.

Art. 2 Wahrung der Interessen

(1) Die in Artikel 1 genannten Bedingungen sind von dem Sortenschutzinhaber, der insoweit den Züchter vertritt, und von dem Landwirt so umzusetzen, dass die legitimen Interessen des jeweils anderen gewahrt bleiben.

(2) Die legitimen Interessen sind dann als nicht gewahrt anzusehen, wenn eines oder mehrere Interessen verletzt werden, ohne daß der Notwendigkeit eines vernünftigen Interessenausgleichs oder der Verhältnismäßigkeit der effektiven Umsetzung der Bedingung gegenüber ihrem Zweck Rechnung getragen wurde.

Art. 3 Der Sortenschutzinhaber

(1) Die aus den Bestimmungen des Artikels 14 der Grundverordnung abgeleiteten Rechte und Pflichten des Sortenschutzinhabers, wie sie in dieser Verordnung verankert sind, sind nicht übertragbar, mit Ausnahme des Rechts auf eine bereits bestimmbare Bezahlung der angemessenen Entschädigung gemäß Artikel 5. Sie können allerdings den Rechten und Pflichten beigeordnet werden, die mit der Übertragung des gemeinschaftlichen Sortenschutzrechts gemäß den Bestimmungen des Artikels 23 der Grundverordnung einhergehen.

(2) Die in Absatz 1 genannten Rechte können von einzelnen Sortenschutzinhabern, von mehreren Sortenschutzinhabern gemeinsam oder von einer Vereinigung von Sortenschutzinhabern geltend gemacht werden, die in der Gemeinschaft auf gemeinschaftlicher, nationaler, regionaler oder lokaler Ebene niedergelassen ist. Eine Organisation von Sortenschutzinhabern kann nur für diejenigen ihrer Mitglieder tätig werden, die sie dazu schriftlich bevollmächtigt haben. Sie wird entweder durch einen oder mehrere ihrer Vertreter oder durch von ihr zugelassene Sachverständige im Rahmen ihrer jeweiligen Mandate tätig.

(3) Ein Vertreter des Sortenschutzinhabers oder einer Vereinigung von Sortenschutzinhabern sowie ein zugelassener Sachverständiger müssen

a) ihren Wohnsitz, ihren Sitz oder ihre Niederlassung in der Gemeinschaft haben;
b) vom Sortenschutzinhaber oder von der Vereinigung schriftlich bevollmächtigt sein und
c) die Erfüllung der Bedingungen a und b entweder durch Verweis auf entsprechende, vom Sortenschutzinhaber veröffentlichte oder von ihm den Vereinigungen der Landwirte mitgeteilte Informationen oder in anderer Form nachweisen und auf Anforderung jedem Landwirt, gegenüber dem er die Rechte geltend macht, eine Kopie der schriftlichen Ermächtigung gemäß Buchstabe b vorlegen.

Art. 4 Der Landwirt

(1) Die aus den Bestimmungen des Artikels 14 der Grundverordnung abgeleiteten Rechte und Pflichten des Landwirts, wie sie in dieser Verordnung oder in nach dieser Verordnung erlassenen Bestimmungen verankert sind, sind nicht übertragbar. Sie können allerdings den Rechten und Pflichten beigeordnet werden, die mit der Übertragung des Betriebs des Landwirts einhergehen, sofern in der Betriebsübertragungsakte hinsichtlich der Zahlung einer angemessenen Entschädigung gemäß Artikel 5 nichts anderes vereinbart wurde. Die Übertragung der Ermächtigung und der Pflichten wird zum selben Zeitpunkt wirksam wie die Betriebsübertragung.

(2) Als „eigener Betrieb" im Sinne des Artikels 14 Absatz 1 der Grundverordnung gilt jedweder Betrieb oder Betriebsteil, den der Landwirt pflanzenbaulich bewirtschaftet, sei es als Eigentum, sei es in anderer Weise eigenverantwortlich auf eigene Rechnung, insbesondere im Fall einer Pacht. Die Übergabe eines Betriebs oder eines Teils davon zum Zwecke der Bewirtschaftung gilt als Übertragung im Sinne des Absatzes 1.

(3) Wer zum Zeitpunkt der Einforderung einer Verpflichtung Eigentümer des betreffenden Betriebs ist, gilt als Landwirt, solange kein Nachweis dafür erbracht wurde, daß ein anderer der Landwirt ist und gemäß den Bestimmungen der Absätze 1 und 2 die Verpflichtung erfüllen muß.

Art. 5 Höhe der Entschädigung

(1) Die Höhe der dem Sortenschutzinhaber zu zahlenden angemessenen Entschädigung gemäß Artikel 14 Absatz 3 vierter Gedankenstrich der Grundverordnung kann zwischen dem Betriebsinhaber und dem betreffenden Landwirt vertraglich vereinbart werden.

(2) Wurde ein solcher Vertrag nicht geschlossen oder ist ein solcher nicht anwendbar, so muß der Entschädigungsbetrag deutlich niedriger sein als der Betrag, der im selben Gebiet für die Erzeugung von Vermehrungsmaterial in Lizenz derselben Sorte der untersten zur amtlichen Zertifizierung zugelassenen Kategorie verlangt wird.

Gibt es in dem Gebiet des Betriebs des Landwirts keine Erzeugung, von Vermehrungsmaterial in Lizenz der betreffenden Sorte und liegt der vorgenannte Betrag gemeinschaftsweit nicht auf einheitlichem Niveau, so muß die Entschädigung deutlich niedriger sein als der Betrag, der normalerweise für den vorgenannten Zweck dem Preis für Vermehrungsmaterial der untersten zur amtlichen Zertifizierung zugelassenen Kategorie beim Verkauf derselben Sorte in derselben Region zugeschlagen wird, sofern er nicht höher ist als der vorgenannte, im Aufwuchsgebiet des Vermehrungsmaterials übliche Betrag.

(3) Die Höhe der Entschädigung gilt als deutlich niedriger im Sinne des Artikels 14 Absatz 3 vierter Gedankenstrich der Grundverordnung und des vorstehenden Absatzes, wenn sie nicht den Betrag übersteigt, der erforderlich ist, um als ein das Ausmaß der Inanspruchnahme der Ausnahmeregelung bestimmender Wirtschaftsfaktor ein vernünftiges Verhältnis zwischen der Lizenznutzung von Vermehrungsmaterial und dem Nachbau des Ernteguts der betreffenden, dem gemeinschaftlichen Sortenschutz unterliegenden Sorten herbeizuführen oder zu stabilisieren. Dieses Verhältnis ist als vernünftig anzusehen, wenn es sicherstellt, daß der Sortenschutzinhaber insgesamt einen angemessenen Ausgleich für die gesamte Nutzung seiner Sorte erhält.

(4) Ist im Falle von Absatz 2 die Höhe der Entschädigung durch Vereinbarungen zwischen Vereinigungen von Sortenschutzinhabern und von Landwirten – mit oder ohne Beteiligung von Aufbereitervereinigungen – festgesetzt, die in der Gemeinschaft auf gemeinschaftlicher, nationaler oder regionaler Ebene niedergelassen sind, so werden die vereinbarten Beträge in den betreffenden Gebieten und für die betreffenden Arten als Leitlinien für die Festsetzung der Entschädigung verwendet, wenn diese der Kommission zusammen mit den einschlägigen Bedingungen schriftlich von bevollmächtigten Vertretern der entsprechenden Vereinigungen mitgeteilt und daraufhin im ‚Amtsblatt' des Gemeinschaftlichen Sortenamts veröffentlicht wurden.

(5) Liegt im Falle von Absatz 2 keine Vereinbarung im Sinne von Absatz 4 vor, so beläuft sich die Entschädigung auf 50% des Betrags, der für die Erzeugung des Vermehrungsmaterials in Lizenz gemäß Absatz 2 verlangt wird.

Hat ein Mitgliedstaat der Kommission jedoch vor 1. Januar 1999 den unverzüglich bevorstehenden Abschluß einer Vereinbarung gemäß Absatz 4 zwischen den betreffenden Vereinigungen auf nationaler oder regionaler Ebene mitgeteilt, so beläuft sich die Entschädigung in dem betreffenden Gebiet und für die betreffende Art auf 40% anstelle des vorstehenden Prozentsatzes von 50%, jedoch nur hinsichtlich der Inanspruchnahme der Ausnahmeregelung vor der Umsetzung der Vereinbarung und nicht nach dem 1. April 1999.

(6) Hat ein Landwirt im Fall von Absatz 5 während des betreffenden Zeitraums von der landwirtschaftlichen Ausnahmeregelung für mehr als 55% seiner gesamten Erzeugung der betreffenden Sorte Gebrauch gemacht, so ergibt sich die Höhe der Entschädigung aus der in dem betreffenden Gebiet und für die betreffende Sorte geltenden Entschädigung, wenn diese Sorte in dem betreffenden Mitgliedstaat gemäß der einzelstaatlichen Sortenschutzregelung geschützt wäre, es ein einzelstaatliches System mit einer solchen Entschädigung gibt und die Höhe der Entschädigung 50% des Betrags überschreitet, der für die Erzeugung des Vermehrungsmaterials in Lizenz gemäß Absatz 2 verlangt wird. Gibt es eine solche Staffelung im Rahmen der nationalen Regelung nicht, so finden die Bestimmungen von Absatz 5 unabhängig vom Verwendungsverhältnis Anwendung.

(7) Die Bestimmungen des Absatzes 5 Unterabsatz 1 und des Absatzes 6 werden vor dem 1. Januar 2003 im Lichte der im Rahmen dieser Verordnung gewonnenen Erfahrungen und der Entwicklung des Verhältnisses gemäß Absatz 3 geprüft, um sie gegebenenfalls vor dem 1. Juli 2003 zu ändern und somit das in Absatz 3 genannte vernünftige Verhältnis in der gesamten Gemeinschaft oder Teilen davon herbeizuführen oder zu stabilisieren.

Art. 6 Individuelle Zahlungspflicht

(1) Unbeschadet der Bestimmungen des Absatzes 2 entsteht die individuelle Pflicht des Landwirts zur Zahlung einer angemessenen Entschädigung zum Zeitpunkt der tatsächlichen Nutzung des Ernteguts zu Vermehrungszwecken im Feldanbau.

Der Sortenschutzinhaber kann Zeitpunkt und Art der Zahlung bestimmen. Er darf jedoch keinen Zahlungstermin bestimmen, der vor dem Zeitpunkt der Entstehung der Pflicht liegt.

(2) Im Falle eines nach Artikel 116 der Grundverordnung gewährten gemeinschaftlichen Sortenschutzrechts entsteht die individuelle Pflicht des Landwirts, der die Bestimmungen des Artikels 116 Absatz 4 zweiter Gedankenstrich der Grundverordnung geltend machen kann, zum Zeitpunkt der tatsächlichen Nutzung des Ernteguts zu Vermehrungszwecken im Feldanbau nach dem 30. Juni 2001.

Art. 7 Kleinlandwirte

(1) Anbauflächen im Sinne des Artikels 14 Absatz 3 dritter Gedankenstrich der Grundverordnung sind Flächen mit einem regelmäßig angebauten und geernteten Pflanzenbestand. Als Anbauflächen gelten insbesondere nicht Forstflächen, für mehr als 5 Jahre angelegte Dauerweiden, Dauergrünland und vom Ständigen Ausschuß für Sortenschutz gleichgestellte Flächen.

(2) Anbauflächen des landwirtschaftlichen Betriebs, die in dem am 1. Juli beginnenden und am 30. Juni des darauf folgenden Jahres endenden Jahr („Wirtschaftsjahr"), in dem die Entschädigung fällig ist, vorübergehend oder auf Dauer stillgelegt wurden, gelten weiterhin als Anbauflächen, sofern die Gemeinschaft oder der von der Stilllegung betroffene Mitgliedstaat Prämien oder Ausgleichszahlungen für diese Stilllegungsflächen gewährt.

(3) Unbeschadet der Bestimmungen des Artikels 14 Absatz 3 dritter Gedankenstrich erster Untergedankenstrich gelten als Kleinlandwirte im Falle anderer Kulturarten (Artikel 14 (3), 3, Gedankenstrich, zweiter Untergedankenstrich) diejenigen Landwirte, die

a) im Falle von unter die letztgenannte Bestimmung fallenden Futterpflanzen; ungeachtet der Fläche, die mit anderen als Futterpflanzen bebaut werden, diese Futterpflanzen für einen Zeitraum von höchstens 5 Jahren nicht auf einer Fläche anbauen, die größer ist als die Fläche, die für die Produktion von 92 Tonnen Getreide je Ernte benötigt würde;

b) im Falle von Kartoffeln:
ungeachtet der Fläche, die mit anderen Pflanzen als Kartoffeln bebaut werden, Kartoffeln nicht auf einer Fläche anbauen, die größer ist als die Fläche, die für die Erzeugung von 185 Tonnen Kartoffeln pro Ernte benötigt würde.

(4) Die Berechnung der Flächen gemäß den Absätzen 1, 2 und 3 erfolgt für das Hoheitsgebiet eines jeden Mitgliedstaats und richtet sich
- im Fall von unter die Verordnung (EWG) Nr. 1765/92 des Rates (2) fallenden Pflanzen sowie anderer Futterpflanzen als jenen, die ohnehin unter die vorgenannte Verordnung fallen, nach Maßgabe der Bestimmungen der Verordnung (EWG) Nr. 1765/92, insbesondere Artikel 3 und 4, oder nach den Bestimmungen, die gemäß der Verordnung (EWG) Nr. 1765/92 erlassen werden, und
- im Fall von Kartoffeln unter Zugrundelegung des in dem betreffenden Mitgliedstaat ermittelten Durchschnittsertrags pro Hektar nach Maßgabe der statistischen Informationen, die gemäß der Verordnung (EWG) Nr. 959/93 des Rates vom 5. April 1993 über die von den Mitgliedstaaten zu liefernden statistischen Informationen über pflanzliche Erzeugnisse außer Getreide (3) vorgelegt werden.

(5) Ein Landwirt, der sich darauf beruft, „Kleinlandwirt" zu sein, muß im Streitfall den Nachweis dafür erbringen, daß er die Anforderungen an diese Kategorie von Landwirten erfüllt. Die Voraussetzungen für einen „Kleinerzeuger" im Sinne von Artikel 8 Absätze 1 und 2 der Verordnung (EWG) Nr. 1765/92 sind für einen solchen Zweck nicht anwendbar, es sei denn, der Sortenschutzinhaber stimmt dem Gegenteil zu.

Art. 8 Information durch den Landwirt

(1) Die Einzelheiten zu den einschlägigen Informationen, die der Landwirt dem Sortenschutzinhaber gemäß Artikel 14 Absatz 3 Unterabsatz 6 der Grundverordnung übermitteln muß, können zwischen dem Sortenschutzinhaber und dem betreffenden Landwirt vertraglich geregelt werden.

(2) Wurde ein solcher Vertrag nicht geschlossen oder ist ein solcher nicht anwendbar, so muß der Landwirt auf Verlangen des Sortenschutzinhabers unbeschadet der Auskunftspflicht nach Maßgabe anderer Rechtsvorschriften der Gemeinschaft oder der Mitgliedstaaten eine Aufstellung relevanter Informationen übermitteln. Als relevante Informationen gelten folgende Angaben:
a) Name des Landwirts, Wohnsitz und Anschrift seines Betriebs;
b) Verwendung des Ernteerzeugnisses einer oder mehrerer dem Sortenschutzinhaber gehörenden Sorten auf einer oder mehreren Flächen des Betriebs des Landwirts;
c) im Falle der Verwendung solchen Materials durch den Landwirt, Angabe der Menge des Ernteguts der betreffenden Sorte(n), die der Landwirt gemäß Artikel 14 Absatz 1 der Grundverordnung verwendet hat;
d) im gleichen Falle Angabe des Namens und der Anschrift derjenigen, die die Aufbereitung des Ernteguts zum Anbau in seinem Betrieb übernommen haben;
e) für den Fall, daß die nach den Buchstaben b, c oder d übermittelten Angaben nicht gemäß den Bestimmungen des Artikels 14 bestätigt werden können, Angabe der Menge des verwendeten lizenzgebundenen Vermehrungsmaterials der betreffenden Sorten sowie des Namens und der Anschrift des Lieferanten und
f) im Falle eines Landwirts, der die Bestimmungen des Artikels 116 Absatz 4 zweiter Gedankenstrich der Grundverordnung geltend macht, Auskunft darüber, ob er die betreffende Sorte bereits für die Zwecke des Artikels 14 Absatz 1 der Grundverordnung ohne Entschädigungszahlung verwendet hat und zutreffendenfalls, seit wann.

(3) Die Angaben gemäß Absatz 2 Buchstaben b, c, d und e beziehen sich auf das laufende Wirtschaftsjahr sowie auf ein oder mehrere der drei vorangehenden Wirtschaftsjahre, für die der Landwirt auf ein Auskunftsersuchen hin, das der Sortenschutzinhaber gemäß den Bestimmungen der Absätze 4 oder 5 gemacht hatte, nicht bereits früher relevante Informationen übermittelt hatte.

Jedoch soll es sich bei dem ersten Wirtschaftsjahr, auf das sich die Information beziehen soll, um das Jahr handeln, in dem entweder erstmals ein Auskunftsersuchen zu der betreffenden Sorte gestellt und an den betreffenden Landwirt gerichtet wurde, oder alternativ in dem Jahr, in dem der Landwirt Vermehrungsmaterial der betroffenen Sorte oder Sorten erwarb, wenn beim Erwerb eine Unterrichtung zumindest darüber erfolgte, daß ein Antrag auf Erteilung von gemeinschaftlichem Sortenschutz gestellt oder ein solcher Schutz erteilt wurde, sowie über die Bedingungen der Verwendung dieses Vermehrungsmaterials.

Im Fall von Sorten, die unter die Bedingungen des Artikels 116 der Grundverordnung fallen, sowie für Landwirte, die berechtigt sind, sich auf die Bestimmungen des Artikels 116 Absatz 4 zweiter Gedankenstrich der Grundverordnung zu berufen, gilt das Jahr 2001/2002 als das erste Wirtschaftsjahr.

(4) Der Sortenschutzinhaber nennt in seinem Auskunftsersuchen seinen Namen und seine Anschrift, den Namen der Sorte, zu der er Informationen anfordert, und nimmt Bezug auf das betreffende Sortenschutzrecht. Auf Verlangen des Landwirts ist das Ersuchen schriftlich zu stellen und die Sortenschutzinhaberschaft nachzuweisen. Unbeschadet der Bestimmungen des Absatzes 5 wird das Ersuchen direkt bei dem betreffenden Landwirt gestellt.

(5) Ein nicht direkt bei dem betreffenden Landwirt gestelltes Auskunftsersuchen erfüllt die Bestimmungen des Absatzes 4 dritter Satz, wenn es an die Landwirte mit deren vorherigem Einverständnis über folgende Stellen oder Personen gerichtet wurde:
- Vereinigungen von Landwirten oder Genossenschaften im Hinblick auf alle Landwirte, die Mitglied dieser Vereinigungen oder Genossenschaften sind,
- Aufbereiter im Hinblick auf alle Landwirte, für die sie im laufenden Wirtschaftsjahr und in den drei vorangegangenen Wirtschaftsjahren, von dem in Absatz 3 genannten Wirtschaftsjahr an gerechnet, die Aufbereitung des betreffenden Ernteguts zur Aussaat übernommen haben, oder
- Lieferanten für lizenzgebundenes Vermehrungsmaterial von Sorten des Sortenschutzinhabers im Hinblick auf alle Landwirte, die sie im laufenden Wirtschaftsjahr und in den drei vorangegangenen Wirtschaftsjahren, von dem in Absatz 3 genannten Wirtschaftsjahr an gerechnet, mit diesem Vermehrungsmaterial versorgt haben.

(6) Bei einem die Bestimmungen des Absatzes 5 erfüllenden Auskunftsersuchen ist die Angabe einzelner Landwirte entbehrlich. Die Vereinigungen, Genossenschaften, Aufbereiter oder Versorger können von den betreffenden Landwirten ermächtigt werden, dem Sortenschutzinhaber die angeforderte Auskunft zu erteilen.

Art. 9 Information durch den Aufbereiter

(1) Die Einzelheiten zu den einschlägigen Informationen, die der Aufbereiter dem Sortenschutzinhaber gemäß Artikel 14 Absatz 3 Unterabsatz 6 der Grundverordnung übermitteln muß, können zwischen dem Sortenschutzinhaber und dem betreffenden Aufbereiter vertraglich geregelt werden.

(2) Wurde ein solcher Vertrag nicht geschlossen oder ist ein solcher nicht anwendbar, so muß der Aufbereiter auf Verlangen des Sortenschutzinhabers unbeschadet der Auskunftspflicht nach Maßgabe anderer Rechtsvorschriften der Gemeinschaft oder der Mitgliedstaaten eine Aufstellung der relevanten Informationen übermitteln. Als relevante Informationen gelten folgende Auskünfte:
a) Name des Aufbereiters, Wohnsitz und Anschrift seines Betriebs,
b) Aufbereitung des Ernteguts einer oder mehrerer dem Sortenschutzinhaber gehörenden Sorten durch den Aufbereiter zum Zwecke des Anbaus, sofern die betreffende Sorte dem Aufbereiter angegeben wurde oder auf andere Weise bekannt war,
c) im Falle der Übernahme dieser Aufbereitung, Angabe der Menge des zum Anbau aufbereiteten Ernteguts der betreffenden Sorte und der aufbereiteten Gesamtmenge,
d) Zeitpunkt und Ort der Aufbereitung gemäß Buchstabe c und
e) Name und Anschrift desjenigen, für den die Aufbereitung gemäß Buchstabe c übernommen wurde mit Angabe der betreffenden Mengen.

(3) Die Angaben gemäß Absatz 2 Buchstaben b, c, d und e beziehen sich auf das laufende Wirtschaftsjahr sowie auf ein oder mehrere der drei vorangehenden Wirtschaftsjahre, für die der Sortenschutzinhaber nicht bereits ein früheres Auskunftsersuchen gemäß den Bestimmungen der Absätze 4 oder 5 angefordert hat. Jedoch soll es sich bei dem ersten Jahr, auf das sich die Information beziehen soll, um das Jahr handeln, in dem erstmals ein Auskunftsersuchen zu der betreffenden Sorte und dem betreffenden Aufbereiter gestellt wurde.

(4) Die Bestimmungen des Artikels 8 Absatz 4 gelten sinngemäß.

(5) Ein nicht direkt bei dem betreffenden Aufbereiter gestelltes Auskunftsersuchen erfüllt die Bestimmungen des Artikels 8 Absatz 4 dritter Satz, wenn es an die Aufbereiter mit deren vorherigem Einverständnis über folgende Stellen oder Personen gerichtet wurde:
– auf gemeinschaftlicher, nationaler, regionaler oder lokaler Ebene niedergelassene Vereinigungen von Aufbereitern im Hinblick auf alle Aufbereiter, die Mitglied dieser Vereinigungen oder darin vertreten sind,
– Landwirte im Hinblick auf alle Aufbereiter, die für diese im laufenden Wirtschaftsjahr und in den drei vorangegangenen Wirtschaftsjahren, von dem in Absatz 3 genannten Wirtschaftsjahr an gerechnet, die Aufbereitung des betreffenden Ernteguts zu Anbauzwecken übernommen haben.

(6) Bei einem die Bestimmungen des Absatzes 5 erfüllenden Auskunftsersuchen ist die Angabe einzelner Aufbereiter entbehrlich. Die Vereinigungen oder Landwirte können von den betreffenden Aufbereitern ermächtigt werden, dem Sortenschutzinhaber die angeforderte Auskunft zu erteilen.

Art. 10 Information durch den Sortenschutzinhaber

(1) Die Einzelheiten zu den einschlägigen Informationen, die der Sortenschutzinhaber dem Landwirt gemäß Artikel 14 Absatz 3 vierter Gedankenstrich der Grundverordnung übermitteln muß, können zwischen dem Sortenschutzinhaber und dem betreffenden Sortenschutzinhaber vertraglich geregelt werden.

(2) Wurde ein solcher Vertrag nicht geschlossen oder ist ein solcher nicht anwendbar, so muß der Sortenschutzinhaber auf Verlangen des Landwirts, von dem der Sortenschutzinhaber die Zahlung der Entschädigung gemäß Artikel 5 verlangt hat, unbeschadet der Auskunftspflicht nach Maßgabe anderer Rechtsvorschriften der Gemeinschaft oder der Mitgliedstaaten dem Landwirt eine Reihe maßgeblicher Informationen übermitteln. Als relevante Informationen gelten folgende Auskünfte:
– der für die Erzeugung von Vermehrungsmaterial in Lizenz derselben Sorte der untersten zur amtlichen Zertifizierung zugelassenen Kategorie in Rechnung gestellte Betrag oder,
– falls es in dem Gebiet des Betriebs des Landwirts keine Erzeugung von Vermehrungsmaterial in Lizenz der betreffenden Sorte gibt und der vorgenannte Betrag gemeinschaftsweit nicht auf einheitlichem Niveau liegt, Angabe des Betrags, der normalerweise für den vorgenannten Zweck dem Preis für Vermehrungsmaterial der untersten zur amtlichen Zertifizierung zugelassenen Kategorie beim Verkauf derselben Sorte in derselben Region zugeschlagen wird.

Art. 11 Information durch amtliche Stellen

(1) Ein an amtliche Stellen gerichtetes Auskunftsersuchen bezüglich der tatsächlichen pflanzenbaulichen Verwendung von Vermehrungsmaterial bestimmter Arten oder Sorten oder bezüglich der Ergebnisse dieser Verwendung ist schriftlich zu stellen. In diesem Ersuchen nennt der Sortenschutzinhaber seinen Namen und seine Anschrift, die betreffende Sorte, zu der er Informationen anfordert, und die Art der angeforderten Information. Ferner hat er die Sortenschutzinhaberschaft nachzuweisen.

(2) Die amtliche Stelle darf unbeschadet der Bestimmungen des Artikels 12 die angeforderten Informationen verweigern, wenn
– sie nicht mit der Überwachung der landwirtschaftlichen Erzeugung befaßt ist oder
– sie auf Grund von gemeinschaftlichen oder innergemeinschaftlichen Rechtsvorschriften, die das allgemeine Ermessen im Hinblick auf die Tätigkeiten der amtlichen Stellen festlegen, nicht befugt ist, den Sortenschutzinhabern diese Auskünfte zu erteilen, oder

– es gemäß den gemeinschaftlichen oder innerstaatlichen Rechtsvorschriften, nach denen die Informationen gesammelt wurden, in ihrem Ermessen steht, solche Auskünfte zu verweigern, oder
– die angeforderte Information nicht mehr verfügbar ist oder
– diese Information nicht im Rahmen der normalen Amtsgeschäfte der amtlichen Stellen beschafft werden kann oder
– diese Informationen nur unter zusätzlichem Aufwand und zusätzlichen Kosten beschafft werden kann oder
– diese Informationen sich ausdrücklich auf Vermehrungsmaterial bezieht, das nicht zu der Sorte des Sortenschutzinhabers gehört.

Die betreffenden amtlichen Stellen teilen der Kommission mit, in welcher Weise sie den im vorstehenden dritten Gedankenstrich genannten Ermessensspielraum zu nutzen gedenken.

(3) Bei ihrer Auskunftserteilung treffen die amtlichen Stellen keine Unterschiede zwischen den Sortenschutzinhabern. Zur Erteilung der gewünschten Auskunft können die amtlichen Stellen dem Sortenschutzinhabern Kopien von Unterlagen zur Verfügung stellen, die von Dokumenten stammen, die über die den Sortenschutzinhaber betreffenden sortenbezogenen Informationen hinaus weitere Informationen enthalten, sofern sichergestellt ist, daß keine Rückschlüsse auf natürliche Personen möglich sind, die nach den in Artikel 12 genannten Bestimmungen geschützt sind.

(4) Beschließt die amtliche Stelle, die angeforderten Informationen zu verweigern, so unterrichtet sie den betreffenden Sortenschutzinhaber schriftlich unter Angabe der Gründe von diesem Beschluß.

Art. 12 Schutz personenbezogener Daten

(1) Wer nach den Bestimmungen der Artikel 8, 9, 10 oder 11 Informationen erteilt oder erhält, unterliegt hinsichtlich personenbezogener Daten den gemeinschaftlichen oder innerstaatlichen Rechtsvorschriften zum Schutz natürlicher Personen bei der Verarbeitung personenbezogener Daten und zum freien Datenverkehr.

(2) Wer nach den Bestimmungen der Artikel 8, 9, 10 oder 11 Informationen erhält, ist ohne vorherige Zustimmung des Informanten nicht befugt, jedwede dieser Informationen anderen zu jedweden anderen Zwecken weiterzugeben als zur Ausübung des gemeinschaftlichen Sortenschutzrechts bzw. zur Inanspruchnahme der Ermächtigung gemäß Artikel 14 der Grundverordnung.

Art. 13 Pflichten für den Fall der Aufbereitung außerhalb des landwirtschaftlichen Betriebs

(1) Unbeschadet der von den Mitgliedstaaten gemäß Artikel 14 Absatz 3 zweiter Gedankenstrich der Grundverordnung vorgenommenen Beschränkungen darf das Erntegut einer dem gemeinschaftlichen Sortenschutz unterliegenden Sorte nicht ohne vorherige Genehmigung des Sortenschutzinhabers von dem Betrieb, in dem es erzeugt wurde, zum Zwecke der Aufbereitung für den Anbau verbracht werden, sofern der Landwirt nicht folgende Vorkehrungen getroffen hat:

a) Er hat geeignete Maßnahmen dafür getroffen, daß das zur Aufbereitung übergebene Erzeugnis mit dem aus der Aufbereitung hervorgegangenen Erzeugnis identisch ist.
b) Er sorgt dafür, daß die eigentliche Aufbereitung von einem Aufbereiter durchgeführt wird, der die Durchführung der Aufbereitung des Ernteguts für den Anbau eigens als Dienstleistung übernimmt und der
   – nach den betreffenden, im öffentlichen Interesse erlassenen innerstaatlichen Rechtsvorschriften zugelassen ist oder sich gegenüber dem Landwirt verpflichtet hat, diese Tätigkeit im Falle von unter den gemeinschaftlichen Sortenschutz fallenden Sorten der von dem Mitgliedstaat eigens dafür gegründeten, bezeichneten oder bevollmächtigten Stelle zu melden und zwar entweder über eine amtliche Stelle oder über eine Vereinigung von Sortenschutzinhabern, Landwirten oder Aufbereitern zwecks Eintragung in eine von der genannten zuständigen Stelle aufgestellten Liste und
   – sich gegenüber dem Landwirt verpflichtet hat, ebenfalls geeignete Maßnahmen dafür zu treffen, daß das zur Aufbereitung übergebene Erzeugnis mit dem aus der Aufbereitung hervorgegangenen Erzeugnis identisch ist.

(2) Zur Aufstellung der Liste der Aufbereiter gemäß Absatz 1 können die Mitgliedstaaten Qualifikationsanforderungen festlegen, die von den Aufbereitern zu erfüllen sind.

(3) Die Aufstellungen und Listen der Aufbereiter gemäß Absatz 1 soll veröffentlicht oder den Vereinigungen der Sortenschutzinhaber, Landwirte bzw. Verarbeiter übermittelt werden.

(4) Die Listen gemäß Absatz 1 sind spätestens am 1. Juli 1997 zu erstellen.

Art. 14 Überwachung der Landwirte

(1) Damit der Sortenschutzinhaber überwachen kann, ob die Bestimmungen des Artikels 14 der Grundverordnung nach Maßgabe dieser Verordnung erfüllt sind, soweit es sich um die Erfüllung der Pflichten des betreffenden Landwirts handelt, muß dieser Landwirt auf Verlangen des Sortenschutzinhabers

a) Nachweise für die von ihm übermittelten Aufstellungen von Informationen gemäß Artikel 8 erbringen, so durch Vorlage der verfügbaren einschlägigen Unterlagen, wie Rechnungen, verwendete Etiketten oder andere geeignete Belege, wie sie gemäß Artikel 13 Absatz 1 erster Gedankenstrich verlangt werden, und die sich beziehen sollen
   – auf die Erbringung von Dienstleistungen zwecks der Aufbereitung des Ernteerzeugnisses einer dem Sortenschutzinhaber gehörenden Sorte durch Dritte oder
   – im Falle des Artikels 8 Absatz 2 Buchstabe e auf die Belieferung mit Vermehrungsmaterial einer dem Sortenschutzinhaber gehörenden Sorte

   oder durch den Nachweis von Anbauflächen oder Lagerungseinrichtungen;
b) den gemäß Artikel 4 Absatz 3 oder gemäß Artikel 7 Absatz 5 vorgeschriebenen Nachweis.

(2) Unbeschadet anderer Rechtsvorschriften der Gemeinschaft oder der Mitgliedstaaten sind die Landwirte verpflichtet, alle diese Unterlagen bzw. Belege gemäß Absatz 1 für mindestens den in Artikel 8 Absatz 3 genannten

Zeitraum aufzubewahren, vorausgesetzt, daß im Falle der Verwendung von Etiketten die vom Sortenschutzinhaber übermittelte Information gemäß Artikel 8 Absatz 3 Unterabsatz 2 die Anweisungen für die Aufbewahrung des Etiketts des betreffenden Vermehrungsguts enthielt.

Art. 15 Überwachung der Aufbereiter

(1) Damit der Sortenschutzinhaber überwachen kann, ob die Bestimmungen des Artikels 14 der Grundverordnung nach Maßgabe dieser Richtlinie erfüllt sind, soweit es sich um die Erfüllung der Pflichten des betreffenden Aufbereiters handelt, muß der Aufbereiter auf Verlangen des Sortenschutzinhabers Nachweise für die von ihm übermittelte Aufstellung von Informationen gemäß Artikel 9 erbringen, so durch Vorlage der verfügbaren einschlägigen Unterlagen, wie Rechnungen, geeigneten Unterlagen zur Identifizierung des Materials oder anderen geeigneten Unterlagen, wie sie gemäß Artikel 13 Absatz 1 zweiter Gedankenstrich zweiter Untergedankenstrich verlangt werden, oder Proben des aufbereiteten Materials, die sich auf die von ihm durchgeführte Aufbereitung des Ernteguts der dem Sortenschutzinhaber gehörenden Sorte für Landwirte zum Zweck des Anbaus beziehen, oder durch den Nachweis von Aufbereitungs- und Lagerungseinrichtungen.

(2) Unbeschadet anderer Rechtsvorschriften der Gemeinschaft oder der Mitgliedstaaten sind die Aufbereiter verpflichtet, alle diese Unterlagen bzw. Belege gemäß Absatz 1 für mindestens den in Artikel 9 Absatz 3 genannten Zeitraum aufzubewahren.

Art. 16 Art der Überwachung

(1) Die Überwachung erfolgt durch den Sortenschutzinhaber. Es steht ihm frei, geeignete Vereinbarungen zu treffen, damit die Unterstützung durch Vereinigungen von Landwirten, Aufbereitern, Genossenschaften oder anderen landwirtschaftlichen Verbänden sichergestellt ist.

(2) Die Bedingungen für die Methoden der Überwachung, wie sie in Vereinbarungen zwischen Vereinigungen von Sortenschutzinhabern und Landwirten oder Verarbeitern verankert sind, die auf gemeinschaftlicher, staatlicher, regionaler oder bzw. lokaler Ebene niedergelassen sind, sollen als Leitlinien verwendet werden, sofern diese Vereinbarungen der Kommission schriftlich durch bevollmächtigte Vertreter der betreffenden Vereinigungen übermittelt und in der „Official Gazette" des Gemeinschaftlichen Sortenamtes veröffentlicht wurden.

Art. 17 Verletzung

Der Sortenschutzinhaber kann seine Rechte aus dem gemeinschaftlichen Sortenschutzrecht gegen jedermann geltend machen, der gegen die in dieser Verordnung verankerten Bedingungen bzw. Beschränkungen hinsichtlich der Ausnahmeregelung gemäß Artikel 14 der Grundverordnung verletzt.

Art. 18 Besondere privatrechtliche Klage

(1) Der Sortenschutzinhaber kann den Verletzer gemäß Artikel 17 auf Erfüllung seiner Pflichten gemäß Artikel 14 Absatz 3 der Grundverordnung nach den Bestimmungen dieser Verordnung verklagen.

(2) Hat der Betreffende im Hinblick auf eine oder mehrere Sorten desselben Sortenschutzinhabers wiederholt vorsätzlich die Pflicht gemäß Artikel 14 Absatz 3 vierter Gedankenstrich der Grundverordnung verletzt, so ist er gegenüber dem Sortenschutzinhaber zum Ersatz des weiteren Schadens gemäß Artikel 94 Absatz 2 der Grundverordnung verpflichtet; diese Ersatzpflicht umfaßt mindestens einen Pauschalbetrag, der auf der Grundlage des Vierfachen des Durchschnittsbetrages der Gebühr berechnet wird, die im selben Gebiet für die Erzeugung einer entsprechenden Menge in Lizenz von Vermehrungsmaterial der geschützten Sorten der betreffenden Pflanzenarten verlangt wird, unbeschadet des Ausgleichs eines höheren Schadens.

Inhaltsübersicht

Literaturhinweis: Krieger, Der Nachbau von geschützten Pflanzensorten in Deutschland, 2001

1. Die Vorschrift ergänzt die §§ 9, 9a, 9b Satz 2. Sie ist am 28. 2. 2005 in Kraft getreten (Art. 4 Gesetz zur Umsetzung der Richtlinie über den rechtlichen Schutz biotechnologischer Erfindungen vom 21. 1. 2005 – BGBl. I 146). Sie gilt deshalb, wenn unter Patentschutz stehendes pflanzliches oder tierisches Vermehrungsmaterial oder landwirtschaftliche Nutztiere seit diesem Datum verwendet wurden. Mit § 9c Abs. 1 u. 2 soll Art. 11 der Richtlinie 98/44/EG des Europäischen Parlaments und des Rates vom 6. 7. 1998 über den rechtlichen Schutz biotechnologischer Erfindungen (ABl. L 213/13) umgesetzt werden. Der Wortlaut von § 9c Abs. 1 u. 2 entspricht inhaltlich dem dieser Bestimmung. Die Regelung beinhaltet das sog. Landwirteprivileg (siehe hierzu Spranger AgrarR **99,** 240), das aus dem Sortenschutzrecht stammt und dort (vgl. § 10a Abs. 2 SortschG; Art. 14 VO (EG) Nr. 2100/94) besagt, dass der Landwirt berechtigt ist, Erntegut einer geschützten Sorte zurückzubehalten und als Vermehrungsmaterial für den Wiederanbau im eigenen Betrieb zu verwenden. Diesen Grundsatz überträgt § 9c Abs. 1 u. 2 auf das Patentrecht, vgl. BT-Drucks. 15/1709 S. 12. 1

2. a) § 9c Abs. 1 regelt das **Landwirteprivileg für Erntegut,** das aus pflanzlichem Vermehrungsmaterial entstanden ist. **Pflanzliches Vermehrungsmaterial** ist biologisches Material, das geeignet ist, durch Fortpflanzung oder Vermehrung eine oder mehrere Pflanzen hervorzubringen, also etwa Samen, Jungpflanzen, Stecklinge, Augen oder Edelreiser. Ergänzend kann die Begriffsbestimmung in § 2 Nr. 2 SortschG herangezogen werden, wonach Vermehrungsmaterial Pflanzen und Pflanzenteile einschließlich Samen sind, die für die Erzeugung von Pflanzen oder sonst zum Anbau bestimmt sind. Auf die hiernach geforderte Bestimmung kommt es im Rahmen des § 9c Abs. 1 aber erst deshalb an, weil er ein Inverkehrbringen zum Zwecke des landwirtschaftlichen Anbaus voraussetzt. 2

b) § 9c Abs. 1 greift bei **unter Patentschutz stehendem pflanzlichen Vermehrungsmaterial** ein, vgl. EuGH GRUR **2005,** 236, 238 – Saatgut/Brangewitz, und zwar nur insoweit, als dieses durch den Patentinhaber oder mit dessen Zustimmung durch einen Dritten in der Bundesrepublik Deutschland, im sonstigen EG-Bereich oder im europäischen Wirtschaftsraum an einen Landwirt **in Verkehr gebracht** wurde. 3

c) Das Inverkehrbringen erfolgt **an einen Landwirt,** (vgl. hierzu Krieger S. 86ff.) wenn der Empfänger sich der gewerbsmäßigen Erzeugung von Pflanzen mittels landwirtschaftlichen Anbaus (siehe hierzu Rdn. 5) widmet. Maßgeblich ist die eigenverantwortliche pflanzenbauliche Bewirtschaftung eines landwirtschaftlichen Betriebs auf eigene Rechnung unabhängig davon, ob die Bewirtschaftung als Eigentümer oder als Pächter erfolgt, vgl. Art. 4 Abs. 2 VO (EG) Nr. 1768; LG Erfurt InstGE **1,** 59 in SortschS. Allein auf die Eigentumslage mag abgestellt werden können, solange kein Nachweis erbracht ist, dass ein anderer Landwirt ist, vgl. Art. 4 Abs. 3 VO (EG) Nr. 1768/95; LG Bad Kreuznach InstGE **1,** 57 in SortschS. Bewirtschaftung eines Neben- oder Zuerwerbsbetriebs reicht aus, Busse/Keukenschrijver § 9c RegE Rdn. 8. Auch die Betriebsgröße ist nicht entscheidend, vgl. Art. 14 Abs. 3 erster Gedankenstrich VO (EG) Nr. 2100/94. Andere Betriebe, in denen ebenfalls generative oder vegetative Vermehrung stattfindet, etwa **Gartenbaubetriebe** werden von § 9c Abs. 1 jedoch **nicht** erfasst, Busse/Keukenschrijver § 9c RegE Rdn. 8; Schulte/Kühnen § 9c PatG Rdn. 12. 4

Anders als bei § 9b reicht ein Inverkehrbringen zu Vermehrungszwecken (siehe hierzu § 9b Rdn. 3) nicht aus; es muss **zum Zweck des landwirtschaftlichen Anbaus** erfolgen. Der Patentinhaber oder der mit seiner Zustimmung Handelnde muss deshalb das in Verkehr gebrachte Vermehrungsmaterial dazu bestimmt haben oder damit einverstanden sein, dass es von einem Landwirt auf einer landwirtschaftlichen Fläche in einer Weise ausgebracht wird, die der landwirtschaftlichen Produktion dient. Das ist im Streitfall von dem in Anspruch genommenen Landwirt zu beweisen. Auch auf die nach § 9c Abs. 1 erforderliche Zweckrichtung kann aber aus den Umständen geschlossen werden (vgl. § 9b Rdn. 3). Ein geeigneter Nachweis ist insbesondere bei Pflanzenteilen zu erbringen, die auch dem Verzehr, der Verfütterung oder – wie bei Blumen oder Topfpflanzen – der Verschönerung dienen können. Nach Meinung von Schulte/Kühnen § 9c PatG Rdn. 13 kann auf die erforderliche Zweckbestimmung dann aus der späteren Verwendung durch den Landwirt geschlossen werden, wenn der Patentinhaber in der Vergangenheit das gleiche Vermehrungsmaterial sowohl zum Anbau als auch zur Verfütterung geliefert hatte, bei der in Frage stehenden Lieferung aber keine Zweckbestimmung getroffen hat. Das unterliegt Zweifeln angesichts des Grundsatzes, dass Erschöpfung nur das jeweils in den Verkehr gebrachte Erzeugnis erfassen kann (siehe § 9 Rdn. 16). Auch im Hinblick auf das Landwirteprivileg sollte deshalb in jedem Einzelfall die Feststellung notwendig sein, dass der Patentinhaber oder der mit seiner Zustimmung Handelnde beim Inverkehrbringen mit einem späteren landwirtschaftlichen Anbau jedenfalls einverstanden war. 5

6 **e)** § 9c Abs. 1 privilegiert die Verwendung von bestimmtem Erntegut im Wege der generativen oder vegetativen Vermehrung. **Erntegut** ist durch Anbau von pflanzlichem Vermehrungsmaterial gewonnenes pflanzliches Material, vgl. BGH GRUR **2005,** 668 – Aufbereiter; OLG Saarbrücken OLGR Saarbrücken **2005,** 635 jeweils in SortschS. Darauf, wie und wo der Anbau tatsächlich erfolgt ist, stellt das Gesetz nicht ab. Ist das unter Patentschutz stehende Vermehrungsmaterial mit Zustimmung des Patentinhabers zum Zweck des landwirtschaftlichen Anbaus in der Bundesrepublik Deutschland, im dem übrigen Gebiet der EG oder im europäischen Wirtschaftsraum an einen Landwirt abgegeben worden, so ist es deshalb weder erheblich, ob dieser es dann auf landwirtschaftlicher Fläche oder etwa in seinem Hausgarten angepflanzt hat, noch kommt es darauf an, ob die Vermehrung in den genannten Gebieten oder außerhalb derselben erfolgt ist, Busse/Keukenschrijver § 9c RegE Rdn. 9, sofern nur eine Verwendung im eigenen Betrieb des Landwirts vorliegt.

7 **(1)** Angesichts der Verweisung in Satz 2 beschränkt sich das **Erntegut,** das von § 9c Abs. 1 erfasst wird, auf **die in Art. 14 Abs. 2 VO (EG) Nr. 2100/94 im Einzelnen genannten Pflanzen.** Die Ausnahmeregelung des § 9c Abs. 1 gilt also nur, wenn Vermehrungsmaterial dieser Arten weiter verwendet wird, EuGH GRUR **2005,** 236, 238 – Saatgut/Brangewitz,

8 **(2)** § 9c Abs. 1 beschränkt die Privilegierung ferner auf **eigenes** („sein") **Erntegut des Landwirts** sowie auf diejenige **Verwendung** für die Vermehrung, **die in dessen Betrieb erfolgt.** Eigenes Erntegut ist das Material, das auf einer Fläche entstanden ist, die zum Zeitpunkt des Aberntens, Rodens usw. dem landwirtschaftlichen Betrieb des Landwirts wirtschaftlich zuzurechnen ist, vgl. Busse/Keukenschrijver § 9c RegE Rdn. 9. Dementsprechend erfolgt die Verwendung im eigenen Betrieb, wenn das Erntegut zur Vermehrung auf Flächen eingesetzt wird, die zum Zeitpunkt des Anbaus dem landwirtschaftlichen Betrieb des Landwirts wirtschaftlich zuzurechnen sind. Die Zugehörigkeit kann sich auch aus einer konzernartigen Verflechtung ergeben, vgl. Krieger S. 93f. Die Verwendung von Erntegut, das von einem anderen Landwirt produziert wurde, ist dagegen unter den Voraussetzungen des § 9a Abs. 1o. 2 Patentverletzung. Selbst unter besonderen Umständen, die Schulte/Kühnen § 9c PatG Rdn. 15 bei einem gleichwertigen Tausch von Erntegut zweier Landwirte für gegeben erachtet, kommt insoweit angesichts des eindeutigen, engen Wortlauts der Vorschrift eine ausdehnende Auslegung von § 9c Abs. 1 nicht in Betracht.

9 Das Erfordernis der Verwendung durch den Landwirt selbst besagt, dass eine Vermehrung des Ernteguts des Landwirts durch Dritte nicht privilegiert ist. Es schließt aber nicht die **Aufbereitung** (vgl. hierzu Krieger S. 94f.) geernteten Materials durch Dritte vor der rechtmäßigen Verwendung für die Vermehrung im Betrieb des Landwirts von der Regelung des § 9c Abs. 1 aus. Nach Art. 14 Abs. 3 zweiter Gedankenstrich VO (EG) Nr. 2100/94, auf die § 9c Abs. 1 Satz 2 verweist, darf das Ernteerzeugnis mittels für den Landwirt erbrachter Dienstleistungen für die Aussaat vorbereitet werden. Art. 13 VO (EG) Nr. 1768/95 regelt das Nähere. Die Erfüllung der hiernach dem **Aufbereiter** obliegenden relevanten Information ist jedoch nicht Vorraussetzung dafür, dass die Aufbereitung rechtmäßig ist, a.A. Krieger S. 48f., da die Informationspflicht des Aufbereiters dadurch bedingt ist, dass er für einen Landwirt tätig ist, der die Privilegierung in Anspruch nimmt, EuGH GRUR **2005,** 236, 238 – Saatgut/Brangewitz.

10 **f)** Die durch § 9c Abs. 1 privilegierte Handlung besteht in der **Verwendung des Ernteguts für die generative oder vegetative Vermehrung.** Erfasst sind alle diesem Zweck dienenden Handlungen des Landwirts, etwa die Vorbereitung des Ernteguts für die spätere Aussaat, der Transport des geernteten oder vorbereiteten Guts und vor allem dessen Ausbringen auf zum landwirtschaftlichen Betrieb des Landwirts gehörenden Flächen. Diese Handlungen werden allerdings nur dann als rechtmäßig angesehen, wenn der Landwirt ihm obliegende Pflichten erfüllt, vgl. Erwägungsgrund 49 Richtlinie 98/44/EG; OLG Düsseldorf InstGE **5,** 31; LG Düsseldorf Entsch. **2000,** 69, 73 jeweils in SortschS.; Krieger S. 46, 48f., 216. Dem wird im Hinblick darauf beizutreten sein, dass § 9c Abs. 1 Satz 2 hinsichtlich der Bedingungen und des Ausmaßes der durch Satz 1 gewährten Befugnis auf das EG-Recht verweist und dieses die Wirksamkeit des Landwirteprivilegs von Verpflichtungen des dieses Privileg in Anspruch nehmenden Landwirts und deren Erfüllung abhängig macht. Danach sind **nur Benutzungshandlungen** i.S.d. **§ 9 privilegiert, hinsichtlich derer der Landwirt seinen Verpflichtungen aus Art. 14 Abs. 3** vierter und sechster Gedankenstrich VO (EG) Nr. 2100/94 i.V.m. der VO (EG) Nr. 1768/95 **nachkommt,** vgl. LG Düsseldorf Entsch. **2000,** 69, 73 in SortschS., hinsichtlich derer er also auf Ersuchen (EuGH GRUR **2005,** 236, 238 – Saatgut/Brangewitz; a.A. Würtenberger GRUR **2003,** 838, 844, der im Falle des Nachbaus von sich aus zu erfüllende Pflicht zur Benachrichtigung hierüber annimmt) des Patentinhabers oder sonstigen Be-

rechtigten die relevanten Informationen übermittelt und – sofern er nicht Kleinlandwirt ist – eine angemessene Entschädigung zahlt. In jedem Fall bleibt der Handel mit dem Erntegut verboten.

3. Welche Angaben der Landwirt zu machen, welche Nachweise er zu führen und welche Zahlungen er zu erbringen hat, bestimmt sich entweder nach Vertrag (Ansprüche auf vertraglicher Grundlage) oder – wenn ein solcher nicht zustande kommt oder nicht eingreift – nach den in § 9c Abs. 1 Satz 2 in Bezug genommenen verordneten Regeln (Ansprüche auf gesetzlicher Grundlage), vgl. Art. 5 Abs. 1f., 8 Abs. 1f., 16 Abs. 1, 14 Abs. 1 VO (EG) Nr. 1768/95. Einen Vertrag über die Pflichten, die von dem das Landwirteprivileg in Anspruch Nehmenden zu erfüllen sind, kann der Landwirt entweder mit dem jeweiligen Patentinhaber, aus dessen pflanzlichem Vermehrungsmaterial er Erntegut gewonnen hat, das er wieder anbauen will, mit mehreren Patentinhabern, dessen Vermehrungsmaterial er im eigenen Betrieb nutzt, oder mit einer Vereinigung von Patentinhabern abschließen, vgl. Art. 3 Abs. 2 VO (EG) Nr. 1768/95. Vertragliche Vereinbarungen über vom Landwirt für die Inanspruchnahme des Landwirteprivilegs zu erfüllende Pflichten haben sich an dem Zweck des § 9c zu orientieren (offengelassen von BGH X ZR 170/04 v. 13. 9. 2005 – Auskunftsanspruch bei Nachbau II – in SortschS) und insbesondere zu beachten, dass nach Art. 14 Abs. 3 vierter Gedankenstrich VO (EG) Nr. 2100/94 die zu zahlende Entschädigung deutlich geringer sein muss als der Betrag, der im selben Gebiet für die Erzeugung von Vermehrungsgut derselben Pflanze in Lizenz verlangt wird. 11

Die auf gesetzlicher Grundlage bestehende Informationspflicht kann jeden Landwirt treffen, der pflanzliches Vermehrungsmaterial von dem Patentinhaber oder mit dessen Zustimmung von einem Dritten zum Zweck des landwirtschaftlichen Anbaus erworben, diesem Zweck entsprechend eingesetzt, auf diese Weise Erntegut gewonnen und dieses selbst angebaut hat oder dessen Anbau im eigenen Betrieb beabsichtigt. Der gesetzlichen Informationspflicht unterliegen Landwirte nicht bereits deshalb, weil sie diesem Berufsstand angehören, vgl. BGHZ **149,** 165 – Auskunftsanspruch bei Nachbau; OLG Düsseldorf InstGE **5,** 22; OLG München GRUR-RR **2003,** 361 jeweils in SortschS; a.A. Krieger S. 123, 161, oder mit patentiertem pflanzlichen Vermehrungsmaterial zu tun haben; ein Auskunftsanspruch kann nur gegenüber den Landwirten bestehen, die von dem Landwirteprivileg Gebrauch machen, EuGH GRUR **2003,** 868, 872 – Christian Schulin – m. Anm. Bloch EuZW **2003,** 409, 410; kritisch zu dieser Entsch. Würtenberger GRUR **2003,** 838, 842. 12

a) Der gesetzliche **Auskunftsanspruch gegen den Landwirt** setzt deshalb voraus, dass der Patentinhaber über Anhaltspunkte dafür verfügt, dass der Landwirt eigenes Erntegut in seinem Betrieb zu Vermehrungszwecken verwendet oder verwenden wird, das er in seinem eigenen Betrieb durch Anbau von bestimmtem zu Gunsten des Patentinhabers geschützten pflanzlichen Vermehrungsgut gewonnen hat, EuGH GRUR **2003,** 868 – Christian Schulin; GRUR **2004,** 587; BGH X ZR 170/04 v. 13. 9. 2005 – Auskunftsanspruch bei Nachbau II; vgl. auch BGHZ **149,** 165 – Auskunftsanspruch bei Nachbau – jeweils in SortschS. Ausreichende Anhaltspunkte bestehen, wenn feststeht, dass der Landwirt in seinem Betrieb über bestimmtes zu Gunsten des Patentinhabers geschütztes pflanzliches Vermehrungsmaterial tatsächlich verfügt hat, etwa weil dessen Erwerb durch den Landwirt oder eine Aufbereitung für ihn belegt ist, und der Landwirt deshalb die Möglichkeit hatte, daraus gewonnenes Erntegut zwecks Vermehrung einzusetzen, vgl. OLG Düsseldorf InstGE **5,** 22, 27; OLG München GRUR-RR **2003,** 361, 362; OLG Frankfurt/Main 6 U 25/00 v. 29. 3. 2004 jeweils in SortschS. Ferner ist ein auf solchen Anhaltspunkten beruhendes (vgl. BGH GRUR **2005,** 668, 669 – Aufbereiter – in SortschS) Auskunftsersuchen des Patentinhabers notwendig, vgl. Art. 14 Abs. 3 sechster Gedankenstrich VO (EG) Nr. 2100/94, das nach Maßgabe von Art. 8 Abs. 4ff. VO (EG) Nr. 1768 an den Landwirt selbst oder – wenn dieser sich damit vorher einverstanden erklärt hat – an eine Vereinigung von Landwirten oder eine Genossenschaft, bei welcher der Landwirt Mitglied ist, an den Aufbereiter, der für den Landwirt die Aufbereitung des betreffenden Ernteguts zur Aussaat übernommen hat, oder an den Versorger des Landwirts mit lizenziertem pflanzlichen Vermehrungsmaterial zu richten ist, aber eine bestimmte besondere Qualität nicht zu haben braucht, OLG München GRUR-RR **2003,** 361, 364 in SortschS. Der Anspruch kann nur insoweit bestehen, als Anhaltspunkte festgestellt sind, dass der Landwirt aus einem bestimmten zu Gunsten des Patentinhabers geschützten pflanzlichen Vermehrungsmaterial gewonnenes Erntegut einer in Art. 14 Abs. 2 VO (EG) Nr. 2100/94 genannten Pflanze zu Vermehrungszwecken verwendet hat oder verwenden wird **(schutzrechtsbezogene Auskunft),** EuGH GRUR **2003,** 868 – Christian Schulin; GRUR **2004,** 587; BGH X ZR 170/04 v. 13. 9. 2005 – Auskunftsanspruch bei Nachbau II; OLG Saarbrücken OLGR Saarbrücken **2005,** 635; OLG Naumburg OLGR Naumburg **2005,** 678; OLG München GRUR-RR **2003,** 361; vgl. auch BGH GRUR **2005,** 13

668 – Aufbereiter; a. A. LG Düsseldorf Entsch. **2000,** 69, 73f; LG Mannheim AgrarR **2000,** 371, 373; LG Bad Kreuznach InstGE **1,** 57; LG Erfurt InstGE **1,** 59; Krieger S. 122ff. jeweils in SortschS.. Insoweit kann die Auskunft erstmals für dasjenige Wirtschaftsjahr verlangt werden, für das der Patentinhaber über die notwendigen Anhaltspunkte verfügt, vgl. BGH GRUR **2005,** 668, 669 – Aufbereiter; OLG Frankfurt/Main 6 U 25/00 v. 29. 3. 2004; auch OLG München GRUR-RR **2003,** 361; a. A. OLG Düsseldorf InstGE **5,** 22.

14 Welche Angaben zu machen sind, bestimmt Art. 8 Abs. 2f. VO (EG) Nr. 1768/95. Danach ist der Landwirt nicht verpflichtet, Angaben über die Größe seiner Anbauflächen oder über etwa von ihm betriebenen Saat-/Pflanzgutwechsel zu machen, BGH GRUR **2005,** 240, 243 – Nachbauentschädigung, oder die Menge des patentierten pflanzlichen Vermehrungsmaterials anzugeben, das er mit Zustimmung des Patentinhabers erworben hat, vgl. Krieger S. 154. Auch ein Anspruch, den Pächter zu benennen, wenn behauptet wird, den landwirtschaftlichen Betrieb verpachtet zu haben, ist nicht normiert, LG München I InstGE **5,** 107, 109.

15 **b)** Art. 14 Abs. 3 zweiter Gedankenstrich VO (EG) Nr. 2100/94 nimmt Kleinlandwirte von der Informationspflicht nicht aus. **Auch Kleinlandwirte** sind deshalb **auskunftspflichtig,** a. A. Busse/Keukenschrijver § 9c RegE Rdn. 19.

16 **c)** Auf gesetzlicher Grundlage besteht ferner ein die Informationspflicht ergänzender Nachweisanspruch. Welche Nachweise verlangt werden können bestimmen die Art. 14, 16 VO (EG) Nr. 1768/95. Ein **Anspruch auf Vorlage von Nachweisen** besteht nur in den Grenzen des Anspruchs auf Information gegen den Landwirt, vgl. BGH X ZR 170/04 v. 13. 9. 2005 – Auskunftsanspruch bei Nachbau II – in SortschS., also nur hinsichtlich des Ernteguts der in Art. 14 Abs. 2 VO (EG) Nr. 2100/94 genannten Pflanzen, das aus bestimmtem zu Gunsten des Patentinhabers geschützten Material stammt und das der Landwirt als nachgebaut angegeben hat oder bei dem konkrete Anhaltspunkte für einen tatsächlich betriebenen Nachbau vorliegen, vgl. OLG Düsseldorf GRUR-RR **2005,** 243 in SortschS.

17 **d)** Ein dem gegen Landwirte gerichteten Anspruch ähnlicher gesetzlicher **Auskunftsanspruch** besteht nach Art. 9 Abs. 2ff. VO (EG) Nr. 1768/95 **gegenüber sog. Aufbereitern.** Hier muss der Patentinhaber Anhaltspunkte haben, dass der Betreffende Erntegut der in Art. 13 Abs. 2 VO (EG) 2100/94 genannten Pflanzen, das Landwirte durch landwirtschaftlichen Anbau von patentiertem pflanzlichen Vermehrungsmaterial gewonnen haben, zum Zwecke des Anbaus aufbereitet hat oder aufzubereiten beabsichtigt oder hinsichtlich solchen Ernteguts andere dem Anbau dienende vorbereitende Dienstleistungen erbracht hat oder zu erbringen beabsichtigt, vgl. EuGH GRUR **2005,** 236 – Saatgut/Brangewitz; BGH GRUR **2005,** 668 – Aufbereiter. Das notwendige Auskunftsersuchen kann bei vorherigem Einverständnis des Aufbereiters an eine Vereinigung von Aufbereitern, bei welcher der Betreffende Mitglied ist oder in der er vertreten ist, oder an einen Landwirt gerichtet werden, für den er Aufbereitungs- oder sonstige Dienstleistungen an dem betreffenden Erntegut zu Anbauzwecken übernommen hat. Die Auskunft hat nicht nur die Landwirte zu umfassen, bezüglich derer der Patentinhaber über Anhaltspunkte dafür verfügt, dass der Betreffende für sie solche Aufbereitungs- oder sonstigen Dienstleistungen erbracht hat oder zu erbringen beabsichtigt; die relevanten Informationen müssen sich vielmehr auch über alle anderen Landwirte verhalten, für die der Betreffende an besagtem Erntegut zum Zwecke des Anbaus vorbereitende Dienstleistungen erbracht hat oder zu erbringen beabsichtigt, soweit ihm die aus dem geschützten pflanzlichen Vermehrungsmaterial gewinnbaren Pflanzen angegeben wurden oder auf andere Weise bekannt waren, vgl. EuGH GRUR **2005,** 236 – Saatgut/Brangewitz, BGH GRUR **2005,** 668 – Aufbereiter; OLG Naumburg OLGR Naumburg **2004,** 257 jeweils in SortschS. Welche Angaben zu machen sind, bestimmt Art. 9 Abs. 2f. VO (EG) Nr. 1768/95; welche Nachweise verlangt werden können bestimmen die Art. 15f. VO (EG) Nr. 1768/95.

18 **e) (1)** Zum Ausgleich der Nachbaubefugnis hat derjenige Landwirt, der nicht Kleinlandwirt i. S. d. Art. 14 Abs. 3 dritter Gedankenstrich VO (EG) Nr. 2100/94; Art. 7 VO (EG) Nr. 1768/95 ist, der aber patentiertes pflanzliches Vermehrungsmaterial von dem Patentinhaber oder mit dessen Zustimmung von einem Dritten zum Zweck des landwirtschaftlichen Anbaus erworben, diesem Zweck entsprechend eingesetzt, auf diese Weise Erntegut der in Art. 14 Abs. 2 VO (EG) Nr. 2100/94 genannten Pflanzen gewonnen und dieses selbst angebaut hat, dem Patentinhaber eine **angemessene Entschädigung** zu zahlen (zur Verfassungsmäßigkeit der Nachbauentschädigung vgl. LG Düsseldorf Entsch. **2000,** 69; LG Mannheim AgrarR **2000,** 371, 373f). Der **Anspruch entsteht** als gesetzlicher Zahlungsanspruch **im Zeitpunkt der tatsächlichen Nutzung des Ernteguts** zu Vermehrungszwecken im Feldanbau des eigenen Betriebs, Art. 6 Abs. 1 Satz 1 VO (EG) Nr. 1768/95; BGH GRUR **2005,** 240, 241 – Nachbauentschädigung- in SortschS. Für das Entstehen des gesetzlichen Zahlungsanspruchs ist außerdem ein Zahlungsverlangen des Patentinhabers gegenüber dem Landwirt erforderlich, vgl. Art. 10 Abs. 2 VO (EG) Nr. 1768/95; § 315 Abs. 2 BGB. Mit vorherigem Einverständnis des Landwirts kann dieses Zahlungsverlangen auch an diejenigen Organisationen oder Personen gerichtet sein, die für das Auskunftsersuchen in Betracht kommen, vgl. Art. 8 Abs. 5f. VO (EG) Nr. 1768/95. Die Erfüllung der Informationspflichten, die dem Patentinhaber auf entsprechendes Verlangen des Landwirts hin nach § 10 Abs. 2 VO (EG) Nr. 1768/95 obliegen, ist dagegen keine Voraussetzung für das Entstehen des Zahlungsanspruchs. Solange der hierzu aufgeforderte Patentinhaber die betreffenden Angaben, die dem Landwirt eine Überprüfung der Angemessenheit der geforderten Entschädigung ermöglichen sollen, nicht gemacht hat, hat der Landwirt jedoch ein Recht, die Zahlung zu verweigern, § 273 Abs. 1 BGB.

(2) Die **Fälligkeit** des gesetzlichen Entschädigungsanspruchs kann der Patentinhaber bestimmen, jedoch nicht auf einen Zeitpunkt vor der Entstehung der Zahlungspflicht, Art. 6 Abs. 1 Satz 2 VO (EG) Nr. 1768/95. Dasselbe gilt nach dieser Vorschrift für die Art der Zahlung. Der Zahlungsanspruch unterliegt der normalen dreijährigen **Verjährung,** §§ 195, 199 Abs. 1 BGB. **19**

(3) Der **Höhe** nach ist der gesetzliche Entschädigungsanspruch auf einen **angemessenen Betrag** beschränkt. Die in § 9c Abs. 1 Satz 2 in Bezug genommenen EG-Verordnungen benennen als Maßstab hierfür vorrangig den Betrag, der im selben Gebiet für die Erzeugung von Vermehrungsmaterial in Lizenz derselben Pflanze der untersten zur amtlichen Zertifizierung zugelassenen Kategorie verlangt wird (sog. **Z-Lizenz**); Bezogen hierauf muss der Entschädigungsbetrag **deutlich geringer** sein, Art. 5 Abs. 2 Satz 1 VO (EG) Nr. 1768/95. Andererseits wird aber auch auf den **Betrag** verwiesen, der zwischen in der EG niedergelassenen Vereinigungen von Sortenschutzinhabern einerseits und Landwirten andererseits für das betreffende Gebiet und für die betreffende Pflanzenart **in Vereinbarungen festgesetzt** ist, die der Kommission zusammen mit den einschlägigen Bedingungen schriftlich von bevollmächtigten Vertretern mitgeteilt und daraufhin im Amtsblatt des Gemeinschaftlichen Sortenamts veröffentlicht wurden; insoweit heißt es, dass es sich hierbei um eine **Leitlinie** handelt, Art. 5 Abs. 4 VO (EG) Nr. 1768/95 (vgl. auch LG Düsseldorf InstGE **1,** 61, wonach das zwischen dem Deutschen Bauernverband e. V. und dem Bundesverband Deutscher Pflanzenzüchter e. V. ausgehandelte Kooperationsabkommen „Landwirtschaft und Pflanzenzüchtung" eine sachverständige Äußerung dazu darstellt, welche Nachbauvergütung unter Abwägung der wechselseitigen Interessen angemessen ist). Aus diesen unterschiedlichen Vorgaben resultieren Festlegungsprobleme, die den BGH zu drei noch nicht beschiedenen Vorlagen an den EuGH veranlasst haben, GRUR **2005,** 240 – Nachbauentschädigung. **20**

Sie bestehen, wenn es für das betreffende Gebiet und die betreffende Art ein ordnungsgemäß gemeldetes sog. **Kooperationsabkommen** i. S. d. Art. 5 Abs. 4 VO (EG) Nr. 1768/95 gibt, wie es in der Bundesrepublik Deutschland für Sortenschutzrechte der Fall ist. So besteht zwischen dem Deutschen Bauernverband e. V. (DBV) und dem Bundesverband Deutscher Pflanzenzüchter e. V. (BDP) als freiwillige Vereinbarung im Rahmen der Nachbauregelung für national und gemeinschaftlich geschützte Sorten die „Rahmenregelung Saat- und Pflanzgut", die ab dem Wirtschaftsjahr 2004/2005 (Herbsaussaat 2004/Frühjahrsaussaat 2005) folgende Nachbauentschädigungen festgelegt hat: **21**

Nachbaugebühren bei der Veranlagung nach der Rahmenregelung Saat- und Pflanzgut

Nachbaugebühren bei Expreßmeldung				
Z-Saatgut-wechsel	**Nachbaugebühren in % der Z-Lizenzgebühr**			
in %	**Getreide** ohne Hybridroggen	**Grob-leguminosen**	**Kartoffeln** Nachbaupflanzgut auf Quarantänekrankheiten getestet	nicht getestet
80,01–100	**0**	**0**	**0**	**0**
60,01–80,00	**0**	**0**	**0**	**30**
0,00–60,00	**45**	**45**	**30**	**30**

Nachbaugebühren bei voller Fristausschöpfung				
Z-Saatgut-wechsel	**Nachbaugebühren in % der Z-Lizenzgebühr**			
in %	**Getreide** ohne Hybridroggen	**Grob-leguminosen**	**Kartoffeln** Nachbaupflanzgut auf Quarantänekrankheiten getestet	nicht getestet
80,01–100	**0**	**0**	**0**	**0**
60,01–80,00	**0**	**0**	**0**	**40**
0,00–60,00	**50**	**50**	**40**	**40**

Begreift man die Festlegung in Kooperationsabkommen „nur" als Leitlinie, könnte eine (höhere) Forderung des Patentinhabers gegenüber einem Landwirt, der hinsichtlich der Entschädigung keine Übereinkunft getroffen hat, dann nicht als unangemessen beanstandet werden, wenn sie die Regelung im Kooperationsabkommen nicht vernachlässigt und zugleich deutlich unter der Z-Lizenz liegt. Dies gilt insbesondere dann, wenn nach dem Kooperationsabkommen der Landwirt z.B. hinsichtlich Information und Nachweis zu Handlungen verpflichtet ist, welche die einschlägigen EG-Verordnungen für nicht vertraglich gebundene Landwirte nicht vorsehen. Eine deutliche Unterschreitung der Z-Lizenz könnte bereits bei einem 20%igen Abzug gegeben sein, so OLG München GRUR-RR **2003,** 365; LG Düsseldorf 4a O 131/01 v. 23. 8. 2001; LG Bad Kreuznach 3 O 337/00 v. 14. 11. 2001; LG München I 7 O 1027/02 v. 16. 1. 2003; 7 O 22433/01 v. 3. 9. 2002; a.A. OLG Braunschweig lt. BGH GRUR **2005,** 240, 241; LG Frankfurt/Main AgrarR **2001,** 328; 2/6 O 17/02 v. 19. 6. 2002 jeweils in SortschS, die angesichts Art. 5 Abs. 5 VO (EG) Nr. 1768/95 einen Abzug von 50% für erforderlich halten; im Erg. ebenso Schulte/Kühnen § 9c PatG Rdn. 21. Begreift man den Hinweis auf den Leitliniencharakter von Kooperationsabkommen dagegen enger als soeben erörtert, müssten jedenfalls die wesentlichen Kernelemente solcher Abkommen auch für die auf gesetzlicher Grundlage geschuldete Entschädigung herangezogen werden, so OLG Braunschweig lt. BGH GRUR **2005,** 240 – Nachbauentschädigung, vgl. auch LG Düsseldorf InstGE **1,** 61, mit der Folge, dass auch hier keine wesentlich anderen Beträge geschuldet sein können, kritisch hierzu BGH GRUR **2005,** 240, 242f. – Nachbauentschädigung.

22 **Fehlt** es für das betreffende Gebiet oder die betreffende Pflanzenart an einem **Kooperationsabkommen** i.S.d. Art. 5 Abs. 4 VO (EG) Nr. 1768/95, so beläuft sich die auf gesetzlicher Grundlage geschuldete angemessene Entschädigung auf 50% der Z-Lizenz, Art. 5 Abs. 5 Satz 1 VO (EG) Nr. 1768/95; so LG Frankfurt/Main AgrarR **2001,** 328; vgl. auch LG Düsseldorf InstGE **1,** 61, 67 jeweils in SortschS.

23 **f) Kleinlandwirte,** die das Landwirteprivileg in Anspruch nehmen, sind **nicht zu Entschädigungszahlungen verpflichtet,** vgl. Art. 14 Abs. 3 dritter Gedankenstrich VO (EG) Nr. 2100/94. Wer Kleinlandwirt ist, regeln Art. 14 Abs. 3 dritter Gedankenstrich VO (EG) Nr. 2100/94, Art. 7 VO (EG) Nr. 1768/95. Im Streitfall hat der Landwirt, der geltend macht, Kleinlandwirt zu sein, das Vorliegen der danach maßgeblichen Voraussetzungen darzutun und zu beweisen.

24 **g)** Da § 9c Abs. 1 nur Benutzungshandlungen i.S.d. § 9 privilegiert, hinsichtlich derer der Landwirt seinen Verpflichtungen aus Art. 14 Abs. 3 vierter und sechster Gedankenstrich VO (EG) Nr. 2100/94 i.V.m. der VO (EG) Nr. 1768/95 nachkommt (siehe Rdn. 10), käme gegen den Landwirt, der aus mit Zustimmung des Patentinhabers in den Verkehr gebrachtem pflanzlichen Vermehrungsmaterial gewonnenes Erntegut für die Vermehrung im eigenen Betrieb verwendet, auch ein **Schadensersatzanspruch** nach § 139 Abs. 2 in Betracht, nämlich vornehmlich dann, wenn der Landwirt sich weigert, die durch den Nachbau gesetzlich begründeten Pflichten zu erfüllen. Das wirft die Frage auf, ob der Patentinhaber auch in diesen Fällen einer Patentverletzung berechtigt ist, seinen Schaden durch Berechnung seines entgangenen Gewinns, der am Markt erzielbaren Lizenzgebühr oder des vom Landwirt erzielten Gewinns ermitteln darf und ob deshalb der als Schadensersatz zu zahlende Betrag auch deutlich über der angemessenen Entschädigung liegen kann, so OLG Düsseldorf InstGE **5,** 31 in SortschS.; wohl auch Krieger S. 46f. Nach Sinn und Zweck des Landwirteprivilegs sollte diese Frage verneint werden. Das EG-Recht schafft insoweit eine besondere Bemessung, als es um den Ausgleich für die eigentlichen Nachbauhandlungen geht. Ein über die hiernach geschuldete Entschädigung hinausgehender Betrag kann deshalb nur dann als Schadensersatz verlangt werden, wenn der Nachbau etwa wegen in Folge der Weigerung des Landwirts notwendiger Recherchen zu

weiteren Vermögenseinbußen (Kosten oder Aufwendungen) des Patentinhabers geführt hat. Das entspricht auch der Regelung in Art. 94 Abs. 1a, Abs. 2 VO (EG) Nr. 2100/94, auf die in Art. 18 Abs. 1 VO (EG) Nr. 1768/95 Bezug genommen ist, der gem. § 9c Abs. 1 Satz 3 für die Geltendmachung der Ansprüche des Patentinhabers heranzuziehen ist.

h) Bei **wiederholter vorsätzlicher Verletzung** der Pflicht zur Zahlung einer angemessenen Entschädigung sieht Art. 18 Abs. 2 VO (EG) Nr. 1768/95 als eine Art Strafschadensersatz (vgl. Krieger S. 229f.) einen Betrag vor, der mindestens dem Vierfachen des Durchschnittsbetrags der Gebühr entspricht, die im selben Gebiet für die Erzeugung einer entsprechenden Menge lizenzierten Vermehrungsmaterials verlangt wird. Dieser Betrag wird gegebenenfalls neben der angemessenen Entschädigung geschuldet. Er ist zu zahlen, wenn der Landwirt mindestens zweimal hinsichtlich mindestens eines zu Gunsten des(selben) Patentinhabers geschützten Vermehrungsmaterials, aus dem er Erntegut gewonnen hat, seine Pflicht zur Zahlung der angemessenen Entschädigung vorsätzlich verletzt hat. Mehrfache Nichtbeachtung von Mahnungen des Patentinhabers reicht nicht aus, vgl. LG Hamburg AgrarR **2002,** 24, 25 in SortschS. Die erforderliche Wiederholung der Pflichtverletzung wird man nur annehmen können, wenn für zwei aufeinander folgende Ernteperioden die Entschädigung nicht gezahlt worden ist, vgl. LG Hamburg AgrarR **2002,** 24, 25. Der Anspruch kann daher erst in der dritten Ernteperiode entstehen. Außerdem wird eine wiederholte vorsätzliche Verletzung nur angenommen werden können, wenn die einzelnen Entschädigungsforderungen zwischen Landwirt und Patentinhaber unstreitig sind, vgl. LG Hamburg AgrarR **2002,** 24, 25, oder wenn davon ausgegangen werden kann, dass der bestreitende Landwirt sich der Erkenntnis der Berechtigung der Entschädigungsforderungen bewusst verschließt. 25

i) Die zuvor abgehandelten Ansprüche stehen dem Patentinhaber und im Falle einer ausschließlichen Lizenz dem Lizenznehmer zu, vgl. LG Düsseldorf Entsch. **2000,** 69, 71f.; Krieger S. 73ff., 76. Für die Geltendmachung der gesetzlichen Ansprüche des Pateninhabers schreibt § 9c Abs. 1 Satz 3 die Heranziehung der einschlägigen Vorschriften der VO (EG) Nr. 1768/95 vor. Das sind die Art. 17f. und angesichts der Verweisung in Art. 18 Abs. 1 ferner die Art. 101ff. VO (EG) Nr. 2100/94, die Fragen der Zuständigkeit, des Verfahrens und der Bindung des Gerichts regeln. 26

k) Die **Rechte von mehreren Inhabern von Patentrechten** an pflanzlichem Vermehrungsmaterial können **von einer** von diesen (ggflls. neben Sortenschutzinhabern) gebildeten **Vereinigung** im Wege der **gewillkürten Prozessstandschaft,** also im eigenen Namen, geltend gemacht werden, vgl. Art. 3 Abs. 2 Satz 1 VO (EG) Nr. 1768/95; EuGH GRUR **2004,** 587 – Saatgut-Treuhandverwaltungsgesellschaft/Jäger; BGH GRUR **2004,** 763 – Nachbauvergütung; OLG Düsseldorf InstGE **5,** 22; LG Düsseldorf Entsch. **2000,** 69, 70 jeweils in SortschS., wenn der vom Nachbau betroffene Patentinhaber Mitglied dieser Vereinigung oder einer anderen Vereinigung ist, die ihrerseits Mitglied der die Rechte verfolgenden Vereinigung ist, vgl. EuGH GRUR **2004,** 587 – Saatgut-Treuhandverwaltungsgesellschaft/Jäger; vgl. auch BGH GRUR **2002,** 238 – Nachbau-Auskunftspflicht – zu nat. SortschG. In der Bevollmächtigung durch die Patentinhaber, die nicht als Vollmacht i.S. der §§ 164ff. BGB, vgl. LG Düsseldorf Entsch. **2000,** 69, sondern als Ermächtigung zur kollektiven Geltendmachung der einzelnen Rechte der Patentinhaber zu verstehen ist, liegt kein Verstoß gegen das Kartellverbot des § 1 GWB, vgl. BGH GRUR **2004,** 763 – Nachbauvergütung; OLG Celle OLGR Celle **2003,** 89 jeweils in SortschS. Die Vereinigung kann in Form einer GmbH organisiert sein. Die Bündelung der Rechte einzelner Patentinhaber führt in keiner wie auch gearteten Hinsicht zu einer Vermehrung von Rechten. Die Vereinigung kann nur die gesetzlichen Ansprüche durchsetzen, die jeder Patentinhaber für sich allein hätte durchsetzen können, vgl. BGH X ZR 170/04 v. 13. 9. 2005 – Auskunftsanspruch bei Nachbau II – in SortschS. 27

4. § 9c Abs. 2 gewährt dem Landwirt ein Verwendungsrecht auch hinsichtlich landwirtschaftlicher Nutztiere und tierischen Vermehrungsmaterials, deren/dessen Nutzung durch Dritte wegen insoweit bestehenden Patentschutzes an sich verboten wäre. **Landwirtschaftliche Nutztiere** sind Tiere, die in der Landwirtschaft Verwendung finden, weil sie geeignet sind, deren Zwecken zu dienen. Der Begriff ist weiter als der in der Richtlinie 98/44/EG verwendete Begriff des Zuchtviehs, erfasst aber keine Tiere, die für Zwecke eines landwirtschaftlichen Betriebs nicht verwendet zu werden pflegen, also etwa reine Dressur-, Spring- oder Traberpferde. Bei Tieren, die sowohl in der Landwirtschaft als auch zu anderen Zwecken Verwendung finden, soll nach Schulte/Kühnen § 9c PatG Rdn. 27 für die Einordnung die überwiegende Widmung entscheidend sein. **Tierisches Vermehrungsmaterial** ist biologisches Material, das geeignet ist, durch Fortpflanzung oder Vermehrung eine oder mehrere Tiere hervorzubringen, also etwa Samen, Embryonen oder Gewebekulturen. Die in § 9c Abs. 2 28 geregelte Ausnahme vom Patentschutz setzt voraus, dass die betreffenden Gegenstände durch den Patentinhaber oder mit dessen Zustimmung durch einen Dritten in der Bundesrepublik Deutschland, im übrigen Gebiet der EG oder im europäischen Wirtschaftsraum an den Landwirt in den Verkehr gebracht worden sind. Eine bestimmte Zweckrichtung bei dieser Handlung ist hier also nicht erforderlich, Schulte/Kühnen § 9c PatG Rdn. 30; Busse/Keukenschrijver § 9c RegE Rdn. 22.

29 Die Überlassung an den Landwirt berechtigt diesen zu jedweder **Verwendung zu landwirtschaftlichen Zwecken.** Unter landwirtschaftlichen Zwecken versteht das Gesetz solche, die sich in landwirtschaftlicher Tätigkeit ausdrücken. So erfasst die Privilegierung die Nutzung einer Kuh zur Milchproduktion ebenso wie die Gewinnung von Jungtieren oder tierischem Vermehrungsmaterial für den eigenen landwirtschaftlichen Betrieb. Die Überlassung des mit Zustimmung des Patentinhabers erworbenen Materials wie der im eigenen Betrieb hieraus gewonnenen Nutztiere an Dritte ist dem Landwirt ebenfalls gestattet, soweit dies **zur Fortführung des eigenen landwirtschaftlichen Betriebs** erfolgt, die auch in einer Erweiterung desselben bestehen kann, Busse/Keukenschrijver § 9c RegE Rdn. 24. So darf der Landwirt von ihm gemästete Tiere an einen Schlachthof oder Kälber als Nutzvieh an andere Landwirte verkaufen. Landwirtschaftliche Zwecke i. S. d. § 9c Abs. 2 werden dagegen nicht mehr verfolgt, wenn der Zweck der Verwendung des mit Zustimmung des Patentinhabers erlangten oder des hieraus gewonnenen Materials darin besteht, zu Erwerbszwecken eine Nutzung durch Dritte als Vermehrungsmaterial zu ermöglichen. Verboten bleiben daher die Tierproduktion zwecks Verkaufs zur Vermehrung und der Verkauf an Tierzüchter zwecks Erzeugung von Nachkommen, § 9c Satz 2; BT-Drucks. 15/1709 S. 12. Das gilt selbst dann, wenn beispielsweise eine geplante Umstellung des Betriebs von der Milchproduktion auf Getreidewirtschaft das Abstoßen einer großen Zahl von Tieren notwendig macht und dies deshalb als zur Fortführung des Betriebs erforderliche Maßnahme anzusehen ist.

30 Eine § 9c Abs. 1 Satz 2 vergleichbare Regelung enthält das Gesetz hinsichtlich des landwirtschaftliche Nutztiere und tierisches Vermehrungsmaterial betreffenden Landwirteprivilegs nicht. Die nach § 9c Abs. 2 erlaubte Verwendung solchen Materials ist deshalb nicht davon abhängig, dass der Landwirt in bestimmter Weise Auskunft erteilt oder eine Entschädigung an den Patentinhaber leistet.

31 **5.** Die durch § 9a normierte Erweiterung des Patentschutzes könnte dazu führen, dass der Landwirt wegen Patentverletzung auch dann in Anspruch genommen wird, wenn das von ihm durch Vermehrung biologischen Materials gewonnene Erzeugnis nur zufällig oder wegen nicht vermeidbarer technischer Gegebenheiten dieselben Eigenschaften oder die genetischen Informationen enthält, die Grund für das Patent sind. Diese Folge zu vermeiden, ist Zweck und Inhalt von **§ 9c Abs. 3** (kritisch hierzu Kock/Porzig/Willnegger GRUR Int. **2005,** 183, 191). Hiernach sind vorkommende **Auskreuzungen** (und damit gewonnene Erzeugnisse, Kock/Porzig/Willnegger GRUR Int. **2005,** 183, 191) vom Patentschutz nicht erfasst, die bei Anwendung von Vorkehrungen nicht zu verhindern sind, die nach guter landwirtschaftlicher Praxis (so BT-Drucks. 15/1709 S. 15), also von einem durchschnittlich gut ausgestatteten und sich an anerkannten landwirtschaftlichen Regeln orientierenden Landwirt erwartet werden können. Das hätte der Landwirt im Streitfall darzulegen und zu beweisen. Diese Darlegung und Beweisführung wird durch § 9c Abs. 3 Satz 2 erleichtert, Schulte/Kühnen § 9c PatG Rdn. 37. Hiernach hat der Landwirt nur darzulegen und zu beweisen, dass das als patentverletzend beanstandete Erzeugnis durch Aussaat oder Auspflanzen von Material entstanden ist, das nicht dem betreffenden Patentschutz unterliegt. Im Regelfall kann bereits dann eine Patentverletzung nicht angenommen werden. Ausnahmen sind von dem Patentinhaber darzulegen und zu beweisen. Die Begründung zum Gesetzentwurf der Bundesregierung erwähnt insoweit den Fall, in dem der Landwirt sich eine Auskreuzung gezielt zu Nutze macht, BT-Drucks. 15/1709 S. 15.

10 *Mittelbare Patentverletzung.* (1) **Das Patent hat ferner die Wirkung, daß es jedem Dritten verboten ist, ohne Zustimmung des Patentinhabers im Geltungsbereich dieses Gesetzes anderen als zur Benutzung der patentierten Erfindung berechtigten Personen Mittel, die sich auf ein wesentliches Element der Erfindung beziehen, zur Benutzung der Erfindung im Geltungsbereich dieses Gesetzes anzubieten oder zu liefern, wenn der Dritte weiß oder es auf Grund der Umstände offensichtlich ist, daß diese Mittel dazu geeignet und bestimmt sind, für die Benutzung der Erfindung verwendet zu werden.**

(2) **Absatz 1 ist nicht anzuwenden, wenn es sich bei den Mitteln um allgemein im Handel erhältliche Erzeugnisse handelt, es sei denn, daß der Dritte den Belieferten bewußt veranlaßt, in einer nach § 9 Satz 2 verbotenen Weise zu handeln.**

(3) **Personen, die die in § 11 Nr. 1 bis 3 genannten Handlungen vornehmen, gelten im Sinne des Absatzes 1 nicht als Personen, die zur Benutzung der Erfindung berechtigt sind.**

Inhaltsübersicht

Literaturhinweise: Abhandlungen: Chrocziel, Die Benutzung patentierter Erfindungen zu Versuchs- und Forschungszwecken, 1986; Niioka, Klinische Versuche im Patentrecht, 2003; Teschemacher, Die mittelbare Patentverletzung, 1974.

Berichte u. a.: Bericht der deutschen Delegation über die Luxemburger Konferenz über das Gemeinschaftspatent, Teil D. Materielles Patentrecht, II. 2. Verbot der mittelbaren Benutzung (Singer) GRUR **76,** 187, 202; Denkschrift der Bundesregierung zum Gemeinschaftspatentübereinkommen, Bundesratsdrucksache 216/78, S. 113, 124, auch BlfPMZ **79,** 325.

Aufsätze: Brandenburg, Patentverletzung durch Mitwisserschaft? Mitt. 2005, 205; Brandi-Dohrn, Die Schutzwirkung von Verwendungsansprüchen, FS für Reimar König, 2003, S. 33; Calvetti/Hughes, Mittelbare Verletzung und Anstiftung zur Verletzung im US-Patentrecht, GRUR Int. 93, 833; Chrocziel/Hufnagel, Patentverletzung durch Abbau von Arzneimitteln im menschlichen Körper, FS für Winfrid Tilmann, 2003, S. 449; Fähndrich/Tilmann, Patentnutzende Bereitstellungshandlungen bei Versuchen, GRUR 2001, 901; Haedicke, Schutzbereich und mittelbare Verletzung von Verwendungspatenten, Mitt. 2004, 145; ders., Auslegung des Patentanspruchs – Entschädigung für die Benutzung des Gegenstands einer Patentanmeldung und mittelbare Patentverletzung – Drehzahlermittlung, LMK 2004, 198; Hesse, Die mittelbare Patentverletzung nach künftigem EWG-Patentrecht, GRUR Int. 72, 147; ders., Die subjektiven Tatbestandsmerkmale der mittelbaren Patentverletzung, GRUR 82, 191; Hölder, Mittelbare Patentverletzung und Erschöpfung bei Austausch- und Verschleißteilen, GRUR 2005, 20; Hoffmann, Die mittelbare Patentverletzung, GRUR Int. 75, 225 (rechtsvergleichend); Holzapfel, Zu § 10 PatG als Rechtszuweisungsnorm, GRUR 2002, 193; Keukenschrijver, Flügelradzähler, Kaffeetüte und Drehzahlermittlung – neue Entwicklungen bei der mittelbaren Patentverletzung, FS 50 Jahre VPP, 2005, S. 331; Klaka, Die mittelbare Patentverletzung in der deutschen Rechtspraxis, GRUR 77, 337; König, Mittelbare Patentverletzung, Mitt. 2000, 10; Loewenheim, Mittelbare Patentverletzung und Patentmißbrauch, Neuere Entwicklungen der amerikanischen Rechtsprechung, GRUR Int. 80, 135; Meier-Beck, Ersatzansprüche gegenüber dem mittelbaren Patentverletzer, GRUR 93, 1ff.; Mes, Die mittelbare Patentverletzung, GRUR 98, 281; Nieder, Entschädigungs- und Restentschädigungsanspruch bei mittelbarer Erfindungsbenutzung, Mitt. 2004, 241; Nieder, Zur Antrags- und Verbotsfassung bei mittelbarer Patentverletzung, GRUR 2000, 272; Nirk, Zu den Voraussetzungen einer mittelbaren Patentverletzung nach § 10 PatG, LMK 2004, 213; Preu, Die unmittelbare und die mittelbare Benutzung, GRUR 80, 697; Schäfers, Aspekte des neuen Patentrechts, Mitt. 81, 6, 10f.; Scharen, Der Unterlassungsantrag bei drohender mittelbarer Patentverletzung, GRUR 2001, 995; Schiuma, Zum Begriff der Patentverletzung in Italien, insbesondere zur indirekten Patentverletzung, GRUR Int. 2003, 813; Schmieder, Deutsches Patentrecht in Erwartung des europäischen Gemeinschaftspatents, NJW 80, 1190, 1194; Stjerna, Die Voraussetzungen und Grenzen des patentrechtlichen Versuchsprivilegs, Mitt. 2004, 343; Tilmann, Neue Überlegungen im Patentrecht, GRUR 2005, 904; Villinger, Anmerkungen zu den §§ 9, 10 und 11 des neuen deutschen Patentgesetzes über die Verbietungs- bzw. Benutzungsrechte des Patentinhabers und die mittelbare Patentverletzung, GRUR 81, 541; Walz, Abschied von der mittelbaren Patentverletzung? GRUR 73, 283.

1 **1. Vorbemerkung:** § 10 regelt erstmals das seit dem Ende der zwanziger Jahre durch die Rechtsprechung des Reichsgerichts entwickelte und vom BGH übernommene Rechtsinstitut der mittelbaren Patentverletzung. Die ursprünglich als besondere Form der Teilnahme an fremder Patentverletzung verstandene mittelbare Patentverletzung ist vom Gesetz nunmehr als ergänzende Schutzwirkung des Patents ausgestaltet worden. § 10 ist Art. 30 GPÜ 1975 = Art. 26 GPÜ 1989 nachgebildet und passt die Schutzwirkungen der vom DPA/DPMA erteilten den vom EPA mit Wirkung für die Bundesrepublik Deutschland erteilten europäischen Patenten an. § 10 gilt für vom DPA/DPMA erteilte Patente, die auf nach dem 1. Januar 1981 erfolgte Anmeldungen erteilt worden sind (Art. 12 Abs. 1, Art. 17 Abs. 3 GemPatG). Er gilt auch für erstreckte DDR-Patente (§§ 4, 5 ErstrG). Für vor dem 1. Januar 1981 beim DPA angemeldete Patente bestimmt weiter die frühere Rechtsprechung, ob eine mittelbare Patentverletzung gegeben ist. Insoweit wird beispielhaft auf BGHZ **82,** 254 – Rigg – und auf die 6. Aufl. § 6 Rdn. 46 bis 61 verwiesen.

Zur Abgrenzung der mittelbaren Patentverletzung von der unmittelbaren Patentverletzung bei der Lieferung von Teilen einer geschützten Vorrichtung siehe § 9 Rdn. 33, 34. Gegenüber der Anstiftung, Rdn. 28, ist die mittelbare Patentverletzung dadurch abzugrenzen, dass bei ihr ein Mittel angeboten oder geliefert wird, das sich für einen patentverletzenden Gebrauch eignet, während das bei der Anstiftung nicht der Fall zu sein braucht, BGH LM Nr. 12 zu § 20 GWB. Die Beteiligung Dritter an einer Patentverletzung ist bei Rdn. 27ff. behandelt.

2 2. Der **Zweck der Regelung** der mittelbaren Patentverletzung besteht darin, den Inhabern von Patenten die Durchsetzung ihrer Rechte zu erleichtern. Damit diese nicht lediglich auf ein Vorgehen gegen den unmittelbaren Verletzer angewiesen sind, den sie oft nur schwer feststellen können, können sie sich an die Lieferanten halten und so das Übel unentdeckt bleibender Patentverletzungen durch unbekannte Abnehmer an der Wurzel fassen, vgl. BGH GRUR **61,** 627 – Metallspritzverfahren; LG München I GRUR **52,** 228, 229. **§ 10 Abs. 1** normiert dazu einen **Gefährdungstatbestand,** BGHZ **115,** 205, 208 – beheizbarer Atemluftschlauch; BGH BGHZ **159,** 76 – Flügelradzähler (m. Anm. Nirk in LMK **2004,** 213; siehe zu dieser Entsch. ferner Keukenschrijver FS 50 Jahre VPP, 2005, 309; Hölder GRUR **2005,** 20; Tilmann GRUR **2005,** 904); Holzapfel GRUR **2002,** 193, 194; König Mitt. **2000,** 10, 11; Mes GRUR **98,** 281. Er kann allerdings mit allgemein im Handel erhältlichen Mitteln nicht verwirklicht werden (Abs. 2). Die Schaffung des Gefährdungstatbestands bezweckt, den Eingriff in den Schutzgegenstand durch unberechtigte (unmittelbare) Benutzung der geschützten Erfindung bereits im Vorfeld verhindern zu können. Deshalb verbietet er das Anbieten und das Liefern von (nicht allgemein im Handel erhältlichen) Mitteln, die einen anderen in den Stand setzen, die patentierte Erfindung unberechtigt zu benutzen, BGHZ **115,** 205, 208 – beheizbarer Atemluftschlauch. Ein positives Benutzungsrecht für den Patentinhaber hinsichtlich solcher Mittel ist damit nicht verbunden, Meier-Beck GRUR **93,** 1, 3; Kraßer § 33 VI b 8; a. A. Holzapfel GRUR **2002,** 193, 195. § 10 gewährt dem Patentinhaber kein ausschließliches Recht zum Anbieten und Liefern von Mitteln zur Erfindungsbenutzung, BGH GRUR **2005,** 848, 854 – Antriebsscheibenaufzug; **2004,** 758, 760 – Flügelradzähler; Meier-Beck GRUR **93,** 1, 3f.; Kraßer § 33 VI b 8; König Mitt. **2000,** 10; Busse/Keukenschrijver § 139 PatG Rdn. 89; a. A. Holzapfel GRUR **2002,** 193, 194. Unter der **„patentierten Erfindung"** ist die nach § 14 PatG oder Art. 69 Abs. 1 EPÜ geschützte Erfindung zu verstehen. § 10 enthält – wie schon die systematische Stellung der Vorschrift im Gesetz ausweist – keine Erweiterung des durch den Patentanspruch definierten Schutzgegenstands, BGH GRUR **2005,** 848, 849 – An-

triebsscheibenaufzug; **2004,** 758, 760 – Flügelradzähler; BGHZ **115,** 205, 208 – beheizbarer Atemluftschlauch; König Mitt. **2000,** 10. 12; Kraßer § 33 VI b 3. Deshalb verlangt Abs. 1 die Gefahr der unmittelbaren Benutzung der Erfindung mit allen ihren Merkmalen, BGHZ **115,** 205, 208 – beheizbarer Atemluftschlauch, im Geltungsbereich des Patentgesetzes, BGHZ **159,** 76 – Flügelradzähler. **Benutzung der Erfindung** meint mithin die Vornahme der in § 9 Satz 2 Nr. 1 bis 3 genannten Handlungen, also beispielsweise die Herstellung oder den Gebrauch des patentgemäßen Erzeugnisses und die Anwendung des patentgemäßen Verfahrens, das den Patentanspruch wortsinngemäß oder unter Verwendung von abgewandelten (äquivalenten) Mitteln verwirklicht, Keukenschrijver FS 50 Jahre VPP, 2005, 331, 345. Dazu zählt auch das Angebot eines geschützten Verfahrens zur unbefugten Anwendung (§ 9 Satz 2 Nr. 2), a. A. Villinger GRUR **81,** 541, 544. Droht eine Verwirklichung mit abgewandelten Mitteln, scheidet eine mittelbare Patentverletzung allerdings aus, wenn der betreffenden Ausführungsform der sog. Formstein-Einwand (siehe hierzu § 14 Rdn. 126 ff.) entgegengehalten werden könnte, Kraßer § 33 VI b 3; a. A. König Mitt. **2000,** 10, 25. Dass tatsächlich eine der in § 9 Satz 2 Nr. 1 bis 3 genannten Handlungen vorgenommen wird, ist jedoch nur dann Tatbestandsvoraussetzung der mittelbaren Patentverletzung, wenn die Tathandlung im Anbieten oder Liefern von allgemein im Handel erhältlichen Erzeugnissen besteht, § 10 Abs. 2, siehe hierzu Rdn. 22.

3. Die Wirkung des Patents äußert sich auch hinsichtlich der in § 10 geregelten mittelbaren Patentverletzung in einem Verbotsrecht des Patentinhabers. **Nach Abs. 1** umfasst der Tatbestand der mittelbaren Patentverletzung **objektive und subjektive Voraussetzungen.** Die Tathandlung besteht im Anbieten oder Liefern eines bestimmten Mittels ohne Zustimmung des Patentinhabers. Bei dem Mittel darf es sich nicht um ein allgemein im Handel erhältliches handeln (Abs. 2). Die Tathandlung muss gegenüber einem nicht zur Benutzung der patentierten Erfindung Berechtigten erfolgen. Das Mittel muss sich auf ein wesentliches Element der Erfindung beziehen sowie (objektiv) geeignet und (subjektiv) dazu bestimmt sein, für die Benutzung der Erfindung verwendet zu werden. Als weitere subjektive Voraussetzung muss der Anbieter/Lieferant schließlich wissen oder es muss offensichtlich sein, dass das angebotene oder gelieferte Mittel geeignet und dazu bestimmt ist, für die Benutzung der Erfindung verwendet zu werden. Der Tatbestand der mittelbaren Patentverletzung nach § 10 Abs. 1 ist damit **unabhängig davon, ob** der Angebotsempfänger, der Belieferte oder ein späterer Abnehmer (Hintermann) **das Mittel tatsächlich bei einer** ihm gem. § 9 **verbotenen Handlung gebraucht** oder dies versucht, BGH GRUR **2001,** 228 – Luftheizgerät; OLG Düsseldorf Mitt. **2003,** 252, 258; Holzapfel GRUR **2002,** 193; Scharen GRUR **2001,** 995; König Mitt. **2000,** 10, 11; Mes GRUR **98,** 281; Meier-Beck GRUR **93,** 1, 3; Preu GRUR **80,** 697; Schmieder NJW **80,** 1190, 1194; Coldewey Mitt. **80,** 182, 183; a. A. Villinger für den Fall der Anwendung eines geschützten Verfahrens GRUR **81,** 541, 544. Das Verbotsrecht erstreckt sich nicht auf das Anbieten und Liefern von der Bundesrepublik Deutschland aus in das Ausland, wohl aber auf das Anbieten und Liefern von nicht allgemein im Handel erhältlichen Mitteln zur Benutzung der Erfindung im privaten, nicht gewerblichen Bereich, zu Versuchszwecken und zur unmittelbaren Einzelzubereitung von Arzneimitteln (§ 10 Abs. 3). 3

4. a) Objekt der mittelbaren Patentverletzung ist ein Mittel, das geeignet ist, zur Benutzung der Erfindung verwendet zu werden. Unter einem **„Mittel“** im Sinne von § 10 ist ein körperlicher, jedoch nicht unbedingt fester, sondern auch ein flüssiger oder gasförmiger Gegenstand zu verstehen, BGH GRUR **2001,** 228, 231 – Luftheizgerät; König Mitt. **2000,** 10, 12; Cohausz GRUR **99,** 690. Bei einem Vorrichtungspatent kann eine mittelbare Patentverletzung mit Einzelteilen der geschützten Maschine etc. begangen werden, aber auch vollständige Vorrichtungen können taugliche Mittel sein, vgl. BGH GRUR **2001,** 228 – Luftheizgerät. Nach LG Düsseldorf InstGE **1,** 26, 32 sollen selbst digital aufbereitete Daten als Objekt einer mittelbaren Patentverletzung in Betracht kommen. Geistige Mittel, wie die Belehrung über die Herstellung eines Erzeugnisses oder über die Anwendung oder Ausführung eines Verfahrens, zählen dagegen nicht zu den Mitteln im Sinne von § 10. Zu der Frage, ob Arzneimittel wegen möglicher chemischer Reaktionen im Körper des Patienten zur mittelbaren Patentverletzung taugliche Mittel sind, siehe Chrocziel/Hufnagel, Patentverletzung durch Abbau von Arzneimitteln im menschlichen Körper, FS für Winfrid Tilmann, 2003, S. 449, verneinend. 4

b) Ob die erforderliche **Eignung** des Mittels vorliegt, **für die Benutzung der Erfindung verwendet zu werden,** beurteilt sich nach der objektiven Beschaffenheit des Gegenstands, der angeboten oder geliefert werden soll oder worden ist, BGH GRUR **2005,** 848, 850 – Antriebsscheibenaufzug; Mes GRUR **98,** 281, 282; Scharen GRUR **2001,** 995. Es genügt, dass der Gebrauch des Mittels anlässlich einer den Patentanspruch verwirklichenden Benutzungs- 5 handlung nach § 9 bei objektiver Betrachtung nicht außerhalb aller Wahrscheinlichkeit liegt. Die Eignung des Mittels für die Benutzung der Erfindung kann eine ausschließliche oder nicht ausschließliche sein. **Ausschließlich** für die Benutzung der Erfindung **geeignet** ist dasjenige Mittel, das so hergerichtet ist, dass es schlechthin nur bei einer Benutzungshandlung zum Einsatz kommen kann, die nach § 9 dem Patentinhaber vorbehalten ist, es sonst aber keiner (technisch und/oder wirtschaftlich, OLG Düsseldorf Mitt. **2003,** 264, 268; LG Düsseldorf InstGE **5,** 173, 178) sinnvollen Verwendung zugeführt werden kann. Wenn das Mittel sich neben der Benutzung für die Verwirklichung der Erfindung auch für einen patentfreien Gebrauch eignet, ist die Eignung eine nicht ausschließliche. Eine lediglich nicht ausschließliche Eignung ist bereits dann gegeben, wenn die Herrichtung so ist, dass zwar gerade eine patentverletzende Benutzung nach § 9 sinnvoll, gleichwohl aber ein anderer sinnvoller Gebrauch noch möglich erscheint. Die Unterscheidung zwischen ausschließlicher und nicht ausschließlicher Eignung ist im Hinblick auf die Darlegung und den Beweis einer mittelbaren Patentverletzung von Bedeutung (siehe Rdn. 8, 19f.). Die ausschließliche Eignung ist Anhalt für die subjektiven Tatbestandsmerkmale der mittelbaren Patentverletzung (Bestimmung des Mittels, Kenntnis der Bestimmung des Mittels, bewusste Veranlassung zur unberechtigten Benutzung der Erfindung).

6 **ba)** § 10 konkretisiert die Eignung für die Benutzung der Erfindung, indem er ferner verlangt, dass das Mittel sich **auf** (mindestens) **ein** wesentliches **Element der Erfindung bezieht.** Dahinter scheint die Vorstellung zu stehen, dass ein Bezug zu einem Element der Erfindung unabhängig von dessen Wesentlichkeit nicht schon dann besteht, wenn das Mittel – entsprechend verwendet – nach seiner Beschaffenheit oder Wirkungsweise irgendwie dazu beiträgt, dass ein patentgemäßer Gegenstand entsteht oder gegeben ist. Da ein Element etwas darstellt, das zur Erfindung gehört und sie kennzeichnet, kann daraus gefolgert werden, dass das Mittel ermöglichen oder befördern muss, dass diese Eigenschaft besteht. Problemlos kann das bejaht werden, wenn das Mittel selbst als zur Lösung gehörend im Patentanspruch genannt ist, wie es z.B. bei einer als Mischgefäß einsetzbaren Dose und einem Patentanspruch der Fall ist, der u.a. ein derartiges Mischgefäß voraussetzt, LG München I InstGE **4,** 13, 17. Da lediglich ein Bezug zu einem Element der Erfindung notwendig ist, geht es wohl aber zu weit, immer und ausnahmslos zu fordern, das Mittel selbst müsse integrierter Bestandteil eines patentgemäßen Gegenstands werden können, so aber König Mitt. **2000,** 10, 12; dagegen auch Kraßer § 33 VI b 2. Bloße bei dessen Herstellung oder Anwendung nützliche Arbeits- und Hilfsmittel, wie etwa Betriebsanleitungen, Modelle oder Zeichnungen, König Mitt. **2000,** 10, 12; a.A. Mes GRUR **98,** 281, 282, werden allerdings ebenso wenig erfasst wie nützliche oder gar für einen sinnvollen Betrieb notwendige Zurüst- oder sonstige ergänzende Teile, die nach dem Patentanspruch dessen Gegenstand nicht bestimmen, König Mitt. **2000,** 10, 12f. Auch Teile, die zu ihrem bestimmungsgemäßen Gebrauch einen schon fertigen patentgemäßen Gegenstand voraussetzen, haben den erforderlichen Bezug nicht, König Mitt. **2000,** 10, 13.

7 **bb)** Außerdem kommen deshalb nicht sämtliche Mittel zur Benutzung der Erfindung für eine mittelbare Patentverletzung in Betracht, weil § 10 einen **Bezug** des Mittels **zu einem wesentlichen Element** der Erfindung voraussetzt. Der in der früheren Praxis entwickelte Begriff der „erfindungsfunktionellen Individualisierung" ist nicht geeignet, einen verlässlichen Ansatzpunkt für das Verständnis des Begriffs „wesentliches Element der Erfindung" zu liefern, vgl. BGHZ **159,** 76 – Flügelradzähler; König Mitt. **2000,** 10; wohl auch Busse/Keukenschrijver § 10 PatG Rdn. 19. Kritisch zu sehen ist deshalb auch die Meinung, ein Mittel beziehe sich jedenfalls dann auf ein wesentliches Element der Erfindung, wenn es im Sinne der Rechtsprechung zur mittelbaren Patentverletzung alten Rechts (vgl. hierzu z.B. BGHZ **82,** 254 – Rigg) an den Erfindungsgedanken angepasst sei, so aber LG Düsseldorf GRUR Int. **89,** 695; ähnlich OLG Karlsruhe GRUR-RR **2004,** 97, 98; LG München I InstGE **4,** 13, 17. Es ist auch nicht möglich, die wesentlichen Elemente einer Erfindung allein danach zu bestimmen, ob sie den Gegenstand des Patentanspruchs vom Stand der Technik unterscheiden, BGHZ **159,** 76 – Flügelradzähler; BGH GRUR **2005,** 848, 849 – Antriebsscheibenaufzug; König Mitt. **2000,** 10, 17; a.A. nl. Hoge Raad BIE **2004,** 285, 300 (weitere Nachweise zur nl. Rechtspr. bei Keukenschrijver FS 50 Jahre VPP, 2005, 331, 342f.); Busse/Keukenschrijver § 10 PatG Rdn. 19; wohl auch OLG Karlsruhe GRUR-RR **2004,** 97, 98. Was ein wesentliches Element der Erfindung ist, ist vielmehr vom Gegenstand der Erfindung her zu ermitteln. Da der Patentanspruch die geschützte Erfindung definiert und den unmittelbaren Schutz auf Benutzungsformen beschränkt, die sämtliche Merkmale wortsinngemäß oder unter Verwendung abgewandelter Mittel verwirklichen, sind **regelmäßig jedenfalls alle im Patentanspruch benannten Merkmale wesentliche Elemente der Erfindung,** BGHZ **159,** 76 – Flügelradzähler; BGH GRUR **2005,** 848 – Antriebsscheibenaufzug; kritisch hierzu Keukenschrijver FS 50 Jahre VPP,

2005, 331, 338. Deshalb sind Messkapseln, die entsprechend einem Merkmal des Patents ausgebildet und dazu bestimmt und geeignet sind, mit Gehäusen zusammenzuwirken, welche die anderen Merkmale der Erfindung verkörpern, Mittel, die sich auf ein wesentliches Element beziehen, BGHZ **159,** 76 – Flügelradzähler; zweifelnd OLG Frankfurt/M. GRUR-RR **2003,** 201, 203. Dasselbe trifft auf eine Dose mit den patentgemäßen Merkmalen eines Mischgefäßes zu, die im Rahmen einer patentgeschützten Kombination eingesetzt werden kann, die aus Rührwerk, Flügelrührer und einem solchen Mischgefäß besteht, LG München I InstGE **4,** 13, 17. Aber auch allgemein im Handel erhältliche und daher typischerweise der Erfindung nicht angepasste Mittel beziehen sich auf ein wesentliches Element der Erfindung, wenn sie ein Merkmal des Patents auszufüllen geeignet sind, BGHZ **159,** 76 – Flügelradzähler; vgl. auch nl. RB Den Haag BIE **99,** 242, 243. Ob Ausnahmen zu machen sind, wenn das Angebot oder die Lieferung die Verwirklichung eines völlig untergeordneten Merkmals der Erfindung erlaubt, hat der BGH bisher offen gelassen, BGHZ **159,** 76 – Flügelradzähler, dürfte nach dem Ansatz der Rechtsprechung aber wirklich nur in ganz besonderen Fällen in Betracht kommen. Praktisch sind durch das Erfordernis der Beziehung auf ein wesentliches Element der Erfindung deshalb nur solche Mittel ausgenommen, die – wie etwa die für den Betrieb einer geschützten Vorrichtung benötigte Energie – zwar bei der Benutzung der Erfindung verwendet werden können, zur Verwirklichung der geschützten technischen Lehre, so wie sie im Patentanspruch definiert ist, jedoch nichts beitragen, BGHZ **159,** 76 – Flügelradzähler; vgl. auch Tilmann GRUR **2005,** 904, 905. Hiervon ausgehend bezieht sich bei einem **Verfahrenspatent** auch eine im Patentanspruch genannte Vorrichtung auf ein wesentliches Element der Erfindung, OLG Düsseldorf GRUR-RR **2004,** 345. Unabhängig von der Benennung im Patentanspruch kann dies aber auch für die für die Anwendung eines Verfahrens, das Gegenstand des Patents ist, erforderliche Vorrichtung gelten, wenn die Erforderlichkeit Beleg für den notwendigen Beitrag zur Verwirklichung der Erfindung ist, ähnlich Kraßer § 33 VI b 2; wohl auch Busse/Keukenschrijver § 10 PatG Rdn. 18f.; a.A. König Mitt. **2000,** 10, 13ff.; vgl. insoweit auch die zur Rechtslage vor Geltung des § 10 ergangene Rechtsprechung RG MuW **27/28,** 139; **27/28,** 272, 273; **36,** 322, 323; RG Mitt. **34,** 234, 235; RGZ **122,** 243, 244; **146,** 26, 28; RGZ **149,** 29, 35; RG GRUR **31,** 385, 388; **36,** 121, 123; **37,** 973, 974; **39,** 466, 468; **40,** 89, 95; BGH GRUR **58,** 179, 182; **61,** 627f.; **64,** 496, 497; OLG Düsseldorf GRUR **63,** 78, 80; LG München I GRUR **64,** 679, 680. So kann beispielsweise bei einem Verfahren zur Schädlingsbekämpfung mittels einer überraschend wirksamen chemischen Verbindung mit den üblichen und deshalb austauschbaren Trägerstoffen eine mittelbare Patentverletzung begangen werden, wenn diese, obwohl sie in ihrer Bedeutung für den Erfolg der Anwendung des patentierten Verfahrens hinter dem Wirkstoff völlig zurücktreten, für die Anwendung des Verfahrens unumgänglich sind, also nicht erst dann, wenn die wesentliche Bedeutung des Verfahrens auf der Verwendung besonderer Trägerstoffe beruht, die eine größere Wirksamkeit des Verfahrens zur Folge haben, a.A. 9. Aufl./Bruchhausen Rdn. 14; vgl. hierzu – zweifelnd – auch König Mitt. **2000,** 10, 17.

c) Es wird schließlich vorausgesetzt, dass das Mittel auch dazu **bestimmt** ist, **für die Benutzung der Erfindung verwendet zu werden** (anders noch die Regelung in Art. 10 Abs. 2 Buchstabe a) des zweiten Vorentwurfs eines Übereinkommens über das europäische Patent für den Gemeinsamen Markt – zitiert bei Hesse, GRUR Int. **72,** 147, in der die ausschließliche Eignung auch ohne zusätzliche subjektive Tatbestandsmerkmale als allein ausreichend für die mittelbare Patentverletzung angesehen wurde). Das Gesetz greift damit auf einen in der Sphäre des Angebotsempfängers oder Abnehmers (oder – falls das Mittel weitergegeben werden soll – Hintermanns, Scharen GRUR **2001,** 995) liegenden Umstand zurück. Die Bestimmung ist nur gegeben, wenn man sich auf der Abnehmerseite, BGH GRUR **2001,** 228, 231 – Luftheizgerät; **2005,** 848, 851 – Antriebsscheibenaufzug, m.w.N.; König Mitt. **2000,** 10, 20; Mes GRUR **98,** 281, 283, entschlossen hat, das Mittel für die Benutzung der Erfindung zu verwenden. Auf den erkennbaren Handlungswillen des Angebotsempfängers oder Abnehmers, das angebotene oder gelieferte Mittel für einen Einsatz vorzusehen, der objektiv eine unmittelbare Benutzung der patentierten Erfindung darstellen würde, kommt es an, BGH GRUR **2001,** 228, 231 – Luftheizgerät; **2005,** 848, 851 – Antriebsscheibenaufzug, m.w.N.; LG Düsseldorf InstGE **2,** 23, 27; König Mitt. **2000,** 10, 20; Tilmann GRUR **2005,** 904, 905; Busse/Keukenschrijver § 10 PatG Rdn. 20; a.A. Brandi-Dohrn FS König S. 33, 43, 47. Hierfür ist der Patentinhaber darlegungs- und beweispflichtig, BGH GRUR **2005,** 848, 851 – Antriebsscheibenaufzug. Das für den Zeitpunkt der Verletzungshandlung darzutun, bereitet insbesondere Schwierigkeiten, wenn bloße Angebotshandlungen, vor allem unaufgeforderte erste Angebote unterbunden werden sollen. Angesichts des Zwecks von § 10, schon der Gefährdung der Rechte des Patentinhabers begegnen zu können, kann möglicherweise in Frage gestellt 8 werden, ob die Bestimmung bereits zum Zeitpunkt der Tathandlung (anbieten oder liefern) getroffen sein muss, so aber König Mitt. **2000,** 10, 20 u. nach Cohausz GRUR **99,** 690, 691; Hesse GRUR **82,** 191, 194; Schramm/Kaess S. 121; Scharen GRUR **2001,** 995; a. A. wohl OLG Karlsruhe InstGE **4,** 115. Jedenfalls verlangt die Voraussetzung, dass der Täter um die Bestimmung wissen oder diese nach den Umständen offensichtlich sein muss, eine **hinreichend sichere Erwartung, dass** auf der Abnehmerseite das Mittel **in patentverletzender Weise verwendet wird.** Schon die Erkennbarkeit besonderer Brauchbarkeit gerade für eine erfindungsgemäße Verwendung kann hierfür Anhaltspunkt sein, LG München I InstGE **4,** 13, 18; Schulte/Kühnen § 10 PatG Rdn. 27; Brandi-Dohrn FS König S. 33, 43. Es kann ferner genügen, wenn der Angebotsempfänger oder Belieferte in Bedienungsanleitungen oder dergleichen ausschließlich auf eine solche Verwendung hingewiesen wird, BGH GRUR **2005,** 848, 851 – Antriebsscheibenaufzug; OLG Karlsruhe GRUR-RR **2004,** 97, 99; LG Düsseldorf InstGE **2,** 23, 28; Tilmann GRUR **2005,** 904, 905. Eine verbotene unmittelbare Benutzung des Patents kann beispielsweise erwartet werden, wenn sich feststellen lässt, dass der Abnehmer das ihm Gelieferte so herrichten lassen will, dass es patentverletzend benutzt werden kann, OLG Düsseldorf Mitt. **2003,** 252, 258. Ob der Angebotsempfänger oder Abnehmer das Patent kennt oder weiß, dass das, wozu er sich entschließt, einem anderen durch ein Patent geschützt ist, hat ebenso wenig Bedeutung wie die tatsächliche spätere Verwendung. Die Feststellung, dass die erforderliche hinreichend sichere Erwartung gegeben ist, wird nicht bereits dadurch ausgeschlossen, dass der Anbieter oder Lieferer das Mittel nur unter Vorkehrungen, etwa einem Warnhinweis, angeboten oder geliefert hat, die im konkreten Fall zumutbar und geboten waren, um der Gefahr einer unmittelbaren Patentverletzung durch den Abnehmer zu begegnen, Scharen GRUR **2001,** 995, 998; a. A. König Mitt. **2000,** 10, 21 u. nach Cohausz GRUR **99,** 690, 691; Mes GRUR **98,** 281, 283. Allerdings wird in einem solchen Fall eine mittelbare Patentverletzung nicht ohne weiteres angenommen werden können, vgl. Schulte/Kühnen § 10 PatG Rdn. 20; Schramm/Kaess S. 121. So kommt ihre Feststellung regelmäßig nicht in Betracht, wenn die mitgelieferte Gebrauchsanweisung einen anderen als den patentgemäßen Gebrauch beschreibt, LG Hamburg GRUR-RR **2001,** 257, 258. Hat der Angebotsempfänger oder Abnehmer bereits unter Verwendung eines Mittels mit – nicht nur zufälliger, LG Hamburg GRUR-RR **2001,** 257, 258 – unberechtigter Benutzung der Erfindung begonnen, kann hiermit der Beweis geführt werden, dass die erforderliche Bestimmung getroffen ist. Schwieriger ist der Beweis hingegen, wenn mit der Benutzung der Erfindung noch nicht begonnen wurde und das Mittel nur eine nicht ausschließliche Eignung (siehe hierzu Rdn. 5) hat. Ist das Mittel ausschließlich für die Benutzung der Erfindung geeignet, so lässt sich bereits hieraus sicher darauf schließen, dass das Mittel entsprechend seiner Eignung zur Benutzung der Erfindung verwendet wird. Bei ausschließlicher Eignung eines Mittels, für die Benutzung der Erfindung verwendet zu werden, indiziert die objektive Beschaffenheit, dass auch die erforderliche Bestimmung, für die Benutzung der Erfindung verwendet zu werden, gegeben ist, Scharen GRUR **2001,** 995, 996 m. w. N. Bei nicht ausschließlicher Eignung muss dagegen auch dann, wenn das Mittel für die Benutzung der Erfindung angepasst ist, die Möglichkeit der anderweitigen (patentfreien) Verwendbarkeit ausgeräumt werden (siehe näher Rdn. 5, 19 f.). Hierzu können Erfahrungen des täglichen Lebens verwertet werden, etwa dass es für eine Verwendung in patentverletzender Weise spricht, wenn der Lieferant diese dem Belieferten empfohlen, BGH GRUR **2001,** 228, 231 – Luftheizgerät, oder in Bedienungsanleitungen oder dergleichen ausschließlich auf eine solche Verwendung hingewiesen hat, BGH GRUR **2005,** 848, 851 – Antriebsscheibenaufzug; OLG Karlsruhe GRUR-RR **2004,** 97, 99. Von der erforderlichen Bestimmung kann auch ausgegangen werden, wenn in einer Werbeschrift zum patentverletzenden Einsatz des Mittels angeleitet worden ist, und zwar u. U. – z. B. wenn damit zu rechnen ist, dass solche Werbeschriften für spätere Beschaffungsentscheidungen vom Empfänger aufbewahrt werden – auch dann, wenn der Prospekt mittlerweile durch eine neue Werbeschrift ersetzt worden ist, die nur noch einen patentfreien Einsatz empfiehlt, OLG Düsseldorf Mitt. **2003,** 264. Aber auch ein sonstiges Angebot zu einem patentgemäßen Gebrauch oder Vorbereitungen für die Benutzung der Erfindung, wie der Erwerb entsprechender weiterer Vorrichtungen, die Belehrung des Personals und sonstige Äußerungen des Belieferten oder seines Personals können einen sicheren Anhalt bieten. Die Nachweispflicht gilt erst recht in den Fällen, in denen die angebotenen oder gelieferten Mittel keine erkennbare Anpassung für die Benutzung der Erfindung aufweisen und deshalb gleichermaßen sowohl für eine patentverletzende als auch für eine patentfreie Benutzung in Betracht kommen.

9 **5.** Der **Adressat der Regelung** des § 10 **(Täter)** ist derjenige Dritte, der ohne Zustimmung des Patentinhabers anderen, nicht zur Benutzung der Erfindung berechtigten Personen

durch das Anbieten oder Liefern von Mitteln dazu verhilft, eine unberechtigte Benutzung der geschützten Erfindung ausführen zu können. § 10 setzt damit (mindestens) **zwei nicht identische natürliche oder juristische Personen** voraus.

Als **mittelbarer Patentverletzer** (Täter, Dritter im Sinne von § 10 und „Patentgefährder“, so Holzapfel GRUR **2002,** 193, 194) kommt nach dem Wortlaut des Gesetzes an sich jeder in Betracht, der **ohne Zustimmung** des Patentinhabers handelt. Unerwähnt bleibt damit, dass eine Gefahr unberechtigter Benutzung derjenige nicht schafft, der auf Grund eines gegenüber dem Patentinhaber wirksamen Rechts zur Benutzung der Erfindung berechtigt ist. Als Täter einer mittelbaren Patentverletzung scheiden damit aus der Mitinhaber des Patents, der Inhaber eines Vor- oder Weiterbenutzungsrechts an dem Patent und der Lizenznehmer ohne zulässige (vgl. Rdn. 7) Bezugsverpflichtung, König Mitt. **2000,** 10, 11; vgl. auch Schulte/Kühnen § 10 PatG Rdn. 25. Mittelbarer Patentverletzer ist ferner nicht, wer mit Erlaubnis des Patentinhabers anderen Personen, denen der Patentinhaber die Benutzung der Erfindung noch nicht gestattet hat, Mittel zur Benutzung der Erfindung anbietet oder liefert und damit mittelbar die Benutzungserlaubnis des Patentinhabers vermittelt. Wenn es um die Benutzung eines vom Patentinhaber oder mit dessen Willen durch einen Dritten in den Verkehr gebrachten Gegenstand, dessen erlaubte Instandhaltung oder Reparatur geht, kommt eine mittelbare Patentverletzung ebenfalls nicht in Betracht, König Mitt. **2000,** 10, 11; siehe auch Rdn. 16 u. § 9 Rdn. 15ff. **10**

6. Tathandlung der mittelbaren Patentverletzung nach § 10 kann nur die mittelbare Ausnutzung der Erfindung durch **Anbieten** oder **Liefern** von gegenständlichen Mitteln zur Benutzung der Erfindung sein. Die Herstellung von Mitteln zur Benutzung der patentierten Erfindung durch einen anderen wird nicht erfasst, BGH Mitt. **2005,** 502, 504 – Abgasreinigungsvorrichtung; vgl. auch BGHZ **159,** 76 – Flügelradzähler. Das Einführen und das Besitzen derartiger Mittel führen für sich ebenso wenig zu einer mittelbaren Patentverletzung wie die Anfertigung von Zeichnungen und Verfahrensanleitungen oder der Entwurf einer geschützten Vorrichtung, Kraßer § 33 VI b 1; vgl. auch RGZ **122,** 243, 246; RG GRUR **37,** 670, 672. Auch der Überlassung einer Gebrauchsanweisung für ein geschütztes Verfahren kommt für die mittelbare Patentverletzung nur mit der damit zusammen erfolgten oder angebotenen Warenlieferung Bedeutung zu, vgl. BGH GRUR **58,** 179, 182; **61,** 627; OLG Düsseldorf GRUR **63,** 78, 80; LG München I GRUR **64,** 679, 680. Die Festlegung einer technischen Norm, deren Einhaltung die Benutzung der Erfindung voraussetzt, kann nicht Tathandlung gemäß § 10 Abs. 1, wohl aber Teilnahmehandlung bei der unmittelbaren Patentverletzung sein, Kraßer § 33 VI b 1. Liegt wie beim **Verwendungspatent** (siehe hierzu § 14 Rdn. 49f.) bereits in dem augenfälligen Herrichten der vorbekannten Sache oder Vorrichtung ein Gebrauch i. S. d. § 9, so kann die Tathandlung nur in dem Anbieten oder Liefern zum gebrauchsfertigen Herrichten, nicht zum unmittelbaren Anwenden bestehen, LG Düsseldorf GRUR-RR **2004,** 193; Tilmann GRUR **2005,** 904, 905; vgl. auch Busse/Keukenschrijver § 10 PatG Rdn. 17; Kraßer § 33 VI b 2; a. A. König Mitt. **2000,** 10, 24f.; Brandi-Dohrn FS König, 2003, S. 33, 42. Die Tathandlung selbst muss ferner im geschäftlichen Bereich zu gewerblichen Zwecken erfolgen, Preu GRUR **80,** 697, 698; Schulte/Kühnen § 10 PatG Rdn. 9. Das folgt aus § 11 Nr. 1. § 10 Abs. 3 betrifft nur die Berechtigung der anderen erforderlichen Person (Angebotsempfänger, Abnehmer). Zur Heranziehung von § 11 Nr. 2 u. 3 hinsichtlich der Tathandlung selbst, obwohl sie nicht den Gegenstand des Patents, sondern lediglich ein zu dessen Nutzung befähigendes Mittel betrifft, siehe Rdn. 17 u. die dortigen Nachweise. **11**

a) Zum Begriff **„Anbieten“** wird auf § 9 Rdn. 40ff. verwiesen. Der in § 10 Abs. 1 genannte Begriff deckt sich mit dem Begriff „Anbieten“ in § 9 Satz 2 Nr. 1 bis 3. Das zusätzliche Tatbestandsmerkmal **„zur Benutzung der Erfindung“** ist nach objektiven Anhaltspunkten zu bestimmen. Es verlangt nicht die Kenntnis des Anbietenden, dass der Angebotsempfänger die Mittel zur Auswertung der Erfindung benutzen will, oder die Absicht, den Angebotsempfänger zur Benutzung der Erfindung zu veranlassen (siehe aber Rdn. 18ff., 23 bezüglich der subjektiven Tatbestandsvoraussetzungen). Die Handlung muss den anderen oder einen Abnehmer nur in den Stand versetzen, die geschützte Erfindung unberechtigt zu benutzen, BGHZ **115,** 204. Auch darauf, ob dies und gar ohne weiteres erkennbar ist, kommt es für die Feststellung einer Tathandlung nicht an, a. A. LG München InstGE **1,** 179; Schulte/Kühnen § 10 PatG Rdn. 19. **12**

b) Der Begriff **„Liefern“** setzt die Übergabe des Mittels an einen anderen voraus, Busse/Keukenschrijver § 10 PatG Rdn. 16. Der andere braucht nicht derjenige zu sein, der das Mittel zur Benutzung der patentierten Erfindung verwendet. Es reicht aus, wenn die Benutzung der Erfindung durch einen Abnehmer des anderen (Hintermann) begangen wird oder zu besorgen ist, vgl. RG GRUR **39,** 910, 913; LG München I GRUR **52,** 228, 229. Beispiele aus bisheri- **13**

ger Rechtsprechung für die Alternative „Liefern": die Lieferung von Teilen, die zur Herstellung einer geschützten Vorrichtung verwendbar sind, RGZ **111,** 350, 353; **133,** 326, 329; RG GRUR **36,** 160, 163; **39,** 910, 913; BGH GRUR **61,** 466, 469; OLG Düsseldorf GRUR **38,** 771, 774, insbes. wenn diese Teile nicht ohne weiteres oder nicht wirtschaftlich sinnvoll für andere Zwecke als zur Benutzung der geschützten Erfindung zu verwenden sind, BGH GRUR **79,** 149, 151 – Schießbolzen; die Lieferung von Gegenständen, bei denen eine bestimmte Verwendungsweise geschützt ist, z.B. die waagerechte Anbringung eines Abdeckgitters, RG GRUR **37,** 213, 216; ferner die bestimmte Einstellung der Lichtquelle eines Scheinwerfers, RG GRUR **37,** 973, 974; **38,** 330, 333; oder die Aufstellung einer Vorrichtung, die nur bei einer bestimmten Aufstellung vom geschützten Erfindungsgedanken Gebrauch macht, RG GRUR **38,** 865, 867; vgl. auch RGZ **86,** 412, 418; die Lieferung einer Vorrichtung, die der Benutzer durch geringfügige Änderungen zu der geschützten Vorrichtung umgestalten kann, vgl. RG MuW **25/26,** 122, 123; RG GRUR **36,** 235, 241 – dort als unmittelbare Patentverletzung bewertet –; RG GRUR **38,** 891, 894; besonders wenn deren Teilvorrichtung überall zu kaufen ist, RG Mitt. **31,** 151, 152, aber auch dann, wenn an der gelieferten Vorrichtung ohne weiteres Teile weggelassen werden können, BGH GRUR **2001,** 228 – Luftheizgerät. Auch das Tatbestandsmerkmal „Liefern **zur Benutzung der Erfindung**" ist nach objektiven Kriterien zu bestimmen, siehe Rdn. 12.

14 **c)** Der Tatbestand der mittelbaren Patentverletzung erfasst nur das Anbieten oder das Liefern von Mitteln **innerhalb der Bundesrepublik Deutschland.** Der erforderliche Inlandsbezug ist bereits dann gegeben, wenn das Angebot vom Ausland aus an einen inländischen Adressaten gerichtet ist, Kraßer § 33 VI b 3. Erfolgt das Angebot ausschließlich im Ausland, z.B. durch einen dort tätigen Vertreter, oder wird die Lieferung ohne Inlandsberührung im Ausland ausgeführt, scheidet eine mittelbare Patentverletzung aus. Auch die Vornahme der Benutzungshandlung durch den Angebotsempfänger oder Abnehmer muss für das Inland vorgesehen sein (sog. **doppelter Inlandsbezug,** vgl. LG Mannheim InstGE **5,** 179, 181; anders z.B. die Rechtslage in USA, vgl. CAFC GRUR-Int. **2005,** 948). Eine außerhalb der Bundesrepublik Deutschland beabsichtigte Benutzung der Erfindung mit den aus der Bundesrepublik Deutschland angebotenen oder gelieferten Mitteln wird vom Tatbestand des § 10 nicht erfasst. Die Ausfuhr geeigneter Mittel kann also nicht verhindert werden, LG Düsseldorf InstGE **2,** 82, 87; Kraßer § 33 VI b 3; Busse/Keukenschrijver § 10 PatG Rdn. 15; vgl. auch BGH GRUR **69,** 265, 267; **70,** 361, 364, ab.

15 **7.** Die **andere Person,** die neben dem Täter erforderlich ist (siehe Rdn. 9), ist der Angebotsempfänger oder der Belieferte. Sie kann auch ein vom Täter (Dritten) abhängiges Unternehmen, etwa eine Tochtergesellschaft oder Konzerngesellschaft, sein, wenn sie eine eigene Rechtspersönlichkeit besitzt. Beim Anbieten und Liefern an rechtlich unselbstständige Betriebsabteilungen oder Niederlassungen handelt es sich hingegen um unternehmensinterne Vorgänge, auf welche die Regelung des § 10 nicht anwendbar ist.

16 **a)** Als **zur Benutzung der** patentierten **Erfindung berechtigte andere Personen** sind diejenigen anzusehen, denen der Patentinhaber die Benutzung der Erfindung (ausdrücklich oder stillschweigend, vgl. Tilmann GRUR **2005,** 904, 906 m.w.N.) gestattet hat oder die ein Recht zur Benutzung der patentierten Erfindung haben. Hat der Patentinhaber die Erlaubnis zur Benutzung der Erfindung in zulässiger Weise vom Bezug von Mitteln zur Ausführung der Erfindung abhängig gemacht, dann ist der andere nicht zur Benutzung der Erfindung mit anderweit beschafften Mitteln berechtigt, a.A. Kraßer § 33 VI b 8. Dasselbe gilt, wenn er Beschränkungen des ihm eingeräumten Benutzungsrechts nicht einhält, siehe dazu Näheres bei § 15 Rdn. 73. Der Umfang des Benutzungsrechts ist durch Auslegung der Zustimmungserklärung des Patentinhabers zu ermitteln. Berührt die Verpflichtung des anderen zum Bezug von Mitteln zur Ausführung der Erfindung nicht seine Befugnis zur Benutzung der Erfindung, so ist er als zur Benutzung der Erfindung Berechtigter anzusehen. In einem solchen Falle kann der Patentinhaber das Anbieten oder Liefern von Mitteln zur Benutzung der Erfindung durch einen Dritten nicht nach § 10 abwehren, sondern kann nur bei wettbewerbswidrigem oder sittenwidrigem Verhalten (Verleiten des Benutzungsberechtigten zum Vertragsbruch, ggfls. auch Ausnutzen dessen Vertragsbruchs) vom Dritten nach den Regeln des UWG oder nach § 826 BGB Unterlassung des Anbietens oder des Lieferns oder Schadensersatz aus diesem Grunde verlangen, vgl. BGH GRUR **56,** 273, 275; **60,** 558, 559; **62,** 426, 427; **69,** 474, 475; BGH GRUR **87,** 532, 533; BGHZ **37,** 30, 32. 34; OLG Düsseldorf GRUR **61,** 136. Ein Recht zur Benutzung der patentierten Erfindung kann sich aus Patent(mit)inhaberschaft, einem Vorbenutzungsrecht nach § 12, einem Weiterbenutzungsrecht nach § 123 Abs. 5, vgl. RG GRUR **24,** 159, 160, einer Benutzungsanordnung nach § 13, einer Benutzungsanzeige nach § 23 oder

einer Zwangslizenz nach § 24 ergeben. Erwirbt der Abnehmer ein Mittel i. S. v. § 10 von dem Patentinhaber oder mit dessen Zustimmung, folgt hieraus kein Recht zur Benutzung der Erfindung, weil Erschöpfung nur eintritt, wenn das patentgemäße Erzeugnis selbst mit Willen des Patentinhabers in den Verkehr gebracht worden ist, BGHZ **159,** 76 – Flügelradzähler. Der Abnehmer ist aber insoweit i. S. v. § 10 zur Benutzung der Erfindung berechtigt, als er ein mit Zustimmung des Patentinhabers in den Verkehr gebrachtes patentgemäßes Erzeugnis erworben hat und deshalb wegen Erschöpfung des Patentrechts zum bestimmungsgemäßen Gebrauch des Erzeugnisses berechtigt ist, BGHZ **159,** 76 – Flügelradzähler, OLG Frankfurt/M. GRUR-RR **2003,** 201, 203. Dies schließt ein, ein von dem Dritten angebotenes oder geliefertes Mittel zur Erhaltung und Wiederherstellung der Gebrauchstauglichkeit des erworbenen Erzeugnisses, BGHZ **159,** 76 – Flügelradzähler, insbesondere zu dessen Reparatur vorzusehen und einzusetzen, RG GRUR **34,** 534, 535 (siehe dazu § 9 Rdn. 38), beinhaltet jedoch kein Recht zur Neuherstellung des erworbenen patentgemäßen Erzeugnisses (siehe dazu § 9 Rdn. 36). Den zur Benutzung der patentierten Erfindung Berechtigten dürfen Dritte auch ohne Zustimmung des Patentinhabers Mittel zur Benutzung der Erfindung anbieten und liefern. Eine mittelbare Patentverletzung nach § 10 liegt darin nicht, König Mitt. **2000,** 10,11.

b) Zur Benutzung der patentierten **Erfindung nicht berechtigt sind** (andere) Personen, 17
denen der Patentinhaber die Benutzung der Erfindung nicht erlaubt hat und denen auch sonst kein Recht zur Benutzung der Erfindung zusteht. Dieser Personenkreis begeht eine Patentverletzung, wenn er die patentierte Erfindung benutzt. Hierbei ist auch die Möglichkeit einer Patentverletzung durch Gebrauchen eines unmittelbaren Verfahrenserzeugnisses (§ 9 Nr. 3) zu berücksichtigen. So hat das OLG Düsseldorf mittelbare Verletzung eines Verfahrenspatents durch Vertrieb von Geräten angenommen, obwohl mit ihnen die Verfahrensschritte von verschiedenen Personen durchgeführt wurden und die Geräteabnehmer selbst nur einen Teil dieser Schritte erledigten, weil unmittelbare Erzeugnisse des geschützten Verfahrens geschaffen worden seien, OLG Düsseldorf GRUR-RR **2004,** 345. Für den Bereich der mittelbaren Patentverletzung (nur) nach Abs. 1 (nicht nach Abs. 2) weist **§ 10 Abs. 3** dem Personenkreis der Nichtberechtigten auch diejenigen zu, bei denen aus den Gründen des § 11 Nr. 1 bis 3 eine Patentverletzung ausscheidet, weil z. B. die Benutzung der patentierten Erfindung im privaten Bereich zu nichtgewerblichen Zwecken (§ 11 Nr. 1) oder zu Versuchszwecken (§ 11 Nr. 2) erfolgt oder die unmittelbare Einzelzubereitung von Arzneimitteln und die auf diese Weise zubereiteten Arzneimittel (§ 11 Nr. 3) betrifft. Auch durch das Anbieten oder Liefern von Mitteln zur Benutzung der Erfindung zu privaten oder Versuchszwecken oder zur Einzelzubereitung von Arzneimitteln kann also eine mittelbare Patentverletzung begangen werden. Auf diese Weise erfasst § 10 Abs. 1 auch diejenigen Fälle des Anbietens und der Lieferung von Mitteln zur Benutzung der Erfindung an Bastler, vgl. dazu v. Falck/Ohl GRUR **71,** 541, 544. Was insbesondere das Versuchsprivileg anbelangt, wird angezweifelt, dass es hinsichtlich der mittelbaren Patentverletzung durch § 10 Abs. 3 vollständig verdrängt wird. So werden notwendige Bereitstellungshandlungen bei Versuchen, die nicht von demjenigen begangen werden, der die Versuche dann ausführt, als vom Tatbestand der mittelbaren Patentverletzung nicht erfasst angesehen, so Fähndrich/Tilmann GRUR **2001,** 901, 902 f.; Stjerna Mitt. **2004,** 343, 347; Chrocziel S. 191 f.; wohl auch Kraßer § 33 IV b 4; a. A. Niioka S. 350; auch U. K. Patents Court IIC **86,** 115.

8. Der Tatbestand der mittelbaren Patentverletzung ist nur dann (siehe aber auch Rdn. 20) 18
verwirklicht, wenn beim Anbieter oder Lieferanten (Täters) **subjektive Tatbestandsmerkmale** erfüllt sind (vgl. hierzu: Keukenschrijver FS 50 Jahre VPP, 2005, 331, 347; Hesse, GRUR **82,** 191 ff.). Hierdurch beinhaltet das Gesetz eine „beweismäßig schwierige Konstruktion", so Dolder/Faupel, Schutzbereich, 2. Aufl. S. 161, wodurch die praktische Handhabung des Instruments der mittelbaren Patentverletzung zum Nachteil des Patentinhabers erschwert ist, Hesse GRUR Int. **72,** 147, 148 f.

a) Nach Abs. 1 verlangt der Tatbestand der mittelbaren Patentverletzung an sich, dass der 19
Anbieter oder Lieferer weiß, dass die angebotenen oder gelieferten Mittel **dazu geeignet und bestimmt sind, für die Benutzung der geschützten Erfindung verwendet zu werden.** Diese Kenntnis muss zum Zeitpunkt der Verwirklichung der Tathandlung (anbieten oder liefern) bestehen und für jedes einzelne Angebot oder jede einzelne Lieferung gegeben sein, BGH GRUR **2005,** 848, 851 – Antriebsscheibenaufzug; Scharen GRUR **2001,** 995. Die Kenntnis von der Eignung der Mittel allein genügt nicht, weil das Gesetz auch Kenntnis der Bestimmung zur Verwendung i. S. d. § 9 voraussetzt. Nach der Rechtsprechung des BGH muss daher die Kenntnis des Anbieters oder Lieferers hinzukommen, dass der Abnehmer das gelieferte Mittel in einer Weise verwenden wird, die – objektiv gesehen – eine Benutzung der ge-

schützten Erfindung bedeutet, wobei ggfls. eine insoweit **hinreichend sichere Erwartung** ausreichen kann, vgl. Rdn. 8. Auf die richtige rechtliche Einordnung des zukünftigen Verhaltens der Abnehmer und die dazu nötigen Erkenntnisse kommt es dabei nicht an. Angesichts der Zweckrichtung der notwendigen Bestimmung durch den Abnehmer führt das Erfordernis der Kenntnis dazu, dass auch auf Seiten des Anbieters oder Lieferers der **Wille** vorhanden sein muss, **dass** der Angebotsempfänger oder Abnehmer das angebotene oder gelieferte Mittel **zur Benutzung der Erfindung bestimmt,** BGH GRUR **2001,** 228, 231 – Luftheizgerät; Busse/Keukenschrijver § 10 PatG Rdn. 21. Der Anbieter oder Lieferant muss mit Vorsatz handeln, OLG Düsseldorf Mitt. **2003,** 252, 258; Tilmann GRUR **2005,** 904, 906, der sich auf den Vorsatz (Handlungswillen) des Abnehmers beziehen muss, Dolder/Faupel, Schutzbereich, S. 161; Schulte/Kühnen § 10 PatG Rdn. 28. Die auf Fahrlässigkeit beruhende Unkenntnis von der Eignung des Mittels zur Benutzung der Erfindung oder von der Bestimmung des Mittels zur Benutzung der Erfindung durch den Empfänger des Angebots oder den Belieferten genügt nicht, LG Düsseldorf InstGE **5,** 1, 11, anders nur im Falle der offensichtlichen Eignung und Bestimmung des Mittels zur Benutzung der Erfindung, siehe Rdn. 20, a. A. Busse/Keukenschrijver § 10 PatG Rdn. 21. Bedingter Vorsatz reicht allerdings aus, König Mitt. **2000,** 10, 20; Hesse GRUR **82,** 191, 192; Busse/Keukenschrijver § 10 Rdn. 21; Schramm/Kaess S. 121; Scharen GRUR **2001,** 995. Die Kenntnis von der Eignung braucht nicht das Wissen zu umfassen, dass das Mittel sich auf ein wesentliches Element der Erfindung bezieht. Der Gesetzeswortlaut verlangt auch nicht ausdrücklich, dass der Anbieter oder Lieferer wissen muss, dass die vom Empfänger vorgesehene (bestimmte) Benutzung der Erfindung im Inland erfolgen soll. Ob die Annahme des Anbieters oder Lieferers, die Benutzung der Erfindung sei im Ausland vorgesehen, die mittelbare Patentverletzung ausschließt, ist deshalb zweifelhaft, a. A. – bejahend – Busse/Keukenschrijver § 10 Rdn. 21 u. FS 50 Jahre VPP, 2005, 331, 347, der Vorsatz hinsichtlich der Benutzung im Inland verlangt; für diese Meinung sprechend, aber unklar, weil auf Bestimmung im Inland abstellend, BGH GRUR **2001,** 228, 231 – Luftheizgerät; so auch Schulte/Kühnen § 10 PatG Rdn. 28. Die Kenntnis der Bestimmung der Mittel zur Benutzung der Erfindung kann auf vorangegangenen Handlungen oder auf Äußerungen des Angebotsempfängers oder Belieferten oder auf den Handlungen des Anbieters oder Lieferers beruhen. Wie bei der Darlegung der erforderlichen Bestimmung durch den Angebotsempfänger oder Abnehmer (vgl. hierzu Rdn. 8) können auch bei der Beweisführung hinsichtlich der Kenntnis der Eignung und Bestimmung der Mittel, zur Benutzung der Erfindung verwendet zu werden, Erfahrungen des täglichen Lebens verwertet werden, BGH GRUR **2001,** 228, 231 – Luftheizgerät. Wenn aus ihnen auf die erforderliche Bestimmung geschlossen werden kann, kann regelmäßig auch angenommen werden, dass beim Anbieter oder Lieferer das erforderliche Wissen und Wollen gegeben ist. So spricht, wenn der Lieferer die Belieferten zu einer bestimmten Verwendung der gelieferten Stoffe anleitet oder eine bestimmte Verwendung einer Vorrichtung empfiehlt, die Erfahrung des täglichen Lebens sowohl dafür, dass sich der Belieferte nach der Anleitung oder Empfehlung richtet und die gelieferten Stoffe oder die gelieferte Vorrichtung zu einer entsprechenden Verwendung bestimmt, als auch dafür, dass der Lieferer das weiß und will, BGH GRUR **2001,** 288, 231 – Luftheizgerät; vgl. auch BGH GRUR **58,** 179, 182. Das gilt insbesondere dann, wenn ein Gerät infolge seiner technischen Eigenart und Zweckbestimmung auf eine zu einem Patenteingriff führende Benutzung zugeschnitten ist und zu einem entsprechenden Gebrauch angeboten wird, vgl. BGHZ **17,** 266, 292. Die Tatsache, dass ein Lieferant, der einem Gewerbetreibenden eine Maschine liefert, als selbstverständlich annimmt, dass der Empfänger die Maschine bestimmungsgemäß benutzen werde, versteht sich von selbst und bedarf daher keines Beweises, vgl. RGZ **65,** 157, 161. Wenn regelmäßig die Möglichkeit der Verwendung einer gelieferten Vorrichtung zur Benutzung der Erfindung fernliegt oder wenn die an sich mögliche Verwendung der gelieferten Mittel zur Benutzung der Erfindung bei deren bestimmungsgemäßen Gebrauch fernliegt, sind an den Beweis der Kenntnis von der Bestimmung zur Benutzung der Erfindung strenge Anforderungen zu stellen. Das gilt besonders dann, wenn die Verwendung eines Mittels zur Benutzung der Erfindung eine ganz unwirtschaftliche Maßnahme darstellen würde.

20 **b)** Das Gesetz ordnet allerdings an, dass es auf die Kenntnis des Anbieters oder Lieferers nicht ankommt, wenn **auf Grund der Umstände offensichtlich** ist, dass die angebotenen oder gelieferten Mittel dazu geeignet und bestimmt sind, für die Benutzung der Erfindung verwendet zu werden. Offensichtlichkeit meint, dass sich dies für den unbefangenen Betrachter der Umstände von selbst ergibt und vernünftige Zweifel an der Eignung und Bestimmung der Mittel für die Verwendung zur Benutzung der Erfindung nicht bestehen, BGH GRUR **2001,** 288, 231 – Luftheizgerät; OLG Karlsruhe GRUR-RR **2004,** 97, 98. Verlangt wird ein hohes Maß

an Voraussehbarkeit der patentverletzenden Verwendung seitens des Angebotsempfängers oder Abnehmers des Mittels, vgl. BGH GRUR **2005,** 848, 852 – Antriebsscheibenaufzug. So ist Offensichtlichkeit gegeben, wenn ein unbefangener Dritter in der konkreten Angebots- und Liefersituation, wie sie für den Anbieter oder Lieferer einer Maschine bestanden hat, deren Eignung und Bestimmung zur Ausführung des patentgemäßen Verfahrens nicht hätte übersehen können, LG Düsseldorf InstGE **5,** 1, 12. Der Anbieter oder Lieferer, der sich den jedermann zugänglichen und in die Augen springenden Erkenntnissen über die Eignung und Bestimmung der Mittel verschließt und trotzdem die Mittel anbietet oder liefert, wird vom Gesetz so behandelt, als ob er die Eignung und Bestimmung der Mittel, zur Benutzung der Erfindung verwendet zu werden, kennt, auch wenn er diese Kenntnis nicht hat. Die Kraft der Tatsachen (Umstände), die jedermann zugänglich sind und unbefangenen Betrachtern in die Augen springen, ersetzt das Erfordernis der Kenntnis der Eignung und Bestimmung der Mittel, für die Benutzung der Erfindung verwendet zu werden. Hierdurch soll dem Patentinhaber eine wesentliche Erleichterung bei der Prozessführung zuteil werden. Es ist allerdings streitig, ob es sich wirklich um eine unwiderlegliche Regel handelt, so Hesse GRUR **82,** 191, 193; Tilmann GRUR **2005,** 904, 906; im Erg. auch Kraßer § 33 VI b 5, oder ob eine bloße Beweiserleichterung gegeben ist, so Busse/Keukenschrijver § 10 PatG Rdn. 21 u. FS 50 Jahre VPP, 2005, 331, 347; Mes § 10 PatG Rdn. 21. Letzteres hätte zur Folge, dass der Anbieter oder Lieferer noch die Möglichkeit des Nachweises hat, tatsächlich nicht in Kenntnis der Geeignetheit oder Bestimmtheit des Mittels gehandelt zu haben. Hat das Gesetz hingegen eine Regel normiert, stellt sich bei Offensichtlichkeit die Frage, ob der Anbieter oder Lieferer nur fahrlässig gehandelt hat, nicht und es ist eine mittelbare Patentverletzung auch durch bloß fahrlässiges Handeln möglich, König Mitt. **2000,** 10, 21; wohl auch BGH GRUR **2001,** 288, 232 – Luftheizgerät; LG Düsseldorf InstGE **5,** 1, 12; a. A. Hesse, GRUR **82,** 191, 193; Busse/Keukenschrijver § 10 PatG Rdn. 21 u. FS 50 Jahre VPP, 2005, 331, 347. Der aus dem Strafrecht bekannte Grundsatz, wonach bei vorsätzlicher Haupttat als Teilnahmehandlung nur eine vorsätzlich begangene geahndet werden kann, steht dieser Folge nicht entgegen, weil der Gesetzgeber in § 10 Abs. 1 einen nicht akzessorischen Tatbestand geschaffen hat. Bei Offensichtlichkeit erleidet außerdem die nach § 11 Nr. 1 freie Benutzung der Erfindung im privaten Bereich eine erhebliche Beschränkung, wenn sie den Erwerb eines Mittels erfordert, das sich auf ein wesentliches Element der Erfindung bezieht, Villinger GRUR **81,** 541, 545. Auch im Hinblick darauf, ob die notwendige Eignung und Bestimmung offensichtlich ist, ist wiederum von Bedeutung, ob das Mittel ausschließlich zur patentgemäßen Verwendung geeignet ist oder nicht, BGH GRUR **2005,** 848, 852 – Antriebsscheibenaufzug.

9. a) Eine mittelbare Patentverletzung kann unter den besonderen Voraussetzungen des **§ 10** 21
Abs. 2 auch mit **allgemein im Handel erhältlichen Mitteln** (stapel commercial products) begangen werden. Hierunter sind gewöhnlich auf Vorrat gehaltene Erzeugnisse des täglichen Bedarfs wie Nägel, Schrauben, Bolzen, Draht, Chemikalien, Kraftstoff u. dgl. (so BlPMZ **79,** 276, 280; 325, 333), also beispielsweise auch Kugellager, Zahnräder, Transistoren, Widerstände, Schalter, Ventile, durch eine universelle Verwendbarkeit gekennzeichnete Getriebe und Antriebe sowie Grundstoffe aller Art zu verstehen. Täglicher Bedarf meint dabei nicht etwa allein denjenigen des Letztverbrauchers, Mes § 10 PatG Rdn. 33, sondern jedweden, den der Handel bei entsprechender Nachfrage aus eigenem Lager oder auf Grund entsprechender Bereitstellung eines Herstellers kurzfristig befriedigen kann. Erfasst sind Massen-, Alltags- und Dutzendware, also das, was für den privaten oder gewerblichen Abnehmer zum ständigen Grundbedarf gehört und sich auf vielfältige Weise verwenden lässt, mithin Ware, die nicht durch einen speziellen Verwendungszweck vorgeprägt ist und ohne Bezug zum Abnehmer in Großmengen hergestellt wird, LG Düsseldorf Entsch. **97,** 25, 30. Ein Vertrieb in großer Stückzahl allein reicht nicht aus, König Mitt. **2000,** 10, 22. Keine allgemein im Handel erhältliche Mittel sind jedenfalls speziell nach Kundenvorgabe gefertigte Teile, die nur für bestimmte Vorrichtungen des Kunden geeignet sind, LG Düsseldorf Entsch. **97,** 25, 31. Da die Tathandlung auch im Falle des Abs. 2 im Anbieten oder Liefern besteht, kommt die durch Abs. 2 vorgesehene Privilegierung bereits dann in Betracht, wenn die allgemeine Erhältlichkeit im Handel erst zu diesem Zeitpunkt gegeben ist; dass das angebotene oder gelieferte Mittel schon früher, insbesondere bereits im Zeitpunkt der Patentanmeldung im Handel allgemein erhältlich war, so aber als Grundsatz Schulte/Kühnen § 10 Rdn. 23, verlangt das Gesetz nicht. Wenn die allgemeine Erhältlichkeit im Handel erst zeitnah zu der Angebots- und Lieferhandlung eingesetzt hat, kommt allerdings die Annahme in Betracht, diese sei geschaffen worden, um die Wirkungen des Patents umgehen zu können. Läßt sich das feststellen, ist der Anbieter und Lieferer durch den allgemeinen Missbrauchseinwand gehindert, sich auf § 10 Abs. 2 zu berufen.

22 **b)** Eine mittelbare Patentverletzung mit allgemein im Handel erhältlichen Mitteln hat alle in Abs. 1 genannten objektiven Tatbestandsvoraussetzungen, vgl. Kraßer § 33 VI b 6; Busse/Keukenschrijver § 10 PatG Rdn. 22; Preu GRUR **80,** 697, 698f. Auf die vorstehende Kommentierung wird deshalb insoweit verwiesen. Lediglich die Erweiterung des Personenkreises, der nicht zur Benutzung der Erfindung berechtigt ist, durch Abs. 3 greift hier nicht, siehe Rdn. 17. Die Privilegierung, die Abs. 2 vorsieht, setzt bei den subjektiven Tatbestandsvoraussetzungen an. Bei allgemein im Handel erhältlichen Mitteln ist das Anbieten oder Liefern eines Mittels, das sich auf ein wesentliches Element der patentierten Erfindung bezieht, zur Benutzung der Erfindung nur dann eine mittelbare Patentverletzung, wenn beim Anbieter oder Lieferanten besondere subjektive Voraussetzungen erfüllt sind, nämlich die bewusste Veranlassung des Belieferten (siehe dazu Rdn. 23) zur Vornahme einer unberechtigten Benutzungshandlung nach § 9 Satz 2 Nr. 1 bis 3. Dieses Erfordernis bedeutet zugleich, dass dann, wenn allgemein im Handel erhältliche Mittel betroffen sind, eine Verwirklichung einer mittelbaren Patentverletzung nur bejaht werden kann, wenn tatsächlich geliefert worden ist, Tilmann GRUR **2005,** 904, 906; Kraßer § 33 VI b 6, und der Abnehmer seinerseits tatsächlich eine nach § 9 Satz 2 verbotene (rechtswidrige) Benutzungshandlung vorgenommen hat, Busse/Keukenschrijver § 10 PatG Rdn. 22; Schulte/Kühnen § 10 PatG Rdn. 24. Die Verschärfung im subjektiven Bereich hat also auch eine zusätzliche objektive Tatbestandsvoraussetzung zur Folge. Praktisch ersetzt das Erfordernis einer unberechtigten Benutzungshandlung durch den Abnehmer das Erfordernis der Bestimmung, für die Benutzung der Erfindung verwendet zu werden. Die nach Abs. 1 im Falle etwaiger Offensichtlichkeit der Eignung und Bestimmung zur Benutzung der Erfindung gegebene Erleichterung der Beweisführung kommt deshalb nicht in Betracht, Schulte/Kühnen § 10 PatG Rdn. 22. Wegen der Akzessorität der mittelbaren Patentverletzung mit allgemein im Handel erhältlichen Mitteln ist schließlich insoweit eine fahrlässige Verwirklichung dieses Tatbestands nicht möglich. Mittelbare Patentverletzung nach Abs. 2 setzt direkten Vorsatz voraus, Busse/Keukenschrijver § 10 PatG Rdn. 24; a. A. – bedingter Vorsatz ausreichend – Kraßer § 33 VI b 6.

23 **c)** Das Angebot oder die Lieferung von allgemein im Handel erhältlichen Erzeugnissen zur Benutzung der Erfindung ist also noch keine mittelbare Patentverletzung, wenn der Anbieter oder Lieferer weiß, dass die angebotenen oder gelieferten Mittel geeignet und vom Empfänger dazu bestimmt sind, zur Benutzung der Erfindung verwendet zu werden. Die stattdessen erforderliche **bewusste Veranlassung** des Belieferten **zur** unberechtigten **Benutzung** der Erfindung liegt dann vor, wenn der Dritte in Kenntnis des Patents und der mangelnden Berechtigung des Belieferten, die Erfindung zu benutzen, beim Belieferten den Entschluss geweckt hat, Benutzungshandlungen gemäß § 9 Satz 2 Nr. 1 bis 3 vorzunehmen. Es muss sich um den Entschluss handeln, eine Benutzungshandlung in der Bundesrepublik Deutschland vorzunehmen, die nicht vom Patentinhaber erlaubt ist, die außerhalb des privaten Bereichs zu gewerblichen Zwecken und nicht zu Versuchszwecken vorgenommen wird und keine Einzelzubereitung von Arzneimitteln betrifft (siehe § 11 Nr. 1 bis 3), weil § 10 Abs. 3 nicht für die mittelbare Patentverletzung nach § 10 Abs. 2 gilt. Außerdem muss die bewusste Veranlassung zur unberechtigten Patentbenutzung im Inland erfolgen. War der Belieferte bereits von sich aus entschlossen, die Erfindung unberechtigt zu benutzen, scheidet eine bewusste Veranlassung dazu aus, Tilmann GRUR **2005,** 904, 906.

24 **10.** Der **Unterlassungsanspruch,** den § 139 Abs. 1 auch bei mittelbarer Patentverletzung vorsieht, ist gegeben, wenn greifbare Anhaltspunkte, vgl. BGH GRUR **70,** 358, 360; **92,** 612, 614, bestehen, dass der Beklagte in Kenntnis der Eignung und Bestimmung der anzubietenden oder zu liefernden Mittel, zur Benutzung der Erfindung verwendet zu werden, das Anbieten oder Liefern von Mitteln, die sich auf ein wesentliches Element der patentierten Erfindung beziehen, an nicht zur Benutzung der Erfindung Berechtigte im Inland erstmals vornehmen, fortsetzen oder wiederholen wird. Grundsätzlich ist die Begehungs- bzw. Wiederholungsgefahr bezüglich aller Merkmale einer mittelbaren Patentverletzung vom Kläger darzulegen und zu beweisen. Eine Beweiserleichterung oder gesetzliche Regel kennt das Gesetz nur hinsichtlich der nach Abs. 1 erforderlichen Kenntnis des Beklagten (siehe hierzu Rdn. 19f.). Deshalb reicht es für ein alle zukünftigen Angebote oder Lieferungen des Beklagten umfassendes Verbot nicht aus, wenn auf Umstände verwiesen werden kann, aus denen sich ergibt, dass ein erheblicher Teil der Abnehmer den angebotenen oder gelieferten Gegenstand zu einer unmittelbaren Patentverletzung verwenden wird, BGH GRUR **2001,** 228, 232 – Luftheizgerät. Die erforderliche Besorgnis zukünftiger mittelbarer Patentverletzung kann anders als bei unmittelbarer Patentverletzung auch durch den Nachweis, dass es bei Lieferungen des Beklagten in der Vergangenheit bereits zu einem Verletzungsfall gekommen ist, nicht ohne weiteres belegt werden,

weil die Frage nach der hinreichend sicheren Erwartung, dass das gelieferte Erzeugnis in patentverletzender Weise verwendet wird, bei Angeboten oder Lieferungen an andere Abnehmer anders als in dem geschehenen Fall zu beantworten sein kann, vgl. Scharen GRUR **2001,** 995, 996. Nur bei ausschließlicher Eignung (siehe hierzu Rdn. 5) des bereits angebotenen oder gelieferten Mittels zur Benutzung der Erfindung kann ohne weiteres verlangt werden, dass der Beklagte jedem gegenüber Angebot oder Lieferung des Mittels unterlässt, OLG Düsseldorf GRUR-RR **2002,** 369, 377; LG München I InstGE **4,** 13, 26; Kraßer § 33 VI b 7; Scharen GRUR **2001,** 995, 996; Tilmann GRUR **2005,** 904, 905; a. A. wohl Nieder GRUR **2000,** 272; Busse/Keukenschrijver § 139 PatG Rdn. 43. Das LG Düsseldorf InstGE **5,** 173 gewährt eine unbeschränkte Verurteilung auch dann, wenn ein nicht ausschließlich geeignetes Mittel abgeändert werden kann, ohne seine Eignung zu patentfreier Verwendung einzubüßen. Ansonsten kommt bei bereits erfolgter mittelbarer Patentverletzung regelmäßig an sich lediglich ein Verbot in Betracht, das betreffende Mittel dem bereits kontaktierten Empfänger anzubieten oder zu liefern, Scharen GRUR **2001,** 995, 996; vgl. zur Antragsfassung auch Nieder FS König, 2003, 379, 391; Schramm/Kaess S. 122. In diesen Fällen wird es aber als zulässig und sachgerecht angesehen, darauf anzutragen, das Angebot oder die Lieferung an (beliebige) andere zu unterlassen, wenn der Beklagte nicht zugleich geeignete Vorsorgemaßnahmen ergreift, etwa ein der Gefährdung im konkreten Fall angepasster, zumutbarer Warnhinweis erfolgt, dass die unberechtigte Benutzung zu unterbleiben hat, OLG Düsseldorf GRUR-RR **2002,** 369, 377; Mitt. **2003,** 264, 267 f.; LG Düsseldorf Mitt. **2000,** 108; Kraßer § 33 VI b 7; Busse/Keukenschrijver § 139 PatG Rdn. 43; Scharen GRUR **2001,** 995, 997 f.; Tilmann GRUR **2005,** 904, 905. Der gewünschte (sachgerechte und zumutbare) Warnhinweis ist im Prozess im Rahmen des Unterlassungsantrags vom Kläger zu formulieren, weil es um die Erfassung jedweder zukünftiger Verletzung und nicht allein um eine nachträgliche Umstellung einer schon einmal begangenen Handlung geht, a. A. Nieder GRUR **2000,** 272. Ein Verlangen, nur dann anzubieten oder zu liefern, wenn der Angebotsempfänger oder Abnehmer bereit ist, die Beachtung des Ausschließlichkeitsrechts durch ein Vertragsstrafeversprechen zu sichern, wird regelmäßig als nicht mehr zumutbar zu werten sein und deshalb klageweise nicht durchgesetzt werden können, OLG Düsseldorf GRUR-RR **2002,** 369, 378; Scharen GRUR **2001,** 995, 997 f.; ähnlich Tilmann GRUR **2005,** 904, 905; a. A. Busse/Keukenschrijver § 139 PatG Rdn. 43; wohl auch LG Düsseldorf Mitt. **2000,** 108; Schramm/Kaess S. 122. Ausnahmsweise, wenn etwa eine Änderung des Mittels durch den Anbieter leicht möglich ist und dessen Markchancen nur in hinnehmbarer Weise beeinträchtigt, kann auch bei nicht ausschließlich patentverletzend verwendbaren Mitteln ein uneingeschränktes Verbot in Betracht kommen, OLG Düsseldorf GRUR-RR **2004,** 346. Geht es um die Belieferung von privaten Endverbrauchern mit einem Mittel, das sowohl patentverletzend als auch patentfrei zu verwenden ist, folgt allein aus der Untauglichkeit der sonst üblichen Vorkehrungen gegen einen patentverletzenden Gebrauch kein Grund, ein uneingeschränktes Verbot auszusprechen, LG Düsseldorf Mitt. **2000,** 108. Die Schwierigkeiten bei der Rechtsdurchsetzung im Falle mittelbarer Patentverletzung rechtfertigen es auch nicht, das beantragte Verbot einfach dahin zu formulieren, an zur Benutzung der Erfindung nicht Berechtigte bestimmte Mittel anzubieten oder zu liefern, von denen der Anbieter oder Lieferer weiß oder es nach den Umständen offensichtlich ist, dass sie geeignet und bestimmt sind, für die Benutzung der Erfindung verwendet zu werden, so aber 9. Aufl./Bruchhausen Rdn. 23. Denn ein solches Begehren oder Verbot genügte nicht dem zivilprozessualen Bestimmtheitsgebot (§ 253 Abs. 2 Nr. 2 ZPO), Scharen GRUR **2001,** 995, 997. Im Einzelfall kann dem mittelbaren Verletzer dagegen auch die Herstellungshandlung untersagt werden, obwohl nur das Anbieten und Liefern eines Mittels zur patentverletzenden Verwendung durch die Abnehmer als mittelbare Patentverletzung zu werten ist, dann nämlich wenn anders als durch ihr Verbot die dringende Besorgnis der Vornahme von mittelbaren Patentverletzungshandlungen durch Anbieten und Liefern nicht beseitigt werden kann, vgl. LG Düsseldorf Entsch. **99,** 75, 77; BGH X ZR 91/67 vom 29. 9. 1970 insoweit RGZ **122,** 243, 246 bestätigend; zweifelnd Busse/Keukenschrijver § 139 PatG Rdn. 43; a. A. Krasser § 33 VI b 1. Bei Klagen wegen mittelbarer Patentverletzung haben die Gerichte der Pflicht, auf sachdienliche Anträge hinzuwirken, besondere Beachtung zu widmen, vgl. BGH GRUR **2005,** 407 – T-Geschiebe.

11. Die Verwirklichung des Tatbestands des § 10 verpflichtet den mittelbaren Patentverletzer 25
(Dritten, Anbieter oder Lieferer und Patentgefährder), der dabei schuldhaft handelt, zum **Schadenersatz** (§ 139 Abs. 2). Der im Falle der mittelbaren Patentverletzung nach § 139 zu ersetzende Schaden ist derjenige, der durch die unmittelbare Patentverletzung des Abnehmers des Mittels entsteht, BGH GRUR **2005,** 848 – Antriebsscheibenaufzug; Meier-Beck GRUR **93,**

1, 3f.; Schulte/Kühnen § 10 PatG Rdn. 33; Busse/Keukenschrijver § 139 PatG Rdn. 89; Kraßer § 33 VI b 8; a.A. OLG Düsseldorf Mitt. **2003,** 264; Holzapfel GRUR **2002,** 193, 196; wohl auch Tilmann GRUR **2005,** 904, 905. Es ist also die Feststellung mindestens eines unmittelbaren Verletzungsfalls erforderlich, BGH GRUR **2005,** 848, 854 – Antriebsscheibenaufzug; **64,** 496, 497 –Formsand II. Im Falle der Benutzung der Erfindung durch Abnehmer umfasst der Schadensersatzanspruch den durch deren Handlungen entstandenen Schaden – sofern nicht allgemein im Handel erhältliche Mittel geliefert worden sind – auch dann, wenn der betreffende Abnehmer ein Privatmann war und deshalb selbst keine Patentverletzung begangen hat, LG Düsseldorf Entsch. **99,** 5, 8. Für die Feststellung der Schadenersatzpflicht genügt es, wenn dargetan wird, dass hierdurch mit hinreichender Wahrscheinlichkeit ein Schaden entstanden ist, siehe § 139 Rdn. 80. Gegebenenfalls kann der Gewinn des mittelbaren Patentverletzers abgeschöpft werden, LG Düsseldorf Entsch. **99,** 5, 8. Das erforderliche Verschulden kann sich daraus ergeben, dass der mittelbare Patentverletzer das Patent nicht gekannt oder dessen Schutzbereich verkannt hat, und auch schon darin liegen, dass der Anbieter oder Lieferer nicht geprüft hat, ob die nach seiner Kenntnis oder offensichtlich geplante Benutzung ein fremdes Patent berührt und der Abnehmer zu dieser Benutzung berechtigt ist, Kraßer § 33 VI b 5. Der Verletzte hat außerdem einen Anspruch auf **Rechnungslegung** und Auskunft, § 140b; BGHZ **128,** 220 – Kleiderbügel; LG Düsseldorf Entsch. **99,** 5, 8. Der Auskunftsanspruch kann auch die Benennung der Abnehmer einschließen, die als unmittelbare Verletzer in Betracht kommen, so als Regel LG Düsseldorf Entsch. **99,** 5, 8; Meier-Beck GRUR **93,** 1, 6f.; vgl. auch RGZ **146,** 26, 28; BGHZ **42,** 118, 130; BGH GRUR **66,** 198, 199, auch wenn ein scharfer Wettbewerb herrscht, vgl. BGH GRUR **66,** 198, 199. Es ist dem mittelbaren Verletzer in der Regel zuzumuten, dem Patentinhaber die tatsächliche Möglichkeit eines zivilrechtlichen Vorgehens gegen seine Abnehmer zu verschaffen, vgl. BGHZ **42,** 118, 132f. Ein auf Schadensersatz, Rechnungslegung oder Auskunft gerichteter Klagantrag umfasst auch Tathandlungen, die erst nach der letzten mündlichen Verhandlung begangen werden, sofern im Klagevorbringen oder im Urteil nichts Gegenteiliges zum Ausdruck gebracht ist, BGHZ **159,** 66 – Taxameter; OLG Karlsruhe GRUR-RR **2004,** 97, 99. Ein **Entschädigungsanspruch** nach Offenlegung der Patentanmeldung gemäß § 33 wegen Anbietens oder Lieferns zur Benutzung der angemeldeten Erfindung geeigneter Mittel **besteht** dagegen **nicht,** BGHZ **159,** 221 – Drehzahlermittlung m. zust. Anm. Haedicke in LMK **2004,** 198; LG Düsseldorf Entsch. **96,** 6f. u. **97,** 25, 31; Meier-Beck GRUR **93,** 1, 4; Kühnen GRUR **97,** 19; Busse/Keukenschrijver § 33 PatG Rdn. 8; Mes § 33 PatG Rdn. 5; a.A. OLG Düsseldorf GRUR-RR **2002,** 369, 374f.; Mitt. **2003,** 252 m. Anm. König S. 263; **Mitt. 2003,** 264; LG Mannheim InstGE **4,** 107, 110f.; Nieder Mitt. **2004,** 241; Kühnen/Geschke Rdn. 190; differenzierend Kraßer § 37 VI 3.

26 **12. Verfahrensfragen.** Zur Entscheidung über die Haftung eines Anbieters oder Lieferanten wegen mittelbarer Patentverletzung sind die für Patentstreitsachen ausschließlich zuständigen Gerichte berufen. Diese haben darüber zu entscheiden, wieweit der Inhalt des Patentrechts reicht. Eine Aussetzung zur Prüfung dieser Frage kommt nicht in Betracht, BGH GRUR **61,** 627.

27 **II.** Wenn an einer Benutzungshandlung, sei es einer nach § 9 Satz 2, sei es derjenigen nach § 10, mehrere Personen beteiligt sind, sind **verschiedene Formen der Beteiligung** denkbar, vgl. BGHZ **159,** 221 – Drehzahlermittlung. Bezüglich § 9 besteht diese Möglichkeit neben dem Tatbestand, der durch § 10 eröffnet ist, LG Mannheim InstGE **5,** 179, 182. § 10 schließt insbesondere auch eine in Mittäterschaft begangene unmittelbare Patentverletzung des Lieferanten von Mitteln zu dieser nicht aus, LG München I InstGE **2004,** 1, 3. Bei allen Formen der (eigentlichen) Beteiligung wird nicht unterschieden, ob ein Beteiligter die das Patent verletzende Handlung im eigenen oder fremden Namen, auf Weisung oder auf Grund eigener Entschließung vornimmt, OLG Düsseldorf GRUR **78,** 588. Auch der weisungsgebundene abhängige Mittäter, Nebentäter, Gehilfe oder Anstifter verletzt fremde Rechte und haftet auf Unterlassung, Rechnungslegung und Schadenersatz wegen Patentverletzung, vgl. OLG Düsseldorf GRUR **78,** 588. Das gilt insbesondere für den einzigen Repräsentanten eines ausländischen Unternehmens im Inland, OLG Düsseldorf GRUR **78,** 588, 589.

28 1. Nehmen mehrere Personen die Benutzungshandlung im bewussten und gewollten Zusammenwirken vor, dann liegt **Mittäterschaft** vor, RGZ **65,** 157, 160; BGH GRUR **79,** 149, 151 – Schießbolzen, z.B. gewerblicher Bauherr und Architekt, RG GRUR **35,** 503, 504, oder wenn eine Firma mit einer anderen dadurch bewusst und gewollt bei der Benutzung des Patents zusammenwirkt, indem sie der fabrizierenden Firma Grundstück, Gebäude und Maschinen verpachtet, RG GRUR **35,** 99, 101, oder zur Herstellung einer geschützten Anzeigestellungs-Detektionseinrichtung für insbes. eine Funkuhr ein Konstruktionselement ins Inland

liefert, dessen Merkmale eindeutig auf eine solche Vorrichtung abgestimmt sind, LG München I InstGE **2004,** 1, 4. Wer Feldversuche bei Pflanzenschutzämtern oder bei deren Prüfungsstellen beantragt und dort durchführen lässt und diesen aus dem Ausland bezogene patentverletzende Mittel zur Verfügung stellt sowie die Dosierung und die Anwendungszeiten für deren Ausbringung bestimmt, hat bei den Feldversuchen die objektive und subjektive Tatherrschaft nach der Art eines Mittäters, BGHZ **107,** 46, 51, 53 – Ethofumesat. Das Gleiche gilt, wenn ein Bundesland einer mit der Durchführung von Straßenbauarbeiten beauftragten Baufirma bindend vorschreibt, bei der Herstellung einer Straße die Merkmale eines Patents zu verwirklichen und dadurch sowie durch die Beschaffung und Zurverfügungstellung von Material, das zur Herstellung des patentverletzenden Bauwerks bestimmungsgemäß verwendet wird, tätigen Anteil an der Patentbenutzung nimmt, BGH GRUR **79,** 48, 49 – Straßendecke; BGHZ **107,** 46, 53. Es haftet beim Bau von Gemeinde-, Kreis- oder Bundesstraßen, wenn es daran in irgendeiner Weise mitwirkt, BGH GRUR **82,** 225, 227 – Straßendecke II. Wer durch selbstständiges Verhalten neben einem anderen die Vollendung eines Verletzungstatbestands mitverursacht, kann auch haften, ohne Mittäter zu sein, BGH GRUR **2002,** 599 – Funkuhr. So soll nach ital. Corte di Cassatione bereits durch das Liefern von Zeichnungen mit Kenntnis, dass diese zur Herstellung einer Vorrichtung benutzt werden, die durch ein Patent geschützt ist, eine Patentverletzung gegeben sein, zitiert nach Schiuma GRUR Int. **2003,** 813. In grenzüberschreitenden Fällen ist daher auch ein im Ausland ansässiger Lieferant für die Verletzung inländischer Patentrechte mitverantwortlich, wenn er die patentverletzenden Vorrichtungen in Kenntnis des Patents und in Kenntnis des Bestimmungslands liefert und damit den inländischen Vertrieb bewusst und willentlich mitverursacht. Ferner trifft nach LG Düsseldorf InstGE **1,** 154, 155 den ausländischen Hersteller patentverletzender Vorrichtungen eine Mitverantwortung, wenn er seine Erzeugnisse an einen inländischen Abnehmer liefert, von dem er weiß, dass dieser die Ware bestimmungsgemäß im Inland weiter vertreibt. Nichts anderes soll für den ausländischen Hersteller gelten, der an einen gleichfalls im Ausland ansässigen Abnehmer liefert, von dem er weiß, dass dieser die patentverletzenden Vorrichtungen im Inland anbietet und zu Vertriebszwecken in die Bundesrepublik Deutschland einführt, LG Düsseldorf 4a O 311/02 v. 28. 10. 2003 m. kritischer Bespr. Brandenburg in Mitt. **2005,** 205. **Nebentäter** in diesem Sinn, vgl. BGH NJW **88,** 1719, kann auch sein, wer bei der Tathandlung nur fahrlässig handelt, BGH GRUR **2002,** 599 – Funkuhr – m.w.N.; GRUR **2004,** 845, 848; NJW **88,** 1719; Meier-Beck GRUR **93,** 1; Tilmann GRUR **2005,** 904, zugleich zu unveröffentlichten Instanzentscheidungen. Voraussetzung ist, dass der Handelnde durch sein Tun die Merkmale eines Tatbestands nach § 9 bzw. § 10 erfüllt, vgl. BGH NJW **89,** 2943, oder dass er die durch seine Handlung ermöglichte Patentverletzung eines anderen nicht unterbindet, obwohl er hierzu in der Lage und ein Einschreiten von ihm angesichts seines vorangegangenen Tuns und seiner Befugnisse zu erwarten ist, BGHZ **142,** 7, 13 – Räumschild; OLG Hamburg NJW-RR **2004,** 1688, 1689 m.w.N.; vgl. auch für Markenrecht BGHZ **148,** 13, 17 – ambiente.de; BGH GRUR **2002,** 618, 619 – Meißner Dekor; GRUR Int. **2005,** 66, 70 – Internet-Versteigerung. Deshalb kann der Abnehmer nicht (Neben-)Täter des Inverkehrbringens sein, vgl. BGH GRUR **87,** 626, 627 – Rundfunkübertragungssystem.

2. Unterstützt jemand nur die Patentverletzung eines anderen oder fördert er sie, kann **Beihilfe** in Betracht kommen, so wenn ungeschützte Teile zur Herstellung einer geschützten Gesamtkombination zugeliefert werden, RGZ **111,** 350, 353, der Entwurf einer geschützten Vorrichtung gefertigt wird, RG GRUR **37,** 670, 672, Maschinen und Hilfsmittel zur Anwendung eines geschützten Verfahrens geliefert werden, RGZ **65,** 157, 160; **101,** 136, 137f.; RG GRUR **28,** 386, 387, oder eine Sache vertrieben wird, deren besondere Verwendung geschützt ist, RG GRUR **24,** 159, 160. Beihilfe setzt wie im Strafrecht eine vorsätzlich begangene rechtswidrige Patentverletzung eines anderen als Haupttat voraus (Akzessorität), OLG Hamburg GRUR **99,** 67, 69, und besteht in einer (mindestens bedingt) vorsätzlichen Mitwirkung an der vorsätzlichen rechtswidrigen Patentverletzung, RGZ **22,** 165, 168; **65,** 157, 160; **133,** 326, 329; **149,** 12, 18; RG GRUR **37,** 670, 672; RGSt. **26,** 377, 382; **42,** 151, 155; BGHZ **42,** 118, 122; vgl. auch österr. OGH Wien GRUR Int. **94,** 324; anders RGZ **101,** 135, 140; RG GRUR **24,** 159, 160; **27,** 694, 696, insbesondere einer Mitwirkung trotz Kenntnis oder unter bewusster Inkaufnahme, dass der unmittelbare Benutzer des Patents ohne Erlaubnis des Patentinhabers handelt, RGSt. **26,** 377, 382; **42,** 151, 155. Bei einem Verfahrenspatent muss dessen unbefugte Anwendung bewusst gefördert worden sein, etwa durch Lieferung eines notwendigen Mittels für die Anwendung an Besitzer eines Geräts zur Anwendung des Verfahrens in Kenntnis des Umstands, dass die Besitzer nicht schlechthin zur Anwendung befugt waren, österr. OG GRUR Int. **94,** 324, 326. Der Abnehmer begeht keine Beihilfe zum Inverkehr- 29 bringen, vgl. BGH GRUR **87,** 626, 627 – Rundfunkübertragungssystem; Meier-Beck GRUR **93,** 1 Fn. 10. Im Hinblick darauf, dass bei mittelbarer Patentverletzung gemäß § 10 Abs. 2 der Sache nach eine Anstiftung zur unmittelbaren Patentverletzung begangen wird, Kraßer § 33 VII; Busse/Keukenschrijver § 10 PatG Rdn. 23, sollte auch eine Mitwirkung hierbei durch Liefern allgemein im Handel erhältlicher Erzeugnisse nicht bereits dann als Beihilfe geahndet werden können, wenn der Lieferer lediglich weiß, dass diese Mittel dazu geeignet und bestimmt sind, für die Benutzung der Erfindung verwendet zu werden, Kraßer § 33 VII. Handelt der Haupttäter dem Patentinhaber gegenüber rechtmäßig, etwa weil er ein Weiterbenutzungsrecht hat, RG GRUR **24,** 159, 160, eine zulässige Ausbesserung vornimmt, RG GRUR **34,** 534, 535, oder ihm eine Ausnahme nach § 11 Nr. 1–3 zukommt, dann scheidet eine Beihilfe ohnehin aus. Wenn jemand vorsätzlich einen anderen zu einer vorsätzlichen rechtswidrigen Patentverletzung bestimmt, liegt eine **Anstiftung** vor, RGZ **101,** 135, 139; KG Mitt. **13,** 49. Eine Empfehlung einer Patentbenutzung reicht dazu aus, so wenn an sich patentfreie Erzeugnisse ausdrücklich zur Verwendung für den patentierten Zweck angepriesen werden, vgl. schw. BG GRUR Int. **2004,** 971, 973 m.w.N. aus schw. Rspr.. Der Anstiftungstatbestand verlangt – anders als § 10 Abs. 2 – aber nicht, dass die Patentbenutzung durch das Inverkehrbringen zur Patentbenutzung geeigneter Gegenstände herbeigeführt oder ermöglicht wird, BGH LM Nr. 12 zu § 20 GWB.

30 **3.** Das RG hat den Fall, dass ein Lieferant seine gutgläubigen Abnehmer zur Patentverletzung veranlasste, indem er in ihnen den Glauben zu erwecken wusste, dass sie mit dem Erwerb der Lieferung auch die Erlaubnis der geschützten Verwendung erhielten, als **mittelbare Täterschaft** beurteilt, weil sich der Lieferant seiner Kunden als Werkzeuge zur Begehung der Patentverletzung bedient habe, RGZ **86,** 412, 418, nachdem es zuvor die mittelbare Täterschaft bei dem Verhältnis zwischen Lieferanten und Abnehmern abgelehnt hatte, RGSt. **42,** 151, 157. Der letztgenannten Entscheidung wird man den Vorzug geben müssen, zweifelnd Busse/Keukenschrijver § 10 PatG Rdn. 32. Der Standpunkt, die Abnehmer seien die Werkzeuge des Lieferanten, mit denen letzterer seine Patentverletzung begehe, ist künstlich. Der im Strafrecht entwickelte Begriff der mittelbaren Täterschaft trifft im Wesentlichen den Fall, dass der Verletzer sich einer nicht schuldhaft handelnden Person als seines Werkzeuges bedient, durch die er den rechtswidrigen Erfolg vorsätzlich herbeiführt, BGHZ **42,** 118, 122; vgl. dazu Messer WRP **70,** 345, 346. Der Lizenzgeber eines abhängigen Gebrauchsmusters haftet deshalb für die vom Lizenznehmer begangene Benutzung des Patents nur bei eigenem Vorsatz und bei Vorsatz des Lizenznehmers, a. A. Reimer, § 47 Anm. 70b; vom BGH I a ZR 56/63 vom 22. 1. 1963 offengelassen. Zur Haftung von Personen innerhalb eines Unternehmens wird auf § 139 Rdn. 22f. verwiesen.

11 ***Ausnahmen von der Wirkung des Patents.*** **Die Wirkung des Patents erstreckt sich nicht auf**

1. Handlungen, die im privaten Bereich zu nichtgewerblichen Zwecken vorgenommen werden;

2. Handlungen zu Versuchszwecken, die sich auf den Gegenstand der patentierten Erfindung beziehen;

2a. die Nutzung biologischen Materials zum Zweck der Züchtung, Entdeckung und Entwicklung einer neuen Pflanzensorte;

2b. Studien und Versuche und die sich daraus ergebenden praktischen Anforderungen, die für die Erlangung einer arzneimittelrechtlichen Genehmigung für das Inverkehrbringen in der Europäischen Union oder einer arzneimittelrechtlichen Zulassung in den Mitgliedsstaaten der Europäischen Union oder in Drittstaaten erforderlich sind;

3. die unmittelbare Einzelzubereitung von Arzneimitteln in Apotheken auf Grund ärztlicher Verordnung sowie auf Handlungen, welche die auf diese Weise zubereiteten Arzneimittel betreffen;

4. den an Bord von Schiffen eines anderen Mitgliedstaates der Pariser Verbandsübereinkunft zum Schutz des gewerblichen Eigentums stattfindenden Gebrauch des Gegenstands der patentierten Erfindung im Schiffskörper, in den Maschinen, im Takelwerk, an den Geräten und sonstigem Zubehör, wenn die Schiffe vorübergehend oder zufällig in die Gewässer gelangen, auf die sich der Geltungsbereich dieses Gesetzes erstreckt, vorausgesetzt, daß dieser Gegenstand dort ausschließlich für die Bedürfnisse des Schiffes verwendet wird;

5. den Gebrauch des Gegenstands der patentierten Erfindung in der Bauausführung oder für den Betrieb der Luft- oder Landfahrzeuge eines anderen Mitgliedstaates der Pariser Verbandsübereinkunft zum Schutz des gewerblichen Eigentums oder des Zubehörs solcher Fahrzeuge, wenn diese vorübergehend oder zufällig in den Geltungsbereich dieses Gesetzes gelangen;

6. die in Artikel 27 des Abkommens vom 7. Dezember 1944 über die internationale Zivilluftfahrt (BGBl. 1956 II S. 411) vorgesehenen Handlungen, wenn diese Handlungen ein Luftfahrzeug eines anderen Staates betreffen, auf den dieser Artikel anzuwenden ist.

Inhaltsübersicht

Literaturhinweise: Abhandlungen: Chrocziel, Die Benutzung patentierter Erfindungen zu Versuchs- und Forschungszwecken, 1986; Gilat, Experimental Use and Patents, 1995; Hirsch/Hansen, Der Schutz von Chemie-Erfindungen, 1995; Holzapfel, Das Versuchsprivileg im Patentrecht und der Schutz biotechnologischer Forschungswerkzeuge, 2004; Niioka, Klinische Versuche im Patentrecht, 2003; Sedlmaier, Die Patentierbarkeit von Computerprogrammen und ihre Folgeprobleme, 2004.

Berichte: Denkschrift zum Übereinkommen über das europäische Patent für den gemeinsamen Markt, Bundesratsdrucksache 216/78 S. 113, auch BlfPMZ **79,** 325.

Aufsätze: Ahrens, Die klinische Erprobung patentierter Arzneimittel: zum patentrechtlichen Versuchsprivileg, Festschrift E. Deutsch, 1999, 429; Chrocziel, Zulassungshandlungen mit patentierten Arzneimittelerfindungen durch Zweitanmelder in der Bundesrepublik Deutschland und den USA, GRUR Int. **84,** 735; Chrocziel, Benutzung zu Versuchszwecken als Einwand gegenüber einem Anspruch wegen Patentverletzung, GRUR Int. **92,** 203; Chrocziel, Anmerkung, GRUR Int. **84,** 489; Clark, Reach-Through Infringement: Wat are the Limits? BSLR 6 (2000/2001), 249; Coldewey, Patentrechtliche Änderungen aufgrund des Gemeinschaftspatentgesetzes und des Gesetzes über die Prozeßkostenhilfe, Mitt. **80,** 182; Cook, Experimental Use as an Exeption to Patent Infringement, BSLR 5 (1998/1999), 167; Cornish, Experimental Use of Patented Inventions in European Community States, IIC **98,** 735; Ducor, Research tool patents and the experimental use exemption – a no-win situation?, Nature Biotechnology 17 (1999), 1027; Eichmann, Produktionsvorbereitung und Versuche vor Schutzrechtsablauf, GRUR **77,** 304; Epping, Europa auf dem Weg zu BOLAR – Ein regulatorisches Korrektiv des Versuchsprivilegs? Pharma Recht **2003,** 257; Fähndrich/Tilmann, Patentnutzende Bereitstellungshandlungen bei Versuchen, GRUR **2001,** 901; Feit, Biotechnology Research and the Experimental Use Exception to Patent Infringement, JPTOS 71 (1989), 819; Fitzner/Tilmann, Patentverletzung durch Produktzulassungs-Anträge und –Versuche, Mitt. **2002,** 2 = VPP-Rdbr **2002,** 1; Freier, Patentverletzung und Versuchsprivileg, GRUR **87,** 664; v. Füner, Gemeinnützige Forschung und Patentrecht, Mitt. **76,** 5; Gaul/Bartenbach, Nutzung von Schutzrechten in der Industrieforschung als Patentverletzung? GRUR **68,** 281; Godt, Patentschutz für Forschungsergebnisse, WissR **2003,** 24; Hansen/Lethem, Experimental Use in Britain and Germany – An Exception to Patent Infringement? Patents & Licensing, December **88,** 27; Hantmann, Experimental Use as an Exception to Patent Infringement, JPTOS 67 (1985), 617; Heath, The Patent Exemption for „Experimental Use" in Clinical Trials. Germany, Japan, und the U.S. Compared, AIPPI Jap. Group. Int. **97,** 267; Heath, Örtliche, zeitliche und inhaltliche Schranken des Patentrechts, Festschrift f. Gert Kolle u. Dieter Stauder, 2005, 165; Hieber, Die Zulässigkeit von Versuchen an patentierten Erfindungen nach § 11 Nr. 2 PatG 1981, GRUR **96,** 439; Hoyng/Fink-Hooijer, The Patent term of Pharmaceuticals and the Legal Possibilities of Its Extension, IIC **90,** 161; Hufnagel, Wann endet der Patentschutz? – Hindernisse für den

Markteintritt von Generika, Pharma Recht **2003,** 267; Kondo, Clinical Testing Falls into Permissible R & D Exception of Patent Infringement, AIPPI Journal **2001,** 290; A. Krieger, Das neue deutsche Patentrecht nach der Harmonisierung mit dem europäischen Patentrecht – Eine Übersicht, GRUR Int. **81,** 273; U. Krieger, Die Benutzungsarten, GRUR **80,** 687; Metzger, Patentverletzung durch Forschung? GRUR **67,** 126; Meusel, Behindern Patente die Forschung? GRUR **74,** 437; Meusel, Gemeinnützige Forschung versus Patentrecht, GRUR **76,** 679; Pagenberg, Das Versuchsprivileg des § 11 Nr. 2 PatG, GRUR **96,** 736; Pedrazzini, Zur patentrechtlichen Problematik von Versuchen, die ein fremdes Patentrecht benützen, GRUR Int. **96,** 373; Pietzcker, Patentrechtliche Fragen bei klinischen Untersuchungen – eine Erwiderung, GRUR **94,** 319; Sachs, Anwendung eines patentierten Arzneimittels zu Versuchszwecken – Klinische Versuche, JuS **2001,** 914; Scheil, Klinische Versuche, Mitt. **96,** 345; Schmieder, Deutsches Patentrecht in Erwartung des europäischen Gemeinschaftspatents, NJW **80,** 1190; Schutjens, Arzneimittelversuche und Patentrecht, GRUR Int **93,** 827; Schultz-Süchting, Anmerkung, GRUR **96,** 116; Schuster, Experimental Use and Clinical Tests in the Patent Case Law of Germany, The Netherlands and the United Kingdom, Patent World, August **96,** 33; Schutjens, Arzneimittelversuche und Patentrecht, GRUR Int. **93,** 827; Stauder, Die Freiheit des internationalen Verkehrs im Patentrecht, GRUR **93,** 305; Stjerna, Die Voraussetzungen und Grenzen des patentrechtlichen Versuchsprivilegs, Mitt. **2004,** 343; Straus, Zur Zulässigkeit klinischer Untersuchungen am Gegenstand abhängiger Verbesserungserfindungen, GRUR **93,** 308; Straus, On the Admissibility of „Biological Equivalence Tests" during the Patent Term of Obtaining a Regulatory Approval for Patented Drugs by Third Parties – A Study on German and Comparative Law, 23 AIPPI Jap. Group Int. **98,** 211; Straus, Experiments with Drugs: The Problem of Clinical Trials – The Situation in Germany, Van Overvalle 105; Tauchner, Experimental Use Exemption in Germany, AIPPI Journal Japanese Group **98,** 83; Tauchner, Experimental Use Exemption in Germany: Comments on the Geman Supreme Court Decision Clinical Test II, Patent World Dezember **97**/Januar **98,** 23; V. Tetzner, Patentverletzung durch Forschung, GRUR **66,** 604; Thums, Patentschutz für Heilverfahren? – Eine Abgrenzung des Patentrechts vom Arztrecht unter Einbeziehung des US-Patentrechts, GRUR Int. **95,** 277; van der Merve, Experimental Use and Submission of Data for Regulatory Approval, IIC **2000,** 380; Véron, Clinical trials not regarded as experimental use, Patent Wold Juni/Juli **2000,** 5; Villinger, Anmerkungen zu den §§ 9, 10, 11 des neuen deutschen Patentgesetzes, GRUR **82,** 191; Vomhof, Die Forschung ist frei! GRUR **67,** 278; von Meibom/Pitz, Klinische Versuche – eine transatlantische Betrachtung vor dem Hintergrund der Entscheidung des BGH „Klinische Versuche II", Mitt. **98,** 244 = Experimental Use, Patent Infringement. A Transatlantic Review from German Perspective in Regard to the Decision of the German Supreme Court in Ortho v. Merckle „Clinical Trials II", 1 JWIP **98,** 633; von Meibom/Pitz, Experimental Use and Compulsory Licence Under German Patent Law, Patent World Juni/Juli **97,** 27; C. Vossius, Comments on the German Federal Supreme Court „Clinical Trials" and „Clinical Trials II" Decisions, BSLR 3 (1997), 106; von Meibom/vom Feld, Durchgriffsansprüche (Reach-Through-Ansprüche) bei Patenten für Forschungswerkzeuge, Festschrift für Bartenbach, 2005, 385; V. Vossius, Klinische Versuche – Eine Anmerkung zu einem Beitrag von Susanne Scheil, Mitt. **97,** 116; Walenda Gemeinnützige Forschung und Patentrecht, GRUR 1976, 341; Walenda, Patente in der Forschung, GRUR **75,** 1; Walenda, Patentverletzung durch Forschung, GRUR **67,** 192; Walters, De Minimis Use And Experimental Use Exeptions To Patent Infringement: A Comment On The Embrex Concurrence, AIPLA Q. J. 29 (2001), 509; Walther, Feldversuche – Vorbereitungshandlungen oder nicht? GRUR **89,** 99; White, Problems of Patents for Research Tools, BSLR 4 (1998/1999), 138; Wolfram, „Reach-Through Claims" und „Reach-Through Licensing" – Wie weit kann Patentschutz auf biotechnologische Research Tools reichen? Mitt. **2003,** 57.

1 **1. Vorbemerkung:** § 11 ist auf die deutschen Patente anzuwenden, die seit dem 1. 1. 1981 beim DPA bzw. DPMA angemeldet worden sind (§ 12 Abs. 1 GPatG). Das gilt entsprechend für europäische Patente (Art. 64 Abs. 1 EPÜ, vgl. auch BVerfG GRUR **2001,** 43f.). Die Anwendbarkeit für erstreckte DDR-Patente folgt aus § 5 ErstrG. Für Patente, die auf eine Anmeldung vor dem 1. 1. 1981 hin erteilt sind, ist ausschließlich der frühere Rechtszustand maßgeblich, OLG München Mitt. **96,** 312, 315; LG Hamburg Mitt. **96,** 315, 319; Busse/Keukenschrijver § 11 PatG Rdn. 4, jeweils hinsichtlich § 11 Nr. 3. Insoweit wird auf die 6. Aufl. und wegen der späteren Rechtsprechung und Literatur zum alten Recht auf die 9. Aufl. verwiesen. § 11 Nr. 1 und 2 sind an die Stelle der Regelung in § 6 PatG 1968 getreten, die allein dem Patentinhaber die Befugnis gab, „gewerbsmäßig den Gegenstand der Erfindung herzustellen usw.", § 11 Nr. 4 bis 6 an die Stelle von § 7 Abs. 4 PatG 1968, während § 11 Nr. 3 eine Neu-

regelung enthält. Die Regelung in § 11 – mit Ausnahme Nr. 2a, b – entspricht Art. 31 GPÜ 1975 = Art. 27 GPÜ 1989. Art. 27 GPÜ geht auf einen Vorschlag der Benelux-Delegation in der Arbeitsgruppe Patente zurück (vgl. Dok. IV/6365/61-F Art. 21 Abs. 4 des ersten Vorentwurfes betr. EuroPatÜbereink vom 19. 9. 1961, S. 1 und 5). Der Vorentwurf wurde am 13. 11. 1961 erstmals mit dem Bemerken erörtert, zur Weiterentwicklung der Technik müssten rein wissenschaftliche Untersuchungen zulässig sein (Dok. IV/6514/61-D, S. 49 vom 13. 11. 1961). Im Vorentwurf 1962 war die Vorschrift als 1. Fassung des Art. 20 Abs. 3 enthalten. Am 6. 1. 1964 wurde erörtert, dass die Verwendung wissenschaftlicher Instrumente bei Versuchen dem Patentinhaber vorzubehalten sei, es sei denn, die Versuche dienten ihrer Vervollständigung, d.h. das Erzeugnis sei Gegenstand der Forschung (Dok. 10818/IV/63 – D vom 6. 1. 1964 S. 14–16). Die Fassung wurde am 5. 12. 1992 erneut erörtert (Dok. R 2370/72 des Rates der EG vom 5. 12. 1972, S. 19 und 20). Im Ber. über die Luxemburger Konferenz 1975 ist sie auf Seite 235 des Prot. und auf den Seiten 18, 25, 31, 48, 110 und 129 der Anlagen erwähnt. Andere europäische Staaten haben ihre Patentgesetze an Art. 31 GPÜ angeglichen. Dem ist bei der Auslegung des § 11 Rechnung zu tragen. Hinsichtlich des Versuchsprivileges nach § 11 Nr. 2 hat der BGH die Notwendigkeit der Auslegung unter Berücksichtigung des europäischen Gemeinschaftsrechts zum Leitsatz erhoben, BGHZ **130,** 259 – Klinische Versuche I. § 11 Nr. 2a. ist durch das am 28. 2. 2005 in kraft getretene Gesetz zur Umsetzung der Richtlinie über den rechtlichen Schutz biotechnologischer Erfindungen v. 21. 1. 2005 (BGBl. I 146), § 11 Nr. 2b. mit Wirkung ab 6. 9. 2005 durch das 14. Gesetz zur Änderung des Arzneimittelgesetzes v. 29. 8. 2005 (BGBl. I 2570) eingefügt worden.

2. Zweck der Vorschrift: Patente sind Instrumente für den Wirtschaftsverkehr. Aus diesem Grunde werden Patente für Erfindungen erteilt, die gewerblich anwendbar sind (§ 1 Abs. 1). Ihr Gegenstand muss auf irgendeinem gewerblichen Gebiet hergestellt oder benutzt werden können (§ 5 Abs. 1). Patente sind nicht für den Eingriff in die Privatsphäre bestimmt. Deshalb erstreckt sich ihre Wirkung nicht auf Handlungen im privaten Bereich, die zu nichtgewerblichen Zwecken vorgenommen werden (§ 11 Nr. 1). Patente dienen der Förderung der technischen Entwicklung; diesem Ziel widerspricht es, wenn sie die Fortentwicklung neuer Techniken behindern oder lähmen würden. Deshalb erstreckt sich die Wirkung des Patents nicht auf Handlungen zu Versuchszwecken (§ 11 Nr. 2). Dadurch soll außerdem der Forschungs- und der Lehrfreiheit gemäß Art. 5 Abs. 3 GG und der Sozialbindung des Eigentums gemäß Art. 14 Abs. 2 GG Rechnung getragen werden, vgl. zu den hiermit zusammenhängenden Fragen Meusel GRUR **74,** 437, 438ff.; **76,** 679, 680; Kronz Mitt. **75,** 207, 208; Vomhof GRUR **67,** 278, 279ff.; Witte GRUR **67,** 128, 130; Gaul/Bartenbach GRUR **68,** 281, 285f.; H. Tetzner Mitt. **67,** 45, 46; V. Tetzner GRUR **66,** 604, 606; Chrocziel S. 199ff. Patente sollen die Rezepturfreiheit des Arztes im Interesse der Gesundheitsförderung nicht einengen. Deshalb ist die Einzelzubereitung bestimmter Arzneimittel patentfrei (§ 11 Nr. 3). Endlich sollen Patente den Güter- und Personenverkehr nicht ungebührlich behindern. Diesem Ziel dienen die Vorschriften des § 11 Nr. 4 bis 6. Streitig ist allerdings das Verhältnis des § 11 zu den §§ 9 u. 10. Die amtliche Begründung zum Entwurf des Gemeinschaftspatentgesetzes (BR-Drucks. 216/78, 20) mit ihrer Verweisung auf die Denkschrift zum GPÜ (BR-Drucks. 216/78, 113) spricht dafür, § 11 als Ausnahmevorschrift zu behandeln, weil die Denkschrift ausdrücklich angibt (BR-Drucks. 216/78, 125), bei den Vorschriften in Art. 31 GPÜ 1975 handele es sich um Ausnahmeregelungen, im Erg. ebenso LG Düsseldorf 4 O 151/91 v. 26. 5. 1992; Niioka S. 263; vgl. auch nl. GH Den Haag GRUR Int. **95,** 253, 254 für allerdings enger gefasstes nl. Gesetz. Auch der BGH hat in seinem Urteil Klinische Versuche I (BGHZ **130,** 259) von „Ausnahmen von der Wirkung des Patents" bzw. von den „Ausnahmetatbeständen des § 11 PatG" gesprochen. Andere (Hieber GRUR **96,** 439, 442; Fähndrich/Tilmann GRUR **2001,** 901, 902f.) gehen hinsichtlich § 11 Nr. 2 davon aus, dass es sich um eine „negative Geltungsanordnung" handelt, d.h. um eine Einschränkung des Geltungsbereichs der §§ 9, 10 nicht sogleich in der Formulierung des Grundtatbestands, sondern erst im Anschluss daran in Gestalt eines einschränkenden Rechtssatzes, mit der Folge, dass § 11 zusammen mit § 9 und § 10 den jeweiligen Grundtatbestand des Rechts aus dem Patent darstellt, Chrocziel, S. 156. 2

3. Handlungen im privaten Bereich zu nichtgewerblichen Zwecken werden von der Wirkung des Patents nicht erfasst (§ 11 Nr. 1). Dieser Ausschlusstatbestand hat also **zwei Voraussetzungen,** die **kumulativ** gegeben müssen. Von den §§ 9, 10 erfasste Handlungen, die außerhalb des privaten Bereichs begangen werden, sind auf Grund von § 11 mithin auch dann nicht erlaubt, wenn ihnen kein gewerblicher Zweck zu Grunde liegt. Ebensowenig sind Handlungen zu gewerblichen Zwecken privilegiert, weil sie im privaten Bereich vorgenommen werden. 3

a) Das Vorliegen der ersten Voraussetzung, wonach die betreffende Handlung **im privaten Bereich** vorgenommen werden muss, richtet sich nach den objektiven Gegebenheiten. Angesprochen ist die reine Privatsphäre (z.B. Familie, Haushalt, Sport, Spiel, Unterhaltung), Mes § 11 PatG. Rdn. 3. Nur Handlungen, die in deren Rahmen stattfinden, nicht aber Handlungen, die – schon objektiv gesehen – einen gewerblichen Bereich betreffen, sind gemeint. Danach, ob die Benutzung einer Erfindung zum häuslichen Gebrauch für rein persönliche oder private Zwecke erfolgt, hat schon die Rechtsprechung zum PatG 1968 mit dem Begriff der „Gewerbsmäßigkeit" die Wirkung des Patents abgegrenzt und die Benutzung einer Erfindung im Privathaushalt, RGSt. **26,** 377, 381; **27,** 88, 90; OLG Karlsruhe GRUR **35,** 301, 305, für den persönlichen oder häuslichen Bedarf, RGZ **39,** 32, 33; **66,** 164, 166; RG Bl. **12,** 219, 220; BGH GRUR **68,** 142, 146; **69,** 265, 267; LG Mannheim GRUR **53,** 33, zur unmittelbaren Befriedigung eigener, insbesondere häuslicher Bedürfnisse, RG Bl. **12,** 219, 220, oder zu privaten Studienzwecken, RGZ **39,** 32, 33; RGZ **66,** 164, 166, als patentfrei angesehen. Im privaten Bereich ist nicht nur der Gebrauch eines geschützten Erzeugnisses oder die Anwendung eines geschützten Verfahrens zu nichtgewerblichen Zwecken patentfrei, eine geschützte Vorrichtung darf dort auch zwecks Verwendung im privaten Bereich hergestellt werden, RGSt. **26,** 377, 381. So darf ein Student für die Zwecke seines Studiums ein patentiertes Gerät bauen und verwenden, Krasser § 33 IV a, oder sich patentrechtlich geschützte Software aus dem Internet herunterladen, installieren und hiermit arbeiten, Sedlmaier S. 224. Ebenso dürfen geschützte Erzeugnisse für den privaten Gebrauch eingeführt und in Besitz gehalten werden. Selbst das Anbieten oder Inverkehrbringen eines patentierten Erzeugnisses oder Verfahrens kann erlaubt sein, z.B. bei der unentgeltlichen Nachbarschaftshilfe. Regelmäßig ist jedoch bei diesen Handlungen, wie auch beim Anbieten und Liefern von Mitteln, z.B. wesentlichen Elementen geschützter Erfindungen, zur Benutzung der Erfindung (§ 10), der private Bereich verlassen, weil mit ihnen die Befriedigung fremder Bedürfnisse bezweckt wird, vgl. § 10 Abs. 3; ebenso Sedlmaier S. 225. Dies gilt auch bei unentgeltlicher Zurverfügungstellung von für private Zwecke selbstprogrammierten, aber für einen anderen patentgeschützten Computerprogrammen im Rahmen der sog. Open-Source-Bewegung, Sedlmaier S. 226.

4 **b)** Handlungen **außerhalb des privaten Bereichs** werden von der Wirkung des Patents erfasst. Zu diesem Bereich sind vor allem Handlungen zu rechnen, die von **Gewerbetreibenden** oder **Angehörigen freier Berufe** (Arzt, Apotheker, Anwalt, Architekt usw.) in Ausübung ihrer Tätigkeit oder von natürlichen Personen in Betrieben der sog. **Urproduktion** (Bergbau, Land- und Forstwirtschaft, Jagd, Fischerei u. dgl.) vorgenommen werden. Hierzu zählen aber auch Handlungen **juristischer Personen.** Juristische Personen des Privatrechts haben keinen privaten Bereich, Mes § 11 PatG Rn. 3; enger – i.d.R. – Schulte/Kühnen § 11 PatG Rdn. 9. Der private Bereich ist aber auch dann verlassen, wenn öffentliche Institutionen, z.B. Gemeinden, sonstige staatliche und kirchliche Einrichtungen, etwa Kindergärten, die Handlung vornehmen, selbst wenn sie damit einen gewerblichen Zweck nicht verfolgen, Kraßer § 33 IV a; Mes § 11 PatG Rdn. 3; vgl. auch BGH GRUR **78,** 474, 477 bzgl. UrhRS. § 11 Nr. 1 privilegiert also nicht Handlungen z.B. von Schulen oder Hochschulen beim naturkundlichen Unterricht, vgl. BVerfG NJW **71,** 2163, 2165.; BGH GRUR **78,** 474, 477, von Einrichtungen der Volksbildung, des staatlichen oder privatrechtlich organisierten Forschungs- und Lehrbetriebs (vgl. hierzu: V. Tetzner GRUR **66,** 604, 606f.; Metzger GRUR **67,** 126; Witte GRUR **67,** 128; Walenda GRUR **67,** 192; Vomhof GRUR **67,** 278; Gaul/Bartenbach GRUR **68,** 281; Messer WRP **70,** 345, 346; Kronz Mitt. **75,** 207; Füner Mitt. **76,** 5), der kirchlichen Institutionen, z.B. die Benutzung einer patentierten Vorrichtung zum Läuten von Kirchenglocken, RGZ **66,** 164, 166ff., sowie die Handlungen öffentlicher Einrichtungen auf dem Gebiet der Daseinsvorsorge. Auch ein **Privatmann** handelt außerhalb des privaten Bereichs, wenn er die von ihm vermietete Wohnung mit patentgemäßen Vorrichtungen ausstattet, RG BlfPMZ **12,** 219; Kraßer § 33 IV a. Die von einer Staatseisenbahngesellschaft vorgenommene Ausstellung (Schaustellung) auf einer allgemeinen Leistungsschau, die Fachkreise und der Öffentlichkeit einen Überblick über den Stand der Entwicklung geben soll und von einem Verein veranstaltet wird, erfolgt ebenfalls außerhalb des privaten Bereichs (vom BGH GRUR **70,** 358, 360 – Heißläuferdetektor beiläufig als nicht gewerbsmäßig angesehen, zustimmend Fischer GRUR **70,** 361, ablehnend Messer WRP **70,** 345, 346). Dasselbe dürfte für die Benutzung eines kostspieligen Reisetaubenwagens zur Beförderung von Reisetauben der Mitglieder im Reisetaubensport durch einen Verein gelten, vgl. OLG Düsseldorf Urt. v. 31. 1. 1964 – 2 U 61/63.

5 **c)** Die zweite Voraussetzung, wonach die Handlung **zu nichtgewerblichen Zwecken** erfolgen muss, hat ein subjektives Moment zum Inhalt. Die Handlung darf **nicht zu Erwerbszwecken,** in Ausübung eines Berufs, auch eines freien Berufs oder desjenigen der Urproduk-

tion, oder bei Gelegenheit der Berufsausübung erfolgen, BGH GRUR **68,** 142, 146 – Glatzenoperation, vgl. dazu Wagner GRUR **76,** 673ff. Das Vorliegen eines Erwerbszwecks ist unabhängig davon, ob eine besondere Beziehung der Handlung zu dem Gewerbebetrieb oder Beruf in der Richtung besteht, dass sie gerade der Förderung oder Erleichterung des betreffenden Gewerbes oder Berufs dient, vgl. RGZ **39,** 32, 33, und ob gerade der betreffenden Handlung Gewinnstreben zu Grund liegt oder sie im Einzelfall dazu führt, dass auf Gewinn verzichtet, zum Selbstkostenpreis oder mit Verlust verkauft wird, vgl. BGH GRUR **68,** 142, 146 – Glatzenoperation; RGSt. **15,** 34, 37. Ein **gewerblicher Zweck** liegt deshalb nicht nur zu Grunde beispielsweise der Herstellung eines Brutapparats durch einen Geflügelzüchter für seinen Betrieb, RG GRUR **43,** 169, 174, der Verschreibung oder Verabreichung eines Medikaments an den Patienten durch Arzt oder Krankenschwester, OLG München Mitt. **96,** 312, 314; LG Hamburg Mitt. **96,** 315, 317; Pagenberg GRUR Int. **84,** 40, 41; Busse/Keukenschrijver § 11 PatG Rdn. 6, der Herstellung und der Abgabe von Arzneimitteln in der Zentralapotheke großer Krankenhäuser, RG GRUR **48,** 117, 118 für Warenzeichenfall (beachte aber § 11 Nr. 3), der Vermietung von Privatwohnraum, in dem sich eine patentierte Vorrichtung befindet, RG BlfPMZ **12,** 219, 220, der Schaustellung zu merkantilen Zwecken, BGH GRUR **70,** 358, 360 – Heißläuferdetektor, sondern auch der Benutzung einer patentierten Lampe im Wartezimmer eines Arztes, BGH GRUR **68,** 142, 146 – Glatzenoperation, oder der Benutzung einer patentierten Eisenbalkendecke in einem Geschäftshaus, RGZ **39,** 32, 33. In der Überlassung eines geschützten Radioapparats an die Prüfstelle zur Erlangung der FTZ-Prüfnummer hat der BGH hingegen keinen gewerbsmäßigen Gebrauch i. S. v. § 6 PatG 1968 gesehen, BGH GRUR **87,** 626, 627 – Rundfunkübertragungssystem. Ein Privatmann, der den zunächst zu privater Nutzung und im privaten Bereich benutzten Gegenstand verkauft, handelt bei der entgeltlichen Veräußerung zu gewerblichen Zwecken, V. Tetzner S. 152; a. A. Kraßer § 33 IV a m. w. N.; bei bloß gelegentlicher Verwertung auch Busse/Keukenschrijver § 11 PatG Rdn. 6. Auch eine einmalige Handlung kann zu gewerblichen Zwecken erfolgen. Wiederholtes Handeln ist dafür nicht erforderlich.

4. § 11 Nr. 2 erklärt auch **Handlungen zu Versuchszwecken,** die sich auf den Gegenstand der patentierten Erfindung beziehen, für patentfrei. Weder die Vorschrift selbst noch ihre Auslegung durch den BGH in dem Urteil „Klinische Versuche I" (BGHZ **130,** 259) verletzen das durch Art. 14 Abs. 1 GG geschützte Eigentumsrecht an der in der neuen und erfinderischen Lehre zum technischen Handeln liegenden Leistung, BVerfG GRUR **2001,** 43f. bzw. 44f. Auch Art. 30 des TRIPS-Übereinkommens ist beachtet, Niioka S. 321ff. 6

a) Versuch ist jedes planmäßige Vorgehen zur Gewinnung von Erkenntnissen, und zwar unabhängig davon, welchem Zweck die erstrebten Erkenntnisse zu dienen bestimmt sind, BGHZ **130,** 259, 265 – Klinische Versuche I; Hieber GRUR **96,** 439, 441. Für die Freistellung vom Patentschutz kommen deshalb grundsätzlich alle in § 9 Satz 2 genannten Handlungen in Betracht, die mit der finalen Tendenz begangen werden, eine bestimmte bestehende Unsicherheit zu beseitigen, also etwas Unbekanntes aufzufinden oder eine Hypothese zu überprüfen oder um herauszufinden, ob etwas Bekanntes, das unter bestimmtem Bedingungen funktioniert, auch unter geänderten Bedingungen arbeitet, vgl. UK Court of Appeal GRUR Int. **87,** 108. Sollen keine Ungewissheit beseitigt, sondern – etwa weil dies für das behördliche Verfahren der Zulassung eines mit dem patentierten übereinstimmenden Erzeugnisses oder Verfahrens erforderlich ist – lediglich Informationen bestätigt werden, die für das patentierte Erzeugnis oder Verfahren schon bekannt sind, liegt dagegen kein Versuch vor, Fitzner/Tilmann Mitt. **2002,** 2, 5f.; Straus AIPPI Journal **98,** 211, 230f.; Niioka S. 279, 338; wohl auch v. Meibom/Pitz Mitt. **98,** 244, 250. Die Versuche können in Tests, Erprobungen oder Experimenten anderer Art bestehen. Ob sie nach Anlass und Durchführung als rein wissenschaftlich eingestuft werden können, ist unerheblich, BGHZ **135,** 217, 227 – Klinische Versuche II. Mit Versuchen kann insbesondere auch einer durch wirtschaftliche Gründe veranlassten Frage wirtschaftlicher Art nachgegangen werden, Hieber GRUR **96,** 439, 441; Chrocziel S. 149; Vossius Mitt. **97,** 116; Niioka S. 267f. Insoweit ist allerdings der Zweck der Regelung zu berücksichtigen, Niioka S. 273ff.; vgl. auch nl. Hoge Raad GRUR Int. **93,** 887; nl. GH Den Haag GRUR Int. **95,** 253, die Entwicklung der Technik nicht ungebührlich zu hemmen, sondern zu fördern. Trotz der Tendenz, eine bestehende Unsicherheit zu beseitigen, sind deshalb keine Handlungen zu Versuchszwecken i. S. d. § 11 Nr. 2 diejenigen, die nicht dem technischen Fortschritt dienen, sondern **ausschließlich** Mittel zur Durchsetzung wettbewerblicher Zwecke darstellen, BGHZ **135,** 217, 231f. – Klinische Versuche II. Das ist noch nicht der Fall, wenn neben die Forschung als Motivation der Versuche tritt, die Ergebnisse der Erprobungen zur Vorbereitung einer gewerblichen Verwertung zu nutzen (v. Meibom/Pitz Mitt. **98,** 244, 249 nennen insoweit

Marktfähigkeitsversuche), und zwar auch dann nicht, wenn dies den überwiegenden Grund bildet, BGHZ **135,** 227, 230 – Klinische Versuche II; Hieber GRUR **96,** 439, 446; a. A. Schultz-Süchting GRUR **96,** 116, 120; wohl auch Pietzcker GRUR **94,** 320; Straus GRUR **93,** 311; v. Meibom/Pitz Mitt. **98,** 244, 250. § 11 Nr. 2 erlaubt aber beispielsweise keine Versuche, die mit der Absicht durchgeführt werden, den Absatz des Patentinhabers mit seinem Produkt nachhaltig zu stören, BGHZ **135,** 217, 231 f. – Klinische Versuche II, keine Versuche, die allein dem Zweck dienen festzustellen, ob sich die Aufnahme einer Patentverletzung lohnt, d. h. für den eigenen Betrieb geeignet oder wirtschaftlich ist, Niioka S. 287; vgl. auch BGHZ **107,** 46, 56; RG GRUR **29,** 1199, 1200; **33,** 292, 294 f.; RGSt. **27,** 51, 52; LG Mannheim GRUR **53,** 33; LG Düsseldorf GRUR Int. **86,** 807; US Court of Appeals F. C. GRUR Int. **85,** 772, 775; UK Court of Appeal GRUR Int. **87,** 108, 109; a. A. für den Fall, dass ggfls. um Lizenz nachgesucht werden soll, Chrocziel S. 178 ff. u. GRUR Int. **84,** 735, 739, und keine Versuche, bei denen es **nur noch** um die Klärung wirtschaftlicher Fakten wie Marktbedürfnis, Preisakzeptanz und Vertriebsmöglichkeiten geht, BGHZ **135,** 217, 227 – Klinische Versuche II; v. Meibom/Pitz Mitt. **98,** 244, 250; Chrocziel S. 187; Mes § 11 PatG Rdn. 8; im Erg. auch Hieber GRUR **96,** 439, 442. Außerdem begrenzt die Relation von Zweck und Umfang der Versuchshandlung die Privilegierung. Werden Erprobungen in einem vom Versuchszweck nicht mehr zu rechtfertigenden großen Umfang vorgenommen, liegen ebenfalls keine Handlungen zu Versuchszwecken i. S. v. § 11 Nr. 2 vor, BGHZ **135,** 217, 231 – Klinische Versuche II; v. Meibom/Pitz Mitt. **98,** 244, 250; Niioka S. 338; vgl. auch BVerfG GRUR **2001,** 43, 45; Pagenberg GRUR **96,** 736; wohl zweifelnd aber Busse/Keukenschrijver § 11 PatG Rdn. 17. Aber auch unabhängig davon kann der Umfang der streitigen Handlungen Anlass zu der Annahme einer Überschreitung der Privilegierung geben, vgl. BVerfG GRUR **2001,** 43, 45; nl. GH Den Haag GRUR Int. **95,** 253, 254. So hat UK Court of Appeal (GRUR Int. **87,** 108) zur Erlangung einer erweiterten Zulassung eines Herbizids durchgeführte Versuche für unerlaubt angesehen, die sich nicht auf die eigene Versuchsfarm beschränkten, sondern in Feldversuchen bestanden, die auf angemieteten Farmen an verschiedenen Früchten zu unterschiedlichen Zeiten und Konzentrationen auf kleineren Flächen in verschiedenen Landstrichen vorgenommen wurden, und bei denen die Ergebnisse tabuliert wurden.

7 **b)** Als weitere Voraussetzung für das Versuchsprivileg müssen sich die Versuchshandlungen **auf den Gegenstand der patentierten Erfindung beziehen.** Unter Gegenstand der patentierten Erfindung ist die mit dem betreffenden Patentanspruch beanspruchte Lehre zum technischen Handeln zu verstehen, die ihre **nutzbringende Verwendung mitumfasst,** BGHZ **130,** 259, 266 – Klinische Versuche I; der erforderliche Bezug zu dem Gegenstand der patentierten Erfindung ist gegeben, wenn die **technische Lehre** des Patentanspruchs das **Objekt** der Versuchshandlung zum Zweck der Erlangung von Erkenntnissen ist, BGHZ **130,** 259, 265 – Klinische Versuche I; vgl. auch Pietzcker GRUR **94,** 319, 320; Straus GRUR **93,** 308, 311. Damit scheiden von vornherein Versuche aus, die nicht einmal irgendeinen Bezug zur technischen Lehre haben, vgl. BGHZ **135,** 227, 231 – Klinische Versuche II. Aber auch die Versuche sind ausgenommen, welche die Erfindung nur zum Mittel der Versuchshandlungen machen, indem sie die beanspruchte Lehre zum technischen Handeln beispielsweise im Rahmen einer sich auf einen anderen Gegenstand beziehenden Untersuchung verwenden, BGHZ **130,** 259, 270 – Klinische Versuche I; Hieber GRUR **96,** 439, 442; Pietzcker GRUR **94,** 319, 320; Chrocziel S. 157; GRUR Int. **84,** 735, 738; Kraßer § 33 IV b 3; Busse/Keukenschrijver § 11 PatG Rdn. 18; vgl. auch nl. Hoge Raad GRUR Int. **97,** 838, 839; U. K. Court of Appeal GRUR Int. **87,** 109, 111. So ist die von RGZ **149,** 102, 108 als erlaubte Versuchshandlung angesehene Erprobung einer patentfreien Vorrichtung unter probeweiser Anwendung eines geschützten Verfahrens nicht von § 11 Nr. 2 gedeckt, vgl. RGSt. **27,** 51, 52. Ferner wird die bloße Verwendung patentierter Vorrichtungen und Verfahren, z. B. eines Analysegeräts, im Forschungsbetrieb von der Wirkung des Patents ebenso erfasst, vgl. PA BlfPMZ **73,** 205 f.; Walenda GRUR **67,** 192; **75,** 1 ff.; **76,** 341, 343; a. A. Meusel GRUR **75,** 399, 400, wie der Einsatz eines patentierten sog. **Research-Tool,** auch wenn allein hiermit die Entwicklung neuer Arzneimittel oder Heilverfahren möglich ist, die mit den Versuchen vorangetrieben werden soll, Niioka S. 342 f. Der Umstand, dass es sich hierbei um von öffentlichen oder öffentlich geförderten Einrichtungen durchgeführte Forschung handelt, ändert hieran nichts, Kraßer § 33 IV b 3; Chrocziel S. 238 ff. § 11 Nr. 2 privilegiert auch solche Forschung nur unter den normierten Voraussetzungen, vgl. BlfPMZ **79,** 325, 333. Die technische Lehre des Patentanspruchs ist andererseits nicht nur dann Versuchsobjekt, wenn die Versuchshandlungen am Gegenstand des Patents selbst vorgenommen werden, etwa um die Gestaltung und Beschaffenheit der beanspruchten Vorrichtung zu erfahren oder um festzustellen, ob eine solche Vorrichtung

herstellbar ist, BGHZ **130,** 259, 267 – Klinische Versuche I; Hieber GRUR **96,** 439, 442. Jedenfalls die Prüfung der Verwendbarkeit der beanspruchten Lehre zum technischen Handeln und die Prüfung von Weiterentwicklungsmöglichkeiten, so Straus GRUR **93,** 308, 311, haben diese Erfindung ebenfalls zum Objekt; auch sie unterfallen deshalb dem Versuchsprivileg, BGHZ **130,** 259, 270 – Klinische Versuche I; Hieber GRUR **96,** 439, 442; Freier GRUR **87,** 664, 667. Weiterentwicklungsmöglichkeiten sind auch betroffen, wenn es bei den Versuchen an dem patentgemäßen Gegenstand darum geht, eine nicht-patentverletzende Alternative zu schaffen, Sedlmaier S. 228; Fändrich/Tilmann GRUR **2001,** 901; Pietzker GRUR **94,** 319; Straus GRUR **93,** 308; Teschemacher GRUR Int. **87,** 61; a.A. LG Düsseldorf GRUR Int. **86,** 807; LG Berlin GRUR **85,** 375; Freier GRUR **87,** 664; Schmieder NJW **80,** 1190, 1193; Coldewey Mitt. **80,** 182.

c) Danach sind von den Wirkungen des Patents freigestellt die Herstellung, die Einfuhr, der Besitz und der Gebrauch bzw. die Anwendung zu Versuchen, mit denen die Funktionsfähigkeit und Funktionsweise des patentierten Erzeugnisses bzw. Verfahrens erprobt werden sollen, Freier GRUR **87,** 664; Schmieder NJW **80,** 1190, 1193; Niioka S 282; vgl. auch UK Court of Appeal GRUR Int. **87,** 108, 110f. sowie BGHZ **107,** 46, 56, 59 – Ethofumesat; LG Berlin GRUR **85,** 375; LG Düsseldorf GRUR Int. **86,** 807; LG Mannheim GRUR **53,** 33; RG PatBl. **94/95,** 231; RG MuW **29,** 277, 278; RG GRUR **33,** 292, 294 RGSt. **27,** 88; RG MuW **33,** 185, 187; PA BlfPMZ **73,** 205, 206; Metzger GRUR **67,** 126ff.; Meusel GRUR **74,** 437, 439; Walenda GRUR **75,** 1, 2; Herzfeld GRUR **27,** 151; Gaul/Bartenbach GRUR **68,** 281, 285, etwa zu dem Zweck festzustellen, ob die Erfindung ausführbar, tauglich oder technisch brauchbar ist, v. Meibom/v. Feld FS Bartenbach, 2005, 385, 398, zum Nachweis des Fehlens einer erfinderischen Tätigkeit, Niioka S. 283, zum Nachweis der Vorveröffentlichung der patentierten Erfindung, Niioka S 283, oder zur Klärung der Frage, ob das patentierte Erzeugnis gegenüber Konkurrenzprodukten Vor- oder Nachteile hat, v. Meibom/Pitz Mitt. **98,** 244, 249. Auch versuchsweise Benutzungen eines geschützten Erzeugnisses oder Verfahrens zu dessen Weiterentwicklung und Vervollkommnung, etwa Versuche bzgl. eines Screening-Verfahrenspatents, die der Etablierung des Testsystems dienen, v. Meibom/v. Feld FS Bartenbach, 2005, 385, 398, werden im Interesse der technischen Fortentwicklung vom Patent nicht erfasst, Straus GRUR **93,** 308, 311; Freier, GRUR **87,** 664, 667, wobei es entgegen zu § 6 PatG 1968 vertretener Meinung, vgl. BGHZ **81,** 1, 2 – Erythronolid; **107,** 46, 58 – Ethofumesat; Metzger GRUR **67,** 126ff.; Walenda GRUR **67,** 192; **75,** 1, 2; Vomhof GRUR **67,** 278, 280; Herzfeld GRUR **27,** 151; aber auch V. Tetzner GRUR **66,** 604, 606; Gaul/Bartenbach GRUR **68,** 281, 283, nicht darauf ankommt, ob dies den ausschließlichen Zweck bildet. So verletzt das Patent nicht, wer planmäßig Benutzungshandlungen begeht, mit denen Erkenntnisse gewonnen werden sollen, um eine bestehende Unsicherheit über die Wirkungen und die Verträglichkeit eines erstmals in gereinigter und isolierter Form zur Verfügung gestellten patentierten Arzneimittelwirkstoffs zu beseitigen, BGHZ **130,** 217 – Klinische Versuche I. Hierzu angestellte klinische Versuche am Menschen sind auch dann zulässig, wenn die Erprobungen (schon) während der Laufzeit des Patents mit dem Ziel vorgenommen werden, **Daten für die arzneimittelrechtliche Zulassung** einer pharmazeutischen Zusammensetzung zu gewinnen, BGHZ **135,** 217 – Klinische Versuche II; v. Meibom/Pitz Mitt. **98,** 248; Hieber GRUR **96,** 441; Scheil Mitt. **96,** 345, 348f.; Chrocziel S. 157, 180ff.; GRUR Int. **84,** 735, 740; Loewenheim LM Nr. 1 zu § 11 PatG 1981; Götting LM Nr. 2 zu § 11 PatG 1981; Ahrens S. 437ff.; Kraßer § 33 IV b 5; bei abhängiger Erfindung auch Straus GRUR **93,** 308, 317f.; differenzierend Niioka S. 280ff.; a.A. Schultz-Süchting GRUR **96,** 116, 120; Pagenberg GRUR **96,** 736; Pietzker GRUR **94,** 319, 320; Teschemacher GRUR Int. **87,** 61; Loth GRUR **87,** 68; Krieger GRUR Int. **81,** 273; im Falle reiner Generika auch Fitzner/Tillmann Mitt. **2000,** 2, 6. Siehe hierzu nunmehr auch § 11 Nr. 2b, der insoweit seit dem 6. 9. 2005 die speziellere Norm ist. § 11 Nr. 2 greift ferner ein, wenn ein patentierter Wirkstoff eines für eine bestimmte Indikation zugelassenen Arzneimittels mit dem Ziel bei klinischen Versuchen eingesetzt wird zu erfahren, ob und gegebenenfalls in welcher Form der Wirkstoff geeignet ist, bestimmte weitere Krankheiten beim Menschen zu heilen oder zu lindern, BGHZ **135,** 259 – Klinische Versuche II. Die Tests, Erprobungen oder Experimente anderer Art braucht der Betreffende nicht unbedingt selbst durchzuführen, Pagenberg GRUR **96,** 736; vgl. auch Straus GRUR **93,** 308, 311, der die Zulässigkeit von der Art und Weise des geschützten Erzeugnisses abhängig machen will. So ist auch die Übergabe patentgemäßer Erzeugnisse z.B an ein spezialisiertes Prüflabor privilegiert, damit dieses mit diesen Proben Untersuchungen durchführt, um die bestehende Ungewissheit zu beseitigen, Kraßer § 33 IV b 4, jedenfalls sofern das betraute Unternehmen den Auftrag nicht nur aus eigenen wirtschaftlichen Interessen übernimmt, vgl. 8

Eichmann GRUR **77,** 304, 308, wie es der Fall sein kann, wenn eine patentverletzende landwirtschaftliche Maschine an Landwirte zwecks Ermittlung technischer Mängel ausgeliehen wird, vgl. LG Mannheim GRUR **53,** 33. Werden statt patentgemäßer Erzeugnisse lediglich Mittel zur Benutzung der Erfindung übergeben, ist hingegen § 10 Abs. 3 zu beachten.

9 **5. § 11 Nr. 2a.** (siehe hierzu Kock/Porzig/Willnegger GRUR-Int. **2005,** 183, 189f.) privilegiert seit dem 28. 2. 2005 (vgl. Art. 4 des Gesetzes zur Umsetzung der Richtlinie über den rechtlichen Schutz biotechnologischer Erfindungen, BGBl. 2005 I 146) begangene Handlungen, welche die Nutzung biologischen Materials zum Zweck der Züchtung, Entdeckung und Entwicklung einer neuen Pflanzensorte betreffen. Die Regelung hat ihren Grund in einer Protokollerklärung der deutschen Delegation im Binnenmarktrat vom 27. 11. 1997 (vgl. BT-Drucks. 15/1709 S. 15). Sie begründet ein **Forschungsprivileg** für die Züchtung, Entdeckung und Entwicklung **neuer Pflanzensorten** und erfasst jede Nutzung biologischen Materials zu den genannten Zwecken, nicht aber die Verwertung des neu gewonnenen Materials, Haedicke Mitt. **2005,** 241, 244. Die Begriffe „biologisches Material" und „Pflanzensorte" sind in § 1a Abs. 3 definiert, wobei zur Definition der Pflanzensorte auf die VO (EG) Nr. 2100/94 vom 27. 7. 1994 über den gemeinschaftlichen Sortenschutz (ABl. L 227/1) verwiesen ist, siehe dort Art. 5 Abs. 2, Art. 6 bis 9. „Pflanzensorte" ist also sortenschutzrechtlich zu verstehen. Vom Patentschutz ausgenommen sind demnach nicht Versuche zur Entwicklung und Herstellung bestimmter Pflanzen, vgl. Busche GRUR Int. **99,** 299, 300, sondern Versuche zur Entwicklung oder Entdeckung unterscheidbarer, homogener und beständiger Pflanzenkollektive aller botanischen Gattungen und Arten, unter anderem auch Hybriden zwischen Gattungen oder Arten, vgl. Art. 5 Abs. 1 VO (EG) Nr. 2100/94. Es wird nur die Züchtung oder Entdeckung von Pflanzen in der genetisch fixierten Form der Sorte aus biologischem Material erfasst. Außerdem muss die Handlung darauf gerichtet sein, eine neue Pflanzensorte zu finden; Versuche im Hinblick auf eine der Öffentlichkeit bereits zugänglich gemachte Pflanzensorte sind also nicht privilegiert. Hinsichtlich des finalen Elements („zum Zweck") und der Versuchstätigkeit kann die Rechtsprechung zum Versuchsprivileg nach Nr. 2 herangezogen werden.

10 **6. § 11 Nr. 2b.** privilegiert seit dem 6. 9. 2005 (vgl. Art. 3, 8 Abs. 1 des 14. Gesetzes zur Änderung des Arzneimittelgesetzes, BGBl. 2005 I 2570) nicht nur Versuche, siehe hierzu Rdn. 6, sondern auch andere Untersuchungen und die sich daraus ergebenden praktischen Anforderungen, die für die Erlangung einer arzneimittelrechtlichen Genehmigung (nach der Verordnung EG Nr. 726/2004) oder Zulassung erforderlich sind. Die Regelung ist Teil der Umsetzung der Revision der europäischen pharmazeutischen Gesetzgebung (Richtlinien 2004/27/EG, 2004/28/EG und 2004/24/EG, ABl. EG Nr. L 136 v. 30. 4. 2004, S. 34, 58, 85). Sie fügt die sog. **„Roche-Bolar-Regelung"** in das Patentgesetz ein, die es Herstellern von Generika ermöglichen soll, bereits vor Ablauf eines Patents eine arzneimittelrechtliche Genehmigung oder Zulassung zu betreiben, vgl. BT-Drucks. 15/5316 S. 1, 31. Insoweit werden Art. 10 Abs. 6 der Richtlinie 2001/83/EG in der Fassung der Richtlinie 2004/27/EG und Art. 13 Abs. 6 der geänderten Richtlinie 2001/82/EG umgesetzt, vgl. BT-Drucks. 15/5316 S. 48. Der neue Tatbestand ist weiter als die durch § 11 Nr. 2 gewährte Privilegierung, weil er sich nicht auf Versuche beschränkt und die Handlungen sich auch nicht auf den Gegenstand der patentierten Erfindung beziehen müssen, siehe hierzu Rdn. 7. Privilegiert sind nunmehr alle Handlungen, die an sich unter §§ 9, 10 fallen, aber objektiv notwendig sind, um eine erstrebte arzneimittelrechtliche Genehmigung oder Zulassung zu erlangen. Erfasst wird insbes. auch die Herstellung von Arzneimitteln, soweit sie für die Durchführung von Studien oder Versuchen erforderlich ist, vgl. BT-Drucks. 15/5316 S. 48.

11 **7.** Die **Herstellung von Arzneimitteln** und hergestellte Arzneimittel betreffende Handlungen sind vom Patentschutz ausgenommen, wenn die Arzneimittel **mittels unmittelbarer Einzelzubereitung in Apotheken** erzeugt sind bzw. werden und die unmittelbare Einzelzubereitung auf Grund ärztlicher Verordnung erfolgt (§ 11 Nr. 3; vgl. hierzu auch BlfPMZ **79,** 280, 333). Es geht um die Zubereitung aus Stoffen, die dazu bestimmt sind, durch Anwendung am oder im menschlichen oder tierischen Körper Krankheiten, Leiden, Körperschäden oder krankhafte Beschwerden zu heilen, zu lindern, zu verhüten oder zu erkennen, die Beschaffenheit, den Zustand oder die Funktionen des Körpers oder seelische Zustände erkennen zu lassen, vom menschlichen oder tierischen Körper erzeugte Wirkstoffe oder Körperflüssigkeiten zu ersetzen, Krankheitserreger, Parasiten oder körperfremde Stoffe abzuwehren, zu beseitigen oder unschädlich zu machen oder die Beschaffenheit, den Zustand oder die Funktion des Körpers oder seelische Zustände zu beeinflussen, vgl. § 2 AMG i. d. F. v. 24. 8. 1976. Die Herstellung von Kosmetika, vgl. hierzu BGH GRUR **2000,** 450 – Franzbranntweingel, oder Lebensmitteln, vgl. hierzu BGHZ **151,** 286, 295f. – Muskelaufbauprärarate; GRUR **2004,** 793, 796 –

Sportlernahrung II; GRUR **2000,** 528, 529 – L-Carnitin, wird nicht erfasst. Um die Einschränkung der Wirkung des Patents zu rechtfertigen, muss die Herstellung des Arzneimittels in einer Apotheke gleich welcher Art erfolgen; es kann sich also auch um eine Krankenhausapotheke handeln, Mes § 11 PatG Rdn. 12; Busse/Keukenschrijver § 11 PatG Rdn. 19. Die Erzeugung in einem sonstigen Herstellungsbetrieb oder durch den Arzt selbst führt nicht zur Privilegierung, U. Krieger GRUR **80,** 687, 689; Busse/Keukenschrijver § 11 Rdn. 19. So ist die Herstellung beispielsweise in einer Drogerie, Busse/Keukenschrijver § 11 PatG Rdn. 19, und in einem Krankenhauslabor, vgl. hierzu Thums GRUR Int. **95,** 277, 285, nicht nach § 11 Nr. 3 erlaubt. Bei der Herstellung muss es sich ferner um eine Einzelzubereitung handeln. Hieran fehlt es, wenn auf Vorrat produziert wird, Busse/Keukenschrijver § 11 PatG Rdn. 19; Mes § 11 PatG Rdn. 12, oder größere Mengen des Arzneimittels für mehrere Patienten auf einmal hergestellt werden, U. Krieger GRUR **80,** 687, 689; Kraßer § 33 IV c; vgl. auch BlfPMZ **79,** 333; Die Einzelzubereitung des Arzneimittels muss schließlich durch **Verordnung eines Arztes** (Humanmediziner einschl. Zahnarzt oder Tierarzt, **nicht** aber **Heilpraktiker,** Busse/Keukenschrijver § 11 PatG Rdn. 19) veranlasst sein und für eine bestimmte einzelne ärztliche Verordnung erfolgen, die sich auf eine bestimmte Person bezieht, Busse/Keukenschrijver § 11 PatG Rdn. 19; enger 9. Aufl./Bruchhausen Rdn. 7. Eine ärztliche Verschreibung eines Arzneimittels zur wiederholten Anwendung durch den betreffenden Patienten ist möglich, nicht jedoch für eine Vielzahl von Personen, U. Krieger GRUR **80,** 687, 689. Soweit in dem in § 11 Nr. 3 umschriebenen Umfang in Apotheken Arzneimittel patentfrei hergestellt, angeboten, in den Verkehr gebracht und in Besitz gehalten werden dürfen, sind sowohl Arzneimittelpatente als auch Stoffpatente in ihrer Wirkung eingeschränkt, ebenso Verfahrenspatente zur Herstellung von Arzneimitteln und zur Anwendung bei der Herstellung. Auch der Schutz für als Arzneimittel dienende unmittelbar hergestellte Erzeugnisse eines Verfahrens gemäß § 9 Satz 2 Nr. 3 ist entsprechend eingeschränkt, Busse/Keukenschrijver § 11 PatG Rdn. 20. Das ist durch den zweiten Halbsatz des § 11 Nr. 3 ausdrücklich klargestellt.

8. Schiffsausrüstung, Schiffsgeräte und Zubehör von Schiffen eines anderen Mitgliedsstaats der PVÜ, die vorübergehend oder zufällig in die Gewässer der Bundesrepublik Deutschland gelangt sind, dürfen ohne Rücksicht auf inländischen Patentschutz unter den weiteren Voraussetzungen des § 11 Nr. 4 an Bord des Schiffes benutzt werden. Die Regelung geht auf Art. 5ter Nr. 1 PVÜ in der Haager und Londoner Fassung zurück und erfasst deutsche Schiffe nicht, die von Auslandsfahrten in deutsche Gewässer zurückkehren, Busse/Keukenschrijver § 11 Rdn. 22; vgl. auch RG PatBl. **1887,** 371. Angesichts der weitgehend übereinstimmenden Vorraussetzungen wird auf die Kommentierung zu § 11 Nr. 5 verwiesen (nachfolgend Rdn. 13). 12

9. Der ebenfalls auf Art. 5ter PVÜ zurückgehende § 11 Nr. 5 gestattet – ausschließlich – den Gebrauch (nicht andere Benutzungshandlungen) des Gegenstands einer patentierten Erfindung, siehe hierzu Rdn. 7, in der **Bauausführung** eines **Luft- und Landfahrzeugs** eines anderen Mitgliedsstaats der PVÜ oder für dessen Betrieb oder den seines **Zubehörs** unter der Voraussetzung, dass das betreffende Fahrzeug vorübergehend oder zufällig auf das Gebiet der Bundesrepublik Deutschland gelangt ist. Diese Vorschrift dient wie § 11 Nr. 4 der Freiheit des internationalen Verkehrs, vgl. dazu Stauder, **93,** 305 ff. Sie soll diesen gegen etwaige mit seinen Bedürfnissen unverträgliche Belästigungen schützen, die sich aus der Geltendmachung von Ansprüchen aus Patenten ergeben können, vgl. OLG Düsseldorf GRUR **94,** 105, 106. Gleichwohl sind nicht etwa nur **Fahrzeuge** privilegiert, die nach Art und Bauweise bestimmt und geeignet sind, Personen oder Sachen über Grenzen zu transportieren oder bald das eine, bald das andere Land zu befahren bzw. zu überfliegen, vgl. OLG Düsseldorf GRUR **94,** 105, 107. Nach ihrem maßgeblichen Wortlaut erfasst die Vorschrift vielmehr jedes zur Beförderung von Personen oder Sachen zu Lande oder in der Luft geeignete und bestimmte bewegliche Mittel aus einem anderen Mitgliedsstaat (z. B. ausländische Eisenbahnmaschinen oder -wagen, Flugzeuge, Kraftfahrzeuge, Rolltrailer für den Containerverkehr auf Schiffen, üblicherweise von LKW beförderte Transportwagen beispielsweise für Blumen, Anhänger von Zugmaschinen, rollbare Verkaufstände und Schlitten, vgl. OLG Düsseldorf GRUR **94,** 105, 107; OLG Hamburg GRUR Int. **88,** 781, 782; LG Hamburg GRUR Int. **73,** 703, 704). Es kommt also nicht darauf an, auf welche Weise sich das Fahrzeug fortbewegt, ob es eine eigene Antriebskraft besitzt oder ob es auf einem Eisenbahnwagen, einem Schiff oder einem anderen Fahrzeug in das Inland gelangt ist, wenn es nur im Inland als Fahrzeug benutzt wird, vgl. OLG Düsseldorf GRUR **94,** 105, 107; OLG Hamburg GRUR Int. **88,** 781, 782; LG Hamburg GRUR Int. **73,** 703, 704. Zur **Bauausführung** eines Fahrzeugs gehört beispielsweise die Kupplung eines Anhängers (Rolltrailers), vgl. LG Hamburg GRUR Int. **73,** 703, 704. Hinsichtlich der 13

Voraussetzung des nur vorübergehenden Aufenthalts im Inland kann auf das internationale Abkommen über den Verkehr mit Kraftfahrzeugen vom 11. 10. 1909, RG Bl. 1910, 603, und die VO über internationalen Kraftfahrzeugverkehr vom 12. 11. 1934, RG Bl. I 1137 verwiesen werden. Für Kraftfahrzeuge gilt danach als **„vorübergehend"** auch noch ein Jahr seit dem Grenzübertritt (§ 5). Dieser Zeitraum kann für andere Fahrzeuge gleichfalls als Maßstab herangezogen werden, LG Hamburg GRUR Int. **73,** 703, 705; Busse/Keukenschrijver § 11 Rdn. 22; Schulte/Kühnen § 11 PatG Rdn. 18; Mes § 11 PatG Rdn. 15. Trotz im Einzelfall lediglich kurzfristiger Benutzung im Inland kann es an einem bloß vorübergehenden Verbringen jedoch fehlen, wenn der ausländische Eigentümer nach den insoweit getroffenen Vorkehrungen vorhersehbar oder gewollt im Inland die Kontrolle über das Fahrzeug verliert und daher nicht mehr sicher gewährleisten kann, dass (gerade) es zu ihm zurückkommt, vgl. OLG Hamburg GRUR Int. **88,** 781, 782. Als „vorübergehend" hat das LG Hamburg den Aufenthalt eines Rolltrailers für Container auf einem deutschen Schiff während einer Reise angesehen, GRUR Int. **73,** 703, 704. Das ist nicht unzweifelhaft. Dagegen steht Regelmäßigkeit und dauernde Wiederholung des Aufenthalts eines Fahrzeugs im Inland dem „vorübergehend" nicht entgegen, Schulte/Kühnen § 11 Rdn. 18; vgl. LG Hamburg GRUR Int. **73,** 703, 704; auch OLG Düsseldorf GRUR **94,** 105, 107. Wenn das Gebot des nur vorübergehenden Inlandsbezugs beachtet wird, können die Einrichtungen im Inland beispielsweise auch Gegenstand von Kaufverhandlungen sein, vgl. OLG Düsseldorf GRUR **94,** 105. Zur Frage der Zulässigkeit von Ausbesserungen und Reparaturen an vorübergehend im Inland befindlichen ausländischen Fahrzeugen vgl. Spielmann GRUR **08,** 145; Meurer MuW **40,** 61 und die BIRPI-Studie in Prop. Ind. **26,** 221 ff. mit Länderbericht.

14 **10.** Das Abkommen über die **internationale Zivilluftfahrt** vom 7. Dezember 1944, siehe BlfPMZ **62,** 67, findet nur auf **Privatluftfahrzeuge** Anwendung (Art. 3). Gemäß **§ 11 Nr. 6** ist die Wirkung des Patents hiernach wie folgt beschränkt:

1. Der genehmigte Einflug von in der internationalen Luftfahrt verwendeten Luftfahrzeugen eines Vertragsstaats in das deutsche Hoheitsgebiet oder der genehmigte Durchflug mit oder ohne Landung ziehen keinen Anspruch gegen dessen Halter oder Eigentümer aus dem Grunde nach sich, dass Bauart, Mechanismus, Teile, Zubehör oder der Betrieb des Luftfahrzeuges ein deutsches Patent oder Gebrauchsmuster verletzen; weder darf aus diesem Grund eine Beschlagnahme oder Zurückhaltung des Luftfahrzeuges noch darf irgendein anderes Einschreiten seitens des Staats oder einer dort befindlichen Person erfolgen. Es darf in diesem Zusammenhang in keinem Fall die Hinterlegung einer Sicherheit gefordert werden (Art. 29 lit. a). Diese Grundsätze gelten auch für die regelmäßig wiederkehrenden (fahrplanmäßigen) Fracht- und Passagierfahrten der internationalen Transportgesellschaften, die vom Patentschutz unbehindert im Inland landen, ausladen, wenden, neue Fracht aufnehmen und abfliegen dürfen, US DC, E.D. New York GRUR Int. **75,** 395, 397 m. w. Nachw. m. Anm. Stauder GRUR Int. **75,** 397.

2. Die Lagerung von Ersatzteilen und -ausrüstung ist erlaubt; diese Gegenstände dürfen zur Reparatur des Luftfahrzeugs benutzt und eingebaut werden, vorausgesetzt, dass ein gelagerter patentfreier Ersatzteil- oder Ausrüstungsgegenstand in der Bundesrepublik weder verkauft oder sonstwie abgegeben noch ausgeflogen wird (Art. 27 lit. b).

3. Diese Vergünstigung gilt für die Mitglieder der PVÜ und sonstige Vertragsstaaten, die Erfindungen von Staatsangehörigen der anderen Vertragsstaaten des Abkommens anerkennen und ihnen angemessenen Schutz gewähren (Art. 27 lit. c).

12 *Vorbenutzung.* (1) **[1]Die Wirkung des Patents tritt gegen den nicht ein, der zur Zeit der Anmeldung bereits im Inland die Erfindung in Benutzung genommen oder die dazu erforderlichen Veranstaltungen getroffen hatte. [2]Dieser ist befugt, die Erfindung für die Bedürfnisse seines eigenen Betriebs in eigenen oder fremden Werkstätten auszunutzen. [3]Die Befugnis kann nur zusammen mit dem Betrieb vererbt oder veräußert werden. [4]Hat der Anmelder oder sein Rechtsvorgänger die Erfindung vor der Anmeldung anderen mitgeteilt und sich dabei seine Rechte für den Fall der Patenterteilung vorbehalten, so kann sich der, welcher die Erfindung infolge der Mitteilung erfahren hat, nicht auf Maßnahmen nach Satz 1 berufen, die er innerhalb von sechs Monaten nach der Mitteilung getroffen hat.**

(2) **[1]Steht dem Patentinhaber ein Prioritätsrecht zu, so ist an Stelle der in Absatz 1 bezeichneten Anmeldung die frühere Anmeldung maßgebend. [2]Dies gilt jedoch nicht für Angehörige eines ausländischen Staates, der hierin keine Gegenseitigkeit verbürgt, soweit sie die Priorität einer ausländischen Anmeldung in Anspruch nehmen.**

Inhaltsübersicht

Literaturhinweis: Amtliche Begründung Bl. **36,** 105; Bartenbach/Bartenbach, Gemeinschaftsweite Wirkung e. nattionalen Vorbenutzungsrechts, in FS Eisenführ (2003), S. 115ff.; Beil, Das Vorbenutzungsrecht, CIT **64,** 79; Block, Das positive Benutzungsrecht aus einem Schutzrecht ein neues Vorbenutzungsrecht? MuW **39,** 523; Bruchhausen, Das Vorbenutzungsrecht gegenüber einem europäischen Patent, GRUR Ausl. **64,** 405; Busche, Das Vorbenutzungsrecht im Rahmen d. dt. und europ. Patentrechts, GRUR **99,** 645; Dietze, Betrachtungen zum Vorbenutzungsrecht, Festschrift vom Stein, 1961, S. 39; Eichmann, Die Regelung des Vorbenutzungsrechts in den Ländern des Europarats, GRUR Ausl. **67,** 378; ders., Kritische Überlegungen zum Vor- und Weiterbenutzungsrecht, GRUR **93,** 73ff.; Keukenschrijver, Das Vorbenutzungsrecht i. Rahmen d. dt. u. europ. Patentrechts, GRUR **99,** 645ff.; Kirchner, Die Rechtsstellung des Doppelerfinders, Diss. Erlangen 1969; König, Rechtliches Wesen des persönlichen Vorbenutzungsrechts nach § 7 PatG und Versuch einer Definition, WRP **67,** 177; Lampert, Zur Frage einer Änderung von § 7 Abs. 1 PatG im Rahmen der großen Patentreform, GRUR **67,** 221; Lüdecke, Die irrtümliche Annahme eines Vorbenutzungsrechts, Mitt. **59,** 238; Müller, Die zukünftige Gestaltung d. Vorbenutzungsrechts i. d. EG, Mitt. **01,** 151ff.; Ohl, Die Vorbenutzung einer Doppelerfindung als Voraussetzung des Vorbenutzungsrechts, GRUR Int. **68,** 33; Østerborg, Gedanken der Vereinheitlichung des Vorbenutzungsrechts für Erfindungen im Gemeinsamen Markt, GRUR Int. **83,** 97ff.; dies., Towards a Harmonized Prior Use Right within a Common Market Patent System, IIC **1981,** 447ff.; Petzold, Die Vorbenutzung im neuen Patentrecht, GRUR **37,** 581; Schack, Fragen des Vorbenutzungsrechts, GRUR **29,** 621; Starck, Ist der Erwerb eines Vorbenutzungsrecht bei einem vom späteren Patentinhaber abgeleiteten Erfindungsbesitz möglich? MuW **38,** 154; ders., Erwerb eines Vorbenutzungsrechts beim Vorhandensein eines zeitweiligen Schutzes nach dem Ausstellungsgesetz vom 18. 3. 1904, MuW **40,** 23; ders., Die Bedeutung des inneren Standes der Technik für das Vorbenutzungsrecht, MuW **40,** 85; ders., Vorbenutzungsrecht, Weiterbenutzungsrecht und Billigkeitsgrundsatz, GRUR **39,** 514; ders., Erwerb eines Weiterbenutzungsrechts durch mittelbare Benutzung eines Verfahrenspatents, GRUR **39,** 584; ders., Erwerb eines Vorbenutzungsrechts infolge Mitteilung des Erfinders, GRUR **39,** 812; ders., Vorbenutzungsrecht, Weiterbenutzungsrecht und Erzeugnisschutz bei einem Verfahrenspatent, GRUR **40,** 69; H. Tetzner, Streitfragen zu § 7 Patentgesetz (Vorbenutzungsrecht), JR **70,** 172; V. Tetzner, Vorbenutzungsrecht bei Erfindungsmitteilung unter Vertrauensbruch, GRUR **73,** 337; Walchshöfer, Der Besitz im gewerblichen Rechtsschutz, Diss. Erlangen-Nürnberg, 1962; Wirth, Ein neues Vorbenutzungsrecht (positives Benutzungsrecht aus älterer Anmeldung), Mitt. **39,** 87; ders., Das Zwischenbenutzungsrecht, Mitt. **43,** 97; Zur Geschichte des Vorbenutzungsrechts: Zimmermann, Patentwesen in der Chemie 1965, S. 52–55.

I. Allgemeines

1 **1. Vorbemerkung:** § 12 gilt in der jetzigen Fassung seit Inkrafttreten des GPatG v. 26. 7. 1979 (BGBl. I 1269) am 1. 1. 1981 in der Paragraphenfolge des PatG 1981 (BGBl. I 1981 S. 1) und ist an die Stelle des früheren § 7 getreten. Wegen der früheren Fassungen s. Vorauflage.

§ 27 ErstrG erstreckt die Wirkung eines Vorbenutzungsrechts gegenüber einem erstreckten Patent auf das gesamte Bundesgebiet. Es ist gleichgültig, ob die Vorbenutzung oder die Veranstaltungen dazu im Beitrittsgebiet oder im übrigen Bundesgebiet oder in beiden Gebieten erfolgt sind, oder ob sie in dem Gebiet erfolgt sind, in dem das Schutzrecht anschließend angemeldet worden ist (§ 27 Abs. 1) oder ob sie in dem anderen Gebiet aufgenommen werden, auf das das Schutzrecht schließlich erstreckt worden ist (§ 27 Abs. 2).

Versuche, die Regelungen des **Vorbenutzungsrechts** und des persönlichen Besitzrechts **im europäischen Bereich** zu vereinheitlichen, hatten bislang keinen Erfolg. Auch gegenüber dem vorgesehenen Gemeinschaftspatent hat sich keine einheitliche Regelung erreichen lassen.

§ 12 ist auch gegenüber dem Recht auf Entschädigung beim vorläufigen Schutz der offengelegten Anmeldung gemäß § 33 Abs. 1 anwendbar, Krieger GRUR **68,** 225, 226; H. Tetzner NJW **69,** 642, 643, anders die abzulehnende Ansicht von Weller GRUR **68,** 85. § 12 ist nach § 13 Abs. 3 GebrMG auf Gebrauchsmuster entsprechend anzuwenden. Verwandte Rechtsinstitutionen stellen dar: das Weiterbenutzungsrecht nach § 123 Abs. 5, nach Art. II § 3 Abs. 5 IntPatÜG, die Benutzungsrechte nach §§ 26, 28 ErstrG – s. u. Rdn. 32–44 – und das positive Benutzungsrecht wegen eines älteren Rechts, vgl. Rdn. 5 zu § 9. Zur Frage der Reform des § 12 siehe von Falck und Ohl GRUR **71,** 541, 544 f.

2 **2.** Der **gesetzgeberische Zweck** des in § 12 Abs. 1 geregelten Vorbenutzungsrechts ist darin zu sehen, aus Billigkeitsgründen den bestehenden gewerblichen oder wirtschaftlichen Besitzstand des Vorbenutzers zu schützen, RGZ **75,** 317, 318; **123,** 58, 61; RG GRUR **42,** 34, 37; RG JW **02,** 533 Nr. 12; BGH GRUR **64,** 673, 675 f. – Kasten für Fußabtrittsroste; vgl. auch BGH GRUR **64,** 491, 494 li. Sp. – Chloramphenicol. Das Vorbenutzungsrecht soll die unbillige Zerstörung in berechtigter Ausübung geschaffener wirtschaftlicher Werte verhindern, RGZ **169,** 289, 292. Kraft, Zeit und Kapital auf bestehende Anlagen, die entweder die Erfindung bereits verwerten oder bei denen der Wille, sie zu verwerten, durch Veranstaltungen zur Benutzung bestätigt worden ist, sollen nicht umsonst aufgewandt sein und ein solcher Besitzstand nicht durch die Patentanmeldung eines anderen entwertet werden, BGHZ **39,** 389, 397 – Taxilan; BGH GRUR **69,** 35, 36 – Europareise; **03,** 507, 509 – Enalapril; Frankfurt GRUR **67,** 136, 138; bereits getroffene Veranstaltungen sollen erhalten bleiben, BGHZ **51,** 330, 336 – Anker (Wz.). Ob mehr oder weniger Kapital, Arbeit und Zeit aufgewendet worden ist, RG Bl. **08,** 188, 189 f., und wie hoch dieser Aufwand gewesen ist, ist gleichgültig, BGH X ZR 13/69 vom 17. 11. 1970. Die Herstellung eines technisch einfachen Erzeugnisses mittels Handarbeit reicht aus, BGH X ZR 13/69 vom 17. 11. 1970. Der Anreiz zur Einreichung unreifer und leichtfertiger Patentanmeldungen soll durch den Schutz des Besitzstandes gebremst werden, RGZ **75,** 317, 318. Das Vorbenutzungsrecht schützt den Besitzstand, der durch die Einleitung eines entsprechenden Unternehmens (Benutzung oder Veranstaltungen dazu) erworben ist, RGZ **114,** 246, 250; vgl. auch RGZ **30,** 63, 65; d. h. den Bestand eines Unternehmens an technischen Mitteln, vgl. RG GRUR **34,** 31, 32; **37,** 357, 358, soweit der Besitzstand redlich erworben ist, BGHZ **6,** 172, 176 – Wäschepresse. § 12 dient dagegen nicht dem Schutz des geistigen Eigentums als solchem, von Falck und Ohl GRUR **71,** 541, 545.

3 **3. Billigkeitserwägungen** sind kein selbstständiges Tatbestandserfordernis des Vorbenutzungsrechts nach § 12, RG GRUR **42,** 34, 37; **45,** 67, 70; BGH GRUR **64,** 673, 676 – Kasten für Fußabtrittsroste; **65,** 411, 413 – Lacktränkeinrichtung; gegen RGZ **123,** 58. Sie können unabhängig von Benutzung und Veranstaltung ein Vorbenutzungsrecht nicht begründen, RG GRUR **42,** 34, 37. Sie können andererseits nicht dort, wo die Voraussetzungen des § 12 erfüllt sind, zu einer Aberkennung des Vorbenutzungsrechts führen, weil Gründe der Billigkeit vollkommen fehlen, BGH GRUR **64,** 673, 675 re. Sp. unten, 676. Billigkeitserwägungen bilden nur einen Maßstab dafür, ob die Anforderungen an die Erfüllung der gesetzlich umschriebenen Tatbestandsvoraussetzungen im Einzelfall richtig bemessen und nicht überspannt sind, RG GRUR **42,** 34, 37; **45,** 67, 70; BGH GRUR **64,** 673, 676; **65,** 411, 413, insbesondere für die Bewertung von Benutzung und Veranstaltungen, BGHZ **39,** 389, 397 – Taxilan; BGH GRUR **64,** 673, 676.

4 **4.** Das gesetzgeberische Ziel des Besitzstandsschutzes wird dadurch erreicht, dass die Befugnisse des Patentinhabers zugunsten des seitherigen Benutzers – hinsichtlich Veranstaltungen gilt dasselbe – beschränkt werden, BGH GRUR **64,** 491, 493 – Chloramphenicol. Die Ausschließ-

lichkeitswirkung (das Verbotsrecht) des Patents tritt gegenüber dem bisherigen Benutzer nicht ein, das Patent entsteht also von vornherein mit der aus dem fremden Benutzungsrecht sich ergebenden gesetzlichen Einschränkung, RGZ **78,** 363, 366; **153,** 321, 324; BGH GRUR **65,** 411, 413; RGSt. **6,** 107, 108. Das Vorbenutzungsrecht ist keine Belastung des Rechts am Patent, RGZ **78,** 363, 366; **153,** 321, 324; BGH GRUR **65,** 411, 413 – Lacktränkeinrichtung. Es ist ein **originäres Recht,** das sich nicht wie die Lizenz vom Patent ableitet, RGZ **78,** 363, 366. Soweit der geschützte Besitzstand reicht, kommt der Patentschutz gar nicht zur Entstehung, RGZ **153,** 321, 325; BGH GRUR **65,** 411, 413. Das Vorbenutzungsrecht entsteht schon dadurch, dass die Erfindung vor der Anmeldung benutzt worden ist oder Veranstaltungen hierzu getroffen worden sind, und nicht erst durch eine Anerkennung des Rechts durch den Patentinhaber oder ein Gericht, RG GRUR **42,** 207, 209. Die Vorbenutzung oder Veranstaltung hierzu geben dem Begünstigten ein eigenes Recht entgegen dem Patent. Wenn dieser die im Patent geschützte Erfindung benutzt, handelt er dem Patentinhaber gegenüber nicht rechtswidrig, RGZ **114,** 246, 248. Das Vorbenutzungsrecht ist ein **Unrechtsausschließungsgrund,** BGH GRUR **65,** 411, 412, 415. Der Inhaber des Vorbenutzungsrechts ist zur Benutzung der geschützten Erfindung befugt, RGZ **75,** 317, 319; er hat jedoch kein Ausschließlichkeitsrecht (Verbotsrecht) gegen Dritte, RGZ **26,** 64, 66; RG GRUR **37,** 135, 136. Das Untersagungsrecht gegen Dritte hat allein der Patentinhaber, RGZ **26,** 64, 66. Aus dem Wesen des Rechts folgt, dass irgendwelche Vergütungen an den Patentinhaber nicht zu zahlen sind. Ein dem Hersteller oder Lieferanten zustehendes Vorbenutzungsrecht kommt auch dessen Abnehmer zugute, RGSt. **6,** 10, 14; **6,** 107, 109; RG JW **02,** 533 Nr. 12; RG GRUR **40,** 434, 435; BGH X ZR 13/69 v. 17. 11. 1970, dieser ist befugt, die rechtmäßig in den Verkehr gebrachten Gegenstände zu benutzen, z.B. aus Teilen, die rechtmäßig in den Verkehr gebracht sind, unter Hinzufügung neutraler Teile eine Vorrichtung herzustellen, diese anzubieten, in Verkehr zu bringen, zu gebrauchen, zu besitzen oder einzuführen, BGH X ZR 13/69 vom 17. 11. 1970, nicht jedoch in ein Land auszuführen, in dem Parallelpatente bestehen, aber keine Vorbenutzung erfolgt ist. Steht dem Beklagten ein Vorbenutzungsrecht nicht zu, so verletzt er das Patent rechtswidrig, RG GRUR **42,** 207, 208. Zum Verschulden für den Fall, dass der Verletzer irrtümlich angenommen hat, ihm stehe ein Vorbenutzungsrecht zu, RG GRUR **42,** 207, 208; BGH GRUR **65,** 411, 415 – Lacktränkeinrichtung.

II. Frühere „Benutzung der Erfindung"

1. Neben den im Gesetz aufgeführten Tatbestandsmerkmalen verlangt die Rechtsprechung 5
für den Erwerb des Vorbenutzungsrechts, dass der Berechtigte im maßgebenden Zeitpunkt im **Erfindungsbesitz** gewesen sein muss, RGZ **123,** 58, 61; BGH GRUR **60,** 546, 548 – Bierhahn; **64,** 491, 493 r. Sp. – Chloramphenicol; **64,** 496, 497 – Formsand II; **64,** 673, 674 – Kasten für Fußabtrittsroste; **69,** 35, 36 li. Sp. – Europareise; Schweizer BG GRUR Int. **61,** 408 re. Sp. Das Vorbenutzungsrecht soll nur den durch den Erfindungsbesitz untermauerten Besitzstand erhalten, vgl. BGH GRUR **64,** 496, 497, was daraus hergeleitet wird, dass das Gesetz die Inbenutzungsnahme einer „Erfindung" verlangt, BGH GRUR **64,** 496, 497. Wer bei der Vornahme der Benutzungshandlung oder der Veranstaltung zur Benutzung den Erfindungsgedanken nicht erkannt hat, erwirbt kein Vorbenutzungsrecht, RG GRUR **40,** 434, 435f.; BGH GRUR **64,** 496, 497. Wer beispielsweise die Eignung eines bestimmten Stoffes für die Verwendung eines geschützten Verfahrens nicht erkannt hat, obwohl er den Stoff schon vor der Patentanmeldung hergestellt oder abgebaut und an Abnehmer geliefert hat, RG GRUR **40,** 434, 436; BGH GRUR **64,** 496, 497, oder Gegenstände geliefert hat, die zufällig die Eigenschaften eines später angemeldeten Patents aufwiesen, diese Eigenschaften aber nicht erkannt hat, RG MuW **36,** 406, 407 re. Sp., erwirbt kein Vorbenutzungsrecht. Zufallstreffer, bei denen gelegentlich eine gleiche Zusammensetzung der später geschützten Masse erzielt wurde, begründen kein Vorbenutzungsrecht, solange die Erkenntnis des Erfindungsgedankens fehlt, RG MuW **36,** 406, 407. Wem bei der Herstellung, dem Inverkehrbringen, dem Anbieten, dem Gebrauchen, bei der Einfuhr und dem Besitz oder bei Veranstaltungen hierzu die Erkenntnis des später geschützten Erfindungsgedankens gefehlt hat, steht kein Vorbenutzungsrecht zu. Für den Händler dürfte der Erfindungsbesitz seines Lieferanten auch bei Auslandsbezug genügen, vgl. Eichmann GRUR **93,** 73, 80; Kraßer S. 850. Der Begünstigte muss bei der Vornahme der Benutzungshandlung oder der Veranstaltung hierzu den Erfindungsgedanken der später zum Patent angemeldeten Erfindung erkannt haben, vgl. BGH GRUR **64,** 491, 493 re. Sp. Ein technisches Handeln, das über das Stadium von Versuchen noch nicht hinausgediehen ist und zu einer ein planmäßiges Handeln ermöglichenden Erkenntnis seiner Wirkung noch nicht geführt hat, begründet keinen Erfindungsbesitz und kein Vorbenutzungsrecht, RG Mitt. **31,** 72,

74. Schützt das Patent eine Unterkombination, dann kommt es darauf an, ob der Vorbenutzer, der diese benutzt, diese vor der Anmeldung des Patents erkannt und vorbenutzt hat oder Veranstaltungen zu ihrer Benutzung getroffen hat, vgl. dazu RGZ **133,** 377, 380; **153,** 321, 326; RG GRUR **39,** 612, 614. Erfindungsbesitz ist gegeben, wenn der Erfindungsgedanke, d.h. die Lösung des Problems subjektiv erkannt und die Erfindung damit objektiv fertig ist, RG GRUR **37,** 621, 623 i.V.m. RGZ **150,** 95, 97, 98; **40,** 434, 436; RGZ **123,** 58, 61; BGH GRUR **60,** 546, 548. Es ist nicht erforderlich, dass der Begünstigte das, was er benutzt, für eine patentfähige Erfindung gehalten hat, RG Bl. **06,** 9. Es genügt, wenn er die Summe derjenigen Kenntnisse besessen hat, die die tatsächliche Ausführung der Erfindung ermöglicht, d.h. wenn er wusste, was er tun musste, um den die Erfindung kennzeichnenden Erfolg zu erreichen, RG GRUR **43,** 286, 287; RGZ **123,** 58, 61. Der Vorbenutzer muss den Erfindungsgedanken derart erkannt haben, dass ihm die tatsächliche Ausführung der Erfindung möglich gewesen ist, BGH GRUR **64,** 673, 675 m.w. Nachw.; RG GRUR **42,** 209, 211f. Die Kenntnis eines für den Begünstigten handelnden Gehilfen wird ersterem zugerechnet, RG GRUR **37,** 621, 623. Die Erfassung der wissenschaftlichen Grundlagen der technischen Lehre ist nicht erforderlich, RG MuW **31,** 449, 450. Der Vorbenutzer muss aber Ursache und Wirkung der technischen Mittel erkannt haben, RG MuW **31,** 449, 450f.; **38,** 168 re. Sp. = GRUR **39,** 300. Dazu gehört bei einem chemischen Analogieverfahren nicht die Erkenntnis der fortschrittlichen Wirkungen der neuen Substanz (a.A. v. Pechmann, GRUR **65,** 404). Er muss sich des Erfindungsgedankens bewusst sein, RG Bl. **14,** 156, 160 li. Sp.; RG MuW **38,** 168 re. Sp.; die Erkenntnis von Ursache und Wirkung besessen haben, RG MuW **40,** 194, 195; **40,** 232, 233. Erfindungsbesitz für das Vorbenutzungsrecht setzt eine fertige Erfindung voraus, BGH GRUR **69,** 271, 273 – Zugseilführung; Schweizer BG GRUR Int. **61,** 408 re. Sp.; RGZ **56,** 223, 225; RG GRUR **37,** 621, 623; RG MuW **38,** 168 re. Sp., d.h. der Vorbenutzer muss die Erfindung soweit abgeschlossen haben, dass er zur Benutzung imstande war, RGZ **56,** 223, 225; vgl. zur fertigen Erfindung weiter Rdn. 51 zu § 1. Ob der Vorbenutzer die Erfindung als fertig ansieht, ist gleichgültig. RG MuW **38,** 168, 169. Versuche, die erst die Lösung erstreben, d.h. der Auffindung des Erfindungsgedankens dienen, reichen nicht aus, RGSt. **46,** 80, 83f.; BGH GRUR **60,** 546, 549; vgl. auch BGHZ **39,** 389, 398 – Taxilan. Der Erfindungsbesitz allein genügt zur Begründung des Vorbenutzungsrechts nicht, RGZ **56,** 223, 226; **123,** 58, 61; RG GRUR **42,** 34, 37; RG MuW **31,** 336 re. Sp. Erforderlich ist der durch die Benutzung oder Veranstaltung hierzu betätigte Erfindungsbesitz, RG Bl. **08,** 188, 190; RGZ **56,** 223, 226; RG GRUR **42,** 34, 37.

6 **2.** Der Erwerb des Vorbenutzungsrechts ist **unabhängig von** der Inhaberschaft des **Erfinderrechtes** oder einer Beteiligung hieran, RGZ **114,** 246, 249; RG Bl. **08,** 188, 190; RG GRUR **43,** 286; vgl. Pietzcker, Rechtsvergleichendes Handwörterbuch, 3. Bd. 1931, S. 147. Auch die Ausführung einer von einem Dritten gemachten Erfindung begründet ein Vorbenutzungsrecht, RG Bl. **08,** 188, 190. Ist der Dritte nicht der Patentinhaber oder dessen Rechtsnachfolger, dann ist es für den Erwerb des Vorbenutzungsrechts gleichgültig, ob die Benutzung dem Dritten gegenüber unerlaubt oder im bösen Glauben erfolgt ist, RG Bl. **08,** 188, 190. Ein Lizenznehmer, der die von einem dritten Erfinder gemachte Erfindung benutzt, erwirbt ein Vorbenutzungsrecht, nicht aber der Erfinder, der nur eine Lizenz vergeben, aber nicht selbst benutzt hat. Eine mittelbare Benutzung der Erfindung durch einen Lizenznehmer gewährt dem Lizenzgeber oder Mittler kein eigenes Vorbenutzungsrecht, a.A. Starck, Mitt. **30,** 112, 114. Hat der Erfinder mehrere von seiner Erfindung unterrichtet und haben diese die Erfindung benutzt, so haben sie alle ein Vorbenutzungsrecht, RGZ **169,** 289, 294. Auch wer eine von einem Dritten gemachte und mitgeteilte Erfindung ausführt, erwirbt ein Vorbenutzungsrecht, OLG Karlsruhe GRUR **83,** 67, 69. Gegenüber dem eigenen Patent gibt es kein Vorbenutzungsrecht, deshalb hat der Patentinhaber, der sein Patent veräußert, gegenüber dem Erwerber kein Vorbenutzungsrecht, RGSt. **49,** 202, 207. Das gilt auch für den Teilhaber an einer gemeinsamen Erfindung, RGZ **117,** 47, 51.

7 **3.** Die Rechtsprechung hat den Erwerb des Vorbenutzungsrechts früher auf den Fall der Doppelerfindung beschränkt, RGZ **26,** 64, 65, und verlangt, dass der Vorbenutzer sich in einem **von dem** späteren **Patentberechtigten unabhängigen,** selbst oder mit dessen Einwilligung zur Ausnutzung erlangten Erfindungsbesitz befunden haben müsse, RGZ **37,** 41, 44 m.w. Nachw. Diesen Standpunkt hat das RG später aufgegeben und auch auf Fälle, bei denen keine unabhängig vom späteren Patent gemachte Doppelerfindung vorlag, die Regelung von § 12 angewandt, RGZ **114,** 246, 249; **123,** 58, 61; RG GRUR **43,** 286. Dem hat sich der BGH angeschlossen, BGH GRUR **64,** 673, 675 li. Sp. – Kasten für Fußabtrittsroste; OLG Karlsruhe GRUR **83,** 67, 69; mißverständlich BGH GRUR **59,** 528, 530 – Autodachzelt, was

später klargestellt worden ist, BGH GRUR **64,** 673, 675 li. Sp. – Kasten für Fußabtrittsroste. Ein Vorbenutzungsrecht ist demnach nicht schlechthin bereits dann ausgeschlossen, wenn der Erfindungsbesitz von dem späteren Schutzrechtsinhaber oder dessen Rechtsvorgänger abgeleitet ist, insbesondere ohne oder gar gegen deren Willen erlangt ist, BGH GRUR **64,** 673, 675 li. Sp. Die Benutzung der später zum Patent angemeldeten Erfindung unter Verwertung der Kenntnis dieser Erfindung schließt den Erwerb des Vorbenutzungsrechts nicht aus, RGZ **114,** 246, 249f.; kritisch Busche GRUR **99,** 645, 646. Anders jedoch bei Unredlichkeit (s.u. Rdn. 8) und im Fall d. Abs. 1 Satz 4 (s.u. Rdn. 17).

4. Der Erwerb eines Vorbenutzungsrechts ist ausgeschlossen, wenn der Vorbenutzer dem späteren Patentinhaber oder dessen Rechtsvorgänger gegenüber widerrechtlich gehandelt hat, RG GRUR **42,** 34, 37 m.w. Nachw.; **42,** 548, 549 re. Sp., insbesondere, wenn er den Erfindungsbesitz rechtswidrig vom Patentinhaber oder dessen Rechtsvorgänger entnommen hat, RG MuW **12,** 404, 405 = JW **12,** 697, 698; OLG Düsseldorf GRUR **80,** 170, 171. Ein solcher Fall der rechtswidrigen Benutzung der Erfindung lag RGZ **37,** 41 ff. zugrunde, vgl. RGZ **114,** 246, 249. Eine **widerrechtliche, unredliche Entnahme** des benutzten Erfindungsgedankens vom Anmelder oder dessen Rechtsvorgänger hindert das Vorbenutzungsrecht, RG MuW **12,** 404, 405; **31,** 30; RGZ **114,** 246, 249; **123,** 58, 61; RG GRUR **42,** 34, 37; BGHZ **6,** 172, 176 – Wäschepresse; BGH GRUR **64,** 673, 675 – Kasten für Fußabtrittsroste; OLG Düsseldorf Mitt. **87,** 239, 240, d.h. eine Benutzung der Erfindung, die auf einer subjektiv und objektiv rechtswidrigen Entnahme beruht, vermag ein Vorbenutzungsrecht nicht zu begründen, RGSt. **28,** 27, 28 ff.; RG GRUR **51,** 278, 281. Der Erfindungsbesitz muss redlich erworben und/oder ausgeübt sein, BGH GRUR **64,** 673, 675. Der Umstand allein, dass die Erfindung des späteren Patentinhabers verwertet wird, lässt die Benutzung noch nicht als unredlich erscheinen, RGZ **114,** 246, 250. Leitet der Vorbenutzer die Kenntnis der Erfindung von einem Dritten ab, dann handelt er redlich, wenn er nicht weiß oder bei Beachtung der im Verkehr erforderlichen Sorgfalt nicht zu wissen braucht, dass er eine fremde Erfindung benutzt, z.B. wenn er gutgläubig eine von einem Arbeitnehmer während des Dienstverhältnisses gemeldete Erfindung, die dieser seinem früheren Dienstherrn entlehnt hat, in Benutzung nimmt. Ferner, wenn er eine im Ausland patentierte Erfindung in Benutzung nimmt und keine Umstände dafür vorliegen, dass der Erfinder dafür noch im Inland ein Patent nachsuchen und erhalten wird, RGZ **114,** 246, 250; anders wenn nach den gesetzlichen Bestimmungen noch ein Inlandspatent mit ausländischer Priorität erteilt werden kann oder Umstände darauf hindeuten, dass ein inländisches Patent nachgesucht werde, RGZ **114,** 246, 250; BGH GRUR **64,** 491, 494 li. Sp. – Chloramphenicol. 8

Unredlichkeit liegt vor, wenn der Vorbenutzer selbst eine der Öffentlichkeit noch nicht übergebene Erfindung dem späteren Patentinhaber widerrechtlich entnimmt, BGH GRUR **64,** 491, 949; **64,** 673, 675 m.w. Nachw., insbesondere wenn dem Benutzer die Kenntnis von der Erfindung nur vertraulich vermittelt wurde, RGZ **37,** 41, 44; RG MuW **32,** 194, oder ein Angestellter ohne Wissen des Unternehmers Vorbereitungen zur Benutzung der Erfindung trifft oder sich der Vorbenutzer durch heimlichen Zutritt zum Betrieb des Erfinders Kenntnis von der Erfindung verschafft, OLG Düsseldorf GRUR **80,** 170, 171. Wer bewusst eine fremde Erfindung in Benutzung nimmt oder Veranstaltungen zu deren Benutzung trifft, ohne sich vorher gewissenhaft über die Rechtslage zu erkundigen, erwirbt kein Vorbenutzungsrecht. Leitet jemand die Kenntnis der Erfindung von Dritten ab, dann ist ihm Unredlichkeit zur Last zu legen, wenn er positiv gewusst hat, dass derjenige, der ihm den Erfindungsbesitz vermittelt hat, ihm den Erfindungsgedanken unter Verletzung einer bestehenden Geheimhaltungspflicht widerrechtlich zugänglich gemacht hat, RG MuW **33,** 362, 365; BGH GRUR **64,** 673, 675. Ebenso, wenn bewusst eine fremde, einem Angestellten anvertraute Erfindung benutzt wird, wobei man damit rechnet, dass der Erfinder ein Schutzrecht beansprucht, RG GRUR **51,** 278, 281. Unredlichkeit ist auch dann gegeben, wenn dem Benutzer infolge grober Fahrlässigkeit, d.h. unter Verletzung der im Verkehr erforderlichen Sorgfalt in besonders schwerem Maße, unbekannt geblieben ist, dass ihm die Kenntnis von der Erfindung widerrechtlich vermittelt worden ist, RG MuW **31,** 30 re. Sp.; BGH GRUR **64,** 673, 675. Es besteht jedoch auch bei neuartigen besonderen Formen, die in der Branche weitestgehend durch Gebrauchsmuster geschützt sind, auch bei längerer Geschäftsverbindung keine Erkundigungspflicht nach Schutzrechtsvorbehalten, BGH GRUR **64,** 673, 675, doch kommt das auf den Einzelfall an. Die vorgenannten Grundsätze gelten unabhängig von der Regelung in § 12 Abs. 1 Satz 4, BGH GRUR **64,** 673, 674 re. Sp. unten, 675; OLG Düsseldorf GRUR **80,** 170, 172. An der Unredlichkeit ändert die Tatsache nichts, dass die Kenntnis von der Erfindung auch redlich hätte erlangt werden können, OLG Düsseldorf GRUR **80,** 170, 172. Wer sich für ein unredliches Vorgehen entscheidet, muss sich daran festhalten lassen. Er kann sich nur ausnahmsweise darauf berufen, dass er die Möglichkeit eines redlichen und nicht durch einen Vorbehalt nach § 12 Abs. 1 Satz 4 belasteten Erwerbs des Erfindungsbesitzes gehabt hätte und mit Sicherheit Vorbenutzungshandlungen getätigt hätte, OLG Düsseldorf GRUR **80,** 170, 172. Vgl. allg. zur unredlichen Entnahme Eichmann, GRUR **93,** 73, 80ff.

9 **5.** Nur derjenige erwirbt ein Vorbenutzungsrecht, der den Erfindungsbesitz **selbstständig** und in seinem eigenen Interesse durch Benutzung oder Veranstaltungen dazu ausgeübt hat, RGSt. **27,** 51, 54; RGZ **52,** 90, 91f.; RG GRUR **43,** 286, 287. Die Ausübung des Erfindungsbesitzes lediglich für einen Dritten in dessen Interesse reicht für den Erwerb des Vorbenutzungsrechts nicht aus, RG GRUR **43,** 286, 287; BGHZ **121,** 194, 200 – Wandabstreifer; anders wenn der Benutzer die Erfindung in Ausführung eines Werklieferungsvertrages für einen Dritten auf eigene Rechnung benutzt, RG Bl. **08,** 188, 190, oder die Benutzungshandlung für sich und zugleich im Interesse eines Dritten vorgenommen hat, RG GRUR **43,** 286, 287. Die Betätigung des Erfindungsbesitzes durch Benutzung oder Veranstaltungen dazu ist selbstständig, wenn sie rechtmäßig für eigene Rechnung und auf eigenen Namen erfolgt, so dass sie auch nach Beendigung eines Vertragsverhältnisses mit dem Erfinder nicht widerrechtlich wurde, RG MuW **32,** 194, 196. Die Betätigung des Erfindungsbesitzes ist unselbstständig, wenn z.B. einem Vertreter der Erfindungsgedanke nur zu einem bestimmten Zweck anvertraut wurde, um ihn nur im Interesse des Erfindungsberechtigten und nur für die Dauer eines Vertragsverhältnisses in Benutzung nehmen zu dürfen, RG MuW **32,** 194, 196; **32,** 196 re. Sp., oder einer Maschinenfabrik die Erfindung vom Erfinder nur zu dem bestimmten und vorübergehenden Zweck überlassen wurde, für den Erfinder Maschinen herzustellen und sie während der Dauer eines Vertragsverhältnisses dem Erfinder zu liefern oder einer vom Erfinder gegründeten Gesellschaft anzubieten, RGZ **123,** 58, 62; vgl. auch RG GRUR **32,** 289, 291. Der aus einem Betrieb ausgeschiedene Angestellte hat an der dort zurückgelassenen Erfindung nach seinem Ausscheiden kein eigenes Vorbenutzungsrecht, RGZ **52,** 90, 91f., denn Arbeiten in einer Fabrik auf deren Betätigungsgebiet sind dem Betrieb zuzurechnen, RGZ **56,** 223, 227f., wenn die Handlungen von den nach dem inneren Dienst dazu berufenen Arbeitnehmern vorgenommen worden sind, RGZ **78,** 436, 437; RG GRUR **34,** 31, 32; RG MuW **38,** 168, 170. Veranstaltungen i.S. von § 12 kann nur treffen, wer in der Lage ist, maßgebend für eine Firma den ernstlichen Willen zur alsbaldigen Benutzung zu bekunden, RG MuW **31,** 336 re. Sp.; nicht jedoch ein Angestellter ohne Wissen des Geschäftsinhabers, RG MuW **31,** 336 re. Sp. Je nach dem, ob es sich um Arbeiten handelt, mit denen sich der Betrieb befasst, kann der Erwerb eines gemeinsamen Vorbenutzungsrechts für den Arbeitnehmer und den Arbeitgeber in Betracht kommen, RGZ **56,** 223, 227f. Muss der Angestellte seine Erfindung dem Arbeitgeber überlassen, dann steht nicht dem Angestellten sondern dem Dienstherrn das Vorbenutzungsrecht zu, RGZ **56,** 223, 227f.; vgl. auch BGH GRUR **60,** 546, 549 – Bierhahn. Ist der Benutzer nur ein unselbstständiges Ausführungsorgan eines Dritten, so erwirbt er kein eigenes Vorbenutzungsrecht, RG Bl. **08,** 188, 190. Bei Handlungen, die im Auftrage und nach Weisung des Anmelders erfolgen, fehlt es an der eigenen Benutzung, RG GRUR **42,** 34, 37. Für eine juristische Person wird das Vorbenutzungsrecht nur durch Handlungen von Personen erworben, die nach dem Aufbau und der Diensteinteilung des Unternehmens zu diesen berechtigt waren, RGZ **78,** 436, 437; RG GRUR **34,** 31, 32; RG MuW **38,** 168, 170. Hat der Arbeitgeber dem Angestellten die Diensterfindung zur eigenen Ausbeutung überlassen, dann steht dem Angestellten und nicht dem Arbeitgeber das Vorbenutzungsrecht zu, RGZ **56,** 223, 228f. Der Verkäufer einer älteren, ungeschützten Konstruktion hat kein Vorbenutzungsrecht, nachdem er darauf ein Patent erhalten und er das Patent auf einen Dritten übertragen hat, RGSt. **49,** 202.

10 **6.** Die Frage, ob die das Vorbenutzungsrecht begründenden Handlungen **im gewerblichen Bereich** (genauer: außerhalb des nach § 11 ohnehin privilegierten Bereichs) liegen müssen, war im älteren Schrifttum sehr umstritten (s. Einzelnachweise in Vorauflage). Insbesondere für „Veranstaltungen" wurde eine gewerbsmäßige Zielsetzung verlangt, BGHZ **39,** 389, 39 – Taxilan. Für die „Benutzung" der Erfindung kann nichts anderes gelten; für ein solches Verständnis spricht auch die nicht eindeutige Entscheidung BGH GRUR **64,** 491, 493 li. Sp. Das Erfordernis der Gewerbsmäßigkeit ist zwar nicht aus dem Gesetzeswortlaut, wohl aber aus dem Gesetzeszweck (Wahrung eines schutzwürdigen Besitzstandes, s.o. Rdn. 2) abzuleiten, der Anlass gegeben hat, eine Ausdehnung der weiteren Benutzung über den vorbenutzten Bereich hinaus zu verwehren (s.u. Rdn. 22, 23). Der private Vorbenutzer ist hinsichtlich seines tatsächlichen Besitzstandes bereits durch § 11 Nr. 1 geschützt und bedarf keines weitergehenden Vorbenutzungsrechts; entsprechendes dürfte auch für die anderen Fälle des § 12 gelten. Es wird daher heute durchweg Gewerblichkeit der Vorbenutzungshandlungen verlangt, vgl. Kraßer,

S. 853; Busse, Rdn. 24 zu § 12; Schulte, Rdn. 17 zu § 12; anders insbes. noch Pietzcker § 5 Anm. 4, S. 325 und Bruchhausen hier in der Vorauflage.

7. Der Erwerb eines Vorbenutzungsrechts setzt den durch Benutzung bekräftigten Erfindungsbesitz voraus, RG Bl. **08,** 188, 190; RGZ **56,** 223, 226; BGH GRUR **64,** 496, 497 – Formsand II; **69,** 35, 36 – Europareise. Der Begriff der **Benutzung** ist derselbe in § 12 wie in § 139 Abs. 2 und 3 sowie § 142, BGH GRUR **64,** 491, 493 li. Sp. – Chloramphenicol; **03,** 507, 509 – Enalapril. Er umfasst die in §§ 9 und 10 umschriebenen Benutzungsarten, zu denen der Patentinhaber ausschließlich befugt ist und die er jedem anderen verbieten kann, BGH GRUR **64,** 491, 493 li. Sp.; **69,** 35, 36; RGZ **26,** 64, 65; **56,** 223, 226f.; **80,** 15, 16; **110,** 218, 224; **114,** 252, 258; RG GRUR **27,** 696, 697; RG MuW **38,** 370. Jede einzelne von ihnen genügt, denn die Benutzungshandlungen sind untereinander gleichwertig, BGH GRUR **64,** 491, 493; RGZ **80,** 15, 17; **56,** 223, 226f., so die Herstellung, RGSt. **27,** 51, 54, wobei die Fertigung kleiner Serien in Handarbeit genügt, BGH X ZR 13/69 vom 17. 11. 1970; neben der Herstellung eines Gegenstandes ist nicht erforderlich, dass der Gegenstand auch gebraucht wird, RGZ **56,** 223, 227; weiter das Anbieten, RGZ **80,** 15, 18; **166,** 326, 331; RG GRUR **38,** 770, 771; BGH GRUR **69,** 35, 36; OLG Düsseldorf Mitt. **87,** 239, 240; wozu auch ein erfolgloses Einzelangebot alsbald herzustellender und zu importierender Gegenstände an Hand eines Musters genügt, BGH GRUR **69,** 35, 36 – Europareise, es genügt auch das Anbieten eines Verfahrens zur Anwendung, § 9 Satz 2 Nr. 2; ferner das Inverkehrbringen, RG Bl. **12,** 280, 281; RG GRUR **31,** 147, auch das Inverkehrbringen der unmittelbaren Erzeugnisse eines Verfahrens, selbst wenn diese im Ausland hergestellt und in das Inland nur eingeführt worden sind, RGZ **80,** 15, 17; RG GRUR **31,** 147; BGH GRUR **64,** 491, 493, ferner das Gebrauchen der später geschützten Vorrichtung oder die Anwendung des Verfahrens, BGH GRUR **64,** 491, 493, und auch das Einführen oder Besitzen zu den genannten Zwecken, BGH GRUR **03,** 507, 509. Auch die mittelbare Benutzung einer Erfindung durch das Anbieten oder Liefern von Gegenständen zu einer später in einem Verwendungspatent geschützten Verwendung, RG GRUR **27,** 696, 697 unter Aufgabe des früher vertretenen Standpunktes; RG MuW **27/28,** 312, 313; RG GRUR **40,** 434, 435, oder durch das Anbieten oder Liefern eines Stoffes zum Gebrauch bei einem später geschützten Verfahren, BGH GRUR **64,** 496, 497, begründet ein Vorbenutzungsrecht, jedoch nur, wenn der Anbieter oder Lieferant im Besitz der Erfindung gewesen ist, BGH GRUR **64,** 496, 497. Hat nur der unmittelbare Benutzer den erforderlichen Erfindungsbesitz, so erwirbt nur er das Vorbenutzungsrecht unter der Voraussetzung, dass er die Erfindung benutzt oder die erforderlichen Veranstaltungen zur alsbaldigen Benutzung getroffen hat. Der Anbieter oder Lieferant ohne den erforderlichen Erfindungsbesitz erwirbt zwar kein Vorbenutzungsrecht, er darf jedoch den Inhaber des Vorbenutzungsrechts mit patentfreien Gegenständen weiter beliefern, da dieser dem Patentinhaber gegenüber nicht unberechtigt das Patent benutzt, vgl. § 10 Rdn. 16. Erfolgt die Vorbenutzung durch Anbieten oder Inverkehrbringen einer Vorrichtung, so braucht die Benutzungshandlung einem Dritten den Erfindungsgedanken nicht notwendig zu offenbaren. Auch eine Vorbenutzungshandlung, die einen Dritten die Erfindung nicht erkennen lässt, kann ein Vorbenutzungsrecht begründen, BGH GRUR **69,** 35, 36 unter Klarstellung früherer Entscheidungen; BGH X ZR 13/69 vom 17. 11. 1970. **11**

8. Nur die Benutzung im Inland begründet ein Vorbenutzungsrecht, § 12 Abs. 1, BGH GRUR **69,** 35, 36 – Europareise. Der Grundsatz d. freien Warenverkehrs erfordert nicht Gleichstellung von Vorbenutzungshandlungen i. europ. Ausland, LG Düsseldorf Mitt. **01,** 561, 565; ebenso Kraßer S. 846; Busse Rdn. 7 zu § 12; vgl. auch Osterbog GRUR Int. **83,** 97, 107 u. (z. T. abw.) Bartenbach/Bartenbach in FS Eisenführ (2003), S. 115ff. Der Einbau einer Einrichtung in eine in das Ausland gelieferte Anlage kann u. U. als eine Veranstaltung zur Benutzung im Inland gewertet werden, RG GRUR **37,** 684, 686. **11a**

Auf den Umfang der Benutzungshandlungen kommt es für den Erwerb des Vorbenutzungsrechts nicht an, RGSt. **6,** 107, 109. Es ist auch nicht erforderlich, dass die vorbenutzten Mittel die Erfindungsaufgabe sogleich in ganz vollkommener Weise lösen, RGZ **166,** 326, 330. Dass der Vorbenutzer, der über den erforderlichen Erfindungsbesitz verfügt, Versuche zur Erprobung der wirtschaftlichen Wirkungen oder zum Ausprobieren einer Vorrichtung vorgenommen hat, steht dem Benutzungstatbestand nicht entgegen, RG MuW **38,** 168, 169 = GRUR **39,** 300. Die wirtschaftliche Bewährung der Erfindung braucht noch nicht festzustehen, vgl. RG MuW **38,** 168, 169. Versuche zum Ausprobieren der gefundenen Lösung, die lediglich die für den praktischen Gebrauch zweckmäßigste konstruktive Gestaltung vermitteln sollen, stehen dem Benutzungstatbestand nicht entgegen, BGH GRUR **60,** 546, 549 m. w. Nachw. – Bierhahn; BGH X ZR 13/69 vom 17. 11. 1970, wo die Tatsache, dass mit wenigen handgefertigten Stücken noch praktische Erfahrungen für die zweckmäßigste Art ihrer konstruktiven Ausgestaltung gesammelt werden sollten, als Benutzung gewertet wurde. Der Umstand, dass die Benutzung offenkundig erfolgt ist oder die Erfindung sonst neuheitsschädlich vorweggenommen ist, schließt die Berufung auf ein Vorbenutzungsrecht nicht aus, RGZ **114,** 246, 249; KG MuW **41,** 18, 19; vgl. auch BGH GRUR **65,** 411, 415 – Lacktränkeinrichtung.

12 **9. Keine Benutzung** ist die einmalige Anfertigung eines nicht verkäuflichen Modells, RGZ **158,** 291, 293; BGH Beschl. vom 22. 1. 1963 – I a ZR 56/63; LG Frankfurt GRUR **67,** 136, 137; wohl aber eines verkaufsreifen Modells; nicht jedoch Laboratoriumsversuche, RGZ **123,** 252, 256; die Anfertigung von Zeichnungen, die als Grundlage von Kaufverhandlungen dienen sollen, RG Bl. **19,** 42; der Entwurf einer Schutzrechtsanmeldung oder die Anmeldung eines Schutzrechts, RGZ **133,** 377, 381; **169,** 289, 290; RG GRUR **40,** 154, 158; BGHZ **47,** 132, 139 – UFH-Empfänger II; BGH Urt. vom 10. 10. 1991 – X ZR 60/89, endlich nicht Versuche, die die Ausführbarkeit und technische Brauchbarkeit einer Idee ausprobieren sollen, RG GRUR **43,** 286, 287, oder erst auf die volle Kenntnis des Lösungsgedankens abzielen und der Erlangung des Erfindungsbesitzes dienen, RG MuW **38,** 168, 169 re. Sp.; ebenso nicht Verhandlungen über den Abschluss eines Lizenzvertrages, RG JW **99,** 397 Nr. 11; ferner nicht die Gestattung des Baus einer Versuchsstrecke durch einen Bauunternehmer durch ein Bundesland, ohne dass es sich an deren Herstellung aktiv beteiligte und zu den Kosten hierfür beitrug, BGH GRUR **79,** 48, 50 – Straßendecke.

13 **10.** Die Bekräftigung des Erfindungsbesitzes kann auch durch **Veranstaltungen** zur alsbaldigen Aufnahme der Benutzung erfolgen. Jedoch nicht alle Veranstaltungen, die dem Zweck dienen, eine Erfindung künftig einmal in Benutzung nehmen zu können, erfüllen die Voraussetzungen des § 12 Abs. 1, sondern nur solche Veranstaltungen, die den Entschluss, die Erfindung gemäß § 9, 10 zu benutzen, durch Vorbereitung der Benutzung in die Tat umsetzen, BGHZ **39,** 389, 397 – Taxilan. Als derartige Veranstaltungen kommen neben technischen Maßnahmen, die die Benutzung technisch vorbereiten und den Zweck haben, die Erfindung zur Ausführung zu bringen, RGZ **45,** 116, 118, auch Maßnahmen nicht technischer Art in Betracht, vom RG in GRUR **42,** 34, 36 offengelassen, vgl. aber RG Bl. **08,** 188, 190 für Lieferungsvertrag; RG GRUR **42,** 155, 156 für die Aufnahme einer Geschäftsverbindung; a. A. Busse Rdn. 30 zu § 12. Veranstaltungen für einen Vertrieb genügen, RG GRUR **42,** 155, 156. Nur im Inland getroffene Veranstaltungen können ein Vorbenutzungsrecht begründen, BGH GRUR **69,** 35, 36 li. Sp. – Europareise; s. auch oben Rdn. 11 a. Es müssen zwei Voraussetzungen vorliegen, um das im Gesetz vorgeschriebene Erfordernis der zur Benutzung erforderlichen Veranstaltungen zu erfüllen: *Erstens* müssen Veranstaltungen vorliegen, die bestimmt sind, die Erfindung im Wesentlichen auszuführen, BGHZ **39,** 389, 398; RGZ **78,** 436, 439. An dem Erfordernis, dass ein Anfang mit der Ausführung der Erfindung gemacht sein muss, RGZ **45,** 116, 119, ist nicht festzuhalten, denn es brauchen nicht sämtliche zur Aufnahme der Benutzung erforderlichen Vorbereitungshandlungen vorzuliegen, RGZ **30,** 63, 64; RG Bl. **08,** 188, 190. *Zweitens* müssen diese Handlungen den ernstlichen Willen erkennbar machen, die Erfindung alsbald zu benutzen, BGHZ **39,** 389, 398 m. w. Nachw.; BGH GRUR **60,** 546, 549 – Bierhahn; **64,** 673, 674 – Kasten für Fußabtrittsroste; **69,** 35, 36; RGZ **78,** 436, 439 ständ. Rechtspr. Der Benutzungswille muss erkennbar betätigt sein, RG MuW **38,** 168, 170; ob Dritte Kenntnis davon erlangt haben, ist gleichgültig, RG MuW **38,** 168, 170. Es muss sich um eine endgültige feste Entschließung zur Aufnahme der Benutzung handeln. Entschließungen, denen objektiv ein Moment des Einstweiligen anhaftet, bei denen man sich jederzeit eines anderen besinnen kann, genügen nicht, RGZ **78,** 436, 440; vgl. Schweiz. BGE **16,** 423. Vorsorgliche Bemühungen, die die Möglichkeit einer etwaigen späteren noch ungewissen Benutzung der Erfindung schaffen und vorbereiten sollen, sind keine ausreichenden Veranstaltungen, RG GRUR **42,** 34, 35; **43,** 286, 288; Schweizer BG GRUR Int. **61,** 408 re. Sp. Eine bloß vorbereitende Tätigkeit zu dem Zweck, die Möglichkeit und Zweckmäßigkeit der gewerblichen Ausnutzung zu erforschen, RGZ **30,** 63, 64, wie z. B. die Ermittlung der Marktverhältnisse, des Entwicklungsstandes und des Bedarfs, BGH GRUR **69,** 35, 37, genügt nicht. Ebenso genügen nicht Vorbereitungshandlungen für eine erst später geplante Ausführung, RG GRUR **42,** 34, 35; LG Frankfurt GRUR **67,** 136, 137. Ein bedingter Entschluss erfüllt das Erfordernis des ernsthaften Willens zur alsbaldigen gewerblichen Benutzung der Erfindung nicht, vgl. BGHZ **39,** 389, 398 = GRUR **64,** 20, 23. Ob die Veranstaltung mit einem erheblichen Kapitalaufwand verbunden war oder nicht, ist einerlei, das Maß der Aufwendungen ist gleichgültig, RG Bl. **08,** 188, 189 f. = JW **08,** 247 Nr. 22. Ob die Wirtschaftlichkeit erprobt ist, ist ohne Bedeutung, RGZ **30,** 63, 65 f. Nach BGH GRUR **60,** 546, 549 – Bierhahn, braucht ein fertigungsreifes Muster nicht vorzuliegen. Das mit „alsbald“ umschriebene Zeitmoment lässt Raum

für eine Beurteilung, die den Notwendigkeiten der Entwicklung technischer Neuerungen zur Marktreife und deren Einführung auf dem Markt Rechnung trägt, BGH GRUR **69,** 35, 37 – Europareise. Das Gesamtverhalten vor der Anmeldung ist für die Beurteilung der Frage heranzuziehen, ob im Anmeldezeitpunkt der ernstliche Wille zur alsbaldigen Benutzung der Erfindung erkennbar war, BGH GRUR **69,** 35, 37.

11. Es kommt stets auf die Art der Veranstaltungen und die **Umstände des Einzelfalles** an, **14**
ob sie die Absicht erkennen lassen, die Erfindung alsbald zu benutzen, RGZ **158,** 291, 293; BGHZ **39,** 389, 395. RGZ **10,** 94, 95 hat die **Anfertigung eines Modells** als ausreichende Veranstaltung angesehen. RG GRUR **27,** 235, 236 hat in einem solchen Falle das Vorbenutzungsrecht versagt, weil bei der Modellherstellung noch nicht an eine Fabrikation und deren Vorbereitung gedacht war. RG GRUR **37,** 621, 624 hat hierzu auf die besondere Sachlage abgestellt und das Vorbenutzungsrecht versagt, ebenso RGZ **158,** 291, 293, weil es am Willen fehlte, die Erfindung alsbald zu benutzen, so auch RG GRUR **42,** 34, 36, weil die Gesamtumstände ergaben, dass die Herstellung in ungewisser Zukunft lag, und LG Frankfurt GRUR **67,** 136, 137, weil die bloß vorbereitende Tätigkeit nur dazu bestimmt war, die Möglichkeit und Zweckmäßigkeit der Benutzung zu erforschen. Nach der Ansicht des BGH genügt die bloße Anfertigung eines Modells nicht, um den Tatbestand der Veranstaltung zu erfüllen, BGH I a ZR 56/63 vom 22. 1. 1963.

Die **Herstellung von Werkstattzeichnungen**, die die unmittelbare Unterlage für die Ausführung der Erfindung bilden sollen, hat das RG als ausreichende Veranstaltung angesehen, RG Bl. **08,** 188, 189f. = JW **08,** 247 Nr. 22; RGZ **110,** 218, 223; RG GRUR **25,** 156, 158; **42,** 155, 156, nicht dagegen Zeichnungen, die bloßem theoretischen Interesse dienen, RG Bl. **08,** 188, 190. Später hat das RG die zur Anfertigung einer Werkstattzeichnung hinzukommende ernstliche Absicht, die Zeichnung auszuführen, verlangt, RG MuW **32,** 355, 356; vgl. auch RG GRUR **27,** 235, 236, und OLG Hamm Bl. **06,** 48, 49. Wenn die Gesamtumstände ergeben, dass die Benutzung der Erfindung nicht sofort, alsbald oder in irgendwie naher und bestimmbarer Zukunft, sondern zu einem völlig ungewissen Zeitpunkt erfolgen soll, dann reicht die Herstellung einer Werkstattzeichnung, die Anweisung zur Aufbewahrung von Zeichnungen und Modellen und das Verhandeln mit Lizenzvertragspartnern nicht aus, RG GRUR **42,** 34, 36f.; **43,** 286, 288; für sich genommen auch nicht die Erstellung einer Zusammenstellungszeichnung, LG Düsseldorf, InstGE **2,** 253. Der BGH hat hingegen in dem Auftrag zur Herstellung einer fertigungsreifen Werkstattzeichnung und der baldigen Inangriffnahme dieses Auftrages durch einen Angestellten eine ausreichende Veranstaltung gesehen, BGH GRUR **60,** 546, 549 – Bierhahn.

Der Entwurf einer Anmeldung und die **Anmeldung eines Schutzrechts** ist keine ausreichende Veranstaltung, da daraus nicht zwingend auf die Absicht der alsbaldigen Benutzung geschlossen werden kann, RGZ **133,** 377, 381; **169,** 289, 290; RG GRUR **40,** 154, 158; BGH Urt. vom 10. 10. 1991 – X ZR 60/89. Im Zusammenhang mit anderen Umständen kann sich aber daraus die Absicht zur alsbaldigen Benutzung der angemeldeten Erfindung ergeben.

Als nicht ausreichend ist der **Kauf einer Maschine** und die Tätigung einer Anzahlung sowie der Umbau eines Gebäudes angesehen worden, in dem die patentierte Maschine später untergebracht werden sollte, RGZ **45,** 116, 119, ferner der bloße **Abschluss eines Lieferungsvertrages** über noch herzustellende Waren, RG Bl. **08,** 188, 190. Die Gestattung des Baus einer Versuchsstrecke durch einen Bauunternehmer durch ein Bundesland, ohne dass sich dieses an deren Herstellung aktiv beteiligte und zu den Kosten hierfür beitrug, ist keine ausreichende Veranstaltung des Landes, BGH GRUR **79,** 48, 50 – Straßendecke.

Andererseits ist die Anschaffung einer Gussform, durch die der Wille zur alsbaldigen Aufnahme der serienmäßigen Herstellung zum Ausdruck gebracht wurde, als ausreichende Veranstaltung angesehen worden, BGH GRUR **64,** 673, 674 – Kasten für Fußabtrittsroste. Ebenso ein Vertrag, der zur Lieferung noch herzustellender Ware verpflichtete, RG Bl. **08,** 188, 190; Schweizer BG GRUR Int. **61,** 408 re. Sp., und eine Anfrage nach einer Vorrichtung, mit der der geschützte Gegenstand hergestellt werden sollte, selbst wenn sie erst später fest bestellt wurde, RG Mitt. **29,** 329; RG GRUR **42,** 155, 156; und weiter die Aufnahme und Aufrechterhaltung einer Verbindung einer Vertriebsfirma zu Herstellern zwecks Produktion der erfundenen Gegenstände, RG GRUR **42,** 155, 156.

Soll anhand verschiedener Muster erst die **Rechtslage geklärt** und dann mit der Herstellung begonnen **werden,** dann fehlt der Wille zur alsbaldigen Benutzung, RGZ **158,** 291, 293, ebenso bei einer Besprechung des Erfinders mit einem zukünftigen Produzenten, in der die zukünftige Auswertung einer Erfindung besprochen wird, bei der aber der Zeitpunkt der Aufnahme der Produktion noch völlig offen bleibt, RG GRUR **43,** 286, 287. Am ernstlichen

Willen zur Aufnahme der Benutzung fehlt es auch, wenn eine übergeordnete Stelle im Betrieb einem Angestellten gegenüber der Aufnahme der Benutzung widersprochen oder sich die Entscheidung vorbehalten hat, RGZ **78,** 436, 437f.

Bei einer Verfahrenserfindung können die erforderlichen Veranstaltungen auch in der Herrichtung der **für** die Ausführung des **Verfahrens notwendigen Anlagen** und Maschinen und in der Vorbereitung dieser Herrichtung bestehen, es schadet nicht, wenn die dazu notwendige Vorrichtung noch nicht in jeder Hinsicht fertig entworfen war, RGZ **78,** 436, 439, doch muss der Begünstigte den Erfindungsbesitz hinsichtlich des Verfahrens gehabt haben, RGZ **78,** 436, 439. Die Verwendung der vorhandenen Betriebseinrichtung zur Herstellung einer neuen Vorrichtung oder zur Verwendung bei einem neuen Verfahren reicht aus, RGZ **30,** 63, 66. In RG JW **99,** 397 Nr. 11 ist in **Verhandlungen über den Abschluss eines Lizenzvertrages** keine ausreichende Veranstaltung erblickt worden; ebenso wenig in dem Auftrag, sich nach Weinbergen umzusehen und deren Eigentümer dazu zu bewegen, diese für ein Schädlingsbekämpfungsverfahren zur Verfügung zu stellen, RG Warn. Rspr. **1916,** Nr. 177.

15 **12.** Inwieweit **Versuche** als ausreichende Veranstaltungen anzusehen sind, hängt von den Umständen des Einzelfalles ab, BGHZ **39,** 389, 395 – Taxilan; für Schweden: vgl. GRUR Ausl. **52,** 136. Versuche, die der Erlangung des Erfindungsbesitzes dienen, RG Mitt. **31,** 72, 74, also auf die Erlangung der vollen Kenntnis des Lösungsgedankens abzielen, d.h. dem Auffinden einer Lösung eines Problems dienen oder Klarheit darüber geben sollen, ob der eingeschlagene Weg zu dem beabsichtigten technischen Erfolg führt, BGH GRUR **60,** 546, 549 – Bierhahn, oder klären sollen, ob die Erfindung ausführbar, RGZ **123,** 252, 256; RG GRUR **43,** 286, 287, oder technisch brauchbar ist, RG GRUR **43,** 286, 287 – insoweit nicht ganz deutlich, RG GRUR **39,** 300, 303 – begründen kein Vorbenutzungsrecht, vgl. auch BGHZ **39,** 389, 395; BGH GRUR **69,** 35, 36f. – Europareise; Schweizer BG GRUR Int. **61,** 408. Bei Versuchen, die nach der Erlangung des Erfindungsbesitzes angestellt oder fortgeführt werden, stellen solche Versuche, die den bereits gefassten Entschluss, die Erfindung im gewerblichen Bereich zu benutzen, durch Vorbereitung der Benutzung in die Tat umsetzen, ausreichende Veranstaltungen dar, BGHZ **39,** 389, 398, beispielsweise solche Versuche, mit denen lediglich noch die für den praktischen Gebrauch zweckmäßigste konstruktive Ausgestaltung der bereits gefundenen Lösung ermittelt werden soll, BGH GRUR **60,** 546, 549 m.w. Nachw.; BGHZ **39,** 389, 398. Keine ausreichende Veranstaltung stellen diejenigen Versuche dar, die dazu dienen, den auf die gewerbliche Benutzung der Erfindung gerichteten Willen erst zu bilden, BGHZ **39,** 389, 399, die also lediglich die Möglichkeit einer späteren noch ungewissen Benutzung der Erfindung schaffen und vorbereiten sollen oder erst Klarheit darüber schaffen sollen, ob die Erfindung gewerblich genutzt werden kann und soll, BGHZ **39,** 389, 399 m.w. Nachw.; BGH GRUR **69,** 35, 36f.; Schweizer BG GRUR Int. **61,** 408 re. Sp.; LG Frankfurt GRUR **67,** 137, 138, etwa die Unterlagen für den Entschluss, eine Maschine erfindungsgemäß umzubauen, schaffen sollen, RG GRUR **42,** 34, 36. Auch nicht Versuche zu rein wissenschaftlichen Zwecken, BGHZ **39,** 389, 398 m.w. Nachw., oder Tierversuche mit einem Arzneimittel, die nach der Erkenntnis seiner hauptsächlichen pharmazeutischen Eigenschaften fortgesetzt werden, um die Möglichkeit seiner Anwendung am Menschen zu klären, und dazu dienen, den Willen zur gewerblichen Benutzung der Erfindung für die Humanmedizin erst zu bilden, BGHZ **39,** 389, 399f.

III. Zeitliche Voraussetzungen

16 **1. Maßgeblicher Zeitpunkt** für die Benutzungshandlungen und die Veranstaltungen hierzu ist nach § 12 Abs. 1 Satz 1 der Zeitpunkt der Anmeldung. Für den Erwerb eines Vorbenutzungsrechts sind nur solche Handlungen bedeutsam, die bereits am Tage vor der Anmeldung des Patents vorgenommen wurden, denn aus Gründen der Rechtssicherheit muss hier, wie bei der Frage der Neuheit, der Anmeldetag als Einheit gewertet werden, vgl. § 3 Rdn. 9a. Somit scheiden am Tage der Anmeldung vorgenommene Handlungen zur Begründung des Vorbenutzungsrechts aus. Es kann eine Verschiebung des maßgeblichen Zeitpunktes auf einen früheren Zeitpunkt stattfinden. Die frühere Praxis, nach der sich der maßgebende Zeitpunkt auf einen Tag nach der Anmeldung verschieben konnte, s. § 7 Rdn. 16 der 6. Aufl., ist durch § 38 Satz 2 überholt.

17 **2. Verschiebung des Stichtags.** In zwei Fällen lässt das Gesetz einen früheren Zeitpunkt als den Anmeldetag entscheiden:

a) bei der Vorbenutzung auf Grund von **Mitteilungen des Anmelders,** § 12 Abs. 1 Satz 4, vgl. hierzu: Buß GRUR **36,** 833, 838. § 12 Abs. 1 Satz 4 ergänzt die Regelung des § 3 Abs. 4. Unter bestimmten Voraussetzungen ist der Erwerb eines Vorbenutzungsrechts ausgeschlossen, wenn der Vorbenutzer die Erfindung erst innerhalb der Letzten 6 Monate vor der Patentanmeldung in Benutzung genommen oder dazu erforderliche Veranstaltungen getroffen hat und diese Benutzung oder diese Veranstaltungen durch **Mitteilungen** hervorgerufen sind, die der Erfinder oder sein Rechtsnachfolger dem Benutzer oder sonstigen Dritten gemacht hat. Für den Ausschluss des Vorbenutzungsrechts nach § 12 Abs. 1 Satz 4 müssen drei Voraussetzungen erfüllt sein, BGH GRUR **64,** 673, 674 – Kasten für Fußabtrittsroste:

Erstens muss der Benutzer die Erfindung infolge einer Mitteilung des Anmelders oder seines Rechtsvorgängers unmittelbar oder durch Mittelspersonen erfahren haben, BGH GRUR **64,** 673, 674. Aus dem Inhalt der Mitteilung muss die Erfindung nach Gegenstand und Erfindungsgedanken klar erkennbar sein. Der Erfindungsbesitz muss in vollem Umfange auf der Mitteilung des Anmelders oder seines Rechtsvorgängers beruhen. Jede Art von Mitteilung genügt, durch jede mögliche Übermittlungsweise. Die mündliche Schilderung ist ausreichend.

Zweitens muss sich der Anmelder oder sein Rechtsvorgänger bei der Mitteilung seine Rechte vorbehalten haben, und zwar für den Fall der Patenterteilung. „Bei" der Mitteilung ist streng auszulegen. Auf §§ 341 Abs. 3, 464, 640 Abs. 2 BGB wird rechtsähnlich zurückzugreifen sein. Deshalb ist eine äußere Verlautbarung, wenn auch nur durch schlüssiges Verhalten, bei der Mitteilung der Erfindung notwendig und ausreichend, vgl. RGZ **61,** 65; BGH GRUR **64,** 673, 674. Diese Verlautbarung muss mit der Mitteilung der Erfindung verbunden, „bei" ihr erkennbar hervorgetreten sein, vgl. RGZ **73,** 146, 148. Vom Einzelfall hängt ab, ob ein kurze Zeit nach der Mitteilung erklärter Vorbehalt, gegebenenfalls unterstützt von anderen Umständen, noch als Vorbehalt „bei" der Mitteilung gelten kann. Dann kann ein von der Mitteilung zeitlich getrennter und nachher erklärter Vorbehalt die Rechte des Erfinders (Patentsuchers) noch wahren, während ein Vorbehalt vor der Mitteilung rechtswirksam sein dürfte; vgl. RGZ **59,** 378, 379; **73,** 146, 148. Ein stillschweigender Vorbehalt kann anzunehmen sein, wenn dem vom Erfinder beauftragten Hersteller einer Form bekannt war, dass der Erfinder eine Schutzrechtsanmeldung beabsichtigte, BGH GRUR **64,** 673, 674. Ob der Benutzer von dem Vorbehalt Kenntnis hat, ist gleichgültig. Wer bewusst eine fremde Erfindung in Benutzung nimmt, muss sich nach einem Vorbehalt erkundigen, Amtl. Begr. Bl. **36,** 105; kritisch dazu Kraßer S. 849 u. Busse Rdn. 36 zu § 12. Fehlt ein den Anforderungen des § 12 Abs. 1 Satz 4 genügender Vorbehalt des Anmelders oder seines Rechtsvorgängers, so können auch Benutzungshandlungen innerhalb von 6 Monaten vor der Anmeldung, die auf der Erfindung des Anmelders oder seines Rechtsvorgängers beruhen, ein Vorbenutzungsrecht begründen, BGH GRUR **65,** 411, 415 – Lacktränkeinrichtung.

Drittens müssen die Benutzungshandlungen oder Veranstaltungen innerhalb 6 Monaten seit der Mitteilung des Anmelders oder seines Rechtsvorgängers getroffen worden sein, BGH GRUR **64,** 673, 674.

Die Regelung von § 12 Abs. 1 Satz 4 hat die Grundsätze des Ausschlusses des Vorbenutzungsrechts bei unredlichem Erfindungsbesitz unberührt gelassen, BGH GRUR **64,** 673, 674 re. Sp., 675; OLG Düsseldorf GRUR **80,** 170, 172; Amtl. Begr. Bl. **36,** 105. Im Falle einer subjektiv und objektiv widerrechtlicher Entlehnung gilt § 12 Abs. 1 S. 4 nicht, RG GRUR **51,** 278, 281, jedenfalls ist es dann gleichgültig, ob ein Vorbehalt bewiesen ist oder nicht, OLG Düsseldorf GRUR **80,** 170, 172f.

b) bei einem dem Patentinhaber zustehenden **Prioritätsrecht.** Ein Prioritätsrecht kann sich unmittelbar aus dem Patentgesetz ergeben, siehe § 7 Abs. 2 (Nachanmelderecht bei widerrechtlicher Entnahme), § 40 (innere Priorität) oder aus Staatsverträgen (siehe Einleitung Intern. Teil, Rdn. 30ff.). In diesen Fällen ist der Zeitpunkt (Tag) der die Priorität begründenden Anmeldung maßgebend. Benutzungshandlungen oder Veranstaltungen hierzu, die im Prioritätsintervall zwischen der die Priorität begründenden Anmeldung und der späteren Anmeldung vorgenommen worden sind, rechtfertigen kein Vorbenutzungsrecht, BGH GRUR **92,** 692, 694 – Magazinbildwerfer, RGZ **153,** 321, 324 zum früheren Recht. **18**

Die Angehörigen eines ausländischen Staates, die den Ausschluss eines Vorbenutzungsrechts im Prioritätsintervall zwischen der ausländischen Anmeldung und der späteren deutschen Anmeldung in Anspruch nehmen, sind dazu nur berechtigt, wenn der Staat, dem sie angehören, Gegenseitigkeit verbürgt, d. h. deutschen Staatsangehörigen dasselbe Recht einräumt, § 12 Abs. 2. Die erforderliche Gegenseitigkeit ist bei Unionsangehörigen (s. Einl. VI. Rdn. 7) seit der Londoner Fassung gegeben, s. Art. 4 PVÜ. Entsprechendes gilt für die Vertragsstaaten des TRIPS-Ü wegen dessen Art. 3. Ist Gegenseitigkeit nicht verbürgt, entsteht ein Vorbenutzungsrecht auch durch Vorbenutzungshandlungen und Veranstaltungen im Prioritätsintervall. Bei der Beanspruchung der Priorität einer deutschen Anmeldung (Entnahme- oder innere Priorität) ist auch für Angehörige ausländischer Staaten die Verbürgung der Gegenseitigkeit nicht erforderlich.

19 c) Die **Ausstellungspriorität,** siehe dazu § 7, Rdn. 19 der 6. Aufl., ist seit dem 1. Juli 1980 abgeschafft, Art. XI, § 3 Abs. 6 IntPatÜG (Bl. **80,** 150). Die Zurschaustellung einer Erfindung auf einer internationalen Ausstellung begründet kein Prioritätsrecht mehr, sondern nur noch die Neuheitsschonfrist nach § 3 Abs. 4 Nr. 2, die den nach der Zurschaustellung der Erfindung innerhalb der Neuheitsschonfrist begründeten Vorbenutzungsrechten nicht entgegensteht, siehe aber Rdn. 8 und 17.

20 **3.** Die Benutzung als Grundlage des Vorbenutzungsrechts braucht nicht notwendig bis zur Anmeldung des Patents oder bis zum Prioritätszeitpunkt fortgesetzt zu werden, es genügt, dass die Vorrichtung (das Verfahren) zu dem Bestand von technischen Mitteln gehört, deren sich das Unternehmen je nach Bedarf bedient, RGZ **123,** 252, 255; LG Frankfurt GRUR **67,** 136, 137. Die einstweilige Unterbrechung der Benutzung der Erfindung, die beispielsweise durch Streik, Brand, Lieferschwierigkeit bei Rohstoffen, Kriegsverhältnisse o. dgl. bedingt ist, steht der Entstehung eines Vorbenutzungsrechts nicht entgegen, RGZ **80,** 206, 207f.; **123,** 252, 254f.; OLG Hamm GRUR **34,** 250, 251. Dagegen lässt die freiwillige endgültige **Einstellung der Benutzung** aus technischen oder sonstigen Gründen **vor der Anmeldung des Patents** ein Vorbenutzungsrecht nicht zur Entstehung gelangen, BGH GRUR **65,** 411, 413 – Lacktränkeinrichtung; **69,** 35, 36 re. Sp. – Europareise; RGZ **75,** 317, 318f. m. w. Nachw.; **80,** 206, 207f.; RG GRUR **31,** 147; **37,** 621, 624; **43,** 67, 69; RG Mitt. **36,** 236; RG MuW **38,** 370, 371. Bei der endgültigen Aufgabe der Benutzung von Modellen, RGZ **80,** 206, 207f., und der Aufgabe der Benutzung vor der Anmeldung auf unbestimmte Zeit, RGZ **123,** 252, 254f.; BGH GRUR **69,** 35, 36, entsteht kein Vorbenutzungsrecht, z. B. wenn sich jemand aus Mangel an Mitteln einem anderen Beruf zuwendet und erst 5 Jahre nach der Anmeldung die Benutzung wieder aufnimmt, RG GRUR **31,** 147, oder wenn jemand wegen entgegenstehender Patente die Benutzung vor der Anmeldung einstellt, RGZ **123,** 252, 255. Hat der Begünstigte die zunächst vorbenutzte Ausführungsform, die genau der im Patent geschützten Ausführungsform entsprach, jahrelang nicht mehr hergestellt, so dass dafür ein Vorbenutzungsrecht an und für sich zu versagen wäre, aber während der gesamten Zeit eine andere Ausführungsform weiterbenutzt, die auch in den sachlichen Schutzbereich des Patents fiel, so umfasst sein Vorbenutzungsrecht auch die zunächst benutzte, dem Patent genau entsprechende Ausführungsform, RG GRUR **37,** 357, 358. Zu Einstellung nach Anmeldung (bzw. Prioritätstag) des Patents s. u. Rdn. 26.

21 **4. Veranstaltungen** müssen bis zur Anmeldung des Patents **fortdauern,** und zwar ohne Unterbrechung, BGH GRUR **69,** 35, 37 – Europareise; RGZ **75,** 317, 319; **123,** 252, 256; **158,** 291, 293; **166,** 326, 331; RG GRUR **34,** 31, 32; **37,** 621, 624; **42,** 34, 35; **42,** 155, 156; RG MuW **37,** 94, 95; RG Bl. **17,** 19, 20; LG Frankfurt GRUR **67,** 136, 137, da es sonst an der Absicht der alsbaldigen Benutzung der Erfindung fehlt, RG MuW **29,** 277, 278. Der Wille zur alsbaldigen Aufnahme der Benutzung muss aufrechterhalten und fortgesetzt betätigt sein, RGZ **158,** 291, 293; **166,** 326, 331. Die Unterbrechung der Veranstaltung lässt auf die Aufgabe des Benutzungswillens schließen, RG GRUR **42,** 155, 156; RG MuW **34,** 30, 31; z. B. wenn Zeichnungen ein Jahrzehnt beiseite gelegt worden sind, RG Bl. **17,** 19, 20. Unterbrechungen der Veranstaltungen wegen Rohstoff- und Beschaffungsschwierigkeiten, während deren der „Vorbenutzer" nicht untätig bleibt, können ein minderes Gewicht haben, BGH GRUR **52,** 564, 567 – Wäschepresse. Zwischenraum von mehr als 2 Jahren wurde als schädlich angesehen, weil nicht plausibel erklärt, München InstGE **1,** 1. Ein zeitlicher Zwischenraum zwischen der Veranstaltung und der tatsächlichen Benutzung ist unschädlich, auch wenn die Benutzung erst nach der Patentanmeldung liegt, RGZ **30,** 63, 65. Gerade für diesen Fall ist der Tatbestand der Veranstaltung neben den der Benutzung gestellt worden, RGZ **30,** 63, 65. Das LG Frankfurt will dagegen ein Vorbenutzungsrecht versagen, wenn die Veranstaltungen zur Benutzung erst nach der Anmeldung zeitweise aufgegeben worden sind, GRUR **67,** 136, 138. Dem kann nicht beigetreten werden, siehe Näheres bei Rdn. 26. Werden im Inland getroffene Veranstaltungen nicht bis zur Anmeldung fortgeführt, so kommt ein Vorbenutzungsrecht nicht dadurch zum Entstehen, dass sie im Ausland fortgeführt werden, BGH GRUR **69,** 35, 37.

IV. Umfang des Benutzungsrechts

22 **1. Der sachliche Umfang des Vorbenutzungsrechts** bestimmt sich nach dem in dem Besitzstand zum Ausdruck gelangten Erfindungsgedanken, RG Bl. **11,** 289, 291 m. w. Nachw. Das Vorbenutzungsrecht umfasst diejenige Benutzungsweise (s. u. Rdn. 23) oder Ausführungsform, die der Begünstigte tatsächlich benutzt hat oder zu deren alsbaldiger Benutzung er die erforderlichen Veranstaltungen getroffen hat, RGZ **166,** 326, 331; RG GRUR **35,** 157, 161. Auch gegenüber dem Gegenstand von Unteransprüchen ist ein Vorbenutzungsrecht möglich,

RG GRUR **31,** 1137, 1139. Eine äußerliche Wesensgleichheit des vorbenutzten mit dem geschützten Gegenstand ist nicht entscheidend, sondern eine Wesensgleichheit im Rahmen des geschützten und des vorbenutzten Erfindungsgedankens, RG MuW **13,** 379, 381. **Abweichungen der benutzten Ausführungsform,** die außerhalb des im Patent geschützten Erfindungsgedankens liegen, sind bedeutungslos, RG MuW **13,** 147. Spätere Vervollkommnungen der vorbenutzten Erfindung werden vom Vorbenutzungsrecht gedeckt, RG MuW **10,** 183 re. Sp. Der Vorbenutzer darf die vorbenutzte Erfindung in unwesentlichen Abweichungen herstellen, die keinen neuen, in das Patent eingreifenden Erfindungsgedanken verkörpern, RG JW **02,** 533 Nr. 12 = Bl. **02,** 246. Maßgebend für den Umfang des Vorbenutzungsrechts ist der durch die Tragweite des benutzten Erfindungsgedankens umrissene Besitzstand, RG MuW **29,** 451, **31,** 22, 23; **31,** 449, 450 m. w. Nachw. Enthält das Vorbenutzte einen technischen Gedanken, der, für den Fachmann ohne weiteres auf der Hand liegend, über die vorbenutzte Formgebung hinausgeht und, einmal offenbart, auch in einer abweichenden Form wiedergegeben werden kann, dann wird auch die abweichende Ausführung durch das Vorbenutzungsrecht gedeckt, RG Bl. **11,** 289, 291 m. w. Nachw.; RG MuW **13,** 379, 381; RGZ **153,** 321, 326. Deshalb deckt das Vorbenutzungsrecht nicht nur die Benutzung glatter Gleichwerte der vorbenutzten Ausführungsform, RGZ **133,** 377, 380; **153,** 321, 326; **166,** 326, 331; RG GRUR **34,** 26, 28; **35,** 157, 161; RG MuW **31,** 22, 23; RG Bl. **11,** 289, 291; **32,** 6, 7 re. Sp.; RG Mitt. **36,** 12, 14, sondern auch dem Durchschnittsfachmann ohne weiteres auf der Hand liegende Übertragungen des vorbenutzten Erfindungsgedankens auf ein anderes Verwendungsgebiet, RG MuW **13,** 379, 381. Darüber hinaus ist der Umfang des Vorbenutzungsrechts von der Rechtsprechung aber nicht auf solche Erfindungsgedanken erstreckt worden, die der Vorbenutzer nicht erkannt hat, RG MuW **31,** 22, 23; was der Vorbenutzer nicht als Erfindungsgedanken erkannt habe, könne er nicht nachträglich für sich in Anspruch nehmen, RG MuW **31,** 32, 23. Das Vorbenutzungsrecht könne über das, was wirklich vorbenutzt sei, und dessen glatte Äquivalente nicht hinausgehen und sich nicht auf zweckmäßigere und vollkommenere Ausgestaltungen erstrecken, die in einem Patent geschützt seien, RGZ **133,** 377, 381; RG IndR **13,** 205. Der Vorbenutzer habe nicht das Recht, diejenige Ausführungsform zu benutzen, die gerade der Patentinhaber gezeigt habe, gleichviel ob diese besondere Ausführungsform gegenüber dem vorbenutzten Erfindungsgedanken erfinderisch sei oder nicht, RGZ **133,** 377, 380; **153,** 321, 326; RG IndR **13,** 205 m. w. Nachw.; RG GRUR **35,** 157, 161; KG GRUR **37,** 980, 986; erst recht nicht, wenn die im Patent geschützte Ausführungsform gegenüber der vorbenutzten Erfindungsqualität aufweise, RGZ **133,** 377, 380; mit anderen Worten: einen erfinderischen Überschuss über die vorbenutzte Ausführungsform aufweise, RG GRUR **39,** 347, 352. Unterscheidet sich die geschützte Erfindung von der vorbenutzten durch ein weiteres, wenn auch nahe liegendes Merkmal, so berechtigt die Vorbenutzung nicht auch zur Benutzung dieses Merkmals, vgl. den Leitsatz zu RG MuW **29,** 451.

Dieser Rechtsprechung kann uneingeschränkt zugestimmt werden. In einer späteren Entscheidung hat das RG die vorgenannten Grundsätze zugunsten des Vorbenutzers erheblich erweitert. Unter der Voraussetzung, dass der Vorbenutzer vor dem Prioritätstag im Besitz eines allgemeinen Erfindungsgedankens gewesen sei und ihn benutzt bzw. Veranstaltungen zu seiner Benutzung getroffen habe, hat das RG das Vorbenutzungsrecht nicht auf diejenige Ausführungsform beschränkt, in der der Vorbenutzer den allgemeinen Erfindungsgedanken verwirklicht hatte, sondern dem Vorbenutzer über die glatten Äquivalente hinaus grundsätzlich alle Abwandlungen zugestanden, in denen der allgemeine Gedanke noch in Erscheinung trete, RGZ **166,** 326, 331, also für sämtliche Gleichwerte, RGZ **166,** 326, 331 ff., mit Ausnahme derjenigen, die gerade im Patent geschützt seien, RGZ **166,** 326, 331 ff. m. w. Nachw. Hiergegen hat sich Mediger gewandt, GRUR **43,** 266, 267. Eine ähnliche Auffassung hat das Kammergericht vertreten. Danach soll der Begünstigte die patentrechtlichen Gleichwerte – ohne Einschränkung, daher sowohl glatte als auch nicht glatte – austauschen können, dabei aber nicht solche wählen dürfen, die sich mit der in der Patentschrift geschützten Ausführungsform decken, auch wenn sie an sich nichts Erfinderisches hätten, KG GRUR **37,** 980, 986. Bedenklich erscheint, dass einer vorbenutzten Lehre, die mangels Patentanmeldung die Allgemeinheit nicht bereichert und der deshalb kein Verdienst um die Fortentwicklung der Technik zukommt, eine solche Begünstigung zuteil wird. Ein Vorbenutzer, der einen Stoff vor dem Anmeldetag eines Stoff- und Verwendungspatents für einen nicht vergleichbaren Zweck in Benutzung genommen oder die dafür erforderlichen Veranstaltungen getroffen hat, darf die bisherige Verwendung unter Einschluss der dem Durchschnittsfachmann ohne weiteres auf der Hand liegenden abweichenden Verwendungen weiterführen, nicht aber zu einer völlig abweichenden Verwendung übergehen, die im Patent unter Schutz gestellt ist, in BGHZ **54,** 181, 185 – Fungizid offen gelassen. Nach BGH GRUR **02,** 231 – Biegevorrichtung – sind Weiterentwicklungen jedenfalls dann verwehrt, wenn sie in d. Gegenstand der im Patent geschützten Erfindung eingreifen. Gemeint ist der Fall, das erst durch die Weiterentwicklung ein konkretes Merkmal der Patentansprüche verwirklicht wird; dabei soll es unerheblich sein, ob dieses Merkmal nahe liegend oder gar platt selbstverständlich war, vgl. BGH a. a. O. S. 233; bei platter Selbstverständlichkeit zweifelhaft, weil dann kaum noch von einer Weiterentwicklung gesprochen werden kann; kritisch auch Eichmann GRUR **93,** 73, 79 und Keukenschrijver GRUR **01,** 944, 947.

23 **2.** Der Inhaber des Vorbenutzungsrechts ist **mengenmäßig** nicht auf solche Mengen beschränkt, die er vor der Anmeldung des Patents hergestellt oder vertrieben hat, vgl. RGZ **78,** 363, 365; RGSt. **6,** 107, 110f. Betriebserweiterungen sind ohne Einschränkung zugelassen, RGSt. **6,** 107, 110f.; RG JW **02,** 533 Nr. 12; RGZ **110,** 218, 224; RG GRUR **27,** 696, 697; **40,** 434, 435. Der Übergang vom Klein- zum Großbetrieb ist erlaubt, ebenso der Übergang von der Handfertigung kleiner Serien zur maschinellen Fertigung größerer Serien, BGH X ZR 13/69 vom 17. 11. 1970. Wer vor der Anmeldung lediglich für die eigene Benutzung hergestellt hat, darf zur Herstellung für andere, zum Anbieten und Inverkehrbringen übergehen, RG JW **02,** 533 Nr. 12; RGSt. **5,** 362, 365. Der Hersteller, der vor der Anmeldung angeboten hat, darf nachher herstellen, RG MuW **38,** 370, 371. Grundsätzlich aber darf nicht auf eine andere Benutzungsart übergegangen werden; ebenso Eichmann GRUR **93,** 73, 77; Kraßer S. 853; für eine generelle Erstreckung auf alle Benutzungsarten demgegenüber Busse Rdn. 45 zu § 12. Ein Händler darf nicht zum Herstellen übergehen, RG MuW **38,** 370, 371; a. A. Hubmann/Götting § 21 Rdn. 5 für d. Fall, dass Wahrung d. Besitzstandes eigene Herstellung erfordert. Wer einen Gegenstand nur gebraucht hat, ohne ihn selbst hergestellt zu haben, darf nicht zur Herstellung und zum Vertrieb an Dritte übergehen, denn darin läge eine unstatthafte Ausdehnung des Benutzungsrechts über den vorhandenen Besitzstand hinaus, der in Billigkeitserwägungen keine Rechtfertigung findet. Wer lediglich importiert hat, darf nicht zur Herstellung übergehen. Der mittelbare Vorbenutzer (§ 10) darf nicht zur unmittelbaren Benutzung (§ 9) übergehen und kann auch seinen Abnehmern kein Benutzungsrecht verschaffen, vgl. Kraßer S. 853. Nur für den Hersteller gilt uneingeschränkt der Grundsatz, dass der Wechsel der Benutzungsart erlaubt ist und das Vorbenutzungsrecht alle Benutzungsarten umfasst, auch wenn er nur eine von ihnen vor der Anmeldung ausgeübt hat, RG MuW **27,** 696, 697; **38,** 370, 371.

24 **3.** Das Vorbenutzungsrecht beschränkt sich auf den eigenen Betrieb des Benutzers, die Herstellung für andere ist zugelassen, RGZ **110,** 218, 224. Der Berechtigte darf auch **in fremden Werkstätten** für sich arbeiten, insbesondere montieren lassen, ohne dass deren Angliederung an seinen Betrieb erforderlich ist, § 12 Abs. 1 Satz 2; RG Bl. **08,** 188, 191 = JW **08,** 247 Nr. 22. Die Benutzung des Patents in dem fremden Betrieb wird dann durch das Vorbenutzungsrecht des Berechtigten gedeckt, d. h. der Betriebsinhaber der fremden Werkstätte handelt, solange er für den Vorbenutzungsberechtigten tätig wird, nicht rechtswidrig, RG Bl. **08,** 188, 191. Von einer Ausnutzung in fremden Werkstätten kann nur solange die Rede sein, wie der Vorbenutzungsberechtigte einen bestimmenden wirtschaftlich wirksamen Einfluss auf Art und Umfang der Herstellung und des Vertriebs hat, RGZ **153,** 321, 328. Wird in der fremden Werkstätte nach eigenen Entschließungen ihres Inhabers gearbeitet, wenn auch nach den technischen Regeln des Vorbenutzungsberechtigten, so ist dies keine Ausübung des Vorbenutzungsrechts mehr, RGZ **153,** 321, 327; insbes. dann nicht, wenn auch der Vertrieb auf eigene Rechnung u. Gefahr erfolgt, LG Düsseldorf Mitt. **99,** 370; sie wäre sonst eine unzulässige Erweiterung des Besitzstandes des Vorbenutzers, RGZ **153,** 321, 328. Überlässt der Berechtigte die Herstellung und den beliebigen Vertrieb einem Dritten auf eigene Rechnung und Gefahr, dann liegt eine Überschreitung der Befugnisse des Vorbenutzungsberechtigten vor. Der Dritte verletzt dann das Patent, RGZ **153,** 321, 328. Der Berechtigte kann einem Dritten keinerlei Rechte auf eine Benutzung der Erfindung verschaffen, BGH GRUR **79,** 48, 50 – Straßendecke, es sei denn durch Übertragung mit seinem Betrieb.

25 **4.** Die **Übertragung** des Vorbenutzungsrechts im Wege des Erbfalls oder der Veräußerung an Dritte ist nur zusammen mit dem Betrieb zulässig, § 12 Abs. 1 Satz 3, vgl. BGH GRUR **66,** 370, 373 – Dauerwellen II; **05,** 567, 568 – Schweißbrennerreinigung. Ein Vorbenutzungsrecht kann auch durch die Verschmelzung mit einem Betrieb erworben werden, dem dieses Recht zustand, BGH X ZR 253/63 vom 16. 2. 1971. Eine Teilung des Vorbenutzungsrechts auf mehrere Betriebe ist unstatthaft RGZ **112,** 242, 245; BGH GRUR **66,** 370, 373. Im Falle einer BGH-Gesellschaft oder OHG kann das Recht nicht von dem einzelnen Gesellschafter für einen eigenen anderen Betrieb geltend gemacht werden, auch nicht von dem Erwerber aller Geschäftsanteile der Gesellschaft oder einem wirtschaftlich beherrschenden Unternehmen, BGH GRUR **05,** 567, 568. Es darf nicht zu einer Vervielfältigung des Benutzungrechts kommen, BGH a. a. O. Das Vorbenutzungsrecht ist an den Betrieb gebunden, in dem es entstanden ist,

und kann nur mit diesem übertragen werden, BGH GRUR **79,** 48, 50 – Straßendecke. Daraus folgt die Unteilbarkeit des Vorbenutzungsrechts auch im Falle der Veräußerung oder Vererbung. Eine Aufspaltung in die einzelnen Befugnisse nach §§ 9 und 10 – Herstellen, Anbieten, Inverkehrbringen, Gebrauchen (Anwenden), Einführen oder Besitzen – ist nicht zulässig, RGZ **112,** 242, 245, ebenso eine Lizenzierung, BGH GRUR **92,** 432, 433 – Steuereinrichtung; **66,** 370, 373 – Dauerwellen II. Eine Vervielfältigung des Rechts soll unterbleiben, RG GRUR **26,** 211, 212; **40,** 154, 156; RGZ **112,** 242, 245; BGH GRUR **66,** 370, 373; BGH X ZR 253/63 vom 16. 12. 1971. Aus dem Grunde der Wahrung des Besitzstandes und der Vermeidung der Vervielfältigung des Vorbenutzungsrechts zu Lasten des Patentinhabers regeln sich die Befugnisse des mittelbaren Vorbenutzers wie folgt: Er darf seinen vor dem Prioritätszeitpunkt belieferten Abnehmern weiterhin die zur Benutzung der Erfindung geeigneten und bestimmten Mittel, die sich auf ein wesentliches Element der Erfindung beziehen, anbieten oder liefern. Er darf derartige Mittel auch denjenigen weitherhin zur Benutzung der Erfindung anbieten oder liefern, denen er sie vor dem Prioritätszeitpunkt zur Benutzung der Erfindung angeboten hatte. Das Anbieten oder Liefern derartiger Mittel an weitere Personen ist ihm nicht erlaubt, denn er kann weiteren Personen kein eigenes Benutzungsrecht an der patentierten Erfindung verschaffen. Ebensowenig darf derjenige, der ein Vorbenutzungsrecht durch ein Anbieten eines Verfahrens zur Anwendung (§ 9 Satz 2 Nr. 2) erlangt hat, nach der Patenterteilung das Verfahren anderen zur Anwendung anbieten, weil auch das zu einer unangemessenen Erweiterung seines Besitzstandes zu Lasten des Patentinhabers führen würde (siehe hierzu: Bruchhausen, Anm. Nr. 1 zu LM § 16 ArbEG Bl. 2 Rückseite, 5. a) gegen Fischer, GRUR **74,** 500, 503). Die Veräußerung des Rechts mit einem abgesonderten Teil des Betriebes ist statthaft und wirksam, wenn das Recht gerade für diesen Teilbetrieb entstanden ist, RGZ **112,** 242, 244ff.; **153,** 321, 322ff.; RG GRUR **43,** 131, 132 re. Sp. Die Übernahme einzelner Sachen oder Bestandteile des Betriebes, die dann beim Erwerber nicht benutzt werden, genügt nicht für den Übergang des Vorbenutzungsrechts, RGZ **147,** 332, 338f. – für Warenzeichen; ebenso nicht die Übertragung der Geschäftsanteile einer GmbH oder ein beherrschender Einfluss der Muttergesellschaft auf ein Tochterunternehmen oder ein Konzernverhältnis, BGH X ZR 253/63 vom 16. 2. 1971. Bei einer Verpachtung des Betriebes übt der Pächter das Vorbenutzungsrecht aus. Für dessen Erwerb kommt es nicht darauf an, ob der zur Ausübung des Vorbenutzungsrechts Berechtigte das Eigentum an den Betriebsmitteln erlangt, vgl. BGH GRUR **63,** 473, 474 re. Sp. – Filmfabrik Köpenick – für Warenzeichen. Eine Übertragung des Vorbenutzungsrechts kann sich auch aus dem schlüssigen Verhalten der Beteiligten ergeben, wenn der gesamte Betrieb veräußert wird, BGH GRUR **66,** 370, 373f. Eine Zwangsvollstreckung in das Vorbenutzungsrecht im Wege der Pfändung ist nicht zulässig, da diesem Recht infolge der Betriebsbindung die Selbstständigkeit fehlt. Das Recht fällt aber in die Insolvenzmasse und kann mit dieser veräußert werden. Man wird hier im Wesentlichen die gleichen Grundsätze anwenden dürfen, die von der Rechtsprechung zum früheren § 8 WZG entwickelt wurden (vgl. Busse/Starck, WZG, 6. Aufl. Rdn. 5ff. zu § 8), und die im geltenden Recht zwar nicht für Marken (vgl. §§ 27, 29 MarkenG), wohl aber weiterhin für Unternehmenskennzeichen (§ 5 II MarkenG) gelten, vgl. BGH GRUR **02,** 972, 975 – FROMMIA; Ströbele/Hacker, MarkenG, 7. Aufl. Rdn. 78 zu § 27.

5. Das **Vorbenutzungsrecht erlischt** nicht ohne weiteres, wenn der Vorbenutzer nach der Anmeldung (Priorität) seinen Erfindungsbesitz nicht mehr ausübt oder die Benutzung der Erfindung einstellt, BGH GRUR **65,** 411, 413 – Lacktränkeinrichtung; auch nicht bei zeitweiser Aufgabe der Veranstaltungen bei einem durch Veranstaltungen erworbenen Vorbenutzungsrecht, a. A. LG Frankfurt GRUR **67,** 136, 138. Es erlischt jedoch bei einer endgültigen Einstellung des Betriebes, RG GRUR **39,** 963, 965; BGH GRUR **65,** 411, 413, oder wenn der Betrieb unter Ausschluss des mit ihm verbundenen Vorbenutzungsrechts vererbt oder veräußert wird, BGH GRUR **65,** 411, 413. Der Berechtigte kann auf das Vorbenutzungsrecht verzichten, BGH GRUR **65,** 411, 413. Der Verzichtswille muss erkennbar hervortreten, BGH GRUR **65,** 411, 413. Das LG Frankfurt will ihn im Falle eines durch Veranstaltungen erworbenen Vorbenutzungsrechts schon in der Aufnahme der Produktion einer anderen ungeschützten Vorrichtung erblicken, GRUR **67,** 136, 138. Das geht zu weit. Der Berechtigte kann sein Vorbenutzungsrecht verwirken, wenn er die Benutzungshandlungen nach der Anmeldung zunächst jahrelang einstellt und erst wieder aufnimmt, wenn der Patentinhaber mit der Herstellung und dem Vertrieb des geschützten Gegenstandes großen Erfolg hat, BGH GRUR **65,** 411, 413; vgl. auch LG Frankfurt GRUR **67,** 136, 138, dessen obige Ansicht auch zur Verwirkung nicht gebilligt werden kann. Der Erfinder des Patents, der sein Patent veräußert, hat gegenüber dem Erwerber kein Vorbenutzungsrecht, RGSt. **49,** 202, 207. 26

27 **6. Beweisfragen:** Die erhobenen Beweise zum Nachweis der ein Vorbenutzungsrecht begründenden Tatsachen sind sehr kritisch zu würdigen, vgl. BGH X ZR 13/69 vom 17. 11. 1970 (vgl. dazu auch: Dietze, Festschrift vom Stein, 1961, S. 39ff.; Bruchhausen GRUR Ausl. **64,** 405ff.). Es ist stets der Erfahrungssatz zu beachten, dass nach der Offenbarung brauchbarer Erfindungen nicht selten von anderen Personen behauptet wird, schon Ähnliches gemacht zu haben, BGH GRUR **63,** 311, 312 re. Sp. – Stapelpresse. Im Allgemeinen erweist ein Modell die seine Verwertung ermöglichende Kenntnis (Erfindungsbesitz der darin verkörperten Erfindung), RG GRUR **37,** 621, 623. Der Beweis des Erfindungsbesitzes kann durch die Lieferung einer Form geführt werden, sofern es sich um eine einfache technische Erkenntnis handelt, die man durch Inaugenscheinnahme der Form unschwer gewinnen konnte, BGH GRUR **64,** 673, 674 – Kasten für Fußabtrittsroste. Die Beweislast für die Entstehungstatsachen des Vorbenutzungsrechts und dessen Umfang hat derjenige, der sich auf ein Vorbenutzungsrecht beruft, RG GRUR **37,** 367, 368; **42,** 207, 208; RG MuW **33,** 362, 363; KG MuW **34,** 124; OLG Düsseldorf Mitt. **34,** 45, 46. Für die ein Vorbenutzungsrecht ausschließenden Umstände hat der Patentinhaber die Beweislast, z.B. für das unredliche Erlangen des Erfindungsbesitzes, OLG Düsseldorf Mitt. **87,** 239, 240; oder für die Rechtswidrigkeit d. Vorbenutzung, BGH GRUR **03,** 507, zu I 1 – Enalapril (zu § 28 I ErstrG).

V. (Sonstige) Weiterbenutzungsrechte

28 **1 a.** Wenn die **Benutzung** der Erfindung oder Veranstaltungen hierzu erst **nach** deren **Anmeldung** oder nach dem Prioritätszeitpunkt aber **vor der Offenlegung** der Anmeldung vorgenommen worden sind, kommt ein Vorbenutzungsrecht nach § 12 nicht in Betracht, vgl. RG GRUR **40,** 265, 267; **42,** 34, 35; RGSt. **23,** 21 zum alten Recht, das anstelle der Offenlegung (§ 32) nur die „Bekanntmachung" der Anmeldung nach vorläufiger Prüfung vorsah. Eine von der Entschädigungspflicht nach § 33 Abs. 1 freie Benutzung von Erzeugnissen oder Verfahren, die vor der Offenlegung aber nach der Anmeldung oder Priorität benutzt worden sind, ist abzulehnen (a.A. H. Tetzner, NJW **69,** 642, 643). Dem steht die insoweit eindeutige Regelung des § 12 entgegen.

29 **1 b.** Problematisch ist, ob die vor der Offenlegung von Dritten hergestellten oder erworbenen Erzeugnisse oder eingerichteten Verfahren nach der Veröffentlichung der Patenterteilung gegen angemessene Entschädigung des Patentinhabers weiterbenutzt werden dürfen. Trüstedt, GRUR **52,** 109; Blasendorff, GRUR **39,** 447 und **53,** 149; Schramm, Grundlagenforschung S. 124, 125; Weidlich, GRUR **36,** 79; H. Tetzner, NJW **69,** 642, 643, wollen für die patentfrei hergestellten Erzeugnisse ein Weiterbenutzungsrecht zum gewerblichen Anbieten, Inverkehrbringen und Gebrauch zubilligen, nach dem Grundsatz **„patentfrei geboren bleibt patentfrei".** Nach BGH GRUR **82,** 225, 227 – Straßendecke II kann dieser Satz keine allgemeine Geltung beanspruchen. Dem Patentinhaber stehen nach dem Beginn der Schutzwirkungen Ansprüche wegen des Gebrauches der geschützten Vorrichtung zu, BGH aaO.

Nach den Grundsätzen der Billigkeit könnten dadurch im Einzelfall Härten vermieden werden, jedoch ist dieser Grundsatz nicht gesichert. Heydt, Mitt. **51,** 62; Gewiese, GRUR **52,** 276; Heine, GRUR **52,** 114, 116; Zeller, GRUR **52,** 441; Mediger, GRUR **52,** 489; Wilde, GRUR **54,** 421; Krieger, GRUR **54,** 426; Hegel, GRUR **59,** 508, lehnen ein Weiterbenutzungsrecht ab, so auch RG GRUR **40,** 265, 267. Das OLG Düsseldorf hat ein Weiterbenutzungsrecht gegen eine angemessene Lizenz mit Rücksicht auf die besonderen Umstände des Einzelfalles nach Treu und Glauben anerkannt, Urt. vom 25. 5. 1967 – 2 U 11/64.

30 **1 c.** Der BGH hat die Frage in ihrer Allgemeinheit offen gelassen, GRUR **59,** 528, 530 – Autodachzelt, verneint ein Weiterbenutzungsrecht aber dann, wenn der Erfinder einem anderen seinen Erfindungsgedanken **im Rahmen eines Werklieferungsvertrages** zur Anfertigung von Vorrichtungen gemäß der Erfindung mitgeteilt hat und dem Werkunternehmer die Anmeldung des Patents bekannt war, weil der Werkunternehmer bei der Ausübung des Erfindungsbesitzes **nicht redlich** gewesen ist, BGH GRUR **59,** 528, 530; **64,** 673, 675 li. Sp. – Kasten für Fußabtrittsroste. In diesem Falle endet das Benutzungsrecht des Werkunternehmers mit dem Ende des Vertrages.

31 **1 d.** Ein Weiterbenutzungsrecht ist mit der herrschenden Meinung nach dem geltenden Recht für den Regelfall abzulehnen, weil das Gesetz durch sein Schweigen im Gegensatz zu der ausdrücklichen Billigkeitsregelung in § 12 im Falle der Benutzung (Veranstaltung) nach dem Prioritätszeitpunkt die Berufung auf Billigkeitserwägungen versagt und die Grundsätze des Verbrauchs des Patentrechts nicht anwendbar sind. **Besondere Umstände** können jedoch im Einzelfall nach § 242 BGB – Treu und Glauben – ein Weiterbenutzungsrecht gegen eine an-

gemessene Lizenz rechtfertigen, BGH GRUR **82,** 225, 227 – Straßendecke II; s. auch OLG Düsseldorf aaO. Der Ruf nach dem Gesetzgeber, vgl. dazu auch: Haupt, GRUR **57,** 70; Bucher, GRUR **60,** 365; Lampert, GRUR **42,** 108; Wirth, GRUR **41,** 301; ders., Mitt. **43,** 97; vgl. für das österreichische Recht: Hamburger, GRUR **61,** 1, ist bislang unerhört geblieben.

2. Das Patentgesetz und das Europäische Patentübereinkommen gewähren im Falle der **Wiedereinsetzung** nach dem Verfall von Rechten (Patent oder offengelegte Patentanmeldung) aus Gründen der Billigkeit, BGH GRUR **52,** 564, 566 – Wäschepresse, ein vergütungsfreies Weiterbenutzungsrecht, § 123 Abs. 5 und 6 PatG; Art. 122 EPÜ; siehe auch § 21 Abs. 1 GebrMG. 32

3. Im Zusammenhang mit der Möglichkeit, die **fehlerhafte Übersetzung** der europäischen Patentschrift oder eines nicht in deutscher Sprache veröffentlichten erstreckten Patents aus dem Gebiet der ehemaligen DDR zu **berichtigen,** ist dem gutgläubigen Benutzer der geschützten Erfindung, der die Benutzung oder wirklich und ernsthafte Veranstaltungen dazu aufgenommen hat, als das Patent in der fehlerhaften Übersetzung der Patentschrift dies nicht als Verletzung des Patents auswies, das Recht eingeräumt, auch nach der Veröffentlichung der berichtigten Übersetzung die Benutzung für die Bedürfnisse seines eigenen Betriebs in eigenen oder fremden Werkstätten im gesamten Bundesgebiet, d. h. im ursprünglichen Bundesgebiet und im Beitrittsgebiet unentgeltlich fortzusetzen, Art. 70 Abs. 4 lit. b) EPÜ; Art. II § 3 Abs. 5 IntPatÜG und § 8 Abs. 4 ErstrG. 33

4. Weiterbenutzung nach Erstreckungsgesetz. Das **Erstreckungsgesetz** vom 23. 4. 1992 hat zu ergänzenden Regelungen des Vorbenutzungsrechts (s. dazu oben Rdn. 1) und zu verschiedenen Weiterbenutzungsrechten geführt. Soweit diese Weiterbenutzungsrechte im Zusammenhang mit der Umwandlung der Wirtschaftspatente der ehemaligen DDR gewährt werden, wird auf die Kommentierung bei § 23 PatG verwiesen. Hier sind das Weiterbenutzungsrecht des § 28 ErstrG und die Kollision nach § 26 ErstrG zu erläutern. 34

5. § 28 ErstrG. Vgl. dazu Eichmann GRUR **93,** 73, 85 ff. Wer eine Erfindung nach dem Prioritäts- oder Anmeldetag der Anmeldung und **vor dem 1. Juli 1990,** dem Tag des Inkrafttretens der Währungs-, Wirtschafts- und Sozialunion der beiden deutschen Staaten, als sich die kommende Rechtseinheit bereits abzeichnete, rechtmäßig **in Benutzung genommen hat** – Veranstaltungen zur Benutzung reichen nicht aus –, dem gegenüber tritt die Wirkung eines in das ursprüngliche Bundesgebiet oder in das Beitrittsgebiet erstreckten Patents oder Gebrauchsmusters nicht ein. Ein schutzwürdiger Besitzstand ist zwar typischerweise mit solchen Benutzungshandlungen verbunden, jedoch kein Tatbestandsmerkmal des Weiterbenutzungsrechts, BGH GRUR **03,** 507, 509 – Enalapril; a. A. München Mitt. **94,** 212. Vor dem Stichtag (1. 7. 1990) müssen rechtmäßige Benutzungshandlungen im Erstreckungsgebiet vorgenommen worden sein. Benutzungshandlungen in einem ausländischen Staat, „in dem Gebiet, in dem das Schutzrecht bisher nicht galt", reichen nicht aus. Wenn der Benutzer die Kenntnis von der Erfindung durch eine rechtswidrige Handlung gegenüber dem Berechtigten erlangt hat, ist die Benutzung unrechtmäßig vorgenommen und der Erwerb des Weiterbenutzungsrechts ausgeschlossen. Die Erlangung der Kenntnis durch Patent- und Offenlegungsschriften oder Gebrauchsmusterunterlagen schadet nicht. Gutgläubigkeit ist nicht erforderlich. Die Rechtswidrigkeit der Vorbenutzung ist – vorbehaltlich besonderer Beweislastregeln – grundsätzlich vom Kläger zu beweisen, vgl. BGH GRUR **03,** 507 zu I 1 – Enalapril. 35

Benutzungshandlungen, die nach dem 1. Juli 1990 vorgenommen worden sind, begründen das Weiterbenutzungsrecht nicht. 36

Der Umfang des Weiterbenutzungsrechts. Das Weiterbenutzungsrecht ist auf Benutzungen für die Bedürfnisse des eigenen Betriebs in eigenen oder fremden Werkstätten – nicht aber mengenmäßig oder auf bestimmte Produktionsanlagen – beschränkt und an den Betrieb gebunden. Es kann nicht durch Veräußerung oder Lizenzvergabe vervielfältigt werden. Das Weiterbenutzungsrecht darf nicht zu einer wesentlichen Beeinträchtigung des Schutzrechtsinhabers oder der Personen führen, denen dieser die Benutzung gestattet hat, die unter Berücksichtigung aller Umstände des Falles und bei Abwägung der berechtigten Interessen der Beteiligten unbillig wäre. 37

Das Weiterbenutzungsrecht **darf nicht** in seinen wirtschaftlichen Auswirkungen den Schutzrechtsinhaber oder seine Lizenznehmer so **empfindlich treffen,** dass es ihm nicht zuzumuten ist, die Weiterbenutzung ohne Ausgleich hinzunehmen. Keinesfalls darf es dazu führen, dass diese vom Markt verdrängt werden. Dem Wettbewerb müssen sich der Patentinhaber oder seine Lizenznehmer allerdings stellen. Vollständiger Ausschluss einer Weiterbenutzung ist nur das äußerste Mittel, wenn den berechtigten Interessen des Patentinhabers nicht anders, wie durch mengenmäßige oder örtliche Beschränkungen oder einen Vergütungsanspruch Rechnung getragen werden kann, BGH GRUR **03,** 507, 510 – Enalapril. 38

39 Die Regelung in § 28 Abs. 2 ErstrG schließt den **Import in das Erstreckungsgebiet** nicht von der Benutzung aus, die für ein Weiterbenutzungsrecht ausreicht. Betroffen sind Erzeugnisse i. S. d. § 9 Nr. 1 PatG, nicht nur Endprodukte, BGH GRUR **03,** 507, 509 – Enalapril. Der Import solcher im Ausland hergestellter Erzeugnisse verschafft dem Benutzer nur dann ein Weiterbenutzungsrecht, wenn durch die Benutzung im Inland, z. B. durch den Vertrieb, ein schutzwürdiger Besitzstand begründet worden ist, dessen Nichtanerkennung für den Benutzer eine unbillige Härte darstellen würde. Damit ist für den Erwerb eines Weiterbenutzungsrechts allein durch Import eines Erzeugnisses gegenüber der bereits nach Abs. 1 erforderlichen Abwägung (s. o. Rdn. 37, 38) eine zusätzliche Hürde aufgebaut worden. Dabei dürfen jedoch keine Anforderungen gestellt werden, die deutlich über dem liegen, was – nach Abs. 1 – bei einem inländischen Hersteller vorausgesetzt wird; auch innerbetriebliche Vorgänge sind zu berücksichtigen. Weiterbenutzungsrecht grundsätzlich schon dann, wenn der Benutzer über Import und eventuellen Vertrieb der importierten Erzeugnisse hinaus personelle, sachliche oder finanzielle Mittel zur Weiterverarbeitung der Erzeugnisse, zu ihrer Eingliederung in eine größere wirtschaftliche oder technische Einheit oder zur wirtschaftlich-organisatorischen Absicherung des Vertriebs aufgewandt hat, deren Nichtberücksichtigung eine unbillige Härte darstellen würde, BGH a. a. O. S. 510. Die gesetzl. Regelung ist mit EG-Recht vereinbar, BGH a. a. O., S. 509; anders Vorauflage.

40 **6. § 26 ErstrG.** Dadurch dass das Erstreckungsgesetz auch **die in ihrem Schutzbereich übereinstimmende Schutzrechte** (Patente oder Gebrauchsmuster) vom ursprünglichen Bundesgebiet in das Beitrittsgebiet und vom Beitrittsgebiet in das ursprüngliche Bundesgebiet erstreckt, ohne den Kollisionsfall nach dem Zeitrang der Schutzrechte zu lösen, tritt bei den Schutzrechten eine Koexistenz, ein uneingeschränktes Nebeneinander ein. In einem solchen Falle behalten die Schutzrechte gegenüber Dritten ihre volle Wirkung, gegenüber denen ihre Inhaber ihre Verbietungsrechte behalten. Nur im Verhältnis der Schutzrechtsinhaber und ihrer Lizenznehmer zueinander wirkt sich die Koexistenz der Schutzrechte aus. Sie können – wie die Teilhaber an ein und demselben Patent (s. Rdn. 35 zu § 6) – die Rechte aus ihren Schutzrechten nicht gegeneinander geltend machen und nicht gegen ihre Lizenznehmer, denen sie die Benutzung ihrer Rechte gestattet haben.

Die Koexistenz der Schutzrechte gilt nur für in ihrem Schutzbereich übereinstimmende Schutzrechte, auch bei teilweiser Übereinstimmung.

Im Fall der Abhängigkeit (siehe dazu Rdn. 75 zu § 9) tritt Koexistenz nicht ein.

41 Der in § 26 Abs. 1 ErstrG geregelte Grundsatz der **Koexistenz** läuft auf ein uneingeschränktes **kostenloses Mitbenutzungsrecht** an den erstreckten Schutzrechten im Erstreckungsgebiet hinaus. Den Schutzrechtsinhabern und ihren Lizenznehmern ist die Möglichkeit gegeben, ihre Schutzrechte unbehelligt vom anderen Schutzrechtsinhaber oder seinem Lizenznehmer im Erstreckungsgebiet auszuwerten.

42 Unerheblich ist, ob der Schutzrechtsinhaber seinem **Lizenznehmer** vor oder nach der Erstreckung die Benutzung seines Rechts gestattet hat. Der Gesetzgeber hat den Schutzrechtsinhabern die uneingeschränkte Möglichkeit der wirtschaftlichen Verwertung des Schutzrechts durch die Vergabe von Lizenzen im Kollisionsfall mit einem im Schutzbereich übereinstimmenden Recht belassen wollen. Missbräuchen kann durch die Unbilligkeitsklausel nach § 26 Abs. 2 ErstrG oder durch die Missbrauchsregel des § 54 ErstrG begegnet werden. Das Mitbenutzungsrecht endet zumindest für den einfachen Lizenznehmer mit Wegfall des lizenzierten Schutzrechts oder sonstiger Beendigung der Lizenz, BGH GRUR **99,** 566, 568 – Deckelfass; auch für den Schutzrechtsinhaber und einen ausschließlichen Lizenznehmer kann nichts anderes gelten, da in § 26 ErstrG nur die Verwertung eines bestehenden Schutzrechts geregelt ist.

43 Das uneingeschränkte kostenlose Mitbenutzungsrecht des Inhabers des anderen Schutzrechts oder des Lizenznehmers an dem anderen Schutzrecht besteht nach § 26 Abs. 2 ErstrG nicht, soweit die uneingeschränkte Benutzung im Erstreckungsgebiet zu einer wesentlichen Beeinträchtigung des Inhabers des anderen Schutzrechts oder dessen Lizenznehmer führen würde, die unter Berücksichtigung aller Umstände des Falles und bei Abwägung der berechtigten Interessen der Beteiligten **unbillig** wäre. Soweit Billigkeitserwägungen einer uneingeschränkten Benutzung der geschützten Erfindung im Beitrittsgebiet entgegenstehen, besteht dort kein kostenloses Mitbenutzungsrecht.

44 Wenn eine **angemessene Vergütung für die Benutzung** des erstreckten Schutzrechts durch den Inhaber eines im Schutzbereich übereinstimmenden Rechts dem Gebot der Billigkeit entspricht, ist die Benutzung nur mit dieser Maßgabe gestattet (Begr. zum ErstrG Bl. **92,** 213, 236 re. Sp). Es können auch andere Beschränkungen des Weiterbenutzungsrechts in Be-

tracht kommen, die aus Billigkeitsgründen geboten sind, z. B. die mengenmäßige Beschränkung der Benutzung oder Preisauflagen. Die völlige Untersagung der Benutzung ist nur als letzte Maßnahme angemessen, wenn alle anderen Maßnahmen die Unbilligkeit nicht zu beseitigen vermögen.

13 *Benutzungsanordnung.* (1) [1]**Die Wirkung des Patents tritt insoweit nicht ein, als die Bundesregierung anordnet, daß die Erfindung im Interesse der öffentlichen Wohlfahrt benutzt werden soll.** [2]**Sie erstreckt sich ferner nicht auf eine Benutzung der Erfindung, die im Interesse der Sicherheit des Bundes von der zuständigen obersten Bundesbehörde oder in deren Auftrag von einer nachgeordneten Stelle angeordnet wird.**

(2) **Für die Anfechtung einer Anordnung nach Absatz 1 ist das Bundesverwaltungsgericht zuständig, wenn sie von der Bundesregierung oder der zuständigen obersten Bundesbehörde getroffen ist.**

(3) [1]**Der Patentinhaber hat in den Fällen des Absatzes 1 gegen den Bund Anspruch auf angemessene Vergütung.** [2]**Wegen deren Höhe steht im Streitfall der Rechtsweg vor den ordentlichen Gerichten offen.** [3]**Eine Anordnung der Bundesregierung nach Absatz 1 Satz 1 ist dem im Register (§ 30 Abs. 1) als Patentinhaber Eingetragenen vor Benutzung der Erfindung mitzuteilen.** [4]**Erlangt die oberste Bundesbehörde, von der eine Anordnung oder ein Auftrag nach Absatz 1 Satz 2 ausgeht, Kenntnis von der Entstehung eines Vergütungsanspruchs nach Satz 1, so hat sie dem als Patentinhaber Eingetragenen davon Mitteilung zu machen.**

Inhaltsübersicht

Literaturhinweise: Amtliche Begründung Bl. **36,** 106; GRUR **53,** 347, 348; Aicher, Verfassungsrechtlicher Eigentumsschutz und Immaterialgüterrechte, Wirtschaftsrecht in Theorie und Praxis, 1986, S. 3; Asendorf, Zum Bestand der gewerblichen Schutzrechte im Gemeinsamen Markt – Eigentumsgarantie und Grundsatz des freien Warenverkehrs, Festschrift f. Rudolf Nirk, 1992, S. 13; Badura, Zur Lehre von der verfassungsrechtlichen Institutsgarantie des Eigentums, betrachtet am Beispiel des „geistigen Eigentums", Festschrift für Theodor Maunz, 1981, S. 1; Benkard, Trennung gewerblicher Schutzrechte, DRZ **49,** 320; Fuchslocher, Kontrahierungszwang oder Aufopferungsanspruch bei einer im öffentlichen Interesse zu duldenden Patentbenutzung? GRUR **49,** 251; Heinemann, Das Kartellrecht des geistigen Eigentums im TRIPS-Übereinkommen der Welthandelsorganisation, GRUR Int. **95,** 535; Hubmann, Geistiges Eigentum, in Bettermann/Nipperdey/Scheuner, Die Grundrechte, Bd. IV, 1, S. 1; Kirchhof, Der verfassungsrechtliche Gehalt des geistigen Eigentums, Festschrift f. Wolfgang Zeidler, 1987, Bd. 2, S. 1639ff.; Lenz/Kieser, Schutz vor Milzbrandangriffen durch Angriffe auf den Patentschutz? NJW **2002,** 401; Maunz, Das geistige Eigentum in verfassungsrechtlicher Sicht, GRUR **73,** 107; Schlosser, Schutz des gewerblichen Eigentums bei Beschaffungen für den Besatzungsbedarf, NJW **53,** 1336; H. Schulte, Die Erfindung als Eigentum, GRUR **85,** 772; M. Seligsohn, Kriegslieferung und Patentverletzung, MuW **20,** 79; Troller Internationale Zwangsverwertung und Expropriation von Immaterialgütern, 1955; Wilcke, Patente und Warenzeichen zwischen Ost und West, SJZ **50,** 558; Wuylens, Défense nationale et brevet d'invention, 1999.

Zur Frage der Enteignung von Schutzrechten durch europäische Behörden siehe Kroitzsch BB **72,** 424.

Vorbemerkung. § 13 ist an die Stelle des § 8 getreten. § 8 ist am 1. 10. 1936 an die Stelle des früheren § 5 Abs. 2 getreten. Die Vorschrift hat ihre jetzige Fassung durch das 5. ÜG und das KostRegBerG erhalten.

1 **1.** Das **Patentrecht** ist **Eigentum** im Sinne der Verfassung, BVerfG GRUR **2001,** 43, 44; GRUR **74,** 142, 144; BGHZ **18,** 81, 95, 96; BPatG Bl. **70,** 49, 59, unterliegt der **Garantie des Grundgesetzes** und ist nach Art. 14 GG geschützt, Ann GRUR Int. **2004,** 696, 697; Heinz Mitt. **75,** 201, 205 ff; Krabel GRUR **77,** 204, 206; Bernhard, NJW **59,** 2043, 2044 sowie BVerfG GRUR **74,** 142, 144 und BGH GRUR **82,** 95, 96 – Pneumatische Einrichtung – auch für die zum Patent angemeldete Erfindung. Die grundsätzliche Zuordnung des vermögenswerten Ergebnisses der schöpferischen Leistung an den Erfinder und dessen Rechtsnachfolger und dessen Freiheit, in eigener Verantwortung darüber verfügen zu können, ist der grundgesetzlich geschützte Kern dieses Rechts, BVerfG GRUR **2001,** 43, 44; NJW **71,** 2163 f. Deshalb sind auch hoheitlich handelnde öffentliche Stellen nicht ohne weiteres befugt, geschützte Erfindungen ohne Ermächtigung des Patentinhabers zu benutzen, selbst wenn dies in Verfolgung öffentlicher Interessen zum Wohle der Allgemeinheit geschieht, BGH GRUR **79,** 48 – Straßendecke; BGHZ **107,** 46, 52 – Ethofumesat. Die öffentliche Hand steht insoweit grundsätzlich nicht anders da als ein privater Nutzer; benötigt sie zur Erfüllung ihres gesetzlichen Auftrags Leistungen, für deren Beschaffung ihr hoheitliche Mittel nicht zu Gebote stehen, so muss sie sich in diesem Bereich nach dem für jedermann geltenden Bestimmungen, also auf privatrechtlicher Ebene, versorgen. Dann ist auch von der öffentlichen Hand das Patentrecht zu beachten. Sie ist dem Unterlassungsantrag ausgesetzt, wenn Eingriffe zu befürchten sind, BGH GRUR **93,** 37, 39 – Seminarkopien (Urheberrecht), und beispielsweise eine Universität, die durch einen vom Professor veranlassten Rechtseingriff, der zur Erfüllung ihrer Lehraufgabe vorgenommen wurde, bereichert ist, muss Ausgleich leisten, BGH GRUR **93,** 37, 39 m. w. Nachw. – Seminarkopien. Nach Meinung des OLG Düsseldorf darf ein Bieter, dessen angebotene Ausführung von der technischen Lehre des Patents (oder des Gebrauchsmusters) eines anderen Bieters Gebrauch macht, von der Vergabestelle nicht als leistungsfähig behandelt werden, sofern nach Lage der Dinge zu erwarten ist, der Patentinhaber werde eine Belieferung im Wege eines notfalls gerichtlich durchsetzbaren Unterlassungsanspruchs erfolgreich unterbinden können, OLGR Düsseldorf **2005,** 241. Andererseits bedeutet die Eigentumsgarantie aber nicht, dass jede nur denkbare Verwertungsmöglichkeit verfassungsrechtlich gesichert ist, BVerfG GRUR **2001,** 43, 44; NJW **71,** 2163 f. Die Sozialbindung des Eigentums (Art. 14 Abs. 2 GG) lässt Beschränkungen des Patentrechts im Interesse des Gemeinwohls zu, vgl. BVerfG NJW **71,** 2163, 2164; GRUR **80,** 44, 48 – Kirchenmusik, im Wege staatlicher Eingriffe in das Patentrecht des Einzelnen freilich nur auf Grund einer gesetzlichen Ermächtigung (vgl. Art. 14 Abs. 3 GG). Eine solche Eingriffsbefugnis zum Wohle der Allgemeinheit beinhaltet § 13. Er schafft Eingriffsbefugnisse a) aus Gründen der öffentlichen Wohlfahrt und b) im Interesse der Sicherheit des Bundes und ordnet in Abs. 3 eine Vergütungspflicht an. Die Benutzungsanordnung nach § 13 wird deshalb auch i. S. einer Enteignung verstanden, so Körner GRUR **70,** 387, 389; v. d. Osten GRUR **58,** 465, 471; Kraßer § 34 V 4; Busse/Keukenschrijver § 13 PatG Rdn. 5; Mes § 13 PatG Rdn. 1; vgl. auch RGZ **79,** 427, 430; a. A. – nur Sozialbindung – Reimer § 8 PatG Rdn. 1; Krausse/Katluhn/Lindenmaier § 8 PatG Rdn. 1, bzw. – Art Zwangslizenz – RGZ **102,** 390, 391.

2 **2.** § 13 ist auf vom DPA bzw. DPMA erteilte **Patente,** auf erstreckte DDR-Patente (§ 5 Satz 2 ErstrG) und auf mit Wirkung für die Bundesrepublik erteilte europäische Patente (Art. 2 Abs. 2, Art 64 EPÜ) **anwendbar,** nicht aber auf Erfindungen, die noch nicht angemeldet sind, oder Patentanmeldungen, die noch nicht offengelegt sind, weil diese noch keine Ausschließlichkeitswirkung entfalten und bei einer Benutzung nur Entschädigungsansprüche auslösen, Busse/Keukenschrijver § 13 PatG Rdn. 2; Schulte/Kühnen § 13 PatG Rdn. 8; Krausse/Katluhn/Lindenmaier § 8 Anm. 2; a. A. Reimer § 8 Anm. 1. Bei der Entziehung derartiger Rechte kommen die Grundsätze des enteignungsgleichen Eingriffs, siehe Rdn. 18, zur Anwendung. Wegen Geltung für Gebrauchsmuster und ergänzendes Schutzzertifikat siehe § 13 Abs. 3 GebrMG bzw. § 16 a Abs. 2. § 13 ist TRIPS-konform (siehe dort Art. 31). Hinsichtlich des zukünftigen Gemeinschaftspatents siehe § 9 a des Vorschlags für eine VO.

3. Benutzung im Interesse der öffentlichen Wohlfahrt

a) Eine Benutzung im Interesse der öffentlichen Wohlfahrt (§ 13 Abs. 1 Satz 1) muss besonders durch **Verwaltungsakt** angeordnet werden, der angibt, welche Benutzungsarten oder -handlungen der §§ 9 und 10 für welche Dauer von der Anordnung umfasst sein sollen („insoweit ..., als"). Zum Schutz des Patentinhabers vor missbräuchlicher Anwendung der Eingriffsbefugnis darf eine Benutzungsanordnung zur Förderung des Gemeinwohls nach § 13 Abs. 1 Satz 1 **allein die Bundesregierung,** Art. 62 GG, und nicht ein einzelner Bundesminister treffen, auch wenn das Patent allein seinen Geschäftsbereich betrifft, Kraßer § 34 V 1; Busse/Keukenschrijver § 13 PatG Rdn. 10; Mes § 13 PatG Rdn. 3; Reimer § 8 Anm. 3; Möller § 8 Anm. 2; Lutter § 8 Anm. 1. Eine Delegierung der Anordnungsbefugnis durch die Bundesregierung auf einen oder einzelne Bundesminister findet im Gesetz ebenfalls keine Stütze, vgl. BVerfGE **11,** 77, 86 betr. die Ermächtigung der Landesregierungen zum Erlass von Verordnungen. Eine Anordnung der Benutzung einer Erfindung im Interesse der öffentlichen Wohlfahrt durch einen Bundesminister ist jedoch wie diejenige der Bundesregierung anfechtbar (vgl. § 13 Abs. 2), damit ihre Rechtswidrigkeit auf dem vom Gesetz vorgeschriebenen Weg geltend gemacht werden kann. Eine Benutzungsanordnung der Bundesregierung im Interesse der öffentlichen Wohlfahrt wird erst **wirksam,** wenn sie dem im Register (§ 30 Abs. 1) als Patentinhaber Eingetragenen mitgeteilt wird (§ 13 Abs. 3 Satz 3). Soweit Benutzungshandlungen bereits vorher begangen sind, sind sie rechtswidrig, vgl. OLG Frankfurt Bl. **49,** 330, 331, es sei denn, es liegt im Einzelfall ein übergesetzlicher Notstand vor. Der wahre Patentinhaber muss eine Mitteilung an den durch den Registereintrag Legitimierten gegen sich gelten lassen. 3

b) Der Begriff der **öffentlichen Wohlfahrt** ist weitgreifend zu verstehen, jedoch nicht deckungsgleich mit dem Begriff des öffentlichen Interesses in § 24 Abs. 1, vgl. Lenz/Kieser NJW **2002,** 401, 402; Busse/Keukenschrijver § 13 PatG Rdn. 7. Er umfasst grundsätzlich alle Fälle, in denen **gerade staatliche Fürsorge notwendig** erscheint, namentlich also die Fälle des Notstands (Seuchen u. ähnl.); er kann aber z.B. auch dann eingreifen, wenn Erfindungen zum Schutz der Arbeiter im Bergbau gegen Lebens- und Gesundheitsgefahren dienen, vgl. RGZ **120,** 264, 267 – in der rechtlichen Begründung heute nicht mehr zutreffend, oder ihre Benutzung im Schulunterricht notwendig ist, vgl. BVerfG NJW **71,** 2163, 2165 für Urheberrecht. Die erforderliche Notwendigkeit einer Benutzungsanordnung fehlt aber, wenn das hiermit Erreichbare auch auf andere Weise sicherzustellen ist, etwa durch ordnungsrechtliche Verbote oder Auflagen der zuständigen Verwaltung, Busse/Keukenschrijver § 13 PatG Rdn. 8. Von Eilfällen abgesehen wird sie regelmäßig aber auch solange nicht angenommen werden können, als noch nicht durch entsprechende Nachfrage geklärt ist, dass der Patentinhaber zu einer Lizenzierung nicht bereit ist. 4

4. Benutzung im Interesse der Sicherheit des Bundes

a) Eine Benutzungsanordnung im Interesse der Sicherheit des Bundes (§ 13 Abs. 1 Satz 2) setzt keine Entschließung der Bundesregierung voraus. Die **Zuständigkeit** für eine solche Anordnung ist der obersten Bundesbehörde oder nachgeordneten Stellen übertragen, die im Auftrage der obersten Bundesbehörde handeln. Als zuständige Behörden kommen die Bundesministerien für Inneres und für Verteidigung und die diesen nachgeordneten Stellen in Betracht. Nachgeordnete Stellen können nur im Auftrag der obersten Bundesbehörde eine Benutzung anordnen, nicht selbstständig. Auch bei einer Anordnung einer nachgeordneten Stelle trägt deshalb der zuständige Minister die volle Verantwortung. Angesichts der unterschiedlichen Wortwahl in Satz 1 und Satz 2 erlaubt letzterer nur die Freistellung bestimmter einzelner Benutzungshandlungen („eine Benutzung"). Die Fassung des § 13 Abs. 1 Satz 2 soll die Anwendung dieser Bestimmung auf das unbedingt notwendige Maß beschränken (Amtl. Begr. des 5. ÜG, GRUR **53,** 347, 348). Das erklärt auch die gegenüber Satz 1 erweiterte Zuständigkeit. Eine Benutzungsanordnung im Interesse der Sicherheit des Bundes wird **ohne Mitteilung** an den Patentinhaber **wirksam.** § 13 Abs. 3 Satz 4 schreibt eine Mitteilung erst vor, sobald die oberste Bundesbehörde von der Entstehung des Vergütungsanspruchs Kenntnis erlangt. Gleichwohl lässt sich sagen, dass auch hinsichtlich der Anordnung nach § 13 Abs. 1 Satz 2 das Gesetz davon ausgeht, dass die rein tatsächliche Benutzung nicht geschehen soll, solange nicht eine Anordnung ergangen und der Patentinhaber verständigt ist. Da indes, gerade wenn die Sicherheit des Bundes betroffen ist, Fälle des Notstands oder sonstiger außergewöhnlicher Verhältnisse denkbar sind, in denen die tatsächliche Benutzung früher erfolgen muss, als die Anordnung der Regierungsstelle und die Mitteilung an den Patentinhaber möglich ist, muss der Regierung der Zugriff auf das Patent bereits vorher gestattet sein, wenn die rechtmäßige Anordnung und die Mitteilung nur nachträglich erfolgt. Die Mitteilung an den Patentinhaber ist dann nachzuholen. 5

6 **b)** Das Interesse der Sicherheit des Bundes umfasst nicht nur den Schutz gegen – von außen oder von innen kommende – Angriffe, denen mittels Landesverteidigung zu begegnen ist, sondern auch die Abwendung sonstiger vergleichbarer schwerwiegender Gefahren für die Sicherheit des Bundes. Die Anordnung kann insbes. dem Schutz der Zivilbevölkerung, z. B. dem Luft- oder Katastrophenschutz, dienen.

5. Wirkung und Umfang der Benutzungsanordnung

7 **a)** Die Benutzungsanordnung lässt den Bestand des Patents unberührt. Soweit sie den Voraussetzungen des § 13 genügt, hat sie aber zur Folge, dass insoweit die *Wirkung* des Patents nicht eintritt, BGHZ **107,** 46, 52 – Ethofumesat. Damit wird für den Umfang und Inhalt der rechtmäßigen Benutzungsanordnung das Ausschließlichkeitsrecht (Verbotsrecht) des Patentinhabers und der anderen dinglichen Berechtigten aufgehoben, jedoch nur in diesen engen Grenzen, BGHZ **107,** 46, 52. Patentinhaber und sonstige Berechtigte sind zur Duldung der angeordneten Benutzung verpflichtet, behalten aber ihr Benutzungsrecht, siehe § 9 Rdn. 5 ff. Nach erfolgter rechtmäßiger Benutzungsanordnung darf die angeordnete Benutzung des Patents deshalb von der Regierung oder der Behörde unmittelbar und selbst ausgeübt werden. Die angeordnete Benutzung kann aber auch Dritten übertragen werden, OLG Frankfurt Bl. **49,** 330, 331. Der Dritte wird nur gedeckt durch einen Auftrag oder die Anordnung der zuständigen Behörde, siehe oben Rdn. 2–5. Soweit die rechtmäßige Benutzungsanordnung reicht, handelt er nicht rechtswidrig, weil das Patent insoweit kein Verbotsrecht und keine Ausschließlichkeitswirkung entfaltet. Eine gegen den Dritten gerichtete Unterlassungsklage ist unbegründet, vgl. RGZ **120,** 264, 267. Der Dritte darf die Erfindung jedoch nicht für eigene gewerbliche Zwecke benutzen, sondern muss sich auf die Förderung der öffentlichen Wohlfahrt oder des Sicherheitsinteresses beschränken, OLG Frankfurt Bl. **49,** 330, 331. Wer das Patent für eigene gewerbliche Zwecke benutzt, begeht eine Patentverletzung, auch ein gewerbliches Unternehmen des Staats, vgl. RGZ **161,** 387, 390 f. Denn die gesetzliche Ermächtigung des § 13 dient nur dem Gemeinwohl, soll dagegen nicht private Unternehmungen patentrechtlich besser stellen, als sie sonst stehen. Dass eine Benutzung des Patents durch einen Behördenlieferanten zum Zwecke der Landesverteidigung erfolgt und auf Aufträgen und Auflagen einer Behörde beruht, schließt eine Patentverletzung allerdings noch nicht aus, solange keine Benutzungsanordnung nach § 13 erfolgt ist. Ohne Willen der zuständigen Behörde tritt eine Benutzungsanordnung nicht ein, LG München I GRUR **52,** 228, 229. Ohne Benutzungsanordnung kann ein Benutzer auch nicht geltend machen, sein Vorgehen sei berechtigt, weil ihm vorgeschriebene technische Normen zur Seite stünden; der Erlass solcher Normen gibt kein Recht zur unentgeltlichen Benutzung eines Patents, vgl. RGZ **161,** 385, 386; BGHZ **8,** 202, 209 für Warenzeichen; siehe hierzu: Weber, Patentrechte und Normung, MuW **40,** 85; Zahn, Normung und technische Schutzrechte, GRUR **80,** 157.

8 **b)** Der **Umfang der zulässigen Benutzung** richtet sich nach der Anordnung der zuständigen Behörde; sie kann einer ausschließlichen oder einer einfachen Lizenz entsprechen. In der Regel dürfte nur eine einfache Lizenz in Betracht kommen. Auch die Dauer ist unter größtmöglicher Schonung des Patentinhabers festzulegen. Notfalls ist die angeordnete Benutzung auf die Dauer des Patents zu dulden, doch kann die Regierung oder die von ihr ermächtigte Stelle die Benutzungsanordnung auch wieder aufheben, wenn sich die Bedürfnisse der Allgemeinheit ändern. Ein willkürlicher Widerruf oder ein Irrtum der Amtsstelle ist kein Grund zur Aufhebung der Anordnung, noch weniger deren Streben, aus wirtschaftlichen Interessen des Staats die Vergütung an den Patentinhaber zu sparen, vgl. RGZ **140,** 276, 283, so im Ergebnis auch Reimer, § 8 Anm. 9.

6. Anfechtbarkeit der Benutzungsanordnung

9 **a)** Jede gestützt auf § 13 ergangene Benutungsanordnung ist mittels **Anfechtungsklage** vor den **Verwaltungsgerichten** anfechtbar. Das ergibt sich hinsichtlich der Anordnungen der Bundesregierung und der obersten Bundesbehörden unmittelbar aus § 13 Abs. 2, der insoweit Art. 19 Abs. 4 Satz 1 GG ausfüllt. Hinsichtlich der Anordnungen der nachgeordneten Stellen ergibt sich die Anfechtbarkeit hingegen aus §§ 40, 42 VwGO. § 13 Abs. 2 enthält ferner eine Zuständigkeitsregelung, weil danach zur Überprüfung der Anordnungen der Bundesregierung oder der zuständigen obersten Bundesbehörden (allein) das Bundesverwaltungsgericht berufen ist. Diese Zuständigkeitsregelung ist durch die VwGO unberührt geblieben, § 190 Abs. 1 Nr. 8 VwGO. Mangels entsprechender Regelung in § 13 Abs. 2 findet ein Vorverfahren (Widerspruch nach §§ 68 ff. VwGO) bei der Anfechtungsklage gegen Anordnungen der Bundesregie-

rung oder der obersten Bundesbehörden nicht statt (§ 68 Abs. 1 Nr. 1 VwGO), Lenz/Kieser NJW **2002,** 401, 402 Fn. 12. Dies und die Übertragung der erstinstanzlichen Zuständigkeit für Anfechtungsklagen gegen die Bundesregierung und gegen oberste Bundesbehörden sind verfassungsrechtlich unbedenklich, weil ein Bedürfnis nach rascher Klärung im Interesse der Allgemeinheit besteht, vgl. BVerfG **8,** 174. Bei einer Anfechtung von Anordnungen nachgeordneter Stellen muss dagegen binnen Monatsfrist bei der anordnenden Stelle Widerspruch eingelegt werden (§§ 69, 70 VwGO). Erst gegen den ablehnenden Widerspruchsbescheid kann die Anfechtungsklage beim Verwaltungsgericht erhoben werden (§ 74 VwGO, nicht beim Bundesverwaltungsgericht, vgl. die Amtliche Begründung zum 5. ÜG, GRUR **53,** 347, 348). Die Anfechtungsklage ist binnen Monatsfrist zu erheben, die mit der Zustellung des Widerspruchsbescheids oder der Mitteilung der Benutzungsanordnung nach § 13 Abs. 3 Satz 3 o. 4 zu laufen beginnt, § 74 VwGO. Anfechtungsberechtigt sind der Patentinhaber sowie, soweit sein eigenes Nutzungsrecht berührt ist, der Inhaber einer ausschließlichen Lizenz an einem Patent, weil er insoweit aus eigenem Recht Ansprüche wegen Patentverletzung geltend machen könnte, BGHZ **128,** 220 – Kleiderbügel, und ein sonstiger dinglich Berechtigter. Die Anfechtungsklage hat aufschiebende Wirkung (§ 80 VwGO), es sei denn, dass die sofortige Vollziehung der Benutzungsanordnung besonders angeordnet ist, was außer bei einer Notstandsmaßnahme schriftlich zu begründen ist (§ 80 Abs. 3 VwGO).

b) Die angerufenen **Verwaltungsgerichte müssen** die Voraussetzungen der Benutzungsanordnung **nachprüfen,** insbesondere, ob das Interesse der öffentlichen Wohlfahrt oder der Sicherheit des Bundes die angeordnete Benutzung des Patents erfordert. Beides sind unbestimmte Rechtsbegriffe, die hinsichtlich ihres Vorliegens keinen Ermessensspielraum zulassen. Erst wenn das Interesse der Allgemeinheit die Anordnung erfordert, im Erg. ebenso Kraßer § 34 V 1, besteht ein Ermessensspielraum der zuständigen staatlichen Stelle, ob die Anordnung getroffen werden soll oder nicht. Dieser Ermessensspielraum ist von den Verwaltungsgerichten nur begrenzt – auf Ermessensmissbrauch oder -überschreitung – nachprüfbar. Eine Verpflichtung, nach § 13 vorzugehen, besteht nicht. Die Behörde kann die Beteiligten auch auf den Weg der privaten Einigung verweisen, LG München I GRUR **52,** 228, 229. 10

7. Entfallen die Voraussetzungen der Benutzungsanordnung, z.B. das Interesse der öffentlichen Wohlfahrt an der Benutzung der Erfindung, weil ein vorübergehender Notstand behoben ist, dann haben der Patentinhaber und die anderen Berechtigten einen **Anspruch auf Aufhebung** der Anordnung, der vor den Verwaltungsgerichten verfolgt werden kann (§ 42 Abs. 1 zweiter Halbsatz VwGO). Eine Benutzungsanordnung, deren Voraussetzung entfallen ist, ist rechtswidrig. Der Patentinhaber und die sonstigen Berechtigten haben einen Rechtsanspruch darauf, dass der sie belastende, nunmehr rechtswidrige Verwaltungsakt beseitigt wird. Solange noch Widerspruch bzw. Anfechtungsklage möglich sind, ist dieser Weg zu verfolgen. Ansonsten muss bei der anordnenden Behörde ein Antrag auf Aufhebung der Benutzungsanordnung gestellt werden. Bei Ablehnung oder Untätigkeit der Behörde kann, ggf. nach Durchführung des Vorverfahrens (siehe Rdn. 9), Verpflichtungsklage auf Aufhebung der Benutzungsanordnung erhoben werden (§§ 42 Abs. 1 zweiter Halbsatz, 74 Abs. 2, 75, 76 VwGO). 11

8. Die Vertretung eines Beteiligten **vor den Verwaltungsgerichten** im Anfechtungs- oder Verpflichtungsverfahren (siehe Rdn. 9, 11) gehört nicht zu den beruflichen Aufgaben der Patentanwälte, vgl. § 3 PatAnwO. Vor dem Bundesverwaltungsgericht müssen sich die Beteiligten durch einen Rechtsanwalt vertreten lassen, § 67 Abs. 1 VwGO. Die **Patentanwälte** sind jedoch zur **„Mitwirkung“** in dem Sinne befugt, dass ihnen auf Antrag ihrer Partei „das Wort zu gestatten“ ist, § 4 Abs. 1 PatAnwO (vgl. dazu auch Rdn. 19 zu § 143); das gilt auch für das Anfechtungsverfahren vor dem Bundesverwaltungsgericht. 12

9. Ansprüche der von einer Benutzungsanordnung Betroffenen

a) Nach § 13 Abs. 3 Satz 1 hat der Patentinhaber bei nach Abs. 1 rechtmäßiger Benutzungsanordnung einen **Anspruch auf eine angemessene Vergütung.** Auch dem ausschließlichen Lizenznehmer steht ein Vergütungsanspruch zu, soweit sein eigenes Nutzungsrecht berührt ist. Denn auch die Beeinträchtigung seiner Rechtsstellung durch eine Benutzungsanordnung verlangt einen billigen Ausgleich durch eine Entschädigung. Dasselbe gilt für einen sonstigen dinglich Berechtigten. 13

Der Vergütungsanspruch nach Abs. 3 Satz 1 gründet sich auf den objektiven Tatbestand der Benutzungsanordnung durch die Bundesregierung, die oberste Bundesbehörde oder deren nachgeordnete Stelle. Bei Anordnung im Interesse der öffentlichen Wohlfahrt begründet allein diese die Entschädigungspflicht, bei Anordnung im Interesse der Sicherheit des Bundes wird sie 14 durch eine entsprechende Benutzung ausgelöst, Busse/Keukenschrijver § 13 PatG Rdn. 17. Schuldner ist der Bund, gegen den eine etwaige Vergütungsklage zu richten ist, und zwar auch dann, wenn die Benutzung des Patents durch Dritte angeordnet wurde, Lenz/Kieser NJW **2002,** 401, 402; Busse/Keukenschrijver § 13 Rdn. 17; vgl. auch BVerwG **48,** 10, 15. Die Vergütung ist unter gerechter Abwägung der Interessen der Allgemeinheit und der vom Eingriff Betroffenen zu bestimmen. Das ist kaum ohne Berücksichtigung der tatsächlichen Benutzung möglich. Deren Umfang ist deshalb regelmäßig jedenfalls für die Höhe der Vergütung maßgebend.

15 Es besteht **kein Anspruch auf Ausgleich eines Schadens,** sondern nur ein solcher auf angemessene Vergütung für den obrigkeitlichen Eingriff, Lenz/Kieser NJW **2002,** 401, 402; vgl. auch BGHZ **6,** 270, 295. Deshalb ist der Anspruch nicht auf volle Schadloshaltung gerichtet. Die angemessene Vergütung ist nicht wie der Schadenersatz nach den persönlichen Verhältnissen des Berechtigten oder der von ihm erlittenen Einbuße zu berechnen, sondern auf Grund der Bedeutung des Patents und der Abwägung der Lage des Patentinhabers oder sonstigen Berechtigten nach Treu und Glauben, vgl. RGZ **112,** 242, 248f. Die angemessene Vergütung wird daher in der Regel geringer sein als der wirkliche Schaden des Betroffenen, Schulte/Kühnen § 13 PatG Rdn. 14; vgl. auch RGZ **126,** 356, 361; **140,** 276, 287, 290; BGHZ **15,** 23, 26; **30,** 338, 351. Es gelten die Grundsätze der Enteignungsentschädigung, die dem Betroffenen einen Ausgleich für das Opfer bieten soll, das ihm durch den Eingriff in sein Recht auferlegt wird, vgl. BGHZ **6,** 270, 295; **15,** 23, 26; **29,** 217, 221; **30,** 338, 351. Als Berechnungsgrundlage bietet sich die Lizenzanalogie an, weitergehend – regelmäßig angemessen – Busse/Keukenschrijver § 13 PatG Rdn. 17. Als Berechnungsfaktor ist auch der entgangene Gewinn von Bedeutung, Schulte/Kühnen § 13 PatG Rdn. 14; vgl. auch RGZ **102,** 390, 391. Dessen Ersatz kann jedoch nicht in jedem Falle verlangt werden. Für die Schätzung der Höhe der Vergütung ist § 287 ZPO anwendbar, vgl. BGHZ **29,** 217ff. Wieweit die Benutzungsanordnung den Wert des Patents auch über die Dauer der Benutzung hinaus beeinträchtigt, lässt sich nur im Einzelfall entscheiden. Unter Umständen kann daraus eine Weitergewährung der Vergütung zu rechtfertigen sein.

16 In erster Linie ist zu versuchen, zwischen dem Anspruchsberechtigten und der zuständigen Behörde eine Verständigung über die Höhe der Vergütung herbeizuführen. Mißlingt diese, so steht dem Berechtigten für die Verfolgung seiner Ansprüche auf eine angemessene Vergütung der **Rechtsweg vor den ordentlichen Gerichten** offen (§ 13 Abs. 3 Satz 2). Der ordentliche Richter hat die gesamten Umstände des Falles zu berücksichtigen.

17 **b)** Nach § 242 BGB muss dem Vergütungsberechtigten ein **Auskunftsanspruch** über den Umfang der Benutzung zugebilligt werden, damit die Vergütung angemessen bewertet werden kann, a. A. Busse 4. Aufl., § 8 Rdnr. 13; Kühnemann, S. 14. Wenn die Auskunft die Sicherheit des Bundes gefährdet, sind im Prozess die erforderlichen Maßnahmen zu treffen, § 174 Abs. 2, 3 GVG.

18 **c)** Erfolgt der **Eingriff** einer staatlichen Stelle in ein Patent **in Ausübung hoheitlicher Gewalt,** so ist für eine Unterlassungsklage der Rechtsweg vor den ordentlichen Gerichten ausgeschlossen, vgl. RGZ **77,** 14, 17 betr. die Ausrüstung der kaiserlichen Truppen mit einem patentierten Säbelträger; **79,** 427, 429 betr. die Ausrüstung von Kriegsschiffen mit einem patentierten Dampfüberhitzer; **102,** 390, 391 betr. die Ausrüstung des Heeres mit patentierten Kompressionsbinden; **161,** 387, 390 betr. die Einrichtung von patentierten Fernsprechstellen durch die Deutsche Reichspost. Erfolgt der **Eingriff, ohne** dass die Vorschriften des **§ 13** eingehalten sind, also rechtswidrig, dann steht den am Patent Berechtigten ein Entschädigungsanspruch aus **„enteignungsgleichem Eingriff"** zu. Dieser Anspruch ist sowohl bei schuldlos rechtswidrigen Eingriffen als auch bei schuldhaft rechtswidrigen Eingriffen gegeben, BGHZ **6,** 270, 281; **7,** 296, 297f.; **13,** 88, 91; **32,** 208, 211f.; **90,** 17, 30; **91,** 20, 27, 28, und richtet sich nur gegen diejenige Stelle der öffentlichen Verwaltung, der die Vorteile der Rechtsverletzung zugeflossen sind oder deren öffentliche Aufgaben durch den Eingriff gefördert werden sollen, BGHZ **72,** 211, 214; **90,** 17, 20. Das ist in der Regel entweder der Staat oder bei Eingriffen zur Erfüllung einer rein örtlichen Aufgabe die Gemeinde, niemals aber eine Privatperson, auch wenn sie den Vorteil der rechtswidrigen Maßnahme gehabt hat, BGHZ **25,** 157, 169; **40,** 49, 52ff. m. w. Nachw. Ob eine Behörde den Willen oder das Bewusstsein der Benutzung des Patents gehabt hat oder ob sie auch nur mit der Möglichkeit dieses Eingriffs in das Patent gerechnet hat, ist für die Frage des enteignungsgleichen Eingriffs ohne Bedeutung, RGZ **161,** 387, 395. Allein die Tatsache der erfolgten Benutzung des Patents genügt zur Begründung des Entschädigungsanspruchs. Dem Umfange nach geht der Entschädigungsanspruch aus „enteignungsgleichem Eingriff" wegen rechtswidriger Benutzung eines Patents durch behördlichen

Eingriff von hoher Hand nicht über die Entschädigungspflicht in Form der Vergütung nach § 13 Abs. 3 Satz 1 hinaus, Schulte/Kühnen § 13 PatG Rdn. 15; vgl. auch BGHZ **7,** 296, 299; RG GRUR **43,** 334, 337. Der Entschädigungsanspruch aus „enteignungsgleichem Eingriff" ist im Streitfall vor den ordentlichen Gerichten zu verfolgen, vgl. RGZ **79,** 427, 429. Allerdings steht dem von einem rechtswidrigen hoheitlichen Eingriff Betroffenen nicht die freie Wahl derart zu, ob er den Eingriff mit den dafür vorgesehenen Rechtsmitteln abwehren oder ihn hinnehmen und stattdessen eine Entschädigung verlangen will. Vielmehr ist im Rahmen des enteignungsgleichen Eingriffs dem Betroffenen generell die aus dem Gedanken des § 254 BGB abzuleitende Pflicht aufzuerlegen, nach Bekanntgabe des Verwaltungsakts (hier also der Benutzungsanordnung) zu prüfen, ob der darin enthaltene Eingriff in sein Eigentum rechtmäßig ist oder nicht. Ergeben sich bei dieser Prüfung für ihn begründete Zweifel an der Rechtmäßigkeit des Eingriffs oder hätte die Prüfung zu diesem Ergebnis geführt, so ist er im Regelfall gehalten, die zulässigen verwaltungsrechtlichen Rechtsbehelfe zu ergreifen, um den drohenden Schaden abzuwenden. Unterlässt er eine zumutbare Anfechtung und kann ihm dies im Sinne eines „Verschuldens in eigener Angelegenheit" vorgeworfen werden, so steht ihm im Regelfall ein Entschädigungsanspruch für solche Nachteile nicht zu, die er durch die Anfechtung hätte vermeiden können, BGHZ **90,** 17, 31f.; **110,** 12, 14f.

d) Bei einem **schuldhaft rechtswidrigen Eingriff** in ein Patentrecht von hoher Hand 19
kann vom Staat **voller Schadenersatz** verlangt werden (§ 839 BGB, Art. 34 GG), BGHZ **13,** 88, 95; Lenz/Kieser NJW **2002,** 401, 402 Fn. 10; Schulte/Kühnen § 13 PatG Rdn. 15. Hoheitliche Tätigkeit lag z.B. bei der Einrichtung und dem Betrieb von patentierten Fernmeldeanlagen durch die Post, RGZ **161,** 387, 393, und liegt vor bei der Ausrüstung des Militärs oder militärischer Einrichtungen mit geschützten Vorrichtungen, RGZ **77,** 14; **79,** 427; **102,** 390, oder bei einer Anordnung der Bergpolizeibehörden zum Schutze der Bergarbeiter gegen Leib- und Lebensgefahren, RGZ **120,** 264. Erfolgt der Eingriff in ein Patent durch ein vom Staat betriebenes gewerbliches Unternehmen für gewerbliche Zwecke, dann finden die Regeln über die Patentverletzung uneingeschränkt Anwendung, vgl. RGZ **161,** 387, 390, 391.

e) Der Vergütungsanspruch nach § 13 Abs. 3 Satz 1, der Anspruch aus enteignungsgleichem 20
Eingriff und der Schadensersatzanspruch unterliegen unter der Geltung des SchuldRModG der regelmäßigen dreijährigen **Verjährung** (§ 141 Satz 1 PatG, §§ 195, 199 BGB). Wegen der Verjährung, soweit die Reform des Verjährungsrechts durch das SchuldRModG noch nicht gilt, siehe 9. Aufl. Rdn. 19.

10. Über behördliche Eingriffe während der **Besatzungszeit** nach 1945 siehe die 6. Auf- 21
lage.

11. Die entschädigungslose **Enteignung** eines Unternehmens **im Ausland** erfasst nicht 22
dessen im Inland belegene Patente, BGHZ **17,** 209, 212; **18,** 1, 8f.; BGH LM Nr. 54 Bl. 2 zu Art. 7ff. EGBGB (Interzonales Privatrecht) für Warenzeichen; LG Frankfurt GRUR **54,** 462, denn Konfiskationen als Betätigungsform der Macht und nicht des Rechts sind außerhalb des Machtbereichs des konfiszierenden Landes wirkungslos, BGHZ **17,** 209, 213; **32,** 97, 99; **32,** 256, 259 m.w. Nachw.; BGH LM Nr. 54 Bl. 2 zu Art. 7ff. EGBGB (Interzonales Privatrecht). In der Bundesrepublik aufrechterhaltene Patente sind im Bundesgebiet belegen und werden daher von Enteignungsmaßnahmen eines anderen Landes nicht betroffen, BGHZ **17,** 209, 213. Verfügungen eines in dem enteignenden Land eingesetzten Treuhänders über im Inland belegene Patente sind hier ohne Wirkung, BGHZ **17,** 209, 213. Der Verlust eines von einem ausländischen Staat erteilten Patents wird nicht nach dem Bundesentschädigungsgesetz entschädigt, BGH MDR **79,** 53. Das Patentamt hat die Zwangsversteigerung eines deutschen Patents durch eine ausländische Zwangsvollstreckungsbehörde als unwirksam angesehen, weil das Patent in Deutschland belegen sei und nur dort ausgeübt werden könne und weil außerdem das Deutsche Patentamt bei dem Eintritt des Erwerbers in die Stellung des legitimierten Patentinhabers mitwirken müsse, PA Bl. **11,** 215, 216 m.w. Nachw., s. dazu aber § 15 Rdn. 43ff. Die nach der Enteignung eines Betriebs in der früheren DDR im enteigneten Betrieb entstandenen Erfindungen und die darauf vom Deutschen Patentamt in München erteilten Patente und Gebrauchsmuster stehen dem Betrieb in der früheren DDR, nicht aber dem früheren Eigentümer des Betriebs zu, BGH LM Nr. 54 Bl. 3 zu Art. 7ff. EGBGB (Interzonales Privatrecht). Zu den Problemen der Enteignung von Patenten s. auch Troller, Internationale Zwangsverwertung und Expropriation von Immaterialgütern, 1955, und Østerborg, Patente und Warenzeichen in Krieg und Frieden – Erfahrungen aus Dänemark, GRUR Int. **87,** 380, 381–386.

14 *Schutzbereich.* [1]**Der Schutzbereich des Patents und der Patentanmeldung wird durch den Inhalt der Patentansprüche bestimmt.** [2]**Die Beschreibung und die Zeichnungen sind jedoch zur Auslegung der Patentansprüche heranzuziehen.**

Protokoll über die Auslegung des Art. 69 Abs. 1 EPÜ. [1]Artikel 69 ist nicht in der Weise auszulegen, daß unter dem Schutzbereich des europäischen Patents der Schutzbereich zu verstehen ist, der sich aus dem genauen Wortlaut der Patentansprüche ergibt, und daß die Beschreibung sowie die Zeichnungen nur zur Behebung etwaiger Unklarheiten in den Patentansprüchen anzuwenden sind. [2]Ebensowenig ist Artikel 69 dahingehend auszulegen, daß die Patentansprüche lediglich als Richtlinie dienen und der Schutzbereich sich auch auf das erstreckt, was sich dem Fachmann nach Prüfung der Beschreibung und der Zeichnungen als Schutzbegehren des Patentinhabers darstellt. [3]Die Auslegung soll vielmehr zwischen diesen extremen Auffassungen liegen und einen angemessenen Schutz für den Patentinhaber mit ausreichender Rechtssicherheit für Dritte verbinden.

Inhaltsübersicht

Literaturhinweis:

a) Zur Bestimmung des Schutzbereichs nach PatG 1968 und älteren Literatur zu PatG 1981 siehe 9. Aufl.

b) Zur Bestimmung des Schutzbereichs nach PatG 1981: Stauder, Patentverletzung im grenzüberschreitenden Wirtschaftsverkehr, 1975; Ströbele, Die Bindung der ordentlichen Gerichte an Entscheidungen der Patentbehörden, Zugleich ein Beitrag zur Lehre vom Schutzumfang des Patents, 1975; Popp, Bedeutung und Schutzfähigkeit des allgemeinen Erfindungsgedankens nach deutschem Recht und dem Europäischen Übereinkommen, Diss. 1975; Epstein, Patentrecht und Erfindungsschutz, 1977; W. Bechtold, Die Äquivalenzlehre als Mittel zur Bestimmung des Schutzumfangs im deutschen und europäischen Patentrecht, 1986; Czekay, Der Schutzbereich des Patents nach deutschem und französischem Recht, 1986; Schachemann, Begriff und Funktion der Aufgabe im Patentrecht, 1986; Dolder, Methodische Probleme der Bestimmung des Schutzbereiches von Patenten, 1989; Hilty, Der Schutzbereich des Patents – Eine Untersuchung des Europäischen Patentübereinkommens anhand vergleichbaren schweizerischen Rechts, 1991; Welte, Der Schutz von Pioniererfindungen, 1991; Benyamini, Patent Infringement in the European Community, 1993; Valle, Der sachliche Schutzbereich des europäischen Patents, 1996; Blumer, Formulierung und Änderung der Patentansprüche im europäischen Patentrecht, 1998; Schramm, Der Patentverletzungsprozeß, 5. Aufl. 2005; Schiuma,

Formulierung u. Auslegung von Patentansprüchen nach europäischem, deutschem und italienischem Recht, 2001; Reichle, Patenterteilungsakten als Auslegungshilfsmittel für den Schutzbereich des Patents, 2003; Dolder/Faupel, Der Schutzbereich von Patenten, 2. Aufl., 2004.

Bruchhausen, Der Schutzbereich des europäischen Patents, GRUR **74,** 1; Windisch, Schutzwirkungen deutscher Patente im Lichte europäischer Regelungen, GRUR **74,** 20; Johannesson, Schutzbereich und Patentansprüche des deutschen und des europäischen Patents, GRUR Int. **74,** 301; Schramm, Zur Vereinfachung der deutschen Patentauslegungsbegriffe als Beitrag zur Europäisierung des Patentrechts, GRUR **75,** 335; Pakuscher, Nichtigkeits- und Verletzungsprozeß im deutschen und europäischen Patentrecht, RIW/AWD **75,** 305; Moser von Filseck, Fragen des Schutzumfangs von Patenten, die chemische Stoffe zum Gegenstand haben, GRUR **77,** 351; Winkler, Schutzumfang der Patente in Vergangenheit, Gegenwart und Zukunft, GRUR **77,** 394; Dreiss, Patentansprüche und Schutzbereich, Mitt. **77,** 221; Vossius/Rauh, Der Patentschutz von Verwendungserfindungen auf dem Gebiet der Pharmazie nach geltendem und zukünftigem Deutschen und Europäischen Patentrecht unter besonderer Berücksichtigung der zweiten Indikation, GRUR **78,** 7 und **80,** 776; Schmieder, Zur Kompetenzverteilung zwischen Nichtigkeits- und Verletzungsverfahren nach neuem Patentrecht, GRUR **78,** 561; Windisch, „Merkmalsanalyse" im Patentanspruch? GRUR **78,** 385; Belser, Sind Verfahrensansprüche mit Vorrichtungsmerkmalen zulässig? GRUR **79,** 347; Klöpsch, Zur Schutzfähigkeit und zum Schutzumfang der sogenannten zweiten Indikation im deutschen und europäischen Patentrecht, GRUR **79,** 283; A. Krieger, Auslegung der Patentansprüche, Bericht der deutschen Landesgruppe, GRUR Int. **79,** 338; U. Krieger, Der Äquivalenzbereich – wesentliche und unwesentliche Merkmale des Patentanspruchs, GRUR **80,** 683; Preu, Stand der Technik und Schutzbereich, GRUR **80,** 691; Bruchhausen, Der Schutzgegenstand verschiedener Patentkategorien, GRUR **80** 364; Bericht der deutschen Landesgruppe zur Auslegung der Patentansprüche (Fischer/U. Krieger), GRUR Int. **80,** 501; Bierbach, Probleme der Praxis des Verletzungsverfahrens mit Bezug zum Erteilungs- und Nichtigkeitsverfahren, GRUR **81,** 458; Haertel, Die Harmonisierungswirkung des Europäischen Patentrechts, GRUR Int. **81,** 479; Armitage, Anspruchsformulierung und Auslegung nach den neuen Patentgesetzen der europäischen Länder (Bericht), GRUR Int. **81,** 670; Stellungnahme der Internationalen Vereinigung für gewerblichen Rechtsschutz zur Auslegung der Patentansprüche (Berichte), GRUR Int. **81,** 450, 451; Häußer, Anspruchsfassung, Erfindungshöhe und Schutzumfang im deutschen Patentrecht, Mitt. **81,** 135; Bruchhausen, Formulierung der Patentansprüche und ihre Auslegung, GRUR **82,** 1; Schwanhäusser, Der Schutzumfang von Patenten nach neuem Recht, Mitt. **82,** 186; ders., Nochmals: Schutzbereich des deutschen Patents, Mitt. **84,** 226; Hesse, Offenbarung und Schutzbegehren, Mitt. **82,** 104; Bruchhausen, Die Methodik der Auslegung und Anwendung des europäischen Patentrechts und des harmonisierten nationalen Patentrechts, GRUR Int. **83,** 205;Armitage, Die Auslegung europäischer Patente, GRUR Int. **83** 242; IIC **83,** 811; Someno/Someno, Patentverletzung durch unvollkommene Benutzung, GRUR Int. **83,** 581 Bodenheimer/Beton, Infringement by equivalents in the United States and Europe: A comparative analysis, Mitt. **83,** 99; Barger, Der Einwand des freien Standes der Technik, ÖBl. **83,** 65; v. Falck, Freiheit und Bindung des Patentverletzungsrichters, GRUR **84,** 392; Czekay, Deduktive Formulierung von Patentansprüchen, GRUR **84,** 83; ders., Nochmals: Zur deduktiven Formulierung von Patentansprüchen, GRUR **85,** 477; Trüstedt, Schutzbereich des deutschen Patents, Mitt. **84,** 131; Kraßer, Der „Verzicht" des Anmelders im Erteilungsverfahren, GRUR **85,** 689; von Falck, Freiheit und Verantwortung des Verletzungsrichters, GRUR **85,** 631; P. von Rospatt, Der auf einen Verfahrensanspruch bezugnehmende Vorrichtungsanspruch, GRUR **85,** 740; Preu, Angemessener Erfindungsschutz und Rechtssicherheit, GRUR **85,** 728; Schmied-Kowarzik, Über die Beschränkung von Patentansprüchen, insbesondere von chemischen Formeln, GRUR **85,** 761; Törnroth, Die schwedische Patentgesetzgebung der letzten Jahre unter besonderer Berücksichtigung der internationalen Entwicklung, GRUR Int. **85,** 615; Meyer-Dullheuer, Möglichkeiten und Grenzen des product-by-process-Anspruches, GRUR Int. **85,** 435; Czekay, Der Schutzbereich des Patents in der französischen Rechtsprechung, GRUR Int. **85,** 147; Ford, Funktionelle Ansprüche, GRUR Int. **85,** 249; Ballhaus/Sikinger, Der Schutzbereich des Patents nach § 14 PatG, GRUR **86,** 337; Vollrath, Patentansprüche und sogenannte Überbestimmungen, GRUR **86,** 507; Brinkhof, Legt der niederländische Richter Patente zu weit aus, GRUR **86,** 610; Gaul, Die Bedeutung der Äquivalenzlehre für den Schutzumfang eines Patents in Aspekte des gewerblichen Rechtsschutzes, 1986, S. 29; A. Troller, Begriff der patentfähigen Erfindung und Auslegung des Patentanspruchs in Wirtschaftsrecht in Theorie und Praxis (Gedenkschrift für F. Schönherr) Wien 1986; Güthlein, Auswahl, Erfindung und Schutzbereich des älteren Schutzrechts, GRUR **87,** 481; Jander, Zum Schutzumfang eines deutschen Patents, Mitt. **87,** 101; v. Falck, Die Äquivalenzlehre im neuen Patentrecht, GRUR **88,** 1; Ullmann, Die Verletzung von Patent und Gebrauchsmuster nach neuem Recht, GRUR **88,** 333; Gaul, Diskussionsbeitrag zum Vortrag „Die Äquivalenzlehre im neuen Patentrecht" von Rechtsanwalt Dr. von Falck, GRUR **88,** 9; Christ, Die Äquivalenz bei Stofferfindungen, Mitt. **88,** 221; Bruchhausen, Der technische Effekt und seine Auswirkungen auf den Schutz, Festschrift für Preu, 1988, S. 3; U. Krieger, Zum Schutzumfang von Patenten und zum Vergütungsanspruch des Arbeitnehmererfinders, GRUR **89,** 209; Godenhielm, Die Auslegung von Patentansprüchen – Zum WIPO-Vorschlag einer Konvention zur Harmonisierung gewisser patentrechtlicher Bestimmungen, GRUR Int. **89,** 251; Bruchhausen, Die Bestimmung des Schutzgegenstandes von Patenten im Erteilungs-, Verletzungs- und Nichtigkeitsverfahren, GRUR Int. **89,** 468; Falconer, Die Bestimmung des Schutzgegenstands im Erteilungs-, Verletzungs- und Nichtigkeitsverfahren, GRUR Int. **89,** 471; Le Tallec, Die Bestimmmung des Schutzgegenstands im Erteilungsverfahren, Verletzungs- und Nichtigkeitsprozeß, GRUR Int. **89,** 475; Krieger, Definition und Bedeutung der Aufgabe bei Erzeugniserfindungen im deutschen und europäischen Patentrecht, GRUR Int. **90,** 743; Stauder, Die Entstehungsgeschichte von Art. 59 (1) EPÜ und Art. 8 (3) Straßburger Übereinkommen über den Schutzbereich des Patents, GRUR Int. **90,** 793; Hüni, Absoluter oder zweckbeschränkter Stoffschutz und andere Harmonisierungsprobleme in der europäischen Rechtsprechung, GRUR Int. **90,** 425; v. Falck, Neues zum Schutzumfang von Patenten, GRUR **90,** 650; ders., Patentauslegung und Schutzumfang, Festschr. 100 Jahre GRUR S. 543; ders., Anmerkung zur Entscheidung „Autowaschvorrichtung" des BGH vom 6. 11. 1990, GRUR **91,** 447; König, Die Rechtsprechung des BGH zum Schutzumfang nach neuem Recht, Mitt. **91,** 21; Rupprecht, Identitätsbereich und Schutzbereich eines Patents oder Gebrauchsmusters – ein Volkslied, Mitt. **91,** 235; Bruchhausen, Der Stoffschutz in der Chemie: Welche Bedeutung haben Angaben über den Zweck einer Vorrichtung, einer Sache oder eines Stoffes in der Patentschrift für den Schutz der Vorrichtung, der Sache oder des Stoffes durch ein Patent? GRUR Int. **91,** 413; Paterson, Erzeugnisschutz in der Chemie: Wie wichtig für den Schutz einer Vorrichtung, eines Geräts oder eines Stoffes sind Zweckbestimmungen in einem Patent? GRUR Int. **91,** 407; Brinkhof, Einige Gedanken über Äquivalente, GRUR Int. **91,** 435; Bossung, Die Verantwortung des Europäischen Patentamts für den Schutzbereich des europäischen Patents, GRUR Int. **91,** 439; di Cerbo, Der Schutzbereich des Erzeugnispatents, GRUR Int. **91,** 476; Goddar, „Identitätsbereich und Schutzbereich eines Patents oder Gebrauchsmusters – ein Volkslied" – Nachtrag eines besorgten Lesers, Mitt. **92,** 50; Modiano, Der Schutzbereich nach Art. 2, 69 und 164 EPÜ im italienischen Patentrecht, Mitt **92,** 286; Holzer, Der Schutzbereich nach Art. 69, die „unzulässige Erweiterung" nach Art. 138 EPÜ und österreichisches Recht, Mitt. **92,** 129; Preu, Der Schutzbereich von Patenten in nationaler und internationaler Entwicklung, Festschr. Merz (1992), S. 455; Bardehle, Die Einbeziehung der Äquivalenzlehre in den WIPO-Patentharmonisierungsvertrag, Mitt. **92,** 133; ders., Der Patent-Harmonisierungsvertrag der WIPO – Erfolg oder vergebliche Hoffnungen?, Mitt. **93,** 29; Beton, The Interpretation of United Kingdom Patents, Mitt. **92** 189; ders., Are International Standards for Patent Claim Interpretation Possible? [1994] E. I. P.R. 276; Turner, The German Formstein Case: An Alternative Harmony, [1992] E. I. P.R. 181; Fürniss, Stoffschutz und Äquivalenz, Festschr. Nirk (1992), 305; Ullmann, Schutz der Elemente – elementarer Schutz der immateriellen Güter? GRUR **93,** 334; Walter, Zwischen Skylla und Charybdis – zur Auslegung der Patentansprüche nach Art. 69 EPÜ, GRUR **93,** 348; Pietzcker, Die sog. Abhängigkeit im Patentrecht, GRUR **93,** 272; von Falk, Die Beschränkung des auf ein bestimmtes Erzeugnis gerichteten Patentanspruchs auf eine bestimmte Art der Verwendung dieses Erzeugnisses, GRUR **93,** 199; Pagenberg, Teilschutz im französischen und deutschen Patentrecht, GRUR **93,** 264; Osterloh, Das „störende" Merkmal des Streitpatents im Verletzungsprozeß, GRUR **93,** 260; Brodeßer, Die sogenannte „Aufgabe" der Erfindung, ein unergiebiger Rechtsbegriff, GRUR **93,** 185; Brinkhof; Prozessieren aus europäischen Patenten, GRUR **93,** 177; König, Der Patentrechtliche Teilschutz – Schutz der Teil/Unterkombination, Mitt. **93,** 32; Hilty, Die Bestimmung des Schutzbereichs nach schweizerischem Patentrecht im Lichte des europäischen Patentübereinkommens, Mitt. **93,** 1; ders., Die Bestimmung des Schutzbereiches schweizerischer und europäischer Patente, AJP **93,** 396; Pfeifer/Rioufrays/Checcacci/Roberts, Patent claim interprtation in member countries of the European Patent Convention, Mitt. **93,** 93; Kaspar, Auslegung der Patente nach französischem Recht im Vergleich mit dem Europäischen Patentübereinkommen, Mitt. **93,** 359; van Benthem, Das europäische Patentsystem und die europäische Integration, Mitt. **93,** 151; Pagenberg, The Scope of Art. 69 European Patent Convention: Should Sub-Combinations Be Protected? IIC **93,** 314; Dreiss, Der Durchschnittsfachmann als Maßstab für ausreichende Offenbarung, Patentfähigkeit und Patentauslegung, GRUR **94,** 781; König, Zum Schutzbereich und der BGH-Entscheidung „Zerlegvorrichtung für Baumstämme", Mitt. **94,** 178; Schwanhäusser, Patentvertetzung und Rechtssicherheit, Mitt. **94,** 29; Brunner, Zur Anwendung von Art 69 EPÜ und des Auslegungsprotokolls, SMI **94,** 129; Brunner, Der Patentverletzungsprozess, SMI **94,** 101; Comte, Internationale Harmonisierung des Äquivalenzbegriffs, SMI **94,** 7; Cole, Purposive Construction under English Law, [1994] E. I. P.R. 455; Kurig, Formstein – und die Praxis, GRUR **95,** 3; Brandi-Dohrn, Der zu weite Patentanspruch, GRUR Int. **95,** 541; IIC **94,** 648; Drope, EPILADY-Subsumtion von zum Prioritätszeitpunkt unbekannten und nicht naheliegenden gleichwirkenden Verletzungsformen unter den Schutzbereich europäischer Patente, Mitt. **95,** 229; Huydecoper, Interpretation of patents, equivalency and invalidity defences in Netherlands patent law and practice, Mitt. **95,** 65; Barton, Patent Scope in Biotechnology, IIC **95,** 605; Pagenberg, More Refined Rules of Claim Interpretation in Germany – Are They Necessary? IIC **95,** 228; von Falck, Brauchen wir den Begriff eines patentrechtlichen Teilschutzes? Festschrift für Vieregge, 1995, 217; Kühnen, Äquivalenzschutz und patentierte Verletzungsform, GRUR **96,** 729; Tauchner, Patentverletzung an pharmazeutischer Erfindung durch ärztliche Verordnung Mitt. **96,** 321; König, Materiellrechtliche Probleme der Anwendung von Fremdrecht bei Patentverletzungsklagen und -verfügungsverfahren nach der Zuständigkeitsordnung des EuGVÜ, Mitt. **96,** 296; ders., Patentverletzung durch erfinderische Abwandlung, Mitt. **96,** 75; Briner, Patentansprüche sind nach Treu und Glauben auszulegen, Festschrift für David, 1996, S. 21; ders., Patentanspruch und Erfindung, Festschrift 100 Jahre Patentgesetz, 1988, S. 115; Balass, Der Schutzbereich des Patents hängt von der Bereicherung der Technik ab, Festschrift für David, 1996, S. 37; ders., Nachmachung, Nachahmung, Abhängige Erfindung, Festschrift 100 Jahre Patentgesetz, 1988, S. 295; di Cataldo, Some Considerations on the inventive Step and Scope of Patents for Chemical Inventions, Festgabe für Beier, 1996, S. 11; Loth, Aspekte zur sogenannten abhängigen Erfindung bzw. zur erfinderischen Weiterentwicklung im Patentverletzungsprozeß – Zugleich Anmerkungen zur Entscheidung des Bundesgerichtshofs „Zerlegvorrichtung für Baumstämme", Festgabe für Baier, 1996, S. 113; Rogge, Berücksichtigung beschränkender Erklärungen bei der Bestimmung des Schutzbereichs eines Patents (§ 14 PatG; Art. 69 EPÜ), FS für Brandner, 1996, 483; ergänzte Fassung Mitt. **98,** 201; Hoffmann/Oliver, The Doctrine of Equivalents Goes Back to its Roots, [1996] E. I. P.R. 103; Beier/Ohly, Was heißt unmittelbares Verfahrenserzeugnis? Ein Beitrag zur Auslegung des Art. 64 (2) EPÜ, GRUR **97,** 973; Keller, Beschränkung des Patentschutzes durch Anmelder im Erteilungsverfahren und unzulässige Rechtsausübung im Verletzungsprozeß, Mitt. **97,** 367; Stamm, Identitäten und Differenzen im europäischen Patentrecht, Mitt. **97,** 278; Bösl, Der unklare Patentanspruch, Mitt. **97,** 174; König, Zur Beschränkung des Anspruchsinhalts durch „bar"-Derivate, Mitt. **97,** 62; Cole, Kastner v. Riztla – A historic decision on equivalents, [1997] E. I. P.R. 617; Grabinski, Kann und darf die Bestimmung des Schutzbereichs eines europäischen Patents in verschiedenen Ländern zu unterschiedlichen Ergebnissen führen? GRUR **98,** 857; Brändle, Kann und darf Auslegung und Ermittlung des Schutzbereichs eines europäischen Patents in verschiedenen Ländern zu unterschiedlichen Ergebnissen führen? GRUR **98,** 854; Gramm, Der Stand der Technik und das Fachwissen, GRUR **98,** 240; von Hellfeld, Zweckangaben in Sachansprüchen, GRUR **98,** 243; Lederer, Zur Äquivalenz beim chemischen Stoffpatent, GRUR **98,** 272; von Falck, Überlegungen zum „Formstein"-Einwand, GRUR **98,** 218; Straus, Abhängigkeit bei Patenten auf genetische Information – ein Sonderfall? GRUR **98,** 314; Walter, Die Auslegung staatsvertraglichen und harmonisierten Rechts: Gewicht und Bedeutung von Entscheidungen ausländischer Gerichte und der Beschwerdekammern des EPA, GRUR **98,** 866; Breuer, Deutlichkeit von Patentansprüchen, Mitt. **98,** 340; Esslinger, Auslegung unter den Wortlaut – die Interpretation von „means-plus-function"-Ansprüchen in den USA, Mitt. **98** 132; ders., Patentschutz im Internet, CR **2000,** 18; Schiuma, Der Schutzbereich des italienischen Patents im Vergleich mit der deutschen Rechtslage, GRUR Int. **98,** 291; Kraßer, Äquivalenz und Abhängigkeit im Patentrecht, Festschrift für Fikentscher, 1998, 516; Blumer, Schutzbereich und Stand der Technik im europäischen Patentrecht, sic! **98,** 3; Brunner, Schutzbereich und Einrede des freien Standes der Technik (Art. 8 und 66 PatG), sic! **98,** 428; ders., Der Schutzbereich europäisch erteilter Patente aus schweizerischer Sicht – eine Spätlese, sic! **98,** 348; Karet/Watson, Questions about Patent Construction, [1998] E. I. P.R. 192; Franzosi, Save your Translation Expenses: Follow the Clear Teatching of (Unclear) Article 69 EPC, [1998] E. I. P.R. 36; Tilmann, Patentschutzsystem in Europa, GRUR **99,** 324; König, Die Rechtsnatur der Patenterteilung und ihre Bedeutung für die Auslegung von Patentansprüchen, GRUR **99,** 809; Meier-Beck, Aktuelle Fragen des Patentverletzungsverfahrens, GRUR **99,** 379; Scharen, Der Schutzbereich des Patents im Falle verschiedener Einwände des Beklagten eines Verletzungsprozesses, GRUR **99,** 285; Schmidt-Szalewski, Die Entwicklung des französischen Patentrechts in den Jahren 1997 und 1998, GRUR Int. **99,** 848; Busche, Die

Reichweite des Patentschutzes – Zur Auslegung von Patentansprüchen im Spannungsfeld von Patentinhaberschutz und Rechtssicherheit, Mitt. **99,** 161; Valle, Der Schutzbereich europäisch erteilter Patente, Mitt. **99,** 166; Schick, Patentverletzung nach Art. 69 EPÜ, Mitt. **99,** 41; Turner, Purposive Construction – Seven Reasons why Catnic is wrong, [1999] E. I. P.R. 531; Steinacker, Die Wechselwirkung von Entscheidungen auf dem Gebiet des europäischen Patentrechts und ihre richtungweisende Bedeutung im Verhältnis EPA/Vertragsstaaten, Sonderausgabe zum Amtsblatt 1999, S. 16; Meier-Beck, Aktuelle Fragen des Patentverletzungsverfahrens, GRUR **2000,** 355, auch IIC **2001,** 505; Kaess, Die Merkmalsanalyse als Maßstab für die Eingriffsprüfung im Patentverletzungsprozeß, GRUR **2000,** 637; Meyer/Dulheuer, Der Schutzbereich von auf Nucleotid- oder Aminosäuresequenzen gerichteten biotechnologischen Patenten, GRUR **2000,** 179; Tilmann/Dagg, EU-Patentrechtsharmonierung: Schutzumfang, GRUR **2000,** 459; Ann, Der Schutzbereich des Patents – Erteilungsakten als Auslegungshilfsmittel? Mitt. **2000,** 181; Wenning, Die geplante Änderung des Art. 69 EPÜ und die Ergänzung zum Protokoll über die Auslegung von Art. 69 EPÜ, Mitt. **2000,** 375; König, Statische oder dynamische Äquivalenz – die Verabschiedung der Rechtssicherheit, Mitt. **2000,** 379; Schar, Einige allgemeine Gedanken zu Fragen der Patentverletzung, Mitt. **2000,** 58; M. von Rospatt, Die Rechtsprechung der 4. Zivilkammer des Landgerichts Düsseldorf in Patentstreitsachen im Jahr 1999, Mitt. **2000,** 287; Franzosi, In Defense of Catnic, [2000] E. I. P.R. 242; Gramm, Von der „Drillmaschine" zum „Räumschild"; Schutzbereich und Abhängigkeit im Spiegel der Rechtsprechung, GRUR **2001,** 926; P. von Rospatt, Die Bestimmung des Schutzbereichs von Patentansprüchen, die Maß- und Zahlenangaben enthalten, GRUR **2001,** 991; Brinkhof, Existiert eine Europäische Aquivalenzlehre? GRUR **2001,** 885; von Falck, Zur Äquivalenzprüfung bei im Prioritätszeitpunkt noch unbekannten Ersatzmitteln, GRUR **2001,** 905; Jacob, In Honour of Rüdiger Rogge, GRUR **2001,** 937; Engel, Über den Wortsinn von Patentansprüchen, GRUR **2001,** 897; Gesthuysen, Der „Formstein"-Einwand bei einer nach der Entscheidung „Befestigungsvorrichtung II" äquivalenten Ausführungsform, GRUR **2001,** 909; Anders, Die unwesentlichen Merkmale im Patentanspruch – Die wesentlichen Merkmale der Erfindung, GRUR **2001,** 867; Klett, Die durchschnittlich aufmerksame Verbraucherin und der durchschnittlich gut ausgebildete Fachmann, GRUR **2001,** 549; Meier-Beck, Patentanspruch und Merkmalsgliederung, GRUR **2001,** 967; Osterloh, Schutzrechtserweiterung durch Abstraktion in der Rechtsprechung des BGH, GRUR **2001,** 989; Turner, Purposive Construktion, [2001] E. I. P.R. 118; Rogge, Äquivalenz und die Bedeutung früherer beschränkender Erklärungen, Sonderausgabe Nr. 2 zum Amtsblatt **2001,** 14; Barbuto, Schutzbereich von Patenten für „breite" Ansprüche, Sonderausgabe Nr. 2 zum Amtsblatt **2001,** 94; Boval, Schutzbereich Europäischer Patente und Patentverletzung: Äquivalenz und „Prosecution History Estoppel", Sonderausgabe Nr. 2 zum Amtsblatt **2001,** 34; Franzosi, Three European Cases on Equivalence – Will Europe Adopt Catnic? IIC **2001,** 113; Stenvik, Protection for Equivalents Under Patent Law – Theories and Practice, IIC **2001,** 1; Allekotte, „Räumschild" – Neuschnee in der Diskussion über Patentverletzung und erfinderische Abwandlung, GRUR **2002,** 472; Reimann, Der Schutzbereich europäischer Patente zwischen Angemessenheit und Rechtssicherheit, GRUR **2002.** 931; Tilmann, Patentverletzung bei Genpatenten, Mitt. **2002,** 438; Schmidt, Zum Patentschutz bei Abweichungen von Zahlenangaben und Maßangaben in Patentansprüchen, Mitt. **2002,** 216, 220; Lacroix, Auslegung von Zweckangaben in Verfahrensansprüchen – zweite nichtmedizinische Indikation, GRUR **2003,** 282; Bergen-Babinecz/Hinrichs/Jung, Zum Schutzbereich von US-Patenten – Festo und eine deutsche Sicht, GRUR Int. **2003,** 487; Köster, Auslegung der Patentansprüche unter Einbeziehung des allgemeinen Fachwissens bzw Standes der Technik im Hinblick auf die Bestimmung des Schutzbereichs, Mitt. **2003,** 5; Köster, Auslegung der Patentansprüche unter Einbeziehung des allgemeinen Fachwissens bzw Standes der Technik im Hinblick auf die Bestimmung des Schutzbereichs, Mitt. **2003,** 5; Bopp/Jeep, Äquivalenz auf des Messers Schneide – Zur Patentverletzung bei Bereichsangaben und der „dritten" Frage nach der Äquivalenz, Mitt. **2003,** 293; Neuhaus, Die Bedeutung des vorbekannten Standes der Technik für die Patentverletzungsfrage bei äquivalenter Benutzung, FS für Winfried Tilmann, 2003, S. 549; Graf v. Schwerin, Wird die Spannschraube überdreht? FS für Winfried Tilmann, 2003, S. 609; Scharen, Die abhängige erfinderische Abwandlung – ein Fall normaler Patentverletzung, FS für Winfried Tilmann, 2003, S. 599; Brandi-Dohrn, Die Schutzwirkung von Verwendungsansprüchen, FS für Reimar König, 2003, S. 33; Busche, Zur Auslegung von Patentansprüchen, FS für Reimar König, 2003, S. 49; Dreiss/Bulling, Aufgabe und Zweck im Erteilungs- und im Verletzungsverfahren, FS für Reimar König, 2003, S. 101; Hilty, Schutzgegenstand und Schutzbereich – Überlegungen zur Formulierung von Patentansprüchen, FS für Reimar König, 2003, S. 167; Jestaedt, Gibt es einen patentrechtlichen Teilschutz? FS für Reimar König, 2003, S. 239; G. König, Angemessener Stoffschutz für Sequenzerfindungen, FS für Reimar König, 2003, S. 267; Körner, Die Bedeutung von Vorgaben des Erteilungs-, Einspruchs- und Nichtigkeitsverfahrens für die Interpretation von Patentansprüchen im Verletzungsverfahren, FS für Reimar König, 2003, S. 295; Meier-Beck, Gegenstand und Schutzbereich von product-by-process-Ansprüchen, FS für Reimar König, 2003, S. 323; Nieder, Zum „Formstein-Einwand", FS für Reimar König, 2003, S. 379; Rogge, Zum Einfluß von Verfahrensvorgängen auf Auslegung und Bestimmung des Schutzbereichs eines Patents, FS für Reimar König, 2003, S. 451; Köhler, Der Schutzbereich von Pharma-Patenten – Mehr Rechtssicherheit bei Grenzwerten und Bereichsangaben, Pharma Recht **2003,** 37; Heyers, Auswirkungen numerischer Angaben auf den Schutzbereich von Patenten, GRUR **2004,** 1002; Stamm, Überlegungen zur aktuellen Entwicklung der Disclaimer, Mitt. **2004,** 56; Haedicke, Auslegung des Patentanspruchs – Entschädigung für die Benutzung des Gegenstands einer Patentanmeldung und mittelbare Patentverletzung – Drehzahlermittlung, LMK **2004,** 198; ders., Schutzbereich und mittelbare Verletzung von Verwendungspatenten, Mitt. **2004,** 145; Fabry, Zur Auslegung von Patentansprüchen im französischen Verletzungsverfahren, Mitt. **2004,** 402; Rogge, Die Schutzwirkung von Product-by-Process-Ansprüchen, Mitt. **2005,** 145; Brandi-Dohrn, Der Schutzbereich nach deutschem und britischem Recht: die Schneidmesserentscheidung des BGH und die Amgen-Entscheidung des House of Lords, Mitt. **2005,** 337; Köhler, Urteilsanmerkung, Mitt. **2005,** 283; Nirk, Auslegung von Patentansprüchen im Verletzungsverfahren durch den BGH, LMK **2005,** 43; Jestaedt, Der „Formstein-Einwand", Festschrift für Kurt Bartenbach, 2005, 371; Tilmann, Schutzumfang für Patente in Europa, Festschrift für Kurt Bartenbach, 2005, 301; ders., Neue Überlegungen im Patentrecht, GRUR **2005,** 904; v. Meibom/v.Feld, Durchgriffsansprüche (Reach-Through-Ansprüche) bei Patenten für Forschungswerkzeuge, Festschrift für Kurt Bartenbach, 2005, 385; Meier-Beck, The Scope of Patent Protection – The Test of Determining Equivalence, IIC **2005,** 339; ders., Purposive Construction oder Äquivalenz? GRUR-Int. **2005,** 796; Brinkhof, Extent of Protection: Are the National Differences Eliminated? Festschrift f. Gert Kolle u. Dieter Stauder, 2005, 97; Cornish/Llewelyn, Who applies a Doctrine of Equivalence? Festschrift f. Gert Kolle u. Dieter Stauder, 2005, 115; Franzosi, Claim Interpretation, Festschrift f. Gert Kolle u. Dieter Stauder, 2005, 123; Takenaka, Extent of Patent Protection in the United States, Germany And Japan: Analysis of Two Types of Equivalents And Their Patent Policy Implications, Festschrift f. Gert Kolle u. Dieter Stauder, 2005, 135; Feldges, Ende des absoluten Stoffschutzes? GRUR **2005,** 975.

Vgl. im Übrigen auch die Literaturhinweise nachfolgend im Text und zum EPÜ Int. Teil Rdn. 101.

I. Anwendungsbereich

1 § 14 gibt die gesetzliche Grundlage zur Ermittlung des Schutzbereichs eines Patents, einer Patentanmeldung sowie eines ergänzenden Schutzzertifikats. § 14 wurde durch Art. IV Nr. 6 IntPatÜG – dort als § 6a – in das deutsche Patentgesetz eingefügt. § 14 entspricht in seinem Wortlaut Art. 69 EPÜ. Art. 69 EPÜ geht auf die wortlautgleiche Bestimmung des Art. 8 Abs. 3 StraÜ zurück.

2 **1.** § 14 findet auf die **seit dem 1. 1. 1978 eingereichten Patentanmeldungen** und die **darauf erteilten Patente** Anwendung, Art. XI § 1 Abs. 1, § 3 Abs. 5 IntPatÜG. Maßgeblich ist der Anmeldetag, nicht der Prioritätstag. Die Bestimmung des Schutzbereichs der bis zum 31. 12. 1977 eingereichten Patentanmeldungen und der hierauf – auch nach dem 1. 1. 1978 – erteilten Patente wird von der formellen Geltung des § 14 nicht erfasst. Zur Bestimmung des Schutzumfangs der Altanmeldungen und der Altpatente kann auf die bisher im Rahmen des § 6 PatG 1968 entwickelten Auslegungsgrundsätze zurückgegriffen werden, vgl. 9. Aufl. § 14 Rdn. 160 ff. Bei dieser Differenzierung verbleibt es auch bei der Beurteilung des Schutzbereichs der gemäß § 1 ErstrG erstreckten DPA-Patente, Brändel GRUR **92,** 653, 654 – anders bei erstreckten DDR-Patenten, vgl. Rdn. 3. In Anbetracht der Tatsache, dass auch durch Zeitablauf erloschene Patente noch Gegenstand von Verletzungsprozessen sein können, kann die Anwendung der überkommenen Auslegungsregeln noch in Betracht kommen. Es ist dem Verletzungsrichter allerdings nicht verwehrt, auch bei der Bestimmung des Schutzbereichs von Altpatenten § 14 und die hiernach maßgeblichen Grundsatze heranzuziehen, vgl. hierzu 9. Aufl. § 14 Rdn. 3. Für Anmeldungen seit dem seit dem 1. 1. 1978 und hierauf erteilte Patente darf auf überkommene, von § 14 abweichende Rechtsgrundsätze zur Bestimmung des Schutzbereichs jedoch nicht zurückgegriffen werden, Ballhaus/Sikinger GRUR **86,** 337, 339.

3 **2.** § 14 gilt ab dem 1. Mai 1992 auch für die Beurteilung des Schutzbereichs von aus **DDR-Patentanmeldungen** hervorgegangenen und gemäß § 4 ErstrG **erstreckten Patenten,** § 5 ErstrG. Auf den Zeitpunkt ihrer Anmeldung (vor oder nach dem 1. 1. 1978, vgl. Rdn. 2)

kommt es grundsätzlich nicht an, Brändel GRUR **92,** 653, 655; zweifelnd Bourcevet Mitt. **92,** 259, 264. PatG 1968 gehört nicht zu den nach dem EinigungsV übergeleiteten Vorschriften des Bundesrechts, vgl. auch § 9 Rdn. 3. Ungleichheiten des Schutzbereichs der vor dem 1. 1. 1978 angemeldeten DPA-Patente (PatG 1968, vgl. Rdn. 2) und DDR-Patente (§ 14) sind im Hinblick auf deren nach dem 1. 5. 1992 nur noch verbleibende kurze Schutzdauer (vgl. § 16 Rdn. 4) hinzunehmen; dies sollte jedoch bei Zusammentreffen solcher Altrechte gemäß § 26 ErstrG nicht daran hindern, nach Billigkeitsgrundsätzen die gleichen Rechtsregeln anzuwenden. Für die Beurteilung des Schutzbereichs der DDR-Patente für den Zeitraum vor dem Zeitpunkt des Inkrafttretens des Erstreckungsgesetzes (1. 5. 1992) verbleibt es bei der Anwendung des fortwirkenden DDR-Patentgesetzes, Anl. I Kap. III Sachgeb. E Abschn. II Nr. 1 § 3 Abs. 1 EinigungsV, vgl. v. Mühlendahl/Mühlens GRUR **92,** 725, 730.

3. Rechtsgrundlage für die Bestimmung des Schutzbereichs einer **europäischen Patentanmeldung** oder eines **europäischen Patents** sind die Art. 69, 70 EPÜ, BGHZ **98,** 12, 18f. – Formstein; **105,** 1, 11 – Ionenanalyse; BGH GRUR **89,** 903, 904 – Batteriekastenschnur; BGHZ **116,** 122, 126 – Heliumeinspeisung; BGH GRUR **92,** 594, 596 – Mechanische Betätigungsvorrichtung; vgl. auch HG Zürich GRUR Int. **92,** 783, 784. Art. 69 Abs. 1 EPÜ und § 14 stimmen in ihrem Wortlaut überein. Bei der Anwendung beider Vorschriften ist das **Protokoll über die Auslegung des Art. 69** des Übereinkommens – BGBl. 1976 II S. 1000 – heranzuziehen. Dieses Auslegungsprotokoll ist gemäß Art. 164 Abs. 1 EPÜ Bestandteil des Europäischen Patentübereinkommens. Auf dieses Protokoll hat auch der deutsche Gesetzgeber in der Begründung zu § 14 ausdrücklich Bezug genommen, BT-Drucksache 7/3712 S. 30. Damit soll eine möglichst einheitliche Bestimmung des Schutzbereichs von Patenten in Europa gewährleistet werden. Der deutsche Verletzungsrichter hat die Regeln zur Bestimmung des Schutzbereichs gleichförmig anzuwenden. Unabhängig davon, ob er sich mit der Verletzung eines nationalen Patents, eines europäischen Bündelpatents nach EPÜ oder eines Gemeinschaftspatents nach GPÜ zu befassen hat. Da auch die Richter der anderen Vertragsstaaten – jedenfalls bei der Verletzung eines europäischen Patents – Art. 69 EPÜ als gemeinsame Rechtsquelle anzuwenden haben, muss im Ergebnis die Bestimmung des Schutzbereichs wesentlich auch durch das Bemühen um eine einheitliche internationale Rechtsanwendung geprägt sein. 4

II. Sachliche Bedeutung

1. § 14 gibt **nicht** an, welche gewerblichen **Gebrauchshandlungen** patentrechtlich **verboten** sind; das ist den §§ 9ff. zu entnehmen. Der **Schutzbereich** umfasst die dem **Ausschließlichkeitsrecht unterliegenden Ausführungen** der Lehre des betreffenden Patentanspruchs. Dieser Ausschnitt aus dem Gebiet der Technik, auf dem sich allein der Patentinhaber unter Ausschließung aller anderen bewegen darf, wird nach § 14 durch den Inhalt der Patentansprüche bestimmt. **Die in den Patentansprüchen vorgenommene Festlegung ist die maßgebliche Grundlage.** Aus dem festgelegten Inhalt der Ansprüche des Patents folgt für jeden seiner Ansprüche ein (jedenfalls) bezogen auf einzelne Ausführungsformen **bestimmbarer Schutzbereich,** a.A. Blumer, 1998, 420, der dem einzelnen Anspruch eines aus mehreren Ansprüchen bestehenden Patents einen Schutzbereich nicht zubilligen will. Lediglich seine Ermittlung im Einzelfall steht noch aus, ähnlich Schramm/Popp/Bohnenberger S. 15, 95; vgl. auch Turner [1999] E.I.P.R. 531f. Diese Ermittlung und die Feststellung, wie weit der Schutzbereich im Einzelfall reicht, gehören allerdings wegen der eigenartigen Verknüpfung rechtlicher und technischer Fragen zu den schwierigsten Problemen des Patentrechts. Der ehemalige Oberste Gerichtshof für die Britische Zone hat die Umschreibung des sachlichen Schutzbereichs eines Patents einer begrifflichen Erfassung und einer Einordnung in Einteilungsmethoden für niemals ganz zugänglich gehalten, OGHBrZ **3,** 63, 68. Im Kern handelt es sich hierbei um einen Interessenausgleich zwischen dem Anliegen einer gerechten Entlohnung des Erfinders, die notwendig auf Kosten der Allgemeinheit zu erfolgen hat, und dem Interesse aller Beteiligten an Rechtssicherheit. 5

Es kommt hinzu, dass in der Bundesrepublik Deutschland die Zuständigkeitsverteilung zwischen der Erteilungsbehörde einerseits und den ordentlichen Gerichten andererseits, die sich vornehmlich mit der Ermittlung des Schutzbereichs zu befassen haben, diese Aufgabe eher erschwert. Es ist Ausfluss der Tatbestandswirkung des Verwaltungsakts der Patenterteilung (zur Reichweite dieser Tatbestandswirkung vgl. Ohl GRUR **69,** 1, 5 einerseits, Wilde Mitt. **69,** 258, 260 andererseits), dass bei der Ermittlung des Schutzbereichs von dem Bestehen des Patents ausgegangen werden muss, vgl. auch Art. 72 GPÜ. Nach einem seit langem in der Rechtsprechung vertretenen Grundsatz wird deshalb im Verletzungsprozess nicht nachgeprüft, ob das erteilte Patent die Voraussetzungen der Schutzfähigkeit erfüllt, BGH GRUR **64,** 606, 6

609 – Förderband; **79,** 624, 625 – umlegbare Schießscheibe; w. Nw. § 9 Rdn. 61 u. 6. Auflage § 6 Rdn. 115. Im Verletzungsprozess ist allein das erteilte Patent Grundlage der rechtlichen Beurteilung; der Verletzungsrichter hat von seiner Schutzfähigkeit auszugehen und darf sich der Ermittlung des Schutzbereichs eines bestehenden Patentanspruchs nicht durch Abweisung der Klage mit der Begründung entziehen, dieser Anspruch oder das Klagepatent sei nach seiner Überzeugung vernichtungsreif. Es ist grundsätzlich der Einspruchs- und Nichtigkeitsinstanz vorbehalten, die Voraussetzungen der Schutzfähigkeit des Patents zu überprüfen. Ist auch einer dieser Rechtsbehelfe anhängig, kommt allenfalls eine Aussetzung der Patentverletzungsklage in Betracht, vgl. hierzu Scharen FS 50 Jahre VPP, 2005, S. 396; Reimann/Kreye FS Tilmann, 2003, 587; Rogge GRUR Int. **96,** 386; v. Maltzahn GRUR **85,** 163.

7 **2.** Die vorstehenden Grundsätze gelten allerdings nicht für den eingeschränkten einstweiligen Schutz der **offengelegten Anmeldung** nach § 33 Abs. 1. Der Verletzungsrichter hat diesen Schutz zu versagen, wenn der Gegenstand der offengelegten Anmeldung offensichtlich nicht patentfähig ist, § 33 Abs. 2. Damit ist dem Verletzungsrichter die Befugnis eingeräumt, selbstständig die Patentfähigkeit des offengelegten Anmeldungsgegenstands zu beurteilen und gegebenenfalls zu verneinen. Die Schutzfähigkeit einer **europäischen Patentanmeldung** kann wegen des in Art. 67 Abs. 2 Satz 3 EPÜ garantierten Mindestschutzes vom Verletzungsrichter nicht in Frage gestellt werden, Art. II § 1 Abs. 1 IntPatÜG, vgl. Int. Teil Rdn. 122. Folgerichtig setzt Art. 32 Abs. 1 GPÜ voraus, dass bei der Entscheidung über den Entschädigungsanspruch aus der veröffentlichten Patentanmeldung das Patent bereits erteilt ist.

8 **3.** Eine sachgerechte Entscheidung über den Schutzbereich eines Patentanspruchs kann nur unter Würdigung der konkreten patentgeschützten Erfindung und unter Berücksichtigung des Allgemeininteresses an ausreichender Rechtssicherheit erfolgen, vgl. Satz 3 des Protokolls über die Auslegung von Art. 69 Abs. 1 EPÜ (BGBl. 1976 II 1000). Angesichts der hiermit umschriebenen Komplexität der Fragestellung muss man sich bewusst sein, dass alle zu deren Beantwortung entwickelten Einteilungsmethoden im Grunde nur Hilfsmittel sein können, um in der Fülle der Einzelfragen gewisse Richtlinien wahren zu können, OGHBrZ **3,** 63, 68. Daran ändert die Maßgeblichkeit der Patentansprüche **(Primat der Patentansprüche)** nichts, auf die § 14 abhebt und die vor allem das Mittel ist, dem Gesichtspunkt der Rechtssicherheit für Dritte hinreichend Rechnung zu tragen. Zwar sollen die Patentansprüche angeben, was als patentfähig unter Schutz gestellt werden soll, § 35 Abs. 1 Nr 2. Das weist an sich dem Anmelder die Verantwortung zu, ob er sein Schutzbegehren enger oder weiter fasst. Es ist jedoch nahezu unmöglich, die Patentansprüche so weitgehend und gleichwohl bestimmt genug abzufassen, dass sie einerseits eine ausführbare technische Lehre vermitteln und andererseits bereits nach ihrem Wortlaut die Feststellung jeder unbefugten Benutzung der Erfindung zulassen. Denn die menschliche Phantasie reicht nicht aus, bereits bei der Patentanmeldung oder -erteilung die Fülle der Fragen zu überblicken, die spätere Benutzungshandlungen Dritter im Hinblick auf einen angesichts der geschützten Erfindung der Sache nach berechtigten Schutz aufwerfen. Es ist deshalb nicht sachgerecht, bei nachträglicher Befassung mit der Frage, welcher Schutzbereich einem Patentanspruch zukommt, Unvermögen des Anmelders und der Erteilungsbehörde in einem solchen Umfange zu Lasten des Patentinhabers zu werten, dass alle Ausführungsformen, die nicht genau vom wörtlich umschriebenen Bereich des Patentanspruchs erfasst werden, in den patentfreien Bereich verwiesen werden. Dieser einseitigen Berücksichtigung des Interesses der Rechtssicherheit ist die deutsche Rechtsprechung um der gerechten Entlohnung des Erfinders willen auch nicht gefolgt, vgl. schon RGZ **85,** 95, 99. Der Erfinder soll sowohl wegen seines Einzelverdienstes als auch wegen des dadurch begründeten Ansporns für andere, nach der dem Gemeinnutzen zugutekommenden Vervollkommnung zu streben, ungeschmälert die Früchte seiner erfinderischen Leistung erhalten, BGH GRUR **62,** 29, 31 – Drehkippbeschlag; BGHZ **98,** 12, 19 – Formstein.

9 **4.** § 14 ist deshalb als eine **Auslegungsregel** zu werten, nach welcher der Schutz der Erfindung **nicht am reinen Wortlaut der Patentansprüche** zu messen ist; die Grenzen des Schutzbereichs sind vielmehr **nach dem sachlichen Gehalt** der Patentansprüche zu ermitteln, wobei allerdings gleichberechtigt der Rechtssicherheit für Dritte Rechnung zu tragen ist. Das verlangt auch das Protokoll über die Auslegung von Art. 69 Abs. 1 EPÜ (BGBl. 1976 II 1000), das nach ständiger Rechtsprechung, BGHZ **106,** 84, 93f. – Schwermetalloxidationskatalysator; BGH GRUR **92,** 594, 596 – mechanische Betätigungsvorrichtung, auch zur Auslegung von § 14 heranzuziehen ist, BGHZ **150,** 149, 154 – Schneidmesser I. § 14 verfolgt diesen Interessenausgleich mit der das Primat der Patentansprüche ergänzenden Anweisung, bei der Auslegung der Patentansprüche die erläuternde Beschreibung und die Zeichnungen heranzuziehen. Die Einsicht, dass die Sprache einen Gedanken vielfach nur unvollkommen wiedergeben kann,

und das Bestreben, den schöpferischen Gehalt einer neuen technischen Lehre nicht durch eine formale Betrachtung zurückdrängen zu lassen, gebieten es, bei der Ermittlung dessen, was durch einen Patentanspruch unter Schutz gestellt ist, die das Patent **erläuternde Beschreibung** und die **Zeichnungen** zu berücksichtigen. Diese sind stets und nicht nur bei Unklarheiten in den Patentansprüchen zu deren Verständnis heranzuziehen, Auslegungsprotokoll Satz 1, BGH GRUR **89,** 903, 904 – Batteriekastenschnur; **92,** 594, 596 – Mechanische Betätigungsvorrichtung. So haben sich schon bei den Beratungen zu Art. 8 Abs. 3 StraÜ Vorstellungen, nach denen der Schutzbereich eines Patents ausschließlich nach dem Wortlaut seiner Ansprüche bestimmt werden sollte, nicht durchgesetzt. Es wurde vielmehr betont, dass Art. 8 Abs. 3 StraÜ ein Zurückgreifen auf die Beschreibung und Zeichnung zur Verdeutlichung der Patentansprüche zulasse, Pfanner GRUR Int. **62,** 545, 553; Spengler GRUR **67,** 390, 391. Auch die Entstehungsgeschichte und die Fassung von Art. 69 EPÜ sowie das hierzu vereinbarte Auslegungsprotokoll lassen keinen Zweifel daran, dass eine dem buchstäblichen Wortlaut der Patentansprüche verhaftete Bemessung des Schutzbereichs eines Patents nicht im Sinne des Europäischen Patentübereinkommens ist, Bruchhausen GRUR Int. **74,** 1, 5.

5. Grenzen der Auslegung. Mit dem Primat der Patentansprüche wird andererseits hinreichend verdeutlicht, dass aus Gründen der Rechtssicherheit für die beteiligten Verkehrskreise eine abstrahierende Ausdehnung des Schutzbereichs über den technischen Gehalt der Patentansprüche hinaus nicht zulässig ist. Zum Erfindungsgegenstand eines Patents kann nur gehören, was in einem der Patentansprüche seinen Ausdruck gefunden hat, BGH GRUR **2004,** 1023, 1024 – bodenseitige Vereinzelungseinrichtung; BGHZ **106,** 84, 84 – Schwermetalloxydationskatalysator. Ist ein Patentanspruch unklar gefasst, geht ein offenes Auslegungsergebnis zu Lasten des Patentinhabers, Walter GRUR **93,** 348, 350. Die Patentansprüche dürfen nicht als bloße Richtlinie verstanden werden (Auslegungsprotokoll Satz 2). Der Schutz darf nicht durch Verallgemeinerung spezieller Lösungsmittel erweitert werden, Ballhaus/Sikinger GRUR **86,** 337, 341; Valle Mitt. **99,** 166, 171 f. Ein rein funktionelles Verständnis konkreter technischer Merkmale eines Patentanspruchs kann im Grundsatz nicht gebilligt werden. Der konkurrierende Dritte muss bei verständiger Würdigung des technischen Inhalts der erteilten Schutzansprüche die Grenzen des schutzrechtsfreien Raums erkennen können. Ziel der Ermittlung des Schutzbereichs eines Patentanspruchs muss es deshalb sein, dem Patentinhaber einen angemessenen Schutz zu gewähren, ohne eine ausreichende Rechtssicherheit für Dritte zu vernachlässigen (Auslegungsprotokoll Satz 3). Der Gesichtspunkt der Rechtssicherheit verbietet es insbesondere, den Schutzbereich in Abhängigkeit zu der jeweiligen angegriffenen Ausführungsform zu sehen, derentwegen die Schutzbereichsermittlung notwendig ist. **Der Schutzbereich ist von der jeweiligen Ausgestaltung der angeblich patentverletzenden Ausführungsform unabhängig,** vgl. OLG München Mitt. **2005,** 170. Der behauptete Verletzungsfall ist lediglich Anlass für die Ermittlung, ob (auch) die konkret angegriffene Ausführungsform zum Schutzbereich gehört. 10

6. Aus den genannten Gründen gibt es auch **keinen sich verändernden Schutzbereich,** den Trüstedt Mitt. 1984, 131, 134 für dt. Patente befürwortet und Blumer, 1998, 214 für möglich hält. Der jeweilige Schutzbereich besteht von der Erteilung an **unverändert** so lange fort, wie der betreffende Patentanspruch nicht wenigstens teilweise wirksam beschränkt, widerrufen oder auf Klage eines Dritten für nichtig erklärt ist. Aus der Erwägung, dass der Patentschutz als Ansporn für die technische Entwicklung nur dann sinnvoll ist, wenn dem Erfinder für die von ihm offenbarte und beanspruchte Erfindung gebührender Lohn zukommt, folgt zwar als Leitgedanke: Je weiter der – in den Patentansprüchen niedergelegte, BGHZ **100,** 249, 254 – Rundfunkübertragungssystem – Offenbarungsgehalt eines Patents an erfinderischen Lehren zum technischen Handeln reicht, umso größer ist dessen Schutzumfang. Mit dem sich hieraus ableitenden Schlagwort, einer großen Erfindung müsse ein großer Schutzbereich, einer kleinen Erfindung ein kleiner Schutzbereich zukommen, so etwa Hilty Mitt. **93,** 1, 9; v. Falck GRUR **88,** 1, 5; Johannesson GRUR Int. **74,** 301, 303; Moser v. Filseck GRUR **74,** 506, 509; Schramm GRUR **75,** 335, 337; vgl. aber auch Schramm/Popp/Bohnenberger S. 99 m. N., dürfte aber eine Grenzziehung kaum möglich sein, Brunner SMI **94,** 101, 108; ähnlich 129, 133; vgl. aber auch sic! **98,** 348, 350; Valle Mitt. **99,** 166, 171 f. So hat der BGH den Begriff der „Pioniererfindung" wegen der ihm anhaftenden Unschärfe für die Ermittlung des sachlichen Schutzbereichs eines Patents als ungeeignet angesehen, BGH X ZR 55/67 vom 19. 2. 1970 S. 15 f.; vgl. auch RG GRUR **39,** 533, 534 f. Das ändert freilich nichts daran, dass Erfindungen, die bahnbrechend ein neues bisher unbearbeitetes Gebiet der Technik erschließen, einen besonders weiten Schutzbereich verdienen, vgl. RG GRUR **39,** 533, 534 f.; auch König Mitt. **93,** 32, 33 unter Hinweis auf BGH GRUR **92,** 305, 308 – Heliumeinspeisung. Auch bei 11 erstmaliger Lösung eines Problems begrenzen aber der Inhalt der Patentansprüche und der sie erläuternde Offenbarungsgehalt des Patents dessen Schutzbereich. Über den Offenbarungsgehalt eines Patents hinaus darf der Schutzumfang eines Patents niemals erstreckt werden, RGZ **146,** 273, 274; **153,** 47, 50; BGH GRUR **69,** 534, 535 – Skistiefelverschluss; **83,** 497, 498 – Absetzvorrichtung. Was in einem Patent nicht offenbart ist, ist darin auch nicht geschützt. Der Satz „Große Erfindung, großer Schutzumfang, kleine Erfindung, kleiner Schutzumfang" darf nicht dahin gedeutet werden, als ob der technische oder wirtschaftliche Erfolg den Schutzbereich bestimmen könne.

12 **7.** Für die Ermittlung des **Schutzbereichs einer offengelegten Patentanmeldung** gelten die gleichen Grundsätze wie für diejenige bei einem erteilten Patent. § 14 ist auch bei der Feststellung des Schutzbereichs einer **bekanntgemachten** Patentanmeldung anzuwenden. Allerdings sind hiervon nur Auslegeschriften für seit dem 1. 1. 1978 eingereichte Patentanmeldungen betroffen. Die Bestimmung des Schutzbereichs einer bekanntgemachten, vor dem 1. 1. 1978 eingereichten Patentanmeldung unterliegt den zu PatG 1968 entwickelten Rechtsgrundsätzen, vgl. 9. Aufl. § 9 Rdn. 160ff. Bei der Ermittlung des Schutzbereichs einer Patentanmeldung im Rahmen eines Entschädigungsstreits nach § 33 Abs. 1 ist auf den Inhalt der geltendgemachten Ansprüche abzustellen. § 33 ist im Zusammenhang mit § 14 zu lesen. Die Benutzung eines lediglich in der Beschreibung enthaltenen Erfindungsgedankens löst eine Entschädigungspflicht nach § 33 Abs. 1 nicht aus. Der Schutzbereich einer Patentanmeldung reicht nicht weiter als derjenige, der sich aus den Ansprüchen ergibt. Es bleibt unerheblich, dass der Anmelder bis zur Erteilung des Patents im Rahmen des Offenbarungsgehalts der Anmeldeunterlagen weiterreichende Ansprüche wählen kann, § 38 Satz 2, Art. 123 Abs. 2, 3 EPÜ, vgl. BGH GRUR **88,** 197 – Runderneuern. Nur soweit der Anmelder sein Schutzbegehren in Ansprüchen formuliert hat, steht ihm der patentrechtliche Schutz zu, weitergehend für PatG 1968 BGH GRUR **77,** 598, 601 a. E. – Autoskooter-Halle. Für den Zeitraum bis zur Erteilung des Patents bleibt gemäß § 14 der Schutzbereich maßgeblich, der in den Ansprüchen der Offenlegungsschrift (§ 32 Abs. 2) der Öffentlichkeit als Patentbegehren mitgeteilt worden ist. Der Entschädigungsanspruch aus § 33 Abs. 1 kann nicht auf einen nachträglich (zulässig) erweiterten Schutzbereich der erteilten Ansprüche gestützt werden. Die erteilten Patentansprüche sind für den einstweiligen Schutz der veröffentlichten Patentanmeldung nicht maßgeblich, soweit ihr Schutz weiter reicht als der Schutzumfang der Ansprüche der Offenlegungsschrift, vgl. Art. 69 Abs. 2 EPÜ. Im Übrigen gilt § 58 Abs. 2 (§ 35 Abs. 2 PatG 1968), wonach die Wirkung des einstweiligen Schutzes offengelegter Patentansprüche bei der Zurücknahme der Patentanmeldung oder der (teilweisen) Versagung des Patents als nicht eingetreten anzusehen ist, vgl. § 33 Rdn. 15.

III. Inhalt der Patentschrift/Bedeutung für den Schutzbereich

13 **1. a)** Der jeweilige **Patentanspruch** ist nicht nur Ausgangspunkt, sondern **maßgebliche Grundlage** für die Bestimmung seines Schutzbereichs, BGHZ **98,** 12, 18 – Formstein mit Anm. Ullmann GRUR **87,** 279; BGHZ **150,** 149, 154 – Schneidmesser I; **105,** 1, 12 – Ionenanalyse; **106,** 84, 92 – Schwermetalloxidationskatalysator; GRUR **89,** 903, 904 – Batteriekastenschnur; **92,** 594, 596 – Mechanische Betätigungsvorrichtung; **93,** 886, 889 – Weichvorrichtung I. Er dient dazu, den patentfähigen Gegenstand zu bezeichnen, § 34 Abs. 3 Nr. 3, Art. 84 EPÜ, Art. 8 Abs. 1 StraÜ, Art. 6 PCT (Schlagwort: **Definition des Gegenstands,** so schw. BG GRUR Int. **2001,** 986 – Spannschraube), und soll hierdurch den für diesen Gegenstand bestehenden **Schutzbereich bestimmbar machen,** vgl. Bösl Mitt. **97,** 174, 176; Breuer Mitt. **98,** 340. Es kann deshalb als sachgerechte Konsequenz aus §§ 14, 34 Abs. 3 Nr. 3 gewertet werden, dass die deutsche Rechtsprechung zwischen Gegenstand und Schutzbereich unterscheidet und bei vom Wortlaut des Patentanspruchs abweichenden Ausführungen einem abgestuften Schema der Schutzbereichsermittlung den Vorzug gibt, BGHZ **150,** 149, 153 – Schneidmesser I: Zunächst ist der **Gegenstand** (Lehre zum technischen Handeln) des betreffenden Patentanspruchs zu ermitteln, was als dessen **Auslegung** bezeichnet wird, BGHZ **150,** 149, 153 – Schneidmesser I; vgl. zur Auslegung näher Busche FS König, 2003, 49. Diese besteht in einer erschöpfenden Erörterung, welche Lehre zum technischen Handeln den Schutzansprüchen aus der Sicht des Fachmanns zu entnehmen ist, BGH X ZR 136/03 v. 25. 10. 2005 – Baumscheibenabdeckung; X ZR 198/01 v. 7. 6. 2005; GRUR **97,** 454, 455 – Kabeldurchführung. Die Vorgehensweise hierbei unterscheidet sich nicht von derjenigen bei der Prüfung des Inhalts eines Patentanspruchs auf Patentfähigkeit, BGH GRUR **2001,** 232, 233 – Brieflocher. Der in dem betreffenden Patentanspruch gewählte Wortlaut ist daraufhin zu würdigen, welche Anweisungen in ihm Ausdruck gefunden haben, BGHZ **106,** 84, 94 – Schwermetall-

oxydationskatalysator, BGH GRUR **2004,** 1023, 1024 – Bodenseitige Vereinzelungseinrichtung, und bei sinnvollem Verständnis des Patentanspruchs als zu dessen geschützter Lehre gehörend beansprucht sind, BGH GRUR **2004,** 1023, 1024 – Bodenseitige Vereinzelungseinrichtung. Es sind ferner etwaige Unklarheiten zu beheben und die verwendeten technischen Begriffe zu klären, BGHZ **150,** 149, 153 – Schneidmesser I. Hierzu ist der Patentanspruch im Gesamtzusammenhang in den Blick zu nehmen, BGH GRUR **2004,** 845, 846 – Drehzahlermittlung. Bedeutung und Tragweite der dort umschriebenen Erfindung sind zu klären, BGHZ **150,** 149, 153 – Schneidmesser I; **125,** 303, 309f. – Zerlegvorrichtung für Baumstämme; **105,** 1, 10 – Ionenanalyse; **98,** 12, 18f. – Formstein; BGH GRUR **92,** 594, 596 – mechanische Betätigungsvorrichtung. Dabei kann nicht ohne weiteres davon ausgegangen werden, in dem auszulegenden Patentanspruch enthaltene Angaben sei eine über Selbstverständlichkeiten hinausgehende Bedeutung beizumessen, BGH GRUR **2004,** 1023 – Bodenseitige Vereinzelungseinrichtung Das Ergebnis der Auslegung ist ein **bestimmter Sinngehalt** (Sinn) des betreffenden Patentanspruchs. Jede Ausführung, die von diesem Sinngehalt Gebrauch macht, unterfällt ohne weiteres diesem Patentanspruch, BGHZ **150,** 149, 153 – Schneidmesser I. Angesichts der Regel, den Schutz der Erfindung nicht am reinen Wortlaut der Patentansprüche, sondern an deren sachlichem Gehalt zu messen, kann andererseits aus einem solchermaßen ermittelten Sinngehalt nicht in jedem Fall abgeleitet werden, dass alle von diesem Sinngehalt abweichenden Ausführungen außerhalb des Schutzbereichs stünden. Wenn eine solche Ausführung zu beurteilen ist, ist vielmehr regelmäßig eine weitere Prüfung geboten, die auf der Grundlage dieses Sinngehalts, BGHZ **150,** 149, 154 – Schneidmesser I; BGH X ZR 136/03 v. 25. 10. 2005 – Baumscheibenabdeckung, und damit wiederum auf der Grundlage des betreffenden Patentanspruchs deren Beschaffenheit wertet (siehe hierzu Rdn. 99ff.). Die Ermittlung des Schutzbereichs eines Patentanspruchs, nicht nur die Ermittlung, welcher Gegenstand mit ihm beansprucht ist, hat sich so an den Ansprüchen des Patents auszurichten, BGHZ **150,** 161, 162 – Kunststoffrohrteil; **150,** 149, 154 – Schneidmesser I m.w.N. Der betreffende Patentanspruch darf bei der Ermittlung des Schutzbereichs allenfalls dann lediglich als Richtlinie für ein dem Fachmann überlassenes Lösungsprinzip verstanden werden, wenn er eine vollständig durch allgemeine technische Merkmale beschriebene Lehre enthält (vgl. Auslegungsprotokoll Satz 2).

b) Hat es der Anmelder im Erteilungsverfahren versäumt, den gesamten Offenbarungsgehalt seiner Patentschrift durch eine entsprechende Fassung der Patentansprüche abzudecken, rechtfertigt es auch das Anliegen einer gerechten Entlohnung nicht, eine nur in der Beschreibung offenbarte weiterreichende Erfindung in den Gegenstand des patentrechtlichen Schutzes einzubeziehen, BGH GRUR **80,** 219, 220 – Überströmventil; BGHZ **100,** 249, 254 – Rundfunkübertragungssystem; BlPMZ **95,** 322; vgl. auch GRUR **2005,** 145 – elektronisches Modul; BGHZ **150,** 149, 159 – Schneidmesser I. Verfehlt ist es deshalb, sich bei der Auslegung des Patentanspruchs gar davon leiten zu lassen, ob ein Patentschutz für den Effekt zu erreichen gewesen wäre, der mit einer im Verletzungsprozess beanstandeten Ausführungsform angestrebt und verwirklicht worden ist, vgl. Bruchhausen FS Preu, 1988, 3, 11. Da es bei der Beurteilung, welcher Gegenstand durch das Patent unter Schutz gestellt ist, allein auf den Patentanspruch in Verbindung mit den Angaben in der Patentschrift ankommt, ist ebenfalls nicht von Bedeutung, auf welche Art und Weise und zu welchem Zweck der Patentinhaber oder sein Lizenznehmer den Erfindungsgegenstand verwirklicht, BGH GRUR **87,** 794, 795 – Antivirusmittel bezogen auf einen zweckgebundenen Stoffschutz. Es ist deshalb bei der Beantwortung der Verletzungsfrage zu vermeiden, die angegriffene Ausführungsform mit einem als Ausführungsform bezeichneten Produkt des Patentberechtigten zu vergleichen. Der Vergleich hat sich am Sinngehalt des betreffenden Patentanspruchs zu orientieren. 14

c) Der Patentanspruch wird in der Regel in einen **Oberbegriff** (Gattungsbegriff) und einen **Kennzeichnungsteil,** der die (angeblich) neuen Lösungsmittel enthält, untergliedert; beide Teile werden durch die Worte „dadurch gekennzeichnet" getrennt, vgl. § 34 Rdn. 58ff.; § 9 Abs. 2 PatV; Regel 29 Abs. 1 Satz 2 AOEPÜ. Der Aufbau des Patentanspruchs ist als solcher für die Ermittlung des Gegenstands des Patents **ohne Bedeutung.** Für den Gegenstand eines aus mehreren Merkmalen bestehenden Patents ist es belanglos, ob ein Merkmal im Oberbegriff oder im kennzeichnenden Teil des Anspruchs steht, BGH GRUR **94,** 357, 358 – Muffelofen; GRUR **89,** 103, 105 – Verschlussvorrichtung für Gießpfannen; BGHZ **96,** 3, 5 – Hüftgelenkprothese; OLG Düsseldorf GRUR **2000,** 599, 603; Meier-Beck GRUR **2002,** 967, 969; Schiuma, Formulierung u. Auslegung, S. 288; v. Falck FS GRUR in Deutschl. Bd. 1, S. 543, 561, weil der äußere Aufbau von Patentansprüchen Zweckmäßigkeitserwägungen folgt und die Einteilung auf subjektiver Einschätzung dessen beruht, was vorbekannt oder vorbeschrieben 15 und was neu sei. So können im Oberbegriff auch Merkmale enthalten sein, die nicht zum Stand der Technik gehören, EPA GRUR Int. **88,** 251, 253 – Diagnostisches Mittel/Boehringer-Kodak, in denen vielmehr die patentbegründende Neuerung gesehen werden muss, BGH GRUR **62,** 80, 81 – Rohrdichtung; RG GRUR **36,** 585, 586, und die Unterbringung des einen oder anderen Merkmals im kennzeichnenden Teil des Patentanspruchs ist kein Beweis dafür, dass gerade hierin das Erfinderische zu erblicken ist, BGH I ZR 98/58 vom 12. 4. 1960 S. 16. Dass ein Merkmal einer Kombinationserfindung im Oberbegriff steht, besagt auch nicht, dass es für eine Gesamtkombination ohne Bedeutung wäre, RG GRUR **33,** 631, 632; Windisch GRUR **78,** 385, 389. Im Einzelfall kann allerdings durch eine geteilte Anspruchsfassung eine Beschränkung zum Ausdruck kommen, Walter GRUR **93,** 348, 353.

16 **d) Bezugszeichen** im Patentanspruch, d.h. Ziffern oder Buchstaben aus einer Patentzeichnung, sind kein Hinweis dafür, dass nur die konkreten, im gezeigten Ausführungsbeispiel beschriebenen Baumittel durch das Patent geschützt seien, BGH GRUR **63,** 563, 564 – Aufhängevorrichtung; RGZ **167,** 339, 345. Sie dienen der Verdeutlichung, RGZ **167,** 339, 345; Mediger Mitt. **63,** 81, und sollen wie Beschreibung und Zeichnungen das Verständnis des Patentanspruchs erleichtern, EPA GRUR Int. **87,** 696 – Bezugszeichen/PHILIPS. Allein ihretwegen darf eine einschränkende Auslegung des Patentanspruchs nicht vorgenommen werden, vgl. Regel 29 Abs. 7 Satz 2 AOEPÜ; Schiuma, Formulierung u. Auslegung, S. 302; Busse/Keukenschrijver § 14 PatG Rdn. 53.

17 **2. a)** Hat das Patent **mehrere Ansprüche,** so ist der erste Anspruch in der Regel der allgemeinste, der die Erfindung in ihrer Gesamttragweite erfassen soll. Enthält er alle Merkmale, die zur Lösung des technischen Problems gemäß der Erfindung notwendig sind, wird er als **Hauptanspruch** (vgl. § 9 Abs. 4 PatV) oder als **unabhängiger Patentanspruch** (vgl. Regel 29 Abs. 3, 4 AOEPÜ) bezeichnet. Die nachgeordneten Ansprüche sind entweder Unteransprüche (abhängige Patentansprüche) oder Nebenansprüche. Ein Hauptanspruch oder unabhängiger Patentanspruch trägt eine Verletzungsklage unabhängig von der Verwirklichung der in den Unteransprüchen oder einem anderen unabhängigen Anspruch des Patents bezeichneten Lösungsmerkmale.

18 **b)** Nimmt ein nachgeordneter Anspruch auf den Hauptanspruch Bezug, so liegt in der Regel ein **Unteranspruch** vor, RG GRUR **35,** 161, 162. Die **Bezugnahme** in einem nachgeordneten Anspruch **auf einen vorangehenden Anspruch** bedeutet, dass dessen Inhalt neben dem ausdrücklich als kennzeichnend bezeichneten für den nachgeordneten Anspruch gelten soll, BGH GRUR **65,** 355 – Bolzenschießgerät, d.h. es soll lediglich die wörtliche Wiederholung des nach dem vorangehenden Anspruch Erforderlichen ersetzt werden, § 9 Abs. 6 PatV. Bei einer Bezugnahme auf mehrere vorangehende Ansprüche – „nach einem oder mehreren der vorhergehenden Ansprüche" – ist jedenfalls der Inhalt des ersten Anspruchs als eine Art Oberbegriff einzusetzen, wenn sämtliche vorangehenden Ansprüche auf ihn zurückbezogen sind, BGH Liedl **63/64,** 580, 586. Der Gegenstand des Patents besteht daher bei einem Unteranspruch in aller Regel aus den Merkmalen des Hauptanspruchs in Verbindung mit den im Unteranspruch aufgeführten Merkmalen. Die Vorbehalte gegen einen Schutz von Unterkombinationen und Elementen (siehe hierzu Rdn. 120ff.) gelten ganz besonders für die Elemente der vom Hauptanspruch abhängigen Unteransprüche, Ballhaus/Sikinger GRUR **86,** 337, 341; Schiuma, Formulierung u. Auslegung, S. 289 m.w.N.; Schramm/Kaess S. 187; a.A. Jander Mitt. **87,** 101, 103. Die durch das Begehren des Anmelders und den Erteilungsakt festgestellte **Abhängigkeit des Unteranspruchs** vom Hauptanspruch rechnet zu dem für die Bestimmung des Schutzbereichs maßgeblichen **Inhalt der Patentansprüche.** Ein Unteranspruch trägt eine Verletzungsklage daher nur bei Verwirklichung auch der in dem in Bezug genommenen Anspruch des Patents bezeichneten Lösungsmerkmale, Franzosi FS f. Kolle u. Stauder, 2005, 123, 130. Unteransprüche schränken den weitergehenden Gegenstand des Patents nach dem Hauptanspruch nicht ein, RG GRUR **44,** 72, 74f.; BGH GRUR **55,** 244, 245 – Repassiervorrichtung I; vgl. aber auch Tilmann GRUR **2005,** 904, 906.

19 Entgegen früherer Rechtsanwendung (vgl. 6. Aufl. § 6 Rdn. 73; 9. Aufl. § 9 Rdn. 167) ist es dem Verletzungsrichter versagt, selbstständig zu prüfen, ob ein Unteranspruch losgelöst vom Inhalt des Hauptanspruchs die Voraussetzungen der Patentfähigkeit erfüllt, Ballhaus/Sikinger GRUR **86,** 337, 341; Ullmann GRUR **93,** 334, 335. Auch eine Einstufung als unechter Unteranspruch mit selbstständigem Erfindungsgehalt, RGZ **146,** 29, 32; **158,** 385, 387; vgl. auch BPatGE **13,** 184, 186; GRUR **83,** 171 – Schneidhaspel, oder als echter Unteranspruch, dem eine solche Qualität fehlt, ist deshalb für das Patentverletzungsverfahren ohne Bedeutung. Eine andere Rechtsanwendung würde das im Auslegungsprotokoll zu Art. 69 EPÜ ausdrücklich enthaltene Gebot der Wahrung ausreichender Rechtssicherheit verletzen.

c) Der **Nebenanspruch** ist ein **unabhängiger Patentanspruch,** vgl. BGH Mitt. **2005,** 357 – Aufzeichnungsträger. Er unterscheidet sich vom Unteranspruch dadurch, dass er nicht lediglich eine besondere Ausgestaltung der Erfindung nach dem Hauptanspruch enthält, die diesen im Einzelnen hinzufügend, ändernd oder auslassend modifiziert, RG GRUR **35,** 161, 162; **38,** 832, 834. Ein Nebenanspruch hat vielmehr eine vom Hauptanspruch in sich unabhängige Erfindung zum Gegenstand, enthält beispielsweise eine selbstständige Erweiterung der Erfindung des Hauptanspruchs, RGZ **158,** 385, 388; RG GRUR **35,** 161, 162; **38,** 832, 834, die dem Hauptanspruch zur Seite tritt, oder hat mit dem Hauptanspruch nur die Problemstellung gemeinsam, stellt aber eine vom Hauptanspruch verschiedene Lösung unter Schutz, RG GRUR **39,** 528, 530; **39,** 541, 542; BGH GRUR **55,** 476, 477 – Spülbecken, oder hat gar eine Erfindung zum Gegenstand, die nur derselben Gesamtaufgabe dient wie die Erfindung nach dem Hauptanspruch, die jedoch von dieser nach Problem und Lösung verschieden ist, RG GRUR **38,** 422, 423; BGH GRUR **65,** 355, 356 – Bolzenschießgerät; § 9 Abs. 5 PatV. Der Nebenanspruch enthält daher im Allgemeinen keine Bezugnahme auf vorangehende Patentansprüche, BGH GRUR **65,** 355, 356 – Bolzenschießgerät; siehe aber auch § 9 Abs. 5 S. 3 PatV. Der Charakter als Nebenanspruch wird häufig dadurch zum Ausdruck gebracht, dass ein nachfolgender Anspruch nur mit „insbesondere" auf den Hauptanspruch verweist, vgl. BGH GRUR **55,** 476, 477 – Spülbecken; **59,** 22, 23 – Einkochdose; RG GRUR **39,** 528, 530; PA GRUR **44,** 129, 131. Aus Vereinfachungsgründen kann aber auch hier durch eine Bezugnahme auf einen vorangehenden Anspruch zum Ausdruck gebracht werden, dass der Inhalt des vorangehenden Anspruchs als Oberbegriff für den nachfolgenden Anspruch gilt, BGH GRUR **65,** 355 – Bolzenschießgerät; BPATGE **41,** 112. Die allgemeine Bezugnahme auf einen vorangehenden Anspruch schließt deshalb das Vorliegen eines selbstständigen Nebenanspruchs nicht aus, BGH GRUR **68,** 305, 306 – Halteorgan; RG GRUR **31,** 1137, 1140f.; **33,** 556, 557. Ob ein Unteranspruch oder ein Nebenanspruch gegeben ist, ist dann im Einzelfall durch Auslegung nach Maßgabe des § 14 zu ermitteln. Es kommt darauf an, ob ein nachgeordneter Anspruch gegenüber dem Hauptanspruch eine selbstständige Schutzbeanspruchung enthält, vgl. BGH GRUR **68,** 305, 306 – Halteorgan. Ein Anspruch, der auf einen Patentanspruch anderer Kategorie rückbezogen ist, ist immer Nebenanspruch, BPatG Mitt. **73,** 32, 34. Das ist der Fall, wenn einmal das Verfahren, zum anderen die Vorrichtung hierfür geschützt sind, vgl. Regel 30 AOEPÜ; von Rospatt GRUR **85,** 740, 742, aber auch, wenn ein Verwendungsanspruch auf einen Sachanspruch rückbezogen ist, BPATGE **43,** 66. Betrifft ein Patentanspruch ein Verfahren zum Herstellen von Gegenständen unter Einsatz einer Überwachungseinrichtung und anderer Einrichtungen, und betrifft ein weiterer Patentanspruch eine Vorrichtung zur Durchführung des Verfahrens, so gehören zu den Merkmalen des Nebenanspruchs (Vorrichtung) auch die im Verfahrensanspruch genannten Einrichtungen, BPatG 8W(pat)43/95 v. 11. 3. 1997. Da bei Wahrung des Grundsatzes der Einheitlichkeit der Erfindung (Art. 82 EPÜ, § 35 Abs. 1 Satz 2) auch mehrere unabhängige Ansprüche derselben Kategorie aufgestellt werden können, Regel 29 Abs. 2 AOEPÜ, § 9 Abs. 5 PatV, kann ein Patent aber auch mehrere Nebenansprüche derselben Kategorie enthalten. Im ersten Anspruch kann der Gegenstand der Erfindung funktionell bezeichnet sein, in einem anderen davon unabhängigen Anspruch kann eine besondere Art seiner Ausgestaltung beansprucht sein. Ein gleich weit erscheinender Schutzbereich zweier Patentansprüche eines Patents schließt die Annahme zweier Nebenansprüche nicht aus, vgl. EPA-Richtl. Teil C Kap. III 3.2. Die Wahl mehrerer unabhängiger Patentansprüche kann dazu dienen, neben dem allgemeinen funktionellen Prinzip eine besondere Art seiner Ausführung zu beanspruchen, Regel 29 Abs. 3 AOEPÜ. Zwei unabhängige Ansprüche derselben Patentkategorie können sich auch auf Teilstücke einer Gesamtvorrichtung beziehen, bei der sowohl das betreffende Teilstück (Hohlprofil) als auch die Gesamtvorrichtung (Hohlprofil mit Versteifungskern) in den Verkehr gelangen, vgl. EPA-Richtl. Teil C Kap. III 3.3. Ein Nebenanspruch kann Hauptanspruch von Unteransprüchen sein, § 9 Abs. 6 PatV. Auch ein Nebenanspruch schränkt den Gegenstand des Patents nach dem anderen Nebenanspruch nicht ein. 20

Daraus folgt für den Verletzungsprozess: Liegt eine vom Hauptanspruch unabhängige Schutzbeanspruchung vor, etwa weil Problemstellung und Lösung der beiden Ansprüche verschieden sind, so ist der Schutzbereich des Nebenanspruchs gesondert festzustellen. Der ermittelte Schutz des Nebenanspruchs ist im Verletzungsprozess hinzunehmen, ohne die Schutzfähigkeit nachprüfen zu können, RG GRUR **35,** 161, 162. Die Patentfähigkeit eines erteilten Nebenanspruchs darf vom Verletzungsrichter nicht in Zweifel gezogen werden, auch wenn die Erteilungsbehörde sie verfahrenswidrigerweise nicht geprüft hat. Das liefe auf eine teilweise Nichtbeachtung des Schutzes für eine unabhängige Lösung hinaus, OLG Düsseldorf 2 U 79/64 vom 5. 2. 1965; Nirk, Festschr. Zehn Jahre Bundespatentgericht, 1971, S. 85, 94f.; von Rospatt GRUR **85,** 740, 745, anders noch RG GRUR **39,** 541, 543, das generell eine Prüfung im 21

Verletzungsprozess nachgeholt haben wollte, wenn das Patentamt einen Nebenanspruch ersichtlich nur als Unteranspruch behandelt hat, d. h. nur im Zusammenhang mit dem Hauptanspruch auf Patentfähigkeit geprüft hat. Dieser Standpunkt ist abzulehnen. Ein vom Hauptanspruch unabhängiger selbstständiger Patentanspruch muss im Verletzungsprozess beachtet werden, solange er nicht widerrufen oder für nichtig erklärt worden ist, vgl. § 9 Rdn. 61.

22 **3. a)** Die **Patentbeschreibung,** deren notwendiger Inhalt in § 34 Abs. 3 Nr. 4 PatG, §§ 10f. PatV, Art. 83 EPÜ, Regel 27 AOEPÜ bestimmt ist, dient der Erläuterung der Patentansprüche. § 14 Satz 2 ordnet deshalb **zwingend** („sind") an, sie zur Auslegung der Patentansprüche und zur Ermittlung des Schutzbereichs heranzuziehen, BGH GRUR **89,** 903, 904 – Batteriekastenschnur; **92,** 594, 596 – Mechanische Betätigungsvorrichtung. Insbesondere das in der Beschreibung dargestellte technische Problem der Erfindung kann insoweit wesentlich sein (vgl. Rdn. 79ff.) und der in der Patentschrift mitgeteilte Stand der Technik ist neben dem allgemeinen Fachwissen des Fachmanns wichtiger Bestandteil für das sachgerechte Verständnis der Erfindung (vgl. Rdn. 60ff.). Zur technischen Erläuterung des beanspruchten Schutzes ist aber beispielsweise auch eine in der Beschreibung enthaltene Bestimmung des technischen Erfolgs heranzuziehen, BGH GRUR **53,** 29, 31f. – Plattenspieler; GRUR **61,** 409, 410 – Drillmaschine. Die **Patentansprüche sind** also **immer im Zusammenhang** mit der **Beschreibung zu lesen,** Breuer Mitt. **98,** 340, 341; Walter GRUR **93,** 348, 350; Busse/Keukenschrijver § 14 PatG Rdnr. 43; Schulte/Kühnen § 14 PatG Rdnr. 21; Singer/Stauder Art. 69 Rdnr. 31; vgl. auch österr. OPM Österr. PBl. **96,** 11, 12 und Holzer Mitt. **92,** 129, 130 zum wortgleichen § 22a österr. PatG; a. A. Le Tallec GRUR Int. **89,** 475, 477 m. N. aus franz. Rspr., wobei der Offenbarungsgehalt der Beschreibung wegen des Vorrangs der Patentansprüche nur insoweit als Auslegungshilfe dienen darf, als er Niederschlag in den Patentansprüchen gefunden hat, BGH X ZR 198/01 v. 7. 6. 2005 – Knickschutz; GRUR **99,** 909, 911 – Spannschraube. Durch Heranziehung der Beschreibung bei der Auslegung der Patentansprüche wird sichergestellt, dass der tatsächliche Sprachgebrauch des Patents hinreichende Beachtung findet. Patentschriften stellen im Hinblick auf die dort gebrauchten Begriffe gleichsam ihr **eigenes Lexikon** dar, BGH GRUR **99,** 909, 912 – Spannschraube; Mitt. **2000,** 105, 106 – Extrusionskopf; BGHZ **150,** 149, 156 – Schneidmesser I; OLG Düsseldorf 2 U 244/93 v. 27. 6. 1996; BPatG 4 Ni 11/00 v. 20. 2. 2002; Meier-Beck GRUR **2000,** 355, 358; vgl. auch U. K. Patents Court, [**2002**] R. P. C. 1, 63. Insbesondere die **Beschreibung** kann als **Wörterbuch** dienen, vgl. Briner FS 100 Jahre PatG, 1988, 115, 121; ebenso Falconer GRUR Int. **89,** 471, 473 über die Praxis in UK. Weichen Begriffe in den Schutzansprüchen vom allgemeinen technischen Sprachgebrauch ab, was bei entsprechenden Hinweisen in der Patentschrift zu prüfen ist, LG München InstGE **1,** 38, ist der sich aus den Patentansprüchen und der Beschreibung ergebende Begriffsinhalt maßgebend, BGH X ZR 198/01 v. 7. 6. 2005 – Knickschutz; GRUR **99,** 909, 911 – Spannschraube; BGHZ **150,** 149, 153 – Schneidmesser I; **113,** 1, 9f. – Autowaschvorrichtung; **105,** 1, 10 – Ionenanalyse. Nur wenn sich eine solche Abweichung nicht feststellen lässt, kann bei Fachausdrücken von der Bedeutung ausgegangen werden, die ihnen ansonsten vom Fachmann des betreffenden Fachgebiets beigelegt wird, vgl. RG GRUR **38,** 876, 878; z. B. im Hinblick auf die in der Patentschrift angegebene Wirkungsweise, RG GRUR **41,** 31, 33, oder den bezweckten Erfolg, RG Mitt. **40,** 6. Die Rechtsprechung hat auch schon früher wiederholt insbesondere die rein sprachliche Ausdeutung eines in der Patentschrift verwendeten Begriffs abgelehnt und auf den technischen Sinn der in der Patentschrift benutzten Worte und Begriffe abgestellt, BGHZ **2,** 261, 264; **3,** 365 – Schuhsohle; BGH GRUR **59,** 320, 322 – Moped-Kupplung; **60,** 478, 480 – Blockpedale; **64,** 612, 615 – Bierabfüllung; **75,** 622, 624 – Streckwalze; BPatGE **13,** 184, 187; weitere Rechtspr.-Nachweise vgl. 6. Auflage § 6 Rdn. 86. Das steht in Einklang mit der Vorgabe (Satz 1) des Protokolls über die Auslegung von Art. 69 EPÜ. Die Ermittlung des Schutzbereichs darf nicht am Wortlaut des Anspruchs haften. Ob die im Patentanspruch verwendeten Ausdrücke sprachlich auf eine Ausführungsform passen, ist deshalb für sich allein für die Verletzungsfrage ohne Bedeutung, vgl. RG GRUR **37,** 210, 211; RGZ **86,** 412, 416ff.; OGHBrZ **3,** 63, 71; BGH X ZR 35/74 v. 22. 1. 1976 S. 9; vgl. hierzu Bruchhausen GRUR **82,** 1, 4. So kann bei Orientierung an dem Sinn, den die Patentschrift dem Fachmann insgesamt vermittelt, unter einer Weiche eine bloße Zungenvorrichtung verstanden werden, obwohl eine Weiche im Allgemeinen aus einem Paar von Zungenvorrichtungen, einem Herzstück und Weichenbetätigungsmittel besteht, BPatG 11W(pat)705/02 v. 10. 2. 2003. Kommen aus fachlicher Sicht mehrere Definitionen eines im Patentanspruch verwendeten Begriffs in Betracht, darf über die Bedeutung nicht je nach der konkreten Ausgestaltung der angegriffenen Ausführungsform (unterschiedlich) geurteilt werden, sondern nur (einheitlich) nach dem anhand des Klageschutzrechts festzustellenden Sinn des Erfindungsgegenstands, OLG

München OLGR München **2004,** 376. Auch klar und aus sich heraus ohne weiteres verständlich erscheinende Patentansprüche sind im Lichte der Beschreibung zu sehen. Denn die Beschreibung ist nicht nur zur Behebung etwaiger Unklarheiten in den Patentansprüchen heranzuziehen (Auslegungsprotokoll Satz 2). Sie gibt auch bei klar gefassten Patentansprüchen Richtlinien zur Auslegung. Der Inhalt der Beschreibung kann aber vor allem der Klarstellung eines unklaren, in sich widerspruchsvollen Wortlauts der Patentansprüche dienen, Busche FS König, 2003, 49, 56. So kann sich aus der Zusammenschau von Anspruch und Beschreibung in Einzelfällen ein Schutzbereich ergeben, der hinter dem Wortlaut der Ansprüche zurückbleibt, siehe Rdn. 24. Die Beschreibung kann zu der Auslegung führen, dass der Schutzbereich (zu) abstrakt gefasster Ansprüche sich nicht auf technische Bereiche erstreckt, die in der Problemstellung der Erfindung nicht angesprochen werden. Ebenso wie der Inhalt der Beschreibung ergeben kann, dass der patentrechtliche Schutz sich nicht notwendigerweise auf die in den Ansprüchen mitgeteilten konstruktiven Einzelmaßnahmen und deren Zusammenwirken beschränken muss (siehe Rdn. 120 ff.), kann er auch ergeben, dass der im Anspruch genannte Einsatz der Maschine nur als ein Beispielsfall einer umfassenderen Anwendung gemeint ist, BGH GRUR **81,** 259, 261 – Heuwerbungsmaschine II.

Bei der notwendigen Heranziehung der Beschreibung darf jedoch die **Maßgeblichkeit des auszulegenden Patentanspruchs** und deshalb **nicht außer Acht** gelassen werden, dass die Beschreibung den Patentanspruch nicht ersetzen kann. Aus der Beschreibung lässt sich kein Gegenstand herleiten und kein Schutzbereich ermitteln, der sich nicht aus dem Inhalt der Patentansprüche in ihrer Auslegung durch Beschreibung und Zeichnung ergibt, vgl. BGH X ZR 198/01 v. 7. 6. 2005 – Knickschutz; GRUR **99,** 909, 911 – Spannschraube. Ein – möglicherweise schutzfähiger – selbstständiger Offenbarungsgehalt der Beschreibung bleibt außer Betracht, wenn er nicht Eingang in die Fassung der Schutzansprüche gefunden hat, BGHZ **150,** 149, 159 – Schneidmesser I; **100,** 249 – Rundfunkübertragungssystem; BGH BlPMZ **95,** 32228; BGHZ **101,** 159 – Antivirusmittel; GRUR **80,** 219, 220 – Überströmventil; Krieger GRUR **89,** 209; Busche Mitt. **99,** 161, 163; Busse/Keukenschrijver §14 PatG Rdnr. 46; Heinrich 51.20; vgl. auch schw. HG Zürich sic! **99,** 52, 55 – Betonpflasterstein I; franz. C.A. Paris Ann. **92,** 144, zitiert nach LG Düsseldorf GRUR Int. **99,** 458, 461. In der Beschreibung kann etwas erwähnt sein, was hiernach mit dem patentierten Erfindungsgegenstand nichts zu tun hat, RG GRUR **44,** 140, 142. Das Ausführungsbeispiel in einer Patentschrift muss nicht notwendig nur die Merkmale des Gegenstands des Hauptanspruchs zeigen, BPatG 1Ni2/98 v. 23. 2. 1999. Angaben der Beschreibung, die dem Anspruch widersprechen, sind grundsätzlich unbeachtlich, RG GRUR **42,** 51, 52. Ebenso wie ein weiter gefasster Patentanspruch grundsätzlich auch dann als maßgeblich zu behandeln ist, wenn die in der Beschreibung dargestellte Ausführungsform enger ist, BGH GRUR **58,** 179, 181 – Resin; GRUR **61,** 409, 410 – Drillmaschine; BPatG GRUR **2000,** 793; Schramm S. 71; vgl. ferner schw. BG GRUR Int. **2001,** 986 – Spannschraube; aber auch Barbuto SA Nr. 2 z. ABl. 2001, 94, 102, der nur den deckungsgleichen Bereich gelten lassen will, hat ein enger gefasster Patentanspruch Vorrang vor der weiter gefassten Beschreibung, BGHZ **150,** 149, 159 – Schneidmesser I; vgl. auch schw. BG GRUR Int. **2001,** 986 – Spannschraube – m. w. N. Auch eine weitgefasste Aufgabe oder ein weitreichender Anwendungshinweis vermag einen Mangel der Offenbarung der Lösungsmerkmale im Patentanspruch nicht zu beseitigen, vgl. BGH GRUR **80,** 219, 220 – Überströmventil; BGHZ **92,** 129 – Acrylfasern. Generell gilt: Der auszulegende Patentanspruch darf durch die Berücksichtigung der Beschreibung **weder eine inhaltliche Ergänzung** (Erweiterung), Preu GRUR **85** 728, 730; Kraßer § 32 III b 3; vgl. auch OLG Karlsruhe Mitt. **90,** 78, 79; schw. HG Zürich sic! **99,** 52, 55 – m. w. N.; Walter GRUR **93,** 348, 350 m. w. N., **noch eine sachliche Einengung,** Preu GRUR **85,** 728, 730; Mes § 14 PatG Rdnr. 28; Schramm/Popp/Bohnenberger S. 82, erfahren, BGH GRUR **2004,** 1023, 1024 – Bodenseitige Vereinzelungseinrichtung. Bei Heranziehung der Beschreibung ist ferner darauf zu achten, welche Ausführungen welchen Patentanspruch erläutern. Es kann nicht ohne weiteres davon ausgegangen werden, dass alle Erläuterungen gleichermaßen für jeden Anspruch des Patents gelten. Bei der Auslegung des Hauptanspruchs geht der allgemeine Teil der Beschreibung einem speziellen Ausführungsbeispiel und dem ein solches Ausführungsbeispiel betreffenden Beschreibungsteil vor, vgl. RG GRUR **41,** 360, 363; BGH X ZR 18/68 vom 29. 6. 1971. Unklarheiten der Beschreibung können durch die Zeichnung behoben werden, RG MuW **35,** 393, 394. Der Meinung, Widersprüche in der Beschreibung könnten anhand der Erteilungsakten geklärt werden, wenn nur keine Merkmale entnommen würden, die nicht in der Patentschrift selbst offenbart sind, so Ullmann in der 9. Aufl. § 9 PatG Rdn. 25 unter Bezug auf RG GRUR **44,** 22, 23, kann nach BGHZ **150,** 161, 162 f. – Kunststoffrohrteil – nicht mehr beigetreten werden. Bei einer Beschränkung versehentlich in der Beschreibung stehengebliebene Dinge sind eben- 23 falls ohne Bedeutung, RG GRUR **36,** 905, 907; **44,** 22, 24. Zum Ersatz der Beschreibung bei der Teilvernichtung vgl. Rdn. 26. Auch die Zusammenfassung des Inhalts der Patentanmeldung (§ 36) ist nicht Bestandteil der geltenden Beschreibung und nimmt deshalb an der Auslegung nicht teil (vgl. Rdn. 32). Der Titel, d.h. die Überschrift der Patentschrift ist hingegen Teil der geltenden Beschreibung und kann mithin bei der Auslegung der Patentansprüche zur Ermittlung des Schutzbereichs herangezogen werden, vgl. auch RG GRUR **28,** 125; **34,** 182.

24 **c)** Eine **Auslegung eines Patentanspruchs „unter seinen Wortlaut"** bedeutet nicht notwendig eine inhaltliche Ergänzung in Form einer sachlichen Einschränkung. Zwar verleiht § 14 dem in dem betreffenden Patentanspruch gewählten Wortlaut entscheidende Bedeutung, so ausdrücklich auch BGH GRUR **2004,** 1023, 1025 – bodenseitige Vereinzelungseinrichtung; Maßgeblich ist aber der durch Auslegung zu ermittelnde Sinngehalt der verwendeten Worte im Gesamtzusammenhang, BGHZ **159,** 221 – Drehzahlermittlung. Aus dem Verbot einer sachlichen Einschränkung folgt deshalb nur ein Verbot, einen Patentanspruch „unter seinen Sinngehalt" auszulegen, vgl. BGH GRUR **2004,** 579 – Imprägnieren von Tintenabsorbierungsmitteln. Beschreibung und/oder Zeichnungen können den Offenbarungsgehalt so begrenzen, dass dem Patentanspruch eine engere Lehre zu entnehmen ist als die, welche der Anspruchswortlaut zu vermitteln scheint, BGH Mitt. **2000,** 105 – Extrusionskopf. So kann sich etwa ergeben, dass mit der Kennzeichnung „frei bewegliche Räder" im Patentanspruch ausschließlich solche gemeint sein können, die in vertikaler Richtung frei beweglich sind (vgl. TGI Paris, 9. 12. 1980, und C.A. Paris, 26. 10. 1982, zitiert nach Czekay, 1986, 208f.). Im Einzelfall kann der Fachmann sich sogar genötigt sehen, den Ausdruck „parallel geschaltet" in einem eine Schaltungsanordnung betreffenden Patentanspruch als Anweisung „in Reihe geschaltet" zu verstehen, BPatG GRUR **2000,** 408. Derartige Erkenntnis zu berücksichtigen, beeinträchtigt nicht die Rechtssicherheit, **wenn** die vom Sprachgebrauch des Patentanspruchs abweichende Bedeutung nach dem Gesamtinhalt der Patentschrift **eindeutig** ist, vgl. Teschemacher, EPÜ-Gemeinschkomm. Art. 84 Rdnr. 92. Man wird deshalb sagen können, dass eine Auslegung „unter den Wortlaut" nur ausnahmsweise in Betracht kommt, BGH GRUR **99,** 909, 912 – Spannschraube; Mitt. **2000,** 105 – Extrusionskopf; Meier-Beck GRUR **2000,** 355, 358; Brandi-Dohrn GRUR Int. **95,** 541, 547; Busse/Keukenschrijver § 14 PatG Rdn. 44; Mes § 14 PatG Rdn. 20a; Brandi-Dohrn/Gruber/Muir Rdnr. 21.25. Die Meinung des Auslegenden, unter Berücksichtigung der erfinderischen Leistung gehe die Anspruchsbreite zu weit, reicht angesichts der Maßgeblichkeit des gewährten Patentanspruchs nicht aus, eine solche Ausnahme anzunehmen, Brandi-Dohrn GRUR Int. **95,** 541, 547; Busse/Keukenschrijver §14 PatG Rdn. 47. Aus demselben Grund ist auch der Meinung entgegenzutreten, eine Einengung sei immer statthaft, wenn sich auf Grund von Beschreibung und Zeichnungen der Wortlaut des Anspruchs als zu weit erweise, insbes. wenn er auch Teilbereiche des freien Stands der Technik abdecke, so aber wohl schw. BG sic! **97,** 414, 416 I; Brandi-Dohrn/Gruber/Muir Rdn. 21.25. In solchen Fällen können grundsätzlich nur Einspruch, Nichtigkeitsklage oder der sog. Formstein-Einwand (siehe hierzu Rdn. 126ff.) Abhilfe schaffen. Ein gegenüber dem Wortlaut des Patentanspruchs eingeschränkter Geltungsbereich soll aber bei Auslegungszweifeln in Betracht kommen, weil sie dem Patentbewerber zu Ungunsten gereichen müssten, so schw. BG GRUR Int. **93,** 878, 879 m.w.N.; Franzosi FS f. Kolle u. Stauder (2005) 123, 133f.; Walter GRUR **93,** 348, 350 m.w.N. Eine einschränkende Auslegung ist geboten, wenn der Beschreibung eine ausdrückliche Schutzbegrenzung zu entnehmen ist, Brunner sic! **98,** 348, 354, und zwar unabhängig davon, ob diese Begrenzung vom Stand der Technik her angebracht war, Kraßer § 32 III b 4. Auch dann, wenn eine bestimmte Gestaltung in der Beschreibung als bereits bekannt bezeichnet ist, kann sie als vom weiter formulierten Patentanspruch nicht umfasst anzusehen sein, so als Regel UK Patents Court GRUR Int. **97,** 373. Eine einschränkende Auslegung ist ferner gerechtfertigt (Beispiel: schw. HG Zürich SMI **92,** 287, 290 – Rohrschelle – allerdings im Rahmen einer Nichtigkeitseinrede), wenn der Fachmann bei der Befassung mit dem Patentanspruch ohne weiteres erkennt, dass die nach seinem Wortlaut vorgeschlagenen Merkmale allein die Lehre zum technischen Handeln nicht vollständig beschreiben, vgl. BGH GRUR **95,** 330, 332 – Elektrische Steckverbindung; zweifelnd Anders GRUR **2001,** 867; a.A. BPatG GRUR **2001,** 144, 147 – Offenbarung eines Patentanspruchs; Hilty Mitt. **93,** 1, 14f., der nur bei bösgläubigem Rechtsmissbrauch Ausnahme machen will, sowie Schramm/Popp/Bohnenberger S. 81, die hier Ergänzung im Wege eines Einspruchs-, Nichtigkeits- oder Beschränkungsverfahrens verlangen, vgl. dort aber auch Kaess S. 181f. Dies kann anzunehmen sein, wenn der Patentanspruch für sich genommen ein Merkmal zwar nicht ausdrücklich nennt, die Beschreibung dieses Merkmal aber als übergeordnetes Erfordernis ausweist, EPA ABl. **90,** 415 – Blockcopolymer – unter 5.; König Mitt. **91,** 21, 24, oder wenn die Beschreibung ergibt, dass im Patentanspruch genannte

Parameter nicht bestimmter Qualität sein dürfen und/oder kumulativ zusätzliche Bestandteile aufweisen müssen, EPA ABl. **89,** 302 – Trichlorethylen – unter 2.4., weil ansonsten der angestrebte Erfolg nicht erreichbar ist. Zur einschränkenden Auslegung wegen des Stands der Technik siehe Rdn. 62.

d) Eine **einschränkende Auslegung** wegen solcher oder ähnlicher Unvollständigkeit des zu beurteilenden Patentanspruchs wird allerdings **nur in Sonderfällen** in Betracht kommen, siehe Rdn. 24. Denn der Fachmann ist gewohnt, durch Patentansprüche als Lösung eines Problems nur eine bestimmte Richtung vorgegeben zu bekommen und den Vorschlag in eigener Verantwortung ausfüllen (konkretisieren) zu müssen. **Regelmäßig** wird er deshalb zu der Meinung gelangen, die ihm durch den Patentanspruch gelehrten Mittel **durch beliebige Gestaltungen ergänzen zu können,** die ihm geeignet erscheinen, zu dem patentgemäßen Erfolg beizutragen. Ein Ausnahmefall ist insbesondere nicht schon dann gegeben, wenn der Fachmann auf Grund der Beschreibung oder der Zeichnungen zu der Auffassung gelangt, der Lehre liege gleichsam als Witz der Erfindung eine besondere Gestaltung zugrunde, obwohl der Patentanspruch insoweit eine allgemeinere Anweisung für eine Lehre enthält, die ihrerseits gewerblich anwendbar ist, vgl. BGH GRUR **85,** 967 – Zuckerzentrifuge. 25

4. a) Die **Entscheidungsgründe für eine Beschränkung einzelner Patentansprüche im Einspruchs-, Beschränkungs- oder Nichtigkeitsverfahren** ergänzen oder ersetzen nach allgemein vertretener Meinung die diese Ansprüche erläuternde Beschreibung, BGH GRUR **99,** 145, 146 – Stoßwellen-Lithotripter; **55,** 573, 574 – Kabelschelle; **64,** 669, 670 – Abtastnadel; **79,** 308, 309 – Auspuffkanal für Schaltgase; OLG Düsseldorf InstGE **5,** 183, 184; Rogge FS König, 2003, 451, 456; Ballhaus/Sikinger GRUR **86,** 337, 338; Valle S. 116f.; Kraßer § 32 III b 2; Busse/Keukenschrijver § 14 PatG Rdnr. 73; Schulte § 14 Rdn. 31; Mes § 14 PatG Rdn. 39, wenn der Ausspruch nicht auch die Beschreibung ändert, insbes. deren gegenstandslos gewordene Teile streicht, BGH Mitt. **99,** 356 – Stoßwellen-Lithotripter. Der Gegenstand des Patentanspruchs ergibt sich dann aus dem Wortlaut des neugefassten Anspruchs, wie er durch Beschreibung und die Zeichnungen im **Lichte der insoweit ergangenen Entscheidungsgründe** erläutert ist, BGH GRUR **92,** 839, 840 – Linsenschleifmaschine; Schramm/Popp/Bohnenberger S. 87. Es verbietet sich deshalb, bei der Auslegung im Nichtigkeitsverfahren in den Anspruch neu eingefügte beschränkende Merkmale für unerheblich anzusehen und wieder zu eliminieren, vgl. BGH GRUR **61,** 335, 337 – Bettcouch; auch BGH GRUR **62,** 29, 30 – Drehkippbeschlag. Die Ermittlung des Schutzbereichs darf sich nicht in Widerspruch zu einer Teilvernichtung setzen, RG GRUR **43,** 123, 128; BGH GRUR **55,** 573, 574 – Kabelschelle; BGHZ **73,** 40, 45 – Aufhänger. Soweit der Sinn einer Teilvernichtung nicht im Wege steht, ist der Verletzungsrichter in der Bestimmung des Gegenstands der Erfindung frei, RG GRUR **43,** 30, 32; **43,** 205, 207; vgl. auch BGH GRUR **64,** 669, 670 – Abtastnadel; **79,** 222, 224 – Überzugsvorrichtung. 26

Zu beachten ist, dass gemäß §§ 21 Abs. 2, 22 Abs. 2 einem Einspruch oder einer Nichtigkeitsklage außer durch eine Änderung der Patentansprüche auch in Form einer Änderung der Beschreibung oder der Zeichnungen (teilweise) stattgegeben werden kann. Eine beschränkte Aufrechterhaltung im Einspruchsverfahren/Teilvernichtung durch Änderung der Patentbeschreibung und der Zeichnungen ist auch beim europäischen Patent nach EPÜ möglich, §§ 21 Abs. 2, 61 Abs. 3, Art. 102 Abs. 3, 103 EPÜ bzw. Art. 138 Abs. 2 EPÜ, Art. II § 6 Abs. 2 Satz 2 IntPatÜG, BGH Mitt. **99,** 356 – Stoßwellen-Lithotripter, und für das Gemeinschaftspatent nach GPÜ vorgesehen, Art. 57 Abs. 2 Satz 2 GPÜ. Bei einer solchen Beschränkung bildet ausschließlich die neue Beschreibung das nach § 14 zum Verständnis der selbst unveränderten oder ggfls. ebenfalls geänderten Patentansprüche heranzuziehende Auslegungsmittel. 27

b) Gründe, aus denen ein **Einspruch** oder eine **Nichtigkeitsklage** ganz oder teilweise **zurückgewiesen** worden sind, stehen der **Beschreibung nicht gleich,** BGH GRUR **98,** 895, 896 – Regenbedeckung; Busse/Keukenschrijver § 14 PatG Rdn. 76; Mes § 14 PatG Rdn. 40; Kraßer § 32 III b 2 m.w.N.; vgl. auch BGH GRUR **88,** 444, 445f. – Betonstahlmattenwender; a.A. Tilmann GRUR **98,** 325, 330; bei teilweiser Zurückweisung wohl auch Brunner sic! **98,** 348, 352 u. Schiuma, Formulierung u. Auslegung, S. 279. Entscheidungsgründe, die nicht zugleich zu einer geänderten, im Tenor der Nichtigkeitsentscheidung zum Ausdruck gekommenen Fassung des Patents führen, binden den Verletzungsrichter bei der Auslegung nicht, vgl. RGZ **170,** 346, 355, 357 (gegen RG GRUR **42,** 53f.); BGH GRUR **64,** 196, 198 – Mischmaschine I; **68,** 33, 37 – Elektrolackieren; **88,** 444, 445 – Betonstahlmattenwender; BGHZ **103,** 262, 265 – Düngerstreuer. Deshalb kommt auch einer Auslegung des Patentanspruchs, die das EPA in einer den Einspruch zurückweisenden Entscheidung vorgenommen hat, keine Bindungswirkung zu; die Meinung des EPA hat jedoch die Bedeutung einer 28 gewichtigen sachverständigen Stellungnahme, BGH GRUR **98,** 895, 896 – Regenbecken, und die Begründung einer klageabweisenden Nichtigkeitsentscheidung kann für das technische Verständnis des Gegenstands der Erfindung hilfreich sein, RGZ **154,** 140, 143f.; RGZ **170,** 346, 357; BGH GRUR **64,** 196, 198 – Mischmaschine I; **68,** 33, 37 – Elektrolackieren; BGHZ **103,** 262, 267 – Düngerstreuer. **Klarstellungen,** welche die Fassung des Patentanspruchs unberührt lassen, vermögen den Verletzungsrichter ebenfalls nicht zu binden, BGH GRUR **88,** 444, 445 – Betonstahlmattenwender. Der BGH verwehrt es deshalb der Nichtigkeitsinstanz, in einer die Klage abweisenden Entscheidung (mit Kostenfolge) Klarstellungen zum Schutzumfang auszusprechen, BGHZ **103,** 262, 265f. – Düngerstreuer; **105,** 382, 385 – Verschlussvorrichtung für Gießpfannen. Auch die Feststellung einer Überbestimmung in den Entscheidungsgründen eines Nichtigkeitsurteils bindet den Verletzungsrichter nicht, Busse/Keukenschrijver § 84 PatG Rdn. 45; auch diese Frage ist eigenständig zu beantworten, weitergehend BGH GRUR **59,** 81, 82 – Gemüsehobel.

29 **5.** Die vorstehend zu der Beschreibung gemachten Ausführungen gelten für die Zeichnungen entsprechend. Auch die **Patentzeichnung** ist zur Auslegung der Patentansprüche heranzuziehen, § 14 Satz 2. Hinsichtlich der gebotenen Fassung der Zeichnung vgl. § 12 PatV, Regel 32 AOEPÜ. Die Patentansprüche sind immer im Zusammenhang mit der Beschreibung und der Zeichnung zu sehen. Unklarheiten im Anspruch und in der Beschreibung sind aus der Zeichnung zu erläutern, RG MuW; **35,** 393, 394; BGH Liedl **67/68,** 112, 120; BGH GRUR **69,** 534, 535 – Skistiefelverschluss; **72,** 597, 598 – Schienenschalter II. Bei einem Widerspruch zwischen Zeichnung und Patentanspruch geht der Anspruch vor, RG GRUR **42,** 51, 52; BGH GRUR **55,** 244, 245 – Repassiernadel I. § 14 legt aber nicht auch für die Heranziehung von Beschreibung und Zeichnungen eine Rangfolge fest. Die **Beschreibung** hat deshalb **keinen Vorrang vor** der **Zeichnung;** beim Widerspruch zwischen Zeichnung und Beschreibung geht die Beschreibung nicht ohne weiteres vor, Busche FS König, 2003, 49, 56; Busse/Keukenschrijver §14 PatG Rdnr. 43; vgl. auch EPA ABl. **85,** 193 – Wandelement – unter 3.2.3.; Gaul GRUR **98,** 9, 11; Teschemacher, EPÜ-Gemeinschkomm. Art. 83 Rdn. 31, Art. 84 Rdn. 26; Singer Art. 69 Rdn. 5; Hilty, Der Schutzbereich, S. 151; a. A. – Vorrang von Beschreibung vor Zeichnungen – RG Mitt. **39,** 197; GRUR **41,** 368, 369; BGH GRUR **55,** 244, 245 – Repassiervorrichtung I; GRUR **67,** 476, 477 – Dampferzeuger; **72,** 595, 596 – Schienenhalter I; Brodeßer, Festschr. Nirk, S. 85; Valle S. 80, 113; 9. Aufl./Ullmann § 14 PatG Rdn. 14, 25, 29; Schramm/Popp/Bohnenberger S. 82. So kann zum Verständnis der Patentansprüche auch ein in der Beschreibung nicht erwähntes Konstruktionsmerkmal aus der Zeichnung entnommen werden und ein im Widerspruch zur Beschreibung stehendes zeichnerisch dargestelltes Merkmal ist nicht schlechthin außer acht zu lassen. Patentzeichnungen sind keine Konstruktionszeichnungen, RG GRUR **41,** 368, 369; BGH Liedl **61/62,** 468, 483, denn sie sollen den Erfindungsgedanken nur in schematischer Skizzierung verdeutlichen, RG GRUR **41,** 368, 369. Patentzeichnungen sind daher nicht maßstäblich zu nehmen, RG MuW **35,** 393, 394; die Größenverhältnisse kommen nicht weiter in Betracht, RG GRUR **41,** 368, 369; BGH X ZR 18/68 vom 29. 6. 1971. Stets sind Zeichnungen, besonders deren Einzelheiten, mit Vorsicht zu beurteilen, RG GRUR **39,** 359, 361. Die in der Zeichnung dargestellte Ausführungsform beschränkt den Gegenstand des Patents nicht, BGH BGH Liedl **67/68,** 1, 5; GRUR **60,** 478, 480 – Blockpedale; OLG Karlsruhe GRUR **87,** 892, 894. Das Fehlen einer Zeichnung in der Patentschrift bringt dem Patentinhaber keine Nachteile, wenn der übrige Inhalt der Patentschrift ausreicht, um die Erfindung ausreichend zu offenbaren. Das Fehlen der Zeichnung darf dem Patentinhaber aber auch keine unverdienten Vorteile bringen, RG Bl. **35,** 9, 10.

30 **6.** Eine in der Beschreibung und Zeichnung dargestellte **Ausführungsform** der Erfindung ist als Teil der Beschreibung zur Auslegung des Inhalts der Patentansprüche heranzuziehen. Hierbei muss ermittelt werden, ob in diesem Zusammenhang erwähnte Angaben zu Funktionen, Vorteilen oder Gestaltungen nur die näher beschriebene Ausführung erläutern oder (auch) das in einem oder mehreren Ansprüchen Beanspruchte näher charakterisieren sollen, Meier-Beck FS König, 2003, 323, 333. Häufig wird sich das Erstere ergeben; eine näher dargestellte Ausführung ist in der Regel nur als ein **Ausführungsbeispiel** zu werten, RG GRUR **36,** 311. Weder der Gegenstand noch der Schutzbereich des Hauptanspruchs des Patents dürfen deshalb in der Regel hierauf beschränkt werden, vgl. RG MuW **33,** 360, 361; BGH GRUR **85,** 967, 968 – Zuckerzentrifuge; OLG Karlsruhe GRUR **87,** 892, 894. Ein Ausführungsbeispiel erlaubt regelmäßig keine einschränkende Auslegung eines die Erfindung allgemein kennzeichnenden Patentanspruchs, BGHZ **160,** 204 – Bodenseitige Vereinzelungseinrichtung. Jeder weiter gefasste Anspruchswortlaut ist maßgebend, auch wenn das Ausführungsbeispiel enger ist, BGH

GRUR **58,** 179, 181 – Resin; **61,** 409, 410 – Drillmaschine. Das gilt insbesondere, wenn der Anspruch eine funktionelle Angabe enthält, das Ausführungsbeispiel jedoch konkret beschrieben ist (Beispiel: BPatG 1 Ni 18/02 v. 2. 12. 2003, wo es im Patentanspruch „Steuerhülse sowohl axial als auch auf Drehung beaufschlagt", in der Beschreibung aber „Steuerhülse durch eine Feder in Richtung der Stellung für Vorwärtslauf und durch elastische Mittel auch auf Drehung beaufschlagt" hieß). So ist es unzulässig, einen Patentanspruch, der mit weniger Merkmalen eine allgemeine Lehre schützt, durch die Aufnahme von Merkmalen, die lediglich im Ausführungsbeispiel erscheinen, auf eine engere Lehre einzuschränken, RG GRUR **41,** 99, 101; **44,** 72, 74; BGH X ZR 9/68 vom 27. 10. 1970 S. 9. Angaben zur Beschreibung des Ausführungsbeispiels, dessen Besonderheiten in dem auszulegenden Anspruch keinen Ausdruck gefunden haben, etwa erfindungsunwesentliche Zutaten oder zufällige konstruktive Details des Ausführungsbeispiels haben keine Bedeutung für die Erkenntnis über den Gegenstand der Erfindung, BGH Liedl **63/64,** 436, 440. So liefe eine Beschränkung des Patents auf beim Ausführungsbeispiel gegebene Maßverhältnisse, die der auszulegende Anspruch nicht enthält, im Ergebnis auf eine Teilvernichtung hinaus, vgl. aber RG GRUR **35,** 297, 299. Enthält der Patentanspruch nach seinem eindeutigen Wortlaut das Merkmal „Längsstretchen (einer Verpackungsfolienhaube) vor dem Überziehen", so kann die Patentbeschreibung, die mehr auf das Längsstretchen beim Überziehen als auf das Längsstretchen vor dem Überziehen gerichtet ist, nicht dazu führen, dass das Anspruchsmerkmal als „Längsstretchen beim Überziehen" zu verstehen ist, BPatG 1Ni2/98 v. 23. 2. 1999. Eine Ausnahme von diesen Grundsätzen kann nur in den seltenen Fällen Platz greifen, in denen Zeichnung und Beschreibung den Offenbarungsgehalt aller Ansprüche des Patents begrenzen, BGH GRUR **83,** 497, 499 – Absetzvorrichtung m. Anm. Gramm; RG GRUR **35,** 297, 299; **37,** 959, 960, 962; d.h. wenn das Patent keine über das Ausführungsbeispiel hinausreichende technische Lehre vermittelt, vgl. BGH X ZR 67/65 vom 28. 5. 1968 S. 9 – dort im Hinblick auf den Offenbarungsgehalt des allgemeinen Teils der Beschreibung und des Anspruchs verneint. Ausführungsbeispiele, die durch die in einem Patentanspruch angegebenen Lösungsmerkmale nicht erfasst sind, rechnen mithin zwar nicht zum Gegenstand dieses Patentanspruchs; sie sind aber für die Frage, ob eine im Äquivalenzbereich liegende Verletzungsform gegeben ist, von Bedeutung, wenn sie weitere Möglichkeiten der Verwirklichung des Erfindungsgegenstands aufzeigen und dem Fachmann die Erkenntnis vermitteln, dass er auf der Suche nach weiteren Mitteln zur Lösung der patentgemäßen Aufgabe auch von den Ausführungsbeispielen ausgehen kann, BGH X ZR 4/65 vom 14. 7. 1970 S. 20; GRUR **82,** 291, 292 – Polyesterimide; vgl. auch U.K. Patents Court **[2000]** R.P.C. 547, 563; Brunner sic! **98,** 348, 359; Balass FS 100 Jahre PatG, 1988, 295, 303.

7. Die **Zusammenfassung** der Patentanmeldung **(§ 36)** ist als Teil der europäischen Patentanmeldung in Art. 78, 85 EPÜ vorgeschrieben. Diese Regelung wurde durch das GPatG für die seit 1. 1. 1981 eingereichten Patentanmeldungen in das deutsche Patentrecht übernommen. Die Zusammenfassung dient ausschließlich der technischen Unterrichtung, § 36 Abs. 2. Sie soll die Dokumentation der Anmeldung erleichtern. Die Zusammenfassung darf deshalb **zur Ermittlung des Schutzbereichs nicht herangezogen** werden, Tilmann GRUR **2005,** 904, 906. Art. 85 EPÜ spricht das ausdrücklich aus. Der deutsche Gesetzgeber kennzeichnet diesen Grundsatz mit dem Hinweis auf den ausschließlichen Dokumentationswert der Zusammenfassung. 31

8. Für die Auslegung eines Patentanspruchs wie für die Ermittlung seines Schutzbereichs kommt es grundsätzlich nicht auf Vorgänge im Erteilungsverfahren an, die der Patenterteilung vorausgegangen sind; der Inhalt der **Erteilungsakten** bleibt bei der Ermittlung des Schutzbereichs eines Patents grundsätzlich außer Betracht, BGHZ **150,** 161, 162f. – Kunststoffrohrteil (teilweise kritisch hierzu Rogge FS König, 2003, 451, 457ff.); **115,** 204, 208 – beheizbarer Atemluftschlauch; **3,** 365, 370 – Schuhsohle; Busche FS König, 2003, 49, 58; Ann Mitt. **2000,** 181ff.; Schiuma, Formulierung u. Auslegung, S. 274ff.; König Mitt. **96,** 75, 77; 1991, 21, einschränkend aber GRUR **99,** 809, 815; Preu GRUR **85,** 728, 730f.; v. Falck FS GRUR in Deutschl., Bd. 1, 543, 556; GRUR **85,** 631, 633; Scharen GRUR **99,** 285, 289 und – ausführlich – in Benkard, EPÜ, Art. 69 Rdn. 27–29, 78–80; Hilty Schutzbereich S. 233; Kraßer § 32 III b 4; Schulte/Kühnen § 14 Rdn. 35; Mes § 14 PatG Rdn. 35; Busse/Keukenschrijver § 14 PatG Rdn. 71, 74; vgl. auch Bericht Fischer/Krieger GRUR Int. 1980, 501, wonach Zurückhaltung für geboten erachtet wird; ebenso Singer/Stauder Art. 69 Rdn. 33; ferner schon RG GRUR **39,** 286, 288; GRUR **44,** 22, 23; BGH GRUR **59,** 317, 319 – Schaumgummi; a.A. Trüstedt Mitt. **84,** 131, 132; Moser v. Filseck GRUR **74,** 506, 510; Schlitzberger GRUR **75,** 567, 569ff.; Pagenberg GRUR **93,** 264, 271 für Beurteilung eines Teilschutzes, falls der Inhalt der Patentschrift konkrete Veranlassung gibt; Dreiss/Bulling FS König, 2003, 101, 104 32 im Hinblick auf eine unvollständige Aufgabe; Körner FS König, 2003, 295, 298 bei Widersprüchlichkeit oder Unklarheit des Patentanspruchs; in engen Ausnahmefällen ebenfalls a.A. Rogge FS Brandner, 1996, 483, 488f. (vgl. aber nunmehr FS König, 2003, 451, 458ff.); ähnlich Keller Mitt. **97,** 367, 368; wohl weitergehend Tilmann GRUR **98,** 325, 331; a.A. wird auch im europäischen Ausland vertreten, vgl. nl. Rechtbank Den Haag BIE **99,** 447, 448; nl. Gerechtshof Den Haag BIE **2000,** 307, 309; nl. Hoge Raad GRUR Int. **95,** 727, 728; Brinkhof GRUR Int. **86,** 610, 613; den Hartog BIE **99,** 143; Franzosi FS f. Kolle u. Stauder, 2005, 123, 127f.; Godenhielm GRUR Int. **89,** 251, 257ff. m.w.N.; vgl. aber auch das dort auszugsweise wiedergegebene Urteil des schwed. Stadtgerichts Stockholm vom 31. 1. 1979 und franz. C.A. Paris GRUR Int. **93,** 173, 174 – Aufspießmaschine. Das hat seinen Grund in folgendem:

33 Weder § 14 noch das Auslegungsprotokoll erwähnen die Erteilungsakten als Auslegungsmittel zur Bestimmung des Schutzbereichs. Sie rechnen nicht zu den üblichen Auslegungsmitteln, BGHZ **3,** 365, 370 – Schuhsohle. Das gilt insbesondere auch für eine etwaige Begründung des Erteilungsakts selbst. Nach Grundsätzen des Verwaltungsrechts über die Bindungswirkung von Verwaltungsakten auf andere Ressorts nehmen die in der Begründung niedergelegten tragenden Feststellungen und Erwägungen nur dann an der Bindungswirkung teil, wenn eine Norm das vorschreibt, BVerwGE **4,** 317, 331. Eine solche Norm fehlt im Patentrecht. Die Regeln des EPÜ, welche für den Patentverletzungsstreit und das Nichtigkeitsverfahren auf die Vorschriften des nationalen Rechts der Vertragsstaaten verweisen (Art. 2 Abs. 2, 64 EPÜ), enthalten keine abweichenden Grundsätze; zum GPÜ vgl. 9. Aufl. Int. Teil Rdn. 187f. Die Erteilungsakten bieten überdies auch keinesfalls Gewähr, das gesamte Geschehen wiederzugeben, das tatsächlich zu der Erteilung des Patents in der jeweiligen Fassung geführt hat, und die Berücksichtigung ihres Inhalts schaffte in vielen Fällen neue Auslegungsprobleme, Ann Mitt. **2000,** 181, 184. Vor allem aber braucht die Öffentlichkeit nur mit dem Inhalt der Patentansprüche zu rechnen, wie er sich im Zusammenhang mit der Beschreibung und der Zeichnung ergibt, vgl. Körner FS König, 2003, 295, 297. Hierdurch ist gewährleistet, dass Umstände des Erteilungsverfahrens, die Eingang in das Patent gefunden haben, die Berücksichtigung finden, die ihnen im Rahmen des § 14 gebührt. Umständen des Erteilungsverfahrens, die keinen Eingang in den Wortlaut des Patentanspruchs oder die ihn erläuternde Beschreibung oder bildliche Darstellung in der Patentschrift gefunden haben, geht diese Zwangsläufigkeit dagegen ab. Der Schutzbereich eines Patents darf daher auf Grund von Darlegungen in den Erteilungsakten, die in der Patentschrift selbst keinen für den Fachmann erkennbaren Niederschlag gefunden haben, nicht eingeschränkt werden, BGH GRUR **59,** 317, 319 – Schaumgummi; **61,** 77, 78 – Blinkleuchte; BGHZ **53,** 274, 278 – Schädlingsbekämpfungsmittel; GRUR **82,** 291, 293 – Polyesterimide; **85,** 967, 969 – Zuckerzentrifuge. Was nur in den Erteilungsakten, z.B. nur in der Anmeldung, RG GRUR **39,** 286, 288, oder nur in einer Zeichnung, die nicht Bestandteil der Patentzeichnung geworden ist, RG MuW **25/26,** 42, 43, oder einem beim Patentamt eingereichten Modell, RG Bl. **35,** 9, 10, enthalten ist, dagegen aus der Patentschrift in keiner Weise entnommen werden kann, darf nicht als Lösungsgedanke der in dem betreffenden Patent geschützten Erfindung angesehen werden, RG MuW **25/26,** 42, 43; RG GRUR **38,** 768, 770; **39,** 286, 288; **44,** 22, 23; BGH GRUR **59,** 317, 319 – Schaumgummi. Das Gleiche gilt für Angaben, die nur in der Prioritätspatentschrift, nicht dagegen in der Streitpatentschrift offenbart sind, BGH Liedl **61/62,** 432, 437; RG GRUR **32,** 286, 287, Wenning Mitt. **2000,** 375, 376, oder nur einem Parallelpatent, Busse/Keukenschrijver § 14 PatG Rdn. 77 oder einem älteren Schutzrecht entnommen werden können, RG GRUR **36,** 592; vgl. auch BGH GRUR Int. **79,** 422 – Magnetbohrständer; Pagenberg GRUR **93,** 264, 268, selbst wenn die andere Schrift mit der Patentanmeldung eingereicht worden ist, vgl. EPA ABl. **96,** 555 unter 2. Die Aussage des BPatG (GRUR **87,** 113, 114), anstelle einer Beschreibungsänderung träten im Einspruchsverfahren die Feststellungen in den Gründen des Erteilungsbeschlusses, kann für das geltende Recht nicht gebilligt werden, vgl. schon BGH GRUR **85,** 967, 969 – Zuckerzentrifuge.

34 In den Erteilungsakten dokumentiertes Geschehen kann allerdings Ausdruck einer **zeitnahen fachkundigen Bewertung** des dann erteilten Anspruchs sein (vgl. Trüstedt Mitt. **84,** 131, 132, der Kenntnis der Erteilungsakten für prinzipiell unentbehrlich hält). Soweit sich das zuverlässig feststellen lässt, können die Erteilungsakten als **Indiz** für die maßgebliche Sicht des Fachmanns herangezogen werden, BGH GRUR **93,** 886, 888 – Weichvorrichtung I; Körner FS König, 2003, 295, 299; Schar Mitt. **2000,** 58, 63; Steinacker SA z. ABl. **99,** 16, 28 unter Hinweis auf Rspr. d. OLG Düsseldorf; Rogge FS König, 2003, 451, 463, FS Brandner, 1996, 483, 487; König GRUR **99,** 809, 815; Valle S. 116; Busse/Keukenschrijver § 14 PatG Rdnr. 73; Mes §14 PatG Rdnr. 38; ähnlich Schramm/Popp/Bohnenberger S. 84f. So können die Erteilungsakten erkennen lassen, wie die Fachleute des Patentamts zurzeit der Anmeldung das Patent

oder einen bestimmten Ausdruck der Patentschrift verstanden haben, RG GRUR **37,** 617, 620; **41,** 360, 361; BGH GRUR **68,** 311, 313 – Garnachverfahren; vgl. auch BGH GRUR **80,** 166, 168 – Doppelachsaggregat; Bruchhausen GRUR **82,** 1, 5. Unter der genannten Voraussetzung können die Akten auch zur Aufhellung von Widersprüchen in der Beschreibung und zur Berichtigung von Druckfehlern beitragen, vgl. RG GRUR **44,** 22, 23. Insbes. dann, wenn die Erklärungen des Erfinders eine Bestätigung des bereits objektiv aus der Patentschrift Entnehmbaren darstellen, sind sie als Äußerungen eines Fachmannes in der Regel ein gewichtiges Beweisanzeichen dafür, was ein Durchschnittsfachmann der Patentschrift entnehmen wird, BGH I ZR 90/59 vom 25. 4. 1961 S. 12; X ZR 32/66 vom 6. 3. 1969 S. 13. Indizwirkung kann auch der Auslegung zukommen, die ein patentgemäßes Merkmal durch die Einspruchsabteilung oder Beschwerdekammer des EPA erfahren hat, vgl. BGH GRUR **98,** 895, 896 – Regenbecken; schw. HG Zürich sic! **97,** 206; Heinrich 51.21. Da der Richter bei Berücksichtigung sachverständiger Äußerungen Sachaufklärung betreibt, ist das nicht davon abhängig, ob sich die anderweit entnehmbare Feststellung zu Gunsten oder zu Ungunsten des Patentinhabers auswirkt.

9. Aus dem Vorgesagten folgt zugleich, dass eine Erfindung, die allein in der Beschreibung oder der Zeichnung offenbart ist, mangels insoweit erteilten Patentanspruchs in dem betreffenden Patent keinen Schutz findet, **sog. Nebenerfindung.** Ein patentrechtlicher Schutz für eine in den Patentansprüchen nicht zum Ausdruck gekommene Nebenerfindung ist auch nicht über den Schutz der Unterkombination zu erreichen, siehe hierzu Rdn. 120 ff. Die Nebenerfindung darf nicht mit einem Nebenanspruch (siehe hierzu Rdn. 20) verwechselt werden. Der Begriff der Nebenerfindung findet sich im Patentgesetz nicht; er hat lediglich rechtssystematische Bedeutung. Mit Nebenerfindung wird der an sich schutzfähige Inhalt einer Patentschrift bezeichnet, der mangels Niederschlags in den Ansprüchen Schutzwirkungen nicht entfaltet. Bis zum Beschluss über die Erteilung des Patents (§ 38 Satz 1) kann der Anmelder die Patentansprüche auf die in den Anmeldeunterlagen enthaltene Nebenerfindung erstrecken und nach Teilung (§ 39) auch zum Gegenstand einer selbstständigen Anmeldung machen. Innerhalb der Frist von 12 Monaten nach dem Anmeldetag ist es dem Anmelder auch möglich, für einen in der Erstanmeldung nicht beanspruchten, aber in den Anmeldeunterlagen offenbarten Erfindungsgegenstand selbstständigen Schutz zu beanspruchen, sog. innere Priorität, § 40. Darüber hinaus ist die Erlangung von Patentschutz für eine Nebenerfindung ausgeschlossen. 35

Zum Erfindungsgegenstand eines Patentes kann nur gehören, was in einem der Patentansprüche seinen Ausdruck gefunden hat. Beschreibung und Zeichnung können einen fehlenden Patentanspruch nicht ersetzen, BGH GRUR **58,** 179, 181 – Resin; **80,** 219, 220 – Überströmventil; BGHZ **100,** 249, 254 – Rundfunkübertragungssystem. Ein erfinderischer Gedanke wird durch einen etwaigen Hinweis in der Patentbeschreibung noch nicht zum Gegenstand der geschützten Erfindung, BGH GRUR **55,** 29, 32 – Nobelt-Bund; denn ein Patent gewährt keinen Schutz für vom Anspruch nicht erfasste Ausführungsbeispiele, BGH GRUR **66,** 192, 196 – Phosphatierung; **80,** 219, 220 – Überströmventil. Wird in der Beschreibung eines nach seinen Ansprüchen als Sachpatent formulierten Schutzrechts ein bestimmtes Verfahren vorgeschlagen, dann rechtfertigt das allein nicht, den Gegenstand der Erfindung auf das Verfahren zu erstrecken, vgl. dazu BGH Ia ZR 150/63 vom 17. 12. 1963 S. 13. Wenn umgekehrt in der Beschreibung eines Verfahrenspatents, nicht aber im Anspruch in allen Einzelheiten die Vorrichtung zur Ausübung des Verfahrens beschrieben ist, kann mangels eines entsprechenden Vorrichtungsanspruchs kein Patentschutz hinsichtlich der Vorrichtung bestehen, RGZ **149,** 102, 109 f. Angaben zum Ausführungsbeispiel können nicht an die Stelle des Anspruches gesetzt werden, mit der Folge, dass nun etwas anderes, ja dem Anspruch Widersprechendes als geschützt erscheint, RG GRUR **41,** 360, 361; **43,** 167, 169. Was in der Beschreibung ohne Bezug auf die genannte Aufgabe des Patents als Beispiel erwähnt ist, z. B. Zahlenangaben des Ausführungsbeispiels, ist nicht geschützt, wenn sich nicht sonst aus dem Anspruch oder der Beschreibung eine erhellende Angabe über die patentgemäße Zweckbestimmung des Beispiels ergibt, RG GRUR **41,** 360, 361; BGH GRUR **66,** 192, 196 – Phosphatierung. 36

IV. Patentkategorie und Schutzbereich

Literaturhinweis: Fromme, Zur Frage der Patentkategorie Verfahren, Bl. **52,** 254; Zeunert, Die Rechtsprechung des Patentamts und der Gerichte hinsichtlich der Patentkategorie, Bl. **52,** 247; Reimer, Patentgestaltung durch Auswahl der Patentkategorie, Mitt. **56,** 181; Bock, Sachpatent und Herstellungspatent, Festschrift für Günther Wilde, 1970, S. 1; Schmied-Kowarzik, Die Kategorienfrage, GRUR **73,** 115; Engel, Patentkategorie bei Vorrichtungserfindungen, Mitt. **76,** 227; Klöpsch, Zur Schutzfähigkeit und zum Schutzumfang der sogenannten zweiten 37

Indikation im deutschen und europäischen Patentrecht, GRUR **79,** 28; Belser, Sind Verfahrensansprüche mit Vorrichtungsmerkmalen zulässig?, GRUR **79,** 347; Bruchhausen, Schutzgegenstand verschiedener Patentkategorien, GRUR **80,** 364; von Rospatt, Der auf einen Verwendungsanspruch Bezug nehmende Vorrichtungsanspruch, GRUR **85,** 740; Bruchhausen, Der Stoffschutz in der Chemie: Welche Bedeutung haben Angaben über den Zweck einer Vorrichtung, einer Sache oder eines Stoffes in der Patentschrift für den Schutz der Vorrichtung, der Sache oder des Stoffes durch ein Patent?, GRUR Int. **91,** 413; v. Falck, Die Beschränkung des auf ein bestimmtes Erzeugnis gerichteten Patentanspruchs auf eine bestimmte Art der Verwendung dieses Erzeugnisses, GRUR **93,** 199; Flad, Änderungen des Patents im Einspruchs-, Einspruchsbeschwerde-, Nichtigkeits- und Beschränkungsverfahren, GRUR **95,** 178; Christ/Zhang/Egerer, Über den Schutz des Anbieters eines bekannten Wirkstoffes zu einem bestimmten Zweck in Deutschland bzw. Europa und in China, GRUR Int. **2000,** 868; Keukenschrijver, Änderungen der Patentansprüche erteilter Patente im Verfahren vor dem Bundespatentgericht und vor dem Bundesgerichtshof, GRUR **2001,** 571; Lacroix, Auslegung von Zweckangaben in Verfahrensansprüchen – zweite nichtmedizinische Indikation, GRUR **2003,** 282;. Zu den Patentkategorien allgem. vgl. § 1 Rdn. 4–39.

38 **1.** Wie § 9 entnommen werden kann, geht das Gesetz davon aus, dass es **zwei grundlegende Kategorien** von Patenten gibt, Rogge Mitt. **2005,** 145. Ein Patentanspruch kann hiernach eine Anweisung für ein **Erzeugnis** (**Sache, Stoff,** Stoffgemisch, **Vorrichtung,** Maschine, Ausführungsmittel) oder für eine Tätigkeit geben, vgl. EPA ABl. **90,** 93 – Reibungsverringernder Zusatz – unter 2.2. Ein auf eine Tätigkeit gerichteter Anspruch lehrt ein **Verfahren,** das Herstellungsverfahren oder Arbeits- bzw. Anwendungsverfahren sein kann, BGH GRUR **2004,** 495 – Signalfolge. **Mischformen** der beiden grundlegenden Kategorien (Erzeugnis, Verfahren) kann es ebenfalls geben, vgl. BGH GRUR **60,** 483, 484 – Polsterformkörper; BPatG GRUR **2005,** 45; auch EPA T755/94 v. 14. 3. 1995, – bituminöse Schweißbahn – unter 2.6.; Schramm/Kaess S. 138f. Welche Kategorie im Einzelfall gegeben ist, ist Auslegungsfrage. Die Vorgaben des § 14 sind zu beachten. Es kommt vor allem weder auf den durch Auslegung zu ermittelnden objektivierten Erteilungswillen des Patentamts, wie BGH GRUR **60,** 483, 484 – Polsterformkörper; BPatG Bl. **75,** 198, 199; BPatGE **22,** 1, 2; vgl. auch Storch in Anm. zu BGH-Farbbildröhre GRUR **79,** 463, 464, für das frühere Recht, und 9. Aufl./Ullmann § 14 Rdn. 38 oder von Rospatt GRUR **85,** 740, 745 auch noch für das geltende Recht angenommen haben, noch auf die Erteilungsakten und die Entstehungsgeschichte des Patentanspruchs an, so noch RG GRUR **34,** 28, 29; BGH GRUR **79,** 149, 151 – Schießbolzen. Das folgt aus dem in § 14 ausdrücklich festgelegten Vorrang des erteilten Patentanspruchs. vgl. Paterson GRUR Int. **91,** 407; Preu GRUR **85,** 728, 730.

39 **2.** Ein als Erzeugnispatent auszulegender Patentanspruch darf in aller Regel nicht in ein Verfahrenspatent umgedeutet werden, wie ein Verfahrenspatent nicht in ein Erzeugnispatent umgedeutet werden darf, vgl. RG GRUR **34,** 28, 29; BGH GRUR **67,** 241, 242 – Mehrschichtplatte; **67,** 25, 29 – Spritzgussmaschine III; von Rospatt GRUR **85,** 741, 745; BPatG Bl. **75,** 198ff. – für das Nichtigkeitsverfahren, anders noch RG GRUR **35,** 804, 805, das im Verletzungsprozess die Zuweisung eines Patents in eine andere Kategorie ohne jede Einschränkung zulassen wollte. Vor allem ist eine Erweiterung des Schutzbereichs erteilter Ansprüche durch Umdeutung der Patentkategorie unzulässig. Die Aufgabe eines Vorrichtungspatents darf nicht zu einer verfahrensmäßigen, die Vorrichtung als Verfahrensmittel hinstellenden erweitert werden, RG GRUR **38,** 503, 504. Eine **Umdeutung der Patentkategorie,** die der Patentanspruch nach seiner Fassung zu haben scheint, ist nur statthaft, wenn die Beschreibung bzw. die Zeichnungen ergeben, dass ein offensichtlich dem Wesen der Erfindung nicht gerecht werdendes Fehlgreifen in der Ausdrucksweise gegeben ist, vgl. EPA ABl. **88,** 386 – Kategoriewechsel – unter 3.1.5.; RGZ **149,** 102, 109; RG GRUR **34,** 28, 29; **37,** 855, 856; BGH GRUR **60,** 483, 484 – Polsterformkörper; **67,** 241, 242 – Mehrschichtplatte; **67,** 25, 29 – Spritzgussmaschine III; **88,** 287, 298 – Abschlussblende; BPatGE **22,** 1, 2; Troller, Immaterialgüterrecht, 1983, Bd. 1 S. 485; Briner FS 100 Jahre PatG, 1988, S. 115, 132 m. w. N.; von Rospatt GRUR **85,** 741, 745. Das kann aber nur ganz ausnahmsweise angenommen werden. Selbst wenn die Beschreibung eine Vorrichtung zur Ausübung des Verfahrens in allen Einzelheiten beschreibt, kann ein Patent, das nur einen Verfahrensanspruch enthält, keinen Schutz für die Vorrichtung entfalten, RGZ **149,** 102, 109. Der Umstand, dass bei einem Verfahrenspatent auf die in der Beschreibung dargestellte Vorrichtung zur Ausführung des Verfahrens ein Patentanspruch hätte beansprucht und erteilt werden können, ist nicht ausreichend, RGZ **149,** 102, 109f. Ist die gewählte Patentkategorie (Erzeugnispatent) mit der Nichtigkeitsklage angreifbar, weil die Vorrichtung als solche vorbekannt ist und nur deren neuartige Verwendung die erfinderische Maß-

nahme darstellt, so kann der Verletzungsrichter den die Zweckangabe enthaltenden Patentanspruch nicht einfach einschränkend als Verwendungs(Verfahrens-)anspruch auslegen, von Rospatt GRUR **85,** 740, 745; anders noch BGH I a ZR 150/63 vom 17. 12. 1963 S. 10; BGH X ZR 44/68 vom 13. 7. 1971 S. 15; GRUR **79,** 149, 150 – Schießbolzen; vgl. auch BGH GRUR **87,** 794, 795 – Antivirusmittel. Allerdings kann der wegen Patentverletzung Klagende seine Klage auf eine andere Fassung beschränken, wenn diese keine Erweiterung des Gegenstands und des Schutzbereichs der erteilten Fassung zur Folge hat. So kann aus einem Sachpatent regelmäßig die Verwendung der patentierten Sache unterbunden werden.

3. Ein **Erzeugnispatent** ist gegeben, wenn eine durch bestimmte räumlich-körperliche Gestaltungsmerkmale gekennzeichnete Vorrichtung/Sache oder ein Stoff beansprucht ist, der seiner Konstitution nach umschrieben oder durch seine physikalischen oder chemischen Eigenschaften (Parameter) gekennzeichnet ist. Zur Kennzeichnung von physikalischen und chemischen Eigenschaften können auch Angaben zur Herstellung dienen (siehe Rdn. 46) und ferner funktionale Angaben beitragen. So kann mit einer Wirkungsangabe – „durchfedernd“ – im Einzelfall die besondere Gestaltung der geschützten Vorrichtung umschrieben sein, BGH GRUR **67,** 194, 199 – Hohlwalze; vgl. auch BGH GRUR **79,** 422, 424 – Streckwalze. 40

a) Erzeugnispatente sind jedoch **nicht auf den Schutz** für die in der Patentschrift **genannten Zwecke und Funktionen beschränkt,** BGHZ **112,** 140, 156 – Befestigungsvorrichtung II; BGH GRUR **88,** 287, 288 – Abschlussblende; **81,** 259, 261 – Heuwerbungsmaschine II; **79,** 149, 151 – Schießbolzen; BGHZ **51,** 378, 389 – Disiloxan; **58,** 280, 288 – Imidazoline; RGZ **85,** 95, 98; **149,** 102, 108; Bruchhausen GRUR Int. **91,** 413, 414; vgl. auch EPA ABl. **94,** 491 – Zweite chirurgische Verwendung – unter 5.2; österr. PA GRUR Int. **74,** 257, 258; kritisch v. Hellfeld GRUR **98,** 242, 244, **wenn** das Erzeugnis **als solches beansprucht** ist, vgl. BGH X ZB 7/03 v. 5. 10. 2005 – Arzneigebrauchsmuster. Das ist der Fall, wenn die Darstellung des Gegenstands im Patentanspruch sich auf räumlich-körperliche Merkmale, physikalische oder chemische Parameter beschränkt, Bruchhausen FS Preu, 1988, 3, 9, oder zusätzlich zu ihnen ausschließlich solche funktionellen Angaben bzw. Angaben zur Herstellung oder Verwendung enthält, die der maßgebliche Fachmann mit Hilfe der zulässigen Auslegungshilfen ebenfalls als Kennzeichnung der Beschaffenheit der Sache erkennt, vgl. EPA ABl. **87,** 228 – Synergistische Herbizide. Ergibt die Auslegung des Patentanspruchs, dass er z.B. eine Vorrichtung als solche betrifft, dann ist es gleichgültig, zu welchem Zweck sie gebraucht wird; sie ist für jede mögliche Verwendung geschützt, BGH GRUR **59,** 125 – Textilgarn; BPatGE **11,** 14, 17. So erfasst der Schutz insbesondere auch die Ausnutzung der geschützten Vorrichtung für andere Zwecke, als sie die Patentschrift nennt; BGH GRUR **79,** 149, 151 – Schießbolzen; **56,** 77, 78 – Spann- und Haltevorrichtung; RGZ **85,** 95, 98, oder der Erfinder erkannt hat, RGZ **85,** 95, 98; RG GRUR **39,** 541, 544; BGH GRUR **56,** 77, 78; BGHZ **51,** 378, 389. Auch bei einem als solchen geschützten Stoff werden jede Art seiner Verwendung, BGHZ **51,** 378, 389 – Disiloxan, BGH GRUR **72,** 638, 640 – Aufhellungsmittel; Bühling GRUR **74,** 299, 303f., und alle Wirkungen, Zwecke und Brauchbarkeiten des Stoffes erfasst, auch wenn der Patentinhaber diese nicht erkannt hat, BGHZ **58,** 280, 288 – Imidazoline. Für die Frage der Patentverletzung ist unerheblich, ob der als patentverletzend beanstandete Stoff in den die Patentfähigkeit begründenden überlegenen Eigenschaften und Wirkungen genutzt wird. Der neue Stoff hat seiner Natur nach die vom Erfinder aufgezeigten, seine Patentfähigkeit begründenden überragenden Eigenschaften; ob und in welchem Maße diese genutzt werden, ist für die Feststellung der Schutzrechtsverletzung unerheblich. Ist das Patent für die erstmalige Bereitstellung eines Wirkstoffs erteilt, ohne indes eine bestimmte therapeutische Anwendung zu beanspruchen, greift der umfassende Stoffschutz ebenfalls, BGH GRUR **77,** 212, 213 – Piperazinoalkylpyrazole. Selbst eine im Anspruch enthaltene Zweckangabe hat auf den Schutzumfang eines als solchen beanspruchten Stoffs keinen Einfluss, BGHZ **51,** 378, 389f. – Disiloxan; GRUR **79,** 149, 151 – Schießbolzen; vgl. aber auch v. Pechmann GRUR **77,** 377, 383; Moser v. Filseck GRUR **77,** 351, 353f. 41

b) Auf die **Herstellungsart** und den **Herstellungsweg kommt es bei** einem als solches beanspruchten **Erzeugnis** ebenfalls **nicht an,** RG MuW **40,** 232, 233; BGH GRUR **59,** 125 – Textilgarn; BGHZ **57,** 1, 22 – Trioxan; BGHZ **73,** 181, 186f. – Farbbildröhre; **98,** 12, 20 – Formstein. Bei einem solchen Erzeugnispatent ist unerheblich, ob der beanspruchte neue Stoff im Patentanspruch durch die Formel seiner Struktur, durch den Weg zu seiner Herstellung „Product-by-Process-Anspruch“, BGHZ **57,** 1, 8 – Trioxan – oder etwa durch ein Auswahlmessverfahren, „Product-by-Selection-Anspruch“, BGH GRUR **98,** 1003, 1004 – Leuchtstoff, BPatG 2Ni35/93 v. 15. 9. 1994, gekennzeichnet ist. Die Wahl eines nicht im Patentanspruch genannten Herstellungs- oder Auswahlverfahrens, das ebenfalls zu dem als solchen geschützten 42

Stoff oder der als solcher geschützten Sache oder Vorrichtung führt, hat nicht zur Folge, dass sich der Schutz nicht auf die auf andere Weise hergestellten Stoffe, Sachen oder Vorrichtungen erstrecken würde, BGHZ **57,** 1, 22 – Trioxan. Das gilt auch dann, wenn der mitgeteilten Herstellungsart keine Hinweise auf andere Herstellungsmöglichkeiten zu entnehmen sind, BGH I a ZR 150/63 vom 17. 12. 1963 S. 13. Selbst die Herstellung auf einem vom Verletzer erfundenen und ihm geschützten Weg verletzt das Patent, RGZ **14,** 76, 78. Unwesentlich ist auch die zeitliche Abfolge einzelner Verfahrensschritte der angegriffenen Vorrichtung, mag diese auch von der in der Patentschrift erwähnten Reihenfolge abweichen, RG GRUR **33,** 631, 633. Ist eine Vorrichtung als solche geschützt, die verschiedene Arbeitsgänge ausführt, so liegt eine Verletzung auch dann vor, wenn die Reihenfolge des Patents nicht eingehalten wird, aber mit der geänderten Reihenfolge das gleiche Ergebnis erzielt wird, RG GRUR **35,** 233, 236. Beim Patent für ein Erzeugnis als solches erstreckt sich der Schutz auf die geschützte Gestaltung, gleichgültig, ob sie beim Fertigerzeugnis oder beim Halbfabrikat Verwendung findet, RG Bl. **36,** 234; vgl. auch Reuschl/Egerer GRUR **95,** 711 u. GRUR Int. **98,** 87. Man spricht deshalb auch von dem **absoluten Schutz für** ein **Erzeugnis**-, insbes. Stoffpatent, vgl. z. B. BGH GRUR **91,** 436, 441 – Befestigungsvorrichtung II; BGHZ **58,** 280, 285 f. – Imidazoline; EPA ABl. **90,** 93 – Reibungsverringernder Zusatz – unter 4.1., 5.; Krieger GRUR Int. **90,** 743; Bruchhausen FS Preu, 1988, 3, 7; GRUR Int. **91,** 413 ff.; Schachenmann S. 146; Brandi-Dohrn/Gruber/Muir Rdnr. 21.16; auch schw. BG GRUR Int. **97,** 932, 933 – Beschichtungsanlage.

43 **c)** Nach bisheriger Rechtsprechung gilt als Grundsatz, dass ein Patent für ein Erzeugnis **regelmäßig absolut** sei, der Schutz also regelmäßig nicht durch Zweck-, Wirkungs-, und Funktionsangaben oder die in der Patentschrift bezeichneten Mittel zu dessen Herstellung eingeschränkt sei und auch jede Art der Verwendung erfasse, vgl. z. B. BGH X ZR 95/97 v. 9. 11. 1999, S. 21; GRUR **96,** 747, 750 – Lichtbogen-Beschichtungssystem; **96,** 190, 193 – Polyferon – m. w. N.; **91,** 436, 441 – Befestigungsvorrichtung II – m. w. N.; **88,** 287 – Abschlussblende; **87,** 231, 232 – Tollwutvirus; BGHZ **110,** 82, 87 – Spreizdübel; DPMA BlPMZ **98,** 481; ferner Anders GRUR **2001,** 867, 868; Krieger GRUR Int. **90,** 743, 744; Busse/Keukenschrijver § 14 PatG Rdnr. 52; Mes §14 PatG Rdnr. 107; differenzierend Schiuma, Formulierung u. Auslegung, S. 290 ff., zugleich mit Hinweisen auf die ital. Rechtspraxis; a. A. v. Hellfeld GRUR **98,** 243. Solche Angaben dienten üblicherweise nur dem besseren Verständnis der Erfindung, namentlich der Darstellung des Anwendungsbereichs, den der Erfinder allein erkannt habe, und/oder der Erläuterung, wie einzelne oder mehrere räumlich-körperliche, physikalische oder chemische Parameter des Patentanspruchs zu verstehen und patentgemäß auszugestalten seien (vgl. EPA-Richtlinien Teil C III 4.8.). Das in einem Erzeugnispatent genannte Verfahren soll hiernach vornehmlich für die Darlegung der Ausführbarkeit der geschützten technischen Lehre von Bedeutung sein.

44 **d)** Von dem vorstehenden Grundsatz kann es allerdings **Ausnahmen** geben, vgl. BGH GRUR **98,** 1003, 1004 – Leuchtstoff. Lehrt ein Patentanspruch ein Erzeugnis zu einem bestimmungsgemäßen Gebrauch bzw. den zweckgerichteten Einsatz vorgeschlagener Mittel, kann es sich um einen **Verwendungsanspruch,** der wie ein Verfahrensanspruch zu behandeln ist, vgl. BGH GRUR **72,** 638, 639 f. – Aufhellungsmittel; BGHZ **110,** 82, 87 – Spreizdübel; v. Falck GRUR **93,** 199, 200 f., oder um einen Erzeugnisanspruch mit beschränkter Wirkung **(zweckgebundener Sach- oder Stoffschutz),** vgl. BGHZ **101,** 159, 164 – Antivirusmittel; **88,** 209, 217 – Hydropyridin; EPA ABl. **85,** 60 Nr. 13 – Zweite medizinische Indikation, also um einen Erzeugnisanspruch handeln, der dem Patentinhaber nicht sämtliche Verwendungsmöglichkeiten vorbehält, sondern nur bei gleichzeitiger Verwirklichung des besonderen Zwecks benutzt wird.

45 **(1)** Ein **zweckgebundener Erzeugnisanspruch** hat im pharmazeutischen Bereich besondere Bedeutung, vgl. BGHZ **101,** 159 – Antivirusmittel, und seit dem 28. 2. 2005 auch dann, wenn Gegenstand der Erfindung eine Sequenz oder Teilsequenz eines Gens ist, siehe § 1 a Abs. 4 und die dortige Kommentierung. § 1 a Abs. 4 enthält zwar keine Regelung über den Schutzbereich (so auch Feldges, GRUR **2005,** 977, 982); als Teil des Patentanspruchs ist die Angabe über die Verwendung bei der Ermittlung des Sinngehalts jedoch zu berücksichtigen. Außerhalb des Anwendungsbereichs des § 1 a Abs. 4 ist ein zweckgebundener Stoffanspruch insbesondere denkbar, wenn sich der Erfinder durch entsprechende Fassung des Patentanspruchs entweder trotz Neuheit des aufgefundenen Stoffs von vornherein auf einen bestimmten Anwendungsbereich beschränkt, vgl. BGH GRUR **72,** 644, 646 – Gelbe Pigmente; BGHZ **58,** 280, 288 – Imidazoline, oder wegen mangelnder Patentierbarkeit (Fehlen der Neuheit) des vorbekannten Stoffs sich auf dessen bestimmte Anwendung als Auffangstellung zurückgezogen

hat, vgl. BGH GRUR **72,** 638, 640 – Aufhellungsmittel; BGHZ **68,** 156, 159 – Benzolsulfonylharnstoff. Ob für die Erteilung eines zweckgebundenen Stoffanspruchs neben oder an Stelle eines absoluten Stoffanspruchs und/oder eines Verwendungsanspruchs ein Rechtsschutzbedürfnis bestand, vgl. hierzu § 3 Abs. 3, ist im Rahmen des § 14 ohne Belang. Der Verletzungsrichter hat nach den Vorgaben dieser Vorschrift zu prüfen, ob ein Patent für eine Sache als solche, für eine Sache bestimmter Wirkung oder Anwendung, für eine bestimmte Verwendung einer Sache, für ein Verfahren zur Herstellung einer Sache oder für ein sonstiges Verfahren gegeben ist, vgl. BGH X ZB 7/03 v. 5. 10. 2005 – Arzneigebrauchsmuster; BPatG Mitt. **97,** 368, 369 – Verfahrensansprüche. Bei der Einordnung, die in diesen Fällen notwendig ist, ist angesichts der Vorgaben des § 14 **jeder Schematismus** zu **vermeiden,** anders noch z. B. BGHZ **110,** 82, 87 – Spreizdübel; **101,** 159, 166 – Antivirusmittel; **88,** 209, 217 f. – Hydropyridin; BGH GRUR **82,** 548, 549 – Sitosterylglykoside; **82,** 162, 163 – Zahnpasta. Die These, Anweisungen in Schutzansprüchen, einen bestimmten Stoff, der als solcher nicht geschützt werden solle, zu einem angegebenen Zweck, nämlich der Behandlung benannter Erkrankungen zu benutzen, stellten typische Verwendungsansprüche dar, so BPatG Mitt. **2004,** 266, bedarf der Überprüfung im konkreten Fall, vgl. BGH X ZB 7/03 v. 5. 10. 2005 – Arzneigebrauchsmuster; wohl auch Köhler Mitt. **2005,** 505, 506. Welche Art im **Einzelfall** gegeben ist, ist ausgehend von der Gestaltung des betreffenden Patentanspruchs, vgl. BGHZ **53,** 274, 278 – Schädlingsbekämpfungsmittel; Paterson GRUR Int. **91,** 407; Preu GRUR **85,** 728, 730, durch dessen **Auslegung** zu ermitteln, vgl. BGH GRUR **91,** 436, 441 – Befestigungsvorrichtung II; Paterson GRUR Int. **91,** 407; Bruchhausen FS Preu, **88,** 3, 9 f., wobei eindeutige, vgl. Troller, Immaterialgüterrecht, 1983, Bd. 1 S. 485, Fehlgriffe bei der Wortwahl im Patentanspruch, vgl. EPA ABl. **88,** 386 – Kategoriewechsel – unter 3.1.5.; Briner FS 100 Jahre PatG, 1988, S. 115, 132 m. w. N., berichtigt werden können. Ergibt diese Prüfung einen zweckgebundenen Stoffanspruch, kann derjenige in Anspruch genommen werden, der den Stoff für den betreffenden Zweck herstellt, feilhält und in Verkehr bringt. Der Sachschutz kann dabei in unterschiedlichem Umfang eingeschränkt sein. Die Beanspruchung als Arzneimittel kann einen das Gebiet der Arzneimittel umfassenden, gebietsgebundenen, Nirk GRUR **77,** 356, 361, und damit insoweit absoluten Schutz begründen, vgl. BGH GRUR **77,** 212, 213 – Piperazinoalkylpyrazole; auch Bruchhausen GRUR **80,** 364, 367. Dem Schutzbereich des Arzneimittelanspruchs unterliegt dann jedes Pharmazeutikum identischer Stoffbeschaffenheit. Es kommt auf dessen Applikationsform dann nicht an. Beim erstmaligen Bereitstellen eines an sich bekannten Stoffs als Pharmazeutikum zur Behandlung bestimmter Krankheiten unterliegen dem Schutz dagegen nur diejenigen Anwendungsbereiche, für welche das Mittel als Arznei erstmals beansprucht ist, nicht jedoch jedwede therapeutische Anwendung. Der jeweils beanspruchte Zweck wird nämlich zum wesentlichen Bestandteil des unter Schutz gestellten Erfindungsgegenstands, BGHZ **101,** 159 – Antivirusmittel. Der zweckbestimmte patentrechtliche Schutz für das erstmalige Auffinden des Stoffs als Arzneimittel zur Behandlung bestimmter Krankheiten schließt dessen weitere therapeutische Verwendung daher nur ein, wenn diese bei Orientierung am Patentanspruch als gleichwirkende und gleichwertige auffindbar war, vgl. BGHZ **101,** 159 – Antivirusmittel.

(2) Es ist ferner möglich, den Gegenstand eines Erzeugnispatents in der Weise zu begrenzen, 46
dass der Schutz auf eine bestimmte Art der Herstellung der geschützten Sache beschränkt wird, BGH GRUR **60,** 483, 484 – Polsterformkörper; vgl. auch UK House of Lords Epogen-Mitteilungen **2005,** 82 = GRUR Int. **2005,** 343 (vgl. zu dieser Entscheidung Brandi-Dohrn Mitt. **2005,** 337; Rogge Mitt. **2005,** 145). Wird in der Beschreibung eines Sachpatents ein bestimmtes Verfahren vorgeschlagen, dann rechtfertigt das allein allerdings nicht, den Gegenstand der Erfindung auf allein nach diesem Verfahren hergestellte Sachen zu beschränken, BGHZ **57,** 1, 22 – Trioxan. Angesichts der Maßgeblichkeit des Patentanspruchs kommt das vielmehr erst in Betracht, wenn das Verfahren im Anspruch selbst benannt oder dort in Bezug genommen ist. Ist ein Sachanspruch (jedenfalls) teilweise nicht unmittelbar durch räumlich-körperlich oder funktional umschriebene Sachmerkmale, sondern durch ein Verfahren definiert, ist durch Auslegung des Patentanspruchs zu ermitteln, ob und inwieweit sich aus dem angegebenen Verfahren durch dieses bedingte Merkmale des daraus erhaltenen Erzeugnisses ergeben, die das Erzeugnis als anspruchsgemäß qualifizieren, BGH Mitt. **2005,** 357 – Aufzeichnungsträger. Regelmäßig geht der Sinngehalt jedenfalls dahin, dass zu den Sachmerkmalen dieses Anspruchs die körperlichen und funktionalen Eigenschaften des Erzeugnisses gehören, die sich aus der Anwendung des Verfahrens bei dessen Herstellung ergeben, BGH GRUR **2001,** 1129, 1133 – zipfelfreies Stahlband; Rogge Mitt. **2005,** 145, 146; vgl. auch EPA ABl. **2001,** 319 – reines Terfadin – unter 6. Gebräuchlich sind insoweit Formulierungen wie hergestellt, erhalten oder erzeugt bzw. herstellbar, erhältlich oder erzeugbar durch ein näher bezeichnetes, insbes. das

durch einen vorangehenden Anspruch geschützte Verfahren (sog. **Product-by-Process-Anspruch**), vgl. hierzu ausführlich Meier-Beck FS König, 2003, 323; Meyer-Dulheuser GRUR Int. **85,** 435. Eine derartige Definition eines Erzeugnisses ist jedenfalls zulässig, wenn das Erzeugnis in der nach § 34 Abs. 3 Nr. 2 gebotenen Kürze und Genauigkeit nicht in zumutbarer Weise nur durch seine körperlichen Merkmale beschrieben werden kann, vgl. BGHZ **57,** 1, 24f. – Trioxan; **73,** 183, 189 – Farbbildröhre; **122,** 144, 154; BPatGE **13,** 44, 46; EPA ABl. **84,** 309; **86,** 261; **90,** 71. Ist ein Patentanspruch in dieser Form erteilt, stellt sich aber die Frage, ob unabhängig davon, mit welcher Formulierung der Hinweis auf das Verfahren erfolgt ist, umfassender Erzeugnisschutz besteht oder ob in der Formulierung eine Beschränkung auf die Erzeugnisse zum Ausdruck kommt, die tatsächlich mittels des Verfahrens hergestellt worden sind, Rogge Mitt. **2005,** 145, 148. Nach BGH GRUR **60,** 478, 480 – Blockpedale – dient bei einem Vorrichtungspatent die Herstellungsart im Patentanspruch im Allgemeinen nur der Beschreibung der Eigenschaften und der Gestaltung des fertigen Erzeugnisses. Nach BGH GRUR **93,** 651, 655 – Tetraploide Kamille – liegt in Übereinstimmung hiermit in der Angabe „dadurch erhalten, dass ..." keine Beschränkung des Schutzes für das Erzeugnis auf den zu seiner Kennzeichnung angegebenen Verfahrensweg. Im Einspruchsverfahren hat das EPA den Austausch von Formulierungen wie „erhalten durch ..." durch vom Sprachverständnis her weiter erscheinende Formulierungen wie „erhältlich durch ..." zugelassen, T 293/85 vom 27. 1. 1988; T 411/89 vom 20. 12. 1990; T 285/97 vom 10. 5. 2000, hierin also keine unzulässige Erweiterung von Gegenstand oder Schutzbereich gesehen. Andererseits hat der BGH im Jahre 1971 der Schutzbeanspruchung „erhalten durch ..." entnommen, dass sie ihrem Wortlaut nach nur einen solchen Stoff erfasse, wie er nach dem angegebenen Verfahren erhalten wird, BGHZ **57,** 1, 22f. – Trioxan; ebenso Busse/Keukenschrijver § 9 PatG Rdn. 53; in dieser Hinsicht sei das Schutzbegehren eindeutig, BGHZ **57,** 1, 22f. – Trioxan. Die sachgerechte Lösung der Streitfrage liegt in der Auslegung im Einzelfall, BGH GRUR **2001,** 1129, 1133 – zipfelfreies Stahlband, die entsprechend der Vorgabe des Protokolls zur Auslegung von Art. 69 EPÜ auf eine rein wörtliche Interpretation des Patentanspruchs verzichtet. Es muss – ähnlich der auch sonst bei der die Patentkategorie betreffenden Bestimmung, vgl. Rdn. 38 – unter Heranziehung von Beschreibung und Zeichnungen ermittelt werden, ob Gründe für ein beschränktes Schutzbegehren bestehen und deshalb mit der Wortwahl, mit der das Verfahren zur Kennzeichnung des Erzeugnisses erhoben worden ist, eine Aussage gemacht ist, dass patentgemäß nur dasjenige Erzeugnis ist, das mittels des Verfahrens hergestellt ist. Lässt sich das nicht feststellen, wobei nach BGH GRUR **98,** 1003, 1004 – Leuchtstoff – auch berücksichtigt werden darf, ob eine solche Einschränkung wirtschaftlich sinnvoll erscheint, sollte der Grundsatz greifen, dass niemand sich grundlos beschränkt, vgl. Meier-Beck FS König, 2003, 323, 325; Vossius GRUR **93,** 344, 347. Da dieser Grundsatz allgemeiner Erkenntnis entspricht, verletzt seine Heranziehung nicht die Forderung nach ausreichender Rechtssicherheit für Dritte. Zusammengefasst gilt danach Folgendes: Eine Regel, dass sich dadurch, mit welcher Formulierung im Einzelfall der Anspruch gewährt worden ist, ein unterschiedlicher Gegenstand ergebe, kann nicht aufgestellt werden, Teschemacher, EPÜ-Gemeinschkomm., Art. 84 Rdnr. 109 m. w. N.; vgl. auch EPA-Richtlinien Teil C 4.7b. Ohne besondere Hinweise besteht insbesondere kein Anlass zu der Auslegung, die Wahl der einen oder der anderen Formulierung bedeute, dass nur die Sache geschützt sei, die auf die angegebene Weise bereitgestellt bzw. hergestellt ist, so aber Rogge Mitt. **2005,** 145, 148f.; Blumer, 1998, S. 138; Valle S. 71 für „erhalten durch das Verfahren"; U. K. House of Lords Epogen-Mitteilungen **2005,** 82 = GRUR Int. **2005,** 343 u. Patents Court [2002] R. P. C. 1, 79 – Kirin-Amgen v. Roche Diagnostics – für „by being the product of" bzw. „a product of"; zu dieser Praxis in U. K. und ähnlicher in Schweden ferner Meyer-Dulheuer GRUR Int. **85,** 435, 439f. m. w. N.; ähnlich wie hier Meier-Beck FS König, 2003, 323ff.; Storch in Anm. zu BGH- Farbbildröhre GRUR **79,** 463; Schiuma, Formulierung u. Auslegung, S. 304ff., zugleich mit Hinweisen auf unterschiedliche Meinungen in Italien. Im Einzelfall **entscheidet** aber die **jeweils sachgerechte Auslegung** des Patentanspruchs, BGH GRUR **2001,** 1129, 1133 – zipfelfreies Stahlband; BlPMZ **97,** 398, 400 – Polyäthylenfilamente; vgl. Mes § 14 PatG Rdnr. 11; Bruchhausen GRUR **80,** 364, 367. Das steht auch im Einklang mit der zu Zahlen- und Maßangaben im Patentanspruch ergangenen Rechtssprechung des BGH, etwa BGHZ **150,** 149 – Schneidmesser I. Diese betont die Notwendigkeit der Auslegung im Einzelfall. Ihre Tendenz, Zahlen- und Maßangaben im Patentanspruch eine auf den Wortlaut beschränkende Bedeutung beizumessen, beruht auf der Überlegung, dass regelmäßig erwartet werden kann, der Anmelder habe die angegebenen Werte sicher ermittelt und sei sich bewusst gewesen, dass durch Zahlen und Maße gekennzeichnete Bereiche als genau eingegrenzt erscheinen, BGH GRUR **2005,** 41, 42 – Staubsaugerrohr; vgl. auch Heyers GRUR **2004,** 1002. Bei einem durch ein Verfahren gekennzeichneten Sachanspruch kann allein der Umstand, dass anstelle der möglichen und weiter erscheinenden („erhältlich durch ...“) die enger erscheinende Formulierung („erhalten durch ...“) gewählt worden ist, eine derartige auf eine sachlich gerechtfertigte Beschränkung hinweisende Erwartung jedoch nicht rechtfertigen.

4. Ein **Verfahrenspatent** ist gegeben, wenn ein bestimmtes technisches Handeln beansprucht ist, das in mehreren Verfahrensabschnitten oder -schritten bestehen kann. Der Schutz erstreckt sich auf den Verfahrensablauf selbst, unabhängig davon, ob es sich um ein Herstellungs- oder Arbeitsverfahren handelt. **47**

a) Das **Herstellungsverfahren** ist auf die Schaffung eines Erzeugnisses gerichtet. Der Patentschutz erfasst neben dem Verfahren selbst auch das durch das Verfahren unmittelbar hergestellte Erzeugnis, § 9 Nr. 3, vgl. dort Rdn. 55 ff. Das **Arbeitsverfahren** ist nicht auf das Hervorbringen einer neuen Sache gerichtet, sondern wirkt auf ein Objekt ein, ohne es zu verändern, vgl. § 9 Rdn. 54. Das Objekt des Arbeitsverfahrens – etwa die Maschine, mit welcher ein ordnendes Registrierverfahren oder ein diagnostisches Untersuchungsverfahren durchgeführt wird, – ist nicht Gegenstand des Schutzes. Zweck-, Wirkungs-, und Funktionsangaben im Patentanspruch schränken auch bei Verfahrensansprüchen den Schutzbereich regelmäßig nicht ein, RGZ **85,** 95, 98. So kommt bei einem auf ein „Herstellungsverfahren für eine Kreditkarte oder dergleichen“ gerichteten Patentanspruch dem angegebenen Verwendungszweck keine schutzbeschränkende Wirkung zu, BPatG 2NI32/96 v. 8. 7. 1997, sofern die Auslegung nichts Gegenteiliges ergibt. Der Schutz des Herstellungs- und Arbeitsverfahrens ist grundsätzlich auch weitgehend unabhängig von den zur Durchführung eingesetzten Mitteln, BPatGE **8,** 136; Fromme Bl. **52,** 254, 257; Belser GRUR **79,** 347, 348. Vorrichtungsmerkmale in Verfahrensansprüchen, die den Verfahrensverlauf lediglich verdeutlichen, etwa Angaben zum Verfahrensprodukt oder Arbeitsergebnis, vgl. BPatG Mitt. **76,** 238, beschränken den Schutzbereich regelmäßig nicht, a. A. für Arbeitsverfahren Bruchhausen GRUR **80,** 364, 367. Er besteht regelmäßig unabhängig davon, welche Bauelemente zur Durchführung des Verfahrens eingesetzt werden. Beim Herstellungsverfahren kann sich eine Einschränkung daraus ergeben, dass es zur Fertigung des gewünschten Erzeugnisses eines bestimmten Ausgangsprodukts bedarf. Möglicherweise kann auch die Durchführung des Verfahrens selbst auf den Einsatz bestimmter bekannter Vorrichtungselemente angewiesen sein, Engel Mitt. **76,** 227, 230. Wenn sich dem Fachmann diese Notwendigkeit bei der Erfassung des Patentanspruchs nicht erschließt, hat der Verletzungsrichter allerdings auch einen solchen Verfahrensanspruch als von den Mitteln zu seiner Durchführung unabhängigen Verfahrensanspruch hinzunehmen. Der an die Patenterteilung gebundene Verletzungsrichter ist in einem solchen Fall nicht etwa gehalten, den gewährten Verfahrensanspruch im Wege der Auslegung einschränkend als Anspruch zur bestimmten Verwendung der genannten Vorrichtung zu handhaben, so aber unter Hinweis auf BGH GRUR **60,** 483, 485 – Polsterformkörper – 9. Aufl./Ullmann § 14 PatG Rdn 44 f. Sofern der Fachmann erkennt, dass nach dem Sinngehalt des Patentanspruchs ein bestimmtes Ausgangsprodukt oder bestimmte Vorrichtungselemente notwendig sind, wird hingegen eine den Patentanspruch hierauf einschränkende Auslegung geboten sein. Die Herstellung von Gegenständen für die Benutzung des patentierten Verfahrens kann grundsätzlich noch nicht als dessen Gebrauch angesehen werden, BGHZ **116,** 122, 128 – Heliumspeisung. Zum Schutz des Verwendungspatents siehe nachf. Rdn. 49. Liegt das Wesen des als Verfahren formulierten Anspruchs darin, dass ein neues Verfahrensmittel vorgeschlagen wird, dann kommt es für die Frage der Verletzung darauf an, ob der Dritte von dem neuen Mittel verfahrensgemäßen Gebrauch macht, RG MuW **41,** 11, 13. **48**

b) Im Gegensatz zum absoluten Schutz bei einem auf ein Erzeugnis als solches gewährten Patent gehört bei einem **Verwendungspatent** („Verwendung des Stoffes X bei der Bekämpfung von ..., Verwendung von ... oder zur Herstellung von ...“) die im Patentanspruch bezeichnete Verwendung zum Gegenstand der Erfindung, z. B. die Verwendung eines bekannten Arbeitsgeräts zu einem neuen Zweck oder die Verwendung eines Wirkstoffs zur Bekämpfung einer Krankheit, BGHZ **53,** 274, 281 f. – Schädlingsbekämpfungsmittel; BGHZ **68,** 156, 160 f. – Benzolsulfonylharnstoff **88,** 209, 217 – Hydropyridin; GRUR **87,** 794, 795 f. – Antivirusmittel; **90,** 505, 506 – Geschlitzte Abdeckfolie; EPA (GBK) GRUR Int. **90,** 522, 527 – Reibungsverringernder Zusatz/MOBIL OIL III; § 5 Rdn. 47 ff.; vgl. auch BGHZ **54,** 181, 186 f. – Fungizid. Geschützt ist gegebenenfalls (siehe Rdn. 45) ein Verfahren, nämlich die Anwendung des Erzeugnisses/Stoffs zu der geschützten Verwendung, BGH GRUR **72,** 638, 639 f. – Aufhellungsmittel; **82,** 162, 163 – Zahnpasta; BGHZ **110,** 82, 87 – Spreizdübel; Bruchhausen FS Preu, S. 3, 11. Auf die Art der Herstellung der für eine bestimmte Verwendung geschützten Sache kommt es nicht an, RG GRUR **39,** 687, 688. Auch der Schutzbereich **49**

des Verwendungsanspruchs beschränkt sich in der Regel (siehe aber a. E. dieser Rdn.) auf den zweckgerichteten Einsatz der Vorrichtung oder des Stoffs, BGH GRUR **79,** 149, 150 – Schießbolzen; BGHZ **68,** 156, 160f. – Benzolsulfonylharnstoff; GRUR **82,** 162, 163 – Zahnpasta; **87,** 794, 796 – Antivirusmittel. Eine Benutzung kommt mithin nur in Betracht, wenn der im Patentanspruch genannte spezifische Verwendungszweck der Erfindung angestrebt oder zielgerichtet erreicht wird. Wird hingegen ein anderer Zweck verwirklicht, scheidet eine Benutzung aus, und zwar selbst dann, wenn die Anwendung in der für den geschützten Verwendungszweck vorgesehenen Applikationsform geschieht. Herstellung, Vertrieb, insbes. der Export (in nicht portionierter Form) und sonstige Benutzung der Sache, welche deren zweckgerichtete Verwendung nicht augenfällig werden lassen, Bruchhausen GRUR **80,** 364, 368, und in keinem Zusammenhang mit deren zweckgebundenen Verwendung stehen, sind ebenfalls patentfrei, RG GRUR **24,** 159, 160. Zur Frage der mittelbaren Patentverletzung vgl. § 10 Rdn. 4ff. Andererseits werden nach der Rechtsprechung nicht nur Handlungen erfasst, die unmittelbar die Anwendung betreffen, so noch BGHZ **53,** 274, 282 – Schädlingsbekämpfungsmittel; BGH GRUR **72,** 638, 639 – Aufhellungsmittel; eine für den Patentschutz eines Verwendungspatents relevante Benutzungshandlung kann hiernach auch eine Maßnahme sein, die der konkreten Anwendung der Sache oder des Stoffs vorausgeht; BGH GRUR **90,** 505, 507 – Geschlitzte Abdeckfolie m. Anm. Eisenführ, sofern sie Beginn der im Patentanspruch genannten Verwendung ist, BGHZ **116,** 122, 128 – Heliumeinspeisung. Die **Verwendung** des zweckgebundenen Stoffs **beginnt** schon **mit** seiner **zweckgerichteten Bereitstellung,** so dass Dritten bereits solche Handlungen verboten sind, bei denen das Erzeugnis zu der betreffenden Verwendung sinnfällig hergerichtet wird, BGH GRUR **77,** 652 – Benzolsulfonylharnstoff; BGHZ **88,** 209, 212 – Hydropyridin; **101,** 159 – Antivirusmittel; BGH GRUR **90,** 505 – geschlitzte Abdeckfolie; **92,** 305, 307 – Heliumeinspeisung; kritisch zu dieser Rspr. Haedicke Mitt. **2004,** 145, der die sinnfällige Herrichtung als mittelbare Patentverletzung erfassen will. Es muss sich um eine ausdrücklich und spezifisch auf die geschützte Verwendung ausgerichtete Herrichtung handeln, Brandi-Dohrn FS König, 2003, 33, 41. Eine solche **sinnfällige Herrichtung** kann in einer besonderen Gestaltung des Stoffs oder der Sache (z. B. gebrauchsfertiger Herrichtung, Konfektionierung, Dosierung) liegen; möglich ist sie aber auch durch eine dem Stoff oder der Sache beim Vertrieb beigefügte Verpackung oder Gebrauchsanleitung etwa in Form eines Beipackzettels, BGHZ **88,** 209, 212 – Hydropyridin; **68,** 156, 160f. – Benzolsulfonylharnstoff; BGH GRUR **90,** 505, 506 – Geschlitzte Abdeckfolie; **87,** 794, 796 – Antivirusmittel; LG Düsseldorf Entsch. **98,** 51, 53; GRUR-RR **2004,** 193, 194. Nach OLG München NJW-RR **99,** 269 kann ein Arzneimittel **durch Angaben in der Packungsbeilage und entsprechende Dosierung** auch dann sinnfällig hergerichtet werden, wenn nicht die patentrechtlich geschützte Verwendung bei einer namentlich bezeichneten Krankheit, sondern nur deren Symptome erwähnt werden. Ist die Verwendung einer pharmazeutischen Zusammensetzung zur Behandlung eines Patienten mit einer bestimmten Infektion für den Fall beansprucht, dass bei diesem weitere infektionsspezifische Merkmale gegeben sind, ist erforderlich, dass die pharmazeutische Zusammensetzung nicht nur allgemein für Patienten mit der bestimmten Infektion angeboten und vertrieben wird, sondern dass die Zusammensetzung darüber hinaus sinnfällig zur Behandlung gerade von Patienten mit den weiteren infektionsspezifischen Merkmalen hergerichtet ist, LG Düsseldorf GRUR-RR **2004,** 193. Dies soll nach dieser Entscheidung selbst dann gelten, wenn mehr als die Hälfte der Patienten mit der bestimmten Infektion auch die weiteren patentgemäß vorgesehenen infektionsspezifischen Merkmale aufweist. Trotz der Vorverlegung des Schutzes gewährt der Verwendungsanspruch nur beschränkten Patentschutz; er kann nicht Bereiche abdecken, die einem sonstigen Verfahrenspatent oder dem Erzeugnis-(Stoff)patent vorbehalten sind; der Erzeugnisschutz des § 9 Satz 2 Nr. 3 wohnt ihm deshalb nicht inne, BGHZ **110,** 82, 87 – Spreizdübel; EPA ABl. **90,** 93 – reibungsverringernder Zusatz, worin allerdings Ausnahmen für denkbar gehalten werden. Der Schutz des Verwendungspatents muss nicht auf den im Anspruch genannten Zweck allein bezogen sein. Der in RGZ **85,** 95, 99 aufgestellte Regelsatz, dass solche Patente auf den angegebenen Zweck beschränkt seien, ist zu eng. Auch bei ihnen kann unter den besonderen Voraussetzungen, dass der Fachmann ihnen eine andere, gleichwirkende und gleichwertige Art der Verwendung entnehmen kann ein Schutz für nicht genannte Verwendungszwecke in Betracht kommen. Die Verwendung der Lehre des Patents zu einer dem geschützten Zweck zuwiderlaufenden Verwendung ist jedoch keine Verletzung, vgl. RG GRUR **31,** 972, 973; **42,** 543, 544.

50 Der Verwendungsanspruch kann die Anwendung eines neuen Stoffs betreffen. Besondere praktische Bedeutung kommt ihm aber für den Schutz einer neuen erfinderischen Anwendung eines im Stand der Technik bekannten Stoffs zu, vgl. BGH Bl. **73,** 255, 258 – Herbicide. Im pharmazeutischen Bereich deckt der Verwendungsanspruch insbesondere die zweite und die weitere Indikation ab, vgl. hierzu o. § 3 Rdn. 91ff.; § 5 Rdn. 53ff. Auch hier werden aber nur die der unmittelbaren ärztlichen Anwendung des Medikaments vorausgehenden Handlungen, wie Konfektionierung und Verpackung des Stoffs, als Handlungen zur gewerblichen Verwertung erfasst, nicht aber dessen Herstellen, Gebrauchen oder sonstiges Benutzen, das die zweckgerichtete Verwendung nicht augenfällig werden lässt. Diese Erweiterung des Bereichs der gewerblichen Nutzung eines pharmazeutischen Stoffs auf dessen Herstellung zur gebrauchsfertigen Verwendung bedeutet nicht, dass jedem Verwendungsanspruch der Charakter eines Herstellungsanspruchs immanent sei. Der Wirkstoff selbst wird durch den Verwendungsanspruch keinem absoluten Erzeugnisschutz zugeführt, Vossius/Rauh GRUR **78,** 7, 12. Allein dessen zweckgerichtete Anwendung ist patentverletzend, BGH GRUR **87,** 794, 795f. – Antivirusmittel. Dabei sind die Maßnahmen zur Herstellung des Wirkstoffs, die die Nutzung des geschützten Verwendungszwecks erkennen lassen, ebenso patentverletzend wie dessen zweckgerichteter Einsatz, beispielsweise bei einer therapeutischen Behandlung, vgl. Nastelski, FS G. Wilde, 1970, S. 113, 122. Wird das patentgemäß zur Blutdrucksenkung bestimmte Arzneimittel in Tropfenform bei gleicher Dosierung in nicht nahe liegender Weise als Hustenstiller eingesetzt, wird der Schutzbereich des Verwendungsanspruchs dagegen nicht berührt. Die Applikationsform „Tropfen" ist nicht unmittelbares Erzeugnis des Verfahrens zur Anwendung des darin verkörperten chemischen Stoffes. Das Anwendungsverfahren hat (nur) die zweckgerichtete Verwendung des Stoffes zum Gegenstand, die Herstellung eines neuen Erzeugnisses ist nicht das Ziel dieser Patentkategorie, vgl. § 1 Rdn. 38ff. Die **Applikationsform** wird durch den Verwendungsanspruch nicht mit dem absoluten Stoffschutz des § 9 Nr. 3 ausgestattet, zu weitgehend v. Pechmann **77,** 377, 381; Trüstedt Chem. Ing. Techn. **74,** 529, 534 (ders. klarstellend jedoch in Mitt. **78,** 181, 183); vgl. auch Vossius/Rauh GRUR **78,** 1, 12; Weidlich GRUR **49,** 396, 399. Die Nutzung eines Stoffs zu jedweder Verwendung kann nur über den Stoffanspruch unterbunden werden. Der Verwendungsanspruch gewährt Schutz gegen Herstellung, Vertrieb und Import des Wirkstoffes nur, wenn die patentgeschützte Zweckrichtung seiner Verwendung festzustellen ist. Die gewählte Applikationsform kann für diese Feststellung häufig ein hinreichendes Beweisanzeichen sein. Der Schutz des Verwendungspatents beschränkt sich nicht auf die Fälle, in denen der Wirkstoff in reiner Form eingesetzt wird. Eine patentgeschützte Verwendung ist auch dann gegeben, wenn das Produkt auch noch andere Bestandteile, Hilfs- und Zusatzstoffe, enthält, BGHZ **53,** 274, 282 – Schädlingsbekämpfungsmittel. Eine vom Inhalt der Patentschrift abweichende Applikationsform hindert nicht den Schutz des Verwendungspatents, wenn auch mit ihr der geschützte Verwendungszweck erreicht wird.

4. Für die Bemessung des sachlichen **Schutzbereichs** eines **Zusatzpatents** (§ 16) gelten **51**
keine besonderen Grundsätze. Auch dieser ist nach dem Inhalt der Patentansprüche unter Heranziehung von Beschreibung und Zeichnung zu ermitteln. Es gibt keinen Regelsatz, dass das Zusatzpatent nicht ohne das Hauptpatent verletzt werden könne. Soweit das Zusatzpatent auf das Hauptpatent Bezug nimmt, ist dessen maßgeblicher Inhalt zur Ermittlung des Schutzbereichs des Zusatzpatents heranzuziehen. Zur Ermittlung des Schutzbereichs des Hauptpatents darf das Zusatzpatent hingegen nicht herangezogen werden. Es ist unzulässig, durch Zusammenfassung von Zusatzpatent und Hauptpatent einen Erfindungsgegenstand herauszuarbeiten, der weder im Hauptpatent noch im Zusatzpatent selbstständig beansprucht ist, vgl. im Einzelnen hierzu § 16 Rdn. 22.

5. Chemiepatente

Literaturhinweis: Emil Müller, Chemie und Patentrecht, 3. Aufl. 1951; H. Bumbacher, **52**
Der Begriff der Äquivalenz im Patentrecht, insbesondere seine Bedeutung für chemische Erfindungen in rechtsvergleichender Darstellung, 1957; Schwanhaeuser, Stoff- und Verfahrensschutz chemischer Erfindungen, 1962; Geißler, Der Umfang des Stoffschutzes für chemische Erfindungen, 1972, Petranker, Droit français et droit allemand en matière de brevets concernant la protection de différents inventions dans la domaine de la chimie, 1976; Boeters, Handbuch Chemiepatent, Anmeldung, Erteilung und Schutzwirkung europäischer und deutscher Patente, 1964; Fürniss, Chemiepatententscheidungen, 1986; Hirsch/Hansen, Der Schutz von Chemie-Erfindungen, 1995.

Weidlich, Zur Frage der patentbegründenden Wirkung des technischen Effekts bei chemischen Verfahren, GRUR **49,** 396; Poschenrieder, Schutz des Analogieverfahrens, GRUR **52,** 299; Beil, Der Schutzbereich von Chemie-Patenten, Chem. Ing. Techn. **56,** 377; v. Pechmann, Probleme des Schutzes chemischer Erfindungen, Angew. Chemie **57,** 497 = GRUR **57,** 264; Redies, Probleme des Schutzes chemischer Erfindungen, GRUR **58,** 56; Winkler, Schutzumfang chemischer Patente aus der Sicht des Verletzungsrichters, Angew. Chemie **58,**

117; Dersin, Auslegung des Schutzumfanges chemischer Patente und Vorausbestimmungen des Schutzumfanges im Rahmen des Erteilungsverfahrens, Angew. Chemie **58,** 123; Rheinfelder, Der Schutzumfang chemischer Patente aus der Sicht des Erfinders, Angew. Chemie **58,** 128; Beil, Der Schutzumfang von Chemie-Patenten, Chem. Ing. Techn. **63,** 873; Redies, Patentverletzung bei Analogieverfahren, GRUR **65,** 642; Nastelski, Verwendungsansprüche für Arzneimittel?, Festschr. f. Günther Wilde, 1970, 113; Pedrazzini, Zum Umfang des Stoffschutzes für chemische Erfindungen, GRUR Int. **73,** 594; Bühling, Der „product-by-process-claim" im deutschen Patentrecht, GRUR **74,** 299; Trüstedt, Der Patentschutz für chemische Erfindungen nach der Rechtsprechung des Bundesgerichtshofs, Chem. Ing. Techn. **74,** 529; Heyer und Hirsch, Stoffschutz – ein Stück Rechtsgeschichte, GRUR **75,** 632; Zumstein, Aufgaben bei chemischen Verfahrenserfindungen, Mitt. **75,** 162; Maikowski, Der Mittelanspruch, GRUR **77,** 200; Beil, Hundert Jahre Patentierung von Chemie-Erfindungen, GRUR **77,** 289; Moser v. Filseck, Fragen des Schutzumfanges von Patenten, die chemische Stoffe zum Gegenstand haben, GRUR **77,** 351; Nirk, Zur Bedeutung und Abgrenzung von Arzneimittelansprüchen, GRUR **77,** 356; v. Pechmann, Der Schutz für das unmittelbare Verfahrenserzeugnis und der mittelbare Stoffschutz, GRUR **77,** 377; Schmied-Kowarzik, Mittel- oder Verwendungsansprüche bei Arzneimittelerfindungen?, GRUR **77,** 626; Klöpsch, Die richtige Anspruchskategorie für ein Arzneimittel, Mitt. **77,** 130; Zutrauen, Zur Patentierbarkeit der zweiten Indikation eines bekannten Arzneimittels, GRUR Int. **77,** 223; Nöthe, Patentschutz auf dem Arzneimittelsektor im Lichte der Benzolsulfonylharnstoff-Entscheidung, GRUR **78,** 623; Trüstedt, Patentansprüche für Heilmittel, Mitt. **78,** 181; Vossius u. Rauh, Der Patentschutz von Verwendungserfindungen auf dem Gebiet der Pharmazie nach geltendem und zukünftigem Deutschem und Europäischem Patentrecht unter besonderer Berücksichtigung der zweiten Indikation, GRUR **78,** 7; **80,** 776; Hirsch, Die Bedeutung der Beschaffenheit chemischer Stoffe in der Patentrechtsprechung, GRUR **78,** 263; Nahme, Besonderheiten für Pharmazie-Patente nach den Europäischen Übereinkommen, GRUR Int. **78,** 188; Klöpsch, Zur Schutzfähigkeit und zum Schutzumfang der sogenannten zweiten Indikation im deutschen und europäischen Patentrecht, GRUR **79,** 283; Bruchhausen, Sind Endprodukte unmittelbare Verfahrenserzeugnisse eines auf die Herstellung eines Zwischenprodukts gerichteten Verfahrens?, GRUR **79,** 743; Tauchner, Schutzumfang von Naturstoffpatenten, Mitt. **79,** 84; Schmied/Kowarzik, Über die Beschränkung von Patentansprüchen, insbesondere von chemischen Formeln, GRUR **85,** 761; Kraßer, Patentschutz für neue medizinische Anwendungen bekannter Stoffe, Festschr. 25 Jahre BPatG (1986), S. 159; Güthlein, Auswahlerfindung und Schutzbereich des älteren Schutzrechts, GRUR **87,** 481; Bruchhausen, Der technische Effekt und seine Auswirkung auf den Schutz, Festschr. Preu (1988); Hüni, Absoluter oder zweckbeschränkter Stoffschutz und andere Harmonisierungsprobleme in der europäischen Rechtsprechung, GRUR Int. **90,** 425; Bruchhausen, Der Schutz chemischer und pharmazeutischer Erfindungen, Festschr. 100 Jahre GRUR (1991), S. 323; ders., Der Stoffschutz in der Chemie: Welche Bedeutung haben Angaben über den Zweck einer Vorrichtung, einer Sache oder eines Stoffes in der Patentschrift für den Schutz der Vorrichtung, der Sache oder des Stoffes durch ein Patent, GRUR Int. **91,** 413; Zeiler, Rezepte zur Ausschöpfung des ursprünglich Offenbarten nach der Patenterteilung, Mitt. **93,** 353; Zhang, Der Patentschutz für pharmazeutische Erfindungen in der Volksrepublik China im Vergleich zum deutschen und europäischen Recht, GRUR Int **96,** 119; v. Pechmann, Wieder aktuell – Ist die besondere technische, therapeutische oder biologische Wirkung Offenbarungserfordernis bei der Anmeldung chemischer Stofferfindungen? GRUR Int **96,** 366; Egerer/Reuschl, Über die Möglichkeit eines Patentschutzes für Strukturteile erfinderischer chemischer Stoffe, GRUR **98,** 87; v. Hellfeld, Zweckangaben in Sachansprüchen, GRUR **98,** 243; Hansen, Probleme der Ausführbarkeit bei Chemie-Erfindungen, GRUR **2000,** 469; ders., Hände weg vom absoluten Stoffschutz – auch bei DNA-Sequenzen, Mitt. **2001,** 477; Schrell, Funktionsgebundener Stoffschutz für biotechnologische Erfindungen? GRUR **2001,** 782; König, Die Verweigerung des Gebrauchsmusterschutzes für Verfahrenserfindungen durch den Gesetzgeber im Lichte des Willkürverbots, GRUR **2001,** 948; Dörries, Patentansprüche auf DNA-Sequenzen – ein Hindernis für die Forschung? Anmerkungen zum Regierungsentwurf für ein Gesetz zur Umsetzung der Richtlinie 98/44 EG, Mitt. **2001,** 15; Nieder, Gensequenz und Funktion – Bemerkungen zur Begründung des Regierungsentwurfs für ein Gesetz zur Umsetzung der Richtlinie 98/44/EG, Mitt. **2001,** 238; v. Raden, Überbelohnung – Anmerkungen zum Stoffschutz für biotechnologische Erfindungen, GRUR **2002,** 393; Spranger, Stoffschutz für springende Gene? – Transposons im Patentrecht, GRUR **2002,** 399; Köster, Absoluter oder auf die Funktion eingeschränkter Stoffschutz im Rahmen von Biotech-Erfindungen, insbesondere bei Gen-Patenten, GRUR **2002,** 833; Tilmann, Patentverletzung bei Genpatenten, Mitt. **2002,** 438; ders., Reichweite des Stoffschutzes bei Gensequenzen,

GRUR **2004,** 561; Kunczik, Die Legitimation des Patentsystems im Lichte biotechnischer Erfindungen, GRUR **2003,** 845.

Auch beim sachlichen Schutzbereich **der Patente** auf dem Gebiet **der Chemie** ist von den Patentkategorien Stoff- und Verfahrenspatent auszugehen. Für die Bemessung des Schutzbereichs chemischer Patente gelten die allgemeinen Regeln. Das Chemiepatent – gleich welcher Kategorie – genießt innerhalb der Patentrechtsordnung keinen Sonderrechtsschutz. Schon das Reichsgericht hat in der Kongorot-Entscheidung vom 20. 3. 1889 (Bl. **89,** 209, 212) darauf hingewiesen, dass eine Erfindung auf dem Gebiet der Chemie patentrechtlich nicht anders zu beurteilen sei als eine Erfindung auf dem Gebiet der mechanischen Industrie. Diesen Grundsatz hat die Rechtsprechung beibehalten, vgl. BGH GRUR **2002,** 523, 524 – Custodiol I; **2002,** 527, 528f. – Custodiol II; BGHZ **53,** 283, 288 – Anthradipyrazol; **58,** 280, 285 – Imidazoline; **64,** 86, 94 – Metronidazol. Das trifft auch für die Beantwortung der Frage zu, wann eine vom Sinngehalt eines Patentanspruchs abweichende Ausführung zum Schutzbereich gehört, BGH GRUR **2002,** 523 – Custodiol I; **2002,** 527 – Custodiol II; **87,** 794, 797 – Antivirusmittel; OLG Düsseldorf InstGE **5,** 91. 53

So ist bei **Verfahrenspatenten der Chemie** seit langem anerkannt, dass der Schutz des Verfahrens nicht auf dessen identische Ausführung beschränkt ist, BGHZ **64,** 86, 94 – Metronidazol mit Anm. Beil GRUR **75,** 428, 429; BGHZ **67,** 38, 46 – Alkylendiamine II; Dersin Angew. Chem. **58,** 123, 125; Trüstedt Chem. Ing. Techn. **74,** 529, 530f. Eine gleichwertige Verwirklichung des Verfahrens wird nicht dadurch ausgeschlossen, dass die angegriffene Ausführung auf dem Weg zum Endprodukt einen mehrstufigen Umweg wählt oder dass die Reaktionsabläufe beim geschützten Verfahren und beim angegriffenen Verfahren in chemischer Hinsicht nicht gleich, nicht verwandt oder nicht ähnlich sind, BGHZ **64,** 86, 94 – Metronidazol. Der Fachmann kann auch hier die zum Auffinden der Alternative erforderlichen Erkenntnisse über Versuche gewinnen, die im Rahmen seines Fachkönnens liegen und die Grenze zumutbarer Bemühungen nicht überschreiten, BGHZ **64,** 86, 97 – Metronidazol. Der Schutz des Verfahrenspatents versagt auch nicht gegenüber der Wahl eines abweichenden Ausgangsstoffes. Eine patentrechtliche Gleichwirkung kann gegeben sein, wenn der andere Ausgangsstoff über einen verschiedenen chemischen Reaktionstyp zu demselben Endprodukt umgesetzt wird, BGHZ **64,** 86, 94 – Metronidazol, oder wenn ein abweichender Ausgangsstoff durch abweichende Verfahrensschritte zum gleichen Endprodukt umgewandelt wird, BGHZ **67,** 38, 46 – Alkylendiamine II. Erfasst sein kann auch der Fall, dass ein abweichender Ausgangsstoff in gleicher Verfahrensweise zu einem abweichenden Endprodukt umgesetzt wird. Da das – im Ausgangsstoff – abweichende Herstellungsverfahren in den Schutz des Verfahrenspatents fällt, gilt gemäß § 139 Abs. 3 bis zum Beweis des Gegenteils das abweichende Endprodukt als unmittelbares Erzeugnis des patentierten Verfahrens, BGHZ **67,** 38, 47 – Alkylendiamine II. Die Besonderheit des **Verfahrens zur Herstellung eines chemischen Zwischenprodukts,** nämlich, dass zur Prüfung der Patentwürdigkeit des Herstellungsverfahrens die überlegenen Eigenschaften und Wirkungen, die bei der Verwendung des Endprodukts auftreten, herangezogen werden können, BGHZ **51,** 378, 385f. – Disiloxan; BGHZ **63,** 1, 2, 7 – Chinolizine, vgl. hierzu § 1 Rdn. 93ff., wirkt sich auf die Bestimmung des Schutzbereichs ebenfalls nicht aus. Sie erfordert allerdings eine kritische Prüfung der Frage, ob das aus dem umgesetzten Zwischenprodukt erzielte Endprodukt als unmittelbares Erzeugnis des Verfahrens zur Herstellung eines Zwischenprodukts im Sinne des § 9 Nr. 3 angesehen werden kann, vgl. hierzu Bruchhausen GRUR **79,** 743ff.; § 9 Rdn. 55. Schließlich hat die Rechtsprechung auch bei chemischen **Analogieverfahren** (Verfahren, das an sich neu ist, bei welchem aber im Vergleich zu bekannten Verfahren Ausgangsstoffe analoger Konstitution mittels der gleichen Arbeitsweise oder gleiche Ausgangsstoffe mittels analoger Arbeitsweise zur Einwirkung aufeinander gebracht werden und erwartungsgemäß ein neues Endprodukt analoger Konstitution gewonnen wird, das neue, überraschende und technisch wertvolle Eigenschaften aufweist, BGH GRUR **66,** 312, 315 – Appetitzügler I; BGHZ **51,** 378, 381 – Disiloxan; **53,** 283, 289 – Anthradipyrazol; EPA ABl. **84,** 217, 234f.) keinen Zweifel daran gelassen, dass ein abweichendes Verfahren, welches mit gleichem Ausgangsstoff arbeitet und zum gleichen Endprodukt führt, eine Verletzung des patentierten Verfahrens sein kann, BGH GRUR **70,** 237, 242 – Appetitzügler II; OLG Düsseldorf GRUR **67,** 135. Die Angaben über die wertvollen, patentbegründenden Eigenschaften gehören hier nicht zum Gegenstand der Erfindung; der technische Effekt des Produkts ist für die Frage des Schutzumfangs unerheblich, BGH GRUR **70,** 237, 239 – Appetitzügler II; BGHZ **58,** 280, 288 – Imidazoline. 54

Beim **Erzeugnispatent mit absolutem Schutz** bereitet die Annahme einer auffindbar gleichwirkenden und gleichwertigen Alternative allerdings regelmäßig praktische Schwierigkeiten. Abgewandelte Stoffe, die den beanspruchten Stoff nicht in seiner individuellen chemi- 55 schen Konstitution enthalten, fallen nicht schon deswegen in den Schutzbereich eines Stoffpatents, weil auch sie mit den überraschenden Eigenschaften des patentierten Stoffes ausgestattet sind. Problem und Lösung des Stoffpatents erschöpfen sich in der Bereitstellung des neuen Stoffes, BGHZ **58,** 280, 287 – Imidazoline; vgl. auch BGH GRUR **70,** 237, 239f., 242 – Appetitzügler II. Die Nutzung seiner die Erfindungsqualität begründenden Eigenschaften gehört nicht zum Gegenstand der Stofferfindung. Die patentbegründenden Eigenschaften sind auch nicht notwendiger Inhalt der ursprünglichen Offenbarung, BGHZ **58,** 280, 287 – Imidazoline; hierzu: Bruchhausen GRUR Int. **91,** 414, 415. Die Ausdehnung des Schutzbereichs auf abgewandelte Ausführungen knüpft hingegen an den Offenbarungsgehalt des beanspruchten Gegenstandes der Erfindung zum Prioritätszeitpunkt an, vgl. Rdn. 102, 111. Die Einbeziehung eines gleichwirkenden, abgewandelten neuen Stoffes in den Schutzbereich eines Stoffpatents bleibt aber für den Fall denkbar, dass dieser Stoff nach dem Offenbarungsgehalt der Patentschrift zum Prioritätszeitpunkt für einen Fachmann mit durchschnittlicher Sachkunde und Erfahrung austauschbar nahe liegend war, vgl. BGH GRUR **70,** 237, 241 – Appetitzügler II zum Analogieverfahren; Fürniss, Festschr. Nirk, S. 305, 311, 314; vgl. auch Brodeßer GRUR **93,** 185, 189.

V. Gegenstand der Erfindung – Verständnishilfen

1. Erkenntnisse des Fachmanns

56 **Literaturhinweis:** Niedlich, Die Bedeutung des Durchschnittsfachmanns FS für König, 2003, 399; Comte, L'homme du metier en droit des brevets, sic! **2000,** 659; Grassi, Der Fachmann im Patentrecht, sic! **99,** 547; Gramm, Der Stand der Technik und das Fachwissen, GRUR **98,** 240; Stieger, Windeln für den Team-Fachmann! Zur erfinderischen Tätigkeit und zum Durchschnittsfachmann – Anmerkungen zu BGE 120 II 71ff. („Wegwerfwindeln"), SMI **95,** 63; Dreiss, Der Durchschnittsfachmann als Maßstab für ausreichende Offenbarung, Patentfähigkeit und Patentauslegung, GRUR **94,** 781; Ritscher/Ritscher, Der fiktive Fachmann als Maßstab des Nichtnaheliegens, Festschrift 100 Jahre Patentgesetz, 1988, S. 263; Papke, Der „allwissende" Durchschnittsfachmann, GRUR **80,** 147; v. Falck, Durchschnittsfachmann und Stand der Technik, Mitt. **69,** 252; ders., Irrtümliche Angabe eines zu starken Standes der Technik in der Beschreibung von Schutzrechten, GRUR **72,** 233; Winkler, Patentverletzung und Durchschnittsfachmann, GRUR **56,** 299.

57 Im Verletzungsstreit hat der Ermittlung des Schutzbereichs die **Ermittlung des Gegenstands der geschützten Erfindung** vorauszugehen, z.B. BGHZ **150,** 149, 153 – Schneidmesser I; **125,** 303, 310 – Zerlegvorrichtung für Baumstämme; **105,** 1, 10 – Ionenanalyse; BGH GRUR **2001,** 232, 233 – Bieflocher; **2000,** 1005 – Bratgeschirr; **99,** 914 – Kontaktfederblock; Meier-Beck GRUR **2003,** 905. Diese Feststellung wird bestimmt durch das – **sinnvolle** (BGH GRUR **2004,** 1023, 1024 – Bodenseitige Vereinzelungseinrichtung) – **Verständnis,** das aus der Sicht des Fachmanns dem betreffenden Patentanspruch zukommt, BGHZ **150,** 149, 153 – Schneidmesser I; GRUR **2001,** 232 – Brieflocher; BGH GRUR **99,** 909 – Spannschraube; BPatG 2Ni22/00 v. 8. 2. 2001. Begriffe in den Patentansprüchen sind so zu deuten, wie sie der angesprochene Fachmann nach dem Gesamtinhalt der Patentschrift unter Berücksichtigung der in ihr objektiv offenbarten Lösung versteht, z.B. BGH GRUR **2000,** 232, 233 – Brieflocher; **99,** 909, 911 – Spannschraube; **98,** 133, 134 – Kunststoffaufbereitung; **97,** 116, 117f. – Prospekthalter; BGHZ **105,** 1, 10 – Ionenanalyse; **98,** 12, 19; vgl. auch BGHZ **3,** 365 – Schuhsohle; BGH GRUR **59,** 320, 322 – Moped-Kupplung; **67,** 194, 198 – Hohlwalze; **75,** 422, 424 – Streckwalze; RG GRUR **32,** 447, 449; **36,** 608, 609; **39,** 716, 718. Dabei kann davon ausgegangen werden, dass der Fachmann prinzipiell bestrebt ist, die Patentschrift in einem sinnvollen Zusammenhang zu lesen und ihren Gesamtinhalt im Zweifel so zu verstehen, dass sich Widersprüche nicht ergeben, OLG Düsseldorf Mitt. **98,** 179. Der angesprochene Fachmann ist allerdings nicht mit einer tatsächlich existierenden Person gleichzusetzen und individuelle Kenntnisse und Fähigkeiten sind nicht entscheidend, BGH GRUR **2004,** 1023, 1025 – bodenseitige Vereinzelungseinrichtung. Es muss auf **das auf dem betreffenden Gebiet der Technik allgemeine Fachwissen sowie die durchschnittlichen Kenntnisse, Erfahrungen und Fähigkeiten der dort tätigen Fachwelt** zurückgegriffen werden, BGH GRUR **2004,** 1023, 1025 – bodenseitige Vereinzelungseinrichtung. Denn erst das hierdurch geprägte sinnvolle Verständnis vom Inhalt einer Lehre zum technischen Handeln bildet eine verlässliche Entscheidungsgrundlage, BGH GRUR **2004,** 1023, 1025 – bodenseitige Vereinzelungseinrichtung; vgl. auch Winkler GRUR **56,** 299; a.A. Krieger GRUR **80,** 683, 686. Dieses Verständnis ergibt einen bestimmten **Sinn oder Sinngehalt** der in dem betreffenden Patentanspruch unter Schutz gestellten Erfindung, der dessen Gegenstand festlegt. In der Verletzungsrechtspre-

chung ist wiederholt betont worden, dass auf die **Sicht des Fachmanns** abzustellen sei, von dessen Verständnis die Bestimmung des Inhalts der Patentansprüche einschließlich der dort verwendeten Begriffe abhänge, z. B. BGHZ **150,** 149, 153 – Schneidmesser I; **125,** 303 – Zerlegvorrichtung für Baumstämme; BGH GRUR **2004,** 413 – Geflügelkörperhalterung; **2000,** 1005 – Bratgeschirr; **93,** 886 – Weichvorrichtung. Diese Ausdrucksweise mag als Kurzformel weiter Verwendung finden; sachlich geht es aber um die Nutzbarmachung sowohl des allgemeinen Fachwissens auf einem bestimmten Gebiet der Technik als auch der durchschnittlichen Kenntnisse, Erfahrungen und Fähigkeiten der dort Tätigen, Trüstedt Mitt. **84,** 131, 132, und um eine auf dieser Grundlage vorzunehmende, nachprüfbare (vgl. BGH GRUR **2004,** 1023, 1025 – bodenseitige Vereinzelungseinrichtung) Auslegung der in dem betreffenden Patentanspruch verwendeten Worte, auf welches Erzeugnis/Verfahren er bei Heranziehung der Beschreibung und Zeichnungen gerichtet ist, vgl. BGH GRUR **98,** 1003, 1004 – Leuchtstoff. Von jeder Ausführung, die den so festgestellten Anforderungen genügt, kann dann gesagt werden, dass sie den Gegenstand des Patentanspruchs benutzt, und zwar ohne dass es noch auf weitere Ermittlung oder Bewertung ankommt, BGHZ **150,** 149, 153 – Schneidmesser I. Man spricht dann von **identischer,** so z. B. BGH Mitt. **99,** 365 – Sammelförderer, **oder wortsinngemäßer,** so z. B. BGH GRUR **2003,** 789 – Abwasserbehandlung; **2001,** 140, 142 – Zeittelegramm; **2000,** 1005, 1007 – Bratgeschirr; GRUR **97,** 454, 455 – Kabeldurchführung, **oder gegenständlicher Verwirklichung,** so z. B. BGH GRUR **97,** 454 – Kabeldurchführung, **98,** 133, 135 – Kunststoffaufbereitung. Das Gebiet der Technik, auf das es hierfür ankommt, ist das derjenigen Fachwelt, an die sich die Patentschrift mit ihrer Offenbarung einer Lösung eines technischen Problems wendet, vgl. Schiuma, Formulierung u. Auslegung, S. 262 f.; Hilty, Schutzbereich, S. 127. Schlagwortartig lässt sich sagen: Nach dem Inhalt des Patents richtet sich das maßgebende Gebiet der Technik; nach diesem das Ausmaß der Kenntnisse, Erfahrungen und Fähigkeiten, die vorauszusetzen und zu berücksichtigen sind.

Unter einem Fachmann in dem zuvor erörterten Sinn darf man sich nicht einen Philosophen oder Philologen vorstellen, welcher die Patentschrift durchforscht, ob sie Ansatzpunkte für die Bildung eines Oberbegriffs enthält, der durch Abstraktion oder durch Fortlassen einzelner Erfindungsmerkmale daraus abgeleitet werden könnte, vgl. BGH GRUR **98,** 1003, 1004 – Leuchtstoff. Auch auf das Verständnis von Patentanwälten oder auf dem Gebiet des gewerblichen Rechtsschutzes sachkundige Rechtsanwälte kommt es nicht an, Steinacker SA z. ABl. **99,** 16, 28; a. A. Schiuma, Formulierung und Auslegung, S. 231; König Mitt. **91,** 21, 23. Eine Patentschrift richtet sich an diejenigen, die interessiert daran sind, praktische Anweisungen zum technischen Handeln zu erhalten. Das sind vornehmlich Techniker, vgl. schw. BG sic! **99,** 293, 294. Es ist jedoch nicht ausgeschlossen, dass fallweise (auch) bloße Anwender das maßgebliche Wissen (mit)bestimmen, vgl. Busse/Keukenschrijver § 14 PatG Rdn. 48; Schramm/Kaess, S. 235 ff.; nl. GH Den Haag GRUR **90,** 478, 479. Zusammenfassend lässt sich mit dem schw. HG Aargau (sic! **2004,** 331) sagen: Der Fachmann ist weder Experte des betreffenden Sachgebiets noch Spezialist mit hervorragenden Kenntnissen. Er muss nicht den gesamten Stand der Technik überblicken, jedoch über fundierte Kenntnisse und Fähigkeiten, über eine solide Ausbildung und ausreichende Erfahrung verfügen und so für den in Frage stehenden Fachbereich gut gerüstet sein. **58**

2. Das hiernach zu Grunde zu legende **allgemeine Fachwissen** umfasst regelmäßig **nicht** den gesamten Stand der Technik. Die **Kenntnis des gesamten Stands der Technik** ist eine Fiktion, die ihre Berechtigung bei der Beurteilung der Neuheitsprüfung hat, bei der Ermittlung des Gegenstands der Erfindung aber vom Zweck des Patentschutzes nicht gerechtfertigt ist, BGH GRUR **78,** 235, 237 – Stromwandler; **87,** 280, 283 – Befestigungsvorrichtung. Das allgemeine Fachwissen erfasst den üblichen Wissensstand auf dem betreffenden Gebiet der Technik, BGH GRUR **2004,** 1023, 1025 – bodenseitige Vereinzelungseinrichtung, also das Wissen, das üblicherweise präsent oder fallweise durch Nachlesen usw. erworben ist, damit Fachleute dieses Gebiets ihren Beruf sachgerecht ausüben können. Spricht die Patentschrift einen (fiktiven) Fachmann mit sich überschneidenden oder mehreren Berufsbildern an, so ist das allgemeine Fachwissen jedes Fachbereichs zu Grunde zu legen. Zum Wissen des Fachmanns gehören auch Kenntnisse auf solchen Gebieten, die durch die Lehre des Patents berührt werden und üblicherweise in der Praxis bei der Lösung der patentgemäßen Aufgabe Berücksichtigung finden, vgl. BGH X ZR 4/73 v. 3. 6. 1976 – Aerosoldose. Für den Begriff des allgemeinen Fachwissens ist unerheblich, ob dieses irgendwo schriftlich seinen Niederschlag gefunden hat. Zum allgemeinen Fachwissen rechnen auch und gerade solche technische Maßnahmen, die sich beim praktischen Vollzug technischer Lehren herausbilden, sog. **Erfahrungswissen.** Das Verständnis des Fachmanns mit allgemeinem Fachwissen kann im Einzelfall dazu führen, dass ge- **59**

wisse Anordnungen, die bei lediglich wörtlicher Auslegung des Anspruches von diesem miterfasst werden, ohne weiteres als nicht zieldienlich ausgeschieden werden, RG GRUR **36,** 480, 481; siehe Rdn. 94ff.; 120ff. In der Patentschrift fehlende Anweisungen eines Erfindungsmerkmals können aus dem Fachwissen ergänzt werden, wenn es sich dabei um derart selbstverständliche Ergänzungen handelt, dass sie keiner Erwähnung bedürfen, RG GRUR **32,** 1109, 1110; **33,** 384, 385f.; **35,** 91, 92; **36,** 799, 800; **38,** 865, 867; **39,** 335, 336; **40,** 540, 543 m.w.N.; **41,** 363, 367; BGH GRUR **54,** 317, 319; **55,** 244, 245; **59,** 320, 323. Bei der Ermittlung dessen, was ein Patent offenbart, darf auch dasjenige berücksichtigt werden, was jedem Fachmann beim Lesen der Patentschrift als deren selbstverständliche technische Grundlage erscheint, RG GRUR **36,** 799, 800; BGH I a ZR 93/63 vom 7. 4. 1964.

60 **3.** Die **Auslegung eines Patentanspruchs** hat auf der Grundlage des Fachwissens sowie der Kenntnisse, Fähigkeiten und Erfahrungen der einschlägigen Fachwelt zu erfolgen, die zum **Prioritätszeitpunkt** vorhanden waren, BGH GRUR **2003,** 550 – Richterausschluss; BGH X ZR 5/70 vom 14. 11. 1971 S. 17f.; BGHZ **64,** 86, 96 – Metronidazol m. Anm. Beil; GRUR **77,** 428, 429; GRUR **77,** 483, 485 – Gardinenrollenaufreiher; **91,** 811, 813; RG GRUR **39,** 289, 292; v. Falck GRUR **2001,** 905, 906; Wenning Mitt. **2000,** 375, 377; Schiuma GRUR Int. **98,** 291, 294f.; Ullmann GRUR **88,** 333, 337; Bruchhausen GRUR **82,** 1, 4f.; Tilmann GRUR **2005,** 904, 906; Mes §14 PatG Rdnr. 34; Heinrich 51.19; Singer/Stauder Art. 69 Rdnr. 31; vgl. auch ital. Giuri della proprietà industriale GRUR Int. **98,** 326, 328 m.N. aus ital. Lit.; Brunner sic! **98,** 348, 351; Blumer sic! **98,** 3, 6; 348, 351; zweifelnd Busse/Keukenschrijver § 14 PatG Rdnr. 48; zur Rspr. in UK vgl. Benkard/Scharen EPÜ Art. 69 Rdn. 71. **Nachträglich** gewonnene **Erkenntnisse,** die sich beispielsweise aus Nachveröffentlichungen ergeben, können nicht zur Ermittlung des Gegenstands der geschützten Erfindung herangezogen werden, RG GRUR **39,** 915, 918; OLG Düsseldorf Betrieb **58,** 1036, 1037. So ist es unzulässig, den in der Patentschrift verwendeten Ausdrücken und Begriffen einen Sinn zu geben, den sie erst nachträglich durch die Weiterentwicklung der Technik erhalten haben, BGH GRUR **66,** 312, 317 – Appetitzügler I; RG MuW **38,** 83, 84; Bruchhausen GRUR **82,** 1, 5. Auch der durch die Weiterentwicklung der Technik erfolgte **Bedeutungswandel** eines im Patentanspruch verwendeten Begriffs hat auf die Erfassung des Gegenstands eines Patentanspruchs grundsätzlich keinen Einfluss, vgl. BGH GRUR **66,** 312, 317 – Appetitzügler I, insoweit in BGHZ **44,** 102 nicht abgedruckt; im Leitsatz zumindest missverständlich: OLG Frankfurt Mitt. **75,** 36. Änderungen im Verständnis eines technischen Merkmals durch den Wandel der Zeit wirken sich weder zum Vorteil noch zum Nachteil der Erfinders aus, Bruchhausen GRUR **82,** 1, 5. Zur Einbeziehung vom Gegenstand abweichender Ausführungen in den Schutzbereich siehe Rdn. 99ff.

61 **4. a)** Neben dem allgemeinen Fachwissen (vgl. o. Rdn. 57ff.) gibt der **in der Patentschrift mitgeteilte Stand der Technik** eine wichtige Verständnishilfe, BGH GRUR **78,** 235, 237 – Stromwandler m. Anm. Pietzcker; **87,** 280, 283 – Befestigungsvorrichtung; **68,** 311, 313 – Garmachverfahren; RG GRUR **34,** 26, 27; OLG Düsseldorf GRUR **2000,** 599, 603; Ballhaus/Sikinger GRUR **86,** 337, 338; Heinrich 51.21; Bericht Fischer/Krieger GRUR Int. **80,** 501; vgl. auch UK Patents Court GRUR Int. **97,** 373; Blumer sic! **98,** 3, 5; Brunner sic! **98,** 348, 352; SMI **94,** 101, 105. Als Teil der Beschreibung und der Zeichnungen ist das über diesen Stand der Technik Mitgeteilte gemäß § 14 Satz 2 **heranzuziehen,** Kraßer § 32 III b 8; Valle S. 89; Hilty Schutzbereich S. 125 m.w.N. Die Mitteilung kann beispielsweise zur Auslegung führen, dass als bekannt bezeichnete Gestaltungsmöglichkeiten dem Patentanspruch nicht unterfallen, so – im Sinne einer Regel – UK Patents Court GRUR Int. **97,** 373; vgl. auch Gramm GRUR **2001,** 926, 927 und – als Beispiel – OLG Düsseldorf GRUR **2000,** 599, 602. § 14 Satz 2 erfasst dagegen **Einzelheiten** abgehandelten Stands der Technik **nicht, die,** obwohl sie nicht zum allgemeinen Fachwissen gehören, in der Beschreibung oder den Zeichnungen des Patents **unerwähnt** geblieben sind, Kraßer § 32 III b 8; Valle S. 89; Hilty Schutzbereich S. 157; vgl. auch Brunner SMI **94,** 101, 105; a.A. Tilmann GRUR **2005,** 904, 906, der den gesamten Inhalt einer abgehandelten Druckschrift berücksichtigt wissen will. Um eine Lehre zum technischen Handeln zu verstehen, wird von Fachleuten Stand der Technik nur insoweit herangezogen, als er auf Grund der normalen Kenntnisse bekannt ist, EPA ABl. **98,** 198 – Abfallpresse – unter 3.3. Auf andere Einzelheiten kann deshalb allenfalls (a.A. wohl Ballhaus/Sikinger GRUR **86,** 337, 338) dann abgestellt werden, wenn sich im Einzelfall feststellen lässt, dass sich ein Fachmann zur Erfassung der Lehre des Patentanspruchs etwa durch Lektüre der Vorveröffentlichung entsprechend kundig gemacht haben würde, a.A. Schiuma, Formulierung u. Auslegung, S. 269f., der meint, Dritte hätten den richtigen Offenbarungsgehalt zu überprüfen. Diese Einschränkung gilt in gleicher Weise für den Inhalt von **Druckschriften,** die in der

Patentschrift nur auf dem **Deckblatt** als im Erteilungsverfahren berücksichtigt benannt sind. Vielfach wird vertreten, dass der bloß aufgelistete Stand der Technik schlechthin kein Auslegungsmittel sei, so Tilmann GRUR **2004,** 1008, 1011 – unter Aufgabe gegenteiliger Ansicht in GRUR **98,** 325, 331; Busse/Schwendy § 32 PatG Rdnr. 33; Kraßer § 32 III b 8; ebenso Brunner sic! **98,** 348, 352 ähnlich Schiuma, Formulierung u. Auslegung, S. 270; a. A. Benkard/Ullmann 9. Aufl. §14 PatG Rdnr. 66. Ein Erfahrungssatz, dass Fachleute Einzelheiten in der Patentschrift erwähnten Stands der Technik ermitteln, obwohl diese vom Anmelder bzw. der Erteilungsbehörde nicht für mitteilenswert erachtet worden sind, wird sich kaum aufstellen lassen. Ob das hierfür erforderliche Interesse gegeben ist, wird vielmehr in jedem Einzelfall danach zu beurteilen sein, welches Aufklärungsbedürfnis Patentanspruch, Beschreibung und Zeichnungen nach ihrer jeweiligen Fassung bei einem Fachmann erzeugen.

b) Durch den mitgeteilten **Stand der Technik** kann eine **einschränkende Beurteilung des Gegenstands der Erfindung** veranlasst sein. Das ist der Fall, wenn das über den Stand der Technik Mitgeteilte den Offenbarungsgehalt des Patents so begrenzt, dass der Fachmann der Patentschrift eine engere Lehre entnimmt, als die, die der Wortlaut des Patentanspruchs zunächst zu vermitteln scheint, vgl. BGH Mitt. **2000,** 105; RG GRUR **42,** 261, 263; **44,** 22, 23; **44,** 72, 74. So kann bei Fehlen entgegenstehender Anhaltspunkte davon ausgegangen werden, dass der Fachmann dem Wortlaut eines Patentanspruchs nach an sich in Betracht kommende Auslegungsmöglichkeiten ausscheidet, wenn dieser Stand der Technik ihn belehrt, dass eine Auslegung in dieser oder jener Richtung nicht in Betracht kommen kann, weil das betreffende Verfahren oder die Vorrichtung nicht ausführbar erscheint, so wenn der abgehandelte Stand der Technik ein zusätzliches Merkmal oder eine bestimmte Konkretisierung eines beanspruchten Merkmals erforderlich erscheinen lässt, damit eine ausführbare Lehre gegeben ist, Schiuma, Formulierung u. Auslegung, S. 283; vgl. auch RG GRUR **44,** 72, 74; schw. BG GRUR Int. **93,** 878, 879 m. w. N.; Meier-Beck GRUR **2000,** 355, 358; Loth § 12a GebrMG Rdnr. 10; Beispiel: BGH GRUR **99,** 909, 912 – Spannschraube. In diesem Falle ist der Gegenstand des Patentanspruchs auf diejenige Ausführung begrenzt, die der Fachmann – möglicherweise infolge eines Irrtums – nach dem Stande der Technik einzig und allein als ausführbar in Betracht zieht, vgl. BGH GRUR **64,** 612, 615 – Bierabfüllung. Siehe aber auch Rdn. 24f. 62

c) Auch die **irrtümliche Angabe eines** zu starken **Stands der Technik** in der Beschreibung, d. h. die fehlerhafte Bezeichnung neuer Maßnahmen als bekannt oder bereits anderweit vorgeschlagen, **kann** den **Gegenstand** eines Patentanspruchs **beschränken.** Dies gebietet der Grundsatz der Rechtssicherheit. Dem Anmelder dürfen bei der Ermittlung des Schutzbereichs der Patentansprüche nicht die Rechte gewährt werden, die ihm zugestanden hätten, wenn seine Anmeldung Mängel nicht aufgewiesen hätte, BPatGE **6,** 207, 214; v. Falck GRUR **72,** 233, 236, der – entgegen BGH GRUR **73,** 263, 265 – Rotterdamgeräte; Pfab GRUR **73,** 389, 405 – auch eine Korrektur im Nichtigkeitsverfahren ablehnt; Schlitzberger GRUR **75,** 567, 572; Pietzcker GRUR **78,** 237, 238 in Anm. zu BGH – Stromwandler. Es bleibt allerdings der Betrachtung des einzelnen Falls vorbehalten, ob der später als richtig erkannte Stand der Technik eine unzulässige Änderung des Gegenstands der Erfindung zur Folge hat, BGH GRUR **71,** 115, 117 – Lenkradbezug I (betr. Gebrauchsmuster) m. Anm. Harmsen. So bleibt ein irrtümlich angegebener Stand der Technik unberücksichtigt, wenn der Fachmann bei der Würdigung des Gesamtinhalts der Patentschrift den Irrtum ohne weiteres erkennt und richtig stellt. Der Fehler des Anmelders beeinflusst in diesem Fall den Offenbarungsgehalt der Patentschrift nicht, vgl. auch BGH GRUR **74,** 148, 149 – Stromversorgungseinrichtung (zur Neuheitsschädlichkeit). 63

d) Eine **ältere, nachveröffentlichte Patentanmeldung** kann im Einzelfall für die Begrenzung des Schutzbereichs, nicht aber bei der Ermittlung des Gegenstands der Erfindung bedeutsam sein. Ihre Einordnung in den Stand der Technik während des Erteilungsverfahrens beruht auf der Fiktion des § 3 Abs. 2. Die tatsächliche Erkenntnismöglichkeit des Fachmanns zum Prioritätszeitpunkt wird hierdurch nicht erweitert. Die ältere, nachveröffentlichte Patentanmeldung gehört insbesondere nicht zum allgemeinen Fachwissen des Fachmanns im Prioritätszeitpunkt; bei der Ermittlung des Erfindungsgegenstands ist ihm deren Kenntnis auch nicht über die Fiktion des Stands der Technik gemäß § 3 Abs. 2 zu unterstellen, vgl. BGH GRUR **78,** 235, 237 – Stromwandler. 64

e) Bei der Bestimmung des Schutzgegenstands darf nur der Stand der Technik herangezogen werden, der auch im Erteilungsverfahren berücksichtigt werden konnte und berücksichtigt wurde. Soweit die **Regeln der Neuheitsschonfrist und des Ausstellungsschutzes** (Art. XI § 3 Abs. 6, § 1 Abs. 2 IntPatÜG, § 3 Abs. 4 PatG, vgl. § 3 Rdn. 94ff.) eine Vorverlautbarung vom Stand der Technik ausnehmen, darf diese auch nicht bei der Ermittlung des Gegenstands der Patentansprüche berücksichtigt werden. 65

66 **5.** Die Anschauungsweise des angesprochenen Fachmanns ist schon für die **Deutung von Begriffen in den Patentansprüchen** maßgebend. Hierbei ist allerdings zu beachten, dass Feststellungen zum Inhalt einzelner Merkmale nur dazu dienen, schrittweise den allein maßgeblichen Wortsinn des Patentanspruchs als einer Einheit zu ermitteln, BGHZ **159,** 221 – Drehzahlermittlung. Bei der Ermittlung des Schutzbereichs ist deshalb die Bedeutung zu Grunde zu legen, die sich der Fachmann nach dem Gesamtinhalt der Patentschrift unter Berücksichtigung der in ihr objektiv offenbarten Lösung bildet, BGH GRUR **2000,** 232, 233 – Brieflocher; **99,** 909, 911 – Spannschraube; **98,** 133, 134 – Kunststoffaufbereitung; **97,** 116, 117f. – Prospekthalter; BGHZ **105,** 1, 10 – Ionenanalyse; **98,** 12, 19; vgl. auch BGHZ **3,** 365 – Schuhsohle; BGH GRUR **59,** 320, 322 – Moped-Kupplung; **67,** 194, 198 – Hohlwalze; **75,** 422, 424 – Streckwalze; RG GRUR **32,** 447, 449; **36,** 608, 609; **39,** 716, 718. Nicht die sprachliche oder logisch-wissenschaftliche Bestimmung der in der Patentschrift verwendeten Begriffe ist entscheidend, BGH GRUR **99,** 909, 912 – Spannschraube; RG GRUR **32,** 447, 449; **37,** 919, 921; MuW **30,** 483, 484 m. w. N., sondern das Verständnis des unbefangenen Fachmanns vom Sprachgebrauch des Patents, BGH GRUR **99,** 909, 912 – Spannschraube; RG GRUR **36,** 608, 609, mag die Fachliteratur auch Abweichendes lehren, BGH GRUR **84,** 425, 426 – Bierklärmittel. **Patentschriften** stellen im Hinblick auf die dort gebrauchten Begriffe gleichsam ihr **eigenes Lexikon** dar, siehe hierzu näher Rdn. 22.

67 **6.** Auch bei **Zahlen- und Maßangaben** im Patentanspruch kommt es darauf an, wie der Fachmann diese Angaben bei Heranziehung von Beschreibung und Zeichnungen im Gesamtzusammenhang des Patentanspruchs versteht, BGHZ **150,** 149, 155 – Schneidmesser I; BGH GRUR **2002,** 511, 512 – Kunststoffrohrteil – insoweit nicht in BGHZ **150,** 161 abgedr.; **2002,** 519, 522 – Schneidmesser II; **2002,** 523, 525 – Custodiol I; **2002,** 527, 530 – Custodiol II. Bei Fehlen gegenteiliger Anhaltspunkte kann jedoch angenommen werden, dass solchen Angaben ein höherer Grad an Eindeutigkeit und Klarheit zukommt, als dies bei verbal umschriebenen Elementen der patentierten Lehre der Fall wäre, v. Rospatt GRUR **2001,** 991, 993; vgl. auch BGH GRUR **2005,** 41, 42 – Staubsaugersaugrohr; Heyers GRUR **2004,** 1002. Im Regelfall bestimmt deshalb eine eindeutige Zahlenangabe im Patentanspruch dessen Gegenstand abschließend und eine Ausführung, die den beanspruchten Wert über- oder unterschreitet, benutzt die geschützte Lehre nicht wortsinngemäß, BGHZ **150,** 149, 156 – Schneidmesser I; BGH GRUR **2002,** 511, 512 – Kunststoffrohrteil – insoweit nicht in BGHZ **150,** 161 abgedr.; **2002,** 519, 522 – Schneidmesser II; **2002,** 523, 525 – Custodiol I; **2002,** 527, 530 – Custodiol II; v. Falck FS 100 Jahre GRUR S. 543, 577; Heyers GRUR **2004,** 1002, 1007. Ein Verständnis, dass der angegebene Wert genau einzuhalten sei, wird vor allem dann fachmännischer Vorstellung entsprechen, wenn erkennbar ist, dass es sich um einen **kritischen Wert** handelt, BGHZ **150,** 149, 157 – Schneidmesser I; BGH GRUR **2002,** 511, 512 – Kunststoffrohrteil – insoweit nicht in BGHZ **150,** 161 abgedr.; **2002,** 519, 522 – Schneidmesser II; **2002,** 523, 525 – Custodiol I; **2002,** 527, 530 – Custodiol II. Eine beschränkende Bestimmung der Maßangaben ist in aller Regel aber auch dann anzunehmen, wenn diese im Patentanspruch als **Höchst-** oder **Mindestwerte** festgelegt sind. Rechtsprechung zum früheren Recht, die Zahlen- und Maßangaben als minder verbindlich bewertet und in ihnen eine lediglich beispielhafte Festlegung der geschützten technischen Lehre gesehen hat, so RGZ **86,** 412, 416f.; RG GRUR **28,** 481; **40,** 537, 538; OGHBrZ **3,** 63, 71, 73; OLG Karlsruhe GRUR **35,** 301, 302, kann nicht mehr herangezogen werden. Die Verbindlichkeit von Zahlen- oder Maßangaben im Patentanspruch ist nach geltendem Recht grundsätzlich auch nicht danach zu beurteilen, in welcher Beziehung diese zum Stand der Technik stehen, BGH GRUR **2002,** 527, 531 – Custodiol II. Ausnahmen von dem Grundsatz, dass solche Angaben den Gegenstand des Patentanspruchs insoweit abschließend festlegen, sind vor allem zu machen, wenn mit dem Sinngehalt vereinbar ist, dass die Angabe im Patentanspruch einen Toleranzen umfassenden Wert beschreibt, BGHZ **150,** 149, 156 – Schneidmesser I; BGH GRUR **2002,** 511, 512 – Kunststoffrohrteil – insoweit nicht in BGHZ **150,** 161 abgedr.; **2002,** 519, 522 – Schneidmesser II; **2002,** 523, 525 – Custodiol I; **2002,** 527, 530 – Custodiol II. Eine wortsinngemäße Benutzung scheidet aber in jedem Fall aus, wenn der tatsächlich vorhandene Wert wesentlich von dem des Patentanspruchs abweicht, BGH GRUR **84,** 425, 426 – Bierklärmittel. So liegt auch eine Anweisung, erheblich mehr Säure zuzusetzen, als zur Erzielung einer bestimmten Wirkung nötig ist, außerhalb der patentgemäßen Lehre, wenn nach dem Patentanspruch ausdrücklich nur soviel Säure zugesetzt werden soll, wie zur Erzielung dieser Wirkung erforderlich ist, BGH GRUR **66,** 192, 196 – Phosphatierung.

68 Die vorstehenden Grundsätze gelten gleichermaßen für im Patentanspruch angegebene **Bereiche (von ... bis ...),** BGHZ **150,** 149, 156 – Schneidmesser I; BGH GRUR **2002,** 511,

512 – Kunststoffrohrteil – insoweit nicht in BGHZ **150,** 161 abgedr.; **2002,** 519, 522 – Schneidmesser II; **2002,** 523, 525 – Custodiol I; **2002,** 527, 530 – Custodiol II; GRUR **2005,** 41, 42 – Staubsaugersaugrohr; v. Falck, Festschr. 100 Jahre GRUR, S. 543, 577.

7. a) Der Gegenstand eines Patents ist **objektiv zu bestimmen,** BGH GRUR **2004,** 268 – Blasenfreie Gummibahn II; **2002,** 519, 522 – Schneidmesser II; **2001,** 232, 233 – Brieflocher m.w.N., RGZ **85,** 95, 98. Ein von der Fassung der Patentansprüche **abweichender Wille der Erteilungsbehörde muss unbeachtet bleiben,** soweit er nicht in der Patentschrift eindeutigen Ausdruck gefunden hat, BGHZ **53,** 274, 278 – Schädlingsbekämpfungsmittel; GRUR **85,** 967, 969 – Zuckerzentrifuge. Es ist gleichgültig, ob das Patentamt etwas anderes als den sich aus dem Patentanspruch bei Heranziehung von Beschreibung und Zeichnungen ergebenden Sinngehalt hat zum Ausdruck bringen wollen, vgl. BGH GRUR **62,** 577, 576 – Rosenzüchtung, und welche Bedeutung das Patentamt im Erteilungsverfahren einzelnen Merkmalen der Erfindung beigemessen hat, RG GRUR **38,** 868, 869. Es kommt auch **nicht** auf **die subjektive Erkenntnis, Vorstellung oder Willensrichtung des Erfinders oder Anmelders** bei der Fassung der Patentansprüche oder der Patentschrift an, RG GRUR **32,** 576, 577; **32,** 713, 714; **33,** 703, 704; **37,** 556, 557; **38,** 868, 869; RGZ **146,** 273, 274; BGH GRUR **53,** 29, 31 – Plattenspieler; **55,** 244, 245 – Repassiernadel I; **60,** 546, 548 – Bierhahn. Ebenso wenig ist von Bedeutung, was der Erfinder außerhalb der Patentschrift, z.B. in einem Zwangslizenzverfahren, über deren Schutzinhalt geäußert hat, RG GRUR **32,** 286, 287. Ob der Anmelder eine richtige Vorstellung von seiner Erfindung hat, insbesondere, ob er ein Merkmal für wesentlich angesehen hat, RG GRUR **37,** 453, 454, welche Bedeutung er im Erteilungsverfahren einzelnen Merkmalen der Erfindung beigemessen hat, RG GRUR **38,** 868, 869, von welchen wissenschaftlichen Vorstellungen er ausgegangen ist, RG GRUR **32,** 713, 714, ist gleichgültig. Dasselbe trifft für die Erkenntnis des Erfinders über die wissenschaftlichen Grundlagen der Regel zum technischen Handeln, RG MuW **26/27,** 381, 383; **29,** 74, 75 m.w.N., über naturgesetzliche Zusammenhänge, RG GRUR **31,** 746, 749 m.w.N.; RG GRUR **36,** 539, 541 m.w.N., über die wissenschaftliche Erklärung physikalischer oder chemischer Vorgänge, die den erstrebten Erfolg herbeiführen, RG MuW **36,** 109, 111; RG GRUR **37,** 556, 557, und über die Ursachen für den bezweckten Erfolg, RG GRUR **37,** 556, 557; **39,** 354, 356; **41,** 360, 363, zu. Es ist gleichgültig, ob sich der Anmelder der weitreichenden Bedeutung seiner Offenbarung bewusst war, RG GRUR **32,** 576, 577, und ob der Erfinder den offenbarten Gedanken in seinem gesamten Umfange und in seiner vollen Tragweite, RG GRUR **31,** 510, 511; **32,** 286, oder alle Möglichkeiten der Anwendung seiner Lehre erkannt hat, RGZ **85,** 95, 98; RG GRUR **39,** 541, 544; RG MuW **40,** 232, 233 m.w.N. Eine Verletzung kann deshalb auch dann vorliegen, wenn ein Dritter eine Ausführungsform der Erfindung benutzt, die der Erfinder für weniger wichtig, RG GRUR **41,** 221, 223, oder in mangelnder wissenschaftlicher Erkenntnis befangen für von der konkreten Ausdrucksweise des Patentanspruchs gar nicht erfasst angesehen hat. 69

b) Ohne Bedeutung für die Auslegung eines Patentanspruchs ist ferner der **Werdegang der Erfindung,** BGH GRUR **60,** 546, 548 – Bierhahn; BGH Liedl **63/64,** 515, 532, insbesondere die Anwendung, die die geschützte Erfindung in ihrer praktischen Ausgestaltung in der Praxis gefunden hat, RG GRUR **41,** 368, 369; RG MuW **30,** 373, 374, etwa was der Patentinhaber nach seinem Patent fertigt; BGH GRUR **87,** 794, 795 – Antivirusmittel. 70

c) Ein verallgemeinerndes dialektisches Verständnis der im Patentanspruch verwendeten Begriffe führt ebenfalls nicht zu einer zutreffenden Auslegung, siehe Auslegungsprotokoll Satz 2; vgl. auch RG GRUR **38,** 424, 425. Die Gefahr einer unzulässigen Verallgemeinerung droht insbesondere bei einer **funktionsorientierten Deutung.** Ohne eine sich (auch) am Zweck der einzelnen Merkmale orientierende Erfassung wird freilich kaum auszukommen sein, vgl. Meier-Beck GRUR **2003,** 905, 906, wenn in Übereinstimmung mit dem Protokoll über die Auslegung des Art. 69 EPÜ vermieden werden soll, dass sich lediglich ein Schutzbereich ergeben kann, den der genaue Wortlaut des Patentanspruchs hergibt. Außerdem geht der BGH davon aus, dass das Verständnis des Fachmanns von den im Patentanspruch gebrauchten Worten sich entscheidend an dem in der Patentschrift zum Ausdruck gekommenen Zweck des von ihnen umschriebenen Merkmals orientiert, BGH GRUR **2001,** 232, 233;- Brieflocher; **99,** 909, 911 – Spannschraube. Die funktionsorientierte Auslegung ist deshalb jedenfalls dann sachgerecht, wenn die Wortwahl des Patentanspruchs für sich kein fest umrissenes Verständnis erlaubt, BGH GRUR **2005,** 41, 42 – Staubsaugersaugrohr, dort im Zusammenhang mit der Kennzeichnung „im Wesentlichen"; Valle Mitt. **99,** 166, 168. Andererseits realisiert sich die Gefahr unzulässiger Verallgemeinerung jedenfalls dann, wenn mittels funktionsorientierter Auslegung im Patentanspruch räumlich-körperlich umschriebene Merkmale auf ihre Funktion re- 71 duziert werden, Meier-Beck GRUR **2003,** 905, 907; eine Übereinstimmung einer Ausführung nur in der Funktion reicht zur Bejahung einer wortsinngemäßen Benutzung einer (auch) räumlich-körperlich definierten Lehre zum technischen Handeln nicht aus, vgl. Gramm GRUR **2001,** 926, 928. Hält sich die funktionsorientierte Auslegung in den vom Patentanspruch vorgegebenen Grenzen, kann sie hingegen sowohl zu einem weiteren als auch zu einem engeren Verständnis des Wortlauts führen, Meier-Beck GRUR **2003,** 905, 907. Die funktionsorientierte Auslegung nur zuzulassen, wenn sie zu einem gegenüber dem an sich weiteren Wortlaut des Patentanspruchs engeren Gegenstand führt, findet in dem geltenden Patentrechtssystem keine Stütze. In der Literatur ist streitig, ob eine funktionsorientierte Deutung ein sachgerechter Weg zur Ermittlung des Sinngehalts eines gegenständlichen Merkmals ist (befürwortend Meier-Beck GRUR **2000,** 355, 358; **2003,** 905, 906 f.; Schiuma, Formulierung u. Auslegung, S. 283; Schulte/Kühnen § 14 PatG Rdnr. 14; ablehnend Engel GRUR **2001,** 897, 899).

72 **8.** Die Fassung **ausländischer Parallelpatente** ist für die Auslegung eines deutschen Patents nicht maßgebend, BGH Liedl **61/62,** 304, 320; BGH I ZR 11/58 vom 24. 10. 1958.

73 **9.** Für die Auslegung einer europäischen Patentanmeldung oder eines **europäischen Patents** ist der Wortlaut in der Verfahrenssprache maßgebend, Art. 70 Abs. 1 EPÜ. Soweit ein zunächst in einer bestimmtem Verfahrenssprache erteilter Patentanspruch etwa wegen einer entsprechend formulierten Beschränkung eine Fassung in einer anderen Verfahrenssprache erhalten hat, vgl. zu dieser Möglichkeit BGHZ **118,** 121 – Linsenschleifmaschine; BGH GRUR **2004,** 407, 410 – Fahrzeugleitsystem, ist diese maßgebend. Auf eine von der hiernach maßgeblichen Verfahrenssprache abweichende Übersetzung kann weder die Ermittlung des Gegenstands noch die Bestimmung des Schutzbereichs gestützt werden. Der deutsche Verletzungsrichter hat bei der Auslegung eines europäischen Patents dessen Fassung in der Verfahrenssprache zugrundezulegen, auch wenn diese – was die Mehrzahl der Fälle sein dürfte – nicht Deutsch ist. Insoweit wird der Grundsatz von § 184 GVG, der Deutsch zur ausschließlichen Gerichtssprache bestimmt, durchbrochen, BGH GRUR **2004,** 407, 411 – Fahrzeugleitsystem. Allerdings entfalten europäischen Patente, auf deren Erteilung nach dem 1. Juni 1992 im Europäischen Patentblatt hingewiesen worden ist, im Inland keinen Schutz, wenn nicht form- und fristgerecht eine deutsche Übersetzung beim Deutschen Patent- und Markenamt eingereicht worden ist, Art. II § 3 IntPatÜG in der durch Art. 6 Nr. 3 GPatG 2 geänderten Fassung, Art. 12 GPatG 2, Art. 70 Abs. 3 EPÜ. Das ändert aber nichts daran, dass die Fassung in der Verfahrenssprache Grundlage für die Schutzrechtsauslegung bleibt, auch wenn der Schutzbereich der Übersetzung enger ist. Es ist deshalb für die nationalen Gerichte eine unumgängliche Aufgabe, bei Klagen aus europäischen Patentanmeldungen und Patenten sich mit Patentschriften in englischer und französischer Sprache auseinander zu setzen. Wird die Verletzungsklage auf ein europäisches Patent gestützt, auf dessen Erteilung vor dem 1. Juni 1992 im Europäischen Patentblatt hingewiesen worden ist, ist die Vorlage einer deutschen Übersetzung nicht einmal erforderlich, Art. II § 3 IntPatÜG, Art. 1 Abs. 1 GPatG. Verfassungsrechtliche Bedenken sind hiergegen nicht zu erheben, BGHZ **102,** 1, 18, 124 – Kehlrinne. In diesen Fällen soll die gerichtliche Anordnung, eine Übersetzung einzureichen, lediglich verhindern, dass die Parteien durch die Sprachenregelung in ihren Rechten beeinträchtigt werden, Amtl. Begründung BT-Drucksache 7/3712 S. 16.

Ergibt die Übersetzung eine Erweiterung des Schutzbereichs gegenüber der Originalfassung, so kann der Patentberechtigte hieraus keine Rechte geltend machen, vgl. Art. 70 Abs. 3 EPÜ. Ist der Schutzbereich des europäischen Patents in der Sprache der Übersetzung enger als der Schutzbereich in der Verfahrenssprache, so bleibt es dem Patentinhaber unbenommen, sich auf den Wortlaut der Verfahrenssprache zu berufen. Wer aber in gutem Glauben an die engere Fassung der Übersetzung, wonach die angegriffene Ausführungsform nicht patentverletzend ist, den Gegenstand der Erfindung in Benutzung genommen hat, bleibt zur Weiterbenutzung berechtigt, Art. II § 3 Abs. 5 IntPatÜG i. d. F. des Art. 6 Nr. 4 GPatG 2.

74 **10.** Sowohl die Auslegung von Patentansprüchen als auch die Schutzbereichsermittlung bei abweichender Ausführung kann fallweise die **Hinzuziehung eines technischen Sachverständigen** notwendig machen, vgl. zum gerichtlichen Sachverständigen im Patentprozess Meier-Beck FS 50 Jahre VPP, 2005, S. 356. So kann ein ständig mit Patentstreitsachen befasstes und darin erfahrenes Gericht zwar einen technisch einfach gelagerten Fall ohne Hinzuziehung eines Sachverständigen beurteilen, wenn es den technischen Sachverhalt vollständig wiedergibt und so erörtert, dass das Revisionsgericht eine schlüssige und sichere Grundlage für seine patent-rechtliche Würdigung erhält, BGH GRUR **87,** 280 – Befestigungsvorrichtung I; GRUR **91,** 744, 746 – Trockenlegungs-Verfahren; Urt. v. 15. 5. 2001 – X ZR 107/98. Auf sachverständige Hilfe wird auch ein in Patentsachen erfahrenes Verletzungsgericht vor allem aber dann

zurückgreifen müssen, wenn zweifelhaft und auf andere Weise nicht zu klären ist, wie der einschlägige Fachmann im Patentanspruch oder in der Beschreibung verwendete technische Begriffe versteht, BGH GRUR **2004,** 413 – Geflügelkörperhalterung. Der gerichtliche Sachverständige hat in diesen Fällen die Aufgabe, dem Gericht Kenntnisse und Fähigkeiten des Fachmanns sowie die Arbeitsweise zu vermitteln, mit der dieser technische Probleme seines Fachgebiets zu bewältigen trachtet, BGH GRUR **2004,** 411, 413 – Diabehältnis, damit die maßgebliche Sichtweise eines Fachmanns der vom Gericht vorzunehmenden, vgl. BGH GRUR **2004,** 1023, 1025 – Bodenseitige Vereinzelungseinrichtung, Auslegung zu Grunde gelegt werden kann. Ob und in welchem Umfang die Einholung eines Sachverständigengutachtens erforderlich ist, hängt von den Umständen des Einzelfalls ab. Zur Klärung technisch schwieriger Fragen wird aber regelmäßig das Gutachten eines technischen Sachverständigen einzuholen sein; zu den hierfür geltenden Grundsätzen siehe § 139 Rdn. 125 ff. Ein gerichtlicher Sachverständiger in einem Patentverletzungsstreit muss nicht notwendig in allen Punkten den Anforderungen an den Durchschnittsfachmann des jeweiligen technischen Spezialgebiets entsprechen. Das Gericht muss dann allerdings besonders kritisch prüfen, ob die Sachkunde eines solchen Sachverständigen für die Beantwortung der jeweils zu klärenden Frage ausreicht, BGH GRUR **98,** 366 – Ladewagen – in einem Fall, in dem ein Patentanwalt beauftragt war. Wenn das eingeholte gerichtliche Sachverständigengutachten und ein sodann vorgelegtes Privatgutachten einander in einem entscheidungserheblichen Punkt widersprechen, muss der Tatrichter bei fehlender eigener Sachkunde in der Regel zumindest eine ergänzende Stellungnahme des bisherigen gerichtlichen Sachverständigen zu dem gegenteiligen Privatgutachten einholen, BGH GRUR **2000,** 138 – Knopflochnähmaschinen. Nach § 29 Abs. 1 kann das Deutsche Patent- und Markenamt bei widersprechenden gerichtlichen Sachverständigengutachten mit der Erstellung eines Obergutachtens beauftragt werden. Art. 25 EPÜ ermächtigt die Prüfungsabteilung des Europäischen Patentamts zur Erstellung eines technischen Gutachtens über ein europäisches Patent, vgl. Einl. Int. Teil Rdn. 44; Staehelin GRUR **81,** 486, 503; Kolle GRUR Int. **87,** 476 ff. Die gutachtlichen Stellungsnahmen sind nicht bindend. Der Verletzungsrichter darf die Ergebnisse eines Sachverständigengutachtens auch nicht ohne weiteres übernehmen. Sachverständige Äußerungen sind vom ihm eigenverantwortlich daraufhin zu untersuchen, ob und inwieweit sie Angaben enthalten, die Aufklärung im Hinblick auf entscheidungserhebliche und allein von dem erkennenden Gericht zu beantwortende Fragen zu bieten vermögen, BGH GRUR **2001,** 770, 772 – Kabeldurchführung II.

VI. Gegenstand der Prüfung

1. Die Frage nach Wortsinn oder Sinngehalt eines Patentanspruchs und nach dessen daraus folgendem Schutzbereich ist in der Regel für die **jeweils gültige Fassung** zu beantworten, also zunächst für die Fassung des Erteilungsbeschlusses und bei Einspruch, Nichtigkeits- oder förmlichem Beschränkungsverfahren (§ 64) für die Fassung, die der Patentanspruch (oder die Beschreibung oder Zeichnungen, vgl. § 22 Abs. 2 S. 2, siehe auch Rdn. 26 ff.) durch den bestandskräftigen Teilwiderruf, die rechtskräftige teilweise Nichtigerklärung oder den Beschränkungsbeschluss erhalten hat, RG GRUR **39,** 121, 124 f.; BGH GRUR **61,** 77, 78 – Blinkleuchte; **64,** 433, 436 – Christbaumbehang; BGHZ **72,** 119, 130 – Windschutzblech; für Beschränkungsverfahren nach § 64 BGH GRUR **62,** 577, 578 – Rosenzüchtung; vgl. auch BGHZ **16,** 326, 329; für Einspruchs- und Nichtigkeitsverfahren RG GRUR **43,** 205, 207; BGH GRUR **55,** 573, 574 – Kabelschelle; **61,** 335, 337 – Bettcouch; **64,** 669, 670 – Abtastnadel II; **79,** 308, 309 – Auspuffkanal für Schaltgase; a. A. offenbar OLG Düsseldorf 2 U 76/99 v. 29. 6. 2000, weil es zur Grundlage seiner Schutzbereichsermittlung die Fassung gemacht hat, die sich aus einem Rückverweisungsbeschluss nach Art. 111 Abs. 2 EPÜ ergab; ähnlich OLG Karlsruhe 6 U 263/97 v. 9. 9. 1998. So ist der Patentanspruch oder die Beschreibung/Zeichnung in der Fassung für die Allgemeinheit verbindlich, die sie durch den Tenor einer rechtskräftigen Nichtigkeitsentscheidung erhalten haben, BGH GRUR **88,** 444, 445 – Betonstahlmattenwender; **79,** 308, 309 – Auspuffkanal für Schaltgase; **68,** 33, 37 – Elektrolackieren; **61,** 335, 337 – Bettcouch; **55,** 573 – Kabelschelle; bei Unterbleiben einer Änderung von Beschreibung oder Zeichnung ergänzt oder ersetzt der die geänderte Anspruchsfassung betreffende Teil der Entscheidungsgründe die Patentbeschreibung, BGH GRUR **79,** 308, 309 – Auspuffkanal für Schaltgase; siehe. Rdn. 26 ff. Eine durch Widerruf, Nichtigerklärung oder Beschränkungsbeschluss vorgenommene **Beschränkung** bindet den Verletzungsrichter nur in zweierlei Hinsicht. Zum einen darf auf einen ausgeschiedenen Patentanspruch eine Verurteilung des wegen Patentverletzung in Anspruch Genommenen nicht gestützt werden, RG GRUR **44,** 22, 24. Zum anderen darf der Verletzungsrichter die **Berechtigung** der verfügten Beschränkung 75

nicht nachprüfen, BGH GRUR **61,** 77, 79 – Blinkleuchte; **80,** 280, 282 – Rollladenleiste. Vermeintliche Fehler bei der Patenterteilung oder der Nichtigkeitsentscheidung darf der Verletzungsrichter nicht berichtigen, RG GRUR **43,** 245, 246; BGH GRUR **61,** 404, 408 – Klebebindung; **80,** 280, 282 – Rollladenleiste. Gleichgültig ist, welche Gründe zur Beschränkung geführt haben, ständ. Rechtspr. vgl. RGZ **45,** 72, 77; **159,** 1, 9; **165,** 209, 216; RG GRUR **38,** 315, 317; **43,** 245, 246; BGH GRUR **56,** 542, 546 – Anhängerkupplung; **61,** 77, 78 – Blinkleuchte; **61,** 404, 408 – Klebebindung, z.B. fehlerhafte Beurteilung des Stands der Technik, RG GRUR **38,** 315, 317; **39,** 956, 959; BGH GRUR **80,** 280, 282 – Rollladenleiste, oder irrige Beurteilung der Neuheit, der erfinderischen Tätigkeit oder der Offenbarung, RG GRUR **43,** 245, 246; BGH GRUR **61,** 404, 408 – Klebebindung, oder der Ausführbarkeit, RG Bl. **39,** 199, 201. Eine eingeschränkte Fassung des erteilten Schutzanspruchs ist vom Verletzungsrichter hinzunehmen, auch wenn sie auf unzutreffender Beurteilung der materiellen Erfindungspriorität beruht, RG GRUR **40,** 89, 94; a.A. RG GRUR **28,** 481, 482.

76 **2.** Der Umstand, dass auf Grund einer Fassung des Patentanspruchs, die eingeschränkt worden ist, zu urteilen ist, führt **jedoch nicht** dazu, dass der Verletzungsrichter **in der Auslegung oder Bestimmung des Schutzbereichs** des nunmehr geltenden Patentanspruchs **beschränkt** wäre. Wortsinn und Schutzbereich hat er vielmehr eigenverantwortlich nach denselben Grundsätzen wie bei einem Patentanspruch der Fassung des Erteilungsbeschlusses zu ermitteln. Das folgt aus § 14 (Maßgeblichkeit des geltenden Patentanspruchs) und steht in Einklang mit der sich auf Art. 69 EPÜ und den Gesichtspunkt der Rechtssicherheit stützenden Rechtsprechung des BGH, für die Bestimmung des Schutzbereichs eines Patents komme es grundsätzlich nicht auf Vorgänge im Erteilungsverfahren an, die der Patenterteilung vorausgegangen sind, BGHZ **150,** 161 – Kunststoffrohrteil; **115,** 204, 208 – beheizbarer Atemluftschlauch; vgl. auch schon BGH GRUR **70,** 289, 293 – Dia-Rähmchen IV; **71,** 472 – Wäschesack; BGHZ **72,** 119, 128f. – Windschutzblech; Moser v. Filseck GRUR **71,** 474f., Winkler GRUR **76,** 393, 398f. Die umfangreiche Rechtsprechung zu Beschränkungen und Verzichten, die zum früheren Patentrecht ergangen und in der 9. Auflage in den Rdnrn. 80ff. zu § 14 nachgewiesen ist, kann insoweit nicht mehr herangezogen werden. Es ist deshalb durchaus denkbar, dass das Gericht im Verletzungsprozess zu der Auffassung gelangt, eine Ausführung mache wortsinngemäß oder – vor allem – in zum Schutzbereich gehörender Weise vom Patentanspruch Gebrauch, obwohl eine Ausführung dieser Art Grund für die Änderung der Fassung des Patentanspruchs war, a.A. Rogge FS Brandner, 490f.; SA Nr. 2 z. ABl. **2001,** 14, 16; Ballhaus/Sikinger GRUR **86,** 337, 342 m.w.N.; Pagenberg GRUR **93,** 264, 271 bzgl. Elementenschutz/Unterkombination m.w.N.; ähnlich Reid, 2. Aufl., S. 101 m.N. aus Rspr. in UK; vgl. auch Busse/Keukenschrijver § 14 PatG Rdnr. 101; Loth § 12a GebrMG Rdnr. 22 m.w.N.; im Erg. ebenso nl. Hoge Raad GRUR Int. **96,** 67, 68; GRUR Int. **90,** 385, 386. Auch ein nachträglich beschränkter Patentanspruch gewährt Schutz auf das, was noch mit dem Sinngehalt seiner Patentansprüche in Beziehung zu setzen ist, vgl. BGH GRUR **2002,** 519 – Schneidmesser II. So kann, wenn der Sinngehalt eine solche Bewertung erlaubt, eine Merkmalskombination in den Schutzbereich eines Patentanspruchs fallen, obwohl dessen Gegenstand zuvor durch Aufnahme eines weiteren Merkmals im Wege der Teilung des Patents im Einspruchsverfahren beschränkt worden ist, a.A. LG Düsseldorf Entsch. **97,** 101, 103, oder obwohl zuvor eine selbstständige Beanspruchung dieser Kombination als nicht offenbart abgelehnt worden ist, vgl. BGHZ **72,** 119, 129 – Windschutzblech mit kritischer Anm. Eisenführ GRUR **78,** 701f. Droht eine solche Bewertungsdivergenz, versteht es sich aber von selbst, dass **besonders sorgfältig geprüft werden muss,** ob dadurch, wie der Patentanspruch nunmehr gefasst ist, wirklich nicht erkennbar wird, dass Ausführungsformen dieser Art nicht erfasst sein sollen. Der Verletzungsrichter wird hierbei zu erwägen haben, dass in den **Erteilungsakten** dokumentiertes Geschehen Ausdruck einer **zeitnahen fachkundigen Bewertung** des schließlich gewährten Patentanspruchs sein kann, vgl. BGH GRUR **98,** 895 – Regenbecken; Trüstedt Mitt. **84,** 131, 132, der Kenntnis der Erteilungsakten für prinzipiell unentbehrlich hält. Soweit sich das zuverlässig feststellen lässt, können die Erteilungsakten als **Indiz** für die maßgebliche Sicht des Fachmanns herangezogen werden, BGH GRUR **93,** 886, 888 – Weichvorrichtung I; Schar Mitt. **2000,** 58, 63; Steinacker SA z. ABl. **99,** 16,28 unter Hinweis auf Rspr. d. OLG Düsseldorf; Rogge FS Brandner, 1996, 483, 487; König GRUR **99,** 809, 815; Valle S. 116; Busse/Keukenschrijver § 14 PatG Rdnr. 74; Mes § 14 PatG Rdnr. 38; ähnlich Schramm/Popp/Bohnenberger S. 84f. Dasselbe gilt für die Auslegung, die ein patentgemäßes Merkmal durch die Einspruchsabteilung oder Beschwerdekammer des EPA erfahren hat, vgl. BGH GRUR **98,** 895, 896 – Regenbecken; schw. HG Zürich sic! **97,** 206; Heinrich 51.21. Da der Richter bei Berücksichtigung sachverständiger Äußerungen Sachaufklärung betreibt, kann es nicht darauf ankommen, ob sich

die anderweit entnommene Feststellung zu Ungunsten des Patentinhabers oder zu dessen Gunsten auswirkt; vgl. Busse/Keukenschrijver § 14 PatG Rdn. 74, der bei Verwertung zu Gunsten des Patentinhabers Zurückhaltung für erforderlich hält; ähnlich Rogge FS Brandner, 1996, 483ff.; nl. Hoge Raad GRUR Int. **95,** 727, 728 –; a. A. König GRUR **99,** 809, 816; wohl auch U. K. Patents Court [**2000**] E. N. P.R. 57, 79; nl. GH Den Haag BIE **99,** 139, 141 – vgl. nl. Hoge Raad aaO.; Ruijsenaars GRUR Int. **95,** 728, 729.

3. Erklärt der Patentanmelder/inhaber im Erteilungs-, Einspruchs- oder Nichtigkeitsverfahren, **für eine bestimmte Ausführungsform keinen Patentschutz zu begehren,** oder gibt er andere Erklärungen ab, so gelten die vorstehenden Grundsätze erst recht, wenn eine in der Erklärung liegende Beschränkung keinen hinreichenden Ausdruck in der Fassung des Patentanspruchs oder der ihn erläuternden Beschreibung oder bildlichen Darstellung in der Patentschrift gefunden hat, Ann Mitt. **2000,** 181ff.; König GRUR **99,** 809, 815; Busche Mitt. **99,** 164 u. FS König, 2003, 57ff.; Scharen GRUR **99,** 285, 288ff.; Valle S. 117; v. Falck GRUR **85,** 631, 633 m. w. N.; Brunner sic! **98,** 348, 352. Dasselbe gilt für den sonstigen Inhalt der Erteilungsakten, vgl. BGH GRUR **82,** 291 – Polyesterimide, einschließlich der Ausführungen des Prüfers im Erteilungsbeschluss, vgl. BGH GRUR **85,** 967 – Zuckerzentrifuge, die in der Patentschrift keinen eindeutigen Ausdruck gefunden haben, vgl. BGH GRUR **59,** 317, 319 – Schaumgummi. Der **Gesichtpunkt der Rechtssicherheit** gebietet **nicht,** aus dem Ablauf des **Erteilungsverfahrens** sich ergebende **Tatsachen** bei Auslegung des Patentanspruchs **zu verwerten,** BGHZ **150,** 161 – Kunststoffrohrteil; **115,** 204, 208 – beheizbarer Atemluftschlauch; Ann Mitt. **2000,** 181ff.; Schiuma, Formulierung u. Auslegung, S. 274ff.; König Mitt. **96,** 75, 77; **91,** 21, einschränkend aber GRUR **99,** 809, 815; Preu GRUR **85,** 728, 730f.; v. Falck FS GRUR in Deutschl., Bd. 1, 543, 556; Scharen GRUR **99,** 285, 289; Hilty Schutzbereich S. 233; Kraßer § 32 II c 4; Schulte/Kühnen § 14 Rdnr. 35; Mes § 14 PatG Rdnr. 35; Busse/Keukenschrijver § 14 PatG Rdnr. 74; vgl. auch Bericht Fischer/Krieger GRUR Int. **80,** 501, wonach Zurückhaltung für geboten erachtet wird; ebenso Singer/Stauder Art. 69 Rdnr. 33; vgl. auch franz. C.A. Paris GRUR Int. **93,** 173, 174; a.A. Trüstedt Mitt. **84,** 131, 132; Moser v. Filseck GRUR **74,** 506, 510; Pagenberg GRUR **93,** 264, 271 für Beurteilung eines Teilschutzes; Brinkhof GRUR Int. **86,** 610, 613; den Hartog BIE **99,** 143, falls der Inhalt der Patentschrift konkrete Veranlassung gibt; in engen Ausnahmefällen ebenfalls a. A. Rogge FS Brandner, 1996, 483, 488f.; ähnlich Keller Mitt. **97,** 367, 368; wohl weitergehend Tilmann GRUR **98,** 325, 331; zu § 39 des nordischen PatG ist man auch in den skandinavischen Vertragsstaaten teilweise a. A. gewesen, vgl. Godenhielm GRUR Int. **89,** 251, 257ff. m. w. N.; vgl. aber auch das dort auszugsweise wiedergegebene Urteil des Stadtgerichts Stockholm vom 31. 1. 1979. Etwas anderes ergibt sich auch nicht aus den BGH-Entscheidungen Weichvorrichtung I u. II, GRUR **93,** 886; Mitt. **97,** 364. Durch die Erteilung des Patents wird der Schutzbereich des Patentanspruchs bis zu einer wirksamen gegenteiligen Entscheidung festgelegt. Vorher können sich deshalb **allenfalls der Einsprechende oder der Nichtigkeitskläger** auf beschränkende Erklärungen des Patentinhabers berufen, die nach der Patenterteilung erfolgt sind. Sie waren Beteiligte des jeweiligen Verfahrens und standen deshalb in einer **Sonderbeziehung** zum Erklärenden, als dieser sich äußerte. Wegen dieser Sonderbeziehung, vgl. BGH GRUR **2002,** 511, 514 – Kunststoffrohrteil, kann es geboten sein, den Patentinhaber an seiner Erklärung festzuhalten, BGH Mitt. **97,** 364 – Weichvorrichtung II; Kraßer § 32 III c 5; Schramm/Popp/Bohnenberger S. 85; siehe ferner § 9 Rdn. 69; a. A. Benkard/Ullmann 9. Aufl. § 14 PatG Rdn. 80. Da Anknüpfungspunkt eine Sonderbeziehung ist, berührt dies jedoch nicht den Schutzbereich, Busse/Keukenschrijver § 14 PatG Rdnr. 74; betroffen ist ausschließlich das Verhältnis der Beteiligten des jeweiligen Verfahrens. Alle anderen haben den Patentanspruch mit dem Schutzbereich zu achten, den der Inhalt des erteilten Patentanspruchs bestimmt, Scharen GRUR **99,** 285, 290; ebenso Schiuma, Formulierung u. Auslegung, S. 277; noch offengelassen v. BGH Mitt. **97,** 364 – Weichvorrichtung II. Beschränkungen müssen sich nach geltendem Recht mit aller **Eindeutigkeit aus der Patentschrift** selbst ergeben, Ann Mitt. **2000,** 181ff.; König GRUR **99,** 809, 815; Busche Mitt. **99,** 164 u. FS König, 2003, 57ff.; Scharen GRUR **99,** 285, 288ff.; v. Falck GRUR **85,** 631 u. Festschr. 100 Jahre GRUR, S. 543, 556, 633 m. w. N.; Preu GRUR **85,** 728, 731; Valle S. 117; Brunner sic! **98,** 348, 352. Der Gang des Erteilungsverfahrens oder der Inhalt der Erteilungsakten, der sich in der Patentschrift nicht widerspiegelt, ist für die Bestimmung des Gegenstands der Erfindung und des Schutzbereichs eines Patentanspruchs nach § 14 grundsätzlich ohne Bedeutung. **77**

4. Die Bindung an den jeweils geltenden Patentanspruch berührt die zivilprozessuale Freiheit des Patentinhabers nicht, autonom zu bestimmen, wie er sein Rechtsschutzziel zu erreichen sucht. Auch ohne entsprechende(n) Widerruf, Nichtigerklärung oder förmliche Beschränkung **78**

kann der Patentinhaber seine **Patentverletzungsklage** deshalb **auf** einen Anspruch geänderter Fassung stützen, vgl. für Gebrauchsmuster BGHZ **155,** 51, 55 – Momentanpol; ferner Nieder GRUR **99,** 222, 223. Es ist dann die vom Kläger **verteidigte Fassung** der gerichtlichen Entscheidung zu Grunde zu legen, vgl. franz. CA Paris Dossier brevets 1999, II 1, zit. nach Schmidt-Szalewski GRUR Int. **99,** 848, 851; U.K. Court of Appeal **[2000]** R.P.C. 631, 636. Eine Verurteilung des Beklagten kommt aber nur in Betracht, wenn bzw. soweit die Änderung **nicht** eine **unzulässige Erweiterung** des Gegenstands oder des Schutzbereichs zur Folge hat. Diese Einschränkung folgt aus dem sich aus §§ 21 Abs. 1, 22 Abs. 1, 38 S. 2, Art. 123 Abs. 2 und 3 EPÜ ergebenden Grundsatz, dass aus einer Erweiterung Rechte nicht hergeleitet werden können, und ist vom Verletzungsgericht auch dann zu beachten, wenn der Patentinhaber ein europäisches Patent in einer Fassung verteidigt, die zwar nach der rechtlichen Beurteilung der Beschwerdekammer des EPA Bestand haben kann, der Schutzbereich aber in der Zeit nach Rückverweisung, (vgl. Art. 111 Abs. 2 EPÜ) und vor bestandskräftiger Neuentscheidung der Einspruchsabteilung zu ermitteln ist. Denn die Bindung an die rechtliche Beurteilung der Beschwerdekammer gilt nicht für das nationale Verletzungsgericht, a.A. offenbar OLG Düsseldorf 2 U 76/99 v. 29. 6. 2000, weil es ohne weiteres zur Grundlage seiner Schutzbereichsermittlung die Fassung gemacht hat, die sich aus einem Rückverweisungsbeschluss nach Art. 111 Abs. 2 EPÜ ergab; ähnlich OLG Karlsruhe 6 U 263/97 v. 9. 9. 1998. Die Meinung des EPA hat gegebenenfalls für die Frage der unzulässigen Erweiterung jedoch die Bedeutung einer gewichtigen sachverständigen Stellungnahme, vgl. BGH GRUR **98,** 895, 896 – Regenbecken.

VII. Das technische Problem und seine Lösung

79 **Literaturhinweis:** Schachmann, Begriff und Funktion der Aufgabe im Patentrecht, 1986. Müller, Offenbarung der Aufgabe?, Mitt. **71,** 41; Zumstein, Aufgabe bei chemischen Verfahrenserfindungen, Mitt. **75,** 162; Scheuber, die Aufgabenstellung, Mitt. **76,** 27; Brückner, Die Bedeutung der Aufgabe im Patenterteilungsverfahren, Mitt. **77,** 101; Reimer, Patentverletzung bei teilweiser Aufgabenerfüllung, GRUR **77,** 384; Hesse, Die Aufgabe – Begriff und Bedeutung im Patentrecht, GRUR **81,** 853; Schmieder, Die Aufgabenstellung als Schritt zur Erfindung, GRUR **84,** 549; Niedlich, Das Problem „Aufgabe", GRUR **88,** 749; ders., Die Aufgabe im Patenterteilungsverfahren, GRUR **89,** 794; U. Krieger, Definition und Bedeutung der Aufgabe bei Erzeugniserfindung im deutschen und europäischen Patentrecht, GRUR Int. **90,** 743; Brodeßer, Die sogenannte „Aufgabe" der Erfindung, ein unergiebiger Rechtsbegriff, GRUR **93,** 185; Szabo, Der Ansatz über Aufgabe und Lösung in der Praxis des Europäischen Patentamts, Mitt. **94,** 225; Vollrath, Der technische Fachmann im Patentgesetz und im Europäischen Patentübereinkommen, Mitt **94,** 292;.

80 **1.** Es entspricht herkömmlicher Betrachtungsweise, den Gegenstand einer Erfindung als durch **Aufgabe und Lösung** bestimmt zu bezeichnen, vgl. RG GRUR **35,** 931, 932; **37,** 210, 211; **39,** 533, 534; BGH GRUR **60,** 546, 548 – Bierhahn; **67,** 194, 196 – Hohlwalze; **76,** 88, 89 – Ski-Absatzbefestigung; BGH X ZR 35/74 v. 22. 1. 1976 S. 9f.; BGHZ **98,** 12, 19f. – Formstein; OLG Düsseldorf Mitt. **2002,** 81. Hieran ist für das geltende Recht schon die Ausdrucksweise zu kritisieren. Denn § 36 Abs. 2 Nr. 2 verwendet nicht den Begriff der Aufgabe, sondern spricht vom **technischen Problem;** ebenso der englische und französische Wortlaut von Art. 27 Abs. 1 d AOEPÜ, während die deutsche Fassung den Begriff der technischen Aufgabe enthält. Im Hinblick auf die Ermittlung des Schutzbereichs eines Patentanspruchs verbietet überdies § 14, dem technischen Problem (oder der Aufgabe) gegenüber der durch die beanspruchte Merkmalskombination als geschützt festgelegten Lösung eigenständige Bedeutung beizumessen, vgl. BGH GRUR **90,** 33, 34 – Schüsselmühle; Schachenmann S. 134; v. Falck FS GRUR in Deutschland, Bd. 1, 543, 561; GRUR **91,** 447, 448; Rupprecht Mitt. **91,** 235, 236; auch schw. BG Schweiz.Mitt. **74,** 97ff.; Franzosi IIC **2001,** 113, 119, FS f. Kolle u. Stauder, 2005, 123, 125f.; a.A. Bechtold S. 190; wohl auch Valle Mitt. **99,** 166, 170; Niedlich GRUR **89,** 794, 795; zweifelnd Schramm/Popp/Bohnenberger S. 62. Die patentgemäße Benutzung der Merkmale des Patentanspruchs führt zu einer Gesamtwirkung, zu einem bestimmten Leistungsergebnis. Auch das technische Problem (die Aufgabe) eines Patentanspruchs ergibt sich zwangsläufig daraus, was die vorgeschlagenen Mittel im Gesamtergebnis erkennbar gegenüber dem Stand der Technik tatsächlich leisten, BGH GRUR **2004,** 579, 582 – Imprägnieren von Tintenabsorbierungsmitteln; **2003,** 683 – Hochdruckreiniger, m.w.N.; Mitt. **2000,** 105 – Extrusionskopf; v. Falck FS GRUR in Deutschl., Bd. 1, 543, 560. Problem und Aufgabe kennen lediglich die zu dieser Gesamtwirkung führenden Mittel nicht. Sie sind daher nur die **von Lösungsmitteln befreite objektive Charakterisierung** des tatsächlichen **Leistungsergeb-**

nisses des Patentanspruchs vgl. Gramm GRUR **2001,** 926, 928; König Mitt. **91,** 21, 24 m. w. N.; vgl. auch BGH GRUR **91,** 522, 523 – Feuerschutzabschluss; BGHZ **98,** 12, 20 – Formstein; **78,** 358, 364 – Spinnturbine II; BGH GRUR **60,** 546, 548 – Bierhahn; **67,** 194, 196 – Hohlwalze; ferner schw. BG GRUR Int. **89,** 328, 330 – Schneehalter – m. w. N., wie es sich für den Fachmann auf Grund der Angaben der Patentschrift darstellt, vgl. BGH GRUR **91,** 811, 813f. – Falzmaschine. So besteht bei einer chemischen Stofferfindung oder bei einem Analogieverfahren die Problemstellung darin, einen neuen chemischen Stoff einer näher umschriebenen Art der Konstitution bereitzustellen, BGHZ **64,** 86, 89f. – Metronidazol, z. B. anders substituierte Morpholine, BGH GRUR **70,** 237, 240 – Appetitzügler II –, oder anders substituierte Imidazoline, BGHZ **58,** 280, 287 – Imidazoline. Die Angaben über den technischen oder therapeutischen Effekt des Stoffes gehören nicht zur Aufgabe, BGH aaO.

Die durch die Problemstellung bedingte Aufgabe darf deshalb nicht nach bloß subjektiver 81
Einschätzung des Anmelders bewertet werden, Mes §14 PatG Rdnr. 24. Aus dem Gesamtinhalt der Patentschrift ist zu ermitteln, welches technische Ziel verfolgt wird (technisches Problem oder Aufgabe), RG GRUR **35,** 237, 238; BGH GRUR **65,** 138, 139 – Polymerisationsbeschleuniger. Den Patentansprüchen ist zu entnehmen, mit welchen Mitteln das geschehen soll (Lösung). Welche Aufgabe der Erfinder sich gestellt hat, kann hierbei allerdings einen Anhaltspunkt abgeben, welches technische Problem der Fachmann der Patentschrift objektiv als gelöst entnimmt, RG GRUR **37,** 554, 555; vgl. aber auch BGH Mitt. **2000,** 105 – Extrusionskopf. Ein zusätzlicher Nutzen der Verwendung eines Bauteils der Erfindung, von dem der Leser der Patentschrift abgelenkt wird, kann deshalb als weitere Aufgabenstellung neben dem ausdrücklich genannten technischen Problem nicht offenbart anzusehen und nicht für die Bestimmung des Schutzbereichs der Erfindung heranzuziehen sein, BGH GRUR **71,** 403, 405 – Hubwagen. Zur Umschreibung des technischen Problems ist es gleichgültig, ob die Patentschrift sagt, es solle ein Gegenstand mit bestimmten Merkmalen in einer bestimmten Richtung verbessert werden, oder ob sie sagt, es solle ein Gegenstand geschaffen werden, der diese bestimmten Merkmale und die sich daraus ergebenden Eigenschaften habe und außerdem noch weitere Vorteile biete, RG GRUR **40,** 540, 542. Über das hinaus, was in der Patentschrift selbst als technisches Problem bezeichnet ist, kann den Angaben der Patentschrift über die Mängel bekannter Vorrichtungen und die dazu in Gegensatz gestellten **Vorteile** der patentierten Maschine, RG GRUR **39,** 121, 122, oder den Angaben, welche **Nachteile** bekannter Einrichtungen beseitigt werden sollen oder welche Vorteile, Leistungen oder vorteilhafte Wirkungen bei Anwendung der Erfindung erreicht werden, das dem Patent zugrunde liegende Problem zu entnehmen sein, vgl. RG GRUR **34,** 182; BGH GRUR **67,** 194, 196 – Hohlwalze, BGH Liedl **71/73,** 1, 4; § 1 Rdn. 54ff. An welcher Stelle der Patentschrift diese Aussagen stehen, ist gleichgültig. Ob die Aussagen sachlich zutreffend sind, ist für die Ermittlung der Problemstellung ohne Bedeutung, BGH GRUR **67,** 194, 197 – Hohlwalze; vgl. auch GRUR **94,** 357, 358f. – Muffelofen, solange die Unrichtigkeit der Aussagen dem Fachmann nicht ohne weiteres erkennbar ist. Erweist sich der laut Beschreibung erstrebte Vorteil des besseren elektrischen Empfangs bei einer unter Schutz gestellten Antenne als nicht erreichbar, so können die nicht erwähnten, aber dem Fachmann zum Prioritätszeitpunkt ohne weiteres erkennbaren Vorteile für die Verpackung und für die sichere Lagerung der Antenne für die Ermittlung des Problems herangezogen werden, BGH GRUR **57,** 213, 214 – Dipolantenne betr. Gebrauchsmusterverletzung. Ebenso verhält es sich, wenn z. B. bei einem Lenkradbezug die in der Beschreibung herausgestellte nachteilige Schweißbildung in der Hand nicht erreichbar ist, der Lenkradbezug aber Vorteile bei der serienmäßigen Herstellung aufweist, die der Fachmann auch ohne Erwähnung in der Beschreibung ohne weiteres erkennen kann BPatGE **15,** 62, 67; BGH Bl. **73,** 259, 260 – Lenkradbezug II betr. Gebrauchsmuster. Entgegen BGH GRUR **57,** 213, 214 – Dipolantenne ist insoweit kein Unterschied zwischen Gebrauchsmustern und Patenten zu machen, Reimer GRUR **77,** 384, 385.

2. Die durch die Problemstellung bedingte Aufgabe darf auch **nicht allein** danach bewertet 82
werden, wie ein als **nächstkommend** angesehener **Stand der Technik** beschaffen ist, BGH GRUR **91,** 811, 813 – Falzmaschine; GRUR **89,** 103, 104f. – Verschlussvorrichtung für Gießpfannen; Brodeßer GRUR **93,** 185, 187; wohl auch v. Falck GRUR **91,** 447, 448; a. A. EPA z. B. ABl. **83,** 133 – Metallveredelung – unter 4. m. w. N.; Teschemacher, EPÜ-Gemeinschkom. Art. 83 Rdnr. 40; auch österr. OLG Wien GRUR Int. **92,** 53. Die Aufgabe ändert sich auch nicht, wenn Stand der Technik nachermittelt wird; vgl. BGH GRUR **91,** 811, 813f. – Falzmaschine; **88,** 44, 445 – Betonstahlmattenwender; Gramm GRUR **2001,** 926, 928; Schiuma, Formulierung u. Auslegung, S. 321; König Mitt. **91,** 21, 24. Es entscheidet allein, was die Gesamtkombination der vorgeschlagenen Merkmale bei objektiver Sicht für den Fachmann

erkennbar im Gesamtergebnis tatsächlich leistet, vgl. BGH GRUR **91,** 522, 523 – Feuerschutzabschluss; Schulte-Kartei PatG 1.1 Nr. 115 – Laminierte Metalldichtung; König Mitt. **2000,** 379, 385; Brodeßer GRUR **93,** 185, 186; v. Falck GRUR **91,** 447; Krieger GRUR Int. **90,** 743, 744; Schulte/Moufang § 1 PatG Rdn. 64, und zwar aus der Sicht vor Vollendung der Erfindung gesehen, RG GRUR **33,** 703, 704; BGH GRUR **60,** 546, 548 – Bierhahn; **67,** 194, 196 – Hohlwalze; siehe auch Nachw. in Rdn. 80. Auf im Verletzungs- und Nichtigkeitsstreit abgegebene Erklärungen des Patentinhabers kommt es deshalb ebenfalls nicht an, BGH Liedl **65/66,** 649, 655.

83 Ein **einheitliches technisches Problem darf nicht** in verschiedene Aufgabenstellungen **zergliedert werden,** denn das führt zu einem Auseinanderreißen des einheitlichen Erfindungsgegenstands, RG Mitt. **40,** 4, 5; BGH GRUR **62,** 555, 576 – Standtank; vgl. hierzu auch Reimer GRUR **77,** 384, 387f. Lösungsmittel dürfen nicht in die Aufgabe einbezogen werden, RG GRUR **38,** 188, 189. Problemstellung und Problemlösung müssen klar voneinander geschieden werden, BGH GRUR **91,** 811, 814 – Falzmaschine. Der **Vermengung von Problem und Problemlösung** ist entgegenzutreten, BGHZ **106,** 84, 92; BGH GRUR **91,** 811, 814 – Falzmaschine; Brodeßer GRUR **93,** 185, 187. Es **muss vermieden werden,** dass auch solche speziellen Merkmale oder deren Wirkungen, die gerade erst die Besonderheit der neuen Lehre ausmachen, in die Aufgabenstellung einbezogen werden, BGH GRUR **67,** 194, 196 – Hohlwalze. Die Zweckbestimmung eines einzelnen Konstruktionselements einer neuen Vorrichtung dient regelmäßig der klarstellenden Erläuterung seiner funktionellen Eignung und konkreten Ausgestaltung, BGH GRUR **79,** 149, 151 – Schießbolzen

84 **Folgerungen** Wenn nur streitig ist, ob sich die Patentverletzung im Identitätsbereich bewegt (vgl. Rdn. 92ff.), bedarf es regelmäßig schon nicht der besonderen Erörterung der Problemstellung des Patents, vgl. BGHZ **112,** 140, 155 – Befestigungsvorrichtung II. Aber auch wenn eine Schutzbereichsverletzung in sonstiger Weise geltend gemacht ist, reicht Übereinstimmung in Aufgabe oder Problemstellung nicht. Die Ermittlung des der Erfindung zugrundeliegenden Problems hat in diesem Zusammenhang den Sinn, zur vollständigen Erfassung der patentgemäßen Lösung beizutragen, BGH GRUR **91,** 811, 814 – Falzmaschine, das hiermit objektiv .erreichte Leistungsergebnis zu erkennen und eine Aussage über die Gleichwirkung und Gleichwertigkeit einer vom Sinngehalt des Patentanspruchs abweichenden Ausführung treffen zu können. Insofern beeinflusst die der beanspruchten Lehre zugrundeliegende Problemstellung die Erkenntnisfähigkeit des Fachmanns und zeigt die Grenzen des Schutzbereichs auf, BGHZ **105** 1, 13 – Ionenanalyse; U. Krieger GRUR Int. **90,** 743, 746; v. Falck FS 100 Jahre GRUR, S. 543, 562. Die Frage, ob dem Patent und der angegriffenen Ausführungsform das gleiche technische Problem zugrunde liegt, ist wiederum objektiv nach dem erreichten technischen Erfolg zu beurteilen (siehe näher Rdn. 103) und nicht subjektiv nach dem Willen des Erfinders oder des angeblichen Verletzers, RG GRUR **33,** 703, 704; RG GRUR **37,** 554, 555; BGH GRUR **60,** 546, 548 – Bierhahn; und auch nicht nach dem Werdegang, den die Auffindung der im Patent geschützten Erfindung und der angegriffenen Ausführungsform in der Person ihrer Erfinder genommen hat, BGH GRUR **60,** 546, 548 – Bierhahn; BGH Liedl **63/64,** 515, 532.

85 Der Schutz darf nicht auf solche vom Sinngehalt abweichende Ausführungsformen ausgedehnt werden, die das dem Patent zugrundeliegende technische Problem nicht lösen oder dem in der Patentschrift angesprochenen Zweck gar zuwiderlaufen, siehe Rdn. 103, 114. Ein im Patentanspruch nicht genanntes Lösungsmittel darf nicht über eine in der Beschreibung umfassend formulierte Aufgabe in den geschützten Erfindungsgegenstand einbezogen werden, BGH GRUR **80,** 219, 220 – Überströmventil; **87,** 626f. – Rundfunkübertragungssystem. Zusätzliche nützliche Nebeneffekte, die außerhalb des in der Patentschrift dargestellten Aufgabenkreises liegen, rechnen nicht zur Aufgabe der Erfindung. Eine Patentverletzung ist auch dann gegeben, wenn die Verletzungsform die Vorteile nebensächlicher Art nicht aufweist, OLG Düsseldorf 2 U 114/76 v. 13. 4. 1978 S. 12f., siehe näher Rdn. 105.

86 Die in der Rechtsprechung des Reichsgerichts gebilligte **Aufgabenerfindung** als Schutz für eine als erfinderisch angesehene Aufgabe ohne Lösungsmittel findet in der Patentrechtsordnung keine Grundlage, Hesse GRUR **81,** 853, 855f.; § 1 Rdn. 58f. Wird ein Patentanspruch erteilt, in welchem der Gegenstand der Erfindung mehr über die technische Problemstellung denn durch konkrete Gestaltungsmerkmale umschrieben wird, ist nach dem Verständnis des Fachmanns zu befinden, ob und welche technischen Lösungsmittel als beansprucht offenbart sind, vgl. BGH GRUR **80,** 849, 851 – Antiblockiersystem. Dem Verletzungsrichter ist es verwehrt, einem Patentanspruch, der sich im Wesentlichen in der Darstellung des technischen Problems erschöpft, einen Gegenstand zuzumessen, der über die vom Fachmann als (inzident) beansprucht erkannten Lösungsmittel hinausreicht.

VIII. Verletzungstatbestand

1. In gleicher Weise wie die Bestimmung des Gegenstands eines Patentanspruchs (vgl. Rdn. 13) wird die Frage der **Verwirklichung der Erfindung** seinem Sinngehalt nach oder in sonstiger Weise ausschließlich **nach objektiven Gesichtspunkten** und nicht nach der subjektiven Willensrichtung des Dritten beurteilt, der als Patentverletzer in Anspruch genommen wird, RG GRUR **35,** 505, 508; **41,** 221, 223; LG Mannheim GRUR **53,** 166, 167. Nicht, was der Dritte gewollt hat, ist entscheidend, sondern welche Ausführung er benutzt oder was er erreicht hat, RG GRUR **41,** 221, 223; **43,** 73, 74. Ob er mit ihr ein anderes technisches Problem lösen will, ist für die Verletzungsfrage unerheblich, RG GRUR **33,** 703, 704, falls er das dem Patent zu Grunde liegende Problem tatsächlich mit den den Sinngehalt ausmachenden oder mit auffindbar gleichwertigen Mitteln löst und damit den gleichen Zweck erreicht, siehe Rdn. 103 ff. Ob der Dritte die Vorteile des Patents erreichen wollte, ist auch unerheblich, wenn er sie nicht erreicht. Es kommt auf die objektive Beschaffenheit, die tatsächliche Gesamtwirkung und den tatsächlich erreichten Erfolg einer angebotenen oder hergestellten Vorrichtung, eines angewendeten Verfahrens oder einer ausgeübten Verwendung an. Dabei ist auf einen bestimmungsgemäßen, vernünftigen und zweckentsprechenden Gebrauch beispielsweise der Vorrichtung abzustellen, RG GRUR **37,** 973, 974; BGH GRUR **69,** 471, 473 – Kronkorkenkapsel; BGH X ZR 77/65 vom 29. 10. 1968. Die Frage, ob dem Patent und der angegriffenen Ausführungsform das gleiche technische Problem zugrunde liegt, ist objektiv nach dem erreichten technischen Erfolg zu beurteilen und nicht subjektiv nach dem Willen des Erfinders oder des angeblichen Verletzers, RG GRUR **33,** 703, 704; RG GRUR **37,** 554, 555; BGH GRUR **60,** 546, 548 – Bierhahn; und auch nicht nach dem Werdegang, den die Auffindung der im Patent geschützten Erfindung und der angegriffenen Ausführungsform genommen hat, BGH GRUR **60,** 546, 548 – Bierhahn; BGH Liedl **63/64,** 515, 532. So ist es für die Verletzungsfrage ohne Bedeutung, ob die angegriffene Ausführungsform selbstständig, d. h. ohne Kenntnis der geschützten Erfindung, erarbeitet worden ist, BGHZ **50,** 340, 351 – Frisierhaube. Im Einzelfall, wenn das Erfinderische in der Funktionsweise einer Sache liegt, siehe oben Rdn. 44 f., muss zur Patentverletzung neben der objektiven Eignung für den Zweck der subjektive Wille hinzukommen, den Zweck zu erreichen, BGH X ZR 44/68 vom 13. 7. 1971 S. 15; vgl. auch BGHZ **68,** 156, 160 – Benzolsulfonylharnstoff; BGHZ **110,** 82, 87 – Spreizdübel. 87

2. Es gibt keinen Rechtssatz, wonach eine nicht planmäßige, nur **zufällige Verwirklichung** eines erteilten Patentanspruchs nicht patentverletzend sei. Entscheidend ist, ob die Merkmale der angegriffenen Ausführungsform objektiv geeignet sind, die patentgemäßen Eigenschaften und Wirkungen zu erreichen. Wird infolge einer Fehlkonstruktion nur in Einzelfällen oder nur unter Schwierigkeiten und nur gelegentlich die Wirkung der geschützten Merkmale erreicht, kann mangels objektiver erfindungsgemäßer Geeignetheit der verwendeten Mittel eine Patentverletzung zu verneinen sein, RG GRUR **41,** 31, 32; **39,** 469, 471; jedenfalls kann es an einem subjektiv vorwerfbaren Verhalten fehlen, RG GRUR **41,** 31, 33. Ein Patent ist nicht nur gegen quantitativ erhebliche Eingriffe zu schützen. Auch zahlenmäßig unerhebliche Eingriffe in ein Patent sind als Verletzung des Rechts des Patentinhabers zu werten. Wenn eine Maschine so hergerichtet ist, dass sie in patentverletzender Weise bedient werden kann, sind deren Herstellung und Vertrieb ebenso eine Patentverletzung, BGH X ZR 32/70 vom 21. 9. 1971 S. 15, wie wenn sie erst nach kurzzeitigem bestimmungsgemäßen Gebrauch die patentgemäßen Merkmale aufweist, OLG München InstGE **4,** 120. Diese entfällt nicht dadurch, dass die Maschine normalerweise anders bedient wird, eine andere Bedienung vorgeschrieben wird und Abnehmer deshalb von der patentverletzenden Einrichtung keinen Gebrauch machen, RG GRUR **32,** 1030, 1031 f. Sie entfällt nur dann, wenn mit geeigneten Mitteln eine patentverletzende Verwendung mit Sicherheit verhindert wird, BGH X ZR 32/70 vom 21. 9. 1971 S. 16. 88

3. Zur Beurteilung der Frage, ob eine konkrete Ausführung zum Schutzbereich eines Patentanspruchs gehört, sind der durch Auslegung des Patentanspruchs ermittelte geschützte **Erfindungsgegenstand** und die **angegriffene Ausführungsform** in ihrer **technischen Problemstellung und Lösung** miteinander **zu vergleichen,** RG Mitt. **40,** 4, 5; BGH GRUR **67,** 84, 85 – Christbaumbehang II; **74,** 460, 462 – Molliped; BGHZ **98,** 12, 19 – Formstein. Dabei ist von den **Gemeinsamkeiten** auszugehen, BGH X ZR 19/88 v. 5. 12. 1989; X ZR 72/67 v. 16. 6. 1970 S. 35; GRUR **76,** 88, 90 – Ski-Absatzbefestigung v. Falck GRUR **88,** 1, 6; König Mitt. **91,** 21, 25; Winkler GRUR **77,** 394, 397; Scharen GRUR **99,** 285, 286; Busse/Kaukenschrijver §14 PatG Rdnr. 82; ähnlich Kaess GRUR **2000,** 637; vgl. auch franz. Tribunal de Commerce de Bobigny GRUR Int. **91,** 910; Kaspar Mitt. **93,** 359, 360 und Czekay GRUR Int. **85,** 147, 150 jeweils unter Hinweis auf franz. Praxis; österr. OPM Österr.PBl. 89

96, 11, 13; Brunner sic! **98,** 348, 357. Es ist zu ermitteln, **wie weit** die Gemeinsamkeiten unabhängig von vorhandenen Unterschieden **reichen,** insbesondere wenn bei der angegriffenen Ausführungsform von denjenigen Gestaltungsformen abgesehen wird, die im sinnvoll verstandenen Patentanspruch keine Entsprechung haben, vgl. Drope Mitt. **95,** 230. Die patentgemäße Lösung nicht betreffende Abweichungen sind ohne Belang, vgl. RG Mitt. **34,** 63, 65; siehe ferner Rdn. 117f. Es kommt darauf an, ob diejenige Gestaltung der zu beurteilenden Ausführungsform, in der ihre Gemeinsamkeiten mit dem Gegenstand des Patentanspruchs verkörpert sind, wegen der vorhandenen Übereinstimmungen einerseits bei Beachtung des Gebots der Rechtssicherheit die Einbeziehung in den Schutzbereich erlaubt und diese Einbeziehung andererseits erfordert, damit der Patentinhaber den ihm für die beanspruchte Lehre zum technischen Handeln gebührenden Lohn erhält, vgl. BGH GRUR **99,** 977, 981 – Räumschild; **94,** 597, 601 – Zerlegvorrichtung für Baumstämme; **91,** 436 Befestigungsvorrichtung II.

90 Bloß bauliche Abwandlungen, die vom Sinngehalt des Patentanspruchs her gesehen ohne Bedeutung sind, vgl. RG GRUR **39,** 712, 715, rein äußerliche Abweichungen, RG GRUR **33,** 486, 487, oder Maßabweichungen heben die Zugehörigkeit zum Gegenstand eines Patentanspruchs nicht auf, es sei denn, dass in der Größenangabe ein Merkmal der Erfindung liegt, z. B. „Reißverschlussteile ganz geringer Dicke", RG GRUR **35,** 913, 914. Verschleierungen sind unbeachtlich, Busse/Kaukenschrijver §14 PatG Rdnr. 82. Einen solchen Fall hat RG GRUR **36,** 236, 241 angenommen, wenn eine Maschine so gebaut wird, dass sie durch ganz einfache, von jedem Handwerker vorzunehmende Maßnahmen zu der verletzenden Vorrichtung umgestaltet werden kann, vgl. aber auch BGH GRUR **2001,** 228 – Luftheizgerät. Andererseits ist vertreten worden, eine Lösung auf einem anderen, vom Patent nicht vorgezeigten Weg mit anderen wesensverschiedenen Mitteln verwirkliche das Patent nicht, RG GRUR **36,** 729, 735; **37,** 966, 968; BGH GRUR **74,** 460, 462 – Molliped.

91 Die Übereinstimmung kann eine **wortsinngemäße (identische oder gegenständliche,** vgl. Rdn. 57) Verwirklichung des beanspruchten Gegenstands **oder** eine anderweit den Schutzbereich nutzende – **inhaltsgleiche oder gleichwertige – Verwirklichung** des Patentanspruchs ergeben. Eine zusätzliche dritte Form der Verwirklichung, wie sie König Mitt. **96,** 75, 81 erwogen hat, wird von der Rechtsprechung nicht anerkannt, BGHZ **142,** 7, 19 – Räumschild. Die Zweiteilung soll die Feststellung patentrechtlich erheblicher Benutzungshandlungen erleichtern, Ullmann GRUR **88,** 333, 335, und hat wegen der Möglichkeit des Einwands des Stands der Technik (nur) bei gleichwertiger Verwirklichung (siehe u. Rdn. 126ff.) erhebliche praktische Konsequenz. Für diese zweite Form der Zugehörigkeit zum Schutzbereich eines Patentanspruchs ist der Begriff **Äquivalenz** gebräuchlich, vgl. z. B. BGH GRUR **99,** 977, 981 – Räumschild – m. w. N.; OLG Frankfurt GRUR-RR **2003,** 201, 203; OLG Düsseldorf GRUR-RR **2001,** 145, 147; BPatG **2000,** 1011, 1015. Dieser Begriff sollte jedoch vermieden werden, weil er keinen eindeutigen Inhalt hat. Eine identische Verwirklichung der beanspruchten Erfindung ist gegeben, wenn die angegriffene Ausführungsform den Sinngehalt des Patentanspruchs ausfüllt, also dessen sämtliche Anweisungen wortsinngemäß befolgt. Die zweite Form der Zugehörigkeit zum Schutzbereich eines Patentanspruchs kommt in Betracht, wenn die betreffende Ausführung nicht sämtliche Anweisungen oder Merkmale des Patentanspruchs in einer seinem Sinngehalt genügenden Weise verwirklicht, wenn die Ausführung also bezogen auf den Sinngehalt des Patentanspruchs in einer oder mehrerer Hinsicht abgewandelt ist. Solche **abgewandelten Ausführungen** sind in der Praxis die Regel, vgl. z. B. BGHZ **112,** 140, 153 – Befestigungsvorrichtung II; **113,** 1, 6, 9 – Autowaschvorrichtung. Ob eine Patentverletzung in Form einer abgewandelten Ausführung vorliegt, kann ebenfalls erst festgestellt werden, wenn der Sinngehalt des betreffenden Patentanspruchs ermittelt ist, BGH X ZR 136/03 v. 25. 10. 2005 – Baumscheibenabdeckung.

92 **5.** Eine **identische Verwirklichung** der beanspruchten Erfindung, also eine Ausführungsform, die den Sinngehalt des Patentanspruchs ausfüllt, weil sie dessen sämtliche Anweisungen wortsinngemäß befolgt, ist in der Regel bereits bei bloß **äußerlicher Übereinstimmung** gegeben; BGHZ **112,** 140, 155 – Befestigungsvorrichtung II. Gemeint ist die **technische Übereinstimmung.** Ein philologisches oder logisch-wissenschaftliches Verständnis der Merkmale des Patentanspruchs wird dem patentrechtlichen Schutz nicht gerecht, BGH X ZR 198/01 v. 7. 6. 2005; GRUR **75,** 422, 424 – Streckwalze. Auch die Verwendung lediglich übereinstimmender Begriffe (Messfühler) für Geräte mit unterschiedlicher technischer Bedeutung (Oberflächenrauhigkeit/Außentemperatur) ist für die patentrechtliche Beurteilung unzureichend. Nicht die philologisch wortlautgemäße Ausführung, sondern die technisch identische Verwirklichung der Lösungsmerkmale des Patentanspruchs trägt die Feststellung einer wortsinngemäßen Patentverletzung, BGH GRUR **59,** 320, 322 – Moped-Kupplung; **75,** 422, 424 – Streckwalze;

vgl. o. Rdn. 57. Die Praxis bedient sich hierzu einer sog. **Merkmalsanalyse,** mit welcher der häufig unübersichtliche Patentanspruch nach sachbezogenen Kriterien aufgegliedert wird, vgl. näher hierzu einerseits Meier-Beck GRUR **2001,** 967; andererseits Kaess GRUR **2000,** 637. Hierbei ist darauf zu achten, dass eine Verfälschung des Sinngehalts des Patentanspruchs unterbleibt. Bei einem Vorrichtungspatent beispielsweise geht es um die Feststellung, mit welchen Vorrichtungsteilen ein Fachmann das Erzeugnis herstellen würde, wenn er alle Anweisungen zum technischen Handeln befolgen würde, die er durch den Patentanspruch erhält. Beim Verfahrenspatent sind die nötigen Verfahrensschritte maßgebend. **Die Feststellung der Identität** so ermittelter einzelner Merkmale bedingt eine entsprechende technische Tauglichkeit; eine weitere Erörterung einer gleichwertigen, der Problemlösung gerecht werdenden Funktion des Merkmals erübrigt sich, vgl. BGHZ **112,** 140, 156 – Befestigungsvorrichtung II. Allenfalls ganz ausnahmsweise kann eine wortsinngemäße Ausführungsform der patentgemäßen Wirkung entbehren, vgl. RG GRUR **36,** 303, 304. Zeigt die als patentverletzend angegriffenen Ausführung infolge ihrer besonderen Gestaltung solche Eigenschaften, dass das im Patent verfolgte Ziel nicht mehr in praktischer Weise erreicht wird, dann liegt keine Verletzung vor, RG GRUR **34,** 728, 731; anders das RG früher für den Fall, dass die im Patent geschützten Merkmale zwar benutzt wurden, aber durch die Bauart anderer, nicht geschützter Teile bewirkt wurde, dass sich der vom Patent erstrebte Erfolg nicht erreichen ließ, RG MuW **25/26,** 122, 123. Dem kann nicht beigetreten werden, weil in einem solchen Falle die im Patent geschützten Mittel nicht zur Lösung des dem Patent zugrundeliegenden Problems benutzt werden und hierzu im Zusammenwirken mit den anderen Merkmalen objektiv ungeeignet sind.

a) Das Erfordernis **vollständiger Übereinstimmung** gilt für alle Arten von Patenten, insbesondere für die üblicherweise nachgesuchten **Kombinationspatente,** BGHZ **159,** 76, – Flügelradzähler, deren Schutz sich mit der Gesamtkombination deckt, RGZ **159,** 1, 10; RG GRUR **39,** 121, 122f. Bei ihnen ist wie schon im Erteilungsverfahren im Grundsatz davon auszugehen, dass der Schutzbereich sich ausschließlich auf die gleichzeitige Anwendung aller beanspruchten Merkmale richtet, BGHZ **159,** 76, – Flügelradzähler; EPA ABl. **89,** 71, 73 – Kombinationsanspruch/KABELMETAL, sei es jeweils in wortsinngemäßer Form, sei es unter Verwendung auffindbar gleichwirkender Mittel, vgl. BGH GRUR **64,** 433 – Christbaumbehang; **75,** 484, 486 – Etikettiergerät; **83,** 497, 499 – Absetzvorrichtung; RG GRUR **39,** 712, 715. Bei einer Kombination, z.B. einer verwickelten Maschine oder eines aus vielen Teilen zusammengesetzten Gebrauchsgegenstands, gehören grundsätzlich die Teile zum Gegenstand des Patents, welche die im Patentanspruch unter Schutz gestellte Vorrichtung bilden, RGZ **142,** 325, 327. Auch bekannte Elemente nehmen am Schutz der Kombination teil, BGH X ZR 33/75 v. 13. 2. 1979 S. 15; OLG Frankfurt GRUR **92,** 683, 684. Der Umstand, dass eine Vorrichtung – Motor – im Patentanspruch erwähnt ist, entscheidet allein allerdings noch nicht, dass es sich dabei um ein Element der geschützten Kombination handelt, BGHZ **2,** 261, 264 – Tauchpumpensatz. Das kann nur mittels Auslegung des gesamten Wortlauts des Patentanspruchs unter Heranziehung der ihn erläuternden Beschreibung/Zeichnung ermittelt werden, siehe Rdn. 56ff. Bei einer zusammengesetzten Vorrichtung, bei der zahlreiche Einzelteile zur Erzielung eines technischen Ergebnisses zusammenwirken müssen, gehören nur solche Teile zu der patentrechtlichen Kombination, in denen sich der Gegenstand des Patentanspruchs unmittelbar verwirklicht, vgl. BGHZ aaO; **2,** 387, 390 – Mülltonne; BGH GRUR **64,** 196, 198 – Mischmaschine I. Es kommt allein darauf an, ob ein Merkmal von dem ihn kennzeichnenden Zusammenwirken erfasst wird, vgl. BGH GRUR **64,** 196, 198 – Mischmaschine I. Entscheidend ist, welche der genannten Elemente zur Herbeiführung des einheitlichen technischen Erfolgs zusammenwirken müssen, vgl. RG GRUR **34,** 516, 518. 93

b) (1) So lässt sich zum einen eine **sprachliche Überbestimmung** eines Patentanspruchs (vgl. hierzu Vollrath GRUR **86,** 507, 508; auch Schramm/Kaess S. 183, der insoweit von echter Überbestimmung spricht; Beispiel: BPatG 19W(pat)307/02 v. 28. 4. 2004 bei Kennzeichnung „glatt" und zusätzlicher Angabe „ohne scharfen Knick"), insbes. das Vorhandensein **tautologischer Angaben,** erkennen und ausscheiden, König Mitt. **93,** 32, 35; Busse/Keukenschrijver § 14 PatG Rdn. 100; Jestaedt FS König (2003) 239, 247, der entsprechendes für nicht technische Merkmale im Patentanspruch annimmt, die unbeachtlich, unbeachtet, überflüssig oder sonst, wie etwa regelmäßig Herstellungs-, Verwendungs- oder Zweckangaben beim Sachpatent, unwesentlich sind, vgl. hierzu auch Vollrath Mitt. **2000,** 185; Anders GRUR **2001,** 867. Zu dieser Art Überbestimmung können auch unwesentliche Zufälligkeiten rechnen, die sich in der Patentzeichnung befinden und von dort auf die Wortfassung der Ansprüche zurückgewirkt haben, BGH GRUR **61,** 409, 411 – Drillmaschine; **59,** 81 – Gemüsehobel, oder mehr oder weniger willkürliche oder zweckmäßige zusätzliche Merkmale eines Ausführungsbeispiels, 94 die dem eigentlichen Gegenstand der Erfindung in den Patentansprüchen angehängt sind, vgl. BGH I a ZR 62/65 v. 30. 11. 1967.

95 **(2)** Die Untersuchung der patentgemäßen Merkmale auf Funktion und Bedeutung im Rahmen der Lehre des Patentanspruchs kann im Einzelfall zum anderen aber auch ergeben, dass **eines** von mehreren zur Darstellung der Lehre in den Patentanspruch aufgenommenen **Merkmale** zur Verwirklichung der neuen Lehre tatsächlich **nicht nötig** ist, vgl. Brunner sic! **98,** 348, 357; Pagenberg GRUR **93,** 264, 270; Balass FS 100 Jahre PatG, 1988, S. 295, 301 m. w. N.; Bruchhausen GRUR Int. **74,** 1, 5 m. w. N.; Brinkhof GRUR Int. **86,** 610, 612, der dabei anschaulich ausführt, dass dann nach niederländischer Auffassung das Merkmal „weginterpretiert" werde. Der **objektive Tatbestand der Entbehrlichkeit** als solcher kann jedoch **noch nicht** zu der Auslegung führen, geschützt seien Ausführungsformen, die ohne das betreffende Merkmal auskommen, Jestaedt FS König (2003) 239, 249 f.; König Mitt. **93,** 32, 38; vgl. auch EPA T 49/89 v. 10. 7. 1990 – Adapter – unter 3.2.3.; österr. OPM Österr. PBl. **93,** 34, 36. Sie ist aber gerechtfertigt, wenn eine die Maßgeblichkeit des Patentanspruchs beachtende Befassung mit der Patentschrift und anderen zulässigen Auslegungsmitteln aus der Sicht des Fachmanns zu der Erkenntnis der **sachlichen Überbestimmung** führt, Franzosi FS f. Kolle u. Stauder (2005) 123, 133; Blumer sic! **98,** 3, 6 f.; König Mitt. **93,** 32, 38; Ullmann GRUR **93,** 334, 335; Ballhaus/Sikinger GRUR **86,** 337, 340 m. w. N.; Vollrath GRUR **86,** 507, 511; EPA ABl. **93,** 13 – Flache Torsionsfeder – unter 3.4. und 3.5., das darauf abgestellt hat, dass dem Merkmal in technisch funktionaler Hinsicht vom Fachmann keine Bedeutung beigemessen werde; ähnlich schwedische Rechtsprechung vgl. LG Düsseldorf GRUR Int. **99,** 458, 463 m. w. N.; Heinrich 51.31, der Offensichtlichkeit der Überflüssigkeit fordert; ähnlich Schulte/Kühnen § 14 PatG Rdnr. 61, nämlich erkennbar überflüssig; Dolder/Faupel S. 130, die auf Versehen oder Irrtum abstellen; Kraßer § 25 VIII b 3; vgl. ferner Kaess GRUR **2000,** 637, 641; Schwanhäusser S. 29 R; wohl enger österr. OPM Österr. PBl. **93,** 34, 36; a. A. Schramm/Kaess S. 183 f.; Schiuma, Formulierung und Auslegung, S. 312, 315; Busse/Keukenschrijver § 14 PatG Rdnr. 101; Jestaedt FS König (2003) 239, 250, 254, der allerdings Einbeziehung in den Schutzbereich unter dem Gesichtspunkt der Äquivalenz zulassen will. Der Fachmann hat dann durch den Patentanspruch wie bei einer bloß sprachlichen Überbestimmung in Wirklichkeit eine Lehre erhalten, **wie das Problem ohne das betreffende Merkmal zu lösen** sei. Aus der Sicht des maßgeblichen Fachmanns beschränkt sich der Patentanspruch auf einen bestimmten Teil der genannten Merkmale (Unterkombination, vgl. zur Ausdrucksweise Pagenberg GRUR **93,** 264, 269 f.). Wenn ein Merkmal des Patentanspruchs erst im Nachhinein entbehrlich erscheint, insbes. sich später als entbehrlich erweist (vgl. hierzu auch Valle S. 158), kommt dagegen eine Auslegung, der Patentanspruch beinhalte statt der nach dem Sinn des Wortlauts gelehrten Kombination eine Unterkombination, nicht in Betracht, v. Falck FS GRUR in Deutschl., 1991, Bd. 1, 543, 576. Zweifel sind auch angebracht, ob in der Verwendung eines Teils („Kunststoffhohlprofil") der im Patentanspruch beschriebenen Gesamtvorrichtung („Kunststoffhohlprofil" + „Versteifungskern") bereits dann eine unmittelbare Schutzrechtsverletzung liegen kann, wenn in dem benutzten Teil der geschützte Erfindungsgegenstand bis auf selbstverständliche und wirtschaftlich sinnvolle Ergänzungen verwirklicht wird, die keine besondere Eigentümlichkeit aufweisen („Versteifungskern"), so zum früheren Recht BGHZ **2,** 387, 391 – Mülltonne II; BGH GRUR **71,** 78, 80 – Dia-Rähmchen V; **77,** 250, 252 – Kunststoffhohlprofil I. Der Umstand, dass nur ein Verfahrensabschnitt in der Patentschrift ausführlich behandelt wird, die anderen aber kurz dargestellt sind, weil sie keine wesentlichen Schwierigkeiten bieten, besagt nicht, dass nur der ausführlich behandelte Teil den geschützten Erfindungsgegenstand bildet, RG GRUR **35,** 237, 238. Handelt es sich um den Schutz einer Kombination aus bekannten Elementen, die eine neuartige und einheitliche Gesamtwirkung erzielen, so ist der Schutz des Patents darauf beschränkt, RG GRUR **39,** 684, 686; **40,** 96, wenn das Patent darüber hinaus keine Offenbarung enthält oder in der Patentschrift klar zum Ausdruck gebracht wird, dass der Schutz auf die Gesamtkombination beschränkt ist, RG GRUR **42,** 313, 315.

96 **c)** Dem Wortsinn eines technisch verstandenen Lösungsmerkmals kann auch ein **Lösungsmittel** unterfallen, das nicht ausdrücklich beansprucht ist, dem Fachmann aber **seiner regelmäßigen Funktion nach zur Erzielung gleicher Wirkung** wie das in dem Patentanspruch benannte Merkmal bekannt ist, vgl. BGH GRUR **83,** 497, 499 – Absetzvorrichtung. Denn die Auslegung eines Patentanspruchs kann ergeben, dass ein Merkmal oder eine Kombination von einzelnen Merkmalen nur als ein so konkret wie möglich beschriebenes **Beispiel** dafür vorgeschlagen ist, wie eine patentgemäß erforderliche Funktion sicherzustellen ist, vgl. franz. C. A. GRUR Int. **97,** 374, 376 f. – Zigarettenblättchen; vgl. hierzu auch Jacob GRUR Int. **98,** 223,

224, und dass es auf andere Funktionen, die bei Befolgung dieser Anweisung daneben objektiv zu erreichen sein mögen, für die patentierte Erfindung nicht ankommt, vgl. nl. Hoge Raad BIE **76,** 87 Nr. 22. Das wird regelmäßig, a. A. Kraßer § 32 III d aa 2, anzunehmen sein, soweit sog. fachnotorisch austauschbare Mittel beansprucht sind, BGHZ **128,** 270, 276 – Elektrische Steckverbindung; Ullmann GRUR **88,** 335; Mes § 14 PatG Rdnr. 49; vgl. auch Loth § 12a GebrMG Rdnr. 17; a. A. Engel GRUR **2001,** 897, 901, kommt aber auch in anderen Fällen in Betracht, in denen die alleinige Bedeutung der speziellen Funktion des beanspruchten Merkmals für die geschützte Lehre aus Beschreibung oder Zeichnungen deutlich hervorgeht, Kraßer § 32 III d bb 1. Dann kann die betreffende Anweisung **mit jedem Mittel** ausgeführt werden, das dem Fachmann als **die erforderliche Funktion erfüllend** zu Gebote steht, ganz gleich, ob es beschrieben, bekannt oder zum Prioritätszeitpunkt überhaupt schon existent war, Teschemacher, EPÜ-Gemeinschkomm. Art. 84 Rdnr. 127. **Fachnotorisch austauschbare Mittel** sind solche, bei denen eine oder mehrere bestimmte Abwandlungen nach dem Gesamtzusammenhang der Patentschrift derart nahe liegen, dass diese sich dem Fachmann bei aufmerksamer, weniger auf die Worte als auf ihren erkennbaren Sinn achtenden Lektüre ohne weiteres erschließen, so dass er sie gewissermaßen in Gedanken gleich mitliest, auch wenn er sich dessen nicht bewusst ist, BGHZ **128,** 270, 276 – Elektrische Steckverbindung; vgl. auch BGH GRUR **87,** 280, 283 – Befestigungsvorrichtung; Ballhaus/Sikinger GRUR **86,** 337, 338 (Beispiel: Niete statt beanspruchter Schraube). Insoweit gelten die gleichen Grundsätze wie zum Umfang der neuheitsschädlichen Offenbarung, vgl. § 3 Rdn. 32, Ullmann GRUR **88,** 333, 335 Fn. 12. Damit wird nichts in die Patentschrift hineingelesen, was nicht schon in ihrem technisch verstandenen Wortlaut enthalten ist, BGH GRUR **54,** 584 – Holzschutzmittel; **62,** 86, 89 – Fischereifahrzeug, wenn beachtet wird, dass eine nähere Befassung mit dem Gegenstand des Patentanspruchs erforderlich ist, BGH Mitt. **99,** 365 – Sammelförderer. Lösungsmittel, die dem Fachmann auf Grund seines allgemeinen Fachwissens und seines handwerklichen Könnens ohne eine solche Befassung zur Verwirklichung der erfindungsgemäßen Lehre zur Verfügung stehen, können nämlich auch Austausch- oder Ersatzmittel sein, die vom Sinngehalt nicht erfasst werden, BGH Mitt. **99,** 365 – Sammelförderer. Auch das RG hat schon sog. technische Gleichwerte im Einzelfall patentrechtlich nicht als verschiedene, sondern als dasselbe Mittel betrachtet, RG GRUR **42,** 261, 262 m. w. N. Bedenken bestehen allerdings, unabhängig davon, ob die beispielhafte Bedeutung des patentgemäßen Merkmals sich aus dem Sinngehalt des Patentanspruchs ergibt, eine identische Verwirklichung schon dann anzunehmen, wenn der Fachmann auf Grund seines Fachwissens das Merkmal als funktionell beispielhaft erkennen kann, so aber wohl Kraßer FS Fikentscher, 1998, 516, 533 ff., 537.

d) Eine beispielhafte Bedeutung kann sich auch ergeben, was den **Anwendungsbereich** der patentierten Lehre anlangt, Busse/Keukenschrijver § 14 PatG Rdnr. 102. Wenn der Patentanspruch die Kombination bestimmter Merkmale für eine bestimmte Art von Maschine angibt, wird der Fachmann diese Angabe zwar in der Regel als Hinweis werten, wie er die technischen Merkmale einzeln und insgesamt zu gestalten hat, damit eine funktionsfähige Maschine dieser Art entsteht, Valle S. 85; vgl. auch EPA-Richtl. C III 4.8.; das schließt aber nicht aus, dass dem Fachmann bei Heranziehung der ihm zu Gebote stehenden Auslegungshilfen klar wird, die im Patentanspruch benannte Art sei nur ein Beispiel. Die Erfindung kann dann auch durch Benutzung der übrigen Merkmale zur **Konstruktion einer Maschine anderer Funktion** verwirklicht werden, vgl. BGH GRUR **81,** 259, 261 – Heuwerbungsmaschine II; auch Ullmann GRUR **88,** 333, 337; ital. Giuri della proprietà industriale GRUR Int. **98,** 326 m. krit. Anm. Schiuma GRUR Int. **98,** 291, 296. 97

e) Die Ausführung eines **allgemein umschriebenen Merkmals** (Sperrorgan) durch die konkreten Lösungsmittel (Schraube und Mutter) ist jedenfalls dann als eine wortsinngemäße Verwirklichung anzusehen, wenn diese in den Ausführungsbeispielen als solche genannt sind oder dem Fachmann als technisches Handwerkszeug ohne weiteres zur Verfügung stehen, Ullmann GRUR **88,** 333, 335. Aber auch ohne solche Hinweise/Gegebenheiten kann die Auslegung des Patentanspruchs im Einzelfall ergeben, dass ein Merkmal oder mehrere Merkmale patentgemäß **nur der Gattung** nach oder in sonstiger Weise durch einen allgemeinen Begriff festgelegt sind, der eine größere, häufig beliebige Anzahl von tauglichen Möglichkeiten einschließt (**allgemeine Mittel,** vgl. Czekay GRUR Int. **85,** 147, 150 m. N. aus franz. Rspr; Beispiel auch EPA ABl. **89,** 275 – Polypeptide Expression; **funktionelle Mittel,** vgl. hierzu Heinrich 51.26, 51.10 f.) Dann ist der Gegenstand des Patentanspruchs nicht auf diejenigen dieser Gattung oder dem Begriff unterfallenden Ausführungen beschränkt, die zum Prioritätszeitpunkt bereits bekannt oder dem Fachmann nahegelegt waren. Der Gegenstand des Patentanspruchs umfasst vielmehr auch erst später bereitstehende, gegebenenfalls sogar erfinderische 98

Varianten, sofern sie aus fachmännischer Sicht der über die Gattung oder den Begriff gegebenen allgemeinen Definition entsprechen, vgl. BGH GRUR **91,** 518, 519 – Polyesterfäden; EPA ABl. **89,** 275 – Polypeptide Expression; Schiuma, Formulierung u. Auslegung, S. 281f. m.w.N., auch aus ital. Rspr.; Blumer, **98,** 94f.; Ullmann GRUR **88,** 333, 335f.; unklar Brandi-Dohrn/Gruber/Muir Rdnr. 21.26. Überlässt der Anspruchswortlaut die Auswahl der Mittel dem Fachmann, so gilt Vorstehendes erst recht, vgl. BGH GRUR **58,** 179, 181 – Resin; **61,** 409, 410f. – Drillmaschine. Enthält der Patentanspruch keine Angaben über die Art und Weise der Ausführung eines Verfahrensschritts, überlässt er diese vielmehr dem Fachmann, so liegt eine identische Verwirklichung des Verfahrens ebenfalls auch dann vor, wenn die konkrete Ausführung selbst auf erfinderischer Überlegung beruht, BGH X ZR 9/68 v. 27. 10. 1970 S. 28; BGH X ZR 19/88 v. 5. 12. 1989 S. 18; Ullmann GRUR **88,** 333, 336. In diesen Fällen ist jeweils eine abhängige Erfindung gegeben, vgl. BGH GRUR **61,** 409, 410f. – Drillmaschine. Im Übrigen ist für die Inhaltsbestimmung eines allgemeinen Begriffs durch ausführende Lösungsmerkmale der Äquivalenzgedanke heranzuziehen, vgl. Rdn. 109ff.

6. Verwirklichung eines Patentanspruchs trotz Abweichung vom Sinngehalt

99 **a)** Die Erkenntnis, dass weder der Anmelder noch die Erteilungsbehörde in der Lage sind, die zahlreichen Möglichkeiten der konkreten technischen Ausgestaltung einer beanspruchten Lehre im Wortlaut des Patentanspruchs zu erfassen, Bruchhausen GRUR Int. **74,** 1, 4; Stenvik IIC **2001,** 1,4; Bösl Mitt. **97,** 174, trägt den in Deutschland seit langem anerkannten patentrechtlichen Grundsatz, dass vom Schutzbereich eines Patents auch solche Ausführungen erfasst sein können, welche die in den Patentansprüchen – bei sinnvollem Verständnis – vorgeschlagenen technischen Lösungsmerkmale nicht vollständig, nicht sämtlich wortsinngemäß, sondern durch andere oder in Verbindung mit zusätzlichen Lösungsmitteln verwirklichen. Der **Schutzbereich kann** also **über den** durch Auslegung zu ermittelnden **Gegenstand** des Patentanspruchs **hinausgehen** und insbesondere auch **Abwandlungen** desselben **umfassen,** BGH GRUR **99,** 914 – Kontaktfederblock; König Mitt. **2000,** 379, 389; Schiuma, Formulierung u. Auslegung, S. 320; Stauder GRUR Int. **98,** 62; Kraßer FS Fikentscher, 1998, 516, 522; Rogge FS Brandner, 1996, 483, 489; Brunner SMI **94,** 101, 103; Brinkhof GRUR Int. **91,** 435, 437; Bruchhausen GRUR Int. **74,** 1, 5; Busse/Keukenschrijver § 14 PatG Rdnr. 88; Schramm/Kaess S. 189ff.; Heinrich 51.24; Loth § 12a GebMG Rdnr. 18, die weiter reichen als die bereits bei der Ermittlung des Sinngehalts erkennbaren Abweichungen vom bloßen Wortlaut. Der Schutzbereich erstreckt sich regelmäßig auf sog. Äquivalente der in den Patentansprüchen unter Schutz gestellten Erfindung, BGHZ **98,** 12 – Formstein. Das steht in Einklang mit dem Protokoll zur Auslegung des Art. 69, wonach unter dem Schutzbereich des (europäischen) Patents nicht lediglich der Schutzbereich zu verstehen ist, der sich aus dem genauen Wortlaut der Patentansprüche ergibt, und wonach die Beschreibung und Zeichnungen nicht nur zur Behebung etwaiger Unklarheiten in den Patentansprüchen heranzuziehen sind, und berücksichtigt bereits die Akte zur Revision des Übereinkommens über die Erteilung europäischer Patente vom 29. 11. 2000, wonach bei der Bestimmung des Schutzbereichs des europäischen Patents solchen Elementen gebührend Rechnung zu tragen ist, die Äquivalente der in den Patentansprüchen genannten Elemente sind. Ein durch ein Patent vermitteltes **neues Wissen** kann einen Fachmann eben befähigen, den patentgemäßen Erfolg in **abgewandelter Form zu verwirklichen,** vgl. Brunner sic! **98,** 348, 358; Balass FS 100 Jahre PatG, 1988, 296, ohne erfinderisch tätig zu sein. Ist dies der Fall, wird der Fachmann kaum den konkreten Lösungsvorschlag befolgen, sondern von einer abweichenden Form Gebrauch machen, wenn er sich den auf Grund der Erfindung erreichbaren Erfolg zu sichern wünscht, ohne offensichtlich eine Patentverletzung zu begehen. Daraus kann abgeleitet werden, dass fallweise dem Patentinhaber über den Gegenstand des Patentanspruchs hinaus auch für bestimmte Abwandlungen der patentierten Lehre zum technischen Handeln Schutz gewährt werden muss, vgl. Stenvik IIC **2001,** 1, 20; Bardehle Mitt. **92,** 133; Armitage GRUR Int. **81,** 670, 671; v. Falck GRUR **85,** 631, 635, der von Lückenausfüllung durch Analogie spricht; ähnlich Brunner sic! **98,** 348, 357f., weil auch insoweit die Offenbarung für eine – allerdings virtuelle, Balass FS 100 Jahre PatG, 1988, 296, 301 – Bereicherung der Technik sorgt, die bisher nicht zur Verfügung stand.

100 **b)** Bezüglich der nicht schon nach dem Sinngehalt als patentgemäß erkennbaren Ausführungsformen sind allerdings in besonderem Maße **Belange Dritter** berührt. Nach dem Vorgesagten müssen Dritte zwar damit rechnen, dass auch Abwandlungen vom Schutzbereich umfasst sind, sofern nicht ausnahmsweise eindeutige Gründe hiergegen sprechen, Brinkhof GRUR Int. **91,** 435, 438; anders aber GRUR **2001,** 885, 891. Diejenigen, die mit dem Schutz aus einem Patent in Berührung kommen können, müssen aber in einem ausreichenden Maße erkennen

können, worauf sich der Schutz aus dem Patent erstreckt, BGH GRUR **92,** 594, 596 – Mechanische Betätigungsvorrichtung; vgl. auch U.K. Court of Appeal [2001] R.P.C. 133, 141. Auch **bei Ermittlung der äußersten Grenze des Ausschließlichkeitsbereichs** ist deshalb **auf den Patentanspruch selbst** als verbindliche Umschreibung der geschützten Lehre **abzustellen;** es ist der Bereich zu gewähren, der einerseits einen angemessenen Schutz für den Patentinhaber gewährleistet, andererseits ausreichende Rechtssicherheit für Dritte bietet, BGH GRUR **92,** 305, 307 – Heliumeinspeisung; vgl. auch österr. OPM Österr. PBl. **2001,** 127, 129f. Während sich durch Auslegung unter Berücksichtigung von Beschreibung und Zeichnungen der Gegenstand eines Patentanspruchs abschließend festlegen lässt, wird im Hinblick auf die äußerste Grenze des **Schutzbereichs eine allgemein gültige Umschreibung nicht möglich** sein, Gesthuysen GRUR **2001,** 909; Preu GRUR **85,** 728, 731, 732; Valle S. 129; Epstein S. 120; vgl. auch schw. HG Aargau sic! **2000,** 627, 633, m.w.N. Sie ist auch nicht nötig, Troller, Immaterialgüterrecht, Bd. 2, S. 885. Der Gesichtspunkt der **Rechtssicherheit verlangt nur, dass interessierte Dritte erkennen können, ob eine erwogene, geplante oder bereits verwirklichte konkrete Ausführungsform in den Schutzbereich des Patentanspruchs fällt,** vgl. König Mitt. **2000,** 379, 388f. Die Schutzbereichsbestimmung hat damit bezogen auf eine bestimmte Ausführungsform zu erfolgen, Hilty Mitt. **93,** 1, 6; König Mitt. **91,** 21, 22; vgl. auch schw. BG GRUR Int. **97,** 932 m.w.N. Sie geschieht durch eine Bewertung des Inhalts des Patentanspruchs dahin, ob sein angemessener Schutz die Einbeziehung dieser Ausführungsform erfordert und aus Gründen der Rechtssicherheit erlaubt, vgl. Rogge SA Nr. 2 z. ABl. **2001,** 14; 18; an der Brauchbarkeit dieses Ansatzes zweifelnd Brinkhof GRUR **2001,** 885, 886. Grob gesprochen greift eine vergleichende Betrachtung Platz, bei der das Augenmerk auf die Funktion der Lösungsmittel des Patentsanspruchs und der angegriffenen Ausführungsform gerichtet wird, BGH GRUR **69,** 534, 536 – Skistiefelverschluss; **76,** 88, 90 – Ski-Absatzbefestigung; BGHZ **64,** 86, 93f. – Metronidazol; BGHZ **112,** 140, 152, 155 – Befestigungsvorrichtung II; vgl. auch Engel GRUR **2001,** 897.

c) Die **Rechtsprechung des BGH,** die dieser im März 2002 (zur früheren Rspr. vgl. z.B. BGHZ **98,** 12, 19 – Formstein; BGHZ **112,** 140, 148 – Befestigungsvorrichtung II) durch fünf insoweit inhaltsgleiche Entscheidungen (BGHZ **150,** 149 – Schneidmesser I; GRUR **2002,** 519 – Schneidmesser II; **2002,** 511 – Kunststoffrohrteil, insoweit nicht in BGHZ **150,** 161 abgedr.; GRUR **2002,** 523 – Custodiol I; **2002,** 527 – Custodiol II; kritisch zu dieser Rechtspr. Geissler GRUR Int. **2003,** 1, 3; hierzu auch Reimann/Köhler GRUR **2002,** 931; Schmidt Mitt. **2002,** 216 u. 220; Bopp/Jeep Mitt. **2003,** 294; Köhler PharmaR **2003,** 37) zusammengefasst und präzisiert hat, verlangt insoweit eine **dreistufige Prüfung.** Zunächst ist zu prüfen, ob die nicht (vollständig) wortsinngemäße angegriffene Ausführung das der Erfindung zu Grunde liegende Problem mit objektiv gleichwirkenden Mitteln löst. Sodann ist der Frage nachzugehen, ob seine Fachkenntnisse den Fachmann befähigen, die angegriffene Ausführung in ihrer durch vom Sinngehalt abweichende Mittel gekennzeichneten Form als gleichwirkend aufzufinden. Schließlich ist zu prüfen, ob die Überlegungen, die hierzu angestellt werden müssen, derart am Sinngehalt der im Patentanspruch unter Schutz gestellten Lehre orientiert sind, dass der Fachmann die durch hiervon abweichende Mittel gekennzeichnete Ausführung als der gegenständlichen (wortsinngemäßen) gleichwertige Lösung in Betracht zieht. Nur wenn alle drei Fragen bejaht werden können, kann festgestellt werden, dass die betreffende Ausführung trotz ihrer Abweichung vom Sinngehalt des geprüften Patentanspruchs von dessen Schutzbereich erfasst ist. Regelmäßig ist diese Feststellung dann auch geboten, vgl. BGHZ **98,** 12, 19 – Formstein; BGHZ **105,** 1, 10 – Ionenanalyse; **112,** 140, 148 – Befestigungsvorrichtung II; **113,** 1, 9 – Autowaschvorrichtung. Der Schutz der Gleichwerte ist beispielsweise nicht auf große Erfindungen beschränkt, vgl. RGZ **119,** 70, 74; BGH GRUR **62,** 29, 31 – Drehkippbeschlag. 101

Gründe für die Rechtsprechung des BGH Das Erfordernis der objektiven Gleichwirkung trägt dem Umstand Rechnung, dass die betreffende Wirkung sich bei Befolgung der Anweisungen einstellt, die den Inhalt des Patentanspruchs bilden, so dass dieser jedenfalls insoweit zu der Bestimmung des Schutzbereichs beiträgt. Außerdem ist in der Regel mit hinreichender Sicherheit für jede Ausführungsform feststellbar, ob diese Wirkung auch bei ihr eintritt. Gleichwohl kann nicht auf die bloße Übereinstimmung in der Wirkung abgestellt werden, so schon RG GRUR **38,** 503, 506; **42,** 51, 53; BGH GRUR **60,** 478, 481 – Blockpedale; **69,** 534, 536 – Skistiefelverschluss; **74,** 460, 462 – Molliped, weil diese nicht allgemein, sondern als Folge bestimmter festgelegter Merkmale beansprucht ist. Das erklärt die Notwendigkeit von Auffindbarkeit der hiervon abweichenden Form und von deren Gleichwertigkeit als Lösung. Hierdurch soll sichergestellt werden, dass der Inhalt des Patentanspruchs über die mit der Lehre zum technischen Handeln erzielbare Wirkung hinaus aus fachlicher Sicht einen Grund für die 102 alternative Lösung bildet und diese im Können des Fachmanns liegt. Um der Maßgeblichkeit des Patentanspruchs willen müssen insbesondere die Orientierung an dessen Gegenstand und als Ergebnis derselben die aus fachlicher Sicht gebotene Erkenntnis möglich sein, dass es sich um eine insoweit gleichwertige Lösung handelt.

103 **d) Objektive Gleichwirkung** Ausgangspunkt für die Prüfung einer Patentverletzung durch eine den Sinngehalt des Patentanspruchs nicht ausfüllende Ausführung ist also ein Vergleich zwischen der patentgemäßen und der in der angegriffenen Form verwirklichten Problemlösung, BGH GRUR **91,** 811, 814 – Falzmaschine; Busse/Keukenschrijver § 14 PatG Rdn. 91. Das konkrete Problem des Patents muss mit der angegriffenen Ausführungsform gelöst sein, BGH X ZR 77/65 vom 29. 10. 1968; BGHZ **98,** 12, 19 – Formstein, wobei bei der Ermittlung der Problemstellung zu beachten ist, dass die beanspruchten Lösungsmittel nicht zur Problemstellung gerechnet werden dürfen, da dadurch der Schutz gegenüber Gleichwerten verkürzt würde, vgl. BGHZ **106,** 84, 91 f. – Schwermetalloxidationskatalysator. Der erforderliche Vergleich bedingt vorab die Feststellung des Gegenstands des angeblich verletzten Patentanspruchs, BGHZ **150,** 149, 153 – Schneidmesser I; **98,** 11, 16 – Formstein; BGH GRUR **60,** 478, 479 – Blockpedale; **83,** 487, 499 – Absetzvorrichtung; siehe Rdn. 56 ff. Dessen Wirkung und nicht etwa auch diejenige von anderen Ausführungen, die trotz Abweichung vom Sinngehalt des Patentanspruchs zu dessen Schutzbereich gehören, bildet die maßgebliche Größe (Schlagwort: **Keine Äquivalenz der Äquivalenz**), vgl. BGH GRUR **77,** 483, 485 – Gardinenrollenaufreiher; RG GRUR **32,** 960, 961; **36,** 729, 735; **38,** 971, 973; auch Schulte GRUR Int. **89,** 460, 465. Für eine gleichwirkende Lösung reicht ferner **weder lediglich Übereinstimmung bei** einem **Einzelvergleich von Merkmalen,** BGH GRUR **2000,** 1005, 1006 – Bratgeschirr; **83,** 497, 499 – Absetzvorrichtung; **87,** 281, 282 – Befestigungsvorrichtung; Meier-Beck GRUR **2001,** 967, 970; Schiuma, Formulierung u. Auslegung, S. 322; Schramm/Kaess S. 207; vgl. auch BGH GRUR **81,** 732, 734 – First- und Gratabdeckung; a. A. Wenning Mitt. **2000,** 375; 378; wohl auch König Mitt. **2000,** 379, 389, **noch im bloßen Leistungsergebnis,** BGH GRUR **2000,** 1005, 1006 – Bratgeschirr; BGHZ **105,** 110 f. – Ionenanalyse; **113,** 1, 9 – Autowaschvorrichtung; LG München InstGE **1,** 191, 200; v. Falck GRUR **91,** 447, 448; FS GRUR in Deutschl., 1991, Bd. 1, 543, 563; Ullmann GRUR **88,** 333, 336; Schachenmann S. 139; Brunner sic! **98,** 348, 358; vgl. auch SMI **94,** 129, 132; a. A. aus praktischen Erwägungen Bardehle Mitt. **92,** 133, oder im technischen Erfolg aus, den die Befolgung des Patentanspruchs im Unterschied zu irgendeinem, insbesondere dem nächstkommenden Stand der Technik erlaubt, vgl. BGH GRUR **91,** 811, 813 f. – Falzmaschine; Brodeßer GRUR **93,** 185, 187; v. Falck GRUR **91,** 447 f.; a. A. Balass FS 100 Jahre PatG, 1988, S. 295, 305; möglicherweise auch nl. Hoge Raad GRUR Int. **96,** 67, 68. Zur Lösung des dem Patentanspruch zu Grunde liegenden technischen Problems, dessen Ermittlung ausschließlich objektiv zu erfolgen hat, vgl. BGH GRUR **89,** 103, 104 f. – Verschlussvorrichtung für Gießpfannen – m. w. N.; schw. HG Zürich sic! **99,** 52, 54 – Betonpflasterstein I; Valle S. 103 ff.; siehe auch Rdnr. 79 ff., müssen vielmehr von den Funktionen **(Wirkungen)** und Bedeutungen der wortsinngemäßen Merkmale **trotz der Abwandlung diejenigen erhalten bleiben,** deren patentgemäßes Zusammenwirken **die beanspruchte Lösung ausmacht,** BGH GRUR **2000,** 1005, 1006 – Bratgeschirr; vgl. auch BGH GRUR **64,** 606, 609 – Förderband. Der mit der geschützten Erfindung verfolgte Sinn muss beibehalten sein, vgl. BGH GRUR **91,** 444, 446 – Autowaschvorrichtung. Bei der Prüfung, ob eine abgewandelte Ausführungsform der patentierten Lösung gleichwirkend ist, ist deshalb eine Untersuchung erforderlich, **welche** von den **einzelnen Wirkungen,** die mit den wortsinngemäßen Merkmalen des Patentanspruchs erzielt werden können, **zur Lösung** des ihm zugrundeliegenden Problems **patentgemäß zusammenkommen müssen. Diese Gesamtheit** repräsentiert die patentierte Lösung und **muss** deshalb auch bei der zu beurteilenden Ausführungsform **vorhanden sein,** BGH GRUR **2000,** 1005, 1006 – Bratgeschirr; vgl. auch BGH GRUR **87,** 280, 282 – Befestigungsvorrichtung; **75** 484, 486 – Etikettiergerät; **64,** 606, 609 – Förderband; RG GRUR **43,** 30, 34; Preu FS. Merz S. 455, 458. Erst dann sind alle wesentlichen Aspekte der patentierten Erfindung erfüllt, vgl. nl. Hoge Raad GRUR Int. **96,** 67, 68 in einem Fall, in dem das nicht feststellbar war. Erfüllen die Lösungsmittel des Patents beispielsweise eine doppelte gleichwertige Funktion, so sind deshalb auch bei der angegriffenen Ausführung Mittel notwendig, die beide Funktionen erfüllen, vgl. BGH GRUR **69,** 532, 534 – Früchtezerteiler.

104 **(1)** Als **Beispiel** für eine gleichwirkende Abwandlung gilt allenthalben die **kinematische Umkehrung,** die eine Umkehr der Bewegung infolge des Wechsels des Beobachtungsortes bedeutet – aus dem ruhenden Glied wird ein feststehendes, aus dem feststehenden ein ruhendes Glied, vgl. RG Bl. **02,** 154, 156, 15; GRUR **43,** 245, 247; BGH GRUR **64,** 669, 672 – Ab-

tastnadel für eine Steckverbindung; **75,** 593, 595 – Mischmaschine III, Antriebsumkehr bei einer Mischmaschine, hierzu Schwanhäusser Mitt. **84,** 226, 229; Moser von Filseck GRUR **64,** 200. Wenn die Fassung des Patentanspruchs den Fall der kinematischen Umkehr ausdrücklich nennt, dann ist eine Mehrzahl konstruktiver Gestaltungsmöglichkeiten allerdings schon in den Gegenstand des Patents einbezogen, BGH GRUR **64,** 669, 672 – Abtastnadel. Der Auffindbarkeit der Antriebsumkehrung als gleichwirkende Maßnahme steht nicht entgegen, dass es zu deren Verwirklichung einfacher Versuche bedarf, die eine erfinderische Überlegung nicht voraussetzen, BGH GRUR **75,** 593, 596 – Mischmaschine III. Allerdings kann auch bei einer Bewegungsumkehr eine patentrechtliche Gleichwertigkeit ganz ausscheiden, wenn die benutzten Mittel für die Lösung des dem Patent zu Grunde liegenden Problems technisch nicht die gleiche Bedeutung haben, RG GRUR **33,** 701, 702; **38,** 249, 251; vgl. auch BGH I ZR 30/60 v. 9. 2. 1962 S. 36ff.

(2) Wirkungsgleichheit im Wesentlichen. Ist bei der zu beurteilenden Ausführungsform ein Defizit bei den Wirkungen festzustellen, welche die vollständige Befolgung der Anweisungen des Patentanspruchs ermöglicht, so kann gleichwohl von der für die Einbeziehung dieser Ausführungsform in den Schutzbereich nötigen Gleichwirkung ausgegangen werden, wenn das an Stelle des im Patentanspruch ausdrücklich empfohlenen Mittels benutzte Ersatzmittel der Erfüllung der konkreten Aufgabe des Patents dient und der hiernach angestrebte Erfolg in einem praktisch erheblichen Maße, also zumindest **im Wesentlichen** erreicht wird, BGH GRUR **99,** 909, 914 – Spannschraube; **98,** 133, 135 – Kunststoffaufbereitung; BGH X ZR 29/90 v. 3. 11. 1992; BGH GRUR **87,** 281, 282 – Befestigungsvorrichtung; **85,** 520, 522 – Konterhauben-Schrumpfsystem; **77,** 598, 601 – Autoskooter-Halle; **67,** 84, 85 – Christbaumbehang II; **55,** 29, 31 – Nobelt-Bund; **55,** 139, 141 – Eiserner Grubenausbau (im Übrigen recht weitgehend); **53,** 112, 114 – Feueranzünder; RG GRUR **44,** 26, 28; **33,** 840, 842; **32,** 1109, 1110; **27,** 877, 879; **25,** 101, 103; RG MuW **38,** 7, 8; **35,** 321, 322; vgl. auch österr. OPM Österr. PBl. **86,** 33; schw. BG BGE **97** II, 85. Falconer GRUR Int. **89,** 471, 473 spricht treffend von Diebstahl in verschleierter oder verstümmelter Form. **Verschlechterte Ausführungsformen,** bei denen man auch von unvollkommener Benutzung spricht, sind also nicht von vornherein vom Schutzbereich ausgeschlossen, RG GRUR **44,** 26, 28; Jestaedt FS König, 2003, 239, 246; v. Falck GRUR **90,** 650, 656; Schachenmann S. 140; vgl. auch U.K. Court of Appeal GRUR Int. **2000,** 936; öster. OGH GRUR Int. **85,** 766, 767; Pagenberg GRUR **93,** 264, 265 über Rspr. des Berufungsgerichts Paris. Die bei der zu beurteilenden Ausführungsform erzielbare Wirkung wird dem Fachmann regelmäßig dann noch als nach dem Sinngehalt des Patentanspruchs wesentlich erscheinen, vgl. König Mitt. **93,** 32, 35; Trüstedt Mitt. **84,** 131, 133, wenn lediglich technologisch nebensächliche oder nur im Hinblick auf ein optimales Ergebnis relevante Wirkungen ausbleiben, vgl. Balass FS 100 Jahre PatG, 1988, S. 295, 302. Auch Gradunterschiede in der Wirkung schließen die Gleichwirkung nicht aus, RG GRUR **39,** 482, 484. Ebenso wenig ist erforderlich, dass das Ersatzmittel für sämtliche geschützten Ausführungsformen geeignet ist, insbesondere ob eine der denkbaren Ausführungsformen mehr oder weniger versagt, RG GRUR **36,** 156, 158; BGH X ZR 9/68 vom 27. 10. 1970. Nach älterer Rechtsprechung kann für eine Verletzung genügen, wenn die Verletzungsform durch die Mittel des Patents eine unterstützende Wirkung, RG GRUR **44,** 126, 128, oder Nebenwirkungen, RG GRUR **32,** 445, 446, erreicht. Eine Verletzung durch eine verschlechterte Ausführungsform entfällt bei einer völligen Verschiedenheit der Problemstellung, BGH GRUR **55,** 29, 31 – Nobelt-Bund; **67,** 84, 86 – Christbaumbehang. Fehlt es an den weiteren Voraussetzungen Auffindbarkeit und Gleichwertigkeit, dann stellt sich die Frage nicht mehr, ob die angegriffene Gestaltung als verschlechterte Ausführung des Patents anzusehen ist, vgl. BGH GRUR **55,** 29, 31 – Nobelt-Bund; **62,** 575, 576 – Standtank; **73,** 586, 589 – Zuteilvorrichtung; Winkler GRUR **56,** 487, 488. 105

(3) Vollständigkeit der Ersatzmittel Infolge des Umstands, dass jedes Merkmal im Rahmen des Patentanspruchs eine bestimmte Funktion und Bedeutung (patentgemäße Wirkung) hat, wird die zur Einbeziehung in den Schutzbereich nötige Gleichwirkung in aller Regel nur angenommen werden können, wenn auch jedes nicht dem Gegenstand entsprechende Merkmal durch eine im Wesentlichen gleichwirkende Maßnahme **(Ersatz- oder Austauschmittel)** ersetzt ist, Jestaedt FS König, 2003, 239ff.; Trüstedt Mitt. **84,** 131, 133; Schulte/Kühnen § 14 Rdnr. 61; vgl. auch LG Frankfurt/M. InstGE **5,** 179; schw. HG Zürich GRUR Int. **92,** 783, 786. Dies führt allerdings **nicht** dazu, dass bei der abgewandelten Ausführungsform die **Anzahl** der sich aus wortsinngemäß verwirklichten und/oder abgewandelten Mitteln zusammensetzenden Merkmale derjenigen entsprechen müsste, die den Gegenstand des Patentanspruchs ausmachen, vgl. Jestaedt FS König, 2003, 239, 254; Bruchhausen GRUR Int. **74,** 1, 9; Schramm/ 106

Kaess S. 212. Wenn die Lehre ihrem Sinngehalt nach nicht darauf beschränkt ist, eine bestimmte Wirkung gerade durch eine einzige Maßnahme zu erreichen, kann auch eine solche Ausführungsform unter den Schutzbereich fallen, bei der ein Merkmal durch das **Zusammenwirken mehrerer anderer Merkmale** ersetzt wird, vgl. BGH GRUR **98,** 133, 135 – Kunststoffaufbereitung; BGH X ZR 11/68 v. 21. 10. 1969; BGH GRUR **75,** 484, 486f. – Etikettiergerät; Brinkhof GRUR Int. **91,** 435, 437. Außerdem ist es möglich, dass **ein Ersatzmittel** die Funktionen und Bedeutungen **mehrerer wortlautgemäßer Merkmale** sicherstellt, Brinkhof GRUR Int. **91,** 435, 437; König Mitt **91,** 21, 37; Schramm/Kaess S. 212, bzw. dass durch geschickte Gestaltung der abgewandelten Ausführungsform einem ohnehin im Patentanspruch vorgeschlagenen und bei der abgewandelten Ausführungsform **vorhandenen Merkmal zusätzlich** die Funktion und Bedeutung eines bei der abgewandelten Ausführungsform zu ersetzenden patentgemäßen Merkmal übertragen ist, RG GRUR **32,** 444, 445; Valle, S. 141. Dem gleich zu achten ist es, wenn durch geschickte **Gestaltung eines Merkmals** des Patentanspruchs ein anderes patentgemäßes Merkmal **überflüssig** wird, BGH X ZR 11/68 v. 21. 10. 1969; BGH GRUR **75,** 484, 486f. – Etikettiergerät; vgl. zu dieser Möglichkeit auch Bruchhausen GRUR Int. **74,** 1, 9; Ballhaus/Sikinger GRUR **86,** 337, 341; Brinkhof GRUR Int. **91,** 435, 437; verkannt von Bechtold S. 163. Die besondere Gestaltung des einen kann dann Ersatzmittel für die Benutzung des anderen sein. Bevor das Fehlen eines Ersatzmittels festgestellt werden kann, ist deshalb die vom Sinngehalt des Patentanspruchs abweichende Ausführungsform insbesondere auch auf diese Möglichkeiten hin sorgfältig zu untersuchen (Beispiele: BGH GRUR **92,** 594, 597 – Mechanische Betätigungsvorrichtung; ferner die von Pagenberg GRUR **93,** 264, 265 abgehandelten Fälle aus franz. Rspr.). Bejahendenfalls ist weiter zu prüfen, ob die angegriffene Ausführung trotz der Abwandlung in den maßgeblichen Wirkungen und Funktionen einer wortsinngemäßen Ausgestaltung gleich ist, vgl. Jestaedt FS König (2003) 239, 246, wobei auch hier ausreicht, dass insoweit Übereinstimmung in einem praktisch erheblichen Maße besteht, vgl. Rdn. 105.

107 **(4) Fehlen eines oder mehrerer Ersatzmittel.** Ergibt die Prüfung auch nur hinsichtlich eines patentgemäßen Merkmals, dass es nicht wortsinngemäß verwirklicht ist und dass auch ein Ersatzmittel fehlt, wird allerdings **in der Regel,** so BGH GRUR **99,** 977, 981 – Räumschild (noch offen gelassen von BGH GRUR **92,** 305, 307 – Heliumeinspeisung); OLG Düsseldorf Mitt. **2001,** 28, 32; Pagenberg GRUR **93,** 264, 270; Bechtold S. 161; Schramm/Kaess S. 216, anzunehmen sein, dass diese Ausführungsform, die wegen ihres Mangels eine Unterkombination des Gegenstands des Patentanspruchs oder lediglich ein Element darstellt, **nicht zum Schutzbereich** dieses Patentanspruchs gehört, vgl. auch BGH GRUR **62,** 575, 576 – Standtank; **69,** 532, 534 – Früchtezerteiler; BGH X ZR 32/66 v. 6. 3. 1969; X ZR 77/74 v. 3. 3. 1977 S. 15; a. A. Rspr. in Italien, die allein Verwirklichung der wesentlichen, für die Erfindung charakteristischen Elemente verlangt, Nachweise bei Schiuma, Formulierung u. Auslegung, S. 316ff. Auch bei diesen Fallgestaltungen ist aber zu bedenken, dass das Gebot, dem Erfinder einen angemessenen Schutz zukommen zu lassen, es angezeigt sein lässt, Gleichwirkung bereits dann anzunehmen, wenn die patentgemäßen Wirkungen im Wesentlichen erreicht werden. Denn eine Ausführungsform, bei der ein Merkmal des Patentanspruchs ersatzlos fehlt, kann durchaus als eine im Wesentlichen gleichwirkende Ausführung einzustufen sein, König Mitt. **91,** 21, 26; Friebel/Pulitzer, Österr. Patentr., 2. Aufl., S. 207 (Beispiele: schw. HG Zürich GRUR Int. **92,** 783, 786; franz. TGI Paris PIBD **86,** 385-III–74; hierzu Pagenberg GRUR **93,** 264, 270f.), etwa dann, wenn die Auslegung des Patentanspruchs ergibt, dass dem fehlenden Merkmal im Rahmen des Gegenstands des Patentanspruchs nur geringe Funktion und/oder Bedeutung zukommt. Wenn diese Voraussetzungen vorliegen, so Schachenmann S. 141; Bechtold S. 150; Balass FS 100 Jahre PatG, 1988, 295, 303; vgl. auch Valle Mitt. **99,** 166, 171, Pagenberg GRUR **93,** 264, 270 verlangt außerdem überwiegende Benutzung der wesentlichen Merkmale der Erfindung; ähnlich Ballhaus/Sikinger GRUR 1986, 337, 341, und wenn es für den vom Patentanspruch ausgehenden Fachmann als brauchbare Lösung auffindbar war (siehe hierzu Rdnr. 109), auf das betreffende Merkmal zu verzichten, kann deshalb die Einbeziehung in den Schutzbereich des Patentanspruchs sachgerecht sein, König Mitt. **93,** 32, 34f.; Pagenberg GRUR **93,** 264, 270; a. A. Rogge SA Nr. 2 z. ABl. **2001,** 14, 24, der meint, im Zweifel werde der Fachmann dem Merkmal schutzbereichsbeschränkenden Charakter zumessen. In anderen Fällen dürfte ausscheiden (für erkennbare und zweifelsfrei patentfähige Teillehre a. A. Schachenmann S. 142 m. w. N.), den Schutzbereich eines Patentanspruchs auf Unterkombinationen (oder Elemente) seines Gegenstands zu erstrecken, vgl. österr. OGH GRUR Int. **87,** 603, 606. Bei ihnen steht das **ersatzlose Fehlen von Merkmalen** dafür, dass die **patentgemäße Wirkung,** die bei Befolgung aller Anweisungen des Patentanspruchs möglich ist, **nicht eintritt.**

Dies ist insbesondere der Fall, wenn auf das für die patentgemäße Wirkung bestimmende Merkmal verzichtet wird, vgl. den Fall BGH GRUR **91,** 444, 447 – Autowaschvorrichtung; auch Pagenberg GRUR **93,** 264, 271, so dass der mit der Erfindung verfolgte Zweck verfehlt oder gar in sein Gegenteil verkehrt wird, v. Falck GRUR **91,** 447, 448. Aber auch eine Ausführungsform, welche gänzlich auf eine Vorrichtung zur Erfüllung einer im Rahmen der Gesamtaufgabe erfindungswesentlichen Teilaufgabe verzichtet, macht von dem Gegenstand der Erfindung keinen Gebrauch, auch nicht in verschlechterter Ausführung, BGH GRUR **62,** 575, 576 – Standtank.

(5) Beispiele für Fehlen der Gleichwirkung Hieran mangelt es, wenn bei der angegriffe- **108**
nen Ausführung der mit dem Patent erstrebte erfindungswesentliche Vorteil überhaupt nicht mehr erreicht wird, BGH GRUR **99,** 909, 914 – Spannschraube; BGH GRUR **64,** 606, 609 – Förderband; RG GRUR **44,** 26, 28; **36,** 235, 238; **37,** 541, 543; OLG Düsseldorf GRUR **2000,** 599, 601 ff.; KG GRUR **42,** 214, 215, oder nur in einem geringen Umfange, der praktisch bedeutungslos ist, BGH GRUR **99,** 909, 914 – Spannschraube; **69,** 471, 473 – Kronkorkenkapsel; **62,** 575, 576 – Standtank; RG GRUR **44,** 26, 28; OLG Düsseldorf GRUR **2000,** 599, 601 ff., oder wenn das Ersatzmittel nach seiner Bedeutung, in der es verwendet wird, anderen Zielen dient oder zur Erreichung anderer technischer Vorteile als der im Patent erstrebten genutzt wird, RG GRUR **31,** 972, 973; **38,** 868, 870. Das ist der Fall, wenn die Abwandlung wesentliche Auswirkungen auf die Funktionsweise hat, vgl. U.K. Court of Appeal GRUR Int. **97,** 374; auch Loth § 12a GebrMG Rdnr. 18, wesentliche Wirkungen fehlen, BGH GRUR **2002,** 527, 531 – Custodiol II, etwa bei der als patentverletzend angegriffenen Ausführung die Nachteile und Unvollkommenheiten, die das Patent beseitigen will, bewusst in Kauf genommen werden, BGH GRUR **55,** 29, 31 – Nobelt-Bund; **62,** 575, 576 – Standtank m.w.N., oder noch vorhanden sind, BGH GRUR **55,** 139, 141 – Eiserner Grubenausbau m.w.N., ferner wenn der aus der Patentschrift ersichtliche Wirkungskreis deutlich verlassen wird, BGH GRUR **2002,** 519, 523 – Schneidmesser II; **2002,** 523, 526 – Custodiol I oder gar auf den entscheidenden Vorteil verzichtet wird, RG Mitt. **30,** 192, 193, also wenn auf die Einhaltung eines Anspruchsmerkmals verzichtet wird, das für die unter Schutz gestellte Lehre wesentlich und bestimmend ist, BGH GRUR **2002,** 519, 523 – Schneidmesser II; **2002,** 523, 526 – Custodiol I; **2002,** 527, 531 – Custodiol II; BGHZ **113,** 1, 11 – Autowaschvorrichtung m. Anm. von Falck in GRUR **91,** 447, so z.B. wenn ein anspruchsgemäß in bestimmter Menge erforderlicher Inhaltsstoff in der angegriffenen Ausführungsform nur als verunreinigende Substanz deutlich geringerer Menge enthalten ist, vgl. U.K. Patents Court [1997] R.P.C. 649, oder wenn bei der angegriffenen Ausführungsform als Ersatzmittel ein im Stand der Technik bereits verwendetes Mittel vorhanden ist, dessen Benutzung im Patentanspruch ausdrücklich ausgeschlossen ist, BGH GRUR **91,** 744, 746 – Trockenlegungs-Verfahren; Schiuma, Formulierung u. Auslegung, S. 322. Auch wenn erst die Auslegung ergibt, dass für den Gegenstand eines Patents bestimmend ist, durch die Wahl der anspruchsgemäßen Merkmale eine bestimmten Erfolg ohne zusätzliche Hilfsmittel zu erreichen, erstreckt sich der Schutz nicht auf Ausführungsformen, die sich solch zusätzlicher Mittel bedienen, BGH GRUR **86,** 238, 240 – Melkstand; Brinkhof GRUR Int. **91,** 435, 438. Die Verwendung von im Leistungsergebnis übereinstimmenden Mitteln, die den geschützten Lösungsgedanken wesentlich verändern oder dem Grundgedanken der Erfindung widersprechen, beispielsweise weil ihren Einsatz zu vermeiden Hauptzweck der Erfindung ist, BGHZ **113,** 1, 9 – Autowaschvorrichtung, oder den im Patentanspruch als erfindungswesentlich herausgestellten Mitteln schroff entgegengesetzt sind, BGH Liedl **63/64,** 515, 531, kann nicht zu der erforderlichen Gleichwirkung der betreffenden Ausführungsform mit dem Gegenstand des Patentanspruchs führen. Auch ein mit dem ausgeschlossenen Mittel im Übrigen gleichwirkendes Mittel wird dann vom Schutz des Patents nicht erfasst, BGH GRUR **91,** 744, 746 – Trockenlegungs-Verfahren. Denn auf die Erreichung anderer als erfindungswesentlicher Vorteile kommt es für die Gleichwirkung nicht an, BGH GRUR **64,** 606, 608 – Förderband; BGHZ **98,** 12, 22 – Formstein. Wird in der Patentschrift die besondere Bedeutung eines beanspruchten Merkmals hervorgehoben, scheidet eine Patentverletzung durch eine Vorrichtung aus, bei welcher dieses Merkmal fehlt, BGHZ **115,** 204, 207 – Beheizbarer Atemluftschlauch. Wird ein Merkmal, das der Lösung eines Teilbereichs der Problemstellung dient, überhaupt nicht verwirklicht, befasst sich die angegriffene Ausführungsform demnach nicht mit der Lösung dieses technischen Problems, scheidet eine inhaltsgleiche Verwirklichung aus, BGH GRUR **62,** 575, 576 – Standtank; **89,** 903, 905 – Batteriekastenschnur; Reimer GRUR **77,** 384, 388. Hat ein technisches Problem patentgemäß nur eine untergeordnete Bedeutung, kann es allerdings vernachlässigt werden, vgl. BGHZ **98,** 12, 22 – Formstein; a.A. für Unterkombination OLG Düsseldorf Mitt. **2001,** 28, 32f. Wenn nach dem

Sinngehalt des Patentanspruchs eine „vollkommene" Lösung gelehrt wird, die mit der abgewandelten Ausführungsform nicht zu erreichen ist, ist Gleichwirkung nicht gegeben, OLG Düsseldorf Mitt. **2001,** 28, 32. Es kann sein, dass der Patentanspruch Anweisungen enthält, ohne deren wortsinngemäße Befolgung **objektiv** nicht die Möglichkeit besteht, den patentgemäßen Erfolg zu erreichen (Valle S. 155 spricht von unabdingbaren Merkmalen). Wird für ein solches Merkmal bei der angegriffenen Ausführung ein anderes Mittel eingesetzt, scheidet die Feststellung der Gleichwirkung aus. Es liegt keine Verletzung vor, wenn das dem Patent zugrunde liegende Problem mit Hilfe anderer Mittel in einer Weise gelöst wird, die die Mittel des Patentanspruchs, selbst wenn sie vorhanden wären, nicht zur Wirkung kommen lässt, RG GRUR **44,** 126, 128; vgl. auch RG GRUR **43,** 243, 245. Kann für ein wortsinngemäßes Merkmal **ausnahmsweise nicht ermittelt werden,** was seine **patenttypische Wirkung** ist, ist die Annahme nahe liegend, der Fachmann, der sich die Vorteile der Erfindung zu Nutze machen will, werde dieses Mittel nicht abändern. Deshalb dürfte eine **insoweit abweichende Ausführung nicht in den Schutzbereich** fallen. Vermag der Patentinhaber dem Gericht mit der angegriffenen Verletzungsform den patenttypischen Erfolg nicht zu demonstrieren, kann das als Beweisanzeichen herangezogen werden, dass die erforderliche Gleichwirkung fehlt, RG GRUR **36,** 235, 238.

109 **e) Auffindbarkeit** Die Feststellung, dass die angegriffene Ausführung in ihrer durch vom Sinngehalt abweichende Mittel gekennzeichneten Form **als gleichwirkend auffindbar** war, verlangt nach einer Auseinandersetzung mit den einem Fachmann auf Grund seines Fachwissens und -könnens möglichen Erkenntnissen. Der Facchmann muss in jedem Fall erkennen, dass – wenn man die patentgemäßen Wirkungen in den Blick nimmt – von bestimmten Merkmalen der im Patentanspruch definierten Ausgestaltung abgesehen werden kann, Kraßer FS Fikentscher, 1998, 516, 535. Von dem Sonderfall des Weglassens eines Mittels abgesehen (siehe hierzu Rdn. 106, 120ff.) muss er ferner erkennen, dass diese Mittel durch geeignete andere Mittel ausgetauscht bzw. ersetzt werden können, BGH GRUR **88,** 896, 900 – Ionenanalyse; vgl. zur **Austauschbarkeit** auch Brunner sic! **98,** 348, 358. Jedenfalls wenn dann noch die Erkenntnis hinzukommt, dass als ein solches geeignetes Mittel das bei der angegriffenen Ausführung verwendete gewählt werden kann, ist die erforderliche Auffindbarkeit der vom Sinngehalt des Patentanspruchs abweichenden Ausführung gegeben. Dabei ist unerheblich, ob das Auffinden der gleichwirkenden Abwandlung ohne weiteres möglich war oder wie schwierig sich der oder die hierzu notwendigen Schritte ggfls. gestalteten, Hilty Schutzbereich S. 114; Schar Mitt. **2000,** 58, 60; vgl. auch Bruchhausen GRUR Int. **74,** 1, 8; Schulte/Kühnen § 14 Rdnr. 51, die noch bei einigem Nachdenken Einbeziehung annehmen; a. A. wohl Rogge SA Nr. 2 z. ABl. **2001,** 14, 18; vgl. ferner – ebenfalls a. A. – österr. OLG Wien GRUR Int. **92,** 53, 54, **solange ein das Erkenntnisvermögen des Durchschnittsfachmanns übersteigender Aufwand nicht erforderlich ist,** vgl. BGHZ **142,** 7, 23 – Räumschild. So sind jedenfalls solche nicht bekannten Lösungsmittel auffindbar, die der Fachmann des Prioritätszeitpunkts ohne erfinderische Tätigkeit entwickeln konnte, weil sie nahe lagen, vgl. schw. BG GRUR Int. **91,** 458, 460. Die Tatsache, dass der Fachmann die erforderlichen Erkenntnisse erst über erfinderische Überlegungen nicht voraussetzende **Versuche** gewinnt, steht der Feststellung der Auffindbarkeit nicht entgegen, BGH GRUR **68,** 311, 313 – Garmachverfahren; **72,** 704, 705 – Wasser-Aufbereitung; **75,** 593, 596 – Mischmaschine III. Der Auffindbarkeit eines vom Klagepatent abweichenden Stoffs kann jedoch entgegenstehen, dass dem Fachmann zum Prioritätszeitpunkt die experimentelle Entwicklung wirtschaftlich nicht tragbar erschien, BGHZ **64,** 86, 97, 99f. – Metronidazol. Als ein unterstützendes Beweisanzeichen für die mangelnde Erkenntnismöglichkeit des Fachmanns ist der Umstand gewertet worden, dass der Erfinder später die vom Sinngehalt abweichende Lösung zum Patent angemeldet hat, BGH GRUR **63,** 563, 566f. – Aufhängevorrichtung; **67,** 84, 86 – Christbaumbehang II; X ZR 30/76 v. 26. 9. 1978 S. 13, oder dass die andersartige Verwendung eines Stoffs später nur zufällig gefunden wurde, BGH GRUR **87,** 794, 797 – Antivirusmittel.

110 Das **Erkennen,** welches das Auffinden ermöglicht, **muss** die **Gleichwirkung der anderen Lösung einschließen,** BGHZ **150,** 149, 158f. – Schneidmesser I; vgl. auch BGH GRUR **75,** 484, 486 – Etikettiergerät; GRUR **83,** 497, 499 – Absetzvorrichtung. Deshalb scheidet eine Einbeziehung von Abwandlungen in den Schutzbereich jedenfalls dann aus, wenn aus der Sicht des Fachmanns wesentliche Unterschiede zu der unter Schutz gestellten Lehre vorliegen, BGH GRUR **2002,** 519, 523 – Schneidmesser II; **2002,** 523, 526 – Custodiol I, etwa wenn beanspruchte **Zahlen- oder Maßangaben** bei der angegriffenen Ausführung in Bereiche erstreckt sind, die wesentlich von denen des Patentanspruchs abweichen, BGH GRUR **2002,** 523, 527 – Custodiol I; **2002,** 527 – Custodiol II; LG Düsseldorf GRUR-RR **2001,** 205; Valle S. 72;

Schulte/Kühnen § 14 Rdnr. 54; Schramm/Kaess S. 231, und zwar auch dann, wenn in den Zahlen- oder Maßangaben des Patentanspruchs nicht das erfinderisch Neue seiner Lehre zu erblicken ist, BGH **2002,** 527 – Custodiol II. An der Vorstellung einer gleichwirkenden Lösung wird es ferner regelmäßig in Fällen fehlen, in denen das Merkmal des Patentanspruchs, das tatsächlich in abgewandelter Form verwirklicht ist, dem Fachmann als solches erscheint, das ausschließlich wortsinngemäß benutzt werden kann, wenn die beanspruchte Lehre zum technischen Handeln eingehalten werden soll, vgl. hierzu BGHZ **150,** 149, 158 – Schneidmesser I; U.K. Court of Appeal GRUR Int. **97,** 374. Denn die anspruchsgemäße Wirkung des (wortsinngemäßen) Merkmals wird dann nach dem Verständnis des Fachmanns durch die (genaue) Einhaltung bestimmt und kann daher notwendigerweise durch eine abweichende Gestaltung nicht erzielt werden, vgl. BGHZ **150,** 149, 159 – Schneidmesser I. Ein solches Verständnis kann insbesondere wiederum bei Zahlen- oder Maßangaben im Patentanspruch in Betracht zu ziehen sein, BGHZ **150,** 149, 158 – Schneidmesser I, z.B. wenn ein beanspruchter Winkelbereich als starrer Grenzwert anzusehen ist, vgl. BGHZ **150,** 149, 159 – Schneidmesser I, etwa ein enger Winkelbereich mit einem bevorzugten Zwischenwert beansprucht ist, BGH GRUR **2002,** 519, 523 – Schneidmesser II, fallweise ferner wenn im Patentanspruch ein beidseitig geschlossener Bereich angegeben ist, vgl. BGH GRUR **2002,** 511, 515 – Kunststoffrohrteil. In einem solchen Fall genügt es nicht, dass der Fachmann auch eine von der Zahlen- oder Maßangabe abstrahierende Lehre als technisch sinnvoll erkennt, BGHZ **150,** 149, 159 – Schneidmesser I.

(1) Die **Auffindbarkeit** muss grundsätzlich **zum Zeitpunkt der** Anmeldung bzw. **Priorität** des Patents gegeben sein, König Mitt. **2000,** 379, 387, 390; Preu FS Merz, 455, 460; v. Falck GRUR **2001,** 905, 908; Blumer sic! **98,** 3, 7 – vgl. aber auch **98,** 214; Schulte/Kühnen § 14 PatG Rdn. 52; wohl auch Ullmann GRUR **88,** 333, 337; vgl. ferner österr. OPM Österr. Pbl. **2001,** 100, 102; U.K. Court of Appeal GRUR Int. **2000,** 936; zur ital. Rspr., die ebenfalls auf den Prioritätszeitpunkt abstellt, Schiuma, Formulierung u. Auslegung, S. 267; zweifelnd Busse/Keukenschrijver § 14 PatG Rdnr. 90; a.A. – Verletzungszeitpunkt – Tilmann/Dagg GRUR **2000,** 459, 465; Franzosi EIPR **2000,** 242; den Hartog BIE **96,** 83, 85, vgl. insoweit aber auch BIE **2003,** 227, sowie Moser v. Filseck GRUR **74,** 506, 510 und Brinkhof GRUR Int. **91,** 435, 438, die allein darauf abheben wollen, ob das neue gleichwirkende Mittel im Verletzungszeitpunkt dem Fachmann geläufig ist, vgl. auch Gaul GRUR **88,** 9, 12. Das Abstellen auf zum Zeitpunkt der Anmeldung bzw. Priorität vorhandene Kenntnisse und Fähigkeiten des Fachmanns entspricht früherer Rechtsprechung des BGH, BGHZ **64,** 86, 97, 99f. – Metronidazol; GRUR **79,** 271 – Schaumstoffe; ebenso OLG Karlsruhe GRUR **80,** 718, 720, von der dieser bislang nicht abgerückt ist, vgl. BGHZ **142,** 7, 23 – Räumschild. Der Basisvorschlag MR/2/00, bei der Bestimmung des Schutzbereichs solchen Mitteln gebührend Rechnung zu tragen, die „im Zeitpunkt einer angeblichen Verletzung" Äquivalente sind, hat auf der im November 2000 abgehaltenen Diplomatischen Konferenz zur Revision des EPÜ auch keine Mehrheit gefunden. 111

(2) Dadurch kommt dem **Stand der Technik** nach § 3 Abs. 1 für die Beurteilung der Frage der Auffindbarkeit Bedeutung zu. Während zur Ermittlung des Gegenstands des Patents nur der in der Patentschrift mitgeteilte und zum allgemeinen Fachwissen des Fachmanns im Prioritätszeitpunkt gehörende Stand der Technik heranzuziehen ist, BGH GRUR **78,** 235, 237 – Stromwandler; Rdn. 60f., greift eine entsprechende Beschränkung bei der Ermittlung des Schutzbereichs nicht Platz, BGH GRUR **87,** 280, 283 – Befestigungsvorrichtung I; Preu GRUR **85,** 726, 734; Ullmann GRUR **88,** 333, 337; a.A. König Mitt. **2000,** 379, 386. Gerade wenn das an Stelle des wortsinngemäßen Merkmals eingesetzte Lösungsmittel im Stand der Technik vorbekannt oder durch diesen nahegelegt war, kommt es auch für einen patentgeschützten Gegenstand als denkbare Gestaltung in Betracht, vgl. BGH GRUR **72,** 597, 599 – Schienenschalter II; **74,** 760, 762 – Moliped; **87,** 280, 283 – Befestigungsvorrichtung I. Denn jedenfalls Stand der Technik, der zwar weder zum allgemeinen Fachwissen gehört noch in der Patentschrift mitgeteilt ist, von dem aber angenommen werden kann, dass der Fachmann sich mit ihm bei der Suche nach einer alternativen Lösung beschäftigt, ist geeignet, das Erkenntnisvermögen des Fachmanns von der Austauschbarkeit einzelner beanspruchter Arbeitsmittel wesentlich zu beeinflussen. In die Prüfung der Auffindbarkeit können deshalb alle im Stand der Technik vorhandenen Lösungsmittel einbezogen werden. Die Frage der Patentverletzung durch eine vom Sinngehalt abweichende Ausführungsform wird freilich vor allem dann zu bejahen sein, wenn die Patentbeschreibung oder die Zeichnungen Anhaltspunkte für die alternative Lösung bieten, Brunner sic! **98,** 348, 359; Balass FS 100 Jahre PatG, 1988, 295, 303; Beispiel: U.K. Patents Court [2000] R.P.C. 547, 563. So können die in der Patentschrift genannten 112

Ausführungsbeispiele gewichtige Hinweise für die Einbeziehung von gleichwirkenden Ersatzmitteln geben, BGH GRUR **82,** 291, 292 – Polyesterimide. Häufig sind dort Alternativen allerdings nicht genannt, BGH X ZR 39/67 v. 14. 10. 1969.

113 **(3)** Der Grundsatz, dass auf den Zeitpunkt der Anmeldung bzw. **Priorität** und die damaligen Erkenntnismöglichkeiten des Fachmanns abzustellen ist, **bedeutet nicht,** dass erst **später erkennbar gewordene Möglichkeiten** gleichwirkender Gestaltung **schlechthin außerhalb des Schutzbereichs** stehen, v. Falck GRUR **2001,** 905, 907; Gaul, Aspekte des gewerblichen Rechtsschutzes, S. 53f.; Hilty, Der Schutzbereich, S. 115f.; Ullmann GRUR **88,** 333, 337; vom BGH in GRUR **79,** 271, 273 – Schaumstoffe – noch offengelassen; vgl. auch BGHZ **64,** 86, 96 – Metronidazol m. Anm. Beil GRUR **75,** 428, 430; schw. BG GRUR Int. **91,** 658, 660; a.A. OLG Düsseldorf Betrieb **58,** 1036, 1037. So hat es der WIPO-Entwurf zur Vereinheitlichung von Bestimmungen zum Schutz von Erfindungen als nicht hinderlich angesehen, dass das ausgetauschte Mittel erst nach der Anmeldung des Patents entwickelt worden ist, hierzu Preu, FS Merz, S. 455, 460; Godenhielm GRUR Int. **89,** 251, 264f.; vgl. auch Konferenzbericht Schäfers/Schennen GRUR Int. **91,** 849, 856; Bardehle Mitt. **92,** 133, 135; Pagenberg, FS. Nirk (1992), S. 806, 822ff. Das RG hat entschieden, das Ersatzmittel brauche zurzeit der Anmeldung noch nicht geschaffen zu sein und der Fachwelt zur Verfügung zu stehen, RG GRUR **38,** 706, 707, daher sei ein zurzeit der Anmeldung des Patents noch unbekannter – noch nicht geschaffener – Kunststoff einem in der Patentschrift genannten Gummi gleichwertig, RG GRUR **38,** 706, 707; siehe dazu Schwanhäuser GRUR **72,** 22, 23; vgl. andererseits aber auch RG MuW **XII,** 244, 245. Der BGH hat es schon als wesentlich angesehen, wenn der – nicht vorbekannte – Stoff dem Fachmann mit durchschnittlicher Sachkunde und Erfahrung auf Grund seines allgemeinen Fachwissens im Prioritätszeitpunkt des Patents für den Verfahrenszweck mit einer wirtschaftlich tragbaren Ausbeute herstellbar und verwendbar erschien, BGHZ **64,** 86, 96 – Metronidazol. Schließlich belegt die deutsche Rechtsprechung zur sog. abhängigen Erfindung (vgl. hierzu Rdn. 117f.; § 9 Rdn. 75ff.), dass die Einbeziehung einer späteren Entwicklung in den Schutzbereich eines älteren Patentanspruchs geboten sein kann, wenn sich das später aufgefundene Mittel als Konkretisierung eines allgemeineren Mittels bezeichnen lässt, das der Fachmann bereits zum Prioritätszeitpunkt als dem patentgemäßen Merkmal gleichwirkendes Lösungsmittel auffinden konnte. Dieser Gedanke wird auch genutzt, wenn darauf abgestellt wird, ob der Fachmann im Prioritätszeitpunkt erkennen konnte, dass er die patentgemäßen Wirkungen durch den Einsatz von Mitteln erzielen kann, die ihrer Art nach den Mitteln des Patents gleichwirkend sind, so v. Falck GRUR **2001,** 905, 907f. Varianten, deren Entwicklung zum Prioritätszeitpunkt nicht möglich war oder erschien, gehören außerdem zum Schutzbereich, wenn die Abwandlung ein beispielhaftes oder allgemeines Merkmal des Patentanspruchs betrifft, vgl. auch Welte S. 144. Auch wenn ein bestimmtes Fertigungsmaterial beansprucht („gusseiserner Dichtungsring"), so ist schon bei der Ermittlung des Gegenstands der Erfindung festzustellen, ob dieses funktional beispielhaft – und somit auch durch einen fortentwickelten Stand der Technik austauschbar – genannt ist oder als für den Zweck der Erfindung allein tauglich beansprucht wird, vgl. BGH GRUR **91,** 518, 519 – Polyesterfäden; auch den Beispielsfall von Bardehle Mitt. **92,** 133, 136. Eine diesen Fällen ähnliche Lage besteht, wenn der Fachmann bereits zum Prioritätsdatum erkennen konnte, dass das patentgemäße Merkmal, das später auf Grund der dann gegebenen Möglichkeit ersetzt werden konnte, nicht wortsinngemäß verwirklicht sein muss, insoweit ebenso Kraßer FS Fikentscher, 1998, 516, 533ff., weil schon damals ein im Wesentlichen gleichwirkendes Ersatzmittel zur Verfügung stand. Der Patentanspruch bereichert dann die Technik um eine Lehre zum technischen Handeln, von der aus der Sicht des Fachmanns von Anfang an feststeht, dass sie – was das betreffende Merkmal anbelangt – auch mit anderen Mitteln verwirklicht werden kann. Keiner, der mit einem Ersatzmittel arbeitet, konnte und kann deshalb darauf vertrauen, sich im freien Stand der Technik zu bewegen. Dies kann Rechtfertigung sein, den Schutzbereich auch auf Ausführungsformen zu erstrecken, die erst nach dem Prioritätszeitpunkt erkennbare und/oder entwickelte gleich geeignete Alternativen aufweisen. In den Fällen, in denen zum Prioritätszeitpunkt zwar die Austauschbarkeit eines oder mehrerer patentgemäßer Mittel erkennbar war, in denen dem sich am Patentanspruch orientierenden Fachmann mit den damaligen Fachkenntnissen eine konkrete Alternativlösung aber gleichwohl nicht zur Verfügung stand (Kraßer FS Fikentscher, 1998, 516, 533ff. will auch insoweit Äquivalenz annehmen; ebenso Rogge SA Nr. 2 z. ABl. 2001, 14, 22; ähnlich Schiuma, Formulierung u. Auslegung, S. 323f.), versagt dagegen die vorstehende Begründung. In ihrem Rahmen kann dagegen zu einer sachgerechten Abgrenzung die (von Hilty, Der Schutzbereich des Patents, S. 115f., vorgeschlagene) Frage beitragen, ob der Fachmann das neue Mittel – wäre es ihm im Prioritätszeitpunkt bekannt gewesen – unter Berücksichtigung

seiner Funktion und des durch seinen Einsatz erreichten Ergebnisses als gleichwirkend erkannt hätte (hierauf wollen auch Rogge a. a. O. u. Schiuma a. a. O. abstellen). Angesichts der Maßgeblichkeit des Patentanspruchs kann es jedenfalls nicht entscheidend darauf ankommen, ob aus nachträglicher Sicht dem Anmelder auch ein Patentanspruch hätte gewährt werden müssen, der das später entwickelte Mittel einschließt (hierzu tendieren aber Rogge, a. a. O. S. 20 u. v. Falck GRUR **88,** 1, 4).

f) Gleichwertigkeit Das Erfordernis, dass Überlegungen, die zum Auffinden der durch vom Sinngehalt abweichende Mittel gekennzeichneten Ausführung befähigen, derart am Sinngehalt der im Patentanspruch unter Schutz gestellten Lehre orientiert sind, dass der Fachmann die andere Ausführung als der gegenständlichen (wortsinngemäßen) gleichwertige Lösung in Betracht zieht, verlangt nicht nach der Feststellung, dass der Entwickler der angegriffenen Ausführung die Lehre des Patentanspruchs gekannt und sich tatsächlich von ihr hat leiten lassen. Zu weit ginge es auch, zu verlangen, dass die Ausführungsform, die in ihren Lösungsmerkmalen von den Patentansprüchen abweicht, allein über die technische Lehre des Klagepatents aufgefunden werden konnte, so wohl aber 9. Aufl./Ullmann § 14 Rdn. 155. Es geht darum, dass der Sinngehalt des Patentanspruchs zum Anmelde- bzw. Prioritätszeitpunkt Überlegungen zuließ, die einen Fachmann zu der anderen Lösung führen und diese aus fachlicher Sicht gleichwertig erscheinen lassen. Die Überlegungen müssen zum Ergebnis haben, dass **die Abwandlung, welche die angegriffene Ausführungsform verkörpert,** als in einem weiteren Sinne **patentgemäße Lösung** genutzt werden kann. Hieran fehlt es beispielsweise, wenn der Fachmann auf Grund seines Fachwissens die betreffende Ausführung zwar **an Hand der Beschreibung** hat **auffinden** können, diese aber in der **Anspruchsfassung keinen Niederschlag** gefunden hat, BGH GRUR **99,** 909, 911 – Spannschraube; OLG München GRUR **95,** 806, 807; Busse/Keukenschrijver §14 PatG Rdnr. 46; vgl. ferner BGH GRUR **89,** 205, 208 – Schwermetalloxydationskatalysator; v. Falck FS GRUR in Deutschl., 1991, Bd. 1, 543, 553. Ist beispielsweise für den Gegenstand eines Patents bestimmend, durch die Wahl der anspruchsgemäßen Merkmale einen bestimmten Erfolg ohne zusätzliche Hilfsmittel zu erreichen, dann erstreckt sich der Schutz nicht auf Ausführungsformen, die sich solcher zusätzlicher Mittel bedienen, BGH GRUR **86,** 238, 240 – Melkstand; Brinkhof GRUR Int. **91,** 435, 438, selbst wenn das verwendete dem ausgeschlossenen Mittel sonst gleicht, BGH GRUR **91,** 744, 746 – Trockenlegungs-Verfahren. Sofern die Anweisung des Patentanspruchs insoweit nicht nur in einer funktionsmäßigen Umschreibung besteht, führt der Einsatz eines funktionsgleichen Elements nicht bereits deshalb zu einer gleichwertigen Lösung, weil der Fachmann aus der Patentschrift die Funktion des (konkret) beanspruchten Arbeitsmittels erkennt, was in der Regel möglich sein wird. Anderenfalls käme man in Kollision mit dem Verbot, die Ansprüche lediglich als Richtlinie zu betrachten, Auslegungsprotokoll Satz 2. Der aus vom Sinngehalt des Patentanspruchs abweichenden Ausführungen bestehende Schutzbereich wird aus diesem Grund nicht den gesamten Bereich der nicht erfinderischen Abwandlung abdecken können, Ballhaus/Sikinger GRUR **86,** 337, 340. Andererseits ist bei der Anwendung des Satzes Vorsicht geboten, dass sich die Ausdehnung des Patentschutzes auf Abwandlungen dann verbietet, wenn die Erfindung gerade darin besteht, eines von mehreren zur Verfügung stehenden Arbeitsmitteln zu wählen, das nach Meinung des Erfinders die beste Wirkung verspricht, BGH X ZR 67/65 vom 28. 5. 1968 S. 15 f. Seine Anwendung setzt voraus, dass die Patentschrift einen Anhalt für eine entsprechende Beschränkung bietet, unter Ausschluss aller sonst in Betracht kommenden Ausführungsformen eine bestimmte als die beste zu wählen. 114

g) Das Erfordernis der Gleichwertigkeit hat nicht notwendig zur Folge, dass bestimmte Merkmale des betreffenden Patentanspruchs nicht für eine Abwandlung zur Verfügung stehen. **Grundsätzlich können alle beanspruchten Lösungsmerkmale gleichwertig verwirklicht sein,** König Mitt. **97,** 135, auch ein solches, welches für die Erfindung wesentlich und kennzeichnend ist. Eine **Einteilung in wesentliche und unwesentliche Merkmale** ist **nicht sachgerecht,** ebenso oder ähnlich Jestaedt FS König (2003) 239, 249; Anders GRUR **2001,** 867, 872; Schiuma, Formulierung u. Auslegung, S. 312; König Mitt. **93,** 32, 39; Osterloh GRUR **93,** 260, 262; Ballhaus/Sikinger GRUR **86,** 337, 340; Schwanhäusser Mitt. **82,** 186, 187; Dolder/Faupel u. a. S. 128; Heinrich 51.42; ablehnend auch Schramm/Kaess S. 223. Sie findet keine Stütze in § 14, König Mitt. **93,** 32, 38; Schiuma GRUR Int. **99,** 901 zu Art. 69 EPÜ, weil dieser nicht auf einzelne Merkmale, sondern auf den Inhalt des Patentanspruchs abstellt (aus anderem Grund ablehnend Stamm Mitt. **97,** 278, 285). Den Inhalt des Patentanspruchs machen alle Merkmale zusammen aus, die zu der patentgemäßen Wirkung beitragen (zur Überbestimmung siehe Rdnr. 94 f.; 120 ff.). Damit sie eintritt, ist mithin jedes Merkmal des Patentanspruchs wesentlich, vgl. EPA ABl. **97,** 408 unter 4. – Modifizieren von Pflanzenzellen; 115

auch Czekay GRUR Int. **85,** 147, 160; Entschließung der AIPPI, Annuaire **80,** S. 341, wonach wesentlich die Merkmale sind, die notwendig und ausreichend sind, um die Erfindung auszuführen; vgl. auch Hilty Mitt. **93,** 1, 17; Bösl Mitt. **97,** 174; Schramm/Kaess S. 223; österr. PA Österr. PBl. **2001,** 52, 53. Lediglich die Bedeutung der vorgeschlagenen Mittel für den erstrebten technischen Erfolg kann unterschiedlich sein, vgl. Bericht Fischer/Krieger GRUR Int. **80,** 501. Demgemäß kann der **Versuch** der Konkurrenz, die patentierte Erfindung unter **Verschleierung** des Umstands ihrer **Benutzung** gewerblich zu verwerten, **grundsätzlich bei jedem Merkmal** ansetzen und es wäre eine ungerechte Benachteiligung des Patentinhabers, wenn man bei einzelnen Merkmalen diesen Versuch erleichterte. Selbst wenn ein Merkmal abgewandelt ist, das ausdrücklich als wesentlich für die Erfindung bezeichnet ist, muss deshalb eine Patentverletzung nicht zu verneinen sein, vgl. Pagenberg GRUR **93,** 264, 269, siehe auch Rdn. 116. Mittel, die in der Patentschrift als abzulehnen bezeichnet sind, scheiden freilich in der Regel als brauchbare Ersatzmittel aus, v. Falck GRUR **85,** 631, 636; vgl. auch BGH GRUR **91,** 744 – Trockenlegungs-Verfahren. Ähnliches gilt bei **Zahlen- und Bereichsangaben** im Patentanspruch. Die sie betreffenden Merkmale stehen zwar grundsätzlich ebenfalls für eine Abwandlung zur Verfügung, vgl. BGHZ **150,** 149, 157 – Schneidmesser I. Als im Sinne des Patentanspruchs gleichwirkend kann jedoch nur eine Ausführungsform angesehen werden, die der Fachmann als eine solche auffinden kann, die nicht nur überhaupt die Wirkung des im Anspruch zahlenmäßig eingegrenzten Merkmals erzielt, sondern darüber hinaus auch gerade diejenige, die nach seinem Verständnis anspruchsgemäß der zahlenmäßigen Eingrenzung dieses Merkmals zukommen soll, BGHZ **150,** 149, 157f. – Schneidmesser I.

116 Im vorstehenden Zusammenhang erwähnenswert sind auch die Fälle, in denen das betreffende **Merkmal** des Patentanspruchs **als solches erscheint,** das **ausschließlich wortsinngemäß** benutzt werden müsse, wenn die beanspruchte Lehre zum technischen Handeln eingehalten werden soll, vgl. BGHZ **150,** 149, 158 – Schneidmesser I; U.K. Court of Appeal GRUR Int. **97,** 374, 376. Davon, dass ein Patentanspruch ein solchermaßen **unverzichtbares Merkmal** enthalten könnte, kann allerdings **nur ausnahmsweise** ausgegangen werden, Schwanhäusser Mitt. **94,** 27. Die Annahme kommt keinesfalls schon immer dann in Betracht, wenn der Patentanspruch zur Erreichung einer bestimmten Wirkung nur eine Maßnahme anordnet, vgl. BGH Mitt. **2005,** 281 – Staubsaugerrohr, bzgl. Polyamid/Polyäthylen. Hinzukommen muss der durch Auslegung zu ermittelnde Sinngehalt, dass diese Wirkung gerade durch diese Maßnahme als einzige zu verwirklichen sei, vgl. BGH X ZR 11/68 v. 21. 10. 1969 – Hopfenpflückvorrichtung. Ein solches Verständnis kann insbesondere bei **Zahlen- oder Maßangaben** im Patentanspruch in Betracht kommen, BGHZ **150,** 149, 158. – Schneidmesser I; Troller, Immaterialgüterrecht, Bd. 2, S 888; Schramm/Kaess S. 231; vgl. auch U.K. Patents Court R.P.C. **97,** 649; andererseits aber auch OLG Düsseldorf Mitt. **96,** 393, 394, so insbesondere bei Beanspruchung von Höchst- oder Mindestwerten, Tilmann/Dagg GRUR **2000,** 459, 464; vgl. auch v. Falck GRUR **90,** 650, 656, oder wenn die Beschreibung als patentgemäß wirkende Ausführungsbeispiele ausschließlich solche aufführt, die den beanspruchten Bereich abdecken und seine Grenzen wahren, oder wenn im Patent angegeben ist, die Einhaltung der beanspruchten Maße sei im Hinblick auf die Anforderungen der Praxis erforderlich (Beispiel: österr. OPM Österr.PBl. **87,** 75, 76). Es mangelt dann nicht nur an der Auffindbarkeit einer Ausführung als gleichwirkend, so BGHZ **150,** 149, 157ff. – Schneidmesser I, sondern auch an der Gleichwertigkeit, wenn der betreffende Wert nicht eingehalten wird. Als **gleichwertige Lösung** wird der Fachmann Abwandlungen immer dann **nicht** in Betracht ziehen, **wenn** er angesichts des Fachwissens zum Prioritätszeitpunkt – aus objektiver Sicht – **irrig** die **genaue Befolgung** für **erforderlich hält.** Erachtet der Fachmann den Verzicht auf das Merkmal bzw. die Benutzung eines anderen oder weiteren Mittels, insbesondere solcher aus dem Stand der Technik als ausgeschlossen, vgl. BGH GRUR **91,** 744, 746 – Trockenlegungs-Verfahren, steht eine Ausführungsform, die nur die übrigen Merkmale des Patentanspruchs bzw. an Stelle des wortsinngemäßen ein anderes oder zusätzlich zu ihm ein weiteres Mittel benutzt, auch außerhalb des Schutzbereichs, Blumer sic! **98,** 3, 7. Dies gilt nicht nur, wenn bereits der Wortlaut des Patentanspruchs eine solche Auslegung nahe legt, sondern auch dann, wenn ein entsprechender Sinngehalt erst bei Mitberücksichtigung von Beschreibung und Zeichnungen erkannt wird (Beispiele: BGH GRUR **92,** 40 – Beheizbarer Atemluftschlauch; nl. Gerechtshof Den Haag GRUR Int. **98,** 58, 60f.). Die Beschreibung und die Zeichnungen haben die Funktion, dem Fachmann zu offenbaren, wie er die Anweisung des Patentanspruchs verwirklichen kann. Führen sie den Fachmann zu der Ansicht, dass die Verwirklichung nicht mit einer Abwandlung eines oder mehrerer vorgeschlagener Merkmale möglich sei, muss deshalb kein interessierter Dritter damit rechnen, bei Benutzung einer insoweit abgewandelten Ausführungsform eine Patentverletzung zu begehen, und der Patentinhaber, dem der Offenbarungsgehalt von Beschreibung und Zeichnungen ebenso wie der Wortlaut des Patentanspruchs zuzurechnen ist, kann insoweit redlicherweise Schutz nicht erwarten. So wird der Schutzbereich verlassen, wenn ein beanspruchtes Merkmal weggelassen oder ausgetauscht wird, obwohl es in der Beschreibung als das für die Erzielung der patentgemäßen Wirkung entscheidende bezeichnet, so Pagenberg GRUR **93,** 264, 271 m. w. N.; v. Falck GRUR **85,** 631, 636, oder seine besondere Bedeutung hervorgehoben wird, BGH GRUR **92,** 40 – Beheizbarer Atemluftschlauch; Gramm GRUR **2001,** 926, 929, **und** der Fachmann die betreffende Angabe nicht als irrig erkennt. Nach OLG Düsseldorf InstGE **5,** 91, 99 ist ein vergleichbarer Fall gegeben, wenn der Fachmann in Anbetracht des Stands der Technik einen Hinweis in der Patentschrift erwartet hätte, wonach sich der Schutz auch auf die Alternative beziehen kann.

7. Verbesserungen, insbes. abhängige Erfindungen

a) Wenn es auch bei Ausführungen, die nicht vollständig dem Sinngehalt des Patentan- **117**
spruchs entsprechen, auf die Erzielung gleicher oder im wesentlich gleicher Wirkung ankommt, so schließt eine Verbesserung gegenüber der geschützten Lehre, die durch die Abwandlung erzielt wird, die Zugehörigkeit zum Schutzbereich nicht aus, BGH GRUR **55,** 573, 574 – Kabelschelle; **62,** 354, 356 – Furniergitter; **77,** 654, 656 – Absetzwagen III m. w. N.; RGZ **99,** 211, 213; RG GRUR **44,** 75, 79; **39,** 283, 286; **35,** 36, 39. Bessere Wirkungen (größere Ausbeute und bequemere Arbeitsweise), vgl. RG GRUR **36,** 156, 159, ändern nichts an der Verletzung, wenn die Abwandlung auffindbar war und ansonsten gleichwertig ist, ebenso wenig die Zuweisung zusätzlicher Funktionen an Bauelemente, mag das auch Verbesserungen zur Folge haben, BGH GRUR **75,** 484, 486 – Etikettiergerät; **77,** 654, 656 – Absetzwagen III. Selbst erfinderische Verbesserungen können eine Verletzung sein, BGH GRUR **77,** 654, 656 – Absetzwagen III; **61,** 409, 411 – Drillmaschine; GRUR **53,** 112, 114 – Feueranzünder; RGZ **70,** 319, 320f. Die **anderweitige Patenterteilung** auf eine angegriffene Ausführungsform gibt zwar Anlass, ihre Einbeziehung in den Schutzbereich besonders kritisch zu prüfen, vgl. hierzu Kühnen GRUR **96,** 729; König Mitt. **96,** 75, 81; enger Guesthuysen GRUR **2001,** 909, 916. Auch sie **schließt** die **Zugehörigkeit zum Schutzbereich** jedoch **nicht aus,** BGH GRUR **99,** 977, 981 – Räumschild; Valle Mitt. **99,** 166, 168; Kraßer FS Fikentscher, 1998, S. 516, insbes. 533ff.; Pietzker GRUR **93,** 272, 273 m. w. N.; Goddar Mitt. **92,** 50, 51; Brandi-Dohrn/Gruber/Muir Rdnr. 21.29; Dolder/Faupel S. 30, allerdings kritisch zur dt. Rspr. S. 332; Loth § 12a GebrMG Rdnr. 21; vgl. ferner ital. Tribunale Milano GRUR Int. **93,** 249, 251; nl. Gerechtshof Antwerpen GRUR Int. **92,** 385, 387; nl. Gerechtshof Arnhem GRUR Int. **89,** 788, 790f.; Reid, 2. Aufl., S. 99 m. N. aus Rspr. in UK; a. A. nl. Gerechtshof Den Haag GRUR Int. **98,** 58, 61. Das steht nicht in Widerspruch zu dem Grundsatz, dass – wie es im Leitsatz zu BGH GRUR **94,** 597 – Zerlegvorrichtung für Baumstämme – heißt – der Schutzbereich eines Patents keine äquivalenten Abwandlungen umfasst, die auf erfinderischer Tätigkeit beruhen. Denn wenn die geschützte Erfindung in (wortsinngemäßer Form oder) auffindbar gleichwertiger Weise verwirklicht wird, so ist es **unerheblich,** ob die **konkreten technischen Anordnungen,** welche die Verwendung einer Abwandlung erforderlich machen, **erfinderischer Überlegungen** bedurften, so schon BGH GRUR **61,** 409, 411 – Drillmaschine. Wenn diese ihrerseits eine **Erfindung** darstellen, liegt eine vom Schutzbereich des älteren Patentanspruchs umfasste sog. **abhängige Erfindung vor,** BGH GRUR **99,** 977, 981 – Räumschild; BGH X ZR 9/68 vom 27. 10. 1970 S. 28; X ZR 5/70 vom 16. 11. 1971 S. 30; Gramm GRUR **2001,** 926, 931; Schiuma, Formulierung u. Auslegung, S. 324. Eine abhängige Erfindung ist (nur) gegeben, **soweit** (vgl. Kraßer FS Fikentscher, 1998, S. 516, 530, 524 Fn. 21 m. w. N.; das übersieht Osterloh GRUR **2001,** 989, 991) unter (wortsinngemäßer oder auffindbar gleichwertiger) **Verwirklichung** der Lehre des älteren **Patentanspruchs** eine über diesen hinausgehende Anweisung zum technischen Handeln erfolgt, die ihrerseits neu und erfinderisch ist, Busse/Keukenschrijver § 9 PatG Rdnr. 30. Dabei kann der Überschuss nicht nur in dem Vorschlag eines weiteren (zusätzlichen) Merkmals liegen, dessen Kombination mit den Merkmalen des Patentanspruchs und deren Äquivalenten neu und nicht nahegelegt war, a. A. Allekotte GRUR **2002,** 472, 476f. Der erfinderische Überschuss kann auch in einer **speziellen,** in dieser Form durch den Patentanspruch nicht nahegelegten **Gestaltung eines Mittels** bestehen, das als solches dem beanspruchten Merkmal entspricht oder als ein ihm gleichwirkendes Lösungsmittel vom Fachmann mit Hilfe seines Fachwissens auf Grund des Patentanspruchs auffindbar war, Busse/Keukenschrijver § 14 PatG Rdnr. 100; Mes § 14 PatG Rdnr. 80. Wenn bei sich am älteren Patentanspruch orientierender fachmännischer Sicht die besondere Gestaltung gleichsam als unerheblich, König Mitt. **96,** 75, 79; ähnlich Brunner sic! **98,** 348, 361 (Armitage GRUR Int. **81,** 670, 672 spricht von bloßer Maskierung), erkannt und die konkrete Form der ange-

griffenen Ausführung im Wege der Abstraktion, OLG Düsseldorf GRUR **99,** 702, 705, außerdem so **verallgemeinernd beschrieben** werden kann, BGH GRUR **91,** 436, 440 – Befestigungsvorrichtung II, dass sich eine ausführbare Lehre zum technischen Handeln ergibt, die von den patentgemäßen Merkmalen in wortsinngemäßer oder vom Fachmann auffindbar gleichwirkender Weise Gebrauch macht, kann festgestellt werden, dass von ihrem **Typus** bzw. ihrer **Art,** BGH GRUR **75,** 484, 496 – Etikettiergerät; **77,** 654, 656 – Absetzwagen III; BGHZ **112,** 140, 152 – Befestigungsvorrichtung II; Brunner sic! **98,** 348, 361 f.; vgl. auch schw. BG GRUR Int. **91,** 658, 660, her die angegriffene Ausführungsform in (neben) der besonderen Gestaltung **auch** diejenige des **Patentanspruchs verwirklicht,** kritisch Busse/Keukenschrijver § 14 PatG Rdnr. 100; auch v. Falck GRUR **2001,** 905, 908. Es ist daher sachgerecht, den Schutzbereich des älteren Patentanspruchs auch auf diese Ausführungsform zu erstrecken, König Mitt. **94,** 178, 179; Rogge SA Nr. 2 z. ABl. **2001,** 14, 24; Meier-Beck GRUR **2000,** 355, 360; Scharen GRUR **99,** 285, 286 u. FS Tilmann (2003) 599 ff.; wohl auch Schick Mitt. **99,** 41, 45, vgl. auch Loth § 12 a GebrMG Rdnr. 21; zweifelnd Schiuma, Formulierung u. Auslegung, S. 324 f.; Dolder/Faupel S. 332; a. A. Allekotte GRUR **2002,** 472, 477.

118 **b)** Diese Meinung entspricht der **Rechtsprechung des BGH** zu § 14 bzw. Art. 69 EPÜ, GRUR **99,** 977, 981 – Räumschild; **94,** 597 – Zerlegvorrichtung für Baumstämme; **91,** 436 – Befestigungsvorrichtung II; vgl. hierzu auch Gramm GRUR **2001,** 926, 930 f.; v. Falck GRUR **2001,** 905; Kraßer FS Fikentscher, 1998, 516, 534; Allekotte GRUR **2002,** 472; Loth FG Beier, 1996, 113; Scharen FS Tilmann, 2003, 599. Hiernach ist eine Patentverletzung auch dann gegeben, wenn die beanstandete konkrete Ausführungsform in einem oder mehreren Merkmalen als Ausgestaltung einer allgemeinen Aussage zu verstehen ist, die der Fachmann der im Patentanspruch beschriebenen und in der Patentbeschreibung erläuterten Ausbildung als gleichwirkend entnehmen konnte, vgl. dazu, ob insoweit „Äquivalenz" der richtige Ausdruck ist, BGH GRUR **99,** 977, 981 – Räumschild; König Mitt. **96,** 75 ff.; 1994, 178, 180 ff.; Schiuma, Formulierung u. Auslegung, S. 324; auch Brunner sic! **98,** 348, 361; Kraßer FS Fikentscher, 1998, S. 516, 530; Busse/Keukenschrijver §14 PatG Rdnr. 100, 102. Unter diesen Voraussetzungen komme es nicht darauf an, ob auch die konkrete Ausgestaltung für den Fachmann nahe liegend gewesen oder erfinderisch sei, vgl. auch Kühnen GRUR **96,** 729, 733; Mes §14 PatG Rdnr. 79; dies verkennt Loth, Festgabe Beier, 1996, S. 113, insbes. 116. Diese Rechtsprechung verlangt nach einer eingehenden Befassung mit der als patentverletzend angegriffenen Ausführungsform darauf, ob diese und/oder ihre konkreten technischen Merkmale noch anders als durch ihre konkrete Form zutreffend beschrieben werden können, Scharen FS Tilmann (2003) 599, 600; vgl. auch Gesthuysen GRUR **2001,** 909, 915; Meier-Beck GRUR **2000,** 355, 360. Damit wird nichts verlangt, was der gebotenen Rechtssicherheit zuwiderläuft, weil die angegriffene Ausführungsform dem betroffenen Dritten zugänglich und auf Grund des Patentanspruchs auch bekannt ist, in welcher Hinsicht die streitige Ausführung erfasst werden muss, a. A. Dolder/Faupel S. 332. Verwirklicht diese Ausführung nur in einer auf diese Weise möglichen Umschreibung, die sie zutreffend kennzeichnet, die Lehre des Patentanspruchs wortsinngemäß oder in auffindbar gleichwertiger Form, gehört sie deshalb zum Schutzbereich, vgl. Scharen FS Tilmann (2003) 599, 601; a. A. Nieder GRUR **2002,** 935, 936 f. bei Abwandlung im Patentanspruch konkret umschriebener Merkmale. Das Verbot, den Schutzbereich vermittels einer verallgemeinernden Auslegung des Patentanspruchs zu bestimmen, steht dem nicht entgegen, weil einer bis zur Abstraktion gehenden Analyse nur die angegriffene Ausführungsform unterzogen wird, Schiuma, Formulierung u. Auslegung, S. 325; vgl. auch Busse/Keukenschrijver § 14 PatG Rdnr. 100; a. A. Dreiss/Bulling FS König, 2003, 101, 105; Osterloh GRUR **2001,** 989, 991. Auch der Ausgangspunkt, dass die vergleichende Betrachtung nur im nichterfinderischen Bereich angestellt werden darf, wird nicht berührt. Nicht die (erfinderische) konkrete Ausgestaltung wird der Beurteilung unterworfen, sondern die technische Gestaltung und Wirkung der Ausführungsform, soweit sie sich mit dem im Patent umschriebenen Gegenstand deckt. Die weitergehende Auffassung, zur Einbeziehung einer erfinderischen Abwandlung in den Schutzbereich eines älteren Patentanspruchs reiche bereits aus, dass die Austauschbarkeit des bzw. der patentgemäßen Merkmale dem sich mit dem älteren Patentanspruch befassenden Durchschnittsfachmann erkennbar gewesen sei, so Kraßer FS Fikentscher, 1998, 516, 533 ff., vernachlässigt hingegen, dass der ältere Patentanspruch konkrete Anweisungen enthält. Sofern nicht hinzukommt, dass die Erkenntnis der Austauschbarkeit dem Fachmann auch eine konkrete alternative Gestaltung ermöglicht, wird hierbei mithin letztlich auf eine Abstraktion dieses Patentanspruchs abgestellt. Dies widerspricht § 14, es sei denn die Auslegung des Anspruchswortlauts ergibt, dass bereits der Sinngehalt des älteren Patentanspruchs dem bzw. den betreffenden Merkmalen eine bloß allgemeine oder bloß beispielhafte Bedeutung zuweist, so dass der Fachmann patentgemäß die Anweisung erhält, sie in geeigneter, gegebenenfalls auch erfinderischer Weise auszuführen. Eine Beschränkung des Schutzes gegen Abwandlungen auf solche (abhängige) Merkmale, die für den Patentgegenstand nichtwesentliche Merkmale austauschen, so Brinkhof GRUR Int. **91,** 435, 438; ähnlich schw. BG GRUR Int. **91,** 658, 660 m. w. N.; kritisch hierzu König Mitt. **96,** 75, 81; vgl. auch schw. HG Zürich sic! **97,** 208, 213; Brunner sic! **98,** 348, 361; Heinrich 51.37 ff., ist ebenfalls nicht zu rechtfertigen.

8. Ein Grundsatz, wonach sich der Schutz dann nicht auf Gleichwerte erstreckt, wenn der betreffende **Patentanspruch geändert** worden ist, ist unvereinbar mit § 14 (anders Rechtslage in USA vgl. US Supreme Court GRUR Int. **2002,** 276; CAFS GRUR Int. **2004,** 70), weil die Vorschrift nicht zwischen unveränderten und geänderten Patenten unterscheidet. Auch die unter der Geltung des PatG 1968 und früher zu **Verzichten und Beschränkungen** ergangene Rechtsprechung und Lehre darf nicht (mehr) herangezogen werden, also beispielsweise, dass es ohne Bedeutung sei, dass der vom Patent erstrebte technische Erfolg mit anderen Mitteln mit gleicher Vollkommenheit erreicht werde, wenn der Anmelder auf einen Schutz für derartige Mittel im Erteilungsverfahren verzichtet habe, vgl. z. B. BGH GRUR **61,** 77, 78 – Blinkleuchte; **64,** 669, 672 – Abtastnadel; BGHZ **72,** 119, 131 – Windschutzblech, oder dass eine Ausführung, die ohne ein im Patentanspruch genanntes Merkmal auskomme, nicht in den Schutzbereich fallen könne, wenn der Patentanspruch durch Aufnahme dieses Merkmals beschränkt oder im Einspruchsverfahren durch Teilung einer das Merkmal enthaltenden Anmeldung geschaffen worden sei, vgl. LG Düsseldorf Entsch. **97,** 101. Bei geänderten wie bei unveränderten Patenten bestimmt sich der Schutzbereich allein nach dem durch Beschreibung und Zeichnungen erläuterten Inhalt der Patentansprüche. Ob eine Änderung auf einem Verzicht oder einer Beschränkung beruht, ist belanglos. Wie auch sonst entscheidet, was im Wortlaut der jeweils gültigen Patentschrift seinen Niederschlag gefunden hat und mit dem Sinngehalt des Patentanspruchs noch in Beziehung zu setzen ist, BGH GRUR **2002,** 519, 523 – Schneidmesser II; **2002,** 523, 526 – Custodiol I. **119**

IX. Patentrechtlicher Teilschutz

1. Werden die im Patentanspruch vorgeschlagenen Lösungsmerkmale nicht in ihrer Gesamtheit, auch nicht in auffindbar gleichwirkender gleichwertiger Form, sondern nur in teilweiser Kombination miteinander oder auch nur einzeln bei der angegriffenen Ausführungsform verwirklicht, so stellt sich die Frage nach dem patentrechtlichen **Teilschutz,** dem Schutz einer **Unterkombination** und dem **Elementenschutz** (zu PatG 1968 vgl. 6. Auflage Rdn. 121 f.). Die in der europäischen Rechtstradition nicht fremde Fragestellung, vgl. z. B. Spengler GRUR **67,** 390, 392; Bruchhausen GRUR Int. **74,** 1, 8; Czekay GRUR Int. **85,** 147, 159; Pagenberg GRUR **93,** 264; Schmidt-Szalewski GRUR Int. **99,** 848, 851, hat ihren Grund darin, dass die Patentansprüche vielfach konstruktive Lösungsdetails enthalten, die der Fachmann beim Studium der Patentschrift zur Erfüllung des patentgemäßen Problems nicht für erforderlich erachtet. Deshalb wird vielfach die Meinung vertreten, § 14 schließe nicht von vornherein den Schutz der Teilkombination und den Elementenschutz aus, so z. B. Jestaedt FS König (2003) 239; Bürger FS 10 Jahre BPatG, S. 97, 110 ff.; König Mitt. **93,** 32, 34; Ullmann GRUR **93,** 334, 335; Falconer GRUR Int. **89,** 471, 473; Bruchhausen GRUR Int. **89,** 468, 471 u. **74,** 1, 8 f.; v. Falck, FS 100 Jahre GRUR, S. 543, 575, vgl. aber auch FS Vieregge,1995, 217, 225 ff.; Ballhaus/Sikinger GRUR **86,** 337, 340 f.; U. Krieger GRUR **80,** 683, 696; wohl auch Osterloh GRUR **2001,** 989, 990; aus der InstanzRspr. OLG Karlsruhe Mitt. **90,** 78, 79 m. Anm. Lewinsky; OLG Düsseldorf Mitt. **2001,** 28; LG Düsseldorf GRUR Int. **90,** 382, 383, vgl. aber auch Berufungsentscheidung OLG Düsseldorf 2 U 180/89 v. 25. 10. 1990, in der Äquivalenz angenommen wurde; a. A. BPatG GRUR **98,** 460, 462 f. Auch der BGH hat die Möglichkeit eines Teilschutzes bisher nicht verneint, vgl. BGH GRUR **99,** 977, 981 – Räumschild; **92,** 594 – Mechanische Betätigungsvorrichtung; BGHZ **115,** 204, 207 – Beheizbarer Atemluftschlauch; **113,** 1 – Autowaschvorrichtung; GRUR **89,** 903, 905 – Batteriekastenschnur, sondern einen solchen Schutz für zulässig gehalten, Jestaedt FS König (2003) 239, 242. Er hat dabei aber darauf hingewiesen, dass es einer besonders eingehenden Begründung bedürfe, warum es im Einzelfall ausnahmsweise auf die Verwirklichung des durch Aufnahme in den Patentanspruch als wesentlich herausgehobenen Merkmals nicht ankomme und wieso dies mit dem Grundsatz der Rechtssicherheit zu vereinbaren sei, BGH GRUR **99,** 977, 981 – Räumschild; vgl. auch schon BGH GRUR **92,** 594, 596 – Mechanische Betätigungsvorrichtung; ebenso OLG Düsseldorf Mitt. **2001,** 28. **120**

2. Der Sache nach ergeben sich dabei verschiedene Fragen, die auch getrennt beantwortet werden sollten. Es stellt sich einmal die Frage, ob **an Stelle** der durch den Wortlaut des An- **121**

spruchs beanspruchten Kombination ein **Gegenstand** geschützt ist, der **ohne** ein oder einzelne dort genannte **Merkmale** auskommt. Diese Frage betrifft vor allem die Möglichkeit einer **Überbestimmung** durch das Patent. Insoweit kann deshalb auf die Ausführungen Rdn. 94f. verwiesen werden. Zum anderen stellt sich die Frage, ob der Patentanspruch **neben** der durch den Wortlaut des Anspruchs beanspruchten Kombination zum **Gegenstand** auch eine **beschränkte Kombination** bzw. ein oder einzelne dort genannte **Elemente** hat. Siehe hierzu sogleich Rdn. 122. Schließlich stellt sich die Frage, ob zu dem **Schutzbereich,** der über die wortsinngemäßen Ausführungen hinaus die auffindbar gleichwirkenden gleichwertigen Ausführungen umfasst, **auch Gestaltungen** zu rechnen sind, die für ein oder einzelne im Patentanspruch genannte Merkmale **kein Ersatzmittel** aufweisen. Diese Frage betrifft die Notwendigkeit der **Vollständigkeit der Ersatzmittel.** Insoweit kann deshalb auf die Ausführungen Rdn. 106 verwiesen werden. Bei Beantwortung aller Fragen muss allerdings als Grundsatz gelten: Wegen des Primats des Patentanspruchs in der erteilten Fassung und des Gebots der Rechtssicherheit kann der **Schutz einer Unterkombination** oder eines Elements **nur äußerst selten** in Betracht kommen. Das gilt besonders für die Benutzung eines **Einzelelements,** Ullmann GRUR **93,** 334, 335. Das Verbot der unzulässigen Erweiterung aus § 38 Satz 2 darf auch im Verletzungsrechtsstreit nicht unterlaufen werden, zutr. Osterloh GRUR **93,** 260, 263. Die Rechtsprechung zu PatG 1968, welche die Verwendung eines Teils der im Patentanspruch beschriebenen Kombinationsvorrichtung als eine Verletzung des Gegenstands der Erfindung, nicht seiner Unterkombination angesehen hat, wenn in dem benutzten Teil der geschützte Gegenstand bis auf selbstverständliche und wirtschaftlich sinnvolle Ergänzungen verwirklicht wird, vgl. BGH GRUR **71,** 78, 80 – Dia-Rähmchen V; **77,** 250, 252 – Kunststoffhohlprofil; OLG Düsseldorf GRUR **78,** 425, 427, wird deshalb für das geltende Recht nicht ohne weiteres übernommen werden können.

122 **3. Zusätzlicher Teilschutz** Regelmäßig steht der Umstand, dass der Patentanspruch eine bestimmte Anzahl von Merkmalen mit bestimmtem Inhalt enthält, insbesondere der Auslegung entgegen, der Inhalt des Patentanspruchs bestehe **neben** der durch all diese Merkmale gekennzeichneten Kombination **außerdem** in einem lediglich aus einzelnen oder **einem Teil der Merkmale gebildeten Gegenstand,** EPA T 497/83 v. 28. 2. 1991 – Wärmepumpe – unter 4.11.; OLG Düsseldorf Mitt. **2001,** 28, 32 vgl. auch österr. OGH GRUR Int. **87,** 603, 606f. m. w. N.; BPatG GRUR **98,** 460, 462; König Mitt. **93,** 32, 37; Kraßer § 32 III e aa 2; Bruchhausen GRUR Int. **74,** 1, 9. Gleichwohl wird vertreten, dass der Schutz eines Patents sich auch auf eine teilweise Benutzung der Erfindung solle erstrecken können, vgl. Rogge FS Brandner, 1996, 483, 489; Schulte/Kühnen § 14 Rdnr. 61; Kraßer § 32 III e aa 3 m. w. N.; Troller, Immaterialgüterrecht, Bd. 2, S. 888f.; Bericht Fischer/Krieger GRUR Int. **80,** 501f.; Pagenberg GRUR **93,** 264, insbes. über Diskussion in FR m. w. N.; hierzu auch Stenvik IIC **2001,** 1,17 m. N. aus Rspr.; vgl. ferner Richtlinien für die Prüfung im EPA Teil C 4.3 a. Aus einer kumulativen Aufzählung von Merkmalen im Patentanspruch kann jedoch regelmäßig geschlossen werden, dass erst sie insgesamt die vorgeschlagene Lösung ausmachen, EPA ABl. **89,** 71 – Kombinationsanspruch – unter 5.1.; Jestaedt FS König (2003) 239, 250 spricht insoweit von Vertrauenstatbestand zu Gunsten der Wettbewerber; vgl. auch BGH GRUR **89,** 903, 905 – Batteriekastenschnur; österr. OPM Österr.PBl. **93,** 34, 36; Osterloh GRUR **93,** 260, 262; Hilty Mitt. **93,** 1, 17; König Mitt. **91,** 21, 26; **93,** 32, 37. Sogenannte Elemente oder eine sogenannte **Unterkombination** können den Inhalt des Patentanspruchs deshalb **allenfalls** dann ausfüllen, wenn sich auf Grund der Beschreibung und/oder Zeichnungen, vgl. österr. OPM Österr.PBl. **93,** 34, 36, für den Fachmann des Prioritätszeitpunkts **zwingende,** vgl. König Mitt. **93,** 32, 36, Gründe dafür ergeben, dass die Lehre des Patentanspruchs nicht unbedingt das Zusammenwirken aller genannten Merkmale fordert; a. A. wohl Jestaedt FS König (2003) 239, 250. Armitage GRUR Int. **81,** 670, 672 verlangt unbedingte Notwendigkeit aus Gründen der Gerechtigkeit, vgl. auch König Mitt. **93,** 41; Bechtold S. 71 fordert nur einen konkreten Hinweis; Schwanhäusser Mitt. **94,** 29, 30 stellt darauf ab, ob der Fachmann ohne weiteres oder auf Grund besonderer Überlegung erkennt, dass es auf ein Merkmal nicht ankomme, ähnlich Pagenberg GRUR **93,** 264, 270, 272. **Bloße Erkennbarkeit,** dass der zu konkret gefasste Patentanspruch auch eine allgemeinere Lehre enthalte, kann in Anbetracht der Maßgeblichkeit des Patentanspruchs **nicht ausreichen.** Andere wollen als brauchbare Abgrenzung gelten lassen, ob der Mangel bei der angegriffenen Ausführungsform ein unwesentliches oder ein wesentliches Merkmal des Patentanspruchs betrifft, z. B. Pagenberg GRUR **93,** 264, 272; Ullmann GRUR **93,** 334, 335; Krieger GRUR **80,** 683, 686; Winkler GRUR **77,** 294; Busse/Keukenschrijver §14 PatG Rdnr. 101; Rspr. in Italien, Nachweise bei Schiuma, Formulierung u. Auslegung, S. 316ff.; GRUR Int. **98,** 291, insbes. Fn. 58; vgl. auch Preu GRUR **80,** 697, 698; Brunner

SMI **94,** 129, 133; gegen diese Unterscheidung Jestaedt FS König, 2003, 239, 251 ff.; Schiuma, a. a. O., S. 312, 316, Dolder/Faupel S. 128; zur Unterscheidung nach der Wesentlichkeit von Merkmalen siehe ferner Rdnr. 115). So zieht franz. C. A. Paris GRUR Int. **93,** 173, 175 Teilschutz in Betracht, wenn die für das technische Ergebnis oder für die Lösung des gestellten Problems notwendigen Merkmale übernommen sind, nicht aber bei Benutzung eines Elements einer Kombinationserfindung (siehe zur Diskussion in FR Schmidt-Szalewski GRUR Int. **99,** 848, 851; Czekay GRUR Int. **85,** 147, 160 m. w. N., Kaspar Mitt. **93,** 359, 361, Bodenheimer/Beton Mitt. **93,** 99, 108 und Pagenberg GRUR **93,** 264 ff.; zur Rspr. in FR Stenvik IIC **2001,** 1, 17 Fn. 58). Für österr. Patente hat der OGH GRUR Int. **87,** 603, 606, 607 die Abgrenzung danach vorgenommen, ob die streitige Form bis auf selbstverständliche und wirtschaftlich sinnvolle Ergänzungen das Wesen der Erfindung ausmache, ähnlich Bericht Fischer/Krieger GRUR Int. **80,** 501. Troller, Immaterialgüterrecht, Bd. 2, S. 889, will als Teil der erfinderischen Idee auch neue und erfinderische Anwendungen einzelner Elemente geschützt sehen, wenn sie als solche durch die als Kombination definierte Erfindung offenbart sind. Das schw. HG Zürich GRUR Int. **90,** 985, 986 hat Elementenschutz für möglich gehalten, wenn der Fachmann den Patentanspruch unter Heranziehung von Beschreibung und Zeichnungen dahin versteht, dass es entscheidend auf dieses Element ankomme und der mit der Gesamtkombination angestrebte technische Erfolg im Wesentlichen auch nur mit diesem Element erreicht werde. In einem nachfolgenden Urteil (GRUR Int. **92,** 783, 786) hat es jedoch Teilschutz als unzulässig bezeichnet (zur Rechtspr. in CH vgl. auch Brunner SMI **94,** 129, 133). Nach Meinung des LG Düsseldorf GRUR Int. **90,** 382, 383 (zugleich zur Diskussion in Deutschland) kann ein Schutz von Unterkombinationen in engen Grenzen bejaht werden. Derartige Fälle sind **allenfalls ganz ausnahmsweise vorstellbar,** BGH GRUR **99,** 977, 981 – Räumschild; OLG Düsseldorf Mitt. **2001,** 28; vgl. hierzu auch Jestaedt FS König, 2003, 239; Pagenberg GRUR **93,** 264, 265 Fn. 13, 15; a. A. Bericht Fischer/Krieger GRUR Int. **80,** 501, 502; Ballhaus/Sikinger GRUR **86,** 337, 340. Wenn alle Merkmale des Patentanspruchs aus der Sicht des Fachmanns zum Prioritätszeitpunkt eine bestimmte Funktion und Bedeutung haben, so dass keine sachliche Überbestimmung festgestellt werden kann, dürfte es schwerlich einen tragfähigen Grund geben, warum nicht ihr Zusammenwirken eine brauchbare Lösung darstellt und nicht deshalb diese Merkmalskombination es ist, die durch den Anspruch geschützt sein soll, vgl. auch Jestaedt FS König, 2003, 239, 249 f. Ein Patentanspruch, der auch eine **Unterkombination** oder ein bloßes Element zum Gegenstand hat, denen dann auch ein gegenüber der wortlautgemäßen Gesamtkombination eigener Schutzbereich zuzubilligen wäre, **scheidet mithin praktisch aus,** OLG Karlsruhe Mitt. **90,** 78, 79; Jestaedt FS König, 2003, 239; 249 ff.; Osterloh GRUR **93,** 260, 263; vgl. auch den Hartog BIE **98,** 326, 327; Mes § 14 PatG Rdnr. 97 ff.; ferner Godenhielm GRUR Int. **89,** 251, 252 über Auffassung in nordischen Ländern. Es kann freilich Fälle geben, in denen ein Dritter angesichts der geringfügigen Funktion oder Bedeutung eines beanspruchten Merkmals für die im Patentanspruch vorgeschlagene Gesamtkombination sich veranlasst sehen kann, bei einer Sache oder einem Verfahren die übrigen Merkmale zu benutzen, auf das betreffende jedoch zu verzichten, vgl. Bericht Fischer/Krieger GRUR Int. 1980, 501, 502, um zu verschleiern, dass er sich von der dieses Merkmal einschließenden Gesamtkombination hat leiten lassen und sich deren Erfolg im Wesentlichen zunutze machen will. Diese Fälle betreffen jedoch nicht die Frage, ob die Auslegung des Patentanspruchs ergeben kann, dass er auch eine Unterkombination mit eigenem Schutzbereich zum Gegenstand hat, sondern die Frage, ob zum Schutzbereich eines Patentanspruchs auch eine Unterkombination seines Gegenstands gehören kann (siehe hierzu Rdnr. 105 ff.).

Schutz für eine Unterkombination kommt jedenfalls dann nicht in Betracht, wenn auf ein bestimmendes Merkmal besonderer Bedeutung verzichtet ist, BGH GRUR **92,** 594, 596 – Mechanische Betätigungsvorrichtung – m. w. N.; Schiuma, Formulierung u. Auslegung, S. 309 m. w. N.; Busse/Keukenschrijver § 14 PatG Rdnr. 101. Die Auslegung des Patentanspruchs wird einen Elementenschutz auch dann kaum ergeben können, RG GRUR **42,** 315, wenn einzelne Merkmale einer mehrgliedrigen Kombination oder eine Teillehre – Teilkombination – in den Oberbegriff des Patentanspruchs gesetzt, vgl. RG GRUR **42,** 63, 64; **42,** 204, 206; 315 oder als bekannt bezeichnet sind, vgl. RG GRUR **35,** 297, 298; BGH GRUR **61,** 404, 408 – Klebebindung; BGHZ **73,** 40, 45 f. – Aufhänger; auch wenn dies auf einer irrigen Würdigung des Stands der Technik beruht. Wenn es in der Beschreibung heißt, das Wesen der Erfindung liege in der Kombination dreier Merkmale, und nur die Kombination dieser drei Merkmale solle geschützt werden, nicht aber jedes dieser Mittel für sich, dann liegt eine den Schutz eines einzelnen Merkmals oder der Kombination zweier Merkmale ausschließende Beschränkung vor, RG GRUR **28,** 385, 386; vgl. Winkler GRUR **76,** 393, 395. Wenn es dort heißt, dass 123 ausschließlich die Gesamtkombination aller Merkmale des Patentanspruches geschützt, ein Elementenschutz oder ein Schutz für Unterkombinationen ausgeschlossen sei, dann kann sich die ebenfalls dort befindliche Erklärung, dass die Erfindung nicht auf die dargestellte und beschriebene Ausführungsform beschränkt sei, sondern durchaus Abänderungen einzelner Teile und Merkmale zulasse, ohne dass damit der Haupterfindungsgedanke verlassen werde, kaum auf die Weglassung von Teilen der Gesamtkombination beziehen, vgl. BGH GRUR **64,** 433, 436 – Christbaumbehang. Wird ein nachträglicher Verzicht auf den selbstständigen Schutz eines Merkmals einer geschützten Kombination geltend gemacht, ist zu berücksichtigen, dass es nach der Rechtsprechung des BGH zu § 14 für die Bestimmung des Schutzbereichs grundsätzlich nicht auf Vorgänge im Erteilungsverfahren ankommt, die der Patenterteilung vorausgegangen sind, BGHZ **150,** 161 – Kunststoffrohrteil, anders RG Mitt. **36,** 12, 13; RG Bl. **39,** 199, 200. Der Verzicht auf den Schutz einzelner Kombinationselemente bedeutet noch nicht Verzicht auf den Schutz einer Teilkombination. Nach BGH I a ZR 177/63 v. 17. 3. 1964; vgl. auch BGHZ **73,** 40, 44 ff. – Aufhänger m. Anm. Schramm GRUR **79,** 227, soll der Verletzungsrichter allerdings an die Versagung des selbstständigen Schutzes für eine Unterkombination im Erteilungs- oder Nichtigkeitsverfahren gebunden sein. Unterliegt ein (schutzfähiges) Einzelelement einer Kombination dem Einwand widerrechtlicher Entnahme, so soll im Einspruchs- oder Nichtigkeitsverfahren für den Verletzungsrichter bindend festgestellt werden können, dass dem Anmelder die Kombination geschützt, aber der selbstständige Schutz des entnommenen Elements ausgeschlossen ist, BGHZ **68,** 242, 250 f. – Geneigte Nadeln, m. Anm. v. Falck GRUR **77,** 596.

124 4. **Wird Teilschutz** auf einen merkmalsmäßig beschränkten Gegenstand **gewährt,** so hat dieser einen eigenen Schutzbereich und kann auch dieser durch auffindbar gleichwirkende gleichwertige Ausführungen verwirklicht werden, vgl. BGH GRUR **77,** 654, 656 – Absetzwagen III; OLG München GRUR **72,** 356, 357. Der **Schutzbereich** des durch eine Teilkombination gekennzeichneten Gegenstands wird wie jeder andere auch durch nahe liegende Abwandlungen nicht verlassen.

X. Stand der Technik/Grenzen des Schutzbereichs

125 **1.** Die Frage, inwieweit im Verletzungsprozess der Stand der Technik im Vergleich zu der als patentverletzend in Anspruch genommenen Ausführung berücksichtigt werden darf, war im deutschen Patentrecht schon immer besonders umstritten. Die Stellungnahmen hierzu sind wesentlich beeinflusst von der Kompetenzverteilung zwischen den Erteilungs- und Nichtigkeitsinstanzen einerseits und den Verletzungsstreitgerichten andererseits, der ursprünglich bestehenden, durch Verordnung vom 23. 10. 1941 – RGBl. II S. 373 – aufgehobenen Ausschlussfrist zur Erhebung der Nichtigkeitsklage sowie der Tatbestandswirkung des Patents als Verwaltungsakt der Erteilungsbehörde, vgl. hierzu 6. Auflage § 6 Rdn. 115, 131; Hesse GRUR **68,** 287 ff.; Ohl GRUR **69,** 1 ff.; v. Falck, FS 100 Jahre GRUR, S. 543, 547 f. Die hierzu gegebenen Lösungsvorschläge sind vielfältiger Art, vgl. hierzu 8. Aufl. Rdn. 110.

126 Die Frage, ob im Verletzungsrechtsstreit nach PatG 1981 der Einwand zulässigerweise erhoben werden kann, die in der mit dem Patentverletzungsvorwurf angegriffenen Ausführung verkörperte Verwirklichung des Patentanspruchs, vgl. Meier-Beck GRUR **2000,** 359 f., sei nicht patentfähig, ist durch BGHZ **98,** 12 – Formstein mit Anm. Ullmann GRUR **87,** 279; vgl. auch schw. BG GRUR Int. **91,** 313; österr. PA Österr. PBl. **91,** 148, entschieden. Danach ist bei der Bestimmung des Schutzbereichs nach § 14 der **Einwand zugelassen, die als angeblich äquivalente Verwirklichung in Anspruch genommene Ausführungsform stelle mit Rücksicht auf den Stand der Technik keine patentfähige Erfindung dar (sog. Formstein-Einwand),** vgl. hierzu ausführlich Jestaedt FS Bartenbach, 2005, 371; Nieder FS König, 2003, 379; Kurig GRUR **95,** 3. Das rechtfertigt sich aus der Überlegung heraus, dass der Allgemeinheit durch den Patentschutz nicht die Möglichkeit zu einer nichterfinderischen Weiterentwicklung des vorbekannten Stands der Technik im Rahmen durchschnittlichen fachlichen Könnens genommen werden darf, Denkschrift zum Straßburger Übereinkommen zu Art. 5 StraÜ, BT-Drucksache 7/3712 S. 381. Der als sog. Formstein-Einwand bezeichnete (BGH GRUR **99,** 914 – Kontaktfederblock) Rechtsbehelf hat allerdings von vornherein nur Aussicht auf Erfolg, wenn eine Patentverletzung durch eine vom Sinngehalt des Patentanspruchs abweichende Ausführungsform behauptet wird und eine wortsinngemäße Verwirklichung des Patentanspruchs ausgeschlossen werden kann, BGH GRUR **99,** 914, 916, 918 – Kontaktfederblock. Da das Verletzungsgericht an die erfolgte Patenterteilung gebunden ist, BGHZ **158,** 372, 375 – Druckmaschinen-Temperierungssystem; BGH GRUR **2003,** 550 – Richterablehnung; **64,** 606, 609 – Förderband; **79,** 624 – umlegbare Schießscheibe, ist bei wortsinngemäßer Verwirk-

lichung des Patentanspruchs ohne weiteres auf die aus dem Patent folgenden Wirkungen zu erkennen, Jestaedt FS Bartenbach, 2005, 371, 376; Nieder FS König, 2003, 379, 382; Gesthuysen GRUR **2001,** 909, 914; Schiuma, Formulierung u. Auslegung, S. 329; v. Falck GRUR **98,** 218; Brunner sic! **98,** 428; Busse/Keukenschrijver § 14 PatG Rdnr. 103; Schramm/Popp/Bohnenberger S. 106f.; a. A. Blumer sic! **98,** 3, 11. Bei einer abgewandelten Ausführung ist die Verletzungsklage hingegen abzuweisen, wenn der Einwand berechtigt ist, die Verwirklichung durch diese Ausführung gegenüber dem Stand der Technik zum für die Priorität maßgeblichen Zeitpunkt also weder neu noch erfinderisch war. Dabei ist auf den in § 3 genannten Stand der Technik abzustellen, wie er für die Beurteilung der Schutzfähigkeit des Klagepatents maßgeblich ist, unabhängig davon, ob er im Erteilungsverfahren Berücksichtigung gefunden hat. Es kommt allein auf die zurzeit der Anmeldung bzw. Priorität gegebene objektive Lage und nicht auf das diesbezügliche Referat im Klagepatent und schon gar nicht darauf an, ob ein Merkmal im Oberbegriff des Patentanspruchs oder in seinem Kennzeichen wiedergegeben ist, BGH GRUR **99,** 914 – Kontaktfederblock. War eine vom Sinngehalt des Patentanspruchs abweichende Ausführungsform zwar nicht in ihrer konkreten Gestalt auffindbar, stand die Abwandlung aber ihrer Art nach dem Fachmann zur Verfügung stand. (siehe hierzu Rdnr. 117f.), muss geprüft werden, ob die Lehre, welche durch die um – möglicherweise sogar erfinderische – Besonderheiten bereinigte, allgemeinere Ausgestaltung der angegriffenen Ausführungsform verkörpert wird, nicht hätte patentiert werden dürfen, LG Düsseldorf GRUR Int. **90,** 382, 384; Jestaedt FS Bartenbach, 2005, 371, 381; Nieder FS König, 2003, 379, 390f.; Gesthuysen GRUR **2001,** 909, 915; Osterloh GRUR **2001,** 989, 991; v. Falck GRUR **88,** 1, 6f.; **98,** 218, 222; Kraßer § 32 IIIf bb 3. Da wortsinngemäße Ausführungen vom Einwand des freien Stands der Technik ausgenommen sind, kann er bei Zuerkennung eines Teilschutzes (siehe hierzu Rdn. 120ff.) jedenfalls dann nicht in Betracht kommen, wenn der Patentverletzungsvorwurf dahin geht, es sei eine identische Verwirklichung einer Kombination (oder eines Elements) gegeben, die statt der im Patentanspruch formulierten geschützt sei (siehe hierzu Rdn. 94f.), wohl aber, wenn Abwandlung einer geschützten Teillehre behauptet ist. Auch bei verschlechterter Ausführung (siehe hierzu Rdn. 105, 122f.) gilt der Grundsatz, dass im Bereich vom Sinngehalt abweichender Gleichwertigkeit und ggfls. des Teilschutzes der Einwand des freien Stands der Technik zulässig ist, v. Falck GRUR **90,** 650, 656.

a) Es ist noch nicht abschließend geklärt, vgl. Jestaedt FS Bartenbach, 2005, 371, 379, ob die **127**
durch den sog. Formstein-Einwand veranlasste Prüfung Teil der Schutzbereichsbestimmung nach § 14 ist. Die Wortwahl in der Entscheidung „Formstein", vgl. auch BGH GRUR **97,** 454 – Kabeldurchführung I, lässt sich zwar dahin deuten, dass der Schutzbereich sich nicht auf solche vom sinnvoll verstandenen beanspruchten Wortlaut abweichende Ausführungsformen erstreckt, die als solche im Stand der Technik des Prioritätszeitpunkts vorbekannt oder durch diesen nahegelegt worden waren, dass der Schutzbereich also hierdurch begrenzt wird, so auch z.B. Jestaedt FS Bartenbach, 2005, 371ff.; Preu GRUR **85,** 728, 733; Schramm/Popp/Bohnenberger S. 104; Schulte/Kühnen § 14 PatG Rdn. 63; Blumer sic! **98,** 3, 9, 11; Brunner SMI **98,** 101, 109; wohl auch v. Falck GRUR **88,** 1, 5; schw. BG GRUR Int. **93,** 878; vgl. ferner Hilty Schutzbereich S. 129f., der von innerer Grenze spricht. § 14 macht den Schutzbereich aber vom Inhalt der Patentansprüche, nicht vom Stand der Technik abhängig, vgl. Jestaedt FS Bartenbach, 2005, 371, 378. Wie in Benkard/Scharen EPÜ Art. 69 Rdn. 83 (vgl. auch Scharen GRUR **99,** 286, 287) ausgeführt und vertreten liegt es deshalb näher, den sog. Formstein-Einwand als bloßes Gegenrecht, a. A. Neuhaus FS Tilmann, 2003, 549, 552f., das die Ermittlung des einem Patentanspruch nach § 14 gebührenden Schutzbereichs selbst nicht beeinflusst, anzusehen, mit dem ein wegen Patentverletzung in Anspruch Genommener seine von § 1 Abs. 1 vorausgesetzte Berechtigung geltend macht, frei benutzen zu können, was dem Stand der Technik zum für die Priorität maßgebenden Zeitpunkt angehört oder durch ihn nahegelegt ist, und das ggfls. die Durchsetzung der gesetzlichen Wirkungen des Patentanspruchs hindert, a. A. auch Rogge SA Nr. 2 z. ABl. **2001,** 14, 20, der widerlegbare Vermutung annimmt. Hiernach ist nur dann, wenn der in Anspruch Genommene sich hierauf beruft, insoweit ebenso BGHZ **98,** 12 – Formstein; König Mitt. **2000,** 379, 386; Valle Mitt. **99,** 166, 170; Brunner sic! **98,** 428; vgl. auch schw. BG GRUR Int. **93,** 878, 880; schw. HG Zürich SMI **94,** 79, **zusätzlich,** insoweit nicht eindeutig Meier-Beck GRUR **2000,** 355, 359, zur Ermittlung des Schutzbereichs zu fragen, ob die Merkmale der zu beurteilenden Ausführungsform, die zu deren Einbeziehung in den Schutzbereich führen, in ihrer Gesamtheit, Meier-Beck GRUR **2000,** 355, 359; Schulte/Kühnen § 14 PatG Rdn. 64, eine Lehre verkörpern, die – wäre diese zum Prioritätszeitpunkt des erteilten Patenanspruchs angemeldet worden – den gesetzlichen Anforderungen an Neuheit und erfinderische Tätigkeit nicht genügt hätte.

128 Da der Einwand nur relevant sein kann, wenn eine nicht identische Patentverletzung in Frage kommt, andererseits eine Verurteilung wegen Patentverletzung ausscheidet, wenn der Einwand greift, könnte man es als eine Frage der Verfahrensökonomie ansehen, ob die Prüfung seiner Berechtigung nach der Schutzbereichsermittlung oder schon davor erfolgt, so 9. Aufl./ Ullmann § 14 PatG Rdn. 155, wobei sich herausstellen kann, dass der zu beurteilenden Ausführungsform ein nahe liegender Bezug sowohl zum Stand der Technik als auch zum Patent fehlt, v. Falck GRUR **88,** 1, 6. Wie der BGH GRUR **99,** 914, 916, 918 – Kontaktfederblock klargestellt hat, kann der Einwand jedoch in der Regel nicht losgelöst von den wortsinngemäßen Merkmalen des Patentanspruchs und deren patentgemäßen Funktionen beschieden werden, ebenso v. Falck GRUR **98,** 218, 222. Voraussetzung ist die Klärung eines jeden Merkmals und seiner Funktion im Rahmen der beanspruchten Lösung und die Feststellung oder zumindest Unterstellung, dass zwar bei der zu beurteilenden Ausführung von allen Merkmalen Gebrauch gemacht werde, mindestens ein Merkmal jedoch nicht in wortsinngemäßer Form verwirklicht sei, vgl. auch Jestaedt FS Bartenbach, 2005, 371, 377; Neuhaus FS Tilmann, 2003, 249, 252.

129 **c)** Nur soweit der Stand der Technik dem Klagepatent selbst entgegengehalten werden könnte, kann er auch im Verletzungsrechtsstreit Berücksichtigung finden. Wird der sog. Formstein-Einwand geltend gemacht, ist auch gegenüber der **älteren nachveröffentlichten Patentanmeldung** abzugrenzen. Die Systematik des Gesetzes, welche nachveröffentlichte, ältere Patentanmeldungen im Erteilungsverfahren bei der Neuheitsprüfung dem Stand der Technik zuordnet (§ 3 Abs. 2), diese aber bei der Beurteilung der erfinderischen Tätigkeit außer Betracht lässt (§ 4 Satz 2), gebietet es, die ältere Patentanmeldung auch hier nur in den entsprechenden Grenzen zu berücksichtigen, a. A. Windisch, FS v. Gamm (1990), S. 477, 494. Daraus folgt: Der patentrechtliche Schutz erstreckt sich nicht auf Ausführungsformen, die der Fachmann der älteren Patentanmeldung als neuheitsschädlich vorbeschrieben im Sinne des § 3 entnimmt. Dabei kommt es nicht darauf an, ob die Merkmale der angegriffenen Ausführungsform Gegenstand der Ansprüche der älteren Patentanmeldung oder lediglich Teil der Beschreibung oder der Zeichnung sind. Der Gesamtinhalt der Entgegenhaltung ist maßgeblich, § 3 Rdn. 13 a. Unerheblich ist, ob auf die ältere Anmeldung ein Patent erteilt wurde. Andererseits ist es nicht gestattet, dem Patentinhaber bei solchen Ausführungsformen Schutz zu versagen, die durch die ältere nachveröffentlichte Patentanmeldung (lediglich) nahegelegt wurden. Da die ältere Patentanmeldung im Prüfungsverfahren bei der Beurteilung der erfinderischen Leistung als schädlicher Stand der Technik ausscheidet (§ 4 Satz 2), darf sie auch beim Einwand des freien Stands der Technik nicht herangezogen werden. Die Patentansprüche erfassen demnach auch solche Ausführungsformen, die durch die ältere Patentanmeldung nahegelegt wurden. Ist auf die ältere Anmeldung ein Patent erteilt worden, so können das ältere und das jüngere Patent sich in ihrem Schutzbereich überschneiden. In einem solchen Fall ist gegenüber der Verletzungsklage aus dem jüngeren Patent der Einwand identischer Vorpatentierung zuzulassen, vgl. § 3 Rdn. 109, 112.

130 **d)** Eine **Amtsermittlung zum Stand der Technik findet** im Verletzungsrechtsstreit **nicht statt.** Der Beklagte hat die Darlegungs- und Beweislast für die Behauptung, seine Ausführungsform sei im Stand der Technik vorhanden oder durch diesen nahegelegt, BGHZ **98,** 12, 22 – Formstein; vgl. auch U.K. Court of Session [2001] R.P.C. 851, 875. Es reicht nicht aus, die vermeintlich entscheidenden Merkmale als bereits bekannt oder nahegelegt darzutun, Meier-Beck GRUR **2000,** 355, 359; Jestaedt FS Bartenbach, 2005, 371, 380; die Darlegung muss die angegriffene Ausführung in ihrer den Patentanspruch verwirklichenden Form insgesamt betreffen. Die schlüssige Darlegung der Relevanz des angezogenen Stands der Technik insoweit ist geboten und ausreichend. Es gelten die **Verfahrensmaxime der Zivilprozessordnung,** die Regeln über verspätetes Vorbringen – die auch dem Einspruchsverfahren nach Art. 114 Abs. 2 EPÜ nicht fremd sind (hierzu Günzel Mitt. **92,** 203, 207) – eingeschlossen.

131 **e) (1)** Die Prüfung, ob das Klagepatent zu Recht erteilt wurde, ist dem Verletzungsrichter wegen der bindenden Wirkung der Patenterteilung versagt. Der **Einwand der Fehlpatentierung** ist deshalb nicht zuzulassen. Im Patentverletzungsprozess steht der patentrechtliche Schutz nicht in Frage, auch wenn sich auf Grund neu ermittelten Stands der Technik ergeben sollte, dass das Klagepatent neuheitsschädlich vorweggenommen oder nahegelegt ist. Solange die Patenterteilung nicht im Einspruchs-, Nichtigkeits- oder Beschränkungsverfahren geändert ist, ist von einem wirksamen Schutz jedenfalls im Umfang des Sinngehalts der Patentansprüche auszugehen. Vom Schutz sind aber auch bestimmte Abwandlungen vom Sinngehalt erfasst, so ausdrücklich BGH GRUR **99,** 914 – Kontaktfederblock, für die allerdings noch keine Prüfung hinsichtlich der Patentfähigkeit einer betreffenden Lehre stattgefunden hat. Dies hat nicht nur zur Konsequenz, dass ein Beklagter, welcher bei seiner Ausführungsform vom Wortsinn des

Patentanspruchs abweichende Lösungsmittel einsetzt, sich erfolgreich mit dem Hinweis auf den Stand der Technik einer Verurteilung wegen Patentverletzung entziehen kann, während die Ausführungsform Patentverletzung bleibt, welche wortlautgemäß verwirklicht, obschon beide Ausführungsformen durch den Stand der Technik nahegelegt sind, Ullmann GRUR **88,** 333, 335, 338.

e) (2) Auch der Einwand des freien Stands der Technik gegenüber vom Sinngehalt des Patentanspruchs abweichenden Ausführungen ist begrenzt und kann versagen. Da der Verletzungsrichter sich nicht in Widerspruch zu der Patenterteilung setzen darf (a. A. Neuhaus FS Tilmann, 2003, 549, 560 im Falle nachträglicher Änderung der bekannten Schutzrechtslage), gilt dies auch bei der Prüfung, ob die als gleichwertige Lösung angegriffene Ausführungsform durch den Stand der Technik nahegelegt ist, LG Düsseldorf GRUR **94,** 509. Das hat auch der Bundesgerichtshof im Hinblick auf die gerichtliche Entscheidung ausgesprochen, die in Gebrauchsmustersachen der Patenterteilung entspricht, BGH GRUR **97,** 454 – Kabeldurchführung I. Wegen der im deutschen Patentrecht zu beachtenden Kompetenzverteilung geht es deshalb nicht an, dem Patentinhaber die gesetzlichen Wirkungen in den Fällen zu versagen (a. A. Brunner sic! **98,** 348, 359, der vollständig im Stand der Technik liegende gleichwirkende Ausführungsform vom Schutzbereich ausnehmen will; Neuhaus FS Tilmann, 2003, 549, 565, der mit Ausnahme von nahe liegenden Umgehungen der patentgemäßen Ausführungsform Schutz versagen will, wenn es klar auf der Hand liegt, dass auf Grund des im Erteilungsverfahren noch nicht berücksichtigten Stands der Technik das Patent nicht rechtsbeständig sein kann), in denen die Feststellung, dass die angegriffene Ausführungsform auf Grund des Stands der Technik nahe liegend war, nur aus Gründen möglich ist, die zwangsläufig auch zu der Feststellung führen müssten, dass der Patentanspruch selbst nicht schutzfähig ist, OLG Düsseldorf 2 U 183/99 v. 10. 5. 2001; LG Düsseldorf GRUR **94,** 509, 511; Entsch. **97,** 1, 5; Schulte/Kühnen § 14 PatG Rdn. 65; wohl auch Brunner SMI **94,** 101, 110; zweifelnd Schramm/Kaess S. 226; a. A. v. Falck GRUR **98,** 218, 220 ff.; Tilmann GRUR **98,** 325, 330; Tilmann/Dagg GRUR **2000,** 459, 464; Gesthuysen GRUR **2001,** 909, 913; Jestaedt FS Bartenbach, 2005, 371, 383; Nieder FS König, 2003, 379, 387; Busse/Keukenschrijver § 14 PatG Rdnr. 107; Kraßer § 32 III f bb 5; offenbar auch Blumer sic! **98,** 3, 12. Ein solcher Angriff kann mit Aussicht auf Erfolg mit einer Nichtigkeitsklage geführt werden und ist deshalb auf diesem Wege zu verfolgen, hierfür aus praktischen Gründen auch Valle Mitt. **99,** 166, 170. Diese Vorgehensweise wahrt die berechtigten Belange des Beklagten des Verletzungsprozesses, weil dann, wenn das insoweit zuständige Gericht den im Verletzungsprozess entgegengehaltenen Stand der Technik entsprechend bewertet, der Patentanspruch wenigstens teilweise fallen muss und nicht (mehr) Grundlage des Patentverletzungsvorwurfs sein kann. Zur Vorgehensweise bei der Prüfung, ob der Formstein-Einwand sich in Wirklichkeit gegen die Patentfähigkeit des Patentanspruchs wendet, vgl. Scharen GRUR **99,** 285, 287 f.; hiergegen Jestaedt FS Bartenbach, 2005, 371, 383 f.; Busse/Keukenschrijver § 14 PatG Rdn. 101. 132

XI. Vereinbarung über den Schutzumfang

An eine von den Parteien vereinbarte Patentauslegung oder Festlegung des Schutzbereichs ist der **Verletzungsrichter nicht gebunden,** RG GRUR **36,** 231, 232, denn diese ist als solche der Parteiverfügung entzogen, vgl. RG Mitt. **38,** 272, 274. Der Patentinhaber kann den Schutzumfang seines Patentes durch eine Vereinbarung mit einem Dritten nicht verändern, RGZ **153,** 329, 331. Eine Vereinbarung, dass ein Patent nur in einer bestimmten, von den Vertragspartnern vereinbarten Fassung des Patentanspruchs geltend gemacht werden dürfe, kann nicht dazu führen, dass dadurch eine durch das Patent nicht gedeckte Erweiterung des tatsächlichen Schutzumfangs vom Patentschutz erfasst wird, RGZ **153,** 329, 332 f. Eine vertragliche Festlegung des Patentanspruchs hat zwar keine patentrechtliche, wohl aber insoweit schuldrechtliche Wirkung unter den Parteien, als dadurch ein Verzicht auf die Geltendmachung von Ansprüchen aus bestimmten Handlungen oder bestimmten Arten von Handlungen begründet werden kann oder im Verhältnis der Vertragsschließenden festgelegt wird, dass ein Patent nur in einem bestimmten Umfange geltend gemacht werden darf, RGZ **153,** 329, 332; BGH GRUR **79,** 308, 309 – Auspuffkanal für Schaltgase; Ullmann GRUR **85,** 809, 811. Eine schuldrechtliche Vereinbarung, das Patent nur mit bestimmten, den Anspruch ergänzenden Merkmalen geltend zu machen, ist rechtlich zulässig, BGH GRUR aaO. Kartellrechtliche Bedenken ergeben sich dann, wenn die Vereinbarung auf eine Erweiterung des Gegenstands der Erfindung gerichtet ist oder der Aufrechterhaltung eines offensichtlich vernichtbaren Patents dient, BGH aaO; § 15 Rdn. 262. Ist im Verletzungsverfahren zwischen den Parteien außer Streit, dass die angegriffene Gestaltung vom geschützten Erfindungsgegenstand Gebrauch macht, so braucht 133 der Schutzumfang im Einzelnen nicht festgestellt zu werden, RG MuW **33,** 362; BGH GRUR **64,** 673, 674 – Kasten für Fußabtrittsroste. Eine ersichtlich fehlerhafte Beurteilung des Schutzbereichs darf nicht hingenommen werden. Die – in der Tatsacheninstanz jederzeit widerrufliche – **Geständnisfiktion** des § 138 Abs. 3 ZPO erfasst lediglich die Tatfrage der Gestaltung der angegriffenen Ausführung, nicht aber die Rechtsfrage der Auslegung des Klagepatents und des sich daraus ergebenden Schutzbereichs, Ullmann GRUR **85,** 809, 810; vgl. auch BGH GRUR **2004,** 1023, 1025 – Bodenseitige Vereinzelungseinrichtung; RG GRUR **37,** 37, 39.

15 ***Übertragung. Lizenz.*** (1) [1]**Das Recht auf das Patent, der Anspruch auf Erteilung des Patents und das Recht aus dem Patent gehen auf die Erben über.** [2]**Sie können beschränkt oder unbeschränkt auf andere übertragen werden.**

(2) [1]**Die Rechte nach Absatz 1 können ganz oder teilweise Gegenstand von ausschließlichen oder nicht ausschließlichen Lizenzen für den Geltungsbereich dieses Gesetzes oder einen Teil desselben sein.** [2]**Soweit ein Lizenznehmer gegen eine Beschränkung seiner Lizenz nach Satz 1 verstößt, kann das Recht aus dem Patent gegen ihn geltend gemacht werden.**

(3) **Ein Rechtsübergang oder die Erteilung einer Lizenz berührt nicht Lizenzen, die Dritten vorher erteilt worden sind.**

Inhaltsübersicht

Literaturhinweis zu I. Die unbeschränkte Übertragung, Rdn. 2 ff. Ahrberg, Die Gewährleistungsfrist bei der Übertragung des Patentrechts, Diss. 1912; Hirsch, Das Recht aus der Erfindung, 1930; Nachtrag 1933; Buselmeier, Die Übertragung eines Patents, Diss 1934; Klinkenstein, Der Kauf von Patenten, Diss. 1937; Dörmann, Der gute Glaube im Patentrecht, Diss 1952; Lüdecke/Fischer, Lizenzverträge, 1957; Wiese, Die geschichtliche Entwicklung der Haftung des Lizenzgebers und Verkäufers von Patenten und Erfindungen, Diss. 1958; Forkel, Gebundene Rechtsübertragungen, Ein Betrag zu den Verfügungsgeschäften über Patent-, Muster- Urheber- und Persönlichkeitsrechte, I. Band: Patent, Musterrecht, Urheberrecht, 1977.

Pinzger, Zwangsvollstreckung in das Erfinderrecht, ZZP Band 60 **(36/37),** 415; Trüstedt, Haftung für Rechtsmängel im Patentrecht, GRUR **39,** 516; Lindenmaier, Die Haftung des Pantentinhabers bei Veräußerung des Patents und Lizenzbestellung, GRUR **55,** 507 u. 570; Lüdecke, Welchen Einfluß hat die Veräußerung des Patents auf bestehende Lizenzvertäge?, GRUR **64,** 470; Pfeifer, Kaufverträge über patentgeschützte Gegenstände und § 20 GWB, WRP **68,** 345; Nirk, Die Einordnung der Gewährleistungsansprüche und Leistungsstörungen bei Verträgen über Patente in das bürgerliche Gesetzbuch, GRUR **70,** 329; Malzer, Zur Haftung für die Ausführbarkeit der technischen Lehre bei der Übertragung von Rechten aus dem Patentgesetz, GRUR **70,**

107; ders., Haftung für vertragsgemäße Brauchbarkeit und zugesicherte Eigenschaften, GRUR **71,** 96; Zimmermann, Das Erfinderrecht in der Zwangsvollstreckung, GRUR 1999, 121 ff.; Tilmann, Schuldrechtsreform und gewerblicher Rechtsschutz, Mitt. 2001, 282; Fitzner, Schutzrechtskauf nach neuem Schuldrecht, FS Tilmann (2003), S. 769; Busche, Das Patent als Rechtsmangel der Kaufsache, FS Bartenbach (2005), 357; Möller, Das Patent als Rechtsmangel der Kaufsache, GRUR 2005, 468; vgl. im Übrigen die Literaturhinweise zu II.

Literaturhinweis zu II. Patentlizenz, Rdn. 56 ff. Neuberg, Der Lizenzvertrag und die internationale Patentverwertung, 3. Aufl. 1956; Rauter, Die Verwertung von Erfindungen, 6. Aufl. 1956; Lüdecke/Fischer, Lizenzverträge 1957; Hederich-Gronow, Der Lizenzvertrag, 1957; Weisse, Erfindungen, Patente, Lizenzen 1958; Langen, Internationale Lizenzverträge 1958; Peetz, Die Nichtangriffsklausel in Lizenzverträgen Diss. 1961; Dick, Bewertung und Verwertung von Erfindungen mit Patent- und Lizenzbeispielen, 1962; Wyss, Die schuldrechtliche Natur des Lizenzvertrages, Zürich 1964; Lichtenstein, Die Patentlizenz nach amerikanischem Recht, 1965; Sernatinger, Das Problem des Veräußerungs- und Lizenzvertrages bei nachträglicher Vernichtung oder Beeinträchtigung des gewerblichen Schutzrechts, Diss. 1966; Henn, Problematik und Systematik des internationalen Patent-Lizenzvertrages, 1967; Merkel, Jörg, Möglichkeiten und Grenzen einer Anwendung der Zweckübertragungstheorie im Erfinder-, Patent- und Gebrauchsmusterrecht, Diss. 1974; Olearius, Die Haftung des Lizenzgebers im gewerblich-technischen Rechtsschutz, Diss. 1968; Herbst, Die rechtliche Ausgestaltung der Lizenz und ihre Einordnung in das System des bürgerlichen Rechts, Diss. 1968; Schade, Die Ausübungspflicht bei Lizenzen, 1969; Neumann, Patentlizenzaustausch, Diss. 1971; Borrmann, Erfindungsverwertung, 4. Aufl. 1973; Schuster-Woldan, Lizenz- und Nachnutzungsverträge in der DDR, 1975; Küchler, Lizenzverträge im EWG-Recht – einschließlich der Freihandelsabkommen mit den EFTA-Staaten, Bern 1976; Forkel, Gebundene Rechtsübertragungen, Ein Beitrag zu den Verfügungsgeschäften über Patent-, Muster-, Urheber- und Persönlichkeitsrechte, 1. Bd.: Patent, Musterrechte, Urheberrecht 1977; Schultz, Methoden und Probleme der Gebührenbemessung bei internationalen Lizenz- und Know-how-Verträgen, Diss. 1980 St. Gallen; Hauser, Der Patentlizenzvertrag im französischen Recht im Vergleich zum deutschen Recht, 1982; Kirchhartz, Nichtangriffsklauseln in Patentlizenzverträgen, eine vergleichende Betrachtung der Rechtslage in den USA und der EG, Diss. München 1982; Troller, Immaterialgüterrecht, Bd. II, 3. Aufl. 1985, S. 821 ff. Romanovszky, Know-how- und Lizenzverträge, 3. Aufl. 1985; Pedrazzini, Patent- und Lizenzvertragsrecht, 2. Aufl. 1987; Baronowski, Die Haftung des Lizenzgebers gegenüber dem Nichtvertragspartner, Diss. Mainz 1988; Wang, Der Lizenzvertrag im deutschen und chinesischen Recht, Diss. Konstanz 1989; Shieh, Kündigung aus wichtigem Grund und Wegfall der Geschäftsgrundlage bei Patentlizenz- und Urheberrechtsverträgen, Diss. München 1990; Zenhäuser, Der internationale Lizenzvertrag, Diss. Freiburg (Schw.) 1991; Cawthra, Patent Licensing in Europe, 2. Aufl.; Pfaff/Nagel, Internationale Rechtsgrundlagen für Lizenzverträge im gewerblichen Rechtsschutz, München 1993; Hiestand, Die Anknüpfung internationaler Lizenzverträge, 1993; Weinmann, Die Rechtsnatur der Lizenz, Zürich 1996; Hilty, Lizenzvertragsrecht, Bern 2001; Bartenbach/Gennen, Patentlizenz- und Know-how-Vertrag, 5. Aufl., 2001; Hellebrand/Kaube, Lizenzsätze für technische Erfindungen, 2. Aufl. 2001; Tammo Seemann, Der Lizenzvertrag in der Insolvenz, Diss. 2002; Hoffmann/Adler, Lizenzvertragsgestaltung, 2002; Ann/Barona, Schuldrechtsmodernisierung und gewerblicher Rechtsschutz, 2002; B. Bartenbach, Die Patentlizenz als negative Lizenz, 2003; Empting, Immaterialgüterrechte in der Insolvenz, Diss. 2003; Pagenberg/Geissler, Lizenzverträge: Kommentierte Vertragsmuster, 5. Aufl. 2003; Henn, Patent- und Know-how-Lizenzvertrag, 5. Aufl. 2003; Pfaff/Osterrieth, Lizenzverträge – Formularkommentar – 2. Aufl., 2004; Schütze/Weipert (Hrsg.), Münchener Vertragshandbuch Bd. 3: Wirtschaftsrecht II, 5. Aufl. 2004, S. 492 ff.: Schultz-Süchting, Patent- und know-how-Lizenzvertragsrecht; Knobloch, Abwehransprüche für den Nehmer einer einfachen Lizenz, Karlsruher Schriften zum Wettbewerbs- und Immaterialgüterrecht (2005); Stumpf/Groß, Der Lizenzvertrag, 8. Aufl. (2005).

Lüdecke, Welchen Einfluß hat die Veräußerung des Patents auf bestehende Lizenzverträge?, GRUR **64,** 470; Lichtenstein, Der Lizenzvertrag mit dem Auslande, NJW **64,** 1345; ders., Der Lizenzvertrag im engeren Sinn, NJW **65,** 1389; ders., Zum Abwehranspruch des einfachen Lizenznehmers, GRUR **65,** 344; Nirk, Culpa in contrahendo – Eine richterliche Rechtsfortbildung in der Rechtsprechung des Bundesgerichtshofes, Festschrift Philipp Möhring (1965), 385 ff.; Lüdecke, Zur rechtlichen Natur der Lizenz, NJW **66,** 815; J. Baur, Haftungsvoraussetzungen und Haftungsfolgen bei Tauglichkeitsmängeln der Erfindung, ZHR **129** (1967), 1; Schwerdtner, Das patentrechtliche Nichtigkeitsurteil und seine zivilprozessualen und zivilrechtlichen Auswirkungen, GRUR **68,** 9; Mediger, Auswirkungen der Patentvernichtung, GRUR **68,** 564; Lüdecke, Lizenzverträge über zum Patent angemeldete Erfindungen im neuen Patentrecht, NJW **68,** 1358; Fritze, Nichtangriffsabrede für die Zeit nach Beendigung des Schutzrechts, GRUR **69,** 218; Schickedanz, Das kostenlose Mitbenutzungsrecht, Mitt. **69,** 46; Möhring, Der Einfluß der Vernichtung eines Patents auf einen bestehenden Lizenzvertrag, der eine ausschließliche Lizenz zum Gegenstand hat, Mitt. **69,** 296; Weber, Nichtangriffsklausel (exceptio pacti) im patentamtlichen Erteilungsverfahren?, BB **69,** 1116; Preu, Nichtangriffsabreden in Patent- und Gebrauchsmusterlizenzverträgen, Festschrift für Wendel (1969), 115; Stumpf, Ungeklärte Probleme bei Know-how- und Patentlizenzverträgen, BB **70,** 195; Malzer, Zur Haftung für die Ausführbarkeit der technischen Lehre bei der Übertragung von Rechten aus dem Patentgesetz, GRUR **70,** 107; Möhring, Das Recht der Patentlizenzverträge nach österreichischem und deutschem Recht, Festschrift Wilde (1970), 99; Nirk, Die Einordnung der Gewährleistungsansprüche und Leistungsstörungen bei Verträgen über Patente in das Bürgerliche Gesetzbuch, GRUR **70,** 329 (Festschrift Wilde – 1970 –, 139); Malzer, Haftung für vertragsgemäße Brauchbarkeit und zugesicherte Eigenschaften, GRUR **71,** 96; Finger, Die ausschließliche Lizenz, WRP **71,** 207; Nirk, Der Lizenzvertrag nach französischem und deutschem Recht, in Neuen Entwicklungen im Wettbewerbs- und Warenzeichenrecht, Festschrift für Hefermehl, **1971,** 149; Pfaff, Qualifikation und Anknüpfung von internationalen Lizenzverträgen im Internationalen Lizenzrecht osteuropäischer Länder, Mitarbeiterfestschrift f. E. Ulmer (1973), 477. Knap, Der Lizenzvertrag als ein besonderer Vertragstypus, GRUR Int. **73,** 225; Kraßer, Verpflichtung und Verfügung im Immaterialgüterrecht, GRUR Int. **73,** 230; Guilino, Zur Frage der Notwendigkeit ausschließlicher Lizenzen, GRUR **74,** 187; Goltz, Einfluß der Vernichtung des Patents auf die Pflicht des Lizenznehmers zur Zahlung von Lizenzgebühren, Mitt. **74,** 252; Schneider, Ermittlungen der Höhe des Lizenzsatzes aufgrund von Erfahrungswerten, Der Betrieb **74,** 1899; Pfordte, Der Internationale Lizenzvertrag, Der Betrieb **74,** 1465; Preu, Der Einfluß der Nichtigkeit oder Nichterteilung von Patenten auf Lizenzverträge, GRUR **74,** 623; GRUR Int. **76,** 213; Bußmann, Patentrecht und Marktwirtschaft, GRUR **77,** 121; Pfaff, Der Lizenzvertrag, Deutsche zivil-, kollisions- und wirtschaftsrechtliche Beiträge zum 10. Intern. Kongreß für Rechtsvergleichung in Budapest, 1978, 289 (Materialien zum ausl. und intern. Privatrecht Bd. 29); Poth, Zur Rechtsnatur der Patentlizenz, Mitt. **79,** 216; Greif, Die deutsche Patent- und Lizenzbilanz, GRUR Int. **79,** 451; Körner, Die Abhängigkeit von Lizenzverträgen vom Patentschutz oder von geheimem Know how, die Lage nach amerikanischem, deutschem und europäischem Recht, WuW **79,** 785; Schricker, Zur kartellrechtlichen Beurteilung von Zeichenbenutzungsvereinbarungen in Patentlizenzverträgen, WRP **80,** 121; Emmerich, Die Form wettbewerbsbeschränkender Verträge, NJW **80,** 1363; Fischer, Schadenersatz für den nicht ausschließlichen Lizenznehmer, GRUR **80,** 374; Preu, Chance und Risiko von Lizenzverträgen, Mitt. **81,** 151; Pedrazzini, Die zivilrechtlichen Probleme des Patentlizenzvertrags nach schweizerischem Recht, GRUR Int. **82,** 283; Joliet, Der Patentlizenzvertrag im belgischen und französischen Zivilrecht, GRUR Int. **82,** 291; Ford, Die zivilrechtlichen Probleme des Patentlizenzvertrages nach dem Recht Großbritanniens, GRUR Int. **82,** 320; Kraßer/Schmid, Der Lizenzvertrag über technische Schutzrechte aus der Sicht des deutschen Zivilrechts, GRUR Int. **82,** 324; Körner, Der Bestand bzw. Fortbestand von Schutzrechten und know-how als Voraussetzung der Lizenzgebühren – bzw. Schadenersatzpflicht, GRUR **82,** 341; Rosenberger, Inhalt des Schutzrechts, Berechnungsgrundlage für Lizenzgebühr und Rechtsschutzinteresse der Kartellbehörde, GRUR **82,** 601; Grüter, Aufnahmebogen für Lizenzvorhaben, BB **82,** 942; Klawitter, Kein Schutz des einfachen Patent-Lizenznehmers bei Veräußerung des Patents durch den Patentinhaber, MDR **82,** 895; Körner, Zur vertraglichen „Verdinglichung“ einfacher Lizenzen, Mitt. **83,** 230; Völp, Weitergeltung der Lizenz bei Veräußerung des Schutzrechts, GRUR **83,** 45; Brandi-Dohrn, Sukzessionsschutz bei der Veräußerung von Schutzrechten, GRUR **83,** 146; Rosenberger, Nochmals: Zur Frage des Fortbestandes der einfachen Lizenz bei Übertragung des Patents, GRUR **83,** 203; Forkel, Zur dinglichen Wirkung einfacher Lizenzen, NJW **83,** 1764; Kraßer, Die Wirkung der einfachen Patentlizenz, GRUR Int. **83,** 537; Gaul, Die Schutzrechtsveräußerungen durch den Arbeitnehmer und deren Auswirkungen auf das Mitbenutzungsrecht des Arbeitgebers, GRUR **84,** 494; Osterloh, Ist die Benutzung einer Erfindung aufgrund eines wegen Verstoßes gegen kartellrechtliche Vorschriften nichtigen Lizenzvertrags einer Patentverletzung?, GRUR **85,** 707; Körner, Die Produzentenhaftung des Lizenzgebers bei der Lizenz über gewerbliche Schutzrechte und Know-how, NJW **85,** 3047; Leßmann, Weitergeltung von Lizenzen bei Veräußerung des zugrundeliegenden Schutzrechts bzw. anderweitiger Lizenzierung, DB **87,** 145; Groß, Der Lizenzgeber im System der Produzenten- und Produkthaftung, CR **90,** 438; Kraßer, Wirkungen der Nichtigkeit von Patenten oder Marken auf Lizenzverträge (Bericht), GRUR

Int. **90,** 611; Ohl, Wegfall der Lizenz vor Ablauf des Patents, GRUR **92,** 77; Kirchhof, Lizenznehmer als Widerspruchsberechtigter nach § 771 ZPO, Festschr. Merz (1992), S. 283; Gramm, Die Patentlizenz im Erstreckungsgesetz, Festschr. Nirk (1992), S. 394; Wahlich, Auswirkungen des Erstreckungsgesetzes auf bestehende Patent-Lizenzverträge in Adrian, Nordemann, Wandtke (Hrsg.), Erstreckungsgesetz und Schutz des geistigen Eigentums (1992), S. 133; Engels, Vertragliche Schutzrechte neben dem Erstreckungsgesetz, DZWIR **94,** 449; Beier, Ausschließlichkeit, gesetzliche Lizenzen und Zwangslizenz im Patent- und Musterrecht, GRUR **98,** 185; Stieger, Zur Beendigung des Lizenzvertrages nach schweizerischem Recht, sic! **99,** 3; Häfele/Wurzer, Bewertung und Verwertung gewerblicher Schutzrechte im Insolvenzverfahren, DZWIR **01,** 282; Ullmann, Kooperation der Vertragspartner bei technischen Projekten in Nicklisch (Hrsg.), Komplexe Langzeitverträge für neue Technologien und neue Projekte, 2001, S. 17; Zeising, Die insolvenzrechtliche Verwertung und Verteidigung von gewerblichen Schutzrechteen, Mitt. **00,** 206ff., 353ff.; **01,** 60ff.; Zeising, Lizenzverträge im Insolvenzverfahren, Mitt. **01,** 240ff.; B. Bartenbach, Negative Lizenz, Mitt. **02,** 503ff.; B. Bartenbach, Die Schuldrechtsreform und ihre Auswirkungen auf das Lizenzvertragsrecht, Mitt. **03,** 102ff. Ann, Schuldrechtsmodernisierung und gewerblicher Rechtschutz, VPP-Rundbrief, 2003 Nr. 1, S. 1ff. Kellenter, Schutzrechtslizenzen in der Insolvenz des Lizenzgebers, FS Tilmann (2003), S. 807; Ullrich, Patentgemeinschaften, FS Immenga (2004), 403; Haedicke, Die Gewährleistungshaftung bei Patentveräußerungs- und Patentlizenzverträgen, GRUR **04,** 123; Schmoll/Hölder, Patentlizenz- und Know-how-Verträge in der Insolvenz – Teil I: Insolvenz des Lizenznehmers, GRUR **04,** 743 – Teil II: Insolvenz des Lizenzgebers, GRUR **04,** 830; Fezer, Lizenzrechte in der Insolvenz des Lizenzgebers – Zur Insolvenzfestigkeit der Markenlizenz, WRP **04,** 793; Brandi-Dohrn, Die Ausschließlichkeit von Lizenzen, FS Bartenbach (2005), 439; Graef, Insolvenz der Lizenzgeber und Wahlrecht des Insolvenzverwalters – Lösungsansätze aus der Praxis, ZUM **06,** 104.

Vgl. im Übrigen die Literaturhinweise zu III bei Rdn. 221; zu IV bei Rdn. 232 zu V bei Rdn. 252 u. zu VI Rdn. 264 .

Vorbemerkung

1 § 15 Abs. 2 wurde durch GPatG Art. 8 Nr. 6 eingefügt. Die darin aufgestellten Regeln entsprechen den zuvor schon geltenden, in der Rechtsprechung entwickelten Grundsätzen. § 15 Abs. 2 ist zum 1. 1. 1981 in Kraft getreten (Art. 17 Abs. 3 GPatG), ohne das bis dahin geltende Recht zu ändern. § 15 Abs. 2 hat nur klarstellende Bedeutung, Amtl. Begründung zu GPatG, BT-Drucksache 8/2087 S. 25. § 15 Abs. 3 wurde eingefügt durch Art. 2 Abs. 9 des Gesetzes zur Änderung des Gebrauchsmustergesetzes vom 15. 8. 1986 – BGBl I 1446, vgl. hierzu Rdn. 108ff. Im Rechtsleben erlangt die unbeschränkte Übertragung kein besonderes Gewicht. Herausragende Bedeutung hat das Recht der Lizenzerteilung – ein Fall der beschränkten Rechtsübertragung –, vgl. Rdn. 56.

Das **Europäischen Patentübereinkommen** enthält in Art. 72, 73 EPÜ besondere Regeln zur rechtgeschäftlichen Übertragung und Lizenzierung der europäischen Patentanmeldung.

I. Die unbeschränkte Übertragung

2 **1.** Als auf den Erben übergehende und **übertragbare Rechte** führt das Gesetz auf a) das Recht auf das Patent, b) den Anspruch auf Erteilung des Patents und c) das Recht aus dem Patent. Unter dem Recht auf das Patent ist die Gesamtheit der aus der Erfindung herrührenden Rechte zu verstehen, vgl. § 6 Rdn. 10, soweit diese vermögensrechtlicher Natur sind. Diese Rechte entstehen teilweise allein aus der Tatsache der Erfindung und setzen eine Anmeldung nicht voraus. Der Gesetzgeber rechnet schon vor der Anmeldung mit der Übertragung dieser Rechtsstellung. Dies zeigen die Erwähnung des „Rechtsvorgängers" in § 3 Abs. 4 Satz 1 Nr. 1, § 12 Abs. 1 Satz 4 und des „Rechtsnachfolgers" in § 6 Satz 1 sowie die Meldepflicht im Arbeitnehmererfindungsrecht (§ 5 ArbnEG) und die Rechtsfolgen der Inanspruchnahme der Erfindung durch den Arbeitgeber (§§ 7, 13 ArbEG). Die Erfindung selbst – als geistiger Vorgang – kann nicht übertragen werden; ebenso nicht das Erfinderpersönlichkeitsrecht. Das Recht an der Erfindung stellt ein sonstiges Recht i.S.v. § 823 Abs. 1 BGB dar. Der Anspruch auf Erteilung des Patents ist die durch die Anmeldung einer Erfindung beim Patentamt begründete Rechtsstellung. Sie setzt die Offenlegung der Anmeldung nicht voraus. Im Falle der Offenlegung verstärkt sich die Rechtstellung des Anmelders, vgl. § 33 Abs. 1. Das Recht aus dem Patent umgreift die gesamte Rechtsstellung, die das erteilte Patent dem Patentinhaber gewährt. Die genannten Rechte gehen im Erbfalle auf den Erben über und können übertragen werden. Sie sind Vermögensrechte und können Gegenstand vertraglicher Abmachungen und gericht-

licher Feststellung sein, BGH GRUR **79,** 145, 148 – Aufwärmvorrichtung. Auch Geheimpatente sind übertragbar, BGH GRUR **67,** 245, 246 – Lizenzbereitschaft für Geheimpatente.

Die Übertragbarkeit der gemäß § 4 ErstrG erstreckten Ausschließungs- und Wirtschaftspatente und der hierauf gerichteten Anmeldungen bestimmt sich nach § 15 Abs. 1. Die erstreckten **DDR-Patente** (-anmeldungen) unterliegen seit dem Inkrafttreten des Erstreckungsgesetzes (1. Mai 1992) – von den in § 5 ErstrG erwähnten Ausnahmen der Schutzfähigkeit und der Schutzdauer abgesehen – den Normen des Patentgesetzes, vgl. Entwurfsbegründung zu § 5 ErstrG (BT-Drucksache 12/1399 S. 33f. = Bl. **92,** 213, 224). Bis dahin blieben DDR-Patente und -Anmeldungen gemäß § 14 DDR-PatentG v. 27. 10. 1983 i. d. F. v. 29. 6. 1990 (= GRUR **90,** 929, 930) (formlos) übertragbar, vgl. EinigungsV Anl. I Kap. III E § 3. Die der Übertragung zugrundeliegenden Schuldverhältnisse unterliegen DDR-Vertragsrecht nur, soweit sie vor dem 3. 10. 1990 vereinbart worden sind, Art. 232 § 1 EGBGB, BGH NJW **93,** 259, 260. 3

2. Die genannten Rechte sind vererblich. **Der Rechtsübergang auf den Erben** vollzieht sich im Wege der Gesamtrechtsnachfolge nach den Vorschriften des Erbrechts, §§ 1922 ff. BGB. Verfügungen von Todes wegen über diese Rechte sind statthaft, ebenso Verfügungen unter Lebenden auf den Todesfall. Das Erfinderpersönlichkeitsrecht ist als höchstpersönliches Recht unübertragbar und unvererblich, vgl. BGHZ **50,** 133, 137 – Mephisto. Das Persönlichkeitsrecht kann aber über den Tod hinaus fortwirken und von den Angehörigen wahrgenommen werden, BGHZ **50,** 133, 136 – Mephisto; BGH WRP **90,** 231, 233 – Emil Nolde; BGHZ **143,** 214, 221 ff. – Marlene Dietrich. Gesamtrechtsnachfolge ist insbesondere gegeben nach den Bestimmungen des Handelsrechts über die Fusion von Handelsgesellschaften. 4

3. Die Rechte aus der Erfindung, wozu das Recht auf das Patent, der Anspruch auf Erteilung des Patents und das Recht aus dem Patent zählen, können auf andere übertragen werden. Die **Übertragung** der Rechte erfolgt durch Vertrag, §§ 413, 398 BGB; anders § 6 ArbnEG. Das Zustandekommen und die Wirksamkeit des Vertrages richten sich nach dem bürgerlichen Recht. Es kann nur vom wahren materiell Berechtigten rechtswirksam erworben werden. Der Vertrag bedarf keiner besonderen **Form,** RGZ **75,** 225, 227; **126,** 280, 284; Zur Formbedürftigkeit eines Lizenzvertrages vgl. Rdn. 75. 5

Zur rechtsgeschäftlichen Übertragung einer **europäischen Patentanmeldung** bedarf es der Schriftform des Übertragungsvertrages, Art. 72 EPÜ; EPA ABl. **87,** 216, 225. Die Übertragungsurkunde muss die übertragene Patentanmeldung und die Parteien der Vereinbarung eindeutig erkennen lassen; eine ohne die Einhaltung dieses Schriftformerfordernisses des Art. 72 EPÜ getroffene Vereinbarung ist nichtig, BGH NJW **93,** 69, 70 – Magazinbildwerfer; Benkard/Ullmann/Grabinski, EPÜ. Art. 72 Rdn. 3. Für die Übertragung des EPÜ-Patents gilt diese Formvorschrift nicht. Dessen Übertragung richtet sich nach dem Recht des jeweils benannten Vertragstaats (Art. 74 EPÜ), Benkard/Ullmann/Grabinski, EPÜ. Art. 74 Rdn. 4 ff. 6

Der Übertragungsvertrag kann durch **schlüssige Handlungen** abgeschlossen werden. Eine Aushändigung der Patenturkunde ist zur Gültigkeit der Übertragung nicht erforderlich, RGZ **139,** 52, 57. Die Eintragung in die Rolle ist nicht notwendig, RGZ **151,** 129, 135 m. w. N.; BGH GRUR **79,** 145, 147 – Aufwärmvorrichtung. Ein Rechtserwerb ist auch dann möglich, wenn ein anderer als der wahre Berechtigte in der Rolle eingetragen ist, RG Mitt. **31,** 17, 19. Die Eintragung des Berechtigten in die Patentrolle (§ 30 Abs. 1) hat Legitimationswirkung lediglich für das förmliche Verfahren bei Patentamt und Gerichten (§ 30 Abs. 3, vgl. BGH GRUR **02,** 234 – Verfahrensführungsbefugnis). Der Ansicht von Rogge (GRUR **85,** 734, 739), § 30 Abs. 3 legitimiere den eingetragenen Nichtberechtigten auch zur wirksamen materiellen Verfügung, wird nicht zugestimmt, vgl. Ullmann, Festschr. v. Gamm, S. 315, 318. § 30 Abs. 3 derogiert nicht die §§ 413, 398 BGB. Bei der Übertragung einer Anmeldung ist eine Anzeige an das Patentamt angezeigt, da der Anmelder sonst wirksam die Zurücknahme der Anmeldung erklären kann, § 30 Abs. 3. 7

Ein **gutgläubiger Erwerb** vom in der Rolle eingetragenen Nichtberechtigten findet nicht statt. Der Veräußerer ist nach §§ 403, 413 BGB verpflichtet, dem Erwerber auf Verlangen eine öffentliche beglaubigte Urkunde über die Abtretung auszustellen, RGZ **126,** 280, 284. Zum Rechtserwerb bedarf es der Übertragung (eines Teils) des **Geschäftsbetriebs** des Veräußerers nicht; zur Betriebslizenz vgl. Rdn. 70. Lizenz- und Schadenersatzansprüche aus der Zeit vor der Übertragung sind keine Nebenrechte, die gemäß § 401 BGB auf den Erwerber des Patents übergehen, sondern selbstständige Ansprüche, die nur kraft besonderen Vertrages dem Erwerber zustehen, BGH GRUR **58,** 288, 289 – Dia-Rähmchen I. 8

Auch **Zusatzpatente** werden nicht ohne weiteres von einer Veräußerung des Hauptpatents erfasst. Ein solcher Vertrag kann stillschweigend geschlossen werden, jedoch kann allein aus der 9

Übernahme der Patentgebühren für die Vergangenheit durch den Erwerber nicht schon auf eine solche stillschweigende Abrede geschlossen werden, BGH GRUR **58,** 288, 289 f. Bei der Veräußerung einer Patentanmeldung kann durch die Frage des Erwerbers nach **Auslandsanmeldungen** und deren Verneinung durch den Veräußerer, der dabei nicht zum Ausdruck brachte, nur die deutsche Anmeldung, nicht aber das Recht zur Auslandsanmeldung veräußern zu wollen, eine stillschweigende Veräußerung des Rechts zur Auslandsanmeldung stattfinden, BGH I ZR 65/61 vom 9. 10. 1962.

10 Von der Veräußerung eines **europäischen Patents** oder einer **europäischen Patentanmeldung** werden die Schutzrechte in allen benannten Vertragsstaaten erfasst, es sei denn einzelne seien ausdrücklich ausgenommen, Art. 71 EPÜ.

11 Mit dem Erwerb des Patents gehen Belastungen und Verpflichtungen auf den Erwerber über, z. B. die Verpflichtung zur Zahlung der Jahresgebühr innerhalb der dem früheren Patentinhaber bestimmten Frist, BPatGE **3,** 140, 142. Zu den Rechtswirkungen der Übertragung des Patents auf einen bestehenden Lizenzvertrag vgl. Rdn. 108 ff.

12 **4.** Die in Satz 1 genannten Rechte sind übertragbar, auch wenn die **Weiterübertragung** beim Erwerb durch Vereinbarung **ausgeschlossen** worden ist, Lindenmaier/Weiss, PatG, 6. Aufl., § 9 Rdn. 57; vgl. Rdn. 107. § 399 BGB greift nicht, weil das Recht auf das, an dem und aus dem Patent ein absolutes Recht ist, das keinen Schuldner kennt, RGZ **127,** 197, 205. Die Übertragung des Rechts kann unter die auflösende Bedingung der Weiterveräußerung gestellt werden, RGZ **121,** 257, 258; vgl. auch BGH IX ZR 129/92 v. 18. 2. 1993. Eine dahingehende Bedingung kann auch stillschweigend vereinbart sein, vgl. RGZ **121,** 257, 258. Der Rechtsfolge, dass bei einer Weiterveräußerung das Recht an den Übertragenden zurückfällt, steht § 137 Satz 1 BGB nicht entgegen, BGHZ **134,** 182, 186 f.; Furtner NJW **66,** 182, 185. In einem Lizenzvertrag kann die Veräußerung der Vertragsschutzrechte nicht wirksam ausgeschlossen werden, § 137 Satz 1 BGB, RGZ **127,** 197, 205, ebenso wenig wie die Vergabe weiterer (ausschließlicher) Lizenzen an den dem Lizenzgeber verbliebenen Benutzungsarten, BGH GRUR **92,** 310, 311 – Taschenbuchlizenz (betr. Urheberrecht); Rdn. 89, 104 Die beschränkte Verfügungsmacht des Veräußerers kann sich aber aus dem Inhalt des ihm zustehenden Rechts ergeben, vgl. Rdn. 103.

13 **5.** In dem Übertragungsvertrag muss das Recht **ausreichend bestimmt** sein, BGH GRUR **79,** 145, 146 – Aufwärmvorrichtung. Auch künftige Erfinderrechte, Patentanmeldungen oder Patente können schon im Voraus Gegenstand einer Übertragungsvereinbarung sein, wenn sie ausreichend bestimmt sind, RGZ **75,** 225, 228 – das dazu im Einzelfall die Klausel „Verbesserungen und Ergänzungen des E. L.-Systems" nicht genügen ließ; BGH GRUR **55,** 286, 289 – Kopiergerät; vgl. auch BGHZ **9,** 237, 238 – betr. verlagsrechtliche Option. Die Auffassung des RG, eine genügende Bestimmbarkeit sei bei einem zukünftigen Patentrecht kaum anders zu erfüllen als durch den Inhalt einer schon gemachten Erfindung, RGZ **75,** 225, 228, ist zu eng. Die Zugehörigkeit der Erfindung zu einem fest umrissenen technischen Gebiet kann im Einzelfall genügen; auch die Bezugnahme auf sämtliche zum Betriebsvermögen gehörenden Schutzrechte, vgl. BGH GRUR **79,** 145, 146 – Aufwärmvorrichtung. Der Rechtsübergang zukünftiger Rechte kann so vereinbart werden, dass er sich automatisch mit der Entwicklung der Rechte ohne weitere Übertragungserklärung vollzieht, BGH GRUR **55,** 286, 289 – Kopiergerät; **68,** 321, 323 – Haselnuss (betr. Urheberrecht); OLG Karlsruhe GRUR **83,** 67, 69.

14 **6.** Durch Vertrag kann die **Verpflichtung** übernommen werden, auf eine vom Gläubiger dem Schuldner mitgeteilte Erfindung **ein Patent zu erwirken.** Auch die Vereinbarung, wonach sich jemand verpflichtet, für einen anderen auf einem näher bestimmten Gebiet erfinderisch tätig zu werden und die zukünftige Erfindung zum Patent anzumelden mit der Wirkung, dass das Patent sofort mit der Erteilung dem anderen zustehen solle, ist zulässig und wirksam, RGZ **139,** 52, 56 m. w. N. Auch kann vereinbart werden, eine gelegentlich der Ausführung einer Tätigkeit für den Vertragspartner gemachte Erfindung diesem zu überlassen, BGH GRUR **53,** 29, 30 – Plattenspieler I; BGH I ZR 90/57 vom 28. 11. 1958. Es kann dabei vereinbart werden, dass die auf diese Weise erlangten Rechte unmittelbar, d. h. ohne besondere Übertragungserklärung auf den Berechtigten übergehen, RGZ **139,** 52, 56; BGH GRUR **55,** 286, 289 – Kopiergerät; OLG Karlsruhe GRUR **83,** 67, 69. Nach BGH aaO soll es sich hierbei stets um einen von dem Erfinder abgeleiteten Erwerb handeln. Indes erscheint ein originärer Erwerb der Rechte aus der Erfindung durch den Berechtigten im Einzelfall nicht ausgeschlossen, insbesondere wenn die Grundlage für das Recht aus der Erfindung im Zeitpunkt der Zession schon begründet war.

15 Ein **Entwicklungsvertrag,** in dem sich ein Ingenieur verpflichtet, eine Maschine zu entwickeln sowie betriebs- und verkaufsreif zu machen, ist ein Dienstvertrag nach §§ 611 ff. BGB, wenn der Ingenieur weisungsgebunden tätig wird, kein Werkvertrag nach §§ 631 ff. BGB, BAG Mitt. **63,** 94, 95. Er ist fristlos kündbar, wenn die Weiterbeschäftigung unzumutbar ist, BAG aaO. Dadurch geht der Vergütungsanspruch für die erfolgreiche Entwicklungstätigkeit nicht verloren, BAG aaO.

7. Bei der Beurteilung der Rechtsbeziehungen der an der Übertragung Beteiligten ist zwischen dem Grundgeschäft – **Kausalgeschäft –** und dem **Vollzugsgeschäft** zu unterscheiden. Die dingliche Übertragung des Rechts (Erfindung, Anmeldung oder Patent) ist von der bloßen Verpflichtung zur Übertragung des Rechts zu unterscheiden. Praktisch fallen beide Rechtstatsachen meist zusammen; sie sind als Ganzes und als zusammengehörig zu behandeln, RGZ **126,** 280, 284. Im Einzelfall kann die Wirksamkeit des Kausalgeschäfts Bedingung für die Wirksamkeit des Verfügungsgeschäfts sein, OLG Düsseldorf GRUR **66,** 521, 522 re. Sp.; OLG Düsseldorf WuW Rechtspr. OLG II 512, 514, wo wegen des kartellrechtlichen Zusammenhangs bei unwirksamem Verpflichtungsgeschäft die Unwirksamkeit des Vollzugsgeschäfts – Abtretung der Verbesserungserfindung – angenommen wurde. Das Grund- und Erfüllungsgeschäft können durch den Willen der Parteien zu einer Einheit zusammengefasst sein, § 139 BGB; zu den Voraussetzungen im Einzelfall vgl. BGH NJW **67,** 1128, 1130. 16

8. Bei der **Anfechtung** eines Vertrages betreffend die Übertragung der in § 15 Abs. 1 genannten Rechte ist ein **Irrtum** über die gewerbliche Verwertbarkeit der Erfindung und über den gewerblichen Erfolg der Auswertung des Patents als ein unbeachtlicher Irrtum im Motiv anzusehen, RGZ **33,** 103, 104. Ein Irrtum des Käufers eines Maschinenpatents über die Patentfreiheit der auf der Maschine herzustellenden Erzeugnisse ist ein nach § 119 Abs. 2 BGB beachtlicher Irrtum, der zur Anfechtung berechtigt, vgl. RGZ **20,** 94, 96. Ein Kalkulationsirrtum über den Preis der Maschine nach der geschützten Erfindung und die Gewinnmöglichkeiten ist nur dann beachtlich, wenn die Berechnung der Gewinnmöglichkeit als Grundlage des Vertrages anzusehen ist, RG GRUR **35,** 890, 891. Ein Irrtum über den Gegenstand der Schutzrechtsanmeldungen, der nicht **ursächlich** dafür gewesen ist, dass der Vertrag so, wie tatsächlich geschehen, durchgeführt worden ist, rechtfertigt die Anfechtung nicht, BGH GRUR **69,** 493, 495 – Silobehälter; BGH GRUR **98,** 650, 652 – Krankenhausmüllentsorgungsanlage. 17

Bei Veräußerung einer erst angemeldeten Erfindung trifft den Veräußerer eine weitgehende Offenbarungspflicht, deren Verletzung die **Anfechtung wegen arglistiger Täuschung** begründen kann, z.B. wenn ein ablehnender Zwischenbescheid des Patentamts verschwiegen wurde, obwohl der Verkäufer mit der Möglichkeit rechnete, der Käufer werde ohne sein Verschweigen das Patent nicht oder nicht zu den gleichen Bedingungen erwerben, RG GRUR **38,** 846, 848; BGHZ **83,** 283, 291 – Hartmetallkopfbohrer. Ebenso ist eine Anfechtung möglich, wenn ein Bevollmächtigter des Verkäufers über den Gegenstand des Schutzes arglistig täuscht, RG MuW **27/28,** 498, 499, oder wenn erklärt wird, es handele sich um eine neue Sache, während sich die Erfindung in Wirklichkeit nur auf die Verbesserung bereits bestehender Patente bezieht, BGH GRUR **58,** 175, 176 – Wendemanschette II, wo eine Täuschung verneint wurde, weil der „Getäuschte" vor Unterzeichnung des Vertrages die Patentschrift gelesen hatte, woraus sich der wahre Sachverhalt ergab. 18

Wird ein Stand der Technik arglistig **verschwiegen,** obwohl der Schweigende weiß, dass er für den anderen von entscheidender Bedeutung ist, und gebietet Treu und Glauben die Bekanntgabe des Standes der Technik, dann kommt es für die Anwendung von § 123 BGB darauf an, ob der Vertragspartner den Lizenzvertrag mit dem vereinbarten Inhalt auch in Kenntnis des verschwiegenen Standes der Technik geschlossen hätte, RG GRUR **41,** 99, 101; BGHZ **83,** 283, 291 – Hartmetallkopfbohrer Eine Täuschung über die Laufzeit des Patents rechtfertigt die Anfechtung nicht mehr, wenn der Vertrag in Kenntnis der wahren Dauer jahrelang fortgesetzt worden ist, RG Mitt. **34,** 126, 127. Eine **Offenbarungspflicht** über vorherige vergebliche Lizenzverhandlungen ohne ausdrückliches Befragen besteht nicht, BGH GRUR **58,** 175, 176 – Wendemanschette II. Der Wagnischarakter des Veräußerungsgeschäfts (vgl. Rdn. 31) führt nicht zu einer Beschränkung des Anfechtungsrechts nach § 123 Abs. 1 BGB, BGH GRUR **75,** 598, 600 – Stapelvorrichtung, wohl aber weitgehend zur Nichtanwendbarkeit der Regeln zur Störung der Geschäftsgrundlage (§ 313 BGB), vgl. BGHZ **83,** 283, 288 – Hartmetallkopfbohrer. 19

9. Bei Verletzung vertraglicher Aufklärungspflichten besteht wegen **Verschuldens beim Vertragsabschluss (§ 311 Abs. 2 BGB)** ein Schadenersatzanspruch (vgl. Nirk, culpa in contrahendo, FS Möhring, S. 385). Danach kann der Käufer verlangen, vom Verkäufer so gestellt zu werden, als ob der Vertrag nicht zustande gekommen wäre, wenn der Verkäufer oder sein Bevollmächtigter es schuldhaft – auch fahrlässig – unterlässt, ihn auf Umstände aufmerksam zu machen, von denen er sich nach Treu und Glauben sagen muss, dass sie zur Vereitelung des 20

Vertragszwecks geeignet und für die Entschließung des Käufers wesentlich sind, z. B. wenn über den Gegenstand der verkauften Patente schuldhaft unrichtige Angaben gemacht werden, die für den Käufer für die Preisbemessung wesentlich waren, RG MuW **27/28,** 498, 499; Anspruchsgrundlage: § 311 Abs. 2, § 280 BGB, vgl. Jauernig/Stadler, BGB 12. Aufl. Rdn. 56, 62;

21 Beispiele aus der Rspr.: BGHZ **15,** 204, 205, wo ein zum Schadenersatz verpflichtendes Verschulden beim Vertragsschluss darin gesehen wurde, dass ein Bevollmächtigter von Patenten gesprochen hatte, wo keine bestanden, oder RG MuW **32,** 32, 33. wo den lizenzierten Schutzrechten ein zu großer Schutzumfang beigelegt wurde. In einem Falle, in dem seitens des Lizenznehmers die Anmeldung von Schutzrechten im Ausland vorgesehen war, der Lizenzgeber aber die tatsächlichen Umstände, die der Erteilung von Schutzrechten in weiteren Ländern entgegenstanden, dem Lizenznehmer mitgeteilt hatte, hat der BGH ausgesprochen, dass sich die Aufklärungspflicht des Lizenzgebers nur auf solche das Patent gefährdende Umstände beziehe, von denen er beim Abschluss des Lizenzvertrages Kenntnis hatte; er hat dafür die Kenntnis der aus den mitgeteilten Umständen herzuleitenden Rechtsfolgen genügen lassen, BGH X ZR 7/69 vom 4. 7. 1972. Der Getäuschte kann von dem schuldhaft handelnden Vertragspartner den Ersatz seiner im Hinblick auf den Vertrag an einen dritten Vertragspartner geleisteten Zahlungen verlangen, wenn dieser schuldhaft unrichtige Angaben über die Ausführbarkeit einer Erfindung gemacht hat, die in einer gemeinsamen Gesellschaft ausgewertet werden sollte, BGH GRUR **61,** 494, 495 – Hubroller. Wer durch Täuschungshandlungen zum Abschluss eines ungünstigen Vertrages veranlasst worden ist, den er bei wahrheitsgemäßer Offenbarung der Sachlage nicht mit dem ungünstigen Inhalt abgeschlossen hätte, kann verlangen, nicht an der nachteiligen Vertragsbestimmung festgehalten zu werden, vgl. RGZ **159,** 33, 55; BGH NJW **62,** 1196, 1198; BGH X ZR 29/68 vom 8. 12. 1970; BGHZ **83,** 283, 292 – Hartmetallkopfbohrer. Ein mitwirkendes Verschulden des Käufers kann den Ersatzanspruch ausschließen oder mindern, § 254 BGB, z. B. wenn der Käufer es unterlassen hat, ihm zugängliche ausländische Patenturkunden über die verkauften Patente einzusehen, RG MuW **27/28,** 498, 499.

22 Wer durch sein Verhalten den Abschluss eines Kauf- oder Lizenzvertrags als sicher in Aussicht stellt und in Kenntnis der Investitionstätigkeit des anderen Teils die **Vertragsverhandlungen** grundlos **abbricht,** ist zum Ersatz des Vertrauensschadens verpflichtet (§ 311 Abs. 2, § 280 BGB), vgl. BGH GRUR **75,** 616, 617 – Patricio m. Anm. von Falck, der im Hinblick auf die Vertragsabschlussfreiheit zu Recht strenge Anforderungen an die Feststellung des Verschuldens des Ersatzpflichtigen verlangt. Hatte der verhandlungsführende „Vertreter" maßgeblichen Einfluss auf die Vertragsgestaltung, so kann ihn die Schadenersatzpflicht treffen (§ 311 Abs. 3 Satz 2 BGB), vgl. BGH GRUR **75,** 616, 618 – Patricio; BGHZ **56,** 81, 83.

23 **10.** Ein Vertrag, der von beiden Partnern in der zutreffenden Überzeugung abgeschlossen wird, dass das Patent mangels Patentfähigkeit zu Unrecht erteilt ist, ist nach § 138 BGB wegen **Sittenwidrigkeit** nichtig, RG MuW **38,** 280, 281, ebenso bei Erschleichung des Patents, RGZ **140,** 184, 190 mit zahlreichen Nachweisen aus der Rechtspr.; RG GRUR **39,** 963, 964. Eine Verfallklausel für alle Rechte des Erwerbers, bei nicht pünktlicher Zahlung des Kaufpreises für ein Patent macht den Kaufvertrag nicht ohne weiteres sittenwidrig, auch wenn bereits hohe Beträge angezahlt sind, RG GRUR **32,** 865, 867. Die ungleiche Verteilung der Gewinn- und Verlustaussichten macht den Vertrag nicht sittenwidrig, RG Bl. **13,** 276, 277; BGHZ **129,** 236, 241. Kein Verstoß gegen die guten Sitten, § 138 BGB, liegt vor, wenn bei Verträgen über die gewerbliche Verwertung von Patenten der Patentinhaber sich bestimmte wirtschaftliche Vorteile versprechen lässt, während der Partner das Recht zur Verwertung des Patents erwirbt, ohne gleichzeitig eine Sicherheit für die Einträglichkeit der Verwertung zu erlangen, RG Bl. **13,** 276, 277 re. Sp. Zur Sittenwidrigkeit muss hinzukommen, dass die Unerfahrenheit des Partners oder seine schwierige Lage bewusst oder sich böswillig oder grob leichtfertig dieser Erkenntnis verschließend zur Erlangung auffälliger Vermögensvorteile ausgebeutet wird, RG Bl. **13,** 276, 277 m. w. N.; BGH DB **69,** 2083 m. w. N. Die Nichtigkeit des Kausalgeschäfts hat nicht ohne weiteres die Nichtigkeit des Verfügungsgeschäfts zur Folge. Nur dann, wenn die Sittenwidrigkeit in einem verwerflichen Verhalten gegenüber dem Vertragspartner besteht oder gerade im Vollzug der Leistung liegt, erstreckt sie sich auf das Erfüllungsgeschäft. Die Sittenwidrigkeit kann sich auch daraus ergeben, dass der Erwerb des Schutzrechts zweckfremd der wettbewerbswidrigen Behinderung dient, BGH GRUR **02,** 967, 969 – Hotel Adlon, betr.: Marke Eine Schutzrechtsübertragung als solche ist wertneutral und kein Verstoß gegen ein **gesetzliches Verbot,** auch wenn sie nach der Parteiabrede der Steuerverkürzung dienen soll, BGH X ZR 31/74 v. 14. 2. 1977 S. 8f.; für die nach § 134 BGB gebotene Abwägung ist wesentlich, dass sich das Verbot an alle Beteiligten richtet, BGHZ **143,** 283, 287.

11. Aus einer unentgeltlichen Überlassung eines Patents an einen anderen folgt nicht ohne weiteres, dass der Überlassende zur unentgeltlichen Benutzung berechtigt bleibt; er ist beweisbelastet, BGH GRUR **51,** 70, 71. Die Übertragung kann zur Sicherheit für eine Verpflichtung erfolgen, RG MuW **XXII,** 90, 91; RG GRUR **43,** 355, 356; Hilty, S. 97ff. Die Rechte können in eine Gesellschaft eingebracht werden, z.B. um das Patent auszuwerten, RG GRUR **41,** 46, 47; BGH GRUR **59,** 616, 617 – Metallabsatz. Ein Vertrag kann die Erprobung einer Erfindung betreffen. Die **entgeltliche Übertragung** der genannten Rechte ist in der Regel **Rechtskauf (§ 453 BGB),** vgl. BGHZ **83,** 283, 287 – Hartmetallkopfbohrer. Es macht hinsichtlich des Charakters als Kaufgeschäft keinen Unterschied, ob die Veräußerung eine noch nicht angemeldete Erfindung, den Anspruch auf Erteilung des Patents oder das erteilte Patent selbst betrifft, RG GRUR **38,** 33, 34. 24

Ob ein **Kauf oder** ein **Lizenzvertrag** vorliegt, richtet sich nicht nach den von den Vertragspartnern verwendeten Ausdrücken, sondern nach dem Gesamtinhalt der Vereinbarung, RG MuW **35,** 400, 401f.; BFH BB **88,** 1022; BGH GRUR **00,** 788, 790f. – Gleichstromsteuerschaltung. Auch können Vereinbarungen der Parteien über frühere Erfindungen zur Auslegung herangezogen werden, BGH GRUR **00,** 788, 790 – Gleichstromsteuerschaltung. Für die Abgrenzung der Überlassung zur Veräußerung ist allein maßgeblich, ob die Rechte zeitlich begrenzt überlassen oder aber endgültig übertragen sind. Eine schuldrechtliche Nutzungsabrede ist auch dann anzunehmen, wenn das Patent förmlich, aber zeitlich begrenzt übertragen worden ist. Im Zweifel ist nur die Bestellung eines Benutzungsrechts und nicht die Vollübertragung als gewollt anzusehen, da – entsprechend dem gemeinhin im Immaterialgüterrecht geltenden Grundsatz – der Erfinder oder Patentinhaber im Falle der Einräumung eines Rechts in der Regel von seinem Recht so wenig wie möglich aufgeben will. 25

Zur Ermittlung der Reichweite der Parteiabsprache greift der im Immaterialgüterrecht allgemein geltende **Zweckübertragungsgrundsatz** ein. Nach diesem Erfahrungssatz trifft der Schutzrechtsinhaber im Zweifel nur insoweit eine Verfügung, als zur Erreichung des schuldrechtlich festgelegten Zwecks unbedingt erforderlich ist, BGH GRUR **90,** 669, 671 – Bibelreproduktion; **00,** 788, 789 – Gleichstromsteuerschaltung. Dieser Grundsatz steht – der richterlichen Überzeugung von – einer weiterreichenden Übertragung nicht entgegen, BGH GRUR; **00,** 788, 789 – Gleichstromsteuerschaltung. Wenn ein Partner einen Kauf, der andere aber eine Lizenz wollte, leidet die Absprache an einem versteckten Einigungsmangel, RG JW **35,** 2881, 2882. Die Verpflichtung, über das übertragene Patent nicht weiter zu verfügen, steht der Annahme eines Kaufvertrages nicht entgegen, sofern sie der Sicherung der Kaufpreisschuld dient, nach deren Tilgung der Käufer über das Patent frei verfügen kann, was auch dann gilt, wenn dem Verkäufer für den Fall der Weiterveräußerung ein Vorkaufsrecht eingeräumt ist, RFinhof Mitt. **43,** 146. Auch die Einräumung einer Rückübertragungspflicht kann bei einem Kauf vereinbart werden, RG MuW **40,** 76, 77. Kaufverträge mit gesellschaftsähnlichen Zügen sind denkbar, vgl. BGH GRUR **59,** 125, 127 re. Sp. – Pansana; RG MuW **40,** 170; z.B. Kauf eines Bruchteilsanteils an einer Erfindung oder eines Patents gegen einen Bruchteil am Reingewinn aus deren Verwertung, RG GRUR **40,** 339, 341 re. Sp.; BGH GRUR **59,** 125, 127 – Pansana, der Kauf eines Patents gegen laufende Umsatzbeteiligung, bei dem sich beide Vertragsteile auf bestimmte, lange Zeit verpflichten, Erfahrungen, Verbesserungen und Erfindungen mit Bezug auf den Vertragsgegenstand dem anderen Vertragspartner mitzuteilen, eine Geheimhaltungspflicht übernehmen und der Verkäufer sich auf dem Vertragsgebiet einem Konkurrenzverbot unterwirft, BGHZ **26,** 7ff. – Sympatol III. Bei der Übertragung eines Patents gegen einen Anteil am Reingewinn ist der Gewinnanteil eine Kaufpreisforderung, auch wenn der Vertrag sonst gesellschaftsrechtliche oder ähnliche Züge hat, BGH GRUR **59,** 125, 127 – Pansana. 26

Ist der vereinbarte Vertragstyp „Kauf" von den Parteien nur zum Schein gewählt, um die Vereinbarung einer ausschließlichen Lizenz zu verdecken, so finden auf das Vertragsverhältnis die für den Lizenzvertrag geltenden Rechtsregeln Anwendung, § 117 Abs. 2 BGB. Für die Auslegung des Vertrags als Patentkauf oder als Lizenzgewährung ist die wirtschaftliche Betrachtungsweise maßgebend, vgl. beispielhaft EuGH GRUR Int. **82,** 530, 534 (Erwägungsgrund 47) – Maissaatgut.

12. Der Patentinhaber, der sein Patent veräußert, ist wie jeder Dritte während der Laufzeit des Patents an der Herstellung und dem Vertrieb von Erzeugnissen nach seiner Erfindung gehindert, vgl. BGH GRUR **51,** 70, 71, wo das selbst für die unentgeltliche Veräußerung angenommen worden ist. Den **Verkäufer** trifft die **besondere Vertragspflicht,** das verkaufte Patent nicht mit der Nichtigkeitsklage angreifen, BGH GRUR **55,** 535, 536f.; **89,** 39, 40 – Flächenentlüftung. Im Zusammenhang mit dem Verkauf eines Patents kann sich der Verkäufer auch verpflichten, weitere eigene Patente nicht zu benutzen; das darf indes nicht zu einer 27 übermäßigen Fesselung und Einschränkung der Erfindertätigkeit führen, § 138 BGB, § 1 GWB, vgl. RGZ **112,** 361, 364f. Auch der Vertrag über den Erwerb eines Patents unterfällt dem **GWB.** Beschränkungen des Veräußerers des Schutzrechts unterlagen vor Inkrafttreten der 7. GWB-Novelle (1. 7. 2005) allein der Missbrauchskontrolle nach §§ 14, 16 GWB a.F., vgl. BGH GRUR **73,** 331, 332 – Nahtverlegung. Die den Vertragsparteienauferlegten Beschränkungen sind nur zulässig, soweit sie den Vorgaben des § 2 GWB standhalten, vgl. hierzu u. Rdn. 252ff.

28 Der Verkäufer kann die Verpflichtung übernehmen, dem Erwerber **Verbesserungen** für die verkaufte Erfindung mitzuteilen. Die Verpflichtung kann auch ein an der Entwicklung beteiligter Dritter übernehmen, der nicht der Patentinhaber ist, RGZ **112,** 361, 363. Die Verpflichtung zur Überlassung von Verbesserungen und Zusatzpatenten bedarf einer deutlichen Regelung im Vertrage, RG MuW **XII,** 244, 245; BGHZ **17,** 41, 48 – Kokillenguss. Diese Verpflichtung ist eng auszulegen, RG GRUR **36,** 57, 58; **40,** 439, 441; BGH GRUR **57,** 485, 487 – Chenillemaschine, besonders wenn die Verbesserungsklausel unklar und mehrdeutig ist und alle Erfindungen übertragen werden sollen, zu denen eine selbstständige Vertriebsfirma und ihre Angehörigen bei Gelegenheit des Weitervertriebs gelieferter Erzeugnisse angeregt werden, RG GRUR **40,** 439, 441. Eine Klausel, nach der alle Verbesserungen unentgeltlich miteinander auszutauschen sind, bezieht sich auch auf patentfähige Erfindungen, BGH GRUR **57,** 485, 487 – Chenillemaschine. Bei der Auslegung einer Verbesserungsklausel ist wichtig, ob die Verbesserungserfindung der veräußerten Erfindung so nahe steht, dass ihre Verwertung einen maßgeblichen Einfluss auf die Verwertung der veräußerten Erfindung ausübt, vgl. RG GRUR **35,** 948, 949. Eine Verbesserungsklausel bezieht sich nur auf solche Verbesserungen, die mit dem verkauften Patent in einem wirtschaftlichen Zusammenhang stehen, BGH I ZR 91/54 vom 7. 2. 1956. Im Einzelfall ist es sachgerecht, bei der Reichweite einer Verbesserungsklausel auf die patentrechtliche Abhängigkeit abzustellen, BGH I a ZR 207/63 vom 15. 12. 1964. Eine Verbesserungsklausel, die den Lizenznehmer daran hindert, seine Verbesserungen des Lizenzgegenstandes zu nutzen, ist unwirksam, § 2 Abs. 2 GWB, Art. 5 Abs. 1 lit. a), b) TT-GFVO. Ohne besondere Abrede ist der Verkäufer nicht verpflichtet, zur Erhaltung des Wertes der im Inland bestehenden Schutzrechte auch im Ausland Patente zu erwirken, RG GRUR **41,** 152, 153, vgl. auch Rdn. 142.

29 **13.** Bei einer befristeten **Option** auf die Übertragung einer angemeldeten Erfindung darf der Anmelder die Anmeldung ohne den Vertragspartner nicht verfallen lassen, RG Mitt. **38,** 212, 214. Überträgt der Rechtsinhaber unter Verstoß gegen seine Anbietungspflicht das Recht auf einen anderen, vgl. BGHZ **22,** 347, 350 betr. verlagsrechtliche Option, oder hat er den Verfall des Rechts zu vertreten, RG Mitt. **38,** 212, 214, so ist er zum Schadenersatz verpflichtet (§§ 453, 275, 280 BGB), wobei als Schadenersatz die Rückzahlung des für die Einräumung der Option geleisteten Entgelts verlangt werden kann, RG Mitt. **38,** 212, 214. Der Schadenersatz kann auch auf das positive Interesse gerichtet sein, § 160 BGB analog (str.).

30 Das Gleiche gilt, wenn der aus einem **Vorvertrag** Verpflichtete unter Verletzung der vorvertraglichen Bindung einen Vertrag mit einem Dritten abgeschlossen hat, BGH I b ZR 69/62 vom 15. 3. 1963. Bei Verweigerung des Abschlusses des Hauptvertrages kann dem Berechtigten ein Schadenersatzanspruch wegen Nichterfüllung des Vorvertrags gem. § 280 BGB zustehen, vgl. BGH NJW **63,** 1247 – Lied von Kaprun. In einem Vorvertrag, in dem sich beide Teile verpflichten, demnächst einen Hauptvertrag abzuschließen, BGH GRUR **63,** 52, 53 – Spritzgussmaschine II, kann der Patentinhaber die Verpflichtung übernehmen, über die Patente nicht mehr zu verfügen, sie weder selbst auszuwerten noch Lizenzen zu erteilen und die Patente nicht verfallen zu lassen, BGH GRUR **58,** 564, 565 – Baustützen. Der Vorvertrag muss so vollständig sein, dass der Inhalt des Hauptvertrages bestimmbar ist, BGH GRUR **58** aaO; **63** aaO. Wird aus einem Vorvertrag auf Abschluss eines Hauptvertrages geklagt, so sind bei der Fassung der Verurteilung, soweit nötig und möglich, auch die seit dem Abschluss des Vorvertrages eingetretenen Veränderungen der tatsächlichen Verhältnisse zu berücksichtigen und die Bestimmungen des nunmehr abzuschließenden Hauptvertrags so festzulegen, wie die Parteien sie bei Kenntnis dieser Veränderungen festgelegt haben würden, BGH GRUR **63,** 52, 55 – Spritzgussmaschine II. Mit der Klage auf Abschluss des Hauptvertrags kann die Klage auf Leistung aus dem Hauptvertrag verbunden werden, BGH NJW **75,** 443f. Nur ausnahmsweise kann die geschuldete Leistung ohne gleichzeitige Klage auf Abschluss des Hauptvertrages gefordert werden, BGH NJW **72,** 1189. Im Rahmen einer Option ist die Zahlung eines Geldbetrages als Gegenleistung für die längere Bindung des Anbietenden üblich, BGH GRUR **58,** 564, 566 (vgl. auch Brandi/Dohrn, Der urheberrechtliche Optionsvertrag im Rahmen der Verträge über künftige Werke, München u. Berlin 1967 – rechtsvergleichend –).

14. Die Veräußerung und der Erwerb einer Erfindung, einer Anmeldung oder eines Patents sind **gewagte („aleatorische") Geschäfte,** RG Bl. **11,** 250, 251; RG GRUR **32,** 865, 867; RGZ **163,** 1, 6, 8; BGH GRUR **60,** 44, 46 – Uhrgehäuse; **61,** 466, 468 – Gewinderollkopf; BGHZ **83,** 283, 288 – Hartmetallkopfbohrer; mit Verlustgefahr verbundenen Spekulationsgeschäfte, RGZ **33,** 103, 104. Für den Erwerber besteht das Wagnis darin, dass die wirtschaftliche Verwertbarkeit des Schutzrechts vielfach im Voraus nicht mit Sicherheit abgeschätzt werden kann, RGZ **33,** 103, 104; vgl. auch BGH GRUR **61,** 27, 28 – Holzbauträger; **75,** 598, 600 – Stapelvorrichtung. Es lässt sich nicht mit Sicherheit übersehen, ob und in welchem Umfang sich bei der gewerblichen Verwertung der Erfindung noch technische Schwierigkeiten einstellen und ob sich der durch die Erfindung offenbarte technische Fortschritt gewinnbringend ausnutzen lässt, RG GRUR **32,** 865, 867; BGHZ **83,** 283, 288f. – Hartmetallkopfbohrer. Beim Kauf einer noch ungeschützten Erfindung liegt das Risiko hinsichtlich Erteilung und Bestand eines Patents beim Käufer, BGHZ aaO. Andererseits besteht die Möglichkeit, dass unter günstigen Umständen ein Gewinn erzielt werden kann, der den für den Erwerb angelegten Betrag unverhältnismäßig übersteigt, RG GRUR **32,** 865, 867. Für den Veräußerer besteht das Wagnis darin, dass die in die Leistung und Fähigkeit des Erwerbers gesetzten Erwartungen täuschen können, für beide Teile, weil unvorhergesehene Ereignisse eintreten können, die der weiteren Durchführung des Vertrags vorzeitig ein Ende setzen, sei es, dass sich das Schutzrecht nachträglich als nicht rechtsbeständig erweist, sei es, dass Veränderungen der Marktverhältnisse oder Fortschritte in der Entwicklung der Technik eine weitere Auswertung unwirtschaftlich machen oder dass andere nicht vorhergesehene Umstände eine vorzeitige Beendigung des Vertragsverhältnisses geboten erscheinen lassen, RGZ **33,** 103, 104; vgl. auch BGH GRUR **61,** 27, 28 – Holzbauträger. 31

15. Beim Patentkauf richten sich die Rechtsfolgen von **Leistungsstörungen** und **Gewährleistungsansprüche** in erster Linie nach den getroffenen Abreden, im Übrigen ergeben sie sich aus §§ 453, 437 BGB. Fehlen ausdrückliche Abreden, so ist im Wege der Auslegung zu ermitteln, ob dazu stillschweigende Vereinbarungen getroffen sind. Sind auch derartige Vereinbarungen nicht getroffen, so ist auf die allgemeinen gesetzlichen Regelungen über Leistungsstörungen und die Gewährleistung beim Kauf zurückzugreifen. Auf die Regeln des Wegfalls der Geschäftsgrundlage vermag sich der Käufer einer Patentanmeldung zur Abwälzung seines Risikos enttäuschter Erwartung hinsichtlich der Erteilung oder des Fortbestandes des veräußerten Schutzrechts grundsätzlich nicht zu berufen, BGHZ **83,** 283, 289 – Hartmetallkopfbohrer. 32

a) Nach § 306 BGB a.F. war ein Kaufvertrag über eine noch ungeschützte „Erfindung" nichtig, wenn diese ihrem Wesen nach einem Patent- oder Gebrauchsmusterschutz nicht zugänglich ist, vgl. hierzu Voraufl. Rdn. 19 m.w.N. Dies gilt für die bis zum 31. 12. 2001 abgeschlossenen Erwerbsgeschäfte weiterhin (Art. 229 § 5 Satz 1 EGBGB) Nach Aufhebung des § 306 BGB a.F. durch das SchRModG lassen (anfängliche) Leistungshindernisse welcher Art auch immer die Wirksamkeit des Vertrages unberührt (vgl. § 311a BGB). Das betrifft die seit dem 1. 1. 2002 abgeschlossenen Kaufverträge (Art. 229 § 5 Satz 1 EGBGB). Gemäß § 275 Abs. 1 BGB ist der Anspruch auf Leistung ausgeschlossen, soweit diese für den Schuldner oder für jedermann unmöglich ist. Aber auch bei der Veräußerung einer dem Patentschutz nicht zugänglichen, **absolut schutzunfähigen** Erfindung bleibt eine verschuldensabhängige Schadensersatzhaftung des Veräußerers (§§ 453, 311a Abs. 2 BGB), vgl. hierzu Bartenbach, Mitt. **03,** 102, 106; Fitzner, FS Tilmann, S. 779, 783ff. 33

b) Beim **Verkauf eines Patents** sind die Bestimmungen über den **Kauf von Rechten,** § 453 BGB anzuwenden, vgl. BGH GRUR **57,** 595 – Verwandlungstisch; Nirk GRUR **70,** 329, 330; Fitzner, FS Tilmann, S. 779, 780. Die Rechtsmängelhaftung bezieht sich auf den uneingeschränkten Bestand der veräußerten Rechte an der Erfindung; daneben kann eine Sachmängelhaftung gemäß §§ 434ff. BGB treten für die technische Ausführbarkeit der vermittelten Lehre, vgl. hierzu Rdn. 39f. 34

Der Verkäufer hat für den **Bestand des** verkauften **Rechts** zurzeit des Vertragsschlusses einzustehen, vgl. BGH GRUR **91,** 332, 333 – Lizenzmangel (betr. Urheberrecht). Er ist zur Verschaffung des Rechts verpflichtet und haftet, wenn das nicht möglich ist, bei Vertretenmüssen auf Schadenersatz, § 453 Abs. 1, § 433 Abs. 1, §§ 275, 280 BGB, vgl. zum alten Recht BGH GRUR **57,** 595 re. Sp. m.w.N. – Verwandlungstisch. Nach geltendem Schuldrecht kommt eine Schadensersatzhaftung wegen fehlenden Bestandes ohne Verschulden nur bei einer garantiemäßigen Zusage in Betracht (§ 276 Abs. 1 Satz. 1 BGB). Eine Fortschreibung der Haftungsgrundsätze nach altem Schuldrecht (so: Haedicke GRUR **04,** 123, 124) kommt nicht in Betracht. Der Inhalt des Kaufvertrags muss einen Rückschluss auf garantiemäßige Haftung zulassen. Wer das verkaufte Patent als existent verspricht, garantiert auch dessen (derzeitigen)

Bestand. Der Verkäufer hat zudem zu prüfen, ob er seiner Verschaffungspflicht nachkommen kann. Wird ein bereits bestehender Schutz garantiert, so genügt der Verkäufer seiner Verschaffungspflicht nicht durch eine nachherige Anmeldung. In einem solchen Fall kann der Käufer Schadenersatz wegen Nichterfüllung verlangen, der auch den Ersatz des entgangenen Gewinns umfasst, oder vom Vertrage zurücktreten und seinen bereits bezahlten Kaufpreis zurückverlangen In der Regel aber kommt der Verkäufer mit einer Nachanmeldung seinem Recht (und seiner Pflicht) zur Nacherfüllung nach (§ 281 BGB).

35 **c)** Bei einem **Mangel im Recht** des gekauften Patents greift die Gewährleistungshaftung in entsprechender Anwendung der Rechtsmängelhaftung bei Sachen (§§ 435, 437 BGB) ein, Palandt/Putzo, BGB[65], § 453 Rdn. 17; Möller GRUR **05,** 468, 472. Eine Schadensersatzhaftung kommt gemäß § 437 Nr. 3 BGB nur bei Vertretenmüssen in Betracht. Als Mangel im Recht gilt die **Abhängigkeit** des verkauften Rechts von einem älteren Patent oder Gebrauchsmuster, wenn der Inhaber des älteren Rechts sein Einverständnis zur Auswertung des verkauften Patents verweigert, vgl. BGH GRUR **62,** 370, 374 – Schallplatteneinblendung; Pietzcker GRUR **93,** 272, 273. Wer ein Patent erwirbt, hat vorrangig ein Interesse daran, dessen Gegenstand ungehindert zu nutzen. Die Abhängigkeit hindert den Erwerber daran. Dem Verkäufer ist zunächst Gelegenheit zu geben, durch Einholung einer Nutzungserlaubnis des Dritten „nachzuerfüllen" i. S. des § 437 Nr. 1 BGB, Fitzner, FS Tilmann, S. 779, 786. Die Haftung ist jedoch individualvertraglich abdingbar. Die verschuldensunabhängige Gewährleistungshaftung bei Abhängigkeit wurde in früherer Rechtsprechung im Regelfall im Hinblick auf die gewagte Natur des Patentkaufs als stillschweigend abbedungen angesehen, vgl. RG GRUR **35,** 306, 308; RGZ **163,** 1, 8f. Dem dürfte nicht mehr zu folgen sein. Erforderlichenfalls ist über die Grundsätze des Wegfalls der Geschäftsgrundlage (§ 313 BGB) eine interessengerechte vertragliche Haftung herbeizuführen. Kennt der Erwerber die Abhängigkeit des erworbenen Schutzrechts von einem älteren Recht, sind seine Rechte gemäß § 472 BGB ausgeschlossen. Die in anderem Zusammenhang sich stellende Frage, ob ein Patent, das der Nutzung einer gekauften Sache entgegenstehen könnte, einen Rechtsmangel der Kaufsache darstellt, vgl. hierzu BGH GRUR **73,** 667 – Rollladenstäbe; GRUR **01,** 407 – Bauschuttsortieranlage, wird im Wesentlichen durch die Abrede über die vertraglich vorausgesetzte Verwendung bestimmt. Ein bestehender Patentschutz führt in diesen Fällen nicht notwendigerweise zu einem Rechtsmangel der gekauften Sache.

Die gleichen Haftungsgrundsätze gelten für unbekannte **Vorbenutzungsrechte** vgl. BGH GRUR **58,** 231 re. Sp. – Rundstuhlwirkware. Sie sind als Mangel im Recht anzusehen, weil sie das Ausschließlichkeitsrecht einschränken, anders RGZ **78,** 363, 365, 367, das allein auf den rechtlichen Bestand des Patents abstellt. Es finden die gleichen Haftungsregeln Anwendung, wie sie zur Abhängigkeit des veräußerten Rechts dargestellt sind,

36 **d)** Ein **Mangel im Recht** ist die **widerrechtliche Entnahme,** die die Haftung nach §§ 435, 437 BGB auslöst, ferner die Beschlagnahme des Rechts, die dessen Realisierung im Wege steht, vgl. BGH NJW **63,** 1971, 1972, endlich die **vorherige Erteilung von Lizenzen,** die dem Käufer gegenüber wirksam sind (§ 15 Abs. 3), die Erklärung der Lizenzbereitschaft (§ 23), die Zwangslizenz (§ 24) und Benutzungsanordnungen nach § 13. Als Rechtsmangel gilt nicht die bloße Gefahr der Vernichtung des Patents, auch nicht eine Beschränkung des Gegenstands des Patents oder seines Schutzumfangs, vgl. Rdn. 34. Für die Reichweite des Schutzes des verkauften Patents hat der Verkäufer nur bei entsprechender vertraglicher Vereinbarung einzustehen

37 **e)** Der Verkäufer eines Patents haftet grundsätzlich nicht für dessen **zukünftigen Bestand,** BGHZ **83,** 283, 288, 290 – Hartmetallkopfbohrer. Mit dem Erwerb des Schutzrechts, der Schutzrechtsanmeldung rückt der Käufer in die Rechtsstellung des Veräußerers mit allen Chancen und Risiken; das weitere Schicksal des erworbenen Rechts hat grundsätzlich keine Rückwirkung auf den Kaufvertrag, BGHZ **83,** aaO; SchwBG RIW **85,** 579. Gewährleistungsansprüche des Käufers, RGZ **78,** 363, 367, oder ein Rücktrittsrecht des Käufers, BGH GRUR **61,** 466, 468 – Gewinderollkopf, entstehen nicht bei einer nachträglichen Nichtigerklärung des Patents, vgl. BGH GRUR **57,** 595, 596 – Verwandlungstisch; **77,** 107, 109 – Werbespiegel. Das Gleiche gilt für die nachträgliche Beschränkung des Patents nach § 64 oder für die Teilvernichtung, vgl. BGH GRUR **58,** 231, 232 – Rundstuhlwirkware. Der früheren Rechtsprechung (vgl. Vorauflage Rdn. 23), wonach in derartigen Fällen ein Recht zur Anpassung der beiderseitigen Rechte und Pflichten an die veränderten Umstände oder zur Auflösung des Kaufvertrags für die Zukunft sich ergeben könnte, kann nicht zugestimmt werden. Den Kaufvertragsparteien ist die Risikobehaftetheit bewusst, ihnen steht eine individualvertragliche Regelung offen, vgl. BGHZ **83,** 283, 288f. – Hartmetallkopfbohrer; vgl. auch Fitzner, FS Til-

mann, 779, 785 Beim Lizenzvertrag, der nicht auf einen einmaligen Austausch von Leistungen, sondern seiner Natur nach auf Dauer angelegt ist, bleibt hingegen Raum für die Anwendung der Grundsätze des Wegfalls der Geschäftsgrundlage, BGHZ **83,** aaO; Rdn. 209ff.

f) Beim **Verkauf einer ungeschützten, auch einer bereits angemeldeten Erfindung,** 38
deren zukünftige Patentierung von beiden Vertragspartnern ins Auge gefasst wurde, kommen Gewährleistungsansprüche des Käufers oder ein Rücktrittsrecht in der Regel nicht in Betracht, wenn das Patent nicht erteilt wird, vgl. BGH GRUR **61,** 466, 468 – Gewinderollkopf – eine Auflösung des Kaufvertrags scheidet grundsätzlich aus, wenn die Parteien in Kenntnis des Risikos eine Rücktrittsvereinbarung nicht getroffen haben, BGHZ **83,** 283, 290 – Hartmetallkopfbohrer. Der Verkäufer haftet aber für die Patentfähigkeit der Erfindung, wenn er beim Verkauf einer Anmeldung Zusicherungen über die Neuheit oder Patentfähigkeit gemacht hat, vgl. BGH GRUR **61,** 466, 467 – Gewinderollkopf; vgl. auch SchwBG RIW **85,** 579. Sollen die Ansprüche des Verkäufers auf den Kaufpreis vertragsgemäß unabhängig davon sein, ob auf die verkaufte Erfindung überhaupt Patentschutz erteilt wird, dann hat der Verkäufer in der Regel nur für die technische Ausführbarkeit und Brauchbarkeit der Erfindung einzustehen, BGH GRUR **61,** 466, 467 – Gewinderollkopf; m. w. N.; **60,** 44, 45, 46 – Uhrgehäuse; RGZ **75,** 400, 403. Hat der Verkäufer dagegen für die Patenterteilung einzustehen, dann kann der Käufer die Zahlung des Kaufpreises verweigern, wenn sich herausstellt, dass das Patent nicht erteilt werden kann, §§ 453, 437 BGB.

g) Die Vorschriften des BGB über die Gewährleistungshaftung **für Sachmängel** (§§ 434, 39
437 BGB) finden beim Patentkauf gemäß § 453 BGB Anwendung. Der **Umfang der Haftung** hinsichtlich der Eigenschaften des verkauften Patents ist abhängig vom Inhalt der vertraglichen Absprache über die Beschaffenheit der verkauften technischen Lehre, § 434 Abs. 1 BGB. Die technische Ausführbarkeit und Brauchbarkeit der patentgeschützten Lehre ist auch ohne ausdrückliche Vereinbarung als eine nach dem Vertrag vorausgesetzte Beschaffenheit i. S. des § 434 Abs. 1 Nr. 1 anzusehen. Darüber hinaus kann bei entsprechender Abrede auch für die Vertriebsfähigkeit in großen Stückzahlen, BGH GRUR **70,** 547, 548, vgl. auch BGH GRUR **61,** 466, 467 – Gewinderollkopf, selbst für die Rentabilität der Auswertung, RG Bl. **11,** 250, 251 gehaftet werden. Als vertragliche Beschaffenheitsangaben gelten nicht die Angaben in der Patentschrift über die Eigenheiten der Erzeugnisse, zumal wenn es sich um erkennbare Übertreibungen des Erfinders handelt, RG Bl. **11,** 250, 251. Für solche Angaben haftet der Verkäufer nicht, RG Bl. **11,** 250, 251. Bei nicht gehaltenen Zusicherungen kann der Käufer die Rechte aus § 437 BGB geltend machen. Der Käufer kann nach erfolglos gesetzter Frist zur Nacherfüllung – bei Vertretenmüssen – Schadenersatz statt der Leistung verlangen (§ 437 Nr. 3 BGB) und – unabhängig vom Verschulden – vom Vertrage zurücktreten oder mindern (§§ 437 Nr. 2, 323, 325 BGB), vgl. z. B. BGH GRUR **70,** 547, 549 – Kleinfilter; unter den Voraussetzungen des § 284 BGB kann der Verkäufer auch zum Ersatz vergeblicher Aufwendungen verpflichtet sein. Die **Verjährungsfristen des § 438 BGB** beginnen mit der Übertragung des Patents, vgl. hierzu auch Eidenmüller NJW **02,** 1625ff.

h) Fehlen besondere Abreden über die Eigenschaft des Patents, hat der Verkäufer nur für 40
die **technische Ausführbarkeit oder Brauchbarkeit** der Erfindung einzustehen, vgl. BGH GRUR **60,** 44ff. – Uhrgehäuse; **61,** 466, 467 – Gewinderollkopf; m. w. N.; **65,** 298; 301 – Reaktions-Messgerät; Bei einem noch in weitem Maße unerprobten und verbesserungsbedürftigen Verfahren braucht der Verkäufer nicht für das sofortige ständige Erreichen der verfolgten Ergebnisse einzustehen, wenn das Ergebnis sich überhaupt durch Verbesserungen erreichen lässt; der Käufer ist auf sein Recht zur Nacherfüllung beschränkt § 437 Nr. 1, § 439 BGB. Anfangsschwierigkeiten sind vom Käufer hinzunehmen, vgl auch RG MuW **31,** 441, 442. Anfänglich der Konstruktion anhaftende Mängel, die mittlerweile beseitigt sind, können nach jahrelanger vorbehaltloser Zusammenarbeit nicht mehr geltend gemacht werden, vgl. BGH GRUR **61,** 466, 467 – Gewinderollkopf.

i) Ohne besondere Abrede hat der Verkäufer nicht für die **Wettbewerbsfähigkeit,** den 41
wirtschaftlichen Erfolg oder die ertragreiche oder rentable **gewerbliche Verwertbarkeit** einzustehen, RGZ **78,** 363, 367; **75,** 400, 403f.; **106,** 362, 366; BGH GRUR **55,** 338, 341 – Brillengläser; BGH I a ZR 240/63 vom 25. 2. 1965. Der Erwerber trägt das Risiko der Ertragsfähigkeit und der Fabrikationsreife, wenn keine Zusicherungen gemacht sind, RG GRUR **32,** 865, 867.

16. An dem Erfinderrecht, an der Anmeldung und an einem Patent sind auch andere **ding-** 42
liche Rechte als deren Inhaberschaft möglich (Forkel, Gebundene Rechtsübertragungen, 23ff.). Es kann durch Rechtsgeschäft ein Nießbrauch bestellt werden, §§ 1068, 1069 BGB.

Dieser gewährt ein nicht übertragbares dingliches Recht auf die Nutzungen aus der Erfindung, der Anmeldung oder dem Patent, §§ 1030, 1059, 1061 BGB. Der aus dem Nießbrauch Berechtigte hat das Recht, Eingriffe Dritter in die genannten Rechte abzuwehren, §§ 1068 Abs. 2, 1065 BGB. Er kann bei Patentverletzung auf Unterlassung, Rechnungslegung und Schadenersatz klagen, RG GRUR **37,** 670, 672. An der Erfindung, der Anmeldung oder dem Patent kann durch Rechtsgeschäft ein Pfandrecht bestellt werden, §§ 1273, 1274 BGB. Ein Pfandrecht gewährt dem Pfandgläubiger das Recht, das verpfändete Recht im Falle der Pfandreife zu verwerten, §§ 1024, 1228, 1235 BGB, und sich aus dem Erlös zu befriedigen, § 1247 BGB. Wird das Recht des Pfandgläubigers durch Eingriffe Dritter in die Erfindung oder das Patent beeinträchtigt, so kann er diese abwehren, § 1227 BGB. Die Bestellung des Nießbrauchs wie auch des Pfandrechts kann in die Patentrolle nicht eingetragen werden, § 30 Rdn. 7; a. A. Stöber, Forderungspfändung[13], Rdn. 1724.

43 **17.** Das Recht an der Erfindung unterliegt schon vor der Anmeldung der **Zwangsvollstreckung,** wenn der Erfinder seine Absicht kundgetan hat, die Erfindung zu verwerten, KG JW **30,** 2803 Nr. 10; BGHZ **16,** 172, 175 – Dücko; Musielak/Becker, ZPO[4], § 857 Rdn. 12; a. A. – erst bei schriftlicher Fixierung- Zimmermann GRUR **99,** 121, 127; vgl auch § 6 Rdn. 18. ebenso wie die (auch noch nicht offengelegte) Patentanmeldung und das Patent nach §§ 857 Abs. 1, 2, 828 ff. ZPO, RGZ **52,** 227, 230 ff.; BGHZ **125,** 334, 337 – Rotationsbürstenwerkzeug.

44 Die **Pfändung des Rechts an der Erfindung, der Anmeldung** und **des Patents** erfolgt durch Beschluss des Vollstreckungsgerichts – Amtsgerichts – am Wohnsitz des Erfinders, Anmelders oder Patentinhabers, §§ 828, 829, 857 Abs. 2 ZPO. Zur Wirksamkeit der Pfändung dieser Rechte ist erforderlich, dass das Gebot an den Erfinder, Anmelder oder Patentinhaber, sich jeder Verfügung über das Recht zu enthalten, dem Betreffenden zugestellt wird, Stein/Jonas/Brehm, ZPO[21] § 857 Rdn. 98. Einer Zustellung des Pfändungsbeschlusses an das Patentamt bedarf es nicht, DPA GRUR **50,** 294. Das Patentamt ist nicht Drittschuldner, Stöber, Forderungspfändung[13], Rdn. 1719. Wenn eine Mitteilung an das DPMA zur Abwendung von Nachteilen für den Gläubiger als tunlich erscheint, sind die Kosten hierfür auch als notwendig i. S. des § 788 ZPO anzusehen, Stein/Jonas/Brehm, ZPO[21], § 857 Rdn. 99. Das Pfändungspfandrecht an der durch die Anmeldung begründeten Anwartschaft setzt sich ohne weiteren Pfändungsakt am erteilten Patent fort, BGHZ **125,** 334, 340 – Rotationsbürstenwerkzeug.

45 **Ersatzansprüche** wegen Patentverletzung *vor* der Pfändung des Patentrechts werden von dieser nicht erfasst. Hierzu bedarf es der besonderen Forderungsvollstreckung und der Zustellung an den Schadensersatzverpflichteten als Drittschuldner. Die *nach* der Verstrickung des Patents dem Patentinhaber erwachsenden Ansprüche werden als Nebenrechte vom Pfändungsrecht erfasst, vgl. Stöber, Forderungspfändung[13], Rdn. 1730, 699.

46 Der **Pfändungspfandgläubiger** hat bei nicht offengelegten Anmeldungen kein Recht auf Akteneinsicht, BPatGE **6,** 220, 221. Er kann aber nach § 836 Abs. 3 ZPO vom Anmelder vor den ordentlichen Gerichten Auskunft über den Gegenstand der Anmeldung und deren Stand verlangen, BPatGE **6,** 220, 222. Bei einer Pfändung verbleiben die Erfindung, die Anmeldung oder das Patent bei ihrem Inhaber, die Rechte sind aber mit einem Pfändungspfandrecht belastet, BGHZ **125,** 334, 342 – Rotationsbürstenwerkzeug. Das Pfandrecht dient lediglich der Sicherung der Befriedigung des Gläubigers. Der Pfändungspfandgläubiger tritt nicht in das Erteilungsverfahren ein, BPatGE **6,** 220, 222: An der Inhaberschaft am Patent ändert sich nichts, BGHZ **125,** 334, 342 Rotationsbürstenwerkzeug. Dem Patentinhaber obliegt es weiterhin, durch Zahlung der Jahresgebühren das Erlöschen des Patents zu verhindern, OLG Karlsruhe GRUR-RR **05,** 68. Über das Pfandrecht hinaus erwachsen aus der Pfändung keinerlei Rechtsbeziehungen patentrechtlicher Art, insbesondere erwirbt der Pfändungspfandgläubiger **kein Benutzungsrecht** an der Erfindung oder dem Patent, BGHZ **125,** 334, 342 – Rotationsbürstenwerkzeug. **Unterlassungsansprüche** wegen Patentverletzung können vom Pfändungspfandgläubiger selbstständig verfolgt werden, vgl. § 139 Rdn. 17. Der Verbietungsanspruch dient dem Erhalt des Verwertungsrechts und folgt aus § 1227 BGB, der auf das Pfändungsrecht entsprechend anzuwenden ist, § 804 ZPO, vgl. RGZ **161,** 109, 120; BGHZ **125,** 334, 342 – Rotationsbürstenwerkzeug.

47 Das gerichtliche Verfügungsverbot gem. §§ 857 Abs. 2, 829 Abs. 1 Satz 2 ZPO begründet ein Veräußerungsverbot nach §§ 135, 136 BGB. Eine dem Verbot widerstreitende Verfügung ist relativ unwirksam, d. h. unwirksam gegenüber dem Pfändungspfandgläubiger, wirksam gegenüber allen anderen. Die Verwertung der gepfändeten Erfindung, Anmeldung oder des Patents erfolgt nach §§ 857 Abs. 5, 844, ZPO, AG München Mitt. **61,** 113. Eine Überweisung zur Einziehung ist nicht zulässig, DPA GRUR **50,** 294. Der Erwerb eines Patents in öffent-

licher Versteigerung führt zur Umschreibung in der Rolle, wenn die formellen Voraussetzungen für die Umschreibung durch Beibringung der erforderlichen Urkunden nachgewiesen werden.

18. Lizenzrechte (an der Patentanmeldung oder an dem Patent bestellte Verwertungsrechte – zu unterscheiden von Forderungen aus dem Lizenzvertrag, vgl. hierzu BGH NJW-RR **04,** 644) sind pfändbar, soweit sie übertragbar sind, vgl. Rdn. 103f. Die **Zwangsvollstreckung in das Lizenzrecht** richtet sich nach denselben Vorschriften wie die Zwangsvollstreckung in das lizenzierte Recht selbst (vgl. Rdn. 43) Der Zustellung des Pfändungsbeschlusses an einen Drittschuldner bedarf es nicht, Stein/Jonas/Brehm, ZPO[21] § 857 Rdn. 98; a. A. Stöber, Forderungspfändung[13], Rdn. 1649; dahingestellt in BGH NJW **90,** 2931, 2933. Der Lizenzgeber ist nicht Drittschuldner in Bezug auf das Verwertungsrecht des Lizenznehmers; er kann es aber hinsichtlich einzelner vertraglicher (Unterlassungs-)Ansprüche sein. Die einfache Lizenz, die Betriebslizenz, RGZ **134,** 91, 98, und die persönliche Lizenz, bei der enge persönliche Bindungen zwischen dem Lizenzgeber und dem Lizenznehmer bestehen, sind nicht pfändbar, Stein/Jonas/Brehm, ZPO[21], § 857 Rdn. 35; die Betriebslizenz auch deshalb nicht, weil sie an den Betrieb gebunden ist, der als rechtliche Gesamtheit nicht der Zwangsvollstreckung unterworfen ist, RGZ **134,** 91, 98. Die Pfändbarkeit einer ausschließlichen Lizenz kann durch ein bloßes Veräußerungsverbot im Lizenzvertrag grundsätzlich nicht ausgeschlossen werden, § 851 Abs. 2 ZPO, vgl. RGZ **134,** 91, 96 vgl. auch Walz KritV **86,** 131, 162; Stein/Jonas/Brehm, ZPO[21], § 857 Fn. 160; zweifelnd: Lüdecke/Fischer, Lizenzverträge, A 52. Es müssen sich aus dem Vertrag vielmehr Anhaltspunkte ergeben, dass das Lizenzrecht aus besonderen Gründen an die Person des Lizenznehmers gebunden und deshalb der Ausübung durch einen Dritten entzogen ist. 48

19. Die Frage, ob ein deutsches Gericht ein einem Inländer gehörendes **Auslandspatent** oder ein ausländisches Gericht ein deutsches Patent, das einem Angehörigen des betreffenden Staates gehört, wirksam **pfänden** und versteigern lassen kann, ist umstritten – die Frage hat jedoch in den Staaten, in welchen die EuGVVO Geltung hat, weitgehend an praktischer Bedeutung verloren. Die Pfändung und Verwertung von Auslandspatenten eines Inländers mit inländischem Gerichtsstand im Wege der Zwangsvollstreckung durch eine inländische Vollstreckungsbehörde sind zulässig und wirksam, vgl Schw. BGE **20,** 243; Schramm GRUR **58,** 480, 481. hierzu auch Schack, Intern. Zivilverfahrensrecht[3], Rdn. 960, 982ff.; Stein/Jonas/Brehm, ZPO[21], § 857 Rdn. 24. Entgegen OLG München (GRUR **58,** 514, 516) ist deshalb auch die Bestellung eines Sequesters als Verwalter ausländischer Patente oder Patentanmeldungen im Wege einer einstweiligen Verfügung durch ein deutsches Gericht für zulässig anzusehen, Schramm GRUR **58,** 480, 482. Wenn ein ausländisches Patentamt die Umschreibung eines abgetretenen Auslandspatents verweigert, muss gegen den Patentinhaber auf Einwilligung in die Umschreibung geklagt werden. Die Rechte aus einem Patent, einer Patentanmeldung sind auch in dem Staat belegen, in welchem der Rechteinhaber seinen Wohnsitz hat. 49

20. Im Falle der **Insolvenz** richten sich die Rechte und Pflichten der Vertragspartner nach §§ 103ff. InsO. Grundsätzlich gibt § 103 InsO bei Veräußerung des Patents wie auch bei Einräumung von Lizenzen am Gegenstand der Erfindung dem Insolvenzverwalter das Wahlrecht, zu erfüllen oder nicht zu erfüllen, wenn von beiden Seiten noch nicht vollständig geleistet ist, BGH ZIP **06,** 87 Tz. 21. Die Insolvenz des Patentinhabers erfasst als Teil des Vermögens i. S. des § 35 InsO die **Rechte aus der Erfindung.** Patentanmeldungen und Patente und Lizenzen (vgl. u. Rdn. 52) fallen in die Insolvenzmasse, §§ 35, 36 InsO; MünchKommInso-Luwowski, § 35 Rdn. 298. Eine noch nicht angemeldete Erfindung fällt in die Insolvenzmasse, wenn der Erfinder seine Absicht kundgetan hat, die Erfindung zu verwerten, vgl. BGHZ **16,** 172, 175; MünchKommInso –Luwowski, § 35 Rdn. 305. 50

Auch ausländische Patente fallen in die Masse der inländischen Insolvenz, Schramm GRUR **58,** 480, 482. Das ausländische Vermögen des Gemeinschuldners gehört zur Sollmasse der Inlandsinsolvenz, BGHZ **68,** 16, 17; **88,** 147, 150. Das folgt aus dem Universalitätsprinzip der Insolvenz, MünchKommInso-Luwowski, § 35 Rdn. 36. Entsprechend gehören inländische Patente und Schutzrechtsanmeldungen zur Masse der ausländischen Insolvenz, wenn ihr Inhaber im Ausland in Insolvenz fällt. Das Insolvenzverfahren im Ausland erfasst auch das Inlandsvermögen des Schuldners, BGHZ **95,** 256, 264; Pielorz ZIP **80,** 239; Hanisch ZIP **85,** 1233; vgl. §§ 343ff. InsO. 51

Bei **Insolvenz des Lizenznehmers** fällt das **Lizenzrecht** in die Insolvenzmasse, RGZ **89,** 114; 115; **122,** 70, 73ff.; Einfache Lizenzen und Betriebslizenzen, die nicht pfändbar sind (vgl. o. Rdn. 48), fallen nicht in die Insolvenzmasse, MünchKommInso-Luwowski, § 35 Rdn. 311 Der Insolvenzverwalter, der das Lizenzrecht ausübt, bleibt zur Zahlung der Lizenzgebühr als Massenschuld gemäß § 55 Abs. 1 Nr. 2 InsO verpflichtet. Entscheidet er sich, das Lizenzrecht nicht auszuüben, bleibt dem Lizenzgeber nur ein Schadensersatzanspruch als Insolvenzgläubiger, 52

§ 103 Abs. 2 Satz 1, § 38 InsO. Der Lizenzgeber hat gegen die Verwertung des Lizenzrechts für die Insolvenzmasse **kein Recht zur Kündigung** des Vertrags. Es besteht die Kündigungssperre des § 112 InsO, welche nicht auf Pachtverträge über unbewegliches Vermögen beschränkt ist und deshalb für die Lizenz als Rechtspacht gilt (MünchKommInsO-Eckert, § 112 Rdn. 8). Die bei Lizenzverträgen häufig gegebene gesellschaftsrechtliche Komponente vermag eine Ausnahme nicht zu rechtfertigen (vgl. aber Schmoll/Hölder GRUR **04,** 743, 744); nur wenn die Art der Zusammenarbeit bei der Verwertung des Erfindungsgegenstandes es nicht zulässt, von einem Lizenzverhältnis zu sprechen, sondern als Verwertungsgesellschaft i. S. des § 705 BGB verstanden werden muss, greift § 728 BGB. Ein vertraglich bestehendes Kündigungs- oder Rücktrittsrecht wird weder durch die Insolvenzeröffnung noch durch die Erfüllungsablehnung durch den Insolvenzverwalter beeinflusst, BGHZ **155,** 87, 90; BGH ZIP **06,** 87 Tz. 24.

53 An §§ 112, 119 InsO scheitern grundsätzlich auch sog. **Lösungsklauseln,** mit welchen der Lizenzgeber das Risiko nicht wirtschaftlicher Verwertung im Falle der Insolvenz umgehen möchte, offengelassen in BGH ZIP **06,** 87 Tz. 26. Eine Kündigung wegen Verletzung der vertraglichen Pflicht zur Ausübung der Lizenz fällt nicht unter die Sperre des § 112 InsO. Bei der Beurteilung, ob der Insolvenzverwalter pflichtwidrig die Lizenz nicht verwertet, sind die Besonderheiten der Insolvenzverwaltung nicht zu vernachlässigen. Eine Betriebslizenz erlischt durch Insolvenz oder Liquidation des Unternehmens des Lizenznehmers nur dann, wenn der Betrieb endgültig eingestellt wird, wobei zwischen Betriebsumstellung und Fortsetzung des Geschäfts zu unterscheiden ist (vgl. BGHZ **6,** 137, 142). Der Insolvenzverwalter kann über die Rechte aus der Lizenz auch durch Veräußerung verfügen.

54 Im Falle der **Insolvenz des Lizenzgebers** greift die Kündigungssperre des § 112 InsO nicht. Das widerspräche auch dem Interesse des Lizenznehmers an ungehinderter Verwertung. Dieser kann sich aber nicht der Ausübung des Wahlrechts des Insolvenzverwalters nach § 103 InsO widersetzen. Dieses steht dem Insolvenzverwalter bei einem Lizenzvertrag als Dauerschuldverhältnis regelmäßig zu (zweifelnd Hölder/Schmoll GRUR **04,** 830, 834). Der Lizenzvertrag kann auch nicht über § 108 Abs. 1 Satz 2 InsO als insolvenzfest angesehen werden (Zeising Mitt. **01,** 240, 241; a. A. wohl Bartenbach/Gennen[5], Rz. 610; Fezer, WRP **04,** 793, 803 – für die Markenlizenz). Dem Insolvenzverwalter bleibt es grundsätzlich unbenommen, über das lizenzierte Recht durch Veräußerung zu verfügen.

55 **Erfindungen von Arbeitnehmern** (Diensterfindungen) unterliegen, soweit sie **unbeschränkt** in Anspruch genommen sind, der besonderen Regelung des § 27 ArbEG. Der Arbeitnehmer hat je nach der Art der Verwertung durch den Insolvenzverwalter einen Anspruch auf Vergütung gegen den Erwerber des Geschäftsbetriebs oder ein Vorkaufsrecht oder einen Ansspruch auf angemessene Vergütung aus der Insolvenzmasse. Verwertet der Insolvenzverwalter diese Erfindung nicht, hat er sie dem Arbeitnehmer anzubieten (§ 27 Nr. 4, § 16 Abs. 1 ArbEG). Für **beschränkt** in Anspruch genommene Erfindungen und für die Verwertung von Verbesserungsvorschlägen gibt es keine Sonderreglung. Verwertungshandlungen des Verwalters lösen Masseforderungen aus. Im Übrigen bleibt der Arbeitnehmer darauf angewiesen, seine Forderungen als Insolvenzgläubiger geltend zu machen (§ 27 Nr. 5 ArbEG), vgl. hierzu auch Zeising Mitt. **01,** 60, 65 ff.; Schwab NZI **99,** 257 ff.

II. Beschränkte Rechtsübertragung – Lizenzerteilung

Literaturhinweis: vor Rdn. 1.

56 **1.** Die beschränkte Übertragung der Rechte nach § 15 Abs. 1 Satz 1 kann durch die Einräumung einer Mitberechtigung oder durch die Einräumung des Rechts in einzelnen seiner Ausstrahlungen erfolgen. Einem anderen kann ein Bruchteilsanteil an der Erfindung, der Anmeldung oder dem Patent eingeräumt werden, RG GRUR **40,** 339, 341 r. unten; der andere erwirbt eine Mitberechtigung, vgl. § 6 Rdn. 34; Kraßer[5] § 19 V b. Durch Einbringung der Rechte in eine Gesellschaft entsteht Gesamthandsrecht. Es ist streng zwischen der Gewährung eines bloßen Nutzungsrechts und der Einbringung des Patents in eine Gesellschaft zu unterscheiden, Kraßer[5] § 19 V c. Der Anteil an einer Patentgemeinschaft kann auf Dritte übertragen werden. Eine beschränkte Rechtsübertragung liegt auch in der Bestellung eines Pfandrechts oder eines Nießbrauchrechts, vgl. Rdn. 42; Forkel, Gebundene Rechtsübertragungen, 20 ff., 25 ff., 47 f.

57 Der wichtigste Fall beschränkter Rechtsübertragung ist die Bewilligung einer Lizenz, RGZ **57,** 38, 39; Forkel aaO, 49 ff. Diese ist nunmehr in § 15 Abs. 2 ausdrücklich geregelt, weshalb die Beschränkung des Patentrechts in Absatz 1 nurmehr allgemeine zivilrechtliche Beschränkungen betrifft, Kraßer[5] § 40 IV a 3. Der **Lizenzvertrag** hat wirtschaftlich eine weit größere Bedeutung als die Übertragung von Patenten. Das Recht der Lizenzen hat sich im Wesent-

lichen ohne feste gesetzliche Grundlage durch die Rechtsprechung und Rechtslehre entwickelt, BGHZ **46,** 365, 375 – Schweißbolzen, bis der Gesetzgeber in § 15 Abs. 2 (Art. 8 Nr. 6 GPatG) mit Wirkung vom 1. 1. 1981 die Grundsätze der bisherigen Rechtsanwendung in einen gesetzlichen Rahmen fügte. **§ 15 Abs. 2** hat keine rechtsändernde, sondern nur **klarstellende Bedeutung,** Amtl. Begründung zu GPatG, BT-Drucksache 8/2087 S. 25. § 15 Abs. 2 hat rechtssichernde und rechtsvereinheitlichende Bedeutung. § 15 Abs. 2 bezieht sich nicht auf nichtangemeldete Erfindungen, vgl. auch BT-Drucksache 8/2087 S. 25. Die Zulässigkeit eines Verwertungsvertrages über eine nicht zum Schutzrecht angemeldete technische Lehre beurteilt sich nicht nach dem Patentgesetz, sondern ausschließlich nach GWB, BGHZ **51,** 263, 264f. – Silobehälter; vgl. Rdn. 232.

Zum **notwendigen Inhalt** eines Lizenzvertrages über eine technische Erfindung gehört die Einigung über die Einräumung des Benutzungsrechts an einer bestimmten oder jedenfalls bestimmbaren Erfindung und, soweit dafür eine Vergütung geleistet werden soll, die Einigung über die Vergütung. Die Regelung, ob das Benutzungsrecht ausschließlich (s. Rdn. 89ff.) oder nicht ausschließlich (s. Rdn. 99) sein soll, betrifft die Ausgestaltung des Benutzungsrechts, d. h. die nähere Bestimmung des Vertragsinhalts. Hierüber ist eine ausdrückliche Einigung der Vertragspartner nicht erforderlich, der Vertragsinhalt ist insoweit durch Auslegung zu ermitteln, vgl. BGH X ZR 50/67 vom 9. 4. 1970. Im Zweifel ist solchenfalls eine nicht ausschließliche Lizenz anzunehmen. Erfordert die Benutzung der lizenzierten Erfindung die Benutzung einer weiteren Erfindung des Lizenzgebers, kann diese auch ohne ausdrückliche Erwähnung vom Lizenzrecht erfasst sein, BGH GRUR **05,** 406, 407 – Flüssigkeitsabgleicher. 58

Die rechtliche Beurteilung der **Lizenzierbarkeit erstreckter Ausschließungs- und Wirtschaftspatente** und hierauf gerichteter Anmeldungen sowie die rechtliche Wirkung der nach dem Inkrafttreten des Erstreckungsgesetzes (1. Mai 1992) erteilten Lizenzen unterliegt § 15 Abs. 2 u. 3, vgl. § 5 ErstrG, Entwurfsbegründung zu § 5, BT-Drucksache 12/1399, S. 33 = Bl. **92,** 213, 224. Für die Zeit davor beurteilt sich die Rechtslage nach § 14 DDR-PatentG v. 27. 10. 1983 i. d. F. v. 29. 6. 1990 (= GRUR **90,** 929). Die Kausalabrede unterliegt DDR-Vertragsrecht nur, soweit sie vor dem 3. 10. 1990 getroffen worden ist, Art. 232 § 1 EGBGB, BGH NJW **93,** 259, 260. Aber auch diese untersteht der kartellrechtlichen Beurteilung nach dem GWB, Art. 8 EinigungsV, vgl. v. Mühlendahl GRUR **90,** 719, 738. Zur Frage der räumlichen Erstreckung erteilter Lizenzen s. Rdn. 66; zur Koexistenz von Lizenznehmer und Berechtigtem bei erstreckten Schutzrechten s. Rdn. 115. 59

2. Es herrscht **Vertragsfreiheit,** der von §§ 1, 2 GWB Grenzen gezogen sind, vgl. Rdn. 252ff. Die Rechte und Pflichten der Vertragspartner, **Umfang und Art der Lizenz** können demnach verschiedener Art sein, je nachdem, welche Vereinbarungen die Partner im Rahmen der Vertragsfreiheit treffen. Zur Abgrenzung von Lizenzerteilung und Kauf vgl. Rdn. 15. Bei der Auslegung ist nicht am Wortlaut zu haften, eine wirtschaftliche Betrachtung ist geboten. Auch nachträgliches Verhalten kann herangezogen werden, BGH GRUR **06,** 56 Tz. 39 – BOSS-Club. Eine beim Verkauf einer geschützten Maschine für ihre Benutzung neben dem festen Kaufpreis vereinbarte „Lizenzgebühr" ist kein Entgelt für die Benutzung des Patents, sondern ein Teil des auf diese Weise bestimmten Kaufpreises, vgl. RGZ **124,** 317, 319, durch die Veräußerung der Sache ist diese patentfrei geworden, vgl. auch Rosenberger GRUR **80,** 150. 60

Die Vereinbarungen der Parteien können von der sog. **einfachen Lizenz,** der schuldrechtlichen Gestattung der Benutzung der Erfindung, RGZ **155,** 306, 313; BGHZ **62,** 272, 274 – Anlagengeschäft; vgl. Rdn. 99, bis zu einer so umfassenden **ausschließlichen Lizenz** reichen, dass dem Lizenzgeber nur noch das seines Nutzungsrechts entkleidete formale Patentrecht verbleibt. Ausschließliche und einfache Lizenzen können für verschiedene Anwendungen des Patents nebeneinander bestehen, RG GRUR **34,** 306. Die Lizenz bedeutet inhaltlich die Befugnis, die geschützte Erfindung auszunutzen, BGH GRUR **69,** 409, 410 – Metallrahmen, jedoch keine Übertragung des Patents. Sie stellt einen gewillkürten Ausschnitt aus den Befugnissen dar, welche die Ausnutzung des Patentrechts seinem Inhaber gewährt, vgl. RGZ **134,** 91, 96. Die Erteilung der Lizenz kann als Einräumung eines Mit- oder Alleinbenutzungsrechts erfolgen, RG GRUR **37,** 37, 38. Sie verschafft dem Lizenznehmer die Erlaubnis zur Ausübung derjenigen Befugnisse, die das Patent gewährt, und zwar nicht als Einzelerlaubnis für jeden nach dem Patent hergestellten Gegenstand oder als Summe derartiger Einzellizenzen, sondern als Recht zur beliebigen Auswertung der Lehren des Patents in dem vertragsgemäßen Umfang, RGZ **155,** 306, 315. 61

Eine Lizenz an einem Patent kann davon abhängig gemacht werden, dass für die in Lizenz gefertigten Erzeugnisse eine bestimmte **Bezeichnung** benutzt wird und dass diejenigen Benut- 62 zungsregeln eingehalten werden, die für die Bezeichnung als zweckmäßig erscheinen, BGH GRUR **67,** 304, 306 li. Sp. – Siroset.

63 **3.** Die Vertragsfreiheit gestattet es den Vertragsparteien die (einfache und ausschließliche) Lizenz bestimmten **inhaltlichen Beschränkungen** zu unterwerfen, sei es zeitlicher, räumlicher, sachlicher oder persönlicher Art. Nach § 15 Abs. 2 Satz 1 können die Rechte aus dem Patent auch nur teilweise Gegenstand einer Lizenz sein; vgl. auch Art. 73 EPÜ.

64 **a)** Die Dauer der Lizenz richtet sich nach der getroffenen Vereinbarung. Fehlt eine Vereinbarung über die **Dauer der Lizenz,** so gilt der Lizenzvertrag im Zweifel für die Dauer des Patents abgeschlossen, RG GRUR **37,** 1003, 1005; **40,** 558, 559; Ohl GRUR **92,** 77. Wird ein ergänzendes Schutzzertifikat erwirkt, erstreckt sich die (einfache wie ausschließliche) Lizenz auch auf dieses (§ 16 a Abs. 3), sofern nichts Gegenteiliges vereinbart ist. Die Lizenz endigt mit dem Ablauf der Vertragszeit, im Zweifel mit dem Erlöschen des Patents. Der Lizenzvertrag endigt dann nicht ohne weiteres mit dem Erlöschen des Patents, wenn der Lizenznehmer durch die Überlassung von geheimem know how auch über das Erlöschen des Patents hinaus Vorteile hat, RG Mitt. **34,** 126, 127 f.; Kraßer/Schmid GRUR Int. **82,** 324, 341; vgl. auch EuGH GRUR Int. **90,** 458, 459 – Ottung/Klee & Weilbach. Abgesehen von diesen Ausnahmen wird man mit dem zeitlichen Ablauf des Patents eine automatische Beendigung des Lizenzvertrages anzunehmen haben, so dass eine besondere Kündigung nicht mehr erforderlich ist.

65 Die Parteien können die Lizenz auch auf einen bestimmten Abschnitt der Laufzeit des Patents beschränken **(Zeitlizenz).** Nach Ablauf der Lizenz ist es – mit Ausnahme einer im Einzelfall zuzubilligenden Aufbrauchsfrist – dem Lizenznehmer verboten, den Schutzrechtsgegenstand herzustellen oder zu vertreiben; vgl. hierzu Rdn. 205. Der Lizenzvertrag endet nicht ohne weiteres mit dem Widerruf oder der Nichtigerklärung des Patents, BGH GRUR **69,** 409, 410 – Metallrahmen; **77,** 107, 110 – Werbespiegel; BGHZ **86,** 330, 334 – Brückenlegepanzer. Der Lizenznehmer ist indes berechtigt, durch gestaltende Erklärung mit Wirkung für die Zukunft sich vom Vertrag zu lösen, vgl. Rdn. 192 f.

66 **b)** Enthält der Vertrag keine Absprache über den **räumlichen Geltungsbereich** der Lizenz, so decken sich der territoriale Geltungsbereich des Schutzrechts und der Lizenz. Die Benutzungserlaubnis für ein nationales Schutzrecht gilt im Zweifel für die Bundesrepublik Deutschland einschließlich West-Berlin. Den Parteien bleibt es unbenommen, den räumlichen Geltungsbereich der Lizenz zu beschränken. § 15 Abs. 2 Satz 1 sieht dies ausdrücklich vor. Der durch eine **Gebietslizenz** gebundene Lizenznehmer hat Nutzungshandlungen außerhalb des lizenzierten Gebietes zu unterlassen; er ist hierzu vertraglich und gesetzlich (vgl. Rdn. 73) verpflichtet. Auch Art. 73 **EPÜ** erlaubt es, die Patentlizenz auf einzelne Hoheitsgebiete zu begrenzen, Benkard/Ullmann/Grabinski, EPÜ, Art. 73 Rdn. 4.

67 Das **Erstreckungsgesetz** sieht eine der Erstreckung der Schutzrechte (§ 3 ErstrG) entsprechende Erstreckungsregelung für die Lizenz bewusst nicht vor, Entwurfsbegründung C 13 (BT-Drucksache 12/1399, S. 26 = Bl. **92,** 213, 218); v. Mühlendahl/Mühlens GRUR **92,** 725, 731. Das „Koexistenzrecht" des Lizenznehmers gemäß § 26 ErstrG (vgl. Rdn. 115) gibt hierfür nichts her. Es bleibt der Auslegung des – vor oder nach dem Inkrafttreten des Erstreckungsgesetzes abgeschlossenen – Lizenzvertrags im Einzelfall vorbehalten, ob die Gebietsbeschränkung der Lizenz trotz (nunmehr) weiterreichenden räumlichen Schutzes des lizenzierten Rechts selbst beibehalten sein soll. Eine generalisierende Beurteilung dahingehend „im Zweifel Lizenzerstreckung ja oder nein" kann im Hinblick auf die Vielfalt der in den einzelnen Verträgen zum Ausdruck kommenden unterschiedlichen Interessen der Vertragsparteien nicht gutgeheißen werden (vgl. auch die Entwurfsbegründung aaO). Bei einfachen Lizenzen ist eine Gebietserstreckung indessen nicht nahe liegend. Diese Frage stellt sich im Wesentlichen bei der ausschließlichen Lizenz, da diese eine dem Schutzrecht weitgehend entsprechende Rechtsmacht verleiht (Rdn. 89 f.). Waren schon vor dem 3. 10. 1990 die Lizenzen für die alten und neuen Länder aufgeteilt worden, verbleibt es auch nach der Wiedervereinigung bei den gespaltenen Lizenzgebieten, BGH GRUR **03,** 699, 670 – Eterna, betr.: Urheberrecht.

68 Bei der Beurteilung einer räumlichen Erstreckung des Lizenzrechts ist stets zu beachten, dass das Lizenzrecht auf einer individuellen vertraglichen Vereinbarung beruht und deshalb nur unter Abwägung der beiderseitigen Interessen eine Anpassung der Vertragsrechte an den erweiterten Schutz des lizenzierten Rechts in Betracht kommen kann. Vielfach dürfte nur ein Anspruch des Lizenznehmers auf Anpassung seines Lizenzgebiets anzunehmen sein. Aber auch wenn das Vertragswerk dahin zu verstehen ist, dass das Lizenzrecht (automatisch) am erstreckten räumlichen Schutz des lizenzierten Rechts teilhat, bedarf es der Prüfung, ob das Äquivalenzverhältnis von Leistung und Gegenleistung des Lizenzvertrags gewahrt ist. Maßgebliches Auslegungskriterium dürfte der Zeitpunkt des Abschlusses des Vertrags sein. Das Bewusstsein der

Parteien von der (Möglichkeit der) Erstreckung des lizenzierten Rechts dürfte einer Auslegung, die räumlich beschränkt erteilte Lizenz sei entsprechend dem Schutzrecht zu erstrecken, entgegenstehen, vgl. auch Brändel GRUR **92,** 653, 655. Für eine Erstreckung der Lizenzberechtigung dürfte auch dann kein Anlass bestehen, wenn in einem Altvertrag die (Gebiets-)Lizenz nicht den gesamten territorialen Bereich des Geltungsbereiches des lizenzierten Patents abdeckte (vgl. hierzu auch BGH GRUR **99,** 566, 568 – Deckelfass). Andererseits dürfte eine Herstellungslizenz an der Erstreckung des Schutzrechts eher teilhaben als eine Vertriebslizenz, weil dem Hersteller eine weiterreichende Verantwortung an der technischen Ausführung und der Nutzbarmachung der patentgeschützten Lehre zukommt und ihm ein entsprechend hohes Maß an schützenswertem Interesse an einer räumlichen Erstreckung der Lizenz zuzubilligen ist.

c) Die Lizenz kann auch auf **einzelne Benutzungsarten** des § 9 beschränkt sein, z.B. **Herstellungslizenz:** RGZ **64,** 143, 144; BGH GRUR **59,** 528, 531 – Autodachzelt; **66,** 576, 578, 580 Zimcofot; zum Unterschied zwischen Herstellungslizenz und Werklieferungsvertrag siehe BGHZ **46,** 365, 373, 378 – Schweißbolzen; Gebrauchslizenz: RGZ **134,** 91, 93; eine solche ist für die Benutzung eines geschützten Gegenstandes nach der Veräußerung durch den Patentinhaber nicht erforderlich, BGH GRUR **59,** 232, 233 – Förderrinne; RGZ **133,** 326, 330. Von einer reinen Herstellungslizenz ist beispielsweise dann auszugehen, wenn der Lizenznehmer zur ausschließlichen Lieferung an den Lizenzgeber verpflichtet ist. Im Zweifel schließt der vielfach pauschalierend verwendete Begriff der Herstellungslizenz alle Nutzungsarten ein. Herstellungs- und Vertriebsrecht können verbunden, RG GRUR **39,** 374, oder getrennt sein, RG MuW **36,** 14, 15; BGH GRUR **80,** 38, 39 – Fullplastverfahren. Einer Beschränkung der Lizenz auf eine bestimmte unter den Schutzbereich fallende Verwendungsweise einer Vorrichtung oder eines Verfahrens dürfte nur schuldrechtliche Bedeutung zukommen. Zur Wahrung des freien Warenverkehrs ist im Prinzip einer Verdinglichung schuldrechtlicher Absprachen im Patentrecht (Kraßer[5] § 40 VI, S. 960) – wie im Urheberrecht (vgl. BGHZ **145,** 8, 11f. – OEM-Version) – entgegenzusteuern; vgl. auch u. Rdn. 86, 105 und Vorauflage Rdn. 59. Nur wenn die bewilligte Lizenz eine abspaltbare, selbstständige Nutzungsart betrifft, ist eine dingliche Beschränkung denkbar. Zur Frage der rechtlichen Wirksamkeit einer Rückfallklausel bei Verstoß gegen schuldrechtliche Abreden über die auflösend bedingte Einräumung des Lizenzrechts vgl. LG München ZUM **04,** 861, 864 – betr. Urheberrecht. 69

Bei einer reinen **Vertriebslizenz** ist stets darauf zu achten, ob nicht die Ware durch das erste Inverkehrbringen durch den Patentinhaber oder einen Inhaber der Herstellungslizenz schon patentfrei geworden ist, BGH GRUR **67,** 676, 679, 680 – Gymnastiksandale, so dass sie patentfrei an den Inhaber der Vertriebslizenz gelangt ist. Ist bei einer Vertriebslizenz der (nicht gewerbliche) Nehmer dem Lizenzgeber gegenüber zur regelmäßigen Abnahme des Lizenzgegenstandes verpflichtet, kann gemäß § 505 Abs. Nr. 2 BGB ein Widerrufsrecht (§ 355 BGB) gegeben sein, vgl. Ullmann CR **91,** 193, 197 (zum VerbrKrG). Eine **Gebrauchslizenz** gestattet die Nutzung der miet- oder pachtweise überlassenen patentgeschützten Vorrichtung. Im Einzelfall ist zu prüfen, ob die Maschine lediglich zur Nutzung oder zu Eigentum überlassen ist; eine beim Verkauf einer geschützten Maschine für ihre Benutzung neben einem festen Kaufpreis vereinbarte „Lizenzgebühr" ist kein Entgelt für die Nutzung des Patents, sondern ein Teil des auf diese Weise bestimmten Kaufpreises, RGZ **124,** 317, 319; die Maschine ist durch ihre Veräußerung patentfrei geworden. Eine bloße Handels- und Verkaufslizenz gibt kein Fabrikationsrecht. Inhaltliche Beschränkungen der Lizenz sind auch nach Arbeitsgebieten denkbar, indem z.B. eine Maschine oder sonstige Vorrichtungen nur für bestimmte Zwecke verwendet werden darf (z.B. Starkstrom – oder elektro-medizinisches Gebiet), oder ein Verfahren nur zur Herstellung bestimmter Erzeugnisse dienen soll. Dies gilt für die ausschließliche Lizenz ebenso wie für die einfache, RGZ **83,** 93, 94.

d) Die Nutzungsberechtigung kann auch **unternehmensbezogen** (Betrieblizenz-Konzernlizenz) oder **personengebunden** erteilt werden. Die **persönliche** – meist einfache – **Lizenz** ist an die Person des Lizenznehmers gebunden und unübertragbar, Rdn. 48, 103, zur Insolvenzbefangenheit, Rdn. 50. Die Ausübung der unternehmensbezogenen **Betriebslizenz** ist an die Aufrechterhaltung des Geschäftsbetriebs geknüpft. Zur Begründung der unternehmensbezogenen Lizenz bedarf es entsprechender Vertragsvereinbarung. Eine Auslegungsregel, wonach eine Freilizenz stets Betriebslizenz sei, besteht nicht, RG GRUR **39,** 963, 964. Bei einer Teilung oder Veräußerung des Betriebs darf eine wesentliche Änderung des Inhalts der Betriebslizenz nicht eintreten, RGZ **153,** 321, 326. Die Betriebslizenz unterliegt § 399 BGB. Dies hindert eine Nutzung der Betriebslizenz im Rahmen einer marktbedingten Ausweitung des Unternehmens nicht, Lüdecke/Fischer, Lizenzverträge, D 47. An einer Betriebslizenz können im Zweifel keine Unterlizenzen vergeben werden; sie ist nicht ohne Übergang des Geschäfts- 70 betriebs übertragbar. Eine Betriebslizenz erlischt mit der endgültigen Aufgabe oder Einstellung des Gewerbe- oder Geschäftsbetriebes, RG GRUR **39,** 963, 964. Eine spätere Wiederaufnahme des Betriebes lässt sie nicht wieder aufleben. Eine Einstellung der Nutzung durch den Insolvenzverwalter ist vorläufiger Natur und deshalb unschädlich, RG GRUR aaO. Die **Konzernlizenz** erweitert den Kreis der Nutzungsberechtigten auf alle mit dem Lizenznehmer konzernmäßig verbundenen Gesellschaften.

71 **e)** Die mengenmäßige Beschränkung der Produktion des patentgeschützten Gegenstandes auf eine Höchst- oder Mindestmenge – **Quotenlizenz** – ist eine Konkretisierung des Nutzungsrechts und der Ausübungspflicht des Lizenznehmers.

72 **4. a)** Der in rechtmäßiger Ausübung des Lizenzrechts in Verkehr gebrachte patentgeschützte Gegenstand ist patentfrei, § 9 Rdn. 22. Die **Schutzwirkungen des Patents** sind mit der rechtmäßigen Nutzungshandlung des Lizenznehmers erschöpft, RGZ **133,** 326, 330; BGHZ **3,** 193, 200 – Tauchpumpen; BGHZ **143,** 268, 272 – Karate. In der Lizenzerteilung liegt die ausdrückliche Zustimmung des Schutzrechtsinhabers. Erwerber des lizenzierten Gegenstandes sind Patentverletzungsansprüchen nicht ausgesetzt, BGH GRUR **59,** 232, 233 – Förderrinne. Die Erschöpfung des Patentrechts reicht nur so weit, wie die von der Lizenzerteilung gedeckte Benutzungshandlung. Allerdings kann schon durch den Inhaber der Herstellungslizenz die Ware in Verkehr gebracht und dadurch patentfrei an den Inhaber der Vertriebslizenz gelangt sein, vgl. BGH GRUR **67,** 676, 579 – Gymnastiksandale. Der Veräußerer einer Vorrichtung ist nicht gehindert, die Verwendung der Vorrichtung zur Nutzung eines ihm geschützten Verfahrens von einer Lizenzzahlung abhängig zu machen, BGH GRUR **80,** 38, 39 – Fullplastverfahren; BGH GRUR **01,** 223, 224 – Bodenwaschanlage. Ist dem Lizenznehmer das **Benutzungsrecht** nur unter einer Bedingung eingeräumt, so entfällt der patentrechtliche Schutz nur, soweit die Bedingung eingehalten wird, RGZ **135,** 145, 149; BGH GRUR **67,** 676, 680 – Gymnastiksandale.

73 **b)** Wer einer örtlichen, sachlichen, zeitlichen oder mengenmäßigen **Beschränkung der Lizenz zuwiderhandelt,** verhält sich nicht nur vertragswidrig, sondern begeht zugleich eine Patentverletzung, § 15 Abs. 2 Satz 2. Ohne Zustimmung des Patentinhabers handelt, wer die ihm am Patent eingeräumten Nutzungsrechte überschreitet, vgl. auch Denkschrift zu Art. 43 GPÜ, BT-Drucksache 8/2087 S. 128f. Der Lizenznehmer, der die geschützte Erfindung über seine im Vertrag eingeräumte Befugnis hinaus benutzt, verletzt das Patent, vgl. schon RGZ **135,** 145, 148f.; BGH GRUR **67,** 676, 680 – Gymnastiksandale. Wer in einen Bezirk liefert, der außerhalb seines Lizenzbereichs liegt, oder die geschützte Erfindung für ein technisches Gebiet liefert, das ihm nicht verliehen ist, oder ein Verfahren über dessen lizenzierten Anwendungsbereich hinaus benutzt, begeht eine Patentverletzung; ebenso derjenige, der nach Ablauf einer befristeten Nutzungsberechtigung den Gegenstand des Patents trotz dessen Fortbestand benutzt. Ist dem Lizenznehmer das Benutzungsrecht nur unter einer Bedingung eingeräumt, dann verletzt er das Patent, wenn er die Bedingung nicht erfüllt, RGZ **135,** 145, 149; BGH GRUR **67,** 676, 680 – Gymnastiksandale. Dem Patentinhaber stehen dann Ansprüche auf Unterlassung, Rechnungslegung und Schadenersatz zu, § 139. Die vom Lizenznehmer so in den Verkehr gebrachten Gegenstände werden nicht patentfrei, weil kein Inverkehrbringen mit Zustimmung des Patentinhabers stattgefunden hat, vgl. BGH GRUR **59,** 200, 202 – Der Heiligenhof betr. Urheberrecht; BGH GRUR **01,** 223, 224 – Bodenwaschanlage. Auch die Abnehmer des Lizenznehmers können sonach vom Patentinhaber wegen Patentverletzung in Anspruch genommen werden. Wer eine vom Lizenznehmer unter Überschreiten der ihm eingeräumten Nutzungsbefugnis in den Verkehr gebrachte Ware gewerbsmäßig nutzt, begeht eine Patentverletzung. Zum Inhalt der Nutzungsbefugnis, deren Verletzung einen rechtswidrigen Patenteingriff darstellt, rechnen der räumliche, zeitliche und mengenmäßige Geltungsbereich, die Benutzungsart, das Anwendungsgebiet und der Kreis der berechtigten Personen/Unternehmen.

74 **c)** Soweit es sich um **Verletzung von sonstigen Abreden** handelt, die nicht den Gegenstand und Umfang der Benutzungsbefugnis betreffen, z.B. Abrechnungs- und Buchungspflichten oder Pflichten zu bestimmtem Verhalten im gewerblichen, besonders kaufmännischen Verkehr, Einhaltung bestimmter Preise, Auferlegung von Bezugsverpflichtungen auf die Abnehmer, liegen nur Vertragsbindungen vor, deren Missachtung nicht als Patentverletzung gewertet werden kann, RGZ **51,** 139, 141. Derartige, rein schuldrechtlich zu beurteilende Vertragsverletzungen lösen Ansprüche des Lizenzgebers auf Erfüllung oder auf Schadenersatz aus. Sie lassen die Rechtmäßigkeit des Vorganges des vom Lizenznehmer bewirkten Inverkehrbringens der geschützten Gegenstände unberührt. Die vom Lizenznehmer in den Verkehr gebrachten Gegenstände werden patentfrei. Bloße Vertragsverstöße erzeugen Ansprüche des

Lizenzgebers allein gegen den Lizenznehmer, nur in Ausnahmefällen solche gegen dessen Vertragspartner, besonders bei **Verleitung** des Lizenznehmers **zum Vertragsbruch,** § 4 Nr. 10 UWG, BGH GRUR **69,** 474, 475 – Bierbezug I; **76,** 372, 734 – Möbelentwürfe; **97,** 920, 921 – Automatenaufsteller, nicht jedoch bei bloßer Ausnutzung des Vertragsbruchs des Lizenznehmers, BGH GRUR **56,** 273, 275 – Drahtverschluss; **69,** 474, 475 f. – Bierbezug I; GRUR **00,** 724 – Außenseiteranspruch II. Zu entscheiden ist stets, ob der Lizenznehmer die Grenzen des durch den Lizenzvertrag übertragenen Benutzungsrechts am Patent überschritten hat – dann liegt Patentverletzung vor – oder ob die übernommenen Pflichten des Lizenznehmers neben den patentrechtlichen Befugnissen stehen und ihre Nichterfüllung diese Grenzen unberührt lässt – dann liegt eine bloße Vertragsverletzung vor. Welchen Charakter die verletzten Verpflichtungen haben, ist im Einzelfall durch Auslegung zu ermitteln. Die Auslegung kann entweder zur Bejahung des Eingriffs in den dem Lizenzgeber verbliebenen Teil des Nutzungsrechts am Patent führen oder zur Verletzung von Vertragspflichten, der unmittelbar keine patentrechtliche Bedeutung zukommt.

5. Das nationale und das europäische Patentrecht sehen für den Abschluss eines **Lizenzvertrages keine Form** vor. Die Schriftform der Art 72 **EPÜ** bezieht sich allein auf die rechtsgeschäftliche Übertragung, Benkard/Ullmann/Grabinski, EPÜ, Art. 72 Rdn. 1 Die seit dem 1. 1. 1999 geschlossenen Lizenverträge sind auch bei kartellrechtlicher Betrachtung formlos wirksam. Das Schriftformerfordernis des § 34 GWB a. F. wurde bereits mit der 6. GWB-Novelle (v. 26. 8. 1998 – BGBl. I 2546) abgeschafft. 75

a) Für vor dem 1. 1. 1999 geschlossene Lizenzverträge bleibt das Erfordernis der **Schriftform** gemäß **§ 34 GWB a. F.** bestehen, wenn der Lizenzvertrag (zulässige oder unzulässige) Beschränkungen im Sinne der §§ 18, 20, 21 GWB a. F. enthält, BGHZ **53,** 304, 306 f. – Diskothek; BGH GRUR **67,** 676, 680 – Gymnastiksandale; GRUR **75,** 498, 499 – Werkstück-Verbindungsmaschinen; **79,** 768, 770 – Mineralwolle; BGHZ **84,** 125 – Vertragszweck; NJW RR **90,** 1251, 1252 – Kabelaufroller; Hesse GRUR **84,** 324 ff. Mit solchen formunwirksamen Verträgen ist die Rechtsprechung weiterhin befasst, vgl. BGH GRUR **00,** 685 – Formunwirksamer Lizenzvertrag; GRUR **02,** 787, 790 – Abstreiferleiste; GRUR **04,** 73 – Filterstäube. 76

b) Zu den Anforderungen an die Schriftform der vertraglichen und vorvertraglichen Abrede gemäß § 34 GWB a. F. wird auf die Vorauflage § 15 Rdn. 45 ff. verwiesen. Die dort wiedergegebenen Grundsätze werden in der aktuellen Rechtsprechung für die bis 31. 12. 1998 abgeschlossenen Verträge uneingeschränkt angewendet. Für die Beachtlichkeit des Formerfordernisses nach § 34 GWB a. F. kommt es nicht darauf an, ob die im Vertrag enthaltenen Ausschließlichkeitsbindungen die Eingriffsvoraussetzungen des § 18 lit. a–c GWB a. F. erfüllte; das Gebot der Form löste schon die Vereinbarung der Ausschließlichkeitsbindung als solche aus, BGH GRUR **04,** 73, 74 – Filterstäube. In der Entscheidung BGH GRUR **04,** 73 – Filterstäube wird die seit der Vorauflage zu § 34 GWB a. F. ergangene Rechtsprechung aufgeführt. Hat der Partner des formunwirksamen Vertrags die vermittelte technische Lehre von Mitbewerbern ungestört genutzt, bleibt er zur Zahlung der angemessenen Lizenzgebühr nach Bereicherungsgrundsätzen verpflichtet, BGH GRUR **02,** 787, 790 – Abstreiferleiste. 77

c) Die **Bestätigung** eines formunwirksamen Altvertrags gemäß **§ 141** BGB setzt die Kenntnis von dessen Nichtigkeit und einen eindeutigen Willen beider Parteien voraus, den formunwirksamen Vertrag nunmehr als bestandskräftig zu behandeln. Der Bestätigung kommt keine Rückwirkung zu. 78

d) Die **Eintragung** der ausschließlichen Lizenz **in die Patentrolle** (§ 34) ist für die Gültigkeit des Erwerbs der Lizenz nicht erforderlich, RGZ **67,** 176, 177; § 34 Rdn. 4. Die Eintragung der Lizenz in der Patentrolle hat für die Rechtsbeziehungen der Vertragspartner zueinander und des Lizenznehmers gegenüber Dritten keine materiellrechtliche Bedeutung, vgl. KG GRUR **40,** 32, 33. 79

Die Eintragung der Lizenz an einer europäischen Patentanmeldung (Art. 73 EPÜ) in das europäische Patentregister (Regel 21, 22 AOEPÜ) ist nicht Voraussetzung für eine wirksame Einräumung der Lizenz; sie hat nur eine Legitimationswirkung, Benkard/Ullmann/Grabinski, EPÜ Art. 73 Rdn. 7.

e) Der formlose Abschluss eines Lizenzvertrages ist selten. Häufig wird zu prüfen sein, ob nicht unverbindliche Vorbesprechungen vorliegen. Ein stillschweigender Abschluss eines Lizenzvertrages ist aber möglich, wenn der Inhaber eines Verfahrenspatents eine Vorrichtung zur Ausübung des ihm geschützten Verfahrens veräußert und dadurch zum Ausdruck bringt, dass er dem Erwerber eine Lizenz zur Benutzung des Verfahrens erteilt, RGZ **135,** 145, 148; BGH 80

GRUR **80,** 38, 39 – Fullplastverfahren. Ein schriftlicher Vertrag hat die Vermutung der Vollständigkeit und Richtigkeit für sich, wenn er klar und zweifelsfrei ist, RG GRUR **40,** 558; BGH GRUR **63,** 40, 43 – Straßen – gestern und morgen. Diese Vermutung kann zwar unter Umständen durch den Nachweis ausgeräumt werden, dass eine mündliche Nebenabrede Teil des Vertrages geworden ist, BGH GRUR **60,** 44, 46 – Uhrgehäuse. Die Beweislast für eine solche Behauptung hat derjenige, der die fragliche mündliche Abrede geltend macht. Handelt es sich um eine Abrede erheblichen und außergewöhnlichen Inhalts, die in dem schriftlichen Vertrag nicht zum Ausdruck gekommen ist, so ist in der Regel auch wahrscheinlich zu machen, warum die Aufnahme der Abrede in die Vertragsurkunde unterblieben ist, BGH GRUR **63,** 40, 43. – Straßen – gestern und morgen.

81 **6.** Die **rechtliche Natur** des Lizenzvertrags ist gesetzlich nicht bestimmt. Er passt nicht unter die in BGB und HGB im Einzelnen geregelten Vertragstypen. Er wird heute durchweg als ein Vertrag eigener, besonderer Art angesehen, BGHZ **2,** 331, 335; **26,** 7, 9 – Sympatol III; BGH GRUR **61,** 27, 29 – Holzbauträger; **70,** 547, 548 – Kleinfilter; BGHZ **105,** 374, 379f. – Präsentbücher (betr. Urheberrecht); BGH NJW-RR **04,** 644, 645; Knap GRUR Int. **73,** 225; Kraßer/Schmid GRUR Int. **82,** 324, 328; Forkel NJW **90,** 2805, 2806; Weinmann, Die Rechtsnatur der Lizenz, 1996, S. 15ff. In jedem Fall ist zu prüfen, inwieweit er Merkmale aufweist, die eine entsprechende Anwendung einzelner für andere Vertragstypen geltender Vorschriften rechtfertigen. Da der Inhalt und die vereinbarten Rechtsfolgen im Rahmen der Vertragsfreiheit sehr verschieden sein können, gelangen im Einzelfall Kaufregeln, das Gesellschaftsrecht, die Vorschriften der Miete oder der Pacht zur Anwendung.

82 Es sollte indes vermieden werden, bei der Auslegung von Lizenzverträgen ohne rechtliche Typisierung in eine Einzelfallbetrachtung zu verfallen, welche die Anwendung der maßgeblichen – mit unterschiedlichen Rechtsfolgen ausgestatteten – Regeln offen lässt – so: BGH GRUR **61,** 494, 495 – Hubroller; **65,** 298, 301 – Reaktions-Messgerät – und das Heil in einer nach Zweckmäßigkeit, Zumutbarkeit, Verkehrssitte, Verkehrsbedürfnis sowie nach Treu und Glauben bestimmten Rechtsanwendung – so: Lindenmaier GRUR **55,** 507, 509 – sucht. Während bei der Übertragung der Rechte aus dem Patent schwerpunktmäßig die Regeln über den Rechtskauf Anwendung finden (vgl. Rdn. 24), untersteht der Lizenzvertrag vorrangig den Vorschriften über die Rechtspacht, die teilweise auf das Mietrecht zurückgreifen, § 581 BGB, ohne diese ausnahmslos zu übertragen, vgl. Rdn. 181 Gegen die Anwendung der Kaufrechtsvorschriften spricht, dass es sich beim Rechtskauf um die einmalige Verschaffung eines Rechts handelt, während der Lizenzvertrag seiner Natur nach auf Zeit eingerichtet ist, BGH GRUR **57,** 595, 596 – Verwandlungstisch; a. A. Nirk GRUR **70,** 329, 330 Fn 3. Entgegen der Ansicht Nirks (aaO) ist für die gebotene rechtliche Einordnung unerheblich, ob man in der Verfügung über das Patent bei der Lizenzvergabe die Übertragung eines abgespaltenen Teilrechts sieht (Nirk GRUR **70,** 329, 330; Möhring, FSWilde, 99, 101) oder die konstitutive Begründung eines Nutzungsrechts, Knap GRUR Int. **73,** 225, 228; zum Meinungsstand: Forkel, Gebundene Rechtsübertragungen, 49ff., 74f. Die Lizenzerteilung ist von dem zugrunde liegenden Verpflichtungsgeschäft zu unterscheiden, Lichtenstein NJW **65,** 1839ff.; Pfaff RW AWD **74,** 243, 245. Die schuldrechtlichen Beziehungen von Lizenzgeber und Lizenznehmer nach § 581ff. BGB stehen einer dinglichen Ausgestaltung der Nutzungsbefugnis nicht entgegen, Knap GRUR Int. **73,** 221, 227; Forkel NJW **90,** 2805, 2806.

83 Bei der Rechtsanwendung im Lizenzvertragsrecht empfiehlt es sich, trotz aller Eigentümlichkeit im Einzelfall von den Vorschriften der Rechtspacht auszugehen, RGZ **115,** 17, 20; **116,** 78, 82; **122,** 70, 73; BGH ZIP **06,** 87 Tz. 21; Schweizerisches BGE **61 II** 142f.; Stumpf/Groß Der Lizenzvertrag[8], Rdn. 23f.; Troller, Immaterialgüterrecht II, § 46 I Rdn. 91; Pedrazzini, Patent- und Lizenzvertragsrecht, 2. Aufl., S. 139, 141. Die Regeln dieses Vertragstyps finden Anwendung, soweit sie mit dem Charakter einer zur Ausbeutung überlassenen Erfindung als unkörperlicher Gegenstand und mit den eigentümlichen Risiken des Lizenzvertrags vereinbar sind, RGZ **122,** 70, 74 m.N. Sein Charakter als Dauerschuldverhältnis hat Bedeutung für die Kündigung des Vertrags, BGH NJW **87,** 2004, 2006; BGH GRUR **06,** 56 Tz. 42 – BOSS-Club; vgl. Rdn. 208. Der Eigenart des Lizenzvertrags als gewagtes Geschäft kommt insbesondere bei einem vorzeitigen Wegfall des Schutzrechts durch Widerruf oder Nichtigerklärung Bedeutung zu, vgl. Rdn. 192.

84 Allein aus dem Umstand, dass es sich beim Lizenzvertrag um ein Dauerschuldverhältnis mit verstärkten Treuebindungen handelt, folgt indes nicht, dass ihm gesellschaftsrechtliche Elemente innewohnen. In der Vereinbarung, gegen die Einräumung eines Benutzungsrechts Lizenzgebühren zu zahlen, liegt kein gemeinsamer Zweck, den zu fördern sich die Parteien verpflichten, RGZ **155,** 306 309f. Der Lizenzvertrag ist auf den Austausch von Leistungen gerichtet, wobei

jede Vertragspartei ihre eigenen Interessen verfolgt, Knap GRUR Int. **73,** 225, 226. Das schließt indessen nicht aus, beispielsweise bei gemeinsamer Finanzierung der Entwicklungsarbeiten bis zur Serienreife, gesellschaftsrechtliche Elemente festzustellen, BGH GRUR **57,** 482, 483 – Chenillefäden; **58,** 175, 177 – Wendemanschette II; **59,** 125, 127 – Pansana; BGH X ZR 54/83 – U. v. 29. 1. 1985 S. 8f. – Thermotransformator, insoweit in GRUR **85,** 472 nicht abgedruckt; vgl. Rdn. 207.

7. Die **lizenzierbaren Rechte** sind verschiedenartig. Lizenzen können an Patenten, auch an Geheimpatenten, BGH GRUR **67,** 245, 246 – Lizenzbereitschaft für Geheimpatent, an offengelegten oder bekanntgemachten (PatG 1968) Patentanmeldungen, BGH GRUR **65,** 160, 162 – Abbauhammer, an angemeldeten und nicht angemeldeten Erfindungen, BGHZ **51,** 263, 265 – Silobehälter; BGH GRUR **69,** 677, 678 – Rüben-Verladeeinrichtung, bestellt werden, ja selbst an solchen Erfindungen und Geheimverfahren, an denen ein Patentschutz noch nicht angemeldet, aber ins Auge gefasst ist, BGHZ **51,** 263, 265 – Silobehälter; BGH GRUR **61,** 466, 467 f. – Gewinderollkopf, oder überhaupt nicht beabsichtigt ist, BGHZ **51,** 263, 265 – Silobehälter; BGH GRUR **80,** 750, 751 – Pankreaplex II, oder gar nicht möglich ist, vgl. Rdn. 232 ff. Die Rechtsregeln, denen derartige Lizenzen unterworfen sind, sind in allen Fällen ähnlich, vgl. RG MuW **30,** 192, RGZ **163,** 1, 6. Gegenstand eines Lizenzvertrages können auch künftige Schutzrechte sein, BGHZ **17,**41, 55, 56 f. – Kokillenguss. Die Lizenz am Recht aus der Erfindung erstreckt sich auf das Patent, wenn ein solches auf die Erfindung erteilt wird, Starck Mitt. **20,** 112, 114; vgl. auch BGH GRUR **76,** 140, 142 – Polyurethan. Die **europäische Patentanmeldung** ist der Lizenzierung zugänglich, Art. 73 EPÜ, Benkard/Ullmann/Grabinski, EPÜ, Art. 73 Rdn. 1, 2. Auch das **ergänzende Schutzzertifikat** unterliegt der Lizenz, § 16 a Abs. 3. 85

8. Die Lizenz kann außer vom Patentinhaber auch verliehen werden vom ausschließlichen Lizenznehmer, ebenso vom bloß Verfügungsberechtigten, z. B. Treuhänder, Insolvenzverwalter **(berechtigter Lizenzgeber).** Allein die Verpflichtung des ausschließlichen Lizenznehmers, keine weiteren Lizenzen zu vergeben, hindert die Entstehung eines neuen Rechts nicht; eine solche bindet nur schuldrechtlich, § 137 BGB, Kraßer[5] § 40 V (S. 959); unklar Busse/Keukenschrijver § 15 Rdn. 75. Wie weit die patentrechtliche Verfügungsmacht des Lizenzberechtigten reicht, ist davon abhängig, ob ihm lediglich schuldrechtliche Verhaltenspflichten auferlegt sind oder ob er von vornherein nur Inhaber eines beschränkten (abspaltbaren) Nutzungsrechts geworden ist; vgl. hierzu auch Rdn. 105. 86

Dem einfachen, lediglich schuldrechtlich berechtigten Lizenznehmer ist die Erteilung von Unterlizenzen grundsätzlich verwehrt, BGHZ **62,** 272, 277 – Anlagengeschäft. Ihm fehlt hierzu die Rechtsmacht; er handelt als Nichtberechtigter. Die Rechte des Gläubigers richten sich nach § 275 Abs. 3, § 280 BGB. Die **Rechtsmacht** zu weiterer Lizenzerteilung fehlt auch dem Patentinhaber, soweit er sich des Nutzungsrechts durch die Vergabe einer ausschließlichen Lizenz entäußert hat, RGZ **144,** 187, 190; Lüdecke/Fischer, Lizenzverträge, C 49; Kraßer[5] § 40 V b (S. 956) Die Bestellung der neuen Lizenz ist dem ausschließlichen Lizenznehmer gegenüber unwirksam, Stumpf/Groß[8] Rdn. 364. Bezieht sich die ausschließliche Lizenz nur auf ein räumlich oder sachlich beschränktes Benutzungsrecht, hindert auch eine vertragliche Verbotsklausel den Lizenzgeber nicht an einer rechtswirksamen Bewilligung weiterer ausschließlicher Lizenzen an den verbliebenen Benutzungsarten, BGH GRUR **92,** 310, 311 – Taschenbuchlizenz (betr. Urheberrecht). Im Einzelfall kann die ausschließliche Nachlizenz (aufschiebend bedingt) für den Fall erteilt sein, dass die Erstlizenz erlischt, vgl. Forkel, Gebundene Rechtsübertragungen, S. 66.

Vorweg eingeräumte einfache Lizenzen hindern die Entstehung einer ausschließlichen Lizenz nicht, RG GRUR **34,** 306, 307; BGH GRUR **74,** 335 – Abstandshaltertropfen. Die zuvor eingeräumten Rechte bleiben wirksam § 15 Abs. 3. Die Verpflichtung des Lizenzgebers gegenüber dem einfachen Lizenznehmer, keine weiteren Lizenzen zu vergeben, hindert die Entstehung einer neuen Lizenz nicht, sie bindet nur schuldrechtlich, RG GRUR **39,** 826, 828 f. Bei einer Patentgemeinschaft nach Bruchteilen kann ein Gemeinschafter eine Lizenz nur gemeinsam mit den anderen vergeben, zu alleiniger Verfügung über das Patentrecht ist er nicht befugt, § 747 BGB. Eine von einem Teilhaber allein erteilte Lizenz ist den übrigen Teilhabern gegenüber unwirksam, LG Leipzig GRUR **40,** 355, 356 f. Der Inhaber eines abhängigen Patents kann selbstständig, d. h. ohne Einwilligung des Inhabers des älteren Patents, dessen Erfindungsgegenstand er in abhängiger Weise benutzt, an seinem Patent Lizenzen erteilen, BGH GRUR **62,** 370, 374 – Schallplatteneinblendung; das Benutzungsrecht des Lizenznehmers reicht indes nicht weiter als das aus dem abhängigen Patent. 87

Gegenüber dem vindikationsberechtigten Erfinder hat die Lizenzerteilung des nichtberechtigten Patentinhabers keine Rechtswirkungen, Starck GRUR **38,** 817; Klauer/Möhring 88

§ 5 Rdn. 24; § 8 Rdn. 5. Ohl, Die Patentvindikation, S. 74 Fn. 4; ders. GRUR **92,** 77, 79) weist zutreffend darauf hin, dass § 15 Abs. 3 auf diesen Fall keine Anwendung findet.

89 **9. a)** Von einer **ausschließlichen Lizenz** spricht man, wenn der Lizenzgeber dem Lizenznehmer das alleinige positive Recht zur Ausübung aller oder einzelner Befugnisse erteilt, die das Patent gewährt, RGZ **57,** 38, 40; **75,** 400, 403; **76,** 235, 236; **130,** 275, 282; vgl. auch BGH GRUR **00,** 138 – Knopflochnähmaschinen; Kraßer[5] § 40 V b (S. 956). Eine ausschließliche Lizenz kann so gestaltet sein, dass der Lizenznehmer die Gesamtheit der aus dem Patent folgenden Nutzungsrechte umfassend und unbeschränkt zur alleinigen Ausbeutung unter Ausschluss Dritter inne hat; dem Lizenzgeber verbleibt in einem solchen Fall nur noch das seines Nutzungsrechts entkleidete formale Patentrecht, RG GRUR **37,** 627, 629; BGH I ZR 8/59 vom 20. 1. 1961. Selbst dieses Recht kann noch treuhänderisch auf den Lizenznehmer übertragen werden, ohne dem Vertrag den Charakter eines Lizenzvertrages zu nehmen. Erst dann, wenn dem Erwerber die unbeschränkte dingliche Verfügungsmacht über das Patent fortdauernd eingeräumt wird, liegt kein Lizenzvertrag mehr vor, sondern ein Veräußerungsgeschäft, vgl. Rdn. 24f.

90 Die ausschließliche Lizenz **wirkt** auch gegenüber dem Patentinhaber. Der Lizenzgeber ist zu Unterlassung eigener Benutzungshandlungen sowie der Vergabe weiterer Lizenzen verpflichtet, soweit sie sich mit dem Gegenstand der Gebrauchsberechtigung sachlich, zeitlich und räumlich decken. Missachtet der Patentinhaber die dem Lizenznehmer eingeräumte alleinige Nutzungsbefugnis, setzt er sich Unterlassungs- und Schadensersatzansprüchen wegen Vertrags- und Patent- (besser: Nutzungsrecht-)verletzung aus, OLG Karlsruhe GRUR **80,** 784, 785.

91 Der Gesetzgeber hat die ausschließliche Lizenzerteilung in § 15 Abs. 2 Satz 1 ausdrücklich erwähnt. Er begegnet damit Bedenken an ihrer kartellrechtlichen Zulässigkeit, vgl. auch Denkschrift, BT-Drucksache 8/2087 S. 128f.; A. Krieger DB **79,** 1541, 1543; Albrechtskirchinger GRUR Int. **76,** 255, 260. Die kartellrechtliche Frage wird damit allerdings nicht präjudiziert.

Die ausschließliche Lizenz ist insbesondere zum Aufbau eines Marktes für neue Produkte mit hoher Investitionsrate sowie bei Artikeln mit kleinem und speziellem Anwenderkreis geboten. Sie erweist sich als ein notwendiger Schutz gegen den Wettbewerb mit identischen Produkten, ohne den Wettbewerb mit ähnlichen Produkten auszuschalten. Die Zulässigkeit ausschließlicher Nutzung gewerblicher Schutzrechte ist notwendiges **Stimulans** für die Innovationstätigkeit und die Fortentwicklung der Technik. Vgl. hierzu Rdn. 285.

92 **b)** Die ausschließliche Lizenz hat eine dem Sachenrecht angenäherte, gleichsam **dingliche, absolute Natur,** RGZ **57,** 38, 40f.; **130,** 275, 282; **134,** 91, 96; BGHZ **83,** 251, 256 – Verankerungsteil; BGH GRUR **05,** 48, 50 – Man spricht deutsch (betr.: Urheberrecht); Forkel, Gebundene Rechtsübertragungen, 75, 78; Kirchhof, Festschr. Merz, S. 283, 288; Kraßer[5] § 40 V c (S. 956) kritisch: Troller, Immaterialgüterrecht II, § 46 II; Sosnitza, FS Schricker (2005), 184, 189. Sie wirkt gegen den Rechtsnachfolger des Lizenzgebers, d.h. der Erwerber des Patents muss ausschließliche Lizenzen gegen sich gelten lassen, RGZ **76,** 235, 236; **142,** 168, 170; BGH X ZR 38/66 vom 27. 3. 1969; OLG Düsseldorf GRUR Ausl. **62,** 256, 257 vgl. Rdn. 108. Der Inhaber einer ausschließlichen Lizenz darf Unterlizenzen vergeben, sofern nichts Gegenteiliges vereinbart ist, RGZ **89,** 81, 84; RG GRUR **34,** 36; BGH GRUR **53,** 114, 118, und zwar in einem so weiten Umfange, dass der Unterlizenznehmer nahezu die gleiche Stellung erlangt wie der Inhaber der ausschließlichen Lizenz selbst, RG GRUR **37,** 627, 629. Auch eine Unterlizenz kann eine ausschließliche Lizenz sein, RG MuW **36,** 119, 120; vgl. Rdn. 103. Das Verbot der Unterlizenzierung steht der Rechtsnatur der bewilligten Lizenz als ausschließliche nicht entgegen, RGZ **127,** 197, 203. Hat der Lizenzgeber sich allerdings das Alleinrecht zur Vergabe von Unterlizenzen vorbehalten, kann von der Erteilung einer ausschließlichen Lizenz nicht mehr gesprochen werden. Eine umfassende ausschließliche Lizenz ist dem Nießbrauch nahe verwandt, vgl. Rdn. 42.

93 Die Tatsache, dass der Lizenznehmer keine Unterlizenzen erteilen darf, spricht nicht gegen eine ausschließliche Lizenz, RGZ **127,** 197, 200; nach BGH GRUR **74,** 335 – Abstandshaltertropfen, auch nicht die Verpflichtung, den Bestand einer zuvor eingeräumten einfachen Lizenz zu beachten, vgl. auch RG GRUR **34,** 306, 308. Auch die Einräumung einer Generalvertretung des Patentinhabers für die vom Lizenznehmer herzustellenden Erzeugnisse steht dem Charakter der ausschließlichen Lizenz nicht entgegen, und schränkt den Inhalt einer Herstellungs- und Verkaufslizenz nicht ein, BGHZ **2,** 261, 267.

94 Die **ausschließliche Lizenz** braucht **nicht notwendig die Einzige** zu sein. Sie kann zeitlich oder sachlich beschränkt sein, RGZ **75,** 400, 403; **83,** 93, 94f.; **134,** 91, 96; RG GRUR **40,** 89, 91; Stumpf/Groß[8] Rdn. 37f. Eine ausschließliche Lizenz kann auch hinsichtlich eines Teilgebietes der Patentbenutzung bestellt werden. Zur räumlichen Erstreckung ausschließlicher

Lizenzen nach der Einheit Deutschlands vgl. Rdn. 66–68. Die ausschließliche Lizenz muss indes für einen räumlichen, zeitlichen oder sachlichen Bereich ein Alleinrecht des Lizenznehmers begründen, RG GRUR **34,** 306, 307; RG MuW **40,** 77, 78 m.w.N. Verpflichtet sich der Lizenzgeber lediglich, keine weiteren Lizenzen für dasselbe Gebiet zu erteilen und dem Lizenznehmer in diesem Gebiet selbst keine Konkurrenz zu machen – behält er sich die Vergabe von Lizenzen am (Parallel-)Patent in einem anderen Gebiet vor –, wird von **offener ausschließlicher** Lizenz gesprochen, EuGH GRUR Int. **82,** 530, 535 – Maissaatgut; zur gemeinschaftsrechtlichen Betrachtung von räumlich aufgespaltenen ausschließlichen Lizenzen vgl. auch Ghidini GRUR Int. **97,** 773, 777. Eine vertragliche Verpflichtung des Lizenzgebers, an dem ihm verbliebenen Benutzungsrecht keine Lizenzen zu vergeben, vermag dingliche Wirkung nicht zu entfalten, § 137 BGB.

Der Lizenznehmer erlangt zu Lasten des Rechts des Patentinhabers ein **selbstständiges** 95 **Verwertungs- und Verbietungsrecht,** RGZ; **76,** 235, 236; **148,** 146, 147; BGH GRUR **92,** 310, 312 – Taschenbuchlizenz (betr. Urheberrecht); BGHZ **128,** 220, 223 – Kleiderbügel. Die ausschließliche Lizenz gewährt ihrem Wesen nach dem Lizenznehmer in einem bestimmten – räumlichen, zeitlichen oder sachlichen – Bereich das alleinige Nutzungsrecht an der geschützten Erfindung unter Ausschluss aller Mitbewerber, RG GRUR **40,** 89, 91. Der Lizenznehmer kann alle anderen von der Benutzung des Patents ausschließen. Selbst der Patentinhaber darf das Patent nicht mehr benutzen, wenn er eine ihn von der Nutzung ausschließende Lizenz erteilt hat, RG MuW **13/14,** 143, 144; BGH I ZR 37/61 vom 13. 7. 1962; X ZR 38/66 vom 27. 3. 1969; OLG Karlsruhe GRUR **80,** 784, 785.

Eine ausschließliche Lizenz kann nicht mehreren Unternehmen unabhängig voneinander in 96 einer sich in räumlicher, zeitlicher oder sachlicher Hinsicht deckenden Weise verliehen werden, RG GRUR **40,** 89, 91, wohl aber mehreren, sich zu diesem Zweck zusammenschließenden Unternehmen gemeinsam, RG GRUR **40,** 89, 91. **Mehrere Lizenznehmer** können eine solche Lizenz nur in einer Gesellschaft oder Gemeinschaft erwerben, RG GRUR **40,** 89, 91. Der Unterlassungsanspruch und Ersatzansprüche gegen Dritte stehen den Gesellschaftern oder Gemeinschaften dann nur gemeinschaftlich zu, RG GRUR aaO. Eine räumlich begrenzte ausschließliche Lizenz schützt den Lizenznehmer nicht vor dem Vertrieb patentfrei gewordener Gegenstände in seinem Bezirk, die vom Patentinhaber oder anderen Lizenznehmern in einem anderen Gebiet in den Verkehr gebracht worden sind, OLG Köln GRUR **32,** 727, 728f., d.h. gegen einen derartigen Vertrieb versagt das Ausschließlichkeitsrecht dieses Lizenznehmers. Dem ausschließlichen Lizenznehmer bleibt dies indes unbenommen, dem inländischen Vertrieb einer – außerhalb des EG-Bereichs, hier: USA – mit Zustimmung des Patentinhabers in Verkehr gebrachte patentgemäße Ware als Patentverletzung zu unterbinden, BGH GRUR **75,** 598, 600 – Stapelvorrichtung; vgl. hierzu § 9 Rdn. 21.

c) Die **ausschließliche Lizenz** gewährt dem Lizenznehmer die **Befugnis,** selbstständig die 97 Rechte aus dem Patent geltend zu machen RGZ **57,** 38, 40f.; **148,** 146, 147; allgemeine Meinung, aber nur soweit das ihm eingeräumte Benutzungsrecht reicht, BGH GRUR **92,** 310, 311 – Taschenbuchlizenz; BGHZ **128,** 220, 223 – Kleiderbügel. Insoweit steht ihm auch ein Widerspruchsrecht aus § 771 ZPO zu, Kirchhof, Festschr. Merz, S. 283, 289. Es bedarf dazu nicht der Eintragung der Lizenz in die Patentrolle, RGZ **67,** 176, 181. Der ausschließliche Lizenznehmer kann alle anderen von der Benutzung des Patents ausschließen, RG MuW **40,** 77, 78, sogar den Patentinhaber, RG MuW **13/14,** 143, 144; BGH X ZR 38/66 vom 27. 3. 1969; OLG Karlsruhe GRUR **80,** 784, 785; Kraßer[5] § 40 V b (S. 956). Zu diesem Zweck hat der Nehmer einer ausschließlichen Lizenz aus eigenem Recht einen Unterlassungsanspruch, RG aaO; § 139 Rdn. 17, allgemeine Meinung, und kann auf Rechnungslegung und Schadenersatz klagen, BGHZ **128,** 220, 223 – Kleiderbügel.

Im Zweifel hat der Lizenznehmer seine vom Patentinhaber herrührende Berechtigung nach- 98 zuweisen; dessen Eintragung in die Patentrolle ist nicht erforderlich, RGZ **89,** 81, 84; a.A. Rogge GRUR **85,** 734, 736 (hierzu o. Rdn. 7). Er kann auch auf Feststellung der Abhängigkeit klagen, wenn er eine ausschließliche Lizenz am älteren Patent hat, RGZ **95,** 304, 306f. Der ausschließliche Lizenznehmer kann Strafantrag stellen, § 142 Abs. 4 PatG, § 77 StGB, im Strafverfahren Nebenkläger sein und gemäß § 142a PatG Beschlagnahme beantragen. Dieselben Rechte hat der Inhaber einer **ausschließlichen Unterlizenz,** vgl. RG GRUR **37,** 627, 629. Neben diesem behält der Hauptlizenznehmer seine Rechte auf Unterlassung, Rechnungslegung und Schadenersatz im gleichen Umfang und unter den gleichen Voraussetzungen wie der Patentinhaber, der eine ausschließliche Lizenz erteilt, RG GRUR **37,** 627, 629; BGH GRUR **92,** 697, 698 – ALF (betr. Urheberrecht). Der ausschließliche Lizenznehmer an einer offengelegten Anmeldung kann den Entschädigungsanspruch nach § 33 Abs. 1 geltend machen, a.A.

Wiede GRUR **69,** 203, 204; jedenfalls ist im Zweifel mit der Gewährung der ausschließlichen Nutzungsbefugnis eine stillschweigende Abtretung des Entschädigungsanspruchs verbunden.

99 **10. a)** Wenn der Patentinhaber sein vom Patent gewährtes Benutzungsrecht nicht aufgibt und sich entweder das Recht zur Vergabe weiterer Lizenzen auf dem betreffenden Gebiet vorbehält oder derartige Lizenzen bereits vergeben hat, was bei der Erteilung weiterer Lizenzen beachtet wird, dann kommt der Erteilung einer Benutzungserlaubnis keine Ausschließlichkeitswirkung zu. In solchen Fällen spricht man von einer gewöhnlichen, RGZ **83,** 93, 95, oder **einfachen Lizenz,** RGZ **169,** 289, 294. Die bloße Befugnis zur Benutzung des Patents hat nur schuldrechtliche Wirkung, RGZ **57,** 38, 40; **83,** 93, 94f.; BGH GRUR **65,** 591, 595 – Wellplatten; BGHZ **62,** 272, 274 – Anlagengeschäft; **83,** 251, 256 – Verankerungsteil; Fischer GRUR **80,** 375, 377. Forkel (Gebundene Rechtsübertragungen, S. 78, 84ff., 104 m.N. Fn. 283) setzte sich insbesondere zur Rechtfertigung des Sukzessionsschutzes (vgl. Rdn. 108) für den dinglichen Charakter der einfachen Lizenz ein; zustimmend v. Gamm WRP **78,** 1308; vgl. auch Kraßer[5] § 40 V a 2 (S. 955), § 41 I (S. 961). Es erscheint durchaus bedenkenswert, auch im Patentrecht sich einem dinglichen Charakter der einfachen Lizenz nicht zu verschließen, schon um der Einheit der Rechtsordnung im Immaterialgüterrecht willen; vgl. z.B. zum Urheberrecht: Dreier/Schulze, UrhG, § 31 Rdn. 52. Weitgehende praktische Auswirkungen dürften damit nicht verbunden sein, da mit § 15 Abs. 3 PatG der Sukzessionsschutz der einfachen Lizenz sichergestellt ist. Die weitere Darstellung folgt dem tradierten Verständnis der einfachen Lizenz im Patentrecht.

100 Der einfache Lizenznehmer erhält ein Nutzungsrecht ohne dingliche Verfügungsmacht; dieser ist allein dem Lizenzgeber gegenüber auf Grund des obligatorischen Rechtsgeschäfts zur Nutzung und Verwertung des Erfindungsgegenstandes berechtigt. Das durch den Lizenzvertrag geknüpfte schuldrechtliche Band begründet keine selbstständigen Rechte des Lizenznehmers gegen Dritte, RGZ **83,** 93, 95. Bei der einfachen Lizenz behält der Patentinhaber das dingliche Recht zur Vergabe weiterer Lizenzen, RGZ **83,** 93, 95. Der Inhaber einer einfachen Lizenz muss immer damit rechnen, dass noch andere den lizenzierten Gegenstand herstellen, feilhalten, in den Verkehr bringen oder gebrauchen, RGZ **169,** 289, 294. Ein Verstoß des Patentinhabers gegen die dem einfachen Lizenznehmer gegenüber eingegangene Verpflichtung, keine weiteren Lizenzen zu erteilen, lässt den Rechtsbestand der vereinbarungswidrig erteilten Lizenzen unberührt, RGZ **93,** 95f.; RG GRUR **39,** 826, 829. Der Lizenznehmer muss die weiter vergebenen einfachen oder ausschließlichen Lizenzen gegen sich gelten lassen, RG GRUR **39,** 826, 829, und hat nur die Rechte wegen Vertragsverletzung gegen seinen Vertragspartner, RGZ **83,** 93, 96, er kann insbesondere Schadenersatz verlangen. Von der sog. negativen Lizenz unterscheidet sich die einfache Lizenz dadurch, dass sie dem Lizenznehmer über den bloßen Verbietungsverzicht des Lizenzgebers ein positives Benutzungsrecht gewährt, das der Lizenzgeber während der Vertragsdauer zu erhalten hat, RGZ **155,** 306, 310, 313; vgl. auch BGH GRUR **65,** 591, 595 – Wellplatten; dahingestellt in BGHZ **83,** 251, 256 – Verankerungsteil; zutreffend Bartenbach Mitt. **02,** 503, 509f.; krit. hierzu Kraßer[5] § 40 V (S. 955).

101 **b)** Bei der **einfachen Lizenz** kann der **Lizenznehmer** nicht selbstständig gegen Dritte vorgehen, RGZ **83,** 93, 95. Er hat keine Klagebefugnis. Er hat weder einen Unterlassungsanspruch gegen Patentverletzer, noch kann er von ihnen Schadenersatz verlangen, RGZ **83,** 93, 96; KG GRUR **40,** 32, 33; Bueb GRUR **38,** 470; Fischer GRUR **80,** 374, 377; Kirchhof, FS Merz, S. 283, 292; Kraßer[5] § 40 V (S. 957); § 139 Rdn. 17; insoweit auch Forkel, Gebundene Rechtsübertragungen, S. 97 – aus Gründen der Rechtsklarheit; anderer Ansicht: G. Pinzger GRUR **38,** 148; Lichtenstein GRUR **65,** 344ff.; Weinmann, Die Rechtsnatur der Lizenz, S. 570. Auch zur Geltendmachung der Drittwiderspruchsklage gemäß § 771 ZPO ist er nicht befugt, Kirchhof aaO S. 294. Bei der einfachen Lizenz kann nur der Patentinhaber aus eigenem Recht bei Patentverletzungen Dritter auf Unterlassung und Schadenersatz klagen, RGZ **83,** 93, 96. Hierauf hat der Lizenznehmer gegen den Lizenzgeber einen vertraglichen Anspruch. Der Lizenznehmer selbst kann nur vom Patentinhaber abgeleitete Rechte geltend machen, RG GRUR **39,** 826, 828.

102 Um im eigenen Namen im Wege der **Prozessstandschaft** eine Unterlassungsklage erheben zu können, bedarf er einer Ermächtigung des Patentinhabers, RGZ **148,** 146, 147; RG GRUR **39,** 826, 828. Das eigene Interesse an der Prozessführung ergibt sich aus der Tatsache, dass er zur Benutzung der patentgeschützten Erfindung berechtigt ist, vgl. auch Ullmann, FS v. Gamm, S. 315, 317. Für die Geltendmachung von Schadenersatzansprüchen bedarf es einer Zession, wenn der Lizenznehmer die Leistung an sich selbst verlangt. Begehrt er die Schadenersatzleistung an den Patentinhaber, dann genügt dessen Ermächtigung zur Prozessführung. Missachtet der ausschließliche Lizenznehmer die zu Gunsten eines (einfachen) Lizenznehmers übernom-

mene Vertriebsbeschränkung, so kann der Patentinhaber den bei diesem entstandenen Schaden nach den Grundsätzen der Schadensliquidation im Drittinteresse geltend machen, BGH GRUR **74,** 335 f. – Abstandshaltertropfen. Entgegen der Ansicht Fischers (GRUR **80,** 374, 378) ist es nicht gerechtfertigt, die Grundsätze der **Drittschadensliquidation** zu Gunsten des einfachen Lizenznehmers bei Schutzrechtsverletzungen Dritter eingreifen zu lassen. Die Vergabe einfacher Lizenzen führt nicht zu einer Schadensverlagerung. Der nutzungsberechtigte Patentinhaber erleidet einen eigenen Schaden; wieweit er den Lizenznehmer an den Ersatzleistungen teilhaben lässt, ist der vertraglichen Vereinbarung vorbehalten.

11. a) Die Frage der **Übertragbarkeit** einer Lizenz richtet sich nach dem Parteiwillen, da die Lizenz einen gewillkürten Ausschnitt aus den Befugnissen darstellt, welche die Ausnutzung des Patentrechts gewährt, RGZ **134,** 91, 96. Die **einfache Lizenz** ist grundsätzlich nicht übertragbar; sie ist als schuldrechtliche Erlaubnis zur Benutzung der Erfindung personen- und betriebsgebunden, BGHZ **62,** 272, 274 – Anlagengeschäft. § 399 BGB steht der Übertragbarkeit entgegen, RG GRUR **30,** 174, 175; **34,** 657, 661; – und zwar unabhängig von deren Einordnung als dinglich oder nicht, vgl. Kraßer[5] § 40 V d (S. 958) **Eine Betriebslizenz** ist grundsätzlich nicht übertragbar, RGZ **134,** 91, 97. Eine übertragbare Betriebslizenz kann nur mit dem Betrieb übertragen werden, eine Spaltung der Lizenz ist nicht zulässig, wohl aber kann die Lizenz mit einem selbstständigen Betriebsteil übertragen werden, RG GRUR **30,** 174, 175. Die **ausschließliche Lizenz** ohne nähere persönliche Bindung der Beteiligten ist vererblich und veräußerlich, wenn nichts Gegenteiliges vereinbart ist vgl. auch BGH GRUR **69,** 560, 561 – Frischhaltegefäß. Bei einem engen Vertrauensverhältnis der Vertragspartner ist die Übertragbarkeit als stillschweigend ausgeschlossen anzusehen, vgl. auch BGH GRUR **59,** 147, 149 – Bad auf der Tenne I – betreffend Urheberrecht; BGH I ZR 17/56 vom 26. 4. 1957. Auch hier kann § 399 BGB entgegenstehen, Kraßer[5] § 40 V d (S. 958). Zu Zwangsvollstreckung und Insolvenz vgl. Rdn. 48, 50–55. 103

Von der Übertragung der (dinglichen) Lizenzberechtigung gemäß §§ 413, 398 BGB ist die Übernahme der Rechte und Pflichten aus dem Lizenzvertrag zu unterscheiden. Der Anspruch auf (rückständige) Lizenzgebühren geht nicht ohne weiteres auf den Erwerber der Lizenz über, vgl. Rdn. 110, auch BGHZ **36,** 265 ff. zur Haftung für Mietrückstände. Der Eintritt eines Dritten in einen Lizenzvertrag aufseiten des Lizenznehmers vollzieht sich im Wege der Rechtsübertragung (§§ 398 ff. BGB) und der Schuldübernahme (§§ 414 ff. BGB) mit Zustimmung des Lizenzgebers, die auch im Voraus erteilt werden kann, vgl. RGZ **119,** 114, 118; BGH I ZR 55/59 vom 1. 7. 1960. Bei der Übernahme der Lizenzvertragsrechte handelt es sich um einen dreiseitigen Vertrag eigener Art, bei dem die ursprünglichen Vertragspartner und der den alten ersetzende neue Partner zusammenwirken, BGH NJW-RR **90,** 1251, 2153 – Kabelaufroller. 104

b) Die Übertragbarkeit des Lizenzrechts steht in engem Zusammenhang mit der Frage nach der Vergabe von Unterlizenzen, Stumpf/Groß[8] Rdn. 233 ff. Der Inhaber einer ausschließlichen Lizenz hat grundsätzlich das Recht zur **Vergabe von Unterlizenzen,** RGZ **89,** 81, 84; **142,** 168, 170; BGH GRUR **53,** 114, 118, **55,** 338, 340. Der Inhaber einer einfachen Lizenz hat dieses Recht nur dann, wenn es ihm besonders eingeräumt ist, vgl. BGHZ **62,** 272, 274 – Anlagengeschäft; differenzierend: Kraßer[5] § 40 V d 2 (S. 959). Der ausschließliche Lizenznehmer ist zur Vergabe von Unterlizenzen berechtigt, da und soweit er in die Nutzungsberechtigung des Patentinhabers eingerückt ist. Ist dem Nehmer nur eine nach Zeit, Gebiet oder Nutzungsart beschränkte ausschließliche Lizenz eingeräumt, ist ihm auch eine weiterreichende Vergabe von Unterlizenzen dinglich (patentrechtlich) verwehrt, vgl. BGH GRUR **87,** 37, 39 – Videolizenzvertrag betr. Urheberrecht m. Anm. Hubmann GRUR **87,** 40, 41. Ist die ausschließliche Lizenz personengebunden und als solche nicht übertragbar (§ 399 BGB, vgl. Rdn. 103), ist im Zweifel auch das Recht zur Vergabe von Unterlizenzen durch die Beschränkung des Inhalts des Nutzungsrechts auf die Person des Lizenznehmers verfügungsrechtlich wirksam ausgeschlossen. Der Inhalt des Lizenzrechts bestimmt auch dessen Wirkung nach außen, RG GRUR **37,** 627, 630. Ob eine solche über die rein schuldrechtliche Wirkung hinausreichende (dingliche) Beschränkung des Inhalts des Nutzungsrechts einem vertraglichen Verbot zur Vergabe von Unterlizenzen (so: RG GRUR **37,** 627, 630) oder dem Zustimmungsvorbehalt des Lizenzgebers (so: BGH GRUR **87,** 37, 39 – Videolizenzvertrag betr. Urheberrecht) entnommen werden kann, ist streitig, vgl. Kraßer[5] § 40 V Fn. 27; zur Wahrung des freien Warenverkehrs ist im Prinzip einer Verdinglichung schuldrechtlicher Absprachen im Patentrecht (Kraßer[5] § 40 VI, S. 960) – wie im Urheberrecht (vgl. BGHZ **145,** 8, 11 f. – OEM-Version) – entgegenzusteuern (vgl. auch o. Rdn. 69, 51 und Vorauflage Rdn. 59) Zur Frage der rechtlichen Wirksamkeit einer Rückfallklausel bei Verstoß gegen schuldrechtliche Abreden über die auflösend bedingte Einräumung des Lizenzrechts vgl. LG München ZUM **04,** 861, 864 – betr. Urheberrecht. 105

106 Handelt es sich bei der bewilligten Lizenz um eine abspaltbare, selbstständige Nutzungsart, ist eine dem widersprechende erteilte Unterlizenz patentrechtlich unwirksam; dieser Unterlizenznehmer ist solchenfalls dem Patentinhaber zur Unterlassung und bei Verschulden zu Schadenersatz gemäß § 139 verpflichtet. Mit dem Verbot der Unterlizenzierung dürfte indes nicht notwendigerweise ein Ausschluss der Übertragbarkeit der Lizenz verbunden sein, vgl. Lüdecke/Fischer, Lizenzverträge, D 63 (S. 428); die schuldrechtliche Wirkung einer solchen Vereinbarung steht außer Zweifel, BGH GRUR **55,** 338, 340 – Beschlagfreie Brillengläser.

107 Eine **Unterlizenz** kann in einem so weiten Umfang vergeben werden, dass der Unterlizenznehmer nahezu die gleiche Stellung erlangt wie der Lizenznehmer, der ihm die Unterlizenz verleiht, RG GRUR **37,** 627, 629. Eine Unterlizenz – Sublizenz – kann eine ausschließliche Lizenz sein, RGZ **142,** 168, 170. Ein **gutgläubiger Erwerb** einer Unterlizenz von jemandem, der selbst keine Lizenz besitzt, oder von einem Lizenznehmer über dessen Lizenzrecht zeitlich oder sachlich hinaus, RGZ **142,** 168, 170, ist nicht möglich. Bei Erteilung einer Unterlizenz oder Auswertung des überlassenen Patents durch einen Dritten haftet der Hauptlizenznehmer dem Patentinhaber, für eine ordnungsgemäße Rechnungslegung und für die durch die Auswertung des Dritten anfallenden Lizenzgebühren, BGH GRUR **53,** 114, 118. In der Regel **erlischt** mit dem Recht des Hauptlizenznehmers auch die Unterlizenz, RGZ **142,** 168, 170f.; Schumann GRUR **32,** 539; Ohl GRUR **92,** 77, 81. Der Patentinhaber kann den Lizenznehmer jedoch ermächtigen, auch über die Dauer seiner Lizenz hinaus Unterlizenzen zu vergeben, RGZ **142,** 168, 170. Im letzteren Fall werden sie mit dem Wegfall der Hauptlizenz selbst zur Hauptlizenz.

108 **12. a)** Die vom Berechtigten erteilte Lizenz bleibt bestehen, wenn das Schutzrecht oder das ergänzende Schutzzertifikat (§ 16a Abs. 2) vom Lizenzgeber auf einen Dritten übertragen wird oder kraft Gesetzes übergeht, **§ 15 Abs. 3,** sog. **Sukzessionsschutz** des Lizenznehmers.

Die höchstgerichtliche Rechtsprechung – BGHZ **83,** 251, 255ff. – Verankerungsteil – hatte den Fortbestand der einfachen Lizenzberechtigung wegen deren rein schuldrechtlicher Natur verneint. Die festgestellte mangelnde Bestandskraft der einfachen Lizenz wurde überwiegend als unbefriedigend empfunden (vgl. hierzu Literaturangaben vor Rdn. 1 unter II). Der Gesetzgeber kam mit der Einfügung von Abs. 3 zu § 15 durch das Gesetz zur Änderung des Gebrauchsmustergesetzes vom 15. 8. 1986 (Art. 2 Abs. 9) – BGBl I 1446 – dem aufgezeigten Regelungsbedürfnis nach – BT-Drucksache 10/5720 S. 23f.

§ 15 Abs. 3 findet Anwendung auf den nach seinem Inkrafttreten (1. 1. 1987) erfolgten Rechtsübergang. Zur Frage des Fortbestands einer ausschließlichen oder einfachen Lizenz bei einer Verfügung über die Schutzrechtsberechtigung vor dem 1. 1. 1987 vgl. Vorauflage Rdn. 60.

109 **b)** Des Bestandsschutzes des § 15 Abs. 3 bedarf es nur, wenn der **Berechtigte** rechtlich **wirksam verfügt** hat. § 15 Abs. 3 spricht drei Verfügungstatbestände an: 1. Die Übertragung des Patents – bestehende ausschließliche und einfache Lizenzen gehen nicht unter. 2. Die Übertragung oder Unterlizenzierung einer ausschließlichen Lizenz durch den Lizenznehmer – bestehende Unterlizenzen bleiben erhalten. 3. Die Einräumung einer ausschließlichen Lizenz durch den Patentinhaber – bewilligte einfache Lizenzen werden nicht berührt. Die Gewährung weiterer einfacher Lizenzen vermag eine bestehende Lizenzberechtigung ohnehin nicht zu tangieren. Auch soweit die Verfügungsmacht des Übertragenden rechtswirksam ausgeschlossen ist (hierzu Rdn. 103f.), ist der Bestand der Lizenz nicht in Gefahr.

110 Die Rechtswirkungen des § 15 Abs. 3 sind im Lizenzvertrag **abdingbar** (vgl. auch zu § 30 Abs. 5 MarkenG Ingerl/Rohnke, MarkenG[2] § 30 Rdn. 81). Aus der Sicht des Lizenzgebers ist an die Vereinbarung einer auflösenden Bedingung für den Fall der Veräußerung des Schutzrechts zu denken, der Lizenznehmer sollte auf der Einräumung eines Kündigungsrechts bestehen, wenn ihm die Person des Schutzrechtsberechtigten bedeutsam ist. Einer Beschränkung der Verfügungsmacht des Lizenzgebers steht § 137 BGB entgegen. § 399 BGB gestattet es nicht, die Verfügbarkeit des lizenzierten absoluten (Patent-)Rechts einzuschränken, sondern ermöglicht eine verfügungsbeschränkende Abrede nur über das durch den Vertrag begründete Lizenzrecht, vgl. Rdn. 11, 103f.

111 **c)** § 15 Abs. 3 garantiert den **Fortbestand des Benutzungsrechts des Lizenznehmers,** wie es vom Berechtigten auf Grund eines wirksamen Lizenzvertrags bewilligt worden war. Der Lizenznehmer kann sein Recht vom Patentinhaber, einem ausschließlichen Lizenznehmer oder einem sonst Verfügungsberechtigten (o. Rdn. 86f.) herleiten. Vom gesetzlichen Sukzessionsschutz erfasst sind die **ausschließliche,** die **einfache** Lizenz – damit auch die Zwangslizenz – die Haupt- und die Unterlizenz. Der seltene Fall einer **negativen Lizenz** als bloßen Verbotsverzichts ohne die Einräumung eines positiven Benutzungsrechts – ein pactum de non petendo (Rdn. 99, 164) – fällt nicht unter § 15 Abs. 3, der den Lizenznehmer in seinem Recht zur Benutzung des patentgemäßen Gegenstandes schützt, Mes § 15 Rdn. 24; a. A. Bartenbach, Die Patentlizenz als negative Lizenz, S. 215. Das Mitbenutzungsrecht des Arbeitgebers aus **§ 7 Abs. 2 ArbnEG** nimmt am Sukzessionsschutz des § 15 Abs. 3 teil.

Die **Lizenz** muss zum Zeitpunkt des Rechtsübergangs **wirksam begründet** sein. Der Be- 112
rechtigte aus einem Vorvertrag oder aus einer Option genießt nicht den Schutz des § 15 Abs. 3. Die vom Bundesrat vorgeschlagene Gleichstellung der Erteilung einer Lizenz mit der Einräumung einer darauf gerichteten **Option** ist nicht Gesetz geworden (vgl. hierzu Bericht des Rechtsausschusses des Deutschen Bundestags in BT-Drucksache 10/5720). Wirkt die Heilung eines schwebend unwirksamen Lizenzvertrags auf einen Zeitpunkt vor Rechtsübertragung zurück (z. B. §§ 177, 184 Abs. 2 BGB), partizipiert der Lizenznehmer am Bestandsschutz. Der Lizenznehmer muss den Gegenstand der Erfindung nicht in Benutzung genommen haben. Die Eintragung der Lizenz in die Patentrolle oder deren sonstige Publizität ist keine Voraussetzung für den Fortbestand des Benutzungsrechts des Lizenznehmers, das auch dem gutgläubigen Erwerber gegenüber bestehen bleibt.

d) Der Lizenznehmer behält das Recht zur Benutzung des Patentgegenstandes in dem Um- 113
fang, wie es ihm vom bisher Berechtigten bewilligt war. Das **positive Benutzungsrecht** hat Rechtswirkungen gegenüber dem Patentinhaber wie gegenüber jedem Dritten. Das Benutzungsrecht aus der Lizenz wirkt auch gegenüber einem identischen oder einem abhängigen jüngeren Schutzrecht, RG GRUR **40,** 23, 25; BGH GRUR **63,** 563, 565; OLG Karlsruhe GRUR Int. **87,** 788, 789. Das positive Benutzungsrecht mit Drittwirkung steht auch dem einfachen Lizenznehmer zu, RGZ **155,** 306, 310.

Gegenüber dem **vindikationsberechtigten** Erfinder entfällt die Rechtswirkung der Lizenzierung durch den nichtberechtigten Patentinhaber, Starck GRUR **38,** 817; § 8 Rdn. 5. § 15 Abs. 3 betrifft die Übertragung vom Berechtigten und findet deshalb auf die Vindikationslage keine Anwendung, Ohl, Die Patentvindikation, S. 74 Fn. 4.

e) Der **Lizenzvertrag** besteht zwischen Lizenznehmer und bisherigem Lizenzgeber fort. 114
§ 15 Abs. 3 befasst sich nur mit dem Fortbestand des Benutzungsrechts des Lizenznehmers. Der Eintritt des neuen Schutzrechtsberechtigten in das Lizenzvertragsverhältnis kann nicht ohne weiteres angenommen werden. Zur Auswechslung eines Vertragspartners bedarf es der Mitwirkung aller Betroffenen, auch des Lizenznehmers. § 566 BGB ist nicht anwendbar, vgl. BGHZ **83,** 251, 257 – Verankerungsteil. § 15 Abs. 3 hat hieran nichts geändert. Mit der Übertragung des Patents oder der ausschließlichen Lizenz kann stillschweigend auch die Abtretung des Anspruchs auf fällige und künftige Lizenzgebühren verbunden sein; (nur) in diesem Fall kann der Lizenznehmer dem Erwerber bestehende vertragliche Einwendungen gemäß § 404 BGB entgegenhalten. Eine Abtretung der Gebührenforderung ist nicht zwingend; die Vertragspartner können ein Interesse an der Geheimhaltung der Änderung der Schutzrechtsberechtigung haben. Zur Haftung des Veräußerers Rdn. 34 ff.

13. Aus einem gemäß **§ 4 ErstrG** auf das übrige Bundesgebiet **erstreckten Patent** können 115
(auch) gegen den Lizenznehmer eines anderen identischen oder abhängigen Patents keine Rechte hergeleitet werden, **§ 26 Abs. 1 ErstrG.** Der vertragliche Lizenznehmer – nicht der Lizenznehmer des § 23 PatG, vgl. § 29 ErstrG – hat Teil an der **Koexistenzlösung** erstreckter (bestandskräftiger) Schutzrechte mit gleichem Schutzbereich aus der früheren Bundesrepublik und der DDR. Er ist Verbotsansprüchen des anderen Schutzberechtigten nicht ausgesetzt, hat aber dessen Konkurrenz am gleichen Ort hinzunehmen. Auf den Zeitpunkt des Abschlusses des Lizenzvertrags kommt es nicht an (Entwurfsbegründung zu § 26 ErstrG, BT-Drucksache 12/1399, S. 52 = Bl. **92,** 213, 236). Auch die nach der Erstreckung eingeräumte Lizenzberechtigung gewährt Schutz vor der Inanspruchnahme aus dem anderen Patent, § 12 Rdn. 42; Gramm, FS Nirk, S. 394, 399; zuvor begangene Benutzungshandlungen werden dadurch nicht rechtmäßig, BGH GRUR **99,** 566, 568 – Deckelfass. Auf die Art und Reichweite der erteilten Lizenz kommt es nach § 26 ErstrG nicht an. Der Inhaber des anderen Patents hat auch keine Verbotsansprüche, wenn der Lizenznehmer seine Berechtigung überschreitet und damit (auch) das Schutzrecht seines Lizenzgebers verletzt. Die Verfolgung sich daraus ergebender Ansprüche ist allein dem Lizenzgeber überlassen, zumal es diesem unbenommen bleibt, rückwirkend Benutzungshandlungen des Lizenznehmers als berechtigte anzuerkennen. Im (Koexistenz-)Verhältnis zum anderen Schutzrecht ist der Lizenzberechtigte wie der Schutzberechtigte anzusehen. Unerheblich bleibt deshalb auch, ob eine räumlich beschränkt erteilte Lizenz nunmehr für das gesamte Bundesgebiet gilt (hierzu o. Rdn. 66). Unzuträglichkeiten aus der Koexistenz der Rechte aus dem erstreckten Schutzrecht und der Lizenzberechtigung am anderen Schutzrecht sind gegebenenfalls über die Härteklausel des § 26 Abs. 2 ErstrG sowie über die Missbrauchsklausel des § 54 ErstrG zu beseitigen.

116 **14.** Die Ermittlung des rechtlichen Gehalts und der Tragweite eines Lizenzvertrages und die **Auslegung** des Vertrages als Ganzes und seiner einzelnen Bestimmungen richten sich nach Treu und Glauben mit Rücksicht auf die Verkehrssitte, § 157 BGB. Der Sinn der Erklärungen der Vertragspartner ist nicht buchstäblich zu deuten, sondern so, wie sie von demjenigen, für den sie bestimmt waren, oder von der Allgemeinheit verstanden werden mussten, RG GRUR **35,** 952, 953f.; vgl. auch RGZ **91,** 423, 426. Der allgemeine Sprachgebrauch und der besondere Sprachgebrauch der Branche ist zu beachten, RG GRUR **34,** 306, 309f. **Wesentliche Auslegungsmittel** sind: die Vorgeschichte und die Begleitumstände beim Zustandekommen des Vertrages, die Interessenlage der Vertragspartner, die Lebenserfahrung und die Verkehrssitte, RG GRUR **37,** 135, 137; **43,** 247, 248; BGH GRUR **59,** 384, 387 – Postkalender; GRUR **98,** 561, 563 – Umsatzlizenz. Auch nachvertragliche Äußerungen können indiziell für Auslegung des Vertrags von Bedeutung sein, BGHZ **150,** 32, 39 – Unikatrahmen; GRUR **98,** 561, 563 – Umsatzlizenz; dasselbe gilt für nachträgliche Vereinbarungen, BGH BGHReport **01,** 703, 704. Ein Auslegungsergebnis, das mit dem Grundsätzen von Treu und Glauben in Widerspruch steht, ist nicht als von den Parteien gewollt anzusehen und deshalb unbeachtlich, BGH GRUR **61,** 307, 308 – Krankenwagen II. Was beiden Parteien selbstverständlich war, bedarf im Vertrag keiner Festlegung, RG GRUR **37,** 691, 692. Ausnahmebestimmungen können ausnahmsweise dann entsprechend auf einen nicht geregelten Fall angewandt werden, wenn der gleiche Rechtsgedanke, der für die Vereinbarung der Ausnahmebestimmung maßgebend war, auch auf den nicht ausdrücklich geregelten Fall anwendbar erscheint, BGH GRUR **56,** 93, 97 – Bioglutan. Es gilt der Grundsatz der beiderseits interessengerechten Auslegung, BGHZ **150,** 32, 39 – Unikatrahmen; BGH GRUR **03,** 173, 175 – Filmauswertungspflicht. Die Parteien können sich auf eine bestimmte Vertragsauslegung einigen, vgl. RG MuW **41,** 73, 74. Eine klare und eindeutige Vertragsbestimmung darf im Wege der Auslegung nicht durch eine „billige" ersetzt werden, RGZ **82,** 308, 316; BGH GRUR **55,** 87, 88 – Bäckereimaschinen. Erfordert die Ausübung der bewilligten Lizenz die Benutzung eines weiteren Schutzrechts des Lizenzgebers ist dieses nach interessengerechter Auslegung des Vertrags auch ohne ausdrückliche Erwähnung von der Lizenzierung erfasst, BGH GRUR **05,** 406, 407 – Leichtflüssigkeitsabscheider.

117 Die Erfahrung lehrt, dass der Patentinhaber in der Regel bei der Einräumung eines Rechts nur so wenig wie möglich von seinem Recht aufgeben will, RG GRUR **37,** 1001, 1002; **43,** 355; vgl. auch BGH GRUR **55,** 286, 289 – Kopiergerät; **59,** 200, 203 – Der Heiligenhof; BGHZ **9,** 262, 265; **15,** 249, 255f. betr. Urheberrecht; deshalb ist im Zweifel nur die Bestellung eines Nutzungsrechts und nicht die Vollübertragung des Rechts gewollt,– **Zweckübertragungsgrundsatz,** vgl. Rdn. 25. Selbst wenn auf die geschützte Erfindung in verschiedenen Staaten demselben Inhaber mehrere Patente erteilt worden sind, gibt die an einem Patent erteilte Lizenz nur die Befugnis, das Patent in seinem Erteilungsstaat zu benutzen, nicht aber das Recht, die hier hergestellten Sachen in einem anderen Patentstaat feilzuhalten, in Verkehr zu bringen oder zu gebrauchen, RGZ **51,** 263, 267; **84,** 370, 375. – Eine andere Betrachtungsweise kann nach EG-Kartellrecht geboten sein, vgl. u. Rdn. 264ff. – Es ist verkehrsunüblich, dass der Lizenzgeber einem Lizenznehmer zunächst ein engeres **Vertriebsgebiet** gegen eine Stückvergütung zuweist, ihm aber danach als Gratislizenz ein unbeschränktes Vertriebsgebiet eröffnet, das er sich zunächst selbst vorbehalten hatte und in dem er Kosten für die Einführung des Lizenzgegenstandes aufgewandt hat, BGH I a ZR 19/64 vom 15. 6. 1965.

118 Aus der bewussten Benutzung patentrechtlicher Begriffe nach Beratung durch einen Patentanwalt kann geschlossen werden, dassdass Lizenzzahlungen im Zweifel nur für solche Benutzungshandlungen zu zahlen sind, die, falls sie nicht gestattet wären, Patentverletzungen darstellen, RG GRUR **36,** 121, 123. Zur Abgrenzung der Lizenzpflicht ist in solchen Fällen der **Schutzbereich** eines Patents zu ermitteln. Eine Absprache über die Gestaltungsformen des lizenzpflichtigen Erfindungsgegenstandes ist ratsam und zulässig, vgl. BGH GRUR **79,** 308, 309 – Auspuffkanal für Schaltgase. Kartellrechtliche Bedenken sind dann zu erheben, wenn die Vereinbarung auf eine Erweiterung des Gegenstandes der Erfindung gerichtet ist oder der Aufrechterhaltung eines offensichtlich vernichtbaren Patents dient, BGH GRUR **79,** 308, 309 – Auspuffkanal für Schaltgase; Rdn. 262. Bei einem Verfahrenspatent erstreckt sich die Lizenzpflicht nicht auf patentfreie Vorrichtungen zur Benutzung des Verfahrens, die in das patentfreie Ausland geliefert werden, RG GRUR **36,** 121, 123f.

119 Zur Schließung von **Vertragslücken** hat der Richter eine **ergänzende Vertragsauslegung** vorzunehmen, RG GRUR **43,** 76, 77; BGHZ **9,** 273, 277f. m.w.N.; BGH GRUR **55,** 143, 144f. – Sympatol I; **59,** 384, 387 – Postkalender; BGH GRUR **99,** 566, 568 – Deckelfass. Voraussetzung für eine ergänzende Vertragsauslegung ist eine Lücke, d.h. eine überhaupt fehlende Regelung eines bestimmten Punktes, die sich aus dem Gesamtinhalt des Vertrages mit

den allgemeinen Auslegungsmitteln nicht schließen lässt, vgl. BGH GRUR **99,** 566, 568 – Deckelfass. Der Richter hat zu ermitteln, welche Regelung die Parteien im Hinblick auf den verfolgten Zweck unter Beachtung von Treu und Glauben getroffen hätten, wenn sie bei Vertragabschluss bemerkt hätten, dass bei ihren Abreden ein wesentlicher Punkt offengeblieben war, BGH GRUR **59,** 384, 387 – Postkalender; BGH NJW **02,** 3098, 3099. Bei der Schließung der Lücke sind alle wesentlichen Begleitumstände, die Interessenlage, die Lebenserfahrung und die Verkehrssitte zu beachten, BGH GRUR **59,** 384, 387; BGH NJW **02,** 3098, 3099. Dabei ist nicht so sehr auf die Feststellung hypothetischer subjektiver Vorstellungen der Vertragsschließenden abzustellen, als vielmehr auf eine vernünftige Interessenabwägung auf rein objektiver Grundlage, BGH GRUR **61,** 307, 309 – Krankenwagen II m. w. N.; BGH GRUR Ausl. **65,** 504, 505. Die ergänzende, lückenfüllende Auslegung darf sich nicht in Widerspruch zu dem im Vertrag zum Ausdruck gebrachten Parteiwillen setzen und nicht zu einer unzulässigen Erweiterung des Vertragsgegenstandes führen, BGHZ **9,** 273, 278; BGH NJW **02,** 3098, 3099.

Der Lizenzvertrag ist ein atypischer Vertrag, seine Auslegung ist **revisionsrechtlich** nur be- 120
schränkt nachprüfbar, RG GRUR **42,** 553, 555; BGHZ **28,** 144 ff. – Pansana BGH GRUR **61,** 466, 467 – Gewinderollkopf; **65,** 160, 161 – Abbauhammer; **79,** 308, 309 – Auspuffkanal für Schaltgase. Das Auslegungsergebnis des Tatrichters kann nur darauf nachgeprüft werden, ob gesetzliche oder allgemein anerkannte Auslegungsregeln, die Denkgesetze, Erfahrungssätze verletzt sind oder ob unter Verstoß gegen Verfahrensvorschriften wesentliches tatsächliches Auslegungsmaterial außer acht gelassen ist. Sofern der Sachverhalt ausreichend geklärt ist, kann das Revisionsgericht selbstständig und frei eine ergänzende Vertragsauslegung vornehmen, BGH GRUR **59,** 384, 387 – Postkalender; BGH GRUR **03,** 173, 175 – Filmauswertungspflicht.

Für die Auslegung einer **Vertragsstrafenvereinbarung** gelten die allgemeinen Grundsätze, 121
BGH GRUR **61,** 307, 308 f. – Krankenwagen II; BGH GRUR **03,** 545 – Hotelfoto. Die Zusammenfassung mehrerer gleichartiger Einzelhandlungen zu einem „Fall der Zuwiderhandlung“ ist möglich, auch bei fahrlässigen Handlungen, BGH GRUR **61,** 307, 309 – Krankenwagen II; BGH GRUR **03,** 545 – Hotelfoto. Die Vertragsstrafe verfällt nur, wenn der Schuldner die Zuwiderhandlung zu vertreten hat, BGH NJW **72,** 1893, 1894 f., anders wenn sie garantieähnlich versprochen ist, BGH NJW **58,** 1483; **72,** 1893, 1895. Je höher eine vereinbarte Vertragsstrafe im Verhältnis zur Bedeutung des gesicherten Unterlassungsanspruchs ist, umso eher ist eine eng am Wortlaut orientierte Auslegung des Unterlassungsvertrages geboten, BGH GRUR **03,** 545 – Hotelfoto. Eine zugunsten des Lizenznehmers für den Fall des verschuldeten Verfalls des Patents vereinbarte Vertragsstrafe wird fällig, wenn das Patent durch eine fahrlässige Nichtzahlung der Gebühren erlischt, RG MuW **XXII,** 89. Zur Möglichkeit der Herabsetzung der Vertragsstrafe unter Kaufleuten beim Kauf einer Erfindung vgl. RG GRUR **32,** 865, 867.

15. Die Rechte und **Pflichten des Lizenznehmers** richten sich nach den im Lizenzvertrag 122
getroffenen Vereinbarungen, s. dazu Kraßer/Schmid GRUR Int. **82,** 324, 332 ff.; Kraßer[5] § 41 III. Lässt sich eine Erfindung auf mehrfache Weise ausführen, so bleibt es dem Inhaber einer ausschließlichen Lizenz überlassen, welche **Ausführungsform** er verwerten will, solange nichts anderes vereinbart ist, RG GRUR **39,** 701, 703. Hat der Lizenzgeber eine Lizenz in Aussicht gestellt und dem Lizenznehmer schon die Abgabe von Angeboten gestattet, dann darf der Lizenznehmer den Lizenzgegenstand bereits rechtlich unverbindlich der Kundschaft anbieten, ehe der Lizenzvertrag endgültig zustande gekommen ist, RG GRUR **36,** 325, 326, 328. Der Lizenzvertrag begründet nicht die Verpflichtung des Lizenznehmers, den Vertrieb eigener Erzeugnisse gleicher Art zu unterlassen, RG MuW **XIX,** 231, 232. Zum Recht zur Vergabe von Unterlizenzen siehe Rdn. 105. Eine Meistbegünstigungsklausel hat den Zweck, dass der begünstigte Lizenznehmer insbesondere hinsichtlich der Lizenzabgaben nicht schlechter stehen soll als andere Lizenznehmer des Schutzrechts, BGH GRUR **65,** 591, 595 – Wellplatten; vgl. Rdn. 156. Zu den Verpflichtungen, die den Lizenznehmer im Geschäftsverkehr beschränken, vgl. Rdn. 258 ff.

a) Hauptpflicht des Lizenznehmers ist in der Regel die Zahlung der vereinbarten **Lizenzge-** 123
bühren. Die Gegenleistung des Lizenznehmers kann aber statt in Geld auch in der Übertragung von Erfindungen, Verbesserungen und technischen Informationen bestehen, BGHZ **17,** 41, 58 – Kokillenguss; zur kartellrechtlichen Beurteilung Rdn. 256, 281 ff. Die kartellrechtlichen Grenzen der lizenzvertraglichen Absprache berühren auch die Bemessungsgrundlage der Lizenz, Melullis, FS Traub, S. 287, 296, 298.

aa) In der Regel besteht das Entgelt des Lizenznehmers für die Benutzung in einer verein- 124
barten Gebühr, die im Zweifel, z. B. bei monatlich abzurechnenden Stücklizenzen, eine teilbare Leistung darstellt, RGZ **155,** 306, 314. Sie kann eine Abgabe von jedem erzeugten oder ver-

äußerten Gegenstand sein (Stücklizenz), RGZ **155,** 306, 314, oder nach sonstigen **Berechnungsmaßstäben** bemessen sein, z.B. als ein Hundertsatz vom Umsatz, RGZ **136,** 320, oder als ein Hundertsatz vom Rechnungsbetrag, RGZ **122,** 70, 72. Lizenzgebühren sind im Zweifel als wiederkehrende Vergütung für das (vom Lizenzgeber aufrechtzuerhaltende) Schutzrecht anzusehen und unterliegen dem **Pfändungsschutz** des § 850i ZPO, BGH NJW-RR **04,** 644, 645; Zöller/Stöber, ZPO[25] § 850i Rdn. 1; eine wirtschaftliche Bertachtung ist geboten. Beim „Netto-Fakturenwert" kann der Gestehungspreis für ein Einzelteil nicht anstelle des Erlöses für eine Gesamteinrichtung als maßgebliche Bezugsgröße angesehen werden, BGH 15. 5. 1962 – I ZR 103/60. Bei Verfahrenspatenten wird die Lizenzgebühr in der Regel nach dem Wert des durch das Verfahren gewonnenen Erzeugnisses berechnet, BGH GRUR **67,** 655, 657 – Altix. Bei einer Absprache, wonach die Lizenzgebühr nach dem Preis der verkauften Ware zu berechnen ist, kann die Zahlungspflicht in den Fällen entfallen, in denen die Abnahme verweigert, das Geschäft rückgängig gemacht oder der Kaufpreis nicht gezahlt wird, RG GRUR **43,** 247, 248f.; das ist aber die Ausnahme, da der Lizenzgeber grundsätzlich nicht mit dem Risiko der Ausführbarkeit des Geschäfts des Lizenznehmers belastet sein möchte, BGH GRUR **98,** 561, 563 – Umsatzlizenz. Bei einem Patentverwertungsvertrag, in welchem die Beteiligung des Erfinders am Reingewinn vorgesehen ist, erhält der Erfinder einen Gewinnanteil erst dann, wenn nach Abdeckung der zunächst entstandenen Verluste – durch Entwicklungs- und Anlaufkosten – ein Reingewinn erzielt wird, BGHZ **28,** 144ff. – Pansana. Eine Stücklizenz ist nicht ohne weiteres vereinbart für die bloße wirtschaftliche Ausnutzung der Lizenz ohne technische Anwendung der Erfindung, RG GRUR **37,** 135, 138. Für die bloße wirtschaftliche Ausnutzung ist unter Umständen eine angemessene Lizenz zu zahlen, RG GRUR **37,** 135, 138. Erzeugnisse einer selbstständigen Zweigniederlassung desselben Unternehmens sind lizenzpflichtig, RG JW **29,** 3056, 3058. Im Zweifel muss der Lizenznehmer auch für die gebührenpflichtigen Benutzungen seines Unterlizenznehmers einstehen, BGH GRUR **53,** 114, 118, insoweit bleibt er selbst zur Rechnungslegung verpflichtet, BGH GRUR **53,** 114, 118.

125 Der Anspruch auf die Lizenzgebühr ist begrifflich nicht notwendig von der Benutzung des Patents abhängig, RG GRUR **37,** 37, 38; vgl. auch EuGH GRUR Int. **90,** 458, 459 – Ottung/Klee & Weilbach. Im Zweifel aber werden Lizenzgebühren nur für solche **Benutzungshandlungen** geschuldet, die Patentverletzungen darstellten, falls sie nicht gestattet wären, RG GRUR **36,** 121, 123, auch für mittelbare Patentverletzungen, BGH GRUR **67,** 655, 657 – Altix; Melullis, FS Traub, S. 287, 301 Den Vertragsparteien ist es grundsätzlich vorbehalten, den lizenzpflichtigen Gegenstand festzulegen, BGH GRUR **79,** 308, 309 – Auspuffkanal für Schaltgase. Ist eine Ausübungspflicht vereinbart, so kann davon ausgegangen werden, dass vom lizenzpflichtigen Gegenstand Gebrauch gemacht wurde. Liegt eine Vereinbarung über den lizenzpflichtigen Gegenstand nicht vor, so ist im Einzelnen die Benutzung des Gegenstandes der Erfindung festzustellen; siehe dazu Hesse GRUR **72,** 505, 506ff.

126 Ist **Bezugsgröße** für die Lizenzgebühr „die Maschine nach dem Vertragsgegenstand", so ist die Vorrichtung gemeint, wie sie im Schutzanspruch des lizenzierten Patents näher beschrieben ist, vgl. auch BGH GRUR **92,** 599, 600 – Teleskopzylinder. Zusatzaggregate bleiben außer Betracht. Ist diese Vertragsklausel maßgeblich zur Berechnung der Lizenzgebühr für die Benutzung eines **Verfahrens,** sind indes sämtliche zur Durchführung des Verfahrens notwendigen Vorrichtungen heranzuziehen, OLG Karlsruhe 6 U 21/84 – U. v. 12. 5. 1986 Seite 10f. Der Lizenzgeber kann sich die Zahlung der Gebühren für die Benutzung des Verfahrens auch vom Erwerber der Vorrichtung hierfür versprechen lassen, BGH GRUR **01,** 223, 224 – Bodenwaschanlage. Ohne eine anderweitige Vereinbarung wird bei Verfahrenslizenzen die Gebühr nach dem Verfahrenserzeugnis berechnet, vgl. auch Melullis, FS Traub, S. 287, 301. Der Einwand, nicht nach dem lizenzierten Gegenstand gearbeitet zu haben, kann durch das Anerkenntnis der geschuldeten Lizenzgebühren ausgeschlossen sein, BGH, GRUR **80,** 38, 40 – Fullplastverfahren. Es ist unerheblich, ob die geschützten Teile zu einer Einheit zusammengefasst oder getrennt veräußert werden, RG GRUR **40,** 146, 148.

127 Bei **neutralen Teilen** kommt eine Lizenzpflicht nur dann in Betracht, wenn sie mit den geschützten Teilen zu einer technischen oder wirtschaftlichen Einheit zusammengefasst sind, RG GRUR **40,** 146, 148 BKartA GRUR **81,** 919921 – Rigg für ein Segelbrett; zur Beurteilung nach EG-Kartellrecht vgl. EuGH GRUR Int. **86,** 635, 639f. – Windsurfing International. Eine im Zuge der technischen Entwicklung gebotene Trennung der geschützten von den neutralen Teilen ist auch dann zulässig, wenn sie die Lizenzgebühr mindert, RG GRUR **40,** 146, 148. Auch bei einem abhängigen Patent ist die Lizenzgebühr im Zweifel für den gesamten Patentgegenstand und nicht lediglich für den gegenüber dem älteren Schutzrecht überschießenden Teil geschuldet, vgl. BGH GRUR **92,** 432, 433 – Steuereinrichtung (zur gesetzlichen Schadenersatzpflicht).

Die **Vergütungspflicht** entfällt nicht, wenn der Lizenznehmer **Verbesserungen** benutzt, solange diese Verbesserungen vom Patentschutz Gebrauch machen, RG Mitt. **34,** 236, 238. Das Ausbessern und Wiederherstellen in Verkehr gebrachter beschädigter Vorrichtungen ist dann lizenzpflichtig, wenn diese Maßnahmen ohne Lizenzerteilung als Patentverletzung anzusehen wären, vgl. hierzu § 9 Rdn. 37, 39. Die Bemessung der Lizenzgebühren nach einem Gesamtpreis eines an sich nicht patentierten Gegenstandes, in welchem patentierte Teile enthalten sind, ist kartellrechtlich zulässig, BGHZ **17,** 41, 56 – Kokillenguss. Die Einbeziehung **nicht geschützter Gegenstände** in die Lizenzberechnung kann allerdings kartellrechtlichen Bedenken begegnen, wenn sie weniger die technische Vereinfachung der Abrechnungsweise bezweckt, als vielmehr das Ziel verfolgt, zweifellos patentfreie Gegenstände in die Lizenzpflicht einzubeziehen, BGH 9. 4. 1963 – I a ZR 88/63; BGH GRUR **75,** 206, 208 – Kunststoffschaum-Bahnen. Die einheitliche Bemessung der Lizenzgebühr auf einen gleich bleibenden Pauschal- oder Durchschnittssatz in einem Lizenzvertrage über **mehrere Schutzrechte** unabhängig davon, ob von einem oder mehreren Schutzrechten Gebrauch gemacht wird, ist kartellrechtlich zulässig, besonders wenn laufende Erfahrungen, Verbesserungen und zukünftige Schutzrechte vom Lizenzgeber zur Verfügung gestellt werden, BGHZ **17,** 41, 55 – Kokillenguss; anders wenn durch die Einbeziehung unwesentlicher und praktisch nutzloser Patente nur das Hauptpatent über seine Laufzeit ausgedehnt werden soll, BGHZ **17,** 41, 55 zur VO 78 brit. Zone ergangen. Zur Höhe der Lizenzgebühr bei lückenhafter vertraglicher Regelung der Lizenzgebühr s. Rdn. 132f. 128

Wirkt sich ein lizenzierter Teil erheblich auf den **Wert einer Gesamteinrichtung** aus, so kann bei der Ermittlung der angemessenen Lizenzgebühr entweder ein hoher Prozentsatz vom Verkehrswert des Teils oder ein niedriger Prozentsatz vom Preis der Gesamteinrichtung zugrunde gelegt werden, BGH GRUR **69,** 677, 679 – Rüben-Verladeeinrichtung; vgl auch EuGH GRUR Int. **86,** 635, 639 – Windsurfing International. Mit beiden Berechnungsarten ist das gleiche Ergebnis zu erzielen, in Grenzfällen sind zur Kontrolle beide Rechnungen anzustellen, BGH GRUR **69** aaO. Es ist jedenfalls nicht unangemessen, den Rechteinhaber am wirtschaftlichen Erfolg der Gesamteinrichtung zu beteiligen, wenn dieser durch das lizenzierte Teil bedingt ist, Melullis, FS Traub, S. 287, 302. Die Berechnung ist schließlich eine Gesamtwürdigung aller Umstände, die in der Revisionsinstanz nur beschränkt nachprüfbar ist, BGH GRUR **69,** 677, 680 – Rüben-Verladeeinrichtung m. w. N. Eine beim Verkauf einer Maschine neben einem festen Betrag vereinbarte Lizenzgebühr kann Teil des Kaufpreises sein, vgl. RGZ **124,** 317, 320. Der Geltendmachung von Lizenzgebühren kann der **Verwirkungseinwand** entgegenstehen, wenn der Lizenznehmer aus dem Verhalten des Lizenzgebers darauf schließen konnte, dieser werde mit seinen Ansprüchen nicht mehr hervortreten, und wenn sich der Lizenznehmer in seinen finanziellen Dispositionen auf diesen Zustand eingestellt hat, vgl. BGH 6. 7. 1965 – I a ZR 26/64. 129

bb) Ist eine **Mindestlizenzgebühr** vereinbart, können die Interessen der Parteien in Widerstreit treten, RG GRUR **38,** 563, 567. Der Lizenznehmer übernimmt das Wagnis wirtschaftlicher Verwertung des Patents mit dem Risiko der Erzielung des Mindestumsatzes, RG GRUR **36,** 1056, 1059. Die Mindestlizenz sichert dem Lizenzgeber eine Entschädigung für die überlassene Patentnutzung unabhängig vom Absatz des Lizenznehmers. Der wirtschaftliche Misserfolg fällt in den Risikobereich des Lizenznehmers. Die Mindestlizenzgebühren sind auch dann zu zahlen, wenn sich die gehegten Erwartungen nicht erfüllen, BGH GRUR **74,** 40, 43 – Bremsrolle; Rdn. 189. Höhere Gewalt wirkt nur als Befreiungsgrund, wenn sie die Ausnutzung des Patents unmöglich macht, RG GRUR **43,** 35, 36. Eine Erschwerung der Rohstoffbeschaffung ist im Einzelfall nicht als von der Zahlung einer Mindestlizenz befreiende höhere Gewalt angesehen worden, RG GRUR **43,** 35, 36. Aus der Verpflichtung zur Herstellung einer Mindestmenge und der Vereinbarung einer Stücklizenz folgt nicht selbstverständlich und zwingend die Festlegung einer Mindestlizenzgebühr, RG MuW **31,** 32 re. Sp.; vgl. auch RG GRUR **36,** 1056, 1059. In einem Falle, in dem dem Lizenzgeber für den Fall der Nichterreichung der jährlichen Mindestmengen das Recht zur Entziehung der Lizenz und das Recht zur Lizenzvergabe an Dritte eingeräumt war, hat das RG die Auslegung, dass aus diesen Umständen nicht die Pflicht zur Zahlung auch für vertragswidrig nicht hergestellte Stücke folge, nicht beanstandet, RG MuW **31,** 32 re. Sp. 130

cc) Wegen der in Rdn. 158 geschilderten Risiken sichert sich oft der Lizenzgeber außer der laufenden Lizenzgebühr von vornherein ein bestimmtes festes Entgelt, das ihm ohne Rücksicht auf die spätere Entwicklung unter allen Umständen verbleiben soll; andererseits liegt es vielfach im Interesse des Lizenznehmers, dieses Zugeständnis zu machen, wenn er sich die Erteilung der Lizenz und den zu erwartenden wirtschaftlichen Erfolg sichern zu können glaubt, BGH 131

GRUR **61,** 27, 28 – Holzbauträger. Auch ohne formellen Abschluss eines Lizenzvertrags kann die vom Lizenznehmer erbrachte **„Grundzahlung"** verloren sein, sei es als Bindungsentgelt für eine Option des Lizenzgebers, sei es als Beitrag zu den Entwicklungskosten, um selbst Gewissheit über die Marktchancen zu gewinnen, vgl. BGH GRUR **75,** 498, 500 – Werkstück-Verbindungsmaschinen. Als (verlorener) Beitrag zu den Entwicklungskosten ist die Einmalzahlung grundsätzlich unabhängig vom Schicksal des Schutzrechts und des Lizenzvertrags, Körner GRUR **82,** 341, 342; Vollrath GRUR **83,** 52, 53. Im Einzelfall kann die vereinbarte **Pauschallizenz** nicht als eine Zahlung à fonds perdu, sondern als eine auf die Vertragsdauer berechnete Lizenzzahlung anzusehen sein, die bei vorzeitiger Lösung des Vertrages zu einem entsprechenden Teil zurückzuzahlen ist, LG München I GRUR **56,** 413, 414.

132 **dd)** Fehlt in einem Lizenzvertrag eine Vereinbarung über die **Höhe der Lizenz,** so kann der Lizenzgeber sie nach **billigen Ermessen** bestimmen, §§ 316 in Verbindung mit 315 BGB, RG MUW **14/15,** 9, 11. Ist gemäß § 34 GWB a. F. Schriftform geboten (Rdn. 76), muss dem Vertragstext zu entnehmen sein, dass die Gebührenfestsetzung nach §§ 316, 315 BGB erfolgen soll. Hierzu kann auch der Hinweis genügen, dass die Parteien die Höhe der Gebühren einer späteren Einigung vorbehalten haben, RGZ **60,** 174, 177 f. Bei Unübersehbarkeit der den Umfang der Leistung bestimmenden Umstände und bei mangelndem gegenseitigem Vertrauen kann von einem **Leistungsbestimmungsrecht** des Lizenzgebers nicht ausgegangen werden, BGH I ZR 144/53 vom 16. 3. 1955; I ZR 73/58 vom 10. 7. 1959. Kommt eine vertragsergänzende Auslegung (§ 157 BGB) nicht in Betracht, ist der Vertrag nicht als geschlossen anzusehen, § 154 BGB. Entspricht die Bestimmung des Lizenzgebers nicht der Billigkeit, so entscheidet das Gericht, § 319 BGB. Die Klausel „freies Ermessen bei der Vergütung" bedeutet billiges Ermessen, RG MuW **33,** 96; KG GRUR **42,** 68, 73, 74 f. Für die Frage der Angemessenheit der Lizenzgebühr sind die konkreten Umstände und die betrieblichen Möglichkeiten des Lizenznehmers zu berücksichtigen, BGH GRUR **58,** 564, 566 – Baustützen; vgl. aber BGH GRUR **62,** 509, 513 – Dia-Rähmchen II. In erster Linie richtet sich die Angemessenheit der Höhe der Lizenz danach, was vernünftige Vertragspartner beim Abschluss des Vertrages in Kenntnis der tatsächlichen Entwicklung während des Vertragszeitraumes vereinbart hätten, vgl. BGH GRUR **62,** 509, 513 – Dia-Rähmchen II; **62,** 401, 403 f.; BGHZ **44,** 372, 380 f. – Messmer-Tee II. Allgemeingültige Regeln lassen sich nicht aufstellen, BGHZ **44,** aaO.

133 **Anhaltspunkte** bieten die Höhe der Lizenz bei vergleichbaren Lizenzverträgen in der Branche, die Stärke und der Umfang der durch das Schutzrecht vermittelten Monopolstellung, die Gewinnchancen und die Marktverhältnisse, vgl. BGH GRUR **62,** 401, 402 – Kreuzbodenventilsäcke III; BGH 5. 2. 1963 – I ZR 3/63. Eine gute Übersicht über die relevanten Kriterien geben Stumpf/Groß[8], Rdn. 99. Der objektive Wert der Benutzungsberechtigung zur Zeit der Benutzung ist maßgebend. Ob die Lizenzgebühr von der gesamten Vorrichtung zu entrichten ist oder nur von den unmittelbar patentrechtlich geschützten Teilen unter Ausscheidung der zusätzlichen, selbstständigen Ergänzungen, hängt vom Einzelfall ab und ist durch Auslegung des Vertrags und Feststellung des Parteiwillens zu ermitteln, RG GRUR **44,** 132, 134; BGH GRUR **62,** 401, 403 f. – Kreuzbodenventilsäcke III; vgl. dazu auch Schippel GRUR **65,** 85, 86. Wesentlich ist die Übung in den beteiligten Verkehrskreisen, RG GRUR **42,** 358, 359; BGH GRUR **62,** 401, 402 – Kreuzbodenventilsäcke III. Das Gleiche gilt für die Einbeziehung sog. neutraler Teile in die Berechnungsgrundlage zur Ermittlung der Höhe der **angemessenen Lizenz,** RGZ **144,** 187, 191 f.; BKartA GRUR **81,** 919, 921 – Rigg für ein Segelbrett; EuGH GRUR Int. **86,** 635, 639 – Windsurfing International; vgl. Melullis, FS Traub, S. 287, 294 Zur angemessenen Lizenz bei der gleichzeitigen Mitbenutzung eigener Verbesserungserfindungen, vgl. RGZ **144,** 187, 193; BGH GRUR **67,** 655, 659 – Altix; § 139 Rdn. 65 ff.

134 **b)** Der Lizenzvertrag kann eine ausdrückliche Verpflichtung des Lizenznehmers zur Ausübung der Lizenz vorsehen. Fehlt eine ausdrückliche Regelung der **Ausführungspflicht,** so kommt es auf die Umstände des Einzelfalles an, ob eine solche Verpflichtung des Lizenznehmers stillschweigend übernommen ist. Bei einer **ausschließlichen Lizenz** besteht im Zweifel eine Pflicht zur Ausnutzung des Patents, wenn die Gebühr nach dem Umfang der Benutzung bemessen ist, z. B. bei einer Stücklizenz, RG GRUR **37,** 37, 38; RGZ **134,** 91, 98; BGH GRUR **61,** 470, 471 – Mitarbeiterurkunde; BGHZ **52,** 55, 58 – Frischhaltegefäß. BGH GRUR **00,** 138 – Knopflochnähmaschine. vgl. auch Lüdecke GRUR **52,** 211, 214; Kraßer/Schmid GRUR Int. **82,** 325, 333 f.

135 Auch bei einer **einfachen Lizenz** kann eine Ausübungspflicht vereinbart sein, BGH GRUR **80,** 38, 40 – Fullplastverfahren. Ohne ausdrückliche Abrede obliegt dem einfachen Lizenznehmer die Pflicht zur Ausübung seines Nutzungsrechts nicht, auch dann nicht, wenn eine Stück- oder Umsatzlizenz vereinbart ist, da das Verwertungs- und Nutzungsrecht des Lizenzge-

bers nicht eingeschränkt ist, Stumpf/Groß[8] Rdn. 152; Kraßer[5] § 41 III 3; a. A. Klauer/Möhring § 9 Rdn. 78,; zur Problematik vgl. Schade, Ausübungspflicht, S. 43 ff. Erhält der Lizenznehmer zur Anwendung des Lizenzgegenstandes weiteres technisches und betriebswirtschaftliches know how, so kann der Lizenzabrede auch die Verpflichtung zur Ausübung zu entnehmen sein. Die Garantie einer nicht unerheblichen Mindestlizenz spricht in der Regel gegen eine Ausübungspflicht des Lizenznehmers, wenn die Höhe der Mindestlizenz dem Interesse des Lizenzgebers an der Verwertung des Schutzrechts ausreichend Rechnung trägt.

Einem Vertragspartner, dem als Vorwegleistung auf einen noch abzuschließenden Lizenzvertrag Schutzrechte übertragen worden sind, obliegt ohne eine ausdrückliche Regelung nicht die Verpflichtung, die ihm übertragenen Schutzrechte auszuwerten, BGH X ZR 7/67 vom 30. 10. 1969. Die Ausführungspflicht des Lizenznehmers gilt grundsätzlich für die **Dauer des Vertrages,** KG GRUR **35,** 892, 895, bzw. für die Zeit des Bestandes und der Möglichkeit der Benutzung des lizenzierten Rechts, BGH I a ZR 16/65 vom 10. 10. 1967. Bei entsprechendem Inhalt des Lizenzvertrages über ein noch nicht erteiltes Patent beginnt die Pflicht zur Ausübung der Lizenz bereits vor dem Eintritt des gesetzlichen Schutzes mit dem Abschluss des Vertrages, BGH I a ZR 16/65 vom 10. 10. 1967, und ist unabhängig vom späteren Schicksal des lizenzierten Rechts, d. h. die Pflicht zur Ausübung der Lizenz entfällt nicht rückwirkend, wenn später die Schutzunfähigkeit festgestellt wird oder sonstwie zutage tritt, BGH I a ZR 16/65 vom 10. 10. 1967; BGH GRUR **77,** 107, 109 – Werbespiegel. Dies hat aber Bedeutung für die Fortgeltung der Ausübungspflicht nach diesem Zeitpunkt, BGH I a ZR 16/65 vom 10. 10. 1967; vgl. Rdn. 192 ff. **136**

Die Ausübungspflicht kann im Einzelfall zum Inhalt haben, geeignete und bereite Unternehmen zu finden, um den lizenzierten Gegenstand in einem fremden Betrieb zu fertigen, BGH I a ZR 16/65 vom 10. 10. 1967, dort bejaht. Die Ausübungspflicht des Lizenznehmers gehört zur sinnvollen technischen Nutzung und Förderung im Sinne des § 2 Abs. 1 GWB , vgl. auch BGHZ **52,** 55, 58 – Frischhaltegefäß; eine unzulässige Beschränkung des Lizenznehmers ist jedenfalls dann nicht anzunehmen, wenn die Lizenzberechnung nach Stücklizenz erfolgt, BGH GRUR **80,** 38, 40 – Fullplastverfahren. Der Lizenznehmer trägt grundsätzlich das **Risiko** der wirtschaftlichen Verwertbarkeit der lizenzierten Erfindung, BGHZ **83,** 283, 289 – Hartmetallkopfbohrer; BGH GRUR **00,** 138, 139 – Knopflochnähmaschine. Kommt der Lizenznehmer seiner Pflicht, den Gegenstand des Patents im Rahmen des nach den Umständen Zumutbaren auszunutzen, nicht nach, d. h. unterlässt er die Ausnutzung des Patents, so kommen die Vorschriften über die nachträgliche zu vertretende Unmöglichkeit der Leistung zur Anwendung. Nach §§ 241, 275, 280, 324, 325 BGB kann der Lizenzgeber Schadenersatz wegen Nichterfüllung verlangen und vom Vertrag zurücktreten, vgl. RG GRUR **39,** 380 ff.; BGH GRUR **80,** 38, 40 – Fullplastverfahren; zur Schadenersatzpflicht siehe Hesse GRUR **72,** 505; Kraßer/Schmid GRUR Int. **82,** 324, 334. Ein vom Lizenznehmer zu vertretender Umstand kann in der Verzögerung der Entwicklungsarbeiten und mangelnder Erschöpfung der Absatzmöglichkeiten liegen, RG MuW **40,** 170, 171, z. B. in der Unterlassung von Werbung. Der Lizenznehmer muss beweisen, dass er die Nichterfüllung nicht zu vertreten hat, § 280 Abs. 1 Satz 2 BGB. **137**

Die **Ausübungspflicht** des Lizenznehmers unterliegt in besonderem Maß dem **Grundsatz von Treu und Glauben,** RG GRUR **39,** 380 ff.; BGH GRUR **78,** 166 – Banddüngerstreuer. Der Lizenznehmer wird von der Ausführungspflicht frei: bei vollständiger Unverkäuflichkeit des Lizenzgegenstandes,; wenn die Erfindung nicht ausführbar ist oder ein Modell unverhältnismäßig hohe Kosten erfordert, die nach Treu und Glauben nicht zumutbar sind, RG MuW **14,** 328, 329; wenn sich das Patent als unwirksam erwiesen hat, RG MuW **38,** 206, 207, oder eine ungeschützte, aber technisch brauchbare und fabrikationsreife Erfindung, für die ein ausreichender Markt vorhanden und der Lizenznehmer nicht aus Konkurrenzgründen an einer gewinnbringenden Produktion gehindert war, endgültig versagt wird, BGH I a ZR 16/65 vom 10. 10. 1967; wenn der Lizenzgegenstand gesundheitsschädliche, gar lebensgefährliche Auswirkungen haben kann und deshalb seine bestimmungsgemäße Verwendung behördlich untersagt worden ist und diese Auswirkungen offenbar werden, BGH I ZR 148/60 vom 27. 3. 1962 m. w. N.; wenn durch Fortschritte in der Technik ein geschäftlicher Rückgang bei dem inzwischen veralteten Artikel nach der Erfindung eintritt, der die weitere Auswertung der Erfindung unzumutbar macht, KG GRUR **35,** 892, 895, wenn trotz Bemühungen keine den Kostenaufwand rechtfertigenden Erträgnisse zu erwarten sind und eine Auswertung wirtschaftlich nicht als sinnvoll erscheint BGH GRUR **70,** 40, 42 – Musikverleger – betr. Verlagsvertrag; **78,** 166 – Banddüngerstreuer, oder wenn das lizenzierte Schutzrecht vernichtet wird, seine Schutzunfähigkeit offenbar wird oder eine lizenzierte ungeschützte Anmeldung, die bis dahin ein faktisches Monopol und einen zeitlichen Vorsprung gewährte, endgültig versagt oder zurückgenommen wird, BGH I a ZR 16/65 vom 10. 10. 1967; vgl. Rdn. 195 f. **138**

139 Unzumutbare Opfer können vom Lizenznehmer nicht verlangt werden, § 242 BGB, insbesondere kann bei einer inzwischen durch Fortschritte in der Technik veralteten Erfindung nicht die Aufrechterhaltung eines unrentablen Betriebs verlangt werden, wenn der Lizenzgeber nach dem Lizenzvertrag weitere Lizenzen verteilen und kündigen kann, KG GRUR **35,** 892, 893. Stellt sich später heraus, dass der vorgesehene Umsatz mangels entsprechender wirtschaftlicher Verwertbarkeit der lizenzierten Schutzrechte auch nicht annähernd erreicht werden kann, so kann ein Festhalten am Vertrag trotz wesentlicher Veränderung der Geschäftsgrundlage mit Treu und Glauben unvereinbar sein, BGH KZR 15/68 vom 17. 4. 1969 – Frischhaltegefäß in BGHZ **52,** 55 und GRUR **69,** 560 nicht abgedruckt.

140 Für den ausnahmsweise zugelassenen Einwand der **Unzumutbarkeit der Ausführung** des Patents trägt der Lizenznehmer die Beweislast, §§ 275, 280 Abs. 1 Satz 2 BGB In den genannten Fällen entfällt die Ausübungspflicht des Lizenznehmers, ohne dass es hierzu einer auf das Vertragsverhältnis bezogenen gestaltenden Erklärung bedarf, BGH GRUR **78,** 166f. – Banddüngerstreuer. Die Pflicht entfällt jedoch erst zu dem Zeitpunkt, zu welchem die Unzumutbarkeit der weiteren Produktion des Lizenzgegenstandes festgestellt wird. Damit entfallen nicht die weiteren vertraglichen Verpflichtungen, beispielsweise zur Zahlung der Mindestlizenzgebühr; hierzu bedarf es der Kündigung des Vertrages, vgl. auch Storch GRUR **78,** 168; Rdn. 205. Bei einer Lizenz an mehreren Schutzrechten kann die Ausführungspflicht bei einem Schutzrecht weiterbestehen, wenn bei dessen Auswertung keine Hindernisse bestehen, BGH I ZR 148/60 vom 25. 3. 1962.

141 **c)** Der Lizenznehmer ist grundsätzlich nicht gehindert, das ihm überlassene Patent mit der Nichtigkeitsklage anzugreifen, so schon BGH GRUR **57,** 482, 483 – Chenillefäden; GRUR Int. **69,** 31 – Gewindeschneidapparat; Preu, FS Wendel, 115, 117. Der Abschluss des Lizenzvertrags allein hindert die Zulässigkeit der Nichtigkeitsklage nicht. Der Lizenznehmer konnte sich aber einer **Nichtangriffsverpflichtung** unterwerfen; seiner Nichtigkeitsklage stand dann der Einwand unzulässiger Rechtsausübung entgegen, BGH GRUR **65,** 135, 137 – Vanal-Patent; **71,** 243, 244 – Gewindeschneidevorrichtungen. Kartellrechtliche Bedenken gegen die Nichtangriffsabrede in einem Lizenzvertrag waren grundsätzlich nicht zu erheben, § 17 Abs. 2 Nr. 3 GWB a.F., BGH GRUR **69,** 409, 411 – Metallrahmen; v. Maltzahn, FS v. Gamm, S. 597, 602. Das hat sich seit der 7. GWB-Novelle geändert. Eine Nichtangriffsverpflichtung ist **unwirksam,** § 2 Abs. 2 GWB, Art. 5 Abs. 1 lit. c) TT-GFVO, vgl. bereits BGH GRUR **89,** 39, 41 – Flächenentlüftung; EuGH GRUR Int. **89,** 56, 57 – Nichtangriffsklausel; hierzu Rdn. 282f.

142 Der Lizenzgeber handelte jedenfalls rechtsmissbräuchlich, wenn er dem Lizenznehmer in Kenntnis der Vernichtbarkeit seines Patents eine Nichtangriffsabrede auferlegte; er kann ihn nicht daran festhalten, BGH GRUR **69,** 409, 411 – Metallrahmen. Eine Parteivereinbarung, geschäftsschädigende Äußerungen zu unterlassen, hindert nicht an der Erhebung der Nichtigkeitsklage, BGH X ZR 86/74 vom 3. 6. 1976 S. 6.

143 Aus abgebrochenen Vertragsverhandlungen kann eine Nichtangriffsverpflichtung nicht hergeleitet werden, BGH Mitt. **75,** 117 – Rotationseinmalentwickler. Die aus dem Verkauf der Patentanmeldung fortwirkende Vertragspflicht verbietet es dem Verkäufer wie seinem konzernverbundenen Unternehmen, das erteilte Patent mit einer Nichtigkeitsklage anzugreifen, BPatGE **43,** 125, 127. Im Verkaufsfall handelt es sich um eine nicht freigestellte Beschränkung gemäß § 2 Abs. 2 GWB, Art. 5 Abs. 1 lit c TT-GFVO nur dann, wenn der Verkäufer über die Art der Entgeltleistung (Umsatzbeteiligung) am Risiko der Patentverwertung teilhat, vgl. Art. 1 Abs. 1 lit b TT-GFVO. Ein in einem Lizenzvertrag über ein ausländisches Schutzrecht vereinbartes Exportverbot beinhaltet keine Nichtangriffsverpflichtung bezüglich eines deutschen Parallelpatents, BGH GRUR Int. **69,** 31 – Gewindeschneidapparat.

144 War der auf einem engen Vertrauensverhältnis gegründeter Lizenzvertrag ohne Angabe von Gründen kündbar, verstieß die Erhebung der Nichtigkeitsklage nicht gegen Treu und Glauben, wenn der Lizenznehmer nicht durch sein Verhalten Anlass zur Kündigung aus wichtigem Grund gegeben hatte, BGH GRUR **65,** 135, 137f. – Vanal-Patent. Es gibt keinen Grundsatz, nach dem jeder Lizenznehmer auch nach Ablauf des Vertrages an der Erhebung der Nichtigkeitsklage gehindert wäre, BGH GRUR **65,** 135, 137 – Vanal-Patent. Im Regelfall **endete** eine Nichtangriffspflicht mit dem Lizenzvertrag, BGH GRUR **71,** 243, 245 – Gewindeschneidevorrichtungen; auch nach dem Verkauf des Schutzrechts, vgl. BPatGE **43,** 125, 127. Eine Nichtangriffsabrede, die über die Laufzeit des Schutzrechts hinaus gelten soll, ist nun kartellrechtlich unzulässig, § 2 Abs. 2 GWB, Art. 5 Abs. 1 lit c TT-GFVO, vgl. bereits, OLG Karlsruhe WRP **68,** 409, 410; zustimmend Fritze GRUR **69,** 218, 219; BGH GRUR **89,** 39, 42 – Flächenentlüftung.

d) Der Lizenznehmer muss über die fällig gewordenen Lizenzgebühren **Rechnung legen,** RGZ **127,** 243, 244 m. w. N. Der Umfang richtet sich im Einzelfall nach Treu und Glauben, RGZ **127,** 243, 245. Die Mitteilung der Summe der verkauften lizenzpflichtigen Gegenstände genügt nicht, RG GRUR **36,** 943, 945. Sie bezieht sich auf alle Erlöse, die aus dem Verkauf des lizenzierten Gegenstandes geflossen sind. Die Rechnung muss dem Berechtigten eine Prüfung ermöglichen, ob und in welchem Umfange ihm Ansprüche gegen den Lizenznehmer zustehen, RGZ **127,** 243, 244; RG GRUR **36,** 943, 945. Sie muss dem Lizenzgeber die Möglichkeit der Nachprüfung ihrer Richtigkeit geben, RGZ **127,** 243, 244 m. w. N., und zwar durch eigene Überprüfung der Einzelheiten, RG GRUR **39,** 943, 945. Unter Umständen sind auch die Abnehmer zu nennen, BGH I ZR 73/58 vom 10. 7. 1959. Ist es dem Lizenznehmer, z. B. mit Rücksicht auf die Wettbewerbslage nicht zuzumuten, seine Kunden zu nennen, so ist es ihm wahlweise zu gestatten, die Kunden einer Vertrauensperson des Gläubigers mitzuteilen, wenn er die Kosten hierfür trägt, BGH GRUR **62,** 354, 356 – Furniergitter; BGHZ **110,** 30, 34 – Marder. Die Einschränkung hat gemäß § 242 BGB zu erfolgen. Ein Antrag des Lizenznehmers ist hierzu nicht erforderlich, BGH GRUR **78,** 52, 53 – Fernschreibverzeichnisse. Doch muss der Beklagte Umstände vortragen, die zur Gewährung des Wirtschaftsprüfervorbehalts Anlass geben, BGH GRUR **76,** 579, 583 – Tylosin. Buchauszüge sind nur vorzulegen, wenn das vereinbart ist, RG MuW **XXVI,** 392; Stumpf/Groß[8] Rdn. 142 Die Auskunft über die Gründe, warum die Lizenzgebühren nicht bezahlt worden sind, gehört nicht zur Rechnungslegung, RG GRUR **41,** 152, 153. Ein Auskunftsverlangen ist neben dem weitergehenden Begehren auf Rechnungslegung grundsätzlich nicht zulässig, BGHZ **93,** 327, 329 – Thermotransformator. Der persönlich haftende Gesellschafter einer offenen Handelsgesellschaft muss an Hand der Unterlagen der Gesellschaft die Auskunft erteilen. Das Gleiche gilt für den Gesellschafter einer GmbH, BGH I b ZR 92/64 vom 26. 11. 1965. 145

Behauptet der Lizenznehmer, nicht nach dem patentierten Gegenstand gearbeitet zu haben und kommt er seiner Ausübungspflicht nicht nach, so hat er zur Ermittlung des Schadensersatzanspruches Rechnung zu legen; diese bezieht sich dann auf den Erlös aus dem Verkauf der (angeblich) nicht unter das Patent fallenden Gegenstände, vgl. BGH X ZR 17/75 vom 9. 5. 1978 S. 9; BGH GRUR **80,** 38, 40 – Fullplastverfahren. Ein Selbsthilferecht, durch ein treuwidriges Verschweigen abgabepflichtiger Geschäfte einen Teil seiner Investitionen auf den Lizenzgeber abzuwälzen, steht dem Lizenznehmer, der sich nicht zur Lossagung vom Vertrage nach § 123 BGB entschließen kann, nicht zu, BGH I a ZR 171/63 vom 1. 10. 1963. Bei einer Stücklizenz besteht kein Anspruch auf Rechnungsprüfung durch einen beeidigten Buchsachverständigen, BGH GRUR **61,** 466, 469 – Gewinderollkopf. Der **Umfang der Rechnungslegungspflicht** hängt von der Tragweite der erteilten Lizenz ab, danach bestimmt sich, ob der Preis der ganzen Sache oder nur einzelner – geschützter – Teile maßgebend ist und die Zahlungs- und Rechnungslegungspflicht auch fortentwickelte Ausführungsformen erfasst, RG GRUR **40,** 146, 149. Der Anspruch auf Rechnungslegung ist erfüllt, wenn der Lizenznehmer erklärt, er habe von der Lizenz keinen Gebrauch gemacht; ein allgemeines Bestreiten der Benutzung genügt jedoch nicht, hierzu § 139 Rdn. 89 ff. Besteht das Ziel der Klage auf Rechnungslegung nur darin, aus Wettbewerbsgründen die nicht bekannten Abnehmer des Lizenznehmers zu erfahren, so ist sie unbegründet, RGZ **127,** 243, 245. Die Klage auf Feststellung der Rechnungslegungspflicht ist statthaft, wenn der Anspruch auf die Lizenzgebühren vorwiegend die Zukunft erfasst, RG Mitt. **39,** 12, 13. Begründeter Verdacht der Unrichtigkeit der Rechnung rechtfertigt den Anspruch auf Abgabe einer **Versicherung an Eides Statt,** § 259 Abs. 2 BGB, vgl. BGH GRUR **62,** 398, 400 – Atomschutzvorrichtung. Über diesen Anspruch darf erst entschieden werden, wenn Rechnung gelegt ist, BGH X ZR 17/75 vom 9. 5. 1978 S. 12 f. Der zur Abgabe einer Versicherung an Eides Statt verpflichtete Lizenznehmer kann den Lizenzgeber nicht auf das Zeugnis seiner Angestellten verweisen, RG MuW **26/27,** 392; Stumpf/Groß[8] Rdn. 143; jedoch kann im Einzelfall das Rechtsschutzinteresse für die Heranziehung des Lizenznehmers zur Abgabe der Versicherung an Eides Statt fehlen, wenn die gewährte Bucheinsicht den Lizenzgeber leichter und schneller zum Ziel führt, vgl. BGHZ **55,** 201, 206 f. 146

e) Den Lizenznehmer können **weitere Einzelpflichten** treffen. Der Lizenznehmer verletzt die Verpflichtung, den geschützten Gegenstand nicht an Dritte zu liefern, auch dann, wenn er einem Dritten gestattet, an einen Nichtberechtigten zu liefern, BGH I a ZR 75/63 vom 21. 5. 1963. Der Lizenznehmer kann verpflichtet werden, den lizenzierten Gegenstand mit einem Hinweis auf das Patent, den Namen oder einer Marke des Erfinders zu **kennzeichnen,** Lüdecke/Fischer, Lizenzverträge E 27; Stumpf/Groß[8] Rdn. 195 ff. Kartellrechtliche Bedenken gegen die Verpflichtung zu einem **Lizenzvermerk** sind nicht zu erheben, jedenfalls soweit der Lizenznehmer daneben zur Nennung des eigenen Firmennamens berechtigt bleibt, vgl. zur 147

Problematik Schricker WRP **80,** 121ff. – Zur Beurteilung nach EG-Kartellrecht EuGH GRUR Int. **86,** 634, 640 – Windsurfing International. Soweit den Lizenznehmer eine Ausübungspflicht trifft, obliegt ihm auch die **Pflicht zur Werbung** für den lizenzierten Gegenstand, KG GRUR **39,** 66f.

148 Bei einem Lizenzvertrag über eine noch nicht veröffentlichte Patentanmeldung trifft beide Parteien eine **Geheimhaltungspflicht,** BGH GRUR **55,** 338, 339 – Brillengläser, Kraßer/Schmid GRUR Int. **82,** 324, 333.

149 Bei einer Lizenzvereinbarung kann von der Abrede eines **Wettbewerbsverbots** nicht ausgegangen werden; Wettbewerbsabreden unterliegen kartellrechtlichen Bedenken, vgl. Rdn. 262ff.

150 Den Lizenznehmer trifft eine Verpflichtung zur Vornahme von **Verbesserungen** nur bei besonderer Abrede. Er ist indes nicht gehindert, den Lizenzgegenstand in verbesserter Ausführung herzustellen und zu vertreiben. Eine Pflicht, Verbesserungen dem Lizenzgeber mitzuteilen, besteht in der Regel nicht; sie kann aber vertraglich festgelegt sein, zur kartellrechtlichen Zulässigkeit vgl. Rdn. 281ff. Macht ein Beteiligter geltend, sein Partner habe den Vertrag verletzt, indem er es unterlassen habe, Verbesserungen vorzuschlagen, muss er darlegen, dass solche Verbesserungen möglich und zweckmäßig waren, RG GRUR **27,** 907, 908. Zu den Pflichten bei Beendigung des Vertragsverhältnisses Rdn. 203.

151 **16.** Die **Pflichten des Lizenzgebers** richten sich in erster Linie nach den im Lizenzvertrag getroffenen Abreden. Sie können mit Rücksicht auf den geltenden Grundsatz der Vertragsfreiheit einen sehr unterschiedlichen Inhalt haben. Bei der sog. negativen Lizenz beschränkt sich die Verpflichtung des Lizenzgebers darauf, sein Verbietungsrecht nicht geltend zu machen, RG GRUR **39,** 963, 964; Bartenbach Mitt. **02,** 503, 511. Er hat die Rechtsmacht, sein Patent verfallen zu lassen oder darauf zu verzichten, RG GRUR **39,** 963, 964. Der **Verzicht** wirkt auch gegenüber dem ausschließlichen Lizenznehmer; dessen Zustimmung bedarf es nicht, Stumpf/Groß[8] Rdn. 267ff.; a.A. Lüdecke/Fischer, Lizenzverträge, C 93; Kraßer[5] § 26 I 4; Busse/Schwendy[6] § 20 Rdn. 19. Der Eintragung der ausschließlichen Lizenz in die Patentrolle (§ 30) kommt nach derzeitiger Rechtslage insoweit keine Bedeutung zu; diese beschränkt sich auf die Wirkung des § 23 Abs. 2. Aus dem rechtlichen Können des Patentinhabers ist indessen nicht folgern, dass er dies seinem Lizenznehmer gegenüber auch darf. Der Lizenzgeber, der ohne Einvernehmen mit dem Lizenznehmer auf das Patent verzichtet, macht sich in der Regel schadenersatzpflichtig (§§ 241, 280 BGB), ausgenommen bei der sog. Negativlizenz.

152 Im Allgemeinen hat der Lizenzgeber auch bei einer einfachen Lizenz über die einmalige Begründung des Lizenzrechts hinaus während der Vertragszeit dem Lizenznehmer das Benutzungsrecht zu verschaffen, RGZ **155,** 306, 314; BGH X ZR 7/69 vom 4. 7. 1972, besonders die **Schutzrechte aufrechtzuerhalten,** Angriffe Dritter gegen das Schutzrecht abzuwehren, dem Lizenznehmer die technischen Unterlagen und Unterweisungen zu gewähren, RGZ **155,** 306, 314f. Er muss vor allem zur Erhaltung des Schutzrechts die **Patentgebühren** weiterbezahlen, RGZ **155,** 306, 315; das gilt auch bei ausschließlicher Lizenz, sofern keine besondere Absprache getroffen ist, Troller, Immaterialgüterrechte II, S. 830; Kraßer/Schmid GRUR Int. **82,** 324, 330 m. Nw. der abw. h.M. Fn. 65, a.A. Reimer § 9 Rdn. 59. Den Lizenzgeber trifft grundsätzlich die Verpflichtung, **Prüfungsantrag** zu stellen, wozu auch der Lizenznehmer befugt ist, § 44 Abs. 2, vgl. Wiede GRUR **69,** 203f. Der ausschließliche Lizenznehmer hat Anspruch auf den Schutz des lizenzierten Rechts gegenüber Angriffen Dritter, RGZ **54,** 272, 274, aussichtslose Prozesse braucht der Lizenzgeber indes nicht anzustrengen, RG MuW **X,** 379. Bei einer ausschließlichen Bezirkslizenz ist der Lizenzgeber verpflichtet, gegen andere Lizenznehmer vorzugehen, die den Lizenznehmer in der Auswertung der Rechte in seinem Bezirk stören, RGZ **54,** 272, 274f. Dies gilt auch für die Wahrnehmung der Rechte des einfachen Lizenznehmers im Verhältnis zum ausschließlichen Lizenznehmer, BGH GRUR **74,** 335 – Abstandshaltertropfen. Bei einer Bezirksunterlizenz muss der Unterlizenzgeber dafür sorgen, dass der Patentinhaber seiner Verpflichtung nachkommt, seine weiteren Lizenznehmer durch Eingrenzung der Lizenzverträge von dem Bezirk des Unterlizenznehmers fernzuhalten, RG MuW **X,** 379.

153 Bei einem Lizenzvertrag, der eine einfache Lizenz mit einer **Meistbegünstigungsklausel** für den Lizenznehmer zum Gegenstand hat, kann nach § 242 BGB die Verpflichtung des Lizenzgebers erwachsen, gegen Verletzer vorzugehen, BGH GRUR **65,** 591, 595 re. Sp. – Wellplatten. Kommt er dieser Pflicht nicht nach, duldet er vielmehr die fortgesetzten Verletzungshandlungen eines Dritten, ohne dagegen einzuschreiten, so kann er wegen vertrags- und treuwidrigen Verhaltens nicht mehr auf der Zahlung von Lizenzgebühren bestehen; sein Verhalten gegenüber dem Dritten kommt der Gewährung einer Freilizenz gleich; der Lizenzneh-

mer kann verlangen, den Dritten gleich gestellt zu werden, BGH GRUR **65,** 591, 595 – Wellplatten; X ZR 61/70 vom 14. 3. 1970 S. 32. Der einfache Lizenznehmer hat dann einen Anspruch gegen den Lizenzgeber, wenn ohne dessen Einschreiten die einfache Lizenz wirtschaftlich wertlos würde, vgl. Kraßer/Schmid GRUR Int. **82,** 324, 331. Im Einzelfall reicht es aus, wenn gegen einzelne Verletzer gerichtlich vorgegangen wird und die übrigen Verletzer verwarnt werden, BGH GRUR **65,** 591, 596 – Wellplatten. Eine unbedingte Pflicht des Lizenzgebers, gegen jede Patentverletzung vorzugehen, besteht nicht, BGH GRUR **65,** aaO; Stumpf/Groß[7] Rdn. 279. Ob eine solche Pflicht besteht, wie weit sie geht und welche Auswirkung ihre Verletzung hat, ist Sache des Einzelfalles und der Interessenabwägung, BGH GRUR **65,**591, 595 – Wellplatten; BGH X ZR 55/68 vom 8. 7. 1971. Eine **Verpflichtung** zur Erhebung der **Verletzungsklage** besteht im Verhältnis zum ausschließlichen Lizenznehmer schon deshalb nicht, weil dieser selbst klagebefugt ist, Rdn. 55.

Die Pflicht des Lizenzgebers, dem Lizenznehmer die angemessene Ausnutzung des lizenzierten Rechts zu ermöglichen, schließt auch die Verpflichtung ein, bei Eigenproduktion oder Vergabe weiterer Lizenzen auf das Preisgefüge zu achten, BGH GRUR **86,** 91, 93 – **Preisabstandsklausel** betr. Taschenbuchlizenzen; Brandi-Dohrn BB **82,** 1083, 1085; zur kartellrechtlichen Beurteilung Rdn. 256, 272ff. **154**

Bei einer Lizenz an einem deutschen Schutzrecht ist der Lizenzgeber nicht verpflichtet, den Auslandsmarkt von Gegenständen nach der lizenzierten Erfindung freizukämpfen, weil das Schutzrecht dort kein Verbietungsrecht begründet, BGH X ZR 55/68 vom 8. 7. 1971 – dort auch für ein Vorgehen aus einer IR-Marke verneint. Die Verpflichtung zur **Anmeldung von Auslandspatenten,** die ohne besondere Abrede nicht besteht, RG GRUR **41,** 152, 153, entfällt, wenn feststeht, dass solche Anmeldungen nicht zu wirtschaftlichen Erträgen führen können, was sich daraus ergeben kann, dass die geschützten Gegenstände trotz Bemühungen im Inland unverkäuflich sind, RG GRUR **44,** 80, 82. Der Lizenzgeber kann die Verpflichtung übernehmen, den Lizenznehmer bei der Einarbeitung zu belehren, BGH X ZR 6/69 vom 4. 5. 1972, ihn bei der Ausübung der Lizenz zu unterstützen, sowie Verbesserungen zu überlassen, RGZ **90,** 162, 164; **137,** 358, 360; **163,** 1, 4; BGHZ **17,** 41, 45, 50f. Die Verpflichtung des Lizenzgebers, **keine weiteren Lizenzen** mehr zu vergeben, bindet nur schuldrechtlich, RG GRUR **39,** 826, 828f.; BGH GRUR **92,** 310, 311 – Taschenbuchlizenz (betr. Urheberrecht) vgl. hierzu auch Rdn. 95. Der Patentinhaber, der eine ausschließliche Lizenz erteilt hat, kann weitere (identische) Lizenzen nicht mehr bestellen, RGZ **144,** 187, 190; vgl. Rdn. 87. Er bleibt jedoch befugt, denselben Gegenstand in einem anderen, nicht geschützten Verfahren herzustellen, vgl. RG GRUR **34,** 264, 267. **155**

Der Lizenzgeber kann nach § 242 BGB verpflichtet sein, den Lizenznehmer über ernste Zweifel an der Möglichkeit der Erfüllung seiner **Verschaffungspflicht** zu unterrichten, wobei die Unterlassung der Unterrichtung einen Schadenersatzanspruch auslösen kann, BGH Ia ZR 121/63 vom 23. 4. 1963. Eine Beschränkung des Patents unter Berücksichtigung des Standes der Technik (§ 64) stellt keine Verletzung des Lizenzvertrages dar, wenn sie nicht willkürlich, sondern sachlich geboten ist, BGH GRUR **61,** 572, 574 – Metallfenster. Den Lizenzgeber trifft ohne besondere Absprache nicht die Pflicht, die Lizenznehmer in die Fertigung des Lizenzgegenstandes einzuweisen oder ihm beratend zur Seite zu stehen; unberührt bleibt seine Haftung für die technische Ausführbarkeit des lizenzierten Gegenstandes, Rdn. 176ff. Eine Verpflichtung, **Verbesserungen** des Lizenzgegenstandes dem Lizenznehmer zu überlassen, besteht nur bei vertraglicher Abrede, vgl. RG GRUR **38,** 563, 565. Sollen Verbesserungen lizenzpflichtig sein, so bezieht sich die Regelung auf alle Erfindungen, die der lizenzierten wirtschaftlich so nahe stehen, dass ihre Verwertung einen wesentlichen Einfluss auf die Verwertung des Lizenzgegenstandes ausübt, d.h. geeignet ist, deren Absatz zu beeinträchtigen, RG GRUR **35,** 948, 949. Im Einzelfall ist es möglich, bei der Reichweite einer Verbesserungsklausel auf die patentrechtliche Abhängigkeit abzustellen, BGH I a ZR 207/63 vom 15. 12. 1964. **156**

Die Verletzung der **Abnahmepflicht** des Lizenzgebers der vom Lizenznehmer hergestellten lizenzierten Waren berechtigt den Lizenznehmer nach vorheriger Androhung zum Selbsthilfeverkauf, RGZ **64,** 143, 144; BGH GRUR **59,** 528, 531 – Autodachzelt; anders, wenn für diesen Fall im Lizenzvertrag ausdrücklich nur ein Entschädigungsanspruch vereinbart ist, RG MuW **36,** 14, 15. In einem solchen Falle ruht das Herstellungsrecht (und die Herstellungspflicht), wenn der Lizenzgeber die Abnahme verweigert, RG GRUR **36,** 497, 499, von BGH GRUR **59,** 528, 531 – Autodachzelt offengelassen. **157**

17. Der Lizenzvertrag ist stets ein **gewagtes Geschäft,** RGZ **78,** 363, 367 m.w.N.; BGH GRUR **57,** 595, 597 – Verwandlungstisch; **60,** 44, 46 – Uhrgehäuse; **61,** 466, 468 – Gewinderollkopf; **70,** 547, 549 – Kleinfilter; BGHZ **83,** 283, 289 – Hartmetallkopfbohrer; **129,** 236, **158**

248. Für den Lizenznehmer besteht das Wagnis darin, dass die wirtschaftliche Verwertbarkeit des Schutzrechts vielfach im Voraus nicht mit Sicherheit abgeschätzt werden kann, RGZ **33,** 103, 104; BGH GRUR **61,** 27, 28 – Holzbauträger; **75,** 598, 600 – Stapelvorrichtung. Es lässt sich nicht mit Sicherheit übersehen, ob und in welchem Umfang sich bei der gewerblichen Verwertung der Erfindung noch technische Schwierigkeiten einstellen und ob sich der durch die Erfindung offenbarte technische Fortschritt gewinnbringend ausnutzen lässt. Andererseits können sich auch unverhältnismäßig große Gewinnchancen ergeben, RG GRUR **32,** 865, 867. Für den Lizenzgeber besteht das Risiko darin, dass die in die Leistungen und Fähigkeiten des Lizenznehmers gesetzten Erwartungen täuschen können, für beide Teile, weil unvorhergesehene Ereignisse eintreten können, die der weiteren Durchführung des Vertrags vorzeitig ein Ende setzen, sei es, dass sich das Schutzrecht nachträglich als nicht rechtsbeständig erweist, sei es, dass Veränderungen der Marktverhältnisse oder Fortschritte in der Entwicklung der Technik eine weitere Auswertung unwirtschaftlich machen oder dass andere nicht vorhergesehene Umstände eine vorzeitige Beendigung des Vertragsverhältnisses geboten erscheinen lassen, BGHZ **83** aaO.; BGH GRUR **61,** 27, 28 – Holzbauträger; RGZ **33,** 103, 104; Preu Mitt. **81,** 15ff. Außerdem können der Rechtsbestand des Schutzrechts und dessen Schutzbereich ungewiss sein. Die Eigenschaft des Lizenzvertrags als gewagtes Geschäft zeigt sich beispielsweise für den Lizenzgeber in der Gewährleistungshaftung für den Bestand des Rechts zum Zeitpunkt des Vertragsabschlusses und in seiner Haftung für die technische Brauchbarkeit, für den Lizenznehmer im Verbot rückwirkender Vertragsaufhebung bei späterem Wegfall des Schutzrechts und dem Risiko der wirtschaftlichen Verwertbarkeit des Lizenzgegenstandes. Der Wagnischarakter des Lizenzgeschäfts beschränkt den Lizenznehmer indes nicht in der Ausübung eines Anfechtungsrechts nach § 123 Abs. 1 BGB, BGH GRUR **75,** 598, 600 – Stapelvorrichtung; BGHZ **83,** 283, 292f. – Hartmetallkopfbohrer; BGH GRUR **98,** 650, 651 – Müllentsorgungsanlage Der Umstand allein, dass die Gewinn- und Verlustaussichten sehr ungleich zugunsten des Lizenzgebers verteilt sind und dies zum wirtschaftlichen Zusammenbruch des Lizenznehmers führen kann, begründet noch keine **Sittenwidrigkeit** i. S. des **§ 138 Abs. 1 BGB,** RG Bl. **13,** 276, 277; BGHZ **129,** 236, 241.

159 **18.** Beim Lizenzvertrag richten sich die Rechtsfolgen von **Leistungsstörungen und die Gewährleistungshaftung** in erster Linie nach den getroffenen Abreden. Fehlen ausdrückliche Abreden, so ist im Wege der Auslegung zu ermitteln, ob dazu stillschweigende Vereinbarungen getroffen sind. Sind auch derartige Vereinbarungen nicht festzustellen, so ist auf die allgemeinen gesetzlichen Regelungen über Leistungsstörungen und die gesetzlichen Regelungen der Gewährleistung zurückzugreifen, die für ähnliche Rechtsverhältnisse geschaffen sind, denn eine spezielle gesetzliche Regelung über den Lizenzvertrag fehlt; vgl. hierzu Rdn. 81–84.

160 Für die **Abwicklung und Durchführung** eines vor dem 1. 1. 2002 abgeschlossenen Lizenzvertrags als Dauerschuldverhältnis ist bis 31. 12. 2002 das **alte Schuldrecht,** für die Zeit ab dem 1. 1. 2003 das **geltende Recht** anzuwenden, Art. 229 § 5 Satz 2 EGBGB. Seit dem 1. 1. 2002 abgeschlossene Lizenzverträge unterliegen dem neuen Schuldrecht. Die Beurteilung der schuldrechtlichen Wirksamkeit eines vor dem 1. 1. 2002 abgeschlossenen Lizenzvertrags (vgl. nachfolgende Rdn. 161) unterliegt als Entstehungsvoraussetzung immer altem Recht. Dessen Nichtigkeit könnte nur durch Bestätigung gemäß § 141 mit Wirkung ex nunc beseitigt werden (vgl. auch Rdn. 76–78).

161 **a)** Nach früherem Recht (vgl. Rdn. 33) war ein Lizenzvertrag über eine noch ungeschützte „Erfindung" nichtig, wenn diese ihrem Wesen nach **dem Patentschutz absolut nicht zugänglich** zugänglich ist, RGZ **68,** 292, 293f.; vgl. auch BGH GRUR **57,** 595 re. Sp. – Verwandlungstisch; BGH GRUR **78,** 308, 310 – Speisenkartenwerbung (betr. Geschmacksmusterrecht); BGHZ **115,** 69, 74 – Keltisches Horoskop (betr. Urheberrecht); Preu GRUR **74,** 623, 625; BGB RGRK (Ballhaus), 12. Aufl., § 306 Rdn. 9; so z. B., wenn eine dem Lizenznehmer überlassene Idee **naturgesetzlich nicht ausführbar** ist, BGH GRUR **60,** 44, 45 – Uhrgehäuse; **65,** 298, 301 – Reaktions-Messgerät; Kannte der Lizenzgeber die Unmöglichkeit oder hätte er sie kennen müssen, so haftete er dem Lizenznehmer auf das sog. negative Interesse (Vertrauensschaden), § 307 BGB a. F., RG MuW **32,** 32, 33; vgl. weiter hierzu Vorauflage Rdn. 92f.

162 Gemäß § 275 Abs. 1 BGB ist der Anspruch auf Erteilung der Lizenz ausgeschlossen, wenn diese jedermann oder auch nur dem Schuldner unmöglich ist. Aber auch bei einer objektiv nicht lizenzierbaren „Erfindung" bleibt eine **verschuldensabhängige Schadensersatzhaftung des Lizenzgebers (§ 311 a BGB).** Der Lizenznehmer hat Anspruch auf Schadensersatz oder auf Ersatz seiner frustrierten Aufwendungen (§ 284 BGB). Er kann vom Vertrag zurücktreten (§ 326 Abs. 5 BGB) und die geleisteten Lizenzgebühren zurückverlangen (§ 326 Abs. 4

BGB). Die Geltendmachung eines Anspruchs auf Schadensersatz wird durch den Rücktritt nicht ausgeschlossen (§ 325 BGB). Dem Lizenzgeber obliegt der Nachweis, die Verletzung seiner Pflicht, eine rechtswirksame Lizenz zu erteilen, nicht vertreten zu müssen (§ 280 Abs. 1 Satz 2 BGB).

Nehmen die Parteien übereinstimmend irrtümlich an, der lizenzierte Gegenstand falle unter das Patent, ist von einer vertragsgemäßen Lizenzeinräumung auszugehen, wenn und so lange dem Lizenznehmer wegen ungeklärter Frage des Schutzumfanges die Sperrwirkung des Patents zugute kommt, vgl. BGH I a ZR 240/63 v. 25. 2. 1965, offengelassen in BGH GRUR **57,** 595 – Verwandlungstisch; a. A. RGZ **78,** 10, 11; vgl. aber RGZ **86,** 45, 52f. Auch kartellrechtliche Bedenken sind hiergegen nicht zu erheben, wenn die irrtümliche Vorstellung der Vertragsparteien objektiv nicht unvernünftig erscheint, Ullmann GRUR **85,** 809, 812. **163**

b) Bei der Frage der Haftung für Rechts- und Sachmängel ist zunächst der Charakter des Lizenzvertrages maßgebend. Bei der seltenen sog. **Negativlizenz** (Rdn. 61), bei welcher sich die Verpflichtung des Lizenzgebers darauf beschränkt, sein Verbietungsrecht nicht geltend zu machen, kommt eine Gewährleistung nur in einem beschränkten Umfang in Betracht. Es steht in einem solchen Fall dem Lizenzgeber frei, das Patent verfallen zu lassen oder darauf zu verzichten, RG GRUR **39,** 963, 964. Bei einem bloßen pactum de non petendo erscheint eine entsprechende Anwendung des § 16 ArbEG zugunsten des Lizenznehmers (vgl. Bartenbach Mitt. **02,** 503, 509) zu weitgehend. Der Rechtsinhaber haftet nicht für die technische Brauchbarkeit der Erfindung, RGZ **75,** 400, 402, 404. Bei gegenseitiger Gewährung von einfachen – negativen – Lizenzen, die unabhängig voneinander sind, gewährt der Verfall eines Patents infolge der Einstellung der Gebührenzahlung dem anderen Partner nicht das Recht, die Benutzung seines Patents zu verweigern oder vom Vertrage zurückzutreten, denn sein Benutzungsrecht wird mit dem Erlöschen des Patents nicht geschmälert, RG MuW **30,** 375 re. Sp. Die nachfolgenden Erläuterungen beziehen sich daher im Wesentlichen auf sonstige Lizenzverträge, insbesondere auf die ausschließliche Lizenz. **164**

c) Der Lizenzvertrag ist ein gegenseitiger Vertrag, RGZ **155,** 306, 310, bei dem im Falle von **Leistungsstörungen** die Vorschriften §§ 275ff., 320ff. BGB anzuwenden sind. Mit Rücksicht darauf, dass der Lizenzvertrag meist auf längere Zeit geschlossen ist, ein **Dauerschuldverhältnis** begründet und eine erhebliche Rechtsverwirrung der Rechtsbeziehungen der Beteiligten verhindert werden soll, ist ein **Rücktrittsrecht** mit rückwirkender Kraft ausgeschlossen, wenn der Lizenzvertrag einmal **zur Durchführung** gelangt ist, RG GRUR **43,** 78, 80; BGH GRUR **59,** 616, 617 – Metallabsatz; X ZR 50/81 v. 13. 7. 1982 S. 7. Diesem Rechtsgedanken entspricht auch § 323 Abs. 5 BGB. An die Stelle des Rücktritts tritt ein **Kündigungsrecht,** RG GRUR **43,** 78, 80; BGH GRUR **59,** 616, 617 – Metallabsatz; BGH NJW **87,** 2004, 2006. Zur Durchführung gelangt ist ein Lizenzvertrag schon dann, wenn eine werbende Tätigkeit erfolgt ist und Umsätze getätigt sind, BGH GRUR **59,** 616, 617. Ob der Lizenzvertrag mehr oder minder ausgeführt ist, ist unerheblich, BGH GRUR **59,** 616, 617; anders noch RG GRUR **43,** 78, 80, das ein Rücktrittsrecht für möglich hielt, solange das Vertragsverhältnis noch ohne besondere Schwierigkeiten aufgelöst werden kann, und RGZ **126,** 65, 67, noch nach 2 1/2 Jahren Laufzeit des Vertrages beim Verzug des Lizenznehmers mit der Lizenzgebühr. **165**

Vor **Ausführung des Lizenzvertrags** richtet sich das Recht zur Lösung vom Vertrag nach §§ 323f. BGB. Daneben ist auch das Kündigungsrecht nach § 723 BGB denkbar, BGH I a ZR 116/64 vom 2. 5. 1967; Kraßer/Schmid GRUR Int. **82,** 324, 327.

d) Die Frage, ob eine Verpflichtung als **Haupt-** oder **Nebenpflicht** zu betrachten ist, ist für die Rechtsfolgen bei deren Verletzung wegen **Unmöglichkeit** und **Verzug** grundsätzlich unerheblich; anders zum alten Schuldrecht vgl. Vorauflage Rdn. 96. Einschränkungen des Rechts zum Rücktritt vom Vertrag ergeben sich aus § 325 Abs. 5 BGB nach erbrachten Teilleistungen und aus § 324 BGB bei Verletzung von Schutz- und Rücksichtnahmepflichten gemäß § 241 Abs. 2 BGB. § 280 Abs. 1 BGB ist der Grundtatbestand der Schadensersatzhaftung wegen Leistungsstörung. Er gilt für die Verletzung jeglicher Pflichten, auch von Nebenpflichten. Der Gläubiger hat im Regelfall eine Frist zur Nacherfüllung zu setzen (§ 281 BGB). Das Recht zum Rücktritt (§ 323 BGB), das bei einem Lizenzvertrag nur selten in Betracht kommt (vgl. o. Rdn. 165), ist vom Vertretenmüssen der Nichtleistung unabhängig. **166**

Solange der Lizenznehmer auf Vertragserfüllung besteht, muss er sich selbst vertragstreu verhalten, RG GRUR **36,** 940, 942 re. Sp. Hat der Vertragspartner seine Vertragspflichten nicht erfüllt, so kann sein Vertragsgegner nach § 320 BGB seine Leistung verweigern, dies hindert den Eintritt des Verzugs, BGH NJW **71,** 1747. Bei dauernder Unmöglichkeit der Ausführung des Lizenzvertrages infolge staatlicher Maßnahmen, insbesondere behördlicher Anordnung oder gesetzlicher Verordnungen, werden beide Vertragsparteien von der Leistung frei, §§ 275 Abs. 1, **167**

326 Abs. 1 BGB. Eine Erschwerung der Rohstoffbeschaffung ist im Einzelfall nicht als von der Zahlung einer Mindestlizenz befreiende Unmöglichkeit der Erfüllung durch **höhere Gewalt** angesehen worden, RG GRUR **43,** 35, 36, so dass der Lizenznehmer zur Zahlung der Lizenzgebühren verpflichtet blieb. Wird bei einem Vertrag, bei dem eine Erfindung zur Anmeldung im Ausland auf den Schuldner übertragen wird und der Schuldner dem Gläubiger den Wert der im Ausland erzielten Lizenzbeträge zu zahlen hat, dem Schuldner die Erfüllung seiner Zahlungspflicht unmöglich, so kann der Gläubiger nach § 323 Abs. 3 BGB die Rückübertragung seiner Erfindung verlangen, BGH I a ZR 273/63 vom 28. 1. 1965.

168 Bei einer gegenseitigen Gewährung von einfachen negativen Lizenzen, die unabhängig voneinander sind, gewährt der Verfall eines Patents infolge **Nichtzahlung der Patentgebühren** dem anderen Partner nicht das Recht, seinerseits die Benutzung seines Patents zu verweigern oder vom Vertrage zurückzutreten, denn sein Benutzungsrecht wird mit dem Erlöschen des Patents nicht geschmälert, RG MuW **30,** 375 re. Sp. Gerät der Lizenzgeber mit seiner Verpflichtung, die Auswertung einer Bezirkslizenz störende Lieferungen anderer Lizenznehmer in den allein überlassenen Bezirk fernzuhalten, in Verzug, so kann der Lizenznehmer nach Fristsetzung gemäß § 281 Abs. 1 BGB Schadenersatz wegen Nichterfüllung verlangen oder den Vertrag kündigen. Beim Lizenzvertrag als Dauerschuldverhältnis, bei dem der Schuldner während der gesamten Dauer der Vertragsbindung für den Bestand des lizenzierten Schutzrechts einzustehen hat, fällt eine **vorübergehende Unmöglichkeit** nicht unter den Begriff des Leistungsverzuges, sondern sie ist für ihre Dauer Unmöglichkeit gleich zu achten, RGZ **146,** 60, 66; BGH LM § 275 BGB Nr. 3; BGHZ **10,** 187, 189; BGH I a ZR 121/63 vom 23. 4. 1963. Bei schuldhafter zeitweiser Unterlassung der Erfüllung der Verpflichtung des Lizenznehmers bestimmen sich die Rechte des Lizenzgebers nach §§ 275, 280, 323 BGB, wobei der Lizenznehmer zu beweisen hat, dass er die Unmöglichkeit nicht zu vertreten hat, § 280 Satz 2 BGB. Bei Verletzung von Nebenpflichten sind die Grundsätze der positiven Vertragsverletzung anwendbar. Es kann gegen Treu und Glauben verstoßen, wenn derjenige, der die eigene Vertragspflicht verletzt, aus einer Vertragsverletzung seines Vertragspartners das Recht herleiten will, sich vom Vertrage zu lösen, BGH NJW **71,** 1747; **77,** 580, 581; BGH X ZR 54/83 vom 29. 1. 1985 S. 9 – Thermotransformator, insoweit in BGHZ **93,** 327 nicht veröffentlicht; anders kann es beim Verlangen von Schadenersatz liegen, BGH NJW **71** aaO.

169 **e)** Beim Lizenzvertrag sind die **Bestimmungen über die Rechtspacht,** §§ 581 Abs. 2, 536 ff. BGB rechtsähnlich anzuwenden, vgl. Rdn. 81–84. Die Rechtsprechung lässt die Anwendung der Normen vielfach offen und stellt die Normen des Rechtskaufs und der Rechtspacht nebeneinander, vgl. BGH GRUR **79,** 768, 769 – Mineralwolle. Wesentlich ist, ob die Grundsätze der (Rechts- und Sach-) Mängelhaftung eingreifen und wann lizenzvertragstypische Besonderheiten eine ausnehmende Beurteilung verlangen. Die Rechtsmängelhaftung bezieht sich auf den Bestand des lizenzierten Rechts. Die Haftung für die technische Ausführbarkeit der vermittelten Lehre beurteilt sich nach den Grundsätzen der Sachmängelhaftung. Die Unterscheidung nach Mängeln der Beschaffenheit oder im Recht ist im Kaufrecht wie im Pachtrecht weitgehend belanglos geworden.

170 Der Lizenzgeber hat für den **Bestand des** zur Ausübung überlassenen **Rechts** zurzeit des Vertragsschlusses einzustehen, vgl. BGH GRUR **60,** 44, 45 – Uhrgehäuse; BGHZ **86,** 330, 334 – Brückenlegepanzer. Wer ein Recht lizenziert, garantiert im Zweifel – mit der Folge verschuldensunabhängiger Schadensersatzhaftung (§ 276 Abs. 1 Satz 2, § 280 Abs. 1 BGB) –, dass das genannte Recht existiert. Garantiert der Vertrag einen bereits bestehenden Schutz, so genügt der Lizenzgeber seiner Verschaffungspflicht nicht durch eine nachherige Anmeldung. In einem solchen Fall kann der Lizenznehmer Schadenersatz statt der Leistung ohne Fristsetzung verlangen, der auch den Ersatz des entgangenen Gewinns umfasst, oder vom Vertrage zurücktreten und seinen bereits bezahlten Kaufpreis zurückverlangen. In der Regel aber kommt der Verkäufer mit einer Nachanmeldung seinem Recht (und seiner Pflicht) zur Nacherfüllung nach (§ 281 BGB). Hat das lizenzierte Schutzrecht weder im Zeitpunkt des Vertragsschlusses bestanden noch ist es je zur Erteilung gelangt, so ergeben sich die Rechte des Lizenznehmers aus §§ 581 Abs. 2, §§ 276, 280, 281 BGB, vgl. BGH GRUR **91,** 332, 333 – Lizenzmangel; BGH NJW **91,** 3277. Zur Haftung für den zukünftigen Bestand s. Rdn. 192 f.

171 **f)** Als **Mangel im Recht,** für den der Lizenzgeber nach den Grundsätzen der Rechtsmängelhaftung (§§ 581 Abs. 2, 541, 536 ff. BGB) einzustehen hat, gilt an sich auch eine **Abhängigkeit** des lizenzierten Schutzrechts von einem älteren Patent oder Gebrauchsmuster, wenn deren Inhaber sein Einverständnis zur Auswertung des lizenzierten Rechts verweigert, BGH GRUR **62,** 370, 374 – Schallplatteneinblendung; Pietzcker GRUR **93,** 272, 273. Hierzu rechnet auch der Fall, dass die Lizenz an einem Maschinenpatent nur schwer auszuwerten ist, weil das auf der patentierten Maschine hergestellte Erzeugnis schon für einen Dritten geschützt ist, RGZ **20,** 94, 95f. Die Haftung aus § 536ff. BGB ist abdingbar. Entgegen früherer Rechtsprechung kann nicht davon ausgegangen werden, dass die Gewährleistung des Lizenzgebers für eine unerwartete Abhängigkeit im Regelfall im Hinblick auf die gewagte Natur des Lizenzvertrages als stillschweigend abbedungen anzusehen ist, vgl. RGZ **163,** 1, 8f.; RG GRUR **35,** 306, 308; BGH X ZR 65/70 vom 15. 5. 1973 S. 22; vgl. auch Vorauflage Rdn. 98. Die Vertragsparteien haben es in der Hand dieses allgegenwärtige Risiko mit entsprechenden Haftungsklauseln einzugrenzen (vgl. zum Kauf Rdn. 31).

Die gleichen Grundsätze gelten für beim Vertragsschluss unbekannte Vorbenutzungsrechte. **172**
Als Einschränkung des gesetzlichen Ausschließlichkeitsrechts ist ein **Vorbenutzungsrecht** als Mangel im Recht im Sinne von §§ 435, 536 BGB anzusehen, vgl. Nirk GRUR **70,** 329, 334. Auch hier kann entgegen früherer Rechtsprechung (vgl. Vorauflage Rdn. 99) die Gewährleistung des Lizenzgebers für unbekannte Vorbenutzungsrechte nicht mit Rücksicht auf die gewagte Natur des Lizenzvertrages als stillschweigend abbedungen angesehen werden. Rechtsmängel, welche der ungehinderten Benutzung des lizenzierten Rechts entgegen stehen, berechtigen den Lizenznehmer gemäß § 536 BGB zur Einstellung der Zahlung der Lizenzen. Unter Berücksichtung des berechtigten Interesses des Lizenzgebers an einer Nachbesserung seiner vertraglichen Leistung (vgl. § 437, auch § 536c BGB) muss dem jedoch das vergebliche Verlangen des Lizenznehmers zur Nacherfüllung vorausgehen. Im Einzelfall mag sich durch das Hervortreten unbekannter Vorbenutzungsrechte eine wesentliche Veränderung der dem Lizenzvertrag zugrundeliegenden Geschäftsgrundlage ergeben (§ 313 BGB), die im Wege der Anpassung der beiderseitigen Rechte und Pflichten an die veränderten Umstände zu einer Herabsetzung der vereinbarten Lizenzgebühren, vgl. zum früheren Recht RGZ **78,** 363, 368; BGH GRUR **58,** 231 re. Sp. – Rundstuhlwirkware, oder zu einer Auflösung des Lizenzvertrages durch Kündigung führen kann, vgl. RG GRUR **36,** 1056, 1059; Vorauflage Rdn. 99. Das kann im Einzelfall auch bei **Benutzungsrechten** aus erstreckten Schutzrechten mit übereinstimmenden Schutzbereich **(§ 26 ErstrG)** gelten.

Bei den genannten Rechtsmängeln kommt abweichend von der Regelung für anfängliche **173**
Rechtsmängel bei Miete oder Pacht (§ 536a Abs. 1 BGB) im Ergebnis eine Schadenersatzhaftung des Lizenzgebers nur bei vorwerfbarem Verhalten in Betracht. Dies ist gerechtfertigt, da die Beurteilung der Abhängigkeit des Patents oder eines Vorbenutzungsrechts Dritter – anders als der Bestand des Rechts selbst – grundsätzlich der Kenntnissphäre des Lizenzgebers entzogen ist (vgl. schon Vorauflage Rdn. 99). Zur Schadensersatzhaftung bei Sachmängeln vgl. Rdn. 103.

g) Die **Erschleichung des Patents** lässt den Lizenzvertrag und das durch ihn begründete **174**
Nutzungsrecht unberührt, solange das Patent tatsächliche Vorteile entfaltet, RG GRUR **37,** 135, 136. Bei einer Vernichtung des Patents erwachsen Schadenersatzansprüche gegen den Lizenzgeber, wenn er das Patent erschlichen hat, RG GRUR **41,** 156, 158. Bei arglistig erlangten Patenten kann der gutgläubige Lizenznehmer bei Nichtigerklärung des Patents die bereits gezahlten Lizenzgebühren zurückverlangen, da dem arglistigen Lizenzgeber sonst die Früchte seiner Arglist erhalten blieben. Dem bösgläubigen Lizenznehmer ist dieses Recht nach § 817 BGB versagt.

h) Eine **Zusicherung** zum **Schutzumfang** des Gegenstandes des Patents betrifft die recht- **175**
liche Beschaffenheit des lizenzierten Rechts, für welche der Lizenzgeber nach den Rechtsmängelvorschriften einzustehen hat, vgl. RG MuW **27/28,** 498, 499; Nehmen die Parteien irrtümlich an, der lizenzierte Gegenstand falle unter das Patent und kommt dem Patent in der Ausgestaltung des lizenzierten Gegenstandes tatsächliche Sperrwirkung zu, ist ein Schaden des Lizenznehmers nicht feststellbar, vgl. hierzu auch BGH I a ZR 240/63 v. 25. 2. 1965; Rdn. 202.

i) Der Lizenzgeber hat für die **technische Ausführbarkeit und die technische Brauch- 176**
barkeit entsprechend den Grundsätzen der **Sachmängelhaftung** einzustehen, st. Rspr. vgl. RGZ **163,** 1, 6; BGH GRUR **55,** 338, 341 – Brillengläser; **60,** 44, 46 – Uhrgehäuse; **61,** 466, 467 – Gewinderollkopf; **65,** 298, 301; – Reaktions-Messgerät; **79,** 768, 769 – Mineralwolle. Diese Haftung trifft den Lizenzgeber auch bei einer Lizenz über eine lediglich zum Patent angemeldeten Erfindung, BGH GRUR **55,** 338, 340 – Brillengläser, ja selbst bei einer Lizenz über eine noch nicht angemeldete Erfindung, BGH GRUR **61,** 466, 467 – Gewinderollkopf.

Der Lizenzgeber hat, ohne dass es insoweit besonderer Erklärungen bedarf, garantiemäßig **177**
dafür einzustehen, dass die nach dem Schutzrecht gebauten Vorrichtungen den mit dem Schutzrecht erstrebten technischen Verwendungszweck erfüllen, BGH GRUR **55,** 338, 340 – Brillengläser; **65,** 298, 301 – Reaktions-Messgerät; **79,** 768, 769 – Mineralwolle; Nirk GRUR

70, 329, 333; Kraßer/Schmid GRUR Int. **82,** 324, 337. In der Regel ist alles, was das Schutzrecht nach seiner technischen Lehre soll leisten können, Inhalt der lizenzvertraglichen Absprache seiner Beschaffenheit. Zweck einer Lizenz ist es, dass der Fachmann nach dem Schutzrecht ein für den darin vorgesehenen Zweck brauchbares Gerät bauen kann, BGH GRUR **65,** 298, 302 – Reaktions-Messgerät; BGH X ZR 65/68 vom 24. 3. 1970. S. 12. Sind dazu erfinderische Schritte notwendig, die der Lizenzgeber nicht beizusteuern vermag, so mangelt es an der technischen Ausführbarkeit, vgl. BGH GRUR **65,** aaO. Der Lizenzgeber haftet jedoch ohne Zusicherung nicht für Fehler in der Eignung der Erfindung für bestimmte Zwecke, die die Eignung für den im Patent erstrebten Zweck unberührt lässt, vgl. RG Mitt. **36,** 323 re. Sp. Es muss wenigstens die Möglichkeit der Auswertung des Patents für den darin erstrebten Zweck möglich sein. Wenn auch der vom Patent erstrebte Erfolg nur selten voll erreicht werden kann, so ist doch die technische Leistungsfähigkeit – Brauchbarkeit – im Einzelfall vorhanden, wenn der technische Erfolg stets in einem praktisch ins Gewicht fallenden Maße erreicht wird, RG GRUR **38,** 107, 109.

178 Technische Ausführbarkeit und Brauchbarkeit besteht noch dann, wenn die Erfindung nicht alle Erwartungen erfüllt, RG Warn. **09,** 155; vgl. auch BGH GRUR **79,** 768, 770 – Mineralwolle. Sie steht bei einem unerprobten und verbesserungsbedürftigen Verfahren nicht notwendig unbedingter Zuverlässigkeit gleich, RG MuW **31,** 441, 442, wohl aber kommt es bei Sicherheitsvorrichtungen zum Schutze des Menschenlebens auf absolute Zuverlässigkeit an, RGZ **75,** 400, 401. Bei Messgeräten kommt es darauf an, ob Messungen für wissenschaftliche Zwecke oder für den praktischen Gebrauch erfolgen sollen, vgl. BGH GRUR **65,** 298, 302 – Reaktions-Messgerät. Bei einem noch in weitem Maße unerprobten und verbesserungsbedürftigen Verfahren braucht der Lizenzgeber nicht für das sofortige ständige Erreichen der verfolgten Ergebnisse einzustehen, wenn das Ergebnis sich überhaupt durch Verbesserung erreichen lässt, RG MuW **31,** 441, 442. Anfangsschwierigkeiten sind hinzunehmen, RG MuW **31,** 441, 442; vgl. auch BGH GRUR **61,** 466, 467 – Gewinderollkopf. Auch hier ist das Recht des Lizenzgebers, seiner vertraglichen Haftung durch Nacherfüllung und Nachbesserung nachkommen zu können, nicht außer Betracht zu lassen. Durch einfache Versuche behebbare Herstellungsmängel fallen in den Risikobereich des Lizenznehmers, BGH X ZR 65/68 vom 24. 3. 1970. Im Einzelfall kann dem Lizenznehmer ein Anspruch auf Ersatz der erforderlichen Aufwendungen gemäß § 538 Abs. 2 BGB zustehen. Die Haftung des Lizenzgebers für die technische Brauchbarkeit kann ausgeschlossen sein, wenn der Lizenznehmer bei Vertragsabschluss wusste, dass der Lizenzgegenstand noch nicht ausreichend erprobt ist und dass weitere Versuche erforderlich sind, um Gewissheit für seine Eignung zum vorgesehenen Zweck zu erlangen, BGH GRUR **79,** 768, 771 – Mineralwolle; vgl. auch § 536 b BGB.

179 Bei mangelnder technischer Ausführbarkeit kann der Lizenznehmer die **Zahlung** auch einer vereinbarten Mindestlizenz **verweigern,** soweit und solange der Lizenzgeber ihm nicht die tatsächliche Möglichkeit verschafft, die lizenzierte Erfindung zu benutzen, d. h. den mit dem Schutzrecht erstrebten Erfolg mit den Mitteln des Schutzrechts zu erreichen, bei partieller Unbrauchbarkeit die Mindestlizenz mindern, BGH X ZR 65/68 v. 24. 3. 1970; BGH GRUR **79,** 768, 770 – Mineralwolle. Der BGH (aaO) lässt die Rechtsgrundlage für die Zahlungsverweigerung dahingestellt; bei Anwendung der Vorschriften über die Rechtspacht ergibt sie sich aus §§ 581 Abs. 2, 536 Abs. 1 BGB.

180 Hat der Lizenzgeber die technische Ausführbarkeit und Brauchbarkeit bei Vertragsschluss zugesichert, ist er zu **Schadensersatz** verpflichtet, §§ 536 a BGB, vgl. BGH GRUR **70,** 547, 549 – Kleinfilter; **79,** 768, 769 – Mineralwolle. Der Anspruch ist auf Ersatz des Nichterfüllungsschadens gerichtet und schließt die fehlgeschlagenen Aufwendungen des Lizenznehmers ein, wenn festzustellen ist, dass bei ordnungsgemäßer Durchführung des Vertrages die Aufwendungen sich amortisiert hätten, RGZ **82,** 155, 158 f.; BGH GRUR **60,** 44, 46 – Uhrgehäuse; **79,** 768, 769 – Mineralwolle. Im Falle der Zusicherung von (technischen) Eigenschaften der lizenzierten Lehre knüpft die Schadensersatzhaftung an den Gedanken der **Garantiehaftung** (§ 276 Abs. 1, § 443 BGB) an. Im Zweifel dürfte hinsichtlich der technische Ausführbarkeit ein dahingehendes Einstehenwollen des Lizenzgebers anzunehmen sein, da diese essentiell für die Ausübung einer Lizenz ist.

181 Auch ohne besondere Zusicherung hat der Lizenzgeber für die technische Brauchbarkeit des lizenzierten Gegenstandes über die Sachmängelhaftung einzustehen. Das Recht des Lizenznehmers ist in solchen Fällen entgegen der strengen Haftung gemäß § 536, 536 a bei Miete und Pacht auf Zahlungsverweigerung, Minderung oder Rücktritt vom Vertrag beschränkt (vgl. auch Nirk GRUR **70,** 329, 333; Kraßer[7] § 41 IV 7, S. 970; Bartenbach/Gennen[7] Rdn. 1572). Eine **verschuldensunabhängige Haftung** des Lizenzgebers ist über eine Anwendung des §§ 536, 536 a BGB auf das Lizenzvertragrecht im modernisierten Schuldrecht, das eine gesetzliche Garantiehaftung für anfängliches Unvermögen nicht mehr kennt, nicht zu rechtfertigen. Besteht für den Veräußerer eines (Patent-)Rechts eine Schadensersatzhaftung nur bei Vertretenmüssen (vgl. o. Rdn. 33), kann für den Fall der beschränkten Rechtsübertragung im Wege der Lizenz nichts anderes gelten (Kraßer[7] § 41 IV 7, S. 970). Die systematische Erfassung des Lizenzvertrags als eines atypischen Vertrags mit der Regeln der Rechtspacht bedeutet nicht, dass diese unbesehen übertragen werden dürfen. Zur Schadensersatzhaftung in solchen Fällen nach altem Schuldrecht vgl. BGH GRUR **79,** 768, 769 – Mineralwolle; Vorauflage Rdn. 103.

Tatsächlich, also beim Verständnis des Inhalts eines Lizenzvertrags, dürfte ein garantiemäßiges Einstehen für die technische Tauglichkeit der Erfindung – entsprechend der Haftung für den Bestand des lizenzierten Rechts (vgl. o. Rdn. 33) – eher anzunehmen sein als für sonstige Sachmängel oder für Rechtsmängel (vgl. o. Rdn. 36). Bestand und technische Tauglichkeit machen das Wesen des lizenzierten Gegenstandes aus, aus welchem der Lizenzgeber sein Recht zur Fruchtziehung insoweit von ihm beherrschbar, risikobewusst und deshalb auch risikobelastet herleitet. Der schadensersatzberechtigte Lizenznehmer kann seine Investitionskosten in vollem Umfang nur erstattet verlangen, wenn er dem Lizenzgeber zuvor Gelegenheit zur Beseitigung des Mangels gegeben hat (vgl. §§ 536 c, 437 BGB). **182**

Der **Umfang** der **Gewährleistungsgarantiehaftung** des Lizenzgebers wird durch deren Inhalt bestimmt und beschränkt. Der Lizenznehmer hat bei Tauglichkeitsmängeln in der Regel nur Anspruch auf Ersatz der fehlgeschlagenen Aufwendungen § 284 BGB), nicht aber auf Ersatz des entgangenen Gewinns, Rasch, Der Lizenzvertrag in rechtsvergleichender Darstellung, S. 26; Stumpf/Groß[7] Rdn. 327; offengelassen in BGH GRUR **79,** 768, 769 – Mineralwolle. Der Lizenzgeber hat nämlich nur für die technische Ausführbarkeit des Lizenzgegenstandes, nicht aber für dessen fabrikmäßige und gewinnbringende Herstellung einzustehen, vgl. Rdn. 189 f.; Rasch aaO. **183**

Eine Beschränkung des Ersatzanspruchs auf die Aufwendungen zur technischen Ausführung des Lizenzgegenstandes unter Ausschluss derjenigen zu seiner fabrikmäßigen Herstellung (so: Bartenbach/Gennen[7] Rdn. 1575) ist nicht notwendigerweise geboten; im Zweifel werden die Investitionen zur fabrikmäßigen Fertigung des Lizenzgegenstandes im Vertrauen auf dessen technische Ausführbarkeit getätigt. Etwas anderes gilt, wenn die mangelnde Eignung zur fabrikationsmäßigen Fertigung von vornherein erkennbar war oder der Lizenzgeber unabhängig von der technischen Unbrauchbarkeit des Lizenzgegenstandes zu dessen fabrikmäßiger Fertigung außerstande war. Eine weiterreichende Schadenersatzverpflichtung besteht nur bei weitergehenden vertraglichen Zusicherungen, vgl. Rdn. 187. **184**

Der Lizenznehmer kann vom Vertrage **zurücktreten (§§ 323, 326 BGB),** wenn sich endgültig herausstellt, dass die ihm überlassene Erfindung technisch unbrauchbar ist, BGH GRUR **55,** 338, 340 – Brillengläser; **65,** 298, 301 – Reaktions-Messgerät; Er muss jedoch zuvor dem Lizenzgeber Gelegenheit geben, binnen angemessener Frist durch ergänzende Maßnahmen den Erfolg herbeizuführen (§ 323 Abs. 1 BGB), vgl. BGH GRUR **65,** 298, 302 – Reaktions-Messgerät; Bartenbach/Gennen[7] Rdn. 1572). Die mangelnde technische Ausführbarkeit berührt den Rechtsbestand des Lizenzvertrages solange und insoweit nicht, als das Patent tatsächlich oder wirtschaftlich wie ein rechtsgültiges Patent wirkt und eine Sperrwirkung entfaltet und dem Lizenznehmer eine Monopolstellung verschafft, RG GRUR **37,** 135, 136 f. Solange das Patent dem Lizenznehmer trotz mangelnder Brauchbarkeit und Ausführbarkeit geschäftliche Vorteile einbringt, können die gezahlten Lizenzgebühren nicht zurückgefordert werden, RG GRUR **37,** 135, 136, vgl. auch § 536 Abs. 1 Satz 2 BGB. Anfänglich einer Konstruktion anhaftende Mängel, die beseitigt sind, können nach jahrelanger vorbehaltloser Zusammenarbeit nicht mehr geltend gemacht werden, BGH GRUR **61,** 466, 467 – Gewinderollkopf. **185**

j) Die Grundsätze zur mangelnden technischen Ausführbarkeit gelten auch bei der späteren Feststellung, dass die Auswertung des Patents lebensgefährlich, RG 20. 5. 1925 – I 484/24 – zitiert nach OLG Düsseldorf JW **29,** 3093, 3094, oder **gesundheitsschädlich** ist, so dass dem Lizenznehmer die weitere Auswertung nicht mehr zumutbar ist, OLG Düsseldorf JW **29,** 3093, 3094 re. Sp., oder wenn bei mangelnder Eignung oder Schädlichkeit des lizenzierten Artikels schwerwiegende Störungen der öffentlichen Ordnung zu besorgen sind, BGH I ZR 2/61 vom 29. 6. 1962; vgl. auch BGH I ZR 148/60 vom 27. 3. 1962. Das Gleiche gilt, wenn ein späteres **gesetzliches Verbot** die Auswertung des Schutzrechts unmöglich macht, RG MuW **39,** 369, 370; vgl. auch RG GRUR **43,** 35, 36, oder wachsende Anforderungen an die Umweltverträglichkeit der Verwertung entgegenstehen. Solchenfalls kann der Lizenzgeber den Lizenznehmer vom Zeitpunkt des Hindernisses an nicht mehr am Vertrag festhalten. Der Lizenznehmer wird von diesem Zeitpunkt an von der Pflicht zur Zahlung der Lizenzgebühren frei, OLG Düsseldorf JW **29,** 3093, 3094 re. Sp. Er kann im Voraus gezahlte Lizenzgebühren für die spätere Zeit **186**

zurückfordern, OLG Düsseldorf JW **29,** 3093, 3094 re. Sp. Eine Zurückzahlung für die frühere Zeit, in der das Schutzrecht benutzt worden ist, scheidet aus, RG GRUR **37,** 135, 136.

187 **k)** Gibt der Lizenzgeber über die technische Brauchbarkeit des Lizenzgegenstandes (vgl. Rdn. 176f.) hinaus **weitere Zusicherungen,** so hat er hierfür im Rahmen der Schadenersatzhaftung §§ 538, 463 BGB) einzustehen; diese können beispielsweise die Rentabilität der Auswertung oder die Vertriebsfähigkeit in großen Stückzahlen betreffen, BGH GRUR **70,** 547, 548 – Kleinfilter. Eine Zusicherung liegt vor, wenn beide Partner von der Möglichkeit der alsbaldigen gewerblichen Verwertung der fabrikationsreifen Erfindung im Wege sofortiger fabrikmäßiger Herstellung ausgehen und diese Möglichkeit zur Voraussetzung des Vertrages machen, RG Mitt. **36,** 323, 324. Als Zusicherung gelten nicht die **Angaben in der Patentschrift** über die Eigenschaften der Erzeugnisse, wenn es sich um erkennbare Übertreibungen des Erfinders handelt, RG Bl. **11,** 250, 251. Für solche Angaben haftet der Lizenzgeber nicht, RG Bl. **11,** 250, 251. Die Übernahme einer Unterstützungspflicht durch den Lizenzgeber begründet keine Garantie für Herstellungsmängel, BGH X ZR 65/68 vom 24. 3. 1970. Bei einer bloß werbemäßigen Anpreisung ist eine vertragliche Zusicherung nicht anzunehmen.

188 **l)** Für die Gewährleistungsansprüche des Lizenznehmers gilt die allgemeine **Verjährungsfrist** des § 195 BGB. Auf die kürzere Verjährungsfrist des § 438 Abs. 1 Nr. 3 BGB ist nicht zurückzugreifen, vgl. auch Vorauflage Rdn. 107 Eine **Verwirkung** von Gewährleistungsansprüchen ist in Anbetracht der regelmäßigen Verjährungsfrist von drei Jahren nunmehr kaum zu diskutieren; zum früheren Rechtszustand vgl. Vorauflage Rdn. 107.

189 **m)** Technische Ausführbarkeit und technische Brauchbarkeit eines Erfindungsgegenstandes gehören zu dessen typischen Sacheigenschaften, nicht aber dessen im Marketingbereich liegenden wirtschaftlichen Erträgnisse. Der Lizenzgeber hat folglich für die **Wirtschaftlichkeit** der Auswertung des Patents ohne Zusicherungen oder besondere Abreden **nicht** einzustehen, ebenso wenig für die nutzbringende gewerbliche Verwertbarkeit, RGZ **75,** 400, 403f. **106,** 362, 366; für die Ertragsfähigkeit oder Rentabilität; RG GRUR **43,** 35, 36, BGH GRUR **55,** 338, 340f. – Brillengläser; **60,** 44, 45 – Uhrgehäuse; **65,** 298, 301 – Reaktions-Messgerät; **78,** 166, 167 – Banddüngerstreuer. Der Lizenznehmer trägt das Risiko für die **Wettbewerbsfähigkeit,** „für die gewinnbringende Ausbeutbarkeit", den wirtschaftlichen Erfolg überhaupt, RGZ **78,** 363, 367; RG GRUR **43,** 35, 36; BGH GRUR **55,** 338, 340f. – Brillengläser; **61,** 466, 467 – Gewinderollkopf; **74,** 40, 43 – Bremsrolle.

190 Der Lizenznehmer muss mit der Tatsache rechnen, dass Erfindungen sich oft als praktisch nicht verwertbar erweisen und nicht die in sie gesetzten Erwartungen erfüllen oder infolge des Fortschritts der Technik und des Wechsels der Mode wertlos werden, RG MuW **39,** 369, 370. Der Lizenznehmer trägt das Risiko der **Fabrikationsreife,** RG GRUR **32,** 865, 867, und für auftretende Fertigungsschwierigkeiten, weil konstruktive Einzelheiten langwierige Hemmungen der Ausführung hervorrufen, RG Mitt. **36,** 323, 324. Bei einer Mindestlizenz trägt er die Gefahr, dass ein entsprechender Mindestumsatz erreicht wird, RG GRUR **36,** 1056, 1059; BGH KZR 15/68 vom 17. 4. 1969 – Frischhaltegefäß, in BGHZ **52,** 55 nicht abgedruckt. Auch wenn in der Regel der Lizenzgeber keine Haftung für die Fabrikationsreife seiner Erfindung übernimmt, BGH GRUR **55,** 338, 340f. – Brillengläser, kann für deren Übernahme aber im Einzelfall sprechen, dass vom Lizenznehmer – in einem vom Lizenzgeber formulierten Vertrag – nicht unerhebliche Mindestumsätze nach einer kurzen Anlaufzeit verlangt werden, BGH X ZR 65/68 vom 24. 3. 1970 S. 14.

191 Der Lizenznehmer hat wegen mangelnder wirtschaftlicher Verwertbarkeit des Patents keine Ersatzansprüche gegen den Lizenzgeber. Eine andere Frage ist, ob er sich nicht selbst Ersatzansprüchen aussetzt, wenn er aus wirtschaftlichen Erwägungen heraus die Verwertung des Patents unterlässt. Hierbei ist entscheidend auf die objektiven Gegebenheiten abzustellen. Ist eine wirtschaftlich sinnvolle Nutzung des Lizenzgegenstandes nicht mehr möglich, entfällt eine nach dem Lizenzvertrag bestehende Ausübungspflicht, BGH GRUR **78,** 166, 167 – Banddüngerstreuer; Rdn. 134; Rdn. 209f. Bei wesentlicher Veränderung der Geschäftsgrundlage kann ein Festhalten am Vertrage gegen Treu und Glauben verstoßen und eine vereinbarte Vertragsstrafe wegen Unzumutbarkeit nach Treu und Glauben anders als vereinbart festgesetzt werden, BGH Z **52,** 55, 60 – Frischhaltegefäß.

192 **n)** Die **Haftung** des Lizenzgebers erfasst hat im Zweifel nicht den **zukünftigen Bestand** des Patents, BGH GRUR **57,** 595, 596 – Verwandlungstisch; **61,** 466, 468 – Gewinderollkopf; RGZ **86,** 45, 53; BGHZ **83,** 283, 288 – Hartmetallkopfbohrer; **86,** 330, 334 – Brückenlegepanzer. Es fehlt eine gesetzliche Regelung, wie sich die später erkannte Nichtigkeit des Patents auf den Lizenzvertrag auswirkt, wenn die Vertragspartner keine Vereinbarungen hierüber ge-

troffen haben; hierzu Bericht Kraßer GRUR Int. **90,** 611. Nach einer aus Billigkeitserwägungen motivierten, gefestigten Rechtsprechung, die auf das wohlverstandene Interesse von Patentlizenzvertragsparteien abstellt, bleibt ein Lizenzvertrag bei einer nachträglichen Vernichtung des Patents in der Regel bis zum rechtskräftigen Erlöschen des Patents rechtsbeständig, BGH GRUR **63,** 52, 54 – Spritzgussmaschine II; **69,** 409, 410 – Metallrahmen; **69,** 677, 678 – Rüben-Verladeeinrichtung; **77,** 107, 109 – Werbespiegel; BGHZ **86,** 330, 335 – Brückenlegepanzer; Busse/Keukenschrijver[6] § 15 Rdn. 120; Bartenbach Mitt. **03,** 102, 109 Trotz der rückwirkenden Kraft der **Nichtigkeitserklärung** des Patents oder der Löschung eines Gebrauchsmusters tritt dadurch keine rückwirkende Unwirksamkeit des Lizenzvertrages ein; der Rechtsbestand des Lizenzvertrages bleibt für die Vergangenheit unberührt, – Rechtsprechung aaO.; a. A. Nirk GRUR **70,** 329, 339; Möhring Mitt. **69,** 296, 297; dagegen zutreffend Preu GRUR **74,** 623, 655f.; Körner WuW **79,** 785, 790; Kraßer/Schmid GRUR Int. **82,** 324, 338f. Diese Grundsätze gelten auch für die Gebrauchsmusterlizenz, BGH GRUR **77,** 107, 109 – Werbespiegel; I a ZR 3/63 v. 5. 2. 1963 sowie für die einfache Lizenz BGHZ **86,** 330, 334f. – Brückenlegepanzer.

Der Lizenznehmer bleibt **bis** zur **Nichtigkeitserklärung** zur **Entrichtung der Lizenzgebühren** verpflichtet, BGH GRUR **57,** 595, 596 m. w. N. – Verwandlungstisch; **69,** 677, 678 – Rüben-Verladeeinrichtung; BGHZ **86,** 330, 334 – Brückenlegepanzer; **02,** 787, 789 – Abstreiferleiste; **05,** 935, 937 – Vergleichsempfehlung II; Körner GRUR **74,** 441. Diese Verpflichtung geht nicht über den Inhalt des Schutzrechts hinaus, BGH GRUR **69,** 677, 678 – Rüben-Verladeeinrichtung; vgl. auch Art. 2 TT-GFVO. Die drohende Vernichtbarkeit des Patents führt nicht zum Wegfall der Pflicht zur Zahlung von Lizenzgebühren, BGH GRUR **58,** 175, 177 – Wendemanschette, das gilt in der Regel selbst dann, wenn ein klarer und zweifelsfreier Nichtigkeitsgrund vorliegt, BGH GRUR **69,** 409, 410 – Metallrahmen; **82,** 355, 356 – Bauwerksentfeuchtung, zu den Ausnahmen siehe Rdn. 195f. Leistungen, die der Lizenznehmer während des Bestandes des Patents für diese Zeit erbracht hat, kann er nicht zurückfordern, RGZ **155,** 306, 314; RG GRUR **37,** 135, 137; BGHZ **37,** 281, 292 – Cromegal; GRUR **77,** 107, 109 – Werbespiegel; Court of Appeals GRUR Int. **73,** 158 für die USA, wohl aber Lizenzvorauszahlungen für die spätere Zeit, OLG Düsseldorf JW **29,** 3093, 3094 re. Sp. Ist eine Pauschallizenz gezahlt worden, so verbleibt der für die Vergangenheit angemessene Betrag beim Lizenzgeber, ebenso ein einmaliges, für den Abschluss des Vertrages gezahltes Entgelt, BGH GRUR **61,** 27, 28f. – Holzbauträger. **193**

Bei nachträglicher Vernichtung des Patents kann der Lizenznehmer den Lizenzvertrag wegen Wegfalls der Geschäftsgrundlage (§ 313 BGB) BGB, mit Wirkung für die Zukunft **kündigen,** RG GRUR **36,** 1056, 1058; **43,** 35, 38; BGH GRUR **57,** 595, 596 – Verwandlungstisch; **61,** 466, 468 – Gewinderollkopf; BGH I a ZR 121/63 vom 23. 4. 1963, vgl. Rdn. 209, nicht aber, wenn der Lizenzgeber den lizenzierten Gegenstand durch ein im wesentliches identisches älteres Schutzrecht abdecken und dem Lizenznehmer zumindest zeitweise die gleiche Rechtsstellung verschaffen kann, BGH X ZR 43/70 vom 11. 5. 1970. Vgl. zum Kündigungsrecht Rdn. 210; Kraßer GRUR Int. **90,** 611, 612f. **194**

o) Diese Grundsätze beruhen auf der Überlegung, dass der Lizenznehmer bis zur Nichtigkeitserklärung eine tatsächliche Nutzungsmöglichkeit an dem zu Unrecht bestehenden Patent gehabt hat, RG GRUR **40,** 265, 269; BGH GRUR **57,** 595, 596 – Verwandlungstisch; **69,** 677, 678 – Rüben-Verladeeinrichtung, d. h. eine günstige geschäftliche Stellung, die er ohne den Lizenzvertrag nicht gehabt hätte, BGH GRUR **57,** aaO, z. B. weil ihm die noch nicht angemeldete oder noch nicht offengelegte oder bekanntgemachte Erfindung nicht ohne weiteres zugänglich war und Dritten unzugänglich geblieben ist, BGHZ **86,** 330, 334f. – Brückenlegepanzer; GRUR **69,** aaO; **77,** 107, 109 – Werbespiegel betr. Gebrauchsmuster; **02,** 787, 789 – Abstreiferleiste; **05,** 935, 937 – Vergleichsempfehlung II. Die geschäftlichen Vorteile des Lizenznehmers beruhen auf der **tatsächlichen Vorzugsstellung** des als gültig anerkannten Patents, RGZ **86,** 45, 55f., und der daraus herrührenden Möglichkeit höherer Kalkulation und des Ausbaus einer Monopolstellung, RG GRUR **37,** 135, 137f.; eine Sperrwirkung genügt, RG GRUR **37,** 135, 137; der Lizenznehmer braucht fremdem Wettbewerb nicht ausgesetzt zu sein, BGHZ **86,** 330, 335 – Brückenlegepanzer. Der Inhalt der Leistung, zu welcher der Lizenzgeber sich verpflichtet hat, wird über eine wirtschaftliche Betrachtungsweise so definiert, dass der rückwirkende Wegfall der durch die Patentanmeldung und -erteilung begründeten Rechtsposition keine anfängliche Unmöglichkeit bedeutet, BGHZ **86,** 330, 334 – Brückenlegepanzer; vgl. auch BGHZ **115,** 69, 75 – Keltisches Horoskop; Kraßer GRUR Int. **90,** 611, 612. Als Leistungsgegenstand steht der vermittelte technische Vorsprung im Vordergrund, Pedrazzini, Patent- und Lizenzvertragsrecht, 2. Aufl., S. 132. **195**

196 Da die Lizenz jedoch für die praktischen Vorteile des Patents versprochen wird und nicht für dessen theoretischen Bestand, RG GRUR **37,** 135, 137, steht dem Zeitpunkt der Nichtigkeitserklärung das **Offenbarwerden der Nichtigkeit** gleich, wenn das Patent seine Ausschließlichkeitswirkung tatsächlich verliert, weil die Konkurrenz nach dem Patent arbeitet, ohne eine Verletzungsklage befürchten zu müssen, BGH GRUR **57,** 595, 596 – Verwandlungstisch; **58,** 175, 177 – Wendemanschette; **69,** 409, 411 – Metallrahmen; BGHZ **83,** 283, 289 – Hartmetallkopfbohrer, oder wenn de facto eine Monopolstellung nicht mehr besteht, BGH I ZR 76/60 vom 5. 12. 1961, weil die Konkurrenz die Monopolstellung des Lizenznehmers missachtet und so der Lizenzvertrag in einen Wettbewerbsvorsprung der Konkurrenten umschlägt, die keine Lizenzgebühren bezahlen, BGH GRUR **69,** 409, 411 – Metallrahmen; **77,** 107, 109 – Werbespiegel; **82,** 352, 353 – Bauwerksentfeuchtung. Das Fehlen einer Vorzugsstellung folgt nicht bereits daraus, dass gegen das Patent Einspruch eingelegt worden ist, BGH GRUR **02,** 787, 789 – Abstreiferleiste. Kannte der Lizenzgeber die Vernichtbarkeit seines Patents beim Abschluss des Lizenzvertrages oder hat er sich später davon überzeugt, so handelt er rechtsmissbräuchlich, wenn er den Lizenznehmer am Vertrage, insbesondere an der Pflicht zur Lizenzzahlung festhält, vgl. BGH GRUR **69,** 409, 411 – Metallrahmen. War den Partnern die tatsächliche und rechtliche Schwäche ihres Patentschutzes beim Abschluss des Lizenzvertrages bekannt oder hat der Lizenznehmer das Risiko der Vernichtung des Patents in Kauf genommen (vgl. auch § 536 c BGB), dann ist nicht auf das Offenbarwerden der Vernichtbarkeit abzustellen, sondern auf die Rechtskraft der Nichtigkeitsentscheidung, BGH GRUR **65,** 160, 162 – Abbauhammer; OLG München GRUR **56,** 211, 212, anders aber, wenn ein aussichtloses Verfahren vom Lizenzgeber bewusst verschleppt wird, vgl. BGH GRUR **65,** 160162; OLG Braunschweig GRUR **64,** 344 re. Sp. Diese Grundsätze gelten auch für Gebrauchsmusterlizenzen, BGH GRUR **57,** 595, 596 – Verwandlungstisch; **77,** 107, 109 – Werbespiegel. RGZ **86,** 45, 53 ff. Sie gelten auch für den Fall, dass die Parteien den kennzeichnenden Teil eines Unteranspruches losgelöst vom Gattungsbegriff zum Gegenstand eines Lizenzvertrages gemacht haben, BGH GRUR **69,** 677, 679 – Rüben-Verladeeinrichtung.

197 **p)** Bei einer Lizenz an einer lediglich zum Patent **angemeldeten Erfindung** oder an einer zur Anmeldung vorgesehenen Erfindung wird ohne besondere Abreden nur für die **technische Ausführbarkeit** und Brauchbarkeit gehaftet, BGH GRUR **61,** 466, 467 – Gewinderollkopf; **55,** 338, 340 – Brillengläser; anders bei Zusicherungen über Neuheit und Patentfähigkeit, vgl. BGH GRUR **61,** 466, 467 – Gewinderollkopf, z. B. wenn ein patentfähiges Verfahren zum Gegenstand des Lizenzvertrages gemacht wird. Der Lizenzgeber hat grundsätzlich nicht dafür einzustehen, dass auf die lizenzierte Anmeldung oder auf die lizenzierte Erfindung, deren Anmeldung ins Auge gefasst ist, ein Patent erteilt wird, BGH X ZR 7/69 vom 4. 7. 1972. Das gilt auch für Anmeldungen im Ausland, BGH aaO. Die spätere Versagung des Patents auf eine bekannt gemachte Anmeldung lässt den Bestand des Lizenzvertrages für die Zeit bis zur rechtskräftigen Versagung des Patents unberührt, RG GRUR **43,** 35, 38; BGHZ **46,** 365, 371 – Schweißbolzen; **51,** 263, 265 ff. – Silobehälter; BGH GRUR **69,** 677, 678 – Rüben-Verladeeinrichtung m. w. N. Die Verpflichtung der Partner eines Lizenzvertrages über eine erst angemeldete Erfindung oder eine Erfindung, deren Anmeldung erst angestrebt wird, entfallen bei einer rechtskräftigen Versagung des Patents in der Regel nicht auch für die zurückliegende Zeit, BGH GRUR **69,** 677, 678 – Rüben-Verladeeinrichtung; m. w. N.; **61,** 466, 468 – Gewinderollkopf; Wiede GRUR **69,** 203, 205. Bis dahin ist der Vertrag wirksam, BGH aaO, vgl. auch RG MuW **14/15,** 397, wo aber im Ausland Patente erteilt wurden. Bei späterer Versagung des beantragten Patents ist der Lizenzgeber in der Regel nicht verpflichtet, die empfangenen Lizenzgebühren zurückzuzahlen, BGHZ **37,** 281, 291 f. – Cromegal; Rdn. 161 f., 198.

198 Eine **Haftung des Lizenzgebers auf Schadensersatz** wegen Nichterfüllung tritt nur dann ein, wenn der Lizenzgeber die Patenterteilung garantiert hat, §§ 280, 275, 276 Abs. 1 Satz 1 BGB. Die Erklärung des Lizenzgebers, in der Verwertung der Rechte an der Anmeldung frei zu sein und keine der Ausübung der Lizenz entgegenstehenden Rechte Dritter zu kennen, enthält nur eine Zusicherung in Bezug auf das Erfinderrecht (§ 6) und auf Rechte Dritter, nicht aber in Bezug auf eine Patenterteilung, BGH X ZR 7/69 vom 4. 7. 1972, ebenso wenig die Zusage einer Mithilfe bei der Erlangung von Patenten, BGH aaO. Es kommt nur eine **Auflösung des Vertrages für die Zukunft** in Betracht, wenn endgültig feststeht, dass das Patent nicht erteilt wird, BGH GRUR **61,** 466, 468 – Gewinderollkopf; Das beruht, sofern die Parteien diesen Fall nicht geregelt haben, auf den Grundsätzen des **Wegfalls der Geschäftsgrundlage** (Rdn. 209 ff.), BGH GRUR **61,** 466, 468 – Gewinderollkopf; BGHZ **83,** 283, 289 – Hartmetallkopfbohrer; BGH X ZR 7/69 vom 4. 7. 1972, wo aus diesem Grunde bei Nichterlangung von Auslandspatenten erwogen worden ist, eine vorausgezahlte „Lizenzgrundge-

bühr" der veränderten Geschäftsgrundlage anzupassen, d.h. teilweise zurückzuzahlen. Das OLG Düsseldorf hat einen Lizenzvertrag über eine Erfindung, deren Patent- oder Gebrauchsmusteranmeldung ernstlich ins Auge gefasst war, nach § 20 GWB a.F. von dem Zeitpunkt an für die Zukunft für unwirksam angesehen, in dem die Schutzunfähigkeit der lizenzierten Lehre offen zu Tage tritt und von den Vertragspartner erkannt wird, WuW Rechtspr. OLG II 1179, vgl. nunmehr Art. 2 Abs. 2 TT-GFVO.

Die **Lizenzpflicht** für die **Zukunft** entfällt unabhängig davon, ob dem Lizenznehmer weiterhin noch eine tatsächliche Vorzugsstellung zukommt. Bei einer Lizenz an einer **noch ungeschützten** Erfindung erfüllt der Erfinder seine Vertragspflicht zunächst damit, dass er seine zum Schutz angemeldete oder zur Anmeldung vorgesehene Erfindung zur Verfügung stellt, RG GRUR **36,** 1056, 1058, damit darf er sich aber nicht begnügen. Der Lizenznehmer, der die Versagung des Patents zu vertreten hat, weil er es vertragswidrig unterlassen hat, das Verfahren vor dem Patentamt zu betreiben, macht sich schadenersatzpflichtig (§ 280 Abs. 1 BGB); er kann sich nicht auf die Versagung als veränderten Umstand berufen, BGH GRUR **57,** 595, 597 – Verwandlungstisch. Das Gleiche gilt für den Fall, dass der Lizenznehmer an einem Geheimverfahren durch unzureichende vertragliche Absicherung des Geheimnisses bei seinen Zulieferern den Verlust des Geheimnisses durch Offenkundigwerden zu vertreten hat, BGH I a ZR 190/63 vom 9. 1. 1964. Die Beweislast für die Umstände, die eine Veränderung der Geschäftsgrundlage ergeben sollen, trägt der Lizenznehmer, RG Mitt. **38,** 275, 277; BGH I ZR 76/60 vom 5. 12. 1961 – für Umstände auf die eine Weigerung der Lizenzzahlung gegründet wird; Kraßer GRUR Int. **90,** 611, 612. 199

Abweichende Vereinbarungen sind im Rahmen des § 444 BGB zulässig. Die Partner des Lizenzvertrages können vereinbaren, dass eine nachträglich erkannte Nichtigkeit des Patents oder die Versagung des Patents auf die lizenzierte Patentanmeldung den Vertrag von Anfang an, von selbst und rückwirkend unwirksam machen soll, RGZ **86,** 45, 53; RG GRUR **43,** 35, 38, z.B. bei einem Vertrag mit der Abrede, dass der Vertrag nur dann wirksam sein solle, „wenn die Patentanmeldung vollinhaltlich patentiert werde", wo das RG trotz Eintragung eines Hilfsgebrauchsmusters bei der Versagung des Patents ein Rücktrittsrecht bejaht hat, RG MuW **XIV,** 9, 10. Hat der Lizenzgeber vertragsgemäß dafür einzustehen, dass das Patent erteilt wird, kann der Lizenznehmer gemäß § 326 Abs. 1 BGB die Zahlung der Lizenz verweigern, wenn sich herausstellt, dass ein Patent nicht erteilt werden kann, was er, ohne die Entscheidung im Erteilungsverfahren abwarten zu müssen, vor den ordentlichen Gerichten nachweisen kann, vgl. RG GRUR **38,** 846, 848 – wo auf strenge Beweisanforderungen hingewiesen wird. In Anbetracht der fachlichen Kompetenz der für die Erteilung und Nichtigerklärung von Patenten zuständigen Institutionen ist grundsätzlich erst deren Entscheidung abzuwarten, vgl. auch BGH GRUR **65,** 160. 162 – Abbauhammer; anders wiederum, wenn ein aussichtloses Erteilungsverfahren bewusst verschleppt wird, BGH GRUR **65,** 160, 162 – Abbauhammer. 200

q) Die oben Rdn. 192ff. aufgeführten Grundsätze gelten auch bei **einer nachträglichen Beschränkung** des Patents nach § 64 **und** bei einer **Teilvernichtung,** BGH GRUR **58,** 231, 232 – Rundstuhlwirkware. Die Verpflichtung zur Zahlung von Lizenzgebühren für die Zeit vorher bleibt unberührt, solange der Lizenznehmer die ihm überlassene Ausschließlichkeitsstellung ausgenutzt hat und die teilweise Unwirksamkeit des Patents nicht offensichtlich war, BGH GRUR **58,** 231, 232 – Rundstuhlwirkware. Für die Zeit nachher ist nach § 313 BGB eine Anpassung der vertraglichen Beziehungen an die veränderten Umstände vorzunehmen, BGH GRUR **58,** aaO BGH I a ZR 121/63 vom 23. 4. 1963. Einer Beschränkung oder Teilvernichtung kann im Einzelfall überhaupt kein Einfluss auf die Vertragslage zukommen, wenn das, was der Lizenznehmer tut, trotz Beschränkung noch unter das Patent fällt und eine wesentliche Beeinträchtigung seiner Alleinstellung durch die vom Patent ausgeübte Sperrwirkung gegenüber Konkurrenzunternehmen nicht eingetreten ist, BGH GRUR **58,** 231, 232 – Rundstuhlwirkware; Stumpf/Groß[8] Rdn 84. Auf der anderen Seite kann die Beschränkung soweit gehen, dass die dem Lizenznehmer überlassene Benutzung überhaupt nicht mehr unter das Patent fällt und ihm nur noch die Sperrwirkung auf einem Gebiet zugutekommt, auf dem er selbst nicht arbeitet. Endlich kann zwar sein Benutzungsrecht von der Beschränkung unberührt bleiben, aber durch eine Beseitigung der Sperrwirkung des Patents gegenüber den Konkurrenzunternehmen eine wesentliche Beeinträchtigung seiner Stellung eintreten, wie im Falle BGH Rundstuhlwirkware angenommen wurde. Bei einer Beschränkung oder Teilvernichtung kann entweder ein Recht zur Minderung der Lizenzpflicht gemäß § 326 Abs. 1 Satz 1, § 441 Abs. 3 BGB oder ein Kündigungsrecht nach § 313 Abs. 3 gegeben sein. Ein Kündigungrecht jedoch erst dann, wenn der Kündigende alle Mittel, zu einem verständigen Ausgleich der widerstreitenden Interessen der Vertragspartner zu gelangen, erschöpft hat, vgl. RG GRUR **35,** 812, 201

813f. Voraussehbare Änderungen der beim Vertragsabschluss gegebenen Umstände rechtfertigen nicht den Einwand des Wegfalls der Geschäftsgrundlage, BGH GRUR **65,** 160, 161 – Abbauhammer; I ZR 55/59 vom 1. 7. 1960.

202 **r)** Den Parteien ist es grundsätzlich vorbehalten, den lizenzpflichtigen Gegenstand zu bestimmen, BGH GRUR **79,** 308, 309 – Auspuffkanal für Schaltgase; Ullmann GRUR **85,** 809, 811. Haben sie eine dahingehende Vereinbarung getroffen, so berührt es die Verpflichtung zur Lizenzzahlung nicht, wenn **Zweifel an der Nutzung des Gegenstandes des lizenzierten Schutzrechts** auftreten, vgl. Rdn. 118. Eine Zahlungspflicht entfällt, wenn der Erfindungsgegenstand offenkundig nicht genutzt wird, BGH GRUR **79,** 308, 309 – Auspuffkanal für Schaltgase; vgl. auch BGHZ **65,** 147, 151 – Thermalquelle. Liegt eine Vereinbarung oder eine gemeinsame Vorstellung der Parteien über den lizenzpflichtigen Gegenstand nicht vor, so ist im Einzelfall die Benutzung des Gegenstandes der Erfindung festzustellen, vgl. hierzu auch Hesse GRUR **72,** 505, 506f. Stellt sich dabei heraus, dass die Parteien das Schutzrecht nicht oder in einem für die Lizenzbemessung nur unwesentlichen Umfang benutzen, so treten die vorstehend Rdn. 201 aufgezeigten Rechtsfolgen ein; vgl. BGH I ZR 76/60 vom 5. 12. 1961 und Ia ZR 240/63 vom 25. 2. 1965; Lüdecke/Fischer, G 25, S. 595; z.B. wenn sich später ergibt, dass der kennzeichnende Teil eines Unteranspruchs, den die Parteien losgelöst vom Gattungsbegriff des Anspruches zum Gegenstand des Lizenzvertrages gemacht haben, wegen offenkundiger Vorbenutzung keinen selbstständigen Schutz genießt, d.h. unabhängig von der im Anspruch genannten Gattung nicht patentfähig ist, BGH GRUR **69,** 677, 679 – Rüben-Verladeeinrichtung. Solange der Lizenznehmer in der Lage ist, den Gegenstand des Patents auszuwerten und ihm hinsichtlich von ihm benutzter Äquivalente die Sperrwirkung des Schutzrechts zugute kommt, weil die Mitbewerber wegen des ungeklärten Schutzumfangs von der Benutzung der vom Lizenznehmer benutzten Äquivalente abgehalten wurden, kommt ein Kündigungsrecht und ein Recht zur Verweigerung der Lizenzzahlungen nicht in Betracht, BGH Ia ZR 240/63 vom 25. 2. 1965; Lüdecke-Fischer aaO.

203 **19. Nach Beendigung des Lizenzvertrages** bei weiterbestehendem Patentschutz ist ein **Auslaufsrecht** anzuerkennen. Gegenstände, die während der Vertragszeit vertragsgemäß hergestellt wurden, dürfen noch veräußert und in den Verkehr gebracht werden, OLG Hamburg ZIP **88,** 925, 926; Kraßer/Schmid GRUR Int. **82,** 324, 341; also nicht solche, die in Kenntnis des nahenden Vertragsendes auf Vorrat hergestellt wurden, Ohl GRUR **92,** 77, 81. Bei einer Vertriebslizenz darf der Lizenznehmer die z. Zt. des Vertrages vorhandenen Erzeugnisse noch verkaufen, BGH GRUR **59,** 528, 530 – Autodachzelt. Ein Recht weiterherzustellen, was der BGH (aaO) für die Herstellungslizenz offengelassen hat, ist mit RG Bl. **06,** 166, 168 abzulehnen. Nach Ablauf eines Lizenzvertrages über ein Kombinationspatent ist die Bearbeitung, die Zusammensetzung und Veräußerung der vorher gefertigten Teile zum Zusammensetzen eine Patentverletzung, RG Bl. **06,** 166, 168. Bei Ablauf des Patents wird der Lizenznehmer bei Beendigung des Lizenzvertrages in der Regel von der Lizenzzahlungspflicht frei. Die vereinbarte Lizenzgebühr ist aber noch für solche Aufträge zu zahlen, die vor Patentablauf hereingenommen, aber erst nach Ablauf des Patents ausgeführt worden sind, RG GRUR **43,** 247, 248 re. Sp., ebenso wo die Lizenzgebühr für jede „angefertigte und verkaufte" Maschine vereinbart war, für vor Patentablauf verkaufte, aber erst nachher hergestellte und gelieferte Maschinen, BGH GRUR **55,** 87, 89 – Bäckereimaschinen. Der Grund für das Weiterbestehen der Lizenzpflicht ist darin zu sehen, dass der Lizenznehmer vor Ablauf des Patents eine Vorzugsstellung vor seinen Wettbewerbern hatte, RG GRUR **43,** 247, 248; BGH GRUR **55,** 87, 89 – Bäckereimaschinen; Betrifft der Lizenzvertrag zugleich dem Lizenznehmer überlassene Betriebsgeheimnisse, so kann dem Lizenznehmer nach Beendigung des Lizenzvertrages die Fortbenutzung der überlassenen Betriebsgeheimnisse, die z.B. in Zeichnungen des geschützten Gegenstandes enthalten sein können, untersagt werden, BGH GRUR **80,** 750, 751 – Pankreaplex II; **55,** 468, 473; RG GRUR **35,** 807, 809 m.w.N.; **42,** 553, 555 r. Sp. Es empfiehlt sich, eine Auslaufklausel zu vereinbaren, Pagenberg/Geissler[5] Kap. 1 Rdn. 308.

204 Nach Ablauf der vertraglichen Bindungen können sich aus dem Vertragsverhältnis **fortwirkende Treuepflichten** ergeben, BGH GRUR **65,** 135, 137 – Vanal-Patent. Bei der Annahme nachwirkender Verhaltenspflichten ist Zurückhaltung geboten, Pedrazzini, Patent- und Lizenzvertragsrecht, 2. Aufl., S. 143ff. Nach Beendigung des Lizenzvertrages hat der Lizenznehmer grundsätzlich alle ihm zur Herstellung und Verwertung des lizenzierten Gegenstandes überlassenen technischen und betriebswirtschaftlichen Unterlagen herauszugeben; dies gilt jedenfalls dann, wenn der lizenzierte Gegenstand weiterhin geheim ist oder der patentrechtliche Schutz fortbesteht Auch die Herausgabe der Fertigungswerkzeuge kann vertraglich vereinbart sein, OLG Karlsruhe WRP **86,** 165, 167. Die Fortführung der für den lizenzierten Gegenstand

verwendeten Kennzeichnung kann irreführend sein und ist für die Dauer des Schutzrechts zu unterlassen, § 5 UWG, vgl. auch OLG München WRP **55,** 223, das dem Lizenzgeber einen nachvertraglichen Verbietungsanspruch einräumt. Wird mit dem Ende des Lizenzvertrages der Lizenzgegenstand gemeinfrei, so kann der Lizenznehmer die ihm überlassenen Unterlagen behalten, sofern deren Verwertung mit der Lizenzzahlung als abgegolten anzusehen ist.

20. Vertragliche **Bindungen** des Lizenznehmers in der Freiheit der Benutzung der vorher geschützt gewesenen Erfindung **für die Zeit nach** dem **Erlöschen** des Patents sind nach § 1 GWB, Art. 2 TT-GFVO nicht statthaft, vgl. BGHZ **3,** 193, 197, 199 – Tauchpumpen; **17,** 41, 47 – Kokillenguss; vgl. auch BGH GRUR **75,** 206, 207 – Kunststoffschaum-Bahnen. Eine Ausnahme gilt insoweit, als zugleich Betriebsgeheimnisse des Lizenzgebers weiterbenutzt werden, BGH GRUR **55,** 468, 474; **80,** 750, 751 – Pankreaplex II; RG GRUR **35,** 807, 809; **42,** 553, 555; Kraßer/Schmid GRUR Int. **82,** 324, 341, oder die fortlaufende Zahlung lediglich ein äquivalentes Entgelt für die insgesamt erbrachte vertragliche Leistung darstellt, vgl. EuGH Int. **90,** 458, 459 – Ottung/Klee & Weilbach. Zu den kartellrechtlichen Fragen vgl. Rdn. 252ff. 205

21. Lizenzverträge können **vorzeitig** aus wichtigem Grund durch **fristlose Kündigung** beendet werden, RG MuW **26,** 88, 89 m. w. N.; **26,** 153 re. Sp. m. w. N., und zwar auch schon bevor der Lizenzvertrag zur Ausführung gelangt ist, BGH I a ZR 116/64 vom 2. 5. 1967. **Nach Leistungsaustausch** ist den Lizenzvertragsparteien ein Rücktritt gemäß § 323 BGB grundsätzlich verwehrt; an seine Stelle tritt die außerordentliche Kündigung, welche das Vertragsverhältnis für die Zukunft auflöst, Rdn. 165. Das Kündigungsrecht kann auch bei Verletzung von Nebenpflichten gegeben sein. Es müssen Tatsachen gegeben sein, die dem kündigenden Teil die Fortsetzung des Vertragsverhältnisses auch unter Einbeziehung der Interessen des anderen Vertragspartners objektiv unzumutbar erscheinen lassen, BGH GRUR **97,** 610, 611 – Tinnitus-Masker. 206

a) Die Rechtsprechung hat ein derartiges Kündigungsrecht zunächst nur bei **Lizenzverträgen** mit **gesellschaftlichem Einschlag** oder bei gesellschaftsähnlichen Lizenzverträgen in entsprechender Anwendung von § 723 BGB anerkannt, vgl. RGZ **142,** 212, 214 m. w. N.; RG GRUR **38,** 567, 574. Die RG-Rechtsprechung hat den gesellschaftsähnlichen Charakter von Lizenzvereinbarungen vielfach bejaht, RGZ **142,** 212, 214; w. Rspr.-Nachweise siehe 6. Auflage § 9 Rdn. 87. Indes dürfte nur in den wenigsten Fällen der Lizenzvertrag in das Gesellschaftsrecht einzuordnen sein. Der Vertrag ist auf Austausch von Leistung und Gegenleistung gerichtet, wobei jede Partei vornehmlich eigene Interessen verfolgt, BGH WM **82,** 588, 589. Von einem Lizenzvertrag mit gesellschaftsrechtlichem Einschlag lässt sich nur sprechen, wenn beide Teile verpflichtet sind, an der Erreichung des gemeinsamen Zwecks mitzuwirken, beispielsweise wenn der Lizenzgeber seine Arbeitskraft dem Vertrieb des vom Lizenznehmer herzustellenden Lizenzgegenstandes widmet, den Lizenznehmer mit Werkzeugen zur Herstellung ausstattet und auf der Basis der Umsatzbeteiligung längere Zeit mit diesem zusammenarbeitet, BGH GRUR **59,** 616, 618 – Metallabsatz; auch bei gegenseitiger Verpflichtung, Verbesserungen und Erfahrungen auszutauschen und Beiträge zu leisten, RG JW **11,** 667, 668; BGH GRUR **55,** 338, 339 – Brillengläser; **71,** 243, 245 – Gewindeschneidvorrichtung, bei der Verpflichtung, Konstruktionszeichnungen zu geben, Bucheinsicht zu gewähren, künftige Patente dem Lizenznehmer zu überlassen, Aufträge, die ein Vertragsteil nicht ausführen kann, dem anderen zu überlassen, RGZ **126,** 65, 67; **142,** 212, 214; BPatGE **2,** 102, 104f., oder bei der Erstreckung der Lizenz auf alle Verbesserungen, gegenseitiger Pflicht zur Anzeige von Verbesserungen und Übernahme der Rechtsverfolgung durch den Lizenzgeber, RG GRUR **39,** 700, 704. Ein Patentpool, bei welchem mehrere Unternehmen ihre Schutzrechte und Erfahrungen sich gegenseitig zur Verfügung stellen, ohne für den Einzelfall eine Lizenzabsprache zu treffen, vielmehr eine Beteiligung am gemeinsamen Erlös vorsehen, ist in das Gesellschaftsrecht einzuordnen. Verschiedenheiten in Art und Maß der Beitragsverpflichtung steht der Annahme eines gesellschaftsähnlichen Verhältnisses nicht entgegen, RG GRUR **39,** 377, 379. 207

b) Ein Recht zur fristlosen Kündigung des Lizenzvertrages aus wichtigem Grund **(§ 314 BGB)** besteht auch und gerade bei einem langfristigen Lizenzvertrag als einem **Dauerschuldverhältnis,** das zumeist ein **Vertrauensverhältnis** unter den Vertragspartnern begründet, BGH GRUR **59,** 384, 386 – Postkalender; **59,** 616, 617 – Metallabsatz; BGH GRUR **92,** 112, 114 – pulp-wash; GRUR **97,** 610, 611 – Tinnitus-Masker; OLG Karlsruhe GRUR **92,** 162, 163; zur RG-Rechtsprechung vgl. 6. Auflage § 9 Rdn. 88. Ein Vertrauensverhältnis, dessen tiefgreifende Störung zu einer vorzeitigen Beendigung des Lizenzvertrags Anlass geben kann, ist dann anzunehmen, wenn zur ordnungsgemäßen Erfüllung der Vertragspflichten die Mitwirkung des anderen Vertragsteils erforderlich ist. Ein solches Vertrauensverhältnis ist ange- 208 nommen worden: bei der Pflicht zum Mindestumsatz, Überwachungsrecht des Lizenzgebers, Überlassung von Verbesserungen, Nichtangriffsabrede, persönlicher Natur der Lizenz, Pflicht zur Aufrechterhaltung des Patents und zur Verfolgung von Verletzungen, RG GRUR **39,** 700, 704, oder in einem Falle, wo das Vertragsschutzrecht schon als Anmeldung treuhänderisch auf den Lizenznehmer übertragen wurde, das Erteilungsverfahren vom Lizenznehmer durchzuführen war, Auslandspatente anzumelden waren, der Lizenzgeber Verbesserungen mitzuteilen hatte, BGH GRUR **65,** 135, 137f. – Vanal-Patent. Nachgenannte Tatsachen, jede für sich betrachtet, haben in der Rechtsprechung nicht ausgereicht, um ein auf Dauer angelegtes, eine vertrauensvolle Zusammenarbeit voraussetzendes Rechtsverhältnis anzunehmen – eine andere Beurteilung kann die gebotene Gesamtwürdigung ergeben: Langjährige Dauer des Lizenzvertrages, RGZ **142,** 212, 214; Anteil des Lizenzgebers am Ertrag der Ausbeute der Erfindung, RGZ **116,** 78, 82, Stücklizenz, RGZ **126,** 65, 67; **142,** 212, 214; **155,** 306, 309; selbst dann allein nicht, wenn diese mit einer Kontrollbefugnis des Lizenzgebers gekoppelt ist, RG MuW **31,** 31; **33,** 38, 39; BPatGE **2,** 102, 105; Mindestlizenz, RG GRUR **39,** 563, 567; Recht des Lizenzgebers zur Einsicht in die Fabrikationsstätten und in die Bücher durch einen vereidigten Bücherrevisor zur Kontrolle von Herstellung, Vertrieb und Gebührenzahlung, RGZ **134,** 91, 97f. Ein Vertrauensverhältnis ist aber zu bejahen bei gemeinschaftlicher Verwendung des Erzeugnisses, vgl. aber RG GRUR **35,** 812, 813, bei der Verpflichtung zur Mitteilung von Verbesserungen oder bei Rohstofflieferung durch den Lizenzgeber.

209 **c)** Selbst wenn der Lizenzvertrag weder ein gesellschaftsähnliches Rechtsverhältnis noch ein Vertrauensverhältnis begründet, ist ein Recht zur Beendigung aus Gründen der **Opfergrenze – Wegfall der Geschäftsgrundlage** –, **(313 BGB),** gegeben, vgl. BGH GRUR **57,** 595, 596 re. Sp. – Verwandlungstisch; **58,** 231, 232 – Rundstuhlwirkware. Hierbei kommt die vorzeitige Kündigung jedoch nur als ultima ratio in Betracht, wenn der Kündigende alle Mittel, zu einem verständigen Ausgleich der widerstreitenden Interessen der Vertragspartner zu gelangen, ausgeschöpft hat, RG GRUR **35,** 812, 813f. Auch bei Dauerschuldverhältnissen gilt der Grundsatz, dass beim Wegfall der Geschäftsgrundlage die Aufrechterhaltung des Vertrags durch Anpassung an die veränderten Verhältnisse Vorrang gegenüber der Vertragsauflösung genießt, BGHZ **89,** 226, 238; BGH GRUR **90,** 1005, 1008 – Salome, § 313 Abs. 3 Satz 2 BGB **Geschäftsgrundlage** eines Vertrages bilden die beim Abschluss des Vertrages zu Tage getretenen, dem Geschäftsgegner erkennbaren und von ihm nicht beanstandeten Vorstellungen einer Partei oder die gemeinsamen Vorstellungen beider Parteien von dem Vorhandensein gewisser Umstände, sofern der Geschäftswille auf diesen Vorstellungen beruht, § 313 Abs. 1 BGB, vgl. BGHZ **61,** 153, 160 – Absperrventil; BGH NJW **85,** 313, 314; BGHZ **129,** 236, 252. Die Frage nach der Geschäftsgrundlage ist erst zu stellen, wenn die Auslegung des Vertrages ergibt, dass die Parteien den Wegfall der angenommenen Geschäftsgrundlage im Vertrag nicht geregelt haben, BGH GRUR **61,** 466, 467 – Gewinderollkopf; **90,** 1005, 1006 – Salome; **93,** 595, 596 – Hemingway-Serie; Hilty, Lizenzvertragsrecht, S. 880ff.

210 Der Lizenznehmer hat ein **Recht auf Anpassung** des Vertragsverhältnisses an wesentlich veränderte Verhältnisse, wenn ihm unter Berücksichtigung aller Umstände, insbesondere der bei Vertragsschluss erkennbar gewordenen Risikoverteilung nicht mehr zugemutet werden kann, am Vertragsverhältnis unverändert festgehalten zu werden, namentlich wirtschaftliche Opfer für die Ausübung der Lizenzpflicht in einem nicht zumutbaren Umfange zu erbringen; I ZR 81/60 vom 5. 1. 1962 m. w. N. Ein Grundsatz, dass die Rechte und Pflichten bei einer jeden Störung des Gleichgewichts zwischen Leistung und Gegenleistung der veränderten Lage angepasst werden müssten, wird jedoch für den Lizenzvertrag nicht anerkannt, BGH GRUR **93,** 595, 596 – Hemingway-Serie. Je nach dem Grade der Änderung der beim Vertragsschluss vorausgesetzten Verhältnisse können sich aus dem Gesichtspunkt der Unzumutbarkeit im Einzelfalle unterschiedliche Rechtsfolgen ergeben, BGH I ZR 81/60 vom 5. 1. 1962, z. B. Minderung der Lizenzgebühren, vgl. RG MuW **14/15,** 9, 10 für den Fall der Versagung des Patents bei einem Lizenzvertrag über eine Patent- und eine Gebrauchsmusteranmeldung; vgl. RGZ **78,** 363, 368; BGH GRUR **58,** 231 re. Sp. – Rundstuhlwirkware, für den Fall des Hervortretens unbekannter Vorbenutzungsrechte, und RG Mitt. **34,** 315, 317; RG GRUR **35,** 306, 308 für den Fall der unvorhergesehenen Abhängigkeit. Der wirtschaftliche Misserfolg allein rechtfertigt keine Anpassung des Vertragsinhalts (§ 313 Abs. 1 BGB), da grundsätzlich der Lizenznehmer das Risiko der Verwertbarkeit übernimmt, was insbesondere in der Vereinbarung einer Mindestlizenzgebühr zum Ausdruck kommen kann, BGH GRUR **74,** 40, 43 – Bremsrolle, in BGHZ **60,** 312 nicht abgedruckt; BGHZ **129,** 236, 253; Rdn. 130 Steht die Unverwertbarkeit des Lizenzgegenstandes objektiv fest, so kann dem Lizenznehmer ein Kündigungsrecht zur Beendigung des Vertrags ex nunc zustehen, vgl. Storch in Anm. BGH – Banddüngerstreuer GRUR **78,** 168. Umstände, die nach dem Vertragszweck in den Risikobereich nur des einen Vertragsteils fallen, sind grundsätzlich nicht geeignet, dem hierdurch betroffenen Vertragspartner eine Berufung auf den Wegfall der Geschäftsgrundlage zu ermöglichen, BGH WM **78,** 322; **78,** 760, 761; BGHZ **83,** 283, 288 – Hartmetallkopfbohrer; **120,** 10, 24; **129,** 236, 253.

Einzelne Vertragspflichten können unmittelbar entfallen, ohne dass eine vertragsgestaltende Erklärung einer Partei vorausgegangen sein muss, Wegfall der Ausübungspflicht bei wirtschaftlicher Unverwertbarkeit, BGH GRUR **78,** 166f. – Banddüngerstreuer; das gilt auch für den Wegfall der Lizenzgebührenpflicht nach rechtskräftiger Versagung des Schutzrechts. Nur in besonderen Ausnahmefällen kann bei **überraschendem wirtschaftlichem Erfolg** des lizenzierten Gegenstandes über die Grundsätze des Wegfalls der Geschäftsgrundlage auch eine Erhöhung der (Pauschal-)Lizenz geboten sein. Hierzu bedarf es zunächst der Feststellung, ob bei der Lizenzabsprache gemeinsame Vorstellungen über die Gewinnchancen bestanden, vgl. BGH GRUR **90,** 1005, 1006f. – Salome (betr. Urheberrecht). Meist wird die Pauschalabfindung das von den Parteien erkannte und erkennbare Risiko der wirtschaftlichen Entwicklung abdecken, BGHZ **61,** 153, 161 – Absperrventil; vgl. auch BGHZ **44,** 40, 42. §§ 31, 36 UrhG sind auf die Lizenzierung technischer gewerblicher Schutzrechte nicht entsprechend anwendbar. **211**

22. Ein **wichtiger Grund** zur vorzeitigen Kündigung des Lizenzvertrages liegt vor, wenn sich Umstände ergeben, bei denen es dem Kündigenden nach Treu und Glauben billigerweise nicht mehr zugemutet werden kann, an dem Vertrage festzuhalten, § 314 Abs. 1 BGB. Bei Lizenzverträgen mit gesellschaftsähnlichem Einschlag und solchen, die auf der Grundlage gegenseitigen Vertrauens beruhen, ist § 723 BGB entsprechend anwendbar, BGH GRUR **59,** 616, 617 – Metallabsatz; **64,** 326, 329 – Subverleger; RGZ **142,** 212, 215. In dieser Vorschrift sind als Beispiele für einen wichtigen Grund aufgeführt: Die **vorsätzliche oder grob fahrlässige Verletzung wesentlicher Verpflichtungen** oder die Unmöglichkeit der Erfüllung derartiger Verpflichtungen, § 723 Abs. 1 Satz 2 BGB. Weitere Gründe sind: Eine erhebliche Erschütterung des Vertrauensverhältnisses, RGZ **142,** 212, 218; RG GRUR **37,** 1003, 1005; **38,** 195, 200; BGH GRUR **55,** 338, 339 – Brillengläser; **56,** 93, 95 – Bioglutan; **58,** 175, 177 – Wendemanschette II. **212**

Die **objektive Erschütterung** der Vertrauensgrundlage ist ausreichend, wenn sie das Einvernehmen zwischen den Vertragspartnern endgültig zerstört hat und einem der Beteiligten das Festhalten am Vertrage nicht mehr zugemutet werden kann, § 314 Abs. 1 BGB. Ein Verschulden des anderen Teils ist nicht erforderlich, es ist auch nicht in jedem Fall ein ausreichender Kündigungsgrund (BT-Drs. 14/6040 S. 178) Es muss anzunehmen sein, dass ein gedeihliches Zusammenwirken nicht mehr möglich ist, vgl. RGZ **142,** 212, 215. Die Geschehnisse müssen objektiv ein so ungünstiges Gesamtbild ergeben, dass ein nüchtern urteilender Vertragspartner endgültig das Vertrauen in eine gedeihliche Zusammenarbeit verlieren musste, BGH Ia ZR 18/64 vom 25. 3. 1965. Unüberwindbare Meinungsverschiedenheiten, die ein friedliches und vertrauensvolles Zusammenwirken unmöglich machen, RG GRUR **35,** 812, 813. Beharrliches Leugnen der Vertragspflichten und Leistungsverweigerung, RG GRUR **40,** 339, 342, Verstoß des Lizenzgebers gegen vertragliche Mitwirkungspflichten, RG GRUR **27,** 907, 908f. Dauernde Schlechtlieferung des Lizenzgegenstandes durch den Lizenznehmer, die die Absatzfähigkeit aufhebt oder wesentlich beeinträchtigt, RGZ **65,** 86, 90. Zerstört ein Unterlizenznehmer die Vertrauensgrundlage, dann kommt es darauf an, wie sich der Hauptlizenznehmer dazu verhält, BGH GRUR **64,** 326, 331 – Subverleger. **213**

Es sind die **Interessen beider Vertragspartner abzuwägen** (§ 314 Abs. 1 BGB), was einer außerordentlichen Kündigung zur „Unzeit“ entgegenstehen kann, OLG Karlsruhe GRUR **92,** 162, 163. Beispiele für ein außerordentliches Kündigungsrecht: Die begründete Annahme, der Vertragszweck lasse sich nicht mehr erreichen, RGZ **142,** 212, 215, die Erkenntnis der Lebensgefährlichkeit oder der Gesundheitsgefährlichkeit der Anwendung der Erfindung, OLG Düsseldorf JW **29,** 3093, 3094, erhebliche Erschwerung der Durchführung des Lizenzvertrages, BGH GRUR **56,** 93, 95, z.B. wegen eines inzwischen eingetretenen Fortschritts der Technik, oder wegen Absatzschwierigkeiten infolge behördlicher Maßnahmen, RG GRUR **35,** 812, 813 – dort aus tatsächlichen Gründen verneint – oder wegen Verbots der Anwendung der Erfindung, oder weil die Verwertung der Erfindung trotz zahlreicher Versuche keinerlei Gewinn bringt, unbrauchbar und unrentabel ist, RG MuW **26,** 153, 154. Das Nichterreichen der im Vertrag vorausgesetzten Brauchbarkeit und ein wesentlicher Wertverlust des Verfahrens durch die Entwicklung auf dem betreffenden Gebiet, BGH GRUR **55,** 338, 341 – Brillengläser. Die wirtschaftliche Unverwertbarkeit des lizenzierten Gegenstandes, Storch in Anm. zu BGH- **214**

Banddüngerstreuer, GRUR **78,** 168. Zu weiteren Beispielsfällen aus der Rechtsprechung vgl. Vorauflage Rdn. 126.

215 Haben beide Parteien die Vertragsgrundlage zerstört, so muss das Kündigungsrecht grundsätzlich nicht an der eigenen Vertragsuntreue scheitern, BGH WM **81,** 331, 332; RG GRUR **36,** 940, 942. Hat der Kündigende allein, verschuldet oder nur objektiv vertragswidrig den Streit veranlasst, ist sein Kündigungsrecht grundsätzlich ausgeschlossen, wenn der andere Teil erfüllungsbereit bleibt, BGH X ZR 54/83 v. 29. 1. 1987 – Thermotransformator, insoweit nicht veröffentlicht; GRUR **97,** 610, 611 – Tinnitus-Masker, vgl. auch § 323 Abs. 6 für den Rücktritt; Jauernig/Stadler, BGB[11], § 314 Rdn. 5; jedenfalls ist er Schadensersatzansprüchen ausgesetzt, vgl. Rdn. 219.

216 **23.** Bei der vorzeitigen Kündigung aus wichtigem Grund besteht grundsätzlich eine Verpflichtung zur **Abmahnung (§ 314 Abs. 2 BGB),** GRUR **97,** 610, 611 – Tinnitus-Masker oder unter Umständen ist eine angemessene **Kündigungsfrist** einzuhalten, BGH GRUR **59,** 384, 388 – Postkalender; betreffend Verlagsvertrag; BGH GRUR **59,** 616, 617 – Metallabsatz; GRUR **92,** 112, 114 – pulp-wash; OLG Hamburg NJW **56,** 26. Dies folgt auch aus dem für das Lizenzverhältnis als Dauerschuldverhältnis anzuwendendem § 314 BGB. Eine Abmahnung ist nur in seltenen Ausnahmefällen entbehrlich, wenn durch sie die erschütterte Vertrauensgrundlage nicht wiederhergestellt werden kann, BGH WM **81,** 331, 332; GRUR **92,** 112, 114 – pulp-wash. Bei gesellschaftsähnlichen Lizenzverträgen und Lizenzverträgen, die ein Vertrauensverhältnis begründen, ist in analoger Anwendung von § 723 Abs. 3 BGB ein **Ausschluss** der Kündigung aus wichtigen Grund oder eine Beschränkung dieses Rechts z. B. auf den Fall schuldhafter Verletzung wesentlicher Vertragspflichten, BGH KZR 10/63 vom 25. 11. 1965, unzulässig. Auch im Übrigen ist ein Abbedingen des Rechts zur außerordentlichen Kündigung nur eingeschränkt möglich; eine dahingehende AGB scheiterte auch bei Verträgen unter Unternehmern an § 307 Abs. 2 Nr. 1, § 314. Eine Vereinbarung der Vertragspartner darüber, was als wichtiger Grund zu gelten hat, kann für die Abwägung der Wichtigkeit des Grundes bedeutsam sein, RG GRUR **44,** 135, 137. Es kann gegen Treu und Glauben verstoßen, wenn derjenige, der die eigene Vertragspflicht verletzt, aus einer Vertragsverletzung seines Vertragspartners das Recht herleiten will, sich vom Vertrage zu lösen, vgl. Rdn. 206f. Das Recht zur vorzeitigen Kündigung kann durch unbilliges Hinauszögern verwirkt werden. Solange der Gekündigte keinen Anlass zu der Erwartung hat, vom Kündigungsrecht werde kein Gebrauch gemacht, tritt keine Verwirkung des Kündigungsrechts ein, BGH Ia ZR 171/63 vom 1. 10. 1963.

217 **24. Mehrere Kündigungsgründe** dürfen nicht isoliert, sondern müssen im Zusammenhang betrachtet werden, BGH GRUR **55,** 338, 339 – Brillengläser; GRUR **92,** 112, 114 – pulp-wash. Wenn sich die Vertragspartner bei einer Erschütterung der Vertrauensgrundlage zunächst wieder einigen, dann aber das Vertrauen erneut erschüttert wird, kann der Kündigende geltend machen, die neue Erschütterung des Vertrauens mache es im Zusammenhang mit den vorausgegangenen Tatsachen jetzt unmöglich, weiter zusammenzuarbeiten, BGH GRUR **55,** 338, 339 – Brillengläser. Die fristlose Kündigung kann nachträglich auch auf Gründe gestützt werden, die zurzeit der Kündigung vorlagen, die aber dem Kündigenden damals noch nicht bekannt waren, BGHZ **40,** 13, 16. Ein **Nachschieben** von Kündigungsgründen ist zulässig. Eine zunächst unbegründete Kündigung kann später auf nachträglich entstandene stichhaltige Gründe gestützt werden. Die Kündigung wird dann aber erst vom Zeitpunkt der Geltendmachung der späteren Kündigungsgründe an wirksam, RG GRUR **39,** 374, 375; vgl. auch BGHZ **27,** 220, 222ff.; BGH LM § 626 Nr. 10; BGH BB **61,** 498; **67,** 229ff.

218 **25.** Bei einem Lizenzvertrag über mehrere Schutzrechte oder verschiedene Benutzungsrechte ist eine **Teilkündigung** möglich, sofern nicht anzunehmen ist, dass die Vertragspartner über den ungekündigten Teil des Vertrages keinen Vertrag abgeschlossen hätten, vgl. den Rechtsgedanken aus 139 BGB, BGH GRUR **64,** 326, 328 – Subverleger m. w. N. betr. Verlagsvertrag; nicht jedoch, wenn wegen Erschütterung der Vertrauensgrundlage gekündigt wird, der ungekündigte Teil des Vertrages aber ebenfalls ein vertrauensvolles Zusammenarbeiten erfordert, BGH GRUR **64,** 326, 328 – Subverleger; RGZ **150,** 321, 322. Bei zulässiger Teilkündigung kann der gekündigte Teil seinerseits kündigen, wenn sich aus der Beschränkung auf einen Teil des Vertrages Nachteile für ihn ergeben, BGH GRUR **64,** aaO. Haben mehrere in Erfindungsgemeinschaft stehende Teilhaber einem Dritten ihre Anteile zur Auswertung übertragen, so ist eine Teilkündigung eines Teilhabers wegen seines Anteils nach § 747 Satz 1 BGB zulässig, BGH I a ZR 273/63 vom 28. 1. 1965. Die besonderen Verhältnisse – insbesondere bei Streit der Parteien über die wirtschaftliche Verwertbarkeit des Lizenzgegenstandes – können eine Umdeutung der Kündigungserklärung in eine bloße Änderungskündigung angezeigt erscheinen

lassen; an die Stelle der ausschließlichen Lizenz mit Ausübungszwang tritt eine einfache Nutzungsberechtigung, die auch dem Lizenzgeber die Verwertung der Schutzrechte ermöglicht.

26. Schuldhafte Veranlassung der vorzeitigen Kündigung kann einen **Schadenersatzanspruch (§ 280 BGB),** BGH GRUR **59,** 616, 618 – Metallabsatz. Er umfasst den durch die **219**
Kündigung entstehenden Schaden und schließt die Geltendmachung solcher Schäden nicht aus, die durch die die Kündigung veranlassende Pflichtverletzung entstanden sind, BGH GRUR **59,** 616, 618 – Metallabsatz, demnach kann der Kündigende vom Veranlasser ein Verhalten verlangen, wie es dem Vertrag für dessen normale Dauer entsprochen hätte, BGH GRUR **56,** 93, 96 – Bioglutan. Lizenzgebühren können als Schadenersatz nur bis zu dem Tage verlangt werden, zu dem vertragsgemäß erstmals eine fristgerechte Kündigung möglich ist, BGH LM § 242 BGB Ha Nr. 6 – betr. Pacht. Entsprechendes gilt für den dem Lizenznehmer durch Ausfall des Nutzungsrechts entstandenen Schaden. Die im Vertrauen auf die Durchführung des Vertrages gemachten Aufwendungen können ersetzt verlangt werden, wenn sie sich bei Fortsetzung des Vertrages amortisiert hätten (§ 284 BGB), vgl. BGH GRUR **79,** 768, 769 – Mineralwolle. Bei Lizenzverträgen mit gesellschaftsähnlichem Einschlag, die infolge einer Kündigung aus wichtigem Grund ein vorzeitiges Ende gefunden haben, können Leistungen, denen noch keine Gegenleistung gegenüberstand, zurückgefordert werden, RG GRUR **39,** 377, 380.

27. Verjährung. Lizenzgebühren sind wiederkehrende Leistungen, mögen sie Stücklizen- **220**
zen sein oder nach Zeitabschnitten geschuldet werden (oben Rdn. 93); als solche verjähren sie in 3 Jahren, gerechnet vom Ende des Jahres an, in dem sie fällig wurden (§§ 195, 199 Abs. 1 BGB). Das gilt auch für den Anspruch auf einmalige Abgeltung des Lizenzrechts. **Ansprüche auf Erfüllung** des Lizenzvertrags verjähren ebenfalls in 3 Jahren. Ansprüche auf **Schadenersatz wegen Nichterfüllung,** z. B. gegen den Lizenznehmer wegen Nichtausübung der Lizenz, Unterlassung der Herstellung oder des Vertriebs des geschützten Gegenstandes oder Nichtanwendung des Verfahrens folgen ebenfalls der regelmäßigen Verjährungsfrist des § 195 BG, vgl. BGH MDR **55,** 462, 463 – für Verzugsschaden. Die kurze Verjährungsfristen des § 438 Abs. 1 Nr. 3 BGB greift nicht ein, vgl. Rdn. 188. Anderes gilt für die Gewährleistungsansprüche bei Kauf von Patenten, Anmeldungen oder Erfindungen, Rdn. 39. Handlungen des Lizenznehmers, die den Umfang des ihm verliehenen Rechts überschreiten, sind Patentverletzungen; die Ansprüche auf Unterlassung oder Schadenersatz wegen lizenzwidriger Handlungen unterliegen gemäß § 141 der regelmäßigen Verjährungsfrist von drei Jahren Hat der Partner des formunwirksamen Vertrags die vermittelte technische Lehre von Mitbewerbern ungestört genutzt, bleibt er zur Zahlung der angemessenen Lizenzgebühr nach Bereicherungsgrundsätzen verpflichtet, Auch dieser Anspruch unterliegt der nach altem Recht für Lizenzgebühren als wiederkehrende Leistung geltenden kurzen Verjährung des § 197 BGB a. F., BGH GRUR **02,** 787, 790 – Abstreiferleiste.

III. Zwischenstaatliches Lizenzvertragsrecht

Literaturhinweise: Langen, Internationale Lizenzverträge, 2. Aufl., 1958, S. 131 ff.; **221**
F. Vischer, Internationales Vertragsrecht, Bern 1962, S. 114 ff.; G. Henn, Problematik und Systematik im internationalen Patentlizenzvertrag, München 1967; Ulmer, Die Immaterialgüterrechte im internationalen Privatrecht, Schriftenreihe zum Gewerblichen Rechtsschutz, Band 38, Köln 1975; Troller, Immaterialgüterrecht, Band II, 3. Aufl., 1985 S. 860 ff.; Grützmacher/Laier/May, Der Internationale Lizenzverkehr, Schriftenreihe Recht der Internationalen Wirtschaft, Band 6, 8. Aufl. 1997; Reithmann/Martiny, Internationales Vertragsrecht, 6. Aufl. (2004); Pfaff/Nagel, Internationale Rechtsgrundlagen für Lizenzverträge im gewerblichen Rechtschutz, München 1993; v. Hoffmann, Verträge über gewerbliche Schutzrechte im internationalen Privatrecht, RabelsZ **40** (1976), 208; Ulmer, Gewerbliche Schutzrechte und Urheberrechte im Internationalen Privatrecht, RabelsZ 41, 479 ff.; K. Kreuzer, Know-how-Verträge im deutschen internationalen Privatrecht, Festschrift für E. v. Caemmerer, S. 705 ff.; F. Vischer, Das Internationale Privatrecht des Immaterialgüterrechts nach dem schweizerischen IPR-Entwurf, GRUR Int. **87,** 670; Jayme/Kohler, Das Internationale Privat- und Verfahrensrecht der EG nach Maastricht, IPrax **92,** 346; Hiestand, Die Anknüpfung internationaler Lizenzverträge, 1993;

Katzenberger, Urheberrechtsverträge im Internationalen Privatrecht und Konventionsrecht, Urhebervertragsrecht – Festgabe Schricker (1994), 225 ff.; v. Westphalen, Fallstricke bei Verträgen und Prozessen mit Auslandsberührung, NJW **94,** 2114; Gruber, Auslegungsprobleme bei fremdsprachigen Verträgen unter deutschem Recht, DZWiR, 97, 353; Heide, Patent- und Know-how-Lizenzen in internationalen Anlagenprojekten, GRUR Int. **04,** 913; Wagner, Zur Vereinheitlichung des Internationalen Privat- und Zivilverfahrensrechts sechs Jahre nach In-

Kraft-Treten des Amsterdamer Vertrags, NJW **05,** 1754; vgl. im Übrigen die einschlägige Literatur zum Internationalen Privatrecht.

222 **1.** Bei **Lizenzverträgen** mit Bezug zum Recht eines ausländischen Staates bestimmt das **Internationale Privatrecht,** welche Rechtsordnung anzuwenden ist, Art. 3 EGBGB. Im Verhältnis zum ehemals anderen Teil Deutschlands waren die Grundsätze des internationalen Privatrechts entsprechend anzuwenden, BGHZ **85,** 16, 22. Dabei bleibt es auch für abgeschlossene Vorgänge, Art. 236 § 1 EGBGB; vgl. im Übrigen hierzu Dörner/Meyer-Sparenberg DtZ **91,** 1. Bei einem reinen Inlandsfall scheidet die Anwendung des IPR grundsätzlich aus. Es ist fern liegend – wenn auch nicht ausgeschlossen, Art. 27 Abs. 3 EGBGB –, dass die nationalen Vertragsparteien die Übertragung oder die Lizenzierung eines nationalen Schutzrechts einer fremden Rechtsordnung unterwerfen. Ein Bezug zum Recht eines ausländischen Staates kann schon dann gegeben sein, wenn eine ausländische Partei am Vertragsschluss beteiligt ist oder inländische Parteien über ein europäisches Bündelpatent oder mehrere ausländische (Parallel-) Patente eine lizenzvertragliche Vereinbarung treffen. Das zur Streitentscheidung angerufene Gericht hat anhand der einzelvertraglichen Regelung festzustellen, ob es sein nationales materielles Recht anwenden kann oder ob das Recht eines oder mehrerer ausländischer Staaten zugrunde zu legen ist.

223 Bei der Anwendung der Rechtsnormen des EGBGB ist gemäß dessen Art. 36 zu berücksichtigen, dass die dem deutschen IPR zugrundeliegenden Regelungen des EG-Schuldvertragsübereinkommens **(EVÜ)** v. 19. Juni 1980 – ABl. EG 1980 Nr. L 266 – für die Bundesrepublik in Kraft seit 1. April 1991 (BGBl. II 871) – in den Vertragsstaaten einheitlich ausgelegt und angewandt werden sollen. Der Text des Übereinkommens ist damit mittelbar, mit dem Anspruch auf Vorrang vor dem Wortlaut der entsprechenden Normen des EGBGB in das nationale Recht eingefügt Reithmann/Martiny, Intern. Vertragsrecht[6], Rdn. 16; Junker RabelsZ **91,** 674ff. Zu dessen Auslegung ist der von Giuliano und Lagarde gegebene Bericht (ABl. EG 80 C 282/1; BT-Drucksache 10/503, S. 33ff.) heranzuziehen (BT-Drucksache 10/503, S. 22). Die beiden Protokolle zum EVÜ vom 19. 12. 1988 – ABl. EG Nr. C 27 v. 26. Januar 1998, S. 26, 47 – sehen die Zuständigkeit des EuGH zur Auslegung des EVÜ vor (vgl. hierzu Pirrung, FS Lorenz 2001, 403). Die Bundesrepublik Deutschland hat diese Protokolle ratifiziert (Gesetz vom 16. 11. 1995 – BGBl. II 914); sie sind nach der Ratifizierung durch Belgien zum 1. 8. 2004 für diejenigen Mitgliedstaaten in Kraft getreten, die vor dem 1. 5. 2005 der Europäischen Gemeinschaft angehörten – BGBl. 2005 II 147, 149. Eine Ratifizierung der Protokolle durch die zum 1. 5. 2005 der Union beigetretenen Staaten ist vorgesehen. Zu den Plänen, das EVÜ durch eine EG-Verordnung abzulösen, vgl. Wagner NJW **05,** 1754, 1755.

224 **2.** Bei der internationalprivatrechtlichen Beurteilung von Patentlizenzverträgen sind folgende drei **Grundprinzipien** zu beachten. Die Schutzwirkungen des Patents sind auf das Hoheitsgebiet des jeweiligen Staates begrenzt – **Territorialitätsprinzip** – (§ 9 PatG, Art. 2 Abs. 2, Art. 3 EPÜ). Für vertragliche Schuldverhältnisse gilt die **freie Rechtswahl** (Art. 27 EGBGB). **Von zwingenden nationalen Vorschriften** darf nicht abgewichen werden (Art. 34 EGBGB). Hierzu rechnen Vorschriften wirtschaftspolitischen Inhalts, z. B. Ein- und Ausfuhrbestimmungen, Devisenvorschriften und die Regeln des Kartellrechts (vgl. hierzu BT-Drucksache 10/504 S. 83 zu Art. 34 EGBGB; Reithmann/Martiny, Internationales Vertragsrecht[6], Rdn. 104ff., 399ff., 1751ff. Im Übrigen begrenzt die Territorialität der Schutzwirkungen des Patents den Grundsatz der freien Rechtswahl.

225 **a)** Der Disposition der Parteien entzogen ist die Wahl der Rechtsordnung betreffend die Schutzwirkungen des Patents, BGH GRUR **92,** 697, 698 – ALF m. Anm. Schricker EWiR **92,** 1021. Ulmer, Die Immaterialgüterrechte, S. 74ff., 99ff.; Haver/Mailänder, Lizenzvergabe usw. S. 36f.; Beier GRUR Int. **81,** 299, 305f. Zu den **nicht disponiblen Schutzwirkungen** des Patents rechnen – ohne dass es auf eine im Wesentlichen der deutschen Rechtsordnung eigentümliche Unterscheidung von dinglicher oder obligatorischer Rechtsposition ankäme – die Entstehung, der Bestand und das Erlöschen des Patents, seine Lizenzierbarkeit, die Übertragbarkeit des Patents sowie der Nutzungsrechte; ebenso die aus der Berechtigung sich ergebende Klagebefugnis, BGH – ALF aaO; OLG Wien GRUR Int. **90,** 537, 538. Auch das positive Benutzungsrecht des Lizenznehmers gegenüber einem prioritätsjüngeren Schutzrechtsinhaber (vgl. § 9 Rdn. 6) unterliegt dem **Schutzrechtsstatut,** OLG Karlsruhe GRUR Int. **87,** 788, 789. Diese Rechtswirkungen des Lizenzrechts richten sich notwendigerweise nach dem **Recht des Schutzlandes** des lizenzierten Rechts, BGH – ALF aaO; BGHZ **126,** 252, 255 – Folgerecht bei Auslandsbezug; BGHZ **136,** 380, 386ff. – Spielbankaffäre; Ulmer, Immaterialgüterrechte, S. 99f.; a. A. MünchKommBGB[4]/Martiny Art. 28 EGBGB Rdn. 407, bei europäischem Bündelpatent oder bei (parallelen) Auslandspatenten also nach dem Recht des (Vertrags-)Staates, für

welchen die Lizenz erteilt ist (vgl. auch Art. 2 Abs. 1 PVÜ; Art. 5 Abs. 2 RBÜ). Bei Lizenzierung von Patenten für mehrere Staaten (multinationaler Lizenzvertrag) ist zur Beurteilung der vorgenannten Fragen das Recht des jeweiligen Schutzlandes heranzuziehen. Das Recht des Schutzlandes bestimmt auch die **Form** des Lizenzvertrags, Ulmer aaO, S. 96 ff.; Troller, Immaterialgüterrecht (II), S. 862; vgl. auch Art. 11 Abs. 5 EGBGB.

Die Lizenzierbarkeit der **europäischen Patentanmeldung** ist in Art. 71, 74 EPÜ geregelt. **226**
Art. 72 EPÜ schreibt die Schriftform (nur) für die Übertragung der euorpäischen Patentanmeldung vor. Im Übrigen unterliegt die Lizenzierung der europäischen Patentanmeldung dem nationalen Recht, Art. 74 EPÜ. Über die Lizenzierbarkeit des europäischen Bündelpatents sagt das EPÜ naturgemäß nichts aus; diese ist der jeweiligen nationalen Rechtsordnung zu entnehmen, Art. 2 Abs. 2, Art. 3 EPÜ, Benkard/Ullmann/Grabinski, EPÜ, Art. 73 Rdn. 2, Art. 74 Rdn. 2, 4.

b) Die **Wahl der Rechtsordnung** steht indes zur Disposition der Parteien, was das **Schuldstatut** des Lizenzvertrags anbetrifft. Entsprechend Art. 32 EGBGB – wortlautgleich mit Art. 10 des EG-Schuldvertragsübereinkommens – kann die gewählte Rechtsordnung maßgebend sein für die Auslegung des Vertrags, dessen Erfüllung und die Folgen der Nichterfüllung der vertraglichen Pflichten, für Fragen der Verjährung und sonstiger Rechtsverluste, der Kündigung des Lizenzvertrags sowie der Folgen seiner Nichtigkeit. Des Weiteren rechnet zum Schuldstatut die Frage der Ausübungspflicht des Lizenznehmers, dessen Recht zur Vergabe von Unterlizenzen, die Haftung des Lizenzgebers für die technische Ausführbarkeit des Patents, seine Verpflichtung zur technischen Beratung des Lizenznehmers oder zur Überlassung weiterer Verbesserungen an diesen. In der Wahl der auch auf Teilbereiche beschränkbaren Rechtsordnung sind die Vertragsparteien frei. Eine besondere Beziehung zum Gegenstand des Vertrags oder zur Nationalität der Parteien muss nicht bestehen, vgl. auch Art. 3 EG-Schuldvertragsübereinkommen. Die Rechtswahl muss ausdrücklich erfolgt sein oder sich mit hinreichender Sicherheit aus den Bestimmungen des Vertrags oder aus den Umständen des Falls ergeben, Art. 27 Abs. 1 Satz 2 EGBGB. Die Annahme eines hypothetischen Parteiwillens genügt ebenso wenig wie die bloß „rügelose" Einlassung auf das im Verfahren vorgetragene Recht, BGH ZIP **04,** 2007, 2009; Bericht Giuliano/Lagarde BT-Drucksache 10/503, S. 33 ff. zu Art. 3 EG-Schuldvertragsübereinkommen. Eine nachträgliche (ausdrückliche) Rechtswahl kann auch im Laufe des Rechtsstreits erfolgen, BGH NJW-RR **00,** 1002, 1003; BGH-Report **00,** 679. **227**

3. Haben die Parteien für das Schuldstatut des Lizenzvertrags **keine Rechtswahl** getroffen, so ist gemäß Art. 28 Abs. 1 EGBGB das Recht desjenigen Staates anzuwenden, zu welchem der Vertrag die **engsten Verbindungen** aufweist, vgl. BGHZ **147,** 178, 182 – Lepo Sumera – betr.: Urheberrecht; BGH ZIP **04,** 2007, 2010. Der Gesetzgeber des EGBGB 1986 rückt damit – entsprechend Art. 4 EG-Schuldvertragsübereinkommen – von der bisherigen Auslegung nach dem mutmaßlichen Parteiwillen (BGHZ **44,** 183, 186) ab, vgl. hierzu BT-Drucksache 10/503 S. 78. Art. 28 Abs. 2 EGBGB vermutet dabei (widerlegbar), dass das Recht des Staates anzuwenden sei, in welchem die Partei, welche die **charakteristische Leistung** zu erbringen hat, im Zeitpunkt des Vertragsabschlusses ihren Wohnsitz oder ihre Hauptverwaltung hatte. In der Gesetzesbegründung (BT-Drucksache aaO) ist ausgeführt, dass bei „Verträgen auf Gebrauchsüberlassung" die Leistung des Überlassenden „charakteristisch" sei, das hieße auf Lizenzverträge bezogen, das Recht des (Wohnsitz-)Staates des Lizenzgebers sei anwendbar. Dieser Schluss ist nicht zwingend geboten. Es bleibt Raum für differenzierende Betrachtungen. Art. 28 Abs. 1 EGBGB ist jedoch der Grundsatz zu entnehmen, dass das Vertragsverhältnis der Beurteilung einer einheitlichen Rechtsordnung unterliegen soll; nur ausnahmsweise soll auf einen Teil des Vertrages, der eine engere Verbindung zu einem anderen Staat aufweist, das Recht dieses Staates anzuwenden sein. **228**

a) Für den **multinationalen Lizenzvertrag,** in welchem die Lizenz zur Nutzung eines europäischen Bündelpatents in mehreren Vertragsstaaten, oder zur Nutzung mehrerer ausländischer Schutzrechte in verschiedenen Staaten erteilt wird, ist demnach grundsätzlich auf die für den **Lizenzgeber** maßgebliche Rechtsordnung abzustellen – **Grundsatz der einheitlichen Anknüpfung** bei multinationalen Lizenzverträgen. Nach Art. 28 Abs. 2 EGBGB gilt die Rechtsordnung des Staates, in dem die Partei, welche die charakteristische Leistung zu erbringen hat, ihren Wohnsitz oder ihre Hauptniederlassung hat; nicht maßgeblich ist, wo die vertragliche Leistung zu erfüllen ist. Das sich nach dem jeweiligen Schutzland richtende Schutzrechtsstatut bleibt davon unberührt. Der Grundsatz der einheitlichen Anknüpfung für das Schuldstatut konnte schon nach bisherigem Verständnis als vorherrschend gelten, Ulmer, Immaterialgüterrechte, S. 101, 102; Troller, Immaterialgüterrecht II (1985), S. 863; einen eigenen Weg schlägt Beier (GRUR Int. **81,** 304, 305 bezogen auf Warenzeichen; vgl. auch Fezer, **229**

Markenrecht, 3. Aufl., Einl. Rdn. 168ff., 199) vor, über die regelmäßige Anknüpfung an das Recht des für den Lizenznehmer primären Schutzlandes zu einer einheitlichen Rechtsordnung für das Schutzrechts- und Schuldstatut zu kommen. Schwierigkeiten dürfte es indes vielfach bereiten, aus mehreren Schutzländern, in denen produziert und/oder vertrieben wird, das vorrangige Land herauszufinden. Mit der Regelung des Art. 28 EGBGB sollte der Meinungsstreit, ob generell oder nur im Einzelfall die Leistung des Lizenzgebers oder die des Lizenznehmers (vgl. hierzu Troller aaO) „charakteristisch" und somit für die Rechtsordnung bestimmend sei, zugunsten der generellen Anwendung der Rechtsordnung des Lizenzgebers bei multinationalen Lizenzverträgen beendet sein, vgl. auch Pfaff/Osterrieth[2] Rdn. 114; Hiestand, S. 308ff.; MünchKommBGB[4]/Martiny Art. 28 EGBGB Rdn. 408.

230 **b)** Bei dem internationalprivatrechtlichen Lizenzvertrag, der die Verwertung von Schutzrechten in nur einem Land zum Gegenstand hat – japanischer Lizenzgeber gewährt in- oder ausländischem Unternehmen Lizenz an einem inländischen Schutzrecht –, erscheint es sachgerecht, das Recht des Schutzstaates auch für das Schuldstatut des Lizenzvertrags heranzuziehen. Da nur die Schutzwirkungen in einem Land Gegenstand der vertraglichen Vereinbarung sind, spricht nichts dagegen, das Schutzland als den Staat im Sinne des Art. 28 Abs. 1 EGBGB zu bezeichnen, mit welchem der Vertrag die engsten Verbindungen aufweist. Der Vereinheitlichung unterschiedlicher Schuldstatute über das Recht des Wohnsitzes des Lizenzgebers bedarf es in diesem Falle nicht. Bei der **Singularform** des **internationalprivatrechtlichen Lizenzvertrags** wird somit die einheitliche Rechtsordnung dadurch erreicht, dass das für das Schutzstatut geltende Recht des Schutzlandes zugleich für die Beurteilung des Schuldstatuts heranzuziehen ist (insoweit wie Beier GRUR Int. **81,** 299, 307).

231 **4.** Für die rechtsgeschäftliche **Übertragung** des lizenzierten Rechts wie des Lizenzrechts ist nach dem Schutzlandprinzip (o. Rdn. 225) das Recht desjenigen Staates maßgebend, dem das zedierte Recht unterliegt, z.B. französisches Recht für eine französische Patentanmeldung, vgl. BGH GRUR Ausl. **65,** 504, 506 – betreffend eine französische Warenzeichenanmeldung; RGZ **31,** 52, 56; RG GRUR **34,** 657, 660; die für das übertragene Recht maßgebende Rechtsordnung entscheidet über die Übertragbarkeit des Rechts, Art. 33 Abs. 2 EGBGB. Es ist zu prüfen, ob die betreffende Rechtsordnung eine Rechtsnachfolge durch Übertragung unter Lebenden überhaupt zulässt. Das Verpflichtungsgeschäft kann nach einer anderen Rechtsordnung zu beurteilen sein als das Erfüllungsgeschäft, d.h. die Rechtsübertragung, BGH GRUR Ausl. **65,** 504, 505 – Carla, Art. 33 Abs. 1 EGBGB. Für den Übergang des Rechts im Wege der Erbfolge ist das Recht des Staates maßgebend, welchem der Erblasser angehörte, Art. 25 EGBGB.

Dies gilt auch für die Übertragung eines **europäischen Patents,** ÖOGH GRUR Int. **92,** 131; Art. 74 EPÜ schreibt dies für die Übertragung der Patentanmeldung ausdrücklich fest, Benkard/Ullmann/Grabinski, EPÜ, Art. 74 Rdn. 2f.

IV. Lizenzvertrag über geheimes technisches Wissen

Literaturhinweis: Pfister, Das technische Geheimnis „Know how" als Vermögensrecht, 1974; Stumpf, Der Know-how-Vertrag, 3. Aufl. (1977); Bartenbach/Gennen, Patentlizenz- und Know-how-Vertrag, 5. Aufl. (2001), Rdn. 2530ff.; Kurz, Vertraulichkeitsvereinbarungen (2004); Seherali, Schutz des Know-How nach türkischem, deutschem und europäischem Recht, Schriftenreihe zum gewerblichen Rechtsschutz Bd. 133 (2004); Schlosser, Der Know-how-Vertrag, sic! **98,** 269; vgl im Übrigen die Literaturhinweise zu I u. II. vor Rdn. 1 u. zu V Rdn. 252.

232 **1.** Gegenstand eines Veräußerungs- oder Lizenzvertrages können auch **nicht geschützte** Erfindungsleistungen, Fabrikationsverfahren, Konstruktionen oder sonstige die Technik bereichernde **Leistungen** sein; stellen sie ein **Betriebsgeheimnis** dar, unterfallen sie derselben kartellrechtlichen Beurteilung wie Lizenzverträge über geschützte Erfindungen, vgl. Rdn. 251ff.; BGHZ **17,** 41, 51 – Kokillenguss; BGH GRUR **80,** 750, 751 – Pankreaplex II; **84,** 753 – Heizkessel-Nachbau; u. Rdn. 252ff. Das vermittelte technische Wissen braucht keine Erfindung zu sein. Es ist nicht notwendig, dass es den Neuheitsbegriff des § 3 erfüllt, BGH GRUR **55,** 424, 425 – Möbelwachspaste; **63,** 207, 210 – Kieselsäure. Unerheblich ist auch, ob das technische Wissen in der vermittelten Form (z.B. als Software) vom patentrechtlichen Schutz ausgeschlossen ist (§ 1 Abs. 2 Nr. 3, Abs. 3 PatG), OLG Karlsruhe WuW/E OLG 4158, 4162. Nach dem Stande der Technik bekannte Verfahren sind einem Lizenzvertrag nicht zugänglich, BGH Ia ZR 50/66 vom 17. 1. 1967. Betrifft der Lizenzvertrag **nicht geheimes** technisches Wissen, sind seine – nicht wettbewerbsbeschränkenden – Rechtswirkungen nach

allgemeinem Zivilrecht zu beurteilen. Er kann insbesondere als Geschäftsbesorgungs-, Dienst- oder Werkvertrag zu beurteilen ein.

2. Die Zulässigkeit eines Verwertungsvertrags über nicht zum Patent angemeldete Erfindungen beurteilt sich nicht nach dem Patentgesetz, vgl. auch BT-Drucksache 8/2087 S. 25. Der Verwertungsvertrag über geheimes technisches Wissen ist aber der **Rechtsnatur** des Patentlizenzvertrags verwandt, RG Mitt. **34,** 236, 238; BGH GRUR **76,** 140, 142 – Polyurethan, und erfährt eine entsprechende kartellrechtliche Behandlung. Die der Patentlizenz zukommende kartellrechtliche Privilegierung greift nur ein, wenn das als geheim lizenzierte know-how wirklich geheim ist,vgl. auch BGH WuW/E 1780, 1782 – Subterra; GRUR **66,** 576, 580 – Zimcofot. Wird das als geheim lizenzierte know-how später offenkundig, entfällt die kartellrechtliche Freistellung, es sei denn das Know-how wird infolge des Verhaltens des Lizenznehmers offenkundig. In diesem Fall gilt die Freistellung für Dauer der Vereinbarung, § 2 Abs. 2 GWB, Art. 2 Abs. 2 Satz 2 TT-GFVO, vgl. Rdn. 241. 233

Der Know-how-Verwertungsvertrag unterliegt **keiner Form,** anders nach früherem Recht (§ 34 GWB alt), vgl. o. Rdn. 75; Vorauflage Rdn. 139. Hat der Partner eines nach altem Recht formunwirksamen Vertrags das vermittelte know how von Mitbewerbern ungestört genutzt, bleibt er zur Zahlung der angemessenen Lizenzgebühr nach Bereicherungsgrundsätzen verpflichtet, BGH GRUR **02,** 787, 790 – Abstreiferleiste. 234

Der Verwertungsvertrag gibt ein **obligatorisches Benutzungsrecht** an dem geheimen technischen Wissen, BGHZ **16,** 172, 174 – Dücko; Troller GRUR Int. **58,** 385, 387ff., das nicht auf ein absolutes Recht zurückzuführen ist, sondern sich allein auf die Mitteilung tatsächlichen Wissens bezieht. Der Know-how-Vertrag ist ein Vertrag eigener Art. Es können im Wesentlichen die Regeln über die Rechtspacht entsprechend angewandt werden, Pfaff BB **74,** 565, 569; Körner GRUR **82,** 341, 342. Wird ein Betriebsgeheimnis gegen einmaliges Entgelt überlassen, so finden die Regeln über den Kauf Anwendung; dem steht nicht entgegen, dass der Veräußerer selbst Geheimnisträger bleibt. Im Übrigen gelten die Grundsätze der Vertragsfreiheit in den Grenzen des Kartellrechts. Die Zulässigkeit vereinbarter Wettbewerbsbeschränkungen ist danach zu beurteilen, ob sie über den Inhalt der lizenzierten Wissen hinausgehen, vgl. WuW/E BGH 1780, 1782 – Subterra.

Der Besitz und das Nutzungsrecht an geheimem Know-how gewähren **kein Ausschlussrecht,** BGH GRUR **60,** 554, 557 – Handstrickverfahren (anders in der Wortwahl BGHZ 16, 172, 175 – Dücko; offengelassen in BGH (IX. ZS) NJW **90,** 2931, 9232. Das technische Wissen ist Bestandteil des Vermögens und nicht selbst absolutes Recht, Pfaff BB **74,** 565, 567; Kraßer GRUR Int. **70,** 587, 588; Stumpf[3] Rdn. 15. Die unbefugte Benutzung eines Geheimverfahrens kann im Einzelfall einen rechtswidrigen Eingriff in den eingerichteten und ausgeübten Gewerbebetrieb gemäß § 823 Abs. 1 BGB darstellen, BGHZ **16,** 172, 175 – Dücko; BGHZ **17,** 41, 51 – Kokillenguss; Nastelski GRUR **57,** 1, 4; offengelassen in BGHZ **38,** 391, 395 – Industrieböden; BGH NJW **90,** 2932, 2932; a. A. Pfaff BB **74,** 565, 567. Im Übrigen bestimmt sich der zivilrechtliche Schutz gegen Dritte nach §§ 17f. UWG, § 823 Abs. 2, 826 BGB, BGH GRUR **02,** 91, 93 – Spritzgießwerkzeuge; Körner GRUR **82,** 341, 347f. 235

Die Frage der **Übertragbarkeit** geheimen know how's ist von dessen rechtlicher Qualifikation unabhängig, Forkel, Festschr. Schnor v. Carolsfeld, S. 105, 111f.; ders. NJW **90,** 2805, 2806. Diese vollzieht sich durch die Übermittlung des tatsächlichen Wissenstandes und der dazugehörenden Unterlagen. Anders als bei der Übertragung eines Schutzrechts mit absoluter Rechtswirkung bedarf die Rechtsstellung des know-how-Erwerbers aber einer vertraglichen Verpflichtung des Veräußerers zur fortdauernden Geheimhaltung und auch zu einem möglicherweise verbleibendem Verwertungsrecht. Ein Vertrag zur endgültigen Übertragung von know-how kann somit vielfach als Lizenzvertrag mit geänderten Parteirollen zu beurteilen sein; der Übertragende wird zum Lizenznehmer. 236

Gegenüber dem Lizenznehmer stehen die vertraglichen Ansprüche im Vordergrund. Das technische Betriebsgeheimnis ist nur ein Ausschnitt aus verwertbarem betrieblichem Know-how, das auch kaufmännische und betriebswirtschaftliche Erfahrungen und Kenntnisse umfassen kann. Im vorliegenden Rahmen interessieren lediglich Verträge über know how aus dem Bereich der Technologie als einer Gesamtheit nicht patentierter praktischer Erkenntnisses, die durch Erfahrungen und Versuche gewonnen werden § 2 Abs. 2 GWB, Art. 1 lit. i TT-GFVO. 237

3. Ein **Betriebsgeheimnis** ist jede Tatsache des Geschäftsbetriebs, die nicht allgemein bekannt und nicht leicht zugänglich ist. Es muss sich dabei wegen der Bezugnahme in § 2 Abs. 2 GWB auf die TT-GFVO – strenger als nach der bisherigen nationalen Praxis, vgl. Axster/Osterrieth in Pfaff/Nagel[2], Kap A Rdn. 177 – um ein für die Produktion bedeutendes und nützliches Wisssen handeln (Art. 1 lit. i TT-GFVO). Diese Qualifikation fehlt, wenn das Pro- 238 dukt mit frei erhältlicher Technologie hergestellt werden kann. Ein Verfahrens-Know-how ist nützlich, wenn die Position am Markt beispielsweise duch Verringerung der Produktionskosten verbessert werden kann (vgl. Leitlinien TT-GFVO Nr. 46). Zur Überprüfung dieser Eigenschaften des Know-how muss es umfassend genug in Handbüchern oder im Vertrag selbst beschrieben sein (Art. 1 lit. i, iii TT-GFVO). Steht dies der Geheimhaltung entgegen, müssen zumindest die Personen genannt sein, welche über den geheimen Gegenstand des Vertrags Auskunft geben können. Es schadet nicht, dass die technische Lehre einem eng begrenzten Personenkreis bekannt ist, wenn sie nach dem bekundeten oder erkennbaren Willen des Geschäftsinhabers, der ein berechtigtes wirtschaftliches Interesse an der Geheimhaltung hat, geheimgehalten werden soll, BGH GRUR **55,** 424, 426 – Möbelwachspaste; **61,** 40, 43 – Wurftaubenpresse. Geheim ist, was in seiner konkreten Erscheinungsform einem Interessenten nicht ohne Mühen und Opfer zugänglich ist. In der konstruktiven Durcharbeitung bekannter Dinge kann ein Betriebsgeheimnis liegen, RG GRUR **36,** 573, 576; BGH GRUR **60,** 554, 556 – Handstrickverfahren. Ein Verfahren, bei dem Methoden angewendet werden, die an sich bekannt sind, kann ein Geheimverfahren sein, wenn durch die besondere Ausführung und Gestaltung der einzelnen Kunstgriffe oder Fabrikationsmaßnahmen die Güte des Produkts oder die Sicherheit des Erfolgs gesteigert oder Ersparnisse bei den Herstellungskosten erzielt werden. Die Erfindungsleistung, das Fabrikationsverfahren oder die Konstruktion darf nicht **offenkundig** sein, d. h. die Besonderheit z. B. des Verfahrens darf nicht derart bekannt sein, dass sie jeder Mitbewerber ohne Schwierigkeit oder Opfer ermitteln kann (Art. 1 lit. i TT-GFVO), vgl. schon RGZ **65,** 333, 335, z. B. durch Untersuchung der fertigen auf dem Markt befindlichen Ware, RG GRUR **36,** 573, 576; **37,** 559, 561 f.; **39,** 733, 735, 739; BGH GRUR **58,** 297, 299 – Petromax I. Dritten dürfen nicht soviel Anhaltspunkte bekannt sein, dass sie Versuche anstellen und arbeiten können, OLG Düsseldorf WuWE 201 OLG.

239 Die **Veröffentlichung der Patentanmeldung** nimmt dem darin offenbarten Verfahren den Geheimnischarakter, BGH GRUR **76,** 140, 142 – Polyurethan. Gleiches gilt für die Eintragung eines Gebrauchsmusters, RG GRUR **42,** 352, 356 und die Erteilung von Patenten im Ausland, BGH GRUR **67,** 670, 675 – Fischbearbeitungsmaschine; OLG Celle GRUR **69,** 548, 549. Auf die Kriterien der **neuheitsschädlichen Veröffentlichung i. S. des § 3** ist dabei nicht abzustellen. Eine einzelne ausländische Patentschrift, die nicht allgemein bekannt geworden ist, begründet allein noch keine Offenkundigkeit, BGH GRUR **63,** 207, 211 – Kieselsäure. Die Tatsache, dass von der Packungsbeilage Hinweise ausgehen, die den Fachmann in die Lage versetzen, ohne erfinderisches Bemühen ein dem Lizenzgegenstand ebenbürtiges Medikament zu entwickeln, nimmt weder dem Erzeugnis noch dem Verfahren zu seiner Herstellung den Geheimnischarakter, BGH GRUR **80,** 750, 751 – Pankreaplex II.

240 Die Offenkundigkeit ist erst dann gegeben, wenn der Fachmann im Einzelnen die Beschaffenheit der Stoffe des Medikaments in ihrem Mengen- und Gewichtsverhältnis sowie den genauen Ablauf des Verfahrens kennt, BGH GRUR **80,** 750, 751 – Pankreaplex II. Offenkundigkeit ist bei komplizierten Maschinen verneint worden, wenn ihre geheimgehaltene Konstruktion und Bauart auch für Fachleute erst nach ihrer Zerlegung durch eine genaue Feststellung ihrer Maße und durch die Zeichnung der wesentlichen Teile erkennbar ist, RGZ **149,** 329, 334; BGH I ZR 102/68 vom 13. 11. 1970; ebenso wenn die Zerlegung mit Schwierigkeiten und Opfern verbunden ist, OLG Celle GRUR **69,** 548, 549. Die neuartige Anwendung eines an sich bekannten Verfahrens genießt den Geheimnisschutz. Eine nach Konstruktion und Arbeitsweise bekannte Vorrichtung schließt nicht aus, dass ihre besondere Anwendung geheim ist und Gegenstand eines Verwertungsvertrags sein kann, BGH GRUR **66,** 576, 581 – Zimcofot. Es genügt, dass das lizenzierte Wissen einen technischen Vorsprung vor den Mitbewerbern verschafft, OLG Karlsruhe WUW/E OLG 4158, 4162. Es muss allerdings für die Produktion wesentlich sein (Art. 1 Abs. 1 lit. i TT-GFVO).

241 **4.** Lizenzverträge über die Benutzung von Geheimverfahren sind je nach ihrem wirtschaftlichen Inhalt unterschiedlicher rechtlicher Natur und begründen **Rechte und Pflichten** aus einem Rechtsverhältnis eigener Art. Die Vorschriften des Pachtvertrags bieten sich zur analogen Anwendung an, Rdn. 81–84; Körner GRUR **82,** 341, 342. Die Einräumung von Herstellungsrechten nach einem Geheimverfahren setzt wegen der damit verbundenen Geheimhaltungspflicht ein besonderes Vertrauensverhältnis voraus. Derartige Rechte sind in der Regel nicht frei übertragbar, BGH I ZR 17/56 vom 26. 4. 1957. Der Verkäufer oder Lizenzgeber eines Geheimverfahrens darf den Käufer oder Lizenznehmer nicht dadurch in der Ausübung seiner Rechte stören, dass er anderen das Geheimverfahren preisgibt, RG MuW **13/14,** 598, 590; BGH GRUR **76,** 140, 142 – Polyurethan; er darf es ohne dessen Zustimmung nicht zum Patent anmelden, da es dadurch bekannt und bei Versagung des Patents entwertet werden kann,

RG MuW **13/14,** 589, 590. Die vereinbarte Vergütung ist zu zahlen, soweit das überlassene Geheimverfahren benutzt wird, RG Mitt. **34,** 236, 238.

Unter die vertragsgemäße Benutzung fällt alles, was der Fachmann als vertragsgemäße Abwandlung erkennen konnte, BGH GRUR **76,** 140, 142 – Polyurethan. Im Einzelfall ist zu entscheiden, ob ein anderes Geheimverfahren angewendet wird und dadurch die Lizenzpflicht entfällt, RG GRUR **35,** 807, 810ff. Die Benutzung von eigenen Verbesserungen hebt die Vergütungspflicht nicht auf, RG Mitt. **34,** 236, 238. Solange sich ein abweichendes Verfahren innerhalb der Variationsbreite des überlassenen Verfahrens hält und dessen Grundgedanken benutzt, bleibt die Lizenzpflicht bestehen, BGH GRUR **55,** 424, 427 – Möbelwachspaste; **76,** 140, 142 – Polyurethan. Bezieht sich die für den Fall der Beendigung des Lizenzvertrages übernommene Verpflichtung zur Unterlassung auf das „bekannt gegebene Verfahren", so kann diese auch schon einen Teil des bekannt gegebenen Verfahrens erfassen, der vom Lizenzgeber geheimgehalten wird und sich vom sonst Üblichen wesentlich unterscheidet und der für sich allein eine wesentliche Bedeutung für das Verfahren und das Erzeugnis erkennen lässt, BGH X ZR 86/67 vom 27. 10. 1970. Bei wesentlichen Verbesserungen, die das überlassene Verfahren in den Grundzügen unberührt lassen, kann allerdings eine Herabsetzung der Vergütung in Betracht kommen, RG Mitt. **34,** 236, 238. Nach BGH GRUR **56,** 93, 96 – Bioglutan soll den am Umsatz beteiligten Lizenzgeber eine Pflicht zur Unterlassung von Konkurrenz hinsichtlich wettbewerblich wesensgleicher Präparate treffen. 242

5. Verträge über geheimes technisches Wissen sind mehr noch als Verträge über Schutzrechte gewagte Geschäfte, RGZ **163,** 1, 8f.; BGH GRUR **60,** 44, 46 – Uhrgehäuse; **79,** 768, 769 – Mineralwolle; das ist bei der Feststellung der Rechtsfolgen bei **Unmöglichkeit** oder **Mangelhaftigkeit** der Leistung zu berücksichtigen. Die Vermittlung offenkundiger Tatsachen als geheimes Wissen ist objektiv unmöglich. Aber auch bei einer objektiv nicht lizenzierbaren „Erfindung" bleibt eine **verschuldensabhängige Schadensersatzhaftung des Lizenzgebers (§ 311a BGB).** Der Lizenznehmer hat Anspruch auf Schadensersatz oder auf Ersatz seiner frustrierten Aufwendungen (§284 BGB). Er kann vom Vertrag zurücktreten (§ 326 Abs. 5 BGB) und die geleisteten Lizenzgebühren zurückverlangen (§ 326 Abs. 4 BGB). Die Geltendmachung eines Anspruchs auf Schadensersatz wird durch den Rücktritt nicht ausgeschlossen (§ 325 BGB). Dem Lizenzgeber obliegt der Nachweis, die Verletzung seiner Pflicht, eine rechtswirksame Lizenz zu erteilen, nicht vertreten zu müssen (§ 280 Abs. 1 Satz 2 BGB). 243

Verspricht der Lizenzgeber eine Geheimkonstruktion, die nicht er, aber ein anderer erbringen kann, so hat er nach den Grundsätzen einzustehen, wie sie für den Patentlizenzgeber gelten, der für den Bestand des lizenzierten Schutzrechts haftet, Rdn. 162ff.

Die **Rechtsmängelhaftung** (§§ 536ff. BGB) greift ein, wenn das Geheimverfahren von einem Geheimpatent eines Dritten erfasst wird oder in (teilweiser) Abhängigkeit zum Patentschutz eines Dritten steht. Entgegen früherer Rechtsprechung kann nicht davon ausgegangen werden, dass die Gewährleistung des Lizenzgebers für eine unerwartete Abhängigkeit im Regelfall im Hinblick auf die gewagte Natur des Lizenzvertrages als stillschweigend abbedungen anzusehen ist, vgl. Vorauflage Rdn. 143. Die Vertragsparteien haben es in der Hand dieses allgegenwärtige Risiko mit entsprechenden Haftungsklauseln einzugrenzen (vgl. o. Rdn. 171). 244

Für die Wettbewerbsfähigkeit oder den wirtschaftlichen Erfolg haftet der Verkäufer oder Lizenzgeber ohne besondere Zusage nicht, RGZ **163,** 1, 6. Für zugesicherte Neuheit eines Geheimverfahrens und für zugesicherte Eigenschaften wird auf das Erfüllungsinteresse gehaftet, RGZ **82,** 155, 158f.; BGH GRUR **60,** 44, 45f. – Uhrgehäuse; **79,** 768, 769 – Mineralwolle.

Beim Verkauf von Geheimverfahren und sonstigen Betriebsgeheimnisse kommt die Gewährleistungshaftung des Kaufrechts über § 453 BGB zur Anwendung, vgl. o. Rdn. 32ff. Es gelten die Verjährungsfristen des § 438 BGB, insbesondere die zweijährige Frist des § 438 Abs. 1 Nr. 3 BGB. Zum alten Recht vgl. Vorauflage Rdn. 143. Unlautere Geschäfte über angebliche Geheimverfahren, über angemeldete und anzumeldende Patente sind nicht selten. Das wird dadurch begünstigt, dass es zurzeit des Vertragsschlusses in vielen Fällen schwer ist, über den wahren Wert des Vertragsgegenstandes Gewissheit zu erlangen. Eine Abschwächung der Haftung des Lizenzgebers oder Veräußerers ist deshalb unerwünscht, vgl. auch RGZ **82,** 155, 158f. 245

6. Die **Weitergabe des Betriebsgeheimnisses** durch den **Lizenzgeber** an Dritte berührt das Nutzungsrecht des Lizenznehmers nicht. Der Lizenzgeber haftet auf Schadenersatz, wenn dem Lizenznehmer die ausschließliche Nutzung des Betriebsgeheimnisses zugesagt war. Wenn das Betriebsgeheimnis im Laufe der Zeit einem Mitbewerber bekannt wird, der es benutzt, kann für den Lizenznehmer über eine Vertragsanpassung nach § 313 BGB ein Recht auf Minderung der Lizenzgebühren in Betracht kommen oder die Pflicht zur Zahlung von Lizenz- 246 gebühren ganz entfallen, vgl. BGH GRUR **55,** 424, 426 – Möbelwachspaste; **76,** 140, 142 – Polyurethan. Verliert der Lizenznehmer durch eine selbst verantwortete mangelhafte Absicherung der Geheimhaltung einer vom Lizenzgeber überlassenen Neuerung gegenüber seinen Zulieferern seine Vorzugsstellung, weil ein Zulieferer die geheime Neuerung preisgibt, so kann er sich dem Lizenzgeber gegenüber darauf nach Treu und Glauben, § 242 BGB, nicht berufen (vgl. auch § 323 Abs. 6 BGB, Art. 2 Abs. 2 TT-GFVO). Wer als Vertragspartner das Offenkundigwerden zu verantworten hat, kann daraus Rechte nicht für dich herleiten, vgl. BGH I a ZR 190/63 vom 9. 1. 1964; I ZR 102/68 vom 13. 11. 1970. Er ist vielmehr gemäß § 280 zu Schadensersatz verpflichtet. Werden Betriebsgeheimnisse – gleich aus welchem *sonstigen* Grunde – offenkundig, entfällt die Pflicht zur Lizenzzahlung, vgl. BGHZ **17,** 41, 53 – Kokillenguss; BGH GRUR **55,** 424, 426 – Möbelwachspaste; **63,** 207, 210 – Kieselsäure m. w. N.

247 In diesen Fällen bedarf es im Hinblick auf die Kartellrechtswidrigkeit zur **Beendigung** des Vertrages keiner Erklärung des Lizenznehmers. Der Lizenzvertrag über das offenkundig gewordene Betriebsgeheimnis wird bei unzulässiger Wettbewerbsbeschränkung § 1 GWB unwirksam; diese liegt regelmäßig in der Zahlungspflicht des Lizenznehmers für technisches know-how, das (nunmehr) jedem Mitbewerber zur unentgeltlichen Nutzung freisteht, vgl. schon BGH GRUR **69,** 677, 678 – Rüben-Verladeeinrichtung betr. Patentlizenz; **75,** 206, 208 – Kunststoffschaum-Bahnen; Körner GRUR **82,** 341, 345; Hirthe GRUR **83,** 98, 99; es sei denn, anderes ist vereinbart, vgl. BGH GRUR **84,** 753 – Heizkessel-Nachbau. Anderes gilt, wenn der **Lizenznehmer** das Offenkundigwerden zu verantworten hat; in diesem Fall kann sich der Lizenzgeber auf den Fortbestand der Freistellung gemäß § 2 Abs. 2, Art. 2 Abs. 2 Satz 2 TT-GFVO berufen.

248 Die nach § 2 GWB in einem Verwertungs- oder Veräußerungsvertrag zulässige Beschränkung findet ihre Grenze dort, wo die überlassene technische Leistung nicht mehr die in § 2 GWB und Art. 1, 2, 3 TT-GFVO aufgestellten Voraussetzungen erfüllt, vgl. auch schon BGH GRUR **66,** 576, 580 – Zimcofot. Fischer (GRUR **85,** 638, 639) möchte den Lizenzvertrag über geheimes know-how bei dessen **Offenkundigwerden** als ein Vertrag über die Nutzung nicht geheimen technischen Wissens fortgesetzt wissen, wie er von Anfang an zulässig gewesen wäre. Dem stehen indes §§ 1, 2 GWB i. V. m. TT-GFVO entgegen, wonach alle auf Schutzrechte oder Betriebsgeheimnisse gegründete und von ihrem Inhalt gerechtfertigte Wettbewerbsbeschränkungen mit dem Wegfall der Ausschließlichkeitsstellung enden, vgl. BGH GRUR **75,** 206, 208 – Kunststoffschaum-Bahnen; Hesse GRUR **85,** 661, 667; Körner GRUR **82,** 341, 345. **Salvatorische Klauseln** retten den Vertrag nicht ohne weiteres, BGH GRUR **04,** 353 – Tennishallenpacht. Den Parteien ist es allerdings unbenommen, vertragliche Abreden für den Fall der Offenkundigkeit oder des Offenkundigwerdens zutreffen, vgl. BGH GRUR **84,** 753 – Heizkessel-Nachbau. Eine solche Vereinbarung kann insbesondere dann veranlasst sein, wenn das lizenzierte know how zu einem Ergebnis mit wettbewerblicher Eigenart führt, eine Unterlassungsverpflichtung also aus § 4 Nr. 9 UWG bestehen kann, vgl. schon OLG Frankfurt GRUR **88,** 853, 854.

249 Das Verbot wettbewerbsbeschränkender Absprache greift nicht ein, wenn das Betriebsgeheimnis zum Patent angemeldet wird. Wird das Geheimverfahren im Laufe des Patenterteilungsverfahrens offenkundig, so steht dem Lizenznehmer das Recht zu Kündigung des Vertrags gemäß § 314 Abs. 1 Satz 1 BGB zu, vgl. schon BGH GRUR **76,** 140, 142 – Polyurethan. Der Lizenznehmer kann gegen seinen Willen an der veränderten Sachlage nicht festgehalten werden, a. A. Fischer in Anm. zu BGH-Polyurethan, GRUR **76,** 142, 143, der dabei unterstellt, die Lizenz über ein Geheimverfahren entspräche in ihrem rechtlichen Charakter der Patentlizenz. Macht der Lizenznehmer von seinem Recht zur Vertragsbeendigung keinen Gebrauch und setzt er die Nutzung des Vertragsgegenstandes fort, so bleibt er zur vertragsgemäßen Lizenzzahlung für die zum Patent angemeldete Erfindung verpflichtet, BGH GRUR **76,** 140, 142 – Polyurethan.

250 Endigt ein Lizenzvertrag, bevor ein Geheimverfahren o. dgl. offenkundig geworden ist, dann darf der Lizenznehmer das Geheimverfahren nicht weiterbenutzen, RG GRUR **35,** 807, 809; **42,** 553, 555; BGHZ **17,** 41, 52 – Kokillenguss; BGH GRUR **80,** 750, 751 – Pankreaplex II. Sind dem Lizenznehmer Rechte an bestimmten vom Lizenzgeber entwickelten Präparaten gegen Umsatzbeteiligung endgültig überlassen worden, so führt eine Kündigung des Vertrages nicht zur Beendigung der vereinbarten Umsatzbeteiligung, BGH GRUR **56,** 93, 95 f. – Bioglutan. Ein Verfall der Rechte auf Umsatzbeteiligung wegen treuwidriger Konkurrenz des Lizenzgebers bedarf einer ausdrücklichen Regelung, BGH GRUR **56,** 93, 96 – Bioglutan. Nach Beendigung einer Patentverwertungsgesellschaft bleibt dem einzelnen Gesellschafter die Benutzung eines ihm einwandfrei bekannt gewordenen Betriebsgeheimnisses, auch eines Geheimverfahrens erlaubt, RG GRUR **39,** 706, 708. Der Lizenznehmer darf unabhängig erwor-

bene Kenntnisse aus dem Allgemeingut der Technik oder aus im Verkehr befindlichen Gegenständen weiterverwerten, RG GRUR **42,** 553, 555 re. Sp. Pläne, Unterlagen und Werkzeuge sind nach Vertragsbeendigung an den Lizenzgeber herauszugeben.

7. Für die **kartellrechtliche Beurteilung** des **know-how-Lizenzvertrags wie auch der Übertragung von know-how gegen Umsatzbeteiligung** (vgl. Art. 1 lit. b TT-GFVO) gelten im Wesentlichen die Grundsätze zur Patentlizenz, vgl. nachstehend Rdn. 252ff. Entsprechendes gilt für die EG-kartellrechtliche Beurteilung (Rdn. 264ff.). Die Kommission hat zur **Gruppenfreistellung von Technologietransfer-Vereinbarungen** die Verordnung **Nr. 772/2004 v. 27. 4. 2004** erlassen (ABl.EG Nr. L 123, S. 11) – **TT-GFVO,** in Kraft seit. 1. Mai 2004, vgl. Rdn. 252ff. Sie gilt für die Dauer von zehn Jahren. Von der Anwendung der Verordnung sind für eine Übergangsfrist bis zum 31. März 2006 die Verträge ausgenommen, die am 30. 4. 2004 bestanden (Art. 10 TT-GFVO). Diese sind an der Verordnung Nr. 240/96 (ABl. Nr. L 31, S. 4) zu messen. Konvenieren sie nicht mit der neuen Verordnung, sind sie für die Zeit ab dem 1. 4. 2006 neu zu verhandeln. Zur GVO 240/96 vgl. Stumpf/Groß[7], Rdn. 738ff.; vgl. Axster/Osterrieth in Pfaff/Nagel[2], Kap A Rdn. 354ff.; für das davor geltende Recht Vorauflage Rdn. 145, 164ff. m. w. N; Stumpf/Groß[7], Rdn. 364ff. 251

V. Patentlizenz und nationales Kartellrecht – Grundsätze

Literaturhinweis: Allg.: Lieberknecht, Patente, Lizenzverträge und Verbot von Wettbewerbsbeschränkungen, 1953; Grützmacher, Kartellrechtliche Beurteilung der Verwertung technischer Schutzrechte, Diss. 1970; Schulte, Lizenzaustauschverträge und Patentgemeinschaften im amerikanischen und deutschen Recht, Schriftenreihe Wettbewerbsrecht und Wirtschaftsordnung, Bd. 10, 1971; Dreiss, Die kartellrechtliche Beurteilung von Lizenzvertragssystemen, Schriftenreihe zum gewerblichen Rechtsschutz, Bd. 26, 1971; Strohm, Wettbewerbsbeschränkungen in Patentlizenzverträgen, nach amerikanischem und deutschem Recht, Schriftenreihe zum gewerblichen Rechtsschutz, Bd. 24, 1971; Kraft, Patent und Wettbewerb, 1972; Walz, Der Schutzinhalt des Patentrechts im Recht der Wettbewerbsbeschränkungen, 1973; Folz, Technologiegemeinschaften und Gruppenfreistellung, Schriftenreihe zum gewerblichen Rechtsschutz, Band 119, 2002; B. Conde Gallego, Handelsbezogene Aspekte des Lizenzkartellrechts, Münchner Schriften zum Europäischen und Internationalen Kartellrecht, Band 2, 2003; Bartenbach/Gennen, Patentlizenz- und Know-how-Vertrag[5], Rdn. 635ff.; Stumpf/Groß, Der Lizenzvertrag, 8. Aufl. (2005) Rdn. 538ff. 252

Zum überkommenen nationalen Kartellrecht vgl. Literaturhinweise in der Vorauflage bei Rdn. 147; Ullrich, Lizenzkartellrecht auf dem Weg zur Mitte, GRUR Int. **96,** 555; Monopolkommission, Das allgemeine Wettbewerbsrecht in der Siebten GWB-Novelle, Sondergutachten 41/42, 2004; Sack, Grundfragen der Anwendbarkeit des deutschen und des europäischen Kartellrechts auf Lizenz- und know-how-Verträge, WRP **99,** 592; Röhling, Die Zukunft des Kartellverbots in Deutschland nach In-Kraft-Treten der neuen EU-Verfahrensordnung, GRUR **03,** 1019; Bunte, Die Bedeutung salvatorischer Klauseln in kartellrechtswidrigen Verträgen, GRUR **04,** 301

Unter Berücksichtigung der **7. GWB-Novelle:** BT-Drucksache 15/3640, Entwurf eines Siebten Gesetzes zur Änderung des Gesetzes gegen Wettbewerbsbeschränkungen; Axster/Osterrieth in Pfaff/Osterrieth, Lizenzverträge[2] A Rdn. 154ff.; Loewenheim/Meessen/Riesenkampff, Kartellrecht, 2005, Bd. II – GWB sowie weitere einschlägige Kommentierungen zum GWB; Stumpf/Groß[8] Rdn. 564ff.

Riziotis, Patent Misuse als Schnittstelle zwischen Patentrecht und Kartellrecht, GRUR Int. **04,** 367; Kretschmer (Ber.), GRUR **04,** 127; Bechtold/Buntscheck, Die 7. GWB-Novelle und die Entwicklung des deutschen Kartellrechts, NJW **05,** 2966; Fuchs, Die 7. GWB-Novelle – Grundkonzeption und praktische Konsequenzen, WRP **05,** 1384; Hertog/Noack, Die 7. GWB-Novelle, WRP **05,** 1396; Schumacher/Schmid, Die neue Gruppenfreistellungsverordnung für Technologietransfervereinbarungen, GRUR **06,** 1.

1. Der Patentschutz hat seine Grundlage in einer auf der Freiheit des Wettbewerbs gegründeten marktwirtschaftlichen Ordnung. Patentschutz und Freiheit des Wettbewerbs schließen sich nicht gegenseitig aus, sondern sind beide darauf ausgelegt, die Innovationstätigkeit zu fördern, A. Krieger GRUR **79,** 350, 352. Das Gesetz gegen Wettbewerbsbeschränkungen geht von dieser „friedlichen Koexistenz" (Spengler GRUR **61,** 607) von Wettbewerb und Patentschutz aus. Das Kartellrecht bezweckt lediglich, Missbräuchen zu begegnen, die von der Ausübung der Macht patent- oder gebrauchsmustergeschützter Monopolstellung ausgehen kann, BGHZ **46,** 365, 376 – Schweißbolzen; **51,** 263, 265f. – Silobehälter. Das GWB hat stets den Bestand des gewerblichen Schutzrechts in seinen vom Patent- und Gebrauchsmustergesetz auf- 253 gestellten Grenzen unangetastet gelassen, BGH GRUR **61,** 627 – Metallspritzverfahren; BGHZ **51,** 263, 266 – Silobehälter, und deren Inhalt ausdrücklich zum Maß zulässiger Beschränkungen erklärt. Dabei ist eine Gesamtbetrachtung des Vertragswerks geboten, BGHZ **83,** 251, 253 – Verankerungsteil.

254 Als **Rechtsgrundlage** für die kartellrechtliche Beurteilung eines Vertrages zur Verwertung gewerblicher Schutzrechte oder geheimen technischen Wissens sind nach der 7. GWB-Novelle – in Kraft seit 1. Juli 2005 (Art. 4 des Gesetzes zur Änderung des Gesetzes gegen Wettbewerbsbeschränkungen v. 7. Juli 2005 – BGBl. I 1954) – die §§ 1 und 2 GWB sowie Art. 3 der Verordnung (EG) Nr. 1/2003 zur Durchführung der in den Artikeln 81 und 82 des Vertrags niedergelegten Wettbewerbsregeln v. 16. 12. 2002 (**VO 1/2003,** ABl. Nr. L 1, S. 1) – in Kraft seit 1. Mai 2004 – heranzuziehen. Die Neufassung des GWB ist in BGBl. 2005 I 2115 bekannt gemacht. Hat ein Vertrag Auswirkungen auf den zwischenstaatlichen Handel, ist zwingend Gemeinschaftsrecht anzuwenden. Allein in den (eher seltenen) Fällen, da nur der nationale Markt betroffen ist, bleibt es bei der Anwendung des nationalen Kartellrechts. Insoweit gibt das Gemeinschaftsrecht keine zwingenden Vorgaben; es dürfen für rein nationale Sachverhalte auch strengere kartellrechtliche Verbote vorgesehen werden, Art. 2 Abs. 3 VO 1/2003. Davon hat der deutsche Gesetzgeber in dem hier interessierenden Bereich keinen Gebrauch gemacht. Er hat vielmehr das nationale Recht den Strukturen des Gemeinschaftsrechts angepasst, § 2 Abs. 2 Satz 2 GWB. Für die materiellrechtliche Beurteilung ist maßgeblich die Verordnung (EG) Nr. 772/2004 der Kommission v. 27. 4. 2004 über die Anwendung von Art. 81 Abs. 3 EG-Vertrag auf Gruppen von Technologietransfer-Vereinbarungen – ABl. 2003 Nr. L 123, S. 11ff. – **TT-GFVO** (vgl. Rdn. 271ff.). Unter den besonderen Voraussetzungen des § 32d GWB ist es der nationalen Kartellbehörde möglich, den Rechtsvorteil der Gruppenfreistellung zu entziehen.

255 **2.** Zur Beurteilung der kartellrechtlichen Wirksamkeit eines Vertrags ist grundsätzlich auf die zum **Zeitpunkt des Vertragsabschlusses** geltenden Rechtsvorschriften abzustellen, BGH GRUR **02,** 647 – Sabet/Massa. Bislang kartellrechtswidrige, nach neuem Recht aber zulässige Vereinbarungen könnten nur durch eine Bestätigung gemäß § 141 BGB nach der Änderung der Rechtslage Wirksamkeit erlangen, BGH GRUR **05,** 845, 848 – Abgasreinigungsvorrichtung. Die für Altverträge – ohne gemeinschaftsrechtliche Dimension – nach § 17 Abs. 3 GWB a.F. gewährten Freistellungen werden allerdings zum 31. 12. 2007 unwirksam, § 131 Abs. 1 GWB. Die Verträge sind dann neu zu verhandeln. Zu Lizenzverträgen mit EG-kartellrechtlichem Bezug vgl. Rdn. 271.

256 **3.** Vertikale und horizontale Vereinbarungen und abgestimmte Verhaltensweisen können nach § 1 GWB gleichermaßen als wettbewerbsbeschränkende oder verfälschende Maßnahme verboten und damit nichtig sein. Die bisherige nationale Regelung der §§ 17, 18 GWB a.F., wonach Verträge mit in § 17 Abs. 2 GWB a.F. genannten schutzrechtsimmanenten Beschränkungen nicht einem kartellrechtlichen Verbot unterfielen, wird mit § 2 Abs. 1, 2 GWB inhaltlich im Wesentlichen – entsprechend Art. 81 Abs. 3 EG – fortgeschrieben.

257 **a)** Nach § 2 Abs. 1 GWB sind vom Verbot des § 1 GWB die Beschränkungen freigestellt, die sinnvollerweise zur Förderung des technischen und wirtschaftlichen Fortschritts beitragen, ohne für einen wesentlichen Teil der betroffenen Waren den Wettbewerb auszuschalten. Mit dem dynamischen Verweis des § 2 Abs. 2 GWB auf die zu Art. 81 Abs. 3 EG ergangenen und ergehenden Gruppenfreistellungsverordnungen wird die Wertung des Gemeinschaftsrechts (vernünftigerweise) auch den rein nationalen Sachverhalten unterlegt. Eine Zweiteilung der kartellrechtlichen Beurteilung für Fälle mit Zwischenstaatlichkeitsbezug und für solche ohne Zwischenstaatlichkeitsbezug wird also vermieden. § 2 Abs. 2 GWB spricht eine **dynamische Verweisung** auf die von der Europäischen Kommission erlassenen Gruppenfreistellungsverordnungen aus. Von vornherein freigestellt bleiben die Mittelstandskartelle (§ 4 GWB a.F.) gemäß § 3 GWB, wenn die Vereinbarung geeignet ist, die Wettbewerbsfähigkeit kleiner und mittlerer Unternehmen zu verbessern und – was der Regelfall sein dürfte – der Wettbewerb auf dem Markt nicht wesentlich beeinträchtigt wird.

258 Die freigestellten Vereinbarungen müssen also die **vier Voraussetzungen** des Art. 81 Abs. 3 EG erfüllen: sie führen zu einem wirtschaftlichen Effizienzgewinn, die Beschränkung ist zum Erreichen dieses Ziels unerlässlich, der Effizienzgewinn kommt in angemessener Weise auch dem Verbraucher zu und die Vereinbarung führt nicht dazu, für einen wesentlichen Teil der betreffenden Waren den Wettbewerb auszuschalten. Eine **freistellende Verfügung** kartellrechtswidriger Verträge durch die Kartellbehörde (vgl. bisher § 17 Abs. 3 GWB a.F.) ist **nicht** möglich. Sie kann lediglich bekunden, dass sie keinen Anlass zum Einschreiten sieht, § 32c GWB. Die Lizenzvertragsparteien haben ihre Vertragsklauseln an der TT-GFVO auszurichten.

Das unternehmerische Risiko ist hinsichtlich der darin enthaltenen Vorgaben nicht sonderlich groß. Auch das rein nationale Kartellrecht erscheint im **Lichte des Gemeinschaftsrechts.** Auf die Übersicht hierzu wird verwiesen, vgl. Rdn. 246ff.

b) Das nationale Kartellrecht ist dem Gemeinschaftsrecht angepasst. Das europäische Modell wird für die vertikalen Wettbewerbsbeschränkungen übernommen, um die Einheit des Wettbewerbsrechts zu bewahren (BT-Drucks. 15/3640, S. 21). Das Kartellrecht wird überführt in ein **System der Legalausnahme.** Das bedeutet, wettbewerbsbeschränkende Vereinbarungen in Lizenzverträgen über Patent oder Know how sowie in Übertragungsverträgen **gelten automatisch als freigestellt,** wenn sie die Freistellungsvoraussetzungen des Art. 81 Abs. 3 EG erfüllen. Das System der Legalausnahme führt zu einer **präventiven Rechtskontrolle** durch die vertragschließenden Parteien. Die Einhaltung der kartellrechtlichen Bestimmungen gehört ebenso zum **unternehmerischen Risiko** wie die Wahrung der Regeln des lauteren Wettbewerbs **259**

Der vom Gemeinschaftsrecht vorgegebenen Ordnung werden auch Vereinbarungen unterworfen, die keinen zwischenstaatlichen Bezug haben und deshalb allein dem deutschen Recht unterliegen. Der Begriff der „Zwischenstaatlichkeit" hat ohnehin keine scharfen Konturen. Für Technologietransferverträge bedarf es **keiner Freistellung** durch die Kartellbehörde mehr. Die Verträge „können" demnach auch nicht mehr angemeldet werden. Es obliegt den Vertragschließenden, die Rechtslage einzuschätzen **(„self assessment").** Die **Beweislast** dafür, dass die Freistellungsvoraussetzungen des § 2 GWB vorliegen, obliegt dem Unternehmen, das sich auf diese Bestimmung beruft (BT-Drucks. 15/3640, S. 23). **260**

c) Unzulässige Wettbewerbsbeschränkungen sind nichtig (§ 1 GWB), vgl. BGHZ **51,** 263, 268 – Silobehälter; BGH GRUR **05,** 845, 847 – Abgasreinigungsvorrichtung; Die **Nichtigkeit** erfasste nach altem Recht und überkommener Rechtsprechung grundsätzlich nicht den Gesamtvertrag, sondern nur die gegen §§ 20, 21 GWB a. F. verstoßende Klausel, BGHZ **46,** 365, 376f. – Schweißbolzen; **51,** 263, 267 – Silobehälter; GRUR **86,** 91, 92 – Preisabstandsklausel. Die Teilnichtigkeit zieht die Nichtigkeit des Gesamtvertrages nur nach sich, wenn die Vertragsauslegung hierzu Anhaltspunkte gibt, **§ 139 BGB,** was bei der Vereinbarung einer salvatorischen Klausel grundsätzlich verneint wurde, BGH GRUR **94,** 463, 465 – Pronuptia II, Hiervon ist der Kartellsenat abgerückt, BGH GRUR **04,** 353 – Tennishallenpacht. Die salvatorsche Klausel selbst rettet den Vertrag nicht; sie bedeutet nur, dass abweichend von § 139 BGB die Darlegung und der Beweis demjenigen obliegt, der – entgegen der Erhaltungsklausel – sich auf die Gesamtnichtigkeit des Vertrags beruft. Mit dieser Entscheidung hat der Kartellsenat – bewusst oder nicht – den Weg zur Übernahme der in Art. 4 oder 5 TT-GFVO angeordneten Nichtigkeitsfolgen eröffnet (vgl. u. Rdn. 283f.). **261**

Ist der Gesamtvertrag nichtig, schuldet der Lizenznehmer (Käufer) die Lizenzgebühren für die Nutzung des Vertragsgegenstandes gemäß §§ 812 Abs. 1 Satz 1, 818 Abs. 1 BGB, Düsseldorf WuW/E OLG 3087, 3088; a. A. Osterloh GRUR **85,** 707, 710f., der unabhängig von der Nichtigkeit Einwilligung des Berechtigten in die Nutzung des Schutzrechts annimmt. Eine Schadenersatzhaftung kann am mangelnden Verschulden des Erwerbers scheitern.

3. Vereinbarungen über den **Schutzumfang** des lizenzierten Schutzrechts und entsprechend die vertragliche Bestimmung des lizenzpflichtigen Gegenstandes (Rdn. 110) sind grundsätzlich zulässig. Eine Absprache zum Schutzbereich eines Patents oder eines Gebrauchsmusters begegnet keinen kartellrechtlichen Bedenken, wenn sie sich innerhalb desjenigen Spielraums hält, über dessen Abgrenzung bei objektiver Beurteilung Zweifel bestehen können, wenn beide Parteien dabei in der Vorstellung handelten, dem Schutzrecht keinen weiterreichenden Inhalt zu geben, als ihm bei richtiger Auslegung von Gesetzes wegen zukomme, und die Absprache nicht der Aufrechterhaltung eines offensichtlich vernichtbaren Schutzrechts dient, BGHZ **3,** 193, 197 – Tauchpumpen; **16,** 297, 303 – Rote Herzwandvase; BGHZ **65,** 147, 151 – Thermalquelle; BGH GRUR **79,** 308, 309 – Auspuffkanal für Schaltgase, vgl. auch BGH GRUR **83,** 602, 602 – Vertragsstraferückzahlung; Ullmann GRUR **85,** 809, 811f. Hält sich die Vereinbarung in diesem Rahmen, wird dem Schutzrecht aber ein zu weitgehender Schutzbereich unterlegt, so bestehen gegen die Wirksamkeit der Lizenzverpflichtung jedenfalls bis zu dem Zeitpunkt keine Bedenken, da zumindest einer Partei bewusst wird, dass vom Gegenstand des lizenzierten Rechts kein Gebrauch gemacht wird, vgl. auch BGHZ **65,** 147, 151 – Thermalquelle; offengelassen in BGH X ZR 1/73 vom 25. 1. 1977 S. 23f. **262**

Es ist zulässig, den lizenzpflichtigen Gegenstand mit zusätzlichen, für die Benutzung des lizenzierten Rechts unerheblichen Merkmalen zu umschreiben, sofern dies der prägnanten Kennzeichnung und der technischen Vereinfachung der Gebührenabrechnung dienlich ist. Die **Einbeziehung nicht geschützter technischer Merkmale** in die Lizenzberechnung ist aber **263** kartellrechtlich unzulässig, wenn damit das Ziel verfolgt wird, schutzrechtsfreie Gegenstände der Lizenzpflicht zu unterwerfen, BGH I a ZR 88/63 vom 9. 4. 1963; BKartA GRUR **81,** 919, 921 – Rigg für ein Segelbrett; vgl. BGH GRUR **05,** 845, 848 – Abgasreinigungsvorrichtung; Melullis, FS Traub, S. 287, 298 ff.

VI. Patentlizenz und europäisches Kartellrecht – Grundzüge

264 **Literaturhinweis:** B. Conde Gallego, Handeslbezogene Aspekte des Lizenzkartellrechts, Münchner Schriften zum Europäischen und Internationalen Kartellrecht, Band 2, 2003; Mestmäcker/Schweitzer, Europäisches Wettbewerbsrecht, 2. Aufl., 2004; Dalheimer/Feddersen/Miersch, EU-Kartellverfahrensordnung, Kommentar zur VO 1/2002, 2005; Loewenheim/Meessen/Riesenkampff, Kartellrecht, 2005 Bd. I – Europäisches Recht; Bechtold/Bosch/Brinker/Hirsbrunner, EG-Kartellrecht, 2005.

Neben weiteren Kommentaren und Lehrbüchern zum EG-Kartellrecht vergleiche hinsichtlich des **vor Inkrafttreten** der TT-GFVO 772/04 zum 1. Mai 2004 geltenden Rechts den Literaturhinweis der Vorauflage Rdn. 165; Axster/Osterrieth in Pfaff/Osterrieht[2] Kap. A Rdn. 354 ff.; Bartenbach/Gennen[5] Rdn. 635 ff.; Stumpf/Groß[7] Rdn. 583 ff.; Ebenroth/Birk, Die Rechtsfolgen des Art. 85 EG-Vertrag und ihre Anwendung durch die nationalen Gerichte, EWS, Beilage 2 zu Heft 11/1996; Sack, Zur Vereinbarkeit wettbewerbsbeschränkender Abreden in Lizenz- und Know-how-Verträgen, WRP **99,** 592; Lachmann, Zur Differenzierung zwischen Franchise- und Lizenzvereinbarungen im EG-Wettbewerbsrecht, EWS **98,** 240; Ullrich, Lizenzverträge im europäischen Wettbewerbsrecht: Einordnung und Einzelfragen, Mitt. **98,** 50.

Im Übrigen: Axster/Osterrieth in Pfaff/Osterrieht[2] Kap. A Rdn. 269 ff.

Hufnagel, Die neue Gruppenfreistellungsverordnung Technologietransfer – Kein Lizenzvertrag ohne Kartellrecht?, Mitt. **04,** 297; Schultze, Pautke, Wagener, Die letzte ihrer Art: Die Gruppenfreistellungsverordnung für Technologietransfervereinbarungen – Reformentwürfe der Kommission, WRP **04,** 175; *diess.,* Die neue Technologietransfer–Gruppenfreistellungsverordnung der Europäischen Kommission – Mission Completed, EWS **04,** 437; Heutz, Legalausnahme und Gruppenfreistellungsverordnungen im System der VO (EG) Nr. 1/2003, WuW **04,** 1255; Riziotis, Patent Misuse als Schnittstelle zwischen Patentrecht und Kartellrecht, GRUR Int. **04,** 367; Lübbig, „... et dona ferentes“: Anmerkungen zur neuen EG-Gruppenfreistellungsverordnung im Bereich des Technologietransfers, GRUR **04,** 483; Vieregge (Ber.) GRUR **04,** 489; Drexl, Gruppenfreistellungsverordnung über Technologietransfer-Vereinbarungen, GRUR Int. **04,** 716; F. Müller, Neue Leitlinien zur Anwendung des Art. 81 III EG im Legalausnahmesystem der Kartellverordnung 1/2003, WRP **04,** 1472; Wissel/Eickhoff, Die neue EG-Gruppenfreistellungsverordnung für Technologietransfer-Vereinbarungen, WuW **04,** 1244; Langfinger, Die neue EU-Gruppenfreistellungsverordnung Technologietransfer (VO 772/04) in FS Kurt Bartenbach (2005), 427 ff.; Gaster, Kartellrecht und geistiges Eigentum: Unüberbrückbare Gegensätze im EG-Recht?, CR **05,** 247; Chr. Klawitter, Safe Harbour und Legalausnahme: Die neue Gruppenfreistellungsverordnung Technologietransfer im Spannungsfeld zwischen Rechtssicherheit und Gestaltungsrisiko, FS 50 Jahre VPP (2005), 487.

265 **1 a)** Nicht das Patent selbst, dessen rechtliche Qualifikation als Eigentum den Mitgliedstaaten überlassen ist und sich der Kompetenz des EG-Gesetzgebers entzieht (Art. 295 EG), hat wettbewerbsbeschränkende Wirkung, sondern nur die **Ausübung** dieses Rechts. Wer sein Schutzrecht auf dem Markt einsetzt, übt dieses in wettbewerbsbeschränkender Weise aus. Die Differenzierung zwischen Bestand und Ausübung eines Schutzrechts ist gleichzeitig Grundlage für die Beurteilung zulässiger wettbewerbsbeschränkender Maßnahmen. Was zum spezifischen Gegenstand eines Schutzrechts gehört, ist als wettbewerbsbeschränkende Maßnahme nicht zu beanstanden (Art. 28, 30 EG). Andererseits ist jede Beschränkung des Lizenznehmers oder des Lizenzgebers, die über den spezifischen Inhalt des Schutzrechts hinausreicht, (latent unzulässig) wettbewerbsbeschränkend.

266 Es ist der Sinn und Zweck der Verordnungen zur Freistellung von Gruppen von Verträgen gemäß Art. 81 Abs. 3 EG, Rechtssicherheit zum zulässigen Rahmen wettbewerbsbeschränkender Abreden zu geben. Entsprechend den Vorgaben der VO 1/2003 vom 16. Dezember 2002 (ABl. 2003 Nr. L 1, S. 1) stellt die TT-GFVO die Rahmenbedingungen auf, jenseits deren eine kartellrechtswidrige und damit nichtige Vereinbarung gegeben ist. Lizenzverträge, die nicht die Voraussetzungen des Art. 81 Abs. 3 EG erfüllen, d. h. sich nicht innerhalb der hierzu ergangenen Gruppenfreistellungsverordnung halten, sind verboten (Art. 1 Abs. 1 VO 1/2003). Wer sich auf die kartellrechtliche Unbedenklichkeit der vertraglichen Regelung beruft, trägt hierfür die Beweislast (Art. 2 VO 1/2003).

b) Die Grundsätze des europäischen Kartellrechts sind anzuwenden, wenn die lizenzvertragliche Wettbewerbsbeschränkung geeignet ist, den Handel zwischen den Mitgliedstaaten **spürbar** zu beschränken, EuGH GRUR Int. **89,** 56, 57 – Nichtangriffsklausel. Eine Beeinträchtigung des Binnenhandels in der EG-Gemeinschaft ist nicht spürbar, wenn die fraglichen wettbewerbsbeschränkenden Wirkungen sich auf das Gebiet eines Mitgliedsstaates beschränken, EuGH GRUR Int. **81,** 237, 239 – Destillers Company; BGH GRUR **74,** 40, 42 – Bremsrollen; Koenigs in Festschr. G. Pfeiffer, 568, 575 ff. Aufgrund des dynamischen Verweises des nationalen Kartellrechts auf das Gemeinschaftsrecht (vgl. o Rdn. 256) ist die Bedeutung der Spürbarkeit im zwischenstaatlichen Handel relativiert. 267

Reichen die Wirkungen der lizenzvertraglichen Absprache über die Grenzen eines Mitgliedstaates in einen anderen hinein, ist die Spürbarkeit in der Regel an der Marktmacht der beteiligten Unternehmen und dem Marktanteil der vertriebenen Produkte zu messen. vgl. die sogenannte **Bagatellbekanntmachung** – Bekanntmachung der Kommission vom 22. 12. 2001 (ABl. 2001 Nr. C 368, S. 13). Unternehmen bis zu einer gewissen Größe werden aus dem Anwendungsbereich des europäischen Kartellrechts herausgenommen – bei Vereinbarungen zwischen Wettbewerbern gemeinsamer Marktanteil nicht über 10%, unter Nichtwettbewerbern bis zu 15%. In den Fällen, die in den Anwendungsbereich der Bagatellbekanntmachung fallen, wird die Kommission weder auf Antrag noch von Amts wegen ein Verfahren eröffnen. Auch wird die Kommission gegenüber Unternehmen, die gutgläubig davon ausgehen, dass sie die in der Bekanntmachung genannten Schwellenwerte nicht übersteigen, keine Bußgelder festsetzen, I Nr. 4 der Bekanntmachung. Die Bagatellbekanntmachung erübrigt es nicht, die im Vertrag enthaltenen Klauseln hinsichtlich ihrer zivilrechtlichen Wirksamkeit an Artt. 4, 5 TT-GFVO zu messen, Hufnagel Mitt. **04,** 297, 299 Fn. 22. 268

c) Das EG-Kartellrecht hat **Vorrang** vor nationalem Kartellrecht (vgl. Vorauflage Rdn. 167). Dieser allgemeine Grundsatz verpflichtet die nationalen Gerichte und Behörden, bei der Beurteilung zwischenstaatlichen Handels Artt. 81, 82 EG einschließlich der hierzu ergangenen Verordnungen anzuwenden (Art. 3 VO 1/2003 und Erwgr. 8) In seinem Hoheitsgebiet darf jeder Mitgliedstatt die Anwendung strengerer nationaler Vorschriften vorsehen. Der deutsche Gesetzgeber hat sein Kartellrecht im Grundsatz dem Gemeinschaftsrecht angepasst (vgl. o. Rdn. 256, 259 f.). 269

2. EG-kartellrechtswidrige Lizenzvereinbarungen sind **nichtig,** Art. 81 Abs. 2 EG. Die Beachtung des Verbots wird durch Verordnungen gem. Art. 83 EG sichergestellt. Für die materiellrechtliche Beurteilung des hier maßgeblichen Bereichs, seine **Freistellung** vom Verbot des Art. 81 Abs. 2 EG gilt die die Verordnung (EG) Nr. 772/2004 der Kommission v. 27. 4. 2004 über die Anwendung von Art. 81 Abs. 3 EG-Vertrag auf Gruppen von Technologietransfer-Vereinbarungen – ABl. 2003 Nr. L 123, S. 11 ff. – **TT-GFVO.** Die TT-GFVO will Rechtssicherheit hinsichtlich kartellrechtlicher Unbedenklichkeit bringen (Erwgr. Nr. 7). Dies gelingt ihr auch im Wesentlichen trotz mancher Kritik (Langfinger, FS Bartenbach, S. 427, 432 ff.). Die von der Kommission veröffentlichten **Leitlinien** (ABl. 2004 Nr. C 101, S. 2 ff., auch abgedruckt bei Pfaff/Osterrieth[2], Anhang 3) enthalten grundsätzliche Aussagen zur Anwendung von Art. 81 EG auf Verträge zum Technologie-Transfer. Sie haben als Verwaltungsäußerung keine bindende Wirkung; sie dienen insbesondere der Erläuterung der TT-GFVO. 270

a) Die zum 1. Mai 2004 in Kraft getretene TT-GFVO sieht eine **Übergangsfrist** in Art. 10 vor. Verträge, die am 30. April 2004 bereits abgeschlossen waren, müssen die Voraussetzungen für eine Freistellung nach der vorhergehenden Verordnung Nr. 240/96 erfüllen und genießen deren Schutz bis zum 31. März 2006. Die über diesen Zeitpunkt hinausreichenden Verträge müssen dann einer Prüfung nach den Regeln der TT-GFVO standhalten, erforderlichenfalls neu verhandelt werden. Einen weiterreichenden Bestandsschutz gibt es nicht. 271

b) Die TT-GFVO gilt nur für Vereinbarungen, mit welchen die lizenzierte Technologie zur Produktion von Waren oder zur Förderung von Dienstleistungen eingesetzt wird (Erwägungsgrund Nr. 7). Die Freistellung gilt nur für **bilaterale Lizenzvereinbarungen** (Art. 2 Abs. 1 TT-GFVO). Patentpools und Forschungsaufträge unterliegen nicht der Gruppenfreistellung. Diese bedürfen einer gesonderten Prüfung nach § 1 GWB, Art. 81 Abs. 3 EG. Multilaterale Verträge sollen bei vergleichbarem Sachverhalt nach den von TT-GFVO aufgezeigten Maßstäben beurteilt werden (Leitlinien Nr. 40). Die Freistellung der TT-GFVO erfasst nur die Vereinbarung zwischen den Lizenzpartnern und nicht auch die Vereinbarung, die der Lizenznehmer mit seinen Abnehmern getroffen hat. Diese unterliegt der Verordnung (EG) Nr. 2790/1999 über die Anwendung von Art. 81 Abs. 3 des Vertrages auf Gruppen von vertikalen Vereinbarungen und aufeinander abgestimmten Verhaltensweisen v. 22. 12. 1999 – ABl. 1999 Nr. L 336/21. 272

273 **c)** Die Anwendung des Art. 81 Abs. 3 EG i. V mit der TT-GFVO obliegt den mit den kartellrechtlichen Fragen befassten **Behörden und Gerichten** der Mitgliedstaaten und der Gemeinschaft. Freigestellte Lizenzvereinbarungen können von den Gerichten bei privatrechtlichen Streitigkeiten nicht auf der Grundlage von Art. 81 EG verboten oder als nichtig angesehen werden. Diese sind vielmehr als freigestellt zu behandeln. Das ist gerade der Sinn der Gruppenfreistellungsverordnung. Allein die Kommission oder die nationalen Wettbewerbsbehörden können feststellen, dass die Lizenzvereinbarung unabhängig von der Gruppenfreistellung eine wettbewerbsbeschränkende Maßnahme i. S. des Art. 81 Abs. 1 EG ist. Sie können für diesen Fall die Freistellung mit Wirkung nur für die Zukunft entziehen (Art. 6 TT-GFVO, Leitlinien Nr. 34).

274 Die nationale Kartellbehörde kann den Rechtsvorteil der Freistellung nur entziehen, wenn der relevante räumliche Markt nicht größer ist als das Staatsgebiet des jeweiligen Mitgliedstaates (Leitlinien Nr. 117). Erreichen parallele Netze von Technologie-Transfer-Vereinbarungen mehr als 50% eines Marktes, kann die Kommission im Wege einer Verordnung erklären, dass die Freistellung nach der TT-GFVO keine Anwendung findet (Art. 7 TT-GFVO) Die **Nichtanwendbarkeitsverordnung** bewirkt, dass die Technologie-Transfer-Vereinbarung der vollen Kontrolle von Art. 81 EG unterliegt. Art. 7 Abs. 2 TT-GFVO bestimmt eine Übergangsfrist von sechs Monaten. Die Zeit bis zur Wirksamkeit dieser Verordnung können die betroffenen Unternehmen nutzen, ihren Vertrag der TT-GFVO anzupassen. Bis zum Ablauf der 6-Monatsfrist bleibt die betreffende Vereinbarung freigestellt (Leitlinien Nr. 129).

275 **d)** Wettbewerbsbeschränkende Vereinbarungen tragen auch nach EG-Recht den Keim der Nichtigkeit in sich (Art. 81 Abs. 2 EG). Sinn der Gruppenfreistellung nach Art. 81 Abs. 3 EG ist es, über die Benennung verbotener Klauseln den Vertragsparteien weitestgehende Rechtssicherheit zu ermöglichen. Es gibt im Grundsatz **keine Freistellung** durch die Kartellbehörde. Die Verträge „können" demnach auch nicht mehr angemeldet werden. Das **Prinzip der Legalausnahme** gilt - unabhängig vom Marktanteilsfaktor - nicht für Vereinbarungen, welche die in Art. 4, 5 TT-GFVO als nicht freigestellt genannte Beschränkungen enthält. Ob der Lizenzvertrag insgesamt oder einzelne Klauseln in den Genuss der Gruppenfreistellung kommen, ist der eigenverantwortlichen Prüfung der Vertragsparteien überlassen. Es obliegt den Vertragschließenden, die Rechtslage einzuschätzen **(„self assesment").**

276 Die Vertragsparteien können sich nicht mehr darauf verlassen, im Zweifelsfall eine Einzelfreistellung bei der Kommission nach dem Verfahren der VO 17/62 („Comfort-Letter") zu erlangen. Sie müssen vielmehr gewärtigen, dass die Wettbewerbsbehörden den von der TT-GFVO gewährten Vorteil der „Legalausnahme" im Einzelfall entziehen, wenn die konkrete Technologie-Transfer-Vereinbarung Wirkungen entfaltet, die mit Art. 81 Abs. 3 EG unvereinbar sind (Erwägungsgrund Nr. 17).

277 Wer den Katalog verbotener Klauseln achtet, ist auf der sicheren Seite **(„safe harbour").** Wer sich in dem durch die TT-GFVO gesicherten Bereich bewegt, kommt in den Genuss der Freistellung. Der sichere Hafen wird auf jeden Fall verlassen, wenn die in der TT-GFVO niedergelegten Marktanteile der Vertragsparteien überschritten werden. Auf die Frage, ob einzelne Klauseln des Vertrags den Artt. 4, 5 TT-GFVO unterfallen kommt es dabei nicht an.

278 **e)** Die TT-GFVO geht von dem **Marktanteilsprinzip** von konkurrierenden und von nicht in Wettbewerb stehenden Unternehmen aus. Es gilt das Prinzip der **„Schirm-Freistellung"**, d. h. werden bestimmte Marktanteilsschwellen von den Vertragspartnern nicht überschritten und enthält der Vertrag kein Kernbeschränkung i. S. des Art. 4 TT-GFVO, wird der Vertrag als kartellrechtlich unbedenklich angesehen. Bei konkurrierenden Unternehmen gilt die Freistellung nach Art. 2 TT-GFVO nur, wenn deren gemeinsamer **Marktanteil** auf dem betroffenen relevanten Markt der Technologie 20% nicht überschreitet. Wird die Lizenzvereinbarung zwischen nicht konkurrierenden Unternehmen getroffen, so greift die Freistellung, wenn der individuelle Marktanteil beider Parteien auf dem betroffenen Technologie- und Produktmarkt nicht über 30% liegt (Art. 3 Abs. 1, 2 TT-GFVO). Der Lizenzgeber hat sich den Marktanteil seiner Lizenznehmer zurechnen zu lassen (Art. 3 Abs. 3 TT-GFVO). Auf diese Weise fließen auch Marktanteile von Unterlizenznehmern in die Berechnung der Quote ein. Der Marktanteil wird nach den Marktdaten für das dem **Vertragschluss vorhergehende Kalenderjahr** ermittelt (Art. 8 Abs. 3 TT-GFVO). Bei neuen Technologien, für die es bisher noch keinen Verkaufsmarkt gab, beläuft sich der Marktanteil naturgemäß auf Null (Leitlinien Nr. 70).

279 Die TT-GFVO bringt eine vernünftige **Übergangsregelung** für den von den Vertragsparteien häufig erhofften Fall, dass bei erfolgreicher Umsetzung der lizenzierten Technologie der Marktanteil **über den zulässigen Grenzwert** wächst. Die Wirkung der Gruppenfreistellung gilt noch zwei Jahre weiter im Anschluss an das Jahr des Überschreitens der Schwelle (Art. 8

Abs. 2 TT-GFVO). Für die Zeit danach ist aber nicht ohne weiteres von der Nichtigkeit der Lizenzvereinbarung gemäß § 1 GWB, Art. 1 TT-GFVO auszugehen. Die Anwendbarkeit von Art. 81 Abs. 1 EG ist nicht bereits deshalb anzunehmen, weil die Marktanteilsschwellen nicht eingehalten werden. Es bedarf vielmehr der Prüfung der individuellen Vereinbarung, ob diese mit dem Grundgedanken des Art. 81, d.h. konkret mit den in den Leitlinien zur TT-GFVO von der Kommission aufgestellten Grundsätze zu vereinbaren ist (Leitlinie Nr. 130; Erwägungsgrund Nr. 12).

3. Die TT-GFVO differenziert die **einzelnen Vertragsklauseln** nach dem Grad ihrer wettbewerbsbeschränkenden Bedeutung. In der bisher übliche Nomenklatur einer weißen, grauen und schwarzen Liste kann weiter gedacht werden. 280

a) Von **vornherein keine wettbewerbsbeschränkende** Wirkung i.S. des Art. 81 Abs. 1 EG wird einer Vereinbarung zugeschrieben, die es dem Lizenznehmer gebietet, **Vertraulichkeit** zu wahren, **keine Unterlizenzen** zu vergeben, nach Ablauf des Lizenzvertrages **das fortbestehende Schutzrecht** oder Know how zu **achten,** den Lizenzgeber bei der **Durchsetzung seiner lizenzierten Schutzrechte zu unterstützen.** Ebenso ist unter wettbewerbsrechtlichen Gesichtspunkten unproblematisch, die Vereinbarung einer **Mindestlizenzgebühr** oder die Produktion einer **Mindestmenge.** Auch darf der Lizenznehmer dazu verpflichtet werden, die Marke oder den Namen des Lizenzgebers auf dem Produkt anzubringen (Leitlinien Rdn. 155). 281

b) Demgegenüber sind gemäß **Art. 5** TT-GFVO die dort genannten **Beschränkungen** von der **Gruppenfreistellung** von vornherein **ausgenommen:** Die Verpflichtung des Lizenznehmers, an den eigenen Erfindungen zur **Verbesserung** der lizenzierten Technologie dem Lizenzgeber oder einem von diesem benannten Dritten eine ausschließliche **Rücklizenz** einzuräumen oder die **Verbesserungserfindung** zu übertragen. Eine auch nur mittelbare Verpflichtung, das Schutzrecht nicht anzugreifen, ist kartellrechtswidrig. Der Lizenzgeber darf sich für den Fall des Angriffs ein Kündigungsrecht vorbehalten: das rettet die N**ichtangriffsabrede** aber nicht. Eine Abrede, die es dem Lizenznehmer – ohne dass Gründe des Geheimhaltungsschutze gegeben sind – gebietet, nur die lizenzierte Technologie anzuwenden und die **Verwertung einer eigenen Technologie** oder eine weiterführende Forschung zu unterlassen, ist auch zwischen nicht konkurrierenden Unternehmen unzulässig wettbewerbsbeschränkend (Art. 5 Abs. 2 TT-GFVO). Unter Mitbewerbern greift die weiterreichende Sanktion des Art. 4 TT-GFVO (vgl. Rdn. 285). 282

Die Unwirksamkeit der in Art. 5 TT-GFVO genannten Verpflichtungen steht der Anwendung der TT-GFVO auf den übrigen Teil der Vereinbarung nicht entgegen (Leitlinien Nr. 107). Hier gilt der **Grundsatz der Abtrennbarkeit.** 283

c) Enthält der Vertrag zur Lizenzierung oder zur Übertragung der Technologie eine **Kernbeschränkung** i.S. des **Art. 4 TT-GFVO,** also eine schwerwiegende Wettbewerbsbeschränkung, wird die **gesamte Vereinbarung** von der Freistellung ausgenommen (Erwägungsgrund Nr. 13). Kernbeschränkungen werden als **nicht abtrennbar** behandelt (Leitlinie Nr. 74). 284

Handelt es sich bei den Vertragsparteien um Wettbewerber, ist die Gefahr, dass ihre Abreden den Wettbewerb beschränken, größer. Es gelten deshalb strengere Maßstäbe (Art. 5 Abs. 1 TT-GFVO) als bei Lizenzvereinbarungen unter nicht konkurrierenden Vertragspartnern (Art 5 Abs. 2 TT-GFVO). 285

Die wichtigsten verbotenen Klauseln:

Vereinbarungen zum Abgabepreis – unter Nichtwettbewerbern Empfehlung von (Höchst-)Preisen zulässig.

Die Verpflichtung des Lizenznehmers zur Zahlung einer Mindestgebühr ist keine Bindung bei der Festsetzung des Preises (Leitlinien Nr. 157)

Gegenseitige Produktions- und Absatzbeschränkungen – einseitige Beschränkung des Lizenznehmers hinsichtlich des lizenzierten Produkts bleibt zulässig – unter Nichtwettbewerbern uneingeschränkt zulässig.

Zuweisung von Märkten und Kunden – ausgenommen vom Verbot ist die Zuweisung eines bestimmten Produktmarkts, die Vereinbarung von Exklusivlizenzen bei nicht wechselseitiger Abrede oder die Vereinbarung einer Alleinlizenz (unabhängig davon, ob die Abrede wechselseitig ist). Die Vereinbarung einer Exclusivlizenz, wird, wenn sie denn nicht wechselseitig erfolgt, vom kartellrechtlichen Verbot weitestgehend freigestellt. Die **Exclusivlizenz** wird auch von der Kommission durchweg als innovationsfördernd eingestuft (vgl. Leitlinien Nr. 86). Eine den Lizenzgeber ausschließende Lizenz – **ausschließliche Lizenz im engeren Sinne** – zur Herstellung und zum Vertrieb von Waren auf der Grundlage der lizenzierten Technologie auf eingegrenzten Märkten oder gegenüber bestimmten Kundengruppen ist freigestellt (Art. 4c ii, iv TT-GFVO). Die Vereinbarung einer **Alleinlizenz,** wonach der Lizenzgeber einem – und keinem weiteren – Lizenznehmer ein bestimmtes Gebiet zuteilt, ohne sich selbst in seinen eigenen geschäftlichen Aktivitäten zu beschränken, ist auch bei Wechselseitigkeit zulässig (Art. 4c iii TT-GFVO).

Die Beschränkung des Lizenznehmers – sofern er Wettbewerber ist – in der **Nutzung eigener Technologie** ist als Kernbeschränkung ebenso unzulässig wie das Verbot, Forschung zu betreiben, es sei denn letzteres ist zur Wahrung des Geheimnisses des lizenzierten Know-hows unerlässlich (Art. 4 Abs. 1d TT-GFVO). Unter Nichtwettbewerbern gilt das weniger einschneidende, da abtrennbare – als solches aber identische – Klauselverbot nach Art. 5 Abs. 2 TT-GFVO.

286 **d)** Werden **Nichtwettbewerber** im Laufe der Durchführung des Vertrags **zu Wettbewerbern** und bleibt der Vertrag im Wesentlichen unverändert, wirkt die günstigere Beurteilung nach Art. 4 Abs. 2 TT-GFVO fort (Art. 4 Abs. 3 TT-GFVO). Im umgekehrten Fall – das Konkurrenzverhältnis fällt weg – können die Vertragsparteien das günstigere Licht nur beanspruchen, wenn sie den Vertrag als Nichtwettbewerber neu schließen.

287 **4.** In einer **lizenzvertraglichen Streitigkeit** sind deshalb **folgende Überlegungen** anzustellen:

1. Handelt es sich um eine Technologietransfervereinbarung i. S. der TT-GFVO?
2. Geht von der Vereinbarung eine spürbare Beschränkung des Handels aus?
3. Handelt es sich bei den Vertragsparteien um konkurrierende Unternehmen oder nicht?
4. Schließt deren Marktanteil die Freistellung nach der TT-GFVO aus?
5. Handelt es sich bei der Vertragsklausel um eine nicht freigestellte Beschränkung i. S. des Art. 5 TT-GFVO, die den Vertrag im Übrigen unberührt lässt?
6. Handelt es sich um eine Kernbeschränkung i. S. des Art. 4 TT-GFVO, die den Vertrag als solchen zu Fall bringt?

16 *Patentdauer. Zusatzpatent.* (1) [1]**Das Patent dauert zwanzig Jahre, die mit dem Tag beginnen, der auf die Anmeldung der Erfindung folgt.** [2]**Bezweckt eine Erfindung die Verbesserung oder weitere Ausbildung einer anderen, dem Anmelder durch ein Patent geschützten Erfindung, so kann er bis zum Ablauf von achtzehn Monaten nach dem Tag der Einreichung der Anmeldung oder, sofern für die Anmeldung ein früherer Zeitpunkt als maßgebend in Anspruch genommen wird, nach diesem Zeitpunkt die Erteilung eines Zusatzpatents beantragen, das mit dem Patent für die ältere Erfindung endet.**

(2) [1]**Fällt das Hauptpatent durch Widerruf, durch Erklärung der Nichtigkeit oder durch Verzicht fort, so wird das Zusatzpatent zu einem selbständigen Patent; seine Dauer bestimmt sich nach dem Anfangstag des Hauptpatents.** [2]**Von mehreren Zusatzpatenten wird nur das erste selbständig; die übrigen gelten als dessen Zusatzpatente.**

Inhaltsübersicht

Literaturhinweis: Amtliche Begründung zu § 10 PatG a. F. Bl. **36,** 106; Amtliche Begründung zu § 16 Abs. 1 Satz 2 BT-Drucksache 8/2087 S. 25.

Patentdauer: Busse, Behandlung und Gebühren von Zusatzpatenten nach dem Verlängerungsgesetz vom 15. 7. 1951 und dem Gesetz Nr. 8, GRUR **53,** 457; Weidlich, Patentverlängerung einst und jetzt, GRUR **50,** 259; Beil, Verlängerung bestimmter deutscher Patente, Chemie –

Ing. – Techn. **51,** 455; Trüstedt, Die Verlängerung der Dauer bestimmter Patente nach dem Gesetz vom 15. 7. 1951, GRUR **51,** 484; ders., Der patentrechtliche Zwischenzustand von der Anmeldung bis zur Bekanntmachung, GRUR **52,** 109; Heine, Bedeutung der Bekanntmachung für deren Schutzwirkung gegenüber Benutzungshandlungen, die vor der Bekanntmachung begonnen und später fortgesetzt werden, GRUR **51,** 114; Gewiese, Der Beginn des Patentschutzes, GRUR **52,** 276; v. d. Trenck, Schwebezustände im Patentrecht, GRUR **52,** 450; Greif, Die zeitliche Begrenzung des Patentmonopols und ihre Umgehung (unter besonderer Berücksichtigung der EG und des geplanten Europäischen Patents), WuW **74,** 303; Hafner, Die kurze Patentdauer – ein Unrecht am Erfinder, Mitt. **81,** 92; Suchy, Patentlaufzeit neuer pharmazeutischer Wirkstoffe, GRUR **87,** 268; ders., Patentrestlaufzeit neuerer pharmazeutischer Wirkstoffe, GRUR **92,** 7.

Zusatzpatent: Hüfner, Einige Fragen aus dem Gebiete des Zusatzpatentes, GRUR **12,** 265; Krüger, Zweifelsfragen bei der Erteilung von Zusatzpatenten, MuW **33,** 330; Krauße, Drei Fragen aus dem Gebiet des Zusatzpatents, ZHR **99** (1934), 231; Schuster, Die Patentfähigkeit der Zusatzerfindung, GRUR **37,** 1045 u. Mitt. **38,** 45; Mentzel, Zur Frage der Erfindungshöhe bei Zusatzpatenten, Mitt. **37,** 315; Ohnesorge, Die Patentfähigkeit der Zusatzerfindung, GRUR **38,** 91; ders., Einheitlichkeit und Zusatzverhältnis, MuW **38,** 358; v. d. Trenck, Die Patentfähigkeit der Zusatzerfindung, Mitt. **38,** 44; Schlatter, Zur Frage der Unteransprüche und Zusatzpatente, GRUR **39,** 164; Ohnesorge, Erfindungshöhe von Zusatzpatenten, MuW **40,** 102; Zeunert, Die Anforderungen an die Patentfähigkeit des Gegenstands einer Zusatzanmeldung bei nicht vorveröffentlichtem Hauptpatent, GRUR **66,** 285; Conradt, Muß der Gegenstand eines Zusatzpatents erfinderisch gegenüber dem Gegenstand des nicht vorveröffentlichten Hauptpatents sein? GRUR **66,** 602; Meyer/Kockläuner, Ist die Prüfung nach § 4 Abs. 2 PatG von der Person des Anmelders abhängig? GRUR **67,** 63; Weissig, Muß ein Zusatzpatent sich von dem nicht zum Stand der Technik gehörenden Hauptpatent „erfinderisch" unterscheiden, wenn für beide Patente derselbe Stand der Technik maßgebend ist, GRUR **67,** 224; Kockläuner, Neuheitsschonfrist für den Inhaber des Hauptpatents? GRUR **69,** 320; Hagen, Identität – Ausschlußrecht – Zusatzverhältnis im deutschen Patentrecht, GRUR **71,** 423; Zahn, Zusatzpatent nach neuem Recht, Mitt. **80,** 153; ders., Zusatzanmeldungen nach neuem Recht, Mitt. **84,** 83; Goebel, Der Schutz der Weiterentwicklung einer bereits zum Schutz angemeldeten Erfindung, Mitt. **89,** 185; Beier/Moufang, Verbesserungserfindungen und Zusatzpatente im Prioritätsrecht der Pariser Verbandsübereinkunft, GRUR Int. **89,** 869; Hövelmann, Die Zusatzteilanmeldung – eine trügerische Hoffnung, Mitt. **01,** 193.

1. Geltungsbereich

a) Durch Art. IV Nr. 8 IntPatÜG wurde entsprechend Art. 63 Abs. 1 EPÜ die Patentdauer von achtzehn auf zwanzig Jahre heraufgesetzt. Die Neufassung von § 16 Abs. 1 Satz 1 betrifft nur Patente, welche auf die seit dem 1. 1. 1978 eingereichten Patentanmeldungen erteilt worden sind, Art. XI § 1 Abs. 1 IntPatÜG, unabhängig davon, ob eine vor diesem Zeitpunkt liegende Priorität beansprucht wird. Patente auf bis zum 31. 12. 1977 eingereichte Anmeldungen dauern achtzehn Jahre, § 10 Abs. 1 Satz 1 PatG 1968. 1

b) § 16 Abs. 1 Satz 2 und Abs. 2 Satz 1 sind durch Art. 8 Nr. 7 GPatG neu gefasst worden. § 16 Abs. 2 Satz 1 enthielt eine redaktionelle Anpassung an das nachgeschaltete Einspruchsverfahren. § 16 Abs. 1 Satz 2 brachte eine materiellrechtliche Änderung. Die Anmeldung von Zusatzpatenten wird nur innerhalb der Frist bis zur Offenlegung der Hauptpatentanmeldung (§ 31 Abs. 2 Nr. 2) zugelassen. Die geänderte Rechtslage betrifft die seit dem 1. 1. 1981 eingereichten Zusatzpatentanmeldungen, Art. 17 Abs. 3, Art. 12 Abs. 1 GPatG, BPatGE **26,** 128, 131; 204, 206. Durch das 2. PatGÄndG wurden in Abs. 2 Satz 1 die Worte „durch Zurücknahme" gestrichen.

2. Laufzeit des Patents

a) Die Schutzwirkungen des Patents treten nicht schon mit dessen Anmeldung ein. Der Gegenstand der Anmeldung genießt während der ersten Phase des patentamtlichen Erteilungsverfahrens bis zur Offenlegung der Anmeldung noch keinen patentrechtlichen Schutz gegen Verletzungen; s. Näheres bei § 33. Der effektive **Patentschutz** gegen Patentverletzungen **beginnt** erst in dem Zeitpunkt, in dem die Veröffentlichung des Hinweises auf die Offenlegung der Anmeldung erfolgt, §§ 33 Abs. 1, 32 Abs. 5. Von diesem Zeitpunkt an kann der Anmelder von demjenigen, der den Gegenstand der Anmeldung in vorwerfbarer Weise benutzt hat, eine angemessene Entschädigung verlangen. Während der Zeit der Offenlegung der Anmeldung bis 2 zur Patenterteilung sind Ansprüche auf Unterlassung und Schadenersatz ausgeschlossen. Während dieser Zeit entfaltet die Anmeldung noch keine Ausschließlichkeitswirkung. Die in § 9 umschriebene Wirkung des Patents, die Endstufe des sachlichen Schutzes, tritt erst mit der Patenterteilung ein und ist daher notwendig kürzer als die in § 16 Abs. 1 Satz 1 vorgesehene Laufdauer des Patents, BGHZ **1,** 194, 196 – Motorblock; BGH GRUR **59,** 528, 530 – Autodachzelt. Von diesem Zeitpunkt an kann der Anmelder vom Verletzer Unterlassung, vollen Schadenersatz und Bereicherungsausgleich verlangen. Der mit der Offenlegung der Anmeldung eintretende Schutz und der mit der Patenterteilung eintretende Schutz wirken nicht auf den Zeitpunkt der Anmeldung zurück, RG Bl. **12,** 224, 225; BGHZ **1,** 194, 196 – Motorblock; BGH GRUR **59,** 528, 530 – Autodachzelt. Vor der Patenterteilung hergestellte Gegenstände eines Sachpatents, BGH GRUR aaO, benutzte Verfahren oder Verfahrenserzeugnisse, BGHZ aaO, erhalten durch die nachträgliche Schutzerteilung keinen patentverletzenden Charakter, d. h., das vorausgegangene Herstellen, Anbieten, Inverkehrbringen oder Gebrauchen wird nicht rückwirkend patentverletzend. Nach der Schutzrechtserteilung ist die gewerbsmäßige Benutzung vorher erzeugter Gegenstände allerdings patentverletzend, vgl. § 12 Rdn. 28.

3 **b)** Die **Patentdauer** beträgt **zwanzig Jahre.** Der Anmeldetag (§ 35) bestimmt die Berechnung der zwanzig Jahre; diese beginnen mit dem Tag, der auf die Anmeldung folgt. § 16 regelt nur die Dauer des Patents, nicht aber den Beginn und den zeitlichen Umfang des Schutzes. Die Dauer des Patentschutzes ist immer kürzer als die Laufzeit des Patents. Die Anmeldung hat nur Bedeutung für die Berechnung der Laufzeit des Patents, BGHZ **1,** 194, 196 – Motorblock, und für die Gebühren, § 17 Abs. 1, § 3 PatKostG. An den im Erteilungsbeschluss des Patentamts festgelegten Beginn der Laufzeit eines Patents sind sowohl der Verletzungsrichter als auch die Nichtigkeitsinstanzen gebunden, BGH Liedl **63/64,** 228, 235; BGH GRUR **63,** 563, 566 – Aufhängevorrichtung. Hat sich das Erteilungsverfahren länger als zwanzig Jahre hingezogen, so ist auch nach Ablauf der 20-Jahresfrist das Patent noch zu erteilen, BPatGE **12,** 119, 121 f.; BGHZ **47,** 132 ff. – UHF-Empfänger II für Gebrauchsmuster. Vertragliche Abmachungen können die Schutzfrist nicht verlängern, auch wenn sie nur schuldrechtlich über die Patentdauer hinaus wirken sollen, BGHZ **17,** 41, 47 ff. – Kokillenguss; BGH GRUR **75,** 206, 207 – Kunststoffschaum-Bahnen. Die **Berechnung** der Patentdauer erfolgt nach §§ 187 Abs. 2, 188 Abs. 2 BGB – Anmeldung 1. 4. 1981, Beginn 2. 4. 1981, Ende 1. 4. 2001 –. Ob der letzte Tag ein Sonn- oder Feiertag ist, hat keine Bedeutung, da weder eine Willenserklärung abzugeben noch eine Leistung zu bewirken ist, § 193 BGB. Auch die **Laufzeit** des **europäischen Patents** beträgt 20 Jahre, gerechnet vom Anmeldetag an, Art. 63 Abs. 1 EPÜ (§§ 187 Abs. 1, 188 Abs. 1 BGB).

Die Inanspruchnahme eines **Prioritätsrechts** ist ohne Einfluss auf die Laufzeit des Patents, vgl. Art. 4 bis Abs. 5 PVÜ. Der Zeitpunkt des Beginns der Patentdauer wird durch den Eingang der Anmeldung festgelegt. Für eine **Teilanmeldung** bleibt der Zeitpunkt der ursprünglichen Anmeldung erhalten, § 39 Abs. 1 Satz 4. Bei einer **Umwandlung** einer Zusatzanmeldung in eine selbstständige Patentanmeldung richtet sich die Patentdauer nach dem Tag der Einreichung der Zusatzanmeldung, BGH GRUR **77,** 216, 218 – Schuhklebstoff, vgl. u. Rdn. 24.

4 **c)** Die Schutzdauer von aus **DDR-**Patentanmeldungen hervorgegangenen **Patenten** beurteilt sich, auch soweit deren Schutz auf das übrige Bundesgebiet gemäß § 4 ErstrG erstreckt ist, nach DDR-Patentrecht, § 5 ErstrG. Für die ab dem 1. Juli 1990 beim Patentamt der DDR angemeldeten Patente beträgt die Laufzeit zwanzig Jahre, die mit dem Tag beginnt, der auf den Eingangstag folgt. Die Laufzeit der vor Inkrafttreten des Änderungsgesetzes vom 29. 6. 1990 (1. 7. 1990) angemeldeten Wirtschafts- und Ausschließungspatente richtet sich gemäß Art. 3 Abs. 7 des Änderungsgesetzes nach § 15 Abs. 2 DDR-PatentG v. 27. 10. 1983 und beträgt achtzehn Jahre, vgl. Entwurfsbegründung zu § 5 ErstrG, BT-Drucksache 12/1399 S. 34 = Bl. **92,** 213, 224. Nach § 6 a ErstrG ist jedoch die Schutzdauer der nach § 4 ErstrG erstreckten Patente, die am 31. Dezember 1995 noch nicht abgelaufen sind, auf 20 Jahre verlängert worden (Angleichung an die Bestimmungen des TRIPS-Übereinkomens).

5 **d)** Der **Patentschutz endet,** wenn das Patent erlischt, z. B. durch Zeitablauf, § 16; Verzicht, § 20 Abs. 1 Nr. 1; nicht fristgerechte Erfinderbenennung, mangelnde Gebührenzahlung, § 20 Abs. 1 Nr. 2, 3. Diese Gründe lassen das Patent mit Wirkung **für die Zukunft** entfallen, berühren seine Wirkungen für die Zeit vor dem Erlöschen also nicht. Der Schutzrechtsinhaber verliert nicht diejenigen Ansprüche, die er während der Laufzeit des Patents gegen Dritte, z. B. gegen seinen Lizenznehmer oder gegen Verletzer seines Patents erworben hat, OLG Karlsruhe WuW/E OLG 951, 954. Ein aus diesen Gründen erloschenes Patent zeitigt noch Rechtswirkungen, die die Vergangenheit betreffen, die aber ein künftiges Verhalten, z. B. Rechnungsle-

gung und Ersatzleistungen, nicht aber ein Unterlassen der Benutzung zur Folge haben können, OLG Karlsruhe aaO. Erlischt das Patent durch Widerruf oder Nichtigerklärung oder erlöschen die einstweilen eingetretenen Wirkungen der offengelegten Anmeldung durch die Versagung des Patents oder durch die Zurücknahme der Anmeldung, § 58 Abs. 2, oder erlischt das Patent teilweise infolge Beschränkung, § 64, dann entfällt das Patent **rückwirkend.** Dadurch tritt ein Rechtszustand ein, als wenn der Patentschutz (insoweit) niemals bestanden hätte. Zur tatsächlichen Laufdauer der Patente in der Praxis vgl. Schade GRUR **71,** 535 ff.

Die Frage, welche **Maßnahmen** Dritten **mit Rücksicht auf den Ablauf eines Patents** in der Zeit vor dem Erlöschen gestattet sind, ist bei § 9 Rdn. 59 behandelt. Zur Frage des Erlöschens des Patents beim Lizenzvertrag siehe § 15 Rdn. 205 ff.; im Laufe des Nichtigkeitsverfahrens siehe § 81 Rdn. 33 oder eines Verletzungsprozesses siehe § 139 Rdn. 33.

e) Nach Erlöschen des Patentschutzes kann auf dem Umweg über das Wettbewerbsrecht keine Verlängerung des Schutzes der technischen Lehre herbeigeführt werden, denn zur Schaffung oder Erweiterung des Schutzes technischer Werte oder Leistungen ist das Wettbewerbsrecht nicht berufen, RGZ **144,** 41, 44 f.; RG GRUR **41,** 116, 119; **41,** 238, 240 r. Sp. Selbst die maßgetreue Nachbildung nicht mehr geschützter Vorrichtungen ist grundsätzlich erlaubt, vgl. § 4 Nr. 9 UWG n. F., der den Vorwurf wettbewerblicher Unterlauterkeit an besondere Umstände knüpft, vgl. auch RGZ **144,** 41, 44; BGHZ **41,** 55, 57 – Klemmbausteine; BGH GRUR **77,** 666, 667 – Einbauleuchten; **90,** 528, 529 – Rollen-Clips, GRUR **03,** 356, 357 – Präzisionsmessgeräte; vgl. Vorbem. zu §§ 9–14 Rdn. 4–11. Es besteht auch nicht die Möglichkeit, über den Umweg des Markenrechts eine Verlängerung des Schutzes für eine technisch bedingte Gestaltung einer Vorrichtung zu erreichen; denn dem Markenschutz sind Zeichen, die ausschließlich aus einer Form bestehen, die zur Erreichung einer technischen Wirkung erforderlich ist, nicht zugänglich, § 3 Abs. 2 Nr. 2 MarkenG, Art. 7 Abs. 1 lit e) ii) GMV, vgl. auch EuGH, GRUR **02,** 804, 809, Rdn. 79 – Philips. Eine technische Lehre, die in der Gestaltung der Ware gegenständlich geworden ist, bleibt nach Ablauf des Schutzes für jedermann frei, BGHZ **11,** 129, 131; BGH GRUR **57,** 603, 604 – Taschenstreifen; **62,** 299, 301 – form-strip. Die Benutzung eines zeitweise erloschenen Patents unter bewusster Ausnutzung der Notlage des Patentinhabers, dem ein Wiedereinsetzungsgrund zur Verfügung steht und der die Wiedereinsetzung betreibt oder zu betreiben beabsichtigt, ist unzulässig, BGH GRUR **56,** 265, 270. 6

Wegen der **Verlängerung** der Patentlaufzeit mit Rücksicht auf die Kriegs- und Nachkriegsverhältnisse wird auf die 5. Auflage § 10 Rdn. 6 ff. verwiesen; zum ergänzenden Schutz für Arzneimittel und Pflanzenschutzmittel s. § 16 a.

3. Zusatzpatent

a) Allgemeines: § 16 Abs. 1 Satz 2 regelt die Voraussetzungen für ein Zusatzpatent und dessen Laufzeit. § 17 Abs. 2 enthält die Gebührenvorschriften für Zusatzpatente. § 23 Abs. 1 Satz 2 erstreckt die Wirkung einer für das Hauptpatent abgegebenen Lizenzbereitschaftserklärung auf seine sämtlichen Zusatzpatente. § 16 Abs. 2 regelt das Schicksal der Zusatzpatente beim Wegfall des Hauptpatents, § 17 Abs. 2 Satz 2 und 3 die entsprechenden Gebühren. § 42 Abs. 2 Nr. 4 unterwirft die Frage, ob der Gegenstand der Anmeldung eines Zusatzpatents eine Verbesserung oder weitere Ausbildung der Erfindung des Hauptpatents bezweckt, der Offensichtlichkeitsprüfung. § 43 Abs. 2 Satz 4 (vormals § 43 Abs. 2 Satz 5) und § 44 Abs. 3 Satz 2 (vormals § 44 Abs. 4 Satz 2) koppeln bei der Anmeldung eines Zusatzpatents den Antrag auf Neuheitsrecherche und den Prüfungsantrag an entsprechende Anträge für die Anmeldung des Hauptpatents und lassen die Anmeldung des Zusatzpatents zur Anmeldung eines selbstständigen Patents werden, wenn die entsprechenden Anträge für die Anmeldung des Hauptpatents nicht gestellt werden, siehe dazu BPatGE **12,** 10, 12 f. 7

Zusatzpatentanmeldungen stehen in einem engen technischen Zusammenhang mit der Hauptpatentanmeldung. Über Zusatzpatente können **technische Fortentwicklungen** dem Patentschutz zugeführt werden, auch wenn sie sich gegenüber dem Hauptpatent nicht durch einen erfinderischen Schritt abheben. Zusatzpatente sind gebührenmäßig begünstigt; sie sind andererseits in ihrem rechtlichen Bestand vom Schicksal des Hauptpatents abhängig und an dessen Laufzeit gekoppelt. Weiterentwicklungen werden ohne zusätzliche Belastung des Anmelders mit Jahresgebühren (§ 17 Abs. 2) geschützt und zugleich im Interesse des technischen Fortschritts der Allgemeinheit vollständig offenbart, BGHZ **73,** 330, 334 – Tabelliermappe. Mit Inkrafttreten des GPatG sind Zusatzanmeldungen zu offengelegten Hauptanmeldungen ausgeschlossen, vgl. Rdn. 1, 11. Der Gesetzgeber sah sich veranlasst, die gebührenrechtlichen Vergünstigungen für Zusatzanmeldungen einzuschränken. Die Interessen – insbesondere der mit- 8 telständischen Unternehmen –, zur Wahrung der Priorität die Erfindung in einem frühen Stadium anzumelden, ohne den Schutz für technische Weiterentwicklungen zu verlieren, werden durch die Möglichkeit, eine Zusatzpatentanmeldung innerhalb der achtzehn Monate bis zur Offenlegung der Hauptanmeldung (§ 31 Abs. 2 Nr. 2) einzureichen, hinreichend gewahrt, vgl. amtl. Begründung BT-Drucksache 8/2087 S. 25. Entscheidend ist, dass die Zusatzanmeldung innerhalb der Frist des § 16 Abs. 1 Satz 2 eingereicht wird. Ist – abweichend von der Regel – der Gegenstand der Hauptanmeldung zwischenzeitlich vorveröffentlicht worden, so muss die Zusatzanmeldung diesem gegenüber nicht nur neu sein (§ 3 Abs. 2, § 4 Satz 2), sondern auch auf einer erfinderischen Leistung beruhen, § 3 Abs. 1, § 4 Satz 1. Die Schutzfähigkeit des Zusatzpatents ist nach dem Stand der Technik zum Zeitpunkt der Anmeldung zu bestimmen, vgl. Rdn. 17. Durch die Befristung des Antrags auf Erteilung einer Zusatzanmeldung wird für den Regelfall erreicht, dass diese sich gegenüber dem Hauptpatent nicht erfinderisch abzuheben braucht, sondern allein eine neuartige Gestaltung aufweisen muss (§ 3 Abs. 2, § 4 Satz 2).

Im **europäischen Patentrecht** ist entgegen den ursprünglichen Vorstellungen (vgl. Art. 24 des Vorentwurfs eines Abkommens über ein europäisches Patent, GRUR Int. **62,** 561) das Zusatzpatent nicht vorgesehen; es scheiterte an finanziellen Erwägungen, van Benthem Propr. Ind. **72,** 337, 340 Nr. 4; BT-Drucksache 8/2087 S. 25; vgl. Bossung GRUR Int. **75,** 333, 337. Der Anmelder einer **internationalen Patentanmeldung** kann die Erteilung eines Zusatzpatents beantragen, soweit der Bestimmungsstaat dies vorsieht, Art. 43 PCT.

9 **b)** Zu einem Hauptpatent kann ein Zusatzpatent nachgesucht werden, wenn es eine Verbesserung oder eine weitere Ausbildung der durch das Hauptpatent geschützten Erfindung bezweckt, § 16 Abs. 1 Satz 2. Ein Zusatzpatent ist nicht automatisch zu erteilen, wenn eine Anmeldung in dem in § 16 Abs. 1 Satz 2 angegebenen Verhältnis zu einem anderen Patent oder einer anderen Anmeldung steht; der Anmelder ist solchenfalls auch nicht verpflichtet, sondern berechtigt, die Erteilung eines Zusatzpatents nachzusuchen, er kann auch ein selbstständiges Patent beantragen, BGH GRUR **71,** 563, 564 – Dipolantenne II. Maßgebend für das Zusatzverhältnis ist der **Zeitpunkt des Eingangs der Anmeldungen** für das Haupt- und Zusatzpatent beim Patentamt. Die jüngere Anmeldung darf nie Hauptpatent der **älteren Anmeldung** werden, BPatGE **11,** 19, 20, daher können beide äußerst nur am gleichen Tage eingereicht sein, PA Bl. **34,** 129; PA Mitt. **40,** 174. Zur Antragsfrist vgl. Rdn. 11.

Ein erloschenes Patent kann nicht Hauptpatent sein, BPatGE **4,** 164, 165f. Ist das Hauptpatent wegen Nichtzahlung der Gebühren bei der **Erteilung des Zusatzpatents** bereits erloschen, so erlischt das Zusatzpatent im Zeitpunkt der Erteilung, BPatGE **4,** 164, 165; BPatG Mitt. **91,** 159, 161; vgl. auch Rdn. 25. Hat das Patentamt versehentlich ein Zusatzpatent erteilt, obwohl das Hauptpatent bereits erloschen war, so hat der Anmelder ein Beschwerderecht, damit das Versehen im Beschwerdeverfahren korrigiert werden kann, BPatGE **4,** 164, 165f. m.w.N. Vor Erteilung des Hauptpatents kann das Zusatzpatent nicht erteilt werden, da es das Bestehen des Hauptpatents voraussetzt. Bis dahin ist das Verfahren der Zusatzpatentanmeldung auszusetzen, BPatGE **6,** 157, 163; **22,** 1, 4f. Eine sachliche Entscheidung über die Zusatzpatentanmeldung kann in aller Regel erst dann erfolgen, wenn das Hauptpatent erteilt ist, zu PatG 1968 vgl. BPatGE **6,** 157, 163; BPatG Mitt. **75,** 52f.; anders, wenn der Gegenstand der Zusatzanmeldung eindeutig festliegt und sich gegenüber dem maßgeblichen Stand der Technik nicht als schutzfähig erweist; solchenfalls kann die Zusatzanmeldung schon vor der Entscheidung über die Hauptanmeldung zurückgewiesen werden, vgl. BPatGE **12,** 7, 9f.; BPatG Mitt. **75,** 52.

10 **c)** Ein Zusatzpatent muss zu einem bestimmten Hauptpatent erteilt werden. Ein Zusatzpatent zu mehreren Hauptpatenten ist unstatthaft, BPatGE **3,** 157, 158, wohl aber zu einem Hauptpatent und zu dessen erstem oder weiterem Zusatzpatent, BGH GRUR **88,** 286 – Betonbereitung; BPatGE **3,** 157, 158f.; BPatG GRUR **92,** 42, 43. In der Überschrift der Patentschrift ist deutlich zum Ausdruck zu bringen, zu welchem Patent das **Zusatzverhältnis** bestehen soll, BPatGE 3, 157, 159. Fehlt das Zusatzverhältnis für einige angemeldete Ansprüche, so ist die Anmeldung zu trennen, PA MuW **X,** 226. Ein Zusatzanspruch lediglich zu einem Unter- oder Nebenanspruch des Hauptpatents darf erteilt werden, RG Mitt. **35,** 227; BPatG GRUR **80,** 222, 223. Das Zusatzverhältnis kann auch zu einer internationalen oder zu einer europäischen Patentanmeldung, für welche die Bundesrepublik benannt ist, bestehen, da diese die Wirkung einer nationalen Patentanmeldung haben, Art. 11 Abs. 3 PCT, Art 66 EPÜ; BPatGE **33,** 8 = GRUR **92,** 42, 43. Das EPÜ selbst sieht die Möglichkeit, auf ein Zusatzverhältnis anzutragen, nicht vor, während Art. 43 PCT diese eröffnet (Rdn. 8).

11 **d)** Die Erteilung des Zusatzpatents setzt einen ausdrücklichen **Antrag** voraus, BGH GRUR **71,** 563, 564 – Dipolantenne II; das Hauptpatent und das Zusatzverhältnis zu ihm müssen angegeben sein, PA Mitt. **42,** 83. Der Antrag ist **befristet.** Hierin liegt die wesentliche Neuerung

von § 16 durch das GPatG, vgl. Rdn. 1. Die Erteilung eines Zusatzpatents kann nur innerhalb der für die Offenlegung der Hauptanmeldung maßgeblichen Frist des § 31 Abs. 2 Nr. 2 (Art. 21 Abs. 2a PCT, Art. 93 Abs. 1 EPÜ) begehrt werden. Die Zusatzanmeldung muss innerhalb einer Frist von 18 Monaten ab dem Anmeldetag der Hauptanmeldung oder – bei beanspruchter Priorität – ab deren Prioritätstag eingereicht und als solche beansprucht sein. Der Zeitrang der Hauptanmeldung ist für die 18-Monatsfrist auch maßgeblich, wenn das Zusatzverhältnis der Anmeldung sich auf eine schon vorhandene Zusatzpatentanmeldung bezieht, BGH GRUR **88,** 286 – Betonbereitung; BPatG GRUR **92,** 42, 43. Eine Zusatzanmeldung begründet keine neue 18-Monatsfrist für weitere Zusatzanmeldungen. Nach Verstreichen der Frist kann eine Zusatzanmeldung nicht mehr beantragt werden. Auch die nachträgliche Beanspruchung eines Zusatzverhältnisses für eine innerhalb der Frist eingereichte Patentanmeldung ist ausgeschlossen. Eine Änderung des Zusatzverhältnisses ist nicht mehr möglich, wenn für die in Aussicht genommene Hauptanmeldung die Frist des § 31 Abs. 2 Nr. 2 verstrichen ist, BPatGE **33,** 8 = GRUR **92,** 42, 43. Hinsichtlich einer **Wiedereinsetzung** dürfte zu differenzieren sein. Versäumt es der Anmelder, für eine innerhalb der Frist des § 31 Abs. 2 Nr. 2 eingereichte Patentanmeldung rechtzeitig das Zusatzverhältnis zu beantragen, ist eine Wiedereinsetzung zur Wahrung der Gebührenvorteile des § 17 Abs. 2 statthaft. Ist die Zusatzanmeldung nicht innerhalb der 18-Monatsfrist eingegangen, scheidet eine Wiedereinsetzung aus; die Anmeldung zum Patent als solche ist nicht fristgebunden. Allein eine Wiedereinsetzung gegen die Versäumung der fristgerechten Zusatzerklärung vermag der Anmeldung nicht den nach § 16 Abs. 1 S. 2 gebotenen früheren Zeitrang zu verschaffen (Busse-Keukenschrijver, § 123 PatG, Rdn. 22; Hövelmann, Mitt. **01,** 193, 194; a.A. Busse-Schwendy, § 16 Rdn. 20; Kraßer, 5. Aufl., § 24 X 2, S. 525, Fn. 201). Das noch in der Voraufl. vertretene weitere Argument einer Analogie zum Ausschluss der Wiedereinsetzung in die Prioritätsfrist nach § 123 Abs. 1 S. 2 a.F. ist durch die Neufassung der Vorschrift im 2. PatGÄndG v. 1. 11. 1998, der die Wiedereinsetzung nur noch für die Entnahmepriorität nach § 7 Abs. 2 und die innere Priorität nach § 40, nicht aber mehr für die ausländische Priorität nach § 40 ausschließt, teilweise überholt worden. Bis zur Patenterteilung kann die Zusatzanmeldung in eine Hauptanmeldung umgewandelt werden, BGH GRUR **77,** 216, 217 – Schuhklebstoff.

e) Das Zusatzpatent muss eine **Verbesserung** oder **weitere Ausbildung** des Hauptpatents 12
enthalten, RG MuW **31,** 166, 167, und zwar der Erfindung selbst, nicht notwendig des Gegenstandes des Hauptpatents, PA IndR **14,** 135, und nicht allein seiner Verkörperung im Anspruch, PA GRUR **42,** 162, 163. Der Begriff der „weiteren Ausbildung" in § 16 Abs. 1 Satz 2 bezieht sich auf den Erfindungsgedanken des Hauptpatents, KG GRUR **31,** 754; er erfasst die Abwandlung der durch das Hauptpatent geschützten Erfindung unter Beibehaltung des tragenden Erfindungsgedankens, BGHZ **73,** 330, 333 – Tabelliermappe; Goebel Mitt. **89,** 185, 190. Das Zusatzpatent kann eine verallgemeinernde, eine spezialisierende oder eine nebengeordnete Lösung des technischen Problems des Hauptpatents vorschlagen. Der Lösungsvorschlag des Zusatzpatents dient regelmäßig (auch) der Lösung des Problems, das die Erfindung nach dem Hauptpatent bewältigt, BGH GRUR **81,** 186, 189 – Spinnturbine II, in BGHZ **78,** 358 nicht abgedruckt. Der Gegenstand eines Zusatzpatents, das eine weitere Ausbildung der Erfindung des Hauptpatents bringt, braucht nicht notwendig in den Schutzbereich des Hauptpatents zu fallen, RG GRUR **40,** 89, 93. Zur Beurteilung des Zusatzverhältnisses ist der Erfindungsgedanke des Hauptpatents zu ermitteln, PA Mitt. **34,** 81; BPatGE **5,** 81, 84. Statthaft ist ein Zusatzpatent, wenn ein Unteranspruch des Hauptpatents durch das Zusatzpatent fortentwickelt wird, PA MuW **36,** 32. Eine neue Ausführungsform des Hauptpatents rechtfertigt ein Zusatzpatent, PA MuW **XVI,** 162, z.B. der Ersatz eines Merkmals einer im Hauptpatent unter Schutz gestellten Merkmalsgesamtheit durch ein anderes Merkmal, BPatG Bl. **71,** 189 LS. Eine zweckmäßige oder ergänzende Gestaltung der Haupterfindung erfüllt die Voraussetzungen für ein Zusatzpatent, RG Bl. **07,** 175. Besteht die im Hauptpatent unter Schutz gestellte Erfindung in einer Bemessungsregel, so kann ein Zusatzpatent in einer Präzisierung dieser Regel bestehen oder in zusätzlichen Maßnahmen, die neben der Maßbestimmung zu treffen sind, um die Aufgabe des Hauptpatents besser zu lösen, BPatGE **5,** 81, 84. Die Voraussetzungen der Neuheit müssen gegeben sein, Rdn. 17. Die Wahl eines neuen Ausgangsstoffs für ein Verfahren ist eine Verbesserung des Verfahrenspatents, PA GRUR **42,** 162f. Die besondere Erscheinungsform eines Stoffes gleicher chemischer Konstitution ist einer Zusatzpatentierung zugänglich, BPatGE **20,** 6.

f) Haupt- und Zusatzpatent können im Verhältnis der **Unter- oder Überordnung,** PA Bl. 13
13, 292, 294; **33,** 182; BPatGE **5,** 81, 84, oder der **Nebenordnung** stehen, BGHZ **73,** 330, 333 – Tabelliermappe; Kraßer § 24 X 4, S. 526. **Einheitlichkeit** vorausgesetzt, kann der Gegenstand eines sog. Nebenanspruchs auch eine Verbesserung oder weitere Ausbildung des

Hauptpatents darstellen, BGHZ **73** aaO.; BPatG GRUR **80,** 222, 223. Entscheidend ist, dass ein technologischer Zusammenhang zwischen Hauptpatent und Zusatzpatent besteht. Denkbar ist ein Zusatzpatent für die Gattung, während das Hauptpatent sich auf eine Einzelgestaltung innerhalb der Gattung bezieht, PA Bl. **01,** 129; solche „übergeordnete" Zusatzpatente sind zulässig, PA Mitt. **34,** 81; KG GRUR **31,** 754; abw. RG GRUR **31,** 385. Der Begriff der Zusätzlichkeit ist an sich enger als der der Erfindungseinheit, PA Bl. **13,** 292, 294; **33,** 182. Daher kann das Zusatzpatent auch aus einem Teil der Stammanmeldung hervorgehen, falls die Einheitlichkeit nicht durchbrochen wird, PA Mitt. **40,** 174; RG GRUR **40,** 89, 90; Wagner Mitt. **80,** 149, 151; die praktische Bedeutung dieser Frage ist im Hinblick auf die Antragsfrist des § 16 Abs. 1 Satz 2 gering. Zusatzpatent kann aber alles werden, was mit dem Hauptpatent eine Einheit bildet und unter dem Gesichtspunkt der Einheitlichkeit der Erfindung zugleich mit dem Hauptpatent hätte patentiert werden können, RG GRUR **43,** 75; BPatGE **5,** 81, 84f., 87f.; BGHZ **73,** 330, 334 – Tabelliermappe, denn der Begriff der Erfindungseinheit reicht weiter, BGHZ aaO, 335.

Haupt- und Zusatzpatent müssen der Lösung eines technisch-wirtschaftlich gesehenen Gesamtproblems dienen, vgl. PA Bl. **13,** 292, 295; BGH GRUR **71,** 512, 514 – Isomerisierung. Aus der Feststellung verschiedener Aufgaben für Hauptpatent und Zusatzanmeldung ist bei übergreifender Gesamtaufgabe Uneinheitlichkeit nicht zu folgern, BGHZ **73** aaO. Bruchhausen in Anm. hierzu LM § 10 PatG 1968 Nr. 6. Näheres zur Einheitlichkeit § 34 Rdn. 94ff. Da im Unteranspruch die Bezugnahme auf den Hauptanspruch auch im Sinne eines über dessen Gegenstand hinausgehenden Schutzumfanges statthaft ist, kann dasselbe auch im Zusatzpatent geschehen, z.B. durch Aufnahme von „insbesondere" in den Anspruch, DPA GRUR **53,** 126. Solange dabei die Einheitlichkeit von Haupt- und Zusatzpatent gewahrt bleibt, ist eine fakultative Rückbeziehung des Anspruchs des Zusatzpatents auf den Anspruch des Hauptpatents „A, insbesondere nach Patent XY, gekennzeichnet durch B" zulässig, wenn sowohl A + B, als auch A + XY + B eine Verbesserung oder weitere Ausbildung der im Hauptpatent geschützten Erfindung darstellen, BPatGE **5,** 81, 87f. Deshalb ist es Sache des Einzelfalls, ob die mit „insbesondere" erfolgte Rückbeziehung des Zusatzpatents auf das Hauptpatent zulässig ist, BPatGE **5,** 81, 88. Fehlt es an der Einheitlichkeit oder an einem Zusatzverhältnis durch eine Verbesserung oder weitere Ausbildung der Erfindung des Hauptpatents, so kommt nur ein selbstständiges Patent in Betracht, BPatGE **5,** 81, 88. Das BPatG hat für ein Herstellungsverfahren die Voraussetzung der Verbesserung oder weiteren Ausbildung eines Stoffpatents verneint, das keinen Schutz für das Herstellungsverfahren beanspruchte, weil die Erzeugnisse des weiteren Herstellungsweges keine vorteilhafteren Stoffe seien, z.B. nicht in reiner Form anfielen, BPatGE **11,** 19, 20. Die Entscheidung ist nicht unbedenklich, weil nicht geprüft wird, ob der weitere Herstellungsweg gegenüber dem im Stoffpatent geschilderten Weg Vorteile aufweist oder sonst die Technik als weitere Ausbildung der Herstellung des Stoffes bereichert; wie hier Moser v. Filseck GRUR **71,** 51; vgl. auch Heyer u. Hirsch GRUR **75,** 632, 641; nunmehr auch BPatG Mitt. **84,** 150f.

14 **g) Anmelder** des Zusatzpatents kann nur der Anmelder oder Inhaber des Hauptpatents sein. Ein Dritter kann nur ein selbstständiges Patent anmelden. Spätestens bei Erteilung des Zusatzpatents muss dessen Anmelder mit dem Inhaber des Hauptpatents identisch sein, BPatGE **6,** 157, 161. Der Anmelder des Zusatzpatents muss für die Hauptanmeldung in der Patentrolle eingetragen sein; Mitinhaberschaft, Lizenz oder Nießbrauch genügen nicht. Die Vindikation einer Zusatzanmeldung scheitert nicht daran, dass die Personenidentität der Anmelder verlorengeht, BGHZ **78,** 358, 366. – Spinnturbine II. Ist die Zusatzanmeldung selbstständig schutzfähig, kann sie als Hauptanmeldung weiterbetrieben werden, im anderen Fall kann sie vom Vindizierenden fallen gelassen werden. Vorherige Veräußerung des Hauptpatents durch den Anmelder des Zusatzpatents schließt die Erteilung als Zusatzpatent aus. Ein vorhergehender Erwerb des Hauptpatents oder der Zusatzanmeldung ist dagegen unschädlich. Die Erfinder von Haupt- und Zusatzpatent können verschieden sein, BPatGE **6,** 157, 161. Nach Erteilung des Haupt- und Zusatzpatents kann über jedes getrennt verfügt, im Besonderen das Zusatzpatent unabhängig vom Hauptpatent **übertragen** werden (allg. Meinung) und – entgegen LG Frankfurt GRUR **76,** 698 – ohne Prüfung auf selbstständige Schutzfähigkeit vindiziert werden, vgl. auch BGH GRUR **79,** 692, 694 – Spinnturbine I; Ohl, Die Patentvindikation, S. 36. Die Gebührenfreiheit des Zusatzpatents bleibt so lange bestehen, wie dieses nicht aufgrund Wegfalls des Hauptpatents selbstständig wird, Busse, Rdn. 37; Kraßer, § 24 X 3, S. 526; Schulte, Rdn. 31; Goebel Mitt. **89,** 185, 190.

15 **h)** Nimmt das Zusatzpatent auf den Anspruch des Hauptpatents Bezug, so bedeutet das, dass dessen Merkmale das Zusatzpatent ergänzen, RG Bl. **39,** 199, 200; RG GRUR **34,** 26, 28,

sofern sich aus der Zusatzanmeldung nicht ausdrücklich etwas anderes ergibt, RG GRUR **34,** 26, 28. **Gegenstand des Zusatzpatentes** ist bei einer Verbesserung einer im Hauptpatent geschützten Kombination durch weitere Merkmale die Gesamtkombination aller Merkmale des Anspruches des Hauptpatents, die zur Lösung der gestellten Aufgabe von Bedeutung sind, zuzüglich der weiteren Merkmale des Zusatzpatents, BPatGE **6,** 157, 160; BPatG Mitt. **80,** 198; anders BPatGE **3,** 109, 111. Die unter – oder übergeordnete Zusatzanmeldung umfasst sämtliche Merkmale des Patentanspruchs der Hauptanmeldung, auch ohne sie ausdrücklich wiederzugeben, BGH X ZR 66/80 vom 11. 3. 1982, S. 7f. Im Einzelfall ist nur das, was über den Gegenstand des Hauptpatents hinausgeht und im kennzeichnenden Teil des Anspruchs der Zusatzanmeldung seinen Platz hat, Gegenstand der Zusatzanmeldung, so z. B. im Fall nebengeordneter Zusatzerfindung, BGHZ **73,** 330, 335 – Tabelliermappe. Wenn die im Zusatzpatent geschützte Zutat sich als selbstständiges Gebilde aus dem Gegenstand des Hauptpatents herauslöst, hat sie selbstständige Bedeutung, vgl. PA Mitt. **41,** 185.

i) Der Gegenstand des **Zusatzpatents muss** patentfähig sein und eine **Erfindung enthalten,** RGZ **148,** 297, 298; RG GRUR **40,** 543, 545; **41,** 363, 365; BGHZ **49,** 227, 229 – Halteorgan; BGHZ **73,** 330, 336 – Tabelliermappe; BPatGE **6,** 157, 162f.; **12,** 7, 9. Insoweit unterscheidet es sich nicht von einem gewöhnlichen Patent, RG GRUR **40,** 543, 545; BPatGE **3,** 109, 110. Die gewerbliche Verwertbarkeit der Zusatzerfindung kann in der Regel aus der Haupterfindung gefolgert werden, PA MuW **XII,** 421. Im Übrigen sind die Voraussetzungen der Patentfähigkeit zu prüfen, als ob das Hauptpatent nicht vorhanden wäre, RG GRUR **40,** 543, 545; BPatGE **6,** 157, 162; BGH Liedl **56–58,** 352, 355. Ein Grundsatz, weil das Hauptpatent bestehe, müsse die Lehre des Zusatzpatents als patentfähig hingenommen werden, wird nicht anerkannt, RG GRUR **40,** 543, 545. Wenn das Zusatzpatent außer sämtlichen Merkmalen des allein schon nach demselben Stand der Technik schutzfähigen Hauptpatents noch ein zusätzliches, das Hauptpatent verbesserndes Merkmal aufweist, so kann indes aus der Schutzfähigkeit des Hauptpatents auf die des Zusatzpatents geschlossen werden, BGH GRUR **68,** 305, 306 – Halteorgan, insoweit in BGHZ **49,** 227 nicht abgedruckt; BGHZ **73,** 330, 336 – Tabelliermappe; BGH X ZR 48/77 vom 7. 2. 1980 S. 16. Etwas anderes gilt aber dann, wenn ein Anspruch des Zusatzpatents ein erfindungswesentliches Merkmal des Hauptpatents durch ein anderes ersetzt, d. h. den Charakter eines Nebenanspruchs hat, BGH GRUR **68** aaO; BGHZ **73** aaO; BPatGE **6,** 157, 159. Ein solcher Anspruch ist selbstständig auf Erfindungsqualität zu prüfen und bei Verneinung zurückzuweisen oder zu vernichten, BGH GRUR **68,** 305, 306 – Halteorgan. Dabei ist von Bedeutung, wieweit die Zusatzanmeldung die Merkmale des (nicht vorveröffentlichten) Hauptpatents umfasst und welcher Stand der Technik zwischen dem Anmeldetag des Hauptpatents und dem des Zusatzpatents zu berücksichtigen ist, BGHZ **73,** 330, 337 – Tabelliermappe. 16

Ist beispielsweise das Hauptpatent wegen Weglassens eines Merkmals einer vorbekannten Kombination patentfähig, dann ist das Zusatzpatent nicht patentfähig, wenn es das weggelassene Merkmal oder ein Äquivalent hierzu noch enthält, BPatGE **6,** 157, 162. Andererseits kann auf die Zusatzanmeldung wegen zusätzlicher Merkmale ein Patent zu erteilen sein, während auf die Hauptanmeldung ein Patent zu versagen wäre, weil dort die patentbegründenden zusätzlichen Merkmale fehlen, BPatGE **6,** 157, 162. Aufgabe und Lösung sind für Haupt- und Zusatzanmeldung selbstständig zu ermitteln. Aus der Verschiedenheit der Problemstellungen für Hauptpatent und Zusatzpatent ist nicht ohne weiteres auf die mangelnde Einheitlichkeit der beiden technischen Lehren zu schließen, BGHZ **73,** 330, 335 – Tabelliermappe.

j) Das **Zusatzpatent** steht gegenüber dem **Stand der Technik** nicht anders da wie jedes andere Patent, RG GRUR **40,** 543, 545; RGZ **148,** 297f.; BGH Liedl **61/62,** 360, 363f.; Löscher in Anm. zu BGH – Halteorgan LM § 10 PatG Nr. 3. Maßgebender Stichtag für den Stand der Technik ist der Anmeldetag der Zusatzanmeldung, RG GRUR **38,** 969, 970; BGHZ **49,** 227, 229 – Halteorgan. Das Zusatzpatent muss **neu** sein, § 3, BGHZ **49** aaO; BGH Liedl **61/62,** 360, 363f.; BPatGE **3,** 109, 110; **5,** 81, 87. Die Neuheit muss auch gegenüber der älteren, nachveröffentlichten Hauptanmeldung gegeben sein, die gemäß § 3 Abs. 2 zum Stand der Technik rechnet. Für die Zusatzanmeldung gilt die Neuheitsschonfrist des § 3 Abs. 4; sie gilt für die Vorveröffentlichung und Vorbenutzung des Zusatzpatents selbst (RG MuW **37,** 85), sie gilt auch für eine Vorveröffentlichung des Gegenstandes der Hauptanmeldung. Eine Offenbarung der Erfindung der Hauptanmeldung rechnet nicht zum Stand der Technik, wenn sie innerhalb der Sechsmonatsfrist des § 3 Abs. 4 erfolgt ist und auf offensichtlich missbräuchlichem Verhalten zum Nachteil des Anmelders des Zusatzpatents beruht oder den Ausstellungsschutz des § 3 Abs. 4 Nr. 2 genießt, vgl. zu PatG 1968: BGH GRUR **69,** 271, 273 – Zugseilführung; BPatGE **22,** 1, 5; Kockläuner GRUR **69,** 320ff. Unerheblich ist dabei, ob die Zusatzanmel- 17 dung zur Hauptanmeldung über-, unter- oder nur nebengeordnet ist. Die sachliche Identität der Vorveröffentlichung und der angemeldeten Erfindung spielt für die Neuheitsschonfrist keine Rolle, vgl. § 3 Rdn. 101 f. Das Zusatzpatent muss gegenüber dem maßgeblichen Stand der Technik auch erfinderisch sein, BPatGE **3,** 109, 110; BGH GRUR **68,** 305, 306 – Halteorgan.

18 **k)** Ist der Gegenstand der Anmeldung des **Hauptpatents nicht vorveröffentlicht,** wird er zwar bei der Neuheit, nicht aber bei der Feststellung der erfinderischen Qualität der Zusatzanmeldung als Stand der Technik in Betracht gezogen, §§ 3 Abs. 2, 4 Satz 2. Dies ist wegen der Befristung des Antrags auf Erteilung eines Zusatzpatents bis zur Offenlegung der Hauptanmeldung der Regelfall, § 16 Abs. 1 Satz 2. Auch zu § 10 PatG 1968 ist es herrschende Meinung, dass das Zusatzpatent gegenüber dem nicht vorveröffentlichten Hauptpatent keine selbstständige Erfindungshöhe aufzuweisen habe, BGHZ **49,** 227, 231 – Halteorgan; BGHZ **73,** 330, 336 – Tabelliermappe; vgl. auch Löscher in Anm. zu BGH – Halteorgan LM § 10 PatG 1968 Nr. 3; Bruchhausen in Anm. zu BGH Tabelliermappe LM Nr. 10 PatG 1968 Nr. 6. Für das Zusatzpatent genügt ein Überschuss, der für den Inhalt eines Unteranspruchs ausreicht, BGHZ **49,** 227, 229 – Halteorgan; RG GRUR **40,** 543, 545 unter Hinweis auf die ständige Rechtsprechung; BPatGE **6,** 157, 161 f. – für den Fall, dass vor der Anmeldung des Zusatzpatents kein anderer Stand der Technik bekanntgeworden ist als beim Hauptpatent; BPatGE **12,** 10, 13 f.; anderer Ansicht BPatGE **3,** 109, 111. Also braucht im Zusatzpatent im Vergleich zum Hauptpatent kein selbstständiger Erfindungsgedanke zu liegen, wenn es nur nicht lediglich eine platte Selbstverständlichkeit bringt, BGHZ **49,** 227, 229 – Halteorgan mit Anm. von Löscher LM Nr. 3 zu § 10 PatG; RG MuW **38,** 325, 326. Insoweit sind die Anforderungen an das Zusatzpatent gegenüber dem nicht vorveröffentlichten Hauptpatent geringer als bezogen auf den sonstigen vorveröffentlichten Stand der Technik. In einer bloßen Wiederholung des übergeordneten Hauptpatents oder in der Angabe einer sonstigen Selbstverständlichkeit darf sich das Zusatzpatent nicht erschöpfen, PA Mitt. **41,** 185; BPatGE **6,** 157, 162. Einer Zusatzanmeldung, die nur platt selbstverständliche Abwandlungen der Hauptanmeldung aufweist, fehlt die erforderliche Neuheit im Sinne des § 3, vgl. § 3 Rdn. 32. Verbesserungen, die schon zum Schutzbereich des Hauptpatents gehören, können somit ein Zusatzpatent rechtfertigen, a. A. PA Bl. **26,** 105. Eine dem Hauptpatent gegenüber auf der Hand liegende selbstverständliche Lösung genügt nicht, RG GRUR **39,** 283, 286. Bei einer Vereinigung aller Merkmale des Anspruchs des Hauptpatents und des Zusatzpatents liegt eine Doppelpatentierung nicht schon deshalb vor, weil ein und dasselbe Merkmal oder ein und dieselbe Merkmalsgruppe einmal für sich allein und zum anderen im Zusammenhang mit einem oder mehreren Merkmalen unter Schutz gestellt sind, BPatGE **6,** 157, 160 f. Das Zusatzpatent kann im Einzelfall mit dem nicht vorveröffentlichten Hauptpatent, besonders für die Erfindungshöhe, in gewissem Sinne als Einheit zu betrachten sein, PA GRUR **42,** 65, 66. Ist der Gegenstand des Hauptpatents gegenüber dem Stand der Technik erfinderisch, so gilt dies auch für das Zusatzpatent, das noch ein zusätzliches, das Hauptpatent verbesserndes Merkmal aufweist, BGH GRUR **68,** 305, 306 – Halteorgan. Merkmale, die zur Bejahung der Schutzfähigkeit des Hauptpatents geführt haben, können auch die Schutzfähigkeit der Zusatzanmeldung begründen, BGHZ **73,** 330, 336 – Tabelliermappe.

19 **l) Patentverwertungsverträge, Lizenzen und sonstige Rechte Dritter** sind an Haupt- und Zusatzpatenten selbstständig möglich. Eine Lizenz am Hauptpatent erstreckt sich nicht auf das Zusatzpatent, ebenso wenig Pfandrechte. Die Darlegungslast über den Umfang des Benutzungsrechts obliegt dem Lizenznehmer, BGH X ZR 32/79 v. 11. 3. 1980 S. 14. Die Lizenz am Zusatzpatent erfasst im Zweifel die Mitbenutzung des Hauptpatents, wenn der Oberbegriff des Hauptpatents im Zusatzpatent enthalten ist, RG Mitt. **33,** 176, 177; anders, wenn das Zusatzpatent übergeordnet oder nebengeordnet ist. Für die Fälle der **Lizenzbereitschaft** (§ 23 Abs. 1 Satz 2) unterwirft das Gesetz ausdrücklich das Zusatzpatent denselben Nutzungsrechten Dritter wie das Hauptpatent.

20 **m)** Ein Zusatzpatent kann unabhängig vom Hauptpatent mit der **Nichtigkeitsklage** angegriffen werden, BGH Liedl **56–58,** 352, 355. Im Nichtigkeitsverfahren ist der Bestand des Zusatzpatents zu prüfen, nicht dagegen die Frage, ob das Zusatzpatent zum Hauptpatent wirklich die in § 16 vorausgesetzte Beziehung hat, RG GRUR **40,** 543, 545. Die irrige Bezeichnung eines Patents als Zusatzpatent ist kein Nichtigkeitsgrund, RGZ **149,** 357. Ist das Hauptpatent vernichtet, so sind in einem späteren Verfahren gegen das Zusatzpatent die Feststellungen des rechtskräftigen Nichtigkeitsurteils gegen das Hauptpatent vom Patentinhaber des Zusatzpatents besonders zu entkräften, andernfalls vom Gericht hinzunehmen, RG MuW **37,** 85. Bleibt die gegen das Hauptpatent erhobene Nichtigkeitsklage erfolglos, so hat die Nichtigkeitsentscheidung über das Zusatzpatent nur darüber zu befinden, ob dieses über den Rahmen platter

Selbstverständlichkeit hinausgeht, BGH GRUR **81,** 190, 193 – Skistiefelauskleidung. Bei einer Beschränkung des Zusatzpatents kann ein selbstständiger Nebenanspruch auf die Merkmale des erloschenen Hauptpatents zurückbezogen werden, BGH Liedl **61/62,** 647, 657. Dabei können aus dem in Bezug genommenen Anspruch des Hauptpatents solche Merkmale ausgeschieden werden, die mit dem Nebenanspruch des Zusatzpatents in keinem funktionellen Zusammenhang stehen und daher schon bei der Erteilung nicht mit diesen in demselben Anspruch hätten zusammengefasst werden dürfen, BGH Liedl **61/62,** 647, 657.

n) Zum gleichen Hauptpatent sind **mehrere Zusatzpatente** möglich, die unter sich wiederum im Zusatzverhältnis stehen können, BPatGE **3,** 157, 158f. Dies ist im letzten Satz des § 16 Abs. 2 ausdrücklich anerkannt, vgl. auch § 23 Abs. 1 Satz 2. Durch den Wegfall des Hauptpatents werden nicht sämtliche Zusatzpatente selbstständig und zu Hauptpatenten, sondern nur das zuerst erteilte Zusatzpatent. Dieses gilt fortan als Hauptpatent, die ihm nachgeordneten, jüngeren Zusatzpatente behalten ihre Eigenschaft, BPatGE **3,** 157, 158f. Ein nachfolgendes Zusatzpatent gilt auch bezüglich des Teils, mit dem es ein Zusatz zu dem weggefallenen Hauptpatent war, als Zusatzpatent des zum Hauptpatent gewordenen ersten Zusatzpatents, BPatGE **3,** 157, 158f. Für das zum Hauptpatent gewordene erste Zusatzpatent sind Gebühren zu zahlen, während die jüngeren Zusatzpatente gebührenfrei bleiben, vgl. § 17 Rdn. 12. Fallen das Hauptpatent und das erste Zusatzpatent fort, dann wird das zweite Zusatzpatent zum selbstständigen Patent, BPatGE **3,** 157, 159. Fällt das erste Zusatzpatent fort, dann bleibt das zweite Zusatzpatent Zusatzpatent zum Hauptpatent, BPatGE **3,** 157, 159. Die Patentdauer des – auch des selbstständig gewordenen – Zusatzpatents bleibt stets die des ursprünglichen Hauptpatents, § 16 Abs. 1 Satz 2, Abs. 2 Satz 1, BPatGE **3,** 157, 158; vgl. oben Rdn. 3; hinsichtlich selbstständig gewordener Zusatzanmeldungen vgl. Rdn. 24. 21

o) Für die Bemessung des **sachlichen Schutzbereichs** von Zusatzpatenten gelten die gleichen Grundsätze, die allgemein bei Patenten anzuwenden sind. Auf die Erläuterungen zu § 14 wird verwiesen. Die Prüfungsbefugnis des Verletzungsrichters reicht bei Zusatzpatenten nicht weiter als bei anderen Patenten. Eine Prüfung der Schutzfähigkeit des Zusatzpatents findet im Verletzungsrechtsstreit nicht statt. Der Gegenstand der Erfindung ist für das Hauptpatent und für das Zusatzpatent selbstständig zu ermitteln vgl. auch BGHZ **78,** 359, 364 – Spinnturbine II. Das Verhältnis zum Hauptpatent ist zu beachten. Bei Verweisung auf das Hauptpatent schließt das Zusatzpatent im Zweifel dessen Lehre ein, jedoch ist stets zu beachten, dass es sie fortentwickelt, verbessert oder in anderer Weise ausbildet, RG GRUR **36,** 487, 488. Wenn das Zusatzpatent auch als Ausführungsform des Hauptpatents in der Regel derselben Auslegung unterliegt wie das Hauptpatent und aus dem Hauptpatent zu ergänzen ist, RG GRUR **39,** 283, 286, so kann ein Zusatzpatent allein verletzt sein, ohne dass zugleich das Hauptpatent verletzt ist, RG GRUR **32,** 713, 714. Eine Regel, dass ein Zusatzpatent nicht ohne das Hauptpatent verletzt werden könne, wird nicht anerkannt, nicht einmal für Verbesserungspatente, RG GRUR **32,** 713, 714. Das gilt namentlich dann, wenn das Zusatzpatent einen selbstständigen Erfindungsgehalt enthält, RG MuW **XXIV,** 19. Aus dem Zusatzpatent darf auf den Gegenstand der Erfindung und den Schutzumfang des Hauptpatents nicht zurückgeschlossen werden, RG Mitt. **33,** 176. Der sachliche Schutzbereich des Zusatzpatents bestimmt sich nach dem Bereich der darin offenbarten Erfindung. 22

Ein patentrechtlicher Schutz kann niemals aus der **Zusammenfassung von Haupt- und Zusatzpatent** abgeleitet werden, BGH I ZR 19/59 vom 12. 7. 1960; OLG Karlsruhe GRUR **80,** 718, 721. Ein **Verzicht** des Anmelders im Erteilungsverfahren des Hauptpatents gilt in der Regel auch für die Auslegung des Zusatzpatents, RG MuW **31,** 167. Aus der Rückbeziehung des Zusatzpatents auf das Hauptpatent folgt nicht unbedingt, dass der Verzicht des Patentinhabers auf den Hauptanspruch des Hauptpatents der Anerkennung eines patentrechtlichen Schutzes aus dem Zusatzpatent entgegensteht, wenn die Lehre des Zusatzpatents als Teillehre in der Gesamtlehre des Haupt- und Zusatzpatentes enthalten bleibt, RG GRUR **41,** 363, vgl. auch Rdn. 25. Meist wird das Zusatzpatent vom Hauptpatent abhängig sein; das Zusatzverhältnis allein lässt die Abhängigkeit nicht vermuten. 23

p) Das **Zusatzpatent** ist an die **Laufzeit** des Hauptpatents gebunden. Es endet spätestens 20 Jahre nach dem Tage, der auf den Anmeldetag des Hauptpatents folgt, § 16 Abs. 1 Satz 2, Abs. 2 Satz 1. § 16 geht von dem endgültig gewordenen Verbund von Haupt- und Zusatzpatent aus. Das selbstständig gewordene Zusatzpatent tritt in Laufzeit und Gebührenpflicht des (erloschenen) Hauptpatents ein, § 16 Abs. 2 Satz 1 Hs. 2, § 17 Abs. 2 Satz 2. Auf eine **selbstständige Anmeldung,** die aus einer Zusatzanmeldung hervorgeht, findet § 16 Abs. 2 keine Anwendung, BGH GRUR **77,** 216, 217 – Schuhklebstoff; vgl. auch § 17 Abs. 2 Satz 3. Die zwanzigjährige Laufzeit einer selbstständig gewordenen Patentanmeldung beginnt mit ihrem 24

Anmeldetag und nicht mit dem der bisherigen Hauptanmeldung, BGH GRUR **77,** 216, 217 – Schuhklebstoff; entgegen BPatGE **16,** 100, 104; BPatG Bl. **76,** 410.

Das **Zusatzpatent** erlischt wegen unterlassener Erfinderbenennung, § 20 Abs. 1 Nr. 2 i. V. m. § 37; nicht jedoch wegen Nichtbezahlung der Jahresgebühren, da solche nicht erhoben werden, § 17 Abs. 2. Es erlischt ferner durch Nichtzahlung der Gebühren für das Hauptpatent. Der dadurch bewirkte Verfall des Hauptpatents lässt auch das Zusatzpatent verfallen. Die Nichtzahlung der Gebühren kann auch dann, wenn die Zahlung absichtlich unterbleibt, nicht einem Verzicht auf das Hauptpatent gleichbehandelt werden, a. A. PA Bl. **25,** 17, 18 – beiläufig.

25 **q) Der Widerruf, die Vernichtung** ***des Hauptpatents*** oder **der Verzicht hierauf** lassen ***das Zusatzpatent*** als Patent bestehen. Es verwandelt sich dadurch in ein **selbstständiges Patent,** dessen Laufzeit vom Anmeldetag des Hauptpatents gerechnet wird, § 16 Abs. 2. Es wird nach § 17 Abs. 2 gebührenpflichtig. Beim Wegfall des Hauptpatents ist durch das jüngere Zusatzpatent nur die darin geschützte Gesamtkombination unter Schutz gestellt, nicht aber die den Gegenstand des Hauptpatents bildenden Merkmale allein, BPatGE **6,** 157, 161. Baut die Zusatzanmeldung sachlich auf den Anspruchsmerkmalen des früheren Hauptpatents auf, so können diese auch dann zur Anspruchsfassung des selbstständig gewordenen Patents herangezogen werden, wenn sie in den ursprünglichen Unterlagen der (Zusatz-)Anmeldung nicht ausdrücklich erwähnt sind, BPatG Mitt. **80,** 198; BGH X ZR 66/80 vom 11. 3. 1982 S. 7f. Ein selbstständig gewordenes Zusatzpatent ist nur dann rechtsbeständig, wenn und soweit die darin unter Schutz gestellte Lehre patentfähig ist, BGH Liedl **56–58,** 352, 355; **61/62,** 360, 363; **61/62,** 647, 654. Wenn sein Anspruch als sog. echter Unteranspruch zum Hauptpatent ohne eigenen erfinderischen Gehalt zu qualifizieren ist, so wird ihm mit dem Erlöschen des Hauptpatents die rechtliche Grundlage entzogen, BGH Liedl **61/62,** 647, 654. Die Laufdauer des selbstständig gewordenen Zusatzpatents richtet sich nach dem Anfangstag des Hauptpatents. Es bleibt keinesfalls länger wirksam, als das Hauptpatent bestehen konnte.

Eine **Teilvernichtung** in einem Nichtigkeitsverfahren oder eine Beschränkung des Hauptpatents nach § 64 macht das Zusatzpatent nicht selbstständig, PA Bl. **08,** 259. Es bleibt gebührenfrei. Wenn ein Zusatzpatent versehentlich zu einem bereits wegen Nichtzahlung der Gebühren erloschenen Hauptpatent erteilt wird, tritt keine automatische Verselbstständigung ein; es erlischt vielmehr bereits mit der Erteilung, BPatGE **4,** 164, 165 m. w. N.; dem Anmelder bleibt aber die Möglichkeit auf die Erteilung eines selbstständigen Patents anzutragen, BPatG Mitt. **91,** 159, 161; dieses ist so zu behandeln, als sei es aus einer selbstständigen Patentanmeldung hervorgegangen (hierzu Rdn. 24). Wird ein Zusatzpatent versehentlich zu einem bereits vernichteten, widerrufenen oder zurückgenommenen Hauptpatent oder zu einem Hauptpatent, auf das bereits wirksam verzichtet worden ist, erteilt, so wird es in analoger Anwendung von § 16 Abs. 2 Satz 1 automatisch mit der Erteilung selbstständig, BPatG Mitt. **91,** 159, 161; seine Dauer bestimmt sich nach dem Anfangstag des Hauptpatents.

16a *Ergänzendes Schutzzertifikat.* (1) [1]**Für das Patent kann nach Maßgabe von Verordnungen der Europäischen Wirtschaftsgemeinschaft über die Schaffung von ergänzenden Schutzzertifikaten, auf die im Bundesgesetzblatt hinzuweisen ist, ein ergänzender Schutz beantragt werden, der sich an den Ablauf des Patents nach § 16 Abs. 1 unmittelbar anschließt.** [2]**Für den ergänzenden Schutz sind Jahresgebühren zu zahlen.**

(2) **Soweit das Recht der Europäischen Gemeinschaften nichts anderes bestimmt, gelten die Vorschriften des Patentgesetzes über die Berechtigung des Anmelders (§§ 6 bis 8), über die Wirkungen des Patents und die Ausnahmen davon (§§ 9 bis 12), über die Benutzungsanordnung und die Zwangslizenz (§§ 13, 24), über den Schutzbereich (§ 14), über Lizenzen und deren Eintragung (§§ 15, 30), über Gebühren (§ 17 Abs. 2), über das Erlöschen des Patents (§ 20), über die Nichtigkeit (§ 22), über die Lizenzbereitschaft (§ 23), über den Inlandsvertreter (§ 25), über das Patentgericht und das Verfahren vor dem Patentgericht (§§ 65 bis 99), über das Verfahren vor dem Bundesgerichtshof (§§ 100 bis 122), über die Wiedereinsetzung (§ 123), über die Wahrheitspflicht (§ 124), über das elektronische Dokument (§ 125 a), über die Amtssprache, die Zustellungen und die Rechtshilfe (§§ 126 bis 128), über die Rechtsverletzungen (§§ 139 bis 141 und § 142 a), über die Klagenkonzentration und über die Patentberühmung (§§ 145 und 146) für den ergänzenden Schutz entsprechend.**

(3) **Lizenzen und Erklärungen nach § 23 des Patentgesetzes, die für ein Patent wirksam sind, gelten auch für den ergänzenden Schutz.**

Weitere Rechtsquelle: Verordnung (EWG) Nr. 1768/92 des Rates über die Schaffung eines ergänzenden Schutzzertifikats für Arzneimittel v. 18. Juni 1992 (ABl. EG Nr. L 182 v. 2. Juli 1992) – VO 1768/92 –; Verordnung (EG) Nr. 1610/96 des Europäischen Parlaments und des Rates über die Schaffung eines ergänzenden Schutzzertifikats für Pflanzenschutzmittel vom 23. Juli 1996 (ABl. EG Nr. L 198/30) – VO 1610/96 – s. Anhang.

Inhaltsübersicht

Gesetzesmaterial: Zu § 16a: BT-Drs 12/3630;
zur VO 1768/92: Vorschlag der Kommission v. 3. 4. 1990: KOM(90) 101 endg. = Rats-Dok. 6033/90 = BR-Drs. 309/90 = ABl. EG 1990 C 114, 10 = GRUR Int. 1990, 453; Stellungnahme des Parlaments v. 12. 12. 1990: ABl. EG 1991 Nr. C 19, 94; Stellungnahme des Wirtschafts- und Sozialausschusses v. 30. 1. 1991: ABl. EG 1991 Nr. C69, 22; Beschluß des Parlaments v. 15. 6. 1992: ABl. EG 1992 Nr. C 150; Verordnung: ABl. EG 1992 Nr. L182, 1 = BlPMZ 1992, 494, geändert durch Anh. I zu Art. 29 der Beitrittsakte i. d. F. des Beschl. vom 1. 1. 1995, ABl. EG 1995 Nr. L 1/1, 175;
zur VO 1610/96: Vorschlag der Kommission v. 12. 12. 1994: KOM(94) 579 endg. = Rats-Dok. 4160/95 = BR-Drs. 70/95 = ABl. EG 1994 Nr. C 390, 21; Stellungnahme des Wirtschafts- und Sozialausschusses v. 27. 4. 1995: ABl. EG 1995 Nr. C 155, 14; Stellungnahme des Europäischen Parlamentes vom 15. 6. 1995: ABl. EG 1995 Nr. C 166, 89; gemeinsamer Standpunkt des Rates vom 27. 11. 1995: ABl. EG Nr. C 353, 36; Beschluß des Europäischen Parlaments vom 12. 3. 1996: ABl. EG 1996 Nr. C 96, 30; Verordnung: ABl. EG 1996 Nr. L 198, 30 = BlPMZ 1996, 455.

Literatur: *Schennen,* Die Verlängerung der Patentlaufzeit für Arzneimittel im Gemeinsamen Markt, 1993 [im folgenden: Verlängerung]; *Brandt,* Die Schutzfrist des Patents, 1996; *Suchy,* Patentrestlaufzeit neuerer pharmazeutischer Wirkstoffe, GRUR **87,** 268; *Kunz-Hallstein,* The Compatibility of a Community „Certificate for the Restoration of Protection" with the European Patent Convention, EIPR **90,** 209; BJM, Zur Schaffung eines ergänzenden Schutzzertifikats für Arzneimittel, Aufzeichnung des BJM, GRUR Int. **91,** 32; *Hocks,* Schutzzertifikat für Arzneimittel, Pharma Recht **91,** 322; *Kunz-Hallstein,* Institutionelle Fragen einer Revision des Europäischen Patentübereinkommens, GRUR Int. **91,** 351; *Portal,* Die Einführung ergänzender Schutzzertifikate für Arzneimittel im französischen Patentrecht, GRUR Int. **91,** 89; *Bloch/Schmitt,* Le certificat complémentaire de protection institué par le règlement n° 1768–92 du 18 juin 1992; *Hocks,* Ergänzendes Schutzzertifikat für Arzneimittel, Pharma Recht **92,** 290; *Mühlens,* Das Ergänzende Schutzzertifikat für Arzneimittel, Mitt. **93,** 213; *Adams,* Supplementary Protection Certificates: The Challenge to EC Regulation 1768/92, EIPR **94,** 323; *ders.,* Supplementary Protection Certificates: The „Salt" Problem, EIPR **95,** 277; *Goddar,* Die wirtschaftliche Bewertung gewerblicher Schutzrechte beim Erwerb technologieorientierter Unternehmen, Mitt. **95,** 357; *Jones/Patten,* Supplementary Protection Certificates for Agrochemicals: The Draft EC Regulation, EIPR **95,** 446; *Raff,* No Protection for Fruits of Research under the Supplementary Protection Certificate Scheme – The Decision of the Patents Court in Re Aktiebolaget Draco, EIPR **96,** 508; *Schennen,* Auf dem Weg zum Schutzzertifikat für Pflanzenschutzmittel, GRUR Int. **96,** 102; *Scheil,* Das ergänzende Schutzzertifikat, Mitt. **97,** 55; *Drasch,* Die Rechtsgrundlagen des europäischen Einheitsrechts im Bereich des gewerblichen Eigentums (Artt. 100a, 235, 36 und 222 EGV), ZEuP **98,** 118; *Duvigneau,* Die vorgesehene Neuregelung zur Verlängerung der Patentschutzdauer in Australien im internationalen Kontext, Mitt. **99,** 11; *Kellner,* Salz in der Suppe oder Sand im Getriebe? – Anmerkungen zu Schutzrechtszertifikaten, GRUR **99,** 805; *Kampf,* Zur Änderung der Produktpiraterieverordnung, ZfZ **99,** 263; *Sredl,*

Das ergänzende Schutzzertifikat im deutschen Patentnichtigkeitsverfahren, GRUR **01,** 596; *Strauss,* Offene Fragen des ergänzenden Schutzzertifikats für Arzneimittel, GRUR Int. **01,** 591; *Brändel,* Offene Fragen zum „ergänzenden Schutzzertifikat", GRUR **01,** 875; *Zardi,* Les Certificats Complémentaires de Protection: l'exception du Liechtenstein, sic! **03,** 654; *Hufnagel,* Wann endet der Patentschutz? – Hindernisse für den Markteintritt von Generika, Pharma Recht **03,** 267; *Gassner,* Unterlagenschutz im Europäischen Arzneimittelrecht, GRUR Int. **04,** 983.

1 **Vorbemerkung.** § 16a wurde durch das PatGÄndG v. 23. 3. 1993 eingefügt, BGBl. I 366 = Bl. **93,** 171. § 16a Abs. 2 wurde durch das 2. PatGÄndG v. 16. 7. 1998 geändert, BGBl. I 1827 = Bl. **98,** 382. Eine Änderung von Abs. 1 S. 2 und Abs. 2 erfolgte durch das Gesetz zur Bereinigung von Kostenregelungen auf dem Gebiet des geistigen Eigentums vom 13. 12. 2001, BGBl. I 3656 = Bl. **02,** 14. § 16a Abs. 2 wurde erneut durch das Transparenz- und Publizitätsgesetz vom 19. 7. 2002 geändert, BGBl. I 2681 = Bl. **02,** 297. Weitere Bestimmungen zum ergänzenden Schutzzertifikat enthalten: §§ 30 Abs. 1 S. 2, 49a, 81 Abs. 1 S. 1 und 3, 142 Abs. 1, für mit Wirkung für die Bundesrepublik Deutschland erteilte europäische Patente: Art. II § 6a IntPatÜG und §§ 19–21 PatV, §§ 3 Abs. 2, 7 Abs. 1 PatKostG.

1. Geltungsbereich

2 **a)** Der **sachliche Anwendungsbereich** wird durch die Verordnungen der Europäischen Gemeinschaft (Europäische Wirtschaftsgemeinschaft) über die Schaffung von ergänzenden Schutzzertifikaten bestimmt. Diese sind in jedem Mitgliedstaat unmittelbar geltendes Recht, Art. 249 Abs. 2 EG. Soweit in EG-Verordnungen ergänzende Schutzzertifikate für Patente zugelassen werden, können diese bei der nationalen Patenbehörde zum nationalen Grundpatent beantragt werden. Die Regelung des § 16a dient lediglich dazu, klarstellend auf die entsprechend anwendbaren Vorschriften des nationalen Patentrechts zu verweisen und die von den EG-Verordnungen offengelassenen Einzelfragen zu Gebühren und Verfahren zu regeln.

3 Bislang hat § 16a Bedeutung für die **Verordnung (EWG) Nr. 1768/92 des Rates vom 18. Juni 1992 über die Schaffung eines ergänzenden Schutzzertifikats für Arzneimittel – VO Nr. 1768/92** –, ABl. EG Nr. L 182, 1 v. 2. Juli 1992 –, die am 2. Januar 1993 in Kraft getreten ist, sowie für die **Verordnung (EG) Nr. 1610/96 des Europäischen Parlaments und des Rates über die Schaffung eines ergänzenden Schutzzertifikats für Pflanzenschutzmittel – VO Nr. 1610/96 –,** ABl. EG L 198, 30 v. 8. August 1996, die am 8. Februar 1997 in Kraft getreten ist, Anhang. Der EuGH hat den rechtswirksamen Erlass der Verordnung (EWG) Nr. 1768/92 auf der Grundlage von Art. 100a EG-Vertrag (jetzt: Art. 95 EG) mit Urteil vom 13. Juli 1995 bestätigt (EuGH 13. 7. 1995 – C-350/92, GRUR Int. **95,** 906; m. Anm. Drasch, ZeuP **98,** 118, 123ff.). Die Gesetzestechnik ermöglicht es, auch künftige EG-Verordnungen über ergänzende Schutzzertifikate für andere patentgeschützte Produkte oder Verfahren (z. B. Verfahren der Gentechnik) zu befolgen, ohne dass es weiterer nationaler Regelungen bedarf. Die Kommission hat am 29. 9. 2004 einen **Vorschlag für eine Verordnung des Europäischen Parlaments und des Rates über Kinderarzneimittel** und zur Änderung der Verordnung (EWG) Nr. 1768/92, der Richtlinie 2001/83/EG und der Verordnung (EG) Nr. 726/2004, KOM(2004) 599, sowie – nach Stellungnahme des Wirtschafts- und Sozialausschusses sowie des Parlaments in erster Lesung – am 10. 11. 2005 eine **geänderte Fassung dieses Vorschlags,** KOM(2005) 577 vorgelegt. Darin ist u. a. als Bonus die Möglichkeit der Verlängerung der Laufzeit eines erteilten Schutzzertifikats um sechs Monate vorgesehen, wenn alle Maßnahmen eines (von einem innerhalb der Europäischen Arzneimittel-Agentur einzurichtenden Pädiatrieausschuss) gebilligten pädiatrischen Prüfkonzepts durchgeführt worden sind, wenn das Arzneimittel in allen Mitgliedstaaten zugelassen ist und wenn einschlägige Informationen über die Ergebnisse von Studien in den Produktinformationen aufgeführt sind, Erwägungsgrund 24, Art. 36 VO-Kinderarzneimittel (Vorschlag), Art. 13 Abs. 3 VO 1768/92 (Vorschlag). Hierzu wird eine Erklärung in die Zulassung aufgenommen, dass den Maßnahmen entsprochen wurde, Art. 24 VO-Kinderarzneimittel (Vorschlag). Der Antrag auf Verlängerung muss eine Kopie des bereits erteilten Zertifikats, eine Kopie der Erklärung über die Übereinstimmung mit einem gebilligten und ausgeführten pädiatrischen Prüfkonzept sowie Kopien der Genehmigungen für das Inverkehrbringen aller Mitgliedstaaten enthalten, Art. 8 Abs. 1a VO 1768/92 (Vorschlag). Durch die Anforderung einer Zulassung in allen Mitgliedstaaten soll vermieden werden, dass gemeinschaftsweite Bonusse ohne gemeinschaftsweiten Nutzen für die Gesundheit der Kinder gewährt werden.

Die **EG-Verordnungen** sind jeweils für den Gegenstand des ergänzenden Schutzzertifikats, dessen Schutzwirkungen, Schutzbereich und Laufzeit ebenso verbindlich wie für das Verfahren zur Erlangung des Schutzzertifikats oder dessen Erlöschen und Nichtigerklärung. Soweit in § 16a Vorschriften des Patentgesetzes für entsprechend anwendbar erklärt werden, gilt dies unter dem Vorbehalt, dass das vorrangige EG-Recht keine abweichende Regelung enthält, vgl. BT-Drs 12/3630 S. 9.

§ 16a bezieht sich auch auf **europäische Patente.** Die Möglichkeit, ergänzende Schutzzertifikate für europäische Patente zu erlangen, wurde durch die auf der Diplomatischen Konferenz am 17. Dezember 1991 beschlossene **Akte zur Revision von Art. 63 EPÜ** geschaffen (Text: ABl. EPA **92,** 1; GRUR Int. **92,** 225; BGBI 1993 II 243 – Denkschrift in BT-Drucksache 12/3537; Ber. [Pagenberg] GRUR Int. **92,** 224). Der Beschluss der Diplomatischen Konferenz zur Revision des Art. 63 EPÜ ist – wie geplant, vgl. GRUR Int. **91,** 32, 40f. – vor der EG-Verordnung zu dem ergänzenden Schutzzertifikat für nationale und europäische Patente gefasst worden und für alle Vertragsstaaten am 4. Juli 1997 in Kraft getreten (ABl. EPA **96,** 9; **97,** 313; BGBl. II 1446; BlPMZ **97,** 355). Nach Art. 63 Abs. 2 EPÜ bleibt das Recht der Vertragsstaaten unberührt, unter den gleichen Bedingungen, die für nationale Patente gelten, die Laufzeit eines europäischen Patents zu verlängern oder entsprechenden Schutz zu gewähren, der sich an den Ablauf der Laufzeit des Patents unmittelbar anschließt, u. a. wenn das patentgeschützte Erzeugnis oder Verfahren vor seinem Inverkehrbringen einem gesetzlich vorgeschriebenen behördlichen Genehmigungsverfahren unterliegt. 4

Die Erteilung eines ergänzenden Schutzzertifikats für das mit Wirkung für die Bundesrepublik erteilte europäische Patent fällt in die Zuständigkeit des Deutschen Patent- und Markenamts (DPMA), Art. II § 6a IntPatÜG (Art. 2 PatGÄndG v. 23. 3. 1993, BGBl. I 366 = Bl. **93,** 171). Von der in Art. 63 Abs. 4 EPÜ eröffneten Möglichkeit, diese Aufgabe auf Grund eines Abkommens mit der EPO dem Europäischen Patentamt zu übertragen, hat bislang keiner der Mitgliedstaaten Gebrauch gemacht (EPA, ABl. EPA **97,** 77).

b) § 16a ist zum 1. 4. 1993 in Kraft getreten. Eine zeitliche Kongruenz mit dem **Inkrafttreten** der Verordnung Nr. 1768/92 zum 2. Januar 1993 konnte nicht erreicht werden. Dies hat (lediglich) zur Folge, dass für die nach dem 2. 1. 1993, aber vor dem 1. 4. 1993 eingereichten Anmeldungen ergänzender Schutzzertifikate die Anmeldegebühr nicht erhoben werden kann. Die Übergangsregelung des Art. 19 VO 1768/92 sieht für die Bundesrepublik Deutschland vor, dass ergänzende Schutzzertifikate nur für solche patentgeschützte Arzneimittel in Betracht kommen, deren erste arzneimittelrechtliche Genehmigung nach dem 1. 1. 1988 erteilt worden ist. Nach der Übergangsregelung des Art. 19 VO 1610/96 können ergänzende Schutzzertifikate nur für solche Pflanzenschutzmittel erteilt werden, für die eine erste Genehmigung für das Inverkehrbringen in Gemeinschaft nach dem 1. 1. 1985 erteilt worden ist. 5

2. Normzweck

Mit der Einführung eines ergänzenden Schutzzertifikats wird der Tatsache Rechnung getragen, dass staatliche Genehmigungsverfahren, die der Zulassung eines Stoffes oder Verfahrens für den Verkehr vorausgehen, zu einer Einschränkung der effektiven Nutzungszeit des auf das Erzeugnis erteilten Patents führen können. Die VO 1768/92 beschränkt sich auf Arzneimittel; für diese bestehen in jedem EG-Mitgliedstaat irgendwelche staatlichen Zulassungsvoraussetzungen. Die Zeitdauer von der Laborerfindung und der – aus Konkurrenzgründen – möglichst frühen Patentanmeldung bis zu Vermarktung des Arzneimittels nimmt erfahrungsgemäß (vgl. Suchy GRUR **87,** 268; **92,** 7) einen nicht unerheblichen Teil der effektiven patentgeschützten Nutzungszeit in Anspruch. Nicht immer können Forschungs- und Entwicklungskosten der pharmazeutischen Industrie amortisiert werden. Diesem Missstand hatten die USA und Japan durch entsprechende Verlängerung der Patentlaufzeit bereits abgeholfen (Ber.: GRUR Int. **91,** 32, 33). Auch im EG-Bereich waren entsprechende nationale Regelungen schon erlassen worden, vgl. Portal GRUR Int. **91,** 89 – betr.: Frankreich. Das ergänzende Schutzzertifikat nach der VO 1768/92 trägt den wirtschaftlichen Bedürfnissen der Forschung im Arzneimittelbereich und der internationalen Marktentwicklung Rechnung. Entsprechendes gilt für die VO 1610/96 mit Blick auf die Pflanzenschutzforschung und der Wettbewerbsfähigkeit dieses Wirtschaftsbereichs (vgl. VO Erwägungsgründe 1 ff. VO 1610/96). Die offene Regelung des § 16a (vgl. o. Rdn. 3) wie des Art. 63 Abs. 2 EPÜ lassen eine flexible Reaktion des EG-Verordnungsgebers in anderen patentgeschützten Bereichen zu. 6

3. Normenzusammenhang

7 Die auf der Grundlage des Art. 100a EWGV erlassenen VO 1768/92 und VO 1610/96 gelten unmittelbar in jedem Mitgliedstaat. § 16a ist die nationale materiell-rechtliche Grundnorm zur Erlangung eines ergänzenden Schutzzertifikats zum nationalen Patent; Art. 63 Abs. 2 ist die entsprechende Regel für die europäischen Patente. In § 16a Abs. 1 macht der Gesetzgeber von der Ermächtigung der Art. 12 VO 1768/92, VO 1610/96 Gebrauch, Jahresgebühren zu erheben; in Abs. 2 verweist er auf die entsprechend anwendbaren Bestimmungen des nationalen Patentrechts. § 49a bezieht sich auf das Verfahren zur Anmeldung eines ergänzenden Schutzzertifikats zu einem nationalen Patent. Art. II 6a IntPatÜG benennt die Zuständigkeit des Deutschen Patent- und Markenamts auch zur Erteilung ergänzender Schutzzertifikate zu europäischen Patenten mit Wirkung für die Bundesrepublik.

Für ein Gemeinschaftspatent wird ein ergänzendes Schutzzertifikat nur vom Europäischen Patentamt erteilt werden können (BT-Drucksache 12/3630 S. 15).

4. Verordnung (EWG) Nr. 1768/92 des Rates über die Schaffung eines ergänzenden Schutzzertifikats für Arzneimittel vom 18. Juni 1992 und Verordnung (EG) Nr. 1610/96 des Europäischen Rates über die Schaffung eines ergänzenden Schutzzertifikats für Pflanzenschutzmittel vom 23. Juli 1996*

8 **a) Räumlicher Geltungsbereich.** Die **VO 1768/92** gilt seit Inkrafttreten des Abkommens über den Europäischen Wirtschaftsraum vom 2. 5. 1993 (EWR-Abk.) am 1. 1. 1994 (BGBl II, 515) für das in Art. 126 Abs. 1 EWR-Abk. definierte Gebiet, d.h. dem Gebiet der EU (seinerzeit: EG) und der Mitgliedstaaten der Europäischen Freihandelszone (EFTA-Staaten: **Island, Liechtenstein und Norwegen, nicht** Schweiz), Art. 65 Abs. 2 EWR-Abk i.V.m. Anhang XVII i.d.F. d. Beschlusses Nr. 7/94 des Gemeinsamen EWR-Ausschusses v. 21. 3. 1994 (ABl. EG **94** L 1, 3, L 160, 1), wobei das EWR-Abk. für Liechtenstein erst am 1. 5. 1995 in Kraft getreten ist, Art. 1 Abs. 2 des Prot. v. 17. 3. 1993 (ABl. EG **94** L 1, 572) i.V.m. Art. 121 lit. a EWR-Abk. und Art. 6 und 7 Abs. 1 Beschl. Nr. 1/95 des EWR-Rates v. 10. 3. 1995 (ABl. EG **95** L 86, 58). Die örtlichen Bezugnahmen in der VO 1768/92 sind seit Inkrafttreten des EWR-Abk. so zu fassen, dass sie das in Art. 126 definierte Gebiet der Vertragsstaaten betreffen, Einleitung Anhang XVII zu Art. 65 EWR-Abk. i.d.F. des Beschl. Nr. 7/94 des Gemein. EWR-Ausschusses i.V.m. Nr. 8 des Prot. 1 über die horizontalen Anpassungen. Dies betrifft die Bestimmungen in Art. 8 Abs. 1 lit. a) iv 2. Alt., lit. c); Art. 9 Abs. 2 lit e); Art. 11 Abs. 1 lit. e); Art.; Art. 11 Abs. 1 lit. e); Art. 13 Abs. 1 VO 1768/92.

Die **VO 1610/96** gilt gleichfalls im Gebiet des EWR (EU und Norwegen, Island und Liechtenstein), Art. 65 Abs. 2 EWR-Abk. i.V.m. Anhang XVII i.d.F. des Beschl. des Gemeinsamen EWR-Ausschusses vom 31. 7. 1997 (ABl. EG **97** L 316, 21).

Im Falle **Liechtensteins** besteht eine besondere Situation. Aufgrund der zwischen Liechtenstein und der Schweiz bestehenden Patentunion erstrecken sich die in der Schweiz erteilte Schutzzertifikate, welche für Erzeugnisse als Arznei- oder Pflanzenschutzmittel erteilt werden können, ohne weiteres auch auf das Gebiet Liechtensteins. Darüber hinaus erkennt Liechtenstein auf Grund eines Notenaustauschs (LGBl. 1973, Nr. 20/1) seit dem Jahre 1973 Genehmigungen für das Inverkehrbringen eines Erzeugnisses als Arzneimittel, die in der Schweiz (bis zum 31. 12. 2000 durch die Interkantonale Kontrollstelle, seither durch das schweizerische Heilmittelinstitut) erteilt worden sind, automatisch auch für sein Hoheitsgebiet an (vgl. EU-Generalanwalt Colomer, Schlussanträge v. 7. 9. 2004, C-207/03, C-252/03, Fn. 4 m.w.N. – Novartis/Millenium Pharmaceuticals; Zardi, sic! **03,** 546, 547). Nach Anhang II des EWR-Abk. in der durch Anhang 2 des Beschl. Nr. 1/95 des EWR-Rates v. 10. 3. 1995 geänd. Fassung (ABl. EG **95** L 86, 58) kann Liechtenstein u.a. für Arzneimittel, die von der RL 65/65/EWG (nunmehr RL 2001/83/EG, vgl. Rdn. 19) erfasst werden, auf seinem Markt parallel zu den Durchführungsvorschriften zu dieser RL schweizerische technische Vorschriften und Normen anwenden, die sich aus seiner regionalen Union mit der Schweiz ergeben. Nach dem EWR-Abk. können demnach in Liechtenstein parallel Genehmigungen für das Inverkehrbringen erteilt werden, nämlich zum einen von schweizerischen Behörden, die auf Grund der regionalen Union zwischen der Schweiz und Liechtenstein in diesem Staat automatisch anerkannt werden und zum anderen die gemäß der RL 65/65/EWG (nunmehr RL 2001/83/EG) von den liechtensteinischen Behörden erteilten Genehmigungen (EuGH, Urt. v. 21. 4.

---

* Da die VO 1768/92 und die VO 1610/96 über die Schaffung eines ergänzenden Schutzzertifikats für Arzneimittel bzw. Pflanzenschutzmittel (Anh. 9, 10) weitgehend parallele Regelungen enthalten, werden diese nachfolgend zusammen abgehandelt, wobei gegebenenfalls auf Unterschiede hingewiesen wird.

2005, C-207/03, C-252/03, Rdn. 29 – Novartis/Millenium Pharmaceuticals). Letztere werden in Liechtenstein seit dem 1. 5. 1998 nach dem Gesetz über den Verkehr von Arzneimitteln im EWR vom 18. 12. 1997 erteilt (LGBl. **98,** Nr. 45; EU-Generalanwalt Colomer, a. a. O.). Hingegen erteilt Liechtenstein in Anbetracht der Patentunion mit der Schweiz **keine** ergänzenden Schutzzertifikate nach der VO 1768/92 oder der VO 1610/96, Anhang XVII Nr. 6 lit. d) i. d. F. von Anhang 10 des Beschl. Nr. 1/95 des EWR-Rates v. 10. 3. 1995 (ABl. EG **95,** L 86, 58); Anhang XVII Nr. 6 lit e) i. d. F. des Beschl. des Gemeinsamen EWR-Ausschusses v. 31. 7. 1997 (ABl. EG **97,** L 316, 21). Zu der Frage, ob vor diesem Hintergrund in der Genehmigung einer schweizerischen Behörde für das Inverkehrbringen eines Erzeugnisses als Arznei- oder Pflanzenschutzmittel, die ohne weiteres auch in Liechtenstein anerkannt wird, eine erste Genehmigung für das Inverkehrbringen im EWR-Gebiet im Sinne von Art. 13 gesehen werden kann, vgl. Rdn. 31.

b) Rechtsnatur. Das ergänzende Schutzzertifikat bewirkt *de facto* eine Verlängerung der Laufzeit des Grundpatents im Rahmen seiner arznei- bzw. pflanzenschutzmittelrechtlichen Genehmigung, vgl. BT-Drs. 12/3630, S. 7. Es wird gesetzestechnisch als ein eigenes Recht behandelt, das die Wirkungen des Grundpatents entfaltet und Gegenstand eines selbstständigen Nichtigkeitsantrages sein kann, Art. 15 Abs. 2 VO 1768/92, Art. 15 Abs. 2 VO 1610/96. Die Diskussion über die Rechtsnatur des ergänzenden Schutzzertifikats, das als ein dem Patentrecht verwandtes, in materieller und formeller Hinsicht jedoch unterschiedliches Recht verstanden werden sollte (Kunz-Hallstein GRUR Int. **91,** 351), war im Wesentlichen im Hinblick auf eine Vereinbarkeit mit der in Art. 63 EPÜ festgeschriebenen Laufzeitbegrenzung des europäischen Patents veranlasst, hat sich aber mit Inkrafttreten der Akte zur Revision von Art. 63 Abs. 2 EPÜ am 4. Juli 1997 für die nachfolgende Zeit erübrigt. 9

Allenfalls für die Zeit vom Inkrafttreten der VO 1768/02 am 2. 1. 1993 bzw. der VO 1610/96 am 8. 2. 1997 bis zum 4. 7. 1997 kann sich noch die Frage stellen, ob ergänzende Schutzzertifikate rechtswirksam nach einem europäischen Grundpatent erteilt werden konnten, wofür sprechen könnte, dass es sich dabei um formell eigenständige ***sui-generis*-Schutzrechte** handelt. In Rechtspraxis wird es jedoch wohl keiner Antwort mehr bedürfen. Denn europäische Patente, die erstmals am 1. 6. 1978 angemeldet werden konnten, sind spätestens am 1. 6. 1998 durch Zeitablauf erloschen, so dass darauf erteilte Schutzzertifikate erst am 2. 6. 1998 und damit nach Inkrafttreten der Revisionsakte von Art. 63 Abs. 2 EPÜ wirksam geworden sind (Busse, Anh. § 16 a, Rn. 6). Dass das DPMA bereits *vor* Inkrafttreten der Revision von Art. 63 EPÜ Anmeldungen zur Erteilung von ergänzenden Schutzzertifikaten für Arzneimittel oder Pflanzenschutzmittel angenommen hat (Mitt. d. Präs. d. DP(M)A v. 2. 1. 1993 und 15. 4. 1993, BlPMZ **93,** 6 und 169 (VO 1768/92); v. 15. 9. 1996, BlPMZ **95,** 425 (VO 1610/96); vgl. auch EPA ABl. EPA **97,** 77), ist daher nicht zu beanstanden.

c) Erzeugnis. Gegenstand des Schutzzertifikats ist nicht die im Grundpatent patentierte Erfindung, sondern ein Erzeugnis. Das Zertifikat gewährt seinem Inhaber Schutz gegenüber genehmigten Verwendungen des Erzeugnisses als Arznei- bzw. Pflanzenschutzmittel, Art. 4 VO 1768/92, Art. 4 VO 1610/96. Das Zertifikat ist zu erteilen, wenn bestimmte Bedingungen in Ansehung des Erzeugnisses erfüllt sind, Art. 3 VO 1768/92, Art. 3 VO 1610/96. Auch die Laufzeit- und die Übergangsregelung knüpfen an den Begriff des Erzeugnisses an, Art. 13, 19 VO 1768/92, Art. 13, 19 VO 1610/96. 10

Der **Begriff des Erzeugnisses** ist in den Verordnungen näher definiert. Danach ist unter einem Erzeugnis zu verstehen:

- der Wirkstoff oder die Wirkstoffzusammensetzung eines Arzneimittels, Art. 1 lit. b VO 1768/92;
- die Wirkstoffe, d. h. Stoffe oder Mikroorganismen, einschließlich Viren mit allgemeiner oder spezifischer Wirkung a) gegen Schadorganismen, b) auf Pflanzen, Pflanzenteile oder Pflanzenerzeugnisse oder die Wirkstoffzusammensetzung eines Pflanzenschutzmittels, Art. 1 Nr. 8 und 3 VO 1610/96 (entsprechend den Definitionen in der Richtlinie 91/414/EWG (ABl. EG Nr. L 230, 1, zuletzt geändert durch Richtlinie 95/36/EG, ABl. EG **95** Nr. L 172, 8.

Bei dem Begriff des Erzeugnisses handelt es sich um einen *eigenständigen Begriff,* der durch die arzneimittelrechtliche Genehmigung, insbesondere durch die dortige Benennung von pharmakologisch wirksamen Inhaltsstoffen eines Arzneimittels, nicht allein bestimmt wird (BGH, GRUR **02,** 415, 416 – Sumatriptan). Der Erzeugnisbegriff ist zum einen *enger,* weil er sich stets auf nur einen Wirkstoff oder eine Wirkstoffkombination bezieht, während die arzneimittelrechtliche Genehmigung mehrere unterschiedlich wirksame Inhaltsstoffe erfassen kann. Zum anderen ist der Erzeugnisbegriff aber auch *weiter.* Denn nach der Rechtsprechung des EuGH ist 11 die bis dahin streitig diskutierte Frage, ob das Schutzzertifikat nach VO 1768/92, insbesondere nach Art. 3 lit. b, ein Erzeugnis als Arzneimittel in allen dem Schutz des Grundpatents unterliegenden Formen erfassen kann, wenn das Erzeugnis in der in der arzneimittelrechtlichen Genehmigung genannten Form durch ein in Kraft befindliches Grundpatent geschützt ist (vgl. etwa: Adams, a. a. O., 278 ff.: „The ‚Salt' Problem"), zu bejahen (EuGH 16. 9. 1999 – C-392/97, GRUR Int. **00,** 69 – Idarubicin; auf Vorlage des BGH, GRUR **98,** 363 (365) – Idarubicin I). Zur Begründung hat der EuGH auf die Rechtslage hingewiesen, die bei gegenteiliger Auslegung gelten würde. Könnte mit dem Zertifikat nur die Form geschützt werden, die in der Genehmigung konkret angegeben sei (etwa Idarubicinchlorid), hätte jeder Konkurrent die Möglichkeit, nach Ablauf des Grundpatents eine arzneimittelrechtliche Genehmigung für eine andere Form des gleichen, früher durch das Patent geschützten Wirkstoffs (etwa Idarubicin) zu beantragen und gegebenenfalls zu erhalten. Das könnte zur Folge haben, dass Arzneimittel, die unter therapeutischen Gesichtspunkten dem durch das Zertifikat geschützten grundsätzlich gleichwertig seien, zu diesem in Konkurrenz träten. Ein solches Auslegungsergebnis stünde nicht mit dem in den Erwägungsgründen 1 und 2 genannten Ziel der VO in Einklang, einen ausreichenden Schutz zur Förderung der Forschung im pharmazeutischen Bereich zu gewährleisten. Zudem hat der EuGH auf Erwägungsgrund 13 VO 1610/96 Bezug genommen – der nach Erwägungsgrund 17 VO 1610/96 sinngemäß auch für die Auslegung insbesondere u. a. der Art. 3 und 4 VO 1768/92 gilt –, wonach das Zertifikat die gleichen Rechte wie das Grundpatent gewährt, so dass, wenn ein Grundpatent für einen Wirkstoff und seine Derivate (Salze und Ester) gilt, es möglich sein muss, ein Zertifikat zu erhalten, das den gleichen Schutz gewährt (EuGH, a. a. O. – Idarubicin). Im Sinne einer verordnungseinheitlichen Auslegung gilt der weite Erzeugnis-Begriff nicht nur für Art. 3 und 4, sondern auch für die übrigen Bestimmungen der VO 1768/92, insbesondere für die Laufzeit- und die Übergangsregelung in Art. 13 und 19 (zu letzterem vgl. Vorlagebeschluss des öst. OGH 12. 8. 1998 – 4 Ob 104/98, GRUR Int. **99,** 464, 465 f. – Aciclovir, in dem dem EuGH darüber hinaus die Frage vorgelegt wird, ob der weite Erzeugnis-Begriff erst mit Inkrafttreten der VO 1610/96 auch für die VO 1768/92 gilt oder für diese bereits vorher gegolten hat) und ebenso für die Bestimmungen der VO 1610/96.

Derivate (Salze und Ester) eines Wirkstoffes stellen sich jedoch nicht mehr als verschiedene Formen desselben Wirkstoffes dar, wenn mit ihnen nicht dieselbe Heilungs- bzw. Vorbeugungswirkung i. S. d. Art. 1 lit a VO 1768/92 erzielt werden kann (BGH, GRUR **02,** 415, 417 – Sumatriptan). Weist ein Derivat also andere pharmakologische Eigenschaften auf als „der Wirkstoff als solcher", liegen zwei unterschiedliche Erzeugnisse vor, was im Erteilungsverfahren gegebenenfalls durch Sachverständigenbeweis aufzuklären ist (Busse, Anh § 16 a, Rn. 15).

12 Die *Derivate (Salze und Ester) eines Wirkstoffs* können zudem – ausnahmsweise – dann als eigenständige Erzeugnisse anzusehen sein, wenn sie Gegenstand von Patenten sind, in denen sie besonders beansprucht werden. Das folgt aus Erwägungsgrund 14 VO 1610/96, der gleichfalls bei der Auslegung der VO 1768/92 zu berücksichtigen ist (Erwägungsgrund 17) und für diesen Fall vorsieht, dass die Erteilung eines Zertifikats für ein aus einem Wirkstoff bestehendes Erzeugnis der Erteilung von weiteren Zertifikaten für seine Derivate nicht entgegensteht (abw. Busse, Anh § 16 a, Rn. 16). Ebenso kann auch eine neue Wirkstoffzusammensetzung, die von einem bereits früher patentierten und als Arzneimittel zugelassenen Erzeugnis allein in der Dosierung abweicht, als selbstständiges Erzeugnis zu qualifizieren sein, wenn diese neue Wirkstoffzusammensetzung Gegenstand eines selbstständigen Patentes ist (schw. BG, sic! **99,** 153, 154 – Arzneimittel, zur parallelen Regelung in Art. 140 a Abs. 2 schw. PatG). Gleiches gilt bei einem Wirkstoff (etwa Ciclosporin), der bereits früher in einem als Arzneimittel zugelassenen Erzeugnis (etwa einem Immunsuppressivum) enthalten war, wenn er als Bestandteil eines anderen Arzneimittels (etwa einer Augensalbe für Hunde) Gegenstand eines selbstständigen Patentes ist (Eidg. Rekurskommission, sic! **99,** 449, 450 – Ciclosporin, a. A. Busse, Anh. § 16 a, Rn. 15, 51). Ist hingegen der im Grundpatent geschützte Wirkstoff (Butesonid) zunächst in Form eines Aerosols und später in Form einer besonderen Inhaliervorrichtung („turbuhaler") zur Verwendung als Arzneimittel genehmigt worden, ist Erzeugnis allein der Wirkstoff (Butenosid), der erstmalig durch die arzneimittelrechtliche Genehmigung zur Verwendung des Aerosols genehmigt worden ist (Patents Court [1996] R. P. C. 417, 435 ff. – Draco A. B.; Jacobs, GRUR Int. **98,** 223, 224).

Die Erteilung eines weiteren Zertifikats für ein Derivat (Salz oder Ester) des Wirkstoffes im Hinblick darauf, dass dieses Derivat Gegenstand eines eigenständigen Patentes ist, schließt nicht aus, dass das Derivat dem Schutzbereich des für den Wirkstoff erteilten ersten Zertifikats unterliegt. Denn ist das Derivat bereits in den Schutzbereich des für den Wirkstoff erteilten Grundpatents gefallen, wird es auch vom Schutz des für den Wirkstoff erteilten Zertifikats erfasst (vgl. Erwägungsgrund 13 VO 1610/96). Die beiden Zertifikate stehen dann – wie zuvor bereits die zwei Grundpatente – in einem Abhängigkeitsverhältnis.

Als Wirkstoff ist allein der *arzneilich wirksame Bestandteil eines Arzneimittels bzw. bei Wirkstoffzusammensetzungen die Kombination mehrerer arzneilich wirksamer Bestandteile* anzusehen, nicht aber sonst wirksame Bestandteile (etwa Konservierungsstoffe wie Sorbinsäure und Kaliumsorbat) (BPatGE **41,** 56, 59 ff. – Clarithromycin; BPatG 23. 1. 2001 – 14 W (pat) 8/99; BPatG, GRUR **03,** 696, 698 – Polifeprosan). Der Bundesgerichtshof hat dem Europäischen Gerichtshof die Fragen vorgelegt, ob der Begriff der „Wirkstoffzusammensetzung eines Arzneimittels" i. S. v. Art. 1 lit. b voraussetze, dass die Bestandteile, aus denen die Zusammensetzung besteht, je für sich Wirkstoffe mit arzneilicher Wirkung sind und ob eine „Wirkstoffzusammensetzung eines Arzneimittels" auch dann vorliegt, wenn bei einer aus zwei Bestandteilen bestehenden Stoffzusammensetzung der eine Bestandteil ein bekannter arzneilich wirksamer Stoff für eine bestimmte Indikation ist und der andere Bestandteil eine Darreichungsform des Arzneimittels ermöglicht, die eine veränderte Wirksamkeit des Arzneimittels für diese Indikation herbeiführt (in-vivo-Implantat mit kontrollierter Freigabe des Wirkstoffs zur Vermeidung toxischer Wirkungen (BGH, GRUR **04,** 929 = GRUR Int. **05,** 63 – Polifeprosan). 13

Der Begriff des Erzeugnisses i. S. d. VO 1610/96 umfasst die chemischen Elemente und deren Verbindungen, wie sie natürlich vorkommen oder industriell hergestellt werden, einschließlich jeglicher bei der Herstellung nicht zu vermeidender Verunreinigungen, mit allgemeiner Wirkung gegen Schadorganismen, auf Pflanzen und Pflanzenteile oder Pflanzenerzeugnisse. Zwei Erzeugnisse, die sich nur durch das Anteilsverhältnis zwischen der wirksamen chemischen Verbindung und der in ihnen enthaltenen Verunreinigung unterscheiden, wobei deren prozentualer Anteil in dem einen Erzeugnis höher als in dem anderen ist, sind als ein und dasselbe Erzeugnis i. S. d. VO 1610/96 zu betrachten. Der Umstand, dass für das Inverkehrbringen eines neuen Pflanzenschutzmittels, bei dem sich das Anteilsverhältnis zwischen der wirksamen chemischen Verbindung und der Verunreinigung von demjenigen bei dem alten Pflanzenschutzmittel unterscheidet, eine Genehmigung erforderlich ist, ist nicht dafür erheblich, ob die Erzeugnisse, die die Pflanzenschutzmittel bilden, identisch sind (EuGH 10. 5. 2001 – C-258/99, GRUR Int. **01,** 754 – BASF AG). Ein Pflanzenschutzmittel, das aus einem Gemisch von zwei Wirkstoffen in einem bestimmten Verhältnis besteht (z. B. R-Enantiomeren und S-Enantiomeren im Verhältnis 50 : 50), stellt gegenüber einem Pflanzenschutzmittel, das sich aus demselben Wirkstoffgemisch, allerdings in einem anderen Mischungsverhältnis zusammensetzt (Verhältnis R-Enantionmeren zu S-Enantiomeren von 91 : 9), kein eigenständiges Erzeugnis dar, wenn beide Wirkstoffe ausschließlich durch ein Grundpatent in beliebigen Mischungsverhältnissen geschützt sind (BPatG, GRUR Int. **00,** 921, 923 – Fusilade). 14

d) Materielle Erteilungsvoraussetzungen. Die materiellen Erteilungsvoraussetzungen sind in Art. 3 VO 1768/92, Art. 3 VO 1610/96 bestimmt. Danach wird das Zertifikat erteilt, wenn in dem Mitgliedsstaat, in dem das Zertifikat angemeldet wird, zum Zeitpunkt der Anmeldung folgende Tatbestände erfüllt sind: 15

(a) **Grundpatent.** Das Erzeugnis, für welches das Zertifikat beantragt wird, muss durch ein in Kraft befindliches Grundpatent geschützt sein, Art. 3 lit. a VO 1768/92, Art. 3 lit. a VO 1610/96. Das gilt auch für den Fall, dass der Zertifikatsantrag erst nach Ende der Laufzeit des Grundpatents gestellt werden konnte, weil die – nach Art. 3 lit. b VO 1768/92, Art. 3 lit. b VO 1610/96 erforderliche – arzneimittelrechtliche Genehmigung im Anmeldestaat erst zu einem späteren Zeitpunkt erteilt worden ist. Das Fehlen eines in Kraft befindlichen Grundpatents kann unter diesen Umständen auch nicht durch Wiedereinsetzung in den vorigen Stand gem. § 16 a Abs. 2 PatG i. V. m. § 123 PatG „geheilt" werden (BPatGE **41,** 231, 246 ff. – Abamectin). 16

Als Grundpatent kommt ein *nationales* oder ein *europäisches Patent mit Wirkung in dem jeweiligen EU-Mitgliedsstaat* – sowie künftig ein *Gemeinschaftspatent* – in Betracht. Das Grundpatent muss auf den Schutz eines Erzeugnisses gerichtet sein. Das Grundpatent kann als *Stoffpatent,* als *Verfahrenspatent* zur Herstellung eines Arzneimittels oder als *Verwendungspatent* ausgestaltet sein, Art. 1 lit. c VO 1768/92, Art. 1 Nr. 9 VO 1610/96. Die Frage, ob das Erzeugnis durch das Grundpatent geschützt wird, ist nach dem jeweiligen nationalem Recht bzw. dem EPÜ, (zukünftig) bei Gemeinschaftspatenten nach Gemeinschaftsrecht zu beurteilen (vgl. EuGH 16. 9. 1999 – C-392/97, GRUR Int. **00,** 69 – Idarubicin). Der Schutz des Grundpatents muss auf ein neues Arznei- bzw. Pflanzenschutzmittel gerichtet sein, nicht notwendigerweise auf einen neuen Stoff. Auch ein neues Verfahren zur Herstellung eines Erzeugnisses oder eine neue Anwendung des Produkts können durch ein Zertifikat geschützt werden (vgl. Vorschlag der 17

Kommission zur VO 1768/92 (BR-Drs. 309/90, S. 8) und zur VO 1610/96 (BR-Drs. 70/95, S. 25). Sowohl der Schutz des Wirkstoffs als Arznei- oder Pflanzenschutzmittel selbst als auch dessen patentgeschützte (neue) Anwendung können Grundlage für ein ergänzendes Schutzzertifikat sein.

18 In Rechtspraxis und Schrifttum war umstritten, ob das Erzeugnis, für das Zertifikatsschutz gewährt werden soll, im *Anspruch des Grundpatents* bezeichnet sein muss (so BPatGE **35,** 145 – Idarubicin; Scheil, Mitt. **97,** 55, 56f.) oder ob es genügte, dass es dessen *Schutzbereich* entnommen werden kann (so Adams, EIPR **95,** 277; Reich/Storch, EWiR Art. 234 EGV 1/98, 311; Schennen, Verlängerung, S. 57, Anm. 3; ders., GRUR Int. **96,** 102, 106, 111). Der EuGH, dem diese Frage vom BGH gem. Art. 177 Abs. 1 lit. b, Abs. 3 EGV (nunmehr: Art. 234 Abs. 1 lit. b, Abs. 3 EGV) zur Vorabentscheidung vorgelegt worden war (BGH, GRUR **98,** 363, 365f. – Idarubicin I), hat unter Hinweis darauf, dass die patentrechtlichen Bestimmungen noch nicht Gegenstand einer Harmonisierung in der Gemeinschaft oder einer Rechtsangleichung gewesen sind, auf die für das Grundpatent geltenden Vorschriften verwiesen. Nach diesen bestimme sich, ob ein Erzeugnis durch das Grundpatent geschützt sei (EuGH 16. 9. 1999 – C-392/97, GRUR Int. **00,** 69 – Idarubicin). Entsprechend hat der BGH auf den – nach der jeweiligen Gesetzeslage geltenden – Schutzbereich des Grundpatents abgestellt, also beispielsweise bei einem vor dem 1. 1. 1978 angemeldeten deutschen Grundpatent auf § 6 PatG 1968, bei einem danach angemeldeten deutschen Grundpatent auf § 6a PatG 1978 bzw. § 14 PatG 1981 und bei einem europäischen Grundpatent auf Art. 69 EPÜ (BGH, GRUR **00,** 683 – Idarubicin II; GRUR **02,** 523 – Custodiol I; ebenso für Art. 140b lit. a schw. PatG: BG 10. 7. 1998, BGE **124 III,** 375, 377 = GRUR Int. **99,** 286f. – Fosinopril).

So wird gewährleistet, dass das Zertifikat – wie im 9. Erwägungsgrund VO 1610/96 für die Auslegung von Art. 3 und 4 VO 1610/96, Art. 3 und 4 VO 1768/92 (vgl. 17. Erwägungsgrund der VO 1610/96) vorgesehen – die gleichen Rechte wie das Grundpatent gewährt. Entgegen geäußerten Bedenken führt die Möglichkeit, ein Zertifikat für Erzeugnisse zu erteilen, die allein im Schutzbereich der Äquivalenz des Grundpatents liegen, nicht zu einer Ausdehnung des Schutzbereichs des Zertifikats auf Äquivalente von Äquivalenten des Grundpatents. Eine solche Erweiterung verstößt gegen Art. 4 VO 1768/92, Art. 4 VO 1610/96. Wegen der Kongruenz des Schutzes von Zertifikat und Grundpatent ist im Verletzungsfall nicht nur zu fragen, ob das angegriffene Erzeugnis im Schutzbereich des Zertifikats, sondern auch, ob es im Schutzbereich des Grundpatents liegt (vgl. BGH, a. a. O., 366 – Idarubicin I).

19 Der Inhaber eines Patents mit einem auf einen Arzneiwirkstoff in Form seiner freien Base gerichteten Patentanspruch hat keinen Anspruch darauf, dass in das ergänzende Schutzzertifikat auch beliebige Derivate der freien Base ausdrücklich einbezogen werden. Das gilt selbst dann, wenn eine arzneimittelrechtliche Zulassung (Genehmigung) für den Wirkstoff (nur) in Form eines Salzes erteilt worden ist, dessen Schutz aber bereits durch ein für die Base zu erteilendes Schutzzertifikat gewährleistet werden kann. Denn der Schutz der Derivate, soweit diese vom Schutzbereich des Grundpatents umfasst werden, ergibt sich schon aus dem für die freie Base erteilten Schutzzertifikat und bedarf deshalb keiner ausdrücklichen Erwähnung, um sicherzustellen, dass das Schutzzertifikat die gleichen Rechte gewährt wie das Grundpatent (BGH, a. a. O. – Idarubicin II; BGH, GRUR **02,** 47, 48 – Idarubicin III).

20 (b) **Genehmigung.** Für die Erteilung des Zertifikats ist ferner erforderlich, dass das Erzeugnis (= der Wirkstoff oder die Wirkstoffzusammensetzung) *bei Arzneimitteln* Gegenstand einer gültigen Genehmigung für das Inverkehrbringen gemäß der Richtlinie (RL) 65/65/EWG (ABl. EG Nr. L 22, 369, 65), *bei Tierarzneimitteln* Gegenstand einer gültigen Genehmigung gemäß der RL 81/851/EWG (ABl. EG Nr. L 317, 1) bzw. im Falle Österreichs, Finnlands oder Schwedens einer entsprechenden innerstaatlichen Rechtsvorschrift und *bei Pflanzenschutzmitteln* Gegenstand einer gültigen Genehmigung gemäß Art. 4 der Richtlinie 91/414/EWG (a. a. O.) oder einer gleichwertigen einzelstaatlichen Rechtsvorschrift ist, Art. 3 lit. b VO 1768/92, Art. 3 lit. b VO 1610/96.

Der Anwendungsbereich der die *Genehmigung von Humanarzneimittel* betreffenden Richtlinie 65/65/EWG, zuletzt geändert durch die RL 93/39/EWG (ABl. L 214, 22) wurde u. a. durch die Richtlinien 89/342/EWG (ABl. EG Nr. L 142, 14), 89/343/EWG (ABl. EG Nr. L 142, 16), 89/381/EWG (ABl. L 181, 44); 92/73/EWG (ABl. L 297, 8) erweitert. Der Anwendungsbereich der die *Genehmigung von Tierarzneimittel* betreffenden Richtlinie 81/851/EWG wurde durch die Richtlinien 90/677/EWG (ABl. EG Nr. L 373, 26) und 92/74/EWG (ABl. EG Nr. L 297, 12) erweitert. Mit der **Richtlinie 2001/83/EG des Europäischen Parlaments und des Rates vom 6. 11. 2001** (ABl. L 311, 67) erfolgte die Schaffung eines *Gemeinschaftskodex für Humanarzneimittel* und mit der **Richtlinie 2001/82/EG des Europäischen Parlaments und des Rates vom 6. 11. 2001** (ABl. L 311, 1) die Schaffung eines

Gemeinschaftskodex für Tierarzneimittel, die jeweils die genannten und noch weitere Richtlinien (vollständig aufgeführt jeweils in Erwägungsgrund 1 und im Anhang II, Teil A) aus Gründen der Übersicht und der Klarheit – unter Aufhebung aller früheren Richtlinien, Art. 128 – kodifiziert und zu einem einzigen Text zusammengefasst haben. Beide Gemeinschaftskodex-Richtlinien sind am 18. 12. 2001 in Kraft getreten (Alle genannten Richtlinien können über http://europa.eu.int/eur-lex/de/search/search_oj.html abgerufen werden). Die Verweisung in Art. 3 lit. b VO 1768/92 bezieht sich auf die jeweils geltende(n) Richtlinie(n), soweit darin die Genehmigung für das Inverkehrbringen des Erzeugnisses als Human- oder Tierarzneimittel geregelt ist.

Nach Art. 2 und 3 der RL 65/65/EWG, Art. 2 und 6 Abs. 1 der RL 2001/83/EG dürfen **Humanarzneimittel** in einem Mitgliedstaat erst dann in den Verkehr gebracht werden, wenn die zuständige Behörde dieses Mitgliedstaats (in Deutschland das Bundesinstitut für Arzneimittel und Medizinprodukte oder – für Sera, Impfstoffe, Blutzubereitungen, Testallergene, Testsera und Testantigene – das Paul-Ehrlich-Institut, §§ 77, 25 AMG) die Genehmigung dafür erteilt hat. Die Rechtsangleichung betrifft Genehmigungen unter dem Gesichtspunkt der öffentlichen Gesundheit. Nicht berührt werden hingegen die Zuständigkeiten der Behörden der Mitgliedstaaten hinsichtlich der Festsetzung der Arzneimittelpreise und ihrer Einbeziehung in den Anwendungsbereich der innerstaatlichen Krankenversicherungssysteme, Art. 3 Abs. 2 RL 65/65/EWG (i. d. F. d. RL 93/39/EWG), Art. 4 Abs. 3 RL 2001/83/EG. *Derartige nationale Genehmigungen* können deshalb auch **nicht** als *Genehmigungen i. S. v. Art. 3 lit. b) VO 1768/92* angesehen werden (vgl. EuGH 11. 12. 03 – C-127/00, GRUR **04,** 225, 229, Rdn. 60 – Omeprazol; Busse, Anh. § 16a, Rdn. 30). Da die RL 65/65/EWG bzw. 2001/83/EG zudem nach deren Art. 3 nicht gilt für: 1. Arzneimittel, die nach einer *formula magistralis* oder *officinalis* zubereitet werden, 2. für Arzneimittel, die für Versuche in Forschung und Entwicklung bestimmt sind, 3. für Zwischenprodukte, die für eine weitere Verarbeitung durch einen autorisierten Hersteller bestimmt sind, sowie 4. für radioaktive Arzneimittel zur Anwendung beim Menschen mit Ausnahme von Radionukliden in Form geschlossener Quellen, werden auch entsprechende nationale Genehmigungen **nicht** von Art. 3 lit. b) VO 1768/92 erfasst. Art. 34 Abs. 2 RL 75/319/EWG sah vor, dass die RL 65/65/EWG nicht auf Impfstoffe, Testallergene und Sera, Arzneispezialitäten aus menschlichem Blut, aus Bestandteilen menschlichen Blutes oder aus radioaktiven Isotopen sowie auf homöopathische Arzneimittelspezialitäten anzuwenden war. Abweichend davon unterwarf die RL 89/342/EWG die aus Impfstoffen, Toxinen und Seren sowie Allergenen zur Anwendung beim Menschen bestehenden immunologischen Arzneimittel, die RL 89/343/EWG radioaktive Arzneimittel zur Anwendung beim Menschen, mit Ausnahme von Radionukliden und die RL 89/381/EWG Arzneimittel, die sich aus Blutbestandteilen zusammensetzen, den Richtlinien 65/65/EWG und 75/319/EWG. Nach Art. 3 Nr. 5 und 6 RL 2001/83/EG gilt die Gemeinschaftskodex-RL 2001/83/EG nicht für radioaktive Arzneimittel zur Anwendung beim Menschen mit Ausnahme von Radionukliden in Form geschlossener Quellen sowie für Vollblut, Plasma und Blutzellen menschlichen Ursprungs. Hinsichtlich homöopathischer Arzneimittel wird auf Art. 6 Abs. 1 und 2 RL 92/73/EWG bzw. Art. 13 f. RL 2001/83/EG und hinsichtlich anthroposophischer Arzneimittel auf den 4. Erwägungsgrund RL 92/73/EWG und den 22. Erwägungsgrund RL 2001/83/EG Bezug genommen. 21

Nach Art. 4 Abs. 1 RL 81/851/EWG, Art. 5 RL 2001/82/EG dürfen **Tierarzneimittel** in einem Mitgliedstaat erst dann in Verkehr gebracht werden, wenn die zuständige Behörde dieses Mitgliedstaats (in Deutschland das Bundesinstitut für gesundheitlichen Verbraucherschutz und Veterinärmedizin, §§ 77 Abs. 3, 25 AMG) dafür die Genehmigung erteilt hat. Nach Art 2 Abs. 2 sind von dem Genehmigungserfordernis nach Art. 4 Abs. 1 RL 81/851/EWG jedoch Fütterungsarzneimittel, Tierarzneimittel zur Erzeugung einer aktiven Immunität, zur Diagnose des Immunitätszustands und zur Erzeugung einer passiven Immunität, Tierarzneimittel auf Basis radioaktiver Isotope, nicht vorgefertigte Tierarzneimittel für ein Tier oder eine kleine Anzahl von Tieren sowie homöopathische Arzneimittel ausgenommen. Abweichend hiervon unterstellte die RL 90/677/EWG auch immunologische Tierarzneimittel der RL 81/851/EWG und damit dem Genehmigungszwang aus dessen Art. 4 Abs. 1. Nach Art. 3 RL 2001/82/EG gilt die RL nicht für Fütterungsarzneimittel, inaktivierte immunologische Tierarzneimittel, Arzneimittel, die nach einer *forumla magistralis* oder *officinalis* zubereitet werden, Tierarzneimittel auf Basis radioaktiver Isotope sowie die in der RL 70/524/EWG aufgeführten Zusatzstoffe, die den Futtermitteln und Ergänzungsfuttermitteln beigemengt werden. Entsprechende nationale Genehmigungen können daher nicht als Genehmigungen i. S. v. Art. 3 lit. b) VO 1768/92 angesehen werden. Hinsichtlich homöopathischer Tierarzneimittel wird auf Art. 6 RL 92/74/EWG bzw. Art. 16 f. RL 2001/82/EG verwiesen. 22

23 Mit der RL 93/39/EWG bzw. der RL 93/40/EWG wurde in Abänderung der RL 65/65/EWG und 75/319/EWG bzw. der RL 81/851/EWG das sog. **dezentrale Zulassungsverfahren** für Human- bzw. Tierarzneimittel begründet. Die RL waren bis zum 1. 1. 1995 in nationales Recht umzusetzen. Danach ist vorgesehen, dass eine Genehmigung für ein Human- bzw. Tierarzneimittel, die in einem Mitgliedstaat der EU erteilt worden ist, im Hinblick auf die einheitlichen Genehmigungsvoraussetzungen in einem anderen Mitgliedstaat anerkannt wird, es sei denn, dass die Genehmigung des Arzneimittels eine Gefahr für die öffentliche Gesundheit bzw. eine Gefahr für die Gesundheit von Mensch und Tier oder für die Umwelt darstellt, Art. 7a Abs. 2 RL 65/65/EWG, Art. 18 RL 2001/83/EG bzw. Art. 8a RL 81/851/EWG, Art. 22 RL 2001/82/EG. Im Falle einer Zulassungsversagung entscheidet die Kommission (ggfls. der Rat) und sodann – entsprechend – die nationale Genehmigungsbehörde. Versagt die Kommission die Zulassung, ist Klage zum EuGH, Gericht erster Instanz, möglich, Art. 173 Abs. 4 i.V.m. Art. 168a EG-Vertrag; zudem muss gegen die Genehmigungsversagung der nationalen Behörde nach nationalem Recht (ggfls. nach Durchführung eines Vorverfahrens) geklagt werden (vgl. im Einzelnen: Rehmann, AMG, Vor § 2, Rn. 20, 9).

24 Mit der VO (EWG) 2309/93 erfolgte die Einführung des sog. **zentralen Zulassungsverfahrens** zum 1. 1. 1995. Das zentrale Zulassungsverfahren ist vor der Kommission als Zulassungsbehörde zu führen, Art. 10, 73 VO (EWG) 2309/93. An dem Zulassungsverfahren ist der bei der Europäischen Agentur für die Beurteilung von Arzneimitteln (European Agency for the Evaluation of Medical Products) eingerichtete Ausschuss für Arzneimittelspezialitäten beteiligt (vgl. Art. 5ff. VO 2309/93). Das zentrale Zulassungsverfahren ist zwingend für Humanarzneimittel vorgesehen, die mit Hilfe bestimmter – im Anhang Teil A der VO (EWG) 2309/93 aufgeführter – biotechnologischer Verfahren hergestellt worden sind, sowie für Tierarzneimittel, die als Leistungssteigerungsmittel zur Förderung des Wachstums behandelter Tiere oder zur Erhöhung der Ertragssteigerungen von behandelten Tieren angewendet werden. Fakultativ kann das zentrale Zulassungsverfahren für die im Anhang Teil B der VO (EWG) 2309/93 genannten Human- bzw. Tierarzneimittel durchgeführt werden. Eine nach dem zentralen Zulassungsverfahren erteilte Genehmigung ist für die gesamte Gemeinschaft gültig und steht in ihren Rechtswirkungen einer Genehmigung nach Art. 3 der RL 65/65/EWG gleich, Art. 12 VO (EWG) 2309/93. Diese stellt daher eine Genehmigung i.S.v. Art. 3 lit b) VO 1768/92 dar. Das gilt auch im Hinblick auf Genehmigungen für Tierarzneimittel, obwohl die RL 81/8851/EWG in Art. 12 VO (EWG) 2309/93 nicht ausdrücklich erwähnt wird (Busse, Anh. § 16a, Rn. 39).

25 Eine Genehmigung für das Inverkehrbringen eines **Pflanzenschutzmittels** gemäß Art. 4 RL 91/414/EWG setzt voraus, dass dessen Wirkstoffe in Anhang I der RL aufgeführt und die dort festgelegten Bedingungen erfüllt sind, sowie die in Art. 4 Abs. 1 lit. b) bis f) genannten Voraussetzungen bei dem Pflanzenschutzmittel vorliegen. Entsprechend liegt eine Genehmigung i.S.v. Aart. 3b) VO 1610/96 vor, wenn die Genehmigung für das Inverkehrbringen des Pflanzenschutzmittels im Hinblick auf die in Art. 4 RL 91/414/EWG genannten Kriterien erteilt worden ist.

26 Erforderlich ist, dass die Genehmigung für das Inverkehrbringen am **Tag der Anmeldung** gültig ist, Art. 7 (vgl. auch Busse, Anh. § 16a, Rn. 40). Das ist bei einer Zulassung, die nach § 25 AMG erteilt worden ist, nicht mehr der Fall, wenn diese nach § 30 AMG zurückgenommen, widerrufen oder zum Ruhen gebracht wird. Allerdings haben Widerspruch und Anfechtungsklage grundsätzlich aufschiebende Wirkung, § 80 VWGO, so dass auch das Arzneimittel bzw. Pflanzenschutzmittel weiterhin in Verkehr gebracht werden darf, mithin eine gültige Genehmigung vorliegt, es sei denn die Rücknahme, der Widerruf oder das Ruhen sind sofort vollziehbar, weil es sich dabei um eine Maßnahme der Gefahrenabwehr nach § 25 Abs. 2 Nr. 5 AMG handelt, § 30 Abs. 3 AMG. Liegt danach innerhalb der Frist des Art. 7 keine gültige Genehmigung vor, hat die Anfechtungsklage jedoch letztendlich Erfolg, so ist eine Wiedereinsetzung nach §§ 16a Abs. 2, 123 PatG möglich (Busse, Anh. § 16a, Rn. 41). Ist hingegen auf Grund des Supensiveffekts des Widerspruchs und der Anfechtungsklage von einer gültigen Genehmigung auszugehen, bleibt aber die Anfechtungsklage ohne Erfolg, so erlischt das Zertifikat, Art. 14d) VO (EG) 1768/92, VO (EG) 1610/96, es sei denn es handelt sich um eine ex-tunc wirkende Rücknahme der Genehmigung, die zur Nichtigkeit des Zertifikats führt, Art. 15 Abs. 1 lit. a) VO (EG) 1768/92, Art. 15 Abs. 1 lit. a)VO (EG) 1610/96 (str., vgl. bei Rdn. 44).

27 Die Genehmigung muss für das Erzeugnis als Arzneimittel erteilt worden sein. Das Erfordernis ist erfüllt, wenn das Erzeugnis in der Genehmigung in einer dem Schutz des Grundpatents unterliegenden Form angegeben ist (EUGH 16. 9. 1999 – C-392/97, GRUR Int. **00,** 69 – Idarubicin; vgl. im Einzelnen oben bei Rn. 18). Ist also etwa der Wirkstoff als freie Base formuliert worden, kann ein ergänzendes Schutzzertifikat in dieser Form grundsätzlich auch dann erteilt werden, wenn nur ein Derivat (Salz oder Ester) dieser Base Gegenstand der Genehmigung ist, vorausgesetzt, dass sowohl die freie Base als auch das Derivat in den Schutzbereich des Grundpatents fallen; einer arzneimittel- bzw. pflanzenschutzrechtlichen Genehmigung für das Inverkehrbringen des als freie Base formulierten Wirkstoffes als solchen bedarf es nicht (BGH, GRUR **00,** 683 – Idarubicin II). Die Genehmigung muss in dem Mitgliedsstaat erteilt worden sein, für den das Zertifikat beantragt wird (EuGH 12. 6. 1997 – C-110/95, GRUR Int. **97,** 908, 910 – Yamanouchi Pharmaceutical).

(c) **Kein früheres Zertifikat.** Für das Erzeugnis darf nicht bereits ein Zertifikat erteilt wor- **28**
den sein, Art. 3 lit. c VO 1768/92, Art. 3 lit. c VO 1610/96. Diese Voraussetzung muss im deutschen Anmeldeverfahren vorliegen, weil die Bundesrepublik von der in Art. 10 Abs. 5 der VOen vorgesehenen Möglichkeit, das Zertifikat ohne Prüfung der in Art. 3 lit. c VOen vorgesehenen Bedingung zu erteilen, keinen Gebrauch gemacht. Es ist demnach unzulässig, einem Patentinhaber für ein Erzeugnis mehr als ein Zertifikat zu erteilen. Ist ein Erzeugnis von mehreren gültigen Grundpatenten geschützt, die mehreren Inhabern zustehen, kann zunächst jedes dieser Patente für das Verfahren zur Erteilung eines Zertifikats bestimmt werden. Für jedes Grundpatent kann jedoch nicht mehr als ein Zertifikat erteilt werden (EuGH 23. 1. 1997 – C-181/95, GRUR Int. **97,** 363 – Biogen). Frühere Erteilungen eines Zertifikats in anderen Mitgliedsstaaten bleiben insofern außer Betracht (vgl. Vorschlag der Kommission zur VO 1768/92 (BR-Drs. 309/90, S. 21) und zur VO 1610/96 (BR-Drs. 70/95, S. 28). Die Laufzeit der Zertifikate berechnet sich einheitlich nach dem Zeitpunkt der ersten Genehmigung für das Inverkehrbringen in der Gemeinschaft, Art. 13 VO 1768/92, Art. 13 VO 1610/96.

Da für das in Art. 3 lit. c vorgesehene Erteilungserfordernis, wonach für das Erzeugnis nicht bereits ein Zertifikat erteilt worden sein darf, auf den Zeitpunkt der Anmeldung abzustellen ist, waren dem Anmelder gegebenenfalls mehrere Schutzzertifikate zu erteilen, wenn er mehrere Anmeldungen gestützt auf unterschiedliche Grundpatente in der Zeit zwischen der ersten Anmeldung und der ersten Erteilung eines Schutzzertifikats einreicht. Diese Möglichkeit, mehrere Schutzzertifikate für ein Erzeugnis zu erhalten, bestand aber nur im Rahmen des Verfahrens nach der VO 1768/92 (Schennen, GRUR Int. **96,** 102, 105; vgl. auch Scheil, a.a.O., 60) und nur für die Zeit bis zum Inkrafttreten der VO 1610/96 am 8. 2. 1997 (Busse, Anh § 16a, Rn. 45). Denn in der VO 1610/96 wird diese Möglichkeit durch Art. 3 Abs. 2 S. 1 nicht nur für Pflanzenschutzmittelzertifikate, sondern auch für Arzneimittelzertifikate ausgeschlossen (vgl. Erwägungsgrund 17 VO 1610/96). Sind jedoch zwei oder mehr Anmeldungen von zwei oder mehr Inhabern unterschiedlicher Patente für dasselbe Erzeugnis anhängig, kann jedem dieser Inhaber ein Zertifikat für dieses Erzeugnis erteilt werden, Art. 3 Abs. 2 S. 2 VO 1610/96.

Die Erteilung eines Zertifikats für ein aus einem Wirkstoff bestehendes Erzeugnis steht der Erteilung von weiteren Zertifikaten für seine *Derivate (Salze und Ester)* nicht entgegen, sofern diese Derivate Gegenstand von Patenten sind, in denen sie gesondert beansprucht werden (Erwägungsgrund 14 VO 1610/96, der auch auf die VO 1768/92 Anwendung findet, Erwägungsgrund 17 VO 1610/96). In diesem Fall können Derivate also als eigenständige Erzeugnisse anzusehen sein.

(d) **Erste Genehmigung.** Bei der Genehmigung nach Art. 3 lit. b) muss es sich um die erste **29**
Genehmigung für das Inverkehrbringen des betroffenen Erzeugnisses als Arznei-, Tierarznei- oder Pflanzenschutzmittel im Anmeldestaat handeln, Art. 3 lit. d VO 1768/95 bzw. VO 1610/96. Diese Voraussetzung muss im deutschen Anmeldeverfahren geprüft werden, weil die Bundesrepublik von der in Art. 10 Abs. 5 VOen vorgesehenen Option, diese Bedingung von der Prüfung auszunehmen, nicht wahrgenommen hat. Sie ist – wegen der Identität des Erzeugnisses – nicht gegeben, wenn sich ein Erzeugnis als Pflanzenschutzmittel, das nach einem patentierten Verfahren hergestellt worden ist, von einem zu einem früheren Zeitpunkt als Pflanzenschutzmittel zugelassenen Erzeugnis nur durch das **Anteilsverhältnis** zwischen der wirksamen chemischen Verbindung und der in ihm enthaltenen Verunreinigung unterscheidet, wobei der Prozentsatz der wirksamen Verbindung bei dem erstgenannten Erzeugnis höher ist als bei dem zweiten, und das betreffende Verfahrenspatent als Grundpatent bezeichnet worden ist (EuGH 10. 5. 2001 – C-258/99, GRUR Int. **01,** 754 – BASF AG). Ist das Inverkehrbringen eines Erzeugnisses bereits als Tierarzneimittel genehmigt worden, handelt es sich bei einer späteren erstmaligen Genehmigung für das Inverkehrbringen als Humanarzneimittel nicht mehr um die erste Genehmigung i. S. v. Art. 3 lit. d VO 1768/92 (vgl. EuGH, GRUR **05,** 139 – Pharmacia; BGH, GRUR **05,** 405 – Cabergolin II; jeweils zu Art. 19 VO 1768/92). Da als Wirkstoff allein der **arzneilich wirksame Bestandteil** eines Arzneimittels anzusehen ist (dazu Rdn. 13), ist die spätere Genehmigung des bereits (allein) zugelassenen Wirkstoffes mit einem nicht arzneilich wirksamen Bestandteil keine erste Genehmigung i. S. v. Art. 3 lit. d) mehr (BPatGE **41,** 56 – Clarithromycin; BPatG 23. 1. 2001 – 14 W (pat) 8/99; BPatG GRUR **03,** 696 – Polifeprosan). Eine neue **Wirkstoffzusammensetzung** (verstanden als Zusammensetzung mehrerer arznei-

lich wirksamer Bestandteile), die sich von einem bereits früher patentierten und als Arzneimittel zugelassenen Erzeugnis nur in der Dosierung unterscheidet, kann ein selbstständiges Erzeugnis sein (schw. BG, sic! **99,** 153, 154 – Arzneimittel). Das ist dann der Fall, wenn die später als Arzneimittel zugelassene Wirkstoffzusammensetzung nicht nur in den Anteilsverhältnissen abweicht, sondern darüber hinaus auch unterschiedliche pharmakologische Eigenschaften aufweist (Busse, Anh. § 16a, Rn. 53; vgl. auch BGH, GRUR **02,** 415, 417 – Sumatriptan; BPatG, GRUR Int. **00,** 921, 923 – Fusilade).

30 **e) Laufzeit.** Die Laufzeit des Schutzzertifikats schließt sich an den Ablauf der gesetzlichen Laufzeit des Grundpatents an, Art. 13 Abs. 1 VO 1768/92 und Art. 13 Abs. 1 VO 1610/96. Es verlängert dessen Dauer um höchstens fünf Jahre. Die Laufzeit des Schutzzertifikats wird durch den Zeitraum zwischen der Anmeldung des Patents und der ersten Genehmigung des patentgeschützten Stoffes als Arznei- bzw. Pflanzenschutzmittel in der Gemeinschaft bzw. dem EWR bestimmt, wobei fünf Jahre von vornherein abzuziehen sind, Art. 13 Abs. 1 VO 1768/92 und VO 1610/96. Da für die Laufzeitberechnung nur die erste Verkehrsgenehmigung in der Gemeinschaft bzw. dem EWR maßgeblich ist, ist die Erteilung von Zertifikaten mit je nach Mitgliedstaat unterschiedlicher Gültigkeitsdauer ausgeschlossen (vgl. EuGH, 12. 6. 1997 – C-110/95, GRUR Int. **97,** 908, 910, Rdn. 25 – Yamanouchi).

31 Mit der „ersten Genehmigung" ist bei Arzneimitteln die erste gemäß RL 65/65/EWG bzw. RL 2001/83/EG, bei Tierarzneimitteln die erste gemäß der RL 81/851/EWG bzw. RL 2001/82/EG und bei Pflanzenschutzmitteln die erste gemäß Artikel 4 der RL 91/414/EWG für das Inverkehrbringen erteilte Genehmigung gemeint (vgl. Art. 2 VO 1768/92, Art. 2 VO 1610/96). Neben in der **Gemeinschaft** gemäß den genannten Richtlinien erteilten Genehmigungen kommen als „erste Genehmigung" auch in den **EWR-Staaten Norwegen, Island und Liechtenstein** erteilte Genehmigungen in Betracht, Art. 65 Abs. 2 EWR-Abk i. V. m. Nr. 6 Anhang XVII in der durch Anhang 15 des Beschl. Nr. 7/94 des Gemeinsamen EWR-Ausschusses v. 21. 3. 1994 und dem Protokoll Nr. 1 über horizontale Anpassungen geänderten Fassung (ABl. EG **94** L 1, 3 und 482, L 160, 1). Auch eine von den **schweizerischen** Behörden erteilte Genehmigung für das Inverkehrbringen eines Arzneimittels, die vom Fürstentum Liechtenstein nach den Rechtsvorschriften dieses Staates automatisch anerkannt wird (vgl. dazu oben bei Rdn. 7), stellt eine erste Genehmigung für das Inverkehrbringen i. S. v. Art. 13 dar, wenn sie die erste solche Genehmigung für dieses Arzneimittel in einem der Staaten des Europäischen Wirtschaftsraums ist (EuGH, Urt. v. 21. 4. 2005, C-207/03 und C-252/03 – Novartis/Millenium Pharmaceuticals).

32 Nach der Rechtsprechung des BPatG ist als Zeitpunkt der ersten Genehmigung für das Inverkehrbringen in der Gemeinschaft das Datum anzusehen, an dem die zuständige Behörde in einem Mitgliedsstaat – nicht notwendigerweise dem Anmeldestaat – diese Genehmigung erteilt hat. Andere Zeitpunkte, wie z. B. das Wirksamwerden oder die Veröffentlichung dieser Genehmigung im amtlichen Mitteilungsblatt, sind ohne Bedeutung (BPatGE **35,** 276, 278 ff., Sredl, GRUR **01,** 596, 598). Wird die arznei- oder pflanzenschutzmittelrechtliche Genehmigung innerhalb der ersten fünf Jahre nach der Anmeldung des Patents erteilt, bleibt für ein ergänzendes Schutzzertifikat kein Raum. Bedarf es für die arznei- bzw. pflanzenschutzmittelrechtliche Zulassung mehr als zehn Jahre seit der Patentanmeldung, greift die Beschränkung der Laufzeit des Schutzzertifikats auf höchstens fünf Jahre gem. Art. 13 Abs. 2 VO 1768/92, Art. 13 Abs. 2 VO 1610/96 ein.

Auf die Frage, zu welchem Zeitpunkt das Patent erteilt worden ist, kommt es in diesem Zusammenhang nicht an. Da vor der arznei- bzw. pflanzenschutzmittelrechtlichen Genehmigung das patentgeschützte Erzeugnis nicht genutzt werden kann, bewirkt die gesetzliche Regelung – Abzug einer Wartezeit von fünf Jahren im Genehmigungsverfahren, Begrenzung der Laufzeit des Schutzzertifikats auf höchstens fünf Jahre –, dass dem Patent- und Schutzzertifikatsinhaber insgesamt höchstens 15 Jahre zur ausschließlichen Verwertung des Arzneimittels zur Verfügung stehen. Diese tatsächliche Schutzdauer kann nur voll ausgenutzt werden, wenn die Patenterteilung vor der arznei- bzw. pflanzenschutzmittelrechtlichen Genehmigung liegt. Verzögerungen im Patenterteilungsverfahren werden von den Regeln über das ergänzende Schutzzertifikat nicht ausgeglichen. Im Hinblick darauf, dass die Mitgliedsstaaten nach Art. 8 Abs. 1 der Richtlinie 91/414/EWG (ABl. EG L 230, 7) eine vorläufige pflanzenschutzmittelrechtliche Genehmigung erteilen können, die nach Überprüfung der vollständigen Unterlagen und Aufnahme des Wirkstoffs in die Positivliste endgültig werden kann, sieht Art. 13 Abs. 3 VO 1610/96 vor, dass die erste vorläufige Genehmigung bei der Berechnung der Laufzeit des Zertifikats nur dann berücksichtigt wird, wenn sich eine endgültige Genehmigung für dasselbe Erzeugnis unmittelbar anschließt.

f) Schutzwirkungen und Schutzbereich. Schutzwirkungen und Schutzbereich des Zertifikats unterliegen grundsätzlich den gleichen Bestimmungen wie das Grundpatent, auf welches es sich bezieht, Art. 5 VO 1768/92, Art. 5 VO 1610/96. Es gilt also das jeweilige nationale Recht (von Morzé/Hanna, a.a.O., 499). Für Zertifikate, die auf deutsche Grundpatente und deutsche Teile europäischer Grundpatente (Art. 64 EPÜ) zurückgehen, nennt § 16a Abs. 2 PatG klarstellend die insoweit entsprechend geltenden Vorschriften. Zu den durch das Zertifikat gewährten Rechten gehören danach insbesondere die in §§ 9 und 10 PatG genannten Schutzwirkungen (Ausschließlichkeitsrecht), die durch die §§ 11 bis 13 PatG beschränkt werden. Aus Zertifikaten kann auf Unterlassung, Rechnungslegung, Auskunftserteilung, Vernichtung und Schadensersatz geklagt werden, §§ 139ff. PatG, § 259 BGB. Umgekehrt ist bei Zertifikatsberühmung Auskunft zu erteilen, § 146 PatG. Zertifikate sind frei übertragbar und lizenzierbar, § 15 PatG. Benutzungsanordnungen und Zwangslizenzen am Grundpatent gelten auch für das Zertifikat, §§ 13 und 24 PatG, selbst dann, wenn die Anordnung dieser Maßnahmen der Beantragung des Zertifikats voraus gegangen ist (Begr. PatGÄndG BlPMZ **93,** 205, 208, Busse, Anh § 16a, Rn. 67; a.A. Brändel GRUR **01,** 875, 877). 33

Das Zertifikat begründet damit einen **vom Grundpatent abhängigen Schutzgegenstand** (vgl. BGH, GRUR **02,** 415, 416 – Sumatriptan). Es übernimmt die Kategorie des Schutzes des Grundpatents, so dass das nach einem Stoffpatent erteilte Zertifikat das Erzeugnis als Stoff schützt, während das nach einem Verfahrenspatent zur Herstellung eines Stoffes erteilte Zertifikat, nur Schutz für die Herstellung des Erzeugnisses durch das patentierte Verfahren gewährt und das Zertifikat nach einem Verwendungspatents nur ein Ausschließlichkeitsrecht für die patentierte Verwendung des Erzeugnisses einräumt (Schennen, Art. 4, Rdn. 4; Busse, Anh § 16a, Rdn. 56). Aber auch sonst darf der durch das Grundpatent begründete Schutz in seinem sachlichen Umfang durch das Zertifikat nicht erweitert werden. Bisher Patentfreies muss unter der Geltung des Schutzzertifikats weiterhin patentfrei bleiben (BGH, GRUR **98,** 363, 366 – Idarubicin I). 34

Innerhalb der durch das Grundpatent gezogenen Grenzen gewährt das Zertifikat **allein Schutz für die zugelassene Verwendung des Erzeugnisses als Arznei- bzw. Pflanzenschutzmittel.**, Art. 4 VO 1768/92, Art. 4 VO 1619/96 (entsprechend für das schweizerische Recht [Art. 140d PatG]: BG 10. 7. 1998, BGE **124 III,** 375, 377 = GRUR Int. **99,** 286, 287 – Fosinopril; 27. 5. 1999, sic! **99,** 655, 656 – Fluoxetin). Zertifikatsschutz ist damit stets nur **zweckgebundener Schutz** (Busse, Anh § 16a, Rdn. 57; Schennen, GRUR Int. **96,** 103, 106; Brändel, GRRU **01,** 875, 877). Ein dem Grundpatent innewohnender zweckfreier Stoffschutz wird durch das Zertifikat nicht verlängert. Eine gewerbliche Verwertung außerhalb des Arzneimittelbereichs war durch das Zulassungsverfahren nicht beeinträchtigt, weshalb eine Verlängerung des Patentschutzes hierfür nicht gerechtfertigt ist. 35

Mit den vorgenannten Einschränkungen gewährt das Zertifikat die gleichen Rechte wie das Grundpatent. Das Zertifikat kann ein Erzeugnis als Arzneimittel in allen dem Schutz des Grundpatents unterliegenden Formen erfassen (EuGH 16. 9. 1999 – C-392/97, GRUR Int. **00,** 69 – Idarubicin). Gilt das Grundpatent für einen Wirkstoff und seine Derivate (Salze und Ester), so begründet das Zertifikat – wenn es für den Wirkstoff erteilt ist – den gleichen Schutz wie das Grundpatent gegenüber genehmigten Verwendungen des Wirkstoffes als Arznei- bzw. Pflanzenschutzmittel (Erwägungsgrund 13 VO 1619/96). Das gilt auch dann, wenn für ein Derivat ein weiteres Zertifikat im Hinblick darauf erteilt worden ist, dass es Gegenstand eines eigenständigen weiteren Patentes gewesen ist (vgl. Erwägungsgrund 14 VO 1619/96). Entscheidend ist auch in diesem Fall allein, ob das Derivat in den Schutzbereich des ersten, für den Wirkstoff geltenden Grundpatents gefallen ist. Ist diese Voraussetzung erfüllt, wird das Derivat gleichermaßen vom Schutz des für den Wirkstoff erteilten ersten Zertifikats erfasst. 36

Der Schutz des Zertifikats beschränkt sich nicht auf die während der Patentlaufzeit erteilten arznei- bzw. pflanzenschutzmittelrechtlichen Genehmigungen; er kann auch die **während des Bestands des Zertifikats genehmigten Verwendungen** erfassen. Ob eine solche (neue) Verwendung dem Schutz des Zertifikats unterliegt, richtet sich nach der für das Grundpatent gewählten Patentkategorie und nach dessen auch für das Zertifikat maßgeblichen Schutzbereich. Nach dem Wortlaut der Vorschrift fallen Erzeugnisse, die einem Dritten für eine zweite (und weitere) Indikation genehmigt worden sind, auch dann in den Schutzbereich des Zertifikates, wenn dem Inhaber dafür keine Genehmigung erteilt worden ist (Busse, Anh § 16a, Rdn. 58; Schennen, Art. 4, Rdn. 5; ders. GRUR Int. **96,** 102, 110). 37

Der **Schutzbereich** eines Zertifikats wird – wie bei einem deutschen oder europäischen Patent – durch den Inhalt der Patentansprüche bestimmt, wobei die Beschreibung und die Zeichnungen zur Auslegung heranzuziehen sind, § 16a PatG i.V.m. § 14 PatG, Art. 69 EPÜ, und auch das Auslegungsprotokoll zu Art. 69 EPÜ zu beachten ist. Da der Zertifikatsschutz le- 38 diglich *erzeugnisbezogen und zweckgebunden* gewährt worden ist, ist der Patentanspruch des Grundpatents dabei so zu fassen, als ob darin allein der im Zertifikat bezeichnete Wirkstoff genannt wäre und zwar für die zugelassene Verwendung des Wirkstoffs als Arzneimittel oder Pflanzenschutzmittel. Zur Auslegung des so gefassten Anspruchs sind die Beschreibung und die Zeichnungen des Grundpatents heranzuziehen (vgl. Busse, Anh § 16a, Rdn. 59). Nicht anders als bei einem deutschen oder europäischen Patent erstreckt sich der Schutzbereich eines Zertifikats auch auf **Äquivalente.** Dabei ist eine zweifache Prüfung erforderlich. Zum einen bedarf es der Feststellung, ob die angegriffene Ausführungsform gegenüber dem im Zertifikat bezeichneten Wirkstoff als ein Äquivalent angesehen werden kann, und zum anderen ist zu prüfen, ob sich die angegriffene Ausführungsform auch gegenüber dem Gegenstand des Grundpatents als äquivalent darstellt (a.A. Busse, Anh § 16a, Rn. 61, wonach nur auf den Schutzbereich des Grundpatents abzustellen ist). Die erstgenannte Prüfung ist erforderlich, weil der Zertifikatsschutz nur zweckgebunden erteilt worden ist und deshalb Äquivalenz gegenüber dem im Zertifikat angegebenen Wirkstoff für die zugelassene Verwendung als Arzneimittel oder Pflanzenschutzmittel vorliegen muss. Die zweitgenannte Feststellung ist notwendig, um für den Fall, dass der im Zertifikat angegebene Wirkstoff gegenüber dem Gegenstand des Grundpatents ein Äquivalent ist, auszuschließen, dass der Schutz des Zertifikats auf Äquivalente von Äquivalenten ausgedehnt wird (vgl. BGH, GRUR **98,** 363, 365 – Idarubicin I).

39 **g) Lizenz.** Art. 5 VO 1768/92, Art. 5 VO 1610/96 enthalten keine Regelung, ob sich Lizenzen am Grundpatent auch auf das Zertifikat erstrecken. Maßgeblich ist insoweit das nationale Recht (Mühlens Mitt. **93,** 213, 216). Bei deutschen Patenten und deutschen Teilen europäischer Patente ist insoweit § 16a Abs. 3 PatG einschlägig, wonach – als Auslegungsregel – Patentlizenzen an dem Schutzzertifikat fortgelten. Die Auslegungsregel gilt für einfache und ausschließliche Lizenzen. Gegenteiliges kann sich aus dem Inhalt des Vertrages ergeben. Im Zweifel, aber nicht notwendigerweise ist dem Lizenznehmer auch die erst während des Zertifikatsschutzes zugelassene Verwendung des Arzneimittels gestattet. Bei einer Übertragung des Rechts aus dem Zertifikat an einen Dritten greift zugunsten des Lizenznehmers über § 16a Abs. 2 der Sukzessionsschutz des § 15 Abs. 3 ein.

40 **h) Berechtigter.** Das (materielle) **Recht auf das Zertifikat** steht dem Inhaber des Grundpatents oder seinem Rechtsnachfolger zu, Art. 6 VO 1768/92, Art. 6 VO 1610/96. Die formelle Antragsberechtigung richtet sich bei Antragsverfahren vor dem DPMA nach der Eintragung in der Patentrolle, § 30 Abs. 3. Das Patentamt erteilt das Zertifikat dem zu diesem Zeitpunkt eingetragenen Inhaber des Grundpatents. Der Vindikationsberechtigte des Grundpatents kann vor seiner Eintragung in die Patentrolle das Recht *auf* die Erteilung des Zertifikats nicht geltend machen. Das Recht auf das Zertifikat folgt dem Recht am Grundpatent. Es kann auch ohne dieses übertragen werden (Busse, Anh § 16a, Rdn. 68; a.A. Vorauflage, Rdn. 13). Das Recht *aus* dem Zertifikat ist selbstständig verkehrsfähig und kann, was sich nach Ablauf des Patents schon von selbst versteht, ohne das Grundpatent übertragen werden, vgl. § 16a Abs. 2, § 15 Abs. 1.

Die Inhaberschaft an dem Zertifikat und an der arzneimittel- bzw. pflanzenschutzrechtlichen Genehmigung können auseinanderfallen (vgl. EuGH 23. 1. 1997 – C-181/95, GRUR Int. **97,** 363 – Biogen). Demnach ist es möglich, dass der Inhaber des Schutzzertifikats dem (personenverschiedenen) Inhaber der Genehmigung die Benutzung des Schutzzertifikats zwar untersagen kann, er aber an der Ausübung des eigenen Schutzzertifikats wegen Fehlens einer arzneimittel- oder pflanzenschutzrechtlichen Genehmigung gehindert ist.

Ist der beim DPMA eingetragene Inhaber nicht der materiell Berechtigte, kann der besser Berechtigte die Ansprüche aus § 7 Abs 1 auf Neuanmeldung bei widerrechtlicher Entnahme und aus § 8 auf Übertragung auch in Ansehung des Zertifikats geltend machen, § 16a.

41 **i) Anmeldung.** Das Anmeldeverfahren ist in den Art. 7–9 VO 1768/92, Art. 7–9 VO 1610/96 geregelt. Die Zertifikatsanmeldung ist bei der für den gewerblichen Rechtsschutz zuständigen Behörde des Mitgliedsstaates – in Deutschland beim Deutschen Patent- und Markenamt (DPMA), § 49a PatG, Art. II § 6a IntPatÜG (vgl. auch MittPräsDPA, BlPMZ 1993, 6, 169, 425) einzureichen, der das Grundpatent erteilt hat oder – bei einem europäischen Patent – mit Wirkung für den das Grundpatent erteilt worden ist und in dem die arzneimittelrechtliche Genehmigung für das Inverkehrbringen nach Art. 3 lit. b) VO 1768/92 bzw. Art. 3 Abs. 1 lit. b) VO 1610/96 erlangt wurde, jeweils Art. 9 Abs. 1 S. 1 VO 1768/92, VO 1610/96. Ein Hinweis auf die Zertifikatsanmeldung wird von der angerufenen Behörde bekannt gemacht, jeweils Art. 9 Abs. 2 S. 1. Die Anmeldefrist beträgt sechs Monate, gerechnet vom Zeitpunkt der Erteilung der Genehmigung für das Inverkehrbringen, jeweils Art. 7 Abs. 1. Das ist der Zeitpunkt der Genehmigung, wie er nach Art. 8 Abs. 1 lit. d) aus den Anmeldeunterlagen zu erse-

hen sein muss (BPatG, Mitt. **06,** 73, 75; vgl. BPatGE 35, 276, 278, zu Art. 13 Abs. 1 VO 1768/82; Busse, Anh. § 16a, Rn. 70; Sredl, GRUR **01,** 596, 598). Ist die Genehmigung vor der Erteilung des Grundpatents erfolgt, beginnt die Sechs-Monats-Frist mit der Erteilung des Patents, Art. 7 Abs. 2. Im letztgenannten Fall ist bei einem deutschen Patent der Tag des Erteilungsbeschlusses gem. § 49 PatG und bei einem europäischen Patent der Tag der Mitteilung nach Art. 97 Abs. 2 EPÜ entscheidend (Kellner, GRUR **99,** 805, 808). Demgegenüber auf das Wirksamwerden des Genehmigungsbescheids bzw. des Grundpatents abzustellen (so Schennen, a. a. O., Art. 7, Rdn. 3f.), ist mit dem Wortlaut von Art. 7 VO 1768, Art. 7 VO 1610/96 nicht vereinbar (vgl. BPatGE **35,** 276, 279, zu Art. 13 Abs. 1 VO 1768/92). Wenn ein Arzneimittel durch mehrere Grundpatente geschützt ist und für jeden Inhaber eines Grundpatents die Erteilung eines Zertifikates möglich ist, ist bei jedem Zertifikatsantrag u.a. die Einhaltung der Frist für die Einreichung der Anmeldung zu prüfen (BPatG 2. 3. 2000 – 15 W (pat) 23/99 – Purin).

Für die patentgeschützten Arznei- bzw. Pflanzenschutzmittel, deren erste Zulassung in der Gemeinschaft nach den in Art. 19 Abs. 1 VO 1768/92und Art. 19 Abs. 1 VO 1610/96 genannten Stichtagen aber vor dem Zeitpunkt des Inkrafttretens der VO 1768/92 (1. Januar 1993) bzw. der VO 1610/96 (8. Februar 1997) erfolgte, beginnt die Sechs-Monatsfrist mit dem Inkrafttreten der jeweiligen VO, Art. 19 Abs. 2.

Der grundsätzlich notwendige **Inhalt der Anmeldung** kann jeweils Art. 8 entnommen werden. Art. 8 schließt nicht aus, dass das nationale Recht darüber hinaus Angaben zwingend vorschreibt. Für Anmeldungen in Deutschland ist insoweit auf § 11 PatAnmV hinzuweisen. Zu den Einzelheiten der Anforderungen an die Anmeldung eines Schutzzertifikats s. § 49a, Rdn. 4).

j) Erteilung und Bekanntmachung. Erfüllen die Zertifikatsanmeldung und das Erzeugnis, 42
das Gegenstand der Anmeldung ist, die in der Verordnung festgelegten Voraussetzungen, so erteilt die zuständige Behörde das Zertifikat, Art. 10 Abs. 1 VO 1768/92, Art. 10 VO 1610/96, § 49a Abs. 2 PatG, vgl. zu den Einzelheiten bei § 49a Rdn. 9ff. Der Hinweis auf die Erteilung des Zertifikats – wie ggfls der Zurückweisung der Zertifikatsanmeldung – wird von Anmeldebehörde – in Deutschland: dem deutschen Patent- und Markenamt – bekannt gemacht und muss die in Art. 11 Abs. 1 VO 1758/92, Art. 11 Abs. 1 VO 1610/96 genannten Angaben enthalten. Die Eintragung des erteilten Zertifikats erfolgt im Patentregister, § 30 Abs. 1 PatG. Eine Schutzzertifikatsschrift wird nicht ausgegeben (vgl. MittPrsDPA Nr. 6/93 BlPMZ **93,** 169; MittPräsDPA Nr. 9/95 BlPMZ **95,** 229).

k) Gebühren. Die Mitgliedsstaaten können vorsehen, dass für die Zertifikatsanmeldung eine 43
Gebühr, Art. 8 Abs. 2, und für das Zertifikat Jahresgebühren zu entrichten sind, Art. 12 VO 1768/92, Art. 12 VO 1610/96. In Deutschland hat der Gesetzgeber von beiden Ermächtigungen Gebrauch gemacht, § 16a Abs. 1 S. 2 PatG. Die Anmeldegebühr richtet sich nach Nr. 311500 Gebührenverzeichnis zu § 2 Abs. 1 PatKostG (seit dem 1. 1. 2002: 300,– Euro) und die Jahresgebühren nach § 16a Abs. 1 S. 2 PatG i. V. m. Nr. 312210 bis 312250 des Gebührenverzeichnisses (seit dem 1. 1. 2002 im 1. Jahr des ergänzenden Schutzes: 2650,– Euro, im 2. Jahr: 2940,– Euro, im 3. Jahr: 3290,– Euro, im 4. Jahr: 3650,– Euro und im 5. Jahr: 4150,– Euro). Für Anmeldungen, die nach dem Inkrafttreten der VO 1768/92, aber vor Geltung des § 49a PatG eingereicht worden sind, fällt eine Anmeldegebühr nicht an.

l) Erlöschen und Nichtigkeit. Das Schutzzertifikat **erlischt** a) durch Zeitablauf, b) durch 44
Verzicht, c) bei nicht rechtzeitiger Zahlung der Jahresgebühr und d) wenn und solange das durch das Zertifikat geschützte Erzeugnis infolge Widerrufs der arzneimittel- oder pflanzenschutzrechtlichen Genehmigung oder Genehmigungen nicht mehr in Verkehr gebracht werden darf. Die Erlöschenstatbestände wirken *ex nunc* und können von der Erteilungsbehörde von Amts wegen oder auf Antrag eines Dritten festgestellt werden, Art. 14 VO 1768/92, Art. 14 VO 1610/96. Der **Erlöschensgrund des Art. 14 d)** liegt nur dann vor, wenn überhaupt keine Genehmigung für das Inverkehrbringen besteht. Sind mehrere Genehmigungen (vgl. Wortlaut „Genehmigungen") erteilt worden, erlischt das Zertifikat also erst mit dem Widerruf der letzten erteilten Genehmigung (Busse, Anh § 16a, Rdn. 100; Schennen, Verlängerung, Art. 14, Rdn. 5; Brändel, GRUR **01,** 875, 878). Wird nach dem Erlöschen des Zertifikats wegen Widerrufs aller erteilten Genehmigungen aber vor Ablauf des Zertifikats eine neue Genehmigung für das Erzeugnis erteilt, werden die Wirkungen des Zertifikats bis zu seinem Ablauf wieder begründet (Busse, Anh § 16a, Rdn. 101; Brändel, GRUR **01,** 875, 878). Art. 14d) setzt insoweit die Regelung in Art. 4 a. E. fort, wonach sich der Schutzgegenstand des Zertifikats auf alle diejenigen Verwendungen des Erzeugnisses als Arznei- bzw. Pflanzenschutzmittel erstreckt, die vor Ablauf des Zertifikats genehmigt wurden. Die Eingangsformulierung **„wenn und solange"** in Art. 14d) betrifft den Fall, dass die Genehmigung zunächst von der Behörde widerrufen wor-

den ist, der Widerrufsbescheid später jedoch wieder von der Behörde zurückgenommen oder von einem Gericht aufgehoben worden ist. Während nach einer Ansicht nur der rechtskräftige Widerruf der Genehmigung als Erlöschen i. S. v. Art. 14 d) anzusehen ist (Schennen, a. a. O., Art. 14 Rdn. 5, Mühlens, Mitt. **93,** 213, 218; Brändel, a. a. O., letztgenannter allerdings mit der Einschränkung, dass das Zertifikat solange keine Rechtswirkung entfaltet, wie die Genehmigung suspendiert worden ist), soll es nach anderer Ansicht zu einem vorläufigen Erlöschen kommen, solange die Genehmigung noch nicht rechtskräftig widerrufen worden ist, ein Vertrieb aber dennoch nicht erfolgen kann, weil der Widerruf kraft Gesetzes oder behördlicher Anordnung sofort vollziehbar ist, wie etwa in Deutschland nach § 30 Abs. 3 S. 2 AMG, § 80 Abs. 2 Nr. 3 und 4 VwGO (Busse, Anh § 16 a, Rdn. 101). Für die letztgenannte Ansicht spricht der Wortlaut der Vorschrift sowie das Argument, dass der Zertifikatsinhaber in der Zeit des „vorläufigen Erlöschens“ nicht schutzlos gestellt ist, weil auch die in dieser Zeit einem Dritten erteilte Verkehrsgenehmigung Zertifikatsschutz wieder entstehen lässt, wie sich aus Art. 4 a. E. ergibt. Eine *ex tunc* wirkende Rücknahme der Genehmigung i. S. v. § 28 VwVfG ist nicht als Widerruf nach Art. 14 d) anzusehen und führt folglich auch nicht zum Erlöschen des Zertifikats, weil es bereits von Anfang an an einer Erteilungsvoraussetzung gemäß Art. 3 b) VO 1768/92, Art. 3 b) VO 1610/96 gefehlt hat und das Zertifikat deshalb nichtig ist (Brändel, GRUR **01,** 875, 878; a. A. Busse, Anh § 16 a, Rdn. 102).

45 Das Zertifikat ist **nichtig,** wenn die rechtlichen Voraussetzungen für seine Erteilung gem. Art. 3 VO 1768/92, Art. 3 VO 1610/96 nicht gegeben waren oder das Grundpatent – gleich aus welchem Grund – vor Ablauf seiner Laufzeit erloschen ist; des Weiteren hat die Nichtigerklärung des Grundpatents wie dessen Beschränkung auf einen Gegenstand, der das zugelassene Arzneimittel nicht mehr erfasst, die Nichtigkeit des Zertifikats zur Folge, Art. 15 Abs. 1 VO 1768/92, Art. 15 Abs. 1 VO 1610/96.

46 Im Gegensatz zur Regelung der Nichtigkeitsgründe betreffend ein deutsches bzw. ein europäisches Patent in §§ 22, 21 PatG bzw. Art. 138 EPÜ sind die Nichtigkeitsgründe in Art. 15 Abs. 1 VO 1768/92, Art. 15 Abs. 1 VO 1610/96 ***nicht* abschließend** geregelt. Insbesondere ist ein Zertifikat – in analoger Anwendung von Art. 15 Abs. 1 lit. a VO 1768/92, Art. 15 Abs. 1 lit. a VO 1610/96 – auch dann für nichtig zu erklären, wenn es entgegen den Übergangsbestimmungen des Art. 19 Abs. 1 VO 1768/92, Art. 19 Abs. 1 VO 1610/96 erteilt worden ist (EuGH, 11. 12. 2003 – C-127/00, GRUR **04,** 225, 230 – Omeprazol; vgl. auch die Vorlagebeschl. des österr. OGH, GRUR Int. **99,** 464, 466 – Aciclovir, und des BGH, GRUR **00,** 392, 395 – Omeprazol; a. A. Brändel, GRUR **01,** 875, 879, der den Katalog der Nichtigkeitsgründe nach Art. 15 Abs. 1 für abschließend hält; vgl. auch Straus, GRUR Int. **01,** 591, 597 ff., der für den Fall, dass ein Zertifikat entgegen Art. 19 Abs. 1 VO 1768/92 erteilt worden ist, zugleich auch eine Verletzung nach Art. 3 VO 1768/92 annimmt, mit der Folge, dass der Nichtigkeitsgrund des Art. 15 Abs. 1 lit. a) VO 1768/92 in unmittelbarer Anwendung gegeben ist). Gleiches gilt für den Fall, dass ein Zertifikat erteilt worden ist, obwohl der Zeitraum zwischen der Einreichung der Anmeldung für das Grundpatent und dem Zeitpunkt der ersten Genehmigung für das Inverkehrbringen in der Gemeinschaft weniger als fünf Jahre betragen hatte (Schennen, a. a. O., Rdn. 2).

47 Die Nichtigkeitsfolge tritt nicht automatisch ein; es bedarf der Nichtigerklärung in einem förmlichen Verfahren. Die in dem jeweiligen Mitgliedsstaat zuständige Stelle entscheidet auch über den selbstständig gegen das Zertifikat gerichteten Nichtigkeitsantrag, Art. 15 Abs. 2 VO 1768/92, Art. 15 Abs. 2 VO 1610/96. Die gegen das zu einem deutschen Patent oder dem deutschen Anteil eines europäischen Patents erteilte Zertifikat gerichtete **Nichtigkeitsklage** ist beim Bundespatentgericht zu erheben, § 81 PatG. Die Nichtigkeitsklage kann allein gegen das Zertifikat oder in Verbindung mit einem Antrag auf Erklärung der Nichtigkeit des Grundpatents erhoben werden, § 81 Abs. 1 S. 3 PatG. Auch eine Verbindung unabhängig voneinander erhobener Nichtigkeitsklagen gegen das Grundpatent und das dazu erteilte Schutzzertifikat ist möglich. Allerdings kann das Rechtsschutzbedürfnis hinsichtlich der gegen das Grundpatent erhobenen Nichtigkeitsklage fehlen, wenn das Grundpatent bereits abgelaufen ist und auch nicht die Gefahr besteht, dass der Nichtigkeitskläger oder seine Abnehmer für die Zeit vor Erlöschen des Grundpatents wegen Verletzung desselben in Anspruch genommen werden (vgl. BPatGE **42,** 240, 242; Busse, Anh. § 16 a, Rdn. 106). Hingegen ist bei einer nach § 81 Abs. 1 S. 3 PatG allein gegen das Zertifikat gerichteten Klage auch nach Ablauf des Grundpatents das Rechtsschutzbedürfnis ohne weiteres gegeben, wenn jedenfalls das dazu erteilte Zertifikat noch nicht abgelaufen ist (Sredl, GRUR **01,** 596; soweit dies in Benkard-EPÜ, Art. 63, Rdn. 44 auch für eine nach § 81 Abs. 1 S. 3 PatG verbundene Klage vertreten wurde, wird diese Ansicht aufgegeben.). Die Verhandlung über eine gegen ein Zertifikat gerichtete Nichtigkeitsklage kann mit Rücksicht auf ein beim Europäischen Gerichtshof anhängiges Vorlageverfahren, das zwar ein anderes Zertifikat zum Gegenstand hat, aber dieselben Rechtsfragen zur Auslegung der VO 1768/92 betrifft, in entsprechender Anwendung des § 148 ZPO ausgesetzt werden (BPatGE **43,** 225 ff.). Die Nichtigerklärung des Zertifikats sowie die Erlöschenstatbestände – mit Ausnahme dem des Zeitablaufs – werden durch die Erteilungsbehörde *bekanntgemacht,* Art. 16 VO 1768/92, Art. 16 VO 1610/96.

m) Rechtsmittel Gegen die Entscheidungen der für die Einreichung der Zertifikatsanmeldung zuständigen Behörde – in Deutschland das DPMA – und der für die Nichtigerklärung zuständigen Stelle – in Deutschland das BPatG – können dieselben Rechtsmittel eingelegt werden, die nach einzelstaatlichen Rechtsvorschriften gegen entsprechende Entscheidungen auf dem Gebiet nationaler Patente vorgesehen sind – in Deutschland die Verfahren vor dem BPatG und dem BGH, § 16 a PatG i. V. m. §§ 65–99 PatG bzw. §§ 100–122 PatG –, Art. 17 VO 1768/92, Art. 17 Abs. 1 VO 1610/96. Zudem kann gegen die Entscheidung der Erteilung des Zertifikats ein Rechtsmittel eingelegt werden, das darauf abzielt, die Laufzeit des Zertifikats zu berichtigen, falls der gemäß Art. 8 in der Zertifikatsanmeldung enthaltene Zeitpunkt der ersten Genehmigung für das in Verkehr bringen in der Gemeinschaft unrichtig ist; das ergibt sich für die VO 1610/96 unmittelbar aus Art. 17 Abs. 2 und für die VO 1768/92 aus dem 17. Erwägungsgrund der VO 1610/96 i. V. m. Art. 17 Abs. 2 VO 1610/96. Damit ist nicht nur der Fall gemeint, dass die Laufzeit zum Nachteil des Anmelders zu kurz berechnet worden ist, sondern auch eine zu lange Berechnung der Laufzeit, deren Korrektur von einem Dritten in Deutschland im Wege der (Teil)Nichtigkeitsklage geltend gemacht werden kann, weil der Wortlaut der Vorschrift nicht zwischen einer zu kurzen und einer zu langen Berechnung differenziert (Busse, Anh § 16 a, Rdn 107, 112, 137; vgl. auch Schennen, Verlängerung, Art. 15, Rdn. 2). 48

n) Übergangsregelung. Nach Art. 19 Abs. 1 VO 1768/92 kann für jedes Erzeugnis ein Zertifikat erteilt werden, das zum Zeitpunkt des Beitritts durch ein in Kraft befindliches Patent geschützt ist und für das als Arzneimittel eine erste Genehmigung für das in Verkehr bringen in der Gemeinschaft oder in Österreich, Finnland oder Schweden nach dem 1. Januar 1985 erteilt worden ist. Für Dänemark, Deutschland und Finnland gilt statt des 1. Januar 1985 als Stichtag der 1. Januar 1988 und für Belgien, Italien und Österreich der 1. Januar 1982. Art. 19 Abs. 1 VO 1610/96 enthält für die Erteilung von Zertifikaten für Pflanzenschutzmittel eine Art. 19 Abs. 1 VO 1768/92 entsprechende Übergangsregelung, wobei der Stichtag für alle Mitgliedsstaaten einheitlich der 1. Januar 1985 ist. 49

In Erwägungsgrund 10 der VO 1768/92 hat der Rat die mit der Übergangsregelung des Art. 19 Abs. 1 verfolgten Ziele näher erläutert. Die Festlegung der Übergangsregelung muss in ausgewogener Weise erfolgen. Es muss der Pharmaindustrie in der Gemeinschaft ermöglicht werden, den Rückstand gegenüber ihren Hauptkonkurrenten, die seit mehreren Jahren über Rechtsvorschriften verfügen, die ihnen einen angemesseneren Schutz einräumen, zum Teil auszugleichen, und gleichzeitig darauf geachtet werden, dass die Verwirklichung anderer rechtmäßiger Ziele in Verbindung mit den sowohl auf nationaler als auch auf Gemeinschaftsebene verfolgten Gesundheitspolitiken nicht gefährdet wird. Die Übergangsregelung in Art. 19 verstößt weder gegen den allgemeinen Gleichheitssatz, wonach insbesondere vergleichbare Sachverhalte nicht unterschiedlich behandelt werden dürfen, sofern die unterschiedliche Behandlung nicht objektiv gerechtfertigt ist, noch gegen die sich aus Art. 190 EWG (heute Art. 253 EG) ergebende Verpflichtung zur Begründung von Verordnungen. Die Festsetzung unterschiedlicher Stichtage je nach Mitgliedstaat ist gerechtfertigt, weil jeder dieser Zeitpunkte Ausdruck der Einschätzung des einzelnen Mitgliedstaats u. a. entsprechend seinem Gesundheitssystem ist, dessen Organisation und Finanzierung sich von einem Mitgliedstaat zum andern ändern. Der Begründungspflicht wird insbesondere durch Erwägungsgrund 10 Rechnung getragen (EuGH, 11. 12. 2003 – C-127/00, GRUR **04,** 225, 227 f. – Omeprazol; vgl. auch BGH, GRUR **00,** 392, 395 – Omeprazol (Vorlagebeschluss); Sredl, GRUR **01,** 596, 599; Straus, GRUR Int. **01,** 591, 596). 50

Unter einer „ersten Genehmigung für das in Verkehr bringen (als Arzneimittel bzw. Tierarzneimittel) in der Gemeinschaft" ist **nur** eine **arzneimittelrechtliche Genehmigung** im Sinne der RL 65/65/EWG bzw. RL 2001/83/EG und der RL 81/851/EWG bzw. RL 2001/82/EG zu verstehen (EuGH, a. a. O., 228 f. – Omeprazol; Busse, Anh § 16 a, Rdn. 117; Straus, GRUR Int. **01,** 591, 593, vgl. Art. 2 VO 1768/92). Auf in dem betreffenden Mitgliedstaat zusätzlich erforderliche Genehmigungen, etwa preisrechtlicher Art oder betreffend die Erstattungsfähigkeit der Kosten für das betreffende Arzneimittel durch den Träger der Sozialversicherung, kommt es nicht an (vgl. EuGH, a. a. O., 229 – Omeprazol). Denn die VO 1768/92 befasst sich nur mit denjenigen Nachteilen, die den Inhabern von Patenten für Arzneimittelwirkstoffe dadurch entstehen, dass die betreffenden Arzneimittel einer Genehmigungspflicht nach den genannten EWG-Richtlinien unterliegen, also aus Gründen der Abwehr von Gefahren für die Volksge- 51 sundheit einer arzneimittelrechtlichen Zulassung bedürfen, Art. 2. Andere Erfordernisse haben in diesem Zusammenhang keine Bedeutung (vgl. Art. 3 Abs. 2 RL 65/65/EWG i. d. F. d. Art. 1 Nr. 1 der RL 93/39/EWG, ABl. L 214, 22, Art. 4 Abs. 3 RL 2001/83/EG, ABl. L 311, 67; EuGH 26. 1. 1984 – C 301/82, Slg. **84,** 251, 259, Rn. 9 – SA Clin-Midy; BGH, a. a. O., 394 – Omeprazol [Vorlagebeschluss]). Nichts rechtfertigt es daher, dem Begriff der ersten Genehmigung für das in Verkehr bringen im Rahmen des Art. 19 Abs. 1 eine andere Bedeutung beizumessen als in Art. 3 lit. b) zumal sich aus Art. 8 Abs. 1 lit a (iv) und lit. c ergibt, dass die in Art. 3 lit b erwähnte erste Genehmigung für das in Verkehr bringen auch die erste Genehmigung für das in Verkehr bringen in der Gemeinschaft sein kann. Allein diese Auslegung genügt auch dem Erfordernis der Rechtssicherheit (EuGH, a. a. O., 229 – Omeprazol). In Art. 19 Abs. 1 VO 1610/96 ist ausdrücklich geregelt, dass mit einer ersten Genehmigung für das in Verkehr bringen als Pflanzenschutzmittel in der Gemeinschaft eine Genehmigung gemäß Art. 4 der Richtlinie 91/414/EWG oder einer gleichwertigen Rechtsvorschrift eines Mitgliedsstaates gemeint ist.

52 Die **Genehmigung** für das in Verkehr bringen eines Erzeugnisses als **Tierarzneimittel** in einem Mitgliedstaat vor dem nach Art. 19 Abs. 1 VO 1768/92 maßgeblichen Stichtag schließt nicht nur die Erteilung eines Schutzzertifikats für dieses Erzeugnis in einem Mitgliedstaat auf Grund dieser tierarzneimittelrechtlichen Genehmigung aus, sondern auch die Erteilung eines Schutzzertifikats in einem Mitgliedstaat für dasselbe Erzeugnis auf der Grundlage einer erst nach dem nach Art. 19 Abs. 1 maßgeblichen Stichtag erteilten **Genehmigung** für das in Verkehr bringen des Erzeugnisses als **Humanarzneimittel** (und umgekehrt) (EuGH, 19. 10. 2004 – C-31/03, GRUR **05,** 139, 140 – Pharmacia; BGH, GRUR **05,** 405 – Cabergolin II; vgl. auch BGH, GRUR **03,** 599 – Cabergolin I (Vorlagebeschluss), BPatGE **44,** 69 – Cabergolin). Denn weder dem Wortlaut von Art. 19 Abs. 1 noch den übrigen Vorschriften oder den Erwägungsgründen der Verordnung (vgl. insbesondere Art. 1 lit. a, 2, 3 lit. b, 8 Abs. 1 lit. b und 14 lit. d) kann ein Anhalt dafür zu entnommen werden, dass die VO 1768/92 bei der ersten Genehmigung für das in Verkehr bringen in der Gemeinschaft zwischen human- und tierarzneimittelrechtlichen Genehmigungen unterscheidet (vgl. EuGH, a. a. O., Rdn. 16 ff.). Die gegenteilige Ansicht würde insbesondere bei Art. 13 VO 1768/92 zu unterschiedlichen Laufzeit der Schutzzertifikate führen, je nachdem ob dem Erteilungsverfahren eine Zulassung des Erzeugnisses als Human- oder als Tierarzneimittel zugrunde liegt, was mit Sinn und Zweck der Vorschrift, den Ablauf des Zertifikatsschutzes im Interesse des Binnenmarktes zu vereinheitlichen, zuwider läuft.

53 Bei der Prüfung von Art. 19 Abs. 1 ist es unerheblich, ob die erste Genehmigung in dem Mitgliedsstaat erteilt worden ist, in dem das Schutzzertifikat beantragt wird. Abzustellen ist vielmehr auf die erste Genehmigung, die überhaupt in einem beliebigen der Mitgliedsstaaten erteilt worden ist (EuGH, a. a. O., 229 f. – Omeprazol; vgl. auch BGH, a. a. O., 394 – Omeprazol [Vorlagebeschluss]). Denn nur dann ist gewährleistet, dass – wie der EuGH im Urteil vom 12. 6. 1997 – C-110/95, GRUR Int. **97,** 910, Rdn. 24 – Yamanouchi Pharmaceutical, aus Art. 8 Abs. 1 lit. a (iv) und b, Art. 9 Abs. 2 lit. d und 11 Abs. 1 lit. d VO Nr. 1768/92 gefolgert hat – die erste Genehmigung für das in Verkehr bringen in der Gemeinschaft nicht die Genehmigung für das in Verkehr bringen nach Art. 3 lit. b VO Nr. 1768/92 ersetzt, sondern eine zusätzliche Voraussetzung für den Fall darstellt, dass die letztgenannte Genehmigung nicht die erste Genehmigung für das in Verkehr bringen des Erzeugnisses als Arzneimittel in der Gemeinschaft ist (EuGH, a. a. O., 229 – Omeprazol). Dieses Normverständnis entspricht zudem dem in Erwägungsgrund 6 angestrebten Zweck, auf Gemeinschaftsebene eine einheitliche Lösung zu finden. Denn nur diese Auslegung kann mit Rücksicht auf die Art und Weise der Berechnung der Laufzeit des Zertifikats gem. Art. 13 VO Nr. 1768/92 gewährleisten, dass die Ausweitung des durch das Patent gewährten Schutzes im Zusammenhang mit dem unter das Zertifikat fallenden Erzeugnis in allen Mitgliedstaaten, in den das Zertifikat erteilt wurde zum selben Zeitpunkt endet (EuGH, a. a. O, 230 – Omeprazol). Entsprechendes gilt bei Art. 19 Abs. 1 VO 1610/96.

Bei einem Schutzzertifikat für Arzneimittel muss die erste Genehmigung nach dem 1. Januar 1985 in der Gemeinschaft oder (in einem der nach diesem Zeitpunkt beigetretenen Mitgliedsstaaten) Österreich, Finnland oder Schweden erteilt worden sein, Art. 19 Abs. 1 Satz 1 VO 1768/92. Für die in Dänemark, in Deutschland und in Finnland zu erteilenden Zertifikate tritt allerdings an die Stelle des 1. Januar 1985 der 1. Januar 1988 und für die in Belgien, in Italien und in Österreich zu erteilenden Zertifikate an die Stelle des 1. Januar 1985 der 1. Januar 1982, Art. 19 Abs. 1 Sätze 2 und 3 VO 1768/92. Das bedeutet beispielsweise, dass für ein Erzeugnis, für das die erste Genehmigung in Deutschland am 2. Januar 1982 erteilt worden ist, Zertifikate allein in Belgien, in Italien und in Österreich und für ein Erzeugnis, für das die erste Genehmigung in Deutschland am 2. Januar 1985 erteilt worden ist, Zertifikate in allen Mitgliedsstaaten außer in Dänemark, Deutschland und Finnland erteilt werden können. Das gilt selbst dann, wenn etwa in Dänemark und Finnland die jeweils erste nationale Genehmigung nach dem 1. Januar 1988 erteilt worden ist (Straus, GRUR Int. **01,** 591, 595).

Die Übergangsregelung in Art. 19 Abs. 1 VO 1768/92, lässt das in Art. 3 lit. b aufgestellte Erteilungserfordernis, dass zum Zeitpunkt der Anmeldung in dem Mitgliedsstaat, in dem das Schutzzertifikat beantragt wird, eine gültige Genehmigung für das in Verkehr bringen des Erzeugnisses als Arzneimittel gem. der Richtlinie 65/65/EWG bzw. der Richtlinie 81/851/EWG erteilt worden sein muss, unberührt (EuGH 12. 6. 1997 – C-110/95, GRUR Int. **97,** 908 (910) – Yamanouchi Pharmaceutical). Entsprechendes gilt für die Übergangsregelung in Art. 19 Abs. 1 1610/96. **54**

Ist der Zeitpunkt der ersten Genehmigung für das in Verkehr bringen in der Gemeinschaft falsch festgestellt worden, liegt jedoch **nach** dem in Art. 19 Abs. 1 VO 1768/92 festgestellten Stichtag, muss lediglich das Ende der Laufzeit des Zertifikats berichtigt werden (vgl. Erwägungsgrund 17 und Art. 17 Abs. 2 VO Nr. 1610/96). Ist dagegen der Zeitpunkt der ersten Genehmigung für das in Verkehr bringen in der Gemeinschaft falsch festgestellt worden und stellt sich heraus, dass er **vor** dem in Art. 19 Abs. 1 VO 1768/92 festgelegten Stichtag liegt, so dass gegen diesen Art. verstoßen wurde, muss das Zertifikat nach Art. 15 dieser Verordnung für nichtig erklärt werden (EuGH, a. a. O., 230 – Omeprazol, vgl. auch österr. OGH, GRUR Int. **99,** 464, 466 – Aciclovir [Vorlagebeschluss]; BGH, a. a. O., 395 f. – Omeprazol [Vorlagebeschluss]; BPatG 6. 12. 1997 – 3 Ni 23/96). Ein Verstoß gegen Art. 19 ist vergleichbar mit der Erteilung des Zertifikats unter Verstoß gegen Art. 3, was nach Art. 15 Abs. 1 lit a) die Nichtigkeit des Zertifikats zur Folge hat. Eine solche Folge der Nichtbeachtung des in Art. 19 Abs. 1 VO 1768/92 festgelegten Stichtags ist auch dann geboten, wenn dem Wortlaut oder der Entstehungsgeschichte des Art. 15 dieser Verordnung nicht entnommen werden kann, dass der Katalog der darin genannten Gründe für die Nichtigkeit des Zertifikats nicht abschließend ist (EuGH, a. a. O., 230 – Omeprazol).

Vorbemerkungen zu § 17: Patentkostenrecht

Inhaltsübersicht

Literaturhinweis: Sennewald, Die Gebühren in Patentsachen, Mitt. **32,** 2; Ballhaus, Das Kostenrecht des Deutschen Patentamts und des Bundespatentgerichts, Mitt. **62,** 1 ff., 41 ff.; Bendler, Zur Rechtzeitigkeit der Zahlung der Beschwerdegebühr, Mitt. **62,** 98; Bruckner, Verjährung von Warenzeichenkosten, Mitt. **79,** 161. Zur ergänzenden Information vgl. auch das vom Patentamt herausgegebene Kostenmerkblatt (Stand Januar 2005, dpma.de/formulare/

a9510.pdf), mit Übersicht über weitere Rechtsquellen. Zum Gebührenrecht des EPA: Benkard/Schäfers EPÜ (2002), Erl. zu Art. 51.

1 **1. Kostenrecht des Patentamts: Rechtsquellen, Grundlagen.** Rechtsquellen für das derzeitig geltende Kostenrecht des Patentamts sind: (a) Das Gesetz über die Kosten des Deutschen Patent- und Markenamts und des Bundespatentgerichts (**Patentkostengesetz** – PatKostG) v. 13. 12. 2001, das als Artikel 1 des als Rahmen fungierenden „Gesetzes zur Bereinigung von Kostenregelungen auf dem Gebiet des geistigen Eigentums" vom 13. 12. 2001, BGBl. I 3656 erlassen und im Wesentlichen – d. h. – mit Ausnahme der Verordnungsermächtigungen – am 1. Januar 2002 in Kraft getreten ist; die Verordnungsermächtigungen sind bereits am Tage nach der Verkündung des Gesetzes in Kraft getreten, Art. 30 Abs. 1 und Abs. 2 Nr. 5 des Rahmengesetzes. (b) Die Verordnung über Verwaltungskosten beim Deutschen Patent- und Markenamt (**DPMA-Verwaltungskostenverordnung** – DPMAVwKostV) vom 15. 10. 1991, BGBl. I S. 2013, zuletzt geändert durch die Zehnte Verordnung zur Änderung der DPMA-Verwaltungskostenverordnung vom 5.12. 2005, BGBl. I 3386, in Kraft am 1. 1. 2006. (c) Die Verordnung über die Zahlung der Kosten des Deutschen Patent- und Markenamts und des Bundespatentgerichts (**Patentkostenzahlungsverordnung** – PatKostZV) vom 15. 10. 2003, BGBl. I 2083 = Bl 2003, 409, die mit Wirkung vom 1. 1. 2004 in Kraft getreten ist. Für die Vollstreckung von Titeln über Kosten und Auslagen von DPMA und BPatG findet die Justizbeitreibungsordnung vom 11. 3. 1937, RGBl S. 298, zuletzt geändert durch Ges. v. 15. 7. 1994, BGBl. I S. 1566, Anwendung, auf die hier aber nicht näher eingegangen wird (vgl. dazu Hartmann, Kostenrecht, 34. Aufl., 2004).

2 Bei der **Auslegung des PatKostG** ist zu beachten, dass das Gesetz eine Reihe von Anleihen bei der DPMA-Verwaltungskostenverordnung gemacht hat, so dass beide Rechtsinstrumente parallele Vorschriften aufweisen. Die Abgrenzung des jeweiligen Anwendungsbereichs ergibt sich aus § 1 Abs. 1 PatKostG und § 1 der Verordnung. Ein weiterer enger Zusammenhang zwischen den beiden Rechtsinstrumenten wird dadurch hergestellt, dass die Ermächtigungsgrundlage für die Verordnung nunmehr in § 1 Abs. 2 Nr. 1 PatKostG konsolidiert worden ist. Dadurch kann die wort- und verweisungsreiche Präambel der Verordnung seither wesentlich gestrafft werden, vgl. bereits die Einleitungsformel der Achten VO zur Änderung der DPMA-Verwaltungskostenverordnung vom 18. 12. 2003, BGBl. I 2751. Im Folgenden wird eine Übersicht über die beiden Rechtsinstrumente gegeben, soweit sie für den Bereich des Patentrechts oder im Sinne eines „Allgemeinen Teils" des Kostenrechts für die vorliegende Kommentierung von Interesse sind. Wegen der häufig auftretenden Querschnittprobleme ist dabei auch die Rechtsprechung der Warenzeichen-Senate des Bundespatentgerichts und des I. Zivilsenats des BGH berücksichtigt, die häufiger mit Kostenfragen befasst sind als die Technischen Senate des BPatG bzw. der X. Zivilsenat des BGH. Die Zeit seit dem Inkrafttreten des PatKostG ist im Übrigen noch zu kurz, ein begründetes Urteil darüber abzugeben, ob die Kodifizierung als geglückt und der Wegfall der Rechtsgrundlagen für die Erhebung von Gebühren in den Einzelgesetzen als Beitrag zur Rechtssicherheit und Rechtsklarheit angesehen werden kann.

3 Das **Patentkostengesetz** ist bereits **mehrfach geändert** worden, durch Art. 4 des Transparenz- und Publizitätsgesetzes vom 19. 7. 2002, BGBl. I 2686 m. W. v. 26. 7. 2002; durch Artikel 2 Abs. 12 des Geschmacksmusterreformgesetzes v. 12. 3. 2004, BGBl. I 390, m. W. v. 1. 6. 2004 (Anpassung an das neue Geschmacksmusterrecht, Änderungen im GebVerz. auch zum patentrechtlichen Beschwerdeverfahren, Gebührenfreiheit in Verfahrenskostenhilfeangelegenheiten); durch Art. 4 Absatz 47 des Kostenrechtsmodernisierungsgesetzes vom 5. 5. 2004, BGBl. I, 718 m. W. v. 1. 7. 2004 (Änderung in § 2 Abs. 2 und § 12); durch Art 3 des Gesetzes zur Änderung des Patentgesetzes und anderer Vorschriften des gewerblichen Rechtsschutzes vom 9. 12. 2004, BGBl. I 3232 m. W. v. ab 1. 1. 2005 (Änderung in GebVerz Nr. 332 100, Neufassung von 336 300). Im Juli 2005 hat das BMJ einen **Referentenentwurf zur Änderung des Einspruchsverfahrens und des Patentkostengesetzes** vorgelegt. Das Gesetz soll geändert und ergänzt werden, weil die praktische Anwendung nach den nunmehr vorliegenden Erfahrungen beim DPMA und beim BPatG vereinzelt Probleme aufgeworfen habe, die behoben werden sollten. So soll § 3 Abs. 1 übersichtlicher gegliedert und der Begriff der „sonstigen Handlung" näher aufgeschlüsselt werden. Er würde insbesondere die Einlegung von Rechtsbehelfen und Rechtsmitteln, die Erklärung eines Beitritts zum Einspruchsverfahren und die Einreichung einer Klage einschließen. In § 8 sollen die Zuständigkeiten für den Kostenansatz klarer definiert werden. In § 10 Abs. 2 sollen die Wörter „oder die Handlung als nicht vorgenommen" gestrichen werden. In § 11 Abs. 2 Satz 1 soll die Wertgrenze für die Beschwerde entfallen. Im Übrigen soll es einige Folgeänderungen zu der Neugestaltung des Einspruchsverfahrens geben. Außerdem werden einige neue Gebührentatbestände eingeführt, so für den Beitritt zum Einspruchs- bzw. Einspruchsbeschwerdeverfahren, für den Antrag auf patentgerichtliche Ent-

scheidung nach § 61 Abs. 2 (Fassung des RegE) sowie für die erfolglose Erthebung einer Anhörungsrüge gegen eine Entscheidung des BPatG nach § 321a ZPO (s. Rdn. 6a zu § 99), Art. 6 Nr. 6 RegE. Die BReg hat inzwischen den entsprechenden Gesetzentwurf beschlossen und den gesetzgebenden Körperschaften zugeleitet: s. BT-Drs. 16/735 vom 21. 2. 2006.

2. Patentkostengesetz. Allgemeines. Das PatKostG ist als eine Art Kodifikation des Kostenrechts angelegt und belässt nur einige schutzrechtsspezifische Regelungen in den schutzrechtlichen Einzelgesetzen, so z. B. die über die Patentjahresgebühren in § 17 Abs. 1 PatG. Ausweislich des RegE zum Gesetz (BT-Drs. 14/6203) sollten mit dem Gesetz alle Maßnahmen getroffen werden, die für eine umfassende Modernisierung der Arbeits- und Ablauforganisation im DPMA, insbesondere der Schutzrechtsverwaltung und des Zahlungsverkehrs des DPMA sowie des Bundespatentgerichts erforderlich waren. Daneben enthielt der Entwurf hinsichtlich der Amts- und Gerichtsgebühren einige notwendige Strukturänderungen sowie die Euro-Umstellung in den Gesetzen zum Schutz des geistigen Eigentums. Um die Folgekosten, die bei jeder Gebührenänderung anfallen (Programm-Änderungen, neue Formulare, Umorganisationen), gering zu halten, sollten ferner einige Gebührenstrukturänderungen und die Neufestsetzung der Gebühren in Euro gleichzeitig in Kraft treten. Weil hierfür in sämtlichen Gesetzen zum Schutz des gewerblichen Eigentums die Gebührenzahlungsvorschriften und Kostenermächtigungen aufgehoben oder geändert werden mussten, wurden gleichzeitig mit dem Entwurf weitere notwendige Änderungen vorgenommen, wie die rechtliche Vorbereitung von Veröffentlichungen in elektronischer Form. Entsprechend der umfassenden Novellierungsabsicht wurde auch das Patentgebührengesetz aufgehoben, Art. 28 Nr. 3 des Rahmengesetzes v. 13. 12. 2001. 4

Als wesentliches Element der Vereinfachung und Vereinheitlichung der Kostenregelungen für die gewerblichen Schutzrechte strebt das PatKostG an, die **Kostenvorschriften** in einem Kodifikat zu **konzentrieren.** Im Gegenzug wurden die teilweise unterschiedlichen Regelungen aus den Einzelgesetzen (Patentgesetz, Gebrauchsmustergesetz, Markengesetz, Geschmacksmustergesetz) gestrichen. Nur wenige schutzrechtsspezifische Kostenregelungen sind in den Einzelgesetzen verblieben. Außerdem sollten wichtige Empfehlungen der Sachverständigenkommission für Gebührenstrukturfragen im Bereich des Deutschen Patentamts und des Bundespatentgerichts vom 26. Mai 1994 umgesetzt werden. 5

Der **Kostenbegriff** des PatKostG und der zu seiner Ausführung ergangenen Verordnungen umfasst die Gebühren und die Auslagen des DPMA und die Gebühren des BPatG. Für die Auslagen des BPatG gilt dagegen ausschließlich das GKG 2004. Es handelt sich also um die Gebühren, die den beiden genannten Organen in den patentrechtlichen Verfahren zufließen bzw. in diesen Verfahren angefallen sind. Dieser Begriff ist mithin nicht identisch mit dem in § 62 Abs. 1 Satz 1 PatG verwandten Kostenbegriff, da hier zwar auch die Auslagen des Patentamts einbezogen werden, im Übrigen aber auch die den Beteiligten erwachsenen Kosten, insbesondere die eigenen Aufwendungen der Verfahrensbeteiligten die Vertretervergütungen und etwaige Reisekosten der Vertreter und der Beteiligten gehören. 6

Bei den Gebühren handelt es sich um **öffentlich-rechtliche Geldleistungen,** die aus Anlass einer individuell zurechenbaren öffentlichen Leistung den Trägern öffentlicher Gewalt für die Inanspruchnahme ihrer Dienstleistungen durch die Anmelder, Patentinhaber und sonstigen Verfahrensbeteiligten geschuldet werden. Sie müssen grundsätzlich dem Äquivalenzprinzip entsprechen. Vgl. dazu § 3 S. 1 Verwaltungskostengesetz und BVerfG v. 19. 3. 2003, 2 BvL 2/98 pp (http://www.bverfg.de/entscheidungen/ls20030319_2bvl000998.html, Abs. 43), BVerfGE **50,** 217 [226]; **97,** 332 [345]). Sie sind jedenfalls auch dazu bestimmt, in Anknüpfung an diese Leistung die Kosten der Träger öffentlicher Gewalt zu decken. Für den Patentbereich gilt dieses Prinzip allerdings nur eingeschränkt. Nach der Systematik des deutschen Patentgebührenrechts werden für die Tätigkeiten der öffentlichen Organe relativ geringe Gebühren gefordert, soweit es sich um die Verfahren auf Erteilung eines Patents, um Einspruchs- oder Beschränkungsverfahren oder Beschwerdeverfahren vor dem BPatG handelt. Die entsprechenden Gebühren sind alles andere als kostendeckend und, z. B. auch im Verhältnis zu den Gebühren des EPA, sehr günstig für den Anmelder kalkuliert. Dies beruht darauf, dass zum Ausgleich für die niedrigen Verfahrensgebühren die Gebühren für die Aufrechterhaltung der Schutzrechte (Jahresgebühren) relativ hoch angesetzt sind, vor allem wenn man den Gesamtbetrag der Jahresgebühren für Patente über die volle Schutzdauer oder zusätzlich die Jahresgebühren für ergänzenden Schutzzertifikate in Rechnung stellt. Hier besteht praktisch keinerlei Äquivalenz, da der Verwaltungsaufwand des DPMA für die Verwaltung der Schutzrechte einschließlich der mit Wirkung für die Bundesrepublik Deutschland erteilten europäischen Patente relativ gering ist. Diese Verlagerung der Gebührenlast zugrunde liegenden rechtspolitischen Erwägungen sind jedoch tragfähig und halten verfassungsrechtlichen Angriffen stand, weil sie aus einer Gesamtbetrachtung des Systems und wegen des vom Patent- 7 recht ausgehenden Anreizes zur Offenbarung von technischen Innovationen in Form von Patentanmeldungen im Interesse des Gemeinwohls gerechtfertigt werden können. Dass die erfolgreichen Anmelder, deren Anmeldung zum Schutzrecht führt, auch die erhebliche Anzahl erfolgloser Anmelder mitfinanziert, liegt ebenfalls im Rahmen einer Gesamtbetrachtung des Systems.

8 Die Gebührentatbestände begründe auch **wirkliche öffentlich-rechtliche Verpflichtungen,** wenn der Verpflichtungscharakter auch bestimmten Einschränkungen unterliegt. Das Gesetz gestattet zwar dem Betroffenen weitgehend, einen Antrag durch Nichtzahlung der Gebühr nicht wirksam werden zu lassen oder die Wirkungen des Antrags zu beseitigen und sich dadurch von der fälligen Gebührenschuld freizustellen (vgl. unten Rdn. 19, 20; Schulte, Rdn. 10 vor § 17 und Rdn. 7–13 zu § 1 PatKostG). Das ändert jedoch nichts daran, dass es sich um eine echte Verpflichtung handelt, die freilich nur unter bestimmten Voraussetzungen erzwingbar ist (vgl. unten Rdn. 21). Dass es sich um eine echte Verbindlichkeit handelt, folgt nicht nur daraus, dass das Gesetz ausdrücklich die Verpflichtung zur Zahlung ausspricht (ist zu entrichten). Es sieht auch in § 137 die Aufhebung der Verfahrenskostenhilfe und als deren Folge die Nachzahlung der Kosten vor und begründet damit nicht eine bis dahin nicht bestehende Verpflichtung, sondern regelt nur den Zeitpunkt der Zahlung. Es sah ferner in § 23 Abs. 4 Satz 7 die Einziehung gestundeter Gebühren vor und ging damit ersichtlich von einer bestehenden Verpflichtung aus. Schließlich bestimmt § 1 Abs. 5 der Justizbeitreibungsordnung (JBeitrO), dass die Gebühren und Auslagen des Patentamts nach diesem Gesetz beigetrieben werden. Das Bestehen einer rechtlichen Verpflichtung kann daher nicht bezweifelt werden (vgl. dazu für die Patentjahresgebühren auch BGH GRUR **71,** 563, 565 – Dipolantenne).

9 **a) Geltungsbereich, Verordnungsermächtigungen.** Nach § 1 Abs. 1 PatKostG werden die Gebühren des DPMA und des Bundespatentgerichts nach diesem Gesetz erhoben, soweit gesetzlich nichts anderes bestimmt ist. Für Auslagen in Verfahren vor dem Bundespatentgericht wird in Abs. 1 Satz 2 klargestellt, dass hier das GKG anwendbar ist. In § 1 Abs. 2 PatKostG werden dem BMJustiz generell formulierte Verordnungsermächtigungen zur näheren Ausgestaltung des Kostenrechts für Verfahren vor dem DPMA hinsichtlich der Auslagen und Verwaltungskosten und für die Festlegung der Zahlungswege für die an das DPMA und das Bundespatentgericht zu zahlenden Kosten einschließlich von Bestimmungen über den Zahlungstag eingeräumt. Die Ermächtigungen sind durch die DPMA-Verwaltungskostenverordnung (siehe oben) und die Patentkostenzahlungsverordnung (siehe oben) ausgeschöpft bzw. umgesetzt worden. Wegen der neuen Ermächtigungsgrundlage konnte § 28 Abs. 2 PatG aufgehoben werden.

10 **b) Gebührenverzeichnis.** § 2 Abs. 1 PatKostG legt fest, dass Gebühren nach dem Gebührenverzeichnis der Anlage zu erheben sind. Die Begründung des RegE führt dazu aus, dass nur das GebVerz festlege, ob eine Gebühr erhoben wird oder nicht. Die Grundlagen für die Erhebung der wichtigsten, jedenfalls ertragreichsten Gebühren (z. B. die Jahresgebühren für Patentanmeldungen und Patente) verbleiben allerdings nach wie vor in den Einzelgesetzen über Schutzrechte des industriellen Eigentums. Die Gebühren für Patentsachen vor dem Patentamt beginnen mit dem Anmeldeverfahren und der dabei anfallenden Anmeldegebühr (GebVerz 311 000/311 100 für elektronische und Papieranmeldungen) und leiten über zu dem Prüfungsverfahren mit der Prüfungsantragsgebühr und ggf. der gesonderten Rechercheantragsgebühr (GebVerz Nr. 311 300 oder 311 400) und den Jahresgebühren z. B. für die Aufrechterhaltung von Patenten und Patentanmeldungen (GebVerz. 312 030 bis 312 207) bis hin zu den Beschwerdeverfahren vor dem BPatG mit den Beschwerdegebühren (GebVerz. 401 100, 401 300), die aber bereits den Gebühren des Bundespatentgerichts zugeordnet sind. Der Normgebühr in patentrechtlichen Beschwerdeverfahren, die nach GebVerz. 401 300 200 EUR beträgt, ist eine erhöhte Gebühr für Beschwerden nach § 73 Abs. 1 PatG „gegen die Entscheidung der Patentabteilung über den Einspruch“ vorangestellt; eine Differenzierung nach Verfahrenskonstellation (z. B. „Zulässigkeit oder Unzulässigkeit des Einspruchs“ und Sachentscheidung über die Aufrechterhaltung oder den Widerruf des Patents“) findet dabei nicht statt. Beschwerden in Verfahrenskostenhilfesachen und Beschwerden nach § 11 Abs. 2 PatKostG und § 11 Abs 2 der DPM-Verwaltungskostenverordnung werden ausdrücklich für gebührenfrei erklärt.

11 Für **Klageverfahren und Verfahren über einstweilige Verfügungen** vor dem Bundespatentgericht werden Gebühren nach dem **Streitwert** erhoben. Bei den Klageverfahren (GebVerz Nrn 402 100 bis 402 320), handelt es sich um die Klagen auf Nichtigerklärung eines Patents und wegen Erteilung oder Rücknahme einer Zwangslizenz oder wegen der Anpassung der durch Urteil festgesetzten Vergütung für eine Zwangslizenz. Bei den Verfahren über einstweilige Verfügungen handelt es sich um Anträge auf Benutzung der Erfindung nach § 85 Abs. 1, wobei der Verlauf und die Beendigung des jeweiligen Verfahrens den Gebührensatz bestimmt. Die Höhe der Gebühr bestimmt sich nach § 34 Abs. 2 GKG, § 2 Abs. 2 PatKostG

(die ursprüngliche Verweisung auf § 11 GKG ist durch Art. 4 Abs. 47 Nr. 1 des Kostenrechtsmodernisierungsgesetzes v. 5. 5. 2004, BGBl I 718, geändert worden). Maßgebend ist hier also der Streitwert des Verfahrensgegenstandes. Maßgeblich für die Gebührenhöhe ist im Übrigen der Streitwert, der vom Bundespatentgericht festsetzt wird. Die weiteren Schritte folgen den Vorschriften des Gerichtskostengesetzes. § 144 über die Herabsetzung des Streitwerts wird ausdrücklich für entsprechend anwendbar erklärt.

c) Fälligkeit der Gebühren. § 3 PatKostG regelt die Fälligkeit der Gebühren. Fälligkeit meint normalerweise den Zeitpunkt, von dem an der Gläubiger einer Leistung verlangen kann und der Schuldner die geschuldete Leistung erbringen muss, § 271 BGB. Dabei ist aber zu beachten, dass es sich bei Gebührenforderungen öffentlich-rechtlicher Natur als Gegenwert für amtliches Handeln nur begrenzt um erzwingbare Ansprüche handelt. Außerdem stellt das Gesetz entweder durch Einzeltatbestände oder durch die allgemeine Regelung in § 6 PatKostG eine Frist für die Zahlung der geschuldeten Leistung zur Verfügung, ohne dass aber nach Ablauf der Frist generell von einem Verzug i. S. v. § 286 BGB die Rede sein könnte. In Abs. 1 wird auch für den Bereich des Patentrechts mit generell-abstrakten Begriffen angeknüpft an die Einreichung einer Anmeldung oder eines Antrags, die Einlegung eines Einspruchs oder einer Beschwerde und die Einreichung der Klage. In Betracht kommen hier z. B. die Einreichung einer Patentanmeldung, für die ohnehin gesonderte Gebührentatbestände im GebVerz vorgesehen sind, Anträge nach § 43 auf Ermittlung der öffentlichen Druckschriften, die für die Beurteilung der Patentfähigkeit der angemeldeten Erfindung in Betracht zu ziehen sind (Recherchenanträge), Anträge nach § 44 (Prüfungsanträge), Anträge auf Weiterbehandlung nach § 123 a, auf Festsetzung der Erfindervergütung und zur Änderung der Erfindervergütung nach § 23 Abs. 4 und 5; Anträge auf Beschränkung des Patents nach § 64 und Einsprüche nach § 59, die nach der Terminologie des PatKostG ebenfalls als „sonstige Anträge“ behandelt werden. Unter „Beschwerde“ i. S. der Vorschrift sind insbesondere die Beschwerden nach § 73 Abs. 1 zu verstehen, bei denen das GebVerz nur zwischen den Beschwerden gegen die Entscheidung der Patentabteilung über den Einspruch und Beschwerden „in anderen Fällen“ unterscheidet. Zeitpunkt der Fälligkeit der für diese Rechtsakte anfallenden Gebühren des DPMA bzw. des Bundespatentgerichts ist in allen Fällen der Zeitpunkt des wirksamen Eingangs des entsprechenden Verfahrensrechtsakts eines Verfahrensbeteiligten beim DPMA. § 3 Abs. 1 Satz 1 i. d. F. des RegE vom 21. 2. 2006 führt demgegenüber – neben der Einreichung einer Anmeldung oder eines Antrags – den Sammelbegriff der „Vornahme einer sonstigen Handlung“ ein; er wird in Satz 2 durch eine Liste von Beispielen erläutert, in der die Einlegung von Rechtsbehelfen und Rechtsmitteln, der Antrag auf gerichtliche Entscheidung nach § 61 Abs. 2 (Fassung RegE), die Erklärung eines Beitritts zum Einspruchsverfahren und die Einreichung einer Klage aufgeführt sind. Ziel der neuen Vorschrift ist, die bei der Anwendung des PatKostG aufgetretenen Unklarheiten zu beseitigen und ein stimmiges, aber offenes System zu schaffen. 12

Abs. 2 enthält die maßgebende Vorschrift für die Fälligkeit der Jahresgebühren für Patente, Schutzzertifikate und Patentanmeldungen. Hier wird z. B. die Regelung des früheren § 17 Abs. 1 Satz 3 PatG übernommen. Fälligkeitstag der Gebühren jeweils für die folgende Schutzfrist ist demnach der letzte Tag des Monats, der durch seine Benennung dem Monat entspricht, in den der Anmeldetag fällt. Wegen der Sonderregelung für die Fälligkeit von Jahresgebühren bei einem Zusatzpatent oder der entsprechenden Anmeldung vgl. die nachstehenden Erläuterungen zu § 17. 13

d) Kostenschuldner. § 4 PatKostG legt den jeweiligen Kostenschuldner fest, also die Person, die zur Zahlung der Kosten verpflichtet ist. Dabei wurde die für Verwaltungskosten und Auslagen geltende Regelung aus der DPMA-Verwaltungskostenverordnung sinngemäß in Absatz 1 und 2 übernommen. Absatz 3 entspricht der Regelung im Gerichtskostengesetz. Danach wird zunächst der Veranlasser oder der Begünstigte einer Amtshandlung als Kostenschuldner bestimmt. Kostenschuldner ist ferner, wem durch Entscheidung des DPMA oder des Bundespatentgerichts Kosten auferlegt worden sind oder wer die Kosten durch Erklärung gegenüber DPMA oder Bundespatentgericht oder Mitteilung an eine dieser Stellen übernommen hat. Mehrere Kostenschuldner haften als Gesamtschuldner. Dabei soll die Haftung desjenigen, dem die Kosten auferlegt worden sind bzw. der eine Kostenübernahmeerklärung abgegeben hat, vorrangig geltend gemacht werden. Die Haftung anderer Kostenschuldner soll nur geltend gemacht werden, wenn eine Zwangsvollstreckung in das bewegliche Vermögen der vorrangig Haftenden erfolglos geblieben ist oder aussichtslos erscheint. Haftet ein Kostenschuldner, dem Verfahrenskostenhilfe bewilligt worden ist, deshalb weil das DPMA oder das Bundespatentgericht ihm die Kosten auferlegt haben, so soll die Haftung eines anderen Kostenschuldners nicht geltend gemacht werden. Diese Bestimmungen über die Rangfolge der Haftung sind allerdings ausdrücklich als Soll-Vorschriften formuliert, stellen also kein zwingendes Recht dar. Nach § 4 Abs 3 Satz 3 PatKostG 14 sind bereits gezahlte Beträge zu erstatten. Dieser Satz wurde ergänzt, um der Entscheidung des BVerfG v. 23. 6. 1999 – 1 BvR 984/99 –, Rpfleger **99,** S. 495, Genüge zu tun.

15 **e) Vorauszahlungen, Vorschüsse.** § 5 PatKostG bestimmt, dass in Verfahren vor dem DPMA die Bearbeitung einer Anmeldung, eines Antrags, eines Einspruchs oder einer Beschwerde erst nach der Zahlung der Gebühr und des Vorschusses für die Bekanntmachungskosten erfolgt. Für Verfahren vor dem Bundespatentgericht wird angeordnet, dass die Klage erst nach Zahlung der Gebühr für das Verfahren zugestellt werden soll. Neben einer redaktionellen Straffung von § 5 Abs. 1 Satz 1 sieht der **RegE** vom 21. 2. 2006 für Satz 3 eine Ergänzung vor. Sie spricht die Fälle eines Beitritts zum Einspruchsbeschwerdeverfahren oder zu einem patentgerichtlichen Einspruchsverfahren nach § 61 Abs. 2 n. F. an und schreibt vor, daß vor Zahlung der für den Beitritt künftig fälligen Gebühr keine gerichtliche Handlung vorgenommen werden soll.

16 § 5 Abs 2 PatKostG ordnet – abweichend vom früheren Recht, § 19 Satz 1 a. F., das insoweit keine zeitliche Grenze vorsah – an, dass die Jahresgebühren für Patente, Schutzzertifikate und Patentanmeldungen frühestens ein Jahr vor Eintritt der Fälligkeit vorausgezahlt werden dürfen. Vor diesem Zeitraum geleistete Zahlungen haben keine Wirksamkeit; sie sind dem Einzahler als rechtsgrundlose Leistungen auf dessen Kosten zurück zu überweisen, sofern nicht der Zeitraum zwischen Zahlung und Jahresfrist vor Fälligwerden so kurz ist, dass eine Einigung mit dem Einzahler über einen zulässigen Zahlungszeitpunkt herbeigeführt werden kann. Fälle dieser Art dürften allerdings nur selten auftreten.

17 Von besonderer Bedeutung für Anmelder ist die Möglichkeit nach § 5 Abs. 2 PatKostG, **Jahresgebühren** vor Eintritt der Fälligkeit zu zahlen. Wenn eine Zeit für die Leistung bestimmt ist, ist der Schuldner nach § 271 Abs. 2 BGB nur im Zweifel berechtigt, die Leistung vorher zu bewirken. § 5 Abs. 2 geht – ähnlich wie die Vorgängerregelung des § 19 Satz 1 a. F. – darüber hinaus und gestattet dem Schuldner ausdrücklich, die Jahresgebühren für Patente und Patentanmeldungen innerhalb eines Jahres vor Eintritt der Fälligkeit zu entrichten. Die Zahlung ist danach nicht bloße Vorauszahlung zur Anrechnung auf die später fällig werdende Schuld, sondern vorzeitige Zahlung mit deren gesetzlichen Wirkungen. Sie bewirkt jeweils mit Wirkung vom Beginn des jeweiligen Patentjahres (BGH GRUR **78,** 105, 107) den Fortbestand der Anmeldung oder des Patents für die Patentjahre, für die sie geleistet wird. Maßgebend für die Höhe der vorzeitig gezahlten Gebühren ist grundsätzlich der am Zahlungstage geltende Tarif. Eine bis zum Fälligkeitstage eintretende Änderung des Tarifs lässt die mit der Zahlung verbundene Wirkung unberührt; grundsätzlich braucht bei Ermäßigung des Tarifs nicht zurückgezahlt und bei einer Erhöhung nicht nachgezahlt zu werden, PA Bl. **26,** 148; Mitt. **32,** 255. Etwas anderes gilt, wenn der Änderung des Tarifs, was unter bestimmten Voraussetzungen zulässig ist, rückwirkende Kraft beigelegt ist, BVerwG Bl. **61,** 9. Das war in § 5 PatGebG 1976 für die nach dem Inkrafttreten des neuen Tarifs fällig werdenden Jahresgebühren angeordnet worden, soweit diese nicht vor dem 1. Januar 1975 vorausgezahlt worden waren (BPatG Bl. **77,** 270). Eine analoge Vorschrift enthielt § 5 PatGebG i. d. F. von Art. 1 Nr. 4 des Reg.Entwurfs (1993) eines Gesetzes zur Änderung des PatGebG (BR-Drs. 311/93 = BT-Drs. 12/5280). Maßgeblicher Zeitpunkt für die Wirksamkeit etwaiger Vorauszahlungen von Jahresgebühren in der bisherigen Höhe, die nach dem Inkrafttreten des Gesetzes fällig wurden, war danach das Datum der Ausfertigung des Änderungsgesetzes. Spätere, d. h. nach diesem Datum erfolgende Vorauszahlungen führten nicht zur Tilgung der Gebührenschuld. Die allgemein geltende Überleitungsvorschrift findet sich jetzt in § 13 PatKostG, der festlegt, in welchem Umfang bei Änderungen noch die jeweils früher geltenden Gebührensätze anzuwenden sind (s. unten).

18 **f) Zahlungsfristen, Folgen der Nichtzahlung.** § 6 regelt in allgemeiner Form Zahlungsfristen und die Folgen der Nichtzahlung von Gebühren. Ist danach für die Stellung eines Antrags oder die Vornahme einer sonstigen Handlung durch Gesetz eine Frist bestimmt, so ist innerhalb dieser Frist auch die Gebühr zu zahlen. Alle anderen Gebühren sind innerhalb einer Frist von drei Monaten ab Fälligkeit zu zahlen, soweit gesetzlich nichts anderes bestimmt ist. Wird eine Gebühr nicht, nicht vollständig oder nicht rechtzeitig gezahlt, so gilt die Anmeldung oder der Antrag als zurückgenommen, oder die Handlung als nicht vorgenommen, soweit nicht gesetzlich etwas anderes bestimmt ist, § 6 Abs. 2 PatKostG.

19 Ziel dieser Regelung ist es nach der Gesetzesbegründung, die Folgen der Nichtzahlung der erforderlichen Gebühr zu vereinheitlichen. Dabei soll für den Regelfall nicht mehr die Nichtstellung eines Antrages angenommen werden, sondern die Rücknahme des Antrages. Die Begründung des RegE benennt als Vorteil, dass der Grund für die Fälligkeit einer Gebühr nicht nachträglich entfalle und die Gebühr notfalls beigetrieben werden könne, vgl. BT-Drs. 14, 6203, S. 46. Das Gesetz entscheidet sich also grundsätzlich für die Fiktion der Rücknahme, jedenfalls soweit es sich um „Anmeldungen" und „Anträge" i. S. v. § 6 Abs. 2 handelt, während dort bei „Handlungen" die Fiktion der Nichtvornahme bevorzugt wird.

Unter „Anmeldung" i. S. der Vorschrift ist für das Patentgesetz die Patentanmeldung nach § 34 oder die Anmeldung eines ergänzenden Schutzzertifikats nach § 49a Abs. 1 zu verstehen. Die entsprechenden Gebühren (GebVerz Nr 311 000 bzw. 311 100 und 311 500) sind, da die Anmeldungen nicht fristgebunden sind, innerhalb von drei Monaten ab dem Anmeldetag zu entrichten. Wird die Anmeldegebühr nicht innerhalb dieser Frist gezahlt, so gilt die Anmeldung als zurückgenommen. Das Merkblatt für Patentanmelder (2004) weist unter Abschnitt 10 darauf hin, dass außer der Empfangsbescheinigung keine weitere Gebührenbenachrichtigung versandt wird. Der Anmelder kann aus der Empfangsbescheinigung das seiner Anmeldung zugeteilte Aktenzeichen entnehmen und die Einzahlung der Gebühr entsprechend zuordnen. Die Anmeldegebühr soll demgemäß nach den Empfehlungen des DPMA, sofern die Zahlung nicht durch Einzugsermächtigung erfolgt, erst nach Mitteilung des amtlichen Aktenzeichens gezahlt werden. **20**

Unter „Antrag" i. S. v. § 6 Abs. 1 PatKostG fallen insbesondere die Gebühren für den Rechercheantrag und den Prüfungsantrag (GebVerz Nr. 311 200 bzw. 311 300 oder 311 400, je nachdem ob bereits ein Rechercheantrag gestellt wurde oder nicht). Auch für sie gilt die generelle gesetzliche Zahlungsfrist von drei Monaten nach Eingang des Antrags. Die Frist für die Zahlung der Prüfungsantragsgebühr endet – nach dem System der sog. aufgeschobenen Prüfung – allerdings spätestens mit Ablauf von sieben Jahren nach dem Anmeldetag, so dass ggf. bei einem sehr spät gestellten Prüfungsantrag die Regelzahlungsfrist von drei Monaten von der Prüfungsantragsfrist von sieben Jahren überlagert und verkürzt wird. Vgl. dazu auch den entsprechenden Hinweis in Abschnitt 10 des Merkblatts für den Patentanmelder (2004). **21**

Aus § 6 Abs. 1 PatKostG ergibt sich z. B., dass die neu eingeführte Einspruchsgebühr innerhalb der Frist des § 59 Abs. 1 Satz 1 (drei Monate) gezahlt werden muss. Der Einspruch gegen ein Patent nach § 59 Abs. 1 PatG ist aber nicht als „Antrag", sondern als Vornahme einer „sonstigen Handlung" im Sinne von § 6 PatKostG anzusehen, da er selbst unmittelbare prozessuale Wirkungen hervorruft. Wird die Einspruchsgebühr nicht rechtzeitig gezahlt, gilt der Einspruch als nicht erhoben (also als „nicht vorgenommen", nicht etwa als „zurückgenommen"), BGH, Beschl. v. 11. Oktober 2004 – X ZB 2/04 – Verspätete Zahlung der Einspruchsgebühr, GRUR **05,** 184. Entsprechendes gilt für die Beschwerde nach § 73. Die Beschwerdegebühr ist innerhalb der Beschwerdefrist von einem Monat zu entrichten. Wird sie nicht, nicht vollständig oder nicht fristgerecht entrichtet, liegt eine wirksame Beschwerde nicht vor, sie „gilt erst als eingelegt, wenn die Beschwerdegebühr entrichtet worden ist", wie es Art. 108 Satz 1 EPÜ in der parallelen Konstellation formuliert (wie hier auch Schulte, Rdn. 16 zu § 6 PatKostG; vgl. auch die Kritik an den unklaren Formulierungen des Gesetzes, die auch mit Hilfe der Gesetzesbegründung nicht behoben werden können, und den Hinweis auf die Entschärfung des Unterschiedes bei den Fiktionsarten durch § 10 Abs. 2 bei Busse/Schuster, Anm. 8 zu § 6 PatKostG). **22**

Klagen nach § 81 oder Anträge nach § 85 Abs. 1 sind dagegen nicht fristgebunden, für die entsprechenden Gebühren gilt daher die allgemeine Zahlungsfrist von drei Monaten ab Fälligkeit der Gebühr nach § 6 Abs. 1 Satz 2 PatKostG. Sie sind ebenfalls als „sonstige Handlungen" zu qualifizieren, so dass sie bei nicht rechtzeitiger oder nicht vollständiger oder unterbliebener Zahlung als nicht erhoben bzw. – bei den Anträgen – als nicht gestellt gelten (so auch Schulte, Rdn 14 zu § 6 PatKostG; a. A. offenbar unter Berufung auf die allgemeine Richtlinie des RegE, Busse/Schuster, Rdn 8 zu § 6 PatKostG.), wie es auch der Rechtslage vor Inkrafttreten des PatKostG entsprach (§ 81 Abs 6, § 85 Abs. 2 Satz 1 a. F.). Nach dem Referentenentwurf des BMJ von Juli 2005 und jetzt auch nach § 3 Abs. 1 Satz 2 RegE vom 21. 2. 2006 sollen sowohl die Erhebung eines Einspruchs als auch einer Klage wie auch die Einlegung einer Beschwerde ausdrücklich als „sonstige Handlung" eingeordnet werden. Damit sind die vorstehend beschriebenen Unklarheiten jedenfalls in dieser Hinsicht ausgeräumt. **23**

g) Zahlungsfristen für Jahres- Aufrechterhaltungs- und Schutzrechtsverlängerungsgebühren, Verspätungszuschlag. § 7. Die Vorschrift enthält Sonderbestimmungen für Gebühren, die zu entrichten sind, um Schutzrechte aufrechtzuerhalten oder zu verlängern. Für das Patentrecht ist lediglich der Abs. 1 der Vorschrift von Bedeutung. § 7 Abs. 1 PatKostG enthält Vorschriften über Zahlungsfristen u. a. für Jahresgebühren für Patente, Schutzzertifikate und Patentanmeldungen und Verspätungszuschläge. Danach sind die Jahresgebühren bis zum Ablauf des zweiten Monats nach Fälligkeit zu zahlen. Werden die Gebühren nicht innerhalb dieser Frist gezahlt, so können sie mit dem Verspätungszuschlag noch bis zum Ablauf einer Frist von sechs Monaten nach Fälligkeit gezahlt werden, § 7 Abs. 1 Satz 2 PatKostG. Die Nachfrist entspricht Art. 5 bis Abs. 1 PVÜ und trägt damit den völkerrechtlichen Verpflichtungen Deutschlands aus der PVÜ Rechnung. Die komplizierte Regelung in § 17 Abs. 3 Satz 3 PatG 1981 in der ursprünglichen Fassung mit der – förmlich zuzustellenden – Nachricht über das Erlöschen des Patents bzw. die Rücknahme der Patentanmeldung mit der Nachfrist von 4 Monaten („Ge- **24**

bührennachricht", „Löschungsvorbescheid", vgl. BT-Drs 14/6203, S. 41) ist damit im Interesse einer Reduktion des Verwaltungsaufwands beseitigt. Die Verspätungszuschläge für die Jahresgebühren sind nunmehr als Betrag von jeweils 50 EUR unmittelbar in das GebVerz der Anl. zum PatKostG eingearbeitet. Das bedeutet aber nicht, dass sie damit zum festen Bestandteil der Jahresgebühr werden. Sie entfallen insbesondere, wenn eine Säumnis auf Seiten des Anmelders nicht vorliegt, weil er z.B. die aufgelaufenen Jahresgebühren in einem Betrag zahlen muss, wie das z.B. bei Teilanmeldungen nach § 39 Abs. 2, 3 oder bei der Nachzahlung von Jahresgebühren für ein Zusatzpatent nach § 17 Abs. 2, wenn das Hauptpatent wegfällt und das Zusatzpatent zu einem selbstständigen Patent wird. Motiv für die Verspätungszuschläge ist nach der Begründung des KostRegBerG der zusätzliche Verwaltungsaufwand des Patentamtes, der mit der Erinnerung der Anmelder oder Patentinhaber an die fällige Gebühr verbunden ist, BT-Drs. 14/6203, S. 49, 50. Eine solche formlose Erinnerung nach Fälligkeit des Verspätungszuschlages ist in BT-Drs. 14/6203 a.a.O. auch für die künftige Praxis ausdrücklich angekündigt.

25 **h) Kostenansatz.** § 8 Abs. 1 PatKostG legt fest, bei welcher Stelle die Kosten angesetzt werden. Nach Absatz 1 werden die Kosten bei Einreichung einer Anmeldung, eines Antrags oder der Einlegung eines Einspruchs oder einer Beschwerde beim DPMA angesetzt. Beim Bundespatentgericht erfolgt der Kostenansatz, wenn es sich um die Einreichung einer Klage- oder eines Antrags auf Erlass einer einstweiligen Verfügung handelt. Die Zuständigkeit für den Kostenansatz bleibt bei der festgelegten Stelle auch dann, wenn die Kosten bei einem ersuchten Gericht oder einer ersuchten Behörde entstanden sind. Die Regelung ist aus § 10 DPMA-Verwaltungskostenverordnung übernommen. Zuständig sind konkret die jeweiligen Kostenbeamten, die nach der KostenVfg zu verfahren haben. Die KostenVfg. definiert in § 4 auch den Begriff des Kostenansatzes. Er besteht in der Aufstellung der Kostenrechnung (§§ 27 ff.), in deren Rahmen die Gerichtskosten und Justizverwaltungskosten, für das DPMA die Gebühren und Verwaltungskosten berechnet und die Kostenschuldner festgestellt werden. Zu den Kosten gehören alle für die Tätigkeit des DPMA, des Gerichts und der Justizverwaltung zu erhebenden Gebühren, Auslagen und Vorschüsse, § 4 Abs 1 KostVfg. § 8 Abs. 1 i.d.F. des RegE vom 21. 2. 2006 trägt der Situation Rechnung, dass beim DPMA durch die Gebührenpflichtigkeit des Beitritts weitere Kosten anfallen werden und dass auch das BPatG – über Klage und Anträge auf Erlass einer einstweiligen Verfügung hinaus- für weitere gebührenpflichtige Verfahren zuständig sein soll, wie im Falle eines Beitritts im Einspruchsbeschwerdeverfahren, eines Beitritts zu einem Einspruchsverfahren nach § 61 Abs. 2 i.d.F. des RegE sowie Verfahren wegen Verletzung des Anspruchs auf rechtliches Gehör (Anhörungsrüge-Verfahren) mit für den Antragsteller erfolglosem Ausgang.

26 **i) Unrichtige Sachbehandlung.** Nach § 9 PatKostG werden Kosten, die bei richtiger Behandlung der Sache nicht entstanden wären, nicht erhoben. Die Entscheidung darüber wird von der für den Kostenansatz zuständigen Stelle getroffen, § 8 Abs. 2 PatKostG. Die Vorschrift entspricht § 21 Abs. 1 Satz 1 GKG 2004 (i.d.F. des Kostenrechtsmodernisierungsgesetzes (BGBl I 2004, 718) bzw. § 16 Abs. 1 KostO.

27 **j) Rückzahlung von Kosten, Wegfall der Gebühr.** § 10 PatKostG behandelt die Rückzahlung von Kosten und den Wegfall von Gebühren. Danach sind vorausgezahlte Gebühren, die nicht mehr fällig werden können, und nicht verbrauchte Auslagenvorschüsse zu erstatten. Die Vorschrift ersetzt, soweit es sich um die Vorauszahlung von Jahresgebühren für Patente oder Schutzzertifikate handelt, § 19 Satz 2 a.F. Teilbeträge der Jahresgebühren für das 3 bis 5 Patentjahr (Nrn. 312205 bis 312207 GebVerz) werden ausdrücklich von der Rückerstattung ausgeschlossen, § 10 Abs. 1 PatKostG.

28 Gilt, in Anwendung von § 6 Abs. 2 PatKostG, eine Anmeldung oder ein Antrag als zurückgenommen oder die Handlung als nicht vorgenommen oder auf Grund anderer gesetzlicher Bestimmungen als zurückgenommen, so entfällt die Gebühr, wenn die beantragte Amtshandlung nicht vorgenommen wurde. Bereits gezahlte Teilbeträge werden nicht erstattet. Entsprechendes gilt, wenn ein Schutzrecht erlischt, weil die Gebühr nicht oder nicht vollständig gezahlt wurde, § 10 Abs. 2 PatKostG.

29 Ein Sachverhalt, der unter § 10 Abs. 1 PatKostG fällt, liegt z.B. vor, wenn eine Patentjahresgebühr für ein bestimmtes Patentjahr vorausgezahlt worden ist, im Zeitpunkt der Fälligkeit der entsprechenden Jahresgebühr die Anmeldung jedoch nicht mehr anhängig oder das Patent erloschen ist. Für den Fall der verspäteten Zahlung der Einspruchsgebühr (Nr. 313600 GebVerz) gilt, dass die Handlung (Einlegung des Einspruchs) als nicht vorgenommen anzusehen ist. Die Einspruchsgebühr ist demnach zurückzuzahlen. Bei verspäteter oder nicht vollständiger Zahlung der Beschwerdegebühr (Nr. 411100, 411200 GebVerz) gilt ebenfalls die Beschwerde als nicht eingelegt, vgl. oben die Erläuterungen zu § 6 Abs. 2 PatKostG.

Nach den Darlegungen des RegE soll zwar in diesen Fällen die Fiktion der Rücknahme die Regelfolge sein und die gezahlten Gebühren als verfallen gelten. Andererseits soll nach § 10 Abs. 2 Satz 1 PatKostG die Gebühr entfallen, wenn die beantragte Amtshandlung nicht vorgenommen wird. Das wird an sich bei der verspätet oder der nicht vollständig gezahlten Beschwerdegebühr der Fall sein, weil das Bundespatentgericht vor Eingang der Gebühr keine Bearbeitung der Beschwerde aufnimmt, § 5 Abs. 1 Satz 1 PatKostG. Würde die Rücknahmefiktion eingreifen, so könnte man die Feststellung, dass die Beschwerde als zurückgenommen gilt, weil die Gebühr verspätet oder nicht vollständig gezahlt wurde, nicht gut als Bearbeitung der Beschwerde ansehen. Angesichts der konkreten Bezeichnung der Verfahrenshandlungen in § 5 Abs. 1 PatKostG und in der Anlage zu § 2 PatKostG würde man auch in den §§ 6 und 10 PatKostG eine entsprechende konkrete Aufschlüsselung der einzelnen Tatbestände erwarten. Es ist daher sehr zweifelhaft, ob die sehr unklare Regelung einer verfassungsrechtlichen Überprüfung standhält. Wegen der Auslegungsprobleme vgl. auch Busse/Schuster, Rdn. 24 zu § 10 PatKostG. Nach dem RegE vom 21. 2. 2006, BT-Drs. 16/735, soll in § 10 Abs. 2 PatKostG die Passage „oder die Handlung als nicht vorgenommen“ gestrichen werden. Zur Begründung wird angegeben, dass in diesen Fällen – offenbar infolge der Klarstellung in § 3 – die Gebühr nicht mehr fällig sei und schon aus diesem Grunde zurückgezahlt werden müsse. Damit sind die Unklarheiten, die durch die Begründung zur ursprünglichen Fassung des PatKostG ausgelöst wurden, wohl weitgehend ausgeräumt. 30

aa) Rückzahlung nicht fällig gewordener Jahresgebühren. Die Zahlung von Jahresgebühren vor Eintritt der Fälligkeit bewirkt das Erlöschen der (betagten) Gebührenschuld. Eine vorzeitig gezahlte Jahresgebühr kann deshalb nicht mit der Begründung zurückgefordert werden, sie sei noch nicht fällig geworden. Sie kann nach § 10 Abs. 1 Satz 1 PatKostG vielmehr nur und erst dann zurückgezahlt werden, wenn feststeht, dass sie nicht mehr fällig werden kann. Die Rückzahlung hat danach zwei Voraussetzungen: Die Gebühr darf im Zeitpunkt der Zahlung noch nicht fällig gewesen sein. Es muss ferner feststehen, dass sie nicht mehr fällig werden kann. 31

bb) Vor Eintritt der Fälligkeit gezahlte Gebühren. Der Erstattungsanspruch in Bezug auf vorausgezahlte Gebühren und damit auch auf vorausgezahlte Jahresgebühren bezieht sich nach § 10 Abs. 1 Satz 1 nur auf die vor Eintritt der Fälligkeit gezahlten Beträge. Wenn diese Gebühren nicht mehr fällig werden können, etwa weil die Anmeldung oder das Patent zu dem Fälligkeitszeitpunkt der vorzeitig gezahlten Gebühren nicht mehr besteht oder infolge der Umwandlung in eine Zusatzanmeldung nicht mehr gebührenpflichtig ist, hat der Anmelder oder Patentinhaber den mit der Zahlung bezweckten Erfolg, sich die Aufrechterhaltung der Anmeldung oder des Patents für einen bestimmten Zeitraum zu sichern, verfehlt. Die Vorschrift ordnet deshalb für diesen Fall die Erstattung an. Ihr ist im Umkehrschluss zu entnehmen, dass nach Eintritt der Fälligkeit gezahlte Gebühren nicht erstattet werden können. 32

cc) Wegfall des gebührenpflichtigen Gegenstandes vor dem Fälligkeitszeitpunkt. Die vorzeitig gezahlten Jahresgebühren können nur zurückgezahlt werden, wenn sie nicht mehr fällig werden können. Das ist dann der Fall, wenn die Anmeldung oder das Patent vor dem Fälligkeitszeitpunkt als gebührenpflichtiger Gegenstand weggefallen ist. § 11 Abs. 9 PatG i. d. F. v. 2. 1. 1968 nannte dafür folgende, den Wegfall verursachende Umstände: den Verzicht auf das Patent, die Nichtigerklärung oder die Zurücknahme des Patents oder die Zurücknahme oder Zurückweisung der Anmeldung. Das geltende Recht bezieht alle Ereignisse ein, die nach der vorzeitigen Zahlung von Jahresgebühren dazu führen, dass die Anmeldung oder das Patent im Fälligkeitszeitpunkt nicht mehr als gebührenpflichtiger Gegenstand vorhanden ist. Hierzu gehört jetzt neben den bereits genannten Tatbeständen – die Zurücknahme des Patents ist allerdings entfallen – auch der Widerruf des Patents im Einspruchsverfahren (§ 21) oder die Umwandlung der Anmeldung in eine Zusatzanmeldung, vorausgesetzt, dass sie vor dem Fälligkeitszeitpunkt wirksam geworden sind. Ist die Verzichtserklärung eines Vertreters mangels ausreichender Vollmacht vom Patentamt zurückgewiesen worden und deshalb unwirksam, bleibt eine gezahlte Jahresgebühr verfallen, da das Patent zum Fälligkeitszeitpunkt noch besteht, BPatGE **30,** 131. 33

Der Zeitpunkt der Fälligkeit der Jahresgebühren ergibt sich aus § 3 Abs. 2 Satz 1 PatKostG. Da er sich nicht dadurch verschiebt, dass der Fälligkeitstag auf einen Sonnabend, Sonntag oder gesetzlichen Feiertag fällt, kann die vorzeitig gezahlte Jahresgebühr nicht zurückgezahlt werden, wenn die Anmeldung an dem auf den Fälligkeitstag folgenden Werktag zurückgenommen wird, BPatGE **11,** 23. In BPatGE **22,** 43 ist jedoch die Rückzahlung der achten Patentjahresgebühr für den Fall angeordnet worden, dass wegen der Regelung in § 193 BGB der letzte Tag der Frist für die Stellung des Prüfungsantrags (§ 44 Abs. 2) mit dem ersten Tag des achten Patentjahres zusammenfällt. Dem wird zuzustimmen sein, weil § 193 BGB die volle Ausnutzung der Frist ermöglichen will, ohne dass dadurch Nachteile entstehen; schon nach der Änderung des Fälligkeitstages durch das GPatG (§ 17 Abs. 3 a. F.) konnte eine entsprechende Fallgestaltung nur noch auftreten, wenn die Anmeldung am letzten Tage eines Monats eingereicht wurde. 34

35 **dd) Zeitpunkt des Wegfalls.** Die Anmeldung oder das Patent müssen vor dem Fälligkeitszeitpunkt der vorzeitig gezahlten Jahresgebühr als gebührenpflichtiger Gegenstand weggefallen sein; denn die Gebühr würde sonst noch fällig werden können. Maßgebender Zeitpunkt ist bei der Nichtigerklärung des Patents der Eintritt der Rechtskraft des betreffenden Urteils. Wird die Nichtigerklärung durch Urteil des BGH ausgesprochen oder bestätigt, tritt die Rechtskraft unmittelbar mit der Verkündung des Urteils ein. Bei der Zurückweisung der Anmeldung oder dem Widerruf des Patents kommt es dagegen auf den Zeitpunkt des Wirksamwerdens der Entscheidung an (BPatGE **11,** 200, 202). Da der Tag in diesem Zusammenhang die kleinste Zeiteinheit darstellt, kann die Fälligkeit nicht mehr eintreten, wenn die Entscheidung am Fälligkeitstage wirksam geworden ist, vgl. BPatGE **17,** 3. Dabei ist allerdings zu berücksichtigen, dass die Wirkungen der Entscheidung durch Beschwerde oder Rechtsbeschwerde aufgeschoben werden können (§§ 75, 103) und dass erst mit dem Wegfall der aufschiebenden Wirkung feststeht, dass Jahresgebühren nicht mehr fällig werden können. Eine vor dem Wirksamwerden eines die Anmeldung zurückweisenden oder das Patent widerrufenden Beschlusses fällig gewordene Jahresgebühr kann nicht zurückgezahlt werden, BPatGE **11,** 200. Wenn die Anmeldung oder das Patent erst nach dem Fälligwerden der vorzeitig gezahlten Jahresgebühr wegfallen, kommt es auf den Grund für den Wegfall nicht an. Eine vorzeitig gezahlte, vor dem Erlöschen des Patents fällig gewordene Jahresgebühr kann auch dann nicht zurückgezahlt werden, wenn das Patent wegen Nichtzahlung einer erst später fällig gewordenen Jahresgebühr erlischt, BPatGE **13,** 12, 14.

36 In diesem Zusammenhang ist es unerheblich, dass der Zurücknahme oder Zurückweisung der Anmeldung sowie dem Widerruf und der Nichtigerklärung des Patents rückwirkende Kraft beigelegt ist (§ 58 Abs. 2, § 21 Abs. 2, § 22 Abs. 2). Denn mit rückwirkender Kraft werden nur die mit der Offenlegung der Anmeldung und der Erteilung des Patents verbundenen Schutzwirkungen beseitigt, nur „die Wirkungen des Patents und der Anmeldung" gelten als von Anfang an nicht eingetreten (§ 21 Abs. 3 Satz 1; vgl. auch § 58 Abs. 2). Für die Gebührenerhebung verbleibt es dabei, dass die Anmeldung oder das Patent vorhanden waren und dass für sie Jahresgebühren fällig geworden sind. Zurückzuzahlen sind daher auch bei Zurücknahme oder Zurückweisung der Anmeldung oder bei Widerruf oder Nichtigerklärung des Patents nur die in dem maßgebenden Zeitpunkt (Rdn. 5) noch nicht fällig gewordenen Jahresgebühren. Das ist nicht unbillig. Denn der spätere rückwirkende Wegfall ändert nichts daran, dass die Schutzwirkungen zunächst eingetreten waren und der Anmelder oder Patentinhaber bis zu ihrem Wegfall eine tatsächliche Vorzugsstellung gehabt hat, die er zu seinem Vorteil nutzen konnte. Hat ein Anmelder wegen Unkenntnis des Aktenzeichens der Ausscheidungsanmeldung die Jahresgebühr mit Zuschlag nach Ablauf der gesetzlichen Frist für die zuschlagsfreie Zahlung entrichtet, so hat er keinen Anspruch auf Rückzahlung des Zuschlags, da dieser mit Rechtsgrund gezahlt worden ist, BPatG GRUR **87,** 366.

37 **k) Erinnerung, Beschwerde.** § 11 PatKostG behandelt die Rechtsbehelfe gegen Entscheidungen der für den Kostenansatz zuständigen Stelle. Danach ist zunächst die Erinnerung gegeben, über die die zuständige Stelle selbst entscheidet. Sie kann ihre Entscheidung auch von Amts wegen ändern. Für die Erinnerung ist nach dem Wortlaut des PatKostG die Schriftform bzw. die Erklärung zu Protokoll der Geschäftsstelle vorgesehen; sie ist bei der Stelle einzulegen, die die Kosten angesetzt hat, § 11 Abs. 1 PatKostG. In patentrechtlichen Angelegenheiten wird ggf. § 125 a PatG anzuwenden sein und die Schriftform bzw. die Erklärung zu Protokoll der Geschäftsstelle durch ein elektronisches Dokument ersetzt werden können. Für Erinnerungen kostenrechtlicher Art sind Gebühren nicht vorgesehen.

38 Der weitere Rechtsbehelf ist die Beschwerde, sofern es sich um Entscheidungen des DPMA über eine Erinnerung handelt. Der Wert des Beschwerdegegenstandes muss 50 EUR übersteigen. Diese Wertgrenze soll allerdings nach dem RegE vom 21. 2. 2006 sowohl im KostPatG wie in der DPMAVKostV künftig entfallen, da gegen die Entscheidung einer Verwaltungsbehörde ein Rechtsweg eröffnet sein müsse. Die Beschwerde ist nicht fristgebunden und selbst gebührenfrei. Als Form für die Beschwerde ist Schriftlichkeit oder Erklärung zu Protokoll der Geschäftsstelle beim DPMA vorgesehen. Das DPMA hat der Beschwerde abzuhelfen, wenn es sie für begründet erachtet. Erfolgt keine Abhilfe, so ist die Beschwerde dem Bundespatentgericht vorzulegen, § 11 Abs. 2 PatKostG. Eine Beteiligung des Vertreters der Bundeskasse oder des Präsidenten des DPMA ist nicht vorgesehen. Entscheidungen des Bundespatentgerichts über den Kostenansatz unterliegen keiner Beschwerde. Hier kommt als Rechtsbehelf allenfalls die Erinnerung oder Einreichung von Gegenvorstellungen in Betracht, da das Bundespatentgericht seine Entscheidungen auch von Amts wegen überprüfen und ändern kann. Hat der Kostenbeamte des Bundespatentgerichts festgestellt, dass eine Beschwerde mangels Gebührenzahlung oder wegen Fehlens eines bezifferten Abbuchungsauftrages als nicht eingelegt gilt, so ist dagegen der Rechtsbehelf der Erinnerung gegeben, BPatG v. 11. 5. 2004 – 33 W (pat) 434/02 – Mitt **04,** 451.

l) Verjährung, Verzinsung. § 12 enthält die Vorschrift über die Verjährung und Verzinsung der Kostenforderungen und der Ansprüche auf Erstattung von Kosten, die aber lediglich in einer Verweisung auf das GKG besteht. Die entsprechenden Regelungen sind jetzt in § 5 GKG 2004, als Ergebnis des Kostenrechtsmodernisierungsgesetzes v. 5. 5. 2004, BGBl I 718, enthalten. Danach beträgt die Verjährungsfrist grundsätzlich vier Jahre. Für Ansprüche auf Zahlung von Kosten beginnt die Frist nach Ablauf des Kalenderjahres, in dem das Verfahren durch rechtskräftige Entscheidung über die Kosten, durch Vergleich oder in sonstiger Weise beendet worden ist, § 5 Abs. 1 GKG 2004. Für Ansprüche auf Rückerstattung von Kosten beginnt die Frist nach Ablauf des Jahres, in dem die Zahlung erfolgt ist, § 5 Abs. 2 GKG. Durch Einlegung eines Rechtsbehelfs mit dem Ziel der Rückerstattung wird die Verjährung wie durch Klageerhebung gehemmt, § 5 Abs. 2 Satz 3 GKG. Im Übrigen sind auf die Verjährung die Vorschriften des BGB anzuwenden. Eine Verzinsung der Ansprüche findet nicht statt, § 5 Abs. 4 GKG 2004. 39

m) Anwendung der bisherigen Gebührensätze. § 13 Abs. 1 enthält allgemeine Regeln für den Fall, dass die Gebührensätze der Anlage zu § 2 PatKostG geändert, im Zweifel also erhöht werden. Wird ein Gebührensatz ab einem bestimmten Zeitpunkt geändert, dann ist der vor diesem Zeitpunkt geltende Gebührensatz weiter anzuwenden, wenn die Fälligkeit der Gebühr vor dem Inkrafttreten des geänderten Gebührensatzes liegt. Entsprechendes gilt, wenn für die Zahlung einer Gebühr durch Gesetz eine Zahlungsfrist festgelegt ist und das für den Beginn der Frist maßgebliche Ereignis vor dem Inkrafttreten des geänderten Gebührensatzes liegt oder wenn die Zahlung einer nach dem Inkrafttreten des geänderten Gebührensatzes fälligen Gebühr auf Grund bestehender Vorauszahlungsregelungen vor Inkrafttreten des geänderten Gebührensatzes erfolgt ist. Mit dieser Regelung soll den früher regelmäßig aufgetretenen Anpassungsproblemen bei neuen, erhöhten Gebührensätzen vorgebeugt werden. 40

Für die Gebühren, die bei Prüfungs- bzw. Recherchenanträgen nach §§ 44, 43 PatG bzw. § 11 Erstreckungsgesetz und § 7 GebrMG zu entrichten sind, gilt eine Sonderregelung: bei einer Änderung der entsprechenden Gebührensätze sind die bisherigen Gebührensätze nur dann weiter anzuwenden, wenn Antrag und Gebührenzahlung vor dem Inkrafttreten des geänderten Gebührensatzes eingegangen sind, § 13 Abs. 2 PatKostG. 41

Eine weitere Erleichterung ist für solche Anmelder bzw. Schutzrechtsinhaber in § 13 Abs. 3 PatKostG vorgesehen, die die Änderung des Gebührensatzes nicht rechtzeitig zur Kenntnis genommen haben und nach dem Inkrafttreten der Änderung fällig gewordene Gebühren noch nach dem bisherigen Gebührensatz entrichten. Zahlen sie eine innerhalb von drei Monaten nach dem Inkrafttreten des geänderten Gebührensatzes fällig gewordene Gebühr nach den bisherigen Gebührensätzen rechtzeitig, so können sie den Unterschiedsbetrag zwischen dem bisherigen und dem neuen Gebührensatz bis zum Ablauf einer vom DPMA oder vom Bundespatentgericht zu setzenden Frist nachzahlen. Wird der Unterschiedsbetrag innerhalb der gesetzten Frist nachgezahlt, so gilt die Gebühr als rechtzeitig gezahlt. Ein Verspätungszuschlag wird in diesen Fällen nicht erhoben, § 13 Abs. 3 PatKostG. 42

n) Übergangsvorschrift aus Anlass des Inkrafttretens PatKostG. § 14 PatKostG regelt die Überleitung der Gebührensätze nach dem Inkrafttreten des Gesetzes, das – mit einigen hier nicht interessierenden Ausnahmen – auf den 1. 1. 2002 festgelegt worden ist. Dabei werden die allgemeinen Grundsätze für die Überleitung von Änderungen der Gebührensätze in § 13 PatKostG festgelegt worden sind, auf die konkrete Übergangssituation am 1. 1. 2002 angewendet. Das bedeutet z. B., dass die bisherigen Gebührensätze (Anlage zu § 1 (Gebührenverzeichnis) des Patentgebührengesetzes vom 15. August 1976 in der durch Artikel 10 des Gesetzes vom 22. 12. 1999, BGBl. I 2534, geänderten Fassung), auch nach dem 1. 1. 2002 weiter anzuwenden sind: bei Fälligkeit der betreffenden Gebühr vor dem 1. 1. 2002; bei Beginn einer Zahlungsfrist vor dem 1. 1. 2002 oder bei vor dem 1. 1. 2002 zulässigerweise erfolgten Vorauszahlungen für Gebühren, die nach dem 1. 1. 2002 fällig geworden sind. So bestimmt sich die Höhe der Anmeldegebühr für eine Patentanmeldung, die vor dem 1. 1. 2002 eingereicht worden ist und für die die allgemeine Zahlungsfrist von drei Monaten nach dem 1. 1. 2002 abläuft, noch nach dem bisherigen Gebührensatz. Entsprechendes gilt z. B. für die Höhe der Beschwerdegebühr für eine Beschwerde, die vor dem 1. 1. 2002 eingelegt worden ist, bei der aber die Beschwerdefrist nach dem 1. 1. 2002 abgelaufen ist. Soweit z. B. im Rahmen von § 17 Abs. 3 Satz 3 a. F. die – mit Wirkung vom 1. 1. 2002 beseitigte – Zustellung einer Gebührenbenachrichtigung erforderlich war, um den Beginn der Zahlungsfrist für die Jahresgebühren zu markieren, konnte die Gebühr noch bis zum 31. 3. 2002 gezahlt werden, wenn vor dem 1. 1. 2002 keine Gebührenbenachrichtigung ergangen war. 43

Waren am 1. 1. 2002 nach den bis dahin geltenden Vorschriften lediglich die Jahresgebühren, aber noch nicht die Verspätungszuschläge fällig geworden, richtete sich die Höhe und die Fälligkeit des Verspätungszuschlages nach § 7 Abs. 1 PatKostG mit der Maßgabe, dass die Gebüh- 44 ren mit dem Verspätungszuschlag noch bis zum 30. Juni 2002 gezahlt werden konnten, § 14 Abs. 2 PatKostG.

45 Bei Prüfungsanträgen und Rechercheanträgen nach §§ 43, 44 PatG, § 11 Erstreckungsgesetz und § 7 GebrMG waren die Gebührensätze des alten Rechts nur weiter anzuwenden, wenn Antrag und Gebührenzahlung vor dem 1. 1. 2002 eingegangen waren, § 14 Abs. 4 PatKostG.

46 § 14 Abs. 5 PatKostG wandte schließlich die allgemeine Übergangsregelung von § 13 Abs. 3 PatKostG auf den Zeitpunkt des Inkrafttretens des Gesetzes am 1. 1. 2002 an: wurden innerhalb von drei Monaten nach dem 1. 1. 2002 fällig werdende Gebühren nach den bisherigen Gebührensätzen rechtzeitig gezahlt, so konnte der Unterschiedsbetrag bis zum Ablauf einer vom DPMA oder Bundespatentgericht zu setzenden Frist nachgezahlt werden. Wurde der Unterschiedsbetrag innerhalb der gesetzten Frist nachgezahlt, so galt die Gebühr als rechtzeitig gezahlt. Ein Verspätungszuschlag wurde in diesen Fällen nicht erhoben. Die Vorschrift hat als typische Übergangsregelung nur noch für während dieser Übergangszeit entstandene und noch nicht endgültig entschiedene oder abgewickelte Einzelfälle Bedeutung. Sie können aber auch für die Anwendung und Auslegung von § 13 Abs. 3 PatKostG als Dauernorm für Übergangssituationen nützlich sein.

47 **3. Die Verordnung über die Verwaltungskosten beim DPMA.** Die zweite Rechtsquelle für die Erhebung von Gebühren und Auslagen durch das DPMA ist die Verordnung über Verwaltungskosten beim DPMA, die in ihrer Ursprungsfassung auf den 15. 10. 1991 zurückgeht und in BGBl 1991 I 2013 bekanntgemacht worden ist. Sie ist in dieser Fassung am 1. 1. 1992 in Kraft getreten. Das Verwaltungskostengesetz, das grundsätzlich für die Kosten aller Bundesbehörden gilt (§ 1 Abs. 1 VwKostG) kommt daneben nicht, auch nicht subsidiär, zur Anwendung. Das Verwaltungskostengesetz nimmt das Patentamt ausdrücklich vom Anwendungsbereich des Gesetzes aus (§ 1 Abs. 3 Nr. 3 VwKostG). Die Verordnung deckt die vom Patentamt im Rahmen seines Aufgabenbereiches für seine Amtshandlungen zu erhebenden Verwaltungskosten (Gebühren und Auslagen) ab. Ermächtigungsgrundlage für die Verordnung ist nunmehr einheitlich § 1 Abs. 2 Nr. 1 PatKostG. Danach kann das BMJustiz bestimmen, dass in Verfahren vor dem DPMA neben den nach dem PatKostG erhobenen Gebühren auch Auslagen sowie Verwaltungskosten (Gebühren und Auslagen für Bescheinigungen, Beglaubigungen, Akteneinsicht und Auskünfte und sonstige Amtshandlungen) erhoben werden. Mit der einheitlichen Ermächtigungsgrundlage ist auch die frühere Notwendigkeit entfallen, die Ermächtigungsgrundlagen in den einzelnen Schutzrechtsgesetzen bzw. im Urheberrechtsgesetz in der Einleitungsformel heranzuziehen. Die Verordnung ist zuletzt durch die Neunte VO zur Änderung der DPMA-Verwaltungskostenverordnung vom 9. 7. 2004, BGBl. I 1610, geändert worden.

48 **a) Geltungsbereich.** Für Amtshandlungen des Deutschen Patent- und Markenamts in Patentsachen, Gebrauchsmustersachen, Topographieschutzsachen, Markensachen, Geschmacksmustersachen und Urheberrechtssachen werden Kosten (Gebühren und Auslagen), über die nicht anderweitig durch Gesetz oder auf Grund gesetzlicher Ermächtigungen Bestimmungen getroffen sind, nur nach den Vorschriften dieser Verordnung erhoben, § 1 der Verordnung.

49 Diese Regelung hat abschließenden Charakter. Soweit nicht in anderweitigen Vorschriften mit formellem Gesetzesrang oder auf Grund gesetzlicher Ermächtigungen vorgesehen, kommt für die die Erhebung von Kosten nur die DPMA-Verwaltungskostenverordnung als Rechtsgrundlage in Betracht. Im Übrigen ist das Tätigwerden des Patentamts demnach kostenfrei.

50 **b) Kosten.** Die Verwaltungskosten des Patentamts, die die Verordnung regelt, teilen sich auf in Gebühren, Auslagen, § 2 der Verordnung. Die Vorschrift definiert den Kostenbegriff für den Anwendungsbereich der Verordnung und verweist, ähnlich wie § 2 PatKostG auf das in einer Anlage beigefügte Kostenverzeichnis. Soweit sich aus dem Ersten Teil des Kostenverzeichnisses (Gebührenverzeichnis) nichts anderes ergibt, werden neben den Gebühren Auslagen nach dem Zweiten Teil des Kostenverzeichnisses (Auslagenverzeichnis) nicht besonders erhoben. Auslagen für Telekommunikationsdienstleistungen (Nummer 302 410) werden in jedem Fall erhoben. Auslagen sind auch dann zu erheben, wenn eine Gebühr für die Amtshandlung nicht vorgesehen ist.

51 Aus dem Ersten Teil des Kostenverzeichnisses (Gebührenverzeichnis) ist weiter zu entnehmen, dass es sich bei den gebührenpflichtigen Amtshandlungen des Patentamts um die Erteilung von (beglaubigten oder unbeglaubigten) Registerauszügen, Bescheinigungen und schriftliche Auskünfte, zu denen auch die Prioritätsbescheinigungen rechnen, und schließlich für die Akteneinsicht und die Erteilung von Abschriften handelt. Bei den Auslagen (Auslagenverzeichnis) ist eine Dokumentenpauschale für die Herstellung und Überlassung von Dokumenten, Auslagen für Fotos und graphische Darstellungen, die Auslagen für öffentliche Bekanntmachungen und Druckkosten und schließlich eine Position Sonstige Auslagen vorgesehen, zu denen auch Kosten für Zustellungen, Entgelte für Telekommunikationsdienstleistungen und nach dem Justizvergütungs- und -entschädigungsgesetz z. B. an Sachverständige zu zahlenden Beträge und die Reisekostenvergütungen an Bedienstete des Patentamts für Geschäfts außerhalb des Patentamts gehören.

c) Mindestgebühr. § 3 der Verordnung legt die Mindestgebühr für kostenpflichtige Amtshandlung des DPMA fest. Der Mindestbetrag einer Gebühr ist 10 Euro. Centbeträge sind auf volle Eurobeträge aufzurunden. 52

d) Kostenbefreiung. § 4 der Verordnung legt fest, welche Stellen von der Zahlung von Kosten generell befreit sind. Sie entspricht im Wesentlichen § 8 Abs. 1 Verwaltungskostengesetz. Aus der Liste der befreiten juristischen Personen ergibt sich, dass es sich zunächst um juristische Personen des öffentlichen Rechts wie die Bundesrepublik Deutschland und die bundesunmittelbaren juristischen Personen des öffentlichen Rechts, deren Ausgaben ganz oder teilweise auf Grund gesetzlicher Verpflichtung aus dem Haushalt des Bundes getragen werden; die Länder und die juristischen Personen des öffentlichen Rechts, die nach den Haushaltsplänen eines Landes für Rechnung eines Landes verwaltet werden; die Gemeinden und Gemeindeverbände, soweit die Amtshandlungen nicht ihre wirtschaftlichen Unternehmen betreffen, Die Befreiung gilt im Übrigen auch für die Weltorganisation für geistiges Eigentum nach Maßgabe von Verwaltungsvereinbarungen des Bundesministeriums der Justiz im Rahmen der internationalen Zusammenarbeit auf dem Gebiet des gewerblichen Rechtsschutzes. Die Befreiung tritt nicht ein, soweit die in Absatz 1 Nr. 1 bis 3 Genannten berechtigt sind, die Kosten Dritten aufzuerlegen. Kostenfreiheit nach Absatz 1 besteht nicht für Sondervermögen und Bundesbetriebe im Sinne des Artikels 110 Abs. 1 des Grundgesetzes, für gleichartige Einrichtungen der Länder sowie für öffentlich-rechtliche Unternehmen, an denen der Bund oder ein Land beteiligt ist. Für die Leistung von Amtshilfe wird eine Gebühr nicht erhoben. Auslagen sind von der ersuchenden Behörde auf Anforderung zu erstatten, wenn sie 25 Euro übersteigen. 53

e) Kostenschuldner. § 5 der Verordnung regelt, wer zur Zahlung der Kosten verpflichtet ist. Sie geht auf § 13 VerwaltungskostenG zurück, entspricht § 4 PatKostG und ist für den Anwendungsbereich der Verordnung entsprechend auszulegen. Auf die obigen Ausführungen zu § 4 PatKostG kann verwiesen werden. 54

f) Fälligkeit. § 6 behandelt die Fälligkeit von Gebühren und Auslagen. Für gebührenpflichtige Amtshandlungen wird die Beendigung der Amtshandlung als Fälligkeitszeitpunkt festgelegt, während Auslagen unmittelbar nach ihrer Entstehung fällig werden. Die Vorschrift entspricht § 3 PatKostG, konnte aber wegen der wesentlich weniger komplizierten Tatbestände, auf die sie Anwendung findet, wesentlich knapper ausgestaltet werden. Gebühren werden danach mit der Beendigung der gebührenpflichtigen Amtshandlung, Auslagen sofort nach ihrer Entstehung fällig. 55

g) Vorauszahlung, Rücknahme von Anträgen. § 7 der Verordnung regelt die Leistung von Vorauszahlungen auf Gebühren und Auslagen. Sie entspricht § 5 PatKostG und § 16 Verwaltungskostengesetz. Im Unterschied zur der Regelung in § 5 PatKostG handelt es sich bei diesen Gebühren und Auslagen um eine Kann-Vorschrift mit größeren Ermessensspielräumen, wie es dem begrenzten Anwendungsbereich entspricht. Danach kann das DPMA die Zahlung eines Kostenvorschusses verlangen. Es kann die Vornahme der Amtshandlung von der Zahlung oder Sicherstellung des Vorschusses abhängig machen. Bei Verrichtungen von Amts wegen kann ein Vorschuss nur zur Deckung der Auslagen erhoben werden. Bei der Rücknahme von Anträgen, bevor die beantragte Amtshandlung vorgenommen wurde, so wird, soweit nichts anderes bestimmt ist, ein Viertel der für die Vornahme bestimmten Gebühr erhoben. Das DPMA kann bei Rücknahme eines Antrags auch ganz von der Erhebung von Kosten absehen, wenn der Antrag auf unverschuldeter Unkenntnis der tatsächlichen und rechtlichen Verhältnisse beruht. 56

h) Zurückbehaltungsrecht. § 8 der Verordnung führt ein besonderes Zurückbehaltungsrecht des DPMA ein. So kann das Amt Bescheinigungen, Ausfertigungen und Abschriften sowie vom Antragsteller anlässlich der Amtshandlung eingereichte Unterlagen zurückbehalten, bis die in der Angelegenheit erwachsenen Kosten bezahlt sind. Von der Zurückbehaltung ist abzusehen, wenn der Eingang der Kosten mit Sicherheit zu erwarten ist, wenn glaubhaft gemacht wird, dass die Verzögerung der Herausgabe einem Beteiligten einen nicht oder nur schwer zu ersetzenden Schaden bringen würde, und nicht anzunehmen ist, dass sich der Schuldner seiner Pflicht zur Zahlung der Kosten entziehen wird oder wenn es sich um Unterlagen eines Dritten handelt, demgegenüber die Zurückbehaltung eine unbillige Härte wäre. 57

i) Unrichtige Sachbehandlung, Kostenermäßigung. § 9 der Verordnung entspricht § 9 PatKostG und § 14 Abs. 3 Verwaltungskostengesetz, gibt aber dem Amt erheblich mehr Spielraum für die Ausübung des Ermessens. Es gilt allerdings auch hier die Grundpflicht, dass Kosten, die bei richtiger Behandlung der Sache nicht entstanden wären, nicht erhoben werden dürfen. Das Gleiche gilt für Auslagen, die durch eine von Amts wegen veranlasste Verlegung eines Termins oder Vertagung einer Verhandlung entstanden sind. Während nach PatG die Möglichkeiten der Stundung, Ratenzahlung oder Ermäßigung von Gebühren nur noch über 58 die Verfahrenskostenhilfe abzuwickeln sind, sind dem DPMA im Rahmen des Anwendungsbereichs der Verordnung weitergehende Möglichkeiten eingeräumt. Im Extremfall ist das Amt ermächtigt, überhaupt von der Erhebung von Kosten abzusehen. So kann das DPMA kann ausnahmsweise, wenn dies mit Rücksicht auf die wirtschaftlichen Verhältnisse des Zahlungspflichtigen oder sonst aus Billigkeitsgründen geboten erscheint, Ratenzahlung oder Stundung der Kosten gewähren, die Kosten unter die Sätze des Kostenverzeichnisses ermäßigen oder von der Erhebung der Kosten absehen. Ein Sondertatbestand für das teilweise oder gänzliche Absehen von Kosten gilt dann, wenn Ausfertigungen, Abschriften, Beglaubigungen oder Bescheinigungen für Zwecke verlangt werden, deren Verfolgung überwiegend im öffentlichen Interesse liegt, oder wenn Abschriften amtlicher Bekanntmachungen anderen Tageszeitungen oder Zeitschriften als den amtlichen Bekanntmachungsblättern auf Antrag zum unentgeltlichen Abdruck überlassen werden. Es fragt sich allerdings, ob es hierfür wirklich einer normativen Grundlage bedarf und ob dies nicht auch im Verwaltungswege geregelt werden könnte.

59 **j) Kostenansatz.** § 10 der Verordnung regelt den Ansatz der Kosten und die Zuständigkeit hierfür. Sie entspricht § 8 PatKostG. Allerdings kommt hier nur die Zuständigkeit des DPMA für den Kostenansatz in Betracht, da es sich ausschließlich um Kosten (Gebühren und Auslagen) für Amtshandlungen des DPMA handelt. Entsprechend ist vorgesehen, dass die Kosten beim DPMA angesetzt werden, auch und zwar auch dann, wenn sie bei einem ersuchten Gericht oder einer ersuchten Behörde entstanden sind. Die Stelle des Deutschen Patent- und Markenamts, die die Kosten angesetzt hat trifft auch die Entscheidungen nach § 9 über die Nichterhebung und die Ermäßigung von Kosten. Die Anordnung nach § 9 Abs. 1, dass Kosten nicht erhoben werden, kann in Schutzrechtsangelegenheiten auch im Aufsichtsweg erlassen werden, solange nicht das Bundespatentgericht entschieden hat.

60 **k) Erinnerung, Beschwerde, gerichtliche Entscheidung.** § 11 der Verordnung regelt die Rechtsbehelfe gegen Entscheidungen des DPMA in Kostenangelegenheiten, die unter die Verordnung fallen. Sie entspricht § 11 PatKostG und sieht ein ähnliches Rechtsschutzverfahren vor. Der Regelbehelf ist zunächst die Erinnerung mit der Möglichkeit der Beschwerde zum Bundespatentgericht. Für Urheberrechtssachen trifft § 11 Abs. 4 eine Sonderregelung, die einen Antrag auf gerichtliche Entscheidung als Rechtsbehelf vorsieht und der Sonderzuständigkeit nach § 138 Abs. 2 des Urheberrechtsgesetzes entspricht.

61 **l) Verjährung, Verzinsung.** § 12 der Verordnung entspricht dem § 12 PatKostG. Wie die dortige Regelung besteht sie auch hier aus einer Verweisung auf § 5 GKG 2004. Für die Verjährung und Verzinsung der Kostenforderungen und der Ansprüche auf Erstattung von Kosten gilt § 5 des Gerichtskostengesetzes entsprechend.

62 Auch für die Gebühren nach der DPMA-Verwaltungskostenverordnung gelten die Ausführungen über den Rechtscharakter der Gebührentatbestände (oben Rdn. 8).

63 **4. Zahlung der Kosten.** Die Zahlung der im PatKostG genannten Gebühren ist geregelt in der VO über die Zahlung der Kosten des Deutschen Patent- und Markenamts und des Bundespatentgerichts (Patentkostenzahlungsverordnung: PatKostZV) in der Neufassung vom 15. 10. 2003, BGBl I 2083. Die VO gilt nach dem Inhalt der ihr zugrunde liegenden Ermächtigung (§ 1 Abs. 2 Nr. 2 PatKostG) auch für die Gebühren und Auslagen des Patentamts einschließlich der Gebühren und Auslagen der DPMAVwKostV. Die Zahlung der Gebühren ist kein privates Rechtsgeschäft, sondern Rechtsakt mit bestimmten öffentlich-rechtlichen Wirkungen; die Vorschriften über die Anfechtung wegen Irrtums sind jedoch entsprechend anzuwenden, BPatGE **1,** 25; **2,** 17, 19.

64 **a) Zahlungsmöglichkeiten.** Die patentamtlichen Kosten können jetzt nach § 1 PatKostZV außer durch Barzahlung bei den Geldstellen des DPMA durch Überweisung auf ein Konto der zuständigen Bundeskasse für das DPMA, durch Bareinzahlung bei einem inländischen oder ausländischen Geldinstitut auf ein Konto der zuständigen Bundeskasse, durch Erteilung einer Lastschrifteinzugsermächtigung von einem Inlandskonto gezahlt werden. Vgl. dazu die Mitteilung Nr. 18/05 Präs/DPMA über die Zahlung der Kosten beim Deutschen Patent- und Markenamt vom 18. 3. 2005.

65 Wie in der Patentkostenzahlungsverordnung (PatKostZV) vom 15. Oktober 2003 vorgesehen, können Kosten, die an das Deutsche Patent- und Markenamt und an das Bundespatentgericht gezahlt werden, seit 1. Januar 2004 entrichtet werden durch: (a) Bareinzahlung bei den Geldstellen des DPMA (in den Dienststellen München und Jena und im Technischen Informationszentrum in Berlin), (b) Überweisung auf das Konto der Bundeskasse Weiden bei der Bundesbank München (Konto 70 001 054, BLZ 700 000 00), (c) (Bar-) Einzahlung bei einem inländischen oder ausländischen Geldinstitut auf das Konto der Bundeskasse Weiden bei der

Bundesbank München (Konto 70001054, BLZ 70000000), (d) Übergabe oder Übersendung einer Einzugsermächtigung von einem Inlandskonto. Hierfür kann der amtlichen Vordruck A 9507 **verwendet** werden. Ziel der Regelung ist, im Interesse aller Kunden des DPMA und des Bundespatentgerichts unnötigen Verwaltungsaufwand zu vermeiden.

b) Arten der Zahlung. Die auf Grund der gesetzlichen Ermächtigung in § 1 Abs. 2 Nr. 2 PatKostG erlassene PatKostZV betrifft bare und unbare Zahlungen. Sie enthält dafür eine abschließende Regelung. Andere Zahlungsarten als Barzahlung und die in § 1 PatKostZV genannten unbaren Zahlungsformen sind daher nicht zugelassen. Was unter „Barzahlung" zu verstehen ist, bestimmt sich nach allgemeinen Grundsätzen. 66

c) Zeitpunkt der Zahlung. Die Gebühren des Patentamts und des Patentgerichts sind, wie aus den in § 1 PatKostZV festgelegten Zahlungswegen hervorgeht, grundsätzlich bar – an die Geldstellen des DPMA zu entrichten. Leistungsort ist demgemäß München, Jena oder Berlin, BPatGE **21,** 106. Der maßgebende Zeitpunkt für die Zahlung ist in § 2 PatKostZV festgelegt. Als Zahlungstag gilt danach bei allen Bareinzahlungen der Einzahlungstag bei Überweisungen der Tag, an dem der Betrag dem Konto der zuständigen Bundeskasse für das DPMA gutgeschrieben wird, vgl. dazu BPatGE **31,** 266; bei Erteilung einer Lastschrifteinzugsermächtigung der Tag des Eingangs beim DPMA oder beim BPatG, bei zukünftig fällig werdenden Gebühren der Tag der Fälligkeit der Gebühr sofern die Einziehung zugunsten der zuständigen Bundeskasse für das DPMA erfolgt. 67

d) Angabe des Verwendungszwecks. Bei allen Zahlungen an das Patentamt soll angegeben werden, für welchen Zweck die Zahlung verwendet werden soll. Die Bestimmung des Zahlenden ist für das Patentamt bindend; eine als Anmeldegebühr geleistete Zahlung darf nicht als Beschwerdegebühr auf eine andere Sache verrechnet werden. Bei der Zahlung sollen neben der Bezeichnung der Art der Gebühr in Form der Nr. des betreffenden Gebührenverzeichnisses, das Aktenzeichen und der Name des Anmelders oder Patentinhabers angegeben werden, MittPräsPA 5/80, Bl. **80,** 46. Bei der Einzahlung von Jahresgebühren für erteilte Patente soll die Patentnummer angegeben werden, MittPräsPA Bl. **65,** 81. Zur Angabe des Zahlungszwecks bei der Zahlung von Gebühren an das EPA vgl. Art. 7 GebO EPO, Benkard/Schäfers, EPÜ, Rdn. 17, 18 zu Art. 51. 68

Bei Zahlungen, bei denen der fruchtlose Ablauf der Zahlungsfrist kraft Gesetzes bestimmte Rechtsfolgen kostenrechtlicher, prozessualer oder materiellrechtlicher Art auslöst, ist die Angabe des Verwendungszweckes nur dann notwendiges Erfordernis für die Einhaltung der Frist, wenn sich der Verwendungszweck der Zahlung ohne diese Angabe – vor oder nach Fristablauf – nicht eindeutig feststellen ließe, BGH GRUR **74,** 279 (Wz); BPatGE **2,** 196; **18,** 121; Bendler Mitt. **62,** 98; Ballhaus Mitt. **62,** 42; abweichend PA Bl. **56,** 62; **57,** 367. Die Angabe des Verwendungszwecks kann daher in diesen Fällen auch nach Fristablauf nachgeholt werden; in rechtsähnlicher Anwendung des § 123 Abs. 2 ist diese Möglichkeit aber nur innerhalb eines Jahres nach Ablauf der Zahlungsfrist gegeben, BPatGE **18,** 121. Dem Patentamt erkennbare Unrichtigkeiten können auch nach Ablauf der Frist berichtigt werden, PA Bl. **57,** 367. Ob die Bestimmungsangabe wegen Irrtums mit der Wirkung angefochten werden kann, dass der Zahlende anderweit über den eingezahlten Betrag verfügen kann, erscheint zweifelhaft, unentschieden PA Bl. **57,** 367. Reicht ein eingezahlter Betrag, der nach der Bestimmung des Einzahlenden zur Begleichung mehrerer Gebühren dienen soll, nicht zur Deckung sämtlicher Gebühren aus, so ist nach der Regel des – entsprechend anzuwendenden – § 366 Abs. 2 BGB zu verfahren, BPatGE **17,** 6 (betr. Jahresgebühren). 69

e) Zahlung unter Vorbehalt. Für die Wirkung der Zahlung ist es ohne Bedeutung, ob der Leistende seine Verpflichtung anerkennt oder nicht. Denn das Patentamt kann Zahlung, nicht Anerkennung einer bestehenden Verpflichtung fordern. Ein bei der Zahlung gemachter Vorbehalt, die Zahlung zurückfordern zu wollen, mag daher das Patentamt berechtigen, die Annahme abzulehnen (vgl. Palandt/Heinrichs, Rdn. 11 zu § 362 BGB). Nimmt das Patentamt die Zahlung an, so hat der Vorbehalt auf die Wirksamkeit der Zahlung keinen Einfluss; der Vorbehalt allein begründet keinen Anspruch auf Rückzahlung (abweichend PA Mitt. **30,** 91). Der Vorbehalt ist wirkungslos, Präs. PA Bl. **14,** 335; PA Bl. **00,** 15; Mitt. **55,** 58. 70

5. Beitreibung von Kosten. Wenn in der DPMAVwKostV geregelte Gebühren und Auslagen trotz Fälligkeit nicht entrichtet werden, so sind sie gemäß § 1 Abs. 5 der Justizbeitreibungsordnung beizutreiben. Dass auch hinsichtlich der im Gesetz bestimmten, im PatKostG der Höhe nach geregelten Gebühren eine grundsätzlich erzwingbare Verpflichtung zur Zahlung besteht, ist bereits dargelegt (vgl. oben Rdn. 8). Insoweit bestehen jedoch Einschränkungen. Denn soweit das Gesetz der Nichtzahlung einer Verfahrensgebühr die prozessuale Folge bei- 71 legt, dass der das Verfahren einleitende Antrag als nicht gestellt oder als zurückgenommen gilt, macht es die Bearbeitung des Antrages von der Zahlung der Gebühr abhängig. Da bei Nichtzahlung der Gebühr die Bearbeitung des Antrages und damit die gebührenpflichtige Tätigkeit ganz unterbleibt, ist für die Erhebung der Gebühr nach Eintritt der prozessualen Rechtsfolge kein Raum mehr. Das Gesetz gestattet deshalb dem Antragsteller, sich durch Nichtzahlung der Gebühr von der mit der Einreichung des Antrages entstandenen Verpflichtung zu befreien.

72 Die Beitreibung der gesetzlichen Verfahrensgebühren kommt deshalb nur in den Fällen in Betracht, in denen der Antragsteller Verfahrenskostenhilfe oder – jedenfalls nach früherem Recht – Stundung beantragt und erhält. Der Antrag wird in diesem Falle ebenso bearbeitet, als wenn die Gebühr entrichtet worden wäre. Daraus folgt aber auch, dass im Falle der Stundung die Verpflichtung fortbesteht und der Antragsteller nach Durchführung der Prüfung nicht mehr die Möglichkeit haben kann, sich durch Verzicht auf die Prüfung von der Verpflichtung zu befreien. Im Falle der Bewilligung von Verfahrenskostenhilfe bleibt der Beteiligte verpflichtet, die im Bewilligungsverfahren festgesetzten Beträge, die die Summe der entstandenen Kosten erreichen können, zu entrichten; diese Beträge können nach § 1 Abs. 5 i. V. mit § 1 Abs. 1 Nr. 4 JBeitrO beigetrieben werden. Bei Aufhebung der Verfahrenskostenhilfe müssen alle entstandenen Kosten nachentrichtet werden. Im Falle der Stundung endete die Befreiung ohne weiteres mit Ablauf der durch die Stundung gesetzten Frist. Die gestundete Gebühr musste daher, wenn sie nicht niedergeschlagen wurde, gemäß § 1 Abs. 5 JBeitrO eingezogen werden. Denn die Stundung war, wie § 18 Abs. 1 und § 23 Abs. 4 Satz 7 jeweils in der a. F. bestätigen, kein Erlass.

73 Vollstreckungsbehörde für Ansprüche, die beim Patentamt und Patentgericht entstehen, ist nach § 2 Abs. 2 Buchst. c) JBeitrO die Justizbeitreibungsstelle des Patentgerichts. Zur Entscheidung über Einwendungen gemäß § 8 Abs. 1 JBeitrO ist das Patentgericht zuständig, BPatGE **22,** 48. Die Befugnis zur Niederschlagung von Forderungen ist dem Präsidenten des Patentgerichts übertragen worden, Bl. **75,** 57.

74 Gebühren, die zu Unrecht zurückgezahlt wurden, können vom Patentamt oder Patentgericht zurückgefordert werden, BPatGE **13,** 163. Nach BPatGE **22,** 48 sollte das Patentamt die Wiedereinzahlung durch Beschluss (Leistungsbescheid), der der Beschwerde an das Patentgericht unterliegt, anordnen können (insoweit gegen BPatGE **13,** 163, 166). Das BPatG hat diese Auffassung jedoch inzwischen wieder aufgegeben, BPatGE **30,** 211.

75 **6. Rückzahlung von Auslagen.** Da Auslagen erst mit ihrer Entstehung fällig werden (§ 6 Abs. 1 DPAVwKostV), bleiben geleistete Zahlungen bis dahin Vorschüsse. Fallen die Auslagen nicht an, so sind die Vorschüsse zurückzuzahlen. Auch nach Entstehung der Auslagen kann nach § 9 DPAVwKostV von der Erhebung abgesehen werden, wenn die dort genannten Voraussetzungen erfüllt sind. Wegen der Anforderungen, die an eine unrichtige Sachbehandlung i. S. des § 9 DPAVwKostV zu stellen sind, vgl. oben Rdn. 24. Ein Billigkeitsgrund, der es nach § 9 Abs. 2 DPAVwKostV rechtfertigt, von der Nachforderung von Auslagen abzusehen, liegt nicht schon darin, dass die Auslagensätze zwischen der Zahlung des Vorschusses und dem Fälligwerden der Auslagen erhöht wurden, BPatG Mitt. **71,** 174, 177.

76 **7. Erstattungsanspruch.** In den Fällen, in denen Kosten überhaupt nicht oder nicht in der geleisteten Höhe angefallen sind, hat der Betroffene einen Rückzahlungsanspruch. Es handelt sich um einen öffentlich-rechtlichen Anspruch, vgl. Bruckner Mitt. **79,** 161, 162 mit Nachw. Der Anspruch ist bei der Stelle geltend zu machen, an die gezahlt wurde. Über einen an das Patentamt gerichteten Anspruch ist durch Beschluss zu entscheiden, gegen den die Beschwerde an das Patentgericht gegeben ist, vgl. BPatG Bl. **79,** 381. Wegen der Verjährung des Anspruchs vgl. Bruckner Mitt. **79,** 161.

17 *Jahresgebühren.* (1) **Für jede Anmeldung und jedes Patent ist für das dritte und jedes folgende Jahr, gerechnet vom Anmeldetag an, eine Jahresgebühr zu entrichten.**

(2) [1]**Für ein Zusatzpatent (§ 16 Abs. 1 Satz 2) sind Jahresgebühren nicht zu entrichten.** [2]**Wird das Zusatzpatent zu einem selbständigen Patent, so wird es gebührenpflichtig; Fälligkeitstag und Jahresbetrag richten sich nach dem Anfangstag des bisherigen Hauptpatents.** [3]**Für die Anmeldung eines Zusatzpatents sind Satz 1 und Satz 2 Halbsatz 1 entsprechend anzuwenden mit der Maßgabe, daß in den Fällen, in denen die Anmeldung eines Zusatzpatents als Anmeldung eines selbständigen Patents gilt, die Jahresgebühren wie für eine von Anfang an selbständige Anmeldung zu entrichten sind.**

Inhaltsübersicht

1. Inhalt der Vorschrift. Die Vorschrift entspricht weitgehend § 11 Abs. 1–6 PatG 1968. 1
Sie bezieht sich nicht mehr auf die Bekanntmachungsgebühr, die mit dem Wegfall der Bekanntmachung entfallen ist; die Erteilungsgebühr, die an ihre Stelle getreten war, war in den §§ 57, 18 Abs. 1 geregelt. Sie ist ersatzlos aufgehoben worden. § 17 betrifft daher nach der Änderung durch das GPatG nur noch die Jahresgebühren. Die Bestimmungen über die Stundung (§ 11 Abs. 7, 8 PatG 1968), die sich auch auf die Erteilungsgebühr bezogen, waren in den § 18 übernommen worden. Die Zahlungsvergünstigungen für Jahresgebühren in Form der Stundung sind durch das PatKostG ersatzlos aufgehoben worden und spielen nur noch übergangsweise eine Rolle, § 147 Abs. 2.

§ 11 Abs. 4–6 und § 11 Abs. 7 PatG 1968 unterschieden sich in ihren Voraussetzungen in- 2
sofern, als § 11 Abs. 4–6 auf die zeitliche Unzumutbarkeit der Zahlung und § 11 Abs. 7 auf die Bedürftigkeit abstellte. Dieser Unterschied ist durch das Gesetz über die Prozesskostenhilfe beseitigt worden. Sowohl für die Vergünstigungen nach § 17 Abs. 4–6 als auch für die Stundung nach § 18 Abs. 1 kam es nur noch auf die zeitliche Unzumutbarkeit der Zahlung an. Die Vorschriften unterschieden sich jedoch dadurch, dass § 17 Abs. 4–6 sich auf sämtliche Jahresgebühren bezog und eine zeitlich kurze Schonung vorsah, während § 18 Abs. 1 nur bestimmte Jahresgebühren betraf und dafür eine zeitlich begrenzte, aber meist längere Stundung erlaubte.

2. Jahresgebühren. Literatur: Harraeus, Gedanken zur Problematik der Jahresgebühren, 3
GRUR **64,** 369; Metzger, Die Patentjahresgebühren, GRUR **64,** 531; Schickedanz, Jahresgebühren für Patente, wozu eigentlich? GRUR **81,** 313; E. u. P. Betzler, Jahresgebührenüberwachung mittels einer EDV-Anlage in einer Patentanwaltskanzlei, Mitt. **82,** 7; Stuhr, Bemerkungen zu dem Aufsatz von Schickedanz, GRUR **82,** 85. Zur Verfassungsmäßigkeit der Patentjahresgebühren vgl. auch BPatGE **24,** 154.

Die Jahresgebühren sind nach § 17 Abs. 1 „für jede Anmeldung" und „für jedes Patent" zu 3 a
entrichten. **Gebührenpflichtiger Gegenstand** sind daher **die Anmeldung** als solche und **das Patent** als solches, nicht einzelne in Bezug auf die Anmeldung oder das Patent vorzunehmende Amtshandlungen. Voraussetzung für das Entstehen der Zahlungspflicht ist daher lediglich das Anhängigsein der Anmeldung oder das Bestehen des Patents zu Beginn des jeweiligen Patentjahres; die – wirkliche oder fingierte – Rücknahme oder die Zurückweisung der Anmeldung, der Widerruf oder die Nichtigerklärung des Patents heben, obwohl sie den bereits eingetretenen – einstweiligen oder endgültigen – Patentschutz mit rückwirkender Kraft beseitigen (§ 58 Abs. 2, 3, § 21 Abs. 3, § 22 Abs. 2), die Gebührenschuld nicht für die Vergangenheit auf, wie sich aus dem aufgehobenen § 19 und jetzt aus § 5 Abs. 2 PatKostG im Umkehrschluss ergibt.

Mit dem Inkrafttreten des **Erstreckungsgesetzes** fand § 17 auch auf Wirtschafts- und Aus- 3 b
schließungspatente der ehemaligen DDR und auf bis zum 2. 10. 1990 beim Patentamt der DDR eingereichte Patentanmeldungen Anwendung. Dies folgte aus der generellen Überleitungsnorm von § 5 Erstreckungsgesetz. Der konkrete Anknüpfungspunkt für das Gebührenrecht ergibt sich aus § 53 Abs. 1 Erstreckungsgesetz. Danach sind Gebühren für nach § 4 Erstreckungsgesetz erstreckte Schutzrechte und Schutzrechtsanmeldungen, also auch DDR-Patente und DDR-Patentanmeldungen, die vor dem 1. 5. 1992 fällig geworden sind, nach den bisher anzuwendenden Rechtsvorschriften zu entrichten. Insoweit ist noch die am 1. 7. 1990 in Kraft getretene Anordnung über die Gebühren und Kosten des Patentamts der DDR vom 31. 5. 1990, GBl. I Nr. 33, 328 = Bl. **90,** 349 heranzuziehen, mit der die Gebührensätze bereits weitgehend an die Gebührensätze des PatGebG angeglichen worden waren. Für die Frage des Fälligwerdens ist ab dem 1. 5. 1992 ebenfalls Bundesrecht anzuwenden. Da DDR-Wirtschaftspatente nach § 7 des Erstreckungsgesetzes als Patente nach § 23 PatG fortgelten, sind sie so zu behandeln, als sei für sie eine Lizenzbereitschaftserklärung abgegeben worden. Insbesondere gilt damit für die ehemaligen Wirtschaftspatente die Ermäßigung der Jahresgebühren auf die Hälfte, § 23 Abs. 1 Satz 1. Ist eine Gebühr, die ab dem 1. 5. 1992 fällig wird, bereits vor diesem Zeitpunkt nach den bisherigen Gebührensätzen wirksam entrichtet worden, so gilt die Gebühren-

schuld als getilgt, § 53 Abs. 2 Erstreckungsgesetz (vgl. auch v. Mühlendahl/Mühlens, GRUR **92,** 725, 748, und die MittPräsPA Nr. 10/92, Bl. **92,** 261).

4 Die **Jahresgebühren** sind der Höhe nach **für die einzelnen Jahre gestaffelt.** Sie steigen nach der seit dem 1. 1. 2002 geltenden PatKostG von 70 EUR für das 3. und 4. Patentjahr über z.B. 350 EUR für das 10. Patentjahr auf 1940 EUR für das 20. Patentjahr an (Nrn. 312030–312200 der Anl. zu § 2 Abs. 1 PatKostG = Gebührenverzeichnis (GebVerz.). Bei Erklärung der Lizenzbereitschaft ermäßigen sich die nach Eingang der Erklärung fällig werdenden Jahresgebühren auf die Hälfte des im Tarif (PatKostG) genannten Betrages (§ 23 Abs. 1 Satz 1 und Abs. 6). Die Jahresgebühren sollen möglichst gesondert von anderen Gebühren gezahlt werden (MittPräsPA Bl. **68,** 81). Für den ergänzenden Schutz auf Grund der Schutzzertifikate nach Maßgabe der VO (EWG) Nr. 1768/92 des Rates und der VO (EG) Nr. 1610/96 des Europäischen Parlaments und des Rates sind nach dem GebVerz. zum PatKostG für das 1. Schutzjahr (21. Patentjahr) 2650 EUR zu entrichten und steigt die Jahresgebühr bis zum 5. Schutzjahr (25. Patentjahr) auf 4120 EUR (Anl. zu § 2 Abs. 1 PatKostG, Nr. 312210 bis 312250 des Gebührenverzeichnisses).

5 **a) Gebührenpflichtige Anmeldungen.** Nach der bis zum 30. 9. 1968 geltenden Regelung waren Jahresgebühren erst ab Patenterteilung zu entrichten. Die Gebühren für die bereits abgelaufenen Patentjahre wurden mit der Gebühr für das bei Patenterteilung laufende Patentjahr mit der Patenterteilung fällig (§ 11 Abs. 3 Satz 2 PatG 1936). Diese Regelung hatte zur Folge, dass bei längerer Dauer des Patenterteilungsverfahrens bei Patenterteilung zum Teil so erhebliche Beträge zu zahlen waren, dass es viele Patentinhaber vorzogen, das erteilte Patent alsbald wieder erlöschen zu lassen (§ 20 Abs. 1 Nr. 3). Die Neufassung der Vorschrift vermeidet für den Regelfall, dass mehrere Jahresgebühren gleichzeitig fällig werden (wegen der Ausnahmen vgl. unten Rdn. 17, 18). Sie nötigt auch dazu, schon während der Dauer des Patenterteilungsverfahrens laufend zu prüfen, ob es noch sinnvoll ist, die Anmeldung aufrechtzuerhalten und dafür die steigenden Jahresgebühren zu zahlen. Sie trägt schließlich auch dem Umstand Rechnung, dass den Anmeldungen schon mit ihrer „Offenlegung" (§ 31 Abs. 2) – beschränkte – Schutzwirkungen beigelegt werden (§ 33 Abs. 1), die in aller Regel vor Beginn des dritten Patentjahres (§ 17 Abs. 1) einsetzen. Obwohl die Erhebung von Jahresgebühren schon für anhängige Anmeldungen vor allem wegen der mit der Offenlegung eintretenden Schutzwirkungen (§ 33 Abs. 1) sachlich berechtigt erscheint, ist ein bereits bestehender Schutz nicht notwendige Voraussetzung für die Gebührenpflichtigkeit der Anmeldung. Gebührenpflichtig sind auch die Anmeldungen, bei denen nach § 50 Abs. 1 jede Veröffentlichung und nach § 31 Abs. 5 Satz 1 auch die Offenlegung unterbleibt.

5a Gebührenpflichtig sind nach Art. 86 EPÜ auch europäische Patentanmeldungen. Zahlungen sind an das Europäische Patentamt zu leisten. Einzelheiten hinsichtlich Fälligkeit, Höhe und Zahlungsmodalitäten ergeben sich aus Regel 37 AusfOEPÜ und der GebO der Europäischen Patentorganisation.

6 **aa) Hauptanmeldungen.** Gebührenpflichtig sind sämtliche Anmeldungen, die auf die Erteilung eines selbstständigen Patents gerichtet sind. Anmeldungen, die zunächst auf die Erteilung eines Zusatzpatents gerichtet waren, werden mit der Umwandlung in Hauptanmeldungen gebührenpflichtig (vgl. unten Rdn. 9); bei (Haupt-)Anmeldungen, die als Teilanmeldungen durch Teilung oder Ausscheidung aus einer Stammanmeldung hervorgegangen sind, tritt die Gebührenpflicht mit der Abtrennung ein (vgl. § 39 Abs. 2, 3, § 60 Abs. 1 Satz 2, § 34 Rdn. 124). Da die Jahresgebühren für „jede" Anmeldung gezahlt werden müssen, sind in diesen Fällen auch die Gebühren für die bereits begonnenen Patentjahre (§ 17 Abs. 1) nachzuentrichten, BGH GRUR **71,** 563, 564 – Dipolantenne; **77,** 216 – Schuhklebstoff; § 39 Abs. 2; § 60 Abs. 1 Satz 2.

7 **bb) Zusatzanmeldungen** sind nach § 17 Abs. 2 Satz 3 von Jahresgebühren freigestellt. Dadurch soll dem Anmelder, der zur Wahrung des Altersranges dazu gezwungen ist, eine Erfindung in einem frühen Entwicklungsstadium anzumelden, die Möglichkeit gegeben werden, Weiterentwicklungen ohne zusätzliche Belastungen mit Jahresgebühren geschützt zu erhalten, und ihm damit zugleich ein Anreiz geboten werden, Weiterentwicklungen der Öffentlichkeit zugänglich zu machen, BGH Bl. **79,** 429, 430 – Tabelliermappe m.w.N. Voraussetzung für die Gebührenfreiheit ist nach § 17 Abs. 2 Satz 3 lediglich ein auf Erteilung eines Zusatzpatents gerichteter Erteilungsantrag, der als solcher bestehen bleibt, wenn das Hauptpatent oder die Hauptanmeldung ausgewechselt, also der Antrag dahin geändert wird, dass nunmehr die Erteilung eines Zusatzpatents zu einem anderen (Haupt-)Patent oder zu einer anderen Anmeldung begehrt wird. Das Bestehen eines patentrechtlichen Zusatzverhältnisses im Sinne des § 16 Abs. 1 Satz 2 ist im Rahmen der Gebührenerhebung bis zu einer abweichenden Entscheidung

als gegeben hinzunehmen; es soll nicht im Rahmen der Gebührenerhebung, sondern im Rahmen der Offensichtlichkeitsprüfung (§ 42 Abs. 2 Nr. 4) oder der vollständigen Prüfung (§ 44 Abs. 1) geprüft werden, BGH GRUR **71,** 563, 564 – Dipolantenne.

Weil § 17 Abs. 2 Satz 3 aus diesem Grunde nicht auf das Bestehen des Zusatzverhältnisses, sondern allein auf die Fassung des Erteilungsantrags abstellt, war eine besondere Regelung für die Fälle erforderlich, in denen die Anmeldung eines Zusatzpatents als Anmeldung eines Hauptpatents „gilt". Denn in den in Betracht kommenden Fällen (§ 43 Abs. 2 Satz 5 und § 44 Abs. 4 Satz 2 in Verbindung mit § 43 Abs. 2 Satz 5) „gilt" zwar die Anmeldung des Zusatzpatents als Anmeldung eines Hauptpatents; der Erteilungsantrag, der nach § 17 Abs. 2 Satz 3 maßgebend ist, wird dadurch jedoch nicht in seiner Fassung geändert. Obwohl der Erteilungsantrag auch weiterhin auf die Erteilung eines Zusatzpatents gerichtet ist oder gerichtet sein kann, ist die kraft Gesetzes in eine Hauptanmeldung umgewandelte Zusatzanmeldung nach § 17 Abs. 2 Satz 3 auch gebührenrechtlich als Anmeldung eines selbstständigen Patents zu behandeln; durch § 17 Abs. 2 Satz 3 wird zugleich klargestellt, dass die umgewandelte Anmeldung wie eine von Anfang an selbstständige Anmeldung gebührenpflichtig ist, unabhängig davon, ob das Zusatzverhältnis zu Recht oder zu Unrecht beansprucht worden war. Eine in eine selbstständige Anmeldung umgewandelte Zusatzanmeldung wird mit der Umwandlung gebührenpflichtig; für die umgewandelte Anmeldung sind Jahresgebühren wie für eine von Anfang an selbstständige Anmeldung zu entrichten, BGH GRUR **77,** 216 – Schuhklebstoff. Für den Fall, dass die Umwandlung dadurch erforderlich geworden ist, dass die Hauptanmeldung rechtskräftig zurückgewiesen wurde, kann entgegen BPatGE **16,** 100 nichts anderes gelten. Für frühere Jahre sind die Gebühren in der Höhe zu zahlen, in der sie zu entrichten gewesen wären, wenn die Anmeldung von vornherein selbstständig gewesen wäre, ebenso im Ergebnis BPatGE **20,** 132. 8

Bei der vom Anmelder vorgenommenen, jederzeit möglichen Umwandlung einer auf die Erteilung eines selbstständigen Patents gerichteten Anmeldung in eine Zusatzanmeldung tritt die Freistellung von Jahresgebühren mit Eingang der entsprechenden Erklärung des Anmelders ein, BGH GRUR **71,** 563, 564. Die Freistellung erstreckt sich auch auf eine in diesem Zeitpunkt bereits fällig gewordene, aber noch nicht entrichtete Jahresgebühr; Jahresgebühren, die vor der Umwandlung fällig geworden und gezahlt worden sind, sind nicht zurückzuzahlen, BGH GRUR **71,** 563. 9

b) Gebührenpflichtige Patente. Die Patenterteilung hat nach der Änderung der Vorschrift durch das PatÄndG 1967 in aller Regel nur noch die Bedeutung, dass die Jahresgebühren, die bis dahin für die – selbstständige – Anmeldung zu entrichten waren, nunmehr für das erteilte – selbstständige – Patent zu zahlen sind. Jahresgebühren sind auch für europäische, mit Wirkung für die Bundesrepublik erteilte Patente zu entrichten, an das DPA jedoch erst für die Jahre, die dem Jahr der Veröffentlichung des Hinweises auf die Patenterteilung folgen (Art. II § 7 IntPatÜG). Wegen der Zahlung von Jahresgebühren für nach dem Recht der DDR erteilte Ausschließungspatente vgl. die MittPräsPA Nr. 10/92, Bl. **92,** 261. 10

aa) Hauptpatente. Gebührenpflichtig ist jedes Patent, das nicht Zusatzpatent ist (§ 17 Abs. 2 Satz 1), also jedes Hauptpatent (§ 17 Abs. 2 Satz 2), auch ein selbstständig gewordenes früheres Zusatzpatent (§ 17 Abs. 2 Satz 2). Bei der Teilung eines Patents im Einspruchsverfahren (§ 60) bleibt das Patent – als Haupt- oder Zusatzpatent – in dem vom Patentinhaber bezeichneten Umfang als solches bestehen, so dass sich insoweit an der gebührenrechtlichen Beurteilung nichts ändert; der abgetrennte Teil dagegen gilt als in das Prüfungsverfahren zurückversetzte Anmeldung, so dass sie als solche, sofern sie auf die Erteilung eines Hauptpatents gerichtet ist, gebührenpflichtig wird. 11

bb) Zusatzpatente. Zusatzpatente sind von Jahresgebühren – nicht dagegen von den Verfahrensgebühren – freigestellt. Hinsichtlich der Jahresgebühren werden Hauptpatent und Zusatzpatent wie ein einheitliches Patent behandelt; das Zusatzpatent wird gebührenrechtlich vom Hauptpatent mitgetragen. Das Zusatzpatent wird erst und nur dann gebührenpflichtig, wenn es durch Wegfall des Hauptpatents selbstständig wird. Fälligkeitstag und Jahresbetrag der Gebühren richten sich dann jedoch nach dem Anfangstag des früheren Hauptpatents. 12

Das selbstständig gewordene Zusatzpatent tritt also gebührenrechtlich völlig an die Stelle des weggefallenen Hauptpatents, dessen gebührenrechtliche Situation für das Zusatzpatent maßgebend bleibt. Daraus ergibt sich ohne weiteres, dass § 17 Abs. 2 Satz 2 nur angewendet werden kann, wenn das Zusatzpatent auch wirklich in die Stellung des Hauptpatents eintreten kann. 13

c) Gebührenschuldner, Dritte. § 17 Abs. 1 begründet die öffentlich-rechtliche Verpflichtung, bei Beginn des dritten und jeden folgenden Jahres der Patentdauer eine Jahresgebühr für die Anmeldung oder das Patent zu entrichten. Diese Verpflichtung besteht freilich nur mit der Maßgabe, dass der Betroffene, statt zu zahlen, auch die Anmeldung oder das Patent verfallen 14 lassen kann (vgl. unten Rdn. 47). Die Vorschrift spricht, weil selbstverständlich, nicht besonders aus, dass die Verpflichtung den Anmelder oder – nach Patenterteilung – den Patentinhaber trifft, vgl. Hüfner MuW **XVII,** 76. Pfandgläubiger oder Lizenznehmer sind dem Patentamt gegenüber nicht zur Zahlung verpflichtet, sie können daher von diesem niemals zur Zahlung herangezogen werden. Da der Anmelder oder Patentinhaber jedoch nicht in Person zu leisten hat, können Dritte in entsprechender Anwendung des § 267 Abs. 1 BGB auch ohne seine Zustimmung die Jahresgebühren entrichten; widerspricht der Anmelder oder Patentinhaber, so kann das Patentamt die Annahme der Zahlung ablehnen, braucht das aber nicht (§ 267 Abs. 2 BGB). Dritte, denen ein Recht an der Anmeldung oder dem Patent zusteht, wie der Pfandgläubiger, sind in entsprechender Anwendung des § 268 BGB zur Leistung berechtigt, so dass das Patentamt auch bei Widerspruch des Anmelders oder Patentinhabers die Annahme der Zahlung nicht ablehnen dürfte, PA Bl. **33,** 30.

15 **d) Fälligkeit.** Die Jahresgebühren sind nach § 17 Abs. 1 jeweils für ein gebührenpflichtiges Patentjahr, dessen Beginn sich nach dem Anmeldetage bestimmt, zu entrichten. Fällig werden sie jedoch erst am letzten Tag des Monats, der durch seine Benennung dem Anmeldemonat entspricht, § 3 Abs. 2 Satz 1 PatKostG Entstehung und Fälligwerden der Gebührenschuld fallen daher in der Regel zeitlich auseinander. Der Fälligkeitszeitpunkt hat Bedeutung vor allem für die Berechnung der Frist für die zuschlagsfreie Zahlung (§ 7 Abs. 1 Satz 1 PatKostG). Die Fälligkeit ist ferner von Bedeutung für die Beurteilung der Frage, ob bei Verzicht auf das Patent oder bei Nichtigerklärung des Patents oder bei Zurücknahme oder Zurückweisung der Patentanmeldung gezahlte Gebühren erstattet werden können (§ 10 Abs. 1 PatKostG).

16 **aa) Eintritt der Fälligkeit.** Die Jahresgebühren werden nach § 3 Abs. 2 Satz 1 PatKostG nicht mehr – wie früher – bei Beginn des dritten und jeden folgenden Jahres nach dem auf die Anmeldung folgenden Tag, also jeweils zu Beginn des Patentjahres (§ 16 Abs. 1 Satz 1) fällig, für das sie bestimmt sind. Der Fälligkeitstermin ist vielmehr durch das GPatG zum Zwecke der Angleichung an die Regel 37 Abs. 1 AusfO zum EPÜ und zur Verminderung des Verwaltungsaufwandes des Patentamts auf den letzten Tag des Monats verlegt worden, der durch seine Benennung dem Monat entspricht, in den der Anmeldetag fällt. Die Jahresgebühren für alle im Laufe eines Monats eingereichten Anmeldungen werden daher jeweils einheitlich am letzten Tage des betreffenden Monats fällig. Wenn der errechnete Fälligkeitstag auf einen Sonnabend, einen Sonntag oder einen gesetzlichen Feiertag fällt, verschiebt sich die Fälligkeit nicht auf den nächsten Werktag, da der Fälligkeitstag nur eine Frist in Lauf setzt, BPatGE **11,** 23.

17 Bei Teilung einer Anmeldung (§ 39) oder eines Patents (§ 60) oder bei Ausscheidung eines Anmeldungsteiles (vgl. § 34 Rdn. 111 ff.) werden für die abgetrennte (Teil-)Anmeldung die Jahresgebühren für das etwa bereits begonnene dritte Patentjahr und etwaige weitere bereits angefangene Patentjahre, bei denen der Fälligkeitstag überschritten ist, mit Eingang der Teilungs- oder Ausscheidungserklärung bzw. der Teilanmeldung fällig (vgl. § 39 Abs. 2 und 3, § 60 Abs. 1 Satz 2, § 35 Rdn. 124 sowie BPatGE **26,** 28, 31).

18 Entsprechendes gilt für die Umwandlung einer Zusatzanmeldung in eine selbstständige Anmeldung (vgl. oben Rdn. 8); die Fälligkeit der Gebühren für bereits begonnene, gebührenpflichtige Patentjahre tritt, sofern der Fälligkeitstag überschritten ist, mit Eingang des geänderten, nunmehr auf Erteilung eines selbstständigen Patents gerichteten Erteilungsantrags ein, BGH GRUR **71,** 563, 564 – Dipolantenne. In den Fällen des § 43 Abs. 2 Satz 5 und des § 44 Abs. 4 Satz 2 in Verbindung mit § 43 Abs. 2 Satz 5 „gilt" die Zusatzanmeldung mit Ablauf der durch die Zustellung der Aufforderung in Gang gesetzten Monatsfrist als Anmeldung eines selbstständigen Patents. Damit werden daher auch die Jahresgebühren für in diesem Zeitpunkt bereits begonnene gebührenpflichtige Patentjahre fällig, sofern auch bereits der Fälligkeitstag überschritten ist. Soweit in den genannten Fällen mehrere Patentjahresgebühren gleichzeitig fällig werden, sind sie rechtlich als Einheit zu behandeln (vgl. BPatGE **6,** 5).

19 Die Verschiebung des Fälligkeitstermins durch das GPatG auf den letzten Tag des Monats, der durch seine Benennung dem Anmeldemonat entspricht (§ 17 Abs. 3 Satz 1 a. F., jetzt § 3 Abs. 2 Satz 1 PatKostG) galt auch für die bei Inkrafttreten des GPatG bereits anhängig gewesenen Anmeldungen. Um jedoch bei diesen Anmeldungen eine Verkürzung der Zahlungsfrist zu vermeiden, verlängerte sich diese bei den am letzten Tage eines Monats eingereichten Anmeldungen und den darauf erteilten Patenten um jeweils einen Tag (Art. 12 Abs. 3 GPatG).

20 **bb) Zahlung vor Eintritt der Fälligkeit.** Der aufgehobene § 19 gestattete ausdrücklich, dass Jahresgebühren schon vor Eintritt der Fälligkeit entrichtet werden, was nach § 271 Abs. 2 BGB bei privatrechtlichen Verbindlichkeiten nur im Zweifel zugelassen ist. Die Nachfolgeregelung in § 5 Abs. 2 PatKostG entspricht diesem Ansatz, beschränkt aber die Vorauszahlungsmöglichkeit ausdrücklich auf das Jahr vor Eintritt der Fälligkeit. Eine Sonderregelung ist für die

Patentjahresgebühren für das 3. bis 5. Patentjahr vorgesehen: werden diese Gebühren bei Fälligkeit der 3. Jahresgebühr in einem Betrag gezahlt, so ermäßigt sich der Gesamtbetrag auf 200 EUR (GebVerz 312 205). Die Zahlung ist nicht bloße Vorauszahlung zur Anrechnung auf die später fällig werdende Schuld, sondern bewirkt die Aufrechterhaltung der Anmeldung oder des Patents für das Patentjahr, für das sie geleistet wird, allerdings erst mit Wirkung vom Beginn des Patentjahres, BGH GRUR **78,** 105, 106 – Verlängerungsgebühr. Sie bringt die Gebührenschuld zum Erlöschen, vgl. dazu im Einzelnen die Erl. zu § 19 (Voraufl.).

cc) Zahlung nach Eintritt der Fälligkeit. Eine nach Eintritt der Fälligkeit gezahlte Jah- 21
resgebühr ist mit ihrem Eingang verfallen, sofern die Anmeldung oder das Patent im Zeitpunkt der Entrichtung der Gebühr noch als gebührenpflichtiger Gegenstand vorhanden ist, BGH GRUR **71,** 563, 565 – Dipolantenne. Das ist, da der Tag in diesem Zusammenhang die kleinste Zeiteinheit darstellt, nicht der Fall, wenn der Beschluss über die Zurückweisung der Anmeldung am Tage der Entrichtung der Jahresgebühr wirksam geworden ist, BPatGE **17,** 3. Ereignisse, die erst nach dem Tage der Entrichtung der fälligen Jahresgebühr eintreten, haben auf den Verfall der Gebühr keinen Einfluss. Eine vor dem Erlöschen des Patents fällig gewordene und gezahlte Jahresgebühr kann auch dann nicht zurückgezahlt werden, wenn das Patent wegen Nichtzahlung einer erst später fällig gewordenen Jahresgebühr erlischt, vgl. dazu BPatGE **13,** 12, 14. Der Widerruf oder die Nichtigerklärung des Patents nach Fälligwerden und Zahlung einer Jahresgebühr ändern trotz ihrer rückwirkenden Kraft nichts an dem Verfall der Gebühr. Maßgebend ist der Zeitpunkt des Wirksamwerdens des das Patent widerrufenden Beschlusses oder der Rechtskraft der Nichtigerklärung (vgl. dazu PAMitt. 31, 308; BPatGE **11,** 200, 202; § 19 Rdn. 6). Eine irrtümliche Zahlung kann unter den Voraussetzungen der §§ 119, 120 BGB mit der Wirkung angefochten werden, dass der gezahlte Betrag zu erstatten ist, BPatGE **2,** 17, 19.

e) Zahlungsfrist. Vom Fälligkeitstage der Jahresgebühren läuft eine Frist, innerhalb deren 22
die Zahlung ohne Zuschlag bewirkt werden kann. Die Aussetzung des Patenterteilungsverfahrens hat auf den Lauf der Zahlungsfrist keinen Einfluss, BPatGE 15, 114.

aa) Berechnung der Frist. Nach § 7 Abs. 1 Satz 1 PatKostG sind die Jahresgebühren für 23
Patente, Schutzzertifikate und Patentanmeldungen und Aufrechterhaltungsgebühren für Gebrauchsmuster bis zum Ablauf des zweiten Monats nach Fälligkeit zu zahlen. Wird die Gebühr nicht innerhalb der Frist des Satzes 1 gezahlt, so kann die Gebühr mit dem Verspätungszuschlag noch bis zum Ablauf des sechsten Monats nach Fälligkeit gezahlt werden, § 7 Abs. 1 Satz 2 PatKostG. Durch die neue Festlegung der Frist sind die Auslegungsprobleme, die das frühere Recht (§ 17 Abs. 3 Satz 2 a. F. mit der Zahlungsfrist von zwei Monaten nach Fälligkeit) auslöste, erledigt. Vgl.. dazu die 9. Aufl. § 17, Rdn. 23.

Bei Zusatzanmeldungen, die infolge der Änderung des Erteilungsantrages oder kraft Gesetzes zu Hauptanmeldungen werden (vgl. oben Rdn. 7), und bei Teilanmeldungen, die durch Ausscheidung von anderen Anmeldungen abgetrennt werden, beginnt die Frist für die Zahlung der Jahresgebühren für bereits angefangene Patentjahre, bei denen der Fälligkeitstag überschritten ist, an dem Tage zu laufen, an dem die Anmeldungen selbstständig und damit auch gebührenpflichtig werden (vgl. oben Rdn. 17, 18). Die Zahlungsfrist endet daher gemäß §§ 187 Abs. 1, 188 Abs. 2 BGB mit Ablauf des Tages des darauf folgenden zweiten Monats, der diesem Tag durch seine Zahl entspricht. Bei Teilung einer Anmeldung (§ 39) können die Gebühren für die abgetrennte Anmeldung, die den bis zum Eingang der Teilungserklärung für die Stammanmeldung angefallenen entsprechen (§ 39 Abs. 2 Satz 1), ohne Nachteil für den Anmelder innerhalb von drei Monaten nach Eingang der Teilungserklärung entrichtet werden (§ 39 Abs. 3). Werden sie nicht entrichtet, so gilt die Teilungserklärung als nicht abgegeben (§ 39 Abs. 3); es ergeht daher in diesem Falle keine Nachricht (vgl. unten Rdn. 29 ff.), und es besteht auch keine Nachzahlungsmöglichkeit mit einem Verspätungszuschlag (vgl. unten Rdn. 28).

Für Anmeldungen, die schon vor dem Inkrafttreten des GPatG eingereicht waren, gilt fol- 24
gende Besonderheit (Art. 12 Abs. 3 GPatG): Auch für diese Anmeldungen galt die Fälligkeitsregelung in § 17 Abs. 3 Satz 1 a. F.; da danach jedoch die Zahlungsfrist für Anmeldungen, deren Anmeldetag der letzte Tag eines Monats ist, um einen Tag kürzer wäre als nach dem früher geltenden Recht, verlängerte sich die Zahlungsfrist in diesen Fällen um einen Tag.

Ist der letzte Tag der Zahlungsfrist ein Sonntag oder ein am Leistungsort staatlich anerkannter 25
allgemeiner Feiertag oder ein Sonnabend, so endet die Frist nach § 193 BGB mit Ablauf des nächsten Werktages. Leistungsort ist München, Jena oder Berlin (vgl. Rdn. 12 vor § 17).

bb) Wiedereinsetzung. Der Ablauf der Zahlungsfrist hat kraft Gesetzes zur Folge, dass sich 26
die Jahresgebühr um den im GebVerz zum PatKostG vorgesehenen Zuschlag erhöht; wegen der besonderen Regelung für die mit dem Eingang der Teilungserklärung für die abgetrennte

Anmeldung fällig werdenden Jahresgebühren vgl. § 39 Abs. 3 und oben Rdn. 23. Gegen die Versäumung der Frist kann daher gemäß § 123 Wiedereinsetzung gewährt werden, PA Bl. **55,** 90; Mitt. **30,** 35. Die mit der Nachholung der Zahlung entrichtete Zuschlagsgebühr ist in diesem Falle zu erstatten, PA Mitt. **30,** 35.

27 **f) Folgen der Versäumung der Zahlungsfrist.** Die Versäumung der Zahlungsfrist hat noch nicht zur Folge, dass die Anmeldung als zurückgenommen gilt oder das Patent erlischt. Nur im Falle des § 39 Abs. 3 hat der Ablauf der Frist zur Zahlung der Gebühren für die abgetrennte Anmeldung die Folge, dass die Teilungserklärung als nicht abgegeben gilt. Im Übrigen löst der Ablauf der Zahlungsfrist nur den Säumniszuschlag nach § 7 Abs. 1 Satz 2 PatKostG aus und führt zur Benachrichtigung über den drohenden Verfall der Anmeldung oder des Patents. Die Nachfrist von 6 Monaten für die Zahlung von Jahresgebühren beruht auf Art. 5bis Abs. 1 der PVÜ, die eine entsprechende „period of grace" für die Zahlung von „fees prescribed for the maintenance of industrial property rights" als Mindestfrist vorschreibt. Nach BPatG Bl. **83,** 307 gibt die Unkenntnis des Aktenzeichens keinen Anspruch auf Rückzahlung des Zuschlags für die Jahresgebühren einer Ausscheidungsanmeldung.

28 **g) Verspätungszuschlag.** Der Ablauf der Zahlungsfrist des § 7 Abs. 1 Satz 1 PatKostG hat kraft Gesetzes zur Folge, dass der tarifmäßige Zuschlag für die verspätete Zahlung (Verspätungszuschlag) zu entrichten ist. Der Zuschlag fällt kraft Gesetzes an und hängt nicht von der Zustellung einer Nachricht über die Versäumung der Zahlungsfrist ab. Der Zuschlag beträgt jeweils 50 EUR und ist entsprechend in der Anlage zu § 2 Abs. 1 PatKostG festgelegt; die Festsetzung als Prozentsatz der jeweiligen Grundgebühr ist damit im Interesse der Vereinfachung und Vereinheitlichung aufgegeben worden. Sind mehrere Jahresgebühren ausnahmsweise – etwa mit der Umwandlung einer Zusatzanmeldung in eine Hauptanmeldung (vgl. oben Rdn. 18) – gleichzeitig fällig geworden und innerhalb der Zahlungsfrist nicht entrichtet worden, so ist der Zuschlag nicht nach den einzelnen Gebühren, sondern nach dem Gesamtbetrag der Gebühren zu berechnen, die insoweit rechtlich eine Einheit bilden, BPatGE **6,** 5 für das frühere Recht mit der Festlegung eines festen Prozentsatzes der Grundgebühr. Für die neue Rechtslage bedeutet dies, dass nur ein Verspätungszuschlag in Höhe von 50 EUR anfällt. A. A. Busse/Schwendy, § 17 Rdn. 57, der den jeweiligen Verspätungszuschlag auch für die früheren Patentjahre ansetzen will, weil dies aus der Systematik des GebVerz (Ausweis des Verspätungszuschlages bei jeder einzelnen Jahresgebühr) abzuleiten sei. Diese Auslegung ist aber durch den Wortlaut von § 7 Abs. 1 PatKostG nicht gedeckt, denn die einzelnen Jahresgebühren waren bis zur Fälligkeit des Gesamtbetrages nicht individuell fällig. Die Systematik des GebVerz legt vielmehr nahe, dass unabhängig von der Höhe des fällig gewordenen Betrages bei einheitlicher Verspätung nur ein (einziger) einheitlicher Verspätungszuschlag zu zahlen ist. Dies entspricht der Tendenz des PatKostG zur Vereinfachung. Außerdem ist in der Begründung des RegE. zum KostRegBerG, BT-Drs. 14/6203 S. 49, 50, ausdrücklich ausgeführt, dass die Verspätungszuschläge mit dem zusätzlichen Verwaltungsaufwand des Patentamts begründet werden. die durch die formlose Erinnerung nach Fälligkeit des Zuschlages entstehen. Dieser Gesichtspunkt schließt es aus, dass bei Globalfälligkeiten wie z. B. nach § 39 Abs. 2 und 3 bei der Einreichung einer Teilanmeldung auch sämtliche Verspätungszuschläge eingerechnet werden.

18, 19 *(aufgehoben)*

Bisherige Vorschriften betreffend Stundung von Gebühren und Auslagenerstattung (§ 18) sowie Vorausentrichtung von Jahresgebühren (§ 19) aufgehoben mWv 1. 1. 2002 durch Art. 7 des G. zur Bereinigung von Kostenregelungen auf dem Gebiet des geistigen Eigentums vom 13. 12. 2001 (BGBl. I S. 3669). Vgl. das PatKostG **(Anh 8).**

20 *Erlöschen des Patents.* (1) **Das Patent erlischt, wenn**

1. **der Patentinhaber darauf durch schriftliche Erklärung an das Patentamt verzichtet,**
2. **die in § 37 Abs. 1 vorgeschriebenen Erklärungen nicht rechtzeitig nach Zustellung der amtlichen Nachricht (§ 37 Abs. 2) abgegeben werden oder**
3. **die Jahresgebühr oder der Unterschiedsbetrag nicht rechtzeitig (§ 7 Abs. 1, § 13 Abs. 3 oder § 14 Abs. 2 und 5 des Patentkostengesetzes, § 23 Abs. 7 Satz 4 dieses Gesetzes) gezahlt wird.**

(2) **Über die Rechtzeitigkeit der Abgabe der nach § 37 Abs. 1 vorgeschriebenen Erklärungen sowie über die Rechtzeitigkeit der Zahlung entscheidet nur das Patentamt; die §§ 73 und 100 bleiben unberührt.**

Inhaltsübersicht

Vorbemerkung zum Textbestand: § 20 Abs. 1 Nr. ist durch Art. 7 Nr. PatKostBerG v. 13. 12. 2001, BGBl I 3656, m. W. v. 1. 1. 2002 neu gefasst worden

1 **1. Erlöschensgründe.** Die Vorschrift enthält keine abschließende Regelung über das Erlöschen der Patente. Sie ergänzt nur die bestehenden Vorschriften für drei Fälle, den Verzicht auf das Patent, die Versäumung der Frist für die Abgabe der Erfinderbenennung und die nicht rechtzeitige Zahlung der Patentjahresgebühren. Weitere Erlöschensgründe sind der Ablauf der Schutzdauer (§ 16), der Widerruf (§ 21) und die rechtskräftige Nichtigerklärung (§ 22), vgl. dazu § 21 Rdn. 42; § 22 Rdn. 86 ff. sowie für den abgetrennten Teil eines Patents auf Grund von § 60 Abs. 1 Satz 2 bei Teilung des Patents im Einspruchsverfahren. Eine dem Erlöschen vergleichbare Rechtslage (Verlust der Wirkung) ergibt sich nach Art. II § 8 IntPatÜG für ein nationales Patent, wenn die dort genannten Voraussetzungen eines Doppelschutzes aus einem mit Wirkung für die Bundesrepublik Deutschland erteilten europäischen Patent vorliegen. Die Zurücknahme des Patents als weiterer Erlöschensgrund ist infolge der Neufassung von § 24 durch Art. 2 Nr. 5 des 2. PatGÄndG m. W. v. 1. 11. 1998 entfallen (vgl. zur Begründung BT-Drs. 13/9971, 25). Die Vorschrift findet auch auf europäische, mit Wirkung für die Bundesrepublik Deutschland erteilte Patente Anwendung. Eine parallele Regelung für Gebrauchsmuster findet sich in § 23 Abs. 2 und 3 GebrMG. Den Verzicht auf die eingetragene Marke behandelt § 48 MarkenG.

2 Die Erlöschensgründe des § 20 haben gemeinsam, dass sie das **Erlöschen des Patents ohne Rückwirkung** lediglich für die Zukunft herbeiführen. Das Patent erlischt im Falle des Abs. 1 Nr. 1 mit Eingang der Verzichtserklärung beim Patentamt, im Falle des Abs. 1 Nr. 2 mit Ablauf der durch die Benachrichtigung in Lauf gesetzten Sechsmonatsfrist und im Falle des Abs. 1 Nr. 3 mit Ablauf der Nachholungsfrist. Der über das Erlöschen in die Patentrolle (Register) aufzunehmende Vermerk (§ 30 Abs. 1) wirkt nur rechtsbekundend und hat auf den Bestand des Patents keinen Einfluss, BGHZ **6,** 172, 177 – Wäschepresse. Das Erlöschen des Patents ist im Verletzungsstreit zu beachten, auch wenn es erst in der Revisionsinstanz eintritt; es entzieht dem Unterlassungsanspruch die Grundlage, die Ansprüche auf Rechnungslegung und Schadenersatz können dagegen für die Zeit bis zum Erlöschen des Patents weiterverfolgt werden, RGZ **148,** 400. Wegen des Einflusses des Erlöschens auf das Nichtigkeitsverfahren vgl. § 22 Rdn. 8). Nach Wirksamwerden des Patenterteilungsbeschlusses kann der Patentinhaber das entstandene Patent nur nach Maßgabe des § 20 Abs. 1 mit Wirkung für die Zukunft aufgeben. Darüber hinaus besteht keine weitere, insbesondere rückwirkende Dispositionsbefugnis des Patentinhabers. § 20 Abs. 1 stellt eine abschließende Regelung für die Zeit nach der Patenterteilung dar. Insbesondere kann der Patentinhaber die Patentanmeldung, die zur Erteilung des Patents geführt hat, nicht mehr im Einspruchsverfahren zurücknehmen, BGH GRUR **99,** 571, 572 – Künstliche Atmosphäre, LS u. Egr. II 1 b bb.

3 **2.** Der **Verzicht** (§ 20 Abs. 1 Nr. 1) kann sich nur auf das ganze Patent oder einen selbstständigen Teil, nämlich einen ganzen Anspruch beziehen; ein Verzicht auf einzelne Elemente oder eine weiter gehende Fassung eines Patentanspruchs ist nicht möglich, BGH GRUR **53,** 86 – Schreibhefte; **62,** 294, 295 f. – Hafendrehkran. Die – einschränkende – Änderung eines Patentanspruchs kann nur im Wege des Beschränkungsverfahrens (§ 64) erreicht werden. § 20 Abs. 1 Nr. 1 und § 64 ergänzen sich daher, schließen sich aber trotz ihrer verschiedenen Wirkung – der Verzicht hat im Gegensatz zur Beschränkung keine rückwirkende Kraft – auch gegenseitig aus; vgl. dazu § 64 Rdn. 2.

4 Befugt zum Verzicht ist **nur der Berechtigte** (der eingetragene Inhaber), bei mehreren Berechtigten der gemeinsame Verzicht aller Berechtigten. Der Vertreter des Schutzrechtsinhabers ist zum Verzicht nur berechtigt, wenn die **Vollmacht** eindeutig hierzu ermächtigt, BPatGE **30,** 130, 132. Bei den allgemeinen Vollmachten in der derzeit dafür vorgeschriebenen Fassung (http://www.dpma.de/infos/panwalt/av.pdf) ist das der Fall; vgl. auch Mitt. Nr. 2/88 des Präs/DPA v. 12. 1. 1988, Bl. 88, 25, TaBu S. 352 Der Verzicht liegt nicht im Rahmen des in § 25 gesetzlich umschriebenen Umfangs der Vollmacht des Inlandsvertreters,

PA Bl. **52,** 408; BPatGE **1,** 21, 22; **5,** 5, 6. Wenn der Vertreter die Vollmachturkunde nicht mit der Verzichtserklärung vorlegt (§ 174 Satz 1 BGB) und das Patentamt die Erklärung aus diesem Grunde unverzüglich zurückweist, ist der Verzicht unwirksam, BPatGE **5,** 5; **30,** 130, 133.

5 Der Verzicht ist einseitige **amtsempfangsbedürftige Willenserklärung,** BPatGE **5,** 6, 7. Er kann nur dem Patentamt gegenüber erklärt werden und muss diesem zugehen, BGH GRUR **62,** 294, 295 – Hafendrehkran; BPatGE **3,** 172, 173. In einem Vergleich im Nichtigkeitsverfahren kann nur die Verpflichtung zum Verzicht übernommen werden. Der vom Bundespatentgericht in BPatGE **20,** 66 vertretenen Auffassung, in einem anhängigen Nichtigkeitsverfahren könne der Verzicht wirksam auch gegenüber dem Patentgericht erklärt werden, kann nicht zugestimmt werden; sie widerspricht der gesetzlichen Zuständigkeitsregelung. Eine entsprechende Gesetzesänderung im Rahmen des GPatG ist im Interesse der Aktualität der beim Patentamt geführten Patentrolle ausdrücklich abgelehnt worden (Begrdg. des RegEntw. zum GPatG, BT Drucks. 8/2087 S. 26). Ein dem Verzicht auf einzelne Patentansprüche vergleichbares Ergebnis lässt sich im Einspruchs- und Nichtigkeitsverfahren durch entsprechende Gestaltung der Anträge erzielen (vgl. dazu § 59 Rdn. 46; § 22 Rdn. 50). So bezeichnet z.B. der BGH in BGHZ **110,** 82 = GRUR **90,** 508, Spreizdübel – den Wechsel des Patentinhabers im Nichtigkeitsverfahren oder im Einspruchs-/Beschwerdeverfahren von einem ursprünglich auf ein Erzeugnis gerichteten Sachanspruch auf einen Verwendungsanspruch für eine bestimmte Art der Verwendung des Erzeugnisses – ohne ausdrückliche, abweichende Erklärung – als **Verzicht** auf den sich aus § 9 Satz 2 Nr. 3 ergebenden erweiterten Patentschutz, der in der Form einer entsprechenden Beschränkung des angegriffenen Patents erfolge. Das ergebe sich ohne weiteres daraus, dass das Patent ohne einen derartigen Verzicht insgesamt widerrufen oder für nichtig erklärt werden müsste. Allerdings wirkt ein solcher beschränkender „Verzicht" zweifellos auf den Zeitpunkt der Patenterteilung zurück.

6 Die Verzichtserklärung bedarf nach § 20 Abs. 1 Nr. 1 der **Schriftform.** Als sachlichrechtliche Erklärung muss sie den Erfordernissen des § 126 Abs. 1 BGB genügen. Die Schriftform ist danach grundsätzlich nur gewahrt, wenn die Urkunde vom Aussteller eigenhändig durch Namensunterschrift oder mittels notariell beglaubigten Handzeichens unterzeichnet worden ist; ein Telegramm oder Fernschreiben erfüllt diese Formerfordernisse nicht, BPatGE **12,** 81; **13,** 15, 17; **17,** 216, 221; vgl. im übrigen Rdn. 23 vor § 35. Soweit die dafür erforderlichen gesetzlichen Voraussetzungen vorliegen, kann die schriftliche Verzichtserklärung auch in der Form des elektronischen Dokuments mit qualifizierter elektronischer Signatur (§ 126a BGB) abgegeben werden. Zum Schriftformerfordernis bei materiell-rechtlichen Willenserklärungen vgl. auch BPatGE **32,** 158; BPatG GRUR **94,** 605 und **96,** 477 (Lizenzbereitschaftserklärungen) und zur Rspr. des BPatG zum Einsatz von Telefaxen insgesamt Albrecht GRUR **99,** 649ff.

7 Die Verzichtserklärung braucht nicht das Wort „Verzicht" zu enthalten; sie muss jedoch mit der erforderlichen **Klarheit und Eindeutigkeit** den Willen des Patentinhabers zum Ausdruck bringen, dass das Patent sofort (mit Eingang der Erklärung) erlöschen soll, BPatGE **12,** 81, 83; **13,** 15, 16. Der Verzicht kann nicht bedingt oder befristet erklärt werden; ein bedingter oder befristeter Verzicht ist wirkungslos, PA Bl. **61,** 175.

8 Als rechtsgestaltende Erklärung von sachlich-rechtl. Bedeutung kann die Verzichtserklärung wegen Irrtums und sonstiger **Willensmängel** angefochten werden, PA GRUR **52,** 232. Der Irrtum über das Bestehen eines Lizenz-Vertrages ist Irrtum über eine Eigenschaft des Patents, PA Bl. **35,** 149; BPatG GRUR **83,** 432 – Regelbare Induktionsbremse, bestätigt in BPatGE **38,** 224, LS 1; Winkler, Mitt **98,** 401. Dagegen stellt die irrtümliche Annahme des Patentinhabers (Arbeitgebers), der eine Diensterfindung in Anspruch genommen hat und auf das Schutzrecht verzichtet, der Arbeitnehmer-Erfinder sei an der Übertragung des Patents nicht interessiert, keinen Irrtum über eine verkehrswesentliche Eigenschaft des Patents im Sinne des § 119 Abs. 2 BGB, sondern allenfalls einen – unbeachtlichen – Motivirrtum dar, BPatGE **38,** 224, 226 u. LS 2. Der Beweggrund für den Verzicht ist im Übrigen gleichgültig, ebenso ob Ziel des Verzichts ist, die Gläubiger zu benachteiligen.

8a Die Vorschriften der Insolvenzordnung (oder nach früherem Recht: der Konkursordnung) und des Anfechtungsgesetzes (jetzt AnfG 1999) über die **Anfechtung** von gläubigerbenachteiligenden Rechtshandlungen des Patentinhabers sind nicht anwendbar, da es an einem Leistungsempfänger fehlt; das Patentamt kann nicht als solcher angesehen werden, OLG Düsseldorf Bl. **53,** 91. Der Verzicht kann jedoch wegen Sittenwidrigkeit gemäß § 138 BGB nichtig sein, OLG Düsseldorf Bl. **53,** 91. Auch ein Verstoß gegen § 134 BGB in Verbdg. mit § 288 StGB ist denkbar. Bei Pfändung des Patents bewirkt die öffentlich-rechtliche Verstrickung des Pfändungsgegenstandes ein **Verfügungsverbot** gegen den Patentinhaber, auf Grund dessen ein Verzicht auf das Patent unwirksam ist (§§ 828ff ZPO). Eine lediglich relative Unwirksamkeit der Verfügung gegenüber dem Pfändungsgläubiger ist hier wegen der Rechtsnatur des Patents nicht denkbar. In der Insolvenz des Patentinhabers gelten die sich aus § 80 Abs. 1 InsO ergebenden Einschränkungen der Verfügungsbefugnis des Schuldners, die ebenfalls die Wirksamkeit eines durch ihn erklärten Verzichts auf das Patent ausschließen Vgl. im Übrigen die Erläuterungen zu § 15 Rdn. 43ff. Der **Widerruf** einer Verzichtserklärung ist nur dann beachtlich, wenn er vor oder gleichzeitig mit der Erklärung beim Patentamt eingeht, BPatGE **33,** 200, 202 (allerdings für eine Verfahrenserklärung im Gebrauchsmuster-Löschungsverfahren).

Der Verzicht bewirkt das **Erlöschen des Patents für die Zukunft,** BGH GRUR **99,** 571, 572 – Künstliche Atmosphäre, s.o. Rdn. 2. Der Verzicht auf das Hauptpatent macht das Zusatzpatent zum selbstständigen Patent (§ 16 Abs. 2 Satz 1). Der Verzicht wird im Register vermerkt (§ 30 Abs. 1 Satz 2 „Erlöschen") und im Patentblatt veröffentlicht. Beteiligung Dritter (Lizenznehmer) am Löschungsverfahren ist unstatthaft, PA MuW **XIX,** 77. Der Registereintrag hat ebenso wie die Veröffentlichung im Patentblatt nur deklaratorische Bedeutung, vgl. Rdn. 8 zu § 30. Die Wirksamkeit des Verzichts kann in einem späteren Rechtsstreit geprüft werden. Die Tragweite eines Verzichts auf einzelne Ansprüche ist im Nichtigkeitsverfahren auszulegen. Bezieht sich der Verzicht ausdrücklich nur auf einen Hauptanspruch, entfallen damit nicht automatisch auch die davon abhängigen Unteransprüche, LG Düsseldorf, Mitt **96,** 243, 244; Busse/Keukenschrijver Rdn. 37, Schulte, Rdn. 20, Mes Rdn. 13, jeweils zu § 20 PatG. Unselbstständige Unteransprüche verloren dagegen nach dem RG mit dem Verzicht auf den Hauptanspruch ihren Rechtsbestand und waren zu vernichten, RGZ **150,** 280 (vollständig MuW **36,** 166), während es beim unechten Unteranspruch auch nach dem RG besonderer Prüfung bedurfte, ob er von dem Wegfall des Hauptanspruchs mitergriffen wird, RGZ **158,** 385. Zum Schicksal verbleibender Unteransprüche im Nichtigkeitsverfahren vgl. Rdn. 68 zu § 22 (Rogge). § 20 Abs. 1 Nr. 2 bietet, auch für vom DPMA verwaltete europäische Patente, keine Rechtsgrundlage für einen Verzicht auf Teile des Schutzbereichs des Patents, BGH GRUR **02,** 511, 514 – Kunststoffrohrteil, Egr. III 2e. 9

3. Verspätete Erfinderbenennung. Nach § 37 Abs. 2 kann die Frist zur Abgabe der Erfinderbenennung unter bestimmten Voraussetzungen bis über die Erteilung des Patents hinaus verlängert werden. Sechs Monate vor Ablauf der Frist hat das Patentamt den Patentinhaber zu benachrichtigen, dass das Patent erlischt, wenn die vorgeschriebenen Erklärungen nicht innerhalb von sechs Monaten nach Zustellung der Nachricht abgegeben werden (§ 37 Abs. 2 Satz 4). Der fruchtlose Ablauf dieser Frist hat nach § 20 Abs. 1 Nr. 2 das Erlöschen des Patents zur Folge. 10

4. Nichtzahlung der Gebühren. Das Patent erlischt, wenn die jeweils fälligen Jahresgebühren nach § 17 Abs. 1 i.V.m. § 7 Abs. 1 und dem GebVerz. in der Anl. zum PatKostG nicht, nicht vollständig oder nicht rechtzeitig innerhalb der vorgeschriebenen Zahlungsfristen gezahlt werden. Dieser Tatbestand dürfte statistisch gesehen der **häufigste Erlöschensgrund** für vom DPMA verwaltete deutsche und europäische Patente sein. Die Regelung gehört zum traditionellen Bestand des Patents und ist lediglich im Interesse der Verwaltungsvereinfachung im Zuge des Erlasses des PatKostRegBerG und der Kodifizierung des Gebührenrechts neu formuliert worden. Die Wirkung tritt kraft Gesetzes mit dem Ablauf der vorgesehenen Fristen ein. Wegen der Einzelheiten wird auf die Erl. zu § 7 PatKostG in den Vorbemerkungen zu § 17 (Rdn. 24) verwiesen. Die Nachholungsfrist des früheren Rechts, die durch Zustellung einer amtlichen Benachrichtigung in Lauf gesetzt wurde, und die Stundungsmöglichkeiten des früheren Rechts sind mit dem Inkrafttreten des KostRegBerG m.W.v. 1. 1. 2002 entfallen. Die Rechtswirkungen können jetzt nur noch dadurch abgewendet werden, dass die Jahresgebühren in die Bewilligung von Verfahrenskostenhilfe nach § 130 Abs. 5 einbezogen werden. Vgl. dazu die Erl. zu § 17 und § 130. Da die Zahlungsfristen wiedereinsetzungsfähig sind, kann die Rechtswirkung des Erlöschens des Patents durch einen rechtzeitigen und begründeten Antrag auf Wiedereinsetzung i.d. vorigen Stand nach § 123 beseitigt und der ursprüngliche Zustand wiederhergestellt werden, allerdings mit der Folge dass zwischenzeitlich entstandene Benutzungsrechte fortgelten und zu beachten sind. 11

Soweit in dem Klammerzusatz in § 20 Abs. 1 Nr. 3 auch auf § 13 Abs. 3 und § 14 Abs. 2 und 5 PatKostG verwiesen wird, handelt es sich lediglich um **Sondertatbestände** (a) für eine **allgemeine Übergangsregelung** im Falle der Erhöhung von Gebühren bzw. (b) um die **einmalige Übergangsregelung** für den Zeitpunkt des Inkrafttretens des PatKostG am 1. 1. 2002; vgl. dazu die Hinweise in Rdn. 40ff. der Vorbemerkungen vor § 17. Die Verweisung auf (c) § 23 Abs. 7 Satz 4 dient lediglich der Klarstellung, dass für die spezifische 11 a dort geregelte Situation die vorgesehenen **Nachzahlungsfristen** zu beachten sind, wenn die **Lizenzbereitschaftserklärung** wirksam **zurückgenommen** wird und deshalb der Betrag, um den sich die Jahresgebühren infolge der Erklärung ermäßigt haben, nunmehr nachzuzahlen ist. Für die Nachentrichtung gilt die normale Frist eines Monats nach § 23 Abs. 7 Satz 3. Der fällig gewordene Betrag kann innerhalb einer weiteren Frist von vier Monaten mit einem Verspätungszuschlag gezahlt werden. Bei Änderung der Gebührensätze sind die Fristen für die Nachentrichtung von Unterschiedsbeträgen zwischen alten und neuen Sätzen großzügiger bemessen (rechtzeitige Zahlung der Gebühr nach dem alten Recht innerhalb von 3 Monaten nach der Gebührenänderung, Fristsetzung durch das Patentamt oder das Patentgericht erforderlich), und es entfällt ein Verspätungszuschlag (vgl. § 13 Abs. 3 Satz 2 PatKostG).

12 Die **Zahlung der Gebühren und der Zeitpunkt der Zahlung** sind geregelt in der VO über die Zahlung der Gebühren des Deutschen Patent- und Markenamts und des Bundespatentgerichts (Patentkostenzahlungsverordnung: PatKostZV). Hierauf und auf die Ausführungen in Rdn. 63 ff der Vorbemerkungen vor § 17 kann verwiesen werden.

12a Das Patent erlischt wegen der Nichtzahlung der Gebühren erst mit Ablauf der vorgesehenen Fristen; eine Rückwirkung auf einen früheren Zeitpunkt, etwa den der Fälligkeit der Gebühr, findet nicht statt, BGH GRUR **56,** 265, 267 – Rheinmetall – Borsig I (zum früheren Recht mit dem System der Benachrichtigung).

13 **5. Zuständigkeit (Abs. 2).** Über die Rechtzeitigkeit der Abgabe der Erfinderbenennung und die Rechtzeitigkeit der Zahlung der Jahresgebühren entscheidet nach Abs. 2 der Vorschrift nur das **Patentamt.** An eine Entscheidung des Patentamts, durch die festgestellt wird, dass die Benennung verspätet erfolgt oder die Jahresgebühr verspätet entrichtet ist oder die Wiedereinsetzung in die versäumte Frist abgelehnt wird, sind daher die Verletzungsgerichte gebunden. Ob die Verletzungsgerichte zu einer Prüfung berechtigt sind, wenn keine besondere Entscheidung ergangen, sondern lediglich das Patent wegen Nichtzahlung der Jahresgebühren im Register gelöscht ist, wie in BGHZ **6,** 172, 177 – Wäschepresse, angenommen worden ist, kann zweifelhaft erscheinen. Dem Sinn und Zweck der Vorschrift dürfte es entsprechen, die Bindung auch für diesen Fall zu bejahen. Über die Rechtswirkungen eines Verzichts entscheiden im Streitfall die Verletzungsgerichte. Eine Bindung an den etwa vom Patentamt eingenommenen Standpunkt besteht in diesem Falle nicht.

21 *Widerruf.* (1) **Das Patent wird widerrufen (§ 61), wenn sich ergibt, daß**

1. **der Gegenstand des Patents nach den §§ 1 bis 5 nicht patentfähig ist,**
2. **das Patent die Erfindung nicht so deutlich und vollständig offenbart, daß ein Fachmann sie ausführen kann,**
3. **der wesentliche Inhalt des Patents den Beschreibungen, Zeichnungen, Modellen, Gerätschaften oder Einrichtungen eines anderen oder einem von diesem angewendeten Verfahren ohne dessen Einwilligung entnommen worden ist (widerrechtliche Entnahme),**
4. **der Gegenstand des Patents über den Inhalt der Anmeldung in der Fassung hinausgeht, in der sie bei der für die Einreichung der Anmeldung zuständigen Behörde ursprünglich eingereicht worden ist; das gleiche gilt, wenn das Patent auf einer Teilanmeldung oder einer nach § 7 Abs. 2 eingereichten neuen Anmeldung beruht und der Gegenstand des Patents über den Inhalt der früheren Anmeldung in der Fassung hinausgeht, in der sie bei der für die Einreichung der früheren Anmeldung zuständigen Behörde ursprünglich eingereicht worden ist.**

(2) [1]**Betreffen die Widerrufsgründe nur einen Teil des Patents, so wird es mit einer entsprechenden Beschränkung aufrechterhalten.** [2]**Die Beschränkung kann in Form einer Änderung der Patentansprüche, der Beschreibung oder der Zeichnungen vorgenommen werden.**

(3) [1]**Mit dem Widerruf gelten die Wirkungen des Patents und der Anmeldung als von Anfang an nicht eingetreten.** [2]**Bei beschränkter Aufrechterhaltung ist diese Bestimmung entsprechend anzuwenden; soweit in diesem Falle das Patent nur wegen einer Teilung (§ 60) nicht aufrechterhalten wird, bleibt die Wirkung der Anmeldung unberührt.**

Inhaltsübersicht

I. Allgemeines

1. Einführung. Bedeutung. § 21 ist zusammen mit der Neuordnung des Einspruchsverfahrens (§§ 59ff.) in der vorliegenden Form eingeführt worden durch das GPatG v. 26. 7. 1979 (BGBl. I S. 1269 – dort noch als § 12a) und ist an die Stelle der früheren Regelung in § 32 Abs. 1 S. 3 PatG 1978 getreten. Nach RegEntw gem. Anhang vor 1 entfällt Abs. 3 S. 2 Halbs. 2 mit Aufhebung § 60. 1

Die Bestimmung gibt die materiellrechtliche Grundlage für eine nachträgliche Überprüfung der Patenterteilung in einem nachgeschalteten Einspruchsverfahren. Dieses ist dem verwaltungsrechtlichen Widerspruchsverfahren nach §§ 68ff. VwGO vergleichbar; die Wirksamkeit d. Patenterteilung wird dadurch nicht hinausgeschoben, BGH GRUR **97,** 615, 616 – Vornapf. Das Verfahren wird durch einen fristgebundenen Antrag eingeleitet, den im Falle der widerrechtlichen Entnahme der Verletzte, hinsichtlich der übrigen Widerrufsgründe jedermann stellen kann, § 59. Liegt ein Widerrufsgrund vor, so wird das Patent rückwirkend und mit Wirkung für und gegen jedermann für unwirksam erklärt (widerrufen), s. u. Rdn. 42. Mit dem Einspruchsverfahren ist der Allgemeinheit, insbesondere den von den Schutzwirkungen des Patents betroffenen Unternehmen die Möglichkeit eröffnet, sich nachträglich noch unmittelbar am Verfahren zu beteiligen, neue Argumente vorzutragen und zusätzliches gegen die Schutzwürdigkeit der patentierten Lehre sprechendes Material vorzulegen. Demgegenüber findet das vorangehende Erteilungsverfahren ohne jede Beteiligung Dritter statt; Dritte können vor der Erteilung zwar Antrag auf Recherche oder Prüfung der Patentfähigkeit stellen, sind aber auch dann nicht am Verfahren selbst beteiligt, §§ 43 Abs. 2 S. 1, 44 Abs. 2. – *Literaturhinweise* z. Einspruchsverfahren: s. bei Rdn. 1 zu § 59. 2

Dem Einspruchsverfahren unterliegen auch nach DDR-Recht erteilte Patente, die gemäß §§ 4, 12 ErstrG auf das Gebiet der gesamten Bundesrepublik erstreckt und bei nachträglicher Schutzfähigkeitsprüfung aufrechterhalten worden sind, § 12 Abs. 3 ErstrG; die Voraussetzungen der Schutzfähigkeit sind dabei aber noch nach DDR-Recht zu prüfen, § 5 ErstrG. Dem Einspruchsverfahren unterliegen auch solche Patente, die wegen eines übereinstimmenden europäischen Patents gem IntPatÜG Art. II § 8 (s. Anhang 8) ihre Wirkung verloren haben, BGH GRUR **94,** 439 – Sulfonsäurechlorid; Unzulässigkeit d. Einspruchs wegen fehlenden Rechtsschutzinteresses ist allenfalls für extreme Fälle denkbar, aber schwer vorstellbar u. vom BGH a. a. O. S. 441 (zu cc) offen gelassen. 3

2. Systematische Einordnung. Der Widerruf ist nur eine von mehreren gesetzlichen Möglichkeiten eines vorzeitigen Wegfalls des erteilten Patents und der daraus sich ergebenden Rechte. Ein Wegfall mit rückwirkender Kraft kann sich außer bei einem Widerruf (§ 21 Abs. 3) – unter im Wesentlichen gleichen materiellen Voraussetzungen – insbesondere auch auf Grund einer erfolgreichen Nichtigkeitsklage (§§ 22, 81ff.) ergeben; ebenfalls mit Rückwirkung ist eine Beschränkung des Patents auf Antrag des Patentinhabers (§ 64) oder ein teilweiser Wegfall durch Teilung vor Beendigung des Einspruchsverfahrens (§ 60) möglich. Ohne Rückwirkung kann das Patent erlöschen durch Zeitablauf (§ 16), Verzicht (§ 20 I Nr. 1), nicht rechtzeitige Erfinderbenennung (§ 20 I Nr. 2), nicht rechtzeitige Zahlung der Jahresgebühr nebst Zuschlag (§ 20 I Nr. 3) oder durch rechtskräftige Erteilung eines inhalts- und prioritätsgleichen europäischen Patents (Art. II § 8 Abs. 1 IntPatÜG – BGBl. II 1976, S. 649 = Anhang 8). 4

5 **3. Korrespondierende Bestimmungen.** Die Widerrufsgründe stimmen – von dem Fall der widerrechtlichen Entnahme (§ 21 I Nr. 3) abgesehen – sachlich mit der Regelung der Einspruchsgründe für europäische Patente nach dem EPÜ (Art. 100) überein und sind dieser nachgebildet; sie entsprechen ferner im Wesentlichen den Nichtigkeitsgründen in § 22 sowie in EPÜ Art. 138 und GPÜ Art. 56. Ein mit Wirkung für das Gebiet der Bundesrepublik Deutschland erteiltes europäisches Patent wird von den §§ 21, 59 ff. nicht betroffen sondern unterliegt ausschließlich dem Einspruchsverfahren vor dem Europäischen Patentamt gemäß Art. 99 ff. EPÜ, obwohl es gemäß Art. 2, 64 EPÜ einem deutschen Patent gleichsteht und vorbehaltlich der Regelung des noch nicht in Kraft getretenen GPÜ auch Gegenstand eines Nichtigkeitsverfahrens nach deutschem Recht sein kann (Art. 138 EPÜ, Art. II § 6 Int- PatÜG). Ebenso BPatG Bl. **84,** 114.

6 **4. Gegenstand der Prüfung im Einspruchsverfahren.** Die Prüfung bezieht sich im Einspruchsverfahren ebenso wie im Nichtigkeitsverfahren und im vorangegangenen Erteilungsverfahren auf den unmittelbaren Gegenstand des Patents, wie er aus der Sicht d. Fachmanns in dem sinnvoll verstandenen Wortlaut d. Patentansprüche unter Berücksichtigung der zur Auslegung heranzuziehenden Beschreibung und der Zeichnungen definiert ist (vgl. § 14), ebenso BPatG BlPMZ **91,** 75; s. auch Rdn. 55 zu § 22. Die Prüfung und Festlegung des (möglicherweise darüber hinausgehenden) Schutzumfangs gehört grundsätzlich ebenso wenig in das Einspruchsverfahren wie in das Nichtigkeitsverfahren (s. Rdn. 75 zu § 22). Lediglich im Falle einer unzulässigen Erweiterung (s. u. Rdn. 30) ist es zulässig und gegebenenfalls sogar erforderlich, auch den weitergehenden Schutzumfang in die Prüfung einzubeziehen; auch dies allerdings nur in der durch die in Streit stehende unzulässige Erweiterung festgelegten Richtung. Eine weitergehende abstrakte Festlegung des Schutzumfangs nach allen Richtungen ist weder erforderlich noch praktisch durchführbar, da die unendliche Vielfalt denkbarer Verletzungsformen nicht im Voraus überblickt werden kann. Zur Behandlung unzulässiger Erweiterungen vgl. auch § 22 Rdn. 49.

7 Wenn das Patent nur in beschränktem Umfang verteidigt wird, ist zunächst die Zulässigkeit der Beschränkung und im Falle der Zulässigkeit lediglich die Bestandsfähigkeit des eingeschränkten Patents zu prüfen (vgl. BGH GRUR **00,** 1015, 1016 a. E. sowie § 59 Rdn. 46 u. – für das Nichtigkeitsverfahren – § 22 Rdn. 50 ff.). Die Zulässigkeit ist – auch noch im Beschwerdeverfahren – ohne Beschränkung auf die gesetzlichen oder die geltend gemachten Widerrufsgründe zu prüfen, BGH GRUR **98,** 901; BPatG GRUR **97,** 622; sie ist insbesondere im Hinblick auf eine etwaige unzulässige Erweiterung nach Abs. 1 Nr. 4 (s. u. Rdn. 29 ff.) und eine Schutzbereichserweiterung i. S. des § 22 Abs. 1, 2. Alternative (BGHZ **110,** 123 = GRUR **90,** 432 – Spleißkammer; BGH GRUR **02,** 49, 50) zu prüfen. Zur gleichen Problematik im Nichtigkeitsverfahren vgl. BGH GRUR **05,** 145 und Rdn. 50 zu § 22.

8 Bei Abweichungen der veröffentlichten Patentschrift von den dem Patenterteilungsbeschluss zugrunde liegenden Unterlagen sind allein letztere Gegenstand der Prüfung im Einspruchsverfahren, da diese den sachlichen Inhalt des Patents bestimmen, vgl. § 49 Rdn. 3 und DPA Bl. **85,** 309. Es gilt das Gleiche wie im Nichtigkeitsverfahren, vgl. § 22 Rdn. 48.

9 **5. Umfang der Überprüfung.** Nach dem eindeutigen Gesetzeswortlaut können Einspruch (§ 59) und Widerruf (§ 21) nur auf einen oder mehrere der konkret und abschließend im Gesetz aufgeführten Widerrufsgründe gestützt werden.

10 In erster Instanz ist das Patentamt nicht an die von den Einsprechenden geltend gemachten Widerrufsgründe gebunden; nach pflichtgemäßem Ermessen können auch andere Widerrufsgründe i. S. des § 21 Abs. 1 Nr. 1, 2 u. 4 in das Verfahren einbezogen werden (BGHZ **128,** 280 – Aluminium-Trihydroxid; anders noch Vorauflage bei Rdn. 5); auch wenn Einspruch nur auf widerrechtliche Entnahme gestützt war, BPatG GRUR **94,** 605 (a. A. Kraßer S. 627). Das folgt insbesondere aus der gesetzlichen Ausgestaltung des Verfahrens mit Untersuchungsgrundsatz und stark eingeschränkter Parteiherrschaft (vgl. § 61 Abs. 1 Satz 2, § 59 Abs. 2, § 59 Abs. 3 i. Verb. m. §§ 43 Abs. 3 Satz 3 u. § 46). Demgegenüber können in einem anschließenden Beschwerdeverfahren weitere Widerrufsgründe jedenfalls nur auf Antrag des Einsprechenden und nicht ohne Einverständnis des Patentinhabers eingeführt werden (BGH a. a. O.; GRUR **02,** 49, 50; ebenso auch EPA G 9/91 und G 10/91, GUR Int. **93,** 957, 961 zum EPÜ; a. A. insbes. Sedemund-Treiber, GRUR Int. **96,** 390 ff.). Sie sollten dann auch nur in engen Grenzen und im Rahmen der Parteianträge möglich sein (insoweit in BGHZ **128,** 280, 294 a. E. ausdrücklich offen gelassen); das würde der allgemeinen Zielrichtung einer einfachen und schnellen Klärung der Schutzfähigkeit im Einspruchsverfahren (BGH a. a. O. S. 291 zu B II 2 f) entsprechen, jedoch nur unter der weiteren Voraussetzung, dass eine abschließende Entscheidung nach pflichtgemäßem Ermessen ohne wesentliche Verzögerung und ohne entscheidende Berücksichtigung solcher Tatsachen ergehen kann, die entsprechend §§ 529–531, 533 Nr. 2 ZPO in Verbindung mir § 99 Abs. 1 PatG als verspätet anzusehen sind. Für eine eher großzügigere Berücksichtigung Busse, Rdn. 23 zu § 21 und BPatGE

41, 64; enger BPatGE **43,** 276. In erster Instanz geltend gemachte Widerrufsgründe sind im Beschwerdeverfahren unabhängig davon zu prüfen, ob sie Gegenstand d. angefochtenen Beschlusses waren, BPatG GRUR **98,** 368. Zur entsprechenden Rechtslage im Nichtigkeitsverfahren s. § 22 Rdn. 16. Zum Sonderfall der beschränkten Verteidigung s. o. Rdn. 7.

Ist der Antrag des Einsprechenden nur auf einen teilweisen Widerruf mit beschränkter Aufrechterhaltung des Patents (§ 21 Abs. 2) gerichtet, so ist das Patentamt (im erstinstanzlichen Verfahren) nicht ohne weiteres verpflichtet, auch die Schutzfähigkeit des nicht angegriffenen Teils einer eingehenden Prüfung zu unterziehen. Teilweise wird angenommen, es sei hierzu nicht einmal berechtigt (BPatGE **42,** 42; Schulte, Rdn. 177 zu § 59 m. w. N.). Mehr spricht für die Gegenmeinung: Ein förmlicher Antrag des Einsprechenden ist ohnehin nicht vorgesehen; eine spätere Antragsbeschränkung wäre schon wegen § 61 Abs. 1 Satz 2 nicht bindend; gemäß § 21 Abs. 2 ist eine Entscheidung nicht über den Einspruch sondern über die (objektive) Reichweite der Widerrufsgründe und die Aufrechterhaltung des Patents zu treffen; und eine beschränkte Aufrechterhaltung des Patents kann auch nur dann erfolgen, wenn der Patentinhaber zumindest hilfsweise mit einer entsprechend eingeschränkten Fassung einverstanden ist (BGHZ **105,** 381 –Verschlussvorrichtung f. Gießpfannen); andernfalls muss das Patent in vollem Umfang widerrufen werden, wenn die Widerrufsgründe auch nur teilweise, gegen einzelne Ansprüche oder Teile eines Anspruchs durchgreifen (BGH GRUR **97,** 120, 122 a. E.). Nach alledem erscheint es nur konsequent, dass ein Antrag auf Teilwiderruf mit beschränkter Aufrechterhaltung des Patents nur als Anregung zu verstehen ist und das Patentamt nicht hindert, nach pflichtgemäßem Ermessen auch die Schutzfähigkeit des nicht angegriffenen Teils zu prüfen und einen weitergehenden Widerruf zu beschliessen (BGH GRUR **03,** 695, 696 zu 3b – Autom. Fahrzeuggetriebe; BPatGE **30,** 143; **44,** 64; Engel, FS Nirk (1992), S. 195, 205; van Hees S. 151; Kraßer S. 631 und wohl auch Busse/Schwendy, § 59 Rdn. 160). Das entspricht der Rechtslage bei Einbeziehung weiterer Widerrufsgründe (s. o.). Im Beschwerdeverfahren darf das Gericht wiederum nur im Rahmen der gestellten Anträge entscheiden (BGHZ **128,** 280, 293, zu B II 3). **11**

Im Rahmen eines zu prüfenden Einspruchsgrundes könne auch noch in d. Beschwerdeinstanz und auch von Amts wegen neue Gesichtspunkte und neue Tatsachen herangezogen werden; z. B. kann eine unzulässige Erweiterung aus anderen Gründen bejaht werden als sie vom Einsprechenden geltend gemacht wurden, BPatG GRUR **01,** 144. Wegen weiterer Einzelheiten des Einspruchsverfahrens vgl. §§ 59 ff. und die dortigen Erläuterungen, wegen der Entscheidung s. u. Rdn. 23 ff. **12**

II. Die einzelnen Widerrufsgründe

1. Fehlende Patentfähigkeit (Abs. 1 Nr. 1). Dieser für die Praxis wichtigste Widerrufsgrund kann von jedermann geltend gemacht werden. Er entspricht der Regelung des Art. 100 lit. a EPÜ. **13**

Der Widerrufsgrund der mangelnden Patentfähigkeit ist nach Maßgabe der in Bezug genommenen Vorschriften namentlich dann gegeben, wenn die patentierte Lehre nicht auf technischem Gebiet liegt (§ 1 I), unter die Ausnahmevorschriften der §§ 1 II, 2 fällt, nicht ausführbar, wiederholbar und gewerblich anwendbar (§§ 1 I, 5), nicht neu (§§ 1 I, 3) oder nicht erfinderisch (§§ 1 I, 4) ist. Die erst durch Gesetz v. 21. 1. 2005 eingefügten besonderen Bestimmungen f. biotechnologische Erfindungen in §§ 1 bis 2a sind mangels Übergangsvorschrift auch schon bei früher angemeldeten Erfindungen zu beachten. Die im Streitpatent gegebene Lehre muss bereits zurzeit der Anmeldung für einen Fachmann durchschnittlichen Wissens und Könnens ohne eigenes erfinderisches Bemühen ausführbar und insoweit fertig und gewerblich anwendbar gewesen sein; ist sie (erst) später ausführbar geworden, so ist das Streitpatent gleichwohl zu widerrufen (so für das Nichtigkeitsverfahren: BGH GRUR **66,** 141, 145 mit zutr. Ergänzung durch Anm. Moser v. Filseck; BGH GRUR **99,** 920 für GebrM); sehr streitig, vgl. Überblick u. Kritik bei Kraßer S. 193 ff. und Busse, Rdn. 298 ff. zu § 34. Nachträglich begründete Ausführbarkeit führt nach der hier vertretenen Meinung zu einer Verschiebung der Priorität mit der Folge, dass d. Offenbarungsgehalt d. ursprüngl. Anmeldung gem. § 3 Abs. 1 oder Abs. 2 bei d. Prüfung d. Patentfähigkeit als älterer Stand der Technik zu berücksichtigen ist. Die nachträgliche Einfügung eines die Ausführbarkeit betreffenden Merkmals würde zu unzulässiger Erweiterung i. S. des § 21 Abs. 1 Nr. 4 führen. Bei einer Lehre zur weiteren Verarbeitung näher bezeichneter Kunststoffe wird die Ausführbarkeit noch nicht dadurch in Frage gestellt, dass auch solche Ausgangsmaterialien erfasst werden, die der Fachwelt noch nicht zur Verfügung stehen, oder dass das Verfahren für einzelne Ausgangsstoffe nicht zum Erfolg führt, BGHZ **112,** 297 – Polyesterfäden; vgl. im Übrigen zur Ausführbarkeit Rdn. 70 zu § 1.

14 **2. Unzureichende Offenbarung (Abs. 1 Nr. 2).** Dieser Widerrufsgrund kann ebenfalls von jedermann geltend gemacht werden. Er ist in wörtlicher Übereinstimmung mit Art. 83, 100 lit. b EPÜ und Art. 8 II Straßburger Patentübereinkommen formuliert und deckt sich inhaltlich mit dem Anmeldungserfordernis nach § 34 IV, welches ebenfalls europäischem Recht angeglichen worden ist. Obgleich die unzureichende Offenbarung erst durch das IntPatÜG v. 21. 6. 1976 mit Wirkung für alle seit dem 1. 1. 1978 eingereichten Anmeldungen als besonderer Einspruchsgrund eingeführt worden ist, handelt es sich doch sachlich nicht um eine Neuregelung sondern lediglich um einen klarstellenden Hinweis zu einem bereits unter den allgemeineren Widerrufsgrund der mangelnden Patentfähigkeit fallenden Tatbestand (Abs. 1 Nr. 1). Denn nur eine ausführbar und wiederholbar offenbarte Lehre ist eine schutzfähige Erfindung im Sinne der §§ 1, 5 wie auch im Sinne der bis zum 1. 1. 1978 geltenden Fassung des § 1. Eine entsprechende Offenbarung gehörte daher auch schon seit jeher zu den zwingenden Anmeldungserfordernissen nach § 35 (früher § 26). Sie soll aber nach BPatG GRUR **99,** 1076 jetzt nur noch im Rahmen des Nichtigkeitsgrundes nach Nr. 2 zu prüfen sein; dem könnte nur dann zugestimmt werden, wenn für beide Nichtigkeitsgründe auf den gleichen Stichtag abzustellen wäre; vgl. dazu oben Rdn. 13 einerseits und unten Rdn. 16 andererseits.

15 Die Bestimmung trägt dem Grundsatz Rechnung, dass die mit der Patenterteilung verbundene Monopolisierung lediglich Belohnung und Anreiz für eine Bereicherung des gewerblich anwendbaren allgemeinen technischen Wissens sein soll, vgl. BGH GRUR **72,** 80, 83 (Trioxan). Die Patenterteilung ist daher dann nicht gerechtfertigt, wenn der Erfinder der Allgemeinheit keine entsprechende Gegenleistung zukommen lässt und seine Erfindung – sei es vorsätzlich oder versehentlich – in einer Weise beschreibt, die es noch nicht gestattet, sie auch tatsächlich nutzbar zu machen. Durch die gesetzliche Regelung soll der Anmelder veranlasst werden, die zum Patent angemeldete Lehre in einem solchen Umfang aufzudecken, dass es einem Fachmann möglich ist, diese Lehre praktisch zu verwirklichen; und es soll andererseits erreicht werden, dass Patente wieder aus der Welt geschafft werden können, bei denen dieser Gesetzeszweck verfehlt worden ist, BGH GRUR **84,** 272, 273 – Isolierglasscheibenrandfugenfüllvorrichtung. Ein zum Widerruf führender Offenbarungsmangel liegt vor, wenn die Erkennbarkeit und Ausführbarkeit der neuen Lehre nicht nur erschwert sondern verhindert wird, BGH GRUR **72,** 592, 593. Was dem Fachmann auf Grund seines Fachwissens im Anmeldezeitpunkt an Fachkenntnissen und Fertigkeiten bereits zur Verfügung steht, bedarf keiner Wiederholung; auch das nicht, was dem Fachmann auf Grund einer für das spezielle Fachgebiet gebotenen Zusammenarbeit mit einem Spezialisten zuzurechnen ist; z.B. im Maschinenbau Zusammenarbeit mit Regeltechnikern, BGH GRUR **84,** 272, 273. Nach BGH GRUR **80,** 166 (Doppelachsaggregat) ist ein Offenbarungsmangel zu bejahen bei einem Vorschlag, den ein Durchschnittsfachmann nur mit großen Schwierigkeiten und nicht oder nur durch Zufall ohne vorherige Misserfolge praktisch verwirklichen kann, wenn er den von einem Patent angestrebten Erfolg erreichen will. Das muss jedoch nicht ohne Versuche und einige Fehlschläge gelingen; genügend ist, dass d. Fachmann die entscheidende Richtung angegeben wird, in der er vorzugehen hat, BGH GRUR **98,** 1003, 1005 – Leuchtstoff. Wegen der weiteren zum Erfordernis der ausreichenden Offenbarung gehörenden Einzelheiten kann auf die Erläuterungen zu den §§ 1 und 34 sowie auf die zusammenfassende Darstellung von Fischer/Kolle GRUR Int. **78,** 80 ff. verwiesen werden.

16 Das Erfordernis der ausreichenden Offenbarung gilt dem Gesetzeswortlaut nach für das erteilte Patent, nicht schon für die Patentanmeldung. Unzureichende Offenbarung wird jedoch regelmäßig (nach Kraßer S. 620 sogar zwangsläufig) zugleich bedeuten, dass Ausführbarkeit fehlt; diese muss bereits zur Zeit der Anmeldung gegeben sein; andernfalls ist Widerrufsgrund fehlender Patentfähigkeit begründet, s. o. Rdn. 13.

3. Widerrechtliche Entnahme (Abs. 1 Nr. 3).

17 **Literatur:** Krasser, Erfinderrecht und widerrechtliche Entnahme, in Festschrift für H. Hubmann, 1985, 221 ff.

18 **a)** Dieser Widerrufsgrund kann als einziger nicht von jedermann sondern nur von dem Verletzten geltend gemacht werden (§ 59 Abs. 1). Er kann daher trotz der undifferenzierten Regelung in § 61 Abs. 1 Satz 2 nicht mehr berücksichtigt werden, wenn der Verletzte seinen Einspruch zurücknimmt, BPatGE **36,** 213; Kraßer S. 629. Er deckt sich weitgehend, wenn auch nicht voll mit dem Tatbestand der Anmeldung durch einen Nichtberechtigten i.S. von § 8 PatG. Eine weite Auslegung des Begriffs der widerrechtlichen Entnahme hat in der Praxis dazu geführt, dass zugleich auch fast alle Fälle der Anmeldung durch einen Nichtberechtigten erfasst werden. Das kommt im Interesse der Rechtsangleichung dem Umstand entgegen, dass bei den Nichtigkeitsgründen nach Art. 138 Abs. 1 lit. e EPÜ, § 6 Abs. 1 Nr. 5 IntPatÜG, Art. 56 Abs. 1

lit. e GPÜ – anders als nach §§ 21, 22 PatG – allein auf die Frage der materiellen Berechtigung abgestellt wird. Im Einspruchsverfahren nach EPÜ (Art. 100) werden materielle Berechtigung des Anmelders bzw. widerrechtliche Entnahme im Unterschied zu § 21 PatG nicht geprüft.

b) Nach dem Wortlaut des Gesetzes liegt eine widerrechtliche Entnahme vor, wenn der wesentliche Inhalt eines Patents den Beschreibungen, Zeichnungen, Modellen, Gerätschaften oder Einrichtungen eines anderen oder einem von diesem angewendeten Verfahren ohne dessen Einwilligung **entnommen** ist. Das Gesetz knüpft an die Verkörperung oder Darstellung der Erfindung in verschiedenen Verlautbarungen nach außen an, nämlich an Beschreibungen, Zeichnungen, Modelle u. dgl. Hierzu zählt auch die mündliche Beschreibung einer Erfindung, denn eine dauerhafte Verkörperung der Erfindung wird vom Gesetz nicht vorausgesetzt, RG Bl. **09,** 11, 12; RG GRUR **40,** 35, 39; BGH 16. 5. 1961 – I ZR 175/58. Die Aufzählung der Unterlagen ist nur beispielhaft, DPA Bl. **59,** 115, 116. Wer vermöge der in seinem Besitz befindlichen Beschreibungen u. dgl. tatsächlich im Stande ist, über die darin verkörperte Erfindung zu verfügen, wird vom Gesetz als einspruchsberechtigt angesehen, RGZ **2,** 137, 138f. Daraus folgt, dass derjenige, der die tatsächliche Verfügungsgewalt über die in seinen Beschreibungen verkörperte Erfindung hat, bestimmen kann, ob die Erfindung zum Patent angemeldet wird. Die ohne Einwilligung des Inhabers der tatsächlichen Verfügungsgewalt über die Erfindung vorgenommene Anmeldung ist widerrechtlich entnommen. Die widerrechtliche Entnahme gründet sich nicht darauf, dass die Kenntnis der Erfindung den Beschreibungen oder dgl. eines anderen ohne oder gegen dessen Willen entlehnt worden ist, sondern allein darauf, dass die Erfindung unbefugt zur Patenterteilung angemeldet worden ist, RGZ **2,** 137, 140. Die Entnahmehandlung liegt demnach nicht in der Art und Weise der Kenntniserlangung, sondern in der Verwertung der erlangten Kenntnis durch die Patentanmeldung, RGZ **2,** 137, 138f.; PA Mitt. **38,** 388 r. Sp. Ob die Kenntnis von der Erfindung befugt oder unbefugt erlangt ist, ist für den Tatbestand der widerrechtlichen Entnahme gleichgültig, RGZ **2,** 137, 140. Widerrechtliche Entnahme liegt auch dann vor, wenn der Erfinder dem Anmelder die Erfindung mitgeteilt hat und dieser sie ohne Einwilligung des Erfinders zum Patent anmeldet, RGZ **2,** 137, 140; OLG München GRUR **51,** 157, 158. Die Überlassung einer Zeichnung zum Nachbau der Maschine begründet nicht das Recht, darauf ein Patent anzumelden. Wird der Inhalt der Zeichnung ohne Wissen des Inhabers der Zeichnung zum Patent angemeldet, liegt darin eine widerrechtliche Entnahme, PA PatBl. **1883,** 41, 44. In der bloßen Mitteilung der Erfindung liegt keine Gestattung der Patentanmeldung, RGZ **2,** 137, 140; BGH I ZR 98/58 vom 12. 4. 1960. Eine Anmeldung ist auch dann ohne Einwilligung erfolgt, wenn die Einwilligungserklärung wegen Geschäftsunfähigkeit unwirksam ist oder z.B. wegen Irrtums wirksam angefochten ist und dadurch ihre Wirksamkeit nachträglich wieder verliert (Lindenmaier, § 4 Rdn. 26; Reimer, § 4 Anm. 28). Der Anmeldegegenstand braucht nicht unmittelbar den Beschreibungen u. dgl. entnommen zu sein, es genügt, dass die Erfindung mittelbar, z.B. durch Vermittlung eines Dritten oder aus Zeichnungen eines Dritten in die Anmeldung übergegangen ist, PA PatBl. **1882,** 27, 28; PA Mitt. **27,** 54; **35,** 314, 315; Dunkhase MuW **26/27,** 305, 306ff. Auch bei Erlangung der Kenntnis der angemeldeten Erfindung durch eine offenkundige Benutzung im Ausland kann der Tatbestand der widerrechtlichen Entnahme erfüllt werden, vgl. OLG Hamm GRUR **35,** 539, das allerdings wegen öffentlicher Benutzung den Entnahmetatbestand verneint; Tetzner, § 4 Anm. 33. Auch ein gutgläubiger Anmelder kann widerrechtliche Entnahme begehen, Dunkhase GRUR **07,** 216, 217. Bösgläubigkeit ist kein Tatbestandsmerkmal der widerrechtlichen Entnahme. Auch der Erfinder kann widerrechtliche Entnahme begehen, wenn er eine Erfindung zum Patent anmeldet, deren Rechte er zuvor rechtswirksam einem Dritten übertragen hat, OLG Karlsruhe GRUR **83,** 67, 69. Hingegen ist die bloße Vertragswidrigkeit einer Anmeldung allein keine widerrechtliche Entnahme, PA Mitt. **37,** 58 r. Sp.; vgl. auch PA MuW **X,** 288, 289. Hatte der Anmelder bei der Anmeldung die Einwilligung zur Anmeldung der Erfindung, so begründet ein Verstoß gegen ein vertragliches Verfügungsverbot, die Rechte aus der Anmeldung an einen Dritten abzutreten, nicht den Tatbestand der widerrechtlichen Entnahme. Der Erwerber der Rechte aus der Anmeldung, der diese weiterverfolgt, begeht keine widerrechtliche Entnahme, PA MuW **X,** 288, 289. 19

c) Verletzter bei der widerrechtlichen Entnahme ist in erster Linie der Erfinder oder derjenige, der das Recht an der Erfindung von ihm ableitet, der Rechtsnachfolger im Sinne von § 6, BPatGE **10,** 207, 213; OLG Karlsruhe GRUR **83,** 67, 69. Daneben ist auch der Erfindungsbesitzer, vgl. § 6 Rdn. 20, als Verletzter anzusehen, a. A. Dunkhase, der den bloßen Besitzer einer Beschreibung der Erfindung, der nicht zur Anmeldung berechtigt ist, nicht für einspruchsberechtigt hält, MuW **26,** 305ff. Bei einer Kollision mit den Rechten des Erfinders oder des Rechtsnachfolgers muss der Erfindungsbesitzer zurückstehen. Zur Entlastung des Patentamtes 20 von der Prüfung, wer der wahre Erfinder ist, wird zwar gelehrt, im Einspruchsverfahren vor dem Patentamt sei nicht der Einwand zugelassen, der Erfindungsbesitzer ermangele des eigenen Erfinderrechts (Busse § 21 Rdn. 45ff.; Lindenmaier § 4 Anm. 27; Hoffmann, Das Recht des Erfinders, 1936 S. 25; Pietzcker § 3 Anm. 33; Reimer § 4 Anm. 24; a. A. Dunkhase MuW **26,** 305, 306f.). Demnach könnte ein Erfindungsbesitzer, dem gegenüber eine widerrechtliche Entnahme keine Rechtsverletzung darstellt, RGZ **2,** 137, 138f., weil der Anmelder das bessere Recht auf das Patent hat, durch seinen Einspruch wegen widerrechtlicher Entnahme die Versagung eines Patents erzwingen, vgl. auch die Amtl. Begr. zum PatG Bl. **36,** 104. Dem kann nicht beigetreten werden, solange sich der Anmelder oder Patentinhaber dem Erfindungsbesitzer gegenüber auf ein besseres Recht beruft, so jetzt auch Busse Rdn. 71 zu § 21. Im Übrigen kann im Einspruchsverfahren nicht der Einwand erhoben werden, dem Erfindungsbesitzer mangele das sachliche Erfinderrecht.

21 Ein **nichtberechtigter** Patentinhaber muss einem berechtigten Erfindungsbesitzer gegenüberstehen. Mitberechtigte Erfindungsbesitzer können untereinander keine widerrechtliche Entnahme begehen, RGZ **117,** 47, 50f. = JW **27,** 1560 mit zustimmender Anmerkung von Engländer; RG Bl. **30,** 258, 259; PA MuW **36,** 153, 154; PA Mitt. **43,** 75, 76; vgl. dazu § 6 Rdn. 34. Wenn bei einer gemeinsamen Erfindung, vgl. § 6 Rdn. 32, einer der Beteiligten für sich allein das Patent anmeldet oder erwirkt, haben die in ihren Rechten verkürzten Beteiligten einen Anspruch auf anteilige Übertragung der Anmeldung oder des Patents entsprechend ihrer Beteiligung, vgl. § 8 Rdn. 3. Die Anmeldung einer von einem mit der Herstellung einer Vorrichtung beauftragten Fabrikanten gemachten Erfindung durch den Besteller ist jedoch eine widerrechtliche Entnahme, PA Mitt. **35,** 314, 315.

22 Die Frage, ob und wann die Anmeldung eines **Arbeitnehmers** gegenüber dem **Arbeitgeber** oder eines Arbeitgebers gegenüber dem Arbeitnehmer eine widerrechtliche Entnahme darstellt (Horn Mitt. **65,** 24), ist nach dem für das jeweilige Arbeitsverhältnis maßgeblichen Recht, für den Geltungsbereich des deutschen Rechts nach dem Gesetz über Arbeitnehmererfindungen vom 25. 7. 1957 (BGBl. I S. 756) zu entscheiden. Bei freien Erfindungen des Arbeitnehmers, § 4 Abs. 3 ArbEG, hat der Arbeitnehmer das unbeschränkte Recht zur Anmeldung des Patents. Das Gleiche gilt für freigewordene Diensterfindungen, §§ 8, 13 Abs. 4 Satz 1 ArbEG, wozu die Fälle der ausdrücklichen Freigabe, der versäumten Inanspruchnahme und der beschränkten Inanspruchnahme zählen. Meldet der Arbeitgeber eine solche Erfindung zum Patent an, dann liegt eine widerrechtliche Entnahme vor. Eine unbeschränkte Inanspruchnahmeerklärung des Arbeitgebers bewirkt bei einer Diensterfindung, § 4 Abs. 2 ArbEG, mit dem Zugang den Übergang der Rechte an der Diensterfindung auf den Arbeitgeber, BPatGE **10,** 207, 215. Die Anmeldung einer unbeschränkt in Anspruch genommenen Diensterfindung durch den Arbeitnehmer stellt eine widerrechtliche Entnahme dar, DPA Bl. **59,** 115, 116; allg. Meinung, vgl. Bartenbach/Volz, Rdn. 19 zu § 7; Reimer/Schade/Schippel § 7 Anm. 4; Volmer/Gaul § 13 Rdn. 277. Die Frage, ob die Anmeldung einer Diensterfindung durch den Arbeitnehmer vor der Inanspruchnahme durch den Arbeitgeber eine widerrechtliche Entnahme darstellt, ist umstritten, wird aber durchweg bejaht, BGH Mitt. **96,** 16, 17; Bartenbach/Volz, Rdn. 15ff. zu § 7 m. w. N., Reimer/Schade/Schippel § 7 Anm. 4, 5 und im Ergebnis auch Volmer/Gaul § 13 Rdn. 276ff. Das DPA und das BPatGer. bejahen ein Einspruchsrecht des Arbeitgebers wegen der Verletzung des Aneignungsrechts und des alleinigen Rechts zur Anmeldung einer Diensterfindung, § 13 Abs. 1 ArbEG, verlangen aber vor der Versagung der Anmeldung den Nachweis einer wirksamen Inanspruchnahme der Erfindung durch den Arbeitgeber, DPA Bl. **59,** 115, 117; BPatGE **10,** 207, 214ff. Lindenmaier/Lüdecke § 7 Anm. 1 verneinen, dass eine widerrechtliche Entnahme vorliegt. Zwar steht bis zu einer wirksamen Inanspruchnahme der gemeldeten oder nicht gemeldeten Diensterfindung durch den Arbeitgeber noch nicht fest, ob ein Übergang der Erfindung auf den Arbeitgeber erfolgt. Das DPA hat daher zu Recht angenommen, dass während dieser Zeit eine Versagung des Patents nicht erfolgen kann, DPA Bl. **59,** 115, 117. Erst nach der wirksamen Inanspruchnahme ist der Arbeitgeber allein berechtigt. Da der Zweck des § 21 Abs. 1 Nr. 3 darin besteht, bei widerrechtlich entnommenen Anmeldungen den Fortbestand des Patents zu verhindern, kann nach der Inanspruchnahme der Diensterfindung der Widerruf des Patents auf den Einspruch des Arbeitgebers erfolgen, ebenso Busse, Rdn. 75 zu § 21. Dem Arbeitgeber muss die viermonatige Überlegungsfrist nach § 6 Abs. 2 Satz 2 ArbEG erhalten werden. Er ist nicht auf den Weg der Feststellungsklage und den Umschreibungsanspruch (§ 8 Rdn. 2 a. E.) oder die Nichtigkeitsklage (§ 22) beschränkt, BPatGE **10,** 207, 216.

23 **d) Patentfähigkeit d. entnommenen Lehre** ist entgegen älterer Rechtsprechung (zuletzt BPatG Mitt. **01,** 389; weitere Nachweise Vorauflage, Rdn. 13) nicht Voraussetzung für d. Widerrufsgrund nach § 21 I Nr. 3. Es ist unlogisch, den berechtigten Widerspruch allein daran

scheitern zu lassen, dass auch noch weitere Gründe gegen den Bestand des Patents sprechen, so zutreffend Kraßer S. 375 und Busse Rdn. 78 zu § 21; jetzt auch Schulte Rdn. 49 zu § 21. Ebenso wie im Vindikationsprozess (vgl. dazu BGH GRUR **79,** 692) geht es auch hier nur um die Durchsetzung der besseren Rechte an dem Erfindungsgegenstand u. nicht um dessen Bewertung (vgl. dazu §§ 7, 8 und die dortigen Erläuterungen).

e) Der Gegenstand des Patents muss mit der in den Unterlagen (Beschreibungen u. dgl.) enthaltenen Erfindung in seinem **wesentlichen Inhalt übereinstimmen;** eine Ähnlichkeit oder Abhängigkeit genügt nicht, RG Bl. **15,** 134 r. Sp. Was wesentlicher Inhalt des Patents ist, muss aus dem zugrunde liegenden technischen Problem (Aufgabenstellung) und dem Lösungsgedanken ermittelt werden. Dabei ist das maßgebliche Problem (Aufgabe) nicht nach den subjektiven Vorstellungen der Beteiligten zu bestimmen, sondern ausschließlich danach, was objektiv tatsächlich durch die in Streit stehende Erfindung bewältigt wird, BGHZ **78,** 358, 364 (= GRUR **81,** 186, 188 – Spinnturbine II). Durch Vergleichung des in den Unterlagen niedergelegten Inhalts der Erfindung des Verletzten mit dem Gegenstand des Patents ist die Übereinstimmung zu ermitteln. Tritt in einer räumlichen Anordnung die Herstellungsweise in Erscheinung, so kann auch eine darauf beruhende Anmeldung, die das Herstellungsverfahren zum Gegenstande hat, widerrechtlich entnommen sein, RG GRUR **40,** 35, 40. Unwesentliche Veränderungen des Entnahmeobjekts in Form von Verbesserungen oder Verschlechterungen, die sich im Rahmen des Fachkönnens halten, sind ohne Bedeutung, BGHZ **68,** 242, 246 (= GRUR **77,** 594, 595 – Geneigte Nadeln). Es kommt auf den wesentlichen Kern des Erfindungsgedankens an. Eine dem Anmelder vorgeführte Maschine muss den im Patent geschützten Erfindungsgedanken bereits verwirklicht haben, RG Mitt. **39,** 160, 161. Die Unterlagen des Verletzten müssen den entnommenen Erfindungsgedanken für den Durchschnittsfachmann erkennbar enthalten, RG GRUR **40,** 35, 39. Ist der Gegenstand eines Patents einer früheren Anmeldung eines Dritten entnommen, so kommt es nicht darauf an, ob der entlehnte Gedanke in einem Schutzanspruch oder in der Beschreibung oder in beigefügten Modellen enthalten war, RG GRUR **40,** 35, 40. Gleiche Aufgabenstellung genügt nicht, wenn die Lösungsmittel verschieden sind, RGZ **130,** 158, 159f.; RG GRUR **40,** 35, 40. Das RG hat bei der Prüfung der Wesensgleichheit den Schutzumfang der entnommenen Erfindung außer Betracht gelassen und die Übereinstimmung in einem allgemeinen Erfindungsgedanken nicht für ausreichend angesehen, RGZ **130,** 158, 159f. Dem ist zuzustimmen, da im Erteilungs-, Einspruchs- und Nichtigkeitsverfahren nur der Gegenstand des Patents auf seine Schutzfähigkeit zu prüfen ist, nicht aber ein weitergehender Schutzbereich. Auch sind die für den Verletzungsprozess entwickelten Kriterien der Schutzbereichsbestimmung für die Feststellung einer widerrechtlichen Entnahme ungeeignet. Eine widerrechtliche Entnahme ist jedoch nicht nur bei gegenständlicher Übereinstimmung, sondern auch dann gegeben, wenn die von dem Verletzten erlangten Informationen ein allgemeines Lösungsprinzip offenbart haben, von dem das angegriffene Patent eine vom Durchschnittsfachmann ohne weiteres erkennbare und auffindbare konkrete Ausgestaltung betrifft, BGHZ **78,** 358, 368 (= GRUR **81,** 186, 189 – Spinnturbine II). 24

Handelt es sich beim „Inhalt des Patents" um eine Kombinationserfindung, dann ist die widerrechtliche Entnahme eines Elements keine Entnahme der ganzen Kombination, RG Bl. **07,** 106, 107; PA Mitt. **37,** 58, 59. Enthält das Streitpatent einen erfinderischen Überschuss, mithin mehr als unwesentliche Zutaten, so liegt lediglich eine **teilweise Entnahme** vor, und das Patent kann nicht insgesamt widerrufen werden; es kommt allenfalls ein Teilwiderruf (§ 21 Abs. 2) in Betracht, BGHZ **68,** 242 – Geneigte Nadeln. Dies kann bei mehreren selbständigen Patentansprüchen durch Streichung einzelner Ansprüche und bei einem mehrere Varianten umfassenden Anspruch ggf. durch Reduktion auf eine oder wenige Varianten geschehen. Nach der zum vor 1978 geltenden Recht ergangenen zitierten BGH-Entscheidung sollte eine ähnliche Reduktion dann erfolgen, wenn sich aus den erteilten Patentansprüchen ein (insoweit widerrechtlich entnommener) allgemeiner Erfindungsgedanke mit selbstständigem Schutz ableiten ließ; dann sollte ein solcher Schutz durch ausdrückliche Erklärung ausgeschlossen werden (BGH a. a. O.). Diese Fallgestaltung ist nach geltendem Recht gegenstandslos, da der Schutz eines allgemeinen Erfindungsgedankens auch in der Form einer (durch Verzicht auf eines oder mehrere Anspruchsmerkmale gebildeten) Unterkombination allenfalls dann noch in Betracht zu ziehen ist, wenn die weiteren Merkmale erkennbar unwesentlich sind. Liegt eine teilweise Entnahme vor und ist der entnommene Teil untrennbar mit einem nicht entnommenen Teil in der Anmeldung verschmolzen, so bleibt dem Verletzten dann nur der Weg der Übertragungsklage nach § 8 auf Einräumung des Miteigentums. 25

Beurteilungsgrundlage für die Übereinstimmung ist der Inhalt des Patents in seiner derzeit gültigen Fassung. Was durch Beschränkung oder Ausscheidung aus der früheren Anmeldung 26 weggefallen ist, ist nicht mehr zu berücksichtigen, vgl. RG GRUR **37,** 365 r. Sp. für Übertragung. Spätere Erweiterungen unterliegen dem Widerruf nach § 21 Abs. 1 Nr. 4, können aber auch unter den Voraussetzungen der widerrechtlichen Entnahme zum Widerruf führen; sie dürfen jedoch nicht zum Gegenstand einer Nachanmeldung nach § 7 Abs. 2 gemacht werden, BGHZ **75,** 143 (= GRUR **79,** 847 – Leitkörper).

27 **f)** Der Entnahmetatbestand setzt voraus, dass der Inhalt des Patents auf den Beschreibungen u. dgl. des Verletzten **beruht.** Die Kenntnis der angemeldeten Erfindung muss durch die Beschreibungen u. dgl. des Verletzten vermittelt worden sein. Bei einer Doppelerfindung, vgl. § 6 Rdn. 21, hat nur derjenige Erfindungsbesitzer Ansprüche aus widerrechtlicher Entnahme, auf dessen Erfindungsbesitz die unberechtigte Anmeldung beruht, nicht jedoch der andere selbstständige Erfinder (Heydt GRUR **36,** 470, 474; **36,** 1013, 1015; Dunkhase MuW **26,** 305, 307; a. A. Buß GRUR **36,** 833, 835 f.). Hat der Anmelder den Gegenstand seiner Anmeldung beiden Doppelerfindern entnommen, so sind beide Erfinder „verletzt" und nach § 59 Abs. 1 einspruchsberechtigt.

28 **g)** Neben dem Einspruch mit dem Ziel des Patent-Widerrufs stehen dem durch widerrechtliche Entnahme Verletzten als **weitere Rechtsbehelfe** zur Verfügung: Das Nachanmelderecht gem. § 7 Abs. 2, die Nichtigkeitsklage nach § 22 Abs. 1, die Übertragungs- oder Abtretungsklage nach § 8 sowie die nach dem BGB gegebenen Ansprüche wegen Verletzung absoluter Rechte (§§ 823 Abs. 1, 826, 1004 BGB) und gegebenenfalls auch Ansprüche aus § 1 UWG. Wegen weiterer Einzelheiten hierzu wird auf die Erläuterungen zu den genannten Bestimmungen verwiesen. Zum Schadenersatzanspruch aus § 823 BGB siehe OLG Frankfurt GRUR **87,** 886. Gegenüber einer Patentverletzungsklage des Patentinhabers ist der Einwand der widerrechtlichen Entnahme möglich, § 9 Rdn. 63; nach Ablauf der Vindikationsfrist (§ 8) ggf. noch der Arglisteinwand oder die Berufung auf ein Weiterbenutzungsrecht, vgl. § 8 Rdn. 15.

29 **4. Unzulässige Erweiterung (Abs. 1 Nr. 4).** Dieser Widerrufsgrund kann wiederum von jedermann geltend gemacht werden. Er ist erst durch das IntPatÜG v. 21. 6. 76 mit Wirkung für alle seit dem 1. 1. 1978 eingereichten Anmeldungen eingeführt und durch das GPatG v. 26. 7. 1979 sprachlich geringfügig geändert worden. Er stimmt inhaltlich mit der Regelung in Art. 100 lit. c EPÜ überein.

30 Zur Feststellung einer unzulässigen Erweiterung ist der Gegenstand des erteilten Patents (ggf. in seiner verteidigten Fassung, s. o. Rdn. 7) mit dem Inhalt der ursprünglichen Unterlagen zu **vergleichen.** Gegenstand des Patents in diesem Sinne ist die durch die Patentansprüche definierte Lehre, wobei Beschreibung und Zeichnungen lediglich zur Auslegung der Ansprüche heranzuziehen sind (§ 14); vgl. auch BGHZ **98,** 12, 18 (= GRUR **86,** 803, 805 – Formstein; BGHZ **150,** 149, 153 (zu II 3 a) – Schneidmesser I). Demgegenüber ist der Inhalt der ursprünglichen Unterlagen deren Gesamtinhalt zu entnehmen ohne dass dabei bereits den Ansprüchen eine gleiche hervorragende Bedeutung zukommt, BGH GRUR **92,** 158/9 – Frachtcontainer. Eine Erweiterung der Ansprüche kann daher im Rahmen des Abs. 1 Nr. 4 noch zulässig sein, BGH GRUR **88,** 197 – Runderneuern; enger demgegenüber § 22 Abs. 1, 2. Alternative für Erweiterungen nach Patenterteilung. Inhalt der ursprünglichen Unterlagen ist das, was der Durchschnittsfachmann ihnen als zur angemeldeten Erfindung gehörig entnehmen kann, BGHZ **71,** 152, 156 (= GRUR **78,** 417, 418 – Spannungsausgleichsschaltung); **110,** 123126 (= GRUR **90,** 432, 433 – Spleißkammer); BGH GRUR **91,** 307, 308 – Bodenwalze; **01,** 140, 141 – Zeittelegramm; nicht zur angemeldeten Erfindung gehörig ist insbesondere das, was nur beiläufig erwähnt ist und keinen erkennbaren Zusammenhang mit der erfindungsgemäßen Aufgabenstellung hat. Der Inhalt einer in Bezug genommenen älteren Anmeldung kann nur in dem erkennbaren Umfang der Bezugnahme berücksichtigt werden, BPatG GRUR **91,** 200. Eine offenbarte Lösung muss gegenüber gleichzeitig offenbarten anderen Lösungen nicht notwendig als vorteilhaft, zweckmäßig oder bevorzugt bezeichnet worden sein, BGHZ **111,** 21 (= GRUR **90,** 510 – Crackkatalysator). Der Mengenbereich für eine Legierungskomponente kann eingeengt werden, auch wenn die neuen Grenzwerte ursprünglich nicht als Grenzwerte zahlenmäßig offenbart waren, BGH GRUR **92,** 842 (Chrom-Nickel-Legierung). Maßgeblich ist nicht allein der Wortlaut der Unterlagen, sondern dessen Verständnis seitens des Durchschnittsfachmanns des einschlägigen Fachgebiets, der sich auch an Ziel und Zweck der Erfindung und Funktion der einzelnen Elemente orientiert, BGH GRUR **83,** 169, 170 – Abdeckprofil. Merkmale eines Ausführungsbeispiels können ggf. auch ohne dessen weitere Merkmale in den Patentanspruch übernommen werden, aber nicht in jeder beliebigen Kombination, die dem Fachmann nicht als eine z. angemeldeten Erfindung gehörende Möglichkeit erkennbar war, BGH GRUR **02,** 49, 51. Entscheidend ist, ob die ursprüngl. Offenbarung für den Fachmann erkennen ließ, der geänderte Lösungsvorschlag solle von vornherein vom Schutzbegehren

umfaßt werden, BGH GRUR **05,** 1023, 1024 – Einkaufswagen II. Zum Begriff der Offenbarung vgl. im Einzelnen die Erläuterungen zu § 35. Eine unzulässige Erweiterung wird vielfach, aber keineswegs immer mit einer verändernden oder verallgemeinernden Formulierung der Ansprüche zusammenfallen. Eine erweiternde Veränderung der Ansprüche ist bis zur Patenterteilung dann zulässig, wenn sie sich im Rahmen des nach dem Gesamtinhalt der Unterlagen bereits ursprünglich als zur Erfindungs gehörig Offenbarten hält. Dann kann insbesondere auch ein Merkmal der ursprünglichen Beschreibung in den Patentanspruch übernommen werden, BGH GRUR **91,** 307 – Bodenwalze. Andererseits kann eine unzulässige Erweiterung auch ohne Änderung des Anspruchswortlauts dann gegeben sein, wenn der bei der Auslegung der Ansprüche zu berücksichtigende sonstige Inhalt der Patentschrift (§ 14) derart geändert wird, dass der Anspruch in einem erweiterten Sinne auszulegen ist. Jedoch fällt eine Erweiterung des Offenbarungsgehalts der Beschreibung oder der Zeichnungen, die weder mit einer Änderung des Anspruchswortlauts verbunden ist, noch zu einer erweiterten Auslegung der veränderten Ansprüche führt, nicht unter den Tatbestand der unzulässigen Erweiterung. Wegen weiterer Einzelheiten hierzu vgl. die Erläuterungen zu § 38.

Maßgebende **ursprüngliche Unterlagen** sind die zur Erlangung dieses konkreten Patents **31** bei der zuständigen Behörde zuerst eingereichten Unterlagen; zur Erfüllung der Mindest-Anmeldevoraussetzungen nachgereichte Unterlagen (z. B. Zeichnungen – vgl. BPatGE **31,** 19) sind dabei mit zu berücksichtigen. Die insoweit zuständige Behörde kann das Deutsche Patentamt (§ 35), das Europäische Patentamt im Falle der Umwandlung der ursprünglich europäischen Anmeldung in eine deutsche Anmeldung (Art. 66, 135 EPÜ; Art. II § 9 IntPatÜG) oder eine nach dem PCT-Vertrag (Art. 100 – vgl. Einl. Int. Teil Rdn. 81 ff.) international zuständige Stelle sein. Unerheblich in diesem Zusammenhang ist jedoch eine früher eingereichte andere Anmeldung, die lediglich prioritätsbegründend wirkt (§§ 40, 41 und PVÜ Art. 4) ohne zugleich Anmeldung für das vorliegende Erteilungsverfahren zu sein. Im Falle einer Teilanmeldung, d. h. bei einer aus einer ursprünglich umfassenderen Stammanmeldung ausgeschiedenen und getrennt weiter verfolgten Anmeldung (vgl. § 39 und die dortigen Erl.) ist nach der klarstellenden gesetzlichen Regelung auf den Offenbarungsgehalt der ursprünglichen Gesamtanmeldung abzustellen; entsprechendes gilt, wenn im Falle einer widerrechtlichen Entnahme der Verletzte gemäß § 7 Abs. 2 eine Neuanmeldung vornimmt und dabei die Priorität der früheren Anmeldung des Verletzers (Entnehmenden) in Anspruch nimmt.

Werden durch **Verzicht** ausgeschiedene Teile der ursprünglichen Anmeldung gleichwohl **32** zum Gegenstand des erteilten Patents gemacht, so liegt ebenfalls eine unzulässige Erweiterung vor, BGH GRUR **87,** 510, 511; s. auch § 38 Rdn. 37 m. w. N. Über seinen Wortlaut hinaus ist § 21 Abs. 1 Nr. 4 auch auf diesen Fall (entsprechend) anzuwenden, Ballhaus GRUR **83,** 1, 5. Die Annahme eines Verzichts wird jedoch kaum einmal gerechtfertigt sein. Vgl. dazu BGH a. a. O.; Kraßer S. 572 ff.; Rogge Mitt. **98,** 201, 202; Stortnik GRUR **04,** 120, 121.

5. Keine sonstigen Widerrufsgründe. Die Aufzählung der Widerrufsgründe in § 21 ist **33** abschließend, wie sich insbesondere aus § 59 Abs. 1 S. 3 ergibt, BGH GRUR **72,** 592, 593 (Sortiergerät); **97,** 612, 615 – Polyäthylenfilamente; BGZ **152,** 172, 176 – Sammelhefter); vgl. auch Rdn. 9 zu § 59. Es gilt das Gleiche wie zu dem geschlossenen Katalog der Nichtigkeitsgründe in § 22 (s. dort bei Rdn. 26 und allgemein BGHZ **152,** 172, 176). Auf sonstige Mängel kann daher weder der Einspruch (s. § 59 Abs. 1 S. 3) noch die Widerrufsentscheidung gestützt werden. Dabei ist es unerheblich, ob sich die sonstigen Mängel auf den Inhalt des Patents, den Gang des Erteilungsverfahrens oder auf sonstige Umstände beziehen, und ob sie an sich die Zurückweisung der Anmeldung gerechtfertigt hätten. Ein Einspruchs- und Widerrufsgrund ergibt sich daher insbesondere nicht unmittelbar aus Mängeln der Anmeldung (BGH GRUR **72,** 592), nicht aus der ungerechtfertigten Identifizierung eines patentierten chemischen Erzeugnisses (nur) durch sein Herstellungsverfahren (BGH GRUR **97,** 612) und nicht daraus, dass trotz unwirksamer Teilungserklärung ein Patent auf eine Trennanmeldung erteilt wurde (BGHZ **152,** 172, 176). Grobe Mängel können allerdings dazu führen, dass die Patentanmeldung unwirksam war, und ihr kein vor der Patenterteilung liegender Anmelde- und Prioritätstag zuerkannt werden kann. Dann kann dem Patent jede frühere Veröffentlichung einschließlich der Veröffentlichung der Anmeldung nach § 32 als Stand der Technik im Sinne des § 3 entgegengehalten werden; daraus ergibt sich dann der Einspruchs- und Widerrufsgrund mangelnder Patentfähigkeit (§ 21 I Nr. 1) – in BGHZ **152,** 172, 177 – Sammelhefter – ausdrücklich offen gelassen.

Der frühere Einspruchsgrund der identischen Vorpatentierung (PatG 1968 § 32 Abs. 1 S. 3 **34** i. Verb. m. § 4 Abs. 2) ist mit Wirkung vom 1. 1. 1978 in dem allgemeinen Einspruchs- (bzw. Widerrufs-)grund der fehlenden Patentfähigkeit nach Abs. 1 Nr. 1 aufgegangen, und zwar wegen mangelnder Neuheit, weil nunmehr im Gegensatz zum früheren Recht auch nichtvorveröffentlichte ältere Patentanmeldungen als Stand der Technik zu berücksichtigen sind (§ 3 Abs. 2). Die bestandskräftige Erteilung eines inhalts- und prioritätsgleichen europäischen Patents ist ebenfalls kein Einspruchsgrund, BPatG GRUR **88,** 683; sie führt gemäß Art. 2 § 8 IntPatÜG lediglich zur Wirkungslosigkeit des deutschen Patents für die Folgezeit. Die Prüfung möglicher Erweiterung d. Schutzbereichs im Fall beschränkter Verteidigung (s. o. Rdn. 6) betrifft lediglich die Zulässigkeit der Beschränkung u. keinen weiteren Widerrufsgrund.

III. Verfahren und Entscheidung

35 **1. Einleitung und Ablauf des Einspruchsverfahrens** sind in den §§ 59ff. näher geregelt. Auf die dortigen Erläuterungen – auch zur Zulässigkeitsprüfung – wird verwiesen.

36 **2. Der Inhalt der Entscheidung.** Die gesetzliche Regelung (§ 21 Abs. 2) entspricht derjenigen des Nichtigkeitsverfahrens (§ 22 Abs. 2), und zwar weitgehend so, wie sie dort (als § 13 Abs. 2) auch schon vor dem 1. 1. 1981 galt. Es kann daher weitgehend auf die Erläuterungen zu § 22 (Rdn. 75ff.) und die dort zitierte Rechtsprechung verwiesen werden. Die Entscheidung ergeht durch Beschluss der Patentabteilung und lautet auf Aufrechterhaltung, Widerruf oder teilweisen Widerruf des Patents; sie ist unabhängig davon, ob der einmal wirksam erhobene Einspruch weiterverfolgt oder zurückgenommen worden ist (§ 61 Abs. 1). Der Widerruf kann auf andere Gründe gestützt werden, als sie von den Einsprechenden geltend gemacht wurden (s. o. Rdn. 10). Die Entscheidung hat sich im Falle des Widerrufs mit dem tragenden Grund, sonst mit allen geltend gemachten Widerrufsgründen auseinanderzusetzen. Die Entscheidung bezieht sich auf den „Gegenstand der Erfindung“, wie er im Wortlaut der Ansprüche definiert ist, grundsätzlich nicht jedoch auf einen möglicherweise weitergehenden Schutzumfang; vgl. auch oben Rdn. 6 sowie Rdn. 75 zu § 22 wegen der Entscheidung im Nichtigkeitsverfahren.

37 Ein Erlöschen des Patents nach § 20, insbesondere bei Verzicht oder Nichtzahlung d. Gebühren führt trotz der fehlenden Rückwirkung grundsätzlich zur Erledigung der Hauptsache (BGH GRUR **97,** 615; BPatG GRUR **88,** 30). Im Streitfall ist das ausdrücklich auszusprechen, sonst ist nur noch eine Kostenentscheidung zu treffen (s. Rdn. 2 zu § 62). Wegen der Rückwirkung des Widerrufs (s. u. Rdn. 42) ist nur dann weiterhin zur Sache zu entscheiden, wenn der Einsprechende ein besonderes Rechtsschutzinteresse an einer Klärung auch für die Vergangenheit dartut (BGH a. a. O.); es gilt Entsprechendes wie im Nichtigkeitsverfahren (Rdn. 35–37 zu § 22). Die Entscheidung lautet dann (s. u. Rdn. 28ff.) auf Widerruf oder Aufrechterhaltung (für die Vergangenheit), nicht auf Feststellung der Unwirksamkeit (anders anscheinend BPatG a. a. O.). Zur Entscheidung bei Unzulässigkeit d. Einspruchs oder Vorabentscheidung über seine Zulässigkeit s. § 59 Rdn. 57ff.

38 Die dem Einspruch (ganz oder teilweise) **stattgebende Entscheidung** ist ein rechtsgestaltender Verwaltungsakt; sie lautet auf „Widerruf“ und nicht auf Feststellung der Nichtigkeit, auch nicht bei Selbstbeschränkung oder Verzicht des Patentinhabers im Einspruchsverfahren (vgl. Rdn. 50 bei § 22 zur gleichen Problematik für das Nichtigkeitsverfahren). Das Einspruchsverfahren kann zum völligen oder teilweisen Widerruf (unten Rdn. 40) führen, nicht aber zur Ersetzung des erteilten Patents durch ein anderes. Wie sich insbesondere aus dem Nichtigkeitsgrund der Erweiterung des Schutzbereichs (§ 22 Abs. 1) ergibt, darf das Einspruchsverfahren in keiner Richtung dazu führen, dass der Schutzbereich (§ 14) über den Rahmen des zunächst erteilten Patents hinaus ausgeweitet wird, BGHZ **110,** 123 – Spleißkammer (= GRUR **90,** 432). Ebenso wie für das Nichtigkeitsverfahren (vgl. Rdn. 76ff. zu § 22) verbietet sich daher auch hier grundsätzlich eine Änderung der Patentkategorie, die Umwandlung eines Hauptpatents in ein Zusatzpatent oder in einen Unteranspruch zu einem anderen Patent, die Umwandlung in ein Kombinationspatent, für welches die Patentschrift keine Grundlage bietet, sowie die Streichung einzelner Merkmale oder Bezugnahmen, selbst wenn sie für das Wesen der eigentlichen Erfindung ohne Bedeutung sind und selbst im Falle eindeutiger Überbestimmung. Soweit der erteilte Patentanspruch gegenüber der ursprünglichen Offenbarung ein „Aliud“ zum Inhalt hat, und ein gemeinsamer Nenner nicht gefunden werden kann, muss das Patent insgesamt widerrufen werden, BPatG GRUR **91,** 40, 41. Ein Kategorienwechsel wird lediglich insoweit zuzulassen sein, als der umfassende Schutz für ein sich als bekannt erweisendes Erzeugnis auf den engeren Schutz eines Verwendungspatents eingeschränkt werden kann, wenn damit eine erfinderische Anwendungsweise geschützt wird, die bereits in den ursprünglichen Anmeldungsunterlagen offenbart war, BGH GRUR **88,** 287 – Abschlussblende; ein etwa mit der neuen Verwendung verbundener Erzeugnisschutz nach § 9 S. 2 Nr. 3 würde entgegenstehen, scheidet jedoch meist nach der Natur der Sache ohnehin aus (vgl. GrBeschwK EPA, ABl. EPA **90,** 93, 104) oder entfällt wegen eines in aller Regel anzunehmenden konkludenten Verzichts, BGHZ **110,** 82, 87 – Spreizdübel (= GRUR **90,** 508, 510).

Teil-Widerruf bei unzulässiger Erweiterung – „unentrinnbare Falle“. Problematisch ist der Fall, dass in den Patentanspruch ein Merkmal eingefügt worden ist, das einerseits zu einer Einschränkung des Schutzbereichs führt, andererseits jedoch in den ursprünglichen Unterlagen nicht offenbart war. Auch das kann eine unzulässige Erweiterung im Sinne des § 21 Abs. 1 Nr. 4 sein, die eliminiert werden muss. Sie kann regelmäßig nicht durch einfaches Streichen rückgängig gemacht werden, weil dies zu einer unzulässigen Erweiterung des Schutzbereichs im Sinne des § 22 Abs. 1, Alternative 2 führen würde, BGHZ **73,** 40 – Aufhänger; BGH GRUR **01,** 140, 143 – Zeittelegramm; Benkard, EPÜ Rdn. 31 zu Art. 138 gegen BPatG GRUR **98,** 667 u. 810 (aufgegeben von BPatG GRUR **02,** 559, 601). Andererseits kann das unzulässig eingefügte Merkmal nicht unverändert im Patentanspruch verbleiben, auch dann nicht, wenn eine nicht durch das eingefügte Merkmal gestützte und beschränkte weitere Lehre als patentfähig anzusehen wäre. Es genügt nicht, dass bei einer etwaigen späteren Nichtigkeitsklage das nachträglich eingefügte Merkmal ohnehin nicht schutzbegründend berücksichtigt werden dürfte (a. A. Busse-Keukenschrijver, Rdn. 42 zu § 38; offen gelassen in BGH GRUR **01,** 143); dabei würde übersehen, dass § 22 Abs. 1 auch für diesen Fall einen gesetzlichen Anspruch auf förmliche Nichtigerklärung gibt. Ebenso BPatG GRUR **02,** 601. In der Rechtsprechung des EPA (G 1/93, ABl EPA **94,** 541) wird hieraus unter dem Stichwort der „unentrinnbaren Falle“ der Schluss gezogen, da das nachträglich eingefügte Merkmal wegen unzulässiger Erweiterung nicht im Anspruch verbleiben, wegen unzulässiger Erweiterung des Schutzbereichs aber nicht wieder gestrichen werden könne, müsse das Patent im Regelfall auch dann in vollem Umfang widerrufen werden, wenn seine Lehre unabhängig von dem streitigen Merkmal und über die so bewirkte Einschränkung hinaus im Rahmen ursprünglicher Offenbarung schutzfähig wäre. Diese Konsequenz ist nicht akzeptabel. Vgl. insbesondere BGH GRUR **79,** 224 – Aufhänger; Rogge, GRUR Int. **98,** 208 und bei Benkard, EPÜ, Rdn. 31 zu Art. 138 sowie Schulte, Rdn. 77 zu § 21. 39

In sachgerechter Weise lässt sich das Problem durch einen erläuternden Zusatz lösen. Es wäre entweder im Patentanspruch (so BGH GRUR **79,** 224 – Aufhänger) oder verständlicher und daher besser in der Beschreibung (so BPatG GRUR **90,** 114 und BlPMZ **00,** 382) klarzustellen, dass das im Anspruch verbleibende strittige Merkmal lediglich zur Beschränkung des Schutzbereichs, nicht jedoch zur Charakterisierung des „Gegenstandes“ der patentierten Erfindung dient. Für eine solche **„Disclaimer-Lösung“** auch BPatG GRUR **00,** 302; **02,** 599 m. w. N. und BlPMZ **03,** 298, 301; vgl. ferner Kraßer S. 629, 630; Busse Rdn. 122 zu § 21. Für eine schlichte Streichung der unzulässigen nachträglichen Einfügung demgegenüber u. a. König in FS Tilmann (2003) S. 487 ff. m. w. N.

Teil-Widerruf. Betreffen die Widerrufsgründe nur einen Teil des Patents, so wird dieses mit einer entsprechenden Beschränkung aufrechterhalten (§ 21 Abs. 2 S. 1). Wegen der fehlenden Bindung an Anträge der Einsprechenden (vgl. § 61 Abs. 1) setzt das allerdings – anders als im Nichtigkeitsverfahren – in jedem Fall die positive Feststellung voraus, dass der verbleibende Rest von den geltend gemachten Widerrufsgründen nicht betroffen wird. Der teilweise Widerruf wird ebenso wie die Teilvernichtung im Nichtigkeitsverfahren in der Regel durch eine Änderung der Ansprüche erfolgen, kann aber nach der ausdrücklichen Regelung in § 21 Abs. 2 S. 3 auch zusätzlich oder allein durch Änderung der Beschreibung oder der Zeichnungen geschehen. Jede Änderung bedarf – anders als im Nichtigkeitsverfahren – der Einwilligung des Patentinhabers, BGHZ **105,** 381 – Verschlussvorrichtung f. Gießpfannen; bei Verweigerung d. Einwilligung ist das Patent ggf. in vollem Umfang zu widerrufen, vgl. BGH GRUR **97,** 120, 122 (zu d). Wegen weiterer Einzelheiten und Beispiele hierzu kann auf die Erläuterungen bei § 22 Rdn. 77–83 und § 61 Rdn. 5 verwiesen werden. 40

Klarstellung. Entsprechend der früheren Rechtsprechung zum Nichtigkeitsverfahren hat das Bundespatentgericht (GRUR **85,** 216; **86,** 605) auch für das Einspruchsverfahren allgemein die Möglichkeit einer Klarstellung unabhängig von einem gleichzeitigen Teil-Widerruf bejaht; BPatG Mitt. **00,** 456 (m. Anm. Lippich) hat gelegentlich eines Teilwiderrufs die Klarstellung eines davon nicht betroffenen weiteren Merkmals vorgenommen; ferner wurde eine letztlich nur der Klarstellung dienende Einfügung neuer Unteransprüche für zulässig gehalten (GRUR **02,** 327 gegen BlPMZ **01,** 223). All dies ist jedoch durch den Wortlaut des Gesetzes nicht gedeckt. Es bestehen daher die gleichen Bedenken wie zum Nichtigkeitsverfahren, vgl. Rdn. 59, 60 zu § 22 und BGHZ **103,** 262 – Düngerstreuer; **105,** 381, 384/5 – Verschlussvorrichtung f. Gießpfannen. Zulässig sind lediglich solche Änderungen, durch die eine auf einen Einspruchsgrund gestützte Beschränkung vorgenommen oder erläutert wird. Weitergehend will Schwendy (bei Busse Rdn. 126 zu § 21) Klarstellungen zulassen, die gelegentlich einer Beschränkung auch ohne notwendigen Zusammenhang mit dieser, vorgenommen werden. Schulte (Rdn. 114 zu 41

§ 21) hält eine Klarstellung durch den Patentinhaber im Rahmen beschränkter Verteidigung für zulässig; dem ist zuzustimmen, weil bereits die Beseitigung des Anscheins eines weitergehenden Schutzes als eine besondere Form der Beschränkung gesehen werden kann; solche „Klarstellungen" können und sollen dann aber auch als Teilwiderruf formuliert werden. Für uneingeschränkte Klarstellungsmöglichkeit im Einspruchsverfahren jedoch BPatGE **30,** 186; vgl. auch Rdn. 4 zu § 61 sowie – zum europäischen Einspruchsverfahren – Schulte, GRUR Int. **89,** 460, 465 ff.

42 **3. Die Wirkung der Entscheidung (§ 21 Abs. 3).** Der Widerruf berührt nicht die Neuheitsschädlichkeit der Anmeldung (§ 3 Abs. 2). Fällig gewordene Gebühren werden nicht zurückgezahlt. Im Übrigen jedoch kommen die Wirkungen der Anmeldung und des Patents mit Wirkung für und gegen alle rückwirkend in Fortfall. Ebenso wie im Falle der Nichtigerklärung (§ 22) ist die Rechtslage so, als ob ein Patent oder eine Anmeldung niemals bestanden hätte. Bei beschränkter Aufrechterhaltung gilt entsprechendes für den widerrufenen Teil. Soweit ein Teil des Patents nur wegen einer Teilung (§ 60) nicht aufrecht erhalten wird, entfallen zwar ebenfalls rückwirkend die Wirkungen der Patenterteilung, nicht jedoch diejenigen der Anmeldung (§ 21 Abs. 3 a. E.); im Umfang des ausgeschiedenen Teils hat der Widerruf auch nur noch deklaratorische Bedeutung. Im Falle des Widerrufs wegen widerrechtlicher Entnahme (Abs. 1 Nr. 3) besteht die Besonderheit, dass der Einsprechende, der sich darauf berufen hat, nunmehr seinerseits die ihm entnommene Erfindung unter Inanspruchnahme der Priorität des früheren Patents anmelden kann (§ 7 Abs. 2). Der Widerruf des Patents wird von Amts wegen im Patentregister vermerkt (§ 30 Abs. 1 S. 2) und im Patentblatt öffentlich bekanntgemacht (§ 32 Abs. 5, § 61 Abs. 2). Im Falle eines teilweisen Widerrufs wird eine geänderte Patentschrift oder ein die Änderung ausweisendes Ergänzungsblatt zur Patentschrift veröffentlicht (§ 61 Abs. 3). Ein Zusatzpatent wird mit dem Widerruf des Hauptpatents zum selbstständigen Patent, von mehreren Zusatzpatenten jedoch nur das Erste (§ 16 Abs. 2). Wegen der Auswirkungen der Widerrufsentscheidung auf Patentverletzungsansprüche, darüber anhängige oder entschiedene Rechtsstreitigkeiten sowie auf Verträge über das Patent gilt entsprechendes wie im Falle einer späteren Nichtigerklärung. Es kann daher insoweit auf die Ausführungen bei § 22 Rdn. 88–94 verwiesen werden.

43 **Die Zurückweisung des Einspruchs** hat keine materielle Rechtskraft zur Folge. Der Einsprechende ist nicht gehindert, im Wege der Nichtigkeitsklage mit den gleichen (oder anderen) Gründen erneut gegen das Streitpatent vorzugehen. Soweit das Patent aufrechterhalten bleibt, sind sein Gegenstand und Schutzumfang allein nach dem Inhalt der bestehen gebliebenen Ansprüche unter Berücksichtigung von Patentbeschreibung und Zeichnungen (§ 14) zu bestimmen; die Darlegungen der Einspruchsentscheidung hierzu sind lediglich eine unverbindliche Auslegungshilfe; etwas anderes gilt jedoch im Falle eines Teil-Widerrufs oder einer Klarstellung; hier müssen die Entscheidungsgründe zur Erläuterung der abgeänderten Patentfassung mit berücksichtigt werden. Im Einzelnen gelten hier die Ausführungen wie bei Rdn. 92, 96 zu § 22 entsprechend.

22 *Nichtigkeit des Patents.* (1) **Das Patent wird auf Antrag (§ 81) für nichtig erklärt, wenn sich ergibt, daß einer der in § 21 Abs. 1 aufgezählten Gründe vorliegt oder der Schutzbereich des Patents erweitert worden ist.**

(2) **§ 21 Abs. 2 und 3 Satz 1 und 2 Halbsatz 1 ist entsprechend anzuwenden.**

Inhaltsübersicht

I. Allgemeines. (*Literaturhinweise:* Siehe Rdn. 1 vor § 81 und Rdn. 1 vor § 110)

1. Einführung der Vorschrift. Geschichte. Eine der Bestimmung des § 22 entsprechende Regelung des materiellen Nichtigkeitsrechts war bereits – als § 10 – in den Patentgesetzen von 1877, 1891 und 1923 enthalten, und galt dann – als § 13 – seit dem Patentgesetz von 1936 lange Zeit im Wesentlichen unverändert fort. Durch Gesetz vom 18. 7. 1953 wurde dann – als § 13 a – der im jetzigen Katalog der Nichtigkeitsgründe aufgegangene Nichtigkeitsgrund der im Beschränkungsverfahren vorgenommenen Erweiterung eingeführt. In Angleichung an das europäische Patentrecht hat der Katalog der Nichtigkeitsgründe sodann eine weitere wesentliche Erweiterung erfahren durch das IntPatÜG v. 21. 6. 1976 (Einführung der besonderen Nichtigkeitsgründe der unzureichenden Offenbarung und der unzulässigen Erweiterung sowie teilweise Neufassung der Bestimmungen über die materielle Patentfähigkeit) und durch das GPatG v. 26. 7. 1979 (Einführung des Nichtigkeitsgrundes der Erweiterung des Schutzbereichs nach Patenterteilung unter Einbeziehung des früher in § 13 a geregelten Sondertatbestandes); weitere auf die genannten Gesetze zurückgehende Änderungen haben im Wesentlichen nur klarstellende bzw. redaktionelle Bedeutung. 1

Zeitlicher Geltungsbereich. § 22 gilt in der jetzigen Fassung seit dem 1. 1. 1981. Zur Anwendung auf ältere Patente s. Vorauflage.

2. Systematische Einordnung. Die Nichtigerklärung ist eine von mehreren Möglichkeiten für einen vorzeitigen Wegfall des Patents (s. § 21 Rdn. 4), und zwar mit rückwirkender Kraft; sie kann daher – unter der Voraussetzung eines hierfür gegebenen Rechtsschutzinteresses, Rdn. 23 – auch dann noch erfolgen, wenn das Patent bereits aus anderen Gründen, aber ohne Rückwirkung erloschen ist. 2

Die gesetzlichen Nichtigkeitsgründe machen das Patent nicht von selbst nichtig, sondern nur vernichtbar in einem in den §§ 21, 81 ff. geregelten besonderen Verfahren. 3

Mit der Nichtigkeitsklage können auch die vor Inkrafttreten des Einigungsvertrages (3. 10. 90) in der ehemaligen **DDR angemeldeten Patente** angegriffen werden, Einigungsvertrag Anl. I Kap. III Sachgebiet E Abschn. II Nr. 1 § 3 Abs. 2; die Voraussetzungen der Schutzfähigkeit sind insoweit aber noch nach altem DDR-Recht zu beurteilen, § 5 ErstrG.

3. Bedeutung. Umfang der Überprüfung. Das Nichtigkeitsverfahren ist neben dem Einspruchsverfahren (s. § 21 Rdn. 1) eine weitere Möglichkeit der nachträglichen Überprüfung der Patentfähigkeit unter Mitwirkung der Allgemeinheit. Ebenso wie dort beschränkt sich auch hier die Überprüfung auf die ausdrücklich genannten gesetzlichen Nichtigkeitsgründe (dort: Widerrufsgründe – s. § 21 Rdn. 33); und zwar auf diejenigen Gründe, auf welche die Nichtigkeitsklage gestützt ist (Rdn. 8, 16); – insoweit abweichend vom Einspruchsverfahren (s. o. Rdn. 10 zu § 21). 4

4. Verhältnis zum Einspruchsverfahren. Die Nichtigkeitsklage entspricht in den Voraussetzungen und Rechtsfolgen weitgehend dem Einspruchsverfahren. Sie ist diesem gegenüber 5 insofern subsidiär als sie erst dann erhoben werden kann, wenn ein Widerspruchsverfahren nicht mehr anhängig ist und wegen Ablaufs der Einspruchsfrist auch nicht mehr anhängig gemacht werden kann (§ 81 Abs. 2); wer wegen Fristablaufs einen Einspruch selbst nicht mehr und wegen eines laufenden anderen Einspruchs eine Nichtigkeitsklage noch nicht einlegen kann, kann sich, wenn er wegen Patentverletzung in Anspruch genommen wird, nach Maßgabe des § 59 Abs. 2 an dem anderen Einspruchsverfahren beteiligen. Von der vorstehenden Einschränkung abgesehen steht die Möglichkeit des Nichtigkeitsverfahrens selbstständig neben derjenigen des Einspruchsverfahrens. Sie ist grundsätzlich ebenfalls jedermann gegeben – außer wiederum im Falle der widerrechtlichen Entnahme (§ 81 Abs. 3) – und kann auf die gleichen Gründe gestützt werden, zusätzlich auch auf eine Erweiterung des Schutzbereichs nach der Patenterteilung. Das gilt auch für Klagen gegen ein europäisches Patent nach vorangegangenem Einspruchsverfahren vor dem EPA, BGH GRUR **96,** 757 – Zahnkranzfräser; **98,** 895, 896 – Regenbecken. Die Zulässigkeit des Nichtigkeitsverfahrens ist auch unabhängig davon, ob der Nichtigkeitskläger bereits an einem vorangegangenen Einspruchsverfahren beteiligt war und ob demgegenüber neue Gründe vorgebracht werden, BGH GRUR **96,** 757; Busse, Rdn. 7 zu Art. II § 6 IntPatÜG. Im Einspruchsverfahren ergangene Entscheidungen sind – soweit das Patent aufrechterhalten wurde – nicht bindend, aber doch als gewichtige sachverständige Stellungnahmen zu berücksichtigen, BGH GRUR **98,** 895. Das Nichtigkeitsverfahren kann mithin in sachlicher und persönlicher Hinsicht weitgehend zu einer Wiederholung des Einspruchsverfahrens führen. Wesentliche Unterschiede ergeben sich jedoch im Verfahren selbst: Es ist ein anderer Rechtszug vorgesehen und der Untersuchungsgrundsatz (§ 87 Abs. 1) ist durch Verfügungsbefugnis und Mitwirkungspflicht der Parteien noch stärker zurückgedrängt (s. u. Rdn. 8, 9, 72–74 sowie § 81 Rdn. 18).

6 **5. Verhältnis zum Verletzungsprozess.** Literatur: Ströbele, Die Bindung der ordentlichen Gerichte an Entscheidungen der Patentbehörden, 1975; Pakuscher, Nichtigkeits- und Verletzungsprozess im deutschen und europäischen Patentrecht, RIW **75,** 305 ff.; Schmieder, Zur Kompetenzverteilung zwischen Nichtigkeits- und Verletzungsverfahren nach neuem Patentrecht, GRUR **78,** 561 ff.

7 Die große praktische Bedeutung des Nichtigkeitsverfahrens zeigt sich vor allem im Zusammenhang mit einem anhängigen oder drohenden Patentverletzungsprozess (§§ 139, 143); die Nichtigkeitsklage ist für den wirklichen oder angeblichen Patentverletzer ein übliches, häufig sogar das wichtigste Verteidigungsmittel. Denn ein rechtskräftig erteiltes Patent kann nur in dem dafür vorgesehenen Nichtigkeitsverfahren für nichtig erklärt werden. In anderen Verfahren, insbesondere im Verletzungsprozess, ist ein rechtskräftig erteiltes Patent so, wie es erteilt ist, hinzunehmen und nicht auf seine Rechtsbeständigkeit zu prüfen, vgl. BGH GRUR **59,** 320; **79,** 624, 625; **99,** 914, 916 – Kontaktfederblock m. w. N. Etwas anderes gilt lediglich für den Einwand der widerrechtlichen Entnahme (§ 8 – Nichtigkeitsgrund nach § 22 Abs. 1 i. Verb. m. § 21 Abs. 1 Nr. 3), RGZ **130,** 158, 160, vgl. auch Rdn. 63 zu § 9; dieser kann auch unmittelbar im Verletzungsprozess geltend gemacht werden. Im Übrigen kann der Verletzungsrichter von sich aus – von den wohl nur theoretischen Fällen eindeutigen Rechtsmissbrauchs abgesehen – lediglich den Verletzungsstreit nach § 148 ZPO aussetzen, bis über die Rechtsbeständigkeit des Patents im Nichtigkeitsverfahren entschieden ist (vgl. § 139 Rdn. 107). Die Prüfung und Festlegung des Schutzumfangs eines Patents dagegen gehört grundsätzlich nicht in das Nichtigkeitsverfahren sondern in den Verletzungsprozess, vgl. unten Rdn. 75.

8 **6. Allgemeines zum Nichtigkeitsverfahren. Rechtsnatur.** Nach BGHZ **18,** 81, 92 (= GRUR **55,** 393, 396) ist das Nichtigkeitsverfahren „seinem Wesen nach ein **Verwaltungsstreitverfahren,** in dem darüber entschieden wird, ob der Verwaltungsakt der Patenterteilung zu Recht ergangen ist“. Das Verfahren ist jedoch mit starken privatrechtlichen Elementen durchsetzt. Es hat eine ausgeprägte Mischstruktur u. ist insbes. i. d. Berufungsinstanz eher als ein weitgehend nach den Regeln der ZPO bestimmtes **privatrechtliches Verfahren** mit verwaltungsrechtlichen Elementen anzusehen. So ist zu beachten, dass das seit dem 6. ÜG in 1. Instanz zuständige Bundespatentgericht ein besonderes Gericht der ordentlichen Gerichtsbarkeit ist und dass das Patent, wenn im Beschwerdeverfahren vom Bundespatentgericht erteilt, von einem Gericht erteilt worden ist. Die Erklärung der Nichtigkeit erfolgt durch rechtsgestaltendes Urteil, das dem Patentinhaber rückwirkend die durch die Erteilung des Patents verliehene Rechtsstellung ganz oder zum Teil wieder entzieht; vgl. unten Rdn. 87 ff. Das Verfahren wird zwar nur auf Privatinitiative eines Dritten durch dessen Klage eingeleitet (§§ 22 Abs. 1, 81 Abs. 1), und die Nichtigerklärung darf nach dem auch hier anwendbaren Grundsatz des § 308 Abs. 1 ZPO nicht über den vom Nichtigkeitskläger beantragten Umfang hinausgehen, RG GRUR **38,** 861, 865, vgl. unten Rdn. 64, 68. In dem durch das Klagebegehren des Nichtig-

keitsklägers abgesteckten Rahmen aber hat das Gericht den Sachverhalt von Amts wegen zu erforschen, ohne an das Vorbringen und die Beweisanträge der Parteien gebunden zu sein (§§ 87 Abs. 1, 115 Abs. 1; BGHZ **18,** 81, 97), vgl. dazu im einzelnen Rdn. 72–74. Es gibt daher im Nichtigkeitsverfahren auch kein das Gericht bindendes Anerkenntnis des Beklagten im Sinne des § 307 ZPO, BGH GRUR **95,** 577, streitig, vgl. Rdn. 5 zu §§ 82/83; und ein während des Nichtigkeitsverfahrens gegenüber dem Patentamt erklärter Verzicht des Patentinhabers auf das Patent (§ 20 Abs. 1 Nr. 1) macht das Nichtigkeitsverfahren noch nicht gegenstandslos (vgl. aber § 81 Rdn. 33). Jedoch kann der Patentinhaber, ohne zuvor das in § 64 vorgeschriebene förmliche Beschränkungsverfahren durchführen zu müssen, sich im Nichtigkeitsverfahren auf die Verteidigung eines eingeschränkten Inhalts seines Patents beschränken und dadurch erreichen, dass sein Patent nur mit diesem eingeschränkten Inhalt auf seine Rechtsbeständigkeit geprüft wird, BGHZ **21,** 8, 10f = GRUR **56,** 409, 410; vgl. unten Rdn. 33. Unbeschadet des Untersuchungsgrundsatzes (§ 87 Abs. 1), der den Parteien die Verfügung über den Prozessstoff beschneidet, verbleibt den Parteien also doch weitgehend die prozessrechtliche Verfügungsbefugnis (RGZ **86,** 440; BGHZ **21,** 8, 11), d.h. die Verfügung über das Verfahren als solches und den Rahmen, in dem es stattfindet (§ 87 Rdn. 27ff.), also z.B. auch die Befugnis zur Änderung oder Zurücknahme der Klage (unten Rdn. 71 und § 81 Rdn. 23, 31) sowie zur (vollen oder beschränkten) Einlegung oder Zurücknahme von Rechtsmitteln (vor § 110, Rdn. 8 u. Kraßer S. 635ff.; Jestaedt, FS F. Traub (1994), S. 141, 145f.; § 110 Rdn. 14, 17). Für eine stärkere Berücksichtigung der privatrechtlichen Elemente des Nichtigkeitsverfahrens Kraßer S. 635; Jestaedt in FS Traub (1994), S. 141, 145f.

Zuständig für die Erklärung der Nichtigkeit ist im ersten Rechtszug das Patentgericht – 9
Nichtigkeitssenat – (§§ 65 Abs. 1, 66 Abs. 1 Nr. 2, 67 Abs. 2), im zweiten Rechtszug der Bundesgerichtshof (§ 110 Abs. 1). Für den ersten Rechtszug finden sich besondere **Verfahrensvorschriften** in den §§ 81–84, neben denen ferner die §§ 69, 70, die „Gemeinsamen Verfahrensvorschriften" der §§ 86–99, die „Gemeinsamen Vorschriften" der §§ 123–128, die Bestimmungen über Verfahrenskostenhilfe gem. §§ 132, 137 sowie nach § 99 ergänzend und entsprechend die Bestimmungen des GVG und der ZPO gelten. Für den zweiten Rechtszug finden sich besondere Verfahrensbestimmungen in den §§ 110–121.

7. Korrespondierende Bestimmungen. Die gesetzlichen Nichtigkeitsgründe des deut- 10
schen PatG entsprechen denjenigen nach Art. 138 EPÜ und Art. 56 GPÜ sowie den Widerrufs- bzw. Einspruchsgründen nach § 21 PatG, Art. 100 EPÜ, – letzteres ergänzt durch den Nichtigkeitsgrund der Erweiterung d. Schutzbereichs.

a) Für europäische Patente, die mit Wirkung für das Gebiet der Bundesrepublik 11
Deutschland erteilt worden sind, und welche zunächst einem Nichtigkeitsverfahren nach deutschem Recht unterliegen (Art. 138, 139 EPÜ) gilt die besondere Regelung des Art. II § 6 IntPatÜG v. 21. 6. 1976 (BGBl. II, S. 649), die jedoch inhaltlich – weitgehend sogar wörtlich – wiederum der Regelung des § 22 i. Verb. m. § 21 PatG entspricht.

Art. II § 6 IntPatÜG lautet:

(1) Das mit Wirkung für die Bundesrepublik Deutschland erteilte europäische Patent wird auf Antrag für nichtig erklärt; wenn sich ergibt, daß

1. der Gegenstand des europäischen Patents nach den Artikeln 52 bis 57 des Europäischen Patentübereinkommens nicht patentfähig ist,
2. das europäische Patent die Erfindung nicht so deutlich und vollständig offenbart, daß ein Fachmann sie ausführen kann,
3. der Gegenstand des europäischen Patents über den Inhalt der europäischen Patentanmeldung in ihrer bei der für die Einreichung der Anmeldung zuständigen Behörde ursprünglich eingereichten Fassung oder, wenn das Patent auf einer europäischen Teilanmeldung oder einer nach Artikel 61 des Europäischen Patentübereinkommens eingereichten neuen europäischen Patentanmeldung beruht, über den Inhalt der früheren Anmeldung in ihrer bei der für die Einreichung der Anmeldung zuständigen Behörde ursprünglich eingereichten Fassung hinausgeht,
4. der Schutzbereich des europäischen Patents erweitert worden ist,
5. der Inhaber des europäischen Patents nicht nach Artikel 60 Abs. 1 des Europäischen Patentübereinkommens berechtigt ist.

(2) Betreffen die Nichtigkeitsgründe nur einen Teil des europäischen Patents, so wird die Nichtigkeit durch entsprechende Beschränkung des Patents erklärt. Die Beschränkung kann in Form einer Änderung der Patentansprüche, der Beschreibung oder der Zeichnungen vorgenommen werden.

(3) Im Falle des Absatzes 1 Nr. 5 ist nur der nach Artikel 60 Abs. 1 des Europäischen Patentübereinkommens Berechtigte befugt, den Antrag zu stellen.

b) Für **biotechnologische Erfindungen** können sich jedoch wichtige Unterschiede zwi- 12
schen den jeweils für deutsche oder europäische Patente geltenden Nichtigkeitsgründen ergeben; die insoweit einschlägigen Bestimmungen in §§ 1 I, 1a, 2 II und 2a stimmen nur teilw.

mit dem überein, was nach Regel 23b bis 23e EPÜ-AO auf d. Grundlage der Biotechnologie-RL 98/44/EG (s. Anhang 11) für europäische Patente gelten soll.

13 **c)** Für ergänzende Schutzzertifikate für Arzneimittel nach der EWG-VO Nr. 1768/92 und für Pflanzenschutzmittel nach d. EG-VO Nr. 1610/96 (s. Anhang 9 u. 10) sowie unten bei Rdn. 24 gilt jeweils nach deren wörtlich übereinstimmendem **Art. 15:**

Nichtigkeit des Zertifikats

(1) Das Zertifikat ist nichtig,

a) wenn es entgegen den Vorschriften des Artikels 3 erteilt wurde;

b) wenn das Grundpatent vor Ablauf seiner gesetzlichen Laufzeit erloschen ist;

c) wenn das Grundpatent für nichtig erklärt oder derartig beschränkt wird, daß das Erzeugnis, für welches das Zertifikat erteilt worden ist, nicht mehr von den Ansprüchen des Grundpatents erfaßt wird, oder wenn nach Erlöschen des Grundpatents Nichtigkeitsgründe vorliegen, die die Nichtigerklärung oder Beschränkung gerechtfertigt hätten.

(2) Jedermann kann bei der nach den einzelstaatlichen Rechtsvorschriften für die Nichtigerklärung des entsprechenden Grundpatents zuständigen Stelle einen Antrag auf Nichtigerklärung des Zertifikats stellen oder Klage auf Nichtigkeit des Zertifikats erheben.

II. Die Nichtigkeitsgründe

14 **1. Überblick.** Das Gesetz nennt als Gründe für die Nichtigerklärung des Patents lediglich die vier Widerrufsgründe des § 21 (fehlende Patentfähigkeit nach den §§ 1–5, unzureichende Offenbarung, widerrechtliche Entnahme und unzulässige Erweiterung über den Inhalt der ursprünglichen Anmeldung hinaus) und den Fall der Erweiterung des Schutzbereichs des Patents, womit eine Erweiterung nach der Patenterteilung erfasst werden soll. Da der letztgenannte Fall lediglich eine besondere Spielart der unzulässigen Erweiterung darstellt, die in dieser Form im Allgemeinen noch nicht Gegenstand d. Einspruchsverfahrens sein kann, kann weiterhin – wie auch schon nach bisherigem Recht – von einer vollen sachlichen Übereinstimmung des Katalogs der Nichtigkeitsgründe mit demjenigen der Widerrufs- bzw. Einspruchsgründe gesprochen werden. Drei der insgesamt fünf gesetzlichen Nichtigkeitsgründe umfassen als genaues Spiegelbild alle sachlich-rechtlichen Voraussetzungen für die Erteilung des Patents (so schon BGH GRUR **63,** 279, 281 zum früheren Katalog der Nichtigkeitsgründe), von denen allerdings der Fall der widerrechtlichen Entnahme erst im Einspruchsverfahren auf Antrag des Verletzten geprüft werden konnte (§§ 7 Abs. 1, 21 Abs. 1 Nr. 3, 59 Abs. 1). Diesen sachlich-rechtlichen Gründen ist in Anpassung an die Bestimmungen des europäischen Patentrechts aus dem verfahrensrechtlichen Bereich lediglich der in zwei Varianten aufgegliederte Fall der unzulässigen Erweiterung gleichgestellt worden, der allerdings auch schon nach früherem Recht durch die Regelung des heutigen § 38 S. 2 (= PatG 1968 § 26 Abs. 5 S. 2) aus dem Bereich aller übrigen Mängel hervorgehoben war. Die für die Patentierbarkeit biotechnologischer Erfindungen erst durch Gesetz v. 21. 1. 2005 eingefügten besonderen Bestimmungen in den §§ 1 bis 2a gelten mangels abweichender Übergangsbestimmungen auch für schon vorher angemeldeten oder erteilten Patente. Die Nichtigkeitsklage kann grundsätzlich jeder Dritte erheben, im Falle der widerrechtlichen Entnahme jedoch nur der Verletzte (§ 81 Abs. 3); bei erloschenem Patent ist ein besonderes Rechtsschutzbedürfnis erforderlich; wegen weiterer Einzelheiten zur Klagebefugnis vgl. Rdn. 31 ff.

15 Für die vor dem 3. 10. 1990 in der **DDR angemeldeten Patente** sind gem. § 5 ErstrG bei Prüfung der Nichtigkeitsgründe des PatG noch die Voraussetzungen der Schutzfähigkeit nach altem DDR-Recht maßgebend, die jedoch im Wesentlichen den entsprechenden Bestimmungen des PatG entsprechen. Auf die §§ 5, 6, 21 des DDR-Patentgesetzes v. 27. 10. 83 wird verwiesen; von einer weiteren Kommentierung wird abgesehen.

Besondere Nichtigkeitsgründe gelten für ergänzende **Schutzzertifikate** (s. Rdn. 13 u. 24).

16 **2. Die Nichtigkeitsgründe als „Klagegründe“.** Die in § 22 i. Verb. m. § 21 aufgeführten fünf Nichtigkeitsgründe und die drei Nichtigkeitsgründe für ergänzende Schutzzertifikate (s. Rdn. 13) stellen prozessual gesehen je einen „Klagegrund“ für eine Nichtigkeitsklage dar. Mit der Anführung eines dieser fünf Klagegründe legt der Nichtigkeitskläger die Richtung fest, in der das Patent nachgeprüft werden soll, BGH GRUR **54,** 317, 322. Der Kläger kann sich von vornherein auch auf mehrere dieser fünf Klaggründe stützen. Die nachträgliche Einbeziehung eines weiteren der fünf Klaggründe stellt dagegen eine Klagänderung dar, die nach § 99 in Vbdg. mit ZPO § 263 nur zulässig ist, wenn der Beklagte einwilligt oder das Gericht sie für sachdienlich hält, vgl. unten Rdn. 71. Das Gericht seinerseits kann nur diejenigen Klaggründe berücksichtigen, auf die sich der Nichtigkeitskläger beruft. Wird z.B. eine Klage nicht auf den Nichtigkeitsgrund der mangelnden Patentfähigkeit gestützt – oder ist eine hierauf gestützte frü-

here Nichtigkeitsklage des gleichen Klägers bereits rechtskräftig abgewiesen worden, vgl. unten Rdn. 95 – so darf das Gericht die materielle Patentfähigkeit nach den §§ 1–5 nicht prüfen, BPatGE **35,** 255. Ebenso, wenn d. zunächst geltend gemachte Nichtigkeitsgrund später wieder fallen gelassen wird, BPatGE a. a. O.: Das bedarf allerdings einer eindeutigen Erklärung entsprechend einer teilweisen Klagerücknahme. Dabei ist aber zu beachten, dass der eine Vielzahl einzelner Nichtigkeitsgründe umfassende Nichtigkeitsgrund der mangelnden Patentfähigkeit nach § 22 Abs. 1 i. Verb. m. § 21 Abs. 1 Nr. 1 einen einheitlichen Klagegrund darstellt, RGZ **139,** 3, 5; BGH GRUR **64,** 18/19 m. w. Nachw.; BPatGE **6,** 189; – a. M. Gaul GRUR **65,** 337 ff. Wird die Klage auf diesen Nichtigkeitsgrund gestützt, so hat das Gericht nach § 87 von Amts wegen die Patentfähigkeit des Streitpatents unter allen nach §§ 1–5 maßgeblichen Gesichtspunkten zu prüfen, also z. B. die Neuheit oder die erfinderische Tätigkeit auch dann zu prüfen, wenn der Kläger sich nur gegen die Ausführbarkeit der Lehre des Streitpatents gewandt hat. Es ist daher auch keine Klageänderung, wenn der Kläger z. B. außer den in der Klageschrift als neuheitshindernd bezeichneten vorveröffentlichten Druckschriften später weitere vorveröffentlichte Druckschriften als neuheitshindernd entgegenhält, RGZ **61,** 205, 206; PA Bl. **37,** 91; BGHZ **17,** 305, 306 f. = GRUR **55,** 531, 532, oder wenn er dem zunächst nur wegen Mangels der Neuheit bekämpften Streitpatent im Lauf des Verfahrens auch die erforderliche erfinderische Tätigkeit oder die gewerbliche Verwertbarkeit absprechen will, RG Bl. **04,** 265. Jedoch kann nach BPatGE **6,** 191 durch eine Nichtangriffsabrede die Geltendmachung bestimmter einzelner, unter § 21 Abs. 1 Nr. 2 i. Verb. m. § 22 fallender Nichtigkeitsgründe – z. B. des Mangels der erfinderischen Tätigkeit – mit verbindlicher Wirkung auch für den Umfang der gerichtlichen Prüfung ausgeschlossen werden; vgl. auch unten Rdn. 39.

3. Die einzelnen Nichtigkeitsgründe

a) Bezugnahme auf § 21. Soweit die Nichtigkeitsgründe mit den Widerrufsgründen des 17
§ 21 übereinstimmen und durch Bezugnahme auf jene Regelung definiert sind, kann auf die dortigen Erläuterungen verwiesen werden. Das gilt für die Nichtigkeitsgründe der mangelnden Patentfähigkeit nach den §§ 1 bis 5 (§ 21 Abs. 1 Nr. 1 – s. dort Rdn. 13), der unzureichenden Offenbarung (§ 21 Abs. 1 Nr. 2 – s. dort Rdn. 14–16), der widerrechtlichen Entnahme (§ 21 Abs. 1 Nr. 3 – s. dort Rdn. 17 ff.) und der unzulässigen Erweiterung über den Inhalt der ursprünglichen Anmeldung hinaus (§ 21 Abs. 1 Nr. 4 – s. dort Rdn. 29–32).

b) Der Nichtigkeitsgrund der **Erweiterung des Schutzbereichs des Patents** (§ 22 Abs. 1 18
2. Alternative) deckt sich mit dem Nichtigkeitsgrund nach Art. 138 Abs. 1 lit. d EPÜ und Art. 56 Abs. 1 lit. d GPÜ. Er ist in Anpassung an das europäische Patentrecht eingeführt worden durch das GPatG v. 26. 7. 1979 (BGBl. I S. 1269) mit Wirkung vom 1. 1. 1981, er gilt auch für ältere Anmeldungen, BGHZ **110,** 123, 125 (= GRUR **90,** 432, 433 – Spleißkammer). Die Bestimmung trägt dem Umstand Rechnung, dass nach der durch das GPatG erfolgten Gesetzesänderung die Allgemeinheit erst nach der Patenterteilung Gelegenheit hat, sich am Verfahren zu beteiligen und gewichtige Patentversagungsgründe geltend zu machen; es ist infolgedessen jetzt in stärkerem Maße als nach früherem Recht mit der Möglichkeit zu rechnen, dass das Patent noch nach der Erteilung geändert werden muss. Eine solche Änderung kann selbst bei einer generellen Einschränkung im Einzelfall – unbeabsichtigt – zugleich auch in bestimmter Richtung zu einer Erweiterung führen. Die amtliche Begründung zur Gesetzesänderung (abgedruckt in BlPMZ **79,** 276, 281 zu Nr. 12) ging davon aus, dass eine solche Erweiterung dann nicht bereits unter den Nichtigkeitsgrund nach § 22 Abs. 1 i. Verb. m. § 21 Abs. 1 Nr. 4 fällt, wenn sie noch im Bereich der ursprünglichen Offenbarung liegt. Aus Gründen des Vertrauensschutzes wäre die Hinnahme einer solchen Erweiterung ebenso unbefriedigend gewesen wie die Verweisung auf eine Unwirksamkeit der Erweiterung nach § 38 Satz 2. Die in der Regel langfristig disponierende Wirtschaft muss sich darauf verlassen dürfen, dass eine Patentschrift den tatsächlichen Schutzumfang zutreffend wiedergibt, und dass ein erteiltes Patent nicht nachträglich erweitert wird. Vgl. allgemein z. Schutzbereichserweiterung: Schulte GRUR Int. **89,** 460 ff.

Der Nichtigkeitsgrund des § 22 Abs. 1, 2. Alternative betrifft ausschließlich **nach der Pa-** 19
tenterteilung vorgenommene Erweiterungen, wie sie – versehentlich – auf Grund der Widerrufsentscheidung im nachgeschalteten Einspruchsverfahren (§ 21), bei Anordnung einer Beschränkung nach § 64 oder auch bei der Entscheidung über eine frühere Nichtigkeitsklage unterlaufen sein können. Gegenstand der Prüfung ist das Patent in der nach Einspruchs-, Nichtigkeits- und/oder Beschränkungsverfahren vorliegenden Fassung. Dessen Schutzbereich ist gemäß § 14 nach dem Inhalt der Schutzansprüche unter Berücksichtigung von Patentbeschreibung und Zeichnungen zu bestimmen und mit dem Schutzbereich gemäß der früheren Fassung

des Patents zu vergleichen. Soweit das Patent infolge mehrerer Einspruchs-, Nichtigkeits- oder Beschränkungsverfahren bereits mehrere Fassungen gehabt hat, ist ein Vergleich mit jeder der früheren Fassungen vorzunehmen. Nur die jeweils engste Fassung kann Bestand haben, und zwar nur in einem solchen Umfang, der zugleich auch noch durch den Schutzbereich sämtlicher anderen Fassungen gedeckt ist, vgl. BGHZ **147,** 137 – Trigonellin. Notfalls muss dann durch einen sog. Disclaimer klargestellt werden, dass bestimmte Merkmale einerseits zwar nicht zum Gegenstand der geschützten Lehre gehören, andererseits aber doch den Patentschutz auf solche Fälle begrenzen, in denen auch sie vorliegen; s. u. Rdn. 78.

20 Lässt sich ein von beiden Fassungen gedeckter Teilschutzbereich nicht mehr formulieren, ist das Patent in vollem Umfang für nichtig zu erklären, weil dann jede denkbare Fassung eine unzulässige Erweiterung entweder gegenüber der letzten oder aber gegenüber der vorangegangenen Fassung beinhalten würde, vgl. BPatG GRUR **91,** 40 (z. Einspruchsverf.). Eine vollständige Abgrenzung des Schutzbereichs in allen denkbaren Richtungen ist allerdings weder möglich noch erforderlich. Es genügt eine begrenzte Klärung in der Richtung, in der eine unzulässige Erweiterung geltend gemacht wird. Ein Vergleich des Schutzbereichs des Patents mit dem Gegenstand der ursprünglichen Anmeldung ist hier – anders als im Fall des § 21 Abs. 1 Nr. 4 – grundsätzlich nicht erforderlich, es sei denn beide Fälle unzulässiger Erweiterung werden nebeneinander als Nichtigkeitsgründe geltend gemacht; dann ist der aus dem Vergleich verschiedener Patentfassungen sich ergebende engste Schutzbereich anschließend auch noch mit dem Gegenstand d. ursprünglichen Anmeldung zu vergleichen und gegebenenfalls noch weiter einzuschränken.

21 Da der Schutzbereich nach der Auslegungsregel des § 14 in gewissem Umfang auch von Beschreibung und Zeichnungen mitbestimmt wird, kann sich die unzulässige **Erweiterung** nicht nur in den Ansprüchen sondern im Einzelfall auch in Beschreibung und Zeichnungen finden. Eine unzulässige Erweiterung wird – von dem seltenen Fall eindeutiger Überbestimmung abgesehen – praktisch immer bei Streichung eines in den Ansprüchen enthaltenen und nicht nur wahlweise vorgeschlagenen Merkmals einer Kombinationserfindung gegeben sein, ebenso bei Einfügung verallgemeinernder Floskeln wie „beispielsweise", „insbesondere", „u. a."; meist auch bei einem Wechsel der Patentkategorie (vgl. auch unten Rdn. 54 u. § 21 Rdn. 38 a. E.); bei Ersetzung eines Begriffs durch einen anderen immer dann, wenn der neue Begriff nicht in jeder Beziehung enger als der ursprüngliche ist. Die Aufnahme eines weiteren Merkmals aus der Beschreibung in den Patentanspruch ist zulässig, wenn dadurch die zunächst weiter gefasste Lehre auf eine engere Lehre eingeschränkt wird, und wenn das weitere Merkmal in der Beschreibung als zu der im Patentanspruch unter Schutz gestellten Lehre gehörig zu erkennen war, BGH GRUR **90,** 432, 433 – Spleißkammer (= BGHZ **110,** 123, 126); **91,** 307 – Bodenwalze. Je nach dem Offenbarungsgehalt der Patentbeschreibung können sämtliche oder auch nur einzelne Merkmale eines beschriebenen Ausführungsbeispiels in den Patentanspruch aufgenommen werden, BGHZ **110,** 123 – Spleißkammer. In einer veränderten Beschreibung kann eine unzulässige Erweiterung insbesondere dann liegen, wenn sie das Verständnis eines in den Ansprüchen verwendeten Begriffs verändert, wenn zur Erläuterung unbestimmter Begriffe weitere Beispiele genannt werden, die dem Fachmann zuvor noch nicht ohne weiteres als zur Erfindung gehörig nahegelegt waren, oder wenn auf die Möglichkeit bestimmter Abwandlungen der in den Patentansprüchen definierten Lehre hingewiesen wird, was zur Anerkennung eines entsprechend weit gefassten Schutzumfangs führen könnte.

Wegen weiterer Einzelheiten möglicher unzulässiger Erweiterungen kann auf die Erläuterungen zu den §§ 38 und 64 und die dort zitierte Rechtsprechung verwiesen werden.

22 **c) Nichtigkeitsgründe für Zusatzpatente und Unteransprüche.** Ein **Zusatzpatent** folgt in seiner Rechtsbeständigkeit nicht ohne weiteres dem Bestand des Hauptpatents, vgl. § 16 Abs. 2, kann jedoch zusammen mit dem Hauptpatent oder auch selbstständig mit der Nichtigkeitsklage angegriffen werden, BGH Liedl **56–58,** 352. Es muss gegenüber dem Stand der Technik (zu dem auch das Hauptpatent oder dessen Anmeldung gehören, falls sie vorveröffentlicht sind) die Eigenschaften einer patentfähigen und erfinderischen neuen Maßnahme besitzen und ist daher im Nichtigkeitsverfahren insoweit selbstständig, d. h. so auf seine Patentfähigkeit zu prüfen, als wenn das Hauptpatent nicht vorhanden wäre, BGH Liedl **56– 58,** 352, 355; es braucht sich vom Hauptpatent, wenn dieses oder dessen Anmeldung nicht vorveröffentlicht ist, – ebenso wie ein entsprechender Unteranspruch – nicht durch einen erfinderischen Schritt abzuheben, RGZ **148,** 297, 298; RG GRUR **40,** 543, 545; BGHZ **49,** 227 (= GRUR **68,** 305) m. w. Nachw. Wegen der Einzelheiten wird auf die Erläuterungen zu § 16 verwiesen.

23 Ein **„echter" Unteranspruch,** der ohne eigenen erfinderischen Gehalt lediglich eine zweckmäßige Ausgestaltung des Erfindungsgedankens des Hauptanspruchs darstellt, muss, wenn der Hauptanspruch vernichtet wird, bei entsprechendem Klageantrag (s. Rdn. 68) ebenfalls der Vernichtung verfallen. Diese „abhängige Nichtigkeit" des echten Unteranspruchs ist kein neuer, selbstständiger Nichtigkeitsgrund, sondern die denknotwendige Folgerung aus seinem Verhältnis zum Hauptanspruch, RGZ **158,** 385, 386f. Er bleibt dagegen, wenn der Hauptanspruch bestehen bleibt, ebenfalls bestehen, da er durch den in Bezug genommenen Hauptanspruch getragen wird. Unerheblich, ob die zusätzlichen Merkmale über eine platte Selbstverständlichkeit hinausgehen (anders noch BGH GRUR **67,** 56, 58), da die gesetzl. Nichtigkeitsgründe hierauf nicht abstellen; so heute ständige Praxis, vgl. Bausch, Nichtigkeitsrechtsprechung BGH 1994–98, S. 327, 337; 434, 444; BPatGE **34,** 215. Er muss aber jedenfalls dann, wenn er eine spätere Priorität als der Hauptanspruch hat, das Erfordernis der Neuheit erfüllen und darf nicht durch eine zwischenzeitliche Vorveröffentlichung neuheitsschädlich vorweggenommen sein, BPatGE **5,** 215, 221. Der **„unechte" Unteranspruch,** der gegenüber dem Hauptanspruch einen eigenen Erfindungsgehalt aufweist, verfällt der Vernichtung nicht ohne weiteres mit dem Hauptanspruch, sondern nur dann, wenn gegen ihn ein eigener Nichtigkeitsgrund durchgreift, RGZ **158,** 385, 387. Das Gleiche gilt in erhöhtem Maße für einen **„Nebenanspruch",** d.h. einen Anspruch, der „selbstständig eine Erweiterung der Erfindung des Hauptanspruchs enthält", RGZ **158,** 385, 388, – oder (besser), der „eine in sich unabhängige Erfindung zum Gegenstand hat", RG GRUR **38,** 422, 423. Vgl. zu alledem auch BGH GRUR **55,** 476, 477f.; Block MuW **38,** 319; **39,** 157; Lutter, MuW **39,** 37 und Lindenmaier Mitt. **55,** 107 sowie Rdn. 67, 70 zu § 35 und Rdn. 15ff. zu § 14. Vgl. im Übrigen zur Vernichtung von Neben- und Unteransprüchen auch unten Rdn. 49, 50, 57.

d) Nichtigkeitsgründe bei ergänzenden Schutzzertifikaten. Abweichend von dem Katalog der §§ 21, 22 gelten für Schutzzertifikate nach der EWG-VO 1768/92 (s. Anhang 9) und EG-VO 1610/96 (s. Anhang 10) nach deren gleich lautendem Art. 15 in Verbindung mit § 16a PatG die folgenden Nichtigkeitsgründe: (a) Erteilung des Zertifikats entgegen den Vorschriften des Art. 3 der EWG-VO – vgl. insoweit die Erläuterungen zu § 49a; (b) Erlöschen des Grundpatents vor Ablauf seiner gesetzlichen Laufzeit – s. dazu § 20; (c) Nichtigerklärung oder Beschränkung des Grundpatents derart, dass das durch das Zertifikat geschützte Erzeugnis nicht mehr von den Ansprüchen des Grundpatents erfasst wird bzw. – (insbesondere) nach Erlöschen des Grundpatents – Vorliegen entsprechender Nichtigkeitsgründe nach Maßgabe der §§ 21, 22. Unter c) fällt auch die Beschränkung des Grundpatents nach § 64. Wegen möglicher weiterer Nichtigkeitsgründe bei Schutzzertifikaten vgl. die Erläuterungen zu § 16a sowie Benkard, EPÜ, Rdn. 42ff zu Art. 63. 24

Soweit die Nichtigkeitsgründe für das Schutzzertifikat an Mängel des Grundpatents anknüpfen, wird dem Umstand Rechnung getragen, dass das Zertifikat nach Maßgabe der Art. 3–5 der EWG-VO von Bestand, Bestandsfähigkeit und Umfang des Grundpatents abhängt. Andererseits wird jedoch durch die Verfahrensregelung in Art. 15 Abs. 2 der Verordnung und §§ 16a Abs. 2, 81 Abs. 1 S. 3 PatG zum Ausdruck gebracht, dass das Vorliegen der Nichtigkeitsgründe auch insoweit nicht ohne weiteres die Unwirksamkeit zur Folge hat, sondern eine Nichtigerklärung im förmlichen Verfahren erforderlich ist. Wie durch § 81 Abs. 1 Satz 3 klargestellt ist, kann die Nichtigkeitsklage gegen das Zertifikat mit einer Nichtigkeitsklage gegen das Grundpatent verbunden werden; eine gleichzeitige Klage gegen das Grundpatent ist aber auch dann nicht erforderlich, wenn die Nichtigkeit des Zertifikats lediglich mit einem gegebenen Nichtigkeitsgrund des Grundpatents begründet wird und letzteres noch in Kraft steht, BPatGE **42,** 240, 243, s. auch Rdn. 25 zu § 81. 25

e) Keine sonstigen Nichtigkeitsgründe. Der gesetzliche Katalog der Nichtigkeitsgründe ist abschließend. Dies hat bereits das RG ausgesprochen (RGZ **139,** 3, 5) und davon ist auch der BGH in ständiger Rechtsprechung ausgegangen (vgl. insbes. BGH GRUR **65,** 473, 479; **67,** 543, 546; BGHZ **103,** 262, 265 – Düngerstreuer). Insoweit gilt nichts anderes als für den Katalog der Widerrufsgründe nach § 21, BGHZ **152,** 172, 176 – Sammelhefter. Hieran hat sich auch durch die Erweiterung des Katalogs der Nichtigkeitsgründe im Zuge der Anpassung an das europäische Recht nichts geändert. Im Einzelnen hat die Rechtsprechung insbesondere nachfolgende Mängel nicht als Nichtigkeitsgründe gelten lassen: Angeblich unzulässige Berichtigungen, RG GRUR **27,** 472; MuW **32,** 500; – Abweichungen der gedruckten Patentschrift von den Druckunterlagen, RGZ **153,** 315, 320; – Fehler bei der Ausscheidung aus einer Stammanmeldung, BGH GRUR **65,** 473, 478/79. Kein Grund zur Vernichtung eines Patents sind ferner Widersprüche zwischen Anspruch und Beschreibung, RGZ **153,** 315, 318; – unrichtige Angaben über den Stand der Technik, RG MuW **30,** 187, 188; – Verletzung des Grundsatzes der Einheitlichkeit der Erfindung, RG GRUR **38,** 422; **40,** 258, 260; BGH GRUR **55,** 476, 477; – Einreihung in eine unrichtige Kategorie, RG GRUR **39,** 46, 48; BGH GRUR **67,** 26

241, 242; – fälschliche Erteilung als Zusatzpatent, RGZ **149;** 357; RG GRUR **40,** 543, 545; – fälschliche Zubilligung einer Priorität, RGZ **63,** 161, 163. Im Nichtigkeitsverfahren ist die Patentschrift mithin so hinzunehmen, wie sie erteilt und ggf. berichtigt worden ist, RG GRUR **27,** 472, 473; MuW **32,** 500, 501; bei Differenzen zwischen gedruckter Patentschrift und Erteilungsbeschluss ist letzterer maßgebend.

27 **Verfahrensfehler** bei der Patenterteilung sind nicht nachzuprüfen. Hat daher z.B. das Patentamt als Erteilungsbehörde im Rahmen seiner Zuständigkeit eine an sich statthafte Wiedereinsetzung in den vorigen Stand gewährt, so ist im Nichtigkeitsverfahren nicht zu prüfen, ob hierfür die sachlichen Voraussetzungen vorgelegen haben, PA Bl. **26,** 221; BGH GRUR Ausl. **60,** 506, 507. Es ist kein Nichtigkeitsgrund, wenn bei der Patenterteilung unberücksichtigt geblieben ist, dass eine Anmeldung wegen verspäteter Gebührenzahlung als zurückgenommen gilt (§ 58 Abs. 3); dieser Mangel wird durch die rechtskräftige Patenterteilung geheilt, BPatG Bl. **84,** 380. Entsprechendes muss bei unterlassenem Prüfungsantrag (§ 58 Abs. 3) oder dann gelten, wenn die erteilte Anspruchsfassung nicht durch einen entsprechenden (Hilfs-)Antrag gedeckt war, soweit nicht der Fall einer unzulässigen Erweiterung gegeben ist. Ein Nichtigkeitsgrund ergibt sich noch nicht ohne weiteres daraus, dass trotz unwirksamer Teilungserklärung ein Patent auf die Trennanmeldung erteilt wurde, vgl. BGHZ **152,** 172, 176 – Sammelhefter; an sich ist auch nicht zu prüfen, ob die Beanspruchung einer Priorität (Unionspriorität, Ausstellungspriorität, Entnahmepriorität) nach den dafür geltenden Bestimmungen ordnungsgemäß erklärt und behandelt worden war, PA Bl. **26,** 221; **35,** 33; RG MuW **32,** 500, 501; die Frage der Priorität oder der wirksamen Anmeldung kann jedoch im Nichtigkeitsverfahren sachlichrechtlich zu prüfen sein, wenn es z.B. für die Neuheitsprüfung gegenüber dem Stand der Technik auf den Prioritätszeitpunkt ankommt, vgl. dazu unten Rdn. 59, 60. Sind auf eine Stammanmeldung und auf eine davon abgezweigte, dieselbe Priorität besitzende Ausscheidungsanmeldung zwei gesonderte Patente erteilt worden, so kann aus keinem der beiden Patente ein Nichtigkeitsgrund gegen das andere Patent hergeleitet werden, PA Bl. **05,** 227; BGH GRUR **65,** 473, 478/79.

28 Kein Nichtigkeitsgrund ist schließlich auch die „Abhängigkeit" eines jüngeren von einem älteren Recht, BGH Liedl **61/62,** 741, 762; dies betrifft lediglich die allein vom Verletzungsrichter zu entscheidende Frage, ob die Benutzung des jüngeren Patents zugleich eine Verletzung des älteren Patents beinhaltet, vgl. dazu Rdn. 117 zu § 9. Auch eine möglicherweise **„unangemessene Anspruchsbreite"** ergibt für sich allein noch keinen Nichtigkeitsgrund, BGHZ **156,** 179, 185.

29 Streitig ist, ob der Tatbestand der sog. **„Patenterschleichung"** als besonderer Nichtigkeitsgrund anzuerkennen ist; verneinend: RGZ **84,** 263, 264 u. nahezu einhellige Literaturmeinung, jedoch zweifelnd: Reimer 3. Aufl. § 13 Rdn. 5. Soweit der Tatbestand der Patenterschleichung durch bewusstes Verschweigen des vorbekannten Standes der Technik erfüllt sein soll, liegt kein Bedürfnis zur Anerkennung der Patenterschleichung als besonderen Nichtigkeitsgrundes vor, weil dann bereits der Nichtigkeitsgrund des § 22 Abs. 1 i. Verb. m. § 21 Abs. 1 Nr. 1 durchgreift, BGH GRUR **54,** 107, 111. Durch bewusst falsche Angaben des Anmelders bei der Erfinderbenennung wird der Tatbestand der Patenterschleichung nicht erfüllt, BGH GRUR **54,** 317, 319, – a. A. Reimer § 13 Rdn. 5. Zum Einwand der Patenterschleichung im Verletzungsprozess vgl. Rdn. 70 zu § 9.

30 **f) Unwirksamkeit bei Doppelschutz.** *Literatur:* Mes, Zum Doppelschutzverbot d. Art. II § 8 IntPatÜG, GRUR **01,** 976. Nach dem derzeit geltenden Recht ist es zulässig, die gleiche Erfindung gleichzeitig beim Deutschen Patentamt für ein nationales Patent und beim Europäischen Patentamt als Europäisches Patent mit Wirkung für die Bundesrepublik Deutschland anzumelden. Für Erteilungs- und Einspruchsverfahren ist die Doppelanmeldung ohne Bedeutung, BPatG GRUR **88,** 683. Die daraus erwachsenen Schutzrechte sollen jedoch nicht auf Dauer nebeneinander bestehen bleiben. Es ist daher in Art. II § 8 IntPatÜG bestimmt, dass in solchen Fällen das nationale Patent von dem Zeitpunkt an unwirksam wird, in dem das europäische Patent wegen Ablaufs der Einspruchsfrist und Erledigung anhängiger Einsprüche nicht mehr widerrufen werden kann. Das gilt jedoch nur in dem Umfang, wie sich die Schutzwirkungen überschneiden, BGH GRUR **94,** 439, 440. Gelten für das europäische Patent mehrere Prioritäten, so tritt Wirkungslosigkeit nur für die Gegenstände mit gleicher Priorität ein, BPatG GRUR **89,** 499; im Umfang der älteren Priorität ist der Nichtigkeitsgrund mangelnder Patentfähigkeit wegen Neuheitsschädlichkeit nach § 3 Abs. 2 gegeben. Der Eintritt d. Wirkungslosigkeit wird durch einen späteren Wegfall des europäischen Patents nicht beeinflusst (Art. II § 8 Abs. 2 IntPatÜG), hat keine Rückwirkung und tritt kraft Gesetzes ein, ohne dass es insoweit eines gerichtlichen Verfahrens bedarf. Es handelt sich daher nicht um einen weiteren Nichtig-

keitsgrund. Die nach dem früheren Art. II § 8 Abs. 3 IntPatÜG vorgesehene Möglichkeit eines besonderen Feststellungsverfahrens ist durch Art. 6 Nr. 5 GPatG 2 wieder beseitigt (Amtl. Begründung in BLPMZ **92,** 45, 53 zu Nr. 5). Nichtigkeitsklage wg. eines gesetzl. Nichtigkeitsgrundes nach § 22 ist auch nach Wegfall der Wirkungen noch möglich, BPatG GRUR **02,** 53; vgl. auch BGH GRUR **94,** 439; zulässig auch Teil-Nichtigkeitsklage gegen den vom europäischen Patent nicht erfassten Gegenstand, sofern dieser hinreichend bestimmt ist und ein entspr. Teilschutz rückwirkend beseitigt w. soll, vgl. BPatGE **46,** 118.

III. Die Klagebefugnis

1. Allgemeines. Nach § 22 wird das Patent „auf Antrag (§ 81)" für nichtig erklärt; dagegen bestimmt § 81 nicht mehr wie in der Fassung vor dem 6. ÜG (dort noch § 37), dass das Verfahren „nur auf Antrag", sondern dass es „durch Klage" eingeleitet wird. In dieser Verschiedenheit der Ausdrucksweise liegt keine Unstimmigkeit des Wortlauts; es ist vielmehr so, dass § 81 Abs. 1 auf die Klagerhebung im Sinne der das Verfahren einleitenden Prozesshandlung, § 22 Abs. 1 dagegen auf den Klagantrag im Sinne des – neben dem Klaggrund – den Gegenstand des Verfahrens festlegenden Klagebegehrens abstellt. Die eingebürgerten Ausdrücke „Klagebefugnis" und „Antragsbefugnis" werden daher auch weiterhin als gleichbedeutend gebraucht werden können. Die Klagebefugnis ist für die einzelnen Nichtigkeitsklagegründe verschieden geregelt. 31

2. Klagebefugnis bei widerrechtlicher Entnahme (§ 22 Abs. 1 i. Verb. m. § 21 Abs. 1 Nr. 3). Insoweit ist nur der durch die widerrechtliche Entnahme Verletzte zur Erhebung der Klage berechtigt (§ 81 Abs. 3); die auf diesen Nichtigkeitsgrund gestützte Klage eines anderen wäre ohne Sachprüfung als unzulässig abzuweisen; der Verletzte kann jedoch die Ansprüche aus der Entnahme und demzufolge auch die daraus sich ergebende Klagebefugnis aus § 22 Abs. 1 i. Verb. m. § 21 Abs. 1 Nr. 3 auf einen anderen übertragen, wenn er ihm zugleich seine Erfinderrechte überträgt, RG GRUR **37,** 378; vgl. auch PA Bl. **06,** 246. 32

3. Klagebefugnis im Übrigen. Die Nichtigkeitsklage in allen anderen Fällen kann von jedermann erhoben werden; sie ist in diesen Fällen als **„Popularklage"** ausgestaltet, mit der in der Form eines Streitverfahrens zwischen dem Nichtigkeitskläger und dem Patentinhaber ein öffentliches Interesse, nämlich das Interesse der Allgemeinheit an der Vernichtung zu Unrecht erteilter Patente, wahrgenommen wird (wobei allerdings, weil Nichtigkeitskläger und Patentinhaber sich formell als Prozessparteien gegenüberstehen, der Letztere dem Kläger Einwendungen aus dessen Person oder aus etwaigen vertraglichen Beziehungen zwischen ihnen entgegenhalten kann), BGH GRUR **90,** 667 – Einbettungsmasse; **98,** 904 – Bürstenstromabnehmer. Auch der Lizenznehmer ist an sich zur Nichtigkeitsklage befugt. RGZ **101,** 235, 237; BGH GRUR **57,** 482, 483; **61,** 572, 574 (vgl. aber auch unten Rdn. 38, 39, 44). **Nicht** zur Nichtigkeitsklage befugt ist dagegen **der Patentinhaber selbst** oder ein Mitinhaber des Patents, RG MuW **27/28,** 207, 208, also z. B. auch nicht der Gesellschafter einer oHG, der das Patent zusteht, RG Bl. **02,** 177, und zwar in der Regel auch dann nicht, wenn er inzwischen (gegen Abfindung) aus der Gesellschaft ausgeschieden ist, BPatGE **9,** 42, 44; vgl. auch unten 45, 46. Wer das Patent erwirbt, verliert damit grundsätzlich die Klagebefugnis; das kann zu einer Erledigung d. Hauptsache führen (vgl. Kraßer S. 374 zu II 2). Entsprechend d. Rechtslage z. Einspruchsrecht bei nachträglichem Rechtserwerb (s. BGH GRUR **96,** 42) wird man Fortführung d. Verfahrens dann für zulässig halten müssen, wenn dafür ein besonderes Interesse geltend gemacht werden kann, etwa rückwirkende Beseitigung eines an d. Patent begründeten ausschließl. Benutzungsrechts eines Dritten. Wer sich bereits im Einspruchsverfahren erfolglos gegen die Erteilung des Patents gewandt hatte, kann gleichwohl die Nichtigkeitsklage erheben (vgl. Ballhaus Mitt. **61,** 182, 184), selbst dann, wenn er nur nochmals dasselbe Material entgegenzuhalten vermag, s. o. Rdn. 5. Dagegen kann wegen ZPO § 325 derjenige, der mit einer Nichtigkeitsklage **rechtskräftig abgewiesen** worden ist, und ebenso sein Rechtsnachfolger nicht noch einmal aus demselben Klagegrund (oben Rdn. 16) eine Nichtigkeitsklage erheben, selbst wenn er neues Material entgegenhält (unten Rdn. 95); das ist von Amts wegen zu prüfen, BGH GRUR **64,** 18. Auch wegen **sonstiger besonderer Umstände** im Verhältnis der Parteien zueinander kann die Nichtigkeitsklage gerade dieses Klägers unzulässig sein, so z. B. weil er sich zum Nichtangriff auf das Streitpatent verpflichtet hat (unten Rdn. 39) oder weil gerade er mit dem Angriff auf das Patent gegen Treu und Glauben verstößt (unten Rdn. 43 ff.) oder als Strohmann handelt (unten Rdn. 34). In diesen Fällen tritt das Anliegen, schutzunwürdige Patente zu beseitigen, zurück hinter die weiteren öffentlichen Anliegen, die Erfüllung rechtswirksamer Verträge zu gewährleisten, eine missbräuchliche Inanspruchnahme der Gerichte zu unterbinden oder rechtswidrige Angriffe Dritter zu verhindern, BGH GRUR **63,** 253; **90,** 667. 33

34 Ist jemand aus einem der vorgenannten, seine Person betreffenden Gründe gehindert, selbst die Nichtigkeitsklage zu erheben, so ist auch eine von ihm veranlasste Klage unzulässig, die ein als **„Strohmann"** vorgeschobener Dritter zwar äußerlich im eigenen Namen, der Sache nach aber nur im Auftrag und Interesse des „Hintermanns" sowie auf dessen Weisung und Kosten ohne jedes eigene Interesse an der Vernichtung des Patentes betreibt, RGZ **59,** 133, 135/36; **154,** 25, 327/28; RG MuW **27/28,** 207, 208; **34,** 109, 110; BGH GRUR **63,** 253/54; PA Mitt. **58,** 96; **58,** 180; BPatGE **2,** 102/03; **22,** 20. Dagegen ist die Nichtigkeitsklage desjenigen „Strohmanns" zulässig, der zugleich ein ins Gewicht fallendes eigenes gewerbliches Interesse an der Vernichtung des Streitpatentes hat, PA Mitt. **58,** 180; BPatGE **2,** 102, 103; BPatG GRUR **86,** 165; BGH GRUR **87,** 900, 903, – z.B. weil er Erzeugnisse vertreibt, die nach der Behauptung des Patentinhabers vom Patentschutz umfasst sind oder die Konkurrenzprodukte zu den nach dem Streitpatent hergestellten Erzeugnissen darstellen, BGH Liedl **61/62,** 684, 687; **63/64,** 315, 319; **67/68,** 523, 527; BPatG GRUR **85,** 126. Aus den gleichen Gründen ist es auch zulässig, wenn nach rechtskräftiger Abweisung der Nichtigkeitsklage einer Handelsgesellschaft nunmehr ein mithaftender Gesellschafter, Geschäftsführer oder Vorstandsmitglied eine neue Nichtigkeitsklage erhebt, soweit dieser persönlich aus dem angegriffenen Patent in Anspruch genommen wird oder mit der Inanspruchnahme rechnen muss; Einschränkungen hinsichtlich der Klage des mithaftenden Gesellschafters sind zwar nicht generell (so BPatG Bl. **75,** 147 für GebrM-Löschungssache) wohl aber nach Erlöschen des Schutzrechts gerechtfertigt (so in der gleichen Sache die Rechtsbeschwerdeentscheidung des BGH – GRUR **76,** 30 = BGHZ **64,** 155 – Lampenschirm), s. u. Rdn. 35. Bloße Kapitalbeteiligung des neuen Nichtigkeitsklägers bei dem abgewiesenen früheren Nichtigkeitskläger steht der neuen Klage nicht entgegen, BGH Liedl **59/60,** 260, 263; eine Konzernverbundenheit nicht einmal dann, wenn eine zentrale Patentabteilung besteht, Einflussmöglichkeiten der einzelnen Gesellschaften aber nicht ausgeschlossen sind, BPatG GRUR **85,** 126. Auch ist eine Nichtigkeitsklage nicht allein um der „Strohmannschaft" des Klägers willen unzulässig, wenn er die Klage zwar als „Strohmann" eines anderen betreibt, dieser andere aber selbst gar nicht an der Erhebung der Nichtigkeitsklage gehindert wäre, BGH GRUR **63,** 253/54. Jedoch kann die Nichtangriffspflicht einer Handelsgesellschaft auch ihrem Alleingesellschafter entgegengehalten werden (BGH GRUR **57,** 482) und umgekehrt (BGH GRUR **87,** 900, 903). Bei **Übertragung** eines Patents kann u. U. auch der Erwerber noch eine gegenüber seinem Rechtsvorgänger begründete Nichtangriffspflicht geltend machen, vgl. BGH GRUR **87,** 900, 903; Bartenbach/Volz GRUR **88,** 859, 862 ff.

35 Ein **besonderes eigenes Interesse** des Nichtigkeitsklägers an der Vernichtung des angegriffenen Patents ist in der Regel nicht erforderlich, BGH GRUR **74,** 146 – Schraubennahtrohr; **95,** 342/343 – Tafelförmige Elemente; vor Erlöschen d. Patents auch dann nicht, wenn Nichtigkeitskläger im parallelen Verletzungsprozess kein Rechtsmittel gg. seine Verurteilung eingelegt hat, BGH Mitt. **04,** 213 – Gleitvorrichtung – (wegen der Ausnahmen für den „Strohmann" vgl. oben Rdn. 34). **Ist jedoch das Patent bereits erloschen** (z.B. wegen Zeitablaufs, Verzichts oder Nichtzahlung der Jahresgebühren), so werden die Interessen der Allgemeinheit nicht mehr berührt; daher bedarf es dann für das Verlangen der Nichtigerklärung der Glaubhaftmachung eines besonderen eigenen Rechtsschutzinteresses des Nichtigkeitsklägers, das bei nebengeordneten Patentansprüchen jeweils gesondert zu prüfen ist, BGH GRUR **05,** 749 – Aufzeichnungsträger. Das Interesse kann sich insbes. daraus ergeben, dass der Kläger – oder auch nur sein Abnehmerkreis – wegen Verletzung des Patents auf Schadenersatz in Anspruch genommen wird, BGH GRUR **66,** 141/42; **67,** 351, 352 (Gebrauchsmustersache); **74,** 146; **95,** 342/343. Rechtskraft d. Verurteilung z. Schadensersatz steht nicht entgegen, wenn Wiederaufnahme d. Verletzungsprozesses (s. Rdn. 149 zu § 139) möglich und beabsichtigt ist, BPatG GRUR **80,** 852; **93,** 732, 733. Vgl. auch BPatG GRUR **84,** 645 (Nichtigkeitsklage des Patentanwalts gegen früheren Mandanten zur Abwehr eines Regressanspruchs). Bei der Prüfung des Rechtsschutzinteresses ist Großzügigkeit am Platz; es genügt, dass Grund zu der Besorgnis besteht, noch aus dem Patent für frühere Handlungen in Anspruch genommen zu werden, vgl. BGH GRUR **81,** 515 – Anzeigegerät (GebrM – Sache); es fehlt, wenn eine Inanspruchnahme nur noch theoretisch, ernstlich aber nicht in Betracht kommt, BGH GRUR **95,** 342, 343. Bei Anhängigkeit einer Schadensersatzklage des Patentinhabers sind deren Schlüssigkeit und Erfolgsaussicht für die Zulässigkeit der Nichtigkeitsklage nicht zu prüfen, BGH GRUR **74,** 146, 147 (Schraubennahtrohr). Kein Rechtsschutzinteresse eines Insolvenzverwalters auf Klägerseite wenn Patentinhaber im Insolvenzverfahren keine Ansprüche angemeldet hat und zudem auf etwaige Ansprüche gegenüber d. Insolvenzmasse verzichtet hat, BGH GRUR **04,** 849 – Duschabtrennung. Mit der Notwendigkeit großzügiger Rechtsschutzgewährung schlecht zu vereinbaren ist die restriktive Praxis des Bundespatentgerichts (in Gebrauchsmuster-Löschungsverfahren), wonach es nicht genügen soll, wenn der Schutzrechtsinhaber eine Verwarnung ausgesprochen oder erklärt hat, er beabsichtige, gegen den jetzigen Nichtigkeitskläger Ansprüche wegen Verletzung seines Schutzrechts geltend zu machen, BPatG Mitt. **77,** 119; **78,** 175. Jedoch liegt wegen § 129 HGB ein anzuerkennendes Rechtsschutzinteresse dann nicht vor, wenn Nichtigkeitskläger ein mithaftender Gesellschafter ist, der lediglich nach § 128 HGB in Anspruch genommen wird, sofern bereits eine Nichtigkeitsklage der Gesellschaft rechtskräftig abgewiesen ist und der Gesellschafter seine Bedenken gegen die Schutzfähigkeit in dem früheren Nichtigkeitsverfahren hätte geltend machen können, BGHZ **64,** 155 = GRUR **76,** 30 (Lampenschirm). Unzureichend ist allgemein ein auf Erhaltung von Vermögen und Zahlungsgfähigkeit des Patentverletzers gerichtetes mittelbares Interesse eines Dritten, z. B. eines Aktionärs oder Gläubigers oder Angestellten (vgl. BPatG GRUR **93,** 961 – GebrM-Sache); nach BGH GRUR **95,** 342 unzureichend auch das Interesse des Mehrheitsgesellschafters einer GmbH, die wegen Verletzung des Patents in Anspruch genommen wird; vgl. zu Drittinteresse ferner BPatG GRUR **93,** 961. Für das Rechtsschutzinteresse des Lizenznehmers kommt es darauf an, ob die Nichtigerklärung auch zu einem Wegfall seiner Pflicht zur Zahlung von Lizenzgebühren führt; das setzt jedoch für die Vergangenheit voraus, dass die Vernichtbarkeit bereits offenbar war, § 15 Rdn. 196; BGH GRUR **82,** 355 – Bauwerksentfeuchtung.

Ein (möglicher) Wegfall der Wirkungen des deutschen Patents durch Erteilung eines entspre- **36**
chenden europäischen Patents (IntPatÜG Art. II § 8) führt grundsätzlich nicht zu Wegfall des öffentlichen Interesses und Erfordernis eines Individualinteresses, anders u. U. in eindeutigen Sonderfällen, BPatG GRUR **02,** 53. Die Inanspruchnahme aus einem ergänzenden Schutzzertifikat (§ 16 a) begründet andererseits kein Rechtsschutzinteresse für die Nichtigerklärung des bereits erloschenen Grundpatents, BPatG **42,** 240.

Die gleichen Grundsätze gelten auch dann, wenn das Streitpatent erst nach der Erhebung der **37**
Nichtigkeitsklage erlischt, BGH GRUR **65,** 231, 233 m. w. Nachw.; ebenso BGH GRUR **01,** 337 für das markenrechtl. Löschungsverfahren; das Rechtsschutzinteresse muss bei Schluss der mündlichen Verhandlung im Nichtigkeitsverfahren gegeben sein, BGH GRUR **66,** 141. Insbesondere entfällt das Rechtsschutzinteresse des Nichtigkeitsklägers, wenn der Beklagte nach Erhebung der Nichtigkeitsklage auf das Streitpatent verzichtet und dem Nichtigkeitskläger gegenüber verbindlich erklärt, dass auch rückwirkend keine Ansprüche aus dem Patent geltend gemacht werden, PA Mitt. **57,** 147; BGH GRUR **65,** 231, 233; vgl. dazu auch § 81 Rdn. 33, 34. Die Verweigerung eines entsprechenden Verzichts kann ein Rechtsschutzbedürfnis begründen, BPatG GRUR **96,** 875. Die Absicht des Nichtigkeitsklägers, nun seinerseits gegen den (ehemaligen) Patentinhaber Schadenersatzansprüche wegen unberechtigter Verwarnung aus dem Streitpatent zu erheben, begründet für ihn dann noch kein Rechtsschutzinteresse an der Fortführung des Nichtigkeitsverfahrens, wenn es dem Patentinhaber infolge seines Verzichts auf die Rechte aus dem Patent verwehrt ist, sich im Prozess wegen unberechtigter Verwarnung auf die ursprüngliche Wirksamkeit des Patents zu berufen, BGH GRUR **65,** 231, 233. Die Glaubhaftmachung eines eigenen schutzwürdigen Interesses an der Erklärung der Nichtigkeit ist ferner nach § 132 Abs. 2 ganz allgemein Voraussetzung der Bewilligung der Verfahrenskostenhilfe für den Nichtigkeitskläger.

4. Ausschluss der Klagebefugnis. Aus besonderen Gründen kann es dem Kläger verwehrt **38**
sein, überhaupt die Nichtigkeitsklage zu erheben oder diese auf bestimmtes tatsächliches Vorbringen zu stützen. Das ist gegebenenfalls im Nichtigkeitsverfahren zu klären, kann jedoch nicht zum Gegenstand einer besonderen „Verbietungsklage“ gemacht werden, vgl. BGH GRUR **82,** 161.

a) Nichtangriffsabrede. Literatur: Alexander-Katz GRUR **54,** 23; Kuhbier GRUR **54,** **39**
187; Schippel GRUR **55,** 322; Preu in Festschrift für Wendel, 1969, S. 115; Schickedanz Mitt. **69,** 46; Fritze GRUR **69,** 218; v. Maltzahn in Festschrift für v. Gamm, 1990, S. 597 ff.; Sack in FS W. Fikentscher (1998), S. 742 ff.

Die Verpflichtung, ein Patent nicht mit einer Nichtigkeitsklage anzugreifen, kann – mit den aus Rdn. 40–42 ersichtlichen Einschränkungen – rechtswirksam durch Vertrag übernommen und dem Nichtigkeitskläger im Verfahren auf Nichtigerklärung des Patents entgegengehalten werden (exceptio pacti), BGHZ **10,** 22 = GRUR **53,** 385; BGH GRUR **71,** 243, 244/5; PA Bl. **61,** 265. Die entgegen einer wirksamen Nichtangriffsabrede erhobene Nichtigkeitsklage ist ohne Sachprüfung als unzulässig abzuweisen, vgl. BGH GRUR **55,** 535, 538; **56,** 264; **65,** 135, 137; **71,** 243, 244; PA Mitt. **60,** 77 (anders Schwerdtner GRUR **68,** 9, 11/12). Sie hindert nicht die Erhebung des Einwands mangelnder Rechtsbeständigkeit des Klageschutzrechts im Verletzungsprozess, sofern dieser Einwand, z. B. im Gebrauchsmuster-Verletzungsprozess, zulässig ist, BGH KZR 2/66 vom 8. 6. 1967, insoweit in GRUR **67,** 676, 680 bei IV 3 nicht abgedruckt. Nach den jüngsten Änderungen d. kartellrechtlichen Bestimmungen (s. u. Rdn. 41, 42) werden Nichtangriffsverpflichtungen (über den aus Rdn. 43 ff. ersichtlichen Umfang hinaus) zumindest im Rahmen von Lizenzverträgen kaum noch praktische Bedeutung haben.

40 Eine Nichtangriffsabrede konnte auch bisher schon, wenn sie **missbräuchlich,** z. B. in Kenntnis der Vernichtbarkeit des Patents, getroffen worden ist, wegen Verstoßes gegen § 138 BGB nichtig sein, BGHZ **10,** 22, 26/27; Sack in FS Fikentscher (1998), S. 742, 745 Fn. 21 vgl. auch schon RGZ **140,** 184, 192 sowie RGZ **157,** 1, 3 ff. und unten Rdn. 33 zu § 81.

41 Die **Kartellfrage** war für das nationale Recht im Gesetz gegen Wettbewerbsbeschränkungen (GWB) in § 17 II Nr. 3 ausdrücklich in der Weise geregelt, dass die Vereinbarung einer Nichtangriffspflicht für Erwerber oder Lizenznehmer von Patenten, Patentanmeldungen oder Gebrauchmustern zulässig sein sollte. Durch die 7. GWB-Novelle v. 7. 7. 2005 (BGBl. I S. 1954) ist das aufgehoben. Es gilt nunmehr auch nach deutschem Kartellrecht eine entsprechende Regelung wie nach EG-Recht (s. u. Rdn. 42): Die Vereinbarung einer Nichtangriffspflicht für Erwerber oder Lizenznehmer ist grundsätzlich unzulässig und unwirksam, weil sie diesen eine Beschränkung im Geschäftsverkehr auferlegt, die über den Inhalt des Schutzrechts hinausgeht. Damit ist allerdings weder die Vereinbarung eines Kündigungsrecht für den Fall der Nichtigkeitsklage noch die Berufung auf eine sich aus Treu und Glauben ergebende Nichtangriffspflicht (s. u. Rdn. 43 ff.) ausgeschlossen. Zweifelhafte kartellrechtl. Vorfragen sind im Rahmen des Nichtigkeitsverfahrens zu klären; Aussetzung wg. eines anderweit anhängigen Kartellverfahrens ist im Rahmen des § 148 ZPO möglich, aber nach Aufhebung d. früheren § 96 II GWB nicht mehr vorgeschrieben; vgl. dazu i. Einzelnen die Lit. zu § 87 GWB n. F. (seit 1999).

42 **Nach EG-Recht** ist die Vereinbarung einer Nichtangriffspflicht des Lizenznehmers im Hinblick auf Art. 81 EG-Vertrag grundsätzlich unzulässig, daher nichtig und grundsätzlich auch nicht freistellungsfähig, wenn sie nach ihrem rechtlichen und wirtschaftlichen Zusammenhang geeignet ist, den Handel zwischen EG-Mitgliedstaaten spürbar zu beeinträchtigen (EuGH GRUR Int. **86,** 635). Das gilt auch bei einem zur Streitregelung getroffenen Vergleich, anders allenfalls bei einem Prozessvergleich, EuGH GRUR Int. **89,** 56, 57; mangels relevanter Wettbewerbsbeeinträchtigung soll Nichtangriffsabrede jedoch dann zulässig sein, wenn sie für eine kostenlos lizenzierte oder für eine überholte und vom Lizenznehmer nicht genutzte Lehre gilt, EuGH a. a. O. Kritisch dazu v. Maltzahn in Festschrift v. Gamm 1990, S. 597 ff. Nach der EG-VO 240/96 war noch eine Freistellung der Nichtangriffsabrede möglich gewesen. Das ist entfallen mit der am 1. 5. 2004 in Kraft getretenen Nachfolge-VO (EG) Nr. 772/2004 (BlPMZ **04,** 337). Hiernach kann lediglich ein Kündigungsrecht vereinbart werden für den Fall einer Nichtigkeitsklage des Lizenznehmers, s. Art. 5 I lit. c. Die Berufung auf die kartellrechtl. Nichtigkeit der Vereinbarung ist nicht treuwidrig, s. u. Rdn. 44.

43 **b) Verstoß gegen Treu und Glauben.** Literatur: Röpke GRUR **62,** 173; Bartenbach/Volz GRUR **87,** 859 (Arbeitnehmererfindung). Außer im Fall einer ausdrücklichen Nichtangriffsabrede kann eine Nichtigkeitsklage unter dem Gesichtspunkt der unzulässigen Rechtsausübung (Einwand der Arglist) ganz allgemein ohne Sachprüfung auch dann abzuweisen sein, wenn der Kläger durch das Verlangen der Nichtigerklärung eines Patents gegen Treu und Glauben verstößt, BGH GRUR **65,** 135, 137; **87,** 900, 901; **90,** 667 – Einbettungsmasse. Für die Beurteilung einer Nichtigkeitsklage unter diesem Gesichtspunkt kommt es – wie auch sonst bei den allgemeinen Prozessvoraussetzungen – auf den Zeitpunkt der letzten mündlichen Verhandlung an, BGH GRUR **56,** 264, 265; **57,** 482, 483; **57,** 485, 486. In Sonderfällen kann eine erst nach längerer Zeit erhobene Klage unter dem Gesichtspunkt des Vertrauensschutzes und unter Abwägung aller Umstände rechtsmissbräuchlich (verwirkt) sein, BGH GRUR **74,** 146, 147 (Schraubennahtrohr). Ferner kann die Nichtigkeitsklage namentlich dann unzulässig sein, wenn zwischen den Parteien vertragliche Bindungen bestehen, die schlechthin oder doch in besonderen Fällen, etwa wegen eines bestehenden besonderen Vertrauensverhältnisses, die Erhebung der Nichtigkeitsklage nach Inhalt, Sinn und Zweck der vertraglichen Bindung als einen Verstoß gegen Treu und Glauben erscheinen lassen, BGH GRUR **89,** 39, 40 – Flächenentlüftung, – vorausgesetzt immer, dass eine entsprechende ausdrückliche Vereinbarung zulässig wäre und insbesondere nicht gegen Art. 85 EWG-Vertrag verstoßen würde, s. o. Rdn. 39 ff.

44 So kann – nicht muss – je nach den Umständen des Einzelfalls die Erhebung der Nichtigkeitsklage durch den **Lizenznehmer** gegen Treu und Glauben verstoßen, RGZ **101,** 235, 237; BGH GRUR **57,** 482. In der Regel wird die Nichtigkeitsklage eines Lizenznehmers z. B. dann nicht als zulässig angesehen werden können, wenn er ausschließlicher Lizenznehmer ist, BGH GRUR **71,** 243, 244/5; BPatGE **24,** 171, – oder wenn das Lizenzverhältnis einen ge-

sellschaftlichen Einschlag aufweist, BGH GRUR **57,** 482, 483; **65,** 135, 137; **89,** 39, 40; – oder wenn es sich um ein dem Lizenznehmer im Rahmen einer sog. Verbesserungsklausel unentgeltlich zur Benutzung überlassenes Patent handelt, BGH GRUR **57,** 485, 487 mit krit. Anm. von Heine. Ist Lizenznehmer eine Gesellschaft, so ist auch der persönlich haftende Gesellschafter (einer oHG oder KG) oder der alleinige Gesellschafter (einer AG oder GmbH) an der Erhebung der Nichtigkeitsklage gehindert, solange die Gesellschaft nicht dazu berechtigt ist, BGH GRUR **56,** 264, 265; **57,** 482, 485. Eine bestehende Nichtangriffspflicht kann auch dem vorgeschobenen „Strohmann" entgegengehalten werden, BGH GRUR **63,** 253. Weitergehend soll nach Kraßer S. 966 eine Nichtangriffspflicht des Lizenznehmers immer dann gegeben sein, wenn ihre Vereinbarung kartellrechtlich zulässig wäre (s. o. Rdn. 39 ff.) und solange dem Lizenznehmer ein Festhalten am Vertrage zugemutet werden kann. Die Verpflichtung eines Lizenznehmers, das Patent nicht anzugreifen, endet aber in aller Regel mit dem Lizenzverhältnis, es sei denn, dass ein besonders enges Vertrauensverhältnis zwischen den Parteien besteht und sich aus diesem über seine Beendigung hinaus fortwirkende Treuepflichten ergeben, BGH GRUR **65,** 135, 137; **71,** 243, 245, – oder dass eine Nichtangriffsabrede ausdrücklich über die Lizenzvertragsdauer hinaus erstreckt worden ist, vgl. oben Rdn. 41 und Fischer in der Anm. zu BGH GRUR **65,** 135, 138. Ebenso bei einem Zusammenarbeitsvertrag mit gesellschaftsähnlichem Einschlag, BGH GRUR **89,** 39, 40 – Flächenentlüftung. Keine Nichtangriffspflicht, wenn Bekl. ohne Rücksicht auf Lizenzvertrag aus Patent in Anspruch genommen wird, BPatG GRUR **96,** 480. Die zur Beilegung eines früheren Verletzungsstreits gegen Gewährung einer einfachen Lizenz erfolgte Zurücknahme einer früheren Nichtigkeitsklage schließt die Zulässigkeit einer neuen Nichtigkeitsklage jedenfalls dann nicht aus, wenn diese auf eine neue entscheidende Entgegenhaltung gestützt wird, BPatGE **9,** 34, 38/39. Ein Exportverbot für den ausländischen Lizenznehmer in einem Lizenzvertrag über ein ausländisches Schutzrecht begründet für sich allein noch nicht eine Verpflichtung des Lizenznehmers, das nicht lizenzierte deutsche Parallelpatent zu dem lizenzierten Auslandsschutzrecht nicht anzugreifen, BGH GRUR **71,** 243, 246. Hier wäre gegebenenfalls auch die Vereinbarkeit mit Art. 81 EG-Vertrag zu prüfen, s. o. Rdn. 42. Der Verstoß gegen eine kartellrechtlich unwirksame Nichtangriffsverpflichtung ist grundsätzlich nicht treuwidrig, BGH GRUR **91,** 558 – kaschierte Hartschaumplatten; auch nicht bei einem abgelaufenen Patent – a. A. BPatG Bl. **82,** 209; insoweit stellt sich lediglich die Frage des Rechtsschutzinteresses, s. o. Rdn. 35.

Gegen Treu und Glauben verstößt es ferner in der Regel, wenn ein **Verkäufer** das von ihm verkaufte und auf den Käufer übertragene Patent oder ein **Gesellschafter** das von ihm auf Grund des Gesellschaftsvertrages in die Gesellschaft eingebrachte Patent oder ein gegen Abfindung ausgeschiedener Gesellschafter ein der Gesellschaft belassenes Patent mit der Nichtigkeitsklage angreifen will, BGH GRUR **55,** 535, 536; **89,** 39, 40; BPatGE **9,** 42; BPatG GRUR **91,** 748, 751/2; BPatGE **43,** 125; so auch US-Court of Appeals, GRUR Int. **90,** 161 bei Veräußerung im Rahmen eines Arbeitsverhältnisses. 45

Ebenso ist es einem **Arbeitnehmer-Erfinder** auch nach Beendigung des Arbeitsverhältnisses verwehrt, ein auf eine nach dem ArbEG in Anspruch genommene gebundene Erfindung erteiltes Patent mit der Nichtigkeitsklage anzugreifen, solange er einen durchsetzbaren Vergütungsanspruch hat oder bereits voll abgefunden ist, BGH GRUR **87,** 900 – Entwässerungsanlage; **90,** 667 – Einbettungsmasse (mit Fehlzitat „nicht voll abgefunden"). Etwas anderes kann dann gelten, wenn der Arbeitnehmer die ihm zustehende Erfindervergütung nicht mehr erlangen kann, nicht aber schon dann, wenn er sich nach seinem Ausscheiden selbstständig gemacht hat und deswegen an einer Mitbenutzung interessiert ist, die ihm verweigert wird, BGH a. a. O. S. 902. Für weitere Ausnahmen Bartenbach/Volz GRUR **87,** 859, 861 ff. Dagegen verstößt im umgekehrten Fall ein **Arbeitgeber,** der eine Erfindung des Arbeitnehmers in Anspruch genommen und ein Patent auf sie erwirkt hat, nicht gegen Treu und Glauben, wenn er gegen das dem Arbeitnehmer zurückgewährte Patent die Nichtigkeitsklage erhebt, um dem Anspruch auf Erfindungsvergütung entgegenzutreten, PA Bl. **58,** 301 = GRUR **59,** 82 m. Anm. von Friedrich; BGH GRUR **65,** 135, 137, 138. Ob der Arbeitgeber bei bescrkänkter Inanspruchnahme oder eingeschränkter Freigabe an einer Nichtigkeitsklage gehindert ist (so BPatG GRUR **91,** 755), ist zweifelhaft; er ist es jedenfalls dann nicht, wenn er zumindest für die Zukunft auf sein Benutzungsrecht verzichtet, BGH GRUR **90,** 667, 668 – Einbettungsmasse. Vorbehalt d. Nichtigkeitsklage bei Freigabeerklärung ist nicht erforderlich, BGH aaO. Vgl. zu diesen Fragen auch Röpke GRUR **62,** 173 ff. Der **Anwalt** darf sich mit der Nichtigkeitsklage gegen seinen ehemaligen Mandanten wehren, wenn dies einen gegen ihn erhobenen Regressanspruch beeinflusst, BPatG GRUR **84,** 645. Eine Nichtangriffspflicht gilt auch für die vom Verpflichteten beherrschte Gesellschaft, insbes. für eine zu 100% beherrschte GmbH, BGH GRUR **87,** 900 oder Tochtergesellschaft, BPatGE **43,** 125. 46

47 Bestehen zwischen den Parteien **keinerlei vertragliche Bindungen,** so kann die Erhebung der Nichtigkeitsklage nur unter ganz besonderen Umständen wegen arglistigen Verhaltens des Klägers als unzulässige Rechtsausübung gewertet werden, z. B. wenn sie nur den Zweck hätte, dem Kläger gegenüber dem Patentinhaber einen in rechtswidriger Weise erlangten Besitzstand zu sichern, ohne dass darüber hinaus irgendwelche berechtigte Interessen des Klägers an der Vernichtung des Patents anerkannt werden könnten, BGH GRUR **58,** 177, 178. Die vorsätzliche Verletzung des Patents durch den Nichtigkeitskläger begründet für sich allein jedenfalls noch keine Arglisteinrede des Patentinhabers. Ebenso kann ein Patentinhaber sich nicht mit Erfolg darauf berufen, dass der Nichtigkeitskläger selbst sich für ähnliche Vorschläge ebenfalls ein Patent habe erteilen lassen, BGH I ZR 36/57 vom 11. 11. 1960. Arglistig ist dagegen die Klage, wenn sie auf eine offenkundige Vorbenutzung des Nichtigkeitsklägers selbst gestützt wird, die auf widerrechtlicher Entnahme beim Patentinhaber beruht, RG MuW **34,** 109, 110; RGZ **167,** 339, 357, – oder wenn sie auf eine vom Kläger selbst rechtswidrig vorgenommene druckschriftliche Vorveröffentlichung der Erfindung gestützt wird, vgl. Pietzcker § 10 Anm. 3, 24. Getrennte Nichtigkeitsklagen verschiedener Kläger sind nicht schon deswegen unzulässig, weil sie zu einer erheblichen zusätzlichen Kostenbelastung des Beklagten führen, vgl. BPatGE **43,** 1 (GebrM-Sache).

IV. Die Prüfung im Nichtigkeitsverfahren

1. Das Streitpatent als Gegenstand der Prüfung

48 **a) Die der Prüfung zugrunde zu legende Fassung des Streitpatents** ist in der Regel diejenige Fassung, die dem Streitpatent von der patenterteilenden Stelle (Patentamt oder – im Beschwerdeverfahren – Patentgericht) im Erteilungsbeschluss so, wie dieser Rechtskraft erlangt hat, gegeben worden ist. Eine davon abweichende frühere Fassung, insbesondere eine andere Fassung in der ursprünglichen Anmeldung, kann zwar für die Prüfung auf unzulässige Erweiterung von Bedeutung sein (s. o. Rdn. 17 i. Verb. m. § 21 Rdn. 29–32), ist jedoch als Gegenstand des Verfahrens auch im Nichtigkeitsverfahren nicht mehr maßgebend, RG MuW **40,** 74, 75. Andererseits sind aber auch etwaige versehentliche Abweichungen der gedruckten Patentschrift von dem Erteilungsbeschluss (samt seinen Unterlagen und Anlagen) rechtlich unbeachtlich, RG GRUR **27,** 472, 473; RGZ **153,** 315, 320. Von solchen Abweichungen abgesehen, kann eine Berichtigung der Patentschrift nur erfolgen, wenn der ihr zugrundeliegende Erteilungsbeschluss berichtigt worden ist, BPatGE **2,** 181. Eine nachträgliche Berichtigung ist entsprechend dem in § 95 sowie in ZPO § 319, VwGO § 118 zum Ausdruck gekommenen allgemeinen Rechtsgedanken zulässig bei einem offenbaren Widerspruch zwischen dem von der Erteilungsbehörde Gewollten und dem in einer Entscheidung Ausgesprochenen, BGH GRUR **77,** 780 (Metalloxyd). Ist die Patentschrift vom Patentamt nachträglich berichtigt worden, so ist die berichtigte Fassung maßgebend, gleichgültig ob die Berichtigung sachlich berechtigt war oder nicht, RG GRUR **27,** 472, 473. Im Nichtigkeitsverfahren ist die Patentschrift mithin als Gegenstand des Verfahrens grundsätzlich so hinzunehmen, wie sie erteilt und ggf. berichtigt worden ist; wegen der Behandlung unzulässiger Erweiterungen s. u. Rdn. 49; sonstige Mängel des Erteilungsverfahrens können im Nichtigkeitsverfahren nicht geltend gemacht werden, BGH GRUR **65,** 473, 479; vgl. dazu auch oben Rdn. 26, 27 mit weiteren Beispielen und Nachweisen. Ist das Patent im **Einspruchsverfahren** gem. § 21 oder in einem **früheren Nichtigkeitsverfahren** gem. § 22 teilweise widerrufen, vernichtet oder durch eine ausdrückliche Änderung der Fassung der Ansprüche „klargestellt“ worden (vgl. dazu unten Rdn. 84, 85 sowie § 21 Rdn. 40, 41), so ist das die nunmehr maßgebliche Fassung, die allein daher auch den Gegenstand eines nochmaligen Nichtigkeitsverfahrens bilden kann. Ebenso ist, wenn das Patent im **Beschränkungsverfahren** nach § 64 rechtskräftig beschränkt worden ist, für die Beurteilung seiner Patentfähigkeit im Nichtigkeitsverfahren von dem durch den Beschränkungsbeschluss neu gefassten Inhalt der Patentansprüche und der Beschreibung auszugehen, BGHZ **16,** 326, 329 = GRUR **55,** 466, 467; BGH GRUR **58,** 134, 135. Andererseits kann natürlich gerade die im Einspruchs-, Nichtigkeits- oder Beschränkungsverfahren vorgenommene Änderung Gegenstand der Nichtigkeitsklage sein, s. u. Rdn. 49. Ist gemäß § 20 Abs. 1 Nr. 1, also ohne Rückwirkung, dem Patentamt gegenüber auf einzelne Ansprüche **verzichtet** worden, so unterliegen diese der Prüfung im Nichtigkeitsverfahren nur noch, wenn ein Rechtsschutzinteresse des Klägers an ihrer (rückwirkenden) Vernichtung besteht (s. o. Rdn. 35).

49 **aa) Unzulässige Erweiterungen** i. S. des § 38 S. 2 sind bei der Festlegung der für die weitere Prüfung maßgeblichen Fassung des Patents nicht ohne weiteres zu beseitigen. Das ist allerdings im Hinblick auf § 38 S. 2 streitig, vgl. die dortigen Erläuterungen und unten Rdn. 63. Die Erweiterungen können jedoch dann vorab ausgeschieden werden, wenn die Klage auch auf

den besonderen Nichtigkeitsgrund des § 21 Nr. 4 i.V.m. § 22 Abs. 1 gestützt ist. Entsprechendes gilt für den Nichtigkeitsgrund der zweiten Alternative des § 22 Abs. 1. Soweit dieser besondere Nichtigkeitsgrund nicht geltend gemacht wird, ist zu berücksichtigen, dass die unzulässige Erweiterung der Anmeldung wegen § 38 S. 2 keinen Altersrang begründet, BGHZ **75,** 143, 146 (= GRUR **79,** 847, 848 – Leitkörper). Der erörterten Lehre kann daher im Rahmen des meist geltend gemachten Nichtigkeitsgrundes nach § 21 Abs. 1 Nr. 1 bei der Prüfung auf Neuheit und Erfindungshöhe der gesamte vor der Patenterteilung liegende Stand der Technik entgegengehalten werden, insbesondere auch die eigene Offenlegungsschrift, vgl. BGH GRUR **70,** 289 (Dia-Rähmchen IV); auch dies wird dann in aller Regel dazu führen, dass das Patent für die weitere Prüfung nur noch in einer bereinigten Fassung zugrundezulegen ist.

bb) Selbstbeschränkung im Nichtigkeitsverfahren. Auch ohne zuvor das in § 64 vorgesehene förmliche Beschränkungsverfahren durchführen zu müssen, kann der Patentinhaber im Nichtigkeitsverfahren erklären, dass er nur einen beschränkten Inhalt seines Patents verteidigen wolle, mit der Folge, dass dann im Rahmen des Nichtigkeitsverfahrens zunächst zu prüfen ist, ob und inwieweit es sich um eine zulässige Beschränkung handelt, dass bei Bejahung dieser Frage das Patent nur in dem vom Patentinhaber verteidigten beschränkten Umfang der weiteren Prüfung im Nichtigkeitsverfahren unterliegt, und dass bei Bejahung der Patentwürdigkeit des verteidigten Restes dem Patent im Urteil die entsprechende beschränkte Fassung zu geben ist, BGHZ **21,** 8, 10ff.; **110,** 123, 125 – Spleißkammer; BGH GRUR **05,** 145, 146 – elektron. Modul. Als eine Selbstbeschränkung in diesem Sinne ist auch ein nicht nach § 20 Abs. 1 gegenüber dem Patentamt, sondern im Nichtigkeitsverfahren erklärter „Verzicht" auf einzelne Ansprüche (oder auch – was nach § 20 garnicht zulässig wäre – auf Elemente einzelner Ansprüche) zu behandeln, BPatGE **4,** 30; BGH GRUR **53,** 86; **62,** 294, 295/96. Eine Selbsteinschränkung im Nichtigkeitsverfahren muss jedoch, um diese Folgen zu haben, unbedingt erklärt werden; eine nur hilfsweise, also bedingt geltend gemachte Selbsteinschränkung führt keine bindende Beschränkung des Patents herbei und kann allenfalls als Anregung für eine andere Fassung der Patentansprüche gelten, BGH Liedl **56–58,** 376, 380. An Klarheit u. Bestimmtheit d. Selbstbeschränkung sind hohe Anforderungen zu stellen, BGH GRUR **04,** 583, 584. Maßgebend ist dabei nur, was der beklagte Patentinhaber selbst will; entschließt er sich, den Patentschutz durch beschränkte Verteidigung im Nichtigkeitsverfahren teilweise aufzugeben, so kann ein Streitgehilfe nicht wirksam den Antrag auf völlige Abweisung der Nichtigkeitsklage stellen (auch nicht mittels einer von ihm allein eingelegten Berufung oder Anschlussberufung) und dadurch dem Patentinhaber die Beibehaltung des Patentschutzes im ursprünglichen Umfang aufzwingen, BGH GRUR **61,** 572, 573/74. Da der Patentinhaber im Verfahren nach § 64 seinen Beschränkungsantrag bis zur rechtskräftigen Entscheidung zurücknehmen kann, muss ihm auch im Nichtigkeitsverfahren die Möglichkeit gegeben sein, von einer hier erklärten Selbstbeschränkung wieder abzurücken; das kann – im Wege der Anschlussberufung – noch im Berufungsverfahren geschehen, solange und soweit die der Selbstbeschränkung Rechnung tragende Nichtigkeitsentscheidung noch nicht rechtskräftig geworden ist, BGH GRUR **65,** 480, 483; BGHZ **128,** 149, 154 – Lüfterklappe; BGH GRUR **05,** 145, 146 – elektron. Modul; das ist bis zum Schluss der mündl. Verhandlung möglich, BGH GRUR **05,** 888, s.u. Rdn. 4 zu § 110. Läuft gleichzeitig ein noch nicht erledigtes förmliches Beschränkungsverfahren nach § 64, so braucht der Patentinhaber sich bei seiner beschränkten Verteidigung im Nichtigkeitsverfahren nicht an den dort gestellten Antrag zu halten; er kann das Patent gegenüber der Nichtigkeitsklage vielmehr auch in einem weitergehenden Umfang verteidigen, als es nach dem noch unerledigten Beschränkungsantrag aufrechtzuerhalten wäre, BGH GRUR **61,** 529, 530/31. 50

Ein in fremder Sprache erteiltes europäisches Patent kann auch mit einer in deutscher Sprache gehaltenen eingeschränkten Neufassung der Patentansprüche verteidigt werden, BGH GRUR **92,** 839 – Linsenschleifmaschine; s.u. bei Rdn. 83. 51

Dass nur eine beschränkte Fassung des Patents der Prüfung unterliegt, kann sich schließlich auch aus einer besonderen Verfahrenslage **im Berufungsrechtszug** ergeben: Ist im ersten Rechtszug das Patent teilweise für nichtig erklärt worden und hat nur der Nichtigkeitskläger mit dem Ziele der völligen Vernichtung, nicht auch der Patentinhaber dagegen Berufung eingelegt, so ist im Berufungsrechtszug nur noch der nach dem erstinstanzlichen Urteil bestehen gebliebene Gegenstand des Patents auf seine Vernichtbarkeit zu prüfen, RG MuW **37,** 157, 158; dabei muss das Berufungsgericht das Patent in der vom Nichtigkeitssenat vorgenommenen Beschränkung auch dann zugrunde legen, wenn gegen die Art der Beschränkung Bedenken bestehen, BGH GRUR **53,** 86. 52

Wenn nicht nur der Patentinhaber sein Patent nur noch in einem beschränkten Umfang verteidigt, sondern **wenn dann auch der Nichtigkeitskläger die Klage in diesem Um-** 53

fang nicht mehr weiterverfolgt, also seine ursprünglich auf volle Vernichtung des Patents gerichtete Klage insoweit zurücknimmt, als sie sich auf dasjenige bezog, worauf sich der Patentinhaber nunmehr beschränkt hat, dann hat das Gericht lediglich noch zu prüfen, ob die zuletzt verteidigte Fassung der Patentansprüche eine zulässige Änderung der erteilten Ansprüche darstellt, und, wenn es das bejaht, das Patent unter Teilvernichtung im Übrigen auf diese Fassung zu beschränken (§ 22 Abs. 2 i. Verb. m. § 21 Abs. 2), ohne über die materiell-rechtliche Patentfähigkeit der sonach bestehen bleibenden Ansprüche zu befinden, BGH GRUR **62,** 294, 296; BGHZ **41,** 13 = GRUR **64,** 308. Entsprechend ist, wenn das Streitpatent im ersten Rechtszug vom Nichtigkeitssenat teilweise vernichtet worden ist und nicht der Kläger, sondern nur der Patentinhaber Berufung eingelegt hat, dessen Berufung, falls sie sich als unbegründet erweist, zurückzuweisen, ohne dass die Patentfähigkeit des Streitpatents in der ihm vom Nichtigkeitssenat gegebenen beschränkten Fassung vom BGH nachzuprüfen wäre, vgl. unten Rdn. 45 mit RG GRUR **38,** 861, 864.

54 **cc)** Was eine **„zulässige Beschränkung"** ist und was nicht, ist von Bedeutung sowohl im Erteilungsverfahren (§ 38; vgl. Erl. zu § 38) als auch im Beschränkungsverfahren (§ 64) und im Einspruchsverfahren sowie im Nichtigkeitsverfahren, hier insbesondere bei den Einspruchs- bezw. Nichtigkeitsgründen der unzulässigen Erweiterung und der Schutzbereichserweiterung nach §§ 21 Abs. 1 Nr. 4, 22 Abs. 1 (vgl. Rdn. 29–32 zu § 21; oben Rdn. 17–21), bei Teilwiderruf (§ 21 Rdn. 40) und Teilvernichtung (unten Rdn. 78) und bei der Selbstbeschränkung im Nichtigkeitsverfahren (oben Rdn. 50) oder Einspruchsverfahren. Vgl. dazu allgemein: Brodeßer, Offenbarung u. Beschränkung d. Schutzbegehrens, in Festschrift für R. Nirk, 1992, S. 85 ff. Im Nichtigkeitsverfahren gilt – ebenso wie im Beschränkungs- und im Einspruchsverfahren – der Grundsatz, dass die neue Fassung der Patentlehre, verglichen mit der erteilten Fassung, keinesfalls eine Erweiterung, sondern nur eine Einschränkung oder allenfalls eine Klarstellung bringen darf und in der erteilten Fassung des Patents offenbart gewesen sein muss, BGH GRUR **60,** 542, 543; **62,** 294, 296; **02,** 49, 51. Das kann namentlich dann der Fall sein, wenn die neue Fassung der Patentlehre eine schon in der erteilten Fassung als solche offenbarte Kombination aus dem erteilten Hauptanspruch mit Merkmalen erteilter Unteransprüche darstellt, oder wenn sie sonstwie, insbesondere durch Aufnahme in einen Unteranspruch, als eine bevorzugte Ausführungsform offenbart und beansprucht war, BGH GRUR **61,** 572, 574; **65,** 138, 140/41; **66,** 138; **67,** 585, 586. Die Aufnahme eines weiteren Merkmals aus der Beschreibung in den Patentanspruch ist dann zulässig, wenn dadurch die zunächst weiter gefasste Lehre auf eine engere Lehre eingeschränkt wird, und wenn die weiteren Merkmale in der Beschreibung als zu der beanspruchten Erfindung gehörend zu erkennen waren, BGH GRUR **91,** 307 – Bodenwalze; **04,** 583, 587 – Tintenstandsdetektor. Der Patentanspruch darf nicht auf einen Gegenstand gerichtet werden, von dem d. Fachmann auf Grund d. ursprüngl. Offenbarung nicht erkennen kann, dass er von vornherein von dem Schutzbegehren umfasst sein soll, BGH GRUR **02,** 49, 51. Die Merkmale eines Ausführungsbeispiels können je nach Offenbarungsgehalt im Einzelfall in ihrer Gesamtheit oder auch nur teilweise in die Merkmalskombination eines Patentanspruchs aufgenommen werden, BGHZ **110,** 123, 126 – Spleißkammer; BGH GRUR **02,** 49, 51. Zulässig ist aber auch die Beschränkung auf eine von mehreren, unter den weitergefassten erteilten Patentanspruch fallenden Lösungen der ursprünglich offenbarten Aufgabe, wenn die nunmehr allein beanspruchte Lösung wenigstens in der Beschreibung von vornherein deutlich als eine in Betracht kommende Lösung hervorgehoben war und andere ursprünglich gleichgestellte Lösungen sich etwa als vorbekannt oder unbrauchbar erwiesen haben, BGH GRUR **67,** 241, 243/44; **67,** 585, 586; BGHZ **83,** 83, 84 (= GRUR **82,** 406, 409 – Verteilergehäuse); vgl. auch BGH GRUR **66,** 312, 316; **66,** 319, 321/22 mit BPatGE **7,** 20. Nicht zulässig wäre dagegen z. B. eine „Beschränkung" auf ein Merkmal, das allein der Patentzeichnung zu entnehmen ist und im Inhalt der Beschreibung und der Ansprüche keine Stütze findet, und zwar im Allgemeinen auch dann, wenn die Patentzeichnung nur eine einzige Ausführungsform zeigt, BGHZ **83,** 83, 84 – oder auf ein Merkmal, dass in der Beschreibung zwar erwähnt, aber nicht als zu der im Patentanspruch unter Schutz gestellten Erfindung gehörend zu erkennen ist, BGHZ **110,** 123, 126 – Spleißkammer; – oder auf eine einzelne chemische Verbindung, welche der Fachmann nur unter Aufbietung schöpferischer Tätigkeit aus der mit einer Gruppenformel gekennzeichneten ursprünglichen Vielfalt hätte auswählen können, BGHZ **66,** 17, 29 (= GRUR **76,** 299, 303 – Alkylendiamine); – oder allgemeiner: auf einen nur mit schöpferischer Tätigkeit aus der Beschreibung zu entnehmenden Ausschnitt, BGHZ **110,** 123, 126 – Spleißkammer. Andererseits ist für eine zulässige Beschränkung auf einen engeren Bereich (z. B. bei Bereichsangaben auf chemischem Gebiet) grundsätzlich nicht erforderlich, dass dieser gegenüber anderen Lösungen aus dem ursprünglich weiteren Bereich als vorteilhaft,

zweckmäßig oder bevorzugt erkennbar war, BGHZ **111,** 21 (= GRUR **90,** 510 – Crackkatalysator), oder dass die Grenzwerte der eingeengten Bereichsangabe einer Legierungskomponente bereits als Grenzwerte offenbart waren, BGH GRUR **92,** 842ff. – Chrom-Nickel-Legierung. Nicht zulässig, weil zu einer „Erweiterung" führend, ist auch die Streichung eines erfindungswesentlichen Merkmals einer Kombination; jedoch werden sprachliche Verbesserungen und Präzisierungen zugelassen, sofern sie mit dem Gesamtinhalt des Streitpatents vereinbar sind, BGH Liedl **61/62,** 304, 324/5. Unzulässig ist auch die Einbeziehung eines Gegenstandes, der zwar offenbart, nicht aber auch schon durch die erteilten Patentansprüche geschützt ist, BGH GRUR **05,** 145 – elektron. Modul. Die Umwandlung eines selbstständigen Patents in ein Zusatzpatent ist im Nichtigkeitsverfahren nicht mehr zulässig, BGH GRUR **60,** 545, 546; ebenfalls nicht die förmliche Streichung einer Überbestimmung, BGH GRUR **59,** 81. Ein Kategorienwechsel ist grundsätzlich nicht möglich, wohl aber eine Beschränkung von dem umfassenden Erzeugnisschutz auf den Schutz einer in den ursprünglichen Unterlagen offenbarten Verwendung, BGH GRUR **88,** 287 – Abschlussblende; letzteres gilt jedenfalls dann, wenn damit kein Erzeugnisschutz nach § 9 Satz 2 Nr. 3 verbunden ist, weil dies nach der Natur der Sache ausscheidet (vgl. GrBeschwerdeK EPA, ABl. EPA **90,** 93, 104) oder wegen eines regelmäßig anzunehmenden konkludenten Verzichts entfällt, BGHZ **110,** 82, 87 – Spreizdübel (= GRUR **90,** 508, 510).

b) Die vom Streitpatent offenbarte u. geschützte Lehre. Um die Patentfähigkeit des Streitpatents nachprüfen zu können, muss zunächst ermittelt werden, welche Lehre als vom Streitpatent offenbart und durch seine Patentansprüche als geschützt anzusehen ist; aber nur in dem Umfang, wie es zur Prüfung d. Bestandsfähigkeit d. Patents gegenüber den geltend gemachten Nichtigkeitsgründen erforderlich ist, BGHZ **156,** 179 – blasenfreie Gummibahn I. Maßgeblich ist der sinnvoll verstandene Wortlaut (Sinngehalt) der Patentansprüche. Dabei ist das Verständnis eines Fachmanns mit durchschnittlichen Kenntnissen u. Fähigkeiten z. Zt. der Priorität d. Patents zu Grunde zu legen; dieser ist Adressat d. Patentschrift. Beschreibung u. Zeichnungen sind z. Auslegung d. Patentansprüche heranzuziehen (vgl. § 14 S. 2), nicht jedoch die Zusammenfassung (§ 36 II). Für Nichtigkeitsverfahren (wie auch für Einspruchsverfahren) gelten insoweit die gleichen Grundsätze wie bei der Ermittlung d. wortlautgemäßen Gegenstandes im Rahmen d. Bestimmung d. Schutzbereichs, BGH GRUR **01,** 232, 233 – Brieflocher; BGHZ **156,** 179 – blasenfreie Gummibahn I; Meier-Beck GRUR **03,** 905/906. Vgl. dazu im Einzelnen Rdn. 13ff. u. 56ff. zu § 14. Die Schutzfähigkeit darf nicht auf d. Grundlage einer einengenden Auslegung bejaht werden, die nicht auch maßgebliche Grundlage für die Bestimmung des Schutzbereichs wäre, BGH „blasenfreie Gummibahn" a.a.O. Der Patentanspruch darf nicht unter seinem Sinngehalt ausgelegt werden, BGH GRUR **04,** 579 – Imprägnieren von Tintenabsorbierungsmitteln. Die Ermittlung eines über den sinnvoll verstandenen Wortlaut hinausgehenden Schutzbereichs ist nur zur Prüfung seiner etwaigen unzulässigen Erweiterung (§ 22 S. 2) erforderlich, sonst aber nicht Aufgabe d. Nichtigkeitsverfahrens. 55

2. Die für die Prüfung maßgebliche Rechts- und Tatsachenlage.

a) Übergangsrecht, allgemein. Da im Nichtigkeitsverfahren darüber zu entscheiden ist, ob die Patenterteilung zu Recht erfolgt ist, muss auch für die Beurteilung der Rechtsbeständigkeit des Patents im Nichtigkeitsverfahren grundsätzlich **dasjenige Recht** maßgebend sein, **das für die Erteilung des Patents maßgebend gewesen ist,** BGHZ **18,** 81, 92 = GRUR **55,** 393, 396; GrSen. DPA Bl. **56,** 34 = GRUR **56,** 80 m.w. Nachw. Das wiederum ist grundsätzlich das im Zeitpunkt der Patentanmeldung geltende Recht, BGHZ **44,** 346, 355/56 = GRUR **66,** 251ff., 253/54, – bei Folgeanmeldungen gemäß Art. 4 A ff. PVÜ das im Zeitpunkt der Folgeanmeldung in Deutschland geltende Recht, BGHZ **44,** 263ff., 267/68, 270 = GRUR **66,** 309ff. Hat sich das Recht (geschriebenes oder Gewohnheitsrecht) seit der Anmeldung geändert, so ist der rechtsstaatliche Grundsatz zu beachten, dass bei **Eintritt einer Rechtsänderung** tunlichst wohl erworbene Rechte aus Gründen des Vertrauensschutzes nicht angetastet werden sollen, und zwar sowohl wenn das Patent im Zeitpunkt der Rechtsänderung schon erteilt, als auch wenn die Erfindung in diesem Zeitpunkt erst nur zum Patent angemeldet war, BGHZ **37,** 219ff., 227, 229ff. = GRUR **62,** 642ff., 645/46. In erster Linie sind natürlich die in dem rechtsändernden Gesetz selbst etwa enthaltenen **Übergangsregelungen** maßgebend, die manchmal auch zum Nachteil schwebender Anmeldungen oder gar bereits erteilter Patente getroffen worden sind, BGHZ **37,** 228/29 m.w. N., und bei deren Ausgestaltung dem Gesetzgeber ein weiter Spielraum zuzubilligen ist, BGH GRUR **70,** 456, 457 m.w.N. Beim Schweigen des Gesetzgebers aber hat die Rechtsprechung diejenige Übergangsregelung zu finden und anzuwenden, welche sich aus der Natur der Sache und nach allgemeinen Gerechtigkeitserwä- 56 gungen als die richtige erweist, BGHZ **37,** 229, 232; **44,** 354, 358. Deshalb ist die durch das PatG vom 5. 5. 1936 eingeführte 6monatige Schonfrist des § 2 Satz 2 PatG 1968 (eingeschränkt jetzt: § 3 Abs. 4) auch bei der Beurteilung früher erteilter Patente im Nichtigkeitsverfahren berücksichtigt worden, RGZ **153,** 174; BGHZ **21,** 8, 13 = GRUR **56,** 409, 411. Ebenso ist anlässlich der am 7. 8. 1953 eingetretenen Rechtsänderung hinsichtlich der Neuheitsschädlichkeit der ausgelegten Unterlagen von Patentanmeldungen und der Unterlagen eingetragener Gebrauchsmuster in sinngemäßer Anwendung des in § 2 Satz 2 PatG 1968 niedergelegten Rechtsgedankens eine Überlegungs- und Schonfrist von 6 Monaten vom Stichtag der Rechtsänderung ab zugebilligt worden, BGHZ **44,** 357/58.

57 Hat sich nicht das Recht selbst, sondern nur die Auffassung des geltenden Rechts, insbesondere die Rechtsprechung zu dem an sich unverändert gebliebenen Recht geändert, so ist im Nichtigkeitsverfahren gegenüber älteren Patenten die neuere Auffassung jedenfalls dann nicht zu Grunde zu legen, wenn sie dem Patentinhaber ungünstiger ist, BGHZ **37,** 219, 221 = GRUR **62,** 642, 643; anders BGHZ **18,** 81, 92; für Sonderfälle bei der Inanspruchnahme der Unionspriorität vgl. auch BGHZ **44,** 263, 268 = GRUR **66,** 309, 310.

58 **b) Übergangsrecht zu neueren Gesetzesänderungen.** Für alle vor d. 1. 1. 1978 eingereichten Anmeldungen blieben noch die Nichtigkeitsgründe in der vor d. 1. 1. 1978 geltenden Fassung d. Gesetzes maßgeblich, Art. XI § 1 I u. § 3 V IntPatÜG. – Der durch GPatG v. 26. 7. 1979 eingeführte Nichtigkeitsgrund d. Erweiterung d. Schutzbereichs (§ 22 Abs. 1, 2. Alternative) gilt für alle seit dem 1. 1. 1981 vorgenommenen Erweiterungen. – Die noch in d. ehem. DDR angemeldeten Patente sind gem. § 5 ErstrG hinsichtlich d. Schutzvoraussetzungen noch nach DDR-Recht zu beurteilen. – Vgl. zu alle dem Vorauflage Rdn. 41 ff. zu § 22.

59 **c) Die zu berücksichtigenden Tatsachen.** Was die zu berücksichtigenden **Tatsachen** anlangt, so ist auch im Nichtigkeitsverfahren in der Regel nur **die zurzeit der Anmeldung des Patents gegebene tatsächliche Lage** maßgeblich, BGHZ **18,** 81, 95 f. = GRUR **55,** 393, 397. Insbesondere ist auch für das Nichtigkeitsverfahren maßgeblicher Stand der Technik nur das, was zurzeit der Anmeldung des Patents Stand der Technik war; das gilt auch dann, wenn der Anmelder versehentlich einen Teil seiner Erfindung dem vorbekannten Stand der Technik zugerechnet hat; an solche ihm ungünstige und sachlich unzutreffende Angaben in der Patent- oder Gebrauchsmusterschrift muss sich der Anmelder zwar bei der Bestimmung des Gegenstandes der Erfindung und ihres Schutzumfangs, nicht jedoch bei der Prüfung der Schutzfähigkeit festhalten lassen, BGH GRUR **71,** 115; teilw. abw. v. Falck GRUR **72,** 233 ff.

60 Jedoch ist bei Inanspruchnahme einer vor der konkreten Anmeldung liegenden **früheren Priorität** (vgl. § 3 Abs. 2 S. 2 und die dortigen Erläuterungen) die in dem beanspruchten Prioritätszeitpunkt gegebene Tatsachenlage maßgebend; vor der Anmeldung, aber nach dem beanspruchten Prioritätszeitpunkt veröffentlichte Druckschriften, offenkundig im Inland vorgenommene Benutzungen oder eingereichte inhaltsgleiche Anmeldungen können daher im Nichtigkeitsverfahren nicht entgegengehalten werden. Dabei sind im Nichtigkeitsverfahren die sachlich-rechtlichen Voraussetzungen der Geltendmachung der Priorität (technische oder objektive Identität, persönliche Identität, Einhaltung der Prioritätsfrist usw.) nachzuprüfen, BGH GRUR **63,** 563, 566; BPatGE **34,** 160. Grundsätzlich nicht zu überprüfen sind die prozessualen Fragen der Prioritätsbeanspruchung, also die verfahrensrechtliche Ordnungsmäßigkeit der Prioritätserklärung, PA Bl. **26,** 221, 222; **35,** 33; RG MuW **32,** 500, 501; vgl. oben Rdn. 27.

61 Bei schwerwiegenden Mängeln d. Anmeldung ist ggf. zu prüfen, ob überhaupt eine wirksame Anmeldung vorlag. Erst dann kann auch ein vor d. Patenterteilung liegender Altersrang zuerkannt werden. Bei unwirksamer Anmeldung wäre jede Veröffentlichung vor Erteilung als Stand d. Technik i. S. von § 3 zu berücksichtigen; auch die Veröffentlichung der eigenen Anmeldung gem. § 32. Daraus würde sich dann d. Nichtigkeitsgrund der mangelnden Patentfähigkeit (§§ 22 I, 21 I Nr. 1) ergeben – in BGHZ **152,** 172, 176/7 – Sammelhefter – ausdrücklich offen gelassen. Es gilt entsprechendes wie bei unzulässigen Erweiterungen, s. u. Rdn. 63.

62 Wegen d. maßgeblichen Zeitpunkts für Ausführbarkeit u. ausreichende Offenbarung s. aber auch Rdn. 13 u. 16 zu § 21 i. Verb. m. oben Rdn. 17.

63 **d) Unzulässige Erweiterungen.** Bei nach dem 1. 10. 1968 (Inkrafttreten des § 38 S. 2) vorgenommenen unzulässigen Erweiterungen ist zweifelhaft, ob diese auch ohne eine (nur für Patente mit Anmeldedatum ab 1. 1. 1978 mögliche) Klage und Nichtigerklärung nach §§ 22 Abs. 1, 21 Abs. 1 Nr. 4 als unwirksamer Bestandteil des Patents behandelt werden können. Das ist jedenfalls für Anmeldungen und Erweiterungen seit dem 1. 1. 1978 mit Rücksicht auf die besondere gesetzliche Regelung in den §§ 21, 22 zu verneinen (Ballhaus GRUR **83,** 1, 5), kann aber auch für ältere Anmeldungen nicht unmittelbar aus der Regelung des § 38 Satz 2 entnommen werden, da diese nur den Erwerb einer Rechtsposition durch Anmeldung, nicht aber die davon zu unterscheidende Verleihung einer Rechtsposition durch den (fehlerhaften und damit anfechtbaren, aber nicht per se unwirksamen) begünstigenden Verwaltungsakt der Patenterteilung betrifft (Merz, Festschrift für Wendel, 1969, S. 19ff.; a. A. BPatGE **22,** 149; Tönnies, Mitt. **91,** 85ff.). Wohl aber ergibt sich aus § 38 Satz 2, dass durch Erweiterungen kein Altersrang begründet wird, BGHZ **75,** 143, 146 (= GRUR **79,** 847, 848 – Leitkörper). Es kann daher bei der Prüfung der materiellen Schutzfähigkeit der gesamte vor der Patenterteilung liegende Stand der Technik entgegengehalten werden. Das alles ist sehr streitig. Im Einzelnen wird verwiesen auf die z. T. abweichenden Ausführungen bei § 38 Rdn. 46ff. und Ballhaus GRUR **83,** 1ff.

3. Prozessuale Schranken der Prüfung

a) Maßgeblichkeit der Anträge und der Klaggründe. Die Prüfung und Entscheidung im Nichtigkeitsverfahren muss sich **im Rahmen der gestellten Anträge** halten. Trotz des Grundsatzes der Prüfung von Amts wegen (§ 87 Abs. 1) darf ein Patent nach § 99 i. V. m. ZPO § 308 grundsätzlich nicht über den vom Kläger beantragten Umfang hinaus vernichtet werden, RG GRUR **35,** 738, 740; **38,** 861, 865; vgl. auch § 87 Rdn. 27ff. Vorausgesetzt wird ein förmlicher Antrag; ein bloßes „Anheimgeben" der Vernichtung oder der Prüfung von Amts wegen ist kein „Antrag", RG GRUR **37,** 855, 856. Eine Teilvernichtung (s. u. Rdn. 77) liegt im Rahmen des weitergehenden Antrags auf volle Vernichtung und bedarf daher keines besonderen Antrags, der jedoch zweckmäßig wäre; vgl. auch Schmieder GRUR **82,** 349, 350. Das Antragserfordernis gilt nach § 528 ZPO insbesondere auch für den Berufungsrechtszug; der Umfang des Berufungsverfahrens wird auch im Nichtigkeitsverfahren grundsätzlich durch die Berufungsanträge bestimmt, BGHZ **16,** 326, 332 = GRUR **55,** 466, 467. Daher darf das Berufungsgericht, wenn die Klage im ersten Rechtszug unter Teilvernichtung des Streitpatents im Übrigen abgewiesen worden ist und nur der beklagte Patentinhaber, nicht auch der Kläger Berufung eingelegt hat, nicht mehr die ihm an sich gerechtfertigt erscheinende völlige Vernichtung des Patents aussprechen, RG GRUR **38,** 861, 864. Wegen des umgekehrten Falles, dass bei Teilvernichtung im ersten Rechtszug nur der Kläger Berufung eingelegt hat, vgl. oben Rdn. 52. – Nimmt der Kläger die Klage (oder nach Abweisung seiner Klage im ersten Rechtszug die von ihm eingelegte Berufung) zurück, so endet damit für dieses Verfahren die Möglichkeit einer weiteren Prüfung und Entscheidung in der Sache selbst, also insbesondere die Möglichkeit einer Vernichtung oder Teilvernichtung des Patents, selbst wenn das Gericht nach dem bisherigen Stand des Verfahrens die Klage für begründet ansehen würde, RGZ **150,** 280, 282; RG GRUR **38,** 861, 864f.; BGHZ **10,** 22, 28 = GRUR **53,** 385, 387. Nimmt der Kläger die Klage erst im zweiten Rechtszug zurück, nachdem ihr im ersten Rechtszug bereits stattgegeben war und der Beklagte dagegen Berufung eingelegt hatte, so wird damit sogar die erstinstanzliche Entscheidung hinfällig, ohne dass es ihrer ausdrücklichen Aufhebung bedarf (§ 269 Abs. 3 S. 1 ZPO). Näheres zur Zurücknahme der Klage bei § 81 Rdn. 31 und oben Rdn. 53). 64

Seitens des Beklagten ist zwar ein Anerkenntnis im Sinne des § 307 ZPO, auf das hin das Gericht der Klage ohne weitere Sachprüfung stattzugeben hätte, nicht möglich, vgl. Rdn. 5 u. 7 zu §§ 82, 83. Sein prozessuales Verhalten kann aber den Umfang der Prüfung und Entscheidung des Gerichts insofern bestimmen, als er sein Patent nur in beschränktem Umfang verteidigt oder bei Teilvernichtung des Patents im ersten Rechtszug seinerseits von der Einlegung der Berufung absieht, vgl. oben Rdn. 50ff. Erklärt der Beklagte ausdrücklich sein Desinteresse an einem (weiter) eingeschränkten Patentanspruch, so besteht für das Gericht keine Grundlage, eine solche eingeschränkte Fassung von sich aus zu formulieren und zu prüfen, BPatGE **35,** 127. Das Patent ist dann in Anlehnung an die Grundsätze zur Selbstbeschränkung (s. o. Rdn. 50) trotz eingeschränkter Schutzfähigkeit ganz zu vernichten; – aber nicht über den Klageantrag hinaus (s. u. Rdn. 67). Mehrere Hilfsanträge sind grundsätzlich in der vom Beklagten vorgegebenen Reihenfolge zu prüfen (abw. BPatGE **34,** 230); ggf. hat das Gericht auf eine sinnvolle Reihenfolge der Anträge hinzuwirken. 65

Wegen der Maßgeblichkeit der vom Nichtigkeitskläger angeführten **Klaggründe** für die Prüfung und Entscheidung im Nichtigkeitsverfahren vgl. oben Rdn. 16. 66

b) Besondere Fälle. aa) Auch eine **Klage auf teilweise Vernichtung des Streitpatents** ist zulässig, sofern Nichtigkeitsgründe im Sinne des § 22 Abs. 1 i. V. m. Abs. 2 geltend gemacht werden; eine allein auf § 22 Abs. 1, 2. Alternative gestützte Klage ist sogar notwendig auf teilweise Vernichtung gerichtet. In der Klage ist dann konkret, d. h. hinreichend bestimmt, anzugeben, wie ein antragsgemäß eingeschränkter Patentanspruch formuliert sein sollte, vgl. BPatGE **46,** 119, 121. Die Klage führt, wenn sie begründet ist, zu einer entsprechenden Beschränkung des Streitpatents (§ 22 Abs. 2 i. Verb. m. § 21 Abs. 2). Die Patentfähigkeit des 67 verbleibenden Restes ist nicht zu prüfen (außer natürlich bei Klagerweiterung auf volle Vernichtung, unten Rdn. 51), weil eine weitergehende Vernichtung, insbesondere die volle Vernichtung des Streitpatents, mangels eines dahingehenden Antrags nach den oben Rdn. 64 dargelegten Grundsätzen ohnehin nicht zulässig wäre; so ausdrücklich BGH Liedl **65/66,** 220, 235/6 und stillschweigend BGH GRUR **67,** 194 (vor allem S. 197 li. oben); vgl. auch Busse, Rdn. 22ff. zu § 83; Schulte, Rdn. 102ff. zu § 81; Klauer/Möhring § 13 Anm. 23; Lindenmaier § 37 Anm. 52 und Reimer § 13 Anm. 12 m. Nachw. aus der widersprüchlichen Rechtsprechung. Unerheblich ist, ob der Beklagte zumindest hilfsweise eine Aufrechterhaltung des nicht angegriffenen Restpatents wünscht; die abweichende Rechtsprechung für das Einspruchsverfahren (BGHZ **105,** 381 – Verschlussvorrichtung f. Gießpfannen) ist aus dessen Tradition und Zusammenhang mit dem Erteilungsverfahren und dem europäischen Einspruchsverfahren entwickelt und auf das Nichtigkeitsverfahren wegen der hier geltenden Antragsbindung nicht übertragbar; a.A. BPatGE **35,** 127; **44,** 177; offen gelassen in BGH GRUR **97,** 272, 273 – Schwenkhebelverschluss; offen auch Busse, Rdn. 26 zu § 83. Da bei einer Klage auf teilweise Vernichtung eines Patents die Patentfähigkeit des verbleibenden Restes gar nicht Gegenstand der Prüfung ist, kann die rechtskräftige Abweisung einer solchen Klage der Erhebung einer erneuten Nichtigkeitsklage desselben Klägers auch nur insoweit entgegenstehen, wie eine entsprechende Entscheidung zu der ersten Entscheidung in Widerspruch stehen würde.

68 **bb)** Nach Nichtigerklärung des Hauptanspruch **allein übrig bleibende „echte" Unteransprüche** haben Bestand, wenn sie nicht ebenfalls mit der Nichtigkeitsklage angegriffen werden; selbst dann, wenn sie offensichtlich keinen erfinderischen Beitrag aufweisen, der über die als nichtig erkannte Lehre des Hauptanspruchs hinausgeht, oder gar im Bereich platter Selbstverständlichkeiten liegt. Das ergibt sich zwingend aus dem Antragsgrundsatz (§ 308 ZPO, s.o. Rdn. 64) und entspricht inzwischen allgemeiner Meinung, vgl. BPatG GRUR **75,** 20; **81,** 349; Bruchhausen in FS R. Nirk (1992), S. 110; Busse, Rdn. 24 zu § 83; Kraßer, S. 642 und Schulte, Rdn. 103 zu § 81. Die gegenteilige Ansicht der älteren Rechtsprechung (BGHZ **16,** 326, 322 = GRUR **55,** 466, 467f.) und Literatur (Nachweise in Vorauflage bei Rdn. 49 zu § 22) ist überholt und entspricht nicht mehr der neueren Praxis des BGH (vgl. BGH Bausch 1994–1998, S. 445, 455 und 1999–2001, S. 200, 210).

69 **Greift umgekehrt der Kläger nur einen Unteranspruch an,** so ist der Hauptanspruch als rechtsbeständig hinzunehmen und lediglich die Schutzfähigkeit des angegriffenen Unteranspruchs als solchen zu prüfen, BGH Liedl **59/60,** 432, 436. Diese ist regelmäßig schon aus der Schutzfähigkeit des Hauptanspruchs abzuleiten, da dieser wesentlicher Bestandteil des Unteranspruchs ist. In der älteren Rechtsprechung wurde teilweise gefordert, der Unteranspruch müsse im Verhältnis zum Hauptanspruch mehr als eine platte Selbstverständlichkeit enthalten, vgl. BGH GRUR **55,** 476, 478f. Für eine solche Anforderung gibt es jedoch in dem abschließenden Katalog der Nichtigkeitsgründe keine Grundlage, BPatGE **34,** 215. Davon geht auch die neuere Praxis des BGH aus, vgl. Bausch, BGH 1999–2001, S. 200, 210. Eine nur gegen einen Unteranspruch gerichtete Klage könnte jedoch dann durchgreifen, wenn gerade durch dessen zusätzliche Merkmale ein Nichtigkeitsgrund begründet wird; z.B. unzulässige Erweiterung oder Verstoß gegen § 2 Nr. 1 – so Busse, Rdn. 42 zu § 84.

70 Handelt es sich bei dem angegriffenen Unteranspruch aber in Wirklichkeit um einen **„Nebenanspruch",** so sind alle Voraussetzungen der Patentfähigkeit selbstständig zu prüfen, BGH GRUR **55,** 476, 478; dabei ist im Falle etwaiger Bezugnahme des Nebenanspruchs auf andere Ansprüche deren Inhalt in den Oberbegriff des Nebenanspruchs einzubeziehen, BGH GRUR **65,** 355. Jedoch haben, namentlich wenn es sich um einen Nebenanspruch in einem auf ein Hauptpatent zurückbezogenen Zusatzpatent handelt, auch schon im Nichtigkeitsverfahren solche Merkmale der in Bezug genommenen Ansprüche außer Betracht zu bleiben, die mit dem Nebenanspruch in keinem funktionellen Zusammenhang stehen oder dessen Lehre sogar entgegengesetzt sind, vgl. BGH I ZR 147/59 vom 9. 1. 1962 (nicht veröffentlicht) sowie die Fälle BGHZ **41,** 378; **49,** 227 (insoweit nur aus den Anmerkungen Löscher im LM Nr. 26 zu § 6 PatG und Nr. 2 zu § 10 PatG ersichtlich). Nach Wegfall d. Hauptanspruchs (etwa durch Verzicht nach § 20) **übrig gebliebener Unteranspruch** mit Bezugnahme auf Merkmale des früheren Hauptanspruchs ist wie ein Hauptanspruch zu behandeln; der in Bezug genommene, für die Zukunft und für sich genommen weggefallene Hauptanspruch ist dann in die Prüfung des Unteranspruchs unabhängig davon einzubeziehen, ob er auch für sich genommen Streitgegenstand ist, vgl. BGH GRUR **97,** 213 (GebrM-Sache); s. auch o. Rdn. 68.

71 **c) Klagänderungen und Klagerweiterungen.** Eine Änderung des Klaggrundes, also insbesondere die nachträgliche Einbeziehung eines weiteren der in §§ 22, 21 aufgeführten Nichtigkeitsgründe, stellt – gleichgültig, ob auch der Klagantrag geändert wird oder nicht, – eine

Klagänderung dar, die nach § 99 i. V. m. ZPO § 263 der Einwilligung des Beklagten oder der Anerkennung der Sachdienlichkeit durch das Gericht bedarf, BGH bei Bausch 1994–1998, S. 27, 29 und oben Rdn. 16. Beantragt aber der Kläger, ohne den Klaggrund zu ändern, über die zunächst begehrte Teilvernichtung eines Patentanspruchs hinaus später die völlige Vernichtung dieses Anspruchs, so ist das lediglich eine Erweiterung des Klagantrags, die nach § 99 i. V. m. ZPO § 264 Nr. 2 nicht als eine Änderung der Klage anzusehen ist und daher auch nicht dem § 263 ZPO unterliegt, RGZ **61,** 205, 207; BGHZ **17,** 305, 306 = GRUR **55,** 531, 532. Das Gleiche gilt, wenn der Kläger ohne Änderung des Klaggrunds über die zunächst begehrte Vernichtung des Hauptanspruchs hinaus später auch die Vernichtung von Unteransprüchen beantragt; BGH Liedl **65/66,** 328, 332. Hat dagegen der Kläger zunächst nur einen Unteranspruch angegriffen und greift er später auch den Hauptanspruch an, so ist das keine bloße Klagerweiterung, sondern eine den Streitstoff verschiebende Klagänderung, für die § 263 ZPO gilt, BGH Liedl **59/60,** 432, 436. Wegen der (teilweisen) Klagrücknahme vgl. oben Rdn. 64 und Rdn. 53 sowie § 81 Rdn. 31.

4. Prüfung von Amts wegen; Beweislast. Im Rahmen der gestellten Anträge (vgl. oben Rdn. 64–70) und der vom Kläger geltend gemachten Klaggründe (vgl. oben Rdn. 16) hat das Patentgericht den Sachverhalt von Amts wegen zu erforschen, ohne an das Vorbringen und die Beweisanträge der Parteien gebunden zu sein, § 87 Abs. 1; ähnlich für das Berufungsverfahren § 115 Abs. 1; vgl. auch schon BGHZ **18,** 81, 97 = GRUR **55,** 393, 397. Es gilt also das Prinzip der Amtsermittlung **(Untersuchungsgrundsatz).** Eine Durchbrechung dieses Grundsatzes enthalten die §§ 82 Abs. 2 und 118, wonach einseitig behauptete Tatsachen (z. B. über eine offenkundige Vorbenutzung), über die sich der Gegner nicht erklärt hat, ohne Beweiserhebung für erwiesen angenommen werden können. Eine eigene Erforschung des Prüfstoffs im Hinblick auf vorveröffentlichte Entgegenhaltungen findet allerdings in der Praxis selbst in erster Instanz nicht statt, Pakuscher GRUR **77,** 371, 374. Das ist nur bedingt zu billigen. In der Regel zwar kann das Gericht davon ausgehen, dass der einschlägige Stand der Technik bereits im Erteilungsverfahren, gegebenenfalls im Einspruchsverfahren und seitens des Nichtigkeitsklägers ermittelt worden ist, sodass zu weiteren Nachforschungen kein Anlass besteht. § 87 Abs. 1 verpflichtet aber jedenfalls dann zu ergänzenden eigenen Nachforschungen, wenn es überraschend erscheint, dass es gleiche oder ähnliche Vorschläge nicht schon vorher zumindest auf benachbarten technischen Gebieten gegeben haben soll; das gilt insbesondere dann, wenn es im Wesentlichen nur darum zu gehen scheint, konkrete Belege für einen vermuteten oder gar bekannten Stand der Technik zu finden. Der Amtsermittlungsgrundsatz gibt d. Gericht nicht die Befugnis, erhebliche Beweisanträge d. Parteien mit d. Begründung zu übergehen, zweckdienliche Ergebnisse seien nicht zu erwarten, BGH GRUR **81,** 185. Vgl. im Einzelnen weiter die Erläuterungen zu §§ 87, 88 sowie Schmieder GRUR **82,** 348 ff. Andererseits ist eine gesonderte Prüfung d. (ebenfalls angegriffenen) Unteransprüche entbehrlich, wenn d. Hauptanspruch nicht patentfähig ist und ein erfinderischer Gehalt der zusätzlichen Merkmale d. Unteransprüche vom Kläger verneint, vom Beklagten nicht geltend gemacht wird und auch für das Gericht nicht augenfällig ist, BPatGE **35,** 127. 72

Zur Beweiswürdigung vgl. § 93 und die dortigen Erläuterungen. Bei der Würdigung der für die Entscheidung maßgeblichen Tatsachen aus teilweise weit zurückliegender Zeit (s. o. Rdn. 59) ist zu berücksichtigen, dass im Erteilungs- und Einspruchsverfahren wegen größerer zeitlicher Nähe meist auch bessere Einfühlungsmöglichkeiten in die tatsächlichen Verhältnisse bestanden. Eine abweichende tatsächliche Würdigung des gleichen Tatbestandes bedarf daher überzeugender Gründe; das gilt insbesondere, wenn die erforderliche Erfindungshöhe auf Grund der gleichen Entgegenhaltungen verneint werden soll, die bereits im Erteilungsverfahren berücksichtigt worden sind; vgl. auch v. Albert GRUR **81,** 451, 458 und Kraßer S. 639. 73

Trotz des Untersuchungsgrundsatzes spielt auch im Nichtigkeitsverfahren die Frage der **Beweislast** eine Rolle, – allerdings nicht die Frage der „formellen" Beweislast oder „Beweisführungslast", wohl aber die Frage der „materiellen" Beweislast oder „Feststellungslast", d. h. die Frage, zu wessen Lasten es geht, wenn die durchgeführten Ermittlungen zu keinem klaren Ergebnis geführt haben und weitere Möglichkeiten zur Klärung des Sachverhalts nicht gegeben sind, vgl. § 87 Rdn. 10, 14. Grundsätzlich trifft die Beweislast den Angreifer, RG MuW **31,** 34, 35 (vgl. auch schon den Wortlaut des § 22 Abs. 1: „Das Patent wird ... für nichtig erklärt, *wenn sich ergibt,* dass ..."). Denn nachdem das Patent einmal ordnungsgemäß erteilt ist, kann dem Patentinhaber die dadurch erlangte Rechtsstellung nur dann genommen werden, wenn mit hinreichender Gewissheit feststeht, dass er sie zu Unrecht erlangt hat, BGH GRUR **84,** 340; **91,** 522, 523; BlPMZ **91,** 159, 160 ff. (vgl. auch Jestaedt in FS Piper (1996), S. 695, 702; Hesse GRUR **82,** 514, 519 zur Beweislast bei angeblichen Vorurteilen; Pietzcker § 10 Anm. 4, sowie 74 allgemein Tietgen „Beweislast und Beweiswürdigung im Zivil- und Verwaltungsprozess", Gutachten für den 46. Dt. Juristentag, C.H. Beck 1966, insbes. S. 65ff., und Lüke „Über die Beweislast im Zivil- und Verwaltungsprozess", JZ **66,** 587ff., insbes. II 2 S. 591 und III 2 S. 593; – a.M. aus beachtlichen grundsätzlichen Erwägungen Redies GRUR **66,** 231ff.). Den Nichtigkeitskläger trifft daher grundsätzlich die Beweislast; diese kann sich jedoch auch umdrehen und den Patentinhaber treffen, so z.B. wenn der gerichtliche Sachverständige die Ausführbarkeit des patentierten Verfahrens bezweifelt und der Patentinhaber eine angeordnete Vorführung nicht vornimmt, RG MuW **27/28,** 278, oder wenn der Patentinhaber eine besondere Wirkung behauptet, die der bisherigen Kenntnis widerspricht und nicht vorausgesetzt werden kann, RG Bl. **11,** 248, 249 (vgl. auch Redies GRUR **66,** 231, 234 hinsichtlich „theoretischer Verallgemeinerungen" bei Chemiepatenten). Den beklagten Patentinhaber trifft auch die Beweislast für etwaige Einwendungen gegen die Zulässigkeit der Nichtigkeitsklage (exceptio pacti, Verstoß gegen Treu und Glauben, Einrede der Rechtskraft).

V. Die Entscheidung im Nichtigkeitsverfahren

1. Der Inhalt der Entscheidung

75 **a) Allgemeines.** Im Nichtigkeitsverfahren ist nur darüber zu entscheiden, ob das Streitpatent (in der nach Rdn. 48–55 der Prüfung zugrunde zu legenden Fassung) zu Recht besteht oder ob es im Rahmen der vom Kläger gestellten Anträge (vgl. oben Rdn. 64, aber auch Rdn. 67–70) und aus dem von ihm geltend gemachten Klaggrund (vgl. oben Rdn. 16) ganz oder teilweise zu vernichten ist. Dazu bedarf es – ebenso wie im Einspruchsverfahren – im Allgemeinen lediglich der Ermittlung und Feststellung des im Streitpatent offenbarten „Gegenstandes der Erfindung", wie er im Wortlaut der Ansprüche unter Berücksichtigung der zur Auslegung heranzuziehenden Beschreibung und der Zeichnungen definiert ist (vgl. Meier-Beck GRUR **03,** 905–906 sowie § 14 und die dortigen Erläuterungen zur Bestimmung des Gegenstandes). Die Prüfung und Festlegung des (möglicherweise darüber hinausgehenden) „Schutzumfangs" des Patents dagegen gehört grundsätzlich nicht in das Nichtigkeitsverfahren, sondern vor den Verletzungsrichter, RGZ **130,** 158, 160; RG GRUR **42,** 313, 315f. u.ö.; BGH GRUR **63,** 518, **65,** 355; BGHZ **103,** 262, 265 – Düngerstreuer. Umgekehrt kann im Nichtigkeitsverfahren auch keine Entscheidung darüber erfolgen, ob die angegriffenen Ansprüche von einem anderen Patent „abhängig" sind, RG GRUR **37,** 885, 857. Im Falle einer unzulässigen Erweiterung (oben Rdn. 17–21 und § 21 Rdn. 29–32) ist es jedoch zulässig und gegebenenfalls sogar erforderlich, auch den weitergehenden Schutzumfang in die Prüfung einzubeziehen.

76 **Das der Nichtigkeitsklage (ganz oder teilweise) stattgebende Urteil** ist ein rechtsgestaltendes Urteil (oben Rdn. 8); es lautet auf „Nichtigerklärung", nicht auf „Feststellung der Nichtigkeit", auch nicht bei Selbstbeschränkung oder „Verzicht" des Patentinhabers im Nichtigkeitsverfahren (oben Rdn. 50–53). Das Nichtigkeitsverfahren kann zur völligen Vernichtung des Patents, zu seiner teilweisen Vernichtung (vgl. unten Rdn. 77ff.), grundsätzlich jedoch nicht zu einer bloßen Klarstellung des Gegenstandes der Erfindung (vgl. unten Rdn. 84) führen, erst recht nicht zur Ersetzung des erteilten Patents durch ein anderes, RG MuW **27/28,** 128, 129; GRUR **33,** 134 u.ö. Daher sind insbesondere Änderungen der Patentansprüche, die keine ausnahmsweise gebotene Klarstellung oder Einschränkung bedeuten, im Nichtigkeitsverfahren nicht zulässig, BGH Liedl **56–58,** 376, 380. Nicht zulässig ist daher z.B. auch: eine Änderung der Kategorie, z.B. die Umwandlung eines Vorrichtungspatents in ein Verfahrenspatent, RG GRUR **33,** 134; BGH GRUR **67,** 25, 29; **67,** 241, 242 (außer bei irrtümlichem Vergreifen der Erteilungsbehörde im Ausdruck; vgl. zu der Frage auch Pietzcker § 10 Anm. 22 und Harraeus GRUR **62,** 57, 60); jedoch ist die Änderung von einem umfassenden Schutz bietenden Erzeugnis-Patent in ein die Verwendung dieses Erzeugnisses betreffendes Patent als bloße Einschränkung zuzulassen, s.u. Rdn. 78 a.E. Unzulässig sind: Die Umwandlung eines Hauptpatents in ein Zusatzpatent oder die Umwandlung eines mangels Erfindungshöhe zu vernichtenden Hauptanspruchs eines Patents in einen Unteranspruch zu einem anderen Patent, BGH GRUR **60,** 545, 546; – die Umwandlung in ein Kombinationspatent, für das der Inhalt der Patentschrift keine Unterlage bietet, RG MuW **XXV,** 124, 125 (zu dieser Frage eingehend Pietzcker § 10 Anm. 23; vgl. auch BPatGE **3,** 31; **4,** 111); – die förmliche Streichung einer Überbestimmung, BGH GRUR **59,** 81 (entgegen RG Mitt. **40,** 61 wird jedoch eine Feststellung darüber in den Gründen der Entscheidung zugelassen); ebenso BGH Liedl **63/64,** 157, 168.

77 **b) Teilvernichtung.** Treffen die Voraussetzungen des § 22 Abs. 1 (Nichtigkeitsgründe) nur teilweise zu, so ist nach Abs. 2 das Streitpatent durch entsprechende Beschränkung teilweise zu

vernichten. Das gilt – anders als im Einspruchsverfahren, s. Rdn. 40 zu § 21 – unabhängig davon, ob der Patentinhaber zumindest hilfsweise mit einer entsprechend eingeschränkten Fassung des Patents einverstanden ist (a. A. BPatGE **44,** 177); dies folgt zumindest für den Fall der ohnehin nur auf Teilnichtigkeit gerichteten Klage aus d. Grundsatz d. Bindung an die Parteianträge (s. o. Rdn. 64 ff., insbes. Rdn. 67). Der in der Praxis häufigste Fall ist der, dass das Streitpatent auf das erfinderisch Neue gegenüber dem bei der Erteilung noch nicht voll berücksichtigten Stand der Technik beschränkt wird.

Die Teilvernichtung erfolgt in der Regel durch **Änderung der Ansprüche.** Das kann z. B. geschehen durch Einfügung zusätzlicher Merkmale, PA Mitt. **36,** 119, 121; – Zusammenziehung bisher selbstständiger Elemente zu einer Kombination, RG MuW **25,** 124, 125; BGH Liedl **56– 58,** 459, 463; Einschränkung des Anwendungsgebietes, RG GRUR **31,** 751, 753; **32,** 584, 586; – Einschränkung eines Erzeugnis-Patents auf die erfinderische u. ursprünglich offenbarte Verwendung des Erzeugnisses, Bruchhausen GRUR **80,** 364, 368 u. BGHZ **58,** 280, 291; – Beschränkung des Anspruchs auf eine Sonderausführung, RG MuW **29,** 452, oder auf ein in der Patentzeichnung offenbartes Ausführungsbeispiel, BGH Liedl **56–58,** 352, 356 ff. – Zusammenziehung von Haupt- und Unteranspruch, PA Mitt. **36,** 119, 121; BGH GRUR **61,** 572, 574; – Streichung eines Unteranspruchs, RG Mitt. **32,** 118, 122; – Beschränkung auf eine im Anspruch nur beispielsweise genannte Ausführungsform durch Streichung der Worte „beispielsweise", „vorzugsweise" oder dergleichen, BGH GRUR **70,** 289. U. U. kann es sachdienlich und damit zugleich zulässig sein, die aufrechterhaltenen Patentansprüche neu zu gliedern und wie eine Merkmalsanalyse zu formulieren, BGH GRUR **81,** 190.

Unzulässig ist grundsätzlich jede Streichung von nicht nur wahlweise aufgeführten Merkmalen, da sie in aller Regel zu einer Erweiterung des Schutzbereichs führt. Das gilt auch hinsichtlich solcher Merkmale, die unzulässig nachträglich eingefügt worden sind (BGHZ **73,** 40 = GRUR **79,** 224 – Aufhänger; BGH GRUR **01,** 140, 143 zu 2 f – Zeittelegramm) und der in einem Anspruch enthaltenen Bezugnahme auf einen nicht schutzfähigen anderen Anspruch, selbst dann, wenn letzterer keine ausreichende Lehre offenbart (BGH GRUR **80,** 166 – Doppelachsaggregat); in solchen Fällen kann lediglich durch eine geeignete Anspruchsfassung klargestellt werden, dass ein bestimmtes Merkmal nur einschränkend, nicht jedoch schutzbegründend berücksichtigt werden kann, BGH GRUR **01,** 140, 142/143; so etwa durch den Zusatz, dass dieses Merkmal sowohl allein wie auch in Kombination mit den übrigen Merkmalen vorbekannt ist (BGHZ **73,** 40 – Aufhänger – für den Fall der unzulässigen Erweiterung); ggf. kann auch ein entsprechender Hinweis in der Patentbeschreibung genügen, BPatG GRUR **90,** 114; **00,** 302; **02,** 599; wegen d. gleichen Problematik im Einspruchsverfahren eingehend dort bei Rdn. 39 zu § 21 (Stichwort: **„unentrinnbare Falle"**). Im Wege der Teilvernichtung dürfen allgemein nur solche Beschränkungen in den Anspruch gebracht werden, die bereits in der Patentschrift mit genügender Deutlichkeit offenbart sind, RG MuW **25,** 124, 125; **29,** 452; GRUR **37,** 855, 856; näheres zur Frage der „zulässigen Beschränkungen" oben Rdn. 54. Keinesfalls darf unter der äußeren Form der Teilvernichtung ein anderes, gegenständlich abweichendes Patent erteilt werden, wobei auch hier für den Gegenstand des angegriffenen Patents nur der Inhalt der Patentschrift, nicht der etwa weitergehende Inhalt der ursprünglichen Anmeldung maßgebend ist, RG Bl. **40,** 5. Der verbleibende Rest muss, wenn völlige Vernichtung beantragt war, noch eine patentwürdige Erfindung darstellen. RG GRUR **38,** 103, 104; **38,** 768, 770; andernfalls ist das Streitpatent voll zu vernichten; – anders jedoch dann, wenn nur die Teilvernichtung beantragt ist, vgl. oben Rdn. 67. Die Verweisung von Teilmerkmalen einer Kombination aus dem kennzeichnenden Teil in den Oberbegriff des Anspruchs ist keine Teilvernichtung, sondern nur eine (im Nichtigkeitsverfahren an sich nicht nötige) Klarstellung, dass die Teilmerkmale keinen Sonderschutz genießen, RG GRUR **41,** 149, 150; **42,** 63, 64. Ein auf einen zu vernichtenden Hauptanspruch zurückgreifender (unechter) Unteranspruch kann unter Streichung der Rückbeziehung als Hauptanspruch aufrechterhalten werden, RG GRUR **40,** 258, 262; er ist dann als selbstständiger Hauptanspruch unter Einbeziehung der Merkmale des bisherigen Hauptanspruchs neu zu fassen. RG a. a. O; BGH Liedl **59/60,** 432; ebenso Lindenmaier Mitt. **55,** 107, 109 gegen RG GRUR **37,** 1067, 1068 f. Vgl. im Übrigen wegen der Vernichtung oder Aufrechterhaltung von Unter- und Nebenansprüchen oben Rdn. 22, 67–70. Ein auf ein Erzeugnis gerichteter Patentanspruch kann auf eine bestimmte Verwendung beschränkt werden, sofern ein Erzeugnisschutz gem. § 9 Satz 2 Nr. 3 nach der Natur der Sache oder wegen eines zumindest konkludenten Verzichts ausscheidet, BGH GRUR **88,** 287 – Abschlussblende; **90,** 508, 510 – Spreizdübel (= BGHZ **110,** 82, 87); vgl. auch EPA (GrBeschwerdeK), ABl. EPA **90,** 93, 104. **78**

Eine **Teilvernichtung durch Änderung von Beschreibung oder Zeichnungen** ist ebenfalls möglich (§ 22 Abs. 2 i. Verb. m. § 21 Abs. 2). Diese klarstellende Regelung ist mit **79**

Neufassung des § 22 Abs. 2 (früher § 13 Abs. 2) zum 1. 1. 1978 eingeführt worden. Vorher war die Möglichkeit einer derartigen Teilvernichtung streitig, jedoch wohl gegen RGZ **153,** 315, 318 mit Pietzcker § 10 Rdn. 21 und Reimer § 13 Rdn. 21 bereits nach altem Recht für zulässig zu halten.

80 Eine allein in einer Änderung von Beschreibung oder Zeichnungen zum Ausdruck kommende Teilvernichtung wird jedoch nur in Ausnahmefällen in Betracht kommen. Da sich der Schutzbereich eines Patents nach den Ansprüchen bestimmt und Beschreibung nebst Zeichnungen nur der Auslegung der Ansprüche dienen (§ 14), muss sich auch eine Teilvernichtung in erster Linie im Anspruch niederschlagen und eine einschränkende Änderung der Beschreibung darf nicht in Widerspruch stehen zu dem unverändert bleibenden Anspruchswortlaut. Auch die Fälle der Notwendigkeit eines Disclaimers, der Berücksichtigung einer Verzichtserklärung oder einer Einschränkung des Anwendungsgebiets werden in aller Regel durch Änderung des Anspruchswortlauts zum Ausdruck gebracht werden können und müssen. Ein Verstoß gegen diese Grundsätze ist allerdings auf die Wirksamkeit einer allein in der Beschreibung zum Ausdruck gebrachten Teilvernichtung ohne Einfluss.

81 Anwendungsfälle für eine Teilvernichtung durch Änderungen in Beschreibung oder Zeichnungen werden sich vor allem dort ergeben, wo der Anspruchswortlaut verschiedene Auslegungen zulässt und erst unter Berücksichtigung von Beschreibung oder Zeichnungen einen Schutzumfang ergibt, der über das hinausgeht, was dem Patentinhaber nach dem Ergebnis des Nichtigkeitsverfahrens zusteht. Hier ist insbesondere im Rahmen einer unzulässigen Erweiterung an die Fälle zu denken, in denen im Verlaufe des Erteilungsverfahrens zur weiteren Erläuterung der Erfindung Ausführungsbeispiele und Anwendungsfälle dargestellt werden, die über den ursprünglichen Offenbarungsinhalt hinausgehen, oder wenn bestimmte abgewandelte Ausführungsformen als im Sinne der geschützten Erfindung gleichwertig beschrieben werden, oder wenn bestimmte Anspruchsmerkmale als unwesentlich oder untergeordnet bezeichnet werden. Solche Hinzufügungen müssen gestrichen oder durch Klarstellung des Schutzumfangs neutralisiert werden.

82 Über den vorstehend umrissenen Rahmen hinaus kommen Änderungen von Beschreibung oder Zeichnungen auch als begleitende Maßnahmen einer durch Änderung des Anspruchswortlauts erfolgten Teilvernichtung in Betracht. Eine Änderung des Anspruchswortlauts hat fast immer zur Folge, dass die Beschreibung in der bisherigen Form nicht mehr ganz passt; sie wird daher durch die Entscheidungsgründe des Nichtigkeitsurteils ersetzt oder ergänzt (s. u. Rdn. 92). Eine förmliche Änderung der Beschreibung ist daher nicht erforderlich. Eine vollständige Neufassung könnte auch leicht zu unbeabsichtigten Änderungen des Schutzumfangs in anderer Richtung führen. Jeder Verzicht auf eine förmliche Anpassung der Beschreibung und gegebenenfalls auch der Zeichnungen wäre jedoch unbefriedigend, da sich der Verkehr auch weiterhin zunächst nur mit der Patentschrift konfrontiert sieht. Eine förmliche Änderung der Patentschrift sollte daher insoweit erfolgen, wie sie einerseits zur Vermeidung von Missverständnissen und Widersprüchen geboten erscheint und andererseits verhältnismäßig einfach und ohne die Gefahr unbeabsichtigter Änderungen des Schutzumfangs durchgeführt werden kann; so insbesondere bei der Ausscheidung bestimmter Ausführungsbeispiele aus dem Patentschutz.

83 Bei einem **europäischen Patent** kann die Teilvernichtung ebenfalls durch Änderung der Patentansprüche wie auch durch Änderung von Beschreibung oder Zeichnungen erfolgen, Art. 138 Abs. 2 EPÜ, Art. II § 6 Abs. 2 IntPatÜG. Bei einem in englischer oder französischer Verfahrenssprache erteilten Patent kann dies gleichwohl durch eine deutschsprachige Neufassung des Patentanspruchs geschehen, BGH GRUR **92,** 839, 840 – Linsenschleifmaschine; BPatG GRUR **92,** 435; gegebenenfalls durch deutschsprachige Einfügungen in den fremdsprachigen Text; trotz § 184 GVG aber auch in der fremden Verfahrenssprache des Streitpatents, BGH GRUR **04,** 407; Rogge GRUR **93,** 284, 286 ff.; die Neuformulierung kann die alte Fassung nicht „ersetzen" sondern lediglich mit zusätzlichen Angaben beschränken (soweit das Patent über die konkret formulierte neue Fassung hinausgeht); das sollte in der Entscheidungsformel zum Ausdruck gebracht werden, Rogge a. a. O. S. 287/288; BGH GRUR **99,** 145, 146. Für eine Änderung der in der europäischen Patentschrift enthaltenen Übersetzungen der Patentansprüche „in den beiden anderen Amtssprachen" (Art. 14 Abs. 7 EPÜ) besteht weder Bedürfnis noch Rechtsgrundlage, BPatGE **31,** 113, 114; vgl. auch Rogge GRUR **93,** 284, 286.

84 **c) Klarstellung.** Außer der Teilvernichtung ließ die frühere höchstrichterliche Rechtsprechung – ohne gesetzliche Grundlage dafür – auch eine Berichtigung unklar gefasster und den Sinn der Erfindung unvollkommen wiedergebender Patentansprüche zu, wenn die wahre Be-

deutung der Erfindung aus dem Gesamtinhalt der Patentschrift erkannt werden konnte und der Stand der Technik nicht entgegenstand, RGZ **170,** 346, 357 = GRUR **43,** 123, 128. Auch durch eine Klarstellung durfte aber nur etwas ausgedrückt werden, was im Streitpatent, wenn auch unvollkommen, bereits offenbart war; was z.B. nur in den Erteilungsakten enthalten war, dagegen aus der Patentschrift in keiner Weise entnommen werden konnte, durfte auch nicht im Wege der Klarstellung in das Patent hineingelegt werden, RG GRUR **38,** 768, 770; BGH GRUR **59,** 317, 319. Ob eine Teilvernichtung oder bloß eine Klarstellung zu erfolgen hatte, konnte zweifelhaft sein, namentlich dann, wenn der Patentinhaber selbst dem weitgefassten Wortlaut der Ansprüche „Verletzern" gegenüber eine weite Auslegung zu geben suchte; es wurde daher auch eine Klage auf „teilweise Vernichtung *oder* Klarstellung" als zulässig angesehen, BGH GRUR **67,** 194, 195. Bedenken gegen eine Klarstellung ergeben sich vor allem daraus, dass sie keine sachliche Abänderung des erteilten Patents sondern lediglich eine Auslegung und Festlegung des Schutzumfangs bedeutet, was nicht Aufgabe des Nichtigkeitsverfahrens ist, BGHZ **103,** 262 (= GRUR **88,** 757 – Düngerstreuer).

Die hier gemeinte Klarstellung besteht in einer ausdrücklichen Änderung der Fassung eines oder mehrerer Patentansprüche in der Entscheidungsformel des Nichtigkeitsurteils, RGZ **170,** 346, 350, 357; BGH GRUR **68,** 33, 37, nach der Neufassung der §§ 21 Abs. 2, 22 Abs. 2 auch in der ausdrücklichen Änderung von Beschreibung oder Zeichnungen. Zu den sich im Einzelnen bei einer Klarstellung ergebenden Problemen wird verwiesen insbes. auf BGHZ **103,** 262 – Düngerstreuer – und Schulte GRUR Int. **89,** 460, 465 ff. (zum europ. Einspruchsverf.). Die Klarstellung könnte Sinn und praktische Bedeutung in den Fällen haben, in denen das Nichtigkeitsgericht bei einer von ihm für richtig gehaltenen engen Auslegung des Patents keinen Ansatzpunkt für eine Nichtigkeitserklärung hat, andererseits jedoch wegen der im konkreten Fall gegebenen Auslegungsschwierigkeiten Anlass zu der Befürchtung hat, das Patent könne im Verletzungsstreit anders ausgelegt werden und dadurch in der Praxis einen ihm nicht zukommenden Inhalt erhalten. Der BGH lehnt jetzt jedoch eine Klarstellung grundsätzlich ab, er hält sie für nicht mit dem Gesetz vereinbar, wenn nicht gleichzeitig die Voraussetzungen einer Teilvernichtung vorliegen, BGHZ **103,** 262 (= GRUR **88,** 757 – Düngerstreuer). Als „Teilvernichtung" kann aber wohl eine qualifizierte Klarstellung zulässig sein, die auf Beseitigung eines Rechtsscheins zielt, und mit der etwa eine im nationalen Nichtigkeits- oder Beschränkungsverfahren zu einem europäischen Patent unterlaufene, materiell jedoch unwirksame Erweiterung wieder rückgängig gemacht wird, vgl. Rogge GRUR **93,** 284, 288. Solche „Klarstellung" ist im Urteil als Teilvernichtung zu formulieren. 85

2. Die Wirkung der Entscheidung

Literatur (Auswahl, zeitlich geordnet): Schwerdtner, Das patentrechtliche Nichtigkeitsverfahren und seine zivilprozessualen und zivilrechtlichen Auswirkungen, GRUR **68,** 9 ff.; Horn, Patentverletzungsprozess und Nichtigkeitsverfahren, GRUR **69,** 169 ff.; Goltz, Einfluss der Vernichtung des Patents auf die Pflicht des Lizenznehmers zur Zahlung von Lizenzgebühren, Mitt. **74,** 252 ff.; Körner, Die Auswirkungen des Patentnichtigkeitsurteils auf Schadensersatzansprüche des Patentinhabers, GRUR **74,** 441 ff.; Preu, Der Einfluss der Nichtigkeit oder Nichterteilung von Patenten auf Lizenzverträge, GRUR **74,** 623 ff.; Ströbele, Die Bindung der ordentlichen Gerichte an Entscheidungen der Patentbehörden, 1975, insbes. S. 154 ff.; v. Falck, Die Rechtsbehelfe gegen das rechtskräftige Verletzungsurteil nach rückwirkendem Wegfall des Klageschutzrechts, GRUR **77,** 308 ff.; Krasser, Wirkungen der Nichtigkeit von Patenten oder Marken auf Lizenzverträge, GRUR Int. **90,** 611 ff.; van Venrooy, Rechtskraftwirkungen d. klageabweisenden Urteils, GRUR **91,** 92 ff. 86

a) Bei voller Vernichtung des Streitpatents wird dem Patentinhaber rückwirkend die durch die Patenterteilung verliehene Rechtsstellung entzogen. Das rechtskräftige Urteil wirkt rechtsgestaltend, indem es das angegriffene Patent mit rückwirkender Kraft und mit Wirkung für und gegen alle vernichtet, RGZ **59,** 133, 134; **170,** 346, 354. BGH GRUR **05,** 935, 936 – Vergleichsempfehlung II. Aus welchem der Gründe des § 22 Abs. 1 die Vernichtung ausgesprochen worden ist, bleibt dabei gleich. Die Erklärung der Nichtigkeit wird von Amts wegen im Patentregister vermerkt (§ 30 Abs. 1 Satz 2) und im Patentblatt öffentlich bekannt gemacht (§ 32 Abs. 5); der Vermerk hat aber nur deklaratorische Bedeutung, rechtlich maßgebend ist allein das Urteil. Ein Zusatzpatent wird mit der Vernichtung des Hauptpatents zum selbstständigen Patent, von mehreren Zusatzpatenten jedoch nur das Erste (§ 16 Abs. 2). Die Gründe d. Entscheidung erwachsen nicht in Rechtskraft; die Verneinung d. Patentfähigkeit d. Erfindung eines Stammpatents ist ohne Bindungswirkung für ein nach Teilung daraus entstandenes weiteres Patent, BGHZ **135,** 369, 370 – Polyäthylenfilamente. 87

88 **Die Erklärung der Nichtigkeit wirkt auf den Zeitpunkt der Anmeldung zurück.** Dies ergibt sich jetzt (seit dem 1. 1. 1981) aus der ausdrücklichen Bestimmung des § 21 Abs. 3 i. Verb. m. § 22 Abs. 2, entspricht der Regelung des Art. 35 Abs. 1 GPÜ und galt gemäß ständiger Rechtsprechung auch schon für das bisherige deutsche Recht, s. BGH GRUR **63,** 519, 520/21; **65,** 231, 232; – a. M. hinsichtlich des „gutgläubigen" Patentinhabers Schwerdtner GRUR **68,** 9 ff., 12–15. Die Rechtslage ist so anzusehen, als ob das Patent niemals bestanden hätte, RGZ **170,** 346, 354; BGH GRUR **05,** 935, 936 – Vergleichsempfehlung II. Etwaige weitere Nichtigkeitsverfahren, die dasselbe Patent betreffen, sind mit dessen rechtskräftigr Vernichtung in der Hauptsache erledigt; die Kosten dieser Verfahren sind dem beklagten Patentinhaber aufzuerlegen, BGH GRUR **60,** 27, 29. Einer noch anhängigen Verletzungsklage auf Unterlassung und/oder Schadensersatz wird durch die Vernichtung des Klagepatents rückwirkend die Grundlage entzogen; dies ist in jedem Stadium des Verletzungsrechtsstreits zu beachten, auch noch in der Revisionsinstanz; vgl. dazu im Einzelnen § 139 Rdn. 4 u. 145. Ist der „Verletzer" bereits rechtskräftig verurteilt, so ist fraglich, ob ihm neben der Vollstreckungsgegenklage nach § 767 ZPO (dazu Horn GRUR **69,** 174 u. Kraßer S. 916) auch die Restitutionsklage (§ 580 ZPO) zusteht; bejahend LG Düsseldorf GRUR **87,** 628; vgl. im Einzelnen § 139 Rdn. 149. Bereits gezahlte Beträge kann der „Verletzer" nach § 812 BGB (vgl. Bl. **03,** 229, 230) oder analog §§ 717 Abs. 3 Satz 3 ZPO, 812 BGB zurückfordern; der unmittelbaren Auswirkung des Nichtigkeitsurteils auf die zivilrechtlichen Ansprüche (nicht auf das dazu ergangene Urteil) steht die Rechtskraft des Verletzungsurteils nicht entgegen, da dieses nach Schluss der mündlichen Verhandlung eingetretene Tatsachen nicht berücksichtigt (Horn GRUR **69,** 169, 175 m. w. N.; Kraßer S. 917; dagegen zuletzt v. Falck GRUR **77,** 308, 311 m. w. N.); die Rechtslage ist nicht grundsätzlich anders als etwa bei einer Aufrechnung, die ebenfalls einen Anspruch rückwirkend zum Erlöschen bringt, gleichwohl aber unbestritten auch noch nach rechtskräftigem Urteil wirksam erfolgen kann. Auch Entschädigungsansprüche aus § 33 entfallen rückwirkend. Ferner können Schadensersatzansprüche des „Verletzers" begründet sein, zwar nicht analog § 717 Abs. 2 ZPO, wohl aber nach den Grundsätzen über die Haftung aus ungerechtfertigter Verwarnung, s. o. Rdn. 13 ff. vor §§ 9–14. Auch die Strafbarkeit der vor der Vernichtung begangenen Verletzungshandlungen entfällt, die Handlungen werden nachträglich straflos, RGSt. **14,** 261; **30,** 187; wer bereits rechtskräftig verurteilt ist, kann nach § 359 Nr. 5 StPO die Wiederaufnahme des Verfahrens betreiben. Vgl. zu alledem aber auch die (von seiner Grundauffassung aus zumeist abweichenden) Ausführungen von Schwerdtner GRUR **68,** 9, 15/16, 23/24.

89 Die Auswirkung der Nichtigerklärung auf **Verträge über das Patent** ist begrenzt. Zu berücksichtigen ist, dass solche Verträge gewagte Geschäfte sind, weil die spätere Beurteilung der Schutzfähigkeit kaum zuverlässig vorausgesehene werden kann; zudem vermitteln Patente trotz Angreifbarkeit und späterer rückwirkender Nichtigerklärung zunächst einmal eine tatsächliche wettbewerbliche Vorzugstellung für die patentgemäßen Gegenstände. Die daraus von der Rechtsprechung gezogenen Folgerungen (insbesondere BGHZ **83,** 283 – Hartmetallkopfbohrer) haben auch noch nach Modernisierung des Schuldrechts (ab 2002) Gültigkeit (ebenso Kraßer S. 971). Danach gilt: Das Risiko späterer Nichtigerklärung eines Patents trägt regelmäßig der Erwerber; die Zahlungspflicht des Käufers bleibt bestehen, BGH a. a. O. Die Zahlungspflicht eines Lizenznehmers ist zwar für die Zukunft der veränderten Rechtslage anzupassen, bleibt für die Vergangenheit aber zumindest solange bestehen, wie das Schutzrecht im Wettbewerb tatsächlich respektiert wird, BGH GRUR **05,** 935, 937 – Vergleichsempfehlung II. Weitergehend können jedoch Schadenersatzansprüche der Erwerber oder Lizenznehmer des Patents dann begründet sein, wenn der Verkäufer oder Lizenzgeber schuldhaft seine Pflicht verletzt hat, besondere Risiken hinsichtlich der Schutzfähigkeit zu offenbaren, insbesondere vorliegende negative Bescheide oder einen ihm bekannten besonders nahe liegenden Stand der Technik mitzuteilen, oder wenn die Parteien eine abweichende Risikoverteilung vereinbart haben; vgl. dazu im einzelnen BGH a. a. O.; BGHZ **86,** 330 – Brückenlegepanzer – und Rdn. 192–196 zu § 15. Entsprechendes gilt für die Vergütungspflicht des Arbeitgebers bei Arbeitnehmererfindungen, vgl. Bartenbach/Volz, Mitt. **91,** 46 ff.; Reimer/Schade/Schippel, Recht d. Arbeitnehmererfindung, 7. A., § 9 Rdn. 24.

90 Die lediglich **faktische Vorzugsstellung** eines **Patentverletzers** rechtfertigt jedoch entgegen der Ansicht von Körner (GRUR **74,** 441 ff.; **82,** 341, 347) auch für die Vergangenheit keine Vergütungspflicht. Insoweit fehlt jede Rechtsgrundlage; vertragliche Vereinbarungen liegen eben nicht vor und ein Bereicherungsanspruch (§ 812 BGB) scheidet aus, da der „Verletzer" weder unmittelbar vom Patentinhaber noch auf dessen Kosten etwas erlangt hat, sondern lediglich die gegebenen rechtlichen und wirtschaftlichen Möglichkeiten genutzt hat, wie es auch jedem anderen möglich gewesen wäre. Es erwächst keine geschützte Rechtsstel-

lung, die im Rahmen eines Ausgleichs- oder Ersatzanspruchs gegen Dritte zu berücksichtigen wäre, BGH GRUR **05,** 935, 937 – Vergleichsempfehlung II. Die unterschiedliche Behandlung im Verhältnis zum Lizenznehmer ist auch nicht unbillig, da letzterer im Rahmen der vertraglich geregelten Risikoverteilung einen Ausgleich dafür leisten muss, dass er nicht der Gefahr ausgesetzt war, bei Fortbestehen des Patents von dessen Benutzung ganz ausgeschlossen und im Wege des Schadensersatzes mit einer höheren Zahlungspflicht belastet zu werden.

Vor Rechtskraft der Nichtigkeitserklärung gezahlte patentamtliche **Gebühren** werden nicht zurückerstattet, außer wenn sie noch nicht fällig waren (§ 10 I PatKostG). **91**

b) Teilvernichtung oder Klarstellung. Bei der Teilvernichtung gilt hinsichtlich des vernichteten Teils das in Rdn. 87–91 Gesagte sinngemäß mit den Einschränkungen, die sich aus der Tatsache der Vernichtung nur eines Teils ergeben. Soweit das Patent aufrechterhalten ist, tritt die den Ansprüchen durch die Teilvernichtung gegebene Fassung mit Wirkung für und gegen alle an die Stelle der erteilten Fassung, RGZ **170,** 346, 354f.; BGH GRUR **05,** 935, 936. Die durch das Urteil im Nichtigkeitsverfahren festgestellte neue Fassung der Ansprüche bildet die Grundlage der Auslegung des teilweise vernichteten Patents auch im Verletzungsprozess, BGH GRUR **61,** 335, 337. Dabei müssen die Gründe des Urteils die Beschreibung des Patents insoweit ersetzen oder ergänzen, als sie durch die Teilvernichtung gegenstandslos geworden ist; die Gründe nehmen zwar als solche an der Rechtskraft des Urteils nicht teil, dienen aber zur Rechtfertigung der Teilvernichtung und Erläuterung des aufrechterhaltenen Restes und sind daher vom Verletzungsrichter zusammen mit denjenigen Teilen der Beschreibung und der Zeichnungen, die auf das Aufrechterhaltene Bezug haben und dem Sinn der Teilvernichtung nicht widersprechen, als Auslegungsmittel zur Bestimmung des nach dem beschränkten Inhalt der Ansprüche bestehen gebliebenen Gegenstandes der Erfindung heranzuziehen, RGZ **170,** 346, 355; vgl. auch RGZ **153,** 315, 318 und BGH GRUR **64,** 196, 198; **99,** 145, 146, 160 – Stoßwellen-Lithotripter. Zur Abgrenzung gegen BGHZ **150,** 161 – Kunststoffrohrteil – und **150,** 149, 160 – Schneidmesser 1 – s. Rogge FS R. König (2003), S. 451, 455–457. In erster Linie maßgebend ist die im Tenor der Entscheidung gegebene neue Fassung des Patents, insbesondere des Anspruchswortlauts, und zwar auch dann, wenn die Gründe der Entscheidung die Berechtigung der Beschränkung nicht ohne weiteres und nicht eindeutig erkennen lassen, BGH GRUR **61,** 335, 337. Wegen der Minderung von Lizenzgebühren bei Teilvernichtung s. Rdn. 201 zu § 15. **92**

Bei der im Verletzungsprozess erforderlichen Bestimmung des Schutzumfangs des aufrechterhaltenen Restpatents müssen die Teilvernichtung und ihre Gründe berücksichtigt werden. Die vernichteten Teile sind daher i. d. R. aus dem Schutzumfang des Restpatents auszuklammern, RGZ **170,** 346, 354; BGH GRUR **61,** 335. Das gilt jedoch dann nicht, wenn durch die Teilvernichtung lediglich eine unzulässige Erweiterung, Rdn. 18–21 und § 21 Rdn. 29–32 beseitigt und das Patent auf den ursprünglichen Umfang der Anmeldung zurückgeführt werden soll, BGH GRUR **70,** 289, 293; Mitt. **71,** 28. Die Beschränkung nimmt dem Patent nicht den Schutzbereich, den es gehabt hätte, wenn es vornherein in d. eingeschränkten Fassung angemeldet und erteilt worden wäre, BGHZ **150,** 149, 160 (für Beschränkung im Einspruchsverfahren). **93**

Das Gleiche gilt bei der **Klarstellung** eines Anspruches im Nichtigkeitsverfahren (im Sinne von oben Rdn. 85). Auch die in der Entscheidungsformel des Nichtigkeitsurteils zur Klarstellung vorgenommene Änderung der Fassung eines Anspruchs hat allgemeinverbindliche Wirkung und ist im Rechtsverkehr der Auslegung des Patents so zugrunde zu legen, als ob der Anspruch in dieser Fassung von der Erteilungsbehörde gewährt worden wäre, RGZ **170,** 346, 357f.; BGH Liedl **59/60,** 260, 264. Auch hier wird die Patentbeschreibung durch die Gründe der im Nichtigkeitsstreit ergangenen Entscheidung ersetzt oder ergänzt, soweit sie sich mit der Klarstellung befassen, BGH GRUR **55,** 573, 574; **79,** 309. Eine Auslegung des Anspruchs, die sich zu dem Sinn und Zweck einer Klarstellung in Widerspruch setzt, ist ebenso unzulässig wie eine Auslegung, die dem Sinn und Zweck einer Teilvernichtung widersprechen würde, RGZ **170,** 346, 358; BGH GRUR **55,** 573, 574. Wird im Wege der Klarstellung zum besseren Verständnis ein Merkmal in den Wortlaut des Patentanspruchs aufgenommen, das nach dem Gesamtinhalt der Patentschrift als selbstverständlicher Bestandteil der patentierten Lehre erscheint, so liegt darin keine Beschränkung, welche die Erstreckung des Schutzumfangs auf etwaige Äquivalente ausschlösse, BGH GRUR **70,** 289, 292. Zur Zulässigkeit d. Klarstellung s. auch Dihm GRUR **95,** 295ff. **94**

c) Die Abweisung der Nichtigkeitsklage wirkt nach den allgemeinen prozessualen Regeln der §§ 325ff. ZPO **Rechtskraft** nur zwischen den Parteien des Nichtigkeitsverfahrens und ihren Rechtsnachfolgern, RGZ **59,** 133, 134; **170,** 346, 355f., und nur hinsichtlich des **95**

vom Kläger geltend gemachten Klaggrundes (im Sinne von oben Rdn. 16), BGH GRUR **64,** 18/19 (anders für das schweizerische Recht jetzt BG GRUR Int. **00,** 276). Trotz rechtskräftiger Abweisung einer Nichtigkeitsklage kann daher einerseits jeder Dritte – der nicht der frühere Kläger und auch nicht dessen Rechtsnachfolger ist, aber auch nicht ein von ihm vorgeschobener Strohmann sein darf (vgl. oben Rdn. 34) – die Nichtigkeitsklage mit gleicher Begründung und gleichem Ziel von neuem erheben, RGZ **59,** 133, 134; **170,** 346, 356; a.M. van Venrooy GRUR **91,** 92ff.; – und andererseits steht es dem z.B. mit dem Klaggrund der widerrechtlichen Entnahme (§ 21 Abs. 1 Nr. 3) abgewiesenen Nichtigkeitskläger frei, selbst erneut Nichtigkeitsklage wegen mangelnder Patentfähigkeit (§ 21 Abs. 1 Nr. 1) zu erheben. Dagegen kann derselbe Kläger nicht noch einmal aus demselben Klaggrund die Nichtigkeitsklage erheben, wobei die verschiedenen Nichtigkeitsgründe des § 21 Abs. 1 Nr. 1 (i. Verb. m. § 22 Abs. 1) einem einheitlichen Klaggrund bilden, sodass also der insoweit mit seiner Klage abgewiesene Kläger sie auch nicht auf Grund eines neuen Sachverhalts, z.B. auch nicht mit neuen Entgegenhaltungen, erneut erheben kann, RGZ **139,** 3, 5/6; BGH GRUR **64,** 18/19 m.w.Nachw.; BPatGE **6,** 189; a.M. Gaul GRUR **65,** 337ff. Wer jedoch nur auf teilweise Vernichtung des Streitpatents geklagt hatte, kann trotz Abweisung dieser Klage nochmals insoweit auf (teilweise) Vernichtung klagen, wie sich eine solche Entscheidung nicht in Widerspruch zu der ersten Entscheidung setzen würde, vgl. oben Rdn. 67.

96 Das Patent selbst bleibt bei völliger Abweisung der Nichtigkeitsklage (ohne Teilvernichtung oder Klarstellung) in der erteilten Form bestehen und wirkt so nicht nur zwischen den Parteien des Nichtigkeitsstreits, sondern auch gegenüber jedem Dritten. Die unverändert aufrechterhaltenen **Patentansprüche bleiben allein maßgeblich** für den Gegenstand der Erfindung, RGZ **153,** 315, 318. Die Urteilsgründe nehmen nach allgemeinen prozessualen Grundsätzen an der Rechtskraft der Entscheidung über den Klagantrag nicht teil, BGH GRUR **88,** 444, 445/6; **97,** 612, 613, und haben insbesondere auch keine allgemeinverbindliche Wirkung, können also auch nicht den Gegenstand des Patents mit allgemeiner Wirkung in einer jede abweichende Auslegung ausschließenden Weise feststellen, RGZ **170,** 346, 350/56 (gegen die frühere weitergehende Rechtsprechung, z.B. in RG GRUR **42,** 53, 54); BGH GRUR **68,** 33, 37. Die Erwägungen, die in den Gründen des klagabweisenden Urteils über den Gegenstand der Erfindung angestellt werden, können – gleichgültig, ob sie in einem einschränkenden oder in einem erweiternden Sinne zu verstehen sind, – den Verletzungsrichter nicht binden, sondern für ihn nur ein Hilfsmittel bei seiner Auslegung des Patents zur Bestimmung des Gegenstandes der Erfindung darstellen, RGZ **154,** 140, 143f.; **170,** 346, 357; BGH GRUR **59,** 81, 82; **64,** 196, 198; **68,** 33, 37. Der Nichtigkeitsbeklagte kann durch solche Erwägungen in den Gründen daher auch nicht beschwert sein und gegen die in der Formel die Klage voll abweisende Entscheidung keine Berufung einlegen, RGZ **154,** 140, 142; **170,** 346, 358; BGH GRUR **68,** 33, 37; vgl. auch Seydel GRUR **59,** 512.

23 *Lizenzbereitschaft.*

(1) [1]**Erklärt sich der Patentanmelder oder der im Register (§ 30 Abs. 1) als Patentinhaber Eingetragene dem Patentamt gegenüber schriftlich bereit, jedermann die Benutzung der Erfindung gegen angemessene Vergütung zu gestatten, so ermäßigen sich die für das Patent nach Eingang der Erklärung fällig werdenden Jahresgebühren auf die Hälfte.** [2]**Die Wirkung der Erklärung, die für ein Hauptpatent abgegeben wird, erstreckt sich auf sämtliche Zusatzpatente.** [3]**Die Erklärung ist in die Patentrolle einzutragen und im Patentblatt zu veröffentlichen.**

(2) **Die Erklärung ist unzulässig, solange im Register ein Vermerk über die Einräumung einer ausschließlichen Lizenz (§ 30 Abs. 4) eingetragen ist oder ein Antrag auf Eintragung eines solchen Vermerks dem Patentamt vorliegt.**

(3) [1]**Wer nach Eintragung der Erklärung die Erfindung benutzen will, hat seine Absicht dem Patentinhaber anzuzeigen.** [2]**Die Anzeige gilt als bewirkt, wenn sie durch Aufgabe eines eingeschriebenen Briefes an den in der Rolle als Patentinhaber Eingetragenen oder seinen eingetragenen Vertreter oder Zustellungsbevollmächtigten (§ 25) abgesandt worden ist.** [3]**In der Anzeige ist anzugeben, wie die Erfindung benutzt werden soll.** [4]**Nach der Anzeige ist der Anzeigende zur Benutzung in der von ihm angegebenen Weise berechtigt.** [5]**Er ist verpflichtet, dem Patentinhaber nach Ablauf jedes Kalendervierteljahres Auskunft über die erfolgte Benutzung zu geben und die Vergütung dafür zu entrichten.** [6]**Kommt er dieser Verpflichtung nicht in gehöriger Zeit nach, so kann der als Patentinhaber Eingetragene ihm hierzu eine**

angemessene Nachfrist setzen und nach fruchtlosem Ablauf die Weiterbenutzung der Erfindung untersagen.

(4) [1]**Die Vergütung wird auf schriftlichen Antrag eines Beteiligten durch die Patentabteilung festgesetzt.** [2]**Für das Verfahren sind die §§ 46, 47 und 62 entsprechend anzuwenden.** [3]**Der Antrag kann gegen mehrere Beteiligte gerichtet werden.** [4]**Das Patentamt kann bei der Festsetzung der Vergütung anordnen, daß die Kosten des Festsetzungsverfahrens ganz oder teilweise vom Antragsgegner zu erstatten sind.**

(5) [1]**Nach Ablauf eines Jahres seit der letzten Festsetzung kann jeder davon Betroffene ihre Änderung beantragen, wenn inzwischen Umstände eingetreten oder bekanntgeworden sind, welche die festgesetzte Vergütung offenbar unangemessen erscheinen lassen.** [2]**Im übrigen gilt Absatz 4 entsprechend.**

(6) **Wird die Erklärung für eine Anmeldung abgegeben, so sind die Bestimmungen der Absätze 1 bis 5 entsprechend anzuwenden.**

(7) [1]**Die Erklärung kann jederzeit gegenüber dem Patentamt schriftlich zurückgenommen werden, solange dem Patentinhaber noch nicht die Absicht angezeigt worden ist, die Erfindung zu benutzen.** [2]**Die Zurücknahme wird mit ihrer Einreichung wirksam.** [3]**Der Betrag, um den sich die Jahresgebühren ermäßigt haben, ist innerhalb eines Monats nach der Zurücknahme der Erklärung zu entrichten.** [4]**Wird der Unterschiedsbetrag nicht innerhalb der Frist des Satzes 3 gezahlt, so kann er mit dem Verspätungszuschlag noch bis zum Ablauf einer Frist von weiteren vier Monaten gezahlt werden.**

Inhaltsübersicht

I. Inhalt und Zweck der Bestimmung. Der durch das Patentgesetz vom 5. 5. 1936 eingefügte § 23 dient einerseits dem Interesse des Erfinders, namentlich des unbemittelten Erfinders, und andererseits dem Interesse der Allgemeinheit. Erklärt sich der Patentsucher oder Patentinhaber dem Patentamt gegenüber schriftlich bereit, jedermann die Benutzung der Erfindung gegen angemessene Vergütung zu gestatten, so erlangt er schon damit den Vorteil, dass sich die künftig fällig werdenden Jahresgebühren auf die Hälfte der Tarifsätze ermäßigen (Abs. 1 Satz 1). Die Verpflichtung zur Tragung sonstiger aus dem Anmeldungsverfahren erwachsener Kosten bleibt unberührt. Nach der Eintragung der Erklärung im Patentregister (Abs. 1 Satz 3) kann sodann jeder Dritte durch Anzeige der Benutzungsabsicht an den Patentinhaber (Abs. 3 Satz 1) das Recht zur Benutzung der Erfindung (Abs. 3 Satz 4) gegen angemessene Vergütung (Abs. 3 Satz 5) erwerben. Dadurch, dass die Erklärung der Lizenzbereitschaft nicht nur im Register einzutragen, sondern auch im Patentblatt zu veröffentlichen ist (Abs. 1 Satz 3), soll erreicht werden, dass die Erklärung auf die genannte Weise von Dritten aufgegriffen und die Erfindung, falls sie nur einigermaßen ausbeutungsfähig ist, auch tatsächlich ausgenutzt wird. Das liegt sowohl im Interesse der Allgemeinheit, die sich damit die Erfindung schon während der Dauer des Patentschutzes zunutze machen kann, als auch im Interesse des Erfinders selbst, namentlich desjenigen Erfinders, der nicht über die erforderlichen Mittel zur eigenen Auswertung der Erfindung und auch nicht über Beziehungen zu kapitalkräftigen Unternehmen verfügt und dem mit der Erklärung der Lizenzbereitschaft die Möglichkeit eröffnet wird, die Erfindung möglichst bald und in möglichst großem Umfang gegen eine angemessene Vergütung für ihn selbst der Allgemeinheit zugänglich zu machen. Dem Interesse aller Betei- 1 ligten dient es schließlich, dass die angemessene Vergütung auf Antrag in einem besonderen Verfahren durch das Patentamt festgesetzt und notfalls geändert werden kann (Abs. 4, 5).

Ob die mit dem Institut der Lizenzbereitschaft erstrebten Ziele in ausreichendem Maße erreicht werden, ist zu bezweifeln. Einerseits erspart der Anmelder durch die Lizenzbereitschaftserklärung doch nur einen Teil der mit der Patentanmeldung und ihrer Aufrechterhaltung verbundenen Kosten, und andererseits werden die Bereitschaft zur Lizenznahme und die Höhe der angemessenen Vergütung nicht unwesentlich dadurch beeinträchtigt, dass nicht übersehen werden kann, in welchem Umfang weitere Konkurrenten von der Lizenzbereitschaft Gebrauch machen werden. Vgl. hierzu Eggert GRUR **72,** 231. Nach Oppenländer GRUR **77,** 362, 370 hat eine 1974 durchgeführte Ifo-Untersuchung keine Bedeutung der Lizenzbereitschaft für das Zustandekommen von Lizenzbeziehungen feststellen können. Eine gewisse Verbesserung bedeutet die Einführung des Abs. 7, s. u. Rdn. 10 a.

Einer besseren Ausnutzung fortschrittlicher Erfindungen sollen nunmehr auch die im Gesetz nicht vorgesehene „Unverbindliche Lizenzinteresseerklärung" und die beim Deutschen Patentamt eingerichtete Lizenzdatenbank RALF dienen, s. u. Rdn. 17.

2 In § 23 Abs. 1 Satz 1 wird neben dem „im Register (§ 30 Abs. 1) als Patentinhaber Eingetragenen" ausdrücklich **auch der „Patentanmelder"** genannt. Im Übrigen aber verwendet § 23 durchweg nur die Begriffe „Patent", „Patentinhaber", die ihrem Wortlaut nach für den „Patentanmelder" nicht passen. Gleichwohl wird in § 23 überall unter dem „Patentinhaber" auch der „Patentanmelder" zu verstehen sein. Das gilt auch für die folgenden Erläuterungen. Die Regelung des § 23 gilt gem. Art. 2 Abs. 2 EPÜ auch für die mit Wirkung für die Bundesrepublik Deutschland erteilten **europäischen Patente,** nicht hingegen für europäische Anmeldungen, die noch nicht zur Erteilung geführt haben; die Gebührenermäßigung nach § 23 Abs. 1 S. 1 gilt nur für die nationalen Jahresgebühren (§ 17 PatG, Art. II § 7 IntPatÜG) und lässt den Gebührenanspruch des europäischen Patentamts gem. Art. 86 EPÜ unberührt.

3 Eine Zurücknahme der Erklärung (Abs. 7 – s. u. Rdn. 10 a) ist erst seit 1. 6. 1992 durch Gesetzesänderung v. 20. 12. 1991 (BGBl. II **91,** 1354) möglich. Wegen früherer Gesetzesfassungen vgl. 8. Auflage.

II. Die Erklärung der Lizenzbereitschaft (Abs. 1, 2).

4 **1. Wesen der Lizenzbereitschaftserklärung.** Bei der Erklärung der Lizenzbereitschaft handelt es sich ähnlich wie beim Patentverzicht um eine Verfügung mit materiellrechtlicher Wirkung; BPatGE **13,** 159, 160. Der Patentinhaber (Patentanmelder) verzichtet damit auf wesentliche Teile seines Rechtes, nämlich auf das Recht zur alleinigen Benutzung der Erfindung, auf sein Recht zur Erteilung einer ausschließlichen Lizenz (vgl. unten Rdn. 9) und auf sein Verbotsrecht gegenüber solchen Benutzern, die bereit sind, ein angemessenes Entgelt für die Benutzung zu zahlen. Die Erklärung stellt deshalb eine Verfügung dar, die eine Beschränkung des Inhalts seines Schutzrechtes zur Folge hat, PA Bl. **38,** 120, 121; **55,** 58; BPatGE **9,** 147, 148/49, und sich bei einer nachträglichen Teilung der Anmeldung auf den ausgeschiedenen Teil erstreckt, BPatGE **13,** 159.

5 **2. Die Erklärungsbefugnis.** Die Lizenzbereitschaft kann sowohl vor der Erteilung des Patents (vgl. Abs. 6), insbesondere schon bei der Anmeldung, als auch nach der Erteilung des Patents während der ganzen Patentdauer erklärt werden; sie kann auch für ein „Geheimpatent" bzw. eine geheim zu haltende Anmeldung im Sinne der §§ 50 ff. erklärt werden, BGH GRUR **67,** 245. Berechtigt zur Abgabe der Erklärung ist zunächst der als „Anmelder" Auftretende (§ 7 Abs. 1), nach der Eintragung der Anmeldung oder des erteilten Patents im Patentregister (§ 30 Abs. 1) oder in einem besonderen Register (§ 54) der dort als Patentanmelder bzw. als Patentinhaber Eingetragene (Abs. 1 Satz 1). Die formale Legitimation ist maßgebend; der nicht als Anmelder auftretende oder nicht in der Rolle eingetragene wahre Berechtigte kann die Erklärung nicht wirksam abgeben. Umgekehrt kann im Falle eines Rechtsübergangs der bisherige Rechtsinhaber (als Verwalter kraft Eintragung) bis zur Änderung der Rolleneintragung weiterhin die Erklärung auch mit Wirkung für den neuen Rechtsinhaber abgeben. Vgl. dazu im Einzelnen Rogge GRUR **85,** 735 ff.; vgl. auch Busse Rdn. 26 zu § 23; Klauer/Möhring § 14 Rdn. 3; z. T. abweichend 7. Auflage Benkard sowie Reimer § 14 Rdn. 2 (Widerrufsrecht des wahren Rechtsinhabers), Lindenmaier § 14 Rdn. 2 (Anwendung von § 185 BGB) und Kraßer S. 843 (verbindliche Erklärung nur durch den eingetragenen wahren Rechtsinhaber). Die Erklärung ist unwirksam, wenn sie einem gesetzlichen, gerichtlichen oder behördlichen Verfügungsverbot im Sinne der §§ 135, 136 BGB (z. B. Eröffnung d. Insolvenzverfahrens, Pfändung, einstweilige Verfügung) zuwiderläuft. Auf Vertrag beruhende Verfügungsbeschränkungen (z. B. Nießbrauch, Verpfändung) hindern dagegen die Wirksamkeit der Erklärung nicht, so Linden-

maier § 14 Rdn. 2, Klauer/Möhring § 14 Rdn. 7; anders Reimer § 14 Rdn. 4. Insbesondere wird die Wirksamkeit der Lizenzbereitschaftserklärung und der Eintritt ihrer Rechtsfolgen nicht dadurch gehindert, dass der Patentinhaber (Patentanmelder) bereits einfache Lizenzen vergeben hat. Wegen § 15 Abs. 3 kann jedoch durch Lizenzbereitschaft und Benutzungsanzeige insoweit kein Benutzungsrecht begründet werden, wie bereits zuvor eine ausschließliche Lizenz vergeben worden ist; das gilt unabhängig davon, ob die ausschließliche Lizenz gem. § 34 im Patentregister vermerkt ist.

3. Die Erklärung und ihre Behandlung durch das Patentamt. Die Erklärung der Lizenzbereitschaft ist nach Abs. 1 Satz 1 dem Patentamt gegenüber schriftlich abzugeben; sie soll nach dem patentamtlichen „Merkblatt für Patentanmelder" auf einem besonderen Blatt abgegeben werden. Sie wird in dem Zeitpunkt wirksam, in dem sie dem Patentamt zugeht (§ 130 BGB). Wegen der Schriftform vgl. § 126 BGB, der grundsätzlich eigenhändige Unterzeichnung der Urkunde verlangt; die für Verfahrenserklärungen anerkannten Erleichterungen (vgl. § 35 Rdn. 43; § 59 Rdn. 14) gelten hier nicht; selbst eine Erklärung durch Telekopie mit Abbildung der unterschriebenen Vorlage genügt daher nicht, BPatG GRUR **92,** 44; **98,** 477 m.w.N.; auch ein Fernschreiben erfüllt, weil nicht „eigenhändig unterzeichnet", das Formerfordernis nicht, BPatGE **6,** 10, 13. Ein Vertreter bedarf zur Abgabe der Erklärung einer darauf bezüglichen Vollmacht; die übliche allgemeine Vertretungsvollmacht berechtigt nicht zur Abgabe der Erklärung der Lizenzbereitschaft, PA Bl. **55,** 58; BPatGE **3,** 13; **6,** 10, 12; – das gilt insbesondere auch für den Inlandsvertreter nach § 25, BPatGE **9,** 147; **24,** 41, 42. Die Erklärung muss die Bereitschaft ausdrücken, jedermann die Benutzung der Erfindung gegen angemessene Vergütung zu gestatten; dies braucht nicht mit einer bestimmten Formulierung, insbesondere nicht unter wörtlicher Wiederholung des Gesetzeswortlauts zu geschehen, BPatG GRUR **77,** 662; Einschränkungen in sachlicher, räumlicher oder zeitlicher Hinsicht oder in Bezug auf den Kreis der Lizenznehmer sind unzulässig, PA Bl. **38,** 120; eine Lizenzbereitschaft unter Vorbehalt des Widerrufs bis zur Eintragung ist unwirksam, BPatG GRUR **76,** 418. Die Erklärung eines Vertreters ist entsprechend § 174 BGB unwirksam, wenn keine Vollmachtsurkunde vorgelegt und die Erklärung deshalb vom Patentamt unverzüglich zurückgewiesen wird, BPatGE **24,** 41. Erklärung eines Vertreters ohne Vertretungsmacht (BGB § 180) ist nicht genehmigungsfähig, BPatGE **24,** 41, 43. Die Erklärung ist vom Patentamt in das Patentregister einzutragen und einmal im Patentblatt zu veröffentlichen (Abs. 1 Satz 3). Bei der Veröffentlichung im Patentblatt werden Klasse, Gruppe, Nummer des Patens, Bezeichnung der Erfindung, Anschrift des Patentinhabers (und ggf. seines Vertreters nach § 25) angegeben, Präs. PA Bl. **38,** 28; **39,** 87. Entsprechendes gilt bei späterer Zurücknahme d. Erklärung (Abs. 7) und Löschung d. Eintrags im Register, BPatG BlPMZ **04,** 193, 194 zu II 2a. Bei „Geheimpatenten" wird die Erklärung in ein besonderes Register (§ 54) eingetragen, aber nicht allgemein durch Veröffentlichung im Patentblatt bekanntgemacht, BGH GRUR **67,** 245. Die Registereintragung wirkt rein deklaratorisch, BPatG BlPMZ **04,** 193, 194. 6

Gegen die Zurückweisung des Antrags auf Eintragung der Erklärung ist die Beschwerde zulässig, BPatGE **3,** 13.

4. Fingierte Erklärung bei Wirtschaftspatenten (DDR). Ein noch nach dem Patentgesetz der DDR v. 27. 10. 1983 (§§ 8, 10 – GBl. I S. 284) erteiltes Wirtschaftspatent gilt gem. § 7 Abs. 1 ErstrG ohne weiteres seit dem 1. 5. 1992 und für das gesamte Bundesgebiet als Patent mit Lizenzbereitschaftserklärung i.S. des § 23 Abs. 1; das gilt auch für solche Wirtschaftspatente, die auf Grund des Havanna-Abkommens v. 18. 12. 1976 über die gegenseitige Anerkennung von Urheberscheinen und anderen Schutzdokumenten für Erfindungen (DDR-GBl. II Nr. 15 S. 327) mit Wirkung für das Gebiet der ehemaligen DDR anerkannt worden sind. Diese Sonderregelung gilt nicht für solche DDR-Patente, die bereits nach Maßgabe des DDR-Änderungsgesetzes v. 29. 6. 1990 – GBl. I S. 571 – von einem Wirtschaftspatent in ein Ausschließungspatent umgewandelt worden sind. Zum Widerruf s.u. Rdn. 10b. 6a

5. Die Wirkungen der Erklärung

a) Gebührenermäßigung. Nach Abs. 1 Satz 1 ermäßigen sich die für das Patent bzw. für die Anmeldung (Abs. 6) nach dem Eingang der Erklärung bei dem Patentamt (nicht erst die nach Eintragung oder Bekanntmachung der Erklärung) fällig werdenden Jahresgebühren auf die Hälfte. Die Ermäßigung tritt kraft Gesetzes ein, BPatGE **24,** 41, 42; eines Antrags bedarf es nicht, auch nicht bei späterer Ausscheidung hinsichtlich der ausgeschiedenen Teile, BPatGE **13,** 159. Nur die Jahresgebühren (vom dritten Jahr ab, § 17 Abs. 1), nicht auch die Verfahrensgebühren (Gebührenverz. z. PatKostG) werden ermäßigt; bei europäischen Patenten gilt die Er- 7 mäßigung auch nicht für die beim EPA angefallenen Gebühren (oben Rdn. 2). Die Erklärung muss bei dem Patentamt vor Beginn eines neuen Patentjahres (nicht erst an dessen erstem Tag) eingegangen sein, wenn sie noch für dieses wirken soll, PA MuW **41,** 230. Wird die Erklärung innerhalb der Nachfristen des § 7 I PatKostG, aber eben erst nach Eintritt der Fälligkeit abgegeben, so wirkt sie erst für die folgenden Jahresgebühren, vgl. PA Bl. **38,** 136; **53,** 178; BPatGE **4,** 122, 123/26. Eine Wiedereinsetzung in den vorigen Stand wegen verspäteter Abgabe der Erklärung ist nicht möglich, PA Bl. **37,** 91; BPatGE **4,** 122, 127.

8 **b) Lizenzangebot an jedermann.** Nach Abs. 3 Satz 1 kann nach der Eintragung der Bereitschaftserklärung (im Patentregister) jeder Dritte die Absicht der Benutzung der Erfindung dem Patentinhaber (Patentanmelder) anzeigen und damit nach Abs. 3 Satz 4 für sich ein Recht zur Benutzung der Erfindung begründen. Von der Eintragung ab wirkt also die Erklärung des Patentinhabers (Patentanmelders) wie ein Lizenzangebot an die Allgemeinheit, das jeder beliebige Dritte durch die rechtsgestaltende Erklärung der Benutzungsanzeige (vgl. unten Rdn. 11) annehmen kann, BPatG GRUR **96,** 477. Diese Wirkung ist der Erklärung von ihrer Eintragung ab beigelegt, nicht erst von der Bekanntmachung ab, andererseits aber auch nicht schon von der Abgabe der Erklärung ab. Zur Rücknahme der Erklärung s. u. Rdn. 10 a.

9 **c) Anderweitige Lizenzen** sind als ausschließliche Lizenzen mit einer Lizenzbereitschaftserklärung nach Abs. 1, die jeder Dritte nach Abs. 3 aufgreifen kann, nicht vereinbar. Deshalb ist nach Abs. 2 die Bereitschaftserklärung unzulässig, solange eine ausschließliche Lizenz nach § 30 IV im Register vermerkt ist oder ein Antrag auf Eintragung eines solchen Vermerks dem Patentamt vorliegt. Seit Einführung des § 15 Abs. 3 mit Wirkung vom 1. 1. 1987 muss dies aber auch dann gelten, wenn eine ältere ausschließliche Lizenz nicht eingetragen und die Eintragung auch nicht beantragt ist; da jetzt unabhängig von jeder Publizität im Verhältnis mehrerer miteinander unvereinbarer Lizenzen der Grundsatz der Priorität gilt, kann der Anmelder oder Patentinhaber nach Vergabe einer ausschließlichen Lizenz auch auf dem Wege über § 23 keine weitere Lizenz mehr vergeben; die Lizenzbereitschaft kann ihre Funktion nicht mehr erfüllen, und die Grundlage für eine Gebührenermäßigung nach § 23 Abs. 1 S. 1 ist entfallen; eine einfache Lizenz steht jedoch der späteren Lizenzbereitschaftserklärung grundsätzlich nicht entgegen. Umgekehrt kann nach Erklärung der Lizenzbereitschaft eine Lizenz mit Ausschließlichkeitscharakter nicht mehr rechtswirksam vergeben und nach § 30 IV S. 2 auch nicht mehr im Register vermerkt werden.

10 **d) Sonderfälle: Zusatzpatent und Schutzzertifikat.** Die Wirkung der für ein Hauptpatent abgegebenen Erklärung der Lizenzbereitschaft erstreckt sich kraft Gesetzes auf sämtliche **Zusatzpatente** (Abs. 1 Satz 2). Es kann also auf Grund der Bereitschaftserklärung für das Hauptpatent jeder Dritte das Recht zur Benutzung der gesamten, durch Haupt- und Zusatzpatent geschützten Erfindung erwerben. Das in der Bereitschaftserklärung liegende Lizenzangebot an jedermann bleibt für das Zusatzpatent auch dann bestehen, wenn dieses bei Wegfall des Hauptpatents zum selbstständigen Patent wird (vgl. § 16 Abs. 2). Gerade dann und erst dann wird auch die mit der Bereitschaftserklärung eintretende Ermäßigung der Jahresgebühren von Bedeutung für das Zusatzpatent, da für dieses, solange es ein Zusatzpatent ist, ohnehin keine Jahresgebühren zu entrichten sind (vgl. § 17 Abs. 2). Die mit der Bereitschaftserklärung für das Zusatzpatent eingetretene Wirkung bleibt auch dann bestehen, wenn es der Inhaber des Hauptpatentes gesondert auf einen anderen überträgt. Steht dagegen schon bei Abgabe der Bereitschaftserklärung für das Hauptpatent das Zusatzpatent einem anderen zu und ist das im Register vermerkt, so erstreckt sich die Wirkung der Erklärung nicht auf das Zusatzpatent, ebenso Busse Rdn. 35 zu § 23, Lindenmaier § 14 Rdn. 6; anders Kraßer S. 844; Klauer/Möhring § 14 Rdn. 5; vgl. auch Reimer § 14 Rdn. 3. Die Lizenzbereitschaft für ein Patent gilt nach § 16 a Abs. 3 ohne weiteres auch für ein dazu erteiltes **ergänzendes Schutzzertifikat;** sie kann andererseits aber gemäß § 16 a Abs. 2 auch isoliert nur für das Schutzzertifikat erklärt werden.

10 a **6. Zurücknahme der Erklärung.** Nach dem durch Gesetz v. 20. 12. 1991 (GPatG 2) eingefügten Absatz 7 kann die Erklärung der Lizenzbereitschaft grundsätzlich jederzeit zurückgenommen werden. Das entspricht der für Gemeinschaftspatente vorgesehenen Regelung in Art. 43 GPÜ, erweitert die Verwertungsmöglichkeiten für den Rechtsinhaber und dient auch dem Allgemeininteresse, da der früher mögliche unbefriedigende Zustand vermieden wird, wonach eine nützliche Neuerung u. U. nur deswegen nicht ausgewertet wurde, weil für eine einfache Lizenznahme kein Interesse bestand, und eine ausschließliche Lizenzvergabe nach Erklärung der Lizenzbereitschaft nicht mehr möglich war. Die Zurücknahme der Erklärung muss gem. Abs. 7 S. 1 ebenso wie die Erklärung selbst (Abs. 1 S. 1 schriftlich erfolgen (dazu oben Rdn. 6). Sie wird mit ihrer Einreichung (Abs. 7 S. 2), d. h. mit Eingang beim Patentamt wirksam. Sie ist gem. Abs. 7 S. 1 nur dann ausgeschlossen, wenn bereits vor ihrem Wirksamwerden

(Eingang PA) eine Benutzungsanzeige nach Abs. 3 wirksam geworden ist (s. u. Rdn. 11). Die Zurücknahme wird ebenso wie die Bereitschaftserklärung (Abs. 1 S. 3) in das Patentregister eingetragen, hat aber keine Beweiskraft für die Wirksamkeit der Zurücknahme, BPatG BlPMZ **04,** 193, 194. Beweispflichtig für eine zuvor wirksam gewordene Benutzungsanzeige ist im Streitfall derjenige, der sich darauf beruft. Der Streitfall ist ggf. vor d. Zivilgerichten zu klären, soweit es nicht nur um die Festsetzung d. Vergütung nach § 23 IV geht, BPatG a. a. O.

Mit der wirksamen Zurücknahme der Erklärung entfällt zugleich die Gebührenermäßigung nach Abs. 1, und zwar auch für die schon früher fällig gewordenen und bezahlten **Gebühren,** wie durch Abs. 7 S. 3 klargestellt wird. Der Differenzbetrag ist **nachzuzahlen.** Hierfür gilt jedoch nicht der ursprüngliche Fälligkeitstermin sondern eine besondere Frist von einem Monat ab Wirksamwerden der Zurücknahme (Abs. 7 S. 3). Bis zum Ablauf von weiteren vier Monaten ist die Nachzahlung noch mit Verspätungszuschlag nach PatKostG (GebVerz) wirksam; andernfalls erlischt das Patent (§ 20 I Nr. 3).

Neben einer Zurücknahme wird auch weiterhin eine Anfechtung wegen Willensmängeln nach §§ 119ff. BGB als zulässig anzusehen sein, so Reimer § 14 Rdn. 9; Busse, Rdn. 23 zu § 23; demgegenüber will Lindenmaier § 14 Rdn. 3 nur Irrtumsanfechtung bis zur Eintragung der Lizenzbereitschaft zulassen.

7. Widerruf bei Wirtschaftspatenten (DDR). Der Inhaber eines Wirtschaftspatents kann gem. § 7 Abs. 2 ErstrG seine fingierte Lizenzbereitschaftserklärung (s. o. Rdn. 6a) – rückwirkend – widerrufen. Dies kann allerdings erst nach vollständiger Prüfung auf das Vorliegen aller Schutzvoraussetzungen (§ 12 ErstrG), dann aber jederzeit geschehen. Der Widerruf ist schriftlich zu erklären; im Patentblatt wird ein entsprechender Hinweis veröffentlicht. Die Widerrufserklärung hat die gleichen gebührenrechtlichen Folgen wie die Zurücknahme nach Abs. 7 Satz 3 u. 4. Anders als die Zurücknahme nach Abs. 7 ist der Widerruf bei Wirtschaftspatenten auch noch nach Eingang einer Benutzungsanzeige möglich. Jedoch steht gem. § 7 Abs. 3 ErstrG demjenigen ein Weiterbenutzungsrecht zu, der vor Veröffentlichung eines Hinweises auf die Widerrufserklärung seine Benutzungsabsicht mitgeteilt und außerdem bereits mit der Benutzung begonnen oder zumindest die zur Benutzung erforderlichen Veranstaltungen getroffen hat. Wegen der letztgenannten Voraussetzungen wird auf §§ 12 Abs. 1, 123 Abs. 5 und die dortigen Erläuterungen verwiesen. Dabei beschränkt sich das Benutzungsrecht auf die in der Benutzungsanzeige „angegebene Weise" (§ 7 Abs. 3 ErstrG). **10b**

III. Die Lizenznahme (Abs. 3)

1. Die Benutzungsanzeige. Nach der Eintragung der Erklärung der Lizenzbereitschaft in der Patentrolle kann jeder Dritte dadurch, dass er dem Patentinhaber seine Absicht, die Erfindung zu benutzen, anzeigt (Abs. 3 Satz 1), das Recht erwerben, die Erfindung in der von ihm in der Anzeige angegebenen Weise (Abs. 3 Satz 3) gegen eine – auf Antrag vom Patentamt festzusetzende (Abs. 4) – angemessene Vergütung (Abs. 1 Satz 1, Abs. 3 Satz 5) zu benutzen (Abs. 3 Satz 4). Die Benutzungsanzeige ist mithin eine rechtsgestaltende Erklärung, durch die zwischen dem Schutzrechtsinhaber und dem Anzeigenden eine Art Lizenzverhältnis zustande kommt, dessen Gegenstand durch die Bereitschaftserklärung einerseits und die Anzeige andererseits bestimmt wird und dessen Inhalt im Übrigen gesetzlich geregelt und ggf. behördlich festzusetzen ist, OLG Nürnberg GRUR **96,** 48; BPatG GRUR **96,** 477; LG Düsseldorf InstGE **1,** 33. Eine Benutzungsanzeige mit dieser Wirkung kann „jedermann" (Abs. 1 Satz 1) abgeben; Inländer und Ausländer stehen gleich, beide aber natürlich nur für den inländischen Geltungsbereich des Patents, OLG Nürnberg a. a. O. Rechtsgeschäftliche Vertretung bei d. Anzeige ist möglich, die Bestellung eines Inlandsvertreters (§ 25) nicht erforderlich, OLG Nürnberg a. a. O. Dem Patentinhaber geben weder Bedenken gegen die Zuverlässigkeit des Anzeigenden noch sonstige Gründe (z. B. dass der Anzeigende sein hauptsächlicher Konkurrent ist) das Recht, die Anzeige zurückzuweisen oder sonstwie die Entstehung des Benutzungsrechtes für den Anzeigenden zu verhindern, BPatG BlPMZ **04,** 193, 195. Die Anzeige ist nach Absatz 3 Satz 1 dem Patentinhaber zu machen; Anzeige an das Patentamt genügt nicht. Eine bestimmte Form ist nicht vorgeschrieben; a. A. Schulte Rdn. 25 zu § 23: Schriftform; wie hier Busse Rdn. 46 zu § 23. Dass die Anzeige dem Patentinhaber zugegangen ist (§ 130 BGB), muss der Anzeigende notfalls beweisen. Hat er aber – was zu empfehlen ist – gemäß Abs. 3 Satz 2 die Anzeige durch Einschreibebrief an den aus der Patentrolle ersichtlichen Patentinhaber oder dessen eingetragenen Inlandsvertreter (vgl. § 30 Abs. 1 Satz 1 in Vbdg. mit § 25) abgesandt, so gilt die Anzeige schon damit als bewirkt. Die durch Abs. 3 Satz 3 vorgeschriebene Angabe über die Art und Weise der beabsichtigten Benutzung ist einerseits für den Umfang des durch die Anzeige entstehenden Benutzungsrechts des Anzeigenden maßgebend und wirkt sich anderer- **11**

seits auf die Höhe der von ihm zu zahlenden Vergütung aus. Es ist namentlich anzugeben, ob das Schutzrecht in vollem Umfang oder nur teilweise, ob nur das Hauptpatent oder auch ein etwaiges Zusatzpatent benutzt werden soll, welche der möglichen Benutzungshandlungen (§§ 9, 10) vorgenommen werden sollen, ob die Benutzung örtlich oder zeitlich oder auf bestimmte technische Zwecke oder auf einen bestimmten Betrieb beschränkt sein soll usw. Die Anzeige einer Benutzung „in vollem Umfang" wird als ausreichend angesehen, OLG Nürnberg GRUR **96,** 48; BPatG BlPMZ **04,** 193, 195. Die für Kontrolle u. Abrechnung wichtige Konkretisierung ergibt sich dann aus den nach Abs. 3 S. 5 geschuldeten Angaben. Eine – rückwirkende – Konkretisierung, Klarstellung oder Berichtigung der zunächst gemachten Angaben binnen angemessener Frist, ggf. nach Verhandlung mit dem Patentinhaber, wird als zulässig anzusehen sein, vgl. BPatG a. a. O.; jedoch keine rückwirkende Erweiterung der Benutzungserklärung; enger Busse Rdn. 49 zu § 23. Mit Wirkung für die Zukunft kann der Anzeigende auch späterhin jederzeit – ebenso wie er eine neue Anzeige machen könnte – dem Patentinhaber gegenüber seine Angaben über den Benutzungsumfang und damit sein Benutzungsrecht ändern, ebenso Kraßer S. 845; Busse Rdn. 49 zu § 23. Eine Frist für die Abgabe der Anzeige ist nicht vorgesehen; sie kann also – von der Eintragung der Bereitschaftserklärung ab – während der ganzen Patentdauer noch jederzeit abgegeben werden. Keine Rückwirkung. Für zurückliegende Benutzung entstandene Ansprüche auf Entschädigung (§ 33), Schadensersatz (§ 139 Abs. 2) oder Herausgabe ungerechtfertigter Bereicherung (BGB § 812; s. Rdn. 81 ff. zu § 139) bleiben unberührt, LG Düsseldorf InstGE **1,** 33.

12 2. **Die Rechte der Beteiligten** sind durch das Gesetz geregelt (Abs. 3 Satz 4–6, Abs. 4, 5). Eine abweichende Regelung durch vertragliche Vereinbarung ist jedoch nicht ausgeschlossen. Nach dem Gesetz ist der Anzeigende einerseits von der Abgabe der Anzeige ab (also ohne dass zuvor das Weitere, z. B. die Vergütungsfrage, geregelt werden müsste) berechtigt, das Schutzrecht in der von ihm in der Anzeige angegebenen Weise zu benutzen (Abs. 3 Satz 4), andererseits aber dem Schutzrechtsinhaber zur vierteljährlichen Auskunftserteilung über die erfolgte Benutzung und zur Entrichtung der angemessenen Vergütung für die Benutzung verpflichtet (Abs. 3 Satz 5). Das Benutzungsrecht des Anzeigenden ist kein ausschließliches, sondern nur ein einfaches. Es besteht auch nur dem Patentinhaber gegenüber; ist dessen Recht z. B. von einem älteren Patent abhängig, so ist es auch das Benutzungsrecht des Anzeigenden. Gemäß § 29 ErstrG gewährt das Benutzungsrecht aus § 23 auch keinen Schutz gegen übereinstimmende erstreckte Schutzrechte aus dem ursprünglich „anderen" Teil Deutschlands; insoweit kommt allenfalls ein Weiterbenutzungsrecht nach § 28 ErstrG in Betracht. Eine Haftung für die Rechtsbeständigkeit des Patents (z. B. im Falle der Versagung oder Vernichtung des Patents) trifft den Patentinhaber nicht. Für die Auskunftspflicht des Benutzungsberechtigten gelten die gleichen Grundsätze wie für vertragliche Lizenznehmer (vgl. § 15 Rdn. 145). Die Höhe der Vergütung kann durch Vereinbarung zwischen dem Patentinhaber und dem Benutzungsberechtigten oder gemäß Abs. 4 auf Antrag eines Beteiligten durch das Patentamt festgesetzt werden (vgl. dazu unten Rdn. 13, 14). Der Anspruch des Patentinhabers auf die Vergütung ist frei übertragbar, also auch verpfändbar und pfändbar. Kommt der Benutzungsberechtigte der Verpflichtung zur Auskunftserteilung oder der zur Entrichtung der Vergütung nicht in gehöriger Zeit – oder nicht in gehöriger Weise – nach, so kann der als Schutzrechtsinhaber Eingetragene gegen ihn nach Abs. 3 Satz 6 vorgehen (Setzung einer Nachfrist, Untersagung der Weiterbenutzung). Nichtzahlung allein berechtigt dazu nicht, solange die Höhe der Vergütung weder vereinbart noch festgesetzt ist, OLG Nürnberg GRUR **96,** 48. Anders wohl dann, wenn bereits feststeht, dass der Anzeigende eine angemessene Vergütung nicht zahlen kann oder will (vgl. Rechtsgedanke der §§ 242, 543, 626, 723 I S. 2 BGB). Streitigkeiten der Beteiligten über ihre Rechte und Pflichten sind im ordentlichen Rechtsweg nach § 143 auszutragen. Wegen der Höhe der Vergütung ist jedoch auch das besondere Verfahren vor dem Patentamt nach Abs. 4, 5 eröffnet.

IV. Die Festsetzung der Vergütung (Abs. 4, 5)

13 1. **Allgemeines.** Der nach Abs. 3 Benutzungsberechtigte kann sich mit dem Schutzrechtsinhaber über die Höhe der für die Benutzung zu entrichtenden Vergütung einigen. Kommt eine Einigung nicht zustande, so kann die angemessene Vergütung nach Abs. 4 Satz 1 auf Antrag eines Beteiligten durch das Patentamt festgesetzt werden. Diese Zuständigkeit des Patentamts ist nicht ausschließlich; über die Höhe der Vergütung kann vielmehr auch im ordentlichen Rechtsweg nach § 143, z. B. im Rahmen einer Zahlungsklage des Patentinhabers, entschieden werden, LG Mannheim GRUR **56,** 412; ebenso Busse Rdn. 57 zu § 23; Schulte Rdn. 28 zu § 23; Reimer § 14 Rdn. 18; teilweise anders Klauer/Möhring § 14 Rdn. 16; zweifelnd Lin-

denmaier § 14 Rdn. 14; vgl. auch Eggert GRUR **72,** 232, 234. Andererseits kann im Verfahren nach Abs. 4 nur über die Höhe der Vergütung entschieden werden, nicht über Vorfragen, z.B. nicht über die Frage, ob überhaupt eine Vergütungspflicht besteht; die Festsetzung nach Abs. 4 hat daher zur Voraussetzung, dass sich die Beteiligten über die Verpflichtung des Benutzers zur Zahlung von Lizenzgebühren einig sind, PA Bl. **42,** 141; LG Mannheim GRUR **56,** 412. Eine rechtskräftige Festsetzung nach Abs. 4 ist für die Beteiligten in ihrem Verhältnis zueinander verbindlich und aus diesem sachlichrechtlichen Grund auch für einen Streit der Beteiligten im ordentlichen Rechtsweg, z.B. für eine Zahlungsklage des Patentinhabers, maßgeblich. Die Beteiligten können aber nach Maßgabe des Abs. 5 – frühestens nach einem Jahr – die Änderung der Festsetzung durch das Patentamt beantragen und können auch – und zwar jederzeit – die Vergütung durch Vereinbarung anders festlegen. Bei Änderung der Benutzungsanzeige (s. oben Rdn. 11) kann eine anderweitige Festsetzung der Vergütung auch schon vor Ablauf der Jahresfrist beantragt werden.

2. Das Verfahren. Das Festsetzungsverfahren nach Abs. 4 wird durch den Antrag eines Beteiligten eingeleitet. Der Antrag ist schriftlich zu stellen (Abs. 4 Satz 1) und kann gegen mehrere Beteiligte (z.B. gegen mehrere Benutzungsberechtigte) gerichtet werden (Abs. 4 Satz 3); mehrere Mitinhaber eines (ihnen zu ideellen Bruchteilen gemeinschaftlich zustehenden) Patents sind notwendige Streitgenossen im Sinne von § 62 Abs. 1 ZPO, BGH GRUR **67,** 655, 656. Mit dem Antrag ist eine **Gebühr** in Höhe von derzeit 60,– € fällig (PatKostG § 3 I u. GebVerz Nr. 33 200); wird sie nicht binnen drei Monaten gezahlt, gilt d. Antrag als zurückgenommen (§ 6 I, II PatKostG). Wegen einer etwaigen Erstattung d. Verfahrenskosten durch den Antragsgegner vgl. Abs. 4 Satz 4 sowie Satz 2 i. Verb.m. § 62; die Bewilligung von Verfahrenskostenhilfe für das Festsetzungsverfahren ist vom Gesetz nicht vorgesehen, vgl. § 129 Rdn. 3. **Zuständig** für die Entscheidung ist nach Abs. 4 Satz 1 die Patentabteilung; zur Patentabteilung und ihrer Besetzung vgl. § 27 Abs. 1 Nr. 2, Abs. 3, 4. Für das **Verfahren** gelten nach Abs. 4 Satz 2 die Vorschriften der §§ 46, 47, 62 über die Anhörung der Beteiligten, die Erhebung von Beweisen, Form und Inhalt der Entscheidung, deren Feststellung und Anfechtbarkeit und die Auferlegung und Erstattung von Kosten entsprechend. Die Entscheidung der Patentabteilung ergeht als Beschluss, der im Allgemeinen zu begründen (§ 47 Abs. 1) und zusammen mit einer Rechtsmittelbelehrung (§ 47 Abs. 2) von Amts wegen zuzustellen ist (§ 47 Abs. 1). Gegen den Beschluss der Patentabteilung ist die **Beschwerde** nach § 73 an den Beschwerdesenat des Patentgerichts (§ 66 Nr. 1) gegeben, der nach § 67 Abs. 1 in der Besetzung mit einem rechtskundigen Mitglied als Vorsitzendem und zwei technischen Mitgliedern entscheidet und gegen seine Entscheidung die Rechtsbeschwerde an den BGH nach § 100 Abs. 1, 2 zulassen kann. Für die **Festsetzung** des zu erstattenden Betrags der im Verfahren vor dem Patentamt erwachsenen **Kosten** ist nach § 23 Abs. 4 S. 2 i. Verb.m. § 62 Abs. 2 S. 2 der „Kostenbeamte" des Patentamts zuständig, für die Festsetzung der im Beschwerdeverfahren erwachsenen Kosten dagegen der Rechtspfleger des Patentgerichts, § 23 Abs. 1 Nr. 12 RPflG. 14

Nach Ablauf eines Jahres seit der letzten Festsetzung – d.h. seit Eintritt der Rechtskraft des letzten Festsetzungsbeschlusses – kann gemäß Abs. 5 jeder davon Betroffene, also der Patentinhaber oder der Benutzungsberechtigte, ihre **Änderung** beantragen. Der Änderungsantrag kann nach Abs. 5 Satz 1 nur dann gestellt werden und Erfolg haben, wenn seit der letzten Festsetzung Umstände eingetreten oder bekannt geworden sind, welche die festgesetzte Vergütung „offenbar unangemessen" erscheinen lassen. Hat inzwischen der Benutzer durch Änderung der Benutzungsanzeige oder durch neue Benutzungsanzeige den Umfang seines Benutzungsrechts und entsprechend auch den Umfang der tatsächlichen Benutzung geändert, so wird der Antrag nach Abs. 5 Satz 1 auch schon vor Ablauf der Jahresfrist gestellt werden können, so Reimer § 14 Rdn. 17. Die für den Änderungsantrag zu entrichtende Gebühr beträgt derzeit 120,– €, wird mit Antragstellung fällig und ist binnen drei Monaten zu zahlen (PatKostG §§ 3 I u. 6 I); andernfalls gilt d. Antrag als zurückgenommen (PatKostG § 6 II). Im Übrigen gilt für das Änderungsverfahren, für die darin ergehende Entscheidung und für ihre Anfechtbarkeit das zu Rdn. 14 Gesagte entsprechend. 15

3. Die Höhe der festzusetzenden Vergütung (und auch die Wahl der Berechnungsgrundlage) hängt ganz von den Umständen des Einzelfalles ab, BGH GRUR **67,** 655, 657. Es wird ein gerechter Ausgleich zwischen den Interessen des Patentinhabers und denen des Benutzers zu suchen sein. Die Vergütung soll einerseits dem Erfinder eine angemessene Entschädigung dafür bringen, dass er die Erfindung gemacht und der Allgemeinheit zur Ausnutzung zur Verfügung gestellt hat; sie soll aber andererseits den Benutzer nicht unbillig belasten und ihn nicht veranlassen oder gar zwingen, von der weiteren Benutzung der Erfindung Abstand zu nehmen. Es wird insbesondere zu berücksichtigen sein, welche wirtschaftliche Bedeutung die 16

Erfindung hat (ggf. zu ermessen an Lizenzsätzen in Lizenzverträgen, die im freien Wettbewerb abgeschlossen sind), ob Verbesserungserfindungen anderer bekannt geworden sind, in welchem Umfang der Benutzer gemäß seiner Benutzungsanzeige ein Benutzungsrecht in Anspruch genommen hat, in welchem Umfang er die Erfindung tatsächlich benutzt, ob er eine eigene Verbesserungserfindung mit benutzt, und ob und ggf. wieviele andere Personen und in welchem Umfang sie ebenfalls ein Benutzungsrecht nach § 23 erworben haben und ausüben. Im Übrigen werden die von der Rechtsprechung zur Vergütung für die Zwangslizenz entwickelten Grundsätze (vgl. § 24 Rdn. 33, 34) herangezogen werden können; ferner die Grundsätze zur vertraglichen Lizenzzahlung (§ 15 Rdn. 123ff.) und zur lizenzanalogen Schadensberechnung (§ 139 Rdn. 63ff.). Zu Einzelfragen, insbesondere zur Berechnung der angemessenen Vergütung bei mittelbarer Benutzung einer Verfahrenserfindung und Mitbenutzung einer eigenen (abhängigen) Erfindung des mittelbaren Benutzers, vgl. auch BGH GRUR **67,** 655, 657ff. mit Anm. Fischer; kritisch zu den vorstehend wiedergegebenen Grundsätzen Vorwerk, GRUR **73,** 63ff. Berechnungsbeispiel mit zusätzlicher Berücksichtigung weiterer Vorteile, die über den eigentlichen Patentgegenstand hinausgehen, bei BPatG BlPMZ **90,** 329ff.

Bei der Festsetzung können naturgemäß die Verhältnisse jeweils nur soweit berücksichtigt werden, wie sie zurzeit der Festsetzung bestehen oder vorauszusehen sind. Eine Änderung der Verhältnisse berechtigt zu dem Änderungsantrag nach Abs. 5. Die Voraussetzungen des Abs. 5 sind strenger als die des ihm entsprechenden § 323 ZPO.

V. Hinweis auf Regelungen ähnlicher Fälle

17 Für die Lizenzbereitschaft an einem **ergänzenden Schutzzertifikat** gilt § 23 entsprechend (§ 16a Abs. 2). Die Erteilung einer **Zwangslizenz** (§ 24 PatG) nebst Festsetzung der für sie zu zahlenden Vergütung erfolgt durch den Nichtigkeitssenat (mit Berufung an den BGH) im Verfahren nach §§ 81ff. Eine Benutzungsanordnung nach **§ 13 PatG** löst einen im ordentlichen Rechtsweg zu verfolgenden Vergütungsanspruch gegen den Bund aus (§ 13 Abs. 3). Zur Lizenzbereitschaft bei europäischen Patenten s. o. Rdn. 2.

18 Zur besseren Information über bestehende Lizenzierungsmöglichkeiten und damit zur besseren Auswertung der Erfindungen von Anmeldern ohne größere Marktpotenz hat das Deutsche Patentamt seit dem 1. 7. 1985 das gesetzlich nicht geregelte Institut der **„Unverbindlichen Lizenzinteresseerklärung"** eingeführt (Bl. **85,** 197). Hiernach kann jeder Patentanmelder und Patentinhaber dem Patentamt schriftlich mitteilen, dass er an der Vergabe einer (einfachen oder ausschließlichen) Lizenz interessiert ist. Die Erklärung ist – anders als bei Lizenzbereitschaft i. S. des § 23 – unverbindlich, kann jederzeit zurückgenommen werden und entfaltet keinerlei unmittelbare rechtliche Wirkungen, führt insbesondere nicht zu einer Gebührenermäßigung; sie dient allein der Information und Gewinnung etwaiger Interessenten für die Lizenznahme. Ein Vermerk über die Lizenzinteresseerklärung wird in das Patentregister aufgenommen und im Patentblatt veröffentlicht. Der besseren Information über bestehende Lizenzmöglichkeiten dient ferner die vom Deutschen Patentamt unterhaltene **Lizenzdatenbank RALF.** Diese informiert über alle Lizenzbereitschaftserklärungen nach § 23, über unverbindliche Lizenzinteresseerklärungen (s. o.) und zusätzlich über die mit Förderung durch das Bundesforschungsministerium entstandenen Patentanmeldungen und Schutzrechte. Weitere Einzelheiten über die Lizenzinformationssysteme bei Reinelt GRUR **85,** 173ff. u. **86,** 504ff.

Entsprechendes gilt auch für Gebrauchsmuster; hierauf bezogene Lizenzinteresseerklärungen werden in das Register für Gebrauchsmuster eingetragen und ebenfalls in der Lizenzdatenbank RALF erfasst, Mitt. PräsDPA Bl. **86,** 349.

24

Zwangslizenz. (1) **Die nicht ausschließliche Befugnis zur gewerblichen Benutzung einer Erfindung wird durch das Patentgericht im Einzelfall nach Maßgabe der nachfolgenden Vorschriften erteilt (Zwangslizenz), sofern**

1. **der Lizenzsucher sich innerhalb eines angemessenen Zeitraumes erfolglos bemüht hat, vom Patentinhaber die Zustimmung zu erhalten, die Erfindung zu angemessenen geschäftsüblichen Bedingungen zu benutzen, und**
2. **das öffentliche Interesse die Erteilung einer Zwangslizenz gebietet.**

(2) [1]**Kann der Lizenzsucher eine ihm durch Patent mit jüngerem Zeitrang geschützte Erfindung nicht verwerten, ohne das Patent mit älterem Zeitrang zu verletzen, so hat er gegenüber dem Inhaber des Patents mit dem älteren Zeitrang Anspruch auf Einräumung einer Zwangslizenz, sofern**

1. die Voraussetzung des Absatzes 1 Nr. 1 erfüllt ist und

2. seine eigene Erfindung im Vergleich mit derjenigen des Patents mit dem älteren Zeitrang einen wichtigen technischen Fortschritt von erheblicher wirtschaftlicher Bedeutung aufweist.

[2]Der Patentinhaber kann verlangen, dass ihm der Lizenzsucher eine Gegenlizenz zu angemessenen Bedingungen für die Benutzung der patentierten Erfindung mit dem jüngeren Zeitrang einräumt.

(3) **Absatz 2 gilt entsprechend, wenn ein Pflanzenzüchter ein Sortenschutzrecht nicht erhalten oder verwerten kann, ohne ein früheres Patent zu verletzen.**

(4) **Für eine patentierte Erfindung auf dem Gebiet der Halbleitertechnologie darf eine Zwangslizenz im Rahmen des Absatzes 1 nur erteilt werden, wenn dies zur Behebung einer in einem Gerichts- oder Verwaltungsverfahren festgestellten wettbewerbswidrigen Praxis des Patentinhabers erforderlich ist.**

(5) **[1]Übt der der Patentinhaber die patentierte Erfindung nicht oder nicht überwiegend im Inland aus, so können Zwangslizenzen im Rahmen des Absatzes 1 erteilt werden, um eine ausreichende Versorgung des Inlandsmarktes mit dem patentierten Erzeugnis sicherzustellen. [2]Die Einfuhr steht insoweit der der Ausübung des Patents im Inland gleich.**

(6) **[1]Die Erteilung der Zwangslizenz ist erst nach dessen Erteilung zulässig. [2]Sie kann eingeschränkt erteilt und von Bedingungen abhängig gemacht werden. [3]Umfang und Dauer der Benutzung sind auf den Zweck zu begrenzen, für den sie gestattet worden ist. [4]Der Patentinhaber hat gegen den Inhaber der Zwangslizenz Anspruch auf eine Vergütung, die nach den Umständen des Falles angemessen ist und den wirtschaftlichen Wert der Zwangslizenz in Betracht zieht. [5]Tritt bei den künftig fällig werdenden wiederkehrenden Vergütungsleistungen eine wesentliche Veränderung derjenigen Verhältnisse ein, die für die Höhe der Vergütung maßgebend waren, so ist jeder Beteiligte berechtigt, eine entsprechende Anpassung zu verlangen. [6]Sind die Umstände, die der Erteilung der Zwangslizenz zugrunde lagen, entfallen und ist ihr Widereintritt unwahrscheinlich, so kann der Patentinhaber die Rücknahme der Zwangslizenz verlangen.**

(7) **[1]Die Zwangslizenz an einem Patent kann nur zusammen mit dem Betrieb übertragen werden, der mit der Auswertung der Erfindung befasst ist. [2]Die Zwangslizenz an einer Erfindung, die Gegenstand eines Patents mit älterem Zeitrang ist, kann nur zusammen mit dem Patent mit jüngerem Zeitrang übertragen werden.**

Inhaltsübersicht

I. Allgemeines

1 **1. Entstehungsgeschichte.** § 24 geht auf § 11 der Patentgesetze v. 25. 5. 1877 und v. 7. 4. 1891 zurück und ist wiederholt neu gefasst worden: zuerst – noch als § 11 – durch das Gesetz v. 6. 6. 1911 – RGBl. S. 243 –, dann – als § 15 – durch das Patentgesetz v. 5. 5. 1936, sodann durch § 1 Nr. 4 des 1. ÜG v. 8. 7. 1949 – WiGBl. S. 175 – und schließlich Abs. 1 nochmals durch § 1 Nr. 8 des 6. ÜG v. 23. 3. 1961 – BGBl. I S. 274. Durch das 6. ÜG wurde die Bestimmung gestrichen, dass eine Zwangslizenz frühestens 3 Jahre nach Erteilung des Patents möglich war; seitdem kann sie schon alsbald nach Erteilung des Patents erteilt werden (heute § 24 Abs. 6 S. 1).

Weitere Änderungen ergaben sich erst in neuerer Zeit bei der Anpassung an übergeordnetes Internationales Recht. Nach den Vorgaben des TRIPS-Ü wurden durch das 2. PatÄndG v. 16. 7. 1998 (BGBl. I S. 1827) insbesondere die allgemeinen Voraussetzungen d. Lizenzerteilung teilweise neu formuliert und konkrete Bestimmungen für die Sonderfälle nach den heutigen Absätzen 2 bis 6 eingeführt; zugleich wurde die früher mögliche hoheitliche Zurücknahme des Patents bei vorwiegender Ausübung außerhalb Deutschlands (Abs. 2 a. F.) gestrichen; vgl. Begründung RegEntw. BlPMZ **98,** 383, 398 ff. Durch Gesetz z. Umsetzung d. Richtlinie über d. rechtlichen Schutz biotechnologischer Erfindungen (RL 98/44/EG – s. Anhang Nr. 11) v. 21. 1. 2005 (BGBl. I S. 146) wurden die Voraussetzungen einer Zwangslizenz bei abhängigen Erfindungen oder Züchtungen (Abs. 2, 3) z. T. neu formuliert.

2 **2. Literaturhinweise** (zeitlich geordnet): Schade, Zwangslizenz – Eine rechtsgeschichtliche u. rechtsvergleichende Studie, Mitt. **64,** 101 ff.; Schatz, Ausübungszwang u. Zwangslizenzen im Gemeinsamen Markt, GRUR Int. **68,** 273 ff.; Henriquez/Walenda, GRUR Int. **70,** 335 (Zwangslizenz u. abhängige Patente); Horn, Das öffentliche Interesse an Zwangslizenzen, Mitt. **70,** 184; Preu, Zwangslizenz, in Festschrift Zehn Jahre Bundespatentgericht, 1971, S. 239 ff.; Gomez Segade, GRUR Int. **73,** 95 ff., 123 ff., 190 ff. (Geschichte u. Rechtsvergleich für Zwangslizenz an pharmazeutischen Erzeugnissen); Bußmann, Die patentrechtliche Zwangslizenz (1975); Vorwerk, Probleme der Zwangslizenzregelung, GRUR **76,** 64 ff.; A. Krieger, Die so genannten Wirtschaftsklauseln, GRUR Int. **76,** 214; Greif, RIW/AWD **75,** 605 ff. (Zwangslizenz u. Gemeinsamer Markt); W. Jabbusch, Begrenzung der konzentrationsfördernden Wirkungen des Patentschutzes durch Erweiterung des Instituts der Zwangslizenz (1977); Kunz-Hallstein, Verschärfter Ausübungszwang für Patente, GRUR Int. **81,** 347 ff.; Greif, Ausübungszwang für Patente, GRUR Int. **81,** 731; Pfanner, Die Zwangslizenzierung von Patenten, Überblick u. neuere Entwicklungen, GRUR Int. **85,** 357 ff.; Demaret GRUR Int. **87,** 1 ff. (Zwangslizenz und freier Warenverkehr); Viefhues, Die Erteilung von Zwangslizenzen im europäischen Binnenmarkt, Mitt. **95,** 141 ff.; Beier, Ausschließlichkeit, gesetzliche Lizenzen und Zwangslizenzen im Patent- und Musterrecht, GRUR **98,** 185 ff.; Straus, Abhängigkeit bei Patenten auf genetische Information – ein Sonderfall?, GRUR **98,** 314; Nieder, Zwangslizenzklage – Neues Verteidigungsmittel im Patentverletzungsprozess?, Mitt. **01,** 400 ff.; Pohl, Die Voraussetzungen d. patentrechtlichen Zwangslizenz (2000); Scheffler, Die (ungenutzten) Möglichkeiten des Rechtsinstituts der Zwangslizenz, GRUR **03,** 97 ff.; Kübel, Zwangslizenzen im Immaterialgüter- und Wettbewerbsrecht (2004); Holzapfel, Das öffentliche Interesse bei Zwangslizenzen, Mitt. **04,** 391 ff.; Heinen, Zwangslizenzerteilung gem. Art. 31 TRIPS-Ü im Hinblick auf den Zugang zu essentiellen Medikamenten (2004); Leitzen/Kleinevoss, Renaissance d. patentrechtl. Zwangslizenz? Mitt. **05,** 198 ff.; Buhrow/Nordemann, Grenzen ausschließlicher Rechte geistigen Eigentums durch Kartellrecht, GRUR Int. **05,** 407, 411 ff.; Wolff, Zwangslizenzen im Immaterialgüterrecht (2005).

3 **3. Inhalt und Stellung des § 24 im Zusammenhang des Gesetzes.** Während § 23 den Fall regelt, dass der Patentinhaber (oder Patentsucher) sich bereit erklärt, jedem, der das will, die Benutzung seiner Erfindung gegen angemessene Vergütung zu gestatten, regelt § 24 den umgekehrten Fall, dass der Patentinhaber (oder Patentsucher) sich trotz Angebots einer angemessenen Vergütung weigert, einem anderen die Benutzung der Erfindung zu gestatten; dann ist diesem anderen nach § 24 Abs. 1 unter der Voraussetzung, dass die Erlaubnis im öffentlichen Interesse geboten ist, die Befugnis zur Benutzung der Erfindung zuzusprechen (Zwangslizenz). Die Voraussetzung, dass die Erteilung der Zwangslizenz im öffentlichen Interesse geboten sein muss, ist wesentlich; im Falle einer abhängigen Erfindung oder Züchtung (Abs. 2, 3) gilt die besondere Regelung des Abs. 2 S. 3. Aus anderen Gründen kann nach deutschem Recht eine Zwangslizenz nicht erteilt werden. Sie ist eine Einschränkung des durch das Grundgesetz geschützten Eigentums, trägt jedoch den Grundsätzen des Gesetzesvorbehalts nach GG Art. 14 Abs. 1 und der besonderen Sozialbindung nach Art. 14 Abs. 2 Rechnung, BGHZ **131,** 247, 252 – Inter-

feron-gamma/Polyferon. Die Einzelheiten der Regelung berücksichtigen die Vorgaben nach TRIPS-Ü Art. 31. Eine andere Möglichkeit, gegenüber dem Monopol des Patentinhabers das öffentliche Interesse zur Geltung zu bringen, eröffnet § 13, wonach die Wirkung des Patents insoweit nicht eintritt, als die Bundesregierung anordnet, dass die Erfindung im Interesse der öffentlichen Wohlfahrt (oder im Interesse der Sicherheit des Bundes) benutzt werden soll. Bei § 13 handelt es sich um eine im pflichtmäßigen Ermessen der Bundesregierung stehende hoheitliche Maßnahme enteignungsähnlichen Charakters, gegen die der Verwaltungsrechtsweg (vor dem Bundesverwaltungsgericht) eröffnet ist und durch die ein notfalls im ordentlichen Rechtsweg zu verfolgender Vergütungsanspruch des Patentinhabers gegen den Bund ausgelöst wird. § 24 Abs. 1 dagegen überlässt die Wahrnehmung des öffentlichen Interesses der Privatinitiative und privaten Risikobereitschaft eines Lizenzsuchers und gibt ihm nur einen (nach § 81 im Zweiparteienverfahren gegen den Patentinhaber zu verfolgenden und damit letztlich privatrechtlichen – vgl. H. Schulte GRUR **85,** 772, 777 u. Kraßer S. 864) Anspruch auf Erteilung einer Zwangslizenz durch das Patentgericht, falls die in § 24 geregelten sachlich-rechtlichen Voraussetzungen für die Erteilung (einschließlich vor allem des öffentlichen Interesses) gegeben sind. Durch die Erteilung der Zwangslizenz erlangt der Lizenzsucher dann dem Patentinhaber gegenüber die gleiche Stellung wie ein vertraglicher Lizenznehmer; er wird ihm also insbesondere zur Zahlung einer Vergütung für die Benutzung der Erfindung verpflichtet. Das Patentgericht und (im Berufungsrechtszug) der BGH entscheiden (in einem sogen. „einstufigen" Verfahren) sowohl über die Voraussetzungen der Erteilung der Zwangslizenz als auch über deren Inhalt und über die zu zahlende Vergütung; die durch das Patentgesetz v. 5. 5. 1936 eingeführte Vorentscheidung der Verwaltung (der Reichsregierung) über das öffentliche Interesse an der Erlaubnis ist seit der Neufassung des Abs. 1 durch das 1. ÜG wieder beseitigt.

4. Die Bedeutung des § 24 in der Praxis. Literaturhinweis: Schade, „Zwangslizenz; eine rechtsgeschichtliche und rechtsvergleichende Skizze", Mitt. **64,** 101 ff. Bis zum Gesetz vom 6. 6. 1911 gab es im deutschen Patentrecht noch keine Vorschrift über die (gerichtliche) Erteilung einer Zwangslizenz (jetzt § 24 Abs. 1), sondern nur eine Vorschrift über die (gerichtliche) Zurücknahme des Patents (vormals § 24 Abs. 2, durch 2. PatÄndG 1998 gestrichen), durch die allerdings zugleich ein mittelbarer Zwang zur (vertraglichen) Erteilung von Lizenzen ausgeübt wurde. Von der Möglichkeit, die Zurücknahme eines Patents zu erwirken, ist bis zum Jahre 1911 öfters Gebrauch gemacht worden, seit dem Jahre 1911 nur noch äußerst selten, seit dem Jahre 1949 ausweislich der Statistiken des Patentamts und des Patentgerichts überhaupt nicht mehr. Auch die Zahl der Anträge auf Erteilung einer Zwangslizenz und noch mehr die Zahl der erteilten Zwangslizenzen ist gering geblieben; seit der Errichtung des Bundespatentgerichts im Jahre 1961 ist ausweislich seiner Statistiken bis Ende 2004 nur in 20 Fällen ein Verfahren wegen Erteilung einer Zwangslizenz eingeleitet, aber nur in einem einzigen Fall (BPatGE **32,** 184) eine Zwangslizenz zunächst erteilt, in der Berufungsinstanz (BGHZ **131,** 247 – Interferon-gamma/Polyferon) jedoch abgelehnt worden; vgl. auch BT-Drucks. 9/1855 S. 6 Nr. 8 sowie Begründung RegEntw. 2. PatÄndG, BlPMZ **98,** 393, 399. Die geringe Zahl der Zwangslizenzverfahren besagt allerdings wenig über die Bedeutung der gesetzlichen Regelung; man wird annehmen dürfen, dass schon die generelle Möglichkeit einer Zwangslizenz die Bereitschaft zum Abschluss von Lizenzverträgen fördert. 4

Eine größere Bedeutung des Rechtsinstituts der Zwangslizenz wurde im Zusammenhang mit der Aufhebung des sog. Stoffschutzverbots zum 1. 1. 1968 in Rechnung gestellt (vgl. RA/BT BlPMZ **67,** 279, 282), ist jedoch bisher nicht erkennbar geworden. Neue Bedürfnisse für Zwangslizenzen könnten sich jetzt etwa aus der Entwicklung der Gentechnik ergeben, vgl. Straus GRUR **93,** 308, 312 ff. Das ist Hintergrund für die Neufassung der Absätze 2, 3 durch Gesetz v. 21. 1. 2005 (BGBl. I S. 146), – vgl. Begründung RegEntw. BlPMZ **05,** 95 ff. 5

5. Zwangslizenzen und Ausübungszwang nach supranationalem, europäischem u. ausländischem Recht. Die Regelung des § 24 ist auch auf **europäische Patente** nach dem EPÜ unmittelbar anzuwenden, soweit diese mit Wirkung für die Bundesrepublik Deutschland erteilt sind und daher insoweit deutschem Recht unterliegen (Art. 2 Abs. 2, Art. 74 EPÜ). Bei **Gemeinschaftspatenten** nach dem bisher nicht in Kraft getretenen GPÜ soll gemäß Art. 45 GPÜ i. Verb. m. § 24 Abs. 1 PatG die Erteilung einer territorial begrenzten Zwangslizenz möglich sein, solange eine in Aussicht genommene weitergehende Vereinheitlichung des europäischen Rechts (vgl. Entschließung der Luxemburger Konferenz GRUR Int. **76,** 249) noch nicht zustande gekommen ist; vgl. dazu auch Art. 46, 47, 67 GPÜ. Nach dem neueren Vorschlag der Europäischen Kommission für eine Gemeinschaftspatent-VO ist eine an Art. 31 TRIPS-Ü angelehnte Regelung vorgesehen. 6

7 **6. Zwangslizenzen in anderen und in besonderen Fällen.** Die Bestimmungen des § 24 Abs. 1 PatG über die Erteilung von Zwangslizenzen und die zugehörigen Verfahrensbestimmungen gelten nach § 16a Abs. 2, Art. 5 EWG-VO 1768/92 (Anhang 9) und Art. 5 EG-VO 1610/96 (Anhang 10) für ergänzende Schutzzertifikate und nach § 20 GebrMG für eingetragene **Gebrauchsmuster** entsprechend.

8 Wegen der **gesetzlichen Weiterbenutzungsrechte** gutgläubiger Zwischenbenutzer bei Wiedereinsetzung vgl. § 123 Abs. 5, 6 und dort Rdn. 71ff.

II. Die Voraussetzungen für die Erteilung der Zwangslizenz

1. Allgemeine Voraussetzungen

9 **a) Voraussetzungen beim Streitpatent.** Die Erteilung einer Zwangslizenz kann (außer für Geheimpatente im Sinne der §§ 50ff.) für Patente aller Art – gleichgültig welchen Betreffs und welcher Kategorie, gleichgültig ob Haupt- oder Zusatzpatent usw. – in Betracht kommen, nach § 16a Abs. 2 auch für ergänzende Schutzzertifikate und nach § 20 GebrMG für Gebrauchsmuster. Eine Wartefrist ist nicht mehr vorgesehen. Nach der ausdrücklichen Bestimmung des Abs. 6 S. 1 kann eine Zwangslizenz vielmehr schon alsbald nach der Erteilung des Patents erteilt werden, aber nicht vorher. Gegner des Lizenzsuchers ist der Patentinhaber, genauer: der im Register als Patentinhaber Eingetragene (§ 81 Abs. 1 Satz 2). Hat der Patentinhaber bereits anderweit eine – einfache oder auch ausschließliche – Lizenz erteilt, so hindert das die Erteilung einer Zwangslizenz nicht, RGZ **126,** 266, 271; BGH GRUR **96,** 190, 195 – Polyferon: Der Patentinhaber muss ggf. die bisherigen Lizenzvereinbarungen anpassen. Ein bereits erteiltes Patent ist im Zwangslizenzverfahren (selbstverständlich) als rechtsbeständig hinzunehmen; wird es später für nichtig erklärt, so wird die Zwangslizenz gegenstandslos, vgl. RGZ **91,** 188, 191f, bereits erwachsene Lizenzgebühren aber bleiben unberührt, vgl. unten Rdn. 46.

10 **b) Voraussetzungen beim Lizenzsucher.** Berechtigt, die Erteilung einer Zwangslizenz nachzusuchen, ist an sich jedermann. Es ist insbesondere gleichgültig, ob er Inländer oder Ausländer ist, und ob er selbst Inhaber eines (vom Streitpatent abhängigen) Schutzrechtes ist oder nicht. Er muss aber „die Erfindung benutzen", d.h. selbst die Erfindung gewerbsmäßig benutzen wollen und können, RGZ **130,** 360, 361. Er muss die Erfindung auch gerade in technischer Hinsicht benutzen wollen; dass er lediglich nach der Erfindung hergestellte Gegenstände vertreiben (nicht herstellen oder importieren) will, genügt nicht. Es ist aber nicht erforderlich, dass er die geschützten Gegenstände in einer eigenen Fabrik herstellen will, er kann sich vielmehr – ebenso wie der Inhaber des Benutzungsrechtes nach § 12 Abs. 1 Satz 2 – zwecks Ausnutzung der Erfindung für die Bedürfnisse seines Betriebes auch einer „fremden Werkstätte" bedienen, RGZ **83,** 274, 276; die „technische Ausführung" durch Dritte genügt, PA Bl. **16,** 124, 127; das Unternehmen des Lizenzsuchers muss aber unmittelbar für eigene Rechnung an der Ausnutzung der Zwangslizenz beteiligt sein, RG MuW **32,** 150. Ein eingetragener Verein, dessen Zweck nicht auf einen wirtschaftlichen Geschäftsbetrieb gerichtet ist, kann daher eine Zwangslizenz nicht für sich erwerben, aber auch nicht für seine Mitglieder, RGZ **130,** 360, 362; ebenso nicht eine Liquidationsgesellschaft, RG MuW **32,** 150.

11 Ob das Vorhaben des Lizenzsuchers tatsächlich eine „Benutzung der Erfindung" darstellt, also unter den Schutzumfang des Streitpatents fällt, ist im Zwangslizenzverfahren nicht zu prüfen, sondern zu unterstellen, RGZ **143,** 223, 228; RG GRUR **38,** 320, 322. Das gilt insbesondere dann, wenn der Lizenzsucher für die von ihm beabsichtigte Benutzung selber ein jüngeres Patent besitzt und es zweifelhaft oder streitig ist, ob sein Patent von dem älteren Streitpatent, an dem er die Lizenz begehrt, abhängig ist. Dann ist die Feststellung der Abhängigkeit des dem Lizenzsucher zustehenden Patents nicht Voraussetzung für die Erteilung der Lizenz; die Abhängigkeit ist im Zwangslizenzverfahren vielmehr zu unterstellen (so auch RGZ **126,** 266, 267); die Entscheidung über die Erteilung der Zwangslizenz erfolgt – ohne dass es eines dahingehenden Vorbehalts bedürfte – unter der Voraussetzung, dass die Abhängigkeit besteht, und wird hinfällig, wenn später die Nichtabhängigkeit sich erweisen oder eintreten sollte, RGZ **91,** 188, 190ff. Die Abhängigkeit ist aber natürlich auch im Zwangslizenzverfahren nicht mehr zu unterstellen, wenn bereits anderweit die Nichtabhängigkeit rechtskräftig festgestellt ist, RG GRUR **28,** 131, 132. Dass der Lizenzsucher die Erfindung, an der er die Lizenz begehrt, bereits benutzt, das Patent also bereits verletzt hat, steht der Erteilung einer Zwangslizenz nicht entgegen, RG GRUR **28,** 705, 709; RGZ **126,** 266, 270; die Erteilung der Zwangslizenz darf aber nicht lediglich die Patentverletzung decken, muss vielmehr im öffentlichen Interesse geboten sein, RG GRUR **34,** 442, 443.

c) Erfolgloses Bemühen des Lizenzsuchers. Voraussetzung für die Erteilung einer Zwangslizenz ist nach Abs. 1 Nr. 1, dass der Lizenzsucher zuvor vergeblich versucht hat, auf gütlichem Wege zu angemessenen geschäftsüblichen Bedingungen die Erlaubnis zur Benutzung der Erfindung vom Patentinhaber zu erlangen. Der Lizenzsucher hat den Versuch einer gütlichen Einigung an sich vor der Einleitung des Verfahrens auf Erteilung einer Zwangslizenz zu machen, weil eine der Grundlagen des Verfahrens in der unberechtigten Weigerung des Patentinhabers liegt, dem Lizenzsucher eine Lizenz zu gewähren; der Versuch einer gütlichen Einigung kann aber, wenn er bei Klagerhebung noch nicht gemacht war, im Laufe des Verfahrens nachgeholt werden, RGZ **113,** 115, 116. Die Verweigerung der Erlaubnis durch den Patentinhaber ist mithin nicht materielle Voraussetzung der Entstehung des Rechts auf die Zwangslizenz, sondern nur eine prozessuale Voraussetzung des Erlasses eines Urteils auf Zwangslizenz, BGHZ **131,** 247, 250 – Interferon-gamma/Polyferon. 12

Die Lizenzanfrage muss auf der Grundlage von „angemessenen geschäftsüblichen" Bedingungen erfolgen. Der durch das 2. PatÄndG (1998) eingefügte Zusatz „geschäftsüblichen" ist aus TRIPS-Ü Art. 31 lit. b) übernommen. Er bringt zum Ausdruck, dass der Rahmen des Angemessenen nicht zu Lasten des Patentinhabers abweichend vom Geschäftsüblichen definiert werden kann. Zu den angemessenen Bedingungen gehört insbesondere die Zahlung einer üblichen oder sonst angemessenen Vergütung (s. u. Rdn. 23 ff.), die in besonderen Fällen (insbes. nach Abs. 2 S. 2) auch die Einräumung einer Gegenlizenz umfassen kann. Ein Angebot des Lizenzsuchers muss „angemessen" sein, sich also in einer nach wirtschaftlichen Gesichtspunkten vertretbaren Höhe halten; aber es braucht nicht vom Standpunkt des Patentinhabers aus oder objektiv nach der Auffassung der später entscheidenden Stellen das Richtige zu treffen. Der Lizenzsucher genügt seiner Verpflichtung, eine angemessene Vergütung anzubieten, vielmehr bereits dadurch, dass er seine Bereitschaft dazu grundsätzlich erklärt, während nicht verlangt werden kann, dass er gerade oder annähernd die Summe nennt, die später vom Patentgericht für angemessen gehalten wird, RGZ **171,** 227, 232 f.; BPatGE **32,** 184, 188/9; BGHZ **131,** 247, 250 – Interferon-gamma/Polyferon. Die Nennung bestimmter Summen ist an sich überhaupt nicht nötig, und sie ist, wenn sie erfolgt, regelmäßig nur als ein Vorschlag anzusehen, BGH a. a. O., es sei denn, dass der Lizenzsucher zu erkennen gibt, er wolle keinesfalls mehr zahlen, RGZ **171,** 227, 233. Das Maß der Gegenleistung kann auch mittelbar durch Bezugnahme auf andere zahlenmäßig feststehende Beispiele, z. B. die Lizenzzahlungen anderer Lizenznehmer des Patentinhabers, bestimmt oder auch dem Patentinhaber überlassen werden, RGZ **113,** 115, 116 f. Zu den angemessenen Bedingungen kann auch die Zahlung einer Sicherheitsleistung das Lizenznehmers gehören; das ist jedoch seit 1998 nicht mehr notwendige Bedingung einer Zwangslizenz. Der Lizenzsucher muss sich über eine angemessene Zeit erfolglos um eine Zustimmung des Patentinhabers bemüht haben. Das ist der Fall, wenn der Patentinhaber ablehnt oder auf entsprechende Anfrage (und ggf. gebotene Erinnerung) nicht in angemessener Zeit reagiert. Eine Weigerung ist auch die Ablehnung eines Angebots des Lizenzsuchers unter gleichzeitiger Mitteilung eines unannehmbaren Gegenvorschlags, PA Mitt. **43,** 21, 22; – nicht die Weigerung, zusätzlich erforderliches Know-how zur Verfügung zu stellen, Tetzner, GRUR **73,** 62. 13

d) Öffentliches Interesse. Das deutsche Recht kennt im Wesentlichen nur die Erteilung von Zwangslizenzen auf Grund öffentlichen Interesses. Daran hat sich auch durch die durch das 2. PatÄndG (1998) eingeführten Regelungen nach Abs. 4 bis 6 (s. dazu unten Rdn. 26, 27) nichts geändert, BGHZ **160,** 67, 72 – Standard-Spundfass; diese verweisen (ursprünglich auch im Falle das Abs. 2) ausdrücklich auf die allgemeinen Voraussetzungen nach Abs. 1. Man kann insoweit allenfalls von einer einschränkenden Konkretisierung relevanten öffentlichen Interesses für bestimmte Fallgestaltungen sprechen. Lediglich für die mit Gesetz zur Umsetzung der Biotechnologie-RL neu formulierten Tatbestände nach Abs. 2 und 3 (s. u. Rdn. 22–25) ist jetzt bestimmt, dass ein öffentliches Interesse i. S. des Abs. 1 Nr. 2 nicht vorliegen muss. Das kann auch als erweiternde Definition eines relevanten öffentlichen Interesses für bestimmte Fallgestaltungen verstanden werden. 14

Der Begriff „öffentliches Interesse" ist ein von der Rechtsprechung auszufüllender unbestimmter Rechtsbegriff, BGHZ **131,** 247, 251 – Interferon-gamma/Polyferon. Ältere Entscheidungen können dabei jedoch nicht immer ohne kritische Überprüfung übernommen werden, da die Bewertung der jeweils gegeneinander abzuwägenden Belange des Rechtsinhabers und der Allgemeinheit wechselnden Anschauungen unterworfen ist, BGHZ **131,** 247, 251; vgl. auch BPatGE **32,** 184, 189; Schade Mitt. **64,** 101; Horn, Mitt. **70,** 184; Klauer/Möhring § 15 Rdn. 10. Das öffentliche Interesse muss im innerstaatlichen Bereich liegen, kann sich aber u. U. aus zwischenstaatlichen Belangen ergeben, z. B. bei internationaler Katastrophenhilfe. Es darf 15 andererseits nicht auf eine unzulässige Diskriminierung i. S. des Art. 30 EGV (mittelbare Importbeschränkung im europäischen Wirtschaftsraum) hinauslaufen; vgl. dazu Viefhues, Mitt. **95,** 144ff.

16 Eine allgemeingültige Umschreibung des „öffentlichen Interesses" im Sinne des § 24 Abs. 1 lässt sich nicht geben. Die Frage, **wann ein öffentliches Interesse vorliegt,** das die Erteilung einer Zwangslizenz, u. z. gerade an den Lizenzsucher, gebietet, hängt vielmehr ganz von den Umständen des Einzelfalls ab und ist im Einzelfall unter Abwägung aller Gesichtspunkte, die dafür oder dagegen sprechen, zu entscheiden, BGHZ **131,** 247, 254 – Interferon-gamma/ Polyferon; **160,** 67, 73 – Standard-Spundfass. Die Zwangslizenz ist ein erheblicher Eingriff in das verfassungsrechtlich geschützte Ausschließlichkeitsrecht des Patentinhabers; dabei ist der Grundsatz der Verhältnismäßigkeit zu beachten. Die Zwangslizenz ist daher zu versagen, wenn das öffentliche Interesse mit mehr oder weniger gleichwertigen Produkten befriedigt werden kann; das gilt auch für den Bereich der Arzneimittel, BGHZ **131,** 247, 254. Dass der Lizenzsucher neben dem öffentlichen Interesse, auf das er sich beruft, zugleich eigene Vermögensinteressen verfolgt, hindert die Erteilung einer Zwangslizenz nicht, RGZ **113,** 115, 123. Die bloße Förderung der Wettbewerbsmöglichkeit des Lizenzsuchers genügt jedoch nicht, PA Bl. **26,** 149, 151. Auf der anderen Seite widerstreitet es noch nicht dem öffentlichen Interesse, wenn der Patentinhaber eine tatsächliche Monopolstellung einnimmt; das öffentliche Interesse wird vielmehr erst dann berührt, wenn besondere Umstände hinzutreten, die mit Rücksicht auf das allgemeine Wohl Missbilligung verdienen, RGZ **83,** 9, 14; oder wenn die Belange der Allgemeinheit es gebieten, die uneingeschränkte Anerkennung der ausschließlichen Rechte des Patentinhabers zurücktreten zu lassen, BGHZ **131,** 247, 251/252; BGHZ **160,** 67, 72. Das können z. B. Umstände sein, die die Verweigerung der Lizenz als einen Missbrauch erscheinen lassen, der nicht nur das Interesse des Lizenzsuchers, sondern die Allgemeinheit empfindlich berührt, RG GRUR **36,** 489, 491. So würde das öffentliche Interesse namentlich dann verletzt werden, wenn der Patentinhaber die ihm durch §§ 9, 10 verliehenen ausschließlichen Rechte dazu missbraucht, die Erfindung der Allgemeinheit vorzuenthalten, oder wenn es ihm nicht gelänge, die berechtigten Bedürfnisse des inländischen Marktes in ausreichendem Maße zu befriedigen, oder wenn er seine Rechte in einer das billige Maß überschreitenden Weise ausbeutete, etwa durch die Versagung von Lizenzen zur Ausübung einer bahnbrechenden Erfindung den Bestand ganzer Industriezweige gefährdete, RGZ **83,** 9, 14. Die Grenzen bei der Ausnutzung des Patentschutzes dürfen jedoch nicht zu eng gesteckt werden, weil dem Patentinhaber für seine Erfindung und den damit verknüpften Aufwand an Mühe, Gefahr und Kosten ein gebührender Lohn zukommt, RGZ **83,** 9, 14f. Aber auch ohne dass ein Missbrauch des Rechts des Patentinhabers vorliegen müsste, kann ein öffentliches Interesse an der Erteilung einer Zwangslizenz gegeben sein, BGHZ **131,** 247, 252; BPatGE **32,** 184, 190; anderes ergibt sich weder aus Art. 5 A PVÜ noch aus Art. 30 TRIPS-Ü, BGHZ **131,** 253. Zweifelhaft jedoch, wenn es für genügend gehalten wurde, dass nur auf diese Weise der Betrieb des Lizenzsuchers, der ein wichtiges Gebrauchsgut nach einem anderen System herstellt, aufrecht erhalten werden kann, RG GRUR **36,** 489, 491. Bei der in jedem Fall erforderlichen Interessenabwägung sind u. a. die restliche Laufzeit des Schutzrechts und die Frage nach mehr oder weniger gleichwertigen Ausweichmöglichkeiten zu berücksichtigen, BGH GRUR **72,** 471, 472.

17 Als **besondere Umstände** können bei der Prüfung des öffentlichen Interesses vor allem technische, wirtschaftliche, sozialpolitische und medizinische Gesichtspunkte in Betracht kommen, BGHZ **131,** 247, 254 – Interferon-gamma/Polyferon; BGHZ **160,** 67, 72 – Standard-Spundfass; sie können sich gegenseitig stärken, aber auch schwächen, vgl. Lindenmaier § 15 Rdn. 8ff.

18 **Die Entwicklung der gewerblichen Technik** soll durch das das Monopol des Patentinhabers nicht unangemessen behindert werden. Das wurde schon in der Rechtsprechung des Reichsgerichts berücksichtigt, RGZ **54,** 5; **83,** 274, 278; insbesondere im Bereich des damals für die Allgemeinheit besonders wichtigen Kohleberghaus, RGZ **130,** 360, 366. Je bedeutender eine Erfindung ist, umso größeres Interesse hat die Allgemeinheit daran, dass die Erfindung technisch durchgebildet, vervollkommnet und dadurch ihr Anwendungsgebiet erweitert wird, RGZ **83,** 274, 277. Unter diesem Gesichtspunkt wurde die Erteilung einer Zwangslizenz namentlich für den Inhaber einer von dem Streitpatent abhängigen jüngeren Erfindung dann in Betracht gezogen, wenn letztere für die Belange der Allgemeinheit einen wesentlichen Fortschritt bedeutet, RGZ **130,** 360, 366; RG MuW **30,** 402; GRUR **36,** 489, 490; vgl. auch BPatGE **32,** 184 und die dazu ergangene Berufungsentscheidung BGHZ **13**1, 247 – Interferon-gamma/Polyferon. Diese und andere in der Vorauflage (zu Rdn. 18) zitierte ältere Entscheidungen haben nur noch begrenzte Aussagekraft, da der Sonderfall der Abhängigkeitslizenz nunmehr in Abs. 2, 3 besonders geregelt ist – s. u. bei Rdn. 22–25.

Von **wirtschaftlichen Gesichtspunkten** hat die Rechtsprechung bei der Prüfung des öffentlichen Interesses an der Erteilung einer Zwangslizenz je nach der allgemeinen wirtschaftlichen Lage u. a. herangezogen: dass der Patentinhaber den inländischen Bedarf nicht befriedigte oder nicht befriedigen konnte, RGZ **93,** 50, 53; RG GRUR **36,** 604, 606; – die Verbesserung der Handelsbilanz, RG GRUR **28,** 705, 709; – die Förderung der Ausfuhr, RG GRUR **36,** 489, 490; – die Verbesserung der Devisenlage, RG GRUR **38,** 320, 323 (dort allerdings verneinend); – die Ersparnis teuerer, aus dem Ausland einzuführender Rohstoffe (Platin), RGZ **106,** 214, 216; – die Ermöglichung wirtschaftlicherer Arbeit im Kohlenbergbau, RGZ **130,** 360, 363, 367. Wegen Art. 28, 30 EGV darf aber eine Bedarfsdeckung aus Inlandsproduktion nicht anders gewertet werden als eine Deckung durch Importe aus anderen EG-Ländern, EuGH GRUR Int. **94,** 227; s. auch Mitt. **93,** 91. Auf bloße Hoffnungen und unverbürgte Erwartungen volkswirtschaftlicher Art kann jedoch keine Zwangslizenz erteilt werden, RG GRUR **34,** 442, 443f. Für die Bejahung des öffentlichen Interesses wird es auch sprechen können, wenn ein wettbewerbsbeschränkender Missbrauch der durch das Patent vermittelten marktbeherrschenden Stellung im Sinne des § 19 GWB festzustellen ist; in solchen Fällen kann zugleich ein kartellrechtlicher Anspruch auf Einräumung einer Lizenz aus §§ 19, 20 GWB begründet sein, BGHZ **160,** 67, 72 – Standard-Spundfass, anders noch hier Vorauflage. 19

An **sozialpolitischen Gesichtspunkten** ist u. a. berücksichtigt worden: die bei Verweigerung der Lizenz drohende Stilllegung des Betriebs des Lizenzsuchers mit der Folge einer Vermehrung der Arbeitslosigkeit, RGZ **113,** 115, 118; **143,** 223, 226; – das jedoch nur nach den besonderen Umständen des Falles, RG GRUR **37,** 676, und nicht mehr bei normalem Arbeitsmarkt mit nur saisonmäßig oder persönlich bedingter Arbeitslosigkeit, RG GRUR **38,** 320, 322f; – die Erhöhung der Sicherheit der Arbeiter, RGZ **54,** 4 (Brauereiarbeiter), oder auch nur ihres Sicherheitsgefühls, RG GRUR **27,** 179 (Bergarbeiter); – die Förderung der Sicherheit im Eisenbahnbetrieb, RG GRUR **34,** 435, 438; – die Sicherung elektrischer Anlagen auch kleineren Umfangs, RG GRUR **36,** 604, 605; – die Verbesserung der Hygiene, z. B. durch maschinelle Herstellung von Backwaren, RGZ **126,** 266, 270; – die Förderung der Volksgesundheit, RG GRUR **35,** 877 (Spülgerät gegen Paradentose). Fragen des Umweltschutzes dürfte heute auch im Rahmen der Zwangslizenz erhöhte Bedeutung beizumessen sein. 20

Im **medizinischen Bereich** kann ein öffentliches Interesse daran bestehen, dass ein bestimmtes Arzneimittel weiterhin zur Verfügung steht, BGHZ **131,** 247, 256 – Interferongamma/Polyferon; BPatG GRUR **94,** 98, 101 (Vor-Entscheidung zu BGH a. a. O.) m. w. N.; insbesondere bei besonderen therapeutischen Eigenschaften, erhöhter Wirksamkeit oder verminderten Nebenwirkungen im Vergleich zu sonstigen Mitteln. Die besondere Bedeutung der menschlichen Gesundheit ist auch für die Gesellschaft insgesamt ein hohes Gut. Bei schweren Erkrankungen mit schlechter Therapiemöglichkeit (wie z. B. Krebs oder Polyarthritis) haben schon geringe Fortschritte Gewicht, BGH a. a. O. S. 257; BPatG a. a. O. Allein die Auffindung neuer Wirksamkeit eines geschützten Arzneimittels reicht nicht; es muss bewiesen werden, dass kein anderes vergleichbar wirksames Arzneimittel zur Verfügung steht, BGH a. a. O. S. 254, 259. Allgemein rechtsvergleichend zur Zwangslizenz an pharmazeutischen Erfindungen: Goméz Segade, GRUR Int. **73,** 123ff. 21

2. Voraussetzungen in besonderen Fällen

a) Abhängige Erfindung (§ 24 Abs. 2). Abs. 2 berücksichtigt, dass das Patentrecht die Entwicklung der Technik fördern und nicht unangemessen behindern soll, vgl. BPatG GRUR **94,** 98, 100/101 und oben Rdn. 18. Die Bestimmung regelt den Fall, dass der Lizenzsucher für eine weiterführende Erfindung ein eigenes Patent erlangt hat, durch das Patent eines anderen jedoch daran gehindert ist, seine eigene Erfindung auszuwerten. Nicht erfasst ist der Fall, dass die Erfindung des Lizenzsuchers zwar schutzwürdig ist, aber lediglich den Schutz eines Gebrauchsmusters genießt oder zum Patent erst nur angemeldet ist; es muss tatsächlich ein Patent erteilt sein und noch in Kraft stehen. Für diesen Fall kann die Einräumung einer Zwangslizenz dann verlangt werden, wenn die Erfindung des Lizenzsuchers im Vergleich mit derjenigen des älteren Patents einen wichtigen Fortschritt aufweist. Der vergleichsweise gegebene Fortschritt muss einerseits auf technischem Gebiet liegen und andererseits eine erhebliche Bedeutung in wirtschaftlicher Hinsicht aufweisen; diese ist objektiv und nicht nur nach den individuellen Bedürfnissen des Lizenzsuchers zu beurteilen, vgl. Leitzen/Kleinervoss, Mitt. **05,** 198, 203. Das entspricht der Vorgabe nach Art. 31 lit. l) TRIPS-Ü. Zusätzlich muss die Voraussetzung des Abs. 1 Nr. 1 gegeben sein. Nach der zunächst mit Gesetz v. 16. 7. 1998 (2. PatÄndG – BGBl. I S. 1827) eingeführten Fassung musste außerdem noch ein öffentliches Interesse im 22 allgemeinen Sinn des Abs. 1 Nr. 2 gegeben sein; die Erteilung einer Anhängigkeitslizenz war damit an eine erschwerende Bedingung geknüpft. Nach der jetzigen, durch Gesetz zur Umsetzung der Biopatent-Richtlinie (98/44/EG) v. 21. 1. 2005 (BGBl. I S. 146ff.) geänderten Gesetzesfassung ist das allgemeine Erfordernis des öffentlichen Interesses für den speziellen Fall der patentierten abhängigen Erfindung durch die konkrete Anforderung des erheblichen Fortschritts ersetzt. Das sollte zu einer erleichterten Erteilung von Zwangslizenzen insbesondere im Bereich biotechnologischer Erfindungen führen. Das ist mit Art. 31 TRIPS-Ü vereinbar, vgl. Entw.-Begr. bei B 6 – BlPMZ **05,** 95, 99; a.A. Holzapfel, Mitt. **04,** 391, 394. Der Begriff des „wichtigen Fortschritts“ mit „erheblicher wirtschaftlicher Bedeutung“ deckt sich nicht mit dem früher bei Prüfung des öffentlichen Interesses oft verwendeten Begriff des „wesentlichen Fortschritts“; er dürfte durchweg – aber nicht notwendig in jeder Hinsicht – enger sein. Die ältere Rechtsprechung (s. o. Rdn. 18) ist daher insoweit kaum noch relevant; ähnlich auch Busse, Rdn. 50 zu § 24.

23 Für abhängige Entwicklungen, die **nicht Gegenstand eines jüngeren Patents** sind, kommt weiterhin eine Zwangslizenz zu den allgemeinen Voraussetzungen des Abs. 1 in Betracht; dies kann jedoch nicht ohne Blick auf Abs. 2 und nicht unter leichteren Voraussetzungen als bei einer patentierten abhängigen Erfindung geschehen.

Über den Wortlaut des Abs. 2 hinaus wird die Sonderregelung des Abs. 2 auch für den Fall zu gelten haben, dass nur bestimmte Ausführungsformen der jüngeren Erfindung unter den Schutz des älteren Patents fallen. Dann muss sich der erforderlich besondere Fortschritt aber gerade (auch) bei diesen Ausführungsformen zeigen.

24 Entsprechend einer weiteren Vorgabe aus Art. 31 lit. l, ii TRIPS-Ü kann der Patentinhaber im Falle des abhängigen Patents verlangen, dass der Lizenzsucher seinerseits dem Inhaber des älteren Patents eine **Gegenlizenz** an seinem abhängigen jüngeren Patent einräumt. Dies hat zu angemessenen Bedingungen zu geschehen. Für deren Bemessung und etwaige Anpassung gelten die gleichen Regeln entsprechend wie gemäß Abs. 6 für die Lizenz an dem älteren Patent. Es ist eine Frage der Bewertung beider Lizenzen im Einzelfall, ob die Vergütung für die eine oder die andere höher anzusetzen ist. Unter Umständen kommen auch gleiche Lizenzbedingungen oder eine wechselseitige Freilizenz in Betracht.

25 **b) Abhängiges Sortenschutzrecht (§ 24 Abs. 3).** Die Bestimmungen des Abs. 2 gelten gem. Abs. 3 entsprechend für den Fall, dass ein Pflanzenzüchter ein Sortenschutzrecht nicht erhalten oder verwerten kann. Das gilt sowohl für ein nationales Sortenschutzrecht nach dem Sortenschutzgesetz als auch für einen gemeinschaftlichen Sortenschutz nach EG-Verordnung Nr. 211/94. Diese Bestimmung ist durch Gesetz zur Umsetzung der Biopatentrichtlinie (98/44/EG) v. 21. 1. 2005 (BGBl. I S. 146ff.) eingeführt worden und entspricht der Vorgabe nach Art. 12 Abs. 1 u.3 dieser Richtlinie. Nach Abs. 2 der Richtlinie ist auch umgekehrt unter entsprechenden Voraussetzungen dem Inhaber eines jüngeren Patents für eine biotechnologische Erfindung eine Zwangslizenz an einem älteren Sortenschutzrecht einzuräumen.

26 **c) Sonderfall Halbleitertechnologie (§ 24 Abs. 4).** Die Sonderregelung für Zwangslizenzen im Bereich der Halbleiter-Technologie ist 1998 durch das 2.PatÄndG eingeführt worden und entspricht den Vorgaben in Art. 31 lit. c TRIPS-Ü. Hier kommt eine Zwangslizenz nur unter äußerst engen Voraussetzungen in Betracht. Es müssen zunächst die allgemeinen Voraussetzungen des Abs. 1 gegeben sein (erfolgloses Bemühen und öffentliches Interesse – s. o. Rdn. 12–21). Außerdem muss die Zwangslizenz zur Behebung einer wettbewerbswidrigen Praxis des Patentinhabers erforderlich sein. Damit ist eine rechtswidrige Praxis im Sinne Kartellrechts gemeint, vgl. Begründung RegEntw. BlPMZ **98,** 393, 400. Das Vorliegen einer kartellrechtswidrigen Praxis ist in dem dafür vorgesehenen Gerichts- oder Verwaltungsverfahren (und nicht durch das für die Erteilung einer Zwangslizenz zuständige Patentgericht) festzustellen. Zuständig sind nach § 48 GWB die Kartellbehörden, in der Regel das BKartA. Kartellrechtswidriges Verhalten kann nach § 31 GWB untersagt werden. Gegen deren Entscheidung kann Beschwerde beim zuständigen Oberlandesgericht (§ 63 Abs. 4 GWB) und ggf. Rechtsbeschwerde beim BGH (§ 74 GWB) eingelegt werden. U. U. kann sich das wettbewerbswidrige (kartellrechtswidrige) Verhalten auch aus einer Entscheidung des EuGH ergeben. An die rechtskräftige Entscheidung des Kartellverfahrens ist das Gericht im Verfahren über die Erteilung einer Zwangslizenz gebunden; es muss jedoch noch das Erfordernis einer Zwangslizenz zur Beseitigung der festgestellten wettbewerbswidrigen Praxis prüfen. Ein wettbewerbswidriges Verhalten kann sich insbesondere nach Maßgabe der §§ 19, 20 Abs. 1 GWB aus missbräuchlicher Verweigerung einer Zwangslizenz ergeben. In diesem Falle kann die Erteilung einer Zwangslizenz auch bereits im Kartell-Streitverfahren erfolgen (vgl. Rdn. 19, 28; Begründung RegEntw. BlPMZ **98,** 393, 400; Kraßer S. 859; Immenga/Mestmäcker, KartellG, 2. Aufl.

Rdn. 341 zu § 20); auch dort sind dann aber die Vorgaben des Art. 31 TRIPS-Ü zu beachten, Begründung RegEntw. BlPMZ **98,** 393, 400.

d) Unzureichende Inlandsversorgung (§ 24 Abs. 5). Ausdrückliche Regelung eingeführt durch das 2. PatÄndG (1998). Dieser Tatbestand war aber auch schon früher gelegentlich als Grund für die Erteilung einer Zwangslizenz angesehen worden (vgl. RGZ **83,** 9, 14; **93,** 50, 53; RG GRUR **36,** 604, 606). Das wird nach der gesetzlichen Neuregelung im Grundsatz anerkannt. Es müssen auch hier kraft ausdrücklicher Verweisung auf den „Rahmen" des Abs. 1 zunächst dessen allgemeine Voraussetzungen (vergebliches Bemühen und öffentliches Interesse – s. o. Rdn. 12–21) erfüllt sein. Außerdem muss die unzureichende Inlandsversorgung darauf zurückzuführen sein, dass der Patentinhaber sie nicht oder nicht überwiegend im Inland ausführt. Dabei steht die Einfuhr – gleich aus welchem Land – nach der ausdrücklichen Regelung in S. 2 der Ausübung im Inland gleich. Damit wurde dem Diskriminierungsverbot nach Art. 27 Abs. 1 S. 2 TRIPS-Ü und auch nach Art. 30 EGV Rechnung getragen. Wird der Inlandsmarkt nicht ausreichend versorgt, obwohl die Erfindung überwiegend im Inland ausgeführt wird, so sind die Voraussetzungen einer Zwangslizenz nach § 24 nicht erfüllt; es bleibt dann nur der Weg, ggf. mit den Mitteln des Kartellrechts auf der Grundlage der §§ 19, 20 Abs. 1 GWB die Erteilung von Lizenzen zu erzwingen. Aus S. 2 folgt zugleich, dass es zur ausreichenden Inlandsversorgung genügt, wenn sie durch Importe gedeckt werden kann. Die nach Abs. 5 zu erteilende Zwangslizenz muss geeignet sein, eine ausreichende Versorgung des Inlandsmarktes sicherzustellen. Das bedeutet nicht, dass der Lizenzsucher allein in der Lage sein müsste, den gesamten Inlandsbedarf zu decken; eine Verbesserung der Versorgungslage genügt. Andererseits muss die Lizenz gezielt auf die Versorgung des Inlandsmarkts gerichtet sein; der Lizenzsucher muss gerade hierzu bereit und in der Lage sein. Die Lizenz ist nach Abs. 6 S. 3 hierauf zu begrenzen, soweit dies nach EG-Recht zulässig ist. 27

III. Die Erteilung der Zwangslizenz

1. Inhalt und Rechtsnatur des Erteilungsakts. Mit der Erteilung der Zwangslizenz wird nicht eine Verpflichtung des Patentinhabers zum Abschluss eines Lizenzvertrags mit dem Lizenzsucher ausgesprochen, der Patentinhaber also nicht im Sinne des § 894 ZPO zur Abgabe einer Willenserklärung verurteilt. Vielmehr wird mit der Erteilung der Zwangslizenz dem Lizenzsucher unmittelbar ein „Nutzungsrecht" an dem Streitpatent verliehen, RGZ **86,** 436, 438; BPatGE **32,** 184, 188; BGH GRUR **96,** 190, 195 – Polyferon. Die Benutzungsbefugnis ist nur eine einfache und keinesfalls eine ausschließliche Lizenz. Das ist in Übereinstimmung mit der früheren Rechtsprechung (vgl. RGZ **86,** 436, 439) und der Vorgabe in Art. 31 lit. d) TRIPS-Ü durch die seit dem 2. PatÄndG (1998) geltende Fassung klargestellt. Vom Patentinhaber aus gesehen bedeutet die Erteilung der Zwangslizenz, dass er die in sein Patent eingreifenden Handlungen des Lizenzsuchers dulden und insoweit das ihm auf Grund seines Patentrechts zustehende Ausschließungsrecht nicht ausüben darf, vgl. Meurer GRUR **36,** 18. Der Erteilungsakt ist demnach ein rechtsgestaltender Akt, u. z. zumindest seit der Errichtung des Bundespatentgerichts durch das 6. ÜG auch in erster Instanz (Nichtigkeitssenat) nicht mehr ein rechtsgestaltender „Verwaltungsakt" (so noch RGZ **171,** 227, 237), sondern ein gerichtliches Gestaltungsurteil (§ 84 Abs. 1 Satz 1), durch das kraft des Hoheitsrechts des Staates das Ausschließungsrecht des Patentinhabers durch ein Benutzungsrecht des Lizenzsuchers beschränkt wird. Das geschieht ohne Rückwirkung, vgl. Busse Rdn. 73 zu § 24; die Anordnung einer Rückwirkung wäre wohl wirksam, würde jedoch dem Sinn des Zwangslizenzverfahrens als in die Zukunft gerichtete Rechtsgestaltung widersprechen; deutlicher ist insoweit die Regelung in Art. 31 lit. b), die auch für die Auslegung des deutschen Rechts zu beachten ist; a. A. Nieder, Mitt. **01,** 401. Die Erteilung der Zwangslizenz ist erst nach Patenterteilung zulässig (Abs. 6 S. 1). Sie steht nicht im Ermessen des Patentgerichts, der Lizenzsucher hat vielmehr einen (im Zweiparteienverfahren gegen den Patentinhaber zu verfolgenden) privatrechtlichen – s. o. Rdn. 3 – Anspruch auf die Erteilung (Abs. 1: *„... wird erteilt ..., sofern ..."*), falls die vom Gesetz selbst in § 24 dafür bestimmten Voraussetzungen (einschließlich des öffentlichen Interesses) erfüllt sind, vgl. auch RGZ **171,** 227, 233. Demgegenüber ist ein aus §§ 19, 20 GWB (marktbeherrschende Stellung, Missbrauch und Diskriminierung) abgeleiteter Anspruch auf Abgabe rechtsgeschäftlicher Erklärungen gerichtet; er kann unabhängig von dem Verfahren der Zwangslizenz durch Klage oder Widerklage im ordentlichen Rechtsweg verfolgt werden, vgl. BGHZ **160,** 67, 72 ff. – Standard-Spundfass. 28

Mit der Erteilung der Zwangslizenz ist zugleich deren Umfang festzulegen: die Urteilsformel kann auf Erlaubnis der Benutzung des Streitpatents im ganzen gehen, RGZ **158,** 219, 220; sie kann aber auch eingeschränkt erteilt und von Bedingungen abhängig gemacht werden (Abs. 6 29

S. 2 – s. u. Rdn. 31) und ist entsprechend ihrem konkreten Zweck zu begrenzen (Abs. 6 S. 3 – s. u. Rdn. 32); die Zwangslizenz erstreckt sich ohne weiteres auch auf ein ergänzendes Schutzzertifikat, kann aber auch isoliert nur für das Schutzzertifikat beantragt und erteilt werden, vgl. jeweils Art. 5 in EWG-VO 1768/92 (Anhang 9) und 1610/96 (Anhang 10) sowie § 16 a Abs. 2 und Amtl. Begr. z. RegEntw. (BT-Drucks 12/3630 S. 10 zu 2 c). Insbesondere ist die vom Lizenzsucher zu entrichtende Vergütung festzusetzen, vgl. unten Rdn. 33, 34.

30 Beispiel für die **Fassung der Urteilsformel** bei der Erteilung einer Zwangslizenz zugunsten eines abhängigen Patents (nach RG GRUR **35,** 877): „Dem Kläger (Lizenzsucher) wird an dem Patent Nr. 123 (Patent des Beklagten) eine Zwangslizenz in der Weise erteilt, dass er den Apparat nach der Patentanmeldung Nr. 456 (Anmeldung des Klägers) herstellen und vertreiben darf. Die Lizenzgebühr wird auf 10% des Verkaufspreises eines Apparates festgesetzt. Die Abrechnung und Zahlung erfolgt vierteljährlich, zum ersten Mal am 2. 1. 1960. Der Kläger hat eine Sicherheit von 5000,– € in bar oder durch Bürgschaft einer deutschen Großbank zu leisten". Nach geltendem Recht ist Sicherheitsleistung nur nach Bedarf festzusetzen.

31 **2. Einschränkungen, Bedingungen.** Die Zwangslizenz kann je nach dem, was das öffentliche Interesse gebietet, – und natürlich auch je nach dem, was der Lizenzsucher selbst beantragt, – für das Patent im ganzen oder aber eingeschränkt erteilt werden (Abs. 6 Satz 2). Mögliche Einschränkungen sind z. B., dass der Lizenzsucher nur den Hauptanspruch, nicht auch die Unteransprüche benutzen darf; – dass er nur bestimmte, nicht alle unter das Patent fallenden Gegenstände herstellen darf, RGZ **106,** 214, 216; – dass er die geschützten Gegenstände nur zur Benutzung im eigenen Betrieb herstellen, nicht aber in Verkehr bringen darf; – dass sein Recht räumlich oder zeitlich begrenzt wird, vgl. RGZ **93,** 50, 54. Eine vor dem 1. 5. 1992 erteilte Zwangslizenz gilt weiterhin nur für den damaligen räumlichen Geltungsbereich des Patents; eine automatische Erstreckung auf den anderen Teil Deutschlands erfolgt nicht – anders als bei vertraglichen Lizenzen, vgl. § 26 ErstrG und Brändel GRUR **92,** 653, 655. Unter den „Bedingungen", von denen die Zwangslizenz nach Abs. 6 Satz 2 abhängig gemacht werden kann, sind nicht echte Bedingungen, sondern Auflagen zu verstehen, so z. B. die Auflage an den Lizenzsucher, die von ihm nach dem Patent hergestellten Gegenstände mit einem Hinweis auf das Patent zu versehen, RGZ **93,** 50, 51 (Anbringung des Vermerks „Underwood-Erfindung"). Zu den „Bedingungen" im Sinne des Satz 3 gehört namentlich auch die Festsetzung der vom Lizenzsucher zu entrichtenden Vergütung, RG Bl. **24,** 49, 50, und ggf. einer Sicherheitsleistung des Lizenzsuchers, sofern dies nach den konkreten Umständen des Falles oder allgemeiner Übung angemessen ist. In BPatGE **32,** 184, 198 wurde eine Zwangslizenz für ein Arzneimittel unter auflösender Bedingung der Zulassung eines gleichwertigen anderen Mittels erteilt.

32 Umfang und Dauer der Lizenz sind in jedem Fall zu begrenzen auf den Zweck der Zwangslizenz (Abs. 6 S. 2). Das entspricht der Vorgabe aus Art. 31 lit. c) TRIPS-Ü. Dazu gehört z. B. im Fall der Abs. 2, 3 eine Beschränkung auf Ausführungsformen mit gleichzeitiger Benutzung der eigenen Erfindung oder Züchtung (vgl. RGZ **35,** 877, 879); – im Fall des Abs. 4 eine Benutzung lediglich in einem Rahmen, dessen Unterbindung als wettbewerbswidrig festgestellt ist; – und im Fall des Abs. 5 eine Beschränkung auf solche Mengen und solche Handlungen, die zur Deckung des Inlandsbedarfs erforderlich sind; s. auch Art. 31 lit. f) TRIPS-Ü.

33 **3. Die vom Lizenzsucher zu entrichtende Vergütung (Abs. 6 S. 4).** Die Vergütung ist bei der Erteilung der Zwangslizenz festzusetzen. Im Falle einer einstweiligen Verfügung (§ 86) könnte das auch dem Hauptverfahren vorbehalten bleiben, RGZ **171,** 227, 237; Kraßer S. 866; Busse Rdn. 89 zu § 24. Die Festsetzung ist für die Parteien – auch bei einem etwaigen späteren Rechtsstreit im ordentlichen Rechtsweg – bindend, RGZ **171,** 227, 237; sie stellt jedoch keinen gegen den Lizenzsucher vollstreckbaren Titel dar, vgl. unten Rdn. 36. Die Vergütung muss nach den Umständen des Falles angemessen sein und den wirtschaftlichen Wert der Zwangslizenz in Betracht ziehen. Das ist jetzt (seit 1998) in Übereinstimmung mit Art. 31 lit. i) TRIPS-Ü ausdrücklich klargestellt, entspricht jedoch dem auch schon zuvor geltenden Recht. Maßgebend ist, was bei einer vertraglichen Einigung ein vernünftiger Patentinhaber fordern und ein vernünftiger Lizenznehmer gewähren würde, RGZ **171,** 227, 239. Dabei ist auch die voraussichtliche künftige Entwicklung in Betracht zu ziehen, RGZ **171,** 227, 240. Allgemein hat sich die Bemessung der Vergütung innerhalb von zwei Grenzen zu halten: sie soll dem Patentinhaber eine angemessene Entschädigung gewähren, sie soll aber auch dem Lizenzsucher die Aufrechterhaltung seines Betriebs gestatten; im Übrigen ist das Gericht auf die ihm von den Parteien dargebotenen Anhaltspunkte angewiesen und kann nur schätzungsweise auf einen bestimmten Satz kommen, RGZ **143,** 223, 229; BPatG GRUR **94,** 98, 103. Bei dieser Schätzung sind alle Umstände des einzelnen Falles zu berücksichtigen. Der Lizenzsucher

selbst überlässt in seinem Klagantrag die Bemessung der Vergütung zweckmäßig dem Ermessen des Gerichts, vgl. RG MuW **XII,** 505. Das Gericht wird oft veranlasst sein, einen Wirtschaftssachverständigen zuzuziehen; insbesondere jemanden, der in einem Unternehmen oder als externer Berater praktische Erfahrungen in der Bewertung von Lizenzen und Vereinbarung entsprechender Verträge gesammelt hat. Einen Anhaltspunkt können die Vergütungen bieten, die von etwaigen vertraglichen Lizenznehmern des Patentinhabers zu entrichten sind, RG GRUR **37,** 676. Von Bedeutung ist namentlich der Umfang der dem Lizenzsucher gestatteten und von ihm beabsichtigten Benutzung, RGZ **126,** 266, 271; vgl. dazu auch oben Rdn. 31. Dabei ist die Ausgestaltung zugrunde zu legen, die die zu benutzende Erfindung bis zurzeit der letzten mündlichen Verhandlung im Zwangslizenzverfahren erhalten hat, RG GRUR **36,** 489, 490. Maßgeblich für die Höhe der Vergütung ist auch die Bedeutung des Patents (Fortschritt, erfinderische Tätigkeit) und die Stellung, die seine Benutzung dem Berechtigten verleiht; gewährt das Patent eine Monopolstellung, so ist die Vergütung höher als in Fällen, in denen der Wirtschaft andere patentfreie und doch gleichwertige Lösungsmöglichkeiten offen stehen, RG GRUR **38,** 836, 837. Bei einer Zwangslizenz zu einem geschützten Einzelteil einer zusammengesetzten Vorrichtung wird, wenn es der Verkehrsübung entspricht, der Bemessung der Vergütung nicht der Preis des geschützten Teils allein, sondern der von den Abnehmern für die gesamte Vorrichtung zu zahlende Preis zugrunde zu legen sein, RG GRUR **42,** 358, 359; vgl. auch RGZ **144,** 187, 191f sowie unten § 139 Rdn. 69 für die Bemessung einer Lizenzgebühr als Schadenersatz bei Patentverletzungen.

Die Benutzungsvergütung kann als eine einmalige Leistung oder als eine zu bestimmten Zeitpunkten (z.B. vierteljährlich, jährlich) regelmäßig wiederkehrende, der Höhe nach von vornherein festgesetzte oder nach dem Umsatz zu berechnende Leistung festgesetzt werden. Es kann namentlich auch eine Stücklizenz bestimmt werden, sei es als fester Betrag für das einzelne hergestellte Stück (so z.B. in RGZ **143,** 223, 230), sei es als Prozentsatz vom Verkaufspreis. Dabei kann eine Abstufung der Gebühr entsprechend den abgesetzten Mengen zweckmäßig sein (Degression), vgl. das Beispiel in PA Mitt. **43,** 21. Ist eine Stücklizenz festgesetzt, so hat der Lizenznehmer dem Patentinhaber Rechnung zu legen, RGZ **127,** 243, 244f (dort auch Näheres über Umfang und Inhalt der Rechnungslegung). Der Abrechnungszeitraum kann bei der Erteilung der Lizenz bestimmt werden, RGZ **126,** 266, 271. Es kann auch angemessen sein, neben einer Stücklizenz die Zahlung eines einmaligen Betrags bestimmter Höhe festzusetzen, RGZ **171,** 227, 240f. Auch die Festsetzung einer Mindestlizenzgebühr kann zweckmäßig sein, RG Bl. **24,** 49, 50; RGZ **171,** 227, 241, – jedoch nicht, wenn die künftige Entwicklung ungewiss ist, RGZ **143,** 223, 230f, oder wenn an dem Willen und der Fähigkeit des Lizenznehmers zur alsbaldigen Ausnutzung des Patents kein Zweifel besteht, PA Mitt. **43,** 21, 23. Bei der Festsetzung der Vergütung in Prozentsätzen vom Verkaufspreis des Lizenznehmers hat die Rechtsprechung sich im Allgemeinen in einem Rahmen zwischen 1% und 10% gehalten, wobei für die Annäherung an die untere Grenze (so bei Massenartikeln) oder an die obere Grenze (so bei schwierig herzustellenden und teuren Einzelstücken) die verschiedensten Umstände eine Rolle gespielt haben, RGZ **92,** 329, 331; z.B. sind folgende Prozentsätze als angemessen erachtet worden: 2% in RGZ **143,** 223, 230; – 4% in RG GRUR **34,** 435, 438; – 5% in RG GRUR **36,** 489, 492; **42,** 358, 359; – 6% in RGZ **92,** 329, 331; – 8% in RGZ **126,** 266, 271 u. BPatGE **32,** 184, 199 (Arzneimittel); – 10% in RG GRUR **35,** 877, 879; – 15% in RG Bl. **24,** 49; GRUR **36,** 604, 606f. Diese Entscheidungen liegen weit zurück und haben nur noch begrenzte Aussagekraft. In Einzelfällen, insbesondere bei hohen Forschungs- und Entwicklungskosten können die angemessenen Lizenzsätze auch erheblich höher liegen. Mit Recht ist in einer Empfehlung der Deutschen Vereinigung für gewerblichen Rechtsschutz und Urheberrecht (GRUR **71,** 547 Nr. 28) vorgesehen, dass in dem Forschungsaufwand auch der vergebliche Aufwand für andere Erfindungen auf dem betreffenden Gebiet einzubeziehen ist, und dass ferner das Fehlen der im Rahmen einer freundschaftlichen Lizenz üblichen Gegenleistungen berücksichtigt werden muss. Weitere Anhaltspunkte zur Höhe der angemessenen Lizenz können entnommen werden aus Rechtsprechung und Literatur zu § 23 (dort Rdn. 16), zur vertraglichen Lizenzzahlung (Rdn. 124 zu § 15) und zur Schadensberechnung bei Patentverletzung (Rdn. 65ff. zu § 139). Zur möglichen Änderung der Vergütungsregelung s.u. Rdn. 42. 34

4. Das Verfahren wegen Erteilung einer Zwangslizenz. Das Verfahren ist das gleiche wie das wegen Erklärung der Nichtigkeit eines Patents (§ 81 Abs. 1). Zuständig ist im ersten Rechtszug der Nichtigkeitssenat des Patentgerichts (§ 66 Abs. 1 Nr. 2), im zweiten (Berufungs-) Rechtszug der BGH (§ 110 Abs. 1). Für den ersten Rechtszug finden sich besondere Verfahrensbestimmungen in den §§ 81–85, neben denen ferner die §§ 69, 70, die „Gemeinsamen 35

Verfahrensvorschriften" der §§ 86–98, die „Gemeinsamen Vorschriften" der §§ 123–128a, die Bestimmungen der §§ 132–137 über die Verfahrenskostenhilfe sowie nach § 99 ergänzend und entsprechend die Bestimmungen des GVG und der ZPO gelten; für den Berufungsrechtszug finden sich besondere Verfahrensbestimmungen in den §§ 110–121. Im Rahmen der gestellten Anträge erforscht das Gericht den Sachverhalt von Amts wegen, ohne an das Vorbringen und die Beweisanträge der Parteien gebunden zu sein (§ 87 Abs. 1). Das gilt namentlich für die Feststellung des öffentlichen Interesses an der Erteilung der Zwangslizenz. Daher wird auch als „Klagegrund" ganz allgemein das Vorliegen eines öffentlichen Interesses anzusehen sein, so dass eine Ergänzung oder Änderung des Vortrags des Klägers hinsichtlich der das öffentliche Interesse begründenden einzelnen Tatsachen keine Klagänderung darstellt, vgl. RGZ **130,** 360, 362f. (dort dahingestellt). Der Klagantrag kann im Laufe des Verfahrens, auch noch im Berufungsrechtszug, erweitert werden, z.B. von beschränkter auf unbeschränkte Erteilung der Lizenz, RG GRUR **36,** 489, 490. Der nachträgliche Eintritt anderer Kläger in das Verfahren ist jedoch nicht zulässig, RGZ **130,** 360, 362. Ob das Vorhaben des Lizenzsuchers unter den Schutzumfang des Streitpatents fällt, ist nicht zu prüfen, sondern zu unterstellen, vgl. oben Rdn. 11. Rechtskräftige Verurteilung wegen Patentverletzung schließt spätere Klage auf Zwangslizenz nicht aus, vgl. BGHZ **160,** 67, 71 – Standard-Spundfass. Über den Grund des Klaganspruchs, d.h. über den Anspruch auf Bewilligung der Zwangslizenz, kann durch Zwischenurteil nach § 304 ZPO vorab entschieden werden, RGZ **83,** 274, 279; **106,** 214; **113,** 115, 124.

36 Die **Entscheidung des Patentgerichts** („Urteil", § 84 Abs. 1 Satz 1), also die Erteilung der Zwangslizenz samt den dazu getroffenen Bestimmungen (Auflagen, Vergütung, Sicherheitsleistung), wird erst mit der Rechtskraft wirksam; sie wird, weil in § 30 nicht genannt, nicht im Patentregister vermerkt und demzufolge auch nicht nach § 32 Abs. 5 im Patentblatt veröffentlicht (anders bei der Lizenzbereitschaftserklärung, § 23 Abs. 1 Satz 3; – teilweise anders auch bei der vertraglichen Einräumung einer ausschließlichen Lizenz, § 30 Abs. 4). Jedoch *kann* nach § 85 Abs. 6 das Urteil des Patentgerichts, durch das die Zwangslizenz zugesprochen wird, auf Antrag gegen oder ohne Sicherheitsleistung für **vorläufig vollstreckbar** erklärt werden, wenn dies im öffentlichen Interesse liegt; dann ist der Lizenzsucher unter der auflösenden Bedingung der Änderung des Urteils im zweiten Rechtszug vorläufig zur Benutzung der Erfindung berechtigt. Auf Antrag des Klägers *kann* ihm – nach Einleitung des Zwangslizenzverfahrens – die Benutzung der Erfindung auch schon vorweg durch **einstweilige Verfügung** (in der Form eines Urteils) gestattet werden, wenn er glaubhaft macht, dass die Voraussetzungen des § 24 Abs. 1 bis 6 vorliegen und dass zudem gerade auch die alsbaldige Erteilung der Erlaubnis im öffentlichen Interesse dringend geboten ist (§ 85 Abs. 1; vgl. auch Abs. 2 bis 5); gegen das (die einstweilige Verfügung gebende oder versagende) Urteil des Nichtigkeitssenats findet die Beschwerde an den BGH statt (§ 122); bei Erlass der einstweiligen Verfügung kann die Entscheidung über die vom Lizenzsucher zu entrichtende Vergütung dem eigentlichen Zwangslizenzverfahren (dem Hauptverfahren) überlassen werden, RGZ **171,** 227, 237. Die (im Urteil enthaltene) Festsetzung der vom Lizenzsucher zu entrichtenden **Vergütung** gibt dem Patentinhaber noch keinen gegen den Lizenzsucher vollstreckbaren Titel, vgl. Meurer GRUR **36,** 18, 19; der Patentinhaber muss vielmehr ggf. im ordentlichen Rechtsweg auf Zahlung der Vergütung klagen. Der auf Grund der Kostenentscheidung (§ 84 Abs. 2) ergehende **Kostenfestsetzungsbeschluss** dagegen ist ein Vollstreckungstitel (§ 84 Abs. 2 S. 2 i. Verb. m. ZPO §§ 794ff.).

37 Die genannten Verfahrensbestimmungen gelten nach § 20 GebrMG entsprechend für die Erteilung einer Zwangslizenz an einem eingetragenen **Gebrauchsmuster;** vgl. auch die Gebührenvorschriften dazu in Nr. 422100ff. der Anlage z. PatKostG. Während bei Patenten für die Erklärung der Nichtigkeit und für die Erteilung einer Zwangslizenz die gleiche Stelle (Nichtigkeitssenat) im gleichen Verfahren zuständig ist, sind also bei Gebrauchsmustern für die Löschung einerseits und für die Erteilung einer Zwangslizenz andererseits verschiedene Stellen (Gebrauchsmusterabteilung des Patentamts – Nichtigkeitssenat des Patentgerichts) in verschiedenen Verfahren zuständig.

IV. Die Folgen der Erteilung der Zwangslizenz

1. Rechte und Pflichten des Patentinhabers und des Zwangslizenznehmers.

38 Die Zwangslizenz ist eine einfache, keine ausschließliche Lizenz, Abs 1; s. o. Rdn. 28. Der **Patentinhaber** bleibt zur eigenen Ausnutzung des Patents befugt und kann trotz der Erteilung einer Zwangslizenz noch weitere – nicht ausschließliche – Lizenzen vergeben oder auch die Lizenzbereitschaft nach § 23 erklären. Er kann auch das Patent (die Rechte aus der Anmeldung)

auf einen anderen übertragen; das Zwangslizenzurteil wirkt dann nach § 99 i. V. mit ZPO § 325 auch für und gegen den Rechtsnachfolger.

Der Lizenznehmer ist berechtigt, das Patent im Rahmen der erteilten Lizenz zu benutzen; er muss die bei der Erteilung verfügten Einschränkungen und Auflagen beachten; eine vor Inkrafttreten des ErstrG (1. 5. 92) erteilte Zwangslizenz bleibt auf den damaligen räumlichen Geltungsbereich des Patents beschränkt, s. o. Rdn. 31; eine darüber hinausgehende Benutzung ist widerrechtliche Patentverletzung und macht den Lizenznehmer nach § 139 Abs. 2 bei Verschulden schadenersatzpflichtig. Eine Lizenzierung oder Offenbarung von ergänzendem Knowhow kann nicht verlangt werden, Kraßer, S. 865. Eine Verpflichtung, von der erstrittenen Berechtigung Gebrauch zu machen, trifft ihn dagegen nicht, RGZ **91,** 188, 192; doch kann ggf. durch Festsetzung einer Mindestlizenzgebühr (vgl. oben Rdn. 34) ein Anreiz zur Ausnutzung der Zwangslizenz gegeben werden. Zur Erteilung von Unterlizenzen ist der Zwangslizenznehmer nicht berechtigt, RGZ **86,** 436, 439 (vgl. zu dieser im Übrigen umstrittenen Entscheidung Reimer § 15 Rdn. 11 m. w. N.). Es ist eine Frage der Auslegung des Urteils unter Berücksichtigung des Zwecks der Lizenzerteilung und sonstiger Umstände des Einzelfalls, ob eine Herstellungslizenz auch die Einschaltung eines fremden Betriebes als verlängerte Werkbank gestattet; – und ob dem Abnehmer des Lizenznehmers eine Benutzung auch dann erlaubt ist, wenn sie Gegenstand eines besonderen Patentanspruchs ist; weitergehend und für beide Fälle grundsätzlich bejahend Kraßer, S. 865. Die Zwangslizenz berechtigt auch nicht zu Exporten in ein anderes Land, in dem ein Parallelpatent des gleichen oder eines anderen Inhabers besteht; Art. 30, 36 EG-Vertrag stehen hier nicht entgegen, EuGH NJW **86,** 2186 (anders bei frei vereinbarter Lizenz, vgl. oben § 9 Rdn. 19–20). 39

Der Lizenznehmer ist dem Patentinhaber zur pünktlichen Entrichtung der im Erteilungsverfahren festgesetzten **Benutzungsvergütung,** ggf. auch zur Rechnungslegung verpflichtet, vgl. dazu oben Rdn. 33–34. Streitigkeiten hierüber, insbesondere Klagen des Patentinhabers auf Zahlung der Vergütung oder auf Rechnungslegung (die in der Form der Stufenklage nach § 254 ZPO verbunden werden können) gehören vor das ordentliche Gericht nach § 143 PatG. Der Lizenznehmer hat ferner die etwa festgesetzte Sicherheit zu leisten. 40

Der Zwangslizenznehmer ist – anders als unter Umständen der vertragliche Lizenznehmer (vgl. § 22 Rdn. 44) – nicht gehindert, gegen das Patent, an dem er die Lizenz erlangt hat, die **Nichtigkeitsklage** zu erheben, um sich dadurch von seiner Vergütungspflicht zu befreien. Hat er die Zwangslizenz an einem älteren Patent zugunsten eines eigenen jüngeren Patents erwirkt, so ist er auch nicht gehindert, vor dem ordentlichen Gericht (nach § 143) auf Feststellung zu klagen, dass er entgegen ursprünglicher Annahme oder Unterstellung von dem Patent allgemein oder mit bestimmten Handlungen keinen Gebrauch macht. Wegen der Folgen vgl. unten Rdn. 46. 41

2. Änderungen im Lizenzverhältnis

a) Anpassung der Vergütung (Abs. 6 S. 4). Jeder Beteiligte kann eine Anpassung der wiederkehrenden Vergütungsleistungen des Lizenznehmers verlangen, wenn eine wesentliche Änderung der Verhältnisse eintritt, die für die Bestimmung der Vergütungshöhe maßgebend waren. Das ist seit 1998 ausdrücklich geregelt, war aber auch schon vorher von der Rechtsprechung anerkannt, vgl. BGH GRUR **67,** 655, 656. Der Anspruch kann durch einvernehmliche Parteivereinbarung erfüllt werden. Andernfalls ist er entsprechend § 323 ZPO durch Abänderungsklage durchzusetzen (vgl. Begründung RegEntw. BlPMZ **98,** 400/401), für die das Bundespatentgericht zuständig ist, § 81 Abs. 1 S. 1. Eine Änderung der Vergütung kann u. a. dann gerechtfertigt sein, wenn der Patentinhaber weitere Lizenzen vergibt oder gegen Patentverletzer nicht vorgeht, vgl. Klauer/Möhring § 15 Rdn. 25 u. 27. Die Änderung kann nach dem eindeutigen Wortlaut des Abs. 6 S. 4 nur für die wiederkehrenden Leistungen, nicht aber für bereits erbrachte Einmalzahlungen und entsprechend § 323 ZPO auch nur für die Zeit nach Klageerhebung verlangt werden. 42

In entsprechender Anwendung des Rechtsgedankens aus Abs. 6 S. 4 wird ggf. auch eine Anpassung anderer Modalitäten der Zwangslizenz (vgl. Abs. 6 S. 2, 3) in Betracht kommen, vgl. zu ZPO § 323 Baumbach-Lauterbach Rdn. 79. 43

b) Übertragung der Lizenz (Abs. 7) ist möglich, aber nur zusammen mit dem Betrieb, für den sie erteilt worden ist, bzw. in dem die Erfindung ausgewertet werden sollte. Das ist eine 1998 eingefügte Klarstellung, die der Vorgabe nach Art. 31 lit. e) TRIPS-Ü und im Grundsatz auch dem entspricht, was zum deutschen Recht schon vorher vertreten wurde (vgl. Vorauflage bei Rdn. 29). Solche Übertragung erfolgt insbesondere bei Gesamtrechtsnachfolge, im Zweifel aber auch bei einer den gesamten Betrieb oder den einschlägig betroffenen Betriebsteil betref- 44 fenden pauschalen Übertragungsvereinbarung. Im Fall der Abhängigkeitslizenz (Abs. 2, 3) ist Übertragung nur dann wirksam, wenn zugleich das Patent oder Sortenschutzrecht mit dem jüngeren Zeitrang übertragen wird (Abs. 7 S. 2); auch dies beruht im Wesentlichen auf einer Vorgabe im TRIPS-Ü (Art. 31 lit. l, iii).

45 **c) Rücknahme der Zwangslizenz (Abs. 6 S. 6)** ist dann möglich, wenn die Umstände, die der Erteilung der Zwangslizenz zugrunde lagen, entfallen sind und ihr Wiedereintritt unwahrscheinlich ist. Sie kann – nur – von dem Patentinhaber verlangt werden. Gemeint ist der – durch Eintragung im Patentregister legitimierte (§ 30 Abs. 3) – gegenwärtige Patentinhaber. Diese 1998 durch das 2. PatÄndG eingeführte Vorschrift geht zurück auf Art. 31 lit. g) TRIPS-Ü. Der Anspruch ist – ebenso wie der Anspruch auf Anpassung der Vergütung (s. o. Rdn. 42) im Wege der Abänderungsklage entsprechend § 323 ZPO (Begründung RegEntw. BlPMZ **98,** 400, 401) vor dem Bundespatentgericht (§ 81 Abs. 1 S. 1) durchzusetzen. Dem Fall des vollständigen Wegfalls der für die Erteilung maßgeblichen Umstände wird entsprechend § 323 Abs. 1 ZPO der Fall einer „wesentlichen" Änderung der maßgeblichen Umstände gleichzusetzen sein, sofern damit die Voraussetzungen der Zwangslizenz nicht mehr gegeben sind und eine Rücknahme gerechtfertigt ist. Dabei sind entsprechend Art. 31 lit. g) TRIPS-Ü schutzwürdige berechtigte Interessen des Lizenznehmers zu berücksichtigen. Dieser muss sich im Grundsatz darauf verlassen dürfen, dass ihm eine Amortisation seiner Investitionen durch längerfristige Nutzung der Lizenz möglich ist.

46 **3. Beendigung des Zwangslizenzverhältnisses im Übrigen.** Das Zwangslizenzverhältnis kann von den Beteiligten jederzeit durch vertragliche Einigung beendet werden. Von selbst endet das durch die Erteilung der Zwangslizenz begründete Sondernutzungsrecht des Lizenznehmers (und damit für die Zukunft auch seine Pflicht zur Entrichtung einer Vergütung dafür) mit dem Freiwerden der Erfindung, also mit dem Erlöschen des Patents – z. B. durch Zeitablauf (§ 16), Verzicht (§ 20 Abs. 1 Nr. 1) oder Nichtzahlung der Jahresgebühren (§ 20 Abs. 1 Nr. 3) – oder mit seiner Vernichtung im Nichtigkeitsverfahren; die Verpflichtung des Lizenznehmers zur Entrichtung der bereits erwachsenen Lizenzgebühren bleibt jedoch bestehen, und zwar auch bei der – rückwirkenden – Vernichtung des Patents (vgl. § 22 Rdn. 89). Die Zwangslizenz wird gegenstandslos, wenn sich später in einem Rechtsstreit zwischen den Beteiligten oder auf andere Weise herausstellt, dass die – im Zwangslizenzverfahren unterstellte – „Benutzung der Erfindung" durch den Lizenznehmer, insbesondere die Abhängigkeit seines jüngeren Patents von dem älteren Patent, in Wahrheit nicht vorliegt, RGZ **91,** 188, 190 ff.; **143,** 223, 228; vgl. oben Rdn. 11; der Zwangslizenznehmer wird in diesem Falle von der Vergütungspflicht auch für die Vergangenheit frei und kann die bereits entrichtete Vergütung als ungerechtfertigte Bereicherung zurückfordern, Pietzcker § 11 Anm. 4; Reimer § 15 Rdn. 22; Kraßer, S. 866. Das gilt aber nur für die auf eine ganz konkrete Ausführungsform bezogene Vergütungspflicht; nicht für umsatzunabhängige Pauschalzahlungen (Grundpauschalen, Jahrespauschalen, Mindestlizenzen), die auch die Benutzung unter das Patent fallender anderer Ausführungsformen abgelten sollen. Die durch einstweilige Verfügung erteilte Benutzungserlaubnis wird mit der Zurücknahme oder der Zurückweisung der Klage im Hauptverfahren unwirksam (§ 85 Abs. 4); der Lizenzsucher bleibt zur Entrichtung einer angemessenen Vergütung für die auf Grund der einstweiligen Verfügung durchgeführte Benutzung des Streitpatents verpflichtet, RGZ **171,** 227, 236 ff.; er ist darüber hinaus unter den Voraussetzungen des § 85 Abs. 5 auch zum Schadenersatz verpflichtet. Dagegen wird dem Patentinhaber bei der Zwangslizenz – anders als nach § 23 Abs. 3 Satz 6 im Falle der Lizenzbereitschaft – im Allgemeinen nicht das Recht zugestanden werden können, sich wegen Pflichtverletzungen des Zwangslizenznehmers (z. B. wegen Nichtzahlung der Vergütung) einseitig durch Rücktritt (§ 323 BGB) oder Kündigung (§ 543 BGB) von der (auf Grund öffentlichen Interesses erteilten!) Zwangslizenz zu befreien; er muss – jedenfalls in der Regel – die Erfüllung der Verpflichtungen des Lizenznehmers durch Klage und Vollstreckung zu erzwingen suchen und kann sich dabei ggf. auch an die gerade für solche Fälle gestellte Sicherheit halten; nur in besonders krassen Fällen wird er sich einseitig von dem Zwangslizenzverhältnis lösen können, vgl. Reimer § 15 Rdn. 21; für weitergehendes Lösungsrecht Kraßer, S. 866; enger demgegenüber Busse, Rdn. 100 zu § 24. Zusammenfassung der unterschiedlichen Meinungen zu dieser Frage bei Lindenmaier § 15 Rdn. 19.

25 *Inlandsvertreter.* (1) **Wer im Inland weder Wohnsitz, Sitz noch Niederlassung hat, kann an einem in diesem Gesetz geregelten Verfahren vor dem Patentamt oder dem Patentgericht nur teilnehmen und die Rechte aus einem Patent nur geltend machen, wenn er im Inland einen Rechtsanwalt oder Patentanwalt als Vertreter bestellt hat, der zur Vertretung im Verfahren vor dem Patentamt, dem Patentgericht und in bürgerlichen Rechtsstreitigkeiten, die das Patent betreffen, sowie zur Stellung von Strafanträgen bevollmächtigt ist.**

(2) **Staatsangehörige eines Mitgliedstaates der Europäischen Union oder eines anderen Vertragsstaates des Abkommens über den Europäischen Wirtschaftsraum können zur Erbringung einer Dienstleistung im Sinne des Vertrages zur Gründung der Europäischen Gemeinschaft als Vertreter im Sinne des Absatzes 1 bestellt werden, wenn sie berechtigt sind, ihre berufliche Tätigkeit unter einer der in der Anlage zu § 1 des Gesetzes über die Tätigkeit europäischer Rechtsanwälte in Deutschland vom 9. März 2000 (BGBl. I S. 182) oder zu § 1 des Gesetzes über die Eignungsprüfung für die Zulassung zur Patentanwaltschaft vom 6. Juli 1990 (BGBl. I S 1349, 1351) in der jeweils geltenden Fassung genannten Berufsbezeichnungen auszuüben. In diesem Fall kann ein Verfahren jedoch nur betrieben werden, wenn im Inland ein Rechtsanwalt oder Patentanwalt als Zustellungsbevollmächtigter bestellt worden ist.**

(3) **Der Ort, an dem ein nach Absatz 1 bestellter Vertreter seinen Geschäftsraum hat, gilt im Sinne des § 23 der Zivilprozessordnung als der Ort, an dem sich der Vermögensgegenstand befindet; fehlt ein solcher Geschäftsraum, so ist der Ort maßgebend, an dem der Vertreter im Inland seinen Wohnsitz, und in Ermangelung eines solchen der Ort, an dem das Patentamt seinen Sitz hat.**

(4) **Die rechtsgeschäftliche Beendigung der Bestellung eines Vertreters nach Absatz 1 wird erst wirksam, wenn sowohl diese Beendigung als auch die Bestellung eines anderen Vertreters gegenüber dem Patentamt oder dem Patentgericht angezeigt wird.**

Inhaltsübersicht

1. Vorbemerkungen

Literatur: Gesthuysen, Die freiberufliche Tätigkeit des Patentanwalts und die Vertretungsrechte des Patentassessors, Mitt. **89,** 174; Kelbel, Vertretung vor dem DPA und Bundespatentgericht, Mitt. **89,** 162; Bayer, Der Patentanwalt – Stellung und Funktion im Rechtssystem, 2002. 1

Nach dem bis zum Jahre 1936 geltenden Recht bedurfte der auswärtige Verfahrensbeteiligte oder Patentinhaber eines Inlandsvertreters nur für die Durchführung des Erteilungsverfahrens und für die Geltendmachung von Rechten aus dem Patent. Der Auswärtige war ferner in der Auswahl des Inlandsvertreters nicht beschränkt. Seit dem 1. 1. 1934 waren gemäß §§ 10, 53 PatAnwG nur noch Patentanwälte und Rechtsanwälte zur Vertretung zugelassen. Durch das Patentgesetz von 1936 wurde das Erfordernis der Inlandsvertretung erheblich erweitert und die Bestellung eines Patentanwalts oder Rechtsanwalts zwingend vorgeschrieben. Durch das 6. ÜG wurde das Verfahren vor dem Patentgericht in die Regelung einbezogen. Die Patentanwaltsordnung hat eine Trennung zwischen den freien Patentanwälten und den auf Grund eines ständigen Dienstverhältnisses tätig werdenden Patentassessoren durchgeführt. Patentassessoren können gleichwohl, aber nur unter bestimmten Voraussetzungen, zu Inlandsvertretern bestellt werden (vgl. unten Rdn. 11, 12). Ferner ist gemäß § 178 PatAnwO bestimmten Erlaubnisscheininhabern die Befugnis zur Vertretung „Auswärtiger" (wieder) erteilt worden (vgl. unten Rdn. 13). § 25 wird daher hinsichtlich des zur Vertretung „Auswärtiger" zugelassenen Personenkreises durch die §§ 155 Abs. 2, 178 PatAnwO ergänzt.

1a Das KostRegBerG (Art. 7 Nr. 9 G v. 13. 12. 2001 I 3656 m. W. v. 1. 1. 2002) hat schließlich dem Anspruch der EG auf Verwirklichung der Dienstleistungsfreiheit für ausländische Rechts- und Patentanwälte aus den Mitgliedstaaten der EU und des EWR Rechnung getragen und die Vorschrift auch redaktionell geändert. Absatz 2 und 4 wurden neu eingefügt. Entsprechende Vorschriften enthalten auch das MarkenG (§ 96) und das GeschmMG (jetzt § 58). Als wesentlicher Zweck der Vorschrift gilt nach wie vor, den Rechtsverkehr zu erleichtern und insbesondere oft zeitaufwendige Zustellungen in das Ausland im Interesse der Verfahrensbeschleunigung zu vermeiden (vgl. BT-Drs. 14/6203 [2001], S. 60 re. Sp. f; BGHZ **51,** 269 = GRUR **69,** 437 [438] = NJW **69,** 984 – Inlandsvertreter; BPatG, BlPMZ **98,** 374 [375] – Twixt/Oliver Twist; BPatG GRUR **2000,** 369 – Passepartout; Kellerer, GRUR **02,** 289 [303]). Bei einer weiteren Entwicklung des „Europäischen Rechtsraums" und des Zustellungsrechts innerhalb der EU verliert dieses traditionelle Argument zunehmend an Überzeugungskraft. Zum Problemkreis des Fehlens eines Inlandsvertreters i. S. v. § 96 MarkenG vgl. BGH, GRUR **2000,** 895 = NJW-RR **2000,** 1427 – EWING, mit Ausblick auf die Rechtslage nach § 25 PatG; vgl. dazu Anm. Marly, LM H. 10/2000 § 96 MarkenG Nr. 1.). Wegen der vergleichbaren, aber nicht deckungsgleichen Regelung in Art. 133 EPÜ vgl. Benkard/Ehlers, EPÜ [2002] Rdn 3–14 zu Art. 133. § 25 hat – trotz der Abwanderung ausländischer Anmelder zum EPA – unverändert eine erhebliche praktische Bedeutung auch für das DPMA.

2 **2. Notwendigkeit der Bestellung eines Inlandsvertreters.** Der Zwang zur Bestellung eines Inlandsvertreters ist in persönlicher und sachlicher Beziehung begrenzt.

3 **a) In persönlicher Beziehung** trifft die Pflicht zur Bestellung eines Inlandsvertreters jede (natürliche oder juristische) Person, die im Inland weder Wohnsitz, Sitz noch Niederlassung hat und an einem im Patentgesetz geregelten Verfahren vor dem Patentamt oder Patentgericht teilnehmen oder Rechte aus dem Patent geltend machen will. Abzustellen ist daher auf die Person, die am patentamtlichen Verfahren teilnehmen oder Rechte aus dem Patent geltend machen will. Teilnahme am patentamtlichen oder patentgerichtlichen Verfahren ist, soweit die gesetzliche Regelung nichts anderes ergibt (vgl. unten Rdn. 7), gleichbedeutend mit der verfahrensrechtlichen Beteiligung. Bei der Geltendmachung von Rechten aus dem Patent kommt es darauf an, wer die Rechte geltend machen will. Das kann der Patentinhaber, aber auch ein dinglich Berechtigter (Nießbraucher, Pfandgläubiger oder ausschließlicher Lizenznehmer) sein.

4 Bei natürlichen Personen ist deren Wohnsitz maßgebend. Für juristische Personen und ihnen gleichzuachtende Handelsgesellschaften sowie für Einzelkaufleute tritt an die Stelle des Wohnsitzes (§§ 7–9, 11 BGB) in der Regel der Sitz der Hauptniederlassung oder Niederlassung, Verwaltung, Geschäftsleitung oder eines Betriebes (§§ 24, 80, 81 BGB, §§ 29, 106 HGB, § 4a GmbHG, § 5 Abs. 2 AktG, § 6 GenG). Bei den juristischen Personen des europäischen Gesellschaftsrechts (Europäische Wirtschaftliche Interessenvereinigung, Europäische Gesellschaft, Europäische Genossenschaft, vgl. die VO (EWG) Nr. 2137/85, VO (EG) Nr. 2157/2001 und die VO (EG) Nr. 1435/2003) sind die entsprechenden Vorschriften über den Sitz und die Verlegung des Sitzes der betreffenden juristischen Person zu beachten. Zu berücksichtigen ist ferner, dass nach dem Recht eines Mitgliedstaates der EU gegründete Gesellschaften, die ihren satzungsmäßigen Sitz in dem betreffenden Mitgliedstaat haben, ihren tatsächlichen Verwaltungssitz aber nach Deutschland verlegen, Anspruch auf Anerkennung ihrer Rechtsfähigkeit haben, EuGH v. 5. 11. 2002, Rs. C-208/00 (Überseering B. V.). Damit ist aber auch der von der Satzung abweichende tatsächliche Verwaltungssitz in Deutschland für die Zwecke von § 25 PatG als maßgebend anzusehen.

4a Die Staatsangehörigkeit der natürlichen Personen oder die etwaige Errichtung einer Gesellschaft nach deutschem Recht ist gleichgültig. Die Vorschrift betrifft nicht den Ausländer, sondern den „Auswärtigen". Auch deutsche Staatsangehörige und juristische Personen deutschen Rechts unterliegen dem Vertreterzwang, wenn sie im Inland weder Wohnsitz oder Sitz noch eine Niederlassung haben.

4b Niederlassung im Sinne der Vorschrift ist jede gewerbliche Niederlassung, insbesondere eine Zweigniederlassung z. B. i. S. v. §§ 13d bis 13g HGB. Eine rechtlich selbstständige Handelsgesellschaft (deutsche GmbH) kann auch dann nicht als Niederlassung einer ausländischen Gesellschaft angesehen werden, wenn beide Gesellschaften demselben ausländischen Konzern angehören, PA Mitt. **35,** 198. Auch die einer inländischen Gesellschaft angegliederte Patentabteilung kann nicht als inländische Niederlassung einer ausländischen Gesellschaft gelten, PA Mitt. **35,** 198. Die deutsche Betriebsstätte einer ausländischen Muttergesellschaft, die nicht am unmittelbaren Handelsverkehr teilnimmt und weder ein eigenes Geschäftslokal, eigenen Telefonanschluss oder einen sichtbaren Hinweis auf ihre Existenz aufweist, ist keine „Niederlassung" im Sinne dieser Vorschrift, BPatG Mitt. **82,** 77. Diese Festlegungen treffen auch im Lichte dem oben zitierten Urteil des EuGH vom 5. 11. 2002 wohl immer noch zu, sind aber im innergemeinschaftlichen Kontext unter Berücksichtigung des Prinzips der Niederlassungsfreiheit und ihrer verschiedenen Ausprägungen zu interpretieren.

Die Zugehörigkeit eines Staates zur Pariser Verbandsübereinkunft berührt die inländische Vorschrift über den Vertreterzwang nicht, sie ist im Unionsvertrag für dessen Mitglieder aufrechterhalten, Art. 2 Abs. 3. Maßgebend ist auch dort der Wohnsitz, nicht die Staatsangehörigkeit. 5

b) In sachlicher Beziehung geht die Vorschrift im Hinblick auf ihren Zweck, dem Patentamt, dem Patentgericht und den inländischen Beteiligten den Verkehr mit dem auswärtigen Beteiligten zu erleichtern, sehr weit, vgl. oben Rdn. 1 a und zur älteren Praxis RGZ **42,** 92, 95; PA Mitt. **35,** 198, 199; BGH GRUR **69,** 437, 438 – Inlandsvertreter; GRUR 1972, 536, 537 – Akustische Wand; BPatGE **4,** 160, 161. Daher ist der Kreis der Angelegenheiten, die dem Vertreterzwang unterliegen, weit gezogen. Wegen der Überwachung von Patenten und Zahlung der erforderlichen Gebühren für die Aufrechterhaltung der Schutzrechte und die Zulässigkeit solcher Dienstleistungen, auch soweit sie von Unternehmen in einem Mitgliedstaat der EG mit Wirkung für die Bundesrepublik Deutschland erbracht werden, vgl. EuGH v. 25. 7. 1991, Rs C-76/90 (Säger), Mitt. **92,** 56 mit Anm. Säger = AnwBl. **91,** 34 mit Anm. Chemnitz = GRUR Int. **91,** 807. Der Gerichtshof stellt fest, dass solche Dienstleistungen den Schutz der Dienstleistungsfreiheit genießen und nicht auf der Grundlage des nationalen Rechts (UWG und Rechtsberatungsgesetz) untersagt werden dürfen. 6

Dem Vertretungszwang des § 25 unterliegen zunächst alle im PatG geregelten Verfahren, für die das Patentamt und Patentgericht zuständig sind, kraft Umkehrschlusses nicht dagegen die Verfahren vor dem BGH. Die Bestellung des Inlandsvertreters ist für die Stellung des Antrags auf Ermittlung des Standes der Technik und auf Prüfung der Anmeldung sogar ausdrücklich vorgeschrieben (§ 43 Abs. 2 Satz 3, § 44 Abs. 4 Satz 2), obwohl der den Antrag stellende Dritte hierdurch nicht an dem durch seinen Antrag eingeleiteten Verfahren beteiligt wird (§§ 43 Abs. 2 Satz 1, 44 Abs. 2). Für alle Verfahren muss der nicht im Inland ansässige oder niedergelassene (auswärtige) Beteiligte den Inlandsvertreter bestellen, ganz einerlei, ob er Antragsteller ist oder die Anmeldung oder das Patent gegen Angriffe Dritter verteidigt (Anmelde-, Erteilungs-, Einspruchs-, Beschränkungs-, Beschwerde-, Nichtigkeits-, Zwangslizenzverfahren, einstweilige Verfügungen, Festsetzung der Lizenzvergütung nach § 23 Abs. 4, Wiedereinsetzung in den vorigen Stand, § 123). Die Bestellung des Vertreters ist daher mit dem Antrag auf Erteilung des Patents zu verbinden, sonst muss die Anmeldung zurückgewiesen werden (vgl. unten Rdn. 26). 7

Der Vertretungszwang des § 25 gilt auch für Verfahren nach dem PCT, in denen das Patentamt als Anmeldeamt, Bestimmungsamt oder als ausgewähltes Amt tätig wird (vgl. Art. 27 Abs. 7 PCT i. V. m. Art. III § 1 Abs. 3, §§ 4, 6 IntPatÜG) und die Rechtsauskunft EPA Nr. 18/92, Bl. **92,** 507, und ABl. **92,** 58. Wie hier Busse/Schwendy § 25 Rdn. 16, a. A. offenbar Schulte, § 25 Rdn. 17, der jeweils die ausdrückliche Anordnung der Anwendbarkeit von § 25 fordert. Es genügt aber, dass die Vorschriften über das Verfahren vor dem Patentamt für anwendbar erklärt werden, da § 25 den Verfahrensvorschriften zuzurechnen ist. Der Anmelder kann die Aufnahme der Bearbeitung seiner internationalen Anmeldung selbst einleiten, sofern dies vor Ablauf des 31. Monats nach dem Prioritätstag geschieht. Das DPMA nimmt Übersetzungen europäischer Patentschriften auch dann entgegen, wenn ein Inlandsvertreter nicht bestellt ist, Mitt./PräsPA Nr. 20/92 v. 7. 10. 1992, BlPMZ. **92,** 481. 7 a

Der Vertretungszwang gilt dagegen nicht für reine Realakte mit allenfalls bedingten rechtlichen Wirkungen wie die Entrichtung von Verfahrens- oder Jahresgebühren oder wenn Dritte dem Patentamt Druckschriften mitteilen, die der Erteilung des Patentes entgegenstehen könnten (§ 43 Abs. 3 Satz 3). Für die Benutzungsanzeige eines Ausländers gemäß § 23 Abs. 3 PatG ist ebenfalls kein Inlandsvertreter gemäß § 25 PatG erforderlich, OLG Nürnberg, GRUR **96,** 48. 7 b

Die Pflicht zur Bestellung eines Inlandsvertreters gilt ferner für alle Verfahren, mit denen Rechte aus dem Patent geltend gemacht werden. Dabei kommen primär bürgerliche Rechtsstreitigkeiten, insbesondere also Klagen wegen Patentverletzung i. S. der §§ 139 ff einschließlich von Verfahren auf Erlass einer einstweiligen Verfügung und des Antrags auf Grenzbeschlagnahme durch die Zollbehörden nach § 142 a in Betracht. Um die Geltendmachung von Rech- 8 ten aus dem Patent handelt es sich aber auch, wenn ein Strafantrag nach § 142 Abs. 4 gestellt oder ein Privatklageverfahren nach § 374 Abs. 1 Nr. 8 StPO eingeleitet und betrieben wird, aber auch Schadenersatzansprüche im Adhäsionsverfahren nach §§ 403 ff StPO verfolgt werden. Für die Verteidigung des nicht im Inland ansässigen Patentinhabers gegen die von dem Inhaber eines älteren Patents geltend gemachte Abhängigkeit wurde früher die Notwendigkeit des Inlandsvertreters verneint, seine Befugnis zur Vertretung des Patentinhabers indes anerkannt, RGZ **42,** 92. Nach der jetzigen Fassung des Gesetzes wird gesagt werden müssen, dass auch gegenüber einer solchen Abhängigkeitsklage der Inhaber des jüngeren Patents ein Recht aus dem Patent geltend macht, weil er dessen Unabhängigkeit und damit den weiter reichenden Schutzumfang gegen das ältere Patent verteidigt: jedes solche Verfahren oder eine derartige Handlung des Patentinhabers unterliegt dem Vertreterzwang (abw. Reimer 3. Aufl. Rdn. 6 zu § 16; Klauer/Möhring 3. Aufl. Rdn. 12 zu § 16).

9 **3. Zur Vertretung zugelassene Personen.** Nach dem Wortlaut von § 25 Abs. 1 sind nur Rechtsanwälte und Patentanwälte als Inlandsvertreter zugelassen. § 25 Abs. 1 wird indes ergänzt – neben Absatz 2 – durch die §§ 155 Abs. 2 und 178 PatAnwO und durch die neuen Vorschriften über Rechtsanwalts- und Patentanwaltsgesellschaften. Nach § 155 Abs. 2 PatAnwO können auch Patentassessoren in ständigem Dienstverhältnis in bestimmten Fällen als Inlandsvertreter bestellt werden. Diese Regelung erklärt sich aus der Trennung von freiem Patentanwalt und dem in ständigem Dienstverhältnis beschäftigten Syndikus, die durch die Patentanwaltsordnung herbeigeführt worden ist. Bis zum Inkrafttreten der Patentanwaltsordnung war ein ständiges Dienstverhältnis kein Hindernis für die Zulassung zur Patentanwaltschaft. Die als Patentanwälte zugelassenen Syndikusanwälte konnten auch die Vertretung „Auswärtiger" im Sinne des § 25 ohne irgendwelche Einschränkungen übernehmen. Durch die ursprüngliche Regelung der Patentanwaltsordnung, dass ein ständiges Dienstverhältnis der Zulassung als Patentanwalt entgegenstand (§ 14 Abs. 1 Nr. 9 PatAnwO a. F.), war dem angestellten Patentassessor die Vertretung „Auswärtiger" grundsätzlich entzogen. Grundlage für die Beurteilung der Vereinbarkeit von Anstellungsverhältnis und Vertretungstätigkeit ist insoweit jetzt § 14 Abs. 1 Nr. 8 und Nr. 9 PatAnwO i. d. F. des Gesetzes v, 5. 10. 1994 (Art. 57 Nr. 1, BGBl I S 2911, 2939), vgl. Feuerich, PatAnwO [1997], § 14, Rdn. 12–15. Die Tätigkeit als Inlandsvertreter wird dem Patentassessor jedoch durch § 155 Abs. 2 PatAnwO in dem Umfange belassen, der von seinem Aufgabengebiet im Rahmen seines Dienstverhältnisses nicht getrennt werden kann. Die Regelung des § 178 PatAnwO bezweckt die Wiederherstellung eines Besitzstandes, der bei einem Teil der Erlaubnisscheininhaber 1933 geschmälert worden war.

10 **a) Patentanwälte und Rechtsanwälte.** Die Vertretung Auswärtiger ist grundsätzlich den in der Bundesrepublik Deutschland zugelassenen Patentanwälten und Rechtsanwälten vorbehalten. In Patentsachen werden vorwiegend Patentanwälte zu Inlandsvertretern bestellt. Der ständige Vertreter (§ 46 PatAnwO) steht dem Patentanwalt gleich und kann als solcher die Befugnisse des zum Inlandsvertreter bestellten Patentanwalts ausüben, auch wenn er sich noch in der Ausbildung befindet, PA Bl. **54,** 23; vgl. jetzt auch § 46 Abs. 7 PatAnwO. Wegen der neuen Regelung in Abs. 2, der sich mit der Bestellung von Staatsangehörigen der Mitgliedstaaten der EG oder des EWR als Inlandsvertreter befasst, vgl. unten Abschnitt 9. Rechtsanwalts- und Patentanwaltsgesellschaften können auch als Prozess- oder Verfahrensbevollmächtigte beauftragt werden (§ 591 BRAO, § 521 PatAnwO); daraus folgt. dass sie auch als Inlandsvertreter bestellt werden können, jedenfalls soweit sie im Inland eine Kanzlei nach § 59 i BRAO, § 52 i PatAnwO unterhalten. Entsprechendes dürfte auch für die juristischen Personen des europäischen Gesellschaftrechts gelten, sofern ihr Gesellschaftszweck die geschäftsmäßige Besorgung von Rechtsangelegenheiten ist und die Geschäftsführung von zugelassenen Rechts- oder Patentanwälten wahrgenommen wird. Zur Frage der Anwalts-AG siehe Kleine-Cosack, Vorbem. vor § 59 c BRAO, Rdn 2, und Bayer, Der Patentanwalt, 250 ff.

11 **b) Patentassessoren** sind nach § 155 Abs. 2 PatAnwO unter folgenden Voraussetzungen zur Vertretung „Auswärtiger" berechtigt (vgl. Kelbel, Mitt. **66,** 231; ders. PatAnwO, Rdn. 36 zu §§ 155/156; Feuerich, PatAnwO, § 155 Rdn 4):

a) Der Dienstherr des Patentassessors muss eine Niederlassung in der Bundesrepublik haben, in der als Folge einer gewerblichen Tätigkeit eigene Angelegenheiten des gewerblichen Rechtsschutzes anfallen;

b) zur Erledigung dieser Angelegenheiten muss der Dienstherr einen oder mehrere Patentassessoren in ständigem Dienstverhältnis beschäftigen;

c) die Erledigung der Rechtsangelegenheiten des „auswärtigen" Dritten muss im Rahmen des ständigen Dienstverhältnisses des Patentassessors erfolgen und darf den Rahmen der §§ 3 und 4 PatAnwO nicht überschreiten;

d) der „auswärtige“ Dritte muss dem Dienstherrn des Patentassessors vertraglich die Wahrnehmung seiner Interessen auf dem Gebiet des gewerblichen Rechtsschutzes übertragen haben, § 155 Abs. 2 i.V.m. Abs. 1 Nr. 2 PatAnwO (vgl hierzu näher Kelbel aaO).

Ein Patentassessor, der von einem „auswärtigen“ Vertragspartner seines Dienstherrn zum Inlandsvertreter bestellt wird, muss durch Vorlage des zwischen seinem Vollmachtgeber und seinem Dienstherrn abgeschlossenen Vertrages nachweisen, dass es sich bei der vorgesehenen Rechtsbesorgung lediglich um die Nebenfolge einer auf dem Gebiet des gewerblichen Rechtsschutzes getroffenen Vereinbarung handelt; die Vorlage des Anstellungsvertrages des Patentassessors ist entbehrlich, wenn auf andere Weise – z.B. durch entsprechende Erklärung seines Dienstherrn – nachgewiesen ist, dass die Erledigung der Rechtsangelegenheit des „Auswärtigen“ im Rahmen seines ständigen Dienstverhältnisses erfolgt und den in den §§ 3, 4 PatAnwO gezogenen Rahmen nicht überschreitet, BPatGE **13,** 19. 12

c) Erlaubnisscheininhaber. Bis zum Inkrafttreten des Patentanwaltsgesetzes von 1933 konnten Personen, die das Vertretungsgeschäft vor dem Reichspatentamt berufsmäßig betrieben, ohne Patentanwälte oder Rechtsanwälte zu sein, auch Ausländer vertreten. Diese Befugnis wurde ihnen – unter Wahrung ihres Besitzstandes im Übrigen – durch § 56 Abs. 2 PatAnwG entzogen. Diesen „Alt-Erlaubnisscheininhabern“, deren Erlaubnisschein bereits auf § 58 PatAnwG zurückgeht, ist die ihnen 1933 entzogene Befugnis gemäß § 178 PatAnwO auf Antrag durch besondere Anordnung des Präsidenten des Patentamts im Einzelfall wieder erteilt worden. Die Erlaubnisscheininhaber, denen die erweiterte Vertretungsbefugnis des § 178 PatAnwO erteilt worden ist, sind daher zur Vertretung „Auswärtiger“ berechtigt. Andere Erlaubnisscheininhaber können nicht zu Inlandsvertretern bestellt werden (vgl. dazu im Einzelnen die Begründung zu § 176 (178) PatAnwO (Bl. **66,** 357f.). In der grundsätzlichen Ausschließung der Erlaubnisscheininhaber von der Vertretung Auswärtiger im Sinne des § 16 (jetzt § 25) liegt kein Verstoß gegen Art. 12 GG, PA Mitt. **58,** 14. 13

4. Bestellung des Inlandsvertreters. Der Inlandsvertreter ist nicht gesetzlicher, sondern gewillkürter Vertreter mit gesetzlich umschriebener Vertretungsmacht. Seine Befugnis, für den Vertretenen zu handeln, beruht daher auf der Bevollmächtigung (Vollmachterteilung) durch den Vertretenen. Den Anforderungen des § 25 ist allerdings nicht schon dadurch genügt, dass der „Auswärtige“ eine dafür zugelassene Person (vgl. oben Rdn. 9–13) damit beauftragt, ihn gemäß § 25 zu vertreten. Die Bestellung im Sinne des § 25 Satz 1 könnte an sich mündlich erfolgen. Die Vertretungsbefugnis muss indessen durch Vorlage einer entsprechenden Vollmacht (-urkunde) nachgewiesen werden (vgl. unten Rdn. 16), wobei in § 30 Abs. 1 Satz 1 ersichtlich vorausgesetzt ist, dass die Vollmacht des Patentinhabers – nur einmal – beim Patentamt vorgelegt wird und sich die Legitimation des Inlandsvertreters im Übrigen aus der Eintragung in das Patentregister ergibt (§ 30 Abs. 3 Satz 3). Nach BPatGE **28,** 219, 220 ließ die Erklärung des Inlandvertreters, dass er die Vertretung des Rechtsinhabers (GebrM) niederlege, seine Rechtsstellung als Inlandsvertreter unberührt, solange seine Eintragung in der Patentrolle nicht gelöscht war. Dagegen BPatGE **34,** 186. Die Rechtsfrage ist inzwischen durch den neu eingefügten Abs. 4 anderweitig geklärt (s. unten) Die Vollmacht des Inlandsvertreters muss sich inhaltlich auf die in § 25 genannten Befugnisse erstrecken. Bei einer Beschränkung der Vollmacht unter den gesetzlichen Mindestumfang läge keine ordnungsmäßige Bestellung eines Inlandsvertreters vor; die Folgen sind daher die gleichen, als wenn überhaupt kein Vertreter bestellt worden wäre (vgl. dazu unten Rdn. 24–31). Üblich und ausreichend ist eine Vollmacht „gemäß § 25 PatG“. 14

Mehrere gemeinschaftliche Anmelder oder Patentinhaber können einen gemeinsamen Inlandsvertreter bestellen. Andererseits kann ein „Auswärtiger“ aber auch mehrere Inlandsvertreter bestellen; die Vertretungsbefugnis jedes einzelnen von ihnen darf dann allerdings nicht unter den Mindestumfang des § 25 beschränkt werden. Bei Bestellung mehrerer Personen als Inlandsvertreter ist anzugeben, welche von ihnen als zustellungs- und empfangsbevollmächtigt bestimmt ist; fehlt diese Angabe, so gilt die Person als zustellungs- und empfangsbevollmächtigt, die zuerst genannt ist, § 14 Abs. 2 DPMAV. 15

a) Nachweis der Vollmacht. Für Inlandsvertreter als Bevollmächtigte des auswärtigen Verfahrensbeteiligten gilt § 15 DPMAV über die Form der Vollmacht. Nach § 15 Abs. 1 DPMAV haben Bevollmächtigte, soweit sie nicht nur zum Empfang von Zustellungen oder Mitteilungen ermächtigt sind, beim DPMA eine vom Auftraggeber unterschriebene Vollmachtsurkunde einzureichen. Eine Beglaubigung der Vollmachtsurkunde oder der Unterschrift ist nicht erforderlich. Die Vollmacht braucht sich nicht auf eine einzelne Angelegenheit, insbesondere auf eine einzelne Anmeldung zu beziehen. Sie kann sich auch auf eine Gruppe (Gattung) von Angelegenheiten, nämlich auf Patent- und Gebrauchsmusterangelegenheiten oder auf Warenzeichen – oder IR-Markenangelegenheiten oder auch auf sämtliche Angelegen- 16 heiten des betreffenden Auftraggebers beziehen (allgemeine Vollmacht). Für derartige Vollmachten ist der vorgeschriebene Text zu verwenden, (MittPräsPA Bl. **86,** 277; **86,** 349; **88,** 25), der für die Fälle des § 25 eine erheblich über den gesetzlichen Mindestumfang (vgl. unten Rdn. 19) hinausgehende Ermächtigung enthält.

17 Im Verfahren vor dem Patentgericht ist eine Einzelvollmacht zu den Gerichtsakten einzureichen (§ 97 Abs. 2). Es genügt jedoch, wenn sich die Vollmacht bei den beigezogenen Akten des Patentamts befindet, BPatGE **1,** 119. Soweit der Inlandsvertreter – als Vertreter des Patentinhabers – im Patentregister vermerkt ist (§ 30 Abs. 1 Satz 1), ist die Vorlage einer gesonderten Vollmacht entbehrlich (vgl. oben Rdn. 14).

18 Kommt der Inlandsvertreter der Aufforderung, die Vollmachturkunde vorzulegen, nicht nach, so ist zu unterscheiden: Hat er, soweit er bereits tätig geworden ist, als Berechtigter gehandelt, so sind die von ihm vorgenommenen Handlungen wirksam, er ist jedoch durch Beschluss als Vertreter zurückzuweisen; war er nicht zu den vorgenommenen Handlungen ermächtigt, so sind die von ihm gestellten Anträge zurückzuweisen, vgl. Baumbach/Lauterbach/Albers/Hartmann ZPO Anm. 2 B zu § 88 ZPO; vgl. auch § 43 Rdn. 12.

19 **b) Umfang der Vertretungsmacht.** Der Umfang der Vertretungsmacht des Inlandsvertreters richtet sich nach der ihm erteilten Vollmacht. Im Innenverhältnis können die Befugnisse des Vertreters näher und auch enger sein, als es § 25 vorsieht. Der Umfang der Vertretungsbefugnis nach außen darf jedoch nicht unter den (Mindest-)Umfang des § 25 beschränkt werden. Eine Erweiterung der Vertretungsmacht ist dagegen zulässig, da der Inlandsvertreter gewillkürter Vertreter ist, nur mit gesetzlichem Mindestumfang der Vollmacht, RGZ **42,** 97. Der Inhalt der Vollmacht ist gegebenenfalls durch Auslegung zu ermitteln. Bei einer Vollmacht „in Sachen der Patentanmeldung ... nach § 25 PatG“ kann angenommen werden, dass durch die Angabe der Anmeldung nur der Gegenstand bezeichnet werden soll, auf den sich die Vollmacht bezieht, der Umfang der Vollmacht sich dagegen nach § 25 bestimmen, also auch auf das erteilte Patent erstrecken soll, BPatGE **1,** 25.

20 Eine Vollmacht „gemäß § 25 PatG“ ermächtigt den Vertreter zur Beschränkung und zur Zurücknahme der Anmeldung, BGH GRUR **72,** 536, 537 – akustische Wand; BPatGE **1,** 21, 22, nicht dagegen zum Verzicht auf das erteilte Patent, PA Mitt. **14,** 169; vgl. auch BPatGE **1,** 21, 22f.; **30,** 130, 132, oder zur Erklärung der Lizenzbereitschaft (§ 23), BPatGE **9,** 147. Der Vertreter kann Strafanträge stellen und auch die Rechte des Patentinhabers im Strafverfahren (Privatklage oder Adhäsionsverfahren) wahrnehmen. Er ist auch zur Einlegung und zur Zurücknahme von Rechtsmitteln befugt, PA Bl. **1897,** 147. Handlungen des Inlandsvertreters, die ohne Vertretungsmacht vorgenommen sind, können von dem Berechtigten nachträglich genehmigt werden, RG Bl. **1906,** 39, bei fristgebundener Verfahrenshandlung allerdings nur bis zum Ablauf der Frist, BPatG Mitt. **87,** 14.

21 **c) Untervertretung.** Die Erteilung von Untervollmachten ist möglich. Auch einem Erlaubnisscheininhaber, der nicht selbst als Inlandsvertreter zugelassen ist (vgl. oben Rdn. 13), kann Untervollmacht erteilt werden; dieser kann dann für den Auswärtigen handeln, PA Bl. **54,** 439. Die von dem zum Inlandsvertreter bestellten Patentanwalt an seinen Sozius erteilte Untervollmacht erlischt mit dem Tode des ersteren (§ 673 BGB); sie gilt nur insoweit als fortbestehend, als mit dem Aufschub Gefahr verbunden ist, PA Bl. **54,** 229.

22 **d) Erlöschen der Vollmacht.** Das Erlöschen der Vollmacht des Inlandvertreters bestimmt sich nach den allgemeinen Grundsätzen. Die für den Einzelfall erteilte Vollmacht endet mit der Zurücknahme oder (rechtskräftigen) Zurückweisung der Anmeldung, dem Erlöschen, dem Widerruf oder der Nichtigerklärung des Patents, auf die oder das sich die Vollmacht bezog. Die Vollmacht erlischt weiter durch Widerruf seitens des Vollmachtgebers oder durch Niederlegung der Vertretung durch den Vertreter. § 87 Abs. 1 ZPO, wonach die Kündigung des Vollmachtvertrages (Niederlegung der Vertretung) gegenüber dem Gegner erst durch die Anzeige des Erlöschens der Vollmacht und in Anwaltsprozessen erst mit der Anzeige der Bestellung eines anderen Anwalts rechtliche Wirksamkeit erlangt, findet – auch im patentgerichtlichen Verfahren – keine Anwendung, BPatGE **1,** 31; **1,** 32; **2,** 19; **17,** 11, 12f. Vgl. dazu jetzt die in etwa gleichwertige Regelung in § 25 Abs. 4. Die Vollmacht endet ferner im Zweifel mit dem Tode des Vertreters; beim Tode des Vertretenen bleibt sie dagegen im Zweifel bestehen (§§ 168, 672, 673 BGB). Wenn der vertretene Verfahrensbeteiligte seinen Wohnsitz oder seine Niederlassung ins Inland verlegt, endet damit die Pflicht zur Bestellung eines Inlandsvertreters, die Vollmacht als solche bleibt jedoch im Zweifel davon unberührt. Für den gegenläufigen Vorgang, nämlich die Verlegung von Wohnsitz, Sitz oder Niederlassung durch den Verfahrensbeteiligten ins Ausland während eines anhängigen Verfahrens gilt, dass von da ab § 25 Abs. 1 Anwendung findet und ein Inlandsvertreter zu bestellen ist, BPatGE 2, 19, 21.

Der durch das KostRegBerG neu eingefügte Abs. 4 schreibt vor, dass die rechtsgeschäftliche Beendigung des Vertretungsverhältnisses erst dann wirksam wird, wenn sie dem Patentamt oder dem Patentgericht zusammen mit der Bestellung eines neuen Vertreters angezeigt wird. Damit soll nach der Begründung des RegE (BT-Drs. 14/6203, 62) die bisherige Regelung ergänzt werden. Die in § 30 Abs. 3 Satz 3 des Patentgesetzes enthaltene Vorschrift, dass ein Vertreter so lange berechtigt oder verpflichtet bleibt, bis die Änderung in das Register eingetragen wird, reiche nicht aus. Damit solle in Parallele zu der neuen Formulierung für § 96 Abs. 4 MarkenG die entsprechende Regelung für alle Schutzrechte übernommen werden. 22a

e) Stellung des Vertretenen. Die Vorschrift verlangt nur, dass der Auswärtige – zur Erleichterung des Verkehrs mit ihm (oben Rdn. 6) – einen Inlandsvertreter bestellt. Sie nimmt dem „Auswärtigen" nicht die eigene Verhandlungsfähigkeit (Postulationsfähigkeit), allg. Meinung, vgl. BGHZ **51,** 269 (LS a) = GRUR **69,** 437, 438 – Inlandsvertreter – mit ausführlicher Darstellung der Vorgeschichte; Busse/Schwendy, Rdn 36; Schulte, Rdn 37, jeweils zu § 25 PatG; Krasser, 5. Aufl., § 23 IV a 1. Neben dem Inlandsvertreter kann daher auch der auswärtige Beteiligte selbst seine Rechte durch eigene Handlungen und Erklärungen wahrnehmen, BGH GRUR **69,** 437, 438; BPatGE **4,** 160, 161. Wenn er auch alle von seinem Inlandsvertreter im Rahmen der erteilten Vollmacht vorgenommenen Handlungen gegen sich gelten lassen muss (RGZ **42,** 95), so ist er doch in seiner Verhandlungsfähigkeit, insbesondere in der Verfügungsgewalt über seine Anmeldung, über sein Patent oder über einen Einspruch nicht beschränkt, BPatGE **4,** 160, 161. Der „auswärtige" Verfahrensbeteiligte kann auch einen anderen als seinen Inlandsvertreter mit der Wahrnehmung seiner Rechte in einem anhängigen Verfahren betrauen, PA MuW **XVIII,** 143; BPatGE **4,** 160, 161. Er kann sich auch in einzelnen Angelegenheiten – etwa in der mündlichen Verhandlung – durch eine andere Person vertreten lassen, die er selbst unmittelbar bevollmächtigt und die nicht als Inlandsvertreter zugelassen zu sein braucht, BPatGE **4,** 160. 23

5. Nichtbestellung oder Wegfall des Inlandsvertreters. Der im Ausland wohnende Beteiligte kann an einem Verfahren vor dem Patentamt oder Patentgericht nur teilnehmen und Rechte aus einem Patent nur geltend machen, wenn er eine dafür zugelassene Person (oben Rdn. 9ff.) ordnungsmäßig zum Inlandsvertreter bestellt hat. Die Bestellung eines Inlandsvertreters ist daher prozessuale Voraussetzung für die Teilnahme an einem patentamtlichen oder patentgerichtlichen Verfahren oder die Geltendmachung von Rechten aus einem Patent. Das in der Nichtbestellung eines Inlandsvertreters liegende Hindernis für die Wahrnehmung von Rechten in einem Verfahren ist behebbar; es muss aber spätestens bis zum Erlass einer Sachentscheidung beseitigt sein. Im patentamtlichen und patentgerichtlichen Verfahren wird der Betroffene aufgefordert, einen Inlandsvertreter oder – bei Wegfall des bisherigen Inlandsvertreters – einen anderen Inlandsvertreter zu bestellen. Die Entscheidung, die Folgerungen aus dem festgestellten Verfahrenshindernis zieht, kann erst ergehen, wenn der „Auswärtige" der Aufforderung nicht innerhalb der ihm gesetzten oder – mangels Fristsetzung – innerhalb angemessener Frist nachgekommen ist, vgl. BPatGE **2,** 19, 20. 24

Da der „auswärtige" Beteiligte ungeachtet der Bestellung des Inlandsvertreters in jedem Falle selbst verhandeln kann (vgl. oben Rdn. 14), hat der Wegfall des Inlandsvertreters nicht zur Folge, dass der „auswärtige" Beteiligte i.S. des § 100 Abs. 3 Nr. 3 unvertreten wäre; bei Wegfall des Inlandsvertreters tritt – sofern nicht der Inlandsvertreter zugleich der bei dem Gericht zugelassene Anwalt in einem Verfahren mit Anwaltszwang ist – keine Unterbrechung des Verfahrens ein; § 244 ZPO ist dann nicht entsprechend anwendbar, BGH GRUR **69,** 437, 438 – Inlandsvertreter. 25

a) Patentamtliches Verfahren. Unterlässt es der im Ausland wohnende oder ansässige Anmelder, einen Inlandsvertreter zu bestellen oder den weggefallenen Inlandsvertreter zu ersetzen, so kann seine Anmeldung nicht sachlich bearbeitet oder weiter bearbeitet werden. Denn die Bestellung des Inlandsvertreters ist Voraussetzung für jede Sachprüfung. Wenn der Anmelder der Aufforderung des Patentamts zur Bestellung eines Inlandsvertreters – oder ggf. einer den Anforderungen von § 25 Abs. 1 und 2 entsprechenden Person – nicht nachkommt, muss daher die Anmeldung – als unzulässig – zurückgewiesen werden, PA Mitt. **35,** 198, 200. Die Anmeldung selbst ist jedoch rechtswirksam anhängig geworden und erhält auch den Tag ihres Eingangs als Anmeldetag, wenn im Übrigen die Unterlagen vollständig sind. Sie ist jedoch mit einem formellen Mangel behaftet, der bereits in der Offensichtlichkeitsprüfung nach § 42 Abs. 1 zu beanstanden ist, obwohl § 25 dort nicht in Bezug genommen wird (siehe auch DPMA PrüfungsRiLi 2004 Nr. 2.5 Buchst. f). Der Antrag eines im Ausland wohnhaften oder ansässigen Dritten auf Ermittlung des Standes der Technik (§ 43 Abs. 2) oder auf Prüfung der Anmeldung (§ 44 Abs. 2) muss, wenn dieser Dritte nicht einen Inlandsvertreter bestellt hat oder 26 auf Aufforderung bestellt, zurückgewiesen werden (vgl. § 43 Rdn. 12, 19f.; § 44 Rdn. 11, 20ff.); der Antrag ist dann im Sinne des § 43 Abs. 6 als „unwirksam" zu behandeln (vgl. § 43 Rdn. 9, 19; § 44 Rdn. 18, 20).

26a Der Einspruch eines „auswärtigen" Einsprechenden, der nicht gemäß § 25 vertreten ist, ist als unzulässig zu verwerfen; dies gilt auch für die übergangsweise erstinstanzlich vor dem Patentgericht geführten Einspruchsverfahren (siehe § 147 Rdn. 17ff.). Fällt der Inlandsvertreter des (einzigen) Einsprechenden während des Verfahrens weg und benennt der Einsprechende – außerhalb des Anwendungsbereichs von Abs. 4 – keinen neuen Vertreter, macht die Verwerfung des Einspruchs keinen Sinn. Hier sollte die Situation wie eine Zurücknahme des Einspruchs während des laufenden Verfahrens behandelt werden und entweder zur Einstellung des Verfahrens oder zur Fortsetzung von Amts wegen führen, § 61 Abs. 1 Satz 2. Hat der Patentinhaber im Einspruchsverfahren als Auswärtiger entgegen Absatz 1 keinen Inlandsvertreter bestellt bzw. fällt der Inlandsvertreter weg, so kann der Patentinhaber in dem Verfahren keine wirksamen Anträge stellen und insbesondere kann er nicht die Aufrechterhaltung des Patents in beschränktem Umfang beantragen oder eine Teilung des Patents nach § 61 vornehmen. Das Patent muss daher in vollem Umfang widerrufen werden, auch wenn sich das Patent nur teilweise als nichtig erweist oder der Einsprechende nur bestimmte Ansprüche des Patents angegriffen hat. Die fehlende Bestellung eines Inlandsvertreters führt aber nicht automatisch zum Widerruf des Patents, da der Katalog der Widerrufsgründe abschließend und nicht erweiterbar ist.

27 **b) Patentgerichtliches Verfahren.** Wer im Inland weder Wohnsitz, Sitz noch Niederlassung hat, kann auch am Verfahren vor dem Patentgericht nur teilnehmen, wenn er eine dafür zugelassene Person zum Inlandsvertreter bestellt hat. Das gilt für Beschwerde- und erstinstanzliche (§ 147 Abs. 2) Einspruchsverfahren und für Nichtigkeitsklagen. Die Nichtigkeitsklage eines im Sinne des § 25 Auswärtigen, der keinen Inlandsvertreter bestellt hat, muss daher als unzulässig abgewiesen werden. Ist der eingetragene Patentinhaber nach § 25 zur Bestellung eines Inlandsvertreters verpflichtet und kommt er dieser Verpflichtung nicht nach, so kann er nicht wirksam am Verfahren teilnehmen, vgl. § 81 Rdn. 4, 6 und 13. Ein etwaiger Widerspruch wäre unbeachtlich. Es wird gemäß § 82 Abs. 2 oder in entsprechender Anwendung des § 82 Abs. 2 über die gegen ihn erhobene Nichtigkeitsklage zu entscheiden sein. Legt der zugleich als Inlandsvertreter im Sinne des § 25 PatG und als Prozessbevollmächtigter für das Patentnichtigkeitsverfahren bestellte Patentanwalt sowohl die Inlandsvertretung als auch das Prozessmandat nieder, berührt das die Zulässigkeit einer zuvor von ihm für den Patentinhaber wirksam eingelegten Berufung im Nichtigkeitsverfahren nicht; BGH GRUR **94,** 360 = BlPMZ **94,** 284; § 25 gilt nicht für das Verfahren vor dem BGH, GRUR a.a.O., Egr. I, 1.

28 Im **Beschwerdeverfahren** ist zu beachten, dass § 25 nicht nur für das patentgerichtliche, sondern auch für das patentamtliche Verfahren gilt und dass die Nichtbestellung oder der Wegfall des nach § 25 Abs. 1 erforderlichen Inlandsvertreters daher nicht nur die Durchführung des Beschwerdeverfahrens, sondern die Fortführung des von dem im Sinne des § 25 Auswärtigen betriebenen Verfahrens überhaupt hindert. Deshalb sollte, wenn der „Auswärtige" der Patentanmelder ist und das Beschwerdeverfahren eine Entscheidung über die Anmeldung betrifft, nicht nur das Beschwerdeverfahren, sondern auch das Erteilungsverfahren beendet werden, sofern der Anmelder der Aufforderung, einen Inlandsvertreter zu bestellen, nicht nachkommt. Das Rechtsschutzziel der Beschwerde sollte allerdings genau bestimmt sein und von dem Rechtsschutzziel der Anmeldung im ganzen abgegrenzt werden. Auf die Beschwerde des Patentinhabers gegen einen Widerruf des Patents sollte, wenn der „auswärtige" Einsprechende nicht nach § 25 vertreten ist und der Aufforderung zur Bestellung eines Inlandsvertreters nicht nachkommt, vom Beschwerdegericht der Einspruch als zurückgenommen behandelt und § 61 Abs. 1 Satz 2 entsprechend angewendet werden oder – unter Aufhebung der angefochtenen Entscheidung – das Einspruchsverfahren eingestellt werden. Den Einspruch noch in diesem Verfahrensstadium als unzulässig zu verwerfen (so die Vorauflagen), dürfte im vom Patentinhaber betriebenen Beschwerdeverfahren dem Einspruch eine überhöhte rechtliche Bedeutung beimessen (wegen der Auswirkungen auf das Beschwerdeverfahren vgl. § 79 Rdn. 4; vgl. auch Benkard/Schäfers, EPÜ, Rdn. 25 zu Art. 102). Eine richterlich gesetzte Frist zur Bestellung eines Inlandsvertreters, nach deren Versäumung die Beschwerde als unzulässig verworfen wurde, ist nicht wiedereinsetzungsfähig, BPatG, GRUR **90,** 113 = BPatGE **31,** 29 = Bl. **90,** 205.

29 Wenn der „Auswärtige" **Beschwerdeführer** ist und nicht nach § 25 vertreten ist, steht das Fehlen eines Inlandsvertreters einer Sachentscheidung über die Beschwerde in der Regel entgegen; die Beschwerde ist daher grundsätzlich als unzulässig zu verwerfen, wenn der Beschwerdeführer der Aufforderung, einen Inlandsvertreter zu bestellen, nicht nachkommt, BPatGE **17,** 11 m.w.N. Anders liegt es, wenn sich der Beschwerdeführer mit der Beschwerde dagegen wendet, dass wegen des Fehlens eines Inlandsvertreters oder von dessen Vollmacht seine Anmeldung (als unzulässig) zurückgewiesen oder sein Einspruch als unzulässig verworfen worden ist; die Beschwerde, die in diesem Falle als zulässig zu behandeln ist, ist dann als unbegründet zurückzuweisen, wenn der Beschwerdeführer eines Inlandsvertreters bedarf und den Zurückweisungs- oder Verwerfungsgrund auch im Beschwerdeverfahren nicht beseitigt, BPatGE **15,** 204 m. w. N. Zumindest im zweiseitigen Verfahren muss die Beschwerde auch dann als zulässig behandelt werden, wenn der Inlandsvertreter schon im patentamtlichen Verfahren gefehlt hat und der Mangel dort nicht berücksichtigt wurde, BPatGE **22,** 37. Die angefochtene Entscheidung soll dann aufgehoben und die Sache gemäß § 79 Abs. 3 Nr. 2 an das Patentamt zurückverwiesen werden, BPatGE aaO. Eine richterlich gesetzte Frist zur Bestellung eines Inlandsvertreters, nach deren Versäumung die Beschwerde als unzulässig verworfen wird, ist nicht wiedereinsetzungsfähig, BPatGE **31,** 29, 31.

c) Verfahren vor den ordentlichen Gerichten. Der „auswärtige" Patentinhaber kann Rechte aus dem Patent nur geltend machen, wenn er einen Inlandsvertreter bestellt hat. Daraus wird zu entnehmen sein, dass eine von ihm erhobene Klage, mit der die Rechte aus dem Patent (§§ 9, 139) in Anspruch genommen werden, als unzulässig abgewiesen werden muss, wenn kein Inlandsvertreter bestellt ist oder wird. In einem gegen ihn gerichteten, den Patentschutz betreffenden Rechtsstreit, etwa in einem negativen Feststellungsstreit, wird der nicht nach § 25 vertretene „auswärtige" Anmelder oder Patentinhaber als säumig zu behandeln sein. Vgl. auch oben Rdn. 8. 30

Die Geltendmachung von Ansprüchen („eine den Umständen angemessene Entschädigung") aus einer „offengelegten" Anmeldung (§ 33 Abs. 1) wird von dem Wortlaut des § 25 nicht getroffen. Da es sich aber um einen Vorgriff auf die Ansprüche aus dem erteilten Patent handelt, ist eine analoge Anwendung nahegelegt. Die Bestellung des Inlandsvertreters ist hier indes schon im Hinblick auf das anhängige Anmeldeverfahren notwendig. Sie könnte deshalb, wenn man die für die Geltendmachung von Rechten aus dem Patent getroffene Regelung nicht auf die Geltendmachung des in § 33 Abs. 1 bezeichneten Anspruchs entsprechend anwenden wollte, jedenfalls im Erteilungsverfahren erzwungen werden. 31

6. Gerichtsstand. Absatz 3 mit seiner Klarstellung des besonderen internationalen Gerichtsstandes des Vermögens nach § 23 ZPO entspricht mit geringfügigen redaktionellen Änderungen dem § 25 Satz 3 in der bis zum 1. 1. 2002 geltenden Fassung. Sinn der Vorschrift ist es, für das (deutsche oder mit Wirkung für Deutschland erteilte europäische) Patent als Vermögensgegenstand einen Anknüpfungspunkt für seine Belegenheit zu bieten, damit auf diesen Vermögensgegenstand bei der Vollstreckung eines Urteils gegen den auswärtigen Patentinhaber zugegriffen werden kann. Die Vorschrift unterliegt daher den allgemeinen Einwänden und Einschränkungen, die auch gegen § 23 ZPO geltend gemacht werden (vgl. dazu Schack, Internationales Zivilverfahrensrecht, 3. Aufl., Rdn. 323–333). Im europäischen Rahmen wird sie durch die vorrangigen Bestimmungen des Brüsseler bzw. des Luganer Übereinkommens (GVÜ) verdrängt und dort ausdrücklich unter den ausgeschlossenen („exorbitanten") Gerichtsständen erwähnt (Art. 3 Abs. 2 EuGVÜ, Art. 3 Abs. 2 i. V. m. Annex I VO (EG) 44/2001). Der Ausschluss findet keine Anwendung, wenn der Beklagte seinen Wohnsitz außerhalb des Geltungsbereichs der EuGVÜ und jetzt der VO (EG) 44/2001 hat. 32

Das Patent als Vermögensgegenstand besteht in seinem gesamten Geltungsgebiet, so dass unter Hinweis auf den Bestand des Patents an irgendeinem Ort Ansprüche aus dem Patent oder gegen das Patent erhoben werden könnten, OLG Hamburg GRUR **48,** 260/261, Knäcke-Brot. Dieser rechtlich zutreffende Standpunkt ist in dem Patentverfahren und bei Wahrung der Rechte aus dem Patent oder gegen das Patent äußerst unpraktisch. Für die innerstaatliche (örtliche) Zuständigkeitsordnung gilt in erster Linie die geschäftliche Niederlassung des Inlandsvertreters (der Geschäftsraum) als Gerichtsstand des Vermögens. Fehlt ein solcher Geschäftsraums des Vertreters ist dessen Wohnsitz maßgebend, beim Fehlen eines solchen der Sitz des Patentamts. Im Streitfall ist der Gerichtsstand nach § 36 ZPO zu bestimmen, wobei es genügt, dass in irgendeinem Gerichtsbezirk der Bundesrepublik sich Vermögen des (ausländischen) Schuldners befindet, RG Mitt. **38,** 9. Ist Inlandsvertreter ein „europäischer Dienstleister" nach Absatz 2, so wird die örtliche Zuständigkeit nicht durch den Wohnsitz oder Sitz des Zustellungsbevollmächtigten bestimmt; es kommt dann lediglich das Gericht am Sitz des DPMA in Betracht, vgl die Begründung zum RegE, BT-Drs. 14/6203, 62. 32 a

7. Vermerk im Patentregister. Zur Verlautbarung nach außen werden der Inlandsvertreter und ein etwaiger Zustellungsbevollmächtigter im Patentregister vermerkt (§ 30 Abs. 1 Satz 1); die Vorschrift bezieht sich allerdings nur auf Anmelder und Patentinhaber. In der Regel handelt es sich um den bei der Anmeldung bestellten Vertreter und etwaigen Zustellungsbe- 33 vollmächtigten. Spätere Änderungen werden auf Antrag eingetragen (§ 30 Abs. 3). Sie bedürfen des urkundlichen Nachweises, an den strenge Anforderungen zu stellen sind, PA Bl. 37, 195; 38, 211. Die Eintragung eines Inlandsvertreters und etwaigen Zustellungsbevollmächtigten und die Eintragung einer späteren Änderung sind gebührenfrei (die Eintragung einer Änderung seit dem Inkrafttreten des GPatG). Solange die Änderung nicht eingetragen ist, bleibt der frühere Anmelder, Patentinhaber, Vertreter oder Zustellungsbevollmächtigte nach Maßgabe des PatG berechtigt und verpflichtet, § 30 Abs. 3 Satz 2.

33 a Für die **rechtsgeschäftliche Beendigung des Vertretungsverhältnisses** („Bestellung eines Vertreters") ist nunmehr in Absatz 4 ausdrücklich klargestellt, dass sie erst dann wirksam wird, wenn sowohl die Beendigung als auch die Bestellung eines neuen („anderen") Vertreters dem Patentamt oder dem Patentgericht angezeigt werden. Siehe dazu Mitt/PräsDPMA Nr. 9/05 über die Mandatsniederlegung durch Inlandsvertreter v. 18. 1. 2005, BlPMZ **05,** 41. Als Fälle der rechtsgeschäftlichen Beendigung haben vor allem die einseitige Kündigung durch einen Beteiligten oder die einvernehmliche Aufhebung des Geschäftsbesorgungsvertrages, der der Bestellung zugrunde liegt, zu gelten. Keine rechtsgeschäftliche Beendigung liegt vor, wenn der Vertreter stirbt, geschäftsunfähig wird oder wenn ihm die Zulassung zum Berufsstand, der den Rahmen der Geschäftsbesorgung abgibt, entzogen und damit die Ausführung des Vertrages unmöglich wird oder wenn der Geschäftsbesorgungsvertrag wegen eines Gesetzesverstoßes (z.B. § 45 BRAO) nichtig, also von Anfang unwirksam ist. Bei einer fristlosen Kündigung des Geschäftsbesorgungsvertrages aus wichtigem Grund hat die Vorschrift die Bedeutung, dass der Fortbestand des Rechtsverhältnisses gegenüber dem Patentamt und dem Patentgericht bis zur Vornahme der entsprechenden Anzeigen fingiert wird. Für das Innenverhältnis zwischen Vertreter und Vertretenem besteht in diesen Fällen allenfalls noch ein Rechtsverhältnis zur Abwicklung der beiderseitigen Verpflichtungen aus dem gekündigten Vertrag.

34 **8. Sonstige Vertreter.** Wegen der Vertretung vor dem Patentamt und dem Patentgericht im übrigen wird auf die Erl. zu § 35 und § 97 verwiesen.

35 **9. Auswärtige Dienstleister als Inlandsvertreter.** Nach Abs. 2 können auch Staatsangehörige aus Mitgliedstaaten der EU und des EWR zu Inlandsvertretern i.S.v. Abs. 1 bestellt werden. Sie müssen jedoch zur Ausübung einer beruflichen Tätigkeit nach Maßgabe der in der Vorschrift bezeichneten Gesetze vom 4. 3. 2000 (ausländische Rechtsanwälte) bzw. vom 6. 7. 1990 (ausländische Patentanwälte) in der Bundesrepublik Deutschland berechtigt sein. Die Vorschrift wurde eingeführt, um den Vorstellungen der Europäischen Kommission über die Durchsetzung der Dienstleistungsfreiheit als Grundfreiheit des EG-Vertrages (Art. 49) Rechnung zu tragen. Wie aus der Begründung der Gesetzesänderung (BT-Drs. 14/6203, S. 60f) zu entnehmen ist, war der Änderung ein Streit mit der Kommission über Tragweite und Anwendung der Dienstleistungsfreiheit und die Vereinbarkeit von § 25 PatG in der früheren Fassung mit EG-Recht vorhergegangen. Die Änderung hat daher eine gewisse Alibifunktion, um einer Vertragsverletzungsklage gegen die Bundesrepublik Deutschland vor dem EuGH vorzubeugen. Sie lässt jedenfalls genügend Spielraum für Auslegungs- und Zweifelsfragen, so dass sie nicht als Beitrag zur Rechtssicherheit für alle Beteiligten unter Einschluss von Patentamt und Patentgericht angesehen werden kann.

36 **a) Berechtigter Personenkreis. aa)** Bezüglich der „europäischen Rechtsanwälte" wird der berechtigte Personenkreis durch eine Bezugnahme auf das **Gesetz über die Tätigkeit europäischer Rechtsanwälte in Deutschland** (EuRAG) v. 9. 3. 2000 definiert, das zuletzt durch das Gesetz vom 26. 10. 2003, BGBl I 2074, geändert worden ist (Berücksichtigung der Schweiz und der neuen Mitgliedstaaten der EU). Angeknüpft wird an die Staatsangehörigkeit eines EU-Staates oder des EWR und die Berechtigung, in Deutschland unter der Berufsbezeichnung des Herkunftsstaates die Tätigkeit eines Rechtsanwalts auszuüben. Diese Wortwahl lässt allerdings nicht genau erkennen, ob alle unter das EuRAG fallenden „europäischen Rechtsanwälte", also sowohl die „niedergelassenen" (§ 2 Abs. 1 EuRAG) als auch die „dienstleistenden" (§ 25 Abs. 1 EuRAG) europäischen Rechtsanwälte gemeint sind oder nur die letztgenannte Kategorie angesprochen ist. Wegen des Inhalts und der Tragweite der Differenzierung vgl. Kleine-Cosack, BRAO [2003], Rdn 33 zu Anh III 1. Auch die Begründung des Gesetzentwurfs schafft hier keine Klarheit. Eine eindeutige Klarstellung wäre aber sehr erwünscht, weil der Text der Vorschrift sich z.T. an § 2 Abs. 1 EuRAG und z.T. an § 25 Abs. 1 EuRAG bzw. an die Begriffsbildung der Überschrift von Teil 5 des EuRAG („Vorübergehende Dienstleistung") anlehnt, die ergänzende Verpflichtung des Anmelders oder Patentinhabers, im Inland einen Rechtsanwalt oder Patentanwalt als Zustellungsbevollmächtigten zu benennen, aber beim **„niedergelassenen europäischen Rechtsanwalt"** ersichtlich keinen Sinn macht, da hier die „Niederlassung" in der Bundesrepublik Deutschland und damit eine feste Zustelladresse in Deutschland

oder jedenfalls im Herkunftsland und eine doppelte Kontrolle durch die zuständige Rechtsanwaltskammer in Deutschland und bei der entsprechenden Organisation im Herkunftsland vorausgesetzt wird. Außerdem hat der „niedergelassene europäische Rechtsanwalt" den vollen Tätigkeitskreis eines Rechtsanwalts nach §§ 1 bis 3 BRAO. Demnach handelt es sich bei dem Erfordernis der zusätzlichen Bestellung eines Zustellungsbevollmächtigten um eine unverhältnismäßige Überregulierung, die einer europarechtlichen Überprüfung und einem Angriff aus Art. 12 GG nicht standhalten dürfte und allenfalls als Übergangslösung vertretbar ist. Für den „dienstleistenden europäischen Rechtsanwalt" sieht dagegen § 31 Abs. 1 EuRAG ohnehin die Verpflichtung vor, einen Rechtsanwalt als Zustellungsbevollmächtigten zu benennen, so dass § 25 Abs. 2 Satz 2 eine überflüssige Doppelregelung darstellen würde. Vgl. im Übrigen auch die grundsätzliche Kritik bei Busse/Schwendy, PatG, § 25 Rdn 24, 25 und bei Kleine-Cosack, a. a. O. Rdn 42. Für den **„dienstleistenden europäischen Rechtsanwalt"** gilt, wenn er nicht nur als „Inlandsvertreter" benannt wird, sondern „gerichtliche Verfahren" führen, also Verfahrens- oder Prozessbevollmächtigter sein soll, dass er dies nur in Zusammenarbeit „mit einem Rechtsanwalt (Einvernehmensanwalt)" ausführen darf, § 28 Abs. 1 EuRAG. Diese Auflage dürfte auch für Verfahren vor dem BPatG Anwendung finden, also insbesondere in Nichtigkeitsverfahren und in Beschwerdesachen. Zusammen mit der weiteren Verpflichtung, einen Rechtsanwalt als Zustellungsbevollmächtigten zu benennen, § 31 Abs. 1 EuRAG, dürften vorerst diese Hürden für den „Dienstleister" praktisch hoch genug sein, um ausreichend abschreckend zu wirken.

bb) Bezüglich der Verweisung auf das **Eignungsprüfungsgesetz** v. 6. 7. 1990 für die **Zulassung zur Patentanwaltschaft** ist anzumerken, dass für diesen Personenkreis lediglich die Zugangsbedingungen zum Beruf des Patentanwalts nach deutschem Recht geregelt werden, nicht aber nähere Einzelheiten der Niederlassung oder Dienstleistung. Die vorstehend für „europäische Rechtsanwälte" vorgetragenen Gesichtspunkte lassen sich nur mit Vorbehalten auf „europäische Patentanwälte" übertragen; dieser Begriff ist bisher in der deutschen Gesetzgebung nicht verwandt worden und hat lediglich in der englischen Version des „European Patent Attorney" im Rahmen der Europäischen Patentorganisation für **beim EPA zugelassene Vertreter** („professional representatives") eine vorläufige Billigung erfahren (vgl. Art. 5 Abs. 1 der Vorschriften über die Errichtung eines Instituts der beim EPA zugelassenen Vertreter i. d. F. des Beschlusses des Verwaltungsrat/EPO v. 17. 6. 2004, ABl. EPA 2004 Nr. 7, S. 361). Wegen des sehr unterschiedlichen Niveaus der Regulierung des Patentanwaltsberufs bzw. des völligen Fehlens entsprechender rechtlicher Grundlagen in manchen EU-Mitgliedstaaten besteht hier zweifellos eine besondere Interessenlage an einem weitergehenden Schutz von Bezeichnung und Tätigkeit, wie er sich in dem Erfordernis der Eignungsprüfung niederschlägt. Soweit Personen die Eignungsprüfung nach dem Gesetz bestanden haben und eine patentanwaltliche Tätigkeit in Deutschland unter Ausschöpfung des Niederlassungsrechts in fester und kontinuierlicher Form ausüben, dürften die Bedenken hinsichtlich des zusätzlichen Erfordernisses, einen Zustellungsbevollmächtigten zu bestellen, aber ebenfalls gerechtfertigt sein. 37

b) Verpflichtung zur Bestellung von Zustellungsbevollmächtigten. Die Ausdehnung der Berechtigung, als Inlandsvertreter für auswärtige Anmelder, Patentinhaber und andere Verfahrensbeteiligte zu fungieren, ist, wie vorstehend bereits erörtert, für den berechtigten Personenkreis mit der Auflage verbunden, „im Inland" einen Rechtsanwalt oder Patentanwalt als Zustellungsbevollmächtigten zu benennen. „Im Inland" soll hier offenbar bedeuten, dass der Bevollmächtigte eine Kanzlei oder Niederlassung im Hoheitsgebiet der Bundesrepublik Deutschland haben muss. Diese Auslegung wird durch § 31 Abs. 2 und die dortige Bezugnahme auf einen „in Deutschland niedergelassener Rechtsanwalt" gestützt. Damit sind „normale" Rechts- und Patentanwälte deutschen Rechts, die gemäß den geltenden Vorschriften vom Kanzleizwang befreit sind und sich im – auch europäischen – Ausland niedergelassen haben, keine tauglichen Adressaten einer Bevollmächtigung. 38

Andererseits dürften „europäische niedergelassene Rechtsanwälte", die in Deutschland eine Kanzlei begründet haben und dort tätig sind, nicht ausgeschlossen sein, weil dies eine unzulässige Diskriminierung darstellen würde. Dagegen würden „normale" Rechts- und Patentanwälte des deutschen Rechts, die nach Maßgabe des europäischen Rechts in Ausübung der entsprechenden Freiheit Niederlassungen in mehreren Mitgliedstaaten der EU unterhalten (vgl. dazu EuGH v. 12. 7. 1984, Rs 107/83 (Klopp), Slg. 1984, 2971; = NJW **85,** 1275 und Kleine-Cosack, BRAO, Anh. III 1, Rdn. 13), taugliche Bevollmächtigte sein können. Zu den Rechtsfolgen, die die fehlende Bestellung eines Zustellungsbevollmächtigten auslöst, findet sich in der Vorschrift kein Anhalt. Die Begründung des Gesetzentwurfs, die im Übrigen die Vorschriften des EuRAG nicht vollständig wiedergibt, erklärt dazu, dass das Fehlen eines Zustellungsbevollmächtigten genau so zu behandeln sei wie das Fehlen eines Inlandsvertreters. Eine 39

Gesetzesanalogie zu § 31 Abs. 2 EuRAG (Zustellung an den Einvernehmensanwalt bzw. an die Partei), die sich wegen des begrenzten Anwendungsbereichs ohnehin nicht anbieten würde, wird ausdrücklich verneint. Der sinnvollste Ausweg wäre die Zustellung an den Inlandsvertreter selbst, würde aber die Verpflichtung letztlich leerlaufen lassen. Man wird daher davon ausgehen müssen, dass die Bestellung eines Zustellungsbevollmächtigten Wirksamkeitsbedingung für die Bestellung des „auswärtigen" Inlandsvertreters ist und ihr Fehlen so zu behandeln ist wie die fehlende Bestellung eines Inlandsvertreters selbst.

40 **c) Erlöschen der Berechtigung.** Erlischt die Berechtigung des auswärtigen Dienstleisters zur Ausübung seiner beruflichen Tätigkeit (Rücknahme oder Widerruf der Aufnahme in eine deutsche Rechtsanwaltskammer, Vertretungsverbot, Ausschließung aus der Rechtsanwaltschaft in Deutschland oder im Herkunftsland), so sind die Rechtsfolgen die gleichen wie entsprechenden Maßnahmen gegen einen normalen deutschen Rechts- oder Patentanwalt, der als Inlandsvertreter benannt ist.

Zweiter Abschnitt. Patentamt

Vorbemerkungen

Inhaltsübersicht

1 **1. Inhalt des Abschnitts.** Der Abschnitt enthält Vorschriften über die Amtsverfassung des Patentamts (§§ 26, 27), das Patentregister (§ 30,), die Veröffentlichungen des Patentamts in Patentsachen (§ 32), über die Einsicht in das Patentregister, in Unterlagen und Akten (§ 31), und über die mit der Offenlegung der Anmeldung (§ 31 Abs. 2) verbundenen Schutzwirkungen (§ 33). Die Vorschriften des Abschnitts werden ergänzt durch die auf Grund des § 28 erlassene Verordnung über das Deutsche Patent- und Markenamt.

2. Patentamt

Literatur: Althammer, Das Deutsche Patentamt, Aufgaben, Organisation und Arbeitsweise, Köln 1970; Hallmann/Ströbele, Das Patentamt von 1877 bis 1977, Festschrift Hundert Jahre Patentamt, Köln 1977 S. 403; Köhne, Das Deutsche Patentamt an der Wende zum europäischen Patentrecht, Festschrift Kurt Haertel 1975 S. 1; Häußer, Die Aufgabenstellung des Deutschen Patentamts neben dem Europäischen Patentamt, GRUR **79,** 609; von Füner, Das Deutsche Patentamt eine Justiz- oder doch nicht besser eine Wirtschaftsbehörde?, Mitt. **80,** 27; Häußer, Zur Notwendigkeit der bilateralen und internationalen Zusammenarbeit der Patentämter, Mitt. **86,** 61; ders., Die institutionelle Bedeutung des Deutschen Patentamts und seines Präsidenten für Verfahren, die Patente betreffen, in: 25 Jahre Bundespatentgericht (Festschrift), 1986, S. 63 ff.; Häußer, Das Deutsche Patentamt im Wandel, FS Preu, **1988,** S. 107. Ortlieb, Markus/Schröder, Michael, Die Dienststelle Jena (ehemals Berlin) des Deutschen Patent- und Markenamtes – Eine Behörde und ihr Wandel nach der Wiedervereinigung Deutschlands, GRUR **99,** 792, mit Grußworten und weiteren Aufsätzen zum 50jährigen Bestehen des DPMA. Vgl. auch die Jahresberichte des DPMA, die für die letzten Jahre auch über die Website des Amtes verfügbar sind.

a) Geschichtliche Entwicklung

2 **aa) Aufgaben des Patentamts.** Das Patentamt wurde im Jahre 1877 als Reichsbehörde mit dem Sitz in Berlin (§ 14 Abs. 2 Satz 1 des Patentgesetzes vom 25. 5. 1877) errichtet, um die ihm durch das Patentgesetz vom 25. 5. 1877 (RGBl. S. 501) übertragenen Aufgaben zu erledigen. Diese Aufgaben bestanden zunächst nur in der Erteilung, der Erklärung der Nichtigkeit und der Zurücknahme von Patenten (§ 13 Abs. 1 des Gesetzes vom 25. 5. 1877). Weitere Auf-

gaben wurden dem Patentamt durch das Gesetz betreffend den Schutz von Gebrauchsmustern vom 1. 7. 1891 (RGBl. S. 290) und das Gesetz zum Schutze der Warenbezeichnungen vom 12. 5. 1894 (RGBl. S. 441) zugewiesen. Auf dem Gebiet des Patentwesens kam durch das Gesetz vom 6. 6. 1911 (RGBl. S. 245) die Erteilung von Zwangslizenzen hinzu.

Dieser Aufgabenbereich blieb, von gewissen, zeitbedingten Angelegenheiten abgesehen, bis zum Jahre 1945 im Wesentlichen unverändert. Hinzu traten, nachdem das Patentamt bereits durch das AHK-Gesetz Nr. 8 vom 20. 10. 1949 (Amtsbl. der AHK S. 18) mit bestimmten Maßnahmen für durch den Krieg betroffene Urheberrechte beauftragt worden war (vgl. die 1. DVO zum AHK-Gesetz Nr. 8 vom 8. 5. 1950, BGBl. S. 357, §§ 15–25), auf Grund des Art. 4 des 5. ÜG vom 18. 7. 1953 (BGBl. I S. 615) bestimmte Aufgaben auf dem Gebiet des Geschmacksmusterwesens. Hinzu kam ferner auf dem Gebiet des Patentwesens durch das 5. ÜG (§ 1 Nr. 14) das jetzt in § 64 geregelte Beschränkungsverfahren.

Eine einschneidende Änderung brachte das **6. ÜG** vom 23. 3. 1961 (BGBl. I S. 274) durch 2a
die **Abtrennung der Beschwerde- und Nichtigkeitssenate vom Patentamt** (vgl. die Vorbem. zum 4. Abschnitt). Die Nichtigerklärung und die Zurücknahme von Patenten sowie die Erteilung von Zwangslizenzen gingen damit auf das neu errichtete Patentgericht über. Die Erstattung von Gutachten, die bis dahin stets den Beschwerdesenaten oblag, ist jedoch dem Patentamt verblieben (§ 27). Das Beschwerdeverfahren innerhalb des Patentamts fiel weg. Gegen die Beschlüsse der Prüfungsstellen, der Gebrauchsmusterstelle und der Abteilungen des Patentamts ist die Beschwerde an das Patentgericht gegeben (§ 73).

Durch das **Urheberrechtsgesetz** vom 9. 9. 1965 wurde dem Patentamt die Führung der Urheberrolle (nunmehr: Register) für die Eintragung der wahren Namen der Urheber anonymer Werke (§ 138 UrhG) übertragen (vgl. hierzu Schulte, Die Urheberrolle beim Deutschen Patentamt, UFITA Bd. **50,** 32). Das Nähere regelte die VO über die Urheberrolle vom 18. 12. 1965 (Bl. **66,** 21). Durch § 18 des Gesetzes über die Wahrnehmung von Urheberrechten und verwandten Schutzrechten vom 9. 9. 1965 ist das Patentamt als Aufsichtsbehörde für die Verwertungsgesellschaften bestellt worden (vgl. dazu Haertel, Verwertungsgesellschaften und Verwertungsgesellschaftengesetz, UFITA Bd. **50,** 7; Horzenek, Die Staatsaufsicht über die Verwertungsgesellschaften – eine Aufgabe der Urheberrechtsabteilung, Festschrift Kurt Haertel 1975 S. 67; Häußer, Das Recht der Verwertungsgesellschaften aus der Sicht der Aufsichtsbehörde, Mitt. **84,** 64). Über Anträge auf Erteilung der Erlaubnis zum Geschäftsbetrieb für Verwertungsgesellschaften und über den Widerruf der Erlaubnis entscheidet das Patentamt im Einvernehmen mit dem Bundeskartellamt.

Das Gesetz vom 4. 9. 1967 (BGBl. I S. 953) ließ die Aufgaben des Patentamts unberührt; es 2b
gestattete jedoch, die neu eingeführte „isolierte" Recherche (§ 43) anderen staatlichen oder zwischenstaatlichen Einrichtungen vollständig oder für bestimmte Sachgebiete der Technik oder für bestimmte Sprachen zu übertragen. Durch das IntPatÜG 1976 (Art. III § 1) wurde das Patentamt zum Anmeldeamt i. S. des Art. 10 des Patentzusammenarbeitsvertrages bestimmt. Durch das GPatG vom 26. 7. 1979 wurde das Einspruchsverfahren (§ 59) auf die Zeit nach der Patenterteilung verlegt; an der Zuständigkeit für das aus dem Erteilungsverfahren herausgenommene und verselbstständigte Verfahren hat sich dadurch zunächst nichts geändert. Außerdem wurde das Patentamt mit der Erteilung von Auskünften zum Stand der Technik auf Grund von § 29 Abs. 3 betraut; eine Dienstleistung, die allerdings mit Wirkung zum 1. 1. 2002 eingestellt bzw. auf die Patentinformationszentren übergegangen ist.

Seit dem 1. 7. 1988 wurde das Patentamt als **Musterregisterbehörde** zur Entgegennahme 2c
aller Geschmacksmusteranmeldungen zuständig, Gesetz zur Änderung des Geschmacksmustergesetzes vom 18. 12. 1986, BGBl. I 2501, Bl. **87,** 46, und die VO über die Anmeldung von Geschmacksmustern und typographischen Schriftzeichen vom 8. 1. 1988, BGBl. I 76, Bl. **88,** 26 (vgl. auch Kelbel in GRUR **87,** 141; Loschelder Mitt. **87,** 81). Ferner wurde das Patentamt zur Entgegennahme von Schutzanmeldungen für Topographien von Halbleitererzeugnissen zuständig, § 3 Abs. 1 des Halbleiterschutzgesetzes vom 22. 10. 1987, BGBl. I 2294, Bl. **87,** 366. Der Inhalt der Aufgaben im Geschmacksmusterbereich wird nunmehr durch das Geschmacksmustergesetz 2004 festgelegt.

Mit Wirkung vom 3. 10. 1990 wurde das Deutsche Patentamt **alleinige Zentralbehörde auf dem Gebiet des gewerblichen Rechtsschutzes für das vereinigte Deutschland.** Anmeldungen, die vor dem Wirksamwerden des Beitritts der DDR beim Patentamt der DDR eingereicht und noch nicht erledigt waren, waren vom DPA weiterzubehandeln, vgl. Einigungsvertrag Anl. I Kapitel III E Abschnitt II mit den besonderen Bestimmungen zur Einführung der Rechtsvorschriften auf dem Gebiet des gewerblichen Rechtsschutzes.

Mit dem Inkrafttreten des **Erstreckungsgesetzes** (1. 5. 1992) ergaben sich weitere Aufga- 2d
ben für das DPA insbesondere mit Bezug auf Patente und Patentanmeldungen, die aus dem Be-

stand des ehemaligen Patentamts der DDR übernommen worden sind, so z. B. die Prüfung von noch nicht auf das Vorliegen aller Schutzvoraussetzungen geprüften Patente auf Antrag oder Recherchen zu allen Patenten und Patentanmeldungen auf Antrag, die Veröffentlichung der Übersetzungen von Patenten, die nicht in deutscher Sprache veröffentlicht worden waren, sowie schließlich die Errichtung einer Einigungsstelle für bürgerliche Rechtsstreitigkeiten, die sich aus dem Zusammentreffen von nach dem Erstreckungsgesetz erstreckten gewerblichen Schutzrechten oder Benutzungsrechten ergaben. Zur Situation nach der Wiederherstellung der Einheit Deutschlands vgl. auch das Merkblatt „Das Deutsche Patentamt nach der Auflösung des Patentamts der DDR", Bl. **90,** 381, und die Übersicht über die Rechtsvorschriften der ehemaligen DDR zum gewerblichen Rechtsschutz, Bl. **90,** 391.

Mit Wirkung vom 1. 6. 1992 ist das DPA für die Veröffentlichung deutscher Übersetzungen der Patentschriften europäischer Patente zuständig, die nicht in deutscher Sprache vorliegen, Art. II § 3 IntPatÜG in d. F. von Art. 6 Nr. 4 GPatG 2. Mit dem Gesetz vom 10. 12. 2003, BGBl. I 2470, ist allerdings das Ende dieser Zuständigkeit eingeleitet (Art. 1), jedoch mit dem Inkrafttreten des Londoners Übereinkommens vom 17. 10. 2003 über die Anwendung das Art. 65 EPÜ verknüpft (Art. 4 des Gesetzes).

Mit Wirkung vom 2. 1. 1993 wurde das DPA für die Erteilung von Schutzzertifikaten nach Art. 10 der VO (EWG) des Rates vom 18. 6. 1992, Bl. **92,** 494, zuständig, vgl. dazu §§ 16a und 49a i. d. F. des Gesetzes zur Änderung des Patentgesetzes und anderer Gesetze vom 23. 3. 1993, d. h. der Sache nach für die Verlängerung der Patentdauer für nationale und europäische Patente, die sich auf Arzneimittelerfindungen beziehen. Mit dem Inkrafttreten der Verordnung (EG) Nr. 1610/96 über die Schaffung eines ergänzenden Schutzzertifikats für Pflanzenschutzmittel vom 23. 7. 1996 (ABl. EG Nr. L 198 vom 8. 8. 1996 = Bl **96,** 455) erstreckte sich die Zuständigkeit das DPA auch auf die Erteilung dieser Schutzzertifikate.

2e Mit dem KostRegBerG wurde übergangsweise die Zuständigkeit für Einspruchsverfahren dem Patentgericht übertragen, § 147 Abs. 3. Die befristete Übertragung ist derzeit bis zum 1. 7. 2006 verlängert.

3 **bb) Organisation als Erteilungsbehörde.** Die Aufgaben, die dem Patentamt seit Inkrafttreten des 6. ÜG auf dem Gebiet des Patentwesens zugewiesen sind, wurden nach Errichtung des Patentamts im Jahre 1877 zunächst von den Abteilungen wahrgenommen (§ 14 des Gesetzes vom 25. 5. 1877). Durch das Gesetz vom 7. 4. 1891 (RGBl. S. 79) wurden für die Prüfung der Patentanmeldungen und die Entscheidung über die Erteilung der Patente Anmeldeabteilungen gebildet (§ 14). Die Anmeldungen wurden durch ein Mitglied der Anmeldeabteilung vorgeprüft (§ 21). Die Beschlussfassung über die Bekanntmachung der Anmeldung oder die Erteilung des Patents oblag der Anmeldeabteilung (§§ 22, 23, 27). Der Vorprüfer erließ lediglich einen Vorbescheid, wenn er die Voraussetzungen für die Bekanntmachung nicht für gegeben erachtete (§ 21). Er durfte in diesem Falle nicht an der Beschlussfassung der Anmeldeabteilung teilnehmen (§ 22 Abs. 1 Satz 2). Dieser Zustand wurde geändert durch die Bekanntmachung über Vereinfachungen im Patentamt vom 9. 3. 1917 (RGBl. S. 221). Die Geschäfte des Vorprüfers und der Anmeldeabteilung wurden, soweit es sich um die Prüfung der Anmeldungen und die Erteilung der Patente handelte, Prüfungsstellen übertragen, deren Obliegenheiten von einem technischen Mitglied der Anmeldeabteilung wahrzunehmen waren (§ 1 Abs. 1). Die Vorbescheide entfielen (§ 3). Durch das Gesetz über Änderungen im patentamtlichen Verfahren vom 1. 2. 1926 (RGBl. II S. 127) wurden diese Änderungen mit der Maßgabe aufrechterhalten, dass im Fall der Einspruchserhebung das weitere Verfahren, insbesondere die Beschlussfassung über die Erteilung des Patents, von der Prüfungsstelle auf die Abteilung überging (Art. I). Diese Regelung wurde sachlich in das Patentgesetz vom 5. 5. 1936 (RGBl. II S. 117) übernommen (§§ 18 Abs. 1 Nr. 2, 32 Abs. 2).

4 Während des Zweiten Weltkrieges wurden einschränkende Vereinfachungsmaßnahmen getroffen. Durch Art. III der VO über Maßnahmen auf dem Gebiete des Patent-, Gebrauchsmuster- und Warenzeichenrechts vom 1. 9. 1939 (RGBl. II S. 958) wurde der Präsident des Patentamts ermächtigt, insbesondere anzuordnen, dass die Bearbeitung der Anmeldungen im Einspruchsverfahren vom Prüfer wahrgenommen und die übrigen Angelegenheiten der Patentabteilungen von den Vorsitzenden erledigt wurden. Von dieser Ermächtigung machte der Präsident des Patentamts durch die Anordnung vom 7. 9. 1939 (Bl. **39,** 137) Gebrauch. Sachlich blieben die Vereinfachungsmaßnahmen über das Kriegsende hinaus bestehen. Sie wurden zunächst durch die Anordnung vom 3. 3. 1950 (Bl. **50,** 50) und alsdann durch die VO über Maßnahmen auf dem Gebiet des Patent- und Warenzeichenrechts vom 1. 8. 1953 (BGBl. I 715; Begrd. Bl. **53,** 320) aufrechterhalten, durch die VO vom 1. 8. 1953 allerdings mit der Maßgabe, dass die Beschlussfassung über die Beschränkung des Patents und über Armenrechtsgesuche der

Abteilung in voller Besetzung vorbehalten blieb. Das Einspruchsverfahren ging mit Inkrafttreten des 6. ÜG wieder auf die Abteilung über. Die Ermächtigung des Vorsitzenden, gewisse Angelegenheiten der Abteilung wahrzunehmen, wurde mit Einschränkungen in das Gesetz aufgenommen (§ 27 Abs. 4).

Durch das Gesetz vom 4. 9. 1967 (BGBl. I 953), das die „aufgeschobene" Prüfung der Patentanmeldungen eingeführt hat, wurde die Möglichkeit eröffnet, die Offensichtlichkeitsprüfung (§ 42) und die Ermittlung des Standes der Technik, soweit sie gesondert beantragt wird (§ 43), anderen Stellen des Patentamts als den Prüfungsstellen und Patentabteilungen zu übertragen, um die Prüfungsstellen und (Beschluss-) Patentabteilungen für die eigentliche, vollständige Prüfung der Patentanmeldungen freihalten zu können (§ 43 Abs. 8 Nr. 1 und 3). Von dieser Möglichkeit ist bisher nur für die Recherche vorübergehend Gebrauch gemacht worden (vgl. dazu § 43 Rdn. 28).

cc) Einrichtung. Das Patentamt wurde durch das Patentgesetz vom 25. 5. 1877 (RGBl. 5
S. 501) mit dem Sitz in Berlin errichtet. Es nahm seine Tätigkeit am 1. 7. 1877 auf. Nach der Beendigung des Zweiten Weltkrieges musste es wie alle Reichsbehörden seine Tätigkeit einstellen. Die Voraussetzungen für eine Wiedererrichtung waren erst nach der Bildung des Vereinigten Wirtschaftsgebiets im Frühjahr 1948 gegeben. Um einer damals noch möglich erscheinenden gesamtdeutschen Regelung nicht vorzugreifen (vgl. Strauß Bl. **52,** 205), wurde zunächst von der Wiedererrichtung eines Patentamts selbst abgesehen. Stattdessen wurden durch das Gesetz vom 5. 7. 1948 (WiGBl. S. 65) Annahmestellen errichtet, die ihren Sitz in Darmstadt und Berlin hatten und am 1. 10. 1948 eröffnet wurden (Bekanntmachung des Direktors der Verwaltung für Wirtschaft vom 24. 7. 1948, Bl. **48,** 12; Bekanntmachung des Leiters des Rechtsamts der Verwaltung des Vereinigten Wirtschaftsgebietes vom 30. 9. 1948, Bl. **48,** 12). Nach dem Scheitern der Bemühungen um eine gesamtdeutsche Lösung (vgl. Strauß aaO S. 206) wurde durch das Gesetz über die Errichtung eines Patentamts im Vereinigten Wirtschaftsgebiet vom 12. 8. 1949 (WiGBl. S. 251) das Deutsche Patentamt mit dem Sitz in München errichtet. Es wurde am 1. 10. 1949 in München, Deutsches Museum, eröffnet (Bekanntmachung des Vorsitzenden des Verwaltungsrats des Vereinigten Wirtschaftsgebiets vom 25. 8. 1949, Bl. **49,** 262). In den Jahren 1954–1959 wurde es in den Neubau München 2, Zweibrückenstraße 12, verlegt (vgl. die Bekanntmachungen Bl. **54,** 421 und **59,** 1).

b) Jetziger Zustand

aa) Zuständigkeit. Die Umschreibung des gesetzlichen Aufgabenkreises in § 17 Abs. 1 PatG 6
1936 ist durch das 6. ÜG gestrichen worden, weil die Erteilung von Patenten, die früher allein dem Patentamt zugewiesen war, nach der Errichtung des Patentgerichts nicht mehr ausschließlich dem Patentamt vorbehalten ist. Aus der gesetzlichen Regelung ergibt sich jetzt folgendes: Das Patentamt ist zuständig für die Prüfung von Patent-, Gebrauchsmuster-, Geschmacksmuster-, Topographie- und Markenanmeldungen und die Entscheidung über die Erteilung oder Eintragung, die Führung der dafür vorgesehenen Register (Rollen), die Durchführung des Einspruchsverfahrens (§§ 59 ff.), die Beschränkung von Patenten (§ 64), die Löschung von Gebrauchsmustern (§§ 15, 16 GebrMG), Topographieeintragungen (§ 8 Halbleiterschutzgesetz) Marken (§§ 49, 50 MarkenG) und Geschmacksmustern (§ 36 GeschmMG), die Festsetzung von Lizenzbedingungen (§ 23 PatG) und die Erstattung von Gutachten, die Erteilung von Auskünften zum Stand der Technik (§ 29 Abs. 3) und für die Verwaltung, Prüfung und Behandlung von Schutzrechten und Schutzrechtsanmeldungen nach Maßgabe des Einigungsvertrages und des Erstreckungsgesetzes, BGBl. 1991 I 938, Bl. **92,** 202. Es ist ferner zuständig für die Registrierung von Mustern typographischer Schriftzeichen nach dem Schriftzeichengesetz vom 6. 7. 1981, BGBl. II 383, Bl. **81,** 280, sowie für die Führung des Urheberregisters (§ 138 UrhG). Es ist schließlich Aufsichtsbehörde über die urheberrechtlichen Verwertungsgesellschaften (§ 18 des Gesetzes über die Wahrnehmung von Urheberrechten und verwandten Schutzrechten vom 9. 9. 1965) und zentrale Behörde für die Entgegennahme und Weiterleitung der vom Europäischen Patentamt ausgehenden Rechtshilfeersuchen, VO vom 22. 6. 1979, Bl. **79,** 229. Das DPMA ist Amt für gewerbliches Eigentum i. S. v. Art. 12 Abs. 1 der Pariser Verbandsübereinkunft, Anmeldeamt, Bestimmungsamt und ausgewähltes Amt i. S. des Patentzusammenarbeitsvertrages (PCT), vgl. Art. III IntPatÜG, und nimmt Zuständigkeiten nach weiteren völkerrechtlichen Übereinkünften auf dem Gebiet des gewerblichen Rechtsschutzes (insbesondere Madrider Markenabkommen und Haager Musterabkommen) wahr. Mit dem Inkrafttreten der VO (EWG) Nr. 1768/92 sowie der VO(EG) Nr.1610/96 ist das DPMA auch zuständig für die Erteilung von Schutzzertifikaten (Verlängerung der Patentdauer) nach Maßgabe dieser VOen und für die Entgegennahme von Anmeldungen nach Maßgabe der VO (EG)

Nr. 40/94 (Gemeinschaftsmarken) und der VO (EG) Nr. 6/2002 (Gemeinschaftsgeschmacksmuster). Das DPMA ist ferner zuständig für Anträge auf Eintragung in das von der Kommission geführte Verzeichnis geschützter Ursprungsbezeichnungen und geschützter geographischer Angaben nach der VO (EWG) Nr. 2081/92 und für Einsprüche nach dieser VO, §§ 130 ff MarkenG.

7 Die räumliche Zuständigkeit des Deutschen Patentamts erstreckt sich auf das gesamte Gebiet der Bundesrepublik Deutschland.

8 **bb) Organisation.** Das Patentamt ist zurzeit in 5 Hauptabteilungen gegliedert. Die Hauptabteilung 1 Patente ist inzwischen in zwei Hauptabteilungen aufgeteilt (Hauptabteilung 1/I und Hauptabteilung 1/II) in ihnen sind die Patentabteilungen zusammengefasst. Die Hauptabteilung 2 ist unverändert für Information und Dokumentation einschließlich der Bibliothek zuständig. Die Hauptabteilung 3 hat jetzt – im Sinne einer Aufwertung des Warenzeichenbereichs – die Zuständigkeitsbezeichnung „Marken" erhalten; ihr sind die Gebrauchsmuster – und Topographieabteilungen sowie die Gebrauchsmuster – und die Topographiestelle zugeordnet; vgl. das Organisationsschaubild im Jahresbericht DPMA für 2004, S. 55. Der Hauptabteilung Zentrale Verwaltung sind die eigentlichen Verwaltungsreferate (Personal, Haushalt, Innerer Dienst, Sicherheit, Organisation, Aus- und Fortbildung, Datenverarbeitung) und jetzt auch die Rechtsabteilung zugeordnet. Mit der Auflösung des Patentamts der ehemaligen DDR durch Verfügung des BMJ vom 3. 10. 1990, Bl. **90,** 377, hatte die Dienststelle Berlin vorübergehend den Status einer Hauptabteilung erhalten. Über ihre Aufgaben, die zunächst wesentlich bestimmt waren durch die Vereinigung Deutschlands und die Übernahme eines wesentlichen Teils der Bediensteten des Patentamts der ehemaligen DDR, unterrichtet eingehend der Jahresbericht DPA 1991, 71 ff. sowie der Jahresbericht DPA 1992, S. 70 ff. Von Bedeutung für die Organisationsstruktur des DPA wurde vor allem die Empfehlung der sog. Unabhängigen Föderalismuskommission vom 27. 5. 1992, die Dienststelle Berlin des DPA nach Thüringen zu verlagern, um den Wünschen der neuen Bundesländer nach einer ausgeglichenen Teilnahme an der Lozierung von Bundesgerichten und Bundesbehörden zu entsprechen. Die derzeitige Lösung hat in Berlin ein „Technisches Informationszentrum Berlin" mit einer Auslegehalle und dem Schriftenvertrieb belassen und im Übrigen 1998 zur Gründung der Dienststelle Jena der in „Deutsches Patent- und Markenamt" umbenannten Behörde geführt.

9 **cc) Rechtsstellung. Literatur:** Kraßer, S. 443; Krabel, Rechtsstellung des Patentamts, Mitt. **76,** 138; ders., Kommt das Patent durch staatlichen Verleihungsakt zustande?, GRUR **77,** 204.

Das Patentamt ist eine dem Bundesminister der Justiz nachgeordnete obere Bundesbehörde (§ 2 des Ges. über die Errichtung des Patentamts vom 12. 8. 49). Es ist, wie durch das Urteil des BVerwG vom 13. 6. 59, Bl. **59,** 258, das 6. ÜG und die im Zusammenhang mit der Errichtung des Bundespatentgerichts vorgenommene Grundgesetzänderung klargestellt wurde, eine Verwaltungsbehörde. Es übt keine rechtsprechende Gewalt aus und ist kein Gericht im Sinne des Art. 92 GG. Seine Mitglieder üben keine richterliche Tätigkeit, sondern öffentliche Gewalt im Sinne von Art. 19 Abs. 4 GG aus, BVerwG vom 7. 9. 1982, 2 B 72/81, Beschluss ist auf eine Nichtzulassungsbeschwerde ergangen in einem Verwaltungsstreitverfahren, in dem ein Prüfer des Patentamts auf Übertragung einer Richterstelle geklagt hatte. Es ist freilich eine Verwaltungsbehörde besonderer Art. Die Amtsverfassung ist, wie vor allem die Vorschriften über die Voraussetzungen für die Mitgliedschaft, über die Besetzung und insbesondere über die Ausschließung und Ablehnung (§ 27 Abs. 7) zeigen, der eines Gerichts angenähert. Auch das Verfahren ist weitgehend justizförmig gestaltet. § 46 sieht für Anhörungen und Vernehmungen Förmlichkeiten vor, wie sie sonst im Allgemeinen nur bei Gerichten üblich sind. Auch die Möglichkeit, Zeugen, Sachverständige und Beteiligte eidlich zu vernehmen, geht über die den Verwaltungsbehörden sonst zugestandenen Befugnisse hinaus. Auch im Übrigen weist das Verfahren Züge auf, die nicht dem normalen Verwaltungsverfahren entsprechen.

3. Dienststelle Jena/Technisches Informationszentrum Berlin

10 **Literatur:** Hofmann, Die Dienststelle Berlin des Deutschen Patentamts in den Jahren 1963–1975, Festschrift für Kurt Haertel 1975 S. 59. Das Gesetz vom 12. 8. 1949 sah die Möglichkeit der Errichtung von Zweigstellen des Deutschen Patentamts vor. Eine solche ist mit Wirkung vom 1. 2. 1950 in Berlin errichtet worden unter der Bezeichnung „Deutsches Patentamt, Dienststelle Berlin"; sie befindet sich im Gebäude des ehemaligen Reichspatentamts, Berlin SW 61, Gitschiner Str. 97/103 (VO des Bundesministers der Justiz vom 20. 1. 1950, BGBl. 1950 S. 6; Bl. 50, 28 mit amtlicher Begründung; Bekanntm. Präs. PA vom 4. 2. 1950 über die Errichtung einer Dienststelle Berlin des Deutschen Patentamts Bl. 50, 29).

10 a Die **Dienststelle Berlin** war zunächst auf die Entgegennahme von Anmeldungen und fristwahrenden Anträgen beschränkt. Später ist ihr die Bearbeitung aller Altschutzrechte übertragen

worden (Bl. **50,** 329). Nach der Eingliederung der früheren „Treuhandstelle Reichspatentamt" in Berlin (vgl. dazu Bl. **61,** 138; **65,** 103; **68,** 143) in das Deutsche Patentamt (vgl. Mitt. PräsPA Bl. **68,** 141) war bei der Dienststelle Berlin eine technische Abteilung des Patentamts errichtet worden, der auf Grund der Ermächtigung in § 28 a Abs. 8 Nr. 1 PatG 1968 die Ermittlung des Standes der Technik übertragen worden war, soweit sie dazu in der Lage war. Bei Errichtung der Europäischen Patentorganisation wurde die technische Abteilung in das Europäische Patentamt übernommen worden und bildete als Dienststelle Berlin des EPA eine Zweigstelle der Generaldirektion 1 des EPA in Den Haag. Ihr derzeitigen Aufgaben und ihr Status werden durch ihre Umwandlung in das „Technische Informationszentrum Berlin" und die Verlagerung eines wesentlichen Teils des Personals zur neu errichteten **Dienststelle Jena** bestimmt, vgl. oben Rdn. 8.

Die Dienststelle Jena ist für die Prüfung eines Teils der Markenanmeldungen, die Verwaltung aller in Kraft befindlichen Marken und die Bearbeitung der Anmeldungen von Geschmacksmustern und Typographischen Schriftzeichen und deren Verwaltung zuständig und der Hauptabteilung 3 zugeordnet. **Das Technische Informationszentrum Berlin** untersteht der Hauptabteilung 2 und hält ein umfassendes Informationsangebot über gewerbliche Schutzrechte für die Öffentlichkeit bereit. 10 b

4. Besetzung. Das Patentgesetz regelt die Besetzung des Patentamts nur insoweit, als es sich um seine Organisation als Erteilungsbehörde handelt. Als solche besteht sie nach § 26 Abs. 1 aus dem Präsidenten, aus rechtskundigen und technischen Mitgliedern und aus Hilfsmitgliedern. Als Behörde an sich besteht das Patentamt aus dem Präsidenten, dem Vizepräsidenten, sonstigen Beamten des höheren, gehobenen, mittleren und einfachen Dienstes und aus Angestellten und Arbeitern. 11

Über die zahlenmäßige Entwicklung der Besetzung des Patentamts geben insbesondere die Aufsätze von Reich, Bl. **52,** 232, und von Hallmann/Ströbele, Festschrift Hundert Jahre Patentamt, Köln 1977 S. 403, einen Überblick. Danach nahm das Patentamt im Jahre 1877 mit 41 Beamten seine Tätigkeit auf; bis zum Jahre 1914 wuchs der Personalbestand auf 997 und bis zum Jahre 1939 auf etwa 1850 Personen. Darunter befanden sich im Jahre 1926 etwa 300 und im Jahre 1938 etwa 600 höhere Beamte mit naturwissenschaftlicher Ausbildung, vgl. DJ **38,** 20. Im Jahre 1949 begann das Patentamt mit 423 Amtsangehörigen, im Jahre 1952 betrug die Zahl der Beschäftigten 1297 (Reich aaO). Sie ist inzwischen weiter angestiegen und betrug 1977 um 2500, davon etwa 800 im höheren Dienst (Hallmann/Ströbele, aaO S. 439). Der Haushaltsplan für 2005 sieht Planstellen für 2669 Bedienstete vor, vgl. Bl. **05,** 118. Die vor allem durch die Wiedervereinigung zunächst veranlassten Stellenmehrungen wurden infolge der Ausbringung entsprechender Haushaltsvermerke zunächst allmählich zurückgeführt. Seit einigen Jahren ist vor allem der Bereich der technischen Mitglieder (Prüfer) wieder aufgestockt worden, um die Aufgabenlast bei zunehmendem Interesse an der Einreichung nationaler Schutzrechte erledigen zu können. Der Bestand der technischen Mitglieder beläuft sich danach auf rund 700 Personen. Die Aufteilung des Personalbestandes lässt sich aus einem Schaubild im Jahresbericht 2004 des DPMA entnehmen, nachdem etwa 43% des Personalbestandes auf Tätigkeiten im Zusammenhang mit Patentangelegenheiten entfallen.

a) Mitglieder. Für die in den Prüfungsstellen und Abteilungen als Prüfer oder Mitglieder der Abteilung tätigen Beamten verwendet das Gesetz seit jeher die Bezeichnung „Mitglied", die vorwiegend bei Behörden mit Kollegialverfassung gebräuchlich ist, vgl. dazu Hägermann Mitt. **60,** 129 ff. Nach § 13 Abs. 2 des Patentgesetzes von 1877 (RGBl. 1877 S. 501) bestand das Patentamt aus mindestens drei ständigen und aus nicht ständigen Mitgliedern. Von den ständigen Mitgliedern, die auf die Dauer ihres Amtes im Reichs- oder Staatsdienst oder auf Lebenszeit ernannt wurden, mussten mindestens drei die Befähigung zum Richteramt oder zum höheren Verwaltungsdienst besitzen. Die nicht ständigen Mitglieder mussten in einem Zweige der Technik sachverständig sein. Das Patentgesetz von 1891 (RGBl. S. 79) schuf für Mitglieder des Patentamts die Begriffe *rechtskundige* und *technische* Mitglieder (§ 13 Abs. 2). Die rechtskundigen Mitglieder, die nach § 13 Abs. 2 des Gesetzes die Befähigung zum Richteramt oder zum höheren Verwaltungsdienst besitzen mussten, wurden, wenn sie ein Amt im Reichs- oder Staatsdienst bekleideten, für die Dauer dieses Amtes, sonst auf Lebenszeit berufen. Die Berufung der technischen Mitglieder, die in einem Zweige der Technik sachverständig sein mussten, erfolgte entweder auf Lebenszeit oder auf fünf Jahre (§ 13 Abs. 2). In der Anmeldeabteilung durften nur auf Lebenszeit berufene technische Mitglieder mitwirken (§ 14 Abs. 2). Das Patentgesetz vom 5. 5. 1936 (RGBl. II S. 117) hat die Unterscheidung in rechtskundige und technische Mitglieder beibehalten und für beide bestimmt, dass sie, wenn sie im Staatsdienst ein Amt bekleideten, für die Dauer des Amtes, sonst auf Lebenszeit zu berufen waren. Seit der Neufassung des § 17 (jetzt § 26) durch das 6. ÜG gibt es nur noch auf Lebenszeit berufene Mitglieder. Für die rechtskundigen Mitglieder wird wegen der Voraussetzungen für ihre Berufung auf die 12 für Richter geltenden Vorschriften verwiesen. Für die technischen Mitglieder werden die Anforderungen, die im Regelfalle in Bezug auf ihre Ausbildung, ihre praktische Tätigkeit und ihre rechtlichen Kenntnisse zu stellen sind, in § 26 Abs. 2 näher festgelegt.

12a Die **Tätigkeit** der technischen Mitglieder des DPMA gehört **nicht zur Rechtsprechung.** Die Herauslösung der ehemals in das Patentamt integrierten Beschwerde- und Nichtigkeitssenate und deren Umgestaltung zum Bundespatentgericht (vgl. dazu BVerwGE 8, 350) sowie die Differenzierung zwischen beiden Institutionen im Patentgesetz zeigen, dass das das Deutsche Patentamt nach dem Willen des Gesetzgebers seinen Charakter als Verwaltungsbehörde behalten sollte. Die dem Amt obliegenden hoheitlichen Aufgaben, zu denen u. a. die Erteilung von Patenten zählt, müssen mangels verfassungsrechtlicher Vorgaben der Sache nach nicht Richtern zugewiesen werden. Bei der Patenterteilung, die den öffentlich-rechtlichen, durch Art. 14 Abs. 1 GG geschützten Anspruch des Erfinders zum Gegenstand hat, handelt es sich auch nicht um einen traditionellen Kernbereich der Rechtsprechung, BVerfG v. 25. 2. 2003–2 BvR 281/00 –, GRUR **03,** 723. Das BVerfG hat die Verfassungsbeschwerde von technischen Mitgliedern des DPMA, mit dem sie den rechtsprechenden Richtern zuzuweisenden Charakter ihrer Tätigkeit geltend machten, nicht zur Entscheidung angenommen.

13 **b) Hilfsmitglieder.** Die Patentgesetze von 1877 und von 1891 sahen noch keine Hilfsmitglieder vor. Die Hilfsmitglieder wurden erstmals durch das Gesetz betreffend die Beschäftigung von Hilfsmitgliedern im Kaiserlichen Patentamt vom 18. 5. 1908 (RGBl. S. 221) eingeführt. Danach konnten im Falle des Bedürfnisses Personen, welche die Voraussetzungen für die Berufung zum Mitglied erfüllten, mit den Verrichtungen eines Mitgliedes des Patentamts beauftragt werden. Der Auftrag konnte für eine bestimmte Zeit oder für die Dauer des Bedürfnisses erteilt werden und war vorher nicht widerruflich. Das Gesetz vom 18. 5. 1908 war zunächst bis zum 31. 3. 1911 befristet. Die Frist ist jedoch immer wieder verlängert worden, zuletzt durch das Gesetz vom 29. 1. 1934 (RGBl. I S. 77) bis zum 31. 3. 1937. Durch das Patentgesetz vom 5. 5. 1936 ist die Einrichtung der Hilfsmitglieder als eine ständige in das Gesetz übernommen worden (§ 17 Abs. 4 a. F., jetzt § 26 Abs. 3), um, wie in der Begründung dargelegt wird (Bl. **36,** 109), der oft ungleichmäßigen und plötzlichen Entwicklung der patentamtlichen Geschäfte auf manchen Gebieten der Technik Rechnung tragen zu können. In der Praxis bildet die Hilfsmitgliedschaft in neuerer Zeit meist das nach hinreichender Einarbeitung neu eingetretener Juristen und Techniker eintretende Zwischenstadium zwischen der Beschäftigung als Hilfsarbeiter und der Ernennung zum Mitglied.

14 **c) Hilfsarbeiter.** Die Einrichtung der sogen. Hilfsarbeiter besteht schon seit langem. In neuerer Zeit sind die Hilfsarbeiter im Allgemeinen die Anwärter auf Mitgliedstellen des Patentamts. Soweit sie rechtskundig sind, werden sie oft von der Justiz abgeordnet und bei Bewährung übernommen. Anwärter mit technischer Ausbildung werden im Angestelltenverhältnis beschäftigt, bei Eignung als Regierungsräte z. A. in das Beamtenverhältnis auf Probe, und bei Bewährung in das Beamtenverhältnis auf Lebenszeit übernommen. Nach genügender Einarbeitung werden die Anwärter für die Mitgliedstellen als Hilfsmitglieder eingesetzt, vgl. oben Rdn. 13.

15 **d) Gehobene und mittlere Beamte.** In den Geschäftsstellen und für allgemeine Verwaltungsangelegenheiten werden seit jeher Beamte des gehobenen und mittleren Dienstes beschäftigt. Eine eigentliche Mitwirkung am patentamtlichen Verfahren war ihnen früher nur insoweit zugewiesen, als sie die Aufgaben der Geschäftsstellen zu erledigen hatten und ferner als vereidigte Protokollführer zu Sitzungen herangezogen wurden (§ 29 Abs. 1 des Patentgesetzes von 1877; § 30 Abs. 1 des Patentgesetzes von 1891; § 33 Abs. 1 des Patentgesetzes von 1936). Eine einschneidende Änderung wurde durch das Patentgesetz von 1936 herbeigeführt. Durch dessen § 18 Abs. 5 wurde zur Entlastung der Mitglieder nach dem Vorbild des Gesetzes zur Entlastung der Gerichte vom 11. 3. 1921 (RGBl. S. 229) der Präsident ermächtigt, einzelne, an sich den Prüfungsstellen und Patentabteilungen obliegende Geschäfte den Beamten des gehobenen und mittleren Dienstes zu übertragen. Von dieser Ermächtigung wurde durch interne Anordnungen Gebrauch gemacht. Durch das 6. ÜG wurde die Ermächtigung (jetzt § 27 Abs. 5) neu gefasst; wegen der aktuellen Fassung s. Rdn 12ff. zu § 27; die Übertragung (Wahrnehmung) ist jetzt durch Rechtsverordnung des DPMA geregelt, vgl. § 27 Rdn. 12ff.

16 **5. Schiedsstellen.** Dem Patentamt angegliedert ist eine Schiedsstelle für Arbeitnehmererfindungen, die eine gütliche Einigung herbeizuführen, gegebenenfalls einen Einigungsvorschlag zu machen hat (§§ 28ff. ArbEG). Eine weitere Schiedsstelle für Arbeitnehmererfindungen mit räumlich begrenzter Zuständigkeit (§ 47 Abs. 2 ArbEG) bestand eine Zeit lang bei der Dienststelle Berlin (1. VO zur Durchf. des ArbNehmErfGes., Bl. **57,** 333). Beim Patentamt war ferner

eine Schiedsstelle zur Vermittlung der Einigung über Fragen errichtet worden, die sich aus der nach dem Gesetz über die Eingliederung des Saarlandes auf dem Gebiet des gewerblichen Rechtsschutzes vom 30. 6. 1959 (BGBl. I, S. 388 = Bl. **59,** 209) vorgesehenen Erstreckung von Warenzeichen ergeben (§§ 31 ff. des Gesetzes). Sie ist inzwischen aufgehoben worden. Durch das Erstreckungsgesetz vom 23. 4. 1992, BGBl. I 938, Bl. **92,** 202, wurde beim Patentamt eine Einigungsstelle errichtet worden. Die Einigungsstelle konnte in bürgerlichen Rechtsstreitigkeiten, die sich aus dem Zusammentreffen von nach dem Gesetz erstreckten gewerblichen Schutzrechten ergaben, zu jeder Zeit von den Parteien angerufen werden. Nachdem keine Verfahren mehr anhängig geworden waren, wurde die Einigungsstelle schließlich aufgelöst. Beim Patentamt – als Aufsichtsbehörde über Verwertungsgesellschaften – wurde schließlich eine Schiedsstelle für Urheberrechtsstreitfälle gebildet (§ 14 des Gesetzes über die Wahrnehmung von Urheberrechten und verwandten Schutzrechten i. d. F. des Gesetzes vom 24. 6. 1985, BGBl. I 1137, Bl. **85,** 225). Das Nähere regelt die VO vom 20. 12. 1985, BGBl. I 2543, Bl. **86,** 158. Wegen näherer Einzelheiten vgl. den Jahresbericht 2004 des DPMA, S. 63.

26 *Mitglieder.* (1) [1]**Das Patentamt besteht aus einem Präsidenten und weiteren Mitgliedern.** [2]**Sie müssen die Befähigung zum Richteramt nach dem Deutschen Richtergesetz besitzen (rechtskundige Mitglieder) oder in einem Zweig der Technik sachverständig sein (technische Mitglieder).** [3]**Die Mitglieder werden auf Lebenszeit berufen.**

(2) [1]**Als technisches Mitglied soll in der Regel nur angestellt werden, wer im Inland an einer Universität, einer technischen oder landwirtschaftlichen Hochschule oder einer Bergakademie in einem technischen oder naturwissenschaftlichen Fach eine staatliche oder akademische Abschlußprüfung bestanden hat, danach mindestens fünf Jahre im Bereich der Naturwissenschaften oder Technik beruflich tätig war und im Besitz der erforderlichen Rechtskenntnisse ist.** [2]**Abschlußprüfungen in einem anderen Mitgliedstaat der Europäischen Union oder in einem anderen Vertragsstaat des Abkommens über den Europäischen Wirtschaftsraum stehen der inländischen Abschlußprüfung nach Maßgabe des Rechts der Europäischen Gemeinschaften gleich.**

(3) [1]**Wenn ein voraussichtlich zeitlich begrenztes Bedürfnis besteht, kann der Präsident des Patentamts Personen, welche die für die Mitglieder geforderte Vorbildung haben (Absatz 1 und 2), mit den Verrichtungen eines Mitglieds des Patentamts beauftragen (Hilfsmitglieder).** [2]**Der Auftrag kann auf eine bestimmte Zeit oder für die Dauer des Bedürfnisses erteilt werden und ist so lange nicht widerruflich.** [3]**Im übrigen gelten die Vorschriften über Mitglieder auch für die Hilfsmitglieder.**

Inhaltsübersicht

Vorbemerkung zum Textbestand: § 26 Abs. 2 ist durch Art. 2 Nr. 6 des 2. PatÄndG v. 16. 7. 1998 I 1827 m. W. v. 1. 11. 1998 neu gefasst worden.

1. Besetzung des Patentamts. Die Vorschrift regelt die Besetzung des Patentamts als Erteilungsbehörde, wobei das nachgeschaltete Einspruchsverfahren ohne nähere Bestimmung seines rechtlichen Charakters hier noch dem Erteilungsstadium zugerechnet wird. Als Erteilungsbehörde besteht das Patentamt aus dem Präsidenten und aus weiteren Mitgliedern. „Weitere Mitglieder" im Sinne der Vorschrift sind auch der Vizepräsident, der den Präsidenten bei dessen Verhinderung vertritt, die Abteilungsvorsitzenden (§ 27 Abs. 4) und der Leiter der Gebrauchsmusterstelle (§ 10 Abs. 1 GbrMG). Entscheidungen in Verfahren nach dem Geschmacksmustergesetz trifft ein rechtskundiges Mitglied des Patentamts (§ 23 Abs. 1 GeschmMG 2004). Entsprechendes gilt für Topographieschutzsachen, mit Ausnahme der Löschungsanträge, § 4 Abs. 4 Satz 1 Halbleiterschutzgesetz. Soweit nicht Ausnahmen zugelassen sind (§ 26 Abs. 3, § 27 Abs. 5), dürfen die in § 27 Abs. 1 bezeichneten Aufgaben des Patentamts nur von Mitgliedern wahrgenommen werden. Von der Besetzung als Erteilungsbehörde zu unterscheiden ist die Besetzung des Patentamts als Verwaltungsbehörde. Als Verwaltungsbehörde besteht das Patent- 1 amt aus dem Präsidenten, dem Vizepräsidenten, Beamten des höheren, gehobenen, mittleren und einfachen Dienstes, Angestellten und Arbeitern.

2 **2. Präsident.** Der Präsident ist, wie die Vorschrift ausdrücklich klarstellt, Mitglied des Patentamts. Er muss deshalb die gesetzlichen Voraussetzungen für die Berufung zum Mitglied erfüllen. Er kann entgegen der früheren Regelung rechtskundiges oder auch technisches Mitglied sein. Im Rahmen der Amtsverfassung des Patentamts als Erteilungsbehörde sind ihm eine Reihe von Aufgaben übertragen. Er bestellt die Hilfsmitglieder (§ 26 Abs. 3 Satz 1). Er bestimmt den Geschäftskreis der Abteilungen und Prüfungsstellen (§ 1 Abs. 1 DPMAV). Er entscheidet über die Zugehörigkeit der einzelnen Sachen zu den Patentklassen und Unterklassen und damit zugleich über Zuständigkeitsstreitigkeiten innerhalb des Amtes. Er hat auf eine gleichmäßige Behandlung der Geschäfte und die Beobachtung gleicher Grundsätze hinzuwirken (§ 12 DPMAV). Er verfügt über die Modelle, Probestücke und ähnliche den Anmeldungen beigefügte Unterlagen, deren Rückgabe nicht beantragt worden ist (§ 17 DPMAV), nach Ablauf der in § 17 DPMAV genannten Fristen. Die Befugnisse des Präsidenten in Bezug auf die Besetzung der einzelnen Stellen des Amtes und die Regelung der Vertretung der Mitglieder untereinander sind im Gegensatz zu früher nicht mehr in der DPMAV festgelegt, da sie Ausfluss der Organisationsgewalt des Präsidenten als Behördenleiter (§ 12 DPMAV) sind. Neben der Leitung steht dem Präsidenten, wie § 12 DPMAV besonders hervorhebt, auch die Beaufsichtigung des gesamten Geschäftsbetriebes zu. Darin ist auch das Weisungsrecht gegenüber allen Amtsangehörigen eingeschlossen (vgl. unten Rdn. 3). Der Präsident übt ferner rechtsetzende Funktionen aus. Kraft gesetzlicher Delegationsmöglichkeiten in Verbindung mit entsprechenden Verordnungen hat er die Befugnis, Rechtsverordnungen zu erlassen.

3 Soweit nicht die **Organisation des Amtes** gesetzlich geregelt ist, bestimmt sie der Präsident. Er kann deshalb über die Zuweisung von Aufgaben bestimmen, die nicht den Prüfungsstellen oder Abteilungen übertragen sind, BPatGE **15,** 117, 119. Er ist Dienstvorgesetzter i. S. des § 3 BBG. Er vertritt die Bundesrepublik Deutschland in den aus der Tätigkeit des Patentamts herrührenden Rechtsstreitigkeiten (Vertretungsordnung BMJ vom 4. 2. 1971, Bl. **71,** 65). Nur er oder von ihm beauftragte Beamte stellen Bescheinigungen über den Altersrang aus, PA Bl. **04,** 216; Mitt. PräsPA Bl. **51,** 232. Schließlich sind ihm durch die Patentanwaltsordnung eine Reihe von Aufgaben in Angelegenheiten der Patentanwälte und der Patentanwaltskammer übertragen worden.

4 3. Die **rechtskundigen Mitglieder** müssen die Befähigung zum Richteramt nach den §§ 5–7 des Dt. Richtergesetzes besitzen. Die Fähigkeit zum Richteramt wird nach § 5 Abs. 1 DRiG durch die Ablegung zweier Prüfungen erlangt. Ordentliche Professoren des Rechts an einer deutschen Universität sind nach § 7 DRiG auch dann zum Richteramt befähigt, wenn sie die staatlichen Prüfungen zur Erlangung der Fähigkeit zum Richteramt nicht abgelegt haben.

5 **4. Vorbildung der technischen Mitglieder.** Die Anforderungen an die Vorbildung der technischen Mitglieder ergeben sich aus § 26 Abs. 2. Die Vorschrift ist durch Art. 1 Nr. 6 2. PatGÄndG mit Wirkung v. 1. 11. 1998 neu gefasst worden. Sie betrifft die Regelvoraussetzungen für die Anstellungen als technisches Mitglied des Patentamts. Ausnahmen sind im Übrigen möglich insbesondere bei technischen Sondergebieten, bei denen ohne eine Abweichung von der Regel es praktisch ausgeschlossen wäre, geeignete Kandidaten für die Besetzung von Prüferstellen zu finden.

5 a Übergangsregelungen für die vom Patentamt der ehemaligen DDR übernommenen Prüfer und Abweichungen von § 26 Abs. 2 ergaben sich aus § 1 Abs. 2 der besonderen Bestimmungen zum gewerblichen Rechtsschutz in der Anlage I zum Einigungsvertrag (Kapitel III, E, Abschnitt II Nr. 1), BGBl. 1990 II, 885, 961, Bl. **90,** 378, 382. Die Vorschrift dient dazu, mögliche Hindernisse zu beseitigen, die der Berufung von ehemaligen Beschäftigten des Patentamts der DDR, die als Bundesbeamte übernommen werden, zu Mitgliedern des Patentamts entgegenstehen könnten. Die Regelung war bis zum 31. Dezember 1996 befristet und folgt damit den allgemeinen Vorschriften zur Überleitung des Beamtenrechts der Bundesrepublik Deutschland (vgl. die Erläuterungen zu den entsprechenden Vorschriften des Einigungsvertrages, Bl. **90,** 385 f.).

6 Verlangt wird ein **Studium an einer Universität, einer technischen oder landwirtschaftlichen Hochschule oder Bergakademie.** Fachhochschulen stehen diesen unversitären Einrichtungen nicht gleich. Das qualifizierende Merkmal, dass der Bewerber das Studium als ordentlicher Studierender absolviert haben müsse, ist in der Neufassung nicht wieder aufgenommen. Es kann jedoch unverändert davon ausgegangen werden, dass die Vorbedingungen zur Zulassung als Studierender erfüllt sein müssen, je nach den Anforderungen der Hochschule (Universität, Bergakademie). Ein Studium als Gasthörer würde ohnehin nicht zu einem qualifizierenden Abschluss führen können. Das Studium muss sich auf naturwissenschaftliche und

technische Fächer erstrecken. Nach den Aufgaben des Patentamts sind nicht alle Fächer, die zum großen Gebiet der Naturwissenschaften gehören, hier einzubeziehen, sondern nur diejenigen, die der technischen Vorbildung und Berufsausübung dienen. Rein medizinische Fächer werden auszuscheiden sein. Allerdings ist nicht zu verkennen, dass sich die Technik in solche Richtungen entwickelt, die früher als abgelegen galten und in deren Bereich gewerbliche Schutzrechte als nicht begründbar angesehen wurden.

Das Studium muss durch die **Abschlussprüfung** der Hochschule beendet werden, demnach so lange dauern, dass der Studierende zu dieser Prüfung zugelassen werden kann. Die Prüfung ist im Inland abzulegen (Abs. 2 Satz 2). Ob sie staatlich oder akademisch ist, ist gleichgültig. Die Erlangung eines Doktortitels steht der staatlichen Fachprüfung gleich. Staatliche Fachprüfungen sind namentlich auch die ersten Prüfungen für den technischen Staatsdienst im Bau- oder Bergfach. Zwischen- oder Jahresprüfungen sind nicht „Abschlussprüfungen" im Sinne des Gesetzes. Wie die derzeitige Neuorientierung mancher Studienfächer in Richtung auf einen Bachelor- und Master- oder Magisterabschluss sich auswirken wird, ist eine offene Frage. **7**

Die **Gleichstellung akademischer Abschlussprüfungen,** die in anderen Mitgliedstaaten der Europäischen Union abgelegt worden sind, mit denen deutscher akademischer Abschlussprüfungen geht zurück auf die Richtlinie Nr. 89/48/EWG des Rates vom 21. 12. 1988 über eine allgemeine Regelung zur Anerkennung der Hochschuldiplome, die eine mindestens dreijährige Berufsausbildung abschließen, (ABl. Nr. L 19 vom 24. 1. 1989, S. 16). Die Anpassung an diese Richtlinie wird durch § 26 Abs. 2 Satz 2 umgesetzt. Außerdem war die Gleichstellung auch auf die akademischen Abschlussprüfungen zu erstrecken, die in den Vertragsstaaten des EWR abgelegt werden. Nach Artikel 30 EWR-Abkommen sind die Vertragsparteien verpflichtet, die erforderlichen Maßnahmen nach Anhang VII zur gegenseitigen Anerkennung von Diplomen, Prüfungsnachweisen und sonstigen Befähigungen zu treffen, um Arbeitnehmern die Aufnahme und Ausübung von Erwerbstätigkeiten zu erleichtern. Im Anhang VII zum EWR-Abkommen ist auch die Richtlinie Nr. 89/48/EWG aufgeführt. Im Übrigen richtet es sich nach dem Hochschulrecht der Länder, welche Auslandsstudienzeiten vor der Ablegung der Abschlussprüfung anerkannt werden. Wer zum technischen Mitglied des Patentamts berufen werden will, bedarf jedenfalls der in § 26 Abs. 2 besonders geregelten technischen Vorbildung. Notwendig ist das Studium an einer Universität, technischen oder landwirtschaftlichen Hochschule oder Bergakademie im Inland. Die Dauer richtet sich nach den Vorschriften für das betreffende Fach. Abschlussprüfungen in einem anderen Mitgliedstaat der Europäischen Union oder in einem anderen Vertragsstaat des Abkommens über den Europäischen Wirtschaftsraum stehen der inländischen Abschlussprüfung nach Maßgabe des Rechts der Europäischen Gemeinschaften gleich. **8**

Für die Anstellung als technisches Mitglied beim DPMA war nach dem bis zum 1. 11. 1998 geltenden Recht eine fünfjährige praktische Tätigkeit erforderlich. Nach der Neufassung ist eine **fünfjährige berufliche Tätigkeit** ausreichend. Durch diese Änderung sollte ausdrücklich klargestellt werden, dass die Tätigkeit in wissenschaftlichen Instituten und Forschungseinrichtungen einer Arbeit in einem gewerblichen Unternehmen gleichgestellt ist. Über die Verweisung in § 65 Abs. 2 Satz 3 findet diese Vorschrift auch Anwendung auf die technischen Mitglieder des BPatG. Die fünfjährige berufliche Tätigkeit muss dem Studium nachfolgen. Eine praktische Betätigung vor oder während des Studiums wird nicht angerechnet, Bl. **32,** 104. Tätigkeit als Volontär genügt nicht. Vorauszusetzen ist im Allgemeinen eine fachspezifische berufliche Tätigkeit z. B. in einem gewerblichen Unternehmen (Fabrik usw.). Tätigkeiten in wissenschaftlichen Instituten und Forschungseinrichtungen sind aber nach der Neufassung eindeutig als gleichwertig zu behandeln. Endlich muss das technische Mitglied über die erforderlichen Rechtskenntnisse verfügen. Diese werden, soweit nicht schon vorhanden, in der Einarbeitungszeit durch besondere Ausbildungskurse und durch den speziellen Ausbilder, einen erfahrenen Prüfer, vermittelt. Eine Prüfung ist nicht vorgesehen. **8a**

5. Hilfsmitglieder. Voraussetzung für die Bestellung von Hilfsmitgliedern, die durch das Gesetz vom 4. 9. 1967 dem Präsidenten des Patentamts übertragen ist, ist ein Bedürfnis, dessen zeitliche Grenze voraussehbar ist. Die Hilfsmitglieder müssen die für rechtskundige oder technische Mitglieder geforderte Vorbildung besitzen. Sie werden mit den Verrichtungen eines Mitglieds des Patentamts beauftragt und können auch in den Prüfungsstellen und Patentabteilungen mitwirken (§ 27 Abs. 3 Satz 1). Ihre Bestellung kann von vornherein zeitlich begrenzt oder ohne Grenze für die Dauer des Bedürfnisses erfolgen. In beiden Fällen ist sie nicht widerruflich. Die Vorschriften für Mitglieder gelten grundsätzlich auch für die Hilfsmitglieder. Dagegen können auch in Fällen außerordentlichen Bedarfs zur Erfüllung der im Patentgesetz geregelten gesetzlichen Aufgaben des Patentamts nicht Personen herangezogen werden, die nicht Mitglieder oder Hilfsmitglieder sind. **9**

10 **6.** Zum Patentamt gehört selbstverständlich die erforderliche Zahl von **gehobenen und mittleren Beamten,** die den inneren Dienst der einzelnen Amtsstellen versehen, zum Teil auch zu Aufgaben der Prüfungsstellen oder Patentabteilungen herangezogen werden können (§ 27 Abs. 5). Die näheren Bestimmungen hierüber sind vom DPMA auf Grund der ihm übertragenen Ermächtigung durch VO vom 14. 12. 1994, BGBl I 3812, zuletzt geändert durch Verordnung zur Änderung der Markenverordnung und anderer Verordnungen vom 17. 12. 2004, BGBl. I 2004, 3532, 3536, in Kraft ab 1. 1. 2005, getroffen worden.

11 **7. Rechtliche Stellung der Beamten.** Die rechtliche Stellung der Beamten bestimmt sich nach dem Bundesbeamtengesetz. Die Mitglieder müssen nach § 26 Abs. 1 Satz 3 auf Lebenszeit berufen werden. Hilfsmitglieder und Beamte des gehobenen und mittleren Dienstes, die mit der Wahrnehmung von Geschäften der Prüfungsstellen und Abteilungen beauftragt sind, können auch Beamte auf Widerruf oder Angestellte sein (vgl. § 27 Rdn. 13). Die Mitglieder unterstehen wie sämtliche Amtsangehörige der Dienstaufsicht des Präsidenten, der Dienstvorgesetzter im Sinne des Beamtengesetzes ist. Als solcher ist er berechtigt, Weisungen zu erteilen. Das Aufsichtsrecht und die Verpflichtung, auf eine gleichmäßige Behandlung der Geschäfte und auf die Beobachtung gleicher Grundsätze hinzuwirken (§ 1 Abs. 2 DPMAV), schränken die Befugnis des Präsidenten, als Behördenleiter Weisungen zu erteilen, nicht ein, sondern setzen sie voraus. Eine gesetzliche Weisungsfreiheit besteht auch nicht, soweit die Beamten in Wahrnehmung der im Patentgesetz geregelten Aufgaben tätig werden. Eine dahingehende, zunächst vorgesehene Bestimmung ist aus Rechtsgründen nicht in das 6. ÜG aufgenommen worden (vgl. den Schriftl. Bericht des Rechtsausschusses zum 6. ÜG, BT-Drucks. 3. Wahlperiode zu Drucks. 2405 und 2406, Seite 3 Nr. 2). Andererseits sind bei Ausübung des Weisungsrechts die zwingenden gesetzlichen Vorschriften, insbesondere die Zuständigkeitsregelungen, zu beachten. Das Patentgesetz sieht jedenfalls kein Recht des Präsidenten auf Selbsteintritt oder Ersatzvornahme anstelle der im Gesetz vorgesehenen Organe vor. Wegen des Streitstandes vgl. die abgewogene Meinungsäußerung von Kraßer 5. Aufl., § 23 I a Nr. 9, S. 447.

12 Im Übrigen finden auf das Patentamt die allgemeinen Vorschriften für Behörden und Beamte Anwendung. Für Verstöße gegen die Amtspflicht gelten Art. 34 GG und § 839 BGB. Das Haftungsprivileg des § 839 Abs. 2 BGB gilt nicht, weil die Entscheidungen des Patentamts keine Urteile in einer Rechtssache sind, vgl. Kreft BGB-RGRK 12. Aufl. § 839 BGB Rdn. 513ff.; teilw. abw. Kumm, Zum Amtshaftungsanspruch aus Beschlüssen des Deutschen Patentamts, Mitt. **80,** 50. Da das Patentamt gegenüber der Allgemeinheit wirkt, sind die Beamten des Patentamts jedem Dritten, nicht nur dem Anmelder oder einem sonstigen Antragsteller, zur Sorgfalt verpflichtet und verletzen bei Verstößen ihre Amtspflicht, RG 27. 3. 1942 I 143/41.

13 Den Beamten des Patentamts ist durch innerdienstliche Vorschriften verboten, selbst Anmeldungen vorzunehmen oder sich an Anmeldungen zu beteiligen (vgl. im einzelnen Reimer 3. Aufl. Rdn. 12 zu § 17). Dieses Verbot hat im Bundesbeamtenrecht eine ausreichende gesetzliche Grundlage und ist mit Art. 3 Abs. 1, Art. 14 und Art. 33 Abs. 5 GG vereinbar, BVerwG Bl. **61,** 400.

27

Gliederung und Amtsverfassung. (1) **Im Patentamt werden gebildet**

1. **Prüfungsstellen für die Bearbeitung der Patentanmeldungen und für die Erteilung von Auskünften zum Stand der Technik (§ 29 Abs. 3);**
2. **Patentabteilungen für alle Angelegenheiten, die die erteilten Patente betreffen, für die Festsetzung der Vergütung (§ 23 Abs. 4 und 6) und für die Bewilligung der Verfahrenskostenhilfe im Verfahren vor dem Patentamt. Innerhalb ihres Geschäftskreises obliegt jeder Patentabteilung auch die Abgabe von Gutachten (§ 29 Abs. 1 und 2).**

(2) **Die Obliegenheiten der Prüfungsstelle nimmt ein technisches Mitglied der Patentabteilung (Prüfer) wahr.**

(3) [1]**Die Patentabteilung ist bei Mitwirkung von mindestens drei Mitgliedern beschlußfähig, unter denen sich, soweit die Abteilung im Einspruchsverfahren tätig wird, zwei technische Mitglieder befinden müssen.** [2]**Bietet die Sache besondere rechtliche Schwierigkeiten und gehört keiner der Mitwirkenden zu den rechtskundigen Mitgliedern, so soll bei der Beschlußfassung ein der Patentabteilung angehörendes rechtskundiges Mitglied hinzutreten.** [3]**Ein Beschluß, durch den ein Antrag auf**

Zuziehung eines rechtskundigen Mitglieds abgelehnt wird, ist selbständig nicht anfechtbar.

(4) **Der Vorsitzende der Patentabteilung kann alle Angelegenheiten der Patentabteilung mit Ausnahme der Beschlußfassung über die Aufrechterhaltung, den Widerruf oder die Beschränkung des Patents sowie über die Festsetzung der Vergütung (§ 23 Abs. 4) und die Bewilligung der Verfahrenskostenhilfe allein bearbeiten oder diese Aufgaben einem technischen Mitglied der Abteilung übertragen; dies gilt nicht für eine Anhörung.**

(5) [1]**Das Bundesministerium der Justiz wird ermächtigt, durch Rechtsverordnung Beamte des gehobenen und des mittleren Dienstes sowie vergleichbare Angestellte mit der Wahrnehmung von Geschäften zu betrauen, die den Prüfungsstellen oder Patentabteilungen obliegen und die nach ihrer Art keine besonderen technischen oder rechtlichen Schwierigkeiten bieten; ausgeschlossen davon sind jedoch die Erteilung des Patents und die Zurückweisung der Anmeldung aus Gründen, denen der Anmelder widersprochen hat.** [2]**Das Bundesministerium der Justiz kann diese Ermächtigung durch Rechtsverordnung auf das Deutsche Patent- und Markenamt übertragen.**

(6) [1]**Für die Ausschließung und Ablehnung der Prüfer und der übrigen Mitglieder der Patentabteilungen gelten die §§ 41 bis 44, 45 Abs. 2 Satz 2, §§ 47 bis 49 der Zivilprozeßordnung über Ausschließung und Ablehnung der Gerichtspersonen sinngemäß.** [2]**Das gleiche gilt für die Beamten des gehobenen und des mittleren Dienstes und Angestellten, soweit sie nach Absatz 5 mit der Wahrnehmung einzelner den Prüfungsstellen oder Patentabteilungen obliegender Geschäfte betraut worden sind.** [3]**Über das Ablehnungsgesuch entscheidet, soweit es einer Entscheidung bedarf, die Patentabteilung.**

(7) **Zu den Beratungen in den Patenabteilungen können Sachverständige, die nicht Mitglieder sind, zugezogen werden; sie dürfen an den Abstimmungen nicht teilnehmen.**

Inhaltsübersicht

Vorbemerkung zur Geschichte des Textbestandes: § 27 Abs. 4 ist zuletzt durch Art. 1 Nr. 1 des Gesetzes zur Änderung des Patentgesetzes v. 9. 12. 2004, BGBl I 3232, mWv 15. 12. 2004 geändert worden; dabei wurden die Worte „und die Bewilligung der Verfahrenskostenhilfe" gestrichen. § 27 Abs. 5: ist durch Art. 2 Nr. 6a des 2. PatGÄndG v. 16. 7. 1998, BGBl I 1827 mWv 1. 11. 1998 neu gefasst worden, dabei wurde die Bezeichnung des Verordnungsgebers neutralisiert und der Begriff der Geschäfte „die nach ihrer Art keine besonderen technischen oder rechtlichen Schwierigkeiten bieten" eingeführt. § 27 Abs. 5 Satz 2 wurde durch Art. 7 Nr. 10 des KostRegBerG v. 13. 12. 2001, BGBl I 3656, mWv 1. 1. 2002, bzw. mWv 20. 12. 2001 geändert: die Bezeichnung des Verordnungsgebers wurde neutralisiert. § 27 Abs. 6 Satz 2 wurde durch Art. 1 Nr. 2 Buchst. b des Gesetzes v. 23. 3. 1993, BGBl. I 366, mWv 1. 4. 1993 geändert: Einfügung des Hinweises auf die Angestellten.

1. Aufbau des Patentamts. Die Vorschrift regelt die Organisation des Patentamts als Erteilungsbehörde in Patentsachen (über die Organisation im Allgemeinen vgl. Vorbem. vor § 26 Rdn. 8) sowie Besetzung und Aufgaben der einzelnen Organe. Parallele Vorschriften für Gebrauchsmusterangelegenheiten finden sich in § 10 GebrMG, für Topographieschutzsachen in § 4 Abs. 4 HalbSchG, für Markenangelegenheiten in §§ 56, 57 MarkenG, in eingeschränkter 1

Form auch für Geschmacksmusterangelegenheiten in § 23 Abs. 1 GeschmMG. Wegen der Verfahrensorgane des EPA siehe Art. 15 EPÜ. § 27 Abs. 1 ordnet die Bildung von Prüfungsstellen und Patentabteilungen an. Sie bestimmt ferner die Zuständigkeit der Prüfungsstellen und Abteilungen und regelt die Besetzung der Patentabteilungen. Sie sieht schließlich die Möglichkeit der Entlastung der Prüfer und der Mitglieder der Patentabteilungen durch Beamte des gehobenen und mittleren Dienstes und vergleichbare Angestellte sowie die Zuziehung von Sachverständigen vor. Die Bestimmungen der Vorschrift werden ergänzt durch die §§ 1, 2 DPMAV. Auf Grund der Ermächtigung in § 43 Abs. 8 Nr. 1 und 3 können neben den in § 27 behandelten Prüfungsstellen und Patentabteilungen weitere, besondere Stellen geschaffen werden für die „isolierte" Recherche (§ 43), für die Offensichtlichkeitsprüfung (§ 42) und für die Gebühren- und Fristenkontrolle.

2 **a) Prüfungsstellen.** Literatur: Freudenreich, Führungsfragen und Prüfertätigkeit im Deutschen Patentamt, Festschrift für Kurt Haertel 1975 S. 11; Bardehle, Zur Aufgabe und Arbeit des Prüfers im Patentamt, Mitt. **85,** 192; ders., Die Freigabe von Know-how durch das prüfende Patentamt, GRUR Int. **90** (FS Haertel), 673.

Die Bildung der Prüfungsstellen wird durch das Gesetz selbst angeordnet. „Der Präsident oder die Präsidentin bestimmt den Geschäftskreis der Prüfungsstellen und Patentabteilungen sowie die Vorsitzenden und stellvertretenden Vorsitzenden der Patentabteilungen und regelt das Verfahren zur Klassifizierung der Anmeldungen", § 2 Abs. 1 DPMAV. Jede Prüfungsstelle ist mit einem technischen Mitglied des Patentamts besetzt, das vom Präsidenten bestimmt wird, dem *Prüfer.* Der Prüfer ist zugleich Mitglied der Patentabteilung und übernimmt in der Abteilung in der Regel für die ihm zugewiesenen Klassen und Gruppen die Berichterstattung (§ 2 DPMAV). Die Prüfungsstellen sind sachlich zuständig für die Bearbeitung der Patentanmeldungen und für die Erteilung von Auskünften zum Stand der Technik (§ 29 Abs. 3); sie entscheiden auch über Anträge auf Wiederaufnahme des Prüfungsverfahrens, auch wenn die Patenterteilung rechtskräftig geworden ist, BPatGE **25,** 147, 148f. Sie sind auch zuständig für die Feststellung, dass die in Art. 11 Abs. 3 PCT vorgesehene Wirkung einer internationalen Anmeldung in der Bundesrepublik Deutschland geendet hat, BPatGE **25,** 8, 10ff. Die „isolierte" Recherche, die Offensichtlichkeitsprüfung und die Gebühren- und Fristenkontrolle können nach § 43 Abs. 8 Nr. 1 und 3 anderen Stellen des Patentamts, die nicht Prüfungsstellen zu sein brauchen, übertragen werden. Von dieser Ermächtigung war zeitweise hinsichtlich der „isolierten" Recherche (§ 43) Gebrauch gemacht worden, die weitgehend der technischen Abteilung der Dienststelle Berlin (§ 1 der VO vom 1. 10. 68, BGBl. I S. 1042) und später zum Teil dem Europäischen Patentamt übertragen worden war; jetzt sind dafür wieder die Prüfungsstellen zuständig.

3 Die funktionelle Zuständigkeit der Prüfungsstellen legt der Präsident fest, der ihnen bestimmte Patentklassen und Unterklassen als Geschäftskreis zuweist (§ 2 Abs. 1 DPMAV). Da der Präsident auch das Verfahren zur Klassifizierung der Anmeldungen regelt, bestimmt er auch die Zugehörigkeit der einzelnen Sachen zu den Patentklassen und Unterklassen (§ 2 Abs. 1 DPMAV), entscheidet er auch über Meinungsverschiedenheiten mehrerer Prüfungsstellen über ihre Zuständigkeit durch die Aufrechterhaltung oder Änderung der Auszeichnung. Im Rahmen seiner Zuständigkeit entscheidet der Prüfer als Einzelperson. Er trifft ferner alle für den Fortgang der Sachen erforderlichen Anordnungen, erlässt also insbesondere die erforderlichen Bescheide und Verfügungen.

4 **b) Patentabteilungen.** Die Patentabteilungen sind Amtsstellen, die grundsätzlich nach dem Kollegialsystem eingerichtet sind. Die Patentabteilungen bestehen aus dem Vorsitzenden und aus weiteren Mitgliedern. Der Vorsitzende wird vom Bundesminister der Justiz bestellt, der für eine bestimmte Zeit auch ein nicht zum Vorsitzenden bestelltes Mitglied mit der Geschäftsleitung in der Abteilung betrauen kann. Die weiteren Mitglieder werden den Abteilungen vom Präsidenten zugewiesen. Die technischen Mitglieder sind zugleich Prüfer der in der Patentabteilung zusammengefassten Prüfungsstellen. Die rechtskundigen Mitglieder sind im allgemeinen Angehörige der Rechtsabteilung. Die Patentabteilungen sind neuerdings in zwei Hauptabteilungen zusammengefasst. Die Hauptabteilungen Patente I Maschinenbau/Mechanische Technologie sowie Patente II Elektrotechnik/Chemie/Physik umfassen 27 Abteilungen, die mit ca. 700 Patentprüfern aller technischen Fachrichtungen besetzt sind. Nachdem die Anmeldung beim DPMA registriert worden ist, wurden bis zum 1. 3. 2003 die Unterlagen an eine Vorprüfungsabteilung weitergereicht. Dort wurde die Anmeldung daraufhin analysiert, ob offensichtliche sachliche Fehler enthalten sind oder ob die angemeldete Erfindung überhaupt nicht dem Patentschutz zugänglich ist. Darüber hinaus hatte die Vorprüfung die wichtige Funktion, die Erfindung von ihrem sachlichen Gehalt her zu erfassen und in ein international geltendes, fein

unterteiltes Klassifikationsschema einzuordnen. Dieses internationale Patentklassifikations-System „IPC" ermöglicht es, jede Erfindung einer definierten technischen Klasse zuzuordnen. Die eigentlichen Prüfungsabteilungen sind nach diesem Klassifikationsschema aufgeteilt, jeder Prüfer ist für eine oder mehrere dieser Klassen zuständig. Dieses Verfahren stellt sicher, dass jede Erfindung zu einem Prüfer kommt, der für den betreffenden Sachverhalt große Erfahrung und hohen Sachverstand hat.

Die frühere **Vorprüfungs- und Patentverwaltungsabteilung** 1.11 wurde zum 1. 3. 2003 **aufgelöst.** Stattdessen wurde ein Referat 1.0.1 mit Zugehörigkeit zur Hauptabteilung 1/I eingerichtet. Es ist für die Verwaltung der Patentakten zuständig, insbesondere die Datenersterfassung, Aktenanlage und die Verwaltung erteilter Patente. 5

aa) Zuständigkeit. Die Patentabteilungen sind nach § 27 Abs. 1 Nr. 2 zuständig für alle Angelegenheiten, die die erteilten Patente betreffen, also insbesondere für das Einspruchsverfahren, soweit nicht das BPatG nach § 147 Abs. 3 (siehe dort) bzw. künftig nach der Neufassung von § 61 Abs. 2 gem. RegE BT-Drs. 16/735 zuständig ist, für Beschränkungsverfahren, für die Festsetzung der angemessenen Vergütung (§ 23 Abs. 4 und 6) und für die Bewilligung und Aufhebung der Verfahrenskostenhilfe in Verfahren vor dem Patentamt und die Beiordnung eines Vertreters nach § 133. Nach § 49a gehört auch die Prüfung von Anmeldungen ergänzender Schutzzertifikate (§ 16a) in die Zuständigkeit der Patentabteilung. Den Patentabteilungen obliegt auch die Abgabe der Gutachten i. S. v. § 29, für die früher die Beschwerdesenate des Patentamts zuständig waren. Der Geschäftskreis der einzelnen Abteilungen wird durch den Präsidenten bestimmt, der ihnen bestimmte Patentklassen und Unterklassen zuweist. Für die Zugehörigkeit der einzelnen Sachen zu den Patentklassen und Unterklassen ist die Auszeichnung maßgebend, über die der Präsident bestimmt. Eine Änderung der Zuständigkeit für eine einzelne Sache kann nur dadurch herbeigeführt werden, dass die Auszeichnung geändert wird. Die Zuweisung der Patentklassen und Unterklassen an die einzelnen Abteilungen kann an sich jederzeit geändert werden. Eine Änderung erfolgt in der Praxis allerdings nur, wenn besondere Gründe, wie die Überlastung einer Abteilung, sie erforderlich machen. 6

bb) Besetzung. An der Beschlussfassung im Einzelfall müssen in der Regel mindestens drei Mitglieder der Abteilung mit Einbeziehung des Vorsitzenden mitwirken. Es dürfen daher auch mehr als drei Mitglieder an der Beschlussfassung teilnehmen. Das gilt nicht nur für das rechtskundige Mitglied, das als viertes Mitglied hinzutreten kann, sondern auch für technische Mitglieder der Abteilung. Der Vorsitzende kann deshalb bei sachlichem Bedürfnis, etwa bei technischen Randgebieten, zu der normalen Dreierbesetzung zusätzlich technische Mitglieder hinzuziehen, die auf dem benachbarten technischen Gebiet besonders sachkundig sind (abw. ohne zureichenden Grund BPatGE **16,** 7: nur bei Vorliegen einer generellen Anordnung). Die hinzutretenden weiteren Mitglieder der Abteilung dürfen im Gegensatz zu Mitgliedern einer anderen Abteilung (vgl. unten Rdn. 20) auch an der Abstimmung teilnehmen. Ausnahmsweise kann der Vorsitzende nach § 27 Abs. 4 auch allein tätig werden. 7

Die **Vorsitzenden der Patentabteilungen** leiten die Geschäfte in den Verfahren vor ihren Patentabteilungen. In den Verfahren vor den Patentabteilungen übernimmt, soweit die jeweiligen Vorsitzenden nichts anderes bestimmt haben, ein Prüfer oder eine Prüferin die Berichterstattung. Die **Berichterstattung** umfasst den Vortrag in der Sitzung und die Vorbereitung der Beschlüsse und Gutachten. Die Vorsitzenden prüfen die Entwürfe der Beschlüsse und Gutachten für ihre Patentabteilung und stellen sie fest. Über sachliche Meinungsverschiedenheiten beschließt die jeweilige Patentabteilung. Die Zusammensetzung der Patentabteilung bei der Beschlussfassung ist gesetzlich nur in einzelnen Richtungen geregelt; im Übrigen bestimmt sie der Vorsitzende im Rahmen der Geschäftsleitung. Bei Einspruchssachen müssen mindestens zwei technische Mitglieder mitwirken, § 27 Abs. 3 Satz 1. In anderen Sachen kann der Vorsitzende sowohl technische wie rechtskundige Mitglieder heranziehen. Bietet eine Sache rechtliche Schwierigkeiten, so soll ein rechtskundiges Mitglied, das gegebenenfalls als viertes Mitglied hinzutritt, bei der Beschlussfassung mitwirken, § 27 Abs. 3 Satz 2. Davon wird selten wenn überhaupt Gebrauch gemacht. Nach BPatG Bl. **83,** 372 muss eine Prüfungsstelle, die sich bei einer Frage von grundsätzlicher Bedeutung vom Wortlaut des Gesetzes lösen will, das der Patentabteilung beigeordnete **rechtskundige Mitglied** beiziehen. Die Beteiligten können die Zuziehung eines rechtskundigen Mitglieds beantragen, die Ablehnung des Antrages ist jedoch nicht selbstständig anfechtbar. Soweit der Vorsitzende nichts anderes bestimmt, gehört zu den Mitwirkenden immer der Prüfer der betr. Klasse und Gruppe; er übernimmt in aller Regel die Berichterstattung (§ 2 DPMAV). 8

cc) Beschlussfassung. In Verfahren vor der Patentabteilung bedarf es der **Beratung und Abstimmung in einer Sitzung** für (1) Beschlüsse, durch die über die Aufrechterhaltung, den 9

Widerruf oder die Beschränkung des Patents entschieden wird, (2) Beschlüsse über die Erteilung eines ergänzenden Schutzzertifikats oder die Zurückweisung der Zertifikatsanmeldung, (3) die Festsetzung der Vergütung nach § 23 Abs. 4 und 6 des Patentgesetzes, (4) Beschlüsse über die Gewährung von Verfahrenskostenhilfe für Verfahrensgebühren in Beschränkungs- und Einspruchsverfahren sowie über die Beiordnung eines Vertreters nach § 133 des Patentgesetzes, (5) Gutachten und Beschlüsse, durch welche die Abgabe eines Gutachtens abgelehnt wird, § 2 Abs. 3 Satz 1 DPMAV. Von einer Sitzung kann – ausnahmsweise – abgesehen werden, sofern der Vorsitzende sie nicht für erforderlich hält (§ 2 Abs. 3 Satz 2 DPMAV). Die Beschlussfassung erfolgt dann im Umlaufverfahren. In den nicht in § 2 Abs. 3 DPMAV genannten Fällen kann der Vorsitzende nach seinem Ermessen eine Sitzung anberaumen oder die Sache in den Umlauf geben.

10 In der Sitzung trägt, wie sich aus § 2 Abs. 2 Satz 2 DPMAV ergibt, der Berichterstatter die Sache vor. Die Patentabteilungen entscheiden nach **Stimmenmehrheit,** § 2 Abs. 2 1. Halbsatz DPMAV. Beschlüsse der Abteilung kommen also zustande, wenn ihnen die Mehrheit der an der Entscheidung teilnehmenden Mitglieder zustimmt. Das können mehr als die für das Quorum vorgeschriebenen drei Mitglieder, virtuell sämtliche Mitglieder der Abteilung sein. Bei der Abstimmung stimmt nach allgemeinen Grundsätzen der Berichterstatter zuerst; nach ihm geben die übrigen Mitglieder nach ihrem Dienst- oder Lebensalter, der Jüngere zuerst, ihre Stimme ab; zuletzt stimmt der Vorsitzende, vgl. § 70 Abs. 3. Bei Stimmengleichheit gibt die Stimme des Vorsitzenden den Ausschlag (§ 2 Abs. 4 S. 2 DPMAV). Mitglieder anderer Abteilungen und Sachverständige, die zu den Beratungen zugezogen sind (Abs. 7 der Vorschrift), dürfen an der Abstimmung nicht teilnehmen. Aus § 27 Abs. 7 ergibt sich auch, dass andere Personen als die zur Mitwirkung berufenen Mitglieder der Abteilung und die hinzugezogenen Sachverständigen bei der Beratung und Abstimmung nicht zugegen sein dürfen. In entsprechender Anwendung des § 70 Abs. 1 Satz 2 kann jedoch auch den beim Patentamt zu Ausbildung beschäftigten Personen die Anwesenheit gestattet werden. Der Berichterstatter entwirft die Beschlüsse und Gutachten. Der Vorsitzende prüft die Entwürfe und stellt sie fest. Er kann Änderungen, die nicht den sachlichen Inhalt betreffen, allein vornehmen; über sachliche Meinungsverschiedenheiten beschließt die Patentabteilung (§ 2 Abs. 2 Satz 3 u. 4 DPMAV).

11 **c) Patentverwaltungsabteilung.** Die später mit der Vorprüfungsabteilung zusammengelegte (vgl. oben Rdn. 5) Patentverwaltungsabteilung (PVA) war im Sinne der Vorschrift Patentabteilung. Sie ist mit Wirkung vom 1. 3. 2003 aufgelöst worden.

12 **2. Zuständigkeit gehobener und mittlerer Beamter und vergleichbarer Angestellter.** Die durch Abs. 5 der Vorschrift dem Bundesministerium der Justiz eingeräumte Ermächtigung, Beamte des gehobenen und mittleren Dienstes und vergleichbare Angestellte mit der Wahrnehmung einzelner Geschäfte der Abteilungen und Prüfungsstellen zu betrauen, dient dem Zweck, die dem höheren Dienst angehörenden Prüfer zu entlasten und deren Arbeitskraft für ihre Haupttätigkeit, das eigentliche Prüfungsgeschäft, nutzbar zu machen. Die Ermächtigung ist durch § 1 Abs. 2 DPMAV auf das DPMA übertragen worden. Dieses hat auf Grund der gesetzlichen Ermächtigung anstelle der früheren VO über die Wahrnehmung einzelner den Prüfungsstellen, der Gebrauchsmusterstelle oder den Abteilungen des Deutschen Patentamts obliegender Geschäfte durch Beamte des gehobenen und des mittleren Dienstes vom 22. 5. 1970 (Bl. 70, 201) inzwischen die **Verordnung über die Wahrnehmung einzelner den Prüfungsstellen, der Gebrauchsmusterstelle, den Markenstellen und den Abteilungen des Patentamts obliegender Geschäfte** (Wahrnehmungsverordnung – WahrnV) v. 14. 12. 1994, vgl. BGBl. I, 3812, erlassen. Sie ist zuletzt durch die Verordnung zur Änderung der Markenverordnung und anderer Verordnungen v. 17. 12. 2004, BGBl. I 3532; in Kraft ab 1. 1. 2005, geändert worden.

12 a **a) Inhalt der WahrnV.** Durch § 1 der WahrnV werden einzelne, näher bezeichnete Angelegenheiten den Beamten des gehobenen und des mittleren Dienstes sowie vergleichbaren Angestellten übertragen. Es handelt sich um geschlossene, nicht erweiterbare Kataloge von übertragenen Geschäften und Rechtsakten. Die in der Verordnung v. 22. 5. 1970 enthaltene generelle Zuständigkeitsverlagerung von den Prüfern auf Beamte des gehobenen Dienstes ist wegen rechtlicher Bedenken aufgegeben worden. Sie war zumindest insoweit nicht durch die gesetzliche Ermächtigung gedeckt, als sie auch rechtlich oder technisch schwierige Geschäfte umfasste.

12 b **b) Übertragung auf den gehobenen Dienst in patentrechtlichen Angelegenheiten.** Nach § 1 Abs. 1 WahrnV werden mit der Wahrnehmung folgender Geschäfte der Prüfungsstellen und Patentabteilungen auch Beamte des gehobenen Dienstes und vergleichbare Angestellte betraut: [Nr. (1) aufgehoben], (2) Entscheidung über Anträge auf Rückzahlung von nicht fällig gewordenen Gebühren nach § 10 Abs. 1 des Patentkostengesetzes; (3) Feststellung, dass das Patent wegen nicht rechtzeitig erfolgter Abgabe der Erfinderbenennung oder wegen nicht

rechtzeitiger Zahlung der Jahresgebühr mit dem Verspätungszuschlag erloschen ist; (4) Bearbeitung von Lizenzbereitschaftserklärungen und ihrer Rücknahme mit Ausnahme der Festsetzung oder Änderung der angemessenen Vergütung; (5) Entscheidung über Anträge auf a) Änderung einer Registereintragung, die die Person, den Namen oder Wohnort des Anmelders oder Patentinhabers oder des Vertreters betrifft, b) Eintragung oder Löschung eines Registervermerks über die Einräumung eines Rechts zur ausschließlichen Benutzung der Erfindung; (6) Bearbeitung von Verfahren der Akteneinsicht a) in vollem Umfang, soweit die Einsicht in die Akten jedermann freisteht oder der Anmelder dem Antrag zugestimmt hat, b) hinsichtlich formeller Erfordernisse, soweit die Einsicht in die Akten oder die Erfinderbenennung nur bei Glaubhaftmachung eines berechtigten Interesses gewährt wird; (7) **formelle Bearbeitung von Patentanmeldungen,** insbesondere a) Aufforderung zur Beseitigung formeller Mängel und zur Einreichung der Erfinderbenennung, b) Zurückweisung der Anmeldung, wenn der Anmelder auf eine Aufforderung nach Buchstabe a die Mängel nicht beseitigt hat, es sei denn aus Gründen, denen der Anmelder widersprochen hat, c) Aufforderung, die für die Inanspruchnahme einer Priorität erforderlichen Angaben zu machen und entsprechende Unterlagen einzureichen, d) Feststellung, dass die Anmeldung wegen Nichtzahlung der Gebühr für das Anmeldeverfahren oder einer Jahresgebühr mit Verspätungszuschlag, wegen nicht fristgerechter Stellung des Prüfungsantrags oder wegen Inanspruchnahme einer inländischen Priorität als zurückgenommen gilt, e) Feststellung, dass die Prioritätserklärung als nicht abgegeben gilt oder der Prioritätsanspruch verwirkt ist, f) Feststellung, dass die Teilungserklärung als nicht abgegeben gilt; (8) **formelle Bearbeitung von Recherchen- und Prüfungsanträgen,** einschließlich der Feststellung, dass der Antrag wegen Nichtzahlung der Gebühr als zurückgenommen oder wegen eines früher eingegangenen Antrags als nicht gestellt gilt; (9) formelle Bearbeitung des Einspruchsverfahrens; (10) formelle Bearbeitung des Beschränkungsverfahrens, einschließlich der Feststellung, dass der Antrag auf Beschränkung des Patents wegen Nichtzahlung der Gebühr als nicht gestellt gilt; (11) Bearbeitung **internationaler Anmeldungen,** soweit das Patentamt als **Anmeldeamt** nach dem PCT tätig wird, einschließlich der Feststellung, dass die internationale Anmeldung als zurückgenommen gilt, mit Ausnahme der Entscheidung über Anträge auf Wiedereinsetzung.

c) Auf den gehobenen Dienst übertragene schutzrechtsübergreifende Angelegenheiten. § 7 Abs. 1 WahrnV enthält – im Rahmen einer schutzrechtsübergreifenden Vorschrift – weitere Geschäfte, mit deren Wahrnehmung Beamte des gehobenen Dienstes und vergleichbare Angestellte betraut werden: (1) **formelle Bearbeitung von Anträgen auf Wiedereinsetzung in den vorigen Stand;** (2) Entscheidung über den Antrag auf **Gewährung von Verfahrenskostenhilfe** für Jahresgebühren bei Patentanmeldungen und Patenten, soweit eine Prüfung auf hinreichende Aussicht auf Erteilung des Patents (§ 130 Abs. 1 Satz 1 PatG) bereits stattgefunden hat, sowie für Aufrechterhaltungsgebühren bei Gebrauchsmustern und Geschmacksmustern; (3) formelle Bearbeitung von Anträgen auf Verfahrenskostenhilfe, insbesondere a) Zurückweisung des Antrags auf Verfahrenskostenhilfe, einschließlich des Antrags auf Beiordnung eines Vertreters, wenn der Antragsteller trotz Aufforderung keine oder eine offensichtlich unvollständige Erklärung über seine persönlichen und wirtschaftlichen Verhältnisse mit unzureichenden Belegen eingereicht hat oder einem sonstigen Auflagenbescheid nicht nachgekommen ist, b) Bestimmung des Zeitpunkts für die Einstellung und die Wiederaufnahme der Zahlungen bei bewilligter Verfahrenskostenhilfe, c) Festsetzung der **Kosten des beigeordneten Vertreters.** § 7 Abs. 2 WahrnV betraut den gehobenen Dienst mit weiteren Geschäften aus dem Bereich des Kostenrechts: (1) dem Erlass von Kostenfestsetzungsbeschlüssen; (2) Entscheidung über Einwendungen gegen den **Kostenansatz** oder gegen Maßnahmen nach § 11 Abs. 1 DPMAVerwKostV; (2) die Entscheidungen nach § 10 Abs. 2 DPMAVerwKostV; (3) die Bewilligung von Vorschüssen und Berechnung der **Entschädigung für Zeugen und Sachverständige** sowie Bewilligung von Reisekostenentschädigung für mittellose Beteiligte. 12 c

d) Wahrnehmung patentrechtlicher Angelegenheiten durch den mittleren Dienst. 12 d
Nach § 1 Abs. 2 WahrnV werden mit der Wahrnehmung folgender Geschäfte der Prüfungsstellen und Patentabteilungen auch Beamte des mittleren Dienstes und vergleichbare Angestellte betraut: (1) Gewährung der Akteneinsicht, einschließlich der Erteilung von Auskünften über den Akteninhalt und von Abschriften und Auszügen aus den Akten, soweit die Einsicht in die Akten jedermann freisteht oder der Anmelder dem Antrag zugestimmt hat; (2) Aufforderung, Mängel der Patentanmeldung zu beseitigen, soweit die Mängel nur formeller Art und ohne weitere technische oder rechtliche Beurteilung feststellbar sind, sowie Aufforderung, die Zusammenfassung, die Erfinderbenennung und die für geteilte oder ausgeschiedene Anmeldungen erforderlichen Anmeldungsunterlagen einzureichen; (3) Aufforderung, die für die Inanspruchnahme einer inländischen oder ausländischen Priorität erforderlichen Angaben zu machen und

entsprechende Unterlagen einzureichen; (4) Aufforderung, einen Recherchen- oder Prüfungsantrag auch für die Anmeldung eines Hauptpatents zu stellen; (5) Bearbeitung von Anträgen auf Aussetzung des Erteilungsbeschlusses; (6) formelle Bearbeitung der Akten im Einspruchsverfahren, einschließlich der Aufforderung, formelle Mängel bei der Einreichung von Schriftsätzen zu beseitigen, soweit diese ohne weitere technische oder rechtliche Beurteilung feststellbar sind.

12e **e) Allgemeine Kriterien für die Wahrnehmung.** Die vorstehend bezeichneten Geschäfte stellen im Hinblick auf die einzelnen Maßgaben der Verordnungsermächtigung nach der Einschätzung des DPMA mithin Tätigkeiten oder Entscheidungen der Prüfungsstellen und der Patentabteilungen dar, die ihrer Art nach keine besonderen technischen oder rechtlichen Schwierigkeiten bieten. Da die Ermächtigung auf die „Art" der Geschäfte abstellt, sind die aufgeführten Tätigkeiten also nach ihrem durchschnittlichen Schwierigkeits- und Anforderungsgrad zu messen. Es ist also unerheblich, wenn ein an sich einfaches Geschäft ausnahmsweise durch die Umstände des Einzelfalles zu einer besonders schwierigen Angelegenheit wird. Der Beamte des gehobenen oder mittleren Dienstes oder ein vergleichbarer Angestellter wird dadurch nicht ad-hoc unzuständig.

12f **f) Technisch oder rechtlich schwierig.** Als Geschäfte, die im Sinne der früheren Fassung der Ermächtigung in § 27 Abs. 5 Satz 1 „technisch oder rechtlich Schwierigkeiten" boten, sind von der Rechtsprechung angesehen worden etwa die Entscheidung über die Rückzahlung der Beschwerdegebühr im patentamtlichen Abhilfeverfahren, BPatGE **13,** 26; die Entscheidung über Wiedereinsetzungsanträge, BPatGE **13,** 30; **19,** 39; die Entscheidung, ob der Akteneinsicht ein schutzwüdiges Interesse des davon Betroffenen entgegensteht, BPatGE **14,** 13; **15,** 17; vgl. auch BPatGE **19,** 13; sowie die Entscheidung über einen Umschreibungsantrag, BPatGE **26,** 124, 125; die Zurückweisung einer Anmeldung nach Anhörung des Anmelders, wenn dieser Entscheidung nach Aktenlage beantragt, BPatG Mitt. **88,** 90. Zulässig und rechtmäßig war dagegen die Zurückweisung der Anmeldung durch einen Beamten des gehobenen Dienstes, wenn der Anmelder vom Prüfer auf die Aussichtslosigkeit seiner Anmeldung hingewiesen wurde und trotz Äußerungsfrist nicht widerspricht, BGHZ **112,** 157, 160 – Spektralapparat. Mit der Änderung der in § 27 Abs. 5 Satz 1 enthaltenen Rechtsverordnungsermächtigung wurde einer Anregung des Präsidenten des Patentamts gefolgt. Sie wurde erst während des laufenden Gesetzgebungsvorhabens zum 2. PatÄndG eingeführt und in den Bericht des Rechtsausschusses übernommen, vgl. BT-Drs. 13/10847, S. 36f. Der PräsDPMA hatte geltend gemacht, dass angesichts der stetig steigenden Anmeldungszahlen das Patentamt sich zunehmend nicht mehr in der Lage sehe, die beim höheren Dienst anfallenden Arbeitslasten ohne eine Umstrukturierung der Aufgabenverteilung zu bewältigen. Die bisherige Ermächtigungsgrundlage lasse ihm nur wenig Spielraum, um organisatorisch notwendige Entscheidungen, die zu einer Entlastung des höheren Dienstes führen könnten, zu treffen. Dieser Gestaltungsspielraum solle durch die beabsichtigte Änderung erheblich erweitert werden. Dies sei insbesondere vor dem Hintergrund notwendig, dass das Bundespatentgericht in mehreren Entscheidungen die Wahrnehmung von Aufgaben der Prüfungsstellen und Prüfungsabteilungen durch Beamte des gehobenen Dienstes für unwirksam erklärt habe. Zitiert werden ausdrücklich BPatGE **30,** 71 – Stundungsentscheidungen – und BPatGE **26,** 124 – Umschreibung. Ziel der vorgeschlagenen Änderung sei, dass künftig bei der Beurteilung der Frage, ob eine zu übertragende Aufgabe rechtliche oder technische Schwierigkeiten aufweise, **nicht mehr der konkrete Einzelfall** heranzuziehen sei, sondern maßgeblich sei, ob **die zu übertragende Aufgabe „ihrer Art nach"** häufig (besondere) rechtliche oder technische Schwierigkeiten beinhaltet. In Anlehnung an § 65 Nr. 11 des Markengesetzes könnten Geschäfte der Prüfungsabteilungen und Prüfungsstellen künftig auch dann auf den gehobenen und mittleren Dienst übertragen werden, wenn sie generell durch rechtliche oder technische Schwierigkeiten gekennzeichnet sind, und nicht nur dann, wenn sie keine rechtlichen oder technischen Schwierigkeiten aufweisen. Die Grenze werde erst da gezogen, wo generell „besondere" rechtliche Schwierigkeiten gegeben sind. Die neue WahrnV ist an diesen neuen, klar und eindeutig niedergelegten Vorgaben des „Gesetzgebers" zu messen.

13 **g) Rechtliche Bedeutung der Delegation von Zuständigkeiten.** Die WahrnV begründet – soweit sie durch die gesetzliche Ermächtigung gedeckt ist – eine funktionelle Zuständigkeit der gehobenen und mittleren Beamten und – nach der Klarstellung durch das Gesetz zur Änderung des Patentgesetzes und anderer Gesetze vom 23. 3. 1993, BGBl I 366, auch für die vergleichbaren Angestellten vor. In der Begründung des RegEntwurfs wurde eine solche Klarstellung im Hinblick auf eine zu enge Auslegung durch das BPatG für zweckmäßig angesehen. Aus Gründen der Praktikabilität und des besseren Funktionierens des Amtes müsse sichergestellt

sein, dass die technisch und rechtlich einfachen Geschäfte der Prüfungsstellen auch von Angestellten ausgeführt werden können; vgl. BT-Ds. 12/3630, S. 13, li. Sp.

Die Beamten oder Angestellten, die auf Grund der WahrnV tätig werden, handeln an Stelle des Prüfers oder der Abteilung. Die Wahrnehmung eines ihnen nicht oder nicht wirksam übertragenen Geschäfts hat zwar nicht zur Folge, dass die in Überschreitung ihrer Befugnisse vorgenommenen Handlungen nichtig wären, BPatGE **13,** 65, 67. Die in Überschreitung der Befugnisse erlassenen Beschlüsse sind jedoch auf Beschwerde grundsätzlich ohne Sachprüfung aufzuheben, BPatGE **4,** 12; **13,** 26; **13,** 30; **25,** 131, 132. Die Aufhebung und Zurückverweisung ist in einem solchen Falle in aller Regel schon deshalb erforderlich, um dem zuständigen Beamten Gelegenheit zur Entscheidung zu geben. Wenn das Beschwerdegericht die Beschwerde auch in sachlicher Hinsicht für begründet erachtet, kann es allerdings auch von einer Zurückverweisung absehen und selbst in der Sache entscheiden, BPatGE **15,** 17, 19; das kann sogar im Interesse des Beschwerdeführers geboten sein, wenn nach dem Akteninhalt im Falle der Zurückverweisung mit einer dem Beschwerdeführer nachteiligen Entscheidung auch des zuständigen Beamten zu rechnen ist, BPatGE **13,** 65, 68. **14**

Die Regelung in § 27 Abs. 5 bezieht sich nur auf solche Geschäfte, die durch das Gesetz den Prüfungsstellen und den Patenabteilungen zugewiesen sind; die Übertragung anderer Aufgaben des Patentamts ist nicht an die Ermächtigung des § 27 Abs. 5 und die dort vorgeschriebene Form gebunden, BPatGE **12,** 85, 88f.; **15,** 117, 119 (Gebührennachrichten). Aufgaben, die nicht den Prüfungsstellen oder Patentabteilungen zugewiesen sind, kann der Präsident in Ausübung der ihm zustehenden Organisationsgewalt durch innerdienstliche Anordnung Beamten oder Angestellten übertragen, BPatGE **12,** 85, 89, 91; **15,** 117. **15**

3. Ausschließung und Ablehnung der Beamten

Literatur: Bernatz, Ausschließung und Ablehnung von Beamten des Deutschen Patentamts und von Richtern des Bundespatentgerichts, Mitt. **68,** 30; Reinländer, „Befangenheitsablehnung“, Mitt. **82,** 139. **16**

a) Rechtsgrundlagen. Für die Ausschließung und Ablehnung der Prüfer, der Mitglieder der Patentabteilung und der für sie handelnden Beamten des gehobenen oder mittleren Dienstes gelten die §§ 41 bis 44, 45 Abs. 2 Satz 2, §§ 47–49 ZPO entsprechend. Auf diese Vorschriften und die Erläuterungen dazu z. B. bei Baumbach/Lauterbach/Albers/Hartmann wird verwiesen. Diese Verweisung auf die Vorschriften über die Ausschließung von Richtern und die Richterablehnung nach Zivilprozessrecht hat im deutschen Patentrecht eine weit zurückreichende Tradition und hängt mit der ursprünglichen Auffassung zusammen, die Tätigkeit der Mitglieder des Patentamts stelle eine richterliche oder quasi-richterliche Funktion dar. Nachdem diese Auffassung aufgegeben und der Charakter der Tätigkeit als Vorbereitung und Erlass von Verwaltungsakten anerkannt worden ist und die Verfahren des Patentamts als Verwaltungsverfahren angesehen werden, ist die Übernahme von Rechtsprechung zum Richterrecht mit entsprechender Vorsicht aufzunehmen. Dabei ist zu berücksichtigen, dass die Verweisung auf Richterrecht auch die kraft Delegation mit der Wahrnehmung von Geschäften der Prüfungsstellen oder Patentabteilungen betrauten Beamten des gehobenen und mittleren Dienstes und die vergleichbaren Angestellten einbezieht. Allerdings finden die Vorschriften über die Ausschließung und die Ablehnung von Richtern auch auf die Urkundsbeamten der Geschäftsstelle entsprechende Anwendung, § 49 ZPO. **16 a**

§ 41. Ein Richter ist von der Ausübung des Richteramtes kraft Gesetzes ausgeschlossen:

1. in Sachen, in denen er selbst Partei ist oder bei denen er zu einer Partei in dem Verhältnis eines Mitberechtigten, Mitverpflichteten oder Regreßpflichtigen steht;
2. in Sachen seines Ehegatten, auch wenn die Ehe nicht mehr besteht;
3. in Sachen einer Person, mit der er in gerader Linie verwandt oder verschwägert, in der Seitenlinie bis zum dritten Grade verwandt oder bis zum zweiten Grade verschwägert ist oder war;
4. in Sachen, in denen er als Prozeßbevollmächtigter oder Beistand einer Partei bestellt oder als gesetzlicher Vertreter einer Partei aufzutreten berechtigt ist oder gewesen ist;
5. in Sachen, in denen er als Zeuge oder Sachverständiger vernommen ist;
6. in Sachen, in denen er in einem früheren Rechtszuge oder im schiedsrichterlichen Verfahren bei dem Erlaß der angefochtenen Entscheidung mitgewirkt hat, sofern es sich nicht um die Tätigkeit eines beauftragten oder ersuchten Richters handelt.

§ 42. (1) Ein Richter kann sowohl in den Fällen, in denen er von der Ausübung des Richteramts kraft Gesetzes ausgeschlossen ist, als auch wegen Besorgnis der Befangenheit abgelehnt werden.

(2) Wegen Besorgnis der Befangenheit findet die Ablehnung statt, wenn ein Grund vorliegt, der geeignet ist, Mißtrauen gegen die Unparteilichkeit eines Richters zu rechtfertigen.

(3) Das Ablehnungsrecht steht in jedem Falle beiden Parteien zu.

§ 43. Eine Partei kann einen Richter, wegen Besorgnis der Befangenheit nicht mehr ablehnen, wenn sie sich bei ihm, ohne den ihr bekannten Ablehnungsgrund geltend zu machen, in eine Verhandlung eingelassen oder Anträge gestellt hat.

§ 44. (1) Das Ablehnungsgesuch ist bei dem Gericht, dem der Richter angehört, anzubringen; es kann vor der Geschäftsstelle zu Protokoll erklärt werden.

(2) Der Ablehnungsgrund ist glaubhaft zu machen; zur Versicherung an Eides Statt darf die Partei nicht zugelassen werden. Zur Glaubhaftmachung kann auf das Zeugnis des abgelehnten Richters Bezug genommen werden.

(3) Der abgelehnte Richter hat sich über den Ablehnungsgrund dienstlich zu äußern.

(4) Wird ein Richter, bei dem die Partei sich in eine Verhandlung eingelassen oder Anträge gestellt hat, wegen Besorgnis der Befangenheit abgelehnt, so ist glaubhaft zu machen, daß der Ablehnungsgrund erst später entstanden oder der Partei bekanntgeworden sei.

§ 45. (1) Über das Ablehnungsgesuch entscheidet das Gericht, dem der Abgelehnte angehört; wenn dieses Gericht durch Ausscheiden des abgelehnten Mitglieds beschlußunfähig wird, das im Rechtszuge zunächst höhere Gericht.

(2) ... Einer Entscheidung bedarf es nicht, wenn der Richter beim Amtsgericht das Ablehnungsgesuch für begründet hält.

§ 47. Ein abgelehnter Richter hat vor Erledigung des Ablehnungsgesuchs nur solche Handlungen vorzunehmen, die keinen Aufschub gestatten.

§ 48. (1) Das für die Erledigung eines Ablehnungsgesuchs zuständige Gericht hat auch dann zu entscheiden, wenn ein solches Gesuch nicht angebracht ist, ein Richter aber von einem Verhältnis Anzeige macht, das seine Ablehnung rechtfertigen könnte, oder wenn aus anderer Veranlassung Zweifel darüber entstehen, ob ein Richter kraft Gesetzes ausgeschlossen sei.

(2) Die Entscheidung ergeht ohne Gehör der Parteien.

§ 49. Die Vorschriften dieses Titels sind auf den Urkundsbeamten der Geschäftsstelle entsprechend anzuwenden; die Entscheidung ergeht durch das Gericht, bei dem er angestellt ist.

17 Die ZPO unterscheidet zwischen einem Ausschluss kraft Gesetzes, § 41 ZPO, und der ausdrücklichen Ablehnung durch eine am Verfahren beteiligte Partei in der Form eines Ablehnungsgesuchs, mit dem entweder die Ausschließung kraft Gesetzes oder die Ablehnung wegen Besorgnis der Befangenheit, §§ 42, 44 ZPO. Die Vorschrift soll das Vertrauen der Allgemeinheit in die Objektivität, Unvoreingenommenheit und Sachlichkeit der Rechtsanwendung durch die in den Patentverfahren als Vertreter öffentlicher Gewalt tätig werdenden Personen sichern, Interessenkonflikte ausschließen und dem Schutz der Verfahrensbeteiligten dienen. Wegen der Ausschließungsgründe nach diesen Vorschriften kann auf Rdn. 1–6 zu § 86 verwiesen werden. Der Ausschließungsgrund des § 41 Nr. 5 ZPO (frühere Vernehmung als Zeuge oder Sachverständiger) liegt nur vor, wenn der Beamte als Sachverständiger gemäß § 402 ZPO vernommen ist, PA Mitt. **41,** 188. Die frühere Mitwirkung als Richter an einer Entscheidung des Bundespatentgerichts ist keine solche bei der angefochtenen Entscheidung i. S. des § 41 Nr. 6 ZPO und hindert daher nicht, in der gleichen Sache am Verfahren vor der Patentabteilung mitzuwirken; auch eine entsprechende Anwendung des § 86 Abs. 2 PatG kommt insoweit nicht in Betracht, BPatGE **9,** 3. Einen Grund zur Ablehnung des Prüfers stellt es nicht dar, wenn dieser am Beschluss der Abteilung über die Ablehnung des Gesuchs um Bewilligung von Verfahrenskostenhilfe als Berichterstatter mitgewirkt hat. Wegen der Ablehnung des Mitglieds einer Einspruchsabteilung des EPA vgl. EPA (GrBK), ABl. **92,** 617 = GRUR Int. **93,** 230.

18 **b) Ablehnungsgründe.** Ein Ablehnungsgrund wegen Besorgnis der Befangenheit (§ 42 Abs. 2 ZPO) ist gegeben, wenn vom Standpunkt des Betroffenen aus gesehen bei vernünftiger Würdigung aller Umstände Anlass besteht, an der Unvoreingenommenheit und objektiven Einstellung des entscheidenden Beamten zu zweifeln, BPatGE **22,** 63, 64; zur Befangenheit des Richters vgl. auch BVerfGE **35,** 253; **46,** 38; NJW 1993, 2230 BGHZ **77,** 72; BGH v. 30. 1. 1986, X ZR 70/84 – NJW-RR 1986, 738; v. 14. 3. 2003, IXa ZB 27/03, Abschn. II 2a (zur Befangenheit eines Rechtspflegers). Dabei muss es sich um objektive Gründe handeln, die **vom Standpunkt des Ablehnenden** aus die Befürchtung erwecken können, der zuständige Prüfer oder sonstige Beamte oder Angestellte stehe der Sache nicht unvoreingenommen und damit nicht unparteiisch gegenüber. War ein Mitglied einer Patentabteilung im Einspruchsverfahren mit demselben Gegenstand vorher als Prüfer betraut worden, so rechtfertigt dies allein seine Ablehnung wegen Befangenheit nicht, BPatG Bl. **84,** 47. Der Vorschlag eines Satzes von „gewährbaren Ansprüchen" im Einspruchsverfahren alten Rechts (vorgeschalteter Einspruch) entspricht der Aufgabe oder einem nobile officium des Patentamts und begründet nicht die Besorgnis der Befangenheit, BPatGE **24,** 144, 147. Zur Frage, wann die den Ablehnungsgrund tragenden Tatsachen vorgelegen haben müssen und zur Möglichkeit eines „Fortsetzungszusammenhangs" im Sinne einer Gesamtwürdigung des Verhaltens der abgelehnten Person vgl.

BPatGE **27,** 25, 29. Wenn eine Patentabteilung in einem Zwischenbescheid das Ergebnis einer Beweisaufnahme unter Bezugnahme auf ein unzulässiges Beweismittel praktisch vorwegnimmt und überdies dem betroffenen Beteiligten androht, dass er voraussichtlich die Kosten der Beweisaufnahme tragen müsse, wenn er nicht auf die Vernehmung eines Zeugen verzichte, so rechtfertigt das die Ablehnung der Mitglieder der Abteilung, welche den Bescheid unterschrieben haben, BPatGE **22,** 63. Das Gleiche gilt, wenn eine Gebrauchsmusterabteilung in einem Zwischenbescheid die Löschungsreife des angegriffenen Gebrauchsmusters feststellt, ohne auf die Argumentation der Schutzrechtsinhaberin einzugehen und obwohl der Zwischenbescheid kurz vor einem entscheidenden Termin im Verletzungsverfahren ergeht, der den Mitgliedern der Gebrauchsmusterabteilung bekannt ist, BPatGE **46,** 122, 124.

Auseinandersetzungen des Prüfers mit dem Vertreter des Anmelders begründen nicht die **18 a**
Besorgnis der Befangenheit, PA Mitt. **58,** 243. Erstattung eines Gutachtens in gerichtlichem Strafverfahren ist kein Ablehnungsgrund für Mitwirkung im Erteilungsverfahren, PA Bl. **11,** 117. Die frühere Mitwirkung eines Mitgliedes an einer erledigten Anmeldung desselben Erfinders begründet nicht dessen Befangenheit, PA Bl. **02,** 42. Die bloße Tatsache, dass ein Beamter früher an einer dieselbe Frage behandelnden Entscheidung teilgenommen oder eine bestimmte Rechtsansicht geäußert hat, ist kein Ablehnungsgrund, es sei denn, dass besondere Umstände gegen seine Unbefangenheit sprechen, PA Mitt. **41,** 188. Die Mitwirkung eines Prüfers im Gebrauchsmusterlöschungsverfahren begründet daher für sich allein noch nicht die Besorgnis der Befangenheit für die Entscheidung über die Erteilung eines Patents für den gleichen Erfindungsgegenstand, BPatGE **2,** 85. Die subjektiv berechtigte und objektiv stichhaltige Ansicht des Ablehnenden von der Befangenheit des mitwirkenden Beamten wird als ausreichend anerkannt, PA Mitt. **32,** 218. Eine dienstliche Äußerung (§ 44 Abs. 3 ZPO), die erkennen lässt, dass der abgelehnte Beamte sich durch das Ablehnungsgesuch angegriffen fühlt, kann die Ablehnung rechtfertigen, BPatG Mitt. **80,** 16, 17. Die Zugehörigkeit zu einer gesellschaftlichen Gruppe, z. B. zu einer Partei oder Religionsgemeinschaft, kann für sich allein niemals die Besorgnis der Befangenheit begründen. Ein entsprechend begründetes Gesuch ist unzulässig, BGH I ZR 92/02 v. 2. 12. 2004, Abschn. III der Gründe unter Bezugnahme auf BayVerfGH NVwZ **01,** 917. Ebenso wenig kann gemeinsame Zugehörigkeit eines Verfahrensbeteiligten und eines Mitglieds der zuständigen Patentabteilung oder Prüfungsstelle zu einer Vereinigung mit mehreren tausend Mitgliedern, wie z. B. der Deutschen Vereinigung für gewerblichen Rechtsschutz und Urheberrecht (GRUR) ein Ablehnungsgesuch eines anderen Verfahrensbeteiligten begründen, vgl. BGH I ZR 58/00 v. 5. 3. 2001, BGH-Report 2001, 432, 433 für die Ausschließung und Selbstablehnung von Richtern des I. und X. ZivSenats, BGH v 17. 12. 2003 – X ZA 6/03 Schulte-Kartei PatG 139.4 Nr. 38 GRUR-Mitgliedschaft.

c) Ablehnungsverfahren. Das Ablehnungsgesuch ist bei der Prüfungsstelle oder Abteilung **19**
anzubringen, § 44 Abs. 1 ZPO. Der geltend gemachte Ablehnungsgrund ist glaubhaft zu machen § 44 Abs. 2 ZPO Der abgelehnte Beamte hat sich zu dem Ablehnungsgrund zu äußern (§ 44 Abs. 3 ZPO). Wird der Prüfer abgelehnt und hält er selbst das Gesuch für begründet, so scheidet er aus; über das Gesuch braucht nicht mehr entschieden zu werden (§ 45 Abs. 2 Satz 2 ZPO, der insoweit entsprechend gilt). In allen anderen Fällen entscheidet die Abteilung. Richtet sich das Ablehnungsgesuch gegen ein Mitglied der Abteilung, so wird es für die Beschlussfassung durch ein anderes ersetzt. Vor der Entscheidung ist dem Antragsteller die dienstliche Äußerung des abgelehnten Beamten mitzuteilen und ihm Gelegenheit zur Äußerung zu geben, BPatG Mitt. **80,** 16, 17. Ist das gesamte Kollegium „Patentabteilung" in zulässiger Weise abgelehnt worden, so soll nach BPatGE **24,** 144, 145 für die Entscheidung über das Ablehnungsgesuch an die Stelle des Vorsitzenden dessen Stellvertreter treten, der die abgelehnten Prüfer durch andere Mitglieder der Abteilung ersetzt (vgl. kritisch dazu Jochem, Mitt. **82,** 96). Ein missbräuchliches Ablehnungsgesuch kann auch von dem abgelehnten Beamten selbst als unzulässig verworfen werden, und zwar in einer gesonderten Entscheidung oder zusammen mit der Sachentscheidung, BGH v. 14. 4. 2005, V ZB 7/05, LS u. Abschn III 2a der Gründe (Ablehnung eines Rechtspflegers im Zwangsversteigerungsverfahren). Wird ein Ablehnungsgesuch nur mit Umständen begründet, die eine Befangenheit unter keinem denkbaren Gesichtspunkt rechtfertigen können, ist die Prüfungsstelle oder die Patentabteilung in der Besetzung mit den abgelehnten Personen zur Entscheidung über das Ablehnungsgesuch berufen, BGH I ZR 92/02 v. 2. 12. 2004, Abschnitt I der Gründe (für die Ablehnung von Richtern des Senats, die Argumente sind aber ohne weiteres auch auf Verfahren vor dem Patentamt übertragbar). Ein Ablehnungsgesuch ist missbräuchlich, wenn es sich um ein wiederholtes Gesuch ohne neue Gründe handelt, BGH v 3. 5. 2004 – X ZA 6/03, S. 3, oder wenn es sich offensichtlich um den Versuch einer Verschleppung des Verfahrens handelt. Auch ein offensichtlich nicht

ernst gemeintes Ablehnungsgesuch stellt einen Rechtsmissbrauch dar, BPatGE **24,** 144, 146 (LS I).

19a Gegen die Entscheidung, die ein Ablehnungsgesuch für begründet erklärt, ist kein Rechtsmittel gegeben, § 46 Abs. 2 1. Alt. ZPO. Gegen den Beschluss durch den ein Ablehnungsgesuch für unzulässig oder unbegründet erklärt wird, findet die Beschwerde nach § 73, nicht die sofortige Beschwerde nach § 46 Abs. 2, 2. Alt. ZPO statt. Das Patentgesetz verfügt auch insoweit über ein sich geschlossenes eigenes Rechtsmittelsystem.

20 **4. Zuziehung von Sachverständigen.** Die Patentabteilungen können zu den Beratungen Sachverständige zuziehen, die nicht Mitglieder sind. Sachverständige, die nicht Mitglieder sind, sind zunächst solche, die überhaupt nicht dem Patentamt angehören. Dies sind aber auch die Mitglieder anderer Abteilungen (ebenso Reimer, 3. Aufl. Rdn. 11 zu § 18; Kisch, Hdb. S. 280, III). Denn Mitglied im Sinne des Abs. 7 ist nicht das Mitglied des Patentamts, sondern nach dem Zusammenhang das Mitglied der Abteilung. Zu den Beratungen über Fragen, die in das technische Gebiet einer anderen Abteilung übergreifen, können deshalb Mitglieder dieser Abteilung zugezogen werden. Darin liegt die praktische Bedeutung der Vorschrift, denn von der Zuziehung von Sachverständigen, die nicht dem Patentamt angehören, wird kein Gebrauch gemacht. Die Mitglieder der anderen Abteilung dürfen an der Abstimmung nicht teilnehmen. Die Entscheidung selbst soll von der zuständigen Fachabteilung getroffen werden. Da die Vorschrift nur auf Sachverständige Bezug hat, die nicht Mitglieder der beschließenden Abteilung sind, gestattet sie nicht, Mitglieder der eigenen Abteilung nur zur Beratung zuzuziehen. Die Mitglieder dieser Abteilung können zur Mitwirkung herangezogen werden. Soweit sie herangezogen werden, sollen sie nicht nur an der Beratung, sondern auch an der Abstimmung teilnehmen.

28 *Verordnungsermächtigung.* **Das Bundesministerium der Justiz regelt durch Rechtsverordnung, die nicht der Zustimmung des Bundesrates bedarf, die Einrichtung und den Geschäftsgang des Patentamts sowie die Form des Verfahrens in Patentangelegenheiten, soweit nicht durch Gesetz Bestimmungen darüber getroffen sind.**

Inhaltsübersicht

1 **1. Hinweise zur Textgeschichte.** Die Vorschrift enthielt in ihrer ursprünglichen Fassung neben der Verordnungsermächtigung zu Einrichtung und Geschäftsgang des Patentamts und die Form des Verfahrens (Abs. 1) eine Ermächtigung des BMJ, durch Rechtsverordnung die Erhebung von Verwaltungskosten anzuordnen (Abs. 2). Durch das KostRegBerG ist zunächst Absatz 2 gestrichen worden, weil die entsprechende Verordnungsermächtigung in das PatKostG (§ 1 Abs. 2) übertragen worden ist, vgl. die Vorbem. vor § 17. Das Geschmacksmusterreformgesetz vom 12. 3. 2004, BGBl I 390 = Bl **04,** 207, hat durch Art 2 Abs. 7 Nr. 1 mit Wirkung vom 19. 3. 2004 die Worte eingefügt: „die nicht der Zustimmung des Bundesrates bedarf" und „in Patentangelegenheiten".

2 **2. Inanspruchnahme der Verordnungsermächtigung.** Auf der Grundlage des § 28 hat das BMJ die **Verordnung über das Deutsche Patent- und Markenamt** v. 1. 4. 2004, BGBl. 2004 I 514, (DPMAV) erlassen, die am 1. 6. 2004 in Kraft getreten ist (§ 34 Abs. 1 Satz 1 der VO). Gleichzeitig ist – als Vorgängerverordnung – die Verordnung über das Deutsche Patent- und Markenamt vom 5. 9. 1968, BGBl. I S. 997, zuletzt geändert durch Art. 24 des KostRegBerG, außer Kraft gesetzt worden. Aus dem Patentgesetz werden in der Einleitungsformel der DPMAV die folgenden Vorschriften als Ermächtigungsgrundlage zitiert: § 27 Abs. 5, §§ 28, 29 Abs. 3, § 34 Abs. 6 und 8, § 43 Abs. 8 Nr. 2 und § 63 Abs. 4. Die DPMAV dient also der Ausführung dieser Vorschriften. Die Ermächtigung umfasst in allgemeiner, nicht auf spezielle Tätigkeitsbereiche abgestellter Form die Einrichtung und den Geschäftsgang des Patentamts. Darüber hinaus erlaubt sie sektorbezogen Regelungen über die Form des Verfahrens in Patentangelegenheiten. Das bedeutet aber nicht, dass nicht übereinstimmende Regelungsbedürfnisse und -möglichkeiten zu übergreifenden und verallgemeinerten Vorschriften führen könnten. Die Einschränkung auf die Patentangelegenheiten hängt auch damit zusam-

men, dass jedenfalls das Markenrecht weitgehend selbstständige, wenn auch häufig parallele Vorschriften zum Verfahren in Markenangelegenheiten enthält, vgl. § 65 Abs. 1 Nr. 1 MarkenG.

3. Wesentlicher Inhalt der DPMAV. Bei Gelegenheit des Erlasses der neuen DPMAV wurde die Organisation des Textes von Grund auf einer Überprüfung unterzogen und das System und die Reihenfolge der einzelnen Vorschriften neu geordnet. An der Spitze steht jetzt die Vorschrift, dass der Präsident oder die Präsidentin den gesamten Geschäftsbetrieb des Deutschen Patent- und Markenamts leitet und beaufsichtigt und auf die gleichmäßige Behandlung der Geschäfte und auf die Beachtung gleicher Grundsätze hinwirkt (§ 1 Abs. 1). Weiterhin werden eine Reihe von Verordnungsermächtigungen auch aus dem Patentgesetz auf das DPMA übertragen (§ 1 Abs. 2), nämlich: die Ermächtigungen in § 27 Abs. 5, § 29 Abs. 3, § 34 Abs. 6 und 8 sowie in § 63 Abs. 4. In der Vorgängerfassung erschienen die Aufgaben des Präsidenten erst im § 12, wenn auch in ganz ähnlichem Wortlaut. Offenbar sollte die Rolle der Leitung des DPMA deutlicher hervorgehoben werden. 3

§ 2 regelt den Geschäftskreis und die Besetzung der Prüfungsstellen und Patentabteilungen und legt das interne Verfahren bei der Beschlussfassung der Patentabteilungen und die Aufgabenverteilung zwischen dem Vorsitzenden, den Berichterstattern und sonstigen Mitgliedern und das interne Abstimmungsverfahren fest. Die Vorsitzenden der Patentabteilungen leiten die Geschäfte in den Verfahren vor ihren Patentabteilungen, prüfen die Entwürfe der Beschlüsse und Gutachten für ihre Patentabteilung und stellen sie fest. Über sachliche Meinungsverschiedenheiten beschließt die jeweilige Patentabteilung. Sie entscheidet nach Stimmenmehrheit; bei Stimmengleichheit gibt die Stimme ihrer Vorsitzenden den Ausschlag. 4

Die §§ 3 bis 6 DPMAV behandeln den Geschäftskreis der Gebrauchsmusterstelle und Gebrauchsmusterabteilungen (§ 3), der Topographiestelle und Topographieabteilung (§ 4), der Markenstellen und Markenabteilungen (§ 5) sowie der Geschmacksmusterstelle (§ 6), Organe also, deren Funktionen hier nicht näher zu erläutern sind. 5

Die §§ 7 bis 31 DPMAV enthalten Vorschriften mehr technischen Inhalts über Formate, Formblätter und Verfahren, die der Kommunikation mit dem DPMA zu beachten oder vom DPMA selbst anzuwenden sind. Sie werden, soweit erforderlich, im Zusammenhang mit den gesetzlichen Vorschriften berücksichtigt und erläutert. 6

29 *Gutachten des Patentamts.* (1) **Das Patentamt ist verpflichtet, auf Ersuchen der Gerichte oder der Staatsanwaltschaften über Fragen, die Patente betreffen, Gutachten abzugeben, wenn in dem Verfahren voneinander abweichende Gutachten mehrerer Sachverständiger vorliegen.**

(2) **Im übrigen ist das Patentamt nicht befugt, ohne Genehmigung des Bundesministers der Justiz außerhalb seines gesetzlichen Geschäftskreises Beschlüsse zu fassen oder Gutachten abzugeben.**

(3) [1]**Das Bundesministerium der Justiz wird ermächtigt, zur Nutzbarmachung der Dokumentation des Patentamts für die Öffentlichkeit durch Rechtsverordnung ohne Zustimmung des Bundesrates zu bestimmen, daß das Patentamt ohne Gewähr für Vollständigkeit Auskünfte zum Stand der Technik erteilt.** [2]**Dabei kann er insbesondere die Voraussetzungen, die Art und den Umfang der Auskunftserteilung sowie die Gebiete der Technik bestimmen, für die eine Auskunft erteilt werden kann.** [3]**Das Bundesministerium der Justiz kann diese Ermächtigung durch Rechtsverordnung ohne Zustimmung des Bundesrates auf das Deutsche Patent- und Markenamt übertragen.**

Inhaltsübersicht

1. Textgeschichte. Die Absätze 1 und 2 der Vorschrift gehören zum traditionellen Kernbestand des Patentgesetzes. Der Absatz 3 ist durch das IntPatÜG (Art. V Nr. 1) eingefügt und zuletzt durch das KostRegBerg (Art. 7 Nr. 12) neu gefasst worden; die Neufassung betraf lediglich die Sätze 1 und 3 im Zuge der allgemeinen Entpersonalisierung von Verordnungsermächti- 1 gungen. Praktische Bedeutung haben die Absätze 1 und 2 nicht erlangt. Die entsprechende Vorschrift im EPÜ findet sich in dessen Art. 25. Verweisungen auf § 29 PatG finden sich im GebrMG (§ 21 Abs. 1) und im Halbleiterschutzgesetz (§ 11 Abs. 1). Das MarkenG enthält eine eigenständige, aber parallele Regelung, § 58 MarkenG. Auch für das Warenzeichnrecht hat die Vorgängervorschrift keine praktische Bedeutung erlangt (Althammer/Ströbele/Klaka, Rdn 1 zu § 58 MarkenG).

2 **2. Voraussetzungen für Gutachten.** Für **Gutachten des Patentamts** stellt § 29 folgende Voraussetzungen auf: a) formelles Ersuchen eines – selbstverständlich deutschen – (Straf- oder Zivil-) Gerichts oder einer Staatsanwaltschaft, b) Vorliegen mehrerer Gutachten verschiedener (mindestens 2) Sachverständiger im Gerichtsverfahren oder im staatsanwaltschaftlichen Ermittlungsverfahren, c) die inhaltlich voneinander abweichen, d) die Patente betreffen. Ein vom Gutachten des gerichtlichen Sachverständigen abweichendes Privatgutachten schafft die Voraussetzung für die Anrufung des Patentamts nicht, RG MuW **XIV,** 8, 9. Notwendig ist stets das Vorliegen voneinander abweichender, vom Gericht erforderter Gutachten, nur dann kommt ein Obergutachten des Patentamts in Frage, PA Bl. **51,** 30. Das Gutachten aus einem Vorprozess, das mit Zustimmung der Parteien verwertet wird, steht dem im selben Prozess erstatteten gerichtlichen Gutachten gleich. Über die technischen und rechtlichen Fragen im Nichtigkeitsverfahren entscheidet das Patentgericht aus eigener Sachkunde; Gutachten des Patentamts kommen dafür nicht in Betracht, höchstens solche von außenstehenden Sachverständigen (§ 88).

3 **3. Zuständigkeit für Gutachten.** Zuständig ist die **Patentabteilung,** in deren Geschäftskreis die Angelegenheit, in der das Gutachten zu erstatten ist, fällt. Einzelheiten über das interne Verfahren der Patentabteilung regelt § 2 DPMAV. Danach übernimmt ein Prüfer oder eine Prüferin die Berichterstattung, sofern der Vorsitzende der Abteilung nichts anderes bestimmt. Für die Entscheidung über einen Gutachtenvorschlag und den Beschluss, die Erstattung eines Gutachtens abzulehnen, bedarf es einer Beratung und Abstimmung in einer Sitzung, es sei denn, der Vorsitzende hält eine Sitzung nicht für erforderlich, § 2 Abs. 3 Satz 1 Nr. 4, Satz 2 DPMAV. Das Gutachten erfasst technische Fragen, namentlich in strafrechtlichen Verfahren oder im Verletzungsprozess auch solche patentrechtlicher Art, wie die Auslegung des Anspruchs, soweit das Verständnis des Durchschnittsfachmanns in Rede steht, das Verhältnis zum Stand der Technik und zu älteren Rechten. Die Beurteilung des Schutzumfangs ist rechtlicher und technischer Natur, erstere ist der Begutachtung durch die Patentabteilung entzogen. Das Gleiche gilt für die Schuldfrage und die daraus folgenden Ansprüche auf Schadenersatz oder bei strafrechtlichen Verfahren die subjektiven Tatbestandsmerkmale der Straftat.

4 **4. Wirkung in gerichtlichen Verfahren.** Die Vertretung des Gutachtens vor Gericht ist nicht vorgeschrieben; einem Ersuchen des Gerichts auf Abordnung eines Mitglieds in die Prozessverhandlung gab das Patentamt früher nicht statt. Das Gericht musste sich mit dem schriftlichen Gutachten abfinden, Bl. **21,** 157. Das Gutachten ist die **Meinungsäußerung der Patentabteilung,** die des einzelnen, etwa zur Gerichtsverhandlung entsandten Beamten darf nicht an deren Stelle treten. Das Gericht kann ein Mitglied des Patentamts (auch den Berichterstatter des Obergutachtens) zum Sachverständigen bestellen (§ 404 ZPO, § 73 StPO). Vernehmung ist nur mit Genehmigung des Präsidenten möglich, die regelmäßig versagt wurde, weil sonst das Mitglied des Patentamts bei der Bearbeitung weiterer patentamtlicher Sachen der beteiligten Prozessparteien ausscheiden müsste. Der Antrag, das Patentamt solle Auskunft über den Schutzumfang eines Patents erteilen, ist unstatthaft, RG MuW **XI,** 317; **XII,** 104. Das Gutachten wird vom Patentamt weder Dritten noch dem Patentinhaber mitgeteilt, PA MuW **XII,** 104. Das Gericht ist an das Obergutachten des Patentamts nicht gebunden; es entscheidet in freier Beweiswürdigung (§ 286 ZPO, § 261 StPO). Zur gutachterlichen Tätigkeit des Europäischen Patentamts auf der Grundlage von Art. 25 EPÜ vgl. Kolle, Das EPA als Sachverständiger im Patentprozess, GRUR Int **87,** 476; ferner Teil XII der Richtlinien für die Prüfung im EPA zu Ersuchen nationaler Gerichte um Erstattung eines Gutachtens über ein europäisches Patent, veröffentlicht in EPA ABl. **86,** 276; und Barbuto, GRUR Int. **91,** 486.

5 **5. Beschlüsse und Gutachten außerhalb des Geschäftkreises.** Abs. 2 der Vorschrift verbietet dem Patentamt, außerhalb seines Geschäftskreises Beschlüsse zu fassen oder andere als die in Abs. 1 geregelten Obergutachten abzugeben. Das Patentamt darf daher z.B. nicht in einer Patentverletzungsstreitigkeit als Schiedsgericht tätig werden und einen Schiedsspruch erlassen oder ein Schiedsgutachten abgeben. Auch Amtshilfeersuchen um gutachtliche Äußerung kann nicht entsprochen werden. Abgesehen von den Obergutachten darf das Patentamt nur in anhängigen Verfahren, soweit es dort erforderlich ist, zu patentrechtlichen und technischen Fragen Stellung nehmen. Die Vorschrift betrifft nur das Patentamt als solches, nicht seine Mit-

glieder persönlich. Die Zulässigkeit der außerdienstlichen Gutachtenerstattung durch Amtsangehörige bestimmt sich nach den beamtenrechtlichen Vorschriften (vgl. Reimer 3. Aufl. Rdn. 6 zu § 23).

6. Auskünfte zum Stand der Technik. Literatur: Straus, Patendokumentation und -information, GRUR Int. **75,** 323; Kolle, Patentinformation als Dienstleistung der Patentbehörden, Rechtsgrundlagen und Einrichtungen der Patentdokumentation im Dienste der Öffentlichkeit in Ost und West, GRUR Int. **75,** 328; Wittmann, Erinnerungen und Gedanken zur Entwicklung der technischen Information im Deutschen Patentamt, Festschrift für Kurt Haertel 1975 S. 135; Zimmermann, Dokumentation für das Patentwesen, Sachstand, Schwierigkeiten, Auswege, GRUR **75,** 171 mit Stellungnahme Wittmann GRUR **75,** 591; Beier/Straus, Das Patentwesen und seine Informationsfunktion – gestern und heute, GRUR **77,** 282; Häußer, Recherchen zum Stand der Technik außerhalb des Patenterteilungsverfahrens: Auswirkungen der geänderten Fassung des § 23 PatG, GRUR **76,** 391; ders., Die Dokumentation des Deutschen Patentamts – ein unentdeckter Innovationsschatz, Mitt. **80,** 21; ders., Informationszentrum Patente, Stand der Planungen und Zielvorstellungen, GRUR **81,** 231; Straus, Vorhandene Informationsmöglichkeiten in der Patentliteratur, GRUR **81,** 217; Fischer, Patentdokumentation und -information, Möglichkeiten und Bedürfnisse, GRUR **81,** 217; Beier, Patentinformation – Praxis und Bedürfnisse in der Mittel- und Kleinindustrie, GRUR **81,** 225; Wittmann/Schikarski, Freitextrecherche und Sprachenbarriere: Brauchen wir eine Patentdatenbank in deutscher Sprache? Mitt. **84,** 221; Häußer, Schutzrechte und technische Information als Überlebensstrategie für das einzelne Unternehmen und die Volkswirtschaft, Mitt. **84,** 121; Knoll, Geschichtliche Daten der Patentdokumentation, Mitt. **87,** 108; Krause/Womser-Hacker, Das deutsche Patentinformationssystem, 1990; v. Kempski, Zum Aufbau eines Patentinformationssystems im Deutschen Patentamt, GRUR Int. **92,** 1. Vgl. auch den Jahresbericht des DPA für 1992 mit den Abschnitten „Klassifikation und Dokumentation; Datenverarbeitung als Hintergrunddienst im DPA; Elektronische Informationssysteme", S. 50 bis 64. Hammer, Thomas/Rothe, Hubert, Das DPMA und die Zukunft der Patentinformation, GRUR **99,** 788. Vgl. ferner auch die Spezialzeitschrift World Patent Information, die gemeinsam von der Weltorganisation für geistiges Eigentum und den Europäischen Gemeinschaften herausgegeben wird. 6

Das Patentamt hat für die amtliche Prüfung der Patentanmeldungen eine umfangreiche Dokumentation aufgebaut, die ständig ergänzt und erweitert wird, vgl. z. B. die Hinweise auf den Umfang der Dokumentation und die Entwicklung von DEPATIS in DPMA Jahresbericht 2001, 57. Um diese Dokumentation der Öffentlichkeit nutzbar zu machen, eröffnete § 29 Abs. 3, der durch das IntPatÜG eingefügt wurde, die Möglichkeit, dass das Patentamt anhand seiner Unterlagen Auskünfte zum Stand der Technik erteilt. Während eine Recherche nach § 43 nur im Rahmen eines anhängigen Verfahrens und nur zum Zwecke der Beurteilung einer anhängigen Patentanmeldung beantragt und erteilt werden kann, sollte eine gebührenpflichtige Auskunft nach § 29 Abs. 3 zu jedem beliebigen Zweck außerhalb eines anhängigen Verfahrens erbeten werden können. Die Ermächtigung zum Erlass der erforderlichen Rechtsverordnung wurde durch VO vom 25. 1. 1979 (BGBl. I S. 114) auf den Präsidenten des Patentamts übertragen. Dieser erließ die VO über die Erteilung von Auskünften zum Stand der Technik vom 25. 2. 1982, BGBl. I 313, Bl. **82,** 117, welche die erforderliche Regelung enthielt. 6a

7. Einstellung der Auskünfte zum Stand der Technik. Diese Verordnung v. 25. 2. 1982, die zuletzt durch Verordnung v 16. 11. 1992, BGBl I 1930 = BlPMZ 93, 51 geändert wurde, wurde mit Verordnung v 27. 11. 2001, BGBl I 3243 = BlPMZ 02, 95 mit Wirkung vom 1. 1. 2002 aufgehoben. Seit dem 1. 1. 2002 nimmt daher das Patentamt keine Anträge auf Erteilung von Auskünften zum Stand der Technik mehr entgegen. Die Maßnahme erfolgte im Interesse des Abbaus von Bearbeitungsrückständen auch im Bereich der Patentprüfung mit dem Ziel, die Auskünfte zum Stand der Technik auf die Patentinformationszentren zu verlagern, Jahresbericht DPMA für 2002, 76. Nach 5 Jahren soll überprüft werden, ob sich diese Aufgabenverlagerung bewährt. Die Anträge auf Auskünfte zum Stand der Technik waren allerdings ohnehin rückläufig (für 2000: 508 = – 22,8% gegenüber 1999, DPMA Jahresbericht 2000, 11). Die im Regierungsentwurf des KostRegBerG (BT-Drs. 14/6203, S 8, 51) vorgesehene Übernahme der Gebühr für die Anträge in das PatKostG (als KostVerz 313 100) und die Erhöhung der Gebühr auf 500 EUR wurde deshalb nicht mehr verwirklicht und bereits im Bericht des Rechtsausschusses des Bundestages (BT-Drs. 14/7140, S. 11) fallengelassen. 7

30 *Patentregister.* (1) [1]**Das Patentamt führt ein Register, das die Bezeichnung der Patentanmeldungen, in deren Akten jedermann Einsicht gewährt wird, und der erteilten Patente und ergänzender Schutzzertifikate (§ 16a) sowie Namen und Wohnort der Anmelder oder Patentinhaber und ihrer etwa bestellten Vertreter oder Zustellungsbevollmächtigten (§ 25) angibt.** [2]**Auch sind darin Anfang, Teilung, Ablauf, Erlöschen, Anordnung der Beschränkung, Widerruf, Erklärung der Nichtigkeit der Patente und ergänzender Schutzzertifikate (§ 16a) sowie die Erhebung eines Einspruchs und einer Nichtigkeitsklage zu vermerken.**

(2) **Der Präsident des Patentamts kann bestimmen, daß weitere Angaben in das Register eingetragen werden.**

(3) [1]**Das Patentamt vermerkt im Register eine Änderung in der Person, im Namen oder im Wohnort des Anmelders oder Patentinhabers und seines Vertreters sowie Zustellungsbevollmächtigten, wenn sie ihm nachgewiesen wird.** [2]**Solange die Änderung nicht eingetragen ist, bleibt der frühere Anmelder, Patentinhaber, Vertreter oder Zustellungsbevollmächtigte nach Maßgabe dieses Gesetzes berechtigt und verpflichtet.**

(4) **Das Patentamt trägt auf Antrag des Patentinhabers oder des Lizenznehmers die Erteilung einer ausschließlichen Lizenz in das Register ein, wenn ihm die Zustimmung des anderen Teils nachgewiesen wird. Der Antrag nach Satz 1 ist unzulässig, solange eine Lizenzbereitschaft (§ 23 Abs. 1) erklärt ist. Die Eintragung wird auf Antrag des Patentinhabers oder des Lizenznehmers gelöscht. Der Löschungsantrag des Patentinhabers bedarf des Nachweises der Zustimmung des bei der Eintragung benannten Lizenznehmers oder seines Rechtsnachfolgers.**

(5) **(weggefallen)**

Inhaltsübersicht

Literatur: Pietzcker, Zur rechtlichen Bedeutung der patentamtlichen Rollen für die gewerblichen Schutzrechte, GRUR **73,** 561; Repenn, Die Umschreibung von Schutzrechten, 1983; ders., Umschreibung von Schutzrechten, Mitt. **84,** 9; 89, 142; Rogge, Die Legitimation des scheinbaren Patentinhabers nach § 30 Abs. 3 Satz 3 PatG, GRUR **85,** 734; Repenn, Die Umschreibung gewerblicher Schutzrecht, 1994; Rauch, GRUR 2001, 588; Kraßer (2005), § 23 V a.

1 **Vorbemerkung zur Textgeschichte:** Die geltende Fassung von Abs. 1 beruht auf Art. 7 Nr. 13 KostRegBerG. Dabei wurde die bisherige Bezeichnung „Rolle", in Anpassung an das MarkenG und das EPÜ, durch „Register" ersetzt und die Eintragung des Zustellungsbevollmächtigten in das Register vorgesehen. Absatz 2 geht auf Art 2 Nr. 7 Buchst. b) des 2. PatGÄndG zurück. Durch den neu gefassten Abs. 2 trat an die Stelle der früheren Rechtsverordnungsermächtigung die allgemeine Ermächtigung des Präsidenten des DPMA, Bestimmungen über weitere Eintragungen im Register festzulegen. Dementsprechend wurde die Verordnung über die Patentrolle v 16. 6. 1981, BGBl 81 I 593, aufgehoben (Art. 27 Nr. 1 des 2. PatGÄndG).

1a Das KostRegBerG hat in diesem Absatz dann nur noch die Bezeichnung „Rolle" durch „Register" ersetzt. Dieses Gesetz (Art 7 Nr. 13) hat auch § 30 Abs. 3 PatG zuletzt neu gefasst. Ziel war dabei, im Hinblick auf die die Kodifizierung des Kostenrechts im PatKostG und den Wegfall von § 30 Abs. 3 Satz 2 a.F., nunmehr alle Umschreibungen gebührenfrei zu stellen. Damit soll das Register möglichst immer den zutreffenden Rechtsstand wiedergeben. Die beiden durch das 2. PatÄndG neu angefügten Absätze 4 und 5 bezogen sich auf die Eintragung einer ausschließlichen Lizenz in die Patentrolle und die dabei zu zahlenden Gebühren. Die entsprechenden Vorschriften waren zuvor in § 34 a. F. enthalten. Die ebenfalls kostenrechtliche Regelung in § 30 Abs. 5, die erst durch das 2. PatÄndG eingefügt worden war, wurde ersatzlos aufgehoben.

1. Patentregister

a) Entwicklung. Das Patentregister (früher Patentrolle) ist ein öffentliches Register, das jedem zugänglich ist, die Einsicht steht nach § 31 Abs. 1 Satz 2 jedermann frei. Für Saarpatente bestand ein Sonderband der Patentrolle (vgl. dazu Präs. PA Bl. 59, 285), für Geheimpatente besteht ein besonderes, geheim zu haltendes Register (§ 54). Für vom Patentamt der DDR erteilte Patente wurde zunächst das Patentregister nach § 22 PatG-DDR vom DPA fortgeführt. Seit dem Inkrafttreten des Erstreckungsgesetzes werden die entsprechenden Daten in das Patentregister des DPA einbezogen; vgl. Jahresbericht des DPA für 1991, S. 52, und MittPräsPA Nr. 26/91, Bl. 91, 361. 1b

Bis zum Inkrafttreten des GPatG sah das Gesetz eine Rolle nur für die erteilten Patente vor. Das Patentamt führte jedoch bereits seit dem 1. 1. 1957 neben der Patentrolle ein Bekanntmachungsregister, das mit der Patentrolle dergestalt zu einem Bande vereinigt war, dass die linke Seite des Bandes das Bekanntmachungsregister und die rechte Seite die Patentrolle enthielt. (Bekanntm. Präs. PA Bl. 68, 4). Seit dem 1. 10. 1968 führte das Patentamt eine einheitliche Rolle für Anmeldungen und erteilte Patente in Karteiform. Die einzelnen Rollenkarten wurden schon bei Eingang der Anmeldung angelegt und laufend ergänzt; sie konnten von der Freigabe der Akteneinsicht (§ 31 Abs. 1 Satz 2 und Abs. 2) an eingesehen werden. 1c

Diese Handhabung erhielt durch die Neufassung der Vorschrift durch das GPatG eine gesetzliche Bestätigung. Die Bestimmungen über die Rolle galten von da an sowohl für erteilte Patente als auch für offengelegte Patentanmeldungen (§ 31 Abs. 2). In der neuen Fassung war § 30 nach Art. 12 Abs. 1 GPatG nicht auf die vor dem 1. 1. 1981 eingereichten Patentanmeldungen und die darauf erteilten Patente anzuwenden; insoweit verblieb es bei den bis dahin geltenden Vorschriften. Im Zuge der Umstellung auf elektronische Datenverarbeitung eröffnete das Patentamt – ab April 1984 – auch den direkten Zugang zu den EDV-mäßig erfassten Rollendaten, MittPräsPA Bl. **84,** 185. Ab Juli 1985 wurden zu allen Aktenzeichen, in denen Prüfungsantrag gestellt worden war, die im Prüfungsverfahren ermittelten Entgegenhaltungen angezeigt, MittPräsPA, Bl. **86,** 49. Auf weitere Abfragemöglichkeiten (Recherchen) in der EDV-unterstützten Patentrolle wies die MittPräsPA Nr. 7/92, Bl. **92,** 201, hin. 1d

b) Online-Datenbank. Seit dem Jahr 2000 wird das Patentregister nur noch als Online-Datenbank geführt. Sie wird der Öffentlichkeit unter einer Abfrageoberfläche als Schutzrechtsauskunftssystem DPINFO extern über das Internet (und für eine Übergangszeit auch noch über DATEX-P) sowie intern in den Auslegehallen in München und Berlin angeboten. Die DPINFO-Datenbanken sind nicht für die Durchführung von Stand-der-Technik- oder Neuheitsrecherchen bzw. für Markenähnlichkeitsrecherchen vorgesehen. Innerhalb von DPINFO wird das Patentregister zusammen mit dem Gebrauchsmusterregister als Teildatenbank geführt: Diese Datenbank enthält auch die Daten zu den Verfahren zu Ergänzenden Schutzzertifikaten für Arznei- und Pflanzenschutzmittel. Für das Patentregister des Patentamts der ehemaligen DDR besteht eine weitere Teildatenbank. Der Zugang zu den Datenbanken ist kostenfrei; das DPMA verlangt beim erstmaligen Zugang eine Identifikation und Registrierung der Person, die den Zugang nachsucht. Dabei ist eine Kennung und ein Passwort anzugeben. Mitteilung Nr. 1/2001 des Präsidenten DPMA über den Wegfall der Gebührenpflicht für die externe elektronische Rollenauskunft (Siebte Verordnung zur Änderung der Verwaltungskostenverordnung vom 19. Dezember 2000) v. 8. 1. 2001. Mit der Siebten Verordnung zur Änderung der Verordnung über Verwaltungskosten beim Deutschen Patent- und Markenamt vom 19. Dezember 2000 (BGBl. I 2055) wurde der Gebührentatbestand für Auskünfte aus der Patent- und Gebrauchsmusterrolle, dem Patentregister der ehemaligen DDR, dem Marken- und dem Musterregister über das elektronische Schutzrechtsauskunftssystem DPINFO (Nummer 101 500 des Kostenverzeichnisses) mit Wirkung zum 1. 1. 2001 gestrichen. Die Abfragen in DPINFO über das Internet und über DATEX-P sind ab diesem Tag kostenlos möglich. Für den Zugang zu DPINFO wird weiterhin eine Nutzerkennung und ein Passwort benötigt, die beim Deutsches Patent- und Markenamt elektronisch über die DPINFO-Website (URL: http://www.dpma.de/suche/dpinfo.html) oder schriftlich beantragt werden können. Für die Nutzer steht auch ein Handbuch zur Verfügung (derzeit Stand 2001), das die Abfragekriterien und die Suchergebnisse näher beschreibt. 1e

Im Patentregister werden – unter besonders gebildeten Registernummern (Aktenzeichen) – auch die vom EPA erteilten europäischen Patente, in denen die Bundesrepublik Deutschland benannt worden ist, vermerkt. Die Rechtsgrundlage für das beim EPA geführte Register für 1f europäische Patentanmeldungen und Patente findet sich in Art. 127 EPÜ; vgl. dazu Benkard/Karamanli, EPÜ (2002), Erl. zu Art. 127.

2 **2. Eintragungen von Amts wegen.** Das Register soll Aufschluss über die Patentanmeldungen vom Zeitpunkt ihrer Offenlegung (§ 31 Abs. 2) an, über die erteilten Patente und die rechtlichen Verhältnisse der Anmeldungen und Patente und über ergänzende Schutzzertifikate nach § 16a geben. Deshalb werden bestimmte Umstände von Amts wegen in das Register eingetragen. Ein Antragsrecht steht insoweit nur demjenigen zu, der durch die Eintragung in seinen Rechten berührt wird, vgl. BPatGE **17,** 14, 15f. Der Antrag eines Dritten, ein Patent im Register zu löschen, ist unzulässig, BPatGE **17,** 14. Ein solcher „Antrag" ist als Anregung für eine von Amts wegen vorzunehmende Prüfung zu behandeln, BPatGE **17,** 14, 17f. Für andere als die von Amts wegen einzutragenden Tatsachen überlässt es das Gesetz den Beteiligten oder Betroffenen, die Eintragung herbeizuführen.

3 **a) Einzutragende Tatsachen.** Nach § 30 Abs. 1 Satz 1 sind bei jeder unter einer besonderen Nummer eingetragenen Patentanmeldung und bei jedem Patent sowie jedem Schutzzertifikat i. S. v. §§ 16a, 49a anzugeben: die Bezeichnung des Gegenstands der Anmeldung oder des Patents (eine kurze und genaue Bezeichnung der Erfindung, § 34 Abs. 3 Nr. 2), Name und Wohnort des Anmelders oder Patentinhabers und der etwaige Inlandsvertreter oder Zustellungsbevollmächtigte nach § 25. Ein Handelsunternehmen ist mit der eingetragenen Firmenbezeichnung zu bezeichnen; eine Ergänzung durch einen auf die Gesellschaftsform hinweisenden Zusatz ist nicht zulässig, BPatGer. Mitt. **78,** 166. Bei einem ausländischen Patentinhaber mit Niederlassung im Inland ist neben der ausländischen Firma auch die inländische Niederlassung einzutragen, BPatGE **1,** 60. Neben der Bezeichnung der Erfindung wird auch die internationale Patentklasse (Haupt- und Nebenklassen) vermerkt, vgl. Präs. PA Bl. **66,** 33, seit Januar 1986 wurde auch die sog. Doppelstrichklassifikation für zusätzliche inhaltserschließende Informationen angewandt, MittPräsPA Bl. **85,** 349. Mit Inkrafttreten der 7. Fassung der Internationalen Patentklassifikation am 1. 1. 2000 stellte das DPMA inneramtlich die Klassifikation der Patent- und Gebrauchsmusteranmeldungen von IPC6 auf IPC7 um, so dass ab diesem Zeitpunkt in den Veröffentlichungen des DPMA nur noch die IPC7 angegeben wurde, Mitt/PräsDPMA Nr. 20/99 v. 27. 9. 1999. Als Patentinhaber wird der Inhaber des Patents im Zeitpunkt der Rechtskraft des Erteilungsbeschlusses eingetragen, vgl. PA MuW **14,** 273. Wegen der Eintragung der europäischen, mit Wirkung für die Bundesrepublik Deutschland erteilten Patente vgl. oben Rdn. 1.

4 Nach § 30 Abs. 1 Satz 2 sind im Register zu vermerken der Anfang der Schutzdauer (§ 16 Abs. 1 Satz 1), die Teilung von Anmeldung oder Patent (§ 39, § 60), der Ablauf, das Erlöschen (§ 20 Abs. 1) des Patents, die Anordnung der Beschränkung (§ 64), der Widerruf (§§ 61, 21) und die Nichtigerklärung (§§ 81, 22) des Patents bzw. des ergänzenden Schutzzertifikats sowie die Erhebung eines Einspruchs und einer Nichtigkeitsklage. Zum Anfang des Patents wird auch eine etwa in Anspruch genommene Priorität gerechnet und demzufolge im Register vermerkt, Präs. PA Bl. **24,** 28. Als Sonderfall der Teilung wird auch die Ausscheidung eines Teils der Anmeldung wegen Uneinheitlichkeit im Register vermerkt, jedoch ohne besondere Kennzeichnung.

5 Nach § 30 Abs. 2 sind in das Register ferner einzutragen die Angaben über den Verfahrensstand der Patentanmeldungen, deren Eintragung durch den Präsidenten des DPMA bestimmt worden ist. Die entsprechenden ergänzenden Vorschriften waren früher in der VO über die Patentrolle vom 16. 6. 1981, BGBl. I 593, Bl. **81,** 261, enthalten. Nach deren Aufhebung durch Art. 27 Nr. 1 des 2. PatÄndG ist die Bestimmung der Kategorien von Verfahrensständen, die in das Register eingetragen werden, dem Ermessen des PräsDPMA überlassen Da von den zusätzlichen Eintragungen über den Verfahrensstand in das Register keine rechtlichen Wirkungen ausgehen, bedurfte es zur Festlegung der zusätzlichen Informationen nicht der Regelung durch eine Rechtsverordnung. Die Aufhebung der bisher in der Vorschrift enthaltenen Verordnungsermächtigung hatte auch zur Folge, dass die Verordnung über die Patentrolle vom 16. Juni 1981 (BGBl. I S. 593), in der die zusätzlichen Angaben geregelt waren, aufgehoben werden konnte (vgl. Artikel 25 Nummer 1 2. PatGÄndG). Es steht in seinem pflichtgemäßen Ermessen, für welche Angaben der PräsDPMA ein Bedürfnis anerkennt oder welche er für zweckmäßig hält, BT-Drs. 13/9971 = Bl **98,** 393, 401. Sie ermöglichen eine umfassende Unterrichtung über den Verfahrensstand von Anmeldungen und erteilten Patenten. Vermerkt werden danach insbesondere die Offenlegung, Teilung, Stellung eines Recherche- und eines Prüfungsantrags, Mitteilungen der ermittelten Druckschriften, Zurückweisung der Anmeldung, Einlegung einer Beschwerde gegen den Zurückweisungsbeschluss, Zurücknahme der Patentanmeldung, Aussetzung des Verfahrens, Erteilung des Patents und Ablauf der Einspruchsfrist,

Entscheidungen im Einspruchsverfahren, Nichtigkeits- und Beschränkungsverfahren, Verfahren über die Wiedereinsetzung in den vorigen Stand. Es liegt im Übrigen auf der Hand, dass auch Anordnungen der Bundesregierung oder einer zuständigen obersten Bundesbehörde nach § 13 sowie die Erteilung von Zwangslizenzen im Verfahren nach § 85 oder ggf. in einem kartellamtlichen oder einem auf das GWB gestützten zivilrechtlichen Verfahren im Register nachgewiesen sein sollten.

Nach anderen Vorschriften des Gesetzes sind weiter in das Register einzutragen die Erklärung der Lizenzbereitschaft (§ 23 Abs. 1 Satz 3), die Erstattung von Auslagen (§ 18 Abs. 2 Satz 3), der Erfinder (§ 63), sofern er nicht beantragt hat, nicht genannt zu werden, mit Angaben des Namens und Wohnorts – ohne Straße (Präs. PA Bl. **66,** 1). Zu vermerken im Register sind ferner Hinweise auf die Veröffentlichung der deutschen Übersetzung der nicht in deutscher Sprache veröffentlichten Patente mit Ursprung in der DDR, § 8 Abs. 2 Erstreckungsgesetz, sowie der europäischen Patentschriften, Art. II § 3 Abs. 3 IntPatÜG. Einzutragen sind ferner Hinweise auf die Anmeldung ergänzender Schutzzertifikate, die Erteilung oder Zurückweisung solcher Anmeldungen und das Erlöschen oder die Nichtigkeit von ergänzenden Schutzzertifikate nach Maßgabe der entsprechenden Vorschriften in den Verordnungen (EG) Nr. 1768/92 und Nr. 1690/96, die die „Bekanntmachung" der genannten Rechtsvorgänge vorschreiben. Sie erfolgt im Patentblatt und im Patentregister. 6

Mit der Neufassung von § 30 Abs. 2 sind die früheren Vorbehalte gegen die Eintragung weiterer Tatsachen oder Rechtsvorgänge als in Rechtsvorschriften ausdrücklich genannten gegenstandslos geworden. Nach der früheren Auslegung der Rechtslage durften insbesondere keine Vormerkungen und Widersprüche (PA MuW **29,** 615), Arrestpfandrechte (PA Bl. **17,** 100) überhaupt keinerlei Bedingung (PA (Gr. Sen.) Bl. **31,** 24) und ebenso wenig eine einfache Lizenz (PA Bl. **06,** 166; RGZ **67,** 181; **89,** 83) eingetragen werden. §§ 29 und 30 DPMAV enthalten jetzt außerdem ausdrückliche Vorschriften über die Eintragung von dinglichen Rechten und von Maßnahmen der Zwangsvollstreckung und Hinweisen auf Insolvenzverfahren. Den jeweiligen Anträgen sind die erforderlichen Nachweise beizufügen. Entsprechendes gilt beim Übergang der Rechtsinhaberschaft. 7

b) Rechtliche Bedeutung der Eintragung. Die Eintragungen im Register haben lediglich rechtsbekundende (verlautbarende), keine rechtsbegründende Wirkung, BPatGE **17,** 14, 15f. Anders z.B. nach österreichischem Recht, das die Wirksamkeit der Rechte aus dem Patent von der Eintragung im Register abhängig macht, OGH (Ö) GRURInt **92,** 131. Das Patent entsteht unabhängig von der Eintragung im Register auf Grund des Erteilungsbeschlusses (§ 49), RG Mitt. **31,** 17. Es ist aber zu beachten, dass die gesetzlichen Wirkungen des Patents erst mit der Veröffentlichung im Patentblatt eintreten, § 58 Abs. 1 Satz 2. Wegen der unterschiedlichen Wirkungen der Eintragungen im Register bei sog. „Registerrechten" vgl. Rauch, GRUR **01,** 588, 589f. Die Registereintragungen lassen den materiellen Bestand der Anmeldung oder des Patents unberührt, BPatGE **17,** 14, 16. Rechte an der Anmeldung oder dem Patent entstehen unabhängig von der Eintragung durch die rechtsgeschäftliche Begründung, etwa durch die Übertragung des Patents auf einen Dritten, RGZ **151,** 129, 135; **126,** 284; RG MuW **40,** 76. 8

Die Eintragung lässt das **wirkliche Recht** unberührt und dient nur Ausweiszwecken, RG Mitt. **31,** 17; **38,** 335; PA Gr. Sen. Bl. **31,** 22; BGHZ **6,** 172, 177 – Wäschepresse. Sie legitimiert den eingetragenen Anmelder oder Patentinhaber als den Berechtigten (vgl. unten Rdn. 17) und zwar auch für den Verletzungsprozess einschließlich der negativen Feststellungsklage (vgl. Rogge, GRUR **85,** 734, 736). Die Nichtigkeitsklage kann nur gegen ihn gerichtet werden (§ 81 Abs. 1 Satz 2; vgl. auch BGH GRUR **66,** 107; kritisch dazu Pietzcker GRUR **73,** 561). Auf ein anhängiges Nichtigkeitsverfahren hat die Umschreibung des Patents keinen Einfluss, § 265 Abs. 2 ZPO ist entsprechend anzuwenden, BGH GRUR **92,** 430 – Tauchcomputer, vgl. unten Rdn. 17. Der Rechtsnachfolger eines Patentinhabers oder Patentanmelders ist erst mit dem Vollzug der Umschreibung im Register am Verfahren beteiligt und beschwerdeberechtigt, BPatGE **25,** 216, 217; vgl. dazu die berechtigte Kritik von Rauch, GRUR **01,** 588 insbesondere für den Fall der Beschwerdeberechtigung, falls der Rechtsnachfolger des eingetragenen Patentinhabers im Zeitpunkt der Einlegung der Beschwerde und jedenfalls vor Erlass der Beschwerdeentscheidung einen begründeten Umschreibungsantrag gestellt hat. Der Erbe eines verstorbenen Patentinhabers ist auch ohne vorherige Eintragung im Register berechtigt, die Wiedereinsetzung in den vorigen Stand in die von seinem Rechtsvorgänger versäumte Frist zur Entrichtung einer Patentjahresgebühr zu beantragen, BPatGE **29,** 244, 245. 8a

Wesentlich ist die Wirkung des Registers für die Öffentlichkeit: sie gibt die Anmeldung, das Patent und deren Rechtsverhältnisse bekannt, begründet also die Publizität, vgl. Benkard, Die 8b

Publizität des Patentrechts im deutschen Recht, Beitr. zum Handels- u. Wirtschaftsrecht, herausgeg. v. Ernst Wolff, S. 79 ff. (Sonderveröffentl. d. Ztschr. f. Ausl. u. Internationales Privatrecht, hier S. 91 ff.). Materielle Rechtswirkungen hat die Registereintragung dagegen in der Regel nicht, vgl. Kraßer § 23 V a 3, S. 474 ff. Die Klage auf Nichtigerklärung eines europäischen Patents ist gegen den im deutschen Register als Patentinhaber Eingetragenen zu richten. Eine während der Einspruchsfrist nur im europäischen Patentregister erfolgte Umschreibung des europäischen Patents ist hierfür unbeachtlich, BPatGE **32,** 204.

9 **3. Eintragungen auf Antrag.** Bestimmte Eintragungen werden nur auf Antrag vorgenommen. Es bleibt den Beteiligten oder Betroffenen überlassen, sich selbst um die Eintragung zu bemühen. Die Antragstellung wird auch nicht wie bei anderen öffentlichen Registern durch Zwangsgeld erzwungen (vgl. etwa § 132 FGG). Wird die Eintragung nicht herbeigeführt, so hat das jedoch für den Betroffenen nachteilige Folgen. Zur Antragstellung berechtigt ist in diesen Fällen derjenige, dem das Gesetz ein Antragsrecht einräumt oder der durch die Eintragung in seinen Rechten berührt wird, BPatGE **17,** 14, 15 f.

10 **a) Ausschließliche Lizenz.** Die ausschließliche Lizenz wird nach § 30 Abs. 4 Satz 1 auf Antrag eingetragen. Der ausschließliche Lizenznehmer kann sich durch die Eintragung dagegen schützen, dass der Patentinhaber sein Recht durch Erklärung der Lizenzbereitschaft vereitelt.

11 **b) Inhaberwechsel.** Eine Änderung in der Person des Anmelders oder Patentinhabers wird nach § 30 Abs. 3 nur vermerkt, wenn sie dem Patentamt nachgewiesen wird. Die Eintragung erfolgt nur auf Antrag. Das ergab sich für die bisherige Fassung von Absatz 3 aus dem gestrichenen Satz 2, folgt aber auch nach wie vor aus dem Nachweiserfordernis. und aus der Ausführungsvorschrift in § 28 Abs. 1 DPMAV. Der entsprechende Antrag soll danach unter Verwendung des vom DPMA herausgegebenen Formblatts gestellt werden; zwingend ist das also nicht vorgeschrieben. „Antrag" ist jedes erkennbare Verlangen auf Vornahme einer Eintragung, PA Bl. **37,** 28. Die ordentlichen Gerichte können eine Eintragung nicht anordnen, PA MuW **29,** 615. – Vgl. ergänzend dazu die MittPräsPA Nr. 3/91, Bl. **91,** 11, über die Umschreibung von Anmeldungen/Schutzrechten, die für Anmelder/Inhaber mit Wohnsitz oder Sitz im Gebiet der früheren DDR eingetragen sind (Erleichterung der Nachweise), sowie die MittPräsPA Nr. 22/91, Bl. **91,** 321, über die Umschreibung von Patenten im Zeitraum zwischen Erlass des Erteilungsbeschlusses und Ausgabe der Patentschrift.

12 **aa) Änderung.** Eintragbar ist nur die Änderung in der Person des Anmelders oder Patentinhabers, also der wirkliche Wechsel des Rechtsinhabers. Auf Grund einer bloßen Legitimationszession, die keine Änderung der materiellen Inhaberschaft bewirkt, könnte daher eine Umschreibung nicht erfolgen. Eine Umschreibung des Patents zu Vollrecht auf begrenzte Zeit ist unstatthaft, PA MuW **29,** 615, jedoch Eintragung eines Treuhänders zulässig, PA (Gr. Sen.) Bl. **31,** 22. Beim Verzicht eines Patentinhabers auf seine Patentrechte „zugunsten des anderen Inhabers" liegt, wenn die Erklärung vom letzteren angenommen wird, eine Änderung im Sinne des § 30 Abs. 3 vor, PA Bl. **54,** 262. Rechtsübergang ist auch die Versteigerung eines Patents; der Ersteher ist in der Rolle einzutragen, PA Mitt. **33,** 30. Die Versteigerung eines deutschen Patents vor einer ausländischen Behörde führt dagegen nicht zur Umschreibung, weil nur die deutsche Staatsgewalt Vollstreckungshandlungen in das deutsche Patent vornehmen kann, PA Bl. **11,** 215.

12 a Als Rechtsänderung gilt auch die Umwandlung einer juristischen Person in eine Gesellschaft mit persönlicher Haftung der Inhaber (AG, GmbH in oHG oder KG), PA Bl. **37,** 113, BPatG Bl. **92,** 19, nicht aber die einer AG in eine GmbH. Eine Änderung des Inhabers liegt auch nicht vor, wenn eine GmbH mit der AG, die bisher als Rechtsinhaberin in der Rolle eingetragen war, gemäß § 249 AktG a. F. verschmolzen wurde, auch wenn gleichzeitig mit der Verschmelzung die bisherige Firmenbezeichnung der AG geändert wurde, BPatGE **7,** 91. Eine aufgelöste GmbH bleibt bis zur Beendigung ihrer Abwicklung parteifähig und prozessführungsbefugt, und zwar bis zur Umschreibung im Register unter ihrer bisherigen Firma. Der im Register eingetragene Vertreter bleibt legitimiert. Neue Vollmachten können sowohl der bisherige Vertreter wie die Organe der Abwicklungsgesellschaft bestellen, BPatGE **31,** 146, 147. Wechselt der Schutzrechtsinhaber infolge einer gesellschaftsrechtlichen Gesamtrechtsnachfolge, so bedarf es keiner Eintragung im Register zur Erlangung der Legitimation des Rechtsnachfolgers, BPatG Bl. **92,** 19 (Gbm/Löschungsantrag).

bb) Nachweis

13 **Literatur:** Benkard, Eintragung von Änderungen in der Patentrolle, MuW **36,** 37; Zschucke, Die Unterschriftsbeglaubigung und Vertretungsbescheinigung im Inland und Ausland, GRUR

53, 71; Schlüter, Das Selbstkontrahieren (Insichgeschäft nach § 181 BGB) bei der Umschreibung von Schutzrechten, GRUR **53,** 470. Richtlinien für die Umschreibung von Schutzrechten und Schutzrechtsanmeldungen enthielt zuletzt die MittPräsDPA Nr. 22/96, Bl. **96,** 426; sie sind laut MittPräsDPMA Nr. 4/2002 v. 22. 11. 2001 mit Wirkung vom 1. 1. 2002 an die geltenden Gebührensätze angepasst, die bis dahin geltenden Richtlinien aufgehoben worden. Mit Ausnahmen im Markenbereich fallen für die Umschreibung ab 1. 1. 2002 keine Gebühren mehr an.

Der Wortlaut der Vorschrift lässt an sich jede Art des Nachweises zu. Der Ausgestaltung des **13 a** patentamtlichen Verfahrens entspricht es jedoch nicht, den Nachweis durch alle im ordentlichen Rechtsstreit zulässigen Beweismittel, etwa durch Zeugen, zuzulassen, vgl. BGH GRUR **69,** 43, 45 (Wz.). Nähere Einzelheiten für den Nachweis eines Rechtsübergangs sind jetzt in § 28 Abs. 2 und 3 DPMAV geregelt. Das Patentamt verlangt daher grundsätzlich den **Nachweis durch Urkunden.** Die urkundlichen Nachweise sind nach den materiellrechtlichen Vorschriften zu führen, so bei der Erbfolge durch Erbschein (oder durch beglaubigte Testamentsabschrift mit einer Ausfertigung des Eröffnungsprotokolls wegen), bei handels- und gesellschaftsrechtlichen Änderungen durch Auszüge aus dem Handelsregister oder den sonstigen Spezialregistern.

Bei rechtsgeschäftlichen Übertragungen ist in der Regel ein Umschreibungsantrag des **13 b** Rechtsnachfolgers, dem die Umschreibungsbewilligung des eingetragenen Schutzrechtsinhabers (Anmelders oder Patentinhabers) beigefügt ist, erforderlich und ausreichend, § 28 Abs. 3 Satz 2 Buchst. a DPMAV. Es werden aber sonstige Unterlagen akzeptiert, aus denen sich die rechtsgeschäftliche Übertragung ergibt: so z. B. ein vom eingetragenen Schutzrechtsinhaber und dem Rechtsnachfolger unterzeichneter Vertrag, § 28 Abs. 3 Satz 2 Buchst. b DPMAV. Das DPMA stellt für die Erklärungen und Transaktionen auch Formblätter zur Verfügung, § 28 Abs. 4 DPMA. Sofern in den Umschreibungsrichtlinien nicht ausdrücklich erwähnt, genügt grundsätzlich die Einreichung von unbeglaubigten Kopien. Das DPMA behält sich aber vor, wenn sich im Einzelfall begründete Zweifel an der Echtheit einer Urkunde oder der Beweiskraft einer Kopie, weitere Nachweise einschließlich beglaubigter Abschriften anzufordern, § 28 Abs. 6 DPMAV.

Bei bestimmten **fremdsprachigen Urkunden** in englischer, französischer, italienischer oder **13 c** spanischer Sprache, die zu Nachweiszwecken eingereicht werden, kann das Patentamt eine **Übersetzung der Urkunde** oder von Auszügen aus der Urkunde verlangen; es kann ferner im Einzelfall verlangen, dass die Übersetzung von einem Rechts- oder Patenanwalt beglaubigt oder von einem öffentlich bestellten Übersetzer angefertigt wird. Bei Urkunden in anderen Sprachen ist eine solche qualifizierte Übersetzung stets erforderlich. Bei einem auf ein zivilrechtliches Urteil oder einen Vergleich gestützten Umschreibungsantrag: eine vollstreckbare Ausfertigung des rechts- bzw. bestandskräftigen Titels; bei einer Übertragung im Konkursverfahren die Umschreibungsbewilligung des Konkursverwalters; dieser hat seine Verfügungsbefugnis durch Vorlage seiner Bestallungsurkunde in Ausfertigung oder beglaubigter Kopie nachzuweisen; bei einer Verschmelzung nach dem Umwandlungsgesetz: durch einen Auszug aus dem Register des Sitzes des übernehmenden bzw. neuen Rechtsträgers; bei einer Spaltung gem. §§ 123 bis 173 Umwandlungsgesetz: durch Auszug aus dem Register des Sitzes des übernehmenden Rechtsträgers und Unterlagen, aus denen sich der Rechtsübergang auf den jeweiligen übernehmenden Rechtsträger ergibt; bei einer Vermögensübertragung nach §§ 174 bis 189 Umwandlungsgesetz: die gleichen Regeln wie bei der Spaltung finden Anwendung; bei Formwechsel: ein Auszug aus dem Register, in dem der formwechselnde Rechtsträger eingetragen ist bzw. aus dem für die neue Rechtsform maßgebenden Register; bei einer Firmenänderung: eine vom eingetragenen Inhaber oder seinem Vertreter unterzeichnete Anzeige der Firmenänderung; entsprechendes gilt für die Sitzverlegung, für Anschriftenänderungen, für Namensänderungen; bei Wechsel des Inlandsvertreters oder des Zustellungsbevollmächtigten nach § 25: die Niederlegung des Mandats des bisherigen Vertreters oder Zustellungsbevollmächtigten und die Anzeige der Bevollmächtigung eines neuen Inlandsvertreters oder Zustellungsbevollmächtigten.

Im Falle der Veräußerung eines Patents gehört die Umschreibungsbewilligung nicht zur **14** Vertragsleistung des Veräußerers; doch kann der Erwerber bei Verweigerung der Urkunde seine Leistung notfalls zurückhalten, RGZ **126,** 285.

Ob das Patentamt sich mit einer formal ordnungsmäßigen Umschreibungsurkunde begnügen **15** darf oder die Wirksamkeit des zugrunde liegenden Geschäfts, besonders einer Veräußerung, prüfen muss, ist der Vorschrift nicht mit Sicherheit zu entnehmen. Der Ausgestaltung des patentamtlichen Verfahrens entspricht es, den Rahmen der rechtlichen Nachprüfung nicht zu weit zu ziehen; Rechtsfragen sind zu prüfen, soweit das auf Grund der regelmäßig in öffentlich beglaubigter Form vorgelegten Bewilligungserklärung möglich ist; führt diese Prüfung zu

Zweifeln an der Rechtswirksamkeit der Umschreibungsbewilligung oder der Verfügungsbefugnis des Bewilligenden und lassen sich diese Zweifel nicht durch Beweismittel beheben, die für patentamtliche Verfahren tauglich erscheinen, dann muss das Patentamt die Umschreibung versagen; denn es darf diese nur vornehmen, wenn die Rechtsänderung nachgewiesen ist, BGH GRUR **69,** 43, 46 (Wz.). Zu der vorzunehmenden Prüfung gehört auch die Untersuchung, ob behördliche Genehmigungen (z.B. des Vormundschaftsgerichts) notwendig waren und erteilt sind, RGZ **151,** 129, 134, 136.

16 **cc) Gebühr.** Nach ersatzloser Aufhebung von § 30 Abs. 3 Satz 2 a.F. durch das KostRegBerG fällt für Umschreibungsanträge im Bereich des Patentrechts keine Gebühr mehr an.

17 **dd) Wirkung der Umschreibung.** Der Umschreibung im Register kommt keine rechtsübertragende Bedeutung zu; der Rechtsübergang hängt allein von der Wirksamkeit der der Umschreibung zugrunde liegenden Rechtsübertragung ab, BGH GRUR **69,** 43, 45 – Marpin; **71,** 573, 574 (Wz.). Die Umschreibung hat jedoch Bekanntmachungs- und Legitimationsfunktion; sie verschafft dem eingetragenen Erwerber die **Legitimation** gegenüber dem Patentamt und gegenüber den Gerichten, vgl. dazu BGHZ **6,** 172, 177 – Wäschepresse. Die Befugnis, Rechte aus dem Patent geltend zu machen, stützt sich auf die Eintragung in das Register, RGZ **151,** 129, 135 f. Das gilt vor allem für die gerichtliche Geltendmachung des Patentrechts, RGZ **67,** 176; **144,** 390. Zur **Klagebefugnis** bedarf es der Eintragung, zum Erwerb von Rechten am Patent nicht, RGZ **89,** 81 (vgl. oben Rdn. 8). Die sachliche Berechtigung kann von der formellen getrennt sein, RGZ **144,** 389 (vollständig GRUR **34,** 657, 663), dann kann der wahre Berechtigte gegen den Eingetragenen im Rechtsweg vorgehen, RG aaO; KG GRUR **40,** 32, 33 r. Der Strafantrag des Nichteingetragenen wird wirksam, wenn die Eintragung innerhalb der Antragsfrist nachgeholt wird, Bl. **11,** 29.

17 a Auf ein Prozessrechtsverhältnis hat die Änderung der Legitimation in Bezug auf eine streitbefangene Patentanmeldung oder ein streitbefangenes Patent nach Eintritt der Rechtshängigkeit keinen Einfluss, BGH GRUR **79,** 145 – Aufwärmvorrichtung. Das ergibt sich aus § 265 ZPO, der auf diesen Fall anzuwenden ist, BGH aaO S. 147 und GRUR **92,** 430 – Tauchcomputer, für das Nichtigkeitsverfahren, und BPatGE **32,** 204 = GRUR **92,** 435. Eine während der Einspruchsfrist nur im europäischen Patentregister erfolgte Umschreibung ist für die Klage auf Nichtigerklärung des Patents hinsichtlich der Legitimation des Beklagten unbeachtlich, BPatGer. a.a.O. Wegen der Auswirkungen des § 265 ZPO, Veräußerung der Streitsache, auf ein Verfahren zur Festsetzung der Kosten eines Gebrauchsmusterlöschungsverfahren vgl. BPatGE **20,** 130.

18 Solange der Inhaberwechsel nicht eingetragen ist, gilt der bisherige Anmelder oder Patentinhaber als der Berechtigte. Er hat die Befugnis zur Führung von Rechtsstreitigkeiten aus der Anmeldung oder aus dem erteilten Patent, er ist der richtige Beklagte im Patentindikationsprozess, er allein kann auf das Patent verzichten, die Anmeldung zurücknehmen und die Anmeldung oder das Patent betreffende Anträge beim Patentamt stellen, BGH GRUR **79,** 145, 146. Grundsätzlich kann nur er Wiedereinsetzung in die versäumte Frist zur Zahlung von Jahresgebühren beantragen, BPatGE **1,** 126; **3,** 140. Wegen eines entsprechenden Gesuchs des Erben eines verstorbenen Patentinhabers vgl. BPatGE **29,** 244, 245, oben Rdn. 8. Auch für die Entscheidung über den Wiedereinsetzungsantrag kommt es grundsätzlich allein auf die in seiner Person liegenden Hinderungsgründe an, BPatGE **3,** 140. Auch im Falle der widerrechtlichen Entnahme tritt der Verletzte erst mit Rechtskraft des die Übertragung anordnenden Urteils und mit der daraufhin erfolgenden Umschreibung im Register in die Stellung des ursprünglichen Anmelders ein und erlangt damit das Beschwerderecht sowie das Recht, Wiedereinsetzung gegen die Versäumung der Beschwerdefrist zu beantragen, BPatGE **9,** 196, 199. Als Inhaber des Patents einer erloschenen Firma gilt der letzte Firmeninhaber, RG JW **02,** 98.

19 **ee) Umschreibung von noch nicht offengelegten Patentanmeldungen.** Die Vorschrift betrifft nur die offengelegten Patentanmeldungen und die erteilten Patente, da nur diese in das Register nach § 30 Abs. 1 einzutragen sind. Die Bestimmungen in § 30 Abs. 3 Satz 1 und 2 sind jedoch auf noch nicht offengelegte Patentanmeldungen mit der Maßgabe entsprechend anzuwenden, dass an die Stelle der Eintragung im Register der entsprechende Vermerk in den Akten tritt.

20 **c) Inlandsvertreter, Zustellungsbevollmächtigter.** Auch der Wechsel des Inlandsvertreters oder Zustellungsbevollmächtigte wird nur auf Antrag im Register vermerkt; der Antrag ist wie alle Umschreibungsanträge gebührenfrei. Bis zur Eintragung der Änderung bleiben der frühere Vertreter oder Zustellungsbevollmächtigte nach Maßgabe des Gesetzes berechtigt und verpflichtet, § 30 Abs. 3 Satz 2, BPatGE **28,** 219, 220.

4. Berichtigung, Rückgängigmachung. Eintragungen, die von Amts wegen vorzunehmen sind, kann das Patentamt jederzeit berichtigen, wenn sich ihre Unrichtigkeit herausstellt, PA Mitt. **21,** 109. Eine Ausnahme besteht nach § 63 Abs. 2 für die Berichtigung oder Nachholung der Erfindernennung, die nur mit Zustimmung des Patentsuchers oder Patentinhabers und gegebenenfalls des zu Unrecht Benannten erfolgen kann; vgl. dazu § 63 Rdn. 8, 9. Das Patentamt kann ferner offensichtliche Unrichtigkeiten in analoger Anwendung von § 319 ZPO von Amts wegen berichtigen. Das gilt insbesondere auch für unrichtige Angaben über den Verfahrensstand oder über Entgegenhaltungen. 21

Eine auf Antrag vorgenommene Eintragung, insbesondere eine Umschreibung, kann nicht deshalb rückgängig gemacht werden, weil sich die Eintragung später als unrichtig erweist. Ohne Zustimmung des Betroffenen ist die Beseitigung der Eintragung nur zulässig, wenn die Voraussetzungen vorliegen, unter denen ein begünstigender Verwaltungsakt zurückgenommen werden kann, BGH GRUR **69,** 43, 44 (Wz.) – Marpin. Die Rückgängigmachung ist danach insbesondere möglich, wenn die Voraussetzungen vorliegen, unter denen sogar die Rechtskraft einer gerichtlichen Entscheidung im Wege der Wiederaufnahme beseitigt werden kann oder – auf Antrag des zu Unrecht nicht Gehörten – wenn das rechtliche Gehör nicht in ausreichender Weise gewährt wurde, BGH GRUR **69,** 43, 44. Wenn derartige besondere Umstände nicht vorliegen, ist derjenige, der die Unrichtigkeit einer auf Antrag erfolgten Eintragung geltend macht, auf den ordentlichen Rechtsweg zu verweisen. Die Einwilligung des als Patentinhaber Eingetragenen zur Rückgängigmachung der Eintragung bedarf, wenn sie nicht durch gerichtliches Urteil ausgesprochen wird, der Form der Umschreibungsbewilligung (vgl. oben Rdn. 9), PA Bl. **36,** 223. 22

5. Registerauszüge. Auf Antrag werden Auszüge aus dem Patentregister erteilt. Für den unbeglaubigten Registerauszug wird eine Gebühr von 12 EUR (Nr. 301 110 des KostenVerz. zur DPMAVwKostV), für die Beglaubigung eine solche von 20 EUR (Nr. 301 100 des KostenVerz. zur DPMAVwKostV) erhoben. Für Online-Abfragen gespeicherter Patent- und Gebrauchsmusterdaten mittels automatischer Fernübertragungseinrichtungen (elektronische Registerauskunft) werden keine Gebühren erhoben. Das Patentamt erteilt auch fernmündlich Auskünfte über Eintragungen im Register. 23

6. Vermerk ausschließlicher Lizenz. Literatur: Heydt, Die Eintragung ausschließlicher Lizenzen in die Patentrolle, JW **36,** 2843. Die Vorschrift gibt im Hinblick auf § 23 Abs. 2 und zur Abwendung der Wirkungen der Erklärung der Lizenzbereitschaft die Möglichkeit, eine ausschließliche Lizenz (vgl. § 15 Rdn. 52 ff.) in die Patentrolle einzutragen. 24

a) Voraussetzungen. Voraussetzung ist ein Antrag des Lizenznehmers oder des Patentinhabers. Der Antrag kann, wie aus § 23 Abs. 2 hervorgeht, schon nach der Einreichung der Anmeldung gestellt werden und bis zur Erteilung des Patents und der Eintragung des Vermerks die dort bezeichnete Wirkung äußern. Für den Antrag auf Eintragung der ausschließlichen Lizenz („Recht zur ausschließlichen Benutzung der Erfindung“) ist eine Gebühr vorgesehen (25,– EUR, PatKostG KostVerz. 313 400). Sie wird mit der Antragstellung fällig, § 3 Abs. 1 PatKostG, und ist innerhalb der allgemeinen Frist des § 6 Abs. 1 Satz 2 PatKostG zu entrichten; andernfalls gilt der Antrag als zurückgenommen, § 6 Abs. 2 PatKostG, vgl. die Vorbemerkungen vor § 17. Wird der Antrag vom Lizenznehmer gestellt, so ist die Einwilligung des Anmelders oder – nach Patenterteilung – des eingetragenen Patentinhabers oder seines Rechtsnachfolgers nachzuweisen; wird die Eintragung vom Anmelder oder Patentinhaber beantragt, so ist die Bewilligung des Lizenznehmers beizubringen. Für den Nachweis gelten dieselben Bedingungen wie für Umschreibungen auf Grund einer rechtsgeschäftlichen Rechtsnachfolge. Das Patentamt prüft nur die formelle Ordnungsmäßigkeit der Erklärungen, nicht ihre sachliche Richtigkeit, insbesondere das Vorliegen einer ausschließlichen Lizenz. Nach Erklärung der Lizenzbereitschaft kann der Antrag auf Eintragung des Vermerks nicht mehr gestellt werden (§ 30 Abs. 2). Er ist allerdings dann wieder zulässig, wenn die Lizenzbereitschaftserklärung gem. § 23 Abs. 7 i. d. F. von Art. 7 Nr. 1 (b) GPatG 2 wirksam zurückgenommen worden ist, vgl. auch die Begründung zum Reg.Entwurf des GPatG 2, BT-Ds 12/632, zu Art. 7 Nr. 1, Bl. **92,** 45, 54, re.Sp. 25

b) Inhalt. Die Fassung der Eintragung ist Sache der Verwaltung, die Entscheidung kann daher mit Beschwerde nicht angefochten werden (PA Bl. **38,** 31), während sachliche Unrichtigkeiten der Beschwerde zugänglich sind. Nur die Tatsache, dass eine ausschließliche Lizenz erteilt worden ist, wird eingetragen, nicht der Lizenznehmer selbst. Er ist zwar dem Patentamt anzugeben und wird ihm ohne weiteres bekannt, wenn der Lizenznehmer Antragsteller ist, aber er wird nach außen nicht verlautbart. Inwieweit Dritten der Name des Lizenznehmers offenbart werden darf, steht dahin. Es ist jedoch davon auszugehen, dass Dritte grundsätzlich keine 26

Kenntnis der Person und des Wohnsitzes (der Firma und Niederlassung) des Berechtigten erhalten sollen (vgl. dazu § 31 Rdn. 13).

27 **c) Folgen.** Die Eintragung ist für die Entstehung des ausschließlichen Lizenzrechts nicht notwendig, diese von jener unabhängig. Sie hat wie alle Eintragungen keinen rechtsbegründenden Charakter. Die Eintragung wirkt nur negativ; sie hindert die Wirksamkeit einer Erklärung der Lizenzbereitschaft und deren Eintragung in das Register (§ 23 Abs. 2). Dies gilt bereits für den bloßen Antrag auf Eintragung der ausschließlichen Lizenz (§ 23 Abs. 2, vgl. § 23 Rdn. 5 a. E.).

28 **d) Löschung des Vermerks.** Zur Löschung ist die Einwilligung des Berechtigten oder seines Rechtsnachfolgers nachzuweisen, ggfls. auch die Zustimmung des Anmelders oder Patentinhabers. Inwieweit letztere bewiesen werden muss oder sich aus den Umständen ergibt (z. B. wenn er selbst mit Zustimmung des Lizenznehmers den Antrag stellt), steht im Ermessen des Patentamts. Für den Antrag auf Löschung der ausschließlichen Lizenz ist eine Gebühr vorgesehen wie für den Eintragungsantrag (25 EUR, PatKostG KostVerz. 313 400 und 313 500).

31 *Akteneinsicht.* (1) [1]**Das Patentamt gewährt jedermann auf Antrag Einsicht in die Akten sowie in die zu den Akten gehörenden Modelle und Probestücke, wenn und soweit ein berechtigtes Interesse glaubhaft gemacht wird.** [2]**Jedoch steht die Einsicht in das Register und die Akten von Patenten einschließlich der Akten von Beschränkungsverfahren (§ 64) jedermann frei; das gleiche gilt für die Einsicht in die Akten von abgetrennten Teilen eines Patents (§ 60).**

(2) **In die Akten von Patentanmeldungen steht die Einsicht jedermann frei,**

1. **wenn der Anmelder sich gegenüber dem Patentamt mit der Akteneinsicht einverstanden erklärt und den Erfinder benannt hat oder**
2. **wenn seit dem Anmeldetag (§ 35 Abs. 2) oder, sofern für die Anmeldung ein früherer Zeitpunkt als maßgebend in Anspruch genommen wird, seit diesem Zeitpunkt achtzehn Monate verstrichen sind**

und ein Hinweis nach § 32 Abs. 5 veröffentlicht worden ist.

(3) **Soweit die Einsicht in die Akten jedermann freisteht, steht die Einsicht auch in die zu den Akten gehörenden Modelle und Probestücke jedermann frei.**

(4) **In die Benennung des Erfinders (§ 37 Abs. 1) wird, wenn der vom Anmelder angegebene Erfinder es beantragt, Einsicht nur nach Absatz 1 Satz 1 gewährt; § 63 Abs. 1 Satz 4 und 5 ist entsprechend anzuwenden.**

(5) [1]**In die Akten von Patentanmeldungen und Patenten, für die gemäß § 50 jede Veröffentlichung unterbleibt, kann das Patentamt nur nach Anhörung der zuständigen obersten Bundesbehörde Einsicht gewähren, wenn und soweit ein besonderes schutzwürdiges Interesse des Antragstellers die Gewährung der Einsicht geboten erscheinen läßt und hierdurch die Gefahr eines schweren Nachteils für die äußere Sicherheit der Bundesrepublik Deutschland nicht zu erwarten ist.** [2]**Wird in einem Verfahren eine Patentanmeldung oder ein Patent nach § 3 Abs. 2 Satz 3 als Stand der Technik entgegengehalten, so ist auf den diese Entgegenhaltung betreffenden Teil der Akten Satz 1 entsprechend anzuwenden.**

Inhaltsübersicht

Literatur: Ballhaus, Die Akteneinsicht beim Deutschen Patentamt und Bundespatentgericht, Mitt. **61,** 201; Hauswald, Akteneinsicht im patentamtlichen Verfahren, Mitt. **62,** 94; Kohler, Akteneinsicht bei bekanntgemachten Patentanmeldungen, GRUR **62,** 285; Müller-Arends, Probleme der Akteneinsicht, Mitt. **62,** 48; Trüstedt, Die Einsicht in Patenterteilungsakten, Mitt. **62,** 121; Kockläuner, Zur Akteneinsicht, GRUR **63;** Löscher, Der künftige Ablauf des Patenterteilungsverfahrens und die sonstigen Änderungen im Patentrecht, BB **67,** Beil 7 S. 11; Althammer, Gesetz zur Änderung des Patentgesetzes, des Warenzeichengesetzes und weiterer Gesetze, 2. Teil, GRUR **67,** 441; Häußer, Die Gewährung von Einsicht in Patenterteilungsakten unter besonderer Berücksichtigung verfassungsrechtlicher Gesichtspunkte, Erlanger jur. Abhandlungen Bd. 16, Köln 1974. Häußer, Das Deutsche Patentamt im Wandel, FS Preu, 1988, S. 107 ff.; Häußer/Goebel, 20 Jahre Offenlegung von Patentanmeldungen aus der Sicht des Deutschen Patentamts, GRUR Int. **90,** 723; Schmieder, Mitteilung von Entscheidungen des Bundespatentgerichts gleich Akteneinsicht?, Mitt. **91,** 207; Kraßer, § 23 V: Eintragungen und Veröffentlichungen des Patentamts, Akteneinsicht.

1. Vorbemerkungen. Die Einsicht in Akten und sonstige Unterlagen des Patentamts war bis zum Inkrafttreten des PatÄndGes. 1967 in § 24 Abs. 3 PatG und in § 18 DPAVO geregelt. Diese Regelung hatte nicht nur eine Reihe von Zweifelsfragen ausgelöst, sondern auch – wegen der Bedeutung der Akteneinsicht für die durch Patentanmeldungen und erteilte Patente betroffenen Dritten und der sich daraus ergebenden Vielzahl von Akteneinsichtsverfahren – zu einer starken Belastung des Patentamts geführt. Durch die Neufassung des § 24 Abs. 3 durch das Gesetz vom 4. 9. 1967 wurde dann die Regelung der Akteneinsicht vollständig in das Gesetz aufgenommen Die neue Regelung hat durch die weitgehende Freigabe der Akteneinsicht vor allem eine erhebliche Erleichterung für die Öffentlichkeit und das Patentamt gebracht. Durch das GPatG ist die gesetzliche Regelung an die Änderung der verfahrensrechtlichen Vorschriften – den Wegfall der Bekanntmachung und die Verlegung des Einspruchsverfahrens auf die Zeit nach Patenterteilung – angepasst worden; im Anschluss an Art. 93 Abs. 1 Satz 2 EPÜ ist ferner die Möglichkeit geschaffen worden, Anmeldungen bei Einverständnis des Anmelders schon vor dem in § 31 Abs. 2 Nr. 2 genannten Zeitpunkt offenzulegen (§ 31 Abs. 2 Nr. 1). Die Neufassung war nach Art. 12 Abs. 1 GPatG nicht auf die vor dem Inkrafttreten des GPatG eingereichten Patentanmeldungen und die darauf erteilten Patente anzuwenden; insoweit verblieb es bei den bis dahin geltenden Vorschriften. Seither hat der Text lediglich zwei geringfügige Änderungen erfahren: durch das KostRegBerG die Ersetzung der Wörter „ die Rolle" durch „das Register" in Abs. 1 Satz 2 und durch das 2. PatÄndG die Ersetzung der Worte „Tage der Einreichung der Anmeldung" durch die Angabe „Anmeldetag (§ 35 Abs. 2)" in Absatz 2 Nr. 2. 1

Die gesetzliche Regelung geht von der Grundnorm aus, dass Einsicht in die Akten des Patentamts und die zu den Akten gehörenden Modelle und Probestücke nur bei Glaubhaftmachung eines berechtigten Interesses zu gewähren ist (§ 31 Abs. 1 Satz 1). Diese Grundregel ist jedoch durch zahlreiche Ausnahmen, die gerade die besonders wichtigen Fälle erfassen, sehr stark eingeschränkt. Ihr Anwendungsbereich lässt sich auch nur negativ dahin umschreiben, dass sie die Fälle betrifft, die nicht besonders geregelt sind. Im Folgenden werden daher zunächst die besonders geregelten Fälle behandelt. Die parallele, aber sehr viel kürzere Vorschrift für das Gebrauchsmusterrecht findet sich in § 8 Abs. 5 GebrMG und für das Markenrecht in § 62 Abs. 1 und 2 MarkenG. Das EPÜ behandelt die Akteneinsicht in Art. 128. Nach der dortigen Grundregel wird Einsicht in die Akten europäischer Patentanmeldungen, die noch nicht veröffentlicht worden sind, wird nur mit Zustimmung des Anmelders gewährt, Absatz 1. Wer nachweist, dass der Anmelder sich ihm gegenüber auf seine europäische Patentanmeldung berufen hat, kann vor der Veröffentlichung dieser Anmeldung und ohne Zustimmung des Anmelders Akteneinsicht verlangen, Art. 128 Abs. 2 EPÜ. Nach der Veröffentlichung einer europäischen Teilanmeldung oder einer nach Artikel 61 Absatz 1 eingereichten neuen europäischen Patentanmeldung kann jedermann Einsicht in die Akten der früheren Anmeldung ungeachtet deren 1a

Veröffentlichung und ohne Zustimmung des Anmelders verlangen, Art. 128 Abs. 3 EPÜ. Nach der Veröffentlichung der europäischen Patentanmeldung wird vorbehaltlich der in der Ausführungsordnung vorgeschriebenen Beschränkungen auf Antrag Einsicht in die Akten der europäischen Patentanmeldung und des darauf erteilten europäischen Patents gewährt, Art. 128 Abs. 4 EPÜ. Vgl. dazu die Erläuterungen in Benkard/Karamanli, EPÜ, zu Art. 128.

2 **2. Patentregister.** Die Einsicht in das Patentregister steht nach § 31 Abs. 1 Satz 2 jedermann frei. Sie ist daher auf – schriftliches oder mündliches – Verlangen ohne weiteres zu gewähren. Die Einsicht ist nach Abschn. A II des Kostenverz. zur DPMAVwKostV gebührenfrei. Einsichtnahme in diesem Sinne ist auch die Benutzung der Datensichtgeräte im Patentamt (Auslegehalle) in Bezug auf die elektronisch gespeicherten Daten über den Registerinhalt, nicht dagegen die Inanspruchnahme mittels automatischer Fernübertragungseinrichtungen (vgl. Rdn. 23 zu § 30). „Das Register“, auf die sich § 31 Abs. 1 Satz 2 bezieht, ist aber – schon nach dem Zusammenhang – auch nur das in § 30 Abs. 1 geregelte – allgemeine – Patentregister, nicht das „besondere Register“ für Geheimpatente (§ 54 Satz 1). Die Einsicht in das „besondere Register“ ist in § 54 Satz 2 besonders geregelt; auf die Einsicht ist danach § 31 Abs. 5 Satz 1 entsprechend anzuwenden.

3 **3. Akten von erteilten Patenten, von Beschränkungsverfahren und von offengelegten Patentanmeldungen.** Die wichtigste Einschränkung der Grundregel des § 31 Abs. 1 Satz 1, nach der Einsicht nur bei Glaubhaftmachung eines berechtigten Interesses gewährt wird, enthält § 31 Abs. 1 Satz 2 und Abs. 2. Die dadurch betroffenen Akten stellen den weitaus größten Teil des Aktenbestandes des Patentamts dar. Sie können unter den im Gesetz bezeichneten Voraussetzungen frei eingesehen werden. Das gilt jedoch nicht für die Akten von Geheimpatenten; diese können nur unter den besonderen Voraussetzungen des § 31 Abs. 5 Satz 1 eingesehen werden. Akten von Patentanmeldungen, die nach § 50 der Geheimhaltung unterliegen, werden nicht offengelegt; die Voraussetzungen für eine freie Einsicht (§ 31 Abs. 2) können deshalb, solange die Geheimhaltungsanordnung besteht, nicht eintreten.

4 **a) Akten von Patenten.** Die Akten von Patenten sind die Akten von erteilten Patenten mit Ausnahme der Geheimpatente (§ 31 Abs. 5). Sie werden der freien Einsicht mit der Patenterteilung, d. h. mit dem Wirksamwerden des Erteilungsbeschlusses (vgl. dazu § 49 Rdn. 6) zugänglich, wenn nicht schon zuvor die dem Patent zugrunde liegende Anmeldung offengelegt worden war. Die Vorschrift hat danach praktische Bedeutung vor allem für die Fälle, in denen das Patent schon vor der Offenlegung der Anmeldung (§ 31 Abs. 2) erteilt wird oder in denen die Geheimhaltungsanordnung für ein Geheimpatent aufgehoben wird. In aller Regel geht der Patenterteilung die Offenlegung der Anmeldung zeitlich voraus. Dann wird nach der Patenterteilung lediglich die bereits eingetretene Möglichkeit der freien Einsicht aufrechterhalten. Akten des Patents sind zunächst die bis zur Patenterteilung angefallenen Aktenteile, insbesondere die Aktenteile, die das Prüfungsverfahren betreffen. Akten des Patents sind aber auch die Aktenteile, die sich auf ein das erteilte Patent betreffendes Verfahren beziehen. Das ergibt sich aus der Fassung des § 31 Abs. 1 Satz 2. Danach sollen zu den Akten des Patents auch die Akten eines Beschränkungsverfahrens gehören, das als selbstständiges Verfahren ausgestaltet ist und häufig erst lange Zeit nach endgültiger Entscheidung über die Erteilung und ggfs. auch über die Aufrechterhaltung des Patents durchgeführt wird. Erst recht sind danach zu den Akten eines Patents auch die Aktenteile zu rechnen, die in einem etwaigen Einspruchsverfahren (§§ 59 ff.) erwachsen sind.

5 **b) Akten von Beschränkungsverfahren.** Das Beschränkungsverfahren ist nach der gesetzlichen Regelung (§ 64) ein selbstständiges Verfahren, das ein erteiltes Patent betrifft. Nach der Fassung des § 31 Abs. 1 Satz 2 sind jedoch die Akten eines Beschränkungsverfahrens zu den Akten des Patents zu rechnen und für die Einsicht wie diese zu behandeln. Sachlich ist das schon deshalb gerechtfertigt, weil die Akten eines Beschränkungsverfahrens für die Beurteilung der Tragweite des davon betroffenen Patents die gleiche Bedeutung haben können wie die im Prüfungsverfahren erwachsenen Aktenteile. Die unterschiedliche Behandlung von den Akten eines Nichtigkeitsverfahrens (§ 99 Abs. 3 Satz 3) lässt sich vor allem aus der Überlegung erklären, dass der Patentinhaber im Nichtigkeitsverfahren zum Vortrag von Umständen genötigt sein kann, die seine rechtlichen Beziehungen zu dem Nichtigkeitskläger betreffen. Akten eines Beschränkungsverfahrens sind alle Vorgänge, die ein in § 64 geregeltes Verfahren betreffen. Dabei ist es gleichgültig, ob das Verfahren beendet ist, ob es zu einer Beschränkung des Patents geführt hat oder ob der Beschränkungsantrag zurückgenommen oder zurückgewiesen worden ist. Auf Vorgänge, die eine Selbstbeschränkung des Patentinhabers durch entsprechende Gestaltung seiner Anträge im Nichtigkeitsverfahren betreffen, ist § 31 Abs. 1 Satz 2 nicht anwendbar; sie sind Bestandteil der Akten eines Nichtigkeitsverfahrens und unterliegen als solche den dafür geltenden Vorschriften.

c) Akten von abgetrennten Teilen eines Patents. Wenn ein Patent im Einspruchsverfahren geteilt wird, gilt der abgetrennte Teil nach § 60 Abs. 1 Satz 2 als Anmeldung, für die ein Prüfungsantrag gestellt ist. Die den abgetrennten Teil des Patents betreffenden Akten sind daher kraft gesetzlicher Anordnung nicht mehr Akten eines Patents, sondern Akten einer Anmeldung. Für den Fall, dass die Möglichkeit der freien Akteneinsicht erst mit der Patenterteilung eröffnet worden ist, könnten daher Zweifel entstehen, ob die den abgetrennten Teil betreffenden Akten auch weiterhin frei eingesehen werden können. Durch den letzten Halbsatz des § 31 Abs. 1 Satz 2 wird klargestellt, dass es bei der freien Einsicht verbleibt. Die Vorschrift hat praktische Bedeutung nur für den Fall, dass die dem geteilten Patent zugrunde liegende Anmeldung nicht offengelegt worden ist. Sonst bleibt es – auch für die Akten des abgetrennten Teils des Patents – schon aus diesem Grunde bei der einmal erfolgten Freigabe der Einsicht. 6

d) Akten offengelegter Patentanmeldungen. Die Offenlegung von Patentanmeldungen ist durch das PatÄndG 1967 zusammen mit der aufgeschobenen Prüfung eingeführt worden. Durch die Offenlegung soll verhindert werden, dass die Unterrichtung der Öffentlichkeit über das Vorliegen und den Inhalt einer Patentanmeldung allzu lange hinausgeschoben wird. Durch die Anmeldung betroffene Dritte sollen sich frühzeitig auf ein möglicherweise zu erwartendes Schutzrecht einstellen können. Es sollen auch volkswirtschaftlich unerwünschte Aufwendungen für technische Parallelentwicklungen vermieden werden. § 24 Abs. 3 Satz 2 Nr. 2 a. F. sah deshalb vor, dass Patentanmeldungen 18 Monate nach dem Anmeldetag oder einem früheren Prioritätstag offengelegt werden, wenn sie bis dahin nicht bekanntgemacht waren. Durch das GPatG ist die Bekanntmachung beseitigt worden. Die Regelung über die Offenlegung ist deshalb neu gefasst worden. Die Offenlegung konkurriert jetzt zeitlich nur noch mit der Patenterteilung. Mit der Patenterteilung werden die Akten schon nach § 31 Abs. 1 Satz 2 frei einsehbar. Diese Vorschrift geht der Regelung in § 31 Abs. 2 vor, die auf „Patentanmeldungen“ abstellt und damit voraussetzt, dass sie noch nicht zur Patenterteilung geführt haben. Durch das GPatG ist ferner im Anschluss an Art. 93 Abs. 1 Satz 2 EPÜ die Möglichkeit geschaffen worden, Patentanmeldungen unter bestimmten Voraussetzungen auch schon vor Ablauf von 18 Monaten seit dem Anmelde- oder einem früheren Prioritätstag zu veröffentlichen (§ 31 Abs. 2 Nr. 1). Die Offenlegung findet danach statt, wenn der Anmelder sein Einverständnis erklärt und die Erfinderbenennung eingereicht hat oder wenn ein bestimmter Zeitraum vergangen und wenn weiter ein Hinweis auf die Möglichkeit der Akteneinsicht im Patentblatt veröffentlicht ist. Beide Voraussetzungen müssen nebeneinander erfüllt sein. Die Offenlegung wird daher in aller Regel an dem Tag erfolgen, an dem das Patentblatt, in dem der Hinweis gemäß § 32 Abs. 5 enthalten ist, ausgegeben wird. Nur wenn der Hinweis einmal ausnahmsweise versehentlich vor dem Ablauf des abzuwartenden Zeitraums veröffentlicht werden sollte, müsste ungeachtet der bereits geschehenen Unterrichtung der Öffentlichkeit über das Vorliegen der Anmeldung noch der Ablauf des vorgeschriebenen Zeitraums abgewartet werden; die Offenlegung könnte dann erst an dem auf den Ablauf des Zeitraums folgenden Tage vorgenommen werden. 7

aa) Offenlegung nach § 31 Abs. 2 Nr. 1. Literatur: Zahn, Zeitpunkt der Offenlegung von Patentanmeldungen, Mitt. **77,** 22. 8

Die Regelung in § 31 Abs. 2 Nr. 1, die durch das GPatG eingeführt worden ist, gibt dem Anmelder die Möglichkeit, die Offenlegung schon vor Ablauf der in § 31 Abs. 2 Nr. 2 genannten Frist herbeizuführen. Dieser kann dadurch erreichen, dass die Offenlegungsschrift früher gedruckt und der Inhalt der Anmeldung damit zum Stand der Technik i. S. des § 3 Abs. 1 gemacht wird, der ohne die Einschränkung des § 4 Satz 2 bei der Beurteilung der Erfindungshöhe anderer Anmeldungen zu berücksichtigen ist, und dass die Schutzwirkungen des § 33 Abs. 1 früher eintreten. Voraussetzung für die vorzeitige Offenlegung der Anmeldung ist zunächst das Einverständnis des Anmelders, das gegenüber dem Patentamt zu erklären ist und im Hinblick auf § 32 Abs. 4 jedenfalls nicht mehr wirksam widerrufen werden kann, wenn die technischen Vorbereitungen für die Veröffentlichung der Offenlegungsschrift bereits abgeschlossen sind. Voraussetzung ist weiter, dass der Erfinder benannt ist. Beide Voraussetzungen müssen nebeneinander vorliegen. Durch die Verknüpfung der vorzeitigen Offenlegung mit der Benennung des Erfinders soll nach der Begrdg. des RegEntw zum GPatG (BT Drucks. 8/2087 S. 28) verhindert werden, dass die in § 37 Abs. 1 vorgesehene, auf den Regelfall der Offenlegung nach Ablauf der 18-Monats-Frist abgestellte Frist von 15 Monaten für die Erfinderbenennung entwertet wird.

bb) Offenlegung nach § 31 Abs. 2 Nr. 2. Nach § 31 Abs. 2 Nr. 2 kann die Offenlegung erst erfolgen, wenn seit dem Tage der Einreichung der Anmeldung oder, sofern ein früherer Zeitpunkt als maßgebend in Anspruch genommen wird, seit diesem Zeitpunkt 18 Monate ver- 9 strichen sind. Diese Frist stimmt mit der Offenlegungsfrist nach Art. 93 Abs. 1 Satz 1 EPÜ und Art. 21 Abs. 2 Buchst. a PCT überein und hat sich international weitgehend durchgesetzt. Der Entwurf eines Patentrechtsvertrages 1991 (PLT/WIPO, Art. 15 Abs. 1 vgl. Ind.Prop. **91,** 118, 124) stellte Fristen von 18 und 24 Monaten alternativ zur Verfügung, um insbesondere Bedenken und Anliegen der beteiligten Kreise in den USA und des USPTO entgegenzukommen. Wegen der praktischen Auswirkungen der frühzeitigen Offenlegung von Patentanmeldungen vgl. auch Häußer/Goebel, GRUR Int. **90** (FS Haertel), 273. Maßgebend für die Berechnung der 18 Monate ist daher der Anmeldetag oder – bei Prioritätsanmeldungen – der Prioritätstag. Der Prioritätstag kann der Berechnung freilich erst dann und nur dann zugrunde gelegt werden, wenn die Priorität in Anspruch genommen wird. Soweit es sich um die Priorität des § 40 oder um die Unionspriorität (Art. 4 PVÜ) handelt, wird durch die Regelung in § 40 und in § 41 gewährleistet, dass die Verhältnisse bei Ablauf der 18 Monate geklärt sind. Eine Klärung, ob die Priorität zu Recht beansprucht wird oder nicht, ist bis dahin nicht erforderlich, weil § 31 Abs. 2 Nr. 2 auf die Inanspruchnahme der Priorität abstellt. Wenn der Prioritätsanspruch bei Ablauf der 18 Monate seit dem Prioritätstage noch aufrechterhalten wird und noch nicht rechtskräftig aberkannt ist, muss danach vom Prioritätstage ausgegangen werden. Da das DDR-Recht keine vorzeitige Offenlegung der Patentanmeldungen kannte, sieht § 10 Abs. 4 Erstreckungsgesetz vor, dass beim Patentamt der DDR eingereichte und im Zeitpunkt des Inkrafttretens des Erstreckungsgesetzes noch nicht erledigte Patentanmeldungen („sofern die Erteilung des Patents noch nicht beschlossen worden ist") der freien Einsicht in die Akten nach § 31 Abs. 2 Nr. 2 unterliegen und dass die Anmeldung als Offenlegungsschrift veröffentlicht wird. Die Gründe für diese einheitliche Offenlegung der anhängigen DDR-Altanmeldungen sind in der Begründung zum Reg.Entwurf des Erstreckungsgesetzes (BT-Drs. 12/1399, Zu § 10/Zu Absatz 3, Bl. **92,** 213, 227, re. Sp.) näher dargelegt (Neuheitsschädlichkeit älterer, noch nicht veröffentlichter Anmeldungen, rechtzeitige Unterrichtung der Öffentlichkeit über den Inhalt der Anmeldungen, Kongruenz mit den ab 3. 10. 1990 neu eingereichten Anmeldungen). Der Stichtag des 1. 5. 1992 ist allerdings nur maßgebend für das Recht auf Akteneinsicht. Bei der Veröffentlichung der Offenlegungsschriften war aus technischen Gründen ein gewisser zeitlicher Spielraum für das DPA unverzichtbar.

10 **cc) Veröffentlichung eines Hinweises im Patentblatt.** Weitere Voraussetzung für die Offenlegung der Patentanmeldungen ist die Veröffentlichung eines Hinweises im Patentblatt auf die Möglichkeit der Einsicht in die betreffenden – im Patentblatt zu bezeichnenden – Akten. Die Veröffentlichung hat nicht nur den Zweck, die Öffentlichkeit über die Möglichkeit der Akteneinsicht zu unterrichten. Sie soll zugleich eine einwandfreie Grundlage für die Feststellung des Zeitpunktes geben, an dem die Schutzwirkungen des Gegenstandes der Anmeldung (§ 33 Abs. 1) einsetzen und von dem an die Anmeldungsunterlagen – in der Form der gleichzeitig mit der Veröffentlichung des Hinweises herausgegebenen Offenlegungsschrift – als öffentliche Druckschrift im Sinne des § 3 Abs. 1 zu bewerten sind. Der Hinweis darf erst in einem Zeitpunkt veröffentlicht werden, in dem die Voraussetzungen des § 31 Abs. 2 Nr. 1 oder 2 für die Offenlegung der Anmeldung erfüllt sind, d. h. im Falle der Nr. 2 nicht vor Ablauf von 18 Monaten seit dem Anmelde- oder Prioritätstage (BPatGE **18,** 13, 14). Nach dem Sinn und Zweck der gesetzlichen Regelung, die eine frühzeitige Unterrichtung der Öffentlichkeit bezweckt, soll sie andererseits aber auch nicht länger als notwendig hinausgeschoben werden, sondern sich im Falle des § 31 Abs. 2 Nr. 2 zeitlich möglichst eng an den Ablauf der 18 Monate anschließen.

11 **e) Freie Einsicht.** Die Einsicht in die in § 31 Abs. 1 Satz 2 und Abs. 2 bezeichneten Akten und die zu ihnen gehörenden Modelle und Probestücke steht jedermann frei. Die Anmeldungsunterlagen und die Unterlagen der Patente (Patentansprüche, Beschreibung, Zeichnungen) werden zwar gemäß § 32 Abs. 2 und 3 als Offenlegungsschriften und als Patentschriften veröffentlicht und können seit dem 1. 1. 2004 auch als elektronische Dokumente abgerufen werden (vgl. die Erläuterungen zu § 32, Rdn. 3, 4). Es können aber auch die Akten selbst eingesehen werden, die nach wie vor die vollständigste Informationsquelle darstellen. Die freie Einsicht ist von dem Tage an eröffnet, an dem die Voraussetzungen für die Offenlegung der Anmeldung nach § 31 Abs. 2 Nr. 1 oder 2 erfüllt sind und der Hinweis gemäß § 32 Abs. 5 veröffentlicht ist (vgl. oben Rdn. 10) oder der Patenterteilungsbeschluss wirksam geworden ist (vgl. dazu § 49 Rdn. 6).

11 a Sind die Akten mit dem Vorliegen der gesetzlichen Voraussetzungen erst einmal zur freien Einsicht freigegeben, so hat es dabei sein Bewenden; die Akten bleiben frei einsehbar, auch wenn die Anmeldung nach Offenlegung zurückgenommen wird oder als zurückgenommen gilt oder im Prüfungsverfahren zurückgewiesen wird oder wenn das Patent später widerrufen, zurückgenommen oder für nichtig erklärt wird (vgl. hierzu BGH GRUR **64,** 548 – Akteneinsicht

sicht I; **64,** 602 – Akteneinsicht II). Die Möglichkeit der Einsichtnahme bleibt bestehen, solange die Akten beim Patentamt aufbewahrt werden (vgl. dazu die MittPräsPA 6/82 v. 16. 12. 1982 über die Vernichtung der Akten des DPA, Bl. **83,** 1).

f) Regelmäßiger Umfang der freien Einsicht. Der freien Einsicht unterliegen die in § 31 Abs. 1 Satz 2 und Abs. 2 bezeichneten Akten nebst den dazu gehörenden Modellen und Probestücken in ihrem jeweiligen Bestande. Der freien Einsicht sind grundsätzlich sämtliche Aktenbestandteile unterworfen, unabhängig davon, ob sie vor oder nach dem Zeitpunkt entstanden sind, in dem die Akten der freien Einsicht zugänglich geworden sind. Die Möglichkeit der Einsichtnahme besteht andererseits nur bei den noch vorhandenen und beim Patentamt befindlichen oder ihm zugänglichen Aktenbestandteilen. Es besteht kein Anspruch darauf, dass Verfahrensbeteiligte diese Aktenteile durch weitere in ihrem Besitz befindliche Unterlagen ergänzen, PA Bl. **53,** 339 betr. Unterlagen einer Altanmeldung. **12**

Die Akten der **„Patentanmeldungen“** sind alle Vorgänge, welche das Erteilungsverfahren betreffen oder betroffen haben, BPatGE **13,** 34, 35, also die gesamten Erteilungsakten einschließlich der Schriftsätze und Stellungnahmen des Anmelders und der Bescheide, Mitteilungen und Vermerke der Prüfungsstelle und etwaiger Vorgänge und Entscheidungen zu Beschwerdeverfahren. Zu den Erteilungsakten gehören auch die Prioritätserklärung mit den Angaben, die der Anmelder nach § 41 zu machen hat, BPatGE **13,** 33, 38, die Prioritätsunterlagen, PA Mitt. **58,** 96, nach früherem Recht die Angaben über die Druckschriften, die der ausländischen Anmeldung der Erfindung von einem ausländischen Patentamt entgegengehalten worden sind (§ 26 Abs. 4 Satz 2 PatG 1968), BPatGE **13,** 33, 39, ein zum Nachweis der Erfindungshöhe eingereichter Schriftwechsel, BPatGE **17,** 26, sowie die Aktenteile, die Fristgesuche, Anfragen Dritter, Vorgänge über die Zahlung oder Stundung der Erteilungsgebühr oder von Jahresgebühren nach früherem Recht oder über eine Wiedereinsetzung betreffen. Bestandteil der Erteilungsakten sind ferner Schriftstücke, die der Klarstellung der Rechtspersönlichkeit der Anmelderin dienen, BPatGE **1,** 44. Bestandteil der Akten sind auch die Erfinderbenennungen; soweit jedoch beantragt ist, den Erfinder nicht zu nennen, sind sie von der freien Einsicht ausgenommen (vgl. unten Rdn. 17). **13**

Zu den Akten der Patentanmeldung gehörten nicht die nach früherem Recht geforderten Angaben des Anmelders darüber, in welchem anderen Land er die gleiche Erfindung angemeldet hat (§ 26 Abs. 4 Satz 2 PatG 1968), BPatGE **13,** 33. Soweit diese Angaben auf besonderem Blatt eingereicht wurden, wurden sie in ein Beiheft genommen und schon auf diese Weise von der Einsicht ausgenommen, MittPräsPA Bl. **72,** 33. Sonst waren die diese Angaben betreffenden Teile eines Schriftstücks von der Akteneinsicht auszunehmen, BPatGE **13,** 33, 41. Zu den Akten der Patentanmeldung gehören auch nicht die Vorgänge, die ein Verfahren über die Bewilligung von Verfahrenskostenhilfe, die Ausstellung von Prioritätsbelegen, die Mitteilung an die Europäische Atomgemeinschaft oder ein anderes Akteneinsichtsverfahren betreffen; denn diese Vorgänge beziehen sich auf besondere Verfahren, die zwar mit dem Erteilungsverfahren in Zusammenhang stehen, jedoch nicht das Erteilungsverfahren oder den Bestand der Anmeldung betreffen, vgl. dazu BPatGE **12,** 104, 108; **17,** 18, 21. Auch die Vorgänge über den Vermerk einer ausschließlichen Lizenz (§ 34) können nicht als Bestandteil der Erteilungsakten angesehen werden. Denn sie werden nicht nur gesondert geführt, sondern haben auch auf das Erteilungsverfahren keinen Bezug. **13 a**

Zu den Akten der **„Patente“** gehören neben den im Erteilungsverfahren angefallenen Aktenteilen (vgl. oben Rdn. 13) auch die Akten über ein das erteilte Patent betreffendes Verfahren. Für die Akten eines Beschränkungsverfahrens ergibt sich das unmittelbar aus der Fassung des § 31 Abs. 1 Satz 2. Entsprechendes muss erst recht für die Akten eines Einspruchsverfahrens gelten, in dem – in unmittelbarem Anschluss an die Patenterteilung – über die Aufrechterhaltung des Patents zu entscheiden ist. Über die Anträge Dritter auf Einsicht in die Rechtsbeschwerdeakten des Bundesgerichtshofs, die in einem Einspruchsverfahren angefallen sind, ist gem. § 99 Abs. 3 ebenfalls nach § 31 zu entscheiden, BGH Bl. **83,** 187 – Akteneinsicht/Rechtsbeschwerdeakten. Als Akten, die das erteilte Patent betreffen, sind ferner auch die Anmeldungen für ein ergänzendes Schutzzertifikat i. S. v. §§ 16 a, 49 a. Siehe dazu die Begründung. des Gesetzes zur Änderung des Patentgesetzes und anderer Gesetze vom 23. 3. 1993, zu Art. 1 Nr. 3, BT-Ds. 12/3630, S. 13, re. Sp.; dort ist ausgeführt, eine gesonderte Regelung über die Akteneinsicht sei entbehrlich, da das Patentamt die Aktenstücke über die Beantragung und Erteilung von ergänzenden Schutzzertifikaten als Bestandteil der zugrunde liegenden Patentakte für das Grundpatent führen werde. **14**

g) Beschränkungen der freien Einsicht. Beschränkungen der freien Einsicht ergeben sich aus dem Gesichtspunkt des Schutzes von Staatsgeheimnissen (§ 31 Abs. 5 Satz 2), aus der in **15**

§ 63 eingeräumten Möglichkeit, den Erfinder nicht zu nennen, für vor der Freigabe der Akteneinsicht durch das PatÄndGes 1967 entstandene Akten oder Aktenteile aus dem Gedanken des Vertrauensschutzes und für einzelne Aktenteile u. U. auch aus dem grundrechtlichen Schutz der Menschenwürde und der persönlichen Intimsphäre.

16 **aa) Beschränkung der Einsicht gemäß § 31 Abs. 5 Satz 2.** Die Einsicht in Akten von Patentanmeldungen und Patenten, die eine Erfindung betreffen, deren Geheimhaltung aus Gründen des Schutzes von Staatsgeheimnissen angeordnet ist, ist nur unter den besonderen Voraussetzungen des § 31 Abs. 5 Satz 1 möglich (vgl. dazu unten Rdn. 21). Der Inhalt der Anmeldungen ist jedoch nach § 3 Abs. 2 als Stand der Technik zu behandeln, wobei ihr Zugänglichwerden für die Öffentlichkeit in § 3 Abs. 2 Satz 3 fingiert wird. Es besteht deshalb die Gefahr, dass der Inhalt einer geheimzuhaltenden Anmeldung durch Einsicht in die Akten einer Anmeldung, bei der die Geheimanmeldung als Stand der Technik berücksichtigt worden ist, bekannt wird. Deshalb ist in § 31 Abs. 5 Satz 2 ausdrücklich bestimmt worden, dass die Aktenteile der an sich frei einsehbaren Akten, die sich auf die geheimzuhaltende Anmeldung beziehen, von der freien Einsicht ausgenommen sind und nur unter den besonderen Voraussetzungen des § 31 Abs. 5 Satz 1 eingesehen werden können. Entsprechendes müsste wohl auch für den Fall gelten, dass zu den Akten einer nicht nach § 50 geheimzuhaltenden Anmeldung versehentlich Vorgänge eingereicht werden, die ein Staatsgeheimnis betreffen, BPatG. Mitt. **79,** 169, 170.

17 **bb) Angabe des nicht zu nennenden Erfinders.** Nach § 63 Abs. 1 Satz 3 unterbleibt die Nennung des Erfinders in den Veröffentlichungen des Patentamts, auf der Offenlegungsschrift, auf der Patentschrift und in dem Patentregister, wenn der vom Anmelder benannte Erfinder es beantragt. Dieser Vorschrift würde es zuwiderlaufen, wenn die Erfinderbenennung auch in diesem Falle im Rahmen der Akteneinsicht jedermann offengelegt würde. § 31 Abs. 4 bestimmt deshalb ausdrücklich, dass die Benennung des Erfinders nicht der freien Einsicht unterliegt, wenn der benannte Erfinder beantragt hat, nicht genannt zu werden. Die Erfinderbenennung darf in diesem Falle nur bei Glaubhaftmachung eines berechtigten Interesses offengelegt werden. Die Behauptung widerrechtlicher Entnahme begründet für sich allein in aller Regel ein solches Interesse noch nicht, vgl. BPatGE **2,** 22; BPatG Mitt. **75,** 176 sowie Bl. **83,** 190, dort auch zu Fällen, in denen ein berechtigtes Interesse in Betracht gezogen werden kann. Ein berechtigtes Interesse ist insbesondere dann gegeben, wenn ein Antragsteller glaubhaft macht, dass die streitige Patentanmeldung die Erfindung eines ehemaligen Arbeitnehmers zum Gegenstand hat, zu deren Inanspruchnahme der Arbeitgeber nach den Vorschriften des ArbEG berechtigt ist; (vgl. BPatGE **23,** 278; BPatGE **40,** 3340, 36 BPatGE **40,** 33; Schulte, a. a. O. Rdn. 13). Die Verweisung in § 31 Abs. 4 auf § 63 Abs. 1 Satz 4 und 5 bedeutet, dass die Erfinderbenennung bei Widerruf des Antrags, nicht genannt zu werden, vom Eingang des Widerrufs an frei einsehbar wird, und ein bloßer Verzicht auf die Erfindernennung auch für die Akteneinsicht bedeutungslos ist, also die freie Einsicht nicht hindert. Das in § 63 Abs. 1 Satz 3 PatG dem Erfinder eingeräumte Recht zielt nicht so sehr auf das besondere Erfinderpersönlichkeitsrecht, das sich aus der Schaffung der Erfindung herleitet (BGH GRUR **78,** 583, 585 – Motorkettensäge) und die Anerkennung der Erfinderehre gewährleisten soll; es soll vielmehr der Wille des Erfinders respektiert werden, ohne öffentliche Inanspruchnahme dieser Ehre im Verborgenen zu bleiben. Der Schutz des Persönlichkeitsrechts des Erfinders rechtfertigt sich im Rahmen von § 31 Abs. 4 nicht aus den Besonderheiten des patentrechtlichen Erteilungsverfahrens, sondern aus allgemeinen rechtlichen Gesichtspunkten, BGH v. 21. 9. 1993, X ZB 31/92, GRUR **94,** 104 f. – Akteneinsicht XIII.

18 **cc) Beschränkungen der Einsicht** durch Art. 7 § 1 PatÄndGes. 1967 für vor dem 1. 10. 1968 entstandene Akten oder Aktenteile sind durch Zeitablauf inzwischen praktisch gegenstandslos. Wegen weiterer Einzelheiten wird auf die Voraufl. verwiesen.

19 **dd) Schutz der Menschenwürde und der Intimsphäre.** Die freie Akteneinsicht findet ihre Grenze an dem grundrechtlichen Schutz der Menschenwürde und der persönlichen Intimsphäre (Art. 1, 2 GG). Mit Rücksicht darauf ist die gesetzliche Regelung verfassungskonform dahin auszulegen, dass das Recht auf freie Akteneinsicht ausnahmsweise durch überwiegend schutzwürdige Interessen auch eines Dritten an der Geheimhaltung einzelner Aktenteile eingeschränkt sein kann, BPatGE **17,** 18. Die gebotene Interessenabwägung wird unter Beachtung des Grundsatzes der Verhältnismäßigkeit im Allgemeinen dazu führen, dass einem am Verfahren nicht beteiligten Wettbewerber ein zur Begründung eines Wiedereinsetzungsantrages vorgelegtes psychiatrisches Gutachten mit intim – persönlichen Angaben nicht zur Einsicht offenzulegen ist, solche Aktenteile dagegen, in denen lediglich auf die Ergebnisse einer psychiatrischen Untersuchung hingewiesen wird und die im Zusammenhang mit dem Wiedereinsetzungsantrag stehen, offenzulegen sind, BPatGE **17,** 18.

Nach BPatGE **22,** 24 soll, wenn ein Einsprechender nachträglich geltend macht, eine von ihm zum Nachweis einer offenkundigen Vorbenutzung eingereichte Unterlage enthalte ein Betriebsgeheimnis und solle durch eine andere Unterlage, in der das Betriebsgeheimnis beseitigt sei, ersetzt werden, die ursprünglich eingereichte Unterlage zwar bei den Akten verbleiben, jedoch gesondert verwahrt und von der Akteneinsicht ausgenommen werden. Nach BPatGE **30,** 74, können Teile des Sachvortrags eines Einsprechenden, dessen Einspruch auf widerrechtliche Entnahme einer angeblich von ihm gemachten Erfindung gestützt ist und betriebsinterne Vorgänge und technische Entwicklungen im Unternehmen des Patentinhabers, seines früheren Arbeitgebers, behandelt, auf Antrag von der freien Akteneinsicht ausgenommen werden; die Einsicht in die betreffenden Akteneile richtet sich dann nach § 31 Abs. 1 Satz 1. **19a**

h) Verfahrensfragen. Soweit die Einsicht in die Akten offengelegter Patentanmeldungen und die dazu gehörenden Modelle und Probestücke nach dem vorher Gesagten keinen Beschränkungen unterliegt, ist sie auf mündliches oder schriftliches Verlangen ohne weiteres zu gewähren; ein förmlicher „Antrag", eine Anhörung des Anmelders und eine „Entscheidung" sind nicht erforderlich. Soweit die Einsicht jedermann freisteht, kann auch von Personen, die andere berufsmäßig vor dem Patentamt vertreten, nicht verlangt werden, dass sie einen etwaigen Auftraggeber angeben; es ist gleichgültig, ob diese Personen die Einsicht in eigenem oder fremdem Interesse nehmen wollen, BPatGE **17,** 26, 27. Wegen der Durchführung der Akteneinsicht vgl. MittPräsPA Bl. **69,** 201; **80,** 297 und, im Hinblick auf die Umnutzung der Auslegehalle, die Mitteilung des PräsDPMA Nr. 31/04 v. 17. 8. 2004, Bl. **04,** 422. Einzelheiten der Ausgabe von Verfahrensakten zur Einsichtnahme in den Auslegehallen des DPMA sind in § 24 der „Benutzungsordnung für die Auslegehallen des DPMA" aus dem Jahre 2001 geregelt. **20**

Enthalten die Akten offengelegter Patentanmeldungen und erteilter Patente beschränkt einsehbare Aktenteile (vgl. oben Rdn. 15–19), so sind auf formloses Verlangen nur die frei einsehbaren Aktenteile offenzulegen. Die Einsicht in die nicht frei einsehbaren Aktenteile muss förmlich (schriftlich) beantragt werden. Das Verfahren bestimmt sich nach den insoweit anzuwendenden Vorschriften, § 31 Abs. 1 Satz 1 und § 18 DPAVO (vgl. oben Rdn. 18). Da diese Vorschriften inhaltlich übereinstimmen, kann auf die Ausführungen unter Rdn. 36ff.) verwiesen werden. **20a**

Verfahrensmäßige Einzelheiten der Akteneinsicht sind jetzt in § 22 DPMAV geregelt. Danach entscheidet über den Antrag auf Akteneinsicht nach § 31 Abs. 1 Satz 1 die Stelle des DPMA, die für die Bearbeitung der Sache, über welche die Akten geführt werden, zuständig ist oder, sofern die Bearbeitung abgeschlossen ist, zuletzt zuständig war. Einsicht in die Originalakten von Anmeldungen und von eingetragenen Patenten wird nur in den Dienstgebäuden des Deutschen Patent- und Markenamts gewährt. Auf Antrag wird Akteneinsicht durch die Erteilung von Kopien oder beglaubigten Kopien der gesamten Akten oder von Teilen der Akten gewährt. Soweit der Inhalt von Akten auf Mikrofilm aufgenommen ist, wird Einsicht in die Akten dadurch gewährt, dass der Mikrofilm zur Verfügung gestellt wird. Die Akteneinsicht in elektronisch geführte Akten oder in Teile von Akten wird durch Übermittlung einer Kopie gewährt. Nach der Benutzungsordnung der Auslegehallen ist es zwar zulässig, Kopien von Aktenbestandteilen anzufertigen. Die Übertragung elektronischer Dokumente oder von Teilen davon auf eigene Disketten oder andere Datenträger ist dabei nicht erlaubt, § 29 Abs. 4 Buchst. d der Benutzungsordnung. **20b**

4. Akten von Geheimanmeldungen und Geheimpatenten. In die Akten von Patentanmeldungen und Patenten, für die nach § 50 jede Veröffentlichung unterbleibt, kann Einsicht nach § 31 Abs. 5 Satz 1 nur unter besonderen Voraussetzungen, die dem insoweit bestehenden öffentlichen Interesse Rechnung tragen, gewährt werden. Nach § 31 Abs. 5 Satz 1 muss zunächst ein besonderes schutzwürdiges Interesse des Antragstellers die Gewährung der Einsicht geboten erscheinen lassen. Ein solches Interesse kann sich daraus ergeben, dass Rechte aus dem Geheimpatent gegen den Antragsteller geltend gemacht werden oder das Geheimpatent dem Antragsteller bei einer eigenen Anmeldung als Stand der Technik (§ 3 Abs. 2 Satz 3) entgegengehalten wird; in BPatGE **23,** 272 allerdings für den konkreten Fall im Ergebnis verneint. Das Vorliegen eines besonderen schutzwürdigen Interesse genügt indes nicht. Auch bei Glaubhaftmachung eines solchen Interesses kann die Einsicht nur gewährt werden, wenn hierdurch eine Gefährdung des Wohls der Bundesrepublik oder eines ihrer Länder nicht zu erwarten ist. Wegen dieser Frage ist die zuständige oberste Bundesbehörde, d.h. der BMVtdg. zu hören, der dann auch zur Frage des besonderen schutzwürdigen Interesses Stellung nehmen kann. **21**

Sofern die Voraussetzungen für die Akteneinsicht gegeben sind, ist sie in dem Umfange zu bewilligen, in dem sie für die Wahrung der Rechte des Antragstellers notwendig ist. Sofern dafür die Einsicht in die Patentansprüche und in die Zeichnungen ausreicht, ist sie hierauf zu beschränken, BGH Bl. **77,** 310 – Akteneinsicht/Geheimpatent (betr. Einsicht zur Prüfung der Identität gemäß § 4 Abs. 2 PatG 1968).

22 **5. Sonstige Akten, Modelle und Probestücke. Berechtigtes Interesse.** In andere als die in § 31 Abs. 1 Satz 2, Abs. 2 bis 5 besonders geregelten Akten, Modelle und Probestücke ist nach § 31 Abs. 1 Satz 1 Einsicht zu gewähren, wenn der Antragsteller ein berechtigtes Interesse glaubhaft macht. § 31 Abs. 1 Satz 1 erscheint gesetzestechnisch als die umfassende Grundvorschrift für die Einsicht in Akten und Unterlagen des Patentamts. Angesichts der in § 31 Abs. 1 Satz 2 und Abs. 2 bis 5 enthaltenen Ausnahmen. ist jedoch der Anwendungsbereich des § 31 Abs. 1 Satz 1 nicht sehr groß. Die Bestimmung betrifft vor allem die Akten von Nebenverfahren und von besonderen Verfahren außerhalb des Erteilungs-, Einspruchs- und Beschränkungsverfahrens. Selbstständige Nebenverfahren, bei denen die Akteneinsicht ein berechtigtes Interesse voraussetzt, sind z. B. Kostenfestsetzungsverfahren nach § 62 Abs. 2, vgl. BPatGE **25,** 123 [28. 2. 1983] 5 ZA (pat) 19/82. Von den eigentlichen Patentakten ist sie nur auf die Akten der nicht oder noch nicht offengelegten Patentanmeldungen und auf die in § 31 Abs. 4 genannten Aktenteile anwendbar. Sie behandelt nur die Einsicht durch Dritte. Mitanmelder sind in dieser Hinsicht nicht Dritte. Ihnen ist daher die Einsicht in die Erteilungsakten grundsätzlich zu gestatten, PA Mitt. **34,** 326, auch wenn Streit zwischen ihnen über das Recht an der Erfindung besteht.

23 **a) Zustimmung des Betroffenen.** Da die Akten des Patentamts im Allgemeinen nur im Interesse des oder der Betroffenen geheimgehalten werden, ist die Einsicht ohne weiteres zu gewähren, wenn der Anmelder oder die sonst am Verfahren Beteiligten zustimmen. Die Zustimmung muss ausdrücklich erklärt werden. Die einmal erklärte Zustimmung kann grundsätzlich nicht widerrufen oder eingeschränkt werden, BPatGE **3,** 20. Handelt es sich um die Einsichtnahme in die Akten von Einspruchsverfahren, so ist auch die Zustimmung des Einsprechenden erforderlich, BPatGE **33,** 175 (zu Widerspruchsverfahren nach WZG unter Berücksichtigung der Widersprechenden).

24 **b) Berechtigtes Interesse.** Ohne Zustimmung des oder der Betroffenen wird die Akteneinsicht nur gewährt, wenn der Antragsteller ein berechtigtes Interesse glaubhaft macht. Berechtigtes Interesse setzt nicht wie das rechtliche Interesse (§ 299 Abs. 2 ZPO) voraus, dass es sich auf ein bereits vorhandenes Recht stützt. Bei der Prüfung der Frage, ob das geltend gemachte Interesse berechtigt ist, kommt es entscheidend auf eine Abwägung der Belange des Ast. und des von der Akteneinsicht Betroffenen an, BGH v. 21. 9. 1993, X ZB 31/92, – Akteneinsicht XIII, GRUR **94,** 104, 105 unter Bezugnahme auf BVerfG GRUR **64,** 554, 555; BGH GRUR **66,** 698, 700 – Akteneinsicht IV. Das Interesse an der Einsichtnahme in den Teil der Patentakten, der die Erfinderbenennung enthält, ist dann nicht schlüssig begründet und schutzwürdig, wenn es für ein Gebrauchsmusterlöschungsverfahren geltend gemacht wird, um die Inanspruchnahme der Neuheitsschonfrist auszuräumen, der Ursprung der durch das Gebrauchsmuster geschützten Erfindung jedoch ohne weiteres ersichtlich ist, BGH v. 21. 9. 1993, a. a. O., S. 105. Das Interesse ist berechtigt, wenn die Kenntnis der Akten für das künftige Verfahren des Antragstellers bei der Wahrung oder Verteidigung von Rechten, insbesondere in einem künftigen Verfahren bestimmend sein kann. Das Interesse kann auch tatsächlicher, insbesondere wirtschaftlicher Art sein. Die früher häufig gebrauchte Formel, das Interesse müsse mit der patentrechtlichen Bedeutung der Rechtsakte des Erteilungsverfahrens zusammenhängen und rechtliche Verhältnisse des Antragstellers berühren (PA Bl. **13,** 274; **18,** 6; **31,** 161; **34,** 87; Mitt. **34,** 105), ist daher zu eng. Ein lediglich wissenschaftliches Interesse reicht allerdings nicht aus, PA Bl. **18,** 7; anders für Entscheidungen Schlegelberger, 6. Aufl., Rdn. 7 zu § 34 FGG. Bei der Prüfung der Frage, ob das geltend gemachte Interesse berechtigt ist, sind die Belange des Antragstellers und des von der Akteneinsicht Betroffenen gegeneinander abzuwägen, BPatGE **1,** 52, 53; BGH GRUR **66,** 698, 700 – Akteneinsicht IV.

25 Das Interesse an der Einsicht muss **in der Person des Antragstellers** gegeben sein. Ein Patent- oder Rechtsanwalt, der den Antrag im eigenen Namen stellt, muss daher entweder seinen Auftraggeber nennen, PA Bl. **17,** 128, oder sein eigenes Interesse dartun, PA Mitt. **28,** 33; Bl. **55,** 22. Der Auftrag zur Erstattung eines Privatgutachtens begründet kein eigenes Interesse, Bl. **34,** 239; **55,** 22; abw. für die Akten eines Beschränkungsverfahrens BPatGE **2,** 37. Einem Verband kann die Einsicht gewährt werden, wenn der Akteninhalt sein Aufgabengebiet berührt, PA GRUR **31,** 1144. Weist das Patentamt in einem Bescheid lediglich auf einen nicht veröffentlichten Beschluss des Patentgerichts hin, ohne dessen wesentlichen Inhalt mitzuteilen, so begründet dieser Hinweis allein kein berechtigtes Interesse an der Einsichtnahme in den Beschluss, BPatGE **23,** 55. Der Arbeitgeber kann ein berechtigtes Interesse an der Akteneinsicht

haben, wenn sein ehemaliger Arbeitnehmer kurze Zeit nach dem Ausscheiden aus dem Betrieb eine Patentanmeldung einreicht, BPatGE **23,** 278.

Das berechtigte Interesse muss im **Zeitpunkt der Antragstellung** bestehen; Akteneinsicht kann daher nicht gewährt werden, wenn sie im Hinblick auf ein Verfahren begehrt wird, das ausgesetzt ist und dessen Fortführung dahinsteht. Wenn ein schutzwürdiges Interesse glaubhaft gemacht wird, ist die Einsicht in aller Regel zu gewähren. Die Einsicht kann nur versagt werden, wenn bestimmte Tatsachen vorliegen, welche trotz des Interesses des Antragstellers eine Geheimhaltung als notwendig erscheinen lassen. Solche Gründe können darin liegen, dass dem Interesse des Antragstellers ein gleich oder höher zu bewertendes Interesse einer anderen Person oder der Öffentlichkeit an der Geheimhaltung gegenübersteht. Das Interesse des Antragstellers an der Akteneinsicht und das Interesse des oder der Betroffenen an der Geheimhaltung sind daher jeweils gegeneinander abzuwägen, BPatGE **1,** 52, 53; BGH GRUR **66,** 698, 700; BGH GRUR **94,** 105 (vgl. Rdn. 17, 24); BPatG Bl. **83,** 190, 191; BPatGE **27,** 191, 192. **26**

aa) Noch nicht offengelegte Anmeldungen. Der Umstand, dass der Gegenstand der noch nicht offengelegten Patentanmeldung noch keinen Schutz gegen eine Benutzung genießt, lässt es geboten erscheinen, Anmeldungen, die noch nicht offengelegt worden sind, grundsätzlich geheimzuhalten, vgl. BGH GRUR **66,** 698, 700 m. w. N. – Akteneinsicht IV; **73,** 154, 155 – Akteneinsicht/Zusatzanmeldung; BPatGE **19,** 6, 7 m. w. N. Die Akten der noch nicht offengelegten Anmeldungen dürfen danach grundsätzlich nur mit Zustimmung des Anmelders eingesehen werden, § 31 Abs. 2 Nr. 1. Im Übrigen findet die Grundregel von § 31 Abs. 1 Satz 1 Anwendung, d. h. der insoweit die Akteneinsicht Beantragende muss ein berechtigtes Interesse geltend machen. Es müssen sonst besondere Gründe vorliegen, auf Grund deren das Interesse des Antragstellers das Geheimhaltungsinteresse des Anmelders überwiegt, PA Mitt. **38,** 39. Es ist insoweit ein strenger Maßstab anzulegen, BGH GRUR **66,** 698, 700; **73,** 154, 155. **27**

Die Beteiligung des **Antragstellers als Einsprechender** am Erteilungsverfahren der Stammanmeldung nach früherem Recht begründet kein berechtigtes Interesse an der Einsicht in die Akten einer vor Einlegung des Einspruchs davon abgetrennten, nicht offengelegten (oder nach früherem Recht bekanntgemachten) Ausscheidungs- (Teil-)anmeldung; das berechtigte Interesse lässt sich auch nicht damit begründen, dass der Antragsteller geltend macht, er sei auf demselben Fachgebiet tätig und beabsichtige die Herstellung eines Gerätes, das Merkmale aufweise, die im Schutzbereich der Stammanmeldung liegen könnten, je nach dem wie deren Schutzbereich im Hinblick auf den Gegenstand der Ausscheidungsanmeldung abzugrenzen sei, BPatGE **13,** 167. Dem Einsprechenden, der nach früherem Recht Einspruch gegen eine Ausscheidungsanmeldung erhob, konnte zur Feststellung des Anmeldetages auch vor der Offenlegung oder Bekanntmachung der Stammanmeldung in diese Einsicht gewährt werden, soweit das zur Feststellung des Anmeldetages erforderlich war, PA Bl. **1904,** 140; **1909,** 256. **28**

Ist eine Teilanmeldung offengelegt worden und sind ihre Akten damit der allgemeinen Akteneinsicht nach § 31 Abs. 1 Satz 2 unterworfen, dann erstreckt sich das allgemeine Akteneinsichtsrecht auch auf die Akten der Stammanmeldung, „ungeachtet deren Veröffentlichung“, wie es der ausdrücklichen Regelung in Art. 128 Abs. 3 EPÜ entspricht, d. h. unabhängig davon, ob die Stammanmeldung selbst zurückgenommen oder zurückgewiesen oder vor Offenlegung anderweitig erledigt worden ist. Nur so kann in Bezug auf die Teilanmeldung überprüft werden, ob sie über den Inhalt der Stammanmeldung in der ursprünglich eingereichten Fassung hinausgeht oder nicht; vgl. dazu BPatGE **8,** 1 [9. 12. 1965] 5 W (pat) 126/65 wegen einer ähnlichen Verfahrenskonstellation nach § 24 a. F. **28 a**

Nimmt eine Zusatzanmeldung zur Erläuterung des Erfindungsgegenstandes auf eine Hauptanmeldung Bezug, so ist das Interesse an der Akteneinsicht in die ursprüngliche Beschreibung der ohne vorherige Offenlegung oder Bekanntmachung zurückgenommenen Hauptanmeldung zur Feststellung etwaiger unzulässiger Erweiterungen und Veränderungen des Gegenstandes der selbstständig gewordenen Zusatzanmeldung infolge des Wegfalls der Bezugnahme grundsätzlich berechtigt, BGH GRUR **73,** 154 mit Anm. Pietzcker. Sieht sich der Einsprechende zur Begründung des auf widerrechtliche Entnahme einer (angeblich) von ihm gemachten Diensterfindung gestützten Einspruchs gegen das Patent seines (früheren) Arbeitgebers veranlasst, auch betriebsinterne Vorgänge und technische Entwicklungen im Unternehmen des Patentinhabers vorzutragen, so ist dieser Sachvortrag einschließlich seiner weiteren Erörterungen im Einspruchsverfahren auf Antrag von der freien Akteneinsicht (§ 31 Abs. 1 Satz 2) auszunehmen; die Einsicht in diese Aktenteile richtet sich in diesem Falle nach der Vorschrift des § 31 Abs. 1 Satz 1, BPatGE **30,** 74 = GRUR **89,** 190. **28 b**

29 Die Akteneinsicht ist zu gestatten, wenn sich der **Nichtigkeitskläger** auf eine eigene noch nicht offengelegte oder bekanntgemachte Anmeldung beruft und geltend macht, der Nichtigkeitsbeklagte habe seine Erfindung widerrechtlich entnommen, PA Bl. **55,** 359. Wenn einem Anmelder eine in einem anderen Verfahren festgestellte Vorbenutzung entgegengehalten wird, so muss ihm in die betreffenden Teile der Akten der anderen Anmeldung Einsicht gewährt werden, vgl. PA Mitt. **36,** 64 betr. Akten eines versagten Patents. Die Behauptung widerrechtlicher Entnahme gibt kein Einsichtsrecht in die Akten einer noch nicht bekanntgemachten – oder offengelegten – Anmeldung, BPatGE **8,** 4, nach BPatGE **19,** 6, 12 jedenfalls dann nicht, wenn der Antragsteller nur auf Grund einer bloßen Vermutung die Möglichkeit einer widerrechtlichen Entnahme überprüfen möchte. Bei einer vom Treuhänder eingereichten Anmeldung hat der Treugeber, auch ohne am Erteilungsverfahren beteiligt zu sein, in der Regel ein berechtigtes Interesse an der Akteneinsicht, PA Bl. **56,** 223. Bei Streit über das Vorliegen eines Treuhandverhältnisses wird allerdings die Entscheidung den ordentlichen Gerichten zu überlassen sein. Der Arbeitnehmer hat in der Regel ein berechtigtes Interesse auf Akteneinsicht in die Akten der seine Erfindung enthaltenden Anmeldung, PA Bl. **58,** 190. Streiten zwei in den Akten als Mitanmelder geführte Personen über das Recht an der Erfindung, so steht jedem von ihnen bis zur Entscheidung des Rechtsstreits das Recht zu, in die Akten Einsicht zu nehmen, wenn nicht ein besonderer Nachteil durch die Einsicht des einen für den anderen Mitanmelder glaubhaft gemacht wird, PA Mitt. **34,** 326; **57,** 76. Dem Pfändungspfandgläubiger ist keine Einsicht in die Akten der noch nicht offengelegten (oder bekanntgemachten) Anmeldung zu geben, PA Mitt. **28,** 32. Einsicht ist auch dem Lizenznehmer nicht zu gewähren, sofern nicht der Anmelder zustimmt, PA Mitt. **30,** 139.

30 Die **Verwarnung** aus einer noch nicht offengelegten (oder bekanntgemachten) Anmeldung begründet nach bisheriger Praxis kein hinreichendes Interesse an der Akteneinsicht, PA Mitt. **36,** 96; **57,** 76; BPatG Mitt. **70,** 76, 77; BPatGE **2,** 189 (zweifelhaft); vgl. dazu auch BPatGE **19,** 6, 7f; **20,** 15, 16f sowie BPatGE **27,** 191 für den Fall einer Verwarnung auf Grund einer Gebrauchsmusteranmeldung, der der Verwarnte eine auf Unterlassung lautende einstweilige Verfügung entgegenstellen kann; das Gericht bejaht hier zutreffend das berechtigte Interesse des Verwarnten. Die Akteneinsicht wird auch nicht gerechtfertigt durch die Inanspruchnahme aus dem ausländischen, aus der Nachanmeldung entstandenen Schutzrecht, BPatGE **14,** 15. In BPatGE **14,** 174 ist jedoch das Einsichtsinteresse für den Fall als berechtigt anerkannt worden, dass der Antragsteller aus dem aus der Nachanmeldung entstandenen ausländischen Schutzrecht in Anspruch genommen ist und dadurch beim Export in den ausländischen Staat behindert und damit auch in seiner inländischen Tätigkeit und seinen inländischen Interessen beeinträchtigt wird (zweifelhaft). Die Verwarnung eines ausländischen Kunden des Antragstellers aus einer ausländischen, noch nicht bekanntgemachten Patentanmeldung, für die die Priorität einer deutschen Anmeldung in Anspruch genommen ist, begründet kein berechtigtes Interesse an der Einsicht in die Akten der noch nicht offengelegten deutschen Voranmeldung, BPatGE **19,** 6 m. w. N. Wer aus einem Gebrauchsmuster in Anspruch genommen wird, für das die Priorität einer ausländischen Patentanmeldung begehrt wird, die zur Erteilung des Patents geführt hat, hat ein berechtigtes Interesse an der Einsicht in die ursprünglichen Unterlagen der noch nicht bekanntgemachten deutschen Patentanmeldung, aus der ein Prioritätsrecht für das ausländische Patent hergeleitet wird, BPatGE **4,** 130.

31 Ein berechtigtes Interesse an der Einsicht in die Akten einer nicht oder noch nicht offengelegten – oder nach früherem Recht bekanntgemachten – Patentanmeldung ist anzuerkennen, wenn der Antragsteller aus einem der Patentanmeldung entsprechenden **Hilfsgebrauchsmuster** (§ 2 Abs. 6 GebrMG) in Anspruch genommen wird, BGH GRUR **66,** 698 – Akteneinsicht IV, oder auf demselben engeren Fachgebiet als Mitbewerber tätig ist und durch das Hilfsgebrauchsmuster in seiner freien gewerblichen Betätigung behindert wird, BPatGE **10,** 10. Diese Beurteilung lässt sich – nach der Abschaffung des Hilfsgebrauchsmusters und der Einführung der **Abzweigung,** § 5 Abs. 1 GerbMG – ohne weiteres auf die neue Rechtslage übertragen Die Akteneinsicht ist in diesem Falle nicht auf die bis zur Eintragung des Hilfsgebrauchsmusters oder der abgezweigten Gebrauchsmusteranmeldung entstandenen Aktenteile der Patentanmeldung beschränkt, BGH GRUR **66,** 698. Das berechtigte Interesse desjenigen, der die Löschung des Hilfsgebrauchsmusters beantragt, entfällt nicht zwangsläufig mit dem Ende des Gebrauchsmusterschutzes durch Zeitablauf; es besteht weiter, wenn nach den gesamten Umständen noch mit der Geltendmachung rückwirkender Ansprüche aus dem erloschenen Gebrauchsmuster zu rechnen ist, BPatGE **9,** 181. Wenn das Hilfsgebrauchsmuster erst nach Ablauf der längstmöglichen Schutzdauer eingetragen wird, besteht kein berechtigtes Interesse an der Einsicht in die Akten der korrespondierenden Patentanmeldung, wenn diese bereits – wie in dem entschiedenen Fall – vor der Eintragung des Hilfsgebrauchsmusters rechtskräftig zurück-

gewiesen worden war, BPatGE **13,** 173. Ob das Interesse auch dann, wenn die Patentanmeldung noch besteht, in jedem Falle zu verneinen ist – so der Lts. in BPatGE **13,** 173; **14,** 15 –, erscheint zweifelhaft.

Wenn der Patentanmelder den Antragsteller aus seiner Patentanmeldung und aus einem für ihn eingetragenen Gebrauchsmuster verwarnt und in einem Rechtsstreit selbst die Übereinstimmung des Gebrauchsmusters mit der Patentanmeldung behauptet hat, ist das berechtigte Interesse an der Einsicht in die Akten der Patentanmeldung auch dann anzuerkennen, wenn das Gebrauchsmuster nicht als Hilfsgebrauchsmuster angemeldet ist; die Übereinstimmung der Patentanmeldung mit der Gebrauchsmusteranmeldung braucht in einem solchen Falle nicht geprüft zu werden, BGH Mitt. **72,** 175. Ob das Einsichtsinteresse des aus einem eingetragenen Gebrauchsmuster Verwarnten auch dann zu bejahen ist, wenn sich die Übereinstimmung des – nicht auf eine Hilfsanmeldung eingetragenen – Gebrauchsmusters mit der Patentanmeldung aus den Umständen ergibt (so BPatGE **12,** 98), hat der BGH in Mitt. **72,** 175 ausdrücklich offen gelassen. 32

Der Anspruch auf Akteneinsicht, der auf das **materielle Recht** gestützt wird (z.B. auf Vertrag), muss **bei den ordentlichen Gerichten** geltend gemacht werden; ein solcher Anspruch kann nicht beim Patentamt mit einem Akteneinsichtsantrag verfolgt werden, BPatGE **2,** 189; **12,** 93, 97; vgl. dazu aber auch BPatGE **19,** 6, 7. 32 a

bb) Vor der Offenlegung zurückgenommene oder zurückgewiesene Anmeldungen. Vor der Offenlegung (oder Bekanntmachung) zurückgezogene oder zurückgewiesene Anmeldungen sind grundsätzlich geheimzuhalten. Sie können nur bei besonderem Interesse des Antragstellers eingesehen werden, BPatGE **13,** 173, 176 m.w.N.; BGH GRUR **73,** 154, 155 – Akteneinsicht/Zusatzanmeldung. Ein solches Interesse kann gegeben sein, wenn der Antragsteller der Kenntnis des Inhalts der zurückgezogenen Anmeldung bedarf, um sich gegen den Vorwurf der widerrechtlichen Entnahme verteidigen zu können, vgl. PA Mitt. **38,** 391. Ob demjenigen, der nach früherem Recht einen zulässigen Einspruch gegen eine bekanntgemachte Anmeldung erhob, die ursprünglich Zusatzanmeldung zu der später zurückgezogenen Anmeldung war, grundsätzlich ein berechtigtes Interesse an der Einsicht in die ursprünglichen Unterlagen der zurückgezogenen Anmeldung zuzubilligen war – so PA Mitt. **30,** 93; abw. PA Mitt. **30,** 336 – hat der BGH in GRUR **73,** 154, 155, unentschieden gelassen. Wenn die Zusatzanmeldung zur Umschreibung des Erfindungsgegenstandes auf die zurückgezogene Hauptanmeldung Bezug genommen hat, ist das berechtigte Interesse an der Einsicht in die ursprüngliche Beschreibung der ohne vorherige Bekanntmachung zurückgenommenen Hauptanmeldung zur Feststellung etwaiger unzulässiger Erweiterungen oder Veränderungen der selbstständig gewordenen Zusatzanmeldung infolge des Wegfalls der Bezugnahme zu bejahen, BGH GRUR **73,** 154. 33

cc) Sonstige Akten. Auch in sonstige Akten, etwa in die eines Verfahrens über die Bewilligung von Verfahrenskostenhilfe, eines anderen Akteneinsichtsverfahrens oder eines Verfahrens zur Festsetzung der angemessenen Vergütung kann bei Vorliegen eines berechtigten Interesses Einsicht gewährt werden. Es sind insoweit jedoch kaum Fälle denkbar, in denen ein die Einsicht rechtfertigendes Interesse gegeben sein könnte. 34

c) Umfang der Einsicht. Die Einsicht wird nur insoweit gewährt, als das berechtigte Interesse reicht. Die Aktenteile, hinsichtlich deren ein berechtigtes Interesse an der Einsicht nicht besteht, sind daher auszunehmen. Es kann zwar in erster Linie dem Betroffenen überlassen bleiben, die Aktenteile zu bezeichnen, deren Einsichtnahme er gegebenenfalls nicht wünscht. Das Amt hat aber auch von sich aus zu prüfen, ob einzelne Aktenteile von der Einsicht auszunehmen sind. Auszunehmen sind – in der Regel – die Erfinderbenennung, wenn der benannte Erfinder beantragt hat, nicht genannt zu werden, oder Anfragen Dritter und sonstige Unterlagen, die für die Belange des Antragstellers ohne Bedeutung sind. 35

d) Verfahren. Über die Erteilung der Akteneinsicht wird in einem kontradiktorischen Verfahren entschieden, an dem der Antragsteller einerseits und derjenige, dessen Belange durch die Akteneinsicht betroffen werden, meist der Patentanmelder, beteiligt sind. Das Verfahren dient der Prüfung, ob das Interesse des Antragstellers berechtigt ist. Ein Wechsel des Antragstellers ist in diesem Verfahren nicht zulässig, BPatG Mitt. **72,** 237. 36

aa) Antrag. Die Einsicht wird nur auf Antrag gewährt. Sie kann deshalb auch nur insoweit gewährt werden, als sie beantragt ist. Der Antrag ist schriftlich beim Patentamt einzureichen. Er kann wiederholt werden, PA Mitt. **32,** 222; **35,** 161. Ein nach Ablehnung mit derselben Begründung gestellter Antrag kann ohne erneute Sachprüfung unter Bezugnahme auf den früheren Beschluss zurückgewiesen werden. 37

37a Wenn der Antragsteller die **Hauptsache für erledigt erklärt** und der Antragsgegner der Erledigung widerspricht, ist für die Frage der Wirksamkeit der Erledigungserklärung nicht zu prüfen, ob der Antrag auf Akteneinsicht begründet war, BPatGE **13,** 180. Die Erledigung der Hauptsache eines Akteneinsichtsverfahrens kann auch während einer beim BGH anhängigen Rechtsbeschwerde erklärt werden; auf die Kostenentscheidung ist § 91a ZPO entsprechend anzuwenden, weil es sich um ein echtes Streitverfahren handelt, das einer Kostenentscheidung bedarf, BGH GRUR **94,** 104 (s. oben Rdn. 17 und 24). Nach der Rechtsprechung des Bundesgerichtshofs (BGH GRUR **64,** 548, 551 – Akteneinsicht I – sowie unveröffentlichte Beschlüsse vom 4. Oktober 1990, X ZR 47/88, und vom 29. Januar 1991, X ZR 5/90) wie des Bundespatentgerichts (BPatGE **26,** 53) muss derjenige, der berufsmäßig andere vertritt, angeben, für wen er Akteneinsicht begehrt, weil sich der Patentinhaber nur dann darüber schlüssig werden kann, ob er dem Antrag widersprechen soll. Für den Patentinhaber kann nämlich die Beurteilung eines der Akteneinsicht entgegenstehenden Interesses von der Person des Einsichtnehmenden abhängen, und auch das Gericht kann nur dann beurteilen, ob das Interesse, das der Patentinhaber der Gewährung der Akteneinsicht entgegenstellen will, gegenüber dem Interesse desjenigen, für den der Antrag gestellt wird, schutzwürdig ist. Wenn der Antragsteller seinen Auftraggeber nicht nennen will, kann nach den genannten Grundsätzen sein Antrag keinen Erfolg haben, BPatGE **32,** 270.

38 **bb) Glaubhaftmachung.** Der Antragsteller hat die Tatsachen, aus denen er sein berechtigtes Interesse herleitet, glaubhaft zu machen. Glaubhaftmachung ist ein geringerer Grad der Beweisführung; es genügt, dass dem Amt die Überzeugung der überwiegenden Wahrscheinlichkeit verschafft wird, vgl. PA Mitt. **38,** 72; **38,** 287/290. Es braucht also nicht die volle Überzeugung von der Richtigkeit der zu beweisenden Tatsache, sondern nur der Glaube daran, gestützt auf Wahrscheinlichkeitsgründe, vermittelt zu werden. Es kann eidesstattliche Versicherung gestattet werden (§ 294 Abs. 1 ZPO).

39 **cc) Anhörung.** Der Akteneinsichtsantrag ist dem oder den davon Betroffenen mitzuteilen (§ 17 DPMAV). Zu dem Schriftsatz gehören auch seine Anlagen. Es ist daher nicht zulässig, dem Antragsgegner Anlagen des Antrages vorzuenthalten, wie das noch in PA Bl. **54,** 440, angenommen worden ist. Wünscht der Antragsteller deren Geheimhaltung, so müssen sie ihm zurückgegeben werden und dürfen bei der Entscheidung nicht berücksichtigt werden. Dem Antragsgegner muss Gelegenheit zur Äußerung gegeben werden. Das folgt schon aus dem Grundsatz des rechtlichen Gehörs. Schweigt der Antragsgegner nach Zuleitung des Antrags, so kann dies nicht ohne weiteres als Zustimmung gewertet werden, BPatGE **23,** 55, 57. Wird der Antrag zurückgewiesen, muss eine Stellungnahme des Antragsgegners nicht abgewartet werden, § 19 Abs. 2 Satz 2 DPMAV

40 **dd) Entscheidung.** Zuständig für die Entscheidung sind in der Regel (§ 22 Abs. 1 DPMAV) die Stellen, die für die Angelegenheit, über welche die Akten geführt werden, nach § 27 Abs. 1 PatG zuständig sind oder – bei erledigten Sachen – zuletzt zuständig waren. Über die Einsicht in die Akten von schwebenden oder ohne Patenterteilung erledigten Patentanmeldungen entscheidet daher nach § 27 Abs. 1 Nr. 1 die Prüfungsstelle (PA Bl. **55,** 359), über die Einsicht in die Akten erteilter Patente die Patentabteilung, soweit nicht der Präsident anders bestimmt. Die Übertragung der Entscheidung auf Beamte des gehobenen Dienstes (§ 1 Abs. 2 ÜVO) war offenbar nicht durch die ihr zugrunde liegende Ermächtigung gedeckt und daher unwirksam, BPatGE **14,** 14. In der Neufassung der Wahrnehmungsverordnung v. 14. 12. 1994 ist deshalb die Übertragung auf Beamte des gehobenen Dienstes und vergleichbare Angestellte nach § 1 Abs. 1 Nr. Buchst. b) bei Verfahren der Akteneinsicht beschränkt auf formelle Erfordernisse, soweit die Einsicht in die Akten oder die Erfinderbenennung nur bei Glaubhaftmachung eines berechtigten Interesses gewährt wird.

40a Durch die Entscheidung wird entweder dem Antrag ganz oder teilweise stattgegeben oder der Antrag zurückgewiesen. Der Beschluss ist zu begründen und den Beteiligten zuzustellen (§ 47). Er darf nur auf solche Umstände gestützt werden, zu denen sich die Beteiligten äußern konnten. Eine davon abweichende Verfahrensweise verletzt den aus dem Rechtsstaatsprinzip abzuleitenden Grundsatz des rechtlichen Gehörs.

41 **ee) Ausführung.** Soweit der Beschluss der Beschwerde unterliegt, kann er im Hinblick auf § 75 erst nach Eintritt der formellen Rechtskraft ausgeführt werden. Die Originalakten, deren Einsicht gestattet ist, sind nur beim Patentamt – in den Dienstgebäuden (Auslegehallen) des DPMA (vgl. dazu MittPräsPA Bl. **80,** 297 und die geltende Regelung in § 22 Abs. 2 DPMAV) – einzusehen. Ein Anspruch auf Abgabe in die Wohnung oder in das Büro eines Anwalts besteht nicht. Die Akten konnten früher auch an das Amtsgericht des Wohnortes zur Einsichtnahme übersandt werden, vgl. PA Mitt. **35,** 159. Das ist nach dem geltenden Recht ausdrück-

lich ausgeschlossen („nur"). Auf Antrag wird Akteneinsicht durch die Erteilung von Kopien oder beglaubigten Kopien der gesamten Akten oder von Teilen der Akten gewährt, § 22 Abs. 2 Satz 2. Wenn die Einsichtnahme beschränkt ist, kann sie entweder nur unter Aufsicht gewährt werden, oder es sind die nicht einzusehenden Teile vorher zu entfernen und, wenn sie auch einzusehende Stellen enthalten, insoweit Kopien vorzulegen, PA Mitt. **32,** 257; Bl. **61**, 82. Soweit der Inhalt von Akten des DPMA auf Mikrofilm aufgenommen ist, wird Einsicht in die Akten dadurch gewährt, dass der Mikrofilm zur Verfügung gestellt wird. Die Akteneinsicht in elektronisch geführte Akten oder in Teile von Akten wird durch Übermittlung einer Kopie gewährt, § 22 Abs. 3 DPMAV.

6. Kosten. Die Einsicht in solche Unterlagen, deren Einsicht jedermann freisteht, sowie in die Akten der eigenen Anmeldung und des eigenen Schutzrechts ist nach Nr. 301 400 des KostenVerz. zur DPMAVwKostV gebührenfrei. Gebührenfrei ist daher die Einsicht, die nicht förmlich beantragt zu werden braucht. Soweit es eines Verfahrens bedarf, wird für den Antrag auf Akteneinsicht nach Nr. 301 400 des KostenVerz. zur DPMAVerwkostVO eine Gebühr von 30 EUR erhoben. Die Gebühr ist Antragsgebühr und verfällt mit der Antragstellung. Sind die Akten oder Unterlagen, in die Einsicht begehrt wird, nicht vorhanden, so ist für die Erhebung der Gebühr kein Raum, PA Mitt. **31,** 168. Durch die Gebühr werden alle Handlungen, die im Zusammenhang mit der Akteneinsicht vorgenommen werden, abgegolten, auch die Herstellung von Abschriften bei beschränkter Akteneinsicht (anders früher PA Mitt. **32,** 257), nicht dagegen die Herstellung der vom Antragsteller gewünschten Ablichtungen. **42**

7. Abschriften und Auszüge aus Akten. Die Erteilung von Kopien oder beglaubigten Kopien der gesamten Akten oder von Teilen der Akten gewährt ist in § 22 Abs. 2 Satz 2 DPAMV ausdrücklich vorgesehen. Der Antrag kann von vornherein auf die Erteilung von Kopien gerichtet werden. Es kann aber auch, nachdem dem Akteneinsichtsantrage stattgegeben ist, beantragt werden, statt der Einsicht Kopien zu erteilen (vgl. oben Rdn. 41). **43**

a) Voraussetzungen für die Erteilung. Abschriften oder Auszüge können nur insoweit erteilt werden, als auch Akteneinsicht gewährt werden kann. Die Voraussetzungen sind daher dieselben wie für die Akteneinsicht. Auf die Ausführungen oben in Rdn. 3 ff. kann daher in vollem Umfange Bezug genommen werden. **44**

b) Kosten. Die Erteilung von Abschriften oder Auszügen aus den Akten wird auch gebührenmäßig der Akteneinsicht gleichbehandelt. Nach Nr. 301 410 des KostenVerz. zur DPMA-VwKostV wird die gleiche Gebühr wie für die Akteneinsicht erhoben. Diese Gebühr entfällt, wenn zuvor die Gebühr für die Akteneinsicht einrichtet worden ist. Gebührenfreiheit besteht auch, wenn es sich um die Erteilung von Abschriften aus solchen Akten handelt, in die formlos Akteneinsicht genommen werden kann (Akten, deren Einsicht jedermann freisteht, Akten der eigenen Anmeldung oder des eigenen Schutzrechts). **45**

Auslagen werden zusätzlich erhoben. Hinzu kommen die Auslagen (die Dokumentenpauschale nach Nr. 302 100 des KostenVerz. zur DPMAVwKostV) oder die Kosten für Überlassung elektronisch gespeicherter Dateien, die Dokumentenpauschale wird hier nach der Anzahl der Dateien berechnet.

8. Auskünfte über den Akteninhalt. Die Erteilung von (schriftlichen) Auskünften über den Akteninhalt war durch § 18 Abs. 2 DPAVO a. F. ausdrücklich geregelt. Durch die Aufhebung dieser Vorschrift hat sich sachlich nichts geändert. Denn der Inhalt des § 18 Abs. 2 DPAVO a. F. entsprach allgemeinen Grundsätzen, die auch ohne ausdrückliche Regelung (ergänzend) heranzuziehen sind. Für solche Auskünfte besteht nach wie vor ein praktisches Bedürfnis (vgl. den Hilfsantrag der Antragstellerin in BPatGE **40,** 33, 35 [16. 3. 1998] 4 W (pat) 20/97, sowie Busse/Schwendy Rdn 17 zu § 31 und Regel 95 Satz 1 EPÜ: danach kann das EPA vorbehaltlich der in Artikel 128 Abs. 1 bis 4 und Regel 93 EPÜ vorgesehenen Beschränkungen auf Antrag und gegen Entrichtung einer Verwaltungsgebühr Auskünfte aus den Akten europäischer Patentanmeldungen oder europäischer Patente erteilen. **46**

a) Voraussetzungen. Auskünfte über den Akteninhalt werden nur auf Antrag erteilt. Sie dürfen nur insoweit gegeben werden, als Akteneinsicht gewährt werden kann, das heißt unter den gleichen Voraussetzungen, unter denen auch die Akten oder die in Frage stehenden Akteile offen gelegt werden können. Denn die Erteilung einer Auskunft über den Akteninhalt stellt nur eine modifizierte Art der Akteneinsicht dar, die sich von der Akteneinsicht durch den Antragsteller selbst nur dadurch unterscheidet, dass das Amt die Einsicht an seiner Stelle vornimmt und dem Antragsteller das Ergebnis mitteilt. Für die Mitteilung von Entgegenhaltungen gilt in dieser Hinsicht nichts besonderes (BGH GRUR **66,** 698 – Akteneinsicht IV). Die Entgegenhaltungen und das Ergebnis einer etwa auf Antrag durchgeführten Recherche (§ 43) dürfen **47**

bis zur Offenlegung der Anmeldung nicht ohne Anhörung des Anmelders mitgeteilt werden, BGH GRUR **66,** 698. Soweit es für die Akteneinsicht der Glaubhaftmachung eines berechtigten Interesses bedarf, ist sie auch für die Mitteilung des Recherchenergebnisses (§ 43) und der Entgegenhaltungen erforderlich. Der Antragsteller muss deshalb dartun, dass er ein besonderes, gerade durch die in Frage stehende Anmeldung begründetes Interesse an der Mitteilung hat, BPatGE **6,** 30. Wer aus einem Hilfsgebrauchsmuster (§ 2 Abs. 6 GebrMG a. F.) in Anspruch genommen wurde oder wegen seiner Betätigung auf demselben engeren Fachgebiet eine Kollision mit dem Gebrauchsmuster befürchten musste, hatte ein berechtigtes Interesse an der Mitteilung der der noch nicht bekanntgemachten – oder offengelegten –, der Gebrauchsmusteranmeldung entsprechenden Patentanmeldung entgegengehaltenen öffentlichen Druckschriften; das galt auch für die Druckschriften, die nach der Eintragung des Hilfsgebrauchsmusters entgegengehalten wurden, BGH GRUR **66,** 698. Dieses Interesse bestand nicht, wenn das Hilfsgebrauchsmuster erst nach Ablauf der längstmöglichen Schutzdauer und nach rechtskräftiger Zurückweisung der korrespondierenden Patentanmeldung eingetragen wurde, BPatGE **13,** 173, 178.

48 **b) Kosten.** Für den Antrag auf Erteilung einer Auskunft über den Akteninhalt wurde früher eine Gebühr von 30 DM erhoben (Nr. 101 410 des Kostenverz. zur VerwkostVO a. F.). Die Gebühr entsprach danach in ihrer Höhe der Gebühr für den Antrag auf Akteneinsicht. Diese Position ist in der Neufassung der DPMAVwKostV durch KostVerz Nr. 301 310 ersetzt worden. Die Gebühr beträgt nunmehr 15 EUR. Anträge auf Auskunft aus den Akten sind wie Akteneinsichtsanträge gebührenpflichtig, aber jetzt jedenfalls gebührenrechtlich privilegiert.

32 *Veröffentlichungen des Patentamts.* (1) [1]**Das Patentamt veröffentlicht**

1. die Offenlegungsschriften
2. die Patentschriften und
3. das Patentblatt.

[2]**Die Veröffentlichung kann in elektronischer Form erfolgen.**

(2) [1]**Die Offenlegungsschrift enthält die nach § 31 Abs. 2 jedermann zur Einsicht freistehenden Unterlagen der Anmeldung und die Zusammenfassung (§ 36) in der ursprünglich eingereichten oder vom Patentamt zur Veröffentlichung zugelassenen geänderten Form.** [2]**Die Offenlegungsschrift wird nicht veröffentlicht, wenn die Patentschrift bereits veröffentlicht worden ist.**

(3) **Die Patentschrift enthält die Patentansprüche, die Beschreibung und die Zeichnungen, auf Grund deren das Patent erteilt worden ist. Außerdem sind in der Patentschrift die Druckschriften anzugeben, die das Patentamt für die Beurteilung der Patentfähigkeit der angemeldeten Erfindung in Betracht gezogen hat (§ 43 Abs. 1). Ist die Zusammenfassung (§ 36) noch nicht veröffentlicht worden, so ist sie in die Patentschrift aufzunehmen.**

(4) **Die Offenlegungs- oder Patentschrift wird unter den Voraussetzungen des § 31 Abs. 2 auch dann veröffentlicht, wenn die Anmeldung zurückgenommen oder zurückgewiesen wird oder als zurückgenommen gilt oder das Patent erlischt, nachdem die technischen Vorbereitungen für die Veröffentlichung abgeschlossen waren.**

(5) **Das Patentblatt enthält regelmäßig erscheinende Übersichten über die Eintragungen im Register, soweit sie nicht nur den regelmäßigen Ablauf der Patente oder die Eintragung und Löschung ausschließlicher Lizenzen betreffen, und Hinweise auf die Möglichkeit der Einsicht in die Akten von Patentanmeldungen einschließlich der Akten von abgetrennten Teilen eines Patents (§ 60).**

Inhaltsübersicht

Literatur: Schlitzberger, Die Kundmachung des Patentgegenstandes, GRUR **75,** 567; Häußer, Das Deutsche Patentamt im Wandel, FS Preu, 1988, S. 107 ff.; Scheffler, Monopolwirkung und Informationsfunktion von Patenten aus heutiger Sicht, GRUR **89,** 798; Bardehle, Die Freigabe von Know-how durch das prüfende Patentamt, GRUR Int. **90** (FS Haertel), 673; Häußer/Goebel, 20 Jahre Offenlegung von Patentanmeldungen aus der Sicht des DPA, GRUR Int. **90** (FS Haertel), 723; Hoepffner, Erfahrungen mit der aufgeschobenen Prüfung, GRUR Int. **90** (FS Haertel), 727; v. Kempski, Zum Aufbau eines Patentinformationssystems im DPA, GRUR **92,** 1; Cohausz, Neue Kurzbezeichnungen für Patente, Gebrauchsmuster und Geschmacksmuster, GRUR **92,** 296. Spezialzeitschrift für Patentdokumentation: World Patent Information/The International Journal for Industrial Property Documentation, Information, Classification and Statistics, Elsevier.

Vorbemerkung zum Textbestand: Die geltende Fassung der Vorschrift geht auf folgende Änderungsgesetze zurück: § 32 Abs. 1 Satz 2 (Veröffentlichung in elektronischer Form) wurde eingefügt. durch Art. 7 Nr. 15 Buchst. a des KostRegBerG v. 13. 12. 2001, BGBl. I 3656, mWv. 1. 1. 2002; § 32 Abs. 2 Satz 1: erhielt seine geltende Fassung durch Art. 2 Nr. 9 Buchst. a des 2. PatGÄndG v. 16. 7. 1998 BGBl I 1827 mWv. 1. 11. 1998; § 32 Abs. 2 Satz 2: der frühere Satz 2 wurde aufgehoben. Der frühere Satz 3 wurde zu Satz 2 gem. Art. 2 Nr. 9 Buchst. b des 2. PatGÄndG mWv. 1. 11. 1998; § 32 Abs. 5: erhielt seine jetzige Fassung durch Art. 2 Nr. 9 Buchst. c des 2. PatGÄndG mWv. 1. 11. 1998 u. durch Art. 7 Nr. 13 Buchst. b des PatKostRegBerG mWv. 1. 1. 2002.

1. Veröffentlichungen des Patentamts. § 32 Abs. 1 Satz 1 verpflichtet und berechtigt das Patentamt, Offenlegungsschriften, Patentschriften und das Patentblatt zu veröffentlichen. Ihre Funktion ist es, die Öffentlichkeit zuverlässig und zeitgerecht über werdende und erteilte Schutzrechte und Details ihres Gegenstandes und des im Patentregister nachgewiesenen Verfahrensstandes zu informieren, wie es der allgemeinen Aufgabe des Patentwesens entspricht. 1

Patentanmeldungen gelten nach § 3 Abs. 2 für die Beurteilung späterer Anmeldungen als Stand der Technik. Sie können nach § 33 Grundlage von Ansprüchen gegen Dritte sein. Erteilte Patente verschaffen dem Inhaber ein ausschließliches Benutzungsrecht der geschützten Erfindung (§ 9) und bei rechtswidrigen Benutzungen Ansprüche aus Patentverletzung (§§ 139 ff) bis hin zu strafrechtlichen Sanktionen (§ 142) und sind daher von jedermann zu beachten. Die Anmeldung oder Erteilung eines Patents können auch für Dritte Anlass sein, entgegenstehende Rechte durch Klage (§ 8) oder Einspruch (§ 7 Abs. 2) geltend zu machen. Dafür müssen zur Vermeidung von Nachteilen Fristen eingehalten werden. Es besteht deshalb ein zwingendes Bedürfnis an einer zuverlässigen Unterrichtung über das Vorliegen von Patentanmeldungen, über deren Inhalt und über den Verfahrensstand, insbesondere über die Patenterteilung. Diesem Bedürfnis wird durch die Möglichkeit der Einsicht in das Register (§ 30) und in die Akten (§ 31) nicht hinreichend Rechnung getragen, weil die Einsicht einen nicht unerheblichen Aufwand verursacht. Zur umfassenden Unterrichtung der Öffentlichkeit sind daher bestimmte Veröffentlichungen vorgeschrieben, deren Elemente und Inhalte in § 32 festgelegt sind Ursprünglich als Druckschriften mit der Möglichkeit des Bezugs durch jedermann konzipiert, sind sie über verschiedene analoge und digitale Datenträger nunmehr ganz auf den Charakter elektronischer Dokumente umgestellt. 2

§ 32 berücksichtigt in der geltenden Fassung deshalb jetzt auch die **Folgen der digitalen Revolution der Informationstechnologien,** wenn auch durch einen einzigen Satz, nämlich Abs. 1 Satz 2, der durch Gesetz vom 13. 12. 2001 (BGBl I 3656) m. W. v. 1. 1. 2002 eingefügt worden ist. Danach kann die Veröffentlichung der in Abs. 1 Satz 1 aufgeführten Schriften und des Patentblatts auch in elektronischer Form erfolgen. Das Patentamt hat von dieser Ermächtigung – nach längerfristigem Vorlauf mit entsprechenden Versuchs- und Pilotphasen – schließlich auch mit Wirkung ab 1. 1. 2004 Gebrauch gemacht. Das DPMA veröffentlicht seit 1. 1. 2004 seine amtlichen Publikationen, nämlich das Patentblatt, das Markenblatt, das Geschmacksmusterblatt sowie die Patentdokumente (A-, B-, C-, U- und T-Schriften), ausschließlich in elektronischer Form über die neue Internetplattform DPMApublikationen (http://publikationen.dpma.de). 3

Die Nutzung von DPMApublikationen ist kostenfrei (siehe DPMA Jahresbericht **2003,** 61 sowie die Mitt/PräsPA Nr. 11/03 über die Einstellung der gedruckten Fassungen des Patent-, Marken- und Geschmacksmusterblatts sowie über den Start der amtlichen Internetplattform **DPMApublikationen** v. 29 9 2003, Bl. **03,** 353); Nr. 15/03 über die elektronische Ausgabe der Patentdokumente und des Patentblatts auf der amtlichen Internetplattform DPMApublikationen sowie der vom DPMA herausgegebenen DEPAROM-CD zum Jahreswechsel 2003/2004 und im laufenden Jahr 2004 vom 29. September 2003, BlPMZ **03,** 354; Nr. 22/03 über die 4

Änderungen bei der Publikation von Übersetzungen der Patentansprüche aus EP-Anmeldungen (DE-EP-Schriften) und von Übersetzungen der Anmeldungen über PCT (DE-WO-Schriften) vom 7. November 2003, Bl. **03,** 407. „Mit dem Dienst DPMApublikationen erfüllt das DPMA seine gesetzlichen Publikationspflichten in einer zeitgemäßen Form. Durch die Bereitstellung der Daten von DPMApublikationen im PDF-Format sowie in einer recherchierbaren Version werden sowohl Nutzer angesprochen, die das jeweilige Blatt in der bisher von der gedruckten Fassung gewohnten Art und Weise verwenden wollen als auch solche Nutzer, die eine tiefe und umfassende inhaltliche Erschließung der Daten in elektronischer Form durchführen und beispielsweise zur Überwachung von Schutzrechtsinformationen nutzen (Patentmonitoring)."

5 **2. Offenlegungsschriften.** Die Veröffentlichungen im Patentblatt über die Offenlegung der Anmeldung und die Erteilung des Patents enthalten nur die wesentlichen Angaben über die Anmeldung oder das Patent, nämlich die Bezeichnung des Gegenstands (§ 34 Abs. 3 Nr. 2) der Anmeldung oder des Patents, des „Titels" (vgl. § 34 Rdn. 47). Der eigentliche Inhalt der Anmeldung, nämlich „Titel", Patentansprüche, Beschreibung und Zeichnungen, wird jeweils gesondert, nämlich als Offenlegungsschrift veröffentlicht. Die Offenlegungsschriften gehen auf das Patentänderungsgesetz v. 4. 9. 1967, BGBl. I 953 zurück, das die sog. aufgeschobene Prüfung und die Offenlegung von Patentanmeldungen 18 Monate nach dem Anmelde- oder Prioritätstag eingeführt, vgl. dazu BPatGE **10,** 188 [8. 11. 1968] (4 W (pat) 86/68) sowie BPatGE **16,** 115 [21. 1. 1974] (4 W (pat) 73/71) zu der Frage, welche Unterlagen der Anmeldung in der Offenlegungsschrift zu veröffentlichen sind, § 24 Abs. 4 Satz 2 PatG 1968.

6 Zu den praktischen Problemen, die sich früher aus Quantität und Qualität der Offenlegungsschriften und durch die Offenlegungsfrist von 18 Monaten ab Prioritätszeitpunkt ergaben, vgl. Häußer, FS Preu, 107, 126 ff. sowie Häußer/Goebel, GRUR Int. **90,** 723, einerseits, und Hoepffner, GRUR Int. **90,** 727, andererseits. Neue Probleme ergeben sich neuerdings durch die Veröffentlichung von sog. **Mega-Anmeldungen** insbesondere aus dem Bereich der **Gen-Technologie,** die in Papierform mehrere tausend Seiten und auch als elektronisches Dokument mehrere hundert MByte umfassen und so umfangreich sind, dass sie in mehrere Dateien zerlegt werden müssen (vgl. die Offenlegungsschrift DE1 001 9173A1). Das DPMA veröffentlicht solche Patentdokumente mit mehr als 300 Seiten Manuskriptumfang nur noch in elektronischer Form als Faksimile-Dokument. Bei diesen sogenannten „Mega-Schriften" handelt es sich hauptsächlich um Patentdokumente mit Sequenzprotokollen. Es besteht die Möglichkeit, alle seit 2001 publizierten Mega-Schriften über die Website DEPATISnet herunterzuladen.

6 a Die Offenlegungsschriften dienen nach § 32 Abs. 2 Satz 1 der Veröffentlichung der Unterlagen der Patentanmeldungen, deren Einsicht jedermann freisteht (§ 31 Abs. 2) und der Zusammenfassung (§ 36). Durch die Veröffentlichung, die seit dem Inkrafttreten des GPatG zwingend vorgeschrieben ist, wurden Interessenten der Notwendigkeit enthoben, die Akten beim Patentamt einzusehen oder sich Ablichtungen zu beschaffen. Der Zeitpunkt der Veröffentlichung ergibt sich aus § 31 Abs. 2. Die Offenlegungsschrift wird danach veröffentlicht, wenn der Anmelder sich mit der Akteneinsicht einverstanden erklärt und die Erfinderbenennung eingereicht hat, jedenfalls aber nach Ablauf von 18 Monaten seit dem Anmeldetage oder einem etwaigen früheren Prioritätstage. Eine Offenlegungsschrift wird nicht veröffentlicht, wenn die Patentschrift bereits veröffentlicht ist. Dieser Fall kann eintreten, wenn der Anmelder frühzeitig Prüfungsantrag stellt, das Prüfungsverfahren zügig abläuft und der Erteilungsbeschluss vor dem in § 31 Abs. 2 vorgesehenen Offenlegungstermin ergeht. Nach der Ausgabe der Patentschrift besteht kein Bedürfnis mehr für die Veröffentlichung der Offenlegungsschrift.

7 Offenlegungschriften enthalten neben den erforderlichen **Angaben über die Anmeldung** (Klassifikation, Nummer, Aktenzeichen, Anmeldetag, Offenlegungstag, Prioritätsangaben, Bezeichnung der Erfindung), über den **Anmelder, Vertreter, Erfinder und über den Verfahrensstand** (Vorliegen eines Recherche- oder Prüfungsantrags), die Patentansprüche, die Beschreibung und die Zeichnungen (vgl. MittPräsPA Bl. **68,** 270; **69,** 1, in der Reihenfolge Titelblatt, Patentansprüche, Beschreibung, Zeichnungen, MittPräsPA 2/77 Bl. **77,** 1. Die Anmeldungsunterlagen – Patentansprüche, Beschreibung, Zeichnungen – werden in der ursprünglich eingereichten Form oder in der vom Patentamt zur Veröffentlichung zugelassenen geänderten Form veröffentlicht (vgl. dazu für den früheren Rechtszustand BPatGE **16,** 115, s. auch oben Rdn 5). In die Offenlegungsschrift ist die Zusammenfassung (§ 36) aufzunehmen, wenn sie bereits vorliegt. Das wird nach § 36 Abs. 1 jedenfalls dann der Fall sein, wenn die Offenlegungsschrift 15 Monate nach dem Anmeldungs- oder einem früheren Prioritätstage veröffentlicht wird (vgl. oben Rdn. 4, vgl. auch unten Rdn. 10). Wenn sie nicht rechtzeitig eingereicht worden ist, wird sie mit der Patentschrift veröffentlicht, § 32 Abs. 3 Satz 3. Soweit bereits das Ergebnis einer Recherche nach § 43 vorliegt, werden auch die ermittelten Druckschriften unter

der Überschrift „Für die Beurteilung der Patentfähigkeit in Betracht zu ziehende Druckschriften" genannt (vgl. MittPräsPA Bl. **68,** 270); dieser Hinweis auf den Offenlegungsschriften ist rechtlich zulässig und kann vom Anmelder nicht unterbunden werden, BPatGer Bl. **92,** 257, 258. Entsprechende Hinweise auf die europäische Recherche und die internationale Recherche enthalten auch die veröffentlichten europäischen Patentanmeldungen und die vom Internationalen Büro der WIPO veröffentlichten internationalen Anmeldungen, um auch Dritten eine vorläufige Beurteilung der Erfolgsaussichten der jeweiligen Anmeldung zu ermöglichen.

Die Offenlegungsschriften unterschieden sich äußerlich durch die Farbe (bis 1986) und durch die Anwendung einer fotomechanischen Wiedergabe bzw. eines neueren Druckverfahrens von den Patentschriften (vgl. MittPräsPA Bl. **67,** 361 und Bl. **86,** 277). Sie wurden an dem Tage ausgegeben, an dem der Hinweis auf die Möglichkeit der Akteneinsicht (§ 32 Abs. 5) im Patentblatt erschien. Bei den mit Inkrafttreten des Erstreckungsgesetzes offengelegten DDR-Altanmeldungen war dies allerdings schon aus technischen Gründen nicht möglich. 8

3. Patentschriften. Die Veröffentlichung der Patentschrift ist als Folge der Patenterteilung zwingend vorgeschrieben (§ 58 Abs. 1 Satz 2, § 32 Abs. 1 und 3). Eine Aussetzung der Veröffentlichung ist nicht vorgesehen und daher nicht zulässig, PA Bl. **34,** 214. 9

a) Erteilungsunterlagen. Die Patentschriften enthalten nach § 32 Abs. 3 Satz 1 die Patentansprüche, die Beschreibung und die Zeichnungen, auf Grund deren die Patente erteilt sind. Der Inhalt der Patentschrift muss mit dem Erteilungsbeschluss übereinstimmen. Die Patentschrift kann daher nur berichtigt werden, wenn der ihr zugrunde liegende Erteilungsbeschluss berichtigt worden ist, BPatGE **2,** 181; **13,** 77, 81. Auch zwischenzeitliche Änderungen in der Person des Patentinhabers müssen unberücksichtigt bleiben, PA Bl. **52,** 404. 10

b) Angabe der Entgegenhaltungen. In der Patentschrift sind diejenigen Druckschriften anzugeben, die das Patentamt für die Beurteilung der Patentfähigkeit der angemeldeten Erfindung in Betracht gezogen hat. Die Angabe des sonst noch bei der Prüfung berücksichtigten Standes der Technik (§ 3) – ältere Patentanmeldungen, mündliche Beschreibungen, Benutzungshandlungen – ist nicht vorgeschrieben und wohl auch nicht immer möglich. Für die Bestimmung des Schutzumfangs eines Patents ist der Inhalt dieser Angabe nicht entscheidend, BGH GRUR **87,** 280, 283 – Befestigungsvorrichtung. Dem Sinn und Zweck der Vorschrift entspricht es, dass die im Erteilungsverfahren behandelten Druckschriften vollständig angegeben werden, PA Bl. **55,** 186. Ganz abliegende Entgegenhaltungen können jedoch ausgeschieden werden. Die Auswahl der anzuführenden Druckschriften stellt nach PA Bl. **54,** 369 und **55,** 186 eine Ermessensentscheidung dar, die im Beschwerdewege nicht nachprüfbar ist. Die bei einer (isolierten) Recherche ermittelten Druckschriften sollen jedoch immer vollständig angegeben werden. Eine weitergehende Bedeutung kann dem – verfehlten – Klammerzusatz in § 32 Abs. 3 Satz 2 nicht beigemessen werden. 11

c) Zusammenfassung. In die Patentschrift ist auch die Zusammenfassung (§ 36) aufzunehmen, sofern diese noch nicht – in der Offenlegungsschrift (oben Rdn. 5) – veröffentlicht worden ist. Dadurch wird gewährleistet, dass die Zusammenfassung auch dann veröffentlicht und damit der Öffentlichkeit zugänglich gemacht wird, wenn sie im Zeitpunkt der Ausgabe der Offenlegungsschrift noch nicht vorgelegen hat, was etwa dann der Fall sein kann, wenn die Anmeldung gemäß § 31 Abs. 2 Nr. 1 vor Ablauf von 15 Monaten seit dem Anmeldetag oder einem früheren Prioritätstag offengelegt wird. 12

Wegen der graphischen Gestaltung der deutschen Patentdokumente vgl. die MittPräs/DPMA Nr. 12/2001 vom 31. 10. 2001 über die Absatznummerierung in deutschen Patentdokumenten. 13

4. Patentblatt. § 32 Abs. 1 Satz 1 Nr. 3 sieht die Veröffentlichung eines Patentblatts vor, dessen Inhalt in Abs. 5 festgelegt ist Es enthält danach regelmäßig erscheinende Übersichten über die Eintragungen im Register. Das Patentblatt dient zur Veröffentlichung der Angaben, deren Bekanntgabe zur Unterrichtung der Öffentlichkeit über die Patentanmeldungen und Patente vorgeschrieben ist. Die Offenlegung der Patentanmeldungen wird durch Veröffentlichung eines Hinweises auf die Möglichkeit der Einsicht bekannt gegeben (§ 32 Abs. 5). Die Erteilung des Patents wird gemäß § 58 Abs. 1 Satz 1 durch Bekanntgabe der Patenterteilung veröffentlicht. Im Patentblatt werden ferner die in § 32 Abs. 5 vorgeschriebenen Übersichten über die Eintragungen im Register veröffentlicht, d. h. über sämtliche Eintragungen, jedoch mit Ausnahme des Vermerks über das Erlöschen des Patents wegen Ablaufs der Schutzdauer oder die Eintragung und die Löschung von ausschließlichen Lizenzen. Vorgeschrieben sind ferner Veröffentlichungen über den Eingang eines Antrags auf Neuheitsrecherche (§ 43 Abs. 3 Satz 1), über die Mitteilung des Recherchenergebnisses an den Anmelder und ggf. den Antragsteller 14

(§ 43 Abs. 7), über den Eingang eines Prüfungsantrags (§§ 44 Abs. 3 Satz 2, 43 Abs. 3 Satz 1), über die Unwirksamkeit eines Prüfungsantrags (§ 44 Abs. 3 Satz 1), über die Teilung des Patents im Einspruchsverfahren (§ 60 Abs. 2), über den Widerruf oder die beschränkte Aufrechterhaltung des Patents (§ 61 Abs. 2); über die Änderung der Patentschrift bei beschränkter Aufrechterhaltung (§ 61 Abs. 3 Satz 2); über Änderungen der Patentschrift im Beschränkungsverfahren (§ 64 Abs. 3 Satz 4); für erstreckte Wirtschaftspatente der ehemaligen DDR die Erklärung nach § 7 Abs. 2 Erstreckungsgesetz, dass die Lizenzbereitschaftserklärung nach § 7 Abs. 1 des Gesetzes als widerrufen gelten solle, sowie der Hinweis auf die deutsche Übersetzung von DDR-Patenten, die nicht in deutscher Sprache veröffentlicht worden sind, und auf etwaige berichtigte Übersetzungen, § 8 Abs. 2 und 3 Erstreckungsgesetz, für erstreckte DDR-Patente insgesamt auch die Stellung von Recherche- und Prüfungsanträgen und die Ergebnisse von Prüfungs- und Einspruchsverfahren nach §§ 11 bis 13 Erstreckungsgesetz.

15 Das Patentblatt wird vom **DPMA herausgegeben** und von der Bundesdruckerei GmbH in Berlin „verlegt", also für die Veröffentlichung als elektronisches Dokument zubereitet. Es gliedert sich derzeit in neun Teile, nach denen die einzelnen Veröffentlichungen geordnet werden: Teil 1: Offengelegte Patentanmeldungen Teil 2: Änderungen zu bekanntgemachten Patentanmeldungen, Teil 3: Erteilte Patente, Teil 4: Gebrauchsmuster Teil 5: Europäische Anmeldungen und Patente mit Benennung der Bundesrepublik Deutschland, Teil 6: Internationale Patentanmeldungen (PCT) Teil 7: Ergänzende Schutzzertifikate, Teil 8: Topographien (erscheinen nur am jeweils ersten Patentblatt-Veröffentlichungstag des Monats), Teil 9: Patentanmeldungen und Patente mit Ursprung in der früheren DDR. Die Informationen in den Teilen 4ff. beruhen auf den Rechtsgrundlagen in den betreffenden Vorschriften. Das Patentblatt enthält schließlich ein wöchentliches Namensverzeichnis zu Teil 1–6, aus dem sich die Namen von Anmeldern, Patentinhabern, Erfindern und berufsmäßigen Vertretern erschließen lassen.

16 Das jeweilige **Inhaltsverzeichnis des Patentblatts** enthält darüber hinaus weitere Untergliederungen der einzelnen Teile, die relevante Informationen über Berichtigungen und über den Verfahrensstand der Patentanmeldungen und Patente einschließlich der Einspruchs-, Beschränkungs- und Nichtigkeitsverfahren und der entsprechenden Daten bei den anderen „patentnahen" Schutzrechtsformen enthalten. Abschnitt 5 bringt laufend Hinweise auf veröffentlichte europäische Patentanmeldungen mit Benennung der Bundesrepublik Deutschland, MittPräsPA Nr. 7/79, Bl. **79,** 229, auf veröffentlichte deutsche Übersetzungen der Ansprüche europäischer Patentanmeldungen, MittPräsPA Nr. 10/80, Bl. **80,** 158 und auf die Veröffentlichung der europäischen Patente mit Benennung der Bundesrepublik Deutschland, MittPräsPA Nr. 14/80, Bl. **80,** 241, Hinweise auf die Veröffentlichung von Übersetzungen europäischer Patentschriften, die nicht in deutscher Sprache vorliegen, Art. II § 3 IntPatÜG i. d. F. von Art. 6 Nr. 4 GPatG 2 Abschnitt 6 enthält schließlich Hinweise auf vom Intern. Büro der WIPO veröffentlichte internationale Anmeldungen in deutscher Sprache, MittPräsPA Nr. 21/80, Bl. **80,** 325 und auf die deutschen Übersetzungen der vom Internationalen Büro in anderen Sprachen veröffentlichten internationalen Anmeldungen mit Benennung der Bundesrepublik Deutschland, MittPräsPA Nr. 2/81, Bl. **81,** 1 sowie Berichtigungen fehlerhafter Titelseiten und fehlerhafter Übersetzungen und Zurücknahmen und sonstige Erledigungen. Ein „Merkblatt über Veröffentlichungen des DPMA" (http://www.dpma.de/formulare/allgemein.html) unterrichtet über die Bezugsmöglichkeiten des Patentblatts; vgl. auch unter derselben Adresse die „Bedingungen für den Bezug von Patent- und Gebrauchsmusterdokumenten etc." des Publikations-Service beim TIZ Berlin des DPMA.

17 **5. Wegfall der Anmeldung oder des Patents.** Nach Wegfall der Anmeldung oder des Patents besteht kein Bedürfnis mehr für eine Veröffentlichung der Offenlegungsschrift oder Patentschrift. In diesem Falle wird daher von einer Veröffentlichung grundsätzlich abgesehen. Es hat sich jedoch gezeigt, dass die Veröffentlichung nicht mehr verhindert werden kann, wenn im Zeitpunkt des Wegfalls der Patentanmeldung oder des Patents die technischen Vorbereitungen für die Veröffentlichung schon zu weit gediehen waren. Durch das GPatG ist der Praxis des Patentamts, in derartigen Fällen die Offenlegungs- oder Patentschrift auch gegen den Willen des Anmelders oder Patentinhabers zu veröffentlichen, eine gesetzliche Grundlage gegeben worden. Die Vorschrift stellt auf den Abschluss der technischen Vorbereitungen für die Veröffentlichung ab. Einen Anhalt für den in Betracht kommenden Zeitpunkt gibt die MittPräsPA 4/80 (Bl. **80,** 46); danach kann die Herausgabe einer Offenlegungsschrift vermieden werden, wenn die Zurücknahmeerklärung früher als vierzehn Tage vor dem Ausgabetag der Schrift beim Patentamt eingeht; es wird empfohlen, in der Zurücknahmeerklärung besonders darauf hinzuweisen, dass die Ausgabe der Offenlegungsschrift unterbleiben soll, und diesen Hinweis durch farbliche Kennzeichnung hervorzuheben. Vgl. auch die MittPräsPA 6/81 (Bl. **81,** 141) über den Zeit-

punkt des Abschlusses der technischen Vorbereitungen für die Veröffentlichung der Offenlegungs- oder Patentschriften. Dieser Abschluss erfolgt in der 8. Woche vor dem Veröffentlichungszeitpunkt. Abzustellen ist jedoch auf den tatsächlichen Abschluss der technischen Vorbereitungen im Einzelfall, BPatGE Mitt. **84,** 32, 33. Das Patentamt teilt seit 1981 den Anmeldern das voraussichtliche Datum der Veröffentlichung der Offenlegungsschrift und den Zeitpunkt, zu dem die technischen Vorbereitungen abgeschlossen sind, mit, MittPräsPA 12/81, Bl. **81,** 277. Zur Frage, ob eine Patentanmeldung unter der auflösenden Bedingung zurückgenommen werden kann, so dass die angekündigte Offenlegung unterbleibt, vgl. BPatGE **45,** 4 Neuronales Netz. Das BPatG bejaht zutreffend die Zulässigkeit einer solchen Bedingung. Wird die Anmeldung trotz der – rechtzeitigen – Rücknahmeerklärung veröffentlicht, gilt die Rücknahmeerklärung als nicht abgegeben.

6. Auslegeschriften. Seit dem 1. 9. 1955 hatte das Patentamt – zunächst ohne gesetzliche Grundlage – die Patentansprüche, die Beschreibung und die Zeichnungen, die der Bekanntmachung der Patentanmeldung nach § 30 PatG 1936 zugrunde lagen, im Zeitpunkt der Bekanntmachung als Auslegeschrift veröffentlicht (BekPräsPA Bl. **55,** 233; **56,** 365). Durch § 30 Abs. 3 PatG i. d. Fassg. des 6. ÜG wurde die Veröffentlichung der Bekanntmachungsunterlagen in Form von Auslegeschriften vorgeschrieben. Mit dem Wegfall der Bekanntmachung der Patentanmeldungen ist auch die Veröffentlichung der Bekanntmachungsunterlagen entfallen. Seit dem Inkrafttreten des GPatG waren nur noch die Unterlagen der Patentanmeldungen als Auslegeschrift zu veröffentlichen, deren Bekanntmachung beim Inkrafttreten des GPatG bereits beschlossen war; insoweit war nach Art. 12 Abs. 1 und 4 GPatG § 30 PatG a. F. auch weiterhin anzuwenden und daher auch eine Auslegeschrift zu veröffentlichen. Sie gehören inzwischen der Geschichte an, sind aber natürlich nach wie vor Bestandteil der Patentdokumentation. 18

7. Auslegehallen. Die Offenlegungs-, Auslege- und Patentschriften lagen in der Auslegehalle des Patentamts in München und in der Dienststelle Berlin bzw. dem TIZ Berlin nach Klassen und Gruppen geordnet in den sog. „Gruppenmappen" zur Einsicht aus. Sie wurden dort auch unabhängig von den Gruppenmappen zur Einsicht zur Verfügung gestellt. In der Auslegehalle konnten auch die der freien Einsicht unterliegenden Akten des Patentamts eingesehen werden. Eine nähere Regelung enthielt die Benutzungsordnung für die Auslegehalle des Deutschen Patentamts (Bl. **89,** 279). 19

In der Mitteilung Nr. 31/04 vom 17. 8. 2004, BlPMZ **04,** 422, hat der PräsDPMA darauf hingewiesen, dass im Zuge des Angebots der verschiedenen Internet-Dienste, wie DPINFO und DEPATISnet, insbesondere seit dem Start der Publikationsplattform DPMApublikationen am 1. Januar 2004, das Amt seine gesetzlichen Publikationsaufgaben nunmehr vollständig in elektronischer Form und für den Nutzer standortunabhängig erfülle. Das DPMA werde deshalb den Schwerpunkt der ortsgebundenen Angebote im Bereich Schutzrechtsinformation deutlich verändern und insbesondere die **Auslegehalle in München** im Jahr 2005 zu einem Veranstaltungs- und Versammlungsraum umbauen lassen. In einem zur Auslegehalle angrenzenden Bereich im Hochhaus würden einige PC-Arbeitsplätze und konventionelle Arbeitsplätze für Besucher eingerichtet werden. Dort werde wie bisher die Einsichtnahme in Verfahrensakten sowie in die amtlichen Register wie auch die Nutzung der konventionellen Sammlungen des Altbestands an Patentdokumenten und der Nichtpatentliteratur möglich sein. Wegen weiterer Einzelheiten wird auf die Mitteilung verwiesen. Die **Nutzung der Auslegehallen** einschließlich der dort angebotenen IT-Arbeitsplätze unterliegt **allgemeinen Geschäftsbedingungen,** die auf der Website des DPMA im Internet unter http://www.dpma.de/suche/agb.pdf veröffentlicht sind. Für die Nutzung der DEPATIS-Arbeitsstationen findet eine Entgeltregelung Anwendung, die unter http://www.dpma.de/suche/entgelte.pdf verfügbar ist. Das DPMA hat im Jahre 2001 eine „Benutzungsordnung für die Auslegehallen des DPMA" erlassen, 20

8. Patentschriftenvertrieb – Auslegestellen. Ein elektronisches Dokument des DPMA vom 20. 8. 2004, Dok Nr. A 9103/7.04 (http://www.dpma.de/formulare/allgemein.html) unterrichtet über „Bedingungen für den Bezug von Patent- und Gebrauchsmusterdokumenten etc" des Publikations-Service beim TIZ Berlin des DPMA. unter Angabe des Lieferprogramms und der Preise nach dem geltenden Stand. Zum Patentblatt wird darin hervorgehoben, dass die Veröffentlichung ab 2004 ausschließlich in elektronischer Form erfolgt. Patentblatt-CD für die vergangenen Jahre stehen nach wie vor im Angebot. Zum Lieferprogramm gehören im Übrigen auch ausländische Patentveröffentlichungen. 21

Zur Erleichterung der Unterrichtung der Öffentlichkeit werden die Offenlegungs-, Auslege- und Patentschriften oder Mikrofilmlochkarten oder sonstigen Datenträger dieser Schriften auch bei einer Reihe von Behörden, Vereinen usw. außerhalb des Sitzes des Patentamts zur Einsichtnahme zur Verfügung gestellt. Die Stellen ermöglichen i. d. R. auch über Datensichtstationen 21 a und eine Internet-Verbindung den On-line-Zugang zu den Datenbanken des DPMA. Ein Verzeichnis dieser Stellen mit näheren Angaben über die jeweils vorhandenen Schriften und sonstigen technischen Fazilitäten wird jährlich in einem der ersten Hefte des BlfPMZ veröffentlicht. Vgl. zur Ergänzung auch den Jahresbericht des DPMA für 2003, 61 ff.

22 **9. Urheberrechtliche Fragen. Literatur:** Pinzger, Das Urheberrecht des Patentanwalts an der Patentbeschreibung, GRUR **32,** 1155; Weller, Ausgelegte Anmeldungsunterlagen und § 16 LitUrhG, GRUR **52,** 477; Kronz, Urheberrechtlicher Charakter der Patentbeschreibung, Mitt. **76,** 81.

23 Ob der Anmelder an der Anmeldung ein Urheberrecht hat und dieses durch Nachdruck verletzt wird, ist streitig, dafür RGSt. **27,** 21; unentschieden RG MuW **XXI,** 214; zweifelnd BPatGer. Bl. **63,** 70 mit Anm. Wolf Müller in GRUR **63,** 255. Für den Inhalt der noch nicht veröffentlichten Anmeldungsunterlagen ist der urheberrechtliche Schutz grundsätzlich zu bejahen, vgl. auch Klauer/Möhring 3. Aufl. § 30 Rdn. 10. Offenlegungsschriften und Patentschriften sind nach dem Grundgedanken des § 5 Abs. 2 UrhG urheberrechtsfrei und können frei verwendet, insbesondere vervielfältigt werden, vgl. auch Klauer/Möhring aaO.

24 Das DPMA veröffentlicht Patentdokumente mit mehr als 300 Seiten Manuskriptumfang nur noch in elektronischer Form als Faksimile-Dokument. Bei diesen sogenannten „Mega-Schriften“ handelt es sich hauptsächlich um Patentdokumente mit Gensequenzprotokollen.

33

Entschädigungsanspruch. (1) **Von der Veröffentlichung des Hinweises gemäß § 32 Abs. 5 an kann der Anmelder von demjenigen, der den Gegenstand der Anmeldung benutzt hat, obwohl er wußte oder wissen mußte, daß die von ihm benutzte Erfindung Gegenstand der Anmeldung war, eine nach den Umständen angemessene Entschädigung verlangen; weitergehende Ansprüche sind ausgeschlossen.**

(2) **Der Anspruch besteht nicht, wenn der Gegenstand der Anmeldung offensichtlich nicht patentfähig ist.**

(3) **Auf die Verjährung finden die Vorschriften des Abschnitts 5 des Buches 1 des Bürgerlichen Gesetzbuchs entsprechende Anwendung mit der Maßgabe, dass die Verjährung frühestens ein Jahr nach Erteilung des Patents eintritt. Hat der Verpflichtete durch die Verletzung auf Kosten des Berechtigten etwas erlangt, findet § 852 des Bürgerlichen Gesetzbuchs entsprechende Anwendung.**

Inhaltsübersicht

Literaturhinweis: Löscher, Der künftige Ablauf des Patenterteilungsverfahrens und die sonstigen Neuerungen im Patentrecht BB **67,** Beil. 7, 7 ff.; Althammer, Gesetz zur Änderung des Patentgesetzes, des Warenzeichengesetzes und weiterer Gesetze, GRUR **67,** 444; Weller, § 24 Abs. 5 Patentgesetz, GRUR **68,** 85; Krieger, § 24 Abs. 5 des Patentgesetzes, GRUR **68,** 225; Schramm/Henner, Der Patentprozeß nach dem Vorabgesetz, GRUR **68,** 667; Gaul/Bartenbach, Zum einstweiligen Schutz einer offengelegten Patentanmeldung nach § 24 Abs. 5 PatG, BB **68,** 1061; dies., Bedeutsame Auswirkungen der Reform des Patent- und Warenzeichenrechts, NJW **68,** 1953; Lüdecke, Lizenzverträge über zum Patent angemeldete Erfindungen im neuen Patentrecht, NJW **68,** 1358; Schwanhäusser, § 24 Abs. 5 PatG – ein Neuling im System des deutschen Patentrechts, GRUR **69,** 110; ders., Zum Rückforderungsrecht der nach § 24 Abs. 5 PatG gezahlten angemessenen Entschädigung, NJW **69,** 1886; ders., Die angemessene Entschädigung im Sinne des § 24 Abs. 5 PatG, Mitt. **70,** 1; Wiede, Lizenzverträge über am 1. Oktober 1968 noch nicht bekanntgemachte Patentanmeldungen, GRUR **69,** 203; H. Tetzner, Zum Entschädigungsanspruch aus offengelegten Patentanmeldungen, NJW **69,** 642;

Schweikhardt, „Einstweiliger Schutz" des Vorabgesetzes, Mitt. **69,** 84; Wenzel, Frühzeitige Offenlegung von Neu-Patentanmeldungen mit nur eingeschränktem Schutz, Mitt. **69,** 88; Huber, Entschädigungsanspruch bei Benutzung des Gegenstandes offengelegter Erfindungen nach § 24 Abs. 5 PatG, Festschrift VVP Köln **1975;** Ohl, Die Aussetzung des Rechtsstreits wegen Verletzung des einstweiligen Patentschutzes nach § 47a PatG, Festschrift VVP Köln **1975;** Ohl, Zur Rechtsnatur des einstweiligen Patentschutzes nach § 24 Abs. 5 PatG, GRUR **76,** 557; Johannesson, Zum Recht aus der offengelegten deutschen und veröffentlichten europäischen Patentanmeldung, GRUR **77,** 136; Traub, Die Höhe der Entschädigungslizenz bei der Benutzung offengelegter Patentanmeldung, in: 25 Jahre Bundespatentgericht (Festschrift), S. 267 ff.; Gesthuysen, Frühzeitige Veröffentlichung und vorläufiger Schutz von Patentanmeldungen, GRUR Int. **90,** 597; Kraßer, Erfindungsschutz zwischen Patentanmeldung und Patenterteilung, GRUR Int. **90** (FS Haertel), 732; Internationale Vereinigung für gewerblichen Rechtsschutz (AIPPI), Jahrbuch 1990/II, Berichte der Landesgruppen zu Frage 98: Frühzeitige Veröffentlichung und vorläufiger Schutz von Patentanmeldungen. Kühnen: Kann der Entschädigungsanspruch gemäß §§ 33 PatG 1981, 24 Abs. 5 PatG 1968 im besonderen Gerichtsstand der unerlaubten Handlung geltend gemacht werden? GRUR **97,** 19. Mes, Peter, Die mittelbare Patentverletzung, GRUR **98,** 281. Schramm, Der Patentverletzungsprozeß, 1999. König, Reimar, Die mittelbare Patentverletzung, Mitt. **2000,** 10. U. Krieger: Der Entschädigungsanspruch des § 33 I PatG, GRUR **01,** 965. Kraßer, 5. Aufl., 2004, § 37. Keukenschrijver, Flügelradzähler, Kaffeetüte und Drehzahlermittler – neue Entwicklungen bei der mittelbaren Patentverletzung, VPP-R **2005,** FS 50 Jahre VPP, 331.

1. Vorbemerkungen 1

a) Zum Textbestand: Abs. 3 ist durch Art. 5 Abs. 20 Nr. 1 des Gesetzes zur Modernisierung des Schuldrechts vom 26. 11. 2001, BGBl. I 3138, mit Wirkung vom 1. 1. 2002 geändert. Eine Überleitungsvorschrift wegen des Übergangs vom bisherigen Verjährungsrecht (Verweisung auf § 141 PatG) auf die neue Version (Verweisung auf das Verjährungsrecht nach BGB) enthält § 147 Abs. 2.

b) Rechtspolitischer Hintergrund. Die Regelung des Schutzes offengelegter Patentanmeldungen gehörte zu den umstrittensten Fragen des Patentänderungsgesetzes 1967. Auf der einen Seite musste der Anmelder davor bewahrt bleiben, dass Dritte die technische Lehre, die der Anmelder durch die Offenlegung der Öffentlichkeit zugänglich macht, wirtschaftlich für sich verwerten. Auf der anderen Seite musste aber auch verhindert werden, dass die gewerbliche Tätigkeit allzu sehr durch ungeprüfte Anmeldungen behindert wird, von denen erfahrungsgemäß ein nicht unerheblicher Teil keinen Schutz verdient. Die Vorschrift des § 33 Abs. 1 trägt beiden Interessen dadurch Rechnung, dass es dem Anmelder zwar nicht gestattet ist, die Benutzung der von ihm offenbarten Lehre zu verbieten, solange deren Schutzfähigkeit nicht geprüft ist, ihm jedoch schon von der Offenlegung der Anmeldung an einen wirtschaftlichen Ausgleich für die Benutzung des Anmeldungsgegenstandes durch einen anderen bietet. Die Vorschrift enthält eine abschließende Regelung der Rechte des Anmelders; weitergehende Ansprüche sind, wie in dem durch das GPatG angefügten 2. Halbsatz des § 33 Abs. 1 ausdrücklich klargestellt wird, ausgeschlossen. Wenn die Voraussetzungen des § 33 vorliegen, darf der Anmelder denjenigen, der mutmaßlich den Gegenstand der offengelegten Patentanmeldung benutzt, in sachlicher Form auf die Offenlegungsschrift hinweisen, BGH Bl. **75,** 349 = GRUR **75,** 315 – Metacolor. 1a

c) Zeitlicher und sachlicher Anwendungsbereich, europäisches Recht. In der vorliegenden Fassung ist die Vorschrift auf die seit dem 1. 1. 1981 eingereichten Anmeldungen anzuwenden; für die früher eingereichten Anmeldungen verblieb es bei der bis dahin geltenden Vorschrift des § 24 Abs. 5 PatG 1968 (Art. 12 Abs. 1 GPatG). Inhaltlich entspricht § 33 dem Minimalschutz für europäische Patentanmeldungen nach der Veröffentlichung, wie ihn Art. 67 Abs. 2 Satz 3 EPÜ vorschreibt und wie ihn Art. II § 1a Abs. 1 IntPatÜG für europäische Patentanmeldungen, mit denen für die Bundesrepublik Deutschland Schutz begehrt wird, übernommen hat. Entsprechendes sollte bei europäischen Patentanmeldungen, die zu einem Gemeinschaftspatent führen können, nach Art. 32 GPÜ 1989 für den Entschädigungsanspruch aus offengelegten europäischen Patentanmeldungen gelten. Diese Lösung ist in den Vorschlag einer Gemeinschaftspatentverordnung übernommen worden (Art. 11 Abs. 1 i. d. F. des Ratsdokuments v. 11. 6. 2003, 10404/03). Allerdings sehen diese Vorschriften keinen Ausschluss des Entschädigungsanspruchs bei offensichtlich fehlender Patentfähigkeit vor. Wegen der Rechtslage in den Vertragsstaaten des EPÜ vgl. die Publikation „Nationales Recht zum EPÜ IIIA. Rechte aus der europäischen Patentanmeldung nach Veröffentlichung gemäß Artikel 93 EPÜ 1b

(Artikel 67 EPÜ)". Die Vertragsstaaten sehen überwiegend den Anspruch auf angemessene Entschädigung vor. Einen Anspruch auf eine „reasonable royalty" für die Zeit ab der Offenlegung einer Patentanmeldung enthält auch das US Patentgesetz (US Code Title 35 Section 154 (d) (1)); die im Patent und in der offengelegten Anmeldung beanspruchte Erfindung müssen „substantially identical" sein.

1 c **d) Deutsche Übersetzungen als Grundlage.** Diese Regelung wird ergänzt durch Art. 4 GPatG 2 für solche Anmeldungen, deren Verfahrenssprache nicht deutsch ist: hier ist wie auch sonst bei offengelegten europäischen Patentanmeldungen maßgeblicher Zeitpunkt für das Entstehen des Schutzes die Veröffentlichung einer deutschen Übersetzung der Patentansprüche durch das DPMA oder die Übermittlung einer solchen Übersetzung an denjenigen, der die Erfindung benutzt. Kraft der Verweisung in Art. 29 Abs. 1 PCT i. V. m. Art. III § 8 Abs. 1 IntPatÜG findet der Schutz aus § 33 auch auf die vom Internationalen Büro der WIPO nach Art. 21 PCT veröffentlichten internationalen Anmeldungen Anwendung, für die das DPMA Bestimmungsamt ist. Sonderbedingungen gelten für solche internationalen Anmeldungen, die nicht in deutscher Sprache veröffentlicht worden sind (Art. III § 8 Abs. 2 IntPatÜG); der Schutz setzt dann erst vom Zeitpunkt der Veröffentlichung der deutschen Übersetzung an ein. Der Schutz gilt nur für Benutzungshandlungen im Geltungsbereich des Patentgesetzes, nicht z. B. in Österreich, ÖOGH GRUR Int. **87,** 259.

2 **2. Voraussetzungen für die Entstehung des Entschädigungsanspruchs.** Der Entschädigungsanspruch entsteht, wenn ein anderer – mit oder ohne Kenntnis des Anmelders – den Gegenstand der Anmeldung nach Veröffentlichung des Hinweises auf die Einsichtsmöglichkeit (§ 32 Abs. 5) benutzt, obwohl er wusste oder wissen musste, dass die von ihm benutzte Erfindung Gegenstand der Anmeldung war. Auf die Patentfähigkeit des Gegenstandes der Anmeldung kommt es grundsätzlich nicht an (vgl. unten Rdn. 9). Die Patentfähigkeit kann und soll erst in einem etwaigen späteren Prüfungsverfahren geklärt werden. Diese spätere Klärung entscheidet nach dem Gesetz grundsätzlich nicht über die Entstehung, sondern über das „Bestehenbleiben" des Anspruchs (vgl. unten Rdn. 15). Ist der Gegenstand der Anmeldung jedoch „offensichtlich" nicht patentfähig, so kann ein Entschädigungsanspruch nach § 33 Abs. 2 überhaupt nicht entstehen. Der Entschädigungsanspruch ist auch ausgeschlossen, soweit die Wirkung des Patents nicht eintreten kann (§§ 12, 13; vgl. dazu unten Rdn. 11) oder soweit die Beschränkungen der Wirkungen eines Patents nach § 11 eingreifen.

3 **a) Veröffentlichung des Hinweises auf die Offenlegung.** Nach der Fassung der Vorschrift ist nicht die Offenlegung als solche, sondern die Veröffentlichung des Hinweises auf die Möglichkeit der Akteneinsicht (§ 32 Abs. 5) der maßgebende Vorgang, ab dem der Entschädigungsanspruch zur Entstehung gelangen kann. Der Zeitpunkt der Veröffentlichung wird wohl auch immer derjenige sein, an dem die Offenlegung beginnt. Sollte indes einmal versehentlich die Veröffentlichung zu früh erfolgen und die Offenlegung selbst noch nicht damit beginnen können, so bleibt für den Entschädigungsanspruch gleichwohl die Veröffentlichung des Hinweises maßgebend. Unzuträglichkeiten können daraus nicht entstehen, weil der „Benutzer" vor Beginn der Offenlegung nicht wissen kann, dass er den Gegenstand der Anmeldung benutzt (vgl. unten Rdn. 6).

4 **b) Benutzung des Gegenstands der Anmeldung.** Die Vorschrift gebraucht für die Verwendung des Gegenstands der Anmeldung durch den Dritten den Ausdruck „benutzt", der als Oberbegriff für die dem Patentinhaber vorbehaltenen und Dritten verbotenen Verwertungsarten in § 9 Abs. 1 Satz 1 verwendet wird. Jede der in § 9 aufgeführten Benutzungsarten kann die Entschädigungspflicht auslösen. Es kann daher insoweit auf die Ausführungen in Rdn. 26 ff. zu § 9 verwiesen werden. Die in § 10 umschriebenen verbotenen Handlungen der mittelbaren Patentverletzung führen dagegen im Rahmen des § 33 nicht zu einer Haftung des mittelbaren Benutzers. Wer lediglich anderen im Sinne des § 10 PatG Mittel liefert, die sich auf ein wesentliches Element der Erfindung beziehen, ist zu einer angemessenen Entschädigung für die Benutzung des Gegenstandes der Patentanmeldung nicht verpflichtet, BGH Urt. v. 3. 6. 2004 – X ZR 82/03 – Drehzahlermittlung – GRUR **04,** 845 (str., abw. insbesondere OLG Düsseldorf, Mitt. **2003,** 252, 259 f m. Anm. König und 264, 269 f.; wegen des weiteren Streitstandes, mit dem sich das Urteil des BGH auseinandersetzt, vgl. die Gründe Abschn III 2, Abs. 4, und Krasser 5. Aufl., § 37 Nr. 3 S 923 u. Fn. 7; Schulte hat in der 7. Aufl. sich der Ansicht des BGH angeschlossen, Rdn. 7 zu § 33).

4 a Die genannte BGH-Entscheidung ist allerdings – wie auch die zitierten Entscheidungen des OLG Düsseldorf – zu einem europäischen Patent bzw. einer **europäischen Patentanmeldung** und damit auf der Grundlage von Art. II § 1 Satz 1 IntPatÜG ergangen. Dabei handelt es sich um völkerrechtlich gebotenes Landesrecht, das auf Art. 67 Abs. 2 Satz 3 EPÜ beruht. Da-

nach hat jeder Vertragsstaat zumindest vorzusehen, dass der Anmelder für die Zeit von der Veröffentlichung der europäischen Patentanmeldung an von demjenigen, der die Erfindung in diesem Vertragsstaat unter Voraussetzungen benutzt hat, die nach dem nationalen Recht im Fall der Verletzung eines nationalen Patents sein Verschulden begründen würden, eine den Umständen nach angemessene Entschädigung verlangen kann, vgl. Benkard/Schäfers, Rdn 8 bis 12 zu Art. 67. „Verschulden" ist dabei offensichtlich als „Haftung" zu verstehen, wie aus einem Vergleich mit der englischen und französischen Fassung („liable" „responsabilité) erhellt. Dieser Hintergrund darf bei der Auslegung des Art. II § 1 IntPatÜG nicht außer acht gelassen werden. Die wortlautmäßige Parallelisierung dieser Vorschrift mit § 33 Abs. 1 PatG geht zwar schon auf den RegE zum IntPatÜG zurück (BR-Drs. 220/75, S. 15, li. Sp. unter Bezugnahme auf den damaligen 24 Abs. 5 Satz 1 1. Halbsatz des PatG 1968 und in Anknüpfung an Art. 67 Abs. 2). Es wurde dabei aber der Mindeststandard von Art. 67 Abs. 2 Satz 3 nicht voll beachtet und nur wegen der nichtganz vertragskonformen weiteren Einschränkung des Entschädigungsanspruchs (Wegfall bei offensichtlichem Fehlen der Patentfähigkeit) zitiert. Außerdem stellte sich beim Entwurf des IntPatÜG die Frage eines eigenständigen Tatbestandes der mittelbaren Patentverletzung noch nicht; es lag lediglich der Text des GPÜ 1975 (Art. 30) vor. Wegen der Anknüpfung an „die Verletzung eines nationalen Patents" in Art. 67 Abs. 2 Satz 3 ist es aber m. E. gerechtfertigt, wenn nicht geboten, den **vollen Bereich der patentverletzenden** Handlungen einschließlich der **mittelbaren Patentverletzung** auch für den Schutz der offengelegten europäischen Patentanmeldung zugrunde zu legen. Rechtsgrundlage ist damit im Vorfeld der Patenterteilung nicht die virtuelle oder künftige unerlaubte Handlung, sondern das mittelbare Partizipieren an fremder Leistung, die auch in der Förderung fremder Nutzung liegen kann. Es ist auch sonst durchaus gerechtfertigt, offengelegten europäischen Patentanmeldungen einen verstärkten und ggf. über § 33 Abs. 1 hinausgehenden Schutz zuzubilligen, da sie – jedenfalls im Regelfall – mit einem europäischen Recherchenbericht veröffentlicht werden, so dass die Erfolgsaussichten der Anmeldung wesentlich besser zu beurteilen sind. Der gleiche Wortlaut von § 33 Abs. 1 und Art. II § 1 Satz 1 IntPatÜG zwingt, schon wegen des völkerrechtlichen Hintergrundes beim IntPÜG, keineswegs zu gleichen Ergebnissen. Art. 67 Abs. 1 EPÜ postuliert bekanntlich vollen Patentschutz ab Offenlegung der Anmeldung, was damit die – europäisch harmonisierte – mittelbare Patentverletzung ohne weiteres einschließt.

Was „Gegenstand der Anmeldung" ist, wird in erster Linie durch den Patentanspruch oder die Patentansprüche definiert, die Bestandteil der offengelegten Anmeldungsunterlagen sind. Die Ansprüche sind unter Heranziehung der Beschreibung und etwaiger Zeichnungen auszulegen, wie dies auch für die Ansprüche eines erteilten Patents gilt, § 14; vgl. Kraßer, § 37 Nr. 3, 924. Reicht der Anmelder geänderte Ansprüche ein, so sollte für die Bestimmung des „Schutzbereichs" der Anmeldung die jeweils engere Fassung gelten. Dieses Verhältnis sollte auch maßgeblich sein, wenn das Patent schließlich mit geänderten Ansprüchen erteilt worden ist, vgl. dazu Art. 69 Abs. 2 EPÜ sowie den Entwurf eines Patentrechtsvertrages (PLT/WIPO, Art. 23 Abs. 2 Buchst. c, letzter Satz, Ind.Prop. **91,** 118, 128) und Kraßer, § 37 Nr. 4, 924. **4 b**

Benutzer ist nur derjenige, der Nutznießer der Benutzungshandlungen ist, nicht aber etwa derjenige, der als gesetzlicher Vertreter oder zuständiger Sachbearbeiter eines Unternehmens lediglich eine Fremdbenutzung veranlasst. Eine unmittelbare persönliche Haftung des jeweils Haftenden, wie sie für den Bereich der unerlaubten Handlungen und insbesondere der Patentverletzungen anerkannt ist, kommt im Bereich des § 33, der von einem rechtmäßigen Handeln des Benutzers ausgeht, nicht in Betracht, BGHZ **107,** 161, 163, 165 – Offenend-Spinnmaschine. **4 c**

c) Wissen oder Wissenmüssen des Benutzers. Subjektiv setzt der Entschädigungsanspruch das Wissen oder Wissenmüssen des Benutzers von der Benutzung des Anmeldungsgegenstandes voraus. Wissen ist positive Kenntnis, Wissenmüssen Fehlen der Kenntnis, die sich der Benutzer hätte verschaffen können, wenn er das den Umständen nach Erforderliche und ihm Zumutbare getan hätte, um sich über die Verhältnisse zu vergewissern. **5**

Die Kenntnis oder zurechenbare Unkenntnis muss sich zunächst auf das Vorhandensein und den Inhalt der Anmeldung beziehen. Eine Orientierung hierüber ist an Hand der Veröffentlichungen des Patentamts (Patentblatt und Offenlegungsschriften) ohne weiteres möglich und weitgehend auch zumutbar, insbesondere unter den Bedingungen des wesentlich verbesserten Zugangs zur Patentdokumentation in Form der online-Recherche in den Datenbanken des DPMA (s. § 32). Mangelnde Kenntnis hierüber wird dem Benutzer daher meist zuzurechnen sein. Der Anmelder darf auch in sachlicher Form auf die Offenlegung seiner Anmeldung hinweisen, BGH GRUR **75,** 315, 316 – Metacolor; vgl. auch oben Rdn. 1. **6**

7 Die Kenntnis oder zurechenbare Unkenntnis muss sich weiter darauf erstrecken, dass es sich um eine Benutzung des Gegenstands der Anmeldung handelt. Insoweit werden grundsätzlich die gleichen Maßstäbe anzulegen sein wie bei der Beurteilung des Verschuldens des Patentverletzers (vgl. hierzu Rdn. 42ff. zu § 139). Nach der älteren Rechtsprechung des BGH ist jedoch zu berücksichtigen, dass der Gegenstand der Erfindung erst noch im Prüfungsverfahren herausgearbeitet werden muss. Der Benutzer kann sich deshalb nicht darauf verlassen, dass die offengelegten Patentansprüche den Gegenstand der Erfindung bereits in seiner endgültigen Formulierung wiedergeben; abzustellen ist vielmehr wie bei einem noch ungeprüften Gebrauchsmuster auf den Inhalt der Unterlagen in ihrer Gesamtheit; ist diesen der später unter Schutz gestellte und von der beanstandeten Ausführungsform benutzte Gegenstand ohne weiteres zu entnehmen, dann ist die Annahme berechtigt, der Benutzer habe wissen müssen, dass er vom Gegenstand der Anmeldung Gebrauch mache, BGHZ **68,** 242 = GRUR **77,** 598 mit Anm. Fischer. – Autoscooter. Kritisch dazu vgl. Kraßer, § 37 Nr. 5, 925f unter Bezugnahme auf die verstärkte Bedeutung der – sei es vom Anmelder zunächst allein, sei es später im Dialog zwischen Anmelder und Prüfer – formulierten Patentansprüche. Der Anmelder hat es in der Hand, durch eine entsprechende Fassung des Patentanspruchs dafür zu sorgen, dass er einen umfassenden Schutz für die von ihm im Anmeldeverfahren offenbarte Erfindung erhält, BGHZ **100,** 249, 254 – Rundfunkübertragungssystem. Diese Überlegung lässt sich zwanglos auch auf die Patentansprüche einer offengelegten Patentanmeldung übertragen. Auch fordern Vertrauensschutz und Rechtssicherheit, dass sich der Anmelder zunächst an dem festhalten lassen muss, was er selbst als Erfindung im Patentanspruch definiert. Die Anforderungen an die Sorgfaltspflicht des Benutzers werden deshalb bei unklaren Anmeldungsunterlagen, aber auch bei einem klaren und eindeutigen Patentanspruch, der den Offenbarungsgehalt der Anmeldung nicht voll ausschöpft, nicht überspannt werden dürfen.

8 **3. Gründe, die einen Entschädigungsanspruch ausschließen.** Der Entschädigungsanspruch entsteht grundsätzlich bei Vorliegen der gesetzlichen Voraussetzungen. Die Entstehung des Anspruchs kann jedoch aus besonderen Gründen ausgeschlossen sein. In Betracht kommen vor allem die nachfolgend genannten Gründe (wegen weiterer Ausschließungsgründe vgl. Klauer/Möhring 3. Aufl. Anm. 72–74 zu § 24 PatG).

9 **a) Offensichtlich mangelnde Patentfähigkeit des Anmeldungsgegenstandes.** Der Entschädigungsanspruch besteht nach § 33 Abs. 2 nicht, wenn der Gegenstand der Anmeldung offensichtlich nicht patentfähig ist. Dieser Vorschrift wird man nicht nur rein prozessuale Bedeutung beilegen können (so insbes. Ohl, Festschrift VVP 1975 S. 122f. m.w.N.). Es wird vielmehr davon auszugehen sein, dass die Entstehung des Entschädigungsanspruchs grundsätzlich nicht davon abhängen soll, ob der Gegenstand der Anmeldung patentfähig ist, und dass § 33 Abs. 2 diesen Grundsatz nur für die Fälle durchbricht, in denen die mangelnde Patentfähigkeit ohne weiteres ersichtlich ist. Auch in § 30 Abs. 1 Satz 2 PatG 1968 hat das Gesetz nicht die Einschränkung gemacht, dass der Gegenstand der Anmeldung patentfähig sein müsse, sondern hat die Wirkungen des Patents auf Grund der Bekanntmachung ohne Vorbehalt einstweilen eintreten lassen; führte die Anmeldung nicht zum Patent, so entzog das Gesetz den ihr zunächst verliehenen Schutz mit rückwirkender Kraft. Der Regelung in § 33 liegt das gleiche System zugrunde. Das folgt auch daraus, dass „die Wirkung nach § 33 Abs. 1“ – d.h. der Entschädigungsanspruch – gemäß § 58 Abs. 2 als nicht eingetreten „gilt“, wenn die Anmeldung zurückgenommen oder das Patent versagt wird; denn diese Formulierung lässt erkennen, dass der „einstweilige Schutz“ trotz mangelnder Patentfähigkeit zunächst eingetreten sein muss.

10 Die Patentfähigkeit des Gegenstandes der offengelegten Anmeldung ist daher grundsätzlich nicht Voraussetzung dafür, dass der Entschädigungsanspruch entsteht, sondern nur dafür, dass er von Bestand ist und nicht später – mit rückwirkender Kraft – wieder entfällt. Eine Ausnahme besteht nach § 33 Abs. 2 nur dann, wenn der Gegenstand der Anmeldung offensichtlich nicht schutzfähig ist. Dann kommt der Entschädigungsanspruch überhaupt nicht zur Entstehung. Eine darauf gestützte Klage ist daher als materiell unbegründet abzuweisen. Offensichtlich ist die mangelnde Patentfähigkeit dann, wenn sie ohne weiteres ersichtlich ist, insbesondere, wenn der Gegenstand der Anmeldung neuheitsschädlich vorweggenommen ist (vgl. Löscher BB **67,** Beil. 7 Fußn. 42). Die offensichtlich fehlende Patenfähigkeit kann sich z.B. daraus ergeben, dass die Zurückweisung der Anmeldung vom Patentamt bereits in Aussicht gestellt und das österreichische Parallelpatent rechtkräftig für nichtig erklärt worden ist, OLG Karlsruhe Mitt. **73,** 112.

11 **b) Vorbenutzungsrecht des Benutzers; andere Einwendungen.** Die Anspruchsberechtigung des § 33 Abs. 1 ist nach der gesetzlichen Regelung nur als eine vorübergehende Rechtsstellung des Anmelders gedacht, die entweder in den Patentschutz (§ 9) oder in das endgültige Freiwerden der Anmeldung (§ 58 Abs. 2) überleiten soll. Daraus ergibt sich von selbst, dass der

Entschädigungsanspruch nicht gegenüber einem Vorbenutzer (§ 12) entstehen kann, gegen den nicht einmal die Wirkung des Patents eintritt (gl. A. Löscher BB **67,** Beil. 7 Fußn. 36; Krieger, GRUR **68,** 225, 226; Bernhardt/Kraßer, § 37 Nr. 3, S. 662). Der Entschädigungsanspruch ist deshalb auch ausgeschlossen, wenn die Handlungen des Benutzers nicht von der Wirkung eines entsprechenden Patents erfasst werden; so z. B. bei Handlungen, die im privaten Bereich zu nichtgewerblichen Zwecken vorgenommen oder die zu Versuchszwecken, die sich auf den Gegenstand der beanspruchten Erfindung beziehen, ausgeführt werden (§ 11 Nr. 1, 2).

4. Inhalt des Anspruchs. Der Anspruch ist auf eine „den Umständen nach angemessene Entschädigung" gerichtet. Daraus, dass der Anspruch auf Schadenersatz in § 33 Abs. 1, 2. Halbsatz ausdrücklich ausgeschlossen ist, ergibt sich ohne weiteres, dass die Entschädigung nicht den Ersatz des dem Anmelder durch die Benutzung des Anmeldungsgegenstands entstandenen Schadens bezweckt. Das zu § 139 entwickelte System der Schadensberechnung lässt sich daher nicht auf den Entschädigungsanspruch nach § 33 übertragen. Ebenso wenig kommt eine Übertragung des gewohnheitsrechtlich anerkannten Anspruchs auf Herausgabe des Verletzergewinns in Betracht, da der Anmelder noch nicht über ein ausschließliches Benutzungsrecht verfügt, BGHZ **107,** 161, 168 – Offenend-Spinnmaschine. Der Anmelder soll vielmehr nur einen Ausgleich dafür erhalten, dass ein anderer von der in der Anmeldung offenbarten technischen Lehre Gebrauch macht. Es handelt sich also um eine Nutzungsentschädigung nach der Art einer Benutzungsgebühr. Die Benutzungsgebühr kann nicht ohne weiteres mit einer Lizenzgebühr verglichen werden. Denn das Gesetz räumt dem Inhaber der offengelegten, noch nicht bekanntgemachten Anmeldung kein ausschließliches Benutzungsrecht ein. Die Benutzung des Anmeldungsgegenstands durch Dritte ist daher keine widerrechtliche („unbefugte"), die einer Gestattung bedürfte, BGHZ **64,** 101, 116 – Bäckerhefe; OLG Karlsruhe GRUR Int. **87,** 788, 790; vgl. auch Löscher BB **67,** Beil. 7, 7. Sie steht auch nicht unter dem Schutz eines Verbotsrechts. 12

Die **Nutzungsentschädigung** wird daher in aller Regel **nicht den Betrag einer angemessenen Lizenzgebühr** erreichen, wie sie der Patentinhaber der Berechnung seines Schadens aus einer Patentverletzung zugrunde legen kann (vgl. hierzu § 139 Rdn. 61, 63 ff.); die angemessene Lizenzgebühr stellt vielmehr die obere Begrenzung für die angemessene Entschädigung dar, die nur im „Höchstfall" in Betracht kommt (vgl. Schriftlicher Bericht des Rechtsausschusses Bl. **67,** 281 unter 5 d). Die Methode der Lizenzanalogie bietet sich allerdings als Grundlage für die Ermittlung der angemessenen Entschädigung an, BGHZ **107,** 161, 169 – Offenendspinnmaschine. Der Anspruch auf Auskunft und Rechnungslegung, wie er zur Berechnung und Durchsetzung des Schadenersatzanspruchs eines Patentinhabers gegenüber dem Patentverletzer nach Maßgabe der allgemeinen Grundsätze von Treu und Glauben (§ 242 BGB) entwickelt worden ist, gilt im Grundsatz auch für das Verhältnis zwischen dem Anmelder einer offengelegten Patentanmeldung und dem entschädigungspflichtigen Benutzer des Gegenstandes der Patentanmeldung, BGHZ **107,** 161, 167. Da aber im Rahmen der Lizenzanalogie die angemessene Entschädigung unabhängig davon berechnet werden kann, wie sich die konkrete Kosten- und Gewinnrechnung beim Benutzer der Erfindung darstellt, kann jedenfalls für den Regelfall nicht die Bekanntgabe der Gestehungs- und Vertriebskosten verlangt werden, BGHZ **107,** 161, 169. Bei der Bemessung der angemessenen Entschädigung sollen im übrigen die Umstände des Falles berücksichtigt werden. Im „Schriftlichen Bericht" des Rechtsausschusses (Bl. **67,** 279) werden einige „Umstände" genannt, die sich auf die Entschädigung auswirken sollen. Danach soll die Höhe der Entschädigung „insbesondere" davon abhängen, ob der Benutzer die Anmeldung kannte oder – nur – kennen musste, ob der Tatbestand der Benutzung genügend klar zutage lag, ob der Anmelder bei der Formulierung der Ansprüche den von ihm beanspruchten Schutzbereich genügend klar herausgearbeitet und gegen den Stand der Technik abgegrenzt hat oder ob er im Gegenteil durch übermäßig weit gefasste Ansprüche selbst zur Unklarheit der Rechtsverhältnisse beigetragen hat (a. a. O. S. 281 unter 5 d). Traub, 25 Jahre Bundespatentgericht, S. 275 f., kritisiert die Anwendung dieser Gesichtspunkte auf die Nutzungsentschädigung wegen des fehlenden Sanktionscharakters der Entschädigung. Vgl. aber Kraßer § 37 Nr. 6., S. 665 f. 13

5. Verjährung. Abs. 3 enthält die Vorschriften über die Verjährung des Entschädigungsanspruchs nach Abs. 1. In der Neufassung durch das Schuldrechtsmodernisierungsgesetz wird, um Doppelverweisungen zu vermeiden nicht mehr auf § 141, sondern direkt auf die Verjährungsvorschriften des BGB verwiesen, die durch das Schuldrechtsmodernisierungsgesetz neu gefasst worden sind (s. BT-Drs. 14/6040 v. 14. 6. 2001, Nr. 3: Verjährungsrecht, 89–91, 282). § 141 verweist in der neuen Fassung jetzt ebenfalls auf das BGB. Beibehalten wurde die Regelung, dass die Verjährung des unterfallenden Anspruchs frühestens ein Jahr nach Erteilung des Patents eintritt. 14

Die **Verjährung des Anspruchs** unterliegt demnach der Regelverjährung nach Maßgabe der §§ 195, 199 BGB, dh der Anspruch verjährt in 3 Jahren, § 195 BGB. Die Frist beginnt mit Schluss des Jahres, in dem der Anspruch entstanden ist, d. h. die entschädigungspflichtige Benutzung stattgefunden hat, und der Gläubiger von den den Anspruch begründenden Umständen und der Person des Schuldners Kenntnis erlangt hat oder ohne grobe Fahrlässigkeit hätte erlangen müssen, § 199 Abs. 1 BGB. Für den Anspruch aus § 33 Abs. 1 bedeutet dies, dass die Verjährung mit dem Schluss des Jahres beginnt, in dem der Anmelder von der Benutzung der in der Anmeldung beanspruchten Erfindung und der Person des Benutzers Kenntnis erlangt hat. Grob fahrlässige Unkenntnis steht also der Kenntnis gleich. § 33 Abs. 3 Satz 1 übernimmt die Maßgabe des früheren Rechts, dass die Verjährung frühestens erst 1 Jahr nach Patenterteilung eintritt. so dass der Anmelder die Klärung der Patentfähigkeit abwarten kann. Unter Patenterteilung ist wie auch sonst die Veröffentlichung des Hinweises auf die Patenterteilung zu verstehen. Somit können Entschädigungsansprüche sehr spät rückwirkend geltend gemacht werden. Durch die Maßgabe soll erreicht werden, dass der Anmelder nicht genötigt ist, lediglich zur Fristwahrung Klage zu erheben, bevor geklärt ist, ob der Gegenstand der Anmeldung patentfähig ist; die Dauer der Ungewissheit wird dadurch nicht unangemessen verlängert, da der durch den Entschädigungsanspruch Betroffene selbst einen Prüfungsantrag stellen und damit die Entscheidung über die Patenterteilung herbeiführen kann (Begrd. des RegEntw. zum GPatG, BT Drucks. 8/2087 S. 29 f.).

14 a Hat der Ersatzpflichtige durch eine unerlaubte Handlung auf Kosten des Verletzten etwas erlangt, so ist er auch nach Eintritt der Verjährung des Anspruchs auf Ersatz des aus einer unerlaubten Handlung entstandenen Schadens zur Herausgabe nach den Vorschriften über die Herausgabe einer ungerechtfertigten Bereicherung verpflichtet. Dieser Anspruch verjährt in zehn Jahren von seiner Entstehung an, ohne Rücksicht auf die Entstehung in 30 Jahren von der Begehung der Verletzungshandlung oder dem sonstigen, den Schaden auslösenden Ereignis an.

14 b Nach Eintritt der Verjährung steht dem Gläubiger ein (Restentschädigungs-)Anspruch auf Herausgabe dessen zu, was der Schuldner durch die Erfindungsbenutzung auf seine Kosten erlangt hat, § 33 Abs. 3 S 2, § 852 S 1 BGB; Rechtsfolgenverweisung auf §§ 812 ff BGB (s § 141 Rdn 23). Der Restentschädigungsanspruch verjährt gemäß § 852 S 2 BGB in 10 Jahren seit der Benutzung und dem Eintritt der Bereicherung. Somit können Entschädigungsansprüche sehr spät rückwirkend geltend gemacht werden. § 33 (3) schließt nicht mehr wie § 24 (5) 3 aF die Anwendung von § 141 S 2 aus.

15 **6. Wegfall des Anspruchs.** Die mit der Offenlegung der Patentanmeldung verbundenen Schutzwirkungen gelten nach § 58 Abs. 2 mit der Zurücknahme oder Zurückweisung der Anmeldung und nach § 21 Abs. 3 mit dem Widerruf des Patents als nicht eingetreten, entfallen also mit rückwirkender Kraft und daher mit der Folge, dass die etwa bereits gezahlte Entschädigung zurückzuerstatten ist. Der Rücknahme steht es nach der Rücknahmefiktion der §§ 57 Abs. 1 Satz 4, 58 Abs. 3 gleich, wenn die Erteilungsgebühr oder eine Jahresgebühr nicht rechtzeitig gezahlt werden oder der Prüfungsantrag nicht innerhalb von sieben Jahren nach Einreichung der Anmeldung gestellt wird. Bei Wiedereinsetzung in den vorigen Stand nach § 123 Abs. 1 Satz 1 kann der Patentanmelder für Benutzungshandlungen in dem Zeitintervall, in dem die Anmeldung wegen Nichtzahlung der Jahresgebühren verfallen war, eine Benutzungsentschädigung nicht verlangen, BGH – Wandabstreifer – BGHZ **121,** 194; GRUR **93,** 460 m. abl. Anm. v. Maltzahn; Mitt. **93,** 329 mit Anm. Maiwald, Walter; ablehnend auch Schulte, Rdn 14 zu § 33; wie BGH Busse, Rdn 11 zu § 33. Mit der Patenterteilung löst der Patentschutz die Schutzwirkungen des § 33 Abs. 1 ab. Im Falle des Widerrufs oder der Nichtigerklärung des Patents entfallen nach § 21 Abs. 3 Satz 1 und § 22 Abs. 2 mit dem Patentschutz auch die Schutzwirkungen des § 33 Abs. 1 mit rückwirkender Kraft. Der Entschädigungsanspruch des § 33 Abs. 1 ist daher erst dann von Bestand, wenn es zur Patenterteilung kommt (vgl. Löscher BB **67,** Beil. 7, S. 8) und das Patent nicht später widerrufen oder für nichtig erklärt wird.

Dritter Abschnitt. Verfahren vor dem Patentamt

Vorbemerkungen

Inhaltsübersicht

1. Inhalt des Abschnitts. Der Abschnitt betrifft zwar in erster Linie das Verfahren vor dem Patentamt. Er enthält jedoch neben Verfahrensvorschriften auch eine Reihe von materiellen Bestimmungen, z. B. über die materiellen Wirkungen einer Erweiterung der Anmeldung (§ 38 Satz 2), über die Verwirkung des Prioritätsrechts (§ 41 Satz 4), über den Wegfall der Schutzwirkungen der Offenlegung (§ 58 Abs. 2), über den Entschädigungsanspruch des Inhabers einer Geheimanmeldung oder eines Geheimpatents (§ 55) und über die Beschränkung des Patents (§ 64 Abs. 1). Es ist zu beachten, dass sich Zählung und Inhalt der §§ 34 u. 35 infolge des 2. PatGÄndG verändert haben und dass die Vorschriften über das Verfahren vor dem Patentamt jetzt statt mit § 35 mit § 34 beginnen. 1

Die Verfahrensvorschriften betreffen weitgehend das **Patenterteilungsverfahren** und nur dieses Verfahren. Aufgenommen in den Abschnitt ist auch die Regelung des **Einspruchsverfahrens** (§§ 59 ff.) und des **Beschränkungsverfahrens** (§ 64 Abs. 2, 3). Ohnehin kann von dem Einspruchsverfahren als Fortsetzung des Erteilungsverfahrens mit beschränktem Prüfungsumfang gesprochen werden BGH v. 22. 2. 1994 – X ZB 15/92, GRUR **94,** 439, 441 – Sulfonsäurechlorid. Andere Verfahren sind in anderen Abschnitten des Gesetzes geregelt, z. B. das Verfahren auf Festsetzung der angemessenen Vergütung bei erklärter Lizenzbereitschaft in § 23 Abs. 4–6, das Akteneinsichtsverfahren in § 31 und das Verfahren über die Verfahrenskostenhilfe in den §§ 129 ff. Einzelne Vorschriften des Abschnitts, wie z. B. § 47, sind, teilweise auf Grund gesetzlicher Verweisung (§ 59 Abs. 3, § 64 Abs. 3) auch auf diese Verfahren anzuwenden; bei anderen Vorschriften ist jeweils zu prüfen, ob und inwieweit eine unmittelbare oder entsprechende Anwendung in Betracht kommt. 2

Die Bestimmungen des Abschnitts werden ergänzt durch die **„Gemeinsamen Vorschriften"** des 7. Abschnitts, die für alle im Patentgesetz geregelten Verfahren gelten, und die Verfahrensbestimmungen der VO über das Deutsche Patent- und Markenamt (DPAMV). Ergänzend wurde früher in erster Linie auf die Vorschriften des Gesetzes über die Angelegenheiten der freiwilligen Gerichtsbarkeit (FGG) zurückgegriffen, PA Mitt. **34,** 212. Dieser Ansatz ist auf Kohlers Lehre von der Rechtsnatur des Patenterteilungsverfahrens als Angelegenheit der freiwilligen Gerichtsbarkeit zurückzuführen und mittlerweile überholt. Zutreffend ist dagegen ein harmonisierender **Rückgriff auf die allgemeingültigen Grundsätze der verschiedenen gerichtlichen Verfahrensordnungen unter Vorrang der ZPO.** Die Vorschriften der Zivilprozessordnung (ZPO) sind ohnehin insoweit ergänzend heranzuziehen, als ihre Anwendung ausdrücklich vorgeschrieben ist (wie z. B. in § 27 Abs. 6) oder sich ihre entsprechende Anwendung mit den Besonderheiten des patentamtlichen Verfahrens vereinbaren lässt, PA Mitt. **32,** 176, 177. Die Anwendung des Verwaltungsverfahrensgesetzes ist für Verfahren vor dem Patentamt ausdrücklich ausgeschlossen, § 2 Abs. 2 Nr. 3 VerwVfG. Das bedeutet aber nicht zwingend, auf jede Anleihe oder gut begründete Rechts- oder Gesetzesanalogie für das Verwaltungsverfahren vor den Organen des DPMA zu verzichten, z. B. wegen der Bestandskraft, der Rücknahme und des Widerrufs von Verwaltungsakten das VerwVfG als Grundlage zur Lückenschließung heranzuziehen, wo die gerichtlichen Verfahrensordnungen keine Anknüpfungspunkte bieten, zumal mit der Eröffnung des nachgeschalteten Einspruchsverfahrens das Patenterteilungsverfahren dem herkömmlichen Verwaltungsverfahren angenähert worden ist, BGH GRUR **97,** 615 – Vornapf. 3

4 **2. Verfahrensvoraussetzungen.** Das Verfahren vor dem Patentamt ist ein gesetzlich besonders geregeltes Verwaltungsverfahren. Das Gesetz stellt für dieses Verfahren besondere Verfahrensvoraussetzungen auf, die sich aus den Bedürfnissen dieses Verfahrens ergeben, z.B. die Verpflichtung zur Bestellung eines Inlandsvertreters oder eines Zustellungsbevollmächtigten (§ 25). Es besteht jedoch Übereinstimmung darüber, dass für die Durchführung eines patentamtlichen Verfahrens auch die allgemeinen Voraussetzungen erfüllt sein müssen, die für eine ordnungsmäßige Abwicklung des Verfahrens unerlässlich sind.

5 **a) Allgemeine Verfahrensvoraussetzungen.** Zu den allgemeinen Verfahrensvoraussetzungen gehören u. a. die Rechtsfähigkeit und Verhandlungsfähigkeit sowie die Partei- und Prozessfähigkeit der Beteiligten. Insoweit kann auf die Rdn. 1, 2 zu § 34 verwiesen werden.

6 **b) Rechtsschutzbedürfnis (Rechtsschutzinteresse).** Wie der BGH in BGHZ **54,** 181, 184 (= GRUR **70,** 600) – Fungizid, ausgeführt hat, bestehen keine Bedenken, die aus prozessualen Einzelvorschriften entwickelten Grundsätze über das Erfordernis des Rechtsschutzbedürfnisses auch auf das Patenterteilungsverfahren anzuwenden; denn der ihnen zugrunde liegende Gedanke, dass niemand die Gerichte und Behörden als Teil der Staatsgewalt unnütz oder gar unlauter bemühen oder ein gesetzlich vorgesehenes Verfahren zur Verfolgung zweckwidriger und insoweit nicht schutzwürdiger Zwecke ausnutzen darf, ist nicht von der Art des Verfahrens abhängig, BGH GRUR **97,** 615 – Vornapf, dort allerdings speziell für die Fortsetzung des Einspruchsverfahrens bei Erlöschen des angegriffenen Patents; vgl. dazu auch BGH GRUR **76,** 257 für gerichtliche Verfahren. Diese Grundsätze sind daher für sämtliche patentamtlichen Verfahren von Bedeutung. Sie sind etwa auf Akteneinsichtsanträge, vgl. BPatG Mitt. **79,** 137, oder auf das Patentregister betreffende Anträge anwendbar, BPatGE **17,** 14, 15; sie gelten auch für ein Gesuch um Bewilligung von Verfahrenskostenhilfe, BPatGE **29,** 39, 43.

7 Das Rechtsschutzbedürfnis muss bei Antragstellung gegeben sein und bis zur Entscheidung über den Antrag fortbestehen. Das Rechtsschutzinteresse an der Patenterteilung entfällt aber nicht schon deswegen, weil das nachgesuchte Patent im Zeitpunkt der Erteilung bereits abgelaufen ist, BPatGE **12,** 119, 121; BPatGE **42,** 246. Das Erlöschen eines Patents beseitigt nicht das Interesse an der Einsicht in die Erteilungsakten, BPatG Mitt. **79,** 137, 138.

8 Das Rechtsschutzbedürfnis muss auch gerade an der angestrebten Maßnahme ihrer Art und ihrem Umfange nach bestehen. Insoweit darf die Anwendung der Grundsätze über das Erfordernis des Rechtsschutzbedürfnisses auf das Patenterteilungsverfahren nicht ohne Berücksichtigung der dem Erfinder durch das Patentgesetz eingeräumten Rechtsstellung, der Besonderheiten des Patenterteilungsverfahrens und der Patentansprüche erfolgen, BGHZ **54,** 181, 184. Die Anmeldung eines Patents in der Ausgestaltung, die der gegebenen neuen technischen Lehre entspricht, findet grundsätzlich in dem öffentlich-rechtlichen Anspruch auf Erteilung des Patents eine genügende Rechtfertigung. BGHZ **54,** 181, 184; **73,** 183, 187 – Farbbildröhre. Die Beanspruchung eines Patents in mehreren Patentkategorien ist daher nur ausnahmsweise aus Gründen des Rechtsschutzbedürfnisses unzulässig, BGHZ **54,** 181, 184; vgl. dazu im einzelnen Rdn. 74 zu § 34

9 Das Rechtsschutzbedürfnis fehlt für die Erteilung mehrerer Patente auf prioritäts- und inhaltsgleiche – inhaltlich und äußerlich voll identische – Anmeldungen des gleichen Anmelders, BPatGE **14,** 185; **21,** 223. Es fehlt nicht, wenn in zwei prioritätsgleichen Anmeldungen eines Anmelders dieselbe technische Lehre in jeweils verschiedenen Patentkategorien mit jeweils unterschiedlichem Schutzumfang beansprucht wird, BPatGE **14,** 185. Eine von mehreren zeitrang- und inhaltsgleichen Patentanmeldungen ist jedenfalls solange zulässig, wie über die andere Anmeldung nicht rechtskräftig entschieden ist, BGHZ **90,** 318, 321 – Zinkenkreisel. Stellt der Anmelder zwei Patentansprüche mit Haupt- und Hilfsantrag zur Entscheidung, so fehlt für den Hauptantrag das Rechtsschutzinteresse, wenn er mit dem Hilfsantrag übereinstimmt, aber aus der Beschreibung zu behebende Auslegungsschwierigkeiten hervorruft, die dem Hilfsantrag nicht anhaften, BGH Bl. **82,** 224, 225 – Polyesterimide. Das Rechtsschutzbedürfnis an der Erteilung eines nationalen deutschen Patents kann nicht mit der Begründung verneint werden, dem Anmelder sei auf die angemeldete Erfindung ein europäisches Patent mit Wirkung für die Bundesrepublik Deutschland erteilt worden, BPatG Bl. **86,** 343, 344 (zur Auslegung von Art. II § 8 IntPatÜG); vgl. auch Nieder, Mitt. **87,** 205, 206.

9 a Fehlendes Rechtsschutzinteresse an einem prioritätsjüngeren Patent desselben Inhabers ist kein Nichtigkeits- oder Widerrufsgrund. Der vom Gesetzgeber in Anpassung an europäisches Recht außer Kraft gesetzte § 4 Abs. 2 PatG 1968 kann von den Gerichten nicht mit der Begründung wieder in Kraft gesetzt werden, das Streichen dieser Vorschrift führe zu einer Regelungslücke, weil es die Möglichkeit unerwünschter Doppelpatentierung eröffne, BGH GRUR **91,** 376, 377 – Beschusshemmende Metalltür; ähnlich BPatGE **30,** 10, 13, das aber annimmt,

einer Doppelpatentierung könne mit dem allgemeinen Rechtsgedanken des erforderlichen Rechtsschutzinteresses entgegengetreten werden. Das Rechtsschutzbedürfnis für eine Anmeldung, für die eine innere Priorität i. S. v. § 40 in Anspruch genommen worden ist, darf auch bei inhaltlicher Identität mit der prioritätsbegründenden Voranmeldung nicht verneint werden, BPatG Bl. **83,** 372, 373. Vgl. im Übrigen hinsichtlich des Rechtsschutzbedürfnisses bei Fällen der inneren Priorität Rdn. 17 bis 21 zu § 40.

3. Verfahrensgrundsätze der patentamtlichen Verfahren. Im Einzelnen sind die patentamtlichen Verfahren (vgl. oben Rdn. 2) recht verschieden ausgestaltet. Es lassen sich indessen einige Verfahrensgrundsätze feststellen, die für sämtliche patentamtlichen Verfahren von Bedeutung sind. 10

a) Antragsprinzip. Die im Patentgesetz geregelten Verfahren werden nicht von Amts wegen, sondern auf Antrag eingeleitet, sind also sämtlich Antragsverfahren. Daraus lässt sich allgemein entnehmen, dass das Patentamt im Rahmen seines gesetzlichen Aufgabengebietes als Patenterteilungsbehörde grundsätzlich nicht von Amts wegen, sondern nur auf ein an das Amt gerichtetes Begehren auf Erlass eines bestimmten Verwaltungsaktes tätig wird. Für das Patenterteilungs- und das Einspruchsverfahren erhält das Antragsprinzip eine zusätzliche, besondere Bedeutung. Soweit es um die inhaltliche Gestaltung und Formulierung des Patents und insbesondere der Patentansprüche geht, ist das Patentamt an die Anträge des Anmelders bzw. des Patentinhabers gebunden. Mit den – abgewandelten – Worten von Art. 113 Abs. 2 EPÜ lautet dieses spezielle Antragsprinzip dahin, dass bei der Prüfung der Patentanmeldung oder des Patents und bei den Entscheidungen darüber sich das Patentamt an die vom Anmelder oder Patentinhaber vorgelegte oder gebilligte Fassung zu halten hat. Vgl. dazu Benkard/Schäfers, EPÜ, Erl. zu Art. 113. 11

Das auf Antrag anhängig gewordene Verfahren wird dagegen vom Amt betrieben **(Amtsbetrieb).** Die zur Fortführung des Verfahrens erforderlichen Maßnahmen werden vom Amt getroffen. Das durch Antrag eingeleitete Verfahren wird in aller Regel bis zur abschließenden Entscheidung über den gestellten Antrag fortgeführt. Im Patenterteilungsverfahren muss jedoch die Durchführung der eigentlichen, vollständigen Prüfung noch gesondert beantragt werden (§ 44 Abs. 1). Die Entscheidung über den Patenterteilungsantrag (§ 35 Abs. 1 Satz 3 Nr. 1) wird sonst nach Erledigung der Offensichtlichkeitsprüfung (§ 42) zurückgestellt, bis ein Prüfungsantrag eingeht, der vom Anmelder, aber auch von einem Dritten gestellt werden kann (§ 44 Abs. 2). 12

b) Verfügungsgrundsatz. Soweit im Gesetz nicht ausdrücklich etwas anderes bestimmt ist – wie in § 44 Abs. 5 Satz 1 und in § 61 Abs. 1 Satz 2 –, steht die Verfügung über das Verfahren im ganzen den Beteiligten zu. Die Entscheidung über die Fortführung oder Beendigung des von ihnen eingeleiteten Verfahrens liegt grundsätzlich bei ihnen. Im Allgemeinen kann daher der Antragsteller das Verfahren jederzeit durch Zurücknahme des Antrags beenden. Das gilt nach § 44 Abs. 5 Satz 1 ausnahmsweise nicht für das Prüfungsverfahren; dieses Verfahren wird auf Grund ausdrücklicher gesetzlicher Anordnung auch nach Rücknahme des Prüfungsantrages fortgesetzt. Entsprechendes gilt nach § 61 Abs. 1 Satz 2 für das Einspruchsverfahren, das nach Zurücknahme des Einspruchs ohne den Einsprechenden fortgesetzt wird. 13

Der **Verfahrensgang und die Durchführung des Verfahrens** im Einzelnen sind dagegen der Disposition der Beteiligten grundsätzlich entzogen. Die Beteiligten können darauf nur insoweit Einfluss nehmen, als das Gesetz das ausdrücklich gestattet. Ein Antragsrecht steht den Beteiligten z. B. zu für die Heranziehung eines rechtskundigen Mitglieds bei der Beschlussfassung in der Patentabteilung (§ 27 Abs. 3 Satz 3). Der Anmelder hat ferner das Recht, bis zum Erteilungsbeschluss die Anhörung (§ 46 Abs. 1 Satz 2) zu beantragen und die Aussetzung des Erteilungsbeschlusses für einen bestimmten Zeitraum zu verlangen (§ 49 Abs. 2). Soweit den Beteiligten eine Einwirkung auf das Verfahren eingeräumt ist, unterliegt sie ihrer Verfügung auch insofern, als sie die entsprechenden Anträge wieder zurücknehmen oder auf die Ausübung der ihnen zustehenden Befugnisse verzichten können. Soweit den Beteiligten dagegen ein Einfluss auf die Durchführung des Verfahrens nicht zugestanden ist, ist es nach den gesetzlichen Vorschriften abzuwickeln. Der Zustimmung des Anmelders zu den gesetzlich vorgeschriebenen Verfahrensmaßnahmen, z. B. zur Offenlegung (§ 31 Abs. 2) oder zum Erlass des Patenterteilungsbeschlusses nach Ablauf der Aussetzungsfrist des § 49 Abs. 2 bedarf es daher nicht, vgl. zum letzteren BGH GRUR **66,** 85 – Aussetzung der Bekanntmachung für das frühere Erteilungsverfahren. Es bedurfte auch nicht der Zustimmung des Anmelders dazu, dass eine im Beschwerdeverfahren vorgenommene Ausscheidung vom Patentgericht behandelt wurde, BGH GRUR **72,** 474, 475 – Ausscheidung in der Beschwerdeinstanz. 14

15 Durch die Fassung ihrer Anträge bestimmen die Beteiligten grundsätzlich auch über den **Gegenstand** des Verfahrens; die Prüfung erfolgt im Allgemeinen nur im Rahmen der Anträge, die in aller Regel auch die Grenze für das ihnen zu Gewährende bilden (vgl. für den Patenterteilungsantrag § 45 Rdn. 5). Soweit ihnen materiell die Verfügung über den Verfahrensgegenstand zusteht, können sie durch ihre Erklärungen – etwa durch Zustimmung zu einer beantragten Akteneinsicht – auch eine sachliche Prüfung eines gestellten Antrages entbehrlich machen.

16 **c) Untersuchungsgrundsatz.** Die Regelung in § 46 Abs. 1 Satz 1, die der Prüfungsstelle alle zur Aufklärung der Sache erforderlichen Ermittlungen gestattet, bezieht sich nach dem Zusammenhang nur auf das Patenterteilungsverfahren. Sie wird jedoch in § 23 Abs. 4 Satz 3, in § 59 Abs. 3 und in § 64 Abs. 3 Satz 2 ausdrücklich für entsprechend anwendbar erklärt. Sie wird darüber hinaus aber auch für alle übrigen Verfahren in Patentsachen entsprechend heranzuziehen sein, zumal auch ein sich daraus ergebendes Beschwerdeverfahren nach § 87 Abs. 1 in jedem Falle dem Untersuchungsgrundsatz unterliegt. Der Untersuchungsgrundsatz wird durch die **Mitwirkungspflicht der Verfahrensbeteiligten** oder Parteien relativiert. Es ist in erster Linie Aufgabe eines Anmelders, Antragstellers, Beschwerdeführers oder Klägers, die Tatsachen vollständig und rechtzeitig vorzutragen, die sein Rechtsschutzbegehren stützen. Er trägt die Substantiierungslast, d.h. in der Anmeldung oder Antragsschrift müssen die wesentlichen Tatsachen enthalten und das Ziel des Rechtsschutzbegehrens in irgendeiner Form erkennbar sein. Die Mitwirkungspflicht gilt namentlich für Verfahren, die nur auf Antrag einer Partei statt von Amts wegen eingeleitet worden sind.

17 Aus § 46 Abs. 1 Satz 1 ergibt sich, dass das Patentamt bei der Ermittlung des Sachverhalts nicht an das Vorbringen der Beteiligten und die von ihnen gestellten Beweisanträge gebunden ist. Es „kann" von Amts wegen Ermittlungen anstellen und muss es daher auch, wenn die Klärung des Sachverhalts für die Entscheidung von Bedeutung ist. § 46 Abs. 1 Satz 1 besagt daher im Grunde genommen nichts anderes als § 87 Abs. 1. Im Einzelnen kann daher auf die Erläuterungen zu § 87 (Rdn. 1–12) verwiesen werden.

18 **d) Rechtliches Gehör.** Die Gewährung rechtlichen Gehörs ist als Verfassungsgebot ein Eckpfeiler eines jeden geordneten rechtsstaatlichen Verfahrens, Art. 103 Abs. 1 GG; vgl. auch Baumbach/Lauterbach/Albers/Hartmann, Grundz. § 128, Rdn. 41 bis 45. Es zielt zwar wortlautgemäß auf das Gehör „vor Gericht", gilt aber als Teil des **Anspruchs auf ein faires rechtsstaatliches Verfahren** entsprechend für Verwaltungsverfahren und ist völkerrechtlich speziell durch Art. 62 Abs. 4, 41 Abs. 3 Satz 3 TRIPS-Ük für patentamtliche Verfahren gewährleistet. Das EPÜ stellt deshalb den Grundsatz des rechtlichen Gehörs an den Anfang der Allgemeinen Vorschriften über das Verfahren vor dem EPA, Art. 113 Abs. 1 EPÜ, vgl. dazu EPA (JBK) ABl. **91,** 550, sowie die Beilage zum ABl. Nr. 6/1992, S. 56ff. Dem Anmelder ist der Anspruch auf rechtliches Gehör in dem Sinne, dass bei der Entscheidung nur solche Umstände berücksichtigt werden dürfen, zu denen er sich vorher äußern konnte, für das Prüfungsverfahren in den §§ 42 Abs. 3 Satz 2, 48 Satz 2 ausdrücklich zugestanden worden. Diese Vorschriften sind Ausdruck eines Rechtsgedankens, der für das Einspruchsverfahren mit der Maßgabe entsprechend gilt, dass er im **Einspruchsverfahren auf sämtliche Verfahrensbeteiligte** einschließlich des oder der Einsprechenden anzuwenden ist, BGH GRUR **66,** 583 – Abtastverfahren; BPatGE **3,** 40. Die §§ 42 Abs. 3 Satz 2, 48 Satz 2 werden darüber hinaus in sämtlichen patentamtlichen Verfahren entsprechend herangezogen und sind darauf wohl auch – mit Ausnahme des Kostenfestsetzungsverfahrens (vgl. BPatGE **7,** 41) – entsprechend anzuwenden. Die besondere Ausgestaltung des rechtlichen Gehörs in den §§ 42 Abs. 2, 45 Abs. 2 dahin, dass das Patentamt auch das Ergebnis der amtlichen Prüfung mitzuteilen hat, ist dagegen einer entsprechenden Anwendung auf andere Verfahrensabschnitte des Erteilungsverfahrens und auf andere patentamtliche Verfahren nicht zugänglich, vgl. dazu für das Einspruchsverfahren BGH GRUR **66,** 583; BPatGE **3,** 40. Das Patentamt verletzt den Anspruch auf rechtliches Gehör, wenn es für seine Entscheidung – nach dem bisherigen Verfahrensverlauf überraschend – eine neue rechtliche Argumentation benutzt, auf die es den Anmelder oder Antragsteller nicht zuvor hingewiesen hat, BPatG GRUR **00,** 398, 401f – Abamectin.

19 Die konkrete Form, in der rechtliches Gehör zu gewähren ist, bestimmt sich nach den dafür geltenden Vorschriften. § 17 DPMAV, der indirekt die Mitteilung der Schriftsätze an alle übrigen Verfahrensbeteiligten anordnet, sowie § 19 DPMAV, der die Entscheidung nach Lage der Akten unter Einräumung ausreichender Fristen zur Stellungnahme regelt, gelten für sämtliche patentamtlichen Verfahren. Auch § 46 Abs. 1 Satz 1, der dem Patentamt die Möglichkeit der Anhörung der Beteiligten gibt, bezieht sich auf alle Verfahren. Einen Anspruch auf Anhörung gibt das Gesetz freilich – unter bestimmten Voraussetzungen – nur dem Patentanmelder im Patenterteilungsverfahren bis zum Beschluss über die Patenterteilung (§ 46 Abs. 1 Satz 2 und 3).

e) Schriftlichkeit

Literatur: Zahn, Schriftlichkeit bei prozessualen Willenserklärungen oder: Die kopierte Unterschrift, Mitt. **78,** 23; *Metternich, Hans-Christian* Rechtsfragen im Zusammenhang mit der elektronischen Anmeldung, GRUR **01,** 647. 20

Das Verfahren vor dem Patentamt ist – im Interesse der Rechtssicherheit, der Transparenz und Nachvollziehbarkeit des Verfahrensablaufs **grundsätzlich – schriftlich** mit den Modifikationen des Schriftlichkeitsbegriffs, die sich aus der Einführung und Zulassung elektronischer Formen der Textübermittlung im Sinne des „eGovernment" auch für das DPMA ergeben. Wegen der Einzelheiten dazu wird auf die Erläuterungen zu § 125 a verwiesen. Weitere einschlägige Vorschriften über die Einreichung **elektronischer Dokumente** und die **elektronische Signatur** enthalten die PatV (z. B. §§ 3, 11) und die VO über den elektronischen Rechtsverkehr im gewerblichen Rechtsschutz vom 5. 8. 2003 (BGBl I 1558) sowie § 12 DPMAV. Für Anträge, die ein patentamtliches Verfahren einleiten, ist die Schriftform meist besonders vorgeschrieben, z. B. für den Antrag auf Festsetzung der angemessenen Vergütung bei erklärter Lizenzbereitschaft (§ 23 Abs. 4 Satz 1), nicht mehr ausdrücklich im PatG für die Anmeldung (§ 34 Abs. 1, vgl. dafür aber § 3 Abs. 1 Satz 1 PatV) und die Zusammenfassung (§ 3 Abs. 1 Satz 1 PatV), den Rechercheantrag (§ 43 Abs. 2 Satz 2), den Prüfungsantrag (§§ 44 Abs. 4 Satz 2, 43 Abs. 2 Satz 2), den Einspruch (§ 59 Abs. 1 Satz 2), den Antrag auf Anhörung (§ 46 Abs. 1 Satz 3) und den Beschränkungsantrag (§ 64 Abs. 2) und rechtserhebliche Erklärungen wie die Teilungserklärung (§ 39 Abs. 1 Satz 2), die Benennung des Erfinders (§ 7 Abs. 1 PatV) und Anträge zur Nichtnennung des Erfinders und zur Änderung der Erfindernennung (§ 8 PatV). Der Schriftform bedürfen aber auch die Anträge und Erklärungen, für die die Schriftform im Gesetz nicht ausdrücklich angeordnet ist, z. B. die Anträge auf Umschreibung (§ 30 Abs. 3), auf Akteneinsicht (§ 31 Abs. 1 Satz 1) und auf Aussetzung des Erteilungsbeschlusses (§ 49 Abs. 2), die Prioritätserklärungen (§§ 40 und 41) und insbesondere alle Änderungen der Anmeldung nach § 38. Die Schriftform ist darüber hinaus auch für alle bestimmenden Erklärungen innerhalb eines anhängigen Verfahrens und für einen rechtserheblichen neuen Vortrag erforderlich, PA Bl. **26,** 50; Mitt. **27,** 190. Soweit die Schriftform nicht im Gesetz für einzelne Erklärungen ausdrücklich vorgeschrieben ist, wird sie durch die Aufnahme in die amtliche Niederschrift, die nach § 46 Abs. 2 Satz 1 ohnehin die rechtserheblichen Erklärungen der Beteiligten enthalten soll, ersetzt werden können. Missverständnisse in der mündlichen Verhandlung müssen schriftlich geklärt werden, PA Mitt. **24,** 162. Das Ergebnis telefonischer Besprechungen muss schriftlich bestätigt werden (Präs. PA Bl. **67,** 2); fehlt es an einer solchen schriftlichen Bestätigung, so soll eine bloße fernmündliche Äußerung nach Ansicht des BPatG auch dann rechtsunwirksam sein, wenn deren Inhalt feststeht oder von dem Verfahrensbeteiligten (Anmelder) nicht bestritten wird, BPatGE **25,** 141, 142 ff.; die Entscheidung setzt sich mit der gegenteiligen, auf der Praxis des Patentamts beruhenden Stellungnahme des PräsDPMA auseinander. Das Prinzip der Schriftlichkeit gilt auch für die Verfahren vor den Organen des EPA, vgl. Benkard/Schäfers, Rdn 6–10 zu Art. 113 EPÜ.

Für die **Beschlüsse des Patentamts** ist in § 47 Abs. 1 Satz 1 und in § 59 Abs. 3 ausdrücklich die schriftliche Ausfertigung vorgeschrieben. Für die amtlichen Mitteilungen (z. B. nach § 43 Abs. 3 Satz 2, Abs. 6 und Abs. 7), Benachrichtigungen, Aufforderungen (§ 43 Abs. 2 Satz 3) und Bescheide, insbesondere Prüfungsbescheide (§ 42 Abs. 1 Satz 1 und Abs. 2, § 45 Abs. 1 und 2) ergibt sich die Notwendigkeit der Schriftform daraus, dass sie den Beteiligten zuzustellen sind. Das Verfahren gipfelt in der Veröffentlichung der Patentschrift (§ 58 Abs. 1 Satz 2) und hat eine erste markante Zäsur in der Veröffentlichung der Offenlegungsschrift (§ 32 Abs. 2); die Veröffentlichung kann ausdrücklich jeweils auch in elektronischer Form erfolgen (§ 32 Abs. 1 Satz 2). Es liegt daher ein erheblicher Verfahrensfehler vor, wenn die Prüfungsstelle wesentliche Teile des Verfahrens nur fernmündlich durchführt und ausschließlich die dabei gerügten Mängel und erhobenen Beanstandungen als entscheidungserheblich ihrem Zurückweisungsbeschluss zugrunde legt, BPatGE **20,** 144. Aber auch sonstige Willensäußerungen des Patentamts an die Beteiligten (vgl. § 47 Rdn. 36), z. B. Fristsetzungen oder Fristverlängerungen, müssen den Beteiligten, soweit sie nicht im Rahmen einer Anhörung nach § 46 Abs. 1 ergehen, schriftlich mitgeteilt werden. Eine mündliche oder fernmündliche Fristverlängerung wäre unwirksam; doch kann sich der Erklärungsempfänger u. U. auf den Grundsatz des Vertrauensschutzes berufen. 21

f) Eigenhändigkeit. Aus der Schriftlichkeit des Verfahrens ergibt sich, dass ein schriftlich gestellter Antrag so lange existent bleibt, als er nicht ausdrücklich zurückgezogen oder fallengelassen wird, BPatG Mitt. **80,** 116. Der Zeitpunkt, bis zu dem die Beteiligten mit der Berücksichtigung neuen Vorbringens bei der Beschlussfassung rechnen dürfen und im Falle der Nicht- 22 berücksichtigung beschwert werden, wird durch die Maßnahme bestimmt, durch die sich die beschließende Stelle einer Einwirkungsmöglichkeit auf die Entscheidung entäußert; diese Maßnahme ist beim Patentamt die Abgabe der zur Zustellung bestimmten Ausfertigung von der Geschäftsstelle an die Postabfertigungsstelle, vgl. BGH Mitt. **67,** 138, oder bei Verkündung im Anschluss an eine Anhörung (§ 47 Abs. 1 Satz 2) die Verkündung. **Neues Vorbringen der Beteiligten** muss daher, wenn keine Anhörung stattfindet, vor der Übergabe der für die Zustellung bestimmten Entscheidung an die Postabfertigungsstelle eingegangen sein, wobei es genügt, dass es bis zu diesem Zeitpunkt beim Amt, etwa bei der Annahmestelle vorliegt, an die beschließende Stelle braucht es noch nicht gelangt zu sein, vgl. BGH Mitt. **67,** 138, 139.

23 **f) Eigenhändigkeit.** Aus dem Schriftformerfordernis ergibt sich, dass alle rechtserheblichen Erklärungen von dem Beteiligten oder seinem bevollmächtigten Vertreter **eigenhändig unterzeichnet** sein müssen BGHZ **107,** 129, 132f – Widerspruchsunterzeichnung, WZG); BPatGE **17,** 216, 220 m. w. N.; 24, 132, 133. Das Erfordernis der Eigenhändigkeit der Unterschrift entfällt bei fristgebundenen Erklärungen, wenn die Erklärung zur Wahrung der Frist mit Telegramm, Fernschreiben oder Telekopie abgegeben wird, BPatGE **17,** 216, 221; Mitt. **84,** 195; **86,** 150, 151, (WZG); vgl. auch Rdn. 14 zu § 59 sowie Rdn. 22 zu § 73. Fernschriftlich oder telegraphisch übermittelte Erklärungen, die nicht fristgebunden sind, sind mangels Eigenhändigkeit der Unterschrift unwirksam, wie etwa der Verzicht auf das Patent, die Erklärung der Lizenzbereitschaft oder der Verzicht auf eine Priorität, wenn sie mit Telegramm oder Fernschreiben erklärt werden, BPatGE **17,** 216, 221 m. w. N. Zur Einreichung von Patentanmeldungen durch Telekopie vgl. auch EPA (JBK) ABl. **87,** 95, 96 sowie die MittPräsEPA ABl. **87,** 323. Die Übermittlung durch Telekopie genügt dann nicht dem Schriftformerfordernis, wenn die Telekopie einem privaten Zwischenempfänger übermittelt wird und von diesem durch einen Boten dem Patentamt überbracht wird, BGH Bl. **81,** 416, 417 – Telekopie. Über die Möglichkeit der Übermittlung von Schriftstücken in der internationalen Phase von Anmeldungen nach dem PCT unterrichtet die MittPräsPA 6/82, Bl. **82,** 309. Ein vollständig – einschließlich der Unterschrift – fotokopiertes Schriftstück ist unwirksam, vgl. BPatGE **25,** 41, 42. Für die elektronische Übermittlung von Dokumenten an das Patentamt gilt das Erfordernis der „qualifizierten elektronischen Signatur" gem. § 12 DPMAV, unabhängig davon, ob es sich um Erklärungen handelt, die fristgebunden sind oder nicht.

23 a **g) Vertrauensschutz.** Der Vertrauensschutz spielt im Verfahren vor den Organen des EPA eine herausgehobene Rolle, vgl. dazu Benkard/Schäfers, EPÜ, Art. 113 Rdn 6–9 und Art. 125 Rdn 8–17; Busse/Keukenschrijver, Vor § 34 PatG, Rdn. 131; Singer/Stauder, Art. 125 EPÜ, Rdn. 30. Im Verfahren vor dem DPMA kommt ihm dagegen – als ausdrückliche Argumentationsgrundlage zugunsten des Anmelders oder sonstiger Verfahrensbeteiligter – bisher eine eher untergeordnete Bedeutung zu. Zweifellos spielen hier die unterschiedlichen Leitbilder und Traditionen der nationalen und internationalen Institutionen eine Rolle. Im nationalen Kontext tritt der Gedanke, eine Dienstleistung zu erbringen und durch amtliches Verhalten begründetes berechtigtes Vertrauen der Verfahrensbeteiligten honorieren zu müssen, immer noch eher in den Hintergrund. Das wird sich vor dem Hintergrund der Wettbewerbssituation zwischen den Institutionen zweifellos ändern.

24 **4. Die Verfahrensbeteiligten.** Das Gesetz enthält eine nähere Regelung darüber, dass am Patenterteilungsverfahren nur der Anmelder teilnehmen kann. Es bestimmt ausdrücklich, dass ein Dritter, der einen Recherche- oder einen Prüfungsantrag stellt, hierdurch nicht am Erteilungsverfahren beteiligt wird (§§ 43 Abs. 2 Satz 1, 44 Abs. 2). Für das Einspruchsverfahren weist es neben dem Patentinhaber allein demjenigen, der gegen die Erteilung des Patents in der vorgeschriebenen Form und Frist Einspruch erhebt oder dem Einspruchsverfahren nach § 59 Abs. 2 als Einsprechender beitritt, die Stellung eines Beteiligten zu. Es beschränkt damit zugleich den Kreis der Beteiligten insoweit auf die formell Beteiligten, die von der gesetzlichen Möglichkeit, Einspruch zu erheben oder dem Einspruchsverfahren beizutreten, Gebrauch gemacht haben, BPatGE **5,** 16, 19f.; vgl. jedoch auch BGH GRUR **67,** 543, 547 – Bleiphosphit. Daraus ist zu folgern, dass die Stellung eines Beteiligten aber auch nur durch die Erhebung des Einspruchs oder durch Beitritt und nicht auch durch Streithilfe zugunsten eines Einsprechenden erreicht werden kann, BPatGE **1,** 122; **2,** 54; vgl. dazu auch § 59 Rdn. 48.

25 Hiervon abgesehen fehlt eine nähere Bestimmung der Verfahrensbeteiligten. In § 23 Abs. 4 Satz 1 werden als Beteiligte offenbar der Patentinhaber und der die Benutzung anzeigende Dritte behandelt. Soweit sich aus dem Gesetz nichts anderes ergibt, wird daher davon auszugehen sein, dass neben dem Antragsteller und demjenigen, der auf Grund einer ihm eingeräumten Befugnis in ein Verfahren eintritt (vgl. BPatGE **5,** 16, 20), grundsätzlich auch die Personen als Beteiligte anzusehen sind, die durch die zu erlassende Entscheidung in ihrer Rechtsstellung be-

troffen werden oder doch betroffen werden können (vgl. dazu BPatGE **5,** 16, 19). In der Beschwerde- und Rechtsbeschwerdeinstanz kann auch eine Behörde, der Präsident DPMA, auf der Grundlage von § 77 die Stellung eines Verfahrensbeteiligten erhalten, vgl. dazu die Erläuterungen zu § 77. In Verfahren nach §§ 50ff kann auch der Bundesminister der Verteidigung die Stellung eines Verfahrensbeteiligten haben, soweit es um die Geheimhaltungsanordnung und deren Aufhebung geht, vgl. Rdn. 11 zu § 50.

5. Das Patenterteilungsverfahren. Der Ablauf des Patenterteilungsverfahrens ist in seinen Grundzügen bereits in Rdn. 49, 50 der Einleitung dargestellt worden. Es braucht daher hier nur noch auf die Ausgestaltung des Patenterteilungsverfahrens im Allgemeinen eingegangen zu werden. 26

a) Ausgestaltung als Prüfungsverfahren. Bei den verschiedenen Patentgesetzgebungen wird herkömmlicherweise unterschieden zwischen dem sogen. **„Anmeldungssystem“** und dem **„Prüfungssystem“.** Bei dem Anmeldungssystem beschränkt sich die Prüfung der Patentanmeldungen regelmäßig auf das Vorliegen bestimmter äußerer Anforderungen. Ergeben sich insoweit keine durchgreifenden Bedenken, so wird das Patent registriert (sogen. „Registrierpatent“), wobei das Eintreten des materiellen Schutzes im Allgemeinen von der Patentfähigkeit des Gegenstandes des registrierten Patents abhängt, die erforderlichenfalls in einem späteren Verfahren zu ermitteln ist. Bei dem sogen. „Prüfungssystem“ erfolgt neben der formellen auch eine materielle Prüfung der Anmeldung auf Patentfähigkeit der angemeldeten Erfindung. Das Patent wird nur dann erteilt, wenn der Gegenstand der Anmeldung patentfähig und patentwürdig erscheint. Dem so erteilten Patent kann der Schutz dann meist nur in besonderen Verfahren entzogen werden. Ein Prüfungssystem in diesem Sinne stellt insbesondere auch das Patenterteilungsverfahren nach dem EPÜ dar. Prüfungssysteme in diesem Sinne sehen auch zahlreiche nationale Patentgesetze vor, wie z.B. das amerikanische, australische, britische, dänische, kanadische, österreichische und schwedische Patentgesetz. Der Entwurf eines Patentrechtsvertrages (PLT/WIPO, Ind. Prop. **91,** 118, Art. 16 und 17) ging ausdrücklich von dieser wesentlichen Unterscheidung aus, vgl. Pagenberg, GRUR Int. **91,** 267, und FS Nirk, **1992,** 809, 820f, sowie Schäfers, FS Nirk, 949, 960f. Als beispielhaft für ein Registrierungssystem galt stets das französische Patentrecht auf der Grundlage des Patentgesetzes von 1844. Seit dem Patentgesetz von 1968 nimmt es dagegen eine vermittelnde Stellung ein: zu der Patentanmeldung, die auf ein Patent mit der vollen Laufzeit von zwanzig Jahren abzielt und das Stadium der Formalprüfung passiert hat, wird eine Recherche zum Stand der Technik eingeholt, die die Beurteilung der Neuheit und des erfinderischen Schrittes der beanspruchten Erfindung ermöglichen soll. Die Recherche wird vom EPA erstellt und mit der Anmeldung als Patentschrift veröffentlicht, vgl. dazu Chavanne/Burst, Droit de la propriété industrielle (5. Aufl., 1998), Rdn 195, 196. Das Verfahren entspricht also in groben Umrissen dem Verfahren nach Kapitel II des PCT. 27

aa) Prüfung auf Patentfähigkeit. Die Regelung des Patentgesetzes beruht auf dem „Prüfungssystem“. Das Patent wird erst und nur dann erteilt, wenn der Gegenstand der Anmeldung gegenüber dem im Erteilungsverfahren vom Anmelder angegebenen, von Amts wegen ermittelten und von Dritten genannten Stand der Technik (§ 3) als schutzfähig erscheint. Dieses System hat allen Patentgesetzen seit der einheitlichen Regelung des Patentrechts in Deutschland zugrunde gelegen (vgl. dazu im Einzelnen die Einleitung Rdn. 3–19). Die materielle Prüfung der Patentanmeldungen auf Patentfähigkeit ist – auf Grund gesetzlicher Regelung außerhalb des Patentgesetzes – lediglich in der Nachkriegszeit vorübergehend eingeschränkt worden. Wegen der Erfahrungen in der Bundesrepublik mit geprüften und – nach dem 1. ÜG vorübergehend – nicht geprüften Patenten vgl. Schade in GRUR **71,** 535. Auf der Gründlichkeit, mit der die Prüfung stets durchgeführt worden ist, beruht das Ansehen der deutschen Patente. 28

bb) „Aufgeschobene“ Prüfung. Literatur (in Auswahl): Vgl. dazu die Voraufl. Zum Entwurf eines Patentrechtsvertrages (PLT/WIPO) und der dortigen Behandlung des Systems der aufgeschobenen Prüfung, Art. 16 des Entwurfs, vgl. Pagenberg, GRUR Int. **90,** 267ff. und FS Nirk, **1992,** 809, 820ff.; Bardehle, Mitt. **90,** 182, 184, sowie Schäfers, FS Nirk, 949, 960f. 29

Nach der bis zum 30. 9. 1968 geltenden Regelung wurde die umfassende materielle Prüfung der Patentanmeldungen auf Patentfähigkeit ohne Rücksicht auf deren wirtschaftliche Bedeutung nach Eingang der Anmeldungen von Amts wegen vorgenommen. Da die Zahl der Anmeldungen jedoch laufend anstieg und die Prüfung immer zeitraubender wurde, war das Patentamt nicht mehr in der Lage, die aufwändige sachliche Prüfung in allen Fällen durchzuführen und daneben auch noch die aufgelaufenen erheblichen Rückstände abzuarbeiten. Deshalb ist durch das Gesetz vom 4. 9. 1967 (PatÄndGes.) die „aufgeschobene“ Prüfung eingeführt worden (vgl. dazu die Begründung zum RegEntw. Bl. **67,** 244ff.; Schriftl. Bericht des Rechtsausschusses Bl. **67,** 279ff.). 29b

30 Der Unterschied zu der früheren Regelung besteht im Wesentlichen darin, dass die sachliche Prüfung auf Patentfähigkeit, die als solche voll erhalten bleibt, nicht mehr automatisch nach Eingang der Anmeldung einsetzt, sondern erst auf einen besonderen gebührenpflichtigen Antrag vorgenommen wird. Das Patentamt soll auf diese Weise von der Prüfung der Anmeldungen befreit werden, die zunächst nur zur Sicherung des Zeitvorranges eingereicht werden und bei denen sich später ergibt, dass sich der Aufwand der eingehenden sachlichen Prüfung nicht lohnt. Das Gesetz gibt deshalb dem Anmelder die Möglichkeit, nach Einreichung der Anmeldung zunächst die weitere Entwicklung abzuwarten. Wenn sich zeigt, dass die Anmeldung keine Bedeutung erlangen wird, kann und soll der Anmelder auf die Prüfung verzichten. Ergibt sich dagegen, dass ein echtes Interesse an der Durchführung der Prüfung besteht, dann wird sie auf Antrag vorgenommen. Die gesetzliche Regelung geht noch einen Schritt weiter, indem sie dem Anmelder – anders als der Regierungsentwurf – gestattet, den Prüfungsantrag auch sofort bei Einreichung der Anmeldung zu stellen und damit eine „Verschiebung" der Prüfung ganz zu vermeiden. Das System der „aufgeschobenen" Prüfung ist daher im Gesetz nicht voll durchgeführt worden. Die aufgeschobene Prüfung hat die in sie gesetzten Erwartungen erfüllt; so auch Hoepffner, GRUR Int. **90** (FS Haertel), 727. Kritisch dagegen Häußer, Das Deutsche Patentamt im Wandel, FS Preu, 1988, 107, 120f. und Häußer/Goebel, GRUR Int. **90** (FS Haertel), 723.

31 **b) Gegenstand der sachlichen Prüfung.** Das Patentamt hat auf einen nach § 44 gestellten Antrag zu prüfen, ob der „Gegenstand der Anmeldung" nach den §§ 1 bis 5 patentfähig ist. Der Gegenstand der Prüfung wird daher durch das Schutzbegehren des Anmelders bestimmt, wie es in der Anmeldung und insbesondere in den Patentansprüchen zum Ausdruck kommt. Die nähere Festlegung des Schutzbegehrens und die Wahl zwischen mehreren möglichen Patentkategorien stehen dem Anmelder zu, PA Bl. **53,** 60; BPatGE **7,** 1, 7 (betr. Kategoriewahl).

32 **aa) Prüfung des Anmeldungsgegenstandes.** Das Patentamt hat sich im Erteilungsverfahren grundsätzlich auf die Prüfung zu beschränken, ob der als solcher eindeutig festzulegende Anmeldungsgegenstand patentfähig ist, BPatGE **8,** 149, 152. Unteransprüche braucht das Patentamt nur im Zusammenhang mit dem Hauptanspruch zu prüfen, PA Bl. **39,** 176. Es kann sich deshalb bei Schutzfähigkeit des Hauptanspruchs grundsätzlich mit der Feststellung begnügen, dass die Unteransprüche keine platte Selbstverständlichkeit enthalten (vgl. § 34 Rdn. 70).

bb) Abgrenzung des Schutzbereichs

33 **Literatur:** Kirchhoff, Die Berücksichtigung des Allgemeininteresses im Patenterteilungsverfahren, GRUR **52,** 545; Weißig, Wie weit kann der Schutzumfang eines Patents bereits im Erteilungsverfahren festgelegt werden?, Bl. **52,** 273; Spieß, Zusammenarbeit von Patentamt und Gerichten bei der Abgrenzung des Schutzumfangs, GRUR **54,** 183; Kuhbier, Bestimmung des Schutzumfangs von Patenten im Erteilungsverfahren, Berlin 1956; ders., Zur Frage des Schutzumfangs von Patenten, Mitt. **56,** 221; Lampert, Klarheit über den Schutzumfang von Patenten, GRUR **57,** 258; Schade, Inwieweit kann das Patentamt im Erteilungsverfahren den Schutzumfang eines Patents bestimmen?, GRUR **58,** 1; Häußer, Anspruchsfassung, Erfindungshöhe und Schutzumfang im deutschen Patentrecht, Mitt. **81,** 135; Papke, Die inhaltliche Änderung der Patentanmeldung, GRUR **81,** 496; Bruchhausen, Die Formulierung der Patentansprüche und ihre Auslegung, GRUR **82,** 1; Schulte, Die Änderung des europäischen Patents nach seiner Erteilung und das Verbot der Erweiterung des Schutzbereichs, GRUR Int. **89,** 460, 461; Bruchhausen, Falconer, Le Tallec, Die Bestimmung des Schutzgegenstandes von Patenten im Erteilungs-, Verletzungs- und Nichtigkeitsverfahren, GRUR Int. **89,** 468, 471, 475; Bossung, Die Verantwortung des EPA für den Schutzbereich des europäischen Patents, GRUR Int. **91,** 439.

33a Das Patentamt hat im Erteilungsverfahren den Gegenstand, grundsätzlich aber nicht den Schutzbereich des Patents festzulegen. Die Feststellung des Schutzumfangs ist Sache der ordentlichen Gerichte in einem etwaigen Patentverletzungsstreit, BPatGE **8,** 149, 152; Mitt. **84,** 50, 51. Im Einspruchsverfahren hat das Patentamt darauf zu achten, dass Änderungen des angegriffenen Patents unterbleiben, die dessen Schutzbereich erweitern, § 22. Das zumindest eine Kenntnis dessen voraus, was den Schutzbereich des Patents bestimmt und wie dieser Schutzbereich zu ermitteln ist.

34 Es gehört auch zweifelsfrei zu den Aufgaben des Patentamts, die Tragweite der der Anmeldung zugrunde liegenden Erfindung in den Unterlagen so klar herauszustellen, wie dies unter Berücksichtigung des im Erteilungsverfahren zur Erörterung kommenden Standes der Technik möglich ist, vgl. BPatGE **9,** 24 m. w. Nachw. Das Patentamt hat daher auf eine Fassung des Schutzbegehrens hinzuwirken, die nicht weiter, aber auch nicht enger ist, als es der ermittelte

Stand der Technik zulässt. Wenn im Erteilungsverfahren darüber Feststellungen getroffen werden, ist auch eine Klarstellung des selbstständigen Schutzes der bei einer Erfindung verwendeten Elemente und der Gegenstände der Unteransprüche durch einen entsprechenden Hinweis in der Beschreibung zulässig und geboten, BPatGE **1,** 70, 74; **8,** 149, 152; **9,** 24; **10,** 153; **13,** 184, 187. Wegen der Ablehnung einer entsprechenden Klarstellung in der Beschreibung kann die Anmeldung allerdings nur dann zurückgewiesen werden, wenn das dem Anmelder mitgeteilte Prüfungsergebnis eine Klarstellung notwendig macht, BPatGE **10,** 153, 154.

c) Verfahrensrechtliche Ausgestaltung. Das Patenterteilungsverfahren ist ein einseitiges **35**
Antragsverfahren, in dem zu prüfen ist, ob dem einzelnen Bürger vom Staat eine Vorzugsstellung, ein Ausschließungsrecht, verliehen werden darf, BGH Bl. **62,** 56, 57 – Beschwerdekosten. Das Verfahren ist strengen Regeln unterworfen und einem justizmäßigen Verfahren weitgehend angenähert, BGH GRUR **66,** 583, 586 – Abtastverfahren; **67,** 586, 588 – Rohrhalterung. Das Patentamt verfolgt in diesem Verfahren im Allgemeinen kein verwaltungsmäßiges Eigeninteresse, sondern beschränkt sich auf die Entscheidung des Einzelfalles nach den dazu gestellten Anträgen und den dafür geltenden Rechtsvorschriften; seine Entscheidungen sind daher richterlichen Erkenntnissen vergleichbar, BGH GRUR **69,** 562, 563 – Appreturmittel. Die Prüfer (technischen Mitglieder) des DPMA üben trotz der weitgehenden sachlichen Unabhängigkeit und der justizförmigen Ausgestaltung des Verfahrens keine rechtsprechende Tätigkeit aus, BVerfG, 2 BvR 281/00 vom 25. 2. 2003, Absatz-Nr. 3, 4 (http://www.bverfg.de/entscheidungen/rk20030225_2bvr028100.html). Soweit im Einzelfalle ein verwaltungsmäßiges Eigeninteresse des Patentamts berührt wird oder sonst ein Interesse an der Klärung einer grundsätzlichen Rechtsfrage besteht, kann der Präsident des Patentamts dieses Interesse in der in den §§ 76, 77, 105 Abs. 2 vorgesehenen Weise wahrnehmen. Das Patenterteilungsverfahren ist mit weitreichenden Rechtsgarantien für die Beteiligten und besonders den Anmelder ausgestattet.

34

Patentanmeldung. (1) **Eine Erfindung ist zur Erteilung eines Patents beim Patentamt anzumelden.**

(2) **Die Anmeldung kann auch über ein Patentinformationszentrum eingereicht werden, wenn diese Stelle durch Bekanntmachung des Bundesministeriums der Justiz im Bundesgesetzblatt dazu bestimmt ist, Patentanmeldungen entgegenzunehmen. Eine Anmeldung, die ein Staatsgeheimnis (§ 93 Strafgesetzbuch) enthalten kann, darf bei einem Patentinformationszentrum nicht eingereicht werden.**

(3) **Die Anmeldung muß enthalten:**

1. **den Namen des Anmelders;**
2. **einen Antrag auf Erteilung des Patents, in dem die Erfindung kurz und genau bezeichnet ist;**
3. **einen oder mehrere Patentansprüche, in denen angegeben ist, was als patentfähig unter Schutz gestellt werden soll;**
4. **eine Beschreibung der Erfindung;**
5. **die Zeichnungen, auf die sich die Patentansprüche oder die Beschreibung beziehen.**

(4) **Die Erfindung ist in der Anmeldung so deutlich und vollständig zu offenbaren, daß ein Fachmann sie ausführen kann.**

(5) **Die Anmeldung darf nur eine einzige Erfindung enthalten oder eine Gruppe von Erfindungen, die untereinander in der Weise verbunden sind, daß sie eine einzige allgemeine erfinderische Idee verwirklichen.**

(6) [1]**Das Bundesministerium der Justiz wird ermächtigt, durch Rechtsverordnung Bestimmungen über die sonstigen Erfordernisse der Anmeldung zu erlassen.** [2]**Er kann diese Ermächtigung durch Rechtsverordnung auf das Deutsche Patent- und Markenamt übertragen.**

(7) **Auf Verlangen des Patentamts hat der Anmelder den Stand der Technik nach seinem besten Wissen vollständig und wahrheitsgemäß anzugeben und in die Beschreibung (Absatz 3) aufzunehmen.**

(8) **Das Bundesministerium der Justiz wird ermächtigt, durch Rechtsverordnung Bestimmungen über die Hinterlegung von biologischem Material, den Zugang hierzu einschließlich des zum Zugang berechtigten Personenkreises und die erneute**

Hinterlegung von biologischem Material zu erlassen, sofern die Erfindung die Verwendung biologischen Materials beinhaltet oder sie solches Material betrifft, das der Öffentlichkeit nicht zugänglich ist und das in der Anmeldung nicht so beschrieben werden kann, daß ein Fachmann die Erfindung danach ausführen kann (Absatz 4). Es kann diese Ermächtigung durch Rechtsverordnung auf das Deutsche Patent- und Markenamt übertragen.

Inhaltsübersicht

Vorbemerkungen zum Textbestand: § 34: ist zunächst durch Art. 2 Nr. 10 des 2. PatÄndG v. 16. 7. 1998 BGBl I 1827 m. W. v. 1. 11. 1998 neu gefasst worden. 0

Dabei wurden wesentliche Teile des Textes aus dem früheren § 35 in diese Vorschrift unter der neuen Bezeichnung übernommen, allerdings das Wort „schriftlich" in Abs. 1 Satz 1 beseitigt, die Vorschrift über die Einreichung bei Patentinformationszentren als Absatz (2) neu eingefügt, die Liste der Erfordernisse der Patentanmeldung erweitert (Name des Anmelders) und in einen selbständigen Absatz (3) umgewandelt, die Vorschrift über die deutliche und vollständige Offenbarung (Absatz 2) als Absatz (4) neu nummeriert, die Vorschrift über die Einheitlichkeit der Erfindung (früher § 35 Abs. 1 Satz 2 „Für jede Erfindung ist eine besondere Anmeldung erforderlich") in wörtlicher Übernahme von Art. 82 EPÜ zu einem selbstständigen Absatz (5) ausgestaltet, die Vorschrift über die Anmeldegebühr (Abs. 3), die Verordnungsermächtigung über die sonstigen Erfordernisse der Anmeldung und die Pflicht des Anmelders zur Angaben über den Stand der Technik aus § 35 Abs. 3 bis 5 als neue Absätze (6) bis (8) übernommen und als Abs. (9) die Verordnungsermächtigung über die Hinterlegung biologischen Materials neu angefügt. Vgl. dazu die BT-Drs. 13/9971, S. 29, 30. 0 a

Weitere Änderungen erfolgten durch Art. 7 Nr. 16 Buchst. a) bis c) des KostRegBerG v. 13. 12. 2001, BGBl. I 3656, m. W. v. 1. 1. 1002: (a) § 34 Abs. 6: (Anmeldegebühr) wurde aufgehoben, (b) Ersetzung der Wörter „Präsident des Patentamts" durch die Wörter „das Deutsche Patent- und Markenamt") in den Absätzen 7 und 9; (c) die bisherigen Absätze 7 bis 9 wurden zu Absätzen 6 bis 8. Soweit die Änderungen Ermächtigungen zum Erlass von Rechtsverordnungen betrafen, traten sie bereits m. W. v. 20. 12. 2001 in Kraft. 0 b

Infolge der Änderung der Bezeichnung für die Vorschrift über die Patentanmeldung von „§ 35" in „§ 34" sind die den nachstehenden Erläuterungen entsprechenden Bemerkungen zu den im Wesentlichen unveränderten Regelungsgegenständen in der Voraufl. unter § 35 zu finden. Zitate, Bezugnahmen und Hinweise auf Rechtsprechung und Literatur zum Recht der Patentanmeldung für die Zeit vor dem 1. 11. 1998 sind – vorbehaltlich einer gewissen „Aufbrauchfrist" über den 1. 11. 1998 hinaus – mit der Maßgabe zu verstehen, dass in den betreffenden Texten auf § 35 a. F. Bezug genommen wird. 0 c

Die Neufassung des § 35 durch das GPatG war nur auf die seit dem 1. 1. 1981 eingereichten Patentanmeldungen anzuwenden; für die vorher eingereichten Anmeldungen verblieb es bei den bis dahin geltenden Vorschriften (Art. 12 Abs. 1 GPatG), insbesondere also bei dem § 26 PatG 1968 über die Patentanmeldung. 0 d

I. Patentanmelder

1. Fähigkeit, Anmelder zu sein. Anmelder kann nur sein, wer die Fähigkeit besitzt, Beteiligter eines patentamtlichen Verfahrens zu sein. Für diese Fähigkeit stellen die Prozessordnungen (§§ 61 VwGO, 50 ZPO) allgemein auf die **Rechtsfähigkeit** ab. Anmelder kann daher nur sein, wer rechtsfähig ist. Rechtsfähig ist jede natürliche oder juristische Person. Die OHG und die KG sind zwar nicht rechtlich selbstständige juristische Personen. Sie können jedoch unter ihrer Firma klagen und verklagt werden (§§ 124, 161 Abs. 2 HGB) und daher auch unter ihrer Firma Patente anmelden und erwerben. Die Anmeldung für eine nicht bestehende juristische Person, etwa eine GmbH, ist rechtlich nicht möglich. Die Anmeldung kann jedoch als eine solche für die unter dieser Bezeichnung zusammengefassten natürlichen Personen behandelt werden, wenn der Wille des oder der Handelnden darauf gerichtet war, für diese tätig zu werden. Sie kann nach den Umständen auch als eine solche zugunsten des Geschäftsführers aufgefasst werden, PA Bl. **12,** 133. Zu den rechts- und parteifähigen Gesellschaften gehört auch die (Außen-)Gesellschaft bürgerlichen Rechts, jedenfalls soweit sie durch Teilnahme am Rechtsverkehr eigene Rechte und Pflichten begründet. In diesem Rahmen ist sie zugleich im Zivilprozess aktiv und passiv parteifähig, BGH, Urt. v. 29. 1. 2001 – II ZR 331/00 –, BGHZ **146,** 341, und kann damit im Erteilungsverfahren als Anmelderin Beteiligte sein. Zu beachten ist ferner die Rechtsprechung des BGH zur Anerkennung der Rechtsfähigkeit ausländischer Gesellschaften, die entsprechend ihrem Statut nach dem Recht des Gründungsstaates als rechtsfähige Gesellschaft ähnlich einer GmbH zu behandeln wären und ihren Verwaltungssitz nach 1

Deutschland verlegt haben, BGHZ **151,** 204. Bei ausländischen Gesellschaften ohne Verwaltungssitz in Deutschland ist hinsichtlich der Rechtsfähigkeit an das Recht des Sitzstaates oder an das Recht des Staates anzuknüpfen, nach dem sie errichtet worden sind. Bei nach deutschem Recht im Ausland gegründeten Gesellschaften ohne Sitz in Deutschland gilt deutsches Recht bezüglich der Frage der Rechtsfähigkeit. Die Rechtsfähigkeit muss jederzeit während eines beim Patentamt anhängigen Verfahrens gegeben sein, ihr Mangel ist von Amts wegen zu prüfen, § 56 Abs. 1 ZPO.

2. Prozessfähigkeit

2 **Literatur:** Pfanner, Die Patentanmeldung Geschäftsunfähiger und Geschäftsbeschränkter, GRUR **55,** 556.

Ausgehend von der Bewertung der Anmeldung als zivilistisches Rechtsgeschäft (vgl. unten Rdn. 12) wurden früher auf die Anmeldung die Vorschriften über private Rechtsgeschäfte (§§ 104ff. BGB) angewendet. Das Patentamt hat demgemäß die Anmeldung eines Geschäftsunfähigen für nichtig erklärt, Bl. **1902,** 204. Dabei wurde jedoch übersehen, dass die Anmeldung Verfahrenshandlung ist, die zwar auch materiell-rechtlichen Charakter hat, jedoch als Verfahrenshandlung nach den Regeln über Prozesshandlungen zu beurteilen ist; die Anwendung privatrechtlicher Vorschriften kommt nur insoweit in Betracht, als dadurch ihr Charakter als Verfahrenshandlung nicht beeinträchtigt wird (so zutreffend Pfanner GRUR **55,** 556ff.). Die Prozessfähigkeit bestimmt sich zwar gemäß § 52 ZPO nach der **Geschäftsfähigkeit.** Geschäftsunfähige und beschränkt Geschäftsfähige sind daher auch prozessual nicht oder nur beschränkt handlungsfähig. Der nicht oder nur beschränkt Geschäftsfähige kann jedoch gemäß § 56 Abs. 2 ZPO vorläufig unter Vorbehalt der Beseitigung des Mangels einstweilen zur Prozessführung zugelassen werden, wenn, wie es bei der Patentanmeldung stets der Fall sein wird, mit dem Verzuge Gefahr verbunden ist. Die Wirksamkeit der Anmeldung hängt alsdann davon ab, ob der gesetzliche Vertreter zustimmt und die Anmeldung weiterbetreibt, vgl. Momber GRUR **29,** 407; Pfanner GRUR **55,** 560. Geschieht dies, so ist gemäß § 56 Abs. 2 ZPO der Mangel mit rückwirkender Kraft geheilt, vgl. BGHZ **92,** 137, 141 – Schweißpistolenstromdüse II. Verweigert der gesetzliche Vertreter die Zustimmung, so ist die Anmeldung – als unzulässig – zurückzuweisen (Pfanner aaO S. 562); ein hinreichender Grund, anders als bei sonstigen Mängeln das Verfahren einzustellen, ist nicht ersichtlich. Die Anmeldegebühr wird, wenn sie von dem Geschäftsunfähigen oder beschränkt Geschäftsfähigen gezahlt worden ist, zurückzuzahlen sein, vgl. PA Mitt. **57,** 93; BPatGE **1,** 25, 27.

3 **3. Vertretung**

a) Gesetzliche Vertreter. Wer gesetzlicher Vertreter ist, muss für natürliche und juristische Personen sowie sonstige parteifähige Verfahrensbeteiligte des Privatrechts **nach bürgerlichem Recht,** insbesondere BGB, HGB, GmbHG, AktG, GenG, PartnerschaftsG, BRAO, PatAnwO etc oder nach den anwendbaren Rechtsakten des Rechts der EG, für juristische Personen des öffentlichen Rechts nach dem jeweils anwendbaren **öffentlichen Recht** bestimmt werden. Bei ausländischen Anmeldern richtet sich die gesetzliche Vertretung nach dem jeweils anwendbaren Heimatrecht, sofern die juristische Person nicht zulässigerweise nach fremdem Recht gegründet worden ist. Prozessunfähige Anmelder werden durch ihre gesetzlichen Vertreter, etwa Eltern, Betreuer (§ 1896 BGB), Vormund oder Pfleger vertreten (vgl. dazu § 96 Rdn. 2).

b) Gewillkürte Vertreter

4 **Literatur:** Kelbel, Kommentar zur PatAnwO; ders. Vertretung vor dem DPA und Bundespatentgericht, Mitt. **89,** 162; Gesthuysen, Die freiberufliche Tätigkeit des Patentanwalts und die Vertretungsrechte des Patentassessors, Mitt. **89,** 174; Feuerich, Patentanwaltsordnung (1997); Jessnitzer/Blumberg, Bundesrechtsanwaltsordnung (2000); Kleine-Cosack, Bundesrechtsanwaltsordnung (2003). Jede am Patenterteilungsverfahren beteiligte natürliche oder juristische Person oder Handelsgesellschaft ohne juristische Persönlichkeit kann sich in jeder Lage des Verfahrens durch einen gewillkürten Vertreter (Bevollmächtigten) vertreten lassen, § 13 Abs. DPMAV. Die Bevollmächtigung eines Zusammenschlusses von Vertretern gilt, wenn nicht einzelne Personen, die in dem Zusammenschluss tätig sind, ausdrücklich als Vertreter bezeichnet sind, als Bevollmächtigung aller in dem Zusammenschluss tätigen Vertreter, § 13 Abs. 2 DPMAV.

5 Bevollmächtigter kann im Allgemeinen nur eine prozeßfähige, natürliche Person sein. Juristische Personen können aber jedenfalls dann Bevollmächtigte sein, wenn es sich um die gesell-

schaftsrechtlichen Formen des Anwalts- und Patentanwaltsrechts (Anwalts-GmbH, Anwalts-AG, Patentanwalts-GmbH) oder um rechtsfähige Partnerschaftsgesellschaften von Anwälten oder Patentanwälten oder um Europäische Wirtschaftliche Interessensvereinigungen (EWIV) handelt.; wegen der Bestellung zu Zustellungsbevollmächtigten vgl. unten Rdn. 9. Durch den Verlust der Prozeßfähigkeit wird der Vertreter unfähig, die Vertretung fortzuführen, BGH Bl. **60,** 65 – Autodachzelt. Das Fehlen der Vertretungsmacht eines für einen von ihm vertretenen Handelnden berührt und beschwert nur den Vertretenen, falls dieser die Erklärungen und Handlungen des Vertreters nicht gegen sich gelten lassen will, BGH GRUR **90,** 348 – Gefäßimplantat.

Zur **geschäftsmäßigen Vertretung vor dem Patentamt** sind nur Patentanwälte, Rechtsanwälte und Erlaubnisscheininhaber und die vorstehend erwähnten gesellschaftsrechtlichen Organisationsformen des Anwalts- und Patentanwaltsrechts befugt s. dazu auch die Rdn. 9–13 zu § 25. 6

Bevollmächtigte haben dem Patentamt eine **schriftliche Vollmacht** einzureichen (§ 15 Abs. 1 DPAMV). Der Mangel der Vollmacht ist von Amts wegen zu berücksichtigen, soweit es sich um patentamtliche Verfahren handelt, BPatGE **22,** 37; Mitt. **87,** 14. In der Vollmacht muss der Bevollmächtigte mit seinem bürgerlichen Namen bezeichnet sein (§ 15 Abs. 3 Satz 1 DPMAV). § 15 Abs. 3 Satz 2 DPMAV behandelt auch die Vollmacht für einen **Zusammenschluss von Vertretern,** die ebenfalls unter dem Namen des Zusammenschlusses erfolgen kann. Darunter sind in erster Linie die Zusammenschlüsse in Form von Sozietäten, also Gesellschaften des bürgerlichen Rechts, aber auch Partnerschaftsgesellschaften zu verstehen. Auf die oben erwähnten sonstigen gesellschaftsrechtlichen Organisationsformen des Anwalts- und Patentanwaltsrechts ist die Norm zumindest entsprechend anzuwenden. Als juristische Personen treten sie unter ihrer gesellschaftsrechtlichen Bezeichnung, ihrer Firma, auf. Der Umfang der Vollmacht ist gegebenenfalls durch Auslegung zu ermitteln (wegen der Vollmacht des Inlandsvertreters vgl. § 25 Rdn. 19, 20). Vollmachten für das Verfahren vor dem EPA erstrecken sich nicht ohne weiteres auch auf das Verfahren vor dem DPA. Vielmehr ist der Nachweis der Bevollmächtigung als Vertreter in Verfahren vor dem DPA zu erbringen, MittPräsPA 4/84, Bl. **84,** 117. 7

Nach § 15 Abs. 2 DPMAV kann sich die Vollmacht auf mehrere Anmeldungen, auf mehrere eingetragene Schutzrechte oder auf mehrere Verfahren erstrecken. Die Vollmacht kann sich auch als **„Allgemeine Vollmacht"** auf die Bevollmächtigung zur Vertretung in allen das jeweilige Schutzrecht betreffenden Angelegenheiten erstrecken. In diesen Fällen reicht es aus, wenn die Vollmachtsurkunde nur in einem Exemplar eingereicht wird. Das Patentamt hat das Fehlen einer Vollmacht oder Mängel der Vollmacht von Amts wegen zu berücksichtigen, soweit nicht Rechtsanwälte, Patentanwälte, Erlaubnisscheininhaber oder in den Fällen des § 155 PatAnwO Patentassessoren als Bevollmächtigte auftreten. 8

Der **ohne Vollmacht auftretende Vertreter** kann fristgebundene Anträge einreichen und hierfür einstweilen als Vertreter zugelassen werden. Kann die Vollmacht später nicht beigebracht werden, ist ein gestellter Antrag als unzulässig zurückzuweisen, BPatGer Bl. **85,** 114. Nach BPatGE **24,** 41, 42 gilt dies bei einseitigen empfangsbedürftigen Willenserklärungen (Lizenzbereitschaftserklärung) nicht, wenn das Patentamt die Erklärung wegen Fehlens der Vollmachtsurkunde oder nicht ausreichender Vollmacht sofort zurückweist. Verfahrenshandlungen des vollmachtlosen Vertreters können grundsätzlich durch den Berechtigten genehmigt werden mit der Folge, dass der Verfahrensmangel der nicht ordnungsgemäßen Vertretung von Anfang (also rückwirkend) geheilt wird. Es ist aber rechtsunwirksam, nur einzelne Verfahrenshandlungen zu genehmigen und andere von der Genehmigung auszunehmen, BGH GRUR **84,** 870, 871 – Schweißpistolenstromdüse II. Die Unterzeichnung eines bestimmenden Schriftsatzes, der der Zusatz „i. A." vorangestellt ist und die sich deshalb als ein Handeln „im Auftrag" darstellt, reicht für die sichere Erkennbarkeit der Vertreterstellung des Unterzeichners für den Auftraggeber nicht aus, BPatGE **44,** 20 – Nutmutter. 8 a

c) Zustellungsbevollmächtigte. Die Vollmacht kann, wie aus § 15 Abs. 1 DPMAV und § 127 in Vbdg. mit § 8 Abs. 2 VwZustG (künftig: § 7 Abs. 2 VwZG, vgl. BT-Drs. 15/5216) hervorgeht, auf die Entgegennahme von Zustellungen beschränkt werden. Mehrere Personen, die gemeinsam eine Anmeldung vornehmen, müssen nach § 14 Abs. 1 DPMAV einen Zustellungsbevollmächtigten bestellen. Sind mehrere Personen ohne gemeinsamen Vertreter gemeinschaftlich an einem Verfahren beteiligt oder mehrere Vertreter mit unterschiedlicher Anschrift bestellt, ist anzugeben, wer für alle Beteiligten als zustellungs- und empfangsbevollmächtigt bestimmt ist; diese Erklärung ist von allen Anmeldern oder Vertretern zu unterzeichnen. Fehlt eine solche Angabe, so gilt die Person als zustellungs- und empfangsbevollmächtigt, die zuerst 9 genannt ist, § 14 Abs. 1 DPMAV. Bei Weigerung der Mitwirkung einzelner Mitanmelder, einen Zustellungsbevollmächtigten zu bestellen, soll die Bestellung durch einstw. Verfügung erfolgen können, OLG Dresden GRUR **37,** 298. Das Problem sollte wegen § 14 Abs. 1 DPMAV erledigt sein, soweit nicht Streit unter den Mitanmeldern besteht, wer an erster Stelle genannt werden soll. **Zustellungsvollmachten** müssen nach § 15 Abs. 2 Satz 1 DPMAV auf prozeßfähige Personen lauten. Im Allgemeinen ist anzunehmen, dass Zustellungsvollmachten auch nach Patenterteilung gelten sollen.

4. Gewillkürte Verfahrensgeschäftsführung

10 **Literatur:** Vorwerk, Zur „Vertretung" abhängiger Unternehmen durch das herrschende Unternehmen im Verfahren vor dem Deutschen Patentamt, GRUR **73,** 571; Winter, Gewillkürte Verfahrensgeschäftsführung vor dem Deutschen Patentamt und dem Bundespatentgericht, GRUR **74,** 238.

Es ist streitig, ob die von der Rechtsprechung entwickelten Grundsätze über die gewillkürte Prozeßstandschaft auf das Patenterteilungsverfahren übertragen werden können und ob es in konzernartigen Verhältnissen der Muttergesellschaft erlaubt ist, die Angelegenheiten der Tochtergesellschaften im eigenen Namen vor dem Patentamt und dem Patentgericht wahrzunehmen. Die dagegen von Vorwerk (aaO) geäußerten Bedenken erscheinen begründet. Zur Übertragung der Anmeldung vgl. Rdn. 5–10 zu § 15, zum Formerfordernis bei der Übertragung einer europäischen Patentanmeldung vgl. BGH DB **92,** 2188 – Magazinbildwerfer.

11 **5. Personenmehrheiten.** Mehrere Personen können gemeinschaftlich anmelden. Sie sind **notwendige Streitgenossen** im Sinne des § 62 ZPO, RGZ **76,** 298; PA Mitt. **12,** 26; MuW **XVIII,** 18; BPatGE **40,** 276. Bei Säumnis werden daher die säumigen als durch die nichtsäumigen Mitanmelder vertreten angesehen. Das gilt auch für die mündliche Verhandlung vor dem Bundespatentgericht mit der Maßgabe, dass über die Anträge des erschienenen Mitanmelders für und gegen alle Mitanmelder zu entscheiden ist, BPatGE **21,** 212. Wegen der zugrunde liegenden materiellrechtlichen Beziehungen zwischen Mitanmeldern vgl. § 6 Rdn. 31 ff. Die Anträge der Mitanmelder müssen übereinstimmen; weichen sie voneinander ab, so wird die Anmeldung zurückgewiesen, da nur einheitlich über sie entschieden werden kann, PA Mitt. **34,** 326. Im Falle der Säumnis eines Mitanmelders kommt es in der mündlichen Verhandlung vor dem Bundespatentgericht jedoch nur auf die von dem erschienen Mitanmelder gestellten Anträge an, BPatGE **21,** 212. Über die Anmeldung im ganzen, etwa durch Zurücknahme, können die Mitanmelder nur **gemeinsam verfügen,** PA Mitt. **33,** 250. Die Rücknahmeerklärung durch einen einzelnen Mitanmelder ist daher unbeachtlich, PA Bl. **29,** 251. Erklärt ein Mitanmelder die Zurücknahme nur für seine Person, ohne der Fortführung des Verfahrens durch die übrigen Mitanmelder zu widersprechen, so wird die Anmeldung für die verbleibenden Mitanmelder weiterbehandelt, PA Mitt. **12,** 26; Bl. **29,** 251.

12 **II. Patentanmeldung. Allgemein.**

Literatur: Kraßer, § 24, S. 485 ff; Kalikow, Die Praxis des US-amerikanischen Patent- und Markenamts, des Europäischen und des Japanischen Patentamts im Vergleich, GRUR Int. **85,** 630; Bossung, Münchner Gem.Kommentar, EPÜ, 1986, Einleitung zum Dritten Teil (Die europäische Patentanmeldung), Einleitung zu Kap. I des Dritten Teils; Beier, Die Rechtsbehelfe des Patentanmelders und seiner Wettbewerber im Vergleich, GRUR Int. **89,** 1; Teschemacher, Die Chancen des Patentanmelders und seiner Wettbewerber vor dem EPA, GRUR Int. **89,** 190; Gramm, Probleme des Patenterteilungsverfahrens, FS GRUR 100 Jahre, 1991, S. 459; Bruchhausen, Die Fassung der Sachanträge in den Patentverfahren, FS Nirk **1992,** 103. Eingehende Hinweise enthalten das auf der Website des DPMA verfügbare „Merkblatt für Patentanmelder (Ausgabe 2005)"und die „Richtlinien für die Prüfung von Patentanmeldungen (Prüfungsrichtlinien) des Deutschen Patent- und Markenamtes", vom 1. 3. 2004, Mitteilung PräsDPMA Nr. 6/2004 v. 28. 1. 2004, Bl. **04,** S. 69 ff.

12 a Das Recht auf das Patent, das mit der Vollendung der Erfindung entsteht (§ 6), vgl. Rdn. 9 zu § 6 wird dadurch verwirklicht, dass die Erfindung beim Patentamt zur Erteilung des Patents angemeldet und damit der Prüfung auf Patentfähigkeit unterworfen wird. Damit die Prüfung vorgenommen werden kann, müssen bestimmte Erfordernisse erfüllt werden, die für eine ordnungsmäßige Durchführung des Erteilungsverfahrens unerlässlich sind, und es muss die Erfindung ausreichend beschrieben (offenbart) werden. Diese beiden Seiten der Anmeldung wurden früher (vgl. Kohler, Handbuch S. 272, 279; von der Trenck, GRUR **51,** 437; kritisch Müller-Liebenau Mitt. **32,** 7) unterschieden als die prozessuale und die zivilistische Anmeldung. Bei

dieser Unterscheidung handelt es sich indessen, richtig gesehen, nur um die Betrachtung der verschiedenen Seiten eines einheitlichen Vorgangs (vgl. Tetzner § 4 Anm. 2; vgl. auch oben § 7 Rdn. 3).

1. Erfüllung der Anmeldeerfordernisse. Um die ordnungsmäßige Durchführung des Erteilungsverfahrens zu gewährleisten, stellt das Gesetz eine Reihe von „Anforderungen" (§§ 42 Abs. 1, 44 Abs. 1, 45 Abs. 1) auf, denen die Anmeldung genügen muss. Diese „Erfordernisse" sind weitgehend – ohne Prioritätsverlust – nachholbar (vgl. unten Rdn. 40); sie können zur Vermeidung der Zurückweisung der Anmeldung (§§ 42 Abs. 3 Satz 1, 49) noch nachträglich erfüllt werden. Die gesetzlichen Vorschriften werden insoweit ergänzt durch die Verordnung zum Verfahren in Patentsachen vor dem Deutschen Patent- und Markenamt (Patentverordnung – PatV) v. 1. 9. 2003, BGBl. I S. 1702; Bl. **03,** 322, zuletzt geändert durch Artikel 2 der VO v. 17. 12. 2004. BGBl. I S. 3532, Eine Patentanmeldung, die keine technische Lehre offenbart, weil sie weder eine Beschreibung noch Ansprüche aufweist, ist rechtsunwirksam; diese Rechtslage soll nach BPatGE **26,** 198, 199 durch Beschluss festgestellt werden. Denkbar wäre allerdings auch eine Zurückweisung eines derartig unvollständigen Rechtsschutzbegehrens als unzulässig, oder die formlose Mitteilung, dass die betreffende Eingabe nicht als Patentanmeldung behandelt wird. Wegen der Einzelheiten bezüglich der Anmeldeerfordernisse s. unten Teil III, Rdn. 41 ff. 13

2. Offenbarung der Erfindung. 14

Literatur: Pinzger, Zulässigkeit und Grenzen einer Nachprüfung der „Offenbarung" im Patentstreit, GRUR **42,** 517; Ohnesorge, Zulässigkeit und Grenzen der Nachprüfung der „Offenbarung" im Patentstreit, GRUR **43,** 149; Zeunert, Offenbarung des beanspruchten Erfindungsgedankens und Schutzumfang des Patents, Düsseldorf 1968; Lewinsky, Der Umfang der Offenbarung in Patentsachen, Mitt. **64,** 221; Weißig, Erfordernisse der Offenbarung der Erfindung, Bedeutung der Erfindungsaufgabe sowie ihre Änderung und die Änderung des Patentbegehrens im Verfahren vor der Bekanntmachung der Patentanmeldung, GRUR **65,** 396; Baltzer, Offenbarung von Erfindungsaufgabe und Lösungsprinzip in Patentanmeldungen, Mitt. **65,** 44; Lewinsky, Anwendungsgebiet, Aufgabe und technischer Fortschritt als Teile der ursprünglichen Anmeldungsunterlagen, Mitt **65,** 65, 189; Beil, Offenbarung der Erfindung und Anspruchsformulierung, GRUR **66,** 589; Zeunert, Der Gegenstand der Anmeldung und der Umfang der zulässigen Änderungen des Patentbegehrens vor der Bekanntmachung, GRUR **66,** 405, 465; Hans-Jürgen Müller, Offenbarung der Aufgabe, Mitt. **71,** 41; Gudel, Änderung der Aufgabe bei Abgrenzung, Mitt. **72,** 28; Körber, Prozessuale Auswirkungen unzulässiger Erweiterungen, Mitt. **72,** 121; Hagen, Erfindungsoffenbarung durch Zeichnung, GRUR **72,** 569; Pfab, Ursprüngliche Offenbarung der Erfindung, GRUR **73,** 389, 439; Beil, Bemerkungen zu dem Aufsatz von Pfab, GRUR **73,** 450; Hans-Jürgen Müller, Die patentrechtliche Offenbarung und die nicht genannte Aufgabe, Referat und Bericht über die Diskussion, Mitt. **74,** 81; Kolle/Fischer, Ausreichende Offenbarung der Erfindung, Bericht der deutschen Landesgruppe der AIPPI, GRUR Int. **78,** 80; Grünecker, Die patentfähige Erfindung und ihre Offenbarung, GRUR **80,** 681; Storch, Zum Offenbarungsbegriff bei Prüfung der Patentanmeldung auf Neuheit und ausreichende Offenbarung, GRUR **81,** 814; Reimann, Zur Offenbarung von erfindungswesentlichen Merkmalen in der Patentanmeldung, GRUR **82,** 410; Hesse, Offenbarung und Schutzbegehren, Mitt. **82,** 104; Hesse, Anwendungsgebiet und Offenbarung des Erfindungsgedankens, Mitt. **83,** 106; Häußer, Anspruchsformulierung, Offenbarung und Patentfähigkeit im deutschen Patentrecht, Mitt. **83,** 121; Müller, Offenbarung der „Aufgabe" einer Erfindung, Mitt. **83,** 169; Dürschke, Nochmals: Offenbarung der „Aufgabe" einer Erfindung Mitt. **83,** 225; Krieger, U., Zu den Anforderungen an die Offenbarung einer Erfindung, GRUR **85,** 33; vgl. auch Kraßer § 24 V sowie Schachenmann, Begriff und Funktion der Aufgabe im Patentrecht, 1986, S. 82 ff.; Teschemacher, Münchner Gem.Kommentar, Erläuterungen zu Art. 83 EPÜ, 1985; Schreiber, Vorsicht bei auf Mischungen gerichteten Ansprüchen, GRUR **87,** 418; Müller, Disclaimer – eine Hilfe für den Erfinder, GRUR **87,** 484; Bruchhausen, Der technische Effekt und seine Auswirkung auf den Schutz, FS Preu, 1988, 3 ff.; Niedlich, Die technische Erfindung, GRUR **88,** 17; ders., Das Problem „Aufgabe", GRUR **88,** 749; Singer/Singer, EPÜ, 1989, Erläuterungen zu Art. 83; Bruchhausen, Falconer, Le Tallec, jeweils: Die Bestimmung des Schutzgegenstandes von Patenten im Erteilungs-, Verletzungs- und Nichtigkeitsverfahren, GRUR Int. **89,** 468, 471, 475; Straus/Moufang, Hinterlegung und Herausgabe Biologischen Materials für die Zwecke von Patentverfahren, 1990; Krieger, Definition und Bedeutung der Aufgabe bei Erzeugniserfindungen im deutschen und europäischen Patentrecht, GRUR Int. **90** (FS Haertel), 743; Bruchhausen, Der Stoffschutz in der Chemie: Welche Bedeutung haben Angaben über den Zweck einer Vorrichtung, einer Sache oder eines Stoffes in der Patentschrift für den Schutz der Vorrichtung, der Sache oder des Stoffes durch ein Patent, GRUR Int. **91,** 413; zum selben Thema Paterson, GRUR Int. **91,** 407; Dörries, Zum Offenbarungsgehalt einer (Vor-)beschreibung, GRUR **91,** 717; Jochum, Crackkatalysator und „Auswahlerfindung" – Zu den Gedanken von Hans Dörries, GRUR **92,** 293; Brodesser, Offenbarung und Beschränkung des Schutzbegehrens im Patentrecht, FS Nirk 1992, 85; Günzel, Die Vorbenutzung als Stand der Technik im Sinne des Europäischen Patentübereinkommens, Amtspraxis und Rechtsprechung der Beschwerdekammern, FS Nirk 1992, 441 (insbesondere 447); Ochmann, Zum Begriff der Erfindung als Patentschutzvoraussetzung, FS Nirk, 1992, 759; König, Zum Offenbarungsgehalt bedingungsfreier Gehaltsbereiche bei Legierungserfindungen, Mitt. **92,** 236; Jung, Rechtsprechung auf dem Gebiet des Schutzes von Katalysatoren aus der Sicht des Praktikers, FS Nirk 1992, 507; Brodeßer, Die sogenannte „Aufgabe" der Erfindung, ein unergiebiger Rechtsbegriff, GRUR **93** (FS Bruchhausen), 185. Vgl. auch die Literaturhinweise zu Rdn. 37 (Hinterlegung als Offenbarungsergänzung oder -ersatz). Anders, Wilfried, Vollständige Lehre zum technischen Handeln: Anspruchsfassung und Ausführbarkeit, GRUR **93,** 701; Crespi, R. S., The Micro-Organism Deposit System in European Patent Law – An Appraisal of Current Proposals, IIC, **93,** 1; Dreiss, Uwe, Der Durchschnittsfachmann als Maßstab für ausreichende Offenbarung, GRUR **94,** 781; Vollrath, Ulrich, Der technische Fachmann im Patentgesetz und im Europäischen Patentübereinkommen,, Mitt. **94,** 292; Niedlich, Wolfgang: Die erfindungswesentliche Offenbarung, Mitt. **94,** 72; Szabo, George, Der Ansatz über Aufgabe und Lösung in der Praxis des Europäischen Patentamts, Mitt. **1994,** 225ff.; Szabo, G. S. A., The Problem and Solution Approach in the European Patent Office, IIC, **95,** 457ff. von Pechmann, Eckehart, Wieder aktuell: Ist die besondere technische, therapeutische oder biologische Wirkung, Offenbarungserfordernis bei der Anmeldung chemischer Stofferfindungen? GRUR Int. **96,** 366; Vollrath, Zum Umfang der neuheitsschädlichen Offenbarung einer zum Stand der Technik gehörenden Beschreibung, GRUR **97,** 721; U. Schatz: Zur Patentierbarkeit gentechnischer Erfindungen in der Praxis des Europäischen Patentamts, GRUR **97,** 588; Breuer, Offenbarung durch Hinterlegung, Mitt **97,** 137; Lit in Mitt: Christ 96, 145; Zeiler Mitt **93,** 190; Breuer, Markus, Offenbarung durch Hinterlegung, Mitt. **97,** 137; Bauer, Robert, Bezugnahme auf fremdsprachige Dokumente, Mitt **99,** 135. Zeiler, Über die Offenbarungsformen der Komponenten chemischer Stoffgemische und ihre materiell-rechtlichen Konsequenzen, Mitt **93,** 190–200; Vollrath, Ulrich, Der technische Fachmann im Patentgesetz und im Europäischen Patentübereinkommen, Mitt. **94,** 292ff.; Niedlich, Die erfindungswesentliche Offenbarung, Mitt **94,** 72; Rogge, R.: Gedanken zum Neuheitsbegriff nach geltendem Patentrecht, GRUR **96,** 931–940. Rogge, R.: Der Neuheitsbegriff unter besonderer Berücksichtigung kollidierender Patentanmeldungen, GRUR Int. **98,** 186–189; Spangenberg, Reinhard, Die Neuheit sogenannter „Auswahlerfindungen", GRUR Int. **98,** 193- 199; Rogge, R.: The Concept of Novelty and European Patent Law, IIC, **97,** 443–465; Breuer, Markus: Offenbarung durch Hinterlegung, Mitt. **97,** 137; Christ, Der „Crackkatalysator" oder das Ende der Zwiebelschalen-Ideologie, Mitt **98,** 408; Blumer, Fritz, Formulierung und Änderung der Patentansprüche im europäischen Patentrecht, Köln/Berlin (Heymanns) **98;** Strehlke, Ingo, Der BGH-Beschluss „Polymermass" II: Anforderungen an die Offenbarung durch Bezugnahme, Mitt. **99,** 453ff.; Meyer-Dulheuer, K.-H.: Die Bedeutung von Sequenzprotokollen für den Offenbarungsgehalt biotechnologischer Patente, GRUR **2000,** 1–6; Comte, L'homme de métier en droit des brevets, SIC! **2000,** 661; Bostyn, Sven, Enabling Biotechnological Investions in Europe and the United States, A study of the patentability of proteins and DNA sequences with special emphasis on the disclosure requirement, EPOSCRIPT VOL. 4, **01;** Schrell, Andreas: Funktionsgebundener Stoffschutz für biotechnologische Erfindungen? GRUR **01,** 782–788; Welch, GRUR Int. **03,** 579; Niedlich, Wolfgang, Die Patentrechtliche Aufgabe im Wandel, VPP-R FS 50 Jahre, **2005,** 186.

14a **a) Offenbarungsgehalt der Anmeldung. aa) Ursprüngliche Offenbarung.** Angemeldet ist die Erfindung, die in den (ursprünglichen) Anmeldungsunterlagen als neue Lehre zu technischem Handeln offenbart ist. § 34 Abs. 4 schreibt in Übereinstimmung mit Art. 83 EPÜ, Art. 8 Abs. 2 des Straßburger Übereinkommens zur Vereinheitlichung gewisser Begriffe des materiellen Rechts der Erfindungspatente und Art. 29 Abs. 1 WTO/TRIPS-Ük für die Anmeldung als normatives Erfordernis vor, dass die Erfindung in der Anmeldung so deutlich und vollständig zu offenbaren ist, dass ein Fachmann sie ausführen kann. Entscheidender Ausgangspunkt ist dabei der Inhalt der sog. ursprünglichen Offenbarung, wie er den Anmeldungsunterlagen in der ursprünglich eingereichten Fassung zu entnehmen ist. Der Inhalt der ursprünglichen Offenbarung kann allerdings über das hinausgehen, was der Anmelder als Erfindung zum

Gegenstand seines Rechtsschutzbegehrens macht. In jedem Fall muss aber der Gegenstand durch die ursprüngliche Offenbarung abgedeckt sein. Sie ist die Quelle, aus der er i. d. R. schöpfen kann, ohne gegen das Erweiterungsverbot zu verstoßen. Geht es um den Offenbarungsgehalt der ursprünglich eingereichten Unterlagen, sind die gleichen Kriterien und Maßstäbe anzuwenden wie bei der Ermittlung des Standes der Technik und des Inhalts von Entgegenhaltungen oder des Inhalts einer Prioritätsanmeldung. Der Offenbarungsbegriff ist insofern ein einheitlicher.

bb) Fachmann. Die deutliche und vollständige Offenbarung der Erfindung, die § 34 Abs. 4 für die Anmeldung fordert, soll den Fachmann in die Lage versetzen, die Erfindung auszuführen, richtet sich damit also ausdrücklich an den Fachmann und setzt dessen Vorkenntnisse und Verständnis voraus. Außer in § 4 Satz 1, bei der Bestimmung der erfinderischen Tätigkeit, kehrt der Fachmann auch in der verwandten Bestimmung des § 21 Abs. 1 Nr. 2 wieder, spielt also auch bei der Auslegung dieser Vorschriften die maßgebende Rolle. **14 b**

Der Fachmann, und erst recht der daraus durch die Praxis entwickelte Durchschnittsfachmann, ist eine „gedankliche Hilfsfigur", Dreiss, GRUR **94,** 782; Comte, sic! **2000,** 661, um patentrechtliche Bewertungsvorgänge qualitativer Art zu objektivieren und im Interesse der Rechtssicherheit die Entwicklung nachprüfbarer Bewertungsmaßstäbe für die erfinderische Tätigkeit und die Beurteilung von Offenbarungs- und Informationsgehalten zu ermöglichen. Er ist gleichsam Repräsentant des Empfängerkreises, an den sich die Offenbarung richtet und auf dessen Bedürfnis und Fachverständnis sie zugeschnitten ist, BGH GRUR **86,** 798 – Abförderungseinrichtung für Schnittgut, m. A. Gramm; Elektrische Steckverbindung, GRUR **95,** 330, Egr. II2 a; BGH GRUR 2000, 591, 592 f. – Inkrustierungsinhibitoren. Vgl. als Beispiel aus einer Entscheidung des BGH die nachstehende Definition: „Fachhochschulingenieur des Maschinenbaus mit einigen Jahren Erfahrung in der Entwicklung, Konstruktion und Fertigung von Erzeugnissen der Verpackungsindustrie, vertieften Kenntnissen auf dem Gebiet der Dünnblechverarbeitung und der Fugentechniken sowie der Spritzgusstechnik für Thermoplaste"; BGH v. 18. 5. 1999, X ZR 113/96, Betätigungsvorrichtung für Ausgabeventil, Egr. II (Nichtigkeitsverfahren). Die Schwierigkeiten, den geeigneten Fachmann zu bestimmen, verdeutlicht z. B. BGH – Rührwerk, Mitt. **03,** 116, Egr. 3 a (Apotheker gegen verfahrenstechnisch gebildeten Apparatebauer). Bei besonders komplexen Erfindungen kann auch eine Personengruppe, z. B. ein Forschungs- oder auch ein Produktionsteam, als „zuständiger Fachmann" in Betracht kommen. Es wird z. B. dem Durchschnittsfachmann auf dem Gebiet der Elektronik, insbesondere wenn er selbst nicht über ausreichende Kenntnisse von Programmiersprachen verfügt, zugemutet, einen Programmierer heranzuziehen, wenn eine Veröffentlichung genügend Hinweise darauf enthält, dass weitere Einzelheiten des darin beschriebenen Sachverhalts in einer als Anhang beigefügten Programmliste zu finden sind, EPA v. 29. 4. 1993, T164/92, ABl. **95,** 305, Elektronische Rechenbausteine/BOSCH, LS 2, Egr. 3.4 u. 7. Was zum allgemeinen Fachwissen des Fachmanns gehört, gehört automatisch mit zum Inhalt der Offenbarung; es muss nicht in den Anmeldungsunterlagen mitgeteilt werden. Verweisungen auf externe Dokumente mit konkreter Bezeichnung der Fundstelle inkorporieren die Inhalte der in Bezug genommenen Stellen in den Offenbarungsgehalt der Anmeldung. Zur Definition des Fachmanns in der Rspr. des BGH s. Meier-Beck, Mitt. **05,** 529. Zur Übertragung des technischen Wissens von einem benachbarten technischen Gebiet auf die zu beurteilende Erfindung (Gentechnik) s. EPA (TBK) ABl. **95,** 684. **14 c**

cc) Gesamtheit der Unterlagen. Für die deshalb erforderliche Ermittlung dieser Lehre zum technischen Handeln kommt es nicht auf die (subjektive) Auffassung des Anmelders an; maßgebend ist die technische Vorstellung, die ein Durchschnittsfachmann des betreffenden Fachgebietes am Anmeldetage aus den Unterlagen gewinnt, BGH GRUR **55,** 244 – Repassiernadel I. Offenbart ist daher die technische Lehre, die der Durchschnittsfachmann der Gesamtheit der ursprünglichen Anmeldungsunterlagen am Anmeldetage entnehmen konnte, BGH GRUR **53,** 120, 121 – Rohrschelle; **63,** 563, 566 – Aufhängevorrichtung; **66,** 138, 140 – Wärmeschreiber; BGHZ **80,** 323 = GRUR **81,** 812, 813 – First- und Gratabdeckung; **83,** 169, 170 – Abdeckprofil; BGHZ **111,** 21, 26 – Crackkatalysator; GRUR **02,** 49, 50 – Drehmomentübertragungseinrichtung; BPatGE **2,** 155, 160; **3,** 31, 35. Hierbei haftet der Fachmann nicht am Wortlaut und an Formulierungen der textlichen Ausführungen, sondern berücksichtigt die sachlichen Zusammenhänge und orientiert sich dabei auch an dem mit der Anmeldung im Hinblick auf die geschilderten Nachteile des Stands der Technik verfolgten Ziel sowie am Zweck und der Funktion der einzelnen Merkmale. Offenbart ist das Bild, das sich der Fachmann am Anmeldetag auf Grund seines Studiums der ursprünglichen Unterlagen unter Einsatz seines Sachverstandes vom Anmeldungsgegenstand macht, BPatG GRUR **01,** 144, 146. **14 d**

Schriftstücke, die der Anmelder vom Patentamt zurückerbittet und durch andere ersetzt, gehören nicht mehr zu den ursprünglichen Anmeldungsunterlagen; was in den zurückerbetenen Schriftstücken enthalten war, sich aber nicht in den ersetzten Unterlagen befindet, ist nicht als ursprünglich offenbart anzusehen, BGH GRUR **77,** 483, 484 – Gardinenrollenaufreiher. Zur Definition der Offenbarung in der Patentanmeldung s. Prüfungsrichtlinien 2004, Nr. 3.3.3.1.

14 e **dd) Verständnis des Durchschnittfachmanns.** Hindert ein zurzeit der Anmeldung bestehendes Vorurteil den Durchschnittsfachmann daran, ein Merkmal der Erfindung der Gesamtheit der ursprünglichen Anmeldungsunterlagen zu entnehmen, so ist dieses Merkmal jedenfalls nicht zu diesem Zeitpunkt offenbart, BGH GRUR **74,** 208 – Scherfolie. Darauf, was der sachkundige Prüfer der Anmeldung zu entnehmen vermag, kommt es nicht an; Äußerungen des Prüfers können jedoch ein wichtiges Beweisanzeichen dafür darstellen, welchen Lösungsgedanken der Durchschnittsfachmann der Anmeldung entnimmt, BGH GRUR **63,** 563, 566. Ob eine Anfechtung der in den Anmeldungsunterlagen enthaltenen Angaben möglich ist, hat der BGH in GRUR **77,** 780, 782 – Metalloxyd, nicht abschließend entschieden; er hat dort jedoch ausgesprochen, dass die Irrtumsanfechtung einer den Inhalt der Anmeldung betreffenden Erklärung jedenfalls dann ausgeschlossen ist, wenn die Erklärung Grundlage einer Entscheidung geworden ist, die Wirkung nach außen entfaltet. Für die ursprüngliche Offenbarung genügt, dass ein Merkmal aus der Beschreibung als zur Erfindung gehörig erkennbar oder von vorneherein als eine im Sinne der Erfindung in Betracht kommende Lösung deutlich offenbart, d. h. differenziert beschrieben ist, BGH GRUR **67,** 476, 477 – Dampferzeuger; **67,** 585, 586 – Faltenrohre; **68,** 86, 89 – Ladegerät I. Das ist beispielsweise dann der Fall, wenn der Durchschnittsfachmann, der in der gebotenen Weise sein allgemeines Fachwissen und die physikalischen Gesetze der betreffenden Materie heranzieht, die betreffenden Merkmale ohne weiteres der Beschreibung entnehmen kann, z. B. glatte Äquivalente der in der Anmeldung ausdrücklich beschriebenen Lösungsmittel; diese können auch ergänzend nachgebracht werden, BGH GRUR **77,** 483, 484 f. – Gardinenrollenaufreiher, m. w. Nachw.; nicht jedoch andere (nicht-glatte) Äquivalente, BGHZ **63,** 150, 154 – Allopurinol; GRUR **70,** 289, 293 – Dia-Rähmchen IV. Die Zeichnung kann herangezogen werden, um den Offenbarungsgehalt der Erfindung zu ermitteln, wenn der Anspruch unklar gefasst ist und die auf die Zeichnung verweisende Beschreibung den Anspruch erläutert.

15 **b) Notwendiger Inhalt der Offenbarung.** In der Anmeldung ist die Erfindung, für die ein Patent begehrt wird, nach § 34 Abs. 4 so deutlich und vollständig zu offenbaren, dass ein Fachmann sie ausführen kann. Aufzudecken ist nur das, was notwendig ist, um den Fachmann in den Stand zu versetzen, die Patentlehre praktisch zu verwirklichen. Was dem Fachmann auf Grund seines **Fachwissens** im Anmeldezeitpunkt zur Verfügung steht, bedarf keiner Wiederholung in der Anmeldung, BGH GRUR **84,** 272, 273 – Isolierglasscheibenrandfugenfüllvorrichtung. Es ist allein auf das Verständnis des technischen Fachmannes abzustellen, an den sich die in der Anmeldung enthaltene Erklärung technischen Inhalts wendet, BGH GRUR **83,** 169, 170 – Abdeckprofil; **85,** 1037, 1038 – Raumzellenfahrzeug I. Zum Offenbarungsgehalt gehören – wie bei der Ermittlung des Standes der Technik – die „fachnotorisch austauschbaren" Mittel, BPatGE **30,** 66, 67; **31,** 230, 231. Die Frage, was danach im Einzelnen zum notwendigen Inhalt der Offenbarung gehört, ist umstritten. Einigkeit besteht darüber, dass alles das in den ursprünglichen Anmeldungsunterlagen offenbart sein muss, was zum Inhalt der zum Patent angemeldeten technischen Lehre gehört, dass dagegen die Angaben, die zur Begründung der Patentfähigkeit dieser Lehre dienen, im Laufe des Erteilungsverfahrens nachgebracht werden können. Die Abgrenzung im Einzelnen bereitet jedoch immer wieder Schwierigkeiten. Auch hinsichtlich der Anforderungen, die an die für die **Ausführbarkeit der Erfindung** erforderlichen Angaben zu stellen sind, ergeben sich immer wieder Zweifel. Insoweit ist einerseits darauf zu achten, dass nichts Unfertiges zur Sicherung der Priorität angemeldet wird; andererseits ist aber auch zu berücksichtigen, dass das Patenterteilungsverfahren dazu bestimmt ist, Unvollkommenheiten zu ergänzen und Unklarheiten zu beseitigen, RG GRUR **37,** 922, 924; vgl. dazu auch den Beschluss des XXX. Kongresses der AIPPI, GRUR Int. **78,** 445.

16 **aa) Anwendungsgebiet.** Nach § 10 Abs. 2 Nr. 1 PatV muss die Beschreibung die **Angabe des technischen Gebiets,** in das die Erfindung gehört, enthalten. Das bedeutet aber nur, dass diese Angabe ein „Erfordernis" der Anmeldung ist, und besagt noch nicht, dass sie für eine prioritätsbegründende Offenbarung notwendig ist. Der Bundesgerichtshof hat (GRUR **66,** 312, 316 – Appetitzügler; **72,** 541, 544 – Imidazoline) ausgesprochen, dass unter dem Gesichtspunkt der „gewerblichen Verwertbarkeit", um die Patentierung lediglich wissenschaftlich interessierender Erkenntnisse auszuschließen, bei der Anmeldung eines chemischen Analogieverfahrens oder einer chemischen Stofferfindung in der Regel die Angabe eines technischen Gebiets zu -

fordern sei, auf dem die Lehre des beanspruchten Verfahrens als Lehre zu technischem Handeln Anwendung finden solle. Er hat in GRUR **66,** 312, 316, ausdrücklich offengelassen, ob die Angabe des Anwendungsgebiets von vornherein erfolgen muss oder nachgebracht werden kann, ob sie im Erteilungsverfahren geändert werden darf und ob sie Einfluss auf den Schutzbereich des Patents hat. Diese Frage ist auch in GRUR **72,** 541, 544 noch nicht abschließend entschieden worden. Nach BPatGE **17,** 192 müssen die Angaben über ein allgemeines technisches Gebiet, auf dem erfindungsgemäße Stoffe oder Verfahrensprodukte zur Anwendung kommen sollen, schon in den ursprünglichen Anmeldungsunterlagen offenbart werden, sofern dies nicht dem Fachmann geläufig ist (ebenso Lewinsky Mitt. **65,** 65 m. w. N.; in dieser Allgemeinheit zweifelhaft, vgl. aber auch Hesse, Mitt. **83,** 106, 110, der die Notwendigkeit der Angabe des Anwendungsgebiets grundsätzlich bejaht und auf den Zusammenhang mit dem Begriff des Durchschnittsfachmanns hinweist).

bb) Verwendungszweck. Der Verwendungszweck der Erfindung, insbesondere der erfundenen Sache, muss in den ursprünglichen Anmeldungsunterlagen genannt sein, wenn er zum Inhalt der zu patentierenden technischen Lehre gehört. Das ist der Fall bei einem Anwendungsverfahren; vgl. z. B. BGH GRUR **90,** 505, 506 – geschlitzte Abdeckfolie – m. Anm. Eisenführ (Verletzungsverfahren), BPatGE **30,** 45, 49, bei Aufstellung eines zweckgebundenen chemischen Stoffanspruchs; vgl. z. B. BGHZ **101,** 159, 164 – Antivirusmittel; vgl. auch Bruchhausen, GRUR Int. **91,** 413, oder eines sog. „Mittelanspruchs“, der Elemente eines Stoff- und eines Verwendungsanspruchs enthält, vgl. Bruchhausen, FS Preu, S. 1, 3 f. Die Angabe des **Verwendungszwecks** gehört auch dann zum **Inhalt der Patentlehre,** wenn diese erst durch die Kenntnis des Verwendungszwecks einen technisch verwertbaren Sinn erhält, BGH GRUR **60,** 542, 544 – Flugzeugbetanken; **62,** 83, 85 – Einlegesohle. **17**

Bei einem Verfahren zur Herstellung eines chemischen Stoffes oder bei einem chemischen Stoff, der als solcher beansprucht wird, gehört der Verwendungszweck des Stoffes grundsätzlich nicht zum Inhalt der Patentlehre; der Verwendungszweck des Stoffes braucht deshalb nicht in den ursprünglichen Anmeldungsunterlagen genannt zu werden, vgl. dazu BGH GRUR **66,** 312, 315 – Appetitzügler; **72,** 541, 544 – Imidazoline. **17 a**

Bei einem Sachpatent kommt der Aufnahme von **Zweck-, Wirkungs- und Funktionsangaben** in den Patentansprüchen im Regelfall keine schutzbeschränkende Wirkung zu, da sie dem besseren Verständnis der Erfindung dienende Erläuterungen darstellen, BGHZ **113,** 140, 156 – Befestigungsvorrichtung. Sie sind daher in der Regel weder notwendig noch schädlich. **17 b**

Besondere Anforderungen an die Offenbarung der Erfindung stellt neuerdings § 1 a Abs. 3 für **biotechnologische Erfindungen** auf: Die gewerbliche Anwendbarkeit einer Sequenz oder Teilsequenz eines Gens muss in der Anmeldung konkret unter Angabe der von der Sequenz oder Teilsequenz erfüllten Funktion beschrieben werden. Abs. 4 derselben Vorschrift fordert darüber hinaus sogar, dass die Verwendung einer Sequenz oder Teilsequenz eines Gens, deren Aufbau mit dem Aufbau einer natürlichen Sequenz oder Teilsequenz eines menschlichen Gens übereinstimmt, die für die gewerbliche Anwendbarkeit nach § 1 a Abs. 3 konkret beschrieben ist, in den Patentanspruch selbst aufzunehmen ist, also unmittelbar den Schutzbereich des Patents begrenzen soll. **17 c**

cc) Aufgabe (Problem)

Literatur: Dreiss/Bulling, Aufgabe und Zweck im Erscheinungs- und im Verletzungsverfahren, FS König (2003). Nach § 10 Abs. 2 Nr. 3 PatV ist in der Beschreibung das der Erfindung zugrunde liegende Problem, sofern es sich nicht aus der angegebenen Lösung oder sonstigen Angaben in der Anmeldung ergibt, insbesondere dann, wenn es zum Verständnis der Erfindung oder für ihre nähere inhaltliche Bestimmung unentbehrlich ist; Das beruht darauf, dass die Erfindung, die zur Erteilung eines Patents anzumelden und daher dem Patentamt zu offenbaren ist, als Lehre zu technischem Handeln (§ 1 Rdn. 44) aus Aufgabe oder Problem und Lösung besteht; Aufgabe und Lösung ergeben gemeinsam den Erfindungsgedanken (vgl. § 1 Rdn. 57), der der Anmeldung zugrunde liegt besteht. Aus den ursprünglichen Anmeldungsunterlagen muss daher die technische Aufgabe, das zu lösende technische Problem, ersichtlich sein, BPatGE **2,** 153, 160; **5,** 123 m. w. N.; **7,** 74; **11,** 183, 190; Pfab GRUR **73,** 391 m. w. N.; Scheuber Mitt. **76,** 27. Einschränkend demgegenüber BPatGE **28,** 12 ff. unter Berücksichtigung der Entscheidung des BGH GRUR **84,** 194 und Hesse, GRUR **81,** 853. Der früher häufig verwendete Begriff der sog. Aufgabenerfindung sollte angesichts der gefestigten Rechtsprechung des BGH nicht mehr verwendet werden (vgl. § 1 Rdn. 58). Die im Patentanspruch enthaltenen Angaben dürfen sich demnach nicht in einer Umschreibung der der Erfindung zugrunde liegenden Aufgabe erschöpfen, sondern müssen die Lösung der Aufgabe kennzeich- **18**

nen; die Erfindung liegt gerade in der Lösung der Aufgabe oder des technischen Problems, BGH GRUR **84,** 194, 195 – Kreiselegge; **85,** 31, 32 – Acrylfaser (mit Anm. U. Krieger). Wird ein beanspruchter Gegenstand durch Meßwerte und Meßwertrelationen beschrieben und dadurch als Lehre zum technischen Handeln ein Lösungsweg aufgezeigt, handelt es sich nicht um eine bloße Beschreibung der Aufgabe, BGH GRUR **98,** 899 – Alpinski. Die Ermittlung des der Erfindung zugrunde liegenden Problems hat zunächst lediglich den Sinn, zur Erfassung der das Wesen einer Erfindung bestimmenden Problemlösung beizutragen, BGH Bl. **90,** 399, 401, re. Sp. – Falzmaschine. Die Beschreibung einer Erfindung erfordert aber auch sonst die Offenbarung des zu lösenden technischen Problems, weil eine „Lösung" erst in Kenntnis der Aufgabe als solche voll zu erfassen und sinnvoll zu benutzen ist, vgl. BGH GRUR **88,** 444, 445 – Betonstahlmattenwender.

19 Bei dem früheren Meinungsstreit darüber, ob die Angabe der technischen Aufgabe zu dem notwendigen Inhalt der ursprünglichen Offenbarung gehört, vgl. die Voraufl. und abschließend dazu Bruchhausen, in: 25 Jahre Bundespatentgericht, S. 125 ff.; Krieger, GRUR Int. **90,** 743; Brodeßer, GRUR **93,** (FS Bruchhausen), 185; Niedlich, VPP-R **2005** FS 50 Jahre, 186, 189 ff, wurde der Begriff der „Aufgabe" mitunter zu sehr im Sinne der subjektiven Willensrichtung des Anmelders und wohl auch sachlich oft zu eng aufgefasst, vgl. BGH GRUR **91,** 522, 523 – Feuerschutzabschluss. Aufgabe im patentrechtlichen Sinne ist nicht eine auf die subjektive Willensrichtung abgestellte Charakteristik dessen, was der Erfinder gewollt hat, sondern eine auf den von der Erfindung erreichten technischen Erfolg – gesehen aus der Zeit vor ihrer Vollendung – abgestellte Charakteristik der fertigen Erfindung, BGH GRUR **60,** 546 – Bierhahn; **67,** 194, 196 – Hohlwalze; **91,** 522, 523, vgl. auch BPatGE **25,** 56, 58, das sich mit einer Änderung der Aufgabenstellung befasst und die objektive Feststellungsmethode zugrunde legt, und BPatGE **28,** 12 Welches technische Problem durch eine Erfindung gelöst wird, ist objektiv danach zu bestimmen, was die Erfindung tatsächlich leistet. Die in der Patentschrift (oder Anmeldung) angegebene Aufgabe ist demgegenüber als solche nicht maßgeblich, sondern lediglich ein Hilfsmittel für die Ermittlung des objektiven technischen Problems, BGH – Anbieten interaktiver Hilfe GRUR **05,** 141; GRUR **03,** 693 – Hochdruckreiniger.

20 Die in diesem Sinne objektiv zu verstehende Aufgabenstellung ergibt sich für den Fachmann meist ohne weiteres aus den Angaben über den Stand der Technik, die technischen Merkmale der Erfindung und die damit verbundenen Vorteile und Wirkungen, vgl. dazu BPatGE **11,** 183, 190; § 10 Abs. 2 Nr. 2 bis 6 PatV. Mangels näherer Angaben über die zu behebenden Nachteile und die erstrebten Vorteile muss die Aufgabe unter Berücksichtigung des als bekannt vorauszusetzenden Standes der Technik aus den genannten Merkmalen der Erfindung allein bestimmt werden, wobei freilich Zweifel oder Unklarheiten über die Bedeutung eines Merkmals zu Lasten des Anmelders gehen müssen. Die der Anmeldung zugrunde liegende Aufgabe umfasst alle Teilaufgaben, die durch besondere Ausführungsformen der Erfindung gelöst werden. Auch insoweit kommt es nicht auf die subjektive Vorstellung des Anmelders, sondern auf den erreichten Erfolg an. Vgl. hierzu auch § 1 Rdn. 54 ff.

21 **dd) Lösung.** Die Lösung der gestellten Aufgabe muss so beschrieben werden, dass die Benutzung der Erfindung durch andere Sachverständige möglich erscheint (§ 34 Abs. 4). Bei der reinen Aufgabenerfindung (vgl. § 1 Rdn. 57) ist die Angabe der Lösung ausnahmsweise entbehrlich, weil der Schutz allein für die Aufgabenstellung begehrt und gewährt wird (vgl. § 1 Rdn. 57). Es ist dann für die Erteilung des Patents freilich erforderlich, dass der Fachmann in der Lage ist, einen Lösungsweg für die in der Anmeldung gestellte Aufgabe zu finden (vgl. dazu im Einzelnen § 1 Rdn. 57).

22 Von dem Ausnahmefall der Aufgabenerfindung abgesehen, muss die Lösung in einer nacharbeitbaren Weise dargelegt werden. Ein Vorschlag, den ein Durchschnittsfachmann nur mit großen Schwierigkeiten und nicht oder nur durch Zufall ohne vorherige Misserfolge praktisch verwirklichen kann, wenn er den von einem Patent angestrebten Erfolg erreichen will, ist keine ausreichend offenbarte technische Lehre, BGH GRUR **80,** 166 – Doppelachsaggregat; BPatG Mitt. **88,** 49. Erforderlich aber auch ausreichend ist es, dass der Anmelder die objektiven kausalen Voraussetzungen eines technischen Erfolges angibt; eine wissenschaftliche Erklärung für den Eintritt des Erfolges braucht nicht gegeben zu werden, RG GRUR **35,** 535, 538; BGH GRUR **55,** 386, 388 – Optische Teile.

23 Bei einem **Sachpatent** muss, wenn der Fachmann nicht auf Grund seines Fachwissens zur Herstellung der zu schützenden Sache in der Lage ist, mindestens eine **Herstellungsart** in der Patentschrift und demzufolge auch in den ursprünglichen Anmeldungsunterlagen angegeben werden, BGH GRUR **59,** 125 – Pansana. Bei einer beanspruchten neuen chemischen Stoffklasse muss glaubhaft gemacht werden, dass alle unter die Stoffklasse fallenden Verbindungen herstellbar sind, BPatG Bl. **88,** 220. Entsprechendes gilt, wenn bei einem Stoffanspruch das Verfahrensprodukt eines geschützten Herstellungsverfahrens durch **Disclaimer** vom Schutz ausgenommen ist und dem Fachmann ein anderes als das geschützte Herstellungsverfahren nicht zur Verfügung steht, BPatGE **19,** 88, 89. Für die Offenbarung einer Stoff- und Verwendungserfindung genügt es aber auch, wenn in der Beschreibung angegeben ist, wie die durch eine präzise Formel definierten, beanspruchten Stoffe erhältlich und verwendbar sind; der Angabe charakteristischer Eigenschaften des neuen Stoffes (z. B. Schmelzpunkt, Elementaranalysenwerte, Absorptionsmaxima) bedarf es nur dann, wenn ohne eine solche eine eindeutige Identifizierung des Stoffes nicht möglich ist, BPatG GRUR **79,** 849. Wenn für ein chemisches **Zwischenprodukt** oder das Verfahren zu seiner Herstellung Patentschutz begehrt wird, dann ist in den ursprünglichen Anmeldungsunterlagen zu offenbaren, wie das Zwischenprodukt zum Endprodukt weiterzuverarbeiten ist, falls dies dem Fachmann nicht geläufig ist, BGH GRUR **72,** 642 – Lactame. Bei einer auf die weitere Verarbeitung und die qualitative Verbesserung näher umschriebener **Ausgangsmaterialien** (Polyesterfäden) gerichteten Erfindung steht es der Patentfähigkeit unter den Gesichtspunkten der Ausführbarkeit und ausreichenden Offenbarung nicht entgegen, dass die in den Patentansprüchen gewählten Begriffe auch solche Ausgangsmaterialien einbeziehen, die der Fachwelt am Anmeldetag noch nicht zur Verfügung stehen. Die Patentfähigkeit wird auch nicht schon dadurch in Frage gestellt, dass die Patentansprüche auch solche Ausgangsmaterialien umfassen, bei denen das erfindungsgemäße Verfahren nicht zum Erfolg führt. Es muss dann unter Berücksichtigung aller Umstände des Einzelfalls entschieden werden, in welchem Umfang die Einbeziehung untauglicher Verfahrensvarianten in die Patentansprüche noch als tragbar in Kauf genommen werden kann, BGHZ **112,** 297, 303 – Polyesterfäden.

Wenn die vom Anmelder vorgelegten **Versuchsergebnisse** hinreichend belegen, dass die angemeldete Erfindung in einer großen Bandbreite ausführbar ist, verdient der Anmelder auch einen entsprechend weit gefassten Patentschutz, BGHZ **112,** 297, 305. Vgl. auch EPA (TBK), GRUR Int. **92,** 771, 774. Bei einem Verfahren zur Herstellung eines chemischen Erzeugnisses mit bestimmten messbaren Eigenschaften, bei dem mehrere Variable zusammenwirken, ist die technische Lehre trotz gelegentlicher Fehlschläge ausreichend offenbart, wenn der Fachmann auf Grund eines klaren Anhaltspunktes über den Einfluss einzelner Variabler auf die Eigenschaften des Erzeugnisses in der Beschreibung in die Lage versetzt wird, die angestrebten **Stoffparameter** im Falle eines Fehlschlags rasch und zuverlässig einzustellen, EPA (TBK) ABl. **84,** 105, 108 ff; oder wenn der Fachmann auf einem noch unerforschten Gebiet durch die Beschreibung oder das allgemeine Fachwissen eine brauchbare Anleitung erhält, die ihn nach Auswertung anfänglicher Fehlschläge oder mit einer gewissen statistischen Erwartungsquote zwangsläufig und ohne Umwege zum Erfolg führt, EPA (TBK), Abl. **88,** 336; oder wenn das Verfahren vom Fachmann anhand seines allgemeinen Fachwissens ohne unzumutbaren Aufwand ausgeführt werden kann, EPA (TBK) GRUR Int. **90,** 978, 981; **92,** 283, 285; Abweichungen bei Ausgangsstoffen sind zulässig, solange das beanspruchte Verfahren zuverlässig zu dem gewünschten Ergebnis führt, EPA (TBK) GRUR Int. **91,** 121, 123. Keine ausreichende Offenbarung liegt dagegen vor, wenn zwar die Formel eines chemischen Stoffes und die Verfahrensschritte zu seiner Herstellung benannt sind, der Fachmann aber weder der Beschreibung noch dem allgemeinen Fachwissen entnehmen kann, wie er sich die notwendigen Ausgangs- und Zwischenprodukte beschaffen kann, EPA (TBK) ABl. **87,** 5, 9 ff. Eine nachträgliche uneingeschränkte Einbeziehung von nach dem Stand der Technik allgemein bekannten Maßnahmen genügt nicht dem Offenbarungserfordernis, BPatGE **28,** 6, 8 ff. **23 a**

Durch **Grenzwerte** definierte **Mengenbereiche** der Komponenten einer Legierung umfassen sämtliche innerhalb der angegebenen Grenzen mögliche Variationen, also auch die Zusammensetzungen, die nicht einzeln zahlenmäßig ausdrücklich genannt sind, sofern die charakteristischen Eigenschaften der Legierung gewahrt bleiben. Ist die beanspruchte Legierung aus der Sicht des Fachmanns in den Anmeldungsunterlagen stoff- und mengenmäßig eindeutig beschrieben, so sind alle möglichen Variationen offenbart, ohne dass es auf die Bedeutung der einzelnen Komponenten für die Eigenschaften der Legierung ankommt. Grenzwertangaben eines Mengenbereichs von Komponenten einer Legierung haben aus patentrechtlicher Sicht nur die Bedeutung, den beanspruchten Schutzbereich abzugrenzen. Mit der Angabe eines bestimmten Bereichs sind alle innerhalb der Grenzwerte liegenden Zwischenwerte und alle daraus beliebig gebildeten Teilmengen offenbart, BGHZ **111,** 21 – Crackkatalysator; BGH – Chrom-Nickel-Legierung, BGHZ **118,** 210 = GRUR **92,** 842, LS 1, 2. **23 b**

Bei einem Patent für ein chemisches Syntheseverfahren kann ein bestimmter Verfahrensschritt in Form einer an sich geläufigen, allgemein bezeichneten Reaktion (hier: Veresterung) auch dann allgemein beansprucht werden, wenn bekannte Möglichkeiten, diese Reaktion durchzuführen, versagen, in der Patentschrift aber ein ausführbarer Weg zur Durchführung der Reaktion **23 c** nacharbeitbar offenbart ist. Dabei kommt es nicht darauf an, ob dem Fachmann auch andere Wege zur Durchführung der Reaktion zur Verfügung standen, BGH – Taxol, BGHZ **147,** 306, 317, unter Bezugnahme auf BGHZ **100,** 67, 71 – Tollwutvirus; BGH Urteil v. 9. Februar 1993 – X ZR 40/90; EPA T 292/85 ABl. EPA **1989,** 275 = GRUR Int. **90,** 61, 64 Polypeptid-Expression I; EPA T 238/88 ABl. EPA **92,** 709 = GRUR Int. **93,** 482 Kronenether.

23 d Die Angaben, die der Fachmann zur Ausführung der geschützten Erfindung benötigt, müssen nicht im Patentanspruch enthalten sein; es genügt, wenn sie sich aus dem Inhalt der Patentschrift (bzw. der Anmeldung) insgesamt ergeben, BGH – Kupplungsvorrichtung II – GRUR **03,** 223.

24 Die für die **Ausführbarkeit** der Erfindung notwendigen Einzelangaben ergeben sich meist aus den in die Beschreibung (§ 34 Abs. 3 Satz 3 Nr. 4) aufgenommenen **Ausführungsbeispielen.** Trotz der großen Bedeutung für die Erläuterung der Erfindung ist die Aufstellung von Ausführungsbeispielen unter dem Gesichtspunkt der Erfindungsoffenbarung nur dann unverzichtbar, wenn ein Fachmann die Erfindung sonst nicht ausführen könnte, BPatG GRUR **79,** 849. Ist ein für die Durchführung der Erfindung erforderliches Dokument in der ursprünglich eingereichten Fassung der Anmeldung nicht erwähnt, so kann die Erfindung dennoch ausreichend offenbart sein, wenn das Dokument zum allgemeinen Wissensstand des Fachmannes gehört, auch wenn es sich um eine Patentschrift handelt, EPA (TBK) GRUR Int. **91,** 372, 373f – Ausgangsverbindungen/Merck. Die Ausführbarkeit unter dem besonderen Aspekt der technischen Brauchbarkeit ist dann zu verneinen, wenn der mit der Anwendung der patentgemäßen Lehre befasste Durchschnittsfachmann das dieser Lehre zugrunde liegende Problem (immunologisches Untersuchungsverfahren) mit den vorgeschlagenen Mitteln unter Berücksichtigung seines Fachwissens nicht lösen konnte, BGH Bl. **92,** 308, 310 – Antigene-Nachweis. Das BPatG verneint in Bl. **92,** 174, 175 die ausreichende Offenbarung einer Erfindung, die ein Enzym unbekannter Struktur mit einer bestimmten Erkennungssequenz und einer definierten Spaltungsstelle betrifft, wenn die Gewinnung des Enzyms nur aus einem einzigen hinterlegten Mikroorganismusstamm beschrieben ist. Die Hinterlegung eines Mikroorganismus ohne hinreichende Stütze in der Beschreibung stellt keine ausreichende Offenbarung dar. Es ist zulässig, Mikrooganismen auch durch funktionale Merkmale zu beschreiben; stellt sich durch später gewonnene Erkenntnisse heraus, dass diese Merkmale den Mikroorganismen unzutreffend beschrieben haben, so ist die Offenbarung auch dann unzureichend, wenn zum Zeitpunkt der Anmeldung mangels besserer technischer Mittel eine zutreffendere Beschreibung nicht möglich war, EPA (TBK), GRUR Int. **92,** 457, 458f.

24 a Die Ausführbarkeit der Erfindung wurde vor Einführung des Widerrufs- und Nichtigkeitsgrundes nach § 21 Abs. 1 Nr. 2 regelmäßig als **Bestandteil der Patentfähigkeit** der angemeldeten Erfindung angesehen. Vor allem unter dem Einfluss der Praxis des EPA und der deutlicheren Trennung von Patentfähigkeit und ausreichender Offenbarung wird die Ausführbarkeit dagegen zunehmenden der **ausreichenden Offenbarung zugeordnet.** Das kommt z.B. in der Entscheidung des BPatG v. 18. 3. 1999 – 3 Ni 18/98, BPatGE **41,** 120, zum Ausdruck. Danach ist das Streitpatent unter dem Nichtigkeitsgrund der mangelnden Offenbarung und nicht unter dem Nichtigkeitsgrund der fehlenden Patentfähigkeit auf seine Bestandsfähigkeit zu überprüfen, wenn der Gegenstand des Streitpatents wegen mangelnder Offenbarung unter dem Gesichtspunkt der mangelnden Ausführbarkeit angegriffen wird. Kann der Fachmann anhand der Offenbarung der Patentschrift an dem fertigen Produkt nicht feststellen, ob damit die erfindungsgemäße Aufgabe gelöst ist, ist die Lehre des Patents nicht mit hinreichender Zuverlässigkeit nacharbeitbar und damit unbrauchbar. Im Gebrauchsmusterlöschungsverfahren ist maßgeblicher Zeitpunkt für die Prüfung der ausführbaren Offenbarung der Erfindung der Zeitpunkt der Anmeldung des Gebrauchsmusters oder der Prioritätszeitpunkt. Bloße Zweifel an der Marktreife stehen der Ausführbarkeit nicht entgegen, BGH v. 28. 4. 1999 – X ZB 12/98 – Flächenschleifmaschine, GRUR **99,** 920.

25 Die notwendigen Erfordernisse zur Erreichung der erstrebten Wirkung müssen vollständig genannt werden, PA Mitt. **31,** 162; BPatGE **5,** 123, 128. Es genügt jedoch, wenn der erstrebte Erfolg vom Fachmann bei Einhaltung des in der Anmeldung angegebenen Lösungsweges unter Benutzung der vorhandenen wissenschaftlichen Hilfsmittel in praktisch ausreichendem Maße erreicht werden kann, BGH GRUR **62,** 80, 81 – Rohrdichtung. Einer besonderen Anweisung über die Gestaltung eines einzelnen Elements der erfindungsgemäßen Lösung bedarf es nicht, wenn sich diese für den durchschnittlichen Fachmann aus dem Gesamtinhalt der Unterlagen ergibt, BGH GRUR **54,** 317, 319 – Entwicklungsgerät; BPatGE **1,** 61, 63. Ebenso wenig bedarf es der Angabe konkreter Maße, Größen und Verhältnisse, sofern der Fachmann diese durch Versuche, die den zumutbaren Umfang nicht übersteigen, feststellen kann, BGH GRUR **72,** 704 – Wasseraufbereitung. Soweit die Erfindung in einer Kombination mehrerer Merkmale besteht, muss von vornherein ersichtlich sein, dass gerade diese Merkmale erfindungsgemäß zusammenwirken sollen, BPatGE **2,** 155; **4,** 111. Wird erst nachträglich aus einer Fülle offenbarter Merkmale eine echte Kombination geltend gemacht, so kann dafür die ursprüngliche Priorität nicht beansprucht werden, BPatGE **4,** 111, 115; dasselbe gilt, wenn ursprünglich nur wahlweise zwei Lösungsmerkmale vorgeschlagen wurden und später ein vorteilhaftes Zusammenwirken der beiden Merkmale geltend gemacht wird, BPatGE **2,** 155, 160. Wegen der Beschränkung auf eines von mehreren zunächst als gleichgestellt offenbarten Lösungsmerkmalen vgl. BGH GRUR **66,** 312, 316 – Appetitzügler I; **67,** 241, 244 – Mehrschichtplatte; **68,** 86, 89 – Ladegerät I. Eine Arbeitsweise, welche die in den Unterlagen vorgeschlagene geradezu in ihr Gegenteil verkehrt, ist nicht offenbart, BGH GRUR **60,** 483, 486 – Polsterformkörper. Verfahrensgrößen können u. U. als im gesamten Bereich, der durch Minimal- und Maximalwerte begrenzt wird, offenbart angesehen werden, auch wenn Beispiele den Rahmen der Erfindung nur stellenweise ausfüllen, BPatGE **19,** 95, 96. Bei einem Verfahren zur Herstellung eines chemischen Erzeugnisses mit bestimmten messbaren Eigenschaften, bei dem mehrere Variable zusammenwirken, ist die technische Lehre trotz gelegentlicher Fehlschläge ausreichend offenbart, wenn der Fachmann auf Grund eines klaren Anhaltspunktes über den Einfluss einzelner Variabler auf die Eigenschaften des Erzeugnisses in der Beschreibung in die Lage versetzt wird, die angestrebten Stoffparameter im Falle eines Fehlschlags rasch und zuverlässig einzustellen., EPA v. 7. 6. 1983, T 14/83, ABl. **84,** 105, 108 ff., Vinylchloridharze/SUMITOMO, LS 1, 2; Egr. 3, 6.

Die Angaben müssen so weit präzisiert sein, dass ein Fachmann danach arbeiten kann. Allgemeinbegriffe der Datenverarbeitungstechnik, wie z. B. Rechnerkern, Logik oder externe Register, vermitteln nur dann eine konkrete technische Lehre, wenn sie an geeigneter Stelle in den Anmeldungsunterlagen so eingehend beschrieben sind, dass sie ein hinreichendes Bild vom Aufbau und Zusammenwirken der sie betreffenden Baugruppen geben, BPatGE **21,** 118. Wenn, was an sich zulässig ist (vgl. unten Rdn. 52), die für eine Rechenmaschine erforderlichen Schaltungsanordnungen durch logische Gleichungen definiert werden sollen, genügt es nicht, eine Vielzahl von Gleichungen anzugeben und es dem Fachmann zu überlassen, hieraus diejenigen zu bestimmen, die für die beanspruchte Erfindung wesentlich sein könnten, BPatGE **21,** 64. **26**

ee) Offenbarung als zur Erfindung gehörig. Literatur: Kockläuner, Ist der Patentanmelder an bevorzugte Angaben gebunden?, Eine Untersuchung zum Begriff der Erfindungswesentlichkeit, GRUR **80,** 141. **27**

Gegenstand der Anmeldung sind nur die Merkmale, die der Durchschnittsfachmann der Gesamtheit der Unterlagen (Titel, Anspruch, Beschreibung, Zeichnung) als zur angemeldeten Erfindung gehörig entnehmen kann. Es ist nicht erforderlich, dass die Merkmale bereits in einem Patentanspruch der ursprünglichen Unterlagen enthalten waren, BGH GRUR **85,** 1037, 1038 – Raumzellenfahrzeug I. Einer ausreichenden Offenbarung steht es nicht entgegen, dass der Durchschnittsfachmann das betreffende Merkmal erst durch **Schlussfolgerung aus anderen Angaben** in den Anmeldungsunterlagen erkennen kann, sofern er diese ohne weiteres anstellt, wenn er die Anmeldungsunterlagen liest und ohne nähere Überlegung zu dem Schluss gelangen kann, BGHZ **63,** 150, 154 – Allopurinol; BGH GRUR **74,** 208, 209 – Scherfolie; Liedl **74/77,** 114, 117. Es genügt auch, wenn der Fachmann bei zusammengefasster Wertung verschiedener Aussagen der Beschreibung in ihrem Zusammenhang und in ihrer Abhängigkeit voneinander dazu geführt wird, eine bestimmte gegenständliche Ausbildung des beanspruchten Gegenstandes als angestrebt zu erkennen, und er in der Zeichnung, auf die in der Beschreibung ausdrücklich verwiesen wird, eine Bestätigung für das findet, was ihm bei sorgfältigem Lesen der Beschreibung nahegelegt worden ist, BPatGE **14,** 111 unter Hinweis auf BGH Mitt. **67,** 154 – Gebläsegehäuse. Die Schutzgewährung für einen in der Anmeldung offenbarten Lösungsgedanken setzt voraus, dass dieser als zu der angemeldeten Erfindung gehörend von dem Patentanmelder beansprucht wird, BGHZ **80,** 323 = GRUR **81,** 812, 813 f. – Etikettiermaschine.

Nicht als zur Erfindung gehörig offenbart sind solche Gegenstände, die in den ursprünglichen Unterlagen **als bekannt angegeben** sind, BPatGE **5,** 129. Anders liegt es, wenn ein einzelnes Kombinationsmerkmal, das in den ursprünglichen Unterlagen als bekannt bezeichnet ist, als Kombinationsmerkmal in den Patentanspruch aufgenommen ist, mag es dort auch im Oberbegriff des Patentanspruchs erscheinen; wenn sich die Annahme der Bekanntheit als unzutreffend erweist und der Gegenstand der Anmeldung nach Aufgabe und Lösung dadurch nicht verändert wird, kann dieses Kombinationsmerkmal später in den kennzeichnenden Teil des Anspruchs übernommen werden, vgl. dazu – für GebrM – BGH GRUR **71,** 115, 117 – Lenkradbezug I. **28**

29 Darauf, ob ein Merkmal im **Anspruch oder in der Beschreibung** erwähnt wird, kommt es grundsätzlich nicht an; im zuletzt genannten Fall muss jedoch ersichtlich sein, dass es für die beschriebene Erfindung von Bedeutung, wenn auch nur zweckmäßig oder vorteilhaft ist. Wenn eine zeichnerische Darstellung von vornherein ausdrücklich als Darstellung des Erfindungsgegenstandes bezeichnet ist, können die in Verbindung mit der Figur in der Beschreibung erläuterten Merkmale in das Patentbegehren aufgenommen werden, BPatGE **12,** 77, 80. Merkmale eines Ausführungsbeispiels sind nicht als zur Erfindung gehörig offenbart, wenn sie nicht im Rahmen der durch die Patentansprüche vermittelten Lehre liegen, vgl. BGH GRUR **66,** 192, 196 – Phosphatierung. Nicht als zur Erfindung gehörig offenbart ist eine in der Beschreibung nur beiläufig erwähnte Ausführung für einen Sonderfall, der jedoch in den Patentansprüchen nicht angesprochen wird. Sind Patentanspruch und Beschreibung darauf abgestellt, dass „gegebenenfalls" oder „erforderlichenfalls" ein geeignetes Bindemittel zuzusetzen sei, so kann es nicht als ein Merkmal der Erfindung angesehen werden, dass auf ein Bindemittel verzichtet werde, wenn ein Grund für die Fortlassung oder ein damit verbundener Vorteil nicht genannt werden, auch wenn das Bindemittel in dem einzigen Ausführungsbeispiel nicht erwähnt ist, BPatGE **5,** 10, 12ff.

30 Merkmale, die allein der ursprünglichen **Zeichnung** zu entnehmen sind und in dem Inhalt der ursprünglichen Beschreibung und der ursprünglichen Patentansprüche keine Stütze finden, sind in der Regel nicht als zur Erfindung gehörig offenbart und können nicht nachträglich mit der Anmeldungspriorität in einen Anspruch aufgenommen werden, PA Bl. **55,** 255; BGH GRUR **67,** 476 – Dampferzeuger; **72,** 595 – Schienenschalter I; **85,** 214, 215 – Walzgut-Kühlbett; BPatGE **24,** 7, 10; und zwar auch dann, wenn die Zeichnung nur eine einzige Ausführungsform zeigt. Eine andere Beurteilung wäre z.B. denkbar, wenn etwa ein bestimmtes Merkmal in einer nur diesem Merkmal gewidmeten besonderen Figur dargestellt wäre, BGH GRUR **67,** 476, 477; BGHZ **83,** 83 = GRUR **82,** 406, 409 – Verteilergehäuse; vgl. auch Hagen GRUR **72,** 569. Von derartigen Ausnahmefällen abgesehen, wird es immer erforderlich sein, dass das an sich nur aus der Zeichnung zu entnehmende Merkmal in den sonstigen Unterlagen irgendwie erwähnt ist, sei es, dass das Merkmal in irgendeiner Form in der Beschreibung erläutert und dargestellt ist, sei es, dass die Beschreibung wegen eines bestimmten Teils ausdrücklich auf die Zeichnung verweist, sei es auch nur, dass Beschreibung und Ansprüche hinreichend deutlich wenigstens die Aufgabe erkennen lassen, zu deren Lösung das aus der Zeichnung zu entnehmende Merkmal bestimmt und geeignet ist, vgl. BGH GRUR **67,** 476, 477 m.w.N.; **72,** 595 – ähnlich EPA (TBK) ABl. **85,** 193; **89,** 167. Ein zunächst nur aus der Zeichnung ersichtliches Merkmal kann zur Klarstellung in den Patentanspruch aufgenommen werden, wenn der Fachmann mit Hilfe der in der Beschreibung enthaltenen Angaben ohne weiteres erkennen kann, dass dieses Merkmal zur Lösung der erfindungsgemäßen Aufgabe erforderlich ist, BPatG Mitt. **72,** 29 oder die Zeichnung ohne weiteres den Kern der Erfindung erkennen lässt, BPatG GRUR **78,** 529, 531. Eine allein in der Zeichnung enthaltene Offenbarung als erfindungswesentlich ist denkbar, wenn gerade diesem Merkmal eine nur dieses betreffende Figur gewidmet ist, BGH GRUR **67,** 476, 477; siehe dazu auch BPatGE **12,** 77, 80 und BGH GRUR **74,** 208, 210 – Stromerzeugungseinrichtung. Die Neufassung der Vorschrift durch das GPatG hat an diesen von der Rechtsprechung entwickelten Grundsätzen nichts geändert, von Uexküll Mitt. **80,** 191, 192; Lewinsky Mitt. **80,** 193; abw. Bardehle Mitt. **80,** 155f. Zu der Frage der Erfindungsoffenbarung durch Zeichnung vgl. auch BPatGE **31,** 19, 20 und Hagen, GRUR **72,** 569. Die Beschreibung von Ergebnissen bei der Verwendung einer Vorrichtung kann ein Verfahren zur Verwendung der Vorrichtung mitoffenbaren, EPA (TBK) ABl. **87,** 485, 487.

31 **ff) Vorteile.** Die Vorteile der Erfindung müssen angegeben werden (§ 3 Nr. 4e Anmeldebestimmungen), brauchen aber grundsätzlich nicht schon am Anmeldetage offenbart zu werden (RG GRUR **38,** 107; **42,** 160), sondern können auch später geltend gemacht werden, BPatGE **6,** 181. Auch bei chemischen Herstellungsverfahren genügt zur Wahrung des Altersranges die Angabe der Ausgangsstoffe, der Arbeitsweise und der Endprodukte; Angaben über den technischen Fortschritt können nachgebracht werden, PA Bl. **59,** 325 mit Anm. von Müller GRUR **60,** 30.

32 Die Angabe von Vorteilen von Einzelmerkmalen der Erfindung, insbesondere von fakultativen Merkmalen, ist in den ursprünglichen Anmeldungsunterlagen grundsätzlich ebenfalls nicht erforderlich. Sie vermeidet jedoch Zweifel über die Bedeutung der betreffenden Merkmale im Rahmen der Anmeldung.

33 Der Grundsatz, dass für die Beurteilung der Patentfähigkeit einer technischen Lehre auch nicht erkannte und nicht offenbarte Vorteile herangezogen werden können, gilt jedoch nur für

solche Vorteile, die sich auf die Brauchbarkeit und Verwendbarkeit einer Erfindung beziehen, aber nicht den Inhalt der Lehre darstellen, sondern zur Begründung einer auch ohne Erkenntnis dieser Vorteile in sich abgeschlossenen und verständlichen technischen Lehre dienen sollen oder können; gibt erst die Ausnutzung des behaupteten Vorteils der Befolgung der gegebenen Lehre ihren eigentlichen Sinn, dann bedarf ein solcher Vorteil, wenn er patentbegründend sein soll, der Offenbarung in den Patentunterlagen, BGH GRUR **60,** 542, 544 – Flugzeugbetankung; **62,** 83, 85 – Einlegesohle; **71,** 403, 406 – Hubwagen. Bei der Beurteilung der Patentfähigkeit müssen auch solche Vorteile außer Betracht bleiben, die der gegebenen, in sich verständlichen und ausführbaren technischen Lehre einen über die ursprüngliche Offenbarung hinausgehenden Sinn geben, BGH GRUR **71,** 403, 406.

gg) Technischer oder therapeutischer Effekt. Die besonderen technischen oder therapeutischen Wirkungen oder die sonstwie wertvollen Eigenschaften eines chemischen Stoffes gehören auch dann, wenn sie die Patentwürdigkeit des Stoffes oder eines Verfahrens zu seiner Herstellung – auch eines Analogieverfahrens – begründen sollen, nicht zum Inhalt der Erfindung, deren Gegenstand der Stoff oder das Verfahren zu seiner Herstellung ist; die besonderen Wirkungen oder Eigenschaften brauchen deshalb nicht in den ursprünglichen Anmeldungsunterlagen genannt zu werden und können ohne Beeinträchtigung der Anmeldungspriorität nachgebracht werden, BGH GRUR **66,** 312, 314f. – Appetitzügler; **72,** 541, 544 – Imidazoline; BPatGE **17,** 192. 34

c) Offenbarung in der Anmeldung. Die technische Lehre, für die ein Patent begehrt wird, muss in der Anmeldung beschrieben sein. Teile oder Anlagen sind auch dann **Bestandteile** der Anmeldung und daher für die Gesamtoffenbarung von Bedeutung, sofern sie zwar nicht als deren Bestandteile gekennzeichnet sind und daher zunächst von ihr getrennt werden, jedoch, wenn auch später, als solche identifizierbar sind, BPatGE **21,** 224. Fraglich ist, in welchem Umfang Bezugnahmen und Verweisungen auf Texte und Fundstellen außerhalb der Anmeldungsunterlagen ausreichen, um den Inhalt der ursprünglichen Offenbarung zu ergänzen oder auszufüllen. Bei eindeutiger und unzweifelhafter Identifizierbarkeit sollten solche Bezugnahme und Verweise unmittelbar dem Offenbarungsgehalt der Anmeldungsunterlagen zugerechnet werden. Das gilt erst recht, wenn die betreffenden Dokumente als Anlagen beigefügt sind. Zu beachten ist die Entwicklung, die die Möglichkeit der Berücksichtigung fremdsprachiger Quellen im Zusammenhang mit der Einreichung von Anmeldungen im Zusammenhang von § 35 Abs. 1 genommen hat. Danach können auch Bezugnahmen auf fremdsprachige Texte, insbesondere fremdsprachige Patentdokumente, nicht als Hindernisse oder Grenze für den Offenbarungsgehalt einer Anmeldung angesehen werden. Die nachfolgenden Belegstellen sind im Lichte dieser Entwicklung zu interpretieren. Es genügt nicht die Beschreibung der Erfindung in irgendeinem anderen, nur in Bezug genommenen Schriftstück, BGH GRUR **66,** 488, 491 – Ferrit. Es reicht dagegen aus, wenn zur Beschreibung zunächst auf eine andere deutsche Patent- oder Gebrauchsmusteranmeldung verwiesen und die Bezugnahme im Laufe des Erteilungsverfahrens durch sachliche Angaben ersetzt wird, PA Bl. **40,** 80; BPatGE **16,** 18, 20; Mitt. **85,** 153; vorausgesetzt auch in BGH GRUR **85,** 214, 216 – Walzgut-Kühlbett; abw. Pfab GRUR **73,** 395. Zur prioritätsbegründenden sachlichen Offenbarung erfindungswesentlicher Merkmale genügt es nicht, wenn in der ursprünglichen Beschreibung insoweit lediglich auf eine noch nicht bekanntgemachte ausländische Patentanmeldung unter Nennung ihrer Nummer hingewiesen worden ist, BGH GRUR **66,** 488. 35

Der hauptsächliche **Ort der Offenbarung** sind die **Beschreibung,** in der die Erfindung zu beschreiben ist, und die **Patentansprüche,** in denen anzugeben ist, was als patentfähig unter Schutz gestellt werden soll, BGH GRUR **67,** 476 – Dampferzeuger. Ob Merkmale, für die erkennbar Schutz beansprucht wird, in der vorgeschriebenen Form in die Beschreibung und in die Patentansprüche aufgenommen sind, ist für die Frage der Offenbarung belanglos; Mängel in dieser Hinsicht sind ohne Prioritätsverlust behebbar, BGH Bl. **79,** 151 – Etikettiergerät II. Bestandteil der ursprünglichen Offenbarung ist auch eine zur Wahrung der Ausstellungspriorität mit den Anmeldungsunterlagen eingereichte Werkstattzeichnung, die in ihrer Bedeutung der schematischen Patentzeichnung vorgehen kann, BPatG Bl. **80,** 224. Auch die **Patentzeichnung** ist Bestandteil der Anmeldung und als solcher bei der Beurteilung der Offenbarung heranzuziehen (vgl. oben Rdn. 27). Merkmale, die allein der ursprünglichen Zeichnung zu entnehmen sind und in dem Inhalt der ursprünglichen Beschreibung und der ursprünglichen Patentansprüche keine Stütze finden, sind jedoch in aller Regel nicht als zur Erfindung gehörig offenbart, BGH GRUR **67,** 476; **72,** 595 – Schienenschalter I; vgl. hierzu auch oben Rdn. 30 und Hagen, GRUR **72,** 569ff. Die Neufassung der Vorschrift durch das GPatG hat hieran nichts geändert, von Uexküll Mitt. **80,** 191, 192; Lewinsky Mitt. **80,** 193; abw. Bardehle Mitt. **80,** 155ff. 36

37 **d) Biotechnologische Erfindungen. Literatur:** Kraßer, § 14: Biologische Erfindungen, Abschnitt IV, Mikrobiologische Erfindungen, S. 120ff.; Goebel, Biotechnologische Erfindungen in der Praxis des DPA, GRUR Int. **87,** 297; v. Pechmann, Ausschöpfung des bestehenden Patentrechts für Erfindungen auf dem Gebiet der Pflanzen- und Tierzüchtung unter Berücksichtigung des Beschlusses des BGH „Tollwutvirus“, GRUR **87,** 475; Moufang, Genetische Erfindungen im Gewerblichen Rechtsschutz, 1988; Beier, Gewerblicher Rechtsschutz für moderne biotechnologische Verfahren und Produkte, GRUR Int. **90,** 219; Straus/Moufang, Hinterlegung und Herausgabe Biologischen Materials für die Zwecke von Patentverfahren (auch in englischer Sprache), **1990;** Frühauf, Biologische Erfindungen – ihr Schutz und ihre Grenzen, GRUR **92,** 247; Straus, Biotechnologische Erfindungen, ihr Schutz und ihre Grenzen, GRUR **92,** 252; Jaenichen, Die Patentierung von Biotechnologie-Erfindungen beim EPA, GRUR Int. **92,** 312; Schatz, Ulrich: Zur Patentierbarkeit gentechnischer Erfindungen in der Praxis des Europäischen Patentamts, GRURInt **97,** 588; Rogge, Rüdiger, Patente auf genetische Informationen im Lichte der öffentlichen Ordnung und der guten Sitten GRUR **98,** 303; Busche, Jan: Die Patentierung biologischer Erfindungen nach Patentgesetz und EPÜ, GRURInt **99,** 299; Feuerlein, Fr.: Patentrechtliche Probleme der Biotechnologie GRUR **01,** 561; Bostyn, Sven J.R.: Enabling Biotechnological Inventions in Europe and the United States. A study of the patentability of proteins and DNA sequences with special emphasis on the disclosure requirement, European Patent Office Script, Vol. 4. München 2001; Sellnick, Hans-Joachim: Erfindung, Entdeckung und die Auseinandersetzung um die Umsetzung der Biopatentrichtlinie der EU, GRUR **02,** 121 Kleine, Tatjana und Klingelhöfer, Thomas: Biotechnologie und Patentrecht – Ein aktueller Überblick, GRUR **03,** 1; Egerer, Peter, Patentschutz für Erfindungen auf dem Gebiet der Biotechnologie – Stoffschutz für Gene?, FS König, 2003, Peifer, Nikolaus, Patente auf Leben, FS König, 2003, 435–450. Straus, Joseph: Angabe des Ursprungs genetischer Ressourcen als Problem des Patentrechts, GRUR Int **04,** 792; Krauß, Jan, Die Effekte der Umsetzung der Richtlinie über den rechtlichen Schutz biotechnologischer Erfindungen auf die deutsche Praxis im Bereich dieser Erfindungen, Mitt. **05,** 490. Feldges, Joachim, Ende des absoluten Stoffschutzes?, GRUR **05,** 977; Kilger, Chr./Jaenichen, H.-R., Ende des absoluten Stoffschutzes?, GRUR **05,** 984.

37a **aa) Bedeutung.** Die Biotechnologie ist in den letzten 40 Jahren ein Gebiet der Technik gewesen, das besonders stürmische Fortschritte zu verzeichnen hatte und hat. Soweit sich die Erfindungen auf Mikroorganismen und auf biologisches Material überhaupt bezogen, ergab sich früh das Bedürfnis, die schriftliche Beschreibung durch die Hinterlegung entsprechender Proben von Mikroorganismen und biologischem Material zu ersetzen. Maßgebend für Europa waren hier die Ergebnisse der Münchner Konferenz von Dezember 1973, die mit der Annahme und Unterzeichnung des EPÜ endete. In der AusfO zum EPÜ waren bereits in der Ursprungsfassung mit der Regel 28 Vorschriften über die Erfordernisse europäischer Patentanmeldungen betreffend Mikroorganismen enthalten. Danach sollte eine Erfindung, die sich auf ein mikrobiologisches Verfahren oder auf ein mit Hilfe dieses Verfahrens gewonnenes Erzeugnis bezog und bei der ein der Öffentlichkeit nicht zugänglicher Mikroorganismus verwendet wurde, nur dann in der europäischen Patentanmeldung und in einem europäischen Patent als so deutlich und vollständig offenbart gelten, dass ein Fachmann sie ausführen kann, wenn eine Kultur des Mikroorganismus spätestens am Anmeldetag bei einer Sammelstelle für Kulturen hinterlegt worden war. Die Ausweitung auf biologisches Material überhaupt vollzog sich erst in weiteren Schritten im Zuge der Vorbereitung und Annahme der Richtlinie 98/44/EG über den rechtlichen Schutz biotechnologischer Erfindungen.

37b **bb) Rechtsprechung.** In Deutschland ist die Hinterlegung zunächst von Mikroorganismen als Ersatz für die schriftliche Offenbarung schrittweise durch die Rechtsprechung und sodann durch die Ratifikation des Budapester Vertrages über die internationale Anerkennung der Hinterlegung von Mikroorganismen für die Zwecke von Patentverfahren (Budapester Vertrag Bl. **1981,** 53) und in dessen Ausführungsordnung (AusfOBudapesterV BlPMZ 1981, 59 und 237) aufgenommen und entwickelt worden. Eine wichtige Zwischenstation stellte dabei die Entscheidung „Bäckerhefe“ des BGH v. 11. 3. 1975, X ZB 4/74, BGHZ **64,** 101. Danach darf, wenn die angemeldete Erfindung vom Stoffwechsel eines Mikroorganismus Gebrauch macht oder die von Menschenhand gesteuerte Erzeugung von Mikroorganismen zum Gegenstand hat oder sich auf die Verwendung von Mikroorganismen zur Umwandlung in bestimmte handelsfähige Formen der mikrobiologischen Substanz bezieht und der verwendete Mikroorganismus mit Wort, Zeichnung und Formel nicht ausreichend beschrieben werden kann, die nähere Beschreibung dadurch ersetzt werden, dass der Organismus spätestens am Anmeldetage oder an einem etwaigen früheren Prioritätstage an einer dafür geeigneten Stelle hinterlegt und in den ursprünglichen Anmeldungsunterlagen die Hinterlegungsstelle sowie die Hinterlegungsbezeichnung angegeben werden; es muss Vorsorge dafür getroffen sein, dass der Mikroorganismus dem Patentamt im Prüfungsverfahren sowie Interessenten nach der Offenlegung der Anmeldung zugänglich ist und der Fachwelt auch noch eine angemessene Zeit nach Ablauf des beanspruchten Patents zur Verfügung steht, BGHZ **64,** 101, 111ff. – Bäckerhefe; BGH GRUR **78,** 162, 164–7-Chlor-6-demethyltetracyclin mit Anm. Beil; BGH Bl. **86,** 336, 337 – Beschreibung und Hinterlegung eines Mikroorganismus; GRUR **87,** 231 – Tollwutvirus; vgl. auch BGHZ **81,** 1ff. = LM Nr. **57a** zu § 26 PatG 1968 – Erythronolid, m. Anm. Bruchhausen, für den Fall, dass ein Mikroorganismus bereits von dritter Seite hinterlegt und der Fachwelt zugänglich ist; BPatGE **9,** 150; **16,** 1; **19,** 1; **20,** 12; **21,** 127; BPatG Bl. **87,** 402; vgl. hierzu auch Wirtz GRUR **69,** 115; Fabel Mitt. **71,** 47; Wüsten GRUR **74,** 359; Hansen/Wüsten Mitt. **76,** 110ff. und 147; Vossius GRUR **75,** 584; **77,** 74; von Pechmann Mitt. **77,** 41. Eine Hinterlegungsstelle ist nur dann im oben genannten Sinn geeignet, wenn es sich um eine vom Anmelder unabhängige, rechtlich und faktisch getrennte Einrichtung handelt, BGH Bl. **85,** 375, 376f – Methylomonas = BGHZ **95,** 162, 167.

cc) Budapester Vertrag. Parallel zu den Entwicklungen in Europa griff auch das Internationale Büro der WIPO das Thema der Hinterlegung von Mikroorganismen für die Zwecke von Patentverfahren auf. Das Ergebnis dieser Aktivitäten ist der Budapester Vertrag über die internationale Anerkennung der Hinterlegung von Mikroorganismen für die Zwecke von Patentverfahren vom 28. 4. 1977, BGBl II 1980, 1104, Bl. 1981, 53, in Kraft für die Bundesrepublik Deutschland seit dem 20. 1. 1981. Der Vertrag betrifft allerdings nur die Hinterlegungsbedingungen, nicht die Offenbarungsvoraussetzungen. Die EPO ist zwar nicht selbst Vertragspartei des Vertrages, weil eine direkte Teilnahme als Vertragspartei für internationale Organisationen nicht vorgesehen ist. Die EPO hat aber mit Rechtsakt v. 26. 8. 1990 als zwischenstaatliche Organisation für gewerbliches Eigentum die in Art. 9 (1) a) des Vertrages vorgesehene Erklärung abgegeben und damit nach Ablauf der für den Wirksamkeitseintritt vorgesehenen drei Monate (26. 11. 1980) die wesentlichen Rechte und Pflichten aus dem Vertrag übernommen; vgl. die Bek. in ABl. 1980, 380 und in BGBl. 1980 II 1531. **37 c**

Der Budapester Vertrag hat ein System internationaler Hinterlegungsstellen geschaffen, deren sachliche und personelle Ausstattung und wissenschaftliche Kompetenz der Kontrolle durch die Verbandsversammlung der Vertragsstaaten unterliegt. Die Hinterlegung von Mikroorganismen bei einer dieser Hinterlegungsstellen ist von allen Vertragsstaaten, die eine Hinterlegung verlangen oder zulassen, anzuerkennen. Die AusfO zum Vertrag legt im Einzelnen die Bedingungen für die Hinterlegung von Proben und die Abgabe an Dritte fest und regelt die Dauer der Aufbewahrung hinterlegter Proben. Die Vertragsstaaten sind an diese Bedingungen gebunden und dürfen keine abweichenden oder zusätzlichen Erfordernisse aufstellen. Der Vertrag schließt allerdings nicht aus, dass die Vertragsstaaten die Hinterlegung biologischen Materials auch bei anderen, etwa nationalen Stellen, zulassen und anderweitig regeln. Wegen des Inhalts des Budapester Vertrages vgl. die BT-Drs. 8/3480, abgedruckt in Bl. **81,** 53, insbes. die Denkschrift der BReg., a.a.O. 66. Für internationale Anmeldungen sind in Regel 13bis PCT entsprechende Vorschriften enthalten, die inzwischen auch auf die Hinterlegung biologischen Materials ausgedehnt worden sind. vgl. wegen der Einzelheiten Einleitung, Internationaler Teil C Rdn. 158ff. Zu dem Vertrage und zu der daraufhin geänderten Regel 28 der AusfO zum EPÜ vgl. Hallmann GRUR Int. **78,** 55; Teschemacher GRUR Int. **79,** 444; von Pechmann GRUR Int. **80,** 339; Straus, GRUR Int. **86,** 601, sowie MittEPA vom 18. 7. 1986 betr. europäische Patentanmeldungen, in denen auf Mikroorganismen Bezug genommen wird, ABl. **86,** 269 und EPA TBK (T 39/88–3.3.2), GRUR Int. **90,** 231; **90,** 530 (verspätete Einreichung des Aktenzeichens der Hinterlegung als Offenbarungsmangel); EPA (JBK) GRUR Int. **91,** 908 (Notwendigkeit der Identität von Anmelder und Hinterleger). Wegen des Zeitpunkts, bis zu dem die Freigabe und die Hinterlegungsdauer eines hinterlegten Mikroorganismus sichergestellt sein mussten vgl. auch MittPräsPA 14/87, Bl. **87,** 365. **37 d**

dd) Biotechnologie-Richtlinie der EG. Für den Bereich der EG hat die Richtlinie 98/44/EG des Europäischen Parlaments und des Rates vom 6. Juli 1998 über den rechtlichen Schutz biotechnologischer Erfindungen, ABl. L 213 v. 30. 7. 1998 S. 13, = GRURInt **98,** 675, Bl. **98,** 458, eine neue Rechtsgrundlage auch für die Hinterlegung von biologischem Material geschaffen. Allgemeines Ziel der Richtlinie ist es, einen Rechtsrahmen der Gemeinschaft für den Schutz biotechnologischer Erfindungen zu definieren. Der rechtliche Rahmen beschränkt sich auf die Festlegung bestimmter Grundsätze für die Patentierbarkeit biologischen Materials an sich, um den Unterschied zwischen Erfindungen und Entdeckungen hinsichtlich der Patentierbarkeit bestimmter Bestandteile menschlichen Ursprungs herauszuarbeiten, den Umfang des **37 e**

Patentschutzes biotechnologischer Erfindungen zu harmonisieren und auf die Möglichkeit, zusätzlich zur schriftlichen Beschreibung einen Hinterlegungsmechanismus vorzusehen, sowie auf die Möglichkeit der Erteilung einer nicht ausschließlichen Zwangslizenz bei Abhängigkeit zwischen Pflanzensorten und Erfindungen (und umgekehrt), Erwägungsgrund 13 der Richtlinie. Der spezifische europäische Rechtsrahmen für das Hinterlegungsrecht ist in den Art. 13 und 14 der Richtlinie enthalten.

37f In enger Anlehnung an die Regel 28 und 28a EPÜ regelt Art. 13 Abs. 1 die Hinterlegung biologischen Materials bei einer anerkannten Hinterlegungsstelle, wenn die Erfindung biologisches Material betrifft, das der Öffentlichkeit nicht zugänglich ist und in der Patentanmeldung nicht so beschrieben werden kann, dass ein Fachmann diese Erfindung danach ausführen kann, oder wenn die Erfindung die Verwendung eines solchen Materials beinhaltet, so gilt die Beschreibung für die Anwendung des Patentrechts nur dann als ausreichend, wenn (a) das biologische Material spätestens am Tag der Patentanmeldung bei einer anerkannten Hinterlegungsstelle hinterlegt wurde. Anerkannt sind zumindest die internationalen Hinterlegungsstellen, die diesen Status nach Art. 7 des Budapester Vertrags vom 28. April 1977 über die internationale Anerkennung der Hinterlegung von Mikroorganismen für Zwecke von Patentverfahren (im Folgenden „Budapester Vertrag" genannt) erworben haben; (b) die Anmeldung die einschlägigen Informationen enthält, die dem Anmelder bezüglich der Merkmale des hinterlegten biologischen Materials bekannt sind; (c) in der Patentanmeldung die Hinterlegungsstelle und das Aktenzeichen der Hinterlegung angegeben sind. Die weiteren Vorschriften des Artikels behandeln die Art und Weise, wie das hinterlegte Material Dritten oder der Öffentlichkeit zugänglich zu machen ist, die Verpflichtungen der Antragsteller, die die Herausgabe einer Probe beantragen und die Möglichkeit, den Zugang zu dem hinterlegten material auf unabhängige Sachverständige zu beschränken, wenn die Anmeldung, die sich auf das hinterlegte Material bezieht, zurückgewiesen oder zurückgenommen wird. Artikel 14 behandelt in knapper Form die Möglichkeit einer erneuten Hinterlegung einer Probe des Materials, wenn es bei der Hinterlegungsstelle nicht mehr zugänglich ist. Da die Frist für die Umsetzung der Richtlinie bereits am 30. 7. 2000 abgelaufen ist, dienten bisher die gewohnheits- oder richterrechtlichen Normen und der Budapester Vertrag als provisorische Mittel der Umsetzung der Richtlinie.

37g Zum Stand der Umsetzung siehe den **Bericht der Kommission** an das Europäische Parlament und den Rat „Entwicklung und Auswirkungen des Patentrechts im Bereich der Biotechnologie und der Gentechnik", Kommissionsdokument v. 7. 10. 2002, KOM(2002) 545 endgültig sowie v. 14. 7. 2005, KOM (2005) 312 endgültig. Der **Gerichtshof der Europäischen Gemeinschaften** hat durch Urteil v. 9. 10. 2001 – C-377/98 „Biotechnologie-Richtlinie"-Königreich der Niederlande ./. Europäisches Parlament und Rat der Europäischen Union, GRUR **01,** 1043, m. Anm. Spranger, die Gültigkeit der Richtlinie bestätigt. Mit Urteil vom 28. 10. 2004 – Rechtssache C-5/04, hat der Gerichtshof gem. Art. 226 EG-Vertrag festgestellt, dass die Bundesrepublik Deutschland gegen ihre Verpflichtungen aus der Richtlinie 98/44/EG verstoßen hat, weil sie die zur Umsetzung der Richtlinie erforderlichen Rechts- und Verwaltungsvorschriften nicht erlassen bzw. der Kommission nicht mitgeteilt hat. Die Umsetzung ist jetzt schließlich mit dem Gesetz zur Umsetzung der Richtlinie über den rechtlichen Schutz biotechnologischer Erfindungen v. 21. 1. 2005, BGBl. I 146, und die Verordnung über die Hinterlegung von biologischem Material in Patent- und Gebrauchsmusterverfahren (Biomaterial-Hinterlegungsverordnung – BioMatHintV) v. 24. 1. 2005, BGBl. I S. 151, nachgeholt worden. Die Art. 13 und 14 der Richtlinie können wegen der Säumnis der Bundesrepublik Deutschland, die Richtlinie rechtzeitig umzusetzen, ab dem Ablauf der Umsetzungsfrist als unmittelbar anwendbares Recht behandelt werden, da sie die Voraussetzungen für die direkte Anwendbarkeit (konkrete oder ohne weiteres konkretisierbare Berechtigungen der Normadressaten) erfüllen.

37h **ee) Prüfungsrichtlinien des DPMA.** Eine zusammenfassende Darstellung der Praxis des Patentamts auf der Grundlage der Rechtsprechung insbesondere des BGH enthielt die MittPräsPA Nr. 6/91 vom 30. 1. 1991, Bl. 91, 81 mit einer Neufassung des Abschnitts V der Prüfungsrichtlinien mit der neuen Überschrift „Anmeldungen, die Mikroorganismen oder anderes vermehrbares Zellenmaterial betreffen". Sie sind inzwischen mehrfach überarbeitet worden und liegen jetzt als Kapitel 4.2 der Prüfungsrichtlinien 2004 vor, die als Anhang zu diesem Kommentar beigefügt sind. Der Text aus dem Jahre 2004 berücksichtigt noch nicht die bei oben erwähnten Rechtsakte (Gesetz und Verordnung) zur Umsetzung der Richtlinie, erwähnt sie aber als bereits im Gesetzgebungsverfahren bzw. in Vorbereitung befindliche Rechtsinstrumente.

37i In Anknüpfung an die Richtlinie 98/44/EG des Europäischen Parlaments und des Rates über den rechtlichen Schutz biotechnologischer Erfindungen vom 6. Juli 1998, ABl. EG Nr. L

213 S. 13ff., heben die Prüfungsrichtlinien in Abschnitt 4.2.1. hervor, dass mikrobiologische Verfahren und deren Erzeugnisse, § 2 Nr. 2 Satz 2 PatG, auch dann dem Patentschutz zugänglich sind, wenn an Stelle einer Beschreibung, in der ein wiederholbares Herstellungsverfahren für das anmeldungsgemäß eingesetzte und/oder beanspruchte biologische Material angegeben ist, eine Probe dieses biologischen Materials hinterlegt wird. Die Hinterlegung hat die nach § 34 Abs. 4 PatG vorgeschriebene Offenbarung der Erfindung zu gewährleisten. Die weiteren Abschnitte des Kapitels behandeln die – zurzeit der Erstellung des Textes gegebenen – Rechtsgrundlagen für die Hinterlegung als Offenbarungssurrogat und die Einzelheiten des Hinterlegungsverfahrens, der notwendigen Angaben in der Patentanmeldung, die Aufbewahrungsdauer und die Abgabe von Probe sowie die Nachweise für die Erfüllung der Hinterlegungserfordernisse. Insoweit wird auf die Prüfungsrichtlinien verwiesen.

ff) Biomaterial-Hinterlegungsverordnung. Die bisherigen Rechtsgrundlagen des nationalen deutschen Patentrechts zur Hinterlegung von biologischem Material, die im Wesentlichen durch die Rechtsprechung von Bundesgerichtshof und Bundespatentgericht geschaffen worden sind, sind mit Wirkung vom 28. Februar 2005 ersetzt durch die oben genannte BioMatHintV v. 24. 1. 2005, die – wie das Gesetz vom 24. 1. 2005 – ebenfalls der Umsetzung der Richtlinie 98/44/EG dient. Wegen der ausreichenden Rechtsgrundlage in § 34 Abs. 8, die bereits durch das 2. PatGÄndG geschaffen worden ist, hätte sie rechtzeitig innerhalb der Umsetzungsfrist für die EG-Richtlinie erlassen werden können. Offenbar sollte aber das Gesetzgebungsverfahren zur Umsetzung der Richtlinie, das ohnehin mit großen Verzögerungen und Hindernissen zu kämpfen hatte, nicht präjudiziert werden. Die Verordnung findet nach ihrem § 11 keine Anwendung auf Patent- und Gebrauchsmusteranmeldungen, die vor ihrem Inkrafttreten eingereicht worden sind. Insofern hat es bei den bisherigen Rechtsgrundlagen und Verfahren sein Bewenden. Die durch die „Bäckerhefe"-Entscheidung grundgelegten Verfahren und Grundsätze für die Hinterlegung von biologischem Material behalten ihre Gültigkeit und sind weiterhin auf die bis zum 28. Februar 2005 eingereichten Patentanmeldungen anzuwenden. Für die Hinterlegungen nach dem Budapester Vertrag ergeben sich keine Veränderungen, da diese Verfahren nach § 8 der Verordnung unverändert fortgeführt oder neu benutzt werden können. 37j

gg) Merkblatt. In einem Merkblatt für die Hinterlegung von biologischem Material für die Zwecke von Patent- und Gebrauchsmusterverfahren, das auf der Grundlage der Biomaterial-Hinterlegungsverordnung erarbeitet und formuliert worden ist und über die Website des DPMA verfügbar ist, unterrichtet das Patentamt sehr ausführlich über Einzelheiten des einzuhaltenden Verfahrens. Über die Website des DPMA stehen auch verschiedene Vordrucke für die einzelne Verfahrensschritte wie (a) Antrag auf Zugang zu hinterlegtem biologischem Material, (b) Bestätigung; (c) Freigabeerklärung zu hinterlegtem biologischem Material und (d) Verpflichtungserklärung zur Anforderung einer Probe von hinterlegtem biologischem Material zur Verfügung. Die Hinterlegung kommt dann in Betracht, wenn die Erfindung nicht so beschrieben werden kann, dass ein Fachmann sie danach ausführen kann, § 1 Abs. 1 BioMatHintV. Die Hinterlegung kann somit die nach § 34 Abs. 4 PatG erforderliche Offenbarung der Erfindung sicherstellen. Richtet sich die Anmeldung auf das Verfahren selbst, so ersetzt die Hinterlegung des eingesetzten biologischen Materials noch nicht den Nachweis der Wiederholbarkeit dieses Verfahrens. In diesem Fall ist auch die Beschreibung der einzelnen Schritte des Verfahrens erforderlich. Enthält andererseits die Anmeldung bereits die schriftliche Beschreibung eines wiederholbaren Bereitstellungs- oder Herstellungsverfahrens, so muss das entsprechende biologische Material für den Fall, dass es nicht erfindungswesentlich ist, nicht zusätzlich hinterlegt werden. Mikroorganismen, Vektoren (wie z.B. Plasmide) oder Gensequenzen müssen nicht hinterlegt werden, wenn ein wiederholbares Bereitstellungs- oder Herstellungsverfahren oder eine vollständige Sequenz angegeben werden. Die nachfolgenden Erläuterungen folgen dem Aufbau des Merkblatts und kommentieren die einzelnen Punkte, soweit sie Fragen aufwerfen, die sich aus dem Text des Merkblatts und der BioMatHintV nicht oder nicht ohne weiteres beantworten lassen. 37k

hh) Folgerungen. Soweit die Hinterlegung nach dem Budapester Vertrag bei einer der international anerkannten Hinterlegungsstellen erfolgt, gelten keine Besonderheiten. Diese Möglichkeit bleibt unverändert erhalten, und zwar sowohl nach Art. 13 Abs. 1 Buchst. a) als auch nach § 2 der BioMatHintV. Außerhalb des Budapester Vertrags kann eine Hinterlegung wirksam bei allen wissenschaftlich anerkannten Einrichtungen erfolgen. Die betreffende wissenschaftliche Einrichtung muss bestimmte Erfordernisse erfüllen; sie muss die Gewähr für eine ordnungsgemäße Aufbewahrung und Herausgabe von Proben nach Maßgabe der BiMatHintV bieten und rechtlich, wirtschaftlich und organisatorisch vom Anmelder und vom Hinterleger 37l unabhängig sein, § 2 BioMatHintV. Die Abgabe von Proben an Dritte und die Aufbewahrungsdauer richten sich hier nach § 5 bzw. § 7 BioMatHintV. Der Hinterleger muss eine gesonderte Freigabeerklärung abgeben, in der er die Hinterlegungsstelle zur Abgabe von Proben nach Maßgabe der Biomaterial-Hinterlegungsverordnung unwiderruflich und vorbehaltlos ermächtigt, § 4 BioMatHintV.

37m **(1) Hinterlegungsstelle.** Als Hinterlegungsstelle nach § 2 BioMatHintV kommt jede wissenschaftlich anerkannte Einrichtung in Betracht, die die oben genannten Erfordernisse erfüllt. Wo die Einrichtung ihren Sitz hat, ist unerheblich. Es kann sich um inländische oder ausländische Einrichtungen handeln. Ein System der Kontrolle von Seiten des DPMA, wie es für die Internationalen Hinterlegungsstellen nach dem Budapester Vertrag und auch für Regel 28a EPÜ kennzeichnend ist, ist in der BioMatHintV nicht angelegt. Es ist anscheinend auch – anders als beim EPA, vgl. Singer/Stauder/Teschenmacher, Rdn. 87 zu Art. 83 – nicht vorgesehen, ein Verzeichnis derjenigen Einrichtungen anzulegen, die die Anforderungen nach § 2 BioMatHintV erfüllen, wie das für die Internationalen Hinterlegungsstellen selbstverständlich ist. Andererseits verpflichtet § 10 BioMatHintV das DPMA zur Zusammenarbeit mit den Hinterlegungsstellen, es hat den Hinterlegungsstellen alle Informationen zu geben, die zur Erfüllung ihrer Aufgaben erforderlich sind. Allerdings ist das Erfordernis der Unabhängigkeit von Anmelder und Hinterleger ohnehin eine Frage der einzelnen Hinterlegungsstelle, sofern sie nicht eine öffentliche, von Privatinteressen unabhängige Institution sind. Das vom DPMA entwickelte Formblatt für die Freigabeerklärung sieht als Anlage eine Bestätigung der Hinterlegungsstelle vor, dass die Voraussetzungen der BioMatHintV erfüllt (Eignung und Unabhängigkeit) sind. Das DPMA scheint sich hier als mit einem Selbstzeugnis der Einrichtung begnügen zu wollen. Die Hinterlegung bei einer fachlich ungeeigneten oder nicht unabhängigen Hinterlegungsstelle stellt nach den Aussagen des Merkblatts einen nicht behebbaren Mangel der Offenbarung der Erfindung (§ 34 Abs. 4 PatG) dar, der zur Zurückweisung der Anmeldung bzw. zum Widerruf des Patents im Einspruchs- oder Nichtigkeitsverfahren führen kann. Das sind zwar handfeste Sanktionen, lässt aber Fragen offen wie die, was geschieht, wenn die Einrichtung ihre Eignung und Zuverlässigkeit nachträglich verliert, Probleme, die im Rahmen des Budapester Vertrages alle weitgehend geklärt sind. In Deutschland besteht derzeit nur eine einzige nach dem Budapester Vertrag anerkannte Internationale Hinterlegungsstelle, die Deutsche Sammlung von Mikroorganismen und Zellkulturen GmbH (DSMZ), Mascheroder Weg 1b, 38124 Braunschweig, für deren Zuverlässigkeit die Bundesrepublik Deutschland als Sitzland gegenüber den anderen Vertragsparteien des Budapester Vertrages einzustehen hat, Art. 7 Abs. 1 Bucht a) Budapester Vertrag.

37n **(2) Hinterlegungszeitpunkt.** Das biologische Material ist spätestens am Anmeldetag oder, wenn eine Priorität beansprucht worden ist, am Prioritätstag bei einer anerkannten Hinterlegungsstelle zu hinterlegen, § 1 Abs. 1 Nr. 1 BioMatHintV. Ist das biologische Material bereits von einem Dritten bei einer anerkannten Hinterlegungsstelle hinterlegt und der Fachwelt zugänglich und ist sichergestellt, dass es während der vorgeschriebenen Aufbewahrungszeit verwendet werden kann (siehe unter 4.), so bedarf es keiner weiteren Hinterlegung, § 1 Abs. 3 BioMatHintV. Weitere Formalien bezüglich des Hinterlegungstages und seines Nachweises durch eine qualifizierte Empfangsbestätigung mit den entsprechenden Daten, wie sie in Regel 7 Budapester Vertrag vorgesehen sind, schreibt die BioMatHintV nicht vor. Es gehört aber wohl zum Profil einer wissenschaftlich anerkannten Einrichtung, die biologisches Material entgegennimmt und aufbewahrt, dass sie über entsprechende Verfahren verfügt und mit der Notwendigkeit genauer und präziser Nachweise für die Patentverfahren vertraut ist. Kann der Anmelder den genauen Eingangstag bei einer Hinterlegungsstelle außerhalb des Budapester Vertrages nicht nachweisen, wird das zu seinen Lasten gehen müssen, wenn die Möglichkeit eines verspäteten Eingangs nicht ausgeschlossen werden kann.

37o **(3) Angaben zur Hinterlegungsstelle und zum hinterlegten Mikroorganismus.** Bereits in den Anmeldungsunterlagen müssen die Hinterlegungsstelle und das Aktenzeichen der Hinterlegung sowie die einschlägigen Informationen, die dem Anmelder bezüglich der Merkmale des hinterlegten biologischen Materials bekannt sind, angegeben sein, § 1 Abs. 1 Nr. 2 und Nr. 3 BioMatHintV. Dies gilt auch für biologisches Material, das bereits von einem Dritten hinterlegt worden ist. Als Angaben zu den biologischen Merkmalen, die dem Anmelder bekannt sind, gehören insbesondere die wissenschaftliche Beschreibung und bei Mikroorganismen die bekannte oder vorgeschlagene taxonomische Bezeichnung, vgl. auch Regel 6.1b des Budapester Vertrags. Ist bereits auf Grund der Anmeldeunterlagen eine eindeutige Zuordnung der Anmeldung zu dem hinterlegten biologischen Material möglich, so kann das Aktenzeichen der Hinterlegung, nicht aber die Angabe der Hinterlegungsstelle, noch nachgereicht werden, § 3

Abs. 1 BioMatHintV. Bei Patentanmeldungen kann das Aktenzeichen der Hinterlegung innerhalb einer Frist von sechzehn Monaten nach dem Tag der Anmeldung oder, wenn eine Priorität in Anspruch genommen worden ist, nach dem Prioritätstag nachgereicht werden. Diese Frist gilt als eingehalten, wenn das Aktenzeichen bis zum Abschluss der technischen Vorbereitungen für die Veröffentlichung des Offenlegungshinweises, § 32 Abs. 5 PatG mitgeteilt worden ist. Die Frist zur Nachreichung endet im Patenterteilungsverfahren jedoch spätestens einen Monat nach der Mitteilung an den Anmelder, dass ein Recht auf Akteneinsicht auf Grund eines glaubhaft gemachten berechtigten Interesses, § 31 Abs. 1 Satz 1 PatG, besteht. Im Fall der vorzeitigen Offenlegung endet die Frist spätestens dann, wenn sich der Anmelder gegenüber dem DPMA mit einer Akteneinsicht einverstanden erklärt hat, § 31 Abs. 2 Nr. 1 PatG. Bei Gebrauchsmusteranmeldungen muss das Aktenzeichen der Hinterlegung innerhalb eines Monats nach dem Tag der Einreichung nachgereicht werden. Die vorstehend beschriebenen Fristen stimmen mit dem Inhalt von Regel 28 Abs. 2 EPÜ überein, so dass künftig auch insoweit auf die Praxis des EPA und die Respr. der BK zu diesem Fristensystem Bezug genommen werden kann, vgl. dazu Singer/Stauder/Teschenmacher, Rdn. 92 zu Art. 83. Die dort wiedergegebene Rechtsprechung (G 2/93 einerseits und T 227/97 andererseits) deutet darauf hin, dass hinsichtlich der rechtlichen Einordnung der Fristen erhebliche Unsicherheit besteht. Wenn die Versäumung einer Frist als Offenbarungsmangel anzusehen ist, wäre in der Tat die Anmeldung zurückzuweisen. Sie scheinen aber in erster Linie Ordnungsfunktion zu haben, um sicherzustellen, dass die Offenlegungsschrift mit den vollständigen Angaben über die Hinterlegung veröffentlicht werden kann. Demnach erscheint es angemessen, die Fristen – bei der Einverständniserklärung mit der vorzeitigen Offenlegung der Anmeldung und dem Erfordernis der gleichzeitigen Einreichung des Aktenzeichens handelt es sich wohl um eine uneigentliche Frist – als zumindest wiedereinsetzungsfähig anzusehen.

(4) Aufbewahrungsdauer. Das hinterlegte biologische Material ist für einen Zeitraum von **37 p**
fünf Jahren ab dem Eingang des letzten Antrags auf Abgabe einer Probe aufzubewahren, mindestens jedoch fünf Jahre über die gesetzlich bestimmte maximale Schutzdauer aller Schutzrechte hinaus, die auf das hinterlegte biologische Material Bezug nehmen, § 7 BioMatHintV. Bei dieser Vorschrift ist unklar, wer der eigentliche Normadressat dieser Verpflichtung sein soll und welche Konsequenzen sich ergeben, wenn die Fristen nicht eingehalten werden. Man wird deshalb davon ausgehen müssen, dass der Hinterleger bzw. der Anmelder, der sich auf eine bestimmte Hinterlegung eines Dritten bezieht, die entsprechenden vertraglichen Absprachen getroffen haben muss oder dass die betreffende wissenschaftliche Einrichtung über eine Hinterlegungsordnung verfügt, die den Kriterien der BioMatHintV entspricht. Die wissenschaftliche Einrichtung selbst kann es nicht sein, da zu unterstellen ist, dass es sich auch um eine ausländische Institution handeln kann, die nicht dem deutschen Recht unterliegt. Das hinterlegte biologische Material muss spätestens am Anmeldetag für den gesamten Aufbewahrungszeitraum zur Abgabe von Proben durch die Hinterlegungsstelle vorbehaltlos und unwiderruflich zur Verfügung stehen, § 4 BioMatHintV. Die Hinterlegungsdauer muss unabhängig davon, ob die Anmeldung veröffentlicht wird, gewährleistet sein. Die ausreichende Aufbewahrungsdauer muss auch dann am Anmelde- bzw. Prioritätstag gewährleistet sein, wenn das biologische Material von Dritten hinterlegt und allgemein zugänglich ist. Soll im Rahmen der beabsichtigten Patentanmeldung von bereits hinterlegtem und der Öffentlichkeit zugänglichem biologischen Material Gebrauch gemacht werden, so muss sich der Anmelder die Verlängerung der Hinterlegungsdauer entsprechend der gesetzlich möglichen Schutzdauer des von ihm beanspruchten Schutzrechts zuzüglich der erforderlichen Nachfrist durch die Hinterlegungsstelle bestätigen lassen. Die Bestätigung der Hinterlegungsstelle über die Aufrechterhaltung der Hinterlegung während dieser Mindestdauer darf nicht von der Einhaltung einer Verpflichtung zur Zahlung von Gebühren abhängig gemacht werden, da die Zugänglichkeit des biologischen Materials ab dem Anmelde- bzw. Prioritätstag sichergestellt sein muss und der Hinterleger nach diesem Zeitpunkt keine Möglichkeit haben soll, die Hinterlegung durch Nichtzahlung von Gebühren zu beenden. Auch hier wird es wieder auf die vertraglichen Beziehungen zwischen dem Anmelder und der Einrichtung oder dem Anmelder und dem Hinterleger und letztlich auf eine ausgefeilte Hinterlegungsordnung der Einrichtung ankommen.

(5) Freigabeerklärung. Bei einer Hinterlegung außerhalb des Budapester Vertrags muss der **37 q**
Anmelder der Hinterlegungsstelle in einer unwiderruflichen Freigabeerklärung, § 4 BioMatHintV, das hinterlegte biologische Material zur Herausgabe von Proben nach Maßgabe des § 5 BioMatHintV vom Anmeldetag bis zum Ende der Aufbewahrungsdauer vorbehaltlos zur Verfügung stellen. Im Fall einer Dritthinterlegung ist vom Anmelder durch Vorlage von Urkunden nachzuweisen, dass das hinterlegte biologische Material vom Hinterleger entsprechend

zur Verfügung gestellt worden ist, § 4 Abs. 1 Satz 2 BioMatHintV. Des Weiteren hat sich der Anmelder in seiner Freigabeerklärung gegenüber der Hinterlegungsstelle unwiderruflich zu verpflichten, eine erforderlich werdende erneute Hinterlegung vorzunehmen oder durch einen Dritten vornehmen zu lassen, § 4 Abs. 2 BioMatHintV. Für die Freigabeerklärung steht auf der Website des DPMA das Formblatt X 1300 zur Verfügung, dessen Verwendung das DPMA empfiehlt. Genügt die Freigabeerklärung den genannten Anforderungen nicht, liegt ein nicht heilbarer Mangel der Offenbarung der Erfindung vor, der zur Zurückweisung der Anmeldung bzw. zum Widerruf des Patents führt. Ein solcher Mangel liegt auch dann vor, wenn die Bezeichnung des biologischen Materials durch den Anmelder in der Freigabeerklärung nicht mit der Bezeichnung in den ursprünglich eingereichten Anmeldungsunterlagen übereinstimmt.

37 r **(6) Wahl der Expertenlösung** In Anlehnung an Regel 28 Abs. 4 EPÜ und in Übereinstimmung mit Art. 13 Abs. 2 Buchst b und Absatz 4 VO 98/44/EG kann der Hinterleger beantragen, dass eine Probe des hinterlegten Materials von der Veröffentlichung der Patentanmeldung bis zur Patenterteilung nur an einen unabhängigen Sachverständigen herausgegeben wird § 5 Abs. 1 Nr. 2 2. Halbsatz BioMatHintV. Diese sog. „Expertenlösung" kann der Hinterleger für die Dauer von 20 Jahren ab dem Anmeldetag auch für den Fall einer Zurückweisung oder Zurücknahme seiner Anmeldung wählen, § 5 Abs. 2 BioMatHintV. Die Anträge des Hinterlegers für diesen eingeschränkten Zugang zu dem hinterlegten biologischen Material sind beim Deutschen Patent- und Markenamt zu stellen und können nur bis zu dem Zeitpunkt eingereicht werden, zu dem die technischen Vorbereitungen für die Veröffentlichung des Offenlegungshinweises nach § 32 Abs. 5 PatG oder für die Eintragung des Gebrauchsmusters als abgeschlossen gelten, § 5 Abs. 4 BioMatHintV.

37 s **(7) Erneute Hinterlegung.** Kann die Hinterlegungsstelle Proben des hinterlegten Materials nicht mehr abgeben, weil das Material beispielsweise nicht mehr lebensfähig ist, so ist nach § 9 BioMatHintV eine erneute Hinterlegung zulässig und auf Anforderung der Hinterlegungsstelle vorzunehmen. Hierfür ist eine Frist von drei Monaten nach der Aufforderung der Hinterlegungsstelle vorgesehen. Jeder erneuten Hinterlegung ist eine vom Hinterleger unterzeichnete Erklärung beizufügen, in der bestätigt wird, dass das erneut hinterlegte biologische Material das Gleiche wie das ursprünglich hinterlegte Material ist, § 9 Abs. 3 BioMatHintV.

37 t **(8) Sequenzprotokolle.** K.-H. Meyer-Dulheuer, Die Bedeutung von Sequenzprotokollen für den Offenbarungsgehalt biotechnologischer Patente, GRUR **00,** 1.

Wegen der Offenbarung von Nucleotid- oder Aminosäuresequenzen und der Behandlung in der Beschreibung vgl. die neue Regel 27 a AusfO EPÜ, Bl. **92,** 419, und Regel 13(ter) AusfO PCT, Bl. **92,** 381, 388. Ohne die damit angestrebte Standardisierung der Darstellung der Sequenzen stößt die Recherchen- und Prüfungspraxis der Ämter auf enorme Probleme. Eine entsprechende Vorschrift enthält die PatV in § 11 über die Beschreibung von Nukleotid- und Aminosäuresequenzen. Für Anmeldungen, in denen Strukturformeln in Form von Nukleotid- und Aminosäuresequenzen offenbart werden, muss der Anmelder ein entsprechendes Sequenzprotokoll getrennt von Beschreibung und Ansprüchen als Anlage zur Anmeldung einreichen. Das Sequenzprotokoll muss den Standards für die Einreichung von Sequenzprotokollen entsprechen, die in einer Anlage (1) zur PatV niedergelegt sind. Die Vorschrift differenziert im Übrigen nach Anmeldungen in Papierform und Anmeldungen in elektronischer Form und schreibt vor, dass bei in Schriftform eingereichten Anmeldungen das Sequenzprotokoll zusätzlich auch auf Datenträgern gespeichert sein muss, die das Protokoll in maschinenlesbarer Form enthalten. Wird die Anmeldung in elektronischer Form eingereicht, darf die Anmeldung mit dem Sequenzprotokoll die für das Übertragungsverfahren zulässige Dateigröße nicht überschreiten.

38 **e) Folgen unzureichender Offenbarung.** Früher wurde es, wenn die Erfindung in den ursprünglichen Unterlagen nicht ausreichend offenbart worden war und die Angaben später ergänzt wurden, als zulässig angesehen, die Anmeldung mit Zustimmung des Anmelders unter Zugrundelegung des Altersranges des Eingangs der späteren Ergänzung zu bearbeiten (vgl. Reimer § 26 Rdn. 12). Eine solche Behandlung ist jetzt schon mit Rücksicht auf die Vorschrift in § 38 Satz 2 nicht mehr möglich; vgl. dazu auch Ballhaus, GRUR **83,** 1 ff. Danach können bei der Entscheidung über die Patenterteilung nur die Merkmale berücksichtigt werden, die in den ursprünglichen Anmeldungsunterlagen offenbart waren. Kann der Fachmann hieraus keine ausführbare Lehre zum technischen Handeln entnehmen, sind insbesondere die erforderlichen Mittel zur Lösung der gestellten Aufgabe nicht angegeben, so muss die Anmeldung zurückgewiesen werden, PA Mitt. **32,** 184; BPatGE **1,** 68. Das muss auch geschehen, wenn erst im Laufe des Prüfungsverfahrens die Erkenntnis gewonnen wird, dass ein in den ursprünglichen

Anmeldungsunterlagen zu breit behandeltes Verfahren nur in einer ganz bestimmten, aber dort nicht folgerichtig und widerspruchsfrei offenbarten Weise durchführbar ist, BPatGE **1,** 68.

Mängel der Offenbarung der Erfindung wirken sich auch auf das erteilte Patent aus. Nach § 21 Abs. 1 Nr. 2 wird das Patent widerrufen und nach § 22 Abs. 1 für nichtig erklärt, wenn es die Erfindung nicht so deutlich und vollständig offenbart, dass ein Fachmann sie ausführen kann. Bei dieser Beurteilung ist von dem Inhalt der Patentschrift auszugehen. Wenn diese jedoch über den Inhalt der ursprünglichen Anmeldung hinausgeht, ist die darin liegende Erweiterung ihrerseits nach § 21 Abs. 1 Nr. 4 ein Grund für den Widerruf und nach § 22 Abs. 1 ein Grund für die Nichtigerklärung des Patents. 39

III. Erfordernisse der Anmeldung

Literatur: Werner, Anmeldebestimmungen für Patente und Merkblatt für Patentanmelder, Vorschläge für ihre Änderung, Mitt. **79,** 212; Papke, Patent„anmeldung“. Eine patentrechtsgeschichtliche Studie, 25 Jahre Bundespatentgericht, 211 ff. Vgl. auch das Merkblatt für Patentanmelder (2004), Bl. 40

Die Erfordernisse der Anmeldung sind in § 34 nur in ihren Grundzügen geregelt. Ergänzend tritt die auf Grund des § 34 Abs. 6 erlassene **Verordnung zum Verfahren in Patentsachen vor dem Deutschen Patent- und Markenamt** (Patentverordnung – PatV) vom 1. September 2003 (BGBl. I S. 1702) hinzu. Sie hat m. W. v. 15. 10. 2003 die Patentanmeldeverordnung vom 29. 5. 1981, BGBl. I S. 521, zuletzt geändert durch die Verordnung vom 1. 1. 2002, BGBl. I S. 32, abgelöst. Die PatV ist zuletzt durch VO v. 17. 12. 2004. BGBl. I S. 3532, geändert worden. Wegen des Textes (ohne Anl.) siehe Anhang 2. 40 a

Die Patentverordnung enthält u. a. – ergänzend zu § 125 a und der **Verordnung über den elektronischen Rechtsverkehr im gewerblichen Rechtsschutz** (ERvGewRV) vom 5. August 2003 (BGBl. I S. 1558) – Bestimmungen zur Einreichung von Patentanmeldungen in elektronischer Form. Außerdem wurde der Regelungsgehalt der Erfinderbenennungsverordnung vom 29. Mai 1981, BGBl. I S. 525, in die Neufassung der Patentverordnung übernommen. In der Anlage 1 zu § 11 Abs. 1 Satz 2 PatV wurden nunmehr die Standards für die Einreichung von Sequenzprotokollen festgelegt. Anlage 2 zu § 12 PatV enthält die Standards, die bei der Einreichung von Zeichnungen in schriftlicher und elektronischer Form einzuhalten sind. 40 b

In der Nichterfüllung der vorgeschriebenen Anforderungen liegt ein Mangel der Anmeldung, auf den gemäß §§ 42 Abs. 1, 45 Abs. 1 mit der Forderung hinzuweisen ist, ihn innerhalb einer bestimmten Frist zu beseitigen. Geschieht das nicht, so wird die Anmeldung zurückgewiesen (§§ 42 Abs. 3, 48). 40 c

Auf den Altersrang (Priorität) der Anmeldung hat das Vorliegen von Mängeln grundsätzlich keinen Einfluss. Nicht nachholbar sind nur solche Erfordernisse, die Voraussetzung dafür sind, dass überhaupt ein Erteilungsverfahren eingeleitet werden kann; dafür genügt es, dass der Wille, ein Patent zu erlangen, zum Ausdruck kommt, dass der Anmeldungsgegenstand schriftlich formuliert wird, dass diese Unterlagen beim Patentamt eingehen und dass ausreichende Angaben gemacht worden sind, um die Identität des Anmelders zweifelsfrei feststellen zu können, EPA (JBK) ABl. **87,** 353 (LS). Die nachträgliche Erfüllung der weiter vorgeschriebenen Formerfordernisse im Laufe des Erteilungsverfahrens hat keine Verschiebung des Altersranges zur Folge, BGH Bl. **79,** 151 – Etikettiergerät; eine wirksame Anmeldung liegt auch dann vor, wenn deren Mindesterfordernisse nicht gleichzeitig, sondern nacheinander erfüllt werden, BPatGE **27,** 100, 101. Dagegen genügt die bloße Einreichung eines die Erfindung darstellenden Modells, ohne dazugehörige Beschreibung, jedenfalls nicht zur Wahrung des Altersranges, auch wenn die Beschreibung später nachgereicht wird, BPatG Bl. **87,** 328, 329. Ebensowenig genügt nach geltendem Recht die Einreichung fremdsprachiger Unterlagen (Beschreibung, Schutzansprüche), BPatGE **28,** 181, 182 (GebrM). Ein unheilbarer Mangel ist das Fehlen jeglicher technischen Lehre oder Beschreibung einer Erfindung, BPatGE **26,** 198, 199. 40 d

Die Anmeldungserfordernisse für europäische Patentanmeldungen sind in den weitgehend mit dem deutschen Recht übereinstimmenden Art. 80 bis 85 und den Regeln 26 bis 36 (Anmeldebestimmungen) AusfO EPÜ behandelt.

1. Anmeldungsunterlagen

Literatur: Niessen, Neue Struktur der Anmeldungsunterlagen, Mitt. **71,** 188; ders., Neue Gestaltung der Patentanmeldung, Mitt. **75,** 24; von Voß, Gestaltung der Unterlagen von Patentanmeldungen, Mitt. **75,** 141; Christ, Gestraffte Form der Patentanmeldungsunterlagen, Mitt. **76,** 172; Schwindling, Zur Abfassung der Anmeldungsunterlagen, Mitt. **78,** 90; Kronz, 41

Urheberrechtlicher Charakter der Erfindungsbeschreibung, Mitt. **76,** 181; ders., Über den literarischen Charakter der Patentbeschreibung, Mitt. **79,** 142.

Um das Patenterteilungsverfahren ordnungsmäßig durchführen zu können, muss der Anmelder die in § 34 Abs. 3 bezeichneten Unterlagen einreichen. Die der Anmeldung „beizufügende" Zusammenfassung (§ 36) kann nachgereicht werden.

42 **a) Bestandteile.** Notwendige Bestandteile der Patentanmeldung sind nach § 34 Abs. 3 der Name des Anmelders, der Erteilungsantrag, in dem die Erfindung kurz und genau zu bezeichnen ist, ein oder mehrere Patentansprüche, in denen angegeben ist, was als patentfähig unter Schutz gestellt werden soll, eine Beschreibung der Erfindung und schließlich Zeichnungen, auf die sich die Patentansprüche oder die Beschreibung beziehen. Dies entspricht den Erfordernissen einer europäischen Patentanmeldung nach Art. 78 Abs. 1 Buchst. a bis d EPÜ.

43 **b) Formerfordernisse.** Die zu patentierende Erfindung war nach § 35 Abs. 1 Satz 1 a. F. schriftlich beim Patentamt anzumelden. Das **Schriftformerfordernis** ist durch den Wegfall des Wortes „schriftlich" in § 34 Abs. 1 der seit dem 1. 11. 1998 geltenden Fassung jedenfalls **im Gesetz gezielt beseitigt** worden. In BT-Drs. 13/9971 heißt es zur Begründung, künftig werde es möglich sein, Anmeldungen auf elektronischem Weg durch Datenfernübertragung zu tätigen, wie dies zum Beispiel beim Japanischen Patentamt bereits seit dem 1. Dezember 1990 möglich sei. Im DPMA werde bereits jetzt an der Entwicklung entsprechender Verfahren gearbeitet. „Für weite Bereiche der Anmelder werde dann die Einreichung von Anmeldungen in der Papierform der Vergangenheit angehören. Der Entwurf trägt dieser Entwicklung bereits jetzt durch die Abschaffung des Schriftformerfordernisses der Anmeldung Rechnung. Gleichwohl wird die Möglichkeit, Anmeldungen in Papierform einzureichen, von Teilen der Anmelderschaft noch auf unabsehbare Zeit genutzt werden." Im Ergebnis bedeutet das seit der Zulassung der elektronischen Anmeldung, dass Papier- und damit normale Schriftform einerseits und die Form des elektronischen Dokuments den Anmeldern alternativ zur Verfügung stehen.

43 a **aa) Schriftform.** Dementsprechend sieht § 3 Abs. 1 PatV für die Form der Einreichung vor, dass die Anmeldung und die Zusammenfassung (§ 36) beim DPMA schriftlich einzureichen sind. Für die elektronische Einreichung wird auf § 12 DPMAV verwiesen. Für bestimmte Dokumente und Bestandteile der Unterlagen wird aber durch § 3 Abs. 2 PatV die elektronische Form ausdrücklich ausgeschlossen, nämlich für den Antrag auf Nichtnennung des Erfinders, § 8 PatV, für deutsche Übersetzungen ursprünglich in einer fremden Sprache eingereichter Unterlagen und für die Änderung von Anmeldungsunterlagen, § 15 PatV, und § 16, Modelle und Proben. Für sie sind also Papierdokumente bzw. körperliche Originale vorgeschrieben. Die Wahl der elektronischen Form wird allerdings dadurch ermutigt, dass die Anmeldegebühr hierbei um 10 EUR niedriger ist als bei der standardmäßigen Papierform. Wird die Schriftform gewählt, sind die dafür geltenden Vorgaben des bisherigen Rechts auch weiterhin anwendbar. Im Übrigen sind auch elektronische Dokumente an wahrnehmbare Schriftzeichen als Sinnträger gebunden. Sie werden lediglich auf andere Weise sichtbar gemacht als Schriftzeichen auf Papier, vgl. dazu die Erl. zu § 125 a.

43 b Bei **Wahl der Schriftform** beziehen sich die danach anzuwendenden Erfordernisse auf die Anmeldung insgesamt und damit insbesondere auf die in § 34 Abs. 3 genannten Bestandteile. Auch die Beschreibung (Abs. 3 Nr. 4) bedarf danach der Schriftform; eine auf Tonband aufgezeichnete Beschreibung erfüllt nicht das Erfordernis der Schriftlichkeit, BGH GRUR **79,** 109 – Tonbandbeschreibung, mit Anm. Eisenführ. Die Schriftform wird durch Telegramm, Fernschreiben oder Fernkopie gewahrt; Telegramme oder Fernschreiben müssen dann allerdings die notwendigen Angaben über die Erfindung enthalten, PA Bl. **51,** 55. Wurde die Anmeldung auf einem elektronischen Datenträger (Magnetband, Bildplatte, Diskette) übermittelt, konnte dies nach früherem Recht die Schriftform nicht ersetzen. Auch das inzwischen aufgegebene DATIMTEX-System des EPA sah vor, dass die Diskette mit der europäischen Patentanmeldung vom Anmelder neben den schriftlichen Anmeldungsunterlagen eingereicht werden konnte, vgl. Bossung, Münchner Gem.Kommentar, EPÜ, 1986, Rdn. 31 a–h zu Art. 78 EPÜ. In BPatGE **16,** 18 wird es für ausreichend erachtet, wenn in einem Fernschreiben auf die Beschreibung, die Schutzansprüche und die Zeichnung einer zuvor beim Patentamt eingereichten Gebrauchsmusteranmeldung Bezug genommen wird; dem kann jedenfalls insoweit zugestimmt werden, als es sich um die Wahrung des Altersranges handelt. Vgl. auch oben vor § 34 Rdn. 23.

43 c **Mischformen von Papierform und Datenträgern** ergeben sich bei Anmeldungen, in denen Strukturformeln in Form von Nukleotid- und Aminosäuresequenzen offenbart werden. Hier muss der Anmelder ein entsprechendes Sequenzprotokoll getrennt von Beschreibung und Ansprüchen als Anlage zur Anmeldung einreichen und zusätzlich zu den schriftlichen Anmeldungsunterlagen zwei Datenträger beifügen, die das Sequenzprotokoll jeweils in maschinenles-

barer Form enthalten, § 11 Abs. 2 Satz 1. Überdies gelten nach § 6 PatV zusätzliche Erfordernisse, wenn die Anmeldungsunterlagen in Schriftform (also als Papierdokumente) eingereicht werden. Nach § 6 Abs. 1 PatV müssen sie in einer Form eingereicht werden, die eine elektronische Erfassung gestattet. Bei umfangreichen Anmeldungsunterlagen mit mehr als 300 Seiten sind zusätzlich zwei Datenträger einzureichen, die die Anmeldungsunterlagen jeweils in maschinenlesbarer Form enthalten. Für die Datenträger gelten die in Anlage 1 (zu § 11 Abs. 1 Satz 2) festgelegten Standards entsprechend. Den Datenträgern ist eine Erklärung beizufügen, dass die auf den Datenträgern gespeicherten Informationen mit den Anmeldungsunterlagen übereinstimmen.

bb) Elektronische Anmeldung. Metternich, Hans-Christian Rechtsfragen im Zusammenhang mit der elektronischen Anmeldung, GRUR **01,** 647. 43 d

Den rechtlichen Rahmen für die elektronische Form der Anmeldung stecken § 125a PatG und die **Verordnung über den elektronischen Rechtsverkehr im gewerblichen Rechtsschutz** (ERvGewRV) v. 5. 8 2003, BGBl I 1558 = Bl **03,** 320, ab. Nach § 1 Nr. 1 der VO „können elektronische Dokumente in folgenden Verfahren eingereicht werden: 1. Anmeldungen von Patenten." Da sich die Vorschrift auf „Verfahren" und nicht auf Einzelakte bezieht, könnte die Form des elektronischen Dokuments insgesamt für das Verfahren auf Anmeldung von Patenten, d. h. für das Erteilungsverfahren zulässig sein. Die Vorschrift ist aber eng auszulegen. Es ist zu beachten, dass § 3 Abs. 2 PatV für die oben erwähnten Anmeldungsunterlagen (Antrag auf Nichtnennung des Erfinders, deutsche Übersetzungen, nachgereichte und geänderte Anmeldungsunterlagen) die elektronische Form ausschließt. Der sonstige „Schriftverkehr" mit dem Patentamt sollte im Erteilungsverfahren allerdings in elektronischer Form möglich sein. Bei den derzeit offenbar aus Sicherheitsgründen als unverzichtbar angesehenen Mischformen ist das Ziel der elektronischen Akte, das auch in der ZPO anvisiert ist, in weiter Ferne, während es für die Nichtigkeitsverfahren offenbar in Reichweite zu liegen scheint. Der Vorteil der elektronischen Form für die Anmeldung liegt allerdings darin, dass normalerweise die Probleme mit der Beförderung durch die Postdienste entfallen und ein früher Anmeldetag günstiger zu erreichen ist.

Die angestrebte, aber bisher offenbar nur teilweise realisierte Vermeidung des Medienbruchs zwischen den Informationsträgern ‚Papier – elektronische Daten' soll nach Meinung des DPMA allerdings eine vollständige Integrierbarkeit der Anmeldungsdaten in vorhandene IT-Abläufe ermöglichen. Hierdurch seien sowohl auf Anmelderseite wie auch auf Seiten des Deutschen Patent- und Markenamts hohe Kosten- und Zeiteinsparpotentiale realisierbar. 43 e

Für die elektronische Anmeldung hat das DPMA eine eigene **Internetseite** entwickelt, über die aktuelle Informationen über die Einzelheiten abzurufen sind. Ein elektronischer Newsletter unterrichtet in unregelmäßigen Abständen über aktuelle Fortschritte. Es wird empfohlen, bei Bedarf jeweils die neuesten Naschrichten abzufragen, um auf dem letzten Stand zu sein, was bei einem juristischen Kommentar in Papierform schwerlich möglich ist. Die elektronische Anmeldung ist nur mit einer qualifizierten digitalen Signatur der Datev möglich. Die XML-Daten einer Anmeldung können auch ohne Signaturkarte erstellt werden, für die Absendung an das DPMA ist jedoch der zeitliche Vorlauf zur Beschaffung der Signaturkarte zu berücksichtigen. 43 f

Bei der Einreichung von Patentanmeldungen in elektronischer Form sind § 3 Abs. 1 PatV und § 12 DPMAV zu beachten. Die Standards, die bei der Einreichung von Bilddateien in elektronischer Form einzuhalten sind, finden sich in der Anlage 2 zu § 12 PatV. 43 g

Die **verbindlichen Formatvorgaben** für die elektronische Einreichung der Patentanmeldungen sind durch Mitteilung Nr. 5/03 des Präsidenten des Deutschen Patent- und Markenamts im BlPMZ **03,** 305 ff. bekanntgemacht worden; die bei elektronischen Markenbeschwerden einzuhaltenden Formatvorgaben wurden durch Mitteilung Nr. 7/03 des Präsidenten des Deutschen Patent- und Markenamts im BlPMZ **03,** 318 f. veröffentlicht 43 h

Mit dem Inkrafttreten des § 2 Abs. 2 der Verordnung über den elektronischen Rechtsverkehr im gewerblichen Rechtsschutz am 4. Februar 2004 wurde die Möglichkeit eröffnet, deutsche Patentanmeldungen auch unter Verwendung der epoline®-Software beim DPMA einzureichen, s. Bekanntm. des BMJ v. 25. 2. 2004 – BGBl. I 331, u. Mitteilung Nr. 10/04 des Präsidenten des Deutschen Patent- und Markenamts, Bl **04,** 173. Europäische Patentanmeldungen nach Art. II § 4 Abs. 1 Satz 1 des Gesetzes über internationale Patentübereinkommen können seit 22. März 2004 in elektronischer Form auch unter Verwendung der vom Deutschen Patent- und Markenamt (DPMA) kostenlos zur Verfügung gestellten PaTrAS[INT]-Software beim DPMA eingereicht werden. 43 i

Das DPMA stellt dem Anmelder unentgeltlich **Softwaretools** zur Verfügung, so dass der Anmelder mit gebräuchlichen Textverarbeitungsprogrammen (z. B. Microsoft® Word oder Open Office) die Anmeldung erstellen kann. Patentanmeldungen können beim DPMA auch 43 j mit der epoline-Software des EPA auch mit der PaTrASINT-Software eingereicht werden. Die PaTrASINT-Software kann auch für europäische Anmeldungen beim EPA verwendet werden. Diese Software zum Validieren der Patentanmeldedokumente im XML-Format (PaTrAS, Patent and Trademark Application System) liegt derzeit in der Version 1.3 vor. Das mehrsprachige und komplette Programmpaket wird als CD-ROM kostenlos abgegeben (Bestellannahme: 030/25 992–261 oder DORIS.Schriftenvertr@dpma.de). Für die einzelnen Module dieser Software ist auch der Download möglich:

43k Die Anmeldung und die Zusammenfassung können nach § 3 (1) PatV iVm § 12 DPMAV (s Anhänge 10 und 11) in elektronischer Form gemäß der Verordnung über den elektronischen Rechtsverkehr im gewerblichen Rechtsschutz (ERvGewRV)* eingereicht werden, und zwar auf folgenden Wegen: (a) per E-Mail (z.B. MS Outlook, Netscape Messenger) an die elektronische Dokumentenannahmestelle des DPMA: east@dpma-direkt.de. Nach § 2 Abs. 1 ERvGewRV (Anlage Nr. 2 Satz 1) dürfen elektronische Nachrichten an DPMA nur an diese Eingangsadresse übermittelt werden. Im Unterschied zu § 2 Abs. 2 ERvGewRV (Anlage Nr. 2 Satz 2) handelt es sich bei Satz 1 um eine zwingende Vorschrift. Andere E-Mail Adressen des DPMA sind für eine Entgegennahme von Anmeldungen nicht eröffnet. Eine Übermittlung an eine andere E-Mail Adresse des DPMA stellt keine rechtswirksame Anmeldung dar. Darauf weist das DPMA den Anmelder unverzüglich hin. (b) durch Einreichung von Datenträgern. § 2 Abs. 1 ERvGewRV (Anlage Nr. 1 cc), auf den § 3 Abs. 1 2 PatV i. V. m. § 12 DPMAV verweist, lässt alle physikalischen Datenträger zu, mit denen elektronische Dokumente übermittelt werden können. Nach § 12 Abs. 2 DPMAV sind elektronische Dokumente den Dokumentvorlagen entsprechend einzureichen, die vom DPMA im Blatt für Patent-, Muster- und Zeichenwesen bekanntgemacht sind.

44 **2. Erteilungsantrag.** Der Erteilungsantrag nach § 34 Abs. 3 Satz 3 Nr. 2 stellt – jedenfalls rechtlich betrachtet und trotz der starken Formalisierung auf dem Vordruck P 2007 des DPMA – das Kernstück der Anmeldung dar. Der Antrag bestimmt gemeinsam mit den weiteren Unterlagen das Begehren des Anmelders, das für den Umfang und Inhalt der Prüfung maßgebend ist; das Patentamt kann kein davon abweichendes Patent erteilen, PA Bl. **55,** 91; Mitt. **55,** 129; RGZ **54,** 140, 142ff.; BGH GRUR **66,** 85, 86; **66,** 488, 490; Mitt. **67,** 16. Die einzelnen Bestandteile der Anmeldung bilden ein unteilbares Ganzes, PA Bl. **50,** 324.

45 **a) Form.** Der Antrag auf Erteilung des Patents (Erteilungsantrag) i. S. v. § 34 Abs. 3 Nr. 2 oder eines Zusatzpatents, § 16, ist auf dem vom DPMA herausgegebenen Formblatt oder als Datei entsprechend den vom DPMA bekanntgemachten Formatvorgaben einzureichen. Das entsprechende **Formblatt P 2007** ist Gegenstand der Mitteilung Nr. 27/04 des Präs/DPMA v. 21. 7. 2004 über die zu verwendenden Formblätter in Patentsachen, Bl. **04,** 350. Es ist der genannten Mitteilung angefügt und im Übrigen auch über die Website des DPMA – (http://www.dpma.de/formulare/patent.html) – als **elektronischer Vordruck** verfügbar; seine Verwendung wurde für die Zeit ab 1. 8. 2004 vorgeschrieben. Der Antrag muss vom Anmelder bzw. allen Anmeldern oder deren Vertreter eigenhändig unterschrieben werden (§ 4 Abs. 2 Nr. 5 PatV). Die Unterschrift ist nachholbar, streitig, a. M. offenbar Bossung, Münchner Gem.Kommentar, Rdn. 48 zu Art. 78 EPÜ; wie hier Schulte, PatG, 7. Aufl., Rdn. 33 zu § 34, mit dem Ziel der Parallelisierung des deutschen mit dem europäischen Patentrecht; Metternich, GRUR **01,** 647, 649; vgl. auch BPatG Bl. 91, 309, 310, allerdings ohne direkte Entscheidungserheblichkeit (Geschm.Anmeldung, Vergleich mit der Patentanmeldung). Offenbar gehen auch die Prüfungsrichtlinien 2004, Nr. 2.5 c), davon aus, dass das Erfordernis der Unterschrift nachholbar ist. Die Schriftform wird durch Telegramm, Fernschreiben, Telekopie oder Telefax einschließlich Computerfax gewahrt.

46 **b) Inhalt.** Der Patenterteilungsantrag muss nach § 34 Abs. 3 Nr. 2 den Antrag auf Patenterteilung enthalten. Der Vordruck 2007 sieht die notwendigen Erklärungen und Einzelheiten vor. Die weiteren Einzelheiten ergeben sich aus § 4 Abs. 2 und 3 PatV. Der Anmeldungsgegenstand ist genau bezeichnen. Im Erteilungsantrag muss, wenn aus bestimmten Gründen nicht der genannte Vordruck verwendet wird, der Wille zum Ausdruck kommen, ein Patent zu erhalten, PA Bl. **24,** 319; **50,** 324. Wird ein Zusatzpatent nachgesucht, so ist dies im Erteilungsantrag zu erklären und das Aktenzeichen der Hauptanmeldung oder die Nr. des Hauptpatents anzugeben. Der Vordruck P 2007 enthält den entsprechende Antrag in Sp. (7) Nr. 1. Handelt es sich um eine Ausscheidungs- oder Teilanmeldung, ist auch dies in dem Erteilungsantrag vorzusehen.

aa) Bezeichnung der Erfindung

47 **a) Bezeichnung der Erfindung.** Die Bezeichnung der Erfindung muss nach § 4 Abs. 2 Nr. 2 PatV eine für die Veröffentlichungen geeignete, kurze und genaue Umschreibung der

Erfindung nach ihrer technischen Eigenart enthalten; Phantasiebezeichnungen sind nicht zulässig. Die Bezeichnung muss das technische Gebiet so genau angeben, dass der Sektor, auf dem die Erfindung liegt, erkennbar ist, braucht aber die Erfindung selbst nicht vollständig zu umschreiben, BPatG GRUR **79,** 629, 630. Sie wird nach § 30 Abs. 1 Satz 1 im Patentregister vermerkt und in Offenlegungs- und Patentschrift als Überschrift gebraucht. Im Zeitpunkt der Anmeldung ist die Angabe der Bezeichnung nur eine vorläufige, an die im Rahmen der Offensichtlichkeitsprüfung keine zu hohen Anforderungen zu stellen sind, BPatGE **18,** 15, 17.

bb) Angaben zum Anmelder. Weitere Bestimmungen über den Inhalt des Erteilungsantrages enthält § 4 Abs. 2 Nr. 1 PatV bezüglich der **Identität des Anmelders.** Ist der Anmelder eine natürliche Person, so ist der Vorname und Familienname anzugeben oder, falls die Eintragung unter der Firma des Anmelders erfolgen soll, die Firma, wie sie im Handelsregister eingetragen ist. Vorgeschrieben ist dort die Angabe des bürgerlichen Namens. Der Anmelder kann daher nicht unter einem frei gewählten Erfinder- oder Schriftstellernamen auftreten, auch wenn dieser den bürgerlichen Namen enthält, PA Bl. **54,** 227. Bei juristischen Personen oder Personengesellschaften ist der Namen dieser Person oder Gesellschaft anzugeben; die Bezeichnung der Rechtsform kann auf übliche Weise abgekürzt werden. Sofern die juristische Person oder Personengesellschaft in einem Register eingetragen ist, muss der Name entsprechend dem Registereintrag angegeben werden. Bei einer Gesellschaft bürgerlichen Rechts sind auch der Name und die Anschrift mindestens eines vertretungsberechtigten Gesellschafters anzugeben; dabei muss klar ersichtlich sein, ob das Patent für eine oder mehrere Personen oder Gesellschaften, für den Anmelder unter der Firma oder unter dem bürgerlichen Namen angemeldet wird. Es ist nicht zulässig, die Firmenbezeichnung bei der Eintragung in das Patentregister (§ 30) und bei den Veröffentlichungen (§ 32) um einen (nicht zur Firma gehörenden) auf die Gesellschaftsform hinweisenden Zusatz zu ergänzen, BPatG Mitt. **78,** 167. Bei Anmeldern aus dem Ausland ist auch deren Wohnsitz- oder Sitzstaat mitzuteilen. Ist ein Vertreter bestellt, so ist auch dessen Name und Anschrift anzugeben. 48

cc) Weitere Anträge und Erklärungen. Der Erteilungsantrag hat insbesondere die Erklärung zu enthalten, dass für die Erfindung die Erteilung eines Patents oder eines Zusatzpatents beantragt wird. Im Antragsformular P 2007 ist eine solche Erklärung nicht gesondert enthalten; sie ergibt sich aus der Kopfzeile des Dokuments, das als „Antrag auf Erteilung eines Patents" bezeichnet wird. Der Vordruck enthält im übrigen Erklärungen zur Teilung oder Ausscheidung aus einer bestimmten Stammanmeldung, zur Lizenzvergabe, zur Nachanmeldung im Ausland, zu Prioritäten und zur Gebührenzahlung sowie Anträge zur Prüfung des Patents, zur Erstellung einer Recherche und zur Aussetzung des Erteilungsbeschlusses. Es handelt sich hier um nützliche, aber nicht notwendige Bestandteile des Erteilungsantrags. Welche Unterlagen im Übrigen erforderlich sind, um einen Anmeldetag zu begründen, ist jetzt in § 35 geregelt. 48 a

3. Patentansprüche

Literatur: Lehmann, Der Patentanspruch, eine vergleichende Untersuchung über die Stellung und Behandlung des Patentanspruchs in den Gesetzen einzelner Staaten, GRUR **49,** 243; Stumpf, Zur Frage der Patentansprüche in der Optik, GRUR **50,** 323; Mediger, Bezugszeichen im Patentanspruch, Mitt. **63,** 81; Kumm, Die technische Analyse und rationelle Beschreibung technischer Erfindungen, GRUR **66,** 349; Kumm, Die Formen des Patentanspruchs aus rechtsvergleichender Sicht, GRUR Ausl. **66,** 72; Bauer, Erscheint die gegenwärtig übliche Form der Patentansprüche (noch) sinnvoll?, GRUR **72,** 25; ders., Nochmals zum Thema Hartig'sche Anspruchsfassung, GRUR **72,** 508; Bühling, Der „product-by-process-claim" im deutschen Patentrecht, GRUR **74,** 299; von Voß, Gestaltung der Unterlagen von Patentanmeldungen, Mitt. 75, 141, 142 ff.; Dreiss, Patentansprüche und Schutzumfang, Mitt. **77,** 221; Windisch, „Merkmalsanalyse" im Patentanspruch?, GRUR **78,** 386; Werner, Insbesondere im Patentanspruch, insbes. Hauptanspruch, Mitt. **78,** 226; Öttinger, „Insbesondere" im Patentanspruch, hier: in der Rückbeziehung; Bruchhausen, Die Formulierung der Patentansprüche und ihre Auslegung, GRUR **82,** 1; Häußer, Anspruchsformulierung, Offenbarung und Patentfähigkeit im deutschen Patentrecht, Mitt. **83,** 121; Czekay, Deduktive Formulierung von Patentansprüchen, GRUR **84,** 83; Papke, „Abgrenzung" als Rechtsbegriff. Zur Problematik des § 4 Abs. 1 PatV, GRUR **84,** 549; Ford, Funktionelle Ansprüche, GRUR Int. **85,** 249; Czekay, Nochmals zur deduktiven Formulierung von Patentansprüchen, GRUR **85,** 477; Meyer-Dulheuer, Möglichkeiten und Grenzen des product-by-process-Anspruchs, GRUR Int. **85,** 435; v. Rospatt, Der auf einen Verfahrensanspruch bezugnehmende Vorrichtungsanspruch, GRUR **85,** 740; Utermann, Der zweckgebundene Verfahrensanspruch für Arzneimittel, GRUR **85,** 813; Schmied-Kowarzik, Über die Beschränkung von Patentansprüchen, insbesondere von allgemei- 49 nen chemischen Formeln, GRUR **85,** 947; Schamlu, Zur sprachlichen Darstellung von Patentansprüchen, Mitt. **85,** 44; Jeser, Aufgabe und Anspruchsunterteilung, Mitt. **85,** 143; v. Füner, Einige Gedanken zur Form von Patentansprüchen, Mitt. **85,** 211; Ballhaus/Sikinger, Der Schutzbereich des Patents nach § 14 PatG, GRUR **86,** 337, 343; Vollrath, Patentanspruch und sogenannte Überbestimmung, GRUR **86,** 640; Güthlein, Auswahlerfindung und Schutzbereich des älteren Schutzrechts, GRUR **87,** 481; Müller, Disclaimer – Eine Hilfe für den Erfinder, GRUR **87,** 484; Hermann, Die andere Fassung der Patentansprüche, Mitt. **87,** 8. *Vossius/Schrell,* Beurteilung der erfinderischen Tätigkeit und der Anspruchsbreite im Bereich der Biotechnologie die CAFC-Entscheidungen in re O'Farell und in re Vaeck, GRUR Int **92,** 620; *White, A. W.,* The Function and Structure of Patent Claims, EIPR **93,** 243; *Pfeifer, H.-P.* u.a., Patent claim interpretation in member countries of the European Patent Convention, Mitt. **93,** 93 – Flad, Aus der Praxis des Prüfungsverfahrens vor dem DPA, insbesondere Erfahrungen mit einteiligen Patentansprüchen, GRUR **94,** 478; *Beton, J.,* Are International Standards for Patent Claim Interpretation Possible? EIPR, **94,** 276; *Brandi-Dohrn,* The Unduly Broad Claim, IIC **94,** 648; ders., Der zu weite Patentanspruch, GRUR Int **95,** 541; *Dorny, B. N.,* Functional Claims in US Patent Practice, EIPR, **95,** 29; *Roberts,* Broad Claims for Biotechnical Inventions, EIPR **94,** 371; *Christ, H.,* Die Nachreichbarkeit von Beispielen als Innovationshemmnis, Mitt **96,** 145ff.; *R. Rogge,* Berücksichtigung beschränkender Erklärungen bei der Bestimmung des Schutzbereichs eines Patents (§ 14 PatG; Art 69 EPÜ), FS H.E. Brandner (1996), 483, ergänzte Fassung Mitt **98,** 201; *Sieckmann,* Der Disclaimer im Gewerblichen Rechtsschutz der Bundesrepublik Deutschland, GRUR **96,** 236; *Dreiss,* „Anmaßende" Patentansprüche und Art. 84 EPÜ, FS F.-K. Beier (1996), 19; *Kurig,* Anspruchsstrategien, Mitt **96,** 13; *Karet,* Over-broad Patent Claims: An Inventive Step by the EPO, EIPR **96,** 561;*Comte, Jean Louis,* Der Antragsteller kann nach seiner Wahl das Verfahren oder das Erzeugnis patentieren lassen, FS L. David (1996), 45; *Flad,* Patentansprüche und Patentkategorien, VPP-Rdbr **97,** 37; *Wibbelmann,* Broad Claims: A Nuisance, EIPR **97,** 515; *Bösl, Raphael,* Der unklare Patentanspruch, Mitt **97,** 174; *Cohen, D. L.,* Article 69 and European Patent Integration, NORTHWESTERN UNIVERSITY LAW REVIEW, **98,** VOL 92, 1082–1128, *Vossius, V.,* Use Claims Under German Patent Law and the European Patent Convention and the Extent of Their Protection, BIOSCIENCE LAW REVIEW, **98,** 19–27; *Sieckmann,* Der Verwendungsanspruch, GRUR **98,** 85; *Blumer,* Formulierung und Änderung der Patentansprüche im europäischen Patentrecht, Köln/Berlin (Heymanns) **98** XLI, 534 S.= MPI- Schriftenreihe zum gewerblichen Rechtsschutz, Bd. 1018; *Breuer, M.,* Deutlichkeit von Patentansprüchen, Mitt 1998, 340–346; *Yin Xin Tian,* Product-by-Process Claims, IIC **98,** 139; *Esslinger, A.,* Auslegung unter den Wortlaut – die Interpretation von „means-plus-function"-Ansprüchen in den USA., Mitt. **98,** 132ff.; *Rogge, Rüdiger,* Berücksichtigung beschränkender Erklärungen bei der Bestimmung des Schutzbereichs eines Patents (§ 14 PatG; Art. 69 EPÜ), Mitt. **98,** 201–206; *Dolder, Fritz; Faupel, Jannis,* Der Schutzbereich von Patenten: Rechtsprechung zu Patentverletzungen in Deutschland, Österreich und der Schweiz, Köln [u.a.]: Heymann, **99;** *Schickedanz, W.,* Die Formulierung von Patentansprüchen, München **00;** *Schickedanz, W.,* Das Patentierungsverbot von „mathematischen Methoden", „Regeln und Verfahren für gedankliche Tätigkeiten" und die Verwendung mathematischer Formeln im Patentanspruch, Mitt. **00,** 173ff.; *Goebel, Frank Peter,* Schutzansprüche und Ursprungsoffenbarung – Der Gegenstand des Gebrauchsmusters im Löschungsverfahren, GRUR **00,** 477; *Nuss, Albert:* Aspekte der Patentierbarkeit breiter Patentansprüche nach dem EPÜ, ABl EPA **01,** SA Nr. 2 (10. Symposium europäischer Patentrichter, Luxemburg), 66–81; *Pumfrey, Nicholas,* Patentschutz für breite Ansprüche, ABl. EPA **01,** SA Nr. 2, 82–93; Barbuto, *Mario,* Schutzbereich von Patenten für „breite" Ansprüche, ABl. EPA **01,** SA Nr. 2, 94–116; *Anders, W.,* Die unwesentlichen Merkmale im Patentanspruch – die wesentlichen Merkmale der Erfindung, GRUR **01,** 867–875; *Engel, F. W.,* Über den Wortsinn von Patentansprüchen, GRUR **01,** 897–901; *Keukenschrijver, A.,* Änderungen der Patentansprüche erteilter Patente im Verfahren vor dem Bundespatentgericht und vor dem Bundesgerichtshof, GRUR 2001, 571–577; *Meier-Beck, P.,* Patentanspruch und Merkmalsgliederung, GRUR **01,** 967–971; *Rospatt, P. v.,* Die Bestimmung des Schutzbereichs von Patentansprüchen, die Maß- und Zahlenangaben enthalten, GRUR **01,** 991–995; *Domeij, Bengt,* Patent Claim Scope: Initial and Follow-on Pharmaceutical Inventions, EIPR **01,** 326–332. Busche, Jan, Zur Auslegung von Patentansprüchen, FS König (2003), 49–62. Hilty, R.M., Schutzgegenstand und Schutzbereich – Überlegungen zur Formulierung von Patentansprüchen, FS König 2003, 167–216. König, Reimar, Disclaimer und rechtliche Folgen, Mitt **04,** 477; Stamm, Kurt: Disclaimer und verstandene Anmeldung im logischen Ordnungssystem, Mitt. **04,** 243; Stamm, Kurt, Konstanter Inhalt und reduzierter Bereich: Lehren aus den Disclaimer-Entscheidungen der GBK, Mitt. **04,** 488; Gehring, Friederike: Der Disclaimer – ein Auslaufmodell? Mitt. **04,** 490; Teschemacher, Rudolf: Die Zulässigkeit von Disclaimern nach den Entscheidungen G 1/03 und 2/03 der Großen Beschwerdekammer des EPA, Abl. EPA **05,** SA, 116.

Das EPÜ behandelt die Fassung der Patentansprüche in Art. 84 – Patentansprüche – und in der dazugehörigen Regel 29 – Form und Inhalt der Patentansprüche –. Vgl. dazu Benkard/Schäfers EPÜ, Erl. zu Art. 84.

a) Bedeutung und Funktion der Ansprüche. Bis zum Inkrafttreten des EPÜ im Jahr 1977 hatte sich die Funktion der Patentansprüche bei der Bestimmung des Schutzbereichs des Patents in den nationalen Patentsystemen der jetzigen Vertragsstaaten, soweit sie überhaupt Patentansprüche forderten, unterschiedlich entwickelt. Insbesondere die Frage, in welchem Umfang der Wortlaut der Ansprüche den Schutzbereich bestimmen solle, wurde in den Mitgliedstaaten der EPO unterschiedlich beantwortet. Dadurch wurde auch die Art der Anspruchsformulierung erheblich beeinflusst. Vor allem in Deutschland, hing der Schutzbereich des Patents in der Praxis nicht nur vom Wortlaut der Ansprüche, sondern auch davon ab, was entsprechend der im Patent enthaltenen Offenbarung als Beitrag des Erfinders gegenüber dem Stand der Technik angesehen werden konnte, also worin die allgemeine erfinderische Idee oder der allgemeine Erfindungsgedanke bestand. Wegen der Entwicklung in Deutschland vgl. insbesondere BGHZ **98,** 12, 18 ff., Formstein. Danach kommt der Fassung der Patentansprüche nach geltendem Recht eine erheblich größere Bedeutung als früher zu. Entgegen der bis 1978 geltenden Rechtslage seien die Patentansprüche nicht mehr nur der Ausgangspunkt, sondern die maßgebliche Grundlage für die Bestimmung dessen, was vom Schutzbereich des Patents umfasst ist. Ein nur in der Beschreibung offenbarter Erfindungsbereich, der nicht hinreichend deutlich in einen Patentanspruch einbezogen ist, ist nicht unter Schutz gestellt, BGH GRUR **87,** 626 Rundfunkübertragungssystem. Der Erfindungsgedanke sollte so abstrakt umschrieben werden, dass sämtliche denkbaren Ausführungen von ihm umfasst werden. Grenzen sind hier jedoch die ursprüngliche Offenbarung und der Stand der Technik, Prüfungsrichtlinien Nr. 3.3.3.6., Abs. 4. Vgl. auch BGH, GRUR **95,** 330, 331 ff. – Elektrische Steckverbindung. Auch wenn nach dem geltenden deutschen Recht zur Auslegung der Patentansprüche selbstverständlich die Beschreibung und die Zeichnungen heranzuziehen sind, § 14 Satz 2, so seien doch allein die Ansprüche die maßgebliche Grundlage für die Bestimmung der Tragweite der geschützten Erfindung, BGH GRUR **98,** 1003 ff., 1004, Leuchtstoff, Egr. I2b. Einerseits hat der Anmelder Anspruch auf eine möglichst umfassende Rechtsgewährung, andererseits muss durch eine klare Festlegung des Gegenstands Rechtssicherheit hergestellt werden, BGH in GRUR **88,** 757, 760 –Düngerstreuer. Dritte sollen sich darauf verlassen und darauf einrichten können, dass die im Patent unter Schutz gestellte Erfindung mit den Merkmalen des Patentanspruchs vollständig umschrieben ist. Der Anmelder hat deshalb dafür zu sorgen, dass das, wofür er Schutz begehrt hat, sorgfältig in den Merkmalen des Patentanspruchs niedergelegt ist, BGH GRUR **89,** 903, Batteriekastenschnur; – Heliumeinspeisung, GRUR **92,** 305, 307. 49 a

Nach § 34 Abs. 3 Nr. 3 ist in den Patentansprüchen anzugeben, was als patentfähig unter Schutz gestellt werden soll. Im Erteilungsverfahren ist für Patentansprüche zu sorgen, die die unter Schutz gestellte Erfindung klar und deutlich umschreiben, BGHZ **103,** 262, 266 – Düngerstreuer. Denn den Patentansprüchen kommt für die Bestimmung des Schutzbereichs des Patents maßgebliche Bedeutung zu. Ihrer sachgerechten Formulierung ist deshalb besondere Aufmerksamkeit zu widmen. Dabei sind die Auslegungsprinzipien zu berücksichtigen, die in § 14 und in Art. 69 EPÜ nebst dazugehörigem Protokoll niedergelegt und in der Rechtsprechung dazu entwickelt worden sind. Die Auslegung unter Heranziehung der Beschreibung und der Zeichnungen dient nicht nur der Behebung etwaiger Unklarheiten in den Ansprüchen, sondern auch zur Klarstellung der in ihnen verwendeten technischen Begriffe sowie dazu, die Bedeutung und Tragweite der in Anspruch genommenen Erfindung zu klären, BGHZ **105,** 1, 110 – Ionenanalyse; BGH GRUR **89,** 903 – Batteriekastenschnur; EPA (TBK) GRUR Int. **92,** 547, 549; vgl. insbesondere auch die Erläuterungen zu § 14. Die Anmeldung muss mindestens einen Patentanspruch enthalten, meist werden aber mehrere Ansprüche aufgestellt. Merkmale, die nicht in funktionellem Zusammenhang stehen, dürfen nicht in demselben Anspruch zusammengefasst werden, sondern müssen jeweils für sich den Gegenstand eines besonderen Anspruchs bilden, BGH Liedl **61/62,** 647, 657. Mehrere Ansprüche müssen fortlaufend mit arabischen Ziffern bezeichnet werden (§ 9 Abs. 7 PatV). 49 b

Wie im Verletzungsprozess sind auch im Erteilungsverfahren die vom Anmelder vorgelegten Ansprüche nach den gleichen Grundsätzen auszulegen. Es ist zu prüfen, welche Lehre zum technischen Handeln der Fachmann dem Schutzanspruch entnimmt. Maßgebend ist der Offenbarungsgehalt der Schutzansprüche und ergänzend – im Sinne einer Auslegungshilfe – der Of- 49 c fenbarungsgehalt der Beschreibung, soweit dieser Niederschlag in den Ansprüchen gefunden hat, BGH GRUR **99,** 909, 911 – Spannschraube. Dabei ist nicht die sprachliche oder logisch-wissenschaftliche Bestimmung der in der Beschreibung und in den Ansprüchen verwendeten Begriffe entscheidend. Weichen Begriffe vom allgemeinen technischen Sprachgebrauch ab, ist nicht dieser, sondern der sich aus den Ansprüchen und der Beschreibung ergebende Begriffsinhalt maßgebend, BGHZ **105,** 1, 10 – Ionenanalyse; BGHZ **113,** 1, 9f. – Autowaschvorrichtung; BGHZ **150,** 149, 153 – Schneidmesser I; BGH.v. 7. 6. 2005, X ZR 198/01, Umdr. S. 6. Das Ziel des Erteilungsverfahrens unterscheidet sich allerdings grundsätzlich vom Verletzungsverfahren: im Erteilungsverfahren geht es um die adäquate Formulierung bestandskräftiger und gewährbarer Ansprüche; sie sind hier plastisches Material der Gestaltung im Dialog zwischen Anmelder und Prüfer.

50 Im Patentanspruch ist das, was als patentfähig unter Schutz gestellt werden soll, durch Worte, chemische oder mathematische Formeln zu umschreiben. So können etwa bestimmte oder besondere Bemessungen eines Gegenstandes mittels einer Formel bezeichnet werden, auch Fadenwinkeln für die einzelnen Lagen der Verstärkungseinlage eines Fahrzeugluftreifens; das Schutzbegehren bezieht sich dann nicht auf die Formel, sondern auf den so umschriebenen Gegenstand, BPatGE **22,** 105, 107. Bildliche Darstellungen dürfen nach der PatV nicht in die Patentansprüche aufgenommen werden. Falls bei einem chemischen Verfahren jedoch die einzuhaltenden Bedingungen weder durch Worte noch durch chemische oder mathematische Formeln ausreichend definiert werden können, ist eine Kennzeichnung mittels einer graphischen Darstellung in Form eines Diagramms zulässig, BPatGE **11,** 199. Auch bei anderen Verfahren, bei denen das technische Vorgehen durch bloße Worte oder Formeln nicht deutlich zu machen ist, ist eine Kennzeichnung durch Schaubilder oder Diagramme, gegebenenfalls durch entsprechende Bezugszeichen im Patentanspruch, möglich, BPatGE **16,** 21 (betr. Verfahren zum Herstellen von kaltgewalzten Stahlblechen). Die Einfügung von nicht-technischen Merkmalen ist zulässig (Algorithmus), wenn dies eine vollständige Lehre zum technischen Handeln erfordert, BPatGE **27,** 58, 59. Gewichte sind nach dem metrischen Maßsystem anzugeben; es ist jedoch zulässig, Gläser oder ihre Ausgangsgemische durch Molprozente zu kennzeichnen, BPatGE **10,** 47.

51 Patentansprüche müssen aus sich heraus verständlich sein. Ein Anspruch, der nur auf die Beschreibung oder die Zeichnung verweist – „wie beschrieben", „wie gezeichnet" –, (sog. omnibus claim) ist mangels Bestimmtheit nicht gewährbar. Wenn die Anmeldung Zeichnungen enthält, sollen die in den Patentansprüchen angegebenen Merkmale mit Bezugszeichen versehen sein, wenn dies das Verständnis der Patentansprüche erleichtert. Bezugszeichen dieser Art dürfen nicht zu einer einschränkenden Auslegung der Patentansprüche herangezogen werden, Regel 29 Abs. 7 AusfO EPÜ. § 9 Abs. 9 PatV enthält diese Klarstellung nicht,, ist aber im gleichen Sinne zu interpretieren. Vgl. auch EPA (TBK) ABl. **87,** 309, 313f. zu Regel 29 AusfOEPÜ. Weichen Begriffe in den Schutzansprüchen vom allgemeinen technischen Sprachgebrauch ab, ist der sich aus Schutzansprüchen und der Beschreibung ergebende Begriffsinhalt maßgebend, BGH, Urt. v. 7. Juni 2005 – X ZR 198/01 (GebrM).

52 Die Patentansprüche müssen eindeutig erkennen lassen, für welche **Lehre zum technischen Handeln** Schutz begehrt wird, BGH GRUR **72,** 80, 82 – Trioxan. Sie dürfen sich nicht in einer Umschreibung der der Erfindung zugrunde liegenden Aufgabe erschöpfen, sondern müssen die Lösung der Aufgabe umschreiben, BGH GRUR **85,** 31, 32 – Acrylfasern, vgl. auch oben Rdn. 18. Wenn, was zulässig ist, Schutz für einen **chemischen Stoffbereich** erstrebt wird, braucht nur die betreffende Stoffgruppe, nicht aber jedes einzelne Individuum der Gruppe eindeutig identifizierbar bezeichnet werden, BGH GRUR **72,** 80, 86; die Gruppenformel darf jedoch keine Verbindungen umfassen, von denen festgestellt ist, dass sie dem Fachmann im Anmeldezeitpunkt nicht zur Verfügung stehen, BGH GRUR **78,** 162–7-Chlor-6-demethyltetracylin, mit Anm. Beil. Wenn, was u. U. auch möglich ist, die für eine Rechenmaschine erforderlichen **Schaltungsanordnungen** durch logische Gleichungen definiert werden sollen, muss deren Bedeutung für die beanspruchte Erfindung so deutlich herausgestellt werden, dass der Fachmann die Erfindung sicher identifizieren kann, BPatGE **21,** 64. Bei einem Erzeugnisanspruch genügt es, wenn die Eigenschaften des Erzeugnisses durch Parameter angegeben werden, die sich auf die **physikalische Struktur** des Erzeugnisses beziehen, sofern diese Parameter eindeutig und zuverlässig durch auf dem technischen Gebiet übliche objektive Verfahren bestimmt werden können. Der Anspruch selbst braucht keinen Hinweis darauf zu enthalten, wie das Erzeugnis herzustellen ist, EPA (TBK) ABl. **84,** 75, 78. Die Patentansprüche müssen hinreichend erkennen lassen, wodurch sich der Anmeldungsgegenstand vom Stand der Technik unterscheidet, BGH GRUR **82,** 610, 611 – Langzeitstabilisierung; BPatGE **12,** 113, 114; vgl. auch BGH GRUR **72,** 80, 82.

Chemische Stoffe sind in der Regel durch ihre wissenschaftliche Bezeichnung oder ihre **Strukturformel** zu kennzeichnen. Charakteristische Eigenschaften des neuen Stoffes, die dessen Überprüfung erleichtern (z. B. Schmelzpunkt, Elementaranalysenwerte, Absorptionsmaxima), brauchen daneben nicht genannt zu werden, BPatG GRUR **79,** 849. Die Angabe der Strukturformel ist nicht unverzichtbar. Der Patentschutz für einen makromolekularen Stoff braucht nicht schon daran zu scheitern, dass der Stoff nicht durch eine vollständige und exakte Strukturformel gekennzeichnet werden kann; es ist dann erforderlich aber auch ausreichend, wenn der durch die Beschreibung erläuterte Patentanspruch so viel Angaben zur Kennzeichnung eines makromolekularen Stoffes unbekannter Struktur enthält, wie erforderlich sind, um seine erfinderische Eigenart durch zuverlässig feststellbare (messbare) Charakteristiken (sogen. Parameter) von zuverlässig feststellbaren Charakteristiken anderer (nicht beanspruchter) makromolekularer Stoffe zu unterscheiden und um die Voraussetzungen der Patentfähigkeit zuverlässig beurteilen zu können, BGHZ **57,** 1 = GRUR **72,** 80; BPatGE **14,** 4; **23,** 253; **25,** 79. Die Wahl der geeigneten **Parameter** ist dem Anmelder überlassen, BPatGBPatG GRUR **79,** 629. Ein chemischer Stoff kann jedenfalls dann, wenn weder dessen Strukturformel bekannt noch seine Identifizierung durch zuverlässig feststellbare Charakteristiken möglich ist, auch durch das **Herstellungsverfahren** gekennzeichnet werden, BGH GRUR **72,** 80 (makromolekularer Stoff); GRUR **78,** 162 – 7-Chlor-6-demethyltetracyclin; BGHZ **73,** 183, 188 – Farbbildröhre; BGHZ **92,** 129, 136 – Acrylfasern; BGHZ **122,** 144, 154f. – Tetraploide Kamille(dort ausdrücklich auch für biologische Erzeugnisse bejaht); vgl. dazu auch EPA (GrBK) v. 20. 12. 1999 G 1/98 – Transgene Pflanze/Novartis II, GRUR Int. **00,** 431; vgl. dazu auch BGH GRUR **01,** 1129, 1132ff. – Zipfelfreies Stahlband (Nichtigkeitsverfahren) und BGH GRUR **97,** 612 – Polyäthylenfilamente; BPatGE **13,** 44 (Katalysator); **25,** 202; **25,** 79, 80f.; Bühling, GRUR **74,** 299. Der angegebene Herstellungsweg muss dann allerdings mit hinreichender Aussicht auf Erfolg ausführbar sein; mit einem Herstellungsweg, von dem feststeht, dass er diese Aussicht nicht bietet, darf der Stoff nicht umschrieben werden, BGH GRUR **78,** 162. Bei einem Verfahrensanspruch, der ein chemisches Herstellungsverfahren betrifft, genügt die Angabe der Ausgangsstoffe, der Herstellungsweise und der Endprodukte; die Endprodukte können durch einen chemischen Begriff umschrieben werden, ihre chemische Formel braucht nicht in den Patentanspruch aufgenommen zu werden, BPatG Mitt. **71,** 112, 113. Auch andere als chemische Stoffe können ausnahmsweise durch das Herstellungsverfahren gekennzeichnet werden, wenn sie nicht in ausreichendem Maße durch zuverlässig feststellbare Charakteristika beschrieben werden können, BPatGE **20,** 20 (netzartiger Faservliesstoff); vgl. auch BGHZ **73,** 183f. – Farbbildröhre. Wenn keine andere Möglichkeit zur hinreichenden Beschreibung besteht, kann die Sache, die geschützt werden soll, ausnahmsweise auch durch die zu ihrer **Herstellung benutzte Vorrichtung** gekennzeichnet werden, BGHZ **73,** 183, 188f. – Farbbildröhre. **53**

Die Rechtsprechung, nach der die Schutzwirkung eines Patents, dessen Patentanspruch Zahlen- und Maßangaben enthält, nicht in Bereiche erstreckt werden kann, die wesentlich von denen des Patentanspruchs abweichen, wenn in den Zahlen- und Maßangaben das erfinderisch Neue der Lehre des Patents zu erblicken ist, betrifft lediglich Patente, deren Schutzbereich noch nicht nach Art. 69 EPÜ oder nach § 14 PatG 1981 zu beurteilen war. Die Verbindlichkeit von Zahlen- oder Maßangaben im Patentanspruch ist nach geltendem Recht grundsätzlich nicht danach zu beurteilen, in welcher Beziehung diese zum Stand der Technik stehen. Dies hindert es allerdings nicht, auch Angaben zum Stand der Technik in der Beschreibung zur Auslegung solcher Angaben heranzuziehen, BGH GRUR **02,** 527, Custodiol II. **53 a**

Die Patentansprüche sollen das Schutzbegehren, aber auch nur dieses umschreiben. Ein Erfindungsbereich, der nur in der Patentbeschreibung dargestellt, aber **nicht hinreichend deutlich in den Anspruch** aufgenommen worden ist, ist nicht Gegenstand des Patentschutzes, BGHZ **100,** 249, 254 – Rundfunkübertragungssystem; BGH GRUR **02,** 519, 522 – Schneidemesser II. Der Anmelder hat es in der Hand, durch entsprechende Fassung der Patentansprüche dafür zu sorgen, dass gegebenenfalls schon in die Vorbereitungsphase patentverletzender Handlungen hineinverlegter Patentschutz erteilt wird, sofern das nach dem Gegenstand der jeweiligen Erfindung gerechtfertigt ist. Versäumt er dies, muss er sich aus Gründen der Rechtssicherheit mit einem entsprechend eingeschränkten Schutz zufrieden geben, BGH GRUR **92,** 305, 308 – Heliumeinspeisung. Es ist Sache des Anmelders, bei der Formulierung seines Schutzbegehrens Überlegungen in Bezug auf die technische Verwertbarkeit der Erfindung und die Durchsetzbarkeit des Schutzrechts auf dem Markt anzustellen und dabei mögliche Verletzungsformen in Betracht zu ziehen, BGHZ **105,** 381, 385 – Verschlussvorrichtung für Gießpfannen. **54**

Der **Zweck der Erfindung** gehört grundsätzlich nicht in den Anspruch. Zweckangaben können jedoch zugelassen werden, wenn sie das Schutzbegehren verdeutlichen, etwa dazu dienen, um einer Anordnung von Bauteilen einen technischen Sinn zu geben, BPatGE **15,** 106, **54 a**

111. Bei einer Sacherfindung ist im Patentanspruch die erfundene neue Sache zu kennzeichnen und durch ihre körperlichen Merkmale zu beschreiben, BGHZ **73,** 183, 188; BGH Mitt. **86,** 15, 16. Bleiben dabei nur die bei der Anwendung der Erfindung einzuhaltenden Grenzen offen, innerhalb deren sich der maßgebliche Erfolg einstellt, lässt aber der Patentanspruch die entscheidende Richtung erkennen, in der der Fachmann vorgehen muss, um die Lehre des Patents verwirklichen zu können, ist ein solcher Anspruch gewährbar, BGH Mitt. **86,** 15, 16. Angaben über den **Verwendungszweck** der Sache sind nicht in den Patentanspruch, sondern in die **Beschreibung** aufzunehmen, BPatG Mitt. **70,** 134. Das gilt, da der Patentschutz für auf chemischem Wege hergestellte Stoffe nicht zweckgebunden ist, BGH GRUR **72,** 541 – Imidazoline, auch für chemische Stofferfindungen, BPatG Mitt. **70,** 134, sofern nicht der Anmelder von sich aus nur einen zweckgebundenen Stoffschutz beanspruchen will (vgl. dazu BGH GRUR **72,** 541, 544). Werden Zweck-, Wirkungs- und Funktionsangaben in den Patentanspruch eines Sachpatents aufgenommen, so limitieren sie nicht dessen Schutzbereich, BGHZ **110,** 140, 156 – Befestigungsvorrichtung. Fertigungshinweise, die garantieren sollen, dass die Ausführungsform auch wirklich ihren Zweck erfüllt, gehören nicht in den Patentanspruch, sondern in die Beschreibung. In die Beschreibung gehören auch Angaben über die Ausgangsstoffe eines chemischen Verfahrens, welche die Reproduzierbarkeit des beanspruchten Verfahrens gewährleisten sollen, BPatGE **8,** 149, 152. Ein Sachanspruch braucht keine Angabe über den Herstellungsweg zu enthalten; es genügt, wenn dieser in der Beschreibung oder in einem Unteranspruch angegeben ist, BGH GRUR **59,** 125 – Pansana; PA Bl. **60,** 86. Nach **§ 1 a** Abs. 4 ist der Anmelder verpflichtet, bei Erfindungen der dort bezeichneten Art (Sequenz oder Teilsequenz eines Gens, deren Aufbau mit dem Aufbau einer natürlichen Sequenz oder Teilsequenz eines menschlichen Gens übereinstimmt) die **Verwendung für die gewerbliche Anwendbarkeit in den Anspruch** aufzunehmen. Damit soll es für diese Erfindungen „keinen absoluten Stoffschutz mehr geben. Der Schutzumfang wird vielmehr auf die in der Patentanmeldung beschriebene Verwendung beschränkt. Um dieses Ziel zu erreichen, muss die beschriebene Verwendung in den Patentanspruch aufgenommen werden, da der Schutzbereich des Patents durch den Inhalt der Patentansprüche bestimmt wird (§ 14 PatG). Weitere als die in § 1 a Abs. 3 genannten Verwendungen können selbstverständlich nicht in den Patentanspruch aufgenommen werden", Begründung im Bericht des Rechtsausschusses des Bundestages, BT-Drs. 15/4417, S. 9. Vgl. dazu die Erl. zu § 1 a.

55 **b) Gliederung der Ansprüche.** Nach § 4 Abs. 1 a. F. mussten Patentansprüche das, was als patentfähig unter Schutz gestellt werden soll, regelmäßig in einer zweiteiligen, in den Oberbegriff und den kennzeichnenden Teil gegliederten Fassung enthalten; eine andere Fassung der Patentansprüche war zulässig, wenn sie sachdienlich war. Regel 29 Abs. 1 AusfO EPÜ und Regel 6.3 (b) AusfO PCT enthalten ähnliche, aber offenere Vorschriften. In Regel 3 Abs. 3 des Entwurfs eines Patentrechtsvertrages (PLT/WIPO, Ind. Prop. **91,** 118, 135) wurde die zweiteilige und die – vor allem in den USA übliche einteilige Form des Patentanspruchs gleichwertig zur Wahl gestellt. In Deutschland wird die zweiteilige Form nach ihrem Verfechter als „Hartigsche Anspruchsform, im Vereinigten Königreich als „so-called Germanic form of claim" (Manual Patent Practice, No. 14108) bezeichnet Die Gliederung in Oberbegriff und kennzeichnenden Teil war aber schon nach älterem Recht nicht zwingend geboten, BPatGE **6,** 182, 183. Zulässig und aus Sachgründen oft vorzuziehen ist eine Fassung des Patentanspruchs in Analogie zur Form einer „Merkmalsanalyse" – nach Merkmalen gegliederte Fassung des Anspruchs –, wie man sie häufig in US Patenten antrifft, vgl. dazu die MittPräsPA 10/78 mit Merkblatt über die Abfassung von nach Merkmalen gegliederten Patentansprüchen, Bl. **78,** 221 ff, und unten Rdn. 62 sowie Ballhaus/Sikinger, GRUR **86,** 337, 343 f. § 9 Abs. 1 PatV zieht aus dieser Entwicklung die Konsequenz: In den Patentansprüchen kann das, was als patentfähig unter Schutz gestellt werden soll, einteilig oder nach Oberbegriff und kennzeichnenden Teil geteilt (zweiteilig) gefasst sein. In beiden Fällen kann die Fassung nach Merkmalen gegliedert sein. Der durch die frühere Fassung der VO nahegelegte Vorrang der zweiteiligen Anspruchsfassung ist damit entfallen oder jedenfalls eingeschränkt. Im Folgenden wird die zweiteilige Fassung an erster Stelle behandelt, Rdn. 56 bis 61.

56 **aa) Oberbegriff.** Die näheren Vorgaben für die zweiteilige Form des Anspruchs sind in § 9 Abs. 2 PatV umschrieben: Wird die zweiteilige Anspruchsfassung gewählt, sind in den Oberbegriff die durch den Stand der Technik bekannten Merkmale der Erfindung aufzunehmen; in den kennzeichnenden Teil sind die Merkmale der Erfindung aufzunehmen, für die in Verbindung mit den Merkmalen des Oberbegriffs Schutz begehrt wird. Der kennzeichnende Teil ist mit den Worten „dadurch gekennzeichnet, dass" oder „gekennzeichnet durch" oder einer sinngemäßen Wendung einzuleiten. Maßgeblich ist für die Fassung des Patentanspruchs das

Schutzbegehren und damit der Anmeldungsgegenstand, dessen Merkmale anzugeben sind, nicht aber die Merkmale eines zur Bildung des Oberbegriffs heranzuziehenden „nächstliegenden" oder „besonders geeigneten" Standes der Technik. Verfolgt wird lediglich das Ziel, bereits durch die Fassung des Schutzbegehrens die nach der Vorstellung des Anmelders mögliche Tragweite des Anmeldungsgegenstandes hinreichend zum Ausdruck zu bringen und eine tragfähige Grundlage für die Prüfung der Anmeldung auf Neuheit und erfinderische Tätigkeit zu schaffen. Der Anmelder ist insbesondere nicht gehalten, den Oberbegriff nach Maßgabe einer bestimmten älteren nachveröffentlichten Patentanmeldung zu bilden, auch wenn diese als Stand der Technik gilt, BGH GRUR **86,** 237, 238 – Hüftgelenkprothese = BGHZ **96,** 3, 7; BPatG Bl. **87,** 325, 326; vgl. auch Schulte, Rdn. 51 zu § 35 und BPatGE **27,** 17, 18; **23,** 2, 5. Es kann nicht verlangt werden, dass der Patentanspruch den Stand der Technik am Anmeldetage vollständig erkennen lässt, wenn sich dieser Stand der Technik aus mehreren Druckschriften oder Benutzungshandlungen ergibt, BPatGE **12,** 109, 110. Es besteht keine Verpflichtung für den Anmelder, konkrete Merkmale des kennzeichnenden Teils in den Oberbegriff in allgemeiner, durch Abstraktion aus dem Stand der Technik gewonnener Form aufzunehmen, BPatG GRUR **87,** 809, 810. Druckschriften oder Vorpatente, die nicht das Gebiet des Anmeldungsgegenstandes betreffen, sind bei der Bildung des Oberbegriffs grundsätzlich nicht heranzuziehen, BPatGE **11,** 183. Die Beurteilung der Technizität einer beanspruchten Lehre hängt nicht von der Verteilung der Merkmale der Erfindung auf Oberbegriff oder kennzeichnenden Teil ab, BPatGE **31,** 200, 202f. und **31,** 269, 271. Für die Erfassung des Gegenstandes eines Patentanspruchs ist es ohne Bedeutung, ob ein bestimmtes Merkmal im Oberbegriff oder im kennzeichnenden Teil des Patentanspruchs erscheint, BGH NJW-RR **94,** 1400 – Muffelofen.

Es ist üblich und regelmäßig auch ausreichend, bei der Fassung des Oberbegriffs von der Vorveröffentlichung auszugehen, die auf dem Gebiet, auf das sich die Anmeldung bezieht, dem Gegenstand der Anmeldung am nächsten kommt, BPatGE **11,** 183; **12,** 109, 111; GRUR **85,** 123, 124f. Das aus ihr Bekannte wird in den Oberbegriff genommen. Die Berücksichtigung mehrerer vorveröffentlichter Literaturstellen im Oberbegriff ist möglich und kann im Einzelfall angebracht sein; sie kann aber nicht verlangt werden, wenn dadurch der – unrichtige – Eindruck hervorgerufen würde, die darin beschriebenen Merkmale seien bereits – nebeneinander – durch eine einzige Vorveröffentlichung bekannt, BPatGE **6,** 182. Der Oberbegriff braucht daher nicht alle bekannten Merkmale zu enthalten, kann sie mitunter nicht einmal sämtlich umfassen. Im Einzelfall können Merkmale, die für sich bekannt sind, auch im kennzeichnenden Teil als solche bezeichnet werden. Es kann – je nach den Besonderheiten des Falles – auch genügen, sie in der Beschreibung als solche anzuführen, BPatGE **6,** 182, 183. Nach BPatGE **12,** 109, 111, soll eine Kennzeichnung als bekannt grundsätzlich überhaupt nur in der Beschreibung geschehen; eine Unterscheidung bekannter und unbekannter Merkmale im kennzeichnenden Teil des Patentanspruchs wird dort als nicht zweckmäßig bezeichnet, vgl. unten Rdn. 61. **57**

bb) Kennzeichnender Teil. Literatur: Schack, Wie weit kann die „Abstraktion" eines Anspruchs vorgenommen werden unbeschadet seiner genügenden „Bestimmtheit"?, Mitt. **40,** 121. **58**

Im kennzeichnenden Teil des Anspruchs, der mit den Worten „dadurch gekennzeichnet, dass" oder „gekennzeichnet durch" oder eine sinngemäße Wendung eingeleitet werden soll, sind die übrigen Merkmale der Erfindung anzugeben, für die in Verbindung mit dem Oberbegriff Schutz begehrt wird (§ 9 Abs. 2 Satz 1). Damit soll ermöglicht werden, den Kern der Erfindung im kennzeichnenden Teil des Anspruchs zusammenzufassen, damit schon aus dieser Gliederung die Tragweite des Schutzbegehrens erkannt werden kann, BGH GRUR **86,** 237, 238 – Hüftgelenkprothese. Die zweiteilige Anspruchsform ist dann besonders geeignet, wenn ein **klar abgegrenzter Stand der Technik** vorliegt, von dem sich der beanspruchte Sachverhalt durch weitere technische Merkmale unterscheidet. Besonders geeignet ist er auch dann, wenn die Erfindung in einer erfinderischen Verbesserung eines bekannten Verfahrens oder Erzeugnisses oder einer bekannten Vorrichtung besteht. Der mögliche Inhalt des Schutzbegehrens wird durch die Tragweite der Erfindung und das Erfordernis der Patentfähigkeit bestimmt. Der Umstand, dass unter einen Stoffanspruch eine sehr große Anzahl von chemischen Verbindungen fällt, steht für sich allein einer Patentierung nicht entgegen; eine Einschränkung ist nur dann geboten, wenn Neuheit oder Erfindungshöhe nicht für alle beanspruchten Verbindungen gegeben sind, BPatGE **19,** 83. Patentansprüche für chemische Erfindungen, bei denen Gruppenformeln die beanspruchten Verbindungen bezeichnen, dürfen keine Verbindungen umfassen, von denen feststeht, dass sie dem Fachmann im Anmeldezeitpunkt nicht zur Verfügung stehen, BGH GRUR **78,** 162–7-Chlor-6-demethyltetracyclin. Die Erfindung soll im kennzeichnenden Teil mit ihren der jeweiligen Patentkategorie entsprechenden Merkmalen umschrieben werden.

Sachansprüche mit Wirkungsangaben sind aber nicht von vornherein unzulässig, BPatGE **7,** 12. Bei Vorrichtungsansprüchen sind Wirkungsabgaben oft unvermeidbar, aber auch unbedenklich, wenn sie eine sonst schwer verständliche Aneinanderreihung von Konstruktionselementen in einen durchschaubaren Sinnzusammenhang bringen, BGH GRUR **72,** 707, 708 – Einstellbare Streckwalze.

59 Der Patentanspruch soll kurz, prägnant und ohne alles unnötige Beiwerk die den Gegenstand der Anmeldung bildende Erfindung in ihren wesentlichen Merkmalen kennzeichnen, BPatGE **6,** 182, 183. Art. 84 Satz 2 EPÜ mit der Vorschrift, dass die Patentansprüche deutlich, knapp gefasst und von der Beschreibung gestützt sein müssen, hat in der PatV keine Entsprechung, kann aber trotzdem als Richtlinie auch für die Praxis des Patentamts angesehen werden. Der Patentanspruch braucht nicht in allen Einzelheiten zu erläutern, wie der Fachmann nach der gegebenen Lehre handeln soll. Es genügt, wenn im Patentanspruch dem Fachmann die entscheidende Richtung angegeben wird, in der er ohne eigene erfinderische Tätigkeit, aber auch ohne am gegebenen Wortlaut zu haften, allein auf Grund seines Fachwissens mit Erfolg weiterarbeiten und die jeweils günstigste Lösung finden kann, BPatG Mitt. **77,** 1331; unter diesen Voraussetzungen sind auch **funktionelle Merkmale,** die ein technisches Ergebnis definieren, zulässig, wenn diese Merkmale ohne Einschränkung der erfinderischen Lehre anders nicht objektiv präziser umschrieben werden können, EPA (TBK) ABl. **87,** 228, 232f. Soweit der Fachmann näherer Anweisungen bedarf, ist es erforderlich, aber auch ausreichend, diese in der Patentbeschreibung niederzulegen, BGH GRUR **71,** 210, 212 – Wildverbissverhinderung.

60 Es ist nicht der Zweck des Patentanspruchs, eine allseitige Abgrenzung des Schutzumfangs oder eine lückenlose Konstruktionsanweisung zu geben. Er soll **nur den wesentlichen Kern der Erfindung** herausschälen, ohne dass eine erschöpfende Aufzählung und genaue Beschreibung aller Lösungsmittel im Anspruch notwendig wäre. Konstruktionselemente, die für den Fachmann erkennbar beschrieben sind, brauchen in den Kennzeichnungsmerkmalen nicht aufgeführt zu sein, PA MuW **33,** 196. Auch der Verfahrensanspruch braucht nicht in allen Einzelheiten vorzuschreiben, wie der Fachmann nach der im Patentanspruch gegebenen Lehre vorgehen soll; ergeben sich die weiteren Einzelheiten für den Fachmann z. B. schon aus dem Gattungsbegriff oder aus der Beschreibung in Verbindung mit dem allgemeinen Fachwissen, so genügt es, wenn der Patentanspruch in seinem kennzeichnenden Teil lediglich **die erfindungswesentlichen Merkmale der Lehre** angibt, BGH GRUR **66,** 201, 205; **67,** 56. Dies gilt auch dann, wenn es sich als erforderlich erweist, zur Ermittlung der günstigsten Lösung noch Versuche anzustellen, sofern diese das übliche Maß nicht überschreiten und keine erfinderischen Überlegungen erfordern, BGH GRUR **68,** 311, 313 m. w. N.; BPatG Mitt. **77,** 133. Es ist auch nicht immer erforderlich, im Patentanspruch konkrete Größen und Maße anzugeben, wenn nur die Beschreibung dem Fachmann die Gesichtspunkte liefert, unter denen er bei Anwendung seines Fachwissens die jeweils in Betracht kommenden konkreten Werte ermitteln kann, BGH GRUR **68,** 311, 313. Überbestimmungen sind ebenso zu vermeiden wie unangebrachte Verallgemeinerungen, die sich für den Anmelder als nachteilig erweisen können.

61 Eine besondere Kennzeichnung für sich bekannter Merkmale im kennzeichnenden Teil des Patentanspruchs wird in BPatGE **12,** 109, 111 für unzweckmäßig erklärt, ist jedoch weitgehend üblich. Werden bei einer Stofferfindung mehrere Stoffe beansprucht, die unter eine allgemeine Formel fallen, so kann ein neuheitsschädlich vorbeschriebener Stoff durch eine Ausnahmebestimmung (disclaimer) vom Patentschutz ausgenommen werden, BPatGE **19,** 14. Disclaimer für Verfahrensmerkmale sind ebenfalls zulässig, wenn dadurch die Einheitlichkeit des Gegenstandes der Anmeldung nicht in Frage gestellt wird, BPatG Mitt. **84,** 75f.

62 **cc) Nach Merkmalen gegliederte Fassung. Literatur:** Windisch „Merkmalsanalyse" im Patentanspruch, GRUR **79,** 385; Meier-Beck, Patentanspruch und Merkmalsgliederung, VPP-R 3/2002, 87.

Die für Deutschland und das Patenterteilungsverfahren nach dem EPÜ herkömmliche Gliederung des Patentanspruchs hat zwar den Vorteil, dass sie die Erfindung (im kennzeichnenden Teil) auf der Grundlage des Standes der Technik (Oberbegriff) zu umschreiben und dadurch das erfinderisch Neue hervorzuheben versucht vgl. BPatGE **27,** 179, 180f. Dieser Versuch misslingt aber schon dann, wenn der Abfassung des Oberbegriffs nicht der für die Abgrenzung am besten geeignete Stand der Technik zugrunde gelegt wird. Aus der Gegenüberstellung des Standes der Technik (Oberbegriff) und der Erfindung (kennzeichnender Teil) ergeben sich auch leicht Missverständnisse in der Richtung, ob ein beim Stand der Technik vorhandenes Merkmal bei der Erfindung beibehalten, abgewandelt oder ersetzt werden soll. Schließlich sind die in herkömmlicher Weise abgefassten Patentansprüche häufig kaum noch lesbar. Nichtigkeits- und

Verletzungsrichter sind daher genötigt, zunächst erst einmal die Merkmale des Erfindungsgegenstandes zu ermitteln. Das Ergebnis dieser Ermittlung ist die sog. „Merkmalsanalyse", in der die Merkmale der Erfindung allein nach Sachgesichtspunkten geordnet sind, wie dies in etwa der amerikanischen Praxis der Formulierung von Patentansprüchen entspricht. Seit Jahren wird mit Unterstützung des Patentamts (MittPräsPA 10/78, Bl. **78,** 221 f.) angestrebt, die Patentansprüche von vornherein in Form einer Merkmalsanalyse abzufassen (vgl. dazu das Merkblatt Bl. **78,** 222). Die Patentansprüche werden dadurch klarer und übersichtlicher. Sie eignet sich auch im Verletzungsverfahren als Vorstufe für die dort übliche Merkmalsgliederung im Sinne eines Hilfsmittels für die Beurteilung eines Eingriffs in das geschützte Recht, vgl. z. B. BGH v. 22. 11. 2005 – X ZR 81/01 – Stapeltrockner, Umdruck S. 19, Gründe II, 5. Das Verhältnis der Erfindung zum Stande der Technik ergibt sich ohnehin aus der Beschreibung sehr viel deutlicher, weil dort der gesamte Stand der Technik zu erörtern ist. Diese Tendenzen haben in § 9 Abs. 1 PatV und in der Vorgängerregelung i. d. F. der VO vom 4. 5. 1990 ihren normativen Rahmen gefunden, während Regel 6.3 AusfOPCT für internationale Anmeldungen die zweiteilige Fassung zwar nicht zwingend vorschreibt, aber doch nahe legt. Regel 29 (1) AusfOEPÜ schreibt ebenfalls als Normalfall die zweiteilige Form für einen Patentanspruch vor. Sie muss aber nur dann gewählt werden, wenn sie zweckdienlich ist. Wegen eines Anspruchs, bei dem die zweiteilige Fassung unzweckmäßig erschien, vgl. EPA (TBK) ABl. **86,** 400, 403 f. sowie **87,** 533, 538 f.

c) Hauptanspruch. Im ersten Patentanspruch, dem Hauptanspruch, sind die wesentlichen Merkmale der Erfindung anzugeben (§ 9 Abs. 4 PatV); vgl. auch BPatGer Mitt. **86,** 89, 90. Das Patentbegehren muss die Lösung mit umfassen (RG Mitt. **39,** 112), die freilich in einer allgemeinen Form umschrieben werden kann (das, aber wohl auch nur das ist offenbar in BPatGE **7,** 12 mit „Aufgabenansprüchen" gemeint; vgl. dazu im Übrigen erneut § 1 Rdn. 57). Bei einem Sachpatent ist nicht der Herstellungsweg die „Lösung" der gestellten Aufgabe, sondern das fertige Erzeugnis. Ein Sachanspruch braucht daher keine Angabe über den Herstellungsweg zu enthalten; es genügt, wenn dieser in der Beschreibung oder in einem Unteranspruch angegeben ist, BGH GRUR **59,** 125 – Pansana, vgl. auch oben Rdn. 54; PA Bl. **60,** 86; a. A. anscheinend BPatGE **7,** 15, 18 f. **63**

Für den Hauptanspruch ist die **allgemeinste Fassung des Erfindungsgedankens** anzustreben, BPatGE **7,** 12. Wie weit eine Verallgemeinerung gehen darf, hängt vom Stande der Technik ab, BPatGE **7,** 12, 14. Sofern es der Stand der Technik zulässt, braucht die Kennzeichnung nicht unnötig konkret zu sein, BPatGE **7,** 15, 16. Es kann ausreichen, dass die Erfindung in einer das Prinzip verkörpernden Weise gekennzeichnet wird, wenn die Lösung der vom Erfinder gestellten Aufgabe auf Grund allgemeiner Angaben möglich ist, BPatGE **7,** 15, 16. Eine auf eine Mehrzahl von körperlichen Gegenständen gerichtete und diese gestaltende Lehre zum technischen Handeln kann mit dem Gestaltungsprinzip umschrieben werden. Es ist dabei notwendig, aber auch ausreichend, wenn der durch die Beschreibung erläuterte Patentanspruch so viele Angaben zur Kennzeichnung des Gegenstandes enthält, wie erforderlich sind, um seine erfinderische Eigenart durch zuverlässig feststellbare (messbare) Parameter von ebensolchen Parametern anderer Gegenstände zu unterscheiden, BGH Bl. **84,** 211, 213 – Optische Wellenleiter; EPA (TBK) ABl. **84,** 75, 78 ff. Ist es nicht möglich, eine Sache durch Angaben über ihre Beschaffenheit zu beschreiben, dürfen sich die mittelbaren Parameter jedenfalls nicht in Angaben über die der Erfindung zugrunde liegende Aufgabe erschöpfen, BGH GRUR **85,** 31, 32 – Acrylfasern. Wenn ein (schutzfähiges) echtes Konstruktionsprinzip entweder offensichtlich vorliegt oder vom Anmelder glaubhaft gemacht wird, können allgemeine Rahmenbedingungen für die Konstruktionsdaten eines optischen Systems geschützt werden; sonst müssen sämtliche Konstruktionsdaten des durchgerechneten Objektivs in den Anspruch aufgenommen werden, PA Bl. **44,** 6; BPatGE **3,** 95. **64**

Der Hauptanspruch muss wenigstens die Merkmale enthalten, die zur **Lösung der gestellten Aufgabe** und zur Erreichung der erstrebten Wirkung unerlässlich sind, BPatGE **3,** 48; **7,** 15. Bei mikrobiologischen Verfahren ist es nicht ausreichend, wenn im Hauptanspruch die Lösungsmittel so allgemein angegeben sind, dass es umfangreicher Versuche bedarf, um zu dem erwünschten Ergebnis zu gelangen, BPatGE **6,** 33. Bei einem biochemischen Verfahren zur Herstellung eines Stoffes zur Spaltung eines anderen Stoffes genügt jedoch die allgemeine Bezeichnung der geeigneten Bakterien, wenn der Anmelder mehrere geeignete Bakterien und eine Methode zum Auffinden weiterer geeigneter Bakterien angegeben hat und der Durchschnittsfachmann mit zumutbarem Aufwand nach dieser Methode weitere geeignete Bakterien ermitteln kann, BPatG GRUR **72,** 178, 179. **65**

Wendungen, wie „z. B." oder „vorzugsweise" bringen im Hauptanspruch die Gefahr von Unklarheiten und Missverständnissen mit sich und sind daher grundsätzlich nicht in den Haupt- **66** anspruch aufzunehmen; soweit sie eine Erläuterung enthalten, gehören sie in die Beschreibung, soweit sie eine zweckmäßige Ausgestaltung kennzeichnen sollen, sind sie zum Gegenstand eines Unteranspruchs zu machen, BGH Bl. **54,** 24 – Mehrfachschelle. Solche Wendungen können jedoch im Einzelfall zur Klarstellung und notwendigen Verdeutlichung von Angaben des Hauptanspruchs erforderlich sein, BGH Mitt. **61,** 199 – Stahlgliederband; vgl. dazu auch Werner Mitt. **78,** 226.

67 **d) Nebenansprüche**

Literatur: Lindenmaier, Echte und unechte Unteransprüche sowie Nebenansprüche und deren Nichtigerklärung, Mitt. **55,** 107; Rospatt, Der auf einen Verfahrensanspruch bezugnehmende Vorrichtungsanspruch, GRUR **85,** 740.

Nebenansprüche, § 9 Abs. 5 PatV, sind solche Ansprüche, die im Gegensatz zu Unteransprüchen nicht lediglich eine besondere Ausgestaltung der Erfindung nach dem Hauptanspruch, sondern, im Rahmen des Prinzips der Einheitlichkeit der Erfindung, eine andere Erfindung, insbesondere eine andere Lösung derselben technischen Gesamtaufgabe enthalten, die von der im Hauptanspruch gekennzeichneten unabhängig ist, RG MuW **39,** 47, 49; PA GRUR **44,** 129, 131; BGH GRUR **83,** 63, 64 – Streckenvortrieb; BPatGE **27,** 183, 184. Das ist der Hauptfall eines Nebenanspruchs. Ein Nebenanspruch kann aber auch die den Hauptanspruch ergänzende Lösung eines übergeordneten Problems betreffen, BGHZ **73,** 183, 187 – Farbbildröhre = GRUR **79,** 461, 463 mit Anm. Storch. Ein Nebenanspruch darf nicht lediglich den Hauptanspruch wiederholen oder ihm gleichwertig sein, PA Bl. **17,** 99; **61,** 58, 59. Im Nebenanspruch müssen alle Merkmale, die für die andere Lösung notwendig sind, enthalten sein (§ 9 Abs. 5 Satz 2 PatV).

68 Nebenansprüche enthalten im Allgemeinen keine Bezugnahme auf andere Patentansprüche. Sie können jedoch auf den Hauptanspruch zurückbezogen sein (sog. abhängige Nebenansprüche, vgl. dazu von Voß Mitt. **75,** 148), § 9 Abs. 5 Satz 3. Nimmt ein Nebenanspruch auf einen anderen Anspruch Bezug, so hat die Bezugnahme zur Folge, dass der Inhalt des in Bezug genommenen Anspruchs in den Oberbegriff des Nebenanspruchs einzubeziehen ist, BGH GRUR **65,** 355 – Bolzenschießgerät; abw. BPatG Mitt. **73** mit Anm. Betzler. Wegen der fakultativen Rückbeziehung vgl. Oettinger Mitt. **79,** 51.

69 **e) Unteransprüche**

Literatur: Lindenmaier, Echte und unechte Unteransprüche sowie Nebenansprüche und deren Nichtigerklärung, Mitt. **55,** 107; Balck, Unteransprüche bei Stoffpatenten, Mitt. **67,** 7; Lange, Über die Berechtigung von Unteransprüchen, Mitt. **67,** 209; Kockläuner, Rückbeziehung von Unteransprüchen, Mitt. **67,** 210; Balck, Nochmals: Rückbezug bei Unteransprüchen, Mitt. **69,** 26; Kockläuner, Rückbeziehung von Unteransprüchen, Eine Entgegnung, Mitt. **69,** 107; ders., Aufstellen und Rückbeziehen von Unteransprüchen, Mitt. **87,** 210.

Zu jedem Hauptanspruch oder einem Nebenanspruch können ein oder mehrere Patentansprüche (Unteransprüche) aufgestellt werden, die sich auf besondere Ausführungsarten der Erfindung beziehen (§ 9 Abs. 6 PatV). Als Ausgestaltung des Hauptanspruchs oder eines Nebenanspruchs schränken sie den dort niedergelegten Erfindungsgedanken nicht ein, sondern wiederholen ihn in einer zweckmäßigen Ausgestaltung, BPatGE **28,** 24, 25.

70 Der Gegenstand des Unteranspruchs kann, braucht aber nicht selbstständig erfinderisch zu sein, RG GRUR **30,** 317; BGH GRUR **55,** 476 – Spülbecken. Ist der Erfindungsgedanke des übergeordneten Anspruchs erfinderisch ausgestaltet, so handelt es sich um einen unechten Unteranspruch, bei einer nur zweckmäßigen, aber nicht erfinderischen Ausgestaltung um einen echten Unteranspruch. Für einen echten Unteranspruch genügt es, dass er sich über das Maß platter Selbstverständlichkeit erhebt, BGH GRUR **54,** 317 – Entwicklungsgerät. Solange der übergeordnete Anspruch besteht, kommt es auf die Frage, ob es sich bei dem Unteranspruch um einen echten oder um einen unechten Unteranspruch handelt, nicht an; der Unteranspruch kann in diesem Falle schon dann aufrechterhalten werden, wenn er nur den an einen echten Unteranspruch zu stellenden Anforderungen genügt, also nichts Selbstverständliches enthält, BGH GRUR **55,** 476. Die Frage, ob der Unteranspruch selbstständigen erfinderischen Gehalt aufweist, erlangt erst dann Bedeutung, wenn der übergeordnete Anspruch wegfällt oder der Anmelder einen entsprechenden Hilfsantrag gestellt hat, BGH GRUR **83,** 171 – Schneidehaspel. Das Patentamt braucht daher die Unteransprüche nur im Zusammenhang mit dem übergeordneten Anspruch zu würdigen, PA Bl. **39,** 176. Es beschränkt sich auch im Allgemeinen darauf, platte Selbstverständlichkeiten auszuschalten, RG GRUR **37,** 545, 548; BPatGE **25,** 112, 114 sowie Mitt. **86,** 89; PA Bl. **39,** 197. Die Befugnis, die Bedeutung der Merkmale der Unteransprüche im Erteilungsverfahren festzustellen, kann dem Patentamt jedoch nicht abgesprochen werden (vgl. Vorbem. vor § 26 Rdn. 15). Wegen eines auf einen Verfahrensanspruch

(Herstellungsverfahren) rückbezogenen Sachanspruchs (unmittelbares Verfahrenserzeugnis) als echter Unteranspruch vgl. BPatGE **29,** 175, 177.

Unteransprüche müssen eine Bezugnahme auf einen vorangehenden Anspruch enthalten (§ 9 Abs. 6 PatV). Die Bezugnahme hat zur Folge, dass der Inhalt des in Bezug genommenen Anspruchs als Oberbegriff des Unteranspruchs gilt, gleichgültig, ob es sich bei diesem um einen unechten oder echten Unteranspruch handelt. Sie sind so weit wie möglich und auf die zweckmäßigste Weise zusammenzufassen. **71**

f) Anspruch und Patentkategorie

Literatur: Fromme, Zur Frage der Patentkategorie, Bl. **52,** 254; Zeunert, Die Rechtsprechung des Patentamts und der Gerichte hinsichtlich der Patentkategorie Bl. **52,** 247; Reimer, Patentgestaltung durch Auswahl der Patentkategorie, Mitt. **56,** 181; Lederer, Zur Zulässigkeit mehrerer Anspruchskategorien in einer Anmeldung, Mitt. **69,** 10; Koenigsberger, Ansprüche verschiedener Kategorie in einer Patentanmeldung, Mitt. **69,** 69; Hesse, Vorrichtungsansprüche in Verfahrenspatenten, Mitt. **69,** 246; Schmied-Korwarzik, Die Kategorienfrage, GRUR **73,** 115; Engel, Patentkategorie bei Vorrichtungserfindungen, Mitt. **76,** 227; Holländer, Patentkategorie bei Verfahrenserfindungen, Mitt. **77,** 27; Walenda, Die sogenannten Patentkategorien, Mitt. **77,** 68; Klöpsch, Die richtige Anspruchskategorie für ein Arzneimittel, Mitt. **77,** 130; Balk, Über Patentkategorien, Mitt. **78,** 81; Trüstedt, Patentansprüche für Heilmittel, Mitt. **78,** 181; Belser, Sind Verfahrensansprüche mit Vorrichtungsmerkmalen zulässig?, GRUR **79,** 347; Bruchhausen, Der Schutzgegenstand verschiedener Patentkategorien, GRUR **80,** 364; Utermann, Verwendungsanspruch neben Stoffanspruch, GRUR **81,** 537; Jeser, Aufgabe und Anspruchsunterteilung, Mitt. **85,** 143; Utermann, Der zweckgebundene Verfahrensanspruch für Arzneimittel, GRUR **85,** 813; v. Rospatt, Der auf einen Verfahrensanspruch bezugnehmende Vorrichtungsanspruch, GRUR **85,** 740; Hüni, Absoluter und zweckbeschränkter Stoffschutz und andere Harmonisierungsprobleme in der europäischen Rechtsprechung, GRUR Int. **90,** 425. **72**

Die **Anspruchskategorien,** die im Rahmen des Patenterteilungsverfahrens eine wichtige Systematisierungs- und Ordnungsfunktion erfüllen, entsprechen i. d. R. auch „Erfindungskategorien" oder „Patentkategorien", die bei den Erläuterungen des materiellen Patentrechts zugrunde gelegt werden. Auf die Erläuterungen zu den entsprechenden Vorschriften wird verwiesen. Von den unterschiedlichen Rechtswirkungen her, s. die Erl. zu § 9, kommen zwei Grundkategorien von Ansprüchen in Betracht: Ansprüche, die ein Erzeugnis betreffen und Ansprüche, die ein Verfahren betreffen, vgl. auch Prüfungsrichtlinien 2004 Nr. 3.3.3.6. Abs. 9. Für die Verfahrensansprüche lässt sich dabei aus § 9 Satz 2 Nr. 3 eine Unterkategorie, nämlich das Verfahren zur Herstellung eines Erzeugnisses, ableiten. Für die Zwecke der Durchsetzung des Schutzrechts und seiner Verletzung durch Handlungen, die eine Benutzung der geschützten Erfindung darstellen, hat man deshalb sinnvollerweise die Rechte im Blick, die durch die verschiedenartige Zuordnung des Schutzgegenstandes zu der einen oder der anderen Kategorie festgelegt werden. **72 a**

Bestimmt ein **Erzeugnis** oder ein **Verfahren** den Charakter des Patents, so entsprechen die Kategorien der Patentansprüche im Allgemeinen auch den sog. Patentkategorien, also der Einordnung des Patents im ganzen,, was in der üblichen Bezeichnung als „Erzeugnispatent" oder „Verfahrenspatent" zum Ausdruck kommt, vgl. die Erl. zu § 1, Rdnr. 12–39; Rdnr. 10–21 u. 40–50 zu § 14 PatG. Die Erzeugnisansprüche lassen sich wieder aufteilen in Vorrichtungsansprüche und Stoffansprüche, wobei sich der Vorrichtung im Wesentlichen das Werkzeug, die Maschine, das dreidimensional-räumliche Erfindungselement und dem Stoffpatent im Wesentlichen die chemischen und pharmazeutischen Substanzen, Gemische, Lösungen und Legierungen, aber auch das biologisch aktive Material zuordnen lässt. Die Verfahrensansprüche lassen sich aufteilen in Herstellungs-, Arbeits- und Verwendungsansprüche, wobei weitere Differenzierungen möglich sind. Die Anspruchsformulierungen korrespondieren in diesem Sinne der Kategorieneinteilung der Erfindungen, die ihrerseits wieder vor dem Hintergrund der Anspruchskategorien und deren praktischer Durchsetzung konzipiert und entwickelt worden sind. **72 b**

Die Patentkategorie, in die eine Erfindung einzuordnen ist, bestimmt sich nach dem Inhalt der gegebenen technischen Lehre, also nach den objektiven Gegebenheiten, BGH GRUR **86,** 163 – Borhaltige Stähle = BGHZ **95,** 295, 297; BPatGE **7,** 15, 16; **8,** 136, 141 f; BPatG Mitt. **71,** 156; vgl. auch EPA (TBK) ABl. **84,** 309, 314. Maßgebend ist der technologische Charakter der mit der angemeldeten Erfindung erteilten Lehre, wie sie sich nach Aufgabe und Lösung bei objektiver Betrachtung aus dem sachlichen Inhalt der Anmeldungsunterlagen unter Berücksich- **72 c** tigung des ermittelten Standes der Technik ergibt, BPatGE **20,** 12, 13; **22,** 1, oder – nach der Formulierung der Prüfungsrichtlinien 2004 – „der nach objektiven Gesichtspunkten zu beurteilende sachliche Offenbarungsinhalt der Anmeldung. Die Einordnung in die zutreffende Patentkategorie ist häufig erst nach Abschluss der sachlichen Prüfung möglich; es ist daher grundsätzlich nicht angebracht, die Kategorienfrage vor der sachlichen Prüfung zu erörtern und die Anmeldung wegen der Wahl der Kategorie zu beanstanden (weitergehend BPatGE **20,** 12).

73 Wenn dem Anmelder nach dem Inhalt der neuen technischen Lehre verschiedene Möglichkeiten offen stehen, dann kann er die Kategorie, die er wünscht, festlegen; das Patentamt kann die Bestimmung nicht anstelle des Anmelders treffen, BPatGE **7,** 1, 6 (betr. Herstellungs- und Anwendungsverfahren). Der Anmelder kann daher im Rahmen der objektiven Gegebenheiten die ihm zweckmäßig erscheinende Patentkategorie bestimmen, vgl. dazu auch BGH GRUR **67,** 241, 242. – Mehrschichtplatte.

74 Wenn sich die neue technische Lehre in **mehrere Patentkategorien** einordnen lässt, kann der Anmelder die Erteilung des Patents grundsätzlich in allen in Betracht kommenden Patentkategorien beanspruchen, BGHZ **54,** 181, 184 – Fungizid; BPatG Mitt. **69,** 12. Dasselbe gilt für eine Lehre, die mehrere Ausprägungen innerhalb derselben Kategorie findet, BGHZ **73,** 183, 187 – Farbbildröhre (Erzeugnis, Vorrichtung zur Herstellung des Erzeugnisses). Die Inanspruchnahme des Patents in mehreren Kategorien ist aus Gründen des – fehlenden Rechtsschutzbedürfnisses (Vorbem. vor § 34 Rdn. 6ff.) nur dann unzulässig, wenn an der Patenterteilung in dem angestrebten Umfange im Einzelfall keinerlei Interesse erkennbar ist, insbesondere wenn das Verlangen des Anmelders missbräuchlich ist, BGHZ **54,** 181, 184; BPatG Bl. **84,** 296. Für einen Sachanspruch für ein Erzeugnis neben einem Sachanspruch auf eine Vorrichtung, mit der dieses Erzeugnis hergestellt werden kann, fehlt nicht das Rechtsschutzbedürfnis, BGHZ **73,** 183. Für einen Verwendungsanspruch neben einem Stoffanspruch ist in der Regel das Rechtsschutzinteresse nicht zu verneinen, BGHZ **54,** 181. Es ist auch zulässig, neben einem Verfahrensanspruch einen Stoffanspruch aufzustellen, bei dem der Stoff durch das Verfahren zu seiner Herstellung gekennzeichnet ist, BGHZ **57,** 1, 24 – Trioxan (sog. product-by-process Anspruch). Um einen Anspruch dieser Art kann es sich handeln, wenn ein auf einen Aufzeichnungsträger gerichteter Sachanspruch vorliegt, der jedoch teilweise nicht unmittelbar durch (räumlich-körperlich oder funktional umschriebene) Sachmerkmale, sondern durch das Verfahren definiert ist, das die erfindungsgemäße Informationsstruktur erzeugt, BGH v. 19. 5. 2005 – X ZR 188/01 – Aufzeichnungsträger, (juris), S. 11 des Orig, Egr. 2. Ein Mittelanspruch ist neben Stoff- und Herstellungsanspruch zulässig, BGH GRUR **72,** 644, 646 – Gelbe Pigmente; BPatG Mitt. **78,** 218, ebenso neben Herstellungs- und Verwendungsanspruch, BPatGE **14,** 185, neben Stoff-, Herstellungs- und Verwendungsanspruch dagegen unzulässig, BGHZ **68,** 156, 159 – Benzolsulfonylharnstoff; BGH GRUR **72,** 638 – Aufhellungsmittel; **72,** 646, 647 – Schreibpasten; wegen der Wahl der zutreffenden Anspruchskategorie vgl. § 1 Rdn. 4ff.

75 Merkmale verschiedener Patentkategorien sollten nicht in einen einzigen Anspruch aufgenommen werden. Der in BPatGE **8,** 136, 142 (betr. Verfahrens- und Vorrichtungsmerkmale) vertretenen Auffassung, das sei in jedem Falle unzulässig, der Anmelder sei zu einer Aufgliederung des Schutzbegehrens in nach Patentkategorien getrennte Merkmale verpflichtet, kann jedoch in dieser Allgemeinheit nicht beigetreten werden (abw. auch BPatGE **20,** 12, 13; Walenda Mitt. **77,** 68f; Belser GRUR **79,** 347). Im Einzelfalle kann es zur besseren Verdeutlichung eines Verfahrensablaufs angezeigt sein, ein Vorrichtungsmerkmal zum Bestandteil eines Verfahrensanspruchs zu machen, BPatG Mitt. **76,** 238. Mischformen von Sach- und Verfahrensansprüchen sollten wegen der Gefahr von Unklarheiten vermieden werden; es ist jedoch nicht unzulässig, den Gegenstand eines Sachanspruchs in der Weise zu begrenzen, dass das Schutzbegehren auf eine bestimmte Art der Herstellung der Sache beschränkt wird, BGH GRUR **60,** 483, 484 – Polsterformkörper; abw. BPatGE **16,** 201.

76 Bei Ansprüchen mehrerer Patentkategorien ist zu prüfen, ob der der einen Patentkategorie angehörende Patentanspruch dem der anderen Kategorie etwas Zusätzliches hinzufügt, also den Erfindungsgedanken weiter ausgestaltet. Es ist jedenfalls in der Regel kein Raum für Verfahrensansprüche, die lediglich die Wirkungsweise der gegenständlichen Merkmale der vorhergehenden Ansprüche beschreiben. Es ist auch kein Raum für einen Verfahrensanspruch, wenn nicht zu erkennen ist, in welch anderer Weise als mit der unter Schutz gestellten Vorrichtung das beschriebene Verfahren noch ausgeführt werden könnte, wobei allerdings mögliche künftige technische Entwicklungen zugunsten des Anmelders zu berücksichtigen sind, vgl. Engel Mitt. **76,** 227, 232. Kritisch hierzu BPatGE **29,** 177, 180; der dort entschiedene Fall (Verfahren und Anordnung zur Durchführung des beanspruchten Verfahrens) lässt sich zwanglos unter den Grundsatz oben Rdn. 74 subsumieren. Ein Verwendungsanspruch, der durch einen Stoff in einer bestimmten Verwendung charakterisiert wird, weist Elemente eines Erzeugnisanspruchs auf und ist mit Erzeugnisansprüchen enger verwandt als mit Verfahrensansprüchen, BGH GRUR 2005, 845, 847 – Abgasreinigungsvorrichtung und v. 5. 10. 2005 X ZB 7/03 – Arzneimittelgebrauchsmuster, Umdr. S. 6, Rdn. 11 (zum GebrMG).

Patentansprüche verschiedener Kategorien werden meist nebengeordnete Ansprüche sein. **77** Ein Vorrichtungsanspruch kann jedoch echter Unteranspruch eines Verfahrensanspruchs sein, BPatG Bl. **86,** 153; sofern in dem Verfahrensanspruch Merkmale der Sache angegeben sind, sind diese bei der Prüfung in den Gegenstand des Sachanspruchs mit einzubeziehen, BGH Liedl **65/66,** 77, 100; abw. BPatG Mitt. **73,** 32, 33; Bl. **86,** 153.

4. Beschreibung. Nach § 34 Abs. 3 Nr. 4 muss die Anmeldung eine Beschreibung der Er- **78** findung enthalten. Die Beschreibung ist sachlich der wichtigste Teil der Anmeldung. Sie dient der näheren Offenbarung der Erfindung. Sie kann nach § 35 als Bestandteil der fremdsprachigen Unterlagen zunächst auch in einer anderen Sprache als der deutschen eingereicht werden, muss dann aber in die deutsche Sprache übersetzt werden. Eine fremdsprachige Beschreibung konnte früher wegen § 126 Satz 2 nicht berücksichtigt werden (vgl. § 126 Rdn. 2). Wegen des urheberrechtlichen Schutzes vgl. § 32 Rdn. 14.

a) Form. Die Beschreibung ist nach § 34 Abs. 3 Nr. 4 Bestandteil der Anmeldung und be- **79** darf als solcher grundsätzlich der Schriftform oder der gleichwertigen Form eine elektronischen Dokuments (vgl. oben Rdn. 43). Eine auf Tonband aufgezeichnete Beschreibung erfüllt nicht das Erfordernis der Schriftlichkeit, BGH GRUR **79,** 109 mit Anm. Eisenführ. Über die Form der Beschreibung bestimmt im Einzelnen § 10 PatV.

b) Beschreibung der Erfindung

Literatur: Bartels, Eine Anregung, die Beschreibung einer Patentschrift zu straffen, GRUR **80** **64,** 547; Kumm, Die technische Analyse und rationelle Beschreibung technischer Erfindungen, GRUR **66,** 349; Werner, Müssen Patentansprüche in der Beschreibung wiederholt werden? Mitt. **72,** 154; Seeger, Über die Zulässigkeit der Verwendung von Warenzeichen in Patent- und Gebrauchsmusteranmeldungen, GRUR **74,** 365; Kronz, Patentbeschreibung als Träger technischer Information, Mitt. **75,** 21; Niessen, Neue Gestaltung der Patentanmeldung, Mitt. **75,** 24; von Voß, Gestaltung der Unterlagen von Patentanmeldungen, Mitt. **75,** 141; Christ, Gestraffte Form der Patentanmeldungsunterlagen, Mitt. **76,** 172; Werner, Dürfen Patentansprüche in der Beschreibung wiederholt werden?, Mitt. **77,** 185; Wolff, Zitat der Patentansprüche in der Beschreibung?, Mitt. **77,** 231; Schwindling, Zur Abfassung der Anmeldungsunterlagen, Mitt. **78,** 90; Wolff, Die Patent-Beschreibungseinleitung, Mitt. **80,** 84.

Die Erfindung ist nach § 34 Abs. 4 in der Anmeldung so **deutlich und vollständig zu of-** **80 a** **fenbaren,** dass ein Fachmann sie ausführen kann. Grundlage für die Ermittlung des Offenbarungsgehalts einer Anmeldung ist die Gesamt der vom Anmelder eingereichten Unterlagen. Wegen des Begriffs der ursprünglichen Offenbarung s. oben die Ausführungen zur Offenbarung, Rdn. 14 ff. Während die Patentansprüche in pointierter Form das Schutzbegehren des Anmelders definieren, dient die Beschreibung der Erläuterung der beanspruchten Erfindung und der Darstellung ihres technischen Hintergrundes. Wegen der Hinterlegung biologischen Materials als Offenbarungs- und Beschreibungssurrogat s. die Erl. oben Rdn. 37 ff.

Die Anforderungen an die Beschreibung sind im Einzelnen in der PatV geregelt. Dort ist nä- **80 b** her darüber bestimmt, wie die Beschreibung abzufassen ist, was sie enthalten muss und was sie nicht enthalten darf. Die Anforderungen, die sich aus § 34 Abs. 4 und aus § 34 Abs. 6 in Verbdg. mit der PatV ergeben, stehen selbstständig nebeneinander; die Nichterfüllung dieser Anforderungen führt daher in beiden Fällen in gleicher Weise zur Zurückweisung der Anmeldung, BGH GRUR **70,** 258, 260 – Faltbehälter; vgl. auch GRUR **84,** 272, 273 – Isolierscheibenrandfugenfüllvorrichtung, und Bl. **84,** 19 – Schaltungsanordnung II, zum Offenbarungserfordernis. Die bloße Bezugnahme auf ein dem Patenterteilungsantrag beigefügtes Modell genügt dem Beschreibungserfordernis nicht, BPatGE **29,** 36, 37.

Die Beschreibung beginnt nach § 10 Abs. 1 PatV als Titel mit der im Erteilungsantrag angege- **81** benen **Bezeichnung der Erfindung.** Es folgt nach § 10 Abs. 2 PatV die Angabe des technischen Gebietes, zu dem die Erfindung gehört, sowie des Standes der Technik, von dem die Erfindung ausgeht (prior art, background art). Hieran schließt sich die Angabe des technischen Problems an, sofern es sich nicht aus der angegebenen Lösung oder aus den Darlegungen über die vorteilhaften Wirkungen der Erfindung ergibt. Weiter ist anzugeben, in welcher Weise der Gegenstand der Erfindung gewerblich anwendbar ist (§ 10 Abs. 2 Nr. 5 PatV) und gegebenenfalls vorteilhafte Wirkungen der Erfindung unter Bezugnahme auf den bisherigen Stand der Technik (§ 10 Abs. 2 Nr. 6 PatV). Anzugeben ist schließlich wenigstens ein – nicht notwendigerweise der beste (USA) – Weg zum Ausführen der beanspruchten Erfindung, ggf. erläutert durch Beispiele und anhand von etwaigen Zeichnungen unter Verwendung der entsprechenden Bezugszeichen (§ 10 Abs. 2 Nr. 7 PatV). Angaben, die zum Erläutern der Erfindung offensichtlich nicht notwendig sind, dürfen nicht in die Beschreibung aufgenommen werden. Wird die Beschreibung in elektronischer Form eingereicht, so ist eine Datei entsprechend den vom Deutschen Patent- und Markenamt bekanntgemachten Formatvorgaben zu verwenden, § 10 Abs. 3 PatV.

81 a Der Umfang und besondere Charakter der Beschreibung von **Strukturformeln in Nukleotid- und Aminosäuresequenzen** als Kolonnen von Buchstaben und Zahlen (vgl. als Beispiel die Offenlegungsschrift DE 100 19173 A, 1 mit 234 Seiten von Aminosäuresequenzen noch relativ gut zu überschauen) erfordert eine gesonderte Behandlung. Die Strukturformeln sind als Sequenzprotokoll getrennt von der Beschreibung und den Ansprüchen als Anlage zur Anmeldung einzureichen, § 11 Abs. 1 PatV In der Anl. 1 zur PatV sind entsprechende Standards für die Einreichung solcher Protokolle niedergelegt. Wegen der sonstigen Sondervorschriften für die Form, in der die Protokolle einzureichen oder nachträglich zu berichtigen sind, s. § 11 Abs. 2, 3 und 5 PatV. Für Anmeldungen, die aus internationalen Anmeldungen nach PCT hervorgegangen sind und in die nationale Phase vor dem DPMA als Bestimmungsamt oder ausgewähltem Amt eintreten, finden die Vorschriften der AusfO zum PCT über Sequenzprotokolle unmittelbare Anwendung, § 1 Abs. 4 PatV.

82 In die Beschreibung sind **keine Angaben** aufzunehmen, die zur Erläuterung der Erfindung **offensichtlich nicht notwendig** sind. Wiederholungen von Ansprüchen oder Anspruchsteilen können durch Bezugnahmen ersetzt werden (§ 10 Abs. 3 PatV). Beschreibungsteile, die nicht der Klarstellung der Erfindung dienen, müssen auch dann gestrichen werden, wenn sie die Verständlichkeit der Erfindung nicht beeinträchtigen, BPatGE **7,** 102. Dies gilt nicht für Beschreibungsteile, die sich auf fallengelassene Ansprüche beziehen und nützliche Erläuterungen hinsichtlich zweckmäßiger Ausführungsformen der Erfindung beisteuern, BPatGE **23,** 96, 97.

83 Bei einer **Änderung der Patentansprüche** muss die Beschreibung den neu gefassten Ansprüchen angepasst werden; weigert sich der Anmelder, **der Beschreibung** eine dem gewährbaren, beschränkten Anspruch **entsprechende Fassung** zu geben, so ist die Anmeldung zurückzuweisen, PA Bl. **33,** 233; PBatGerE **4,** 13, 15. Unterbleibt eine notwendige Anpassung im Beschwerdeverfahren, weil der Anmelder die erforderlichen Änderungen nicht vorgenommen hat und in der mündlichen Verhandlung nicht erschienen ist, so kann seine Beschwerde schon aus diesem Grunde zurückgewiesen werden; es ist nicht Aufgabe des Patentgerichts, gewährbare Unterlagen zu erarbeiten, BPatGE **17,** 204. Die Anpassung und Überarbeitung der Beschreibung – auch durch Aufnahme der Schilderung des Standes der Technik – kann aus verfahrensökonomischen Gründen erst nach Beendigung der sachlichen Erörterungen über die Schutzfähigkeit des Anmeldungsgegenstandes verlangt werden, BPatG Mitt. **74,** 76, 77.

84 Die Beschreibung muss den Anmeldungsgegenstand **klar und eindeutig** schildern. Sonst muss die Anmeldung schon aus diesem Grunde zurückgewiesen werden, BPatGE **4,** 13. Es sollen dabei aber auch keine übertriebenen Anforderungen gestellt werden, BPatG GRUR **79,** 393, 394. Änderungen der Beschreibung sollen nur verlangt werden, wenn die technische Verständlichkeit in Frage gestellt ist, BPatG Mitt. **79,** 239, oder grobe Verstöße gegen allgemein anerkannte Regeln der Rechtschreibung oder Sprachlehre vorliegen, PA Bl. **50,** 300. Es genügt, wenn die deutsche Sprache in verständlicher Form gebraucht wird; eine bestimmte Höhe des Sprachstils ist nicht zu fordern, PA Mitt. **59,** 116.

85 In der Beschreibung müssen **klare technische Bezeichnungen** gebraucht werden, BPatGE **9,** 6; Kunze GRUR **57,** 308. Es sind nur solche Ausdrücke zu verwenden, die sich zu anerkannten Fachbezeichnungen entwickelt haben und in die deutsche Fachsprache eingegangen sind, BPatGE **9,** 6. Die Verwendung von Warenzeichen oder Marken, die für wechselnde Gegenstände benutzt werden können, genügt diesen Anforderungen regelmäßig nicht; sie beeinträchtigt auch die Rechte des Markeninhabers, BPatGE **9,** 6; Draub GRUR **55,** 5; teilw. abw. Seeger GRUR **74,** 365. Die Verwendung einer auf einem bestimmten technischen Gebiet für den Fachmann eindeutigen technischen Angabe („Thermoplast" für einen Werkstoff) ist jedoch nicht deshalb unzulässig, weil die Angabe für andere nicht einschlägige Waren als Warenzeichen geschützt ist, BPatGE **18,** 53 (GebrM). Die Bezugnahme auf ein Warenzeichen zur Kennzeichnung eines Stoffes ist nicht ausgeschlossen, BPatG Mitt. **85,** 154. Zulässig ist auch, anstelle einer detaillierten Beschreibung einer Materialprüfmethode auf eine ausländische Prüfnorm Bezug zu nehmen, BPatGE **24,** 58, 59. Soweit eine Klarstellung erforderlich ist, ob Merkmale einer Kombination oder eines Unteranspruchs für sich geschützt sein sollen (vgl. Vorbem. vor § 34 Rdn. 34), ist sie in die Beschreibung aufzunehmen, BPatGE **1,** 70; **9,** 24.

85 a Weichen Begriffe in den Schutzansprüchen vom allgemeinen technischen Sprachgebrauch ab, ist der sich aus Schutzansprüchen und der Beschreibung ergebende Begriffsinhalt maßgebend. BGH, Urt. v. 7. Juni 2005 – X ZR 198/01. Der Gegenstand des Patentes richtet sich da-

nach, was der fachkundige Leser dem jeweiligen Schutzanspruch – ggf. erläutert durch die Beschreibung und die zugehörigen Zeichnungen – entnimmt. Dabei wird der Fachmann, der von der Vorstellung eines auf sinnvolle Anwendungen gerichteten Vorschlags der Patentschrift ausgeht, erkennbare Fehler in Anspruch oder Beschreibung (Reihenschaltung statt des verwendeten Begriffs Parallelschaltung) zu korrigieren versuchen und insbesondere ihm ersichtliche problematische oder unausführbare Anweisungen in einer dem Zweck der offenbarten Lösung entsprechenden Weise aufzulösen suchen. BGH v. 20. 11. 2001 – X ZB 3/00 – Signal- und Gegensprechanlage (juris). Eine Patentschrift – und demgemäß auch die Anmeldung in der Gesamtheit ihrer Unterlagen– ist zunächst aus sich selbst heraus und insbesondere nach dem mit der offenbarten technischen Lehre verfolgten Zweck auszulegen und bildet insoweit gewissermaßen ihr eigenes Lexikon, BGH GRUR **99,** 909 – Spannschraube.

c) Angabe des Standes der Technik

Literatur: von Ettenreich, Die Darstellung des Standes der Technik in der Patentbeschreibung, Mitt. **39,** 5; Wirth, Bezugnahme auf Patentschriften in Patentbeschreibungen, Mitt. **41,** 168; von Falck, Die irrtümliche Angabe eines zu starken Standes der Technik in der Beschreibung von Schutzrechten, GRUR **72,** 233; Gernhardt, Angaben nach § 26 Abs. 4 des deutschen Patentgesetzes, Mitt. **76,** 8; Zeiler, Über Umfang und Beweiserheblichkeit der öffentlichen Druckschriften im Patenterteilungsverfahren, GRUR **77,** 751; Kraßer, Verpflichtung des Patentanmelders oder -inhabers zu Angaben über den Stand der Technik, FS Nirk, 1992, 531. **86**

Der Anmelder soll, wie aus § 34 Abs. 7 mittelbar hervorgeht, den ihm bekannten Stand der Technik von sich aus vollständig angeben. Auf Verlangen des Patentamts ist der Anmelder verpflichtet diese Angaben nach seinem besten Wissen vollständig und wahrheitsgemäß zu machen und in die Beschreibung aufzunehmen. Ob und inwieweit das Patentamt das Verlangen stellen will, steht in seinem Ermessen. Wenn der Anmelder dem Verlangen des Patentamts nicht oder nicht ausreichend nachkommt, kann die Anmeldung zurückgewiesen werden. Bei unvollständigen Angaben wird allerdings schwer der Nachweis zu erbringen sein, dass der Anmelder weitergehende Kenntnis gehabt hat. Bewusstes Verschweigen, die Unterdrückung einer dem Anmelder bekannten Vorbenutzung oder einer schwer auffindbaren Vorveröffentlichung wird jedoch den Schluss rechtfertigen, der Anmelder habe das Patent erschlichen, vgl. dazu § 9 Rdn. 70. In der Patentrechtspraxis der Vereinigten Staaten hat der Einwand des „inequitable conduct" oder des „fraud on the Patent Office", der in der Regel auf den Vorwurf des vorsätzlichen oder grob fahrlässigen Verschweigens vom neuheitsschädlichem Stand der Technik gestützt wird, eine erhebliche Bedeutung, vgl. dazu Schäfers in FS VPP 50 Jahre, 111. Dritte können nicht gegen das DPMA im Verwaltungsstreitverfahren bzw. mit einem Antrag auf Erlass einstweiliger Anordnungen vorgehen, um die Veröffentlichung der Anmeldung oder der Patentschrift zu verhindern, wenn die vom Anmelder vorgelegte Beschreibung seiner Erfindung mit negativen Bewertungen von Konkurrenzerzeugnissen im Stand der Technik einhergeht, ByVerwGH Mitt. **03,** 400. Die Prüfungsstelle kann aber entsprechende Interventionen zum Anlass nehmen, die Beschreibung abzuschwächen und zu versachlichen.

Auf Verlangen des Patentamts muss der Anmelder auch – zur Vermeidung der Zurückweisung der Anmeldung – den bekanntgewordenen Stand der Technik in die Beschreibung aufnehmen. Dabei ist kein Unterschied gemacht, ob er zu einer Abgrenzung nötigen kann oder nicht, vgl. PA Mitt. **37,** 172. Soweit die Angabe der Nr. eines Patents zur klaren Kennzeichnung ausnahmsweise erforderlich ist (vgl. PA Bl. **38,** 78), ist eine abwertende Darstellung zu vermeiden, PA aaO; vgl. auch PA Bl. **01,** 40; Hassenstein Mitt. **40,** 26; **44,** 55; eine sachlich zutreffende Darstellung ist zulässig, PA Mitt. **42,** 83. Die Forderung auf Aufnahme näherer Angaben über den Stand der Technik soll erst nach Beendigung der Sachprüfung gestellt werden, BPatG Mitt. **74,** 76, 77. **87**

Der Anmelder ist nach § 34 Abs. 5 nur verpflichtet, den Stand der Technik anzugeben und in die Beschreibung aufzunehmen; die Angabe des Standes der Technik bedeutet nicht, dass der Anmelder diesen selbst zu würdigen und beurteilen hätte; die Aufnahme in die Beschreibung besagt lediglich, dass der Anmelder den relevanten Stand der Technik in der Beschreibung anzugeben hat, um – bei positiver Beurteilung der Erfindung – das eigentliche Wesen der Erfindung klar darzustellen, BPatGE **20,** 111 f. **88**

Das, was der Anmelder in der Beschreibung über den Stand der Technik aussagt, hat Bedeutung für die Ermittlung des Erfindungsgedankens. Ein Lösungsvorschlag, der dort als bekannt bezeichnet wird, gehört, auch wenn die Angabe auf Irrtum beruht, nicht zu der angemeldeten Erfindung; er kann daher nicht nachträglich in das Patentbegehren einbezogen werden, BGH GRUR **78,** 417 – Spannungsvergleichsschaltung, mit Anm. Reimann; vgl. dazu auch oben **89**

Rdn. 28 und § 38 Rdn. 12. Auch für die Bemessung des Schutzumfangs muss der Patentinhaber irrtümliche Angaben über einen tatsächlich nicht vorhandenen Stand der Technik gegen sich gelten lassen, BGH GRUR **71,** 115, 117 – Lenkradbezug I. Für die Beurteilung der Patentfähigkeit und der Rechtsbeständigkeit des erteilten Patents kommt es dagegen nicht auf die subjektiven Vorstellungen des Anmelders, sondern auf den tatsächlich vorhandenen Stand der Technik an, BGH GRUR **73,** 263, 265 – Rotterdamgeräte; **78,** 417, 418; insoweit abw. von Falck GRUR **72,** 233, 236 f. m. w. N. Wenn der tatsächlich vorhandene Stand der Technik die Erteilung oder Aufrechterhaltung des Patents rechtfertigt, ist es im Umfang der Offenbarung zu erteilen oder aufrechtzuerhalten, RG MuW **30,** 187. Änderungen der Beschreibung gegen den Willen des Anmelders können eine Beschwer des Anmelders begründen und die Entscheidung des Patentamts anfechtbar machen, BGH GRUR **82,** 291, 292 – Polyesterimide.

90 5. **Zeichnungen** sind kein in jedem Fall notwendiger Bestandteil der Patentanmeldungen. Auf einzelnen technischen Gebieten, etwa bei chemischen Anmeldungen, sind sie meist entbehrlich, auf anderen Gebieten spielen sie eine große Rolle. Nach § 34 Abs. 3 Nr. 5 sind der Anmeldung die zur Erläuterung der Erfindung notwendigen Zeichnungen beizufügen. Sie müssen, wie die Patentansprüche, die Beschreibung und Zusammenfassung, in drei Stücken eingereicht werden, § 6 Abs. 1 PatV. Die an die Zeichnungen zu stellenden Anforderungen sind in § 12 PatV i. V. m. der Anlage (2) dazu im Einzelnen geregelt, wobei nach schriftlicher Einreichung und Einreichung in elektronischer Form unterschieden wird. Die Zeichnungen sollen nur den Erfindungsgedanken veranschaulichen und sind daher nicht maßstäblich zu nehmen, RG MuW **29,** 502. Den Stand der Technik betreffende Zeichnungen, die für das Verständnis der Erfindung in Betracht kommen, sind zulässig, jedoch nicht als erste Zeichnung.

91 6. **Abbildungen.** Die PatV und das Merkblatt für Patentanmelder behandeln und erwähnen Abbildungen nicht mehr als Bestandteil der Anmeldungsunterlagen und lassen sie daher nicht mehr als solche zu. Soweit eine Abbildung zum Zwecke der prioritätsbegründenden Offenbarung eingereicht worden ist, müssen die daraus ersichtlichen technischen Merkmale in die Patentansprüche und in die Beschreibung übernommen werden.

92 7. **Modelle und Proben** sind der Beschreibung beizufügen, sofern sie zur Verdeutlichung der Erfindung erforderlich sind. Sie sollen nur auf Anfordern des Patentamts eingereicht werden (§ 16 Abs. 1 Satz 1 PatV). Über die Beschaffenheit der Modelle und Proben enthält § 16 PatV nähere Einzelheiten insbesondere für Proben chemischer Stoffe und für Ausfärbungen, Gerbproben und andere flächige Proben. Letztere müssen durch eine genaue Beschreibung des angewandten Herstellungs- oder Verwendungsverfahrens erläutert werden.

93 Bei einer Anmeldung, deren Gegenstand sich auf biologisches Material bezieht und die Voraussetzungen nach § 1 Abs. 1 der Biomaterial-Hinterlegungsverordnung erfüllt, sind für die Beschreibung die zusätzlichen Erfordernisse für die Beschreibung zu beachten. Betrifft die Erfindung biologisches Material, das der Öffentlichkeit nicht zugänglich ist und in der Anmeldung nicht so beschrieben werden kann, dass ein Fachmann die Erfindung danach ausführen kann, oder betrifft die Erfindung die Verwendung eines solchen Materials, so gilt die Beschreibung für die Anwendung des Patent- oder Gebrauchsmusterrechts nur dann als ausreichend, wenn 1. das biologische Material spätestens am Tag der Anmeldung oder, wenn eine Priorität in Anspruch genommen worden ist, am Prioritätstag bei einer anerkannten Hinterlegungsstelle hinterlegt worden ist, 2. die Anmeldung die einschlägigen Informationen enthält, die dem Anmelder bezüglich der Merkmale des hinterlegten biologischen Materials bekannt sind, und 3. in der Anmeldung die Hinterlegungsstelle und das Aktenzeichen der Hinterlegung angegeben sind. S. dazu die Erl. zu Rdn. 37 ff.

8. Einheitlichkeit

94 **Literatur:** Boecker, Der Begriff der Einheitlichkeit der Erfindung und seine Anwendung, GRUR **62,** 63; Harraeus, Der Erfindungsbegriff und das Einheitlichkeitsproblem, GRUR **62,** 393; Jochem, Einheitlichkeit von Patentanmeldungen, Mitt. **71,** 126; Baader, Einheitlichkeit von Anmeldungen, GRUR **73,** 67; Balk, Einheitlichkeit einer Patentanmeldung, Mitt. **77,** 181; Hegel, Einheitlichkeit einer Patentanmeldung, Mitt. **77,** 228; Olbricht, Einheitlichkeit einer Patentanmeldung, Mitt. **77,** 229; von Bülow, Gebührenerhöhung durch § 26 Abs. 1 Satz 2 PatG?, Mitt. **77,** 229; Führing, Nochmals: Einheitlichkeit einer Patentanmeldung, Mitt. **78,** 105; Schiller, Zur Einheitlichkeit von Erfindungen, GRUR **80,** 31; Kockläuner, Zur Frage der Einheitlichkeit der Erfindung, Mitt. **84,** 233; Papke, Die Herstellung der Einheitlichkeit, Mitt. **88,** 1; Teschemacher, MünchnerGemKommentar, EPÜ, 1985 (7. Lieferg.), Erläuterungen zu Art. 82 EPÜ; Bernhardt/Kraßer, § 24 (Patentanmeldung beim DPA), Abschnitt VI, Einheitlichkeit des Anmeldungsgegenstandes; Klocke, Europäischer Recherchenbericht und mangelnde Einheitlichkeit, Mitt. **89,**

208; Schmitz, Einheitlichkeit der Erfindung, Mitt. **90,** 190; Keukenschrijver, Mitt **95,** 268; Hövelmann, P., Teilung und Entscheidungsreife, Mitt **96,** 235; Hacker, Franz: Probleme der Teilung des Patents und der Patentanmeldung, Mitt. **99,** 1; Hövelmann, Peter: Die hilfsweise Teilung, Mitt. **99,** 411; Nieder, Michael: Teilung der Trennanmeldung und ursprüngliche Offenbarung der Stammanmeldung. Mitt. **99,** 414; Michael Nieder Ausscheidung und Teilung im deutschen Patentrecht, GRUR **2000,** 361; Kühnen, Thomas, Die Teilung des Patents, Köln (Heymanns) **2000;** Hövelmann, P., Die Zusatzteilanmeldung – eine trügerische Hoffnung, Mitt. **01,** 193; Melullis Klaus-J., Zur Teilung von Patent und Anmeldung, GRUR **01,** 971; Wolfgang Niedlich Noch einmal: „Zur Teilung von Patent und Anmeldung" – Entgegnung zu Mellulis, GRUR **02,** 565; Schober, Christoph D.: Von der Realteilung zur Verfahrensteilung: Ein Paradigmenwechsel im deutschen Patentrecht? Mitt. 02, 481 Niedlich, Wolfgang: Teilen ist nicht gleich teilen Geteilte Gedanken zu BGH „Sammelhefter", GRUR **03,** 663; Königer, Karsten Teilung und Ausscheidung im Patentrecht, 2004, Heymanns, Köln; Hövelmann, Peter, Die Bedingung im Verfahrensrecht – dargestellt an Fällen aus dem Patentrecht, GRUR **03,** 203.; Stortnik, Hans-Joachim: Abschied von der Ausscheidungserklärung, GRUR **04,** 117–123.

Zum Erfordernis der Einheitlichkeit nach dem EPÜ s. Singer/Stauder, EPÜ, 2. Aufl., 2002, Erläuterungen zu Art. 82, und Benkard/Schäfers EPÜ (2002) Erl. zu Art. 82.

Das Erfordernis der Einheitlichkeit der Erfindung (EdE) rechtfertigt sich als **Ordnungsprinzip für das Verfahren** sowohl aus organisatorischen, verfahrenstechnischen wie haushaltsmäßigen Gesichtspunkten. In prüfenden Systemen wie dem deutschen nach dem PatG mit seinen ausgefeilten Recherche- und Prüfungsverfahren ist ein hoher Spezialisierungsgrad der mit der Recherche und der Sachprüfung befassten Bediensteten des Patentamts in den einzelnen Gebieten der Technik unerlässlich, um zuverlässige Ergebnisse und bestandssichere Schutzrechte zu gewährleisten. Haushaltsmäßig fällt ins Gewicht, dass die wesentlichen Gebührentatbestände für Verfahrensgebühren sich jeweils auf eine Anmeldung beziehen; die Gebührenansprüche des Patentamts würden unangemessen verkürzt, wenn mit einer Anmeldung für eine beliebige Zahl von Erfindungen nach der Wahl des Anmelders Schutz beansprucht werden könnte. Eine Verkürzung des Gebührensanspruchs würde sich in die Phase nach der Patenterteilung hinein fortsetzen, da auch Einspruchs-, Nichtigkeits- und Beschränkungsverfahren sich auf ein bestimmtes Patent beziehen und die Verfahrensgebühren auch hieran anknüpfen. Schließlich würden sich auch erhebliche Gebührenverluste bei den Jahresgebühren für anhängige Anmeldungen und erteilte Patente ergeben, wenn beliebig viele Erfindungen zum Gegenstand eines Patents gemacht werden könnten. Die Verfahrensgebühren sind, zumindest der Intention nach, ein Äquivalent für die Leistungen des Patentamts im Zuge des Patenterteilungsverfahrens, die sich im Zeitaufwand der Prüfer und sonstigen beteiligten Personen für die Behandlung der Anmeldung niederschlagen. Es wäre ungerechtfertigt, Anmeldungen, die gerade wegen ihres heterogenen Inhalts zu einem weit überdurchschnittlichen Aufwand im Erteilungsverfahren, insbesondere im Bereich der Recherche, aber auch im Einspruchsverfahren führen, als einheitlich anzusehen. Das Prinzip der Einheitlichkeit berührt sich im übrigen auch insofern mit dem öffentlichen Interesse, als es zur Übersichtlichkeit und Durchsichtigkeit des Bestandes anhängiger Anmeldungen und bestehender Schutzrechte beiträgt. Zur Rechtsgeschichte des Einheitlichkeitserfordernisses in Deutschland vgl. auch Königer, (Teilung und Ausscheidung), S. 67. 94a

Nach § 35 Abs. 1 Satz 2 a. F. war für jede Erfindung eine besondere Anmeldung erforderlich. Die Neufassung der Vorschrift, die im geltenden Recht als § 34 Abs. 5 erscheint, ist in Übereinstimmung mit Art. 82 EPÜ formuliert. Jede Anmeldung darf nur **eine einzige Erfindung** enthalten oder **eine Gruppe von Erfindungen,** die untereinander in der Weise verbunden sind, dass sie **eine einzige allgemeine erfinderische Idee** verwirklichen. (Erfordernis der Einheitlichkeit der Anmeldung). Die Einheitlichkeit wird nach Eingang der Anmeldung zunächst grundsätzlich nur mit dem Maßstab der Offensichtlichkeit (§ 42 Abs. 1 Satz 1) und erst im Prüfungsverfahren (§ 44 Abs. 1) gründlich und vollständig geprüft, BPatG Bl. **91,** 195, 196. Im Rahmen der Offensichtlichkeitsprüfung ist zu verhindern, dass mehrere Erfindungen, die offensichtlich nichts miteinander zu tun haben, nicht in einer Anmeldung missbräuchlich zusammengefasst werden. Offensichtliche Uneinheitlichkeit ist aber zu verneinen, wenn eine technisch sinnvolle und – vor Berücksichtigung des Stades der Technik – auch einheitliche Aufgabe angegeben werden kann, zu deren Lösung alle Teile der Anmeldung oder zumindest dienlich sind, Prüfungsrichtlinien 2004, Nr. 27, unter Bezugnahme auf BPatGE 21, 243. 94b

Wegen des unterschiedlichen Verfahrens, insbesondere wegen der Trennung von Recherche und Sachprüfung nach Maßgabe von EPÜ und PCT, und der dadurch möglichen und gebotenen Unterscheidung in Feststellung der Uneinheitlichkeit „a priori" und „a posteriori", d.h. unter Berücksichtigung des Ergebnisses der Recherche vgl. EPA (TBK) GRUR Int. **91,** 815; ABl. **91,** 438, und zur Behandlung einer durch den Recherchenprüfer nicht beanstandeten Un- 94c einheitlichkeit des Anmeldungsgegenstandes vgl. EPA (TBK) ABl. **89,** 157, 162f. Die Frage der Einheitlichkeit muss bis zur Erteilung des Patents abschließend geklärt sein. Im Einspruchsverfahren kann zwar der Patentinhaber das erteilte Patent von sich aus teilen (§ 60); die Teilung kann aber nicht wegen mangelnder Einheitlichkeit des Patents verlangt werden, auch wenn diese sich aus der nachträglichen Streichung oder Änderung eines mehreren Lösungen übergeordneten Anspruchs ergibt. Fehlende Einheitlichkeit des Schutzgegenstandes ist kein Einspruchsgrund, BPatGE **32,** 29; nach EPA (GrBK) ABl. **92,** 253, 259 gehört die Einheitlichkeit der Erfindung nicht zu den Erfordernissen, denen ein europäisches Patent und die Erfindung, die es zum Gegenstand hat, bei Aufrechterhaltung in geändertem Umfang nach Art. 102 Abs. 3 EPÜ zu genügen hat; der Mangel der Einheitlichkeit des Anmeldungsgegenstandes ist nach Erteilung des Patents, also insbesondere im Einspruchsverfahren, unbeachtlich.

95 Bei der Vorschrift in § 34 Abs. 5 handelt es sich um eine **Ordnungsvorschrift.** Die Vorschrift soll verhindern, dass in eine Anmeldung mehrere Erfindungen aufgenommen werden, die offensichtlich nichts miteinander zu tun haben, dass dadurch die Gebühren willkürlich unter den vom Gesetz bestimmten Betrag herabgedrückt werden, dass die Durchführung des Erteilungsverfahrens nachteilig beeinflusst wird und dass die Übersicht über die angemeldeten und erteilten Schutzrechte erschwert wird, BGH GRUR **71,** 512, 514; **72,** 646, 647. Diese Gesichtspunkte verbieten die Erstreckung der Einheitlichkeit auf Gebiete, die vom Ausgangspunkt her einen klar zu erkennenden Zusammenhang vermissen lassen, BGH GRUR **72,** 646, 647. Die Gruppeneinteilung der Patentklassen ist insoweit nicht entscheidend, BPatGE **7,** 99; sie kann jedoch Hinweise darauf geben, ob der erforderliche Zusammenhang gewahrt ist.

96 **a) Anforderungen.** Nach der gesetzlichen Regelung hängt die Einheitlichkeit davon ab, ob die Anmeldung eine Erfindung in ihren möglicherweise verschiedenen Ausführungen und Ausgestaltungen oder mehrere nach Aufgabe und Lösung verschiedene Erfindungen betrifft. Bei der Beurteilung der Einheitlichkeit ist von dem Gesamtinhalt der Anmeldung auszugehen, PA GRUR **44,** 129. Aus dem Gesamtinhalt sind die einzelnen Gegenstände der Anmeldung zu ermitteln. Dann ist zu prüfen, ob ihnen ein nach Aufgabe und Lösung einheitlicher Erfindungsgedanke zugrunde liegt.

97 Für diese Prüfung waren bereits früh vom Patentamt (Bl. **13,** 292, 296) **Grundsätze** entwickelt worden, die in ständiger Übung angewendet wurden und auf dem Prinzip von Aufgabe und Lösung beruhten (kritisch dazu Balk Mitt. **77,** 181ff.). In der Fassung der Richtlinien für das Prüfungsverfahren (1981), Abschnitt II, 4, Bl. **81,** 263; **87,** 1, hatten die genannten traditionellen Grundsätze folgenden Wortlaut: „Einheitlichkeit der Erfindung ist dann gegeben, wenn die ihr zugrunde liegende Aufgabe einheitlich ist und alle Merkmale zu deren Lösung notwendig oder auch nur geeignet sind, sie zu fördern. Wenn die Aufgabe als solche vom Anmelder als neu oder bekannt, aber noch nicht gelöst bezeichnet ist, können mehrere selbstständige Lösungen in einer Anmeldung behandelt werden; andernfalls müssen die in einer Anmeldung zu behandelnden neuen Lösungen unter sich auf demselben Lösungsprinzip beruhen. Sind diese Voraussetzungen nicht gegeben, dann ist die Erfindung uneinheitlich".

97 a Kriterien für **mögliche Kombinationen** enthielten Regel 30 AusfO EPÜ und Regel 13 AusfO PCT in den ursprünglichen Fassungen, die Ähnlichkeit mit den genannten Grundsätzen aufwiesen; sie wurden inzwischen durch eine neue Formel ersetzt worden, die auf Regel 4 Abs. 1 des Entwurfs eines Patentrechtsvertrages (PLT/WIPO, Ind.Prop. **91,** 118, 136) zurückgeht und gemäß einer Vereinbarung mit der Delegation der Vereinigten Staaten vorweg in die beiden Ausführungsordnungen übernommen wurde. Danach ist das Erfordernis der Einheitlichkeit des Anmeldungsgegenstandes nur erfüllt, wenn zwischen der Gruppe von Erfindungen, die eine einzige allgemeine erfinderische Idee verwirklichen, ein technischer Zusammenhang besteht, der in einem oder mehreren gleichen oder entsprechenden (also gleichwirkenden) besonderen technischen Merkmalen zum Ausdruck kommt. Unter dem Begriff „besondere technische Merkmale" sind diejenigen technischen Merkmale zu verstehen, die einen Beitrag jeder beanspruchten Erfindung als Ganzes zum Stand der Technik bestimmen, vgl. die Neufassung von Regel 13.2 AusfO PCT, Bl. **92,** 381, 387, und von Regel 30 AusfO EPÜ, Bl. **91,** 184. Bei der Anwendung dieser wie der oben genannten Grundsätze aus den Prüfungsrichtlinien des DPA ist immer der Sinn und Zweck von § 34 Abs. 5 (vgl. oben Rdn. 95) bzw. von Art. 82 EPÜ und Regel 13.1 AusfO PCT im Auge zu behalten. Regel 30 EPÜ hat folgenden Wortlaut:

97 b Einheitlichkeit der Erfindung: „(1) Wird in einer europäischen Patentanmeldung eine Gruppe von Erfindungen beansprucht, so ist das Erfordernis der Einheitlichkeit der Erfindung nach Artikel 82 nur erfüllt, wenn zwischen diesen Erfindungen ein technischer Zusammenhang besteht, der in einem oder mehreren gleichen oder entsprechenden besonderen technischen Merkmalen zum Ausdruck kommt. Unter dem Begriff „besondere technische Merkmale" sind diejenigen technischen Merkmale zu verstehen, die einen Beitrag jeder beanspruchten Erfindung als Ganzes zum Stand der Technik bestimmen.

(2) Die Entscheidung, ob die Erfindungen einer Gruppe untereinander in der Weise verbunden sind, dass sie eine einzige allgemeine erfinderische Idee verwirklichen, hat ohne Rücksicht darauf zu erfolgen, ob die Erfindungen in gesonderten Patentansprüchen oder als Alternativen innerhalb eines einzigen Patentanspruchs beansprucht werden."

Nach der bis zum 31. 5. 1991 geltenden Regel 30 EPÜ wurden bestimmte **Kombinationen von Anspruchskategorien** ausdrücklich als einheitlich i. S. v. Art. 82 gewertet, wenn es sich handelte um a) einen Erzeugnisanspruch verbunden mit einem besonders angepassten Verfahren zu seiner Herstellung und zu einer Verwendung des Erzeugnisses; b) einen Verfahrensanspruch und den Anspruch auf eine Vorrichtung zur Ausführung des Verfahrens; c) einen Erzeugnisanspruch, einen Verfahrensanspruch zur Herstellung des Erzeugnisses und einen Vorrichtungsanspruch zur Ausführung des Verfahrens. Diese Kombinationen erscheinen in der geltenden Fassung der Regel 30 nicht mehr, sie sind aber nach wie vor Bestandteil der RiLi/EPA, C-III 7.2, und 7.3, geben also nach wie vor brauchbare Anhaltspunkte dafür her, wann im europäischen Patenterteilungsverfahren das Erfordernis der Einheitlichkeit bei mehreren unabhängigen Patentansprüchen verschiedener Kategorien erfüllt ist. **97c**

Die **Prüfungsrichtlinien 2004** des DPMA verzichten auf eine Wiederholung der oben genannten traditionellen Grundsätze oder eine Kategorienbildung, wie sie für die Ursprungsfassung von Regel 30 EPÜ und Regel 13.2 PCT a. F. typisch waren, als Grundlage für die Bewertung der Einheitlichkeit. Sie heben lediglich hervor, dass durch § 34 Abs. 5 zum einen mit Blick auf Rechtssicherheit und Recherchierbarkeit übersichtliche, gut dokumentierte Schutzrechte geschaffen werden sollen und zum anderen einer missbräuchlichen Umgehung von Gebühren vorgebeugt werden soll. Die Uneinheitlichkeit ist danach zu beurteilen, ob nach dem technologischen Zusammenhang und der Übersichtlichkeit des Erfindungskomplexes eine Behandlung in verschiedenen Verfahren geboten erscheint, vgl. BGH in GRUR **1979,** 619, 620, – Tabelliermappe –. **97d**

Die „**Aufgabe**" im Sinne der genannten Grundsätze war gleichbedeutend mit dem patentrechtlichen technischen Problem (vgl. dazu BGH GRUR **71,** 512, 514 – Isomerisierung; Hesse, GRUR **81,** 853 und Bruchhausen in: 25 Jahre Bundespatentgericht, 1986, 125 ff.; Balk, Mitt. **86,** 64). Ausgangspunkt für die Prüfung der Einheitlichkeit des Erfindungsgedankens ist danach die Ermittlung der technischen Aufgabe i. S. des bestimmt umrissenen konkreten Problems, dessen Lösung die Gruppe von Erfindungen, die Gegenstand der Anmeldung sind. Die zutreffende Feststellung der Aufgabe erfordert den sicheren, vollen Überblick über den Stand der Technik am Anmeldetage, PA Bl. **13,** 292, 295. Je enger der Stand der Technik ist, umso enger ist auch die Aufgabe zu fassen und umso enger ist auch der Einheitlichkeitsbereich zu ziehen; je umfassender dasjenige ist, was nach dem Stande der Technik noch als Aufgabe angesehen werden kann, umso weiter ist auch der Einheitlichkeitsbereich zu ziehen, BPatGE **18,** 157, 159. Wenn ein den gesamten Anmeldungsvorschlag abdeckendes neues Problem vorhanden ist, ist es für die Einheitlichkeit unschädlich, wenn sich das gemeinsame Problem noch in Teilaufgaben aufgliedern lässt, und zwar auch dann, wenn diese Teilaufgaben bereits mit den im Anmeldungsvorschlag empfohlenen Maßnahmen gelöst sind, BPatGE **18,** 157, 160. **98**

Bei der Polymerisation eines Stoffes und der anschließenden thermischen Vernetzung handelt es sich um ein zusammenhängendes und daher einheitliches Problem, BPatGE **2,** 47. Eine Anmeldung, die sich auf mehrere durchgerechnete photographische Objektive bezieht, ist einheitlich, wenn die Objektive einem gemeinsamen Typus angehören und einen gemeinsamen, leicht erkennbaren Unterschied gegenüber dem Stand der Technik, z. B. einen besonderen Bildwinkel, ein besonderes Öffnungsverhältnis oder eine besondere Beeinflussung irgendeines Abbildungsfehlers aufweisen, oder wenn sie sich sämtlich Rahmenbedingungen für die Konstruktionsdaten unterordnen, die den Anmeldungsunterlagen zweifelsfrei zu entnehmen sind und von keinem der bekannten Objekte erfüllt werden, BPatGE **8,** 13, 14. Die Einheitlichkeit ist aber auch dann gegeben, wenn sich zwar ein einheitliches Erfindungsproblem nicht exakt angeben lässt, aber doch gewisse Anzeichen für das Vorliegen eines allgemeinen, die beschriebenen Lösungen umfassenden Erfindungsgedankens vorhanden sind, BPatGE **8,** 13, 14. **99**

Der Einheitlichkeit steht nach den genannten Grundsätzen nicht entgegen, dass durch die angemeldete technische Lehre mehrere Einzelprobleme gelöst werden sollen, sofern diesen Einzelproblemen eine einheitliche **Gesamtaufgabe** zugrunde liegt, vgl. dazu BPatGE **28,** 20, 22 (Einheitlichkeit verneint). Das ist dann der Fall, wenn die Teile der Anmeldung in einem technischen Zusammenhang stehen und sämtlich zur Lösung des Gesamtproblems beitragen, sei es, dass sie zur Lösung der Gesamtaufgabe nötig oder auch nur geeignet sind, sie zu fördern, PA Bl. **13,** 292, 295; BGH GRUR **71,** 512, 514; EPA (TBK) ABl. **82,** 306, 309. Ob ein solcher, die **100**

Einheit des Problems begründender Zusammenhang besteht, ist nach technisch-wirtschaftlichen Gesichtspunkten unter Berücksichtigung der Beziehungen des Problems zum Bedürfnis und nach den Anschauungen des Verkehrs zu beurteilen, PA Bl. **13,** 292, 295. Bei Vorliegen einer Gesamtaufgabe kann unter einer Erfindung i. S. des § 34 Abs. 5 auch ein Komplex von Erfindungen verstanden werden, PA Bl. **13,** 292, 295/296; BGHZ **64,** 101, 109 – Bäckerhefe; **73,** 183, 187 f. – Farbbildröhre; **73,** 330, 335 – Tabelliermappe; BGH GRUR **71,** 512, 514; **74,** 774, 775; Bl. **79,** 429, 431. Eine formale Betrachtung der Teile eines Erfindungskomplexes nach Aufgabe und Lösung wird den Anliegen, denen bei der Frage der Einheitlichkeit Rechnung zu tragen ist, nicht gerecht, BGH GRUR **74,** 774, 775 – Alkalidiamidophosphite. Entscheidend ist, ob nach dem bestehenden technologischen Zusammenhang unter Berücksichtigung der Praktikabilität des Erteilungsverfahrens und der Übersichtlichkeit des Erfindungskomplexes eine Behandlung in verschiedenen Verfahren geboten erscheint, BGHZ **73,** 330, 335 – Tabelliermappe = GRUR **79,** 619, 620 mit Anm. Hoepffner. Bei der Beurteilung des wirtschaftlichen und technologischen Zusammenhangs ist auch darauf zu achten, dass eine unnötige Zerstückelung von Anmeldungen vermieden wird und dass zusammenhängende Fragen in einem Verfahren behandelt werden, BGHZ **73,** 183, 188 – Farbbildröhre, m. w. N.

101 Ansprüche mehrerer **Patentkategorien** können in einer Anmeldung zusammengefasst werden, wenn ihnen ein einheitliches Problem zugrunde liegt und die Ansprüche der verschiedenen Patentkategorien die gleiche Erfindung in ihrer verschiedenen patentrechtlichen Ausgestaltung betreffen, BPatG Mitt. **69,** 12, 14; **84,** 232, 233.

102 So können ein Verfahren und eine Vorrichtung zur Durchführung des Verfahrens in eine Anmeldung aufgenommen werden, PA Bl. **13,** 292, 293. Nach BPatG Mitt. **69,** 75, können ein Verfahren und ein Mittel zu seiner Durchführung in einer Anmeldung zusammengefasst werden. Nach BPatG Mitt. **69,** 18, sind dagegen ein photographisches Verfahren und ein hierfür verwendetes Material – Aufnahmematerial, Bildempfangsmaterial, Entwickler – nicht einheitlich.

103 Unter dem Gesichtspunkt der Einheitlichkeit bestehen in der Regel keine Bedenken, einen Stoff, seine Herstellung und seine Verwendung in einer Anmeldung zusammenzufassen, BGHZ **54,** 181, 183 – Fungizid; BGH GRUR **71,** 512, 514 – Isomerisierung; **72,** 644, 646 – Gelbe Pigmente; BPatG GRUR **70,** 365; Mitt. **84,** 232, 233. Neben dem Stoff und seiner Herstellung kann auch ein Mittel, das lediglich aus der zweckgerichteten Mischung des erfinderischen Stoffes mit anderen üblichen Stoffen und/oder des Stoffes im üblichen Mischungsverhältnis besteht, in eine Anmeldung aufgenommen werden, BGH GRUR **72,** 644, 646. Neben einem Herstellungsanspruch kann auch ein Anspruch, der die übliche Verwendung des nach dem Verfahren hergestellten neuen chemischen Erzeugnisses betrifft, in eine Anmeldung aufgenommen werden, BPatGE **10,** 148; Mitt. **69,** 76. Neben einem Stoff sind Verwendungsansprüche in der gleichen Anmeldung zulässig, wenn sie homogene, d. h. gleichartige Verwendungen betreffen. Einheitlich ist auch ein Patentbegehren, das auf ein Mittel und dessen bestimmungsgemäße Verwendung (Verwendungsverfahren), BPatG Mitt. **69,** 12, oder auf die bestimmungsgemäße Verwendung eines Mittels und das betreffende Mittel gerichtet ist, BPatG Mitt. **72,** 89, 90 (Gerbverfahren und das dafür verwendete Gerbmittel).

104 Neben einem Stoffanspruch und einem Herstellungsanspruch kann ein Mittelanspruch dann nicht in die gleiche Anmeldung aufgenommen werden, wenn das Mittel in der angemeldeten Zusammensetzung Besonderheiten aufweist, die die Patentfähigkeit des Mittelanspruchs begründen könnten, BGH GRUR **72,** 644, 646. Der BGH hat in GRUR **74,** 774, 775 f. die Einheitlichkeit für ein Zwischenprodukt, das Verfahren zu seiner Herstellung und das Verfahren zu seiner Weiterverarbeitung bejaht, wenn die Weiterverarbeitung in üblicher Weise erfolgen soll; zur Frage der Einheitlichkeit von Zwischenprodukt-Endprodukt-Erfindung vgl. auch EPA (TBK) ABl. **82,** 306, 309, wo die beanspruchten Zwischenprodukte „nicht um ihrer selbst willen, sondern im Hinblick auf ihre Eigenschaft bereitgestellt werden, wertvolle neue Endprodukte" nach dem Hauptanspruch mittels ebenfalls beanspruchter Verfahren zu liefern. Keine Einheitlichkeit besteht bei einem Zwischenprodukt und verschiedenartigen Verfahren zu dessen Weiterverarbeitung mit den verschiedenartigsten Reaktionskomponenten zu den verschiedenartigsten Endprodukten, BGH GRUR **74,** 774, 776 mit Anm. Beil. In eine Anmeldung können neben Stoff, Herstellung und Verwendung nicht auch noch die unter Verwendung des Stoffes hergestellten Erzeugnisse aufgenommen werden, BGH GRUR **72,** 646, 647.

105 Bei Vorliegen einer einheitlichen Aufgabe können auch mehrere **Nebenansprüche** untereinander einheitlich sein, PA Mitt. **36,** 411; BGHZ **64,** 107, 109; **73,** 183, 187 f.; BGH GRUR **71,** 512, 514; BPatG GRUR **79,** 544, 546. Das ist vor allem dann der Fall, wenn die Aufgabe neu ist oder die vorgeschlagenen Lösungen auf dem gleichen Lösungsprinzip beruhen oder einander verwandt (ähnlich) sind, BGHZ **64,** 101, 109 (Herstellungsverfahren mit zwei verwandten mikrobiologischen Ausgangsmaterialien) oder wenn der Anmeldung ein übergeordnetes Problem zugrunde liegt und dieses durch zwei parallele Ausprägungen eines erfinderischen Gedankens gelöst ist, BGHZ **73,** 183, 188.

Bei **untergeordneten Ansprüchen** steht der Einheitlichkeit nicht schon entgegen, dass der Gegenstand eines Unteranspruchs von anderen Ansprüchen unabhängig und selbstständig verwendbar ist, PA GRUR **31,** 151. 106

Bei der Prüfung der Einheitlichkeit von Haupt- und **Zusatzanmeldung** ist von einem Gegenstand der Zusatzanmeldung auszugehen, der den Gegenstand der Hauptanmeldung ganz (Unterordnung) oder teilweise (Nebenordnung) umfasst; dieser Gegenstand ist mit dem der Hauptanmeldung zu vergleichen, BGHZ **73,** 330, 335. Bei Stofferfindungen ist die Einheitlichkeit gegeben, wenn die bei den Verbindungen des Hauptpatents neuen Strukturmerkmale auch bei den strukturabgewandelten Verbindungen der Zusatzanmeldung wiederkehren, BPatG GRUR **80,** 222, 223. 107

Die Größe des Umfangs des **Anwendungsbereichs** steht der Einheitlichkeit der Erfindung grundsätzlich nicht entgegen. So ist eine auf Konservierungs- und Desinfektionsmittel gerichtete Anmeldung nicht deswegen uneinheitlich, weil die Mittel sowohl zur Behandlung von technischen Gegenständen als auch von Lebensmitteln bestimmt sind, BPatGE **4,** 133. Die an einer Reihe von Ausgangsstoffen durch spezielle Behandlung bewirkte Umwandlung kann auch dann einen einheitlichen Erfindungsgegenstand verkörpern, wenn die Ausgangsstoffe sich nicht streng unter einen einheitlichen Gattungsbegriff einordnen lassen, sofern ein solcher Lösungsweg neu, dem Stande der Technik gegenüber speziell genug und in dem beanspruchten Umfang mit Erfolg durchführbar ist, BPatGE **5,** 116. 108

b) Folgen mangelnder Einheitlichkeit. Eine uneinheitliche Anmeldung genügt nicht den gesetzlichen Anforderungen. Der Anmelder wird deshalb aufgefordert, diesen **Mangel der Anmeldung** zu beseitigen (§ 42 Abs. 1, § 45 Abs. 1). Die Aufforderung geht dahin, entweder auf die Weiterbehandlung des uneinheitlichen Teils ganz zu verzichten oder den uneinheitlichen Teil auszuscheiden und in einer abgezweigten Anmeldung weiterzuverfolgen. Wenn der Anmelder dieser Aufforderung nicht nachkommt, muss die gesamte Anmeldung zurückgewiesen werden, vgl. BGH Bl. **62,** 141 – Atomschutzvorrichtung. Das Patentamt kann, da es nicht vom Erteilungsantrag des Anmelders abweichen darf, nicht eine Abtrennung des uneinheitlichen Teils von sich aus vornehmen, BGH Bl. **62,** 141. Bevor eine Aufforderung zur Ausscheidung oder zum Verzicht auf einen Anmeldungsteil ergeht, kann es im Einzelfall sachgemäß sein, dem Anmelder zunächst Gelegenheit zu geben, ein eingeschränktes, einheitliches Patentbegehren zu formulieren, das als Grundlage für die Fortführung des Verfahrens dienen kann, BPatGE **20,** 92. Dem Anmelder einer internationalen Patentanmeldung müssen in der Aufforderung nach Art. 17 Abs. 3 (a) PCT ausdrücklich die Gründe mitgeteilt werden, weshalb seine Anmeldung das Erfordernis der Einheitlichkeit nicht erfüllt, EPA (TBK) ABl. **87,** 459, 462. 109

Im Prüfungsverfahren (§ 44 Abs. 1) sollte die Frage der Einheitlichkeit der Anmeldung nicht ohne die Erörterung des Standes der Technik angesprochen werden, BPatGE **20,** 10; vgl. auch oben Rdn. 86. Wird Uneinheitlichkeit festgestellt, so ist diese Beanstandung im Bescheid – in der Regel anhand entsprechenden Materials – konkret zu begründen. Weiteres Material, das den verschiedenen Erfindungen entgegengehalten werden kann, trägt dazu bei, aussichtslose Ausscheidungsanmeldungen zu vermeiden, Prüfungsrichtlinien 2004 Nr. 3.3.3.4., Abs. 3. Ist der voraussichtlich in der Anmeldung verbleibende Teil erkennbar, ist für diesen Teil die Recherche vollständig durchzuführen, Prüfungsrichtlinien 2004 unter Bezugnahme auf BPatGE 20, 10. Selbst wenn die Feststellung der Uneinheitlichkeit der Anmeldung ausnahmsweise ohne Bezugnahme auf den Stand der Technik möglich erscheint, sollte die Prüfungsstelle die mangelnde Einheitlichkeit nicht beanstanden, ohne zur Patentfähigkeit mindestens eines der als uneinheitlich angesehenen Gegenstände Stellung zu nehmen (weitergehend BPatGE **20,** 10). Die Uneinheitlichkeit der Anmeldung braucht nicht mehr beanstandet zu werden, wenn auf Grund des bisherigen Prüfungsergebnisses bereits feststeht, dass weder der Inhalt der Anmeldung insgesamt noch einer der – uneinheitlichen – Teile patentfähig ist. Es ist in einem solchen Falle dem Ermessen der Prüfungsstelle überlassen, ob sie die Frage der Einheitlichkeit noch aufwerfen oder alsbald die Anmeldung wegen mangelnder Patentfähigkeit zurückweisen will, PA Mitt. **56,** 76. 110

c) Ausscheidung

Literatur: Lach, Behandlung eines ausgeschiedenen Anmeldungsteils, Mitt. **38,** 95; Harraeus, Die Ausscheidung im Patentprüfungsverfahren und ihre prozessuale Behandlung in der Beschwerdeinstanz, GRUR **60,** 153. Vgl. im Übrigen die Angaben bei Rdn. 97. 111

111a Die **Prüfungsrichtlinien 2004** sehen in Nr. 3.3.3.4 für die Behandlung eines **Einwands der Uneinheitlichkeit** von Seiten der Prüfungsstelle folgendes Verfahren vor: „Die Prüfungsstelle fordert den Anmelder unter Hinweis auf die Möglichkeit der Zurückweisung auf, die Einheitlichkeit durch eine Ausscheidungserklärung oder durch Verzicht auf den uneinheitlichen Teil herzustellen. In der Ausscheidungserklärung ist der ausgeschiedene Teil ausreichend bestimmt, wenn klar ist, was in der Stammanmeldung verbleiben und was Gegenstand der Trennanmeldung sein soll. Ist die Ausscheidungserklärung unbestimmt, ist der Anmelder unter Fristsetzung zur Klarstellung aufzufordern. Unterbleibt eine Klarstellung, ist die Ursprungsanmeldung zurückzuweisen.

Erfasst der abgetrennte Teil den beanstandeten Gegenstand nach einer Beanstandung der Uneinheitlichkeit (auch) nur zum Teil, ist die Trennung dennoch als Ausscheidung anzusehen. Dem Anmelder ist es verwehrt, sich für eine solche Trennung auf die Vorschriften der freien Teilung (§ 39 PatG) zu berufen.

Die Ausscheidung eines Anmeldungsteils führt zur sofortigen verfahrensrechtlichen Verselbständigung der Trennanmeldung, die in der Lage des Verfahrens weiter zu behandeln ist, in der sich die Ursprungsanmeldung zurzeit der Ausscheidung befand.

Anmeldegebühr und Prüfungsantragsgebühr sind für die Trennanmeldung nachzuentrichten. Werden die Gebühren nicht innerhalb von 3 Monaten ab Eingang der Ausscheidungserklärung bezahlt, so gilt die Trennanmeldung als zurückgenommen (vgl. §§ 3, 6 PatKostG sowie BGH in BlPMZ 1986, 371, 373 – Kraftfahrzeuggetriebe -).

Sind in der Ursprungsanmeldung auch bereits Jahresgebühren fällig geworden, werden diese mit der Ausscheidungserklärung auch für die Trennanmeldung fällig.

Im Verfahren der Trennanmeldung hat der Anmelder wie im Verfahren der Stammanmeldung neue Anmeldungsunterlagen einzureichen. Reicht er sie nicht innerhalb der von der Prüfungsstelle hierzu gesetzten Frist ein, ist die Trennanmeldung zurückzuweisen."

111b Das Patentamt verlangt also vom Anmelder, ähnlich wie bei der Teilung der Anmeldung nach § 39 oder der Teilung des Patents nach § 59 die Teilungserklärung, die Abgabe einer **Ausscheidungserklärung** oder den Verzicht auf den als uneinheitlich beanstandeten Teil der Anmeldung, der sich in aller Regel in entsprechend „uneinheitlichen Patentansprüchen" konkretisiert. Die Diskussion um die rechtliche Einordnung von Ausscheidung und Teilung als Verfahrensrechtsakt oder als unmittelbar rechtsgestaltender, im Einverständnis mit dem Patentamt abzugebender **Willenserklärung** des Anmelders oder Patentinhabers, vgl. dazu insbesondere Königer, Teilung und Ausscheidung im Patentrecht, 180 ff., der die historischen Wurzeln der „Teilungserklärung" erläutert, und Kraßer 5. Aufl., § 25 IX, hat also in den Prüfungsrichtlinien 2004 noch keine Resonanz gefunden. Es ist daher davon auszugehen, dass der Gehalt der Richtlinien insoweit nahezu gewohnheitsrechtlichen Charakter hat, zumal er auf eine langjährige Praxis von Patentamt, BPatG und BGH zurückzuführen ist, die auch die Einführung des freien Teilungsrechts nach § 39 überdauert hat, Die Beurteilung von Stortnik, GRUR 05, 117 ff., nach den neueren Entscheidungen des BGH und des BPatG zur Teilung von Anmeldung und Patent sei auch das alte „Ausscheidungsrecht" obsolet geworden, für eine verfrühte „frohe Botschaft". In der Zielsetzung teile ich seine Auffassung, dass eine Übernahme der auf Art. 76 EPÜ beruhenden Praxis des EPA (Einreichung eines Satzes einheitlicher Patentansprüche; Weiterverfolgung des uneinheitlichen Teils in einer Teilanmeldung) zu begrüßen wäre. Wie sehr die einvernehmliche „Ausscheidung" in den deutschen patentrechtlichen Verhältnissen verankert ist, geht besonders klar aus den rechtsgeschichtlichen Vorerörterungen in BGH – Kraftfahrzeuggetriebe, GRUR **86,** 877, hervor; die Entscheidung ist seinerzeit auf Rechtsbeschwerde des Präsidenten DPA ergangen, der eigentlich – in Übereinstimmung mit dem BMJ – die Anwendung des § 39 i. d. F. des 1. GPatG auch für die Ausscheidungsfälle erreichen wollte. Vgl. im Übrigen dazu nur die Kommentierung bei Schulte, 7. Aufl., Rdn. 264 bis 274 zu § 34, die ganz auf der Linie der Prüfungsrichtlinien 2004 (oder umgekehrt) liegt. Für eine weitgehende eigenständige Behandlung der Ausscheidung gem. den überlieferten Grundsätzen und Abgrenzung von der freien Teilung nach § 39 unverändert auch Busse/Keukenschrijver, 6. Aufl., Rdn. 40, die in den nachfolgenden Erläuterungen konsequent durchgehalten wird.

112 Die Ausscheidung wird traditionell auch als **„einvernehmliche Teilung"** bezeichnet. Einvernehmen bedeutet hier, dass der Anmelder auf die Zustimmung und die Vorgaben des Prüfers angewiesen ist, der die Uneinheitlichkeit der beanspruchten Gegenstände festgestellt hat; er begleitet und beaufsichtigt den Anmelder und hilft vielleicht auch dabei, wenn dieser die verlangte Ausscheidung uneinheitlicher Gegenstände ins Werk zu setzen versucht. Die Ausscheidung wird nicht wirklich „erklärt", sie wird beantragt und ggf. vom Prüfer genehmigt. Der Gewinn aus diesem Verfahren ist, dass die Ausscheidungsschritte kontrolliert ablaufen und jedenfalls das Patentamt und etwaige Wettbewerber die Übersicht behalten. Für den Anmelder

bedeutet es eine Einbuße an freier Gestaltung. So jedenfalls das Bild, das sich indirekt aus der früheren Entscheidungspraxis ergibt. Eine zwingende Rechtfertigung für diese unterschiedliche Behandlung vermag ich nicht zu erkennen. Auch ein Rückgriff auf Art. 4 G Abs. 1 PVÜ überzeugt nicht. Der Gegensatz zum europäischen Patenterteilungsverfahren ist unübersehbar.

Aus der (prozessualen) Verpflichtung, das Erfordernis der Einheitlichkeit der Anmeldung zu erfüllen, ergibt sich implizit die (verfahrensrechtliche) Befugnis des Anmelders, die vorgeschriebene Gestaltung der Anmeldung herbeizuführen. Deshalb wird die Erklärung des Anmelders, einen bestimmten Teil der Anmeldung auszuscheiden, mit Wirkung vom Zeitpunkt des Eingangs der Erklärung an der vom Anmelder bezeichnete Teil der ursprünglichen Anmeldung (Stammanmeldung), der sich als uneinheitlich erweist, aus der Stammanmeldung herausgenommen und in ein selbstständiges Erteilungsverfahren übergeleitet. Eine Ausscheidung, die deshalb erfolgt ist, weil die Gegenstände der ohne den ehemaligen „Dachanspruch" selbstständig weiterverfolgten, in zwei nebengeordneten Anspruchsgruppen zusammengefassten ehemaligen Unteransprüche nicht mehr eine einheitliche Erfindung darstellten, ist als solche ein rein verfahrensmäßiger Vorgang ohne sachlich-rechtliche Bedeutung. Es handelt sich um einen der Prozesstrennung (§ 145 ZPO) vergleichbaren Vorgang, BGH GRUR **67,** 413, 417 – Kaskodeverstärker. § 145 Abs. 1 begründet aber eine Befugnis des Gerichts, nicht etwa des Klägers oder der Parteien. Die Ausscheidungserklärung kann auch hilfsweise abgegeben werden, BPatGE **23,** 119, 121. Als verfahrensrechtlicher Vorgang lässt die Ausscheidung vorher ergangene Akte des Patentamts und vorher vom Anmelder abgegebene Erklärungen, die auch den abgetrennten Anmeldungsteil betrafen, unberührt (vgl. dazu im Einzelnen unten Rdn. 125). Die Vorschriften über die Teilung der Anmeldung (§ 39) sind auf die Ausscheidung weder unmittelbar noch entsprechend anwendbar (so BGH GRUR **86,** 877, 878 – Kraftfahrzeuggetriebe, m. Anm. von Eisenführ; BPatG GRUR **84,** 805; a. A. mit guten Gründen Kraßer 5. Aufl. § 25 IX S. 578, seine Auffassung entspricht den ursprünglichen Intentionen des 1. GPatG, das Teilungsrecht auf eine einheitliche Grundlage zu stellen und an das EPÜ anzupassen. Der ursprüngliche Diskussionsentwurf des BMJ sah deshalb z. B. auch keine „Teilungserklärung" mehr vor. Die Prüfungsrichtlinien des Patentamts, auf die Kraßer sich bezieht, sind allerdings nach wie vor auf die Rechtsprechung des BGH ausgerichtet und gehen unverändert davon aus, dass Ausscheidung und Teilung zwei verschiedene Verfahrensschritte sind und dass § 39 auf die Ausscheidung keine Anwendung findet, vgl. MittPräsDPA Nr. 6/2004 vom 28. Januar 2004, Bl. 04, S. 69 ff. Ebenso abw. Wagner Mitt. **80,** 149, 150 f.); bei der Teilung handelt es sich um die Ausübung eines Gestaltungsrechts, bei der Ausscheidung um die Beseitigung eines Mangels der Anmeldung, so dass insbesondere der § 39 Abs. 3 für diesen Fall nicht in Betracht kommen soll. Der Anmelder kann zwar einer Beanstandung wegen Uneinheitlichkeit durch Teilung zuvorkommen; dann ist § 39 anzuwenden, so z. B. auch Busse/Keukenschrijver Rdn. 40 zu § 39. Ist jedoch die Uneinheitlichkeit der Anmeldung bereits beanstandet worden, dann können, solange die Beanstandung aufrechterhalten wird, nur die für die Uneinheitlichkeit geltenden Grundsätze herangezogen werden. **112 a**

Die Aufteilung der Stammanmeldung in zwei verfahrensrechtlich selbstständige Anmeldungen – Stammanmeldung und davon abgezweigte Trennanmeldung (Ausscheidungsanmeldung) – wird durch die Erklärung des Anmelders allerdings nur dann herbeigeführt, wenn die Ausscheidung zur Beseitigung der Uneinheitlichkeit der aufzuteilenden Anmeldung erforderlich ist oder wenn der Anmelder jedenfalls nach § 39 zur Teilung der Anmeldung berechtigt ist und seine Erklärung als Teilungserklärung verstanden werden kann. Für die Feststellung, ob die Voraussetzungen für eine vom Anmelder – als solche – erklärte Ausscheidung vorliegen, wurde die mit der Stammanmeldung befasste Prüfungsstelle als zuständig angesehen, BPatGE **1,** 65. Die positive Feststellung der Zulässigkeit liegt in der Aufforderung zur Ausscheidung oder der Zustimmung zu der vom Anmelder erklärten Ausscheidung, BPatGE **1,** 65, 67. Sie liegt auch darin, dass die Prüfungsstelle die vom Anmelder vorgenommene Ausscheidung nachträglich „zulässt". Eine gesonderte Entscheidung (Vorabentscheidung) über die Zulässigkeit der Ausscheidung ist verfahrensrechtlich nicht zulässig, BPatGE **17,** 226. Die mit der abgezweigten Anmeldung befasste Prüfungsstelle ist an die Feststellung der mit der Stammanmeldung befassten Prüfungsstelle über die Zulässigkeit der Ausscheidung gebunden, BPatGE **1,** 65, 67. Sie darf daher die Trennanmeldung sachlich nur dann als Ausscheidung – mit dem Zeitrang der Stammanmeldung – (weiter-)behandeln (vgl. unten Rdn. 118), wenn die mit der Stammanmeldung befasste Prüfungsstelle die Ausscheidung zugelassen hat. **113**

Die Ausscheidung ist grundsätzlich **in jedem Verfahrensstadium** möglich, jedoch jeweils nur bis zu dem Zeitpunkt, in dem sie verfahrensrechtlich noch berücksichtigt werden kann, BPatGE **17,** 33; vgl. auch BGH GRUR **80,** 104 – Kupplungsgewinde, mit Anm. Hoepffner. Nach **Beendigung der Tatsacheninstanzen** ist eine Ausscheidung nach den Vorschriften **114** über die Rechtsbeschwerde **ausgeschlossen,** vgl. dazu BGH GRUR **80,** 104. Die Ausscheidung kann im Beschwerdeverfahren bis zur Beendigung der Beschwerdeinstanz vorgenommen werden, BGH GRUR **72,** 474, 475 – Ausscheidung in der Beschwerdeinstanz. Die Ausscheidungserklärung muss dann an das Patentgericht gerichtet werden und diesem spätestens vor Erlass der Entscheidung vorliegen, BPatGE **17,** 33. Bis zum Eingang des Prüfungsantrags (§ 44 Abs. 1) kann der Anmelder die Ausscheidung im Hinblick auf § 38 Satz 1 nicht von sich aus vornehmen.

115 Da sich die Ausscheidung als eine Aufteilung einer Anmeldung darstellt, kann sie nur so lange erfolgen, als die aufzuteilende Anmeldung – mit dem abzutrennenden Teil – anhängig ist. Nach Erledigung der Stammanmeldung – etwa durch rechtskräftige Zurückweisung – können nicht mehr nachträglich Teile ausgeschieden und – unter Beanspruchung des Zeitranges der Stammanmeldung – zum Gegenstand einer Trennanmeldung gemacht werden, BPatGE **1,** 65, 67. Waren in einer Stammanmeldung am Anmeldetage Merkmale offenbart worden, die in einer nachfolgenden Ausscheidung aus der Stammanmeldung wieder aufschienen und auf die nach erfolgter Ausscheidung ein Anspruch gerichtet wurde, der mit dem Gegenstand der Ausscheidung nicht einheitlich war und deshalb zum Gegenstand einer zweiten Ausscheidung gemacht wurde, so konnte dieser zweiten Ausscheidung die Anmeldepriorität der Stammanmeldung auch dann noch zugebilligt werden, wenn diese inzwischen zur Patenterteilung geführt hatte, PA Mitt. **56,** 111.

116 Ausscheidbar sind nur solche Anmeldungsteile, die im Zeitpunkt des Wirksamwerdens der Ausscheidungserklärung noch in der Stammanmeldung enthalten sind, BGH GRUR **71,** 565, 567 – Funkpeiler; **80,** 716, 718 – Schlackenbad; BPatGE **19,** 16; **23,** 113, 116. Ansprüche, über die bereits (auf Grund eines Hauptantrages) im Rahmen der Stammanmeldung entschieden ist, sind dadurch erledigt und können nicht auf Grund einer (hilfsweise abgegebenen) erst später wirksam werdenden Ausscheidungserklärung erneut zur Entscheidung im Rahmen einer Trennanmeldung gestellt werden, BGH GRUR **80,** 716, 718. Anmeldungsteile, auf deren Weiterbehandlung der Anmelder bereits verzichtet hatte, können nicht mehr mit dem Zeitrang des ursprünglichen Anmeldetages ausgeschieden und zum Gegenstand einer Trennanmeldung gemacht werden, PA Bl. **36,** 4; Mitt. **42,** 114. Für einen Gegenstand, der nicht im Rahmen der bekanntgemachten Patentansprüche lag, konnte nach der Bekanntmachung der Anmeldung nach früherem Recht nicht im Wege der Ausscheidung Schutz begehrt werden, BPatGE **13,** 189, 192; vgl. auch § 38 Rdn. 14.

117 Es ist der Sinn der Ausscheidung, dass der uneinheitliche Teil aus der Stammanmeldung entfernt wird. Nach der Ausscheidung kann sich deshalb die Stammanmeldung auch dann nicht mehr auf den ausgeschiedenen Teil erstrecken, wenn die Erläuterung dieses Teils in der Beschreibung verblieben ist, BPatGE **2,** 46. Andererseits kann das Schutzbegehren in der Trennanmeldung nur auf den in der Ausscheidungserklärung bezeichneten Gegenstand mit den dazu gehörenden Merkmalen gerichtet werden, BPatGE **19,** 16. Diese Entscheidung kann allerdings nach der jüngeren Rechtsprechung des BGH, beginnend mit BGH v. 1. 10. 1991 – X ZB 34/89 – Straßenkehrmaschine, BGHZ **115,** 234, 240 = GRUR **92,** 38; BGH GRUR **00,** 688 – Graustufenbild; BGH Bl. **03,** 66, 68 – Sammelhefter, als überholt angesehen werden. Es kann vielmehr mit der „Ausscheidungsanmeldung" oder „Trennanmeldung" der volle Gehalt der ursprünglichen Offenbarung der Stammanmeldung ausgeschöpft werden. Welche Ansprüche im Ergebnis gewährbar sind und welche zu einer Doppelpatentierung im Verhältnis zu einem in der Stammanmeldung erteilten Patent führen, lässt sich erst im Verlaufe bzw. am Ende des Prüfungsverfahrens zu der Trennanmeldung feststellen.

118 Treten bei der Ausscheidungsanmeldung wiederum Bedenken hinsichtlich der Einheitlichkeit der Anmeldungsunterlagen auf, so ist über diese Frage unter Heranziehung der Ursprungsunterlagen der Stammanmeldung und unter Beachtung des gesamten inzwischen ermittelten Standes der Technik erneut zu entscheiden, BPatGE **18,** 157.

119 **aa) Sachliche Behandlung.** Der mit der Ausscheidung verbundene Vorgang stellt sich – jedenfalls nach der bisher der Praxis des Patentamts zugrunde liegenden Konzeption und bei Vorliegen der dafür erforderlichen Voraussetzungen – nicht als Vornahme einer neuen Anmeldung, sondern als Verselbstständigung eines Teils der bereits erfolgten Anmeldung dar; der Anspruch auf Patenterteilung wird für den ausgeschiedenen Teil nunmehr in einem besonderen Verfahren weiterverfolgt, das rechtlich insoweit als Fortsetzung des bereits anhängig gewordenen Erteilungsverfahrens erscheint, BGH GRUR **71,** 565, 567 – Funkpeiler. Der Anmeldetag der Trennanmeldung (Ausscheidungsanmeldung) wird daher nicht durch den Tag der Einreichung der dafür erforderlichen Unterlagen, sondern durch den Tag des Eingangs der Stammanmeldung bestimmt, BGH GRUR **71,** 565, 567. Demgemäß bestimmt sich auch die Siebenjahresfrist für die Stellung des Prüfungsantrags (§ 44) nach dem Anmeldetag der Stammanmeldung, BPatGE **15,** 132ff; **16,** 50, 52. Das für die ursprüngliche (Stamm-)Anmeldung unter Beachtung der gesetzlich vorgeschriebenen Förmlichkeiten wirksam in Anspruch genommene Prioritätsrecht bleibt dem Anmelder für die Ausscheidungsanmeldung erhalten; der erneuten Erfüllung der Förmlichkeiten, darunter auch der Vorlage einer Abschrift der Voranmeldung, bedarf es in dem abgetrennten Verfahren über die Ausscheidungsanmeldung nicht, BPatGE **14,** 135. Diese Schlussfolgerungen bleiben auch dann gültig, wenn man die Ausscheidung als rein verfahrensrechtlichen Vorgang ansieht, dessen Ziel und Ergebnis erst am Ende feststehen.

Voraussetzung dafür ist zunächst, dass der Gegenstand der Trennanmeldung von der Stammanmeldung von vornherein mitumfasst wurde und dass er im Zeitpunkt der Ausscheidung noch in dieser – ausscheidbar (vgl. oben Rdn. 116) – enthalten war, vgl. auch BGH GRUR **85,** 1037, 1039 – Raumzellenfahrzeug I. **120**

Voraussetzung dafür ist weiter, dass sich der Vorgang im Zusammenhang mit der Einreichung der Anmeldung, die als Trennanmeldung gelten soll, nach den Umständen des Falles als Ausscheidung aus einer älteren Anmeldung (Stammanmeldung) darstellt, und dass der Wille des Anmelders, mit der neu eingereichten Anmeldung die frühere Anmeldung teilweise fortzuführen, ausreichend erkennbar geworden ist, BGH GRUR **71,** 565, 568. Das erste Erfordernis bezieht sich auf die Stammanmeldung; es muss durch entsprechende Erklärung des Anmelders zu der Stammanmeldung ein Anmeldungsteil aus dieser Anmeldung ausgeschieden und unter Mitwirkung der Prüfungsstelle von dieser Anmeldung abgetrennt sein, BGH GRUR **71,** 565, 568. Das zweite Erfordernis bezieht sich auf die Anmeldung, die als Trennanmeldung gelten soll. Der Anmelder muss bei dieser Anmeldung zum Ausdruck bringen, dass er mit der neu eingereichten Anmeldung eine ältere Anmeldung teilweise fortführen will. Das geschieht in der Regel unter Benutzung des Formulars P 2007 für den Erteilungsantrag dadurch, dass in der Spalte 8 das oberste Kästchen angekreuzt und rechts oben in der Sonderspalte das Aktenzeichen der Stammanmeldung angegeben und in der Spalte 9 (Prioritäten) der Anmeldetag der Stammanmeldung und eine etwaige Ausländische Priorität angezeigt wird. Der BGH hat in GRUR **71,** 565, 568, offen gelassen, bis wann das geschehen kann. Es könnte ein unnötiger Formalismus sein, den Anmelder, der verabsäumt hat, die notwendigen Erklärungen schon bei Einreichung der Trennanmeldung abzugeben, in jedem Falle zu zwingen, diese Anmeldung – soweit das möglich ist – als Trennanmeldung zu wiederholen. Der BGH hat jedoch aaO darauf hingewiesen, dass der Berücksichtigung einer nachträglichen Erklärung des Anmelders, die Anmeldung solle eine Ausscheidungsanmeldung sein, durch das Interesse an einer geordneten Durchführung des Erteilungsverfahrens und durch das Bedürfnis nach Rechtssicherheit Grenzen gesetzt sind. Danach könnte in diesem Zusammenhang auch die Offenlegung der Anmeldung, die als Trennanmeldung gelten soll, von Bedeutung sein. Schon im Hinblick auf den vorläufigen Schutz aus der offengelegten Anmeldung nach § 33 ist es erforderlich, in Form klarer Patentansprüche auch in der Trennanmeldung zu schaffen. **121**

Die Entscheidung darüber, ob der Gegenstand der Ausscheidungsanmeldung von vornherein in der Stammanmeldung enthalten war, im Zeitpunkt der Ausscheidung noch von dieser umfasst wurde und ob demzufolge der Ausscheidungsanmeldung der Zeitrang der Stammanmeldung zukommt, steht allein der mit der Ausscheidungsanmeldung befassten Prüfungsstelle zu, BPatGE **1,** 65, 67f.; **2,** 56. Die mit der abgezweigten Anmeldung befasste Prüfungsstelle ist daher auch für die Entscheidung über die Anfechtbarkeit der Erklärung, mit welcher der Anmelder den ausgeschiedenen Teil in der Stammanmeldung fallengelassen hat, allein zuständig, BPatGE **2,** 56. Über den Anmeldetag der Trennanmeldung und alle damit im Zusammenhang stehenden Fragen ist im Rahmen der Entscheidung über die Patenterteilung zu befinden; eine Vorabentscheidung über den Anmeldetag ist unzulässig, BPatGE **2,** 56, 59f. Der von der Stammanmeldung abgezweigte Anmeldungsteil wird in dem Zustand weiterbehandelt, in dem er sich im Zeitpunkt der Ausscheidung befunden hat, PA GRUR **30,** 1044. Bestandteile, die bereits endgültig fallengelassen worden waren, können in der Trennanmeldung nicht wieder aufgenommen werden, sofern der Verzicht nicht anfechtbar und wirksam angefochten ist. **122**

bb) Prozessuale Behandlung. Durch die – zulässige – Ausscheidung wird ein neues gebührenpflichtiges Anmeldeverfahren anhängig. Stammanmeldung und Ausscheidungsanmeldung werden nunmehr in zwei getrennten Erteilungsverfahren weiterbehandelt, BPatGE **22,** 153; **22,** 254, 255. Eine zusätzliche Trennung der Verfahren ist weder erforderlich noch möglich; die Trennung hindert nicht daran, über die beiden Anmeldungen zusammen zu verhandeln; es muss aber über die Anmeldungen getrennt entschieden werden, was nicht ausschließt, dass dies gleichzeitig geschieht. Soweit in BPatGE **21,** 30 eine abweichende Auffassung vertreten wird, kann ihr nicht gefolgt werden. **123**

124 Nach der Ausscheidungserklärung müssen für die nunmehr selbstständig gewordene abgetrennte Anmeldung die formellen Erfordernisse der Anmeldung erfüllt werden, BPatGE **13,** 57, insbesondere die erforderlichen Anmeldungsunterlagen eingereicht werden. Die Anmeldegebühr für die Trennanmeldung wird mit Eingang der Ausscheidungserklärung und nicht erst mit der Einreichung neuer Unterlagen hinsichtlich des ausgeschiedenen Teils oder der Bekanntgabe des neuen Aktenzeichens fällig, BPatGE **13,** 47, 52. Mit dem Eingang der Ausscheidungserklärung werden auch die Jahresgebühren für die Trennanmeldung fällig, und zwar sämtliche Jahresgebühren, die bis zu diesem Zeitpunkt zu entrichten gewesen wären, wenn die Trennanmeldung an dem ihr zukommenden Anmeldetage als selbstständige Anmeldung eingereicht worden wäre (§ 17 Abs. 3), BPatGE **13,** 47, 52; **14,** 9, 11; **26,** 28, 31; die Fälligkeit tritt nach BPatG Mitt. **72,** 217, 218 mit Beginn des auf den Eingang der Ausscheidungserklärung folgenden Tages ein. Im Falle der „Wiedervereinigung" der Trennanmeldung mit der Stammanmeldung entfällt die Gebührenpflicht für die Trennanmeldung nicht schon mit dem Eingang der darauf gerichteten Erklärung des Anmelders (so BPatG GRUR **79,** 113, 114), sondern erst mit dem Wirksamwerden des Verbindungsbeschlusses (vgl. unten Rdn. 127). Erst damit fällt die Trennanmeldung weg.

125 Die Ausscheidungsanmeldung wird in der Verfahrenslage weiterbehandelt, in der sich die Stammanmeldung im Zeitpunkt der Abzweigung befand, PA GrSen. Bl. **29,** 312; BGH GRUR **71,** 565, 567 – Funkpeiler; **77,** 209, 210 – Tampon; **86,** 877, 879 – Kraftfahrzeuggetriebe; BPatGE **14,** 135, 138; **17,** 45, 47; **20,** 68; **20,** 154, 155 m. w. N.; GRUR **84,** 805 ff. Da sich alle Verwaltungsakte des Patentamts und alle Verfahrenshandlungen des Anmelders vor der Ausscheidung auf die gesamte, damals noch ungeteilte Anmeldung bezogen, bleiben sie nach der Ausscheidungserklärung grundsätzlich sowohl für die Stammanmeldung als auch für die Ausscheidungsanmeldung (Trennanmeldung) wirksam, BPatGE **17,** 45, 47 f.; **20,** 154, 155. Prioritätserklärung (BPatGE **14,** 135), Lizenzbereitschaftserklärung (BPatGE **13,** 139) und die Stellung des Prüfungsantrags (§ 44) wirken auch für die Trennanmeldung, BPatGE **17,** 45, 48; **20,** 154, 155. Die Gebühr für den Prüfungsantrag muss dagegen für die Trennanmeldung gesondert entrichtet werden, BPatGE **17,** 45, 49; **20,** 154, 155. Der Anmelder hat binnen angemessener Frist dafür zu sorgen, dass die Trennanmeldung auch hinsichtlich des Erfordernisses der Zahlung der Prüfungsantragsgebühr auf den Stand der Stammanmeldung gebracht wird. Dazu kann ihm das Patentamt eine angemessene Frist setzen, BGH GRUR **86,** 877, 879, unter ausdrücklicher Missbilligung der abweichenden Praxis des BPatG; kritisch dazu die Anm. von Eisenführ, GRUR **86,** 879, 881. Bis zur Zahlung der Gebühr kann der vor der Ausscheidungserklärung gestellte Prüfungsantrag für die Trennanmeldung nicht wirksam werden, BPatGE **20,** 154, 155. Nach Auffassung des BPatG muss die Zahlung innerhalb der Frist des § 44 Abs. 2 geleistet werden, BPatGE **20,** 154, 155. Das ist nicht möglich, wenn die Ausscheidung unmittelbar vor oder erst nach Ablauf der Siebenjahresfrist des § 44 Abs. 2 gefordert und erklärt wird. Das Bundespatentgericht wendet deshalb in diesem Falle § 44 Abs. 4 Satz 3 entsprechend an, vgl. BPatGE **16,** 35, 38; **17,** 46; **20,** 154, 156; vgl. dazu auch § 44 Rdn. 23. Ein im Stammverfahren erledigter Rechercheantrag muss für die Trennanmeldung erneut ausdrücklich gestellt werden. Nur in diesem Falle ist auch für die Trennanmeldung die Recherchegebühr zu entrichten, BPatGE **29,** 186, 187 f.

126 Wenn die Ausscheidung in der Beschwerdeinstanz erfolgt, wird infolge der Anfallwirkung der Beschwerde auch die Trennanmeldung beim Patentgericht anhängig, BPatG **2,** 190; **8,** 23; **13,** 184, 185 f.; **20,** 19, 20; BGH GRUR **72,** 474, 475 – Ausscheidung in der Beschwerdeinstanz; **77,** 209, 210; BPatGE **23,** 93, 94 (Teilung). Auf den Willen des Anmelders kommt es dabei nicht an; die Ausscheidungsanmeldung darf deshalb nicht mit der Begründung zurückgewiesen werden, der Anmelder habe die Zuständigkeit des Patentgerichts, über die Ausscheidungsanmeldung zu entscheiden, bestritten, BGH GRUR **72,** 474, 475. Die Entscheidung des Patentgerichts über die erst in der Beschwerdeinstanz vorgenommene Ausscheidung ist eine Entscheidung über eine Beschwerde i. S. von § 100, BGH GRUR **72,** 472, 473 f – Zurückweisung. Wenn der abgezweigte Teil noch nicht ausreichend geprüft ist, kann die Trennanmeldung an das Patentamt zurückverwiesen werden (§ 79 Abs. 3). Ausführungen des Bundespatentgerichts über die weitere Behandlung der Trennanmeldung binden in einem solchen Falle weder das Patentamt noch das Patentgericht, BGH GRUR **72,** 472, 474. Solange der angefochtene Beschluss nicht – hinsichtlich der Trennanmeldung – aufgehoben und die Trennanmeldung an das Patentamt zurückverwiesen ist, kann sich das Amt nicht mit der Ausscheidungsanmeldung befassen, BPatGE **2,** 190, 192. Das Patentamt kann daher zwar der Trennanmeldung ein neues Aktenzeichen zuteilen und die Trennanmeldung nach Klasse und Gruppe auszeichnen. Solange die Zurückverweisung nicht erfolgt ist, ist das Patentamt jedoch nicht dafür zuständig, Benachrichtigungen und Bescheide zu erlassen oder gar die Trennanmeldung zurückzuweisen, BPatGE **20,** 19; BGH GRUR **72,** 474, 475. Es sollte daher auch dem Patentamt die Anlegung der Trennakten einschließlich der Anforderung der erforderlichen Unterlagen und der Anmeldegebühr überlassen werden, um erst dann die Anmeldung in der Beschwerdeinstanz in Behandlung zu nehmen und über die Zurückverweisung zu befinden.

cc) Rückgängigmachung. Die Ausscheidung ist ein verfahrensmäßiger Vorgang ohne sachlich-rechtliche Bedeutung, eine der Prozesstrennung nach § 145 ZPO vergleichbare rein prozessuale Aufspaltung oder Teilung des Verfahrens, die daher unter Umständen auch wieder rückgängig gemacht werden kann, BGH GRUR **67,** 413, 417 – Kaskodeverstärker; GRUR **86,** 531 – Schweißgemisch. Für die Rückgängigmachung der Ausscheidung bedarf es einer Zusammenfassung der getrennten Verfahren, die einer Prozessverbindung nach § 147 ZPO vergleichbar ist. Ein Gestaltungsrecht des Anmelders ist der gesetzlichen Regelung insoweit nicht zu entnehmen (BPatG Bl. **85,** 193 für den Fall der Verbindung von nach § 39 geteilten Anmeldungen; abw. BPatGE **21,** 78). Die Verbindung kann daher nicht durch entsprechende Erklärung des Anmelders herbeigeführt werden, sondern muss in entsprechender Anwendung des § 147 ZPO von der für die Bearbeitung der Anmeldungen zuständigen Stelle angeordnet werden (BPatG Bl. **85,** 193; abw. BPatGE **21,** 78 und wohl auch BPatGE **23,** 104, 107), wenn die Anmeldungen bei verschiedenen Prüfungsstellen anhängig sind, von der für die Stammanmeldung zuständigen Prüfungsstelle. Die Verbindung ist nur möglich, solange die zu verbindenden Anmeldungen anhängig sind; das ist auch dann der Fall, wenn für die Trennanmeldung Gebühren fällig geworden sind, aber die mit der Nichtzahlung verbundene Rücknahmefiktion noch nicht eingetreten ist, BPatGE **20,** 68, 70f. Eine Verbindung kommt grundsätzlich auch nur in Betracht, wenn die Anmeldungen in der gleichen Instanz anhängig sind (weitergehend anscheinend BPatGE **20,** 69). Dagegen ist die Verbindung zweier ursprünglich selbstständiger Patenterteilungsverfahren mit dem Ziel der Erteilung eines Patents nicht zulässig, BPatGE **27,** 82, 83; die Verbindung zweier Anmeldungen darf nicht zu einer Erfindung führen, die in keiner der beiden Ursprungsanmeldungen enthalten war, sondern sich erst aus der Kombination beider Anmeldungen ergibt, BGH GRUR **86,** 531. 127

Für die Verbindung muss ein sachlich berechtigtes Bedürfnis bestehen. Im Prüfungsverfahren kann der ausgeschiedene Teil wieder mit der Stammanmeldung vereinigt werden, wenn die Wiederaufnahme der ausgeschiedenen Teile ohne Verletzung der Einheitlichkeit möglich ist und die Einheitlichkeit der Unterlagen wieder herstellbar ist, PA Mitt. **55,** 95; **60,** 151; BPatGE **20,** 69, 70. Die Wiederaufnahme der ausgeschiedenen Teile in die Stammanmeldung ist vor allem dann möglich, wenn sich ergibt, dass sowohl die in der Stammanmeldung verbliebenen als auch die ausgeschiedenen Teile der ursprünglichen Anmeldung zur Bildung einer vollständigen Lehre zum technischen Handeln erforderlich sind, BPatGE **12,** 15. In der Verbindung der beiden Anmeldungen liegt keine unzulässige Erweiterung (§ 38), wenn nicht zuvor auf die Weiterbehandlung eines der Anmeldungsgegenstände verzichtet wurde, BPatGE **20,** 69. 128

9. Anmeldegebühr. Zu den Erfordernissen der Anmeldung gehört die Zahlung der Anmeldegebühr, die nach Nr. 311 000 bzw. 311 100 des GebVerz. zum PatKostG 50 EUR bei elektronischer Einreichung und 60 EUR bei Einreichung in Papierform beträgt. Die Gebühr ist Verfahrensgebühr, die zur Deckung der Kosten des Verfahrens bestimmt ist. 129

a) Fälligkeit. Die Anmeldegebühr wird mit dem Eingang der Anmeldung fällig und ist gem. § 3 Abs. 1, § 6 Abs. 1 Satz 1 PatKostG innerhalb von drei Monaten zu zahlen. Die Anmeldegebühr für die Ausscheidungsanmeldung wird mit Eingang der Ausscheidungserklärung, nicht erst mit Eingang der dazugehörigen Unterlagen fällig, PA Bl. **56,** 318, 319; Mitt. **58,** 155. Als Verfahrensgebühr verfällt die Gebühr mit dem Fälligwerden; sie kann, da eine Rückzahlung aus Billigkeitsgründen nicht vorgesehen ist, bei Rücknahme der Anmeldung weder ganz noch teilweise erstattet werden, PA Bl. **52,** 29; MuW **37,** 314. Eine Rückzahlung ist nur möglich, wenn die Rücknahmeerklärung vor oder gleichzeitig mit der Anmeldung eingeht oder wenn die Anmeldung im Zeitpunkt der Zahlung nicht mehr vorlag, weil sie schon vorher zurückgenommen oder rechtskräftig zurückgewiesen worden war. 130

b) Benachrichtigung. Unterbleibt die Zahlung oder wird die Gebühr nicht vollständig entrichtet, gilt die Anmeldung nach § 6 Abs. 2 PatKostG als zurückgenommen. Der Anmelder wird hierüber benachrichtigt. 131

Der Anmelder kann Wiedereinsetzung in den vorigen Stand beantragen, wenn er die Voraussetzungen von § 123 Abs. 1 Satz 1 nachweist. 132

c) Folgen der Nichtzahlung. Wird die Gebühr nicht innerhalb der Zahlungsfrist von drei Monaten entrichtet, so gilt die Anmeldung kraft Gesetzes als zurückgenommen. Der Zeitpunkt der Zahlung bestimmt sich nach der VO über die Zahlung der Gebühren des Patentamts und 133

Patentgerichts, vgl. dazu auch Rdn. 12 vor § 17. Bei Versäumung der Frist ist Wiedereinsetzung zulässig.

134 **d) Verfahrenskostenhilfe, Stundung.** Durch Bewilligung von Verfahrenskostenhilfe wird der Anmelder von der Zahlung der Anmeldegebühr befreit (§ 130). Die Bewilligung hat zur Folge, dass die § 6 Abs. 2 PatKostG für den Fall der Nichtzahlung vorgesehenen Rechtsfolgen nicht eintreten (§ 130 Abs. 2 Satz 1) und der Gebührenanspruch nur nach Maßgabe der Vorschriften über die Verfahrenskostenhilfe gegen den Anmelder geltend gemacht werden kann (§ 130 Abs. 2 Satz 2 i. V. mit § 122 Abs. 1 ZPO). Die Einreichung des Gesuchs hemmt nach § 134 die Zahlungsfrist.

IV. Eingang der Anmeldung und dessen Wirkung

135 Der Eingang der Anmeldung beim Patentamt setzt das Erteilungsverfahren in Gang. Eine zwar an das Patentamt abgesandte, aber dort nicht eingehende Anmeldung kann diese Wirkung nicht äußern, Präs. PA Bl. **50,** 136. Maßgebend ist der Eingang beim Patentamt, bei Irrläufern nach der Verwaltungsvereinbarung zwischen dem DPA und dem EPA auch der Eingang beim EPA; der Eingang bei dem für das Patentamt zuständigen Postamt genügt nicht, BPatGE **17,** 200 ff. Der Eingang der Anmeldung hat neben der Einleitung des Erteilungsverfahrens noch weitere Folgen, für die es zum Teil auf den Zeitpunkt des Eingangs ankommt.

1. Eingang der Anmeldung

136 **a) Einreichung beim Patentamt.** Maßgeblicher Zeitpunkt für die Anmeldung einer Erfindung gem. § 34 Abs. 1 ist der Eingang der Anmeldung beim Patentamt, vorbehaltlich der Einreichung bei einem Informationszentrum nach § 34 Abs. 2,. nicht hingegen deren Aufgabe bei der Deutschen Post oder einem anderen Postdienstleister. Verzögerungen im Postlauf gehen zu Lasten des Anmelders, BGH GRUR **89,** 38, 39 – Schlauchfolie. Die Anmeldung ist beim Patentamt eingegangen, wenn sie derart in den Machtbereich des Patentamts gelangt ist, dass es durch die dafür zuständigen Beamten der Annahmestelle davon Kenntnis nehmen kann. Es genügt daher nicht der Eingang bei irgendeiner Stelle des Amtes; maßgebend ist der Eingang bei der Annahmestelle, PA Mitt. **30,** 244.

136 a **b) Einreichung bei einem Patentinformationszentrum.** Nach § 34 Abs. 2, der durch das 2. PatÄndG m. W. v. 1. 11. 1998 in das PatG eingefügt wurde, kann die Anmeldung auch bei einem Patentinformationszentrum eingereicht werden (PIZ), wenn dieses durch eine Bekanntmachung des BMJ im Bundesgesetzblatt dazu bestimmt ist. Zurzeit gibt es solche Zentren in Bremen, Chemnitz, Dortmund, Dresden, Halle, Hamburg, Ilmenau, Kaiserslautern, Nürnberg, Saarbrücken und Stuttgart. Entsprechende Informationen sind auch über die Website des DPMA verfügbar. Die Einführung dieser Vorschrift sollte es den Anmeldern insbesondere in weiter von München entfernten Teilen Deutschlands ermöglichen, die Nachteile der weiteren Entfernung vom Sitz des Patentamts in München auszugleichen. Die vom BMJ bezeichneten Zentren nehmen die Anmeldung nur entgegen, dokumentieren den Eingangstag und leiten sie ohne jede Prüfung an das Patentamt weiter. Anmeldungen, die ein Staatsgeheimnis enthalten können, dürfen nach § 34 Abs. 2 Satz 2 nur beim DPMA direkt eingereicht werden. Da es sich dabei lediglich um eine Ordnungsvorschrift handelt und der Anmelder nicht ohne weiteres den Staatsgeheimnischarakter der Erfindung kennen muss, behalten auch solche Anmeldungen als Anmeldetag den Tag des Eingangs bei dem betreffenden Zentrum (a. A. Schulte, 7. Aufl., Rdn. 61 zu § 34). Der Anmelder setzt sich aber u. U. einem Strafverfahren wegen fahrlässiger Preisgabe eines Staatsgeheimnisses aus. Übersetzungen einer fremdsprachigen Anmeldung, die gemäß § 35 Abs. 1 innerhalb von 3 Monaten nachgereicht werden müssen, können beim PIZ eingereicht werden, MittDPMA Nr. 9/99 (Abs. 3) Bl **99,** 169.

137 **c) Festlegung des Zeitpunkt des Eingangs. Literatur:** Hagen, Über den Zeitpunkt der Anmeldung, GRUR **59,** 1; Trüstedt, Die Behandlung prioritätsgleicher Anmeldungen und Schutzrechte gleichen Inhalts, GRUR **67,** 2, 4 f.

138 Nach § DPMAV wird auf allen Geschäftssachen der Tag des Eingangs vermerkt. Auf den Geschäftssachen, die in den Nachtbriefkasten eingeworfen werden, wird als Eingangsdatum das Datum des Einwurftages vermerkt, seitdem § 13 Abs. 2 DPMAV ersatzlos gestrichen worden ist und Geschäftssachen auch an Sonn- und Feiertagen angenommen werden, MittPräsPA 4/87, Bl. **87,** 3, sowie die 1. VO zur Änderung der DPMAV vom 19. 12. 1986, BGBl. I 2666, Bl. **87,** 41. Der Tag des Eingangs wird durch einen Perforationsstempel kenntlich gemacht. Maßgebend ist der Vermerk auf den Anmeldungsunterlagen, nicht die Angabe auf einer Empfangsbescheinigung, PA Mitt. **44,** 20.

Wegen der Festlegung des Eingangszeitpunkts s. auch die Verwaltungsvereinbarung zwischen dem DPA und dem EPA über den Zugang von Schriftstücken und Zahlungsmitteln, Bl. **81,** 278, mit den Änderungen von Oktober 1989, Bl. **89,** 373 und EPA ABl. **81,** 381, die das Problem von Irrläufern beheben soll, allerdings die objektive Rechtslage nicht ändert vgl. BPatG Bl. **92,** 361 (Zulässigkeit eines verspätet dem DPA zugegangenen Einspruchs). Die Entscheidung stellte zu Recht auf die Tatbestandswirkung und den Vertrauensschutz begründenden Charakter der Verwaltungsvereinbarung ab, die als solche keinen normativen Inhalt haben kann. Sie begründet jedenfalls einen reziproken Gewahrsamswillen des jeweiligen Erstempfängers für das benachbarte Patentamt. Ähnlich die Entscheidung des EPA (GrBK) vom 16. 11. 1990, ABl. **91,** 137, für das EPA als eigentlichen Destinatär eines Irrläufers, dort allerdings bei Ersteingang in der Dienststelle Berlin des DPA. Die Große Beschwerdekammer geht davon aus, dass der PräsEPA zu keinem Zeitpunkt vor der Eröffnung der Annahmestelle des EPA in Berlin befugt gewesen sei, eine solche Vereinbarung für das EPA zu schließen, stellt dann aber auf den Grundsatz des Vertrauensschutzes ab, der das EPA verpflichte, beim DPA/Dienststelle Berlin eingereichte Schriftstücke so zu behandeln, als seien sie am Tag ihres Eingangs beim DPA/Dienststelle Berlin beim EPA selbst eingegangen, vgl. ABl. **91,** 137, 154f. 139

Nach BPatG v. 23. 11. 2004 – 11 W (pat) 41/03, **05,** 525 – Irrläufer = Bl. **05,** 183, soll die genannte Verwaltungsvereinbarung rechtswidrig sein. Zur rechtlichen Begründung der Vereinbarung vgl. aber die vorstehenden Argumente, die auf der Mitwirkung des Verfassers an der Vereinbarung im BMJ und Verwaltungsrat der EPO beruhen. Die vom entscheidenden Senat insoweit gegebene Begründung ignoriert wesentliche Vorgaben und verkennt vor allem, dass die Verwaltungsvereinbarung der Völkerrechtsebene angehört und ihre Grundlage nicht im VwVfg findet. Angesichts des unmittelbaren Interesses von DPMA und EPA war es auch ein grober Ermessensfehler, den Präsidenten DPMA nicht am Verfahren zu beteiligen. Obwohl die Aussagen zur angeblichen Rechtswidrigkeit der Vereinbarung lediglich Inzidentcharakter haben und überflüssig waren, weil der „Irrläufer" schon vom Sachverhalt nicht unter die Vereinbarung fiel, hat sich das EPA auch seinerseits inzwischen an die veränderte Bewertung der Rechtslage angepasst, s. Mitteilung in Abl. EPA **05,** Heft 7, S. 444f. und die parallele Mitteilung des Präs/DPMA Nr. 23/05 v. 2. 6. 2005. Immerhin kann sie nach wie vor für Fälle aus der Vergangenheit Bedeutung erlangen, da der Beschluss des BPatG eine Einzelfallentscheidung darstellt und deshalb die Wirksamkeit der Vereinbarung nicht tangieren kann. 140

d) Bedeutung. Der Festlegung des Eingangs der Anmeldungsunterlagen beim Patentamt kommt für die Rechtssicherheit, nämlich eine einfache, klar und ohne Unsicherheiten mögliche Feststellung des Anmeldetages, hohe Bedeutung zu. Der Anmeldetag, für dessen Zuerkennung jetzt der neue § 35 die Rechtsgrundlage bietet, wirkt sich nicht nur auf die Rechtsstellung des Anmelders, sondern auch auf die Rechte Dritter, die am Erteilungsverfahren nicht beteiligt sind, in entscheidender Weise aus, BGH GRUR **89,** 38, 39 – Schlauchfolie. 141

2. Festlegung des Altersranges. Durch den Eingang der Anmeldungsunterlagen wird der Altersrang der Anmeldung – vorbehaltlich einer etwaigen Unionspriorität oder einer Priorität nach § 40 – unabhängig vom Willen des Anmelders und des Patentamts festgelegt, PA Gr. Sen. Bl. **29,** 312; PA Bl. **30,** 176; BGHZ **1,** 176. Der Anmeldetag ist daher nach den objektiven Gegebenheiten zu bestimmen, BGH GRUR **71,** 565, 567 – Funkpeiler. Vgl. im Übrigen die Erläuterungen zum neuen § 35. 142

3. Festlegung des Anmeldungsgegenstandes. Durch die Anmeldung wird der Gegenstand der Anmeldung für das Erteilungsverfahren festgelegt. Änderungen der in den Anmeldungsunterlagen enthaltenen Angaben – der sog. ursprünglichen Offenbarung – sind nur in dem in § 38 Satz 1 bezeichneten Umfange zulässig. 143

V. Rücknahme der Anmeldung, Verzicht

S. Sikinger, Die Zurücknahme der Patent- und Warenzeichenanmeldung, Mitt. **85,** 61; Papke, Das Dilemma des deutschen Patenterteilungsverfahrens, GRUR **86,** 11; Goebel, Zurücknahme der Patentanmeldung und Abhilfebeschluss, GRUR **86,** 494. Auf Grund seines Verfügungsrechts (vgl. Rdn. 13ff. vor § 34) kann der Anmelder jederzeit das Erteilungsverfahren durch die Zurücknahme der Anmeldung beenden. Er kann auch auf die Weiterverfolgung des Schutzbegehrens für einzelne Anmeldeteile und auf den selbständigen Schutz einzelner Anmeldungselemente verzichten. 144

1. Rücknahme der Anmeldung. Die Anmeldung kann bis zur Erteilung des Patents zurückgenommen werden, PA Bl. **1909,** 303, und zwar auch noch in der Rechtsbeschwerdeinstanz, ohne dass die Hinzuziehung eines beim BGH zugelassenen Rechtsanwalts erforderlich 145 wäre, BGH Mitt. **85,** 52. Erklärt der Patentinhaber im Einspruchsbeschwerdeverfahren, er nehme die Patentanmeldung zurück, so führt dies nicht zur Erledigung des Einspruchsbeschwerdeverfahrens und auch nicht zur Wirkungslosigkeit des angefochtenen Widerrufsbeschlusses des Patentamts. Die Rücknahme einer Patentanmeldung ist nur bis zur Rechtskraft des Erteilungsbeschlusses möglich, BPatGE 38, 195. Im Einspruchsverfahren kann die Patentanmeldung nicht mehr zurückgenommen werden, BGH GRUR **99,** 571, 572, Künstliche Atmosphäre.

146 **a) Rücknahmeerklärung.** Die Erklärung muss den Willen erkennen lassen, das Erteilungsverfahren zu beenden. Die Rücknahme liegt in der Erklärung, keinen Wert mehr auf die weitere Bearbeitung der Anmeldung zu legen, PA Bl. **54,** 224. Sie liegt auch in der Erklärung, dass die Anmeldung nicht weiterverfolgt werde, PA Bl. **51,** 192. Eine mehrdeutige Erklärung – etwa die Angabe des Aktenzeichens der einen und der Bezeichnung einer anderen Anmeldung desselben Anmelders – ist unwirksam. Eine Berichtigung wird zugelassen, wenn ein offensichtlicher, dem Patentamt erkennbarer Irrtum vorliegt, PA Mitt. **42,** 183; Bl. **51,** 192, nicht bei bloßer Verwechslung der Aktenzeichen, PA Mitt. **34,** 106. Die Erklärung muss den Formerfordernissen für die Schriftlichkeit von bestimmenden Verfahrenshandlungen oder den zugelassenen Ersatzformen einschließlich des elektronischen Dokuments genügen, Für eine schriftliche Anmeldungsrücknahme reicht es zur Wahrung der Schriftform aus, dass im Falle der Übermittlung durch Telefax die Kopiervorlage eigenhändig unterschrieben ist und diese Unterschrift auf dem Fax wiedergegeben wird; zur Wirksamkeit der Anmeldungsrücknahme bedarf es nicht der Bestätigung der Faxübermittlung auf traditionellem Weg oder der Einreichung des Originals des Rücknahmeschriftsatzes BPatGE **44,** 209 = GRUR **02,** 220 – Nutmutter.

147 **b) Unbedingte Erklärung.** Die Rücknahme muss wegen ihrer auch verfahrensmäßigen Natur unbedingt erklärt werden (offen gelassen in BPatGE **15,** 160, 164). Die Erklärung soll unwirksam sein, wenn die Rücknahme unter dem Vorbehalt erklärt wird, dass die Offenlegung der Anmeldung noch verhindert werden kann, die Offenlegung aber bereits erfolgt ist; die Erklärung, die Anmeldung werde zurückgezogen und zugleich beantragt, jede Veröffentlichung zu unterlassen, kann u. U. in diesem Sinne ausgelegt werden, BPatGE 15, 160ff. A. A. BPatGE 45, 4 = Mitt. 02. 79, mit zust. Anm. Köllner; Hövelmann, GRUR **03,** 203, 207. Es sprechen gute Gründe für die Richtigkeit dieser Entscheidung. Unwirksam ist eine Erklärung, die nach ihrem Inhalt als Folge einer für wirksam erachteten Zurückweisung abgegeben wurde, wenn in Wirklichkeit eine wirksame Zurückweisung nicht erfolgt ist. Auch der nachträgliche Widerruf der Rücknahme einer Patentanmeldung ist mangels Rechtsgrundlage unzulässig und unwirksam, BGH Bl. **85,** 301, 302 – Caprolactam. Ein solcher Widerruf kann auch nicht als Neuanmeldung behandelt oder in eine solche umgedeutet werden, BGH Bl. **85,** 301, 303.

148 **c) Legitimation.** Zur Zurücknahme ist nur der Anmelder berechtigt. Die Rücknahmeerklärung des Anmelders ist auch dann wirksam, wenn die Anmeldung schon vorher auf einen Dritten übertragen, die Übertragung aber noch nicht dem Patentamt angezeigt war, PA Bl. **56,** 356; BPatGE **3,** 38. Die Rücknahmeerklärung durch den Rechtsnachfolger des Anmelders, auf den die Anmeldung noch nicht umgeschrieben ist, ist unwirksam, PA Bl. **55,** 298. Mehrere Mitanmelder müssen sämtlich der Zurücknahme zustimmen, PA Mitt. **33,** 250. Ein Vertreter, der die Zurücknahme für den oder die Vertretenen erklärt, muss eine ausreichende Vollmacht vorlegen, eine Vollmacht „gemäß § 25 PatG“ ermächtigt zur Zurücknahme der Anmeldung, BPatGE **1,** 21; BGH GRUR **72,** 536 – Akustische Wand.

149 **d) Wirksamwerden.** Die Rücknahmeerklärung wird wirksam mit dem durch den Eingangsstempel festgelegten Zeitpunkt des Eingangs beim Patentamt; ein späterer – wenn auch kurz danach eingegangener – Widerruf kann ihre Wirksamkeit nicht aufheben, PA Bl. **55,** 256; BPatGE **9,** 15, 16. Die Erklärung kann nicht nachträglich widerrufen werden, BGH GRUR **77,** 485 – Rücknahme der Patentanmeldung, mit Anm. Nieder, jeweils mit Hinweisen auf abweichende Auffassungen. Sie kann jedoch u. U. wegen Irrtums angefochten werden (vgl. unten Rdn. 151). Dagegen sollte eine analoge Anwendung von § 123 nicht in Betracht gezogen werden, da wesentliche Anknüpfungspunkte fehlen (a. A. anscheinend Schulte, 7. Aufl., Rdn. 446 zu § 34).

150 **e) Rechtsfolgen.** Die Zurücknahme der Anmeldung hat zur Folge, dass das Erteilungsverfahren endet. Ein nach Zurücknahme zugestellter Erteilungsbeschluss ist nichtig; die Bekanntmachung der Erteilung ist zu widerrufen und die Registereintragung zu löschen, PA Bl. **1909,** 302. Auch eine nach der Zurücknahme der Anmeldung verkündete Beschwerdeentscheidung ist nichtig, selbst wenn die Zurücknahmeerklärung bei der Verkündung der Entscheidung noch nicht zu den Akten des Patentgerichts gelangt war; es ist in einem solchen Falle angezeigt, die Nichtigkeit der Beschwerdeentscheidung durch Beschluss festzustellen, BPatGE **10,** 140 (Wz).

Anders ist die Rechtslage zu beurteilen, wenn übersehen wurde, dass die Anmeldung z. B. wegen verspäteter Zahlung des Zuschlags zu einer Jahresgebühr als zurückgenommen galt, das Erteilungsverfahren aber weitergeführt wurde, vgl. BPatG Bl. **84,** 380. Eine zurückgenommene Anmeldung kann wiederholt werden, jedoch nur mit neuer Priorität. Mit der Zurücknahme der Anmeldung entfallen die etwa bereits eingetretenen Schutzwirkungen der Offenlegung (§ 33 Abs. 1 Satz 1) mit rückwirkender Kraft (§ 58 Abs. 2 Satz 2; vgl. dazu § 58 Rdn. 10).

f) Anfechtbarkeit. Die Rücknahmeerklärung unterliegt wegen der materiellrechtlichen Auswirkungen dieser – im Rechtssinne – verfahrensrechtlichen Erklärung den Regeln über die Anfechtung von Willenserklärungen (§§ 119ff. BGB), BPatGE **12,** 128, 131; **16,** 11, 13. Ob auch die Anfechtung wegen eines Eigenschaftsirrtums (§ 119 Abs. 2 BGB) zugelassen werden kann, ist streitig, dafür Witte GRUR **62,** 497, 500; Seetzen, Der Verzicht im Immaterialgüterrecht, Göttingen 1969 S. 124; Schulte, 7. Aufl. Einl. Rdn. 75; dagegen PA Bl. **54,** 49; BPatGE **8,** 28, 36f.; offen gelassen in BGH GRUR **77,** 485, 486. – Rücknahme der Patentanmeldung. 151

Für das Vorhandensein eines Irrtums kommt es auf die Person an, welche die angefochtene Erklärung abgegeben hat, BPatGE **16,** 11, 14. Wenn ein Vertreter bestellt ist und dieser die Erklärung abgegeben hat, muss ein Irrtum in seiner Person, nicht in der des Anmelders vorgelegen haben, BPatGE **16,** 11. Im Falle der Vertretung eines ausländischen Patentanmelders durch einen ausländischen Korrespondenzanwalt kommt es, wenn der Inlandsvertreter die Zurücknahmeerklärung abgegeben hat, für das Vorliegen eines zur Anfechtung berechtigenden Irrtums lediglich auf die Person des Inlandsvertreters an, BPatGE **12,** 128; **16,** 11, 14. Die von einem Patentanwalt oder Rechtsanwalt erklärte Zurücknahme kann nicht wegen unrichtiger Übermittlung (§ 120 BGB) angefochten werden; denn diese Personen werden, auch soweit sie auf Anweisung handeln, nicht als Boten, sondern als Vertreter tätig, BPatGE **9,** 15. Wegen des Widerrufs der Rücknahme einer europäischen Patentanmeldung vgl. EPA (JBK), ABl. **88,** 417, einer Benennung im europäischen Patenterteilungsverfahren, wenn die Rücknahme auf einem „verwaltungstechnischen Irrtum" beim Bevollmächtigten beruht und die Rücknahme noch nicht veröffentlicht worden ist, EPA (JBK), GRUR Int. **90,** 221, 22 (Zulässigkeit des Widerrufs bejaht), sowie die beiden Entscheidungen EPA (JBK), GRUR Int. **89,** 228 (J 7/87) und **89,** 229 (J 11/87), die sich mit der Auslegung von Erklärungen des Anmelders im Sinne eines Verzichts auf die Patentanmeldung befassen. 152

Ein Irrtum über die Anwendbarkeit von Rechtssätzen – der Grundsätze des GrSen. PA über die Neuheitsschädlichkeit von Unterlagen – (PA Bl. **56,** 375) oder über den voraussichtlichen Schutzumfang des Patents (PA Bl. **54,** 139) oder ein Irrtum des Anwalts über den Inhalt der Anweisung seiner Mandantin (PA Bl. **54,** 140; BPatGE **9,** 15, 17) rechtfertigen die Anfechtung nicht. Ein Anfechtungsgrund liegt auch nicht vor, wenn der Anmelder auf Grund einer unrichtigen Information seines Patentbearbeiters (PA Bl. **54,** 139) oder ein vertretungsberechtigtes Organ einer Gesellschaft im Vertrauen auf die zuverlässige Arbeit der Sachbearbeiter ohne eigene Prüfung die Rücknahme erklärt, PA Bl. **54,** 223. 153

Ein auf die Anfechtung der Rücknahmeerklärung ergangener Bescheid, dass die Anmeldung weiterbehandelt werde, bindet nicht und begründet keinen Vertrauensschutz; eine Bindung tritt erst mit der Patenterteilung ein, BGH GRUR **72,** 536, 538 – Akustische Wand. Ein Vertrauenstatbestand, der eine Bindung erzeugt, wird auch nicht dadurch geschaffen, dass infolge einer Fehlleitung der Rücknahmeerklärung die Anmeldung offengelegt und ein Prüfungsbescheid erlassen wird, BGH GRUR **77,** 485, 487. Entsprechendes gilt, wenn die Unwirksamkeit des Widerrufs einer Rücknahmeerklärung übersehen und das Prüfungsverfahren zunächst weiter betrieben wurde, BGH Bl. **85,** 301, 302 – Caprolactam. 154

2. Verzicht auf Weiterbehandlung einzelner Anmeldeteile. Statt die Anmeldung insgesamt zurückzunehmen, kann der Anmelder auch auf die Weiterverfolgung eines zunächst weitergehenden Schutzbegehrens verzichten. Wenn sich der Anmeldungsgegenstand nur in einem beschränkten Umfange als patentfähig erweist, ist der Anmelder sogar zur Vermeidung der Zurückweisung der Anmeldung zu einer Beschränkung genötigt Die richtige Form der Abgrenzung ist aber nicht immer ganz einfach zu finden. Im Zweifel wird daher in der Neufassung der Unterlagen eher ein Formulierungsversuch des Anmelders als bereits ein endgültiger Verzicht auf die Weiterverfolgung eines weitergehenden Schutzbegehrens gesehen werden müssen, BGH GRUR **87,** 510, 511 – Mittelohr-Prothese. 155

a) Verzicht

Literatur: Beil, Die Wiederaufnahme fallengelassener Patentansprüche im Erteilungsverfahren, GRUR **74,** 495; Kraßer, Der „Verzicht" des Anmelders im Erteilungsverfahren, GRUR **85,** 689. 156

Ein Verzicht auf die Weiterverfolgung eines Teiles des ursprünglichen Schutzbegehrens liegt vor, wenn der Anmelder in **unzweideutiger Weise** bestimmten Rechten, die er bei der Anmeldung des Patents für sich beansprucht hat oder die sonst im Erteilungsverfahren zur Erörterung gestanden haben, entsagt, RG Bl. **25,** 219. Nach BPatGE 1, 63, 64 brauchte der Ausdruck „Verzicht" dabei nicht unbedingt benutzt zu werden; denn entsprechend dem allgemeinen, auch im Patenterteilungsverfahren zu beachtenden Grundsatz, dass bei der Auslegung einer Willenserklärung der wirkliche Wille zu erforschen und nicht an dem buchstäblichen Sinn des Ausdruckes zu haften ist (§ 133 BGB), reiche es zur Feststellung eines Verzichts aus, wenn der Anmelder neue, sachlich eingeschränkte Patentansprüche vorlegt und die gesamten Begleitumstände unzweideutig ergeben, dass er einen weitergehenden Patentschutz nicht begehrt, BPatGE **1,** 63, 64; die Entscheidung ist in einer bestimmten Übergangssituation (Verlagerung der Verfahren von den Beschwerdesenaten des DPA auf das BPatG) ergangen und auf die gegenwärtigen Bedingungen nicht mehr übertragbar. In BPatGE **26,** 120, 121, hatte der Patentanmelder ein vom Patentamt vorgeschlagenes eingeschränktes Patentbegehren zur Entscheidung gestellt, ohne weitergehende, zwei Jahre vorher fallengelassene Patentansprüche ausdrücklich wieder aufzunehmen. Das Gericht entschied, die Prüfungsstelle könne in dieser verfahrenstypischen Situation regelmäßig davon ausgehen, dass diese weitergehenden Ansprüche (Sachanspruch) nicht mehr aufrecht erhalten werden sollten, und ein dementsprechendes Patent erteilen; auf eine ausdrückliche Verzichtserklärung komm es nicht an. Es kann demgegenüber nicht schon in jeder inhaltlichen Beschränkung der Patentansprüche ein Verzicht auf ein weitergehendes Schutzbegehren gesehen werden, BGH Bl. **79,** 151. Es hängt vielmehr von den jeweiligen Umständen des Falles ab, ob es sich um ein – gegebenenfalls vorübergehendes – Fallenlassen von Ansprüchen „der Form nach" handelt, etwa aus dem Bestreben heraus, eine möglicherweise missglückte Anspruchsfassung durch eine bessere zu ersetzen, die sich dann aber doch als die schlechtere erweist gegenüber der ursprünglichen Formulierung, oder ob es sich um ein Fallenlassen von Ansprüchen „der Sache nach", also um einen Verzicht „bzw. eine Beschränkung" handelt, BGH GRUR **67,** 413, 417 – Kaskodeverstärker, mit krit. Anm. von Spieß, vgl. auch BPatG GRUR **81,** 412, 413 sowie EPA (TBK) Bl. **89,** 76, und Kraßer, GRUR Int. **92,** 699, 701 f.

157 Die Verwendung der Formulierung, dass Patentansprüche „ersatzlos gestrichen" werden, legt es nahe, jedenfalls dann einen Verzicht anzunehmen, wenn sich aus den Umständen nichts anderes ergibt, BPatG Mitt. **78,** 237. Ein Verzicht wird meist anzunehmen sein, wenn der Anmelder sich mit dem Fallenlassen des einen oder anderen Anspruchs oder mit der Zusammenziehung mehrerer Ansprüche einem entsprechenden Verlangen der Erteilungsbehörde gebeugt hat, zumal wenn diese ihm andernfalls die Zurückweisung der gesamten Anmeldung in Aussicht gestellt hatte, BGH GRUR **67,** 413. 417; RGZ **159,** 1, 10; BPatGE **1,** 63, 64; **20,** 39, 40. Erklärt sich der Patentanmelder vorbehaltslos mit einem vom Patentamt vorgeschlagenen beschränkten Patentanspruch einverstanden, legt er eine diesem Anspruch angepasste neue Patentbeschreibung vor und stellt er vorbehaltlos einen auf diese Unterlagen bezogenen Erteilungsantrag, so liegt darin regelmäßig ein Verzicht darauf, das über den nunmehrigen Anspruch hinausgehende Patentbegehren in dem auf die ursprüngliche Anmeldung eingeleiteten (oder in einem davon abzuzweigenden) Erteilungsverfahren weiterzuverfolgen, BGH GRUR **66,** 146 – Beschränkte Bekanntmachung; ähnlich für das Einspruchsverfahren nach früherem Recht BPatGE **19,** 109. Ist ein Teil einer Patentanmeldung wegen Uneinheitlichkeit ausgeschieden, so hängt es von den jeweiligen Umständen des Falles ab, ob damit auf einen nicht mit ausgeschiedenen Teil, insbesondere auf einen bisher beanspruchten übergeordneten Erfindungsgegenstand verzichtet worden ist oder nicht, BGH GRUR **67,** 413; vgl. dazu auch PA Bl. **35,** 8; GRUR **31,** 71; vgl. auch BPatGE **23,** 113, 116 (GebrM).

158 Reicht der Anmelder auf einen Zwischenbescheid, die nach verschiedenen Ansprüchen beanspruchten Verfahren stellten zwei verschiedene Gegenstände dar und könnten daher nicht in einer Anmeldung behandelt werden, eine neue Beschreibung mit neuen Ansprüchen ein, die an die Stelle der bisherigen Unterlagen treten sollen, so liegt darin keine Beschränkung auf das in den neuen Unterlagen allein noch genannte Verfahren und kein direkter oder indirekter Verzicht hinsichtlich der in der neuen Eingabe nicht mehr beanspruchten Teile der ursprünglichen Anmeldung; jedenfalls mit einem 14 Tage später eingereichten Schriftsatz, der als „Ergänzung" der vorangehenden Eingabe bezeichnet ist, können diese Anmeldungsteile weiterverfolgt werden, BGH GRUR **66,** 312, 317 – Appetitzügler I. Lässt der Anmelder einen Patentanspruch mit Rücksicht auf den ihm von der Prüfungsstelle entgegengehaltenen Stand der Technik fallen, kann zumindest dann nicht von einem Verzicht auf den in diesem Anspruch behandelten Gegenstand ausgegangen werden, wenn seine differenzierte Beschreibung erklärtermaßen in den Anmeldungsunterlagen verbleibt und Merkmale enthält, die über den Aussagegehalt des gestrichenen Anspruchs in beanspruchbarer Weise hinausgehen, BPatGE **20,** 105. Die Zustimmung des Anmelders zur Änderung des Anspruchs mit abweichender Bezeichnung bekannter Merkmale ist kein Verzicht, PA Mitt. **32,** 80.

Kraßer 5. Aufl., setzt sich in § 25 VIII d S. 570 ff. ausführlich mit der Frage einschränkender Änderungen im Erteilungsverfahren und deren Interpretation als Verzicht auseinander. Als Ergebnis der Analyse, die auch die ältere Praxis und Rechtsprechung einbezieht, wie sie auch den vorstehenden Erläuterungen zugrunde liegt, stellt er fest, dass **einschränkende Änderungen der Anmeldung,** die der Anmelder im Erteilungsverfahren vorschlägt oder akzeptiert, **in keinem Fall als sofort bindender Teilverzicht** anzusehen sind. Dem ist uneingeschränkt zuzustimmen. Die Vorlage eingeschränkter Patentansprüche sollte nicht als Verzicht auf den aufgegebenen Teil interpretiert werden. Dazu ist eine eindeutige Erklärung erforderlich, zu der der Anmelder im Regelfall keinen Anlass hat. Es sollte ihm unbenommen sein, jederzeit den „streitigen Teil" der Patentansprüche abzuzweigen und zum Gegenstand einer Teilanmeldung nach § 39 zu machen oder auch, je nach Verfahrensstrategie, zunächst in der Stammanmeldung zu belassen und die Prüfungsstelle durch geeignete Haupt- und Hilfsanträge zu einer bindenden Festlegung zu zwingen mit der Chance, in der Beschwerdeinstanz zurückgewiesene Ansprüche wiederaufzugreifen. Die frühere Neigung von Patentamt und Patentgericht, aus dem Verhalten des Anmelders einen konkludenten Verzicht abzuleiten, hing vermutlich auch damit zusammen, dass die Teilungsmöglichkeit wegen der extrem restriktiven Handhabung dem Anmelder häufig verschlossen blieb. Außerdem fehlte der unmittelbare Vergleichsmaßstab des europäischen Patenterteilungsverfahrens, das eindeutig die Gestaltung der Patentansprüche und die Einigung darüber mit dem Anmelder und Patentinhaber (Art 113 Abs. 2 EPÜ) in den Mittelpunkt des Verfahrens stellt. **158 a**

b) Folgen. Die Einschränkung des Patentbegehrens durch Verzicht auf das weitergehende Schutzbegehren ist für den Anmelder bindend. Die Wiederaufnahme ursprünglich, weitergehender Patentansprüche ist daher nicht möglich, RG Mitt. **41,** 38; BPatGE **1,** 63, 65; **14,** 22. Sie ist eine unzulässige Erweiterung der Anmeldung (§ 38 Satz 2) und als solche zu behandeln. **159**

c) Anfechtbarkeit. Der Verzicht auf Weiterverfolgung eines Teiles des Schutzbegehrens unterscheidet sich von der Zurücknahme der Anmeldung im Wesentlichen in quantitativer Hinsicht. Die Erwägungen, die zur Zulassung der Anfechtung der Zurücknahme der Anmeldung wegen eines Willensmangels (§§ 119, 120 BGB) geführt haben (vgl. oben Rdn. 152), treffen daher grundsätzlich auch hier zu (vgl. dazu BPatGE **2,** 56; BGH GRUR **66,** 146, 149 – Beschränkte Bekanntmachung). Die Anfechtung einer Erklärung, die den Inhalt der Anmeldung betrifft, wegen Irrtums ist aber auf alle Fälle dann ausgeschlossen, wenn die Erklärung des Anmelders Grundlage einer Entscheidung geworden ist, die Wirkung nach außen entfaltet, wie die Bekanntmachung nach früherem Recht und die Patenterteilung nach neuem Recht, BGH GRUR **77,** 780 – Metalloxyd, mit insoweit zust. Anm. Fischer. **160**

3. Verzicht auf selbstständigen Schutz

Literatur: Winkler, Änderung und Beschränkung von Schutzansprüchen im Erteilungsverfahren und im Verletzungsprozess, GRUR **76,** 393. **161**

Der Anmelder kann im Patenterteilungsverfahren auch auf den selbstständigen Schutz von Merkmalen der Anmeldung, etwa einzelner Elemente einer Kombination oder der Merkmale eines Unteranspruchs, verzichten; BPatG Bl. **87,** 157. Wenn das Patentamt die mangelnde Schutzfähigkeit festgestellt hat, soll es den Anmelder sogar zu entsprechenden Erklärungen auffordern (vgl. Vorbem. vor § 34 Rdn. 34). Der Anmelder kann aber auch von sich aus einen Verzicht erklären. Ein bindender Verzicht liegt vor, wenn der Anmelder nach Kenntnisnahme von Entgegenhaltungen, ohne sich mit diesen auseinanderzusetzen, erklärt, keinen selbstständigen Schutz für einen Unteranspruch zu begehren; der Anmelder kann dann die Merkmale dieses Unteranspruchs nicht mehr zur Grundlage des Hauptanspruchs machen, BPatGE **5,** 120. Dagegen ist Verzicht auf selbständigen Schutz anzunehmen, wenn der Anmelder auf von der Prüfungsstelle formulierte Ansprüche eingeht mit der Erklärung, die Ansprüche dürften wohl „im Rahmen von Unteransprüchen" gewährbar sein, BPatG Mitt. **84,** 115, 116.

34a

Hat eine Erfindung biologisches Material pflanzlichen oder tierischen Ursprungs zum Gegenstand oder wird dabei derartiges Material verwendet, so soll die Anmeldung Angaben zum geographischen Herkunftsort dieses Materials umfassen, soweit dieser bekannt ist. Die Prüfung der Anmeldungen und die Gültigkeit der Rechte auf Grund der erteilten Patente bleiben hiervon unberührt.

Literatur: Straus, J., The Rio Biodiversity Convention and Intellectual Property IIC **93,** 602; Schatz, Ulrich: Zur Patentierbarkeit gentechnischer Erfindungen in der Praxis des Europäischen Patentamts, GRURInt **97,** 588; Rogge, Rüdiger, Patente auf genetische Informationen im Lichte der öffentlichen Ordnung und der guten Sitten GRUR **98,** 303; Blakeney, M, Biotechnology, TRIPs and the Convention on Biological Diversity, in: Bio-Science Law Review 1998/1999, 144; Busche, Jan: Die Patentierung biologischer Erfindungen nach Patentgesetz und EPÜ, GRURInt **99,** 299 Feuerlein, Fr.: Patentrechtliche Probleme der Biotechnologie GRUR **01,** 561; Bostyn, Sven J.R.: Enabling Biotechnological Inventions in Europe and the United States. A study of the patentability of proteins and DNA sequences with special emphasis on the disclosure requirement. European Patent Office script, Vol. 4. München 2001; Spranger, T.M.: Indigene Völker, „Biopiraterie" und internationales Patentrecht GRUR **01,** 89–92; Wolfrum, Rüdiger, u.a., Genetische Ressourcen, tradionelles Wissen und geistiges Eigentum im Rahmen des Übereinkommens über die Biologische Vielfalt. Schlussbericht des F+E-Vorhabens „Rechtliche Analyse des Übereinkommens über die Biologische Vielfalt unter besonderer Berücksichtigung der Fragen des geistigen Eigentums, Bonn, 2001; Lawson, Charles; Pickering, Catherine: The Conflict for Patented Genetic Materials under the Convention on Biological Diversity and the Agreement on Trade Related Aspects of Intellectual Property Rights, 12 AIPJ 104–115 (2001); v. Lewinski, S.: WIPO-Sitzung des zwischenstaatlichen Ausschusses über geistiges Eigentum und genetische Ressourcen, überliefertes Wissen und Folklore, Genf 13.–21. Juni 2002 GRURInt **02,** 836; Wendland, Wend B.: Intellectual Property, Traditional Knowledge and Folklore: WIPO's Exploratory Program, IIC **02,** 485; Sellnick, Hans-Joachim: Erfindung, Entdeckung und die Auseinandersetzung um die Umsetzung der Biopatentrichtlinie der EU, GRUR **02,** 121 Kleine, Tatjana und Klingelhöfer, Thomas: Biotechnologie und Patentrecht – Ein aktueller Überblick, GRUR **03,** 1; Götting, Horst-Peter: Biodiversität und Patentrecht, GRUR Int **04,** 731; Straus, Joseph: Angabe des Ursprungs genetischer Ressourcen als Problem des Patentrechts, GRUR Int **04,** 792.

Inhaltsübersicht

1 **1. Textgeschichte.** Die Vorschrift ist durch das Gesetz v. 21. 1. 2005 zur Umsetzung der Richtlinie über den rechtlichen Schutz biotechnologischer Erfindungen (BGBl 2005 I 146, Art. 1 Nr. 10 des Gesetzes) m.W.v. 28. 2. 2005 in das PatG eingefügt worden. Sie war in der ursprünglichen Fassung des Gesetzentwurfs für die 14. Legislaturperiode (BT-Drs. 14/5642 v. 23. 3. 2001) noch nicht enthalten und beruht mithin auf nachträglichen Überlegungen und Entwicklungen im Rahmen der zuständigen internationalen Organisationen: Europäische Union, WIPO und Vertragsstaatenkonferenz des Übereinkommens über die Biologische Vielfalt (Convention on Biological Diversity – CBD) vom 5. 6. 1992 (BGBl. 1993 II S. 1741), insbesondere auf den „Bonner Leitlinien über den Zugang zu genetischen Ressourcen und die ausgewogene Beteiligung an den Vorteilen aus ihrer Nutzung". Sie wurden von der 6. CBD-VSK im April 2002 verabschiedet und sprechen sich u.a. für eine Offenlegung des Ursprungslandes genetischer Ressourcen aus.

2 **2. Rechtspolitischer Hintergrund.** Die Frage der Angabe des geographischen Herkunftsortes biologischen Materials spielte bereits bei den Beratungen über den Vorschlag der Europäischen Kommission für eine Richtlinie des Europäischen Parlaments und des Rates über den rechtlichen Schutz biotechnologischer Erfindungen (GRUR **96,** 652) eine erhebliche Rolle. Das Parlament hatte einen Änderungsantrag eingebracht, nach dem bei Erfindungen, deren Gegenstand aus biologischem Material humanen, pflanzlichen oder tierischen Ursprungs besteht oder derartiges Material verwendet, Angaben über die „Ursprungsperson" bzw. den geografischen Herkunftsort des Materials angegeben werden müssten und gegenüber dem Patentamt auch der Nachweis zu führen wäre, dass das Material mit freiwilliger und auf voller Kenntnis der Sachlage erteilter Zustimmung der „Ursprungsperson" verwendet und zum Patent angemeldet wurde, bzw. bei pflanzlichem bzw. tierischem Material das Material im Einklang mit den am Herkunftsort geltenden Bestimmungen über den rechtlichen Zugang und die Ausfuhr solchen Materials verwendet wurde (Art. 8a). Die Kommission lehnte diesen Änderungsantrag ab, COM (97) 446 final, 95/0350 (COD). Sie vertrat die Auffassung, dass diese Vorschrift, was das pflanzliche oder tierische Material angeht, über die sich aus der Konvention über biologi-

sche Vielfalt vom 5. 6. 1992 ergebenden Verpflichtungen hinausgehe, zum anderen bei humanem Material gegen die Richtlinie 95/46/EC des Europäischen Parlaments und des Rates vom 24. 10. 1995 zum Schutz natürlicher Personen bei der Verarbeitung personenbezogener Daten und zum freien Datenverkehr (Amtsbl. EG Nr. L 281 vom 23. 11. 1995) verstoße (Straus GRURInt **98,** 1, Fn. 4).

In der endgültigen Fassung der Richtlinie 98/44/EG des Europäischen Parlaments und des Rates vom 6. Juli 1998 über den rechtlichen Schutz biotechnologischer Erfindungen GRUR-Int **98,** 675 ABl. L 213 vom 30. 7. 1998, S. 13, waren von den Anregungen des Parlaments lediglich die Erwägungsgründe 27, 55 und 56 übriggeblieben. Nach dem Egr. 27 soll dann. wenn eine Erfindung biologisches Material pflanzlichen oder tierischen Ursprungs zum Gegenstand hat oder dabei derartiges Material verwendet wird, die Patentanmeldung gegebenenfalls Angaben zum geographischen Herkunftsort dieses Materials umfassen, falls dieser bekannt ist. Der Soll-Charakter dieser Anregung ist zusätzlich verstärkt durch die Feststellung, dass die Prüfung der Patentanmeldungen und die Gültigkeit der Rechte auf Grund der erteilten Patente davon unberührt bleiben. Die Richtlinie nimmt damit zwar einen Gedanken aus Artikel 15 CBD auf, überlässt aber die Ausfüllung der dortigen Verpflichtungen zunächst der weiteren Entwicklung. Wie der EuGH mit Urteil v. 9. 10. 2001, Rs C-377/98 Niederlande v Europäisches Parlament und Rat der EU (Biotechnologie-Richtlinie) festgestellt hat, verstößt die Richtlinie nicht gegen das Übereinkommen über Biologische Vielfalt, GRUR **01,** 1043, Rdn. 53–67, = IIC **02,** 729 (engl.). 3

3. Diskussionsstand in der WIPO, der CBD-Konferenz und der EU. Inzwischen hat sich auf Betreiben der Entwicklungsländer unter Führung Brasiliens eine Sachverständigengruppe der WIPO im Rahmen eines Intergovernmental Committee on Intellectual Property and Genetic Resources, Traditional Knowledge and Folklore (IGC) mit dieser Fragestellung befasst. Über die Auswirkungen des CBD auf die Patentsysteme unterrichtet eine vom Internationalen Büro der WIPO erstellte ausführliche Studie (Technical Study No. 3: Disclosure requirements in patent systems related to genetic resources and traditional knowledge, – http://www.wipo.int/tk). Zur Diskussion über „Biopiraterie" vgl. Spranger, GRUR **01,** 89 ff. Zu weiteren internationalen und nationalen Initiativen und zu deren Vereinbarkeit mit dem TRIPS-Übereinkommen s. Straus, GRUR Int. **04,** 792, 793 ff. 4

In einer Stellungnahme der EU gegenüber der Konferenz für die Konvention zum Schutz der biologischen Vielfalt, als Dokument des IGC auch diesem Gremium vorgelegt (Bezeichnung WIPO/GRTKF/IC/8/11 v. 17. 5. 2005) schlagen die Mitgliedstaaten der EU u. a. vor: (a) als zwingendes Erfordernis einzuführen, nach dem in Patentanmeldungen das Ursprungsland oder die Quelle genetischen Ausgangsmaterials (resources); (b) das Erfordernis sollte auf alle internationalen, regionalen und nationalen Patentanmeldungen vom frühestmöglichen Zeitpunkt an Anwendung finden; (c) der Anmelder sollte eine Erklärung über das Ursprungsland abgeben und, falls unbekannt, die Quelle der spezifischen genetischen Ausgangsmaterials, zu der der Erfinder physisch Zugang gehabt hat und die ihm bekannt ist; (d) die Erfindung muss direkt auf die spezifische genetische Ausgangsmaterial zurückzuführen (be directly based on) sein; (f) wenn der Anmelder die erforderliche Information nicht abgibt oder verweigert, so sollte, vorbehaltlich der Möglichkeit, das Erfordernis nachträglich zu erfüllen, die Anmeldung nicht weiterbehandelt werden (should not be further processed); (g) wenn die beigebrachte Information unrichtig oder unvollständig ist, sollten effective, verhältnismäßige und abschreckende Sanktionen außerhalb des Patentrechts eingeführt werden; (h) ein einfaches Notifizierungsverfahren für die Patentämter sollte für jeden Fall eingeführt werden, in dem sie eine solche Erklärung des Anmelders erhalten. Nach Meinung der Verfasser des Vorschlags soll damit auf globaler Ebene ein wirksames, ausgewogenes und realistisches System für die Offenlegung in Patentanmeldungen sichergestellt werden. 5

4. Auslegung und praktische Handhabung der Vorschrift. Es kann also innerhalb absehbarer Zeit damit gerechnet werden, dass § 34 a einen neuen Inhalt erhält. Derzeit ist die Vorschrift jedenfalls nicht verbindlich, d. h. verlangt vom Anmelder nicht zwingend die Angabe der in § 34 a Satz 1 angesprochenen Informationen. Verstöße gegen diese Vorschrift ziehen keinerlei Sanktionen nach sich. Für die Angaben zum geographischen Herkunftsort des biologischen Materials bietet sich der Beschreibungsteil der Anmeldung an, wobei sich empfiehlt, den Hinweis deutlich aus dem Kontext der Beschreibung hervorzuheben. Wenn die entsprechenden Angaben künftig verpflichtend werden sollten, wie von den Mitgliedstaaten der EU vorgeschlagen, so ist jedenfalls nicht mit einer rückwirkenden Anwendung auf anhängige Anmeldungen oder erteilte Patente zu rechnen. Die eher unbestimmten Tatbestände der „Biopiraterie" und deren „Verletzung" dürften dagegen keine unmittelbaren Auswirkungen auf das Patenterteil- 6 lungsverfahren und auf die Bestandskraft von Patenten haben, da sie nicht den Gegenstand der Erfindung betreffen, sondern externe Faktoren und Rahmenbedingungen darstellen. A.A. Schulte, Rdn. 3 zu § 34a, der eine Anknüpfung an den Begriff der Sittenwidrigkeit in § 2 Nr. 1 vorschlägt, und Götting, GRUR Int **04,** 731, 736, der „grobe Verstöße" gegen die CBD ebenfalls als ahndungswürdig ansieht.

35 (1) **Ist die Anmeldung ganz oder teilweise nicht in deutscher Sprache abgefaßt, so hat der Anmelder eine deutsche Übersetzung innerhalb einer Frist von drei Monaten nach Einreichung der Anmeldung nachzureichen. Enthält die Anmeldung eine Bezugnahme auf Zeichnungen und sind der Anmeldung keine Zeichnungen beigefügt, so fordert das Patentamt den Anmelder auf, innerhalb einer Frist von einem Monat nach Zustellung der Aufforderung entweder die Zeichnungen nachzureichen oder zu erklären, daß jede Bezugnahme auf die Zeichnungen als nicht erfolgt gelten soll.**

(2) **Der Anmeldetag der Patentanmeldung ist der Tag, an dem die Unterlagen nach § 34 Abs. 3 Nr. 1 und 2 und, soweit sie jedenfalls Angaben enthalten, die dem Anschein nach als Beschreibung anzusehen sind, nach § 34 Abs. 3 Nr. 4**

1. **beim Patentamt**
2. **oder, wenn diese Stelle durch Bekanntmachung des Bundesministeriums der Justiz im Bundesgesetzblatt dazu bestimmt ist, bei einem Patentinformationszentrum**

eingegangen sind. Sind die Unterlagen nicht in deutscher Sprache abgefaßt, so gilt dies nur, wenn die deutsche Übersetzung innerhalb der Frist nach Absatz 1 Satz 1 beim Patentamt eingegangen ist; anderenfalls gilt die Anmeldung als nicht erfolgt. Reicht der Anmelder auf eine Aufforderung nach Absatz 1 Satz 2 die fehlenden Zeichnungen nach, so wird der Tag des Eingangs der Zeichnungen beim Patentamt Anmeldetag; anderenfalls gilt jede Bezugnahme auf die Zeichnungen als nicht erfolgt

Inhaltsübersicht

Literatur: BT-Drs. 13/9971 = Bl. **98,** 393, 403 mit der Begründung des Regierungsentwurfs zu dem 2. PatGÄndG. Wegen der entsprechenden Vorschriften im EPÜ vgl. Benkard EPÜ, 2002, Erl. zu Art. 14 – Sprachen des Europäischen Patentamts – (Pignatelli) und Art. 80 – Anmeldetag (Dobrucki).

1. Allgemeines

1 **a) Textbestand.** § 35 ist durch Art. 2 Nr. 10 des des 2. PatÄndGes m. W. v. 1. 11. 1998 neu in das Patentgesetz eingefügt worden. Die Bezeichnung „§ 35" hat die Vorschrift deshalb erhalten, weil durch das Freiwerden von § 34 und das – gesetzgebungstechnisch an sich nicht erforderliche – Verschieben des Regelungsgehalts des vorherigen § 35 in den neuen § 34 auch die Nummerierung entsprechend geändert werden konnte.

2 **b) Gegenstand.** § 35 Patentgesetz regelt die Zulässigkeit der Einreichung fremdsprachiger Anmeldungsunterlagen, die Zulässigkeit der Nachreichung von Übersetzungen und Zeichnungen und die Voraussetzungen für die Zuerkennung eines Anmeldetages. § 35 schließt sich eng an § 34 mit den allgemeinen Vorschriften über Form und Inhalt der Anmeldung an und ergänzt

sie in Richtung auf das Erfordernis der Sprache und die gesetzliche Präzisierung des Anmeldetags für eine Anmeldung voraus.

c) Rechtspolitischer und internationaler Hintergrund. Bei der Abfassung des Gesetzentwurfs zum 2. PatGÄndG waren die raschen Fortschritte zur Vorbereitung des PLT 2000 und zur Revision des EPÜ (November 2000) noch nicht abzusehen. Die Begründung bezieht sich daher noch auf Artikel 8 des von der Weltorganisation für das geistige Eigentum WIPO ausgearbeiteten Vertragsentwurfes zur Harmonisierung des Patentrechts von 1991 (WIPO-Dokument PLT/DC/3, abgedruckt in Industrial Property 1991, 118). Dieses Dokument sah als Ergebnis der vorbereitenden Arbeiten in einem Expertenausschuss vor, dass eine Patentanmeldung in jeder beliebigen fremden Sprache mit anmeldetagsbegründender Wirkung eingereicht werden kann, sofern innerhalb einer bestimmten Frist eine Übersetzung der Anmeldung vom Anmelder nachgereicht wird. Da die Verhandlungen über den Entwurf des Harmonisierungsvertrages ins Stocken geraten seien, sei es an der Zeit, diese anmelderfreundliche Lösung – die auch von allen beteiligten Seiten begrüßt wird – vorab zu realisieren. Dies gelte insbesondere vor dem Hintergrund, dass auch bereits andere europäische und außereuropäische Länder diese Erleichterung für ausländische Anmelder vorsehen. Für Österreich gelte dies bereits seit der Patentrechts-Novelle im Jahre 1984. 3

Die Begründung nimmt ferner Bezug auf das EPÜ; es enthalte eine ähnliche Bestimmung in Artikel 14 Abs. 2, die durch die Regel 6 der Ausführungsordnung ergänzt werde. Schließlich wird auf § 33 MarkenG und § 68 MarkenV verwiesen. Fremdsprachige Markenanmeldungen könnten nach § 68 a.a.O. in anmeldetagsbegründender Weise eingereicht werden, wenn innerhalb eines Monats eine deutschsprachige Übersetzung nachgereicht wird. 4

Wie sich demnach aus der Begründung zu dem RegE des 2. PatÄndG (BT-Drs. 13/9971) ergibt, sind wichtige Anregungen zu der neuen Vorschrift den Plänen der WIPO für eine internationale Harmonisierung des Patentrechts, dem allgemeinen rechtspolitischen Ziel der Anpassung des nationalen Patentrechts an die entsprechenden Bestimmungen und Entwicklungen im EPÜ, im PCT und im WTO/TRIPS-Übereinkommen entnommen worden. Sie führten zu der Novellierung des EPÜ im November 2000, weitreichenden Änderungen im PCT-System auf Grund von Beschlüssen der Versammlung des PCT-Verbandes mit Wirkung vom 1. 1. 2004 und zu der Annahme des PLT vom 1. 6. 2000 und vereinfachten weltweit die Möglichkeiten, Patentschutz für Erfindungen zu erhalten, ohne das Problem der Rechtssicherheit aus den Augen zu verlieren. Der Basisvorschlag für die Konferenz zur Revision des EPÜ begründet z.B. die Änderungen zu Art. 14 mit der Öffnung des EPÜ für weitere Anmeldungssprachen ausdrücklich mit dem PLT 2000. Zugleich sind parallele Entwicklungen im nationalen und internationalen Markenrecht berücksichtigt worden. § 35 ist im Lichte dieser Zielsetzungen zu interpretieren. 5

2. Fremdsprachige Unterlagen. Nach § 35 Abs. 1 Satz 1 kann die Anmeldung auch durch die Einreichung von Anmeldungsunterlagen, die nicht in deutscher Sprache abgefasst worden sind, erfolgen. Nach dem bis zum Ablauf des 31. 10. 1998 geltendem Recht (§ 126 Satz 2) blieben fremdsprachige Eingaben grundsätzlich unberücksichtigt (vgl. hierzu auch § 10 der Patentanmeldeverordnung a. F.). Bei entsprechender Erweiterung der Ermächtigung in § 34 hätten die Einzelheiten, wie fremdsprachige Unterlagen zu behandeln sind, auch der PatV überlassen bleiben können. Dass hier die Grundvoraussetzungen im Gesetz geregelt sind, schließt im Übrigen nicht aus, weitere Details in der PatV zu behandeln. Dies entspricht auch der allgemeinen Linie, im Rahmen des EPÜ Einzelheiten zur Ausfüllung der Grundnormen des EPÜ verstärkt in die Ausführungsordnung zu verlagern. Die Anmeldungsunterlagen sind die in § 34 Abs. 3 bezeichneten Bestandteile einer Anmeldung, nämlich der Namen des Anmelders, der Antrag Erteilung eines Patents mit einer kurzen und genauen Bezeichnung des Patents, ein Patentanspruch oder r mehrere Patentansprüche, eine Beschreibung der Erfindung. die Zeichnungen, auf die sich die Patentansprüche oder die Zeichnungen beziehen. 6

Die Unterlagen können in ihrer Gesamtheit oder auch in den einzelnen Bestandteilen in einer beliebigen fremden Sprache eingereicht werden. § 35 Abs. 1 macht keinerlei Unterschied hinsichtlich der Sprachen. Es können also auch Anmeldungen in Sprachen eingereicht werden, die sich nicht der lateinischen Schriftzeichen in der deutschen Variante bedienen, sondern griechische, kyrillische, arabische, persische, chinesische oder japanische Schriftzeichen verwenden und in den entsprechenden Sprachen abgefasst sind. Es gibt nach dem Inhalt der Vorschrift auch keinen Grund, die möglichen fremden Sprachen nur auf offizielle anerkannte Amtssprachen anderer Länder zu begrenzen. Jedenfalls erscheint es nicht ausgeschlossen, auch anerkannte Regionalsprachen ohne Status einer Amtssprache zu verwenden; hier sind aber die Grenzen nicht eindeutig zu bestimmen. Sie werden in erster Linie durch die praktischen Gegebenheiten, die 7

Verfügbarkeit von Wörterbüchern und von Übersetzern und das Erfordernis einer beglaubigten Übersetzung definiert. In der Tendenz wird sich vermutlich das Englische als Universalsprache der derzeitigen Technik durchsetzen.

8 Es ist jedenfalls z.B. nicht zu beanstanden, wenn eine beim Japanischen Patentamt in japanischer Sprache eingereichte Patentanmeldung mit einem an das DPMA gerichteten Erteilungsantrag versehen und beim DPMA eingereicht wird. Dagegen lässt es die Vorschrift nicht zu, einen Antrag auf Erteilung eines deutschen Patents lediglich mit einer Referenz auf eine bei einem anderen Patentamt eingereichte Anmeldung zu verbinden. Es ist schon erforderlich, eine Abschrift oder Kopie der dortigen Unterlagen zu fertigen und eine aus sich selbst heraus verständliche und in sich geschlossene, jedenfalls den Mindestanforderungen nach § 35 Abs. 2 Satz 1 genügende Anmeldung einzureichen.

9 Die Vorschrift zielt darauf ab, ausländischen Anmeldern die Nachanmeldung einer Erfindung während der Prioritätsfrist zu erleichtern. Sie setzt aber keineswegs voraus, dass es sich um solche Prioritätsanmeldungen handeln müsse und nur ausländischen Anmeldern vorbehalten sei. § 35 Abs. 1 kann selbstverständlich auch von in der Bundesrepublik Deutschland ansässigen oder niedergelassenen Anmeldern in Anspruch genommen werden, was immer dabei die verfahrenstaktischen Überlegungen dabei sein mögen.

10 Die Möglichkeit für die Anmelder, die Anmeldung in ihrer Originalsprache einzureichen, hat für den Anmelder den Vorteil, dass auf diese Weise die Gewähr besteht, dass keine Bestandteile der Offenbarung durch die Übersetzung verloren gehen, da sich der Offenbarungsgehalt nach der Anmeldung in der Originalsprache und nicht nach der Übersetzung richtet.

3. Deutsche Übersetzung

11 **a) Frist für die Nachreichung.** § 35 verlangt aber vom Anmelder, innerhalb von drei Monaten eine deutsche Übersetzung nach Einreichung der Anmeldung nachzureichen. Die fremdsprachige Anmeldung erhält damit als Anmeldetag den Tag ihrer Einreichung, wenn der Anmelder innerhalb der Frist von 3 Monaten eine deutschsprachige Übersetzung der Anmeldungsunterlagen nachreicht. Eine Aufforderung oder Erinnerung durch das Patentamt ist nicht vorgesehen. Die Frist ist aber wiedereinsetzungfähig. Entscheidend für den Beginn der Frist zur Nachreichung der Übersetzung ist der Tag der Einreichung der Anmeldung. Werden die Mindestunterlagen i.S.v. § 35 Abs. 2 Satz 1 nicht einheitlich eingereicht, so ist der Tag, an dem die Mindestunterlagen vorliegen und ihr Zusammenhang trotz der Zeitverschiebung bei der Einreichung (Beispiel: der Erteilungsantrag mit dem Namen des Anmelders geht ohne Beschreibung ein, die erst am nächsten Tag oder einige Tage später folgt) erkennbar ist, der maßgebliche Tag für die Berechnung der Frist.

12 § 14 Abs. 2 Nr. 2 DPMAV, wonach deutsche Übersetzungen von Abschriften früherer Patentanmeldungen nur auf Anforderung des Patentamts einzureichen sind, ist im Zusammenhang mit § 35 Abs. 1 Satz 1 nicht anzuwenden. Zum einen geht § 35 als Gesetz der DPMA als Verordnung im Rang voraus. Außerdem lässt die Bezugnahme auf § 41 Abs. Satz 1 in der genannten Vorschrift der DPMAV erkennen, dass es sich um eine frühere Anmeldung handelt, deren Priorität in Anspruch genommen wird. Bei der Übersetzung nach § 35 Abs. 1 Satz geht es aber nicht um die Inanspruchnahme einer ausländischen Priorität, sondern um die Begründung und Aufrechterhaltung eines Anmeldetages in dem beim DPMA anhängigen Verfahren, in dem eine etwaige Kopie einer früheren ausländischen Anmeldung, wenn sie als Anmeldungsunterlage benutzt wird, den Gegenstand des Verfahrens vor dem DPMA definiert.

13 Die dreimonatige Frist zur Einreichung der Übersetzung entspricht der in Artikel 14 Abs. 2 des Europäischen Patentübereinkommens i.V.m. Regel 6 Abs. 1 Satz 1 der Ausführungsordnung zum Europäischen Patentübereinkommen vorgesehenen Frist. In § 68 Abs. 2 der Verordnung zur Ausführung des Markengesetzes ist zwar bestimmt, dass die deutsche Übersetzung des fremdsprachigen Inhalts der Anmeldung innerhalb eines Monats ab Eingang der Anmeldung beim Patentamt einzureichen ist. Eine Patentanmeldung hat aber im Regelfall einen größeren Umfang als eine Markenanmeldung. Die Übersetzung der Patentansprüche, der Beschreibung und evtl. der Zusammenfassung sowie weiterer Unterlagen nimmt mehr Zeit in Anspruch als die Übersetzung des Antrages auf Registrierung einer Marke. Durch die Frist von 3 Monaten soll dem ausländischen Anmelder, der kurzfristig, um die Prioritätsfrist nicht zu versäumen, eine Anmeldung in ihrer Originalsprache in Deutschland einreicht, ausreichend Zeit eingeräumt werden, eine Übersetzung anzufertigen und nachzureichen.

14 **b) Rechtsfolgen einer Fristversäumung.** Wird die Frist von drei Monaten nicht eingehalten, so sind die Rechtsfolgen hierfür dem § 35 Abs. 2 Satz 2 zu entnehmen. Der Anmeldung wird nicht nur der Anmeldetag versagt, sie gilt vielmehr „als nicht erfolgt"; sie wird also

nicht als Patentanmeldung behandelt. Die Prüfung, ob die Frist von drei Monaten eingehalten ist, gehört deshalb auch nicht zu den Gegenständen der Offensichtlichkeitsprüfung, in deren Rahmen Mängel der Anmeldung zu prüfen und ggf. zu rügen wären. Es dürfte aber angezeigt sein, dass das Patentamt den Anmelder nach Ablauf der Frist in einer Mitteilung darauf hinweist, dass seine Eingabe wegen Fehlens einer deutschen Übersetzung nicht als Patentanmeldung behandelt werden kann. Er kann darauf mit einem Gesuch auf Wiedereinsetzung in den vorigen Stand nach § 123 reagieren, wenn die Voraussetzungen dafür vorliegen. Dagegen scheidet ein Antrag auf Weiterbehandlung nach dem neuen § 123 a aus, da es sich bei den drei Monaten um eine im Gesetz festgelegte, nicht um eine vom Patentamt bestimmte Frist handelt.

c) Status der deutschen Übersetzung. Nach § 14 Abs. 1 DPMAV müssen deutsche Übersetzungen von Schriftstücken, die zu den Unterlagen der Anmeldung zählen, von einem Rechtsanwalt oder Patentanwalt beglaubigt oder von einem öffentlich bestellten Übersetzer angefertigt sein. Dieses Erfordernis gilt auch für die nach § 35 Abs. 1 Satz 1 nachzureichende Übersetzung. Der Mangel der Beglaubigung kann im Zusammenhang des § 35 Abs. 1 Satz 1 wohl. nicht als bloßer Formmangel angesehen werden, den das Patentamt im Rahmen der Offensichtlichkeitsprüfung zu rügen und dem Anmelder eine Frist zur Behebung des Mangels zu setzen hätte. Läßt man nämlich eine formlose, unbeglaubigte Übersetzung genügen, macht das Alternativerfordernis der von einem öffentlich bestellten Übersetzer angefertigten Übersetzung keinen Sinn. Außerdem geht es darum, für das weitere Verfahren eine zuverlässige Grundlage zu heben, als die eine zunächst formlose Übersetzung schwerlich gelten kann. A. A. Schulte, Rdn. 22 zu § 35, der wohl insgesamt die Beglaubigungen für nachholbar ansieht. Für die notarielle Beglaubigung der Unterschrift des öffentlich bestellten Übersetzers nach § 14 Abs. 1 Satz 2 DPMAV scheint mir die Nachholung dagegen vertretbar zu sein. 15

Über den Status der deutschen Übersetzung sagt § 35 nichts aus. Es liegt aber unter praktischen Gesichtspunkten auf der Hand, dass sie die maßgebliche Grundlage für die weitere Bearbeitung der Anmeldungsunterlagen darstellt, da Deutsch nun einmal die Verfahrenssprache des DPMA ist und auch die Veröffentlichung Anmeldung und die Patentschrift unverändert voraussetzen, dass die Bestandteile der Anmeldungsunterlagen in deutscher Sprache veröffentlicht werden und sich an die Öffentlichkeit in Deutschland mit Deutsch als der einheitlichen Amtssprache wendet. Andererseits sind die Anmeldungsunterlagen in der ursprünglich eingereichten Fassung die maßgeblichen Dokumente, die den Inhalt der ursprünglichen Offenbarung definieren. Deshalb sollte der in Art. 14 Abs. 2 letzter Halbsatz verankerte Grundsatz, wonach während des gesamten Verfahrens vor dem EPA die Übersetzung in eine der Amtssprachen des Amtes mit der Anmeldung in der ursprünglich eingereichten Fassung in Übereinstimmung gebracht werden kann, und Art. 70 Abs. 2 EPÜ mit dem Rückgriff auf den ursprünglichen Text auch für die Verfahren vor dem Patentamt und vor dem Patentgericht entsprechend gelten. Im Zweifel entscheidet also das fremdsprachige Original. Ergeben sich aber Zweifel auf der Grundlage des Originals nach der Tragweite einzelner Begriffe, die sich aus dem Kontext nicht klären lassen und auch beim Rückgriff auf die Gesamtheit der Unterlagen nicht beheben lassen, müsste dies zu Lasten des Anmelders gehen und ggf. zu einer einschränkenden Auslegung des Begriffs führen, vgl. Art. 70 Abs. 3 EPÜ. Im PatG besteht insoweit eine Lücke, da die Regelung in § 35 keine Anhaltspunkte bietet, wie in den genannten Fällen zu verfahren ist. Auch Art. II § 3 Abs. 5 IntPatÜG (Fehler der Übersetzung der europäischen Patentschrift, Weiterbenutzungsrecht) und § 8 Abs. 4 ErstrG bieten keine zureichende Grundlage für eine Analogie. 16

4. Nachreichung der Zeichnungen. § 35 Abs. 1 Satz 2 behandelt – ohne eigentlich zwingenden systematischen Zusammenhang mit den fremdsprachigen Anmeldungsunterlagen – das Problem fehlender Zeichnungen, auf die in der Anmeldung Bezug genommen wird. Die Vorschrift sieht vor, dass der Anmelder Zeichnungen nach Zustellung einer entsprechenden Aufforderung durch das Patentamt binnen einer Frist von einem Monat einreichen oder erklären kann, dass eine Bezugnahme auf Zeichnungen als nicht erfolgt gelten soll. Ein Anmeldetag wird nach § 35 Abs. 2 Satz 1 Patentgesetz auch zuerkannt, wenn die Zeichnungen, auf die sich die Beschreibung oder die Patentansprüche beziehen, nicht beigefügt sind. Dasselbe gilt, wenn die Zeichnungen weder erwähnt noch nachgereicht werden. 17

a) Ausgangslage. Nach geltendem Recht, § 34 Abs. 3 Nr. 5, zählen Zeichnungen, die der Veranschaulichung des Erfindungsgedankens dienen, nicht zu den notwendigen Bestandteilen einer Anmeldung. Das erhellt auch aus der Festlegung, welche Bestandteile der Anmeldungsunterlagen zu den unverzichtbaren Erfordernissen für die Zuerkennung eines Anmeldetages gehören, § 35 Abs. 2 Satz 1. Dort sind sie nicht aufgeführt, obwohl Zeichnungen zu den wesentlichen Hilfsmitteln gehören, um den Erfindungsgedanken zu verdeutlichen und plastisch vor 18

Augen zu führen. Sie sind insofern in der fertigen Patentschrift ein gleichberechtigtes Auslegungsmittel für den Inhalt der Patentansprüche mit der Beschreibung und sonstigen ergänzenden Anlagen wie den Sequenzprotokollen oder der Hinterlegung von biologischem Material. Die Zeichnungen werden deshalb auch ausdrücklich in der Vorschrift über die Bestimmung des Schutzbereichs eines Patents erwähnt; sie sind – wie die Beschreibung – zur Auslegung der Ansprüche heranzuziehen, § 14 Satz 2 PatG. Unterbleibt ihre Einreichung, obwohl in der Anmeldung auf die Zeichnungen Bezug genommen wurde, so entsteht dem Anmelder aus dem Fehlen der Zeichnungen nicht notwendigerweise ein Nachteil, aber auch kein Vorteil. Ob eine zeichnungslose Anmeldung eine ausreichende Offenbarung des Erfindungsgedankens enthält, der sich in den aufgestellten Patentansprüchen adäquat ausdrücken lässt, ermittelt das Patentamt im Prüfungsverfahren. Die Nachreichung von Zeichnungen ist im Rahmen von § 38 nicht ausgeschlossen, sofern der Gegenstand der Anmeldung nicht erweitert wird.

19 **b) Behandlung von Erweiterungen.** Enthalten die nachgereichten Zeichnungen jedoch Merkmale, die in dem Inhalt der ursprünglichen Beschreibung und der ursprünglichen Patentanmeldung nicht enthalten sind, so sind diese Merkmale nicht als zur Erfindung gehörig offenbart und können nicht nachträglich mit der Anmeldepriorität in einen Anspruch aufgenommen werden. Ihre Nachreichung bleibt unberücksichtigt. Allerdings kann der Anmeldung auf Antrag des Anmelders einer neuer Anmeldetag erteilt werden, BPatGE **31,** 19. Außerdem laufen in einer Beschreibung enthaltene Bezugnahmen auf beigefügte Zeichnungen ins Leere, wenn die Zeichnungen versehentlich den übrigen eingereichten Anmeldungsunterlagen nicht beigefügt wurden oder auf sonstige Weise von den Unterlagen getrennt wurden. Der Offenbarungsgehalt und die Vollständigkeit und Deutlichkeit der Offenbarung kann dadurch wesentlich beeinträchtigt oder weitgehend ausgehöhlt werden. Es ist deshalb ein wesentliches Anliegen der Anmelder, die Möglichkeit zu erhalten, fehlende Zeichnungen jedenfalls dann nachzureichen, wenn in der Beschreibung oder etwaigen Patentansprüchen – die selbst kein notwendiger Bestandteil der ursprünglichen darstellen, aber trotzdem von vornherein mit eingereicht worden sind – auf sie verwiesen wird.

20 **c) Verschiebung des Anmeldetages.** Die in § 35 Abs. 1 Satz 2 und Abs. 2 Satz 3 hierfür eingeführte Lösung orientiert sich, wie aus der Begründung zum RegE des 2. PatGÄndG hervorgeht, ausdrücklich an Artikel 8 Abs. 3 des Entwurfes eines Harmonisierungsvertrages und an Regel 7 Abs. 2 des Entwurfes der Ausführungsordnung (WIPO-Dokument PLT/DC/3, abgedruckt in Industrial Property 1991, 118). Die Vorschrift macht die Prüfung, ob die nachgereichten Zeichnungen zusätzliche, bisher nicht offenbarte Merkmale der Erfindung enthalten, also eine unzulässige Erweiterung der Offenbarung nach § 38 darstellen, entbehrlich. Sie räumt dem Anmelder, der die Zeichnungen – aus welchen Gründen auch immer – nicht mit der Anmeldung eingereicht hat, ein Wahlrecht ein. Er kann die Zeichnungen nachreichen mit der Folge, dass der Anmeldetag verschoben wird, § 34 Abs. 2 Satz 3 PatG. Der aus dem vorgenannten Entwurf abgezweigte PLT 2000 enthält in Art. 5 (Filing Date) des Vertrages und der dazugehörigen Regel 2 der AusfO die entsprechenden völkerrechtlichen Rahmenbedingungen für die Zuerkennung eines Anmeldetages, die bei einer künftigen Ratifikation des Vertrages durch die Bundesrepublik Deutschland zu beachten sein werden. Wesentliche Elemente hinsichtlich der Festlegung des Anmeldetags, wie sie im PLT zwingend vorgeschrieben werden, sind aber bereits durch § 35 erfüllt, so das Erfordernis, dass die Beschreibung in jeder beliebigen Sprache (be filed in any language) eingereicht werden kann. Insbesondere auch die Verschiebung des Anmeldetages bei fehlenden Zeichnungen oder Zeichnungsteilen, Art. 5 Abs. 5 und 6 PLT, ist bereits umgesetzt. Die Ersetzung von Beschreibung und Zeichnungen durch eine komplette Bezugnahme auf eine früher eingereichte Anmeldung (reference to a previously filed application) müsste aber wohl noch ausdrücklich transformiert werden. Dass solche Bezugnahmen jedenfalls bei Teilanmeldungen für die Bezugnahme auf die Stammanmeldung bereits jetzt nach der Praxis des EPA und inzwischen wohl auch des DPMA möglich sind, lässt sich nur aus der Besonderheit dieser Anmeldungsform und dem Vorhandensein der Stammanmeldung beim DPMA erklären.

21 Dies kann für den Anmelder günstiger sein, wenn sich erst aus den Zeichnungen der volle Offenbarungsgehalt der Anmeldung ergibt. Er kann aber auch die Streichung jeder Bezugnahme auf die Zeichnungen wählen, wenn er befürchten muss, den für ihn günstigeren Anmeldetag zu verlieren. Das Vorliegen der Zeichnungen ist nach wie vor keine Voraussetzung für die Zuerkennung eines Anmeldetages, § 35 Abs. 2 Satz 1 PatG. Ihre Nachreichung kann aber zu einer Verschiebung des Anmeldetages führen. Durch diese Neuregelung wird verhindert, dass die Patentanmeldung durch die Nachreichung von Zeichnungen unzulässig erweitert und dadurch gegen § 38 Satz 1 und 2 verstoßen wird.

d) Vorbild im EPÜ. Die Vorschrift lehnt sich insofern inhaltlich an Artikel 14 Abs. 2 PCT und Artikel 91 Abs. 6 EPÜ i. V. m. Regel 43 EPÜ an, als sie dem Anmelder eine Frist von einem Monat einräumt, die durch eine Aufforderung des Patentamts in Lauf gesetzt wird. In der Aufforderung wird dem Anmelder die Alternative gestellt, entweder die Zeichnungen innerhalb eines Monats einzureichen oder zu erklären, dass jede Bezugnahme auf die fehlenden Zeichnungen als nicht erfolgt gelten soll. Regel 43 EPÜ gewährt ebenfalls jeweils eine Frist von einem Monat zur Stellung des Antrages nach Regel 43 Abs. 1 EPÜ (Antrag, den Anmeldetag neu auf den Tag der Einreichung der Zeichnungen festzusetzen) oder zur Nachreichung der Zeichnungen nach Regel 43 Abs. 2 mit der Alternative, dass die Bezugnahmen auf die Zeichnungen als gestrichen gelten, wenn der Anmelder sich nicht innerhalb der Frist äußert. Regel 43 macht allerdings eine schärfere Trennung zwischen den beiden Verfahrenslagen, dass einmal Zeichnungen zwar vorliegen, aber nach dem Anmeldetag, also später als Beschreibung und Erteilungsantrag eingereicht worden sind, und zum anderen, dass die Zeichnungen überhaupt nicht eingereicht sind. § 35 Abs. 1 Satz 2 und Abs. 2 Satz 3 führen aber im Zusammenhalt zu übereinstimmenden Ergebnissen. Bei nachgereichten Zeichnungen müsste jedenfalls auch das DPMA dem Anmelder eine Aufforderung zusenden und ihn vor die Alternative stellen, sich mit einer Verschiebung des Anmeldetages einverstanden zu erklären oder sonst die Streichung der Bezugnahmen hinzunehmen. Vgl. dazu Bossung in Münchner GemKommentar, EPÜ, Rdn. 64 bis 67 zu Art. 80 EPÜ sowie Kraßer 5. Aufl. § 29, 680. 22

e) Wiedereinsetzung. Die Frist von einem Monat ist eine gesetzliche Frist, die lediglich durch eine Aktion des Patents, nämlich die Aufforderung zur eindeutigen Klarstellung der Präferenzen durch den Anmelder, ausgelöst wird. Eine Weiterbehandlung nach § 123a kommt bei der vorgesehenen Rechtsfolge für die versäumte Frist nicht in Betracht, da die Rechtsfolge bei ausbleibender Reaktion des Anmelders oder verspäteter Reaktion nur die Streichung der Bezugnahmen auf die Zeichnungen sein kann. Es kommt aber die Wiedereinsetzung in den vorigen Stand nach § 123 in Betracht. 23

5. Zuerkennung eines Anmeldetags

a) Bedeutung des Anmeldetags. Der Festlegung des Anmeldetages durch Eingang der Anmeldungsunterlagen beim Patentamt kommt für die Rechtssicherheit, nämlich eine einfache, klar und ohne Unsicherheiten mögliche Feststellung des Anmeldetages, hohe Bedeutung zu. Der Anmeldetag wirkt sich nicht nur auf die Rechtsstellung des Anmelders, sondern auch auf die Rechte Dritter, die am Erteilungsverfahren nicht beteiligt sind, in entscheidender Weise aus, BGH GRUR **89,** 38, 39 – Schlauchfolie. Wichtig ist die Feststellung des Anmeldetags auch für die Inanspruchnahme einer internationalen Priorität im Hinblick auf Art. 4 A Abs. 3 PVÜ. Durch den Zeitpunkt des Eingangs der Anmeldung werden der Altersrang der Anmeldung (vgl. unten Rdn. 136) und die Laufzeit des Patents (§ 16 Abs. 1) festgelegt. Der Anmeldetag ist ferner maßgebend für die Berechnung des Fälligkeitstages der Jahresgebühren (§ 17 Abs. 3), der sieben Jahre für die Stellung eines Prüfungsantrages (§ 44 Abs. 2) und – sofern keine ältere Priorität beansprucht ist – der achtzehn Monate für die Offenlegung der Anmeldung (§ 31 Abs. 2 Nr. 2). Der Eingang der Anmeldung setzt weiter die Fristen u. a. für die Erfinderbenennung (§ 37 Abs. 1 Satz 1) und die Prioritätserklärung (§ 40 Abs. 4, § 41 Satz 1) in Lauf. 24

b) Festlegung des Altersranges. Durch den Eingang der Anmeldungsunterlagen wird der Altersrang der Anmeldung – vorbehaltlich einer etwaigen Unionspriorität oder einer Priorität nach § 40 – unabhängig vom Willen des Anmelders und des Patentamts festgelegt, PA Gr. Sen. Bl. **29,** 312; PA Bl. **30,** 176; BGHZ **1,** 176. Der Anmeldetag ist daher nach den objektiven Gegebenheiten zu bestimmen, BGH GRUR **71,** 565, 567 – Funkpeiler. Maßgebend ist der Eingang der von Unterlagen, aus denen (1) der Name und damit die Identität des Anmelders hervorgeht, (2) erkennbar wird, dass der Verfasser des Dokuments ein Patent nachsucht und (3) zu entnehmen ist, dass das eingegangene Dokument Angaben enthält, die dem Anschein nach als Beschreibung i. S. von § 34 Abs. 3 Nr. 4 anzusehen ist, also als schriftliche oder als elektronisches Dokument vom Inhalt her den Anschein erweckt, die Darstellung einer Erfindung als Lehre zum technischen Handeln zu enthalten. 25

c) Mindesterfordernisse. Der Anmeldetag ist, entgegen dem früheren Recht, nicht mehr der Tag des Eingangs sämtlicher in § 34 Abs. 3 bezeichneten Anmeldungsunterlagen. Nicht zu den in § 35 Abs. 2 aufgestellten Mindesterfordernissen gehören also Patentansprüche und Zeichnungen. Insoweit ist unterstellt, dass sie im Laufe des Patenterteilungsverfahrens nachgebracht und dem jeweiligen Stand des Erteilungs- oder Prüfungsverfahrens angepasst werden können, sofern das bei Zeichnungen ohne Erweiterung des Gegenstandes der ursprünglichen 26

Offenbarung überhaupt möglich ist. unerheblich ist, ob die Anmeldung bereits in allen Punkten den dafür aufgestellten Erfordernissen entspricht, BGH Bl. **79,** 151 – Etikettiergerät II

27 Erfordernis für die Zuerkennung eines Anmeldetages ist, dass die Anmeldung Angaben zur Feststellung der Identität des Anmelders, den Antrag auf Erteilung des Patentes und die Beschreibung der Erfindung enthält, § 35 Abs. 2 Satz 1 PatG, vgl. auch RegE in BT-Drs. 13/9971, Begründung zu Artikel 2 Nr. 10. Dagegen war und ist die in § 35 Abs. 3 a. F. und jetzt im GebVerz zum PatKostG vorgesehene Anmeldegebühr, die mit der Einreichung der Anmeldungsunterlagen fällig wird und innerhalb von drei Monaten nach dem Fälligkeitstag zu zahlen ist, keine notwendige Voraussetzung für die Zuerkennung des Anmeldetages. Das ergab sich mit aller Deutlichkeit schon aus der in § 35 Abs. 3 Satz 2 a. F. vorgesehenen Zahlungsaufforderung mit der Nachfrist von einem Monat.

28 Die Einreichung von der Beschreibung getrennter **Ansprüche** ist **nicht zwingend** für die Zuerkennung eines Anmeldetages und damit für die Wahrung des Altersranges, obwohl sie notwendiger Bestandteil der vollständigen Patentanmeldung sind, § 34 Abs. 3 PatG, und das Unterlassen ihrer Einreichung zur Zurückweisung der Patentanmeldung führt, §§ 42, 48 PatG. Der Anmeldetag bleibt auch bei nachträglicher Einreichung der Ansprüche erhalten. Auch das Fehlen der Unterschrift und die Nichtzahlung der Anmeldegebühr beeinträchtigen den Anmeldetag nicht.

29 Dagegen ist die **Beschreibung der zentrale Bestandteil,** der bei Zuerkennung des Anmeldetages für die eingereichten Unterlagen die maßgebliche Grundlage dafür ist, was den eingereichten Unterlagen als ursprüngliche Offenbarung zu entnehmen ist. § 35 ist aber nicht gedacht, eine Art „provisional specification" nach dem Vorbild des amerikanischen Rechts oder des früheren britischen Rechts einzuführen, Anmelder also zu ermutigen, relativ früh ihre Erfindungen zum Patent anzumelden und die allmähliche Anreicherung dem weiteren Verfahren oder einer „complete specification" zu überlassen, die allen Anforderungen einer normalen Patentanmeldung, einschließlich der Patentansprüche und der Zeichnungen, auf die sich Beschreibung und Patentansprüche beziehen, entsprechen und die Priorität der „provisional specification" in Anspruch zu nehmen. Durch die radikale Beschränkung auf das Minimum soll auch weiteren Problemen vorgebeugt werden, die dadurch entstehen, dass schon an die ursprünglich eingereichten Unterlagen zu hohe formale und auch inhaltliche Anforderungen gestellt werden.

30 In Ausnahmefällen kann der Anmeldetag auch der Tag der **Nachreichung von Zeichnungen** sein, wie sich das jetzt aus § 35 Abs. 2 Satz 3 ergibt. Als Mindesterfordernisse für die Zuerkennung eines Anmeldetages reichen aber die Angabe des Namens des Anmelders oder der Anmelder oder sogar Angaben und eindeutige Hinweise, die es ermöglichen, die Identität des Anmelders festzulegen, der Antrag auf Erteilung des Patents und ein Text, der dem Anschein nach als Beschreibung anzusehen ist, aus. Fehlt eines dieser Mindesterfordernisse, so kann der Tag der Einreichung nicht als Anmeldetag zuerkannt werden.

31 **d) Eingang beim Patentamt.** Wegen des Erfordernisses, dass die genannten Mindestunterlagen „beim Patentamt" eingegangen sein müssen und wegen der Funktion der Patentinformationszentren, Patentanmeldungen zur Weiterleitung an das Patentamt mit voller rechtlicher Wirkung für die Zuerkennung des Anmeldetages entgegennehmen zu können, wird auf die Erläuterungen zu den ersten beiden Abätzen von § 34 verwiesen. Vgl. dort auch die Ausführungen zum Problem der Irrläufer, wenn eine dem DPMA zugedachte Eingabe zunächst beim benachbarten EPA in den Posteingang gerät.

32 **e) Fremdsprachige Eingaben.** Nachgereichte Übersetzung. Aus § 35 Abs. 2 Satz 2 ist zu entnehmen, dass auch bei den Mindestunterlagen von § 35 Abs. 2 Satz 1 grundsätzlich kein Unterschied zu machen ist, in welcher Sprache die betreffenden Dokumente eingereicht sind. Sie erhalten ohne Diskriminierung den gleichen Anmeldetag wie entsprechende deutschsprachige Dokumente. Der ihnen – jedenfalls – vorläufig zuerkannte Anmeldetag hängt davon ab, dass die in einer fremden Sprache vorliegenden Mindestunterlagen innerhalb der Frist von drei Monaten, wie sie sich aus der Verweisung auf § 35 Abs. 1 Satz 1 ergibt, in einer deutschen Übersetzung nachgereicht werden müssen. Wird diese deutsche Übersetzung nicht nachgereicht, gilt die Anmeldung als nicht erfolgt. Das bedeutet zugleich, dass dem Anmelder der Anmeldetag verloren geht. Die Frist von drei Monaten ist nicht verlängerbar; sie ist aber wiedereinsetzungsfähig, wenn der Anmelder nachweist, dass er die Frist ohne Verschulden nicht einhalten konnte, § 123 Abs. 1.

33 **f) Nachgereichte Zeichnungen.** § 35 Abs. 2 Satz 2 regelt nach dem systematischen Zusammenhang den Fall, dass die Mindestunterlagen, d. h. die als Teil der Mindesterfordernisse eingereichte „Anscheinsbeschreibung", Bezugnahmen auf Zeichnungen enthält, solche Zeich-

nungen aber nicht mit eingereicht worden sind. Das Patentamt fordert in dieser Situation den Anmelder auf, innerhalb einer Frist von einem Monat nach Zustellung der Aufforderung die Zeichnungen nachzureichen. Kommt der Anmelder dieser Aufforderung nach, so wird der Anmeldetag auf den Tag des Eingangs der Zeichnungen verschoben. Kommt der Anmelder der Aufforderung nicht nach oder hält er die Frist von einem Monat nicht ein, dann gilt jede Bezugnahme auf die Zeichnungen in der Beschreibung als nicht erfolgt. Wegen des direkten Zusammenhangs mit § 35 Abs. 1 Satz 2, der nur vordergründig den Eindruck erweckt, als beziehe er sich nur auf fremdsprachige Anmeldungen, sind die beiden Vorschriften oben gemeinsam erläutert. Die Frist ist wiedereinsetzungsfähig.

6. Rechtswirkungen. Der Anmeldetag ist in jedem Stadium des Erteilungsverfahrens von 34
Amts wegen zu ermitteln und zu berücksichtigen; der Anspruch des Anmelders auf Zugrundelegung des richtigen Anmeldetages wird nicht durch verspätete Geltendmachung verwirkt, BGH GRUR **71,** 565, 567. Die Bekanntmachung der Anmeldung nach früherem Recht stand der Richtigstellung des falsch angegebenen Anmeldetages nicht entgegen. BGH GRUR **71,** 565, 567. Hält der Anmelder an der Beanspruchung eines ihm nicht zustehenden Anmeldetages fest, so wird die Anmeldung zurückgewiesen, BGH GRUR **66,** 488 – Ferrit; **79,** 221 – b-Wollastonit; BPatGE **29,** 36, 38. Eine Zwischenentscheidung feststellenden Inhalts über den Anmeldetag ist nicht zulässig, BPatGE **16,** 18, 19.

Der Altersrang der Anmeldung ist maßgebend für den Stand der Technik (§ 3), und die Entstehung von Vorbenutzungsrechten (§ 12), sofern dem Anmelder nicht eine Unions- oder innere Priorität zusteht.

36 *Zusammenfassung.* (1) **Der Anmeldung ist eine Zusammenfassung beizufügen, die noch bis zum Ablauf von fünfzehn Monaten nach dem Anmeldetag oder, sofern für die Anmeldung ein früherer Zeitpunkt als maßgebend in Anspruch genommen wird, bis zum Ablauf von fünfzehn Monaten nach diesem Zeitpunkt nachgereicht werden kann.**

(2) [1]**Die Zusammenfassung dient ausschließlich der technischen Unterrichtung.** [2]**Sie muß enthalten:**

1. **die Bezeichnung der Erfindung;**
2. **eine Kurzfassung der in der Anmeldung enthaltenen Offenbarung, die das technische Gebiet der Erfindung angeben und so gefaßt sein soll, daß sie ein klares Verständnis des technischen Problems, seiner Lösung und der hauptsächlichen Verwendungsmöglichkeit der Erfindung erlaubt;**
3. **eine in der Kurzfassung erwähnte Zeichnung; sind mehrere Zeichnungen erwähnt, so ist die Zeichnung beizufügen, die die Erfindung nach Auffassung des Anmelders am deutlichsten kennzeichnet.**

Inhaltsübersicht

1. Vorbemerkungen. Die Vorschrift, die durch das GPatG eingeführt wurde, ist an Art. 85 1
EPÜ und Art. 3 Abs. 3 PCT angelehnt. In § 36 Abs. 1 sind m. W. v. 1. 11. 1998 durch Art. 2 Nr. 11 des 2. PatGÄndG die Worte „Tag der Einreichung der Anmeldung" durch „Anmeldetag" ersetzt worden. Es handelt sich um eine Folgeänderung zu § 35 Abs. 2 n. F. § 36 macht dem Anmelder zur Pflicht, bis zum Ablauf einer bestimmten Frist eine Zusammenfassung des Inhalts der Anmeldung einzureichen. Die Zusammenfassung soll, wie in der Begrdg. zum GPatG (BT-Drs. 8/2087 S. 30) ausgeführt wird, dem gestiegenen technischen Informationsbedürfnis der Allgemeinheit in einer für Dokumentationszwecke geeigneten Form Rechnung tragen. Anders als die Anmeldungsunterlagen, die auf den angestrebten Schutz der Anmeldung ausgerichtet sind, soll die Zusammenfassung auf die technische Unterrichtung der Öffentlichkeit abgestellt sein. Sie soll daher in etwa die Funktion der vor allem in der naturwissenschaftlich-technischen Literatur seit längerem üblichen „abstracts" erfüllen (Schmieder NJW **80,** 1190, 1195). Die Vorschrift war nur auf die seit dem 1. 1. 1981 eingereichten Anmeldungen anzu-

wenden (Art. 12 Abs. 1 GPatG). Über die Anzeige der Zusammenfassungen im Patentregister des DPMA vgl. MittPräsPA 8/83, Bl. **83,** 342. Die Zusammenfassungen sind danach auch Gegenstand der bereits aus dem Patentregister zu erhebenden Informationen über offengelegte Anmeldungen und erteilte Patente. Wegen der Pläne für eine „erweiterten Zusammenfassung" jedenfalls für europäische Patentanmeldungen als Teil einer Kostensenkungsstrategie s. EPA, GRUR **95,** 804 (Paketlösung) und Bossung, GRUR Int **02,** 463, 471.

2 **2. Zusammenfassung.** Die Zusammenfassung dient der technischen Unterrichtung (§ 36 Abs. 2 Satz 1). Eine solche ergibt sich zwar auch aus den Anmeldungsunterlagen (Patentansprüche, Beschreibung, Zeichnungen). Die Anmeldungsunterlagen sind jedoch in Form und Inhalt auf den mit der Anmeldung erstrebten Schutz ausgerichtet und daher für Dokumentationszwecke wenig geeignet (vgl. die Begrdg. zum GPatG BT-Drs. 8/2087 S. 30; Schmieder NJW **80,** 1190, 1195). Für die technische Information ist daher die Zusammenfassung vorgesehen, die in einer für Dokumentationszwecke geeigneten Form über den wesentlichen technischen Inhalt der Anmeldung unterrichten soll. Die Qualität der technischen Information hängt allerdings, da die Zusammenfassung vom Anmelder zu erstellen ist und nur einer eingeschränkten Überprüfung durch das Patentamt unterliegt (unten Rdn. 8, 9), weitgehend von der Fähigkeit und Bereitschaft des Anmelders zur Informationsvermittlung ab.

3 **3. Frist zur Vorlage.** Die Zusammenfassung soll nach § 36 Abs. 1 grundsätzlich schon der Anmeldung beigefügt werden. Sie kann aber auch noch bis zum Ablauf von 15 Monaten nach dem Anmeldetag oder einem früheren Prioritätstag nachgereicht werden, um dem Anmelder, der erfahrungsgemäß die Anmeldung häufig unter Zeitdruck einreicht, Gelegenheit zu geben, die Zusammenfassung mit der wünschenswerten Sorgfalt zu verfassen (Begrdg. zum GPatG BT-Drs. 8/2087 S. 30). Die Frist von 15 Monaten ist gewählt worden, weil die Zusammenfassung in die Offenlegungsschrift aufgenommen werden soll (§ 32 Abs. 2 Satz 2) und sie daher vor Beginn der Vorbereitungen für den Druck der Offenlegungsschrift vorliegen sollte (Begrdg. zum GPatG aaO). Diese Voraussetzungen sind zwar infolge der Veröffentlichung der Offenlegungsschrift als elektronisches Dokument entsprechend verändert. Immerhin ist auch dabei ein gewisser zeitlicher Vorlauf erforderlich. Der fruchtlose Ablauf der gesetzlichen Frist von 15 Monaten hat als solcher noch keine nachteiligen Folgen für den Anmelder; die Wiedereinsetzung (§ 123) ist daher weder erforderlich noch möglich. Das Fehlen der Zusammenfassung ist jedoch ein Mangel, der nach § 42 Abs. 1 und § 47 Abs. 1 zu rügen ist und der nach fruchtlosem Ablauf der dem Anmelder gesetzten Frist zur Zurückweisung der Anmeldung nötigt (§ 42 Abs. 3, § 48).

4 **4. Inhalt der Zusammenfassung.** Die Zusammenfassung muss nach § 36 Abs. 2 Satz 2 die Bezeichnung der Erfindung, eine Kurzfassung der in der Anmeldung enthaltenen Offenbarung und gegebenenfalls eine in der Kurzfassung erwähnte Zeichnung enthalten. Für die Kurzfassung und die Zeichnung enthält die Vorschrift eine nähere Regelung.

5 **a) Bezeichnung.** Die Bezeichnung der Erfindung i. S. des § 36 Abs. 2 Satz 2 Nr. 1 ist gleichbedeutend mit der in § 34 Abs. 3 Nr. 2 für den Erteilungsantrag geforderten Angabe, also die kurze, schlagwortartige Kennzeichnung der Erfindung. Sie muss die Erfindung kurz und genau bezeichnen. Sie muss das technische Gebiet so genau angeben, dass der Sektor, auf dem die Erfindung liegt, erkennbar ist, braucht aber die Erfindung selbst nicht vollständig zu beschreiben, BPatG GRUR **79,** 629, 630. Wegen der Einzelheiten wird auf Rdn. 47 zu § 34 verwiesen.

6 **b) Kurzfassung.** Die Kurzfassung der in der Anmeldung enthaltenen Offenbarung (§ 36 Abs. 2 Satz 2 Nr. 2) soll das technische Gebiet der Erfindung angeben und so gefasst sein, dass sie ein klares Verständnis des technischen Problems, seiner Lösung und der hauptsächlichen Verwendungsmöglichkeiten der Erfindung erlaubt. Die Vorschrift entspricht insoweit weitgehend Abs. 2 der Regel 33 AusfOEPÜ und Regel 8.1 (a) und (b) AusfO PCT. Sie verzichtet jedoch auf die Hervorhebung des entscheidenden Punktes der Problemlösung und die Angabe der besonders charakteristischen chemischen Formel aus der Gesamtheit der in der Anmeldung enthaltenen Formeln. Sie verbietet auch nicht ausdrücklich Behauptungen über angebliche Vorzüge oder über den angeblichen Wert der Erfindung oder über deren theoretische Anwendungsmöglichkeiten; es versteht sich aber auch von selbst, dass derartige Behauptungen nicht in die Zusammenfassung gehören. Nach § 13 Abs. 1 PatV soll die Zusammenfassung aus nicht mehr als 150 Zeichen bestehen. Wird eine chemische Formel angegeben, so soll es diejenige sein, die die Erfindung am deutlichsten kennzeichnet, § 13 Abs. 2 § 9 Abs. 8 ist sinngemäß anzuwenden. Die Zusammenfassung darf, wenn dies nicht unbedingt erforderlich ist, im Hinblick auf die technischen Merkmale der Erfindung keine Bezugnahmen auf die Beschreibung oder

die Zeichnungen enthalten, z. B. „wie beschrieben in Teil ... der Beschreibung" oder „wie in Abbildung ... der Zeichnung dargestellt", § 13 Abs. 3 i. V. m. § 9 Abs. 8. Wird die Zusammenfassung in elektronischer Form eingereicht, so ist eine Datei entsprechend den vom DPMA bekanntgemachten Formatvorgaben zu verwenden, § 13 Abs. 4 PatV.

c) Zeichnung. Eine Zeichnung muss die Zusammenfassung nur enthalten, wenn die Kurzfassung darauf Bezug nimmt. Beizufügen ist dann die in der Kurzfassung erwähnte Zeichnung oder, wenn darin mehrere Zeichnungen erwähnt sind, die Zeichnung, welche die Erfindung nach Auffassung des Anmelders am deutlichsten kennzeichnet. Im Gegensatz zu Abs. 4 der Regel 33 AusfOEPÜ, der die Beifügung einer Zeichnung zwingend vorschreibt, wenn die Anmeldung Zeichnungen enthält, und der dem Anmelder nur ein Vorschlagsrecht zugesteht, überlässt § 36 Abs. 2 Satz 2 Nr. 3 die Bestimmung darüber, ob der Zusammenfassung eine Zeichnung beizufügen ist und gegebenenfalls welche, dem Anmelder; das Patentamt ist daher an die vom Anmelder getroffene Bestimmung gebunden. **7**

5. Mängel der Zusammenfassung. Mängel der Zusammenfassung sind als solche von der Prüfungsstelle im Rahmen der Offensichtlichkeitsprüfung zu beanstanden, wenn die Zusammenfassung den Anforderungen des § 36, der in § 42 Abs. 1 ausdrücklich genannt wird, offensichtlich nicht genügt. Anders als bei den Anforderungen der §§ 35, 37, 38, die im Prüfungsverfahren zur Vermeidung der Zurückweisung voll erfüllt sein müssen, kann eine Anmeldung wegen eines Mangels der Zusammenfassung nach der ausdrücklichen Regelung in § 45 Abs. 1 Satz 1 auch im Prüfungsverfahren nur beanstandet werden, wenn die Zusammenfassung die Anforderungen des § 36 offensichtlich nicht erfüllt. Wenn das der Fall ist, soll dieser Mangel, wie in der Begrdg. zum GPatG (BT-Drs. 8/2087 S. 33) ausgeführt wird, in gleicher Weise wie andere festgestellte Mängel beanstandet werden, weil sonst dieses neue Informationsmittel in seiner ihm zugedachten Funktion weitgehend entwertet wäre; das Patent kann dann, wie in § 49 Abs. 1 besonders hervorgehoben wird, erst erteilt werden, wenn der gerügte Mangel beseitigt ist. Nach den weiteren Darlegungen in der Begrdg. zum GPatG soll jedoch von einer Beanstandung abgesehen werden, wenn die Zusammenfassung bereits veröffentlicht worden ist. Gemeint ist damit ersichtlich die Veröffentlichung im Rahmen der Offenlegungsschrift, in welche die Zusammenfassung nach § 32 Abs. 2 Satz 2 aufzunehmen ist, sofern sie rechtzeitig eingereicht worden ist. In diesem Falle wird die Zusammenfassung nicht nochmals mit der Patentschrift veröffentlicht, weil sie nach § 32 Abs. 3 Satz 3 nur dann in die Patentschrift aufzunehmen ist, wenn sie nicht schon veröffentlicht ist. Eine Beanstandung der Zusammenfassung im Prüfungsverfahren wäre daher sinnlos, wenn die Zusammenfassung bereits in der Offenlegungsschrift enthalten war. **8**

„Offensichtlich" im Sinne des § 42 Abs. 1 und des § 45 Abs. 1 Satz 1 ist ein Mangel, der ohne weiteres als solcher zu erkennen ist und die Zusammenfassung für den ihr zugedachten Zweck unbrauchbar macht. Das ist etwa dann der Fall, wenn die Zusammenfassung nicht die in § 36 Abs. 2 Satz 2 aufgeführten Bestandteile aufweist. Ein solcher Mangel wird in aller Regel als „offensichtlich" zu beanstanden sein. Auch inhaltliche Mängel der Kurzfassung (§ 36 Abs. 2 Satz 2 Nr. 2) können „offensichtlich" sein und den Informationswert der Zusammenfassung beeinträchtigen. Insoweit sollen jedoch keine zu hohen Anforderungen gestellt werden. Wie in der Begrdg. zum GPatG (BT-Drs. 8/2087 S. 30) ausgeführt wird, besteht sonst die Gefahr, dass sich die Veröffentlichung der Zusammenfassung erheblich verzögert und dass ein dem verfolgten Zweck nicht angemessener, wesentlicher Aufwand durch die Prüfung der Zusammenfassung beim Patentamt und den übergeordneten Gerichtsinstanzen entsteht. Die inhaltliche Gestaltung der Kurzfassung soll daher weitgehend der Fähigkeit und Bereitschaft des Anmelders überlassen bleiben (Begrdg. zum GPatG aaO). Ein Grund zum Eingreifen nach § 42 Abs. 1 oder nach § 45 Abs. 1 Satz 1 wird daher erst dann gegeben sein, wenn die vorgelegte Zusammenfassung keine brauchbare Information vermittelt. **9**

Fraglich ist, ob die Zusammenfassung auch für Teilanmeldungen einzureichen ist, obwohl bereits für die Stammanmeldung eine solche eingereicht wurde. Für ein solches Erfordernis Schulte, Rdn. 6 zu § 36 unter Bezugnahme auf BPatG vom 22. 10. 1996 und 14. 2. 1997 – 14 W (pat) 64/96; a. A. BPatGE **47,** 13 = Bl **03,** 296. Der in BPatGE **47,** 13 vertretenen Auffassung ist zuzustimmen, insbesondere für den entschiedenen Fall (Feststellung des Mangels 3 Jahre nach Ablauf der Dreimonatsfrist des § 39 Abs. 3). Hier und für den Regelfall stünde ein Verlust des Teilungsrechts wegen der Nichterfüllung des § 36 innerhalb der genannten Frist außer jedem Verhältnis zum praktischen Ergebnis, den großzügigen Fristen nach § 36 Abs. 1, dem Vorhandensein einer Zusammenfassung zur Stammanmeldung, die auch den Gegenstand der Teilanmeldung umfasst, den Wegfall der Offenlegungsschrift bei Teilanmeldungen und schließlich den Umstand, dass bei einem etwaigen Erfolg der Teilanmeldung die auf den Ge- **9 a** genstand des Patents abgestellte Zusammenfassung als Bestandteil der Patentschrift veröffentlicht wird.

10 **6. Veröffentlichung.** Die Zusammenfassung wird dadurch veröffentlicht, dass sie in die Offenlegungsschrift oder in die Patentschrift aufgenommen wird. In die Offenlegungsschrift ist sie nach § 32 Abs. 2 Satz 2 aufzunehmen, wenn sie rechtzeitig, d.h. innerhalb der in § 36 Abs. 1 genannten Frist oder jedenfalls so zeitig eingereicht worden ist, dass sie noch für die Veröffentlichung der Offenlegungsschrift berücksichtigt werden kann. Wenn die Zusammenfassung nicht schon in der Offenlegungsschrift enthalten war, ist sie nach § 32 Abs. 3 Satz 3 in die Patentschrift aufzunehmen. Die Aufnahme in die Patentschrift ist in § 32 Abs. 3 Satz 3 nur für den Fall vorgesehen, dass die Zusammenfassung überhaupt noch nicht veröffentlicht worden ist. Eine zwischenzeitliche Änderung der Zusammenfassung, etwa auf Grund einer Beanstandung nach § 45 Abs. 1 Satz 1, wäre kein Grund, sie nochmals in der geänderten Fassung im Rahmen der Patentschrift zu veröffentlichen. Eine der Veröffentlichung in der Offenlegungsschrift nachfolgende Beanstandung der Zusammenfassung nach § 45 Abs. 1 Satz 1 wäre daher, wie in der Begrdg. zum GPatG (BT-Drs. 8/2087 S. 33) mit Recht bemerkt wird, sinnlos und hat daher zu unterbleiben (vgl. auch oben Rdn. 8).

11 **7. Rechtliche Bedeutung.** Die Zusammenfassung dient der technischen Unterrichtung und muss zu diesem Zwecke der Anmeldung zur Vermeidung der Zurückweisung beigefügt werden (vgl. oben Rdn. 3). Sie dient aber, wie in § 36 Abs. 2 Satz 1 ausdrücklich hervorgehoben wird, auch nur („ausschließlich") der technischen Information. Damit wird klargestellt, dass die Zusammenfassung nicht für andere Zwecke herangezogen werden darf. Art. 85 EPÜ erwähnt in diesem Zusammenhang besonders die Bestimmung des Umfangs des begehrten Schutzes und des als Stand der Technik zu behandelnden Inhalts einer älteren Anmeldung. Dafür kann die Zusammenfassung nach dem Patentgesetz schon deshalb nicht berücksichtigt werden, weil sie nach § 36 Abs. 1 der Anmeldung lediglich beizufügen ist und daher nicht zu den in § 34 Abs. 3 bezeichneten Bestandteilen der Anmeldung gehört, die allein für die Ermittlung der angemeldeten Erfindung maßgebend sind. Auch für die Beurteilung der ausreichenden Offenbarung ist nach § 34 Abs. 4 allein auf die Anmeldungsunterlagen abzustellen, zu denen die Zusammenfassung nicht gehört. § 36 Abs. 2 Satz 1 stellt daher an sich nur klar, was sich aus anderen Vorschriften des Gesetzes ohnehin ergibt. Sie schließt damit aber jeden Zweifel über die Anwendung dieser Vorschriften aus. Obwohl der Inhalt der Zusammenfassung nicht als Teil der Offenbarung der Erfindung berücksichtigt werden kann, hält es Schmieder (NJW **80,** 1190, 1195 Fußn. 48) nicht von vornherein für ausgeschlossen, ihn als Indiz für das Verständnis der Anmeldungsunterlagen durch einen Durchschnittsfachmann zu bewerten; das kann aber nur dann in Betracht kommen, wenn die Zusammenfassung nicht nachgereicht worden ist und Grund für die Annahme besteht, dass das Verständnis des Erfinders, der sich eingehend mit der Sache befasst hat, nicht die Erkenntnis eines Durchschnittsfachmanns, dem am Anmelde- oder Prioritätstage nur die Anmeldungsunterlagen zur Verfügung standen, überstieg. Grundsätzlich gehört die Zusammenfassung jedenfalls nicht zum Inhalt der ursprünglichen Offenbarung, auch wenn sie mit der Veröffentlichung zum allgemeinen Stand der Technik gehört.

37 *Erfinderbenennung.* (1) [1]**Der Anmelder hat innerhalb von fünfzehn Monaten nach dem Anmeldetag oder, sofern für die Anmeldung ein früherer Zeitpunkt als maßgebend in Anspruch genommen wird, innerhalb von fünfzehn Monaten nach diesem Zeitpunkt den oder die Erfinder zu benennen und zu versichern, daß weitere Personen seines Wissens an der Erfindung nicht beteiligt sind.** [2]**Ist der Anmelder nicht oder nicht allein der Erfinder, so hat er auch anzugeben, wie das Recht auf das Patent an ihn gelangt ist.** [3]**Die Richtigkeit der Angaben wird vom Patentamt nicht geprüft.**

(2) [1]**Macht der Anmelder glaubhaft, daß er durch außergewöhnliche Umstände verhindert ist, die in Absatz 1 vorgeschriebenen Erklärungen rechtzeitig abzugeben, so hat ihm das Patentamt eine angemessene Fristverlängerung zu gewähren.** [2]**Die Frist soll nicht über den Erlaß des Beschlusses über die Erteilung des Patents hinaus verlängert werden.** [3]**Bestehen zu diesem Zeitpunkt die Hinderungsgründe noch fort, so hat das Patentamt die Frist erneut zu verlängern.** [4]**Sechs Monate vor Ablauf der Frist gibt das Patentamt dem Patentinhaber Nachricht, daß das Patent erlischt, wenn er die vorgeschriebenen Erklärungen nicht innerhalb von sechs Monaten nach Zustellung der Nachricht abgibt.**

Inhaltsübersicht

Literatur: Zeller, Die Bedeutung der Erfinderbenennung, Mitt. **55,** 16; Johannesson, Erfinder – Erfindungen – „Betriebserfindungen", GRUR **73,** 581; Lichti, Grenzen der Unterzeichnungsbefugnis des Bevollmächtigten bei der Erfinderbenennung, Mitt. **82,** 41.

Wegen der Erfindernennung nach europäischem Patentrecht s. Benkard/Schäfers, EPÜ Erl. zu Art. 81.

1. Erfinderbenennung. Art. 2 Nr. 11 des 2. PatGÄndG hat in § 37 Abs. 1 Satz 1 mit Wirkung vom 1. 11. 1998 die Worte „Tag der Einreichung der Anmeldung" durch „Anmeldetag" ersetzt. Die Benennung des Erfinders ist nach § 37 Abs. 1 Satz 1 ein vom Anmelder zu erfüllendes Erfordernis, das nicht schon bei Einreichung der Anmeldung erfüllt zu werden braucht. Die Nichterfüllung des Erfordernisses ist Zurückweisungsgrund oder – bei Fristverlängerung über die Erteilung des Patents hinaus – Erlöschensgrund für das Patent (§ 20 Abs. 1 Nr. 3). Die Vorlagefrist ist durch das GPatG für Anmeldungen, für die keine Priorität beansprucht wird, verlängert worden (vgl. unten Rdn. 10). 1

2. Form. Der Anmelder hat dem Patentamt den oder die Erfinder schriftlich zu benennen. Miterfinder ist jeder, der einen schöpferischen Beitrag zu der Erfindung geleistet hat, BGH GRUR **04,** 50 – Verkranzungsverfahren. Die Benennung ist auf einem gesonderten Schriftstück einzureichen Der Anmelder hat den Erfinder schriftlich auf dem vom DPMA herausgegebenen Formblatt oder als Datei entsprechend den bekanntgemachten Formatvorgaben zu benennen. § 7 Abs. 1 PatV. Die frühere Rechtsgrundlage, die Verordnung über die Benennung des Erfinders vom 29. 5. 1981, BGBl. I 525; Bl. 81, 231 (ErfBenVO) ist gemäß § 23 PatV mit Wirkung vom 15. 10. 2003 außer Kraft getreten. Die entsprechenden Vorschriften sind jetzt in § 7 PatV enthalten. Nach BPatGE **20,** 103 braucht, wenn der Anmelder sich selbst als alleinigen Erfinder benennt, die Erklärung jedenfalls dann nicht auf einem besonderen Blatt abgegeben zu werden, wenn kein Antrag auf Nichtnennung gestellt wird. 2

Die Erfinderbenennung muss die Unterschrift des Anmelders oder der Anmelder enthalten, § 7 Abs. 2 Nr. 5. Die Unterschrift kann durch einen dazu bevollmächtigten – auch einen nicht betriebsangehörigen (MittPräsPA Bl. **79,** 390) – Vertreter geleistet werden. Ein Handlungsbevollmächtigter einer GmbH ist zur Unterzeichnung der Erfinderbenennung ermächtigt, BPatGE **17,** 211; **19,** 156; die Vorlage einer Vollmachturkunde kann durch eine von dem Geschäftsführer abgegebene Erklärung, dass der unterzeichnende Handlungsbevollmächtigte zur Abgabe der Erklärung bevollmächtigt war, ersetzt werden, BPatGE **17,** 211. Der Antrag des Erfinders, nicht genannt zu werden, muss von dem Erfinder selbst eigenhändig unterschrieben werden, § 8 Abs. 1 PatV. 3

3. Inhalt. Literatur: Loh, Erfindernennung mit Rangfolge, GRUR **48,** 233; Witte, Die Angabe der Anmeldeberechtigung bei Diensterfindungen, GRUR **63,** 76. 4

Als Erfinder darf nur eine **natürliche Person** benannt werden, nicht ein Betrieb, PA Bl. **51,** 294. Bei Arbeitnehmererfindungen ist die Person des Angestellten genau zu bezeichnen, PA Mitt. **38,** 285.

Miterfinder sind als solche zu bezeichnen; sie haben keinen Anspruch darauf, dass der Umfang und das Ausmaß ihrer Beteiligung an der Erfindung angegeben werden, BGH GRUR **69,** 133 – Luftfilter; wegen der Rechtsbeziehungen mehrerer Erfinder im Verhältnis zueinander vgl. die Erläuterungen zu § 6, Rdn. 31 ff. Der wirkliche Erfinder, der dem Patentamt gegenüber nicht als solcher benannt ist, kann seine Nennung im Wege der Nachholung nur erreichen, wenn sowohl der Anmelder bzw. der Patentinhaber als auch der zu Unrecht Benannte der Nachholung zustimmen. Zwischen den Zustimmungsverpflichteten liegt keine notwendige Streitgenossenschaft vor, so dass sie nicht gemeinschaftlich verklagt werden müssen, OLG Karlsruhe GRUR-RR **03,** 328 = Mitt. **04,** 22. 5

Die Erfinderbenennung muss neben der Angabe des oder der Erfinder auch die Versicherung enthalten, dass weitere Personen nach Kenntnis des Anmelders an der Erfindung nicht mitgewirkt haben, § 37 Abs. 1 Satz 1 i. V. m. § 7 Abs. 2 Nr. 2 PatV. Diese Angaben sind notwendig für die Nennung des Erfinders in den Veröffentlichungen des Patentamts und im Register (§ 63), sie dienen dem Schutz des Erfinders, PA Bl. **38,** 213, GRUR **51,** 72. Der nicht oder nicht richtig benannte Erfinder braucht nicht die Erfindernennung (§ 63 Abs. 1) abzuwarten, 6 sondern kann schon vorher die Berichtigung der Erfinderbenennung verlangen, BGH GRUR **69,** 133.

7 Wenn der Anmelder nicht oder nicht allein der Erfinder ist, muss er ferner angeben, wie das **Recht auf das Patent** an ihn gelangt ist, § 7 Abs. 2 Nr. 3 PatV. Der Rechtsgrund des Erwerbs der Erfindung durch den Anmelder ist bestimmt und nachprüfbar zu bezeichnen, PA Bl. **38,** 213, besonders bei mehrfachem Rechtsübergang, PA Bl. **39,** 176. Es genügt indes, wenn der Rechtsübergang glaubhaft und mit ausreichender Deutlichkeit angegeben wird, PA GRUR **51,** 72. Bei Diensterfindungen genügt im Regelfall die Angabe, dass es sich bei dem benannten Erfinder um einen Arbeitnehmer des Anmelders handelt, PA GRUR **53,** 220; MittPräsPA Bl. **72,** 61. Bei sonstigen Erfindungen und bei Rechtsübergängen außerhalb des ArbEG wird die Angabe des Vertrages mit Datum verlangt, PA Mitt. **40,** 114; MittPräsPA Bl. **72,** 61. Die Art des Vertrags nach seiner rechtlichen Kennzeichnung braucht nicht notwendig angegeben zu werden, PA Mitt. **43,** 122; GRUR **51,** 72. Das Patentamt kann im Einzelfall weitere Angaben zur Glaubhaftmachung und Verdeutlichung des **Rechtsübergangs** verlangen, MittPräsPA Bl. **72,** 61.

8 Bis zur Veröffentlichung der Patentanmeldung kann der Anmelder die Erfinderbenennung ändern und eine andere als die ursprünglich benannte Person als Erfinder benennen; die Zustimmung des nicht mehr als Erfinder Benannten ist dazu nicht erforderlich; das Patentamt hat die geänderten Angaben ohne Prüfung ihrer Richtigkeit bei der weiteren Durchführung des Verfahrens zugrunde zu legen, BPatGE **13,** 53; **25,** 131, 132ff. Weicht die Erfindernennung des Patentamts in einer Veröffentlichung von der ihm zu diesem Zeitpunkt vorliegenden Erfinderbenennung durch den Anmelder ab, so ist das Patentamt verpflichtet, die Erfindernennung in seinen späteren Veröffentlichungen und in der Patentrolle von Amts wegen mit der Erfinderbenennung in Übereinstimmung zu bringen. Der Zustimmung des zunächst fehlerhaft allein als Erfinder Genannten bedarf es nicht, BPatGE **25,** 131, 132.

4. Prüfung der Angaben

9 **Literatur:** Seeger/Wagner, Offene Fragen der Miterfinderschaft, Mitt. **75,** 108.

Die Erfinderbenennung ist eine im Verfahren vor dem Patentamt abzugebende Erklärung. Die darin enthaltenen Angaben müssen daher nach § 124 der Wahrheit entsprechen. Eine Prüfung der Richtigkeit der Angaben wird jedoch durch ausdrückliche gesetzliche Anordnung ausgeschlossen, um das Erteilungsverfahren von der Erörterung und Prüfung der Erfinderschaft freizuhalten. Unrichtige Angaben haben auch keine nachteiligen Folgen für das patentamtliche Verfahren oder für das erteilte Patent, vgl. Seeger/Wagner Mitt. **75,** 108, 110. Sie erfüllen als solche nicht schon den Tatbestand der Patenterschleichung, weil sie für die Patenterteilung nach § 37 Abs. 1 Satz 3 nicht ursächlich sind, BGH Bl. **54,** 332. Die unrichtige Benennung des Erfinders setzt den Anmelder jedoch den Ansprüchen des wirklichen Erfinders aus (§ 63 Abs. 2; vgl. auch oben Rdn. 6).

10 **5. Frist für die Benennung.** Die Erfinderbenennung ist innerhalb von fünfzehn Monaten – gerechnet vom Anmeldetag oder einem früheren Prioritätstag an – einzureichen, § 37 Abs. 1 Satz 1. Dadurch soll gewährleistet werden, dass die Erfinderbenennung im Zeitpunkt der Offenlegung der Anmeldung nach § 31 Abs. 2 Nr. 2 vorliegt (wegen der Offenlegung nach § 31 Abs. 2 Nr. 1 vgl. § 31 Rdn. 8) und mit den Akten eingesehen sowie bei der Veröffentlichung der Offenlegungsschrift berücksichtigt werden kann. Die Frist ist jedoch keine Ausschlussfrist und führt bei Versäumung nicht zu einem Rechtsverlust. Der fruchtlose Ablauf der Einreichungsfrist hat zur Folge, dass nunmehr ein Mangel i. S. der §§ 42, 45 vorliegt. Dieser Mangel wird immer offensichtlich sein und daher schon bei der Offensichtlichkeitsprüfung gerügt werden müssen (§ 42 Abs. 1). Wenn der Anmelder auf die Aufforderung, den Mangel zu beseitigen (§ 42 Abs. 1), weder die Erfinderbenennung nachreicht noch einen begründeten Fristverlängerungsantrag nach § 37 Abs. 2 stellt, muss die Anmeldung zurückgewiesen werden (§ 42 Abs. 3 Satz 1), BPatGE **11,** 1, 9ff.; **11,** 28; **11,** 32.

11 **6. Nachträgliche Benennung.** Der durch das 5. Überleitungsgesetz neu zugefügte Abs. 2 geht zurück auf die 2. VO über Maßnahmen auf dem Gebiete des Patent-, Gebrauchsmuster- und Warenzeichenrechts vom 9. 11. 1940, die durch das 5. Überleitungsgesetz (§ 16 Nr. 2) aufgehoben wurde.

Außergewöhnliche Umstände, die die rechtzeitige Abgabe der Erklärungen verhindern, waren nach der ursprünglichen Begründung kriegsbedingte Ereignisse oder die Folgen des Krieges, bei denen der Verlust der ursprünglichen Unterlagen oder die Verlagerung des Geschäftsbetriebes eine Rolle spielten. Es können aber auch unter normalen Verhältnissen Schwierigkeiten auftreten, die die rechtzeitige Abgabe der in § 26 Abs. 6 des Patentgesetzes geforderten Erklärungen verhindern. Dem trägt § 37 Abs. 2 Rechnung.

Es ist möglich, dass der Patentinhaber den Zeitpunkt des Ablaufs der Frist übersieht und daher wegen nicht rechtzeitiger Abgabe der vorgeschriebenen Erklärungen über die Erfinderbenennung seines Patents verlustig geht, obwohl die Hinderungsgründe fortbestehen und er bei einem rechtzeitigen Antrag erneut Fristverlängerung erhalten hätte. Mit Rücksicht hierauf und im Hinblick auf die weittragende Rechtsfolge eines fruchtlosen Ablaufs der Frist ist vorgesehen worden, dass das Patentamt sechs Monate vor Ablauf der Frist den Patentinhaber an den Fristablauf erinnert.

38 *Änderung der Anmeldung.* [1]**Bis zum Beschluß über die Erteilung des Patents sind Änderungen der in der Anmeldung enthaltenen Angaben, die den Gegenstand der Anmeldung nicht erweitern, zulässig, bis zum Eingang des Prüfungsantrags (§ 44) jedoch nur, soweit es sich um die Berichtigung offensichtlicher Unrichtigkeiten, um die Beseitigung der von der Prüfungsstelle bezeichneten Mängel oder um Änderungen des Patentanspruchs handelt.** [2]**Aus Änderungen, die den Gegenstand der Anmeldung erweitern, können Rechte nicht hergeleitet werden.**

Inhaltsübersicht

Literatur: Körber, Prozessuale Auswirkungen unzulässiger Erweiterungen, Mitt. **72,** 121; Pfab, Ursprüngliche Offenbarung der Erfindung, GRUR **73,** 389, 439; Beil, Wiederaufnahme fallengelassener Patentansprüche im Erteilungsverfahren, GRUR **74,** 495; Papke, Die inhaltliche Änderung der Patentanmeldung, GRUR **81,** 475; Ballhaus, Folgen der Erweiterung der Patentanmeldung, GRUR **83,** 1; Bossung, Über den Irrtum des Anmelders im europäischen Patenterteilungsverfahren, FS Preu, 1988, 219; Hansen, Neuere Rechtsprechung zur Fehlerkorrektur im Verfahren vor dem Europäischen Patentamt, GRUR Int. **88,** 745; Schick, Änderungen von Patentansprüchen, Mitt. **89,** 1; Kockläuner, Neue Patentansprüche und mündliche Verhandlung beim EPA, Mitt. **89,** 30; Buss, Zulässige Erweiterung einer europäischen Patentanmeldung, Mitt. **89,** 73; Goebel, Der Schutz der Weiterentwicklung einer bereits zum Schutz angemeldeten Erfindung, Mitt. **89,** 185; Marterer, Die Änderung des Patents nach Erteilung, insbesondere im Hinblick auf das Erweiterungsverbot im Einspruchs- und Nichtigkeitsverfahren, GRUR Int. **89,** 455; Neervoort, zum selben Thema, GRUR Int. **89,** 457; Schulte, Die Änderung des europäischen Patents nach seiner Erteilung und das Verbot der Erweiterung des Schutzbereichs, GRUR Int. **89,** 460; Kurig, Beseitigung unzulässiger Erweiterungen der Patentanmeldung, GRUR **90,** 19; Tönnies, An wen wendet sich § 38 Satz 2 PatG 1981? Mitt. **91,** 85; Müller, Zulässiges Erweitern und Beschränken im Rahmen der Offenbarung, Mitt. **91,** 10; Schwanhäußer, Erweiterung der Patentanmeldung oder des Patents nach neuem Recht, GRUR **91,** 165; Holzer, Der Schutzbereich nach Art. 69 EPÜ, die unzulässige Erweiterung nach Art. 138 EPÜ und österreichisches Recht, Mitt. **92** 129; Schwanhäußer, Nochmals, die Behandlung der unzulässigen Erweiterung im Patentverletzungsprozeß, GRUR **92,** 295; Kraßer, Die Änderung von Patentansprüchen während des Prüfungsverfahrens im europäischen Patentrecht, GRUR Int. **92,** 699. Bossung, Otto, Gedanken zur Weiterbildung der Rechtsprechung der Großen Beschwerdekammer des EPA ausgelöst durch den Fall G 1/93 „Kollidierende Erfordernisse der Abästze 2 und 3 des Artikels 123 EPÜ, in: Zehn Rechtsprechung der Großen Beschwerdekammer im EPA, 1996, 135. Stamm, Kurt: Anmerkungen zu den Beschlüssen „Steuerbare Filterschaltung" und „Zerkleinerungsanlage" des Bundespatentgerichts, Mitt. **98,** 207. Rogge, Rüdiger, Der Neuheitsbegriff unter besonderer Berücksichtigung kollidierender Patentanmeldungen, GRUR Int **98,** 186. Blumer, Fritz: Formulierung und Änderung der Patentansprüche im europäischen Patentrecht (Heymanns) 1998.

Zum Änderungsrecht nach EPÜ s. Benkard/Schäfers EPÜ, Erl. zu Art. 123

1. Änderung der Anmeldung

1 **a) Allgemeines.** Die Vorschrift regelt die Zulässigkeit von Änderungen der Anmeldung während des Erteilungsverfahrens und die Folgen unzulässiger Änderungen der Anmeldung sowohl in zeitlicher als auch in inhaltlicher Hinsicht. § 38 entspricht, soweit es sich um Änderungen der Anmeldungsunterlagen handelt, Art. 123 Abs. 2 EPÜ. Mit der Änderung von Patentanmeldungen befasste sich auch Art. 14 des Entwurfs eines Patentrechtsvertrages (PLT/WIPO, Ind.Prop. **91,** 118, 124), der in Abs. 3 den Grundsatz enthielt, dass Änderungen unzulässig sind, die über den Inhalt der ursprünglichen Offenbarung hinausgehen. Änderungen eines Patents waren in Art. 17 desselben Entwurfs behandelt (a. a. O. 125). Dabei reflektiert Abs. 3 im Wesentlichen das amerikanische reissue-Verfahren, das auch nachträgliche Erweiterungen des Schutzbereichs eines Patents zulässt, allerdings vorbehaltlich des Vertrauensschutzes zugunsten von Dritten, die auf die ursprünglich veröffentlichte Fassung des Patents vertraut haben. Die Bestimmung ist demgemäß als Option für die Vertragsstaaten ausgestaltet. Sie bekräftigt aber erneut den Grundsatz, dass Änderungen des Schutzbereichs (the disclosure contained in the patent) des Patents nicht über den Offenbarungsgehalt der ursprünglichen Anmeldungsunterlagen (the disclosure as contained in the application as filed) hinausgehen dürfen. Der PLT 2000 enthält keine entsprechenden Bestimmungen; sie könnten allenfalls in einem künftigen weiteren Harmonisierungsvertrag (derzeitiger Arbeitstitel: SPLT = Substantive Patent Law Treaty) berücksichtigt werden. Änderungen des Patents während des Einspruchs-, Beschränkungs- und Nichtigkeitsverfahrens sind – sofern sie eine Erweiterung enthalten – hinsichtlich ihrer Folgen in § 22 Abs. 1 geregelt. Änderungen der Anmeldung, die über den Offenbarungsgehalt der Anmeldungsunterlagen in der ursprünglich eingereichten Fassung hinausgehen und in das erteilte Patent eingegangen sind, stellen im Einspruchsverfahren einen Widerrufsgrund nach § 21 Abs. 1 Nr. 4 und einen entsprechenden Nichtigkeitsgrund nach § 22 i. V. m. § 21 Abs. 1 Nr. 4 dar.

2 Die Vorschrift betrifft die gesamten Anmeldungsunterlagen, also sowohl die Beschreibung als auch die Patentansprüche, BGH GRUR **63,** 563, 566. Zu den „Angaben" i. S. des § 38 Satz 1 müssen auch die Zeichnungen sowie etwaige Abbildungen, Modelle und Proben gerechnet werden.

3 **b) Formvorschriften für Änderungen.** Die Vorschrift wird ergänzt durch § 15 Abs. 3 der auf Grund des § 34 Abs. 6 erlassenen PatV, der sich mit formalen Fragen der Änderung von Anmeldungsunterlagen befasst. Danach hat der Anmelder, sofern die Änderungen nicht vom Patentamt vorgeschlagen worden sind, im Einzelnen anzugeben, an welcher Stelle die in den neuen Unterlagen beschriebenen Erfindungsmerkmale in den ursprünglichen Unterlagen offenbart sind. Die vorgenommenen Änderungen sind zusätzlich entweder auf einem Doppel der geänderten Unterlagen, durch gesonderte Erläuterungen oder in den Reinschriften zu kennzeichnen. Wird die Kennzeichnung in den Reinschriften vorgenommen, sind die Änderungen fett hervorzuheben. Werden die Anmeldungsunterlagen im Laufe des Verfahrens geändert, so hat der Anmelder Reinschriften einzureichen, die die Änderungen berücksichtigen. Die Reinschriften sind in zwei Stücken einzureichen. Die Formerfordernisse für schriftliche Unterlagen, § 6 Abs. 1 PatV (Papier- und Schriftformate, elektronische Datenträger), und § 11 Abs. 2 (Sequenzprotokolle auf Datenträgern) sind zu berücksichtigen. Reicht der Anmelder weitere Exemplare von Anmeldungsunterlagen nach, so hat er eine Erklärung beizufügen, dass die nachgereichten Unterlagen mit den ursprünglich eingereichten Unterlagen übereinstimmen, § 15 Abs. 1 und 2 PatV. Hat er Anmelder vom Patentamt vorgeschlagene Änderungen integral angenommen, dann muss er den nachzuliefernden Reinschriften eine Erklärung beizufügen, dass sie keine weiteren als die vom Patentamt vorgeschlagenen Änderungen enthalten, § 15 Abs. 4. § 15 Abs. 3 PatV wird nicht dadurch entsprochen, dass neugefasste Patentansprüche mit Bezugszeichen versehen werden; für das Verlangen des Patentamts bedarf es keiner näheren Bezeichnung der Merkmale, für die ein Offenbarungsnachweis erforderlich ist, BPatGE **16,** 28.

4 **2. Änderungen in den einzelnen Verfahrensabschnitten.** Das Gesetz regelt die Zulässigkeit von Änderungen der in der Anmeldung enthaltenen Angaben bis zum Eingang des Prüfungsantrags und während des eigentlichen Prüfungsverfahrens bis zur Erteilung des Patents.

Mit dem Erlass des Patenterteilungsbeschlusses endet die Befugnis des Anmelders (Patentinhabers), die Unterlagen (des Patents) von sich aus zu ändern.

a) Bis zum Eingang des Prüfungsantrags. Bis zu diesem Zeitpunkt (§ 44) sind Änderungen der Anmeldungsunterlagen nur in sehr begrenztem Umfange zugelassen, weil Änderungen nicht nur die Veröffentlichung des Inhalts der Unterlagen offengelegter Anmeldungen (§ 32 Abs. 2) sehr erschweren, sondern auch Unklarheiten über den nach § 33 mit begrenzten Schutzwirkungen ausgestatteten Gegenstand der offengelegten Anmeldungen hervorrufen könnten, die im Interesse der Rechtssicherheit vermieden werden sollen (vgl. dazu Begrdg. des RegEntw. zum PatÄndGes. Bl. **67,** 253f.). 5

aa) Beschreibung, Zeichnungen. Die Beschreibung und die Zeichnung sollen deshalb bis zum Eingang des Prüfungsantrags grundsätzlich unangetastet bleiben. Änderungen sind nur gestattet, soweit es sich um die Berichtigung offensichtlicher Unrichtigkeiten oder um die Beseitigung der von der Prüfungsstelle im Rahmen der Offensichtlichkeitsprüfung (§ 42) bezeichneten Mängel handelt. Sollen die Beschreibung, die Patentansprüche oder die Zeichnungen berichtigt werden mit der Begründung, es lägen Fehler, Schreibfehler oder Unrichtigkeiten vor, so sind strenge Anforderungen zu erfüllen. Die erstrebte Berichtigung muss „derart offensichtlich sein, dass sofort erkennbar ist, dass nichts anderes beabsichtigt sein konnte als das, was als Berichtigung vorgeschlagen wird". Die Unrichtigkeit, deren Richtigstellung verlangt oder vorgeschlagen wird, darf also nicht etwa nur nahe liegend sein oder sich nach einer näheren Prüfung und einem gewissen Nachdenken als sinnvoll und richtig herausstellen. Sie muss vielmehr unmittelbar evident und handgreiflich, „sofort erkennbar" sein. Eine berichtigungsfähige offensichtliche Unrichtigkeit liegt vor, wenn der Fehler sich aus dem Zusammenhang der Anmeldungsunterlagen (Beschreibung, Ansprüche, Zeichnung) für einen Durchschnittsfachmann bei der Prüfung anhand des Berichtigungsantrags ohne weiteres ergibt, BPatG Mitt. **71,** 157, 158; **73,** 78. Schreibfehler und den grammatikalischen Regeln nicht entsprechende Formulierungen stellen sich in der Regel als offensichtliche Unrichtigkeit dar, die als solche berichtigt werden können, BPatG Mitt. **73,** 78, 79. Wenn es sich bei der vom Anmelder gewünschten Änderung der Beschreibung oder der Zeichnung nicht um die Berichtigung einer offensichtlichen Unrichtigkeit oder um die Beseitigung eines gerügten Mangels handelt und der Anmelder gleichwohl auf der Änderung beharrt, ist die Anmeldung insgesamt zurückzuweisen; es ist nicht etwa nur der Änderungs- oder Berichtigungsantrag zurückzuweisen und die Anmeldung gegen den Widerspruch des Anmelders offenzulegen, BPatG Mitt. **71,** 157, 158. 6

bb) Patentansprüche. Änderungen des Patentanspruchs oder der Patentansprüche sind, obwohl auch sie Unklarheiten hervorrufen können, in einem sehr viel weitergehenden Umfange erlaubt, weil dem Anmelder Gelegenheit gegeben werden soll, dem Ergebnis einer etwaigen Recherche (§ 43) sowie Einwendungen Dritter Rechnung zu tragen (vgl. Begrdg. des RegEntw. zum PatÄndGes. Bl. **67,** 253f.). Zulässig sind alle Änderungen der Patentansprüche, die sich als Berichtigung oder als Beschränkung des Schutzbegehrens darstellen. Ob es sich um eine Berichtigung oder Beschränkung oder in Wirklichkeit um eine unzulässige Erweiterung handelt, wird vom Patentamt grundsätzlich nicht zu prüfen sein. Die Beurteilung dieser Frage ist in aller Regel erst nach einer genaueren sachlichen Prüfung der Anmeldung möglich, die erst nach Eingang des Prüfungsantrags stattfinden kann und soll. Das Patentamt wird sich deshalb im Allgemeinen darauf zu beschränken haben, die geänderten Patentansprüche zu den Akten zu nehmen. Insbesondere kann der Anmelder in diesem Verfahrensstadium auch von der Befugnis Gebrauch, die Anmeldung freiwillig zu teilen (vgl. die Erläuterungen zur Bedeutung von „jederzeit" in § 39). Er kann die Anmeldung aber auch teilen, um einem Einwand der Uneinheitlichkeit, den ihm das Patentamt im Verfahren der Offensichtlichkeitsprüfung entgegengehalten hat, zu entsprechen und uneinheitliche Teile auszuscheiden oder fallen zu lassen. 7

b) Prüfungsverfahren. Die Anwendung von § 38 setzt einen Vergleich der ursprünglichen Fassung von Beschreibung, Patentansprüchen und Zeichnungen mit der jeweils gültigen vom Anmelder gebilligten oder vorgelegten Fassung bzw. dem Inhalt seiner Anträge voraus, sofern er verschiedene Fassungen zum Gegenstand von Haupt- und Hilfsanträgen gemacht hat. Insofern ist die Prüfung, ob § 38 eingehalten ist, vergleichbar mit einer Neuheitsprüfung, Durch die Änderung darf kein Gegenstand entstehen, der im Verhältnis zur ursprünglichen Offenbarung neu ist, d.h. sich auch unter Berücksichtigung dessen, was der Durchschnittsfachmann als impliziert mitliest, nach der Standardformel „sich unmittelbar und eindeutig" aus dem Offenbarungsgehalt der ursprünglichen eingereichten Fassung der Anmeldungsunterlagen ergibt. Im Prüfungsverfahren sind alle Änderungen gestattet, die den Gegenstand der Anmeldung, wie er sich aus den ursprünglichen Unterlagen ergibt (vgl. § 21 Abs. 1 Nr. 4), nicht erweitern. Bis zur Beendigung des Prüfungsverfahrens durch den Beschluss über die Erteilung des Patents kann daher 8 alles, was ursprünglich offenbart worden war, zum Gegenstand des Schutzbegehrens gemacht werden, BGHZ **72,** 119, 128f. – Windschutzblech, m.w.N.; BGH GRUR **81,** 812, 813 – Etikettiermaschine; **85,** 1037, 1038 – Raumzellenfahrzeug; PA Bl. **33,** 233; **38,** 28, 29; Weißig, GRUR **65,** 396, 397. Anders als im Einspruchs- und Beschränkungsverfahren, in denen die Grenzen der zulässigen Änderungen des Patents durch dessen Schutzbereich (§ 22 Abs. 1 zweite Alternative) und damit durch den Inhalt der Patentansprüche (§ 14) bestimmt werden, hängt die Zulässigkeit von Änderungen im Prüfungsverfahren nicht von der ursprünglichen Fassung der Patentansprüche ab, BGH GRUR **75,** 310 – Regelventil; GRUR **85,** 1037, Bl. **92,** 358, 359 – Frachtcontainer.

8a Die umfassende **numerische Bereichsangabe,** etwa ein Molekulargewichtsbereich, enthält grundsätzlich auch eine gleichermaßen umfassende Offenbarung aller denkbaren Unterbereiche, GRUR **2000,** 591 – Inkrustierungsinhibitoren. Das ist auch berechtigt. Denn das Prüfungsverfahren soll gerade dazu dienen, den möglichen Inhalt der Ansprüche herauszuarbeiten und gegenüber dem Stand der Technik abzugrenzen. Die ursprünglichen Patentansprüche werden daher seit jeher nur als Formulierungsversuche betrachtet, PA Bl. **33,** 233; Mitt. **39,** 23, 24; BGH GRUR **53,** 120, 121 – Rohrschelle. Eine dem Fachmann in der Gesamtheit der ursprünglichen Unterlagen offenbarte Verfahrensweise kann auch dann zum **Gegenstand eines Anspruchs** gemacht werden, wenn auf sie in den ursprünglichen Unterlagen noch kein Anspruch gerichtet war, BGH GRUR **88,** 197 – Runderneuern. Sie können im Rahmen der ursprünglichen Offenbarung gestaltet und in diesem Rahmen auch erweitert werden, PA Bl. **33,** 233; Mitt. **35,** 419; Grünecker GRUR **80,** 681, 682. Fallengelassene Ansprüche können wieder aufgegriffen werden, sofern nicht endgültig auf deren Weiterbehandlung verzichtet wurde, PA Bl. **36,** 4; Mitt. **42,** 114; vgl. dazu auch Beil GRUR **74,** 495 und Kraßer, GRUR **85,** 689, der eine bindende Wirkung des Verzichts jedenfalls bis zur – einverständlichen – Patenterteilung ablehnt, sowie § 34 Rdn. 156–159. Für den Gegenstand eines auf den Hauptanspruch zurückbezogenen Unteranspruchs kann (auch nach dessen Ausscheidung) unabhängig von den Merkmalen des Hauptanspruchs jedenfalls dann ein selbständiger Schutz beansprucht werden, wenn die Beschreibung einen Hinweis auf die selbstständige Bedeutung der Merkmale des Unteranspruchs enthält, BPatGE **13,** 184. Zulässig ist auch eine Änderung der Aufgabenstellung und die Berücksichtigung ursprünglich nicht offenbarter Vorteile, BPatGE **28,** 12ff.

9 Die **Grenze** für die Zulässigkeit von Änderungen der Anmeldung im Prüfungsverfahren ist der Inhalt der **ursprünglichen Offenbarung,** wie er sich aus der ursprünglich eingereichten Fassung der Anmeldungsunterlagen ergibt (vgl. auch § 21 Abs. 1 Nr. 4). Der Gegenstand der Patentanmeldung darf im Prüfungsverfahren nicht über die ursprüngliche Offenbarung hinaus erweitert werden. Das bedeutet jedoch nicht, dass jede Abstrahierung und Verallgemeinerung der in den ursprünglichen Unterlagen konkret dargestellten Erfindungsmerkmale unterbunden werden müsste (vgl. Bruchhausen GRUR Int. **74,** 4). Mit Rücksicht auf § 14 muss dem Anmelder vielmehr die Möglichkeit gegeben werden, die **Patentansprüche** so zu fassen, dass er einen **ausreichenden Schutz** gegen einen Gebrauch der in der Anmeldung offenbarten Erfindung durch Dritte erlangt (vgl. Bruchhausen aaO; Johannesson GRUR Int. **74,** 301; Grünecker GRUR **80,** 681, 682). Das Schutzbegehren darf aber nur auf einen solchen Gegenstand bezogen werden, der vom ursprünglichen Anmeldungsgegenstand umfasst wird, weil er vom **Durchschnittsfachmann** ohne weiteres, d.h. **ohne weiteres Nachdenken und ohne nähere Überlegungen** aus den ursprünglichen Anmeldungsunterlagen zu entnehmen ist, BGHZ **72,** 119, 128f. Entsprechendes gilt für die Ausdehnung eines Anspruchs auf eine nicht ausdrücklich offenbarte Teilkombination seiner Merkmale, BPatGE **26,** 11, 12ff. (für das Gebrauchsmuster-Eintragungsverfahren).

10 Für die Ermittlung des in den ursprünglichen Anmeldungsunterlagen offenbarten Gegenstandes der Anmeldung ist der Inhalt der ursprünglichen Unterlagen grundsätzlich als **Einheit** zu behandeln, PA Bl. **33,** 233; MuW **34,** 137. Bis zur Beendigung des Prüfungsverfahrens durch den Beschluss über die Erteilung des Patents kann daher alles, was den ursprünglichen Anmeldungsunterlagen in ihrer Gesamtheit als zur angemeldeten Erfindung gehörig zu entnehmen ist, in das Schutzbegehren einbezogen werden (vgl. auch oben Rdn. 8). Diese Möglichkeit endet mit dem Beschluss über die Erteilung des Patents. Wird allerdings im **Einspruchsverfahren** die Teilung des Patents erklärt, so kann mit der Teilanmeldung wieder der **gesamte Offenbarungsgehalt** der ursprünglichen Anmeldung ausgeschöpft werden, BGHZ **115,** 234, 238 – Straßenkehrmaschine (Abw. Ballhaus bis zur 7. Aufl. dieses Kommentars). Der BGH begründet dies zutreffend damit, dass gem. § 60 Abs. 1 Satz 4 die Wirkungen des Patents als für den abgetrennten Teil von Anfang an nicht eingetreten fingiert werden. Diese Regelung schließt es aus, dass das Patent für die Teilanmeldung als schutzbegrenzend herangezogen wird. S. dazu die Erl. zu § 60.

Nach der gesetzlichen Regelung in § 26 Abs. 5 PatG 1968 brachte nicht die Offenlegung, sondern erst die Bekanntmachung der Anmeldung einen Einschnitt im Patenterteilungsverfahren, der ein Zurückgreifen auf den Inhalt der ursprünglichen Anmeldungsunterlagen bei der Gestaltung der Anmeldung ausschloss, BGH GRUR **72,** 640, 641. – Akteneinsicht X. Diese Aussage trifft für die Offenlegung nach wie vor zu, nach dem Wegfall der Bekanntmachung der Anmeldung auf Grund des PatG 1981 (nachgeschalteter Einspruch) gilt sie wegen der Entscheidung „Straßenkehrmaschine" auch nicht mehr für die Erteilung des Patents, s. vorstehende Rdn. **11**

Voraussetzung für die Zulässigkeit einer Änderung ist aber immer, auch im Prüfungsverfahren, dass ein Merkmal, auf den das Schutzbegehren bezogen werden soll, in den Unterlagen **als zur Erfindung gehörig erkennbar** ist (vgl. § 34 Rdn. 27 ff.). Denn wenn dies nicht der Fall ist, handelt es sich um eine unzulässige Erweiterung, die in keinem Verfahrensstadium gestattet ist. Im Prüfungsverfahren kann das Patentbegehren nur auf solche Gegenstände ausgedehnt werden, die in den ursprünglichen Unterlagen nach dem Verständnis des Fachmanns als zur Erfindung gehörig ausgegeben worden sind, Die Erstreckung des Schutzbegehrens auf einen Gegenstand, der in den ursprünglichen Unterlagen als bekannt angegeben ist, muss auch dann als unzulässig angesehen werden, wenn die Angabe über das Bekanntsein auf Irrtum beruht, BPatGE **5,** 129. Ebensowenig kann ein in den ursprünglichen Anmeldungsunterlagen erwähnter Lösungsvorschlag, dessen Nachteile zu vermeiden die Erfindung sich zum Ziel gesetzt hat, noch nachträglich in das Patentbegehren einbezogen werden, BGH GRUR **78,** 417 – Spannungsvergleichsschaltung, mit Anm. Reimann, und BPatGE 36, 192 (angebliche Unverzichtbarkeit eines Siebes bei einem Rückschlagventil in der ursprünglichen Offenbarung bei späterem Verzicht auf das Sieb in der beanspruchten Erfindung). Anders liegt es, wenn ein einzelnes Merkmal einer Kombination in den ursprünglichen Unterlagen als bekannt bezeichnet und demgemäß in den Oberbegriff des Patentanspruchs aufgenommen worden ist; wenn sich die Annahme der Bekanntheit als unrichtig erweist und der Gegenstand der Anmeldung nach Aufgabe und Lösung dadurch nicht verändert wird, kann dieses Merkmal später in den kennzeichnenden Teil des Anspruchs übernommen werden, vgl. dazu – für GebrM – BGH GRUR **71,** 115, 117 – Lenkradbezug I; vgl. aber auch von Falck GRUR **72,** 233. **12**

c) Nach der Bekanntmachung. Literatur: Schuster, Änderung des Patentanspruchs nach der Bekanntmachung, GRUR **38,** 287; Evers, Über die Zulässigkeit von Änderungen während des Erteilungsverfahrens, Bl. **52,** 261; Kockläuner, Änderungen von Patentansprüchen nach der Bekanntmachung von Patentanmeldungen, GRUR **73,** 57; Kraßer, Der „Verzicht" des Anmelders im Erteilungsverfahren, GRUR **85,** 689. **13**

Solange Patentanmeldungen nach Abschluss des Prüfungsverfahrens bekanntgemacht worden sind (§ 30 PatG 1968) und noch nicht zur Patenterteilung geführt hatten oder auf Grund der Überleitungsvorschriften des GPatG noch bekanntgemacht wurden, waren Änderungen der Anmeldungsunterlagen auch in den Verfahrensabschnitt zwischen der Bekanntmachung der Anmeldung und der Erteilung des Patents zulässig (vgl. die Begrdg. zum PatÄndG Bl. **67,** 253). Die Bekanntmachung der Anmeldung nach § 30 PatG 1968 bedeutete einen wesentlichen Einschnitt für das Erteilungsverfahren. Die Bekanntmachung legte den Gegenstand der Anmeldung für die weiteren Abschnitte des Erteilungsverfahrens und für die mit der Bekanntmachung eintretende materiellrechtliche Wirkung des einstweiligen Schutzes fest, PA Bl. **30,** 176; BGH GRUR **66,** 146, 147 f.; **75,** 310, 311. Aus dieser Wirkung der Bekanntmachung ergaben sich Einschränkungen für die Möglichkeit von Änderungen.

Nach der Bekanntmachung waren Änderungen nur noch im Rahmen der ausgelegten Unterlagen möglich, BGH GRUR **75,** 310, 311 – Regelventil; **77,** 780, 781 – Metalloxyd. Auf einen ursprünglich weitergehenden Inhalt der Anmeldung konnte nicht zurückgegriffen werden, BGH GRUR **77,** 780, 781; BPatGE **14,** 22, 25; **17,** 207. Maßgebend war daher allein der Anmeldungsgegenstand, der den bekanntgemachten Unterlagen zu entnehmen war, PA Bl. **38,** 28, 29; **40,** 182. Da die rechtlichen Bedingungen von Änderungen der Anmeldungsunterlagen nach der Bekanntmachung inzwischen trotz der Überleitungsvorschriften im (1.) GPatG keine praktische Relevanz mehr haben dürften, sind die folgenden Erläuterungen aus der Voraufl. mit diesem Vorbehalt zu verstehen. Nach der damaligen Rechtslage nach der Bekanntmachung der Anmeldung zugelassene Änderungen sind es im Zweifel jedenfalls auch im Erteilungsverfahren des geltenden Rechts. Wegen der möglichen Änderungen im Einspruchsverfahren s. die Erläuterungen zu Art. 59. Ein Wechsel der Patentkategorie ist nach der Bekanntmachung nicht zulässig, wenn dadurch der Gegenstand des einstweiligen Schutzes unzu- **14** lässig verändert wird. Eine solche Veränderung liegt vor beim Übergang von einem auf ein Zwischenprodukt gerichteten Sachanspruch auf einen Anspruch, der auf die Verwendung der Sache als Ausgangsprodukt für die Herstellung eines Endprodukts im Rahmen eines näher gekennzeichneten Verfahrens gerichtet wird, BGH GRUR **84,** 644, 645 – Schichtträger. Eine zulässige Umwandlung eines Mittelanspruchs in einen Verwendungsanspruch liegt vor, wenn der Schutzumfang nicht erweitert wurde und die beanspruchte Verwendung aus dem bekanntgemachten Mittelanspruch hervorging, BPatG Bl. **83,** 308. Teile der Anmeldung, die vorher gestrichen wurden, können nach der Bekanntmachung nicht wieder aufgenommen werden, PA Bl. **59,** 358. Auf die ursprüngliche Zeichnung, die durch eine neue ersetzt worden ist und nicht mit ausgelegen hat, kann nicht mehr zurückgegriffen werden, PA Mitt. **35,** 421. Diese „Zäsurwirkung" trat wohl erst mit der Bekanntmachung und nicht schon mit der Zustellung des Bekanntmachungsbeschlusses (so PA Mitt. **30,** 78) ein. In der Stellung eines auf eingeschränkte Unterlagen bezogenen vorbehaltslosen Bekanntmachungsantrages kann jedoch ein materiellrechtlicher Verzicht auf ein darüber hinausgehendes Patentbegehren liegen (vgl. BGH GRUR **66,** 146 – Beschränkte Bekanntmachung; BPatGE **17,** 207), der als solcher der Wiederaufnahme fallengelassener Anmeldungsteile entgegensteht.

15 Nach der Bekanntmachung waren weiter auch nur noch solche Änderungen des Schutzbegehrens zulässig, die sich im Rahmen der bekanntgemachten Patentansprüche (BGH GRUR **75,** 310) und damit im Rahmen des durch die Bekanntmachung einstweilen geschützten Gegenstandes hielten, PA Bl. **38,** 28; **40,** 182; BPatGE **3,** 123, 124; **8,** 15. Auf einen Gegenstand, der nicht im Rahmen der bekanntgemachten Patentansprüche lag, konnte daher das Schutzbegehren nicht mehr erstreckt werden, BGH GRUR **77,** 780, 781; BPatGE **13,** 189; **14,** 22; **14,** 108; **17,** 207. Ein Merkmal eines Patentanspruchs, das in den ursprünglichen Unterlagen der Patentanmeldung nicht hinreichend offenbart war, konnte jedoch auch nach der Bekanntmachung der Anmeldung wieder gestrichen werden, BGH GRUR **75,** 310; **77,** 241; BPatGE **20,** 146; ferner ein solches Merkmal, bei dem sich erst nach der Bekanntmachung ergibt, dass die bekanntgemachte Anspruchsfassung mit einem großen Teil der ursprünglich offenbarten Beispiele nicht in Übereinstimmung steht und das fragliche Merkmal eine bei der Bekanntmachung nicht gewollte Beschränkung des Anmeldungsgegenstandes bewirkt, BPatGE **25,** 24, 27 f.

16 **3. Zulässige Änderungen.** Wenn von dem jeweils dafür gezogenen äußeren Rahmen abgesehen wird, ist die Frage, ob es sich um eine zulässige Änderung oder um eine unzulässige Erweiterung handelt, in allen Verfahrensabschnitten nach grundsätzlich gleichen Gesichtspunkten zu beantworten. Die Besonderheiten, die für die einzelnen Verfahrensabschnitte gelten, sind jeweils zusätzlich zu berücksichtigen. Die Grenze zwischen zulässiger Änderung und unzulässiger Erweiterung ist häufig nicht leicht zu ziehen.

17 Allgemein ist dazu zunächst folgendes zu bemerken: Die Gattung, auf die sich die Erfindung bezieht, kann im Laufe des Erteilungsverfahrens grundsätzlich eingeengt und durch eine speziellere Gattung ersetzt werden. Auch die ursprünglich offenbarte, meist weit gefasste Aufgabe kann im Laufe des Erteilungsverfahrens grundsätzlich verengt und spezieller gefasst werden. Gattung und Aufgabe dürfen dabei jedoch nicht in eine neue, ursprünglich nicht erkennbare Richtung verschoben werden, BPatGE **11,** 183, 190. Sie dürfen im Rahmen des ursprünglich Offenbarten nur „keilartig eingeengt und damit spezifiziert werden", BPatGE **11,** 183, 190. Der Umstand, dass damit eines der ursprünglich offenbarten Merkmale im Laufe des Erteilungsverfahrens im Rahmen der Aufgabe größere Bedeutung gewinnen kann, steht dem nicht entgegen, vgl. dazu Gudel, Mitt. **72,** 28. Zulässig ist auch der einschränkende Wechsel der Patentkategorie von einem Sachanspruch auf eine bestimmte Weise der Verwendung der ursprünglich beanspruchten Sache, wenn die besondere Verwendungsmöglichkeit in den Anmeldungsunterlagen bzw. in der Patentschrift offenbart worden ist, BGH GRUR **88,** 287, 288 – Abschlussblende, und Bl. **92,** 306 – Überdruckventil; BGHZ **110,** 82, 85 f. – Spreizdübel; BPatGE **30,** 45, 46; **31,** 179 und GRUR **91,** 823, 825; EPA (GrBK) ABl. **90,** 93; EPA (TBK) GRUR Int. **92,** 549; vgl. auch Schulte, GRUR Int. **89,** 460, 463 f. Zulässig ist auch die nachträgliche Einführung eines Disclaimers in einen Anspruch. Das gilt selbst dann, wenn er in der Anmeldung in der ursprünglich eingerichteten Fassung nicht offenbart war. Vorausgesetzt wird dabei, dass der Disclaimer der Wiederherstellung der Neuheit dient, indem er den Anspruch gegenüber dem Stand der Technik im Sinne eines älteren Rechts oder eine zufälligen Vorwegnahme abgrenzt oder einen Gegenstand ausklammert, der aus nicht technischen Gründen vom Patentschutz ausgeschlossen ist, EPA (GrBK) v. 8. 4. 2004, ABl. **04,** 413, LSätze.

Im Folgenden werden eine Reihe häufig vorkommender Einzelfälle behandelt, für die sich gewisse Grundsätze herausgebildet haben. Hierbei ist jedoch zu beachten, dass es wesentlich immer auf die Umstände des Einzelfalles ankommt.

a) Berichtigung von Angaben. Die Berichtigung von Angaben, deren Unrichtigkeit für den Fachmann erkennbar war, ist grundsätzlich zulässig. Die ursprünglich unrichtige Bezeichnung des Produktes eines chemischen Herstellungsverfahrens kann durch die richtige Bezeichnung und die Konstitutionsformel ersetzt werden, wenn damit lediglich dem Ergebnis nachträglicher analytischer Untersuchungen Rechnung getragen wird und die zur Gewinnung des Produktes anzuwendenden Verfahrensmaßnahmen unverändert bleiben, BPatG GRUR **73,** 313f. Eine Berichtigung irrtümlicher Angaben des Anmelders, deren Unrichtigkeit für einen Fachmann nicht offenbar war, wird durch die Vorschrift nicht zugelassen und käme allenfalls im Wege der Irrtumsanfechtung nach den §§ 119ff. BGB in Betracht; ein Irrtum des Anmelders kann jedoch keine nachträgliche Erweiterung des Anmeldungsgegenstandes über den Inhalt des ursprünglich Offenbarten hinaus rechtfertigen; die Anfechtung einer den Inhalt der Anmeldung betreffenden Erklärung ist auch jedenfalls dann ausgeschlossen, wenn die Erklärung des Anmelders Grundlage einer Entscheidung geworden ist, die Wirkung nach außen entfaltet, BGH GRUR **77,** 780, 782. – Metalloxyd. Zum Verhältnis von Berichtigung nach Regel 88 AusfO EPÜ und dem Verbot der Erweiterung des Patents, Art. 123 Abs. 2 EPÜ vgl. EPA (TBK), ABl. **92,** 46, 50f. (Berichtigung eines unbeabsichtigten Schreibfehlers). Eine Berichtigung von Angaben, deren Unrichtigkeit für den Fachmann erkennbar war, st zulässig und stellte kein Erweiterung des Offenbarungsgehalts der ursprünglichen Anmeldung dar, BGH Mitt. 96, 204, 206 – Spielfahrbahn. 18

b) Nachbringen von Ausführungsbeispielen. Das Nachbringen von Beispielen ist in angemessenem Umfang grundsätzlich zulässig, wenn die Beispiele zur Erläuterung des ursprünglichen Anmeldungsgegenstandes dienen und im Rahmen der ursprünglichen Offenbarung liegen, PA Bl. **38,** 5; **38,** 236. Als zusätzliche Erläuterung des Anmeldungsgegenstandes können sie angesehen werden, wenn noch eine Lücke vorhanden war, deren Ausfüllung im Interesse einer möglichst deutlichen Beschreibung der Erfindung und mittelbar der Schaffung möglichst klarer Rechtsverhältnisse wünschenswert erscheint, PA Bl. **38,** 236, 237. Die Wahl eines allgemeinen Begriffes zur Kennzeichnung der Ausgangsstoffe eines chemischen Verfahrens in den ursprünglichen Unterlagen rechtfertigt allein noch nicht das Nachbringen von Beispielen, die sich im Rahmen des allgemeinen Begriffes halten; dazu ist weiter erforderlich, dass aus den ursprünglichen Angaben ohne weitere experimentelle Nachprüfung mit einiger Berechtigung und Sicherheit der Schluss gezogen werden konnte, dass auch die in den nachgebrachten Beispielen genannten Stoffe als Ausgangsstoffe für das angemeldete Verfahren verwendbar sein würden, PA Bl. **38,** 5. 19

c) Zusammenfassung von Merkmalen mehrerer Patentansprüche. Die Zusammenfassung der Merkmale mehrerer Patentansprüche ist die häufigste Form der Beschränkung. Sie ist ohne weiteres zulässig, wenn sie in der Weise erfolgt, dass die speziellen Merkmale eines oder mehrerer Unteransprüche – entsprechend ihrer Unterordnung – in den bisherigen Hauptanspruch aufgenommen werden (vgl. BGH GRUR **67,** 585, 586 – Faltenrohre). Denn der damit gekennzeichnete Gegenstand war – als zweckmäßige Ausführungsform – schon vorher Gegenstand des Schutzbegehrens. Wenn die Unteransprüche jeweils nur dem Hauptanspruch untergeordnet waren, kann eine Beschränkung auch in der Weise vorgenommen werden, dass die Merkmale eines der Unteransprüche nur teilweise – „verkürzt“ – in den neu gebildeten Anspruch aufgenommen werden, BGH GRUR **67,** 585, 586. Nicht zulässig ist es, das Patentbegehren nachträglich auf eine ganz bestimmte Auswahl von Merkmalen aus verschiedenen Unteransprüchen unter Hinzunahme von Merkmalen aus Beschreibung und Zeichnung zu richten, wenn dadurch eine in den ursprünglichen Unterlagen nicht erkennbare Aufgabe gelöst werden soll, BPatGE **3,** 31. 20

d) Aufnahme zusätzlicher Merkmale in den Patentanspruch. Die Aufnahme zusätzlicher Merkmale in den Patentanspruch enthält eine zulässige Beschränkung der Anmeldung, wenn die weiteren Merkmale für den Fachmann aus den Unterlagen – nach Bekanntmachung nach früherem Recht aus den bekanntgemachten Unterlagen – als erfindungswesentlich erkennbar sind, BGH GRUR **91,** 307, 308 – Bodenwalze; GRUR Int. **00,** 770, 772 – Inkrustierungsinhibitoren; GRUR **04,** 583, 587 – Tintenstandsdetektor; BPatGE **5,** 123; **7,** 20; **31,** 204, 205, zur abweichenden Praxis des EPA vgl. Kraßer, GRUR Int. F 699, 704f. Ein nachträglich in den Patentanspruch eingefügtes Merkmal muss daher bereits **in den ursprünglichen Unterlagen** in seiner Bedeutung für den Erfindungsgedanken **erkennbar** gewesen sein, BGH GRUR **77,** 598 – Autoscooter, mit Anm. Fischer. Andernfalls würde sich der nachgesuchte Schutz nicht mehr auf die ursprünglich beanspruchte Erfindung beziehen, sondern auf ein davon **wesensverschiedenes „aliud“.** Ebenso ist es unzulässig, aus der Beschreibung einen Ausschnitt in den Patentanspruch zu übernehmen, der sich nur bei Einsatz schöpferischer 21 (erfinderischer) Tätigkeit der Beschreibung entnehmen lässt. Dienen aber in der Beschreibung eines Ausführungsbeispiels genannte Merkmale der näheren Ausgestaltung der beanspruchten Erfindung, die für sich, aber auch zusammen mit den anderen Merkmalen den durch die Erfindung erreichten Erfolg fördern, dann hat es der Anmelder in der Hand, ob er sein Schutzbegehren durch die Aufnahme einzelner oder sämtlicher dieser Merkmale beschränken will, BGHZ **110,** 123, 126 – Spleißkammer. Werden in den Patentanspruch nur einzelne Merkmale eines Ausführungsbeispiels der Erfindung aufgenommen, geht die sich daraus ergebende Merkmalskombination dann über den Inhalt der Anmeldung hinaus, wenn sie in ihrer Gesamtheit eine technische Lehre umschreibt, die der Fachmann den ursprünglichen Unterlagen nicht als mögliche Ausgestaltung der Erfindung entnehmen kann BGH GRUR **02,** 49 – Drehmomentübertragungseinrichtung.

22 Zur **Beschränkung des Patentbegehrens** können auch Merkmale, die nicht bereits in früheren Ansprüchen enthalten waren, in den neu gefassten Anspruch aufgenommen werden, wenn die in dem neu gefassten Anspruch verkörperte Ausführungsform in den ursprünglichen Unterlagen als solche deutlich offenbart, d. h. differenziert beschrieben war, BGH GRUR **67,** 585, 586 – Faltenrohre. Wenn die zeichnerische Darstellung einer Anlage in der Beschreibung ausdrücklich und von vornherein als die Darstellung des Erfindungsgegenstandes bezeichnet ist, können alle in Verbindung mit der Figur in der Beschreibung erläuterten Merkmale nachträglich in den Patentanspruch aufgenommen werden, BPatGE **12,** 77, 80. Ein Merkmal, das in der Beschreibung als zweckmäßig für den Gegenstand der Anmeldung bezeichnet ist, kann – auch nach der Bekanntmachung der Anmeldung nach früherem Recht – in einen Unteranspruch aufgenommen werden, PA Bl. **40,** 182. Es ist auch möglich, ein Merkmal in den Patentanspruch aufzunehmen, das in den ursprünglichen Anmeldungsunterlagen weder ausdrücklich genannt noch bildlich dargestellt worden ist, das der Fachmann den Unterlagen jedoch ohne weiteres entnehmen konnte, BGH GRUR **77,** 483, 484 – Gardinenrollenaufreiher, mit Anm. Horn, dort auch zur Bemessung des Schutzbereiches, sowie BGH GRUR **85,** 1037, 1038 – Raumzellenfahrzeug I. Bei der Anmeldung photographischer Objekte, bei denen die Zahlentabelle den eigentlichen Kern der Erfindung und die Ansprüche diesen Kern enthaltende Rahmenbedingungen darstellen, können die Angaben der Zahlentabelle – auch nach der Bekanntmachung der Anmeldung nach früherem Recht – in den Anspruch aufgenommen werden, BPatGE **8,** 15, 18. Lücken, Unklarheiten oder Ungenauigkeiten in der Fassung der Patentansprüche können aus dem sonstigen Inhalt der Unterlagen ergänzt werden PA Mitt. **36,** 288.

23 Merkmale, die allein der **ursprünglichen Zeichnung** zu entnehmen sind und in dem Inhalt der ursprünglichen Beschreibung und der ursprünglichen Patentansprüche keine Stütze finden, können in der Regel nicht nachträglich in den Anspruch aufgenommen werden, BGH GRUR **67,** 476 – Dampferzeuger; BGH Bl. **85,** 220, 221 – Walzgut-Kühlbett; vgl. dazu im Einzelnen § 34 Rdn. 30; zulässig ist die Aufnahme von Merkmalen aus den Zeichnungen in die Ansprüche, wenn sie unmittelbar und in eindeutiger Weise vom Fachmann den Zeichnungen mit dem Gesamtinhalt der Beschreibung als zur Erfindung gehörig entnommen werden können, EPA (TBK) ABl. **85,** 193. Es ist grundsätzlich auch nicht zulässig, nachträglich Zahlenwerte, die als solche ursprünglich nicht angegeben waren, aber innerhalb eines ursprünglich genannten Rahmens liegen, in den Anspruch zu nehmen, weil es an der Offenbarung fehlt, dass die Erfindung gerade durch diesen Zahlenwert charakterisiert ist, PA Mitt. **37,** 335; vgl. auch Fischer GRUR **67,** 245. Die Tatsache, dass ein ursprünglich nicht genanntes neues Merkmal (weichmacherfrei) von einem ursprünglich offenbarten allgemeinen Begriff (Acetylcellusosefolien) umfasst wird, rechtfertigt für sich allein noch nicht die nachträgliche Aufnahme in den Anspruch; vielmehr muss sich ein solches ursprünglich nicht ausdrücklich genanntes Merkmal unter Berücksichtigung des konkret offenbarten allgemeinen Begriffes und der gegebenen speziellen Sachlage als die nächstliegende Möglichkeit anbieten, BPatGE **3,** 37 (dort verneint). Die Aufnahme eines speziellen, nur in einem Beispiel enthaltenen Merkmals in den Patentanspruch unter Außerachtlassung der dort weiterhin gemachten Angaben ist nicht zulässig, BPatGE **14,** 108. Für die Prüfung der eine Beschränkung ermöglichenden ursprünglichen Offenbarung sind grundsätzlich dieselben Kriterien heranzuziehen wie für die Prüfung der Neuheitsschädlichkeit, BPatGE **35,** 255, LS 2. Eine Änderung gegenüber dem ursprünglichen Anmeldegegenstand ist unzulässig, wenn sie diesen inhaltlich verändert. Das ist der Fall, wenn der Fachmann diese in den geänderten Ansprüchen beschriebene Lehre nur unter Aufbietung einer schöpferischen Tätigkeit auffinden könnte, sie also nicht in den ursprünglich eingereichten unterlagen offenbart ist. Eine zulässige Änderung setzt daher voraus, dass zusätzlich aufgenommene Merkmale für den Durchschnittsfachmann bei Lektüre der Unterlagen ohne erfinderisches Bemühen als zu der beanspruchten Lehre gehörig zu erkennen waren, BGH v. 5. 3. 1996 – X ZR 109/93

Sammelstation (Nichtigkeitsverfahren, Bezugnahmen auf den Patentinhaber wurden durch „Anmelder" ersetzt, zit. nach SchuK Nr. 41 zu § 38).

e) Streichung von Überbestimmungen. Die Streichung von Überbestimmungen des Patentanspruchs ist eine zulässige Berichtigung; denn sie bedeutet nur eine Klarstellung der Erfindung, PA Mitt. **33,** 331; GRUR **35,** 941; Bl. **38,** 28, 29; BPatGE **8,** 15, 17. Bei der Prüfung, ob es sich bei einem Merkmal des Anspruchs um eine Überbestimmung handelt, ist allerdings Vorsicht geboten. Die Möglichkeit der Streichung auf „offensichtliche" Überbestimmungen zu beschränken (so PA Mitt. **39,** 176, 179), erscheint jedoch nicht gerechtfertigt. Zur Beseitigung einer „Überbestimmung" in einem Gebrauchsmusteranspruch (abgelehnt) vgl. BPatG GRUR **88,** 530, 532. 24

f) Erstreckung auf glatte Äquivalente. Literatur: Mediger, Ein Beitrag zur Äquivalentenlehre, Mitt. **56,** 224; Wagner, Willkürliche Einschränkung von Parameterbereichen, Mitt. **76,** 143; Weiss, Willkürliche Einschränkung von Parameterbereichen, Stellungnahme zu Wagner, Mitt. **76,** 188; v. Falk, Die Äquivalenzlehre im neuen Patentrecht, GRUR **88,** 1 u. die Diskussionsbeiträge von Bruchhausen, Gaul, Klaka, U. Krieger, Preu (a. a. O.). Schulte, GRUR Int. **89,** 460, 465. 25

Die Erstreckung des Patentbegehrens auf glatte Äquivalente ist zulässig, weil diese ohnehin von der ursprünglichen Offenbarung umfasst werden; denn zum Gegenstand der ursprünglichen Anmeldung zählen nicht nur das dort ausdrücklich Beschriebene, sondern auch dessen glatte Äquivalente, BGH Bl. **53,** 227 – Rohrschelle; BGHZ **72,** 119, 128 – Windschutzblech; BGH GRUR **75,** 131, 133 – Allopurinol; **77,** 483, 484f. – Gardinenrollenaufreiher; BPatGer Mitt. **69,** 200; abw. wohl BPatG Mitt. **80,** 215, 216. Im Falle der Erstreckung des Schutzbegehrens auf glatte Äquivalente während des Erteilungsverfahrens ist der Schutzumfang des Patents hinsichtlich weiterer Äquivalente nach dem Offenbarungsgehalt der erstmaligen Offenbarung des Erfindungsgegenstandes im Erteilungsverfahren, nicht aber nach den diesem Gegenstand zuzurechnenden glatten Äquivalenten zu bestimmen, BGH GRUR **77,** 483, 485 mit Anm. Horn. Die Rechtsprechung der BK und damit auch die Praxis des EPA insgesamt lässt die spätere Einbeziehung von Äquivalenten dagegen in der Regel nicht zu, vgl. RsprBK 1998 S. 224 und die dort zitierten Entscheidungen der BK v. 8. 9. 1992., T 673/89, Zweikreis-Druckmittelbremsanlage/Bosch, Egr. 2.1; v. 30. 1. 1992, T 685/90, Color Printer/Fujitsu, Egr. 2.4.2, und v. 7. 11. 1989., T 265/88, Diffusion of substances/GAMBRO, Egr. 3.2. Deshalb ist z. B. eine Änderung unzulässig, bei der ein offenbartes konkretes Merkmal durch seine Funktion oder einen allgemeineren Begriff ersetzt wird und damit nicht offenbarte Äquivalente in den Offenbarungsgehalt der Anmeldung in der eingereichten Fassung eingeführt werden, EPA v. 25. 11. 1998, T 284/94, ABl. **99,** 464,Thermodruckvorrichtung/Elektronische Frankiermaschine, LS II, Egr. 2.1.6. a. E. Die Unterscheidung zwischen „glatten" und „nicht glatten" Äquivalenten stammt aus der Praxis der Verletzungsverfahren in Deutschland und ist von dort in das Erteilungsverfahren übertragen werden. Für einen europäischen Kontext ist sie daher nicht geeignet.

Nicht glatte Äquivalente dürfen nicht nachträglich in das Patentbegehren einbezogen werden, BGH GRUR **70,** 289, 293 – Dia-Rähmchen IV; mit Anm. Moser von Filseck; BGHZ **72,** 119, 128f. = GRUR **78,** 699 mit Anm. Eisenführ; vgl. auch BGHZ **63,** 150, 154 = GRUR **75,** 131 mit Bespr. von Spiess GRUR **75,** 126. Der von Mediger (Mitt. **56,** 227) gemachte Vorschlag, auch nicht glatte Äquivalente unter Vorbehalt etwaiger Rechte Dritter nachträglich in die Beschreibung aufzunehmen, ist nach § 38 Satz 2 nicht mehr gangbar. 26

g) Beschränkung auf eine von mehreren Ausführungsformen. Die Beschränkung des Schutzbegehrens auf eine von mehreren ursprünglich nebeneinander genannten Lösungen ist stets zulässig, wenn die Lösung, auf die das Schutzbegehren begrenzt werden soll, eine von vornherein als bevorzugt beanspruchte Ausführungsform betrifft (BGH GRUR **65,** 138) oder Gegenstand eines besonderen Unteranspruchs war, BPatGE **7,** 20. Die Beschränkung ist auch dann als solche zulässig, wenn sich die übrigen ursprünglich einander gleichgestellten Lösungen als vorbekannt oder unbrauchbar erweisen, BPatGE **7,** 20, 24. Das Schutzbegehren kann daher nachträglich auf eine Ausführungsform beschränkt werden, die von vornherein Gegenstand eines besonderen Unteranspruchs (BPatGE **7,** 20) oder die bevorzugte Ausführungsform des einzigen Anspruchs war, BGH GRUR **65,** 138. Es kann auch auf die besonderen Merkmale eines Ausführungsbeispiels gerichtet werden, die von vornherein in einem Unteranspruch enthalten waren, BGH GRUR **66,** 138. 27

Die Möglichkeit der Begrenzung des Schutzbegehrens auf eine bestimmte Ausführungsform ist aber nicht davon abhängig, dass für diese Ausführungsform von vornherein ein besonderer Patentanspruch aufgestellt worden war. Die Begrenzung stellt sich auch dann als eine zulässige 28

Beschränkung dar, wenn die betreffende Ausführungsform unter den ursprünglichen Hauptanspruch fällt und die nunmehr beanspruchte Lösung in der Beschreibung oder teils in Unteransprüchen und teils in der Beschreibung von vornherein als eine in Betracht kommende Lösung hervorgehoben war, BGH GRUR **66,** 312, 316 – Appetitzügler I; **66,** 319 – Seifenzusatz; **67,** 241 – Mehrschichtplatte; **67,** 585, 586 – Faltenrohre; BPatGE **24,** 7, 8. Der Zulässigkeit der Beschränkung steht nicht entgegen, dass sich andere ursprünglich gleichgestellte Lösungen als vorbekannt oder als unbrauchbar erwiesen haben, BGH GRUR **66,** 319; **67,** 585, 586.

29 Zulässig ist die **Beschränkung** auf eines von mehreren von vornherein in der Beschreibung enthaltenen **Ausführungsbeispielen,** auch wenn in anderen Beispielen weitere Möglichkeiten als gleichwertig geschildert worden sind, BGHZ **21,** 8, 10ff. – Spritzgussmaschine; **45,** 102, 110 = BGH GRUR **66,** 312, 316; **67,** 241, 244; **67,** 585, 586; BPatGE **8,** 18, 20. Eine Präzisierung des Anspruchs durch Merkmale der Ausführungsbeispiele ist im Allgemeinen allerdings nur möglich, wenn eine Beschränkung des Anmeldungsgegenstands auf den gesamten Inhalt der Ausführungsbeispiele erfolgt, BPatGE **8,** 18, 21; **14,** 108, 110. Die Aufnahme eines speziellen, nur in einem Beispiel enthaltenen Merkmals in den Patentanspruch unter Außerachtlassung der dort weiter gemachten Angaben ist nicht zulässig, BPatGE **14,** 108. Ausnahmsweise ist eine Verallgemeinerung der in den Ausführungsbeispielen enthaltenen Angaben möglich, wenn der Fachmann den **Ausführungsbeispielen** schon am Anmeldetag **eine allgemeine Lehre** entnehmen, etwa bei einer chemischen Anmeldung ohne weiteres erkennen konnte, dass es nicht auf die Anwendung einer ganz bestimmten Substanz, sondern auf die einer bestimmten Art von Stoffen ankam, BPatGE **8,** 18. Zeigen die ursprünglichen Beispiele in ihrer Gesamtheit, dass eine bestimmte Verfahrensgröße verschiedene Werte annehmen kann und dass ein beanspruchtes Verfahren nicht nur bei den in den einzelnen Beispielen angegebenen Zahlenwerten der Verfahrensgröße erfolgreich durchführbar ist, sondern auch bei allen anderen Werten, die zwischen den Zahlenwerten der Beispiele liegen, so kann auch der durch die angegebenen Minimal- und Maximalwerte begrenzte Bereich der Verfahrensgröße als ursprünglich offenbart angesehen werden, sofern nicht bei einem chemischen Verfahren im fraglichen Bereich der Verfahrensgröße Diskontinuitäten auftreten, wie instabile Zwischenstufen, Phasenänderungen u. dergl., BPatGE **19,** 95, 96f.

29 a Reicht der ursprünglich offenbarte Lösungsvorschlag des Anmelders, z. B. was die Menge einer für einen bestimmten Zweck einzusetzenden Substanz angeht, in einen mehr oder weniger großen Bereich (Metallkomponente eines Katalysators), so steht es dem Anmelder frei, welchen Bereich er mit dem Schutzbegehren (Patentanspruch) unter Schutz gestellt wissen will und welchen nicht. Schränkt er seinen Patentanspruch von einer zunächst weiter gefassten Lehre auf eine engere Lehre ein, so ist dies zulässig, wenn die engere Lehre in den Anmeldungsunterlagen, d. h. in den Patentansprüchen oder der Beschreibung offenbart war, BGHZ **111,** 21, 24f. – Crackkatalysator (mit einer Zusammenfassung der bisherigen Rechtsprechung des BGH), vgl. auch unten Rdn. 32. Für die Frage der eine Beschränkung des Patentanspruchs erlaubenden Offenbarung kommt es nicht darauf an, ob etwas in der Beschreibung gegenüber gleichzeitig offenbarten anderen Lösungen als vorteilhaft, zweckmäßig oder bevorzugt bezeichnet ist; es gibt auch keine Abstufung in der Wertigkeit der für die Beschreibung der Erfindung benutzten Offenbarungsmittel. Solche Hervorhebungen erleichtern lediglich die Erkenntnis, dass das betreffende Merkmal oder die engere Lehre als zu der beanspruchten Erfindung gehörend offenbart ist, BGHZ **111,** 21, 26. Vgl. auch BGH GRUR **90,** 307, 308, re. Sp. – Bodenwalze; EPA (TBK) Bl. **89,** 94 und BPatGE **29,** 210, 211 (Auflösungsvermögen von Weitwinkelobjektiven).

29 b Wenn der ursprünglichen Beschreibung eines zum Patent angemeldeten Gegenstandes entnommen werden kann, dass bestimmte Bauelemente sowohl in mehrfacher Form als auch insbesondere einfach vorhanden sein können, und dass Bauelemente einer bestimmten Art nicht erforderlich sind, dann ist eine Beschränkung des Patentanspruchs auf eine Ausführungsform zulässig, bei der jeweils nur „ein einziges" Bauelement der ersten Art vorhanden ist und auf Bauelemente der zweiten Art verzichtet wird. Das gilt auch dann, wenn sich herausstellt, dass sich nur ein derart eingeschränkter Gegenstand in erfinderischer Weise von dem vorbekannten Stand der Technik unterscheidet, und unabhängig davon, ob in den ursprünglichen Unterlagen offenbart ist, dass gerade eine solche Ausführungsform besondere Vorteile bietet.

30 **h) Beschränkung auf eine Alternative. Literatur:** Kockläuner, Soll die Beschränkung auf eine von zwei offenbarten Möglichkeiten einer Alternative unzulässig sein?, GRUR **65,** 67.

Die Frage, ob die Anmeldung auf eine von zwei Möglichkeiten einer **Alternative** beschränkt werden kann, lässt sich nicht allgemein beantworten. Die Beurteilung wird wesentlich davon abhängen, welche Bedeutung den beiden Möglichkeiten in den ursprünglichen Unterlagen beigelegt worden war. Wenn in den ursprünglichen Unterlagen die Wahl der einen oder der anderen Möglichkeit ganz in das Belieben des Fachmanns gestellt worden war, wird keine der beiden Möglichkeiten als Merkmal der Erfindung angesehen werden können. Das Schutzbegehren wird dann nicht nachträglich auf eine der beiden Möglichkeiten gerichtet werden können, vgl. RG GRUR **40,** 546 (untrennbare Verbindung gegenüber ursprünglich trennbar oder untrennbar), BPatGE **5,** 10 (ohne Bindemittel, während zunächst darauf abgestellt worden war, ein Bindemittel solle „gegebenenfalls" oder „erforderlichenfalls" zugesetzt werden; in dem einzigen Ausführungsbeispiel war ein Bindemittel zwar nicht erwähnt, aber ein Grund für die Fortlassung oder ein damit verbundener Vorteil nicht genannt worden; kritisch dazu Müller in der Anm. GRUR **64,** 501), BPatGE **5,** 123, 125 (elektrisch schaltbar gegenüber ursprünglich elektrisch oder rein mechanisch schaltbar). Wenn dagegen in den ursprünglichen Unterlagen Ausführungsformen beschrieben worden waren, bei denen je nach Lage des Falles die eine oder die andere der beiden Möglichkeiten angewendet wurde, dann kann die Anmeldung später auf die eine der beiden Möglichkeiten anwendende Ausführungsform beschränkt werden, PA Mitt. **41,** 120, 121 (Anwendung eines Katalysators nach den Ausführungsbeispielen).

i) Konkretisierung allgemeiner Angaben. Ob allgemeine Angaben durch speziellere – in den Unterlagen bis dahin nicht enthaltene – Angaben ersetzt werden können, hängt von den Umständen des Einzelfalles ab. Es ist zulässig, an die Stelle des ursprünglich verwendeten allgemeinen Gattungsnamens den Namen des am besten bekannten, typischen Vertreters dieser Gattung zu setzen, BPatG GRUR **72,** 178, 179. Die Verwendung von Verbindungen einer allgemeinen chemischen Formel kann durch die Verwendung einzelner von dieser Formel umfassten Verbindungen ersetzt werden, wenn gerade deren Verwendung von vornherein deutlich als eine in Betracht kommende Lösung der Aufgabe genannt ist, BPatGE **12,** 116. Eine Konkretisierung dürfte aber auch in anderen Fällen möglich sein. 31

j) Einschränkung von Parameterbereichen. Literatur: Bayer/Schwarzmaier/Zeiler, Zur Patentfähigkeit von Metalllegierungen, Festschrift 10 Jahre Bundespatentgericht, Berlin und München 1971, 201; Hillinger, Auswahlerfindungen auf dem Gebiet der Legierungen, Mitt. **72,** 102; Pfab, Ursprüngliches Offenbarung der Erfindung, GRUR **73,** 389, 390; Wagner, Willkürliche Einschränkung von Parameterbereichen, Mitt. **76,** 143; Weiss, Stellungnahme zum Aufsatz von Wagner, Mitt. **76,** 188; Kockläuner, Ist der Patentanmelder an bevorzugte Angaben gebunden?, GRUR **80,** 141; Schmied-Kowarzik, Über die Beschränkung von Patentansprüchen, insbesondere von allgemeinen chemischen Formeln, GRUR **85,** 47; ders., Über das Nachreichen von Ausführungsbeispielen, GRUR **85,** 947; Christ, Nicht erfinderische Auswahl – eine zulässige Korrektur der Offenbarung? Mitt. **86,** 101. Dörries, Zum Offenbarungsgehalt einer (Vor)beschreibung – Gedanken zum BGH-Beschluss „Crackkatalysator, GRUR **91,** 717; Jung, Rechtsprechung auf dem Gebiet des Schutzes von Katalysatoren aus der Sicht des Praktikers, FS Nirk, 1992, S. 507; König, Zum Offenbarungsgehalt bedingungsfreier Gehaltsbereiche bei Legierungserfindungen, Mitt. **92,** 236, Brodesser, Otto: Offenbarung und Beschränkung des Schutzbegehrens im Patentrecht, FS Nirk 1992, 85. 32

Es ist streitig, ob es zulässig ist, eine Einschränkung des Patentbegehrens auf **Zahlenwerte** zuzulassen, die als solche ursprünglich nicht offenbart waren, die aber innerhalb eines ursprünglich offenbarten Rahmens (Parameterbereichs) liegen. Die Streitfrage lässt sich weder generell bejahen noch – mit der älteren Praxis (vgl. insbes. die Angaben bei Pfab und Wagner aaO) – generell verneinen. Die Beschränkung auf einen bevorzugten Bereich ist zulässig. Zulässig ist auch die Beschränkung auf einen Grenzwert eines bevorzugten (Legierungs-) Bereichs, BPatGE **22,** 1, 3. Im Übrigen wird darauf abzustellen sein, welche Bedeutung der Durchschnittsfachmann den ursprünglichen Angaben am Anmeldetag beilegte, vgl. etwa BGH GRUR **67,** 241, 242 – Mehrschichtplatte. Der Anmelder ist insoweit Herr des Patenterteilungsverfahrens, als er im Rahmen der dort erfolgten Offenbarung seiner Erfindung den **Patentanspruch beliebig einschränken** kann. Reicht sein offenbarter Lösungsvorschlag, z. B. was die Menge einer für einen bestimmten Zweck einzusetzenden Substanz angeht, in einen mehr oder weniger großen Bereich, so liegt es an ihm, welchen Bereich er mit seinem Patentanspruch unter Schutz gestellt wissen will. Schränkt er seinen Patentanspruch von einer zunächst weiter gefassten Lehre auf eine engere Lehre ein, so steht dem nichts im Wege, wenn diese engere Lehre in den Anmeldungsunterlagen, d. h. in den Patentansprüchen oder der Beschreibung, offenbart war, BHZ **111,** 21, 24 – Crackkatalysator. 32 a

Offenbart ist alles das, was in der Gesamtheit der ursprünglichen Unterlagen schriftlich niedergelegt ist und sich dem Fachmann ohne weiteres aus dem Gesamtinhalt der Unterlagen am Anmeldetag erschließt. Es spielt dabei keine Rolle, ob etwas in der Beschreibung gegenüber 32 b gleichzeitig offenbarten Lösungen als vorteilhaft, zweckmäßig oder bevorzugt bezeichnet ist, noch gibt es eine Abstufung in der Wertigkeit der für die Beschreibung der Erfindung benutzten Offenbarungsmittel. Liest der Fachmann Anspruch und Beschreibung mit Angaben über die Metallmenge von x bis y eines Katalysators in dem Sinne, dass die mit den **Grenzwerten** für die Metallkomponente umschriebene Lehre alle innerhalb der angegebenen Grenzen möglichen Werte umfasst, d. h. auch diejenigen, die nicht einzeln zahlenmäßig ausdrücklich genannt sind, dann ist die **Beschränkung von dem ursprünglichen Zahlenbereich** auf einen **engeren,** durch Grenzwerte bestimmten Zahlenbereich nicht zu beanstanden, BGHZ **111,** 21, 26f. – Crackkatalysator. Entsprechendes gilt für durch Grenzwerte definierte Mengenbereiche der Komponenten einer Legierung, die sämtliche innerhalb der angegebenen Grenzen möglichen Variationen umfassen, sofern die charakteristischen Eigenschaften der Legierung gewahrt bleiben, BGH Mitt. **92,** 247, 249 – Chrom-Nickel-Legierung; bespr. von König, Mitt. **92,** 236; vgl. auch Schwanhäußer, Mitt. **92,** 233. Wegen eines Falles unzulässiger Einschränkung auf neue, engere Grenzwerte mangels ausreichender Offenbarung vgl. BPatG Bl. **88,** 264. Verstand der Fachmann sie als vereinfachte Umschreibung der von dem genannten Bereich umfassten Zahlenwerte, so wird eine Einschränkung auf darin liegende Zahlenwerte für zulässig zu erachten sein. Ist dagegen die Erfindung darin gesehen worden, dass die angestrebten Wirkungen gerade in dem genannten Bereich eintreten, so kann eine nachträgliche Auswahl bestimmter Werte nicht ohne weiteres für zulässig erachtet werden. Bedenken können sich vor allem ergeben, wenn der ursprüngliche Parameterbereich sehr breit und nur vage abgesteckt war und der später ausgewählte Bereich relativ eng ist und am Rande des ursprünglichen Bereiches liegt, vgl. dazu Wagner Mitt. **76,** 143, 145. Soweit eine Einschränkung des ursprünglich genannten Bereiches zulässig ist, erscheint es auch als möglich, dass der ursprünglich genannte Bereich nur einseitig durch Verknüpfung mit einem Grenzwert eines bevorzugten Bereiches beschränkt wird, vgl. dazu Kockläuner GRUR **80,** 141 und die dortigen Hinweise.

33 **k) Verallgemeinerung von Angaben.** Die Abänderung von Angaben im Sinne einer Verallgemeinerung ist nicht schlechthin unzulässig. Sie ist zulässig, wenn der Anmeldungsgegenstand in den Unterlagen in einer allgemeineren Form offenbart ist. Sie ist bei einer chemischen Erfindung zulässig, wenn sich die Verallgemeinerung auf sichere allgemeine Gesetze, Grundsätze oder Wahrheiten oder doch wenigstens auf bewährte Hypothesen stützen kann, PA Mitt. **39,** 23. Die Angabe „Mutter und Schraube" kann durch Sperrorgan ersetzt werden, wenn andere Sperrorgane glatte Äquivalente darstellen würden, BGH Bl. **53,** 227 – Rohrschelle. Wenn in der Beschreibung auf die selbstständige Bedeutung der Merkmale eines auf den Hauptanspruch zurückbezogenen Unteranspruchs hingewiesen worden war, braucht nach der Ausscheidung des Gegenstandes des Unteranspruchs das Schutzbegehren der Ausscheidungsanmeldung nicht die Merkmale des kennzeichnenden Teils des Hauptanspruchs der Stammanmeldung zu enthalten, BPatGE **13,** 184, 186.

34 **4. Unzulässige Erweiterung der Anmeldung.** Änderungen der Anmeldung, die sich nicht im Rahmen der in den einzelnen Verfahrensabschnitten zulässigen Ergänzungen und Berichtigungen halten (vgl. oben Rdn. 4ff.), stellen sich als **Mangel der Anmeldung** dar und müssen beseitigt werden (vgl. unten Rdn. 39). Soweit sie den Gegenstand der Anmeldung erweitern, können aus der **Erweiterung keine Rechte** hergeleitet werden (§ 38 Satz 2). Die Erweiterung ist, wenn sie in das Patent eingeht, Einspruchsgrund (§ 21 Abs. 1 Nr. 4) und Nichtigkeitsgrund (§ 22 Abs. 1). Die Teilungserklärung legt fest, was Inhalt des neuen Anmeldeverfahrens zu Beginn des Prüfungsverfahrens ist. Aus dem Begriff der gegenständlichen Teilung folgt weiter, dass der Offenbarungsgehalt der ursprünglichen Patentanmeldung nur im Umfang der Teilungserklärung ausgeschöpft werden kann. Eine wirksame Teilungserklärung liegt nicht schon dann vor, wenn sich ihr Gegenstand und der Gegenstand der Stammanmeldung in einem oder mehreren Einzelmerkmalen überlappen; erforderlich ist die Überlappung in Form einer teilbar enthaltenen technischen Lehre, BPatG – Textdatenwiedergabe III, BPatGE **39,** 264 = GRUR **1998,** 1006.

35 **a) Erweiterung.** Eine Erweiterung liegt vor, wenn das Patentbegehren, d. h. der Erteilungsantrag, auf einen noch nicht in der Anmeldung enthaltenen Gegenstand erstreckt wird; in einer Äußerung auf einen Prüfungsbescheid liegt in der Regel noch kein in den Anmeldungsinhalt eingreifender Antrag auf Änderung oder Ausdehnung des ursprünglichen Patentbegehrens, PA Bl. **57,** 185.

36 Eine Erweiterung ist gegeben, wenn das Patentbegehren nachträglich auf einen Gegenstand bezogen wird, der sich für den Durchschnittsfachmann nicht ohne weiteres, d. h. ohne weiteres Nachdenken und ohne nähere Überlegung aus dem ursprünglichen Anmeldungsgegenstand ergibt, BGHZ **72,** 119, 128. Eine Erweiterung liegt in der Einfügung des Wortes

„vorzugsweise“ vor einem im Übrigen unveränderten Merkmal, BGH GRUR **70,** 289, 290 – Dia-Rähmchen IV, oder in der Streichung eines Kombinationsmerkmals, BGHZ **72,** 119, 129 – Windschutzblech. Eine Erweiterung liegt auch vor, wenn der Anmeldung nachträglich völlig neue Merkmale hinzugefügt werden, vgl. etwa BGH GRUR **79,** 224, 225 f. – Aufhänger. War in der Beschreibung und im Anspruch angegeben, dass ein Destillationsverfahren bei gewöhnlichem oder vermindertem Druck zum Ziele führe, dann kann das Schutzbegehren nicht später darauf gerichtet werden, dass das technisch höchst erreichbare Vakuum angewendet werden solle, PA Mitt. **29,** 85. Auch die Konkretisierung auf eine bestimmte Art von Druck (z.B. atmosphärischen) ist eine unzulässige Änderung, wenn solcher Druck wesenhaft ist, PA Mitt. **37,** 335. Eine unzulässige Erweiterung ist zu bejahen bei Aufnahme von Merkmalen aus einer älteren Anmeldung, auf die Bezug genommen worden ist, wenn diese Merkmale ersichtlich als nicht erfindungswesentlich angesehen worden sind, BPatGE **31,** 204, 205; oder bei der Streichung eines Merkmals, das in den ursprünglichen Anmeldungsunterlagen durchweg als wesentliches Erfindungsmerkmal hingestellt worden ist, EPA (TBK) ABl. **89,** 105, 114.

Eine unzulässige Erweiterung liegt auch vor, wenn **Teile der Anmeldung,** auf deren 37
Weiterbehandlung endgültig **verzichtet** wurde, wieder in die Anmeldung aufgenommen werden, BGH GRUR **75,** 310, 311 – Regelventil; **87,** 510, 511 – Mittelohr-Prothese; vgl. dazu auch Pfab GRUR **73,** 410 ff.; Beil GRUR **74,** 494. Ein endgültiger Verzicht, der die Wiederaufnahme eines fallengelassenen Teils im Prüfungsverfahren verhindert, liegt aber noch nicht in der Erklärung, einen wegen Uneinheitlichkeit beanstandeten Anmeldungsteil fallen lassen zu wollen, PA Mitt. **60,** 151. Teile einer Anmeldung, die vor der Bekanntmachung nach früherem Recht gestrichen wurden, können nach der Bekanntmachung nicht wieder aufgenommen werden; wird das Patentbegehren nach der Bekanntmachung wieder auf sie erstreckt, so sind sie als unzulässige Erweiterung zu behandeln, PA Bl. **59,** 358; BPatGE **14,** 22; BGH GRUR **75,** 310, 311.

Hat der Patentinhaber in einem Ausführungsbeispiel der ursprünglichen Unterlagen den 37 a
Einsatz eines speziellen Rückschlagventils beschrieben und hierzu weiter ausgeführt, dass die Verwendung dieses speziellen Rückschlagventils erst durch die Anordnung eines zusätzlichen Siebes ermöglicht worden ist und dies auch in der Figurenbeschreibung wiederholt, stellt es eine unzulässige Erweiterung des Gegenstandes der Anmeldung dar, wenn später eine Merkmalskombination zum Gegenstand der Anmeldung gemacht wird, die zwar das spezielle Rückschlagventil, nicht aber das zusätzliche Sieb enthält. Auch wenn die ursprünglichen Unterlagen aufzeigen, dass bei anderen Rückschlagventilen auf ein zusätzliches Sieb verzichtet werden kann, ergibt sich daraus nicht „ohne weiteres“ die Verzichtbarkeit des Siebes für das spezielle Rückschlagventil, da die Beschreibung insoweit gezielt von dieser Möglichkeit wegführt, BPatGE 36, 192 = Bl. 96, 501.

b) Folgen unzulässiger Erweiterung der Anmeldung. Literatur: Hesse, Die Erweite- 38
rung des Gegenstandes der Anmeldung im Erteilungsverfahren, GRUR **70,** 437; Künneth, Ausscheidungsanmeldungen nach dem Vorabgesetz, Mitt. **70,** 186; Körber, Prozessuale Auswirkungen unzulässiger Erweiterungen, Mitt. **72,** 121; Ballhaus, Folgen der Erweiterung der Patentanmeldung, GRUR **83,** 1.

aa) Im Erteilungsverfahren sind Änderungen der in der Anmeldung enthaltenen Anga- 39
ben, die den durch § 38 Satz 1 gezogenen Rahmen überschreiten, nicht zulässig. Die Anmeldung genügt dann nicht den vorgeschriebenen Anforderungen (§ 42 Abs. 1, § 45 Abs. 1). Der Anmelder wird daher, wenn die Änderung der Angaben offensichtlich unzulässig ist, schon bei der Offensichtlichkeitsprüfung (§ 42 Abs. 1), sonst im Prüfungsverfahren (§ 44 Abs. 1) aufgefordert, den in der unzulässigen Änderung liegenden Mangel der Anmeldung zu beseitigen, d.h. die Anmeldung auf ihren ursprünglichen Inhalt zurückzuführen. Das gemäß der ursprünglichen Anmeldung erteilte Patent behält dann den Schutzumfang der ursprünglichen Anmeldung, BGH GRUR **71,** 472. Kommt der Anmelder der Aufforderung zur Beseitigung der Erweiterung nicht nach, so muss die Anmeldung insgesamt zurückgewiesen werden, BGH Bl. **62,** 141. Eine unzulässige Erweiterung im abgetrennten Teil einer Patentanmeldung führt nicht notwendig zur materiell-rechtlichen Unwirksamkeit einer Teilungserklärung. Erschöpft sich der von der Teilungserklärung erfasste Gegenstand in einer unzulässigen Erweiterung, liegt eine Teilung im Sinne vom PatG § 39 Abs. 1 nicht vor, weil vom Gegenstand der ursprünglichen Anmeldung nichts abgetrennt wird. BGH, GRUR **99,** 41 Rutschkupplung. Die Teilung einer Patentanmeldung, die gegen § 38 Satz 2 PatG verstößt, ist unwirksam, BPatGE **38,** 218 = GRUR **98,** 370.

Der Gesichtspunkt des Schutzes des berechtigten Vertrauens Dritter, das im Nichtigkeitsver- 40
fahren eine differenzierte Betrachtung einer unzulässigen Erweiterung gebieten kann (vgl. unten

Rdn. 45), muss im Erteilungsverfahren, auch nach Offenlegung der Anmeldung, hinter der **Forderung** zurücktreten, dass **nur bestandskräftige Patente** erteilt werden dürfen (vgl. dazu BGH GRUR **75,** 310 – Regelventil; **77,** 714, 716 – Fadenvlies). Die unzulässige Erweiterung muss daher im Erteilungsverfahren auch dann – vollständig – beseitigt werden, wenn sie in der Konkretisierung einer allgemeineren Angabe (vgl. dazu BGH GRUR **75,** 310, 311 f.), in der Einführung eines nicht offenbarten Grenzwertes (vgl. BGH GRUR **77,** 714 mit Anm. Fischer), in dem Weglassen eines erfindungswesentlichen Merkmals (vgl. BPatGE **20,** 146) oder in der Einfügung eines zusätzlichen Kombinationsmerkmals (vgl. BGH GRUR **79,** 224 – Aufhänger) besteht und in der Streichung oder Einfügung zugleich – in anderer Richtung – eine Erweiterung des Schutzbegehrens liegt. Soweit durch die unzulässige Erweiterung bei einem Benutzer des Anmeldungsgegenstandes ein unrichtiger Eindruck über das Schutzbegehren hervorgerufen sein sollte, ist dieser bei der Prüfung der Kenntnis oder des Kennenmüssens (§ 33 Abs. 1) zu seinen Gunsten zu berücksichtigen, vgl. dazu BGH GRUR **70,** 296 – Allzweck-Landmaschine.

41 Wenn durch die Änderung von in der Anmeldung enthaltenen Angaben zugleich der Gegenstand der Anmeldung erweitert wird – was bei vor Stellung des Prüfungsantrags nicht zugelassenen Änderungen nicht der Fall zu sein braucht – können aus der Erweiterung keine Rechte hergeleitet werden. Das bedeutet zunächst, dass die Patentfähigkeit des Anmeldungsgegenstandes nicht aus einer nachträglichen Erweiterung, etwa aus einem nachgebrachten Merkmal, abgeleitet werden kann. Die Prüfungsstelle kann daher, wenn es ihr zweckmäßig erscheint, von der Aufforderung zur Beseitigung der Erweiterung (vgl. oben Rdn. 39) absehen und alsbald in die Prüfung des Anmeldungsgegenstandes ohne Berücksichtigung der Erweiterung eintreten. Sie muss dann allerdings vor der Zurückweisung der Anmeldung wegen mangelnder Patentfähigkeit ihren Standpunkt darlegen.

42 § 38 Satz 2 bedeutet weiter, dass aus der Erweiterung auch in einem abgetrennten Verfahren keine Rechte hergeleitet werden können. Es ist daher **nicht** mehr (vgl. jedoch wegen der bei Inkrafttreten des PatÄndG 1967 bereits vorliegenden Anmeldungen die 7. Aufl. § 26 Rdn. 69) **möglich, die Erweiterung auszuscheiden** und das Schutzbegehren in einer darauf bezogenen Trennanmeldung unter Zugrundelegung des Zeitpunkts des Einganges der Erweiterung als Anmeldetag weiterzuverfolgen (vgl. dazu die 7. Aufl. § 26 Rdn. 70); die Erweiterung kann vielmehr nur noch zum Gegenstand einer neuen Anmeldung gemacht und mit dem Zeitrang ihres Eingangs auf Patentfähigkeit geprüft werden. Auch im Rahmen einer Teilanmeldung (§ 39) oder einer Nachanmeldung nach § 7 Abs. 2 können aus einer Erweiterung keine Rechte hergeleitet werden; für die Anwendung des § 38 Satz 2 ist insoweit, wie auch § 21 Abs. 1 Nr. 4 ergibt, auf den Inhalt der ursprünglichen Anmeldung abzustellen, BGH GRUR **79,** 847 – Leitkörper.

43 **bb) Im Einspruchsverfahren** ist die Erweiterung der Anmeldung im Erteilungsverfahren Einspruchsgrund (§ 21 Abs. 1 Nr. 4) und muss als solcher innerhalb der Einspruchsfrist mit Einspruch geltend gemacht werden (§ 59 Abs. 1). Aus dieser Regelung ergibt sich, dass das Vorliegen einer Erweiterung nicht von Amts wegen zu prüfen und berücksichtigen ist, vgl. § 21 Rdn. 5; Kraßer, 5. Aufl. § 26 Abschnitt II Nr. 6, S. 627. A. A. BPatG GRUR **86,** 605, 607, BPatGE **31,** 148, 149; Bl. **91,** 72, 74. Nach BGH GRUR **89,** 494 – Schrägliegeeinrichtung; GRUR **03,** 695 – Automatisches Fahrzeuggetriebe ist das Patentamt nicht an die Anträge des/der Einspruchführenden gebunden. Ähnlich zum europäischen Einspruchsverfahren EPA (GrBK) v. 31. 3. 1993 – G 10/91, ABl. EPA **93,** 420. Wegen des aktuellen Streitstandes vgl. Rdn. 62 ff. zu § 59. Betrifft die unzulässige Erweiterung nur einen Teil des Patents, so kann der Rest aufrechterhalten bleiben, soweit er schutzfähig ist. Der unzulässige Teil ist durch Hinweise oder Disclaimer zu kennzeichnen, vorzugsweise im Patentanspruch, in dem er enthalten ist. Wegen der unterschiedlichen Lösungen vgl. Kurig, GRUR **90,** 19, 22, und Schwanhäußer, GRUR **91,** 165, 167 f., GRUR **92,** 295 und für den aktuellen Stand Rdn. 68 g zu § 59.

44 Der von der Rechtsprechung für bekanntgemachte Patentanmeldungen entwickelte Grundsatz, dass das Patentbegehren auch dann auf den Inhalt der ursprünglichen Offenbarung zurückgeführt werden konnte, wenn darin gegenüber der bekanntgemachten Fassung zugleich eine Erweiterung lag, BGH GRUR **75,** 310, 311 – Regelventil; **77,** 714, 716 – Fadenvlies; BPatGE **20,** 46, ist auf das Einspruchsverfahren nach dem PatG 1981 (Änderungen durch das GPatG, nachgeschalteter Einspruch) nicht mehr anzuwenden, vgl. BGHZ **110,** 123, 125 – Spleißkammer; BPatGE **31,** 1, 4; **31,** 157, 158, sowie Rdn. 12 zu § 22 und Rdn. 68 g zu § 59 (anders noch die 8. Aufl. und Voraufl.). Zur Entwicklung des Problemstandes vgl. Stamm, Mitt. **98,** 207 und die dort besprochenen Entscheidungen BPatGE **39,** 215- Zerkleinerungsanlage –, und BPatGE **39,** 34 – Steuerbare Filterschaltung, die sich für die einfache Beseitigung von Merkmalen aussprechen, die nicht durch die ursprüngliche Offenbarung gedeckt sind, deren Streichung aber den Schutzbereich des Patents erweitert (Problem der sog. unentrinnbaren Falle). Vgl. dazu zum gegenwärtigen Streitstand und zur eigenen Position Rdn. 68g zu § 59 u. Rogge u.a. in Rdn. 29–32 zu § 21. Die sog. Disclaimer-Lösung dürfte derzeit die h.M. und Praxis darstellen. Zur Verwendung von Disclaimern generell EPA (GrBK) vom 8. 4. 2004 – G 1/03, ABl. **04,** 413.

cc) Im Nichtigkeitsverfahren ist die Erweiterung der Patentanmeldung im Erteilungsverfahren seit dem Inkrafttreten des IntPatÜG für die seitdem eingereichten Anmeldungen (Art. X § 1 Abs. 1 IntPatÜG) **Nichtigkeitsgrund** (§ 13 Abs. 1 Nr. 4 PatG 1977, jetzt § 22 Abs. 1 i.V. mit § 21 Abs. 1 Nr. 4). Soweit diese Regelung eingreift, ist das Patent auf die auf Erweiterung gestützte, sachlich begründete Klage im Wege der Nichtigerklärung auf den Inhalt der ursprünglichen Anmeldungsunterlagen zurückzuführen und der Prüfung eines etwaigen weiteren Klagegrundes nur mit dem ursprünglich offenbarten Inhalt zugrunde zu legen. Die vollständige Nichtigerklärung wegen Erweiterung wäre jedoch sachlich nicht gerechtfertigt, wenn der Inhalt des Patents zwar über den ursprünglich offenbarten Anmeldungsgegenstand hinausgeht, sich aber im Rahmen des diesem zukommenden Schutzbereichs hält, sich etwa als eine daraus ableitbare schutzfähige Unterkombination darstellt, vgl. BGH GRUR **79,** 224 – Aufhänger, mit Anm. Schramm. Die im Erteilungsverfahren gebotene Betrachtungsweise, die auf den Gegenstand und nicht auf den Schutzbereich abzustellen ist, muss im Nichtigkeitsverfahren gegebenenfalls hinter dem Gebot der Wahrung der materiellen Gerechtigkeit zurückstehen (vgl. dazu einerseits BGHZ **72,** 119, 129 – Windschutzblech; andererseits BGH GRUR **79,** 224). Die Nichtigerklärung wegen Erweiterung der Anmeldung darf auch nicht dazu führen, dass das Patent dadurch in einer anderen Richtung einen weitergehenden Inhalt erhält. Die in dieser Hinsicht gebotene Abgrenzung kann im Einzelfall schwierig sein, vgl. dazu BGH GRUR **79,** 224 mit Anm. Schramm. 45

Bei Patenten, auf die § 22 Abs. 2 i.V. mit § 21 Abs. 1 Nr. 4 nicht anzuwenden war, waren die Folgen der Erweiterung aus § 26 Abs. 5 Satz 2 PatG 1968 (jetzt § 38 Satz 2) abzuleiten. Danach sind, wenn im Nichtigkeitsverfahren die Patentfähigkeit des Streitpatents zu prüfen ist, bei dieser Prüfung Erweiterungen der Anmeldung im Erteilungsverfahren außer Betracht zu lassen; ihr ist nur der verbleibende Teil des Patents zugrunde zu legen. Wenn im Nichtigkeitsverfahren eine Erweiterung der Anmeldung festgestellt wird, muss diese, sofern das Patent nicht schon aus seinem anderen Grunde für nichtig zu erklären ist, beseitigt werden; die erforderliche „Bereinigung" des Streitpatents hat nicht im Wege der Klarstellung, sondern durch teilweise Nichtigerklärung zu geschehen BGH 29. 11. 1977 – X ZR 44/47 –; BPatGE **22,** 149; vgl. dazu auch Schmieder, Die „feststellende Vernichtung" bei unzulässig erweitertem Streitpatent, GRUR **80,** 895. 46

dd) Behandlung im Verletzungsstreit. Literatur: Merz, Der Einwand der unzulässigen Erweiterung im Patentverletzungsprozess nach dem Vorabgesetz, Festschrift für Wilhelm Wendel, 1969, 19; Kurig, GRUR **90,** 19; Tönnies, Mitt. **91,** 85; Schwanhäußer, GRUR **91,** 165 und GRUR **92,** 295. W. Niedlich und I. Graefe: Die unzulässige Erweiterung des Patents – eine Fallgrube? Eine Reaktion auf Stamm, Mitt. **98,** 207. K. Stamm: Bestimmt das unzulässige Anspruchsmerkmal einen zulässigen Schutzbereich? Zur „Reaktion" von Niedlich und Graefe. Mitt. **99,** 246 47

Seit dem Inkrafttreten des IntPatÜG ist die Erweiterung der Anmeldung im Erteilungsverfahren für die seitdem eingereichten Anmeldungen als Nichtigkeitsgrund ausgestaltet worden (§ 22 Abs. 1 i.V. mit § 21 Abs. 1 Nr. 4). Als solcher kann die Erweiterung nur mit Klage in dem besonders geregelten Nichtigkeitsverfahren und nicht als rechtshindernder Umstand im Verletzungsstreit geltend gemacht werden, vgl. dazu BGH GRUR **62,** 577, 578 – Rosenzüchtung. Solange die Erweiterung nicht im Nichtigkeitsverfahren festgestellt und durch Teilnichtigerklärung beseitigt worden ist, muss der Prüfung im Verletzungsstreit die erteilte Fassung des Patents zugrunde gelegt werden; a.A. Tönnies, Mitt. **91,** 85, der aber die neue systematische Stellung von § 38 Satz 2 nicht ausreichend berücksichtigt.

39 *Teilung der Anmeldung.* (1) [1]**Der Anmelder kann die Anmeldung jederzeit teilen.** [2]**Die Teilung ist schriftlich zu erklären.** [3]**Wird die Teilung nach Stellung des Prüfungsantrags (§ 44) erklärt, so gilt der abgetrennte Teil als Anmeldung, für die ein Prüfungsantrag gestellt worden ist.** [4]**Für jede Teilanmeldung bleiben der Zeitpunkt der ursprünglichen Anmeldung und eine dafür in Anspruch genommene Priorität erhalten.**

(2) [1]**Für die abgetrennte Anmeldung sind für die Zeit bis zur Teilung die gleichen Gebühren zu entrichten, die für die ursprüngliche Anmeldung zu entrichten waren.** [2]**Dies gilt nicht für die Gebühr nach dem Patentkostengesetz für die Recherche nach§ 43, wenn die Teilung vor der Stellung des Prüfungsantrags (§ 44) erklärt worden ist, es sei denn, daß auch für die abgetrennte Anmeldung ein Antrag nach § 43 gestellt wird.**

(3) **Werden für die abgetrennte Anmeldung die nach den §§ 34 bis 36 erforderlichen Anmeldungsunterlagen nicht innerhalb von drei Monaten nach Eingang der Teilungserklärung eingereicht oder werden die Gebühren für die abgetrennte Anmeldung nicht innerhalb dieser Frist entrichtet, so gilt die Teilungserklärung als nicht abgegeben.**

Inhaltsübersicht

Vorbemerkung zum Textbestand: Die Ursprungsfassung von § 39 geht auf Art. 8 Nr. 20 des (Ersten) Gemeinschaftspatentgesetzes v. 26. 7. 1979, BGBl. I 1269 (dort noch § 26d) zurück. Die neue Zählung ergab sich aus der Bekanntmachung des Patentgesetzes vom 18. 12. 1980, BGBl. I 1981, 1. Art. 7 Nr. 17 des PatKostRegBerG v. 13. 12. 2001, BGBl. 3656 hat m.W.v. 11. 1. 2002 in § 39 Abs. 2 Satz 2 die Wörter „Gebühr nach § 43" durch die Wörter „Gebühr nach dem Patentkostengesetz für die Recherche nach § 43" ersetzt. Art. 2 Nr. 12 des 2. PatGÄndG v. 16. 7. 1998, BGBl. I 1827, hat zunächst in § 39 Abs. 3 die Angabe „§§ 35 und 36" durch die Angabe „§§ 34 bis 36" ersetzt, die dann durch Art. 1 Nr. 11 des Gesetzes zur Umsetzung der Richtlinie über den rechtlichen Schutz biotechnologischer Erfindungen v. 21. 1. 2005 BGBl. I 146 m.W.v. 28. 2. 2005 in die Angabe „§§ 34, 35, 36" geändert worden ist (wegen der Einfügung des neuen § 34 a).

1. Teilung der Anmeldung

1 **a) Literatur und Allgemeines:** Pfanner, Die Teilung von Patentanmeldungen – Pariser Verbandsübereinkunft und innerstaatliches Recht, GRUR Int. **66,** 262; Wagner, Freiwillige Teilung einer Patentanmeldung, Mitt. **72,** 105; Burghardt, Der subjektive Anwendungsbereich der in der Pariser Verbandsübereinkunft vorgesehenen besonderen Rechte, Bemerkungen zur Entscheidung des Bundespatentgerichts vom 16. Oktober 1972 (BPatGE **14,** 213), GRUR Int. **73,** 600; Wieczorek, Die Unionspriorität im Patentrecht 1975; Wagner, Teilung von Patentanmeldungen nach zukünftigem Recht, Mitt. **80,** 149. Goebel, Frank P., Das neue Verfahrensrecht, Mitt. **81,** 15. Keukenschrijver, Zur Teilung des Patents im Einspruchsverfahren, Mitt. **95,** 267; Hacker, Franz: Probleme der Teilung des Patents und der Patentanmeldung, Mitt. **99,** 1; Hövelmann, P.: Das Patent nach Hilfsantrag – Eine – kostengünstige – Alternative zur Teilung der Anmeldung, GRUR **98,** 434; Hövelmann, Peter: Die hilfsweise Teilung. Mitt. **99,** 411; Nieder, Michael: Teilung der Trennanmeldung und ursprüngliche Offenbarung der Stammanmeldung. Mitt. **99,** 414; Nieder, Michael, Ausscheidung und Teilung im deutschen Patentrecht, GRUR **00,** 361; Kühnen, Thomas, Die Teilung des Patents, Köln (Heymanns) **00;** Hövelmann, Peter, Die Zusatzteilanmeldung – eine trügerische Hoffnung, Mitt. **01,** 193; Nieder, Michael, Teilung des Patents – Unvermindertes Restpatent? Mitt. **01,** 281; Melullis Klaus-J., Zur Teilung von Patent und Anmeldung ‚GRUR **01,** 971; Niedlich, Wolfgang, Noch einmal: „Zur Teilung von Patent und Anmeldung" – Entgegnung zu Mellulis, GRUR

02, 565; Schober, Christoph D.: Von der Realteilung zur Verfahrensteilung: Ein Paradigmenwechsel im deutschen Patentrecht? Mitt. **02,** 481; Niedlich, Wolfgang: Teilen ist nicht gleich teilen Geteilte Gedanken zu BGH „Sammelhefter“, GRUR **03,** 663; Königer, Karsten Teilung und Ausscheidung im Patentrecht, 1. Auflage 2004, Heymanns, Köln; Hövelmann, Peter, Die Bedingung im Verfahrensrecht – dargestellt an Fällen aus dem Patentrecht, GRUR **03,** 203.; Stortnik, Hans-Joachim: Abschied von der Ausscheidungserklärung, GRUR **04,** 117–123.

Zur Teilung von europäischen Patentanmeldungen vgl. Bossung, Münchner Gemeinschaftskommentar, Art. 76 EPÜ und Benkard/Dobrucki EPÜ, Erl. zu Art. 76.

b) Gegenstand: § 39 gibt dem Anmelder die Befugnis, die Anmeldung im Verlauf des Erteilungsverfahrens zu teilen. Ergebnis des Rechtsaktes, die Anmeldung zu teilen, ist eine Teilanmeldung, die den aus der ursprünglichen Anmeldung abgetrennten oder abgezweigten Gegenstand oder Teil zum Gegenstand hat und ein neues, selbstständiges Erteilungsverfahren einleitet. Der Anmelder kann auch mehrere Teilanmeldungen aus der Ursprungsanmeldung ableiten. Für jede Teilanmeldung bleibt der Zeitpunkt der ursprünglichen Anmeldung, also deren Anmeldetag erhalten. War für die Ursprungsanmeldung eine Priorität in Anspruch genommen, so bleibt diese auch für die Teilanmeldung erhalten. § 39 Abs. 3 regelt im Übrigen die gebührenrechtlichen Aspekte und Pflichten des Anmelders, die sich daraus ergeben, dass der Gegenstand der Teilanmeldung bis zur Teilung Bestandteil der Ursprungsanmeldung war und bis dahin an den verschiedenen Stationen und Bedingungen des ursprünglichen Erteilungsverfahrens beteiligt war. § 39 Abs. 3 regelt schließlich die Besonderheiten, die daraus folgen, dass die Teilanmeldung keinen eigenen, durch die Einreichung von Unterlagen i. S. v. § 35 begründeten Anmeldetag hat und die Teilanmeldung somit durch Beschreibung, Patentansprüche und Zusammenfassung zu einem eigenen kompletten Vorgang beim Patentamt zusammengestellt werden muss. Für die Erledigung dieser Pflichten räumt § 39 Abs. 3 dem Anmelder eine Frist von drei Monaten ein. Erfüllt der Anmelder seine Pflichten nicht innerhalb dieser Frist, gilt die Teilungserklärung, d. h. der Rechtsakt, mit dem der Anmelder das Teilungsverfahren eingeleitet hat, als nicht abgegeben, die Teilanmeldung als nicht existent. 2

c) Völkerrechtlicher Hintergrund. Die ausdrückliche Einräumung des Teilungsrechts an den Anmelder durch § 39 Abs. 1 Satz 1 geht auf Art. 4 G Abs. 1 und 2 PVÜ zurück. In beiden Absätzen des Artikels ist vorgesehen, dass der Anmelder die Anmeldung aufteilen kann. Nach Abs. 1 kann der Anmelder die Anmeldung in eine Anzahl von Teilanmeldungen teilen, wenn die Prüfung ergibt, dass die Patentanmeldung „nicht einheitlich“ ist. Der Begriff „nicht einheitlich“ ist eine ebenso inadäquate Übersetzung des französischen Ursprungsbegriffs „complexe“ wie die englische Fassung „contains more than one invention“, vgl. dazu Bodenhausen, Paris Convention (Guide), 1968, Para. (c) der Erläuterungen. Er wird jedenfalls auch als Grundlage für die Ausscheidung bei Uneinheitlichkeit verstanden. Der Anmelder kann die Anmeldung in eine Anzahl (a certain number) von Teilanmeldungen aufteilen. Das freie Teilungsrecht nach Abs. 2, nach dem der Anmelder auch auf eigene Initiative die Patentanmeldung teilen kann, ist erst durch die Lissabonner Revisionskonferenz in die PVÜ eingeführt worden. Das bedeutet natürlich nicht, dass dieses Recht nicht auch vorher gewährt werden konnte. Zur Vorgeschichte des Teilungsrechts in den nationalen Systemen und insbesondere die Deutschland und im Verband der PVÜ s. die instruktiven Ausführungen von Königer, Teilung und Ausscheidung, S. 5 ff. Durch die Aufnahme des freien Teilungsrechts in die PVÜ mit dem Ziel der internationalen Rechtsvereinheitlichung wurden die Verbandsländer jedenfalls ausdrücklich verpflichtet, diese Rechte zu gewähren. 3

d) Umsetzung der PVÜ in Deutschland. Dabei ging man in Deutschland wegen der hier traditionell praktizierten Vollzugstheorie davon aus, dass die Konventionsbestimmungen – außer dem Vertragsgesetz und der anschließend Ratifikation – keiner Umsetzung bedurften und unmittelbar anwendungsfähig waren. Beide Absätze von Art 4 G PVÜ gehen wortlautgleich davon aus, dass dem Anmelder für jede Teilanmeldung als Anmeldezeitpunkt der Zeitpunkt der ursprünglichen Anmeldung und gegebenenfalls das Prioritätsvorrecht erhalten bleiben. Art. 4G Abs. 2 Satz 2 PVÜ sieht ausdrücklich vor, dass die Verbandsländer das Recht haben, die Bedingungen festzulegen, unter denen eine solche Teilung zugelassen wird. Zu den möglichen Bedingungen gehört z. B. auch eine zeitliche Befristung im Verfahrensablauf, vgl. Bodenhausen a. a. O., Para. (f) der Erl. zu Art. 4 G.PVÜ. Art. 4 G PVÜ geht in beiden Absätzen davon aus, dass die Teilung dadurch vollzogen wird, dass Teilanmeldungen eingereicht werden. Eine Teilungs- oder Ausscheidungserklärung ist weder vorgeschrieben noch ausgeschlossen. Ist sie im nationalen Recht vorgesehen, darf sie für die Einreichung der Teilanmeldungen keine unüberwindliche Schwelle darstellen. Nach PVÜ ist der entscheidende Vollzugsakt für das Teilungsrecht die Einreichung der Teilanmeldungen. 4

5 **e) Rechtspolitischer Hintergrund.** Durch das GPatG ist die entsprechende Regelung in das Patentgesetz übernommen worden. § 39 ist demnach durch die PVÜ und das TRIPS-Übereinkommen (infolge der Inkorporierung der PVÜ in dieses Übereinkommen) völkerrechtlich gebotenes Landesrecht, das der Implementierung einer völkerrechtlichen Verpflichtung dient. Ein Rekurs auf die PVÜ ist daher nur noch dann nötig und möglich, wenn behauptet wird, innerstaatliche Umsetzung und völkerrechtliche Verpflichtung stimmten nicht überein. Damit hat sich die bis dahin umstrittene Rechtsfrage, ob über die durch Art. 4 G Abs. 2 PVÜ begünstigten Ausländer hinaus auch die deutschen Staatsangehörigen das freie Teilungsrecht haben (vgl. dazu zutreffend insbes. Pfanner, GRUR Ausl 66, 268, und später Burghardt GRUR Int. **73,** 600; BGHZ **71,** 152, 158f. – Spannungsvergleichsschaltung, jeweils m.w.N. und Benkard/Ballhaus 6. Aufl., Rdn. 92, wo die Anwendbarkeit auf die eigenen Staatsangehörigen noch verneint wurde), erledigt (Begrd. zum GPatG BT Drucks. 8/2087 S. 31). Sie wurde von der jedenfalls zuletzt h.M. in Übereinstimmung mit der allgemeinen völkerrechtlichen Praxis in Deutschland mit Recht eindeutig bejaht, vom BGH allerdings, soweit ersichtlich, als nicht entscheidungserheblich stets offengelassen. Von der Möglichkeit, Bedingungen für die Teilung festzulegen, hat der Gesetzgeber in dem Sinne Gebrauch gemacht, dass er die Teilung uneingeschränkt zugelassen hat. Dadurch soll, wie in der Begrd. zum Entwurf des GPatG hervorgehoben wird, einem praktischen Bedürfnis der Anmelder nach weitgehender Gestaltungsfreiheit Rechnung getragen werden; eine Beschränkung der Teilungsbefugnis auf die Zeit nach Stellung des Prüfungsantrags würde dem zuwiderlaufen (BT Drucks. 8/2087 S. 31).

6 **f) Anwendungsbereich.** Die Verfasser des 1. GPatG bzw. der Begründung dazu im BMJ, vgl. dazu Goebel, Mitt. **81,** 15, 18, und in voller Übereinstimmung damit das DPA gingen auf Grund des Verlaufs der vorbereitenden Diskussionen, davon aus, dass § 39 auf Ausscheidung und freiwillige Teilung gleichermaßen anzuwenden seien. Dem entsprachen auch die Prüfungsrichtlinien 1981 des Patentamts, vgl. zum Ablauf Königer, Teilung und Ausscheidung, S. 69ff; die Ansicht Königers a.a.O. S 73, die Entscheidung des BGH habe auch „dem Willen des Gesetzgebers" entsprochen, kann ich aus der Perspektive persönlicher Mitverantwortung im BMJ für das Gesetzgebungsverfahren nicht teilen. Der Text ist wesentlich durch die beteiligten Kreise, insbesondere die intensiven Erörterungen im Patentrechtsausschuss der Deutschen Vereinigung GRUR, mitgestaltet worden, vgl. dazu Schäfers, Mitt. **81,** 6, 7. Nachteilig wirkte sich dabei für alle Beteiligten aus, dass noch jede praktische Erfahrung mit der Handhabung des Teilungsrechts des EPÜ durch das EPA fehlte, das damals erst in seiner Gründungsphase war. Sonst wäre wohl auch die Festlegung auf die Teilungserklärung vermieden worden. Es kommt aber auf die subjektiven Vorstellungen der am Gesetzgebungsverfahren beteiligten Personen ohnehin nicht an, wenn sie keinen eindeutigen Niederschlag in dem auszulegenden Text gefunden haben. Entscheidend ist – wie bei der Auslegung eines Patents –, welcher objektive Gehalt dem Gesetzestext zu entnehmen ist und welchen Spielraum er für die Anpassung an praktische Bedürfnisse im Verlauf der Anwendung lässt.

7 **g) Freie Teilung und Ausscheidung.** Nach BGH GRUR **86,** 877, 878 – Kraftfahrzeuggetriebe, m. Anm. von Eisenführ, ist § 39 auf die sog. einvernehmliche Ausscheidung aus Anlass eines Einwandes der Uneinheitlichkeit von Seiten der Prüfungsstelle (oder ggf. auch des Patentgerichts) nicht anzuwenden. Wegen der Abgrenzung von „einvernehmlicher" und freiwilliger Teilung s. Rdn. 111 bis 112 zu § 34 und die dortigen weiteren Hinweise auf den Streitstand und die vorstehenden Anmerkungen zur Entstehungsgeschichte. Die Prüfungsrichtlinien 2004 gehen demgemäß nach wie vor davon aus, dass das Rechtsinstitut der Ausscheidung seine traditionelle Sonderrolle im Recht der Teilanmeldungen beibehalten soll. Wegen der Tendenzen zu einer Neuorientierung bei der Behandlung von Teilungsanmeldungen und Teilungserklärungen im Erteilungsverfahren und im Einspruchsverfahren, wie sie sich in der jüngeren Rechtsprechung von BGH und BPatG abzeichnen, vgl. die Rdn. 22 bis 28 bei § 60. § 39 ist jedenfalls anwendbar auf Situationen, bei denen der Anmelder selbst erkennt, sei es auf Grund eigener Ermittlungen, sei es auf Grund eines Rechercheberichts des Patentamts, dass die Patentansprüche seiner Anmeldung uneinheitlich sind oder sich wegen des Wegfalls der verbindenden „einzigen allgemeinen erfinderischen Idee", § 34 Abs. 5, als uneinheitlich herausgestellt haben. Wenn der Anmelder von sich aus die Anmeldung teilt, einen eingeschränkten Satz von Ansprüchen in der Stammanmeldung und Teilanmeldungen für die uneinheitlichen Gegenstände einreicht, wie es dem Vorgehen im europäischen Patenterteilungsverfahren entspricht, ist nichts dafür ersichtlich, warum das nicht als freiwillige Teilung nach § 39 behandelt werden sollte. Für die Beibehaltung der traditionellen Sonderbehandlung der Ausscheidung Busse/Keukenschrijver, 6. Aufl., Rdn. 40, und Schulte, 7. Aufl., Rdn. 14, jeweils zu § 39. Zur Ausscheidung,

die traditionell als Ausführungsinstrument zum Erfordernis der Einheitlichkeit der Erfindung nach jetzt § 34 Abs. 5 angesehen worden und die deshalb in diesem Kommentar stets bei den Vorschriften über die Anmeldung behandelt worden ist, s. Rdn. 109ff. zu § 34.

2. Voraussetzungen für die Teilung

a) Interessenlagen. Die Teilung gilt in erster Linie als Verfahrensinstrument des Anmelders, um sichere Teile seiner Anmeldung, mit denen er mit der Prüfungsstelle Einigung über die Fassung der Patentansprüche und deren Patentfähigkeit erzielt hat, möglichst rasch zum Ziel der Patenterteilung zu führen. Der strittige und zweifelhafte Teil mag dann im Verfahren der Teilanmeldung geklärt werden. Ein weiterer Grund kann für den Anmelder sein, aus der Ursprungsanmeldung einen Teil abzuzweigen, der als selbstständige Erfindung für Dritte von Interesse ist und Gegenstand selbstständiger vertraglicher Transaktionen sein kann. Sinn der Teilung ist dann, die Teilanmeldung einem Dritten zur selbstständigen Verwertung zu übertragen. Der Anmelder kann auch aus dem materiellen Recht verpflichtet sein, von dem durch § 39 Abs. 1 eingeräumten Recht Gebrauch zu machen; so kann der Anmelder entsprechend § 8 zur Abtrennung eines Anmeldungsteils und zu dessen Abtretung verpflichtet sein, wenn er diesen Teil einem anderen widerrechtlich entnommen hat und dieser Teil einen trennbaren Bestandteil der Anmeldung bildet, BGH GRUR **79,** 692, 694 – Spinnturbine I, mit Anm. v. Falck. Ein weiteres Motiv kann schließlich sein, eine zunächst als einheitlich i. S. v. § 34 Abs. 5 angesehene Gruppe von Erfindungen, deren „einzige allgemeine erfinderische Idee" sich als nicht erfinderisch erweist und als einigendes Band entfällt, vor dem Einwand der Uneinheitlichkeit von Seiten des Patentamts zu sichern und selbst die Initiative für die Aufteilung der einzelnen Glieder der Gruppe von Erfindungen zu behalten. Für das Patentamt ist die Teilanmeldung zunächst ein neuer Vorgang, der statistisch und gebührenmäßig positiv zu Buche schlägt und auch verfahrensmäßig positive Seiten hat, wenn die Teilanmeldung die technische Komplexität der Ursprungsanmeldung vermindert und eine verbesserte Zuordnung zu den jeweiligen Zuständigkeiten der Prüfungsstellen ermöglicht. Eine verfahrensmäßige Erschwerung ergibt sich daraus, dass die Teilanmeldung und die Ursprungsanmeldung u. U. parallel nebeneinander zu behandeln sind und der Gesichtspunkt zu beachten ist, dass sie nicht zu einer doppelten Patentierung desselben Gegenstandes führen. Außerdem ist stets im Auge zu behalten, dass der Gegenstand der Teilanmeldung nicht über den Inhalt der ursprünglichen Offenbarung in der Ursprungsanmeldung hinausgeht. Rechtlich ist die Regelung in § 39 dadurch belastet, dass die Einordnung der „Teilungserklärung" und ihre Funktion im Teilungsvorgang besonders umstritten sind, so dass die Rechtssicherheit hier wie bei der Teilung des Patents nach § 60 derzeit in Frage gestellt erscheint, weil es an eindeutigen Verhaltensvorgaben für die Anmelder, aber auch für Patentamt und Patentgericht fehlt. 8

b) Zeitliche Begrenzungen. Der Anmelder kann die Anmeldung **„jederzeit",** also in jedem Stadium des Erteilungsverfahrens teilen, insbesondere auch nach der Zurückweisung der Anmeldung im Beschwerdeverfahren nach Einlegung der Beschwerde, BPatG GRUR **91,** 828, 829. Das gilt auch für den Zeitraum bis zum Eingang des Prüfungsantrages, in dem Änderungen der Anmeldungsunterlagen nach § 38 grundsätzlich ausgeschlossen sind. Die Gefahr, dass in diesem Stadium im Zusammenhang mit der Teilung der Anmeldung ohne irgendeine Kontrolle die in ihr enthaltenen Angaben erweitert werden, hat der Gesetzgeber im Interesse der Gestaltungsfreiheit des Anmelders in Kauf genommen (Begrd. zum GPatG BT Drucks. 8/2087 S. 31). Die Prüfung der Unterlagen der beiden Teilanmeldungen in dieser Richtung muss dann im Prüfungsverfahren nachgeholt werden. Bei der Ausübung des Teilungsrechts müssen andererseits die Grenzen beachtet werden, die der Berücksichtigung einer Veränderung des Patentbegehrens durch Teilung der Anmeldung oder durch Änderung der Patentansprüche durch verfahrensrechtliche Vorschriften gezogen sind. Eine PCT-Anmeldung kann erst dann geteilt und eine Teilanmeldung dazu eingereicht werden, wenn die Anmeldung beim DPMA als Bestimmungsamt oder ausgewähltem Amt anhängig ist, d. h. in die nationale Phase eingetreten ist. 9

Nach Beendigung der Tatsacheninstanzen ist eine Teilung nach den Vorschriften über die Rechtsbeschwerde ausgeschlossen, BGH GRUR Int. **80,** 118 = GRUR **80,** 104 – Kupplungsgewinde, mit Anm. Hoepffner. Busse/Keukenschrijver interpretiert die Entscheidung so, dass die Teilungserklärung im Rechtsbeschwerdeverfahren nicht zu berücksichtigen sei; sie bedeute aber nicht, dass die Teilungserklärung unwirksam sei. Zu berücksichtigen sei die Erklärung in diesem Fall, sobald die Akten wieder an die Tatsacheninstanz gelangt sind, selbst wenn die Rechtsbeschwerde erfolglos geblieben ist, Rdn. 6 zu § 39. Dem widerspricht allerdings der Hinweis in der zitierten Entscheidung, a. a. O. 105, die Ausübung des Teilungsrechts werde durch den Ausschluss einer Veränderung der Tatsachengrundlagen im Rechtsbeschwerdever- 10 fahren nicht unangemessen behindert; denn der Anmelder habe in den Tatsacheninstanzen vor dem DPA und dem BPatG genügend Gelegenheit gehabt, sein Patentbegehren zu gestalten. Die Entscheidung ist noch auf der Grundlage von Art. 4 G PVÜ ergangen.

11 Nach BPatGE **17,** 33 sollte eine **Teilungserklärung,** die erst **nach Beendigung des Beschwerdeverfahrens** beim Bundespatentgericht eingeht, wirkungslos sein. Im gleichen Sinne auch BPatGE **40,** 259; danach ist das Erteilungsverfahren beendet, sobald der Erteilungsbeschluss von der Geschäftsstelle des Patentamts an die Postabfertigungsstelle herausgegeben wird. Damit sei dem Patentamt eine Einwirkungsmöglichkeit auf die Entscheidung entzogen. Nachträglich eingehende Anträge und Erklärungen des Anmelders, die auf eine Änderung des Erteilungsbeschlusses abzielen, könnten nicht mehr berücksichtigt werden, weil sie an der Entscheidung nichts mehr zu ändern vermögen. Das gelte auch für die nach dem genannten Zeitpunkt beim Patentamt eingehende Erklärung der nunmehrigen Patentinhaberin, die Anmeldung zu teilen.

12 Demgegenüber bleibt dem Anmelder nach BGH GRUR **2000,** 688 – Graustufenbild – = LM § 39 PatG 1981 Nr. 6 mit Anm. Nirk, die Möglichkeit der **Teilung bis zum Ablauf der Beschwerdefrist** unabhängig davon erhalten, ob Beschwerde eingelegt wird. Nach Sinn und Zweck und der systematischen Einordnung von § 39 Abs. 1 Satz 1 solle dem Anmelder für den gesamten Zeitpunkt bis zum Erstarken der Anmeldung zum Vollrecht die Möglichkeit der Teilung eröffnet und erhalten werden. Insoweit korrespondiere sie mit § 60 PatG. Demgegenüber gehen die EPA-Richtlinien A IV 1.1.1. davon aus, dass eine europäische Anmeldung – für die Zwecke der Einreichung einer Teilanmeldung – nur bis zu dem Tag anhängig ist, an dem im Europäischen Patentblatt auf die Patenterteilung hingewiesen wird (Mitt EPA ABl. **2/2002,** 112). Wird allerdings Beschwerde eingelegt, kann der Zurückweisungsbeschluss erst mit Abschluss des Beschwerdeverfahrens wirksam werden. Da die Vorschriften über die Einreichung von Teilanmeldungen auch im Beschwerdeverfahren Anwendung finden, kann jedenfalls auch noch während des Beschwerdeverfahrens eine Teilanmeldung eingereicht werden, vgl. Benkard/Dobrucki, Rdn. 8 – 11 zu Art. 76 EPÜ.

13 Eine Teilung nach § 39 setzt jedenfalls voraus, dass die zu teilende **Anmeldung noch anhängig** ist. Sie ist ausgeschlossen, wenn die Anmeldung bereits rechtskräftig zurückgewiesen ist oder zurückgenommen ist oder kraft Gesetzes als zurückgenommen gilt. Eine Teilung der Anmeldung ist auch nur bis zum Erlass, allenfalls bis zur Rechtskraft des Patenterteilungsbeschlusses möglich; nach der Patenterteilung kommt nur noch eine Teilung des Patents nach § 60 in Betracht. Die Teilung von Patent und Anmeldung können aber weder ohne weiteres gleichgesetzt noch den gleichen Anforderungen unterworfen werden, Mellulis, GRUR **01,** 971, unter Bezugnahme auf *Hacker,* Mitt **99,** 1, 7. Dafür spricht schon, dass die **Teilung des Patents** im Einspruchsverfahren ein Unikum des deutschen Verfahrensrechts ist, dessen Ende sich in dem Referentenentwurf des BMJ von Juli 2005 zur Änderung des Einspruchsverfahrens bzw. jetzt im RegE BT-Drs. 16/735 v. 21. 2. 2006 ankündigt. Wird eine Teilanmeldung zu einer Anmeldung eingereicht, die selbst bereits eine Teilanmeldung ist, so genügt es, dass die letztgenannte am Einreichungstag der zweiten Teilanmeldung noch anhängig ist.

14 **c) Sachliche Voraussetzungen.** Von besonderen sachlichen Voraussetzungen ist die freiwillige Teilung einer Anmeldung nicht abhängig. Es kann insbesondere nicht verlangt werden, dass jede von mehreren Teilanmeldungen von vornherein eine selbstständige, von den Gegenständen der übrigen Teilanmeldungen abgrenzbare Erfindung zum Gegenstand habe, BGH GRUR **79,** 692, 694 – Spinnturbine I; bestätigt in BGH, GRUR **96,** 747, 750 – Lichtbogen-Plasma-Beschichtungssystem; BPatGE **9,** 163, 172f. Eine Teilung setzt allerdings – schon begrifflich – voraus, dass die Stamm- und Teilanmeldung formell verschiedene Erfindungsgegenstände beinhalten und das Schutzbegehren demzufolge auf jeweils andere Merkmale gerichtet wird, BPatGE **9,** 163, 173; **20,** 1, 5; BGH GRUR **79,** 692, 694 zum früheren Teilungsrecht.

15 Die **Prüfungsrichtlinien DPMA 2004** enthalten unter Nr. 3.3.3.5. nur wenige Anleitungen zur freien Teilung der Anmeldung. Sie erschöpfen sich in einem Hinweis auf die vorstehend zitierte Entscheidung des BGH „Graustufenbild" wegen der äußersten zeitlichen Grenze für die Abgabe der Teilungserklärung und in Zitaten aus dem Text von § 39. Zum Inhalt der Teilungserklärung wird gefordert, dass bei unbestimmten Teilungserklärungen dem Anmelder zur Klarstellung eine kurze Frist zu setzen sei. Die Dreimonatsfrist des § 39 Abs. 3 PatG bleibe hiervon unberührt.

16 Die Teilanmeldung kann sich nur auf solche Gegenstände beziehen, die **in der zu teilenden Anmeldung enthalten** sind und für die dort Schutz beansprucht ist oder jedenfalls noch beansprucht werden könnte. § 38 schließt es aus, dass aus einer Erweiterung Rechte hergeleitet werden; das ist daher weder im Rahmen der Stammanmeldung noch im Rahmen einer davon abgetrennten Anmeldung möglich, BGHZ **71,** 152, 159f. – Spannungsvergleichsschaltung. Mit der Teilanmeldung kann daher nur Schutz für solche Merkmale beansprucht werden, die in den ursprünglichen Unterlagen der Stammanmeldung hinreichend offenbart und im Zeitpunkt der Teilung noch in dieser vorhanden waren, BPatGE **19,** 16; **20,** 1. Im Wege der Teilung kann nicht Schutz für einen Gegenstand erreicht werden, der zwar in der Beschreibung der ursprünglich eingereichten Unterlagen erwähnt ist, jedoch außerhalb des Erfindungsgedankens der Patentansprüche liegt, BPatGE **13,** 189; **20,** 1, oder dort als verbesserungsbedürftig bezeichnet ist, BGHZ **71,** 152, 160.

3. Durchführung der Teilung

a) Erforderliche Rechtsakte. § 39 Abs. 1 Satz 2 sieht vor, dass die Teilung schriftlich zu erklären ist. Die Teilung erfolgt demnach durch **„amtsempfangsbedürftige Willenserklärung"** des Anmelders. Die gegenständliche oder materiellrechtliche Teilungserklärung, die einen konkreten Inhalt bezeichnet, soll – jedenfalls nach der bisherigen Rechtsauffassung – mit ihrem Eingang, wenn sie auf eine solche gerichtet ist, die Teilung ohne weiteres herbeiführen, allerdings unter dem Vorbehalt des Unwirksamwerdens, sofern die Gebühren und die Anmeldungsunterlagen für die abgetrennte Anmeldung nicht in der vorgeschriebenen Frist beigebracht werden. Diese Wirkung der Erklärung ist – im Gegensatz zur Praxis bei der Ausscheidung – von einer „Gestattung" oder „Zulassung" der Teilung oder auch nur von einer Mitwirkung der Prüfungsstelle nicht abhängig. Die für die zu teilende Anmeldung zuständige Stelle könnte der Erklärung nur dann die Wirksamkeit absprechen, wenn es sich überhaupt nicht um eine „Teilung" handelt. Eine dahingehende **Vorabentscheidung** ist **nicht zulässig,** BPatGE **17,** 226. Erklärt sich der Anmelder auf den entsprechenden Bescheid der Prüfungsstelle nicht damit einverstanden, dass die zu teilende Anmeldung ungeteilt – als Einheit – weiterbehandelt wird, so ist die zu teilende Anmeldung insgesamt zurückzuweisen (vgl. BGH GRUR **66,** 488, 490 – Ferrit). Sonst ist das Erteilungsverfahren für die beiden Anmeldungsteile (Stammanmeldung und Teilanmeldung) getrennt fortzusetzen. Die Prüfungsstelle kann dann nur noch über die beiden Anmeldungen je gesondert entscheiden; sie kann die geteilte Anmeldung nicht mehr insgesamt zurückweisen, BPatGE **16,** 226. Ist vom Patentamt bereits die Anlegung einer **gesonderten Akte für die Trennanmeldung** angeordnet worden, so sind diese Anmeldung betreffende Entscheidungen nur in der Trennakte zu erlassen, BPatGE **29,** 128, 130. Dieses Verfahren zur Teilung einer Anmeldung steht im Gegensatz etwa zum Verfahren vor dem EPA und dem Britischen Patentamt (Section 15(4) Patents Act 1977 mit detaillierten Anweisungen für die Prüfer im Manual of Patent Practice, im Gesetz als „new application", im allgemeinen Sprachgebrauch aber als „divisional" oder „divisional application" bezeichnet). Vor diesen Ämter genügt es, eine neue Anmeldung mit der Kennzeichnung als Teilanmeldung einzureichen. Der Gesichtspunkt, dass Stammanmeldung und Teilanmeldung nicht „denselben Gegenstand" beanspruchen dürfen („may not claim the same invention"), ist Leitmotiv für den Verlauf in beiden Erteilungsverfahren und bestimmt das endgültige Ergebnis in beiden Verfahren, nicht schon deren Beginn. 17

b) Teilungserklärung. Die Teilungserklärung ist **gegenüber dem Patentamt,** im **Beschwerdeverfahren gegenüber dem Patentgericht** abzugeben, BPatGE 17, 33, bestätigt in BGH GRUR **03,** 47 – Sammelhefter –, wobei aber die Erklärung gegenüber dem Beschwerdegericht, die Teilungserklärung sei beim Patentamt eingereicht worden, als ausreichend für eine Wiederholung der Teilungserklärung angesehen wurde. Mit Vorbehalten ebenfalls bestätigt in BPatG v. 18. 11. 2004 – 20 W (pat) 46/04- Entwicklungsvorrichtung, Bl. **05,** 212, Egr. A 1.: die Teilungserklärung = Teilanmeldung war in diesem Fall beim Patentamt eingereicht und dann an das Patentgericht abgegeben worden. Dieses erklärte sich zwar als (ausschließlich) zuständig für die Entgegennahme der Erklärung, aber nicht zur Entscheidung über die Teilanmeldung, und gab das Verfahren wieder an das Patentamt zurück, weil das Beschwerdeverfahren durch Zurückweisung der Beschwerde bei ihm abgeschlossen sei (a. a. O. LS 2). Wenn das Patentgericht die Beschwerde des Anmelders gegen die Zurückweisung der Stammanmeldung zurückgewiesen hat und der Anmelder erst danach beim Patentamt eine Teilungserklärung einreicht und damit die Teilanmeldung entsteht, ist dem Patentgericht eine Entscheidung über den Gegenstand der Teilanmeldung verwehrt. Die Teilungserklärung wird mit dem Eingang bindend. Nach BPatGE **29,** 189, 192 kann die Teilung auch hilfsweise erklärt werden. Ebenso BPatGE **41,** 217 – Diagnose Handgerät; die Frist von drei Monaten nach § 39 Abs. 3 beginnt in diesem Fall mit dem Eintritt der Bedingung zu laufen, d. h. mit der Wirksamkeit der abweisenden Entscheidung über den Hauptantrag bzw. vorrangige Hilfsanträge. Vgl. dazu insbesondere Hövelmann, Mitt **99,** 411ff. 18

19 **aa) Formerfordernisse.** Im Interesse der Rechtsklarheit ist die Einhaltung der **Schriftform** vorgeschrieben (Begrd. des RegEntw. zum GPatG BT Drucks. 8/2087 S. 31), ggf., soweit ausdrücklich zugelassen, alternativ die Form des elektronischen Dokuments mit qualifizierter elektronischer Signatur. Sie kann auch durch die Erklärung zu Protokoll des Patentamts oder Patentgerichts anlässlich einer Anhörung oder mündlichen Verhandlung erfolgen. Die Nichteinhaltung dieser Form hat die Unwirksamkeit der Erklärung zur Folge. Dann ist das Verfahren als einheitliches Verfahren fortzuführen. Eine Vorabentscheidung über die Wirksamkeit der Teilungserklärung soll nicht zulässig sein, BPatGE **17,** 226; **22,** 153, 154. Soweit sie sofort in der Form der Einreichung eines neuen Erteilungsantrages nach Formular P 2007 mit dem Kreuz in dem Kästchen für Ausscheidungs-/Teilanmeldung eingereicht wird, kann auch derzeit schon die Form des elektronischen Dokuments benutzt werden. Diese Verfahrensweise ist offenbar schon häufig praktiziert und vom Patentamt akzeptiert worden (vgl. dazu Königer, Teilung und Ausscheidung, S. 194f.); sie ist aber mit Risiken behaftet, da sich das Patentamt bisher damit nicht offiziell identifiziert hat, die PatV und die Prüfungsrichtlinien 2004 dazu schweigen und die nachfolgend beschriebene Rechtsprechung des 10. Senats des BGH und einiger Senate des BPatG fallbezogene Entscheidungen sind.

20 **bb) Rechtsnatur der Teilungserklärung.** Über die Rechtsnatur der Teilungserklärung, ihre Voraussetzungen und Rechtsfolgen besteht zurzeit **keine einheitliche Auffassung.** Ausgehend von einer Analyse der Entscheidung des BGH „Straßenkehrmaschine" hat Keukenschrijver in einer in Mitt. **1995,** 268, veröffentlichten Analyse des genannten Beschlusses die von ihm so bezeichnete Lehre vom „anderen Erfindungsgegenstand", die eine gegenständlich-konkrete Bezeichnung des Gegenstandes der Teilung voraussetzt, kritisiert und ihr die Theorie von der „rein verfahrensrechtlichen Wirkung" der Teilung entgegengesetzt. Die Teilung sei nach der von ihm vertretenen Auffassung „nicht mehr und nicht weniger als die Aufspaltung des bisher einheitlichen Erteilungsverfahrens in mehrere selbstständige Verfahren, in denen jeweils für sich zu prüfen ist, ob den in ihnen gestellten Erteilungsanträgen zu entsprechen ist."

21 **cc) Bisherige Rechtsauffassung.** An dem Erfordernis der **gegenständlich-konkreten Bezeichnung** dessen, was Gegenstand der Teilung sein und was vom Gehalt der Anmeldung im Zeitpunkt der Teilung einerseits in der Stammanmeldung verbleiben und andererseits in die Teilanmeldung abgezweigt werden soll, haben Praxis und Rechtsprechung bis in die jüngere Zeit festgehalten. Auf ihr beruhte auch weitgehend nach wie vor das Verhalten der Anmelder. Es zeichnete sich bei ihnen allerdings – vermutlich unter dem Einfluss der beim parallelen Erteilungsverfahren vor den Organen des EPA gewonnenen Erfahrung – die Tendenz ab, die Teilungserklärung in der oben beschriebenen Weise abzugeben, d.h. dass ein formularmäßiger Antrag auf Erteilung eines Patents vorgelegt wird, bei dem das entsprechende Kästchen für die „Teilungs/Ausscheidungserklärung angekreuzt ist. Ob der Erklärung nach dem Vordruck für den Erteilungsantrag bereits Anmeldungsunterlagen u.U. in Gestalt von Kopien der Unterlagen der Stammanmeldung beigefügt werden oder auf diese Unterlagen Bezug genommen oder ob angepasste Unterlagen erst innerhalb der Frist von § 39 Abs. 3 vorgelegt werden, ist den veröffentlichten Entscheidungen nicht zu entnehmen. Rechtstatsächliche Untersuchungen bestehen, soweit ersichtlich, bisher nicht. Nach der früheren Rechtsprechung des BGH, auf der im Wesentlichen auch die Praxis des DPMA und des BPatG beruhte, setzte aber auch die Teilung nach § 39 voraus, dass der **Gegenstand der Patentanmeldung in mindestens zwei Teile zerlegt** wird, BGHZ **133,** 18ff. = GRUR **1996,** 753 – Informationssignal – und diese Aufteilung auch bereits bei Abgabe der Teilungserklärung zumindest in Umrissen angegeben wird, vgl. die Entscheidungen BGH GRUR **98,** 458 – Textdatenwiedergabe; GRUR **99,** 41, 43 – Rutschkupplung; GRUR **99,** 574 – Mehrfachsteuersystem; GRUR **02,** 49 – Drehmomentübertragungseinrichtung und die jeweils im Tatbestand gegebene Darstellung des Verfahrensstandes mit Hinweisen auf die Anträge bzw. Teilungserklärungen der Anmelder. Wenn die Teilungserklärung durch Ankreuzen des hierfür vorgesehenen Feldes auf dem Vordruck für den Erteilungsantrag abgegeben wird, kommen nach BPatGE **37,** 37 in der Regel die Patentansprüche zur Festlegung des Inhalts der Teilanmeldung in Betracht, wenn sie zugleich mit der Teilungserklärung eingereicht werden. Zur materiellrechtlichen Betrachtungsweise der Teilung vgl. u.a. auch BPatGE **32,** 212; BPatG Bl. **93,** 156; BPatGE **35,** 268; BPatG v. 15. 7. 1996 – 20 W (pat) 41/96 – Textdatenwiedergabe (juris u. SchK Nr. 32 zu § 39); BPatGE **37,** 37; **38,** 218; BPatG GRUR **98,** 1006.

22 An einer Teilung in zwei Teile fehlt es, wenn der **Anmeldungsgegenstand unangetastet** bleibt. Ein solcher Fall liegt nicht schon deshalb vor, weil der abgetrennte Gegenstand nicht vollständig in der geteilten Anmeldung enthalten ist; er darf nur nicht vollständig außerhalb des Anmeldungsgegenstandes liegen, BGH GRUR **98,** 458, LS. – Textdatenwiedergabe. Diese

Entscheidung weist insofern einige Besonderheiten zum Teilungsrecht auf, als die Teilung noch auf Art. 4 G Abs. 2 Satz 2 PVÜ gestützt ist, und zwar wegen der Übergangsvorschriften im 1. GPatG; außerdem handelt es sich bei dem Gegenstand des Rechtsbeschwerdeverfahrens um eine aus einer Teilanmeldung abgeteilte Teilanmeldung, also eine Teilanmeldung der zweiten Generation. Der BGH bejaht dabei grundsätzlich die Zulässigkeit eines solchen Teilungsvorgangs. Eine unzulässige Erweiterung im abgetrennten Teil einer Patentanmeldung führt danach nicht notwendig zur materiell-rechtlichen Unwirksamkeit einer Teilungserklärung, BGH GRUR **03,** 867 – Momentanpol – für den Fall einer aus einer Patentanmeldung abgezweigten Gebrauchsmusteranmeldung; aus der Erweiterung können nach § 38 Satz keine Rechte abgeleitet werden. Dagegen liegt eine Teilung im Sinne vom PatG § 39 Abs. 1 nicht vor, wenn sich der von der Teilungserklärung erfasste Gegenstand in einer unzulässigen Erweiterung erschöpft, weil vom Gegenstand der ursprünglichen Anmeldung nichts abgetrennt wird, BGH v. 30. 6. 1998 – X ZB 27/97 – Beschl. – LS – Rutschkupplung – GRUR **99,** 41.

Als Konsequenz aus der Auffassung von der materiellrechtlichen Wirkung der Teilungserklärung folgt, dass die auf die **Abtrennung einer unzulässigen Erweiterung** gerichtete Teilungserklärung die einer solchen Erklärung sonst zukommende Gestaltungswirkung nicht entfalten kann, BGHZ **71,** 152, 161; sie ist „materiellrechtlich unzulässig", BPatGE **22,** 153. Wegen der „materiell-rechtlichen Unzulässigkeit" der Teilungserklärung ist die auf die Erweiterung bezogene Trennanmeldung zurückzuweisen; diese Entscheidung kann auch in den Akten der Stammanmeldung ergehen, BPatGE **22,** 153. Durch eine bereits in der Stammanmeldung ergangene Entscheidung, die auch den abzutrennenden Teil betrifft, wird die Anmeldung insoweit erledigt; es kann dann nicht mehr im Rahmen einer Trennanmeldung erneut über diesen Teil entschieden werden, BGH GRUR **80,** 716, 718 – Schlackenbad (betr. hilfsweise erklärte Teilung). Die unzulässige Erweiterung wird also bereits im einer Art Zwischenverfahren über die Wirksamkeit der Teilungserklärung beantwortet und nicht etwa dem aus der Teilung hervorgehenden neuen Erteilungsverfahren überlassen. 23

Um festzulegen, was von einer Teilungserklärung erfasst ist, die sich auf ihr beigefügte Patentansprüche bezieht, genügt nicht die Ermittlung der Gegenstände der unabhängigen Patentansprüche. Auch die Inhalte der Unteransprüche sind in die Überprüfung einzubeziehen, ob der abgetrennte Gegenstand eine Lehre umfasst, die im zu teilenden Ganzen – hier das beschränkt aufrechtzuerhaltende Patent – teilbar enthalten ist, BPatGE **41,** 26 = GRUR **99,** 490 unter Bezugnahme auf BGH Mitt. **98,** 15 Textdatenwiedergabe, und Mitt. **98,** 424 – Rutschkupplung. 24

dd) Neue Rechtsprechung des BGH. In der Entscheidung v. 28. 3. 2000, X ZB 36/98 – Graustufenbild, GRUR **2000**, 688, 689, hat der BGH eine Modifikation seiner bisherigen Rechtsprechung zum Ablauf und zur Bewertung des Teilungsvorgangs und damit auch der Teilungserklärung eingeleitet. In Aufnahme von Aussagen in der Entscheidung „Straßenkehrmaschine", BGHZ **115,** 234, 240 = GRUR **1992,** 38 = LM H. 3/1992 § 60 PatG 1981 Nr. 1 m. Anm. Loewenheim, nach der auch mit einer Teilanmeldung i. S. v. § 60 Abs. 1 Satz 2 der gesamte Offenbarungsgehalt der ursprünglichen Anmeldung ausgeschöpft werden kann, stellt der BGH auch für die Teilung nach § 39 fest, dass deren Anmelder durch die Teilung nicht gehindert sei, auf den gesamten Offenbarungsgehalt der ursprünglichen Anmeldung zurückzugreifen. Im Verfahren der Trennanmeldung könne lediglich kein Gegenstand beansprucht werden, über den in der Stammanmeldung bereits abschließend sachlich entschieden sei. Darüber hinaus sei nach Sinn und Zweck der Regelung die Entstehung identischer Schutzrechte ausgeschlossen, für die ein schutzwürdiges Interesse nicht zu erkennen sei. Ob das der Fall sei, könne jedoch erst. am Ende des Prüfungsverfahrens der Teilanmeldung beurteilt werden; ihr Vorliegen oder Fehlen könne schon von daher keine Voraussetzung für die Wirksamkeit der Teilungserklärung sein. Insoweit handelt es sich um eine erst im Prüfungsverfahren der Teilanmeldung zu klärende Frage, die weder das Vorliegen einer Teilung noch deren Wirksamkeit betrifft, BGH v. 28. 3. 2000, X ZB 36/98 – Graustufenbild, GRUR **2000,** 688, 689. Für die Teilanmeldung ist unerheblich, aus welchen Gründen der Anmelder über den Gegenstand der zuletzt verfolgten Anmeldung hinausgreift; entscheidend ist allein, ob er sich noch im Offenbarungsgehalt der ursprünglichen Anmeldung bewegt, vgl. auch Melllulis GRUR **2001,** 971, 972. 25

ee) Folgerungen. Der BGH verlagert damit entgegen der früheren Verfahrensweise die entscheidende rechtliche Prüfung vom Anfang des Teilungsverfahrens auf die Ergebnisse des Erteilungsverfahrens zu Stamm- und Teilanmeldung, bei denen neben den allgemeinen Kriterien der Patentfähigkeit und der ausreichenden Offenbarung entscheidendes Kriterium ist, „die Entstehung identischer Schutzrechte", also eine **Doppelpatentierung** zu verhindern. Das 26

Zwischenverfahren zur Prüfung von Inhalt und Wirksamkeit der Teilungserklärung entfällt. Der BGH kommt damit der Verfahrensweise des EPA sehr nahe, die nach Art. 76 ohne Unterscheidung nach dem Teilungsanlass die Einreichung „europäischer Teilanmeldungen" zulässt, aber eine zeitliche Grenze dafür setzt, bis wann der Anmelder solche Teilanmeldungen einreichen kann, Regel 25 EPÜ. Anders als das deutsche Recht sieht das EPÜ nirgendwo das Erfordernis einer „Teilungserklärung" vor.

27 Zum **Streitstand,** der sich aus dieser Initiative ergeben hat, s. Kühnen, Teilung des Patents, S. 11 ff, und aktueller Königer, Teilung und Ausscheidung, S. 167 ff. Keukenschrijver vertritt seinen Standpunkt auch in der 6. Aufl. von Busse, PatG, mit großem Nachdruck und bezeichnet sie als die „wohl herrschende Meinung", weil sich auch der BGH durch die Entscheidung „Sammelhefter" und „Basisstation" wesentliche Ergebnisse und Folgerungen aus dem verfahrensrechtlichen Ansatz zu eigen gemacht habe, Rdn 13 bis 16, insbesondere Rdn. 16. Der Lehre vom anderen Erfindungsgegenstand könne nicht gefolgt werden. Sie könne in der Rspr des BGH nunmehr – wenngleich abschließend noch nicht entschieden – als aufgegeben gelten. Schulte hält in der 7. Aufl., Rdn. 12 zu § 39 formal an seiner bisherigen Position grundsätzlich fest. Der rein verfahrensrechtliche Teilungsbegriff, wie er neuerdings vom BGH vertreten werde, sei abzulehnen. Den Vorzug verdiene die materiell-rechtliche Betrachtung der früheren Rechtsprechung. Ab Rdn. 19 a. a. O. legt er aber offenbar die neue Linie der rein verfahrensrechtlichen Bewertung der Teilungserklärung unter Bezugnahme auf BPatG Beschl. v. 26. 2. 2003 – 20 W (pat) 46/01 – Programmartmitteilung, GRUR **04,** 317 zugrunde. Der Anmelder kann danach alternativ verfahren. Er kann nach dem Wortlaut des Gesetzes handeln und eine materiell-rechtliche konzipierte Teilungserklärung mit konkretem Inhalt vorlegen; er kann aber auch den verfahrensrechtlichen Einstieg wählen. Eindeutig vorgegebene Verfahrensweisen wären offensichtlich vorzuziehen, würden aber eine Intervention des „Gesetzgebers" erfordern. Eine sichere Basis für die rechtliche Beratung von Anmeldern ist das nicht.

28 Die genannte Entscheidung des **BGH** bezieht sich auf § 60 und die **Teilung eines Patents,** kann aber ohne weiteres auch als Leitentscheidung zur Teilung einer Anmeldung herangezogen werden, da bei Anmeldungen ein größerer Spielraum in der Gestaltung des Verfahrens besteht und die Bedenken wegen etwaiger negativer Folgen für die Rechtssicherheit und etwaige Wettbewerber bei Anmeldungen zweifellos geringer sind. Bewertet man die Teilungserklärung als reinen **Verfahrensrechtsakt,** so hat diese Erklärung – wie bei der Teilung eines Patents – eigentlich keine Funktion mehr. Sie besteht dann, wie vom BPatG GRUR **04,** 317, in LS 2 und in den Egr ausdrücklich festgestellt, in der bloßen Erklärung „das Patent werde geteilt", auf die Anmeldung übertragen „Die Anmeldung wird geteilt". Sie ist völlig inhaltsleer und kann eigentlich auch keine rechtlichen Wirkungen entfalten, es sei denn im Zusammenhang mit der Drei-Monats-Frist von § 39 Abs. 3, d. h. als Auslöser dieser Frist von drei Monaten, z. B. um ggf. über den rechtskräftigen Abschluss des Verfahrens zur Ursprungsanmeldung hinaus die Möglichkeit zur Einreichung der Teilanmeldung offenzuhalten. Im Übrigen ist sie dann nichts anderes als Ankündigung, die erforderlichen Vollzugsmaßnahmen – Gebührenzahlung, Einreichung der Anmeldungsunterlagen für die Teilanmeldung – innerhalb dieser Frist durchzuführen. Für das Verfahren in der Stammanmeldung hat sie dann erst recht keine Bedeutung mehr. Dort bleibt nichts mehr in der Schwebe und je nach Entscheidungsreife und Verfahrensstand kann auch in der Ursprungsanmeldung sofort entschieden werden. Der Anmelder verliert nichts, weil er den gesamten Offenbarungsgehalt der Ursprungsanmeldung wieder in der neuen Anmeldung geltend machen kann.

29 **ff) Stellungnahme.** Diese **Entwicklung** ist im Grundsatz **zu begrüßen,** obwohl dies mit den Vorstellungen über den Teilungsvorgang, wie sie wohl bei allen Beteiligten beim Gesetzgebungsverfahren zum (Ersten) GPatG bestanden, nicht in Einklang zu bringen ist. Sie reduziert die rechtliche Bedeutung der Teilungserklärung auf ein Minimum. Niedlich stellt mit Recht fest, dass man von einer Teilungserklärung eigentlich nicht mehr sprechen könne, GRUR **03,** 663, 664. Es wäre danach auch ihre völlige Abschaffung und damit die weitere Angleichung an das europäische Verfahrensrecht gerechtfertigt. Die theoretischen Bedenken wegen des angeblichen Willens des Gesetzgebers oder der Materialien zu Art. 4 G PVÜ teile ich nicht; sie sind an der Teilungserklärung festgemacht, die ich für einen Fehlgriff halte und für die nach der PVÜ keinerlei Notwendigkeit besteht. Wie das britische und das europäische Vorbild zeigen, geht es auch ohne sie. Fällt sie weg, entfällt auch der Zwang zur doppelten Prüfung eingangs oder in einem Zwischenverfahren bei der Wirksamkeit der Teilungserklärung und dann erneut im Erteilungsverfahren selbst zu dessen Gegenstand. Im Ergebnis sollten auch die Verfahrenslagen weniger kompliziert werden, da die Teilanmeldungen dann zwangsläufig beim DPMA eingereicht werden müssen, wo sie wegen der Vergabe eines neuen Aktenzeichens und der Eintra-

gung ins Patentregister und der sonstigen formellen Dinge auch eigentlich hingehören. Ein Hin- und Herwandern der Teilanmeldung vom Patentamt zum Patentgericht und wieder zurück, vgl. die oben bereits zitierte Entscheidung BPatG GRUR **05,** 212, mit entsprechenden systemwidrigen Verzögerungen im Verfahren sollte ausgeschlossen sein. Es müsste allerdings auch sichergestellt sein, dass der Anmelder in der neuen Teilanmeldung keine Gegenstände erneut geltend machen kann, über die in der Ursprungsanmeldung bereits rechtskräftig entschieden ist, und zwar nicht nur unter dem Gesichtspunkt, eine Doppelpatentierung zu verhindern. Es sollte auch der Gesichtspunkt berücksichtigt werden, dass das Patentamt nicht zu einer erneuten Prüfung und Entscheidung über in der Ursprungsanmeldung rechtskräftig negativ entschiedene (zurückgewiesene) Gegenstände genötigt sein sollte.

b) Voraussetzungen für das Wirksambleiben. Die Wirksamkeit der durch die Teilungserklärung bewirkten Teilung – sei es der Ursprungsanmeldung, sei es des Ursprungsverfahrens – ist nach § 39 Abs. 3 davon abhängig, dass innerhalb von 3 Monaten nach Eingang die in Abs. 2 genannten **Gebühren** entrichtet und die nach den §§ 34 bis 36 erforderlichen **Anmeldungsunterlagen** eingereicht werden. Wird dieser Forderung nicht fristgerecht entsprochen, so gilt die Teilungserklärung als nicht abgegeben. Mit dem Eingang der Teilungserklärung entsteht daher zunächst ein Schwebezustand (Begr. des RegEntw. zum GPatG BT Drucks. 8/2087 S. 31), nämlich ein Zustand schwebender Wirksamkeit, der durch die Zahlung der Gebühren und die Einreichung der Unterlagen oder durch den Ablauf der Dreimonatsfrist beendet wird. Erst damit steht fest, ob die zu teilende Anmeldung endgültig wirksam geteilt worden ist und die aus dem Teilungsvorgang zunächst entstandene Teilanmeldung bestehen bleibt oder ihre Wirksamkeit verliert, bzw. in der Sprache des Gesetzes „die Teilungserklärung als nicht abgegeben" gilt. Dies setzt aber voraus, dass man dem gegenständlichen (materiellrechtlichen) Teilungsbegriff folgt bzw. der Anmelder noch im Rahmen des bisherigen Teilungsverfahrens vorgeht. Bei der verfahrensrechtlichen Vorgehensweise wird aus der Ursprungsanmeldung nichts abgeteilt, also bleibt der gesamte Offenbarungsgehalt erhalten und kann jederzeit wieder in Anspruch genommen, um im Zuge der Teilung zunächst fallengelassene oder beschränkte Gegenstände bzw. Patentansprüche wiederaufzunehmen, solange kein bindender Verzicht vorliegt. Ein in der Ursprungsanmeldung nach der Teilung ausgesprochener Verzicht kann in der Teilanmeldung keine Wirkung haben; anders dagegen bei einem ausdrücklichen Verzicht vor der Teilung. 30

aa) Gebühren für die Teilanmeldung. Mit dem Eingang der Teilungserklärung wird der abgetrennte Teil – zunächst **schwebend wirksam** (Rdn. 8) – zu **einer selbstständigen Anmeldung.** Damit werden für die abgetrennte Anmeldung für die Zeit bis zur Teilung die gleichen Gebühren fällig, die für die ursprüngliche Anmeldung zu entrichten waren. Die abgetrennte Anmeldung wird danach gebührenrechtlich mit der Maßgabe wie eine von Anfang selbstständige Anmeldung behandelt, dass die Gebühren für die zurückliegende Zeit mit Eingang der Teilungserklärung fällig werden und sich in ihrer Höhe grundsätzlich nach den für die ursprüngliche Anmeldung angefallenen Gebühren richten. Eine Ausnahme gilt insoweit für die Recherchegebühr, wenn die Teilung vor der Stellung des Prüfungsantrages erklärt worden ist, weil sonst für die abgetrennte Anmeldung eine Recherche durchgeführt werden müsste, die Aufwand verursacht und die der Anmelder jedenfalls im Augenblick möglicherweise überhaupt nicht wünscht, Begrd. des RegEntw. zum GPatG BT Drucks. 8/2087 S. 31, BPatGE 45, 153 – Trennanmeldungs-Recherchegebühr. 31

Die „für" die ursprüngliche Anmeldung angefallenen **Gebühren** sind nicht nur die Gebühren für die Aufrechterhaltung der Anmeldung (§ 17), sondern auch die Gebühren für die Durchführung des Erteilungsverfahrens, also auch die Anmeldegebühr sowie die – besonders erwähnte – Recherchegebühr und Prüfungsantragsgebühr (vgl. dazu für den Fall der Ausscheidung BPatGE **20,** 45 f) und ggf. auch „aufgelaufene" Jahresgebühren, BPatG Bl. **84,** 140. Die Höhe der Jahresgebühren ergibt sich aus dem GebVerz zum PatKostG. Der jeweilige Säumniszuschlag von 50 EUR entfällt, da der Anmelder der Trennanmeldung nicht säumig war und für die Erinnerung an die Fälligkeit der Jahresgebühren keinerlei Leistungen des Patentamts, die die Grundlage für den Säumniszuschlag bilden, in Betracht zu ziehen sind. Nicht dazu zu rechnen sein werden die Gebühren, die nicht das Erteilungsverfahren, sondern besondere, bereits abgeschlossene Akte, etwa die Umschreibung der Anmeldung, betreffen. Für die in § 39 Abs. 2 genannten, mit Eingang der Teilungserklärung fällig werdenden Gebühren ist keine Benachrichtigung vorgesehen. Der Anmelder muss daher ohne amtlichen Hinweis von sich aus tätig werden und für die rechtzeitige Zahlung sorgen. Die nicht fristgemäße Zahlung hat allerdings auch nur die weniger einschneidende Folge, dass die Teilungserklärung als nicht abgegeben gilt, also unwirksam wird. Nach der verfahrensrechtlichen Betrachtungsweise müßte dann das zunächst existent und anhängig gewordene Verfahren automatisch erlöschen, bei Wiedereinsetzung in 32 den vorigen Stand wiederaufleben. Die in § 39 Abs. 3 vorgeschriebene Frist geht den sonst für die Gebührenzahlung vorgesehenen Fristen vor. Die Prüfungsantragsgebühr für die abgetrennte Anmeldung kann daher innerhalb der Frist des § 39 Abs. 3 auch dann noch wirksam entrichtet werden, wenn die Teilung unmittelbar vor oder erst nach Ablauf der Frist des § 44 Abs. 2 erklärt wird; das für den Fall der Ausscheidung in BPatGE **17,** 45ff. erörterte Problem tritt daher hier nicht auf.

33 Die Regelung in § 39 Abs. 2 – und Abs. 3 – bezieht sich nur auf die Gebühren für die Zeit bis zur Teilung der Anmeldung. Von diesem Zeitpunkt an ist die abgetrennte Anmeldung **eine selbständige Anmeldung,** für die in dem abgetrennten Verfahren weitere Gebühren (neu) anfallen. Auf die nach Selbstständigwerden der abgetrennten Anmeldung anfallenden Gebühren ist § 39 Abs. 2 nicht anzuwenden; dafür gelten die allgemeinen Vorschriften, bei deren Anwendung der Schwebezustand zu berücksichtigen ist. Über die Rechtzeitigkeit der Gebührenzahlung (und des Eingangs der Unterlagen) hat ausschließlich das Patentgericht zu befinden, wenn die Trennanmeldung bei ihm entstanden ist. Versäumt der Anmelder die Frist für die Entrichtung der Gebühren, so kann er – wegen der in § 39 Abs. 3 vorgeschriebenen „negativen" Folgen der Säumnis – Wiedereinsetzung in den vorigen Stand beantragen. Die Wiedereinsetzung ist nicht deshalb ausgeschlossen, weil die Anmelderin bei der Teilung erklärt hat, dass sie auf den Gegenstand der Teilanmeldung für den Fall verzichte, dass die Teilungserklärung nach § 39 Abs. 3 PatG als nicht abgegeben gelte. War die Teilung im Beschwerdeverfahren erfolgt, so erstreckt sich die Zuständigkeit des Patentgerichts auch auf die Wiedereinsetzung in die Frist zur Zahlung der Gebühren für die Teilanmeldung. Eine vom Patentamt gewährte Wiedereinsetzung ist wirkungslos, BGH GRUR **99,** 574 – Mehrfachsteuersystem.

34 **bb) Unterlagen der Teilanmeldung.** Für die Durchführung des Erteilungsverfahrens für die abgetrennte Anmeldung müssen besondere, auf den abgetrennten Teil abgestellte **Anmeldungsunterlagen** eingereicht werden. Das ergibt sich bereits aus den §§ 34 bis 36. § 39 Abs. 3 setzt für die Einreichung eine Frist von drei Monaten und macht die Wirksamkeit der Teilungserklärung von der fristgemäßen Einreichung abhängig. Die Vorschrift bezieht sich nur auf die in § 34 Abs. 3 genannten Unterlagen, die die dort aufgezählten Bestandteile (Namen des Anmelders, Erteilungsantrag, Patentansprüche und Beschreibung und ggf. Zeichnungen) enthalten müssen, und auf die Zusammenfassung, die die in § 36 Abs. 2 Satz 2 umschriebenen Teile aufweisen muss. Ist die Stammanmeldung im Zeitpunkt der Abgabe der Teilungserklärung bereits offengelegt, ist es nicht mehr erforderlich, innerhalb der Frist von § 39 Abs. 3 eine Zusammenfassung der Trennanmeldung einzureichen, BPatGE **47,** 13 = GRUR **03,** 783. § 35 Abs. 1 mit dem Erfordernis der Nachreichung einer deutschen Übersetzung dürfte normalerweise nicht in Betracht kommen, soweit nicht die Teilung bereits unmittelbar nach der Einreichung der Ursprungsanmeldung eingeleitet sein sollte, eine Konstellation, die kaum praktisch vorkommt.

35 Ob die innerhalb der Frist vorgelegten Unterlagen den vorgeschriebenen Anforderungen im übrigen genügen, ist in diesem Zusammenhang unerheblich. Denn die Vorschrift verlangt nur, dass innerhalb von 3 Monaten Unterlagen vorliegen, die als Grundlage für das Erteilungsverfahren dienen können. Sie verlangt nicht, dass die Unterlagen bereits in jeder Hinsicht den vorgeschriebenen Anforderungen genügen. Etwa noch vorhandene **Mängel** können **später** im Rahmen einer Offensichtlichkeitsprüfung und im normalen Prüfungsverfahren **beseitigt** werden. Die sonstigen vom Anmelder zu vollziehenden Verfahrensschritte hängen vom Verfahrensstand in der Stammanmeldung und dessen Fortschritten ab. So kann z.B. eine Benennung des Erfinders oder der Erfinder in Betracht kommen. Sie kann ohnehin dann notwendig sein, wenn die in der Teilanmeldung beanspruchte Erfindung nur von einem oder einem Teil der in der Stammanmeldung benannten Erfinder abweicht. Sie kann auch in der Nachbenennung eines neuen Anmelders oder in der Umschreibung der Teilanmeldung auf einen neuen Anmelder bestehen.

36 Es sollte auch unschädlich sein, wenn der Anmelder in dem Verfahren der Teilanmeldung zunächst den kompletten Bestand der der **Unterlagen der Ursprungsanmeldung** einreicht. Die weitere Gestaltung der Teilanmeldung, bis sie reif für die Patenterteilung ist, einschließlich der Formulierung endgültiger Patentansprüche, ist eine Frage des neuen Verfahrens. Ein wesentlicher Gesichtspunkt bei der Prüfung der neuen Anmeldung auf Patentfähigkeit ihres Schutzgegenstandes ist – neben der unzulässigen Erweiterung über den Offenbarungsgehalt der in der Stammanmeldung eingereichten ursprünglichen Unterlagen, § 21 Abs. 1 Nr. 4, hinaus – die ausreichende Offenbarung des Gegenstandes der Teilanmeldung einschließlich der Ersatzsurrogate, der Einheitlichkeit ihres Gegenstandes und sonstiger spezifischer Elemente bleibt die Frage der Abgrenzung gegenüber dem in der Stammanmeldung verfolgten Schutzgegenstand.

Stammanmeldung und Teilanmeldung dürfen nicht im Endergebnis dazu führen, dass sie ein und dieselbe Erfindung schützen.

c) Unwirksamwerden der Erklärung. Wenn die Gebühren nicht fristgerecht entrichtet oder die Anmeldungsunterlagen (Rdn. 11) nicht rechtzeitig eingereicht werden, gilt nach § 39 Abs. 3 die **Teilungserklärung als nicht abgegeben.** Der Teilungserklärung werden danach die ihr beigelegten Wirkungen **mit rückwirkender Kraft entzogen.** Der nach der materiellrechtlichen Betrachtungsweise von der ursprünglichen Anmeldung abgetrennte Teil wird verfahrensrechtlich in den Zustand zurückversetzt, in dem er sich bei der Abgabe der Teilungserklärung befunden hat; verfahrensrechtliche Erklärungen, die sich auf den abgetrennten Teil bezogen, werden hinfällig; dafür fällig gewordene Gebühren gelten als nicht angefallen. Entsprechendes gilt nicht ohne weiteres auch für verfahrensrechtliche, auf die ursprüngliche Anmeldung bezogene Erklärungen, etwa für einen während des Schwebezustandes für die ursprüngliche Anmeldung gestellten Prüfungsantrag oder für im Zusammenhang mit der Teilung abgegebene materiellrechtliche Erklärungen, etwa für einen Verzicht auf die Weiterbehandlung einzelner Anmeldungsteile. Insoweit wird darauf abzustellen sein, ob die Erklärungen in einem solchen Zusammenhang mit der Teilungserklärung stehen, dass sie unter dem Gesichtspunkt des § 139 BGB von dessen Unwirksamkeit erfasst werden, oder ob sie ausdrücklich oder stillschweigend unter der Bedingung des Wirksambleibens der Teilungserklärung abgegeben worden sind. Das Unwirksamwerden der Teilungserklärung ist eine Rechtsfolge, die in der Ursprungsanmeldung, aber auch bei der Beurteilung der Verfahrenslage in der abgetrennten Teilanmeldung jederzeit von Amts zu prüfen und zu berücksichtigen ist; BPatGE **38,** 218. Das BPatG postuliert in dieser Entscheidung auch, dass die Teilungserklärung unabänderbar sein müsse. Versäumt das Patentamt die Feststellung, dass die Teilanmeldung gem. § 39 Abs. 3 unwirksam geworden ist und erteilt die Prüfungsstelle stattdessen ein Patent, so wird durch den unanfechtbar gewordenen Erteilungsbeschluss das Fehlen einer wirksamen Teilanmeldung geheilt, BPatGE 44, 193 – Sammelhefter. Wird die Unwirksamkeit der Teilungserklärung aber noch vor der Patenterteilung entdeckt, ist das Verfahren einzustellen oder festzustellen, dass eine wirksam anhängig gewordene Teilanmeldung nicht vorliegt. Eine vom Teilungsverfahren losgelöste Gebührenpflicht für die Teilanmeldung besteht nur, wenn diese zu einer endgültigen, wirksamen und in dem weiteren Verfahren selbstständigen Anmeldung erstarkt. Ist dies von vornherein oder infolge nachträglicher, vor der Vollwirksamkeit der Teilanmeldung eintretender Ereignisse nicht der Fall, so fehlt oder entfällt der Rechtsgrund für die Gebührenpflicht. Das ist auch der Fall, wenn die innere Priorität der Teilanmeldung für eine Nachanmeldung in Anspruch genommen wird und die Teilanmeldung deshalb nach § 40 Abs. 5 PatG als zurückgenommen gilt, BGH v. 14. 7. 1993 – X ZB 9/92 – Teilungsgebühren – LS, S. 7, 8, 9 – GRUR **93,** 890. 37

4. Folgen der Teilung. Die Teilung der Anmeldung (Ausscheidung) ist ein der **zivilprozessualen Prozesstrennung** nach § 145 ZPO vergleichbarer verfahrensrechtlicher Vorgang ohne sachlich-rechtliche Bedeutung (vgl. dazu BGH GRUR **67,** 413, 417 – Kaskodeverstärker). Der bereits in der ursprünglichen Anmeldung geltend gemachte Anspruch auf Patenterteilung wird nach der Teilung für den abgetrennten Teil der Anmeldung in einem besonderen Verfahren weiterverfolgt, das rechtlich insoweit als Fortsetzung des bereits anhängig gewordenen Erteilungsverfahrens erscheint (vgl. BGH GRUR **71,** 565, 567). Demgemäß bleiben, wie in § 39 Abs. 1 Satz 2 ausdrücklich klargestellt wird, für jede Teilanmeldung der Zeitpunkt der ursprünglichen Anmeldung und eine dafür – wirksam – in Anspruch genommene Priorität erhalten. Die Teilanmeldungen haben daher, sofern nicht bei den jeweils beanspruchten Teilgegenständen hinsichtlich des Prioritätsrechts (bei Teilprioritäten) Unterschiede bestehen, gleichen Zeitrang (vgl. dazu BPatGE **9,** 163, 173). Voraussetzung dafür ist selbstverständlich, dass der Inhalt der Teilanmeldung durch den Inhalt der Voranmeldung, deren Priorität beansprucht wird, und durch den Inhalt der ursprünglichen, aufgeteilten Anmeldung gedeckt wird. Sofern der Inhalt der Teilanmeldungen über den Inhalt der aufgeteilten Anmeldung hinausgeht, stellt sich der überschießende Teil als unzulässige Erweiterung dar, aus der auch im Wege der Teilung keine Rechte hergeleitet werden können (§ 38 Satz 2), BGHZ **71,** 152 – Spannungsvergleichsschaltung; BGH GRUR **79,** 692, 694 – Spinnturbine I; BPatGE **20,** 1, 2. Es hat keinerlei Auswirkungen auf den Fortbestand der Teilanmeldung, wenn die Ursprungsanmeldung im Laufe des weiteren Verfahrens vom Anmelder zurückgenommen oder anderweitig aufgegeben wird oder vom Patentamt zurückgewiesen wird. Es entfällt damit aber die Notwendigkeit, den Gegenstand der Teilanmeldung von dem der Ursprungsanmeldung so abzugrenzen, dass kein Doppelschutz für dieselbe Erfindung entsteht. 38

a) Weiterbehandlung der Teilanmeldung. Die abgetrennte Anmeldung wird in der Verfahrenslage weiterbehandelt, die vor der Teilung für die ursprüngliche Anmeldung erreicht 39 war, vgl. dazu BGH GRUR **72,** 474, 475 Ausscheidung in der Beschwerdeinstanz; **77,** 209, 210 – Tampon, mit Anm. Klaka. Die dort bereits vorgenommenen **Verfahrenshandlungen** bleiben daher grundsätzlich auch für das abgetrennte Erteilungsverfahren **wirksam.** Für den Prüfungsantrag wird das durch § 39 Abs. 1 Satz 3 ausdrücklich klargestellt. Eine Ausnahme gilt für den Antrag auf eine isolierte Recherche (§ 43). Wenn die Teilung nach Stellung eines Rechercheantrages (§ 43) aber vor Stellung eines Prüfungsantrages (§ 44) erklärt wird, wird nämlich nach Abs. 2 Satz 2 der Vorschrift die Antragsgebühr für die Recherche nicht ohne weiteres für die abgetrennte Anmeldung fällig. Dem für die ursprüngliche Anmeldung bereits gestellten Rechercheantrag wird damit die Wirkung für die abgetrennte Anmeldung genommen. Dadurch soll erreicht werden, dass eine Recherche für die abgetrennte Anmeldung nur dann durchgeführt zu werden braucht, wenn der Anmelder sie wünscht. Der Anmelder muss daher für die abgetrennte Anmeldung einen besonderen Rechercheantrag stellen. Er kann den Antrag mit der Teilungserklärung oder auch später stellen, muss dann allerdings auch die Antragsgebühr entrichten. In die Regelung des Abs. 3 der Vorschrift wird die Antragsgebühr für die Recherche in keinem der beiden Fälle einzubeziehen sein. Für die prozessuale Behandlung der abgetrennten Anmeldung gelten im Übrigen die für den Fall der Ausscheidung entwickelten Grundsätze, auf die verwiesen wird (vgl. dazu § 34 Rdn. 123 ff.). Der Verpflichtung zur Vorlage einer Vollmacht des im Anmeldeverfahren bestellten Vertreters wird auch durch die Vorlage einer Kopie der in der Stammanmeldung eingereichten Vollmacht genügt, BPatG Bl. **88,** 166.

40 Ob jedes der einzelnen Schutzbegehren, d. h. des verbleibenden Restes in der Stammanmeldung und der abgetrennte Teil oder die abgetrennten Teile als Gegenstand von einer Teilanmeldung oder mehreren Teilanmeldungen, für sich berechtigt ist, ist im Rahmen der sachlichen Prüfung der Stammanmeldung und der Teilanmeldungen festzustellen. Wenn sich dabei ergibt, dass die Teilanmeldungen oder eine der Teilanmeldungen nicht für sich patentfähig sind, muss der Anmelder u. U. die sich daraus ergebenden Folgen tragen. Weder § 39 noch Art. 4 G Abs. 2 PVÜ geben ihm das Recht, die einmal vorgenommene Teilung jederzeit wieder von sich aus rückgängig zu machen. Die Prüfung bezieht sich aber nicht nur auf die **Patentfähigkeit** des Gegenstandes der Teilanmeldung, sondern insbesondere auch darauf, ob der Gegenstand des beantragten Patents **über den Inhalt der früheren Anmeldung** in der Fassung hinausgeht, in der sie bei der für die Einreichung der früheren Anmeldung zuständigen Behörde ursprünglich eingereicht worden ist, d. h. ob sie einen Gegenstand betrifft, der in der Stammanmeldung nicht als erfindungswesentlich ursprünglich offenbart ist und ob sich der Gegenstand der in der Teilanmeldung vorgelegten Patentansprüche so von dem in der Stammanmeldung verbliebenen Rest unterscheidet, dass keine **Doppelpatentierung** stattfindet und derselbe Gegenstand durch zwei Patente geschützt ist. Dagegen findet keine Prüfung darauf statt, ob der Gegenstand der Patentansprüche auch durch einen ursprünglichen Offenbarungsgehalt der Teilanmeldung gedeckt ist. Ein solcher selbstständiger Offenbarungsgehalt existiert nicht. Will man deshalb, wie es Tendenzen im europäischen Patenterteilungsverfahren zu entsprechen scheint, vgl. Benkard/Dobrucki, Rdn. 26 zu Art. 76 EPÜ und Benkard/Schäfers, Rdn. 73 zu Art. 123, Änderungen im Verfahren einer Teilanmeldung am ursprünglichen Gegenstand der Teilanmeldung messen, sollte man nicht vom reduzierten „ursprünglichen Offenbarungsgehalt" der Teilanmeldung sprechen, sondern der Definition des Schutzbegehrens durch die mit der Teilanmeldung eingereichten beschränkten Schutzansprüche bindende Wirkung zuerkennen, wenn es denn von Anfang an solche eindeutig erkennbaren Beschränkungen in der Teilanmeldung gibt. Andernfalls müsste man wohl unterstellen, dass das EPA sich inzwischen zur materiellrechtlichen Betrachtungsweise der Teilung „bekehrt" hätte.

41 **b) Weiterbehandlung der Ursprungsanmeldung.** Für die weitere Behandlung der Ursprungsanmeldung ergeben sich keine Besonderheiten. Nach der materiell-rechtlichen Betrachtungsweise ist der abgetrennte Gegenstand wirksam aus dem Erteilungsverfahren ausgeschieden und in die Teilanmeldung abgezweigt worden. Konsequenterweise dürfte er daher in der Ursprungsanmeldung nicht mehr zum Gegenstand von Patentansprüchen gemacht werden. Die Unterlagen wie die Ansprüche, die Beschreibung und die ggf. die Zeichnungen müssten entsprechend angepasst werden, damit die Patentschrift des möglicherweise am Ende des Verfahrens erteilten Patents keinen überschießenden, die sachgerechte Auslegung der Patentansprüche im Verletzungsverfahren beeinträchtigenden Informationsgehalt enthält. Da aber nach der Entscheidung des BGH „Straßenkehrmaschine" in der Teilanmeldung bei Teilung eines Patents der gesamte Inhalt der ursprünglichen Offenbarung ausgeschöpft werden kann und dies erst recht in der Ursprungsanmeldung möglich sein muss, andererseits aber bei der Auslegung der Patentansprüche Vorgänge des Erteilungsverfahrens grundsätzlich ausgeschlossen sind,

s. Rdn 32ff., § 14, stehen hier Anmelder und Prüfer vor einer schwierigen Entscheidung. Es könnte daher angezeigt sein, jedenfalls für die Patentansprüche eines Patents, das im Verfahren einer Teilanmeldung erteilt worden ist, den genannten Grundsatz notfalls zu modifizieren.

5. Rückgängigmachung. Als verfahrensrechtlicher Vorgang kann die Teilung durch er- 42
neute Verbindung der getrennten Verfahren rückgängig gemacht werden. Ein Gestaltungsrecht ist dem Anmelder jedoch insoweit nicht eingeräumt worden. Insoweit ist daher allenfalls § 147 ZPO entsprechend anzuwenden. Wegen der Einzelheiten kann auf die Ausführungen in Rdn. 127f. zu § 34 verwiesen werden. Nach der verfahrensrechtlichen Betrachtungsweise erscheint ein Versuch, die Teilung wieder rückgängig zu machen, als überflüssig, da in Wirklichkeit aus der Ursprungsanmeldung nichts abgeteilt worden ist.

6. Teilung einer Teilanmeldung. § 39 findet auch auf eine Anmeldung Anwendung, die 43
Ergebnis eines Teilvorganges ist. Das bedeutet zunächst, dass auch eine Teilanmeldungen selbst wieder geteilt werden kann, Auch die Teilung einer Teilanmeldung setzt nach der materiellrechtlichen Betrachtungsweise die Aufspaltung der Teilanmeldung in mindestens zwei Teile voraus. Dies ist nicht der Fall, wenn eine technische Lehre, die nach der – weiteren – Teilungserklärung abgetrennt werden soll, zwar in den ursprünglichen Unterlagen der Stammanmeldung enthalten, nicht aber Gegenstand der Teilanmeldung geworden ist, BPatGE **37,** 37 – Textdatenwiedergabe.

40 *Innere Priorität.* (1) **Dem Anmelder steht innerhalb einer Frist von zwölf Monaten nach dem Anmeldetag einer beim Patentamt eingereichten früheren Patent- oder Gebrauchsmusteranmeldung für die Anmeldung derselben Erfindung zum Patent ein Prioritätsrecht zu, es sei denn, daß für die frühere Anmeldung schon eine inländische oder ausländische Priorität in Anspruch genommen worden ist.**

(2) **Für die Anmeldung kann die Priorität mehrerer beim Patentamt eingereichter Patent- oder Gebrauchsmusteranmeldungen in Anspruch genommen werden.**

(3) **Die Priorität kann nur für solche Merkmale der Anmeldung in Anspruch genommen werden, die in der Gesamtheit der Anmeldungsunterlagen der früheren Anmeldung deutlich offenbart sind.**

(4) **Die Priorität kann nur innerhalb von zwei Monaten nach dem Anmeldetag der späteren Anmeldung in Anspruch genommen werden; die Prioritätserklärung gilt erst als abgegeben, wenn das Aktenzeichen der früheren Anmeldung angegeben worden ist.**

(5) **Ist die frühere Anmeldung noch beim Patentamt anhängig, so gilt sie mit der Abgabe der Prioritätserklärung nach Absatz 4 als zurückgenommen. Dies gilt nicht, wenn die frühere Anmeldung ein Gebrauchsmuster betrifft.**

(6) **Wird die Einsicht in die Akte einer späteren Anmeldung beantragt (§ 31), die die Priorität einer früheren Patent- und Gebrauchsmusteranmeldung in Anspruch nimmt, so nimmt das Patentamt eine Abschrift der früheren Patent- oder Gebrauchsmusteranmeldung zu den Akten der späteren Anmeldung.**

Inhaltsübersicht

Vorbemerkung zum Textbestand: Art. 7 Nr. 2 des Zweiten Gemeinschaftspatentgesetzes v. 20. 12. 1991 BGBl. II 1354 hat m.W.v. 1. 6. 1992 in § 40 Abs. 5 den Satz 2 eingefügt; Art. 2 Nr. 12a des Zweiten Gesetzes zur Änderung des Patentgesetzes v. 16. 7. 1998 BGBl. I 1827 hat

§ 40 m. W. v. 1. 11. 1998 an zwei Stellen geändert: durch Buchst. a) wurden in Abs. 4 Halbsatz 2 die Wörter „und eine Abschrift der früheren Anmeldung eingereicht" gestrichen und durch Buchst. b) wurde § 40 Abs. 6 eingefügt.

1 **1. Priorität aus deutscher Anmeldung. Literatur:** Bossung, Innere Priorität und Gebrauchsmuster, GRUR **79,** 661; Gramm, Probleme der inneren Priorität, GRUR **80,** 954; Bruchhausen, Gilt die Zurücknahmefiktion des § 40 Abs. 5 auch für eine noch beim Patentamt anhängige Patentanmeldung? GRUR **84,** 389; Asendorf, Europäische und internationale Patentanmeldung als Grundlage eines Prioritätsrechts für die Nachanmeldung der Erfindung in einem benannten Vertragsstaat, GRUR **85,** 577; Goebel, Die innere Priorität, GRUR **88,** 243; ders., Mitt. **89,** 185; Papke, Beanspruchung der inneren Priorität internationaler Patentanmeldungen, Mitt. **90,** 131; von Hellfeld, Axel: Welche Wirkung hat die Inanspruchnahme einer Priorität? Mitt. **97,** 294. Tönnies, J. G.: Ist die Identität der Erfindung Voraussetzung für die Wirkung des Prioritätsrechts? GRUR **98,** 451; Rau, Albrecht: Prioritätsrecht versus Neuheitsschonfrist – Anmerkung zum Urteil des BPatG vom 10. 3. 1998, 1 Ni 11/97 (EU), Mitt. **98,** 414. Ruhl, Oliver: Unionspriorität Art. 4 PVÜ und seine Umsetzung im amerikanischen, europäischen und deutschen Patentrecht. Köln (Heymanns) **2000;** Tönnies, G.: Ist die Schutzfähigkeit der Erstanmeldung Voraussetzung für die Wirkung des Prioritätsrechts? Mitt. **2000,** 495; Edgar Lins: Die Rechtsprechung zur Teilpriorität – Konflikt zwischen Dogma und Praxis? FS Eisenführ, **03,** 195; Tobias Bremi/Michael Liebetanz: Kann man ein Prioritätsrecht „verbrauchen"? Mitt. **04,** 148.

1a **a) Vorgeschichte.** Bis zum Inkrafttreten des GPatG konnte eine Priorität für eine beim Deutschen Patentamt angemeldete Erfindung nur aus einer ausländischen Erstanmeldung abgeleitet werden (sogen. äußere Priorität); aus einer beim Deutschen Patentamt früher eingereichten Anmeldung konnte ein Prioritätsrecht nicht hergeleitet werden. Der Anmelder, der innerhalb des ihm eingeräumten Prioritätsjahres die angemeldete Erfindung weiterentwickelt hatte, konnte daher die Weiterentwicklung nur dann zusammen mit der ursprünglich angemeldeten Erfindung zum Gegenstand einer Anmeldung beim Deutschen Patentamt machen, wenn er die Erstanmeldung im Ausland eingereicht hatte. Dieser Zustand wurde, wie in der Begrdg. zum GPatG (BT Drucks. 8/2087 S. 31) dargelegt wird, als unbefriedigend empfunden. Durch das GPatG ist daher § 40 in das Patentgesetz eingefügt worden.

1b **b) Gegenstand.** Die Vorschrift, die an die Art. 87/88 EPÜ angelehnt ist, gibt dem Anmelder die Möglichkeit, eine beim Patentamt angemeldete Erfindung unter Einbeziehung der bis dahin entstandenen Weiterentwicklungen innerhalb eines Jahres neu anzumelden und dabei für den schon früher angemeldeten Teil die Priorität der Erstanmeldung in Anspruch zu nehmen. Da es sich dabei um eine aus einer deutschen Anmeldung abgeleitete Priorität handelt, wird sie als innere Priorität bezeichnet. Für Gebrauchsmusteranmeldungen konnte sie bis zum 1. 1. 1987 nicht, auch nicht in entsprechender Anwendung von § 40, beansprucht werden, BGH GRUR **83,** 243 – Drucksensor, Anm. Bruchhausen in LM GebrMG § 2 Nr. 5; BPatGE **25,** 74, 75. Innere Prioritäten gibt es abgesehen von dem Fall des § 40 auch bei Benennung der Bundesrepublik als Bestimmungsland für eine europäische oder internationale Anmeldung, die unter Inanspruchnahme der Priorität einer Anmeldung beim Deutschen Patentamt eingereicht wurde, vgl. dazu BGHZ **82,** 88 – Roll- und Wippbrett = Bl. **82,** 24, 25 ff.; Bossung GRUR **79,** 661, 662; Gramm GRUR **80,** 954, 955. Die Entscheidungen BPatG GRUR **81,** 194 und BPatGE **23,** 264, 269, die auf Grund unzureichender Kenntnis der Verhandlungsmaterialien zum EPÜ das Selbstbenennungsrecht im Rahmen von Art. 87 EPÜ verneint und Art. 66 EPÜ als ausfüllungsbedürftige Blankettnorm angesehen haben, sind durch die genannte Entscheidung des BGH überholt. Für den zuerst genannten Fall wird ein Doppelschutz durch Art. II § 8 IntPatÜG, Art. 90 GPÜ, ausdrücklich ausgeschlossen (zur Frage der Vermeidung von Doppelschutz vgl. auch Bossung aaO S. 664).

1c **c) Zeitliche Geltung.** § 40 ist nur auf die seit dem 1. 1. 1981 eingereichten Patentanmeldungen anzuwenden (Art. 12 Abs. 1 GPatG). Die ältere Anmeldung, deren Priorität in Anspruch genommen wird, kann jedoch auch vor dem 1. 1. 1981 eingereicht worden sein, BPatGE **26,** 60, 63. Über die Zulässigkeit der Inanspruchnahme einer inneren Priorität kann vorab entschieden werden, BPatGE **25,** 74 (GebrM); **26,** 32, 33; nicht dagegen über die materielle Berechtigung des Prioritätsanspruchs, da diese unmittelbar mit der Sachprüfung der Patentanmeldung und nur bei Entscheidungserheblichkeit zu erfolgen hat, BPatGE **28,** 31; **28,** 222, 223.

2 **2. Die das Prioritätsrecht begründende Anmeldung.** Das Recht auf die innere Priorität wird nach Abs. 1 der Vorschrift durch eine frühere Patent- oder Gebrauchsmusteranmeldung begründet. Es versteht sich dabei von selbst, dass die frühere Anmeldung vorschriftsmäßig be-

wirkt sein muss und dass deren Einreichung zur Festlegung eines vor dem Anmeldetag der Nachanmeldung liegenden Zeitpunkts ausgereicht haben muss (Art. 4 A Abs. 2 und 3 PVÜ). Denn der Voranmeldung käme sonst kein Zeitrang zu, der von der Nachanmeldung übernommen werden könnte (vgl. dazu auch Abs. 3 der Vorschrift). Die Vorschriftmäßigkeit der Voranmeldung genügt für die Inanspruchnahme der inneren Priorität. Dagegen ist nicht zu verlangen, dass die Anmeldung später zu einem wirksamen Patent führt, BGH Mitt **96,** 118, 120 – Flammenüberwachung. Die Nachanmeldung, für die die innere Priorität einer Voranmeldung beansprucht wird, kann mit der prioritätsbegründenden Anmeldung inhaltlich völlig identisch sein; die Zurückweisung einer solchen inhaltlich identischen Nachanmeldung wegen mangelnden Rechtsschutzbedürfnisses ist rechtswidrig, BPatG Bl. **83,** 372, 373.

Nach Abs. 1 der Vorschrift kann das Prioritätsrecht sowohl aus einer Patent- als auch einer Gebrauchsmusteranmeldung abgeleitet werden. Für den Normalfall, in dem nur entweder eine frühere Patentanmeldung oder eine frühere Gebrauchsmusteranmeldung vorliegt, ergeben sich insoweit keine Probleme. Solche entstehen auch nicht, wenn früher sowohl eine Patentanmeldung als auch eine Gebrauchsmusteranmeldung eingereicht worden war, die Anmeldungen jedoch verschiedene Gegenstände betreffen; in diesem Falle kann der Anmelder ein Prioritätsrecht auf jede der beiden Anmeldungen, nach Abs. 2 der Vorschrift aber auch auf beide Anmeldungen gemeinsam stützen. Wenn eine früher eingereichte Patentanmeldung und eine früher eingereichte Gebrauchsmusteranmeldung denselben Gegenstand betreffen, kann der Anmelder nach der Fassung des Abs. 1 der Vorschrift ein Prioritätsrecht nach seiner Wahl aus der Patentanmeldung oder aus der Gebrauchsmusteranmeldung ableiten. Die Heranziehung der Gebrauchsmusteranmeldung erscheint allerdings nur für den Fall sinnvoll, dass diese vor der den gleichen Gegenstand betreffenden Patentanmeldung eingereicht wurde. Denn bei der Ableitung der Priorität aus der jüngeren Gebrauchsmusteranmeldung würde der darauf gestützten Nachanmeldung die ältere Patentanmeldung nach § 3 Abs. 2 neuheitsschädlich entgegenstehen. Bei gleichem Zeitrang von Patent- und Gebrauchsmusteranmeldung wäre zwar § 3 Abs. 2 nicht anwendbar; der Fortführung der mit der Gebrauchsmusteranmeldung gleichrangigen Patentanmeldung stehen jedoch Abs. 5 der Vorschrift und der Gesichtspunkt des fehlenden Rechtsschutzbedürfnisses entgegen (vgl. unten Rdn. 19). 3

Die Patentanmeldung oder die Gebrauchsmusteranmeldung, aus der das Prioritätsrecht hergeleitet wird, braucht im Zeitpunkt der Inanspruchnahme der Priorität nicht mehr anhängig zu sein. Das ergibt sich aus Abs. 5 der Vorschrift, nach der die Voranmeldung als zurückgenommen gilt, sofern sie im Zeitpunkt der Abgabe der Prioritätserklärung noch beim Patentamt anhängig ist. Diese Regelung lässt erkennen, dass insoweit der nach Art. 4 A Abs. 3 PVÜ für die äußere Priorität geltende Grundsatz, dass das weitere Schicksal der ordnungsmäßig eingereichten Voranmeldung ohne Bedeutung ist, auch für die innere Priorität nach § 40 maßgebend sein soll. 4

a) Patentanmeldung. Grundlage für das in Abs. 1 der Vorschrift vorgesehene Prioritätsrecht kann zunächst eine beim Patentamt früher eingereichte Patentanmeldung sein. Diese braucht, wie oben (Rdn. 4) bereits dargelegt wurde, im Zeitpunkt der Inanspruchnahme der (inneren) Priorität nicht mehr anhängig zu sein. Das Prioritätsrecht ist entsprechend der Regelung in Art. 4 A Abs. 3 PVÜ auch sonst von dem Schicksal der Voranmeldung unabhängig. Die Inanspruchnahme der Prioritätsrechts wird daher auch nicht dadurch ausgeschlossen, dass die Voranmeldung bereits zur Erteilung eines Patents geführt hat, was nach der Verlegung des Einspruchsverfahrens auf die Zeit nach der Patenterteilung durchaus möglich erscheint (vgl. auch Bossung, GRUR **79,** 661, 664). In diesem Falle stellt sich zwar die – in Abs. 5 der Vorschrift nicht geregelte – Frage, ob die Wirkung des auf die Voranmeldung erteilten Patents auch nach Erteilung des mit der Nachanmeldung erstrebten Patents fortbestehen kann (vgl. dazu unten Rdn. 21). Aus der fehlenden Regelung dieser Frage lässt sich aber nicht herleiten, dass die Patenterteilung die Inanspruchnahme der inneren Priorität aus der ihr zugrunde liegenden Anmeldung ausschließen sollte, zumal der Wortlaut der Vorschrift für eine solche Annahme keinen Anhalt bietet und die Vorschrift dann ohne ersichtlichen Grund von Art. 4 A Abs. 3 PVÜ abweichen würde. Bei der Anmeldung, deren Priorität in Anspruch genommen wird, kann es sich auch um eine Teilanmeldung handeln, BGH GRUR **93,** 890, Teilungsgebühren. Die Frist gem. § 40 Abs. 1 Satz 1 berechnet sich dann aber vom Anmeldetag der Stammanmeldung ab, da die Teilanmeldung keine eigene Anmeldepriorität begründet, sondern an derjenigen der Stammanmeldung teilhat. 5

b) Gebrauchsmusteranmeldung. Grundlage für das Prioritätsrecht kann auch eine Gebrauchsmusteranmeldung und damit auch eine Gebrauchsmusterhilfsanmeldung des früheren Rechts sein, da eine solche trotz des Hilfsverhältnisses eine selbstständige Anmeldung ist (vgl. 6

§ 4 GebrMG Rdn. 61). Für die Inanspruchnahme der inneren Priorität kommt es nicht darauf an, ob die Gebrauchsmusteranmeldung noch anhängig ist (vgl. oben Rdn. 4). Auch die Eintragung des Gebrauchsmusters schließt die Inanspruchnahme der inneren Priorität nicht aus (vgl. oben Rdn. 5).

7 **c) Ausschluss des Prioritätsrechts.** Aus einer früheren Anmeldung, für die schon eine inländische oder ausländische Priorität in Anspruch genommen ist, kann eine weitere Priorität nicht mehr abgeleitet werden. Diese in § 40 Abs. 1 getroffene Regelung entspricht der des Art. 4 C Abs. 4 PVÜ. Eine frühere Anmeldung, der die in einer späteren Anmeldung beschriebene Erfindung nicht zu entnehmen ist, steht der Inanspruchnahme der Priorität aus der späteren Anmeldung nicht entgegen, vgl. RG GRUR **39,** 895.

8 **d) Mehrfachpriorität.** Für eine Nachanmeldung kann nach Abs. 2 der Vorschrift auch die Priorität mehrerer beim Patentamt eingereichter Patent- oder Gebrauchsmusteranmeldungen in Anspruch genommen werden. Das entspricht der Regelung in Art. 4 F PVÜ und Art. 88 Abs. 2 EPÜ. Patent- und Gebrauchsmusteranmeldungen stehen auch insoweit einander gleich. Das Prioritätsrecht kann daher auch teilweise aus einer Patentanmeldung und teilweise aus einer Gebrauchsmusteranmeldung und umgekehrt abgeleitet werden. Zu der Frage der Inanspruchnahme unterschiedlicher Prioritäten für einzelne Merkmale innerhalb eines Anspruchs s. unten Rdn. 9 a, 9 b.

9 **3. Umfang des Prioritätsrechts.** Der Umfang des Prioritätsrechts bestimmt sich nach dem Inhalt der früheren Anmeldung, aus der das Prioritätsrecht abgeleitet wird (vgl. dazu BGH GRUR **79,** 621 – Magnetbohrständer I). Die Priorität kann nach Abs. 3 der Vorschrift nur für solche Merkmale in Anspruch genommen werden, die in der Gesamtheit der Anmeldungsunterlagen der früheren Anmeldung deutlich offenbart sind. Das entspricht der Regelung in Art. 4 H PVÜ und in Art. 88 Abs. 2 und 3 EPÜ. Dort wird besonders hervorgehoben, dass es unschädlich ist, wenn einzelne Merkmale nicht in den Patentansprüchen der früheren Anmeldung enthalten sind, sofern nur die Gesamtheit der Anmeldungsunterlagen sie deutlich offenbart. § 40 Abs. 3 stellt schon in seinem Wortlaut auf die Gesamtheit der Anmeldungsunterlagen ab; der Inhalt der Patentansprüche ist daher nicht allein maßgebend. Für die an die Offenbarung zu stellenden Anforderungen gelten die allgemeinen Grundsätze (vgl. dazu § 34 Rdn. 14 ff.).

9 a Ein Gegenstand einer Nachanmeldung betrifft nur dann im Sinne von § 40 Abs. 1 dieselbe Erfindung wie eine frühere Patent- oder Gebrauchsmusteranmeldung, wenn die mit der Nachanmeldung beanspruchte Merkmalskombination dem Fachmann in der Voranmeldung in ihrer Gesamtheit als zu der angemeldeten Erfindung gehörig offenbart ist. Einzelmerkmale können nicht in ein und demselben Patentanspruch mit unterschiedlicher Priorität miteinander kombiniert werden, BGHZ **148,** 383 = GRUR **02,** 146 – Luftverteiler. Priorität für einen Anspruch in einer Nachanmeldung kann nur dann in Anspruch genommen werden, wenn der Fachmann den Gegenstand des Patentanspruchs unter Heranziehung des allgemeinen Fachwissens unmittelbar und eindeutig der früheren Anmeldung als Ganzes entnehmen kann; es muss sich um dieselbe Erfindung handeln. Für die Beurteilung der identischen Offenbarung gelten die Prinzipien der Neuheitsprüfung, BGH – Elektronische Funktionseinheit, GRUR **04,** 133; bestätigt in BGH v. 19. 5. 2005 – X ZR 188/01 Aufzeichnungsträger, Egr. B III 2. Die Entscheidungen „Luftverteiler" und „Elektronische Funktionseinheit" betreffen zwar die Auslegung von Art. 87, 88 EPÜ, sind aber wegen ihres grundsätzlichen Charakters für den Umfang des Prioritätsrechts auch auf die internationale Priorität nach § 41 und die innere Priorität zu übertragen. Beide Entscheidungen sind im Anschluss an die Stellungnahme der GrBK des EPA v. 31. 12 001 – G 2/98 – LS – Erfordernis für die Inanspruchnahme einer Priorität für „dieselbe Erfindung", ABl. EPA 2001, 413; GRUR Int. **02,** 80 ergangen.

9 b Vgl. weiter zu beiden Entscheidungen des BGH die Vorentscheidungen BPatGE **42,** 42 Elektronische Funktionseinheit, und BPatGE **40,** 115, die zumindest in ihren Leitsätzen durch die Entscheidungen des BGH überholt sind. Vgl. auch BPatGE **35,** 62 wonach die Aufnahme eines zusätzlichen Merkmals in eine Nachanmeldung die Inanspruchnahme der inneren Priorität einer dieses Merkmal nicht enthaltenden prioritätsbegründenden Voranmeldung derselben Erfindung nicht ausschließe. Innerhalb eines Patentanspruchs könnten deshalb verschiedenen Merkmalen grundsätzlich auch unterschiedliche Teilprioritäten zukommen. A. A. zuvor bereits z. B. BPatG GRUR Int. **82,** 452, 453 und BPatGE **23,** 259 f. (einheitliche Priorität innerhalb eines Anspruchs), letzteres m. w. Nachweisen.

10 **4. Prioritätsfrist.** Die Frist für die Einreichung der Nachanmeldung beträgt ebenso wie im Falle des Art. 4 C PVÜ zwölf Monate seit dem Anmeldetage der früheren Anmeldung. Der Anmeldetag wird nach § 187 Abs. 1 BGB in Übereinstimmung mit Art. 4 C Abs. 2 PVÜ nicht

in die Frist eingerechnet. Für den Fristablauf gilt nach § 193 BGB Entsprechendes wie für die Unionspriorität nach Art. 4 C Abs. 3 PVÜ; vgl. auch BPatGE **26,** 32, 33, wonach die Berechnung der Jahresfrist nach §§ 187 Abs. 2, 188 Abs. 2 BGB erfolgt. Zum Fristablauf an einem Sonnabend, Sonn- oder Feiertag vgl. Goebel, GRUR **88,** 243, 248. Der Ablauf der Prioritätsfrist hat zur Folge, dass das Prioritätsrecht entfällt. Die Wiedereinsetzung in den vorigen Stand wird durch § 123 Abs. 1 Satz 2 ausgeschlossen. Für die Frist für die internationale Priorität nach Art. 4 PVÜ hat das 2. PatÄndG dagegen den früheren Ausschluss der Wiedereinsetzung aufgehoben, den Ausschluss für die Frist nach § 40 Abs. 1 ausdrücklich beibehalten, s. BT-Drs. 13/9971, S. 37, li. Sp. Darin liegt keine unzulässige Diskriminierung, da internationale und innere Priorität zwei offensichtlich unterschiedliche Situationen betreffen.

5. Inanspruchnahme der Priorität. Die innere Priorität entsteht für die spätere Anmeldung nicht von selbst. Sie muss vielmehr ebenso wie die äußere Priorität (§ 41) von dem Berechtigten in Anspruch genommen werden. Nach Abs. 4 der Vorschrift bedarf es dafür einer entsprechenden Erklärung (Prioritätserklärung), der Angabe des Aktenzeichens der früheren Anmeldung. Das weitere Erfordernis der Einreichung einer Abschrift der früheren Anmeldung (Rdn. 15, 16) ist mit dem Inkrafttreten des 2. PatGÄndG entfallen. Für die Inanspruchnahme besteht eine Ausschlussfrist (Rdn. 12–14). Personenidentität zwischen dem Anmelder der Vor- und der Nachanmeldung ist nicht erforderlich; Rechtsnachfolge in Bezug auf die Erstanmeldung oder zumindest das Prioritätsrecht reicht aus, vgl. Goebel, GRUR **88,** 243. Die wirksame Inanspruchnahme der inneren Priorität durch einen Rechtsnachfolger setzt nicht den sofortigen Nachweis der Rechtsnachfolge voraus, BPatG Mitt. **86,** 88. 11

a) Frist für die Inanspruchnahme. Die Frist für die Abgabe der Prioritätserklärung beträgt ebenso wie im Falle des § 41 zwei Monate. Die Frist, die nach § 187 Abs. 1 BGB mit dem auf den Anmeldetag der späteren Anmeldung folgenden Tage beginnt, endet nach § 188 Abs. 2 BGB mit Ablauf des Tages, der durch seine Zahl dem Anmeldetage der späteren Anmeldung entspricht; wenn der letzte Tag der Frist auf einen Sonnabend, Sonntag oder am Erklärungsort staatlich anerkannten Feiertag fällt, endet die Frist nach § 193 BGB erst mit Ablauf des nächsten Werktages. 12

Innerhalb der Zweimonatsfrist muss eine ordnungsmäßige Prioritätserklärung (unten Rdn. 15) abgegeben werden. Anders als nach § 41 muss innerhalb der Zweimonatsfrist auch das Aktenzeichen der früheren Anmeldung angegeben und musste bis zum Inkrafttreten des 2. PatGÄndG auch eine Abschrift der früheren Anmeldung eingereicht werden. Denn die Prioritätserklärung gilt nach Abs. 4 der Vorschrift erst mit der Angabe des Aktenzeichens und früher auch der Einreichung der Abschrift der früheren Anmeldung als abgegeben. Wird die Priorität einer Ausscheidungsanmeldung, der noch kein Aktenzeichen zugeteilt ist, in Anspruch genommen, so gilt bis zur Zuteilung eines eigenen Aktenzeichens das der Stammanmeldung als maßgebliches Aktenzeichen, BPatG Bl. **87,** 205. Der Wegfall des Erfordernisses, auch eine Abschrift der früheren Anmeldung einzureichen, geht auf einen Wunsch der beteiligten Kreise zurück, dem der RA des Bundestages im Gesetzgebungverfahren zum 2. PatGÄndG entsprochen hat. Damit wurde auch der Situation Rechnung getragen, dass das Patentamt ohnehin über die Unterlagen der früheren Anmeldung verfügt, vgl. BT-Drs. 13/10847, S. 37. Diese Änderung korrespondiert mit der Anfügung von § 40 Abs. 6, s. unten Rdn. 23. 13

Der Ablauf der Zweimonatsfrist hat zur Folge, dass die Priorität für diese Nachanmeldung nicht mehr beansprucht werden kann. Das ergibt sich aus Abs. 1 der Vorschrift, nach dem die Priorität der früheren Anmeldung nur innerhalb von zwei Monaten nach dem Anmeldetag der späteren Anmeldung in Anspruch genommen werden kann. Eine Verwirkung des Prioritätsrechts ist in Abweichung von § 41 Satz 4 hier nicht vorgesehen. Der Anmelder soll vielmehr, wie in der Begrdg. des RegEntw. zum GPatG (BT Drucks. 8/2087 S. 32) dargelegt wird, die Möglichkeit behalten, eine neue Nachanmeldung unter Inanspruchnahme der Priorität der früheren Anmeldung einzureichen, sofern die Prioritätsfrist des Abs. 1 der Vorschrift noch nicht abgelaufen ist. Gegen die Versäumung der Zweimonatsfrist kann nach der Änderung des § 123 durch das GPatG bei Vorliegen der Voraussetzungen Wiedereinsetzung gewährt werden. 14

b) Prioritätserklärung. Die Priorität wird durch Erklärung gegenüber dem Patentamt in Anspruch genommen. Die Erklärung bedarf, da das Verfahren vor dem Patentamt ein schriftliches ist, der Schriftform und ggf. der Form des elektronischen Dokuments (vgl. Rdn. 20 vor § 34 und BPatGE **25,** 41, 42). Die Erklärung muss zum Ausdruck bringen, dass die Priorität einer früher beim Patentamt eingereichten Patent- oder Gebrauchsmusteranmeldung in Anspruch genommen wird. Nähere Vorschriften über den Inhalt der Erklärung gibt § 40 Abs. 4 nicht. In entsprechender Anwendung des § 41 Satz 1 wird jedoch zu fordern sein, dass der Anmeldetag 15

(Zeit) der früheren Anmeldung angegeben wird, weil sich erst daraus der Inhalt der in Anspruch genommenen Priorität ergibt. Die Angabe des Anmeldetages der Voranmeldung muss richtig sein. Innerhalb der Zweimonatsfrist (Rdn. 12) ist eine Berichtigung oder Ergänzung der Erklärung zulässig. Nach Ablauf der Zweimonatsfrist ist eine Berichtigung oder Ergänzung nur möglich, wenn das Patentamt den Fehler erkennen und die richtige oder fehlende Angabe den ihm zu Verfügung stehenden Unterlagen entnehmen konnte (vgl. § 41 Rdn. 13); dem Anmelder kann dabei zustatten kommen, dass innerhalb der Zweimonatsfrist auch das Aktenzeichen der Voranmeldung angegeben werden muss. Wegen der Wirkungen der Prioritätserklärung vgl. Einleitung Internationaler Teil C 1 III Rdn. 30ff., 63–69; die Erläuterungen zur äußeren Priorität lassen sich entsprechend auf die innere Priorität anwenden. Eine isolierte Prüfung der materiellen Wirksamkeit der Inanspruchnahme der Priorität findet nicht statt, BPatGE **28,** 31. Die Frage ist vom Patentamt erst dann zu prüfen, wenn es für die Prüfung der Nachanmeldung, etwa wegen des Auftauchens von entscheidungserheblichem Stand der Technik aus dem Prioritätsintervall, oder für die Voranmeldung, z. B. wegen des Eintritts der Rücknahmefiktion, darauf ankommt, BPatG Mitt. **86,** 88, 89; Goebel, GRUR **88,** 243, 246.

16 **c) Aktenzeichen und Abschrift der Voranmeldung.** Innerhalb der Frist des § 40 Abs. 4 muss auch das Aktenzeichen der Voranmeldung angegeben und musste bis zum 1. 11. 1998 auch eine Abschrift von der Voranmeldung eingereicht werden. Anders als im Falle des § 41 wird dem Anmelder keine zusätzliche Frist eingeräumt, weil es keine Schwierigkeiten bereitet, innerhalb der Inanspruchnahmefrist des § 40 Abs. 4 das Aktenzeichen einer beim Deutschen Patentamt eingereichten Anmeldung zu beschaffen und dem Patentamt mitzuteilen. Innerhalb der Zweimonatsfrist kann die Angabe des Aktenzeichens geändert werden. Nach Ablauf der Zweimonatsfrist ist das nicht mehr möglich. Wenn die gesetzliche Forderung innerhalb der Zweimonatsfrist nicht oder nicht ordnungsmäßig erfüllt ist, kann die Priorität für diese Nachanmeldung nicht mehr verlangt werden; Wiedereinsetzung in den vorigen Stand ist jedoch nicht ausgeschlossen (vgl. oben Rdn. 14). Wird die innere Priorität einer Ausscheidungsanmeldung, der noch kein Aktenzeichen zugeteilt ist, in Anspruch genommen, so gilt vorläufig das Aktenzeichen der Stammanmeldung als das anzugebende Aktenzeichen, BPatGE **28,** 203, 205.

17 **6. Folge der Inanspruchnahme für die frühere Anmeldung.** Nach Abs. 5 Satz 1 gilt die frühere Anmeldung, soweit sie noch beim Patentamt anhängig ist, mit der Abgabe der Prioritätserklärung als zurückgenommen. Dass dies nur dann gilt, wenn es sich bei der Voranmeldung um eine Patentanmeldung handelt, ist durch die Anfügung von Satz 2 („Dies gilt nicht, wenn die frühere Anmeldung ein Gebrauchmuster betrifft") durch Art. 7 Nr. 2 des GPatG 2 eindeutig klargestellt. Der BGH hatte dieses Verhältnis bereits aus dem Schweigen der Gesetzgebungsmaterialien zu diesem Punkt, der Zielsetzung der inneren Priorität und dem systematischen Zusammenhang abgeleitet und die reine Wortinterpretation der Vorschrift abgelehnt. Der BGH hat im Übrigen auch zutreffend festgestellt, dass wesentlicher Zweck der Vorschrift nicht die Vermeidung von Doppelpatentierungen sein könne, sondern dass es darum gehe, eine mehrfache Prüfung von im wesentlichen gleichen Anmeldungen durch das Patentamt zu vermeiden. Bezogen auf prioritätsbegründende Patentanmeldungen sei die Rücknahmefiktion sinnvoll und geboten. Sie führe zu einer Entlastung der Prüfungstätigkeit des Patentamts und bewahre andererseits den Anmelder vor doppelten Gebühren und bringe ihm keinerlei Nachteile, da er seine durch die erste Patentanmeldung erlangte Rechtsposition voll in die Nachanmeldung einbringen kann, BGHZ **105,** 222, 227ff. – Wassermischarmatur. Über die Frage, ob die Rücknahmefiktion eingreift oder nicht, kann gesondert entschieden werden, BPatGE **25,** 41, 42; **26,** 119. Bestreitet der Anmelder im Verfahren der Erstanmeldung nach Abgabe einer im Übrigen wirksamen Prioritätserklärung deren materielle Berechtigung (weil nicht „dieselbe Erfindung" vorliege), bedarf es einer abschließenden Entscheidung hierüber, um zu einer der formellen Rechtskraft fähigen Feststellung darüber zu gelangen, ob die Voranmeldung noch anhängig ist oder nicht, BPatGE **26,** 119f.

18 **a) Anhängige frühere Anmeldung.** Nach § 40 Abs. 5 gilt die frühere Anmeldung, aus der die Priorität abgeleitet wird, mit der Abgabe der Prioritätserklärung als zurückgenommen, wenn sie in dem dafür maßgebenden Zeitpunkt noch beim Patentamt anhängig ist, BPatGE **31,** 160, 162. Maßgebend ist, da die Prioritätserklärung nach § 40 Abs. 4 erst mit der Angabe des Aktenzeichens der Voranmeldung als abgegeben gilt, der Zeitpunkt, in dem die Erklärung und die Angabe des Aktenzeichens beim Patentamt eingegangen sind. Nach dem Wortlaut der Vorschrift kommt es darauf, ob die Prioritätserklärung wirksam ist, nicht an. Dem Sinn und Zweck der Vorschrift entspricht es jedoch, die Rücknahmefiktion nur bei einer formell wirksamen, insbesondere rechtzeitigen Inanspruchnahme der Priorität eintreten zu lassen; so auch BPatGE

25, 41, 42; Goebel, GRUR **88,** 243, 246f.; es besteht kein Anlass, den Anmelder für den fehlgeschlagenen Versuch, die Priorität der früheren Anmeldung zu erlangen, mit dem Verlust der früheren Anmeldung zu bestrafen (vgl. dazu auch Art. II § 8 IntPatÜG, Art. 80 GPÜ). Entscheidungen des Patentamts zur Wirkung der Rücknahmefiktion sind in dem Verfahren der Voranmeldung zu treffen, BPatG Bl. **90,** 77. Die Inanspruchnahme der inneren Priorität kann sich auch auf eine frühere Teilanmeldung beziehen. Handelt es sich bei der früheren Anmeldung um eine Teilanmeldung, so kann der Anmelder der Nachanmeldung verlangen, dass die rechtzeitig entrichtete Anmeldegebühr zurückgezahlt wird, wenn die Inanspruchnahme der inneren Priorität innerhalb der Frist des § 39 Abs. 3 erfolgte; die wegen der Inanspruchnahme der inneren Priorität der Teilanmeldung (Anmeldepriorität der Stammanmeldung) als zurückgenommen geltende Teilanmeldung war bis zum Ablauf der Drei-Monats-Frist nur schwebend wirksam und noch nicht zu einer vollwirksamen Anmeldung erstarkt, BGH GRUR **93,** 890 – Teilungsgebühren. Die wirksame Inanspruchnahme der inneren Priorität führt auch dann zum vollständigen Wegfall der früheren Anmeldung, wenn der Inhalt der Erst- und der Nachanmeldung nur zum Teil übereinstimmen und nur ein Teil der früheren Anmeldung für die Nachanmeldung in Anspruch genommen wird, BPatGE **26,** 60. Um diese Rechtsfolge zu vermeiden, ist die Erstanmeldung zweckmäßigerweise zunächst gemäß § 39 zu teilen.

Eine frühere nationale Anmeldung, die als Grundlage für die Inanspruchnahme der inneren Priorität für eine internationale Anmeldung dient, gilt als zurückgenommen, wenn die Voraussetzungen nach Art. III § 4 Abs. 2, § 6 Abs. 2 IntPatÜG erfüllt sind, insbesondere die nationale (Anmelde-)Gebühr für die internationale Anmeldung innerhalb der Fristen nach Art. 22 Abs. 1, Art. 39 Abs. 1 PCT gezahlt ist. Fehlt es an einer solchen wirksamen Inanspruchnahme, weil die nationale Anmeldegebühr erst nach Ablauf der Fristen entrichtet wurde, tritt die Rücknahmefiktion für die nationale Voranmeldung nicht ein, BPatG Bl. **2001,** 260 (Beschl. v. 3. 3. 2001 – 10 W (pat) 28/00). Vgl. dazu auch die parallele Entscheidung BPatG Mitt. **01,** 258 über die Zahlung der Anmeldegebühr bei dem Eintritt internationaler Anmeldungen, die aber wegen der Gesetzesänderungen in Bezug auf § 36 Abs. 6 a.F. durch das PatKostG weitgehend überholt ist.

Nach der klarstellenden Ergänzung von Abs. 5 durch das GPatG 2 im Anschluss an die Entscheidung des BGH in BGHZ **105,** 222 – Wassermischarmatur, sind die in der 8. Auflage erörterten Probleme gegenstandslos. Eine ältere Gebrauchsmusteranmeldung, deren Priorität für eine jüngere Patentanmeldung in Anspruch genommen worden ist, bleibt also in vollem Umfang bestehen und wird durch die Rücknahmefiktion in Abs. 5 Satz 1 nicht tangiert. Das Patentamt sendet dem Anmelder in der Voranmeldung zur Information eine Mitteilung über den Eintritt der Zurücknahmefiktion, ohne dass dies eine konstitutive Bedeutung hätte. Nach Meinung von Schulte, Rdn. Die weitere Bearbeitung der Voranmeldung wird jedoch eingestellt; insbesondere unterbleibt ihre Offenlegung, vgl. Goebel, GRUR **88,** 243, 247. **19**

b) Nach Erteilung des Patents. Nach Erteilung eines Patents ist für die Anwendung der Rücknahmefiktion des § 40 Abs. 5 kein Raum mehr BPatGE 30, 192, 193. Denn durch die Erteilung des nachgesuchten Schutzrechts ist die Anmeldung verbraucht und kann daher nicht mehr zurückgenommen werden. Bedenklich erscheint es dagegen, dass das Gesetz auch das Entstehen und Nebeneinanderbestehen eines doppelten Patentschutzes nicht hindert. Dafür besteht kein rechtlich beachtliches Interesse. Zu berücksichtigen ist jedoch, dass eine Doppelpatentierung nur dann in Betracht kommt, wenn im Zeitpunkt der Abgabe der Prioritätserklärung auf die frühere Anmeldung bereits ein Patent erteilt ist, weil sonst die Rücknahmefiktion des § 40 Abs. 5 eingreift; eine solche Fallgestaltung ist zwar auch unter Berücksichtigung der in Art. 40 Abs. 2 und 4 vorgeschriebenen Frist nicht völlig ausgeschlossen, wird aber in der Praxis nur selten vorkommen. Ein Rechtsschutzsinteresse an der Erteilung eines Patents, für das die Priorität einer früheren deutschen Anmeldung (innere Priorität) in Anspruch genommen wird, kann dem Anmelder auch dann nicht abgesprochen werden, wenn zum Zeitpunkt der Abgabe der Prioritätserklärung auf die frühere Anmeldung bereits ein Patent erteilt worden ist, BPatG GRUR **93, 31.** **20**

Soweit es infolge der Vorschrift des § 40 zur Entstehung von Doppelschutz kommt, wird seine doppelte Ausübung möglicherweise nach allgemeinen Grundsätzen als unzulässige Rechtsausübung zu betrachten sein (so auch Bossung GRUR **79,** 661, 665). Der Einwand der unzulässigen Rechtsausübung könnte dabei mit Erfolg gegen das auf die ältere Anmeldung erteilte Schutzrecht zu erheben sein, weil der Berechtigte selbst das Prioritätsrecht für die Nachanmeldung aus der diesem Schutzrecht zugrunde liegenden Anmeldung abgeleitet hat; eine Rechtsanalogie zu Art. II § 8 IntPatÜG und zu Art. 80 GPatG, wie sie Bossung (aaO) vorschlägt, erscheint daher entbehrlich. **21**

22 Im Übrigen hat das GPatG 2 durch Art. 6 Nr. 8 eine weitere Klarstellung zu Fragen der inneren Priorität bewirkt. Sie bezieht sich auf Probleme für nationale Voranmeldungen bei einer Nachanmeldung derselben Erfindung in Form einer internationalen Anmeldung nach dem PCT mit der Bundesrepublik Deutschland als Bestimmungsland, wenn für die internationale Anmeldung die Priorität der nationalen Voranmeldung in Anspruch genommen wird, vgl. Papke, Mitt. **90,** 131. Denn nach Art. 8 Abs. 2 Buchst. b Satz 2 PCT richten sich Voraussetzungen und Wirkungen eines Prioritätsanspruchs nach nationalem Recht. Die in diesem Zusammenhang ebenfalls anwendbare Rücknahmefiktion von § 40 Abs. 5 kann deshalb zu unerwünschten Härten führen. In der Begründung des Reg.Entwurfs des GPatG 2 ist hervorgehoben, dass bestimmte unbeabsichtigte Wirkungen der Rücknahmefiktion vermieden werden sollten. Der Zweck des § 40 Abs. 5, die Doppelpatentierung derselben Erfindung zu vermeiden, bleibe bei einer Lösung weiterhin gewahrt, bei der die Rücknahmefiktion für die nationale Voranmeldung erst dann eintrete, wenn für die internationale Nachanmeldung die Voraussetzungen für den Eintritt in die nationale Phase erfüllt seien, vgl. BT-Drs. 12/632, Bl. **92,** 45, 54 (li. Sp.). Das GPatG 2 hat dementsprechend Art. III § 4 IntPatÜG um einen Abs. 3 ergänzt, in dem die genannte Lösung festgeschrieben wird. Die Vorschrift hat folgenden Wortlaut:

„(3) Wird für die internationale Anmeldung die Priorität einer beim Deutschen Patentamt eingereichten früheren Patent- oder Gebrauchsmusteranmeldung beansprucht, so gilt diese abweichend von § 40 Abs. 5 des Patentgesetzes oder § 6 Abs. 1 des Gebrauchsmustergesetzes zu dem Zeitpunkt als zurückgenommen, zu dem die Voraussetzungen des Absatzes 2 erfüllt sind."

Bei einer europäischen Nachanmeldung mit Bestimmung der Bundesrepublik Deutschland ist dagegen Abs. 5 überhaupt nicht anwendbar, vgl. BGHZ **105,** 222, 226 – Wassermischarmatur – und BPatGE **31,** 62, 63. Vgl. zur Inanspruchnahme der inneren Priorität einer internationalen Anmeldung, in der auch Deutschland als Bestimmungsland benannt ist, und wegen der Auswirkungen der PCT-Reform mit der automatischen Bestimmung aller Vertragsparteien die Mitteilung des PräsDPMA Nr. 24/2004, Bl. **04,** 349, über die Rücknahmefiktion bei einer Inanspruchnahme der inneren Priorität in einer am 1. Januar 2004 oder später eingereichten internationalen PCT-Anmeldung. Will der Anmelder verhindern, dass die frühere nationale Anmeldung als zurückgenommen gilt, besteht nach Regel 4.9 (b) PCT die Möglichkeit, Deutschland – unwiderruflich – von der automatischen Bestimmung für ein nationales Schutzrecht auszunehmen (siehe auch Feld Nr. V des PCT-Antragsformulars PCT/RO 101). Hat der Anmelder von dieser Möglichkeit keinen Gebrauch gemacht, so kann er vor dem Eintritt in die nationale Phase diese Bestimmung Deutschlands für ein nationales Schutzrecht nach Regel 90 bis PCT zurücknehmen.

23 **7. Abschrift der früheren Anmeldung.** § 40 Abs. 6 ist eine Folgeregelung zu der Änderung von § 40 Abs. 4 durch das 2. PatGÄndG, nämlich zu dem Wegfall des Erfordernisses, innerhalb der Frist von zwei Monaten auch eine Abschrift der früheren Anmeldung einzureichen. Es genügt danach, wenn der Anmelder das Aktenzeichen der früheren Anmeldung angibt. Als Folge der neuen Regelung sind die Anmeldungsunterlagen der älteren Anmeldung nicht mehr automatisch Bestandteil der Akte. Der RA des Bundestages hat aus dieser Situation gefolgert, dass damit der Zugang zum Inhalt der Anmeldunterlagen der früheren Anmeldung erschwert oder vereitelt werde. Nach § 31 Patentgesetz bestehe für Dritte grundsätzlich keine Möglichkeit der Akteneinsicht in die Akte der früheren Anmeldung, wenn diese nicht vorzeitig offengelegt wurde, der Anmelder im Übrigen auch sein generelles Einverständnis mit einer Einsichtnahme in die Akte im Regelfall nicht erklärt haben dürfte und ein Dritter im Regelfall ein berechtigtes Interesse an der Einsichtnahme ebenfalls nicht ohne weiteres werde nachweisen können, BT-Drs. 13/10847 S. 37.

24 Es sollte aber gewährleistet bleiben, dass für Dritte, die den materiellen Umfang der Offenbarung der Erstanmeldung überprüfen wollen, auch eine **Akteneinsicht in die Anmeldungsunterlagen der Erstanmeldung** möglich ist. Das Patentamt wird deshalb durch § 40 Abs. 6 verpflichtet, durch geeignete organisatorische Maßnahmen dafür Sorge tragen, dass in den Fällen der Akteneinsicht die Anmeldungsunterlagen der früheren Anmeldung zum Bestandteil der Akte der späteren Anmeldung werden. Interne Vermerke des Amtes aus der früheren Akte, insbesondere Vermerke des Prüfers, die Aussagen zur Patentfähigkeit der Erfindung enthalten, dürfen in die Akte der späteren Anmeldungen nicht aufgenommen werden. Der organisatorische Aufwand für das Patentamt soll so gering wie möglich gehalten werden, so dass die Akten der späteren Anmeldung nicht in jedem Fall um die Anmeldungsunterlagen der früheren Anmeldung ergänzt werden müssen, sondern nur in den Fällen einer (beantragten) Akteneinsicht, BT-Drs. a. a. O.

41 *Prioritätserklärung.* (1) [1]**Wer nach einem Staatsvertrag die Priorität einer früheren ausländischen Anmeldung derselben Erfindung in Anspruch nimmt, hat vor Ablauf des 16. Monats nach dem Prioritätstag Zeit, Land und Aktenzeichen der früheren Anmeldung anzugeben und eine Abschrift der früheren Anmeldung einzureichen, soweit dies nicht bereits geschehen ist.** [2]**Innerhalb der Frist können die Angaben geändert werden.** [3]**Werden die Angaben nicht rechtzeitig gemacht, so wird der Prioritätsanspruch für die Anmeldung verwirkt.**

(2) **Ist die frühere ausländische Anmeldung in einem Staat eingereicht worden, mit dem kein Staatsvertrag über die Anerkennung der Priorität besteht, so kann der Anmelder ein dem Prioritätsrecht nach der Pariser Verbandsübereinkunft entsprechendes Prioritätsrecht in Anspruch nehmen, soweit nach einer Bekanntmachung des Bundesministeriums der Justiz im Bundesgesetzblatt der andere Staat aufgrund einer ersten Anmeldung beim Patentamt ein Prioritätsrecht gewährt, das nach Voraussetzungen und Inhalt dem Prioritätsrecht nach der Pariser Verbandsübereinkunft vergleichbar ist; Absatz 1 ist anzuwenden.**

Inhaltsübersicht

Vorbemerkung zum Textbestand: § 41 Abs. 1 ist zuletzt durch Art. 2 Nr. 13 des 2. PatGÄndG v. 16. 7. 1998 BGBl. I 1827 mWv 1. 11. 1998 neu gefasst worden. § 41 Abs. 2 ist durch Art. 13 Abs. 1 Nr. 2 des Markenrechtsreformgesetzes v. 25. 10. 1994 BGBl. I 3082 m. W. v. 1. 1. 1995 angefügt worden.

1. Prioritätserklärung. Literatur: von Uexküll, Das Wesen der Prioritätserklärung im Anmeldeverfahren, GRUR **67,** 61; Wieczorek, Die Unionspriorität im Patentrecht, Köln Berlin Bonn München 1975, Schriftenreihe zum gewerblichen Rechtsschutz Bd. 31; Bossung, Innere Priorität und Gebrauchsmuster, GRUR **79,** 661; Teschemacher, Anmeldetag und Priorität im europäischen Patentrecht, GRUR Int. **83,** 695; Beier/Moufang, Verbesserungserfindungen und Zusatzpatente im Prioritätsrecht der Pariser Verbandsübereinkunft, GRUR Int. **89,** 869; Beier/Katzenberger, Zur Wiedereinsetzung in die versäumte Prioritätsfrist des Artikels 4 der PVÜ, GRUR Int. **90,** 277; Beier/Straus, Probleme der Unionspriorität im Patentrecht, GRUR Int. **91,** 255. Von Hellfeld, Axel: Welche Wirkung hat die Inanspruchnahme einer Priorität? Mitt. **97,** 294. Tönnies, J. G.: Ist die Identität der Erfindung Voraussetzung für die Wirkung des Prioritätsrechts? GRUR **98,** 451; Rau, Albrecht: Prioritätsrecht versus Neuheitsschonfrist – Anmerkung zum Urteil des BPatG vom 10. 3. 1998, 1 Ni 11/97 (EU), Mitt. **98,** 414. Ruhl, Oliver: Unionspriorität Art. 4 PVÜ und seine Umsetzung im amerikanischen, europäischen und deutschen Patentrecht. Köln (Heymanns) **2000;** Tönnies, G.: Ist die Schutzfähigkeit der Erstanmeldung Voraussetzung für die Wirkung des Prioritätsrechts? Mitt. **2000,** 495; Keukenschrijver, Alfred, Zur Inanspruchnahme des Prioritätsrechts durch den materiell Berechtigten aus einer von einem Treuhänder getätigten Voranmeldung, Mitt. **01,** 233. Edgar Lins: Die Rechtsprechung zur Teilpriorität – Konflikt zwischen Dogma und Praxis? FS Eisenführ, 2003, 195; Tobias Bremi/Michael Liebetanz: Kann man ein Prioritätsrecht „verbrauchen"? Mitt. **04,** 148. 1

Wegen der Prioritätsvorschriften im EPÜ s. Benkard/Ullmann/Grabinski, EPÜ Erl. zu Art. 87 und Art. 88. 1a

Die Vorschrift regelt die Prioritätserklärung und die sonstigen Voraussetzungen für die Wahrung des dem Anmelder auf Grund eines Staatsvertrages zustehenden Prioritätsanspruchs aus einer ausländischen Voranmeldung desselben Gegenstandes. Wesentliche Grundlage ist hier das Prioritätsrecht nach der PVÜ, das über die Inkorporierung der materiellen Vorschriften in das WTO/TRIPS-Übereinkommen auch für die Mitglieder der WTO gilt, vgl. Mitt. Nr. 6/97 des Präs/DPA Bl. **97,** 213. Wegen der materiellen Voraussetzungen für die Inanspruchnahme der Priorität und der Frage der Prüfung der materiellen Berechtigung des Prioritätsanspruchs 1b kann auf die Ausführungen in der Einleitung, Internationaler Teil C 1 III Rdn. 30–73, verwiesen werden. § 41 gilt kraft Verweisung auch für das Gebrauchsmusterrecht und das Geschmacksmusterrecht. Das MarkenG enthält in § 34 Abs. 1 und 3 ein vergleichbare Vorschrift mit einer Verweisung auf die PVÜ; § 34 Abs. 2 MarkenG ist mit § 41 Abs. 2 PatG textlich identisch.

2 Internationale oder europäische Anmeldungen haben nach Art. 11 Abs. 3 PCT, Art. 68 EPÜ in jedem Bestimmungsstaat die Wirkung einer vorschriftsmäßigen nationalen Anmeldung. Sie können daher jedenfalls dann Grundlage für ein Prioritätsrecht sein, wenn Bestimmungsstaat ein ausländischer oder jedenfalls auch ein ausländischer Staat ist. Wegen der Frage, ob ein Prioritätsrecht auch für den einzigen Bestimmungsstaat beansprucht werden kann, verweist Art. 8 Abs. 2b PCT auf das nationale Recht. Nach der Mitteilung PräsPA 6/80 (Bl. **80,** 65) muss im Falle der Inanspruchnahme der Priorität einer früheren europäischen oder internationalen Anmeldung der Anmelder innerhalb von zwei Monaten nach dem Anmeldetag das Datum der früheren europäischen oder internationalen Anmeldung angeben und das Land oder die Länder, für das oder für die diese frühere Anmeldung eingereicht wurde, nennen sowie innerhalb von zwei Monaten nach der Aufforderung des Patentamts das Aktenzeichen der früheren Anmeldung nennen und eine Abschrift der Anmeldung einreichen; nach der Mitteilung wird das Patentamt die Prioritätserklärung auch dann als wirksam ansehen, wenn die Bundesrepublik als benannter Vertragsstaat oder Bestimmungsstaat angegeben wird, wenn sie bis zum 1. 1. 1981 als einziger benannter Vertragsstaat oder Bestimmungsstaat angegeben wurde jedoch nur, wenn innerhalb von zwei Monaten nach dem Anmeldetag wenigstens ein weiterer Staat der früheren Anmeldung angegeben wurde. Die Bestimmung der Bundesrepublik in einer ersten internationalen Anmeldung ist eine Frage der inneren Priorität, vgl. dazu die Erl. zu § 40 und insbes. die Mitt. Nr. 24/2004 des Präs/DPMA v. 4. 5. 2004, Bl. **04,** 349.

3 Die Erfordernisse für die Inanspruchnahme einer inneren Priorität sind in § 40 besonders und z. T. abweichend von § 41 geregelt. Darauf wird verwiesen.

4 **a) Völkerrechtliche Vorgaben.** § 41 dient der Umsetzung von Art. 4 D PVÜ. Art. 4 D Abs. 1 schreibt vor, dass derjenige, der die Priorität einer früheren Hinterlegung in Anspruch nehmen will, eine Erklärung über den Zeitpunkt und das Land der Hinterlegung abgeben muss. Die Verbandsländer können bestimmen, bis wann die Erklärung spätestens abgegeben werden muss. Die Angaben sind in die Veröffentlichungen des Patentamts und insbesondere in die Patentschrift aufzunehmen. Die Verbandsländer können ferner verlangen, dass derjenige, der eine Prioriätserklärung abgibt, die frühere Anmeldung in Abschrift vorlegt. Sie muss von dem Erklärenden zu beliebiger Zeit innerhalb einer Frist von drei Monaten nach der Hinterlegung der späteren Anmeldung nach der Hinterlegung der späteren Anmeldung gebührenfrei eingereicht werden können. Eine Beglaubigung für die Abschrift kann nicht verlangt werden, wenn die Empfangsbehörde der früheren Anmeldung bescheinigt, dass die Abschrift mit der bei ihr eingegangenen Anmeldung übereinstimmt. Andere Förmlichkeiten dürfen bei der Hinterlegung der Anmeldung nicht verlangt werden. Die Folgen für die Nichtbeachtung der Förmlichkeiten dürfen über den Verlust des Prioritätsrechts nicht hinausgehen.

4 a **b) Formerfordernisse.** Die Prioritätserklärung ist schriftlich, in den Ersatzformen der Schriftlichkeit oder in der Form des elektronischen Dokuments in deutscher Sprache (§ 126) einzureichen. Sie muss zu jeder Anmeldung gesondert eingereicht werden, braucht jedoch bei Ausscheidung wegen Uneinheitlichkeit oder bei einer Teilung der Anmeldung nicht wiederholt zu werden, BPatGE **14,** 135. Patentanmeldung und GebrM-Hilfsanmeldung des bis 1. 1. 1987 geltenden Rechts stellen rechtlich selbstständige Anmeldungen dar, BGH GRUR **79,** 626, 627 – Elektrostatisches Ladungsbild; BPatGE **15,** 187, 191; **16,** 57, 59; **19,** 149, 151; **20,** 38f; vgl. auch § 4 GebrMG Rdn. 59. Eine Prioritätserklärung, die nur das Aktenzeichen der Patentanmeldung enthält und an die Prüfungsstelle gerichtet ist, kann daher für die GebrM-Anmeldung ebenso wenig berücksichtigt werden wie eine an die GebrM-Stelle gerichtete, nur das Aktenzeichen der GebrM-Anmeldung enthaltende Erklärung für die Patentanmeldung.

5 **c) Inhalt.** Die Prioritätserklärung muss die Angabe des Zeitpunkts und des Landes der Voranmeldung enthalten. Die Angabe muss in beiden Richtungen vollständig und richtig sein, PA Bl. **56,** 61, auch das Datum der Voranmeldung richtig nennen, PA Bl. **15,** 29; **53,** 337. Wird ein Prioritätsrecht aus mehreren ausländischen Voranmeldungen in Anspruch genommen, so müssen sämtliche Voranmeldungen genannt werden. Das galt auch für eine britische Voranmeldung, wenn die complete specification einen in der provisional specification nicht offenbarten erfinderischen Überschuss enthielt; es mussten in diesem Falle beide Daten genannt werden, BGH GRUR Ausl. **60,** 506 – Schiffslukenverschluss. Dieses Problem stellt

sich jetzt neu, seitdem die Vereinigten Staaten mit 35 USC § 111(b) eine „provisional application for patent" eingeführt haben; Text auch bei Ruhl, Unionspriorität, S. 275. Zum Inhalt der Prioritätserklärung gehört auch die zweifelsfreie Angabe, für welche Anmeldung die Priorität beansprucht wird (vgl. auch oben Rdn. 4). Strittig ist, ob die Angabe „Europa" oder „europäische Patentanmeldung" das Land der Voranmeldung hinreichend konkretisiert, BPatGE **23,** 264, 266f. Eine ähnliche Frage ergibt sich in bezug auf eine „internationale Patentanmeldung" nach PCT. Hier ist die Sachlage allerdings verändert, seitdem mit Wirkung zum 1. 1. 2004 für den PCT die automatische Benennung aller Vertragsstaaten eingeführt worden ist. Im Falle der europäischen Patentanmeldung sollte das Problem erledigt sein, da durch eine entsprechende Ausgestaltung des Vordrucks für den Patenterteilungsantrag sichergestellt ist, dass zunächst alle Mitgliedsländer der EPO als Bestimmungsstaaten der Anmeldung angesehen werden können.

d) Frist. Die Prioritätserklärung muss innerhalb einer Frist von 16 Monaten, die mit dem Tage nach der Anmeldung, also mit dem dem Anmeldetage folgenden Tage beginnt, abgegeben werden. Die Frist endet daher gemäß §§ 187 Abs. 2, 188 Abs. 2 BGB mit Ablauf des Tages des sechzehnten Monats, der durch seine Zahl dem Anmeldetag entspricht. Der durch Art. 4 D Abs. 3 vorgegebene Fristenrahmen wird dadurch eingehalten. Ist die Nachanmeldung am 15. Mai erfolgt, so muss daher die Prioritätserklärung bis zum Ablauf des 15. November eingehen. Ist der letzte Tag der Frist ein Sonnabend, ein Sonntag oder ein gesetzlicher Feiertag (vgl. BekPräsPA Bl. **50,** 134, **54,** 205), so endet die Frist gemäß § 193 BGB mit Ablauf des nächstfolgenden Werktags (vgl. dazu auch Art. 4 C Abs. 3 PVÜ). Innerhalb der Erklärungsfrist muss die Prioritätserklärung vollständig und richtig abgegeben werden, PA Bl. **53,** 337; **56,** 61. Eine fehlende Zeitangabe kann nach Ablauf der Frist des § 41 Satz 1 nicht mehr rechtswirksam nachgeholt werden, BPatGE **12,** 133, 135; vgl. dazu auch unten Rdn. 16. Bei mehreren Voranmeldungen, deren Priorität in Anspruch genommen wird, kommt es auf den Anmeldetag der ältesten (frühesten) der Anmeldungen an, s. Ruhl, Unionspriorität, Rdn. 289. 6

Wenn das Patentamt erkennt, dass die Angaben des Anmelders unvollständig oder unrichtig sind und die Ergänzung oder Berichtigung der Angaben noch innerhalb der Frist nach § 41 Abs. 1 Satz 1 möglich ist, entspricht es angemessener Sachbehandlung, den Anmelder darauf hinzuweisen; eine rechtliche Verpflichtung des Patentamts zu einem solchen Hinweis besteht jedoch im Regelfalle nicht, BGHZ **61,** 257, 261 – Spiegelreflexkamera; BPatGE **12,** 133, 138f.; **23,** 264, 270f.; **28,** 192, **29,** 48; abw. BPatGE **20,** 184 und BPatG GRUR **87,** 286. Das Unterbleiben eines Hinweises auf das Fehlen der notwendigen Angaben (Zeitpunkt der Voranmeldung) hat nicht zur Folge, dass die nach Fristablauf nachgeholte Angabe als rechtzeitig und die Prioritätserklärung damit als rechtzeitig abgegeben behandelt werden kann, BPatGE **12,** 133, 139; **23,** 264, 269f.; abw. BPatGE **20,** 184; aufgegeben in BPatGE **28,** 192. 7

2. Aktenzeichen und Abschrift der Voranmeldung. Nach Satz 2 der Vorschrift in der Fassung des 6. ÜG war im Hinblick auf die Lissaboner Fassung der PVÜ (Art. 4 D Abs. 5) zunächst nur die Angabe des Aktenzeichens, die sich in der Praxis weitgehend eingebürgert hatte, zwingend vorgeschrieben worden. Die Vorschrift galt für alle Fälle, in denen nicht schon bis zum 30. 6. 1961 eine ordnungsmäßige Prioritätserklärung abgegeben worden war, BPatGE **2,** 48. Die Prioritätsbelege wurden früher nur bei Vorliegen patenthindernder Umstände aus dem Prioritätsintervall angefordert, BPatGE **1,** 75. Das reichte bei der Gestaltung des Prüfungsverfahrens mit amtlicher Prüfung der Anmeldung vor deren Bekanntwerden auch völlig aus. Nach der Änderung des Patenterteilungsverfahrens – Offenlegung ungeprüfter, mit Schutzwirkungen ausgestatteter Anmeldungen – muss der Öffentlichkeit Gelegenheit zur Prüfung gegeben werden, ob die Anmeldung mit der Voranmeldung übereinstimmt und die Priorität daher zu Recht beansprucht wird (vgl. Begrdg. zum RegEntw. zum PatÄndGes. Bl. **67,** 244, 255). Deshalb ist durch das Gesetz vom 4. 9. 1967 auch die Vorlage einer Abschrift der Voranmeldung vorgeschrieben und § 41 Satz 2 entsprechend geändert worden. Die Bestimmungen in § 42 Abs. 1 Satz 2 und § 45 Abs. 1 Satz 2 haben daneben auch weiterhin für zusätzliche Nachweise praktische Bedeutung. 8

Eine „Abschrift" der Voranmeldung i.S. des § 27 Satz 2 a.F. (jetzt § 41 Abs. 1 Satz 2) ist eine dem Urtext genau entsprechende Zweitschrift der Voranmeldung; eine Übersetzung ist weder eine Abschrift derselben noch kann sie einer solchen gleichgesetzt werden, BPatGE **14,** 202, 204. Wegen der Übersetzung von Prioritätsbelegen vgl. § 14 Abs. 2 Nr. PatV. 9

Danach gilt für Prioritätsbelege nach der PVÜ und die Abschriften früherer Anmeldungen, dass deutsche Übersetzungen nur auf Aufforderung des Patentamts einzureichen sind, § 14 Abs. 2 Nr. 1 PatV. (vgl. dazu Keil, Prioritätsbeanspruchung und das Einreichen einer Abschrift der Voranmeldung, Mitt. **72,** 208).

Die Abschrift der Voranmeldung muss vollständig sein, BGH GRUR **79,** 626, 627 – Elektrostatisches Ladungsbild. Zur Vollständigkeit der Abschrift der Voranmeldung gehört auch die Zeichnung, wenn diese Bestandteil der Voranmeldung war, BGH GRUR **79,** 626, 627 mit Anm. Klaka, sofern mehrere Zeichnungen zu dieser gehörten, sämtliche Zeichnungen, BPatGE **17,** 252; kritisch zu dieser Rechtspr. Gudel Mitt. **80,** 83. Die Abschrift der Voranmeldung braucht jedoch nicht deren Erteilungsantrag zu enthalten, BPatG Mitt. **71,** 34. Nach BPatG Mitt. **71,** 34 soll deshalb bei Identität der Unterlagen von Vor- und Nachanmeldung nach einer hierauf hinweisenden und vor Ablauf der Frist von sechzehn abgegebenen Erklärung des Anmelders sogar das der Nachanmeldung beigefügte Doppel der Anmeldungsunterlagen als Abschrift der Voranmeldung gelten können (vgl. dazu Keil aaO, insbesondere S. 209). Die Empfangsbestätigung des Patentamts beweist, dass die erforderliche Abschrift beigefügt war, falls diese Urkunde sie als Anlage aufführt und ihr Fehlen nicht von der Annahmestelle des Patentamts aktenkundig gemacht worden ist, BPatGE **28,** 109, 110.

10 **a) Aufforderung.** Wegen der einschneidenden Folgen einer Versäumnis musste der Anmelder früher zur Angabe des Aktenzeichens und zur Vorlage der Abschrift der Voranmeldung ausdrücklich aufgefordert werden. Diese Verpflichtung des Patentamts ist durch das 2. PatGÄndG m. W. v. 1. 11. 1998 beseitigt worden. Nach der Neufassung gibt es für die nach § 41 Abs. 1 Satz 1 erforderlichen Angaben und die Einreichung einer Abschrift der früheren Anmeldung nur noch die einheitliche Frist von 16 Monaten seit dem Prioritätstag. Die beiden Zwei-Monatsfristen des früheren § 41 Abs. 1 Satz 1 und Satz 2 ab Anmeldetag (Zeit und Land) bzw. ab Zustellung einer Aufforderung durch das Patentamt (Aktenzeichen und Abschrift der früheren Anmeldung) sind entsprechend vereinheitlicht worden. Das Patentamt ist auch nach dem neuen Recht nicht verpflichtet, den Anmelder auf die Unrichtigkeit oder Unvollständigkeit seiner Angaben zur Prioritätserklärung (Fehlen von Teilen der Abschrift) hinzuweisen, BPatG GRUR **87,** 286; dies gilt für eine erkennbar fehlerhafte Angabe des Aktenzeichens der früheren Anmeldung dann nicht, wenn eine formgerechte Aufforderung nach § 41 Satz 2 a. F. zuvor noch nicht erfolgt war, BPatG Bl. **87,** 404, 405.

11 Wenn das Aktenzeichen, wie es häufig geschieht, schon mit der Prioritätserklärung angegeben und die Abschrift der Voranmeldung gleich mit eingereicht wird, war die Aufforderung entbehrlich. Es bedurfte nach dem früheren Recht jedoch in diesem Falle einer Benachrichtigung des Patentamts an den Anmelder, um die Frist für eine Änderung des angegebenen Aktenzeichens und der vorgelegten Abschrift der Voranmeldung (§ 41 Satz 3 a. F.) in Lauf zu setzen, BPatGE **6,** 39.

12 Eine Aufforderung zur Angabe des Aktenzeichens, die nicht mit der vorgeschriebenen Fristsetzung verbunden war, war unwirksam, BPatG, Mitt. **71,** 35. Unwirksam war auch, weil nur die Vorlage einer Abschrift der Voranmeldung vorgeschrieben war (vgl. oben Rdn. 9), die Aufforderung, einen „Prioritätsbeleg" beizubringen, BPatGE **21,** 169.

13 **b) Frist.** Die Frist für die Angabe von Zeit, Land und Aktenzeichen und zur Einreichung einer Abschrift der Voranmeldung beginnt mit dem Zeitpunkt des Prioritätstages. Sie endet gemäß §§ 187 Abs. 1, 188 Abs. 2 BGB mit Ablauf des Tages des sechzehnten Monats, der durch seine Zahl dem Anfangstage der Frist entspricht. Hat der Anmelder die Prioritätsfrist voll ausgeschöpft, beträgt die faktische Dauer der Frist nach § 41 Abs. 1 Satz 1 vier Monate. Innerhalb der Frist muss das Aktenzeichen vollständig und richtig angegeben und eine vollständige und richtige Abschrift der Voranmeldung eingereicht werden, BGH GRUR **79,** 626, 627 – Elektrostatisches Ladungsbild (vgl. oben Rdn. 9). Die Fristenregelung gilt auch für die Beanspruchung der Priorität einer ausländischen Geschmacksmusteranmeldung für eine Nachmeldung des Geschmacksmusters in der Bundesrepublik Deutschland, BGH GRUR **85,** 127, 128 – Geschmacksmusterpriorität.

14 **3. Änderungen und Berichtigungen. Literatur:** Speckmann, Unrichtige und unvollständige Prioritätserklärungen GRUR **54,** 6.

Im Interesse der Rechtsklarheit sind Änderungen der Prioritätserklärung und der Angabe des Aktenzeichens sowie eine damit im Zusammenhang stehende Auswechslung der Abschrift gegen die einer anderen Voranmeldung nur beschränkt zugelassen. Dasselbe muss grundsätzlich auch für Ergänzungen und Berichtigungen der zunächst gemachten Angaben gelten, BGHZ **61,** 257, 261 – Spiegelreflexkamera (in BPatGE **7,** 104 offen gelassen).

15 **a) Innerhalb der Angabefrist.** Innerhalb der Fristen für die Prioritätserklärung und die Angabe des Aktenzeichens können die genannten Angaben ohne Einschränkungen geändert, ergänzt oder berichtigt werden. Maßgebend ist für die in Satz 1 der Vorschrift genannten Angaben die dort festgesetzte Frist. Innerhalb dieser Frist kann an Stelle einer zunächst genannten auch eine andere Voranmeldung benannt und die Abschrift dieser Anmeldung eingereicht werden.

b) Nach Ablauf der Fristen. Nach Ablauf der Frist sind Änderungen und Ergänzungen der Angaben grundsätzlich nicht mehr zulässig, BPatGE **12,** 133, 135. Das ergibt sich deutlich aus § 41 Satz 2, BGHZ **61,** 257, 259 – Spiegelreflexkamera. Eine Änderung ist nach Fristablauf auch dann nicht möglich, wenn die gemachten Angaben wegen eines Fehlers des ausländischen Patentamts unrichtig sind, BPatGE **17,** 216. Nach der Änderung des § 123 kommt jetzt jedoch die Wiedereinsetzung in den vorigen Stand in Betracht (vgl. unten Rdn. 20). Die gemachten Angaben können auch nicht wegen Irrtums angefochten werden, PA Mitt. **37,** 56, ganz abgesehen davon, dass eine Anfechtung nur die unrichtige Erklärung beseitigen und nicht eine zutreffende an ihre Stelle setzen könnte. **16**

Berichtigungen und Ergänzungen der gemachten Angaben werden jedoch zugelassen, wenn die Unrichtigkeit oder Unvollständigkeit offensichtlich oder jedenfalls ohne weiteres erkennbar war und das Patentamt in der Lage war, die richtigen oder fehlenden Angaben den ihm vorliegenden Anmeldungsunterlagen oder den ihm zur Verfügung stehenden, jedermann zugänglichen Registern, Druckschriften und Unterlagen, die zu seinem Arbeitsmaterial gehören, einschließlich der Unterlagen der Bibliothek, innerhalb der Angabefrist mit hinreichender Sicherheit zu entnehmen, PA Mit. **37,** 56; Bl. **53,** 337; **56,** 61; **61,** 239; BPatGE **12,** 133, 135f.; **14,** 124, 127; **14,** 130, 132; BGHZ **61,** 257, 259f; **61,** 265, 268 – Elektronenstrahlsignalspeicherung. Es handelt sich dann um eine Richtigstellung der vom Anmelder abgegebenen Erklärung auf Grund von Tatsachen, die dem Patentamt vor Fristablauf aus anderen Quellen als der betreffenden Prioritätserklärung bekannt waren und die es deshalb bei der Auslegung der Erklärung heranziehen kann, BGHZ **61,** 257, 268f. Aus einer Unstimmigkeit des bei der Prioritätserklärung angegebenen Aktenzeichens mit dem tatsächlich angegebenen Land der Voranmeldung ergibt sich nicht ohne weiteres, dass das Land der Voranmeldung unrichtig angegeben ist; aus diesem Umstand ist daher nicht mit einem sehr hohen Grad von Wahrscheinlichkeit die Unrichtigkeit der Angabe des Landes der Voranmeldung erkennbar, BGHZ **61,** 265, 274. Dem in BPatGE **16,** 135 vertretenen Standpunkt, eine Berichtigung der Prioritätserklärung sei auch möglich, wenn die Unrichtigkeit einer Angabe nicht aus der Prioritätserklärung oder den Unterlagen der Anmeldung selbst, sondern erst aus dem Inhalt der dem Patentamt bis zum Ablauf der Erklärungsfrist verfügbaren druckschriftlichen Veröffentlichungen hervorgehe, kann nicht gefolgt werden. Wenn die Unrichtigkeit von Angaben nicht aus der Prioritätserklärung selbst oder zumindest aus den Anmeldungsunterlagen erkennbar ist, ist für eine Auslegung der Erklärung anhand der dem Patentamt verfügbaren Unterlagen kein Raum. Bei mangelndem Verschulden ist jetzt die Wiedereinsetzung möglich (vgl. unten Rdn. 20). **17**

Für **zulässig** erachtet wurde die Ergänzung der Prioritätserklärung durch die Angabe des Landes der Voranmeldung in Fällen, in denen die Anmelderin ein japanisches Unternehmen war, als Erfinder eine in Japan wohnende Person angegeben war und auch das Aktenzeichen eindeutig auf Japan schließen ließ, BGHZ **61,** 257, insbesondere im Aktenzeichen die Jahreszahl nach dem Herrschaftsjahr des regierenden Kaisers angegeben war, BPatGE **17,** 42. Die Berichtigung des unrichtig angegebenen Landes der Voranmeldung (USA statt Kanada) ist zugelassen worden in einem Falle, in dem die Abschrift der Voranmeldung mit eingereicht worden war und auch das richtig genannte Aktenzeichen dafür sprach, dass das in der Abschrift der Voranmeldung bezeichnete Land gemeint war, BPatGE **17,** 36. Für zulässig erachtet wurde die Ergänzung einer Prioritätserklärung, die nur das Datum der Erstanmeldung und nicht das Land enthielt, in einem Falle, in dem die Anmelderin britische Staatsangehörige war, in der innerhalb der Prioritätserklärungsfrist eingegangenen Erfinderbenennung ein britischer Staatsangehöriger als Erfinder genannt und in dem der Bibliothek bereits vorliegenden Official Journal (Patents) eine britische Anmeldung vom gleichen Tage, vom gleichen Anmelder und mit entsprechender Bezeichnung angegeben war, PA Mitt. **56,** 236. **18**

Nicht für zulässig erachtet wurde die Berichtigung des angegebenen Landes der Voranmeldung (Japan statt Frankreich) in einem Falle, in dem zwar die Umstände für Japan als Land der Voranmeldung sprachen, aber keine hinreichend sichere Grundlage für die Annahme bestand, dass nur Japan gemeint sein könne, BGHZ **61,** 265. Die nachträgliche Ergänzung des Landes der Voranmeldung ist nicht zugelassen worden, wenn der Wohnsitz der Anmelderin zwar eine gewisse Vermutung dafür begründete, dass es sich um eine Anmeldung in ihrem Heimatstaat handelte, eine sichere Feststellung an Hand der dem Patentamt vorliegenden Unterlagen jedoch innerhalb der Prioritätserklärungsfrist nicht möglich war, PA 13. Juni 1960 – 1 B 5/60. **18 a**

4. Folgen der Fristversäumung. Das Unterlassen oder die unrichtige Vornahme der erforderlichen Angaben haben einschneidende Rechtsfolgen. **19**

a) Wiedereinsetzung. Die Fristen zur Abgabe der Prioritätserklärung, zur Angabe des Aktenzeichens und zur Einreichung einer Abschrift der früheren Anmeldung sind Fristen, deren **20**

Versäumung nach gesetzlicher Vorschrift einen Rechtsnachteil zur Folge hat. Die Wiedereinsetzung in diese Fristen war früher ausdrücklich ausgeschlossen worden (§ 43 Abs. 1 Satz 2 PatG 1968). Nach der Änderung des § 123 durch das GPatG wurde die Wiedereinsetzung möglich; vgl. auch BPatGE **27,** 212, 213. Bei Versäumung der Frist für die Einreichung der Abschrift der Voranmeldung konnte schon nach § 43 PatG 1968 Wiedereinsetzung gewährt werden, BGH Bl. **72,** 171, 173. – Prioritätsverlust.

21 **b) Verwirkung des Prioritätsrechts.** Unterbleiben die vorgeschriebenen Angaben oder sind sie unrichtig und nicht berichtigungsfähig (vgl. oben Rdn. 17), so wird mit Ablauf der Fristen das Prioritätsrecht verwirkt. Das gilt auch für den Fall, dass die Abschrift der Voranmeldung – nach ordnungsmäßiger Aufforderung (vgl. oben Rdn. 6) – nicht fristgerecht eingereicht wird, BGH GRUR **73,** 139 – Prioritätsverlust; **79,** 626, 627 – Elektrostatisches Ladungsbild. Die Verwirkung tritt mit Fristablauf kraft Gesetzes ein. Ein entsprechender Ausspruch hat nur deklaratorische Bedeutung. Die Feststellung durch Beschluss ist mit der Beschwerde anfechtbar, PA Bl. **35,** 137. Die Verwirkung erfasst nur das Prioritätsrecht für die betroffene Anmeldung. Sofern die Prioritätsfrist noch nicht abgelaufen ist, kann eine neue Anmeldung eingereicht und dafür erneut die Priorität beansprucht werden, BGH GRUR Int. **60,** 506 – Schiffslukenverschluss.

22 **c) Folgen für die Anmeldung.** Die Verwirkung des Prioritätsrechts hat zur Folge, dass die Anmeldung mit ihrem Anmeldetage sachlich zu prüfen ist. Besteht der Anmelder auf der Berücksichtigung der Priorität und der Angabe der Inanspruchnahme in den Veröffentlichungen, so ist die Verwirkung durch Beschluss festzustellen und nach dessen Unanfechtbarkeit, wenn der Prioritätsanspruch auch dann noch aufrechterhalten wird, die Anmeldung zurückzuweisen. Denn die Anmeldung kann, da die Priorität verwirkt ist, nicht mit der Priorität behandelt, sie kann aber auch gegen den Willen des Anmelders nicht ohne die Priorität weiterbehandelt werden.

23 **5. Prioritäten außerhalb von Staatsverträgen. a) Allgemeines.** § 41 Abs. 2 regelt die Zuerkennung von Prioritäten für frühere (erste) Anmeldungen in Staaten, mit denen kein Staatsvertrag über diesen Gegenstand besteht. Sie hängt in diesen Fällen davon ab, dass das Bundesministerium der Justiz im Bundesgesetzblatt eine Bekanntmachung veröffentlicht, in der nähere Aussagen über die Prioritätsrechtsverhältnisse in dem anderen Staat getroffen werden. Die Bekanntmachung muss bestätigen, dass der andere Staat seinerseits beim DPMA eingereichte erste Anmeldungen als prioritätsbegründend anerkennt. Die Bekanntmachung muss ferner feststellen, dass das Prioritätsrecht in dem anderen Staat nach Voraussetzungen und Inhalt dem Prioritätsrecht nach der PVÜ vergleichbar ist.

24 **b) Kriterien für die Bekanntmachung.** Die Vorschrift dehnt autonom die prioritätsrechtlichen Regelungen nach der PVÜ auf dritte Staaten aus, die keine Verbandsländer und auch nicht über die Inkorporierung der materiellen Vorschriften der PVÜ in das WTO/TRIPS-Übereinkommen durch die Vorschriften der PVÜ völkervertraglich gebunden sind. Bei diesen Drittstaaten ist grundsätzlich die Gegenseitigkeit, die durch die multilateralen oder bilateralen Staatsverträge mit Prioritätsvorschriften gewährleistet wird, nicht verbürgt. Es handelt sich um Staaten und selbständige Territorien, die sich vom völkerrechtlichen Verkehr durch Abschluss von völkerrechtlichen Verträgen fernhalten oder an den großen internationalen Organisationen wie dem Verband der Pariser Verbandsübereinkunft oder der WTO nicht teilnehmen oder auch davon ausgeschlossen sind. Bei selbstständigen Territorien handelt es sich z. B. um das industriell und innovativ ungemein rege Taiwan, dessen völkerrechtlicher Status durch den Anspruch der Volksrepublik China auf Zugehörigkeit zum chinesischen Hoheitsgebiet und durch die Selbstregierung des Gebiets mit eigenen auswärtigen Beziehungen andererseits bestimmt ist. Taiwan ist allerdings seit dem 1. 1. 2002 als Chinese Taipei Mitglied der WTO, so dass sich die früheren Prioritätsprobleme erledigt haben. Formell wird es als „Separate Customs Territory of Taiwan, Penghu, Kinmen and Matsu's (Chinese Taipei)" bezeichnet, so wie auch Hongkong, China, nach wie vor als selbstständiges Mitglied der WTO geführt wird. Indien, dass sich lange Zeit von einem Beitritt zur PVÜ aus schwer nachzuvollziehenden Gründen ferngehalten hat, hat mit dem Beitritt zur WTO ebenfalls seine prioritätsrechtlichen Probleme im Prinzip gelöst, allerdings nicht für die Beziehungen zur Europäischen Patentorganisation, wie die Vorlagen der Juristischen Beschwerdekammer des EPA in ABl. 2003, 184, und die darauf folgenden Entscheidungen der Großen Beschwerdekammer vom 26. 4. 2004 G 2/02 und G 3/02, ABl. **04,** 283, zur Anwendbarkeit von Art. 87 Abs. 5 EPÜ beweisen.

25 **c) Rechtsfolgen der Bekanntmachung.** Der Inhalt der Bekanntmachung ist danach gesetzlich festgelegt. Die Bekanntmachung selbst und die Ermittlungen bezüglich der Gegenseitigkeit liegen in der ausschließlichen Verantwortung des Bundesministeriums der Justiz. Die

Bekanntmachung kann demgemäß auch nicht gerichtlich darauf geprüft werden, ob ihr Inhalt zutrifft. Sie ist keine Rechtsnorm, sondern setzt einen Tatbestand, an den § 41 Abs. die dort angegebenen Rechtsfolgen anknüpft. Stellt die Bekanntmachung fest, dass die Bedingungen für die Gegenseitigkeit bereits zu einem Zeitpunkt in der Vergangenheit vorgelegen, ist auch dieses Zeitmoment für bereits ab dem angegebenen Zeitpunkt eingereichte frühere Anmeldungen in dem betreffenden Land zu berücksichtigen. Die Rechtsfolge der Bekanntmachung ist jedenfalls, dass erste Anmeldungen, die in dem in der Bekanntmachung bezeichneten Land oder Territorium hinterlegt worden sind und den Erfordernissen der PVÜ entsprechen, einen Anspruch auf Zuerkennung eines Prioritätsrechts begründen, der dem Inhalt nach voll dem nach der PVÜ entspricht.

42 *Offensichtlichkeitsprüfung.* (1) [1]**Genügt die Anmeldung den Anforderungen der §§ 34, 36, 37 und 38 offensichtlich nicht, so fordert die Prüfungsstelle den Anmelder auf, die Mängel innerhalb einer bestimmten Frist zu beseitigen.** [2]**Entspricht die Anmeldung nicht den Bestimmungen über die Form und über die sonstigen Erfordernisse der Anmeldung (§ 34 Abs. 6), so kann die Prüfungsstelle bis zum Beginn des Prüfungsverfahrens (§ 44) von der Beanstandung dieser Mängel absehen.**

(2) [1]**Ist offensichtlich, daß der Gegenstand der Anmeldung**

1. seinem Wesen nach keine Erfindung ist,
2. nicht gewerblich anwendbar ist,
3. nach § 2 von der Patenterteilung ausgeschlossen ist oder
4. im Falle des § 16 Abs. 1 Satz 2 eine Verbesserung oder weitere Ausbildung der anderen Erfindung nicht bezweckt, so benachrichtigt die Prüfungsstelle den Anmelder hiervon unter Angabe der Gründe und fordert ihn auf, sich innerhalb einer bestimmten Frist zu äußern. [2]**Das gleiche gilt, wenn im Falle des § 16 Abs. 1 Satz 2 die Zusatzanmeldung nicht innerhalb der vorgesehenen Frist eingereicht worden ist.**

(3) [1]**Die Prüfungsstelle weist die Anmeldung zurück, wenn die nach Absatz 1 gerügten Mängel nicht beseitigt werden oder wenn die Anmeldung aufrechterhalten wird, obgleich eine patentfähige Erfindung offensichtlich nicht vorliegt (Absatz 2 Nr. 1 bis 3) oder die Voraussetzungen des § 16 Abs. 1 Satz 2 offensichtlich nicht gegeben sind (Absatz 2 Satz 1 Nr. 4, Satz 2).** [2]**Soll die Zurückweisung auf Umstände gegründet werden, die dem Patentsucher noch nicht mitgeteilt waren, so ist ihm vorher Gelegenheit zu geben, sich dazu innerhalb einer bestimmten Frist zu äußern.**

Inhaltsübersicht

1. Vorbemerkungen. Durch das Gesetz vom 4. 9. 1967 ist der damalige § 28 neu gefasst worden. Der frühere § 28, der die – einheitliche – vollständige Prüfung der Anmeldung regelte, ist nahezu unverändert in den damaligen § 28 c (jetzt § 45) übernommen worden. Der neu gefasste § 28 (jetzt § 42) bezieht sich nur noch auf den ersten Teil der jetzt regelmäßig in zwei Teile aufgespaltenen Prüfung, nämlich die „Offensichtlichkeitsprüfung". Durch das GPatG ist die Vorschrift den geänderten übrigen Vorschriften des Gesetzes angepasst worden. § 42 findet nach § 10 Abs. 1 Erstreckungsgesetz auch Anwendung auf erstreckte, noch nicht erledigte Anmeldungen, die beim Patentamt der ehemaligen DDR eingereicht worden sind. Ist für solche Patentanmeldungen eine der Offensichtlichkeitsprüfung nach § 42 entsprechende Prüfung noch 1 nicht erfolgt, ist sie vom Patentamt nachzuholen. § 42 Abs. 1 ist durch Art. 2 Nr. 14 des 2. PatÄndG v. 16. 7. 1998 BGBl. I 1827 m. W. v. 1. 11. 1998 neu gefasst, § 42 Abs. 1 Satz 2: dann erneut durch Art. 7 Nr. 18 des KostRegBerG v. 13. 12. 2001, BGBl. I 3656, m. W. v. 1. 1. 2002 geändert worden: die Angabe „(§ 34 Abs. 7)" wurde durch die Angabe „(§ 34 Abs. 6)" ersetzt.

2 **2. Offensichtlichkeitsprüfung. Literatur:** Löscher, Der künftige Ablauf des Patenterteilungsverfahrens und die sonstigen Neuerungen im Patentrecht, BB **67,** Beil. 7; Althammer, Gesetz zur Änderung des Patentgesetzes, des Warenzeichengesetzes und weiterer Gesetze, GRUR **67,** 394, 398 f. Prüfungsrichtlinien 2004, Bl. **04,** 69, 71 = TabuDPMA Nr. 136.

Dem Sinn und Zweck der „verschobenen Prüfung" würde es an sich am meisten entsprechen, wenn jegliche Prüfung einer eingereichten Patentanmeldung so lange unterbliebe, bis wegen eines eingetretenen Bedürfnisses ein Antrag auf Prüfung der Anmeldung (§ 44) gestellt wird. Eine dahingehende Regelung war jedoch schon mit Rücksicht auf die Offenlegung der Anmeldungen (§ 31 Abs. 2) und die mit der Offenlegung verbundenen Schutzwirkungen (§ 33 Abs. 1) nicht möglich. Denn die offenzulegenden Unterlagen müssen wenigstens gewissen Mindestanforderungen genügen, insbesondere Patentansprüche enthalten (§ 34 Abs. 3 Nr. 3); sie müssen auch für die Veröffentlichung als Offenlegungsschrift (§ 32 Abs. 2) geeignet sein. Wegen der Möglichkeit einer besonderen – isolierten – Recherche (§ 43) muss ferner der Inhalt des Schutzbegehrens so weit klargestellt werden, dass übersehbar ist, welche öffentlichen Druckschriften für die Beurteilung der Patentfähigkeit der angemeldeten Erfindung in Betracht kommen können (§ 43 Abs. 1). Schließlich wäre es auch nicht vertretbar, die Schutzwirkungen des § 33 Abs. 1 Satz 1 oder auch nur den Anschein solcher Schutzwirkungen selbst solchen Anmeldungen beizulegen, bei denen – unabhängig vom Stande der Technik – für den sachkundigen Prüfer ohne weiteres ersichtlich ist, dass sie dem Patentschutz nicht zugänglich sind. Schließlich musste verhindert werden, dass die Verschiebung der Prüfung dazu ausgenutzt wird, dass der Anmelder die Gebührenvorteile einer Zusatzanmeldung (§ 17 Abs. 2) für eine Anmeldung in Anspruch nimmt, die offensichtlich nicht in einem Zusatzverhältnis steht.

3 Auf jegliche Prüfung der Patentanmeldungen konnte aus diesen Gründen nicht verzichtet werden. Da aber auf der anderen Seite der mit der „verschobenen" Prüfung bezweckte Erfolg gefährdet worden wäre, wenn die eingegangenen Anmeldungen einer intensiven, wenn auch dem Umfang nach nur eingeschränkten Prüfung unterworfen wurden, hat der Gesetzgeber den Weg gewählt, dass bei den Anmeldungen, für die nicht schon von vornherein ein Prüfungsantrag gestellt wird, eine Art „Grobsichtung" auf solche „Mängel" stattfindet, die offensichtlich sind.

4 **a) Subsidiärer Charakter.** Wegen der internen Anweisungen zur Durchführung der Offensichtlichkeitsprüfung s. zunächst die Prüfungsrichtlinien 2004, Abschnitt 2.2., s. dazu Text in Anhang 3. Die „Offensichtlichkeitsprüfung" wird nach der gesetzlichen Regelung nach Vorliegen einer rechtswirksamen Anmeldung von Amts wegen vorgenommen. Sie ist indes kein notwendiger Bestandteil des Patenterteilungsverfahrens und entfällt, wenn schon bei Eingang der Anmeldung oder vor ihrem Beginn ein Prüfungsantrag nach § 44 gestellt wird. Denn auf Grund eines solchen Antrags ist alsbald zu prüfen, ob die Anmeldung den vorgeschriebenen Anforderungen genügt und ob der Gegenstand der Anmeldung patentfähig ist (§ 44 Abs. 1). Für eine Prüfung, ob die Anmeldung offensichtlich mit Mängeln behaftet oder ihr Gegenstand offensichtlich der Patenterteilung nicht zugänglich ist, ist in diesem Falle kein Raum mehr. Da die auf Antrag vorzunehmende vollständige Prüfung der Anmeldung (§ 44) inhaltlich weiter geht, ist auch eine bei Eingang eines Prüfungsantrags (§ 44) bereits begonnene, aber noch nicht abgeschlossene „Offensichtlichkeitsprüfung" abzubrechen und in die Prüfung nach § 44 Abs. 1 überzuleiten. Ist die „Offensichtlichkeitsprüfung" dagegen mit der Zurückweisung der Anmeldung nach § 42 Abs. 3 beendet und ist der Zurückweisungsbeschluss mit der Beschwerde angefochten worden, so muss auch bei zwischenzeitlichem Eingang eines Prüfungsantrags (§ 44) zunächst über die Beschwerde entschieden werden, weil es vom Ausgang des Beschwerdeverfahrens abhängt, ob überhaupt noch eine vollständige Prüfung möglich ist. Der Beschwerdesenat macht aber in geeigneten Fällen – etwa, wenn über die „Offensichtlichkeit" des Zurückweisungsgrundes gestritten wird – von der Befugnis des § 79 Abs. 3 Gebrauch und gibt dem Patentamt Gelegenheit, nunmehr in die eigentliche Prüfung nach § 44 Abs. 1 einzutreten. Der Eingang des Prüfungsantrages ist in diesem Zusammenhang als eine neue Tatsache im Sinne des § 79 Abs. 3 Nr. 3 anzusehen.

5 **b) Umfang der Prüfung.** Die im Rahmen der „Offensichtlichkeitsprüfung" vorzunehmende Prüfung der Anmeldung ist ihrem Gegenstande nach in § 42 abschließend geregelt; auf andere als die in der Vorschrift genannten Anmeldeerfordernisse, Patentvoraussetzungen und Patenthindernisse hat sich die Prüfung nicht zu erstrecken, BPatGE **16,** 119, 121 m. w. N.

Wenn offensichtliche Mängel der Anmeldung vorliegen, die die Zurückweisung der Anmeldung zur Folge haben müssen, sind auch bei zwischenzeitlich gestelltem Prüfungsantrag Erwägungen und Ausführungen zu anderen Patentierungsvoraussetzungen zu unterlassen, BGH Bl. **85,** 117, 118 – Offensichtlichkeitsprüfung, ungelöste Aufgabe. Zu unterbleiben hat insbesondere jede Prüfung der materiellen Patentfähigkeit an Hand des Standes der Technik, also auf Neuheit und auf Erfindungshöhe (vgl. hierzu auch unten Rdn. 19). Die Prüfung auf das Vorliegen der Anmeldeerfordernisse ist an sich ganz in die Offensichtlichkeitsprüfung einbezogen. Dem Patentamt ist jedoch gestattet, die Beanstandung der festgestellten Mängel bis zum Beginn des eigentlichen Prüfungsverfahrens zurückzustellen, wenn sie die in der PatV niedergelegten „sonstigen Erfordernisse" (§ 34 Abs. 6) der Anmeldung betreffen.

Nicht geregelt ist in der Vorschrift die Prüfung der allgemeinen Verfahrensvoraussetzungen wie z.B. der Rechtsfähigkeit und Prozessfähigkeit des Anmelders (§ 35 Rdn. 1, 2) und der ordnungsmäßigen Vertretung von „Auswärtigen" (§ 25, Inlandsvertreter). Von dem Vorliegen der allgemeinen Verfahrensvoraussetzungen hängt es jedoch ab, ob das Verfahren überhaupt durchgeführt werden kann. Diese müssen daher in jedem Verfahrensstadium und somit auch bei der Offensichtlichkeitsprüfung beachtet werden. Die Prüfung kann sich insoweit auch nicht auf „offensichtliche" Mängel beschränken. Etwa auftretende Zweifel müssen vielmehr vollständig geklärt werden. 6

aa) Erfordernisse der Anmeldung. Die vorgeschriebenen Erfordernisse der Anmeldung (vgl. die Erl. zu § 34 und. zu den §§ 36, 37 und 38.) sind in vollem Umfang – einschließlich der ausreichenden Offenbarung und ihrer Surrogate (Hinterlegung biologischen Materials), der Einheitlichkeit und der zulässigen Änderungen – Gegenstand der Offensichtlichkeitsprüfung. Es macht dabei keinen Unterschied, ob es sich um Anforderungen handelt, die sich aus dem Gesetz selbst ergeben, oder um solche, die in der PatV vorgeschrieben werden. Soweit es sich um Verstöße gegen die PatV handelt, kann das Patentamt jedoch nach seinem Ermessen von der Beanstandung der betreffenden Mängel absehen, § 42 Abs. 1 Satz 1, Prüfungsrichtlinien Nr. 2.5.3. Diese Regelung ist getroffen worden, weil die meisten Mängel dieser Art „offensichtlich" sein werden, es jedoch nicht immer erforderlich zu sein braucht, sie mit einem u.U. größeren Aufwand zu beseitigen, um die Anmeldung „offenlegungsreif" und recherchefähig (§ 43) zu machen. Das Patentamt kann in einem solchen Falle die Beanstandung für ein etwaiges späteres Prüfungsverfahren zurückstellen. Es kann und soll sich also im Rahmen der Offensichtlichkeitsprüfung auf die Beanstandung solcher Verstöße gegen die PatV beschränken, die der Veröffentlichung der Anmeldungsunterlagen (§ 32 Abs. 2) entgegenstehen oder den Zweck der Offenlegung gefährden, eine sachgemäße Recherche behindern und ohne großen Aufwand zu beseitigen sind. Zu beanstanden ist etwa die mit der Nr. 17 beginnende Figurenzählung (BPatGE **20,** 77) oder die offensichtlich unrichtige Bezeichnung der Erfindung (BPatGE **18,** 15). Von einer Beanstandung inhaltlicher Mängel der Unterlagen, die keine Unklarheiten hervorrufen, sollte abgesehen werden. 7

Nicht zu rügen sind auch Verstöße gegen die Vorschriften über Inhalt und Aufbau der Patentansprüche und der Beschreibung, sofern es sich nicht umso schwerwiegende Mängel handelt, dass die ordnungsgemäße Durchführung der Offensichtlichkeitsprüfung behindert wird. Prüfungsrichtlinien 2004 Nr. 2.5.4. 7 a

bb) Formelle Mängel, die im Rahmen der Offensichtlichkeitsprüfung beanstandet werden können, liegen insbesondere vor, wenn der Patenterteilungsantrag unvollständig ist oder vom Inhalt der Vollmacht abweicht, zweifelhaft ist, ob das Patent für den Anmelder unter seiner Firma oder unter seinem bürgerlichen Namen beantragt wird, bei mehreren Anmeldern ohne gemeinsamen Vertreter ein Zustellungsbevollmächtigter nicht benannt ist oder die Unterschrift sämtlicher Mitanmelder nicht vorliegt, Teile der Anmeldungsunterlagen (Patentansprüche, Beschreibung, ggf. Zeichnungen sowie die Zusammenfassung – Text und ggf. Zeichnung –) nach §§ 34 bis 36 PatG fehlen, die Vollmachtsurkunde für den oder die im Antrag angegebenen Vertreter unvollständig ist oder fehlt, sofern es sich um keine anwaltlichen Vertreter im Sinne von § 18 Abs. 3 DPMAV handelt, bei Anmeldern, die im Inland weder Wohnsitz noch Niederlassung haben, eine eingereichte Vollmachtsurkunde nicht den Erfordernissen des § 25 PatG entspricht, die Bezeichnung der Erfindung (§ 34 Abs. 3 Nr. 2 PatG) nicht kurz und genau ist, oder die Erfinderbenennung (§ 37 PatG) fehlt oder unvollständig ist, Prüfungsrichtlinien 2004 Nr. 2.5. 7 b

Erfinderbenennung. Die Erfinderbenennung ist innerhalb von 15 Monaten nach dem Anmeldetag oder, sofern für die Anmeldung ein Prioritätstag in Anspruch genommen wird, innerhalb von 15 Monaten nach diesem Tag einzureichen. Macht der Anmelder glaubhaft, dass er durch außergewöhnliche Umstände gehindert ist, diese Erklärung rechtzeitig abzugeben, so ist 7 c ihm eine angemessene Fristverlängerung zu gewähren (§ 37 Abs. 2 PatG). Hat sich der Anmelder als alleiniger Erfinder benannt, so muss die Erklärung nicht auf einem gesonderten Schriftstück eingereicht werden, es sei denn, ein Antrag auf Nichtnennung wird gestellt (vgl. BPatG in BlPMZ 1979, 181). Prüfungsrichtlinien 2.5.1. Erfinderbenennung.

7d **Anmeldegebühr.** Mit der Anmeldung ist eine Gebühr nach dem Patentkostengesetz zu zahlen (§ 2 Abs. 1 PatKostG). Wird die Gebühr nicht innerhalb von drei Monaten ab Einreichung der Anmeldung bezahlt, so gilt die Anmeldung als zurückgenommen (§§ 3, 6 PatKostG). Prüfungsrichtlinien Nr. 2.5.2.

8 **cc) Einheitlichkeit.** Zu den vorgeschriebenen Erfordernissen der Anmeldung gehört auch die **Einheitlichkeit des Anmeldungsgegenstandes** (§ 34 Abs. 5; vgl. dazu § 34 Rdn. 111 ff.), BGH GRUR **71,** 512, 514 – Isomerisierung = Bl. 1971, 371, 373. Die Offensichtlichkeitsprüfung bezweckt in diesem Zusammenhang, dass mehrere Erfindungen, die offensichtlich nichts miteinander zu tun haben, nicht in einer Anmeldung missbräuchlich zusammengefasst werden. Offensichtliche Uneinheitlichkeit ist aber zu verneinen, wenn eine technisch sinnvolle und – vor Berücksichtigung des Standes der Technik – auch einheitliche Aufgabe angegeben werden kann, zu deren Lösung alle Teile der Anmeldung erforderlich oder zumindest dienlich sind, Prüfungsrichtlinien 2004 unter Bezugnahme auf BPatGE **21,** 243. Durch die Offensichtlichkeitsprüfung soll insoweit verhindert werden, dass zum Zwecke der Gebührenersparnis in einer Anmeldung mehrere Erfindungen zusammengefasst werden, die offensichtlich nichts miteinander zu tun haben, BGH GRUR **71,** 512, 514. Offensichtlich ist jedoch auch hinsichtlich der Einheitlichkeit nur ein solcher Mangel, der dem Prüfer auf Grund des ihm unterbreiteten Sachverhalts ohne weitere Sachprüfung – in technischer und rechtlicher Beziehung – zweifelsfrei als solcher erkennbar ist, BGH GRUR **71,** 512, 514. Eine Anmeldung, in der ein Stoff, das Verfahren zu seiner Herstellung sowie ein den Stoff enthaltendes Mittel zusammengefasst sind, kann nur dann als offensichtlich uneinheitlich beanstandet werden, wenn das Mittel in seiner angemeldeten Zusammensetzung Besonderheiten aufweist, die die Patentfähigkeit des Mittels begründen könnten, BGH GRUR **72,** 644, 646 – Gelbe Pigmente. Eine Erfindungsaufgabe, deren Uneinheitlichkeit sich nur unter Hinweis auf das Ergebnis einer Neuheitsprüfung begründen ließe, kann im Rahmen der Offensichtlichkeitsprüfung nicht als uneinheitlich beanstandet werden, BPatGE **21,** 243. Eine Beanstandung einer Anmeldung wegen offensichtlicher Uneinheitlichkeit kommt vielmehr in diesem Verfahrensstadium nur in Betracht, wenn sich unter Nichtbeachtung der Frage der Neuheit keine sinnvolle technische Aufgabe angeben lässt, zu deren Lösung alle Teile der Anmeldung notwendig oder wenigstens dienlich sind, BPatGer aaO. Die Aufstellung von Nebenansprüchen begründet eine offensichtliche Uneinheitlichkeit jedenfalls dann nicht, wenn unter Nichtbeachtung der Frage der Neuheit das gleiche Patentbegehren auch ohne Aufstellung von Nebenansprüchen formuliert werden könnte, BPatGer. aaO.

9 Nach BPatG Mitt. **71,** 192, 195, soll es dem Anmelder bei Beanstandung der Einheitlichkeit gestattet sein, die sich auf den uneinheitlichen Teil beziehenden Ansprüche zu streichen, die sie betreffenden Beschreibungsteile jedoch in der Anmeldung zu belassen und später wieder entsprechende Ansprüche aufzustellen. Eine solche Handhabung ist nicht unbedenklich (vgl. dazu die Anm. von Dittmann in Mitt. **71,** 195). Sie verkennt auch, dass sich die nach § 42 und die nach § 44 vorzunehmende Prüfung nur in dem anzulegenden Maßstab unterscheiden; die Folgerungen, die sich aus mangelnder Einheitlichkeit ergeben, sind in allen Verfahrensstadien die gleichen (vgl. dazu § 34 Rdn. 109, 110). Für die Ausscheidungsanmeldung verlangt das BPatGer. in BPatGE **13,** 57, zu Recht die Vorlage von Patentansprüchen, die sich erkennbar nur auf den ausgeschiedenen Teil beziehen, sowie einer diesen Ansprüchen angepassten Beschreibung; in der Einreichung eines Stückes der ursprünglichen Unterlagen der Stammanmeldung sieht es zutreffend einen im Rahmen der Offensichtlichkeitsprüfung zu beanstandenden Mangel der Ausscheidungsanmeldung.

10 **dd) Vorliegen einer dem Patentschutz zugänglichen Erfindung.** Schon auf Grund der Offensichtlichkeitsprüfung sollen solche Anmeldungen ausgeschieden werden, deren Gegenstand seinem Wesen nach keine Erfindung ist. Die Fassung „seinem Wesen nach" scheidet die Erfindungsvoraussetzungen aus der Prüfung aus, die nicht das „Wesen" der Erfindung ausmachen, sondern die eine technische Lehre als solche qualifizieren, nämlich Neuheit und Erfindungshöhe (vgl. § 3 Rdn. 7 ff.; § 4 Rdn. 2 ff.). Das Vorliegen dieser Erfindungsvoraussetzungen ließe sich nur an Hand des Standes der Technik beurteilen, der bei der „Offensichtlichkeitsprüfung" nicht herangezogen werden soll. Zum „Wesen" einer Erfindung gehört vor allem, dass sie eine Lehre zum technischen Handeln gibt (vgl. § 1 Rdn. 42–45 c). Die Prüfung nach § 42 Abs. 2 Nr. 1 bezieht sich also auf das Vorliegen der **allgemeinen Erfindungsvoraussetzungen.** Erfüllt ein Gegenstand diese Voraussetzung offensichtlich nicht oder handelt es sich offen-

sichtlich um einen der in § 1 Abs. 2 und 3 PatG genannten Gegenstände, ist die Anmeldung zu beanstanden. Hingegen werden in der Offensichtlichkeitsprüfung Neuheit und erfinderische Tätigkeit nicht geprüft, Prüfungsrichtlinien Nr. 2.6.1. Eine auf ein „kernmechanisches Modell" gerichtete Patentanmeldung kann nicht wegen offensichtlichen Mangels einer technischen Lehre zurückgewiesen werden, wenn zwar ein vom Anmelder entwickeltes theoretisches Modell zur Ableitung kern- und atomphysikalischer Parameter (Gedanken- oder Denkmodell) im Vordergrund steht, sich der Anmeldung aber auch konkrete gegenständliche Merkmale entnehmen lassen, die eine Anwendung der Modellvorstellung als räumliches Demonstrationsmodell zur Veranschaulichung des Aufbaus von Atomkernen ermöglichen, BPatG v. 12. 11. 1998 – 23 W (pat) 57/97 – Kernmechanisches Modell – BPatGE **40,** 254, 256, LS 1, Egr. II 2.

ee) Gewerbliche Anwendbarkeit. Die Prüfung auf gewerbliche Anwendbarkeit i. S. v. § 5 Abs. 1 konnte ohne weiteres in die Offensichtlichkeitsprüfung einbezogen werden, weil sie ohne Kenntnis des Standes der Technik durchgeführt werden kann. Es geht insoweit nur um die Prüfung, ob der angemeldete Gegenstand seiner Art nach geeignet ist, in einem technischen Gewerbebetrieb hergestellt zu werden oder innerhalb eines solchen als technisches Arbeitsmittel benutzt zu werden. Vermag der Anmeldungsgegenstand die gestellte Aufgabe nicht zu lösen, z. B. bei einem offensichtlichen Verstoß gegen naturwissenschaftliche Grundprinzipien wie den Satz von der Erhaltung der Energie (etwa perpetuum mobile), so erfolgt die Zurückweisung nicht mangels gewerblicher Verwertbarkeit sondern mangels technischer Brauchbarkeit, BGH Bl. **85,** 117, 118 – Offensichtlichkeitsprüfung, ungelöste Aufgabe. Auch das Fehlen der gewerblichen Anwendbarkeit muss sich bei der Offensichtlichkeitsprüfung ohne Zweifel und weitere Nachforschungen aus den Anmeldeunterlagen ergeben. So können in der Offensichtlichkeitsprüfung rein medizinische Heil- oder Diagnoseverfahren beanstandet werden, für die zweifelsfrei keine andere Verwendung in Frage kommt, § 5 Abs. 2, Prüfungsrichtlinien 2004 Rdn. 2.6.2. Neu ist das Erfordernis nach § 1 a Abs. 3, wegen der gewerblichen Anwendbarkeit einer Sequenz oder Teilsequenz eines Gens die konkrete, von der Sequenz oder Teilsequenz erfüllte Funktion anzugeben. Es erscheint nicht ausgeschlossen, bei offensichtlichem Fehlen diesen Mangel im Rahmen der Offensichtlichkeitsprüfung zu beanstanden. 11

ff) Ausschluss von der Patentierung. Von vornherein ausgeschieden werden sollen auch solche Anmeldungen, deren Gegenstand nach § 1 a, § 2 nicht patentierbar ist, etwa weil eine Verwertung **den Gesetzen oder guten Sitten** zuwiderlaufen würde oder weil er eine Pflanzensorte oder Tierart sowie im Wesentlichen biologische Verfahren zur Züchtung von Pflanzen und Tieren betrifft. Offensichtlich ist ein Ausschließungsgrund allerdings nur dann, wenn er sich zweifelsfrei – etwa aus dem Gesetzestext – ergibt und es keiner weiteren Nachprüfung durch Heranziehung von Erläuterungswerken oder sonstiger Hilfsmittel bedarf, BPatGE **11,** 47, 50 f. Nach der Anreicherung der **Patentierungsverbote** durch das Gesetz vom 21. 1. 2005 zur Umsetzung der Richtlinie über den rechtlichen Schutz **biotechnologischer Erfindungen,** BGBl. 2005 I 146, wird diesen Gegenständen eine erhöhte Bedeutung auch im Rahmen der Offensichtlichkeitsprüfung zukommen. 12

Die Prüfungsrichtlinien 2004 Nr. 2.6.3., die dieses Gesetz noch nicht berücksichtigen konnten, weisen ergänzend darauf hin, dass sich der Wortlaut von § 2 Abs. 1, zweiter Halbsatz an Art. 4^{quater} Pariser Verbandsübereinkunft (PVÜ) anlehnt, die Erteilung eines Patents deshalb nicht allein deswegen verweigert werden kann, weil der Vertrieb des patentierten Erzeugnisses oder des Erzeugnisses, das das Ergebnis eines patentierten Verfahrens ist, Beschränkungen durch die nationale Gesetzgebung unterworfen ist. Wenn aber die die einzig mögliche Veröffentlichung oder Verwertung einen Verstoß gegen die öffentliche Ordnung oder die guten Sitten bedeuten würde, wirkten sich gesetzliche Herstellungs- und Verwertungsverbote (z. B. im Gesetz über die Kontrolle von Kriegswaffen – BGBl. I 1990, 2507 – oder im Gesetz zum Schutze von Embryonen – BGBl. I 1990, 2746 – oder lebensmittelrechtliche Vorschriften) patenthindernd aus. Wegen der neu in § 2 Abs. 2 eingefügten Patentierungsverbote (Verfahren zum Klonen von menschlichen Lebewesen oder zur Veränderung der genetischen Identität der Keimbahn menschlicher Lebewesen, Verwendung menschlicher Embryonen und Verfahren zur Veränderung der genetischen Identität von Tieren) vgl. die Erläuterungen zu dieser Vorschrift. Es ist jedenfalls nicht zweifelhaft, dass bei offensichtlichem Vorliegen der Voraussetzungen dieser Verbote – was vermutlich selten der Fall sein wird – ebenfalls dieser Mangel im Rahmen der Offensichtlichkeitsprüfung beanstandet werden kann 12 a

Ebenso wird die Frage zu bejahen sein, ob auch die in § 1 a behandelten Patentierungsverbote (der menschliche Körper in den einzelnen Phasen seiner Entstehung und Entwicklung, einschließlich der Keimzellen, sowie die bloße Entdeckung seiner Bestandteile) bei der Offensichtlichkeitsprüfung einer Anmeldung beanstandet werden können. Allerdings werden Patent- 12 b anmeldungen, die diesen Patentierungsverboten offensichtlich zuwiderlaufen, praktisch wohl nicht vorkommen. Ebenso dürfte das in § 1a Abs. 3 vorgeschriebene Erfordernis (konkrete Angabe der Funktion einer Sequenz oder Teilsequenz eines Gens) bei einer bloßen Prüfung auf offensichtliche Mängel kaum feststellbar sein, vgl. im Übrigen die Erl. zu § 1a. Vgl. auch die Prüfungsrichtlinien 2004 Rdn 2.6.

13 **gg) Vorliegen eines Zusatzverhältnisses.** Die Vorschrift in § 42 Abs. 2 Nr. 4 steht im Zusammenhang mit § 17 Abs. 2 Satz 3. Die Anmeldung eines Zusatzpatents ist nach § 17 Abs. 2 Satz 1 von Jahresgebühren freigestellt. Deshalb könnten Anmeldungen zum Zwecke der Gebührenersparnis als Zusatzanmeldungen eingereicht werden, bei denen ein Zusatzverhältnis zu einer anderen Anmeldung eindeutig nicht besteht. Um dies zu verhindern, gibt die Vorschrift die Möglichkeit, den Anmelder in klar liegenden Fällen zu zwingen, die angebliche Zusatzanmeldung in die Anmeldung eines selbstständigen Patents umzuwandeln und hierfür – zur Vermeidung des Verfalls – die Jahresgebühren zu entrichten. Aus der gleichen Überlegung ist nach § 42 Abs. 2 Satz 2 eine Zusatzanmeldung auch dann zu beanstanden, wenn die Frist des § 16 Abs. 1 Satz 2 nicht eingehalten worden ist, BPatGE **26,** 204, 205; Bl. **86,** 306. Für uneinheitliche Anmeldungen bedurfte es einer entsprechenden besonderen Regelung nicht, weil die mangelnde Einheitlichkeit einen „Mangel“ im Sinne des § 42 Abs. 1 darstellt (vgl. oben Rdn. 8; § 34 Rdn. 109).

Bei Zusatzanmeldungen ist zunächst festzustellen, ob die Hauptanmeldung oder das Hauptpatent noch in Kraft ist. Mängel sind im Rahmen der Prüfung nach § 42 Abs. 2 Satz 1 Nr. 4 nur beanstandet, wenn der Gegenstand der Zusatzanmeldung offensichtlich weder eine Verbesserung noch eine weitere Ausbildung des Gegenstandes des Hauptpatents ist. Ein Zusatzpatent kann deshalb nur auf solche Gegenstände erteilt werden, die zusammen mit dem Hauptpatent ebenfalls als einheitliche Erfindung hätten angemeldet werden können, Prüfungsrichtlinien 2004 Nr. 2.6.4

14 **c) Offensichtlichkeit.** Die Offensichtlichkeitsprüfung soll schnell und reibungslos verlaufen, klar zutage liegende Mängel von vornherein abstellen, ohne der späteren Prüfung auf Antrag (§ 44 Abs. 1) mehr als nötig vorzugreifen und ohne das Erteilungsverfahren in diesem Stadium mehr als dazu erforderlich zu belasten, BGH GRUR **71,** 512, 514 – Isomerisierung; **72,** 80, 86 – Trioxan; **74,** 722, 724 – Aromatische Diamine. Der Prüfer hat bei der Offensichtlichkeitsprüfung den mit den Anmeldungsunterlagen dem Patentamt unterbreiteten Sachverhalt an Hand seiner Sach- und Fachkenntnisse zu würdigen; von der Heranziehung nicht sofort verfügbaren Materials oder von zusätzlichen Ermittlungen und Nachforschungen ist grundsätzlich abzusehen. Der Mangel muss so deutlich erkennbar sein, dass die Bejahung eines Mangels allenfalls einer kurzen Begründung bedarf, BGH GRUR **71,** 512, 514 Ist für den Prüfer der Mangel nicht zweifelsfrei oder erst nach längerem Studium der Unterlagen erkennbar, ist dies ein Indiz dafür, dass der Mangel nicht offensichtlich im Sinne von § 42 ist. Rechtliche Mängel können in der Regel nur dann im Rahmen der Offensichtlichkeitsprüfung beanstandet werden, wenn dazu gesicherte Rechtsprechung vorliegt. Die Offensichtlichkeitsprüfung der Zusammenfassung erstreckt sich nur auf die in § 36 Abs. 2 und in der PatV bestimmten Formerfordernisse, Prüfungsrichtlinien 2004, Rdn. 2.4.

15 Als offensichtlich kann nur ein solcher Mangel – der Anmeldung oder an den genannten Voraussetzungen für die Erteilung eines Patents oder Zusatzpatents – angesehen werden, der dem Prüfer auf Grund des ihm unterbreiteten Sachverhalts ohne weitere Sachprüfung – in technischer und rechtlicher Beziehung – zweifelsfrei als solcher erkennbar ist, d. h. als Mangel offen zutage tritt, BGH GRUR **71,** 512, 514; BPatGE **26,** 110, 111 unter Bezugnahme auf die damals geltenden Prüfungsrichtlinien, Fragen mit überwiegend rechtlichem Einschlag soll der Prüfer bei der Offensichtlichkeitsprüfung nur aufgreifen, wenn sie auf Grund einer gesicherten Rechtsprechung klar und zweifelsfrei zu beantworten sind und dabei keine besonderen Probleme auftreten; streitige Grenzfragen eignen sich nicht dazu, in einem Schnellverfahren, wie es die Offensichtlichkeitsprüfung nach dem Gesetzeszweck sein soll, ohne gründliche Prüfung der Eigenart des Einzelfalles und ohne nähere Erörterung mit dem Anmelder erledigt zu werden, BGH GRUR **71,** 512, 514; BPatG Mitt. **84,** 214ff. Eine Beanstandung der Bezeichnung der Erfindung in einer Patentanmeldung ist auf die Fälle zu beschränken, die ohne nähere Erörterung mit dem Anmelder erledigt werden können, BPatGE **18,** 15.

16 **3. Einordnung in das Erteilungsverfahren.** Die Offensichtlichkeitsprüfung findet nach der gesetzlichen Regelung – ohne besonderen Antrag – nach Eingang der Anmeldung statt, sofern sie nicht wegen eines bereits gestellten Prüfungsantrages (§ 44) entbehrlich geworden ist (vgl. oben Rdn. 4). Ihrem Zweck entsprechend, die Anmeldung offenlegungs-, veröffentlichungs- und recherchereif zu machen und solche Anmeldungen, die der Patenterteilung offen-

sichtlich nicht zugänglich sind oder offensichtlich nicht in einem Zusatzverhältnis stehen, von vornherein auszuscheiden (vgl. oben Rdn. 2), ist die Offensichtlichkeitsprüfung so bald als möglich nach Eingang der Anmeldung durchzuführen (vgl. Löscher BB **67,** Beil. 7, S. 3). Bei Ablauf der 18 Monate des § 31 Abs. 2 Nr. 2 sollte sie nach Möglichkeit abgeschlossen sein, damit die durch die Prüfung auszuscheidenden Anmeldungen überhaupt nicht mehr offengelegt zu werden brauchen.

Es besteht indes kein rechtliches Hindernis, die bei Ablauf der 18 Monate des § 31 Abs. 2 **17**
Nr. 2 noch nicht beendete Prüfung nach der Offenlegung fortzusetzen. Da die Offensichtlichkeitsprüfung nach der gesetzlichen Regelung nicht durch einen bestimmten Verfahrensakt beendet wird (vgl. unten Rdn. 20), ist es an sich auch möglich, einen Mangel der in § 42 bezeichneten Art bis zum Eingang eines Prüfungsantrages (§ 44 Abs. 1) jederzeit aufzugreifen und zu beanstanden. Nach dem Sinn der gesetzlichen Regelung sollte von dieser Möglichkeit jedoch nur Gebrauch gemacht werden, wenn sich dafür nachträglich ein besonderes Bedürfnis ergibt, sich etwa im Rahmen einer Recherche nach § 43 herausstellt, dass die Unterlagen Unklarheiten enthalten, die eine sachgemäße Ermittlung der in Betracht kommenden Druckschriften (§ 43 Abs. 1) ausschließen oder erschweren.

Die Stellung der Offensichtlichkeitsprüfung im Erteilungsverfahren lässt sich danach nur da- **18**
hin umschreiben, dass es sich um eine vorweggenommene beschränkte Prüfung der Anmeldung von Amts wegen handelt, die, sofern nicht bereits ein Prüfungsantrag gestellt ist, nach Eingang der Anmeldung und tunlichst vor deren Offenlegung vorzunehmen ist, die Anmeldung für die Offenlegung, die Veröffentlichung und eine etwaige Recherche „aufbereitet" und das Erteilungsverfahren bei den Anmeldungen, die unabhängig vom Stande der Technik von vornherein aussichtslos sind, möglichst frühzeitig beendet.

4. Prüfende Stelle. Zuständigkeit. § 42 weist die Offensichtlichkeitsprüfung der Prü- **19**
fungsstelle zu. § 43 Abs. 8 Nr. 3 ermächtigt den Bundesminister der Justiz, die Offensichtlichkeitsprüfung – einschließlich der Kontrolle der Gebühren und Fristen – durch Rechtsverordnung anderen Stellen des Patentamts als den Prüfungsstellen und Patentabteilungen zu übertragen. Dadurch soll die Möglichkeit geschaffen werden, einerseits die Prüfungsstellen von allen Aufgaben außerhalb der eigentlichen technischen Prüfung der Anmeldungen im Rahmen des § 44 Abs. 1 zu entlasten, und andererseits die Erledigung aller Aufgaben, die vor dem Beginn des Prüfungsverfahrens nach § 44 anfallen, bei einer Stelle zusammenzufassen. Von der gesetzlichen Ermächtigung ist bisher nicht Gebrauch gemacht worden.

Für das Verfahren bis zum Eingang des Prüfungsantrags war längere Zeit eine besondere Pa- **19 a**
tentabteilung, die „Vorprüfungsabteilung" (vgl. § 27 Rdn. 5), zuständig, die aber inzwischen aufgelöst worden ist. Zuständig für die Prüfung der Anmeldung auf offensichtliche formelle Mängel (§ 42 Abs. 1 PatG) – ausgenommen die fehlende Einheitlichkeit, die unzureichende Offenbarung und unzulässige Erweiterung – sind die Sachbearbeiter des gehobenen und mittleren Dienstes, die mit der Wahrnehmung einzelner den Prüfungsstellen zugewiesener Geschäfte betraut sind. Die Offensichtlichkeitsprüfung auf Einheitlichkeit, unzureichende Offenbarung und unzulässige Erweiterung und materiellrechtliche Mängel nach § 42 Abs. 2 wird von den Prüfern der zuständigen Patentabteilung durchgeführt, die zugleich die Klassifizierung der Anmeldung vornehmen, vgl. die Prüfungsrichtlinien 2004 Nr. 2.3. sowie § 1 Abs. 1 und 2 WahrnV (Prüfungsstellen für Patente und Patentabteilungen).

5. Verfahren. Die Regelung des Verfahrens entspricht der des eigentlichen Prüfungsver- **20**
fahrens in den §§ 45, 48. Ergänzend kann daher auf die Erläuterungen zu den §§ 45, 48 verwiesen werden. Ein wesentlicher Unterschied besteht insofern, als die Offensichtlichkeitsprüfung bei positivem Ausgang nicht mit einem bestimmten Verfahrensakt endet. Die Offensichtlichkeitsprüfung soll zwar vor der Offenlegung der Anmeldung abgeschlossen sein (vgl. oben Rdn. 16). Es bedarf dafür aber keiner „Freigabe". Wenn sich keine Anstände ergeben, wird die Prüfung dadurch beendet, dass die Akten weggelegt werden, bis sich ein Anlass ergibt, sich erneut damit zu befassen, etwa wegen der Jahresgebühren (§ 17) oder wegen eines Antrages auf Ermittlung des Standes der Technik (§ 43) oder wegen eines Prüfungsantrags (§ 44).

a) Bescheid über das Ergebnis der Prüfung. Das Gesetz sieht eine Unterrichtung des **21**
Anmelders nur für den Fall vor, dass die Prüfung das Vorliegen offensichtlicher Mängel der Anmeldung oder Bedenken hinsichtlich der materiellen Erfordernisse des § 42 Abs. 2 ergibt. Eine Benachrichtigung, dass sich keine Beanstandungen ergeben haben, ist im Gesetz nicht vorgesehen; sie würde daher, wenn sie gleichwohl erfolgt, grundsätzlich nicht bindend sein. Werden Beanstandungen erhoben, aber wieder fallengelassen, so wird das dem Anmelder mitzuteilen sein (vgl. Löscher, BB **67,** Beil. 7, S. 3). Beanstandungen sind nur im Rahmen des § 42

zulässig. Das Patentamt ist daher nicht berechtigt, dem Anmelder einen ihm bekannten Stand der Technik entgegenzuhalten und die Zurückweisung wegen mangelnder Neuheit, wegen mangelnden technischen Fortschritts oder wegen mangelnder Erfindungshöhe anzudrohen. Ist der Vorprüfungsabteilung jedoch zufällig eine Druckschrift bekannt, die den Anmeldungsgegenstand eindeutig vorwegnimmt, so darf sie den Anmelder darauf hinweisen, um ihn vor sinnlosen Ausgaben zu bewahren, BPatGE **16,** 119, 121. Zur Zurückweisung der Anmeldung ist der Prüfer indes auch bei vermutlichem Missbrauch nicht befugt, BPatGE **16,** 119, 122; zweifelnd Löscher BB **67,** Beil. 7 Fußn. 12. Nach den Prüfungsrichtlinien 2004 Nr. 2.8. soll der Prüfer, wenn er keine offensichtlichen Mängel festgestellt hat, dies in den Akten vermerken. Im Rahmen der Offensichtlichkeitsprüfung ist bei einem Schriftwechsel mit dem Anmelder darauf zu achten, dass die abschließende Entscheidung (Zurückweisung der Anmeldung oder Fallenlassen der Beanstandung) spätestens 4 Monate nach dem Anmeldetag ergeht.

22 **aa) Aufforderung nach Abs. 1.** Wenn die Anmeldung den gesetzlichen Anforderungen offensichtlich nicht genügt, ist der Anmelder aufzufordern, die vorhandenen Mängel zu beseitigen. Handelt es sich dagegen um einen Verstoß gegen die PatV, so kann das Patentamt, auch wenn der Verstoß offensichtlich ist, die Beanstandung nach seinem Ermessen bis zum Prüfungsverfahren (§ 44) zurückstellen. Es wird dies tun, wenn die Beseitigung des Mangels nicht erforderlich ist, um die Anmeldung offenlegungs-, veröffentlichungs- und recherchereif zu machen. Sind mehrere Verstöße gegen die PatV gerügt und erweist sich die Behebung eines Mangels als zu zeitraubend und zurzeit nicht als notwendig, so wird das Amt auch auf die Weiterverfolgung der Beanstandung verzichten und die Behebung noch nachträglich für ein etwaiges späteres Prüfungsverfahren zurückstellen dürfen.

23 In dem Bescheid muss die Prüfungsstelle ihren Standpunkt klar und deutlich darlegen, BPatG Mitt. **73,** 53, 54 m. w. N. Es stellt einen Verfahrensfehler dar, wenn die Prüfungsstelle zur Begründung ihrer Ansicht auf den Leitsatz einer noch nicht veröffentlichten Beschwerdeentscheidung verweist, ohne dem Anmelder auch die tragenden Gründe der ihm noch nicht zugänglichen Entscheidung mitzuteilen, BPatGE **13,** 201. Widerspricht der Anmelder einer Mängelrüge und legt er die Gründe für seine Auffassung dar, soll ein weiterer Bescheid nur in Ausnahmefällen ergehen. Wenn die vom Anmelder dargelegten Gründe nicht überzeugen, ist die Anmeldung mit kurz gehaltener Begründung zurückzuweisen, Prüfungsrichtlinien 2004, Nr. 2.8.

24 **bb) Benachrichtigung nach Abs. 2.** Ist der Gegenstand der Anmeldung offensichtlich der Erteilung eines Patents oder – mangels eines Zusatzverhältnisses – der Erteilung eines Zusatzpatents nicht zugänglich, so ist der Anmelder hiervon unter Angabe der Gründe zu benachrichtigen. Die Begründung darf sich nicht auf summarische Feststellungen beschränken, sondern muss die Umstände und Überlegungen angeben, auf die sie sich stützt; vgl. hierzu § 45 Rdn. 12.

25 **cc) Mitteilung von weiteren (neuen) Zurückweisungsgründen.** Die Zurückweisung der Anmeldung darf nach § 42 Abs. 3 Satz 2 nicht auf Umstände gestützt werden, zu denen sich der Anmelder nicht vorher äußern konnte (Grundsatz des rechtlichen Gehörs, vgl. § 45 Rdn. 7). Ergeben sich also neue Umstände, die bei der Entscheidung verwertet werden sollen, so müssen sie dem Anmelder mitgeteilt, und es muss ihm Gelegenheit gegeben werden, sich dazu zu äußern. Das hat zur Voraussetzung, dass die Mitteilung dem Anmelder förmlich zugestellt wird oder ihm nachweisbar zugeht, BPatGer. Mitt. **79,** 178. Umstände im Sinne der Vorschrift sind nur Tatsachen oder Verhältnisse tatsächlicher Art, nicht dagegen Rechtssätze oder rechtliche Erwägungen, vgl. BGH GRUR **66,** 583, 584 – Abtastverfahren; BPatGE **3,** 41. Die Änderung einer Rechtsauffassung ist daher kein Umstand im Sinne des § 42 Abs. 3, BPatGE **3,** 41; vgl. im Übrigen § 48 Rdn. 7.

26 **b) Äußerungsfristen.** Dem Anmelder ist zur Erledigung des Bescheids des Patentamts eine angemessene Frist zu setzen. Die Fristen werden, da die Offensichtlichkeitsprüfung schnell zum Abschluss kommen soll, nicht zu lang zu bemessen sein. Da es sich im Allgemeinen um leicht zu übersehende Fragen handeln wird, wird eine kürzere Frist auch meist genügen. Im Übrigen kann auf die Ausführungen in Rdn. 15f zu § 45 verwiesen werden.

27 **c) Erledigung der Beanstandungen.** Werden die vom Patentamt gerügten Mängel beseitigt, oder wird die Behebung eines Verstoßes gegen die PatV nachträglich zurückgestellt (vgl. oben Rdn. 22), oder überzeugt sich die Prüfungsstelle davon, dass der gerügte Mangel jedenfalls nicht offensichtlich ist, oder werden die auf Grund des § 42 Abs. 2 erhobenen Bedenken vom Anmelder zerstreut, so ist das Prüfungsverfahren nach § 42 (Offensichtlichkeitsprüfung) beendet. Ein Verfahrensakt, der die Offensichtlichkeitsprüfung abschließt, ergeht nicht. Die Akten werden weggelegt, bis sie aus einem anderen Grunde wieder benötigt werden. Obwohl das

nicht durch das Gesetz vorgeschrieben ist, wird es erforderlich sein, dem Anmelder Mitteilung zu machen, dass die erhobenen Beanstandungen fallen gelassen oder zurückgestellt worden sind, damit er sich hierauf einstellen kann (vgl. Löscher BB **67,** Beil. 7, S. 3).

d) Zurückweisung der Anmeldung. Beseitigt der Anmelder die gerügten Mängel nicht und überzeugt er die Prüfungsstelle auch nicht davon, dass die Beanstandung nicht berechtigt ist, so ist die Anmeldung zurückzuweisen. Die Zurückweisung darf nur auf Umstände gestützt werden, die dem Anmelder vorher mitgeteilt waren (vgl. oben Rdn. 25). Der Zurückweisungsbeschluss muss sich auch zu der Offensichtlichkeit des Zurückweisungsgrundes äußern, BGH GRUR **79,** 46 – Corioliskraft. Zur Zurückweisung der Anmeldung gemäß § 42 Abs. 3 PatG genügt es nicht, dass Mängelbescheide unter Fristsetzung nur in Richtung auf den Empfänger abgesandt werden; vielmehr muss ihr Zugang unstreitig, d. h. in der Regel durch Empfangsbekenntnis oder Zustellungsurkunde nachgewiesen sein. Mängel, beispielsweise das Fehlen von weiteren Stücken der Patentunterlagen, berechtigen das Patentamt nicht, der Öffentlichkeit die fristgemäße Offenlegung von anhängigen Patentanmeldungen vorzuenthalten. Das Patentamt muss Mängel so rechtzeitig beanstanden, dass nach fruchtloser Beanstandung die rechtskräftige Zurückweisung der Anmeldung vor dem fälligen Offenlegungstermin abgeschlossen sein kann BPatGE **34,** 212. 28

e) Beschwerde. Gegen den Zurückweisungsbeschluss steht dem Anmelder die Beschwerde zu. Im Beschwerdeverfahren ist nicht nur zu prüfen, ob der im Zurückweisungsbeschluss genannte Mangel vorliegt, sondern auch, ob er offensichtlich ist. Die Offensichtlichkeit wird freilich nur verneint werden können, wenn noch in zweiter Instanz zweifelhaft bleibt, ob der Mangel vorhanden ist oder nicht (vgl. Löscher BB **67,** Beil. 7 Fußn. 15). 29

43 *Recherche.* (1) [1]**Das Patentamt ermittelt auf Antrag die öffentlichen Druckschriften, die für die Beurteilung der Patentfähigkeit der angemeldeten Erfindung in Betracht zu ziehen sind (Recherche).** [2]**Soweit die Ermittlung dieser Druckschriften einer zwischenstaatlichen Einrichtung vollständig oder für bestimmte Sachgebiete der Technik ganz oder teilweise übertragen worden ist (Absatz 8 Nr. 1), kann beantragt werden, die Ermittlung in der Weise durchführen zu lassen, daß der Anmelder das Ermittlungsergebnis auch für eine europäische Anmeldung verwenden kann.**

(2) [1]**Der Antrag kann von dem Patentsucher und jedem Dritten, der jedoch hierdurch nicht an dem Verfahren beteiligt wird, gestellt werden.** [2]**Er ist schriftlich einzureichen.** [3]**§ 25 ist entsprechend anzuwenden.** [4]**Wird der Antrag für die Anmeldung eines Zusatzpatents (§ 16 Abs. 1 Satz 2) gestellt, so fordert das Patentamt den Patentsucher auf, bis zum Ablauf eines Monats nach Zustellung der Aufforderung für die Anmeldung des Hauptpatents einen Antrag nach Absatz 1 zu stellen; wird der Antrag nicht gestellt, so gilt die Anmeldung des Zusatzpatents als Anmeldung eines selbständigen Patents.**

(3) [1]**Der Eingang des Antrags wird im Patentblatt veröffentlicht, jedoch nicht vor der Veröffentlichung des Hinweises gemäß § 32 Abs. 5.** [2]**Hat ein Dritter den Antrag gestellt, so wird der Eingang des Antrags außerdem dem Patentsucher mitgeteilt.** [3]**Jedermann ist berechtigt, dem Patentamt Druckschriften anzugeben, die der Erteilung eines Patents entgegenstehen könnten.**

(4) [1]**Der Antrag gilt als nicht gestellt, wenn bereits ein Antrag nach § 44 gestellt worden ist.** [2]**In diesem Fall teilt das Patentamt dem Antragsteller mit, zu welchem Zeitpunkt der Antrag nach § 44 eingegangen ist.** [3]**Die für die Recherche nach § 43 gezahlte Gebühr nach dem Patentkostengesetz wird zurückgezahlt.**

(5) [1]**Ist ein Antrag nach Absatz 1 eingegangen, so gelten spätere Anträge als nicht gestellt.** [2]**Absatz 4 Satz 2 und 3 ist entsprechend anzuwenden.**

(6) **Erweist sich ein von einem Dritten gestellter Antrag nach der Mitteilung an den Patentsucher (Absatz 3 Satz 2) als unwirksam, so teilt das Patentamt dies außer dem Dritten auch dem Patentsucher mit.**

(7) [1]**Das Patentamt teilt die nach Absatz 1 ermittelten Druckschriften dem Anmelder und, wenn der Antrag von einem Dritten gestellt worden ist, diesem und dem Anmelder ohne Gewähr für Vollständigkeit mit und veröffentlicht im Patentblatt, daß diese Mitteilung ergangen ist.** [2]**Sind die Druckschriften von einer zwi-**

schenstaatlichen Einrichtung ermittelt worden und hat der Anmelder dies beantragt (Absatz 1 Satz 2), so wird dies in der Mitteilung angegeben.

(8) **Der Bundesminister der Justiz wird ermächtigt, zur beschleunigten Erledigung der Patenterteilungsverfahren durch Rechtsverordnung zu bestimmen, daß**

1. **die Ermittlung der in Absatz 1 bezeichneten Druckschriften einer anderen Stelle des Patentamts als der Prüfungsstelle (§ 27 Abs. 1), einer anderen staatlichen oder einer zwischenstaatlichen Einrichtung vollständig oder für bestimmte Sachgebiete der Technik oder für bestimmte Sprachen übertragen wird, soweit diese Einrichtung für die Ermittlung der in Betracht zu ziehenden Druckschriften geeignet erscheint;**
2. **das Patentamt ausländischen oder zwischenstaatlichen Behörden Auskünfte aus Akten von Patentanmeldungen zur gegenseitigen Unterrichtung über das Ergebnis von Prüfungsverfahren und von Ermittlungen zum Stand der Technik erteilt, soweit es sich um Anmeldungen von Erfindungen handelt, für die auch bei diesen ausländischen oder zwischenstaatlichen Behörden die Erteilung eines Patents beantragt worden ist;**
3. **die Prüfung der Patentanmeldungen nach § 42 sowie die Kontrolle der Gebühren und Fristen ganz oder teilweise anderen Stellen des Patentamts als den Prüfungsstellen oder Patentabteilungen (§ 27 Abs. 1) übertragen wird.**

Inhaltsübersicht

Vorbemerkungen zum Textbestand: § 43 ist durch Art. 7 Nr. 19 Buchst. a) bis c) des KostRegBerG v. 13. 12. 2001, BGBl I 3656, m. W. v. 1. 1. 2001 wie folgt geändert worden: (a) Abs. 1 Satz 1: Einfügung der Angabe „(Recherche)"; (b) Abs. 2 Satz 4: der frühere Satz 4 (Zahlung der Gebühr nach Tarif) wurde aufgehoben, der nachfolgende frühere Satz 5 wurde zu Satz 4; (c) Abs. 4 Satz 3 wurde neu gefasst (Bezugnahme auf das Patentkostengesetz).

Literatur: Löscher, Der künftige Ablauf des Patenterteilungsverfahrens und die sonstigen Neuerungen im Patentrecht, BB **67,** Beil. 7; Althammer, Gesetz zur Änderung des Patentgesetzes, des Warenzeichengesetzes und weiterer Gesetze, GRUR **67,** 394, 399 ff.

1 **1. Vorgeschichte und Anwendungsbereich.** Die Vorschrift ist durch das Gesetz vom 4. 9. 1967 als § 28 a in das Patentgesetz eingefügt worden. Nach dem **Regierungsentwurf** zu diesem Gesetz sollte die Ermittlung des druckschriftlichen Standes der Technik ein **fester Bestandteil des Patenterteilungsverfahrens** sein und von Amts wegen vor der vorgesehenen ersten Bekanntmachung der Anmeldung nach Erledigung der Offensichtlichkeitsprüfung stattfinden. Dadurch sollte gewährleistet werden, dass Dritten, die von der Patentanmeldung betroffen wurden, bei dem Eintreten von Schutzwirkungen auch die Unterlagen für die Beurteilung der Schutzfähigkeit der Anmeldung zur Verfügung standen. Dieser Gesichtspunkt hatte indes nach der erheblichen **Einschränkung der Schutzwirkungen,** die der **offengelegten Anmeldung** in § 33 Abs. 1 (früher § 24 Abs. 5) beigelegt worden sind, nicht mehr so großes Gewicht, dass er den Aufwand, der mit einer in jedem Falle vorzunehmenden Recherche verbunden gewesen wäre, noch gerechtfertigt hätte. Es erschien danach vielmehr ausreichend, dem Anmelder und jedem Dritten die Möglichkeit zu geben, sich einen Überblick über den Stand der Technik zu verschaffen, wenn sich dafür irgendein Bedürfnis ergibt (vgl. dazu den Schriftli-

chen Bericht des Rechtsausschusses Bl. **67,** 279, 281). Das Patenterteilungsverfahren nach dem **EPÜ** (Art. 92) wie die internationale Phase nach dem **PCT** (Art. 15) sehen dagegen für europäische und internationale Anmeldungen zwingend eine Recherche vor. In die gleiche Richtung zielte Art. 16 des Entwurfs eines Patentrechtsvertrages (PLT/WIPO, Ind. Prop. **91,** 118, 124). Das hat sich jedoch für den PLT 2000 nicht aufrechterhalten lassen. Durch das GPatG sind Abs. 1 Satz 2 und Abs. 7 Satz 2 der Vorschrift eingefügt worden, um das Ermittlungsergebnis der Recherche auch für eine europäische Anmeldung verwendbar zu machen.

Nach § 11 **Erstreckungsgesetz** ermittelt das Patentamt auf Antrag des Patentinhabers oder eines Dritten auch zu einem nach § 4 des Gesetzes erstreckten Patent, das von dem Patentamt der ehemaligen DDR erteilt worden ist, die öffentlichen Druckschriften, die für die Beurteilung der Patentfähigkeit in Betracht zu ziehen sind. Für den Antrag ist eine Gebühr zu zahlen, deren Höhe aus Nr. 314200 GebVerz. zum PatKostG „(Recherche für ein erstrecktes Patent (§ 11 ErstrG)" zu entnehmen ist und danach derzeit 250 EUR beträgt. Wird die Gebühr nicht gezahlt, gilt der Antrag als nicht gestellt. Im Übrigen sind die Abs. 3 bis 6 und 7 Satz 1 von § 43 entsprechend anzuwenden. Auf die nachfolgenden Erläuterungen kann insoweit verwiesen werden. Der wesentliche Unterschied gegenüber der Recherche nach § 43 besteht darin, dass Recherchegegenstand ein bereits erteiltes Patent, nicht eine Patentanmeldung ist. Auf noch anhängige erstreckte Patentanmeldungen, die beim Patentamt der DDR eingereicht worden sind, findet § 43 unmittelbar Anwendung, da die Weiterbehandlung grundsätzlich nach den Verfahrensvorschriften des Patentgesetzes erfolgt, § 5 Erstreckungsgesetz, vgl. BT-Drs. 12/1399, Bl. **92,** 213, 224ff. 1a

2. Recherche und Erteilungsverfahren. Nach der gesetzlichen Regelung ist die Recherche Bestandteil des Patenterteilungsverfahrens. Sie kann daher nur im Rahmen und für Zwecke des Erteilungsverfahrens durchgeführt werden, setzt also eine wirksame Anmeldung voraus. Nach rechtskräftiger Zurückweisung oder nach Zurücknahme der Anmeldung kann die Recherche nicht mehr beantragt oder ausgeführt werden. Wenn daran noch ein Interesse besteht, etwa wegen einer Verwarnung aus der Anmeldung, muss sie anderweit beschafft werden. Deshalb ergibt sich schon aus § 58 Abs. 3, dass die Recherche nur bis zum Ablauf von sieben Jahren nach Eingang der Anmeldung beantragt werden kann (gl. A. Löscher BB **67,** Beil. 7, S. 5). Da nach § 58 Abs. 3 nur der Prüfungsantrag und nicht der Rechercheantrag den Verfall der Anmeldung verhindert, hat es auch wenig Sinn, die Recherche noch kurz vor Ablauf der sieben Jahre zu beantragen (vgl. Löscher aaO Fußn. 22). 2

Die – selbstständige (sog. isolierte) – Recherche ist nach der gesetzlichen Regelung **kein notwendiger Bestandteil** des Patenterteilungsverfahrens. Der Anmelder und jeder Dritte können statt der Recherche alsbald die Prüfung der Anmeldung (§ 44) beantragen. Der für die Beurteilung der Patentfähigkeit bedeutsame Stand der Technik wird dann im Rahmen der Prüfung der Patentfähigkeit ermittelt (§§ 44, 45). Für eine – selbstständige – Recherche ist dann kein Raum mehr (§ 43 Abs. 4). Der Anmelder und jeder Dritte können sich aber auch damit begnügen, zunächst nur die Ermittlung des Standes der Technik zu beantragen, um sich vor Stellung des Prüfungsantrags ein Bild über die Aussichten der Patenterteilung machen zu können. 3

Um unnötige Prüfungsanträge zu vermeiden, begünstigt das Gesetz diese Art des Vorgehens. Denn bei vorheriger Stellung des Rechercheantrags ermäßigt sich **die Gebühr für den Prüfungsantrag** um einen Betrag, der annähernd die Gebühr für den Rechercheantrag erreicht (150 EUR statt 350 EUR, Nr. 311300 GebVerz zum PatKostG, Gebühr für den Recherchenantrag 250 EUR, Nr. 311200 GebVerz zum PatKostG). Die Stellung des Rechercheantrages bietet aber auch den Vorteil, dass die weitere Gebühr für den Prüfungsantrag erspart werden kann, wenn schon der auf den Antrag ermittelte Stand der Technik keine Aussichten auf eine Patenterteilung belässt. Die gesetzliche Regelung legt es daher nahe, nur bei besonderer Eilbedürftigkeit sofort den Prüfungsantrag zu stellen, sich sonst zunächst mit der Ermittlung des Standes der Technik zu begnügen und die Prüfung der Anmeldung nur dann zu beantragen, wenn das Ergebnis der Recherche den Prüfungsantrag (§ 44) sinnvoll erscheinen lässt. Die Recherche wird daher zwar nicht notwendig, aber wohl doch regelmäßig dem Prüfungsverfahren vorausgehen und das Prüfungsverfahren bei klarem Ergebnis überhaupt vermeiden, da sie den Anmelder dann zur Zurücknahme der Anmeldung veranlassen wird. Auch die Recherche soll freilich nur beantragt werden, wenn sich ein Bedürfnis dafür ergibt. 4

Schließt sich an die Ermittlung des Standes der Technik später ein Prüfungsverfahren an, so bilden die ermittelten Druckschriften den Ausgangspunkt, nicht jedoch die alleinige Grundlage der Prüfung auf Patentfähigkeit. Die Prüfungsstelle ist, soweit erforderlich, nicht nur berechtigt, sondern sogar verpflichtet, etwa noch vorhandenes weiteres Material heranzuziehen (vgl. § 44 Rdn. 37). 5

6 **3. Der Rechercheantrag.** Die Ermittlung des druckschriftlichen Standes der Technik findet nur auf besonders zu stellenden Antrag statt. Dabei ist entsprechend dem Sinn und Zweck der verschobenen Prüfung vorausgesetzt, dass auch der Antrag auf Durchführung der Recherche erst dann und nur dann gestellt wird, wenn sich dafür irgendein Bedürfnis ergibt. Das Bedürfnis braucht indes vom Antragsteller nicht dargetan zu werden. Der Antrag bedarf keiner Begründung.

7 **a) Statthaftigkeit des Antrags.** Der Antrag auf Recherche kann jederzeit – bei Einreichung der Anmeldung oder später – gestellt werden, solange die Anmeldung anhängig ist (vgl. oben Rdn. 2) und noch kein wirksamer Prüfungsantrag (§ 43 Abs. 4 Satz 1) oder Rechercheantrag (§ 43 Abs. 5 und 6) vorliegt. Der Abschluss der Offensichtlichkeitsprüfung ist keine notwendige Voraussetzung für die Stellung des Antrags und für seine Erledigung. Das Patentamt wird jedoch die Offensichtlichkeitsprüfung zweckmäßig vorwegnehmen, weil sie Gelegenheit geben kann, die Anmeldung noch für die Recherche „aufzubereiten", etwa durch nachträgliche Aufstellung von Patentansprüchen oder durch deren Klarstellung.

8 **b) Antragsberechtigung.** Der Antrag kann von dem Patentsucher und jedem Dritten gestellt werden. Ein besonderes Interesse an der Recherche braucht nicht vorzuliegen oder dargetan zu werden. Nur der Dritte, der wegen der Antragsgebühr Verfahrenskostenhilfe beantragt, muss nach § 130 Abs. 6 ein eigenes schutzwürdiges Interesse glaubhaft machen. Dadurch soll verhindert werden, dass der wirkliche Interessent eine andere Person vorschiebt, der nach ihren wirtschaftlichen Verhältnissen Verfahrenskostenhilfe bewilligt werden kann. Auch Dritte können den Rechercheantrag schon nach Eingang der Anmeldung und vor deren Offenlegung stellen, wenn ihnen das Vorliegen der Anmeldung bekannt ist. Wie sie die Kenntnis erlangt haben, ist für den Erfolg des Antrages ohne Bedeutung.

9 **c) Allgemeine Antragserfordernisse.** Der Antrag auf Ermittlung des druckschriftlichen Standes der Technik leitet ein Verfahren ein. Der Antragsteller muss daher parteifähig (rechtsfähig) und prozessfähig (geschäftsfähig) sein. Ein (gewillkürter) Vertreter muss seine Vollmacht nachweisen. Dass der Antrag auch den allgemeinen prozessrechtlichen Erfordernissen genügen muss, wird durch § 43 Abs. 6 bestätigt. Der Ausdruck „unwirksam" kann dort nur auf den Erfolg des Antrages bezogen werden. Dass er Fälle prozessrechtlicher Unzulässigkeit mitumfasst, ergibt sich deutlich aus § 43 Abs. 2 Satz 3. Denn es erscheint sicher, dass ein unter Verletzung dieser Vorschrift gestellter Antrag zurückgewiesen und der Anmelder hiervon nach § 43 Abs. 6 benachrichtigt werden muss (vgl. hierzu auch unten Rdn. 20 und § 44 Rdn. 18).

10 **d) Besondere Antragserfordernisse.** Neben den allgemeinen Anforderungen, die sich aus der Natur des Antrages als Prozesshandlung ergeben, muss der Antrag den besonderen, im Gesetz aufgestellten Erfordernissen genügen.

11 **aa) Schriftform.** Der Antrag muss schriftlich oder ggf. als elektronisches Dokument eingereicht werden (§ 43 Abs. 2 Satz 1). Da er ein besonderes Verfahren einleitet, wird wohl – abgesehen von telegrafischer oder fernschriftlicher Stellung oder Einreichung als elektronisches Dokument – auch die handschriftliche Unterzeichnung bzw. eine qualifizierte elektronische Signatur verlangt werden müssen (vgl. § 44 Rdn. 9).

12 **bb) Inlandsvertreter.** Der Anmelder muss nach § 25 schon bei Einreichung der Anmeldung einen Inlandsvertreter oder Zustellungsbevollmächtigten bestellt haben, den er gegebenenfalls im Laufe des Erteilungsverfahrens ersetzen muss, wenn er die Zurückweisung der Anmeldung vermeiden will. § 43 Abs. 2 Satz 3 hat deshalb nur für den Fall Bedeutung, dass ein Dritter den Prüfungsantrag stellt. Die Vorschrift stellt ausdrücklich klar, dass die Notwendigkeit der Bestellung eines Inlandsvertreters nicht davon abhängt, ob sich im Einzelfall aus dem Antrag ein Verfahren entwickelt, an dem der Antragsteller „beteiligt" ist (vgl. unten Rdn. 17), oder ob es für den Dritten bei der Antragstellung bewendet (vgl. dazu die Begründung zum Regierungsentwurf zum PatÄndGes. Bl. **67,** 244, 260). Schon die Antragstellung erfordert nach § 43 Abs. 2 Satz 3 die Erfüllung der Erfordernisse des § 25; vgl. hierzu auch § 44 Rdn. 10. Kommt der Inlandsvertreter der Aufforderung, die Vollmachturkunde vorzulegen, nicht nach, so ist zu unterscheiden: Hat er als Berechtigter gehandelt, so ist der von ihm gestellte Antrag wirksam, er ist jedoch durch Beschluss als Vertreter zurückzuweisen; war er nicht zur Antragstellung befugt, so ist der Rechercheantrag und ggfls – nach vergeblicher Aufforderung, einen Inlandsvertreter zu bestellen – auch die Anmeldung zurückzuweisen, vgl. Baumbach/Lauterbach/Albers/Hartmann ZPO Anm. 2 B zu § 88 ZPO.

13 **cc) Antragsgebühr.** Nach dem PatKostG wird mit dem Antrag **eine Gebühr nach dem Tarif, die Recherchegebühr,** fällig. Die Gebühr beträgt nach Nr. 311 200 GebVerz. zum PatKostG 250 EUR. Von der Zahlung der Gebühr ist der Anmelder, dem **Verfahrenskosten-**

hilfe bewilligt worden ist, nach § 130 Abs. 2 nach Maßgabe der dafür getroffenen Bestimmungen befreit. Ihm kann Verfahrenskostenhilfe bewilligt werden, wenn hinreichende Aussicht auf Erteilung des Patents besteht (§ 130 Abs. 1). Dem antragstellenden Dritten ist Verfahrenskostenhilfe für den Rechercheantrag zu bewilligen, wenn er ein eigenes schutzwürdiges Interesse glaubhaft macht (§ 130 Abs. 6). Soweit der Antragsteller nicht durch die Bewilligung von Verfahrenskostenhilfe von der Zahlung befreit ist, wird die Gebühr mit dem Antrag fällig (§ 3 Abs. 1 PatKostG). Wird die Gebühr innerhalb der Zahlungsfrist von drei Monaten (§ 6 Abs. 1 Satz 2 PatKostG) nicht, nicht vollständig oder nicht rechtzeitig gezahlt, gilt der Antrag als zurückgenommen. Als Zeitpunkt der Antragstellung muss für die Beurteilung des Zeitranges mehrerer Anträge untereinander (§ 43 Abs. 4) sinnvollerweise der Zeitpunkt gelten, in dem der Antrag und die Gebühr nebeneinander vorliegen (vgl. hierzu auch § 130 Rdn. 13). Der Zeitpunkt der Zahlung ist nach der PatGebZV (vgl. vor § 17) zu bestimmen. Nach § 10 Abs. 2 entfällt die Gebühr, wenn der Antrag mangels rechtzeitiger oder vollständiger Zahlung als zurückgenommen gilt und die beantragte Amtshandlung, hier also die Recherche, nicht vorgenommen wurde. Da die Recherche erst aufgenommen wird, wenn ein wirksamer Recherchenantrag mit einer wirksamen Gebührenentrichtung vorliegt, ist in diesem Fall grundsätzlich die verspätet oder unvollständig gezahlte Recherchengebühr zurückzuzahlen. Eine Beitreibung der Gebühr findet nicht statt, vgl. auch die Begründung zu § 10 PatKostG-E, BT-Drs. 14/6203, S. 47.

Die **Rückzahlung der Gebühr** wird in § 43 Abs. 4 Satz 3 und Abs. 5 Satz 2 für die Fälle **14**
angeordnet, dass bereits ein Prüfungsantrag oder ein Rechercheantrag vorliegt. Da der Antrag in diesen Fällen indes ohnehin als nicht gestellt gilt, bedurfte es der gesetzlichen Bestimmung für diese Fälle an sich nicht. Die Vorschrift dient aber der Klarstellung der Rechtslage. Für den Fall, dass der – rechtlich existente – Antrag nicht zu dem gewünschten Erfolg führt, sondern als unzulässig zurückgewiesen werden muss (vgl. unten Rdn. 19), ist die Rückzahlung nicht vorgesehen. Die Antragsgebühr kann mithin nicht schon deshalb zurückgezahlt werden, weil der von einem Inlandsvertreter ohne Vollmacht gestellte Antrag als unzulässig zurückgewiesen werden muss (vgl. oben Rdn. 12; BPatGE **25,** 32; Bl. **85,** 114, jeweils für die Rückzahlung der Prüfungsantragsgebühr; abw. mit unhaltbarer Begrdg. BPatG Mitt. **80,** 77 mit Anm. Stratmann). Die Rückzahlung ist danach nur möglich, wenn die in der Zahlung liegende rechtsgeschäftliche Verfügung unwirksam ist. Eine Rückzahlung aus Billigkeitsgründen ist nicht zulässig, BPatGE **16,** 33. Auch bei Rücknahme des Rechercheantrages (vgl. unten Rdn. 26) oder der Anmeldung oder bei Wegfall der Anmeldung vor der Durchführung der Recherche kann die Gebühr nicht erstattet, BPatGE **11,** 55; **11,** 222; **13,** 195, 197; **16,** 33f., 46, 207 (GebrM); oder für einen später erneut gestellten Rechercheantrag verwendet werden, BPatGE **13,** 195. Die für den Rechercheantrag gezahlte Gebühr wird auf die Gebühr für einen späteren Prüfungsantrag teilweise angerechnet, gleichgültig, ob die Antragsteller übereinstimmen oder nicht (vgl. § 44 Rdn. 12).

4. Verfahren nach Eingang des Antrags. Nach Eingang des Antrags ist festzustellen, ob **15**
es sich um den ersten Rechercheantrag handelt, ob bereits ein Prüfungsantrag gestellt ist und ob die Antragsgebühr gezahlt ist. Liegt bereits ein – wirksamer und zulässiger – Prüfungs- oder Rechercheantrag vor, so ist der Antragsteller gemäß § 43 Abs. 4 Satz 2 oder Abs. 5 Satz 2 zu benachrichtigen und die Antragsgebühr zurückzuzahlen. Ist die Prüfung eines derartigen Antrags noch nicht abgeschlossen, so wird der Antragsteller darüber zu unterrichten sein (vgl. dazu unten Rdn. 25). Er wird gegebenenfalls auch auf das Fehlen der Antragsgebühr hinzuweisen sein. Ist der Antrag wirksam und bestehen auch keine Bedenken gegen die Zulässigkeit, so sind ohne einen besonderen Verfahrensakt die für diesen Fall vorgesehenen Maßnahmen zu treffen (vgl. unten Rdn. 21ff.). Ergeben sich Bedenken gegen die Zulässigkeit des Antrags, so müssen diese zunächst geklärt werden (§ 43 Abs. 6). Zum **Verhältnis zwischen einem früher eingereichten Prüfungsantrag und einem später eingereichten Rechercheantrag** ist die Änderung in § 44 Abs. 2 Satz 2 zu beachten. Die Zahlungsfrist ist damit auf die allgemein übliche Dreimonatsfrist (§ 6 Abs. 1 Satz 2 PatKostG) verkürzt worden. In der Begründung des Gesetzentwurfs (BT-Drs. 15/1075, S. 67) ist darauf hingewiesen, dass diese Frist enden müsse, wenn die Frist für die Stellung des Prüfungsantrags endet (mit Ablauf des siebten Jahres nach dem Anmeldetag). Die derzeitige (also vor der Gesetzesänderung bestehende) Regelung führe dazu, dass die Prüfungsgebühr mit der Stellung des Antrages nach der allgemein geltenden Regelung nach § 3 Abs. 1 PatKostG fällig werde und die Zahlungsfrist nach § 6 Abs. 1 PatKostG genauso lang sei, wie die Frist für die Stellung des Prüfungsantrages (maximal sieben Jahre). Das führe beim DPMA in den Fällen, in denen ein Rechercheantrag nach § 43 des Patentgesetzes nach dem Prüfungsantrag gestellt worden ist, zu Bearbeitungsschwierigkeiten. Der Recherche-

antrag gelte nach § 43 Abs. 4 als nicht gestellt, wenn ein Prüfungsantrag vorliege. In den Fällen, in denen der Prüfungsantrag gestellt wurde, aber die Prüfungsgebühr noch nicht gezahlt werde, sei das Rechercheverfahren unter Umständen bis zum Ablauf der Prüfungsantragsfrist blockiert, da erst mit Ablauf dieser Frist der Prüfungsantrag wegen Nichtzahlung als zurückgenommen gelte. Die Gesetzesänderung in § 44 Abs. 2 soll damit erklärtermaßen verhindern, dass solche **Blockade- oder Kollisionsfälle für das Rechercheverfahren** auftreten. Der ältere Prüfungsantrag gilt also nach Ablauf der Zahlungsfrist für die Prüfungsgebühr als zurückgenommen und kann von da ab den späteren, möglicherweise innerhalb der Zahlungsfrist für die Prüfungsgebühr eingereichten Rechercheantrag nicht mehr blockieren. Es erscheint allerdings als fraglich, ob damit eine klare und eindeutige Regelung für kollidierende Prüfungs- und Rechercheanträge getroffen ist, da die Zahlungsfristen nicht von einer Wiedereinsetzung ausgeschlossen sind.

16 **a) Prüfung der Zulässigkeit.** Der Antrag kann nur dann das gewünschte Ergebnis – die Ermittlung des Standes der Technik – herbeiführen, wenn er statthaft ist und die allgemeinen und besonderen Antragserfordernisse (vgl. oben Rdn. 7–10) erfüllt sind. Ergeben sich in dieser Hinsicht Bedenken, so muss der Antragsteller auf die Bedenken hingewiesen und ihm Gelegenheit zu Äußerung und, wenn es sich um ein behebbares Hindernis handelt, zur Beseitigung des Mangels, etwa zur Einreichung der Vollmacht oder zur Bestellung des Inlandsvertreters, gegeben werden.

17 **b) Beteiligte der Zulässigkeitsprüfung.** Soweit die Prüfung des Rechercheantrages Anlass zur Erörterung der Zulässigkeit des Antrags gibt, muss diese mit dem Antragsteller geführt werden. Auch der antragstellende Dritte muss insoweit als „Beteiligter" angesehen werden. Die Bestimmung in § 43 Abs. 2 Satz 1, dass der Dritte, der den Rechercheantrag stellt, hierdurch nicht an dem Verfahren beteiligt wird, steht dem nicht entgegen. Das ergibt schon ein Vergleich mit § 44 Abs. 2, der den antragstellenden Dritten nur von der Beteiligung am „Prüfungsverfahren", nicht dagegen von der Teilnahme an der Prüfung seines Antrags ausschließt. Es erschiene auch undenkbar, dass zwar dem antragstellenden Anmelder, nicht dagegen dem antragstellenden Dritten Gelegenheit zur Äußerung und zur Beseitigung eines Mangels gegeben werden sollte. Die Ausschließung des Dritten von der Teilnahme am Verfahren kann daher – ebenso wie in § 44 Abs. 2 – nur auf die auf Grund des Antrages vorzunehmende Recherche, nicht dagegen auf die Prüfung des Antrages selbst bezogen werden. Hinsichtlich der Recherche dürfte sie freilich „gegenstandslos" sein (vgl. Löscher, BB **67**, Beil. 7, Fußn. 27), da der antragstellende ebenso wie jeder andere Dritte schon nach § 43 Abs. 3 Satz 3 Druckschriften angeben kann und etwaige Erörterungen über den Inhalt der Anmeldungsunterlagen nicht im Rahmen der Recherche geführt werden können, sondern zum Übergang in die Offensichtlichkeitsprüfung nötigen (vgl. § 42 Rdn. 17; unten Rdn. 28). Hieran wäre der antragstellende Dritte aber ohnehin nicht beteiligt, so dass es des besonderen Ausschlusses in § 43 Abs. 2 Satz 1 wohl nicht bedurft hätte.

18 Ist Antragsteller ein Dritter, so ist nur er und nicht auch der Anmelder Beteiligter bei der Prüfung der Zulässigkeit des Antrags. Dem Anmelder ist auch dann, wenn er vorher schon über den Eingang des Antrages unterrichtet worden war (§ 43 Abs. 3 Satz 2), nur von dem für den Antragsteller negativen Ausgang des Verfahrens „Mitteilung" zu machen (§ 43 Abs. 6).

19 **c) Zurückweisung, Benachrichtigung des Anmelders.** Erweist sich der Rechercheantrag nach dem Ergebnis der Prüfung als unzulässig und sind behebbare Mängel vom Antragsteller nicht innerhalb der ihm gesetzten Frist behoben worden, so ist der Antrag zurückzuweisen. Die Zurückweisung hat durch Beschluss zu erfolgen (§ 47). § 43 Abs. 6 steht nicht entgegen, da er nichts über die Form der Mitteilung an den Antragsteller sagt. Diese wird durch § 47 geregelt. Der Beschluss ist dem Antragsteller und nur diesem zuzustellen (vgl. oben Rdn. 17).

20 Dem Anmelder muss, wenn er von dem Eingang des Antrages bereits benachrichtigt worden war, von der „Unwirksamkeit" des von einem Dritten gestellten Antrages Mitteilung gemacht werden (§ 43 Abs. 6). Der Sinn der Mitteilung liegt darin, dass der Anmelder, der bisher darauf vertraut hat, der druckschriftliche Stand der Technik werde schon auf Antrag des Dritten ermittelt, auf die Zulässigkeit – und Erforderlichkeit – eines eigenen Antrages hingewiesen werden soll. Auch dieser Umstand spricht dafür, dass sich der Ausdruck „unwirksam" in § 43 Abs. 6 auf alle Fälle beziehen soll, in denen der Antrag des Dritten rechtlich nicht zum Ziele führen kann (vgl. oben Rdn. 9). Die Benachrichtigung nach § 43 Abs. 6 muss daher immer ergehen, wenn der Antrag keinen Erfolg hat. Wegen der aufschiebenden Wirkung einer von dem antragstellenden Dritten etwa eingelegten Beschwerde (§ 75) wird der Ablauf der Beschwerdefrist abzuwarten sein.

d) Maßnahmen bei zulässigem Antrag. Wenn gegen die Zulässigkeit des Antrages keine Bedenken bestehen oder die erhobenen Bedenken ausgeräumt werden, hat das Patentamt eine Reihe von Maßnahmen zu treffen. Die Zulässigkeitsprüfung sollte vorher abgeschlossen sein. Davon geht auch § 43 Abs. 6 aus. Denn es wird dort vorausgesetzt, dass die Benachrichtigung an den Anmelder überhaupt nicht ergeht, wenn sich die Unzulässigkeit des Antrages schon vorher herausstellt. Es hätte auch wenig Sinn, andere von der Stellung eines Prüfungsantrages abzuhalten, solange nicht feststeht oder wenigstens zu erwarten ist, dass der bereits vorliegende Antrag zum Erfolg führt. Zumindest wird aber die Benachrichtigung nach § 43 Abs. 2 Satz 5 wegen der damit verbundenen, schwerwiegenden Folgen solange zurückgestellt werden müssen, bis die Zulässigkeit des Antrags endgültig feststeht. 21

aa) Aufforderung nach § 43 Abs. 2 Satz 5. Betrifft der Rechercheantrag eine Zusatzanmeldung, so ist der Anmelder aufzufordern, den Rechercheantrag für die Hauptanmeldung zu stellen, damit die Recherche für die zusammenhängenden Anmeldungen gemeinsam durchgeführt werden kann (vgl. dazu die Begr. zum Entwurf des PatÄndGes. Bl. **67,** 244, 260). Vor Erlass der Aufforderung und Ablauf der Monatsfrist darf nicht über die Zusatzanmeldung entschieden werden, BPatG GRUR **71,** 88. Mit fruchtlosem Ablauf der gesetzlichen Monatsfrist fällt die Zusatzbeziehung kraft Gesetzes weg. Sie wird zumindest so lange nicht wiederhergestellt werden können, als die Recherche nicht für die bisherige Hauptanmeldung nachgeholt ist. 22

bb) Veröffentlichung im Patentblatt. Die Veröffentlichung im Patentblatt soll die Öffentlichkeit zur Mitwirkung bei der Ermittlung des Standes der Technik durch Angabe von der Erteilung des Patents entgegenstehenden Druckschriften (§ 43 Abs. 3 Satz 3) aufrufen. Sie soll aber auch darauf hinweisen, dass weitere Rechercheanträge unnötig und sogar zwecklos sind (§ 43 Abs. 4 Satz 1). Aus dem zuletzt genannten Grunde dürfte es angebracht sein, die Veröffentlichung erst durchzuführen, wenn die Zulässigkeit des vorliegenden Antrags geprüft ist und sich in dieser Hinsicht keine Bedenken ergeben haben. Ein Widerruf der Veröffentlichung für den Fall, dass sich der Antrag nachträglich als „unwirksam" erweist (§ 43 Abs. 6; vgl. dazu oben Rdn. 19) oder zurückgezogen wird (vgl. unten Rdn. 26), ist nicht vorgesehen, aber auch nicht verboten und sicherlich zweckmäßig. Da die Veröffentlichung nicht zu einem vorzeitigen Bekanntwerden der Anmeldung führen soll, darf sie erst nach Offenlegung der Anmeldung erfolgen. 23

cc) Mitteilung an den Anmelder. Dem Anmelder als dem hauptsächlich daran Interessierten wird der Eingang des Antrages noch gesondert mitgeteilt, damit er nicht genötigt ist, das Patentblatt laufend zu kontrollieren. Der Anmelder erhält auch Nachricht, wenn sich der Antrag später als unzulässig erweist, damit er seine Dispositionen danach einrichten kann (vgl. oben Rdn. 20). 24

dd) Mitteilung an weitere Antragsteller. Weitere Antragsteller, deren Antrag nach § 43 Abs. 5 Satz 1 als nicht gestellt gilt, erhalten nach § 43 Abs. 5 Satz 2 Mitteilung, wann der frühere Antrag eingegangen ist. Für das Zeitverhältnis kommt es auf den Eingang des Antrages und die Zahlung der Gebühr an (vgl. oben Rdn. 13). Ist die Prüfung der Zulässigkeit des früher gestellten Antrages noch nicht abgeschlossen und kann sie noch einige Zeit beanspruchen, so wird der spätere Antragsteller darauf hinzuweisen und die Rückzahlung der Antragsgebühr zurückzustellen sein. Denn ein Antrag im Sinne des § 43 Abs. 5 Satz 1 ist nur ein zulässiger – „wirksamer" – Antrag; ein „unwirksamer" Antrag steht, wie aus § 43 Abs. 6 hervorgeht, einem späteren Antrag nicht entgegen. Erklärt der spätere Antragsteller auf den Hinweis, dass er die Recherche auf jeden Fall wünsche, wenn der frühere Antrag sich als unzulässig erweise, so wird die Recherche, wenn gegen die Zulässigkeit des späteren Antrages – außer dem früheren Antrag – keine Bedenken bestehen, zur Vermeidung von Verzögerungen – etwa durch ein Beschwerdeverfahren (vgl. oben Rdn. 20) – durchgeführt werden können, da sie auf jeden Fall stattfinden muss und die weitere Prüfung des ersten Antrags nur noch für die Frage bedeutsam ist, welche der beiden Antragsgebühren verfallen ist und wer die Bekanntgabe des Ergebnisses (§ 43 Abs. 7) verlangen kann. Die Rückzahlung der einen Gebühr und die Bekanntgabe des Recherchenergebnisses müssen dann freilich zurückgestellt werden, bis feststeht, wer von den beiden Antragstellern den zulässigen Antrag gestellt hat. 25

5. Rücknahme des Antrags. In § 44 Abs. 5 ist ausdrücklich bestimmt, dass die Prüfung auch dann fortgesetzt wird, wenn der Prüfungsantrag zurückgenommen wird. Aus dem Fehlen einer entsprechenden Regelung in § 43 ist zu entnehmen, dass die Zurücknahme des Rechercheantrags – anders als die Zurücknahme des Prüfungsantrags – die Tätigkeit des Patentamts oder der recherchierenden Stelle beenden soll, BPatGE **13,** 195, 198. Die Rücknahme ist nur bis zur Erledigung des Rechercheantrags möglich. Da der Antrag auf Ermittlung der für 26 die Beurteilung der Patentfähigkeit in Betracht zu ziehenden Druckschriften gerichtet ist (§ 43 Abs. 1), ist er mit Durchführung der Recherche und nicht erst mit der Mitteilung der Druckschriften (§ 43 Abs. 7) erledigt. Der zurückgenommene Rechercheantrag wird im Übrigen ebenso zu behandeln sein wie ein im Sinne des § 43 Abs. 6 „unwirksamer" Antrag (vgl. oben Rdn. 20).

27 **6. Durchführung der Recherche. Literatur:** Völcker, Methodik und Ökonomie der isolierten und gezielten Recherche, Mitt. **73,** 221; Wittmann, Ablageorientierte und inhalterschließende Dokumentation für die Patentrecherche, GRUR **74,** 130; Teply, Probleme der Patentrecherche, Mitt. **78,** 47.

Die Recherche ist, wenn die Voraussetzungen dafür vorliegen, auszuführen. Wenn die Prüfungsstelle nicht selbst die recherchierende Stelle ist (vgl. unten Rdn. 28), muss sie den Antrag nach Prüfung der Zulässigkeit mit den Akten oder den Anmeldungsunterlagen der recherchierenden Stelle zuleiten. Die Durchführung der Recherche selbst ist im Gesetz nicht näher geregelt. Nähere Anweisungen enthalten die vom Präsidenten des Patentamts erlassenen Recherchenrichtlinien, derzeit gültige Fassung vom 31. März 1999, Bl. **99,** 201 ff. RecherchenRichtl. Die offensichtliche Uneinheitlichkeit einer Patentanmeldung ist bereits anlässlich der Offensichtlichkeitsprüfung festzustellen. Ergibt sich nachträglich bei der Durchführung der Recherche, dass der Gegenstand der Anmeldung dem Erfordernis der Einheitlichkeit nicht entspricht, so ist dies nach den RecherchenRichtl. auch dann hinzunehmen, wenn nach Ansicht des Prüfers die Uneinheitlichkeit offensichtlich ist. Die Recherche muss sich auch in diesem Falle auf sämtliche Patentansprüche erstrecken, Abschnitt 6 (b) der Richtlinien. Vgl. dazu die für das EPA verbindlichen „Richtlinien für die Recherche", die als Teil B der „Richtlinien für die Prüfung im EPA" vom EPA herausgegeben worden sind. Wegen des Gegenstandes und des Verfahrens der internationalen Recherche vgl. die Regeln 33 bis 45 AusfO PCT und die dazu von der WIPO erlassenen Verwaltungsrichtlinien.

27 a Die Mitt/PräsDPMA Nr. 6/2001 v. 6. 8. 2001 weist darauf hin, dass in zunehmendem Maße Veröffentlichungen auch zu naturwissenschaftlichen und technischen Sachverhalten nur noch als Dokumente im Internet vorliegen und nicht mehr in gedruckter Form erscheinen. Dies betrifft beispielsweise auf dem Gebiet der Biotechnologie insbesondere Veröffentlichungen zu vollständigen Genomsequenzen, deren Informationsgehalt sich dem Betrachter nur durch computergestützte Analyseprogramme erschließen lässt, die in schnell und einfach handhabbarer Form gleichfalls nur über das Internet zugänglich sind. Es ist daher zunehmend erforderlich, dass die Prüfer sich auch externer Datenbanken im Internet bedienen. Dabei ist nicht auszuschließen, dass Begriffe oder Sequenzen, die ohne Bezug zu einem Anmelder unter Verwendung von Suchmaschinen in externen Datenbanken, insbesondere im Internet, recherchiert werden, dadurch Dritten zugänglich sind. Die Mitteilung empfiehlt daher Anmeldern, die vermeiden wollen, dass in Anmeldungen enthaltene Begriffe oder Sequenzen möglicherweise bereits vor der Offenlegung Dritten bekannt werden, erst nach der Offenlegung ihrer Anmeldung einen Antrag auf Recherche oder Prüfung der Anmeldung zu stellen.

28 **a) Ausführende Stelle.** Die Ermittlung der öffentlichen Druckschriften, die für die Beurteilung der Patentfähigkeit einer angemeldeten Erfindung in Betracht zu ziehen sind (§ 43 Abs. 1), war auf Grund der Ermächtigung in § 43 Abs. 8 Nr. 1 durch § 1 der VO vom 31. 5. 1978 (BGBl. I 660), zuletzt geändert am 26. 6. 1980 (BGBl. I 770), mit den aus der Anlage zu der VO ersichtlichen Ausnahmen dem Europäischen Patentamt übertragen worden. Es handelte sich im Prinzip um eine auf die Dienststelle Berlin abgestellte Übergangsmaßnahme. Die Übertragung auf das Europäische Patentamt ist durch die Vierte VO zur Änderung der VO zu § 28 a des Patentgesetzes vom 25. 11. 1980 (BGBl. I 2193; Bl. **81,** 2) aufgehoben worden. Mangels anderweiter Regelung verbleibt es danach bei der Zuständigkeit der Prüfungsstellen (§ 27 Abs. 1 Nr. 1). Diese führen die Recherche für die ihnen jeweils zugewiesenen Klassen, Gruppen und Untergruppen aus. Alle wirksam gestellten Recherchenanträge werden von derjenigen Prüfungsstelle federführend und in alleiniger Verantwortung bearbeitet, in deren Aufgabenbereich die gemäß IPC angegebene Hauptklasse fällt. Diese Prüfungsstelle ermittelt den einschlägigen Stand der Technik umfassend, vollständig und abschließend. Insofern unterscheidet sich die Behandlung der Recherchen gemäß § 7 GebrMG und §§ 43 sowie 44 PatG künftig nicht mehr. Damit erübrigt sich auch sich die gleichzeitige Stellung von Recherchen- und Prüfungsantrag. Durch die Angleichung sollen die Qualität der Recherchen auf hohem Niveau gesichert und zugleich die Bearbeitungszeiten spürbar verkürzt werden. Diese Maßnahme ist auch im Zusammenhang mit dem Betriebsbeginn des Patentinformationssystem DEPATIS zu sehen, das auf einfache Weise IPC-Klassen-übergreifende Recherchen ermöglicht, Mitteilung/PräsDPMA Nr. 4/99 v. 4. 1. 1999.

b) Gegenstand und Umfang der Recherche. Mit der Recherche soll der relevante Stand der Technik so ermittelt werden, dass damit die Patentfähigkeit der angemeldeten Erfindung beurteilt werden kann. Gegenstand der Recherche ist die in den Patentansprüchen angegebene Erfindung. Die Beschreibung und die Zeichnungen sind zur Auslegung der Patentansprüche heranzuziehen. Die Recherche erstreckt sich auf die Gegenstände sämtlicher Patentansprüche, Nr. 5 und 6 RechercheRiLi. Die Recherche bezieht sich auf öffentliche Druckschriften und damit auch auf Patentanmeldungen mit älterem Zeitrang, soweit diese nach § 3 Abs. 2 als Stand der Technik gelten. Die Recherche erstreckt sich auf die Druckschriften, die im – sehr umfangreichen – Prüfstoff und den inzwischen aufgebauten Datenbanken des Patentamts und damit vernetzten Datenbanken anderer Patentämter vorhanden sind (vgl. oben Rdn. 28); eine Verpflichtung, den Prüfstoff im Rahmen der Recherche zu ergänzen und etwa eine vom Anmelder genannte Druckschrift zu beschaffen, besteht nicht, BPatG Mitt. **76,** 37. Die Prüfungsstelle hat sich bei der Recherche der vorhandenen technischen Hilfsmittel sowie der durch diese verfügbaren Informationsquellen zu bedienen, soweit dies Erfolg versprechend und im Hinblick auf den Aufwand vertretbar erscheint. Das Patentamt sollte aber, wenn der Anmelder einen Hinweis auf einen ihm nicht zugänglichen Stand der Technik gibt, diesem Hinweis schon nach seinem Eingang nachgehen, vgl. die Anm. von Schickedanz Mitt. **76,** 37. Gibt der Anmelder den Stand der Technik von sich aus oder auf Verlangen des Deutschen Patent- und Markenamts nach § 34 Abs. 7 PatG an, hat er diese Angaben mit den ihm bekannten Fundstellen zu belegen. Nach der MittPräsPA Nr. 2/91, Bl. **91,** 11, wurde bei der Recherche auch die Patentliteratur osteuropäischer Staaten berücksichtigt, wenn beim Rechercheantrag auf ein besonderes Interesse in dieser Richtung hingewiesen wird; diese erweiterte Recherchemöglichkeit war durch die Übernahme von Prüfern und Dokumentation des Patentamts der ehemaligen DDR möglich geworden. 29

Der zu berücksichtigende Stand der Technik wird durch den der Anmeldung zukommenden Zeitrang, also durch dessen Anmeldetag oder durch einen etwaigen früheren Prioritätstag bestimmt. Da im Einzelfalle indessen Zweifel über die Berechtigung eines Prioritätsanspruchs auftauchen können, werden die im Prioritätszeitraum veröffentlichten Druckschriften vorsorglich mit einbezogen (RecherchenRichtl. Nr. 4 und 6), aber mit dem Ausgabetag bezeichnet. 30

Bei der Recherche werden nicht nur die Druckschriften berücksichtigt, die den Gegenstand der Anmeldung im Sinne des § 3 neuheitsschädlich beschreiben, sondern auch solche, die für die Beurteilung der Erfindungshöhe von Bedeutung sein können. 31

Die RechercheRiLi verpflichten die Prüfungsstellen auf den Grundsatz der gründlichen, aber nicht übertriebenen Recherche, Nr. 5 Abs. 4. Wird bei der Durchführung der Recherche erkennbar, dass für eine nur noch geringe Verbesserung des bisher erzielten Rechercheergebnisses ein unverhältnismäßig großer Arbeitsaufwand erforderlich wäre, ist die Recherche zu beenden. Die Recherche ist auch dann zu beenden, wenn Druckschriften aufgefunden worden sind, die die Gegenstände aller Patentansprüche neuheitsschädlich vorwegnehmen. Die Recherche muss auch den Inhalt der Anmeldung möglichst vollständig erfassen. Abzustellen ist selbstverständlich in erster Linie auf die Patentansprüche. In Zweifelsfällen wird auch der sonstige Inhalt der Anmeldung berücksichtigt.

c) Bericht über den Stand der Technik, Recherchebericht. Das Ergebnis der Recherche ist der Bericht über den Stand der Technik (vgl. die Begrdg. zum Regierungsentwurf zum PatÄndGes. Bl. **67,** 244, 256; Bericht des Rechtsausschusses Bl. **67,** 279, 287), jetzt in Anlehnung an den europäischen Sprachgebrauch der „Recherchebericht", der dem Anmelder mitzuteilen ist (§ 43 Abs. 7). Da dem Anmelder nur die ermittelten Druckschriften mitzuteilen sind, handelt es sich bei dem „Bericht" um eine Materialzusammenstellung (Begrd. zum RegEntw. aaO) ohne direkte Angabe der sich daraus für die Beurteilung der Patentfähigkeit ergebenden Folgerungen, aber doch mit entsprechenden klassifikatorischen Hinweisen auf die Relevanz der ermittelten Dokumenten, vgl. Nr. 7 RechercheRiLi. Damit ist die Anpassung an die Richtlinien für die europäische und die internationale Recherche vollzogen, die seit Beginn vorsehen, dass Dokumente von besonderer Bedeutung, durch die die Neuheit der wesentlichen Merkmale der Erfindung vorweggenommen oder die erfinderische Tätigkeit eindeutig in Frage gestellt wird, entsprechend gekennzeichnet werden. 32

Entsprechend diesem internationalen Standard bedeutet dabei: **X** Druckschriften, die Neuheit oder das Vorliegen einer erfinderischen Tätigkeit allein in Frage stellen; **Y** Druckschriften, die das Vorliegen einer erfinderischen Tätigkeit zusammen mit anderen Druckschriften in Frage stellen; **A** allgemein zum Stand der Technik, technologischer Hintergrund; **O** nichtschriftliche Offenbarung, z. B. ein in einer nachveröffentlichten Druckschrift abgedruckter Vortrag, der vor dem Anmelde- oder Prioritätstag öffentlich gehalten wurde; **P** im Prioritätsintervall veröffent- 32 a lichte Druckschriften; **T** nachveröffentlichte, nicht kollidierende Druckschriften, die die Theorie der angemeldeten Erfindung betreffen und für ein besseres Verständnis der angemeldeten Erfindung nützlich sein können oder zeigen, dass der angemeldeten Erfindung zugrunde liegende Gedankengänge oder Sachverhalte falsch sein könnten; **E** ältere Patentanmeldungen gemäß § 3 Abs. 2 PatG; **D** Druckschriften, die bereits in der Patentanmeldung genannt sind und **L** aus besonderen Gründen genannte Druckschriften, z. B. zum Veröffentlichungstag einer Entgegenhaltung oder bei Zweifeln an der Priorität. Wegen der Weiterentwicklung des internationalen Rechercheberichts zum System der sog. „erweiterten internationalen Recherche und internationalen vorläufigen Prüfung" ab 1. 1. 2004 vgl. den Jahresbericht DPMA 2003, S. 18f.

32b Mit dem Bericht werden dem Anmelder oder dem antragstellenden Dritten gebühren- und auslagenfrei auch Ablichtungen der ermittelten Druckschriften geliefert. Die Kopien sind gem. § 45 UrhG urheberrechtsfrei.

33 **d) Maßnahmen nach Durchführung der Recherche.** Nach Abschluss der Recherche wird der Recherchebericht dem Anmelder und, wenn der Rechercheantrag von einem Dritten gestellt worden ist, auch diesem mitgeteilt. Die Mitteilung erfolgt ausdrücklich ohne Gewähr für Vollständigkeit, § 43 Abs. 7 Satz 1. Damit ist klargestellt, dass kein Anspruch auf Ergänzung oder Vervollständigung der Recherche besteht, BPatGE **17,** 222. Im Patentblatt wird bekanntgegeben, dass die Mitteilung erfolgt ist. Die Öffentlichkeit wird auf diese Weise darauf hingewiesen, dass der Bericht vorliegt und in den Akten eingesehen werden kann (§ 31 Abs. 2). Es versteht sich von selbst, dass auch diese Veröffentlichung nicht vor der Offenlegung der betroffenen Anmeldung ergehen darf (vgl. § 43 Abs. 3 Satz 1). Sofern ein Antrag nach § 43 Abs. 1 Satz 2 gestellt worden ist, wird auch dies bekanntgegeben (§ 43 Abs. 7 Satz 2). Die Mitteilung hat keinen Entscheidungscharakter und kann daher auch nicht mit der Beschwerde angefochten werden, vgl. BPatGer Mitt. **84,** 32.

34 **7. Sonstige Unterlagen über den Stand der Technik.** Die Recherche ist nicht der einzige Weg, auf dem Unterlagen über den Stand der Technik zu den Akten der Anmeldung gelangen können. Der Anmelder muss nach § 34 Abs. 6 auf Verlangen des Patentamts einen ihm bekanntgewordenen Stand der Technik angeben (vgl. dazu § 34 Rdn. 87).

35 **a) Angaben Dritter.** Nach § 43 Abs. 3 Satz 3 ist jedermann berechtigt, dem Patentamt Druckschriften anzugeben, die der Erteilung eines Patents entgegenstehen könnten. Nach dem Zusammenhang sollen Dritte auf diese Weise an der amtlichen oder amtlich zu beschaffenden Recherche mitwirken können. Diese Mitwirkung steht auch dem Dritten, der die Recherche beantragt und nach § 43 Abs. 2 Satz 1 nicht am „Verfahren" beteiligt wird, offen (vgl. oben Rdn. 17). Das Gesetz setzt indessen für die Angaben keine Frist. Zumindest nach der Veröffentlichung über den Eingang des Rechercheantrags (§ 43 Abs. 3 Satz 1) können daher Angaben gemäß § 43 Abs. 3 Satz 3 grundsätzlich ohne zeitliche Beschränkung gemacht werden. Daraus ergibt sich aber von selbst, dass mit der Durchführung der Recherche nicht abgewartet werden kann, ob Dritte von der ihnen eingeräumten Möglichkeit Gebrauch machen, und dass bei der amtlichen Recherche nur die schon vorliegenden Angaben Dritter berücksichtigt zu werden brauchen. In den Recherchebericht sind die von Dritten genannten Druckschriften ohnehin nur aufzunehmen, wenn und soweit sie nach Ansicht der recherchierenden Stelle für die Beurteilung der Patentfähigkeit der Anmeldung von Bedeutung sind.

36 Das Patentamt wird dem Anmelder von den Angaben Dritter – auch wenn sie in dem Bericht über den Stand der Technik verwertet worden sind – Kenntnis geben müssen und von dem Dritten zu diesem Zwecke eine Abschrift seiner Eingabe erfordern können. Ob Dritte nach § 43 Abs. 3 Satz 3 berechtigt sind, auch schon vor der Veröffentlichung über den Eingang eines Rechercheantrages Druckschriften zu nennen, kann nach dem Zusammenhang zweifelhaft sein. Die Beantwortung dieser Frage erscheint aber auch bedeutungslos, da das Patentamt ohnehin niemanden daran hindern kann, Eingaben zu anhängigen Anmeldungen zu machen und dabei auf irgendwelche, die Anmeldung betreffende Umstände hinzuweisen. Er erscheint deshalb auch belanglos, dass sich auch § 43 Abs. 3 Satz 3 nur auf öffentliche Druckschriften bezieht. Das Patentamt muss die Eingabe auch entgegennehmen, wenn ein Dritter auf einen sonstigen Stand der Technik aufmerksam macht. Eine ähnliche Funktion wie § 43 Abs. 3 Satz 3 hat Art. 115 EPÜ, nach dem jeder Dritte nach der Veröffentlichung der europäischen Patentanmeldung Einwendungen gegen die Patentierbarkeit der angemeldeten Erfindung erheben kann. Der Dritte ist am Verfahren vor dem EPA ebenfalls nicht beteiligt. Die „Einwendungen werden dem Anmelder oder Patentinhaber mitgeteilt, vgl. Benkard/Schäfers EPÜ, Erläuterungen zu Art. 115.

37 **b) Recherchenaustausch.** § 43 Abs. 8 Nr. 2 gibt dem BMJ die Ermächtigung, „zur beschleunigten Erledigung der Patenterteilungsverfahren" die Mitteilung des Ergebnisses einer

Recherche oder des Prüfungsverfahrens, soweit es sich um den ermittelten Stand der Technik handelt, an ausländische oder zwischenstaatliche Einrichtungen, bei denen die Erfindung ebenfalls angemeldet worden ist, durch RechtsVO zuzulassen. Von dieser Ermächtigung war zunächst durch die VO zu § 28a (jetzt § 43) Gebrauch gemacht worden; die Verordnung ist aber bereits 1980 wieder aufgehoben worden (vgl. oben Rdn. 28). Das Patentamt hat grundsätzlich die Möglichkeit zur Teilnahme am internationalen Recherchenaustausch, wie er im Rahmen der sog. Trilateralen Zusammenarbeit zwischen dem EPA, dem Japanischen Patentamt und dem USPTO vorbereit und praktiziert wird. Eine entsprechende Auskunft eines ausländischen oder zwischenstaatlichen Patentamts ist zu den Akten zu nehmen. Sie kann im Einzelfall einen Rechercheantrag für die deutsche Anmeldung entbehrlich machen. Wenn der Antrag gleichwohl gestellt wird, wird sich das Amt nicht darauf beschränken können, den Inhalt der Auskunft kurzerhand als Recherchebericht über den Stand der Technik mitzuteilen; es wird auf jeden Fall zu überprüfen haben, ob der in der Auskunft enthaltene Stand der Technik vollständig ist. Einzelheiten sind den Jahresberichten des Patentamts (unter dem Kapitel „Internationale Zusammenarbeit") zu entnehmen.

44 *Prüfungsantrag. Vollständige Prüfung* (1) **Das Patentamt prüft auf Antrag, ob die Anmeldung den Anforderungen der §§ 34, 37 und 38 genügt und ob der Gegenstand der Anmeldung nach den §§ 1 bis 5 patentfähig ist.**

(2) [1]**Der Antrag kann von dem Patentsucher und jedem Dritten, der jedoch hierdurch nicht an dem Prüfungsverfahren beteiligt wird, bis zum Ablauf von sieben Jahren nach Einreichung der Anmeldung gestellt werden.** [2]**Die Zahlungsfrist für die Prüfungsgebühr nach dem Patentkostengesetz beträgt drei Monate ab Fälligkeit (§ 3 Abs. 1 des Patentkostengesetzes).** [3]**Diese Frist endet jedoch mit Ablauf von sieben Jahren nach Einreichung der Anmeldung.**

(3) [1]**Ist bereits ein Antrag nach § 43 gestellt worden, so beginnt das Prüfungsverfahren erst nach Erledigung des Antrags nach § 43.** [2]**Im übrigen ist § 43 Abs. 2 Satz 2, 3 und 5, Abs. 3, 5 und 6 entsprechend anzuwenden.** [3]**Im Falle der Unwirksamkeit des von einem Dritten gestellten Antrags kann der Patentsucher noch bis zum Ablauf von drei Monaten nach Zustellung der Mitteilung, sofern diese Frist später als die in Absatz 2 bezeichnete Frist abläuft, selbst einen Antrag stellen.** [4]**Stellt er den Antrag nicht, wird im Patentblatt unter Hinweis auf die Veröffentlichung des von dem Dritten gestellten Antrags veröffentlicht, daß dieser Antrag unwirksam ist.**

(4) [1]**Das Prüfungsverfahren wird auch dann fortgesetzt, wenn der Antrag auf Prüfung zurückgenommen wird.** [2]**Im Falle des Absatzes 3 Satz 3 wird das Verfahren in dem Zustand fortgesetzt, in dem es sich im Zeitpunkt des Eingangs des vom Patentsucher gestellten Antrags auf Prüfung befindet.**

Inhaltsübersicht

Vorbemerkung zum Textbestand: In § 44 Abs. 1 ist durch Art. 2 Nr. 15 des 2. PatÄndG v. 16. 7. 1998 BGBl. I 1827 die Angabe „35" durch die Angabe „34" ersetzt worden m.W.v. 1. 11. 1998. Das KostRegBerG v. 13. 12. 2001, BGBl. I 3656 hat durch Art. 7 Nr. 20 Buchst. a) und c) m.W.v. 1. 1. 2002 den früheren Absatz 3 aufgehoben (Zahlung der Gebühr nach Tarif) und die Zählung der nachfolgenden Absätze entsprechend geändert. Es hat ferner durch Art. 7 Nr. 20 Buchst. b) Verweisungen auf den geänderten § 43 bereinigt. Das Geschmacksmusterreformgesetz v. 12. 3. 2004, BGBl. I 390, hat durch Art. 2 Abs. 7 Nr. 2 Buchst. a bzw. b in § 44 Abs. 2 die Sätze 2 und 3 eingefügt und in Abs. 4 die Verweisung bereinigt.

Literatur: Löscher, Der künftige Ablauf des Patenterteilungsverfahrens und die sonstigen Neuerungen im Patentrecht, BB **67,** Beil. 7; Althammer, Gesetz zur Änderung des Patentgesetzes, des Warenzeichengesetzes und anderer Gesetze, GRUR **67,** 394, 401 ff.; Witte/Vollrath, Praxis der Patent- und Gebrauchsmusteranmeldung, 2. Aufl. 1985, 77 ff.; Kraßer § 25.

1 **1. Prüfung auf Antrag.** Die Vorschrift enthält das Kernstück der Regelung über die „verschobene" Prüfung (vgl. Rdn. 29, 30 vor § 35). Die vollständige Prüfung – insbesondere die Sachprüfung auf Patentfähigkeit – wird nicht mehr automatisch nach Eingang der Anmeldung vorgenommen. Die eingehende Prüfung wird vielmehr nur auf besonders zu stellenden Antrag durchgeführt. Dieser Antrag kann allerdings schon bei Einreichung der Anmeldung gestellt werden, so dass die vollständige Prüfung auch sofort nach Eingang der Anmeldung einsetzen kann. Das System der „verschobenen" Prüfung ist daher nicht voll durchgeführt. Es handelt sich vielmehr um ein Mischsystem mit der Möglichkeit sofortiger und aufgeschobener Prüfung.

2 **2. Der Prüfungsantrag.** Das eigentliche Prüfungsverfahren wird durch besonders zu stellenden Antrag eingeleitet. Nach dem Sinn und Zweck der gesetzlichen Regelung sollte der Prüfungsantrag nur dann und auch erst dann gestellt werden, wenn sich ein Bedürfnis für die Durchführung der Prüfung ergibt. Der Antragsteller braucht aber darüber keine Angaben zu machen.

2 a Nach § 12 **Erstreckungsgesetz** kann ein Prüfungsantrag auch zu nach § 4 des Gesetzes erstreckten Patenten gestellt werden, die vom Patentamt der ehemaligen DDR erteilt worden sind, soweit sie nicht bereits auf das Vorliegen aller Schutzvoraussetzungen geprüft worden sind. Damit soll Dritten, die das Schutzrecht zu beachten haben, und auch dem an einer Überprüfung des wirtschaftlichen Wertes seines Schutzrechts interessierten Inhaber eine Möglichkeit der Sachprüfung angeboten werden, vgl. BT-Drs. 12/1399, Bl. **92,** 213, 228 f. Der Antrag kann deshalb vom Patentinhaber und von jedem Dritten gestellt werden; im Gegensatz zum Antrag bei Patentanmeldungen ist er nicht fristgebunden. Die Abs. 1, 3 und 5 Satz 1 von § 44 finden entsprechende Anwendung. Danach ist der Antrag nur wirksam gestellt, wenn die Prüfungsgebühr bezahlt wird. Das mit dem Antrag eingeleitete Prüfungsverfahren wird auch dann fortgesetzt, wenn der Prüfungsantrag zurückgenommen wird. Gestellte Recherchenanträge sind vor Beginn des Verfahrens zu erledigen. Prüfungsanträge nach altem Recht werden weiterbehandelt. Das Verfahren endet mit der Aufrechterhaltung oder dem Widerruf des Patents, § 12 Abs. 3 Satz 1 Erstreckungsgesetz. Die Entscheidungen sind im Patentblatt zu veröffentlichen. Gegen die Aufrechterhaltung des Patents kann Einspruch nach § 59 eingelegt werden, § 12 Abs. 3 Satz 3 Erstreckungsgesetz.

3 **a) Statthaftigkeit des Antrags.** Bei allen neu eingereichten Anmeldungen kann die Stellung des Prüfungsantrags mit der Einreichung der Anmeldung verbunden werden. Der Antrag kann, sofern die Anmeldung anhängig bleibt, aber auch später, und zwar bis zum Ablauf von sieben Jahren nach Einreichung der Anmeldung, gestellt werden (§ 44 Abs. 2). Bei Ausscheidungsanmeldungen ist ebenso wie bei Teilanmeldungen der Tag der Einreichung der Stammanmeldung maßgebend, BPatGE **15,** 133; **16,** 50, 52. Der letzte Tag der Antragsfrist ist der Tag, der dem Anmeldetage entspricht (§§ 187 Abs. 1, 188 Abs. 2 BGB); auf einen etwaigen früheren Prioritätstag kommt es für die Berechnung der Antragsfrist nicht an. Wenn nicht innerhalb der sieben Jahre ein Prüfungsantrag eingegangen und fristgerecht auch die Antragsgebühr (vgl. unten Rdn. 11) gezahlt ist (BPatGE **12,** 85, 88), gilt die Anmeldung als zurückgenommen (§ 58 Abs. 3). Der Lauf der Frist für den Prüfungsantrag wird nicht dadurch berührt, dass die Patentanmeldung während des Laufs der Frist und bei ihrem Ende infolge unterbliebener Zahlung einer Jahresgebühr nach § 58 Abs. 3 PatG – vorbehaltlich späterer Wiedereinsetzung nach § 123 PatG – zunächst als zurückgenommen gilt, BGH – Prüfungsantrag, GRUR **95,** 45, 46, Egr. I b.

4 Der Anmelder, der ohne Verschulden verhindert gewesen ist, die Antragsfrist einzuhalten, kann jedoch, wie durch § 123 Abs. 5 ausdrücklich bestätigt wird, Wiedereinsetzung in die versäumte Frist erhalten und den Antrag längstens bis zum Ablauf von acht Jahren nachholen (§ 123 Abs. 2). Die Wiedereinsetzung kann nicht schon deshalb gewährt werden, weil das Patentamt den Anmelder nicht auf den drohenden Fristablauf und dessen Folgen hingewiesenen hat; a. A. für den Fall eines patenrechtlich unerfahrenen Anmelders BPatGE **22,** 280, 281 f. Zu berücksichtigen ist allerdings auch, dass die Bundesregierung im Rahmen des Gesetzgebungsverfahrens zum GPatG zugesagt hat, im Verwaltungswege durch eine entsprechende Mitteilung den Patentanmelder vor Ablauf der Prüfungsantragsfrist darauf hinzuweisen, dass der vorläufige

Schutz für die angemeldete Erfindung demnächst entfalle, wenn er nicht fristgerecht einen Prüfungsantrag gestellt habe (BerRABT, BTDrs. 8/2799, Bl. **79,** 292, 294). Unterbleibt diese Mitteilung versehentlich, könnte der benachteiligte Anmelder Wiedereinsetzung in den vorigen Stand beantragen (vgl. auch Schulte, 7. Aufl. Rdn. 17 zu § 44). Der Anmelder kann auch noch nach Ablauf der sieben Jahre einen von einem Dritten rechtzeitig gestellten, aber nicht zulässigen Antrag aufgreifen (§ 44 Abs. 4 Satz 3; vgl. dazu unten Rdn. 18). Die Durchführung der Offensichtlichkeitsprüfung (§ 42) oder einer Recherche (§ 43) hindern nicht an der Stellung des Prüfungsantrags. Die bereits eingeleitete Offensichtlichkeitsprüfung wird bei Eingang des Prüfungsantrags abgebrochen und in die vollständige Prüfung nach § 44 Abs. 1 übergeleitet (vgl. § 42 Rdn. 4). Ein bereits vorliegender Rechercheantrag wird vor der Durchführung der Prüfung der Anmeldung erledigt (§ 44 Abs. 4 Satz 1).

Wegen Übergangsanmeldungen nach Art. 7 § 1 Abs. 2 PatÄndGes (1967), für die ein Prüfungsantrag erforderlich war (vgl. oben Rdn. 2), wird auf die Voraufl. verwiesen. 5

b) Antragsberechtigung. Der Antrag kann vom Anmelder und jedem Dritten gestellt werden (§ 44 Abs. 2). Ein besonderes Interesse braucht auch der antragstellende Dritte nicht darzutun. Er muss nur dann ein schutzwürdiges Interesse darlegen und glaubhaft machen, wenn er für die Antragstellung Verfahrenskostenhilfe in Anspruch nehmen will (§ 130 Abs. 6). Ein Anwalt kann einen Prüfungsantrag auch im eigenen Namen stellen, und zwar auch dann, wenn der Antrag im Interesse eines Mandanten gestellt wird; seinen Auftraggeber muss er nur dann nennen, wenn er den Prüfungsantrag in fremden Namen stellt, BPatGE **15,** 135 mit krit. Anm. Kockläuner GRUR **74,** 199 und Keil Mitt. **73,** 234. Standesrechtlich ist die Rechtsfrage vom OLG München dahin entschieden, dass der Patentanwalt seinen Auftraggeber nicht nennen muss, vgl. Mitt. **83,** 95, 96. Die Zurückweisung eines Antragstellers als „Strohmann" kommt nicht in Betracht, da der antragstellende Dritte nicht Verfahrensbeteiligter wird, vgl. BPatG GRUR **74,** 80. 6

c) Allgemeine Antragserfordernisse. Als Antrag, der ein Verfahren einleitet, muss der Prüfungsantrag den allgemein an eine – bestimmende – Prozesshandlung zu stellenden Anforderungen genügen. Der Antrag muss insbesondere unbedingt gestellt werden. In der Person des Antragstellers müssen die Voraussetzungen für ein wirksames Handeln vorliegen (vgl. § 43 Rdn. 9). Der Antrag muss in deutscher Sprache gestellt werden (§ 126). 7

Als reine Verfahrenshandlung ist der Prüfungsantrag der Anfechtung wegen eines Willensmangels entzogen; die Erklärung, Prüfungsantrag zu stellen, kann deshalb nicht mit der Begründung angefochten werden, es habe ein Rechercheantrag gestellt werden sollen, BPatGE **11,** 219, 221. 8

d) Besondere Antragserfordernisse. Das Gesetz verlangt die Schriftform für den Antrag, bei Auswärtigen Bestellung eines Inlandsvertreters oder Zustellungsbevollmächtigten und für alle Anträge grundsätzlich die Zahlung der besonderen Antragsgebühr. 9

aa) Schriftform. Der Antrag ist schriftlich einzureichen (§ 44 Abs. 4 Satz 2 in Vbdg. mit § 43 Abs. 2 Satz 2). Da die Erwägungen, aus denen die Rechtsprechung beim Einspruch – abgesehen von telegrafischer oder fernschriftlicher Einlegung – handschriftliche Unterzeichnung verlangt (BGH GRUR **67,** 586), auch beim Prüfungsantrag zutreffen, wird auch hier die eigenhändige Unterschrift gefordert werden müssen. Bei telegrafischer oder fernschriftlicher Einlegung kann von dem Erfordernis der Eigenhändigkeit der Unterschrift abgesehen werden; auch der telegrafisch oder fernschriftlich gestellte Antrag muss jedoch bei juristischen Personen die Unterschrift einer vertretungsberechtigten Person enthalten, vgl. BGH GRUR **67,** 586 Rohrhalterung. Auf die weitere Rechtsprechung zum Schriftlichkeitserfordernis und dessen Modifizierung durch § 125 a mit der Zulassung elektronischer Dokumente, Rdn. 20 bis 23 vor § 34, Rdn. 14 zu § 59 und Rdn. 24 bis 26 zu § 73, § 125 a wird Bezug genommen. 10

bb) Inlandsvertreter. Der Anmelder muss nach § 25 schon als solcher, solange die Anmeldung anhängig ist, einen Inlandsvertreter oder Zustellungsbevollmächtigten bestellt haben. Durch die Verweisung auf § 25 in § 43 Abs. 2 Satz 3, der nach § 44 Abs. 4 Satz 2 für den Prüfungsantrag entsprechend gilt, wird klargestellt, dass auch der antragstellende Dritte einen Inlandsvertreter bestellen muss. Es spielt deshalb keine Rolle, ob der Prüfungsantrag im Einzelfall Anlass zu Erörterungen über die Zulässigkeit gibt und sich daraus ein Verfahren entwickelt, an dem der antragstellende Dritte „beteiligt" ist (vgl. unten Rdn. 19), oder ob sich die „Teilnahme" des antragstellenden Dritten im Einzelfall in der Antragstellung erschöpft. Schon die Antragstellung als solche erfordert die Bestellung des Inlandsvertreters. Hat der antragstellende Dritte keinen Inlandsvertreter bestellt und holt er die Bestellung auf Aufforderung auch nicht 11 nach, so muss der Prüfungsantrag zurückgewiesen werden. Ein entsprechender Mangel bei dem antragstellenden Anmelder führt dagegen zur Zurückweisung der Anmeldung. Kommt der Inlandsvertreter der Aufforderung, die Vollmachtsurkunde vorzulegen nicht nach, so ist zu unterscheiden: Hat er (sachlich-rechtlich) als Berechtigter gehandelt, so ist der von ihm gestellte Antrag wirksam, er ist jedoch durch Beschluss als Vertreter zurückzuweisen; war er (sachlich-rechtlich) nicht befugt so ist der Prüfungsantrag und gegebenenfalls – nach vergeblicher Aufforderung, einen Inlandsvertreter zu bestellen – auch die Anmeldung zurückzuweisen.

12 **cc) Antragsgebühr.** Für den Prüfungsantrag ist eine Gebühr nach dem GebVerz zum PatKostG zu zahlen. Diese Regelung wird durch Art. 5 bis PVÜ nicht berührt, BPatGE **14,** 31. Die Gebühr wird mit dem Eingang des Antrags fällig, § 3 Abs. 1 PatKostG. Bis dahin besteht überhaupt keine Zahlungspflicht. Auch nach der Antragstellung ist die Zahlung im Hinblick auf die in § 6 Abs. 2 enthaltene Sanktion nicht erzwingbar (vgl. dazu die Erl. zum PatKostG vor § 17). Die Gebühr kann und wird regelmäßig erst nach Antragstellung entrichtet werden. Zu weitgehend erscheint jedoch der in BPatGE **19,** 18 = Bl. **78,** 18 für die frühere Rechtslage vertretene Standpunkt, die Gebühr könne – ohne Wiederholung des Prüfungsantrags – jederzeit innerhalb der Siebenjahresfrist des § 44 Abs. 2 gezahlt werden, auch wenn das Patentamt zwischenzeitlich festgestellt habe, dass der Antrag wegen Nichtzahlung der Gebühr als nicht gestellt gilt. Das Problem ist durch die Einfügung von § 44 Abs. 2 Satz durch das Geschmacksmusterreformgesetz mit Wirkung zum 19. 3. 2004 erledigt, vgl. dazu die Mitt/PräsDPMA Nr. 23/04 v. 17. 6. 2004. Die Prüfungsgebühr ist jetzt innerhalb von drei Monaten nach Eingang des Prüfungsantrags zu entrichten. Die Frist endet jedoch in jedem Fall mit Ablauf von sieben Jahren nach Einreichung der Anmeldung. Die Bearbeitungsprobleme, die die frühere Regelung für das Patentamt verursachte, sind in der BT-Drs. 15/1075, S. 67, näher dargelegt. Überleitungsvorschriften sind für die Änderung nicht vorgesehen. Es ist daher davon auszugehen, dass für Prüfungsanträge, die am 19. 4. 2004 bereits eingereicht waren, die Zahlungsfrist von drei Monaten an diesem Tag zu laufen begonnen haben.

13 **dd) Ermäßigte Antragsgebühr.** Die Antragsgebühr beträgt, wenn bereits ein Rechercheantrag – gleich von wem (vgl. § 43 Rdn. 13) – gestellt worden ist, 150 EUR, sonst 350 EUR (Nrn. 311 300 und 311 400 des GebVerz. zum PatKostG). Die Ermäßigung auf 150 EUR tritt nach Art. II § 9 Abs. 3 und Art. III § 7 Satz 1 IntPatÜG auch ein, wenn ein vollständiger europäischer oder internationaler Recherchenbericht vorliegt. Die Ermäßigung tritt nicht ein, wenn der Recherchenbericht für Teile der Anmeldung nicht erstellt worden ist. Der Anmelder, dem Verfahrenskostenhilfe bewilligt ist oder wird, wird hinsichtlich der Zahlung der Antragsgebühr so behandelt, als habe er sie entrichtet (§ 130 Abs. 2). Dem antragstellenden Dritten kann Verfahrenskostenhilfe bewilligt werden, wenn er die Gebühr nicht aufbringen kann und ein eigenes schutzwürdiges Interesse an der Prüfung glaubhaft macht (§ 130 Abs. 6).

14 **ee) Zeitrang der Anträge.** Der Antrag galt nach § 44 Abs. 3 a. F. nur dann und daher auch erst dann als gestellt, wenn die Gebühr gezahlt war, BPatGE **12,** 85, 88. Diese Regelung verstieß – auch in Verbindung mit § 58 Abs. 3 – nicht gegen das Grundgesetz, BPatGE **14,** 31. Für die Beurteilung des Zeitranges mehrerer Anträge untereinander oder des Prüfungsantrages zu einem Rechercheantrag war deshalb der Zeitpunkt maßgebend, in dem Antrag und Gebühr – diese unter Berücksichtung der GebzahlungsVO – nebeneinander vorlagen, BPatGE **11,** 222, 223. Da der Antrag jetzt als zurückgenommen gilt, wenn die Zahlung der Antragsgebühr nicht, nicht vollständig oder nicht rechtzeitig innerhalb der Zahlungsfrist von drei Monaten erfolgt, § 6 Abs. 2 PatKostG, wird es für den Zeitrang von Prüfungs- und Recherchenanträgen auf das Datum des Eingangs des Antrags, nicht mehr auch der Zahlung ankommen. Der Antrag ist also schwebend wirksam, nicht schwebend unwirksam. Eine Aufnahme der Prüfungstätigkeit scheidet wegen § 5 Abs. 1 Satz 1 PatKostG aus. Wegen der Rücknahmefiktion vgl. auch das vom DPMA herausgegebene Merkblatt Patente. Wegen des Zeitpunkts der „Zahlung" bei Bewilligung von Verfahrenskostenhilfe vgl. § 130 Rdn. 13, 21.

15 **ff) Teilung der Anmeldung.** Im Falle der Ausscheidung eines Anmeldungsteiles (vgl. § 34 Rdn. 111 ff.) oder der Teilung der Anmeldung (§ 39) oder des Patents (§ 60) wirkt der vor der Ausscheidung oder Teilung gestellte Prüfungsantrag auch für die abgetrennte Anmeldung, vgl. BPatGE **16,** 35, 37. Anmeldegebühr und Prüfungsantragsgebühr sind für die Trennanmeldung nachzuentrichten. Werden die Gebühren nicht innerhalb von 3 Monaten ab Eingang der Ausscheidungserklärung bezahlt, so gilt die Trennanmeldung als zurückgenommen, PrüfungsRichtlinien/DPMA Nr. 3.3.3.4 unter Bezugnahme auf §§ 3, 6 PatKostG sowie BGH in Bl. **86,** 371, 373 – Kraftfahrzeuggetriebe –).

16 **gg) Rückzahlung der Gebühr.** Die Rückzahlung der Gebühr für den Prüfungsantrag ist nur für den Fall vorgesehen, dass der Prüfungsantrag wegen eines früher eingegangenen Antrags

als nicht gestellt gilt (§ 44 Abs. 4 Satz 2 i.V. mit § 43 Abs. 4 Satz 3 und Abs. 5 Satz 2). Die Vorschrift ist auf den Fall, dass der Prüfungsantrag aus einem anderen Grunde als nicht gestellt gilt, entsprechend anzuwenden, BPatGE **14,** 206, 207 (verspätete Gebührenzahlung). In anderen Fällen ist die Rückzahlung danach auch hier grundsätzlich nicht möglich (vgl. dazu § 43 Rdn. 14). Die Gebühr kann mithin nicht schon deshalb zurückgezahlt werden, weil der Antrag von einem Inlandsvertreter ohne Vollmacht gestellt wurde und als unzulässig zurückgewiesen werden musste (vgl. oben Rdn. 10; BPatGE **25,** 32f. unter Aufgabe der früheren gegenteiligen Ansicht; BPatG Bl. **85,** 114; abw. noch BPatG Mitt. **80,** 77 mit Anm. Stratmann). Die Gebühr für den Prüfungsantrag kann nicht zurückgezahlt werden, wenn der wirksam gewordene Prüfungsantrag oder die Anmeldung nach Wirksamwerden des Prüfungsantrags zurückgenommen wird, BPatGE **11,** 55; **11,** 222. Die Gebühr kann auch nicht unter Billigkeitsgesichtspunkten mit der Begründung zurückgefordert werden, dass die beantragte Prüfung auf Patentfähigkeit in einem anderen Patenterteilungsverfahren, das den gleichen Erfindungsgegenstand betreffe, bereits durchgeführt worden sei und hierauf zurückgegriffen werden könne, BPatG Mitt. **71,** 115, oder dass die vorausgegangene Recherche unvollständig gewesen sei und der – später zurückgenommene – Prüfungsantrag bei Kenntnis des im Prüfungsverfahren ermittelten Standes der Technik nicht gestellt worden wäre, BPatGE **13,** 60. Die der Einzahlung der Gebühr zugrunde liegende Willenserklärung kann nach § 119 BGB angefochten werden; da ein bloßer Motivirrtum unbeachtlich ist, wird eine Anfechtung aber in der Regel erfolglos sein, vgl. BPatG Mitt. **86,** 174.

3. Verfahren nach Eingang des Antrags. Nach Eingang des Antrags ist festzustellen, ob es sich um den ersten Antrag handelt und ob die Antragsgebühr gezahlt ist. Liegt bereits ein – wirksamer und zulässiger – Prüfungsantrag vor, so ist der Antragsteller hiervon unter Angabe des Zeitpunkts des Eingangs des früher gestellten Antrags zu benachrichtigen (§§ 44 Abs. 4 Satz 2, 43 Abs. 4 Satz 2) und die Antragsgebühr zurückzuzahlen (§§ 44 Abs. 4 Satz 2, 43 Abs. 4 Satz 3). Wenn die Prüfung der Zulässigkeit des früher gestellten Antrages noch nicht beendet ist, wird der Antragsteller darüber zu unterrichten und die Rückzahlung der Gebühr bis zum Abschluss dieser Prüfung zurückzustellen sein. Der Antragsteller wird gegebenenfalls auch auf das Fehlen der Antragsgebühr hinzuweisen sein. Handelt es sich um den ersten Prüfungsantrag und ist die Prüfungsgebühr gezahlt, so ist zu prüfen, ob der Antrag zulässig ist (vgl. oben Rdn. 3–12). Wenn sich in dieser Hinsicht keine Bedenken ergeben, sind die für diesen Fall vorgesehenen Maßnahmen zu treffen (vgl. Rdn. 24ff.). Sonst müssen zunächst diese Bedenken geklärt oder behoben werden (§ 44 Abs. 4 Satz 3). 17

a) Prüfung der Zulässigkeit. Durch § 44 Abs. 3 Satz 3 wird bestätigt, dass nur ein „wirksamer" Antrag das gewünschte Ergebnis, die Prüfung der Anmeldung, herbeiführen kann. Der Begriff „Unwirksamkeit" muss auch in diesem Zusammenhang auf den Erfolg des Antrages bezogen werden; er schließt auch hier die Fälle prozessrechtlicher „Unzulässigkeit" ein (§ 43 Rdn. 9). Das folgt hier schon aus dem Sinn und Zweck der Vorschrift, die dem Anmelder, der sich darauf verlassen hat, dass die Prüfung der Anmeldung bereits auf den schon vorliegenden Antrag erfolge, die Möglichkeit eröffnen will, den Prüfungsantrag auch nach Ablauf der sieben Jahre des § 44 Abs. 2 zu stellen, wenn sich nachträglich herausstellt, dass dieser Antrag nicht zu diesem Ziele führen kann. Denn ein solcher Fall tritt nicht nur ein, wenn sich herausstellt, dass der Antrag z.B. wegen Geschäftsunfähigkeit ungültig ist, sondern auch dann, wenn der Antrag verworfen werden muss, weil der im Sinne des § 25 auswärtige Antragsteller der Aufforderung, einen Inlandsvertreter oder Zustellungsbevollmächtigten zu bestellen, nicht nachkommt. Die Prüfung der „Wirksamkeit" des Antrages, also auch die der prozessualen Zulässigkeit, muss, wie sich aus § 44 Abs. 3 Satz 2 in Vbdg. mit § 43 Abs. 6 und aus § 44 Abs. 3 Satz 3 ergibt, vor jeder weiteren Maßnahme durchgeführt werden. Die Prüfung erstreckt sich auf die sämtlichen Antragserfordernisse (vgl. oben Rdn. 3–16). 18

b) Beteiligte der Zulässigkeitsprüfung. An der Zulässigkeitsprüfung ist der Antragsteller und nur er beteiligt, BPatGE **15,** 134, 137f. Der antragstellende Dritte wird durch § 43 Abs. 2 nur von der Teilnahme am Prüfungsverfahren, also von der Prüfung der Anmeldung (§ 44 Abs. 1), nicht jedoch von der Beteiligung an der Prüfung seines Antrags ausgeschlossen. Wenn sich der von einem Dritten gestellte Prüfungsantrag nachträglich – nach Benachrichtigung des Anmelders vom Vorliegen des Antrags – als „unwirksam" erweist, muss dem Anmelder davon Mitteilung gemacht werden (§§ 44 Abs. 3 Satz 2, 43 Abs. 6). Der Anmelder ist also auch in diesem Falle nur über das Ergebnis der Prüfung zu unterrichten. Die Erörterungen über die Zulässigkeit des Antrags sind nur mit dem antragstellenden Dritten zu führen; der Anmelder ist daran nicht beteiligt, BPatGE **15,** 134, 137f. Wenn dem Erfolg des Antrages ein behebbares Hindernis entgegensteht, muss dem Antragsteller Gelegenheit gegeben werden, den Mangel zu 19 beseitigen, also etwa die fehlende Vollmacht nachzubringen oder den fehlenden Inlandsvertreter zu bestellen.

20 **c) Zurückweisung, Benachrichtigung des Anmelders.** Der Prüfungsantrag, der sich als nicht „wirksam", also insbesondere als unzulässig erweist, muss durch Beschluss, der dem Antragsteller und nur diesem zuzustellen ist, zurückgewiesen werden (vgl. § 43 Rdn. 19; BPatGE **15,** 134, 137). Durch Beschluss kann wohl auch die Zulässigkeit (Wirksamkeit) des Antrags festgestellt werden, vgl. BPatGE **15,** 134, 137.

21 Handelt es sich bei dem Antrag, der „unwirksam" (vgl. dazu oben Rdn. 15) erscheint, um einen von einem Dritten gestellten Antrag und ist der Antragsteller bereits von dem Vorliegen des Antrages benachrichtigt worden, so muss ihm auch von der „Unwirksamkeit" des Antrages Mitteilung gemacht werden (§§ 44 Abs. 4 Satz 2, 43 Abs. 6). Dabei wird im Hinblick auf § 75 der Ablauf der Beschwerdefrist abzuwarten sein. Die – nachträglich festgestellte – „Unwirksamkeit" des von einem Dritten gestellten Prüfungsantrags eröffnet dem Anmelder die Möglichkeit, den „unwirksamen" Antrag aufzugreifen und selbst noch innerhalb von drei Monaten seit Zustellung der Mitteilung selbst einen Antrag zu stellen. Diese Möglichkeit hat allerdings nur für den Fall Bedeutung, dass die Antragsfrist des § 44 Abs. 2 früher ablaufen würde als die Dreimonatsfrist. Wenn der Anmelder schon nach § 44 Abs. 2 noch drei Monate Zeit für die Antragstellung hat, bewirkt die Zustellung der Mitteilung keine Verlängerung der Siebenjahresfrist, aber auch keine Verkürzung; es bleibt dann bei der Frist des § 44 Abs. 2. Dass nur die nachträglich festgestellte Unwirksamkeit die Verlängerung der Siebenjahresfrist herbeiführen kann, ergibt sich daraus, dass die Dreimonatsfrist des § 44 Abs. 3 Satz 3 durch Zustellung der in § 44 Abs. 3 Satz 2 in Verbindung mit § 43 Abs. 6 geregelten Mitteilung in Lauf gesetzt wird. Diese Mitteilung ergeht nur, wenn der Anmelder vorher von dem Vorliegen des von dem Dritten gestellten Prüfungsantrages benachrichtigt worden war. Der Fall, dass sich der von einem Dritten gestellte Prüfungsantrag von vornherein als unzulässig erweist und der Anmelder deswegen überhaupt nicht davon unterrichtet wird, wird daher durch § 44 Abs. 4 Satz 3 nicht getroffen. Das Gesetz geht wohl davon aus, dass der Anmelder in diesem Falle keinen Grund hatte, einen eigenen Prüfungsantrag zu unterlassen, weil er sich nur auf eine amtliche Benachrichtigung, nicht aber auch auf eine sonstige Mitteilung verlassen dürfe.

22 Der Antrag, den der Anmelder im Falle des § 44 Abs. 3 Satz 3 stellt, ist ein neuer selbstständiger Antrag. Er ist somit auch gebührenpflichtig. Die von dem Dritten gezahlte Gebühr wird daher dem Anmelder auch dann nicht angerechnet werden können, wenn sie einbehalten werden muss (vgl. oben Rdn. 16). Das Prüfungsverfahren wird jedoch auf den vom Anmelder gestellten Antrag nicht neu begonnen, sondern in dem Zustand fortgesetzt, in dem es sich bei Eingang des Antrages befunden hat.

23 Die Vorschrift in § 44 Abs. 3 Satz 3 wird in BPatGE **16,** 35; **17,** 46 auf den Fall der Ausscheidung wegen mangelnder Einheitlichkeit, die nach Ablauf der Siebenjahresfrist vorgenommen wird, mit der Maßgabe entsprechend angewendet, dass dem Anmelder in der Ausscheidungsanmeldung Mitteilung zu machen ist, dass der in der Stammanmeldung gestellte Prüfungsantrag für die Ausscheidungsanmeldung wegen Nichtentrichtung der Prüfungsantragsgebühr und Ablaufs der Prüfungsantragsfrist unwirksam ist, und dass ihm dadurch die Möglichkeit eröffnet wird, die Prüfungsantragsgebühr noch innerhalb von drei Monaten seit Zustellung der Mitteilung zu entrichten; in BPatGE **20,** 154 wird § 44 Abs. 3 Satz 3 auch auf einen anderen besonders liegenden Fall entsprechend angewendet. Diese Praxis wird vom BGH Bl. **86,** 371, 373 – Kraftfahrzeuggetriebe, ausdrücklich abgelehnt, und es wird stattdessen im Wege richterlicher Rechtsfortbildung vorgeschlagen, dem Anmelder aufzugeben, binnen angemessener Frist die Trennanmeldung auch hinsichtlich der Prüfungsantragsgebühr auf den Stand der Stammanmeldung zu bringen. Der BGH hielt hier eine Anlehnung an die §§ 35 Abs. 3 Satz 2 (a. F.) und 57 Abs. 1 Satz 4 für angemessener (kritisch dazu die Anm. von Eisenführ in GRUR **86,** 879 ff.). Zahlt der Anmelder nicht innerhalb der gesetzten Frist die Antragsgebühr, so gilt die Trennanmeldung als zurückgenommen; so auch die Prüfungsrichtlinien. Dort wird als in der Regel angemessen eine Frist von 3 Monaten angesehen.

23 a Eine einverständliche Ausscheidungs- (Teil-)anmeldung wird in der Verfahrenslage weitergeführt, in der sich zum Zeitpunkt der Ausscheidung die Stammanmeldung befand. Die im Stammverfahren bereits erfolgte Prüfung ist – soweit sie den Gegenstand der Ausscheidungsanmeldung betraf – als Prüfung in dem abgetrennten Verfahren anzusehen; einen Anspruch auf eine vollständige neue Prüfung unter Wiederholung bereits durchgeführter Recherche oder Beurteilung auf Patentfähigkeit hat der Anmelder nicht, BPatGE **43,** 159, 160, LS 1, unter Berufung auf BGH GRUR **86,** 877 – Kraftfahrzeuggetriebe.

d) Maßnahmen bei zulässigem Antrag. Wegen der Maßnahmen, die zu treffen sind, wenn sich der gestellte Prüfungsantrag als „wirksam" erweist, verweist § 44 Abs. 3 Satz 2 auf die einschlägigen Bestimmungen des § 43. Es kann daher auch hier im Wesentlichen auf die Erläuterungen zu § 43 (Rdn. 21–25) Bezug genommen werden. 24

Wenn man § 44 Abs. 3 Satz 2 in Verbindung mit § 43 Abs. 2 Satz 5 nicht dahin verstehen will, dass der durch das Gesetz als nicht vorhanden fingierte Antrag auf Erteilung eines Zusatzpatentes überhaupt nicht wieder aufgenommen werden könne, dann wird man daraus zumindest entnehmen müssen, dass die Prüfung der selbstständig gewordenen Zusatzanmeldung durch die frühere Hauptanmeldung keinerlei Verzögerung mehr erfahren darf. Es könnte deshalb nicht genügen, dass der Prüfungsantrag für die frühere Hauptanmeldung später gestellt wird; es müsste hinzukommen, dass die Prüfung der Hauptanmeldung einen solchen Stand erreicht hätte, dass die Wiederherstellung des Zusatzverhältnisses keine Unterbrechung der Prüfung der Zusatzanmeldung mehr verursachen könnte. Vor Erlass der Aufforderung, den Prüfungsantrag für die Hauptanmeldung zu stellen, und vor Ablauf der Monatsfrist darf nicht über die Zusatzanmeldung entschieden werden, BPatGE **12,** 10. 25

Der Möglichkeit, alternativ auf den früher oder den später gestellten Antrag neben der Fortsetzung der Zulässigkeitsprüfung mit der Sachprüfung zu beginnen (§ 43 Rdn. 25), sind beim Prüfungsantrag schon durch die Aktenführung von vornherein Grenzen gesetzt. 26

4. Rücknahme des Antrags. Der Prüfungsantrag kann, wie durch § 44 Abs. 4 Satz 1 bestätigt wird, jederzeit – bis zum Abschluss der Prüfung – zurückgenommen werden. Die Verfügung über das Verfahren ist hier jedoch ausnahmsweise (vgl. Rdn. 13ff. vor § 34) dem Willen des Antragstellers entzogen. Für den antragstellenden Anmelder hat diese Einschränkung die durchaus erwünschte Folge, dass er einen für ihn negativen Ausgang der Prüfung, der die Schutzwirkungen des § 33 Abs. 1 rückwirkend beseitigt (§ 58 Abs. 2), nicht mehr verhindern kann. Wenn der Anmelder das Verfahren ganz beenden will, bleibt es ihm unbenommen, die Anmeldung zurückzunehmen. Der antragstellende Dritte hat durch seinen Antrag den Anmelder oder andere Interessenten daran gehindert, ihrerseits den Prüfungsantrag zu stellen. Es kann ihm schon aus diesem Grunde nicht gestattet sein, die Prüfung willkürlich zu beenden. 27

Die bereits begonnene Prüfung wird trotz der Rücknahme des Antrags fortgesetzt (§ 44 Abs. 5 Satz 1). Das Verfahren wird also ohne zeitliche und verfahrensrechtliche Unterbrechung in dem Zustand, in dem es sich im Zeitpunkt der Antragsrücknahme befunden hat, fortgeführt. Bereits angefangene Fristen laufen weiter, vom Amt gestellte Fristen brauchen nicht neu gesetzt zu werden. Die noch nicht eingeleitete Prüfung ist so aufzunehmen, als wenn der Antrag noch bestünde. 28

Mit Rücksicht auf diese der Antragsrücknahme beigelegten Rechtsfolgen sind weitere amtliche Maßnahmen, insbesondere Bekanntmachungen, Benachrichtigungen und dergl. nicht vorgesehen und wohl auch entbehrlich. 29

5. Prüfung der Anmeldung. Wenn sich gegen die Zulässigkeit des Prüfungsantrages keine Bedenken ergeben haben oder erhobene Bedenken ausgeräumt worden sind, wird mit der Prüfung begonnen. Eine besondere Benachrichtigung darüber ergeht ebenso wenig wie über die – für den Antragsteller positive – Beendigung der Zulässigkeitsprüfung. Die Prüfung der „Wirksamkeit" des Prüfungsantrags kann und muss im Übrigen, wie die gesetzliche Regelung deutlich erkennen lässt (§§ 44 Abs. 3 Satz 2; 43 Abs. 6; 44 Abs. 3 Satz 3 und 44 Abs. 4 Satz 2) auch nach Beginn der Prüfung der Anmeldung (§ 44 Abs. 1) wieder aufgenommen werden, wenn sich nachträglich irgendwelche Bedenken gegen die „Wirksamkeit" (Zulässigkeit) des Prüfungsantrages ergeben. 30

Ebenso wie § 42 Abs. 1 und 2 regelt auch § 44 Abs. 1 nur die Prüfung der Anmeldung. Da das Vorliegen der allgemeinen Verfahrensvoraussetzungen indes in jedem Verfahrensabschnitt von Amts wegen zu beachten ist (vgl. § 42 Rdn. 6), muss sich die Prüfung auch auf die allgemeinen Verfahrensvoraussetzungen beziehen. 31

Die Prüfung der Anmeldung, die bei einer etwa vorausgegangenen Offensichtlichkeitsprüfung nur kursorisch und in eingeschränktem Umfange vorweggenommen worden ist, muss im Prüfungsverfahren nunmehr gründlich und vollständig unter Heranziehung des Standes der Technik durchgeführt werden. Eine Bindung an Äußerungen der Prüfungsstelle im Rahmen der Offensichtlichkeitsprüfung besteht nicht. Beanstandungen, die von der Prüfungsstelle fallen gelassen worden sind, können wieder aufgegriffen werden, zumal auch der Prüfungsmaßstab jetzt ein anderer ist. Beanstandungen, die die Prüfungsstelle nach § 42 Abs. 1 Satz 3 zurückgestellt hat, braucht sie im Verfahren der vollen Sachprüfung nicht zu erheben, wenn sie die früher geäußerten Bedenken jetzt zurückstellt. Gebunden ist die Prüfungsstelle dagegen an 32

Zwischenentscheidungen während der Offensichtlichkeitsprüfung, etwa über einen Wiedereinsetzungsantrag (§ 123), da Zwischenentscheidungen für die Instanz, nicht nur für einzelne Verfahrensabschnitte verbindlich sind.

32 a **a) Prüfungsrichtlinien.** Für die Prüfung der Patentanmeldungen hat der Präs/DPMA am 1. 3. 2004 neue Richtlinien erlassen, die s. Anhang 3, an die Stelle der vorherigen Richtlinien vom 2. Juni 1995 (BIPMZ 1995, 269) getreten sind. Zum Zweck der Richtlinien heißt es in der Einleitung: „Die Richtlinien dienen dazu, eine einheitliche und zügige Prüfung der Patentanmeldungen zu gewährleisten (siehe auch § 12 der Verordnung über das Deutsche Patent- und Markenamt – DPMAV): Die Gleichbehandlung aller Anmelder ist ein rechtsstaatliches Gebot. Daher sind alle Prüfer gehalten, die Prüfung der Patentanmeldungen gemäß den nachstehenden Richtlinien durchzuführen. Selbstverständlich sind Gesetzesänderungen und die Weiterentwicklung der Rechtsprechung sowie die Besonderheiten des Einzelfalles zu berücksichtigen." Sie behandeln die wichtigsten Fragen, die in der Praxis auftreten. Eine ähnliche Funktion haben die vom Präsidenten EPA erlassenen Richtlinien für die Prüfung im Europäischen Patentamt. Sie liegen in Papierform als Loseblatt-Sammlung vor und sind im Übrigen auch digital über die Website des EPA und auf DVD (espace legal) verfügbar; Änderungen werden im ABl. EPA veröffentlicht (vgl. z. B. ABl. EPA 12/2003, 582. 585) und mit Erläuterungen versehen. Im Gegensatz zu den Richtlinien des Patentamts enthalten sie, ähnlich wie „Manuals" für die Patentprüfer im Britischen Patentamt und im US Patent and Trademark Office, eine größere Fülle an Details, angesichts der unterschiedlichen Vorerfahrungen der Prüfer und z. T. auch der erheblich höheren Zahl an Prüfern eine notwendige Maßnahme.

33 **b) Recherche im Prüfungsverfahren.** Die Prüfung erfährt keine Begrenzung oder Beschränkung durch das Ergebnis einer etwa vorausgegangenen „isolierten" Recherche (§ 43). Der auf einen Rechercheantrag (§ 43 Abs. 1) ermittelte Stand der Technik wird zwar in aller Regel den Ausgangspunkt der Sachprüfung im Prüfungsverfahren bilden. Der auf Grund eines Antrages nach § 43 Abs. 1 erstellte Bericht über den Stand der Technik bildet jedoch keine Schranke für das Prüfungsverfahren. Die Prüfungsstelle ist jederzeit berechtigt und verpflichtet, die für die Beurteilung der Patentfähigkeit maßgebenden Umstände von Amts wegen zu ermitteln (§ 46 Abs. 1 Satz 1). Sie ist deshalb ohne weiteres berechtigt, bei Beginn des Prüfungsverfahrens eine Nachrecherche zu machen, wenn der Inhalt des vorliegenden Berichts ihr für eine Beurteilung der Patentfähigkeit nicht ausreichend erscheint. Die Prüfungsstelle ist zu einer Nachrecherche verpflichtet, wenn die Anmeldungsunterlagen im Prüfungsverfahren in einer Richtung geändert werden, die in dem vorliegenden Bericht über den Stand der Technik noch nicht berücksichtigt worden ist.

33 a Nach den Prüfungsrichtlinien soll mit der Recherche der relevante Stand der Technik so ermittelt werden, dass damit die Patentfähigkeit der angemeldeten Erfindung beurteilt werden kann. Gegenstand der Recherche ist die in den Patentansprüchen angegebene Erfindung. Die Beschreibung und die Zeichnungen sind zur Auslegung der Patentansprüche heranzuziehen. Die Recherche erstreckt sich auf die Gegenstände sämtlicher Patentansprüche Verantwortlich für die Recherche ist die für die Hauptklasse zuständige Prüfungsstelle. Die Prüfungsstelle hat sich bei der Recherche der vorhandenen technischen Hilfsmittel sowie der durch diese verfügbaren Informationsquellen zu bedienen, soweit dies Erfolg versprechend und im Hinblick auf den Aufwand vertretbar erscheint. Zeigt sich, dass ein unverhältnismäßig großer Arbeitsaufwand für eine nur noch geringe Verbesserung des bisher erzielten Rechercheergebnisses erforderlich wäre, ist die Recherche zu beenden. Die Recherche sollte in einem Arbeitsgang durchgeführt werden, wenn die Ansprüche technisch hinreichend klar gefasst sind.

34 **c) Erfordernisse der Anmeldung.** Die Prüfung der Anmeldung nach § 44 Abs. 1 betrifft zunächst die Erfordernisse der Anmeldung, nämlich die in den §§ 34, 37, 38 und die in den der PatV (§ 34 Abs. 6) aufgestellten „Anforderungen". Insoweit müssen in diesem Verfahrensstadium sämtliche Mängel der Anmeldung beseitigt werden, und zwar nicht nur diejenigen, deren Beanstandung nach § 42 Abs. 1 Satz 3 zunächst zurückgestellt worden war, sondern auch solche, die erst bei der gründlichen Überprüfung festgestellt werden. § 36 (Zusammenfassung) wird in § 44 Abs. 1 nicht genannt. Mängel der Zusammenfassung sollen, wie aus § 45 Abs. 1 hervorgeht, auch im Prüfungsverfahren nur beanstandet werden, wenn die Zusammenfassung noch nicht veröffentlicht wurde und die Anforderungen des § 36 offensichtlich nicht erfüllt (vgl. dazu § 36 Rdn. 8, 9).

35 Anders als im Verhältnis zu den allgemeinen Verfahrensvoraussetzungen (vgl. oben Rdn. 7, 8), deren Vorliegen Voraussetzung für eine Sachprüfung überhaupt ist, besteht zwischen der Prüfung der Erfordernisse der Anmeldung und der Prüfung der Patentfähigkeit der mit der Anmeldung beanspruchten Erfindung im Allgemeinen keine feste Rangordnung. Die Prüfung

kann daher je nach den Umständen des Einzelfalles grundsätzlich sowohl nacheinander als auch gleichzeitig (nebeneinander) durchgeführt werden, BGH GRUR **70,** 456, 457 – Salzlösung. Das in § 34 Abs. 4 enthaltene Erfordernis, die Erfindung in der Anmeldung so deutlich und vollständig zu offenbaren, dass ein Fachmann sie ausführen kann, ist ohnehin wegen seines engen Zusammenhangs mit den materiellen Patentierbarkeitsvoraussetzungen nur im Zusammenhang mit dem Inhalt der Beschreibung, der Patentansprüche sowie der darin definierten Erfindung sinnvoll zu prüfen.

Eine getrennte Erörterung von äußeren Mängeln vor der sachlichen Prüfung auf Patentfähigkeit ist im Allgemeinen nicht zweckmäßig, aber grundsätzlich zulässig (so wohl BPatGE **20,** 10; **20,** 12; **20,** 112, 114). Eine getrennte Behandlung der formellen und materiellen Seite der Anmeldung kann im Einzelfalle sogar notwendig sein, wenn die formellen Mängel überhaupt nicht oder schwer zu beheben sind oder vor deren Beseitigung eine (materielle) Prüfung auf Patentfähigkeit überhaupt nicht möglich ist, BPatGE **3,** 165, 166. Im Allgemeinen ist es jedoch angebracht, die formelle mit der materiellen Prüfung zu verbinden, weil erst die sachliche Prüfung der Anmeldung Aufschluss über die Notwendigkeit und den Umfang von Änderungen der Unterlagen gibt, BPatGE **3,** 165, 166 (Angaben über den Stand der Technik in der Beschreibung); BPatGE **20,** 12, 14 (Einordnung in die zutreffende Patentkategorie); BPatG Mitt. **74,** 76, 77 (Anpassung und Überarbeitung der Anmeldungsunterlagen). Die Frage der Einheitlichkeit der Anmeldung sollte nicht ohne die gleichzeitige Erörterung des Standes der Technik angesprochen werden. Selbst wenn die Feststellung der Uneinheitlichkeit ausnahmsweise einmal ohne Bezugnahme auf den Stand der Technik möglich erscheint, sollte die Prüfungsstelle zur Patentfähigkeit mindestens eines der als uneinheitlich angesehenen Gegenstände sachlich Stellung nehmen (weitergehend BPatGE **20,** 10). Die Prüfungsstelle kann u. U. auch von der Beanstandung eines Mangels – z. B. der Uneinheitlichkeit der Anmeldung – absehen, wenn nach dem Stande des Prüfungsverfahrens bereits feststeht, dass die Anmeldung ohnehin – insgesamt – wegen mangelnder Patentfähigkeit zurückgewiesen werden muss, PA Mitt. **56,** 76. 36

d) Patentfähigkeit der angemeldeten Erfindung. Die Prüfung, ob der Gegenstand der Anmeldung patentfähig ist, erstreckt sich auf alle Erfindungs- und Patentvoraussetzungen und Patenthindernisse der §§ 1 bis 5. Sie ist die zentrale Aufgabe des patentamtlichen Sachprüfungsverfahren mit dem Ziel, bestandskräftige Patente zu erteilen Ob der wesentliche Inhalt der Anmeldung den Beschreibungen, Zeichnungen, Modellen, Gerätschaften oder Einrichtungen eines anderen oder einem von diesem angewendeten Verfahren ohne dessen Einwilligung entnommen ist (§ 7 Abs. 2), wird nur auf Einspruch geprüft (§§ 7 Abs. 2 Satz 1, 21 Abs. 1 Nr. 3, 59 Abs. 1 Satz 1). 37

e) Beteiligung Dritter. Das durch den Prüfungsantrag eingeleitete Prüfungsverfahren ist einseitiges Verfahren zwischen Anmelder und Amt. Dritte werden nicht zur Teilnahme am Prüfungsverfahren zugelassen. Selbst der Dritte, der den Prüfungsantrag gestellt, die Gebühr für den Antrag entrichtet und damit das Prüfungsverfahren überhaupt erst in Gang gebracht hat, wird nach § 44 Abs. 2 „hierdurch nicht an dem Prüfungsverfahren beteiligt". Das Prüfungsverfahren spielt sich daher ausschließlich zwischen Amt und Anmelder ab. Nach dem EPÜ kann der Prüfungsantrag ohnehin nur vom Anmelder gestellt werden, Art. 94 Abs. 2 EPÜ. 38

Dritte sind indes, wie aus § 44 Abs. 3 Satz 2 in Verbindung mit § 43 Abs. 3 Satz 3 hervorgeht, auch während des Prüfungsverfahrens berechtigt, dem Patentamt Druckschriften anzugeben. Diese Befugnis steht auch dem Dritten zu, der den Prüfungsantrag gestellt hat. Das Patentamt kann auch niemanden darin hindern, auf anderen als druckschriftlichen Stand der Technik hinzuweisen und zu der Anmeldung oder dem Stand der Technik wertend Stellung zu nehmen (vgl. Löscher BB **67,** Beil. 7 Fußn. 31). Soweit die Angaben für die Beurteilung der Patentfähigkeit von Bedeutung sind, muss ihnen das Amt im Rahmen des Untersuchungsgrundsatzes von Amts wegen nachgehen. 39

Dritte einschließlich des Dritten, der den Prüfungsantrag gestellt hat, haben jedoch keinen Anspruch auf Verbescheidung. Die Prüfungsbescheide (§ 45 Rdn. 8 ff.) können nur an den Anmelder gerichtet werden. Dritte können auch keine Anhörung beantragen (§ 46 Abs. 1 Satz 2) oder an einer Anhörung teilnehmen (§ 46 Abs. 1 Satz 1 und 2). Ihnen sind auch die Beschlüsse der Prüfungsstelle nicht zuzustellen (§ 47 Abs. 1 Satz 1). Sie müssen sich die gewünschte Aufklärung durch Akteneinsicht verschaffen. Es ist aber nicht verboten und sicherlich sogar angebracht, wenn das Amt den Dritten, der den Prüfungsantrag gestellt hat, über wesentliche Vorgänge des Verfahrens unterrichtet und ihm eine Abschrift von ergehenden Sachentscheidungen übermittelt (vgl. Löscher aaO.). 40

45 *Prüfungsbescheide.* (1) [1]**Genügt die Anmeldung den Anforderungen der §§ 34, 37 und 38 nicht oder sind die Anforderungen des § 36 offensichtlich nicht erfüllt, so fordert die Prüfungsstelle den Anmelder auf, die Mängel innerhalb einer bestimmten Frist zu beseitigen.** [2]**Satz 1 gilt nicht für Mängel, die sich auf die Zusammenfassung beziehen, wenn die Zusammenfassung bereits veröffentlicht worden ist.**

(2) **Kommt die Prüfungsstelle zu dem Ergebnis, daß eine nach den §§ 1 bis 5 patentfähige Erfindung nicht vorliegt, so benachrichtigt sie den Patentsucher hiervon unter Angabe der Gründe und fordert ihn auf, sich innerhalb einer bestimmten Frist zu äußern.**

Inhaltsübersicht

Vorbemerkung zum Textbestand: Das 2. PatÄndG v. 16. 7. 1998 BGBl I 1827 hat m.W.v. 1. 11. 1998 in Abs. 1 Satz 1 die Angabe „35“ durch „34“ ersetzt, den Satz 2 (Frist für die Einreichung von Belegen) aufgehoben und die Zählung des nachfolgenden Satzes angepasst (Art. 2 Nr. 16 Buchst. a und b des Gesetzes).

1 **1. Prüfungsverfahren. Literatur:** Witte/Vollrath: Praxis der Patent- und Gebrauchsmusteranmeldung, 5. Aufl., 2002.

Das Prüfungsverfahren dient der Prüfung, ob die Anmeldung den vorgeschriebenen Anforderungen genügt und der Gegenstand der Anmeldung patentfähig ist (§ 44 Abs. 1; vgl. dazu § 44 Rdn. 30–37). Da der Anmelder bei Einreichung der Anmeldung den in Betracht kommenden Stand der Technik häufig nicht kennt, müssen im Prüfungsverfahren die noch schutzfähigen Merkmale der Anmeldung oft erst herausgearbeitet und gegenüber dem Stand der Technik näher abgegrenzt werden. Es ist daher ein wesentlicher Teil der Aufgabe der Prüfungsstelle im Prüfungsverfahren, auf eine zweckdienliche Gestaltung der Anmeldungsunterlagen und insbesondere der Patentansprüche hinzuwirken und dem Anmelder dafür Hinweise zu geben, PA Bl. **29,** 226. Ferner muss das Prüfungsverfahren Unvollkommenheiten ergänzen und Unklarheiten beseitigen, was regelmäßig im Meinungsaustausch zwischen Prüfer und Anmelder geschieht, RGZ **146,** 79, 82, 83; RG GRUR **37,** 922, 924. Es besteht die Verpflichtung zu sachlicher Aufklärung, PA Bl. **31,** 97. Zweifel über das Schutzbegehren des Anmelders, damit über den Schutzumfang, sind zu klären, negativ bindende Erklärungen des Anmelders zur Festlegung seiner wirklichen Absicht zu erstreben, PA Bl. **39,** 113.

2 Der Anmelder und sein Vertreter sind verpflichtet, zur Erreichung des Zweckes des Prüfungsverfahrens mitzuwirken, insbesondere das Prüfungsverfahren nach Kräften zu fördern und einer Verschleppung des Verfahrens entgegenzuwirken, BPatGE **8,** 39, 40. Im Rahmen ihrer Mitwirkungspflicht müssen sie sich bemühen, eine zunächst eingereichte wörtliche Übersetzung einer ausländischen Patentanmeldung von sich aus in eine der Übung des Patentamts angepasste Fassung zu bringen, BPatGE **8,** 39.

3 **a) Gestaltung des Verfahrens im Allgemeinen.** Abweichend vom Zivilprozess begründet das Prüfungsverfahren ein nur zweiseitiges Rechtsverhältnis zwischen Anmelder und Erteilungsbehörde, PA Bl. **23,** 146; PA GrSen. Bl. **32,** 243, 245. Der antragstellende Dritte ist am Prüfungsverfahren nicht beteiligt (§ 44 Abs. 2; vgl. dazu § 44 Rdn. 38 ff.). Unbeteiligte Dritte – unter Einschluss desjenigen der den Prüfungsantrag gestellt hat – können zwar von der Veröffentlichung des Eingangs des Prüfungsantrags an dem Patentamt öffentliche Druckschriften nennen, die der Erteilung des Patents entgegenstehen könnten (§§ 44 Abs. 4 Satz 2, 43 Abs. 3 Satz 3). Von der Offenlegung der Anmeldung (§ 31 Abs. 2) an findet das Prüfungsverfahren auch gewissermaßen „unter den Augen der Öffentlichkeit“ statt (Löscher, BB **67,** Beil. 7 S. 6). Die Prüfungsbescheide und die Entscheidungen (Erteilungs- oder Zurückweisungsbeschluss) werden jedoch nur dem Anmelder zugestellt.

b) Verfügungsgrundsatz. Der Verfügungsgrundsatz (vgl. Rdn. 13ff. vor § 35) ist im Prüfungsverfahren dahin eingeschränkt, dass die Prüfung auch nach Zurücknahme des Prüfungsantrags fortgesetzt wird (§ 44 Abs. 5 Satz 1). Dem Anmelder bleibt aber die Bestimmung über die Fortsetzung des Erteilungsverfahrens, das er jederzeit durch Zurücknahme der Anmeldung beenden kann (vgl. § 44 Rdn. 24). 4

Der Anmelder bestimmt auch über den Inhalt (Gegenstand) des Verfahrens; vgl. BGHZ **105,** 381, 382 – Verschlussvorrichtung für Gießpfannen; BPatG Bl. **83,** 182, 183. Er kann neben dem Hauptantrag beliebig viele, sich in der Anspruchsfassung unterscheidende Anträge im Eventualverhältnis stellen, die allerdings nur dann zu einer vom Hauptantrag abweichenden Beurteilung führen können, wenn sie ihn in der Substanz seiner technischen Lehre verändern, BPatGE **21,** 11; vgl. allgemein Papke, Eventualanträge im Patenterteilungsverfahren, Mitt. **82,** 161 sowie Kraßer, GRUR **85,** 689, 690 und die Rechtsauskunft des EPA über Haupt- und Hilfsanträge in ABl. **84,** 491. Ein im schriftlichen Verfahren gestellter Antrag bleibt so lange existent, als er nicht ausdrücklich zurückgezogen oder fallengelassen wird, BPatG Mitt. **80,** 116. Dem Erteilungsbeschluss darf nur eine vom Anmelder eingereichte oder von ihm zumindest hilfsweise gebilligte Fassung der Unterlagen zugrunde gelegt werden, BGH GRUR **66,** 85, 86 – Aussetzung der Bekanntmachung. Dem Anmelder darf kein von seinem Antrag abweichendes Patent erteilt werden, BGH Bl. **62,** 141; – Atomschutzvorrichtung; GRUR **66,** 85, 86; **66,** 488, 490 – Ferrit; **79,** 220, 221 – b-Wollastonit; **80,** 716, 718 – Schlackenbad; BGHZ **105,** 381, 382; BPatGE **16,** 130f. m.w.N. Das Patentamt darf auch nicht von sich aus eine Aufspaltung des Verfahrens (Ausscheidung, Teilung) vornehmen, BGH Bl. **62,** 141. Unrichtige Angaben der Beschreibung sind von Amts wegen zu berichtigen, PA Bl. **32,** 116. 5

c) Untersuchungsgrundsatz. Der Untersuchungsgrundsatz (vgl. Rdn. 16f. vor § 34) gilt für das Prüfungsverfahren ohne Einschränkung. Eine vorausgegangene isolierte Recherche (§ 43) schafft keine Beschränkung hinsichtlich des zu berücksichtigenden Standes der Technik (vgl. § 44 Rdn. 33). Die Prüfungsstelle hat die Gründe gegen die Patentfähigkeit der Erfindung von Amts wegen zu ermitteln und dem Anmelder mitzuteilen, PA Mitt. **40,** 112. Hinweise von Dritten (§ 44 Abs. 4 Satz 2, § 43 Abs. 3 Satz 3) sind, soweit sie für die Beurteilung der Patentfähigkeit von Bedeutung (erheblich) sind, zu berücksichtigen. Die Pflicht des Patentamts, den Sachverhalt von Amts wegen zu ermitteln, enthebt den Anmelder nicht der Verpflichtung, zur Aufklärung des Sachverhalts beizutragen, vgl. dazu § 46 Rdn. 13–18. Dritte können nicht gegen das DPMA im Verwaltungsstreitverfahren bzw. mit einem Antrag auf Erlass einstweiliger Anordnungen vorgehen, um die Veröffentlichung der Patentschrift zu verhindern, wenn die vom Anmelder vorgelegte Beschreibung seiner Erfindung mit negativen Bewertungen von Konkurrenzerzeugnissen im Stand der Technik einhergeht, ByVerwGH Mitt. **03,** 400. Die Prüfungsstelle kann aber entsprechende Interventionen zum Anlass nehmen, die Beschreibung abzuschwächen und zu versachlichen. 6

d) Rechtliches Gehör. Im gesamten Verfahren ist dem Anmelder rechtliches Gehör zu geben. Das ergibt sich aus § 48 Satz 2 in Verbd. mit § 42 Abs. 3 Satz 2; vgl. auch BPatGE **22,** 61ff.; **24,** 54, 55. Das rechtliche Gehör wird dem Anmelder durch die Mitteilung des Prüfungsergebnisses (Prüfungsbescheide, vgl. unten Rdn. 8ff.) und gegebenenfalls durch mündliche Anhörung (vgl. dazu § 46 Rdn. 3ff.) gewährt. Der Anspruch auf rechtliches Gehör wird verletzt, wenn eine Anmeldung aus den Gründen eines Bescheides, der zwar zur Post gegeben, dem Anmelder aber weder förmlich zugestellt wurde noch ihm nachweislich zugegangen ist, zurückgewiesen wird, BPatG Mitt. **79,** 178. Der Anspruch auf rechtliches Gehör wird nicht verletzt, wenn der Anmelder einer wesentlichen, in einem Zwischenbescheid näher begründeten Forderung nicht nachgekommen ist, die Ausführungen des Anmelders in der Erwiderung auf den Bescheid keine Veranlassung geben, die gestellte Forderung fallen zu lassen, und die Anmeldung daraufhin ohne einen weiteren Prüfungsbescheid zurückgewiesen wird, BPatGE **19,** 107. 7

2. Zwischenbescheide. Nach den **Prüfungsrichtlinien 2004** dienen die Bescheide im Prüfungsverfahren dazu, die Erteilung des Patents nach § 49 PatG oder die Zurückweisung der Anmeldung gemäß § 48 PatG vorzubereiten. „Bescheide sind sachlich und klar zu fassen". Die Prüfungsstelle hat den Anmelder über das Ergebnis der formellen und materiellen Prüfung in bestimmter Weise zu unterrichten. Zur Gestaltung dieser Bescheide vgl. auch Werner, Mitt. **88,** 6. Die Unterrichtung erfolgt durch Zwischenbescheide, die in Abs. 2 und 3 näher geregelt sind. Sie müssen schriftlich oder in der Form des elektronischen Dokuments ergehen, BPatGE **20,** 144, 145, Rdn. 20ff. vor § 34. Es liegt ein erheblicher Verfahrensverstoß vor, wenn die Prüfungsstelle wesentliche Teile des Verfahrens nur fernmündlich durchführt und ausschließlich die dabei gerügten Mängel und erhobenen Beanstandungen als entscheidungserheblich ihrem Zurückweisungsbeschluss zugrunde legt, BPatGE **20,** 144; vgl. auch BPatGE **25,** 141, 142. Die 8

Bescheide müssen, wenn darin eine Frist gesetzt wird, dem Anmelder förmlich zugestellt werden, BPatG Mitt. **79,** 178. Ist die Patentanmeldung in ihrer ursprünglichen Fassung erteilungsreif, so ist das Patentamt zum vorherigen Erlass eines Prüfungsbescheides nicht verpflichtet, BPatG Bl. **83,** 182, 183.

8a Nach den Prüfungsrichtlinien 2004 (Abschnitt 3.4) sind in einem Bescheid nicht nur die einer Patenterteilung entgegenstehenden Gesichtspunkte darzulegen, sondern auch **positive Anregungen** zur Überarbeitung der Ansprüche zu geben. Der Anmelder soll ein klares Bild darüber erhalten, ob und in welchem Umfang die Prüfungsstelle den Anmeldungsgegenstand als patentierbar ansieht. Kann die Prüfungsstelle keinen patentfähigen Gegenstand erkennen, soll sie darauf hinweisen, insbesondere, dass kein gewährbarer Hauptanspruch vorgeschlagen werden kann und auch bei Einreichung neuer Ansprüche mit der Zurückweisung der Anmeldung zu rechnen ist.

Der Bescheid ist so abzufassen, dass ihn der Anmelder verstehen kann. Unter Hinweis auf Textstellen und Abbildungen ist darzulegen, weshalb z. B. ein Gegenstand des Standes der Technik dem Anmeldungsgegenstand patenthindernd entgegensteht. Er muss eindeutige Feststellungen bzw. Forderungen enthalten.

8b **a) Gestaltung der Bescheide.** Werden in einem Bescheid **mehrere Einzelfragen** behandelt, wie formale Mängel, erfinderische Tätigkeit, Neuheit oder Kategoriefragen, sollte der Bescheid zur besseren Übersichtlichkeit in nummerierte Abschnitte gegliedert sein.

Die in einem Prüfungsbescheid erstmals genannten Druckschriften sollen am Anfang des Bescheids in Listenform aufgeführt und mit laufenden Nummern versehen werden. Sie sind im gesamten Verfahren beizubehalten. Die laufenden Nummern von Entgegenhaltungen, die in einem späteren Bescheid neu genannt werden, sollten dann an die im früheren Bescheid genannte Liste anschließen. Im Interesse der leichteren Lesbarkeit der Bescheide kann es zweckmäßig sein, Entgegenhaltungen im Bescheidstext zusammen mit den laufenden Nummern vollständig zu zitieren.

8c **b) Erstbescheid, weitere Bescheide.** Der **erste Prüfungsbescheid** soll, falls es sich um eine Erstanmeldung handelt und der Anmelder frühzeitig Prüfungsantrag gestellt hat, möglichst so rechtzeitig abgesetzt werden, dass er dem Anmelder vier Monate vor Ablauf des Prioritätsjahres zugestellt werden kann. Die Prüfungsrichtlinien erläutern hierzu, dass es sich hierbei um eine **wichtige Dienstleistung** des DPMA handle, die dem Anmelder bei der Entscheidung Hilfestellung geben soll, ob Nachanmeldungen im Ausland oder international sinnvoll sind. Werden trotz der vorangegangenen Offensichtlichkeitsprüfung bei Beginn der sachlichen Prüfung Formmängel festgestellt, ist diese Beanstandung mit einem vollständigen materiellen Prüfungsbescheid zu verbinden. Ausnahmen sind nur zulässig, wenn die Behebung der Formmängel nicht möglich erscheint oder eine materielle Prüfung wegen dieser Mängel nicht möglich ist. Der Anmelder soll damit eine Entscheidung treffen können, ob es überhaupt zweckmäßig ist, die Anmeldung unter Beseitigung der Formmängel weiterzuführen. Wird bei der sachlichen Prüfung die Uneinheitlichkeit der Anmeldung festgestellt, ist dies bereits mit dem ersten Prüfungsbescheid zu beanstanden.

8d Ein eventuell erforderlicher **zweiter sachlicher Prüfungsbescheid** sollte in der Regel auch der Letzte sein und eine abschließende Entscheidung über die Anmeldung herbeiführen. Die sorgfältig begründete Auffassung des Prüfers sollte nur auf ebenso begründete und überzeugende Gegendarstellungen des Anmelders hin oder auf Grund einer neuen Sach- oder Rechtslage geändert werden. Dies gilt auch dann, wenn inzwischen ein Prüferwechsel erfolgt ist. Die Änderung der Auffassung des Prüfers ist stets zu begründen, z. B. bei übersehener unzulässiger Erweiterung des Anmeldegegenstandes, Prüfungsrichtlinien 3.4.2. Weitere Bescheide

9 Die Anzahl der im Einzelfall zu erlassenden Bescheide bestimmt sich nach den gegebenen Umständen, der Verpflichtung zur Sachaufklärung und dem Gebot des rechtlichen Gehörs (vgl. oben Rdn. 7). Wenn der Anmelder durch Einreichen eines neuen Patentanspruchs mit verändertem Oberbegriff zu erkennen gibt, dass er dem Verlangen der Prüfungsstelle nach Abgrenzung gegenüber dem Stand der Technik nachkommen will, ist ein weiterer Prüfungsbescheid, in dem die noch vorhandenen Mängel konkret bezeichnet werden, geboten, BPatG Mitt. **78,** 37. Soweit im Verfahren der Stammanmeldung die Prüfungsstelle den Patentsucher unter Angabe von Gründen und unter Fristsetzung benachrichtigt hat, dass ein Gegenstand der Stammanmeldung nicht patentfähig sei, bedarf es vor der Zurückweisung einer Ausscheidungsanmeldung mit diesem Gegenstand nicht der erneuten Gewährung des rechtlichen Gehörs, BPatGE **43,** 159, 161.

10 **c) Aufforderung gemäß Abs. 1.** Genügt die Anmeldung den Anforderungen der §§ 34, 37 und 38 nicht oder sind die Anforderungen des § 36 offensichtlich nicht erfüllt (vgl. dazu

§ 36 Rdn. 3, 8, 9), so hat die Prüfungsstelle den Anmelder aufzufordern, die Mängel zu beseitigen. Bei der Fassung der Unterlagen ist zwischen notwendigen und zweckmäßigen Änderungen zu unterscheiden, PA Bl. **50,** 300; BPatGE **21,** 206, 208. Verlangt werden können nur solche Änderungen, die zur Klarstellung erforderlich sind. Zweckmäßige Änderungen können nur angeregt werden. Wenn Änderungen der Unterlagen gefordert werden, muss ersichtlich sein, wie weit die Anforderungen der Prüfungsstelle gehen, BPatGE **1,** 105, 106. Die nach Ansicht der Prüfungsstelle vorhandenen Mängel müssen so konkret benannt werden, dass der Anmelder in der Lage ist, sie zu beseitigen, BPatGE **19,** 83. Wird der Verzicht auf ursprünglich offenbarte Anmeldungsteile gefordert, so ist dies konkret zu begründen. Der bloße Hinweis auf eine angebliche Notwendigkeit, Unklarheiten in den Anmeldungsunterlagen zu beseitigen, reicht nicht aus, BPatGE **23,** 96, 97, 101 f.

Sofern einer Anmeldung, deren Gegenstand sich auf **biologisches Material** oder mikrobiologische Verfahren i. S. v. § 2 a Abs. 3 Nr. 1 und 2 bezieht und entsprechendes Material bei einer anerkannten Hinterlegungsstelle hinterlegt worden ist (§§ 1, 2 der Verordnung über die Hinterlegung von biologischem Material in Patent- und Gebrauchsmusterverfahren v. 24. 1. 1005, BGBl I 151), so sind die erforderlichen Nachweise (Hinterlegungsbescheinigung, ggf. gesonderte Freigabeerklärung), wenn ihr Fehlen nicht offensichtlich war, im Rahmen des Prüfungsverfahrens nachzufordern. Aus § 1 a Abs. 3 ist zu entnehmen, dass die gewerbliche Anwendbarkeit einer Sequenz oder Teilsequenz eines Gens in der Anmeldung konkret unter Angabe der von der Sequenz oder Teilsequenz erfüllten Funktion beschrieben werden muss. Das Fehlen dieser Angabe ist im Prüfungsverfahren zu beanstanden und der Anmelder zur Beseitigung des Mangels aufzufordern, sofern dies im Rahmen von § 38 zulässig ist. Entsprechend ist zu verfahren, wenn der Patentanspruch nicht die in § 1 a Abs. 4 vorgeschriebene Beschränkung enthält. Vgl. dazu auch die Erl. zu § 1 a und zu § 34. 10 a

Wenn die Prüfung auf Patentfähigkeit schon begonnen hat, soll die Aufforderung nach § 45 mit der Mitteilung des sachlichen Ergebnisses dieser Prüfung verbunden werden. 11

d) Benachrichtigung gemäß Abs. 2. Bezweifelt der Prüfer die Patentfähigkeit, so muss er die Gründe dafür angeben und den Anmelder gleichzeitig zur Erklärung auffordern. Die Bedenken müssen näher und so konkret bezeichnet werden, dass der Anmelder in der Lage ist, darauf einzugehen, BPatGE **19,** 83. Dem genügt eine Aufforderung nicht, sich zu beschränken, weil der Stoffanspruch einen unrealistischen Umfang aufweise; es müssen die Gründe genannt werden, die der Patentierung für bestimmte Verbindungen oder Gruppen von Verbindungen im Einzelnen entgegenstehen (etwa mangelnde Herstellbarkeit, mangelnde Brauchbarkeit), BPatGE **19,** 83, 85. Die Begründung darf sich nicht auf summarische Feststellungen beschränken. Bei Vorveröffentlichungen muss auf bestimmte Angaben hingewiesen werden, PA Mitt. **35,** 421. Die Prüfungsstelle muss auch die Folgerungen anführen, die sie daraus zieht, PA Mitt. **40,** 112. Der allgemeine Hinweis, es handle sich um eine nahe liegende Maßnahme, die sich im Rahmen der Weiterentwicklung der einschlägigen Technik halte, reicht nicht aus; die mangelnde Erfindungshöhe bedarf einer näheren Darlegung in einer lückenlosen Gedankenkette, BPatGE **1,** 76. Es reicht nicht aus, nur allgemein auf das Fachwissen hinzuweisen. Der einer Anmeldung entgegengehaltene Stand der Technik ist in erster Linie druckschriftlich nachzuweisen und die beanspruchte Lehre nach Aufgabe und Lösung in konkreter Auseinandersetzung mit dem Offenbarungsgehalt dieser Druckschriften zu würdigen. Die Textstellen oder Zeichnungen der Entgegenhaltung, auf die der Prüfer seine Schlussfolgerungen stützt, sind genau zu bezeichnen und in logischer Gedankenfolge abzuhandeln, um dem Anmelder zu ermöglichen, sein Patentbegehren eingeschränkt oder uneingeschränkt zu verteidigen oder seine Anmeldung – bei fehlender Erfolgsaussicht – fallen zu lassen, BPatGE **30,** 250, 252 f. Ein Verstoß gegen diese Grundsätze stellt einen Verfahrensfehler dar, der zur Aufhebung eines Zurückweisungsbeschlusses der Prüfungsstelle und zur Anordnung der Zurückzahlung der Beschwerdegebühr führen kann, BPatGE a. a. O., 255. 12

In den Prüfungsbescheiden soll von vornherein zu dem gesamten Inhalt der Anmeldung unter Berücksichtigung auch der Beschreibung und der Unteransprüche Stellung genommen werden; eine Stellungnahme nur zu einzelnen Teilen des Patentbegehrens soll nach Möglichkeit vermieden werden, BPatGE **30,** 32, 35. 13

Mit dem Prüfungsbescheid nach § 45 Abs. 2 sind dem Anmelder jeweils Ablichtungen der darin genannten, der Anmeldung entgegengehaltenen Druckschriften zu liefern; Die Lieferung erfolgt unentgeltlich, Merkblatt für Patentanmelder 2004, Abschnitt 7, zu b) und c). Sofern sich unter den Kopien auch an sich urheberrechtsgeschützte Dokumente befinden, sind sie im Umfang von § 45 UrhG vom Urheberrechtsschutz befreit. 14

15 **c) Fristen. Literatur:** Trüstedt, Die Zeitordnung im Verfahren vor dem Patentamt, GRUR **56,** 152. Willich, Zur Begründungspflicht von Fristverlängerungsgesuchen im Patenterteilungsverfahren, Mitt. **66,** 144; Hallmann, Fristen und ihre Verlängerung im Verfahren vor dem Deutschen Patentamt, Mitt. **73,** 21.

15 a **aa) Prüfungsrichtlinien.** Nach den Prüfungsrichtlinien 2004 (Abschnitt 3.5) ist es das erklärte Ziel des DPMA, das gesamte Prüfungsverfahren **innerhalb von zwei Jahren** mit einem Erteilungs- oder Zurückweisungsbeschluss abzuschließen. Zur Beseitigung von Formmängeln sollte regelmäßig eine Frist von einem Monat ausreichend sein. Die Frist für die Erwiderung auf Sachbescheide ist im Normalfall auf vier Monate festzusetzen. Bei der Bemessung der Frist ist auch die Geschäftslage der Prüfungsstelle zu berücksichtigen und es sind ggf. entsprechend lange Fristen zu gewähren. Im Prüfungsverfahren einer Patentanmeldung, deren Priorität in einer anhängigen europäischen Anmeldung mit Benennung der Bundesrepublik Deutschland in Anspruch genommen wird, kann eine Frist zur Erwiderung auf einen Bescheid von bis zu 12 Monaten – ggf. auch wiederholt – gewährt werden.

15 b Wird auf einen Bescheid nicht fristgerecht geantwortet oder wird Antrag auf Entscheidung nach Lage der Akten gestellt, kann umgehend in der Sache entschieden werden, wenn dies sachgemäß erscheint. Ein erstmaliges Gesuch auf Fristverlängerung ist auch bei kurzer Begründung zu gewähren. Weitere Fristverlängerungen sind bei Vorliegen einer ausreichenden Begründung zu gewähren. An deren Begründung sind keine strengen Anforderungen zu stellen, es sei denn, das Prüfungsverfahren würde über Gebühr verzögert. Die Ablehnung eines Fristverlängerungsgesuches ist durch gesonderte Entscheidung zurückzuweisen, kann jedoch dann mit der Entscheidung in der Sache selbst verbunden werden, wenn mit einer ordnungsgemäßen sachlichen Erledigung des Amtsbescheids innerhalb der gesetzten Frist nicht mehr zu rechnen ist.

16 **bb) Rechtsprechung.** Die Prüfungsstelle hat zur Erledigung der Zwischenbescheide dem Anmelder **Frist zur Erklärung** zu setzen. Die gesetzte Frist muss dem Anmelder ausreichend Zeit zur Stellungnahme lassen, BPatGE **6,** 45. Der Fristenlauf beginnt im Regelfall mit der Zustellung des Bescheides, BPatGE **26,** 156, 157. Die gesetzten Fristen können verlängert werden. Eine Verlängerung ist auch dann zulässig und u. U. sogar geboten, wenn die Frist ausdrücklich als „unverlängerbar" bezeichnet ist, BPatGE **9,** 177. Über die Verlängerung einer vom Prüfer gesetzten Frist hat dieser und nicht ein Beamter des gehobenen Dienstes zu entscheiden, BPatGE **4,** 12.

17 Die **Fristverlängerung** wird grundsätzlich nicht von Amts wegen, sondern nur auf Antrag bewilligt. Ein Anspruch auf Fristverlängerung besteht nur insoweit, als im Einzelfalle ohne Fristverlängerung der Garantie des rechtlichen Gehörs nicht angemessen entsprochen sein würde, BPatGE **9,** 18. Es kommt daher immer auf die Umstände, insbesondere auf die vorgetragenen Gründe an.

18 Die **Gründe** müssen **hinreichend dargelegt** werden. Eingehende Darlegungen sind dann nicht erforderlich, wenn eine sachgerechte Erwiderung auf einen Bescheid umfangreiche Versuche voraussetzt, BPatG Bl. **83,** 21, 22. Die Begründung muss nachprüfbare Angaben enthalten, die erkennen lassen, dass eine fristgerechte Bescheidserledigung auch bei unverzüglichem Beginn der Bearbeitung nicht möglich wäre, BPatGE **14,** 38, 41; **20,** 25, 26 m. w. N. Die formelhafte Angabe, dass eine Frist wegen Arbeitsüberlastung nicht eingehalten werden könne, kann ohne nähere Tatsachenangabe nicht als ausreichende Begründung eines Fristverlängerungsgesuchs angesehen werden, BPatG Mitt. **71,** 52. Die Angabe eines Verfahrensbevollmächtigten, sein Mandant habe ihm noch nicht die erforderlichen Informationen erteilt, reicht für sich allein in dieser allgemeinen Form zur Begründung eines Fristverlängerungsgesuchs in der Regel nicht aus, BPatGE **9,** 18; abweichend für das erste Fristgesuch BPatGE **8,** 154. Auch die Angabe des Verfahrensbevollmächtigten, es seien noch Rückfragen beim Anmelder erforderlich, reicht allein zur Begründung eines Fristverlängerungsgesuchs nicht aus; es bedarf einer näheren Darlegung der besonderen Umstände, BPatGE **20,** 25, 26. Es genügt auch nicht, wenn lediglich angegeben wird, die Korrespondenz mit dem Anmelder sei noch nicht abgeschlossen, dieser habe eine baldige Instruktion angekündigt, BPatGE **16,** 222. Die Angabe, eine im Prüfungsbescheid entgegengehaltene Druckschrift habe erst verspätet beschafft werden können, rechtfertigt eine Fristverlängerung nicht, weil der Anmelder die Möglichkeit hat, alle im Prüfungsbescheid genannten Druckschriften gegen eine geringe Gebühr (Nr. 101 322 des Kostenverz. zur DPAVwKostV) bereits mit diesem zu erhalten, BPatGE **16,** 139.

18 a Eine großzügige Behandlung von **Fristgesuchen** bei Anhängigkeit einer **parallelen europäischen Patentanmeldung** oder PCT-Anmeldung fordert das BPatG in Mitt. **04,** 18. Danach muss der Anmelder in dem nationalen Patentanmeldeverfahren aus wirtschaftlichen und verfahrensökonomischen Gründen in die Lage versetzt werden, durch wiederholte Fristgesuche

zur Beantwortung eines Prüfungsbescheids um jeweils 12 Monate das Prüfungsverfahren auch über einen längeren Zeitraum hinweg nicht zu betreiben. Erst ab dem Zeitpunkt der Erledigung der europäischen Patentanmeldung oder PCT-Anmeldung könne es dem Anmelder zugemutet werden, eine sachliche Erwiderung zum deutschen Prüfungsbescheid zu geben.

Ein Beteiligter, dem auf Grund eines vorgetragenen Sachverhalts eine Fristverlängerung bewilligt worden ist, kann sich nicht darauf verlassen, dass die Begründung eines weiteren Fristverlängerungsgesuchs mit demselben Sachverhalt nochmals zur Bewilligung führt, BPatGE **9,** 18. Ein Anspruch auf Fristverlängerung besteht auch dann nicht, wenn noch keine „letzte" Frist gesetzt war, BPatGE **9,** 18, PA Bl. **56,** 223; es besteht kein Anrecht darauf, dass eine solche, ausdrücklich als „letzte" bezeichnete Frist bewilligt wird, PA Mitt. **57,** 15. **19**

Die **Ablehnung** der beantragten Fristverlängerung ist **zu begründen,** BPatGE **4,** 12. Eine besondere Benachrichtigung über die Ablehnung der Fristverlängerung ist nur dann erforderlich, wenn der Antrag rechtzeitig vor Ablauf der Frist eingeht, PA Mitt. **57,** 15 (6 Tage); BPatGE **8,** 154 (4 Tage), und zwar so zeitig, dass der Beteiligte bei alsbaldiger Benachrichtigung von der Ablehnung seines Verlängerungsgesuches noch vor dem Ende der laufenden ursprünglichen Frist die von ihm in der Sache gewünschten Erklärungen würde abgeben können, BPatGE **9,** 18. Wenn der Antrag dagegen erst so kurz vor Fristablauf eingeht, dass eine Vorabentscheidung hierüber für den Antragsteller im Hinblick auf die Kürze der bis zum Ablauf der Frist verbleibenden Zeitspanne keine Bedeutung mehr haben kann, dann kann die Ablehnung der Fristverlängerung mit der Sachentscheidung verbunden werden, BPatGE **2,** 253; **16,** 139, 141; **16,** 222; BPatG Mitt. **71,** 52. In derartigen Fällen ist es jedoch – auch bei unzureichender Begründung des Fristverlängerungsgesuchs – zweckmäßig, eine kurze Nachfrist zu setzen, wenn mit einiger Wahrscheinlichkeit zu erwarten ist, dass der offene Bescheid innerhalb der Nachfrist erledigt wird, BPatGE **9,** 177; **9,** 208, 210; **14,** 38; **14,** 209, 213; **20,** 25, 26; für diese Wahrscheinlichkeit muss das Gesuch hinreichende Anhaltspunkte bieten, BPatGE **20,** 25. Es entspricht in der Regel nicht einer angemessenen Sachbehandlung, eine Anmeldung zurückzuweisen, ohne vorher darauf aufmerksam gemacht zu haben, dass dem letzten Fristgesuch nicht stattgegeben werde, wenn das Gesuch um Verlängerung der Äußerungsfrist in einem angemessenen Zeitabstand vor Fristablauf eingegangen ist, BPatG Mitt. **97,** 100. **20**

cc) Entscheidung nach Fristablauf. Nach fruchtlosem Ablauf der Frist kann alsbald in der Sache entschieden werden; die Prüfungsstelle ist nicht verpflichtet, noch eine weitere Sicherheitsfrist abzuwarten, PA Bl. **56,** 62; Mitt. **57,** 117; abw. BPatGE **16,** 39. Sie muss sich freilich davon überzeugen, ob noch eine Eingabe eingegangen ist, die bei der Entscheidung zu berücksichtigen ist, vgl. BGH Mitt. **67,** 138 – Isoharnstoffäther. Es liegt ein die Rückzahlung der Beschwerdegebühr rechtfertigender Verfahrensfehler vor, wenn ein vor Fristablauf eingegangener Schriftsatz bei der Entscheidung unberücksichtigt bleibt, BPatGE **13,** 65, 69; **16,** 39, oder wenn ein berechtigtes, rechtzeitig eingegangenes Fristgesuch versehentlich erst nach Erlass des Beschlusses zu den Akten gelangt ist, PA Bl. **56,** 379. Ist am letzten Tage der Frist noch ein Fristgesuch eingegangen und ist es unberücksichtigt geblieben, weil es nicht zu den Akten gelangt ist, so liegt ein Verfahrensfehler jedenfalls dann nicht vor, wenn das Gesuch nicht begründet ist und zugleich mit der Entscheidung hätte abgelehnt werden können, PA Bl. **60,** 15, mit krit. Anm. von Müller GRUR **60,** 122. Kündigt der Inlandsvertreter einer ausländischen Anmelderin nach Fristablauf eine Stellungnahme zu einem Prüfungsbescheid als unmittelbar bevorstehend an und ist ein etwa schon gefertigter Zurückweisungsbeschluss noch nicht zur Postabfertigung gegeben, entspricht es dem Grundsatz der Verfahrensökonomie, den Beschluss anzuhalten und zunächst die Stellungnahme abzuwarten, BPatGE **24,** 210, 212. Der Verfahrensgrundsatz der Prozessökonomie gilt auch für sämtliche Verfahrensbeteiligte. Ein Anmelder, der bei gewährbarer Anspruchsfassung trotz Aufforderung der Prüfungsstelle nach erneuten mehrfachen Fristgesuchen wiederum nur mängelbehaftete Unterlagen einreicht, kann sich nicht auf den Grundsatz der Prozessökonomie berufen, wenn die Prüfungsstelle diese Mängel nicht erneut rügt, sondern die Anmeldung aus formalen Gründen zurückweist, BPatGE **35,** 119. **21**

Bleibt eine Eingabe unberücksichtigt, die erst nach Fristablauf eingegangen ist und nicht mehr vor Absendung des Beschlusses zur Prüfungsstelle gelangt ist, so kann darin kein die Rückzahlung der Beschwerdegebühr rechtfertigender Verfahrensfehler erblickt werden, PA Mitt. **40,** 138; Bl. **55,** 57; Bl. **55,** 359. Der Beschluss, der ohne Berücksichtigung neuen, erheblichen Vorbringens ergangen ist, muss jedoch aufgehoben werden, vgl. BGH Mitt. **67,** 138. Ist ein Beschluss der Prüfungsstelle vor Ablauf der Frist ergangen und deswegen aufgehoben worden, so muss eine neue Frist gesetzt werden; erst nach deren Ablauf kann erneut entschieden werden, PA Bl. **59,** 359. Gegen die Versäumung einer Frist ist Wiedereinsetzung unstatthaft, PA GRUR **31,** 1078, die Fristen sind keine Ausschlussfristen (vgl. § 123 Rdn. 7). **22**

23 **3. Unterbrechung.** Durch den Tod des Anmelders tritt eine Unterbrechung des Verfahrens nicht ein, BPatGE **1,** 1. Das Patent kann allerdings, da es den Träger des Rechts bezeichnen muss, erst nach Ermittlung des oder der Erben erteilt werden, BPatGE **1,** 1, 4. Der Konkurs des Anmelders beeinträchtigt seine Handlungsmacht, weil er ihm die Verfügung über die in die Konkursmasse fallende Anmeldung entzieht, RGZ **118,** 158, 161; vgl. BPatGE **26,** 23, 24 für den Auslandskonkurs eines Einsprechenden; vgl. auch BPatGE **25,** 33, 39.

24 **4. Aussetzung. Literatur:** V. Tetzner, Die Aussetzung des Prüfungsverfahrens auf Grund einer älteren Patentanmeldung, GRUR **75,** 522.

Wenn bei der Prüfung der Anmeldung eine andere, ganz oder teilweise übereinstimmende ältere Anmeldung ermittelt wurde, wurde früher das Erteilungsverfahren der jüngeren Anmeldung bis zur Erledigung der älteren Anmeldung ausgesetzt, weil erst damit feststand, ob und inwieweit das Patenthindernis der Identität (§ 4 Abs. 2 PatG 1968) die Erteilung eines Patents auf die jüngere Anmeldung verhindern konnte. Nach § 3 Abs. 2 PatG n. F. gilt der Inhalt der dort genannten Patentanmeldungen mit älterem Zeitrang als Stand der Technik, auch wenn die ältere Anmeldung erst an oder nach dem für den Zeitrang der jüngeren Anmeldung maßgeblichen Tag der Öffentlichkeit zugänglich gemacht wird. Das Vorliegen einer ganz oder teilweise übereinstimmenden älteren Anmeldung i. S. des § 3 Abs. 2 kann danach nur noch Grund für die Aussetzung der Prüfung der jüngeren Anmeldung bis zur Offenlegung (§ 31 Abs. 2) der älteren Anmeldung sein, weil erst diese den Inhalt der älteren Anmeldung (endgültig) zum zu berücksichtigenden Stand der Technik werden lässt.

25 Das Erteilungsverfahren kann auch (in entsprechender Anwendung des § 148 ZPO) aus einem anderen Grunde ausgesetzt werden. Der Umstand, dass eine Rechtsfrage, die für das Prüfungsverfahren von Bedeutung ist, Gegenstand eines Beschwerdeverfahrens ist, ist kein Aussetzungsgrund, BPatGE **12,** 141. Kein Aussetzungsgrund ist die Klage eines Dritten auf Abtretung des Anspruchs auf Erteilung des Patents, BPatGE **24,** 54, 56; oder Anhängigkeit eines parallelen europäischen Patenterteilungs- oder Einspruchsverfahrens, BPatGE **28,** 4, 6.

26 Die Aussetzung geschieht von Amts wegen. Die Zustimmung des Anmelders ist dazu nicht erforderlich. Die Verweigerung der Zustimmung ist daher auch kein Zurückweisungsgrund, PA 2. 7. 55, K 17842 I a/46c. Vor der Aussetzung des Verfahrens ist den Beteiligten – in einem angemessenen zeitlichen Zusammenhang vor der geplanten Entscheidung – rechtliches Gehör zu gewähren, BPatGE **19,** 111. Gegen die Aussetzung ist die Beschwerde zulässig, BPatGE **6,** 53; **8,** 205. Das ausgesetzte Verfahren muss erst wieder aufgenommen werden, bevor eine Entscheidung ergeht, BPatGE **7,** 33. Die Wiederaufnahme muss allen Beteiligten zur Kenntnis gebracht werden; es muss ihnen zugleich Gelegenheit gegeben werden, sich zu der neuen Sach- und Rechtslage zu äußern, BPatGE **8,** 157. Eine vor der Aussetzung eingeräumte Äußerungsfrist beginnt nach Wiederaufnahme des Verfahrens erneut voll zu laufen, wenn keine neue Frist gesetzt wird, BPatGE **8,** 157. Auf Fristen zur Entrichtung von Jahresgebühren hat die Aussetzung keinen Einfluss, BPatGE **15,** 114.

27 **5. Rechtsmittel.** Gegen die Prüfungsbescheide des Patentamts findet die Beschwerde oder ein anderer Rechtsbehelf nicht statt, da sie keine „Beschlüsse" i. S. v. § 73 Abs. 1 PatG darstellen, keine das Verfahren abschließende Entscheidung enthalten und nur eine vorläufige Auffassung der Prüfungsstelle wiedergeben, BPatG v. 30. 1. 2002, – 5 W (pat) 24/01 ermüdungsfreier Computer, BPatGE **46,** 211, 213.

46 *Anhörung. Ermittlungen.* (1) [1]**Die Prüfungsstelle kann jederzeit die Beteiligten laden und anhören, Zeugen, Sachverständige und Beteiligte eidlich oder uneidlich vernehmen sowie andere zur Aufklärung der Sache erforderliche Ermittlungen anstellen.** [2]**Bis zum Beschluß über die Erteilung ist der Anmelder auf Antrag zu hören, wenn es sachdienlich ist.** [3]**Der Antrag ist schriftlich einzureichen.** [4]**Wird der Antrag nicht in der vorgeschriebenen Form eingereicht oder erachtet die Prüfungsstelle die Anhörung nicht als sachdienlich, so weist sie den Antrag zurück.** [5]**Der Beschluß, durch den der Antrag zurückgewiesen wird, ist selbständig nicht anfechtbar.**

(2) [1]**Über die Anhörungen und Vernehmungen ist eine Niederschrift zu fertigen, die den wesentlichen Gang der Verhandlung wiedergeben und die rechtserheblichen Erklärungen der Beteiligten enthalten soll.** [2]**Die §§ 160a, 162 und 163 der Zivilprozeßordnung sind entsprechend anzuwenden.** [3]**Die Beteiligten erhalten eine Abschrift der Niederschrift.**

Inhaltsübersicht

1. Anhörung. Literatur: Harraeus, Die mündliche Verhandlung im Patentprüfungsverfahren, GRUR **60,** 313; Papke, „Stillschweigend bedingte" Patenterteilungen?, Mitt. **87,** 29. Zur mündlichen Verhandlung vor dem EPA, zum dortigen Untersuchungsgrundsatz und zur Beweiserhebung s. Benkard/Schäfers, EPÜ, 2002, Erl. zu Art. 114, 116 und 117 EPÜ. 1

Die Prüfungsstelle kann, wie § 46 Abs. 1 Satz 1 klarstellt, die Beteiligten jederzeit laden und anhören. Im Patenterteilungsverfahren muss der Anmelder auf seinen Antrag unter bestimmten Voraussetzungen gehört werden. Die Anhörung dient im Zivilprozess der Aufklärung des Sachverhalts (§ 141 Abs. 1 ZPO); der tatsächlichen und rechtlichen Erörterung dient die mündliche Verhandlung. Im patentamtlichen Verfahren erfüllt die Anhörung beide Funktionen.

Durch die Anhörung soll eine Klarstellung des Sachverhalts und ein näheres Kennenlernen der unterschiedlichen Auffassungen der Beteiligten zu tatsächlichen und rechtlichen Fragen ohne zeitraubenden Schriftwechsel erreicht werden; dies setzt voraus, dass Anmelder und Prüfer ihre Standpunkte miteinander erörtern und der Prüfer sich nicht auf ein bloßes Zuhören beschränkt (PräsPA Mitt. **67,** 65). Der Prüfer soll gegebenenfalls auf die Formulierung gewährbarer Unterlagen hinwirken, BPatGE **16,** 130. Er ist aber nicht verpflichtet, diese Unterlagen anstelle des Anmelders zu erarbeiten; dies ist Aufgabe des Anmelders, vgl. BPatGE **16,** 130. Der Prüfer ist auch nicht gehalten, sich im Rahmen der Anhörung abschließend über die Aussichten der Anmeldung zu äußern (PräsPA Mitt. **67,** 65). Vgl. im Übrigen auch die Prüfungsrichtlinien 2004 Abschnitt 3.6. Es kann aus Gründen der Verfahrensökonomie sogar zwingend geboten sein, eine Anhörung durchzuführen; so wenn zu erwarten ist, dass sich die auf vorwiegend formellen Mängeln beruhenden Bedenken gegen die Patentfähigkeit des Anmeldungsgegenstandes im Wege der mündlichen Erörterung beseitigen lassen. Ein Verstoß hiergegen ist ein Verfahrensfehler, der die Aufhebung der angefochtenen Zurückweisung und die Zurückzahlung der Beschwerdegebühr rechtfertigt, BPatGE **29,** 217, 218. 2

a) Anhörung von Amts wegen. Die Anhörung kann jederzeit von Amts wegen angeordnet werden. Die Anordnung steht grundsätzlich – eine Ausnahme gilt für den Fall des § 46 Abs. 1 Satz 2 (vgl. dazu unten Rdn. 3) – im Ermessen der Prüfungsstelle. Sie ist angezeigt, wenn die Anhörung eine schnelle und sichere Entscheidung erleichtert. 3

b) Anhörung auf Antrag. Die Vorschrift gibt dem Anmelder bis zum Erlass des Beschlusses über die Erteilung des Patents unter bestimmten formellen und sachlichen Voraussetzungen ein Recht auf Anhörung. Voraussetzung ist zunächst ein Antrag des Anmelders. Der Antrag ist schriftlich (oder als elektronisches Dokument) einzureichen. Er kann bedingt gestellt werden, PA Mitt. **21,** 32; vgl. auch § 78 Rdn. 5. Er bleibt so lange existent, als er nicht ausdrücklich zurückgezogen oder fallengelassen wird, BPatG Mitt. **80,** 116. Der Antrag auf Entscheidung nach Aktenlage ist als Verzicht auf die – vorher beantragte – Anhörung zu deuten, PA Mitt. **37,** 302. Die Prüfungsrichtlinien lassen auch zu, eine Anhörung bei persönlichem Erscheinen des Anmelders sofort anzuberaumen (Nr. 3.6.2 Vorsprache ohne Ladung). Dies liegt im freien Ermessen des Prüfers. Fragen, die nicht unbedingt in einem schriftlichen Bescheid oder in einer Anhörung erörtert werden müssen, sollen durch telefonische Gespräche mit dem Anmelder geklärt werden (Prüfungsrichtlinien Nr. 3.6.3. Telefonische Gespräche). Über Telefongespräche sollen Aktenvermerke gefertigt werden. 4

aa) Antrag des Anmelders. Auf seinen Antrag muss der Anmelder mündlich gehört werden, wenn seine Anhörung sachdienlich ist. Dafür ist erforderlich, aber auch ausreichend, dass die Anhörung der Sache dienlich, also irgendwie förderlich sein kann. Sachdienlichkeit im Sinne der Vorschrift ist weiter als Sachverhaltsdienlichkeit und nicht auf die tatsächliche Klärung beschränkt. Auch die Erörterung von Rechtsfragen kann der Sache dienen, BPatG Mitt. **78,** 190. Die Anhörung kann unter diesem Gesichtspunkt etwa geboten sein, wenn es um die für den Umfang des Patentbegehrens bedeutsame Frage der ursprünglichen Offenbarung erfindungswesentlicher Merkmale geht, BPatGer. Mitt. **78,** 190, 191. Bei der Prüfung der Frage, ob die Anhörung der Sache „dienlich" sein kann, darf nicht das Ergebnis der Anhörung vorweg- 5 genommen werden; es muss vielmehr objektiv erwogen werden, ob auf Grund der Aktenlage Zweifel an der Beurteilung des Anmeldungsgegenstandes oder des Standes der Technik oder sonstige Meinungsverschiedenheiten oder Missverständnisse möglich sind, die bei der Anhörung ausgeräumt werden könnten, BPatGE **7,** 26, 31. Eine zutreffende Beurteilung der Sachdienlichkeit ist erst nach umfassender Ermittlung des Standes der Technik möglich, BPatGE **15,** 149, mit ausführlichen Darlegungen zur Sachdienlichkeit der Anhörung. Nach BPatGE **39,** 204, LS, kann, abweichend von der Rechtsprechung zur Anhörung im Patenterteilungsverfahren vor der Prüfungsstelle, die im Einspruchsverfahren vor der Patentabteilung beantragte Anhörung nicht als „in der Regel sachdienlich" angesehen werden. Der Leitsatz der Entscheidung überrascht angesichts der Diskussion um § 147 Abs. 3 und die Neuregelung des Einspruchsverfahrens insgesamt, in der immer wieder die Bedeutung der mündlichen Verhandlung vor dem Patentgericht gerade für die so komplexen Einspruchsverfahren hervorgehoben wird.

6 **bb) Sachdienlichkeit.** Die Anhörung ist sachdienlich, wenn nach schriftlicher Erörterung noch Meinungsverschiedenheiten zwischen Prüfungsstelle und Anmelder über entscheidungserhebliche Fragen bestehen, BPatGE **18,** 30; GRUR **83,** 366; Bl. **83,** 181; Mitt. **85,** 170. Sie ist insbesondere erforderlich, wenn die Prüfungsstelle selbst den technischen Sachverhalt nicht für abschließend geklärt hält und vom Anmelder weitere Aufschlüsse, Richtigstellungen oder sachdienliche Anträge erwartet werden können, BPatGE **12,** 17.

7 Die beantragte Anhörung kann abgelehnt werden, wenn sie nach Lage des Falles ganz offensichtlich zu einer sachgerechten Entscheidung nicht mehr beitragen kann, weil keine weitere Klärung entscheidungserheblicher Sach- oder Rechtsfragen und auch kein neuer den Einwänden der Prüfungsstelle entgegenkommender Antrag des Anmelders (etwa Anspruchsänderung, Beschränkung, Ausscheidung) erwartet werden kann und die begehrte Anhörung somit nur noch eine Verzögerung der Entscheidung bewirken kann, BPatGE **18,** 30 unter eingehender Erörterung der Entstehungsgeschichte der Vorschrift und der Rechtsprechung. Eine Anhörung lediglich zur Erörterung von prozessualen Erfordernissen, von Formmängeln oder von prozessualen Fragen ist in der Regel nicht erforderlich, BPatGE **7,** 26, 30, soweit sie nicht von der Verfahrensökonomie auch hier geboten ist, BPatGE 29, 217, 218.

8 **cc) Durchführung der Anhörung.** Dem Antrag wird dadurch entsprochen, dass die Anhörung angeordnet, der Termin bestimmt und der Anmelder dazu geladen wird, wobei die Ladung zuzustellen ist, BPatGE **22,** 29, 32 (GebrM). Es ist zweckmäßig, in der Ladung die zu erörternden Fragen kurz zu skizzieren. Soll die Anhörung abgelehnt werden, so kann es, wenn die Ablehnung mit der Sachentscheidung erfolgen soll, notwendig sein, vorher noch Gelegenheit zur schriftlichen Äußerung zu geben, BPatGE **2,** 79, 80. Die Ablehnung des Antrages muss durch Beschluss erfolgen, der zu begründen ist (§ 47), BPatGE **1,** 80; **7,** 26. Die Begründung muss ergeben, dass alle wesentlichen Gesichtspunkte berücksichtigt sind, PA Bl. **60,** 224; BPatGE **1,** 80; **7,** 26. Der ablehnende Beschluss ist nur mit der Endentscheidung anfechtbar. Die unbegründete Ablehnung des Antrags auf Anhörung stellt einen wesentlichen Verfahrensmangel dar, der jedenfalls dann die Aufhebung und die Zurückverweisung der Sache nach § 79 Abs. 3 rechtfertigt, wenn damit zugleich das rechtliche Gehör versagt wird oder wenn die Ablehnung mit der Begründung der Sachentscheidung in Widerspruch steht, BPatGE **18,** 31 m. w. N. Die Ablehnung einer gebotenen Anhörung rechtfertigt die Rückzahlung der Beschwerdegebühr, BPatGE **12,** 17, 22; **13,** 69, 71; 15, 149; Mitt. **85,** 170. In der Beschwerdeinstanz soll nach Ansicht von BPatGE **26,** 44, 48 das Rechtsmittelgericht bei einer Nachprüfung der Sachdienlichkeit der Anhörung auf eine Rechtskontrolle beschränkt und sollen Zweckmäßigkeitserwägungen ausgeschlossen sein. Am Ende der Anhörung soll nach den Prüfungsrichtlinien i. d. R. ein Beschluss der Prüfungsstelle über die Anmeldung verkündet werden. Die Verkündung und der Tenor des verkündeten Beschlusses sind in die Niederschrift über die Anhörung aufzunehmen (Nr. 3.6.1.).

9 Das Recht auf Anhörung nach § 46 Abs. 1 Satz 2 schließt – unter den angegebenen Voraussetzungen – auch den Anspruch auf erneute Anhörung ein, wenn sich im weiteren Verlauf des Erteilungsverfahrens Umstände ergeben, die eine erneute Anhörung sachdienlich erscheinen lassen. Das ist insbesondere der Fall, wenn neuer Stand der Technik ermittelt wird, der zu einer Änderung der rechtlichen Beurteilung durch die Prüfungsstelle führt, BPatGE **15,** 149. Der Wechsel des Prüfers nötigt für sich allein nicht zur Wiederholung einer Anhörung. BPatGE **8,** 37. Der neue Prüfer muss jedoch, wenn er in der Beurteilung der Anmeldung von der Ansicht seines Vorgängers abweicht, seine abweichende Auffassung mitteilen, Prüfungsrichtlinien Nr. 3.6.1.

10 **2. Ermittlungen. Literatur:** Horn, Zeugenbeweis und eidesstaatliche Versicherung im Patentrecht, Mitt. **70,** 126.

Wenn die für die zu treffende Entscheidung erheblichen Umstände nicht ausreichend klar und durch Anhörung der Beteiligten nicht zu klären sind, muss der Sachverhalt festgestellt werden. Die Feststellung des Sachverhalts erfolgt durch Ermittlungen, d. h. durch Beweisaufnahme. Als Beispiele nennt das Gesetz die eidliche oder uneidliche Vernehmung von Zeugen, Sachverständigen und Beteiligten. Für die Anordnung und Durchführung der Beweisaufnahme sind die Vorschriften der Zivilprozessordnung entsprechend heranzuziehen, Horn, Mitt. **70,** 126. Zeugen und Sachverständige erhalten Gebühren wie im ordentlichen Gerichtsverfahren, § 128a i. V. m. mit dem JEVG, vgl. die Erläuterungen zu § 128a. Weitere Aufklärungsmittel sind Besichtigungen, Vorführungen, Versuche. Wie und an welchen Orten sie auszuführen sind, steht im Ermessen des Amts. Besichtigungen außerhalb des Geltungsbereichs des Patentgesetzes setzen allerdings die Einschaltung der zuständigen Stellen (Bundesministerium der Justiz, Auswärtiges Amt) und die Zustimmung der Behörden des Belegenheitsstaates voraus. Rechtshilfeabkommen geben in aller Regel keine Rechtsgrundlage für solche Besichtigungen ab. Verfahrensbeteiligte haben Anspruch auf Zuziehung bei einer Vorführung, a. A. PA GRUR **16,** 323 für Einsprechende. Das Patentamt darf sich nur mit Einverständnis der Gegenseite (Patentinhaber im Einspruchsverfahren, offenkundige Vorbenutzung) mit den schriftlichen Äußerungen von Zeugen unter eidesstattlicher Versicherung ihrer Richtigkeit begnügen und von einer von der Gegenseite beantragten Vernehmung der Zeugen absehen, BPatGE **32,** 11.

Wegen der sonstigen Beweismittel und wegen der Anordnung und Durchführung der Beweisaufnahme kann auf die Erl. zu § 87 und wegen der Festsetzung von Ordnungs- oder Zwangsmitteln gegen Zeugen und Sachverständige und der Anordnung der Vorführung von Zeugen auf die Ausführungen zu § 128 verwiesen werden. Anders als die Verwaltungsbehörde im förmlichen Verwaltungsverfahren nach § 65 Abs. 3 VwVfG kann das Patentamt Zeugen und Sachverständige selbst eidlich vernehmen. Ordnungs- und Zwangsmaßnahmen darf es jedoch gegen Zeugen oder Sachverständige, die nicht erscheinen oder ihre Aussage oder deren Beeidigung verweigern, nicht verhängen. Insoweit ist es auf die Rechtshilfe des Bundespatentgerichts nach § 128 Abs. 2 angewiesen. 11

a) Amtsermittlungen. Die erforderlichen Ermittlungen hat die Prüfungsstelle nach § 46 Abs. 1 Satz 1 von Amts wegen anzustellen. Sie ist dabei nicht an Anträge der Beteiligten gebunden (Untersuchungsgrundsatz, vgl. dazu Vorbem. vor § 34 Rdn. 16f., § 87 Rdn. 1ff.). Schlüssige Beweisangebote dürfen nicht vorweg gewürdigt oder als verspätet zurückgewiesen werden, vgl. BPatGE **24,** 1ff. 12

b) Mitwirkung der Beteiligten. Die Verpflichtung des Patentamts, den Sachverhalt von Amts wegen zu ermitteln, enthebt die Beteiligten nicht der Pflicht, zur Aufklärung erheblicher Umstände beizutragen (vgl. dazu § 87 Rdn. 6, 7; BPatGE **14,** 47). Die Mitwirkung der Beteiligten liegt auch zumindest insoweit in ihrem eigenen Interesse, als sie die Feststellungslast für bestimmte Umstände trifft (vgl. dazu § 87 Rdn. 18ff.). 13

Im Rahmen seiner **Mitwirkungspflicht** muss der Anmelder die für die Patentfähigkeit der von ihm angemeldeten Erfindung bedeutsamen Umstände – z. B. die Ausführbarkeit der von ihm gegebenen neuen Lehre und die Vorteile seiner Lehre gegenüber den vorbekannten Lehren – darlegen, BGHZ **53,** 283, 296 – Anthradipyrazol. Wenn dem sachkundigen Prüfer das Vorliegen des in Betracht kommenden Umstandes auf Grund der bloßen Darlegungen des Anmelders nicht genügend glaubhaft erscheint, kann er vom Anmelder einen „genaueren Nachweis" verlangen, BGHZ **53,** 283, 297. Statt den genaueren Nachweis – etwa durch Vorlage eines Versuchsberichts – zu erbringen, kann der Anmelder sich zunächst auch auf Erfahrungssätze berufen, die dem Fachmann geläufig sind oder die er sich alsbald anzueignen vermag, BGHZ **53,** 283, 297. Darüber wäre gegebenenfalls auch ein außerhalb des Patentamts stehender Sachverständiger zu hören, BGHZ **53,** 283, 298. 14

aa) Glaubhaftmachung der Ausführbarkeit. Der Anmelder muss die Ausführbarkeit der angemeldeten Erfindung darlegen und gegebenenfalls glaubhaft machen; er muss insbesondere glaubhaft machen, dass die Erfindung in der Anmeldung so deutlich und vollständig offenbart ist, dass ein Fachmann sie ausführen kann, § 34 Abs. 4. Die Glaubhaftmachung kann insbesondere durch Vorführung des Anmeldungsgegenstandes geschehen. S. dazu auch die Erl. zu § 34 und § 21 Abs. 1 Nr. 2. 15

Ob der **Offenbarungsgehalt** einer Anmeldung, wie er nach Maßgabe der vorstehenden Kriterien (Inhalt der Anmeldung in ihren maßgeblichen Teilen, Fachwissen, Fachmann) zu ermitteln ist, als vollständig bewertet werden kann, hängt im Einzelfall von der Erfindung ab, die **Gegenstand des Schutzbegehrens** ist. Es muss jedenfalls alles das in den ursprünglichen Anmeldungsunterlagen offenbart sein, was zum Inhalt der zum Patent angemeldeten technischen Lehre gehört. Angaben dagegen, die zur Begründung der Patentfähigkeit dieser Lehre dienen, 15a können im Laufe des Erteilungsverfahrens nachgebracht werden. Das Patenterteilungsverfahren ist durchaus dazu bestimmt, Unvollkommenheiten zu ergänzen und Unklarheiten zu beseitigen. Es ist aber Sache des Anmelders sicherzustellen, dass bei der ersten Einreichung seiner Anmeldung eine ausreichende Offenbarung erfolgt. Weist die Offenbarung erhebliche Mängel auf, so können solche Mängel später nicht durch Hinzufügung weiterer Beispiele oder Merkmale behoben werden, ohne dass § 38 verletzt wird.

15b Es ist nicht erforderlich, dass durch die Anmeldung eine technische Lehre im Sinne einer konkreten Bauanleitung in allen Einzelheiten vorgegeben wird, vgl. BGH v. 25. 11. 1965, Ia 24/64, GRUR **66,** 201, 205 – Ferromagnetischer Körper. Vielmehr genügt es, dass **dem Fachmann die entscheidende Richtung** angegeben wird, in der er – ohne Aufwendung eigener erfinderischer Tätigkeit – mit Erfolg weiterarbeiten, die günstigste Lösung auffinden und die die Erfindung bildende Lehre verwirklichen kann, BGH GRUR **68,** 311, 313 – Garmachverfahren, BGH in Bl. **84,** 246 – Isolierglasscheibenrandfugenfüllvorrichtung – wobei auch die Notwendigkeit weiterer Versuche nicht schadet, soweit diese das übliche Maß nicht übersteigen und keine erfinderischen Überlegungen erfordern, vgl. BGH GRUR **67,** 56, 57f. – Gasheizplatte; BGH MDR **80,** 309 – Doppelachsaggregat.; BGH vom 13. 10. 1992, X ZR 48/90, BGHDAT zu PatG 81. Ein Vorschlag, den der Durchschnittsfachmann nur mit großen Schwierigkeiten verwirklichen kann, ist keine ausreichend offenbarte technische Lehre, BGH GRUR **80,** 166, 168 – Doppelachsaggregat; ebenso darf sich der erstrebte Erfolg nicht erst mit unzumutbarem Aufwand einstellen, BGHZ **112,** 297 = GRUR **91,** 518, 520 – Polyesterfäden.

15c Die Beurteilung des **Gesamtinhalts der Erstunterlagen** hat mit den Augen des gleichen Fachmanns zu erfolgen, der auch die Patentfähigkeit beurteilt, vgl. BGH in GRUR **81,** 812, 813 – Etikettiermaschine –. Zu prüfen ist, welche Erkenntnisse ihm dadurch objektiv und ohne weiteres vermittelt werden. Außerdem ist zu beachten, dass der Fachmann sich nicht allein an dem Wortlaut der Unterlagen orientiert, sondern im Wesentlichen an dem Zweck, den die Erfindung mit Blick auf die Nachteile des Stands der Technik verfolgt, und an dem Lösungsvorschlag mit seinen einzelnen Elementen.

15d Bei der Prüfung der **Ausführbarkeit der geschützten** Lehre ist darauf abzustellen, ob der Fachmann im Prioritätszeitpunkt in der Lage war, mit der in der Anmeldung offenbarten Lehre das offenbarte Erzeugnis in praktisch ausreichendem Maße zu erhalten, BGHZ **122,** 144, tetraploide Kamille. Für den Nachweis, ob die offenbarte Erfindung ausführbar ist, ist auf den Anmelde- oder Prioritätszeitpunkt abzustellen, BGH Bl. **92,** 308, Antigenenachweis. Der Anmelder muss also glaubhaft machen, dass die Ausführbarkeit der offenbarten Erfindung am Anmelde- oder Prioritätstag gegeben war. Nachweise dafür kann er erforderlichenfalls im Laufe des Prüfungsverfahrens nachbringen; es genügt aber nicht, wenn die Ausführbarkeit tatsächlich im Verlaufe des Patenterteilungsverfahrens nachträglich sichergestellt wird.

16 **bb) Glaubhaftmachung technischer Vorteile. Literatur:** Schmied-Kowarzik, Über den Nachweis des technischen Fortschritts bei Chemie-Erfindungen, Mitt. **71,** 61, 81; Fabel, Die Anzahl der Vergleichsversuche, GRUR **71,** 188; Vossius, Stellungnahme zu dem Aufsatz von Fabel, Die Anzahl der Vergleichsversuche, GRUR **71,** 389; Dinné, Chemischer technischer Fortschritt – bleibt alles beim alten?, Mitt. **77,** 18.

Der technische Fortschritt ist als selbstständiges Patentierungserfordernis weggefallen. Unter diesem Gesichtspunkt ist daher die frühere Praxis, die unter bestimmten Voraussetzungen eine nähere Darlegung und ggfs. auch eine Glaubhaftmachung des erzielbaren Fortschritts verlangte, durch die Gesetzesänderung überholt. Soweit jedoch aus technischen Vorteilen des Anmeldungsgegenstandes dessen Patentwürdigkeit abgeleitet werden soll und die erzielbaren technischen Vorteile dafür von Bedeutung sind, sind sie vom Anmelder darzulegen und, wenn sich irgendwelche Zweifel ergeben, glaubhaft zu machen. Wenn der technische Vorteil in der Bereitstellung eines weiteren (nicht notwendig besseren) Mittels bestehen soll, ist die Glaubhaftmachung darauf zu richten, dass neben den bekannten Mitteln für das neue Mittel noch ein Bedürfnis besteht, BGHZ **53,** 283, 287ff. Wenn der technische Vorteil in der überlegenen Wirkung des neuen Mittels gesehen wird, ist es in Bezug auf seine Wirkung grundsätzlich mit allen bekannten Mitteln gleicher Wirkungsrichtung und nicht nur mit wirkungsmäßig und konstitutionell vergleichbaren Mitteln zu vergleichen, BGHZ **53,** 283, 291; vgl. hierzu aber auch Schmied-Kowarzik, Mitt. **71,** 67ff. Bei einem chemischen Stoff kann zur Glaubhaftmachung der überlegenen Wirkungen der Vergleich mit einem anerkannt gut wirkenden Mittel gleicher Wirkungsrichtung ausreichend sein, BGHZ **53,** 283, 292. Zum Nachweis der besseren Wirkung können Vergleichsversuche gefordert werden.

17 Wenn es sich bei dem Erzeugnis des beanspruchten Verfahrens oder bei dem beanspruchten Stoff um eine Gruppe von vielen Verbindungen handelt, müssen sich die Vergleichsversuche

auf solche und so viele einzelne Verbindungen (Vertreter der Stoffgruppe) erstrecken, dass es glaubhaft erscheint, dass nach den aus den Versuchen gewonnenen Ergebnissen die geltend gemachte Wirkung auch bei den übrigen der zu der Gruppe gehörenden Verbindungen eintritt. Fabel hält für repräsentativ einen Bruchteil von einem Drittel bis zur Hälfte der Verbindungen (GRUR **71,** 188, 191). Dagegen wenden sich insbesondere Beil, GRUR **71,** 382, 388 f., und Vossius, GRUR **71,** 389.

Bei Patentanmeldungen, die sich auf zur Weiterverarbeitung bestimmte chemische Stoffe (Zwischenprodukte) beziehen, muss ggfls. glaubhaft gemacht werden, dass das Zwischenprodukt Eigenschaften besitzt, die im Falle der Weiterverarbeitung als technisch fortschrittliche Eigenschaften oder Wirkungen der Endprodukte in Erscheinung treten, und dass diese Eigenschaften oder Wirkungen des Endprodukts durch entsprechende immanente Eigenschaften des Zwischenprodukts, also nicht etwa ausschließlich durch die Art seiner Weiterverarbeitung bedingt sind, BGH GRUR **69,** 265, 267 – Disiloxan. **18**

3. Niederschrift. Literatur: Harmsen, Die Niederschrift über die mündliche Verhandlung gemäß § 33 PatG, Mitt. **39,** 1; Bartels, Ist das amtliche Protokoll über eine mündliche Verhandlung prioritätsbegründend?, GRUR **60,** 4. **19**

Über die Anhörung der Beteiligten und über Vernehmungen jeglicher Art ist eine Niederschrift zu fertigen. In der Niederschrift werden die wesentlichen Vorgänge der Verhandlung beurkundet und für das weitere Verfahren festgehalten. Die Niederschrift hat zwar nicht die Beweiskraft eines gerichtlichen Protokolls (§ 164 ZPO). Sie ist jedoch öffentliche Urkunde und hat als solche die in den § 417, 418 ZPO bezeichnete Beweiskraft. Die Niederschrift kann vom Prüfer selbst geführt werden. Es kann jedoch auch ein Schriftführer hinzugezogen werden.

a) Form der Niederschrift. Die Niederschrift ist in der Verhandlung in gewöhnlicher Schrift, in Handschrift oder Maschinenschrift oder als elektronisches Dokument, zu fertigen. Der Inhalt der Niederschrift kann aber in der Verhandlung auch, wie sich aus der Verweisung auf § 160 a ZPO ergibt, in einer gebräuchlichen Kurzschrift, mit einer Kurzschriftmaschine, mit einem Tonaufnahmegerät oder durch verständliche Abkürzungen vorläufig aufgezeichnet werden (§ 160 a Abs. 1 ZPO). Das Protokoll ist dann unverzüglich nach der Sitzung herzustellen (§ 160 a Abs. 2 ZPO), sofern es nicht in der Form eines amtlichen elektronischen Dokuments i. S. v. § 125 a, § 130 b ZPO vorliegt und als Bestandteil einer elektronischen Akte geführt wird. Wenn die Aussage eines Zeugen, Sachverständigen oder Beteiligten oder das Ergebnis eines Augenscheins mit einem Tonaufnahmegerät vorläufig aufgezeichnet worden ist, braucht nur dies in dem Protokoll vermerkt zu werden (§ 160 a Abs. 2 Satz 2 ZPO). Das Protokoll muss jedoch um die entsprechenden Feststellungen ergänzt werden, wenn ein Beteiligter das beantragt oder das Rechtsmittelgericht die Ergänzung anfordert (§ 160 a Abs. 2 Satz 3 ZPO). Das schriftlich erstellte Protokoll ist vom Prüfer und dem etwa zugezogenen Schriftführer zu unterzeichnen (§ 163 Abs. 1 Satz 1 ZPO). Für amtliche elektronische Dokumente gelten die Vorschriften über qualifizierte elektronische Signaturen. Für die Richtigkeit der Übertragung einer Tonbandaufzeichnung ist der Geschäftstellenleiter verantwortlich, auch wenn er nicht zur Sitzung zugezogen war (§ 163 Abs. 1 Satz 2 ZPO). **20**

b) Inhalt der Niederschrift. In der Niederschrift soll der wesentliche Gang der Verhandlung wiedergegeben werden. Einen Anhalt dafür, was in diesem Sinne als wesentlich anzusehen ist, kann § 160 Abs. 3 ZPO geben (vgl. dazu § 92 Rdn. 10). Aufzunehmen sein werden ferner insbesondere Hinweise auf neue Umstände und Gesichtspunkte, Fristsetzungen und die Feststellung des Ergebnisses der Anhörung, BPatGE **18,** 30, 43 f. Rechtserhebliche Erklärungen der Beteiligten sind besonders festzustellen. Als solche werden vor allem Änderungen der Anmeldung, die Erklärung einer Ausscheidung oder der Teilung der Anmeldung (§ 39) zu betrachten sein, weiterhin ausdrückliche Verzichtserklärungen des Anmelders oder Angaben über den Stand der Technik (§ 34 Abs. 6), ferner Mitteilungen über die Person des Erfinders oder die Beteiligung mehrerer Erfinder (§ 37 Abs. 1), endlich die Erklärung der Lizenzbereitschaft (§ 24). Ausführungen eines Beteiligten zur Sache, namentlich wegen des Schutzumfangs, bedürfen nicht der Niederschrift, PA Mitt. **40,** 18; BPatGE **18,** 30, 43 f. Auch Meinungsäußerungen des Prüfers bedürfen nicht der Wiedergabe, sofern sie nicht im Einzelfall der Gewährung des rechtlichen Gehörs dienen, BPatGE **18,** 30, 43 f. Berichtigungen der Niederschrift sind statthaft, müssen aber von den Unterzeichnern selbst vorgenommen werden, Bl. **39,** 55. Sie finden ihre Grenze im Erinnerungsvermögen der Unterzeichner, PA Bl. **39,** 110. **21**

c) Verlesung, Mitteilung. Der Inhalt der Niederschrift ist den Beteiligten in dem in § 163 ZPO bezeichneten Umfange (vgl. dazu § 92 Rdn. 15) vorzulesen, zur Durchsicht vorzulegen, vom Tonaufnahmegerät vorzuspielen oder am Bildschirm anzuzeigen, um ihnen Gelegenheit **22**

zur Prüfung der Richtigkeit zu geben (vgl. im Einzelnen § 92 Rdn. 15). Eine Verlesung der übrigen Teile der Niederschrift ist nicht vorgeschrieben und daher auch nicht erforderlich. Die Beteiligten erhalten, soweit ein schriftliches Dokument erstellt worden ist, eine Abschrift der Niederschrift und können sich so von der Richtigkeit überzeugen. Bei elektronischen Dokumenten können sie auch eine Kopie der Datei oder einen Ausdruck verlangen. Auslagen sind hierfür nicht zu erheben.

47 *Beschlüsse. Begründung. Rechtsmittelbelehrung.* (1) [1]**Die Beschlüsse der Prüfungsstelle sind zu begründen, schriftlich auszufertigen und den Beteiligten von Amts wegen zuzustellen.** [2]**Am Ende einer Anhörung können sie auch verkündet werden; Satz 1 bleibt unberührt.** [3]**Einer Begründung bedarf es nicht, wenn am Verfahren nur der Anmelder beteiligt ist und seinem Antrag stattgegeben wird.**

(2) [1]**Der schriftlichen Ausfertigung ist eine Erklärung beizufügen, durch welche die Beteiligten über die Beschwerde, die gegen den Beschluß gegeben ist, über die Stelle, bei der die Beschwerde einzulegen ist, über die Beschwerdefrist und über die Beschwerdegebühr belehrt werden.** [2]**Die Frist für die Beschwerde (§ 73 Abs. 2) beginnt nur zu laufen, wenn die Beteiligten schriftlich belehrt worden sind.** [3]**Ist die Belehrung unterblieben oder unrichtig erteilt, so ist die Einlegung der Beschwerde nur innerhalb eines Jahres seit Zustellung des Beschlusses zulässig, außer wenn eine schriftliche Belehrung dahin erfolgt ist, daß eine Beschwerde nicht gegeben sei; § 123 ist entsprechend anzuwenden.**

Inhaltsübersicht

I. Beschlüsse der Prüfungsstellen

1 **1. Vorbemerkung zum Text.** Die Vorschrift, die durch das 6. ÜG als § 34 in den Abschnitt über das Verfahren vor dem Patentamt eingefügt und durch das GPatG in die Vorschriften über das Prüfungsverfahren eingeordnet worden ist, regelt die Beschlüsse der Prüfungsstellen. In § 47 Abs. 2 Satz 1: ist durch Art. 7 Nr. 21 des KostRegBerG v. 13. 12. 2001 BGBl I 3656 mWv 1. 1. 2002 der Halbsatz „sofern eine Beschwerdegebühr zu entrichten ist" gestrichen worden. Dem lag die Annahme zugrunde, dass künftig mit Ausnahme der Beschwerden nach § 11 Abs. 2 und 3 PatKostG alle Beschwerden gebührenpflichtig sein sollten, BT-Drs. 14/6203 S. 63. Das trifft allerdings nicht mehr zu, da durch das Geschmacksmusterreformgesetz auch das PatKostG geändert und die Gebührenfreiheit der Beschwerde in Verfahrenskostenangelegenheiten wiedereingeführt oder klargestellt wurde (Art. 2 Abs. 12 Nr. 7 Buchst. b des Gesetzes v. 12. 3. 2004, 390). § 47 Abs. 2 enthält eine besondere Regelung gegenüber den §§ 59, 58 VwGO.

2 **2. Gegenstand.** Die Vorschrift bezieht sich nur auf die Willensäußerungen der Prüfungsstellen in Wahrnehmung der ihnen gesetzlich zugewiesenen Aufgaben (§ 27 Abs. 1). Die Verfügungen und Beschlüsse in anderen Verwaltungsangelegenheiten werden durch die Vorschrift nicht betroffen; hierfür sind die dafür erlassenen besonderen Bestimmungen, die Vorschriften des VwVfG, der VwGO und die allgemeinen Grundsätze des Verwaltungsrechts maßgebend. Von den Willensäußerungen der Prüfungsstellen und Abteilungen regelt die Vorschrift auch

nur die Beschlüsse. Die hierfür geltenden Bestimmungen sind jedoch auf die sonstigen Willensäußerungen zum Teil entsprechend anzuwenden, vgl. unten Rdn. 36–40.

3. Beschlüsse im Sinne der Vorschrift. Die Vorschrift verwendet den Begriff „Beschluss" ebenso wie § 73 nicht in formellem, sondern in materiellem Sinne, und zwar im Gegensatz zu den Willensäußerungen, die sich der Sache nach als Verfügungen oder als Bescheide darstellen. Ein Beschluss im Sinne der Vorschrift liegt danach in jedem Ausspruch, durch den eine abschließende Regelung ergeht, die die Rechte der Beteiligten berühren kann, BPatGE **15,** 134, 136 m. w. N. Alle anderen Äußerungen der Prüfungsstellen sind Bescheide oder Verfügungen, mögen sie auch äußerlich in Beschlussform ergehen. 3

Im Einzelnen sind, da § 47 Abs. 1 und § 73 den Begriff „Beschluss" im gleichen Sinne verwenden, alle beschwerdefähigen Beschlüsse (vgl. dazu § 73 Rdn. 5–10), aber auch die nicht selbstständig anfechtbaren Beschlüsse (vgl. § 73 Rdn. 11), Beschlüsse im Sinne der Vorschrift. 4

4. Form der Beschlüsse. Die Beschlüsse können nach § 47 Abs. 1 Satz 2 am Ende einer Anhörung verkündet werden. Sie müssen jedoch auch in diesem Falle den Beteiligten zugestellt werden. Sie bedürfen daher in jedem Falle der Schriftform (bzw. der Niederlegung als elektronisches Dokument, § 125 a); denn das Gesetz schreibt für alle in Betracht kommenden Fälle die schriftliche Ausfertigung und die Zustellung vor. Ein „an Verkündungs statt" zuzustellender Beschluss kann bei einem beschließenden kollegialen Organ (Abteilung) nur von den Mitgliedern erlassen werden, die bei der Verhandlung mitgewirkt haben; er ist von diesen auch zu unterzeichnen, BPatGE **24,** 190, 191 (GebrM). Die Ausfertigungen erhalten die Kopfschrift „Deutsches Patentamt" und am Schluss die Bezeichnung der Prüfungsstelle (§ 16 DPMAV). Die Angaben am Ende des Beschlusses müssen so gefasst sein, dass klar erkennbar ist, ob der Beschluss von der **Prüfungsstelle** oder von der **Patentabteilung** stammt, BPatGE **12,** 177, 178 f. Als selbstverständlich ist nicht besonders hervorgehoben, dass die Beschlüsse zu unterschreiben sind. Bis zur Vollziehung der Unterschrift stellen sie bloße Entwürfe dar. Nach BPatGE **26,** 152, 153 f. ist das Patentamt nicht berechtigt, einen formlosen, ursprünglich als Mitteilung gemeinten Bescheid nachträglich zu einer beschwerdefähigen Entscheidung (Beschluss) zu deklarieren. Die Bekanntgabe einer Rechtsauffassung in einem Zwischenbescheid kann in der Regel nicht als verbindliche feststellende Entscheidung angesehen werden, BPatGE **23,** 248, 250 f; abweichend BPatGE **22,** 121, 122. Die **Unterschrift** eines mitbeschließenden Mitglieds der Patentabteilung kann in entsprechender Anwendung von § 315 Abs. 1 Satz 2 ZPO ersetzt werden, wenn das betreffende Mitglied an der Unterschrift verhindert ist, ebenso, wenn es im schriftlichen Verfahren nach Beschlussfassung an der Unterschriftsleistung verhindert ist. BPatG Bl. **93,** 457 LS, a. A. BPatGE **32,** 69 = Bl. 1991, 315, wo allerdings nachträglich ein weiterer Beschluss (beschränkte Aufrechterhaltung) ergangen ist. 5

5. Inhalt der Beschlüsse. a) Ausspruch. Die Beschlüsse enthalten in aller Regel einen besonderen, von der Begründung äußerlich getrennten Ausspruch, die **Beschlussformel.** Die Beschlussformel enthält die eigentliche Entscheidung. Sie geht bei Widerspruch zwischen der Formel und den Gründen vor, PA Mitt. **41,** 21. Ihr Inhalt ist grundsätzlich allein dafür maßgebend, ob ein Beteiligter durch den Beschluss beschwert wird, vgl. § 73 Rdn. 19. 6

b) Begründung. Die Begründung ist für alle Beschlüsse vorgeschrieben, durch die ein **Verfahrensbeteiligter beschwert** wird. Das Bedürfnis nach einer Begründung ergibt sich für diese Beschlüsse schon daraus, dass sie gemäß § 73 Abs. 1 der Beschwerde an das Patentgericht unterliegen und ohne Begründung die Grundlagen für die Nachprüfung der Beschlüsse fehlen würden. Zu **begründen** sind auch die Beschlüsse, die kraft ausdrücklicher gesetzlicher Vorschrift **nicht selbständig anfechtbar** sind, wie die Ablehnung des Antrages auf Zuziehung eines rechtskundigen Mitglieds (§ 27 Abs. 3 Satz 3) oder die Ablehnung eines Antrags auf Anhörung (§ 46 Abs. 1 Satz 5; vgl. dazu BPatGE **1,** 80); denn sie unterliegen jedenfalls im Zusammenhang mit der nachfolgenden Sachentscheidung der Beschwerde und damit auch der gerichtlichen Überprüfung. Keiner Begründung bedarf nach § 47 Abs. 1 Satz 3 ein Beschluss im einseitigen Verfahren, durch den dem Antrag des Anmelders (voll) stattgegeben wird. Keiner Begründung bedarf daher etwa ein Beschluss, durch den dem Anmelder antragsgemäß Wiedereinsetzung in die versäumte Frist zur Zahlung der Anmeldegebühr (§ 35 Abs. 3) gewährt wird. Ebenso ist eine gesonderte Begründung entbehrlich, wenn eine Anmeldung zurückgewiesen wird, weil die in einem Bescheid ausdrücklich gerügten Mängel nicht beseitigt wurden und der Anmelder sich zu den Rügen nicht geäußert hat. In diesen Fällen kann auf die Gründe des Bescheides verwiesen werden. vgl. PrüfRichtl. Nr. 3.8. 7

aa) Tragende Erwägungen. Die Begründung muss die tragenden Erwägungen für die getroffene Entscheidung enthalten und sich auf alle **für die Entscheidung maßgebenden Punkte** erstrecken, also bei der Beurteilung der Patentfähigkeit insbesondere auf die Neuheit 8 und die Erfindungshöhe, BPatGE **6,** 50, 52; BPatG Mitt. **73,** 52 m. w. N; PrüfRichl Nr. 3.8. Abs. 3. Die Gründe eines Aussetzungsbeschlusses müssen erkennen lassen, ob die Prüfungsstelle von dem ihr eingeräumten Ermessen in einer dem Zweck der Aussetzung entsprechenden Weise Gebrauch gemacht und die Grenzen pflichtgemäßen Ermessens eingehalten hat. BPatGE **15,** 57. Die Begründung erfordert eine nähere Darlegung aller tatsächlichen und rechtlichen Überlegungen, die die beschließende Stelle zu der getroffenen Entscheidung veranlasst haben, BPatGE **6,** 50, 52. Nötig ist die Angabe des Gedankengangs, der die Entscheidung trägt, PA Mitt. **31,** 163; **33,** 247. Die maßgeblichen Gesichtspunkte müssen derart behandelt sein, dass eine Nachprüfung des Beschlusses durch die Beteiligten und durch die Beschwerdeinstanz möglich ist, BPatG Mitt. **73,** 52.

9 **bb) Einwendungen der Beteiligten.** Zur Beschlussbegründung gehört auch eine Auseinandersetzung mit allen von den Beteiligten schlüssig vorgetragenen **Einwendungen,** BPatGE **6,** 50; **17,** 241, etwa mit vom Anmelder genannten gewichtigen Beweisanzeichen für die Erfindungshöhe; BPatGE **17,** 241. Nimmt ein infolge Fristversäumnis ergangener Zurückweisungsbeschluss Bezug auf einen Prüfungsbescheid, in dem schlüssig vorgetragene entscheidungswesentliche Einwendungen des Anmelders gegen einen früheren Prüfungsbescheid übergangen wurden, so liegt ein Begründungsmangel auch dann vor, wenn die Prüfungsstelle eine Anhörung in Aussicht gestellt und der Anmelder sich hierzu nicht fristgemäß geäußert hatte, BPatGE **21,** 75. Bloße summarische Feststellungen nötigen gegebenenfalls zur Rückzahlung der Beschwerdegebühr, BPatGer. Mitt. **73,** 52. Wegen der Zulässigkeit von Bezugnahmen vgl. § 79 Rdn. 34. Ein Begründungsmangel liegt auch vor, wenn eine vor Herausgabe des Beschlusses vorgetragene Entgegenhaltung nicht berücksichtigt wird, die für sich allein geeignet wäre, die Patentfähigkeit des Anmeldungsgegenstandes in Frage zu stellen, BGH GRUR **82,** 406 – Verteilergehäuse.

10 **cc) Erschöpfung des Vorbringens.** Die Begründung muss zu dem **gesamten Vorbringen** Stellung nehmen, das bei Erlass des Beschlusses vorgelegen hat; dafür genügt es, dass eine Eingabe des Anmelders beim Patentamt eingegangen ist, mag sie auch mangels hinreichender Kennzeichnung nicht als zu der Sache gehörig erkennbar gewesen sein; auf die Frage, ob der Prüfer die dem Patentamt zugegangene Eingabe des Anmelders bei der Beschlussfassung gekannt hat, kommt es nicht an, BPatGE **17,** 241; **21,** 224. Es stellt einen Begründungsmangel dar, wenn eine im schriftlichen Verfahren (BPatG) vor der Herausgabe der Ausfertigungen des Beschlusses vorgetragene Entgegenhaltung nicht berücksichtigt, die für sich allein geeignet sein kann, die Patentfähigkeit des Anmeldungsgegenstandes in Frage zu stellen, BGH GRUR **82,** 406, LS, Egr. 2b, im Anschluss an BGH GRUR **67,** 435 – Isoharnstoffäther. Zu welchen Punkten im einzelnen Stellung zu nehmen ist, hängt vom Inhalt der Entscheidung ab. Bei Zurückweisung einer Anmeldung wegen mangelnder Patentfähigkeit des Gegenstandes des Hauptanspruchs muss diese näher begründet werden; nähere Ausführungen zu den Unteransprüchen sind in einem solchen Falle zwar zweckmäßig, zur Begründung der Zurückweisung aber nicht notwendig, BPatGE **11,** 224, 226. Nach BPatG Mitt. **90,** 81 genügt es den Anforderungen an die Begründungspflicht, wenn der Beurteilung der erfinderischen Tätigkeit das allgemeine Fachwissen – technisches Allgemeinwissen und allgemeines technisches Können – des zuständigen Fachmannes zugrunde gelegt wird; es genügt die Nennung jener Kenntnisse, die die Prüfungsstelle dem Fachmann unterstellt. Wird ein Beschluss auf einen Prüfungsbescheid gestützt, der lediglich formelhafte Wendungen enthält und deshalb die materiellen Beanstandungen nicht nachvollziehbar erkennen lässt, so ist der Beschluss wegen Verstoßes gegen die Begründungspflicht fehlerhaft, BPatG 17 W (pat) 16/84 v. 28. 2. 1985. Werden Patentansprüche zunächst als Unteransprüche gewährt, wird der Erteilungsbeschluss dann aber dahin geändert, dass ein als Unteranspruch formulierter Anspruch durch einen als Nebenanspruch formulierten Anspruch ersetzt wird, so bedarf dies der Begründung, BGH GRUR **83,** 63, 64 – Streckenvortrieb.

11 **dd) Haupt- und Hilfsantrag.** Sind mehrere Erteilungsanträge im Eventualverhältnis (Hauptantrag und Hilfsanträge) gestellt worden, so sind sie, soweit ihnen nicht stattgegeben wird, in der Reihenfolge, in denen sie gestellt waren, einzeln zu bescheiden, BGH Mitt. **67,** 16, 17 – Ladegerät; GRUR **71,** 532, 533 – Richterwechsel I; **83,** 171 – Schneidehaspel; **83,** 291, 292; BPatGE **21,** 11, 12; **24,** 149, 151; **25,** 37, 38; Bl. **82,** 212, 213; Bl. **83,** 46. Dabei kann zur Begründung der Zurückweisung von Hilfsanträgen die Darlegung genügen, dass sie den Hauptantrag nur sprachlich variieren, ohne die technische Lehre in ihrer Substanz zu verändern, dass zusätzliche Merkmale keine Erfindungseigenschaft begründen, insbesondere keine Kombinationswirkung ergeben, und dass ein Wechsel der Patentkategorie die sachliche Beurteilung nicht beeinflussen kann, vgl. BPatGE **21,** 11 ff. Im Falle einer hilfsweise erklärten Tei-

lung der Anmeldung (§ 39) kann über den abgetrennten Teil nicht mehr gesondert entschieden werden, wenn dieser bereits Gegenstand einer über einen vorgehenden Haupt- oder Hilfsantrag im Rahmen der Stammanmeldung getroffenen Entscheidung gewesen ist, BGH GRUR **80,** 716, 718 – Schlackenbad. Teilentscheidungen sind nur ganz ausnahmsweise zulässig, BPatGE **27,** 1, 3ff.

In den Gründen darf das Patentamt zum Schutzumfang Stellung nehmen, z.B. Unteransprüche entsprechend abgrenzen, PA GRUR **52,** 191. 12

6. Rechtsmittelbelehrung. Abs. 2 der Vorschrift, der den §§ 59, 58 VwGO nachgebildet ist, verpflichtet die Prüfungsstellen und Abteilungen, den Beschlüssen eine Belehrung über das Beschwerderecht beizufügen. Abs. 2 der Vorschrift bezieht sich danach nur auf die beschwerdefähigen Beschlüsse und ist insoweit enger als Abs. 1 der Vorschrift. Er betrifft nicht die selbstständig nicht anfechtbaren Beschlüsse. Bei den Beschlüssen, durch die keiner der Beteiligten beschwert wird (vgl. dazu § 73 Rdn. 5–19), ist eine Rechtsmittelbelehrung an sich entbehrlich; da das Vorliegen einer Beschwer jedoch bei Beschlussfassung nicht immer mit Sicherheit zu übersehen ist, empfiehlt es sich, den beschwerdefähigen Beschlüssen immer eine Rechtsmittelbelehrung beizufügen, so für den Bekanntmachungsbeschluss nach früherem Recht BPatGE **18,** 27, 29. Durch die Rechtsmittelbelehrung soll auf der einen Seite dem Rechtsschutzbedürfnis des Staatsbürgers, auf der anderen Seite aber den Erfordernissen der Rechtssicherheit Rechnung getragen werden, BVerwG NJW **61,** 380. 13

a) Form. Die Rechtsmittelbelehrung ist dem Beschluss beizufügen. Sie bedarf daher wie dieser der Schriftform (Abs. 2 Satz 2). Sie kann Bestandteil des Beschlusses selbst sein, also in diesen selbst aufgenommen sein; sie kann dem Beschluss aber auch als Anlage beigefügt werden. Sie muss dann freilich entweder unterschrieben oder zumindest durch die Unterschrift des Beschlusses gedeckt sein, etwa derart, dass in dem Beschluss auf die Anlage verwiesen und die Anlage als solche näher gekennzeichnet ist. 14

b) Inhalt. Die Rechtsmittelbelehrung muss enthalten die Belehrung über das **Beschwerderecht,** die **Stelle,** bei der die Beschwerde einzulegen ist, die **Beschwerdefrist** und, sofern eine **Beschwerdegebühr** zu entrichten ist, über die Beschwerdegebühr sowie deren Höhe, BPatGE **23,** 61. Weitere Angaben sind nicht vorgeschrieben und für die Ordnungsmäßigkeit der Belehrung daher auch nicht erforderlich, BVerwG DVBl. **60,** 897; NJW **61,** 380, insbesondere auch nicht Belehrungen, die die möglichen Gestaltungen des konkreten Falles (z.B. mehrere, nicht in Rechtsgemeinschaft stehende Beschwerdeführer) betreffen, BGH GRUR **82,** 414, 415 – Einsteckschloss. Die vorgeschriebene Belehrung über das Beschwerderecht schließt eine Belehrung über das in § 73 Abs. 2 Satz 1 aufgestellte Formerfordernis nicht ein, BVerwG NJW **79,** 1670 m.w.N.; ein **Hinweis** auf das Erfordernis der **Schriftform** oder deren Surrogate ist jedoch **angebracht.** Ein Hinweis darauf, dass der Beschwerdeschrift Abschriften für die übrigen Beteiligten beigefügt werden sollen (§ 73 Abs. 2), ist ebenfalls nicht erforderlich, aber aus praktischen Gründen angezeigt. Er darf aber nicht dahin gehen, dass Abschriften beigefügt werden müssen, vgl. BVerwG NJW **80,** 1707; unter Rdn. 21. Zur Zweckmäßigkeit einer auf den konkreten Fall abgestellten Rechtsmittelbelehrung vgl. Bruchhausen, Anm. zu LM (Nr. 5) § 34 PatG 1968. 15

Die Stelle, bei der die Beschwerde einzulegen ist, ist nach § 73 Abs. 2 Satz 1 das **Patentamt.** Der Sitz der Behörde muss so bezeichnet werden, dass eine ordnungsmäßige Zustellung gewährleistet ist. Die fehlende Angabe des Sitzes ist unschädlich, wenn dieser sich aus der Entscheidung ergibt, der die Rechtsmittelbelehrung beigefügt ist, BFH NJW **78,** 600 (Lts.). 16

Die **Beschwerdefrist** beträgt nach § 73 Abs. 2 Satz 1 **einen Monat** nach Zustellung des Beschlusses. Die entsprechenden Angaben muss daher auch die Rechtsmittelbelehrung enthalten. Die Frist zur Einlegung der Beschwerde gegen einen Beschluss des Deutschen Patentamts beginnt für jeden Beteiligten mit der an ihn erfolgten Zustellung BPatG – Beschwerdefrist, GRUR **96,** 872, abweichend von BPatGE **31,** 18, a.A. auch Busse, Rdn. 57 zu § 47. Zum Streitstand s. Erl. zu § 73. 17

Die Belehrung über die Beschwerdegebühr muss die Höhe der Gebühr angeben und wird wohl auch auf die bei der Zahlung erforderlichen Angaben (vgl. § 73 Rdn. 45) hinweisen müssen. Eine nähere Belehrung über die verschiedenen Zahlungsmöglichkeiten ist dagegen nicht erforderlich. 18

Weitere Angaben, als sie in Abs. 2 der Vorschrift gefordert sind, braucht die Belehrung nach dem eindeutigen Wortlaut des Gesetzes nicht zu enthalten, um die Rechtsmittelfrist in Lauf zu setzen, BVerwG DVBl. **60,** 897; NJW **61,** 380. Werden sie beigefügt, so müssen sie richtig sein, vgl. unten Rdn. 21. 19

20 **c) Rechtsfolgen unterbliebener oder fehlerhafter Belehrung.** Durch das Unterlassen der Belehrung oder durch eine unrichtige Belehrung verletzt die Prüfungsstelle ihre Amtspflicht gegenüber dem Betroffenen. Das Unterbleiben oder Mängel der Rechtsmittelbelehrung haben auch prozessuale Folgen. Für die Beurteilung der Frage, ob die Belehrung richtig ist, kommt es bei nachträglicher Berichtigung von Beschluss und Rechtsmittelbelehrung auf die Fassung des Berichtigungsbeschlusses an, BPatGE **19,** 125f.

21 Unrichtig ist die Rechtsmittelbelehrung im Sinne des Abs. 2 Satz 3 nicht nur, wenn die vorgeschriebenen Angaben unzutreffend sind, sondern auch dann, wenn der Belehrung unrichtige Hinweise beigefügt sind, die bei dem Empfänger falsche Vorstellungen über die Erfordernisse der Beschwerde hervorrufen und ihn davon abhalten konnten, das Rechtsmittel einzulegen oder rechtzeitig einzulegen BVerwG NJW **79,** 1670; **80,** 1707, 1708, jeweils m.w.N. Eine Rechtsmittelbelehrung, die den unrichtigen Zusatz enthält, der Beschwerde sei eine bestimmte Anzahl von Abschriften beizufügen, erschwert die Einlegung des Rechtsmittels und setzt die einmonatige Beschwerdefrist nicht in Lauf, BVerwG NJW **80,** 1707. Das würde auch der Fall sein, wenn die Rechtsmittelbelehrung entgegen der gesetzlichen Regelung dahin erteilt werden würde, die Beschwerde müsse begründet werden. Die unterbliebene Rechtsmittelbelehrung kann innerhalb der Ausschlussfrist (vgl. unten Rdn. 23) nachgeholt, die fehlerhafte berichtigt werden. Die Beschwerdefrist läuft dann ab Zustellung der nachgeholten oder berichtigten Belehrung; sie kann freilich nicht über die Ausschlussfrist hinausgehen. Wird die ursprünglich richtige Rechtsmittelbelehrung durch einen Berichtigungsbeschluss unrichtig, so ist die Beschwerde innerhalb eines Jahres seit Zustellung des „berichtigten" Beschlusses zulässig, BPatGE **19,** 125.

22 **aa) Kein Lauf der Beschwerdefrist.** Ist die Rechtsmittelbelehrung nicht oder nicht ordnungsmäßig erteilt, so wird die Beschwerdefrist nicht in Lauf gesetzt. Es spielt dabei keine Rolle, ob der Beschwerdeberechtigte das Beschwerderecht und die Erfordernisse des Rechtsmittels kennt. Legt er jedoch das Rechtsmittel innerhalb eines Monats trotz unrichtiger Belehrung ordnungsmäßig ein, so kann er die Beschwerde nicht zurücknehmen und innerhalb eines Jahres unter Berufung auf den Mangel erneut einlegen; denn der Mangel muss infolge der ordnungsmäßigen Beschwerdeerhebung als geheilt angesehen werden. Wird versehentlich eine längere Frist angegeben, etwa für die Beschwerde gemäß § 62 Abs. 2 Satz 4 eine Monatsfrist, so hat das nicht zur Folge, dass überhaupt keine Frist in Lauf gesetzt würde; es läuft vielmehr die angegebene längere Frist, WürttBad. VGH VRspr. **10** Nr. 156; BVerwG NJW **67,** 591, 592.

23 **bb) Ausschlussfrist.** Obwohl in den Fällen, in denen die Rechtsmittelbelehrung nicht ordnungsmäßig erteilt wurde, die Beschwerdefrist nicht in Lauf gesetzt wird, bleibt die Beschwerde nicht zeitlich unbegrenzt zulässig. Sie kann vielmehr grundsätzlich nur innerhalb eines Jahres eingelegt werden. Die Jahresfrist beginnt mit der Zustellung des Beschlusses. Der Beschluss als solcher muss daher ohne Belehrung oder mit der fehlerhaften Belehrung jedenfalls ordnungsmäßig zugestellt sein. Ist dies nicht der Fall, so kommt ein Ausschluss nicht in Betracht. Denn der Ausschluss bezieht sich nur auf Mängel der Belehrung, nicht auf Mängel der Zustellung (vgl. zu § 127). Die Ausschlussfrist gilt nur für die Einlegung der Beschwerde, nicht auch für die Entrichtung der Beschwerdegebühr, BPatGE **23,** 61.

24 **cc) Ausnahmen.** Der Ausschluss tritt nach Abs. 2 Satz 3 der Vorschrift nicht ein, wenn eine schriftliche Belehrung dahin erfolgt ist, eine Beschwerde sei nicht gegeben. Denn der Empfänger hat in diesem Falle keinen Anlass, von sich aus Überlegungen oder Nachprüfungen anzustellen. Wenn er auf die gegebene Belehrung vertraut, sollen ihm keine Nachteile daraus erwachsen. Die Beschwerde bleibt in diesem Falle grundsätzlich zeitlich unbegrenzt zulässig. Die Belehrung muss daher, wenn sich ihre Unrichtigkeit herausstellt, berichtigt werden.

25 **dd) Wiedereinsetzung.** Gegen die Versäumung der Jahresfrist ist, wie die Vorschrift ausdrücklich klarstellt, Wiedereinsetzung zulässig. Diese Regelung geht über die des § 58 Abs. 2 VwGO hinaus, der Wiedereinsetzung nur bei Verhinderung durch höhere Gewalt vorsieht.

26 **7. Zustellung an die Beteiligten.** Die Beschlüsse der Prüfungsstellen sind stets allen Beteiligten zuzustellen. Das gilt auch für den Fall, dass ein Beschluss im Anschluss an eine Anhörung mündlich verkündet ist. Beteiligte sind im Erteilungsverfahren der Anmelder, in anderen Verfahren der Antragsteller und etwaige Antragsgegner. Mehrere Anmelder sind zwar notwendige Streitgenossen PA Bl. **29** 251; die Beschlüsse sind jedoch sämtlichen Mitanmeldern zuzustellen. Die Zustellung wird dadurch erleichtert, dass Mitanmelder auf Grund der PatV verpflichtet sind, einen gemeinsamen Zustellungsbevollmächtigten zu bestellen. Dem Zustellungsbevollmächtigten sind gemäß § 127 in Vdbg. mit § 8 Abs. 2 VwZG (§ 7 Abs. 2 VwZG 2005) so viele Ausfertigungen oder Abschriften zuzustellen, als Beteiligte vorhanden sind; eine Verletzung dieser Vorschrift hat zur Folge, dass die Beschwerdefrist nicht in Lauf gesetzt wird, PA Bl. **58,**

136. Zwei oder mehrere Patentanmelder sind notwendige Streitgenossen. Bescheide und Beschlüsse müssen den Anmeldern daher in der ihrer Zahl entsprechenden Anzahl von Ausfertigungen übersandt bzw. zugestellt werden (VwZG § 8 Abs. 2). Dies gilt auch dann, wenn einer von ihnen als Zustellungsbevollmächtigter (DPMAV § 14 Abs. 1) bestellt ist. Ein Bescheid, der in nicht genügender Anzahl von Ausfertigungen übersandt wurde, ist mangelhaft; ein Zurückweisungsbeschluss darf daraufhin nicht ergehen, BPatGE **40,** 276

8. Wirksamwerden. Die Beschlüsse des Patentamts werden wirksam im Falle des § 47 Abs. 1 Satz 2 mit der (ordnungsmäßigen) Verkündung, sonst mit der Zustellung. Bei Vorhandensein mehrerer Beteiligter gilt der Beschluss mit der tatsächlich vollzogenen letzten Zustellung rechtlich als vorhanden, BGHZ **8,** 303, 305; **32,** 370, 371; BGH in BPatGE **1,** 239, 242; BPatGE **21,** 27; **31,** 18, 19 (für das Einspruchsverfahren); abw. BPatGE **18,** 5, 6; vgl. dazu § 61 Rdn. 2. **27**

9. Bindung an ergangene Beschlüsse. Gerichte sind nach ausdrücklicher gesetzlicher Vorschrift an die von ihnen erlassenen Zwischen- und Endurteile gebunden (§ 318 ZPO). Verwaltungsbehörden sind dagegen an die von ihnen erlassenen Verwaltungsakte nur in beschränktem Umfange gebunden. Fehlerhafte Verwaltungsakte können sie grundsätzlich abändern oder zurücknehmen. Einschränkungen können sich aus der gesetzlichen Regelung oder aus dem Gesichtspunkt des Vertrauensschutzes ergeben. Für die Prüfungsstellen des Patentamts ergibt sich eine sehr weitgehende Bindung an die von ihnen erlassenen Beschlüsse zum Teil aus der gesetzlichen Regelung, zum Teil aus den allgemeinen Grundsätzen des Verwaltungsrechts, BPatGE **13,** 77, 82; **14,** 191, 193; **15,** 142, 148; **21,** 234 m. w. N.; **25,** 147, 149, wonach auch eine Wiederaufnahme des Verfahrens nach antragsgemäß erteiltem Patent nicht in Betracht kommt; vgl. auch Rdn. 6 zu § 49. **28**

Erteilte Patente können nach Unanfechtbarwerden des **Erteilungsbeschlusses** gemäß §§ 21, 22 nur in einem besonderen Verfahren (§§ 59, 81) widerrufen oder für nichtig erklärt werden. Die gesetzliche Regelung macht dabei keinen Unterschied, ob der Erteilungsbeschluss von der Prüfungsstelle, nach früherem Recht von der Patentabteilung oder vom Patentgericht erlassen ist. Sie schließt daher eine Zurücknahme des Erteilungsbeschlusses nach Eintritt der formellen Rechtskraft aus. Durch den Zurückweisungsbeschluss wird der Erteilungsantrag im ablehnenden Sinne erledigt. Der Erteilungsantrag ist daher mit Eintritt der Unanfechtbarkeit verbraucht; der ablehnende Beschluss kann nicht mehr widerrufen und auf den erledigten Antrag ein Patent erteilt werden. Das versagte Patent kann nur neu angemeldet werden, vgl. dazu § 79 Rdn. 40. Auch andere abschließende Sachentscheidungen können, wenn sie unanfechtbar geworden sind, nicht mehr aufgehoben oder abgeändert werden. **29**

Für Zwischenentscheidungen, die der formellen Rechtskraft fähig sind, kann nichts anderes gelten. Sie können daher, wenn sie unanfechtbar geworden sind, nicht mehr aufgehoben oder geändert werden. Soweit sie nicht selbstständig anfechtbar sind, werden sie erst mit dem Unanfechtbarwerden der Entscheidung mit dieser formell rechtskräftig. Einer positiven oder negativen Entscheidung über einen Antrag steht es gleich, wenn der Antrag für gegenstandslos erklärt wird; das Patentamt ist daher auch an eine Entscheidung im Wiedereinsetzungsverfahren, durch die das Verfahren mangels Säumnis für gegenstandslos erklärt wurde, gebunden, BPatGE **22,** 121. **30**

Für die Bindung des Patentamts an die von ihm erlassenen beschwerdefähigen Entscheidungen bis zum Ablauf der Beschwerdefrist ist der gesetzlichen Regelung folgendes zu entnehmen: Wird innerhalb der gesetzlichen Frist gegen den Beschluss der Prüfungsstelle oder Abteilung **Beschwerde** eingelegt, so kann die Prüfungsstelle oder Abteilung bei einseitigen Verfahren der Beschwerde **abhelfen** (§ 73 Abs. 4 und 5), also ihn aufheben oder abändern. Beschlüsse im **zweiseitigen Verfahren** können die Prüfungsstellen und Abteilungen auch nach Einlegung der Beschwerde **nicht aufheben oder ändern.** Umso weniger kann es ihnen gestattet sein, einen Beschluss in einem zweiseitigen Verfahren vor Ablauf der Beschwerdefrist zu widerrufen, wenn keine Beschwerde eingelegt ist. Die gesetzliche Regelung über das Abhilferecht im einseitigen Verfahren spricht dafür, dass Beschlüsse des Patentamts auch im einseitigen Verfahren eben auch nur im Abhilfeverfahren, also nur auf Beschwerde aufgehoben oder abgeändert werden können. Beschlüsse der Prüfungsstellen und Abteilungen, die der formellen Rechtskraft fähig sind, sind daher mit ihrem Erlass auch für sie selbst grundsätzlich verbindlich, BPatG. GRUR **72,** 90, 91. Eine Ausnahme gilt insbesondere für die Fälle, in denen sogar ein gerichtliches Verfahren nach rechtskräftiger Entscheidung wieder aufgenommen werden kann; die Vorschriften über die Wiederaufnahme (§§ 578 ff. ZPO) sind entsprechend anwendbar, BPatGE **21,** 234, 237, dem im Übrigen nicht gefolgt werden kann. Dagegen sind die Vorschriften über die Anhörungsrüge (§ 321 a ZPO) und die Selbstkorrekturmöglichkeit durch die beschließende Stelle auf Beschlüsse von Verwaltungsbehörden nicht anwendbar. **31**

32 **10. Berichtigung und Ergänzung. Literatur:** Wirth, Beseitigung von Unrichtigkeiten in Beschlüssen des Patentamts, Mitt. **37,** 359; Kähler, Beseitigung von Unrichtigkeiten in Beschlüssen des Patentamts, Mitt. **38,** 43.

Die Vorschriften des PatG (§§ 95, 96), der VwGO und der ZPO (§§ 319–321) über die Berichtigung und Ergänzung der Entscheidungen sind entsprechend anzuwenden, BPatGE **9,** 202, 203; **13,** 76, 81; BGH GRUR **77,** 780, 781 – Metalloxyd. Bei Abweichungen, vor allem in den Fristen, sind die Vorschriften des PatG heranzuziehen, BPatGE **15,** 45, 47; der Antrag auf Tatbestandsberichtigung kann daher innerhalb von 2 Wochen nach Zustellung der Entscheidung gestellt werden, BPatGE **15,** 45.

33 Die Berichtigung ist danach bei einem **offenbaren Widerspruch** zwischen dem von der Erteilungsbehörde Gewollten und dem in der Entscheidung Ausgesprochenen möglich, BGH GRUR **77,** 780, 781; BPatGE **24,** 50, 52. Eine Berichtigung kann auch in Betracht kommen, wenn der Entscheidungsinhalt gefestigten naturwissenschaftlichen Erkenntnissen offenbar widerstreitet, BGH GRUR **77,** 780, 781 f.

34 Der Erteilungsbeschluss kann berichtigt werden, wenn er eine **offensichtliche Unrichtigkeit** enthält, PA Mitt. **31,** 198; **54,** 64; BGH GRUR **77,** 780, 781. Mit dem Erteilungsbeschluss, aber auch nur mit ihm zusammen, können auch die der Patenterteilung zugrunde liegenden Unterlagen wegen offenbarer Unrichtigkeit berichtigt werden, PA Bl. **53,** 402; BPatGE **2,** 181; **13,** 77; vgl. auch BGH GRUR **77,** 780, 781. Die Berichtigung der Patentschrift wegen offenbarer Unrichtigkeit ist nur zulässig, wenn nicht nur der Fehler, sondern darüber hinaus zweifelsfrei zu erkennen ist, was an Stelle der fehlerhaften Fassung hätte gesagt sein sollen, PA Bl. **54,** 48. Sie ist nicht zulässig, wenn es sich bei der Textstelle, deren Berichtigung beantragt wird, nicht um eine irrtümliche, sondern vorbedachte Wortfassung durch die Prüfungsstelle handelt, PA Bl. **53,** 402; BGH GRUR **77,** 780, 781. Die Berichtigung offenbarer Unrichtigkeiten (§ 319 ZPO) ist auch nach Wechsel des Sachbearbeiters zulässig, anders als die nach § 320 ZPO, PA Bl. **38,** 214.

35 Der eine Berichtigung ablehnende Beschluss ist auch dann mit der Beschwerde anfechtbar, wenn die Ablehnung auf sachliche Gründe gestützt ist (BPatGE **9,** 202 gegen PA Bl. **38,** 214).

II. Andere Willensäußerungen

36 Neben den Beschlüssen im Sinne der Vorschrift erlassen die Prüfungsstellen des Patentamts Bescheide, insbesondere Zwischenbescheide und Verfügungen, etwa solche verfahrensleitender Art, vgl. dazu Boas, Zwischen- und Teilentscheidungen im patentamtlichen Verfahren, Mitt. **27,** Sonder-Nr. zum 50jährigen Bestehen der deutschen Patentgesetzgebung S. 141. Für die Abgrenzung gilt: Was nicht Beschluss ist, ist als Verfügung oder Bescheid anzusehen, PA Bl. **34,** 214. Bescheide sind insbesondere die Aufforderung gemäß § 45 Abs. 1, Mängel der Anmeldung zu beseitigen, oder die Benachrichtigung gemäß § 45 Abs. 2, dass eine patentfähige Erfindung nicht vorliege. Diese Bescheide bedürfen daher keiner „Begründung". Die Mängel der Anmeldung oder die Gründe, die der Patenterteilung entgegenstehen, sind jedoch, wie sich aus § 45 Abs. 1 und 2 ergibt, im Bescheid anzugeben. Verfahrensleitende Verfügungen sind die der Durchführung des Verfahrens dienenden Anordnungen, wie die Ladung der Beteiligten und die Anordnung einer Beweisaufnahme. Eine verfahrensleitende Verfügung stellte auch der Bekanntmachungsbeschluss nach früherem Recht dar, PA Bl. **13,** 324; Mitt. **34,** 80; abw. PatPatGerE **18,** 24; vgl. aber auch BPatGE **20,** 125.

37 **1. Abfassung.** Da das Verfahren vor dem Patentamt grundsätzlich schriftlich ist bzw. den Anforderungen an Dokumente in elektronischer Form zu entsprechen hat,, sind auch die Verfügungen und Bescheide des Amts in der Regel entsprechend abzufassen und den Beteiligten zu übermitteln. Über die Form der Bescheide bestimmt § 20 DPMAV: Sie erhalten die Kopfschrift „Deutsches Patent- und Markenamt" und am Schluss die Bezeichnung der Prüfungsstelle oder Abteilung; sie sind mit der Unterschrift, mit einem Abdruck oder Stempelaufdruck des Namens des Zeichnungsberechtigten oder mit dem Abdruck des Dienstsiegels des Patentamts zu versehen. Abdruck im Sinne dieser Vorschrift ist die drucktechnische Wiedergabe, BGH GRUR **71,** 246, 249. – Hopfenextrakt. Ergeht der Beschluss als elektronisches Dokument und wird er in dieser Form den Beteiligten zugestellt, sind die entsprechenden Vorschriften über amtliche elektronische Dokumente und die qualifizierte elektronische Signatur zu beachten.

38 Die Vorschrift stellt danach verschiedene Möglichkeiten für die Kenntlichmachung der Herkunft der Bescheide zur Wahl. Der Abdruck des Dienstsiegels genügt für solche Bescheide, die keine wertende Beurteilung des Sachverhalts, sondern die Feststellung einer Tatsache, etwa die Nichtzahlung einer Jahresgebühr, enthalten, BGH GRUR **71,** 246, 248 f. Es muss klar sein, ob

der Bescheid von der Prüfungsstelle oder von der Patentabteilung stammt, vgl. dazu BPatGE **12,** 177.

2. Mitteilung an die Beteiligten. Für Bescheide und Verfügungen gilt Abs. 1 der Vorschrift, der die förmliche Zustellung der Beschlüsse anordnet, nicht. Abs. 1 kann hierauf auch nicht entsprechend angewendet werden. Das folgt schon daraus, dass die Zustellung der Bescheide und Verfügungen auch im gerichtlichen Verfahren nicht in allen Fällen zwingend vorgeschrieben ist (§§ 329 Abs. 3 ZPO, 56 Abs. 1 VwGO). Bescheide und Verfügungen können daher den Beteiligten grundsätzlich formlos übermittelt werden. Eine Ausnahme gilt nur für solche Bescheide und Verfügungen, deren Zustellung ausdrücklich angeordnet ist (vgl. zu § 127). Denn in diesen Fällen bietet nur die förmliche Zustellung die erforderliche Sicherheit für die Durchführung des Verfahrens. 39

3. Bindung. Verfügungen und Bescheide sollen die zu erlassende Entscheidung vorbereiten. Eine Bindung tritt daher grundsätzlich erst mit Erlass der Entscheidung und auch nur in deren Rahmen ein, BGH GRUR **72,** 536, 538 – Akustische Wand. Ein auf die Anfechtung der Zurücknahme einer Patentanmeldung ergangener Bescheid, dass die Anmeldung weiterbehandelt werde, bindet nicht und begründet auch keinen Vertrauensschutz, BGH GRUR **72,** 536. 40

48

Zurückweisung der Anmeldung. **[1]Die Prüfungsstelle weist die Anmeldung zurück, wenn die nach § 45 Abs. 1 gerügten Mängel nicht beseitigt werden oder wenn die Prüfung ergibt, daß eine nach den §§ 1 bis 5 patentfähige Erfindung nicht vorliegt. [2]§ 42 Abs. 3 Satz 2 ist anzuwenden.**

Inhaltsübersicht

Vorbemerkung zum Textbestand: Art. 2 Nr. 17 des 2. PatGÄndG hat in § 48 Satz 1 mit Wirkung vom 1. 11. 1998 die Worte „Anmeldung aufrechterhalten wird, obgleich" durch die Worte „Prüfung ergibt, dass" ersetzt.

1. Zurückweisung. Je nach dem Ergebnis des vorausgegangenen Prüfungsverfahrens (§ 44) hat die Prüfungsstelle entweder die Anmeldung zurückzuweisen oder die Erteilung des Patents zu beschließen (§ 49). 1

a) Zurückweisungsgründe. Die Vorschrift behandelt die wichtigsten Zurückweisungsgründe. Die Aufzählung ist nicht abschließend. Hinzu kommt insbesondere die Zurückweisung wegen Fehlens von Verfahrensvoraussetzungen (vgl. Rdn. 4–9 vor § 34), etwa wegen Nichtbestellung eines Inlandsvertreters oder Zustellungsbevollmächtigten. 2

Soweit es sich um die Erfüllung der in den §§ 34–38 vorgeschriebenen Anforderungen handelt, ist zwischen notwendigen und zweckmäßigen Abänderungen der Anmeldungsunterlagen zu unterscheiden; nur das Unterbleiben notwendiger Abänderungen rechtfertigt die Zurückweisung der Anmeldung, PA Bl. **30,** 300; BPatGE **21,** 206, 208. Die Streichung der Wiederholung von Ansprüchen oder Anspruchsteilen in der Beschreibung und der Ersatz der Wiederholung durch Bezugnahmen kann im Allgemeinen nicht als notwendige Änderung angesehen werden, BPatGE **21,** 206. Wenn Abänderungen der Unterlagen notwendig sind, ist es gleichgültig, ob der Anmelder die Änderungen verweigert oder nur unterlässt, BGH GRUR **70,** 258, 260 – Faltbehälter. 3

aa) Mangelnde Patentfähigkeit. Der wichtigste Zurückweisungsgrund ist die mangelnde Patentfähigkeit der angemeldeten Erfindung nach den §§ 1 bis 5, definiert in den Patentansprüchen der Anmeldung. Er ist sozusagen ein Ursprungsmangel der Anmeldung, der auch im Laufe des Patenterteilungsverfahrens nicht behoben werden kann. Er korrespondiert mit dem Widerrufsgrund in § 21 Abs. 1 Nr. 1 und dem – kraft Verweisung – entsprechenden Nichtigkeitsgrund nach § 22 Abs. 1. Die Anmeldung ist daher insbesondere zurückzuweisen, wenn die beanspruchte Erfindung nicht neu ist, nicht auf einem erfinderischen Schritt beruht oder nicht gewerblich anwendbar ist. Außerdem darf kein Patentausschließungsgrund vorliegen. 4

4a Dabei ist zu beachten, dass durch die Einfügung der neuen Vorschriften §§ 1a und 2a sowie die Erweiterung der Ausschließungsgründe in § 2 durch das Gesetz zur Umsetzung der Richtlinie über den Schutz biotechnologischer Erfindungen v. 21. 1. 2005 für den Bereich dieser Erfindungen ein besonderer Prüfungsaufwand erforderlich geworden ist und die Grenzen zwischen materiellrechtlichen Erfordernissen für die Patentfähigkeit und Erfordernissen für die Patentanmeldung nicht mehr eindeutig bestimmbar sind. Es sind danach eher Form und Inhalt der Patentanmeldung betreffende Erfordernisse neu eingeführt wie (a) über die nähere Beschreibung der gewerblichen Anwendbarkeit einer Sequenz oder Teilsequenz eines Gens in der Anmeldung, § 1a Abs. 3, sowie (b) die besondere Formulierung des Patentanspruchs als Verwendungsanspruchs, wenn Gegenstand der Erfindung eine Sequenz oder Teilsequenz eines Gens, deren Aufbau mit dem Aufbau einer natürlichen Sequenz oder Teilsequenz eines menschlichen Gens übereinstimmt und die Verwendung für die gewerbliche Anwendbarkeit konkret beschrieben ist, § 1a Abs. 4. In dieser Hinsicht können diese Erfordernisse Mängel der Anmeldung sein, die im Verlauf des Prüfungsverfahrens zu beheben sind und behoben werden können. Formalerfordernisse der Anmeldung enthält allerdings auch bereits § 4 Abs. 2 Satz 2 (Angabe über die Ausstellung der Erfindung auf einer internationalen Ausstellung). Lehnt der Anmelder die dem § 1a Abs. 4 entsprechende Einschränkung des Patentanspruchs oder der Patentansprüche ab, so ist die Anmeldung zurückzuweisen, soweit der Anmelder nicht mit einem Hilfsantrag auch die eingeschränkte Fassung zum Gegenstand seines Rechtsschutzbegehrens macht.

4b **bb) Unzureichende Offenbarung.** Die Anmeldung ist auch zurückzuweisen, wenn die Erfindung in der Anmeldung nicht so deutlich und vollständig offenbart ist, dass ein Fachmann sie ausführen kann, § 34 Abs. 4. Hierbei handelt es sich, wie bei der Patentfähigkeit, um ein Erfordernis, das bereits an die ursprüngliche Offenbarung der Erfindung in den ursprünglich eingereichten Unterlagen gegeben sein muss und ebenfalls im Verlaufe des Erteilungsverfahrens nicht behoben werden kann. Es wurde deshalb früher unter der Überschrift „Ausführbarkeit der Erfindung" auch den materiellrechtlichen Erfordernissen der Patentfähigkeit zugerechnet, ist aber in Anlehnung an das EPÜ (Art. 83) und in Übereinstimmung mit dem TRIPS-Übereinkommen und dem Straßburger Patentübereinkommen als gesondertes Erfordernis der Anmeldung – und des Patents – entwickelt worden, vgl. die Erläuterungen zu § 34 Rdn. 15ff. und Benkard/Schäfers, Erl. zu Art. 83 EPÜ sowie die Erl. zu § 1 (Mellulis), Rdn. 70–72b.

4c **cc) Mängel der Anmeldung.** Die Anmeldung ist schließlich zurückzuweisen, wenn sie nicht mit den Anforderungen des Patentgesetzes übereinstimmt und die entsprechenden Mängel trotz Rüge durch die Prüfungsstelle im Verfahren nach § 45 nicht behoben worden sind. Wegen der Erfordernisse im Einzelnen wird auf die Erläuterungen zu den in Frage kommenden Vorschriften verwiesen. Zu den Mängeln, die eine Zurückweisung der Anmeldung begründen, gehören insbesondere solche, die sich auf die allgemeinen Verfahrensvoraussetzungen beziehen wie Rechts- und Prozessfähigkeit, gesetzliche Vertretung, Bestellung eines Inlandsvertreters oder Zustellungsbevollmächtigten nach § 25 und u. U. das Rechtsschutzbedürfnis für das nachgesuchte Patent. Weitere Mängel sind diejenigen, die durch die Nichterfüllung wesentlicher Formerfordernisse für die Anmeldung verwirklicht werden. Dazu gehören die in § 34 Abs. 3 aufgeführten und in der PatV näher ausgeführten Anforderungen an den Inhalt und die Form der Anmeldung. Die in der Anmeldung aufgestellten und vom Anmelder gebilligten Patentansprüche müssen klar und eindeutig sein und durch die Beschreibung gestützt werden. Die Beschreibung und die Zeichnungen müssen den Anforderungen der PatV entsprechen. Die in den Patentansprüchen beanspruchten Erfindungen müssen einheitlich i. S. v. § 34 Abs. 5 sein. Reicht der Anmelder keine Patentansprüche ein, die dem Erfordernis der Einheitlichkeit entsprechen oder scheidet er uneinheitliche Gegenstände trotz Aufforderung durch die Prüfungsstelle nicht aus der Anmeldung aus, so begründet auch dies die Zurückweisung. Die Zurückweisung ist weiterhin begründet, wenn die Anmeldung im Laufe des Prüfungsverfahrens in einer Weise geändert worden ist, dass die Änderungen über den Umfang der ursprünglichen Offenbarung hinausgehen, § 38. Aus den Änderungen dieser Art können zwar keine Rechte hergeleitet werden, sie dürfen aber nicht in der Anmeldung verbleiben. Für Teilanmeldungen gilt die Besonderheit, dass sie nicht über den Inhalt der früheren Anmeldung (Stammanmeldung) in der ursprünglich eingereichten Fassung hinausgehen dürfen. Verweigert der Anmelder die Beseitigung einer unzulässigen Erweiterung, so trägt auch dies die Zurückweisung der Anmeldung.

4d **dd) Biotechnologische Erfindungen.** Bei der Beanspruchung von Erfindungen aus dem Bereich der Biotechnologie sind die besonderen Erfordernisse der entsprechenden Verordnung über die Hinterlegung biologischen Materials auf der Grundlage von § 34 Abs. 6 zu erfüllen.

Sie stellen allerdings nur zum Teil förmliche Anforderungen auf; im Übrigen stellen sie ein Äquivalent für die zureichende Offenbarung der Erfindung und damit eines Erfordernisses im Grenzbereich zwischen formellen und materiellrechtlichen Anforderungen dar. In beiden Richtungen rechtfertigen jedenfalls Mängel der Hinterlegung die Zurückweisung der Anmeldung. Eine Zurückweisung der Anmeldung rechtfertigen auch solche Mängel, bei denen die Anmeldung hinter den Erfordernissen de § 1 a Abs. 3 und 4 zurückbleibt. Bezeichnet die Beschreibung einer Gensequenz nicht die Verwendung oder wird bei Genen und Gensequenzen, die mit menschlichen Genen übereinstimmen, die Verwendung trotz Rüge durch das Patentamt nicht in den Patentanspruch oder die Patentansprüche aufgenommen, so rechtfertigt das ebenfalls die Zurückweisung.

b) Antragsprinzip. Bei der Prüfung der Patentanmeldung oder eines Patents und bei den Entscheidungen darüber hat sich das Patentamt an die vom Anmelder bzw. Patentinhaber vorgelegte oder gebilligte Fassung zu halten. Das ist zwar nur in Art. 113 Abs. 2 EPÜ ausdrücklich festgelegt, gilt aber herkömmlich auch für das deutsche Patentrecht. Das Patentamt kann also dem Anmelder keine Fassung der für die Patenterteilung maßgeblichen Anmeldungsunterlagen und insbesondere der Patentansprüche aufzwingen, selbst wenn es eigene Formulierungsvorschläge für tauglicher hält. Die Anmeldung ist dann, aber auch nur dann zurückzuweisen, wenn das Patent so, wie es beantragt wird, von Rechts wegen nicht erteilt werden kann, der Anmelder aber eine notwendige Änderung nicht vornimmt (BGH GRUR **66,** 488, 490 – Ferrit). Das gilt etwa, wenn der Anmelder an der Beanspruchung eines von der Prüfungsstelle nicht anerkannten Anmeldetages festhält (BGH GRUR **66,** 488, 490; PA Bl. **59,** 358), oder eine unzulässige Erweiterung nicht beseitigt. Denn das Patent kann nur so erteilt werden, wie es – gegebenenfalls hilfsweise – beantragt ist, BGH GRUR **78,** 39 – Titelsetzgerät; BPatGE **16,** 130 f. Rücksichten auf den Schutzbereich der Anmeldung rechtfertigen keine Zurückweisung, Mitt. **35,** 72; vgl. jedoch auch PA Bl. **52,** 63; **56,** 43; Schade GRUR **58,** 1, 8. Formalfragen wie die Abgrenzung einer Anspruchsfassung oder die sonstige zweckmäßigste Fassung der Ansprüche können nur dann zum Anlass einer Zurückweisung genommen werden, wenn ohne sie eine ordnungsmäßige sachliche Prüfung der Anmeldung nicht möglich erscheint, BPatGE **23,** 2, 7. Reicht der Anmelder neue Ansprüche ein und stellt er die Anpassung der Beschreibung in Aussicht, so rechtfertigt eine als fehlerhaft gerügte Aufgabenstellung allein nicht die Zurückweisung, BPatG Bl. **91,** 71. 4 e

c) Teil-, Vorab- und Zwischenentscheidungen. Während bei erteilten Patenten ein teilweiser Widerruf oder eine teilweise Nichtigerklärung – in Übereinstimmung mit den Anträgen des Patentinhabers – möglich ist, kommen im Prüfungs- und Erteilungsverfahren Entscheidungen über Teile der Anmeldung, insbesondere einzelne Ansprüche oder Gruppen von Patentansprüchen nicht in Betracht. Über die Anmeldung kann nur im ganzen entschieden und eine Zurückweisung daher auch nur die Anmeldung als ganze betreffen. In diesem Sinne sind Eilentscheidungen sind nicht statthaft, PA Bl. **08,** 258; Mitt. **14,** 166; BPatG GRUR **80,** 997. Es darf nicht eine Anmeldung in einer mit einem Hauptantrag verfolgten Fassung durch Teilbeschluss zurückgewiesen und die Entscheidung über eine hilfsweise begehrte Fassung bis zur Rechtskraft des Teilbeschlusses zurückgestellt werden, BPatG GRUR **80,** 997. Wenn der Anmelder die Erteilung eines Patents mit mehreren Patentansprüchen beantragt hat, kann diesem Antrag nicht entsprochen werden, wenn auch nur einer der Ansprüche nicht gewährt werden kann; es kann nicht etwa ein Patent mit den übrigen Ansprüchen erteilt werden, BGH GRUR **79,** 220, 221 – b-Wollastonit; **80,** 716, 718 – Schlackenbad; BPatGE **16,** 130. Das BPatG Bl. **85,** 47, 49 hält eine Teilentscheidung ausnahmsweise dann für zulässig, wenn die Entscheidung über einen nachrangigen Antrag von dem Bestehen eines Rechtsverhältnisses (prioritätsältere, im Einspruchsverfahren anhängige Patentanmeldung) abhängt, das Gegenstand eines anderen Verfahrens ist, oder wenn das Erteilungsbegehren mehrere prozessuale Ansprüche umfasst, indem es sich auf mehrere, durch unterschiedliche Fassungen der Patentansprüche festgelegte Anmeldungsgegenstände erstreckt und von diesen im Eventualverhältnis zueinander stehenden prozessualen Ansprüchen nur einer zur Endentscheidung reif ist. 5

Auch Zwischenentscheidungen und Vorabentscheidungen sind grundsätzlich nicht zulässig, weil sie den gesetzlichen Beschwerdeweg – zu einem technischen oder juristischen Beschwerdesenat – willkürlich verändern könnten, BPatGE **2,** 56, 59; **17,** 228, 232 m. w. N. Sie können deshalb nur für zulässig erachtet werden, wenn das Gesetz oder der Sinn des Verfahrens sie fordern, BPatGE **17,** 226, 227; **22,** 153, 154. Unzulässig ist insbesondere eine Vorabentscheidung über die Wirksamkeit einer Teilungs- oder Ausscheidungserklärung, BPatGE **17,** 226; **22,** 153, 154, über den Zeitpunkt der Patentanmeldung, PA Bl. **55,** 216; BPatGE **2,** 56, 60, oder über den für eine Ausscheidungsanmeldung maßgebenden Anmeldetag, BPatG Mitt. **70,** 236. Zuläs- 5 a sig und häufig auch erforderlich ist eine Zwischenentscheidung über die Berechtigung der Inanspruchnahme einer Unionspriorität, PA Bl. **35,** 137; BPatGE **9,** 211, 213; oder einer inneren Priorität, BPatG Bl. **83,** 150, 151.

6 Soweit eine Zwischenentscheidung oder Vorabentscheidung zulässig ist, steht es grundsätzlich im pflichtgemäßen Ermessen des Patentamts, ob es von der Möglichkeit, eine Zwischen- oder Vorabentscheidung zu erlassen, Gebrauch machen oder die Entscheidung über die Zwischen- oder Vorabfrage bis zur abschließenden Sachentscheidung aufsparen will, BPatGE **15,** 134, 137. Die Ablehnung eines Antrags auf Erlass einer Zwischen- oder Vorabentscheidung kann daher nicht mit der Beschwerde angefochten werden, BPatGE **15,** 134, 136 (betr. Zulässigkeit eines von einem Dritten gestellten Prüfungsantrags) mit abl. Anm. Keil Mitt. **73,** 234, 237.

6a **d) Entscheidung nach Haupt- und Hilfsantrag.** Haupt- und Hilfsanträge, die jeweils unterschiedliche Fassungen der Anmeldungsunterlagen, insbesondere der Patentansprüche, zum Gegenstand haben, sind zulässig und finden weithin Verwendung auch im Prüfungsverfahren Schulte, Rdn. 13 zu § 48, vgl. auch Witte/Vollrath, Rdn 584; van Hees, Abschn 9.5, S. 58; BPatG GRURInt **01,** 629 (für Antrag auf Erteilung eines ergänzenden Schutzzertifikats); BPatG GRUR **03,** 139; BPatG GRUR **02,** 871. Solche Anträge können in einer einheitlichen Entscheidung behandelt werden, z. B. kann in einer Entscheidung der Hauptantrag zurückgewiesen und auf den Hilfsantrag ein Patent erteilt werden. Es sollte aber nicht durch Teilbeschluss zunächst der Hauptantrag zurückgewiesen und durch spätere Teilbeschlüsse über die gestellten Hilfsanträge entschieden werden, weil das zu einer unnötigen Verfahrensverzögerung führt und den Anmelder zu mehrfachen Beschwerden zwingt. Sind im **Prüfungsverfahren** ein Hauptantrag und Hilfsanträge gestellt worden und ist keiner dieser Anträge gewährbar, so darf sich die Begründung für die Zurückweisungsentscheidung nach § 48 nicht auf den Hauptantrag beschränken, sondern es muss auch ausgeführt werden, warum die einzelnen Hilfsanträge nicht gewährbar sind. Sollte der Anmelder im Rang vorgehende Anträge aufrechterhalten, die nicht gewährbar sind, so ergeht eine Zurückweisungsentscheidung nach § 48; in der Begründung ist auszuführen, warum die einzelnen Anträge, die dem gewährbaren Antrag im Rang vorgehen, nicht gewährbar sind. Bezüglich des gewährbaren Antrags muss in der Zurückweisungsentscheidung erwähnt werden, dass der Anmelder sein Einverständnis damit nicht mitgeteilt hat. Diese Fragen werden auch in der Rechtsauskunft EPA Nr. 15/98 (rev.), ABl. 3/1998, 113 und in EPÜ v. 16. 3. 2005 – 255/04, Applera Corporation, ABl. **05,** 424, behandelt.

7 **2. Grundlagen der Entscheidung.** Die Zurückweisung darf, wie die Verweisung auf § 42 Abs. 3 Satz 2 ergibt, nur auf Umstände gestützt werden, die dem Anmelder mitgeteilt sind und zu denen er sich äußern konnte (Grundsatz des rechtlichen Gehörs, vgl. Rdn. 18, 19 zu § 34, § 45 Rdn. 7; § 93 Rdn. 6). „Umstände" im Sinne der Vorschrift sind nur Tatsachen oder Verhältnisse tatsächlicher Art, nicht dagegen Rechtssätze oder rechtliche Erwägungen, BPatGE **3,** 41; BGH **66,** 583, 584 – Abtastverfahren. Die Änderung einer Rechtsauffassung ist daher kein neuer „Umstand", BPatGE **3,** 41. Der Hinweis auf neue rechtliche Gesichtspunkte kann indes im Einzelfall unter dem Gesichtspunkt der Aufklärungspflicht (§ 139 ZPO) angebracht oder sogar geboten sein, PA Bl. **52,** 325. Neue Umstände sind solche, die noch nicht mit dem Anmelder erörtert worden sind, BPatGE **23,** 2, 4.

8 Wenn der Anmelder einer wesentlichen, näher begründeten Forderung im ersten Prüfungsbescheid nicht nachgekommen ist und seine Ausführungen keine Veranlassung geben, die gestellte Forderung fallen zu lassen, so braucht kein zweiter Bescheid mehr zu ergehen; die Anmeldung kann ohne Verletzung des Anspruchs auf rechtliches Gehör zurückgewiesen werden, BPatGE **19,** 107. Ist der Anmelder bereits wiederholt und eindringlich auf die Unzulässigkeit der Erweiterung der Anmeldung und deren Folgen hingewiesen worden, braucht eine abermalige Aufforderung, eine erneute Erweiterung zu beseitigen, nicht zu ergehen, BGH GRUR **62,** 398 – Atomschutzvorrichtung. Einer erneuten Aufforderung bedarf es auch nicht, wenn der Anmelder die Auflage zur Änderung der Unterlagen nur teilweise erfüllt hat, BPatGE **1,** 90, 93. Eine erneute Aufforderung ist jedoch erforderlich, wenn der Anmelder alle näher bezeichneten Änderungen der Unterlagen vorgenommen hat und der ergangene Bescheid im Übrigen nicht klar erkennen ließ, wie weit die formalen Anforderungen der Prüfungsstelle gingen, BPatGE **1,** 105, 106. Dem Anmelder ist nur dann rechtliches Gehör gewährt, wenn über den Zugang eines Prüfungsbescheides, auf den sich der Zurückweisungsbeschluss des Patentamts in seiner Begründung bezieht, Gewissheit besteht, BPatG Bl. **03,** 245.

9 **3. Wirkung der Zurückweisung.** Mit Eintritt der Unanfechtbarkeit ist die Anmeldung erledigt. Materielle Rechtskraft tritt nicht ein, trotz rechtskräftiger Abweisung kann derselbe

Erfinder später denselben Gegenstand wieder anmelden, RGZ **79,** 330. Der Altersrang richtet sich dann nach der neuen Anmeldung, PA Mitt. **33,** 324. Die frühere Anmeldung ist dann, wenn sie offengelegt wurde (§ 31 Abs. 2), als Stand der Technik zu berücksichtigen (§ 3 Abs. 2).

49 *Erteilungsbeschluß.* (1) **Genügt die Anmeldung den Anforderungen der §§ 34, 37 und 38, sind nach § 45 Abs. 1 gerügte Mängel der Zusammenfassung beseitigt und ist der Gegenstand der Anmeldung nach den §§ 1 bis 5 patentfähig, so beschließt die Prüfungsstelle die Erteilung des Patents.**

(2) **Der Erteilungsbeschluß wird auf Antrag des Anmelders bis zum Ablauf einer Frist von fünfzehn Monaten ausgesetzt, die mit dem Tag der Einreichung der Anmeldung beim Patentamt oder, falls für die Anmeldung ein früherer Zeitpunkt als maßgebend in Anspruch genommen wird, mit diesem Zeitpunkt beginnt.**

Inhaltsübersicht

Vorbemerkung zum Textbestand: Die Vorschrift ist durch Art 2 Nr. 18 des 2. PatGÄndG, BGBl. 1998 I 1827, dahin geändert worden, dass die Angabe „§ 35“ durch die Angabe „§ 34“ m. W. v. 1. 11. 1998 ersetzt wurde.

1. Patenterteilung. Das Prüfungsverfahren endete früher bei für den Anmelder positivem Ausgang mit dem Bekanntmachungsbeschluss und der Bekanntmachung der Anmeldung, an die sich ein Einspruchsverfahren anschließen konnte. Durch das GPatG ist das Einspruchsverfahren auf die Zeit nach der Patenterteilung verlegt worden. Unter den Voraussetzungen, unter denen früher die Bekanntmachung der Anmeldung beschlossen wurde, ist jetzt die Erteilung des Patents zu beschließen. Die Vorschrift ist nicht auf die Anmeldungen anzuwenden, deren Bekanntmachung beim Inkrafttreten des GPatG bereits beschlossen worden war; insoweit verbleibt es bei den bis dahin geltenden Vorschriften (Art. 12 Abs. 4 GPatG). Für die Anmeldungen, die vor dem 1. 1. 1981 eingereicht worden sind und deren Bekanntmachung nicht bis zum 31. 12. 1980 beschlossen worden ist, ist anstelle der §§ 35, 37 und 38 der § 26 PatG in der bis zum Inkrafttreten des GPatG geltenden Fassung anzuwenden (Art. 12 Abs. 5 GPatG). 1

a) Voraussetzungen. Die Erteilung des Patents ist zu beschließen, wenn die Anmeldung den vorgeschriebenen Anforderungen genügt, gerügte Mängel der Zusammenfassung beseitigt sind und der Gegenstand der Anmeldung patentfähig ist. Maßgebend ist der Inhalt des Erteilungsantrages. Das Patentamt darf davon nicht ohne Zustimmung des Anmelders abweichen, PA Mitt. **55,** 129. Dem Erteilungsbeschluss darf nur eine vom Anmelder eingereichte oder von ihm zumindest hilfsweise gebilligte Fassung der Anmeldung zugrunde gelegt werden, BGH GRUR **66,** 85, 86 – Aussetzung der Bekanntmachung; **66,** 488, 490 – Ferrit; **79,** 220, 221 – b-Wollastonit; **80,** 716, 718 – Schlackenbad; BGHZ **105,** 381, 382 – Verschlussvorrichtung für Gießpfannen; BPatGE **16,** 130f. m. w. N.; **25,** 29, 31; Bl. **83,** 182. Gegen oder ohne den Willen des Anmelders darf ihm insbesondere kein Patent mit einem Teil der Patentansprüche erteilt werden, BGH GRUR **64,** 697 – Fotoleiter; **78,** 39 – Titelsetzgerät. Wenn der Hauptanspruch nicht gewährbar (zulässig) ist, muss die Anmeldung insgesamt und ohne Prüfung der Schutzfähigkeit der weiteren Ansprüche zurückgewiesen werden, sofern der Anmelder keinen Hilfsantrag auf Erteilung eines Patents nach den weiteren Ansprüchen gestellt hat, BGH GRUR **80,** 716, 718. Der Anmelder kann neben dem Hauptantrag beliebig viele, sich in der Anspruchsfassung unterscheidende Hilfsanträge stellen, BPatGE **21,** 11; vgl. auch § 45 Rdn. 4. Kann das Patent nicht mit einer zumindest hilfsweise beantragten Fassung erteilt werden, so muss die Anmeldung zurückgewiesen werden, BGH GRUR **66,** 85, 86; **66,** 488. Ein bedingter Erlass des Erteilungsbeschlusses ist schon mit Rücksicht auf seine rechtsgestaltende Wirkung (unten Rdn. 3) nicht möglich. Die Erteilung des Patents kann daher nicht, wie das früher bei der Bekanntmachung der Anmeldung häufig geschehen ist, unter der Bedingung beschlossen werden, dass der Anmelder sich mit noch erforderlichen, gleichzeitig vorgeschla- 2 genen Änderungen der Unterlagen einverstanden erklärt (vgl. dazu für den Bekanntmachungsbeschluss PA Bl. **55,** 91).

3 **b) Erteilungsbeschluss.** Das Patent wird durch Beschluss, den Erteilungsbeschluss, erteilt. Der Erteilungsbeschluss ist rechtsgestaltender Verwaltungsakt, BPatGE **1,** 1; **1,** 15, 17; abw. Krabel GRUR **77,** 204ff. Er schafft das Patent und legt seinen Inhalt fest. Die Wirkungen des Patents treten allerdings erst mit der Veröffentlichung der Patenterteilung ein (§ 58 Abs. 1). Der Erteilungsbeschluss geht der Patentschrift vor, RGZ **46,** 68. Für den Bestand des Patents und dessen Wortlaut ist der Erteilungsbeschluss maßgebend, RGZ **153,** 315, 320; BPatGE **18,** 27, 29; Schlitzberger GRUR **75,** 567, 569 m.w.N. Als Berechtigten hat der Erteilungsbeschluss den wirklichen Rechtsträger aufzuführen, im Fall einer Übertragung der Rechte des Anmelders also die Person des Rechtsnachfolgers, wenn die Übertragung vor Erlass des Beschlusses nachgewiesen ist (§ 30 Abs. 3). Wenn der Patentsucher verstorben ist, müssen vor Erlass des Erteilungsbeschlusses der oder die Erben ermittelt werden; das Patent kann nicht an einen verstorbenen Patentsucher oder an eine den Personen nach unbekannte Erbengemeinschaft oder an einen der Person nach noch unbekannten Erben erteilt werden, BPatGE **1,** 1, 4.

4 Der Erteilungsbeschluss muss die Unterlagen, die der Patenterteilung zugrunde liegen, genau bezeichnen, vgl. BPatGE **18,** 27. Er ist ein Beschluss i.S. des § 47. Nach § 47 Abs. 2 ist dem Beschluss daher eine Rechtsmittelbelehrung beizufügen, vgl. BPatGE **18,** 27. Die Beschwerde gegen den Beschluss ist allerdings nur zulässig, wenn der Anmelder durch den Beschluss beschwert wird, dieser insbesondere den gestellten Anträgen nicht voll entspricht (vgl. dazu BPatG Bl. **83,** 1 und § 73 Rdn. 17).

5 **aa) Erlass.** Der Erteilungsbeschluss wird von der Prüfungsstelle erlassen. Im Verfahren über die Beschwerde gegen die Zurückweisung der Anmeldung (§ 48) kann der Beschwerdesenat des Patentgerichts die Patenterteilung beschließen. Ein Beschluss des Patentgerichts, wonach „das nachgesuchte Patent zu erteilen ist", ist kein Erteilungsbeschluss, sondern enthält lediglich die Anweisung an das Patentamt, das Patent zu erteilen, BPatGE **3,** 113.

6 **bb) Wirksamwerden.** Der Erteilungsbeschluss wird wirksam mit der Zustellung an den oder die Patentinhaber (§§ 47 Abs. 1, 94 Abs. 1). Bei Vorhandensein mehrerer Beteiligter gilt der Beschluss mit der tatsächlich vollzogenen (letzten) Zustellung an sämtliche Beteiligte rechtlich als vorhanden, BGHZ **8,** 303, 305; **32,** 370, 371; BGH in BPatGE **1,** 239, 242; **31,** 18, 19; abw. BPatGE **18,** 5, 6. Mit dem Wirksamwerden des Beschlusses ist das Patent erteilt, jedoch vorbehaltlich der aufschiebenden Wirkung einer etwaigen Beschwerde (§ 74; vgl. unten Rdn. 7). Die gesetzlichen Wirkungen des Patents treten mit der Veröffentlichung der Patenterteilung ein (§ 58 Abs. 1 Satz 3). Eine Wiederaufnahme des Prüfungsverfahrens nach antragsgemäß erlassenem Erteilungsbeschluss ist nicht möglich. Die Bindung des Patentamts an seine Entscheidungen steht nicht zur Disposition des Anmelders, auch wenn dieser nachträglich eine neue Fassung der Ansprüche erreichen möchte, BPatGE **25,** 147, 149. Wegen der Bindungswirkung gerichtlicher Erteilungs- oder Bekanntmachungsbeschlüsse vgl. BPatG Mitt. **84,** 173, 174. Abhilfe könnte hier nur eine Art re-issue-Verfahren im Sinne des Rechts der Vereinigten Staaten bewirken.

7 **cc) Anfechtung.** Der Patentinhaber wird durch den Erteilungsbeschluss beschwert und kann ihn deshalb mit der Beschwerde anfechten, wenn der Beschluss seinen Anträgen nicht voll entspricht, insbesondere wenn er unvollständig ist, vgl. dazu BGH GRUR **82,** 291, 292 – Polyesterimide (Streichung von Beispielen in der Beschreibung); BPatGE **18,** 27, 28; **25,** 29, 31; Bl. **83,** 19; Bl. **83,** 184. Der Anmelder ist durch einen Erteilungsbeschluss beschwert, wenn er sich in einer telefonischen Rücksprache mit einer Änderung der Beschreibung (hier: Streichung eines Satzes) durch die Prüfungsstelle einverstanden erklärt, die entsprechende Änderung jedoch nicht schriftlich bestätigt hat und an ihr nicht festhalten will, BPatGE **25,** 141; er ist weiterhin beschwert, wenn er Aussetzung der Erteilung beantragt hatte und das Patentamt trotzdem den Erteilungsbeschluss erlassen hat, BPatGE **26,** 36, 37; oder wenn in den Gründen des Patenterteilungsbeschlusses eine Einschränkung des Schutzbereiches (Elementenschutz) festgestellt wird, ohne dass diese Beschränkung des Patentbegehrens durch Erklärung oder durch konkludente Handlung gebilligt ist, BPatGE **28,** 188, 189. Durch die Einlegung einer nicht offensichtlich unzulässigen Beschwerde wird die Wirkung des Erteilungsbeschlusses aufgeschoben (§ 75). Infolge der aufschiebenden Wirkung entfallen die Wirkungen des Erteilungsbeschlusses und werden bis zur Entscheidung im Rechtsmittelverfahren aufgeschoben. Bis dahin bestehen die Schutzwirkungen des § 33 Abs. 1 weiter, vgl. Bayer. VGH, Bl. **58,** 194; vgl. auch § 75 Rdn. 4.

8 **dd) Unanfechtbarkeit.** Mit Ablauf der Rechtsmittelfrist erwächst der vom Patentgericht erlassene Erteilungsbeschluss, sofern keine Rechtsbeschwerde eingelegt ist, in formelle und ma-

terielle Rechtskraft. Der vom Patentamt erlassene Erteilungsbeschluss wird unanfechtbar und für das Amt, die Beteiligten und die Allgemeinheit verbindlich. Sachlich besteht daher in diesen beiden Fällen kein Unterschied. Wenn der Erteilungsbeschluss unanfechtbar geworden und die Patenterteilung veröffentlicht worden ist (§ 58 Abs. 1), kann das erteilte Patent in beiden Fällen nur im Einspruchsverfahren widerrufen oder in dem gesetzlich geregelten Nichtigkeitsverfahren für nichtig erklärt werden. Ein Widerruf des Erteilungsbeschlusses ist auch dann, wenn er vom Patentamt erlassen ist, unzulässig, vgl. PA Mitt. **37,** 176. Nach Eintritt der Unanfechtbarkeit ist die Patenterteilung vom Patentamt zu veröffentlichen (vgl. unten Rdn. 10). Erklärt der Patentinhaber im Einspruchsbeschwerdeverfahren, er nehme die Patentanmeldung zurück, so führt diese Erklärung nicht zur Erledigung des Einspruchsbeschwerdeverfahrens; die Rücknahme einer Patentanmeldung ist nur bis zur Rechtskraft des Erteilungsbeschlusses möglich, BPatGE **38,** 195, bestätigt durch BGH GRUR **99,** 571, 572f – Künstliche Atmosphäre.

ee) Berichtigung. Wie alle Beschlüsse des Patentamts kann auch der Erteilungsbeschluss berichtigt werden, wenn offenbare Unrichtigkeiten unterlaufen sind, d.h. ein offenbarer Widerspruch zwischen dem von der Erteilungsbehörde Gewollten und dem im Beschluss Ausgesprochenen besteht, BGH GRUR **77,** 780, 781 – Metalloxyd. § 319 ZPO und § 122 VwGO sind entsprechend anzuwenden, BGH GRUR **77,** 780, 781; BPatGE **2,** 181; **13,** 77. Die Berichtigung der der Erteilung zugrunde liegenden Unterlagen ist nur im Zusammenhang mit dem Erteilungsbeschluss möglich, BPatGE **2,** 181; BGH GRUR **77,** 780, 781. Sie ist nur zulässig, wenn nicht nur der Fehler, sondern darüber hinaus zweifelsfrei zu erkennen ist, was an Stelle der fehlerhaften Fassung hätte gesagt werden sollen, PA Bl. **54,** 48. Sie ist nicht zulässig, wenn es sich bei der Textstelle, deren Berichtigung beantragt wird, nicht um eine irrtümliche, sondern vorbedachte Wortfassung durch die Prüfungsstelle handelt, BGH GRUR **77,** 780, 781; PA Bl. **53,** 402. Die nachträgliche Kennzeichnung eines in der Patentschrift verwendeten Wortes als Warenzeichen kann nicht im Wege der Berichtigung, sondern allenfalls durch Beilage eines Hinweises erfolgen, BPatGE **2,** 181. Unbemerkt gebliebene Mängel des Erteilungsverfahrens werden durch die Patenterteilung mit deren Rechtskraft geheilt, BPatG Bl. **84,** 380. 9

c) Veröffentlichung. Die Patenterteilung wird im Patentblatt veröffentlicht; gleichzeitig wird die Patentschrift (§ 32 Abs. 3) veröffentlicht (§ 58 Abs. 1), vgl. dazu die Erl. zu § 32 wegen der elektronischen Form der Veröffentlichungen. Dadurch wird die Öffentlichkeit über die Erteilung des Patents unterrichtet. Auf die Erläuterungen zu § 58 wird verwiesen. 10

2. Aussetzung der Patenterteilung. Nach Abs. 2 der Vorschrift, die sachlich § 30 Abs. 4 PatG 1968 entspricht, wird die Patenterteilung, genauer der Erlass des Erteilungsbeschlusses, auf Antrag des Anmelders zeitlich begrenzt ausgesetzt, um den Anmelder vor nachteiligen Folgen der Veröffentlichung der Patenterteilung für noch durchzuführende Auslandsanmeldungen zu bewahren; vgl. dazu BPatGE **26,** 36. Der Antrag auf Aussetzung nach Abs. 2 kann nur bis zur Rechtskraft des Erteilungsbeschlusses gestellt werden, BPatG Bl. **92,** 280. Die fünfzehnmonatige Aussetzungsfrist wird vom Anmeldetage oder einem früheren Prioritätstage an gerechnet. Die Aussetzungsfrist ist so bemessen, dass der Anmelder genügend Zeit hat, eine Nachanmeldung im Ausland, insbesondere in einem nicht zur Pariser Verbandsübereinkunft gehörenden Land, in dem er kein Prioritätsrecht beanspruchen kann, vorzunehmen, ohne befürchten zu müssen, dass ihm dort das eigene deutsche Patent als neuheitsschädlich entgegengehalten wird (vgl. die Begrdg. zum RegEntw. zum PatÄndGes. (1967) Bl. **67,** 244, 258). Die Frist ist andererseits auf 15 Monate begrenzt, damit die Veröffentlichung der Patenterteilung (§ 58 Abs. 1, § 32 Abs. 3) noch vor Ablauf der 18 Monate des § 31 Abs. 2 Nr. 2 durchgeführt und die Veröffentlichung der Offenlegungsschrift vermieden werden kann (§ 32 Abs. 2 Satz 3). Die Aussetzung ist auf Antrag, der keiner besonderen Begründung bedarf, ohne weiteres zu bewilligen. Der Einfluss des Anmelders auf den Zeitpunkt der Veröffentlichung ist andererseits aber auch dahin beschränkt, dass er die Aussetzung der Veröffentlichung auf höchstens 15 Monate erwirken kann; eine Erklärung des Anmelders, er sei mit der nach Ablauf der Aussetzungsfrist vorzunehmenden Patenterteilung nicht einverstanden, sondern wünsche eine spätere Patenterteilung, ist unbeachtlich, BGH GRUR **66,** 85. – Aussetzung der Bekanntmachung. Der Anmelder kann die Patenterteilung und deren Veröffentlichung nach Ablauf der Aussetzungsfrist nur noch durch Zurücknahme der Anmeldung verhindern. 11

49a *Gesetzgebungsverfahren.* (1) **Beantragt der als Patentinhaber Eingetragene einen ergänzenden Schutz, so prüft die Patentabteilung, ob die Anmeldung der entsprechenden Verordnung des Rates der Europäischen Wirtschaftsgemeinschaft sowie den Absätzen 3 und 4 und dem § 16a entspricht.**

(2) [1]**Genügt die Anmeldung diesen Voraussetzungen, so erteilt die Patentabteilung das ergänzende Schutzzertifikat für die Dauer seiner Laufzeit.** [2]**Andernfalls fordert sie den Anmelder auf, etwaige Mängel innerhalb einer von ihr festzusetzenden, mindestens zwei Monate betragenden Frist zu beheben.** [3]**Werden die Mängel nicht behoben, so weist sie die Anmeldung durch Beschluß zurück.**

(3) [1]**§ 34 Abs. 6 ist anwendbar.** [2]**Die §§ 46 und 47 sind auf das Verfahren vor der Patentabteilung anzuwenden.**

Inhaltsübersicht

1 **1. Vorbemerkung.** Die Vorschrift ist durch Art. 1 Nr. 4 des Gesetzes zur Änderung des Patentgesetzes und anderer Gesetze (PatGÄndG) vom 23. 3. 1993, BGBl. I 366, Bl. **93,** 171, eingefügt worden. Das Gesetz stimmt mit dem in BT-Drs. 12/3630, Bl. **93,** 205, enthaltenen Reg.Entwurf überein, auf den daher zur Erläuterung ergänzend verwiesen werden kann. Durch das 2. PatGÄndG v. 16. 7. 1998, BGBl. I 1827, wurde in Abs. 3 S. 1 als redaktionelle Änderung die Verweisung auf § 35 Abs. 4 (Ermächtigungsgrundlage zur Regelung der sonstigen Erfordernisse der Anmeldung durch Rechtsverordnung) durch eine solche auf § 34 Abs. 7 ersetzt. Die in Abs. 4 enthaltene Kostenregelung wurde durch das Gesetz zur Bereinigung von Kostenregelungen auf dem Gebiet des geistigen Eigentums (KostRegBerG) vom 13. 12. 2001, BGBl. I 3656, Bl. **02,** 14, aufgehoben und als redaktionelle Änderung statt auf § 34 Abs. 7 nunmehr auf § 34 Abs. 6 verwiesen. Zur Ergänzung sind ferner §§ 19–21 PatV v. 1. 9. 2003, BGBl. I 1702 idF. der WahrnehmungsVO v. 11. 5. 2004, BGBl. I 897, heranzuziehen, die § 11 PatAnmVO (ohne wesentliche inhaltliche Änderung) ersetzt haben. Wegen des historischen und systematischen Zusammenhangs vgl. Rdn. 1 bis 7 zu § 16a sowie Kätke in: Jahresbericht DPA für 1992, S. 45f. sowie Schennen, Die Verlängerung der Patentlaufzeit für Arzneimittel im Gemeinsamen Markt, 1993. Die Vorschrift dient der Umsetzung und Ausfüllung der VO (EWG) Nr. 1768/92 des Rates über die Schaffung eines ergänzenden Schutzzertifikats für Arzneimittel (VO 1768/92) sowie der VO (EG) Nr. 1610/96 des Europäischen Parlaments und Rates über die Schaffung eines ergänzenden Schutzzertifikats für Pflanzenschutzmittel (VO 1610/96). Als Verordnung i. S. von Art. 249 Abs. 2 EG gelten die VOen unmittelbar in der Gemeinschaft sowie in den EWR-Mitgliedstaaten Island, Liechtenstein und Norwegen (vgl. im Einzelnen: § 16a PatG, Rdn. 8). Über den allgemeinen Vorrang des EG-Rechts hinaus geht daher im Zweifel auch das durch Auslegung und Anwendung der EG-VOen gewonnene Verfahrensrecht vor. Das gilt insbesondere auch für die verfahrensmäßige Behandlung der „Anmeldung des Zertifikats", Art. 7 EG-VOen, und die Formerfordernisse für die Anmeldung. Nationales Verfahrensrecht findet daher insoweit nur subsidiär Anwendung, Art. 18 Abs. 1 EG-VOen, und zwar grundsätzlich das Verfahrensrecht für nationale Patente, soweit das nationale Recht keine besonderen Verfahrensvorschriften für Zertifikate vorsieht; das ist allerdings im Rahmen des § 49a der Fall.

2 Während die EG-VOen nicht nach nationalen und europäischen Patenten differenzieren, findet § 49a nach seiner systematischen Konzeption unmittelbar Anwendung nur auf solche Zertifikatsanmeldungen, deren Grundpatent ein nationales, vom DPMA erteiltes Patent ist. Mit Wirkung für die Bundesrepublik Deutschland erteilte europäische Patente unterliegen Art. II § 6a IntPatÜG. Danach gilt die Zuständigkeit des DPMA und die Verfahrensvorschrift des § 49a mit der Rückverweisung auf § 16a auch für ergänzende Schutzzertifikate zu den mit Wirkung für die Bundesrepublik Deutschland erteilten europäischen Patenten. Diese Regelungen sind nicht auf ein künftiges, EU-weiten Schutz gewährendes Gemeinschaftspatent anwendbar, wenn auf dieses als Grundpatent ein Schutzzertifikat erteilt werden soll. Dafür wird es einer entsprechenden gemeinschaftsrechtlichen Regelung bedürfen.

3 **2. Gegenstand der Prüfung.** Gegenstand des Prüfungsverfahrens, dessen Umrisse in den EG-VOen und in § 49a geregelt sind, ist nach der gegenwärtigen Rechtslage eine auf die VO 1768/92 oder die VO 1610/96 gestützte Anmeldung zur Erteilung eines ergänzenden Schutzzertifikats für Arznei- oder Pflanzenschutzmittel, praktisch gesprochen also ein Antrag auf Verlängerung der Patentlaufzeit für das entsprechende Grundpatent. Die wesentlichen Einzelheiten für den Gegenstand der Anmeldung ergeben sich deshalb auch nicht aus dem Patentgesetz, sondern aus der jeweiligen Verordnung.

3. Erfordernisse der Anmeldung. Zunächst muss die Anmeldung innerhalb einer **Frist von sechs Monaten,** gerechnet ab dem Zeitpunkt, zu dem für das Erzeugnis als Arznei- oder Pflanzenschutzmittel die Verkehrsgenehmigung nach Art. 3 lit. b) erteilt wurde, eingereicht werden, Art. 7 Abs. 1 EG-VOen. Ist die Verkehrsgenehmigung vor der Erteilung des Grundpatents erfolgt, beginnt die Sechs-Monats-Frist mit der Erteilung des Patents, Art. 7 Abs. 2 EG-VOen. 4

Die Anmeldung hat ferner den Formerfordernissen des Art. 8 Abs. 1 EG-VOen zu genügen. Nach Art. 8 Abs. 1 lit a) muss die Anmeldung enthalten:
– Name und Anschrift des Anmelders,
– Name und Anschrift eines bestellten Vertreters;
– Nr. des Grundpatents und Bezeichnung der Erfindung;
– Nr. und Zeitpunkt der ersten Genehmigung für das Inverkehrbringen des Erzeugnisses gemäß Art. 3 lit. b) sowie, falls diese nicht die erste Genehmigung für das Inverkehrbringen in der Gemeinschaft ist, auch Nummer und Zeitpunkt der letztgenannten Genehmigung.

Neben der „Insbesondere"-Aufzählung in Art. 8 Abs. 1 lit. a EG-VO kann das nationale Verfahrensrecht weitere Erfordernisse aufstellen. In der Bundesrepublik sind insoweit vor allem §§ 19–21 PatV (vormals: § 11 PatAnmVO), zu beachten. Nach § 19 PatV ist für den Antrag auf Erteilung eines ergänzenden Schutzzertifikats die Benutzung des vom DPMA herausgegeben Formblatts vorgesehen. §§ 20 und 21 PatV bestimmen, dass der Antrag die in Art. 8 der VO (EWG) 1768/92 und der VO (EG) 1610/96 bezeichneten Angaben und Unterlagen enthalten muss. Hinsichtlich der Bezeichnung des Anmelders und eines etwaigen Zustellungsbevollmächtigten sowie der Unterschrift sind § 4 Abs. 2 Nr. 1, 4 und 5 PatV entsprechend anzuwenden, § 19 Abs. 1 S. 2 PatV. Hinsichtlich **Übersetzungen** ist § 14 Abs. 1, 3 bis 5 PatV entsprechend anwendbar. Danach müssen Schriftstücke, die zu den Unterlagen der Anmeldung zählen, von einem Rechtsanwalt oder Patentanwalt beglaubigt oder von einem öffentlich bestellen Übersetzer angefertigt sein, wobei die Unterschrift des Übersetzers ebenso wie die Tatsache, dass der Übersetzer für derartige Zwecke öffentlich bestellt ist, öffentlich zu beglaubigen sind. Von Schriftstücken, die **nicht** zu den Unterlagen der Anmeldung zählen und **nicht** in englischer, französischer, italienischer oder spanischer Sprache eingereicht worden sind, ist innerhalb eines Monats nach Eingang des Schriftstücks eine von einem Rechtsanwalt oder Patentanwalt beglaubigte oder von einem öffentlich bestellten Übersetzer angefertigte Übersetzung einzureichen. Wird die Frist nicht eingehalten, gilt das Schriftstück erst als zum Zeitpunkt des Eingangs der Übersetzung zugegangen. Bei in englischer, französischer, italienischer oder spanischer Sprache eingereichten Schriftstücken, die **nicht** zur Anmeldung zählen, sind Übersetzungen nur auf Anforderung des Patent- und Markenamtes nachzureichen.

Zu den weiteren formellen Erfordernissen gehören die in Art. 8 Abs. 1 lit. b) und c) genannte **Kopie der Genehmigung für das Inverkehrbringen** gem. Art. 3 lit. b) EG-VOen bzw. die Angabe der Identität des genehmigten Erzeugnisses und der Rechtsvorschrift, auf deren Grundlage dieses Genehmigungsverfahren durchgeführt worden ist sowie die **Kopie des amtlichen Mitteilungsblattes,** in dem die Genehmigung veröffentlicht wurde. Zur Wahrung etwaiger Betriebsgeheimnisse des Anmelders beanstandet das Patentamt es nicht, wenn die Kopie der Genehmigung nur insoweit vorgelegt wird, als daraus die Identität des Erzeugnisses ersichtlich ist, MittPräsPA Nr. 6/93, Bl. **93,** 169.

Wichtiges Erfordernis (genau: Verfahrensvoraussetzung für das Anmeldeverfahren) bei einem „auswärtigen" Patentinhaber ist die Bestellung eines **Inlandsvertreters** nach § 25. Wegen dieses Erfordernisses und der dazu nötigen Vollmacht vgl. § 25 und die Erläuterungen dazu; § 25 ist in § 16a Abs. 2 ausdrücklich für entsprechend anwendbar erklärt. Anmelder ohne Sitz oder Wohnsitz in der Bundesrepublik Deutschland müssen daher einen Inlandsvertreter bestellen.

Aus der Anmeldung muss eindeutig hervorgehen, für welches **konkrete Erzeugnis** das Zertifikat beantragt wird. Soweit das Zertifikat für das Erzeugnis in derselben Form beantragt wird, in der es der arznei- bzw. pflanzenschutzrechtlichen Genehmigung zu Grunde liegt, genügt die in Art. 8 Abs. 1 lit. b vorgeschriebene Vorlage einer Kopie der jeweiligen Genehmigung. Wird das Zertifikat jedoch für den Wirkstoff in einer anderen, insbesondere weiteren Form als der in der arznei- bzw. pflanzenschutzrechtlichen Genehmigung identifizierten beantragt, muss in der Anmeldung – insoweit über die in Art. 8 Abs. 1 genannten Mindestangaben hinausgehend – erklärt und angegeben werden, in welchem Umfang Schutz für den Wirkstoff begehrt wird (BGH, GRUR **02,** 415, 417 – Sumatriptan; vgl. auch Busse, Anh § 16a, Rdn. 77; Schennen, Verlängerung, Art. 8, Rdn. 2). Schutzansprüche, eine Beschreibung oder 5

Zeichnungen können hingegen nicht eingereicht werden (BPatGE **41,** 56, 63; Schennen, GRUR Int. **96,** 102, 111).

6 Der Inhaber der Genehmigung für das Inverkehrbringen gem. Art. 3 lit. b VO 1768/92 bzw. VO 1610/96 ist nicht verpflichtet, dem (personenverschiedenen) Inhaber des Grundpatents die in Art. 8 Abs. 1 lit. b genannte Kopie der Genehmigung zur Verfügung zu stellen (EuGH 23. 1. 1997 – C-181/95, GRUR Int. **97,** 363, 365 – Biogen).

7 **4. Anmeldegebühr.** Mit der Anmeldung des Zertifikats (vgl. Art. 8 Abs. 2 VO 1768/92, VO 1610/96, ist eine Gebühr zu zahlen, die seit dem 1. 1. 2002 300,– Euro beträgt, § 2 Abs. 1 PatKostG i. V. m. Nr. 311 500 GebVerz, nachdem zuvor 500,– DM zu zahlen waren, Nr. 111 600 GebVerz a. F. Erfolgt keine Zahlung, setzt das DPMA eine Frist, die mindestens 2 Monate beträgt. Erfolgt auch dann keine Zahlung, wird die Anmeldung durch Beschluss zurückgewiesen, Art. 10 Abs. 3 und 4 VO 1768/92, VO 1610/96 i. V. m. § 49 a Abs. 2 S. 2 und 3 PatG. Zur Rechtslage vor Aufhebung der Gebührenregelung in § 49 a Abs. 4 PatG a. F. vgl. Benkard, 9. Aufl., Rdn. 5.

8 **5. Umfang der sachlichen Prüfung.** Nach der VO (EWG) Nr. 1768/92 wie auch nach der VO (EG) 1610/96 hat das Patentamt insbesondere zu prüfen, ob das Erzeugnis einerseits durch ein Grundpatent geschützt ist und andererseits Gegenstand einer gültigen Genehmigung für das Inverkehrbringen durch die zuständigen Behörden ist (Art. 3 Buchst. a und b EG-VOen), ob also Identität zwischen dem patentgeschützten und dem zugelassenen Wirkstoff besteht. Weicht das zugelassene Erzeugnis geringfügig vom Inhalt der Patentansprüche ab, so ist auch zu prüfen, ob sich die Abweichung im Rahmen des Schutzbereichs des Grundpatents unter Berücksichtigung etwaiger Äquivalente hält, vgl. im Einzelnen oben bei § 16 a, Rdn. 38. Von der nach Art. 10 Abs. 5 EG-VOen gegebenen Möglichkeit, die Prüfung der Voraussetzungen der Buchst. c und d des Art. 3 EG-VOen auszunehmen, hat das Gesetz keinen Gebrauch gemacht, es ist also auch zu prüfen, ob bereits ein Zertifikat erteilt worden ist und ob die Genehmigung für das Inverkehrbringen des patentgeschützten Erzeugnisses als Arzneimittel die erste Genehmigung ist.

9 **6. Verfahren und Entscheidung des Patentamts.** Für die Behandlung der Anmeldung ist innerhalb des Patentamts die Zuständigkeit der Patentabteilung vorgesehen, weil es sich um eine Angelegenheit handelt, die sich der Sache nach auf erteilte Patente bezieht. Eine Übertragung der Prüfung von Formalien der Anmeldung auf Beamte des gehobenen oder mittleren Dienstes oder vergleichbare Angestellte dürfte nicht zulässig sein, da in § 16 a die entsprechende Anwendung der Bestimmungen über die Organisation und Einrichtung des Patentamts (§§ 26 bis 29) ausdrücklich ausgespart worden ist, wie sich aus der Begründung des RegEntw. (BT-Drs. 12/3630, S 11, Buchst. i) ergibt.

10 Nach Abs. 3 Satz 2 sind die §§ 46, 47 auf das Verfahren vor der Patentabteilung anzuwenden. Insoweit kann zunächst auf die Erläuterungen zu §§ 46, 47 verwiesen werden. Das Patentamt kann danach jederzeit den Anmelder und Patentinhaber, der in der Regel als einziger Beteiligter in Frage kommt, laden und anhören und zur Aufklärung des Sachverhalts auch Zeugen oder Sachverständige eidlich oder uneidlich vernehmen. Erfüllt die Zertifikatsanmeldung nicht die in Art. 8 EG-VOen genannten Voraussetzungen oder die – zulässigerweise – vom nationalen Recht festgelegten ergänzenden Erfordernisse oder allgemeinen Verfahrensvoraussetzungen, so fordert das Patentamt den Anmelder auf, innerhalb einer festzusetzenden, mindestens 2 Monate betragenden Frist die festgestellten Mängel zu beheben. Werden die mitgeteilten Mängel nicht fristgerecht beseitigt, so wird die Anmeldung durch Beschluss zurückgewiesen, Art. 10 Abs. 4 EG-VOen, § 49 a Abs. 2 S. 3. Bei nach Fristablauf, aber vor Abgabe des Beschlusses an die Postabfertigungsstelle behobenen Mängeln ist zu differenzieren. Handelt es sich um Mängel nach Art. 8 EG-VOen, kann deren Behebung nach Fristablauf nicht mehr berücksichtigt werden, weil die gemeinschaftsrechtliche Frist nach Art. 10 Abs. 4 EG-VOen nach dem Wortlaut der Vorschrift eine Ausschlussfrist ist. Die Wiedereinsetzung in den vorigen Stand bei Versäumung der Frist nach Art. 10 Abs. 4 EG-VO ist allerdings möglich. Wird demgegenüber ein Mangel im Hinblick auf § 19 PatV nach Ablauf der Frist aus § 49 a Abs. 2 S. 3 aber vor Abgabe des Beschlusses an die Postabfertigungsstelle beseitigt, ist dies von der Patentabteilung zu berücksichtigen. Die Wiedereinsetzung in den vorigen Stand kommt daher insoweit nicht in Betracht, (vgl. Busse, Anh § 16 a, Rdn. 88).

Beschlüsse der Patentabteilung, soweit es sich nicht um die Erteilung des Zertifikats handelt, sind zu begründen und den Beteiligten, also insbesondere dem Patentinhaber, mit Rechtsmittelbelehrung zuzustellen oder am Ende der Anhörung zu verkünden, § 49 a Abs. 3 S. 2 i. V. m. § 47.

Die Endentscheidung des Patentamts lautet in der Regel entweder auf Erteilung des Zertifikats oder Zurückweisung der Anmeldung. Genügt die Anmeldung den formellen oder auch inhaltlichen Erfordernissen nicht, ist sie zurückzuweisen. Dem Patentinhaber ist zuvor rechtliches Gehör zu geben und er ist über die Bedenken und Erteilungshindernisse aus der Sicht des Patentamts voll zu unterrichten. Eine Zurückweisung erfolgt auch, wenn der Anmelder bereits Inhaber eines Zertifikats ist oder wenn der Gegenstand des Patents nicht mit dem des Zertifikats identisch ist. Gegen die Zurückweisung der Anmeldung ist die Beschwerde nach § 73 gegeben, Art. 17 EG-VOen, § 16a Abs. 2. Die Beschwerde gegen die Zurückweisung der Zertifikatsanmeldung ist gebührenpflichtig (vgl. BT-Drs. 12/3630, S. 11, Buchst. j, a. E.). Der Beschwerdesenat entscheidet nach § 67 Abs. 1 in der Besetzung mit einem technischen Mitglied als Vorsitzendem, zwei technischen Mitgliedern und einem rechtskundigen Mitglied (BPatGE **35,** 145, 153 = BlPMZ **95,** 446, 448, Busse, § 49a, Rdn. 24, Schulte, § 49a, Rdn. 24; hinsichtlich der Besetzung a. A. Vorauflage). **11**

Bei Erteilung ist das Erzeugnis (der Wirkstoff oder die Wirkstoffzusammensetzung) konkret zu bezeichnen, für das das Zertifikat gilt. Das Schutzzertifikat kann auch für einen im Grundpatent als solchen nicht genannten Wirkstoff erteilt werden, der vom Schutzbereich des Grundpatents umfasst wird. Dabei kommt es nicht darauf an, ob das Grundpatent auf diesen Wirkstoff beschränkt werden könnte oder ob darin mangels Offenbarung des konkreten Wirkstoffes eine unzulässige Erweiterung läge (BGH, GRUR **02,** 415 – Sumatriptan). Der Antrag auf Erteilung eines Zertifikats für eine konkret bezeichnete Substanz kann nicht schon mit der Begründung zurückgewiesen werden, eine hilfsweise beantragte Fassung ohne konkrete Bezeichnung des zu schützenden Wirkstoffes sei vorzugswürdig (BGH, GRUR **02,** 47, 48 – Idarubicin III). **12**

Sind der Inhaber des Grundpatents und der Inhaber der Genehmigung für das Inverkehrbringen des Erzeugnisses **verschiedene Personen,** so darf die Zertifikatsanmeldung nicht allein deshalb zurückgewiesen werden, weil der Inhaber des Patents nicht in der Lage ist, gem. Art. 8 Abs. 1 lit. b eine Kopie dieser Genehmigung vorzulegen, weil sich die nationale Behörde, die das Zertifikat erteilt, bei der nationalen Behörde, die für die Erteilung der Genehmigung zuständig ist, ohne Schwierigkeiten eine Kopie dieser Genehmigung verschaffen kann (EuGH, a. a. O., 366 – Biogen). **13**

Lautet der Beschluss auf Erteilung des Zertifikats, so hat er auch eine Festlegung über die genaue Laufzeit des Zertifikats und das Ende der Schutzdauer zu enthalten. Da die Laufzeit des Zertifikats je nach Dauer des konkreten arzneimittelbehördlichen Zulassungsverfahrens unterschiedlich sein kann, muss das Ergebnis der Berechnung der Schutzdauer nach Art. 11 Abs. 1 (f) EG-VOen Bestandteil des Erteilungsbeschlusses sein. Bei unrichtiger Festsetzung der Laufzeit kann ein Rechtsmittel gem. Art. 17 Abs. 2 VO 1610/96 eingelegt werden, und zwar nicht nur bei Schutzzertifikaten für Pflanzenschutzmittel, sondern auch bei Schutzzertifikaten für Arzneimittel, weil Art. 17 Abs. 2 VO 1610/96 auch auf letztere entsprechend anzuwenden ist wie sich aus dem 17. Erwägungsgrund der VO 1610/96 ergibt (vgl. dazu weiter § 16a, Rdn. 48). **14**

50 *Geheimhaltungsanordnung.* (1) [1]**Wird ein Patent für eine Erfindung nachgesucht, die ein Staatsgeheimnis (§ 93 des Strafgesetzbuches) ist, so ordnet die Prüfungsstelle von Amts wegen an, daß jede Veröffentlichung unterbleibt.** [2]**Die zuständige oberste Bundesbehörde ist vor der Anordnung zu hören.** [3]**Sie kann den Erlaß einer Anordnung beantragen.**

(2) [1]**Die Prüfungsstelle hebt von Amts wegen oder auf Antrag der zuständigen obersten Bundesbehörde, des Anmelders oder des Patentinhabers eine Anordnung nach Absatz 1 auf, wenn deren Voraussetzungen entfallen sind.** [2]**Die Prüfungsstelle prüft in jährlichen Abständen, ob die Voraussetzungen der Anordnung nach Absatz 1 fortbestehen.** [3]**Vor der Aufhebung einer Anordnung nach Absatz 1 ist die zuständige oberste Bundesbehörde zu hören.**

(3) **Die Prüfungsstelle gibt den Beteiligten Nachricht, wenn gegen einen Beschluß der Prüfungsstelle, durch den ein Antrag auf Erlaß einer Anordnung nach Absatz 1 zurückgewiesen oder eine Anordnung nach Absatz 1 aufgehoben worden ist, innerhalb der Beschwerdefrist (§ 73 Abs. 2) keine Beschwerde eingegangen ist.**

(4) **Die Absätze 1 bis 3 sind auf eine Erfindung entsprechend anzuwenden, die von einem fremden Staat aus Verteidigungsgründen geheimgehalten und der Bundesregierung mit deren Zustimmung unter der Auflage anvertraut wird, die Geheimhaltung zu wahren.**

Inhaltsübersicht

1 **1. Vorbemerkungen. Literatur:** Zschucke, Das Geheimpatent, GRUR **54,** 556; ders., Das Geheimpatent, Wehrtechn. Hefte **53/54,** 181; ders., Das Geheimpatent. Ein Nachtrag, Wehrtechn. Hefte **55,** 149; ders., Das Geheimpatentverfahren, Mitt. **60,** 219; v.d. Osten, Geheimhaltungsbedürftige Patentanmeldungen Privater, GRUR **58,** 465; Reitstötter, Geheime Erfindungen, GRUR **59,** 557; Trüstedt, Der Schutz von Staatsgeheimnissen im Patent- und Gebrauchsmusterrecht, BB **60,** 1141; Bellstedt, Zur staatsrechtlichen Problematik von Geheimpatenten und -gebrauchsmustern, DöV **61,** 811; Klein, Verfassungsimmanente Bestandssicherungsklausel?, Antwort auf Bellstedt, DöV **62,** 41; Gaul, Geheimpatente und Entschädigungspflicht, GRUR **66,** 293; Hesse, Der Schutz von Staatsgeheimnissen im neuen Patentrecht, BB **68,** 1058; Kelbel, Die Geheimerfindung, GRUR **69,** 155; Körner, Anordnung und Aufhebung der Geheimhaltung von Patenten nach § 30a PatG als Enteignungsmaßnahmen, GRUR **70,** 387; Kumm, Probleme der Geheimhaltung von technischen Erfindungen im Interesse der Staatssicherheit, GRUR **79,** 672; Kumm, Staatsgeheimnisschutz und Patentschutz von geheimen Erfindungen, Bad Honnef 1980; Breith, Hans-Jürgen: Patente und Gebrauchsmuster für Staatsgeheimnisse, Frankfurt/Main (Lang) 2002. (Wettbewerbsrechtliche Studien; Bd. 4) Zugl.: München, Univ. der Bundeswehr, Diss., 2002; ders.: Sind die gesetzlichen Regelungen über die Geheimhaltung von Patenten und Gebrauchsmustern noch zeitgemäß? GRUR **03,** 587.

1a **2. Geschichtliche Entwicklung.** S. eingehend dazu Breith (2002), S. 8–22. Die Publizität, die eines der hervorstechendsten Merkmale des Patentwesens ist, hat seit jeher im Interesse der Landesverteidigung Ausnahmen hinnehmen müssen. So bestimmte schon das Patentgesetz vom 25. 5. 1877 in § 23 Abs. 2, dass die vorgeschriebene Bekanntmachung der Patentanmeldung unterblieb, wenn das Patent im Namen der Reichsverwaltung für Zwecke des Heeres oder der Flotte nachgesucht war. Das Patentgesetz vom 7. 4. 1891 stellte in § 23 Abs. 5 klar, dass in diesen Fällen die Patenterteilung ohne Bekanntmachung erfolgte und die Eintragung in die Patentrolle unterblieb. Durch die Bekanntmachung vom 8. Februar 1917 (RGBl. S. 121 = Bl. **17,** 13) wurde die Regelung wesentlich erweitert. Sie wurde auf sämtliche Patentanmeldungen ausgedehnt, deren Geheimhaltung das Patentamt nach Anhörung der Heeres- und der Marineverwaltung im Interesse der Landesverteidigung oder der Kriegswirtschaft für erforderlich erachtete. Für die auf diese Weise ohne Bekanntmachung erteilten Patente wurde eine besondere Patentrolle geschaffen. Die Einsicht in diese Rolle war der Heeres- und der Marineverwaltung und – mit deren Zustimmung – auch anderen Personen gestattet. Die Bekanntmachung galt neben der patentgesetzlichen Regelung. Sie wurde formell niemals aufgehoben und wurde bis zum Jahre 1945 für anwendbar erachtet (Zschucke Mitt. **60,** 220). Hinsichtlich der patentgesetzlichen Regelung wurde im Patentgesetz von 1936 der frühere Zustand aufrechterhalten. Nach § 30 Abs. 5 konnten auf Anmeldungen des Reichs oder selbstständiger Reichsverkehrsanstalten für Zwecke der Landesverteidigung Patente ohne Bekanntmachung erteilt werden; die Eintragung in die Patentrolle unterblieb. Die Einsicht in die Erteilungsunterlagen war nach § 24 Abs. 3 ausgeschlossen. Nach § 8 der 1. MaßnVO vom 1. 9. 1939 (RGBl. II, 958) konnten außer in den in § 30 Abs. 5 PatG genannten Fällen Patente ohne Bekanntmachung erteilt werden, wenn das Patentamt nach Anhörung der zuständigen Reichsstellen die Geheimhaltung der Erfindung aus Rücksicht auf die Landesverteidigung für erforderlich erachtete.

2 Durch das 1. ÜG (§ 1 Nr. 8 und § 36 Abs. 1 Nr. 7) wurden § 30 Abs. 5 PatG 1936 und § 8 der VO vom 1. September 1939 aufgehoben. Es gab daher zunächst keine Geheimpatente, zumal sich die Siegermächte zunächst auf eine komplette Entmilitarisierung Deutschlands und den Abbau der Rüstungsindustrie geeinigt hatten. Sie wurden erst wieder durch das 5. ÜG (18. 7. 1953, BGBl. I 615), also etwa parallel zu den Verhandlungen über die Europäische Verteidigungsgemeinschaft unter Beteiligung Deutschlands, eingeführt, das mit dem neu eingefügten § 30a (jetzt § 50) im Wesentlichen die Regelung des Patentgesetzes von 1936 wiederherstellte.

Die Erteilung von Geheimpatenten an Private war danach nicht möglich. Sofern die Anmeldung nicht treuhänderisch auf den Bund übertragen wurde, musste die Bearbeitung so lange ausgesetzt werden, bis die Notwendigkeit der weiteren Geheimhaltung entfiel, PA Bl. **58,** 207. Durch das 6. ÜG wurde insoweit die frühere Regelung, die die Erteilung von Geheimpatenten auch an Private vorsah (VO vom 8. 2. 1917, § 8 der VO vom 1. 9. 1939), wiederhergestellt und das Verfahren im Wesentlichen im Anschluss an die VO vom 8. 2. 1917 geregelt. Erhebliche Verbesserungen gegenüber dem früheren Zustand haben vor allem die §§ 30c, 30e und 30f (jetzt §§ 52, 54, 55) gebracht.

Durch Art. 6 Nr. 2 des 8. Strafrechtsänderungsgesetzes vom 25. 6. 1968 (BGBl. I, 741) ist § 30c Abs. 2 (jetzt § 52 Abs. 2) in das Patentgesetz eingefügt worden. Ferner sind die Verweisungen auf § 99 Abs. 1 StGB in § 30a und § 30c (jetzt § 50 und § 52) durch § 93 StGB ersetzt worden. Durch das GPatG sind die Vorschriften der §§ 50ff. an die veränderten sonstigen Vorschriften angepasst worden.

3. Anordnung der Geheimhaltung. Dass Patentanmeldungen, die ein Staatsgeheimnis darstellen, nicht gemäß § 31 Abs. 2 PatG offengelegt werden dürfen, folgt bereits aus den §§ 93ff. StGB, § 52 PatG, die eine Preisabgabe von Staatsgeheimnissen an Unbefugte oder deren öffentliche Bekanntmachung unter Strafe stellen, PA Bl. **58,** 207. Die Anordnung der Prüfungsstelle hat in diesen Fällen insoweit nur deklaratorische Bedeutung, BGH GRUR **73,** 141, 142 – Kernenergie. Sie legt zugleich die Behandlung dieser Anmeldungen für das weitere Verfahren verbindlich fest; insofern wirkt sie konstitutiv Darin liegt keine Enteignungsmaßnahme, BGH GRUR **73,** 141. In den Fällen des § 50 Abs. 4 begründet die Geheimhaltungsanordnung die im Gesetz vorgesehene besondere Behandlung der Anmeldung. Wegen der organisatorischen Behandlung von Anmeldungen aus bestimmten Bereichen, die sicherheitsrelevant sein können, vgl. die Darstellung bei Breith (2002), S. 38 bis 41. 3

a) Voraussetzungen. Das Unterbleiben jeder Veröffentlichung ist anzuordnen, wenn es sich bei der zum Patent angemeldeten Erfindung um ein Staatsgeheimnis handelt oder um eine Erfindung, die von einem fremden Staat aus Sicherheits- oder Verteidigungsgründen geheimgehalten wird und der Bundesregierung mit der Verpflichtung zur Geheimhaltung anvertraut ist. Eine der Bundesregierung anvertraute ausländische Erfindung kann auch ein deutsches Staatsgeheimnis sein, vgl. BayObLG NJW **57,** 1328, so dass die in Abs. 1 und Abs. 4 genannten Voraussetzungen zusammentreffen können. Zur Kritik an der Koppelung des § 50 an § 93 StGB s. Kumm GRUR **79,** 672, 673ff.; Breith, GRUR **03,** 587, 588ff. Breith macht vor allem darauf aufmerksam, dass die Bedrohungs- und Ausspähungslage sich für die Bundesrepublik Deutschland gravierend verändert hat und dass als zusätzliche Faktoren, die die Sicherheit und den Bestand des Staates bedrohen, auch der internationale Terrorismus und die Verbreitung von Massenvernichtungsmitteln gehören. Diese Ausführungen werden auch durch die Verlautbarungen des Bundesamtes für Verfassungsschutz („Ihre Verantwortung – Unsere Sicherheit, elektronisches Dokument) gestützt. 4

Eine Ausweitung des Anwendungsbereichs der Norm würde allerdings wohl über die gegenwärtige Rechtslage hinausführen; entsprechende Anregungen sind als Appell an den Gesetzgeber zu verstehen und zu begrüßen. Eine Lösung vom Staatsgeheimnisbegriff und eine Anlehnung an die Definition für nach der VSA als „Geheim" („GEHEIM amtlich geheimgehalten wenn die Kenntnisnahme durch Unbefugte die Sicherheit der Bundesrepublik Deutschland oder eines ihrer Länder gefährden oder ihren Interessen schweren Schaden zufügen kann") oder höher („Streng Geheim") einzustufende Informationen könnte das Patentamt bzw. die Prüfungsstellen überfordern, da im Bereich der VSA ein Ermessensspielraum besteht. Andererseits stammt vermutlich ein erheblicher Anteil der Anmeldungen, die Gegenstand einer Anordnung nach § 50 Abs. 1 Satz 1 werden, aus ohnehin dem Geheimschutz in der Wirtschaft unterliegenden Forschungs- und Auftragsarbeiten für den Bund oder andere staatliche oder zwischenstaatliche Einrichtungen und sind bereits in Strukturen der formellen, personellen und materiellen Sicherheitsvorkehrungen eingebunden. So wäre z.B. die Preisgabe auch einer nur als VS-Vertraulich eingestuften Information nach § 353b StGB mit strafrechtlichen Sanktionen bedroht, die ausreichend abschreckende Wirkung auch bei der Verletzung von vertraglichen Geheimschutzverpflichtungen haben dürften. 4a

aa) Staatsgeheimnis. Der Begriff des Staatsgeheimnisses ist in § 93 StGB, auf den die Vorschrift verweist, gesetzlich umschrieben. Staatsgeheimnisse sind danach Tatsachen, Gegenstände oder Erkenntnisse, die nur einem beschränkten Personenkreis zugänglich sind und vor einer fremden Macht geheimgehalten werden müssen, um die Gefahr eines schweren Nachteils für die äußere Sicherheit der Bundesrepublik Deutschland abzuwenden. Tatsachen, die gegen die freiheitliche demokratische Grundordnung oder unter Geheimhaltung gegenüber den Vertrags- 5 partnern der Bundesrepublik Deutschland gegen zwischenstaatlich vereinbarte Rüstungsbeschränkungen verstoßen, sind keine Staatsgeheimnisse, § 93 Abs. 2 StGB. Die Verletzung von Staatsgeheimnissen auch in der Form der öffentlichen Bekanntmachung ist nach den §§ 94, 95 und 97 (Landesverrat, Offenbaren von Staatsgeheimnissen, Preisgabe von Staatsgeheimnissen) strafrechtlich massiv sanktioniert. Vgl. dazu Breith (2002), S. 56ff.

6 Für die Beurteilung der Frage, ob eine angemeldete Erfindung ein Staatsgeheimnis ist, kommt es auf deren Patentfähigkeit nicht an; Staatsgeheimnis können patentfähige oder nicht patentfähige Erfindungen jeder Art sein (BGH 3. 2. 1977 – X ZB 4/76). Aus dem Kreis der als geheim anzusehenden Erfindungen scheiden jedoch die Erfindungen aus, die durch öffentliche Druckschriften oder durch offenkundige Benutzung jedermann zugänglich sind (BGH aaO; Bedenken hiergegen erhebt Kumm in GRUR **79,** 674). An der Geheimeigenschaft kann es auch fehlen, wenn der Erfindungsgedanke nicht über das allgemeine Fachwissen der auf dem einschlägigen Fachgebiet Tätigen hinausgeht (BGH aaO; kritisch dazu Kumm GRUR **79,** 674f., der dies allerdings – zu Unrecht – mit mangelnder Erfindungshöhe gleichsetzt). An einer schwerwiegenden Gefährdung der äußeren Sicherheit der Bundesrepublik fehlt es, wenn die technische und wirtschaftliche Bedeutung einer angemeldeten Erfindung, ihr Gewicht und ihr Rang im Rahmen des bekannten Standes der Technik und der zu erwartenden Weiterentwicklung als gering zu veranschlagen sind (BGH aaO.; kritisch auch hierzu Kumm GRUR **79,** 674f.).

7 **bb) Anvertrautes fremdes Staatsgeheimnis.** Soweit ausländische Staatsgeheimnisse, die der Bundesregierung anvertraut sind, zugleich deutsche Staatsgeheimnisse sind, ergibt sich die Notwendigkeit der Geheimhaltung bereits aus den §§ 93ff. StGB. Der Erlass der Geheimhaltungsanordnung folgt in diesen Fällen schon aus § 50 Abs. 1. Abs. 4 der Vorschrift hat daher nur für die Fälle Bedeutung, in denen das anvertraute ausländische Staatsgeheimnis nicht zugleich deutsches Staatsgeheimnis ist. Durch den Erlass der Anordnung wird in diesen Fällen sichergestellt, dass ausländischen Staatsangehörigen unter Wahrung des Geheimhaltungsinteresses des fremden Staates Patente erteilt werden können. Sie ermöglicht daher für die ausländischen Erfinder in der Regel überhaupt erst die Erlangung des Patentschutzes in der Bundesrepublik. Sie eröffnet darüber hinaus aber auch für deutsche Erfinder auf Grund von Gegenseitigkeitsvereinbarungen die Möglichkeit der Anmeldung von Erfindungen im Ausland, die ein deutsches Staatsgeheimnis, aber nicht zugleich ein Staatsgeheimnis des fremden Staates darstellen.

8 Die Geheimhaltung erfolgt in diesen Fällen meist auf Grund von zwischenstaatlichen Vereinbarungen oder Abkommen, die zu einer wechselseitigen Geheimhaltung verpflichten. Zu erwähnen sind in diesem Zusammenhang u.a. Art. 26 des Vertrages zur Gründung der Europäischen Atomgemeinschaft vom 25. 3. 1957 (Bl. **57,** 259), das Übereinkommen über die wechselseitige Geheimbehandlung verteidigungswichtiger Erfindungen, die den Gegenstand von Patentanmeldungen bilden, vom 21. 9. 1960 (NATO-Geheimschutzübereinkommen, Bl. **64,** 224) mit Verfahrensregelung (Bl. **67,** 318) und die (ergänzenden) Abkommen über die gegenseitige Geheimbehandlung von verteidigungswichtigen Erfindungen und technischen Kenntnissen mit den USA vom 4. 1. 1956 (Bl. **56,** 144) mit Verfahrensregelung (Bl. **65,** 275), mit Italien vom 27. 1. 1960 (Bl. **73,** 164) mit Verfahrensregelung (Bl. **73,** 165), mit Griechenland vom 21. 9. 1960 (Bl. **75,** 19) mit Verfahrensregelung (Bl. **75,** 20), mit Frankreich vom 28. 9. 1961 (Bl. **63,** 288) mit Verfahrensregelung (Bl. **63,** 289), mit Belgien vom 1. 2. 1963 (Bl. **63,** 292) mit Verfahrensregelung (Bl. **63,** 293, Änderung Bl. **65,** 232), mit den Niederlanden vom 16. 5. 1961 (Bl. **64,** 313) mit Verfahrensregelung (Bl. **64,** 314) und die Vereinbarung mit Kanada vom 21./28. 8. 1964 (Bl. **64,** 373) sowie das NATO-Übereinkommen über die Weitergabe technischer Informationen zu Verteidigungszwecken vom 19. 10. 1970 (Bl. **73,** 308) nebst Verfahrensregelung (Bl. **73,** 310).

8a Als zweiseitiges Abkommen mit einem neutralen Staat ist zu nennen das Regierungsabkommen mit Schweden über die gegenseitige Geheimhaltung von Patent- oder Gebrauchsmusteranmeldungen verteidigungswichtiger Erfindungen vom 26. 8. 1991, BGBl II 1992, 4 = Bl. 1992, 185, in Kraft seit 26. 8. 1991; da Schweden nicht NATO-Mitglied ist, bildet es im Verhältnis zu diesem Staat die alleinige Rechtsgrundlage. Vereinbarungen aus jüngerer Zeit nach der Erweiterung der NATO sind im „Handbuch für den Geheimschutz in der Wirtschaft" aufgeführt, das das Bundesministerium für Wirtschaft (derzeit: und Technologie) herausgibt.

8b Daneben sehen auch das Geheimschutzübereinkommen der WEU vom 28. März 1995, BGBl. 1997 II, 1380 (vgl. BT-Drs. 13/5320 v. 22. 7. 1996), sowie das OCCAR-Geheimschutzübereinkommen vom 24. 9. 2004 (vgl. BT-Drs. 15/4979 v. 25. 2. 2005) allgemeine Verpflichtungen der Vertragsparteien über den gegenseitigen Schutz von geheimhaltungsbedürftigen Informationen vor. Das OCCAR-Übereinkommen ist zudem besonders abgestellt auf geheimhaltungsbedürftige Informationen, die im Rahmen der multilateralen Rüstungszusammenarbeit entstehen oder übermittelt werden.

b) Verfahren. Die Prüfungsstelle hat von Amts wegen zu prüfen, ob die Voraussetzungen für den Erlass der Anordnung gegeben sind. Die Prüfung, ob die Erfindung ein Staatsgeheimnis darstellt (§ 50 Abs. 1), erfolgt unter Mitwirkung der zuständigen obersten Bundesbehörde, d. h. des Bundesverteidigungsministeriums (§ 56). Den Beauftragten des BMVtdg., die selbst zum Umgang mit Verschlusssachen ernächtigt und zur Geheimhaltung verpflichtet sind, werden die in Betracht kommenden Anmeldungen alsbald nach Eingang vorgelegt. Soweit schon diese erste Einsicht eine abschließende Äußerung zur Frage des Vorliegens eines Staatsgeheimnisses gestattet, werden die Anmeldungen mit der Stellungnahme der Beauftragten des BMVtdg. dem Prüfer vorgelegt, der über den Erlass der Anordnung entscheidet. In Zweifelsfällen erfolgt vor der abschließenden Stellungnahme eine weitere Prüfung durch den BMVtdg. (vgl. dazu im Einzelnen die MittPräs. PA Bl. **56,** 242; Zschucke Mitt. **60,** 220; Kumm GRUR **79,** 675 ff. und Breith (2002)). Das Verfahren läuft auch z. B. im USPTO ähnlich ab (Manual of Patent Examination Practice, Nr. 115), mit dem Unterschied, dass in den Vereinigten Staaten neben dem Secretary of Defense auch die Atomic Energy Commission und alle anderen vom Präsidenten der Vereinigten Staaten bezeichneten „Defense Agencies" beteiligt werden. Die „secrecy order" erlässt das USPTO in Übereinstimmung mit den Empfehlungen dieser Agenturen. 9

Auch bei der Prüfung, ob die Anmeldung eines ausländischen Staatsangehörigen nach § 50 Abs. 4 geheimzuhalten ist, ist der BMVtdg. zu hören. Die Anhörung hat hier vor allem für den Fall Bedeutung, dass die vorgelegten Unterlagen Zweifel über das Vorliegen der Voraussetzungen ergeben. 10

Das Bundesverteidigungsministerium kann sowohl im Falle des § 50 Abs. 1 als auch in dem des Abs. 4 den Erlass der Geheimhaltungsanordnung beantragen. Es muss dann, wenn sich das nicht schon aus der Natur des Erfindungsgegenstandes ergibt, konkrete Hinweise auf diejenigen Gesichtspunkte und Umstände geben, aus denen das Vorliegen eines Staatsgeheimnisses herzuleiten ist, BGH 3. 2. 1977 – X ZB 4/76; abw. Kumm GRUR **79,** 677. Der Antrag ist gemäß § 14 DPMAV dem Anmelder zuzustellen; ein etwaiges Geheimhaltungsinteresse muss hinter der Forderung nach einem rechtsstaatlichen Verfahren zurückstehen, BGH aaO; abw. auch insoweit Kumm GRUR **79,** 677. Durch die Stellung des Antrages wird das BMVtdg. Verfahrensbeteiligter. Das BMVtdg. ist daher über die Anhörung hinaus am gesamten Verfahren, soweit es die Geheimhaltung betrifft, beteiligt. Es sind ihm insbesondere die ergehenden Beschlüsse und Verfügungen zuzustellen (§ 47). 11

c) Erlass der Anordnung aa) Erlass. Die Anordnung nach Abs. 1 oder 4 der Vorschrift ergeht von Amts wegen oder auf Antrag des BMVtdg., sofern die Prüfungsstelle die Voraussetzungen für den Erlass der Anordnung für gegeben erachtet. Die Anordnung stellt, wie sich insbesondere aus § 75 Abs. 2 ergibt, einen Beschluss im Sinne der §§ 47, 73 dar. Sie ist daher gemäß § 47 Abs. 1 mit Gründen zu versehen, schriftlich auszufertigen und den Beteiligten von Amts wegen zuzustellen. Gemäß § 47 Abs. 2 ist ihr eine Rechtsmittelbelehrung beizufügen. Die Anordnung wird mit der Zustellung an die Beteiligten wirksam. Eine ihr beigefügte Mitteilung über die Einstufung in den Geheimhaltungsgrad „geheim" enthält keine über die Geheimhaltungsanordnung hinausgehende Beeinträchtigung des Anmelders, BPatGE **22,** 136, 138; Bl. **82,** 356, 357. Seine Verpflichtungen und die seines Vertreters ergeben sich aus allgemeinem Recht, insbesondere unmittelbar aus dem Strafrecht oder ergänzend aus den vertraglichen Beziehungen mit den Stellen, die zur Sicherung des Geheimschutzes außerhalb des Gerichts- und Behördenbereichs zuständig sind. Nach BPatGE **22,** 136, 138 soll für eine Erfindung, die ein Staatsgeheimnis darstellt, stets die Mindesteinstufung in den Geheimhaltungsgrad „Geheim" nach den innerdienstlichen Richtlinien (Verschlusssachen-Anweisung) geboten sein. 12

Aus der Überschneidung der beiden Regelungsbereiche „formelle Sekretur" (VSA) und „materieller Staatsgeheimnisbegriff" (StGB) ergeben sich ein Reihe von Friktionen. Das DPMA weist jedenfalls auf die mittelbaren Folgen hin, die sich aus der Anordnung für den Anmelder ergeben, in allgemeiner Form und bietet auf seiner Website Formulare für die Beantragung einer Sicherheitsüberprüfung (personeller Geheimschutz) an. Über die Behandlung von geheimhaltungsbedürftigen Informationen und entsprechenden Verschlusssachen in der Industrie und in der Wirtschaft unterrichtet umfassend das vom Bundesministerium für Wirtschaft herausgegebene „Handbuch über den Geheimschutz in der Wirtschaft". Für die Sicherheitsüberprüfung von Patentanwälten, die zum Umgang mit Verschlusssachen ermächtigt, ist zu- 12 a nächst das DPMA, im Ergebnis das Bundesamt für Verfassungsschutz zuständig. Für den personellen Geheimschutz im Behördenbereich ist die Allgemeine Verwaltungsvorschrift des Bundesministeriums des Innern zur Ausführung des Gesetzes über die Voraussetzungen und das Verfahren von Sicherheitsüberprüfungen des Bundes (Sicherheitsüberprüfungsgesetz – SÜG) vom 20. April 1994 (BGBl. I S. 867) Änderungen heranzuziehen. Wegen der praktischen Handhabung der Geheimstellung von Patentanmeldungen vgl. auch Breith (Diss), S. 38 ff. sowie die Statistiken auf S. 45 ff.

13 **bb) Zustellung.** Die Anordnung ist in jedem Falle dem Anmelder zuzustellen (vgl. auch § 53 Abs. 1). Die Zustellung an den BMVtdg. ist nur für den Fall vorgeschrieben, dass dieser den Erlass der Anordnung beantragt hat und dadurch Verfahrensbeteiligter geworden ist (§ 47 Abs. 1). Auch in den Fällen, in denen die Anordnung von Amts wegen ergangen ist, ohne dass der BMVtdg. von seinem Antragsrecht Gebrauch gemacht hat, wird ihm schon im Hinblick auf das Antragsrecht gemäß Abs. 2 der Vorschrift von dem Erlass der Anordnung Mitteilung zu machen sein. Eine förmliche Zustellung der Anordnung ist in diesem Falle jedoch nicht erforderlich.

14 **d) Ablehnung der Anordnung.** Kommt die Prüfungsstelle zu dem Ergebnis, dass die Voraussetzungen für eine Anordnung nicht gegeben sind, und hat auch der BMVtdg. von seinem Antragsrecht keinen Gebrauch gemacht, so sieht sie von dem Erlass einer Anordnung ab. Es handelt sich in diesem Falle um eine interne Feststellung, die keiner Form bedarf und dem Anmelder nicht zugestellt oder mitgeteilt zu werden braucht. Auch eine Zustellung oder Mitteilung an das BMVtdg. ist nicht vorgeschrieben. Eine Mitteilung ist jedoch zumindest dann angezeigt, wenn die Prüfungsstelle von der Stellungnahme des BMVtdg. abweicht, um dem BMVtdg. Gelegenheit zu geben, noch nachträglich einen Antrag zu stellen und gegebenenfalls eine Entscheidung des Patentgerichts herbeizuführen. Hat das BMVtdg. dagegen den Erlass einer Anordnung beantragt, und will die Prüfungsstelle diese nicht erlassen, so muss der Antrag, wie auch aus § 50 Abs. 3 hervorgeht, durch Beschluss zurückgewiesen werden. Der Beschluss ist gemäß § 47 Abs. 1 dem BMVtdg. und dem Anmelder zuzustellen.

15 **3. Folgen der Anordnung.** Der Erlass der Anordnung hat zur Folge, dass jede Veröffentlichung der Anmeldung oder des Patents (§ 32 Abs. 2, 3, 58 Abs. 1) unterbleibt, das nachgesuchte Patent bei Vorliegen der Voraussetzungen erteilt und in ein besonderes Register eingetragen wird (§ 54 Satz 1), die Patenterteilung in Abweichung von § 58 Abs. 1 Satz 1 nicht veröffentlicht wird, die Akten und Erteilungsunterlagen nur unter den in § 31 Abs. 5 Satz 1 bezeichneten Voraussetzungen eingesehen werden können und unter Umständen ein Entschädigungsanspruch entsteht. Diese Rechtsfolgen treten auf Grund der Anordnung unabhängig davon ein, ob die materiellen Voraussetzungen für deren Erlass gegeben waren oder nicht. Die Anordnung regelt insoweit die Behandlung der Anmeldung und der Akten für das weitere Verfahren verbindlich. Für die Zulässigkeit von Auslandsanmeldungen (§ 52) und die strafrechtliche Behandlung einer Mitteilung an Unbefugte ist nicht die Anordnung oder ihr Unterbleiben, sondern das materielle Vorliegen eines Staatsgeheimnisses entscheidend. In strafrechtlicher Hinsicht begründet das Nichtergehen einer Anordnung jedoch die Vermutung mangelnden Verschuldens (§ 53 Abs. 1).

16 **4. Aufhebung der Anordnung.** Im Interesse der Publizität des Patentrechts soll die Anordnung nur so lange aufrechterhalten werden, als dies unumgänglich ist. Abs. 2 der Vorschrift schreibt deshalb ausdrücklich vor, dass die Anordnung aufzuheben ist, wenn deren Voraussetzungen entfallen sind. Die Vorschrift behandelt nur den Fall, dass die Voraussetzungen für den Erlass der Anordnung weggefallen sind. Es ist jedoch selbstverständlich und folgt bereits aus den allgemeinen Grundsätzen des Verwaltungsrechts, dass die Anordnung auch aufzuheben ist, wenn sich herausstellt, dass die Voraussetzungen für den Erlass der Anordnung von vornherein fehlten, vgl. § 48 Abs. 1 Satz 1 VwVfG für die Rücknahme rechtswidriger Verwaltungsakte. Die Vorschrift ist auf diesen Fall entsprechend anzuwenden. Die Aufhebung erfolgt von Amts wegen oder auf Antrag des Patentanmelders oder Patentinhabers oder des BMVtdg. Zur Vermeidung einer sachlich nicht mehr gebotenen Aufrechterhaltung der Anordnung erfolgt eine periodische Überprüfung, die in jährlichen Abständen durchzuführen ist.

17 Beteiligte des Verfahrens zur Prüfung der Notwendigkeit der weiteren Aufrechterhaltung der Geheimhaltungsanordnung sind das BMVtdg. und der Anmelder oder Patentinhaber, BGH GRUR **72,** 535, 536 – Aufhebung der Geheimhaltung. Sofern nicht das BMVtdg. die Aufhebung der Geheimhaltungsanordnung beantragt hat, ist er vor der Aufhebung zu hören. Die Prüfungsstelle hat deshalb das BMVtdg. über einen Antrag des Patentanmelders oder Patentinhabers zu unterrichten und ihm Gelegenheit zur Äußerung zu geben. Auch dem Anmelder oder Patentinhaber ist vor der Aufhebung der Geheimhaltungsanordnung Gelegenheit zur

Stellungnahme zu geben, sofern er nicht selbst die Aufhebung beantragt hat, BGH GRUR **72,** 535, 536.

Die Aufhebung der Geheimhaltungsanordnung hat, wie aus § 50 Abs. 3 hervorgeht, durch Beschluss zu geschehen. Der Beschluss ist dem Anmelder oder Patentinhaber und – im Hinblick auf sein Beschwerderecht – auch dem BMVtdg. zuzustellen. **18**

Die Aufhebung der Geheimhaltungsanordnung hat zur Folge, dass die Patentanmeldung oder das erteilte Patent nunmehr offen zu behandeln ist. Ist das Patent noch nicht erteilt, so ist die Anmeldung bei Vorliegen der gesetzlichen Voraussetzungen nunmehr offenzulegen (§ 31 Abs. 2). Wenn das Patent bereits erteilt ist, sind die Eintragung in die Patentrolle, die Veröffentlichung der Patenterteilung und der Patentschrift nachzuholen. Die mit der Anordnung verbundenen Beschränkungen der Akteneinsicht fallen weg. **19**

5. Beschwerde. Gegen die Anordnung der Geheimhaltung, die Zurückweisung eines Antrags auf Erlass einer Anordnung, die Aufhebung der Anordnung oder die Zurückweisung eines Antrages auf Aufhebung ist nach § 73 Abs. 1 die Beschwerde an das Patentgericht gegeben. Das gilt auch dann, wenn die Entschließung des Patentamts statt – wie in § 50 Abs. 3 vorgesehen – in Form des Beschlusses in Form einer Verfügung ergangen ist, BGH GRUR **72,** 535, 537 – Aufhebung der Geheimhaltung. Die Beschwerde ist gebührenfrei. Sie hat, wenn sie sich gegen die Anordnung der Geheimhaltung richtet, nach § 75 Abs. 2 keine aufschiebende Wirkung. Mit der Beschwerde anfechtbar ist auch eine Mitteilung des Patentamts, dass die Anmeldung in den Verschlusssachengrad „geheim" eingestuft sei; die Beschwerde ist jedoch wegen fehlender Beschwer des Anmelders als unzulässig zu verwerfen, BPatGE **22,** 136, 137. Eine Beschwer wird allerdings bejaht, wenn der Anmelder ausdrücklich eine Herabstufung bzw. die Einstufung als „VS-Vertraulich" beantragt hat, BPatG Bl. **82,** 356, 357. Ein durchsetzbarer Anspruch auf eine solche Herabstufung dürfte allerdings nicht bestehen. **20**

a) Beschwerderecht. Die Beschwerde steht dem Anmelder zu gegen die Anordnung der Geheimhaltung und die Zurückweisung des Antrags auf Aufhebung der Anordnung, BGH 3. 2. 1977 – X ZB 4/76. Durch die Ablehnung der Geheimhaltungsanordnung oder die Aufhebung der Anordnung wird der Anmelder oder Patentinhaber nicht beschwert, BGH GRUR **72,** 535, 536 – Aufhebung der Geheimhaltung. Deren Beschwerde ist daher unzulässig. **21**

Dem BMVtdg. ist durch § 74 Abs. 2 das Beschwerderecht auch für den Fall eingeräumt, dass es nicht am Verfahren beteiligt ist. Gegen die Zurückweisung des Antrags auf Erlass der Anordnung kann es schon als Beteiligter Beschwerde erheben. Gegen die Anordnung selbst steht ihm die Beschwerde nicht zu. Das BMVtdg. kann die Aufhebung der Anordnung beantragen und, wenn dem Antrage nicht entsprochen wird, dagegen die Beschwerde einlegen. Die Aufhebung der Anordnung kann in jedem Falle, wie auch § 50 Abs. 3 ergibt, vom BMVtdg. mit der Beschwerde angefochten werden. Eine Beschwer ist hier ausnahmsweise nicht erforderlich. Die Beschwerde des BMVtdg. ist daher auch dann zulässig, wenn die Aufhebung der Anordnung seiner Stellungnahme oder sogar seinem Antrage entspricht (vgl. auch § 74 Rdn. 3; a. A. Zschucke Mitt. **60,** 222). Die Entscheidung des Patentamts, die Anordnung aufzuheben, wirkt keine Rechtskraft gegen das BMVg., das jederzeit mit beachtlichen Gründen den erneuten Erlass einer Geheimhaltsanordnung beantragen kann, da dies das überragende Interesse an dem Schutz von Staatsgeheimnissen gebietet. Zur Rechtsbeschwerde ist das BMVtdg auch dann berechtigt, wenn die von ihm angegriffene Aufhebung der Anordnung seinem ursprünglichen eigenen Willen entsprach und die Beschwerde des Anmelders vom BPatG als unzulässig verworfen wird. Hat die Bundesbehörde von ihrem Antrags- und Beschwerderecht in dem dafür vorgesehenen Verfahren aber keinen Gebrauch gemacht, so kann sie dies nicht im Rechtsbeschwerdeverfahren nachholen. Es bleibt ihr jedoch unbenommen, unabhängig von dem anhängigen Rechtsmittelverfahren erneut eine Anordnung nach § 50 Abs. 1 PatG zu beantragen. Rechtskraftüberlegungen stehen dem nicht entgegen, BGH GRUR **99,** 573, 574. **22**

b) Zustellung der Beschwerde. Wird gegen einen Beschluss der Prüfungsstelle nach Abs. 1 oder 2 der Vorschrift Beschwerde eingelegt, so wird sie den übrigen Beteiligten zugestellt (§ 73 Abs. 2). Die übrigen Beteiligten werden auf diese Weise über das Vorliegen der Beschwerde unterrichtet. **23**

c) Benachrichtigung über Nichteinlegung. Aus der Nichteinlegung der Beschwerde können die dadurch betroffenen Beteiligten im Allgemeinen nur schließen, dass ihnen innerhalb einer angemessenen Frist keine Beschwerde zugestellt wird. Im Hinblick auf die aufschiebende Wirkung der Beschwerde und die besondere Bedeutung der Frage der Geheimhaltungsbedürftigkeit ist in Abs. 3 der Vorschrift ausdrücklich angeordnet, dass die Beteiligten nach Ablauf der Beschwerdefrist zu benachrichtigen sind, wenn gegen die Ablehnung einer Geheimhaltungsanordnung oder deren Aufhebung keine Beschwerde eingelegt ist. Obwohl das im **24**

Gesetz nicht besonders hervorgehoben ist, wird dieser Benachrichtigung die gleiche Wirkung beigelegt werden müssen wie dem Ausbleiben einer Anordnung nach der Vorschrift des § 53, BGH GRUR **72,** 535, 536 – Aufhebung der Geheimhaltung.

25 **d) Erledigung der Beschwerde.** Eine Beschwerde des Anmelders gegen den Erlass einer Geheimhaltungsanordnung erledigt sich dadurch, dass die Anordnung vom Patentamt aufgehoben wird, sei es auch nur wegen Wegfalls ihrer Voraussetzungen. Der vom 5. Senat des BPatGer. in BPatGE **21,** 112 vertretenen Auffassung, das Patentgericht könne auf Antrag des Beschwerdeführers aussprechen, dass die Anordnung (von Anfang an) rechtswidrig gewesen sei, falls dieser ein berechtigtes Interesse an einer solchen Feststellung habe, kann nicht zugestimmt werden; sie widerspricht der gesetzlichen Zuständigkeitsregelung (ablehnend auch – aus anderen Gründen – Kumm, Zum Amtshaftungsanspruch aus Beschlüssen des Deutschen Patentamts, Mitt. **80,** 50).

51 *Akteneinsichtsrecht des Bundesverteidigungsministers.* **Das Patentamt hat der zuständigen obersten Bundesbehörde zur Prüfung der Frage, ob jede Veröffentlichung gemäß § 50 Abs. 1 zu unterbleiben hat oder ob eine gemäß § 50 Abs. 1 ergangene Anordnung aufzuheben ist, Einsicht in die Akten zu gewähren.**

Inhaltsübersicht

1 **1. Akteneinsichtsrecht.** Die Vorschrift, die ein Vorbild in § 2 der Bekanntmachung (VO) vom 8. 2. 1917 (Bl. **17,** 13) hat, gibt der zuständigen obersten Bundesbehörde (§ 56) zur Wahrnehmung der ihr durch § 50 eingeräumten Befugnisse das Recht auf Einsichtnahme in die Akten von Patentanmeldungen und erteilten Patenten. Das Verlangen bedarf keiner weiteren Begründung.

2 **a) Voraussetzungen.** Während nach § 2 der VO vom 8. 2. 1917 die Einsicht in alle Akten von Anmeldungen freistand, deren Gegenstand die Landesverteidigung oder die Kriegswirtschaft berührte, ist sie nach § 51 zur Prüfung der Frage zu gewähren, ob jede Veröffentlichung zu unterbleiben hat oder eine ergangene Anordnung i. S. v. § 50 Abs. 1 Satz 1 aufzuheben ist. Während die Akten, in die Einsicht verlangt werden kann, bei der zweiten Alternative durch die ergangenen Anordnungen objektiv bestimmt sind, lässt die erste Alternative einen gewissen Spielraum. Da die Einsicht zur Prüfung der Geheimhaltungsbedürftigkeit zu gewähren ist und über die Notwendigkeit dieser Prüfung das BMVtdg. selbst von seinem Standpunkt aus zu entscheiden hat, kann das Ersuchen grundsätzlich nicht mit der Begründung abgelehnt werden, dass eine Prüfung der Notwendigkeit der Geheimhaltung nicht erforderlich sei. Die Bestimmung der Akten, die das BMVtdg einer Prüfung unterziehen will, muss vielmehr grundsätzlich ihm. überlassen bleiben. Nur wenn es sich um Gegenstände handelt, bei denen eine Geheimhaltung offensichtlich nicht in Betracht kommen kann oder für eine Prüfung kein Raum mehr ist, weil etwa die Anmeldung bereits offengelegt ist, könnte ein auf § 51 gestütztes Ersuchen auf Einsichtnahme als gegenstandslos versagt werden. Das BMVtdg. könnte dann allerdings nach den allgemeinen Vorschriften Akteneinsicht nehmen.

3 **b) Umfang der Einsicht.** Da die Einsicht nur zum Zweck der Prüfung der Geheimhaltungsbedürftigkeit zu gewähren ist, brauchen nur die Akteneile zugänglich gemacht zu werden, für die eine solche Prüfung in Betracht kommt. Unterlagen für ein Verfahren zur Bewilligung von Verfahrenskostenhilfe, ärztliche Atteste und dergleichen brauchen daher nicht vorgelegt zu werden und sind in aller Regel von der Einsicht auszunehmen.

4 **2. Verfahren.** Die Einsicht erfolgt auf Ersuchen des BMVtdg., das die einzusehenden Akten bezeichnen muss. Die Angabe von Aktenzeichen oder dergl. kann dabei nicht verlangt werden. Es muss vielmehr genügen, wenn die Akten nach anderen Merkmalen, etwa nach Klassen, Unterklassen und Gruppen, bezeichnet werden. Da das Ersuchen der Erfüllung öffentlichrechtlicher Aufgaben dient, sind die Vorschriften des § 31 über Akteneinsichtsanträge nicht anzuwenden. Das Ersuchen braucht daher dem Patentanmelder oder Patentinhaber weder zugestellt noch mitgeteilt zu werden. Ein Widerspruch des Anmelders oder Patentinhabers ist unbeachtlich, sofern nicht Umstände geltend gemacht werden, die auch von Amts wegen als der

Einsicht entgegenstehend zu berücksichtigen wären. Einer formellen Entscheidung über das Ersuchen bedarf es nur für den Fall, dass ihm nicht entsprochen werden soll. Gegen die Ablehnung eines Amtshilfeersuchens, dem das Einsichtsersuchen ähnelt, kann die vorgesetzte Behörde im Wege der formlosen Beschwerde angerufen werden. Im Hinblick auf das dem BMVtdg. ausdrücklich eingeräumte Recht auf Einsicht dürfte jedoch auch die förmliche Beschwerde gemäß § 73 gegeben sein. A. A. Busse, 6. Aufl., Rdn. 6 zu § 51, wonach äußerstenfalls eine verwaltungsgerichtliche Klage (Parteistreitigkeit) in Betracht kommen soll. Da es um den Schutz von Staatsgeheimnissen und deren Offenbarung bzw. das Unterbinden einer solchen Offenbarung innerhalb bestimmter zeitlicher Fristen geht, dürfte das der am wenigstens geeignete Weg sein. Patentamt und oberste Behörde sind ganz offensichtlich auf Kooperation angewiesen. Dem Schutz des Staatsgeheimnisses als überragendem Rechtsgut ist im Konfliktfall eindeutig das Übergewicht gegenüber dem Geheimhaltsbedürfnis des Anmelders einzuräumen.

52 *Auslandsanmeldung geheimzuhaltender Erfindungen.* (1) [1]**Eine Patentanmeldung, die ein Staatsgeheimnis (§ 93 des Strafgesetzbuches) enthält, darf außerhalb des Geltungsbereichs dieses Gesetzes nur eingereicht werden, wenn die zuständige oberste Bundesbehörde hierzu die schriftliche Genehmigung erteilt.** [2]**Die Genehmigung kann unter Auflagen erteilt werden.**

(2) **Mit Freiheitsstrafe bis zu fünf Jahren oder mit Geldstrafe wird bestraft, wer**

1. entgegen Absatz 1 Satz 1 eine Patentanmeldung einreicht oder
2. einer Auflage nach Absatz 1 Satz 2 zuwiderhandelt.

Inhaltsübersicht

1. Genehmigungsbedürftigkeit. Die Anmeldung einer Erfindung, die ein Staatsgeheimnis ist, außerhalb des Geltungsbereichs des Gesetzes ist grundsätzlich verboten. Da jedoch auf Grund von zwischenstaatlichen Vereinbarungen die Geheimhaltung von Patentanmeldungen in einzelnen ausländischen Staaten gewährleistet ist (vgl. § 50 Rdn. 7 f. mit näheren Angaben) und dadurch Nachteile für das Wohl der Bundesrepublik ausgeschlossen werden, eröffnet die Vorschrift ausdrücklich die Möglichkeit der Anmeldung mit schriftlicher Genehmigung der zuständigen obersten Bundesbehörde. Durch die Genehmigung wird zwar der Charakter der Erfindung als Staatsgeheimnis nicht aufgehoben. Der Anmelder ist jedoch auf Grund und im Rahmen der Genehmigung zur Anmeldung berechtigt. 1

Für europäische und internationale Patentanmeldungen, die ein Staatsgeheimnis (§ 93 StGB) enthalten, ist in Art. II § 4 IntPatÜG i. d. Fassg. des Kap. I Art. 1 GPatG und in Art. III § 2 IntPatÜG eine zu § 52 parallele Regelung getroffen worden. Europäische Patentanmeldungen, die ein Staatsgeheimnis enthalten können, sind danach mit einem entsprechenden Hinweis beim Deutschen Patentamt einzureichen, das die Anmeldungen darauf prüft, ob sie ein Staatsgeheimnis enthalten. Die gleiche Prüfung nimmt das DPMA bei den bei ihm als Anmeldeamt eingereichten internationalen Patentanmeldungen vor. Wenn eine Anmeldung ein Staatsgeheimnis enthält, lehnt das DPA deren Weiterleitung ab. Mit der Rechtskraft der Anordnung gilt die betroffene Anmeldung als nationale Anmeldung, für die eine Geheimhaltungsanordnung ergangen ist. Die unmittelbare Einreichung einer Patentanmeldung, die ein Staatsgeheimnis enthält, beim Europäischen Patentamt ist in Art. II § 14 IntPatÜG unter Strafe gestellt. Vgl. dazu Bossung in Münchner GemKommentar, 1986, Rdn. 125 bis 138 zu Art. 75 EPÜ. 2

2. Voraussetzungen für die Erteilung der Genehmigung. Die Erteilung der Genehmigung setzt nicht voraus, dass die Erfindung bereits beim DPMA angemeldet ist. Es ist, soweit eine Anmeldung beim DPMA erfolgt ist, auch nicht erforderlich, dass bereits eine Geheimhaltungsanordnung ergangen wäre. Da aber der Antragsteller selbst annehmen muss, dass die Informationen über die Erfindung ein Staatsgeheimnis i. S. v. § 93 StGB darstellen könnten, ist in der Regel davon auszugehen, dass er sich der strafrechtlichen Sanktionen bewusst ist und die 3 erforderlichen Vorkehrungen zum Schutz vor einer Preisgabe des Geheimnisses getroffen hat. Darüber hinaus werden Informationen in der Regel aus einer bereits zum Geheimschutz verpflichteten Umgebung stammen. Der Einzelerfinder, der völlig unabhängig und ohne materielle Sicherheitsvorkehrungen nach der VSA oder dem Handbuch für den Geheimschutz in der Wirtschaft eine Erfindung zur Anmeldungsreife entwickelt, danach erkennt, dass es sich um Staatsgeheimnis handelt, und die Erfindung jetzt im Ausland anzumelden im Begriff ist, ist zweifellos eine realitätsferne Idee. Es ist allerdings denkbar, dass der Erfinder oder sein Rechtsnachfolger zögert, die Erfindung auch im Inland anzumelden und der Antrag beim BMVtdg. erstmalig die Informationen in den Bereich einer öffentlichen Behörde bringt. Das BMVtdg trüge dann in der Tat auch die Verantwortung dafür, Maßnahmen des personellen und formellen Geheimschutzes einzuleiten, die aber – je nach Herkunft der Erfindung – dann wohl in die Verantwortung des BMI oder des BMWi unter Beteiligung des Bundesamtes für Verfassungsschutz übergeleitet werden könnte. Es ist deshalb Breith, GRUR **03,** 587, 592, zuzugeben, dass ein Zwang zur Voranmeldung und Vorklärung beim DPMA nach dem Vorbild z.B. des amerikanischen Patentrechts die praktikablere Lösung wäre. Die Genehmigung ist stets, aber auch nur dann erforderlich, wenn die Erfindung sachlich ein Staatsgeheimnis darstellt. Ihre Erteilung steht im pflichtgemäßen Ermessen der obersten Bundesbehörde. Sie kann nur erteilt werden, wenn nach den gegebenen Umständen eine Beeinträchtigung des Wohles der Bundesrepublik oder eines seiner Länder durch die Auslandsanmeldung nicht zu besorgen ist. Sie kann, wie in der Vorschrift ausdrücklich hervorgehoben ist, unter Auflagen erteilt werden. Die Notwendigkeit von Auflagen wird sich meist aus den Anmeldeerfordernissen in den einzelnen ausländischen Staaten ergeben (vgl. Zschucke Mitt. **60,** 223).

4 **3. Verfahren.** Die Genehmigung für die Anmeldung der Erfindung außerhalb der Bundesrepublik ist beim Bundesverteidigungsministerium (§ 56) nachzusuchen, wie oben dargelegt i. Zweifel unter Einhaltung auch der formellen und materiellen Vorkehrungen für den Geheimschutz (Übermittlungsweg, Sicherung etc). Für die Durchführung der Prüfung wird ein Doppel der Anmeldungsunterlagen beizufügen sein. Soweit bei der Auslandsanmeldung die Unionspriorität in Anspruch genommen werden soll, muss der Antrag so rechtzeitig gestellt werden, dass die Prüfung noch frühzeitig genug vor Ablauf des Prioritätsjahres abgeschlossen werden kann (vgl. dazu Zschucke Mitt. **60,** 223). Die Genehmigung bedarf der Schriftform. Eine nur mündlich erteilte Genehmigung wäre deshalb wirkungslos. Die Genehmigung wird mit ihrem Zugang wirksam. Wegen der Durchführung der genehmigten Auslandsanmeldung vgl. Zschucke Mitt. **60,** 223.

5 **4. Strafdrohung. Literatur:** Hesse, Der Schutz von Staatsgeheimnissen im neuen Patentrecht, BB **68,** 1058.

Die Strafandrohung in § 52 Abs. 2 ist durch Art. 6 Nr. 2 des 8. Strafrechtsänderungsgesetzes vom 25. 6. 1968 (BGBl. I, 741) in das Patentgesetz eingefügt und durch Art. IV Nr. 13 IntPatÜG neu gefasst worden. In dem Schriftl. Bericht des Sonderausschusses für die Strafrechtsreform (BT-Drucks. V/2860) wird hierzu (S. 32) ausgeführt: „Die Beschränkung der Tatbestände der neuen §§ 95, 96 Abs. 2, 97 StGB durch die Voraussetzung der tatsächlichen Geheimhaltung seitens amtlicher Stellen macht es notwendig, Verstöße gegen § 30c Patentgesetz mit Strafe zu bedrohen. Denn die zukünftigen Landesverratsvorschriften werden infolge jener Änderung soweit nicht mehr Anwendung finden können, als die betreffende Erfindung noch nicht zur Kenntnis der staatlichen Stellen gelangt und von diesen sekretiert worden ist. Da in derartigen Fällen wirtschaftliche Interessen für die Motivation des Täters oft von Bedeutung sind, ist in die Strafandrohung auch die Geldstrafe aufgenommen worden."

53 *Folgen des Ausbleibens einer Geheimhaltungsanordnung.* (1) **Wird dem Anmelder innerhalb von vier Monaten seit der Anmeldung der Erfindung beim Patentamt keine Anordnung nach § 50 Abs. 1 zugestellt, so können der Anmelder und jeder andere, der von der Erfindung Kenntnis hat, sofern sie im Zweifel darüber sind, ob die Geheimhaltung der Erfindung erforderlich ist (§ 93 des Strafgesetzbuches), davon ausgehen, daß die Erfindung nicht der Geheimhaltung bedarf.**

(2) **Kann die Prüfung, ob jede Veröffentlichung gemäß § 50 Abs. 1 zu unterbleiben hat, nicht innerhalb der in Absatz 1 genannten Frist abgeschlossen werden, so kann das Patentamt diese Frist durch eine Mitteilung, die dem Anmelder innerhalb der in Absatz 1 genannten Frist zuzustellen ist, um höchstens zwei Monate verlängern.**

Inhaltsübersicht

1. Frist für die Prüfung der Geheimhaltung. Im Interesse des Erfinders und im Interesse der Allgemeinheit soll möglichst schnell Klarheit darüber geschaffen werden, ob die Geheimhaltung der Erfindung erforderlich ist. Denn solange Zweifel über die Geheimhaltungsbedürftigkeit bestehen, ist der Erfinder oder sein Rechtsnachfolger an Auslandsanmeldungen gehindert und in den Maßnahmen zur Auswertung der Erfindung Beschränkungen unterworfen. Andererseits besteht die Gefahr, dass Erfindungen, die ein Staatsgeheimnis darstellen, aus Unkenntnis über die Geheimhaltungsbedürftigkeit Unbefugten zugänglich gemacht werden. Die Vorschrift setzt deshalb eine Frist für die Prüfung der Geheimhaltungsbedürftigkeit. Allerdings weist das DPMA den Anmelder bereits, wenn die Möglichkeit einer Anordnung nach § 51 Abs. 1 Satz 1 in Betracht kommt, auf die Vorkehrungen und Maßnahmen des materiellen, personellen und formellen Geheimschutzes für geheimhaltungsbedürftige Informationen hin, sofern die Anmeldung nicht von vornherein unter Bedingungen des Geheimschutzes z. B. nach der VSA oder dem Handbuch für den Geheimschutz in der Wirtschaft eingereicht worden ist. In der Regel wird das bei Anmeldungen aus dem sicherheitsrelevanten Bereich der Rüstungsindustrie der Fall sein. 1

a) Viermonatsfrist. Die Prüfung der Geheimhaltungsbedürftigkeit soll, wie sich aus Abs. 1 der Vorschrift ergibt, in aller Regel innerhalb von vier Monaten seit Eingang der Anmeldung abgeschlossen sein. Diese Frist berücksichtigt, wie in der Begründung zum 6. ÜG hervorgehoben ist, die gemachten Erfahrungen, nach denen die Prüfung im Allgemeinen innerhalb von 4 Monaten durchgeführt werden kann. Sie ist auf der anderen Seite kurz genug, um Nachteile für den Erfinder zu vermeiden. 2

b) Verlängerung der Frist. Kann die Prüfung der Geheimhaltungsbedürftigkeit ausnahmsweise nicht innerhalb von vier Monaten abgeschlossen werden, so kann die Frist nach Abs. 2 der Vorschrift um zwei Monate verlängert werden. Zur Vermeidung der Rechtsfolgen des Fristablaufs muss dem Anmelder innerhalb der Viermonatsfrist eine entsprechende Mitteilung zugestellt werden. Mit Zustellung der Mitteilung tritt die Verlängerung der Prüfungsfrist unabhängig davon ein, ob die Prüfung abgeschlossen sein konnte oder nicht. Die Verlängerung darf 2 Monate nicht übersteigen. Eine weitergehende Verlängerung wäre wirkungslos. 3

2. Folgen des Fristablaufs. Ergeht innerhalb von vier Monaten oder innerhalb der verlängerten Frist keine Geheimhaltungsanordnung, so hat der Fristablauf nicht zur Folge, dass die etwa bestehende Geheimhaltungspflicht aufgehoben wäre. Sowenig eine Erfindung, die materiell kein Staatsgeheimnis im Sinne der §§ 93 ff. StGB darstellt, durch den Erlass einer Anordnung gemäß § 50 zu einem solchen wird, sowenig verliert eine Erfindung, die ein Staatsgeheimnis ist, diesen Charakter dadurch, dass innerhalb der Prüfungsfrist keine Anordnung ergeht. Der Erlass oder das Unterbleiben der Anordnung enthält in dieser Hinsicht keine für die Strafverfolgungsbehörden und die Gerichte verbindliche Feststellung. Das Unterbleiben der Anordnung hat ebenso wie der Erlass einer Anordnung Bedeutung zunächst nur für die verfahrensrechtliche Behandlung der Anmeldung im Erteilungsverfahren. Wird die Geheimhaltungsbedürftigkeit verneint, so wird die Anmeldung nicht nach den besonderen Vorschriften der §§ 50, 54 behandelt, die den Erlass einer Geheimhaltungsanordnung voraussetzen. Die Verneinung enthält über die verfahrensmäßige Behandlung freilich ebenso wenig wie der Erlass einer Anordnung eine die Prüfungstelle bindende Entscheidung. Wie die ergangene Anordnung jederzeit aufgehoben werden kann, wenn sich herausstellt, dass die Voraussetzungen dafür nicht vorliegen, ist die unterbliebene Anordnung auch dann nachzuholen, wenn die Prüfungsfrist bereits abgelaufen ist. Der Ablauf der Prüfungsfrist schließt eine Nachholung nicht aus, sofern die Voraussetzungen dafür gegeben sind. 4

3. Vertrauensschutz. Wenn der Fristablauf danach weder die bestehende Geheimhaltungspflicht aufhebt noch den nachträglichen Erlass einer Geheimhaltungsanordnung ausschließt, so ist ihm durch die Vorschrift doch aus Gründen des Vertrauensschutzes die Wirkung beigelegt, dass eine Mitteilung der Erfindung nach Fristablauf, auch wenn sie an einen Unbefugten erfolgt, nur bei positiver Kenntnis der Geheimhaltungsbedürftigkeit strafbar ist. Mangels besserer Kenntnis darf der Anmelder und jeder andere, der von der Erfindung Kenntnis hat, zunächst 5 davon ausgehen, dass die Erfindung kein Staatsgeheimnis und nicht geheimhaltungsbedürftig ist. Die Vorschrift ist also qualifizierte Abwandlung der subjektiven Tatbestandsmerkmale für die an sich strafbare Offenbarung von Staatsgeheimnissen i. S. v. §§ 94, 95 und 97 StGB und § 52 Abs. 2 PatG. Es ist dabei nicht vorausgesetzt, dass der Dritte von dem ergebnislosen Ablauf der Frist Kenntnis erlangt hat. Ergeht eine Anordnung nachträglich, so fällt die dem Fristablauf beigelegte Wirkung für den Anmelder mit der Zustellung der Anordnung, für einen Dritten mit der Erlangung der Kenntnis von dem Erlass der Anordnung weg. Positive Kenntnis vom Staatsgeheimnischarakter der Erfindung schadet in jedem Fall und führt zur strafrechtlichen Haftung. Von Verpflichtungen aus dem Geheimschutzsystem nach der VSA oder des Handbuches für den Geheimschutz in der Wirtschaft werden der Anmelder oder die dritten Kenntnisträger im Übrigen nicht freigestellt, sofern sie in solche Verpflichtungen eingebunden sind. Insgesamt erscheint die Vorschrift sprachlich wie systematisch verunglückt und bedürfte längst der Anpassung an die Realitäten.

54 *Besonderes Register für Geheimpatente.* [1]**Ist auf eine Anmeldung, für die eine Anordnung nach § 50 Abs. 1 ergangen ist, ein Patent erteilt worden, so ist das Patent in ein besonderes Register einzutragen.** [2]**Auf die Einsicht in das besondere Register ist § 31 Abs. 5 Satz 1 entsprechend anzuwenden.**

Inhaltsübersicht

1 **1. Erteilung eines Geheimpatents.** Soweit nicht in § 50 etwas anderes bestimmt ist, wird ein Geheimpatent unter den gleichen Voraussetzungen erteilt wie ein offenes Patent. Nach dem Wegfall der Bekanntmachung der Patentanmeldung und der Vorverlegung der Entscheidung über die Patenterteilung auf den Zeitpunkt der Beendigung des Prüfungsverfahrens (§ 49), besteht eine Abweichung im Erteilungsverfahren nur noch darin, dass eine **Offenlegung** der geheimzuhaltenden Anmeldung (§ 31 Abs. 2), die **Veröffentlichung einer Offenlegungsschrift** (§ 32 Abs. 2) und die **Veröffentlichung eines Hinweises auf die Offenlegung** (§ 32 Abs. 5) **unterbleiben.** Trotz Unterbleibens der Offenlegung gilt der Inhalt der geheimzuhaltenden Anmeldung als Stand der Technik, sofern nur die Anmeldung noch bei Ablauf des achtzehnten Monats seit ihrer Einreichung anhängig ist; die Anmeldung gilt dann von diesem Zeitpunkt an als der Öffentlichkeit zugänglich gemacht (§ 3 Abs. 2 Satz 3). Soweit nicht – wie in § 31 Abs. 5 Satz 1 – etwas Besonderes bestimmt ist, sind die Anmeldungen, für die eine Geheimhaltungsanordnung ergangen ist, auch im Übrigen grundsätzlich nach den allgemeinen Vorschriften zu behandeln. Auch alle Gebührenbestimmungen, einerlei ob sie sich zugunsten oder zuungunsten des Anmelders (oder Patentinhabers) auswirken, also auch einschließlich des § 23, finden auf Geheimanmeldungen (und Geheimpatente) unverändert Anwendung, BGH Bl. **67,** 82, 83 – Lizenzbereitschaft für Geheimpatent.

2 Anzuwenden sind auch die Vorschriften über die **Patenterteilung;** § 49 gilt auch für geheimzuhaltende Anmeldungen. Nicht anwendbar ist § 58 Abs. 1 über die **Veröffentlichung der Patenterteilung und der Patentschrift.** Mangels Veröffentlichung der Patenterteilung treten die gesetzlichen Wirkungen des Patents bereits mit dem Wirksamwerden des Erteilungsbeschlusses ein. Einspruch kann erst erhoben werden, wenn die Geheimhaltungsanordnung aufgehoben und die Veröffentlichung der Patenterteilung nachgeholt wird (vgl. § 59 Rdn. 12).

3 **2. Eintragung in besonderes Register.** Da das allgemeine Patentregister von jedermann eingesehen werden kann, werden die Geheimpatente in ein besonderes Register eingetragen, in das mit Rücksicht auf die **Geheimhaltungsbedürftigkeit** der Eintragungen nur unter den besonderen Voraussetzungen des § 31 Abs. 5 Satz 1 Einsicht gewährt wird. Das Register wird im Übrigen nach den allgemeinen Grundsätzen (§ 30 Abs. 1, 2) geführt. § 30 Abs. 3 gilt auch hier. Eine Veröffentlichung der Eintragungen (§ 32 Abs. 5) findet nicht statt (§ 50 Abs. 1). Das Kostenbereinigungsgesetz (BGBl 2001 I 3656 = BlPMZ 2002, 14) hat „Rolle“ durch „Register“ ersetzt. Inhaltliche Änderungen haben sich nicht ergeben.

4 **3. Folgen der Erteilung.** Die Erteilung des Geheimpatents löst alle Rechtsfolgen aus, die das Gesetz der Patenterteilung beilegt. Das Geheimpatent steht nach § 5 Abs. 2 GebrMG der

wirksamen Entstehung des Gebrauchsmusterschutzes auf Grund der Eintragung eines später angemeldeten Gebrauchsmusters für den gleichen Gegenstand entgegen. Das **Geheimpatent** gibt ferner wie jedes Patent dem Inhaber nach § 9 das Recht, jedem Dritten die Benutzung des Gegenstandes des Patents zu verbieten. Der Patentinhaber ist nicht gehindert, seine Ansprüche gegen Dritte gegebenenfalls im Wege der Klage geltend zu machen. Er muss dann jedoch auf die Geheimhaltungsbedürftigkeit hinweisen und den Ausschluss der Öffentlichkeit nach § 172 GVG beantragen, sofern das nicht ohnehin vom Gericht von Amts wegen angeordnet wird vgl. Zschucke, Mitt. **60,** 224. Rechts- und Patentanwälte, die in diesen Verfahren als Bevollmächtigte auftreten sollen, müssen zum Zugang zu Verschlusssachen ermächtigt sein. Wegen einer Änderung des Merkblatts für Vertreter im Bereich des gewerblichen Rechtsschutzes über die Behandlung von Verschlusssachen vgl. Bl. **91,** 322. Der Patentinhaber kann schließlich das Patent selbst verwerten oder einem Dritten eine Lizenz erteilen. Dies darf freilich nur unter Wahrung der Geheimhaltung und unter Berücksichtigung der inzwischen getroffenen Maßnahmen des materiellen, personellen und formellen Geheimschutzes nach den auf den Patentinhaber anwendbaren einschlägigen Vorschriften geschehen (i. d. R. wohl Handbuch für den Geheimschutz in der Wirtschaft). Die dem Patentinhaber insoweit gezogenen Schranken ergeben sich nicht aus dem Patentrecht, sondern aus dem Strafgesetzbuch und ggf. seinen vertraglichen oder dienstlichen Verpflichtungen aus dem anwendbaren Geheimschutzsystem, das dem Patentinhaber keine Sonderstellung zuweist.

55 *Entschädigung bei Unterlassung der Verwertung.* (1) [1]**Ein Anmelder, Patentinhaber oder sein Rechtsnachfolger, der die Verwertung einer nach den §§ 1 bis 5 patentfähigen Erfindung für friedliche Zwecke mit Rücksicht auf eine Anordnung nach § 50 Abs. 1 unterläßt, hat wegen des ihm hierdurch entstehenden Vermögensschadens einen Anspruch auf Entschädigung gegen den Bund, wenn und soweit ihm nicht zugemutet werden kann, den Schaden selbst zu tragen.** [2]**Bei Beurteilung der Zumutbarkeit sind insbesondere die wirtschaftliche Lage des Geschädigten, die Höhe seiner für die Erfindung oder für den Erwerb der Rechte an der Erfindung gemachten Aufwendungen, der bei Entstehung der Aufwendungen für ihn erkennbare Grad der Wahrscheinlichkeit einer Geheimhaltungsbedürftigkeit der Erfindung sowie der Nutzen zu berücksichtigen, der dem Geschädigten aus einer sonstigen Verwertung der Erfindung zufließt.** [3]**Der Anspruch kann erst nach der Erteilung des Patents geltend gemacht werden.** [4]**Die Entschädigung kann nur jeweils nachträglich und für Zeitabschnitte, die nicht kürzer als ein Jahr sind, verlangt werden.**

(2) [1]**Der Anspruch ist bei der zuständigen obersten Bundesbehörde geltend zu machen.** [2]**Der Rechtsweg vor den ordentlichen Gerichten steht offen.**

(3) **Eine Entschädigung gemäß Absatz 1 wird nur gewährt, wenn die erste Anmeldung der Erfindung beim Patentamt eingereicht und die Erfindung nicht schon vor dem Erlaß einer Anordnung nach § 50 Abs. 1 von einem fremden Staat aus Verteidigungsgründen geheimgehalten worden ist.**

Inhaltsübersicht

1. Entschädigungsanspruch gegen den Bund

1 **Literatur:** von der Osten, Geheimhaltungsbedürftige Patentanmeldungen Privater, GRUR 1958, 465; Gaul, Geheimpatente und Entschädigungspflicht nach § 30f PatG, GRUR **66,** 293; Kelbel, Die Geheimerfindung, GRUR **69,** 155; Breith, Hans-Jürgen: Patente und Gebrauchsmuster für Staatsgeheimnisse Lang, 2002. (Wettbewerbsrechtliche Studien; Bd. 4) Zugl.: München, Univ. der Bundeswehr, Diss., 2002 ;ders.: Sind die gesetzlichen Regelungen über die Geheimhaltung von Patenten und Gebrauchsmustern noch zeitgemäß? GRUR **03,** 587;

1a Eine Erfindung, die ein Staatsgeheimnis darstellt, unterliegt wie jedes Staatsgeheimnis auf Grund der §§ 93ff. StGB der Verpflichtung zur Geheimhaltung. Diese Verpflichtung besteht von vornherein mit der Entstehung der Erfindung. Die Geheimhaltungsanordnung nach § 50 stellt lediglich die bereits bestehende Verpflichtung fest und zieht daraus die notwendigen Folgerungen für das Erteilungsverfahren. Sie enthält deshalb keine Enteignung, BGH GRUR **73,** 141, 142 – Kernenergie; vgl. dazu auch die Begrdg. zum 6. ÜG, Bl. **61,** 148 und die ausführliche Erörterung bei Breith a. a. O. S. 106ff. und – in gedrängter Form – in GRUR **2003,** 587, 590f. Da die Geheimhaltungsanordnung jedoch die Verwertung einer Erfindung in einer Weise erschweren kann, dass die wirtschaftlichen Nachteile das dem Betroffenen zumutbare Maß übersteigen, wird dem Betroffenen für einen solchen Fall aus Billigkeitsgründen ein Entschädigungsanspruch gegen die Bundesrepublik gewährt. Diese Regelung verstößt nicht gegen den Gleichheitssatz, BGH GRUR **73,** 141, 142.

1b Die Vorschrift stellt auf den Fall ab, dass die Geheimhaltungsanordnung zu Recht ergangen ist. Sie schließt daher einen Schadenersatzanspruch wegen Amtspflichtverletzung nicht aus, wenn die Anordnung rechtswidrig war und die Voraussetzungen des § 839 gegeben sind, BPatGE **21,** 112. Vgl. dazu die Erörterungen bei Breith, a. a. O., S. 120ff., der ebenfalls die Möglichkeit eines Schadensersatzanspruchs aus Amtshaftung für eine rechtswidrig erlassene Geheimhaltungsanordnung bejaht.

2 **2. Voraussetzungen des Anspruchs a) Erstanmeldung beim Patentamt.** Für den Entschädigungsanspruch sind anerkanntermaßen sehr hohe Hürden errichtet worden, die schwierig zu überwinden sind und den Anspruch praktisch leerlaufen lassen, vgl. Breith, GRUR **03,** 2003, 587, 590. Eine Entschädigung kommt nach Abs. 1 der Vorschrift nur in Betracht, wenn die Erfindung beim Patentamt zur Erteilung eines Patents angemeldet ist. Denn nur in diesem Falle kann eine Geheimhaltungsanordnung ergehen, die den Anmelder veranlassen kann, die Verwertung der Erfindung für friedliche Zwecke zu unterlassen. Bei der Anmeldung beim Deutschen Patentamt muss es sich aber auch um die zeitlich früheste Patentanmeldung handeln. Denn die Entschädigung wird für den Fall, dass die Erfindung bereits außerhalb der Bundesrepublik vorangemeldet ist, durch Abs. 3 ausgeschlossen. Dadurch soll nach der amtlichen Begründung vermieden werden, dass eine Entschädigung für die mangelnde Ausnutzung einer Erfindung gewährt wird, die Staatsgeheimnis eines fremden Staates ist. § 52 eröffnet zwar die Möglichkeit, dass eine deutsche Erfindung, die Staatsgeheimnis der Bundesrepublik ist, zuerst im Ausland angemeldet wird. Die Vorschrift sieht jedoch für diesen Fall keine Ausnahme vor, da der Anmelder seine Rechte dadurch wahren kann, dass er zuerst in der Bundesrepublik anmeldet.

3 **b) Erlass einer Anordnung nach § 50 Abs. 1.** Eine Entschädigung wird nur gewährt, wenn die Geheimhaltung auf Grund des § 50 Abs. 1 angeordnet ist. Eine Anordnung gemäß § 50 Abs. 4 kann einen Entschädigungsanspruch nicht begründen. Es ist in diesem Falle, wie in der amtlichen Begründung bemerkt wird, Angelegenheit des fremden Staates, den Erfinder für die Nachteile zu entschädigen, die ihm durch die Geheimhaltung in der Bundesrepublik entstehen. Ist die der Bundesregierung anvertraute Erfindung zugleich deutsches Staatsgeheimnis, so handelt es sich zwar bei der ergehenden Anordnung um eine solche nach § 50 Abs. 1. Der Entschädigungsanspruch ist jedoch in einem solchen Falle schon dadurch ausgeschlossen, dass die anvertraute Erfindung schon vor dem Erlass der Anordnung von dem Heimatstaat des Anmelders aus Verteidigungsgründen geheimgehalten worden ist.

4 **c) Erlass vor vorgängiger Geheimhaltung im Ausland.** Eine Entschädigung wird nach Abs. 3 der Vorschrift nicht gewährt, wenn die Erfindung schon vor dem Erlass der Geheimhaltungsanordnung von einem fremden Staat aus Verteidigungsgründen geheimgehalten wurde. Eine solche Erfindung wird praktisch nur dadurch Gegenstand einer Anordnung nach § 50 Abs. 1 werden, dass sie der Bundesregierung mit der Auflage, die Geheimhaltung zu wahren, anvertraut ist. In diesem Falle soll es dem fremden Staat überlassen bleiben, den Erfinder zu entschädigen.

5 **d) Patentfähigkeit der Erfindung.** Eine Entschädigung wird nur gewährt, wenn die von der Anordnung betroffene Erfindung patentfähig ist. Denn nur in diesem Falle kann der Nach-

teil entstehen, für den nach der Vorschrift eine Entschädigung gewährt werden soll. Die Erfindung muss also neu sein, auf einer erfinderischen Tätigkeit beruhen und gewerblich anwendbar sein; die in den §§ 1 Abs. 2 bis 5 enthaltenen Vorschriften, die der Erteilung eines Patents entgegenstehen, müssen ausgeschlossen werden können. Außerdem muss die Erfindung ausführbar sein, d. h. so deutlich und vollständig beschrieben werden können oder beschrieben sein, dass ein Fachmann sie ausführen kann, § 34 Abs. 4. Ist die Erfindung nicht patentfähig und nicht ausführbar, so besteht kein Anspruch auf Erteilung des Patents. Der Erfinder wird daher nicht durch die Geheimhaltungsanordnung in der Ausübung eines ihm zustehenden Rechts beschränkt. Allerdings entgeht dem Anmelder auch die Möglichkeit, bereits vor Erteilung eines Patents einen auf § 33 gestützten Entschädigungsanspruch gegen dritte Benutzer der Erfindung geltend zu machen, da jede Veröffentlichung zu der Anmeldung unterbleibt, § 50 Abs. 1 Satz 1, also auch kein Hinweis nach § 31 Abs. 2 veröffentlicht wird. Der Schutz von geheimem Know-how, das ein Staatsgeheimnis darstellt, liegt außerhalb des Anwendungsbereichs des Patentgesetzes.

e) Möglichkeit der Verwertung für friedliche Zwecke. Eine Entschädigung wird nur 6
für einen solchen Schaden gewährt, den der Berechtigte dadurch erlitten hat, dass er infolge der Anordnung nach § 50 Abs. 1 Satz 1 die Verwertung der Erfindung für friedliche Zwecke unterlassen musste. Eine Entschädigung kommt daher nur in Betracht, wenn die Erfindung auch auf dem zivilen Sektor verwertbar ist. Nachteile in der Auswertung für militärische Zwecke können nicht durch eine Entschädigung ausgeglichen werden. Nach Ansicht von Breith, a. a. O. S. 112 reduziert sich der Anwendungsbereich der Vorschrift praktisch auf Anmeldungen im Bereich der friedlichen Nutzung der Kernenergie, also auf die in Deutschland derzeit eher marginale Kernkraftforschung. Da die Fakten in diesem Bereich aber weitgehend nicht zugänglich sind, ist eine rechtstatsächliche Bewertung so gut wie unmöglich.

f) Unterlassung der Verwertung mit Rücksicht auf die Geheimhaltungsanordnung. 7
Eine Entschädigung kann auch nur gewährt werden, wenn die Verwertung für friedliche Zwecke mit Rücksicht auf die Geheimhaltungsanordnung unterlassen wurde. Eine Verwertung für friedliche Zwecke, die aus einem anderen Grunde oder auch aus einem anderen Grunde unterblieben ist, etwa wegen mangelnder Fabrikationsreife oder wegen der zu hohen Herstellungskosten oder wegen der geringen Absatzchancen, muss daher außer Betracht bleiben. Zu berücksichtigen sind auch nur diejenigen Erkenntnisse, die Bestandteil der den Erfindungsgegenstand des betroffenen Schutzrechts darstellenden neuen Lehre sind; Erfindungen oder Erkenntnisse des Berechtigten, auf die sich die Geheimhaltungsanordnung nicht bezieht, müssen bei der Prüfung außer Betracht bleiben, BGH GRUR **73,** 141, 142 – Kernenergie.

g) Unzumutbarkeit der Schadenstragung. Eine Entschädigung wird auch bei Vorliegen 8
aller sonstigen Voraussetzungen nur gewährt, wenn dem Betroffenen nicht zugemutet werden kann, den Schaden selbst zu tragen. Die Vorschrift geht also davon aus, dass der Betroffene ein gewisses Maß von Schaden, der aus der Geheimhaltung entsteht, selbst zu tragen hat. Eine Entschädigung kann daher nur verlangt werden, wenn der erwachsende Schaden das den Umständen nach zumutbare Maß übersteigt. Schon die Entstehung des Anspruchs hat daher zur Voraussetzung, dass es dem betroffenen Erfinder unzumutbar ist, den entstandenen Schaden selbst zu tragen, BGH GRUR **73,** 141, 143 – Kernenergie.

h) Gesichtspunkte für die Beurteilung der Zumutbarkeit. Mit der Zumutbarkeit stellt 9
die Vorschrift auf die Billigkeit im Einzelfall ab. Bei der Beurteilung der Zumutbarkeit sind daher alle Umstände des Falles zu berücksichtigen, die für oder gegen eine Entschädigung sprechen. Die Vorschrift hebt einige Gesichtspunkte hervor, die bei der Beurteilung der Zumutbarkeit zu berücksichtigen sind. Die Aufzählung dieser Gesichtspunkte hat, wie schon die Fassung der Vorschrift („insbesondere") ergibt, keinen abschließenden Charakter. Daneben können und müssen auch andere Umstände herangezogen werden, die für die Beurteilung der Angemessenheit einer Entschädigung von Bedeutung sein können.

Was unzumutbar ist, kann nur im Einzelfall nach Vornahme einer Gesamtbetrachtung aller 9 a
zu berücksichtigenden Umstände in der Weise ermittelt werden, dass eine Abwägung zwischen dem entstandenen Schaden und der Gesamtheit aller anderen Umstände, wie beispielsweise des Nutzens aus sonstiger Verwertung der Erfindung, der Einkommens- und Vermögensverhältnisse des betroffenen Erfinders und seiner Aufwendungen für diese Erfindung vorzunehmen ist; nur wenn danach der Schaden den dem Erfinder nach Lage des Falles zumutbaren Umfang übersteigt, ist nach § 55 für eine Billigkeitsentschädigung Raum, BGH GRUR **73,** 141, 143 – Kernenergie. Wenn aus einer vom Staat finanziell geförderten Forschungstätigkeit Schutzrechte hervorgehen, ist es grundsätzlich billig, dass derjenige, dem diese Rechte zustehen, den durch deren Nichtverwertung infolge einer Anordnung nach § 50 entstandenen Schaden bis zu einer

im Einzelfall zu ermittelnden Höhe selbst trägt; bei der Ermittlung der Höhe des dem Berechtigten zumutbaren Schadens sind Art und Umfang der staatlichen Förderungsmittel zu berücksichtigen, BGH GRUR **73,** 141, 143.

10 **aa) Wirtschaftliche Lage des Geschädigten.** Bei der Beurteilung der Zumutbarkeit ist die wirtschaftliche Lage des Geschädigten zu berücksichtigen. Das bedeutet nicht, dass die Entschädigung nach sozialen Erwägungen zu gewähren sei. Wie der weiteren Aufzählung zu entnehmen ist, heißt das vielmehr, dass im Rahmen der Billigkeitserwägungen auch soziale Gesichtspunkte zu berücksichtigen sind. Einem Geschädigten, der sich in schlechten wirtschaftlichen Verhältnissen befindet, wird deshalb eine Entschädigung auch in Fällen zuzubilligen sein, in denen der Schaden nur einen so geringen Umfang erreicht, dass einem bessergestellten Betroffenen zugemutet werden könnte, ihn selbst zu tragen.

11 **bb) Höhe der Aufwendungen.** Zu berücksichtigen ist ferner die Höhe der Aufwendungen für die Erfindung, sofern der Erfinder der Anspruchsberechtigte ist, oder für den Erwerb der Erfindung, sofern der Erwerber der Erfindung Entschädigung begehrt. Zu den Aufwendungen für die Erfindung gehören die Kosten für die Entwicklung der Erfindung, insbesondere die Kosten für technische Versuche oder die Kosten für die Beschaffung der einschlägigen Literatur, nicht dagegen die Kosten der Patentanmeldung. Zu den Erwerbskosten der Erfindung wird auch die Vergütung des Arbeitgebers an den Arbeitnehmer für eine in Anspruch genommene Diensterfindung zu rechnen sein.

12 **cc) Erkennbarkeit der Geheimhaltungsbedürftigkeit.** Soweit der Berechtigte eine Entschädigung für Aufwendungen beansprucht, ist auch der für ihn erkennbare Grad der Wahrscheinlichkeit der Geheimhaltungsbedürftigkeit zu berücksichtigen. Wer in Kenntnis der Geheimhaltungsbedürftigkeit und damit der beschränkten Verwertbarkeit für friedliche Zwecke Aufwendungen für die Erfindung oder den Erwerb der Erfindung macht, soll, da er insoweit auf eigene Gefahr handelt, für diese Aufwendungen nicht in gleicher Weise Ersatz verlangen können wie derjenige, der die Geheimhaltungsbedürftigkeit nicht gekannt hat und nach Lage des Falles – aus seiner Sicht – vielleicht nicht einmal erkennen konnte.

13 **dd) Nutzen aus sonstiger Verwertung.** Bei der Beurteilung der Zumutbarkeit ist auch der Nutzen zu berücksichtigen, den der Geschädigte aus einer Verwertung der Erfindung für militärische Zwecke erzielt. Denn je größer dieser Nutzen ist, umso mehr kann ihm zugemutet werden, die Nachteile einer mangelnden Verwertung für friedliche Zwecke selbst zu tragen.

14 **3. Anspruchsberechtigter** ist der Anmelder, der Patentinhaber oder sein Rechtsnachfolger. Es kommt danach nicht darauf an, ob der Anmelder, Patentinhaber oder sein Rechtsnachfolger der Berechtigte im Sinne des § 6 PatG ist. Auch der Anmelder oder Patentinhaber, der im Sinne der §§ 6, 8 PatG Nichtberechtigter ist, ist deshalb entschädigungsberechtigt. Die Vorschrift wollte offensichtlich insoweit klare Verhältnisse schaffen. Mit Rücksicht auf die Geheimhaltungsanordnung kann auch nur derjenige die Verwertung unterlassen, gegen den die Anordnung ergangen ist. Das ist jedoch allein der Patentanmelder oder der Patentinhaber. Der im Sinne von § 6 PatG Berechtigte muss deshalb, um den Entschädigungsanspruch zu erlangen, gemäß § 8 PatG die Abtretung des Erteilungsanspruchs oder die Übertragung des Patents erwirken. Damit erwirbt er freilich nur die Anspruchsberechtigung für die Zukunft. Soweit der Anspruch für die Vergangenheit bereits entstanden ist, kann er bei Vorliegen der Voraussetzungen des § 823 BGB die Abtretung des Anspruches oder die Herausgabe des Erlangten von dem Nichtberechtigten verlangen.

15 **4. Inhalt des Anspruchs a) Anspruch auf Entschädigung.** Der Anspruch des Anmelders, Patentinhabers oder seines Rechtsnachfolgers ist kein Entschädigungsanspruch wegen Enteignung. Er ist daher nicht auf volle Entschädigung für alle entstandenen Nachteile gerichtet. Die Vorschrift gewährt vielmehr aus Billigkeitsgründen nur einen Anspruch auf Ersatz des Schadens, der das dem Betroffenen zumutbare Maß übersteigt. Eine Entschädigung kann auch nur für Vermögensschäden gewährt werden. Ein Ausgleich für die Beeinträchtigung ideeller Interessen, etwa durch die Nichtbekanntgabe der Erfindung und des Erfinders, ist ausgeschlossen.

15 a Zu dem Vermögensschaden, der im Rahmen des § 55 zu berücksichtigen ist, gehört jeder wirtschaftliche Nachteil, der auf die Geheimhaltungsanordnung zurückzuführen ist (vgl. unten Rdn. 17). Dazu sind auch die wirtschaftlichen Nachteile zu rechnen, die sich aus einer späteren Aufhebung der Geheimhaltungsanordnung etwa in der Richtung ergeben können, dass die Erfindung nunmehr bekannt wird, die Frist für die Inanspruchnahme der Unionspriorität jedoch verstrichen ist, BGH GRUR **72,** 535, 536 – Aufhebung der Geheimhaltung. Der Vermögensschaden umfasst auch den entgangenen Gewinn (§ 252 BGB), vgl. dazu BGH GRUR **73,** 141,

143 – Kernenergie. Zeitlich umfasst er die gesamten entgangenen zivilen Nutzungsmöglichkeiten vom Zeitpunkt der Geheimhaltsanordnung bis zu deren etwaiger Aufhebung. Unerheblich ist für den Anspruch, wenn im Zeitpunkt der Erteilung eines Patents die Geheimhaltsanordnung bereits aufgehoben war, vgl. Breith, a. a. O. S. 111 m. w. N.

b) Bemessung der Entschädigung. Für die Bemessung der Entschädigung ist zunächst der gesamte Vermögensschaden, der durch die Unterlassung der Verwertung der Erfindung für friedliche Zwecke entstanden ist, zu ermitteln. Dann ist weiter zu prüfen, inwieweit dem Berechtigten bei Berücksichtigung aller Umstände zugemutet werden kann, den Schaden selbst zu tragen. 16

aa) Kausalität des Schadens. Für die Bemessung der Entschädigung kommt nur der Schaden in Betracht, der dadurch entstanden ist, dass die Verwertung für friedliche Zwecke mit Rücksicht auf die Geheimhaltungsanordnung unterblieben ist. Es muss daher ein ursächlicher Zusammenhang zwischen der Geheimhaltungsanordnung, dem Unterbleiben der Verwertung und dem Schaden bestehen. Ihre Ursache haben in der Geheimhaltungsanordnung auch solche wirtschaftliche Nachteile, die aus der Aufhebung der Geheimhaltungsanordnung erwachsen oder mit der Aufhebung der Geheimhaltungsanordnung in Erscheinung treten, BGH GRUR **72,** 535, 536 – Aufhebung der Geheimhaltung. 17

Für den Nachweis des Schadens ist die Beweiserleichterung des § 252 Satz 2 BGB entsprechend anwendbar. Als entgangen gilt danach der Gewinn, der nach dem gewöhnlichen Laufe der Dinge oder nach den besonderen Umständen, insbesondere nach den getroffenen Anstalten und Vorkehrungen, mit Wahrscheinlichkeit erwartet werden konnte. Dabei sind nur die Einnahmen zu berücksichtigen, die aus der unterbliebenen Verwertung des von der Geheimhaltungsanordnung betroffenen Schutzrechts zu erwarten waren; Einnahmen aus einem Beratungsvertrage kommen dabei nur in Betracht, wenn und soweit die Beratung dieses Schutzrecht betreffen sollte, wenn die Beratung entgeltlich im Zusammenhang mit dem Verkauf oder der Vergabe einer Lizenz an diesem Schutzrecht erfolgen sollte und wenn die Beratung zur Benutzung des Schutzrechts durch den Käufer oder den Lizenznehmer erforderlich gewesen wäre, BGH GRUR **73,** 141, 142 – Kernenergie. Hat das Unterbleiben der Verwertung der geheimzuhaltenden Erfindung neben den Nachteilen auch Vorteile gebracht, etwa weil die freiwerdenden Herstellungskapazitäten des Patentinhabers für andere Zwecke ausgenutzt werden konnten, so liegt der Schaden nur in dem Überschuss der wirtschaftlichen Nachteile gegenüber den Vorteilen (Vorteilsausgleichung). 17 a

bb) Unzumutbarkeit der Schadenstragung. Durch den Betrag des Schadens, der durch die infolge der Geheimhaltungsanordnung unterlassene Verwertung verursacht ist, wird die Entschädigungssumme der Höhe nach begrenzt. Die Entschädigungssumme kann nach der gesetzlichen Regelung mit dem Betrage des Schadens übereinstimmen. Sie wird aber meist niedriger liegen. Denn zu ersetzen ist der Schaden nur insoweit, als dem Berechtigten nicht zugemutet werden kann, ihn selbst zu tragen. Einen Teil des Schadens wird der Betroffene daher in aller Regel selbst zu tragen haben. Bei der Beurteilung, inwieweit dem Berechtigten zuzumuten ist, den Schaden selbst zu tragen, sind alle Umstände des Falles zu berücksichtigen. Neben den im Gesetz angeführten (vgl. oben Rdn. 9) sind auch bei der Bemessung der Entschädigung alle sonstigen Verhältnisse des Falles unter Billigkeitsgesichtspunkten gegeneinander abzuwägen. 18

5. Geltendmachung des Anspruchs. Die Geltendmachung des Anspruchs ist in der Vorschrift näher dahin geregelt, dass die zuständige Stelle und der dem Berechtigten offen stehende Rechtsweg bestimmt sind. Darüber hinaus ist die Geltendmachung hinsichtlich ihrer Voraussetzungen und hinsichtlich ihres Umfangs Einschränkungen unterworfen. 19

a) Voraussetzungen der Geltendmachung aa) Erteilung des Patents. Für die Entstehung des Anspruchs genügt es, dass die geheimzuhaltende Erfindung patentfähig ist, zum Patent angemeldet ist und nach der Anmeldung eine Geheimhaltungsanordnung ergangen ist. Der Entschädigungsanspruch kann daher schon vor der Erteilung des Patents entstehen. Der zuständigen obersten Bundesbehörde und den ordentlichen Gerichten soll jedoch nach der Begrdg. zum 6. ÜG (Bl. **61,** 148) nicht zugemutet werden, die Patentfähigkeit bei der Beurteilung von Entschädigungsansprüchen zu prüfen. Der Entschädigungsanspruch kann daher erst nach der Erteilung des Patents geltend gemacht werden. Bis dahin ist der Anspruch auf Entschädigung, auch wenn er bereits entstanden ist, nicht einklagbar. Er bleibt unklagbar, wenn die Anmeldung trotz Patentfähigkeit der angemeldeten Erfindung nicht zur Erteilung des Patents führt, etwa, weil die Anmeldung nach Erlass der Geheimhaltungsanordnung zurückgenommen oder aus formellen Gründen zurückgewiesen wird. Eine etwa bereits geleistete Zahlung kann in diesem Falle nicht wegen ungerechtfertigter Bereicherung (§§ 812 ff. BGB) zurückgefordert werden. Der Entschädigungsanspruch ist jedoch nicht durchsetzbar. 20

21 **bb) Entstehung des Schadens.** Der Entschädigungsanspruch besteht erst nach Entstehung eines Schadens. Vorher kann daher keine Entschädigung verlangt werden. Vor Entstehung eines Schadens kann auch nicht die Feststellung verlangt werden, dass der etwa künftig entstehende Schaden zu ersetzen ist.

22 **b) Umfang der Geltendmachung.** Der Anspruch kann nur jeweils nachträglich für mindestens jährliche Zeitabschnitte geltend gemacht werden. Klage auf künftige Leistung (§§ 257 ff. ZPO) ist ausdrücklich ausgeschlossen, weil dem Anspruch jederzeit durch die Aufhebung der Geheimhaltungsanordnung die Grundlage entzogen werden kann. Die Klage auf Feststellung wegen der in Zukunft entstehenden Schäden sollte nach der amtlichen Begründung zum 6. ÜG damit nicht ausgeschlossen werden. Die Feststellung der Entschädigungspflicht auch nur dem Grunde nach für die Zukunft wird aber meist daran scheitern, dass nur selten im Voraus mit genügender Sicherheit zu übersehen sein wird, dass die Voraussetzungen für die Gewährung einer Entschädigung auch künftig gegeben sein werden.

23 **c) Geltendmachung beim Bundesverteidigungsministerium.** Der Entschädigungsanspruch ist nach Abs. 2 Satz 1 der Vorschrift bei der zuständigen obersten Bundesbehörde, d. h. nach § 56 beim Bundesministerium für Verteidigung geltend zu machen. Bei dieser Bestimmung handelt es sich um eine Zuständigkeitsregelung. Sie hat nicht die Bedeutung, dass die vorherige Geltendmachung beim Bundesverteidigungsministerium als eine Art verwaltungsrechtliches Vorschaltverfahren Klagevoraussetzung wäre. Die vorherige Geltendmachung ist jedoch, wenn sie auch aus Rechtsgründen nicht erforderlich ist, jedenfalls aus Kostengründen angezeigt.

24 **d) Gerichtliche Geltendmachung.** Für die gerichtliche Geltendmachung sind die ordentlichen Gerichte zuständig. Bei der Klage, durch die der Entschädigungsanspruch geltend gemacht wird, handelt es sich um eine Patentstreitsache im Sinne des § 143. Sachlich zuständig sind daher die Landgerichte ohne Rücksicht auf den Streitwert und unter den Landgerichten diejenigen, denen durch Verordnung der Landesregierungen die Patentstreitsachen zugewiesen sind (vgl. zu § 51). Die örtliche Zuständigkeit bestimmt sich nach § 18 ZPO.

56 ***Bestimmung der zuständigen obersten Bundesbehörde.*** **Die Bundesregierung wird ermächtigt, die zuständige oberste Bundesbehörde im Sinne des § 31 Abs. 5 und der §§ 50 bis 55 und 74 Abs. 2 durch Rechtsverordnung zu bestimmen.**

Inhaltsübersicht

1 **1. Bundesministerium für Verteidigung.** Auf Grund der gesetzlichen Ermächtigung ist die Verordnung der Bundesregierung zur Ausführung des § 30g des Patentgesetzes und des § 3a des Gebrauchsmustergesetzes vom 24. 5. 61 (BGBl. I S. 595) ergangen, die unter Berücksichtigung der Neufassung des Patentgesetzes sowie des Gebrauchsmustergesetzes in § 1 folgendes bestimmte: „Zuständige oberste Bundesbehörde im Sinne des § 31 Abs. 5, der §§ 50 bis 55 und des § 74 Abs. 2 des Patentgesetzes sowie des § 9 Abs. 1 des Gebrauchsmustergesetzes ist der **Bundesminister für Verteidigung.**" Nach der Neufassung der Vorschrift durch Art 19 des 2. PatGÄndG ist die zuständige oberste Bundesbehörde jetzt als „das Bundesministerium der Verteidigung" bezeichnet (Neutralisierung der Behördenbezeichnungen).

2 **2. Reformvorschläge.** Wegen des Vorschlags, die Zuständigkeiten im Sinne dieser Vorschrift zu **dezentralisieren** und auf die jeweils für Sicherheitsfragen zuständigen Bundesbehörden zu übertragen, vgl. Breith, GRUR **03,** 587, 590, der als ehemaliger Leiter des zuständigen Referats im BMVtdg. über besondere Erfahrungen verfügt. Eine koordinierende Zuständigkeit auf der Ebene einer obersten Bundesbehörde, die im Umgang mit Patenterteilungsverfahren über entsprechende Kenntnisse und Erfahrungen verfügt, wird aber vermutlich nicht zu entbehren sein. Die Rüstungstechnologie dürfte nach wie vor den Schwerpunkt bilden, in dem sicherheitsrelevante Erfindungen gemacht werden. Betrachtet man die Vereinigten Staaten als Vorbild, so liegt allerdings die koordinierende Rolle zwischen den verschiedenen beteiligten Agenturen (agencies) unter Einschluss der Atomic Energy Agency eindeutig beim Patentamt. Zentrales Ressort für Sicherheitsangelegenheiten und Oberste Sicherheitsbehörde ist das Bundesministerium des Innern, das aber immer wieder die Trennung zwischen ziviler (innerer) und militärischer (äußerer) Sicherheit betont und eine Verwischung dieser Grenzen ablehnen würde.

57 *Erteilungsgebühr.* (1) [1]**Für die Erteilung des Patents ist eine Erteilungsgebühr nach dem Tarif zu entrichten.** [2]**Die Gebühr ist mit Zustellung des Erteilungsbeschlusses fällig.** [3]**Wird sie nicht innerhalb von zwei Monaten nach Fälligkeit entrichtet, so muß der tarifmäßige Zuschlag entrichtet werden.** [4]**Nach Ablauf der Frist gibt das Patentamt dem Patentinhaber Nachricht, daß das Patent als nicht erteilt und die Anmeldung als zurückgenommen gilt, wenn die Gebühr mit dem Zuschlag nicht innerhalb eines Monats nach Zustellung der Nachricht entrichtet wird.**

(2) **Wird die Gebühr mit dem Zuschlag nicht rechtzeitig nach Zustellung der amtlichen Nachricht entrichtet, so gilt das Patent als nicht erteilt und die Anmeldung als zurückgenommen.**

(aufgehoben)

§ 57 ist durch Art. 7 Nr. 24 des KostRegBerG v. 13. 12. 2001, BGBl. I 3656, m. W. v. 1. 1. 2002 aufgehoben worden. Die in der Vorschrift vorgesehene Gebühr für die Erteilung eines Patents ist ersatzlos entfallen. Im RegE des KostRegBerG, BT-Drs. 14/6203 S. 50, Zu Nr. 311 200 des GebVerz, ist dazu ausgeführt, durch die Erhöhung der Recherchegebühr und der Gebühr für das Prüfungsverfahren ohne vorausgegangene Recherche könne die bisher erhobene Erteilungsgebühr nach § 57 PatG von 175 DM = 89, 48 EUR wegfallen.

58 *Veröffentlichung der Patenterteilung. Wegfall der Schutzwirkungen der Offenlegung.* (1) [1]**Die Erteilung des Patents wird im Patentblatt veröffentlicht.** [2]**Gleichzeitig wird die Patentschrift veröffentlicht.** [3]**Mit der Veröffentlichung im Patentblatt treten die gesetzlichen Wirkungen des Patents ein.**

(2) **Wird die Anmeldung nach der Veröffentlichung des Hinweises auf die Möglichkeit der Einsicht in die Akten (§ 32 Abs. 5) zurückgenommen oder zurückgewiesen oder gilt sie als zurückgenommen, so gilt die Wirkung nach § 33 Abs. 1 als nicht eingetreten.**

(3) **Wird bis zum Ablauf der in § 44 Abs. 2 bezeichneten Frist ein Antrag auf Prüfung nicht gestellt oder wird eine für die Anmeldung zu entrichtende Jahresgebühr nicht rechtzeitig entrichtet (§ 7 Abs. 1 des Patentkostengesetzes), so gilt die Anmeldung als zurückgenommen.**

Inhaltsübersicht

1. Veröffentlichung der Patenterteilung

Literatur: Schlitzberger, Die Kundmachung des Patentgegenstandes, GRUR 75, 567. 1

Zum Textbestand: § 58 Abs. 1 und 2 sind seit der Neufassung durch das 1. GPatG unverändert geblieben. § 58 Abs. 3: hat seine derzeitige Fassung durch Art. 7 Nr. 25 des KostRegBerG v. 13. 12. 2001, BGBl. I 3656 Bl 2002, 14, 25, mWv 1. 1. 2002 erhalten; dabei wurde die Angabe „(§ 17)“ durch „(§ 7 Abs. 1 des Patentkostengesetzes)“ ersetzt.

Wegen der **rechtsgestaltenden Wirkung der Patenterteilung** (vgl. § 49 Rdn. 3) und 1a wegen der Möglichkeit, gegen die Patenterteilung Einspruch mit dem Ziel des Widerrufs des Patents einzulegen (§ 59 Abs. 1 Satz 1), muss die Patenterteilung der Öffentlichkeit bekanntgegeben werden. Die Veröffentlichung geschieht durch Bekanntgabe der Patenterteilung im Patentblatt und durch Ausgabe der Patentschrift.

a) Veröffentlichung im Patentblatt. Die Veröffentlichung der Patenterteilung im Patent- 2 blatt ist von den beiden Veröffentlichungen der entscheidende Vorgang. Mit ihr treten die gesetzlichen Wirkungen des Patents ein (§ 58 Abs. 1 Satz 3). Sie setzt ferner die Frist für die Erhebung von Einsprüchen in Lauf (§ 59 Abs. 1 Satz 1). Die Veröffentlichung wird vom Patentamt veranlasst, auch wenn der Erteilungsbeschluss vom Patentgericht erlassen wird.

3 Der **Erteilungsbeschluss** wird zwar schon mit der Zustellung an den oder die Patentinhaber wirksam (vgl. § 49 Rdn. 5). Da er jedoch, wenn er den gestellten Anträgen nicht voll entspricht, mit der Beschwerde angefochten werden kann (vgl. § 49 Rdn. 4) und die Beschwerde aufschiebende Wirkung hat (§ 75 Abs. 1), empfiehlt es sich, die Veröffentlichung bis zum Unanfechtbarwerden des Beschlusses zurückzustellen. Würde nämlich innerhalb der Beschwerdefrist Beschwerde gegen den Erteilungsbeschluss eingelegt werden, so müsste die bereits erfolgte Veröffentlichung wegen der aufschiebenden Wirkung der Beschwerde widerrufen oder berichtigt werden, vgl. dazu Bayer. VGH Bl. **58,** 194.

4 Die Veröffentlichung der Patenterteilung erfolgt im **Patentblatt** in Teil 3: („Erteilte Patente a) 1 Erteilungen nach Durchführung des Prüfungsverfahrens (PatG 1981)") unter der Patentnummer, die aus dem Aktenzeichen der Anmeldung abgeleitet. wird. Wegen des neuen Systems der Aktenzeichen vgl. die Mitteilung Nr. 3/03 des Präs/DPMA über die Einführung der neuen Aktenzeichenform des DPMA v. 27. 5. 2003.

4a Die **Angaben über die erteilten Patente** mit den ggf. in Klammern gesetzten Abkürzungen werden, wenn vorhanden, in folgender **Anordnung** aufgeführt: (Klammerangaben mit zusätzlichem Ländercode EP bzw. WO beziehen sich auf Daten aus Verfahren vor dem Europäischen Patentamt oder nach dem PCT, sie sind hier nicht berücksichtigt): (10) Land und Patentnummer (zugleich Nummer der Schrift) und Schriftenart, also z. B. „(10) DE 195 28 658 B4"; (51) IPC7-Hauptklasse (fett), IPC7-Nebenklasse(n), also z. B. „(51) **A01F 15/00,** A01F 15/08"; (22) Anmeldetag (AT) (43) Offenlegungstag (OT) (44) Bekanntmachungstag (BT); (21) Aktenzeichen beim DPMA (Akz), also z. B. „(21) Akz: 195 28 658.8"; (45) Veröffentlichungstag (1. PT), er ist mit dem Ausgabetag des Patentblatts identisch; (15) Korrekturinformationen, (48) Veröffentlichungstag der Berichtigung; (30) Angaben bei Inanspruchnahme einer Priorität: (30) (Pr) Unionspriorität Tag Land Aktenzeichen, (WE) Priorität des früheren Patents bei widerrechtlicher Entnahme, (IP) Innere Priorität, (GSM) Geschmacksmusterpriorität, (23) Angaben bei Inanspruchnahme einer Ausstellungspriorität: Beginn der Ausstellung (AP) Bezeichnung der Ausstellung; (54) Bezeichnung der Erfindung, also z. B. „(54) Verfahren und Schaltungsanordnung zum Steuern eines Reinigungsgebläses und einer Zentralschmierung für eine Quadergroßballenpresse"; (61) Zusatz zu: Zusatz in:, also die Bezeichnung eines etwaigen Zusatzverhältnisses; (62) Teil/Ausscheidung aus: Teil/Ausscheidung in:, also Angaben darüber, ob es sich um eine Ausscheidungs- oder Teilanmeldung handelt und welcher Stammanmeldung sie zugeordnet ist; (73) Patentinhaber: (74); Vertreter (Vtr); (72) Erfinder (Erf). Beim Erfinder wird auch, natürlich ohne Namensnennung, angegeben, wenn er die Nichtnennung beantragt hat.

4b Bei der im Patentblatt benutzten Anordnung führen also die Angaben zur Patentnummer und zur Klassifikation; die Angaben zum **Patentinhaber, Vertreter und Erfinder** folgen erst am Schluss. Der Name des Patentinhabers und seines etwa bestellter Vertreters werden mit dem jeweiligen Wohnsitz angegeben. Änderungen in der Person des Patentinhabers oder seines Vertreters, die nicht mehr in den Erteilungsbeschluss aufgenommen werden konnten, werden bei der Veröffentlichung nicht mehr berücksichtigt. Der Erfinder ist in der Veröffentlichung zu nennen, falls er bereits benannt worden ist (§ 63 Abs. 1). Die Angabe des **Anmeldetages** ist zwar üblich, aber nicht vorgeschrieben. Die Angabe eines falschen Anmeldetages ist daher unschädlich, PA GrSen. Bl. **29,** 312, nachträglich kann ein anderer Anmeldetag festgesetzt werden, PA Mitt. **31,** 304; BGH GRUR **71,** 565, 567. Die Veröffentlichung der Inanspruchnahme der Priorität mit Angabe des Zeitpunktes, des Landes und des Aktenzeichens der Voranmeldung ist durch Art. 4 D PVÜ vorgeschrieben., sie entspricht der oben beschriebenen Praxis des DPMA. Mit der Veröffentlichung beginnt die Frist zur Erhebung des Einspruchs (§ 59 Abs. 1). Der Gegenstand des Patents wird in der Veröffentlichung nur durch die Angabe der Bezeichnung der Erfindung (§ 35 Abs. 1 Satz 3 Nr. 1) umschrieben. Die Erteilungsunterlagen werden als Patentschrift veröffentlicht (vgl. unten Rdn. 5).

5 **b) Veröffentlichung der Patentschrift.** Die Veröffentlichung der Patenterteilung im Patentblatt (oben Rdn. 3) gibt nur unzureichenden Aufschluss über den Inhalt des Patents. Zur näheren Unterrichtung wird die **Patentschrift** veröffentlicht, die die vollständigen Erteilungsunterlagen – Ansprüche, Beschreibung, Zeichnungen und Zusammenfassung – enthält (§ 32 Abs. 3). Werden in der Patentschrift versehentlich unrichtige (vertauschte) Unterlagen veröffentlicht, so hat dies auf die Wirksamkeit der Veröffentlichung der Patenterteilung keinen Einfluss, PA Bl. **85,** 309. Die Patentschrift soll **gleichzeitig** mit der **Veröffentlichung der Patenterteilung im Patentblatt** veröffentlicht werden. Ein zeitliches Auseinanderfallen hat jedoch auf die der Veröffentlichung im Patentblatt beigelegten Wirkungen (vgl. unten Rdn. 6) keinen Einfluss und verschiebt auch nicht den Beginn der Einspruchsfrist, BPatG GRUR **86,** 535 f. Wegen der neuen Form der Veröffentlichung der Patentschriften in elektronischer Form

und des Wegfalls der Herausgabe des Patentblatts in Papierform vgl. die Erläuterungen zu § 32. Dritte können nicht gegen das DPMA im Verwaltungsstreitverfahren bzw. mit einem Antrag auf Erlass einstweiliger Anordnungen vorgehen, um die Veröffentlichung der Patentschrift zu verhindern, wenn die vom Anmelder vorgelegte Beschreibung seiner Erfindung mit negativen Bewertungen von Konkurrenzerzeugnissen im Stand der Technik einhergeht, ByVerwGH Mitt. **03,** 400. Die subjektiven Ansichten des Anmelders und Patentinhabers unterliegen nicht der Nachprüfung durch das Patentamt.

c) Wirkung der Veröffentlichung. aa) Gesetzliche Wirkungen des Patents. Die Veröffentlichung der Patenterteilung bewirkt das Eintreten der **gesetzlichen Wirkungen des Patents;** diese treten nach § 58 Abs. 1 Satz 3 mit der Veröffentlichung im Patentblatt ein. Von diesem Zeitpunkt an ist nur noch der Patentinhaber zur Benutzung des Gegenstandes der Erfindung berechtigt (§ 9); er kann von einem unbefugten Benutzer Unterlassung und bei Verschulden auch Schadenersatz verlangen (§ 139). Eine nach der Offenlegung der Patentanmeldung begonnene oder fortgesetzte Benutzung des Gegenstandes der Erfindung wird nicht nachträglich rechtswidrig, sondern bleibt eine „befugte", die unter den Voraussetzungen des § 33 Abs. 1 zur Leistung einer Entschädigung verpflichtet. Sie wird erst von der Veröffentlichung der Patenterteilung an zu einer „unbefugten" (rechtswidrigen) Handlung mit den sich aus § 139 ergebenden Folgen. Gegenüber dem mit der Veröffentlichung der Patenterteilung eintretenden Patentschutz hat der Einspruch keine aufschiebende Wirkung, vgl. BGH GRUR **63,** 279, 281 – Weidepumpe. Der Patentschutz wird nur und erst durch Widerruf oder Nichtigerklärung des Patents, dann allerdings mit rückwirkender Kraft, beseitigt (§ 21 Abs. 3, § 22 Abs. 2). 6

bb) Abhängige Fristen. Die Veröffentlichung der Patenterteilung im Patentblatt setzt weiter die **Frist für die Erhebung von Einsprüchen** in Lauf (§ 59 Abs. 1 Satz 1). Sie hat insoweit die Bedeutung eines öffentlichen Aufgebots (vgl. BGH GRUR **63,** 190, 191 – Fleischzubereitung); denn sie fordert die Öffentlichkeit auf, Umstände, die den Widerruf des Patents rechtfertigen können, mit Einspruch beim Patentamt geltend zu machen. Mit der Veröffentlichung der Patenterteilung im Patentblatt beginnt schließlich auch die Zweijahresfrist für die erfinderrechtliche Vindikation nach § 8 Satz 3. Für den Zeitpunkt der Veröffentlichung im Patentblatt nach § 58 ist auf das offizielle Erscheinungsdatum des Patentblatts, d.h. jetzt das Datum der Verfügbarkeit der elektronischen Ausgabe im Internet, abzustellen, BPatGE **30,** 111. 7

2. Patenturkunde. Das Patentamt fertigte ursprünglich eine Patenturkunde aus (Inhalt: Name des Inhabers, Gegenstand, Patentnummer, Beginn der Patentdauer). Die Patentschrift wurde der Patenturkunde angeheftet. Die Urkunde war nicht Träger des Rechts, sondern nur Beweisurkunde, PA Bl. **29,** 227. Bei Verlust erteilte das Patentamt eine weitere Ausfertigung, die als solche gekennzeichnet wurde. Wegen des damit verbundenen Aufwandes wurden Patenturkunden vorübergehend nicht mehr ausgestellt. Auch im Hinblick auf die gegenteilige Regelung für europäische Patente, vgl. Regel 54 der AusfO EPÜ, ist die Patenturkunde durch die 3. VO zur Änderung der DPAVO, Bl. **88,** 201, wieder eingeführt worden, vgl. 25 Abs. 1 DPMAV; § 25 Abs. 2. DPMAV sieht darüber hinaus für Patentinhaber vor, dass ihnen auf Antrag eine kostenpflichtige Schmuckurkunde ausgefertigt wird. 8

3. Rücknahme der Anmeldung und gleichgestellte Fälle. Die Anmeldung kann in jedem Verfahrensstadium zurückgenommen werden (vgl. § 34 Rdn. 145ff.). Der Zurücknahme der Anmeldung steht es nach § 58 Abs. 3 gleich, wenn die Anmeldegebühr nicht, nicht rechtzeitig oder nicht vollständig gezahlt wird, § 6 Abs. 2 PatKostG i.V.m. GebVerz 311 000 oder 3111 100; der Prüfungsantrag nicht innerhalb der Frist des § 44 Abs. 2 gestellt oder eine Jahresgebühr für die Anmeldung nicht rechtzeitig gezahlt wird, § 7 Abs. 1 PatKostG; vgl. dazu BPatGE **14,** 93, 97f. Im Falle der Nichtstellung eines Prüfungsantrages tritt die Rücknahmefiktion mit Ablauf der Frist des § 44 Abs. 2 ein. Diese Frist endet, wenn der letzte Tag der Frist auf einen Sonnabend, Sonntag oder staatlich anerkannten Feiertag fällt, gemäß § 193 BGB mit Ablauf des nachfolgenden Werktages. Obwohl danach die Rücknahmefiktion erst nach dem Beginn des achten Patentjahres eintreten kann, ist in einem solchen Falle die vorausgezahlte Gebühr für das achte Patentjahr zurückzuzahlen, BPatGE **22,** 43. Werden bei einer Teilanmeldung: die fälligen Gebühren nicht, nicht vollständig oder nicht rechtzeitig gezahlt, so führt das nach § 39 Abs. 3 zur Fiktion der Nichtabgabe der Teilungserklärung und damit zum Wegfall der Teilanmeldung. 9

4. Wegfall der Wirkung nach § 33 Abs. 1. Wird die Anmeldung nach der Veröffentlichung des Hinweises auf die Möglichkeit der Akteneinsicht (§ 32 Abs. 5) zurückgewiesen oder zurückgenommen, oder gilt sie nach diesem Zeitpunkt als zurückgenommen (§ 58 Abs. 3), so gilt nach § 58 Abs. 2 die Wirkung nach § 33 Abs. 1 als nicht eingetreten. Die bereits entfallene Schutzwir- 10 kung kann wieder in Kraft treten, wenn in einem der Fälle des § 58 Abs. 3 Wiedereinsetzung in den vorigen Stand bewilligt wird. Der gutgläubige Zwischenbenutzer ist dann jedoch zur Weiterbenutzung berechtigt (§ 123 Abs. 6). Siehe im Übrigen die Erläuterungen zu § 33.

59 *Einspruch.* (1) [1]**Innerhalb von drei Monaten nach der Veröffentlichung der Erteilung kann jeder, im Falle der widerrechtlichen Entnahme nur der Verletzte, gegen das Patent Einspruch erheben.** [2]**Der Einspruch ist schriftlich zu erklären und zu begründen.** [3]**Er kann nur auf die Behauptung gestützt werden, daß einer der in § 21 genannten Widerrufsgründe vorliege.** [4]**Die Tatsachen, die den Einspruch rechtfertigen, sind im einzelnen anzugeben.** [5]**Die Angaben müssen, soweit sie nicht schon in der Einspruchsschrift enthalten sind, bis zum Ablauf der Einspruchsfrist schriftlich nachgereicht werden.**

(2) [1]**Ist gegen ein Patent Einspruch erhoben worden, so kann jeder Dritte, der nachweist, daß gegen ihn Klage wegen Verletzung des Patents erhoben worden ist, nach Ablauf der Einspruchsfrist dem Einspruchsverfahren als Einsprechender beitreten, wenn er den Beitritt innerhalb von drei Monaten nach dem Tag erklärt, an dem die Verletzungsklage erhoben worden ist.** [2]**Das gleiche gilt für jeden Dritten, der nachweist, daß er nach einer Aufforderung des Patentinhabers, eine angebliche Patentverletzung zu unterlassen, gegen diesen Klage auf Feststellung erhoben hat, daß er das Patent nicht verletze.** [3]**Der Beitritt ist schriftlich zu erklären und bis zum Ablauf der in Satz 1 genannten Frist zu begründen.** [4]**Absatz 1 Satz 3 bis 5 ist entsprechend anzuwenden.**

(3) **§ 43 Abs. 3 Satz 3 und die §§ 46 und 47 sind im Einspruchsverfahren entsprechend anzuwenden.**

Inhaltsübersicht

1. Einspruch/Vorbemerkungen 1

Literatur: Ballhaus, Das Einspruchsverfahren nach dem neuen Verfahrensrecht, Mitt. **61,** 221; Vollrath: Prozessuale Erheblichkeit einer wirksamen Nichtangriffabrede im Einspruchsverfahren nach neuem Recht, Mitt. **82,** 43; Merz, Einspruch auf Grund offenkundiger Vorbenutzung, Zulässigkeitsanforderungen an den Einspruch bei behaupteter offenkundiger Vorbenutzung, Mitt. **8**2, 224; Müller-Börner, Zum nachgeschalteten Einspruch gemäß § 59 PatG, FS W. Oppenhoff (1985), 227; Paul, Einspruch gegen ehemalige Geheimpatente nach neuem Recht möglich? Mitt. **85,** 29; Jung, E., Die Praxis des europäischen und deutschen Patenterteilungsverfahrens, GRUR **86,** 210; Koppe, Das „nachgeschaltete Einspruchsverfahren" nach neuem Recht- „vorgezogenes Nichtigkeitsverfahren"? FS 25 Jahre BPatG, (1986), 229; Goebel, Frank Peter, Die Praxis des deutschen Patenterteilungsverfahrens, GRUR **86,** 633; Raible, Einspruchsverfahren im Wandel, Mitt. **87,** 61; van Hees, Der Beitritt eines Dritten im Patenterteilungsverfahren, GRUR **87,** 855; Bartenbach/Volz, Nichtangriffspflicht des (ausgeschiedenen) Arbeitnehmererfinders gegenüber seinen in Anspruch genommenen patentgeschützten Diensterfindungen, GRUR **87,** 859; Kockläuner, Zur Frage des verspäteten Einspruchvorbringens im Verfahren vor dem Europäischen Patentamt, GRUR Int. **88,** 831. Niedlich, Wolfgang, Das Einspruchsverfahren vor dem Deutschen Patentamt, GRUR **88,** 193; Niedlich, Wolfgang, Einspruch ohne Vollmacht, GRUR **1989,** 158; Stortnik, Einspruch ohne Vollmacht, GRUR **89,** 868; Kockläuner, Neue Patentansprüche und mündliche Verhandlung beim Europäischen Patentamt, Mitt. **89,** 30; Beier, F. K., Die Rechtsbehelfe des Patentanmelders und seiner Wettbewerber im Vergleich, GRUR Int. **89,** 1; Teschemacher, Rudolf: Die Chancen des Patentanmelders und seiner Wettbewerber vor dem Europäischen Patentamt, GRUR Int. **89,** 190; Feiereisen, Reexamination – Patentamtliches Verfahren in den USA zur Überprüfung von U. S.-Patenten, Mitt. **90,** 16; von Maltzahn: Zur rechtlichen Beurteilung von Nichtangriffsabreden über technische Schutzrechte. Festschrift für v. Gamm **1990,** 597; Jahrbuch der AIPPI (Barcelona **90**), Berichte der Landesgruppen zur Frage 99: Die Intervention Dritter in Patenterteilungs- und Beschränkungsverfahren, **1990;** Schwanhäusser, Erweiterung der Patentanmeldung oder des Patents nach neuem Recht, GRUR **91,** 165; Engel Die Prüfungsbefugnis der Patentabteilung und des Bundespatentgerichts im Einspruchs- und Einspruchsbeschwerdeverfahren, FS R. Nirk **(1992),** 195; Brodesser, Otto: Offenbarung und Beschränkung des Schutzbegehrens im Patentrecht, in: Festschrift für R. Nirk **(1992),** 85; Günzel, Brigitte., Die Anforderungen an die Begründung eines zulässigen Einspruchs beim Europäischen Patentamt, Praxis des Amtes und Rechtsprechung der Beschwerdekammern, Mitt. **92,** 203. Günzel, B., Die offenkundige Vorbenutzung im Einspruchsverfahren vor dem EPA – ausgewählte Probleme aus der Praxis, VPP-Rdbr **92,** 61; Günzel, B., Die Vorbenutzung als Stand der Technik im Sinne des europäischen Patentübereinkommens, Amtspraxis und Rechtsprechung der Beschwerdekammern, FS R. Nirk **(1992),** 441; Jaenichen, H.-R., The 'Harvard Onco-mouse' in the Opposition Proceedings before the European Patent Office, EIPR **93,** 345; Jestaedt, B., Die Erledigung der Hauptsache im Patentnichtigkeits- und Patenteinspruchsverfahren, WRP **94,** 680; Pitz, J., Verfahrensrechtliche Unwirksamkeit der Nichtangriffsabrede im europäischen und im deutschen Einspruchsverfahren, Mitt. **94,** 239 ff. Pitz, Johann: Das Verhältnis von Einspruchs- und Nichtigkeitsverfahren nach deutschem und europäischem Patentrecht, München: VVF **94;**

Aúz Castro, Monika: Vorbenutzung als Stand der Technik und ihr Beweis, GRUR Int **96,** 1099–1104 = Prior Use as Prior Art and Evidence Thereof, IIC **96,** 190–202. Bossung, Otto, Gedanken zur Weiterbildung der Rechtsprechung der Großen Beschwerdekammer des EPA ausgelöst durch den Fall G 1/93 „Kollidierende Erfordernisse der Absätze 2 und 3 des Artikels 123 EPÜ, in: Zehn Rechtsprechung der Großen Beschwerdekammer im EPA, **1996,** Brinkhof, Jan J./Schutjens/Marie-Hélène, Revocation of European Patents – A Study of the Statutory Provisions and Legal Practice in the Netherlands and Germany, IIC **96,** 1–25; Brinkhof, J. J., The Revocation of European Patents, IIC, **96,** 225–234; Sedemund-Treiber, Antje: Einspruchsbeschwerdeverfahren – quo vadis? GRUR Int. **96,** 390; Hövelmann, Widerruf ohne Widerrufsgrund? Zur Änderung des Patents im Einspruchsverfahren (auch unter Berücksichtigung des europäischen Einspruchsverfahrens), GRUR **97,** 109; Hövelmann., Kassation, Ermessen und Entscheidungskompetenz – Nochmals zum Prüfungsumfang im deutschen Einspruchsbeschwerdeverfahren, zugleich eine Anmerkung zum Aufsatz von Sieckmann in GRUR **97,** 156, GRUR **97,** 875; Sieckmann, Die Geltendmachung von weiteren Einspruchsgründen nach Ablauf der Einspruchsfrist vor dem Deutschen und dem Europäischen Patentamt, insbesondere in der Beschwerde, GRUR **97,** 156–162; Stamm, Kurt: Anmerkungen zu den Beschlüssen „Steuerbare Filterschaltung" und „Zerkleinerungsanlage" des Bundespatentgerichts Mitt. **98,** 207. Hees, Anne van, Verfahrensrecht in Patentsachen, Köln **98;** 2. Aufl. 2002; Roberts, G., Oppositions before the European Patent Office, IPQ, **99,** 304–330; Molineaux, M., Amendment of a U.K. Patent under Opposition before the European Patent Office, EIPR **98,** 225–227; Depelsenaire, Robert; Mousseron, Jean Marc, Consideration of Material Not Produced – or Submitted Late – in EPO Opposition Proceedings, IIC, **99,** 135; Strehlke, Ingo, Der BGH-Beschluss „Polymermasse", I: Die Prüfungskompetenz des Bundespatentgerichts im Einspruchsbeschwerdeverfahren, Mitt. **99,** 416ff.; Rogge, R., Zur Kollision zwischen Artikel 123 (2) und (3) EPÜ, GRUR Int. **98,** 208; Kurt Stamm: Bestimmt das unzulässige Anspruchsmerkmal einen zulässigen Schutzbereich? Zur „Reaktion" von Niedlich und Graefe, Mitt. **99,** 448. Goebel, Frank P.: Prüfung der ausführbaren Offenbarung im Gebrauchsmuster-Löschungserfahren; Kriterium der Marktreife. GRUR **99,** 833. Vollrath, Ulrich, Streichung eines Anspruchsmerkmals nach der Patenterteilung, Mitt. **2000,** 185; Fitzner, Uwe, Waldhoff, Christian: Das patentrechtliche Einspruchs- und Einspruchsbeschwerdeverfahren – Eine Analyse aus öffentlich-rechtlicher Sicht, Mitt **2000,** 446; Haugg, Christian, Die Entwicklung des Einspruchsverfahrens im deutschen und europäischen Patentrecht, München **2000;** Hövelmann, P, Die patentrechtliche Zulässigkeit von Änderungen des Schutzrechts im Einspruchsverfahren, Mitt. **2000,** 349ff. EPA: Einspruchsverfahren im EPA, ABl. **01,** 148–155; Melullis Klaus-J., Zur Teilung von Patent und Anmeldung ,GRUR **01,** 971; Niedlich, Wolfgang: Noch einmal: „Zur Teilung von Patent und Anmeldung" – Entgegnung zu Mellulis, GRUR **01,** 971; Luginbuehl, Stefan: *Limitation and Revocation in the European Patent Convention – Outlines of the New Procedure* IIC **01,** 607–625; Hövelmann, Peter: Die Zusatzteilanmeldung – eine trügerische Hoffnung, Mitt. **01,** 193; Hövelmann, Peter: Neues vom deutschen Einspruch, Mitt. **02,** 49; Giebe, Olaf: Widerrechtliche Entnahme im Erteilungs- und Einspruchsverfahren, Mitt. **02,** 301; Wolfgang Niedlich: Noch einmal: „Zur Teilung von Patent und Anmeldung" – Entgegnung zu Mellulis, GRUR **01,** 971. GRUR **2002,** 565; Hövelmann, Peter: Die neuen Einspruchsrichtlinien und der Beitritt, Mitt. **03,** 303. Georg Fuchs-Wissemann: Rechtsfolgen der nicht fristgerechten Zahlung der (vollständigen) Einspruchsgebühr, Mitt. **03,** 489; Niedlich, Wolfgang: Teilen ist nicht gleich teilen; Geteilte Gedanken zu BGH „Sammelhefter", GRUR **03,** 663; Hövelmann, Peter: Der gemeinsame Einspruch, Mitt. **04,** 59. König, Reimar, Disclaimer und rechtliche Folgen, Mitt **04,** 477; Stamm, Kurt: Disclaimer und verstandene Anmeldung im logischen Ordnungssystem, Mitt. **04,** 243; Stamm, Kurt, Konstanter Inhalt und reduzierter Bereich: Lehren aus den Disclaimer-Entscheidungen der GBK, Mitt. **04,** 488; Gehring, Friederike: Der Disclaimer – ein Auslaufmodell? Mitt. **04,** 490; Teschemacher, Rudolf: Die Zulässigkeit von Disclaimern nach den Entscheidungen G 1/03 und 2/03 der Großen Beschwerdekammer des EPA, Abl. EPA **05,** SA, 116. Landfermann, Hans-Georg, Die befristete Zuständigkeit des Bundespatentgerichts für Einsprüche und Durchgriffsbeschwerden, VPP-R **2005,** FS VPP 50 Jahre, 160.

Zum **Einspruchsverfahren vor dem EPA** vgl. Benkard EPÜ **(2002)** , Erl. zu Art. 99, 100 (Rogge) und 101 bis 105 (Schäfers). Wegen der Einspruchsgründe s. insgesamt die Erl. zu § 21 (Rogge).

Wegen amtlicher **Einspruchsrichtlinien** vgl. PräsDPMA vom 26. 6. 2002 Bl. **02,** 269 = TabuDPMA Nr. 137; für das EPA: Teil D der Richtlinien für die Prüfung im EPA (als Loseblatt herausgegeben vom EPA) enthält die Richtlinien für das Einspruchsverfahren. Eine Darstellung des europäischen Einspruchsverfahrens unter Berücksichtigung der Rechtsprechung und Praxis ist in einer Mitteilung des EPA in ABl **01,** 148 enthalten. Wegen der künftigen Neufassung von § 59 Abs. 3 (Anhörung im Einspruchsverfahren) und des neuen Absatzes 4 (Verweisung auf Vorschriften des Erteilungsverfahrens) vgl. den in der Anlage wiedergegebenen Regierungsentwurf eines Gesetzes zur Änderung des patentrechtlichen Einspruchsverfahrens und des Patentkostengesetzes – BT-Drs. 16/735 v. 21. 2. 2006.

1a **a) Anwendungsbereich.** Die Vorschrift ist nicht auf Patentanmeldungen anzuwenden, deren Bekanntmachung bei Inkrafttreten des GPatG bereits beschlossen worden war; insoweit verbleibt es bei den bis zum 31. 12. 1980 geltenden Vorschriften (§ 14 Abs. 4 GPatG). Wegen des **Übergangsrechts** im Einzelnen wird auf die Rdn. 29 zu § 21 verwiesen.

Der Einspruch nach dem Patentgesetz ist nur gegen vom DPA erteilte Patente gegeben, nicht gegen mit Wirkung für die Bundesrepublik Deutschland erteilte **europäische Patente.** Will der Einsprechende ein älteres nationales Recht geltend machen, so steht hierfür nur das Nichtigkeitsverfahren zur Verfügung, PA Bl. **84,** 114.

Gegen ein **Patent,** das nach § 50 unter **Geheimhaltung** gestellt worden ist, ist der Einspruch ausgeschlossen, weil zu diesen Patenten auf Grund der Anordnung nach § 50 „jede Veröffentlichung unterbleibt". Es fehlt also auch die Möglichkeit, die Einspruchsfrist an die Veröffentlichung der Patenterteilung anzuknüpfen. Nach Aufhebung der Geheimhaltungsanordnung ist dagegen der Einspruch zulässig, BPatGE **30,** 17, 19, vgl. oben Rdn. 2 zu § 54; a. A. BPatG. Mitt. **85,** 33; Paul, Mitt. **85,** 29, 30 ff.

Vom **Patentamt der ehemaligen DDR erteilte Patente** können Gegenstand eines Einspruchsverfahrens nach § 59 sein. Nach § 12 Abs. 3 Satz 3 **Erstreckungsgesetz** kann Einspruch eingelegt werden, wenn ein vom Patentamt der ehemaligen DDR erteiltes und nach § 4 Erstreckungsgesetz erstrecktes Patent im Prüfungsverfahren nach § 12 Erstreckungsgesetz ganz oder teilweise aufrechterhalten worden ist. Mithin kann innerhalb von drei Monaten nach der Veröffentlichung der Entscheidung, die die Aufrechterhaltung des Patents ausspricht, jeder, im Falle der widerrechtlichen Entnahme nur der Verletzte, gegen das aufrechterhaltene Patent Einspruch einlegen. Das Verfahren folgt im Übrigen den allgemeinen Regeln; auch seine möglichen Ergebnisse entsprechen denjenigen, die im normalen Einspruchsverfahren denkbar sind. So kann das Verfahren z. B. auch mit der – erneuten – Aufrechterhaltung des angegriffenen Patents oder aber mit seinem Widerruf enden. Auch hinsichtlich der Zulässigkeit gelten die allgemeinen Erfordernisse. Da der Prüfungsantrag nach § 12 Abs. 1 Erstreckungsgesetz keinen zeitlichen Einschränkungen unterliegt und somit bis zum Ende der Schutzdauer des Patents gestellt werden kann, gilt dies entsprechend auch für diese **Einspruchsverfahren nach dem Erstreckungsgesetz.** Die Vorschriften über den Einspruch und das Einspruchsverfahren (§§ 59 bis 62) waren im Übrigen auch bei den „Einspruchsverfahren in besonderen Fällen" nach § 13 Erstreckungsgesetz anwendbar. Danach konnte bis zum 31. 7. 1992 gegen ein vom Patentamt nach § 18 Abs. 1 oder 2 PatG-DDR bestätigtes oder erteiltes Patent, auf das § 4 Erstreckungsgesetz anwendbar ist, noch Einspruch eingelegt werden. Auch hier sind Zulässigkeit des Einspruchs und Ergebnisse des Einspruchsverfahrens nach den allgemeinen Kriterien zu beurteilen. Zu beachten ist allerdings für alle diese Verfahren, dass hinsichtlich der Voraussetzungen der Schutzfähigkeit gem. § 5 Satz 1 Erstreckungsgesetz noch die bisher für diese Patente geltenden Rechtsvorschriften anzuwenden sind; dazu gehören insbesondere §§ 5, 16 PatG-DDR; vgl. dazu im übrigen Teil II, Rdn. 20 f der Einleitung.

b) Allgemeine Kennzeichnung des Verfahrens. Durch die Veröffentlichung der Patent- 1b
erteilung (§ 58 Abs. 1) wird die Öffentlichkeit dazu aufgerufen, Einwendungen gegen das Patent geltend zu machen (Aufgebot). Dies geschieht durch Erhebung des Einspruchs nach § 59. Der Einspruch leitet ein besonderes Verfahren ein, das sich zeitlich an die Patenterteilung anschließt und der Prüfung dient, ob das Patent zu Recht erteilt oder zu widerrufen ist. Diese Überprüfung findet nur auf Einspruch statt. Wenn kein Einspruch eingelegt wird, hat es bei der Patenterteilung sein Bewenden. Die Beseitigung des Patents kann dann nur noch im Wege der Nichtigkeitsklage (§§ 81 ff.) erreicht werden. Mit ihr können die gleichen Einwände gegen das Patent erhoben werden, wie mit dem Einspruch (§ 22 Abs. 2); sie ist jedoch sehr viel aufwändiger ist als der Einspruch. Im Einspruchsverfahren kann das Patent geteilt und es kann ein Teil des Patents in eine neue Anmeldung übergeleitet werden, § 60. Das Einspruchsverfahren endet nach § 61 mit der Aufrechterhaltung, der beschränkten Aufrechterhaltung oder dem Widerruf des Patents. Bei Rücknahme des Einspruchs kann das Verfahren auch von Amts wegen fortgeführt werden. Als Verfahren, an dem Beteiligte mit gegenläufigen Interessen (Patentinhaber, Einsprechende) sich gegenüberstehen, sieht § 62 auch die Möglichkeit einer Kostenverteilung vor. Die endgültigen Entscheidungen, die im Einspruchsverfahren vor dem Patentamt ergehen, können mit der Beschwerde nach § 73 angefochten werden, die zu einer Fortführung des Einspruchsverfahrens vor dem Patentgericht führt.

c) Bedeutung des Einspruchs. Im Gesetz wird streng unterschieden zwischen dem Pa- 2
tenterteilungsbeschluss als dem abschließend über die Patentanmeldung entscheidenden Verwaltungsakt (§ 49 PatG) und dem Patent. Nur das materielle Recht ist Gegenstand des Einspruchsverfahrens (§ 59 Abs. 1 Satz 1 PatG). Nur das Patent selbst kann daher Gegenstand möglicher Dispositionen des Patentinhabers als Beteiligten des Einspruchsverfahrens sein. Für Verfahrenshandlungen, die sich auf die dem Patent zugrunde liegende Patentanmeldung beziehen, ist in diesem Stadium kein Raum mehr, BGH GRUR **1999,** 571. Die Bedeutung des Einspruchs liegt darin, dass die **Öffentlichkeit** Gründe, die der Rechtsbeständigkeit des (erteilten) Patents entgegenstehen und die dem Patentamt bei der Patenterteilung nicht bekannt waren, wie etwa eine offenkundige Vorbenutzung oder eine Vorveröffentlichung in einer dem Patentamt nicht zugänglichen Druckschrift, geltend machen und den **Widerruf des Patents in einem einfach ausgestalteten Verfahren** erreichen kann. Mit Einspruch kann aber auch auf Umstände aufmerksam gemacht werden, die vielleicht nicht oder nicht hinreichend berücksichtigt oder vom Patentamt anders bewertet worden sind, wie das vor allem im Bereich der Biotechnologie („Keine Patente auf Leben!") oder der Kommunikationstechnologie („computer-implementierte Erfindungen") deutlich geworden ist. Mit dem Einspruch ist

somit dem „Betroffenen" und vor allem auch Wettbewerbern des Patentinhabers ein Mittel an die Hand gegeben, ein nach ihrer Ansicht zu Unrecht erteiltes und sie störendes Patent zu beseitigen und den eigenen technischen oder wirtschaftlichen Spielraum zu sichern. Andererseits werden aber auch die Interessen des Patentinhabers gewahrt. Ihm bietet das Einspruchsverfahren die Möglichkeit, das Patent an neu bekannt gewordenen oder geltend gemachten Stand der Technik anzupassen und damit dessen Bestandskraft in u. U. beschränkter Form aufrechtzuerhalten. Gegenüber dem mit der Veröffentlichung der Patenterteilung eingetretenen Patentschutz (§ 58 Abs. 1 Satz 3) hat der Einspruch keine aufschiebende Wirkung, BGH GRUR **63,** 279, 281 – Weidepumpe; **87,** 284 – Garagentransportfahrzeug. Der erfolgreiche Einspruch, der zum Widerruf des Patents führt, bringt jedoch die Wirkungen des Patents und der Anmeldung mit rückwirkender Kraft in Fortfall. (§ 21 Abs. 3). Die Bedeutung des Einspruchsverfahrens liegt im Falle der widerrechtlichen Entnahme darin, dass in einem einfach ausgestalteten Verfahren der mangelnde Anspruch des Anmelders auf Patenterteilung vom Patentamt geprüft und gegebenenfalls durch Widerruf des erteilten Patents berücksichtigt wird.

2a Der Einspruch ist ferner im Falle der **widerrechtlichen Entnahme** notwendige Voraussetzung dafür, dass der mangelnde Anspruch des Anmelders auf Patenterteilung vom Patentamt geprüft und gegebenenfalls durch Widerruf des erteilten Patents berücksichtigt wird (§ 7 Abs. 2).

2b Der erfolglose Einspruch hindert den Einsprechenden nicht daran, das gegen seinen Einspruch aufrechterhaltene Patent noch mit der **Nichtigkeitsklage** anzugreifen. Eine Entscheidung des Patentgerichts im Einspruchsverfahren erwächst zwar für die Beteiligten für den Streitgegenstand in Rechtskraft. Streitgegenstand ist jedoch im Einspruchsverfahren die Aufrechterhaltung oder der Widerruf des Patents und im Nichtigkeitsverfahren die Rechtsbeständigkeit des Patents. Die Rechtskraft als Institut des Prozessrechts ist im Übrigen einer positiven Regelung zugänglich, wie etwa die Vorschriften über die Wiederaufnahme zeigen. § 81 schließt aber den, der zuvor erfolglos Einspruch erhoben und Beschwerde eingelegt hatte, nicht von der Erhebung der Nichtigkeitsklage aus. Das Rechtsschutzinteresse des Einsprechenden an der Weiterverfolgung seines Einspruchs wird durch Ablauf der Patentdauer nicht berührt, BPatGE **26,** 15.

3 **d) Rechtsnatur des Einspruchsverfahrens.** Das Einspruchsverfahren setzt anders als das Patentnichtigkeitsverfahren keine Personenverschiedenheit der beteiligten Parteien voraus. Einsprechender und Patentinhaber sind im Einspruchsverfahren nicht Parteien, sondern **Beteiligte.** Dies folgt aus § 61 Abs. 1 S. 2 PatG, wonach das Einspruchsverfahren nach den §§ 59ff. PatG von Amts wegen ohne den Einsprechenden, also ggf. nur unter Beteiligung des Patentinhabers fortgesetzt wird, wenn der Einspruch zurückgenommen wird. Die Zurücknahme eines Einspruchs, der einmal in zulässiger Weise erhoben worden ist, beendet lediglich die Verfahrensbeteiligung des Einsprechenden, steht einer Sachprüfung der geltend gemachten Widerrufsgründe jedoch nicht entgegen. Insofern bewahrt das nachgeschaltete Einspruchsverfahren **eindeutige Merkmale des Erteilungsverfahrens** und steht ihm näher als dem Nichtigkeitsverfahren. Das Patentamt hat daher, sofern ein zulässiger Einspruch eingelegt worden ist, von Amts wegen das patenthindernde Material, das mit einem zurückgenommenen oder erledigten Einspruch vorgebracht worden ist, zu prüfen und zu berücksichtigen. Der Einsprechende kann durch die Zurücknahme seines Einspruchs nicht eine im Interesse der Allgemeinheit an der erschöpfenden Berücksichtigung patenthindernden Materials liegende Sachentscheidung verhindern, BGH – Lichtfleck, Bl. **94,** 279 = Mitt. **94,** 75.

3a Der Erlass des Erteilungsbeschlusses bedeutet nicht, dass das Erteilungsverfahren seinen Abschluss gefunden hat, sondern lediglich, dass die Erteilungsbehörde an ihre Entscheidung gebunden ist, sobald diese verkündet oder dem Anmelder zugestellt ist (vgl. Kraßer, § 25 V d 2, S. 548). Das Erteilungsverfahren endet erst mit der Bestandskraft des Erteilungsbeschlusses nach Ablauf der Einspruchsfrist. Wird fristgerecht Einspruch erhoben, so setzt sich das Erteilungsverfahren, nunmehr in Form des Einspruchsverfahrens mit beschränktem Prüfungsumfang (§§ 59 Abs. 1, 21 PatG) bis zu dessen rechtskräftiger Entscheidung fort, BGH – Sulfonsäurechlorid, GRUR **94,** 439, 441, Egr. II 2c aa).

3b Das Patentgesetz hat andererseits mit der Eröffnung des nachgeschalteten Einspruchsverfahrens das Patenterteilungsverfahren dem **herkömmlichen Verwaltungsverfahren** angenähert. Das Patent wird mit der Veröffentlichung der Erteilung im Patentblatt nach Maßgabe des § 58 Abs. 1 Satz 1 PatG wirksam; denn mit der Veröffentlichung im Patentblatt treten die gesetzlichen Wirkungen des Patents ein (§ 58 Abs. 1 Satz 3 PatG). Die Wirksamkeit des Patents ist sonach nur davon abhängig, dass die Erteilung im Patentblatt veröffentlicht wird. Hingegen ist nicht Wirksamkeitsvoraussetzung, dass das Patent nicht angefochten wird. Die Möglichkeit, innerhalb von drei Monaten nach der Veröffentlichung der Erteilung gegen das Patent Einspruch zu erheben, wie es § 59 Abs. 1 Satz 1 PatG vorsieht, bedeutet kein Hinausschieben der

Wirksamkeitsvoraussetzungen des Patents in dem Sinn, dass die Wirksamkeit erst drei Monate nach der Veröffentlichung der Erteilung im Patentblatt einträte, BGH Vornapf, GRUR **97,** 615.

Zu beachten ist ferner, dass nach einem vergeblichen Anlauf (vgl. den Entwurf eines Gesetzes zur Änderung des PatGebG (1993), BR-Drs. 311/93, das PatKostG m. W. v. 1. 1. 2002 für den Einspruch gem. § 59 nach dem Vorbild des Einspruchsverfahrens nach EPÜ die **Gebührenpflicht eingeführt** hat. Danach ist mit dem Einspruch eine Gebühr nach dem Tarif zu bezahlen; wird sie nicht gezahlt, so gilt der Einspruch als nicht erhoben. Die Wirksamkeit wird also, ähnlich wie das Nichtigkeitsverfahren, von der Zahlung einer Verfahrensgebühr abhängig gemacht. S. im Übrigen unten Rdn 29 a ff. 3 c

e) Völkerrechtliche Verpflichtungen. Art. 18 des **Entwurfs eines Patentrechtsvertrages** (PLT/WIPO, Ind. Prop. **91,** 118, 125) sah für Vertragsparteien, die Patente nach voller Sachprüfung (substantive examination) erteilen, zwingend ein behördliches Widerrufs- oder Einspruchsverfahren nach dem Modell des europäischen oder deutschen Patentrechts, also als nachgeschaltetes Einspruchsverfahren, vor (administrative revocation). Als Einspruchsgrund sollte zumindest druckschriftlicher Stand der Technik zugelassen werden, der der Neuheit oder Erfindungshöhe des Patents entgegensteht. Die Einspruchsfrist sollte mindestens 6 Monate betragen. Das Einspruchsverfahren des früheren deutschen Rechts, das z. B. noch in Österreich geltendes Recht ist, wurde ausdrücklich abgelehnt (prohibition of pre-grant opposition, Art. 18 Abs. 2). Der **PLT 2000** verzichtet auf entsprechende Festlegungen, da sich dafür keine ausreichende Unterstützung fand. Das **WTO/TRIPS-Übereinkommen** enthält in **Art. 62 Abs. 4 und 5** einen allgemeinen Rechtsrahmen für administrative Nichtigkeitsverfahren (administrative revocation) oder Inter-partes-Verfahren wie Einspruch, Nichtigkeit und Widerruf (opposition, revocation and cancellation), mithin also auch für die Einspruchsverfahren i. S. v. § 59. Endgültige Verwaltungsentscheidungen in solchen Verfahren müssen einer Nachprüfung durch gerichtliche oder quasi-gerichtliche Stellen unterzogen werden können. Es besteht aber keine Verpflichtung, für eine solche gerichtliche Nachprüfung in Fällen erfolgloser Einsprüche oder verwaltungsbehördlichen Widerrufs zu sorgen, wenn die Gründe für solche Verfahren zum Gegenstand von Nichtigkeitsverfahren (invalidation procedures) gemacht werden können. Im Übrigen gelten für Einspruchs- und Widerrufsverfahren die allgemeinen Vorschriften des Art. 41 Abs. 2 und 3, die sich mit dem Prinzip eines fairen Verfahrens und dem Zeitrahmen für Verfahren sowie mit der Form und Begründung von Entscheidungen und dem Prinzip des rechtlichen Gehörs (opportunity to be heard) befassen. Es besteht kein Zweifel, dass das Einspruchsverfahren nach § 59 diesen Vorgaben entspricht. 4

Nach BPatG Bl. **92,** 506, sollte der Einspruch gegen ein deutsches Patent nicht statthaft sein, das gem. Art. II § 8 Abs. 1 Nr. 3 mit der Erteilung im Umfang der erteilten Fassung keine Wirkung erlangt hat. Im nachfolgenden Rechtsbeschwerdeverfahren hat der BGH entschieden, dass der Zulässigkeit eines Einspruchsverfahrens gegen ein deutsches Patent nicht entgegensteht, wenn für den Patentinhaber ein im **wesentlichen gleiches europäisches Patent erteilt** worden ist. Das **Doppelschutzverbot** führt nicht zum Verlust des deutschen Patents schlechthin, sondern von Gesetzes wegen lediglich zum Wegfall der Schutzwirkung für die Zukunft, und dies auch nur im Umfang seiner Überschneidung mit dem europäischen Patent. Art. II § 8 Abs. 1 IntPatÜG lässt das nationale Patent desselben Erfinders unberührt, wenn und soweit dieses über das europäische hinausgeht, BGH GRUR **94,** 439. 4 a

f) Einspruchsberechtigung. aa) Jedermann. Exceptio pacti. Weil sich der Kreis der von einer Patenterteilung betroffenen Personen nicht abgrenzen lässt, kann – außer bei widerrechtlicher Entnahme – jedermann gegen das Patent Einspruch erheben, ohne ein eigenes Interesse dartun oder beweisen zu müssen, BGH GRUR **63,** 279, 281 – Weidepumpe. Für das Einspruchsverfahren nach früherem Recht, das Teil des Erteilungsverfahrens war, wurde angenommen, die Zulässigkeit des Einspruchs werde nicht durch eine vertragliche Verpflichtung berührt, von der Einlegung des Einspruchs abzusehen; die sogen. **exceptio pacti** sei im Einspruchsverfahren nicht anzuerkennen, PA Bl. **54,** 439; BPatGE **10,** 18. Diese Annahme bedurfte nach der Verselbstständigung des Einspruchsverfahrens der Überprüfung. So hat das BPatG mehrfach angenommen, der Einspruch könne auf Grund früherer vertraglicher Beziehungen zwischen Einsprechendem und Patentinhaber eine nach dem Grundsatz von Treu und Glauben unzulässige Rechtsausübung sein, BPatGE **32,** 54; 36, 177. 5

Zweifellos weist das neu gestaltete Einspruchsverfahren eine gewisse Nähe zum Nichtigkeitsverfahren auf, mit dem es den Verfahrensgegenstand, die Bestandskraft des erteilten Patents, nunmehr teilt, obwohl „Widerruf" und „Nichtigerklärung" jedenfalls im Deutschen auch terminologisch klar unterschieden sind – gegenüber dem im Englischen bevorzugten universellen Wort „revocation". Andererseits sind **wesentliche Elemente, die das frühere Einspruchsverfahren** 5 a kennzeichneten, erhalten geblieben, wie sich vor allem an der Fortsetzung des Verfahrens bei Rücknahme des Einspruchs und an den Verweisungen auf die Vorschriften über das Erteilungsverfahren feststellen lässt. Wegen der Darlegung des Streitstandes vgl. den Aufsatz von Winterfeldt, Festschrift VPP 50 Jahre, S. 210 ff,. Im Hinblick auf diese Entwicklung und die Positionen des BGH zur Rechtsnatur des Einspruchsverfahrens votiere ich ebenfalls für den Ausschluss der „exception pacti", unbeschadet der Möglichkeit, in Ausnahmefällen dem an sich zulässigen Einspruch den Einwand der unzulässigen Rechtsausübung oder des Rechtsmissbrauchs entgegenzusetzen. Wie hier BPatG Mitt. **04,** 552. Für die Zulassung der exceptio pacti Schulte, Rdn. 45, 46.

5b Der Einsprechende kann auch eine nur vorgeschobene Person sein, PA GRUR 1927, 889. Der Einspruch durch einen **Strohmann** verstößt nicht gegen die Wahrheitspflicht, PA Mit. **37,** 117. Unzulässig ist die Einlegung des Einspruchs durch einen „Strohmann", der zur Vertretung vor dem Patentamt nicht berechtigt ist, PA Mitt. **86,** 170. Der Wegfall des Vorgeschobenen (z.B. Tod) gibt dessen Auftraggeber kein eigenes Recht auf Beteiligung am Verfahren oder Weiterverfolgung des Einspruchs, PA Bl. **39,** 5. Der Einsprechende ist in gewissem Sinne Vertreter der Allgemeinheit, der bei der Prüfung der Rechtmäßigkeit der Patenterteilung mitwirkt, PA Mitt. **14,** 166, Populareinspruch.

6 Da grundsätzlich jedermann zur Erhebung des Einspruchs berechtigt ist, kann auch ein **Patentanwalt** oder anderer berufsmäßiger Vertreter Einspruch einlegen. Wenn ein Anwalt zwar im Auftrage eines Dritten, aber im eigenen Namen einen Einspruch erhebt, wird nicht der Auftraggeber, sondern der Anwalt selbst Verfahrensbeteiligter, BPatGE **17,** 223, 244 (sofern es sich wirklich um einen Einspruch handelt). Der Begriff „jeder" schließt aber nicht auch den Patentinhaber selbst in den Kreis der Einspruchsberechtigten ein, BPatGE **30,** 194, 195. Soweit die Große Beschwerdekammer beim EPA, GRUR Int. **86,** 123, im Verfahren nach Art. 99, 112 EPÜ auch den Einspruch des Patentinhabers für zulässig erklärt hatte, ist diese Entscheidung durch den gegenläufigen Beschluss der GrBK v. 6. 7. 1994 – G 9/93, ABl EPA **1994,** 891, überholt, hätte sich aber ohnehin nicht auf das deutsche Einspruchsverfahren übertragen lassen. Mit dem künftigen Inkrafttreten der Revision 2000 des EPÜ wird auch auf europäischer Ebene ein zentrales Beschränkungsverfahren für europäische Patente zur Verfügung stehen, während der Inhaber eines deutschen Patents sich des Verfahrens nach § 64 bedienen kann. S. dazu die Erl. zu § 64.

7 **bb) Der durch widerrechtliche Entnahme Verletzte.** Eine Ausnahme von dem Grundsatz, dass jedermann zum Einspruch berechtigt ist, gilt für den Einspruchsgrund der **widerrechtlichen Entnahme:** nur der Verletzte ist zum Einspruch befugt. Als Verletzter im Sinne dieser Bestimmung ist auch der Arbeitgeber anzusehen, wenn der Arbeitnehmer eine nicht frei gewordene Diensterfindung auf seinen Namen zum Patent angemeldet hat (PA Bl. **59,** 115) oder dem Arbeitnehmer eine noch nicht in Anspruch genommene Diensterfindung von einem Dritten entnommen ist. Der Arbeitgeber muss die angemeldete Erfindung dann allerdings vor der Entscheidung über den Einspruch auf Grund des Gesetzes über Arbeitnehmererfindungen wirksam in Anspruch nehmen; für den Nachweis ist ihm ggfls. eine Frist zu setzen, PA Bl. **59,** 115; vgl. hierzu auch § 21 Rdn. 12 und unten Rdn. 60. Der Einspruch gegen die Anmeldung eines Arbeitnehmers mit der Begründung, die Anmeldung beruhe auf einer nicht frei gewordenen Diensterfindung, steht nur dem Arbeitgeber und nicht auch solchen Personen zu, die an dessen Schutzrechten beteiligt sind, BPatGE **10,** 207. Der **Einspruch des Arbeitgebers** ist auch dann zulässig, wenn streitig ist, ob es sich um eine Diensterfindung handelt; für die Zulässigkeit des Einspruchs genügt eine dahingehende Behauptung des Arbeitgebers, BPatGE **10,** 207, 216. Mitberechtigte sind nicht zum Einspruch gegen die unberechtigte Anmeldung der einer Gemeinschaft gehörenden Erfindung durch einen anderen Mitberechtigten befugt, vgl. dazu im Einzelnen § 21 Rdn. 20. Eine Klage, die darauf gerichtet ist, einem Einsprechenden zu verbieten, in einem Patenterteilungsverfahren seinen Einspruch auf einen bestimmten Tatsachenvortrag zu stützen, ist unzulässig, BGH GRUR **82,** 161 – Einspruchsverbietungsklage II; vgl. auch BGH Bl. **82,** 18 – Einspruchsverbietungsklage. Das BAG hat an seiner früheren gegenteiligen Rechtsprechung (BAG NJW **80,** 608) nicht festgehalten. Einem Arbeitnehmer-Erfinder ist jedoch auch nach Beendigung des Arbeitsverhältnisses verwehrt, ein auf eine in Anspruch genommene gebundene Erfindung erteiltes Patent anzugreifen, solange er einen durchsetzbaren Vergütungsanspruch hat oder bereits voll abgefunden worden ist, so BGH GRUR **87,** 900, 901 – Entwässerungsanlage (Nichtigkeitsklage). Diese Grundsätze gelten auch für einen Angriff im Einspruchsverfahren, vgl. auch Bartenbach/Volz, GRUR **87,** 859, 862.

8 **g) Einspruchsgründe. aa) Rechtsgrundlagen.** Die Einspruchsgründe, die den Nichtigkeitsgründen des § 22 – ohne die Erweiterung des Schutzbereichs – entsprechen, sind in **§ 21 Abs. 1 Nr. 1 bis 4 abschließend** aufgeführt. Auf andere als die in § 59 Abs. 1 Satz 3 i.V. mit § 21 genannten Gründe kann der Einspruch nicht gestützt werden, BGH GRUR **72,** 592, 593

– Sortiergerät. **Kein Einspruchsgrund** ist z. B. das **Fehlen der Erfinderbenennung** oder **die mangelnde Einheitlichkeit** der Erfindung oder andere **Fehler oder Mängel des Patenterteilungsverfahrens.** Die abschließend festgelegten Widerrufsgründe lassen es auch nicht zu, ein Patent im Einspruchsbeschwerdeverfahren allein deswegen zu widerrufen, weil die Erteilungsbehörde die Identifizierung eines chemischen Stoffes durch das Herstellungsverfahren (Ausgangsstoffe und Verfahrensweise, sog. product-by-process Anspruch,) im Patentanspruch zugelassen hat und das Beschwerdegericht diese Anspruchsfassung für nicht zulässig hält, weil für die Patentinhaberin objektiv die Möglichkeit bestanden habe, das geschützte Erzeugnis durch (weitere) kennzeichnende Eigenschaften (Stoffparameter) im Anspruch zu beschreiben und sie dadurch von den bekannten gleichartigen Erzeugnissen des Standes der Technik zu unterscheiden. Die Anspruchsfassung eines erteilten Patents kann nur dann den Widerruf rechtfertigen, wenn in dieser zugleich ein Widerrufsgrund im Sinne des § 21 PatG liegt, BGH – Polyäthylenfilamente, GRUR **97,** 612.

Gesetzliche Einspruchsgründe sind dagegen seit dem Inkrafttreten des IntPatÜG die **nicht ausreichende Offenbarung** der Erfindung (§ 21 Abs. 1 Nr. 2) und die **Erweiterung der Anmeldung** gegenüber den ursprünglichen Anmeldungsunterlagen (§ 21 Abs. 1 Nr. 4; wegen der Behandlung der Erweiterung nach früherem Recht vgl. einerseits BPatG Mitt. **74,** 135, andererseits BPatGE **21,** 215 und BPatG GRUR **86,** 605, 606). Nationales und europäisches Patentrecht stimmen insoweit vollkommen überein. Wegen der Einzelheiten wird auf die Erl. zu § 21 Rdn. 13ff. verwiesen. 8a

bb) Übersicht. Der Einspruchsgrund der **mangelnden Patentfähigkeit** nach den §§ 1–5 PatG umfasst alle Patentvoraussetzungen und Patenhindernisse der §§ 1–5. Dazu gehört u. a. die gewerbliche Anwendbarkeit (§ 5). Die begründete Anzweiflung der gewerblichen Anwendbarkeit ist ausreichend, PA Mitt. **36,** 119. Ein Hinweis auf die „Sittenwidrigkeit" der Patentierung arbeitssparender Maschinen ist keine schlüssige Einspruchsbegründung, PA Mitt. **34,** 144; **34,** 291, abw. GRUR **35,** 369. Wegen der Anreicherung der Patentierungsverbote und Hindernisse für die Patenterteilung im Bereich der biotechnologischen Erfindungen vgl. die Erl. zu den neu eingefügten §§ 1a, 2 Abs. 2 und 2a. Sie spielen in der Diskussion um Patentrecht, Ethik und Schutz der Würde des Menschen eine erhebliche Rolle und führen gelegentlich zu politisch motivierten Einsprüchen von Seiten öffentlicher Stellen, politischer Organisationen und sog. Nicht-Regierungsorganisationen mit besonderer Konzentration beim EPA unter starkem Interesse der Öffentlichkeit und der Medien mit gelegentlich spektakulären Begleiterscheinungen. 9

Der Einspruchsgrund der **unzureichenden Offenbarung** nach § 21 Abs. 1 Nr. 2 entspricht dem in § 34 Abs. 4 aufgestellten Erfordernis für die Patentanmeldung; es bildet damit die Grundlage des Offenbarungserfordernisses für das Patent und entspricht dem Art. 83 EPÜ; vgl. dazu die Erl. zu § 34 und Benkard/Schäfers EPÜ zu Art. 83. 9a

Während der Einspruchsgrund des § 21 Abs. 1 Nr. 3 den §§ 7 und 8 entspricht und eine Reihe von Besonderheiten aufweist, beruht der Einspruchsgrund der **unzulässigen Erweiterung** auf § 38 und dem Verbot, im Verlaufe des Erteilungsverfahrens Änderungen vorzunehmen, die den Gegenstand der Anmeldung erweitern und sanktioniert dieses Verbot. Dabei werden die beiden Sondersituationen ausdrücklich einbezogen, nämlich die Teilanmeldungen und der Nachanmeldungen nach § 7 Abs. 2, bei denen die unzulässige Erweiterung am Inhalt der ursprünglichen Offenbarung der Stamm- bzw. Voranmeldung gemessen wird. Im europäischen Patentrecht findet sich das entsprechende Erweiterungsverbot in Art. 123 Abs. 2 EPÜ, vgl. dazu die Erl. zu § 38 und für das europäische Patentrecht Benkard/Schäfers zu Art. 123. 9b

Das **Verbot der Erweiterung des Schutzbereichs des Patents** bildet zwar **nicht** die Grundlage für einen entsprechenden **Einspruchsgrund,** zwingt aber dazu, es im Einspruchsverfahren ständig zu beachten, insbesondere wenn vom Patentinhaber neu formulierte, als einschränkend gemeinte Patentansprüche vorgelegt werden. Zusammen mit dem Verbot der Erweiterung über den Gegenstand der ursprünglichen Offenbarung hinaus stellt das genannte Verbot ein grundlegendes Prüfungskriterium für Änderungen am Gegenstand des Patents im Einspruchsverfahren dar. 9c

Die Vorschrift in § 21 Abs. 1 Nr. 1 ist nach ihrem Sinn und Zweck über ihren Wortlaut hinaus auch auf den Fall (entsprechend) anzuwenden, dass ein Merkmal des Patents zwar durch den Inhalt der ursprünglichen Anmeldungsunterlagen gedeckt ist, sich aber im Hinblick auf einen zwischenzeitlichen Verzicht als unzulässige Erweiterung darstellt. Denn es entspricht dem Sinn und Zweck der Vorschrift, dass im Einspruchsverfahren jede unzulässige Erweiterung der Anmeldung beseitigt und nicht eine Irreführung der Öffentlichkeit aufrechterhalten wird. 10

11 Die einzelnen „**Behauptungen**", auf die der Einspruch nach § 59 Abs. 1 Satz 3 gestützt werden kann, sind **selbstständige Einspruchsgründe.** Mehrere Einspruchsgründe können nebeneinander geltend gemacht werden, wenn deren Voraussetzungen (nebeneinander) vorliegen. Der Einspruch muss dann aber in der Einspruchsfrist auf diese Gründe gestützt werden; der Einsprechende kann im Verlaufe des Einspruchsverfahrens keinen Wechsel des Eingrundes vollziehen oder den Einspruch auf neue Einspruchsgründe ausdehnen, unbeschadet allerdings der Befugnis der Patentabteilung, von Amts wegen weitere Einspruchsgründe aufzugreifen und in seine Prüfung einzubeziehen. Innerhalb der einzelnen Einspruchsgründe kann die rechtliche Begründung des Widerrufsbegehrens auch nach Ablauf der Einspruchsfrist geändert werden, sofern sie sich auf das innerhalb der Einspruchsfrist vorgetragene Einspruchsmaterial stützt. Wegen der engen **Nachbarschaft von Neuheit und erfinderischer Tätigkeit** ist der Einsprechende auch nicht gehindert, von dem ursprünglichen Einwand fehlender Neuheit der geschützten Erfindung das Schwergewicht seiner Argumentation auf das Fehlen erfinderischer Tätigkeit zu verlagern. Ebenso ist es zulässig, vom generalisierten Einwand der mangelnden Patentfähigkeit auf den Einwand der unzureichenden Offenbarung überzugehen. Zwischen der Frage der Ausführbarkeit einer Lehre zum technischen Handeln, die jedenfalls in Deutschland traditionell als Element der Definition der Erfindung angesehen wurde, und dem Erfordernis, im Patent die Erfindung so vollständig und deutlich zu beschreiben, dass ein Fachmann sie ausführen kann, besteht ein offensichtlicher logischer und praktischer Zusammenhang.

12 **2. Erhebung des Einspruchs.** Der Einspruch ist prozessuale Erklärung. Er setzt daher **Partei- und Prozessfähigkeit** des Einsprechenden voraus. Die Parteifähigkeit berührt unmittelbar die Frage der Zulässigkeit des Einspruchs und ist daher in jedem Stadium des Einspruchsverfahrens zu berücksichtigende und von Amts wegen zu prüfende Verfahrensvoraussetzung, BGH in GRUR **72,** 592, 594 – Sortiergerät, und in GRUR **90,** 348 – Gefäßimplantat. Bei mangelnder Prozessfähigkeit muss der gesetzliche Vertreter die Einlegung des Einspruchs genehmigen. Die Genehmigung kann nachgereicht werden, PA Mitt. **29,** 47. Der Auswärtige im Sinne des § 25 bedarf des Inlandsvertreters oder Zustellungsbevollmächtigten. Die Bestellung eines Inlandsvertreters ist nicht Wirksamkeitsvoraussetzung des Einspruchs, ihr Fehlen stellt aber einen Mangel des Einspruchs dar, der innerhalb der Einspruchsfrist behoben werden muss. Die Handlungsfähigkeit des Einsprechenden wird durch die Bestellung eines Inlandsvertreters nicht tangiert; Eingaben zur Begründung des Einspruchs und sonstige Verfahrenshandlungen kann der Verfahrensbeteiligte auch ohne Beteiligung seines Inlandsvertreters vornehmen.

13 Der Einspruch wird anhängig mit **Eingang beim Patentamt.** Erst damit treten die rechtlichen Wirkungen des Einspruchs ein. Wegen eines etwaigen Irrläufers beim EPA s. u. Rd. 29. Die bloße Befugnis, Einspruch zu erheben, begründet keine Anwartschaft, keine Rechtsposition, die schon vor Einlegung des Einspruchs vorhanden ist, PA Mu W **30,** 458. Auch der durch widerrechtliche Entnahme Verletzte wird erst durch Einlegung des Einspruchs Beteiligter des Einspruchsverfahrens, BPatGE **9,** 196, 198. Die Beschränkung des Einspruchs auf einen Teil des Patents, z. B. auf einzelne Ansprüche, ist statthaft. Das ergibt sich zumindest indirekt schon aus § 21 Abs. (2), der unterstellt, dass die Widerrufsgründe nur einen Teil des Patents betreffen können mit der Wirkung, dass das Patent mit einer entsprechenden Beschränkung aufrechterhalten wird. Die Beschränkung kann die Form einer Änderung der Patentansprüche annehmen, sie kann aber auch die Beschreibung oder die Zeichnungen betreffen. Gestützt wird diese Annahme weiterhin durch die Formulierung in § 61. Was aber von Gesetzes wegen zugelassen ist, kann auch unmittelbarer Gegenstand eines – beschränkten – Einspruchs sein. Im Übrigen erfordert die Zulässigkeit eines Einspruchs, mit dem der Widerruf eines mehrere Nebenansprüche umfassenden Patents begehrt wird, nicht, dass der Einsprechende Widerrufsgründe gegen sämtliche Nebenansprüche vorträgt. Vielmehr kann der Einsprechende bei mehreren Nebenansprüchen die Patentfähigkeit nur eines Nebenanspruchs angreifen, BGH Automatisches Fahrzeuggetriebe, GRUR **03,** 695. Wegen der Frage, ob ein beschränkter Einspruch eine bindenden Begrenzung der Prüfungskompetenz des Patentamts und des Patentgerichts bewirkt, s. unten Rdn. 50. Zur Frage, ob der beschränkte Angriff des Einsprechenden auch die Prüfungskompetenz des Patentamts – und des Patentgerichts – einschränkt, s. unten, Rdn. 63 ff.

14 **a) Form.** Der Einspruch ist nach Abs. 1 Satz 2 **schriftlich** beim Patentamt einzureichen. Dem Erfordernis der Schriftlichkeit ist nur genügt, wenn der Einspruchsschriftsatz die eigenhändige Unterschrift der verantwortlich zeichnenden natürlichen Person trägt, BGH GRUR **67,** 586 – Rohrhalterung; BGHZ **105,** 40, 41 – Spulenvorrichtung; **107,** 129, 133 (WZG) – Widerspruchsunterzeichnung; BPatG Bl. **87,** 359; **92,** 427, 429. Für die Schriftlichkeit gelten die verschiedenen Ersatzformen und insbesondere die Form des elektronischen Dokuments mit qualifizierter elektronischer Signatur, sobald diese Form auch für das Einspruchsverfahren

(bisher nur Erteilungsverfahren vor dem Patentamt und Nichtigkeitsverfahren vor dem Patentgericht) zugelassen ist. Werden die Einspruchsgründe in getrennten Eingaben vorgebracht, ist die vorgeschriebene Form ebenfalls nur gewahrt, wenn jeder Teil der Einspruchsgründe, der die vom Gesetz verlangten Angaben enthält, unterzeichnet ist.

Ein durch Telekopie erhobener bzw. übermittelter Einspruch genügt nicht den Formerfordernissen, wenn die beim Patentamt eingehende Kopie nicht die **eigenhändige Unterschrift** des Absenders wiedergibt, BPatGE **29,** 30, 31 Ausnahmsweise kann der Nachweis für die Urheberschaft einer Einspruchsschrift auch ohne Wiedergabe der Unterschrift feststehen, wenn sich aus konkreten Anhaltspunkten bei Übermittlung durch Telekopie eine der Unterschrift vergleichbare Gewähr für die Urheberschaft und den Rechtsverkehrswillen ergibt, BPatGE 33, 24 = Bl. **92,** 427, 429. Telefonische Auskünfte des Einsprechenden, einen Einspruchsschriftsatz, der auf dem normalen Postweg eine Woche verspätet einging, vorab als Telefax am letzten Tag der Einspruchsfrist an das DPA gesendet zu haben, genügen den Anforderungen gemäß § 59 Abs. 1 Satz 1 u. 2 PatG nicht, BPatGE **38,** 199. **14 a**

Ein völlig verstümmeltes **Fernschreiben,** dem weder eine sinnvolle Erklärung noch ein Bezug auf eine bestimmte Patentanmeldung oder auch nur der Absender entnommen werden kann, stellt keine Einspruchserklärung dar; auf die Zurechenbarkeit der Verstümmelung kommt es nicht an, BPatGE **21,** 54. Aus Gründen der Rechtsstaatlichkeit und des Vertrauensschutzes dürfen Fehler des Ausdruckvorgangs beim Fernschreibempfangsgerät des Patentamts nicht zu Lasten des Einsprechenden gehen. Eine unlesbar oder verstümmelt zu den Akten des Patentamts gelangte fernschriftliche Einspruchsbegründung, deren Inhalt sich – nachträglich – feststellen lässt, ist daher mit ihrem vollständigen Inhalt als eingegangen anzusehen, wenn die Ursache für den Mangel der Lesbarkeit und Vollständigkeit in der Sphäre des Patentamts gelegen hat, BGHZ **105,** 40, LS, und 44f. – Spulenvorrichtung. Vgl. auch PA Mitt. **90,** 102. Lässt sich nicht aufklären, in wessen Sphäre die Störung in der Übermittlung aufgetreten ist, geht dies zu Lasten des Einsprechenden, BPatG Bl. **92,** 427, 429f. Das Patentamt ist nicht verpflichtet, den Einsprechenden auf offenkundige Mängel bei der Übermittlung der Einspruchsschrift hinzuweisen, BPatG Bl. **92,** 427, 430. **14 b**

Zur Einreichung eines bestimmenden Schriftsatzes wie des Einspruchs vgl. inzwischen die Entscheidung des Gemeinsamen Senats der Obersten Gerichtshöfe des Bundes v. 5. 4. 2000, BGHZ **144,** 160, die jedenfalls für gerichtliche Verfahren mit Vertretungszwang zulässt, dass bestimmende Schriftsätze formwirksam durch **elektronische Übertragung einer Textdatei mit eingescannter Unterschrift** auf ein Faxgerät des Gerichts übermittelt werden. Im Einspruchsverfahren besteht zwar kein Vertretungszwang; trotzdem sollte die Praxis für Gerichte auch für bestimmende Schriftsätze im Einspruchsverfahren vor dem Patentamt übertragbar sein, zumindest soweit sie von Rechts- oder Patentanwälten eingereicht werden. Mit der Zulassung von elektronischen Dokumenten wird die qualifizierte elektronische Signatur ohnehin die Unterschrift ablösen. Zur Einreichung eines bestimmenden Schriftsatzes (Berufungsschrift) durch Telefax vgl. auch BGH v. 30. 9. 2003, X ZB 48/02, S. 4. **14 c**

Im **warenzeichenrechtlichen Widerspruchsverfahren** hat der BGH (I. ZS) eine Ersetzung der – fehlenden – handschriftlichen Unterzeichnung der Widerspruchsschrift durch einen vom selben Urheber (Anwalt) unterzeichneten und der Widerspruchsschrift **beigehefteten Verrechnungsscheck nicht genügen** lassen, BGHZ **107,** 129, 134f.; vgl. auch BPatG Bl. **91,** 396 (Wz), bei fehlender Unterschrift auf der Widerspruchsschrift. Ein wesentlicher Teil der Einspruchsbegründung ist stets ein bestimmender Schriftsatz, der durch die Unterschrift des Verfassers abgeschlossen sein muss, BPatG Bl. **87,** 207. Die Unterschrift muss bei in gewissem Grad zulässiger Flüchtigkeit erkennen lassen, dass der Unterzeichnende seinen vollen Namen hat niederschreiben wollen; eine erkennbar abgekürzte Form des Namenszuges (Paraphe) genügt nicht, unter Hinweis auf BGH GRUR **68,** 108 – Paraphe. Zur **Qualität und Lesbarkeit der Unterschrift** s. aber auch B/L/A/H, ZPO Rdn. 17 zu § 129, und BGH NJW **1992,** 243. Bei fernschriftlicher oder telegraphischer Einlegung des Einspruchs kann von der Eigenhändigkeit der Unterschrift abgesehen werden, BGH GRUR **67,** 586, 587; Bl. **85,** [1]142 – Sicherheitsvorrichtung; BGHZ **105,** 40, 42f.; **107,** 129, 134. Das Fernschreiben oder das Ankunftstelegramm müssen jedoch mit dem Namen der als vertretungsberechtigt handelnden natürlichen Person unterzeichnet sein; die Unterzeichnung mittels Kurzbezeichnung der Firma genügt nicht, BGH GRUR **67,** 586. Ein Kaufmann kann unter der Firma einer Zweigniederlassung Einspruch einlegen, sofern dieser auf deren Geschäftsbetrieb Bezug hat, BPatG Bl. **83,** 369, 370. Ein durch Telekopie übermittelter Einspruch genügt dann nicht dem Schriftformerfordernis, wenn die beim Patentamt eingehende Kopie nicht die eigenhändige Unterschrift des Absenders wiedergibt, BPatG Bl. **87,** 359, 360. Auch der mit Fernschreiben erhobene Einspruch muss innerhalb der Einspruchsfrist begründet werden, PA Bl. **54,** 99. Die Einspruchsschrift muss in **14 d**

deutscher Sprache verfasst sein, bei fremdsprachlichem Text ist die Übersetzung innerhalb der Einspruchsfrist zu liefern, PA Mitt. **30,** 136. Ein Vertreter muss Vollmacht einreichen, PA MuW **XIV,** 161. Ist nur die Einspruchsschrift selbst, nicht aber die anliegende Begründung mit einer Unterschrift versehen, so ist das unschädlich, wenn Hauptdokument und Anlage durch ausdrückliche Verweisungen eng miteinander verbunden sind und der Zusammenhang über jeden Zweifel erkennbar ist, BPatGE 45, 14, 17 – Dichtigkeitsprüfung.

14e Erhebt ein **vollmachtloser Vertreter** Einspruch, so kann der Berechtigte die vollmachtlose Verfahrensführung noch nach Ablauf der Einspruchsfrist mit der Folge genehmigen, dass der Verfahrensmangel der nicht ordnungsgemäßen Vertretung rückwirkend geheilt wird, BPatGE **30,** 20; Bl. **92,** 473; Niedlich, GRUR **89,** 158; a. A. BPatG Mitt. **87,** 14; BPatGE **29,** 198 und GRUR **91,** 201, und Stortnik, GRUR **89,** 868, die aber die Besonderheiten des Einspruchsverfahrens überbetonen; dass dies nicht gerechtfertigt ist, folgt auch aus der jetzt vorgesehenen Einspruchsgebühr. Reicht ein Patentanwalt seine Vollmachtsurkunde erst nach Ablauf der Einspruchsfrist nach, so steht dies der Zulässigkeit des im Namen eines Dritten erhobenen Einspruchs nicht entgegen. Die Urkunde muss allerdings bis zur die Instanz beendenden Entscheidung beim Patentamt eingehen, BPatG GRUR **92,** 309, 310. Zur Nachreichung der Vollmachtsurkunde nach Ablauf der Einspruchsfrist durch den Vertreter einer Gesellschaft mit Sitz in der früheren DDR vgl. BPatG GRUR **91,** 126, 127. Der Zulässigkeit des Einspruchs steht nicht entgegen, wenn der Patentanwalt die **Vollmacht** dem Patentamt nach Ablauf der Einspruchsfrist, aber vor der Entscheidung über den Einspruch einreicht BGH – Aluminium-Trihydroxid – GRUR **95,** 333.

14f Bestehen zunächst Zweifel über die Vertretungsbefugnis eines Handlungsbevollmächtigten, so können diese auch nach Ablauf der Einspruchsfrist durch Vorlage der Bestallungsurkunde nachgewiesen werden. Die Vorlage einer Vollmachtsurkunde zum Nachweis der Vertretungsbefugnis kann nicht verlangt werden, BPatG **30,** 182, 183ff.

14g Der Einspruch ist unzulässig, wenn die **Einspruchsschrift** oder sonstige zu den Akten des Patentamts gelangte Schriftstücke **nicht** innerhalb der Einspruchsfrist **erkennen lassen, wer den Einspruch erhebt,** BGH Bl. **89,** 132 – Geschoss, Der Einspruch kann nur von einer rechts- und damit parteifähigen natürlichen oder juristischen Person eingelegt werden (vgl. BGH GRUR **90,** 348 Gefäßimplantat), wobei sich dem innerhalb der Einspruchsfrist eingereichten Vortrag die Person des Einsprechenden zweifelsfrei entnehmen lassen muss (BGH GRUR **88,** 809 Geschoss; GRUR **90,** 108 Messkopf; GRUR **90,** 348 Gefäßimplantat).; vgl. auch zu Art. 99 EPÜ. Zu den rechts- und parteifähigen Gesellschaften gehört auch die (Außen-)Gesellschaft bürgerlichen Rechts, jedenfalls soweit sie durch Teilnahme am Rechtsverkehr eigene Rechte und Pflichten begründet. In diesem Rahmen ist sie zugleich im Zivilprozess aktiv und passiv parteifähig und kann damit im Einspruchsverfahren Beteiligte sein, BGH, Urt. v. 29. 1. 2001 – II ZR 331/00 –, BGHZ **146,** 341. Vgl. auch Mitt. Nr. 4/05 PräsDPMA, Bl. **05,** 2. Bleiben auch bei verständiger Würdigung der Einspruchsschrift und der übrigen dem Patentamt innerhalb der Einspruchsfrist vorliegenden Unterlagen Zweifel bezüglich der Person (Identität) des Einsprechenden bestehen, so ist der Einspruch unzulässig, BGH GRUR. **90,** 108 – Messkopf; BGH GRUR 1993, 892, 893 – Heizkörperkonsole; vgl. dazu BPatGE **28,** 186, und EPA (TBK), ABl. **86,** 81; GRUR Int. **88,** 937 (bewusstes Verschweigen der Identität); BPatGE **29,** 246, 247; Bl. **93,** 158. Ist der Name des Einsprechenden nur in einem bestimmungsgemäß an seinen Verfahrensbevollmächtigten zurückgesandten Empfangsbekenntnis genannt und enthalten die Akten des Patentamts keinen Hinweis auf ihn, so bewirkt dies die Unzulässigkeit des Einspruchs, BGH Bl. **89,** 132. Zur Identifizierung einer natürlichen Person als Einsprechenden ist in der Regel die Angabe der genauen Anschrift erforderlich, BPatG Bl. **89,** 225 (LS). Messkopf; GRUR **97,** 740 Tabaksdose.

15 **b) Inhalt.** Zu den Erfordernissen, die die Zulässigkeit eines Einspruchs betreffen, gehört die genaue **Bezeichnung des Patents,** das mit dem Einspruch angegriffen wird. Der Einspruch muss einem bestimmten Patent zweifelsfrei zugeordnet werden können. Die Patentnummer ist nur ein Zuordnungskriterium von mehreren. Kann der Einspruch mit Hilfe anderer Angaben im **Einspruchsschriftsatz dem angegriffenen Patent** zugeordnet werden, dann ist die unrichtige Angabe der Patentnummer unschädlich; ihre Berichtigung kann dann auch noch nach Ablauf der Einspruchsfrist zugelassen werden. Ist die Patentnummer mangels ausreichender anderer Angaben für die Zuordnung jedoch unentbehrlich, dann kann eine solche Unrichtigkeit durch den Einsprechenden nur innerhalb der Einspruchsfrist berichtigt oder ein etwaiger Zweifel auf Grund von eigenen Ermittlungen des Patentamts nur innerhalb der Frist ausgeräumt werden. Geht der Einspruch am letzten Tag der Einspruchsfrist wenige Minuten vor Dienstschluss per Telefax beim Patentamt ein, so sind eigene Ermittlungen des Amtes nicht mehr zumutbar, BPatGE **39,** 186. Die versehentlich unrichtige Angabe des im Übrigen eindeutig identifizierten Patents macht den Einspruch nicht unzulässig, BPatGE **27,** 84, 86.

In der **Einspruchserklärung** muss zum Ausdruck kommen, dass der Einsprechende das in § 59 Abs. 1 bezeichnete Verfahren mit dem **Ziel** des **vollständigen** oder **teilweisen Widerrufs** eines erteilten Patents einleiten und sich an diesem Verfahren beteiligen will. Darin unterscheidet sich der Einspruch von der Angabe von Druckschriften gemäß § 43 Abs. 3 Satz 3, die gemäß § 59 Abs. 3 auch im Einspruchsverfahren zulässig ist und die das Patentamt zur Berücksichtigung der Schriften in einen von einem anderen eingeleiteten Einspruchsverfahren veranlassen soll. Der bloße Hinweis eines Anwalts auf einen bestimmten (druckschriftlichen) Stand der Technik ist lediglich als eine Angabe i.S. des § 43 Abs. 3, nicht aber als Einspruch zu werten, BPatGE **17,** 223, 225. 15 a

c) Begründung. Literatur: Mediger, Erfordernisse der Einspruchsgründung, Mitt. **55,** 35. 16

Der Einspruch muss innerhalb der Einspruchsfrist durch die Angabe der Tatsachen im Einzelnen, die ihn rechtfertigen sollen, begründet werden. Innerhalb der Frist müssen daher **substantiierte Angaben zur Begründung** des Einspruchs gemacht werden, PA Bl. **51,** 156; Mitt. **56,** 39; BPatG Bl. **86,** 374, 375. Eine Verpflichtung, den Einsprechenden zur Ergänzung aufzufordern, besteht jedenfalls dann nicht, wenn keine ausreichende Zeit mehr zur Verfügung steht, PA Mitt. **57,** 238. Fehlende Einheitlichkeit des Gegenstands des Patents ist kein zulässiger Einspruchsgrund, BPatG GRUR **91,** 826, 827; vgl. auch EPA (GrBK), ABl. **92,** 253, 255 ff. Wegen eines rechtlich unzulässigen Einspruchsgrundes nach europäischem Patentrecht vgl. auch EPA (TBK) GRUR Int. **92,** 544 (älteres nationales Recht).

Für eine den gesetzlichen Anforderungen genügende Einspruchsbegründung ist zu verlangen, dass sie die für die Beurteilung der behaupteten Widerrufsgründe maßgeblichen **Umstände im einzelnen so darlegt,** dass der Patentinhaber und insbesondere das Patentamt daraus abschließende Folgerungen für das Vorliegen oder Nichtvorliegen eines Widerrufsgrundes ziehen können und imstande sind, allein an Hand der mitgeteilten Umstände zu prüfen, ob der behauptete Einspruchsgrund gegeben ist, BGH GRUR **72,** 592 ff. – Sortiergerät; **87,** 513 – Streichgarn; **88,** 113, 114 – Alkyldiarylphosphin; Bl. **88,** 250 – Epoxidation; **88,** 289, 290 – Messdatenregistrierung; BGH v. 30. 3. 1993 – X ZB 13/90 – S. 11, 12 – Tetraploide Kamille – BGHZ **122,** 144 = GRUR **1993,** 651; BPatGE **17,** 233, 237; **28,** 12; **29,** 28, 29; Bl. **83,** 369, 370; BPatGE **42,** 221. Der Einsprechende muss daher ernstlich gemeinte Angaben machen, die einen bestimmten Sachverhalt erkennen lassen, der unter einen gesetzlichen Tatbestand subsumiert werden kann; ihre Richtigkeit muss nachprüfbar sein, PA Mitt. **30,** 137; GRUR **31,** 519. 17

Enthält eine mit dem Einspruch als neuheitsschädlich **entgegengehaltene Druckschrift** mehrere unterschiedliche Gegenstände, so ist der Einspruch nicht ausreichend begründet, wenn weder angegeben wird noch ohne weiteres erkennbar ist, welcher der Gegenstände sämtliche Merkmale eines angegriffenen Patentanspruchs aufweisen soll, EPA (TBK), ABl. **92,** 361, 365. Ein bloßer Hinweis auf § 3 PatG ist keine Begründung; der Einspruch ist unzulässig, wenn er nicht innerhalb der Einspruchsfrist durch die Angabe entsprechender Tatsachen ergänzt wird, PA GRUR **51,** 400. Die bloße Anführung eines Rechtsbegriffs (§§ 1, 2, 3) reicht nicht aus, PA Bl. **31,** 216. Die rechtliche Würdigung obliegt dem Patentamt; die Angabe unrichtiger Rechtssätze ist daher unschädlich, PA Bl. **36,** 5. Die Begründung darf sich nicht in einem bloßen technischen Werturteil erschöpfen; ein solches enthält nur dann das erforderliche Tatsachenvorbringen, wenn damit ein einfacher und von den Fachleuten übereinstimmend bewerteter technischer Sachverhalt zum Ausdruck gebracht wird, BPatGE **17,** 234. Denkbar ist allenfalls bei Angriffen auf ein Patent oder einen bestimmten Anspruch eines Patents z.B. aus dem Bereich der Biotechnologie, dass sich die Einspruchsbegründung weitgehend auf wertende Behauptungen und Werturteile beschränkt (z.B. Verletzung der Menschenwürde bei einem Patent, das sich mit embryonalen Stammzellen befasst oder eine Gensequenz als Schutzgegenstand bezeichnet). Ohne ein Minimum an Vortrag von Fakten lassen sich allerdings auch solche vorwiegend wertenden Angriffe auf ein Patent in diesem Bereich nicht begründen. 17 a

Die Tatsachen zur Rechtfertigung des Einspruchs müssen spezialisiert und vollständig sein derart, dass sie dem Patentamt die Prüfung des Patents auf den beanstandeten Mangel ermöglichen und hierauf – falls die Prüfung das Vorhandensein des Mangels ergibt – der völlige oder teilweise Widerruf des Patents gestützt werden könnte, BPatGE **9,** 185, 187 sowie die in Rdn. 17 zitiert (st.) Respr. des BGH. Diesem Zweck ist genügt, wenn **der Einspruch so begründet ist, dass Patentamt und Patentinhaberin ihn auf Grund des mitgeteilten Sachverhalts nachvollziehen können,** d.h. wenn die Einspruchsschrift nach ihrem Inhalt die Einspruchsgründe nachvollziehbar und verständlich macht, so etwa für das europäische Recht EPA v. 21. 1. 1987 – T 222/85, ABl. 1988, 128 – Unzulässigkeit zu 4; v. 26. 4. 1994 – 17 b

T 925/91, ABl. 1995, 469 – Warteschlangensystem Egr. 2.2). Es kann aber genügen, die Tatsachen in „knappster Form“ vorzutragen; wesentlich ist nur, dass die Tatsachen einen bestimmten Tatbestand erkennen lassen und sich auf ihre Richtigkeit nachprüfen lassen, BPatGE **9,** 185, 187 m. w. N. Die Schlüssigkeit des Einspruchsvorbringens ist entgegen BPatGE **16,** 211 nicht eine Frage der Zulässigkeit, sondern der Begründetheit des Einspruchs, BGH GRUR **78,** 99, 100 – Gleichstromfernspeisung; vgl. dazu BPatGE **23,** 144. Zulässigkeit des Einspruchs einerseits und seine Schlüssigkeit und Begründetheit andererseits sind sorgfältig zu trennen, BGHZ **93,** 171 = GRUR **85,** 371, 372 – Sicherheitsvorrichtung; GRUR **87,** 513, 514 – Streichgarn; BGH – Datenkanal, Bl. **88,** 289; GRUR **93,** 651 – Tetraploide Kamille.

17 c Die zur Begründung des Einspruchs im Einzelnen anzugebenden Tatsachen müssen einen sachlichen Bezug zum Gegenstand des erteilten Patents, d. h. zu der unter Schutz gestellten Erfindung, haben, BGHZ **102,** 53, 57 – Alkyldiarylphosphin. Eine Einspruchsbegründung, die sich nur mit einem Teilaspekt der unter Schutz gestellten Erfindung, nicht aber mit der gesamten patentierten Lehre befasst, ist formal unvollständig; der so begründete Einspruch ist unzulässig, BGH Bl. **88,** 250 – Epoxidation; BPatG GRUR **87,** 808; BPatGE **30,** 246, 249.

18 **aa) Schriftliche oder mündliche Beschreibung.** Wenn der Einspruch auf einen Stand der Technik gestützt wird, der der Öffentlichkeit durch schriftliche Beschreibung zugänglich gemacht worden ist, müssen nähere Angaben gemacht werden. Die **Nennung der Nummern von Patent- oder Auslegeschriften oder der Fundstellen** von sonstigen Veröffentlichungen **reicht** zur Begründung eines Einspruchs in aller Regel **nicht** aus, zumal wenn der technische Zusammenhang zwischen dem Gegenstand des Patents und dem diesem entgegengehaltenen Stand der Technik offen bleibt und es dem Patentamt überlassen wird, diesen Zusammenhang herzustellen, BGH GRUR **72,** 592, 593 – Sortiergerät; **87,** 513, 514 – Streichgarn; BPatG Mitt. **80,** 78. Etwas anderes gilt nur dann, wenn sich der technische Zusammenhang mit dem Anmeldungsgegenstand für den sachkundigen Leser von selbst ergibt und sich als Beleg für den geltend gemachten Einspruchsgrund geradezu aufdrängt und ins Auge fällt, BGH GRUR **72,** 592, 593; BPatGE **10,** 21, 26. Der Hinweis auf mehrere Seiten einer Druckschrift (7) mit zahlreichen Abbildungen, Schaubildern und Tabellen genügt nicht, PA Mitt. **55,** 32. Die Anführung einer Vielzahl von Druckschriften ohne Angabe von Einzelheiten, auf die der Einspruch gestützt wird, ist keine ausreichende Begründung, PA Mitt. **37,** 382; Bl. **54,** 274; **54,** 99; auch nicht der bloße Hinweis auf die in einer Auslegeschrift genannten Druckschriften, PA Bl. **57,** 149.

18 a Die **Druckschriften, auf die der Einspruch gestützt wird, müssen ausreichend bezeichnet werden.** Für die Begründung des Einspruchs genügt es, wenn neben einer britischen Patentnummer (ohne Jahreszahl) so viele Angaben über den Inhalt der Patentschrift gemacht werden, dass der in der Patentliteratur erfahrene Fachmann erkennen kann, welche Patentschrift gemeint ist, PA Mitt. **57,** 212. Unschädlich ist es nach BPatGE **27,** 79, 80, wenn sich der Einsprechende auf eine nachveröffentlichte Patentschrift statt auf die dazugehörige Offenlegungsschrift beruft; die Entscheidung geht allerdings von einer unzutreffenden Interpretation der Entscheidung des BGHZ **93,** 171 – Sicherheitsvorrichtung – aus; abw. auch BPatG Mitt. **85,** 194. Für den Fall wesentlicher Abweichungen zwischen Offenlegungsschrift und nachveröffentlichter Patentschrift vgl. BPatGE **30,** 201, 205. Stützt sich ein Einspruch nur auf eine nachveröffentlichte Patentschrift, so kann der Einspruch trotzdem zulässig sein, wenn der Offenlegungstag der zugehörigen vorveröffentlichten Patentanmeldung auf der Patentschrift angegeben ist, BPatGE **30,** 3, 4; vgl. auch EPA (TBK) ABl. **90,** 451. Ein auf eine **nachveröffentlichte Entgegenhaltung gestützter Einspruch ist unzulässig,** falls die Einsprechende nicht Tatsachen vorträgt, aus denen sich ausnahmsweise die Zugehörigkeit der Lehre dieser Entgegenhaltung zum Stand der Technik ergeben soll. Fällt die Entgegenhaltung zeitlich in ein Prioritätsintervall, wird damit nicht bereits implizite die Berechtigung der in Anspruch genommenen Priorität in Frage gestellt; vielmehr hat die Einsprechende auch diese Frage im Rahmen ihrer Substantiierungspflicht und innerhalb der Einspruchsfrist nachvollziehbar abzuhandeln, BPatGE **35,** 79, 82 f. Wird eine frühzeitig benannte vorveröffentlichte Patentschrift bezeichnet und die Nummer dieser Schrift erkennbar unrichtig angegeben, hat das Patentamt den Einsprechenden hierauf hinzuweisen. In einem solchen Fall ist die Berichtigung der Bezeichnung der Druckschrift auch noch nach Ablauf der Einspruchsfrist möglich, BPatGE **24,** 44. Bezieht sich der Einsprechende auf Firmenschriften, so müssen auch die Tatsachen angegeben werden, aus denen folgt, dass diese Schriften der Öffentlichkeit zugänglich geworden sind, BPatGE **30,** 40, 42; vgl. auch BPatG Bl. **90,** 35 (fehlende Darlegung der öffentlichen Erhältlichkeit einer Betriebsanleitung). Der Einsprechende darf es nicht dem Patentamt und dem Patentinhaber überlassen, einen technischen Zusammenhang zwischen den in der Einspruchsschrift angesprochenen Elementen einer Vorveröffentlichung und dem Gegenstand des Patents herzustellen, BGH Bl. **88,** 289, 290 – Messdatenregistrierung; vgl. auch BPatG Bl. **90,** 35 und EPA (TBK) ABl. **92,** 361.

Die Behauptung des Einsprechenden, eine Druckschrift sei zu einem **bestimmten Zeitpunkt** erschienen, versetzt Patentinhaberin und Patentamt in die Lage – ihre Wahrheit unterstellt-, ohne eigene Ermittlung die Frage zu prüfen, ob diese Entgegenhaltung dann vor dem für den Zeitraum der Anmeldung maßgeblichen Tag zum Stand der Technik zählte. Einzelheiten, wodurch diese Druckschrift der Öffentlichkeit zugänglich gemacht worden ist, braucht der Einspruch nicht zu enthalten, BPatG Mitt. **93,** 309. **18 b**

Die Einspruchsbegründung darf es nicht den übrigen Beteiligten überlassen, eine Vorveröffentlichung daraufhin zu untersuchen, ob die dort aufgezählten Bauelemente in einer der Patentierbarkeit des Gegenstands des Streitpatents entgegenstehenden Weise zusammenwirken. Dies gilt ebenso, wenn erfindungswesentliche Elemente des Gegenstands des Streitpatents in der Vorveröffentlichung weder beschrieben noch sonst dargestellt sind, und der Einsprechende in seinem Vorbringen zur Begründung des Einspruchs auf diese Elemente nicht eingeht, ihr Fehlen vielmehr unkommentiert lässt, BPatG Bl. **97,** 405. Die Begründung ist nicht hinreichend substantiiert, wenn sie lediglich auf identische Bauelemente einer als vorveröffentlicht angesehenen Druckschrift hinweist, ohne auf deren für die beanspruchte Erfindung entscheidend maßgebliche Funktionsweise einzugehen, BPatGE **42,** 78, 81 ff. Ein Einspruch, der sich mit einem bestimmten Teilmerkmal des angegriffenen Patentanspruchs (Austausch von Statusberichten) nicht auseinandersetzt, ist zumindest dann zulässig, wenn die Funktion des Merkmals üblich und dies dem Fachmann geläufig ist, BPatG, Beschl. v. 21. 9. 2004 – 20 W (pat) 313/04 (juris) und Winterfeldt, GRUR **05,** 449, 456 m. w. N. zur Rechtspr. des BPatG in 2004. **18 c**

Ist im Einspruch die Behauptung fehlender erfinderischer Tätigkeit auf ein Patentdokument gestützt, das **nachveröffentlicht** ist, so stellt dies nicht die Zulässigkeit des Einspruchs in Frage, sondern allein dessen **Begründetheit,** BPatGE **41,** 102. Bei Firmenprospekten, die als neuheitsschädlicher Stand der Technik in Anspruch genommen werden, ist der typische Normalfall die alsbaldige Verteilung an interessierte Kunden, BPatGE 32, 109. Das Druckdatum eines solchen Prospekts, das längere Zeit vor dem Anmeldetag des Streitpatents liegt, kann die Vermutung begründen, dass die Schrift vor dem Anmeldetag der Öffentlichkeit zugänglich gemacht worden ist. Das kann im Rahmen der Zulässigkeitsprüfung des Einspruchs weiteren Tatsachenvortrag zur Begründung eines auf fehlende Neuheit gestützten Einspruchs entbehrlich machen. Der tatsächlichen Vermutung kann jedoch durch besondere Anhaltspunkte der Boden entzogen sein, so dass weiterer Sachvortrag „im Einzelnen" erforderlich ist, BPatGE **38,** 206. Zur Darlegung der öffentlichen Zugänglichkeit einer Schrift reicht die Behauptung aus, die Schrift sei in einer namentlich genannten Bibliothek öffentlich zugänglich gewesen, BPatGE **40,** 90. **18 d**

Wenn der Einspruch auf eine vor dem Anmelde- oder Prioritätstage des angegriffenen Patents liegende **mündliche Beschreibung** gestützt wird, müssen nähere Angaben über den Zeitpunkt, den Inhalt und die Umstände der mündlichen Beschreibung gemacht werden; es müssen insbesondere die Tatsachen dargelegt werden, aus denen sich ergibt, dass die Beschreibung der Öffentlichkeit zugänglich geworden ist. **19**

Aus der Begründung des Einspruches muss weiter hervorgehen, weshalb die Beschreibung den Widerruf des Patents rechtfertigt. Soweit der Einsprechende sich lediglich auf die in der Patentschrift als Stand der Technik genannten Druckschriften bezieht, muss er darlegen, warum sie der Aufrechterhaltung des Patents entgegenstehen, PA Bl. **57,** 149; BPatG GRUR **76,** 90, 91. Ein Einspruch, mit dem im Ergebnis lediglich vorgetragen wird, dass dasjenige, was in Bezug auf die beanspruchte Erfindung in der Patentschrift schon als bekannt vorausgesetzt wurde, tatsächlich auch bekannt ist, entspricht nicht den Anforderungen des § 59, BPatGE **17,** 51; BPatG GRUR **76,** 90, 91. Es genügt wenn hinsichtlich eines Merkmals des angegriffenen Patents lediglich pauschal auf die gesamte Figurenbeschreibung einer Druckschrift verwiesen wird, wenn diese Druckschrift nur knapp drei Seiten und die besagte Textstelle zu der genannten Figur lediglich zwei Spalten umfasst. In diesem Fall stellt es keinen unzumutbaren Aufwand dar, die zitierte Passage in Verbindung mit den vier zugehörigen Figuren zu studieren, umso den Zusammenhang zwischen dieser Offenbarung und dem in Rede stehenden Merkmal des angegriffenen Patentanspruchs herstellen zu können, BPatG Beschl. v. 11. 12. 2003 – 23 W (pat) 702/02 (juris) u. Bericht Winterfeldt a. a. O. Rdn. 18 c. **20**

bb) Offenkundige Benutzung. Bei Behauptung offenkundiger Benutzung muss angegeben werden, **was wo, wann und durch wen geschehen** ist und wodurch das Geschehen offenkundig geworden ist; zur Substantiierung gehören konkrete Angaben über die näheren Umstände, aus denen sich die Vorbenutzung nach Art, Zeit und Ort sowie die Offenkundigkeit mit der Möglichkeit der Nachbenutzung ergeben, BPatGE **10,** 218 222; Bl. **89,** 327, 328 f.; **21**

Pfab Mitt. **73,** 1, 10ff. Ein Einspruch ist nicht deshalb unzulässig, weil Beginn und Dauer einer **Vorbenutzung** nicht angegeben sind, sofern nur behauptet ist, dass die Vorbenutzung vor dem maßgeblichen Anmelde- bzw. Prioritätsdatum stattgefunden hat, BGH – Tabakdose – GRUR **97,** 740.

22 Die Benutzung muss ihrem Gegenstande nach so genau bezeichnet sein, dass geprüft werden kann, ob der angeblich offenkundig vorbenutzte Gegenstand die **Neuheit oder die Erfindungshöhe** des angegriffenen Patents berühren kann, BPatGE **31,** 180, 182; im Allgemeinen reicht es nicht aus, wenn der Einsprechende sich zur Kennzeichnung der Vorbenutzung auf den oder die Patentansprüche des angegriffenen Patents bezieht, BPatGE **3,** 167, 168; **9,** 192; **22,** 119; **31,** 176, 178; Bl. **91,** 308. Es muss vielmehr der tatsächliche Vorgang, durch den nach Ansicht des Einsprechenden die Vorbenutzung verwirklicht wurde, geschildert werden, BPatGE **22,** 119, 120. Wegen einer im konkreten Fall ausreichenden Substantiierung vgl. BPatGE **30,** 146f. Es genügt, wenn die mit dem Gegenstand des Patents übereinstimmenden Merkmale des vorbenutzten Gegenstandes so beschrieben werden, dass der technische Zusammenhang klar ist, BPatGE **5,** 135. Wenn auf eine Zeichnung verwiesen wird, muss diese innerhalb der Einspruchsfrist vorgelegt oder ihr Inhalt genau beschrieben werden, PA Bl. **56,** 375. Wenn behauptet wird, der Patentinhaber habe selbst den Gegenstand des Patents schon 6 Monate vor dem Anmeldetag auf einer Ausstellung gezeigt, kann die Angabe, es habe sich um den Gegenstand des nachgesuchten Patents gehandelt, ausreichen, PA Mitt. **58,** 95. Bei einem auf offenkundige Vorbenutzung gestützten Einspruch gegen ein Verfahrenspatent ist die Unzulässigkeit des Rechtsbehelfs wegen Unvollständigkeit der Begründung zu bejahen, wenn der Einsprechende nur das Bekanntsein des Verfahrenserzeugnisses behauptet, aber nichts dafür vorträgt, dass und wie der Fachmann aus den auf dem Markt befindlichen Erzeugnissen erschließen kann, auf welche Art und Weise sie hergestellt werden, BGH GRUR **87,** 513, 514 – Streichgarn.

23 Der **Zeitpunkt der Benutzung** muss in der Regel genau angegeben werden, BPatGE **3,** 167, 169. Allgemeine Zeitangaben wie „vor dem Anmeldetag" oder „seit Jahren" genügen regelmäßig nicht, BPatGE **3,** 167, 169. Eine Ausstellung muss nach Zeit, Ort und Namen angegeben werden, PA **58,** 95.

24 Zur Darlegung der **Offenkundigkeit der Benutzung** genügt nicht die Behauptung der Lieferung an viele Firmen der Branche, BPatGE **9,** 192, 195 oder die bloße Darlegung, dass Angehörige einer Auftraggeberin mit Sitz im Ausland die von ihr bestellten Maschinen bei einer Lieferfirma im Inland abgenommen hätten, BPatG Mitt. **82,** 150. Bei Behauptung von Inlandslieferungen müssen die Lieferanten angeführt werden PA MuW **39,** 324, können sich aber aus den Umständen ergeben, PA GRUR **53,** 252, z.B. bei der Lieferung von Personenkraftwagen, die Serienfahrzeuge sind, BPatG Mitt. **84,** 115. Einer näheren Darlegung darüber, dass durch die Lieferung Sachverständige Kenntnis von dem Erfindungsgedanken erhalten konnten, bedarf es nicht, wenn die Lebenserfahrung hinreichend für die Möglichkeit der Kenntnisnahme spricht, BPatGE **21,** 67 (Notwendigkeit der häufigen Demontage). Spricht die Lebenserfahrung für ein gemeinsames Geheimhaltungsinteresse von Lieferant und Abnehmer eines angeblich neuheitsschädlich vorbenutzten Gegenstandes, so muss der Einsprechende die Tatsachen im Einzelnen angeben, die gegen ein solches Geheimhaltungsinteresse sprechen, BPatGE **29,** 206, 207; **31,** 174, 175. Stützt sich die Behauptung auf Lieferung von Gegenständen, die nach einem bestimmten Verfahren, das die Anmeldung anwende, hergestellt seien, so bedarf es der Angabe, dass und wieso das Verfahren aus den Gegenständen erkennbar ist, PA MuW **36,** 468. Nach BPatGE **25,** 108 soll es unzulässig sein, nach Ablauf der Einspruchsfrist von einem fristgerecht als offenkundig vorbenutzt behaupteten Gegenstand, der tatsächlich nicht vorbenutzt wurde, auf einen anderen, wirklich vorbenutzten überzugehen, auch wenn sich die Gegenstände im Wesentlichen entsprechen und damit in Wahrheit eine offenkundige Vorbenutzung vorliegt. Wird ein vorbehaltloses Anbieten oder Ausliefern des durch das Patent geschützten Erzeugnisses an einen gewerblichen Abnehmer, der den Gegenstand bestimmungsgemäß benutzt, behauptet, liegt darin die nicht entfernt liegende Möglichkeit der Kenntnisnahme von dem beanspruchten Gegenstand und seinen Eigenschaften durch beliebige Sachverständige. Weitere Ausführungen sind nur dann geboten, wenn erkennbare Umstände zu berechtigten Zweifeln an dem Fehlen einer ausdrücklich oder stillschweigend vereinbarten Geheimhaltungsverpflichtung führen, BPatGE **31,** 174f.

25 **cc) Erfindungshöhe.** Ein auf mangelnde Erfindungshöhe gestützter Einspruch muss beachtliche Erwägungen enthalten, die gegen das Vorliegen einer erfinderischen Leistung sprechen, wenn dabei nur der von der Anmelderin in der Beschreibungseinleitung genannte Stand der Technik herangezogen wird, vgl. PA Bl. **55,** 327. Der Einsprechende muss einen **konkreten Stand der Technik** angeben, an den bei der Beurteilung der erfinderischen Tätigkeit an-

geknüpft wird und an dem die Fortschrittlichkeit der patentierten Lehre gemessen wird, BGHZ **102,** 53, 58f. – Alkyldiarylphosphin. Bloßes Leugnen der Erfindungshöhe ist unzureichend, PA Bl. **32,** 196; Mitt. **34,** 378. Ein Einspruch, der lediglich auf die Behauptung gestützt ist, die kennzeichnenden Merkmale des Hauptanspruchs beträfen nur fertigungstechnische Selbstverständlichkeiten, und der nicht auch zugleich die für diese Behauptung maßgeblichen Einzeltatsachen und vor allem den Stand der Technik angibt, von dem der Einsprechende bei der Bewertung der technischen Zusammenhänge ausgeht, ist nicht substantiiert begründet; er erschöpft sich in der Wiedergabe eines technischen Werturteils, das keine Tatsache im Rechtssinn darstellt, BPatGE **17,** 233, dort auch zur Abgrenzung von Tatsachen zu Werturteilen. Das Vorbringen, die patentierte Lehre beruhe nicht auf einer erfinderischen Tätigkeit, weil sie eines diese allein indizierenden technischen Fortschritts ermangele, bedarf zu ihrer Begründung der Angabe eines konkreten Standes der Technik, an den bei der Beurteilung der erfinderischen Tätigkeit gem. § 4 angeknüpft wird und an dem die Fortschrittlichkeit der patentierten Lehre gemessen werden könnte. Fehlen diese Angaben, ist der Einspruch mangels eines sachlichen Bezugs zum Gegenstand des erteilten Patents unzulässig, BGH GRUR **88,** 113, 114 – Alkyldiarylphosphin. Im Einzelfall kann die Behauptung mangelnder Erfindungshöhe durch Heranziehung einer Patentschrift aus dem Stande der Technik ausreichend belegt sein, PA Mitt. **36,** 335. Betrifft die einzige Entgegenhaltung eine nachveröffentlichte Patentschrift, die in wichtigen Teilen nicht mit der zugehörigen Offenlegungsschrift übereinstimmt, so ist der Einspruch nicht ausreichend begründet und unzulässig, BPatGE **30,** 201, 204f. Greift der Einsprechende auf Grund des in den ausgelegten Unterlagen angegebenen und kritisch gewürdigten Standes der Technik mit ernsthaften Erwägungen diese Würdigung und damit die Erfindungshöhe an, so braucht er nicht unbedingt weiteres Material zum Stande der Technik vorzubringen, PA Mitt. **59,** 57. Bestreitet der Einsprechende die Erfindungshöhe eines Kombinationspatents, so liegt eine substantiierte, nachvollziehbare Begründung dann nicht vor, wenn sich die Einspruchsbegründung lediglich mit Einzelmerkmalen auseinandersetzt, BPatG GRUR **82,** 550, 552ff.

dd) Mangelnde Offenbarung. Der auf mangelnde Offenbarung der Erfindung (§ 21 Abs. 1 **26**
Nr. 2) gestützte Einspruch muss nähere Darlegungen darüber enthalten, warum ein Fachmann nicht imstande ist, sie auszuführen. Es ist konkret anzugeben, was ein Fachmann in Kenntnis der Patentschrift zu leisten vermag oder nicht, BGH Bl. **88,** 250 – Epoxidation. In der Bemängelung der Patentunterlagen als unklar, unrichtig und irreführend liegt nur dann die Behauptung mangelnder Patentfähigkeit wegen unzureichender Offenbarung, wenn geltend gemacht wird, dass die Patentunterlagen nicht nur das Verständnis der Erfindung erschweren, sondern die Erkenntnis der als neu beanspruchten Lehre verhindern, vgl. BGH GRUR **72,** 592, 593 – Sortiergerät; BPatGE **28,** 35, 36 (Rechenfehler und Widersprüche in der Patentschrift). Der bloße Hinweis, die Anmeldung gebe keine klare technische Anweisung, genügt nicht, PA Mitt. **39,** 211. **Zweifel an der Ausführbarkeit sind in theoretischen Erörterungen genügend** belegt; (z.B. chemische oder biologische Züchtungs-) Versuche sind nicht zu fordern, BGH – Tetraploide Kamille -BGHZ **122,** 144. Die Behauptung eines Einsprechenden, der Gegenstand des Anspruchs des erteilten Patents sei nicht patentfähig (nicht ausführbar und nicht gewerblich verwertbar), kann auf einen in der Patentschrift enthaltenen, sinnändernden Druckfehler gestützt werden, vgl. BPatGE **9,** 185. Der Einspruch muss sich konkret mit dem Können des zuständigen Fachmannes auseinandersetzen, wenn behauptet wird, ein bestimmtes fehlendes Element in der Beschreibung der Erfindung übersteige sein Fachwissen, PA Bl. **91,** 355, 356; vgl. dieselbe Entscheidung auch zur Frage der Substantiierung eines auf den Widerrufsgrund nicht ausreichender Offenbarung bei einer aus mehreren Teilaufgaben bestehenden Gesamtaufgabe gestützten Einspruches. Wegen der Rechtslage im Gebrauchsmusterlöschungsverfahren, soweit die mangelnde Ausführbarkeit der geschützten Erfindung geltend gemacht wird, vgl. BGH – Flächenschleifmaschine, GRUR **99,** 920.

ee) Widerrechtliche Entnahme. Zur Begründung widerrechtlicher Entnahme ist der **27**
Hinweis auf einen Vertrag, den die Anmeldung verletze, nicht ausreichend, PA Mitt. **37,** 58, ebenso wenig der Hinweis auf früheren Schriftwechsel mit dem Anmelder, PA GRUR **52,** 330. Zur Begründung kann auf ein älteres Gebrauchsmuster verwiesen werden, PA Mitt. **37,** 174. Für die Zulässigkeit des Einspruchs des Arbeitgebers genügt die Behauptung, bei der patentierten Erfindung handele es sich um eine Diensterfindung, die er in Anspruch genommen habe oder noch in Anspruch nehmen könne, BPatGE **10,** 207, 214, 216.

Der **Erfindungsbesitz** muss substantiiert dargelegt werden. Wenn sich der behauptete Er- **27 a**
findungsbesitz auf ein konkret durchgeführtes Verfahren oder eine konkrete Vorrichtung zur Durchführung des Verfahrens bezieht, ist es für die auf den Patentanspruch des angegriffenen Patents bezogenen erfindungswesentlichen Merkmale in der Regel nicht ausreichend, wenn

lediglich der Wortlaut des Patentanspruchs wiederholt wird. Eine lediglich anhand von Lichtbildern dargestellte Vorrichtung zur Durchführung eines Verfahrens reicht zur Substantiierung des Erfindungsbesitzes erfindungswesentlicher Verfahrensschritte jedenfalls dann nicht aus, wenn die dargestellte Vorrichtung dem Stand der Technik entspricht und über die Durchführung der erfindungswesentlichen Verfahrensschritte keinen Aufschluss gibt, BPatG – Leiterplattenbeschichtung GRUR **04,** 231. Stand die Erfindung, deren widerrechtliche Entnahme behauptet wird, ursprünglich mehreren Erfindungsbesitzern zu, fehlt aber der Vortrag von Tatsachen, die es rechtfertigen würden, dass er einsprechende Erfindungs-Mitbesitzer den Einspruch allein einlegt, so ist die Berechtigung, den Einspruchsgrund nach § 21 Abs. 1 Nr. 3 allein geltend zu machen, nicht im S. v. § 59 Abs. 1 Satz 4 „im Einzelnen" angegeben und damit nicht ausreichend substantiiert, Mehrheit von Erfindungsbesitzern, BPatGE **47,** 28 = Bl. **04,** 61, 62.

28 **ff) Erweiterung.** Der auf Erweiterung der Anmeldung im Erteilungsverfahren gestützte Einspruch (§ 21 Abs. 1 Nr. 4) muss nähere Angaben über die **Merkmale** des Patents bzw. **der aktuell geltenden Fassung** der Anmeldungsunterlagen und der dortigen Patentansprüche enthalten, die den **ursprünglichen Anmeldungsunterlagen** nach Ansicht des Einsprechenden **nicht zu entnehmen** waren. Hierauf stellt § 21 Abs. 1 Nr. 4 nach seinem Wortlaut allein ab. Die Vorschrift muss jedoch nach ihrem Sinn und Zweck auf den Fall, dass ein Merkmal zwar in den ursprünglichen Anmeldungsunterlagen enthalten war, der Anmelder aber darauf verzichtet und trotz des Verzichts später wieder aufgenommen hat, entsprechend angewendet werden (vgl. oben Rdn. 10). Der Einspruch kann daher auch mit derartigen Angaben begründet werden.

29 **d) Frist.** Die Einspruchsfrist beträgt **drei Monate.** Sie beginnt mit der Veröffentlichung des Hinweises auf die Patenterteilung im Patentblatt und endet gemäß §§ 187 Abs. 1, 188 Abs. 2 BGB mit Ablauf des Tages des dritten Monats, der durch seine Zahl dem Veröffentlichungstage entspricht. Für den Zeitpunkt der Veröffentlichung im Patentblatt ist auf das offizielle Erscheinungsdatum der betreffenden Nr. des Patentblatts abzustellen, BPatGE **30,** 111. Unerheblich ist, dass die Veröffentlichung der Patentschrift später erfolgt, BPatG GRUR **86,** 535; Bl. **88,** 254. Ein vor der Veröffentlichung der Patenterteilung eingelegter Einspruch ist unzulässig, vgl. BPatGE **20,** 27. Veröffentlichung im Sinne von § 59 ist auch die Bekanntgabe der Patenterteilung im Patentblatt nach Aufhebung einer Geheimhaltungsanordnung, BPatGE **30,** 17, 19. Der Einspruch ist **rechtzeitig** erhoben, wenn die ansonsten den Zulässigkeitsvoraussetzungen entsprechende Einspruchsschrift als **Irrläufer zunächst dem EPA zugeleitet worden war und dem DPA erst nach Ablauf der Einspruchsfrist übermittelt** worden ist, vgl. BPatG Bl. **92,** 361, die dort wiedergegebene zutreffende Stellungnahme des PräsPA (362) und § 34 (Voraufl. § 35) Rdn. 138 zur Wirksamkeit der Verwaltungsvereinbarung zwischen DPA und EPA vom 29. 6. 1981 sowie die reziproke Problematik für das EPA, EPA (GrBK) ABl. **91,** 137. Vgl. dazu Erl. zu § 34 Rdn. 138 und die Entscheidung BPatG v. 23. 11. 2004 – 11 W (pat) 41/03 GRUR **05,** 525 – Irrläufer = Bl. **05,** 183 nach der die genannte Verwaltungsvereinbarung rechtswidrig sein soll. Zur rechtlichen Begründung der Vereinbarung vgl. die Rdn. 138 zu § 34. Die vom entscheidenden Senat insoweit gegebene Begründung ignoriert wesentliche Vorgaben und verkennt vor allem, dass die **Verwaltungsvereinbarung der Völkerrechtsebene** angehört und ihre Grundlage nicht im VwVfg findet. Angesichts des unmittelbaren Interesses von DPMA und EPA war es auch ein grober Ermessensfehler, den Präsidenten DPMA nicht am Verfahren zu beteiligen. Obwohl die Aussagen zur angeblichen Rechtswidrigkeit lediglich Inzidentcharakter haben und überflüssig waren, weil der „Irrläufer" schon vom Sachverhalt nicht unter die Vereinbarung fiel, hat sich das EPA notgedrungen auch seinerseits inzwischen an die veränderte Bewertung der Rechtslage angepasst, s. Mitteilung in Abl. EPA **2005,** Heft 7, S. 444 f. und die parallele Mitteilung des Präs/DPMA Nr. 23/05 v. 2. 6. 2005.

29 a **e) Einspruchsgebühr.** Zu den Erfordernissen, die für die wirksame Erhebung eines Einspruchs zu erfüllen sind, gehört seit dem 1. 1. 2002 auch die **Zahlung einer Einspruchsgebühr.** Das KostRegBerG hat mit dem neuen Gebührenverzeichnis (Nr. 313 600) zum PatKostG eine Einspruchsgebühr von 200 EUR eingeführt. Demnach wird mit der Einreichung der Einspruchsschrift diese Gebühr fällig, § 3 Abs. 1 PatKostG; sie ist innerhalb der Einspruchsfrist von drei Monaten zu zahlen, wie sich aus § 6 Abs. 1 Satz 1 PatKostG ergibt. Wird sie nicht oder nicht vollständig innerhalb der Frist gezahlt, gilt der Einspruch als nicht erhoben. Wie die Voraussetzungen für die Wirksamkeit und Zulässigkeit des Einspruchs muss die Zahlung der Einspruchsgebühr innerhalb der Einspruchsfrist von drei Monaten gegeben sein. Erfolgt sie verspätet, liegt bei Ablauf der Einspruchsfrist kein wirksamer Einspruch vor, so dass es an der entscheidenden Bedingung für den Beginn des Einspruchsverfahrens fehlt. Damit erübrigt sich

die Aufnahme der Prüfung der übrigen Zulässigkeitsvoraussetzungen. Die Rechtsfolge, dass der Einspruch nicht als erhoben gilt, kann durch Beschluss festgestellt werden. Die Wiedereinsetzung in die versäumte Zahlungsfrist ist ebenso ausgeschlossen wie nach § 123 Abs. 1 Satz 2 die Wiedereinsetzung in die versäumte Einspruchsfrist, BGH – Verspätete Zahlung der Einspruchsgebühr, GRUR **05,** 184; in gleichem Sinne insgesamt auch bereits BPatG Bl. **04,** 437.

Andererseits kann ein Einsprechender für das Einspruchsverfahren **Verfahrenskostenhilfe** nach § 131 beantragen, wenn er ein schutzwürdiges Interesse nachweist und die sonstigen Erfordernisse erfüllt sind. Reicht er das Gesuch mit den erforderlichen Nachweisen rechtzeitig während der Einspruchsfrist ein, ist der Lauf der Einspruchsfrist nach § 134 für ihn bis zum Ablauf von einem Monat nach Zustellung des auf das Gesuch ergehenden Beschlusses gehemmt. **29b**

Sind **mehrere selbstständige Einsprüche** von verschiedenen Einsprechenden erhoben worden, so wird **für jeden Einspruch die Einspruchsgebühr** fällig. Ihre Zahlung innerhalb der Einspruchsfrist ist Wirksamkeitsbedingungen für den jeweiligen Einspruch, soweit nicht einer der Einsprechenden innerhalb der Einspruchsfrist einen Antrag auf Verfahrenskostenhilfe stellt. Strittig ist, wie der Fall zu behandeln ist, bei dem **mehrere Einsprechende sich für ein bestimmtes Einspruchsverfahren zusammenschließen, einen gemeinsamen Verfahrensbevollmächtigten bestellen und mit einem einheitlichen Einspruchsschriftsatz gemeinsam die Einspruchsgründe bezeichnen** und die dafür erforderlichen Erfordernisse im Einzelnen darlegen. Nach BPatG v. 26. 1. 2004 – 34 W (pat) 329/03 (SchK Nr. 336 zu §§ 59 ff.), soll in diesem Fall die Zahlung einer einzigen Einspruchsgebühr für diese Personengruppe ausreichen. Der Senat beruft sich dabei auf die Entscheidungen BGH GRUR **87,** 348 – Bodenbearbeitungsmaschine, die ein Nichtigkeitsverfahren betrifft, und auf BPatGE **42,** 233, zu einem Gebrauchsmuster-Löschungsverfahren, die für eine unter ähnlichen Bedingungen auftretende Personengruppe eine einzige Verfahrensgebühr haben ausreichen lassen. Diese Verfahrensweise entspricht auch der des EPA, das mit der Einspruchsgebühr über längerfristige Erfahrungen verfügt. Es empfiehlt sich daher, diese Behandlung auch für das Einspruchsverfahren nach § 59 zu übernehmen; so auch BPatG Bl. **04,** 469 = Mitt. **04,** 174 u. 215 Schulte, Rdn. 68 zu § 59; Busse/Keukenschrijver, Rdn. 110 zu § 73; Hövelmann, Mitt. **04,** 59;. a. A. BPatG Mitt. **04,** 70 = Bl. **03,** 430 (E. über Erinnerung gegen Beschluss des Rechtspflegers). Vgl. dazu auch Winterfeldt, GRUR **05,** 449, 458 mit Hinweisen auf weitere Entscheidungen des BPatG im Sinne der Fälligkeit nur **einer** Gebühr. Danach reicht für den gemeinsamen Einspruch einer Mehrzahl von Einsprechenden, der auf ein und dieselbe Einspruchsbegründung gestützt ist und in einem gemeinsamen Schriftsatz durch einen gemeinsamen Bevollmächtigten erhoben wird, die Entrichtung **einer einzigen Einspruchsgebühr** zumindest dann aus, wenn die Einsprechenden seit Jahren als BGB-Gesellschaft auftreten, deren Tätigkeitsbereich unter anderem die gemeinschaftliche Einleitung und Durchführung von Einspruchsverfahren ist. Die BGB-Gesellschaft ist aber ohnehin nach der neueren Rechtsprechung des BGH (siehe oben Rdn. 14g) rechts- und parteifähig und daher auch verfahrensmäßig wie eine juristische Person zu behandeln. Der in der Anlage wiedergegebene Regierungsentwurf eines Gesetzes zur Änderung des patentrechtlichen Einspruchsverfahrens und des Patentkostengesetzes – BT-Drs. 16/735 v. 21. 2. 2006 – sieht dazu in einem neuen Absatz 2 der Vorbemerkung unter Teil A des GebVerz. (Anl.) zum PatKostG als neue Regelung vor, dass in den Fällen der dort genannten Gebührennummern, darunter auch die Gebühr für das Einspruchsverfahren, Nr. 313600 GebVerz, für jeden Antragsteller die Gebühren gesondert erhoben werden. In der Begründung heißt es dazu „Legen z. B. mehrere Einsprechende gemeinsam Einspruch beim Deutschen Patent- und Markenamt ein, hat jeder die Gebühr in Höhe von 200 Euro zu zahlen." Eine Auseinandersetzung mit dem vorstehenden Streitstand zum gemeinsamen Einspruch fehlt. Es ist aber davon auszugehen, dass die bisher erzielten Ergebnisse nicht in Frage gestellt werden sollen. **29c**

f) Folgen des Fristablaufs. aa) Für die Einlegung des Einspruchs. Der verspätete Einspruch ist **unzulässig,** er wurde früher ohne Sachprüfung verworfen, vgl. PA Mitt. **30,** 244; **34,** 214. Mit der Einführung der Einspruchsgebühr und der nach § 6 Abs. 1 Satz 1 i. V. m. § 6 Abs. 2 PatKostG ist diese Tenorierung zu überprüfen und ggf. lediglich festzustellen, dass der Einspruch als nicht erhoben gilt. Das von dem damit von der Verfahrensbeteiligung ausgeschlossenen Einsprechenden angegebene Material kann jedoch von Amts wegen bei der Entscheidung über einen zulässigen Einspruch eines anderen Einsprechenden herangezogen werden, der auf denselben Einspruchsgrund gestützt ist (vgl. unten Rdn. 33, 44). Gegen die Versäumung der Einspruchsfrist ist **Wiedereinsetzung unstatthaft** (§ 123 Abs. 1 Satz 2). Das gilt auch für die verspätete Zahlung der Einspruchsgebühr. Die Wiedereinsetzung in die versäumte Zahlungsfrist ist ebenso ausgeschlossen wie nach § 123 Abs. 1 Satz 2 die Wiedereinsetzung in die versäumte Einspruchsfrist, BGH GRUR **05,** 184. Soweit sich der Einspruch auf die §§ 1–5 stützt, entspricht dies der früheren Praxis, PA Mitt. **30,** 244; GRUR **30,** 963, während **30**

früher Wiedereinsetzung beim Einspruch gemäß § 7 Abs. 2 gewährt wurde, PA Bl. **32,** 196, § 123 Abs. 1 Satz 2 macht jedoch in dieser Hinsicht keinen Unterschied.

31 **bb) Für die Begründung des Einspruchs.** Der **Begründungszwang innerhalb der Einspruchsfrist** ist eingeführt worden, um das Verfahren zusammenzufassen. Es soll verhütet werden, dass die Einspruchsgründe erst nach und nach dem Amt unterbreitet werden. Der Einsprechende ist daher nicht berechtigt, nach Ablauf der Einspruchsfrist den Einspruchsgrund (siehe oben Rdn. 8 ff.) zu wechseln (PA Mitt. **34,** 176; **35,** 422) oder weitere Gründe nachzuschieben, BPatGE **16,** 211, 218. Er ist auch nicht berechtigt, nach Ablauf der Einspruchsfrist neue Tatsachen zur Begründung seines Einspruchs nachzuschieben, BGH GRUR **78,** 99, 100 – Gleichstromtransferspeisung; BPatGE **27,** 36, 39. Der Einsprechende ist auch nicht berechtigt, die erforderliche Begründung nach Fristablauf nachzubringen und den unzulässigen Einspruch damit zulässig zu machen. Die zur Begründung des Einspruchs erforderlichen Tatsachen sind innerhalb der Einspruchsfrist vorzubringen, PA Bl. **34,** 86; PA Mitt. **41,** 22; Bl. **51,** 156. Die Beweismittel können später angegeben werden, PA Mitt. **34,** 143. Der Beweis selbst ist später zu führen, Mitt. **36,** 335. Auch bei telegraphischer Einspruchsbegründung, PA Mitt. **34,** 143, ist deren Ergänzung nur noch innerhalb der Frist möglich. Angaben, die zur Identifizierung der Person des Einsprechenden ausreichen, müssen bis zum Ende der Einspruchsfrist gemacht werden, sie können nicht nachgebracht werden, BPatGE **28,** 186, 187.

32 **Offenbare Unrichtigkeiten,** insbesondere die unrichtige Bezeichnung einer entgegengehaltenen Patentschrift, können **auch nach Fristablauf berichtigt** werden, PA Mitt. **30,** 58; **33,** 330; **34,** 177; RG Bl. **36,** 5; BPatGE **16,** 211, 218 f. Voraussetzung dafür ist, dass der Irrtum als solcher offensichtlich oder jedenfalls erkennbar war und das Patentamt in der Lage war, die richtigen Angaben den ihm vorliegenden Unterlagen zu entnehmen, BPatGE **17,** 52.

33 Ist der Einspruch frist- und formgerecht eingelegt und begründet worden, so ist der Einsprechende nicht schlechthin mit einem weiteren Vortrag ausgeschlossen. Die Amtspraxis wendete früher die § 296 ZPO und § 528 ZPO a. F. entsprechend an und prüfte im Einzelfall, inwieweit dem Einsprechenden Nachlässigkeit zur Last fiel oder eine Verschleppungsabsicht erkennbar war, PA Bl. **39,** 62; vgl. auch noch BPatGE **2,** 195, 196; **16,** 211, 218. Der Einsprechende durfte sich nicht darauf berufen, er habe erst durch die ihm im Einspruchsverfahren gewährte Akteneinsicht weitere neuheitsschädliche Tatsachen erfahren; denn das Akteneinsichtsverfahren sei nicht dazu bestimmt, dem Einsprechenden erst den Stoff zur Begründung seines Einspruchs zu geben; er müsse ihn sich vorher verschaffen, PA GRUR **41,** 97. Die frühere Praxis hat jedoch nicht ausreichend berücksichtigt, dass der Untersuchungsgrundsatz auch für das Einspruchsverfahren gilt. In § 59 Abs. 3 wird jetzt ausdrücklich auf § 46 verwiesen. Auch im Einspruchsverfahren können daher alle entscheidungserheblichen Umstände herangezogen werden, gleich wie sie bekannt werden, BGH GRUR **78,** 99, 100.

33 a Für Druckschriften, die gemäß § 43 Abs. 3 Satz 3 von einem Dritten genannt werden, wird das bei der Verweisung in § 59 Abs. 3 ohne weiteres vorausgesetzt. **Tatsachen,** die sich im Rahmen des ursprünglich geltend gemachten Einspruchsgrundes halten und die erst **nach Ablauf der Einspruchsfrist vorgebracht** sind, hat die Patentabteilung (oder der Beschwerdesenat) von Amts wegen auf ihre Erheblichkeit zu prüfen, BPatGE **18,** 19, 20, und wenn sie sie für bedeutsam hält, im Rahmen der Amtsermittlung in Ausübung ihres pflichtgemäßen Ermessens ihrer Entscheidung zugrunde zu legen, BGH GRUR **78,** 99, 100, Gleichstromferneinspeisung; BGH GRUR **95,** 333 Aluminium-Trihydroxid. Werden sie von Amts wegen mit herangezogen, so ist der Einsprechende auch insoweit am Verfahren zu beteiligen; er hat auch insoweit Anspruch auf rechtliches Gehör, BGH GRUR **78,** 99, 100; BPatGE **18,** 19, 20. Für Tatsachen, die er verspätet vorgebracht hat, hat der Einsprechende jedoch keinen Anspruch auf Berücksichtigung und Verbescheidung, BGH GRUR **78,** 99, 100; BPatGE **18,** 19, 20. Die Nichtberücksichtigung kann daher allein mit der Fristüberschreitung begründet werden; die Gründe, aus denen die Erheblichkeit der nachgebrachten Tatsachen verneint worden ist, brauchen nicht im Einzelnen dargelegt zu werden, BPatGE **18,** 19, 20. Der Grundsatz der Ermittlung von Amts wegen gilt auch für das Einspruchsverfahren nach dem EPÜ. Verspätetes Einspruchsvorbringen, hier zur Ausführbarkeit der Erfindung, kann aber auch im genannten Verfahren unberücksichtigt gelassen werden, EPA (TBK) ABl. **87,** 177, 184 ff. Vgl. dazu Benkard/Schäfers, EPÜ Erl. zu Art. 114.

34 **Verspätetes Vorbringen** eines Einsprechenden muss selbstverständlich auch dem Patentinhaber mitgeteilt werden. Soweit es zu seinem Nachteil berücksichtigt werden soll, muss dem Patentinhaber hinreichende Gelegenheit zur Stellungnahme gegeben werden; ein Hinweis auf die mögliche Verwertbarkeit und die Setzung einer Äußerungsfrist sind nicht unbedingt erforderlich, BPatGE **21,** 102.

Das **Nachschieben von Einspruchsmaterial** kann zu einer erheblichen Verzögerung der Abwicklung des Verfahrens führen. Deshalb konnte nach BAG NJW **80,** 608 für eine Klage, mit der einem Einsprechenden aus materiellrechtlichen Gründen untersagt werden sollte, weiteres Einspruchsmaterial nachzuschieben, das Rechtsschutzinteresse nicht verneint werden; materiellrechtliche Gründe für die Untersagung weiteren Vorbringen sollten sich etwa daraus ergeben, dass der Einsprechende sich während eines Arbeitsverhältnisses in vertragswidriger Weise Kenntnisse über die streitige Erfindung verschafft hat, die er im Einspruchsverfahren gegen den Arbeitgeber auswertet. Dem kann nicht zugestimmt werden. Das Problem ist dadurch gelöst, dass das BAG seine Rechtsprechung insoweit aufgegeben hat, vgl. oben Rdn. 7. 35

3. Beitritt als Einsprechender. Durch das GPatG ist zur Angleichung an eine entsprechende Regelung des Art. 105 EPÜ in § 59 Abs. 2 die Möglichkeit eines nachträglichen Beitritts zu einem anhängigen Einspruchsverfahren eröffnet worden. Vgl. dazu Benkard/Schäfers, EPÜ, Erl. zu Art. 105. Diese Möglichkeit soll verhindern, dass ein Dritter, der kurz vor Ablauf oder erst nach Ablauf der Einspruchsfrist von dem Patentinhaber wegen Patentverletzung in Anspruch genommen wird, von der Geltendmachung der mangelnden Schutzfähigkeit des Patents im Einspruchsverfahren ausgeschlossen und auf das kostspieligere und schwieriger durchzuführende Nichtigkeitsverfahren verwiesen wird. Das Gesetz gibt deshalb unter bestimmten Voraussetzungen ein Beitrittsrecht. Der Beitritt ist, abgesehen von der Frist, völlig entsprechend dem Einspruch geregelt. Praktisch handelt es sich demnach um die Zulassung eines nachträglichen Einspruchs, der nur unter besonderen Voraussetzungen möglich ist, der jedoch im Einzelfall die Erledigung eines anhängigen Einspruchsverfahrens erheblich verzögern kann. 36

a) Voraussetzungen für den Beitritt. Der Beitritt ist nur möglich, wenn und solange ein Einspruchsverfahren anhängig ist. Das Gesetz verlangt nur, dass ein Einspruch „erhoben“ ist, es macht die Zulässigkeit und Wirksamkeit des Beitritts daher nicht von der Zulässigkeit des ursprünglich erhobenen Einspruchs abhängig, vgl. BGH – Heizkörperkonsole, GRUR **93,** 892. Eine Beteiligung kommt andererseits nur in Betracht, solange das Einspruchsverfahren, an dem sich der Dritte beteiligen will, noch nicht abgeschlossen ist. In entsprechender Anwendung des § 66 Abs. 2 ZPO ist der Beitritt bis zur rechtskräftigen Entscheidung, auch in Verbindung mit der Einlegung eines Rechtsmittels, für zulässig zu erachten. Der Beitritt ist auch dann noch zulässig, wenn das Patentamt bereits eine Entscheidung (hier: Aufrechterhaltung des Patents) erlassen hat, BPatGE **30,** 109, 110. Der Beitritt setzt dann aber **keine neue Beschwerdefrist** in Lauf. Maßgebend ist vielmehr der Zeitpunkt, zu dem der angefochtene Beschluss sämtlichen bereits an dem patentamtlichen Verfahren Beteiligten zugestellt worden ist, BPatGE **30,** 109, 110. Die Patentabteilung hat über eine Beitrittserklärung, die eingeht, nachdem der Beschluss über die Aufrechterhaltung oder den Widerruf des Patents bereits verkündet oder zur Postabfertigungsstelle gegeben ist, nicht mehr zu entscheiden. Wird die Beitrittserklärung abgegeben, ohne dass Beschwerde gegen den Beschluss der Patentabteilung erhoben wird, dann ist die Beitrittserklärung unbeachtlich; wird sie vor, mit oder nach Erhebung der Beschwerde abgegeben, so hat das Bundespatentgericht über den Beitritt zu entscheiden, Einspruchsrichtlinie 2002, Nr. III 7 c; a. A. Hövelmann, Mitt. **03,** 303, der fordert, dass dem den Beitritt in dieser Phase Erklärenden der Beschluss der Patentabteilung zugestellt wird, so dass eine neue Beschwerdefrist für ihn in Lauf gesetzt wird. 37

b) Beitrittsberechtigter. Zum Beitritt berechtigt ist nur derjenige Dritte, gegen den **Klage wegen Verletzung des mit Einspruch angegriffenen Patents** erhoben ist oder der nach Aufforderung des Patentinhabers, eine angebliche Patentverletzung zu unterlassen, gegen diesen seinerseits Klage auf Feststellung erhoben hat, dass er das Patent nicht verletze. Die persönlichen Voraussetzungen für einen nachträglichen Einspruch sind damit abschließend umschrieben. Eine Verwarnung aus dem Patent genügt ebenso wenig wie die Androhung einer Verletzungsklage oder einer negativen Feststellungsklage. Die Berechtigung zum Beitritt muss nachgewiesen werden. Mit Klagen wegen Verletzung des Patents sind in erster Linie die auf §§ 139 ff. gestützten Klagen angesprochen, mit denen die dort vorgesehenen Ansprüche auf Unterlassung, Schadenersatz, Vernichtung der patentverletzenden Erzeugnisse und Auskunft über Herkunft und Vertriebswege der Erzeugnisse angesprochen. Nicht gemeint ist ein Strafverfahren auf der Grundlage von § 142, auch wenn es in den Formen einer Privatklage nach § 374 Abs. 1 Nr. 8 StPO eingeleitet. Es bestehen aber keine Bedenken, zumal die Rechtsbeständigkeit des Patents auch für diese Verfahren eine entscheidende Vorfrage darstellt. 38

c) Beitrittserklärung. Der Beitritt ist schriftlich zu erklären. Es gilt daher Entsprechendes wie für den Einspruch (vgl. oben Rdn. 14). 39

d) Begründung. Der Beitritt ist, wie der Einspruch selbst, **zu begründen.** Dazu gehört zunächst die Angabe der Gründe, die zum Beitritt berechtigen (vgl. oben Rdn. 38). Zur Begründung gehört weiter die Angabe der Tatsachen, die den nachträglichen Einspruch sachlich 40 rechtfertigen sollen. Das ergibt sich aus der Verweisung in § 59 Abs. 2 Satz 5 auf § 59 Abs. 1 Satz 3 bis 5. Auch der nachträgliche Einspruch muss danach auf einen der gesetzlichen Einspruchsgründe (oben Rdn. 8 ff.) gestützt werden; die zur Begründung dienenden Tatsachen müssen im Einzelnen angegeben werden (oben Rdn. 16 ff.); die Begründung muss innerhalb der Beitrittsfrist (unten Rdn. 41) gegeben werden.

41 **e) Beitritts- und Begründungsfrist.** Die Dreimonatsfrist für den Beitritt und dessen Begründung beginnt mit der Erhebung der Verletzungsklage oder – im Falle des § 59 Abs. 2 Satz 2 – der negativen Feststellungsklage. Sie wird daher durch die Zustellung der Klageschrift in Lauf gesetzt (§ 253 Abs. 1 ZPO); § 270 Abs. 3 ZPO ist nicht anwendbar, da durch die Zustellung der Klageschrift eine Frist in Lauf gesetzt wird. Der Ablauf der Dreimonatsfrist hat für den Beitritt die gleiche Wirkung wie der Ablauf der Einspruchsfrist für den Einspruch (vgl. oben Rdn. 30 ff.).

41 a Das PatKostG enthält **keine Gebühr für den Beitritt.** Es erscheint als möglich, dass das Patentkostenrecht insofern eine unwillentliche Lücke aufweist. Sie kann aber nicht im Wege der Analogie zur Einspruchsgebühr geschlossen werden, da für Gebühren und Kosten klare und eindeutige Rechtsgrundlagen zu verlangen sind. Die gebührenrechtliche Privilegierung kann allerdings gerechtfertigt sein, dass beim Beitritt ein konkretes rechtliches Interesse an der Überprüfung der Bestandskraft des Patents für den Verletzungsprozess bzw. die negative Feststellungsklage gegeben sein muss; immerhin ist diese Voraussetzung auch beim Einspruch wegen widerrechtlicher Entnahme gegeben. Der **Referentenentwurf** eines Gesetzes zur Änderung des Einspruchsverfahrens und des Patentkostengesetzes von Juli 2005 sieht inzwischen vor, auch den **Beitritt gebührenpflichtig zu machen.** Dem entspricht auch der in der Anlage wiedergegebene Regierungsentwurf eines Gesetzes zur Änderung des patentrechtlichen Einspruchsverfahrens und des Patentkostengesetzes – BT-Drs. 16/735 v. 21. 2. 2006.

42 **f) Wirkung des Beitritts.** Der Beitritt hat die Wirkung, dass der Beitretende mit dem Eingang der Beitrittserklärung die **Stellung eines Einsprechenden** erwirbt. Der Prüfung der Zulässigkeit des Einspruchs (unten Rdn. 57 ff.) entspricht insoweit die Prüfung der Zulässigkeit des Beitritts, die auch die Beitrittsberechtigung umfasst. Die Beteiligung des Beitretenden entsteht in dem Verfahrensstande, in dem sich das Einspruchsverfahren im Zeitpunkt des Eingangs der Beitrittserklärung befindet. Es wird von da an unter Beteiligung des Beitretenden fortgeführt. Der Beitritt kann auch im Zuge eines anhängigen Einspruchsbeschwerdeverfahrens erfolgen. Eine Beschwerdegebühr ist dann nicht zu entrichten. Über die Zulässigkeit des Beitritts kann vorab eine Zwischenentscheidung ergehen, BPatG GRUR **88,** 903, 905.

43 **4. Rücknahme oder Erledigung des Einspruchs.** Der Einspruch kann jederzeit zurückgenommen werden. Der Einsprechende scheidet damit aus dem Verfahren aus. Die **Rücknahmeerklärung** wird mit ihrem Eingang wirksam. Sie kann nicht nachträglich widerrufen werden, PA Bl. **55,** 297. Sie kann – als reine Verfahrenshandlung – auch nicht wegen Irrtums angefochten werden, PA Bl. **55,** 297. Der Einspruch erledigt sich, wenn die einsprechende Gesellschaft im Laufe des Verfahrens nach Liquidation und Löschung im Handelsregister untergegangen ist, BPatGE **1,** 78.

44 Die Zurücknahme oder die Erledigung des Einspruchs im erstinstanzlichen Verfahren hat nicht zur Folge, dass das Einspruchsverfahren endet. Das Verfahren wird vielmehr in dem durch den Einspruch gezogenen Rahmen **von Amts wegen ohne den Einsprechenden fortgesetzt** (§ 61 Abs. 1 Satz 2). Es wird daher – wenn der Einspruch zulässig war (vgl. unten Rdn. 58) – im Rahmen des Einspruchsgrundes unter Berücksichtigung aller bekannt gewordenen Umstände von Amts wegen über die Aufrechterhaltung des Patents entschieden. Das vom Einsprechenden mitgeteilte Material ist, soweit es erheblich ist, von Amts wegen zu berücksichtigen, BGH GRUR **69,** 562, 563 – Appreturmittel. Auch einer behaupteten offenkundigen Vorbenutzung soll nachgegangen werden müssen, auch wenn es zur Klärung einer weiteren Beweisaufnahme bedarf, abw. BPatG Mitt. **78,** 193. Eine weitere Aufklärung dieses Sachverhalts macht aber wenig Sinn, wenn das Patentamt dabei auf die Mitwirkung des ausgeschiedenen Einsprechenden angewiesen wäre. Nach dem Entwurf eines Referentengesetzes zur Änderung des Einspruchsverfahrens und des Patentkostengesetzes von Juli 2005 soll klargestellt werden, dass die Fortsetzung des Verfahrens nach Rücknahme des Einspruchs oder aller Einsprüche im Ermessen des Patentamts liegt.

45 Die **Zurücknahme des Einspruchs im Beschwerdeverfahren** über eine Beschwerde des Einsprechenden steht einer Sachentscheidung über die Beschwerde des Einsprechenden entgegen, BGH GRUR **69,** 562, 564. Nach BPatGE **29,** 92, 96, wird die Beschwerde des Einsprechenden aber durch die Rücknahme des Einspruchs unzulässig und ist als unzulässig zu verwerfen. Die Zu-

rücknahme der Beschwerde gegen den einen Einspruch als unzulässig verwerfenden Beschluss ist nur solange zulässig, als die Entscheidung über die Beschwerde noch nicht ergangen ist, BGH Bl. **88,** 250 – Epoxidation. Im Verfahren über die Beschwerde des Patentinhabers gegen einen das Patent widerrufenden Beschluss des Patentamts wird eine Sachprüfung und -entscheidung nicht dadurch gehindert, dass der einzige Einspruch vor Einlegung der Beschwerde zurückgenommen ist, BPatGE **12,** 149. Die Zurücknahme des Einspruchs nach der Entscheidung über die Beschwerde – auch des Einsprechenden – nimmt der bereits ergangenen Beschwerdeentscheidung nicht ihre Wirkung, BGH GRUR **69,** 562, 564; **79,** 313 – Reduzierschrägwalzwerk; bestätigt in BGH Bl. **88,** 250. Die Rücknahme des Einspruchs nach Erlass der Entscheidung des Patentgerichts im Beschwerdeverfahren und während des kraft Zulassung anhängigen **Rechtsbeschwerdeverfahrens** erledigt nicht die Rechtsbeschwerde. Insbesondere ist durch die Einspruchsrücknahme nicht die im Beschwerdeverfahren ergangene Sachentscheidung des BPatG über den Widerruf des Patents nachträglich wirkungslos geworden. Lediglich die Verfahrensbeteiligung der Einsprechenden hat ihr Ende gefunden; das Verfahren ist ohne den Einsprechenden allein mit dem Patentinhaber fortzusetzen, BGH GRUR **95,** 333, 334 Aluminium-Trihydroxid; GRUR **96,** 747, Lichtbogen-Plasma-Beschichtungssystem. Der Widerrufsgrund der widerrechtlichen Entnahme ist dann nicht mehr weiter zu prüfen, wenn der allein auf ihn gestützte Einspruch zurückgenommen worden ist, BPatG – Aktivkohlefilter, Bl. **04,** 59 f.

5. Beschränkte Verteidigung. Änderungen des Patents. Wie schon **§ 61 Abs. 2** erkennen lässt, offeriert das Einspruchsverfahren als Ergebnis nicht nur die beiden Alternativen Aufrechterhaltung oder Widerruf des Patents. Vielmehr kann das Patent auch **„beschränkt aufrechterhalten"** werden. Der Patentinhaber kann das Patent jederzeit in dem in § 64 geregelten Verfahren beschränken. Wenn ein Einspruchsverfahren anhängig wird, in dem ohnehin über die Aufrechterhaltung des Patents zu entscheiden ist, braucht der Patentinhaber, der erkannt hat, dass das Patent nicht in dem erteilten Umfang zu halten ist, jedoch nicht erst ein Beschränkungsverfahren durchzuführen. Er kann vielmehr die Beschränkung auch im Einspruchsverfahren über eine entsprechende Änderung des Patents erreichen, BGH GRUR **90,** 432, 433 Spleißkammer; GRUR **90,** 510, 511 – Crackkatalysator; GRUR **91,** 307, – Bodenwalze; BGH GRUR **98,** 901. vgl. dazu auch für das Nichtigkeitsverfahren BGH GRUR **56,** 409, 410 – Spritzgussmaschine I; GRUR **62,** 294, 296 – Hafendrehkran; GRUR **84,** 644, 645 – Schichtträger; GRUR **88,** 287, 288 – Abschlussblende; BPatG Bl. **88,** 200 LS. Es ist dann im Rahmen des Einspruchsverfahrens zu prüfen, ob es sich um eine **zulässige Beschränkung** handelt. Der Patentinhaber darf aber im Einspruchsverfahren (a) nicht den Schutzbereich des Patents erweitern, er darf (b) an die Stelle der patentgeschützten Erfindung nicht eine andere setzen und er darf (c) das Patent nicht so ändern, dass sein Gegenstand über den Inhalt der Anmeldung in der ursprünglich eingereichten Fassung, also die ursprüngliche Offenbarung, hinausgeht. Das Prüfungskriterium zu (a) wird erst im Einspruchsverfahren aktuell, während die beiden anderen Kriterien bereits im Erteilungsverfahren zu prüfen sind. Unter den veränderten verfahrensmäßigen Konstellationen treten daher insoweit im Einspruchsverfahren die gleichen Probleme auf, wie sie sich bereits im Erteilungsverfahren stellen und im Rahmen des § 38 zu lösen sind. Was sich im Erteilungsverfahren als eine unzulässige Änderung im Sinne einer **Erweiterung** über den Inhalt der ursprünglichen Offenbarung hinaus erweist und Anlass für den Widerruf auf Grund von § 21 Abs. 1 Nr. 4 ist, ist es konsequenterweise auch im Einspruchsverfahren. Insoweit ist daher auch ergänzend auf die Erl. zu § 38 und § 21 zu verweisen. Im EPÜ kommt der innere Zusammenhang insofern deutlicher zum Ausdruck, als die Änderungsverbote oder -beschränkungen für Erteilungs- und Einspruchsverfahren in einem Artikel (Art. 123 EPÜ) zusammengefasst sind. Verstöße gegen die genannten Verbote sind wiederum als Nichtigkeitsgründe sanktioniert. 46

An diese Vorgaben haben sich die **geänderten Patentansprüche,** mit denen der Patentinhaber sein Patent beschränken will, zu halten. Zur **Abgrenzung zulässiger von den unzulässigen Änderungen** ist der Gegenstand der nunmehr beanspruchten Lehre mit der aus dem erteilten Schutzrecht ersichtlichen zu vergleichen. Maßgebend für die Beurteilung der Zulässigkeit ist, was ein Durchschnittsfachmann der Patentschrift unmittelbar und eindeutig als zur Erfindung gehörend entnehmen kann, wobei in erster Linie nicht der Wortlaut, sondern dessen Verständnis seitens des Durchschnittsfachmanns in dem jeweiligen Fachgebiet den Ausschlag gibt. Dieses Verständnis wird sich über den Wortlaut hinaus auch an Sinn und Zweck der Erfindung und der Funktion ihrer einzelnen Elemente orientieren, BGH GRUR **83,** 169, 170 Abdeckprofil. Dienen in der Beschreibung eines Ausführungsbeispiels genannte Merkmale der näheren Ausgestaltung der unter Schutz gestellten Erfindung, die je für sich, aber auch zusammen den durch die Erfindung erreichten Erfolg fördern, dann hat es der Patentinhaber in der Hand, ob er sein Patent durch die Aufnahme einzelner oder sämtlicher dieser Merkmale beschränkt. Er ist nicht gehalten, sämtliche Merkmale eines 46a

Ausführungsbeispiels, die der Aufgabenlösung „förderlich" sind, insgesamt in den Patentanspruch einzufügen, BGH GRUR **90,** 432 – Spleißkammer.

46b Deshalb darf der Gegenstand der Anmeldung bei der Aufstellung neuer Schutzansprüche beschränkt werden, solange dadurch das Patent nicht auf einen Gegenstand erstreckt wird, der von den Schutzansprüchen nicht erfasst ist und von dem der Fachmann auf Grund der ursprünglichen Offenbarung nicht erkennen kann, dass er von vornherein von dem Schutzbegehren umfasst sein sollte. Begehrt der Schutzrechtsinhaber unter Beachtung dieser der beschränkten Verteidigung materiell gesetzten Grenzen nur noch für eine bestimmte Ausführungsform der Erfindung Schutz, so ist er nicht genötigt, sämtliche Merkmale eines Ausführungsbeispiels in den neuen Schutzanspruch aufzunehmen. Vielmehr kann er sich darauf beschränken, ein oder auch mehrere Merkmale aus der Beschreibung in den Schutzanspruch aufzunehmen, wenn dadurch die zunächst weiter gefasste Lehre eingeschränkt wird und der so bestimmte Gegenstand des neu gefassten Schutzanspruchs in der Beschreibung für den Fachmann als zu der beanspruchten Erfindung gehörend zu erkennen war. Deshalb hat es der Schutzrechtsinhaber in der Hand, sein Schutzrecht durch die Aufnahme einzelner oder mehrerer Merkmale, die in der Beschreibung eines Ausführungsbeispiels genannt werden, zu beschränken, wenn und soweit diese Merkmale jedes für sich oder auch zusammen den durch die Erfindung erreichten Erfolg befördern, vgl. BGHZ **110,** 123 – Spleißkammer; GRUR **2002,** 49, 51 – Drehmomentübertragungseinrichtung und BGH – Fußbodenbelag, GRUR **05,** 316.

Wenn sich das **Patent** in dem verteidigten Umfange im Einspruchsverfahren als **bestandsfähig** erweist, ist es in dem Beschluss über die **Aufrechterhaltung des Patents** in geändertem Umfang unter Widerruf im Übrigen (§ 61 Abs. 1 Satz 1) unter gleichzeitiger Anpassung der Patentschrift (§ 61 Abs. 3 Satz 1) auf den verteidigten Inhalt zu beschränken (vgl. BGH a. a. O; § 61 Rdn. 6; § 22 Rdn. 33).

46c Der **Verzicht des Patentinhabers** auf das Patent während des Einspruchsverfahrens beendigt das Einspruchsverfahren unmittelbar, vgl. PA Bl. **86,** 127. Eine Feststellung der „Widerrufsreife" des Patents kommt dann regelmäßig nicht in Betracht, soweit nicht ein besonderes Rechtsschutzbedürfnis nachgewiesen wird.

46d Die vom Patentinhaber als Beschränkung des Patents vorgeschlagenen Änderungen müssen dazu dienen, das **Patent in geändertem Umfang aufrechtzuerhalten,** sofern das Patentamt das Patent in der geänderten (beschränkten) Fassung zu akzeptieren bereit ist. Darüber hinaus kann der Patentinhaber die Beschreibung, die Patentansprüche und die Zeichnungen ändern, soweit die Änderungen durch Einspruchsgründe veranlasst sind, und zwar auch dann, wenn der betreffende Beschränkungsgrund nicht von einem Einsprechenden geltend gemacht worden ist, vgl. zum europäischen Patentrecht die Mitteilung des EPA v. ABl. **1995,** 409, 416, 417. Die Änderungsmöglichkeit bietet keine Handhabe dafür, sonstige beliebige Änderungen am Patent vorzunehmen, sondern nur solche, die einen möglichen Einspruchsgrund ausräumen würden. Die Grenzen des Änderungsrechts sind in jedem Fall einzuhalten. Geänderte Ansprüche und sonstige Änderungen der Unterlagen müssen die Prüfung auf der Grundlage von § 21 Abs. 1 Nr. 4 bestehen und zugleich den sonstigen Anforderungen des PatG entsprechen.

46e Das Einspruchsverfahren ist im Übrigen nicht als Gelegenheit für den Patentinhaber gedacht, Änderungen am Text des Patents vorzuschlagen, die nicht eindeutig in Zusammenhang mit der Beseitigung von Einspruchsgründen nach § 21 Abs. 1 stehen. Insbesondere soll das Einspruchsverfahren nicht die Gelegenheit bieten, neue Gegenstände in die Ansprüche aufzunehmen, die zwar möglicherweise durch die ursprüngliche Offenbarung ausreichend gestützt sind, die jedoch als solche im erteilten Patent nicht beansprucht worden sind. Nicht durch Einspruchsgründe veranlasst ist z. B. die Hinzufügung von neuen abhängigen oder unabhängigen Ansprüchen.

46f Beansprucht der Patentinhaber mit dem geänderten Patentschutz nur noch für die auf einen zweckgerichteten Einsatz des **Erzeugnisses** (der Sache) gerichtete **Verwendung,** so erklärt er damit den Verzicht auf den Schutz eines durch das Verfahren etwa unmittelbar hergestellten Erzeugnisses. Eine solche Beschränkung ist zulässig, auch wenn sie einen Wechsel in der Patentkategorie bewirkt, BGH – Spreizdübel, GRUR **90,** 508, 509 f.

46g Die **Aufnahme eines weiteren Merkmals** aus der Beschreibung in den Patentanspruch ist zulässig, wenn dadurch die zunächst weiter gefasste Lehre auf eine engere Lehre eingeschränkt wird und wenn die weiteren Merkmale in der Beschreibung als zu der beanspruchten Erfindung gehörend zu erkennen waren (BGH GRUR **90,** 510, 511, re. Sp.). Unter diesen Voraussetzungen liegt eine Erweiterung des Schutzbereichs i. S. d. § 14 PatG nicht vor, BGH GRUR **91,** 307. Die aufzunehmenden weiteren Merkmale müssen für den Fachmann aus den ursprünglichen Unterlagen als zu der beanspruchten Erfindung gehörend zu erkennen sein, also hinreichend offenbart sein, BGH GRUR **95,** 113, Egr. III 3 a. 272. Im Einspruchsverfahren kann die Patentanmeldung nicht mehr zurückgenommen werden, BGH GRUR **99,** 571 – Künstliche Atmosphäre.

Nicht geteilt werden kann die Auffassung einiger Senate des BPatG, ein **Merkmal in einem Patentanspruch,** das in den ursprünglichen Unterlagen der Patentanmeldung nicht als zur beanspruchten Erfindung gehörend offenbart war, könne im Einspruchsverfahren **ohne weiteres wieder gestrichen** werden, BPatG v. 25. 8. 1997 – 20 W (pat) 31/96 Steuerbare Filterschaltung, BPatGE **39,** 34; ebenso BPatGE 39, 215 = GRUR **98,** 810 – Zerkleinerungsanlage. A. A. z. B. BPatGE **41,** 12 – Verglasungsdichtung. S. dazu unten, Rdn. 68 ff. Fraglich ist, ob im Einspruchsbeschwerdeverfahren sich der Patentinhaber auf die Verteidigung der von der Einspruchsabteilung gebilligten geänderten Fassung zu beschränken hat, soweit er nicht eine Anschlussbeschwerde einlegt. Es gibt aber keinen zwingenden Grund, Änderungen durch den Patentinhaber auszuschließen, die sachdienlich und erforderlich sind, um Mängel im Zusammenhang mit den Erfordernissen des PatG ausräumen, auch wenn dadurch der ggf. allein beschwerdeführende Einsprechende benachteiligt würde. Das gilt z. B. für Änderungen, durch die ein oder mehrere ursprünglich offenbarte Merkmale in den Patentanspruch aufgenommen werden, die den Schutzbereich des Patents in der aufrechterhaltenen Fassung einschränken. 46 h

6. Verfahren. a) Zuständigkeit. Für das Einspruchsverfahren ist innerhalb des Patentamts die **Patentabteilung** zuständig (§ 27 Abs. 1 Nr. 2). In der Patentabteilung ist der Prüfer des betroffenen Sachgebiets der regelmäßige Berichterstatter (DPMAV § 3). Nach Bedarf muss ein rechtskundiges Mitglied der Abteilung mitwirken, die Entscheidung über dessen Zuziehung steht indes im Ermessen der Patentabteilung, PA **40,** 181. Die Patentabteilung kann nur in ihrer vorgeschriebenen Besetzung (§ 27 Abs. 3) tätig werden. Die Bearbeitung der Anmeldungen im Einspruchsverfahren gehört nicht zu den Angelegenheiten, die der Vorsitzende allein bearbeiten darf (§ 27 Abs. 4). 47

Die **formelle Bearbeitung** des Einspruchsverfahrens ist nach § 1 Abs. 1 Nr. 9 WahrnV den **Beamten des gehobenen Dienstes** übertragen worden. Es ist in dieser Vorschrift nicht erwähnt, dass sich die Wahrnehmung auch darauf erstreckt, die rechtzeitige und vollständige Zahlung der Einspruchsgebühr zu überprüfen. In § 1 Abs. 1 Nr. 10 WahrnV heißt es dagegen „formelle Bearbeitung des Beschränkungsverfahrens, einschließlich der Feststellung, dass der Antrag auf Beschränkung des Patents wegen Nichtzahlung der Gebühr als nicht gestellt gilt." Für ein redaktionelles Versehen anlässlich der Einführung der Einspruchsgebühr gibt es keine Anhaltspunkte. Im Wege des Umkehrschlusses ist daher anzunehmen, dass Entscheidungen zur Einspruchsgebühr von den Beamten des höheren Dienstes getroffen werden müssen, auch wenn es sich um die Feststellung handelt, dass der Einspruch wegen verspäteter Zahlung der Gebühr als nicht erhoben gilt. Im erstinstanzlichen Einspruchsverfahren vor dem Patentgericht ist der Rechtspfleger für Entscheidungen dieser Art zuständig. Zu den formellen Angelegenheiten wird man – außer der Einspruchsgebühr – die Prüfung von Frist und Form, Vollmacht, Benennung eines Inlandsvertreters u. ä. zu rechnen haben. 47 a

b) Beteiligte des Einspruchsverfahrens sind der – oder ggf. die – **Patentinhaber sowie der oder die Einsprechenden.** Der Beitretende (§ 59 Abs. 2) erlangt die Stellung eines Einsprechenden und damit zugleich die eines Verfahrensbeteiligten mit dem Eingang der Beitrittserklärung und der Zahlung der Einspruchsgebühr (vgl. oben Rdn. 42). Die Angabe von Druckschriften (§ 59 Abs. 3 i. V. mit § 43 Abs. 3 Satz 3) verschafft nicht die Stellung eines Beteiligten (vgl. oben Rdn. 15). Streithilfe ist unstatthaft, PA Mitt. **34,** 212; Bl. **59,** 226; BPatGE **1,** 122; **2,** 54; **10,** 155; **12,** 153. Mehrere Einsprechende können eine Rechtsgemeinschaft zum Betreiben des Einspruchsverfahrens bilden, wenn sie einen einzigen Bevollmächtigten bestellt haben und durch diesen einheitlich handeln und einheitliche Einspruchsgründe geltend machen. Es muss aber gewährleistet sein, dass Kostenentscheidungen z. B. nach § 62 gegen sie durchgesetzt werden können, indem sie als Gesamtschuldner in Haftung genommen werden. 48

aa) Einsprechender. Der Einsprechende ist nicht Partei, PA GRUR **16,** 323; er ist aber auch nicht, wie dies früher meist angenommen wurde, bloßer Gehilfe des Amtes, sondern hat als Beteiligter eine parteiähnliche Stellung, PA Bl. **54,** 260; BPatGE **10,** 155, 157. Die Beteiligung entsteht mit der wirksamen Einlegung des Einspruchs PA Mit. **30,** 58. 49

Die **Beteiligung des oder der Einsprechenden** bezieht sich auf das **gesamte Einspruchsverfahren,** BPatGE **18,** 19. Dieses Verfahren ist ein einheitliches Vorgang, in dem unter Berücksichtigung sämtlicher Einsprüche einheitlich über die Aufrechterhaltung des Patents zu entscheiden ist. Sie kann nicht auf das eigene, rechtzeitige Einspruchsvorbringen des einzelnen Einsprechenden beschränkt werden. Die frühere, abweichende Übung des Patentamts, die freilich nicht strikt durchgeführt wurde (vgl. dazu die Voraufl.), war bereits durch spätere Gesetzesänderungen überholt (vgl. Ballhaus Mitt **61,** 222) und ist mit den Erfordernissen des nachgeschalteten Einspruchsverfahrens nicht in Einklang zu bringen, s. auch BGH GRUR **03,** 695. 50

Nach DPAMV sind sämtlichen Einsprechenden nicht nur die Schriftsätze des Anmelders, sondern auch die der übrigen Einsprechenden mitzuteilen, BPatGE **5,** 16. Das hat unverzüglich 50 a nach deren Eingang zu geschehen, BPatGE **22,** 61, 62, und gilt entgegen BPatGE **22,** 61 nicht nur für die das Einspruchsverfahren einleitenden Schriftsätze. Nach § 59 Abs. 3 i. V. mit § 47 sind sämtlichen Beteiligten die ergehenden Beschlüsse vollständig zuzustellen.

51 Die **Beteiligung** des Einsprechenden bezieht sich ferner, da es eine sachlich eingeschränkte Verfahrensbeteiligung nicht gibt, **auf alle Tatsachen und Umstände,** die der Entscheidung zugrunde gelegt werden sollen, auch auf verspätetes Vorbringen der Einsprechenden und sogar auf das Material, das er selbst – wenn auch in verfahrensrechtlich unzulässiger Weise nach Ablauf der Einspruchsfrist – in das Verfahren eingeführt hat, sofern es nur von der Patentabteilung im Rahmen der Amtsermittlung aufgegriffen und der Entscheidung zugrunde gelegt wird, BGH GRUR **78,** 99, 100 – Gleichstromtransferspeisung. Die Vorenthaltung von Eingaben des Patentinhabers, die neue Verfahrensanträge oder tatsächliche Ausführungen enthalten, verletzt daher auch dann den Anspruch auf rechtliches Gehör, wenn sie sich nicht auf rechtzeitiges Einspruchsvorbringen beziehen, BGH GRUR **78,** 99. Es stellt ebenso eine Verletzung des Anspruchs auf rechtliches Gehör dar, wenn dem Einsprechenden die den Einspruch als unzulässig verwerfende Entscheidung zusammen mit der Einspruchserwiderung des Patentinhabers zugestellt wird, BPatG (nicht wie irrtümlich im Bd. angegeben BGH) Bl. **85,** 139.

52 Die **Beteiligung endet,** wenn der Beschluss, durch den der **Einspruch als unzulässig verworfen** wird, unanfechtbar geworden ist, BGH GRUR **72,** 592 – Sortiergerät; BPatGE **2,** 80, 82. Am Beschwerdeverfahren sind, wenn der Patentinhaber gegen einen das Patent widerrufenden Beschluss Beschwerde einlegt, sämtliche Einsprechenden beteiligt, deren Einspruch in dem angefochtenen Beschluss als zulässig behandelt worden ist. Ein Einsprechender, dessen Einspruch in einem das Patent aufrechterhaltenden Beschluss für unzulässig erklärt worden ist, ist am Beschwerdeverfahren nur dann beteiligt, wenn er seinerseits Beschwerde eingelegt oder sich der Beschwerde des Patentinhabers angeschlossen hat, BPatGE **22,** 51, 52. Ist das Patent von der Patentabteilung aufrechterhalten worden, so sind am Beschwerdeverfahren – mit Ausnahme der Fälle, in denen mehrere Einsprechende in Rechtsgemeinschaft stehen – nur die Einsprechenden beteiligt, die selbst Beschwerde eingelegt haben, BPatGE **12,** 153, 157. Wird der Aufrechterhaltungsbeschluss in einem solchen Falle aufgehoben und das Verfahren an die Patentabteilung zurückverwiesen, so sind am weiteren Verfahren vor der Abteilung auch die Einsprechenden (wieder) beteiligt, die keine Beschwerde eingelegt hatten, PA Mitt. **32,** 186. Mehrere Einsprechende stehen als solche nicht in Rechtsgemeinschaft, BPatGE **12,** 153, 157; diese restriktive Handhabung kann aber inzwischen als überholt angesehen werden. Die Beteiligung endet ferner mit der Rücknahme des Einspruchs oder einer gleichwertigen Erklärung, mit der Wille, als Verfahrensbeteiligter aus dem Verfahren ausscheiden zu wollen, klar erkennbar ist.

53 **bb) Wechsel des Einsprechenden. Literatur:** Hoffmeister, Übertragung eines Einspruchsrechts, Mitt. **56,** 239. Der Einspruch begründet eine Verfahrensstellung, die bei einer Gesamtrechtsnachfolge – etwa bei Erbfolge oder bei „Verschmelzung" juristischer Personen (§§ 339ff. AktG) – auf den Rechtsnachfolger übergehen kann, BGH GRUR **68,** 613, 614 – Gelenkkupplung, m. Nachw. Auch im Falle der Eingliederung (§ 319 AktG) tritt die Hauptgesellschaft in die Einsprechendenstellung der eingegliederten Gesellschaft ein, BGH GRUR **68,** 613, 614. Bei der Rechtsnachfolge in ein Sondervermögen, das eine selbstständige Gesamtheit von Vermögensrechten darstellt, geht die Einsprechendenstellung über, wenn der Einspruch nachweisbar im Interesse dieses Sondervermögens eingelegt ist, vgl. PA Mitt. **60,** 98. Hat ein beherrschendes Unternehmen den Einspruch im Interesse eines beherrschten Unternehmens eingelegt, dann kann ein Übergang der Einsprechendenstellung auf das beherrschte Unternehmen in Betracht kommen, wenn das beherrschende Unternehmen seinen Einfluss aufgibt, BPatGE **32,** 30 = Bl. **91,** 245; vgl. auch EPA (GrBK) ABl. **89,** 480.

53 a Die Einsprechendenstellung einer GmbH bleibt **unberührt,** wenn das Handelsregister zwar **Änderungen ihrer Firma** verlautbart, jedoch keine Änderung der Rechtspersönlichkeit der GmbH selbst, und sie die Patentaktivitäten trotz Abspaltung und rechtlicher Verselbstständigung von Geschäftsbereichen für den so entstandenen Konzern weiterhin zentral wahrnimmt, BPatG v. 24. 10. 1991, 31 W (pat) 38/90, BPatGE **33,** 21.

53 b Veräußert der Einsprechende während des Einspruchsverfahrens den **gesamten aktiven Bestand seines Handelsgeschäfts** mit sämtlichen Schutzrechten und allen Rechtspositionen an einen Dritten, so dass dieser nunmehr ein eigenes Interesse an der Verfolgung des Einspruchs hat, kann bei beiderseitigem Einverständnis von Einsprechendem und Drittem von einem Übergang der Einsprechendenstellung ausgegangen werden, BPatGE **30,** 24, 25. Eine freie Übertragung durch Rechtsgeschäft ist nach h. M. nicht möglich, PA Mitt. **60,** 98; BGH GRUR **68,** 613, 614. Vgl. zum Einspruchsverfahren nach EPÜ die Entscheidung EPA v. 21. 10. 2003 – T 711/99 – 3.3.7., ABl. EPA 2004, 550ff. – Übertragung des Einspruchs/

L'OREAL. Die in Bl. **05,** 186, dazu mitgeteilten angeblichen Leitsätze der Entscheidung geben die Verfahrenslage jedoch unzutreffend wieder. Die Große BK des EPA hat mit Entscheidung v. 25. 5. 05 – G 2/04, Hoffmann-La Roche, ABl. **05,** 541, die bisherige Praxis und h. M. bestätigt und die freie Übertragbarkeit der Einsprechendenstellung abgelehnt.

Wird über das Vermögen des Einsprechenden der Konkurs eröffnet und werden die zur Konkursmasse gehörenden Gegenstände der Betriebs- und Geschäftsausstattung einschließlich gewerblicher Schutzrechte zusammen veräußert, so geht die Interessensphäre und damit auch die Einsprechendenstellung auf den Erwerber über, BPatG v. 30. 1. 1997 – 13 W (pat) 61/93, BPatGE **38,** 44. **53 c**

Die Eröffnung des **Insolvenzverfahrens** unterbricht nach § 240 Satz 1 ZPO das Einspruchsverfahren, bis es nach den für das Insolvenzverfahren geltenden Vorschriften aufgenommen oder das Insolvenzverfahren beendet wird. Die Teilnahme am Einspruchsverfahren schafft über die Beteiligtenstellung hinaus zwischen dem Einsprechenden und dem Patentinhaber eine vermögensrechtlich bedeutsame Beziehung, die als Bestandteil der Insolvenzmasse angesehen werden kann. Die vom BGH in GRUR **95,** 394 in einem Nichtigkeitsverfahren für die Unterbrechung angeführten Gründe lassen sich – wenn auch mit Einschränkungen – auf das Einspruchsverfahren übertragen. Vorausgesetzt ist dabei, dass der Einsprechende Gewerbetreibender oder Unternehmer ist und der Einspruch seinem Unternehmen zugerechnet werden kann. **53 d**

Nicht um einen Wechsel des Einsprechenden, sondern um die **Berichtigung der Bezeichnung des Einsprechenden** handelt es sich, wenn nachträglich klargestellt wird, dass es sich bei dem Einspruch, den der gesetzliche Vertreter einer Gesellschaft im eigenen Namen, aber erkennbar für die Gesellschaft erhoben hat, um einen Einspruch der Gesellschaft handeln soll; die Berichtigung ist auch noch im Beschwerdeverfahren möglich, BPatGE **10,** 207. **54**

cc) Patentinhaber. Der Patentinhaber ist stets Beteiligter. Mehrere Patentinhaber sind notwendige Streitgenossen, PA Bl. **29,** 251. Patentinhaber ist die durch die Eintragung im Patentregister ausgewiesene natürliche oder juristische Person. Für die Einspruchsschrift und die Einspruchsbegründung ist diese Personenidentität ohne Belang, da sich der Einspruch gegen das Patent und dessen Rechtsbeständigkeit richtet. **55**

Seine Beteiligtenstellung endet **nicht ohne weiteres** mit dem **Erlöschen des Patents** z. B. infolge Verzichts oder Nichtzahlung einer Jahresgebühr. Damit verliert das Patent lediglich für die Zukunft seine Wirkung. Für die Vergangenheit bleibt der einmal begründete Patentschutz für die geschützte Erfindung bestehen; er wird erst mit dem Widerruf oder der Nichtigerklärung rückwirkend auf den Zeitpunkt des Wirksamwerdens beseitigt. Mit dem Erlöschen des angegriffenen Patents ist das Einspruchsverfahren in der Hauptsache erledigt. Allenfalls Nebenentscheidungen zum Kostenpunkt und zur Zurückzahlung der Einspruchsgebühr können dann noch Gegenstand der Entscheidung des Patentamts sein. **55 a**

Es ist aber – ähnlich wie bei Nichtigkeitsverfahren – anerkannt, dass der Einsprechende **nach Erlöschen des Patents** verlangen kann, das Einspruchsverfahren fortzusetzen, soweit er ein **Rechtsschutzinteresse** nachweist, BGH – Vornapf, GRUR **97,** 615. Das Rechtsschutzbedürfnis darf nicht nach engherzigen Maßstäben beurteilt werden. Es kann grundsätzlich nur bei einer offensichtlich nicht schutzwürdigen Rechtsverfolgung abgesprochen werden, nicht jedoch schon dann, wenn diese mutwillig oder aussichtslos erscheint. Es lässt sich aber z. B. nicht damit begründen, dass der Einsprechende Mehrheitsgesellschafter einer GmbH, die wegen Verletzung des Schutzrechts in Anspruch genommen wird, BGH – Tafelförmige Elemente, GRUR **95,** 342 (GebrM-Löschungsverfahren). Wer die Wirkungen des erloschenen Patents auch für die Vergangenheit durch dessen Widerruf beseitigen will, muss deshalb ein besonderes eigenes Rechtsschutzinteresse dartun, vgl. BPatGE **29,** 65, 68; **29,** 84; **36,** 110 = GRUR **96,** 873. **55 b**

7. Prüfung des Einspruchs. Der Einspruch ist hinsichtlich seiner **Zulässigkeit und seiner Begründetheit** zu prüfen. Die Prüfung der Begründetheit betrifft die Frage, ob das Patent aufrechtzuerhalten ist. Der begründete Einspruch führt zum vollständigen oder teilweisen Widerruf des Patents. Auch soweit der Einspruch auf widerrechtliche Entnahme gestützt ist, wird nicht über den Einspruch, sondern über das Patent entschieden; wenn die behauptete widerrechtliche Entnahme nachgewiesen ist, wird das Patent mit der Folge des § 7 Abs. 3 Satz 2 widerrufen. Über das Innenverhältnis zwischen Einsprechendem und Patentinhaber wird im Einspruchsverfahren nicht entschieden, auch nicht, wer von beiden an der Erfindung berechtigt oder unberechtigt ist, PA MuW **36,** 153. **56**

a) Zulässigkeit des Einspruchs. Die Zulässigkeit des Einspruchs wird **von Amts wegen** geprüft, BGH Bl. **85,** 304 – Einspruchsbegründung. Sie ist gegeben, wenn der Einspruch ordnungsmäßig erhoben und begründet und die Einspruchsgebühr rechtzeitig und vollständig gezahlt worden ist; von der materiellen Begründetheit hängt die Zulässigkeit nicht ab, PA Mitt. **30,** 58; Bl. **55,** 64; BPatGE **9,** 185, 188. Zu prüfen ist insbesondere, ob der Einspruch in der **57**

vorgeschriebenen Weise begründet ist, PA Mitt. **34,** 212. Durch die nachträgliche Erledigung des Einspruchsgrundes, etwa durch den Wegfall einer älteren Anmeldung vor deren Offenlegung (§ 3 Abs. 2), wird der wirksam erhobene Einspruch nicht unzulässig, BGH Bl. **85,** 304, gegen BPatG Mitt. **84,** 204; vgl. PA 15. 12. 1959 – 1 B 107/59.

57a Der Einspruch ist nicht wirksam erhoben, wenn die **Einspruchsgebühr** nicht, oder nicht in ausreichender Höhe entrichtet worden ist; die Unterschrift unter der Einspruchsschrift fehlt und auch nicht innerhalb einer gesetzten Nachfrist nachgeholt worden ist; die erforderliche Bestätigung eines durch Email, Telegramm, Fernschreiben oder Telekopie eingelegten Einspruchs unterblieben ist; der Vertreter des Einsprechenden oder sein Bevollmächtigter die erforderliche Vollmacht nicht rechtzeitig eingereicht hat; die Einspruchsschrift nicht den Erfordernissen des PatG hinsichtlich der zu verwendenden Amtssprache Deutsch (§ 126) entspricht.

57b Gründe für die **Verwerfung eines Einspruchs als unzulässig** können insbesondere Verstöße gegen die Vorschriften über die Form und Frist des Einspruchs (objektive Zulässigkeitskriterien wie Schriftlichkeit, Rechtzeitigkeit, das Fehlen einer Begründung oder die Nichterfüllung der Anforderungen für die Begründung des Einspruchs) sein, es kann sich aber auch um das Fehlen subjektiver Verfahrensvoraussetzungen auf Seiten des Einsprechenden wie Rechts- und Geschäftsfähigkeit bzw. Partei- und Prozessfähigkeit (s. u.); die mangelnde Geschäftsfähigkeit des Einsprechenden; um ein spezielles Verfahrenshindernis wie eine Nichtangriffsabrede oder einen sonstigen Rechtsmissbrauch; um die missbräuchliche Bestellung eines Beauftragten als Einsprechenden (vgl. dazu weiter unten) oder um die mangelnde Vertretungsberechtigung des als Vertreter auftretenden Beauftragten handeln. In diesem Bereich der Verfahrensvoraussetzungen geht es insbesondere um folgende Gründe, die die Zulässigkeit des wirksam eingelegten Einspruchs berühren können: (i) Einlegung des Einspruchs durch den Patentinhaber, (ii) verspätete Einreichung des Einspruchs; eine Wiedereinsetzung in den vorigen Stand ist hier ausgeschlossen; (iii) Verstoß gegen das Schriftformerfordernis; (iv) unzureichende Kennzeichnung, fehlende oder unrichtige Nummer des angegriffenen Patents; (v) unzureichende Klarheit hinsichtlich des Umfangs des Einspruchs; (vi) fehlende Angabe des Einspruchsgrundes oder der Einspruchsgründe, (vii) Fehlen der substantiierten Darlegung der Einspruchsgründe; (viii) fehlende Angaben hinsichtlich der Identität des Einsprechenden, (ix) fehlende Angaben hinsichtlich Name, Anschrift, Staat des Wohnsitzes oder Sitzes des Einsprechenden; (x) Mängel hinsichtlich der Angaben zur Identifizierung des Vertreters; (xi) Fehlende Bestellung eines Inlandsvertreters oder Zustellungsbevollmächtigten; (xii) Verstöße gegen Formvorschriften für Verfahrensunterlagen.

58 Ein unzulässiger Einspruch kann sachlich nicht geprüft und beschieden werden. Er eröffnet auch nicht die Möglichkeit einer Überprüfung der Bestandskraft des Patentes von Amts wegen (§ 61 Abs. 1 Satz 2). Denn Voraussetzung für eine Sachprüfung – auch eine solche von Amts wegen – ist ein zulässiger Einspruch. Deshalb kann auch im Falle der **Rücknahme eines unzulässigen Einspruchs** (§ 61 Abs. 1 Satz 2) **nicht in eine Sachprüfung** eingetreten werden, BPatG Mitt. **85,** 194 (vgl. oben Rdn. 44). Das gilt auch für das erstinstanzliche Einspruchsverfahren vor dem Patentgericht auf der Grundlage des derzeit geltenden Rechts (§ 147 Abs. 3). Eine Verwerfung des unzulässigen Einspruchs kommt nach dessen Rücknahme nicht mehr in Betracht, BPatGE **46,** 247. Wenn nur ein unzulässiger Einspruch erhoben ist, ist der Einspruch als unzulässig zu verwerfen, wenn er nicht vorher zurückgenommen wird (vgl. § 61 Rdn. 1, 3 sowie BPatGE **26,** 143, 147f.). Nach BPatGE **31,** 21, 23, ist auch nach Rücknahme des Einspruchs die Möglichkeit gegeben, ihn als unzulässig zu verwerfen, um damit eine verfahrensbeendende Wirkung zu erzielen. Es wäre allerdings auch ein feststellender Beschluss denkbar, der die Beendigung des Einspruchsverfahrens zum Ausdruck bringt.

59 Die Zulässigkeit des Einspruchs ist auch im Beschwerdeverfahren von Amts wegen zu prüfen; wenn sich der Einspruch als unzulässig erweist, ist die Beschwerde des Einsprechenden ohne Sachprüfung zurückzuweisen und zwar unabhängig davon, ob die Patentabteilung den Einspruch für zulässig oder für unzulässig erachtet hat, BGH GRUR **72,** 592, 594 – Sortiergerät.

60 **b) Vorabentscheidung über die Zulässigkeit.** Über die Zulässigkeit eines von mehreren Einsprüchen kann vorab entschieden werden, wenn die Prüfung der weiteren Einsprüche noch nicht beendet ist und einer der Beteiligten die Entscheidung über die Zulässigkeit des Einspruches beantragt oder besondere Umstände des Verfahrens eine Entscheidung erfordern, PA Bl. **54,** 260; **59,** 324; **61,** 57. Gegen die **Zwischenentscheidung** des BPatG, durch die der Einspruch für unzulässig erklärt wird, ist die Rechtsbeschwerde gegeben, BGH GRUR **85,** 519 – Wärmetauscher. Der in BPatGE **17,** 228 vertretenen Auffassung, durch Zwischenentscheidung könne zwar die Unzulässigkeit des Einspruchs ausgesprochen werden, es dürfe aber nicht dessen Zulässigkeit festgestellt werden, kann nicht zugestimmt werden. Wenn in entsprechender Anwendung des § 280 ZPO eine Zwischenentscheidung für zulässig erachtet wird, dann muss sie auch mit jedem dem Ergebnis der Prüfung entsprechenden Inhalt möglich sein; denn sie soll die Frage der Zulässigkeit in jedem Falle abschließend klären; wie hier BPatGE **27,** 84, 86. Ein Akteneinsichtsverfahren ist kein hinreichender Anlass, über die Zulässigkeit eines Einspruches vorab zu entscheiden, PA Bl. **59,** 324. Ist die Frage der Aufrechterhaltung des Patents zur Entscheidung reif, so kann hierüber und über die Zulässigkeit eines Einspruches nur in einem einheitlichen Beschluss entschieden werden, auch wenn der Einsprechende gesonderte Entscheidung über die Zulässigkeit des Einspruchs beantragt, PA Bl. **54,** 260.

Nachdem allgemein anerkannt ist, dass der Einsprechende bis zur rechtskräftigen Feststellung der Unzulässigkeit seines Einspruchs am Verfahren beteiligt ist (BPatGE **2,** 80, 82; BPatG. Mitt. **67,** 63, 64), liegt das **Interesse an einer Vorabentscheidung** nicht mehr – wie früher – beim Einsprechenden, sondern beim **Patentinhaber.** Dem Antrag des Patentinhabers auf Erlass einer Vorabentscheidung sollte auch in klar liegenden Fällen entsprochen werden. Denn es entspricht nicht dem Sinn der gesetzlichen Regelung, dass eine Beteiligung am Verfahren auch durch einen eindeutig unzulässigen Einspruch praktisch doch weitgehend erreicht wird. Der Patentinhaber hat jedoch keinen Anspruch auf eine Vorabentscheidung; er kann die Vorabentscheidung auch nicht, da die Ablehnung nicht beschwerdefähig ist, im Wege der Beschwerde erreichen, BPatG Mitt. **67,** 77. **60 a**

Gegen die Vorabentscheidung, durch die der Einspruch als unzulässig verworfen wird, kann der Einsprechende Beschwerde einlegen. Der Patentinhaber kann den Beschluss, durch den der Einspruch für zulässig erklärt wird, mit der Beschwerde anfechten, BPatGE **17,** 228; abw. PA Bl. **55,** 188; **55,** 359. § 280 Abs. 2 Satz 2 ZPO wird entsprechend angewendet werden können. **61**

c) Sachprüfung der Einspruchsgründe aa) Umfang der Prüfung. Gegenstand und Umfang der Prüfung. Zu Gegenstand und Umfang der Prüfung hat der BGH in einer Grundsatzentscheidung – in enger Anlehnung an die Praxis des EPA – folgende Festlegungen getroffen: Das Patentamt hat im Einspruchsverfahren in erster Linie **die von den Beteiligten ordnungsgemäß vorgebrachten Einspruchsgründe** zu prüfen. Es kann jedoch nach pflichtgemäßem Ermessen anstelle dieser Gründe oder zusätzlich von Amts wegen auch weitere Widerrufsgründe nach § 21 Abs. 1 PatG in das Verfahren einbeziehen und gegebenenfalls zur Grundlage eines Widerrufs machen. Demgegenüber ist das **BPatG nicht befugt,** im Einspruchsbeschwerdeverfahren **von Amts wegen neue Widerrufsgründe,** die nicht Gegenstand des Einspruchsverfahrens vor dem DPA waren, aufzugreifen und hierauf seine Entscheidung zu stützen, BGH v. 10. 1. 1995, – X ZB 11/92, Aluminium-Trihydroxid, GRUR **95,** 333, LS 2, 3. Im Rahmen der Sachprüfung stehen – wie im Erteilungsverfahren – sämtliche in § 46 angesprochenen Beweismittel und Maßnahmen einschließlich der Anhörung der Beteiligten zur Verfügung, um streitige Tatsachen ohne Bindung an Beweisanträge der Beteiligten aufzuklären und den wahren Sachverhalt zu ermitteln. Auch im Einspruchsverfahren gilt trotz seines kontradiktorischen Charakters uneingeschränkt der **Untersuchungsgrundsatz** (Ermittlung der Tatsachen von Amts wegen). Vor allem bei einer streitigen offenkundigen Vorbenutzung oder einer mündlichen Vorverlautbarung kommt in der Regel eine Vernehmung von Zeugen, aber auch bei offenem Ausgang der Beweisaufnahme die Anwendung von Beweislastregeln ins Spiel. **62**

bb) Antrag auf Teilwiderruf. Nach einer Entscheidung des Patentamts soll es Rückwirkungen auf die Prüfungskompetenz der Patentabteilung haben, wenn der Einsprechende mit seinem Antrag ein auf den **Teilwiderruf des Patents** gerichtetes Verfahrensziel angibt. Das Patent soll dann im Einspruchsverfahren nicht insgesamt, sondern nur im angegriffenen Umfang zur Prüfung anstehen, Patentabteilung 1.13 des DPA, v. 30. 6. 1997, Bl. **97,** 364. Ebenso BPatGE **42,** 84 Extrusionskopf LS 1; Schulte, 7. Aufl., Rdn. 177 unter Bezugnahme auf das Antragsprinzip, das auch für Anträge des Einsprechenden im Einspruchsverfahren gelte und den Umfang des im Einspruchs- und Einspruchsbeschwerdeverfahren zu überprüfenden Gegenstandes bindend begrenze, und in diesem Sinne auch Busse/Keukenschrijver, 6. Aufl. Rdn. 160 u. Fn. 317 zu § 59 und Rdn. 105 zu § 21. Dem kann **nicht zugestimmt** werden, vgl. nachfolgende Rdn. Das Patentamt ist nicht an Anträge des Einsprechenden gebunden, sie stellen vielmehr lediglich Anregungen dar, vgl. BGH GRUR **89,** 494, re. Sp., – Schrägliegeeinrichtung; BPatGE **30,** 143, 147. Verfahrensanträge des Einsprechenden definieren ohnehin nur dessen Rechtsschutzziel; weder stecken sie den Prüfungsumfang durch das Patentamt ab noch sind sie konkret zu bescheiden. Sie sind allenfalls bei der Prüfung der Frage heranzuziehen, inwiefern der Einsprechende durch die Entscheidung des Patentamts beschwert ist. Wegen der Bindung an einen förmlich Antrag auf Teilwiderruf s. o. Rdn. 63 b. Getrennte Entscheidungen sind dann sinnvoll, wenn einzelne von mehreren Einsprüchen unzulässig sind und bereits als Ergebnis der **62 a**

Formalprüfung als unzulässig verworfen werden können oder sich die Unzulässigkeit bei der Überprüfung der Substantiierung der Einspruchsgründe ergibt.

62 b cc) **Prüfungskompetenz des Patentamts.** Eine bindende Beschränkung der Prüfungskompetenz des Patentamts, die auf eine Angleichung an die Rechtslage im Nichtigkeitsverfahren hinausläuft, steht im Widerspruch zur Rechtsnatur des Einspruchsverfahrens als Fortsetzung des Patenterteilungsverfahrens, der anerkannten Befugnis des Patentamtes, auch solche Einspruchsgründe aufzugreifen, die nicht von einem Einsprechenden geltend gemacht worden sind, und zu seiner Befugnis, das Einspruchsverfahren nur mit dem Patentinhaber fortzusetzen, wenn der Einsprechende aus dem Verfahren ausscheidet. Bei einem erfolgreichen **Teilangriff** hat der Patentinhaber i. d. R. einen neuen Satz Patentansprüche vorzulegen, der seinerseits wieder in vollem Umfang auf Zulässigkeit und Gewährbarkeit zu prüfen ist. Dem Einsprechenden bleibt es deshalb unbenommen, von mehreren Widerrufsgründen nur einen geltend zu machen oder bei mehreren Nebenansprüchen die Patentfähigkeit nur eines Anspruchs anzugreifen. Durch diese Beschränkung des Einsprechenden wird das **Patentamt nicht gebunden.** Das durch den fristgerechten Einspruch eröffnete Verfahren ist ein einheitliches Verfahren, in dem unter Berücksichtigung sämtlicher Einsprüche und sämtlicher Widerrufsgründe einheitlich über die Aufrechterhaltung des Patents zu entscheiden ist. Ebenso wie das Verfahren nicht auf das rechtzeitige Einspruchsvorbringen des einzelnen Einsprechenden beschränkt werden kann, ist der Einsprechende auch nicht gezwungen, alle Hauptansprüche gleichermaßen anzugreifen, auch wenn er sich hiervon keinen Erfolg verspricht. Das Patentamt ist nicht an Anträge des Einsprechenden gebunden, BGH GRUR **03,** 695. Richtigerweise hat deshalb auch das BPatG in der E. v. 15. 3. 2001, 17 W (pat) 33/99 – Branddetektion, BPatGE **44,** 64 entschieden, der im Einspruchsschriftsatz gestellte Antrag des Einsprechenden (dort: Antrag auf Teilwiderruf) habe nur den Charakter einer Anregung und sei nicht Sachantrag mit Bindungswirkung, ebenso BPatGE **30,** 143, 147 = BlPMZ **89,** 283; Engel FS R. Nirk (1992), 195, 205; van Hees S 151; im Ergebnis auch Hövelmann Mitt **02,** 49, 51, sowie Benkard/Rogge in dieser Aufl, Rdn. 10 zu § 21. Es ist aber jedenfalls zulässig und kein Verfahrensfehler, wenn das Patentamt seine Prüfung entsprechend einem beschränkten Einspruch auf den angegriffenen Teil des Patents beschränkt. Die in der Voraufl. vertretene Tendenz einer stärkeren Annäherung an das Nichtigkeitsverfahren (Rdn. 65 zu § 59) wird ausdrücklich von mir aufgegeben. Vgl. dazu wegen weiterer Entscheidungen des BPatG im Sinne einer unbeschränkten Prüfungskompetenz Winterfeldt, GRUR **05,** 455. Wegen der Rechtslage im europäischen Einspruchsverfahren vgl. Benkard/Rogge, Rdn. 47, 48 zu Art. 99 EPÜ.

62 c dd) **Prüfungskompetenz des Patentgerichts.** Das BPatG ist im Beschwerdeverfahren zur Nachprüfung und Änderung von Entscheidungen im Grundsatz nur in dem Umfang befugt, in dem eine Nachprüfung beantragt wird; die Beschränkung des Gegenstandes der gerichtlichen Prüfung auf die vor dem Patentamt geltend gemachten Widerrufsgründe ergibt sich aus der Funktion des Beschwerdegerichts im Rechtszug und seiner Bindung an den Streitgegenstand. BGH – Rohrausformer, GRUR **93,** 655. Es ist deshalb grundsätzlich **nicht befugt,** den Widerruf des Patents auf **von Amts wegen aufgegriffene Widerrufsgründe** zu stützen, die der Einsprechende nicht geltend gemacht und das Patentamt nicht in das Verfahren eingeführt hat, BGHZ **128,** 280, 292 f. Diese Beschränkung der gerichtlichen Überprüfung gilt jedoch nicht, wenn das Patent vor dem BPatG mit **geänderten Ansprüchen** oder mit einer veränderten Beschreibung verteidigt wird. Dann wird die Aufrechterhaltung des Schutzrechts mit einem veränderten Inhalt begehrt. Diesem Begehren kann das Beschwerdegericht nur stattgeben, wenn eine **umfassende Überprüfung** ergibt, dass die in der Patentschrift vorgenommenen Änderungen es zulassen, das Patent in der veränderten Form aufrechtzuerhalten, BGH GRUR **98,** 901 f. Polymermasse; im gleichen Sinne bereits BPatG GRUR **97,** 48. Im Rahmen eines Einspruchsbeschwerdeverfahren ist das Patentgericht nicht auf dasjenige Merkmal beschränkt, das die Patentabteilung als unzulässige Erweiterung angesehen hat, denn die Erweiterung bezieht sich stets auf den Anspruch als Ganzen, BGH GRUR **02,** 49, Egr. II2. Hat sich der Patentinhaber im Einspruchsbeschwerdeverfahren auf die Erörterung des neu eingeführten Widerrufsgrundes der unzureichenden Offenbarung eingelassen und Gesichtspunkte aufgezeigt, die seiner Ansicht nach die Erfindung als ausreichend deutlich und vollständig offenbart erscheinen lassen, dann kann dies als konkludentes Einverständnis angesehen werden. Es rechtfertigt zumindest, die Entscheidung des Patentamts aufzuheben und die Sache an das Patentamt zurückzuverweisen, BPatGE **41,** 64. Das Patentgericht ist nicht daran gehindert, unter Wahrung des rechtlichen Gehörs innerhalb ein und desselben Widerrufsgrundes neue Tatsachen heranzuziehen und neue rechtliche Überlegungen anzustellen. Es ist nicht auf das den Beschluss der Patentabteilung tragende Material beschränkt, sondern kann im Einspruchsbeschwerdever-

fahren im Rahmen des von der Patentabteilung festgestellten Widerrufsgrundes auch weitere (noch) nicht ausdrücklich gerügte unzulässig erweiterte Merkmale zum Gegenstand seiner Entscheidung machen, BPatGE **43,** 132, 138.

d) Widerrechtlichen Entnahme. Soweit der Einspruch auf widerrechtliche Entnahme gestützt ist, ist zu prüfen, ob die behauptete widerrechtliche Entnahme vorliegt. Wenn die dafür erheblichen Tatsachen streitig sind, ist über sie Beweis zu erheben. Der in BPatGE **10,** 207, 216 ff., vertretenen Ansicht, ein Streit über die Frage, ob eine Diensterfindung vorliege und ob sie ordnungsmäßig in Anspruch genommen worden sei (vgl. oben Rdn. 7), sei vor dem ordentlichen Gericht auszutragen, kann nicht gefolgt werden. Das Gesetz überlässt es dem durch widerrechtliche Entnahme Verletzten, ob er die Verletzung mit Einspruch (§ 59 Abs. 1 Satz 1) beim Patentamt oder durch Klage vor den ordentlichen Gerichten (§ 8) geltend machen will. Wenn er sich für den Einspruch entscheidet, darf er deshalb nicht an das ordentliche Gericht verwiesen werden. Die Frage, ob eine widerrechtliche Entnahme vorliegt, muss dann im Einspruchsverfahren geprüft und entschieden werden. Die Feststellungslast liegt beim Einsprechenden, PA Mitt. **37,** 210. **63**

Die vertragliche Übertragung eines Patents auf den Einsprechenden im Laufe eines auf erfinderrechtliche Vindikation gestützten Klageverfahrens führt nicht ohne weiteres auch zur Erledigung der Hauptsache eines parallel anhängigen, auf widerrechtliche Entnahme gestützten Einspruchsverfahrens. Erwirbt der Einsprechende im Laufe eines zulässigen Einspruchsverfahrens wegen widerrechtlicher Entnahme das Patent, so ist das Verfahren jedenfalls dann fortzusetzen, wenn der Einsprechende den Einspruch deshalb weiter verfolgt, weil er das Nachanmelderecht nach § 7 Abs. 2 PatG in Anspruch nehmen will, BGH Bl. **94,** 279 = Mitt. **94,** 75 **63 a**

Im Einspruchsverfahren ist der Widerrufsgrund der widerrechtlichen Entnahme dann nicht mehr zu prüfen, wenn nicht nur das Patent auf die Einsprechenden übertragen, sondern auch der allein auf widerrechtliche Entnahme gestützte Einspruch zurückgenommen worden ist, BPatG Bl. **04,** 59 f. **63 b**

e) Mangelnde Patentfähigkeit. Die Prüfung der Begründetheit des auf mangelnde Patentfähigkeit gestützten Einspruchs entspricht der im Erteilungsverfahren vorzunehmenden Prüfung auf das Vorliegen der Patenterfordernisse und das Fehlen von Patenthindernissen. Gegenstand der Prüfung ist das erteilte Patent in der Fassung des Erteilungsbeschlusses oder eines etwaigen Beschränkungsbeschlusses (§ 64). Die mit dem Einspruch in zulässiger Weise vorgetragenen Gründe sind darauf zu prüfen, ob sie der Aufrechterhaltung des Patents entgegenstehen. Der Einsprechende hat insoweit **Anspruch auf Verbescheidung,** wenn die Gründe nicht durchgreifen. Im Übrigen kann auf die Erl. zu § 21 verwiesen werden. **64**

In der Regel wird die Prüfung auf die von den Einsprechenden **geltend gemachten Einspruchsgründe** beschränkt, obwohl die Prüfungskompetenz des Patentamts darüber hinausreicht und auch weitere Einspruchsgründe von Amts wegen aufgegriffen werden können. Abhängige Ansprüche können auch dann auf ihre Gültigkeit überprüft werden, wenn sie nicht ausdrücklich angegriffen worden sind, sofern die Gültigkeit prima facie auf der Grundlage bereits vorliegender Informationen in Zweifel zu ziehen ist. Bei von Dritten mitgeteilten mündlichen Beschreibungen, Benutzungen und sonstigen Kundgaben an die Öffentlichkeit ist das Vorbringen nur dann aufzugreifen und bei der Entscheidung zu berücksichtigen, wenn die nach pflichtgemäßem Ermessen durchgeführte Überprüfung ergibt, dass es entscheidungs-erheblich ist, Einspruchsrichtlinien DPMA 1992, Nr. 8. **65**

Die **Feststellungslast** (vgl. zu § 87) für fehlende Neuheit oder für mangelnde Erfindungshöhe trifft den Einsprechenden, Mitt. **35,** 74, ebenso für andere Tatsachen, wie offenkundige Vorbenutzung, PA GRUR **51,** 400, Bl. **17,** 6. Von einer Erforschung des wahren Sachverhalts von Amts wegen ist abzusehen, wenn dies ohne Beteiligung eines am Verfahren nicht beteiligten Dritten, der die entsprechenden Informationen geliefert hat, einen nicht vertretbaren Aufwand erfordern würde. Beruht eine behauptete mündliche Beschreibung, Benutzung oder sonstige Kundgabe an die Öffentlichkeit auf dem **Wissen eines Einsprechenden,** der seinen **Einspruch zurückgenommen** hat, und ist der wahre Sachverhalt noch weiter aufklärungsbedürftig, dann ist die Ermittlung des wahren Sachverhalts von Amts wegen nur dann geboten, wenn vor der Rücknahme des Einspruchs die streitige mündliche Beschreibung, Benutzung oder sonstige Kundgabe an die Öffentlichkeit einen so **beachtlichen Grad an Wahrscheinlichkeit** erlangt hat, dass das Patentamt sehenden Auges ein vermutlich für nichtig zu erklärendes Patent aufrechterhalten würde, Einspruchsrichtlinien DPMA unter Bezugnahme auf BPatG GRUR **81,** 651. Zur Beurteilung der Beweislagen, wenn die beanspruchte Erfindung neuheitsschädlich auf einer Ausstellung veröffentlicht worden ist, vgl. BPatG GRUR **94,** 107, 109 f. – Tauchecomputer II (Nichtigkeitsverfahren). **66**

67 **f) Unzureichende Offenbarung.** Soweit der Einspruch auf unzureichende Offenbarung (§ 21 Abs. 1 Nr. 2) gestützt ist, ist zu prüfen, ob der behauptete Mangel vorliegt. Maßgebend ist auch insoweit allein der Inhalt der Erteilungsunterlagen, d. h. von Beschreibung, Patentansprüchen und etwaigen Zeichnungen, die Bestandteil der Patentschrift sind (vgl. oben Rdn. 64). Gegenstand der Prüfung sind ferner die vom Einsprechenden zur Stützung dieses Einspruchsgrundes vorgetragenen Argumente und Tatsachen, vgl. oben Rdn. 26. Wie das Erfordernis der ausreichenden Offenbarung nach § 34 Abs. 4 zu erfüllen und der Widerrufsgrund des § 21 Abs. 1 Nr. 2 zu beurteilen und ggf. auszuräumen ist, ist bei den betreffenden Vorschriften näher erläutert. Darauf wird verwiesen. Maßgeblich ist der Offenbarungsgehalt der Patentschrift, d. h. das, was der Fachmann aus der Beschreibung, den Patentansprüchen und ggf. den Zeichnungen unmittelbar und eindeutig entnimmt. Macht der Einsprechende geltend, dass dieses Erfordernis für das erteilte Patent nicht erfüllt sei, läuft dies in der Regel auf neue Beweismittel und ergänzenden Sachvortrag zur Ausführbarkeit der Erfindung hinaus. Der Patentinhaber kann hier genötigt sein, **weitere Versuchsreihen** vorzulegen bzw. sich mit **Versuchsergebnissen des Einsprechenden** auseinanderzusetzen. Zweifel an der Ausführbarkeit der Erfindung gehen jedenfalls zu Lasten des Patentinhabers. Das gilt insbesondere auch bei der Prüfung von als Offenbarungssurrogat hinterlegtem biologischen Material. Erweist sich z. B., dass die von dem Material erzeugten Stoffe andere Eigenschaften als die in den Ansprüchen und in der Beschreibung des Patents genannten aufweisen und ist es infolgedessen für den Fachmann außergewöhnlich schwierig, die Erfindung auszuführen, so genügt es zur Erfüllung des Erfordernisses der ausreichenden Offenbarung nicht, dass die Erfindung überhaupt ausgeführt werden kann, EPA v. 8. 1. 1991, T418/89, ABl. 1993, 20, Monoklonaler Antikörper/Ortho, LS 1, Egr. 3.1.4. u. 5.4

68 **g) Unzulässige Erweiterung der Offenbarung.** Soweit der Einspruch auf § 21 Abs. 1 Nr. 4 gestützt ist, ist zu prüfen, ob die dem Patent zugrunde liegende Anmeldung im Erteilungsverfahren erweitert wurde (vgl. oben Rdn. 8, 10, 28). Wenn sich ergibt, dass das Patent über den Inhalt der ursprünglichen Anmeldungsunterlagen hinausgeht, ist es jedenfalls dann im Wege des Teilwiderrufs auf den Umfang der ursprünglichen Offenbarung zurückzuführen, wenn damit nicht zugleich eine Erweiterung gegenüber der erteilten Fassung verbunden ist. Für den früher geltenden Rechtszustand hat der BGH ausgesprochen, dass eine Erweiterung im Erteilungsverfahren auch dann beseitigt und ein geändertes Merkmal durch das ursprünglich offenbarte ersetzt werden kann, wenn dieses nicht mehr in den Bekanntmachungsunterlagen enthalten war und mehr umfasst als das später in den Anspruch aufgenommene, BGH GRUR **75,** 310 – Regelventil; **77,** 714, 716 – Fadenvlies, mit Anm. Fischer.

68 a Eine unzulässige Änderung der ursprünglichen Offenbarung, die über den Inhalt der ursprünglichen Offenbarung nach Maßgabe v. § 21 Abs. 1 Nr. 4 hinausgeht, ist nur dann anzunehmen, wenn eine Änderung gegenüber dem vorliegt, was der Durchschnittsfachmann der Gesamtheit der ursprünglichen Anmeldungsunterlagen als offenbart entnimmt. Maßgebend ist nicht, was sich für ihn allein aus dem Inhalt der ursprünglichen Patentansprüche ergibt, BGH GRUR **92,** 157, 158, Frachtcontainer. Zur Feststellung einer unzulässigen Erweiterung ist der Gegenstand des erteilten Patents mit dem Inhalt der ursprünglichen Unterlagen zu vergleichen. Gegenstand des Patents ist die durch die Patentansprüche definierte Lehre. Beschreibung und Zeichnungen sind dabei lediglich zur Auslegung heranzuziehen Der Inhalt der Patentanmeldung (ursprüngliche Anmeldung) ist hingegen dem Gesamtinhalt der Unterlagen zu entnehmen, ohne dass dabei den Ansprüchen eine gleiche hervorragende Bedeutung zukommt. Inhalt der ursprünglichen Anmeldung ist das, was der Durchschnittsfachmann den ursprünglichen Unterlagen als zur angemeldeten Erfindung gehörig entnehmen kann. Entscheidend ist, ob die ursprüngliche Offenbarung für den Durchschnittsfachmann erkennen ließ, der geänderte Lösungsvorschlag solle von vornherein von dem Schutzbegehren umfasst werden, BGH – Spielfahrbahn, Mitt. **96,** 204, 206.

68 b **i) Unzulässige Erweiterung des Schutzbereichs.** Die Erweiterung des Schutzbereichs des Patents im Einspruchsverfahren ist seit dem 1. 1. 1981 Nichtigkeitsgrund, § 22 Abs. 1, vgl. § 22 Rdn. 18. Dies entspricht dem Nichtigkeitsgrund von Art. 138 Abs. 1 Buchst. d (Erweiterung des Schutzbereichs) EPÜ für europäische Patente und dem ausdrücklichen Verbot in Art. 123 Abs. 3 EPÜ, dass die Patentansprüche des europäischen Patents im Einspruchsverfahren nicht in der Weise geändert werden dürfen, dass der Schutzbereich erweitert wird. Vgl. dazu Benkard/Schäfers EPÜ, Rdn. 79 ff. zu Art. 123. Eine Erweiterung des Schutzbereichs ist auch im Einspruchsverfahren unzulässig, BGHZ **110,** 123, 125 – Spleißkammer; BPatGE **31,** 1, 4. Dies gilt auch für vor dem 1. 1. 1981 eingereichte Patentanmeldungen, BGHZ **110,** 123, 125; vgl. auch Rdn. 12 zu § 22; BPatGE **31,** 157, 158; sowie v. Falck, GRUR **89,** 298, 299 (Bespr. der 8. Aufl.).

Aus dem für das Patentnichtigkeitsverfahren geltenden § 22 Abs. 1 letzter Halbs. folgt, dass eine **Erweiterung des Schutzbereichs des Patents** auch schon im Einspruchsverfahren **unzulässig** ist. Dienen in der Beschreibung eines Ausführungsbeispiels genannte Merkmale der näheren Ausgestaltung der unter Schutz gestellten Erfindung, die je für sich, aber auch zusammen den durch die Erfindung erreichten Erfolg fördern, dann hat es der Patentinhaber in der Hand, ob er sein Patent durch die Aufnahme einzelner oder sämtlicher dieser Merkmale beschränkt. Es gibt keinen Rechtssatz des Inhalts, dass ein Patentanspruch nur in der Weise beschränkt werden könne, dass sämtliche Merkmale eines Ausführungsbeispiels, die der Aufgabenlösung „förderlich" sind, insgesamt in den Patentanspruch eingefügt werden müssten, BGH GRUR **90,** 432. **68 c**

Ein ursprünglich nicht offenbartes Merkmal, das im Lauf des Erteilungsverfahrens in den Patentanspruch aufgenommen worden ist, kann in dem der Patenterteilung nachgeschalteten Einspruchsverfahren nicht wieder gestrichen werden, wenn diese Streichung zu einer Erweiterung des Schutzbereichs des Patents führen würde. In einem derartigen Fall kann das Patent mit einer Erklärung in der Patentbeschreibung, dass das nicht offenbarte Merkmal eine unzulässige Erweiterung darstellt, aus der Rechte nicht hergeleitet werden können, beschränkt aufrechterhalten werden. Der Prüfung auf Patentfähigkeit ist die im Patentanspruch enthaltene, ursprünglich offenbarte Unterkombination zugrunde zu legen, BPatGE **31,** 1 = GRUR **90,** 114. **68 d**

Auch bei einem vor dem 1. 1. 1978 angemeldeten Patent durfte ein ursprünglich nicht offenbartes, aber in den erteilten Patentanspruch aufgenommenes Merkmal in dem nachgeschalteten Einspruchs-/Beschwerdeverfahren nicht wieder gestrichen werden, wenn die **Streichung des Merkmals zu einer Erweiterung des Schutzbereiches des Patents** führte. In diesem Fall war es geboten, zumindest in die Beschreibung einen Vermerk nach Art eines Disclaimers aufzunehmen, aus dem sich zweifelfrei ergibt, dass aus den im Anspruch verbliebenen und ursprünglich nicht offenbarten Merkmal keine Rechte hergeleitet werden können. In einem derartigen Fall war der materiellrechtlichen Prüfung auf Patentfähigkeit nur die im Patentanspruch noch enthaltene und ursprünglich offenbarte Teillehre (Unterkombination) zugrunde zu legen, BPatGE **31,** 157. **68 e**

Eine Erweiterung des Schutzbereichs des Patents im Einspruchsverfahren vor den Organen des EPA fällt unter Art. 138(1)d) EPÜ und schafft damit einen Nichtigkeitsgrund für Nichtigkeitsverfahren vor den zuständigen nationalen Gerichten oder Behörden. Lassen demnach die Einspruchsabteilung oder die Beschwerdekammer irrigerweise eine solche Erweiterung zu oder regen sie sie sogar an, so schaffen sie damit einen – möglichen – Nichtigkeitsgrund. Deshalb gehört die Prüfung, ob die vom Patentinhaber im Zuge des Einspruchsverfahrens vorgelegten geänderten Patentansprüche den Schutzbereich des europäischen Patents erweitern, zu den Standardaktionen in diesem Verfahren. Art. II § 6 Nr. 4 IntPatÜG schafft die entsprechende Rechtsgrundlage für das nationale Nichtigkeitsverfahren. **68 f**

i) Kollisionsfälle, Disclaimer-Lösung. Im Erteilungsverfahren ergibt sich häufig die Konstellation, dass ein Patentanspruch durch die Aufnahme zusätzlicher Merkmale eingeschränkt wird, um den Gegenstand des Anspruchs gegen den Stand der Technik abzugrenzen. Im Einspruchsverfahren kann sich herausstellen, dass die Aufnahme solcher Merkmale nicht von dem Inhalt der ursprünglichen Offenbarung gedeckt ist, d. h. sich nicht unmittelbar und eindeutig aus ihr ableiten lässt und damit eine unzulässige Erweiterung darstellt, die wieder beseitigt werden muss. Wird sie nicht beseitigt, müsste das Patent im Hinblick auf § 21 Abs. 1 Nr. widerrufen werden. Andererseits kann die Beseitigung der unzulässigen Merkmale bewirken, dass der Schutzbereich des Patents erweitert, also der Nichtigkeitsgrund von § 22 Abs. 1 letzter Halbsatz geschaffen wird. Diese Problematik ist, soweit ersichtlich, in Deutschland zuerst vom BPatG in E. v. 10. 4. 1990–23 W (pat) 56/88, BPatGE **31,** 157 behandelt und mit dem Vorschlag eines Disclaimers gelöst worden. Parallel dazu war sie auch in Einspruchsverfahren vor dem EPA aktuell geworden. Dazu hat sich ausführlich die GrBK mit Entscheidung v. 2. 2. 1994, G 1/93, Abl. **1994,** 541 geäußert. Vgl. dazu, zu den auslösenden Vorgängen und zu Reaktionen im nationalen Bereich Benkard/Schäfers, EPÜ, Rdn. 107 bis 117 zu Art. 123. In Rdn. 117 a. a. O. habe ich mich für die sog. **Disclaimer-Lösung** ausgesprochen: „Durch die Disclaimer-Lösung, also die ausdrückliche Kennzeichnung der Merkmale, aus denen mangels Grundlage in der ursprünglichen Offenbarung keine Rechte hergeleitet werden können, die aber den Schutzbereich begrenzen, wird andererseits die notwendige Transparenz gewährleistet und im Übrigen die Möglichkeit offengehalten, dass die mit der Gültigkeit und Verletzung des Patents befassten nationalen Instanzen ihre Verantwortung im nationalen Bereich wahrnehmen und für die Abgrenzung des Schutzbereichs im Blick auf die jeweilige Verletzungsform, die für das EPA i. d. R. nicht vorhersehbar ist, eine sachgerechte Lösung finden können." Diese Meinung halte **68 g**

ich auch für das nationale Recht nach wie vor für gut begründbar. Vgl. dazu im gleichen Sinne auch Benkard/Rogge, in dieser Aufl., Rdn. 39, mit w. Nachweisen und bereits in Benkard/Rogge, EPÜ, Rdn. 31 zu Art. 138; Rogge, R., GRUR Int. **98,** 208. Die in der Entscheidung der GrBK des EPA v. 8. 4. 2004 – G 1/03, Disclaimer/PPG, Abl. EPA **04,** 413, behandelten Disclaimer haben eine andere Funktion als der hier gemeinte Disclaimer. Zu beachten ist aber die Forderung dieser Entscheidung nach Transparenz und Klarheit von Disclaimern.

68h **j) Teilanmeldungen.** Die unabhängigen Ansprüche einer Teilanmeldung gehen in unzulässiger Weise über den Offenbarungsgehalt der Stammanmeldung hinaus, wenn in ihnen jeweils ein wesentliches Merkmal des betreffenden Gegenstands der Stammanmeldung weggelassen worden ist, eine Wiederaufnahme dieses Merkmals aber zu einem Gegenstand führt, der bereits in der Stammanmeldung geschützt war. Diese Beurteilung gilt auch bei der weiteren Teilung von Teilanmeldungen, ohne dass dabei die jeweils höherrangigen Teilanmeldungen ihrerseits zu Stammanmeldungen würden. **Prüfungsmaßstab** auch im Rahmen von Änderungen der Teilanmeldungen der zweiten Generation bleibt **die ursprüngliche Offenbarung der Stammanmeldung** einschließlich deren Prioritätstag. Änderungen einer Teilanmeldung im Verhältnis zur höherrangigen Teilanmeldungen können nur vorläufig auf der Grundlage von § 21 Abs. 1 Nr. 3 beanstandet werden, wenn sie über die Teilanmeldung in ihrer ursprünglichen Fassung hinausgehen Die Teilanmeldung ist zunächst losgelöst von der Stammanmeldung zu prüfen. Erweist sich, dass die Änderung zwar über den Inhalt der höherrangigen Teilanmeldung in deren ursprünglich eingereichter Fassung hinausgeht, ist diese Erweiterung aber durch den ursprünglichen Offenbarungsgehalt der Stammanmeldung gedeckt ist, dann liegt im Endergebnis eine zulässige Erweiterung vor. Der Rückgriff auf die Stammanmeldung könnte dem Anmelder der Teilanmeldung der zweiten Generation allenfalls unter Hinweis auf übergeordnete Gesichtspunkte wie das **Verbot das Doppelschutzes** entgegengehalten werden, sofern die Stammanmeldung zum Patent geführt hat. Vgl. zur Behandlung dieser Frage durch das EPA Benkard/Schäfers EPÜ, Rdn. 73 zu Art. 123. Das EPA verlangt allerdings in einer jüngeren Entscheidung, dass bei der Prüfung der Gültigkeit einer Teilanmeldung zweiter Generation auch die Gültigkeit der Teilanmeldung erster Generation zu prüfen sei, aus der sie geteilt wurde. Erfülle die Teilanmeldung erster Generation hinsichtlich ihres Gegenstands nicht das Erfordernis des Artikels 76 (1) EPÜ, dann sei auch die daraus entstandene Teilanmeldung zweiter Generation ungültig, EPA v. 13. 7. 2004 – T 1158/01, Abl. EPA **05,** 110, 117f.

68i **k) Prüfung geänderter Ansprüche.** Wie bereits oben dargelegt, kann der Patentinhaber im Einspruchsverfahren eingeschränkte Patentansprüche vorlegen, die den von dem Einsprechenden geltend gemachten oder vom Patentamt von Amts wegen eingeführten Einspruchsgründen Rechnung tragen sollen. Solche Änderungen sind darauf zu prüfen, ob sie dem Verbot der Erweiterung des Schutzbereichs des Patents (§ 22) und dem Verbot der Erweiterung des Gegenstands des Patents über den Inhalt der Anmeldung in der ursprünglich eingereichten Fassung hinausgehen. Für das Verbot der Erweiterung des Patents über die ursprüngliche Offenbarung hinaus gelten die gleichen Kriterien wie für den Einspruchsgrund nach § 21 Abs. 1 Nr. diese Prüfung soll verhindern, dass im Verlauf des Einspruchsverfahrens neue Patentansprüche formuliert werden, die sich dem entsprechenden Nichtigkeitseinwand in einem späteren Nichtigkeitsverfahren ausgesetzt.

68j Die Anwendung von § 21 Abs. 1 Nr. 4 setzt einen Vergleich der ursprünglichen Fassung von Beschreibung, Patentansprüchen und Zeichnungen mit der jeweils gültigen vom Anmelder gebilligten oder vorgelegten Fassung bzw. dem Inhalt seiner Anträge voraus, sofern er verschiedene Fassungen zum Gegenstand von Haupt- und Hilfsanträgen gemacht hat. Durch die Änderung darf kein Gegenstand entstehen, der im Verhältnis zur ursprünglichen Offenbarung neu ist, d.h. sich auch unter Berücksichtigung dessen, was der Durchschnittsfachmann als impliziert mitliest, nicht „unmittelbar und eindeutig" aus dem Offenbarungsgehalt der ursprünglichen Fassung ergibt.

68k Auch die Prüfung, ob die vorgeschlagenen Änderung den Schutzbereich des Patents erweitern dient dazu zu verhindern, dass im Zuge des Einspruchsverfahrens Patentansprüche formuliert werden, die dem Nichtigkeitseinwand der Erweiterung des Schutzbereichs des Patents auf der Grundlage von § 22 ausgesetzt sind.

69 **8. Rechtliches Gehör. a) Allgemeines.** Den Beteiligten ist rechtliches Gehör zu gewähren. § 42 Abs. 3 Satz 2, der nach § 48 Satz 2 auch im Prüfungsverfahren vor der Patenterteilung entsprechend gilt, ist im Einspruchsverfahren sinngemäß anzuwenden, BGH GRUR **66,** 583 – Abtastverfahren; **78,** 99, 100 – Gleichstromtransferspeisung; BPatGE **3,** 40. Die Entscheidung darf daher nur auf Umstände gestützt werden, zu denen sich die Beteiligten äußern konnten.

Bei Verwerfung eines Einspruchs als unzulässig ist es deshalb notwendig, dass dem **Einsprechenden** die Bedenken, die der Zulässigkeit des Einspruchs entgegenstehen, bekannt gegeben werden und dass ihm Gelegenheit gegeben wird, dazu Stellung zu nehmen, BPatGE **30,** 40, 41. Der Anspruch der Einsprechenden auf rechtliches Gehör bezieht sich auf alle für die Aufrechterhaltung des Patents wesentlichen Umstände, auf das Vorbringen aller Einsprechenden, auch auf verspätetes Vorbringen, sofern es von der Patentabteilung von Amts wegen aufgegriffen wird, auf Vorbringen des Patentinhabers und auf Umstände, die vom Patentamt in das Verfahren eingeführt werden, BGH GRUR **78,** 99, 100; BPatGE **18,** 19, 21. Wenn der Patentinhaber selbst eine fremdsprachliche Druckschrift nennt und das Patentamt daraufhin eine Übersetzung anfordert, muss auch den Einsprechenden Gelegenheit zur Äußerung gegeben werden, BPatGE **18,** 19, 21. Den davon Betroffenen braucht eine ihnen ungünstige Entscheidung nicht vorher angekündigt zu werden, BPatGE **22,** 61.

Die Vorschriften, nach denen der Anmelder im Verfahren vor der Patenterteilung von dem Ergebnis der Prüfung zu benachrichtigen ist (§§ 42 Abs. 2, 45 Abs. 2), waren früher im Einspruchsverfahren nicht entsprechend heranzuziehen, BGH GRUR **66,** 583 (mit zust. Anmerkung Pietzcker); BPatGE **3,** 40; **21,** 102, 104f. Die Patentabteilung konnte daher, wenn sie auf Grund des Einspruchsvorbringens zu einer vom Patenterteilungsbeschluss abweichenden Beurteilung des Gegenstandes des Patents kam, das Patent **ohne Erlass eines Zwischenbescheides** widerrufen, sofern der Patentinhaber Gelegenheit zur Äußerung auf das Einspruchsvorbringen hatte und eine ausreichende Sachaufklärung (§ 139 ZPO) vorlag, BPatGE **3,** 40. Vgl. im Übrigen dazu die Voraufl. Jedenfalls kann die damals als ausreichend und vertretbar angesehene Praxis aktuellen Anforderungen an die **Gewährleistung eines fairen rechtsstaatlichen Verfahrens** und des Anspruchs auf rechtliches Gehör **nicht mehr genügen.** Die Patentabteilung hat vielmehr ihre – vorläufige und nicht bindende – Auffassung über das Ergebnis der Ermittlungen und ihre Absicht, das Patent zu widerrufen oder die vom Patentinhaber vorgelegten neu formulierten Patentansprüche nicht zu akzeptieren oder neue als gewährbar angesehene Fassungen anzuregen, den Verfahrensbeteiligten in der Form eines Zwischenbescheides zur Kenntnis zu bringen, wie es auch der Praxis des EPA entspricht. 70

Die Patentabteilung ist nicht verpflichtet, dem Einsprechenden die Erwiderung des Patentinhabers auf das Einspruchsvorbringen vor der Entscheidung über die Aufrechterhaltung des Patents zur nochmaligen Äußerung mitzuteilen, wenn sie keine neuen, für die Beschlussfassung erheblichen Tatsachen enthält, BPatGE **5,** 15; **5,** 21. Das bedeutet aber nicht, dass es der Patentabteilung gestattet wäre, die Schriftsätze von Beteiligten den übrigen Beteiligten immer erst mit der Beschlussfassung zugänglich zu machen, wie in BPatGE **11,** 216, anscheinend angenommen wird, bedenklich insoweit auch BPatGE **22,** 61, 63. Erteilt die Patentabteilung das Patent auf Antrag des Anmelders, ohne dem Einsprechenden den Antrag vorher mit Gelegenheit zur Stellungnahme zuzustellen, so verletzt sie das Recht auf rechtliches Gehör, BPatG Bl. **84,** 240, 241 (unter Bezugnahme auf BGH Bl. **77,** 277 = GRUR **78,** 99 – Einspruchsbegründung). Die Zustellung eines Zwischenbescheids, in dem die Änderung der Anmeldungsunterlagen angeregt worden ist, vermag die Zustellung des Antrags des Anmelders (jetzt: Patentinhabers) an den Einsprechenden nicht zu ersetzen, BPatG Bl. **86,** 181. Unzulässig ist auch, die Einspruchserwiderung des Patentinhabers dem Einsprechenden erst mit dem den Einspruch als unzulässig verwerfenden Beschluss zuzustellen, BPatG Bl. **85,** 138. Der Anspruch des Einsprechenden auf rechtliches Gehör ist auch dann verletzt, wenn das Patentgericht zu Unrecht einen zulässigerweise erhobenen Einspruch für unzulässig erklärt und deshalb die Sachentscheidung des Patentamts nicht überprüft, BGH Bl. **85,** 304, 305. Dem Sinn und Zweck des § 17 Abs. 2 DPAMV entspricht es, dass die übrigen Beteiligten grundsätzlich alsbald von allen eingehenden Schriftsätzen Kenntnis erhalten. Die Mitteilung von Schriftsätzen erst mit dem Beschluss der Patentabteilung ist nur dann unbedenklich, wenn die Sache entscheidungsreif ist und entweder ohnehin zugunsten des oder der Empfangsberechtigten zu entscheiden ist oder der Inhalt des Schriftsatzes für die zu treffende Entscheidung unerheblich ist, so zutreffend Röhl, Mitt. **71,** 21; vgl. auch BPatGE **24,** 144, 148. 71

b) Anhörungen im Einspruchsverfahren. Nach BPatGE **39,** 204, soll die Patentabteilung nicht verpflichtet sein, einem im Einspruchsverfahren nur routinemäßig, d.h. ohne Eingehen auf etwaige konkrete Erfordernisse des Verfahrens gestellten Antrag auf Anhörung ohne weiteres zu entsprechen. Abweichend von der Rechtsprechung zur Anhörung im Patenterteilungsverfahren vor der Prüfungsstelle könne die im Einspruchsverfahren vor der Patentabteilung beantragte Anhörung nicht als in der Regel sachdienlich angesehen werden. Der Senat hatte im Rahmen von § 73 Abs. 3 zu prüfen, ob das Patentamt dadurch einen wesentlichen Verfahrens- 72 fehler begangen habe, dass ein Antrag des Patentinhabers auf mündliche Anhörung übergangen wurde. Die vom BPatG angeführten Gründe, die die unterschiedliche Beurteilung der Sachdienlichkeit im Erteilungsverfahren einerseits und im Einspruchsverfahren andererseits rechtfertigen, vermögen nicht zu überzeugen. Wenn das Einspruchsverfahren, wie es allgemeiner Meinung entspricht, eine Fortsetzung des Erteilungsverfahrens unter Beteiligung Dritter darstellt, ist die behauptete Differenzierung nicht nachvollziehbar. Einspruchsverfahren haben gerade wegen der Beteiligung des Einsprechenden und wegen der häufigen Suche nach Anspruchsfassungen, die den Einspruchsgründen Rechnung tragen sollen, einen eher ausgesprochen komplexen Charakter, wie es ja auch in der zeitweiligen Übertragung der Einspruchsverfahren auf das Bundespatentgericht und in den dafür gegebenen Gründen zum Ausdruck kommt. Demgemäß sieht der **Referentenentwurf** eines Gesetzes zur Änderung des Einspruchsverfahrens und des Patentkostengesetzes eine Neufassung für § 59 Abs. 3 vor. Nach § 59 Abs. 3 Satz 1 dieser Neufassung findet eine **mündliche Anhörung im Einspruchsverfahren** statt, wenn ein **Beteiligter dies beantragt** oder die Patentabteilung dies für sachdienlich erachtet, s. auch den entsprechenden Regierungsentwurf – BT-Drs. 16/735 v. 21. 2. 2006.

73 **c) Antragsbindung im Einspruchsverfahren.** Legt der Patentinhaber im Laufe des Einspruchs- oder Einspruchsbeschwerdeverfahrens geänderte Patentansprüche vor, so sind sie auch dem Einsprechenden zur Stellungnahme zuzuleiten. Mitteilungen der Patentabteilung, in der diese sich zur Gewährbarkeit geänderter Patentansprüche äußert und ggf. eigene Anregungen unterbreitet, sind allen Beteiligten zuzustellen. Die abschließende Entscheidung darf erst ergehen, wenn das Einverständnis des Patentinhabers zu der Fassung vorliegt, in der die Einspruchsabteilung das Patent aufrechtzuerhalten beabsichtigt, und der Einsprechende in angemessener Weise Gelegenheit gehabt hat, zu dieser Fassung Stellung zu nehmen. Das Einverständnis kann auch bedingt erteilt werden.

74 Die Einspruchsabteilung und der Beschwerdesenat kann, und gegebenenfalls muss, die Aufrechterhaltung des Patents auf Grund eines **nachrangigen Hilfsantrags des Patentinhabers** beschließen. Das gilt jedenfalls dann, wenn der Patentinhaber einen Hauptantrag und im Rang dem stattzugebenden Hilfsantrag vorangehende Hilfsanträge, denen nicht gewährbare Fassungen des Patents zugrunde liegen, stellt oder aufrechterhält. Die endgültige Verantwortung für die Festlegung des Gegenstands des Patents im Einspruchsverfahren liegt allerdings beim Patentinhaber.

75 Daraus, dass die Fassung des Patents der Verfügung des Patentinhabers unterliegt, folgt, dass ein Patent gegen den Willen des Patentinhabers nicht aufrechterhalten werden kann. Widerruft der Patentinhaber seine vor der ersten Instanz ausgesprochene Billigung der erteilten Fassung des Patents und erklärt er, dass eine geänderte Fassung nicht vorgelegt werde, so ist aus diesen Erklärungen zu folgern, dass er die Aufrechterhaltung des Patents in welcher Fassung auch immer verhindern will. Änderungen des Patents im Einspruchs- und Einspruchsbeschwerdeverfahren sind in jedem Fall ohne Einwilligung des Patentinhabers nicht statthaft, BGHZ **105,** 381 = GRUR **89,** 103 – Verschlussvorrichtung für Gießpfannen; GRUR **97,** 120, 122 – Elektrisches Speicherheizgerät, Egr. II2 d. Für die Verfahrensweise des EPA vgl. Benkard/Schäfers, EPÜ, Rdn. 12 zu Art. 102.

60 *Teilung des Patents.* (1) [1]**Der Patentinhaber kann das Patent bis zur Beendigung des Einspruchsverfahrens teilen.** [2]**Wird die Teilung erklärt, so gilt der abgetrennte Teil als Anmeldung, für die ein Prüfungsantrag (§ 44) gestellt worden ist.** [3]**§ 39 Abs. 1 Satz 2 und 4, Abs. 2 und 3 ist entsprechend anzuwenden.** [4]**Für den abgetrennten Teil gelten die Wirkungen des Patents als von Anfang an nicht eingetreten.**

(2) **Die Teilung des Patents wird im Patentblatt veröffentlicht.**

Inhaltsübersicht

1 **1. Teilung des Patents, Allgemein. Literatur:** Wagner, Teilung von Patentanmeldungen nach zukünftigem Recht, Mitt. **80,** 149; Zeiler, Rezepte zur Ausschöpfung des ursprünglich Offenbarten nach der Patenterteilung, Mitt. **93,** 353; Keil, Fallstudie zur Teilung im Einspruchsverfahren unter Berücksichtigung des Leitsatzes der BGH-Entscheidung „Straßenkehrmaschine", Mitt. **94,** 69; Wolfgang Niedlich: Die Teilung im Einspruchsverfahren oder eine Kehrmaschine in einer Einbahnstraße, GRUR **95,** 1, Keukenschrijver, Alfred, Zur Teilung des Patents im Einspruchsverfahren, Mitt. **95,** 268; Füchsle/Giebe: „Straßenkehrmaschine" – Patente und Weiterbenutzungsrecht, Mitt. **96,** 232; Hermann Schwanhäusser: Straßenkehrmaschine: eine Anmerkung zu einer Anmerkung. Mitt. **96,** 349; Hövelmann, P., Teilung und Entscheidungsreife, Mitt **96,** 235; Manfred Böning: „Straßenkehrmaschine", eine nur vorübergehende Wohltat für den Erfinder? Mitt. 97, 233; Hövelmann, Peter,: Zwischenstand – Aktuelle Entscheidungen des Bundespatentgerichts zur Teilung des Patents, Mitt. **98,** 3; Rainer Klaka */Michael Nieder: divide et extende? – Zur Teilung des Patents im Einspruchsverfahren – GRUR **98,** 251; Peter Hövelmann: … causa finita? – Der Bundesgerichtshof zur Teilung des Patents, Mitt. **98,** 406; Franz Hacker: Probleme der Teilung des Patents und der Patentanmeldung, Mitt. **99,** 1; Peter Hövelmann: Die hilfsweise Teilung. Mitt. **99,** 411; Michael Nieder: Teilung der Trennanmeldung und ursprüngliche Offenbarung der Stammanmeldung. Mitt. **99,** 414; Michael Nieder Ausscheidung und Teilung im deutschen Patentrecht, GRUR **2000,** 361; Kühnen, Thomas, Die Teilung des Patents, Köln (Heymanns) **2000;** Peter Hövelmann Die Zusatzteilanmeldung – eine trügerische Hoffnung , Mitt. **01,** 193; Melullis Klaus-J., Zur Teilung von Patent und Anmeldung, GRUR **01,** 971; Wolfgang Niedlich Noch einmal: „Zur Teilung von Patent und Anmeldung" – Entgegnung zu Mellulis, GRUR **02,** 565; Schober, Christoph D.: Von der Realteilung zur Verfahrensteilung: Ein Paradigmenwechsel im deutschen Patentrecht? Mitt. **02,** 481; Peter Hövelmann: Neues vom deutschen Einspruch. Mitt. **02,** 49; Wolfgang Niedlich: Teilen ist nicht gleich teilen Geteilte Gedanken zu BGH „Sammelhefter", GRUR **03,** 663; Königer, Karsten Teilung und Ausscheidung im Patentrecht, 1. Auflage 2004, Heymanns, Köln; Hövelmann, Peter, Die Bedingung im Verfahrensrecht – dargestellt an Fällen aus dem Patentrecht, GRUR **03,** 203.; Stortnik, Hans-Joachim: Abschied von der Ausscheidungserklärung, GRUR **04,** 117–123; Stortnik, H.J., Wider die ewige Teilung – Wege zu mehr Rechtssicherheit ohne Einschränkung der Gestaltungsfreiheit, GRUR **2005,** 729.

2 **a) Gegenstand.** Die Vorschrift ergänzt § 39. § 39 erlaubt dem Anmelder die Teilung der Anmeldung während des Erteilungsverfahrens. § 60 eröffnet für den Patentinhaber die Möglichkeit, während des Einspruchsverfahrens auch das erteilte Patent zu teilen. Mit der Erklärung das Patent zu teilen gilt der vom Patent abgetrennte Teil als Patentanmeldung, für die ein Prüfungsantrag gestellt ist. Für die damit neu geschaffene Teilanmeldung bleibt der Zeitpunkt der ursprünglichen Anmeldung ebenso erhalten wie eine für die Ursprungsanmeldung in Anspruch genommene Priorität. Sie wird im Übrigen wie eine normale Teilanmeldung nach § 39 behandelt. § 60 geht damit über Art. 4 G Abs. 2 PVÜ hinaus, indem er das dort verankerte freie Teilungsrecht für Anmeldungen auch auf Patente ausdehnt. Die Vorschrift ist mit dem 1. GPatG ins Patentgesetz eingefügt worden; sie war nicht auf die Patentanmeldungen anzuwenden, deren Bekanntmachung bei Inkrafttreten des GPatG bereits beschlossen worden war; in diesen Fällen wurde das Einspruchsverfahren noch nach dem früheren Recht durchgeführt (Art. 12 Abs. 4 GPatG). Nach dem früheren Recht konnte die Anmeldung auch noch nach der Bekanntmachung geteilt werden. Es war aber – zumindest nach der Entscheidung BPatGE **13,** 189, nicht möglich, in diesem Verfahrensabschnitt ein „neues Patentbegehren", also neue Patentansprüche, auf einen Gegenstand zu richten, der zwar in der ausgelegten Beschreibung enthalten war, jedoch außerhalb des Erfindungsgedankens der ausgelegten Patentansprüche lag. Das Gericht bezeichnet seine Entscheidung als Bestätigung einer früheren Spruchpraxis des DPA.

3 **b) Entstehungsgeschichte.** Die Möglichkeit, auch das Patent noch im Einspruchsverfahren zu teilen, war in den ursprünglichen Diskussionsentwürfen des BMJ für das GPatG nicht enthalten. Sie ist auf Betreiben der beteiligten Kreise in den Regierungsentwurf aufgenommen worden. In der Begründung zum Entwurf (BT-Drs. 8/2087, dort zu § 35b, Bl. **79,** 287), die das Ergebnis der Erörterungen insbesondere im GRUR-Patentrechtsausschuss reflektiert, heißt es, das Recht zur Teilung des Patents sei vorgesehen, weil die Einführung der Patenterteilung vor der Prüfung und Entscheidung über die Einsprüche einen Fortfall der – bisher auf die Anmeldung – bezogenen Teilungsmöglichkeit auch noch in diesem Stadium, die in der Praxis erhebliche Bedeutung habe, nicht gerechtfertigt sei. Entsprechend der für die Teilung im Anmeldestadium vorgeschlagenen Lösung erscheine es zweckmäßig, den abgetrennten Teil der Prüfung nach § 28b zuzuführen. Hierdurch solle gewährleistet werden, dass die Patentfähigkeit

des abgetrennten Teils geklärt wird und die Wettbewerber im Zusammenhang mit der Veröffentlichung, die bei Erteilung des Patents auf die Teilanmeldung folgt, die andernfalls nicht gegebene Gelegenheit erhalten zu prüfen, ob sie gegen dieses neue Patent Einspruch erheben sollen."

4 Im weiteren Verlauf des Gesetzgebungsverfahrens sind gegen diese Vorschläge, die eine eindeutige Abweichung von dem ansonsten als Modell dienenden Erteilungs- und Einspruchsverfahren nach EPÜ darstellten, keine Einwände erhoben worden. Praktische Erfahrungen mit dem europäischen System von Teilung und Einspruch lagen zurzeit der genannten Vorbereitungsarbeiten nicht vor. Vor allem enthält das europäische Patenterteilungsverfahren keinerlei Anknüpfungspunkte für das Erfordernis, den Verfahrensakt der Teilung einer Anmeldung in Form einer „Teilungserklärung" zu konkretisieren und einer solchen Erklärung auch inhaltlich, d.h. hinsichtlich der Abgrenzung der Gegenstände von Stamm- und Teilanmeldung, maßgebliche Bedeutung beizumessen. Vgl. dazu die Erläuterungen in Benkard//Dobrucki, EPÜ Erl. zu Art. 76.

5 Vom Üblichen weicht auch ab, dass die Teilung des Patents – in Analogie zur Teilung der Patentanmeldung, § 39 Abs. 1 Satz 1 – als Befugnis des Patentinhabers formuliert ist, ihm also – zumindest dem Wortlaut nach – die Rechtsmacht eingeräumt wird, den Inhalt eines Verwaltungsaktes oder gerichtlicher Entscheidung und das Ergebnis eines hoheitlichen Verfahrens durch rechtsgestaltende Willenserklärung zu ändern, eine Befugnis, die normalerweise nur Hoheitsträgern (Patentamt oder Patentgericht) zuerkannt wird. Sie ist mitverantwortlich für die Diskussionen über das, was Teilung des Patents „begrifflich" meine und über die Wirksamkeitsvoraussetzungen für die Teilungserklärungen. Zu einer weiteren Analyse und Kritik der Begründung zum (1.) GPatG vgl. Königer, Teilung und Ausscheidung, S. 263ff., dem allerdings die maßgebliche Mitwirkung der beteiligten Kreise an dem Zustandekommen der Vorschrift nicht bekannt sein kann. Zweifellos gingen die Entwurfsverfasser im BMJ (den Autor eingeschlossen) von einer konkreten Bezeichnung der aus dem Patent abzutrennenden in eine Teilanmeldung überzuführenden Gegenstände aus. Die sonstigen Überlegungen von Königer hinsichtlich der subjektiven Überlegungen „des Gesetzgebers" bei der Formulierung der Vorschrift tragen, wie auch sonst, zu ihrer objektiven Auslegung nichts Wesentliches bei.

6 **c) Probleme der Anwendung.** Ausgehend von der Entscheidung des BGH v. 1. 10. 1991 – X ZB 34/89 – Straßenkehrmaschine, BGHZ **115,** 234, 240 = GRUR **92,** 38, nach der auch mit einer Teilanmeldung i.S.v. § 60 Abs. 1 Satz 2 der gesamte Offenbarungsgehalt der ursprünglichen Anmeldung ausgeschöpft werden kann, hat sich eine Praxis entwickelt, die sich von den Intentionen sowohl der gesetzlichen Grundlage als auch der genannten Entscheidung des BGH immer mehr entfernt hat. § 60 wird im Extremfall dazu benutzt, ein im Sinne des Anmelders und Patentinhabers vermutlich gescheitertes Erteilungs- und anschließendes Einspruchsverfahren in letzter Minute und darüber hinaus durch die schlichte Erklärung, das Patent werde geteilt, noch zu retten und das Erteilungsverfahren möglicherweise wieder von vorne zu beginnen, vgl. dazu das in BPatG GRUR **04,** 317, dargestellte Verhalten des Patentinhabers, dessen Patent bereits im Einspruchsverfahren vor dem Patentamt widerrufen worden war. Die Anwendungsprobleme werden auch in den unterschiedlichen Kommentierungen des § 60 bei Busse/Keukenschrijver, 6. Aufl., insbes. Rdn. 6ff. und Schulte, 7. Aufl., Rdn. 7, 8 mit Verweis auf die Voraufl. sowie Königer, a.a.O. S. 274 bis 280 deutlich. Derzeit ist der Patentinhaber allerdings immer noch „auf der sichereren Seite", wenn er die frühere Rechtsprechung berücksichtigt und der Teilungserklärung einen konkreten, möglichst genau bestimmbaren Inhalt gibt. Die Versuchung, mit einer inhaltslosen Teilungserklärung zu arbeiten, ist natürlich groß, weil sie am einfachsten zu formulieren ist. Mit der abstrakt formulierten Erklärung „Ich teile des Patent" kann man schlechterdings keinen konkreten Sinngehalt verbinden, wenn man ihn nicht ex post mit der im Vollzug eingereichten Teilanmeldung nachträglich unterlegt oder Ankündigung und Vollzug als einen einheitlichen Akt ansieht.

7 **d) Stand der Diskussion.** Der im Juli 2005 den beteiligten Kreisen zugeleitete Referentenentwurf eines Gesetzes zur Änderung des patentrechtlichen Einspruchsverfahrens und des Patentkostengesetzes sieht die ersatzlose Streichung von § 60 vor (Art. 1 Nr. 6 des Entwurfs) vor. Der im **Anh Vor 1** wiedergegebene Regierungsentwurf eines Gesetzes zur Änderung des patentrechtlichen Einspruchsverfahrens und des Patentkostengesetzes – BT-Drs. 16/735 v. 21. 2. 2006 – nimmt den Streichungsvorschlag für § 60 unverändert auf. Zur Begründung wird ausgeführt, nur durch die ersatzlose Streichung könne die Rechtsunsicherheit, die durch den Rückgriff auf den gesamten Offenbarungsgehalt nach Patenterteilung entstehen kann, vollständig beseitigt werden. Ein möglicher Missbrauch werde verhindert. Für den Einsprechenden sei das Verfahrensrisiko kalkulierbarer. Der Wegfall der Teilung des Patents liege auch im öffentlichen Interesse, um Anreiz zu geben, Patente auf ihre Rechtsbeständigkeit in einem kosten-

günstigen Verwaltungsverfahren überprüfen zu lassen. Mit dem Wegfall der Teilungsmöglichkeit im Einspruchsverfahren erfolge zudem eine weitere Harmonisierung mit dem europäischen Patentrecht. Hintergrund ist u. a. der Streit um die Rechtsnatur der Teilungserklärung als – zunächst reiner – Verfahrenshandlung, die weitere konkrete Vollzugsakte erfordert, einerseits und als unmittelbar rechtsgestaltende Willenserklärung andererseits mit entsprechenden Anforderungen an die Konkretion ihres Inhalts.

Dem Vorschlag des BMJ ist angesichts der wachsenden Unsicherheit über die Handhabung der Teilung des Patents und die unkalkulierbaren Risiken des Einspruchsverfahrens und eines aus der Teilung hervorgehenden neuen Erteilungsverfahrens voller Erfolg zu wünschen. Allerdings könnten die erkannten Risiken und Missbrauchsmöglichkeiten auch durch weniger eingreifende gesetzliche Maßnahmen, durch eine Klarstellung, dass es sich nicht um eine unmittelbare Rechts- und Gestaltungsmacht des Patentinhabers handelt, eine verstärkte Normierung des Verhaltens der Verfahrensbeteiligten und insbesondere zeitliche und möglicherweise auch inhaltliche Schranken für Teilungserklärungen des Patentinhabers und anschließende Teilanmeldungsverfahren eingegrenzt werden, wie sie noch immer für die Sonderbehandlung der Ausscheidung im Erteilungsverfahren als Richtschnur angesehen wird. Vgl. dazu jetzt die Vorschläge von Stortnik, GRUR **05,** 729. Wesentliche Gesichtspunkte sind dabei, ein vernünftiges zeitliches und verfahrenskonformes Limit zu setzen und zu verhindern, dass abgelehnte Gegenstände (Ansprüche) mehrfach behandelt werden müssen. Das Leitmotiv, Doppelpatentierungen zu verhindern ist ohnehin ständig präsent. 8

2. Voraussetzungen der Teilung. Die Teilung des Patents im Einspruchsverfahren als Sonderform einer Beschränkung des Patents verbunden mit der Möglichkeit, einen Teil für eine neue Teilanmeldung abzuzweigen, ist bis zur Beendigung des Einspruchsverfahrens möglich. Diese Voraussetzung soll grundsätzlich auch bei einem unzulässigen Einspruch erfüllt sein, sofern nicht Verfristung vorliegt, Richtl. Einspruchverf (2002), Abschn. V, unter ausdrücklicher Bezugnahme auf Busse/Keukenschrijver, 5. Aufl., und Schulte, 6. Aufl. A. A. Königer, a. a. O., 282. Beendet ist das Einspruchsverfahren mit dem Erlass des Beschlusses über die Aufrechterhaltung des Patents (§ 61 Abs. 1 Satz 1). Geht die Teilungserklärung erst nach Abgang des Beschlusses an die Postabfertigungsstelle ein, so ist sie nicht mehr zu berücksichtigen, BPatG GRUR **82,** 406. 9

Nach Einlegung der Beschwerde kann die Teilung auch im Beschwerdeverfahren bis zum Erlass der Beschwerdeentscheidung vorgenommen werden. Eine im Einspruchsbeschwerdeverfahren nach Schluss der mündlichen Verhandlung und vor Verkündung einer Entscheidung abgegebene Teilungserklärung muss berücksichtigt werden, BPatG v. 18. 11. 1996, 20 W (pat) 50/97 – Digitales Telefonsystem, BPatGE **37,** 155= GRUR **97,** 445 (LS. 2). 10

Im Rechtsbeschwerdeverfahren wird eine Teilung des Patents durch die revisionsartige Ausgestaltung der Rechtsbeschwerde ausgeschlossen (§ 561 Abs. 1 ZPO a. F., § 559 ZPO n. F.). Eine nach Beendigung der Tatsacheninstanz erklärte Teilung des Patents kann nicht mehr berücksichtigt werden BGH – Rohrausformer – GRUR **93,** 655; v. 28. 9. 1993 – X ZB 1/93 – Sensorsystem –, als Fortführung von BGH GRUR **80,** 104 – Kupplungsgewinde. 11

Es ist nicht ausdrücklich festgelegt, dass die Teilung nur im Einspruchsverfahren nach dessen Anhängigwerden erfolgen kann. Das ergibt sich jedoch aus der Stellung des § 60 innerhalb der Vorschriften über das Einspruchsverfahren. Außerhalb eines anhängigen Verfahrens könnten auch die mit der Teilung des Patents verbundenen Maßnahmen, wie die Anpassung der Patentschrift, nicht vorgenommen werden. Wenn kein Einspruch erhoben wird, ist daher eine Teilung des erteilten Patents nicht möglich. Eine Vorabentscheidung darüber, ob die Voraussetzungen für eine Teilung (einer Anmeldung) vorliegen, ist in BPatGE **17,** 226 für den früheren Rechtszustand für unzulässig erklärt worden; aus der gesetzlichen Neuregelung, insbesondere aus der Verlegung des Einspruchsverfahrens auf die Zeit nach der Patenterteilung ergeben sich jedoch neue Gesichtspunkte für die Beurteilung dieser Frage. 12

a) Rechtsnatur der Teilung. Legt man die frühere Rechtsprechung des BGH und des BPatG und die davon bestimmte Praxis des DPMA zugrunde, ergibt sich folgende Beurteilung der Rechtslage: Die Teilung des Patents nach § 60 PatG setzt begrifflich voraus, dass das Patent gegenständlich in mindestens zwei Teile aufgespalten wird. Der eine dieser Teile (Stamm- oder Restpatent) verbleibt im Einspruchsverfahren. Er ist dort, soweit das Vorbringen des Einsprechenden hierzu Anlas gibt, auf das Vorliegen eines gesetzlichen Widerrufsgrundes zu prüfen. Der abgetrennte Teil fällt nach § 60 Abs. 1 Satz 2 PatG in das Prüfungsverfahren zurück, d. h. er wird Gegenstand eines neuen Erteilungsverfahrens, in dem ein Prüfungsantrag als gestellt gilt, in dem also unmittelbar in die Sachprüfung der Teilanmeldung einzutreten ist. Die Wirkungen des Patents gelten für den abgetrennten Teil als von Anfang an nicht eingetreten (§ 60 Abs. 1 Satz 4 PatG). Insoweit ist das Patent nach § 21 Abs. 3 Satz 2, 2. Halbs. PatG wegen der Teilung 13 zu widerrufen, BGH GRUR **96,** 747, 749 – Lichtbogen-Plasma-Beschichtungssystem; BGHZ 133, 18, 21 ff. = GRUR **96,** 753 – Informationssignal. In beiden Verfahren, d.h. sowohl im Einspruchsverfahren zum Stammpatent wie im Prüfungsverfahren zum abgetrennten Teil des Stammpatents, ist die Wirksamkeit der Teilungserklärung zu prüfen, BPatGE **41,** 127, 128. Wird die Wirksamkeit der Teilungserklärung im Einspruchsverfahren verneint, ist das Verfahren auf der Grundlage des unveränderten Stammpatents und der zu prüfenden Einspruchsgründe fortzuführen und abzuschließen. Die Teilung des Patents bezieht sich auf die Patentansprüche des erteilten Patents, denn die Ansprüche definieren (formulieren), für welchen Gegenstand durch das Patent Schutz erteilt worden ist, BGH GRUR **99,** 485, 486, Kupplungsvorrichtung, Egr. II 2b cc. Ein Patent mit einem einzigen Patentanspruch kann dadurch wirksam geteilt werden, dass eine beschränkte Fassung zum Gegenstand der Trennanmeldung bestimmt und zugleich das Stammpatent durch Aufnahme eines Disclaimers in die Beschreibung entsprechend vermindert wird, BPatGE **41,** 217 = Bl. **2000,** 31.

14 Um wirksam zu sein, muss die Teilungserklärung bestimmt sein. Sie muss unzweideutig zum Ausdruck bringen, dass das Patent geteilt wird, welcher Gegenstand Inhalt des Stammpatents bleibt und was Gegenstand des weiteren Einspruchsverfahrens sein soll. Für eine wirksame Teilung genügt es dabei nicht, dass der abgetrennte Gegenstand und das zu teilende Patent lediglich merkmalsmäßige Überschneidungen, etwa im Oberbegriff, aufweisen. Der BGH hat vielmehr für erforderlich erachtet, dass die Trennanmeldung – zumindest auch – einen Gegenstand umfasst, der Gegenstand der – sinnvoll verstandenen – Patentansprüche des erteilten Patents ist und nach dem Inhalt der Teilungserklärung von diesem abgetrennt wird, BGH GRUR **99,** 485 [486] – Kupplungsvorrichtung. Vgl. auch die Entscheidung des BPatG Mitt. **98,** 23, die auf den gleichen Überlegungen beruht.

15 Die rechtsgestaltenden Wirkungen der Teilungserklärung treten dabei unmittelbar mit dem Zugang der Teilungserklärung ein; sie bleiben jedoch vorerst in der Schwebe (§§ 60 Abs. 1 Satz 3, 39 Abs. 3 PatG). Werden für den abgetrennten Teil innerhalb von drei Monaten die nach den §§ 35 (jetzt § 34), 36 PatG erforderlichen Anmeldungsunterlagen eingereicht und die gemäß § 39 Abs. 2 PatG nachzuzahlenden Gebühren entrichtet, fällt der Schwebezustand weg und die zunächst noch vorläufige Teilung in ein Restpatent und eine Teilanmeldung wird endgültig herbeigeführt. Gehen die Anmeldungsunterlagen und Gebühren nicht fristgerecht ein, wird die Teilung rückwirkend beseitigt. Der abgetrennte Teil fällt wieder in das Stammpatent zurück und das Einspruchsverfahren ist so fortzuführen, als sei eine Teilung des Patents nie vorgenommen worden. Solange der Schwebezustand andauert, kann eine Teilungserklärung jederzeit zurückgenommen werden, BGH GRUR **96,** 747, Lichtbogen-Plasma-Beschichtungssystem, Egr. C II 1 b.

16 Liegt eine wirksame Teilung in diesem Sinne vor, d.h. wird mit der Teilungserklärung tatsächlich ein Teil des einspruchsbefangenen Patents abgetrennt, dann kann mit der Trennanmeldung im Übrigen der gesamte Offenbarungsgehalt der ursprünglichen Gesamtanmeldung – auch über den abgetrennten Gegenstand hinaus – ausgeschöpft werden, mit Ausnahme des Teils, der Gegenstand des Stammpatents – d.h. seiner Patentansprüche – geblieben ist, BGH GRUR **96,** 753 – Informationsträger; BGHZ **115,** 234 ff. = GRUR **92,** 38 – Straßenkehrmaschine. Wird im Prüfungsverfahren zum abgetrennten Teil ebenfalls die Unwirksamkeit der Teilungserklärung festgestellt, ist die auf Grund der Teilung entstandene neue Anmeldung zurückzuweisen. Für dieses Erteilungs- und Prüfungsverfahren ist grundsätzlich das Patentamt zuständig. Sofern die Teilung im Einspruchsbeschwerdeverfahren erklärt worden ist, ist die Erklärung als neue Anmeldung dem Patentamt zuzuleiten, das hier in eigener Zuständigkeit, nicht im Wege der Amtshilfe für das Patentgericht tätig wird. An dem neuen Prüfungs- (Erteilungs-) Verfahren sind Einsprechende aus dem Stammverfahren nicht beteiligt, BPatGE **26,** 26, 27.

17 Die tatbestandlichen Voraussetzungen einer materiell-rechtlich wirksamen Teilung sind von ihrer Rechtsfolge, wonach in der Trennanmeldung der gesamte Offenbarungsgehalt der ursprünglichen Gesamtanmeldung ausgeschöpft werden kann, streng zu unterscheiden. Für eine wirksame Teilung genügt es nicht, dass der abgetrennte Gegenstand und das zu teilende Patent lediglich merkmalsmäßige Überschneidungen, etwa im Oberbegriff, aufweisen. Erforderlich ist vielmehr, dass die Trennanmeldung – zumindest auch – einen Gegenstand umfasst, der Gegenstand der – sinnvoll verstandenen – Patentansprüche des erteilten Patents ist und von diesem abgetrennt wird. Eine Teilung liegt dann nicht vor, wenn der gesamte Gegenstand des Patents in eine Trennanmeldung überführt werden soll. Es reicht jedoch aus, wenn ein Teil des patentierten Gegenstandes verbleibt. Es genügt, wenn sich der abgetrennte und der verbleibende Teil wenigstens durch ein Anspruchsmerkmal voneinander unterscheiden, BGH, GRUR **96,** 750 – Lichtbogen-Plasma-Beschichtungssystem.

b) Teilungserklärung. Die Teilungserklärung ist „amtsempfangsbedürftige Willenserklärung" (Rdn. 3). Im Einspruchsbeschwerdeverfahren kann sie auch gegenüber dem Patentgericht abgegeben werden. Sie bedarf, wie die Verweisung in § 60 Abs. 1 Satz 3 auf § 39 Abs. 1 Satz 2 ergibt, der Schriftform bzw. ggf. der Form des elektronischen Dokuments mit qualifizierter elektronischer Signatur, da sie als einleitender Rechtsakt zu einem neuen Erteilungsverfahren anzusehen ist. Sie kann aber auch anlässlich einer mündlichen Anhörung vor dem Patentamt oder in einer mündlichen Verhandlung vor dem Patentgericht zu Protokoll erklärt werden, BGH GRUR **03,** 781, Basisstation, Egr. II 2b aa. Eine Teilungserklärung kann auch hilfsweise abgegeben werden, BPatGE **29,** 189, 192, und zwar auch in Form eines Hilfsantrages im Einspruchsverfahren, wenn mit dem Hauptantrag die Aufrechterhaltung des Stammpatents in unveränderter Form verfolgt wird. Die gegenständliche Beschränkung hat keine Wirkung für die aus der hilfsweisen Teilung hervorgehende Teilanmeldung, BPatGE **46,** 136, Egr. III 1 u. 2. Wird die Teilung in einer mündlichen Verhandlung eines Einspruchsbeschwerdeverfahrens erklärt und nach Schluss der mündlichen Verhandlung, aber vor Verkündung einer Entscheidung und innerhalb der Frist nach § 60 Abs. 1 Satz 2 PatG in Verbindung mit § 39 Abs. 3 PatG die Teilungserklärung zurückgenommen und ein neuer Sachantrag gestellt, so ist dieser jedenfalls dann zuzulassen, wenn dieser Patentansprüche umfasst, die den mit der Teilungserklärung abgetrennten Gegenstand betreffen, BPatG Mitt. **98,** 95. **18**

Die Teilungserklärung wird mit ihrem Zugang nicht nur wirksam, sondern sie wird darüber hinaus in ihrem Erklärungswert unveränderlich. Zu ihrer Auslegung sind deshalb nur solche Kriterien heranzuziehen, die für den Erklärungsempfänger im Zeitpunkt des Zugangs der Erklärung erkennbar waren. Vom Patentinhaber erst nach dem Zugang der „Teilungserklärung" vorgelegte Unterlagen für die „Teilanmeldung" und das Stammpatent erfüllen diese zeitliche Voraussetzung nicht; sie bilden infolgedessen auch kein zulässiges Auslegungsmaterial für die „Teilungserklärung". Eine nachträgliche Änderung der Teilungserklärung kann wegen der mit ihr verbundenen weitreichenden Folgen erst dann angenommen werden, wenn eindeutige Anhaltspunkte für den unmissverständlichen Willen des Patentinhabers vorliegen, mit den neu eingereichten Ansprüchen nicht die abgegebene Teilungserklärung vollziehen, sondern das Patent abweichend vom Inhalt der Teilungserklärung teilen zu wollen. BGH GRUR **96,** 747, Egr. C II 2 b. **19**

Ist im Einspruchsverfahren vor dem Patentamt bereits eine Teilungserklärung abgegeben, vom Patentamt aber in der Endentscheidung über die Aufrechterhaltung oder den Widerruf des Patents für unwirksam erklärt worden, so kann sie im Beschwerdeverfahren vor dem Patentgericht wiederholt werden. Mehrfache stufenweise Teilungserklärungen, die jeweils weitergehende Gegenstände aus dem Streitpatent herausteilen sollen, sind theoretisch denkbar, aber wohl nur sinnvoll, wenn man von dem gegenständlichen beschränkten Gehalt der Teilungserklärung ausgeht. Die jeweils entstehenden Teilanmeldungen hätten denselben Anmeldetag und die gleiche voll ausschöpfbare Quelle als ursprüngliche Offenbarung in den ursprünglich eingereichten Unterlagen des Stammverfahrens. Sie könnten daher auf Antrag des Patentinhaber/Anmelders ohne weiteres zusammengelegt werden. **20**

Der Patentinhaber, der das Streitpatent teilen will, kann anstelle einer Teilungserklärung im oben beschriebenen Sinne auch einen Antrag auf Erteilung eines Patents nach dem üblichen Formular einreichen, in dem in der Rubrik 8 (Erklärungen) die Angabe „Teilung/Ausscheidung aus der Patentanmeldung (Az. der Stammanmeldung) XYZ" anzukreuzen, das Aktenzeichen der Stammanmeldung bzw. des Stammpatents mitzuteilen und als Prioritätstag der Anmeldetag der Stammanmeldung mit einer etwa dafür geltenden Priorität in Anspruch zu nehmen ist. Das stellt eine Annäherung des Verfahrens an die Vorgehensweise bei der Teilung einer Anmeldung dar. Den strengen Anforderungen für den Inhalt einer Teilungserklärung, wie sie nach der materiellrechtlichen Theorie der Teilung zu stellen ist, genügt sie zwar nicht; sie reicht aber aus für die Einleitung eines neuen Erteilungs- und Prüfungsverfahrens. **21**

c) Die neue Rechtsprechung des BGH. Nach der jüngeren Rechtsprechung des BGH setzt die wirksame Teilung eines Patents dagegen nicht mehr voraus, dass die Teilungserklärung einen gegenständlich bestimmten Teil des Patents definiert, der von diesem abgetrennt wird, BGH v. 30. 9. 2002, X ZB 18/01, Sammelhefter, BGHZ **152,** 172 = GRUR **03,** 47. Der BGH weicht damit ausdrücklich von seinen früheren Entscheidungen, insbesondere BGHZ **133,** 18 – Informationssignal = GRUR **96,** 753, und GRUR **96,** 747 – Lichtbogen-Plasma-Beschichtungssystem ab. Zu entscheiden war allerdings zunächst nur die Frage, ob eine mangels rechtzeitiger Gebührenzahlung nach § 60 Abs. 1 Satz 2 an sich unwirksame Teilungserklärung im Verfahren zur abgetrennten Teilanmeldung berücksichtigt werden müsse, wenn in diesem letzteren Verfahren ein Patent erteilt worden ist, das seinerseits mit einem Einspruch angegriffen **22**

wird. Der BGH hat diese Frage verneint, zugleich aber auch Ausführungen zur gegenständlichen Wirkung der Teilungserklärungen gemacht. In ihnen wird die Frage nach der Rechtsnatur der Teilungserklärung letztlich offengehalten, weil die von der materiellrechtlichen Theorie angenommene Gestaltungswirkung allenfalls für das in der Stammanmeldung erteilte Patent zutreffe, nicht jedoch für die aus der Teilung des Patents hervorgehende Teilanmeldung gelten könne. Der BGH hat dabei auch die Kritik an der Entscheidung „Straßenkehrmaschine" ausführlich erörtert und Alternativen geprüft, verweist aber darauf, dass sich die Praxis auf diese Entscheidung eingerichtet habe und es der Anmelder im Übrigen in der Hand habe, die Anmeldung vor der Patenterteilung zu teilen und in der Teilanmeldung den vollen Offenbarungsgehalt der ursprünglich eingereichten Unterlagen der Stammanmeldung auszuschöpfen,, BGH a. a. O., Egr. II 3 c γ.

23 Der BGH hat diese Linie im Beschl. v. 29. 4. 2003 – X ZB 4/01 – Basisstation, GRUR **03,** 781 bestätigt. Aus dem Erfordernis einer Teilung nicht nur des Verfahrens, sondern des erteilten Patents sei nicht abzuleiten, dass bereits durch die Teilungserklärung ein gegenständlich bestimmter Teil des Patents definiert werden müsse, der von diesem abgetrennt werde. Diese Frage bedürfe auch im gegebenen Streitfall keiner Entscheidung. Es ging im entschiedenen Fall allerdings nicht um die Anforderungen an eine Teilung und die Wirkungen einer Teilungserklärung, da diese Erfordernisse auch im Sinne der gegenständlichen Teilung des Patents durch eindeutige Angabe der abgetrennten Ansprüche erfüllt waren. „Im Streit steht insoweit allein die Frage, in welchem Umfang das Verfahren nach einer Teilungserklärung fortgesetzt werden kann." Zum Streitstand vor dieser Entscheidung vgl. Hövelmann, GRUR **03,** 203, 206 f. Wegen der Entscheidung der Vorinstanz in dieser Sache s. BPatGE **43,** 221. Der Patentinhaber hat hier eine gegenständlich bestimmte Teilungserklärung (Erklärung des Patentinhabers: „Patentansprüche 3 und 4 erteilter Fassung unter Rückbezug auf Anspruch 1 erteilter Fassung werden abgetrennt").

24 Nach den weiteren Ausführungen des BGH ist ein Einspruchsbeschwerdeverfahren entscheidungsreif, wenn über den vom Beschwerdeführer gestellten Antrag auf Grund des Rechts- und Sachstandes abschließend entschieden werden kann. „Für die Entscheidungsreife ist entscheidend der Antrag des Beschwerdeführers, der durch diesen den Umfang der Nachprüfung im Rechtsmittelverfahren bestimmt. Ist der Beschwerdeführer zugleich Patentinhaber, so hat er es in der Hand, etwa mit einem Hauptantrag seinen Erteilungsantrag umfassend zu verfolgen und mit einem Hilfsantrag nur das, was er im Verfahren über die Stammanmeldung erreichen möchte, oder aber im Verfahren über die Stammanmeldung sogleich einen eingeschränkten Erteilungsantrag zu stellen und das weitere – auch auf das Risiko der Rechtsfolgen des § 39 Abs. 3 PatG – dem Verfahren über die Teilanmeldung zu überlassen. Begehrt der Beschwerdeführer eine Entscheidung, die sich ausschließlich auf den nach der Teilungserklärung verbliebenen Gegenstand des Stammpatents bezieht, so kommt es für die Entscheidung über die Beschwerde auf das Schicksal der Trennanmeldung in aller Regel schon deshalb nicht an, weil durch die Teilung nichts abgetrennt werden muss, was unter den Voraussetzungen des § 39 Abs. 3 PatG in das Stammpatent zurückfallen könnte. Maßgebend ist allein, ob die Rechtsverfolgung des Patentinhabers im Einspruchsverfahren eine abschließende Entscheidung zulässt", BGH GRUR **03,** 781.

25 **d) Auswirkungen.** Das Bundespatentgericht geht in Entscheidungen, die sich als Interpretation und Anwendung der neuen Linie des BGH darstellen, davon aus, dass die Erklärung des bloßen Inhalts, das Patent werde geteilt, bereits eine wirksame Teilungserklärung i. S. v. § 60 Abs. 1 Satz 2 ist. Da diese Erklärung keinen konkreten Gegenstand hat, kann sie für die Fortführung des Einspruchsbeschwerdeverfahrens in der Tat unberücksichtigt bleiben. Es besteht kein „Schwebezustand" dahingehend, dass nach Abgabe der Teilungserklärung im Einspruchsbeschwerdeverfahren eine Entscheidung über das Stammpatent zunächst nicht möglich wäre, BPatG v. 26. 2. 2003 20 W (pat) 46/01 – Programmartmitteilung, BPatGE **47,** 1 = GRUR **04,** 317.

26 Die Teilungserklärung hindert damit den Fortgang des Einspruchsbeschwerdeverfahrens hinsichtlich des erteilten Patents nicht. Voraussetzung der Fortführung des Beschwerdeverfahrens und einer abschließenden Entscheidung hinsichtlich des Stammpatents nach der Teilungserklärung während des Schwebezustandes nach § 39 Abs. 3 PatG ist ausschließlich die Entscheidungsreife dieses Verfahrens. Fraglich bleibt dann allerdings, welchen Sinn eine solche inhaltlose Erklärung haben kann, ob sie z. B. lediglich die Frist für die Einreichung der Unterlagen einer Teilanmeldung und die Entrichtung der erforderlichen Gebühren nach § 39 Abs. 2 ggf. über den rechtskräftigen Abschluss des Verfahrens in dem Verfahren der Ursprungsanmeldung und des Stammpatents verlängern soll. So war § 60 in der Tat nicht gemeint.

Wie bereits oben dargelegt, halte ich für die entscheidende Schwierigkeit, die durch § 60 verursacht wird, die Festlegung auf eine Teilungserklärung des Patentinhabers. Die daraus abgeleitete unmittelbare Gestaltungswirkung führt notwendig dazu, einen bestimmten oder jedenfalls eindeutig bestimmbaren Inhalt für die Erklärung zu fordern. Nachdem der BGH dieses Erfordernis aufgegeben hat, läuft die sog. Teilungserklärung im Grunde nur auf die Ankündigung hinaus, Schritte zur Einleitung eines neuen Erteilungsverfahren einzuleiten, die sich dann in der Einreichung einer neuen Anmeldung (Teilanmeldung) und der Zahlung der Gebühren nach § 39 Abs. 2 konkretisiert. Wegen der Probleme, die die Entwicklung der Rechtsprechung für den Patentinhaber, aber auch für dessen Wettbewerber und etwaige Einsprechende aufwirft, vgl. auch Krasser, 5. Aufl., S. 632f. **27**

Durch die vom BGH eingeleitete neue Linie kommt die Teilung im Einspruchsverfahren in der Konsequenz, wie Busse/Keuschrijver 6. Aufl., Rdn. 10, mit Recht ausführt, „einer Abzweigung mit dem Zeitrang der Stammanmeldung nahe, sie schafft in der Gestalt einer Teilung die Möglichkeit, während des Einspruchsverfahrens ein weiteres Anmeldeverfahren einzuleiten, und damit in der Sache eine Art „Einspruchspriorität" für den Patentinhaber, die die gesamte ursprüngliche Offenbarung der Stammanmeldung umfasst. Die neue BGH-Rspr. stellt – ohne dogmatische Festlegung im Einzelnen – derartige Anforderungen an die Teilungserklärung nicht mehr auf und verweist auch die Prüfung einer – weiterhin als unzulässig angesehenen – Doppelpatentierung in ein späteres Verfahrensstadium." Die rechtspolitischen Aspekte einer solchen Lösung sind m.E. nicht voll ausdiskutiert. Das wird im Zuge der Behandlung des Referentenentwurfs zur Änderung des Einspruchsverfahrens abgeschlossen werden müssen. Jedenfalls sieht es derzeit so aus, dass die politisch verantwortlichen Instanzen eine derartige Lösung ebenfalls ablehnen, so dass mit der Beseitigung des § 60 zu rechnen ist. In jedem Fall müsste die Teilung des Patents durch Erklärung des Patentinhabers, ein in der Rückschau betrachtet ausgesprochen irreführendes Konzept, durch eine stärker rechtlich kontrollierte Verfahrensteilung ersetzt werden. **28**

4. Voraussetzungen für das Wirksambleiben. Die Wirksamkeit der Teilungserklärung hängt nach § 60 Abs. 1 Satz 3 i. V. mit § 39 Abs. 3 davon ab, dass innerhalb von 3 Monaten nach Eingang der Teilungserklärung die Gebühren für den als Anmeldung zu behandelnden, vom Patent abgetrennten Teil entrichtet und die dafür nach den §§ 34, 36 erforderlichen (Anmeldungs-)Unterlagen eingereicht werden. Die Teilungserklärung gilt sonst als nicht abgegeben, die Teilung mithin als nicht vorgenommen. BPatGE **34,** 242. Nimmt der Patentinhaber die Teilungserklärung vor Ablauf der Frist von drei Monaten zurück, so sind ihm die außergerichtlichen Kosten des Einsprechenden für eine erforderlich gewordene zweite Verhandlung aufzuerlegen, wenn nicht ausgeschlossen werden kann, dass die Teilung lediglich aus prozesstaktischen Gründen erklärt wurde. BPatGE a. a. O. LS. **29**

a) Gebühren für den abgetrennten Teil. Der vom Patent abgetrennte Teil gilt nach § 60 Abs. 1 Satz 2 als Anmeldung, für die ein Prüfungsantrag gestellt ist. Für die Anmeldung werden mit Eingang der Teilungserklärung die gleichen Gebühren fällig, die bis zum Zeitpunkt der Teilung für das geteilte Patent zu entrichten waren (§ 60 Abs. 1 Satz 3 i. V. mit § 39 Abs. 2 Satz 1). Fällig werden damit die Anmeldegebühr, die Jahresgebühren für alle bereits begonnenen gebührenpflichtigen Patentjahre und, wenn für das geteilte Patent eine isolierte Recherche durchgeführt wurde, die Recherchegebühr sowie, da die abgetrennte Anmeldung in das Prüfungsverfahren gelangt, die Prüfungsantragsgebühr. Im Übrigen wird auf die Ausführungen in Rdn. 9, 10 zu § 39 verwiesen. **30**

b) Einreichung von Unterlagen. Für den von dem Patent abgetrennten, als Anmeldung weiterzubehandelnden Teil müssen nach § 60 Abs. 1 Satz 3 i. V. mit § 39 Abs. 3 innerhalb von 3 Monaten nach Eingang der Teilungserklärung die nach den §§ 34, 36 erforderlichen Anmeldungsunterlagen eingereicht werden (vgl. dazu § 39 Rdn. 11). Da die dem Patentgericht gegenüber abgegebene Teilungserklärung mit Zugang bei Gericht anhängig wird, läuft die Frist von diesem Zeitpunkt ab, BPatGE **29,** 189, 192. Mit den Unterlagen des Patents, das als solches bestehen bleibt, befasst sich die Vorschrift nicht. Das ist auch nicht erforderlich, weil die Patentschrift ohnehin im Einspruchsverfahren der mit der Teilung verbundenen veränderten Sachlage angepasst werden muss und § 61 Abs. 3 Satz 1 dafür die geeignete Grundlage bietet. Die in der Abtrennung eines Teiles liegende Beschränkung des erteilten Patents wird in diesem Falle zwar durch die Teilungserklärung herbeigeführt, sofern man ihr eine unmittelbar gestaltende Wirkung beimisst und sie den entsprechenden konkreten Inhalt gemäß der oben beschriebenen Praxis von Patentamt und Patentgericht hat. Andernfalls ist dem Patentinhaber Gelegenheit zu geben, die der Teilung entsprechenden beschränkten Patentansprüche einzureichen. Denn es bedarf jedenfalls noch der näheren Abgrenzung der Patentansprüche, der Be- **31**

schreibung und u. U. auch der Zeichnungen, die, da es sich um ein erteiltes Patent handelt, die Mitwirkung und die konstitutive Feststellung durch das Patentamt und die Beteiligung des oder der Einsprechenden erfordert. Diese Feststellung liegt, wenn sich das Restpatent im Einspruchsverfahren als bestandsfähig erweist, in der der Teilungserklärung entsprechenden beschränkten Aufrechterhaltung (§ 61 Abs. 1 Satz 1 und Abs. 3 Satz 1). In dem Beschluss ist dann die Änderung der Patentschrift festzulegen (§ 61 Abs. 3 Satz 1).

32 **c) Unwirksamwerden der Erklärung.** Wenn die Gebühren (Rdn. 6) nicht fristgerecht entrichtet oder die Anmeldungsunterlagen (Rdn. 7) nicht rechtzeitig eingereicht werden, gilt die Teilungserklärung als nicht abgegeben (§ 60 Abs. 1 Satz 3 i. V. mit § 39 Abs. 3). Der Teilungserklärung werden danach die ihr beigelegten Wirkungen (untern Rdn. 9) mit rückwirkender Kraft entzogen. Es wird daher so angesehen, als habe das zu teilende Patent unverändert fortbestanden. Das gilt aber nur, wenn man mit der früheren Praxis davon ausgeht, dass schon die Teilungserklärung rechtsgestaltende Wirkung hat und deshalb den abgetrennten Gegenstand und damit den beschränkten Gegenstand des geteilten Patents festlegen müsse. Nach der Entscheidung „Sammelhefter" des BGH kann man dieses Erfordernis wohl als obsolet betrachten. Im Übrigen wird auf § 39 Rdn. 12 verwiesen.

33 **5. Folgen der Teilung. a) Stamm- oder Restpatent.** Durch die Teilungserklärung wird von dem Patent, das als solches bestehen bleibt, ein Teil abgetrennt, der in eine im Prüfungsverfahren befindliche Anmeldung umgewandelt wird. Diese Regelung hat ihren Grund darin, dass im Erteilungsbeschluss nur über die Schutzfähigkeit des Gesamtpatents entschieden ist. Für den abgetrennten Teil wird die Prüfung infolge der Umwandlung in eine Anmeldung im Prüfungsverfahren nachgeholt. Die Schutzfähigkeit des Restpatents ist im Einspruchsverfahren zu prüfen, sofern der geltend gemachte Einspruchsgrund dazu Anlass gibt, etwa wenn der Einspruch auf mangelnde Patentfähigkeit gestützt ist. Darüber hinaus ist aber auch zu beachten, dass die Vorlage beschränkter Patentansprüche ohnehin die Befugnis, wenn nicht die Notwendigkeit mit sich bringt, das Restpatent umfassend darauf zu prüfen, ob es die Erfordernisse des Patentgesetzes hinsichtlich der Patentfähigkeit und der ausreichenden Offenbarung der im Restpatent geschützten Erfindung erfüllt. Außerdem ist, wie auch sonst bei einer beschränkten Verteidigung des Patents im Einspruchsverfahren zu prüfen, ob das Restpatent durch die ursprüngliche Offenbarung in den ursprünglich eingereichten Unterlagen der Anmeldung gedeckt wird und ob nicht durch die Änderung des Patents der Schutzbereich erweitert wird. Vgl. dazu die Erläuterungen zu § 59 „Beschränkte Verteidigung".

34 Es besteht kein Anlass, das Restpatent von diesen notwendigen Prüfungen freizustellen, sofern man nicht nach der bisherigen Praxis davon ausgeht, dass die Fragen bereits bei der Prüfung der Wirksamkeit der Teilungserklärung erledigt worden sind. Die Auffassung, dass das Restpatent mit dem sich aus der Teilungserklärung ergebenden Umfang als bestehend hinzunehmen sei, wenn der geltend gemachte Einspruchsgrund die Prüfung der Schutzfähigkeit nicht erfordere, ist in dieser Allgemeinheit nicht mehr vertretbar. Deshalb hat die Aufrechterhaltung des Restpatents durch Beschluss des Patentamts oder Patentgerichts auch konstitutive, nicht bloß deklaratorische Bedeutung, a. A. Schulte, 7. Aufl., Rdn. 6. Die Sachlage ist insofern nicht vergleichbar mit der Selbstbeschränkung nach § 64, die ohne Prüfung der Schutzfähigkeit des Patents in seinem eingeschränkten Inhalt durchgeführt wird. Das Restpatent ist in seiner beschränkten Fassung immer noch Gegenstand eines Einspruchsverfahrens, das mit einem Beschluss über die Aufrechterhaltung oder aber auch den Widerruf des Patents enden muss. Es empfiehlt sich deshalb auch aus Gründen der Transparenz, bei der lediglich beschränkten Aufrechterhaltung des Restpatents den Widerruf des – untechnisch gesprochen – abgetrennten Teiles ausdrücklich auszusprechen. Das Restpatent und die abgetrennte Anmeldung behalten den Zeitrang des geteilten Patents (§ 60 Abs. 1 Satz 3 i. V. mit § 39 Abs. 1 Satz 4), vorausgesetzt, dass sie nicht über dessen Inhalt hinausgehen. Eine Erweiterung muss gegebenenfalls beseitigt werden (§ 38, § 22 Abs. 1), vgl. BGHZ **115,** 234, 240 – Straßenkehrmaschine.

35 Für den abgetrennten Teil gelten die Wirkungen des Patents (§ 58 Abs. 1 Satz 3) als von Anfang an nicht eingetreten (§ 60 Abs. 1 Satz 4). Die mit der Offenlegung der dem geteilten Patent zugrunde liegenden Anmeldung verbundenen Schutzwirkungen (§ 33 Abs. 1) bleiben grundsätzlich bestehen, soweit ihnen nicht durch die nur beschränkte Aufrechterhaltung des Restpatents die Grundlage entzogen ist. Für das Restpatent bleiben dagegen im Umfang der erhalten gebliebenen Ansprüche die mit der Patenterteilung verbundenen Wirkungen bestehen. Über die Schutzfähigkeit des Restpatents ist gegebenenfalls im Nichtigkeitsverfahren zu entscheiden. Solange die Patentschrift noch nicht der Teilung angepasst ist (vgl. oben Rdn. 7), können zur Auslegung des Patents nur die Teile der Patentschrift herangezogen werden, die sich auf das Restpatent beziehen.

b) Teilanmeldung. Der abgetrennte Teil wird als Anmeldung behandelt, für den ein Prüfungsantrag gestellt ist. Für diese Teilanmeldung kann der gesamte Offenbarungsgehalt der ursprünglichen Anmeldung ausgeschöpft werden. Die Teilanmeldung ist nicht am Patent zu messen, von dem sie abgeleitet wird, noch bildet die Patenterteilung eine verfahrensmäßige Zäsur, da für die Teilanmeldung die Wirkungen des Patents insgesamt als nicht eingetreten fingiert werden, BGHZ **115,** 234, 238 ff. – Straßenkehrmaschine (abw. die 7. u. 8. Voraufl.). A. A. BPatG v. 3. 7. 1996–2 Ni 50/96, Bl. 97, 436 = GRUR **98,** 460: Ist danach eine Unterkombination nicht im Stammpatent enthalten, so kann sie im Einspruchsverfahren nicht zum Gegenstand der Teilungserklärung gemacht werden. Wird auf Grund einer derartigen Teilung dennoch ein Patent erteilt, ist es in analoger Anwendung von § 22 Abs. 2 2. Alternative PatG für nichtig zu erklären, da es gegenüber dem Stammpatent eine unzulässige Änderung des Schutzbereichs enthält. Das BPatG misst also hier im Nichtigkeitsverfahren das Ergebnis des Verfahrens zur Teilanmeldung am Schutzbereich des in der Stammanmeldung erteilten oder aufrechterhaltenen Patents. Dabei ist zu unterstellen, dass die Unterkombination in den ursprünglichen Unterlagen der Stammanmeldung offenbart war. 36

Es stellt – jedenfalls im Rahmen einer Theorie der gegenständlichen Teilung des Patents – einen Missbrauch des Teilungsrechts dar, wenn der Patentinhaber den gesamten oder auch den wesentlichen Gegenstand des Patents von diesem nur deshalb abteilt, um sich den Rückgriff auf die ursprüngliche Offenbarung zu sichern, vgl. BPatG Bl. **92,** 437. Dies gilt nicht, wenn man davon ausgeht, dass neben der allgemeinen Prüfung auf die Erfordernisse für die Erteilung eines Patents auf die Teilanmeldung es ausreicht, das Verbot der Doppelpatentierung zu beachten. Bei einer „Abzweigung“ des gesamten Inhalts der Stammanmeldung bei unveränderter Aufrechterhaltung des – in Wirklichkeit nicht beschränkten – „Restpatents“ liefe das darauf hinaus, dass im neuen Erteilungsverfahren nur Gegenstände beansprucht werden könnten, die bereits in der Stammanmeldung offenbart, dort aber nicht beansprucht waren. Das wäre allemal im Verhältnis zum Gegenstand der Ansprüche des Stamm- oder Restpatents ein „aliud“. 37

c) Ursprüngliche Offenbarung. Vgl. dazu die oben zitierte Entscheidung des BGH GRUR **03,** 47 – Sammelhefter, die selbstkritisch die Frage aufwirft, ob angesichts der unvermindert anhaltenden Kritik in einer Reihe von Meinungsäußerungen wegen der Folgen für die Prüfungsstellen des Patentamts und die Wettbewerber die Entscheidung „Straßenkehrmaschine“ zu überprüfen sei. Der BGH betont aber zu Recht, dass die „Unzulässigkeit der Teilungserklärung“ erst am Ende des Patenterteilungsverfahrens zur Teilanmeldung verantwortlich beurteilt werden kann, wenn die Frage der Erteilungsreife der vorgelegten Patentansprüche und sonstigen Unterlagen in Bezug auf die Teilanmeldung zu entscheiden ist; vgl. im gleichen Sinne auch bereits Mellulis, GRUR **01,** 971, 974. Teilung des Patents und Teilung der Anmeldung können insoweit nicht unterschiedlich beurteilt werden, auch wenn man in Rechnung stellt, dass das Patent in der Stammanmeldung das Ergebnis eines intensiv und verantwortlich geführten Erteilungsverfahrens darstellt, auf das sich auch der Anmelder nach dem Antragsprinzip verbindlich festgelegt hat: ohne sein Einverständnis konnte es zu der Erteilung des Patents mit seinem spezifischen Inhalt nicht kommen. Insofern ist die Zäsurwirkung der Patenterteilung und die damit geschaffene – wenigstens vorläufige – Rechtssicherheit ein deutliches Mehr gegenüber der Teilung einer Anmeldung, selbst wenn sie kurz vor der Erteilungsreife erfolgt. Vgl. dazu auch erneut die Bedenken u. a. von Kraßer, 5. Aufl., S. 632, 633, und die Bedenken eines Praktikers wie Niedlich, GRUR **03,** 663, mit der Warnung vor – jedenfalls für die Prüfungsstellen und die Wettbewerber und vielleicht auch für die Anmelder selbst – völlig unübersichtlichen Verfahrenslagen bei einem Schwarm von Teilanmeldungen. 38

d) Zuständigkeit. Das Patentgericht ist nicht zur Entscheidung über die Teilanmeldung berufen, wenn in einem vor ihm geführten Einspruchsbeschwerdeverfahren das Patent geteilt wird. Mit der Teilungserklärung gegenüber dem Patentgericht oder – im erstinstanzlichen Einspruchsverfahren – gegenüber der Patentabteilung wird die Zuständigkeit der Prüfungsstelle begründet, BGH v. 22. 4. 1998, X ZB 19/97 – Informationsträger, GRUR **99,** 148. Die gegenteilige Auffassung, wie sie in BPatGE **34,** 31 und 35, 17 vertreten worden ist (nämlich: die Trennanmeldung bleibe zunächst beim Beschwerdegericht anhängig, bis eine Zurückverweisung erfolge) kann damit als erledigt angesehen werden. 39

6. Veröffentlichung der Teilung. Wegen der mit der Teilung verbundenen Rechtsfolgen (Rdn. 9, 10) muss die Öffentlichkeit darüber unterrichtet werden. Deshalb ist die Veröffentlichung der Teilung im Patentblatt vorgeschrieben (§ 60 Abs. 2). Bei der reinen, inhaltlosen Verfahrenserklärung „Ich teile das xx Patent“ würde das allerdings wohl erst Sinn machen, wenn die erforderlichen Vollzugsakte wie z. B. die Einreichung der Teilanmeldung erfolgt sind. Nach Beendigung des Einspruchsverfahrens ist auch die Änderung der Beschreibung des 40 nach der Teilung verbliebenen Restpatents zu veröffentlichen, wenn dieses aufrechterhalten wird (§ 61 Abs. 3 Satz 2; vgl. oben Rdn. 7).

41 **7. Rückgängigmachung.** Die Teilung gemäß § 60 ist, da sie ein erteiltes Patent betrifft und in dessen Wirkungen – vorbehaltlich der abschließenden Entscheidung des Patentamts oder des Patentgerichts – eingreifen, mehr als ein verfahrensrechtlicher Vorgang, der durch eine Verfahrensverbindung rückgängig gemacht werden könnte. Die Wirkungen der Patenterteilung, die für den abgetrennten Teil durch die Teilung beseitigt worden sind (§ 60 Abs. 1 Satz 4), können nicht durch eine bloße Verfahrensverbindung, sondern nur durch eine erneute Patenterteilung wiederhergestellt werden. Einer prozessualen Verbindung steht auch entgegen, dass das Restpatent im Einspruchsverfahren verbleibt, während der abgetrennte Teil in das Prüfungsverfahren zurückversetzt wird.

61 *Entscheidung über die Aufrechterhaltung des Patents.* (1) [1]**Die Patentabteilung entscheidet durch Beschluß, ob und in welchem Umfang das Patent aufrechterhalten oder widerrufen wird.** [2]**Das Verfahren wird von Amts wegen ohne den Einsprechenden fortgesetzt, wenn der Einspruch zurückgenommen wird.**

(2) **Wird das Patent widerrufen oder nur beschränkt aufrechterhalten, so wird dies im Patentblatt veröffentlicht.**

(3) [1]**Wird das Patent beschränkt aufrechterhalten, so ist die Patentschrift entsprechend zu ändern.** [2]**Die Änderung der Patentschrift ist zu veröffentlichen.**

Inhaltsübersicht

Vorbemerkung: Wegen der künftigen Fassung von § 61 Abs. 2 s. den Entwurf zur Änderung des patentrechtlichen Einspruchsverfahrens und des Patentkostengesetzes – BT-Drs. 16/735 v. 21. 2. 2006, abgedruckt im **Anh Vor 1** –; sie entspricht im wesentlichen dem im Text der Kommentierung behandelten Referentenentwurf (vgl. z.B. Rdn. 1c, 16ff). Der RegE verzichtet allerdings auf die geplante Änderung von § 61 Abs. 1 Satz 2 (Kann-Vorschrift), operiert in § 61 Abs. 2 Nr. 1 n.F. für eine Widerspruchslösung und verändert die in § 61 Abs. 2 Nr. 2 n.F. vorgesehenen Fristen (12 statt 15 Monate seit Ablauf der Einspruchsfrist und 3 Monate statt 2 Monate seit Zustellung des Antrags auf patentrechtliche Entscheidung).

1 **1. Entscheidung über die Aufrechterhaltung des Patents.** Nach Prüfung des Vorbringens der Einsprechenden und gegebenenfalls auch der nach § 59 Abs. 3 i.V. mit § 43 Abs. 3 Satz 3 von Dritten mitgeteilten Druckschriften und der von Amts wegen aufgegriffenen oder ermittelten Umstände (vgl. § 59 Rdn. 36) ist über die Aufrechterhaltung des Patents zu entscheiden. Der Beschluss beendet das Einspruchsverfahren, **entscheidet** jedoch entgegen dem Wortlaut des § 62 Abs. 1 nicht über den Einspruch als solchen, sondern **über das Patent.** Das ergibt sich schon daraus, dass nach § 61 Abs. 1 Satz 2 auch nach Zurücknahme des Einspruchs über die Aufrechterhaltung des Patents zu entscheiden ist. Das Erlöschen des Patents beendet daher grundsätzlich das Einspruchsverfahren, soweit nicht der Einsprechende ein eigenes Rechtsschutzinteresse geltend machen kann, BPatGE **29,** 65, 68; **29,** 84, 86. Es ist aber – ähnlich wie bei Nichtigkeitsverfahren – anerkannt, dass der Einsprechende nach **Erlöschen des Patents** verlangen kann, das Einspruchsverfahren fortzusetzen, soweit er ein Rechtsschutzinteresse nachweist, BGH GRUR **97,** 615. Das **Rechtsschutzbedürfnis** darf nicht nach engherzigen Maßstäben beurteilt werden. Es kann grundsätzlich nur bei einer offensichtlich nicht schutzwürdigen Rechtsverfolgung abgesprochen werden, nicht jedoch schon dann, wenn diese mutwillig oder aussichtslos erscheint. Es lässt sich aber z.B. nicht damit begründen, dass der Einsprechende Mehrheitsgesellschafter einer GmbH, die wegen Verletzung des Schutzrechts in Anspruch genommen wird, BGH – Tafelförmige Elemente, GRUR **95,** 342 (GebrM-Löschungsverfahren). Wer die Wirkungen des erloschenen Patents auch für die Vergangenheit durch dessen Widerruf beseitigen will, muss deshalb ein besonderes eigenes Rechtsschutzinteresse dartun, vgl. BPatGE **29,** 65, 68; **29,** 84; **36,** 110 = GRUR **96,** 873.

Die **Rücknahme des Einspruchs** im Beschwerdeverfahren vor dem Patentgericht erledigt das vom Einsprechenden eingelegte Rechtsmittel nicht unmittelbar, führt aber zur Aufgabe der Beteiligtenstellung und zur Verwerfung der Beschwerde als unzulässig, BPatGE **29,** 92, 94f.; **29,** 234, 235. 1a

Eine Entscheidung über den Einspruch braucht nur zu ergehen, wenn der **Einspruch** sich als unzulässig erweist und deshalb **als unzulässig verworfen** werden soll. Die Verwerfung ist dann, wenn sie nicht vorab durch besonderen Beschluss erfolgt ist (vgl. § 59 Rdn. 59), mit der Entscheidung über die Aufrechterhaltung des Patents zu verbinden. Sie ist dann aber lediglich Bestandteil des in § 61 Abs. 1 Satz 1 vorgesehenen Beschlusses über die Aufrechterhaltung des Patents und macht die Entscheidung über die Aufrechterhaltung nicht entbehrlich. Dies gilt nicht, wenn nur ein einziger Einspruch erhoben wurde, vgl. Rdn. 58 zu § 59 und BPatGE **26,** 143, 147. Bei der Entscheidung über die Aufrechterhaltung des Patents ist das Patentamt an den im Prüfungsverfahren eingenommenen Standpunkt – etwa an die Beurteilung einer bestimmten Druckschrift – nicht gebunden, BGH GRUR **72,** 538, 539 – Parkeinrichtung. 1b

Strittig ist, wie die Entscheidung zu lauten hat, wenn der einzige Einspruch oder aller erhobenen Einsprüche nach Auffassung der Patentabteilung unzulässig sind. sei es dass nicht behebbare Mängel hinsichtlich der Verfahrensvoraussetzungen vorliegen,, gerügte Mängel nicht rechtzeitig behoben worden oder die Begründungserfordernisse nicht erfüllt sind. Die Entscheidung bezieht sich dann ersichtlich nur auf den betreffenden Einspruch, nicht auf das Patent. Nach der bisherigen Praxis lautete dann der Tenor des Beschlusses, der ggf. auch vom zuständigen Beamten des gehobenen Dienstes bzw. vergleichbaren Angestellten gefasst werden kann, soweit es sich um formelle Fragen des Einspruchsverfahrens handelt, auf **Verwerfung des Einspruchs als unzulässig.** Der 10. **(Juristische Beschwerdesenat)** hält an dieser Linie fest, während mehrere Technische Beschwerdesenate in erstinstanzlichen Beschlüssen sich darauf festgelegt haben, der Tenor müsse auf Aufrechterhaltung des Patents lauten. Die Entscheidung für die eine oder die andere Lösung hat Folgen für die Zuständigkeit der Senate im Beschwerdeverfahren. Für eine Tenorierung, die auch bei einem unzulässigen Einspruch dahin geht, das Patent werde aufrechterhalten, BPatG BlPMZ **04,** 200 = GRUR **04,** 357 Streulichtmessung; BPatG BlPMZ **04,** 198 Pulswechselrichter; BPatG BLPMZ **04,** 344 Rundum-Etikettiermaschine. Danach soll der Tenor lauten: „Das Patent bleibt (infolge der Unzulässigkeit des Einspruchs) unverändert aufrechterhalten". Zu weiteren Entscheidungen des BPatG, die sich mit der Tenorierungsfrage und – zum Teil auch in erstinstanzliche Entscheidungen, also als bloße Meinungsäußerungen – mit der Zuständigkeitsfrage befassen, vgl. den Bericht Winterfeldt zur Rspr. des BPatG, GRUR **05,** 449, 457. Der **RegE** vom Februar 2006 **(Anh Vor 1)** sieht in der Tat vor, durch entsprechende Änderung von § 67 Abs. 1 die Entscheidung über – isoliert – als unzulässig verworfene Einsprüche den **Technischen Beschwerdesenaten** zu übertragen, eine Lösung von zweifelhaftem Wert. 1c

2. Entscheidung durch Beschluss. Über die Aufrechterhaltung des Patents ist nach § 61 Abs. 1 Satz 1 durch Beschluss zu entscheiden. Der Beschluss ist, wie sich aus der Verweisung in § 59 Abs. 3 auf § 47 ergibt, zu begründen und den Beteiligten von Amts wegen **zuzustellen;** am Ende einer Anhörung kann er **auch verkündet** werden (§ 47 Abs. 1 Satz 2). Er wird wirksam im Falle des § 47 Abs. 1 Satz 2 mit der ordnungsmäßigen Verkündung, sonst mit der Zustellung, bei Vorhandensein mehrerer Beteiligter mit der tatsächlich vollzogenen letzten Zustellung (BGHZ **8,** 303, 305; **32,** 370, 371; BGH BPatGE **1,** 239, 242; BPatGE **21,** 27; vgl. auch BPatGE **30,** 109, 110; **31,** 18, 19). Der in BPatGE **18,** 5, 6 vertretenen abweichenden Ansicht, im Falle der Versagung (jetzt: des Widerrufs) des Patents genüge für das Wirksamwerden die Zustellung an den Anmelder (jetzt: Patentinhaber), kann nicht zugestimmt werden. Für das Wirksamwerden des Beschlusses kann nicht die jeweils durch ihn begründete Beschwer maßgebend sein. Maßgebend ist auch nicht die Form der Entscheidung, sondern die durch Gesetz vorgeschriebene Form der Mitteilung. Das Gesetz schreibt jedoch in § 47 Abs. 1 die **Zustellung an sämtliche Beteiligten** vor, die erst mit der zeitlich letzten Zustellung beendet ist. Es versteht sich von selbst, dass allen im Zeitpunkt der Entscheidung noch am Verfahren Beteiligten der vollständige Beschluss zugestellt werden muss, nicht etwa nur der sie betreffende Teil. 2

3. Inhalt der Entscheidung. Durch den Beschluss der Patentabteilung wird darüber entschieden, ob und in welchem Umfang das Patent aufrechterhalten oder widerrufen wird. Der Beschluss kann danach lauten auf vollständige oder beschränkte (§ 61 Abs. 2 und 3) **Aufrechterhaltung oder auf Widerruf des Patents.** Die Entscheidung muss in jedem Falle eine einheitliche sein, PA MuW XI, 449; Mitt. **37,** 118. In dem Beschluss ist zugleich, wenn einer von mehreren Einsprüchen nicht ordnungsmäßig erhoben und begründet worden ist, dieser Einspruch als unzulässig zu verwerfen, wenn die Unzulässigkeit nicht schon durch Vorabentschei- 3 dung festgestellt worden ist (vgl. § 59 Rdn. 59). Die Verwerfung als unzulässig wird, wenn sie in einem das Patent aufrechterhaltenden Beschluss getroffen ist und von dem betroffenen Einsprechenden nicht mit der Beschwerde angegriffen wird, mit Ablauf der Beschwerdefrist unanfechtbar. Wenn die Verwerfung des Einspruchs dagegen in einem das Patent widerrufenden Beschluss enthalten ist und der Beschluss vom Patentinhaber angefochten wird, kann sich der betroffene Einsprechende noch der Beschwerde des Patentinhabers anschließen; die Beschwerde des Patentinhabers hemmt daher die Rechtskraft des Beschlusses auch insoweit, als hierin zugleich ein Einspruch für unzulässig erklärt worden ist, BPatGE **22,** 51.

4 **a) Aufrechterhaltung des Patents.** Auch wenn das Patent in dem erteilten Umfang (vollständig) aufrechterhalten werden soll, muss das durch Beschluss ausgesprochen werden. Der Beschluss lässt dann zwar das Patent in seinem Bestand und Inhalt unberührt. Er hat jedoch zunächst die verfahrensrechtliche Bedeutung, dass er das Einspruchsverfahren beendet, einen Beitritt (§ 59 Abs. 3) und Vorbringen eines Dritten (§ 59 Abs. 3, § 43 Abs. 3 Satz 3) ausschließt und vom Zeitpunkt seiner Rechtskraft die Möglichkeit einer Nichtigkeitsklage eröffnet (§ 81 Abs. 2). Auch materiellrechtlich kann dem Beschluss insofern Bedeutung zukommen, als die ihm beizugebende Begründung zur Auslegung des Patents heranzuziehen ist, s. Erl. zu § 14 (Scharen) Rdn. 26–28. Mit der Aufrechterhaltung kann eine Klarstellung des Patents verbunden sein, wenn sich eine solche als notwendig oder jedenfalls als zweckmäßig erweist; BPatGE **30,** 186, 187. Eine Klarstellung kann etwa in der Berichtigung der Patentkategorie liegen, wenn die Auslegung der Patentschrift ergibt, dass sich das Patentamt in der Bezeichnung des Gegenstandes vergriffen und infolgedessen etwa statt eines Verfahrens irrtümlich eine Vorrichtung unter Schutz gestellt hat, vgl. dazu BPatGE **19,** 116; **22,** 1. Die richtig angegebene Patentkategorie kann im Einspruchsverfahren nicht geändert werden (vgl. unten Rdn. 7).

5 **b) Beschränkte Aufrechterhaltung.** Wenn die Widerrufsgründe nur einen Teil des Patents betreffen, wird es mit einer entsprechenden Beschränkung aufrechterhalten (§ 21 Abs. 2 Satz 1). Der Patentinhaber kann sein Patent im Einspruchsverfahren beschränken, wie das für das Nichtigkeitsverfahren ebenfalls anerkannt ist. Er darf aber weder dessen Schutzbereich erweitern noch an die Stelle der patentgeschützten Erfindung eine andere setzen, BGHZ **110,** 123, 125 – Spleißkammer. Die Beschränkung kann dann in Form einer Änderung der Patentansprüche, der Beschreibung oder der Zeichnungen vorgenommen werden (§ 21 Abs. 2 Satz 2), vgl. dazu die Erl. zu § 59 „Beschränkte Verteidigung". Das Einverständnis des Patentinhabers sollte dazu – anders als nach Art. 102 Abs. 3 EPÜ – nach früherer Ansicht des Patentgerichts nicht erforderlich sein; vgl. dazu BPatG GRUR **86,** 605, 606 = BPatGE **27,** 7, 9ff.; BPatG vom 4. 2. 86, 12 W (pat) 188/84; und die Auseinandersetzung mit den Bedenken des Präsidenten des Patentamts, der sich an dem zuerst genannten Verfahren beteiligt hat. Wird sein Einverständnis zu den Änderungen nicht eingeholt, ist er durch die Entscheidung in der Regel beschwert. Die damalige Kontroverse ist auf Rechtsbeschwerde des PräsPA durch BGHZ **105,** 381 – Verschlussvorrichtung für Gießpfannen –, erledigt. Danach sind **Änderungen des Patents** im Einspruchs- und Einspruchsbeschwerdeverfahren **ohne Einwilligung des Patentinhabers nicht statthaft.** Es findet auch im Einspruchsverfahren jedenfalls zugunsten des Patentinhabers eindeutig das Antragsprinzip Anwendung. In aller Regel wird die Beschränkung des Patents in der Änderung der Patentansprüche zum Ausdruck zu bringen sein. Sie können aber ausnahmsweise auch nur die Beschreibung oder die Zeichnungen betreffen. Die Änderungen, die dann zugleich den geänderten Inhalt der Patentschrift festlegen (§ 61 Abs. 3), sind in der Formel des Beschlusses im Einzelnen zu bezeichnen. Bei umfangreichen Änderungen etwa in den Anlagen zu den Patentansprüchen, z. B. bei Gensequenzprotokollen kann auch auf diese Anlagen verwiesen werden.

5a Bei einer **beschränkten Aufrechterhaltung** des Patents, die sich in einer entsprechenden Änderung der Patentansprüche niederschlägt, ist es nicht zwingend geboten, auch die Beschreibung anzupassen. Das BPatG weist in seiner E. v. 26. 3. 1997 – 7 W (pat) 64/95 darauf hin, dass jede Änderung der Unterlagen, insbesondere eine Streichung von Teilen der Beschreibung die Gefahr einer unzulässigen Erweiterung des Schutzumfangs des Patents in sich birgt, SchK 59–61, Nr. 262.

6 Ein Fall der beschränkten Aufrechterhaltung liegt auch vor, wenn der Patentinhaber das Patent im Einspruchsverfahren nur in einem **eingeschränkten Umfang verteidigt** (§ 59 Rdn. 46) oder wenn eine Teilung des Patents nach § 60 erfolgt, vgl. dazu die Erl. zu § 60. Die Teilungserklärung des Patentinhabers erübrigt jedenfalls selbst dann, wenn man ihr unmittelbar gestaltende Wirkung beimisst, keineswegs die Beschlussfassung über die endgültige Fassung der Patentansprüche und die beschränkte Aufrechterhaltung des Patents verbunden mit dem Widerruf des abgetrennten Teils. Im Falle der beschränkten Verteidigung erfolgt die erforderliche Beschränkung in dem Beschluss über die Aufrechterhaltung des Patents. Im Falle der Teilung hat zwar die Teilungserklärung nach der inzwischen wohl durch die Rechtsprechung des BGH

überholten Ansicht konstitutive, unmittelbar gestaltende Bedeutung. Die Abgrenzung des Restpatents und die Anpassung der Patentschrift erfordern jedoch eine verbindliche Festlegung, die in dem nach § 61 Abs. 1 Satz 1 zu erlassenden Beschluss vorzunehmen ist (vgl. § 60 Rdn. 7).

Die beschränkte Aufrechterhaltung darf, wie sich aus § 22 ergibt, nicht zu einer Erweiterung des Schutzbereichs des Patents führen. Da der Schutzbereich des Patents durch den Inhalt der Patentansprüche bestimmt wird (§ 14), ist eine Beschränkung nur im Rahmen der erteilten Patentansprüche möglich. Es kann ferner nur noch auf die in der Patentschrift enthaltene Offenbarung zurückgegriffen werden; Merkmale, die zwar in den ursprünglichen Anmeldungsunterlagen enthalten waren, aber nicht in die Patentschrift aufgenommen sind, können nicht mehr zur Gestaltung des Patents herangezogen werden, vgl. dazu auch BGHZ **110,** 123, 125 und Rdn. 68 zu § 59 sowie die Erl. zu § 22. Anstelle des Schutzes für eine Schaltungsanordnung kann nicht Schutz für eine Säurekonzentration gewährt werden, die in der Beschreibung nur nebenher erwähnt worden war, BGH GRUR **58,** 117. Die Umstellung eines Patentanspruches, der auf ein gegenüber dem Stand der Technik nicht mehr eigenartiges Verfahren zur Herstellung chemischer Verbindungen abgestellt war, auf die Verwendung der nach diesem Verfahren gewonnenen Verbindungen für das ursprünglich offenbarte technische Anwendungsgebiet kann im Einspruchsverfahren entgegen BPatGE **2,** 192 schon wegen des verschiedenen Schutzbereichs nicht als zulässig angesehen werden; so auch BPatGE **12,** 119, 124 für die Umstellung eines auf die Herstellung von Kautschukmischungen gerichteten Patentanspruchs auf die Verwendung der Mischungen. Ein Stoff- und ein Verwendungsanspruch bieten gemeinsam eine ausreichende Grundlage für die nachträgliche Aufstellung eines zweckgebundenen Stoffanspruchs, auch in der Form eines Mittelanspruchs, BGH Bl. **72,** 321, 322. – Aufhellungsmittel; vgl. im übrigen Rdn. 44 zu § 38 und Rdn. 68 zu § 59. 7

c) Widerruf. Wenn die Widerrufsgründe das ganze Patent betreffen, ist es insgesamt zu widerrufen. Der Widerruf beseitigt die Wirkungen des Patents und der Anmeldung mit rückwirkender Kraft (§ 21 Abs. 3 Satz 1). Er entspricht daher in seiner Wirkung der Nichtigerklärung. Wegen des Inhalts der Entscheidung vgl. im Übrigen § 21 Rdn. 36 bis 38. 8

4. Vermerk im Patentregister. Der Widerruf des Patents, auch der in der beschränkten Aufrechterhaltung (Rdn. 5) liegende teilweise Widerruf, ist im Patentregister zu vermerken (§ 30 Abs. 1 Satz 2). Das Patentregister unterrichtet damit über die eingetretene Änderung. Ein Vermerk über die Aufrechterhaltung des Patents ist nicht ausdrücklich vorgesehen, aber sachgerecht zur Information über den Verfahrensstand und den Ausgang des Einspruchsverfahrens. 9

5. Veröffentlichungen. Die Eintragung über den – vollständigen oder teilweisen – Widerruf des Patents wird im Patentblatt bekanntgegeben (§ 32 Abs. 5). Die Öffentlichkeit wird dadurch noch besonders auf den Widerruf hingewiesen. Im Falle der beschränkten Aufrechterhaltung des Patents wird auch die Änderung der Patentschrift veröffentlicht (§ 61 Abs. 3 Satz 2). 10

6. Beschwerde. Literatur: Lewinsky, Die Zulässigkeit der Beschwerde im Einspruchsverfahren, Mitt. **58,** 24. 11

Der Beschluss, durch den das angegriffene Patent aufrechterhalten wird, kann von jedem **Einsprechenden,** der im Zeitpunkt der Entscheidung am Einspruchsverfahren beteiligt war (vgl. § 59 Rdn. 48 ff.), mit der Beschwerde angefochten werden. Ein erst nach Erlass und Zustellung des Aufrechterhaltungsbeschlusses eingelegter Einspruch eröffnet auch dann nicht das Beschwerderecht, wenn darin auf ein früheres, nicht als Einspruch erkennbares Fernschreiben Bezug genommen wurde, sich darüber Erörterungen ergeben haben und dem Einsprechenden schließlich auch der bereits ergangene Beschluss mit Rechtsmittelbelehrung zugestellt wurde, BPatGE **21,** 54. Beschwerdeberechtigt ist auch der Einsprechende, dessen Einspruch in dem das Patent aufrechterhaltenden Beschluss für unzulässig erklärt worden ist, BGH GRUR **72,** 592, 593; BPatGE **2,** 80; **9,** 192, 195 f. Eine sachliche Nachprüfung des Beschlusses hinsichtlich der das Patent aufrechterhaltenden Entscheidung kann allerdings nur der Einsprechende erreichen, dessen Einspruch zulässig ist, BGH GRUR **72,** 592, 593 – Sortiergerät.

Durch den das Patent widerrufenden Beschluss wird der Einsprechende, dessen Einspruch in dem Beschluss als zulässig behandelt worden ist, in aller Regel nicht beschwert. Beschwert wird jedoch – wegen der verschiedenen Rechtsfolgen – der wegen widerrechtlicher Entnahme Einsprechende, wenn der Widerruf des Patents aus einem anderen Grunde erfolgt, PA GrSen. Bl. **42,** 40; BPatGE **9,** 196, 199. 12

Durch den das Patent widerrufenden Beschluss wird auch der Einsprechende beschwert, dessen **Einspruch in dem Beschluss für unzulässig erklärt** worden ist, BPatGE **19,** 29, 31; **22,** 51, 52. Dieser Einsprechende würde nämlich, wenn der Patentinhaber Beschwerde einlegt, nicht mehr am Verfahren beteiligt sein, wenn er die Verwerfung seines Einspruchs unanfechtbar werden lässt, BPatGE **4,** 162, 163; **12,** 173, 174; **22,** 51, 52; **24,** 25, 26; abw. BPatGE **19,** 29 13 mit unhaltbarer Begrdg. Er kann deshalb die Verwerfung mit der Beschwerde anfechten, BPatGE **3,** 48; **4,** 162. Es ist indes nicht zweckmäßig, wenn der Einsprechende so verfährt. Denn er muss, wenn der Patentinhaber keine Beschwerde erhebt, seine vorsorglich eingelegte Beschwerde zurücknehmen oder für erledigt erklären und erhält dann auch die Beschwerdegebühr nicht zurück, BPatGE **4,** 162; abw. BPatGE **12,** 173; **19,** 30; Bl. **85,** 16, 17. Der Einsprechende, dessen Einspruch in dem das Patent widerrufenden Beschluss für unzulässig erklärt worden ist, tut deshalb gut daran, zunächst abzuwarten, ob der Anmelder (jetzt: Patentinhaber) Beschwerde erhebt. Er kann sich in diesem Falle der Beschwerde des Anmelders (Patentinhabers) anschließen und im Wege der **Anschlussbeschwerde** eine Überprüfung der Feststellung der Patentabteilung über die Zulässigkeit seines Einspruchs herbeiführen, BPatGE **3,** 48; **4,** 162; **22,** 51, 52. Die Beschwerde des Patentinhabers hemmt dann die Rechtskraft des Beschlusses auch insoweit, als hierin der Einspruch für unzulässig erklärt ist, BPatGE **22,** 51. Dagegen ist ein an das Bundespatentgericht gerichteter „Einspruch" eines Dritten in einem dort bereits anderweitig anhängigen Einspruchsbeschwerdeverfahren unzulässig. Zuständig für die Entscheidung hierüber ist aber nicht das Patentamt, sondern das Patentgericht, BPatG Bl. **85,** 164.

14 **7. Fortsetzung des Verfahrens bei Rücknahme des Einspruchs.** Nach § 61 Abs. 1 Satz 2 ist das Einspruchsverfahren **ohne den Einsprechenden fortzusetzen,** wenn der Einspruch zurückgenommen wird. Das Einspruchsverfahren wird also nicht automatisch beendet, wenn der oder die Einsprechenden wegfallen, sondern zwischen dem Patentinhaber und den dem Patentamt in einer Art zweiseitigem Verfahren nach dem Modell des Prüfungsverfahrens fortgesetzt. Dieses Verfahren ist grundsätzlich in der gleichen Form abzuschließen, wie ein Einspruchsverfahren unter Beteiligung von Einsprechenden. Am Ende steht daher ebenfalls ein Beschluss entweder über die vollständige oder beschränkte Aufrechterhaltung des Patents oder über den Widerruf des Patents. Das Patentamt ist auch in diesem Verfahren berechtigt, **alle Sachverhalte, die Grundlagen für einen Einspruchsgrund** von Amts wegen aufzugreifen und zum Gegenstand seiner Prüfung zu machen. Es kann dabei insbesondere auch solche Sachverhalte berücksichtigen, die von den Einsprechenden zur Begründung ihrer Einsprüche vorgetragen haben. Es ist aber nicht verpflichtet, etwa erforderlich schwierige Ermittlungen etwa zu einer behaupteten öffentlichen Vorbenutzung des Streitpatents aufzugreifen und ihnen nachzugehen, insbesondere wenn dabei aufwändige Zeugenvernehmungen oder die Einholung von Sachverständigengutachten erforderlich sind.

15 In der Regel wird aber auch in solchen fortgesetzten Einspruchsverfahren die **Entscheidung** auf Aufrechterhaltung, beschränkte Aufrechterhaltung oder Widerruf lauten. Die Entscheidung kann aber auch auf Einstellung des Verfahrens lauten. Sie bewirkt wie die Aufrechterhaltung des Patents den Abschluss des Verfahrens. Da kein sonstiger Verfahrensbeteiligter mehr vorhanden ist, der durch die Entscheidung beschwert werden könnte, stellt ihr Erlass das maßgebliche Ereignis dar, ab dem von jedermann Klage auf Nichtigerklärung erheben kann. Vor dem Abschluss des Verfahrens hätten Dritte, bei denen die Voraussetzungen für einen Beitritt zum Einspruchsverfahren, noch die Möglichkeit, ihr Beitrittsrecht auszuüben.

16 Der **Referentenentwurf** des BMJ von Juli 2005 sieht im Übrigen vor, § 61 Abs. 1 Satz 2 in eine ausdrückliche **Kann-Vorschrift** umzuwandeln. Damit soll es dem pflichtmäßigen Ermessen des Patentamts überlassen bleiben, ob es die Fortsetzung des Einspruchsverfahrens betreibt oder das Verfahren einstellt bzw. mit der Aufrechterhaltung des Patents abschließt. Es handelt es sich um eine Klarstellung der Rechtslage, wie sie auch schon heute gegeben ist.

17 Außerdem soll ein neuer Absatz 2 eingefügt werden, der die bisherige **Optionslösung nach § 147 Abs. 3** zu einer Dauerregelung macht. Die Verfahrensbeteiligten erhalten damit die Möglichkeit, unter den schon jetzt in § 147 Abs. 3 vorgesehenen Bedingungen eine Verlagerung des Verfahrens auf das Bundespatentgericht zur Entscheidung durch einen Technischen Senat zu verlagern. Nach Ansicht des BMJ hat sich die bisherige Übergangsmaßnahme bewährt und soll deshalb auf Dauer angelegt werden. Eine Vorbild wäre die Zuständigkeit von Patentamt und Patentgericht für Widerrufsverfahren (revocation proceedings) im Vereinigten Königreich, wo die Zuständigkeitsverteilung ähnlich flexibel gehandhabt wird.

18 § 61 Abs. 1 Satz 2 PatG ist auch in den gemäß § 147 Abs. 3 Satz 1 Nr. 1 und 2 übergangsweise vom **Bundespatentgericht „erstinstanzlich"** zu entscheidenden Verfahren und damit auch für die geplante neue Regelung als Dauerlösung anwendbar. Unverzichtbare Verfahrensvoraussetzung ist jedoch auch in diesen Fällen, dass der zurückgenommene Einspruch zulässig war. Bei Rücknahme eines unzulässigen Einspruchs ist das Verfahren beendet. Ob das Einspruchsverfahren gemäß § 61 Abs. 1 Satz 2 PatG fortzusetzen oder aber beendet ist, kann im Falle der Verfahrensbeendigung durch Beschluss mit einer entsprechenden Feststellung erreicht werden. Der unzulässige Einspruch kann nach der Rücknahme nicht mehr als unzulässig verworfen werden, BPatGE **46,** 247.

62 *Kosten.* (1) [1]**In dem Beschluß über den Einspruch kann die Patentabteilung nach billigem Ermessen bestimmen, inwieweit einem Beteiligten die durch eine Anhörung oder eine Beweisaufnahme verursachten Kosten zur Last fallen.** [2]**Die Bestimmung kann auch getroffen werden, wenn ganz oder teilweise der Einspruch zurückgenommen oder auf das Patent verzichtet wird.** [3]**Die Patentabteilung kann anordnen, dass die Einspruchsgebühr nach dem Patentkostengesetz ganz oder teilweise zurückgezahlt wird, wenn es der Billigkeit entspricht.**

(2) [1]**Zu den Kosten gehören außer den Auslagen des Patentamts auch die den Beteiligten erwachsenen Kosten, soweit sie zur zweckentsprechenden Wahrung der Ansprüche und Rechte notwendig waren.** [2]**Der Betrag der zu erstattenden Kosten wird auf Antrag durch das Patentamt festgesetzt.** [3]**Die Vorschriften der Zivilprozeßordnung über das Kostenfestsetzungsverfahren und die Zwangsvollstreckung aus Kostenfestsetzungsbeschlüssen sind entsprechend anzuwenden.** [4]**An die Stelle der Erinnerung tritt die Beschwerde gegen den Kostenfestsetzungsbeschluß; § 73 ist mit der Maßgabe anzuwenden, daß die Beschwerde innerhalb von zwei Wochen einzulegen ist.** [5]**Die vollstreckbare Ausfertigung wird vom Urkundsbeamten der Geschäftsstelle des Patentgerichts erteilt.**

Inhaltsübersicht

Vorbemerkung zum Textbestand: § 62 Abs. 1 Satz 3 ist durch Art. 7 Nr. 26 des KostRegBVerG v. 13. 12. 2001 BGBl. I 3656 m. W. v. 1. 1. 2002 eingefügt werden; in § 62 Abs. 2 Satz 1 sind durch Art. 2 Nr. 20 des 2. PatGÄndG v. 16. 7. 1998 BGBl. I 1827 m. W. v. 1. 11. 1998 die Wörter „nach billigem Ermessen" gestrichen worden.

1. Kosten. Die Regelung des Verfahrens vor dem Patentamt geht von dem Grundsatz aus, 1
dass jeder Beteiligte seine Kosten selbst zu tragen hat; vgl. für das Beschwerdeverfahren die entsprechende Vorschrift von § 80 und für das Einspruchsverfahren nach dem EPÜ EPA (TBK) ABl. **84,** 605, 612 sowie Benkard/Schäfers EPÜ Erl. zu Art. 104. In Durchbrechung dieses Grundsatzes sieht Abs. 1 der Vorschrift eine Bestimmung über die durch eine Anhörung oder Beweisaufnahme verursachten Kosten vor und regelt zugleich die Festsetzung der zu erstattenden Kosten. Die Vorschrift ist kraft Verweisung auch im Gebrauchsmusterrecht (Verweisung auf § 62 Abs. 2 in § 17 Abs. GebrMG), Topographieschutzrecht (Halbleiterschutzgesetz, § 8 Abs. 5 mit Verweisung auf § 17 GebrMG) und Geschmacksmusterrecht anzuwenden. Das Markenrecht enthält in § 63 MarkenG eine eigenständige, weitgehend parallele Regelung.

2. Kostenentscheidung. Die Kostenentscheidung ergeht auf Antrag oder von Amts wegen. 2
Zuständig ist die Patentabteilung, die auch für das Einspruchsverfahren zuständig ist. Die Kostenentscheidung ist mit dem Beschluss über die Aufrechterhaltung des Patents (§ 61 Abs. 1) oder die Verwerfung des Einspruchs zu verbinden. Im Falle der Zurücknahme des Einspruchs oder des Verzichts auf das Patent kann sie auch durch besonderen Beschluss getroffen werden. Bei Übergehen der Kostenentscheidung kann ein Ergänzungsbeschluss nach § 321 ZPO erlassen werden, PA Mitt. **30,** 136, BPatGE **28,** 39, 40.

a) Gegenstand der Kostenentscheidung sind die **Kosten** einer **Anhörung oder Be-** 3
weisaufnahme, nicht etwa die Kosten des Verfahrens insgesamt. Die Vorschrift geht mit Recht davon aus, dass gerade Anhörungen und Beweisaufnahmen die kostenträchtigen Elemente im Verfahrensbetrieb sind und sowohl patentamtliche Kosten wie auch besondere ufwendungen bei den Verfahrensbeteiligten verursachen. Auch in einer nachgeholten – isolierten – Kostenentscheidung (§ 62 Abs. 1 Satz 2) kann nur über die Kosten einer Anhörung oder Beweisaufnahme bestimmt werden, BPatGE **4,** 167. Der Begriff der „Beweisaufnahme" ist nicht in dem strengen prozessualen Sinne der durch Beweisbeschluss angeordneten Be-

weisaufnahme zu verstehen, sondern umfasst auch andere Ermittlungen i. S. des § 59 Abs. 3 i. V. mit § 46 Abs. 1 Satz 1; zu den Kosten einer Beweisaufnahme gehören daher auch die Kosten eines Gutachtens, dessen Beibringung den Beteiligten aufgegeben worden war, BPatGE **1,** 94. Die Kostenentscheidung bezieht sich kraft Gesetzes auf die Kosten (Auslagen) des Patentamts und die den Beteiligten erwachsenen Kosten, die zur zweckentsprechenden Wahrung der Ansprüche und Rechte erforderlich waren. Zu diesen Kosten gehören namentlich die Gebühren und Auslagen der von den Beteiligten zugezogenen Vertreter, insbesondere der Patentanwälte und Rechtsanwälte, aber auch eigene Kosten und Aufwendungen der Verfahrensbeteiligten.

4 **b) Voraussetzungen der Kostenentscheidung.** Eine Kostenentscheidung kann nur bei Vorhandensein mehrerer Beteiligter ergehen; denn wenn nur ein Beteiligter vorhanden ist, so muss er die entstehenden Kosten ohnehin selbst tragen, BPatGE **13,** 201. Eine Kostenentscheidung kommt aber auch nur in Betracht, wenn die Beteiligten sich im Verfahren gegenüberstehen. Denn es ist nicht der Sinn der Vorschrift, die Tragung der Kosten etwa im Verhältnis mehrerer Patentinhaber untereinander zu regeln.

5 **c) Entscheidung nach billigem Ermessen.** Die Bestimmung darüber, ob und inwieweit ein Beteiligter die Kosten zu tragen hat, trifft das Patentamt **nach billigem Ermessen.** Von diesem Ermessen wird im Allgemeinen in der Weise Gebrauch gemacht, dass einem Beteiligten die Kosten auferlegt werden, die er schuldhaft verursacht hat, vgl. dazu BPatGE **1,** 94, 96 m. w. N. und die Einspruchsrichtlinien des DPMA, Nr. 6 c.

5 a Nach den RiLi des EPA für die Prüfung entspricht es der Billigkeit, eine Entscheidung über die Verteilung der Kosten dann zu treffen, wenn die Kosten ganz oder teilweise durch ein Verhalten eines Beteiligten verursacht werden, das mit der bei der Wahrnehmung von Rechten zu fordernden Sorgfalt nicht in Einklang steht, also die Kosten schuldhaft durch leichtfertiges oder gar böswilliges Handeln verursacht werden. Zwar kann jeder sein Recht bzw. seine Interessen (z. B. der Patentinhaber sein Patent) mit allen im Rahmen des Einspruchsverfahrens gesetzlich zulässigen Mitteln verteidigen, also z. B. mündliche Verhandlungen und Beweisaufnahmen beantragen. Nicht zulässig ist jedoch ein Missbrauch dieser Mittel. Durch Säumnisse oder nicht sachgemäße Angriffs- bzw. Verteidigungsmittel verursachte Kosten können somit dem veranlassenden Beteiligten auferlegt werden, auch wenn er im Einspruchsverfahren obsiegt hat. Diese Grundsätze können auch auf die Kostenentscheidungen nach § 62 übertragen werden.

5 b Festzustellen ist danach für eine **Kostenüberbürdung:** (a) die objektive **Verletzung einer Sorgfaltspflicht,** die durch die Verfahrenslage, die Wahrung von Treu und Glauben und die Erfordernisse einer angemessenen Förderung des Verfahrens definiert wird; (b) die schuldhafte Verletzung einer solchen Verpflichtung, sei sie grob fahrlässig oder vorsätzlich; ein Verschulden liegt nicht vor, wenn die Verletzung der Sorgfaltspflicht durch nachweisbare Gründe entschuldigt werden kann; (c) die Kostenlast für den Verfahrensgegner muss gerade durch das Verhalten des betroffenen Verfahrensbeteiligten verursacht sein; u. U. kommt auch ein mitwirkendes Verschulden des anderen Verfahrensbeteiligten entlastend in Betracht.

5 c Das Patent darf mit allen gesetzlich zulässigen Mitteln verteidigt werden; Kostennachteile entstehen nur, wenn der **Patentinhaber leichtfertig** handelt, PA Mitt. **34,** 209. Wenn der Patentinhaber kurz vor dem Termin zu einer Anhörung auf das Patent verzichtet, muss er die Einsprechenden davon unmittelbar und so rechtzeitig benachrichtigen, dass ihnen keine vermeidbaren weiteren Kosten entstehen, vgl. dazu PA Mitt. **39,** 25. Der Patentinhaber geht auch dann ein **Kostenrisiko** ein, wenn er den Termin zur Anhörung nicht wahrnehmen will, aber den Antrag auf Anhörung gleichwohl aufrecht erhält, vgl. dazu PA GRUR **53,** 252. Die Kosten der Beweisaufnahme wegen einer behaupteten offenkundigen Vorbenutzung treffen – auch im Erfolgsfalle – grundsätzlich den beweisführenden Einsprechenden, BPatGE **26,** 194, 195. Der Rechtsgedanke des § 93 ZPO ist auch im Rahmen der nach § 62 zu treffenden Kostenentscheidung anwendbar (für Gebrauchsmuster-Löschungsantrag), BGH Bl. **82,** 227 – Gebrauchsmusterlöschungsverfahren.

6 **d) Inhalt der Kostenentscheidung.** Im Beschluss wird nur die Verpflichtung des oder der Beteiligten zur Kostentragung ausgesprochen; die Beträge, namentlich die vom einen dem anderen Teil zu erstattenden, werden im Kostenfestsetzungsbeschluss festgestellt. Die Kostenentscheidung soll **in der Beschlussformel** ausdrücklich getroffen sein; fehlt darin ein Ausspruch, so ist dies unschädlich, wenn die Gründe des Beschlusses eindeutig die Entscheidung ergeben. Dies gilt jedenfalls bei Ablehnung des Antrags des Einsprechenden, dem Patentinhaber die Kosten aufzuerlegen, PA Bl. **51,** 353. Sie muss klar und eindeutig erkennen lassen, **welche Kosten** durch **welchen Verfahrensbeteiligten** zu tragen sind. Gegenstand der Kostenent-

scheidung sind (a) Auslagen des Patentamts, (b) Kosten der Verfahrensbeteiligten, die ihnen durch die Anhörung oder die Beweisaufnahme erwachsen sind.

e) Rechtsmittel. Gegen die Auferlegung von Kosten einer Anhörung oder einer Beweisaufnahme kann der beschwerte Verfahrensbeteiligte **Beschwerde** nach § 73 Abs. 1 einlegen. Wenn die Kostenentscheidung mit dem Beschluss über die Hauptsache verbunden ist, wird die Beschwerde gegen die Kostenüberbürdung in der Regel mit dem Rechtsmittel gegen die Entscheidung in der Hauptsache verbunden werden. Das hängt aber davon ab, inwieweit der betroffene Verfahrensbeteiligte sowohl durch den Beschluss in der Hauptsache als auch in der Kostenfrage beschwert ist. Liegt die **Beschwer nur im Kostenpunkt,** z.B. bei Auferlegung der Kosten einer mündlichen Anhörung wegen Verstoßes gegen die prozessuale Sorgfaltspflicht, bei Obsiegen im Übrigen, begründet das auch für sich allein die Statthaftigkeit der Beschwerde. Die Rechtsmittelbelehrung nach § 47 Abs. 2 Satz 1 müsste entsprechend formuliert werden, da die Sachentscheidung nicht angegriffen wird. Die Gebühr wäre insoweit der Nr. 401 300 GebVz PatKostG zu entnehmen, da nach dem PatKostG grundsätzlich alle Beschwerden gebührenpflichtig sind, mit Ausnahme der Beschwerden in Verfahrenskostenhilfesachen und bei Beschwerden nach § 11 Abs. 2 PatKostG und § 11 Abs. 2 DPMAVwKostV. Sieht die Patentabteilung von einer Kostenentscheidung ab, verbleibt es also bei der im Gesetz vorgesehenen Grundregel, dann liegt eine beschwerdefähige Entscheidung nicht vor. 6a

2. Kostenfestsetzung a) Erstattungsfähige Kosten. Erstattungsfähig sind die Kosten, die **zur zweckentsprechenden Wahrung der Ansprüche und Rechte** notwendig waren, § 60 Abs. 2 Satz 1. Die zusätzliche Qualifizierung oder auch „zweite Billigkeitsprüfung", dass die Beurteilung der Erstattungsfähigkeit der Kosten „nach billigem Ermessen des Patentamts" erfolgen könne, ist – wie die entsprechende Passage in § 80 Abs. 1 Satz 2 – durch das 2. PatGÄndG gestrichen worden. Im RegE, BT-Drs. 13/9941, S. 33, ist dazu ausgeführt, dem Amt stehe „ein Ermessen bei Beurteilung der Frage zu, ob die den Beteiligten erwachsenen Kosten zur zweckentsprechenden Rechtsverfolgung notwendig waren (vgl. zu § 80 Abs. 1 Satz 2 PatG BGH GRUR **1977,** S. 559, 560 Leckanzeigeeinrichtung). Durch die Streichung der Worte „nach billigem Ermessen" in § 62 Abs. 2 Satz 2 Patentgesetz soll die geltende Regelung an die strengeren Grundsätze des § 91 Abs. 1 Satz 2, Abs. 2 und 3 der Zivilprozessordnung angepasst werden. Danach sind alle Kosten notwendig, ohne die eine zweckentsprechende Maßnahme nicht hätte getroffen werden können. Die Vorschrift wird damit zugleich auch an § 109 PatG und an § 63 Markengesetz angepasst." Maßgebend sind seither also die Grundsätze, die bei der Auslegung von § 91 ZPO Anwendung finden. Es kann daher ergänzend auf die Erl. zu § 91 ZPO z.B. in B/L/A/H ZPO 63. Aufl. verwiesen werden. Erstattungsfähig sind nur Kosten, die durch die Anhörung oder Beweisaufnahme selbst entstanden sind, keine weiteren für die Vorbereitung, PA Bl. **34,** 162. 7

Erstattungsfähig sind die **Kosten eines Vertreters,** PA Mitt. **34,** 84. S. ergänzend dazu die Erl. zu § 80. Erstattungsfähig sind z.B. bei **Rechtsanwälten** die Terminsgebühr, die durch die Teilnahme an einer mündlichen Anhörung angefallen ist, sowie die Auslagen an Fahrt- und sonstigen Reisekosten und sonstige nach den Maßstäben von § 91 Abs. 2 ZPO und des RVG erstattungsfähige Aufwendungen. Bei Vertretung durch Rechtsanwälte ist der für die Berechnung der Gebühren maßgebende Gegenstandswert im Rahmen der Kostenfestsetzung zu ermitteln; eine selbstständige Festsetzung des Gegenstandswertes ist nicht möglich, BPatGE **3,** 183; **13,** 151, 153. 8

Bei Vertretung durch **Patentanwälte** kommt daher eine Bemessung der Gebühren nach dem Gegenstandswert nicht in Betracht, BPatGE **8,** 176. Soweit die festen Gebühren der PatAnwGebO zugrunde gelegt werden, können sie – mit angemessenen Teuerungszuschlägen (vgl. § 80 Rdn. 41) – ohne weiteres als erstattungsfähig angesehen werden, BGH GRUR **65,** 621 – Patentanwaltskosten; BPatG Bl. **92,** 192. Soweit wegen der Schwierigkeit oder des Umfangs der Tätigkeit oder der wirtschaftlichen Bedeutung der Sache eine erhöhte Gebühr beansprucht wird, ist zu prüfen, ob und in welchem Ausmaß der Fall aus der Masse der Normalfälle herausragt; alsdann ist von der für die Masse der Normalfälle gedachten festen Gebühren ausgehend das Ausmaß der im Einzelfall gerechtfertigten Erhöhung der Gebühren abzuschätzen, BGH GRUR **65,** 621; wegen der Folgerungen für das Gebrauchsmuster-Löschungsverfahren vgl. BPatGE **8,** 176, 180 und **26,** 208ff. mit ausführlicher Auseinandersetzung mit der Rechtsprechung anderer Senate des Patentgerichts; **30,** 36; **31,** 152. 8a

Für die Vertretung durch einen **Erlaubnisscheininhaber** können nicht die Sätze der PatAnwGebO zugrunde gelegt werden. Der erstattungsfähige Betrag bestimmt sich nach der Schwierigkeit der Sache und der notwendigen Arbeit. PA Bl. **55,** 149. Es bestehen jedoch auch 8b keine Bedenken dagegen, wenn für die Vertretung durch einen Erlaubnisscheininhaber $^{8}/_{10}$ der Sätze der PatAnwGebO als erstattungsfähig angesehen werden, vgl. dazu BGH Bl. **73,** 27 – Erlaubnisscheininhaber; BPatGE **10,** 194; **12,** 45. Wegen Einzelheiten bezüglich der Anwendung der Sätze der genannten Gebührenordnung s. § 80 Rdn. 39ff. Zur Berücksichtigung der auf die Vergütung eines Anwalts entfallenden Umsatzsteuer im Kostenfestsetzungsverfahren vgl. BPatG GRUR **93,** 385 (gesonderte Festsetzung bei Vorsteuerabzugsberechtigung des Erstattungspflichtigen).

9 **Reisekosten des Beteiligten** zur Information des Vertreters oder zur Wahrnehmung des Anhörungs- oder Beweisaufnahmetermins neben dem Vertreter sind erstattungsfähig, wenn die Reise notwendig war. Die Reisekosten eines Anwalts zu einer – an sich sachdienlichen – Besprechung am Wohnort des Mandanten sind nur in Höhe der geringeren Kosten einer Informationsreise zum Anwalt erstattungsfähig, auch wenn die Besprechung wegen der Erkrankung des Mandanten nur an dessen Wohnort stattfinden konnte, BPatG Mitt. **72,** 31. Vgl. im Übrigen § 80 Rdn. 35ff.

10 **b) Festsetzungsverfahren.** Für das Festsetzungsverfahren sind die **Vorschriften der ZPO entsprechend** anzuwenden. Insoweit kann auf Rdn. 55ff. zu § 80 verwiesen werden. Zuständig für die Festsetzung sind nach § 7 Abs. 2 Nr. 1 WahrnV Beamte des gehobenen Dienstes oder vergleichbare Angestellte. Die Festsetzung kann erst erfolgen, wenn die Kostenentscheidung unanfechtbar geworden ist. BPatGE **2,** 114. Vor Erlass des Festsetzungsbeschlusses hat der Kostenbeamte jedenfalls dann, wenn andere als die Regelgebühren der Gebührenordnung für Patentanwälte, nämlich „erhöhte" Gebühren festgesetzt werden sollen, dem Antragsgegner Gelegenheit zur Stellungnahme zu geben, BPatGE **7,** 41. Durch die Kostenfestsetzung wird die Frage, welche Gebühren die Vertreter von den durch sie vertretenen Beteiligten zu beanspruchen haben, nicht berührt, PA Mitt. **60,** 39.

11 **c) Beschwerde.** Anstelle der nach den Vorschriften der ZPO zulässigen Erinnerung ist gegen den Kostenfestsetzungsbeschluss die **Beschwerde gegeben.** Die Beschwerdefrist beträgt abweichend von der Regelung in § 73 Abs. 2 nur **2 Wochen.** Mit der Beschwerde gegen den Kostenfestsetzungsbeschluss können nur die einzelnen Ansätze und deren Höhe, nicht die Verpflichtung zur Kostentragung als solche angegriffen werden. Auch gegen die Ablehnung der Kostenfestsetzung durch den Beamten des gehobenen Dienstes ist die Beschwerde an das Patentgericht gegeben; die Beschwerde ist in diesem Falle nach § 73 Abs. 2 Satz 1 innerhalb eines Monats nach Zustellung des ablehnenden Beschlusses einzulegen BPatGE **3,** 59. Dagegen findet im Kostenfestsetzungsverfahren die Rechtsbeschwerde zum Bundesgerichtshof nicht statt, BGH GRUR **86,** 453 – Transportbehälter, unter Aufgabe der früheren gegenteiligen Rechtsprechung (BGHZ **43,** 352; BGH GRUR **77,** 559).

12 **d) Vollstreckung.** Für die Zwangsvollstreckung aus Kostenfestsetzungsbeschlüssen gelten die **Vorschriften der ZPO** entsprechend. Der Kostenfestsetzungsbeschluss ist nach § 794 Abs. 1 Nr. 2 Vollstreckungstitel. Die Zwangsvollstreckung aus einem Kostenfestsetzungsbeschluss, der auf die Kostenentscheidung gesetzt ist, erfolgt nach § 795a ZPO auf Grund einer vollstreckbaren Ausfertigung der Kostenentscheidung; einer besonderen Vollstreckungsklausel bedarf es nicht. Die vollstreckbare Ausfertigung oder ggfls. die Vollstreckungsklausel werden vom Urkundsbeamten der Geschäftstelle des Patentgerichts erteilt. Im Übrigen kann auf Rdn. 59 zu § 80 verwiesen werden.

13 **3. Rückzahlung der Einspruchsgebühr. a) Gründe für die Vorschrift.** Als neues Element ist in § 62 Abs. 1 Satz 3 die Rückzahlung der Einspruchsgebühr vorgesehen, nachdem durch Nr. 313600 GebVerz PatkostG eingeführt worden ist. In der Begründung des RegE dazu heißt es, wegen der Neueinführung der Einspruchsgebühr werde vorgeschlagen, eine Regelung zur Rückzahlung der Gebühr einzuführen, wie sie sich in § 73 PatG (für die Beschwerdegebühr) bereits bewährt habe, BT-Drs. 14/6203, 63. Insoweit wird zunächst auf die Erl. bei § 73 zur Rückzahlung der Beschwerdegebühr verwiesen.

14 **b) Billigkeitsgründe.** Billigkeitsentscheidungen erfordern i.d.R., **sämtliche relevanten Umstände des einzelnen Falles,** hier des Einspruchsverfahrens in Betracht zu ziehen. Mangels anderer Anhaltspunkte wird man dabei zunächst den Ausgang des Verfahrens und die Motivlage bei dem Einsprechenden abstellen können. Wird das Patent in vollem Umfang aufrechterhalten, wird eine Rückzahlung der Einspruchsgebühr kaum in Betracht gezogen werden können, falls nicht in der Person des Einsprechenden liegende außergewöhnliche Umstände ein solche Entscheidung nahelegen oder rechtfertigen. Obsiegt der Einsprechende in der Form, dass das Patent ganz oder teilweise im Wesentlichen auf Grund seines Vorbringens widerrufen wird oder der Patentinhaber durch Verzicht auf das Patent die mangelnden Erfolgsaussichten einer

Rechtsverteidigung anerkennt, kann eine Rückzahlung erwogen werden, sofern der Einsprechende z. B. nachweisbar ausschließlich öffentliche Interessen verfolgt hat und keine eigenen wirtschaftlichen Gründe im Spiel waren, z. B. wenn er erfolgreich einen Verstoß gegen Patentverbote im Sinne der §§ 1a bis 2a geltend machen konnte.

Erfolgt der Widerruf ganz oder überwiegend auf Grund eigener Ermittlungen zum Stand der Technik, die das Patentamt zulässigerweise angestellt hat, sollte eine Rückzahlung der Einspruchsgebühr dann nicht in Betracht kommen, wenn auf Seiten des Patentamtes eindeutige **Mängel im Erteilungsverfahren** nachzuweisen sind. Liegt dagegen lediglich eine Neubewertung des Standes der Technik z. B. hinsichtlich der erfinderischen Tätigkeit vor, wäre das für sich betrachtet kein Grund für eine Billigkeitsentscheidung zugunsten des Einsprechenden. Wenn die Patentabteilung aus Gründen der Billigkeit die Kosten und Auslagen des Einsprechenden für eine Anhörung oder Beweisaufnahme etwa dem unterliegenden Patentinhaber aufbürdet, wäre es in der Regel wohl auch konsequent, die Rückzahlung der Einspruchsgebühr anzuordnen. Bei der Billigkeitsentscheidung über die Rückzahlung der Einspruchsgebühr kann die Rechtsprechung zur Rückzahlung der Beschwerdegebühr herangezogen werden. Wird der Antrag der Rückzahlung der Einspruchsgebühr auf eine unzureichende Recherche der Prüfungsstelle gestützt, wird damit kein Verfahrensfehler, sondern eine sachliche Fehlbeurteilung im Erteilungsverfahren geltend gemacht. Eine solche rechtfertigt die Rückzahlung der Einspruchsgebühr nur, wenn besondere Umstände hinzukommen. BPatG Bl. **05,** 241. 15

c) Systematische Stellung. Fraglich ist, ob die Einspruchsgebühr auch oder immer in eine etwaige Entscheidung nach § 62 Abs. 1 Satz 1 einbezogen werden sollte. Die Einspruchsgebühr ist aber eine allgemein für das Verfahren zu entrichtende Kostenlast des Einsprechenden, die als solche nicht durch eine Anhörung oder eine Beweisaufnahme veranlasst ist, sondern generell mit dem Einspruch fällig wird und mit ihrer Zahlung überhaupt das Einspruchsverfahren oder die Mitwirkung in einem Einspruchsverfahren möglich macht. Die Rückzahlung nach § 62 Abs. 1 Satz 3 erfordert daher in jedem Fall eine getrennte Entscheidung, wobei sie natürlich formal zusammen mit der Überbürdung von Kosten nach § 62 Abs. 1 Satz 1 in einem Beschluss der Patentabteilung gefasst werden kann. 16

d) Verfahren. Die Entscheidung ergeht von Amts wegen. Ein Antrag ist nicht erforderlich. Wird er vom Einsprechenden gestellt, so ist er zumindest in den Gründen der Entscheidung der Patentabteilung über die Aufrechterhaltung oder den Widerruf des Patents zu bescheiden und die Entscheidung kurz zu begründen. Wird die Rückzahlung bei einem ausdrücklich gestellten Antrag abgelehnt und dies in den Gründen des Beschlusses näher ausgeführt, so ist trotzdem gegen diese Ablehnung allein die Beschwerde nicht gegeben. Es handelt sich allenfalls um eine Nebenentscheidung, die nur mit der Hauptsache angefochten werden kann. 17

63 *Erfindernennung.* (1) [1]**Auf der Offenlegungsschrift (§ 32 Abs. 2), auf der Patentschrift (§ 32 Abs. 3) sowie in der Veröffentlichung der Erteilung des Patents (§ 58 Abs. 1) ist der Erfinder zu nennen, sofern er bereits benannt worden ist.** [2]**Die Nennung ist im Register (§ 30 Abs. 1) zu vermerken.** [3]**Sie unterbleibt, wenn der vom Anmelder angegebene Erfinder es beantragt.** [4]**Der Antrag kann jederzeit widerrufen werden; im Falle des Widerrufs wird die Nennung nachträglich vorgenommen.** [5]**Ein Verzicht des Erfinders auf Nennung ist ohne rechtliche Wirksamkeit.**

(2) [1]**Ist die Person des Erfinders unrichtig oder im Falle des Absatzes 1 Satz 3 überhaupt nicht angegeben, so sind der Patentsucher oder Patentinhaber sowie der zu Unrecht Benannte dem Erfinder verpflichtet, dem Patentamt gegenüber die Zustimmung dazu zu erklären, daß die in Absatz 1 Satz 1 und 2 vorgesehene Nennung berichtigt oder nachgeholt wird.** [2]**Die Zustimmung ist unwiderruflich.** [3]**Durch die Erhebung einer Klage auf Erklärung der Zustimmung wird das Verfahren zur Erteilung des Patents nicht aufgehalten.**

(3) **Auf amtlichen Druckschriften, die bereits veröffentlicht sind, wird die nachträgliche Nennung des Erfinders (Absatz 1 Satz 4, Absatz 2) oder die Berichtigung (Absatz 2) nicht vorgenommen.**

(4) [1]**Das Bundesministerium der Justiz wird ermächtigt, durch Rechtsverordnung Bestimmungen zur Ausführung der vorstehenden Vorschriften zu erlassen.** [2]**Es kann diese Ermächtigung durch Rechtsverordnung auf das Deutsche Patent- und Markenamt übertragen.**

Inhaltsübersicht

Vorbemerkung zum Textbestand: Das KostRegBerG v. 13. 12. 2001, BGBl. I 3656 hat § 63 durch Art. 7 Nr. 27 in mehrfacher Hinsicht geändert: durch Buchst. a) wurden in Abs. 1 Satz 2 die Wörter „in der Rolle“ durch die Wörter „im Register“ ersetzt; durch Buchst. b) wurde aa) in Abs. 4 Satz 1 die Wörter „Der Bundesminister der Justiz“ durch die Wörter „Das Bundesministerium der Justiz“ ersetzt; wurde bb) in Abs. 4 Satz 2 wurde das Wort „Er“ durch das Wort „Es“ und die Wörter „den Präsidenten des Patentamts“ durch die Wörter „das Deutsche Patent- und Markenamt“ ersetzt. Die Änderungen traten mWv 1. 1. 2002, in Kraft, soweit Ermächtigungen zum Erlass von Rechtsverordnungen betroffen waren bereits mWv 20. 12. 2001.

1. Erfinderpersönlichkeitsrecht (Erfinderehre)

1 **Literatur:** Rauter, Die Namensnennung des Erfinders, MuW **37,** 84; Starck, Die Erschleichung der Erfinderehre, GRUR **37,** 599; Ehlers, Kann der Erfinder die Nennung seines Namens auch bei anderen als den amtlichen Veröffentlichungen verlangen?, GRUR **50,** 359; Benkard, Persönlichkeitsrecht und Erfindungsschutz, GRUR **50,** 481.

Die Vorschrift geht von dem Recht des Erfinders auf Anerkennung der Erfindereigenschaft (Erfinderehre) aus. Dieses Recht ist in § 63 nur hinsichtlich seiner Auswirkungen auf die amtlichen Druckschriften des Patentamts geregelt. Es ist zwar nicht auf den Bereich § 63 beschränkt. Es findet seine Grenze jedoch in dem, was allgemein üblich ist. Soweit sich keine Verkehrsübung dahin ausgebildet hat, kann daher aus dem allgemeinen Erfinderpersönlichkeitsrecht ein Anspruch auf einen Antrag auf Ehrung des Erfinders durch eine Ausstellungsleitung durch Ausstellung einer ehrenden Urkunde oder den Erfinder des Ausstellungsgutes auf Ausstellungen namentlich zu nennen, nicht hergeleitet werden, BGH GRUR **61,** 470, 471 – Gewindekopf I. Vgl. dazu auch § 6 Rdn. 16.

2 **a) Wesen.** Das Recht auf Nennung als Erfinder ist ein **Persönlichkeitsrecht,** KG Mitt. **56,** 218. Es ist ein absolutes Recht im Sinne des § 823 Abs. 1 BGB (vgl. unten Rdn. 3). Es ist unverzichtbar, nicht übertragbar und nicht pfändbar, BGH GRUR **78,** 583, 585 – Motorkettensäge. Grundlage ist nicht so sehr das besondere Erfinderpersönlichkeitsrecht, das sich aus der Schaffung der Erfindung herleitet und die Anerkennung der Erfinderehre gewährleisten soll; § 63 soll vielmehr gewährleisten, dass der Wille des Erfinders respektiert wird, ohne öffentliche Inanspruchnahme dieser Ehre im Verborgenen zu bleiben. Damit stellt die Vorschrift eine ausdrückliche **gesetzliche Ausprägung des allgemeinen Persönlichkeitsrechts** aus Art. 2 Abs. 1 GG in Verbindung mit Art. 1 GG dar, BGH – Akteneinsicht XIII – Egr. III 1 – GRUR **94,** 104; BGH – Rotierendes Schaftwerkzeug, GRUR **04,** 272. Es kann nur vom Erfinder selbst, nicht von einem Dritten gerichtlich geltend gemacht werden, BGH GRUR **78,** 583, 585; BPatG GRUR **87,** 234. Das Recht erlischt mit dem Tode des Erfinders, seine Auswirkungen aber sind vererblich (abw. die h. M., die zwar die Vererblichkeit bejaht, die Erben jedoch an den eindeutig erklärten Willen des Erblassers für gebunden erachtet und damit zu weitgehend gleichen Ergebnissen gelangt). Das Recht auf Erfindernennung wird durch das Vertragsverhältnis zwischen Patentanwalt und Mandanten an sich nicht berührt; die Auffassung, dass der Patentanwalt gegen seinen Mandanten grundsätzlich keinen Anspruch auf Erfinderbenennung habe, ist abzulehnen, KG Mitt. **56,** 218.

3 **b) Inhalt.** Der Erfinder hat das Recht auf Nennung, auf Bekanntgabe und auf Berichtigung einer unrichtigen Bekanntgabe. Die Vorschrift geht dabei in Abs. 2 davon aus, dass eine Verletzung dieses Rechts erst mit der Offenlegung der Anmeldung in Betracht kommt. Sie gibt daher von diesem Zeitpunkt an den Anspruch auf Beseitigung einer unrichtigen Nennung. Der nicht oder nicht richtig benannte Erfinder braucht jedoch nicht die Erfindernennung (§ 63 Abs. 1) abzuwarten, sondern kann schon vorher die Berichtigung der Erfinderbenennung (§ 37 Abs. 1) verlangen, BGH GRUR **69,** 133 – Luftfilter; im Ergebnis übereinstimmend LG Mannheim GRUR **57,** 122. Dieser Anspruch ergibt sich als vorbeugender Anspruch aus dem Erfinder-

persönlichkeitsrecht, BGH GRUR **69,** 133. Der vorbeugende Anspruch eines Miterfinders kann gegen den Anmelder gesondert geltend gemacht werden; die benannten Miterfinder brauchen nicht mitverklagt zu werden, BGH GRUR **69,** 133, 134.

Neben den in Abs. 2 der Vorschrift geregelten Ansprüchen sind auch Ansprüche auf Unterlassung und auf Schadenersatz möglich, die in § 823 Abs. 1, § 826 BGB ihre Grundlage finden, da das Erfinderpersönlichkeitsrecht als absolutes Recht zu den geschützten Rechtsgütern gehört (vgl. dazu § 6 (Mellulis) Rdn. 16). 3 a

2. Nennung des Erfinders. Die Nennung des Erfinders in den öffentlichen Bekanntmachungen des Patentamts war bis zum Jahre 1936 gesetzlich nicht geregelt. Es war nur im Verwaltungswege angeordnet worden, dass der Erfinder in der Patentschrift genannt werden konnte (vgl. Bekanntm. Bl. **22,** 22, 23). Nachdem durch Art. 4ter PVÜ in der Londoner Fassung von 1934 das Recht des Erfinders, als solcher im Patent genannt zu werden, anerkannt worden war, ist die Nennung des Erfinders 1936 näher geregelt worden. Die Regelung ist durch das GPatG den veränderten Verhältnissen, insbesondere der Umgestaltung des Erteilungsverfahrens und dem Druck bzw. der Herstellung der Offenlegungsschriften (§ 32 Abs. 2), angepasst worden; die Neufassung war nicht auf die Patentanmeldungen anzuwenden, deren Bekanntmachung bei Inkrafttreten des GPatG bereits beschlossen worden war (Art. 12 Abs. 4 GPatG). Die Vorschrift regelt die **Nennung des Erfinders, die Bekanntgabe.** Die Benennung des Erfinders, die Voraussetzung für seine Nennung ist, ist in § 37 Abs. 1 geregelt. Mit dem Anspruch auf Erfindernennung, der „Bekanntmachung der Erfindernennung" und ihrer Berichtigung befassen sich Art. 62 EPÜ und Regeln 17 bis 19 AusfO EPÜ. Für internationale Anmeldungen ist die Nennung des Erfindernamens in Art. 4 Abs. 1 Nr. V und in Regel 4 PCT behandelt. Der Entwurf eines Patentrechtsvertrages (PLT/WIPO, Ind. Prop. **91,** 118, 120) sieht in Art. 6 Abs. 2 den Anspruch auf Nennung des Erfinders mit der Maßgabe vor, dass eine Nennung seines Namens in den Veröffentlichungen des Patentamts unterbleibt, wenn der Erfinder dies beantragt. 4

a) Bekanntgabe. Der Erfinder ist nach Abs. 1 der Vorschrift auf der Offenlegungsschrift (§ 32 Abs. 2), auf der Patentschrift (§ 32 Abs. 3) sowie in der Veröffentlichung der Patenterteilung (§ 58 Abs. 1 Satz 1) zu nennen. Der Erfinder wird ferner im Patentregister (vgl. dazu § 30 Rdn. 1) vermerkt. **Miterfinder** werden als solche genannt. Der einzelne Miterfinder hat keinen Anspruch darauf, dass bei der Erfindernennung – und bei der Erfinderbenennung (§ 37) – der Umfang oder das Ausmaß seiner Beteiligung angegeben werden, BGH GRUR **69,** 133 – Luftfilter. Voraussetzung für die Nennung des Erfinders ist, dass er bereits dem Patentamt gegenüber benannt ist. Ist die Benennung nach § 37 Abs. 2 ausgesetzt, so kann die Nennung nicht erfolgen. § 37 Abs. 2 geht insoweit der Regelung in § 63 Abs. 1, die das Vorliegen der Benennung voraussetzt, vor. Nach § 63 Abs. 1 Satz 1 unterbleibt dann die Nennung. 5

b) Unterbleiben der Bekanntgabe. Abgesehen von dem Fall des § 37 Abs. 2 (vgl. oben Rdn. 5) darf die **Angabe des Erfinders nur auf seinen eigenen Antrag** unterbleiben (§ 63 Abs. 1 Satz 3). Er ist an diesen Antrag nicht gebunden, sondern kann ihn jederzeit widerrufen, worauf die Nennung nachträglich vorgenommen wird (§ 63 Abs. 1 Satz 4). Der Erfinder soll geschützt werden, wenn er diesen Antrag unter wirtschaftlichem oder sonstigem Druck stellt. Die Unterlassung der Nennung des Erfinders könnte auch dazu führen, den wirklichen geistigen Schöpfer einer Erfindung bewusst nach außen nicht hervortreten zu lassen, umso die Mitbewerber von der Bedeutung der Erfindung abzulenken. Um dem vorzubeugen und dem Erfinder die wirksame Möglichkeit zu geben, sein Recht immer noch nach außen zur Geltung zu bringen, ist kraft ausdrücklicher gesetzlicher Bestimmung (§ 63 Abs. 1 Satz 5) ein Verzicht des Erfinders auf Nennung rechtlich wirkungslos. Ein Verzicht könnte gegenüber dem Patentamt erklärt werden oder gegenüber Dritten, z. B. einem Anmelder (§ 7 Abs. 1). In beiden Beziehungen ist der Verzicht schlechthin nichtig und steht der Nennung des Erfinders nicht entgegen. 6

3. Nachholung, Berichtigung der Nennung. Die Nennung des Erfinders, d. h. seine Bekanntgabe, kann unterblieben sein, weil dem Anmelder nachgelassen ist, die Benennung nachzubringen (§ 37 Abs. 2) oder weil der vom Anmelder benannte Erfinder beantragt hat, nicht genannt zu werden. Die Nennung kann auch unrichtig sein, was umso leichter möglich ist, weil das Patentamt nach § 37 Abs. 1 die Richtigkeit der Angaben in der Erfinderbenennung nicht zu prüfen hat. Während im Fall des § 37 Abs. 2 in dieser Vorschrift selbst Vorsorge getroffen ist, dass die Nennung nachgeholt werden kann, bestimmen für die anderen Fälle die Abs. 1 und 2 des § 63 über die Rechte des Erfinders. Nach einmal erfolgter Nennung der ursprünglich benannten Erfinder – z. B. in der Offenlegungsschrift – ist die Nachbenennung eines weiteren Miterfinders für das Patentamt solange unbeachtlich, wie nicht die Zustimmung der 7 genannten Erfinder beigebracht oder durch rechtskräftiges Urteil ersetzt wird, BPatGE **26,** 152, 155.

8 **a) Voraussetzungen.** Die **Berichtigung** der Erfindernennung erfolgt, wie aus Abs. 2 der Vorschrift hervorgeht, wenn sowohl der Patentsucher als auch der zu Unrecht Benannte dem Patentamt ihre **Zustimmung** erklären. Bei der Nachholung sind zwei Fälle zu unterscheiden. Ist der wirkliche Erfinder, der seine Nennung erstrebt, dem Patentamt gegenüber nicht als Erfinder benannt, so erfolgt die Nachholung, wie sich aus Abs. 2 der Vorschrift ergibt, wenn sowohl der Patentsucher wie der zu Unrecht Benannte der Nachholung zustimmen. Ist dagegen der wirkliche Erfinder, der die Nachholung seiner Nennung erstrebt, dem Patentamt gegenüber als Erfinder benannt, so genügt es, dass er den Antrag, nicht genannt zu werden, widerruft. Dass die Zustimmung des Patentsuchers auch in diesem Falle erforderlich wäre, ist der Vorschrift nicht zu entnehmen; Abs. 2 der Vorschrift betrifft diesen Fall nicht.

8a Eine **Änderung der Erfinderbenennung** (§ 37 Abs. 1) durch Benennung eines anderen als der ursprünglich angegebenen Person bedarf vor der Veröffentlichung der Patentanmeldung nicht der Zustimmung des nicht mehr als Erfinder Benannten, BPatGE **13,** 53. Das Patentamt ist an eine formgerecht und inhaltlich eindeutig erklärte Erfinderbenennung des zum Zeitpunkt der Veröffentlichung der Benennung berechtigten Anmelders ohne Prüfung der Richtigkeit gebunden. Weicht die Erfindernennung von der dem Patentamt vorliegenden Benennung durch den Anmelder ab, so ist das Patentamt verpflichtet, die Erfindernennung in seinen späteren Veröffentlichungen von sich aus mit der wirksamen Erfinderbenennung in Einklang zu bringen. Der Zustimmungserklärung des zunächst allein als Erfinder Genannten bedarf es in diesem Falle nicht, BPatGE **25,** 131, 133ff.

9 **b) Anspruch des Erfinders auf Zustimmung.** Zur Durchsetzung seines Rechts auf Nennung gibt Abs. 2 der Vorschrift dem wirklichen Erfinder den materiellen Anspruch auf Erteilung der Zustimmung zur Nachholung der Nennung, wenn der zu Unrecht als Erfinder Benannte beantragt hat, nicht genannt zu werden, oder auf Berichtigung der Nennung, wenn der zu Unrecht Benannte als Erfinder genannt ist. Der Anspruch ist aus dem nicht übertragbaren Erfinderpersönlichkeitsrecht abzuleiten und kann daher nicht durch einen Dritten im Wege der Prozessstandschaft gerichtlich geltend gemacht werden, BGH GRUR **78,** 583 – Motorkettensäge, mit Anm. Harmsen. Er richtet sich gegen den Patentsucher oder Patentinhaber und den zu Unrecht Benannten. Die einmal erteilte Zustimmung ist unwiderruflich.

10 **c) Durchsetzung des Anspruchs.** Der Anspruch des Erfinders auf nachträgliche Nennung oder auf Berichtigung der falschen Angabe ist mit **Klage im ordentlichen Rechtsweg** durchzusetzen, der Klageantrag entsprechend dem Inhalt der Verpflichtung zu fassen (oben Rdn. 9). Es handelt sich um eine Patentstreitsache (§ 143). Der Erfinder verfolgt gerichtlich sein besseres Recht gegenüber dem Nichtberechtigten. Das patentamtliche Erteilungsverfahren bleibt davon unberührt; in ihm soll der Streit um das Erfinderrecht nicht ausgetragen werden.

11 Der Klage ist nur stattzugeben, wenn das **Erfinderrecht des Klägers wirklich** besteht. Sie ist abzuweisen, wenn der Kläger nicht in Wahrheit Erfinder ist, auch wenn er nur Rechtsnachfolger des wahren Erfinders ist wie z.B. bei der Arbeitnehmererfindung. Zum Klagegrund gehört der Beweis des Erfinderrechts oder der Nachweis, dass der seither im Verfahren und in der Patentrolle Genannte tatsächlich nicht Erfinder ist, RGZ **50,** 295. Wer behauptet, Alleinerfinder zu sein, muss nachweisen, dass die anderen vom Patentsucher oder Patentinhaber genannten Personen nicht Erfinder sind, LG Hamburg GRUR **58,** 77; zwischen dem Patentinhaber und dem zu Unrecht Benannten besteht notwendige Streitgenossenschaft, OLG Hamburg GRUR **58,** 78; a.A. OLG Karlsruhe GRUR-RR **03,** 328. Hat ein Patentanwalt eine Erfindung vorbehaltlos auf den Namen seines Mandanten zum Patent angemeldet, so folgt daraus nach der Lebenserfahrung, dass er nicht Erfinder ist, KG Mitt. **56,** 218. Der Streitwert einer solchen Klage ist unabhängig von der Höhe eines anderweitig geltend gemachten Anspruchs nach § 9 ArbEG auf eine angemessene Vergütung, BGH GRUR **04,** 272.

12 Eine zeitliche Schranke ist der Klage nicht gezogen, das **Persönlichkeitsrecht ist unverjährbar.** Das Verfahren folgt im Übrigen den allgemeinen Regeln des Zivilprozesses, die Vollstreckung dem § 894 ZPO. Zwischen dem Patentsucher oder dem Patentinhaber und dem zu Unrecht als Erfinder Benannten besteht notwendige Streitgenossenschaft, OLG Hamburg, GRUR **58,** 78; vgl. jedoch auch BGH GRUR **69,** 133, 134 – Luftfilter. Die Eintragung oder Berichtigung im Register kann erst **auf Grund des rechtskräftigen Urteils** vorgenommen werden, weil die Eintragung von Vormerkungen oder Widersprüchen im Patentregister unstatthaft ist, § 895 ZPO daher auch nicht rechtsähnlich angewandt werden kann. Die Vorlage des rechtskräftigen Urteils genügt zur Eintragung oder Berichtigung im Register (§ 896 ZPO); bei einer Mehrheit von Miterfindern hat jeder einen selbstständigen Anspruch.

Mit Erlöschen des Patents ist die Klage nicht gegenstandslos. Der Erfinder kann ein schutzwürdiges Interesse daran haben, sein Erfinderrecht auch nach Ablauf des fremden Schutzrechts anerkannt und festgestellt zu sehen. Der Antrag kann dann freilich nicht mehr auf Nennung als Erfinder (§ 63 Abs. 1) gerichtet werden, wohl aber auf Feststellung, dass der Kläger Erfinder des abgelaufenen Patents war und ist. Im Falle der Zurückweisung der Patentanmeldung wird für einen Antrag auf Feststellung der Erfindereigenschaft das Rechtsschutzbedürfnis zu verneinen sein, Harmsen GRUR **78,** 585, 586. 13

d) Durchführung der Nennung. Aus Gründen praktischer Handhabung hat das Gesetz keine nachträgliche Ergänzung oder Berichtigung schon erschienener amtlicher Druckschriften durch Nennung des Erfinders zugelassen. Patentschriften oder Offenlegungsschriften, die schon ausgegeben waren, bleiben in dieser Form in Verkehr. Soweit die Patent- oder Offenlegungsschrift als elektronische Dokumente vorliegen, wird die Ergänzung ohne größeren Aufwand möglich sein. Der Erfinder kann sein Recht stets nachweisen durch einen Auszug aus dem Patentregister und durch die Veröffentlichung im Patentblatt über die nachträgliche Nennung oder die Berichtigung des Registers in den amtlichen Übersichten der Eintragungen in das Register (§ 32 Abs. 5). 14

4. Ausführungsbestimmungen. Die in Abs. 4 der Vorschrift erteilte Ermächtigung ist durch § 20 der früheren DPAVO auf den Präsidenten des Patentamts und jetzt in § 1 Abs. 2 DPMAV auf das Deutsche Patent- und Markenamt übertragen worden. Die vom Präsidenten des PA erlassene Verordnung über die Benennung des Erfinders (ErfBenVO) vom 29. 5. 81, BGBl. I 525, Bl. **81,** 231, füllt die genannte Verordnungsermächtigung insoweit aus. Danach sind der Antrag des Erfinders, ihn nicht als Erfinder zu nennen, und der Widerruf des Antrags schriftlich einzureichen; ebenso Anträge auf Berichtigung oder Nachholung der Nennung. Schriftform ist auch für die Zustimmungserklärung des Anmelders oder Patentinhabers sowie des zu Unrecht Benannten zur Berichtigung oder Nachholung der Benennung vorgeschrieben. 15

64 *Beschränkung des Patents.* (1) **Das Patent kann auf Antrag des Patentinhabers durch Änderung der Patentansprüche mit rückwirkender Kraft beschränkt werden.**

(2) **Der Antrag ist schriftlich einzureichen und zu begründen.**

(3) [1]**Über den Antrag entscheidet die Patentabteilung.** [2]**§ 44 Abs. 1 und die §§ 45 bis 48 sind entsprechend anzuwenden.** [3]**In dem Beschluß, durch den dem Antrag stattgegeben wird, ist die Patentschrift der Beschränkung anzupassen.** [4]**Die Änderung der Patentschrift ist zu veröffentlichen.**

Inhaltsübersicht

Vorbemerkung zum Textbestand: § 64 Abs. 2 Satz 2 ist durch Art. 7 Nr. 28 des KostRegBerG v. 13. 12. 2001, BGBl. I 3656 m. W. v. aufgehoben worden. Durch das GPatG ist § 64 Abs. 3 den sonstigen Änderungen des Gesetzes angepasst und der frühere Absatz 4 der Vorschrift gestrichen worden. Die geänderte Fassung ist nur auf die Patente anzuwenden, die auf seit dem 1. 1. 1981 eingereichte Patentanmeldungen erteilt werden (Art. 12 Abs. 1 GPatG).

1. Beschränkung des Patents

1 **Literatur:** Van der Werth, Patentberichtigung, GRUR **51,** 109; Weißig, Praktischer Vorschlag für die freiwillige Beschränkung von unter dem Ersten Überleitungsgesetz erteilten Patenten, GRUR **52,** 377; Harraeus, Die Patentbeschränkung, GRUR **62,** 57. Rogge, Rüdiger, Abwandlungen eines europäischen Patents in Sprache und Inhalt – Änderungen und Übersetzungen. GRUR **93,** 284; Flad, Lothar, Änderungen des Patents im Einspruchs-, Einspruchsbeschwerde-, Nichtigkeits- und Beschränkungsverfahren, GRUR **95,** 178

1 a **a) Systematische Einordnung** Die Vorschrift, die durch das 5. ÜG in das Gesetz eingefügt wurde, hat materiellrechtlichen und prozessualen Inhalt. Materiellrechtlich fügt Abs. 1 der Vorschrift den Endigungsgründen des Patentschutzes der §§ 20–22 einen weiteren hinzu, und zwar – wie § 21 Abs. 2 und § 22 Abs. 2 – einen beschränkten Erlöschungsgrund. Systematisch würde Abs. 1 der Vorschrift zwischen die §§ 20 und 21 gehören. Er ergänzt § 20 Abs. 1 Nr. 1, der nur einen Verzicht auf das Patent als Ganzes oder auf einzelne Ansprüche gestattet (vgl. § 20 Rdn. 3), insofern, als er eine Änderung, freilich nur eine einschränkende, der Ansprüche ermöglicht. Er entspricht in dieser Hinsicht § 21 Abs. 2 und § 22 Abs. 2, der unter den dort genannten Voraussetzungen ebenfalls eine Beschränkung des Patents vorsieht. Während jedoch die **Einschränkung des Patents** gemäß § 21 Abs. 2 oder § 22 Abs. 2 auf Betreiben eines Dritten im Einspruchs- oder Nichtigkeitsverfahren vorgenommen wird, kann sie gemäß § 64 Abs. 1 **auf den eigenen Antrag des Patentinhabers** erfolgen. Der Patentinhaber kann dadurch einer Beschränkung im Nichtigkeitsverfahren vorbeugen und ein solches Verfahren, das mit erheblichen Kosten verbunden sein kann, u. U. ganz vermeiden. Darin liegt, wie in der Begründung zum 5. ÜG (Bl. **53,** 295) hervorgehoben ist, der Sinn und Zweck der Vorschrift. Für die Durchführung der Beschränkung sieht die Vorschrift ein besonderes Verfahren vor (Abs. 2, 3). Mit den Bestimmungen über dieses Verfahren (Abs. 2, 3) ist die materiellrechtliche Vorschrift in Abs. 1 aus praktischen Gründen zusammengefasst. Sachlich steht Abs. 1 zu den Abs. 2, 3 in demselben Verhältnis wie die §§ 21, 22 zu den §§ 59 ff., 81 ff.

1 b **b) Europäische Patente.** § 64 findet auch auf europäische Patente Anwendung, die mit Wirkung für die Bundesrepublik Deutschland erteilt worden sind, MittPräsPA 8/87, Bl. **87,** 185. Dass § 64 auch für nach § 4 Erstreckungsgesetz erstreckte, vom Patentamt der DDR erteilte Patente gilt, folgt aus § 5 Satz 2 Erstreckungsgesetz. Im Zeitpunkt des Inkrafttretens des Erstreckungsgesetzes noch beim DPA anhängige Berichtigungsverfahren nach § 19 PatG DDR werden als Beschränkungsverfahren nach § 64 weitergeführt, § 14 Erstreckungsgesetz.

1 c Ein europäisches Patent, das mit Wirkung für die Bundesrepublik Deutschland erteilt worden ist, kann im Verfahren vor dem DPA nach § 64 PatG beschränkt werden, BGH – Isothiazolonzubereitung, Bl. **95,** 322 f. Ein Kompetenzkonflikt zwischen den europäischen und nationalen Instanzen entsteht dadurch nicht; Gegenstand des Verfahrens ist ein Teilverzicht des Patentinhabers auf das erteilte Schutzrecht; es beruht auf der Anerkennung der materiellen Verfügungsbefugnis des Patentinhabers über dieses Schutzrecht, BGH – Bogensegment, GRUR **96,** 862; Rogge, GRUR **93,** 284, 288. Es bestehen auch keine Bedenken dagegen, wenn im nationalen Beschränkungsverfahren die Ansprüche des vom EPA in der französischen Verfahrenssprache erteilten europäischen Patents in deutscher Sprache neu formuliert werden, vgl. das in BGH – Linsenschleifmaschine, GRUR **92,** 839, dargestellte, dem anschließenden Nichtigkeitsverfahren vorausgehende Beschränkungsverfahren vor dem DPA.

1 d **c) Europäische Beschränkungsverfahren.** Mit der **Revision des EPÜ** von November 2000 sind auch Vorschriften über ein zentrales Beschränkungsverfahren vor dem EPA in das EPÜ eingefügt worden, vgl. die Art. 105 a bis 105 c EPÜ, s. Das revidierte Europäische Patentübereinkommen und seine Ausführungsordnung, ABl. EPA **03,** Sonderausgabe Nr. 1. Nach Art. 105 a EPÜ kann auf Antrag des Patentinhabers das europäische Patent widerrufen oder durch Änderung der Patentansprüche beschränkt werden. Der Antrag ist beim Europäischen Patentamt nach Maßgabe der Ausführungsordnung zu stellen. Die Entscheidung über die Beschränkung oder den Widerruf erfasst das europäische Patent mit Wirkung für alle Vertragsstaaten, für die es erteilt worden ist. Sie wird an dem Tag wirksam, an dem der Hinweis auf die Entscheidung im Europäischen Patentblatt bekannt gemacht wird, Art. 105 b Abs. 3 EPÜ.

1 e Die AusfO 2000, a. a. O. S. 122–124 enthält dazu in den Regeln 63 b bis 63 h detaillierte **Vorschriften über das Verfahren und die Entscheidung des EPA.** Insbesondere prüft das zuständige Organ (Prüfungsabteilung), ob die geänderten Patentansprüche gegenüber den Ansprüchen in der erteilten oder im Einspruchs- oder Beschränkungsverfahren geänderten Fassung eine Beschränkung darstellen und den Artikeln 84 und 123 Absätze 2 und 3 genügen. Die eingeschränkten Ansprüche müssen also deutlich und knapp gefasst sein und von der Beschreibung

gestützt sein. Außerdem darf das Patent nicht in der Weise geändert werden, dass sein Gegenstand über den Inhalt der Anmeldung in der ursprünglich eingereichten Fassung hinausgeht, und der Schutzbereich des Patents darf nicht erweitert werden. Vgl. zu diesen Erfordernissen Benkard/Schäfers, EPÜ Erl. zu Art. 84 und Art. 123.

Das **Gemeinschaftspatentübereinkommen** sah – in den Versionen von 1975 und 1989 – jeweils ein Beschränkungsverfahren bei Gemeinschaftspatenten vor, das aber von § 64 erheblich abwich, vgl. Art. 51 bis 54 GPÜ, Abl. EG L 401 v. 30. 12. 1989, 1–27, insbesondere eine Prüfung des Restpatents erforderte, ob dem eingeschränkten Patent die Nichtigkeitsgründe nach Art. 56 Abs. 1 entgegenstünden. Vorschriften über eine Beschränkung enthält auch der Entwurf einer Verordnung über das Gemeinschaftspatent vor, Art. 37, Dokument KOM(2000) 412 endg. v. 1. 8. 2000. 1f

Mit Inkrafttreten der Revision des EPÜ 2000 wird allerdings das Verhältnis zwischen dem zentralen europäischen Beschränkungsverfahren und nationalen Verfahren wie nach § 64 PatG oder Section 27 UK Patents Act 1977 neu zu bestimmen sein, so dass insoweit gesetzgeberischer Handlungsbedarf bestehen dürfte. Im Übrigen ist nach geltendem Recht auch die Konkurrenz von Entscheidungen im nationalen Beschränkungsverfahren und im europäischen Einspruchsverfahren gesetzlich nicht geregelt. Schon zur Vermeidung der Gefahr späterer Erweiterungen durch eine weniger oder anders beschränkende zweite Entscheidung müssen in beiden Verfahren erfolgte Beschränkungen beachtlich sein. Demnach kann in solchen Fällen als geschützt insgesamt nur das verbleiben, was zugleich nach beiden Entscheidungen noch unter Schutz steht, BGHZ **147,** 137 = GRUR **01,** 730 – Trigonellin. 1g

d) Beschränkung der Ansprüche. Eine Beschränkung des Patents kann nach Abs. 1 der Vorschrift nur durch **einschränkende** (vgl. unten Rdn. 15) **Änderung der Patentansprüche** herbeigeführt werden. Die Aufnahme von einschränkenden Erklärungen über den beanspruchten Schutz lediglich in die Beschreibung ist im Interesse der Rechtssicherheit nicht zugelassen. Auch eine Beschränkung durch Streichung einzelner Ansprüche kommt nach h. M. nicht als eine Beschränkung im Sinne der Vorschrift in Betracht. Sie kann durch Teilverzicht (§ 20 Abs. 1 Nr. 1), aber auch nur durch Teilverzicht bewirkt werden. Der Verzicht hat allerdings keine rückwirkende Kraft, sondern wirkt nur für die Zukunft (vgl. § 20 Rdn. 1, 2). Für die zurückliegende Zeit soll der Patentinhaber jedoch mit der gleichen praktischen Wirkung wie durch eine rückwirkende Beschränkung auf Ansprüche gegen Dritte in einem entsprechenden Umfange verzichten können (PA Mitt. **60,** 152). Größere Rechtssicherheit für die Öffentlichkeit würde allerdings m. E. dadurch erzielt, dass im Beschränkungsverfahren auch die **Streichung ganzer Ansprüch**e und nicht nur die Umformulierung vorhandener Ansprüche zugelassen würden, wie das dem künftigen europäischen Beschränkungsverfahren nach EPÜ und z. B. dem Beschränkungsverfahren des britischen Patentrechts (Section 27 Patents Act 1977 „General power to amend specification after grant") nach dem Manual of Patent Pratice ohne weiteres möglich ist. Eine vollständige Rücknahme des Patents – sog. Beschränkung auf Null – kann entgegen PA Mitt. **58,** 35 auf Grund und im Rahmen des § 64 nicht für zulässig erachtet werden. § 64 lässt nur eine Beschränkung der Ansprüche und keine Zurücknahme des Patents zu. Für eine Zurücknahme würde auch, wenn sie zugelassen wäre, im Hinblick auf § 20 Abs. 1 das erforderliche Rechtsschutzinteresse fehlen (vgl. PA Mitt. **60,** 152); denn der Patentinhaber hat es in der Hand, für die zurückliegende Zeit auf die Geltendmachung von Ansprüchen zu verzichten. Kommt der Patentinhaber im Verlauf eines Beschränkungsverfahrens zu der Auffassung, dass das Patent auch im beschränkten Umfange nicht zu halten ist, so kann er gemäß § 20 Abs. 1 auf das Patent verzichten. Das Beschränkungsverfahren wird dadurch in der Hauptsache erledigt und der Antrag muss, wenn er nicht zurückgenommen wird, zurückgewiesen werden. 2

e) Durchführung der Beschränkung. Die Beschränkung des Patents kann im Gegensatz zum **Verzicht** (§ 20 Abs. 1) nicht durch einfache Erklärung gegenüber dem Patentamt herbeigeführt werden, weil die Änderung der Patentansprüche, wie sie mit der Beschränkung erfolgen soll, eine Prüfung voraussetzt, ob sie auf eine Einschränkung abzielt oder eine Erweiterung des Patents zur Folge hätte. Zur Durchführung dieser Prüfung ist in den Absätzen 2, 3 ein besonderes Verfahren vorgesehen (siehe unten). 3

Der Patentinhaber kann aber auch, ohne zuvor dieses Verfahren durchführen zu müssen, in einem bereits anhängig gewordenen **Einspruchsverfahren** eine Beschränkung durch **eine eingeschränkte Verteidigung** des Patents erreichen (vgl. § 59 Rdn. 46); die Beschränkung erfolgt dann, sofern das Patent bestehen bleibt, in dem Beschluss über die Aufrechterhaltung des Patents (vgl. § 61 Rdn. 5) unter gleichzeitiger Anpassung der Patentschrift (§ 61 Abs. 3 Satz 1). 4

5 Der Patentinhaber kann ferner auch in einem anhängigen **Nichtigkeitsverfahren** durch die Erklärung, nur einen beschränkten Inhalt des Patents verteidigen zu wollen, eine Beschränkung des Prozessstoffs auf diesen Umfang herbeiführen; es ist dann im Rahmen des Nichtigkeitsverfahrens zu prüfen, ob es sich um eine zulässige Beschränkung handelt und, wenn das der Fall ist und das Patent in dem verteidigten Umfange patentfähig ist, dem Patent im Urteil die entsprechende eingeschränkte Fassung zu geben, BGH GRUR **56,** 409, 410 – Spritzgussmaschine I; **62,** 294, 296 – Hafendrehkran; vgl. dazu im Einzelnen § 22 Rdn. 33ff. Zum systematischen Zusammenhang zwischen Beschränkungsverfahren und beschränkter Verteidigung des Patents im Nichtigkeitsverfahren auch BGH – elektronisches Modul, GRUR **05,** 145, Egr. I 2, der hervorhebt, dass sich die Selbstbeschränkung immer in dem durch das Beschränkungsverfahren vorgegebenen Rahmen halten und zu einer (zulässigen) Einschränkung des Patents führen muss.

Der Patentinhaber ist dabei nicht an einen Antrag gebunden, den er in einem gleichzeitig laufenden, noch nicht erledigten Beschränkungsverfahren gestellt hat, BGH GRUR **61,** 529 – Strahlapparat. Eine Beschränkung kann im Nichtigkeitsverfahren nicht auf Merkmale eines mit dem Nichtigkeitsantrage nicht angegriffenen Patentanspruchs erfolgen, weil über den im Nichtigkeitsverfahren gestellten Klageantrag nicht hinausgegangen werden darf, BGH Liedl **59/60,** 395, 410. Sofern die Beschränkung nicht gerade in einer Änderung der Beschreibung liegt (§ 22 Abs. 2 i.V. mit § 21 Abs. 2 Satz 2), wird diese nicht, wie es im Beschränkungsverfahren vorgesehen ist (Abs. 3 der Vorschrift), geändert. Soweit eine Änderung der Ansprüche erfolgt, tritt ebenso wie bei einer teilweisen Nichtigerklärung insoweit das Nichtigkeitsurteil an die Stelle der Beschreibung.

6 **f) Wirkung der Beschränkung.** Die Beschränkung des Patents wirkt **auf die Erteilung zurück.** Das Patent ist daher so zu behandeln, als wäre es von Anfang an nur in dem eingeschränkten Umfang erteilt. Im Patentverletzungsstreit ist die geänderte Fassung von Anspruch und Beschreibung zugrunde zu legen, ohne dass zu prüfen wäre, ob sie eine Beschränkung oder Erweiterung enthält, auch wenn dem Beklagten der Weg der Nichtigkeitsklage (§ 22) nicht mehr zu Gebote steht, BGH GRUR **62,** 577, 578 – Rosenzüchtung. Eine nach Schluss der mündlichen Verhandlung der Tatsacheninstanz angeordnete Beschränkung ist in der Revisionsinstanz zu beachten, BGH GRUR **62,** 577, 578. In einem späteren Nichtigkeitsverfahren sind die neugefassten Patentansprüche und die neugefasste Beschreibung zugrunde zu legen, BGH GRUR **58,** 134 – Milchkanne. Das dem ausschließlichen Lizenznehmer von der Rechtsprechung zugebilligte Recht, im Falle teilweiser Vernichtung des Patents unter Umständen die Lizenzgebühr zu mindern (BGH NJW **57,** 1317 – Verwandlungstisch), gilt auch für die Fälle nachträglicher Patentbeschränkung gemäß § 64, BGH GRUR **58,** 231 – Rundstuhlwirkware.

2. Beschränkungsverfahren

7 **Literatur:** Klötzer, Das Patentbeschränkungsverfahren, Mitt. **55,** 135; Harraeus, Die Patentbeschränkung, GRUR **62,** 57.

Zur Prüfung, ob der Antrag des Patentinhabers, der nach Abs. 1 der Vorschrift die Grundlage für die Beschränkung des Patents bildet, auf eine zulässige Einschränkung der Ansprüche abzielt, ist in den Absätzen 2, 3 der Vorschrift ein besonderes Verfahren vorgesehen.

8 **a) Antrag.** Das Beschränkungsverfahren wird durch den **Antrag des Patentinhabers** eingeleitet, dem im Hinblick auf die erforderliche Prüfung anders als der Verzichtserklärung keine rechtsändernde Wirkung beigelegt ist. Der Antrag kann daher bis zum Erlass der Entscheidung geändert oder zurückgenommen werden, vgl. BGH GRUR **61,** 529, 531 – Strahlapparat. Antragsberechtigt ist nach § 30 Abs. 3 der eingetragene Patentinhaber. Im Patentregister und im Patentblatt werden Hinweise auf wirksam eingereichte Beschränkungsanträge veröffentlicht.

9 **aa) Form.** Der Antrag ist schriftlich oder in den Ersatzformen der Schriftlichkeit einzureichen. Er muss vom Patentinhaber oder seinem Vertreter unterschrieben sein.

10 **bb) Begründung.** Der Antrag ist zu begründen. Erforderlich ist zunächst die **Darlegung des Rechtsschutzinteresses,** das zwar in der Vorschrift nicht besonders erwähnt ist, das jedoch allgemein für jede Inanspruchnahme einer Behörde oder eines Gerichts gegeben sein muss. Dazu gehört die Angabe, **aus welchem Grunde die Beschränkung** erstrebt wird und weshalb sie in dem beantragten Umfang erfolgen soll. Die Begründung muss ferner die erforderlichen Unterlagen für die Anpassung der Beschreibung enthalten; wird eine Abgrenzung gegenüber einem neu ermittelten Stand der Technik erstrebt, so muss dieser genannt werden. Der Antragsteller muss allerdings nicht begründen, warum ihm dieser Stand der Technik nicht früher bekannt geworden ist, und nicht rechtfertigen, warum nach der Entdeckung den Beschränkungsantrag nicht früher gestellt hat.

cc) Gebühr. Zur rechtswirksamen Antragstellung gehört nach Nr. 313700 GebVz PatKostG die Zahlung der tariflichen Gebühr. Bis zur Zahlung der Gebühr gilt der Antrag zwar zunächst als gestellt, und die tarifliche Gebühr wird mit der Einreichung des Antrages fällig. Wird die Gebühr jedoch nicht innerhalb der Zahlungsfrist des § 6 Abs. 1 PatKostG gezahlt, so gilt der Antrag als zurückgenommen und wird nicht bearbeitet. Die Gebühr ist Verfahrensgebühr, die mit der Antragstellung fällig wird; sie kann daher, soweit nicht die Voraussetzung von § 10 Abs. 2 PatKostG zutreffen, auch bei Zurücknahme oder Erledigung des Antrags vor einem Tätigwerden des Patentamts zur Sache nicht zurückgezahlt werden. 11

b) Prüfung des Antrages aa) Zuständigkeit. Die Prüfung der Beschränkungsanträge und die Entscheidung über die Anträge obliegt nach den §§ 27 Abs. 1 Nr. 2, 64 Abs. 3 Satz 1 der Patentabteilung. Die Beschlussfassung ist nach § 27 Abs. 4 der Abteilung in ihrer vollen Besetzung vorbehalten. Alle sonstigen Maßnahmen kann der Vorsitzende nach § 27 Abs. 4 auch allein treffen. Er kann daher insbesondere Zwischenbescheide allein erlassen und allein Ermittlungen veranstalten. Bei einer Anhörung müssen dagegen sämtliche zur Mitwirkung berufenen Mitglieder des Kollegiums zugegen sein. 12

bb) Amtsprüfung. Wie durch die Verweisung auf § 46 Abs. 1 ausdrücklich klargestellt wird, gilt ebenso wie im Patenterteilungsverfahren der Untersuchungsgrundsatz. Die Patentabteilung hat daher den Sachverhalt, auf den es für die Entscheidung ankommt, ohne Bindung an das Vorbringen und die Beweisanträge des Antragstellers von Amts wegen zu ermitteln (vgl. § 87 Rdn. 1ff.). Die Verweisung auf § 46 Abs. 1 betrifft aber nur die Art und Weise der Prüfung, sie besagt nichts über den Gegenstand und den Inhalt der Prüfung (vgl. dazu unten Rdn. 15ff. und Rdn. 16, 17 vor § 35). 13

cc) Prüfung der Zulässigkeit. Vor der sachlichen Prüfung ist zu prüfen, ob der Antrag zulässig ist. Er ist nicht zulässig, wenn er nicht in der vorgeschriebenen Form eingereicht oder nicht ordnungsmäßig begründet ist. Er ist auch unzulässig, wenn das für jede Inanspruchnahme einer Behörde oder eines Gerichts erforderliche Rechtsschutzbedürfnis nicht dargetan ist. Das Rechtsschutzbedürfnis fehlt, wenn nicht ersichtlich ist, aus welchem Grunde eine Beschränkung begehrt wird und weshalb sie in dem beantragten Umfange erstrebt wird. Es fehlt jedenfalls dann nicht, wenn das Patent, dessen Beschränkung beantragt wird, bereits durch Zeitablauf erloschen ist,, aber ein Verletzungsstreit noch anhängig ist, vgl. BPatGE **16,** 144, 146; z.T. abw. PA Mitt. **60,** 152. 14

dd) Prüfung der Begründetheit. Der Antrag ist begründet, wenn die erstrebte Änderung der Patentansprüche eine Beschränkung des Patents enthält. Grundlage für diese Prüfung ist die erteilte Fassung des Patents. Es sind im Prinzip alle, aber auch nur solche Änderungen zulässig, die auch im Einspruchsverfahren zulässig wären. So darf die mit der Beschränkung angestrebte Fassung nicht über den **Offenbarungsgehalt der ursprünglich eingereichten Anmeldungsunterlagen** hinausgehen, und es darf der Schutzbereich des Patents nicht erweitert werden, da hiermit ein Nichtigkeitsgrund gesetzt würde (§ 22 Abs. 1), und es darf nicht versucht werden, ein aliud zu schützen, selbst wenn der Gegenstand in den ursprünglich eingereichten Unterlagen offenbart worden ist. Auf ein Merkmal, das zwar in den ursprünglichen Unterlagen enthalten war, das aber den Erteilungsunterlagen nicht mehr zu entnehmen war, kann nicht zurückgegriffen werden. Andererseits können, wenn die dem Patent zugrunde liegende Anmeldung im Erteilungsverfahren erweitert wurde, der Prüfung der Zulässigkeit der angestrebten Beschränkung nicht ohne weiteres die ursprünglichen Anmeldungsunterlagen zugrunde gelegt werden, wenn diese in anderer Richtung weiter gefasst waren, BPatGE **16,** 144; wegen der Behandlung desselben Patents im Nichtigkeitsverfahren vgl. BGH GRUR **79,** 224 – Aufhänger, mit Anm. Schramm. Ein Gegenstand, der durch das erteilte Patent zwar offenbart, von ihm aber nicht geschützt ist, kann im Patentnichtigkeitsverfahren wie auch im Beschränkungsverfahren nicht nachträglich in das Patent einbezogen und unter Schutz gestellt werden, BGH GRUR **05,** 145 (s. oben Rdn. 5 zum Nichtigkeitsverfahren). 15

ee) Bestandskraft des Restpatents. Auf die Frage, ob das Patent in dem eingeschränkten Umfange Bestand haben kann oder ob das nur bei einer weitergehenden Beschränkung der Fall sein würde, kommt es entgegen PA Mitt. **58,** 35 nicht an, BGH GRUR **64,** 308, 309 – Dosier- und Mischanlage. Aus § 64 Abs. 3 Satz 2 und den dort für anwendbar erklärten Bestimmungen lässt sich – anders als bei Art. 54 Abs. 2 GPÜ 1989 – nicht entnehmen, dass die Begründetheit des Antrages von der Patentfähigkeit des beschränkten Gegenstandes abhinge. Bei § 64 Abs. 3 Satz 2 und den dort für sinngemäß anwendbar erklärten Vorschriften handelt es sich um **Verfahrensbestimmungen.** Sie bestimmen nicht über die materiellen Voraussetzungen der Patentbeschränkung bzw. Patenterteilung. Die materiellen Voraussetzungen der Patenter- 16 teilung sind in den §§ 1–5 und die der Patentbeschränkung in § 64 Abs. 1 geregelt. In § 48 wird zwar für die Entscheidung über die Zurückweisung der Anmeldung auf die materiellen Vorschriften in den §§ 1–5 verwiesen. Eine sinngemäße Anwendung der Verfahrensvorschrift auf das Patentbeschränkungsverfahren kann jedoch die Anwendung der in § 48 in Bezug genommenen materiellen Vorschriften über die Patenterteilung nicht einschließen. Da die Verweisung in § 64 Abs. 3 Satz 2 nur das Verfahren betrifft, muss vielmehr bei sinngemäßer Anwendung an die Stelle der materiellen Regelung über die Patenterteilung die für die Patentbeschränkung in § 64 Abs. 1 gegebene treten. Wie oben erwähnt, liegt jedenfalls den Artikeln 51 bis 54 GPÜ (1989) eine andere Konzeption zugrunde.

17 Die materiellrechtliche Vorschrift in § 64 Abs. 1 macht indes die Patentbeschränkung nur von dem Vorliegen einer Beschränkung abhängig. Sie setzt für die Vornahme der Beschränkung nicht wie § 22 den Nachweis voraus, dass ein sachlicher Mangel des Patents vorläge. Sie verlangt andererseits negativ für den Erfolg des Antrages ebenso wenig wie § 22, dass der Antrag so weit ginge, wie es bei objektiver Beurteilung möglich und vom Standpunkt der Allgemeinheit angezeigt wäre. Aus dem auch für das Beschränkungsverfahren geltenden Untersuchungsgrundsatz lässt sich nichts Abweichendes herleiten. Der **Untersuchungsgrundsatz** betrifft nur die Frage, auf welche Weise die für die Entscheidung maßgebenden tatsächlichen Unterlagen zu beschaffen sind. Er nimmt den Beteiligten nicht die Verfügung über den Gegenstand und den Umfang der Prüfung (vgl. Rdn. 13–17 vor § 34). Dafür ist allein der Antrag maßgebend. So wenig wegen des auch dort maßgebenden Untersuchungsgrundsatzes eine Nichtigkeitsklage mit der Begründung abgewiesen werden könnte, dass eine weitergehende Nichtigkeitserklärung möglich und angezeigt sei, als sie beantragt ist, so wenig kann aus diesem Grunde ein Beschränkungsantrag zurückgewiesen werden.

18 Eine andere Frage ist die, ob die Patentabteilung berechtigt und verpflichtet ist, den Patentinhaber auf weiteres, in dem Antrage **nicht berücksichtigtes Material hinzuweisen** und gegebenenfalls eine weitergehende Abgrenzung anzuregen. Diese Frage ist zu bejahen. Es ist das Recht und die Pflicht jeder Behörde und jeden Gerichts, den Rechtsuchenden auf ihm nicht bekannte Umstände aufmerksam zu machen und auf eine sachdienliche Antragstellung hinzuwirken. Die Abteilung hat daher den Antragsteller auf einen ihr bekannten weiteren Stand der Technik hinzuweisen. Zu einer besonderen Recherche ist sie berechtigt, aber nicht verpflichtet. Etwaige Meinungsverschiedenheiten über den patenthindernden Charakter des von Amts wegen herangezogenen Materials und das Ausmaß der erforderlichen Beschränkung sind nicht im Beschränkungsverfahren auszutragen.

19 **ff) Kriterien für die Beschränkung.** Die Beurteilung der Frage im Einzelnen, ob der Antrag des Patentinhabers auf eine zulässige Beschränkung abzielt, erfolgt nach denselben Grundsätzen wie bei einer Änderung der Patentansprüche im Einspruchs- oder Nichtigkeitsverfahren, vgl. PA Bl. **57,** 129. Eine Beschränkung des Patentbegehrens auf ein in der Beschreibung behandeltes Ausführungsbeispiel kann auch im Beschränkungsverfahren vorgenommen werden, PA Bl. **57,** 129. Eine Zusammenfassung von Merkmalen in einem neugefassten, eingeschränkten Patentanspruch ist unbedenklich, wenn die Merkmale bereits in den ursprünglichen Patentansprüchen enthalten waren und in der Patenschrift von jeher – auch in ihrem Zusammenwirken miteinander – als Gegenstand der Erfindung offenbart waren, BGH GRUR **61,** 572 – Metallfenster. Nicht zulässig ist die Streichung eines erfindungswesentlichen Merkmals einer Kombination, BGH Liedl **61/62,** 304, 423 f., oder die Aufnahme eines nicht als erfindungswesentlich offenbarten Merkmals eines Ausführungsbeispiels, BGH GRUR **67,** 194, 196 f. – Hohlwalze. Im Einzelnen kann auf die Erläuterungen zu §§ 21 und 22 und zu § 38 verwiesen werden.

20 **c) Rechtliches Gehör.** Vor einer Zurückweisung des Antrages ist, wie sich aus der Verweisung auf § 45 ergibt, der Antragsteller aufzufordern, etwaige Mängel des Antrages innerhalb einer bestimmten Frist zu beseitigen. Bedenken gegen die Begründetheit des Antrages sind dem Antragsteller gemäß § 64 Abs. 3 Satz 2 in Vbdg. mit § 45 Abs. 2 mit der Aufforderung mitzuteilen, sich innerhalb einer bestimmten Frist zu äußern. Auf Umstände, zu denen der Antragsteller sich nicht äußern konnte, darf die Zurückweisung, wie durch die Verweisung auf § 48 klargestellt ist, nicht gestützt werden.

21 **d) Beteiligung Dritter.** Die Beteiligung Dritter am Beschränkungsverfahren ist nicht vorgesehen und daher nicht zulässig, PA Mitt. **60,** 152.

22 **e) Aussetzung.** Eine Aussetzung des Beschränkungsverfahrens ist nicht mit der Begründung zulässig, dass das Ergebnis einer über den Beschränkungsantrag hinausgehenden Nichtigkeitsklage, durch die sich das Beschränkungsverfahren erledigen kann, abgewartet werden solle, PA Bl. **57,** 320. Umgekehrt kann auch ein Nichtigkeitsverfahren in der Regel nicht wegen eines inzwischen anhängig gemachten Selbstbeschränkungsverfahrens ausgesetzt werden, PA Bl. **58,** 61.

f) Entscheidung über den Antrag. Die Entscheidung der Patentabteilung über den Antrag ergeht durch Beschluss, der zu begründen und dem Antragsteller zuzustellen ist (§ 64 Abs. 3 Satz 2 i. V. mit § 47). Der Beschluss wird mit der Zustellung wirksam. Damit tritt auch eine darin ausgesprochene Beschränkung – vorbehaltlich der aufschiebenden Wirkung einer etwaigen Beschwerde (§ 75) bei Beschränkung auf einen Hilfsantrag – in Kraft. 23

aa) Änderung der Ansprüche. Im Hinblick auf die rechtsgestaltende Wirkung des dem Beschränkungsantrage stattgebenden Beschlusses müssen die neuen Patentansprüche in dem Beschluss genau bezeichnet werden. Bei einem Widerspruch zwischen dem Beschränkungsantrag und dem daraufhin ergehenden Beschluss geht der Beschluss vor. 24

bb) Änderung der Beschreibung. In dem Beschluss, durch den dem Beschränkungsantrag entsprochen wird, ist auch die Patentbeschreibung der neuen Fassung des oder der Ansprüche anzupassen. Eine Angabe der im Beschränkungsverfahren in Betracht gezogenen Druckschriften am Schluss der Patentschrift findet nicht statt, vgl. PA Bl. **57,** 120; a. A. PA Mitt. **58,** 35. In § 64 Abs. 3 wird nicht auf § 32 Abs. 3 Satz 2 verwiesen. Die angepasste Beschreibung tritt an die Stelle der bisherigen. In einem späteren Nichtigkeitsverfahren ist daher die geänderte Beschreibung zugrunde zu legen, BGH GRUR **58,** 134 – Milchkanne. 25

cc) Veröffentlichung. Die Änderung der Patentschrift ist zu veröffentlichen (§ 64 Abs. 3 Satz 4). Das geschieht durch Ausgabe eines Ergänzungsblatts zur Patentschrift des beschränkten Patents, soweit diese noch als Druckschrift veröffentlicht worden ist, aus dem die Änderungen der Ansprüche und der Beschreibung im Einzelnen ersichtlich sind. Die Anordnung der Beschränkung des Patents wird ferner im **Patentregister** vermerkt (§ 30 Abs. 1 Satz 2) und im Patentblatt bekanntgegeben (§ 32 Abs. 5). Die Veröffentlichung und der Eintrag in der Rolle bedeuten rechtlich die Bekanntgabe der neuen Fassung und des neuen Inhalts des Patents. Bei europäischen Patenten, die mit Wirkung für die Bundesrepublik Deutschland erteilt worden sind, wird die im Beschränkungsverfahren beschlossene Änderung der Patentschrift nicht veröffentlicht. Die Beschränkung wird im Patentregister vermerkt und im Patentblatt veröffentlicht, vgl. MittPräsDPA 8/87, Bl. **87,** 185. 26

dd) Druckkostenbeitrag. Neben der Gebühr für das Beschränkungsverfahren hatte der Antragsteller früher bei zu erwartendem Erfolg seines Antrags auf Aufforderung des Patentamts zur Deckung der Druckkosten, die durch die Veröffentlichung der Änderung der Patentschrift entstehen, einen Druckkostenbeitrag zu zahlen. Durch das GPatG ist die Gebühr für den Beschränkungsantrag erhöht und der **Druckkostenbeitrag gestrichen** worden, um den Verwaltungsaufwand zu vermindern. Nach der elektronischen Herstellung der Patentschrift erledigt sich dieses Problem. 27

g) Beschwerde. Durch den Beschluss, durch den dem Antrag des Patentinhabers stattgegeben wird, wird dieser nicht beschwert. Nur wenn sein Antrag oder – bei Eventualanträgen – sein Hauptantrag zurückgewiesen wird, ist die befristete gebührenpflichtige Beschwerde nach § 73 zulässig. 28

Andere Personen als der Patentinhaber sind am Beschränkungsverfahren nicht beteiligt (vgl. oben Rdn. 21). Sie sind daher gemäß § 74 nicht beschwerdeberechtigt. Gegen eine zur Beschränkung des Patents angeordnete Änderung der Patentansprüche, die eine Erweiterung enthält, können sie nach § 22 mit der Nichtigkeitsklage vorgehen, vgl. dazu die Erl. zu § 22. 29

Vierter Abschnitt. Patentgericht

Vorbemerkungen

Inhaltsübersicht

1. Inhalt des Abschnitts. Der Abschnitt, der durch das 6. ÜG eingefügt ist, enthält die Vorschriften über die Gerichtsverfassung des Patentgerichts. Ergänzend zu den Vorschriften des Abschnitts sind die Vorschriften des Gerichtsverfassungsgesetzes, auf die zum Teil ausdrücklich verwiesen ist (§ 69 Abs. 1, 3, § 68), heranzuziehen. In § 173 VwGO, der nach seiner Stellung in den Schlussbestimmungen auch für die Gerichtsverfassung der Verwaltungsgerichte gilt, ist 1 das für den Bereich der Verwaltungsgerichtsbarkeit ausdrücklich bestimmt. Diese Vorschrift ist zwar sachlich in § 99 übernommen worden. Da sie jedoch in den Abschnitt über das Verfahren aufgenommen ist, gilt sie nicht für die Vorschriften des Abschnitts über das Patentgericht. Sie ist indes auch für diesen Abschnitt insofern von Bedeutung, als sie bestätigt, dass Lücken des Gesetzes, wie es der rechtlichen Stellung des Patentgerichts entspricht (vgl. unten Rdn. 9), in erster Linie durch entsprechende Anwendung der für die ordentlichen Gerichte geltenden Bestimmungen auszufüllen sind. Die Rechtsstellung der Richter war bis zum Inkrafttreten des Richtergesetzes vorläufig in § 12 des 6. ÜG geregelt. Jetzt ist dafür das Richtergesetz maßgebend.

2. Patentgericht

2 **Literatur:** Weiss, Drei Jahre Bundespatentgericht, Gedanken und Erfahrungen, GRUR **64,** 637; Jungbluth, Das Bundespatentgericht im zehnten Jahre seines Bestehens, Festschrift Zehn Jahre Bundespatentgericht, Köln 1971 S. 9; Faber, Über die Zusammenarbeit von rechtskundigen und technischen Richtern beim Bundespatentgericht, DRiZ **75,** 49; Pakuscher, Patentamt und Patentgericht – ein organisatorisches Rechtsproblem –, Mitt. **77,** 8; ders., Zukünftige Aufgaben des Bundespatentgerichts, Auswirkungen der europäischen Patentübereinkommen und anderer internationaler Verträge, BB **77,** 1; Krieger, Das Bundespatentgericht als „Bundesgericht für Angelegenheiten des gewerblichen Rechtsschutzes" (Art. 96 GG), GRUR **77,** 343; Pakuscher, Zum zwanzigsten Geburtstag des Bundespatentgerichts, GRUR **81,** 449; Leise, Das Selbstverständnis des Bundespatentgerichts unter besonderer Berücksichtigung des technischen Richters, GRUR **81,** 470; 25 Jahre Bundespatentgericht, Festschrift, 1986, mit den Beiträgen: Krieger, Die Errichtung des Bundespatentgerichts vor 25 Jahren, 31; Herbst, Das Bundespatentgericht als Gericht der ordentlichen Gerichtsbarkeit, 47. Ferner Schmieder, 25 Jahre Bundespatentgericht, NJW **86,** 1715; Sendler, Richter und Sachverständige, NJW **86,** 2907 (Festvortrag); Pakuscher, Der U.S. Court of Appeals for the Federal Circuit – Ein Modell für Europa? GRUR Int. **91,** 760; Stauder, Rechtszug und Rechtsmittel im Erteilungs-, Verletzungs- und Nichtigkeitsverfahren, FS 100 Jahre GRUR, **91,** 503 ff.; Vogel, Zur Auswirkung des Vertrages über die Herstellung der Einheit Deutschlands auf die Verfahren vor dem Deutschen Patentamt und dem Bundespatentgericht, GRUR **91,** 83; Pakuscher, Der Jurist als technischer Richter, FS Nirk 1992, 829; vgl. auch die jährlichen Berichte in GRUR über die Rechtsprechung des Bundespatentgerichts, zuletzt Winterfeld, GRUR **04,** 361 ff., und **05,** 449 ff., und die seit dem Berichtsjahr 2000 als elektronisches Dokument veröffentlichten Jahresberichte des BPatG (http://www.bpatg.de/bpatg/veroeffentlichungen/jahresberichte/jb_inhalt.html); Koch, Ausschließliche internationale Zuständigkeit der Beschwerdekammern des Europäischen Patentamts, EPI Information, **92,** 42 ff.

3 **a) Geschichtliche Entwicklung.** Seit Errichtung des Patentamts im Jahre 1877 war stets eine Nachprüfung der Beschlüsse der mit der Prüfung der Anmeldungen befassten Stellen in einem besonders geregelten Beschwerdeverfahren innerhalb des Patentamts vorgesehen. Nach § 14 des Patentgesetzes vom 25. 5. 1877 (RGBl. S. 501) waren für die Bearbeitung der Anmeldungen mehrere Abteilungen gebildet. Gegen deren Beschlüsse war die Beschwerde gegeben (§ 15 Abs. 3), über die eine andere Abteilung oder mehrere Abteilungen gemeinsam entschieden; Mitglieder, die bei dem angefochtenen Beschluss mitgewirkt hatten, durften an der Beschlussfassung über die Beschwerde nicht teilnehmen (§ 16). Für die Entscheidung über die Erklärung der Nichtigkeit oder die Zurücknahme von Patenten war eine besondere Abteilung gebildet (§ 14 Abs. 3 Satz 1). Gegen deren Endentscheidungen in der Sache war die Berufung an das Reichsoberhandelsgericht gegeben, an dessen Stelle später das Reichsgericht getreten ist (§ 32). Durch das Patentgesetz vom 7. 4. 1891 (RGBl. S. 79) wurde dieser Zustand dahin abgeändert, dass für die Patentanmeldungen, für die Anträge auf Erklärung der Nichtigkeit oder auf Zurücknahme von Patenten und für die Beschwerden besondere Abteilungen mit den Bezeichnungen Anmeldeabteilung, Nichtigkeitsabteilung und Beschwerdeabteilung errichtet wurden (§ 14). Gegen die Beschlüsse der Anmeldeabteilungen und der Nichtigkeitsabteilung war die Beschwerde gegeben, über die eine der Beschwerdeabteilungen zu befinden hatte (§§ 16, 17); gegen die Endentscheidungen der Nichtigkeitsabteilung, der durch Art. II des Gesetzes vom 6. 6. 1911 (RGBl. S. 243) auch das Zwangslizenzverfahren übertragen wurde, war die Berufung an das Reichsgericht zulässig (§ 33). Soweit später an die Stelle der Anmeldeabteilung Prüfungsstellen getreten sind (vgl. Vorbem. zum 2. Abschnitt), ist gegen ihre Entscheidungen die Beschwerde eröffnet worden. Dieser Zustand ist bis zum Inkrafttreten des 6. ÜG im Wesentlichen bestehen geblieben.

4 Die Tätigkeit des Patentamts wurde seit seiner Errichtung weitgehend als rechtsprechende angesehen. Aus diesem Grunde (vgl. die Ausführungen der Abgeordneten Dove, Graf von Po-

sadowsky – Wehner und List in den Haushaltsberatungen des Reichstages, Verhandlungen Band 310, S. 3692, 3697, 3705) wurde im Jahre 1917 die Dienstaufsicht, die bis dahin dem Reichsamt des Inneren zustand, dem damaligen Reichsjustizamt übertragen. Durch das Gesetz über Änderungen im patentamtlichen Verfahren vom 1. 2. 1926 (RGBl. II S. 127) wurde zur Koordinierung der Rechtsprechung der Beschwerdeabteilungen ein Großer Senat beim Patentamt gebildet (Art. II). Durch Verordnung des Reichspräsidenten vom 28. 6. 1933 (Reichsanz. Nr. 157 S. 1) wurde den Mitgliedern des Patentamts eine Amtstracht nach dem Muster der preußischen Gerichtsrobe verliehen. Durch das Patentgesetz vom 5. Mai 1936 (RGBl. II S. 117) erhielten schließlich die Beschwerde- und Nichtigkeitsabteilungen zur zutreffenden Kennzeichnung der sachlichen Bedeutung die bei anderen Behörden von etwa gleicher Ordnung übliche Bezeichnung „Senat" (Begründung zu § 18 Bl. **36,** 109) und die Vorsitzenden die Dienstbezeichnung „Senatspräsident". Ihre Zuständigkeit wurde gegenüber dem früheren Zustand (vgl. oben) nicht geändert.

Im Einklang mit der darin zum Ausdruck gelangenden Beurteilung der Tätigkeit des Patentamts, insbesondere seiner Beschwerde- und Nichtigkeitssenate wurde das Patentamt als Institution entweder als Ganzes oder jedenfalls hinsichtlich der Nichtigkeitssenate als Gericht angesehen. Auch nach der Wiedererrichtung des Patentamts im Jahre 1949 wurde der neu eingerichteten Behörde ganz oder teilweise der Charakter eines Gerichts zugesprochen.

Dieser Frage kam indes bis zum Inkrafttreten des Grundgesetzes keine besondere Bedeu- 5 tung zu. Die Frage wurde erst dadurch bedeutsam, dass Art. 19 Abs. 4 GG den Rechtsweg zu den Gerichten gegen jede Verletzung von Rechten durch die öffentliche Gewalt eröffnete. War das Patentamt Verwaltungsbehörde, so unterlagen damit seine Entscheidungen der Nachprüfung durch die Gerichte und zwar im Allgemeinen durch die Verwaltungsgerichte. War das Patentamt dagegen als Ganzes oder waren zumindest seine Beschwerdesenate als Gericht anzusehen, so waren seine Entscheidungen auch weiterhin endgültig, soweit das Gesetz nicht – wie im Nichtigkeitsverfahren – eine Anfechtung vorsah. Der hierüber entstandene Meinungsstreit ist vom Bundesverwaltungsgericht in dem ersteren Sinne entschieden worden. Im Urteil vom 13. 7. 1959 (Bl. **59,** 258 = GRUR **59,** 435 = BVerwGE **8,** 350 = NJW **59,** 1507 = BB **59,** 646; vgl. zu dem Urteil und der damit erforderlich gewordenen Neuordnung u. a. Haertel BB **59,** 749; Bernhardt, NJW **59,** 2043; Bettermann DÖV **59,** 761; Kern, NJW **60,** 1429; Greuner, Mitt. **59,** 133; Völp, NJW **60,** 81; GRUR **60,** 206) hat das Gericht ausgesprochen, das Patentamt sei weder als Ganzes noch in seinen Beschwerdesenaten als Gericht anzusehen; die Entscheidungen der Beschwerdesenate seien daher mit Klage bei den Verwaltungsgerichten anfechtbar. Dieser Rechtszustand machte ein Eingreifen des Gesetzgebers erforderlich.

Die erforderlich gewordenen gesetzlichen Regelungen sind durch das Gesetz über die Frist 6 für die Anfechtung von Entscheidungen des Deutschen Patentamts vom 17. 2. 1960 (BGBl. I S. 78), das 12. Gesetz zur Ergänzung des Grundgesetzes vom 6. 3. 1961 (BGBl. I S. 141) und das 6. Überleitungsges. vom 23. 3. 1961 (BGBl. I S. 274) erfolgt. Durch das Gesetz über die Frist für die Anfechtung von Entscheidungen des Deutschen Patentamts wurde im Interesse der Rechtssicherheit eine zeitliche Grenze für die Anfechtung der bis zum 13. 6. 1959 ergangenen Entscheidungen des Patentamts gesetzt (vgl. dazu Krieger BB **60,** 231; Völp WRP **60,** 64; Ballhaus Mitt. **60,** 22). Auf die bis zum 13. 6. 1959 ergangenen, mit einer zutreffenden Rechtsmittelbelehrung zugestellten Entscheidungen des Patentamts war das Gesetz nicht anzuwenden, BGH Bl. **62,** 82. Durch das 12. Gesetz zur Ergänzung des Grundgesetzes wurde Art. 96 a (jetzt Art. 96) in das Grundgesetz eingefügt und damit die Möglichkeit der Errichtung des Patentgerichts eröffnet (zur Tragweite des Art. 96 GG im Einzelnen vgl. Krieger GRUR **77,** 343). Durch das 6. Gesetz zur Änderung und Überleitung von Vorschriften auf dem Gebiet des gewerblichen Rechtsschutzes sind die Errichtung des Patentgerichts vollzogen und die Einrichtung und das Verfahren des Gerichts geregelt worden.

Durch die beiden zuletzt genannten Gesetze hat der Gesetzgeber von den verschiedenen in 7 Betracht kommenden, in der Begründung zum 6. ÜG näher dargestellten Möglichkeiten aus den dort dargelegten Gründen der Lösung den Vorzug gegeben, die Beschwerde- und Nichtigkeitssenate aus dem Patentamt herauszulösen und zu einem selbstständigen Gericht auszugestalten. Die wesentlichen Änderungen gegenüber dem früheren Rechtszustand liegen abgesehen von der organisatorischen Trennung der Rechtsmittelinstanz vom Patentamt und ihrer Ausgestaltung als Gericht in der veränderten Besetzung der technischen Beschwerdesenate infolge der obligatorischen Mitwirkung eines rechtskundigen Mitglieds (vgl. hierzu Hiete, Stellung und Aufgaben des rechtskundigen Mitglieds im technischen Beschwerdesenat, Mitt. **65,** 201) und der Neuordnung des Beschwerde- und Nichtigkeitsverfahrens in starker Anlehnung an die Prozessordnungen der Zivil- und Verwaltungsgerichte.

8 **b) Errichtung.** Von der durch Art. 96a (jetzt 96) GG eröffneten Möglichkeit, „für Angelegenheiten des gewerblichen Rechtsschutzes" ein Bundesgericht zu errichten, hat der Gesetzgeber nicht durch ein besonderes Errichtungsgesetz, sondern durch die durch das 6. ÜG in das Patentgesetz eingefügte Vorschrift des § 36b Abs. 1 Satz 1 PatG 1968 (jetzt § 65) Gebrauch gemacht. Durch diese Vorschrift ist das Bundespatentgericht mit Inkrafttreten des 6. ÜG am 1. 7. 1961 errichtet, d. h. im Rechtssinne geschaffen worden. Die tatsächliche Einrichtung des Gerichts ist im Wesentlichen dadurch vollzogen worden, dass die Beschwerde- und Nichtigkeitssenate des Patentamts aus der Organisation des Patentamts ausgegliedert und in das neu errichtete Patentgericht überführt wurden. Das Gericht ist am 1. 7. 1961 eröffnet worden, Bek. BMJ Bl. **61,** 247.

9 **c) Rechtliche Einordnung.** Das Patentgericht ist Gericht des Bundes. Es gehört zum Geschäftsbereich des Bundesministers der Justiz, dem die Bestimmung in einer Reihe von Justizverwaltungsangelegenheiten zusteht. Der Bundesminister der Justiz bestimmt u. a. die Zahl der Senate (§ 66 Abs. 2) und die Einrichtung der Geschäftsstelle (§ 72). Er übt die Dienstaufsicht über den Präsidenten des Patentgerichts aus.

Das Patentgericht ist *besonderes Gericht der ordentlichen Gerichtsbarkeit,* vgl. Röhl NJW **60,** 1793; Ballhaus Mitt. **61,** 102; Herbst, Festschrift 25 Jahre Bundespatentgericht, 47 ff. Es ist dem Bundesgerichtshof nachgeordnet (Art. 96 Abs. 3 GG, §§ 100, 110, 112 Abs. 2, 122) und gehört damit im Sinne des Art. 95 Abs. 1 GG zum Bereich der ordentlichen Gerichtsbarkeit. Es ist ähnlich den in § 14 GVG bezeichneten Gerichten ein besonderes Gericht der ordentlichen Gerichtsbarkeit. Für das Patentgericht gelten deshalb nicht die für die Gerichte der ordentlichen streitigen Gerichtsbarkeit – die sogen. ordentlichen Gerichte (§§ 12, 13 GVG) – erlassenen Bestimmungen, wie das GVG (§ 2 EGGVG), das nur zur Ergänzung des Abschnitts entsprechend anzuwenden ist (vgl. oben Rdn. 1), wohl aber die für die Justizbehörden des Bundes geltenden Vorschriften, wie die Justizverwaltungskostenordnung und die Justizbeitreibungsordnung (vgl. § 98 Rdn. 1). Das Patentgericht hat den Rang eines Oberlandesgerichts, vgl. BGH GRUR **86,** 453 – Transportbehälter, unter Bezugnahme auf die Amtliche Begründung zum Entwurf des 6. Überleitungsgesetzes zum PatG. Dementsprechend sind die Richter in die Besoldungsgruppe R 2, die Vorsitzenden Richter in die Besoldungsgruppe R 3, der Präsident in die Besoldungsgruppe R 8 und der Vizepräsident in die Besoldungsgruppe R 4 eingestuft.

9a Das Bundespatentgericht ist das Organ, durch das der Bund auch das Grundrecht auf wirksamen und möglichst lückenlosen richterlichen Rechtsschutz gegen Akte der öffentlichen Gewalt im Bereich des Patentrechts verwirklicht. Seine Aufgabe erschöpft sich allerdings nicht in einer solchen Gewährleistung von Rechtsschutz dieser Art. Wie die gerichtlichen Instanzen der freiwilligen Gerichtsbarkeit setzt es auch selbst Akte der öffentlichen Gewalt und hebt sie ggf. – im Einspruchsbeschwerdeverfahren oder im Nichtigkeitsverfahren– auch selbst wieder auf oder ändert sie ab. Die in Art. 19 Abs. 4 Satz 1 GG verbürgte Effektivität des Rechtsschutzes wird in erster Linie von den Verfahrensnormen des Patentgesetzes und der ergänzend heranzuziehenden Prozessordnungen gewährleistet. Durch seine Existenz und seine Aufgaben erfüllt die Bundesrepublik Deutschland zugleich die völkerrechtliche Verpflichtung, nach Art. 62 Abs. 4 und 5 auch in Verfahren für die Erteilung oder Registrierung von Schutzrechten des geistigen Eigentums und für den Widerruf, die Löschung oder Nichtigerklärung solcher Schutzrechte die Kontrolle durch gerichtliche Organe zu gewährleisten. Die Zulässigkeit eines Rechtsschutzbegehrens ist vom Vorliegen eines schutzwürdigen Interesses bei der Verfolgung eines subjektiven Rechts abhängig. Damit der Rechtsschutz nach Art. 19 Abs. 4 Satz 1 GG nicht unzumutbar beschränkt wird, dürfen aber an ein solches Rechtsschutzbedürfnis keine aus Sachgründen nicht mehr zu rechtfertigenden Anforderungen gestellt werden, vgl. BVerfGE **78,** 88, 99.

10 **d) Sitz.** Als Sitz des Patentgerichts ist der Sitz des Patentamts bestimmt worden. Der Sitz des Patentgerichts ist damit an den Sitz des Patentamtes gebunden. Nach der Begr. zum 6. ÜG (Bl. **61,** 140, 151) ist das aus der Überlegung geschehen, dass die Bibliothek und der technische Prüfstoff dem Patentgericht und dem Patentamt in gleicher Weise zugänglich sein sollen. Da das Patentamt nach § 1 Abs. 2 des Gesetzes über die Errichtung eines Patentamts im Vereinigten Wirtschaftsgebiet vom 12. 8. 1949 (WiGBl. S. 251) seinen Sitz in München hat, ist München auch der Sitz des Patentgerichts, vgl. die Bek. des BMJ über die Eröffnung des Patentgerichts Bl. **61,** 247.

11 **3. Gerichtspersonen.** Das Patentgericht erfüllt die ihm auf dem Gebiet der Rechtsprechung, Gerichtsverwaltung und Justizverwaltung zugewiesenen Aufgaben durch Richter, Beamte, Angestellte und Arbeiter (§ 65 Abs. 4). Für die auf dem Gebiet der Rechtsprechung tätigen Personen, die Richter, Rechtspfleger und Urkundsbeamten, die in § 86 Abs. 1 unter der Bezeichnung „Gerichtspersonen" zusammengefasst sind, enthält das Gesetz besondere Bestim-

mungen über ihre Befähigung, ihre Ernennung, ihre rechtliche und prozessuale Stellung. Durch das Rechtspflegergesetz vom 5. 11. 1969 (BGBl. I S. 2065) sind Rechtspfleger auch für das Bundespatentgericht vorgesehen worden; ihnen sind die in § 23 des Gesetzes aufgeführten Geschäfte übertragen worden.

4. Amtstracht. Die Amtstracht der Gerichtspersonen des Patentgerichts ist geregelt durch 12
die Anordnung des Bundespräsidenten über die Amtstracht bei dem Bundespatentgericht vom 5. 5. 1961 (BGBl. I S. 596). Auf Grund der Ermächtigung in Art. 3 der AnO sind die Ausführungsbestimmungen des Bundesministers der Justiz vom 24. 8. 1961 (Bl. **61,** 373) ergangen, denen eine Beschreibung der Amtstracht beigefügt ist.

65 *Patentgericht. Richteramt. Dienstaufsicht.* (1) [1]**Für die Entscheidung über Beschwerden gegen Beschlüsse der Prüfungsstellen oder Patentabteilungen des Patentamts sowie über Klagen auf Erklärung der Nichtigkeit von Patenten und in Zwangslizenzverfahren(§§ 81, 85) wird das Patentgericht als selbständiges und unabhängiges Bundesgericht errichtet.** [2]**Es hat seinen Sitz am Sitz des Patentamts.** [3]**Es führt die Bezeichnung „Bundespatentgericht".**

(2) [1]**Das Patentgericht besteht aus einem Präsidenten, den Vorsitzenden Richtern und weiteren Richtern.** [2]**Sie müssen die Befähigung zum Richteramt nach dem Deutschen Richtergesetz besitzen (rechtskundige Mitglieder) oder in einem Zweig der Technik sachverständig sein (technische Mitglieder).** [3]**Für die technischen Mitglieder gilt § 26 Abs. 2 entsprechend mit der Maßgabe, daß sie eine staatliche oder akademische Abschlußprüfung bestanden haben müssen.**

(3) **Die Richter werden vom Bundespräsidenten auf Lebenszeit ernannt, soweit nicht in § 71 Abweichendes bestimmt ist.**

(4) **Der Präsident des Patentgerichts übt die Dienstaufsicht über die Richter, Beamten, Angestellten und Arbeiter aus.**

Inhaltsübersicht

Vorbemerkung zum Textbestand: § 65 Abs. 1 Satz 1: IdF d. Art. 2 Nr. 20 a G v. 16. 7. 1998 I 1827 mWv 1. 11. 1998

1. Bundespatentgericht. Literatur: Pakuscher, Patentamt und Patentgericht – ein organi- 1
satorisches Problem –, Mitt. **77,** 8, 11 ff.; Krieger, Das Bundespatentgericht als „Bundesgericht für Angelegenheiten des gewerblichen Rechtsschutzes (Art. 96 GG)", GRUR **77,** 343; Herbst, Festschrift 25 Jahre Bundespatentgericht, 1986, 47.

Das Patentgericht, das durch § 65 Abs. 1 Satz 1 mit dessen Inkrafttreten errichtet worden ist (vgl. Rdn. 8 vor § 65) und nach § 65 Abs. 1 Satz 3 die Bezeichnung „Bundespatentgericht" führt, ist selbstständiges und unabhängiges Gericht. Dies entspricht sachlich der in § 1 VwGO für die Verwaltungsgerichte getroffenen Regelung. Das Patentgesetz hebt durchweg auf die funktionelle Bezeichnung „Patentgericht" ab, ebenso auch das Markengesetz, während das Geschmacksmustergesetz 2004 die organisatorisch korrekte Bezeichnung „Bundespatentgericht" verwendet. Eine nominell vergleichbare Institution besteht im Vereinigten Königreich mit dem „Patents Court", der aber Teil der Chancery Division des High Court of Justice ist, in der personellen Besetzung mit dem Bundespatentgericht nicht zu vergleichen ist und neben seiner Zuständigkeit zur Rechtskontrolle der Entscheidungen des UK Patent Office (in der Besetzung mit einem Richter) insbesondere für Verletzungsstreitigkeiten (ebenfalls in der Besetzung mit einem Einzelrichter), in der Regel kombiniert mit Nichtigkeitsfragen, zuständig ist, soweit nicht die Zuständigkeit des Patents County Courts in Anspruch genommen wird. Der amerikanische Court of Appeals for the Federal Circuit wird gelegentlich als vergleichbare Institution zitiert, hat aber nicht nur – zusätzlich zur gerichtlichen Kontrolle der Entscheidungen des US Patent and Trademark Office – eine Zuständigkeit als Berufungsgericht in Patentverletzungsstreitigkeiten, sondern darüber hinaus auch breite Zuständigkeiten verwaltungsgerichtlicher Art und ist auch von der Zahl der Richter nicht mit dem Bundespatentgericht vergleichbar. Dies gilt auch für den „Board of Patent Appeals and Interferences“, der in das USPTO eingegliedert und mit „Administrative Patent Judges“ (35 U. S. C. Section 6) besetzt ist. Deutliche Ähnlichkeiten mit ihm weisen nach Funktion, Organisation und Besetzung allerdings die Beschwerdekammern des Europäischen Patentamts auf. Ein wesentlicher Unterschied besteht darin, dass die Mitglieder der Beschwerdekammern nicht den Status von Richtern auf Lebenszeit haben und nur für jeweils fünf Jahre ernannt werden.

2 **a) Selbstständigkeit.** Das Patentgericht ist ein selbstständiges Organ der Rechtspflege. Es übt nicht wie früher die Beschwerdesenate des Patentamts Verwaltungsselbstkontrolle, sondern echte Gerichtsbarkeit aus. Gemäß dem verfassungsrechtlichen Grundsatz, dass die Rechtsprechung von besonderen Organen der Staatsgewalt ausgeübt wird (Art. 20 Abs. 2 GG), ist das Patentgericht vom Patentamt getrennt. Die Selbstständigkeit des Patentgerichts bedeutet aber Selbstständigkeit nicht nur gegenüber dem Patentamt und anderen Verwaltungsbehörden, sondern Selbstständigkeit auch gegenüber anderen Gerichten. Die Selbstständigkeit verlangt eine organisatorische und personelle Trennung. Die organisatorische Trennung ist durch die Errichtung einer selbstständigen Behörde mit eigenen Einrichtungen, einem Präsidenten (§ 65 Abs. 2 Satz 1), einem Vizepräsidenten (§ 68 Nr. 3), Senaten und einer Geschäftsstelle (§ 72) herbeigeführt worden. Die personelle Trennung wird dadurch gewährleistet, dass das Richteramt beim Patentgericht durch auf Lebenszeit ernannte Mitglieder ausgeübt wird und Richter anderer Gerichte und Verwaltungsbeamte nur in beschränktem Umfange und nur vorübergehend als Richter tätig werden dürfen (§ 71, §§ 28, 29 DRiG).

3 Die Selbstständigkeit des Patentgerichts gebietet nicht eine räumliche Trennung vom Patentamt; Bedenken gegen die frühere Unterbringung in einem Gebäude mit dem Patentamt wurden von Nirk (NJW **74,** 1498) und Pakuscher (Mitt. **77,** 8, 12) geäußert. Diese Bedenken sind spätestens seit dem Umzug des Patentgerichts nach Cincinnatistraße 64, 81549 München, gegenstandslos.

4 **b) Unabhängigkeit.** Das Patentgericht ist als unabhängiges Gericht errichtet. Dem Gericht und seinen Mitgliedern ist dadurch für die Ausübung der Rechtsprechung *sachliche* Unabhängigkeit eingeräumt. Die *persönliche* Unabhängigkeit wird durch die Vorschrift nicht betroffen; sie wird den planmäßig und endgültig angestellten Richtern durch Art. 97 Abs. 2 GG und die §§ 30ff. DRiG gewährt. Durch § 29 DRiG wird gewährleistet, dass die ganz überwiegende Mehrzahl der Richter die persönliche Unabhängigkeit genießt.

5 Die *sachliche* Unabhängigkeit bedeutet, dass der Richter nur dem Gesetz unterworfen ist (Art. 97 Abs. 1 GG; § 25 DRiG). Für die Ausübung der Rechtsprechung darf keine staatliche Stelle dem Richter Weisungen erteilen. Der Richter darf auch seinerseits keine Weisungen entgegennehmen. *Nur* das Gesetz bindet den Richter. Gesetz in diesem Sinne ist jede Rechtsnorm, gleichgültig welcher Rechtsquelle sie entstammt. Rechtsquellen sind insbesondere das Grundgesetz, das Recht der Europäischen Gemeinschaften, die Bundesgesetze, die ratifizierten Staatsverträge, die Rechtsverordnungen, die anerkannten Regeln des Völkerrechts (Art. 25 GG) und das Gewohnheitsrecht. Keine Rechtsnormen sind Dienstanweisungen und andere Anordnungen, vgl. dazu Daumann NJW **58,** 2004 sowie Baumbach/Lauterbach/Albers/Hartmann, ZPO, Anm. 2 B zu § 1 GVG.

6 Der Richter ist andererseits an das Gesetz gebunden. Er hat es auf den Einzelfall anzuwenden. Rechtsbeugung ist nach § 336 StGB strafbar. Der Richter darf von der Anwendung eines Gesetzes nicht deshalb absehen, weil er die gesetzliche Regelung für unzweckmäßig hält, BVerfGE **15,** 167, 201. Die Prüfung der Zweckmäßigkeit ist allein Sache des Gesetzgebers. Die Auslegung der Gesetze ist dagegen Aufgabe des Richters. Er ist dabei an Meinungsäußerungen der am Gesetzgebungsverfahren beteiligten Organe, wie die Begründung der Gesetzentwürfe, nicht gebunden; solche Meinungsäußerungen stellen jedoch ein wichtiges Hilfsmittel für die Auslegung der Gesetze dar.

7 Da nur die *geltende* Rechtsnorm den Richter bindet, hat der Richter vor der Anwendung die Geltung des Rechtsatzes zu prüfen. Bei Gesetzen im formellen Sinne ist zu prüfen, ob das Gesetz ordnungsmäßig zustande gekommen ist. Bei Verordnungen hat sich die Prüfung auch darauf zu erstrecken, ob sie auf einer gültigen Ermächtigung beruhen (Art. 80 GG), ob ihr Inhalt durch die Ermächtigung gedeckt ist (vgl. hierzu BGHZ **46,** 1 – Akteneinsicht IV, betr. die Gültigkeit des § 18 DPAVO a. F.) und ob sie ordnungsmäßig verkündet sind (Art. 82 GG). Ferner ist zu prüfen, ob die in einem Gesetz enthaltene Rechtsnorm nicht höherrangigen Vorschriften, insbesondere denen des Grundgesetzes, widerspricht.

8 Hinsichtlich der Vereinbarkeit der nach dem Inkrafttreten des Grundgesetzes verkündeten Gesetze ist das Prüfungsrecht des Richters dahin eingeschränkt, dass über die *Verfassungswidrig-*

keit dieser Gesetze das Bundesverfassungsgericht zu entscheiden hat. Hält das Gericht das Gesetz, auf dessen Gültigkeit es bei der Entscheidung ankommt, für verfassungswidrig, so ist das Verfahren auszusetzen und, wenn es sich um die Verletzung des Grundgesetzes handelt, die Entscheidung des Bundesverfassungsgerichts einzuholen (Art. 100 Abs. 1 GG). Das ist in den Beschlüssen Bl. **70,** 49, und Mitt. **70,** 47, geschehen. Hinsichtlich der Gültigkeit und Auslegung von Rechtsvorschriften der Europäischen Gemeinschaft kann das Gericht gem. Art. 234 Abs. 2 EG-Vertrag entsprechende Vorabentscheidungsersuchen an den Gerichtshof der Europäischen Gemeinschaften richten.

c) Gerichtsbarkeit. Die Gerichtsbarkeit des Patentgerichts im Sinne seiner Kompetenz ist in Abs. 1 Satz 1 nicht erschöpfend umschrieben. Dazu gehören neben den Aufgaben der Justizverwaltung und der Gerichtsverwaltung auch die dem Patentgericht etwa durch § 62 Abs. 2 Satz 5, § 115 Abs. 2 und § 128 Abs. 2 zugewiesenen Angelegenheiten. Auch die Zuständigkeit des Patentgerichts auf dem Gebiet der *Rechtspflege* ist in § 65 Abs. 1 Satz 1 nicht erschöpfend aufgeführt. Auf dem Gebiet der Rechtsprechung sind dem Patentgericht weitere Aufgaben übertragen durch § 62 Abs. 2 Satz 4, § 128 Abs. 2 und 3, § 136 i. V. mit § 127 Abs. 2 Satz 2 ZPO, durch das Gebrauchsmustergesetz (§§ 18, 20), das Markengesetz (§§ 66, 95 Abs. 2), das 6. Überleitungsgesetz (§§ 13, 17 Abs. 2), das Geschmacksmustergesetz 2004 (§ 23 Abs. 2), das Sortenschutzgesetz (§ 34), das Halbleiterschutzgesetz (§§ 4, 8) und durch § 8 i. V. mit § 2 Abs. 2 Buchst. c JBeitrO (vgl. dazu BPatGE **22,** 48). Im Rahmen seiner Zuständigkeit ist das Patentgericht auch für die Wiederaufnahme des Verfahrens zuständig, vgl. dazu BPatG Bl. **74,** 207. Auch die erstinstanzliche Zuständigkeit für Einspruchsverfahren nach § 147 Abs. 3 ist nicht durch § 65 Abs. 1 abgedeckt. Es scheint auch nicht beabsichtigt zu sein, im Zuge des Gesetzgebungsverfahrens zum Referentenentwurf über Änderungen des Einspruchsverfahrens und des Patentkostengesetzes § 65 Abs. 1 anzupassen und die geplante erstinstanzliche Dauerzuständigkeit des BPatG für Einspruchsverfahren auf Grund von Anträgen der Verfahrensbeteiligten in der Vorschrift zum Ausdruck zu bringen. **9**

Wegen besonderer Zuständigkeiten des Patentgerichts, die sich aus der Wiederherstellung der Einheit Deutschlands ergeben, vgl. auch § 3 Abs. 2 der besonderen Bestimmungen zum gewerblichen Rechtsschutz im Einigungsvertrag über die Zuständigkeit des Patentgerichts ab dem 3. 10. 1990 (Beschwerden gegen Entscheidungen in Bezug auf DDR-Altanmeldungen, Beschwerden gegen Entscheidungen, die in den noch bei den Spruchstellen nach DDR-Recht anhängigen Verfahren nach dem 3. 10. 1990 erlassen wurden), sowie § 51 Erstreckungsgesetz mit der Überleitung der noch bei den Beschwerdespruchstellen und Spruchstellen für Nichtigerklärung des DPA anhängigen Verfahren auf das Patentgericht (wegen der Begründung im Einzelnen vgl. BT-Drs. 12/1399, Bl. **92,** 213, 249 – Zu § 51). Die Zuständigkeit des Patentgerichts zur Feststellung der Unwirksamkeit eines Patents nach Art. II § 8 Abs. 3 IntPatÜG ist durch Art. 6 Nr. 5 GPatG 2 endgültig aufgehoben worden. **9 a**

Der *Rechtsweg* zum Patentgericht ist – unter Ausschluss jedes anderen Rechtsweges – in den Fällen eröffnet, in denen das Gesetz ausdrücklich die Anrufung des Patentgerichts vorsieht. Entscheidungen des Patentamts können danach nur insoweit beim Patentgericht angefochten werden, als es sich um Beschlüsse der Prüfungsstellen und Abteilungen (§§ 73 PatG, 10 Abs. 1 GebrMG, 66 MarkenG,), der Gebrauchsmusterstelle (§ 10 Abs. 1 GebrMG), der Topographiestelle (§ 4 Halbleiterschutzgesetz), Entscheidungen in Geschmacksmusterangelegenheiten (§ 23 Abs. 2 GeschmMG), um Entscheidungen des Urkundsbeamten der Geschäftsstelle in den Fällen der §§ 62 Abs. 2 Satz 4 PatG, 9 Abs. 3 GebrMG, 5 Abs. 6, 10 Abs. 3 WZG handelt. Eine umfassende Zuständigkeit ist dem Patentgericht danach nur hinsichtlich der Anfechtung der Beschlüsse der Prüfungsstellen, der Gebrauchsmusterstelle, der Markenstelle, der Topographiestelle und der Topographieabteilung, der Patentabteilungen, der Gebrauchsmusterabteilungen und der Markenabteilungen beigelegt. Auch gegen ein Untätigbleiben dieser Stellen wird daher nur das Patentgericht angerufen werden können, vgl. Ballhaus, Mitt. **61,** 104 mit Nachw. Verwaltungsakte des Präsidenten in Verwaltungsangelegenheiten, etwa in Angelegenheiten der Patentanwälte und Erlaubnisscheininhaber, können hingegen nur bei den Gerichten in Patentanwaltssachen (§§ 85 ff. PatAnwO) oder den Verwaltungsgerichten angefochten werden. **10**

Die Anfechtungen von Entscheidungen des Bundessortenamtes beim Patentgericht ist in § 34 des Sortenschutzgesetzes abschließend geregelt. **11**

d) Zusammensetzung des Gerichts. Als Organ der Rechtspflege besteht das Patentgericht gem. der Definition in § 65 Abs. 2 Satz 1 aus einem Präsidenten, aus Vorsitzenden Richtern und weiteren Richtern. Wie aus der Formulierung „weiteren" hervorgeht, ist auch der Präsident Richter und muss demzufolge die Befähigung zum Richteramt beim Patentgericht besitzen. Der Vizepräsident des Patentgerichts (vgl. § 68 Nr. 3) ist im gerichtsverfassungsrechtli- **12**

chen Sinne Vorsitzender Richter. Seine besondere Stellung ist in den §§ 21 c Abs. 1, 21 h GVG geregelt.

13 **2. Richteramt.** Die Bestimmungen der Vorschrift über das Richteramt beim Patentgericht lehnen sich an das früher geltende Recht und die Vorschriften für das Patentamt (§ 26) an. Sie sind durch § 120 DRiG aufrecht erhalten worden.

14 **a) Befähigung zum Richteramt.** Das Gesetz unterscheidet zwischen rechtskundigen und technischen Mitgliedern. Hinsichtlich der *rechtskundigen* Mitglieder verweist es auf das Deutsche Richtergesetz. Zum Richteramt befähigt ist danach jeder, der diese Fähigkeit durch Ablegung zweier Prüfungen erlangt hat (§ 5 DRiG) sowie jeder ordentliche öffentliche Lehrer des Rechts an einer deutschen Universität (§ 7 DRiG). Hinsichtlich der *technischen* Mitglieder verweist die Vorschrift auf § 26 Abs. 2. Mit Rücksicht auf den richterlichen Status der Mitglieder des Patentgerichts ist die akademische Abschlussprüfung, die § 26 Abs. 2 für die Mitglieder des Patentamts nur im Rahmen einer Sollvorschrift vorsieht, für die technischen Mitglieder zwingend vorgeschrieben. Durch die Vorschrift in § 65 Abs. 2 Satz 2, nach der die technischen Mitglieder des Patentgerichts in einem Zweig der Technik sachverständig sein müssen, wird nur festgelegt, unter welchen Voraussetzungen sie zum Richter beim Bundespatentgericht ernannt werden können; sind sie ernannt, so können sie das Richteramt bei Sachen aus allen Gebieten der Technik ausüben, nicht etwa nur bei Sachen aus solchen Gebieten, auf denen sie sachverständig im Sinne des § 65 Abs. 2 Satz 2 sind, BGHZ **38,** 166; **42,** 248, 258 – Kunststofftablett; – Spannungsregler.

15 **b) Ernennung der Richter.** Die Richter des Patentgerichts sind mit Ausnahme der abgeordneten Richter und der Richter kraft Auftrags auf Lebenszeit ernannte Richter des Gerichts. Die Ernennung der Richter erfolgt durch Aushändigung einer Urkunde (§ 17 Abs. 1 DRiG) des Bundespräsidenten, jedoch ist die Ernennung der „weiteren Richter" dem BMJ übertragen, vgl. Bekanntmachungen BGBl. 1969 I 713 und 1972 I 288. Vor der Ernennung eines Richters ist der Präsidialrat des Patentgerichts zu beteiligen. (§ 55 DRiG). Dem Präsidialrat muss vor der Ernennung Gelegenheit gegeben werden, sich zu der beabsichtigten Ernennung zu äußern (§§ 56, 57 DRiG). Die Zusammensetzung des Präsidialrats beim BPatG ergibt sich aus § 54 Abs. 3 DRiG. Das Unterlassen der Anhörung macht die Ernennung, wie aus § 18 DRiG hervorgeht, nicht nichtig. Bei Mitwirkung eines ohne Anhörung ernannten Richters ist also das Gericht aus diesem Grund allein noch nicht unvorschriftsmäßig besetzt.

16 **c) Rechtsstellung der Richter.** Die persönliche Rechtsstellung der Richter ist durch das Richtergesetz näher geregelt. Die Richter sind nicht befugt, selbst Patente anzumelden, vgl. BVerwG Bl. **61,** 400; abw. Lindenmaier/Röhl 6. Aufl. § 36 b Rdn. 4.

17 **3. Dienstaufsicht.** Die Dienstaufsicht über die Angehörigen des Patentgerichts ist in § 65 Abs. 4 dem Präsidenten übertragen. Die Dienstaufsicht über den Präsidenten übt der Bundesminister der Justiz aus, zu dessen Geschäftsbereich das Patentgericht gehört (Art. 65 Satz 2 GG). Die Dienstaufsicht ist Justizverwaltungsangelegenheit. Soweit der Präsident durch Maßnahmen der Dienstaufsicht in den Rechtskreis der Richter und Beamten des Gerichts eingreift, ist der Rechtsweg zu den Verwaltungsgerichten gegeben; Maßnahmen gegenüber Angestellten und Arbeitern sind solche des Arbeitgebers, so dass unter Umständen die Arbeitsgerichte angerufen werden können. Behauptet der Richter, dass eine Maßnahme der Dienstaufsicht seine Unabhängigkeit beeinträchtige, so entscheidet auf seinen Antrag das Dienstgericht (§§ 26 Abs. 3, 62 Abs. 1 Nr. 4 Bust. e) DRiG). In der Dienstaufsicht liegt die Befugnis, die ordnungswidrige Ausführung eines Amtsgeschäfts vorzuhalten und zu ordnungsgemäßer, unverzögerter Erledigung der Amtsgeschäfte zu ermahnen (§ 26 Abs. 2 DRiG).

18 **a) Beamte, Angestellte, Arbeiter.** Beamte, Angestellte und Arbeiter kann der Präsident uneingeschränkt zur Erfüllung ihrer Pflichten anhalten und gegebenenfalls die erforderlichen, nach dem Beamtengesetz, den Tarif- und Arbeitsverträgen zulässigen Maßnahmen ergreifen. Soweit Rechtspfleger und Urkundsbeamte in dieser Eigenschaft als Rechtspflegeorgane tätig werden, unterliegen sie insoweit nicht den Weisungen des Präsidenten.

19 **b) Richter.** Gegenüber den Richtern ist die Befugnis, die ordnungswidrige Ausführung eines Amtsgeschäfts vorzuhalten und im Wege der Dienstaufsicht zu seiner ordnungsgemäßen, unverzögerten Erledigung zu ermahnen, durch die hinsichtlich der rechtsprechenden Tätigkeit bestehende Unabhängigkeit beschränkt (§ 26 Abs. 1 DRiG). Der Inhalt einer richterlichen Entscheidung kann, wie in der Begründung zum Entwurf des Richtergesetzes (BT-Drucks. 3. Wahlperiode Nr. 516 zu § 22) ausgeführt ist, nur im Rechtsmittelverfahren und möglicherweise in einem Disziplinarverfahren nachgeprüft werden. Im Wege der Dienstaufsicht darf hierauf kein Einfluss genommen werden. Das Dienstgericht des Bundes fasst den Begriff

„Maßnahme der Dienstaufsicht" im Hinblick auf den Zweck des § 26 Abs. 3 DRiG, den Richtern gegenüber den Dienstaufsichtsbehörden einen möglichst umfassenden Rechtsschutz zu gewähren, von jeher weit. Unter Maßnahme der Dienstaufsicht ist jede Maßnahme zu verstehen, die von der Dienstaufsichtsbehörde ausgeht, ohne Rücksicht darauf, ob mit ihr nach Art und Inhalt Aufsichtstätigkeit ausgeübt wird. Es genügt jede Maßnahme der dienstaufsichtsführenden Stelle, die einen konkreten Bezug zu der Tätigkeit des Richters hat und sich auch nur mittelbar darauf auswirkt, BGH v. 26. 9. 2002 – RiZ(R) 2/01, NJW **2003,** 282 m.w.N. Dienstliche Beurteilungen sind danach Maßnahmen der Dienstaufsicht (vgl. BGH, Urt. v. 27. Januar 1995 – RiZ(R) 3/94, DRiZ 1995, 352, 353). Eine unzureichende haushaltsmäßige Ausstattung der Justiz durch den Haushaltsgesetzgeber stellt keine „Maßnahme der Dienstaufsicht" dar, BGH v. 3. 11. 2004 – RiZ(R) 2/03. Die Dienstaufsicht darf sich in laufenden Verfahren darüber vergewissern, dass keine Unzuträglichkeiten in der Laufzeit der Prozesse auftreten und ggf. auch einen Einzelfall zum Anlass nehmen, dem Richter die ordnungswidrige Ausübung seiner Tätigkeit vorzuhalten. Hingegen ist ein solcher Vorhalt aus Anlass eines anhängigen Einzelfalles unzulässig, wenn der Richter veranlasst werden soll, das noch nicht abgeschlossene Verfahren anderen gleich bearbeitungsbedürftigen Verfahren vorzuziehen. Der Richter entscheidet in richterlicher Unabhängigkeit auch über die Reihenfolge der Bearbeitung seiner Dienstgeschäfte, BGH v. 3. 11. 2004, – RiZ(R) 4/03 (juris). Die richterliche Unabhängigkeit gilt auch für Maßnahmen auf dem Gebiet der Prozess- und Verhandlungsleitung, wie Terminsbestimmung, Vernehmung von Zeugen oder die Ausübung der Sitzungspolizei. Im Wege der Dienstaufsicht kann nur eingegriffen werden, soweit es sich um die äußerlich ordnungsmäßige Erledigung eines Amtsgeschäftes handelt. Vgl. zur Dienstaufsicht über Richter auch Schumacher DRiZ **62,** 157; Arndt DRiZ **62,** 158; **71,** 254; **71,** 418; Stober DRiZ **76,** 79; Mayer DRiZ **78,** 313; Rudolph DRiZ **78,** 146; **79,** 97; Achterberg, NJW **85,** 3041; Baumbach/Lauterbach/Albers/Hartmann. ZPO, 63. Aufl., Erl. zu § 26 DRiG.

66 *Organisation des Patentgerichts.* (1) **Im Patentgericht werden gebildet**

1. Senate für die Entscheidung über Beschwerden (Beschwerdesenate);

2. Senate für die Entscheidung über Klagen auf Erklärung der Nichtigkeit und in Zwangslizenzverfahren (Nichtigkeitssenate).

(2) **Die Zahl der Senate bestimmt der Bundesminister der Justiz.**

Inhaltsübersicht

Vorbemerkung zum Textbestand: § 66 Abs. 1 Nr. 2 ist durch Art. 2 Nr. 20 a des 2. PatÄndG v. 16. 7. 1998, BGBl. I 1827, m.W.v. 1. 11. 1998 neu gefasst worden (Wegfall der Zurücknahme von Patenten, Einführung der generellen Bezeichnung „Zwangslizenzverfahren).

1. Beschwerdesenate. Die Vorschrift legt die beiden Kategorien von Spruchkörpern fest, 1
die die Grundorganisation des Patentgerichts darstellen. Die Einteilung in Beschwerdesenate und Nichtigkeitssenate ist zugleich Anknüpfungspunkt für die Definition der Spruchkörper des Bundespatentgerichts als übergreifender Einheit, wenn es um die Festlegung von Rechtsbehelfen und Rechtsmittelzügen in den anderen Fachgesetzen des gewerblichen Rechtsschutzes geht, wie z.B. in § 18 Abs. 3 Satz 1 GebrMG oder § 67 Abs. 1 MarkenG. Entsprechend wird bei internen Verweisungen bzw. bei zuständigkeitsbegründenden Vorschriften innerhalb des Patentgesetzes verfahren, obwohl z.B. nach § 147 Abs. 3 das Patentgericht gerade nicht als Beschwerde- oder Rechtsmittelgericht tätig wird.

Die Beschwerdesenate werden gebildet für die Entscheidung über Beschwerden, im Zusam- 1 a
menhang des Patentgesetzes über Beschwerden der zuständigen Organe des Patentamtes. Soweit das Patentgericht auch über Beschwerden gegen Beschlüsse des Bundessortenamts, eine Behörde außerhalb des Geschäftsbereichs des Bundesministeriums der Justiz, zu entscheiden hat, ist für die Entscheidung über die Beschwerden innerhalb des Patentgerichts ebenfalls ein Beschwerdesenat zuständig.

2. Nichtigkeitssenate. Die Nichtigkeitssenate werden gebildet für die Entscheidung über 2
Klagen auf Erklärung der Nichtigkeit und in Zwangslizenzverfahren. Die Bezeichnung der Senate ist dem Schwergewicht der Tätigkeit der Senate, das in der Entscheidung über Nichtig-

keitsklagen liegt, entnommen. Im Gegensatz zu den Beschwerdesenaten haben sie keine Zuständigkeiten außerhalb des Bereichs der Patentsachen.

3 **3. Zahl der Senate.** Wie beim Bundesgerichtshof (§ 130 Abs. 1 Satz 2 GVG) bestimmt auch beim Bundespatentgericht der Bundesminister der Justiz die Zahl der Senate. Das Patentgericht hat zurzeit (Juli 2005) 29 Senate, 4 Nichtigkeitssenate und 25 Beschwerdesenate, davon 13 technische Beschwerdesenate und 1 juristischen Beschwerdesenat, vgl. dazu den Geschäftsverteilungsplan für 2005 Bl. **2005,** 50.

4 Für 2005 sind – unverändert gegenüber 2004 – 29 Senate gebildet:

4	Nichtigkeitssenate	1. – 4. Senat
1	Juristischer Beschwerdesenat	10. Senat
1	Gebrauchsmuster-Beschwerdesenat	5. Senat
13	Technische Beschwerdesenate	6. – 9., 11., 14. – 15., 17., 19. – 21., 23., 34. Senat
9	Marken-Beschwerdesenate	24. – 30., 32., 33. Senat
1	Beschwerdesenat für Sortenschutzsachen	35. Senat.

67 *Besetzung der Senate.* (1) **Der Beschwerdesenat entscheidet in den Fällen des § 23 Abs. 4 und des § 50 Abs. 1 und 2 in der Besetzung mit einem rechtskundigen Mitglied als Vorsitzendem und zwei technischen Mitgliedern, in den Fällen, in denen die Anmeldung zurückgewiesen oder über die Aufrechterhaltung, den Widerruf oder die Beschränkung des Patents entschieden wird und der §§ 130, 131 und 133 in der Besetzung mit einem technischen Mitglied als Vorsitzendem, zwei weiteren technischen Mitgliedern und einem rechtskundigen Mitglied, in den Fällen des § 31 Abs. 5 in der Besetzung mit einem rechtskundigen Mitglied als Vorsitzendem, einem weiteren rechtskundigen Mitglied und einem technischen Mitglied, im übrigen in der Besetzung mit drei rechtskundigen Mitgliedern.**

(2) **Der Nichtigkeitssenat entscheidet in den Fällen der §§ 84 und 85 Abs. 3 in der Besetzung mit einem rechtskundigen Mitglied als Vorsitzendem, einem weiteren rechtskundigen Mitglied und drei technischen Mitgliedern, im übrigen in der Besetzung mit drei Richtern, unter denen sich ein rechtskundiges Mitglied befinden muß.**

Inhaltsübersicht

Literatur: Bruchhausen, Karl: Der manipulierte Bundesrichter FS Vieregge **95,** 91; Bender, Achim: Die Überbesetzung des Gebrauchsmuster-Beschwerdesenats des Bundespatentgerichts mit technischen Richtern – im Lichte der neuen verfassungsgerichtlichen Rechtsprechung und des Fersensporn-Beschlusses des Bundesgerichtshofs, GRUR **98,** 969; Hövelmann, Peter: Der unzulässige Einspruch in der Beschwerde: Ein Zuständigkeitsstreit, Mitt. **05,** 193–198.

Vorbemerkung zur Textgeschichte: Durch Art. 7 Nr. 29 KostRegBerG v. sind in § 67 Abs. 1 die Wörter „in den Fällen des § 73 Abs. 3" durch die Wörter „in denen die Anmeldung zurückgewiesen oder über die Aufrechterhaltung, den Widerruf oder die Beschränkung des Patents entschieden wird" m. W. v. 1. 1. 2002 ersetzt worden. Grund war die durch dasselbe Gesetz verfügte Aufhebung von § 73 Abs. 3 a. F. Wegen der künftigen Fassung der Vorschrift s. den in der Anlage wiedergegebenen Regierungsentwurf eines Gesetzes zur Änderung des patentrechtlichen Einspruchsverfahrens und des Patentkostengesetzes, BT-Drs. 16/735 v. 21. 2. 2006.

1 **1. Besetzung der Senate.** Die Vorschrift regelt die Besetzung der Senate als Spruchkörper (vgl. im Übrigen § 68 Rdn. 7). Entsprechend dem verschiedenen rechtlichen und technischen Einschlag der Einzelnen, den Senaten zugewiesenen Angelegenheiten ist eine verschiedene Besetzung der Beschwerdesenate einerseits und der Nichtigkeitssenate andererseits vorgeschrieben. Auch für die Beschwerdesenate ist je nach Art der zu entscheidenden Angelegenheit eine verschiedene Besetzung vorgesehen.

2 **a) Beschwerdesenate.** Die Vorschrift des § 67 Abs. 1 ist keine Zuständigkeitsregelung für die verschiedenartigen Beschwerdesenate oder deren verschiedene Besetzungen, sondern eine ge-

richtsverfassungsrechtliche Besetzungsvorschrift, BGH GRUR **67,** 543, 545 – Bleiphosphit. Eine Verletzung der Vorschrift zwingt auf – zugelassene oder nicht zugelassene (§ 100 Abs. 3 Nr. 1) – Rechtsbeschwerde zur Aufhebung des Beschlusses des nicht vorschriftsmäßig besetzten Senats und zur Zurückverweisung zur anderweiten Entscheidung in vorschriftsmäßiger Besetzung (§ 101 Abs. 2 Satz 2 in Verbdg. mit § 551 Nr. 1 ZPO), auch wenn über die vorgeschriebene Besetzung Zweifel bestehen konnten und die Besetzung des Beschwerdesenats im Beschwerdeverfahren nicht gerügt worden ist, BGH GRUR **67,** 543, 545. Die Übergangsbestimmung des Art. 12 Abs. 4 GPatG umfasste auch die Beschwerde gegen den Beschluss über die Erteilung oder die Versagung des Patents im Rahmen des Einspruchsverfahrens alten Rechts. Über die – gebührenpflichtige – Beschwerde entschied daher in einem solchen Fall der technische Beschwerdesenat des Patentgerichts (§ 36d Abs. 1 i. V. m. § 361 Abs. 3 PatG 1978), BGH GRUR **83,** 561 – Rammbohrgerät; Bl. **84,** 247, 248 – Besetzung BPatG; vgl. BPatGE **25,** 111 zur Gebührenpflicht. Soweit das Patentgericht auf Grund des § 147 Abs. 3 für Einspruchsverfahren vorübergehend erstinstanzlich zuständig ist, entscheidet der Beschwerdesenat in der Besetzung von einem technischen Mitglied als Vorsitzendem, zwei weiteren technischen Mitgliedern und einem rechtskundigen Mitglied.

aa) Übersicht. Für die Beschwerdesenate sind für die einzelnen Angelegenheiten folgende Besetzungen vorgesehen: **3**

A. Patentsachen:
  a) Ein rechtskundiges Mitglied als Vorsitzender und zwei technische Mitglieder
  für Beschwerden gegen Lizenzfestsetzungen (§ 23 Abs. 4) und Anordnungen über die Geheimhaltung (§ 50 Abs. 1 und 2);
  b) ein technisches Mitglied als Vorsitzender, zwei weitere technische Mitglieder und ein rechtskundiges Mitglied
  für Beschwerden gegen Beschlüsse, durch die die Anmeldung zurückgewiesen oder über die Aufrechterhaltung, den Widerruf oder die Beschränkung des Patents entschieden ist (§ 73 Abs. 3), gegen die Ablehnung der Verfahrenskostenhilfe oder der Beiordnung eines Vertreters im Erteilungs-, Einspruchs- und Beschränkungsverfahren (§§ 130–133) oder die Auswahl des beizuordnenden Vertreters (§ 133 i. V. mit § 121 Abs. 4 ZPO);
  c) ein rechtskundiges Mitglied als Vorsitzender, ein weiteres rechtskundiges Mitglied und ein technisches Mitglied
  für Beschwerden gegen Beschlüsse über die Einsicht in Akten von Geheimanmeldungen und Geheimpatenten (§ 31 Abs. 5) und in die vor dem 1. 10. 1968 erwachsenen Akten von bekanntgemachten Patentanmeldungen und erteilten Patenten einschließlich der Akten von Beschränkungsverfahren (Art. 7 § 1 Abs. 3 PatÄndGes.);
  d) ein rechtskundiges Mitglied als Vorsitzender und zwei weitere rechtskundige Mitglieder
  für alle übrigen Beschwerden und für die in § 128 Abs. 2 bezeichneten Angelegenheiten (§ 128 Abs. 3).

B. Gebrauchsmustersachen (§ 18 GebrMG):
  a) Ein rechtskundiges Mitglied als Vorsitzender, ein weiteres rechtskundiges Mitglied und ein technisches Mitglied
  für Beschwerden gegen die Zurückweisung einer Gebrauchsmusteranmeldung;
  b) ein rechtskundiges Mitglied als Vorsitzender und zwei technische Mitglieder
  für Beschwerden gegen Beschlüsse der Gebrauchsmusterabteilungen über Löschungsanträge;
  c) ein rechtskundiges Mitglied als Vorsitzender und zwei weitere rechtskundige Mitglieder
  für andere Beschwerden.

C. Sortenschutzsachen (§ 34 des Sortenschutzgesetzes):
  a) ein rechtskundiges Mitglied als Vorsitzender und zwei weitere rechtskundige Mitglieder
  für Beschwerden gegen Beschlüsse der Widerspruchsausschüsse des Bundessortenamtes in den Fällen des § 18 Abs. 2 Nr. 3 und 4 SortSchG;
  b) ein rechtskundiges Mitglied als Vorsitzender, ein weiteres rechtskundiges Mitglied und zwei technische Mitglieder
  für Beschwerden gegen Beschlüsse der Widerspruchsausschüsse des Bundessortenamtes in den übrigen Fällen des § 18 Abs. 2 SortSchG.

D. Markensachen (§ 67 Abs. 1 MarkenG):
  Ein rechtskundiges Mitglied als Vorsitzender und zwei weitere rechtskundige Mitglieder
  für Beschwerden gegen Beschlüsse der Markenstellen oder Markenabteilungen.

E. Geschmacksmustersachen (§ 23 Abs. 2 Satz 2 GeschmMG):
  ein rechtskundiges Mitglied als Vorsitzender und zwei weitere rechtskundige Mitglieder
  für Beschwerden gegen Beschlüsse des Patentamts nach dem GeschmMG.

F. Topographieschutzsachen (§ 4 Abs. 4 Halbleiterschutzgesetz i. V. m. § 18 GebrMG); vgl. hierzu oben unter B, der auf Topographieanmeldungen, Löschungsverfahren und andere Beschwerdeverfahren entsprechend anzuwenden ist.

4 **bb) Einzelbemerkungen.** Der Umstand, dass eine aus technischen und rechtskundigen Mitgliedern bestehende Besetzung für bestimmte „Fälle" vorgeschrieben ist, gibt Anlass zu Zweifeln über die Besetzung in erstinstanzlichen, in Zusammenhang mit anderen stehenden Verfahren sowie in Beschwerdeverfahren, die den Entscheidungen in den genannten „Fällen" vorausgehen (Zwischenentscheidungen) oder sie teilweise vorwegnehmen („Vorabentscheidungen"). Über Erinnerungen gegen den Kostenansatz nach § 4 GKG haben die Senate stets in der Besetzung des Hauptverfahrens entschieden (vgl. BPatGE **2,** 95; **8,** 43; **8,** 211). Die Entscheidungen über Erinnerungen gegen Kostenfestsetzungsbeschlüsse rechnete das Patentgericht (BPatGE **9,** 220) früher im Anschluss an BGH GRUR **68,** 447, 451 – Flaschenkasten, zu den „im Übrigen"-Fällen (dazu Hesse JVBl. **67,** 265). Für Beschwerden gegen Entscheidungen, die den in § 73 Abs. 3 a. F. und jetzt in § 67 Abs. 1 genannten abschließenden Sachentscheidungen vorausgehen, ist die „im übrigen"-Besetzung als die richtige anzusehen. Hiervon abweichend ist in BPatGE **8,** 206 über die Beschwerde gegen die Aussetzung der Erteilungsverfahren wegen einer älteren Patentanmeldung (§ 4 Abs. 2) von einem technischen Senat entschieden worden und die für Fälle des § 130 getroffene Regelung über die Besetzung entsprechend angewendet worden. Ob eine derartige entsprechende Anwendung im Rahmen einer gerichtsverfassungsrechtlichen Besetzungsvorschrift möglich ist, erscheint zweifelhaft. Hat die Gebrauchsmusterstelle lediglich festgestellt, dass ein Antrag auf Eintragung des Gebrauchsmusters infolge der Rücknahmefiktion des § 40 Abs. 5 nicht mehr vorliege, so ist für die Besetzung des Beschwerdesenats die „im Übrigen" Regel maßgebend, d. h. der Senat entscheidet in der Besetzung mit drei rechtskundigen Mitgliedern, BGH v. 22. 9. 1988 – X ZB 2/88 – Wassermischarmatur BGHZ **105,** 222.

4 a Der **Juristische Beschwerdesenat** hat seine Zuständigkeit angenommen, wenn der Tenor eines Beschlusses des Patentamts im Einspruchsverfahren keine der in § 73 Abs. 3 a. F. und jetzt in § 67 Abs. 1 genannten Beschlussformeln aufweist, sondern lediglich aus einer Verwerfung des Einspruchs besteht. Er legt deshalb verständlicherweise Wert darauf, dass in diesen Fällen nicht die Aufrechterhaltung des Patents im Beschlusstenor festgestellt wird, vgl. BPatGE **26,** 143, 146 ff. z. T. in Auseinandersetzung mit § 59 Rdn. 58 der 8. Aufl. dieses Kommentars. Der BGH hat in Rechtsbeschwerdeverfahren diese Terminologie nicht beanstandet.

4 b Dagegen baut sich inzwischen Widerstand von Seiten **Technischer Beschwerdesenate** auf; vgl. z. B. BPatG v. 30. 10. 2003 – 20 W (pat) 344/02 – Streulichtmessung, GRUR **04,** 357: Danach soll der Technische Beschwerdesenat für die Beschwerde zuständig sein, wenn das Patentamt das Patent ohne Sachprüfung aufrechterhält, weil ein zulässiger Einspruch nicht vorliegt. Ein alleiniger Ausspruch über die Verwerfung des Einspruchs – oder der Einsprüche – soll nicht in Betracht kommen, LS 1 und 2, Egr. Differenzierter äußert sich die Entscheidung BPatG, Beschluss vom 15. 12. 2003 – 11 W (pat) 347/03 – Einspruchsverwerfung, Bl. **04,** 437, die an der herkömmlichen Tenorierung (Verwerfung des Einspruchs) festhält, aber ebenfalls die Zuständigkeit der Technischen Beschwerdesenate für Einspruchsbeschwerdeverfahren mit vom Patentamt festgestelltem unzulässigem Einspruch postuliert.

4 c Demgegenüber hat der 10. Senat des BPatG im Beschl. v. 2. 12. 2004 – 10 W (pat) 29/02 – Messvorrichtung, Mitt **05,** 302, 303 f., bekräftigt, dass der mit drei rechtskundigen Mitgliedern besetzte juristische Beschwerdesenat gemäß § 67 Abs. 1 PatG zur Entscheidung über eine Beschwerde, die sich gegen die Verwerfung eines Einspruchs als unzulässig durch das Patentamt richtet, zuständig sei. Er bezieht sich auf die Entscheidung in BPatGE **26,** 143, der in über 20-jähriger Praxis gefolgt worden sei.

4 d Die Ausführungen zur Zuständigkeit des Technischen Beschwerdesenats im Einspruchsbeschwerdeverfahren sind reine obiter dicta, die mit der konkret zu treffenden Entscheidung in keinem Zusammenhang stehen, allenfalls einen Diskussionsbeitrag zur sachgerechten Regelung der Zuständigkeitsfrage in Beschwerdeverfahren darstellen könnten und keinerlei Rechtswirkung entfalten. Die beschließenden Senate waren unstreitig nach § 147 Abs. 3 i. V. m. dem Geschäftsverteilungsplan für das (erstinstanzliche) Einspruchsverfahren zuständig. S. zum „Streitstand" dazu Hövelmann, Mitt **05,** 193–198, der eine Klärung entweder durch ein Rechtsbeschwerdeverfahren oder durch den Gesetzgeber fordert. Es sind bisher jedenfalls keine überzeugenden Gründe erkennbar, weshalb die Zuständigkeit des Juristischen Beschwerdesenats zu sachlich unangemessenen Ergebnissen führt, zumal er das Einspruchsverfahren an das Patentamt zurückverweist, wenn er die Beschwerde für begründet und den Einspruch für zulässig hält. S. aber jetzt den in **Anh Vor 1** wiedergegebenen Regierungsentwurf eines Gesetzes zur Änderung des patentrechtlichen Einspruchsverfahrens und des Patentkostengesetzes, BT-

Drs. 16/735 v. 21. 2. 2006, der in Art. 1 Nr. 9 mit der künftigen Fassung von § 67 Abs. 1 den Streit im Sinne der Technischen Beschwerdesenate löst. Eine nähere Auseinandersetzung mit dem Streitstand findet dabei nicht statt.

Nach einem im Juli 2005 vorgelegten **Referentenentwurf des BMJ** (Gesetz zur Änderung des patentrechtlichen Einspruchsverfahrens und des Patentkostengesetzes) soll allerdings § 67 Abs. 1 insgesamt neu gefasst und dabei auch die Zuständigkeit der Technischen Beschwerdesenate für die Fälle (Einspruchsbeschwerdeverfahren) begründet werden, in denen der **Einspruch als unzulässig verworfen** worden ist (§ 67 Abs. 1 Nr. 2b RefEntw.). Eine nähere Begründung für diesen Vorschlag wird bisher nicht gegeben. 4e

Vgl. im übrigen BPatG Bl. **84,** 45 und **84,** 247. Nach BGH Bl. **89,** 50 – Wassermischarmatur, gilt die „im Übrigen"-Besetzung auch für die Beschwerde gegen eine Feststellung des Patentamts, dass die Rücknahmefiktion nach § 40 Abs. 5 für eine Gebrauchsmusteranmeldung eingreift (zu § 18 Abs. 2 GebrMG). Für Anmeldungen ergänzender Schutzzertifikate nach §§ 16a, 49a gelten die Vorschriften über das Patentgericht und das Verfahren vor dem Patentgericht entsprechend, § 16a Abs. 2. Da für die Besetzung des Patentgerichts keine besondere Regelung vorgesehen ist, ist für die Beschwerde gegen die Zurückweisung einer solchen Anmeldung dieselbe Besetzung wie für die Zurückweisung einer Patentanmeldung gegeben (a. A. die Voraufl.). 4f

b) Nichtigkeitssenate. Für die Entscheidung über die Nichtigkeit des Patents – und in Zwangslizenzverfahren (§ 84) und über den Antrag auf Erlass einer einstweiligen Verfügung (§ 85 Abs. 3) ist wie seit jeher die Besetzung mit einem rechtskundigen Vorsitzenden, einem weiteren rechtskundigen Mitglied und drei technischen Mitgliedern vorgeschrieben. Beschlüsse außerhalb der mündlichen Verhandlung können in der Besetzung mit drei Mitgliedern, unter denen sich ein rechtskundiges Mitglied befinden muss, gefasst werden. Diese Besetzung gilt auch für Klagen auf Nichterklärung von ergänzenden Schutzzertifikaten. 5

2. Vorsitz in den Senaten. Den Vorsitz in den Senaten führen der Präsident und die Vorsitzenden Richter (§ 21f Abs. 1 GVG). Ein anderer Richter darf nur bei Verhinderung des Vorsitzenden (§ 21f Abs. 2 GVG) und auch nur vorübergehend den Vorsitz führen, BGHZ **10,** 130, 134. Der Vorsitzende muss durch den Umfang seiner Tätigkeit im Senat einen richtunggebenden Einfluss auf die Tätigkeit des Senats, dem er vorsitzt, ausüben; dazu muss er mindestens 75% der Aufgaben als Vorsitzender des Senats selbst wahrnehmen, BGHZ **37,** 210 u. NJW **84,** 131. Der Senat ist sonst nicht vorschriftsmäßig besetzt, BGHZ **37,** 210. 6

a) Vorsitz des Präsidenten. Der Präsident bestimmt die richterlichen Aufgaben, die er wahrnimmt (§ 21e Abs. 1 Satz 3 GVG) und damit den Senat, in dem er den Vorsitz führt. Er muss in diesem Senat die Aufgaben des Vorsitzenden in dem oben (Rdn. 6) bezeichneten Umfange wahrnehmen; das Präsidium muss jedoch den Geschäftsumfang dieses Senats so bemessen, dass der Präsident seinen Aufgaben als Vorsitzender neben seinen sonstigen Aufgaben nachkommen kann, BGHZ **49,** 64, 67. 7

b) Vorsitz der Vorsitzenden Richter. Über die Verteilung des Vorsitzes in den Senaten, bei denen der Vorsitz nach der Bestimmung des Präsidenten (vgl. oben Rdn. 7) noch offen ist, beschließt das Präsidium (§ 21e Abs. 1 Satz 1 GVG). Die Bestimmung des Vorsitzenden ist dabei bei den einzelnen Senaten jeweils auf die Vorsitzenden Richter beschränkt, die nach § 67 auf Grund ihrer Ausbildung den Vorsitz in den Senaten führen können. Der Vorsitz in den Senaten mit technischem Vorsitzenden ist demzufolge unter den Vorsitzenden Richtern, die technische Mitglieder des Gerichts sind, zu verteilen. Der Vorsitz in den Senaten mit rechtskundigem Vorsitzenden ist unter den Vorsitzenden Richtern, die rechtskundige Mitglieder des Gerichts sind, zu verteilen. 8

3. Vertretung. Die Vertretung innerhalb der Senate wird durch das Präsidium geregelt (§ 21e Abs. 1 Satz 1 GVG). Es versteht sich von selbst, dass die Vertretung so geregelt werden muss, dass die in § 67 vorgeschriebene Besetzung gewährleistet ist. 9

a) Vertretung des Senatsvorsitzenden. Der Vorsitzende des Senats – auch der Präsident als Senatsvorsitzender – wird im Falle seiner Verhinderung durch das vom Präsidium bestimmte Senatsmitglied vertreten (§ 21f Abs. 2 Satz 1 GVG). Bei Verhinderung auch des vom Präsidium bestimmten Vertreters führt das dienstälteste, bei gleichem Dienstalter das lebensälteste Senatsmitglied den Vorsitz (§ 21f Abs. 2 Satz 2 GVG). In dem aufgehobenen § 36f PatG 1968 war in Abs. 1 Satz 2 für diesen Fall ausdrücklich klargestellt worden, dass die Vertretung nur von einem Senatsmitglied wahrgenommen werden kann, das die für den Vorsitzenden vorgeschriebene Ausbildung besitzt. Auch ohne besondere gesetzliche Regelung ist davon auszugehen, dass die Besetzungsvorschrift in § 67 der Vertretungsregelung in § 21f Abs. 2 Satz 2 GVG im Falle eines Widerstreits vorgeht. 10

b) Vertretung eines Senatsmitglieds. Die Vertretung eines Senatsmitglieds durch ein Mitglied eines anderen Senats – die Regelung der Vertretung innerhalb des Senats ist nach 11

§ 21g GVG Sache des Vorsitzenden – wird durch das Präsidium geregelt (§ 21e Abs. 1 Satz 1 GVG). Der Präsident kann für den Fall, dass auch der vom Präsidium bestimmte Vertreter verhindert ist, nicht mehr einen zeitweiligen Vertreter bestimmen (Abs. 3 des aufgehobenen § 36f PatG 1968). Insoweit findet vielmehr jetzt § 21f Abs. 2 Satz 2 GVG Anwendung, wonach zunächst das dienstälteste, bei gleichem Dienstalter das lebensälteste Mitglied des Spruchkörpers den Vorsitz führt. Nähere Bestimmungen über die Vertretung enthält Abschnitt IV des Geschäftsverteilungsplans.

12 **4. Geschäftsverteilung innerhalb der Senate.** Für die Geschäftsverteilung innerhalb der Senate gilt nach § 68 die Regelung in § 21g GVG entsprechend. Nach der früheren Fassung der Vorschrift verteilte innerhalb des Senats der Vorsitzende die Geschäfte auf die Mitglieder. Zur Frage, ob die frühere Verfahrensweise (keine vollständige schriftliche Niederlegung der Mitwirkungsgrundsätze) einen Nichtigkeitsgrund i. S. v. § 579 Abs. 1 Nr. 1 ZPO darstellten s. BGH v. 22. 11. 1994, X ZR 51/92 – Senatsbesetzung, GRUR **95,** 171 (Frage für die Vergangenheit verneint). Siehe auch BGH v. 5. 5. 1994, VGS 1–4/93 – Mitwirkungsgrundsätze, BGHZ **126,** 63 = GRUR **94,** 659. Die Neufassung der Vorschrift sieht dagegen vor, dass innerhalb des mit mehreren Richtern besetzten Spruchkörpers die Geschäfte durch Beschluss aller dem Spruchkörper angehörenden Berufsrichter auf die Mitglieder verteilt werden. Bei Stimmengleichheit entscheidet das Präsidium des Gerichts, § 21g Abs. 1 GVG. Im Übrigen wird auf die Erl. zu § 100 und die Kommentierungen zu § 21g GVG verwiesen.

13 Die Grundsätze über die vom Spruchkörper zu beschließende interne Geschäftsverteilung (§ 21g Abs. 2 GVG n. F.) sollen so beschaffen sein, dass die im Einzelfall mitwirkenden Richter nach objektiven Merkmalen bestimmbar sind. Eine Geschäftsverteilung in einem Nichtigkeitssenat, nach der die im Einzelfall zu bestimmenden Mitglieder desjenigen technischen Beschwerdesenats mitwirken sollen, dem das technische Fachgebiet des angegriffenen Patents als Geschäftsbereich zugewiesen ist, genügt den zu stellenden Anforderungen, BGH GRUR **63,** 129, 131 – Kunststofftablett.

68 ***Präsidium. Geschäftsverteilung.*** **Für das Patentgericht gelten die Vorschriften des Zweiten Titels des Gerichtsverfassungsgesetzes nach folgender Maßgabe entsprechend:**

1. In den Fällen, in denen auf Grund des Wahlergebnisses ein rechtskundiger Richter dem Präsidium nicht angehören würden, gilt der rechtskundige Richter als gewählt, die von den rechtskundigen Mitgliedern die höchste Stimmenzahl erreicht hat.

2. Über die Wahlanfechtung (§ 21b Abs. 6 des Gerichtsverfassungsgesetzes) entscheidet ein Senat des Patentgerichts in der Besetzung mit drei rechtskundigen Richtern.

3. Den ständigen Vertreter des Präsidenten ernennt der Bundesminister der Justiz.

Inhaltsübersicht

Vorbemerkung zur Textgeschichte: § 68 Nr. 1 ist durch Art. 4 Gesetzes zur Stärkung der Unabhängigkeit der Richter und Gerichte v. 22. 12. 1999 BGBl. I 2598 mWv 30. 12. 1999 neu gefasst worden.

1 **1. Präsidium.** Die eigenständige Regelung über das Präsidium, über die Verteilung der Geschäfte unter die Senate derselben Art und über die Bestimmung der Mitglieder der Senate in § 36e PatG 1968 ist durch das Gesetz zur Änderung der Bezeichnungen der Richter und ehrenamtlichen Richter und der Präsidialverfassung der Gerichte vom 26. 5. 1972 (BGBl. I S. 841) beseitigt und durch eine Verweisung auf das Gerichtsverfassungsgesetz – mit mehreren Maßgaben – ersetzt worden. Nach der gesetzlichen Neuregelung ist das Präsidium das einzige Organ der Gerichtsverwaltung, das über die Besetzung der Spruchkörper bestimmt. Die Vorsitzendenversammlung, die früher über die Verteilung des Vorsitzes in den Senaten entschied, ist als Organ der Gerichtsverwaltung entfallen.

Durch das Gesetz v. 22. 12. 1999, BGBl. I 2598, ist die Zusammensetzung des Präsidiums insofern verändert worden, als die rechtskundigen Mitglieder einheitlich behandelt werden und bei ihnen nicht mehr nach rechtskundigen Vorsitzenden Richtern und rechtskundigen Mitgliedern unterschieden wird. Das stimmt mit der besonderen Zielsetzung des Gesetzes überein: „Durch eine Änderung des Gerichtsverfassungsgesetzes wird die Präsidialverfassung reformiert und die richterliche Selbstverwaltung gestärkt. Überkommene Privilegierungen innerhalb der Richterschaft werden beseitigt.“, BT-Drs. 14/979, 1, Entw. der Koalitionsfraktionen. Art. 4 mit der Änderung des PatG ist erst im Verlauf des Gesetzgebungsverfahrens eingefügt worden (BT-Drs. 14/1875(neu), 8). 1a

a) Aufgaben. Das Präsidium bestimmt die Besetzung der Senate, regelt die Vertretung und verteilt die Geschäfte (§ 21e Abs. 1 Satz 1 GVG). Das Ergebnis ist der Geschäftsverteilungsplan des Gerichts, der bei einer vom Präsidenten des Gerichts bestimmten Geschäftsstelle aufzulegen ist. Einer Veröffentlichung bedarf es nicht (§ 21e Abs. 9 GVG). Meinungsverschiedenheiten über die Auslegung und Anwendung des Geschäftsverteilungsplans entscheidet das Präsidium, BGH DRiZ **78,** 249. Wegen der Schweigepflicht der Mitglieder des Präsidiums vgl. Röwer DRiZ **61,** 178; Funk DRiZ **73,** 261; Fischer DRiZ **79,** 203. 2

b) Zusammensetzung. Das Präsidium besteht aus dem Präsidenten als Vorsitzenden und aus zehn gewählten Richtern, § 21a Abs. 2 Nr. 1 GVG. Die frühere Vorzugsstellung der Vorsitzenden Richter ist entfallen. Um eine Beteiligung auch der rechtskundigen Mitglieder, die beim Patentgericht wohl noch in der Minderzahl sind, im Präsidium sicherzustellen, gilt nach § 68 Nr. 1 ein rechtskundiger Richter auch dann als gewählt, wenn er nicht die an sich erforderliche Stimmenzahl, sondern nur jeweils die meisten der auf rechtskundige Richter entfallenden Stimmen erhalten hat. Wählbar sind die Richter auf Lebenszeit – mit Ausnahme des Präsidenten, der kraft Gesetzes Mitglied des Präsidiums ist – und die Richter auf Zeit, denen ein Richteramt beim Bundespatentgericht übertragen ist (§ 21b Abs. 1 Satz 2 GVG). Wahlberechtigt sind alle Richter des Patentgerichts einschließlich der Richter kraft Auftrags und der für mindestens drei Monate an das Patentgericht abgeordneten Richter (§ 21b Abs. 1 Satz 1 GVG). Nicht wählbar und nicht wahlberechtigt sind Richter, die für mehr als drei Monate an ein anderes Gericht oder die an eine Verwaltungsbehörde abgeordnet sind (§ 21b Abs. 1 Satz 3 GVG). 3

c) Abstimmung. Das Präsidium entscheidet nach Stimmenmehrheit der Erschienenen, bei Stimmengleichheit gibt die Stimme des Vorsitzenden den Ausschlag (§ 21e Abs. 7 GVG). Für die Abstimmung sind die §§ 194ff. GVG nicht entsprechend anzuwenden, Fischer DRiZ **78,** 114 m.w.N. Die Beschlussfassung des Präsidiums kann auch schriftlich im Umlaufverfahren erfolgen, BGHSt. **12,** 402; Schorn DRiZ **62,** 187; A. Schmidt DRiZ **73,** 163 (streitig); abw. z.B. Baumbach/Lauterbach/Albers/Hartmann, 63. A., Anm. 4 A (Rdn. 19) zu § 21e GVG, allerdings nur bei allseitiger Zustimmung, und Thomas/Putzo, ZPO, Rdn. 6 zu § 21e GVG. 4

3. Geschäftsverteilung innerhalb des Gerichts. Innerhalb des Gerichts werden die Geschäfte unter die Senate durch das Präsidium verteilt. Die Geschäftsverteilung hat eine sachliche und eine personelle Seite. Zu verteilen sind einerseits die einzelnen Fachgebiete unter die Senate derselben Art, andererseits sind die Mitglieder der einzelnen Senate zu bestimmen. Beide Maßnahmen zusammen ergeben den Geschäftsverteilungsplan des Gerichts, der vor Beginn des Geschäftsjahres aufzustellen ist. Zum Geschäftsverteilungsplan des Patentgerichts vgl. BGH GRUR **86,** 47, 48 – Geschäftsverteilung. 5

Vor der Geschäftsverteilung ist allen Richtern, die nicht Mitglied des Präsidiums sind, Gelegenheit zu einer Äußerung geben (§ 21e Abs. 2 GVG). Auch einem Richter, der einem anderen Senat zugeteilt oder dessen Zuständigkeitsbereich geändert werden soll, ist grundsätzlich vorher Gelegenheit zu einer Äußerung zu geben (§ 21e Abs. 5 GVG).

a) Verteilung der Geschäfte. Unter die Senate derselben Art werden die Geschäfte auf geteilt nach bestimmten Sachgebieten, d.h. nach IPC-Klassen und Gruppen in Patent- und Gebrauchsmustersachen und nach Leitklassen der Klasseneinteilung von Waren und Dienstleistungen in Markensachen, oder nach bestimmten Geschäften, für die eine besondere Besetzung vorgesehen ist (§ 67). Eine Aufteilung nach Fachgebieten, bei der das Fachgebiet als maßgebend bezeichnet wird, dem die Erfindung ihrem wesentlichen Inhalt nach zuzuordnen ist, genügt den verfassungsrechtlichen Bestimmtheitsanforderungen, BVerfG Mitt. **78,** 93. Zulässig ist auch eine Aufteilung, etwa innerhalb einer Klasse, nach dem im Aktenzeichen enthaltenen Anfangsbuchstaben des Namens des Anmelders. Wegen des für 2005 aufgestellten Geschäftsverteilungsplans s. Bl. **05,** 50ff. 6

7 **b) Zuweisung der Richter. Literatur:** Hiete, Zur Frage der Verwendung rechtskundiger Richter des Bundespatentgerichts in mehr als einem technischen Beschwerdesenat, GRUR **65,** 518.

In personeller Hinsicht obliegen dem Präsidium vor Beginn des Geschäftsjahres folgende Maßnahmen: Das Präsidium bestimmt die Besetzung der Spruchkörper (Senate) und regelt die Vertretung (§ 21 e Abs. 1 GVG).

8 Die Besetzung der Spruchkörper i. S. des § 21 e Abs. 1 GVG ist nicht die Besetzung in der einzelnen Sache, die in § 67 geregelt ist, sondern die personelle Zusammensetzung der Senate insgesamt. Das Präsidium bestimmt mithin die ständigen Mitglieder der Senate einschließlich der Vorsitzenden. Bei der Bestimmung der ständigen Mitglieder ist dafür zu sorgen, dass die Senate weder unter- noch überbesetzt sind. So viele Richter, dass der Senat in zwei personell voneinander verschiedenen Sitzgruppen Recht sprechen könnte, dürfen einem Senat nicht zugewiesen werden; der Senat ist sonst nicht ordnungsmäßig besetzt, BVerfGE **17,** 294, 301; **18,** 65, 70; BGH NJW **85,** 2840. Einem technischen Beschwerdesenat darf jedoch für bestimmte Patentklassen und Gruppen ein sechstes technisches Mitglied zugewiesen werden, wenn es sich hierbei um ein technisches Mitglied mit besonderer Sachkunde in einem anderen Fachbereich handelt und dessen Zuziehung zur sachgerechten Erledigung solcher Sachen erforderlich erscheint, die technische Fragen aus unterschiedlichen Fachbereichen berühren, BGH GRUR **73,** 46, 47 – Polytetrafluoräthylen.

9 Nach § 21 e Abs. 1 Satz 4 GVG kann jeder Richter zum Mitglied mehrerer, auch verschiedenartiger Senate bestimmt werden, also etwa zugleich zum Mitglied eines Beschwerdesenats und eines Nichtigkeitssenates oder zum Mitglied mehrerer Beschwerdesenate. Der Geschäftsverteilungsplan muss dann auch das Rangverhältnis der verschiedenen Dienstgeschäfte regeln, BGH NJW **73,** 1291. Der aktuelle Plan trägt dem in Abschnitt F II Rechnung.

10 Für die ständigen Mitglieder der Senate soll im Voraus mindestens ein Vertreter bestimmt werden; die Bestimmung weiterer Vertreter für den Fall der Verhinderung auch des regelmäßigen Vertreters ist zulässig, RG JW **35,** 3393, doch muss die Reihenfolge in der Vertretung im Voraus festgelegt sein, BVerwG DöV **76,** 747 m. w. N. Für die Vorsitzenden der Senate müssen, wie aus § 21 f Abs. 2 Satz 1 GVG zu entnehmen ist, regelmäßige Vertreter bestimmt werden. Zum Vertreter des Vorsitzenden kann nur ein Mitglied des betreffenden Senats bestimmt werden (§ 21 f Abs. 2 Satz 1 GVG), das die für den Vorsitz erforderliche Vorbildung besitzt (vgl. dazu § 67 Rdn. 10). Die zum Vertreter bestimmten Richter dürfen nur im Falle der Verhinderung des regelmäßigen Mitgliedes oder des ordentlichen Vorsitzenden an dessen Stelle mitwirken. Die Verhinderung kann rechtlicher oder tatsächlicher Natur sein und etwa durch erfolgreiche Ablehnung, durch Krankheit, Urlaub, Überlastung, Ausscheiden aus dem Dienst oder Unkenntnis der Akten in unmittelbarem Anschluss etwa an einen Urlaub begründet sein. Die Prüfung der Frage, ob der Geschäftsverteilungsplan eingehalten worden ist, kann ggf. als Grundlage für eine zulassungsfreie Rechtsbeschwerde nach § 100 Abs. 3 Nr. 1 oder auch für eine Verfassungsbeschwerde wegen Verletzung des Rechts auf den gesetzlichen Richter, Art. 101 Abs. 1 Satz 2 GG;

11 **c) Änderung der Geschäftsverteilung.** Die Geschäftsverteilung ist für das ganze Geschäftsjahr zu treffen. Sie kann im Laufe des Geschäftsjahres nur aus den besonderen, in § 21 e Abs. 3 Satz 1 GVG genannten Gründen geändert werden. Vor Beginn des Geschäftsjahres ist eine Änderung auch ohne diese besonderen Voraussetzungen zulässig, BGHSt. **13,** 53. Überlastung ist die im Verhältnis zu den anderen Senaten übermäßige Belastung. Wechsel eines Mitglieds liegt vor bei Tod, Ausscheiden oder Beförderung eines beisitzenden Richters. Eine dauernde Verhinderung ist eine Verhinderung von längerer Dauer, etwa eine längere Krankheit, die jedoch nicht bis zum Schluss des Geschäftsjahres anzudauern braucht. Wegen der Überleitung von Zuständigkeiten im Verhältnis der Senate zueinander bei Änderungen der Geschäftsverteilung für ein nachfolgendes Geschäftsjahr vgl. BGH GRUR **86,** 47 – Geschäftsverteilung und Abschnitt F V des geltenden Geschäftsverteilungsplans. Dem Beschluss des Präsidiums müssen die Umstände, die zu der festgestellten Überlastung des ursprünglich zuständigen Spruchköpers geführt haben könnten, zu entnehmen sein. Er muss eine eigene nachvollziehbare Darlegung oder einen Verweis auf eine anderweitige Dokumentation der Geschäftslast des Spruchkörpers und eine Prognose über seine zukünftige Auslastung enthalten, BVerfG, 2 BvR 581/03 v. 16. 2. 2005, Absatz-Nr. 24, http://www.bverfg.de/entscheidungen/rk2005 0216_2bvr058 103.html).

12 **d) Zuständigkeitsstreit.** Meinungsverschiedenheiten über die Zuständigkeit können zwischen mehreren Senaten sowohl in der Richtung bestehen, dass mehrere Senate sich für zuständig halten (positiver Kompetenzkonflikt), wie in der Richtung, dass keiner von mehreren Senaten seine Zuständigkeit für gegeben erachtet (negativer Kompetenzkonflikt). Meinungs-

verschiedenheiten dieser Art können auch bei der Geschäftsverteilung nach Klassen und Gruppen bestehen, weil die Bestimmung der Klasse und Gruppe durch das Patentamt (Auszeichnung) insoweit für das Patentgericht nicht verbindlich ist. Ein Zuständigkeitsstreit kann auch zwischen verschieden besetzten Senaten, etwa zwischen einem technischen Beschwerdesenat und dem juristischen Beschwerdesenat, auftreten. Ein solcher Zuständigkeitsstreit kann nicht im Wege des § 36 Nr. 6 ZPO (Bestimmung des zuständigen Gerichts durch das zunächst höhere Gericht) behoben werden; zur Entscheidung von Zuständigkeitsstreitigkeiten ist vielmehr, auch wenn er zwischen verschieden besetzten Senaten besteht, das Präsidium berufen, BGH GRUR **72,** 440 – Zuständigkeitsstreit; vgl. auch BGH DRiZ **78,** 249.

Die Entscheidung des Präsidiums über einen Zuständigkeitsstreit zwischen verschieden be- 13
setzten Senaten steht nicht dem Erfolg einer auf unrichtige Besetzung des Patentgerichts gestützten Rüge (§ 100 Abs. 3 Nr. 1, § 101 Abs. 2 i.V.m. § 551 Nr. 1 ZPO) entgegen, BGHZ **42,** 32, 36 – Akteneinsicht I.

69 *Öffentlichkeit. Sitzungspolizei.* (1) [1]**Die Verhandlung vor den Beschwerdesenaten ist öffentlich, sofern ein Hinweis auf die Möglichkeit der Akteneinsicht nach § 32 Abs. 5 oder die Patentschrift nach § 58 Abs. 1 veröffentlicht worden ist.** [2]**Die §§ 172 bis 175 des Gerichtsverfassungsgesetzes sind entsprechend anzuwenden mit der Maßgabe, daß**

1. **die Öffentlichkeit für die Verhandlung auf Antrag eines Beteiligten auch dann ausgeschlossen werden kann, wenn sie eine Gefährdung schutzwürdiger Interessen des Antragstellers besorgen läßt,**
2. **die Öffentlichkeit für die Verkündung der Beschlüsse bis zur Veröffentlichung eines Hinweises auf die Möglichkeit der Akteneinsicht nach § 32 Abs. 5 oder bis zur Veröffentlichung der Patentschrift nach § 58 Abs. 1 ausgeschlossen ist.**

(2) [1]**Die Verhandlung vor den Nichtigkeitssenaten einschließlich der Verkündung der Entscheidungen ist öffentlich.** [2]**Absatz 1 Satz 2 Nr. 1 gilt entsprechend.**

(3) [1]**Die Aufrechterhaltung der Ordnung in den Sitzungen der Senate obliegt dem Vorsitzenden.** [2]**Die §§ 177 bis 180, 182 und 183 des Gerichtsverfassungsgesetzes über die Sitzungspolizei gelten entsprechend.**

Inhaltsübersicht

1. Öffentlichkeit der Verhandlungen. Die Vorschrift regelt die Frage der Öffentlichkeit 1
der Verhandlungen einschließlich der Verkündungen in den Fällen, in denen eine mündliche Verhandlung stattfindet (§§ 78, 83 Abs. 2). Soweit eine mündliche Verhandlung nicht vorgeschrieben ist, findet keine Verhandlung im Sinne dieser Vorschrift, sondern nur eine Beratung und Abstimmung statt, die in § 70 geregelt ist. Die Vorschrift betrifft ferner nur die Verhandlung vor dem erkennenden (beschließenden) Senat, nicht die Verhandlung vor dem beauftragten oder ersuchten Richter, zu der nur die Beteiligten zugelassen sind (§ 88 Abs. 3). Die Verhandlung ist öffentlich, wenn eine unbestimmte Vielzahl von Personen, die zueinander und zum Verfahren in keiner Beziehung stehen, zu der Verhandlung Zutritt hat, RGZ **157,** 341, 343. Nach BVerfG NJW 2002, 814 bedeutet Öffentlichkeit, dass beliebige Zuhörer, wenn auch nur in begrenzter Zahl, die Möglichkeit haben, sich ohne besondere Schwierigkeit Kenntnis von Ort und Zeit der Verhandlung zu verschaffen, und dass der Zutritt im Rahmen der tatsächlichen Gegebenheiten eröffnet ist. Es ist Pflicht der Gerichte, Öffentlichkeit in diesem Sinne herzustellen und zu gewährleisten. Eine Verletzung der Vorschriften über die Öffentlichkeit des Verfahrens liegt nicht vor, wenn eine Beschränkung des Zugangs zum Sitzungssaal nicht auf einer Sorgfaltsverletzung des Gerichts beruht, z.B. bei einer versehentlichen Anbringung des Sperrschildes „Nichtöffentliche Sitzung", BGH v. 17. 7. 1970 – X ZB 17/69 – LS – Sitzungsschild – GRUR **70,** 621; Mitt. **70,** 175; vgl. dazu B/L/A/H ZPO 63. Aufl, Rdn. 4 zu § 169 GVG.

Bei Überfüllung des Sitzungsraums kann weiteren Personen der Zutritt verwehrt und ein 1a
entsprechender Anschlag an der Tür angebracht werden, RG JW **06,** 794; BGH NJW **66,**

1570. Den Beteiligten darf auch bei nichtöffentlicher Verhandlung der Zutritt nicht verwehrt werden. Ob öffentlich oder nicht öffentlich verhandelt wurde, ist im Sitzungsprotokoll (§ 92) zu vermerken. Eine Verletzung von § 69 Abs. 1 und 2 kann Grundlage für eine zulassungsfreie Rechtsbeschwerde nach § 100 Abs. 3 Nr. 5 sein, wenn der angefochtene Beschluss auf Grund einer mündlichen Verhandlung ergangen ist, bei der die Vorschriften über die Öffentlichkeit des Verfahrens verletzt worden sind. Der Ausschluss von Ton- und Fernseh-Rundfunkaufnahmen sowie Ton- und Filmaufnahmen zum Zwecke der öffentlichen Vorführung oder Veröffentlichung ihres Inhalts durch § 169 Satz 2 GVG gilt wegen seines allgemeinen Schutzzwecks auch für öffentliche Verhandlungen vor dem Patentgericht. Er ist mit der durch das GG garantierten Presse- und Rundfunkfreiheit zu vereinbaren. Der gesetzliche Ausschluss von Ton- und Fernseh-Rundfunkaufnahmen in Gerichtsverhandlungen durch § 169 Satz 2 GVG ist verfassungsgemäß, BVerfG, 1 BvR 2623/95 vom 24. 1. 2001, LS 4, http://www.bverfg.de/ = NJW **01,** 1633.

2 **a) Verhandlungen vor dem Beschwerdesenat.** Die Öffentlichkeit der Verhandlung wird in § 69 Abs. 1 Satz 1 in Beziehung gesetzt zu der Veröffentlichung des Patentamts, welche die Öffentlichkeit erstmals über die angemeldete Erfindung unterrichtet, wobei der Zeitvorrang der Veröffentlichung nach § 32 Abs. 5 oder nach § 58 Abs. 1 Satz maßgebend ist. Im Wesentlichen wird damit zugleich für die Zulassung der Öffentlichkeit zu den Verhandlungen vor den Beschwerdesenaten auf die Vorgänge abgestellt, die nach § 31 Abs. 2, Abs. 1 Satz 2 die grundsätzlich freie Akteneinsicht eröffnen. Solange die Akten vertraulich behandelt werden, soll die Vertraulichkeit auch bei den Verhandlungen gewahrt bleiben.

3 **aa) Bis zur Offenlegung der Anmeldung oder Ausgabe der Patentschrift.** Ist Gegenstand des Verfahrens eine noch nicht offengelegte Anmeldung, die noch nicht zur Patenterteilung und zur Veröffentlichung der Patentschrift geführt hat, so ist die Öffentlichkeit von der gesamten Verhandlung einschließlich der Verkündung der Beschlüsse ausgeschlossen. Diese Regelung ist zum Schutze des Anmelders gegen Nachahmungen und zum Schutze gegen Rechtsnachteile getroffen, die sich aus einem vorzeitigen Bekanntwerden der Erfindung für Nachanmeldungen in anderen Ländern ergeben könnten.

4 **bb) Nach Offenlegung der Anmeldung oder Ausgabe der Patentschrift.** Betrifft das Verfahren eine bereits offengelegte Anmeldung oder ein bereits erteiltes Patent, dessen Unterlagen als Patentschrift veröffentlicht sind, so ist die Verhandlung einschließlich der Verkündung der Beschlüsse grundsätzlich öffentlich. Bezüglich der Offenlegung knüpft § 69 Abs. 1 Satz 1 im Interesse der Rechtsklarheit allerdings nicht an die Voraussetzungen des § 31 Abs. 2 insgesamt, sondern nur an die Veröffentlichung des Hinweises auf die Möglichkeit der Akteneinsicht im Patentblatt (§ 32 Abs. 5) an. Hinsichtlich der Voraussetzungen, unter denen die Öffentlichkeit ausgeschlossen werden kann, und hinsichtlich des dabei anzuwendenden Verfahrens sind die §§ 172–175 GVG entsprechend anzuwenden, die folgendes bestimmen:

§ 172. Das Gericht kann für die Verhandlung oder für einen Teil davon die Öffentlichkeit ausschließen, wenn

1. eine Gefährdung der Staatssicherheit, der öffentlichen Ordnung oder der Sittlichkeit zu besorgen ist,

1 a. eine Gefährdung des Lebens, des Leibes oder der Freiheit eines Zeugen oder einer anderen Person zu besorgen ist,

2. ein wichtiges Geschäfts-, Betriebs-, Erfindungs- oder Steuergeheimnis zur Sprache kommt, durch dessen öffentliche Erörterung überwiegende schutzwürdige Interessen verletzt würden,

3. ein privates Geheimnis erörtert wird, dessen unbefugte Offenbarung durch den Zeugen oder Sachverständigen mit Strafe bedroht ist,

4. eine Person unter sechzehn Jahren vernommen wird.

§ 173. (1) Die Verkündung des Urteils erfolgt in jedem Falle öffentlich.

(2) Durch einen besonderen Beschluß des Gerichts kann unter den Voraussetzungen des §§ 171 b und 172 auch für die Verkündung der Urteilsgründe oder eines Teiles davon die Öffentlichkeit ausgeschlossen werden.

§ 174. (1) Über die Ausschließung der Öffentlichkeit ist in nicht öffentlicher Sitzung zu verhandeln, wenn ein Beteiligter es beantragt oder das Gericht es für angemessen erachtet. Der Beschluß, der die Öffentlichkeit ausschließt, muß öffentlich verkündet werden; er kann in nicht öffentlicher Sitzung verkündet werden, wenn zu befürchten ist, daß seine öffentliche Verkündung eine erhebliche Störung der Ordnung in der Sitzung zur Folge haben würde. Bei der Verkündung ist in den Fällen der §§ 171 b, 172 und 173 anzugeben, aus welchem Grund die Öffentlichkeit ausgeschlossen worden ist.

(2) Soweit die Öffentlichkeit wegen Gefährdung der Staatssicherheit ausgeschlossen wird, dürfen Presse, Rundfunk und Fernsehen keine Berichte über die Verhandlung und den Inhalt eines die Sache betreffenden amtlichen Schriftstücks veröffentlichen.

(3) Ist die Öffentlichkeit wegen Gefährdung der Staatssicherheit oder aus den in §§ 171 b und 172 Nr. 2 und 3 bezeichneten Gründen ausgeschlossen, so kann das Gericht den anwesenden Personen die Geheimhaltung von

Tatsachen, die durch die Verhandlung oder durch ein die Sache betreffendes amtliches Schriftstück zu ihrer Kenntnis gelangen, zur Pflicht machen. Der Beschluß ist in das Sitzungsprotokoll aufzunehmen. Er ist anfechtbar. Die Beschwerde hat keine aufschiebende Wirkung.

§ 175. (1) Der Zutritt zu öffentlichen Verhandlungen kann unerwachsenen und solchen Personen versagt werden, die in einer der Würde des Gerichts nicht entsprechenden Weise erscheinen.

(2) Zu nicht öffentlichen Verhandlungen kann der Zutritt einzelnen Personen vom Gericht gestattet werden. In Strafsachen soll dem Verletzten der Zutritt gestattet werden. Einer Anhörung der Beteiligten bedarf es nicht.

(3) Die Ausschließung der Öffentlichkeit steht der Anwesenheit der die Dienstaufsicht führenden Beamten der Justizverwaltung bei den Verhandlungen vor dem erkennenden Gericht nicht entgegen.

Über die dort genannten Voraussetzungen hinaus kann die Öffentlichkeit für die Verhandlung und für die Verkündung der Beschlüsse – was gegebenenfalls besonders angeordnet werden muss (§ 173 Abs. 2 GVG) – auf Antrag eines Beteiligten auch ausgeschlossen werden, wenn die Öffentlichkeit eine Gefährdung der schutzwürdigen Interessen des Antragstellers besorgen lässt. Die Ausschließung der Öffentlichkeit steht also nicht im Ermessen des Gerichts, sie kann nur unter den genannten Voraussetzungen angeordnet werden. Sie kommt insbesondere in Betracht, wenn in der Verhandlung Betriebsinterna – etwa Umsatzzahlen zur Begründung des technischen Fortschritts – offengelegt werden müssen. 5

b) Verhandlungen vor dem Nichtigkeitssenat. Die Verhandlung vor dem Nichtigkeitssenat, die ausschließlich erteilte Patente betrifft, ist einschließlich der Verkündung der Entscheidung grundsätzlich öffentlich. Für die *Verhandlung* kann jedoch ebenso wie für die Verhandlung vor dem Beschwerdesenat, soweit sie offengelegte oder bekanntgemachte Anmeldungen betrifft, die Öffentlichkeit über § 172 GVG hinaus auch auf Antrag eines Beteiligten ausgeschlossen werden, wenn die schutzwürdigen Interessen dieses Beteiligten die Ausschließung erfordern. Der Schutz von Persönlichkeitsrechten ist durch das Opferschutzgesetz (Gesetz vom 18. 12. 1986, BGBl. I 2496) aus § 171 Abs. 2 GVG herausgenommen und als § 171 b GVG verselbstständigt worden. Die Anpassung des Patentgesetzes dürfte infolge eines Redaktionsversehens unterblieben sein. Die Vorschriften des § 171 b GVG sind daher ebenfalls vom Patentgericht anzuwenden. **§ 171 b GVG** hat folgenden Wortlaut: 6

(1) Die Öffentlichkeit kann ausgeschlossen werden, soweit Umstände aus dem persönlichen Lebensbereich eines Prozessbeteiligten, Zeugen oder durch eine rechtswidrige Tat (§ 11 Abs. 1 Nr. 5 des Strafgesetzbuchs) Verletzten zur Sprache kommen, deren öffentliche Erörterung schutzwürdige Interessen verletzen würde, soweit nicht das Interesse an der öffentlichen Erörterung dieser Umstände überwiegt. Dies gilt nicht, soweit die Personen, deren Lebensbereiche betroffen sind, in der Hauptverhandlung dem Ausschluss der Öffentlichkeit widersprechen.

(2) Die Öffentlichkeit ist auszuschließen, wenn die Voraussetzungen des Absatzes 1 Satz 1 vorliegen und der Ausschluss von der Person, deren Lebensbereich betroffen ist, beantragt wird.

(3) Die Entscheidungen nach den Absätzen 1 und 2 sind unanfechtbar.

Die Verkündung der Entscheidungen muss dagegen in öffentlicher Verhandlung erfolgen; die Öffentlichkeit muss daher für die Verkündung auch bei vorhergehendem Ausschluss stets wiederhergestellt werden (§ 173 Abs. 1 GVG). Nur für die Verkündung der Entscheidungsgründe oder eines Teiles davon kann die Öffentlichkeit, jedoch nur unter den Voraussetzungen des § 172 GVG, durch besonderen Beschluss ausgeschlossen werden (§ 173 Abs. 2 GVG).

2. Sitzungspolizei. Der Vorsitzende hat dafür zu sorgen, dass die Ordnung in der Sitzung aufrecht erhalten, also jede äußere Störung vermieden wird. Der Vorsitzende kann in diesem Rahmen und zu diesem Zwecke jede Maßnahme ergreifen, die nicht durch die entsprechend anzuwendenden §§ 177–180, 182, 183 GVG dem Senat vorbehalten ist. Von einem Beschwerde- oder Nichtigkeitssenat festgesetzte Ordnungsmittel unterliegen nicht der Beschwerde, da das Bundespatentgericht einem Oberlandesgericht gleichgestellt ist. Gegen Maßnahmen des Vorsitzenden gibt es keinen Rechtsbehelf, auch nicht die Anrufung des Gerichts, OLG Hamburg NJW **76,** 1987. Sie gehören zu dem Bereich, der durch die richterliche Unabhängigkeit geschützt ist, so dass auch dienstaufsichtsrechtliche Maßnahmen unzulässig sind, BGH v. 12. 3. 2003, RiZ (R) 1/02 (www.bundesgerichtshof.de). 7

Presseorgane oder öffentliche Medien wie Rundfunk und Fernsehen können aber das Bundesverfassungsgericht – i. d. R. im Verfahren der Verfassungsbeschwerde wegen Eingriffs in die Presse- und Berichterstattungsfreiheit mit einem Antrag auf Erlass einer einstweiligen Anordnung – anrufen und den Anspruch auf Information der Öffentlichkeit über zeitgeschichtliche Vorgänge von besonderer Bedeutung durchzusetzen, vgl. z. B. BVerfG, 1 BvR 680/02 vom 15. 4. 2002, Absatz-Nr. (1–4), http://www.bverfg.de/(Anweisung an den Vorsitzenden eines Strafsenats beim OLG Frankfurt). Maßgebliche Kriterien für eine Intervention des BVerfG sind dabei u. a., dass z. B. eine Fernsehbildberichterstattung über ein Verfahren, das eine erhebliche 8

Aufmerksamkeit in der Öffentlichkeit gefunden hat, nicht in einer dem Informationsinteresse gerecht werdenden Weise stattfinden könnte. Für Verfahren vor dem Bundespatentgericht dürften Vorgänge dieser Art eine außergewöhnliche Seltenheit darstellen; ausschließen lassen sie sich allerdings nach den Erfahrungen insbesondere des EPA mit Patenten im Bereich der Biotechnologie nicht.

70 *Beratung und Abstimmung.* (1) [1]**Für die Beschlußfassung in den Senaten bedarf es der Beratung und Abstimmung.** [2]**Hierbei darf nur die gesetzlich bestimmte Anzahl der Mitglieder der Senate mitwirken.** [3]**Bei der Beratung und Abstimmung dürfen außer den zur Entscheidung berufenen Mitgliedern der Senate nur die beim Patentgericht zur Ausbildung beschäftigten Personen zugegen sein, soweit der Vorsitzende deren Anwesenheit gestattet.**

(2) **Die Senate entscheiden nach Stimmenmehrheit; bei Stimmengleichheit gibt die Stimme des Vorsitzenden den Ausschlag.**

(3) [1]**Die Mitglieder der Senate stimmen nach dem Dienstalter, bei gleichem Dienstalter nach dem Lebensalter; der Jüngere stimmt vor dem Älteren.** [2]**Wenn ein Berichterstatter ernannt ist, so stimmt er zuerst.** [3]**Zuletzt stimmt der Vorsitzende.**

Inhaltsübersicht

1 **1. Beratung und Abstimmung.** Die Vorschrift regelt die Beratung und Abstimmung in enger Anlehnung an die Vorschriften des 16. Titels des GVG, die im Übrigen, soweit eine besondere Regelung fehlt, ergänzend heranzuziehen sind. Ergänzend heranzuziehen sind insbesondere die Vorschriften des § 194 über den Hergang der Beratung und Abstimmung und des § 195 über Überstimmte. Nach § 194 GVG leitet der Vorsitzende die Beratung, stellt die Fragen und sammelt die Stimmen; Meinungsverschiedenheiten über den Gegenstand, die Fassung und Reihenfolge der Fragen entscheidet das Gericht, das heißt das zur Entscheidung berufene Kollegium. Diese Vorschrift bezieht sich nicht nur auf die Entscheidung als solche, sondern auch auf die einzelnen Entscheidungselemente, die Entscheidungsgründe. Nach § 195 GVG darf kein Richter die Abstimmung über eine Frage verweigern, weil er bei der Abstimmung über eine vorhergehende Frage in der Minderheit geblieben ist. Die Beratung und Abstimmung dient der Feststellung der Entscheidung des Kollegiums, die nach außen immer eine einheitliche ist. Die Haftpflicht des einzelnen Richters kann sich daher nur aus seiner Abstimmung, nicht aus der Entscheidung des Kollegiums ergeben. Der einzelne Richter muss aber gegebenenfalls seine abweichende Abstimmung beweisen. Soweit eine Haftpflicht droht, kann er daher die Aufnahme eines geheimzuhaltenden Aktenvermerks über das Ergebnis der Abstimmung verlangen oder seine abweichende Ansicht in einem geheimzuhaltenden Vermerk niederlegen.

2 **a) Erforderlichkeit.** Einer Beratung und Abstimmung bedarf es vor jeder Beschlussfassung in den Senaten. Die Beratung und Abstimmung sind deshalb für jede Beschlussfassung des Senats erforderlich, also stets dann, wenn der Senat zu entscheiden hat. Soweit der Vorsitzende eine Entscheidung allein zu treffen hat, etwa in Angelegenheiten der Sitzungspolizei, kann er sich vom Kollegium beraten lassen, eine Abstimmung findet jedoch nicht statt; der Vorsitzende ist auch nicht an die vom Kollegium geäußerte Auffassung gebunden. In den einem Mitglied des Senats als beauftragtem Richter zugewiesenen Angelegenheiten hat dieser allein zu entscheiden; doch ist es unschädlich, wenn an seiner Stelle das Kollegium entscheidet, wobei dann freilich der Entscheidung Beratung und Abstimmung vorausgehen müssen. Das Gesetz setzt als Regel eine mündliche Beratung und Abstimmung voraus; nach h. M. dürfen die Beratung und Abstimmung jedoch in Ausnahmefällen auch schriftlich erfolgen. Sie können daher in einfachen Sachen auch dadurch geschehen, dass ein Entscheidungsentwurf bei den mitwirkenden Richtern umläuft und von diesen unterschrieben wird.

3 **b) Mitwirkende.** Bei der Beratung und Abstimmung darf nur die gesetzlich bestimmte Anzahl der Mitglieder des Senats (§ 67) mitwirken. Bei Senaten, deren Mitgliederzahl über die für die Mitwirkung im Einzelfalle erforderliche Anzahl hinausgeht, dürfen deshalb nur die im Ein-

zelfalle zur Mitwirkung berufenen Mitglieder in der gesetzlich vorgeschriebenen Anzahl an der Beratung und Abstimmung teilnehmen. Die überzähligen Mitglieder dürfen weder an der Beratung und Abstimmung teilnehmen noch, wie sich aus Abs. 1 Satz 3 ergibt, dabei zugegen sein. Die Vorschrift schließt nicht aus, dass der Vorsitzende eines überbesetzten Senats einzelne Rechtsfragen von grundsätzlicher Bedeutung mit dem Gesamtsenat erörtert, um nach Möglichkeit zu vermeiden, dass der Senat die Frage in einem anderen Fall in anderer Zusammensetzung anders entscheidet, doch darf diese Erörterung der Beratung und Abstimmung im Einzelfall durch die zur Entscheidung berufenen Mitglieder nicht vorgreifen. Die Vorschrift verbietet auch nicht, dass ein einzelner Richter den zu entscheidenden Fall mit einem anderen Richter, der nicht dem zur Entscheidung berufenen Gremium angehört, bespricht. Wenn eine mündliche Verhandlung vorausgegangen ist, dürfen bei der Beratung und Abstimmung grundsätzlich nur die Richter mitwirken, die bei der letzten mündlichen Verhandlung zugegen waren (§ 93 Abs. 3).

c) Anwesenheit Dritter. Anwesend sein dürfen bei der Beratung und Abstimmung neben den zur Entscheidung berufenen Richtern nur die beim Patentgericht zur Ausbildung beschäftigten Personen, soweit ihnen der Vorsitzende die Anwesenheit gestattet. Diese Vorschrift ermöglicht insbesondere die Anwesenheit der beim Patentgericht zur Ausbildung beschäftigten Referendare und Patentanwaltskandidaten. Es ist dabei nicht erforderlich, dass diese Personen gerade dem in Frage stehenden Senat zur Ausbildung zugewiesen sind. Es genügt, dass sie bei dem Gericht als solchem zur Ausbildung beschäftigt sind. Über ihre Zulassung entscheidet der Vorsitzende, nicht der Senat. Er kann die Anwesenheit nach seinem Ermessen gestatten oder ablehnen; er hat dabei jedoch zu berücksichtigen, dass gerade die Anwesenheit bei der Beratung und Abstimmung die Ausbildung besonders zu fördern geeignet ist. 4

d) Stimmenzählung. Literatur: Hiete, Soll es in den technischen Beschwerdesenaten des Bundespatentgerichts bei dem Stichentscheid des Vorsitzenden bleiben?, GRUR **65,** 347; Völcker, Das Entscheidungsrisiko des gradzahlig besetzten Kollegialgerichts, insbesondere bei gleichem Stimmgewicht seiner Mitglieder, Mitt. **71,** 161. 5

Bei der Abstimmung entscheidet die absolute Stimmenmehrheit. Sie liegt vor, wenn sich mehr als die Hälfte sämtlicher Stimmen auf eine Meinung vereinigt. Bilden sich in Beziehung auf Summen, über die zu entscheiden ist, etwa in Beziehung auf den Streitwert, mehr als zwei Meinungen, von denen keine die Mehrheit für sich hat, so werden die für die größte Summe abgegebenen Stimmen den für die zunächst geringere abgegebenen so lange hinzugerechnet, bis sich eine Mehrheit ergibt. Bei Stimmengleichheit, die vor allem bei der Viererbesetzung in den technischen Beschwerdesenaten auftreten kann, gibt die Stimme des Vorsitzenden den Ausschlag. Diese Regelung, die den Vorsitzenden der mit gerader Richterzahl besetzten Senate den Stichentscheid zubilligt, ist aus praktischen Gründen erforderlich, um zu gewährleisten, dass die Abstimmung stets zu einem bestimmten Ergebnis führt. Sie ist weder verfassungswidrig noch widerspricht sie hergebrachten Grundsätzen Sie scheint aber auch aus Anlass des Gesetzgebungsverfahrens zu dem Gesetz zur Stärkung der Unabhängigkeit der Richter und Gerichte v. 22. 12. 1999, BGBl. I 2597, trotz dessen „privilegienfeindlicher" Tendenz (vgl. Rdn. 1a zu § 68), keinen Anstoß erregt zu haben.

e) Reihenfolge der Abstimmung. Ist, wie es die Regel ist, ein Berichterstatter bestimmt, so stimmt er zuerst. Nach ihm geben die anderen Mitglieder des Senats nach ihrem Dienstalter (§ 20 DRiG) ihre Stimme ab, der Dienstjüngere stimmt vor dem Dienstälteren. Zuletzt stimmt immer der Vorsitzende. Ist kein Berichterstatter bestimmt, so stimmen die Mitglieder nach ihrem Dienstalter, nach dem dienstältesten Mitglied stimmt der Vorsitzende, vgl. auch § 197 GVG. 6

2. Beratungsgeheimnis. Jeder Richter hat die Amtspflicht, über den Hergang der Beratung und Abstimmung Schweigen zu bewahren (§ 43 DRiG). Er darf nicht als Vorsitzender durch die Art der mündlichen Begründung oder als Berichterstatter durch die Fassung der Begründung der Entscheidung andeuten, dass er überstimmt wurde. Er darf über Vorgänge bei der Beratung und Abstimmung nicht als Zeuge vernommen werden (§ 383 Abs. 6 ZPO; vgl. auch Baumbach/Lauterbach/Albers/Hartmann ZPO Anm. 5 zu § 383 ZPO). Der Richter darf sich jedoch zu Rechtsfragen, über die er zu entscheiden hatte, literarisch äußern und dabei auch seine Meinung darlegen. Doch ist es zumindest unangebracht, dies – ohne besonderen Grund – in Form einer Besprechung einer veröffentlichten Entscheidung zu tun, an der er mitgewirkt hat; eine kritische Äußerung dürfte im Hinblick auf das Beratungsgeheimnis unzulässig sein (vgl. dazu Erdsiek NJW **60,** 2233). 7

71 *Richter kraft Auftrags, abgeordnete Richter.* (1) [1]**Beim Patentgericht können Richter kraft Auftrags verwendet werden.** [2]**§ 65 Abs. 2 Satz 3 ist anzuwenden.**

(2) **Richter kraft Auftrags und abgeordnete Richter können nicht den Vorsitz führen.**

Inhaltsübersicht

1 **1. Richter kraft Auftrags.** Abs. 1 der Vorschrift gestattet die Verwendung von Richtern kraft Auftrags. Diese sind Beamte auf Lebenszeit oder Zeit, die später als Richter auf Lebenszeit verwendet werden sollen (§ 14 DRiG) und die unter Berufung in das Richterverhältnis kraft Auftrags zu Richtern ernannt sind (§ 17 DRiG). Die Verwendung von Richtern kraft Auftrags ist im allgemeinen nur bei den unteren Gerichten zugelassen. Die Vorschrift, die sie beim Patentgericht gestattet, trägt den besonderen Verhältnissen des Gerichts Rechnung, das für die Ergänzung seiner ständigen technischen Mitglieder vor allem auf die Mitglieder des Patentamts angewiesen ist, die Verwaltungsbeamte sind.

2 **a) Ernennung.** Die Richter kraft Auftrags werden vom Bundesjustizminister ernannt. Vor ihrer Ernennung ist der Präsidialrat zu hören (§ 55 DRiG). Die Ernennung erfolgt durch Aushändigung einer Urkunde, in der die Worte „unter Berufung in das Richterverhältnis kraft Auftrags" enthalten sein müssen (§ 17 DRiG).

3 **b) Voraussetzungen für die Ernennung.** Die Richter kraft Auftrags müssen zu Beamten auf Lebenszeit oder auf Zeit ernannt sein (§ 14 DRiG). Sie müssen ferner die Voraussetzungen für die Befähigung zum Richteramt beim Patentgericht erfüllen, §§ 5 ff., 120 DRiG, 65 Abs. 2 PatG.

4 **c) Dauer der Verwendung.** Die Verwendung von Richtern kraft Auftrags ist nur so lange zulässig, als ein besonderer Grund sie erfordert, BVerfGE **4,** 331, 345; **14,** 156; BGHZ **12,** 1; **22,** 142, **34,** 260; BGH GRUR **70,** 237, 239 – Appetitzügler II, m. w. N. Der einzelne Richter kraft Auftrags darf nur zwei Jahre als solcher beschäftigt werden; spätestens zwei Jahre nach seiner Ernennung ist er zum Richter auf Lebenszeit zu ernennen (§ 16 DRiG).

5 **d) Rechtliche Stellung.** Der Richter kraft Auftrags ist Richter, er behält jedoch sein bisheriges Amt (§ 15 DRiG). Er führt im Dienst die Bezeichnung „Richter am Bundespatentgericht" (§ 19a Abs. 2 DRiG) und muss nur im Geschäftsverteilungsplan als Richter kraft Auftrags kenntlich gemacht werden (§ 29 Satz 2 DRiG). Er kann – abgesehen von dienstlichen Verfehlungen (§§ 23, 22 Abs. 3 DRiG) – nur zum Ablauf des 6., 12., 18. oder 24. Monats nach seiner Ernennung entlassen werden (§§ 23, 22 Abs. 1 DRiG).

6 **2. Abgeordnete Richter.** Abgeordnete Richter sind Richter anderer Gerichte, die zum Patentgericht abgeordnet sind. Sie sind gerichtsverfassungsrechtlich, insbesondere hinsichtlich der Führung des Vorsitzes (§ 71 Abs. 2), den Richtern kraft Auftrags vollkommen gleichgestellt.

7 **3. Mitwirkung.** Richter kraft Auftrags und abgeordnete Richter wirken bei der Verhandlung und Entscheidung mit gleichen Rechten wie die auf Lebenszeit ernannten Richter mit. Zur Wahrung der Unabhängigkeit und Stetigkeit der Rechtsprechung sind sie jedoch vom Vorsitz ausgeschlossen (§ 71 Abs. 2). Sie können daher weder im Wege der Geschäftsverteilung zum regelmäßigen Vertreter des Vorsitzenden bestimmt werden noch auf Grund ihres Dienstalters den Vorsitz führen. In jedem Senat darf ferner nicht mehr als ein Richter kraft Auftrags oder abgeordneter Richter mitwirken (§ 29 Satz 1 DRiG). Die Mitwirkung geschieht durch Teilnahme an der Verhandlung und Entscheidung. Die Vorschrift betrifft daher die gesetzlich vorgeschriebene Besetzung bei der Verhandlung und Entscheidung. Gehören einem Senat mehr Mitglieder an als es für die gesetzliche Besetzung bei der Verhandlung und Entscheidung erforderlich ist, so können sich darunter auch mehrere Richter kraft Auftrags oder abgeordnete Richter befinden; bei der Verhandlung und Entscheidung der einzelnen Sache darf aber immer nur einer von diesen Richtern teilnehmen. GG und GVG gehen im Interesse der sachlichen und persönlichen Unabhängigkeit der Gerichte davon aus, dass das Richteramt grundsätzlich von hauptamtlich und planmäßig endgültig angestellten Richtern ausgeübt wird. Der Einsatz von nicht planmäßigen Richtern bei einem Gericht sei deshalb auf das zwingend gebotene Maß

zu beschränken. Der beschränkte Einsatz eines Proberichters ist rechtsstaatlich unbedenklich und stellt keinen Eingriff in die richterliche Unabhängigkeit dar, BVerfG v. 23. 1. 1996 – 1 BvR 1551/95, DtZ **1996,** 175; v. 13. 1. 1997 – 2 BvR 2269/93, NJW **1998,** 1053; BGH v. 13. 7. 1995 – V ZB 6/94, BGHZ **130,** 304, 308 ff.

4. Rechtsfolgen unzulässiger Mitwirkung. Der Senat, in dem mehr als ein Richter kraft Auftrags oder als ein abgeordneter Richter mitwirkt oder in dem ein solcher Richter den Vorsitz führt, ist nicht vorschriftsmäßig besetzt. Die nicht vorschriftsmäßige Besetzung kann nach § 100 Abs. 3 Nr. 1 auch ohne Zulassung mit der Rechtsbeschwerde gerügt werden. Sie stellt nach § 101 in Verbindung mit § 551 Nr. 1 ZPO einen absoluten Aufhebungsgrund dar. 8

72 *Geschäftsstelle.* [1]**Beim Patentgericht wird eine Geschäftsstelle eingerichtet, die mit der erforderlichen Anzahl von Urkundsbeamten besetzt wird.** [2]**Die Einrichtung der Geschäftsstelle bestimmt der Bundesminister der Justiz.**

Inhaltsübersicht

1. Geschäftsstelle. Geschäftsstelle im Sinne dieser Vorschrift ist nicht die Geschäftsstelle des einzelnen Senats, sondern die dem Gericht als solchem entsprechende Einrichtung, die, wie das Gericht in einzelne Senate, in Einzelgeschäftsstellen der Senate gegliedert ist. Während die Aufteilung des Gerichts in einzelne Senate als Spruchkörper gesetzlich vorgeschrieben ist, handelt es sich bei der Aufgliederung der Geschäftsstelle in Einzelgeschäftsstellen um eine interne organisatorische Maßnahme. 1

2. Einrichtung der Geschäftsstelle. Die Einrichtung der Geschäftsstelle ist geregelt durch die AnO. des BMJ vom 10. 12. 1980 (Bl. **81,** 41) und die gemäß § 8 dieser AnO. vom Präsidenten BPatG erlassene Anweisg. Wegen der Aktenführung ist die Anweisung über die Verwaltung des Schriftguts in Rechtssachen bei der Geschäftsstelle des Bundespatentgerichts (AktOBPatG) vom 20. 12. 1963 (Bl. **64,** 137) ergangen; über die Aufbewahrungsfristen unterrichtet die MittPräsPatGer. vom 4. 5. 1972 (Bl. **72,** 209). 2

3. Besetzung der Geschäftsstelle. Die Geschäftsstelle ist mit der erforderlichen Anzahl von Urkundsbeamten und von weiteren Beamten und Hilfskräften zu besetzen. 3

a) Urkundsbeamte. Die Vorschrift enthält anders als § 153 GVG i. d. F. vom 19. 12. 1979 (BGBl. I S. 2306) keine Vorschriften über die Ausbildung, die Befähigung zum Amt des Urkundsbeamten und seine allgemeine dienstliche Stellung; auch die sonstigen Vorschriften des Gesetzes regeln nur seine prozessuale Tätigkeit und Stellung. Nach der AnO. des BMJ vom 10. 12. 1980 (Bl. **81,** 41) sollen Urkundsbeamte der Geschäftsstelle in der Regel Beamte des gehobenen oder des mittleren Dienstes sein; es können aber auch Justizangestellte zu Urkundsbeamten bestellt werden. § 153 GVG wird also praktisch entsprechend angewendet. Der Urkundsbeamte handelt als Urkundsperson, soweit er Erklärungen zu Protokoll nimmt, das Sitzungsprotokoll führt, den Tag der Verkündung der Entscheidung vermerkt oder Ausfertigungen und Abschriften erteilt, als Organ der Rechtspflege, soweit er die ihm durch das Gesetz übertragenen Aufgaben der Rechtspflege erledigt, und als Bürobeamter, soweit er das Aktenwesen besorgt oder Zustellungen und Ladungen vornimmt. Soweit der Urkundsbeamte als Organ der Rechtspflege tätig wird, handelt er selbstständig unter eigener Verantwortung, RGZ **110,** 315; seine Entscheidungen sind mit einem Rechtsbehelf anfechtbar (§ 80 Abs. 5 in Vbdg. mit § 104 Abs. 3 ZPO); vgl. § 80 Rdn. 57. Die Fähigkeit, im Einzelfall als Urkundsbeamter tätig zu werden, regelt § 86. 4

b) Hilfskräfte. Für Angelegenheiten die nicht durch das Gesetz den Urkundsbeamten der Geschäftsstelle vorbehalten sind, können andere Beamte und Angestellte, die nicht Urkundsbeamte sind, herangezogen werden. Durch Anweisg. des PräsBPatG gemäß § 8 der Ano. vom 8. 12. 1980 (Bl. **81,** 41) können bestimmte Angelegenheiten Beamten des gehobenen Dienstes vorbehalten werden (§ 6 der AnO). 5

4. Geschäftsgang. Das Patentgesetz enthält Vorschriften nur insoweit, als es sich um die prozessuale Tätigkeit der Geschäftsstelle handelt. Soweit nicht im Übrigen besondere Bestim- 6 mungen über den Geschäftsgang bei der Geschäftsstelle – wie z.B. hinsichtlich der Aktenführung (vgl. oben Rdn. 2) – bestehen, sind die für die Geschäftsstellen der ordentlichen Gerichte geltenden bundesrechtlichen Vorschriften entsprechend heranzuziehen (§ 99, § 153 GVG).

Fünfter Abschnitt. Verfahren vor dem Patentgericht

Vorbemerkungen

1 Das Gesetz sieht für das patentgerichtliche Verfahren zwei verschiedene Verfahrensarten vor, das Beschwerdeverfahren und das Nichtigkeits- und Zwangslizenzverfahren. Das Beschwerdeverfahren ist nach Art eines Rechtsmittelverfahrens ausgestaltet, das als gerichtliches Verfahren an das vorausgegangene Verwaltungsverfahren anschließt. Das Nichtigkeits- und Zwangslizenzverfahren ist dagegen erstinstanzliches gerichtliches Verfahren, das durch Klage eingeleitet und durch Urteil beendet wird. Zwischen diese beiden Verfahren bestehen daher erhebliche Unterschiede, denen durch die unterschiedliche Regelung Rechnung getragen ist.

2 Erstinstanzlich sind auch die Beschwerdeverfahren nach § 147 Abs. 3, ggf. auch nach einem künftigen § 61 Abs. 2, falls der Referentenentwurf eines Gesetzes zur Änderung des Einspruchsverfahrens und des Patentkostengesetzes von Juli 2005 Gesetz werden sollte. Die Vorschriften für das Beschwerdeverfahren sind insoweit analog anzuwenden, soweit nicht infolge der Verweisung auf die Vorschriften über das Verfahren vor dem Patentamt deren – ebenfalls analoge – Anwendung vorgeht.

3 In den beiden ersten Unterabschnitten des Abschnitts sind das Beschwerdeverfahren und das Nichtigkeits- und Zwangslizenzverfahren geregelt. Der dritte Unterabschnitt enthält gemeinsame Vorschriften für beide Verfahrensarten. Das Verfahren vor dem Patentgericht wird durch die Bestimmungen des Abschnitts nicht erschöpfend geregelt. Die Vorschriften des Abschnitts werden ergänzt durch die gemeinsamen Vorschriften des Siebenten Abschnitts, die sowohl für das Patentamt als auch für das Patentgericht und zum Teil auch für den Bundesgerichtshof gelten. Ergänzend sind weiter nach § 99 das Gerichtsverfassungsgesetz und die Zivilprozessordnung heranzuziehen, soweit die Besonderheiten des Verfahrens vor dem Patengericht dies nicht ausschließen.

1. Beschwerdeverfahren

Allgemeine Übersicht

4 **1. Die grundsätzliche Ausgestaltung.** Bei der Beschwerde gegen Beschlüsse der Prüfungsstellen und Abteilungen des Patentamts handelt es sich nach der Begründung zum 6. ÜG (Bl. **61,** 153) in der Sache „um einen Rechtsbehelf nach Art der verwaltungsgerichtlichen Anfechtungsklage." Durch diese Formulierung wird die durch die Errichtung des Bundespatentgerichts vollzogene organisatorische Trennung zwischen dem Patentamt und dem Patentgericht als einem Gericht betont. Die Beschwerde gewährt ebenso wie die verwaltungsgerichtliche Klage dem einzelnen Rechtsschutz gegen die Verletzung seiner Rechte durch die öffentliche Gewalt (Art. 19 Abs. 4 GG). Sie dient auch ebenso wie die verwaltungsgerichtliche Klage der Rechtskontrolle der Verwaltung durch ein unabhängiges und von der Verwaltung getrenntes Gericht.

5 In der rechtlichen Ausgestaltung der Beschwerde bestehen jedoch erhebliche **Unterschiede** gegenüber der **verwaltungsgerichtlichen Klage.** Mit der verwaltungsgerichtlichen Klage wird nicht ein anhängiges Verfahren einer anderen Instanz unterbreitet, sondern ein gerichtliches Verfahren eingeleitet, das nicht das Verfahren vor der Verwaltungsbehörde fortsetzt, sondern die Durchsetzung eines öffentlich-rechtlichen Anspruches gegen die Verwaltung bezweckt. Das gerichtliche Verfahren folgt zwar in der Regel dem Verwaltungsverfahren zeitlich nach. Es bezweckt auch im Allgemeinen die Nachprüfung eines bereits ergangenen Verwaltungsakts. Es setzt einen solchen jedoch nicht notwendig voraus. Mit der Klage beim Verwaltungsgericht kann auch die Untätigkeit der Verwaltungsbehörde gerügt und der Erlass eines unterlassenen Verwaltungsaktes begehrt werden (§§ 42 Abs. 1, 75 VwGO). Die Verwaltungsgerichte haben nach der VwGO nur über die Rechtmäßigkeit oder Rechtswidrigkeit eines Verwaltungsakts oder seiner Ablehnung oder Unterlassung, nicht über die Zweckmäßigkeit oder Unzweckmäßigkeit zu befinden. Soweit die Verwaltungsbehörden nach ihrem Ermessen handeln, dürfen die Verwaltungsgerichte nicht ihr eigenes Ermessen an die Stelle des Ermessens der Verwaltungsbehörden setzen; sie dürfen nur prüfen, ob die Verwaltungsbehörden im Rahmen ihres Ermessens gehandelt haben (§ 114 VwGO). Sie können den begehrten Verwaltungs-

akt grundsätzlich nicht selbst erlassen, sondern nur die Verwaltungsbehörde verpflichten, die beantragte Amtshandlung vorzunehmen (§ 113 Abs. 4 VwGO).

Die **Beschwerde zum Patentgericht** ist demgegenüber **wie ein Rechtsmittel** ausgestaltet. Mit der Beschwerde wird der Beschluss der Prüfungsstelle oder Abteilung dem Patentgericht zur Nachprüfung unterbreitet; von der „ersten Instanz" des Patentamts führt ein „Instanzenweg" zu den Beschwerdesenaten des Patentgerichts, BGH GRUR **69,** 562, 563 – Appreturmittel. Mit der Beschwerde wird eine Änderung der angefochtenen Entscheidung erstrebt und nicht ein Anspruch auf eine andere Entscheidung durch das Patentamt geltend gemacht. Das Verfahren vor dem Patentamt, das Beschwerdeverfahren vor dem Patentgericht und gegebenenfalls auch das Rechtsbeschwerdeverfahren bilden verfahrensmäßig eine Einheit, innerhalb deren das Beschwerdeverfahren die Stelle eines **Rechtsmittelverfahrens** einnimmt, BGH GRUR **69,** 562; 563. Die Beschwerde setzt daher nicht ein erstinstanzliches Verfahren in Gang, sondern eröffnet eine zweite (gerichtliche) Tatsacheninstanz, BGH GRUR **69,** 562, 563. Das durch den angefochtenen Beschluss vor dem Patentamt abgeschlossene Verfahren wird nach Vorlage der Beschwerde (§ 73 Abs. 4) als gerichtliches Verfahren vor dem Patentgericht fortgeführt. Da das Patentamt im allgemeinen kein verwaltungsmäßiges Eigeninteresse verfolgt, ist es – abgesehen von dem Fall des § 77 – am Beschwerdeverfahren nicht beteiligt; er ist daher auch, anders als der Commissioner des US Patent and Trademark Office in Verfahren vor dem Court of Appeal for the Federal Circuit, nicht Beschwerdegegner; vgl. dazu Pakuscher, GRUR Int. **91,** 760. Der Präsident des Patentamts kann sich nur unter den besonderen Voraussetzungen des § 77 und erst nach einer Beitrittserklärung am Beschwerdeverfahren beteiligen. 6

Das Beschwerdeverfahren setzt nach § 73 einen Verwaltungsakt des Patentamts voraus. Die **„Untätigkeitsbeschwerde"** ist nicht vorgesehen; sie ist aber wohl nach Art. 19 Abs. 4 GG gegeben und inzwischen auch für Verfahren der ordentlichen Gerichtsbarkeit vom BVerfG anerkannt um den grundgesetzlich gewährleisteten Anspruch auf effektiven Rechtsschutz durchzusetzen. Vgl. BVerfG, 1 BvR 2790/04 vom 10. 6. 2005, Absatz-Nr. 27–29 (http://www.bverfg.de/entscheidungen/rk20050610_1bvr279004.html) mit näheren Ausführungen über die – auch in der ZPO und im FGG – nicht geregelte Beschwerdeart, mit der allerdings nur die gerichtliche Anweisung an die Vorinstanz erstrebt werden kann, dem Verfahren Fortgang zu geben, übertragen auf die Verfahren nach dem Patentgesetz also die entsprechende patentgerichtliche Anweisung an das Patentamt. Sinn macht eine solche Beschwerde offenbar nur, wenn sie als Eilsache behandelt und die beantragte Entscheidung umgehend getroffen oder auch abgelehnt wird. Das BVerfG betont a. a. O. ausdrücklich den restriktiven Charakter des Rechtsbehelfs und das rechtsstaatliche Erfordernis der Messbarkeit und Vorhersehbarkeit staatlichen Handelns. Dieses führe zu dem Gebot, dem Rechtsuchenden den Weg zur Überprüfung gerichtlicher Entscheidungen klar vorzuzeichnen. Zum früheren Diskussionsstand vgl. Starck, GRUR **85,** 798, 801, der auf die Möglichkeit der (formlosen) Dienstaufsichtsbeschwerde bei Untätigkeit des Patentamts hinweist. In BPatGE **30,** 119, 120 wird zutreffend eine Beschwerde als statthaft angesehen, wenn eine mit dem Verfahrenszweck unvereinbare Hinauszögerung der Entscheidung über ein Gesuch auf Gewährung von Verfahrenskostenhilfe einer Ablehnung des Gesuchs gleichzuachten ist und die Beschwerde das Ziel verfolgt, eine alsbaldige Entscheidung des Patentamts über das Gesuch herbeizuführen. Im konkreten Fall wurde die Beschwerde trotzdem als unzulässig, weil verfrüht erhoben, verworfen. Außerdem wurde das Rechtsschutzbedürfnis verneint, weil das Patentamt inzwischen Verfahrenskostenhilfe rechtskräftig versagt hatte. Wegen der Einheitlichkeit des Verfahrens können alle Verfahrenshandlungen, die im Verfahren vor dem Patentamt möglich waren, im Verfahren vor dem Patentgericht dem Patentgericht gegenüber vorgenommen werden, BGH GRUR **69,** 562, 563; BPatGE **2,** 172, 174; **8,** 28; **11,** 179, 181. Die Anmeldung oder der Antrag, der das Verfahren eingeleitet hat, kann ebenso wie der Einspruch durch Erklärung gegenüber dem Patentgericht zurückgenommen werden (§ 80 Abs. 4). Anmeldungen, auch Teilanmeldungen, können allerdings nur beim Patentamt eingereicht werden. 7

Durch die Beschwerde wird der **angefochtene Beschluss** dem Patentgericht – im Rahmen der gestellten Anträge – in vollem Umfange **zur Nachprüfung** unterbreitet. Das Patentgericht ist nicht auf die Rechtskontrolle gegenüber dem Patentamt beschränkt. Soweit das Patentamt nach Ermessen handeln kann, was freilich nur in sehr beschränktem Umfange der Fall ist, kann das Patentgericht auch die Einhaltung des Ermessens und die Zweckmäßigkeit der getroffenen Maßnahme, etwa der gemäß § 62 Abs. 1 Satz 1 getroffenen Kostenentscheidung, nachprüfen, BPatGE **1,** 175; **10,** 131, 137; **15,** 57; **16,** 115; abw. BPatGE **10,** 35, 41. Das Patengericht kann, wenn es die gesetzlichen Voraussetzungen für den beantragten Verwaltungsakt bejaht, ihn selbst erlassen – also z. B. das nachgesuchte Patent selbst erteilen (BGH GRUR **69,** 562, 563, BPatGE **1,** 1; **1,** 78, 79; Haeuseler GRUR **62,** 77; a. A. Schwerdtner GRUR **68,** 10 f.) –, so- 8 fern es sich dabei nicht um Maßnahmen handelt, wie Registereintragungen, die nur das Patentamt vornehmen kann. Der Grundsatz der Gewaltenteilung schließt weder das eine noch das andere aus, vgl. dazu VerwG München GRUR **61,** 472, 473; Haeuseler GRUR **62,** 77; a.A. Schwerdtner GRUR **68,** 10f.

9 In seiner **rechtlichen Ausgestaltung** kommt das Beschwerdeverfahren nach dem Unterabschnitt dem **Beschwerdeverfahren in Kartellverwaltungssachen** (§§ 62ff. GWB) am nächsten. Auch in diesem Verfahren bringt die Beschwerde den gesamten Streitstoff, über den die Verwaltungsbehörde zu Lasten des Beschwerdeführers entschieden hat, in die Gerichtsinstanz, die auch Zweckmäßigkeitserwägungen der Verwaltungsbehörde nachzuprüfen hat (§ 70 Abs. 5 GWB). Unterschiede bestehen nur in der rechtlichen Ausgestaltung im Einzelnen. Das Beschwerdegericht erlässt, wenn es die Voraussetzungen für den Erlass der beantragten Verfügung für gegeben erachtet, die Verfügung nicht selbst, sondern verpflichtet die Kartellbehörde, die beantragte Maßnahme vorzunehmen (§ 70 Abs. 4 GWB). Schließlich ist am Beschwerdeverfahren vor dem Gericht (OLG) auch die Kartellbehörde beteiligt (§ 66 Abs. 1 Nr. 2 GWB), während das Beschwerdeverfahren vor dem Patentgericht grundsätzlich ein einseitiges Verfahren oder ein Verfahren zwischen den Betroffenen nach Art des Beschwerdeverfahrens der freiwilligen Gerichtsbarkeit ist, an dem sich der Präsident des Patentamts nur ausnahmsweise unter den besonderen Voraussetzungen des § 77 beteiligen kann.

10 Das Beschwerdeverfahren steht, obwohl es vorwiegend abschließende Sachentscheidungen des Patentamts zum Gegenstand hat, dem **Beschwerdeverfahren der Zivilprozessordnung** näher als dem Berufungsverfahren. Ergänzend sind daher zu den Vorschriften des Unterabschnitts nach § 99 Abs. 1 in erster Linie die Vorschriften der Zivilprozessordnung über das Beschwerdeverfahren heranzuziehen, BGH GRUR **66,** 583 – Abtastverfahren; **69,** 433, 434 – Waschmittel; **69,** 562, 563 – Appreturmittel; BPatGE **5,** 26. Dabei ist zu beachten, dass das Verfahrensrecht für Beschwerden durch das Zivilprozessreformgesetz neu gestaltet worden ist.

11 **2. Inhalt des Unterabschnitts.** Das Beschwerdeverfahren ist in den Vorschriften des Unterabschnitts nur in seinen Grundzügen geregelt. Ergänzend treten die Vorschriften des 3. Unterabschnitts und des 7. Abschnitts und die Vorschriften der Zivilprozessordnung hinzu (§ 99 Abs. 1).

73 ***Beschwerde. Statthaftigkeit. Einlegung. Vorlage.*** (1) **Gegen die Beschlüsse der Prüfungsstellen und Patentabteilungen findet die Beschwerde statt.**

(2) [1]**Die Beschwerde ist innerhalb eines Monats nach Zustellung schriftlich beim Patentamt einzulegen.** [2]**Der Beschwerde und allen Schriftsätzen sollen Abschriften für die übrigen Beteiligten beigefügt werden.** [3]**Die Beschwerde und alle Schriftsätze, die Sachanträge oder die Erklärung der Zurücknahme der Beschwerde oder eines Antrags enthalten, sind den übrigen Beteiligten von Amts wegen zuzustellen; andere Schriftsätze sind ihnen formlos mitzuteilen, sofern nicht die Zustellung angeordnet wird.**

(3) [1]**Erachtet die Stelle, deren Beschluß angefochten wird, die Beschwerde für begründet, so hat sie ihr abzuhelfen.** [2]**Sie kann anordnen, daß die Beschwerdegebühr nach dem Patentkostengesetz zurückgezahlt wird.** [3]**Wird der Beschwerde nicht abgeholfen, so ist sie vor Ablauf von einem Monat ohne sachliche Stellungnahme dem Patentgericht vorzulegen.**

(4) **Steht dem Beschwerdeführer ein anderer an dem Verfahren Beteiligter gegenüber, so gilt die Vorschrift des Absatzes 3 Satz 1 nicht.**

Inhaltsübersicht

Vorbemerkung zum Textbestand: Art. 2 Nr. 21 des 2. PatGÄndG hat im damaligen § 73 Abs. 4 Satz 3 mit Wirkung vom 1. 11. 1998 die Angabe „drei Monaten" durch die Angabe „einem Monat" ersetzt. Durch Art. 7 Nr. 30 KostRegBerG vom 13. 12. 2001, BGBl 2001 I 3656, wurde a) § 73 (3) PatG aufgehoben worden; wurden b) die bisherigen Absätze 4 und 5 die Absätze 3 und 4; wurden c) im neuen Absatz 3 nach dem Wort „Beschwerdegebühr" die Wörter „nach dem Patentkostengesetz" eingefügt und wurde d) in dem neuen Absatz 4 die Angabe „Absatzes 4" durch die Angabe „Absatzes 3" ersetzt, und zwar jeweils m. W. v. 1. 1. 2002.

I. Beschwerde

Literatur: Dihm, Die Beschwerde an das Patentgericht, Mitt. **84,** 29; Starck, Die Statthaftigkeit der Beschwerde zum Bundespatentgericht, GRUR **85,** 798; Gori, Europäisches Beschwerdeverfahren, GRUR Int. **87,** 140. Winkler, Gabriele: Auswirkungen der Zivilprozessreform auf die Beschwerdeverfahren vor dem Bundespatentgericht, VPP-Rundbrief 2002, 81. 1

In dieser Vorschrift sind die Bestimmungen über die Beschwerde gegen Beschlüsse der Prüfungsstellen und Patentabteilungen zusammengefasst. Die Unterscheidung zwischen unbefristeter (§ 21 PatG 1936) und befristeter Beschwerde (§ 34 PatG 1936) ist weggefallen. Frühere Vorschriften, die das Beschwerderecht einschränkten oder die Zulässigkeit der Beschwerde von der Erreichung einer Beschwerdesumme abhängig machten, sind im Hinblick auf Art. 19 Abs. 4 GG beseitigt worden. Vorschriften anderer Gesetze wie z. B. § 11 Abs. 2 PatKostG, die die Beschwerde an eine bestimmte Höhe des Beschwerdegegenstandes binden, sind unmittelbar oder entsprechend anzuwenden.

1. Statthaftigkeit. Die Beschwerde ist statthaft gegen die Beschlüsse der Prüfungsstellen oder der Abteilungen, und zwar unabhängig davon, ob der Beschluss von dem Prüfer selbst oder von einem auf Grund gesetzlicher Ermächtigung (§ 27 Abs. 5) mit der Wahrnehmung einzelner Geschäfte der Prüfungsstelle betrauten Beamten des gehobenen oder mittleren Dienstes in Ausübung dieser Befugnis oder ob er von der Abteilung in der in § 27 Abs. 3 bezeichneten Zusammensetzung oder gemäß § 27 Abs. 4 von dem Vorsitzenden der Abteilung allein oder von einem gemäß § 27 Abs. 5 für die Abteilung handelnden Beamten des gehobenen oder mittleren Dienstes erlassen ist. Denn es handelt sich in allen diesen Fällen um Beschlüsse der Prüfungsstelle oder der Abteilung, die nach § 73 Abs. 1 der Beschwerde unterliegen. Die Beschwerde ist weiter in den Fällen statthaft, in denen sie sonst vom Gesetz zugelassen ist, wie in § 62 Abs. 2 Satz 4 gegen Kostenfestsetzungsbeschlüsse. 2

Wegen der Statthaftigkeit einer **„Untätigkeitsbeschwerde"** vgl. Rdn. 3 vor § 73 und insbesondere neuerdings die dort zitierte Entscheidung BVerfG, 1 BvR 2790/04 vom 10. 6. 2005, Absatz-Nr. 27 -29 zu dem Inhalt und den Schranken des praeter legem entwickelten Rechtsbehelfs in Verfahren der ordentlichen Gerichtsbarkeit nach ZPO und FGG. Die Übertragung dieser Rechtsprechung auf patentrechtliche Verfahren ist m. E. nicht nur unbedenklich, sondern im Hinblick auf den Anspruch auf effektiven gerichtlichen Rechtsschutz nach Art. 19 Abs. 4 GG geboten. Dagegen ist eine analoge Anwendung von § 63 Abs. 3 GWB (Beschwerde wegen Unterlassung einer beantragten Verfügung) wegen der unterschiedlichen Ausgangslage und wegen des Charakters der Maßnahmen nach GWB als solche der Aufsichts- und Eingriffsverwaltung wohl nicht in Betracht zu ziehen. In BPatG **30,** 119, wird eine Beschwerde gegen die angeblich verzögerte Behandlung eines Antrags auf Bewilligung von Verfahrenskostenhilfe als grundsätzlich statthaft bezeichnet. Verzögert das Patentamt die Entscheidung über ein Gesuch über eine angemessene Frist hinaus, kann das aber auch als ablehnende Entscheidung behandelt und zum Gegenstand einer Beschwerde gemacht werden. Die in § 61 Abs. 2 Satz 1 Nr. 2 des Referentenentwurfs eines Gesetzes zur Änderung des Einspruchsverfahrens und des Patentkostengesetzes von Juli 2005 vorgesehene Möglichkeit, das Einspruchsverfahren nach Ablauf bestimmter Frist auf einseitigen Antrag eines Verfahrensbeteiligten auf das Patentgericht zu verlagern, enthält gewisse Elemente einer Reaktion auf eine zögerliche Behandlung des Verfahrens 2 a durch das Patentamt, soll aber im Ergebnis das Verfahren unter Verzicht auf eine erste Tatsacheninstanz nur schneller zum Ziel führen.

3 Die Beschwerde ist nicht gegeben gegen die **Bewilligung der Verfahrenskostenhilfe** (§ 135 Abs. 3; vgl. dazu auch PA Bl. **54,** 326) oder der **Wiedereinsetzung** (§ 123 Abs. 4). Nach § 46 Abs. 2 ZPO findet gegen einen Beschluss, durch den das Ablehnungsgesuch für begründet erklärt wird, kein Rechtsmittel statt. Diese Vorschrift ist in § 27 Abs. 6 zwar nicht für entsprechend anwendbar erklärt worden. Sie ist aber wohl t entsprechend heranzuziehen.

4 Nicht statthaft ist die Beschwerde gegen Maßnahmen des Präsidenten, durch die die Bearbeitung innerhalb des Amtes geregelt wird, wie Maßnahmen der Geschäftsverteilung oder die Umschreibung einer Patentanmeldung oder eines Patents von einer Patentklasse in eine andere (PA Bl. 59, 11), die Verwaltungsmaßnahme der Gewährung der Amts- oder Rechtshilfe durch Übersendung der Akten oder Erteilung von Auskünften an Behörden oder Gerichte, PA Mitt. **35,** 22.

5 **a) Beschwerdefähige Beschlüsse.** Unter den Beschlüssen im Sinne dieser Vorschrift wurden früher in ständiger Übung nur solche Entscheidungen verstanden, die sich sachlich als eine abschließende Entscheidung in der Sache oder über einen einer selbstständigen Regelung fähigen Punkt darstellen, PA Bl. **51,** 220; **53,** 178; **55,** 216. Nach der neueren Rechtsprechung kommt es dagegen nicht darauf an, ob die entschiedene Frage einen Punkt betrifft, der selbstständiger Regelung fähig ist; entscheidend ist vielmehr, ob die Entscheidung eine abschließende Regelung enthält, welche die Rechte der Beteiligten berührt, BPatGE **2,** 56; **10,** 35, 39; **13,** 163, 164; **15,** 134, 136; **17,** 226, 227; **29,** 65, 67. Auf die rechtliche Verbindlichkeit dieser Regelung kommt es nicht an; anfechtbar ist auch eine rechtlich unzulässige und daher wirkungslose, in Beschlussform gekleidete Anordnung, BPatGE **13,** 163, 164. Die Beschwerde ist auch gegen Entschließungen gegeben, durch die eine später zu treffende Entscheidung ganz oder teilweise in unzulässiger Weise vorweggenommen wird; die verfahrensrechtlich unzulässige Vorabentscheidung ist auf die zulässige Beschwerde ohne Sachprüfung aufzuheben, BPatGE **2,** 56; vgl. auch BPatGE **17,** 228, 232f. m. w. N.

6 Für die **Statthaftigkeit der Beschwerde** ist es gleichgültig, ob für die Entscheidung die Form des Beschlusses, der Verfügung oder des Bescheids gewählt wurde, BGH GRUR **72,** 535 – Aufhebung der Geheimhaltung; BPatGE **10,** 33, 39. Der Begriff „Beschluss" wird materiell, im Gegensatz zu verfahrensleitenden Verfügungen und den sog. Zwischenbescheiden gebraucht, die nur eine vorläufige Meinungsäußerung enthalten und keinen Entscheidungscharakter haben, BPatGE **17,** 226, 227. Die Abgrenzung ist zum Teil streitig. Im Einzelnen ergibt sich folgendes:

7 Beschwerdefähig sind zunächst **alle Beschlüsse** des in **Abs. 3** bezeichneten Inhalts, also die Beschlüsse, durch die eine Anmeldung – auch eine Anmeldung für ein ergänzenden Schutzzertifikat nach §§ 16a, 49a – zurückgewiesen oder über die vollständige oder beschränkte Aufrechterhaltung, den Widerruf oder die Beschränkung eines Patents entschieden wurde.

8 Beschwerdefähig sind weiter alle Beschlüsse, durch die **über einen im Gesetz ausdrücklich vorgesehenen Antrag, einen Widerspruch oder Einspruch** entschieden wird. Beschwerdefähig sind die Festsetzung der angemessenen Vergütung gemäß § 23 Abs. 4; die Entscheidung über einen Änderungsantrag gemäß § 23 Abs. 5 (vgl. dort sowie die Begrdg. zum 6. ÜG zur Änderung des § 14); der Beschluss, durch den ein Ablehnungsgesuch für unbegründet erklärt wurde (vgl. auch § 46 Abs. 2 ZPO); die Ablehnung eines Umschreibungsantrages gemäß § 30 Abs. 3; die Entscheidung über einen Akteneinsichtsantrag gemäß § 31 Abs. 1 Satz 1; die Ablehnung eines Antrages auf Nichtnennung als Erfinder gemäß § 63 Abs. 1 Satz 3; der Erlass und die Aufhebung einer Geheimhaltungsanordnung (BGH GRUR **72,** 535; BPatGE **22,** 136, 137); die Ablehnung eines Wiedereinsetzungsantrages (PA Mitt. **35,** 113; **38,** 253; PA Bl. **50,** 351); die Vorabentscheidung, durch die der Einspruch als unzulässig verworfen wird BGH Mitt. **85,** 116 – Wärmetauscher; PA Bl. **54,** 260, oder die Zulässigkeit des Einspruchs festgestellt wird, BPatGE **17,** 228; ein Teilbeschluss, der die Löschung bestimmter (nicht aller) Ansprüche eines Gebrauchsmusters anordnet, BPatGE **28,** 94 (GebrM); die Ablehnung der Berichtigung eines Beschlusses, auch wenn sie auf sachliche Gründe gestützt ist, BPatGE **9,** 202 gegen PA Bl. **38,** 214; und über die förmlichen Voraussetzungen der Inanspruchnahme einer Ausstellungspriorität, BGH GRUR **85,** 34, 35 – Ausstellungspriorität, m. Anm. Holländer. Soweit sich ein „Antrag" lediglich als Anregung auf ein Tätigwerden von Amts wegen darstellt, hat eine Äußerung des Patentamts hierzu im Allgemeinen keinen Entscheidungscharakter (vgl. unten Rdn. 14). Wenn das Patentamt jedoch einen solchen „Antrag" in Beschlussform aus Sachgründen zurückweist, ist gegen die Zurückweisung die Beschwerde gegeben; die Beschwerde muss dann schon deshalb zurückgewiesen werden, weil der Antrag allenfalls als unzu-

lässig hätte zurückgewiesen werden müssen, BPatGE **17,** 14, 15 (betr. Antrag eines Dritten, ein Patent in der Rolle zu löschen).

Beschwerdefähig sind ferner solche Beschlüsse, die für einen Beteiligten eine endgültige, in seine Rechte eingreifende Situation schaffen oder in einer ihn belastenden Weise das weitere Verfahren verbindlich bestimmen. Unter diesem Gesichtspunkt sind (oder waren) beschwerdefähig Beschlüsse, die einem Beteiligten Kosten auferlegen oder die Rückzahlung von Kosten anordnen oder ablehnen (PA Mitt. **37,** 58; **35,** 25; PA Bl. **54,** 17); Entschließungen, durch die die offenzulegenden Unterlagen einer Übergangsanmeldung abweichend von den Anträgen des Anmelders festgelegt wurden, BPatGE **10,** 160, 162; **10,** 183, 185; **10,** 188, 190; die Ablehnung der Aufnahme einer beanspruchten Priorität in die amtlichen Veröffentlichungen (PA Bl. **08,** 204; **15,** 29; **17,** 127; **35,** 137; PA Mitt. **22,** 29; **33,** 300); die Aussetzung des Erteilungsverfahrens wegen einer älteren, noch nicht bekanntgemachten Anmeldung (BPatGE **8,** 205); die Ablehnung der Fortsetzung des ausgesetzten Erteilungsverfahrens (BPatGE **6,** 53); oder die Fortsetzung eines Einspruchsverfahrens nach Erlöschen des Patents auch bei fehlendem Rechtsschutzbedürfnis des Einsprechenden, BPatGE **29,** 65, 66 ff. Beschwerdefähig sind, wegen Art. 19 Abs. 4 GG, auch alle Entscheidungen, die das Patentamt als Anmeldeamt i. S. v. Art. 10 PCT trifft, BPatGE **23,** 146, 147; a. A. Schulte, 7. Aufl., Rdn. 42 zu § 73 PatG. Die entsprechenden Verfahren sind aber wegen des Fristenrahmens des PCT als Eilsachen zu behandeln. 9

Beschwerdefähig sind schließlich alle Beschlüsse, gegen die im Gesetz ausdrücklich die Beschwerde vorgesehen ist, wie die Kostenfestsetzungsbeschlüsse (§ 62 Abs. 2 Satz 4), die Verweigerung der Verfahrenskostenhilfe oder der Beiordnung eines Vertreters sowie die Aufhebung der Verfahrenskostenhilfe (§ 135 Abs. 3). 10

b) Nicht oder nicht selbstständig anfechtbare Beschlüsse. Unanfechtbar sind nach ausdrücklicher gesetzlicher Anordnung die **Bewilligung der Wiedereinsetzung** (§ 123 Abs. 4) oder der **Verfahrenskostenhilfe** (§ 135 Abs. 3 Satz 1). Eine gegen die Bewilligung der Wiedereinsetzung in den vorigen Stand durch das Patentamt gerichtete Beschwerde ist nicht statthaft. Der Ausschluss des Beschwerderechts verstößt nicht gegen Art. 19 Abs. 4 GG. Die Verletzung des Grundrechts auf Gewährung rechtlichen Gehörs eröffnet auch in diesen Fällen nicht die Beschwerde zum Patentgericht, BPatG Mitt. **91,** 63, 64. 11

Nicht selbstständig anfechtbar sind kraft ausdrücklicher Vorschrift Beschlüsse, durch die ein Antrag auf Zuziehung eines rechtskundigen Mitglieds abgelehnt (§ 27 Abs. 3 Satz 3) oder ein Antrag auf Anhörung zurückgewiesen wurde (§ 46 Abs. 1 Satz 5). 11 a

c) Nicht beschwerdefähige Verfügungen und Bescheide. Nicht beschwerdefähig sind die sog. **prozessleitenden Verfügungen,** auch wenn sie in Form eines Beschlusses ergehen, wie die Ablehnung eines Fristgesuchs oder eines Beschleunigungsantrags (BPatGE **10,** 35, 40), die Ablehnung der Berichtigung einer Sitzungsniederschrift aus sachlichen Gründen (PA Bl. **39,** 55), die Anordnung des Aufschubs der Sachbearbeitung bis zur Entscheidung über einen Akteneinsichtsantrag (PA MuW **37,** 313), Beweisbeschlüsse (PA Bl. **03,** 187; Bl. **37,** 196; vgl. auch § 146 Abs. 2 VwGO) einschließlich der Anordnung der Vernehmung durch einen ersuchten Richter (PA Bl. **37,** 196). 12

Nicht beschwerdefähig sind ferner **Mitteilungen,** z. B. über einen Wechsel in der Bezeichnung oder Firma eines Einsprechenden, BPatGE 45, 14, 15; Bibliographiemitteilungen, BPatGer Mitt. **84,** 32, 33, oder gesetzlich vorgeschriebene Benachrichtigungen. Nicht beschwerdefähig sind auch Bescheide, durch die in einer für das weitere Verfahren nicht verbindlichen Weise eine bestimmte Rechtslage festgestellt oder die künftige Entscheidung vorbereitet wird und die nur eine **vorläufige Meinungsäußerung** enthalten, die also der Sache nach einen sog. Zwischenbescheid darstellen; solche Zwischenbescheide können nicht nachträglich zu einem verbindlichen Beschluss erklärt werden, BPatGE **26,** 152, 154. Unter diesem Gesichtspunkt werden als nicht beschwerdefähig angesehen Äußerungen über die Rechtmäßigkeit einer ergangenen Benachrichtigung (BPatGE **3,** 8) oder über den Umfang einer Generalvollmacht (BPatGE **3,** 13, 14), die Feststellung des Anmelde- oder Prioritätstages (PA Bl. **10,** 232; **17,** 127; **55,** 216; PA Mitt. **34,** 80, vgl. jedoch auch oben Rdn. 9); anders jedoch EPA (JB) ABl. **87,** 475, 478, hinsichtlich der Zuerkennung eines bestimmten Anmeldetags. Das Verfahren nach Art. 106 Abs. 3, letzter Halbsatz EPÜ, bei dem die Statthaftigkeit der Beschwerde z. B. zu Zwischen- oder Vorabentscheidungen z. B. über die Gewährbarkeit oder Zulässigkeit einer bestimmten Fassung der Patentansprüche dadurch begründet wird, dass die entscheidende Stelle sie ausdrücklich zulässt. findet im PatG keine Entsprechung. 13

Keinen Entscheidungscharakter haben im Allgemeinen „Beschlüsse“ oder Bescheide, durch die eine Anregung auf Vornahme einer Handlung abgelehnt wird, die **im Gesetz nicht vorgesehen** ist oder auf die jedenfalls **kein Anspruch besteht,** wie die Ablehnung einer Vor- 14 abentscheidung über die Zulässigkeit eines Einspruchs (BPatG Mitt. **67,** 77; BPatGE **15,** 134, 137) oder über die Wirksamkeit eines Prüfungsantrags (BPatGE **15,** 134) oder über die Zulässigkeit einer Teilungs- oder Ausscheidungserklärung (BPatGE **17,** 226, 227); die Ablehnung des Aufschubs des Drucks oder der Veröffentlichung der Patentschrift (PA Bl. **22,** 60; **34,** 214); die Ablehnung der Berichtigung einer Patentschrift durch Streichung eines Wortes im Anspruch eines erloschenen Patents (PA Bl. **38,** 214); die Ablehnung, zwei Patenterteilungsverfahren zu verbinden, BPatGE **27,** 82, 83 (zweifelhaft, da die Zusammenlegung nicht in jedem Fall unzulässig ist); oder eine Mitteilung, durch die die Unterlassung einer vorgesehenen Maßnahme abgelehnt wird, wie die Ablehnung der Unterlassung der Anführung von einzelnen Vorveröffentlichungen in der Patentschrift (PA Bl. **55,** 186); die „Androhung der Löschung" einer Patentanmeldung als Zwischenbescheid, BGH v. 20. 1. 2004 – X ZA 5/03 (juris), vorgängig BPatG v. 19. 8. 2002 – 10 W (pat) 51/01. Im Einzelfall kann jedoch die Ablehnung einer in die Form eines „Antrags" gekleideten Anregung Entscheidungscharakter haben; die Beschwerde ist dann gegeben, sie kann nur keinen Erfolg haben (vgl. oben Rdn. 8 a. E.). Das Bundespatentgericht hat mit zutreffenden Gründen die Beschwerde der Antragstellerin gegen die „Androhung der Löschung" der Patentanmeldung 101 10 561.4 als unzulässig verworfen, weil gegen diesen Zwischenbescheid eine Beschwerde nicht statthaft ist (Busse PatG 6. Aufl. § 73 Rdnr. 40; Schulte PatG 6. Aufl. § 73 Rdnr. 27).

15 **2. Verzicht auf Beschwerde.** Beschwerdeberechtigte (§ 74) können in entsprechender Anwendung des § 515 ZPO (Verzicht auf Berufung) auf das Recht der Beschwerde verzichten, BPatGE **15,** 153, 154. Die Erklärung, „keine Beschwerde einzulegen", ist als Rechtsmittelverzicht zu werten, BPatGE **15,** 153. Eine trotz Verzichts später form- und fristgerecht eingelegte Beschwerde ist als unzulässig zu verwerfen, BPatGE **15,** 153.

16 **3. Beschwer.** Voraussetzung für die Zulässigkeit des Rechtsbehelfs ist die Beschwer des Beschwerdeführers, BGH GRUR **72,** 535, 536 – Aufhebung der Geheimhaltung; BPatGE **11,** 227, 228; wegen der Beschwerde einer obersten Bundesbehörde gemäß § 74 Abs. 2 vgl. jedoch dort Rdn. 3. Die Beschwer muss im Zeitpunkt der Einlegung der Beschwerde gegeben sein, BPatGE **9,** 263, 265. An der Beschwer fehlt es, wenn die beanstandete Maßnahme von Amts wegen getroffen ist und den Beschwerdeführer nicht belastet, BGH GRUR **72,** 535, 536 (Aufhebung einer Geheimhaltungsanordnung). Die Beschwer fehlt auch, wenn durch den Beschluss den gestellten Anträgen entsprochen ist oder das Interesse an der Änderung des Beschlusses entfallen ist (PA Bl. **17,** 126); BPatG Bl. **83,** 184, vgl. EPA (JBK) ABl. **85,** 6, 8 ff.). Die Nichtberücksichtigung eines Antrages (des Patentsuchers), der erst eingeht, nachdem die Geschäftsstelle die zur Zustellung bestimmte Ausfertigung des (Patenterteilungs-)Beschlusses bereits an die Postabfertigungsstelle gegeben hat, kann eine Beschwer nicht mehr begründen, BGH GRUR **67,** 435 – Isoharnstoffäther. Liegt eine formelle Beschwer vor, so kann trotzdem der Beschwerde das Rechtsschutzbedürfnis abgesprochen werden, wenn für die Einlegung kein sachliches Bedürfnis besteht, BPatGE **29,** 76, 79 (Feststellung des Erlöschens des Gebrauchsmusters zu einem bestimmten Zeitpunkt).

17 Der *Anmelder* ist beschwert durch **Ablehnung des Hauptantrages** und **Erteilung des Patents nach dem Hilfsantrag.** Er ist auch beschwert, wenn das Patent zwar antragsgemäß erteilt ist, die Unterlagen jedoch ohne seine Zustimmung geändert wurden (BGH GRUR **82,** 291, 292 – Polyesterimide; BPatG GRUR **83,** 366, 367; PA Mitt. **32,** 185) oder vor der Zustellung des Erteilungsbeschlusses beantragte Änderungen nicht berücksichtigt sind (PA Bl. **40,** 66). Ein nach Zustellung des in Übereinstimmung mit dem Willen des Anmelders ergangenen Erteilungsbeschlusses gestellter Antrag auf Erteilung in beschränktem Umfang kann die Zulässigkeit der Beschwerde dagegen nicht begründen, PA Bl. **52,** 193. Der Anmelder ist ferner beschwert durch Bewilligung eines Zusatzpatents trotz Erlöschen des Hauptpatents, BPatGE **4,** 164.

18 Der *Einsprechende* wird beschwert durch die **Aufrechterhaltung des Patents.** Durch einen das Patent widerrufenden Beschluss wird ein Einsprechender beschwert, wenn darin sein Einspruch für unzulässig erklärt wird (BPatGE **22,** 51; vgl. auch § 61 Rdn. 13) oder nicht über die behauptete widerrechtliche Entnahme entschieden wird (vgl. dazu unten Rdn. 19). Der Einsprechende wartet im ersteren Falle allerdings besser ab, ob der Anmelder Beschwerde einlegt; er kann sich dann immer noch der Beschwerde des Anmelders anschließen und dadurch Kosten sparen, vgl. dazu § 61 Rdn. 13.

19 Die Beschwer muss im Allgemeinen durch die **Entscheidungsformel** gegeben sein, doch kann sie ausnahmsweise auch in den *Entscheidungsgründen* liegen, BPatGE **28,** 188. Das ist nicht nur der Fall, wenn eine Entscheidung statt in der Beschlussformel in den Beschlussgründen enthalten ist, BPatGE **3,** 48 (Unzulässigerklärung des Einspruchs). Es kommt auch sonst vor, dass

ein Beteiligter trotz der ihm günstigen Beschlussformel durch die Entscheidungsgründe in seinen Rechten berührt wird. Die Beschwerde des Einsprechenden ist unter diesem Gesichtspunkt trotz Widerrufs des Patents zulässig, wenn das Patent wegen mangelnder Neuheit widerrufen ist, ohne dass über die vom Einsprechenden behauptete widerrechtliche Entnahme entschieden ist, PA Gr.Sen. Bl. **42,** 40. Der Anmelder ist beschwert, wenn die Gründe des Erteilungsbeschlusses eine Beschränkung des Schutzbegehrens enthalten (PA Bl. **28,** 231; BPatG Bl. **87,** 157), etwa wenn darin zum Ausdruck gebracht ist, dass den Unteransprüchen ein selbstständiger Schutz nicht zukomme (PA Bl. **52,** 63); für die Zulässigkeit der Beschwerde genügt in einem solchen Falle die schlüssige Behauptung des Anmelders, dass er durch die Begründung des Beschlusses in seinen Rechten beeinträchtigt werde, BPatGE **11,** 227, 229; vgl. auch **26,** 120. Die Beschwerde ist nicht zulässig gegen die Feststellung des Vorliegens einer Patentverletzung in den Gründen eines Beschlusses im Akteneinsichtsverfahren PA, Bl. **54,** 226.

4. Anschlussbeschwerde. Die Zulässigkeit einer Anschlussbeschwerde ist vom Patentamt früher ständig verneint worden, weil dafür im Hinblick auf die vollständige Überprüfungsmöglichkeit im Beschwerdeverfahren kein hinreichendes Bedürfnis bestehe, PA Gr.Sen. Bl. **32,** 243. Da indes nach der Neuregelung des Beschwerdeverfahrens durch das 6. ÜG die Möglichkeit der Änderung des angefochtenen Beschlusses zuungunsten des Beschwerdeführers nicht mehr besteht (vgl. § 79 Rdn. 5), kann das praktische Bedürfnis für die Zulassung der Anschlussbeschwerde nicht mehr verneint werden. Die Anschlussbeschwerde muss daher gemäß § 99 in Verbindung mit § 521 ZPO (jetzt § 567 Abs. 3 ZPO) grundsätzlich für zulässig erachtet werden, BGH GRUR **83,** 725, 727 – Ziegelsteinformling; BPatGE **2,** 116; **3,** 48; **4,** 162; **15,** 142, 145; **20,** 27; vgl. auch BGHZ **71,** 314, 319. Im Einzelfall muss freilich ein **ausreichendes Rechtsschutzbedürfnis** an der Anschließung bestehen, BPatGE **3,** 48, 50; **15,** 142, 146. Wenn der Anmelder gegen den das Patent widerrufenden Beschluss Beschwerde erhebt, kann sich der Einsprechende, dessen Einspruch in dem Beschluss für unzulässig erklärt worden ist, der Beschwerde mit dem Ziele der Überprüfung der Unzulässigerklärung und der Beteiligung am Beschwerdeverfahren anschließen, BPatGE **3,** 48; **4,** 162; **12,** 173; **22,** 51, 52; **24,** 25, 26; über eine solche Anschlussbeschwerde kann auch durch Teilbeschluss entschieden werden, BPatGE **24,** 25, 27. Die Anschlussbeschwerde kann – als unselbständige Anschlussbeschwerde – nach Ablauf der Beschwerdefrist und bis zur Entscheidung über die Hauptbeschwerde erhoben werden, BPatGE **2,** 116, 117. Für die Anschließung ist die Einreichung eines Schriftsatzes, der den Beschwerdeantrag enthält, erforderlich und ausreichend, BPatGE **2,** 116, 117f. Die Beschwerdegebühr braucht für die unselbstständige Anschlussbeschwerde nicht gezahlt zu werden, BPatGE **3,** 48. 20

II. Einlegung der Beschwerde

Literatur: Röhl, Die Einlegung der Beschwerde zum Bundespatentgericht, Mitt. **66,** 83. 21

Die Beschwerde ist eine bestimmende Prozesshandlung. Sie ist als solche an eine bestimmte Form und Frist gebunden. Sie ist als Prozesshandlung ferner bedingungsfeindlich. Sie kann nicht mit der Maßgabe eingelegt werden, dass sie nur dann gelten solle, wenn ein bestimmtes Ereignis eintrete. Sie kann in einem solchen Falle nur unbedingt mit dem Vorbehalt eingelegt werden, dass sie unter bestimmten Voraussetzungen zurückgenommen werden solle. Ein solcher Vorbehalt ist bedeutungslos und daher unschädlich.

1. Einlegung beim Patentamt. Die Beschwerde ist wegen der Abhilfemöglichkeit beim Patentamt einzulegen. Die Einreichung beim Patentgericht wahrt die Beschwerdefrist nicht; die Beschwerde ist jedoch zulässig, wenn sie zwar fälschlicherweise an das Patentgericht adressiert, aber so rechtzeitig eingelegt war, dass sie noch innerhalb der Beschwerdefrist an das Patentamt gelangt ist, BPatGE **18,** 65; sie war auch zulässig, wenn sie vor Fristablauf bei der ehemaligen gemeinsamen Annahmestelle von Patentamt und Patentgericht eingegangen und trotz Adressierung an das Patentgericht unmittelbar an das Patentamt weitergeleitet worden ist, BPatGE **18,** 68. Nach Aufhebung der Gemeinsamen Annahmestelle ist diese Fallgestaltung nicht mehr möglich. Da die Zahlung der Beschwerdegebühr in den Fällen, in denen sie zu entrichten ist, einen Bestandteil der Beschwerdeeinlegung darstellt, ist auch sie an das Patentamt zu bewirken. 22

2. Form und Inhalt der Beschwerde. Die Beschwerde ist *schriftlich* einzulegen. Sie muss die Person des Beschwerdeführers eindeutig erkennen lassen, BGH GRUR **77,** 508 – Abfangeinrichtung; BGHZ **83,** 271 – Einsteckschloss; GRUR **90,** 108, 109 – Messkopf; BPatGE **10,** 27; **11,** 60; **12,** 67; Mitt. **83,** 112, 113; GRUR **85,** 123. Bei der Auslegung der Beschwerdeerklärung sind auch andere innerhalb der Beschwerdefrist dem Gericht vorliegende Unterlagen, insbesondere die erstinstanzlichen Akten, heranzuziehen, BGH Bl. **74,** 210 – Warmwasserbe- 23 reiter. Bleiben jedoch auch bei verständiger Würdigung der Rechtsmittelschrift und der übrigen innerhalb der Beschwerdefrist vorgelegten Unterlagen Zweifel an der Person des Beschwerdeführers bestehen, so ist die Beschwerde nicht zulässig, BGH GRUR **77,** 508 mit Anm. Harmsen. Eine nach Ablauf der Beschwerdefrist vorgenommene Klarstellung kann nicht beachtet werden. Die Einreichung einer in fremder Sprache gehaltenen Rechtsmittelschrift reicht zur Wahrung der Beschwerdefrist nicht aus und eröffnet nicht ein Beschwerdeverfahren, BPatG v. 3. 4. 2003, – 20 W (pat) 05/03 (juris).

24 **a) Form. Literatur:** Zahn, Schriftlichkeit bei prozessualen Willenserklärungen oder: Die kopierte Unterschrift, Mitt. **78,** 23.

Für die Beschwerdeerklärung ist die **Schriftform** vorgeschrieben. Diese ist auch gewahrt bei telegraphischer Einlegung, BGH GRUR **66,** 280 – Stromrichter oder künftig bei der Wahl des elektronischen Dokuments mit qualifizierter elektronischer Signatur jedenfalls im Erteilungsverfahren. Die Einlegung auf dem Postabschnitt für die Gebührenzahlung genügte (PA Mitt. **29,** 181), doch musste der Postabschnitt innerhalb der Beschwerdefrist beim Patentamt eingehen und eine ordnungsmäßige und ausreichende Beschwerdeerklärung enthalten, BPatGE **4,** 16, 21.

25 Die Beschwerdeerklärung muss – außer bei telegraphischer oder fernschriftlicher Einlegung oder bei Einlegung mittels Fernkopierers, seit ein solcher beim Patentamt eingerichtet ist (vgl. dazu MittPräsPA Bl. **85,** 173) – **handschriftlich unterzeichnet** sein, BGH GRUR 66, 50 – Hinterachse; 66, 280; BPatGE 4, 16; 13, 198. Bei der Wahl des elektronischen Dokuments ist die Beschwerdeschrift mit einer qualifizierten elektronischen Signatur zu versehen. Eine im sog. „Transparentverfahren" hergestellte (reproduzierte) Unterschrift ist keine eigenhändige Unterschrift und genügt daher nicht, BPatGE **13,** 198; vgl. dazu auch BGH GRUR **62,** 453 – Schriftform der Berufung. Auch die Einreichung einer Fotokopie oder Lichtpause einer handschriftlich unterzeichneten Schrift reicht nicht aus, BGH GRUR **62,** 453; BPatG Bl. **87,** 133; abw. BPatGE **17,** 244; ebenso wenig die Telekopie, die einem privaten Zwischenempfänger übermittelt und erst von diesem dem Gericht überbracht wird, BGH GRUR **81,** 410, 411 – Telekopie; BPatGE **23,** 132, 137 f.; oder eine durch Telekopie übermittelte Beschwerdeerklärung, auf der schon im Original die handschriftliche Unterzeichnung fehlt, vgl. BPatG Bl. **87,** 359 (Erhebung eines Einspruchs). Die Unterschrift braucht nicht lesbar zu sein; es ist jedoch keine Unterzeichnung, wenn das ursprüngliche Schriftbild aus Buchstaben in willkürliche Striche und Linien aufgelöst ist und der „Schriftzug" charakteristischer Merkmale entbehrt, BGH Bl. **59,** 202 – Förderrinne; BPatGE **16,** 150. Der Schriftzug muss individuell und einmalig sein, entsprechende charakteristische Merkmale aufweisen und sich so als eine die Identität des Unterzeichnenden ausreichend kennzeichnende Unterschrift darstellen; vgl. auch BGH Bl. **85,** 141, 142 – Servomotor; eine Aneinanderreihung von Arkadenbögen, die keine Unterscheidungsmöglichkeit bietet, kann nicht als Unterschrift gewertet werden, BPatGE **16,** 150; vgl. auch BGH GRUR **68,** 108, 109 – Paraphe. Eine „Paraphe" ist keine „Unterschrift", BGH GRUR **68,** 108, 109.

26 Die telegraphische oder fernschriftliche Einlegung befreit nicht von dem **Erfordernis der Unterschrift;** sie entbindet nur davon, dass die Unterschrift eigenhändig gezeichnet sein muss, BGH GRUR **66,** 280; Bl. **85,** 142. Auch bei telegraphischer oder fernschriftlicher Beschwerdeeinlegung genügt daher nicht die Unterzeichnung mit dem Firmennamen einer juristischen Person oder einer Kurzbezeichnung der Firma; die Beschwerdeerklärung muss vielmehr mit dem Namen der als vertretungsberechtigt handelnden natürlichen Person unterzeichnet sein, BGH GRUR **66,** 280; **67,** 586 – Rohrhalterung. Für ausländische Beteiligte gilt insoweit nichts Abweichendes, BGH GRUR **66,** 280, 281. Die Unterschrift muss bei in gewissem Grad zulässiger Flüchtigkeit erkennen lassen, dass der Unterzeichnende seinen vollen Namen hat niederschreiben wollen; eine erkennbar abgekürzte Form des Namenszuges (Paraphe) genügt normalerweise nicht, unter Hinweis auf BGH GRUR **68,** 108 – Paraphe. Zur Qualität und Lesbarkeit der Unterschrift s. aber auch B/L/A/H, ZPO Rdn. 17 zu § 129, und BGH NJW **92,** 243. Bei einer telegraphisch eingelegten Beschwerde reicht es auch nicht aus, wenn die Beschwerdeerklärung lediglich mit der Benennung einer Anwaltskanzlei, nicht jedoch auch mit dem Namen eines – bevollmächtigten – Mitglieds der Sozietät unterzeichnet ist; BPatGE **19,** 165. Nach BPatGE **31,** 15, kann eine von einem Patentanwalt durch Fernschreiben eingelegte Beschwerde auch ohne Wiedergabe seiner Unterschrift auf dem Fernschreiben zulässig sein, wenn sich aus anderen Anhaltspunkten eine der Unterschrift vergleichbare Gewähr für die Urheberschaft und den Willen, die Beschwerde in den Rechtsverkehr zu bringen, ergibt (Anschluss an BVerwG NJW **89,** 1175). Entsprechendes gilt – seit der Einrichtung eines Fernkopierers beim Patentamt – auch für die Beschwerdeeinlegung mittels Fernkopierers. Vgl. hier-

zu auch Rdn. 20 bis 23 vor § 34 und Rdn. 14ff. zu § 59. Die ohne Vollmacht eingelegte Beschwerde kann auch nach Ablauf der Beschwerdefrist durch den Berechtigten rückwirkend genehmigt werden, BPatGE **30,** 148, 149.

Nach der Entscheidung des Gemeinsamen Senats der Obersten Gerichtshöfe des Bundes 26 a
v. 5. 4. 2000, BGHZ **144,** 160, ist jedenfalls für gerichtliche Verfahren mit Vertretungszwang zugelassen, bestimmende Schriftsätze formwirksam durch **elektronische Übertragung** einer Textdatei mit eingescannter Unterschrift auf ein Faxgerät des Gerichts zu übermitteln. Im Beschwerdeverfahren besteht zwar kein Vertretungszwang; trotzdem sollte die Praxis für Gerichte auch für bestimmende Schriftsätze im Beschwerdeverfahren übertragbar sein, zumindest soweit sie von Rechts- oder Patentanwälten eingereicht werden. Mit der Zulassung von elektronischen Dokumenten wird die qualifizierte elektronische Signatur ohnehin die Unterschrift ablösen. Zur Einreichung eines bestimmenden Schriftsatzes (Berufungsschrift) durch Telefax vgl. auch BGH v. 30. 9. 2003, X ZB 48/02, Umdruck S. 4, www.bundesgerichtshof.de.

b) Inhalt. Die Beschwerdeschrift muss die **angefochtene Entscheidung** bezeichnen, und 27
es muss in irgendeiner Form zum Ausdruck kommen, dass der ergangene Beschluss angefochten werden soll, vgl. § 569 Abs. 2 Satz 2 ZPO. Die Zahlung einer Gebühr in Höhe der Beschwerdegebühr lediglich unter der Angabe des Aktenzeichens kann nicht als Beschwerdeerklärung gewertet werden, PA Mitt. **60,** 38; BPatGE **6,** 58; BGH GRUR **66,** 50 – Hinterachse. Auch die bloße Übersendung von Gebührenmarken unter Angabe des Aktenzeichens und des Verwendungszwecks war keine ausreichende Beschwerdeerklärung, BGH GRUR **66,** 280. Bei Vorhandensein mehrerer Beteiligter, die durch den angefochtenen Beschluss beschwert sind, muss innerhalb der Beschwerdefrist erkennbar sein, wer Beschwerdeführer ist; sonst ist die Beschwerde als unzulässig zu verwerfen, BPatGE **12,** 67 (Wz.); vgl. auch oben Rdn. 23.

Die Beschwerdeschrift muss weiter erkennen lassen, in welcher Richtung der Beschluss an- 28
gefochten wird und welches **Ziel mit der Beschwerde** verfolgt wird. Eine Beschränkung der Beschwerde auf einen Teil der angefochtenen Entscheidung ist grundsätzlich möglich. So kann der Anmelder sein Patentbegehren mit einer eingeschränkten Fassung weiterverfolgen. Der Einsprechende kann mit seiner Beschwerde eine eingeschränkte Aufrechterhaltung des angegriffenen Patents anstreben, vgl. dazu BPatGE **17,** 90, 95. Eine genaue Fassung der Beschwerdeanträge ist zwar nicht vorgeschrieben, aber doch ratsam, da sich Zweifel über das mit der Beschwerde verfolgte Begehren kostenmäßig auswirken können (§ 80 Abs. 1) Für das Beschwerdeverfahren des Anmelders und für die Einspruchsbeschwerde des Patentinhabers sind genaue Anträge ohnehin unverzichtbar, wenn sie mit seiner Beschwerde eine bestimmte geänderte Fassung insbesondere der Patentansprüche erreichen wollen. Sie müssen allerdings nicht schon in der Beschwerdeschrift enthalten sein. Mangels abweichender Erklärung ist anzunehmen, dass der Beschluss in dem Umfange angefochten wird, in dem er den Beschwerdeführer belastet (beschwert).

c) Beifügung von Abschriften. Der Beschwerdeschrift sollen Abschriften für die übrigen 29
Beteiligten beigefügt werden (§ 73 Abs. 2 Satz 2). Die Nichtbeachtung dieser Vorschrift hat auf die Zulässigkeit der Beschwerde keinen Einfluss. Die fehlenden Abschriften können jedoch nachgefordert oder auf Kosten des Beschwerdeführers (§ 1 Abs. 1 Satz 2 PatKostG in Vbdg. mit § 28 und Nr. 9000 des Kostenverz. zum GKG) von Amts wegen gefertigt werden.

3. Beschwerdefrist. Die früher unbefristete Beschwerde gemäß § 21 PatG 1936 ist durch 30
das 6. ÜG beseitigt worden. Die Beschwerde ist nunmehr **in allen Fällen fristgebunden.** Die Beschwerdefrist beträgt grundsätzlich einen Monat, nur im Falle des § 62 Abs. 2 Satz 4 beträgt sie 2 Wochen. Gegen die Versäumung der Beschwerdefrist ist Wiedereinsetzung in den vorigen Stand möglich; dem Einsprechenden kann jedoch keine Wiedereinsetzung gewährt werden (§ 123 Abs. 1 Satz 2).

Die Beschwerdefrist beginnt mit der **Zustellung** des mit ordnungsmäßiger Rechtsmittelbe- 31
lehrung versehenen Beschlusses. Sie wird nur durch ordnungsmäßige Zustellung in Lauf gesetzt (§ 127 Abs. 2); ist die Zustellung fehlerhaft und die Beschwerdefrist demzufolge noch nicht in Lauf gesetzt, so ist ein mit der nachträglich eingelegten Beschwerde eingereichtes Wiedereinsetzungsgesuch gegenstandslos, PA Mitt. **58,** 155. Nicht in Lauf gesetzt wird die Beschwerdefrist, wenn die zugestellte Ausfertigung eines Beschlusses unvollständig ist, weil sie die Unterschrift des Vorsitzenden der beschließenden Abteilung nicht wiedergibt, BPatGE **24,** 125 (GebrMG), oder Tenor und Gründe sich hinsichtlich der beschwerten Verfahrensbeteiligten widersprechen, BPatGE **24,** 229, 232 (WZG). Ist eine Anmeldung wegen eines Mangels (§ 45 Abs. 1, § 48) zurückgewiesen worden, lässt sich jedoch die ordnungsmäßige Zustellung des Zurückweisungsbeschlusses nicht nachweisen und wird der gerügte Mangel nunmehr beseitigt, so ist für eine

Wiederholung der Zustellung kein Raum mehr; das Verfahren ist vielmehr entsprechend der neuen Lage fortzusetzen, PA Mitt. **58,** 55 (zweifelhaft).

32 Die Frist für die Beschwerde beginnt ferner nur zu laufen, wenn die **Beteiligten schriftlich** über das Beschwerderecht, über die Stelle, bei der die Beschwerde einzulegen ist, über die Beschwerdefrist und gegebenenfalls auch über die Beschwerdegebühr **belehrt** worden sind (§ 47 Abs. 2 Satz 2). Ist die Belehrung unterblieben oder unrichtig erteilt, so kann die Beschwerde noch innerhalb eines Jahres seit Zustellung des Beschlusses erhoben werden (§ 47 Abs. 2 Satz 3). Diese **Ausschlussfrist** betrifft nur die Einlegung der Beschwerde, sie gilt aber auch für die Entrichtung der Beschwerdegebühr. Die von BPatGE **23,** 61 (und in den Voraufl.) vertretene gegenteilige Auffassung erscheint nicht mehr vertretbar im Hinblick auf § 6 Abs. 1 Satz 1 PatKostG und den Gesichtspunkt, dass erst Beschwerdeschrift und Beschwerdegebühr gemeinsam eine wirksame Beschwerde im Rechtssinne ergeben. Zeitlich unbeschränkt ist die Beschwerde zulässig, wenn eine schriftliche Belehrung dahin erfolgt ist, dass eine Beschwerde nicht gegeben sei (§ 47 Abs. 2 Satz 3).

33 Die **Beschwerdefrist endet** gemäß §§ 187, 188 BGB mit Ablauf des Tages, der durch seine Zahl dem Tage der Zustellung entspricht, also bei Zustellung am 15. 10. mit Ablauf des 15. 11. Fehlt bei dem nachfolgenden Monat der für den Fristablauf maßgebende Tag, so endet die Frist mit dem Ablaufe des letztes Tages dieses Monats (§ 188 Abs. 3 BGB), also bei Zustellung am 31. 3. mit Ablauf des 30. 4. Fällt der letzte Tag der Frist auf einen Sonnabend, einen Sonntag oder einen am Erklärungsort anerkannten allgemeinen Feiertag, so endet die Frist erst mit Ablauf des nächstfolgenden Werktages (§ 193 BGB). Ein dienst- oder arbeitsfreier Werktag oder ein kirchlicher Feiertag, der nicht zugleich staatlich anerkannter allgemeiner Feiertag ist, kann bei der Berechnung der Beschwerdefrist nicht berücksichtigt werden, PA Mitt. **58,** 16.

34 Die nachträgliche Berichtigung eines anfechtbaren Beschlusses hat auf den Lauf der Beschwerdefrist keinen Einfluss; es wird keine neue Frist in Lauf gesetzt (BPatGE **9,** 128, 130; **19,** 125), sofern nicht erst die Berichtigung die Beschwer schafft, BGHZ **17,** 149; vgl. auch BGH NJW **77,** 297.

35 Das die Beschwerdeerklärung enthaltende Schriftstück muss innerhalb der Beschwerdefrist tatsächlich in die Verfügungsgewalt des Patentamts gelangt sein; es kommt nicht darauf an, ob es innerhalb der Frist von dem zu seiner Entgegennahme zuständigen Bediensteten amtlich in Empfang genommen ist, BVerfG NJW **80,** 580.

36 Die Vorschrift, dass die Beschwerde innerhalb eines Monats einzulegen ist, legt nur den Zeitpunkt fest, bis zu dem sie spätestens erhoben werden muss. Die Beschwerde kann schon vor Beginn der Beschwerdefrist erhoben werden; sie kann also wirksam eingelegt werden, wenn der Beschluss ergangen ist, die Beschwerdefrist aber noch nicht läuft, etwa nach einer nicht ordnungsmäßigen Zustellung oder nach Verkündung des Beschlusses, frühestens jedoch mit Erlass des Beschlusses, PA Bl. **32,** 258; Mitt. **58,** 155; BPatG Mitt **69,** 153; BPatGE **20,** 27, 28.

37 Innerhalb der Beschwerdefrist kann eine Beschwerde erneut eingelegt werden; das ist auch dann möglich, wenn die früher eingelegte Beschwerde zuvor als unzulässig verworfen oder festgestellt worden ist, dass die Beschwerde als nicht erhoben gilt, BGH GRUR **72,** 196 – Dosiervorrichtung.

38 **4. Beschwerdebegründung.** Eine Beschwerdebegründung ist im Gesetz nicht vorgeschrieben und daher für die Zulässigkeit des Rechtsbehelfs nicht erforderlich (PA Mitt. **34,** 376; Bl. **37,** 184). Eine Beschwerdebegründung liegt jedoch im eigenen Interesse des Beschwerdeführers, da das Gericht nur so in der Lage ist, alle für den Beschwerdeführer sprechenden Umstände zu berücksichtigen. Es ist im Übrigen zu beachten, dass nach **§ 571 Abs. 1 ZPO n. F.,** gegen dessen **entsprechende Anwendung** keine Bedenken bestehen, die Beschwerde begründet werden soll; eine zwingende Verpflichtung stellt das aber nicht dar. Immerhin gehört es zu den Mitwirkungs- und Förderungspflichten des Beschwerdeführers, das Ziel seines Rechtsschutzbegehrens und die es tragenden Gründe in irgendeiner Form erkennbar zu machen. Begründet der Beschwerdeführer die Beschwerde nicht schriftlich und beantragt er auch keine mündliche Verhandlung zur mündlichen Begründung der Beschwerde, so soll nach dem Akteninhalt entschieden werden (PA Mitt. **37,** 301). Das kann m. E. nicht gelten, wenn Ziel und Begründung des Rechtsschutzbegehrens rätselhaft bleiben, und es kann erst recht nicht in Einspruchsbeschwerdeverfahren gelten, wenn auch die Interessen der anderen Verfahrensbeteiligten in Rechnung zu stellen sind. Beantragt der Beschwerdeführer die Anordnung einer mündlichen Verhandlung zur mündlichen Begründung der Beschwerde, was ihm freisteht, und wird eine Vertagung erforderlich, die bei rechtzeitiger Mitteilung seines Vorbringens zu vermeiden gewesen wäre, so können ihm im zweiseitigen Verfahren gemäß § 80 Abs. 1 die durch die Vertagung entstehenden Kosten auferlegt werden. Unterlässt der Beschwerdeführer eine Beschwer-

debegründung, so kann das auch sonst zu nachteiligen Folgerungen in der Kostenfrage führen, vgl. BPatGE **9,** 204, 207.

Hat der Beschwerdeführer eine **Begründung** mit näherer Zeitangabe **angekündigt**, so ist bis dahin zuzuwarten oder alsbald eine kürzere Frist zu setzen. Ist innerhalb der Frist keine Begründung eingegangen, so kann entschieden werden, sofern der Beschwerdeführer nicht um eine Fristverlängerung nachsucht und dartut, dass er ohne sein Verschulden nicht in der Lage war, von der Äußerungsfrist Gebrauch zu machen. Wenn die Einreichung einer Beschwerdebegründung ohne Zeitangabe angekündigt wird, kann nach Ablauf einer angemessenen Frist entschieden werden, ohne dass zuvor noch die Begründung angemahnt werden müsste, vgl. BPatGE **19,** 225, 228; ein Hinweis, dass demnächst entschieden werden soll, ist aber meist angebracht. **39**

III. Beschwerdegebühr

Das PatKostG, das jetzt anstelle des gestrichenen Abs. 3 der Vorschrift die Gebührenpflicht regelt, hält die frühere Unterscheidung zwischen der gebührenfreien (§ 21 PatG 1936) und der gebührenpflichtigen Beschwerde (§ 34 PatG 1936) nach wie vor aufrecht. Die Grenzlinie wird aber durch das PatKostG anders gesetzt. **40**

1. Erforderlichkeit der Beschwerdegebühr. Die **Beschwerde** ist grundsätzlich **gebührenpflichtig**, sofern sie nicht nach dem GebVerz zum PatKostG ausdrücklich von der Gebührenpflicht ausgenommen ist. Die Freistellung gilt nur für Beschwerden in Verfahrenskostenangelegenheiten und für Beschwerden nach § 11 Abs. 2 PatKostG und § 11 Abs. DPMA-VerwaltungskostenV. Für alle sonstigen Beschwerden wird bei Einlegung der Beschwerde eine Beschwerdegebühr fällig. **41**

Zur wirksamen Beschwerdeerhebung gehört in den genannten Fällen, dass innerhalb der Beschwerdefrist nicht nur die Beschwerde eingelegt, sondern auch die **Beschwerdegebühr** entrichtet wird. Sie beträgt nach Nr. 401 100 des GebVerz. zum PatGebG 500 EUR, soweit sich die Beschwerde gegen die Entscheidung der Patentabteilung über den Einspruch richtet, und nach Nr. 401 200 „in anderen Fällen" 200 EUR, soweit nicht im GebVerz zum PatKostG ausdrücklich die Gebührenfreiheit angeordnet wird. Die Beschwerdegebühr muss – soweit nicht die genannten Tatbestände der Gebührenfreiheit eingreifen, stets entrichtet werden, sofern nicht der Beschwerdeführer durch Bewilligung von Verfahrenskostenhilfe nach Maßgabe der dafür geltenden Vorschriften von der Zahlung der Gebühr befreit ist (§ 130 Abs. 2, §§ 131, 132). Wenn es im Einzelfall der Billigkeit entspricht, kann die Gebühr nachträglich zurückgezahlt werden (§ 80 Abs. 2). **42**

Strittig ist, welche Rechtslage hinsichtlich der Beschwerdegebühr sich ergibt, wenn gegen einen das Patent aufrechterhaltenden Beschluss von **mehreren Einsprechenden,** die nicht in einer Rechtsgemeinschaft stehen, Beschwerde eingelegt wird. Nach der früheren Beurteilung handelt es sich um mehrere selbstständige gebührenpflichtige Beschwerden; die mehreren Einsprechenden sind daher in einem solchen Falle – auch bei gemeinsamer Einlegung der Beschwerde in einem Schriftsatz – nur dann als Beschwerdeführer am Beschwerdeverfahren beteiligt, wenn für jede Beschwerde die volle Beschwerdegebühr gezahlt ist, BGHZ **83,** 271 – Einsteckschloss = GRUR **82,** 414, 415f. (vgl. dazu auch Anm. Bruchhausen bei LM Nr. 5 zu § 34 PatG 1968), BPatGE **12,** 158; **12,** 163. Wenn in einem solchen Falle nicht erkennbar ist, für welche Beschwerde die einzige eingezahlte Beschwerdegebühr bestimmt ist, gelten sämtliche Beschwerden als nicht erhoben; vgl. BGH GRUR **82,** 414, 416 – Transportfahrzeug; **84,** 36, 37f.; BPatGE **12,** 163, 167. Der BGH hat bereits in GRUR **87,** 348 – Bodenbearbeitungsmaschine (Nichtigkeitsverfahren) die Überprüfung dieser Rechtsprechung für den Fall angekündigt, dass mehrere Beschwerdeführer durch einen Verfahrensbevollmächtigten vertreten sind und mit einem Schriftsatz eine einheitliche Beschwerde mit dem gleichen Beschwerdegegenstand einlegen, d.h. ob es in diesem Fall gerechtfertigt ist, **nur eine Beschwerdegebühr** zu verlangen. Bei Einspruchs-, Nichtigkeits- und Gebrauchsmuster-Löschungsverfahren hat sich inzwischen die Auffassung als h.M. herauskristallisiert, nach der dann, wenn sich für ein bestimmtes Verfahren eine Gruppe von Verfahrensbeteiligten zu einer Rechtsgemeinschaft zusammenschließen, einen gemeinsamen Verfahrensbevollmächtigten bestellen und mit einem einheitlichen Einspruchsschriftsatz gemeinsam die Beschwerdegründe bezeichnen und die dafür erforderlichen Erfordernisse im Einzelnen darlegen, nur eine Verfahrensgebühr geschuldet wird bzw. fällig wird. So soll z.B. nach BPatG v. 26. 1. 2004 – 34 W (pat) 329/03 (SchK Nr. 336 zu §§ 59ff.), in diesem Fall die Zahlung einer einzigen Einspruchsgebühr für eine solche Personengruppe ausreichen. Was so für die erstinstanzlichen Verfahren gilt, muss auch auf Beschwerdeverfahren übertragen werden können. S. aber jetzt den in der Anlage wiedergegebenen Regierungsentwurf eines Gesetzes zur Änderung des patentrechtlichen Einspruchsverfahrens und des Patenkostengesetzes, BT-Drs. 16/735 v. 21. 2. 2006, der in Art. 6 Nr. 6b) aa) auch zur **43**

Beschwerdegebühr (und zum Antrag auf gerichtliche Entscheidung nach § 61 Abs. 2 n. F. (RegE) in einer Vorbemerkung zu Teil B des GebVerz zum PatKostG klarstellen will, dass die Gebühren „für jeden Antragsteller gesondert erhoben" werden. In der Begründung findet sich keine nähere Auseinandersetzung mit dem Streitstand; die bisherigen Ergebnisse sollten daher nicht in Frage gestellt werden.

44 **2. Zahlungsfrist.** Die Beschwerdegebühr muss **innerhalb der Beschwerdefrist** (vgl. oben Rdn. 30 ff.) gezahlt werden. Der Zeitpunkt, in dem die Gebühr im unbaren Zahlungsverkehr als entrichtet gilt, ist in der Verordnung über die Zahlung der Kosten des Deutschen Patent- und Markenamts und des Bundespatentgerichts (Patentkostenzahlungsverordnung – PatKostZV) v. 15. 10. 2003, BGBl I 2083, geregelt. Danach können Kosten, die an das Patentamt und an das Patentgericht gezahlt werden, seit 1. 1. 2004 entrichtet werden durch: (1) Bareinzahlung bei den Geldstellen des Deutschen Patent- und Markenamts (in den Dienststellen München und Jena und im Technischen Informationszentrum in Berlin), (2) Überweisung auf das Konto der Bundeskasse Weiden bei der Bundesbank München (Konto 700 010 54, BLZ 700 000 00), (3) (Bar-) Einzahlung bei einem inländischen oder ausländischen Geldinstitut auf das Konto der Bundeskasse Weiden bei der Bundesbank München (Konto 700 010 54, BLZ 700 000 00), (4) Übergabe oder Übersendung einer Einzugsermächtigung von einem Inlandskonto. Das Patentamt empfiehlt, hierfür den amtlichen Vordruck A 9507 zu verwenden, um unnötigen Verwaltungsaufwand zu vermeiden.

44a Wegen der **Wiedereinsetzung in den vorigen Stand** bei Versäumung der Zahlungsfrist vgl. BPatGE **31,** 266, 267 (Irrtum des Überweisenden in einer Übergangssituation). Ist die Gebühr innerhalb der Beschwerdefrist, jedoch ohne Angabe des Aktenzeichens gezahlt, so ist es unschädlich, wenn der Verwendungszweck erst nach Ablauf der Beschwerdefrist festgestellt werden kann, BPatGE **2,** 196; Bendler Mitt. **62,** 98. Eine dafür notwendige Klarstellung durch den Beschwerdeführer muss spätestens innerhalb eines Jahres seit Ablauf der Beschwerdefrist vorliegen, BPatGE **18,** 121 (betr. WZ.-Verlängerungsgebühr). Die Bestimmung, für welche der von mehreren Beschwerdeführern gemeinsam, aber nicht als Rechtsgemeinschaft eingelegten Beschwerden die nur einmal entrichtete Beschwerdegebühr als eingezahlt gelten soll, kann nicht nach Ablauf der Beschwerdefrist vorgenommen werden. BPatGE **12,** 163, 167. Gegen die Versäumung der Zahlungsfrist kann Wiedereinsetzung gewährt werden (PA Mitt. **56,** 112; BPatGE **1,** 102; vgl. auch BGH Mitt. **60,** 59 – Wiedereinsetzung), sofern es sich nicht um die Frist zur Zahlung der Gebühr für die Beschwerde des Einsprechenden gegen die Aufrechterhaltung des Patents handelt (§ 123 Abs. 1 Satz 2), BGH GRUR **84,** 337, 338 – Schlitzwand (vgl. auch Bruchhausen, Anm. zu LM Nr. 3 § 73 PatG 1981); a. A. Allgeier, Mitt. **84,** 21 ff.; BPatGE **1,** 137.

45 **3. Rechtswirksamkeit der Zahlung.** Die Zahlung der Beschwerdegebühr ist rechtsgeschäftliche Verfügung, aber keine Prozesshandlung (abw. PA Bl. **56,** 62). Die Zahlung muss unbedingt erfolgen. Eine Zahlung, die nur für den Fall des Eintritts eines bestimmten Ereignisses als geleistet gelten soll, ist unwirksam. Die Beschwerdegebühr ist nicht wirksam entrichtet, wenn die Post einen Überweisungsauftrag über den Betrag wegen unrichtiger Empfängerangabe nicht durchführt und den angewiesenen Betrag an den Auftraggeber zurücküberweist, BPatG Bl. **85,** 115, 116.

46 **4. Rechtsfolgen unterbliebener Zahlung.** Wird die Beschwerdegebühr nicht oder nicht innerhalb der Beschwerdefrist entrichtet, so gilt die Beschwerde gem. § 6 Abs. 2 PatKostG **als nicht erhoben („ nicht vorgenommen").** Das dürfte jedenfalls die zutreffende Einordnung der Rechtsfolge sein und nicht etwa die – fingierte – Rücknahme der Beschwerde, da für die Beschwerde kein spezifischer Antrag erforderlich ist und die Beschwerde wohl als „sonstige Handlung" i. S. v. § 6 Abs. 2 PatKostG. anzusehen ist Der Referentenentwurf eines Gesetzes zur Änderung des Einspruchsverfahrens und des Patentkostengesetzes – vgl. jetzt im **Anh Vor 1** wiedergegebenen Regierungsentwurf eines Gesetzes zur Änderung des patentrechtlichen Einspruchsverfahrens und des Patentkostengesetzes, BT-Drs. 16/735 v. 21. 2. 2006, sieht in der Tat in Art. 6 Nr. 1 die entsprechende Klarstellung in § 3 PatKostG vor. Die genannte Rechtsfolge gilt unabhängig davon, ob die Beschwerdeerklärung rechtzeitig oder verspätet eingegangen ist, PA Mit. **38,** 149; GRUR **41,** 36; Bl. **57,** 203; BPatGE **1,** 102; **1,** 107, und unabhängig auch davon, ob sie an sich zulässig ist oder nicht, PA Mitt. **57,** 56, vgl. auch Schulte, Rdn. 27 zu § 73. Der früher teilweise vertretene Standpunkt, dass bei verspäteter Zahlung die Beschwerde als erhoben gelte und nur unzulässig sei (PA GRUR **41,** 36; Bl. **41,** 114), ist mit Recht aufgegeben worden. Ist dagegen die Gebühr rechtzeitig gezahlt worden, die Beschwerdeerklärung aber verspätet eingegangen, so ist die Beschwerde als unzulässig zu verwerfen, PA Mitt. **29,** 181; Bl. **57,** 203. Legt ein Verfahrensbeteiligter sowohl gegen einen Teil- als auch gegen den Schluss-Beschluss des Patentamts Beschwerde ein, zahlt er aber innerhalb der Frist nur eine Beschwerdegebühr, ohne dass erkennbar ist, für welche der Beschwerden die Gebühr bestimmt ist, so gelten beide Beschwerden als nicht erhoben, BPatGE **28,** 94, 96.

Die Beschwerde, die kraft Gesetzes als nicht erhoben gilt, führt nicht zur sachlichen Prüfung und zum Erlass eines über sie befindenden Beschlusses, sondern nur zu der Feststellung (durch den Rechtspfleger, § 23 Abs. 1 Nr. 4 RpflG), dass die Beschwerde als nicht erhoben („nicht vorgenommen") gilt. Verfassungsrechtliche Bedenken sind gegen diese Regelung nicht zu erheben, BGHZ **83,** 271 = GRUR **82,** 414, 416 – Einsteckschloss; BPatGE **21,** 106, 110f. mit Hinweisen auf in der Literatur geäußerte Bedenken. Ein Beschluss des Patentgerichts, durch den ausgesprochen wird, dass die Beschwerde als nicht erhoben gilt, unterliegt vielmehr unter den dort bezeichneten Voraussetzungen der Rechtsbeschwerde nach § 100, BGH GRUR **79,** 696 – Kunststoffrad. Wegen der Rückzahlung der Beschwerdegebühr in den Fällen, in denen die Beschwerde als nicht erhoben (nicht vorgenommen) gilt, vgl. Rdn. 19 zu § 80. 47

IV. Zustellung der Beschwerde

Literatur: Röhl, Zustellung der Schriftsätze, Mitt. **71,** 19. 48

Die Beschwerdeschrift und sämtliche im Beschwerdeverfahren eingereichten Schriftsätze sind den übrigen Beteiligten von Amts wegen mitzuteilen (§ 73 Abs. 2 Satz 3). Mitzuteilen sind die von den Beteiligten eingereichten Abschriften. Sind Abschriften entgegen § 73 Abs. 2 Satz 2 nicht beigefügt worden, so werden sie nachgefordert oder vom Gericht hergestellt. Die Kosten der Herstellung durch das Gericht trägt derjenige, der es unterlassen hat, sie beizufügen (§ 1 Abs. 1 Satz 2 i. V. mit § 28 GKG und Nr. 9000 des Kostenverz. zum GKG). Nicht besonders bestimmt ist, weil selbstverständlich, dass die Mitteilung unverzüglich zu erfolgen hat; vgl. BPatGE **22,** 61, 62 für das Einspruchsverfahren vor dem Patentamt. Es wäre nicht zulässig, die Schriftsätze so lange liegen zu lassen, bis das Gericht in der Lage ist, dazu – etwa in einer Zwischenverfügung – Stellung zu nehmen. Die Beteiligten haben ein Recht darauf, Äußerungen der anderen Beteiligten alsbald kennenzulernen. Eine Mitteilung von Schriftsätzen erst mit der noch zu treffenden Entscheidung ist nur dann unbedenklich, wenn entweder ohnehin zugunsten des oder der Empfangsberechtigten zu entscheiden ist oder wenn der Inhalt der Schriftsätze für die Entscheidung unerheblich ist, so zutreffend Röhl, Mitt. **71,** 21. Eine förmliche Zustellung (§ 127) ist nach der Neufassung des § 73 Abs. 2 Satz 3 durch das Gesetz vom 4. 9. 1967 nur noch für die Beschwerde und für alle Schriftsätze, die Sachanträge oder die Zurücknahme der Beschwerde oder eines Antrags enthalten, vorgeschrieben. Andere Schriftsätze sind formlos mitzuteilen, sofern nicht die Zustellung angeordnet wird.

V. Vorlageverfahren des Patentamts

Literatur: Hiete, Das patentamtliche Abhilfeverfahren, Mitt. **66,** 81; Goebel, Zurücknahme der Patentanmeldung und Abhilfe bei Zurückweisungsbeschluss, GRUR **86,** 494; Papke, Abhilfe, GRUR **86,** 864; vgl. auch Papke, Aktuelle Probleme des Patenterteilungsverfahrens, GRUR **85,** 410, und v. Pechmann, Zur Anwendung des § 73 Abs. 4 Patentgesetzes, GRUR **85,** 412. 49

Um das Patentgericht nicht unnötig mit der Bearbeitung begründeter Beschwerden zu belasten, hat das Patentamt, bei dem die Beschwerde einzulegen ist, die Angelegenheit nach Eingang der Beschwerde nochmals zu überprüfen, soweit der Beschluss nur den einzigen Verfahrensbeteiligten beschwert. Das Abhilferecht des Patentamts ist vor allem bei Mängeln der Anmeldung bedeutsam, es ermöglicht dem Patentamt, das Verfahren fortzusetzen, wenn die Anmeldeerfordernisse nachträglich erfüllt werden; vgl. BGH GRUR **85,** 919, 920 re. Sp. – Caprolactam.

1. Zweiseitige Verfahren. Ein Abhilferecht und damit ein Prüfungsrecht besteht nicht, wenn dem Beschwerdeführer ein anderer am Verfahren Beteiligter gegenübersteht (§ 73 Abs. 5). „Anderer Beteiligter" ist der Einsprechende, der Antragsgegner oder ein Mitbeteiligter. Da sich Mitbeteiligte, etwa Mitanmelder, jedoch verfahrensmäßig nicht „gegenüberstehen", ist der Fall des § 73 Abs. 4 nicht gegeben; die Abhilfe kann hier nicht, was Abs. 4 vermeiden will, zu einer Beschwer eines anderen Beteiligten führen. Soweit die Abhilfe ausgeschlossen ist, weil sich mehrere Beteiligte gegenüberstehen, ist die Beschwerde alsbald dem Patentgericht vorzulegen. 50

2. Einseitige Verfahren. Ein Abhilferecht besteht dagegen immer dann, wenn dem Beschwerdeführer prozessual kein anderer Verfahrensbeteiligter gegenübersteht. Das ist stets der Fall, wenn es sich um ein einseitiges Verfahren handelt, auch wenn dabei der „Beschwerdeführer" aus einer Gruppe von Personen besteht, etwa aus mehreren Mitanmeldern. Um ein einseitiges Verfahren in diesem Sinne handelt es sich auch, wenn ein dem Patentinhaber gegenüberstehender Einsprechender seinen Einspruch vor der Beschlussfassung zurückgenommen hat und damit aus dem Einspruchsverfahren ausgeschieden ist; ein Abhilfeverbot besteht dann nicht, BPatGE **12,** 169. 51

a) Prüfung der Beschwerde. In den Fällen, in denen dem Beschwerdeführer kein anderer am Verfahren Beteiligter gegenübersteht, hat das Patentamt die Beschwerde zu prüfen und sich 52 über die **Abhilfe oder Vorlage** schlüssig zu werden. Zunächst ist zu prüfen, ob die Beschwerde zulässig ist. Ist die Beschwerde nicht zulässig, so ist sie vorzulegen, sofern sie nicht einen Beschluss betrifft, den die erlassende Stelle auch ohne Beschwerde aufheben oder abändern dürfte; denn einer unzulässigen Beschwerde darf nur in den Fällen abgeholfen werden, in denen die erlassende Stelle ohnehin ändern dürfte (RGZ **62,** 10). Ist die Beschwerdefrist versäumt und gegen die Versäumung Wiedereinsetzung beantragt, so kann die für die Abhilfe zuständige Stelle, wenn sie abhelfen will und die Voraussetzungen für die Wiedereinsetzung für gegeben erachtet, **die Wiedereinsetzung** bewilligen; sonst ist ohne Entscheidung über die Wiedereinsetzung vorzulegen, PA GRUR **53,** 168; BPatGE **25,** 119, 120. Lehnt das Patentamt eine beantragte Handlung wegen Versäumung einer Frist ab, so hat es eine gegen den ablehnenden Beschluss gerichtete Beschwerde, mit der zugleich Wiedereinsetzung in den vorigen Stand in die versäumte Frist begehrt wird, auch dann dem Patentgericht vorzulegen, wenn es das Wiedereinsetzungsgesuch zurückweist, BPatGE **29,** 112, 115 f. Ist die Beschwerde zulässig, so ist weiter zu prüfen, ob sie begründet ist. Dabei sind neu eingetretene oder neu vorgetragene Umstände zu berücksichtigen. Ist die Anmeldung zurückgewiesen worden, weil ein vorhandener Mangel trotz Aufforderung nicht beseitigt war (§ 48), und wird der Mangel nunmehr behoben, so ist der Beschwerde abzuhelfen.

53 **b) Abhilfe.** Kommt eine Abhilfe in Betracht (vgl. oben zu a) und erachtet die Stelle, deren Beschluss angefochten ist, die Beschwerde für begründet, so hilft sie ihr ab. Das Abhilfeverfahren hat den Sinn, Beschwerden gegen Beschlüsse des Patentamts vom Patentgericht fernzuhalten, deren Korrekturbedürftigkeit vom Patentamt auf Grund des Beschwerdevorbringens erkannt wird. Die Abhilfe stellt eine die Patenterteilung vorbereitende Maßnahme dar, an die das Patentamt als Zwischenentscheidung nicht gebunden ist, BGH GRUR **85,** 919, 920 (re. Sp.); BPatGE **27,** 157, 162. Die Abhilfe ist nur zulässig, wenn die Beschwerde begründet ist, das heißt, wenn im Falle einer Zurückweisung wegen mangelnder Patentfähigkeit diese bei erneuter Prüfung gegeben erscheint. Eine Abhilfe kann nicht allein aus dem Grunde erfolgen, weil in einem Falle, in dem sich der Anmelder auf einen sachlichen Bescheid nicht geäußert hat und die Anmeldung aus den Gründen des Bescheides zurückgewiesen wurde, nunmehr eine Erwiderung eingereicht wird; denn der Zurückweisungsgrund ist nicht das Ausbleiben der Erwiderung, sondern die mangelnde Patentfähigkeit, PA Mitt. **60,** 15. Eine Abhilfe ist geboten, wenn sich nach Einlegung der Beschwerde ergibt, dass ein Zurückweisungsbeschluss unter falschen Voraussetzungen erlassen worden ist, BPatGE **17,** 241. Die Abhilfe erfolgt dadurch, dass der angefochtene Beschluss aufgehoben und, soweit die Sache entscheidungsreif ist, zugleich sachlich anderweit im Sinne der Anträge des Beschwerdeführers entschieden oder verfahren wird. Bei einer nur teilweise begründeten Beschwerde ist eine teilweise Abhilfe statthaft, sofern ein teilbarer Beschwerdegegenstand vorliegt (z. B. bei Teilung der Anmeldung im Abhilfeverfahren), BPatG GRUR **91,** 828, 831 f.

53 a Der **Juristische (damals 4.) Beschwerdesenat** des Bundespatentgerichts hat in mehreren Entscheidungen die Praxis des Patentamts in Abhilfeverfahren kritisiert. In dem Beschluss BPatGE **26,** 156 ff. vertrat er die Ansicht, die Abhilfe nach § 73 Abs. 4 Satz 1 setze voraus, dass die Beschwerde in der Sache gerechtfertigt („begründet") sei; im Prüfungsverfahren nach den §§ 44, 45, 48 bedeute dies, dass dem vom Anmelder gestellten Patenterteilungsantrag auf Grund der nach **dem Beschwerdevorbringen** geltenden Unterlagen – zumindest entsprechend einem etwaigen Hilfsantrag – **stattgegeben,** d. h. das nachgesuchte Patent erteilt werden könne. **Die bloße Aufhebung** eines auf § 48 Satz 1 2. Alt. gestützten Zurückweisungsbeschlusses und der Ausspruch, dass die Sache erneut in Behandlung genommen werde, stellten keine Abhilfe im Hinblick auf die gegen den Zurückweisungsbeschluss eingelegte Beschwerde dar. Ein Beschluss, mit dem das Patentamt (Prüfungsstelle) einen solchen Zurückweisungsbeschluss aufhebe, sei wegen Instanzvorgriffs nichtig; die Prüfungsstelle könne ihn zur Klarstellung aufheben, BPatGE **26,** 156, 157; **27,** 21, 22 f. Der Senat hat seine Rechtsprechung in den Entscheidungen BPatG Bl. **85,** 16; **85,** 114, 115; **85,** 164, 165 ausgebaut und präzisiert und die Abhilfe durch bloße Aufhebung und Wiedereintritt in das Prüfungsverfahren im Wesentlichen nur bei einer isolierten Formalrüge für zulässig erklärt, BPatGE **27,** 14, 15. Mit der Entscheidung BPatGE **30,** 32, 34, hat der Senat seine Rechtsprechung modifiziert und die Auffassung, **rein kassatorische Abhilfeentscheidungen** des Patentamts seien nichtig (unwirksam), aufgegeben.

53 b Demgegenüber hatten mehrere **Technische Beschwerdesenate** die Abhilfepraxis des Patentamts bestätigt und auch die Aufhebung des Zurückweisungsbeschlusses und die Wiederaufnahme des Prüfungsverfahrens für zulässig erklärt, und zwar insbesondere dann, wenn ein Verfahrensfehler oder ein Versehen des Patentamts vorlag, eine Bescheidserwiderung nicht zu den richtigen Akten gelangt war, das Patentamt unter falschen Voraussetzungen entschieden oder

die Sachlage sich wesentlich verändert hat, vgl. BPatGE **27,** 103, 104; **27,** 111, 112; oder wenn der Beschwerdeführer ausdrücklich nur die Aufhebung des Zurückweisungsbeschlusses und die Zurückweisung des Prüfungsverfahrens an das Patentamt beantragt hat, BPatGE **27,** 111. Schließlich hat sich der 21. (Technische) Beschwerdesenat in einer ausführlichen Entscheidung BPatGE **27,** 157 ff. – unter Beteiligung des Präsidenten des Patentamts – mit der abweichenden Rechtsprechung des 4. Senats auseinandergesetzt und die Zulässigkeit auch eines isolierten Aufhebungsbeschlusses bejaht.

Diesem Ergebnis ist zuzustimmen. Es ist zwar unverkennbar, dass im konkreten Fall und bei **offensichtlichem Missbrauch** der gesetzlichen Verfahrensmöglichkeiten eine unzumutbare Verfahrensverzögerung, ja Vorenthaltung der richterlichen Nachprüfung des patentamtlichen Verfahrens bewirkt werden kann. Das Beschwerde- und Abhilfeverfahren wird dann im Grunde zu einem etwas aufwändigeren „Antrag auf Weiterbehandlung" nach § 123 a. Ein solcher Missbrauch in Form oberflächlicher Prüfung und Zurückweisung mit mehrfacher Abhilfe könnte aber wohl eher durch geeignete Dienstaufsichtsmaßnahmen und Weisungen des Präsidenten des Patentamts für einen sachgerechten Verfahrensablauf abgestellt werden. Mit der Anordnung der Rückzahlung der Beschwerdegebühr durch das Patentgericht steht auch ein geeignetes Instrument zur Verfügung, Verfahrensverstöße des Patentamts zu sanktionieren. Sachlich nicht zu rechtfertigen ist die Annahme, dass Entscheidungen der Prüfungsstelle, die sich in einer bloßen Aufhebung des mit der Beschwerde angefochtenen Beschlusses erschöpfen, wegen **Instanzvorgriffs** nichtig seien, da die Aufhebungskompetenz des Patentamts als solche unbestritten ist. Wie die Entscheidung des 21. Senats zeigt, kann eine solche Annahme zu unnötig komplizierten Verfahrenslagen führen, die der Rechtssicherheit abträglicher sind als grundsätzlich korrigierbare Verfahrensfehler des Patentamts. Im Ergebnis sollte daher die Aufhebung eines Zurückweisungsbeschlusses jedenfalls dann zulässig sein, wenn ein bloßer Formmangel gerügt worden war und zur Zurückweisung der Patentanmeldung geführt hat, eindeutige Verfahrensfehler des Patentamts vorliegen, die ohnehin zur Aufhebung und Zurückverweisung an das Patentamt führen würden, wenn der Beschwerde nicht abgeholfen würde, oder wenn der Anmelder sein Beschwerdebegehren ausdrücklich auf die Aufhebung und Wiederaufnahme des Prüfungsverfahrens beschränkt, also mit der Fortführung des Verfahrens vor dem Patentamt einverstanden ist (vgl. auch Schulte, 7. Aufl., Rdn. 107 ff. zu § 73, Mes PatG, Rdn. 27 zu § 73 sowie v. Pechmann, GRUR **85,** 413; ablehnend für die zuletzt genannte Fallkonstellation wohl Busse/Keukenschrijver Rdn. 129 zu § 73. Wegen der Position von Krasser, 5. Aufl., vgl. S. 451, Fn 47, der daran festhält, dass Aufhebung des angefochtenen Beschlusses und Fortsetzung des Verfahrens keine Abhilfe sei; es müsse eine abschließende Entscheidung durch eine andere abschließende Entscheidung ersetzt werden. Angesichts der vereinfachten „Kassationsmöglichkeiten" auf Grund von § 123 a (Weiterbehandlung) besteht allerdings kein Grund, § 73 Abs. 3 zu eng auszulegen. **53 c**

Im Falle der Abhilfe kann die abhelfende Stelle anordnen, dass die **Beschwerdegebühr** zurückgezahlt wird (vgl. dazu im Einzelnen § 80 Rdn. 17 ff.). Wenn eine gebührenpflichtige Beschwerde vor ihrer Vorlage an das Patentgericht zurückgenommen und zugleich die Rückzahlung der Beschwerdegebühr beantragt wird, hat hierüber nach BPatGE **12,** 28, 31, nicht das Patentamt, sondern der Beschwerdesenat des Patentgerichts, der für die Entscheidung über die Beschwerde in der Hauptsache zuständig gewesen wäre, zu entscheiden. Röhl bejaht in Mitt. **71,** 136, die Zuständigkeit des Patentamts auch für diesen Fall. Wenn der der Beschwerde abhelfende Beschluss keine Anordnung über die Rückzahlung enthält, so bedeutet das, dass die Beschwerdegebühr einbehalten wird, BPatGE **17,** 60. Ein Ausspruch über die Rückzahlung ergeht nur, wenn die Rückzahlung angeordnet oder ein entsprechender Antrag abgelehnt werden soll, BPatGE **17,** 60. Die Ablehnung muss dann begründet werden (§ 47), BPatGE **14,** 209, 210. Ein Rückzahlungsantrag, der nach Erlass des Abhilfebeschlusses gestellt wird, kann in eine Beschwerde gegen den Abhilfebeschluss umgedeutet werden, soweit durch ihn die Rückzahlung der Beschwerdegebühr stillschweigend abgelehnt worden ist, BPatGE **17,** 60 f. Sofern ein die Rückzahlung der Beschwerdegebühr ablehnender Beschluss von einem Beamten des gehobenen Dienstes erlassen ist, ist er ohne Sachprüfung aufzuheben, weil die Entscheidung über die Rückzahlung der Beschwerdegebühr nicht Beamten des gehobenen Dienstes übertragen werden darf, BPatGE **13,** 26. **54**

Die Entscheidung über die **Rückzahlung der Beschwerdegebühr** steht im – pflichtgemäßen – **Ermessen** des Patentamtes. Die Gründe, die eine Rückzahlung rechtfertigen oder erfordern, sind weitgehend identisch mit den Gesichtspunkten, die für die Entscheidung über die Rückzahlung der Beschwerdegebühr nach § 80 Abs. 3 maßgeblich sind. Sie ist z. B. gerechtfertigt, wenn der Prüfer offensichtlich gegen den Grundsatz der Verfahrensökonomie verstößt, BPatGE 24, 210; wenn eine mündlich Anhörung im Gebrauchsmustereintragungsverfahren **54 a** sachdienlich gewesen wäre, BPatGE 29, 33. Sie ist nicht gerechtfertigt, wenn der angefochtene Zurückweisungsbeschluss auch wesentlich durch ein Verhalten des Anmelders verursacht wurde, der durch formelhafte, nicht sachbezogene Beantwortung der Prüfungsbescheide nichts zur Förderung des Prüfungsverfahrens und damit nichts dazu beigetragen hat, die Zurückweisung der Anmeldung zu verhindern, BPatGE **20,** 96, 100. Vgl. im Übrigen die Erl. zu § 80.

55 **c) Vorlage.** Soweit der Beschwerde nicht abgeholfen wird, ist sie **innerhalb eines Monats** seit Einlegung dem Patentgericht vorzulegen. Die ursprünglich drei Monate betragende Frist ist durch das 2. PatÄndG auf einen Monat verkürzt worden. In der Begründung zum RegE (BT-Drs. 13/9981) ist dazu angeführt, dass die Frist in § 66 Abs. 6 MarkenG als Vorbild gedient habe. Die verkürzte Frist zur Vorlage der Akten solle der Verfahrensbeschleunigung dienen. Sachliche Gründe, die in Patentverfahren eine längere Frist zur Weiterleitung der Akten erfordern als in Markensachen, seien nicht ersichtlich. Auch wenn innerhalb des einen Monats keine Beschwerdebegründung eingegangen ist, so ist die Beschwerde dem Bundespatentgericht vorzulegen. Angesichts der kurzen Frist ist es praktisch ausgeschlossen, andere als leichte Verfahrensmängel der Abhilfeentscheidung zugrunde zu legen. Mit der Beschwerde vorgelegte neugefasste Patentansprüche, die Einwände gegen die Patentfähigkeit des Gegenstandes einer zurückgewiesenen Anmeldung ausräumen sollen, werden innerhalb einer solchen Frist kaum auf Zulässigkeit zu prüfen sein, soweit auch diese Änderungen nur marginal sind.

55 a Die Frist ist eine uneigentliche, deren Versäumung oder Nichteinhaltung verfahrensrechtlich sanktionslos bleibt, BPatGE **27,** 23, 24; **27,** 25, 32. Der Ansicht, die Vorlagefrist sei vom Eingang der Beschwerdebegründung oder vom Ablauf einer vom Patentamt eingeräumten Frist zur Beschwerdebegründung zu berechnen (BPatGE **9,** 25), steht entgegen, dass eine Beschwerdebegründung nicht vorgeschrieben ist. Geht vor Ablauf von einem Monat keine Beschwerdebegründung ein, so muss die Beschwerde dem Patentgericht vorgelegt werden (ebenso im Ergebnis BPatGE **9,** 25, 30). Dem Sinn und Zweck der Vorschrift, das Bundespatentgericht zu entlasten, entspricht es, mit der Vorlage bis gegen Ende des einen Monats zuzuwarten, da eine Beschwerdebegründung auch dann noch eingehen kann, wenn sie vorher nicht angekündigt wurde, BPatGE **19,** 21, 22. Eine frühere Vorlage hat, auch wenn sie sich als unangebracht erweist, keine verfahrensrechtlichen Folgen, weil eine Rückgabe der Beschwerde an das Patentamt zur Nachholung der Abhilfeprüfung an der Anfallswirkung der Vorlage (unten Rdn. 57) scheitert; sie hat auch keine kostenrechtlichen Folgen, weil die Anordnung der Rückzahlung der Beschwerdegebühr (§ 80 Abs. 2) nicht wegen solcher Vorgänge in Betracht kommt, die zeitlich nach dem Erlass des angefochtenen Beschlusses liegen, BPatGE **19,** 21, 23. Die Frage, ob darin ein Verfahrensfehler liegt (vgl. dazu einerseits BPatGE **16,** 222; **17,** 242, 243; andererseits BPatGE **19,** 21), hat daher keine große praktische Bedeutung. Wenn mit der nach der Vorlage der Beschwerde eingehenden Beschwerdebegründung wesentlich geänderte Unterlagen eingereicht werden, kommt eine Zurückverweisung nach § 79 Abs. 3 Nr. 3 in Betracht, vgl. BPatG Mitt. **77,** 198.

56 Wenn innerhalb des einen Monats die Beschwerde begründet wird und eine daraufhin vorgenommene Überprüfung – insbesondere von neuen Unterlagen – noch nicht beendet ist, kann sie abgeschlossen werden, BPatGE **19,** 21, 23; sonst muss die Beschwerde vorgelegt werden. Eine sachliche Stellungnahme ist ausgeschlossen. Es darf also weder eine fehlende Begründung nachgeholt, noch darf die gegebene Begründung irgendwie ergänzt werden. Eine Mitteilung über die Vorlage an die Beteiligten ist im Hinblick auf die Vorlagefrist nicht vorgeschrieben und daher auch nicht erforderlich.

57 Mit der Vorlage geht die Sache auf das Patentgericht über (Anfallswirkung, **Devolutiveffekt**). Sie bleibt beim Patentgericht anhängig bis zur Rechtskraft der abschließenden Sachentscheidung, nicht lediglich bis zu deren Erlass, vgl. BGH Bl. **62,** 166 (– 6. UG, Wiedereinsetzung) abw. für die Entscheidungsbefugnis über die Einsicht in beigezogene Akten BPatGE **5,** 133.

VI. Zurücknahme der Beschwerde

58 Der Beschwerdeführer kann die Beschwerde bis zum Ergehen der Beschwerdeentscheidung zurücknehmen, BGH GRUR **69,** 562, 563 – Appreturmittel. Die Zurücknahme der Beschwerde gegen den einen Einspruch als unzulässig verwerfenden Beschluss ist nur solange zulässig, als die Entscheidung über die Beschwerde noch nicht ergangen ist; erfolgt die Zurücknahme im Zuge eines sich anschließenden Rechtsbeschwerdeverfahrens, so hat dies auf den Fortgang des Rechtsbeschwerdeverfahrens keinen Einfluss, BGH GRUR **88,** 364, 365 – Epoxidation. Die Zurücknahme der Beschwerde ist daher möglich bis zum Erlass der Beschwerdeentscheidung, also bis zur Verkündung oder bis zur Hinausgabe der Beschwerdeentscheidung

durch die Geschäftsstelle (letzteres ist in BGH GRUR **69,** 562, 563, offen gelassen worden). Die Erklärung einer Einsprechenden, dass sie an der weiteren Bekämpfung der Anmeldung nicht mehr interessiert sei, ist als Rücknahme der von ihr eingelegten Beschwerde gewertet worden, BPatGE **1,** 89. Die Beschwerde kann auch teilweise zurückgenommen werden; eine Teilzurücknahme kann in der nachträglichen Einschränkung eines ursprünglich umfassenden Beschwerdeantrags liegen, BPatGE **17,** 90.

Die **Zurücknahme** der Beschwerde kann **nicht wegen Irrtums angefochten** werden, 59
BPatGE **6,** 183. Die zurückgenommene Beschwerde kann jedoch, wenn die Beschwerdefrist noch nicht abgelaufen ist, innerhalb der Beschwerdefrist erneut eingelegt werden, vgl. oben Rdn. 37.

Wenn die **Beschwerde** nach Ablauf der Beschwerdefrist **zurückgenommen** wird, ist jede 60
Überprüfung des angefochtenen Beschlusses endgültig ausgeschlossen. Die früher gegebene Möglichkeit, das Beschwerdeverfahren nach Rücknahme der Beschwerde des Einsprechenden fortzusetzen und den Erteilungsbeschluss von Amts wegen zu überprüfen (§ 34 Abs. 3 Satz 2 PatG 1936), besteht nicht mehr, BPatGE **1,** 87; **1,** 89, 90; **2,** 80; vgl. auch § 87 Rdn. 27. Die Anmeldung kann auch noch nach Erlass der Beschwerdeentscheidung bis zu deren Rechtskraft mit der Folge zurückgenommen werden, dass die bereits ergangene Beschwerdeentscheidung wirkungslos wird (vgl. dazu § 79 Rdn. 39). Wenn der Einsprechende dagegen seine Beschwerde oder seinen Einspruch erst nach der Entscheidung des Beschwerdesenats zurücknimmt, so wird dadurch die Beschwerdeentscheidung nicht wirkungslos, BGH GRUR **69,** 562, 564; **79,** 313 – Reduzierschrägwalzwerk.

74 ***Beschwerderecht.*** (1) **Die Beschwerde steht den am Verfahren vor dem Patentamt Beteiligten zu.**

(2) **In den Fällen des § 31 Abs. 5 und des § 50 Abs. 1 und 2 steht die Beschwerde auch der zuständigen obersten Bundesbehörde zu.**

Inhaltsübersicht

1. Beschwerderecht. Die Vorschrift regelt das Beschwerderecht; ein Vergleich mit dem 1
ähnlich formulierten § 146 VwGO ist nur mit Vorbehalten möglich, da dort gerichtliche Entscheidungen Gegenstand der Beschwerde sind. Nur derjenige, der zur Erhebung der Beschwerde berechtigt ist, kann die Beschwerde statthaft erheben. Für eine Beschwerdeerhebung ist weiter erforderlich, dass der **Beschwerdeberechtigte prozessfähig und postulationsfähig** ist. Da die Prozessfähigkeit im Patentgesetz nicht besonders geregelt ist, sind gemäß § 99 die Vorschriften der §§ 51 ff. ZPO entsprechend anzuwenden, die für die Prozessfähigkeit grundsätzlich auf die Geschäftsfähigkeit abstellen (§ 52 ZPO). Anwalts- oder Vertreterzwang besteht vor dem Patentgericht grundsätzlich nicht (§ 97); deshalb kann der Beschwerdeberechtigte die Beschwerde selbst oder auch durch einen von ihm bestellten Vertreter einlegen. Da der Auswärtige (§ 25) jedoch einen Rechtsanwalt, Patentanwalt oder Erlaubnisscheininhaber als Inlandsvertreter oder einen Zustellungsbevollmächtigten bestellt haben muss, kann er zwar die Beschwerde selbst einlegen, er muss jedoch eine dafür zugelassene Person zum Vertreter oder Zustellungsbevollmächtigten bestellt haben (vgl. die Erl. zu § 25). Fehlt die Beschwerdeberechtigung, die Prozess- oder Postulationsfähigkeit in dem angegebenen Sinne, so ist die Beschwerde als unzulässig zu verwerfen (vgl. § 79 Rdn. 3, 19).

a) Beschwerderecht der Beteiligten. Beteiligte im Sinne dieser Vorschrift sind **die Ver-** 2
fahrensbeteiligten des patentamtlichen Verfahrens, das zu dem angefochtenen Beschluss geführt hat, BPatGE **10,** 31, 34. Beschwerdeberechtigt ist daher nur, wer schon an diesem Verfahren (formell) beteiligt war. Maßgebend ist der Zeitpunkt des Erlasses des angefochtenen Beschlusses. Ein erst nach Erlass und Zustellung des das Patent aufrechterhaltenden Beschlusses eingelegter Einspruch eröffnet das Beschwerderecht auch dann nicht, wenn darin auf ein früheres, nicht als Einspruch erkennbares Fernschreiben Bezug genommen wurde, sich darüber Erörterungen ergeben haben und dem Einsprechenden schließlich auch der ergangene Beschluss mit Rechtsmittelbelehrung zugestellt wurde, BPatGE **21,** 54. Richtet sich in einem Gebrauchsmuster-Löschungsverfahren ein verkündeter Beschluss des Patentamts gegen eine

durch ihn beschwerte, während des Verfahrens anstelle des früheren Inhabers des Gebrauchsmusters in der Rolle eingetragene Person als Antragsgegner und stellt das Patentamt dem früheren Inhaber eine mit Gründen versehene Fassung des verkündeten Beschlusses zu, die ihn als Antragsgegner nennt und beschwert, steht sowohl dem eingetragenen als auch dem früheren Inhaber wie auch beiden das Rechtsmittel der Beschwerde zu. Eine sich gegen den Beschluss in der letztgenannten Fassung richtende Beschwerde ist unzulässig, wenn die Person des Beschwerdeführers nicht zweifelsfrei erkennbar ist, BPatG v. 11. 1. 1993 – 5 W (pat) 427/92, BPatGE 33, 260.

3 **b) Anmelder, Patentinhaber, Antragsteller. Verfahrensbeteiligter** des patentamtlichen Verfahrens ist zunächst und in erster Linie der jeweilige **Anmelder, Patentinhaber oder Antragsteller.** Der Patentanmelder oder Patentinhaber ist Verfahrensbeteiligter auch bei der Prüfung, ob eine Geheimhaltungsanordnung aufzuheben ist, BGH GRUR **72,** 535, 536 – Aufhebung der Geheimhaltung. Im Falle der Übertragung ist der Anmelder oder Patentinhaber auch nach Übertragung der Anmeldung oder des Patents allein beschwerdeberechtigt; der Erwerber konnte nach der früheren Rechtsprechung gemäß § 30 Abs. 3 erst nach erfolgter Umschreibung Beschwerde einlegen, BPatGE **9,** 196, oder sich am Beschwerdeverfahren beteiligen, BPatGE **26,** 126, 127. Der Eingang eines mit den notwendigen Nachweisen versehenen Umschreibungsantrags genügte dafür nicht, BPatGE **25,** 216, 217. Die Beschwerdeberechtigung ergibt sich für den **Rechtsnachfolger** eines Anmelders oder Patentinhabers bereits mit der Stellung eines ordnungsgemäßen Umschreibungsantrags. Die Beschwerdeberechtigung des Rechtsnachfolgers ist auch dann zu bejahen, wenn der Umschreibungsantrag erst nach Zustellung der beschwerdefähigen Entscheidung, aber vor oder mit der Einlegung der Beschwerde gestellt wird, so mit überzeugender Begründung BPatGE **44,** 156, LS 1, 2, in ausdrücklicher Abweichung von BPatG GRUR **84,** 40. A. A. auch BPatGE **44,** 95, Pressform, LS 3, jedenfalls für eine rechtsgeschäftliche Übertragung während eines anhängigen Einspruchsbeschwerdeverfahrens; der neue Inhaber trete erst mit Vollzug seiner Eintragung in die Rolle (Register) als Verfahrensbeteiligter an die Stelle des bisherigen Patentinhabers. Die gleiche Entscheidung bejaht zutreffend die Beschwerdebefugnis des Sequesters eines Patents für das Einspruchsbeschwerdeverfahren, auch wenn er nicht in die Rolle eingetragen ist, BPatG a. a. O., LS. 2. An einem Verfahren über einen Wiedereinsetzungsantrag des Anmelders, dessen Ausgang das Patenterteilungsverfahren berühren kann, ist auch der Einsprechende beteiligt, BGH – Hopfenextrakt – GRUR **71,** 246. Die der Entscheidung zugrunde liegenden Erwägungen lassen sich auch auf das nachgeschaltete Einspruchsverfahren übertragen. Kein Verfahrensbeteiligter im formellen Sinne ist der Vertreter oder Bevollmächtigte eines Verfahrensbeteiligten; er ist daher durch eine Entscheidung im Wiedereinsetzungsverfahren zu Lasten seines Auftraggebers nicht beschwert und nicht berechtigt, im eigenen Namen Beschwerde einzulegen, BPatG Bl. **95,** 256 f.

4 **c) Einsprechende, Beitretende.** Der Einsprechende ist hinsichtlich der das Patent aufrechterhaltenden Entscheidung beschwerdeberechtigt unabhängig davon, ob der Einspruch ordnungsmäßig erhoben ist oder nicht, sofern er nur bis zum Erlass des Beschlusses am patentamtlichen Verfahren beteiligt war. Wenn die Unzulässigkeit des Einspruchs in dem das Patent aufrechterhaltenden Beschluss festgestellt ist, kann der Einsprechende hiergegen Beschwerde erheben und zugleich die Sachentscheidung über die Aufrechterhaltung des Patents angreifen, BPatGE **2,** 80; **22,** 51, 52; **24,** 25, 26 f. Wenn der Einspruch von der Patentabteilung für zulässig erachtet, das Einspruchsvorbringen im Beschluss sachlich geprüft und das nachgesuchte Patent gegen den Einspruch aufrechterhalten worden ist, kann der Einsprechende gegen die Aufrechterhaltung Beschwerde erheben. In beiden Fällen hat der Beschwerdesenat vorweg zu prüfen, ob der Einspruch ordnungsmäßig erhoben ist; wenn das nicht der Fall ist, muss die Beschwerde des Einsprechenden ohne sachliche Überprüfung der das Patent aufrechterhaltenden Entscheidung zurückgewiesen werden, BGH GRUR **72,** 592, 593 f. – Sortiergerät; vgl. auch Rdn. 11 bis 13 zu § 61. Die Rücknahme des Einspruchs im Beschwerdeverfahren erledigt die Beschwerde des Einsprechenden nicht; das Rechtsmittel wird wegen Aufgabe der Verfahrensbeteiligung des Einsprechenden unzulässig und ist als unzulässig zu verwerfen, BPatGE **29,** 92, 94 f; **29,** 234, 235. Handelt ein Patentanwalt im eigenen Namen, so erlangt derjenige, in dessen Interesse gehandelt worden ist, keine Verfahrensbeteiligung, BPatG v. 25. 6. 1975 – 4 W (pat) 90/74 – BPatGE **17,** 223, LS 1.

5 **d) Beschwerderecht oberster Bundesbehörden.** Soweit einer obersten Bundesbehörde, wie in § 50 Abs. 1 Satz 3 und in § 50 Abs. 2 Satz 1, ein eigenes Antragsrecht eingeräumt ist und die oberste Bundesbehörde in Ausübung dieser Befugnis Anträge stellt, steht ihr gegen die Ablehnung eines Antrages das Beschwerderecht schon nach § 74 Abs. 1 zu, weil sie insoweit am

Verfahren beteiligt ist. Durch § 74 Abs. 2 wird der obersten Bundesbehörde das Beschwerderecht aber auch in den Fällen zugestanden, in denen sie, ohne formell am Verfahren beteiligt zu sein, kraft gesetzlicher Vorschrift zu hören ist. Diese Fälle sind in Abs. 2 aufgeführt. Beschwerdeberechtigt ist die zuständige oberste Bundesbehörde. Dies ist nach der Verordnung zur Ausführung des § 30g (§ 56) des Patentgesetzes und des § 3a (9 Abs. 2) des Gebrauchsmustergesetzes das Bundesministerium für Verteidigung. Da das Beschwerderecht der Wahrung des öffentlichen Interesses an dem **Schutz von Staatsgeheimnissen** dient, es auch keine formelle Beteiligung am Verfahren voraussetzt, ist die Zulässigkeit der Beschwerde hier ausnahmsweise nicht von dem Vorliegen einer Beschwer (vgl. § 73 Rdn. 16ff.) abhängig. Die Beschwerde der obersten Bundesbehörde ist auch dann zulässig, wenn der Beschluss des Patentamts der zunächst abgegebenen Stellungnahme der obersten Bundesbehörde entspricht, ja selbst dann, wenn der Beschluss auf Antrag der obersten Bundesbehörde ergangen ist. In dieser Hinsicht hat daher die Regelung in § 74 Abs. 2 auch für die Fälle Bedeutung, in denen die oberste Bundesbehörde auf Grund eines Antrages gemäß § 50 Abs. 1 und 2 selbst am Verfahren beteiligt ist. Das Bundesministerium der Verteidigung ist sogar dann zur Rechtsbeschwerde berechtigt, wenn die durch den Patentinhaber mit der Beschwerde angegriffene Aufhebung der Geheimhaltungsanordnung zunächst seinem eigenen Willen entsprach, BGH – Staatsgeheimnis, GRUR **99,** 573, 574 LS, Egr., der aber lediglich die **Statthaftigkeit der Rechtsbeschwerde bejaht** und im Übrigen deren **Zulässigkeit verneint** hat, weil Gründe für die zulassungsfreie Rechtsbeschwerde nicht mit Erfolg geltend gemacht werden konnten. Das Bundesministerium der Verteidigung hat insofern also keine privilegierte Stellung.

e) Sonstige Beschwerdeberechtigte. Auf Grund besonderer gesetzlicher Bestimmung sind außer den in dieser Vorschrift Genannten beschwerdeberechtigt u.a.: *Zeugen* gegen den Beschluss, in dem die Aussageverweigerung für nicht rechtmäßig erklärt wird (§ 387 Abs. 3 ZPO; dort ist die sofortige Beschwerde vorgesehen, die aber bei dem eigenständigen Beschwerdesystem des PatG nicht anwendbar ist); *Zeugen, Sachverständige und der Vertreter der Bundeskasse* gegen die Festsetzung der dem Zeugen oder Sachverständigen zu gewährenden Vergütung oder Entschädigung (§ 4 Abs. 3 Justizvergütungs- und -entschädigungsgesetz); der beigeordnete Vertreter und der *Vertreter der Bundeskasse* gegen die Festsetzung der dem beigeordneten Vertreter aus der Bundeskasse zu gewährenden Vergütung (§ 7 des Gesetzes über die Erstattung von Gebühren des beigeordneten Vertreters in Patent- und Gebrauchsmuster- und Sortenschutzsachen in Verbindung mit § 62 Abs. 2 Satz 4 vgl. dazu auch § 55 Rechtsanwaltsvergütungsgesetz und Rdn. 19 zu § 135 wegen des Beschwerderechts des Vertreters der Bundeskasse gegen Entscheidungen des Patentgerichts, durch die Verfahrenskostenhilfe „zum Nulltarif" bewilligt worden ist; es handelt sich dabei aber nicht um die Beschwerde nach § 73). 6

2. Mehrere Beschwerdeberechtigte. Mehrere Beschwerdeberechtigte sind jeder für sich zur Einlegung der Beschwerde berechtigt. Jeder Berechtigte muss auch, sofern er das Verfahren fortführen will, selbstständig von seinem Beschwerderecht Gebrauch machen, sofern nicht notwendige Streitgenossenschaft (§ 62 ZPO) besteht, bei der die Einlegung der Beschwerde durch einen Streitgenossen für alle anderen wirkt. Das ist der Fall bei mehreren Mitanmeldern. Da diese notwendige Streitgenossen sind, wirkt die Beschwerde eines von ihnen zugunsten aller (PA Bl. **29,** 251). 7

75 *Aufschiebende Wirkung.* (1) **Die Beschwerde hat aufschiebende Wirkung.**

(2) **Die Beschwerde hat jedoch keine aufschiebende Wirkung, wenn sie sich gegen einen Beschluß der Prüfungsstelle richtet, durch den eine Anordnung nach § 50 Abs. 1 erlassen worden ist.**

Inhaltsübersicht

1. Aufschiebende Wirkung der Beschwerde. Die Vorschrift legt im Anschluss an § 80 Abs. 1 Satz 1 VwGO – für Widerspruch und Anfechtungsklage – der Beschwerde grundsätzlich aufschiebende Wirkung bei. Die Beschwerde hat also nicht nur Hemmungswirkung in dem Sinne, dass sie den **Eintritt der formellen Rechtskraft hindert** (Suspensiveffekt). Sie hat 1 vielmehr die weitergehende Wirkung, dass der ergangene Beschluss des Patentamts durch die Beschwerde in seiner *Wirksamkeit* gehemmt wird; die Wirksamkeit bleibt bis zur Entscheidung über die Beschwerde in der Schwebe (Bayer. VGH Bl. **58,** 195; vgl. dazu Jung NJW **61,** 159; Lüke NJW **78,** 81, 83). Maßnahmen zur Ausführung des ergangenen Beschlusses sind unzulässig. Auf diese Weise wird verhindert, dass vor Entscheidung über die Beschwerde bereits ein Zustand geschaffen wird, der die Beschwerde hinfällig machen könnte, etwa durch Gewährung der Akteneinsicht auf Grund eines Beschlusses, der vom Anmelder oder Patentinhaber mit der Beschwerde angefochten ist. Der Betroffene soll, solange noch nicht endgültig entschieden ist, vor den nachteiligen Folgen des Beschlusses geschützt sein (OLG Düsseldorf Bl. **59,** 42; Bayer. VGH Bl. **58,** 194).

2 **a) Anwendungsbereich.** Die aufschiebende Wirkung der Beschwerde tritt bei allen patentamtlichen Beschlüssen unabhängig von ihrem Inhalt ein. Sie tritt insbesondere auch ein gegenüber **rechtsgestaltenden Beschlüssen,** wie dem Erteilungsbeschluss. Das ist in § 80 Abs. 1 Satz 2 VwGO besonders hervorgehoben, gilt aber auch hier, da die Vorschrift die aufschiebende Wirkung schlechthin anordnet. Die aufschiebende Wirkung besteht auch gegenüber feststellenden Beschlüssen, also solchen, die eine kraft Gesetzes eingetretene Rechtsfolge lediglich feststellen, wie die Rücknahme der Anmeldung wegen Nichtzahlung oder nicht fristgemäßer Zahlung der Anmeldegebühr (§ 6 Abs. 2 PatkostG). Die aufschiebende Wirkung tritt auch bei Beschlüssen in Kostensachen ein (vgl. unten Rdn. 5).

3 **b) Voraussetzungen für das Eintreten der Wirkung.** Die aufschiebende Wirkung tritt mit **Erhebung der Beschwerde** ein, das heißt mit rechtswirksamer Erhebung der Beschwerde. Eine Beschwerde, die gemäß § 73 Abs. 3 a. F. als nicht erhoben galt oder jetzt im Hinblick auf § 6 Abs. Satz 1, Abs. 2 PatKostG als zurückgenommen gilt, kann, da sie im Rechtssinne nicht existent ist, auch keine aufschiebende Wirkung haben, BPatGE **6,** 186. Wird wegen der Versäumung der Zahlungsfrist Wiedereinsetzung in den vorigen Stand bewilligt, so tritt die aufschiebende Wirkung mit der Gewährung der Wiedereinsetzung ein. Die Beschwerde muss an sich statthaft sein; darauf, ob sie ordnungsmäßig eingelegt und auch sonst zulässig ist oder nicht, kommt es dagegen grundsätzlich nicht an, BPatGE **3,** 120; vgl. auch BGH GRUR **74,** 465, 466 – Lomapect; BVerwGE **13,** 1, 17. Die aufschiebende Wirkung der an sich statthaften Beschwerde kann grundsätzlich nicht von dem Ergebnis der Zulässigkeitsprüfung abhängen. Dem Umstand, dass in diesen Fällen die Wirksamkeit des ergangenen Beschlusses ohne hinreichenden Grund in der Schwebe sein kann, kann durch beschleunigte Verwerfung durch das Patentgericht Rechnung getragen werden. Da die aufschiebende Wirkung aber andererseits auch nicht zu einer ungerechtfertigten Verschleppung des Wirksamwerdens und der Vollziehung der patentamtlichen Beschlüsse führen soll, wird die aufschiebende Wirkung für die Fälle zu verneinen sein, wo die Beschwerde *offensichtlich* unzulässig ist, insbesondere verspätet eingelegt wurde; denn eine Hemmung wäre in diesen Fällen nicht gerechtfertigt, ihre Verneinung führt auch nicht zur Rechtsunsicherheit, BPatGE **3,** 120; vgl. dazu auch VGH Mannheim NJW **78,** 719, 720; Lüke NJW **78,** 81, 83, jeweils m. w. N.

4 **c) Rechtsfolgen.** Da infolge der aufschiebenden Wirkung der Beschwerde der angefochtene Beschluss in seiner Rechtswirksamkeit gehemmt ist, können irgendwelche Rechtsfolgen vorerst nicht daraus hergeleitet werden, BPatGE **18,** 7, 12 (betr. Rolleneintragung). Der angefochtene Erteilungsbeschluss etwa vermag die in § 9 bezeichneten Wirkungen noch nicht endgültig herbeizuführen. Ansprüche gegen Dritte können deshalb bei vorausgegangener Offenlegung der Anmeldung auch weiterhin nur auf die Schutzwirkungen der Offenlegung (§ 33 Abs. 1) gestützt werden. Der **Patentschutz bleibt** andererseits auch nach dem Widerruf des Patents durch das Patentamt infolge der aufschiebenden Wirkung so lange **bestehen,** bis über die Beschwerde des Patentinhabers gegen den das Patent widerrufenden Beschluss entschieden ist (vgl. OLG Düsseldorf Bl. **59,** 43; Bayer. VGH Bl. **58,** 194). Da die Wirksamkeit der mit der Beschwerde angefochtenen Beschlüsse gehemmt ist, dürfen sie, soweit sie vollziehbar sind, nach Erhebung der Beschwerde nicht mehr vollzogen werden, BPatGE **18,** 7, 12 (betr. Rolleneintragung). Alle Maßnahmen zur Ausführung der Beschlüsse müssen unterbleiben. Bei Einlegung der Beschwerde bereits vollzogene Maßnahmen werden zwar von der aufschiebenden Wirkung nicht betroffen. Dem Sinn der Vorschrift entspricht es jedoch, dass das Patentamt die Vollziehung bis zum Ablauf der Beschwerdefrist zurückstellt und etwa bereits versehentlich erfolgte Vollziehungsmaßnahmen nach Einlegung der Beschwerde im Interesse der Rechtssicherheit von sich aus rückgängig macht, soweit das möglich ist (vgl. Bayer. VGH Bl. **58,** 194; BPatGE **18,** 7, 12).

5 **2. Ausnahmen.** Die **aufschiebende Wirkung** tritt kraft ausdrücklicher Bestimmung in Abs. 2 der Vorschrift **nicht** gegenüber der Anordnung der Prüfungsstelle ein, dass die Be-

kanntmachung der Anmeldung aus Gründen der **Staatssicherheit** unterbleibt (§ 50 Abs. 1). Dadurch wird vermieden, dass infolge der aufschiebenden Wirkung ein Nachteil für das Wohl der Bundesrepublik oder eines ihrer Länder eintritt, der sich nachträglich nicht mehr beseitigen ließe. Die weiteren Ausnahmen von der aufschiebenden Wirkung, wie sie in § 80 Abs. 2 VwGO insbesondere für die Anforderung öffentlicher Abgaben und Kosten vorgesehen sind, sind nicht in das Patentgesetz übernommen worden. Auch auf dem Gebiet des Kostenwesens hat daher die Beschwerde stets aufschiebende Wirkung.

76 ***Äußerungsrecht des Präsidenten des Patentamts.*** **[1]Der Präsident des Patentamts kann, wenn er dies zur Wahrung des öffentlichen Interesses als angemessen erachtet, im Beschwerdeverfahren dem Patentgericht gegenüber schriftliche Erklärungen abgeben, den Terminen beiwohnen und in ihnen Ausführungen machen. [2]Schriftliche Erklärungen des Präsidenten des Patentamts sind den Beteiligten von dem Patentgericht mitzuteilen.**

Inhaltsübersicht

1. Vorbemerkungen

Literatur: Goebel, Die Beteiligung des Präsidenten des Deutschen Patentamts an Beschwerdeverfahren, GRUR **85,** 641; Pakuscher, 25 Jahre Bundespatentgericht, in: 25 Jahre Bundespatentgericht (Festschrift), 1986, S. 1, 18 ff.; Häußer, Die institutionelle Bedeutung des Deutschen Patentamts und seines Präsidenten für Verfahren, die Patente betreffen, ebendort, 63 ff. 1

a) Vorgeschichte. Die gesetzliche Regelung im Patentgesetz beruhte auch nach der Errichtung des Patentgerichts auf der Prämisse, dass es im Beschwerdeverfahren lediglich um die Rechte der Verfahrensbeteiligten des patentamtlichen Verfahrens gehe und ein öffentliches Interesse, wie es im Kartellverwaltungsverfahren von der Kartellbehörde zu wahren ist (§ 66 Abs. 1 Nr. 2 GWB), nicht gegeben sei. Diese Annahme hat sich in dieser Allgemeinheit als nicht zutreffend erwiesen. Es hat sich, wie in der Begrdg. zum RegEntw. des GPatG (BT Drucks. 8/2087 S. 36) ausgeführt wird, auch gezeigt, dass Entscheidungen des Patentgerichts, in denen eine von der Rechtsauffassung des Patentamts abweichende Bewertung vorgenommen wurde, für eine **Vielzahl von Einzelfällen** von präjudizieller Bedeutung waren, ohne dass die Streitfrage in angemessener Zeit einer **abschließenden Klärung durch den Bundesgerichtshof** zugeführt werden konnte. Zu erwähnen ist etwa der Streit um die Wirksamkeit der vom Patentamt lediglich mit dem Abdruck des Dienstsiegels versehenen Gebührennachrichten. Das Patentgericht hatte diese Nachrichten für unwirksam erklärt und dadurch eine **erhebliche Rechtsunsicherheit** herbeigeführt. Diese Unsicherheit konnte erst dann durch eine Entscheidung des Bundesgerichtshofs (BGHZ **56,** 7 – Hopfenextrakt) beseitigt werden, als die Rechtsfrage der Wirksamkeit einer Gebührennachricht auf einen Wiedereinsetzungsantrag nach Anhängigwerden eines Einspruchsverfahrens zu entscheiden war und damit erstmals in der Person des Einsprechenden ein Beschwerter vorhanden war, der Rechtsbeschwerde einlegen konnte und auch eingelegt hat. Zu erwähnen ist weiter der Streit um die Anwendung der Übergangsvorschriften des PatGebG 1976. Das Patentgericht hatte hierzu in Patent- und Gebrauchsmustersachen einen nicht nur von der Auffassung des Patentamts abweichenden, sondern auch mit einem in einer Warenzeichensache ergangenen Beschluss des Bundesgerichtshofs (GRUR **78,** 105) kaum zu vereinbarenden Standpunkt eingenommen. Zu einer Entscheidung des Bundesgerichtshofs kam es insoweit nicht, weil das Patentgericht den Beschwerden der Beteiligten stattgab t und der Zulassung und Einlegung einer Rechtsbeschwerde daher die mangelnde Beschwer des Betroffenen entgegenstand. Es musste jedoch damit gerechnet werden, dass der Bundesgerichtshof eines Tages die Frage der Höhe der zu entrichtenden Prüfungsantragsgebühr als Vorfrage zu entscheiden haben würde, weil davon die Wirksamkeit des Prüfungsantrags und damit u. U. auch nach § 58 Abs. 3 abhängen konnte, ob die zu beurteilende Anmeldung über- 1a haupt noch anhängig war. Die entstandene Rechtsunsicherheit wurde durch ein Eingreifen des Gesetzgebers, nämlich durch Art. 14 GPatG, behoben (vgl. dazu den Bericht des Rechtsausschusses BT Drucks. 8/2799 S. 22, 24).

2 **b) Begründung im Gesetzgebungsverfahren.** Die Vorschriften der §§ 76, 77, die durch das GPatG in das Gesetz eingefügt wurden, sollen verhindern, dass sich Vorkommnisse der oben geschilderten Art wiederholen. Der neue § 77 soll weiter vermeiden, dass grundsätzliche, für viele gleichgelagerte Fälle präjudizielle Rechtsfragen statt vom Bundesgerichtshof vom Bundespatentgericht abschließend entschieden werden (vgl. Schmieder NJW **80,** 1190, 1195). Deshalb ist dem Präsidenten des Patentamts in Anlehnung an § 90 Abs. 2 GWB (vgl. die BT-Drs. 8/2087 = Bl. 1979, 276, 288 mit dem weiteren Hinweis auf den Ursprung in § 52 Abs. 2 des Patentgesetzes 1936) durch § 76 die Möglichkeit eingeräumt worden, zur Wahrung des öffentlichen Interesses dem Patentgericht gegenüber schriftliche Erklärungen abzugeben, den Terminen beizuwohnen und in ihnen Ausführungen zu machen. Kraft Verweisung findet die Vorschrift auch in Gebrauchsmuster-, Topographieschutz und Geschmacksmusterrecht Anwendung. Das MarkenG hat in § 68 Abs. 1 eine parallele Rechtsgrundlage für Mitwirkungsmöglichkeiten des Präsidenten des Patentsamts geschaffen. Nach anfänglichen Vorbehalten der beteiligten Kreise ist die Regelung inzwischen weitgehend akzeptiert. Der Präsident des Patentamts kann auf diese Weise dafür sorgen, dass die von ihm zu wahrenden öffentlichen Belange im Beschwerdeverfahren hinreichend zur Geltung kommen und vom Patentgericht bei seiner Entscheidung berücksichtigt werden. Wenn es um Fragen von grundsätzlicher Bedeutung geht, kann das Patentgericht dem Präsidenten des Patentamts nach § 77 Gelegenheit geben, dem Verfahren als Beteiligter beizutreten und ihm damit auch die Möglichkeit verschaffen, Rechtsbeschwerde einzulegen oder sich am Verfahren über die Rechtsbeschwerde eines anderen Beteiligten förmlich zu beteiligen. Die Vorschriften finden kraft Verweisung auch in Gebrauchsmuster-, Geschmacksmuster- und Topographiesachen entsprechende Anwendung. Für das Markenrecht ist in § 68 MarkenG eine eigene Rechtsgrundlage – unter Zusammenfassung der §§ 76 und 77 PatG – geschaffen worden.

2 a **c) Stellung des Präsidenten EPA.** Eine ähnliche Rechtsstellung hat der Präsident EPA insofern, als er nach Art. 112 Abs. 1 (b) EPÜ der Großen Beschwerdekammer eine Rechtsfrage vorlegen kann, wenn zwei Beschwerdekammern voneinander abweichende Entscheidungen getroffen haben. Ein Beteiligungsrecht an einzelnen Beschwerdeverfahren steht ihm in diesem Zusammenhang allerdings nicht zu; vgl. Pakuscher, GRUR Int. **89,** 877, 882 und Art. 12a bzw. 11a der VerfO der Beschwerdekammern und der Großen Beschwerdekammer des EPA i. d. F. vom 7. 7. 89, ABl. EPA **89,** 361, 362; danach können die Kammern den Präsidenten des EPA von Amts wegen oder auf dessen schriftlichen, begründeten Antrag auffordern, sich zu Fragen von allgemeinem Interesse, die sich im Rahmen eines vor der Kammer anhängigen Verfahrens stellen, schriftlich oder mündlich zu äußern. Vgl. im Einzelnen dazu Benkard/Günzel EPÜ Erl. zu Art. 112.

2 b **d) Stellung des Präsidenten des HABM.** Völlig anders geartet ist die Beteiligung des Präsidenten des Harmonisierungsamtes für den Binnenmarkt (Marken, Muster und Modelle) in Verfahren des gerichtlichen Rechtsschutzes nach der Gemeinschaftsmarkenverordnung und der Verordnung über das Gemeinschaftsgeschmacksmuster. Klagen der Verfahrensbeteiligten gegen Entscheidungen des Amtes vor dem Gericht erster Instanz in Luxemburg werden gegen das Amt als Beklagten gerichtet; in den Klageverfahren wird das Amt durch den Präsidenten des Amtes vertreten (Art. 11 Abs. 3 Gemeinschaftsmarkenverordnung). Er ist in diesen Verfahren also stets Beteiligter und als gesetzlicher Vertreter des Amtes durch Bedienstete des Amtes vertreten, obwohl die anzufechtenden Entscheidungen des Amtes in der Regel von den internen Beschwerdekammern erlassen werden. Siehe dazu Art 63 Gemeinschaftsmarkenverordnung und Art. 61 der Verordnung über das Gemeinschaftsgeschmacksmuster, vgl. Eisenführ/Schennen, Gemeinschaftsmarkenverordnung, Erl. zu Art. 11 GMVO.

3 **2. Teilnahme an Beschwerdeverfahren.** Der Präsident des Patentamts kann sich, wenn er dies zur Wahrung des öffentlichen Interesses für angemessen erachtet, im Beschwerdeverfahren vor dem Bundespatentgericht äußern. Er hat damit die Möglichkeit, Umstände darzulegen und auf Gesichtspunkte hinzuweisen, die über den zu entscheidenden Einzelfall hinausgehen und das öffentliche Interesse berühren. Diese Möglichkeit hat vor allem für **einseitige Beschwerdeverfahren** Bedeutung, in denen der Beschwerdeführer ein den allgemeinen Belangen möglicherweise zuwiderlaufendes Privatinteresse verfolgt und in denen es wegen der etwaigen Auswirkungen der Entscheidung geboten sein kann, das entgegenstehende öffentliche Interesse zur Geltung zu bringen. Das Äußerungsrecht ist aber nicht auf einseitige Verfahren beschränkt. Es kann auch im zweiseitigen Verfahren ausgeübt werden, wenn der Präsident des Patentamts dies

zur Wahrung des öffentlichen Interesses für geboten erachtet. Im Schriftlichen Bericht des Rechtsausschusses (BT-Drs. 8/2799) ist ausdrücklich hervorgehoben worden, der Ausschuss gehe davon aus, dass der Präsident des Patentamts von dem ihm eingeräumten Beteiligungsrecht nur sehr zurückhaltend Gebrauch mache (aaO S. 23).

3. Äußerungsrecht des Präsidenten. Im Schriftlichen Bericht des Rechtsausschusses wird bemerkt, dass die in den §§ 76, 77 getroffene Regelung in anderen Verfahrensordnungen kein Vorbild habe. In der Begrd. zum RegEntw. des GPatG wird für § 76 auf § 90 Abs. 2 GWB hingewiesen, an den die Vorschrift angelehnt sei. § 90 Abs. 2 GWB gibt dem Präsidenten des Bundeskartellamts das Recht, sich in bürgerlichen Rechtsstreitigkeiten zu äußern, wenn er dies zur Wahrung des öffentlichen Interesses für erforderlich erachtet; § 90 Abs. 1 GWB ordnet zu diesem Zweck eine umfassende Unterrichtung des Bundeskartellamts an. Das Beschwerdeverfahren vor dem Bundespatentgericht entspricht zwar eher dem Beschwerdeverfahren nach den §§ 62ff. GWB. Das hinderte den Gesetzgeber jedoch nicht, sich in der Ausgestaltung des Äußerungsrechts an § 90 Abs. 2 GWB anzulehnen. Für § 90 Abs. 2 GWB ist anerkannt, dass das Äußerungsrecht dem Präsidenten des Bundeskartellamts in seiner Funktion als Präsident zusteht. Dementsprechend hat der Rechtsausschuss darauf hingewiesen, dass auch das Äußerungsrecht nach § 76 PatG vom Präsidenten des Patentamts oder – in seiner Vertretung – durch ein Mitglied der Präsidialabteilung auszuüben sei und nicht etwa dem Prüfer des Ausgangsverfahrens überlassen werden könne (BT-Drs. 8/2799 S. 23). Da eine Präsidialabteilung im DPMA nicht existiert, kommen in erster Linie Bedienstete der Hauptabteilung 4, insbesondere der Leiter (die Leiterin) der Rechtsabteilung in Betracht, da in der Regel verwaltungsmäßige Interessen darzulegen oder Rechtsfragen zu klären sein werden. Aber auch Bedienstete der anderen Hauptabteilungen, die mit Patentangelegenheiten befasst sind, kommen selbstverständlich in Frage. Weitergehend ist im Sortenschutzgesetz (Bekanntmachung der Neufassung vom 19. 12. 1997, BGBl. I, S. 3164, das Beteiligungsrecht des Präsidenten des Bundessortenamtes ausgestaltet; nach § 34 Abs. 4 Sortenschutzgesetz kann er ohne jede Einschränkung und aus eigener Initiative jedem Beschwerdeverfahren beitreten. Die praktische Bedeutung ist aber gering. 4

4. Wahrung des öffentlichen Interesses. Zur Wahrung des öffentlichen Interesses kann eine Äußerung des Präsidenten des Patentamts erforderlich sein, wenn durch das Beschwerdeverfahren **verwaltungsmäßige Eigeninteressen** des Patentamts, etwa die Form von Verfügungen, die einheitliche Anwendung von Verfahrensvorschriften oder dergl. oder die Ausgestaltung von Schriften oder die Führung von Registern, oder fiskalische Interessen des Bundes berührt werden. Das Äußerungsrecht dient in diesem Falle dazu, auf eine angemessene Berücksichtigung der öffentlichen, über den einzelnen Fall hinausweisende Belange bei der zu erlassenden Entscheidung hinzuwirken. Im Einzelfalle können auch andere Gesichtspunkte ein öffentliches Interesse, das durch eine Äußerung im Beschwerdeverfahren zu wahren ist, begründen, etwa das Interesse an der Klärung einer in vielen Verfahren auftretenden **grundsätzlichen Rechtsfrage.** Der Präsident des Patentamts braucht nicht darzulegen, welches Interesse durch seine Äußerung gewahrt werden soll. Das Patentgericht ist nicht zur Prüfung berechtigt, ob das öffentliche Interesse die Äußerung erfordert. 5

5. Ausgestaltung des Äußerungsrechts. Die Vorschrift gibt dem Präsidenten des Patentamts das Recht, im Beschwerdeverfahren dem Patentgericht gegenüber **schriftliche Erklärungen** (ggf. als elektronisches Dokument) abzugeben, den **Terminen beizuwohnen** und in ihnen Ausführungen zu machen. Das Äußerungsrecht ist daher ein verfahrensrechtliches Mitwirkungsrecht, das inhaltlich auf die Abgabe von schriftlichen Erklärungen, auf die Teilnahme an Terminen und auf mündliche Ausführungen in den Terminen beschränkt ist. Daraus sind weitere prozessuale Rechte nur insoweit abzuleiten, als sie der Wahrung des gesetzlichen Äußerungsrechts dienen (unten Rdn. 8). Die Vorschrift gibt dem Präsidenten insbesondere keinen mit der Rechtsbeschwerde durchsetzbaren Anspruch auf Berücksichtigung und Verbescheidung des von ihm Vorgetragenen. Die Nichtberücksichtigung des Vorgetragenen kann vielmehr nur von den oder dem Verfahrensbeteiligten als Verfahrensverstoß gerügt und gegebenenfalls mit der Rechtsbeschwerde geltend gemacht werden. 6

6. Mitteilung der Äußerung an die Verfahrensbeteiligten. Schriftliche Erklärungen des Präsidenten des Patentamts sind nach § 76 Satz 2 den Verfahrensbeteiligten mitzuteilen. Sie werden daher ebenso behandelt wie Schriftsätze der Verfahrensbeteiligten in dem anhängigen Beschwerdeverfahren (§ 73 Abs. 2 Satz 3). Es versteht sich von selbst, dass den Verfahrensbeteiligten Gelegenheit gegeben werden muss, zu den Erklärungen des Präsidenten Stellung zu nehmen. Das ergibt sich schon aus dem Grundsatz des rechtlichen Gehörs. 7

8 **7. Verfahrensrechtliche Stellung des Präsidenten.** Dem Präsidenten des Patentamts wird durch die Vorschrift nur ein Äußerungsrecht eingeräumt. Er ist deshalb darauf beschränkt, in dem anhängigen Beschwerdeverfahren zu den darin zu entscheidenden Fragen Stellung zu nehmen. Die Ausübung des Äußerungsrechts macht ihn **nicht zum Verfahrensbeteiligten;** die Möglichkeit, die Stellung eines Verfahrensbeteiligten zu erlangen, wird zwar durch § 77 eröffnet; diese Vorschrift setzt jedoch eine „Einladung" (Kraßer, GRUR **80,** 420) des Patentgerichts voraus, dem Verfahren beizutreten. Solange eine „Einladung" gemäß § 77 nicht ergangen ist und der Präsident des Patentamts sie durch Beitritt zum Beschwerdeverfahren angenommen hat, stehen ihm daher die prozessualen Rechte eines Verfahrensbeteiligten nicht zu. Der Präsident des Patentamts ist daher im Beschwerdeverfahren zur Stellung von Sachanträgen auf Grund des § 76 überhaupt nicht und zur Stellung von Verfahrensanträgen nur insoweit berechtigt, als diese die Ausübung des Äußerungsrechts betreffen. Er hat auch keinen Anspruch auf Zustellung der Schriftsätze der Verfahrensbeteiligten und auf Zustellung der ergehenden Entscheidungen. Auch eine Unterrichtung des Präsidenten des Patentamts entsprechend § 90 Abs. 1 GWB ist nicht vorgesehen. In § 76 wird ersichtlich vorausgesetzt, dass der Präsident sich auf andere Weise über das Anhängigwerden sowie über den Ablauf und den Inhalt des Beschwerdeverfahrens orientieren kann. Solche Möglichkeiten ergeben sich aus dem Gesichtspunkt der Amtshilfe und der Akteneinsicht. Das Patentgericht ist unter diesen Gesichtspunkten jedenfalls zu einer Unterrichtung des Präsidenten durch Mitteilung der Schriftsätze und wesentlichen Verfahrensvorgängen berechtigt und im Sinne eines nobile officium auch verpflichtet; es liegt auch in seinem eigenen Interesse, den Verfahrensablauf auf diese Weise zu vereinfachen und die Informationsbasis für seine Entscheidungen zu verbreitern.

77 *Beitritt des Präsidenten des Patentamts.* [1]**Das Patentgericht kann, wenn es dies wegen einer Rechtsfrage von grundsätzlicher Bedeutung als angemessen erachtet, dem Präsidenten des Patentamts anheimgeben, dem Beschwerdeverfahren beizutreten.** [2]**Mit dem Eingang der Beitrittserklärung erlangt der Präsident des Patentamts die Stellung eines Beteiligten.**

Inhaltsübersicht

1 **1. Vorbemerkungen.** Die Vorschrift ergänzt den § 76. Sie soll dem Präsidenten des Patentamts die Möglichkeit geben, in Fällen, in denen eine Rechtsfrage von grundsätzlicher Bedeutung zu entscheiden ist, die eine Vielzahl gleichartiger Einzelfälle berührt, die öffentlichen Belange als Verfahrensbeteiligter im Beschwerdeverfahren geltend zu machen und gegebenenfalls auch die vom Patentgericht zugelassene Rechtsbeschwerde einzulegen (vgl. die Begrdg. zum GPatG BT-Drs. 8/2087 S. 36f.). Der Bericht des Rechtsausschusses geht davon aus, dass eine Beteiligung des Präsidenten des Patentamts vor allem in solchen Fällen in Betracht kommt, in denen **Rechtsfragen von grundsätzlicher Bedeutung vom Patentamt und Patentgericht unterschiedlich beurteilt** werden (BT-Drs. 8/2799 S. 23). Das könnte den Eindruck erwecken, als ob das Beteiligungsrecht in erster Linie dazu dienen sollte, auf eine Änderung eines bereits vom Bundespatentgericht eingenommenen Standpunktes hinzuwirken. Sinnvoller erscheint es jedoch, wenn das Patentgericht schon bei Anhängigwerden eines Beschwerdeverfahrens über eine grundsätzliche, öffentliche Belange berührende Frage dem Präsidenten des Patentamts eine förmliche Beteiligung anheimgibt, sofern es von der nach § 76 geäußerten oder ihm sonst bekannten Auffassung des Patentamts abweichen will. Nur so ist gewährleistet ist, dass die Überlegungen des Patentamts schon bei der zu erlassenden Entscheidung vollständig berücksichtigt werden können und dass schon die erste Entscheidung des Patentgerichts über die Grundsatzfrage dem Bundesgerichtshof zur Nachprüfung unterbreitet werden kann (vgl. auch die Begrdg. zum GPatG BT-Drs. 8/2087 S. 36). Die Vorschrift findet im Übrigen kraft Verweisung auch im Gebrauchsmuster-, Topographieschutz- und Geschmacksmusterrecht Anwendung. Im MarkenG ist durch § 68 Abs. 2 eine parallele Rechts-

grundlage geschaffen. Für das Sortenschutzgesetz ist eine entsprechende Anwendung nicht erforderlich, da der Präsident des Bundessortenamtes nach § 34 Abs. 4 ein umfassendes Recht auf Beitritt zu Beschwerdeverfahren hat. Wegen der Rechtslage nach EPÜ vgl. Benkard/Günzel, EPÜ, Erl. zu Art. 112.

2. Beteiligung des Präsidenten des Patentamts. Die Vorschrift gibt dem „Präsidenten des Patentamts" – die Bezeichnung ist funktionell zu verstehen, konkret ist natürlich der „Präsident des Deutschen Patent- und Markenamtes" als Behörde gemeint – kein umfassendes Beteiligungsrecht. Dafür würde auch kein hinreichendes Bedürfnis bestehen. Denn das patentgerichtliche Beschwerdeverfahren dient – mit Ausnahme der Verfahren nach § 50 – im Allgemeinen der Wahrung der Interessen der Verfahrensbeteiligten. Einer Beteiligung des Präsidenten des Patentamts bedarf es danach vor allem in den Fällen, in denen die im Beschwerdeverfahren zu erlassende Entscheidung neben den Interessen der Verfahrensbeteiligten auch ein **über den zu entscheidenden Einzelfall hinausgehendes öffentliches Interesse berührt.** Zu denken ist etwa an ein verwaltungsmäßiges Eigeninteresse des Patentamts, das z. B. durch eine Entscheidung über die vom Patentamt einzuhaltende Form einer Gebührennachricht betroffen wird (vgl. § 76 Rdn. 1). Zu denken ist weiter an das fiskalische Interesse der Bundesrepublik, das durch die Auslegung von Gebührenvorschriften berührt wird (vgl. § 76 Rdn. 1). Die Vorschrift ist jedoch nicht auf Fälle dieser Art, die den Anlass für ihre Schaffung gegeben haben (vgl. § 76 Rdn. 1, 2), abgestellt. Sie setzt zunächst voraus, dass eine Rechtsfrage von grundsätzlicher Bedeutung zu entscheiden ist. Sie verwendet insoweit die gleiche Formulierung wie § 100 Abs. 2 Nr. 1, so dass insoweit auf die dazu entwickelten Grundsätze verwiesen werden kann (§ 100 Rdn. 8). Das Vorliegen eines verwaltungsmäßigen Eigeninteresses des Patentamts oder eines fiskalischen Interesses der Bundesrepublik reicht daher für sich allein nicht aus, um eine Beteiligung des Präsidenten des Patentamts zu rechtfertigen. Andererseits ist aber die grundsätzliche Bedeutung der Rechtsfrage auch nicht davon abhängig, ob die zu erlassende Entscheidung verwaltungsmäßige Eigeninteressen des Patentamts oder fiskalische Interessen der Bundesrepublik berührt. Unter dem Gesichtspunkt der grundsätzlichen Bedeutung der zu entscheidenden Rechtsfrage kommt die Beteiligung des Präsidenten des Patentamts vielmehr in allen Fällen in Betracht, in denen die Rechtsbeschwerde wegen grundsätzlicher Bedeutung der zu entscheidenden Rechtsfrage zuzulassen ist. Eine Einschränkung ergibt sich erst daraus, dass die Beteiligung angemessen sein muss (unten Rdn. 5). 2

3. Einzelfälle. Auch wenn die sachlichen Voraussetzungen für die Beteiligung des Präsidenten des Patentamts erfüllt sind, kommt die Beteiligung selbst erst durch ein Zusammenwirken des Patentgerichts und des Präsidenten des Patentamts zustande, nämlich dadurch, dass das Patentgericht dem Präsidenten des Patentamts anheimgibt, dem Beschwerdeverfahren beizutreten, und dieser daraufhin den Beitritt erklärt. Die Begrdg. zum GPatG (BT Drucks. 8/2087) hält diese Regelung für ausgewogen (aaO S. 37). Die Senate des Patentgerichts machen von der Möglichkeit des § 77 Satz 1 unterschiedlichen Gebrauch. Aber auch der Präsident des Patentamts hat nicht jeder Beitrittsaufforderung Folge geleistet oder hat sich auf die formlose Beteiligung nach § 76 beschränkt. Insgesamt ist das Ergebnis der bisherigen Erfahrungen, über deren Anfangsstadium Goebel, GRUR **85,** 641, 642 ff. berichtet, im Allgemeinen positiv zu bewerten. Die Beschwerdesenate haben in wichtigen Rechtsfragen, die das Patentamt und sein Verfahren intensiv berührten, die authentische Stellungnahme des Präsidenten des Patentamts zur Kenntnis nehmen und berücksichtigen können, vgl. z. B. nur die Frage einer entsprechenden Anwendung von § 39 auf den Fall der einverständlichen Ausscheidung, BGH GRUR **86,** 877 – Kraftfahrzeuggetriebe; zur Bindung des Patentamts und des Patentgerichts an Anträge des Anmelders oder Patentinhabers im Einspruchs- und Einspruchsbeschwerdeverfahren, BGHZ **105,** 381, 383 – Verschlussvorrichtung für Gießpfannen (Rechtsbeschwerde des PräsPA); zum Begriff der technischen Lehre, die sich auf die Funktionsfähigkeit einer Datenverarbeitungsanlage bezieht, BGHZ **105,** 11, 15 – Seitenpuffer; zur Zulässigkeit eines Einspruchsverfahrens, BGH – Sulfonsäurechlorid, GRURInt **94,** 751; zur Wiedereinsetzung und Teilung einer Anmeldung im Beschwerdeverfahren, BGH – Mehrfachsteuersystem – GRUR **99,** 575; zur Rückzahlung der Verlängerungsgebühr, BGH – Verlängerungsgebühr II, GRUR **2000,** 328; zu Unterscheidungskraft und Freihaltebedürfnis bei einstelligen Zahlen, BGH – Zahl „1", GRUR **02,** 970; kein Verstoß gegen die öffentliche Ordnung durch ein Geschmacksmuster, in das ein Postwertzeichen im Original einbezogen ist, BGH – Ersttagssammelblätter, Bl **04,** 465 (Rechtsbeschwerde Präsident DPMA); die Höhe der Recherchengebühr nach Überleitungsrecht – BPatGE **25,** 16; zur Behandlung eines zunächst irrtümlich dem EPA zugeleiteten und verspätet dem DPA zugegangenen Einspruchs, BPatG Bl. **92,** 361, 362; zum Umfang der Prioritätsunterlagen (Abschrift der früheren Anmeldung) im Geschmacksmustereintragungsverfah- 3 ren, BPatGE **33,** 33; Eintragungsverbot für Kombinationen aus Zahlen und Buchstaben, BPatG GRUR **98,** 404; zur Verwendung staatlicher Hoheitszeichen (DM-Banknoten und Münzen) als Geschmacksmuster, BPatGE **44,** 148 und BGH – DM-Tasse, GRUR **03,** 707 (Rb des Präsidenten DPMA); zur Höhe der Recherchegebühr für eine Teilanmeldung, BPatGE **45,** 153 usf. Damit ist ein wichtiger Beitrag zur Erhöhung der Rechtssicherheit erbracht worden, auch wenn die jeweiligen Beitrittsfragen nicht immer im Sinne der Anträge des Präsidenten des Patentamtes beantwortet worden sind. Negative Bewertungen sind bisher nicht bekannt geworden. Dagegen hat es z. B. das Patentgericht in der Sache GRUR **05,** 525, 528 – Irrläufer – nicht für nötig befunden, den Präsidenten des DPMA zu beteiligen, obwohl – jedenfalls nach Meinung des Senats auch die Wirksamkeit derselben Verwaltungsvereinbarung zu prüfen war wie in dem Verfahren BPatG Bl. **92,** 361 und damit die Interessen von DPMA und EPA gleichermaßen berührt waren. Der Senat hat denn auch wichtige Aspekte der Verwaltungsvereinbarung, insbesondere deren völkerrechtlichen Charakter und die Materialien schlichtweg ignoriert. Anscheinend sind die Marken-Beschwerdesenate „einladungsfreudiger" als die Technischen Beschwerdesenate.

4 **4. Anheimgabe des Beitritts.** Die Beteiligung des Präsidenten des Patentamts setzt eine „Einladung" (Kraßer GRUR **80,** 420; Schäfers, Mitt. **81,** 6, 13 f.) zum Beitritt durch das Patentgericht voraus. Denn der Präsident des Patentamts kann dem Beschwerdeverfahren erst beitreten, wenn ihm der Beitritt **vom Patentgericht,** d. h. von dem für die Sache zuständigen Beschwerdesenat, **anheimgegeben** wird. Zuständig für die Anheimgabe ist der Senat in seiner vorgeschriebenen Besetzung. Da sie eine das Verfahren betreffende, nach außen wirkende Entscheidung darstellt, ergeht sie in Beschlussform. Der die „Einladung" enthaltende Beschluss ist dem Präsidenten des Patentamts und den Verfahrensbeteiligten mitzuteilen.

5 **5. Rechtsfragen von grundsätzlicher Bedeutung.** Voraussetzung für die Anheimgabe des Beitritts ist dessen Angemessenheit wegen einer Rechtsfrage von grundsätzlicher Bedeutung. Die Vorschrift ist daher insofern enger als § 100 Abs. 2 Nr. 1, als zu der grundsätzlichen Bedeutung der zu entscheidenden Rechtsfrage (vgl. dazu oben Rdn. 1) hinzukommen muss, dass das Patentgericht den Beitritt als angemessen erachten muss. Angemessen ist der Beitritt, wenn das öffentliche Interesse es erfordert, dass der Präsident des Patentamts die Möglichkeit erhält, **die öffentlichen Belange als Verfahrensbeteiligter geltend zu machen,** insbesondere dann, wenn die zu erlassende Entscheidung sich auf eine Vielzahl beim Patentamt zu bearbeitender Einzelfälle auswirkt (vgl. dazu die Begrd. zum GPatG BT-Drs. 8/2087 S. 36 f.). Dabei kommt es nach dem Wortlaut der Vorschrift nicht darauf an, ob die zu erlassende Entscheidung verwaltungsmäßige Eigeninteressen des Patentamts, fiskalische Interessen oder allein oder vorwiegend private Interessen der Beteiligten berührt. In dem zuletzt genannten Fall wird ein Beitritt des Patentamtspräsidenten allerdings nur dann in Betracht kommen, wenn ein Bedürfnis nach Klärung einer Rechtsfrage besteht und kein Beteiligter vorhanden ist, der eine Rechtsbeschwerde einlegen könnte, weil der einzige Beteiligte durch die zu erlassende Entscheidung nicht beschwert ist. Oder durch die zu erlassende Entscheidung zwar ein Verfahrensbeteiligter beschwert wird, sein eigenes Interesse an der Klärung der Rechtsfrage aber so gering ist, dass mit der Durchführung eines **Rechtsbeschwerdeverfahrens** nicht zu rechnen ist. In Fällen, in denen durch die zu erlassende Entscheidung ein Verfahrensbeteiligter beschwert wird und nicht unmittelbar öffentliche Belange berührt werden, wird allerdings davon auszugehen sein, dass das öffentliche Interesse eine Beteiligung des Präsidenten des Patentamts am Beschwerdeverfahren nur ganz ausnahmsweise rechtfertigen kann; denn ein öffentliches Interesse wird grundsätzlich nicht zu bejahen sein, wenn die betroffenen Verfahrensbeteiligten nicht selbst bereit sind, ihre Rechte wahrzunehmen.

6 Es ist keine Voraussetzung für die „Einladung" des Patentamtspräsidenten, dass dieser sich im Beschwerdeverfahren nach § 76 geäußert oder sonst sein Interesse an dem Verfahren bekundet hätte. Das Patentgericht hat vielmehr die „Einladung" auszusprechen, wenn es die Voraussetzungen dafür für gegeben erachtet. Der Präsident des Patentamts kann dafür nur eine Anregung geben.

7 Sofern die Voraussetzungen für eine Beteiligung des Präsidenten des Patentamts vorliegen, muss der Beschwerdesenat diesem den Beitritt anheimgeben. Die Anheimgabe steht nicht im Ermessen des Patentgerichts. Die Formulierung „kann" bedeutet nur die Einräumung der rechtlichen Befugnis. Eine unterlassene „Einladung" kann aber nicht zum Gegenstand einer Rechtsbeschwerde gemacht werden. Die Initiative liegt ausschließlich beim Patentgericht. Insbesondere hat der Präsident des Patentamts kein Antragsrecht auf Erlass einer „Einladung".

8 **6. Wirkung der Anheimgabe.** Die „Einladung" des Patentgerichts hat zur Folge, dass der Präsident des Patentamts nunmehr durch einseitige Erklärung dem Beschwerdeverfahren bei-

treten kann. Die Ausübung des Beitrittsrechts ist **nicht an eine Frist** gebunden. Der Beitritt muss jedoch so rechtzeitig erklärt werden, dass das Vorbringen und etwaige Anträge des Präsidenten verfahrensrechtlich noch berücksichtigt werden können. Der Präsident des Patentamts wird darüber hinaus auch bemüht sein müssen, jede Verzögerung des Beschwerdeverfahrens zu vermeiden. Ein Widerruf der „Einladung" des Patentgerichts ist in der Vorschrift nicht vorgesehen. Sie wird daher auch vor ihrer Annahme grundsätzlich nicht für zulässig zu erachten sein. Bei Wegfall des öffentlichen Interesses, etwa durch zwischenzeitliche höchstrichterliche Klärung der zu entscheidenden Rechtsfrage, wird der Präsident des Patentamts ohnehin von sich aus auf eine Beteiligung verzichten.

7. Beitrittserklärung. Die „Einladung" des Patentgerichts kann der Präsident des Patentamts dadurch annehmen, dass er erklärt, dem Beschwerdeverfahren beizutreten. Die Entscheidung des Präsidenten über den Beitritt ist – anders als die Entscheidung des Patentgerichts über die Anheimgabe (oben Rdn. 7) – eine **nicht nachprüfbare Ermessensentscheidung.** Sie kann auch Zweckmäßigkeitsgesichtspunkte berücksichtigen. Eine Anfechtung durch andere Verfahrensbeteiligte ist ebenfalls nicht möglich. Die Beitrittserklärung ist empfangsbedürftige prozessuale Erklärung. Sie wird wirksam mit dem Eingang beim Patentgericht. Sie kann danach nicht mehr widerrufen werden. Der Präsident des Patentamts kann aber jederzeit auf die weitere Beteiligung am Beschwerdeverfahren durch die Zurücknahme der Beitrittserklärung verzichten (unten Rdn. 11). 9

8. Wirkung des Eingangs der Beitrittserklärung. Mit dem Eingang der Beitrittserklärung beim Patentgericht erlangt der Präsident des Patentamts die **Stellung eines Verfahrensbeteiligten.** Er hat als solcher Anspruch auf Zustellung oder Mitteilung der ergehenden Entscheidungen und der Schriftsätze der übrigen Beteiligten. Rechtliches Gehör ist ihm in dem gleichen Umfange wie den übrigen Verfahrensbeteiligten zu gewähren. Als Beteiligtem können ihm Kosten auferlegt werden, nach der besonderen Regelung in § 80 Abs. 2 allerdings nur, wenn er nach seinem Beitritt in dem Beschwerdeverfahren (Sach-)Anträge gestellt hat. Mit der Verfahrensbeteiligung erwirbt der Präsident des Patentamts vor allem das Recht zur **Einlegung der Rechtsbeschwerde** (§ 101 Abs. 1). Er wird dadurch in die Lage versetzt, die Entscheidung des Patentgerichts zur Nachprüfung durch den Bundesgerichtshof zu stellen und dadurch eine höchstrichterliche Klärung der zu entscheidenden Rechtsfrage herbeizuführen. Auch die Rechtsbeschwerde des Präsidenten bedarf zwar der Zulassung (§ 100 Abs. 1). Sie muss jedoch nach § 100 Abs. 2 Nr. 1 zugelassen werden, wenn eine Rechtsfrage von grundsätzlicher Bedeutung zu entscheiden ist. Das Vorliegen einer grundsätzlichen Rechtsfrage gehört jedoch auch zu den Voraussetzungen für die „Einladung" des Präsidenten (oben Rdn. 1, 5). Es ist deshalb davon auszugehen, dass in einem Verfahren, an dem der Präsident des Patentamts beteiligt ist, in aller Regel auch die Rechtsbeschwerde zuzulassen ist. 10

9. Dauer und Beendigung der Beteiligung. Die verfahrensrechtliche Beteiligung des Präsidenten dauert grundsätzlich bis zur Beendigung des Verfahrens an. Als Beteiligter des Beschwerdeverfahrens ist der Präsident des Patentamts auch an einem Rechtsbeschwerdeverfahren beteiligt, selbst wenn die Rechtsbeschwerde von einem anderen Verfahrensbeteiligten eingelegt worden ist (§ 105 Rdn. 1). Ebenso wie jedem anderen Verfahrensbeteiligten muss jedoch auch dem Präsidenten des Patentamts das Recht zugestanden werden, seine Verfahrensbeteiligung zu beenden. Das kann wie bei jeder anderen Verfahrensbeteiligung durch Zurücknahme der sie begründenden Verfahrenserklärung, also durch Zurücknahme der Beitrittserklärung geschehen. Die Verfahrensbeteiligung endet dann mit dem Eingang der Zurücknahmeerklärung. Nach BPatGE **31,** 88, 89, sind die Kosten eines Rechtsbeschwerdeverfahrens dem PräsDPMA aufzuerlegen, wenn die Rechtsbeschwerde von ihm zur Klärung der allgemeinen Verfahrensgestaltung im Einspruchsverfahren, also im Interesse der Rechtsordnung, eingelegt worden ist (§ 109). Es handelt sich um die Folgeentscheidung des BPatG zu BGHZ 105, 381; der BGH hatte die Frage der Kosten des Rechtsbeschwerdeverfahrens mit der Aufhebung und Zurückverweisung der Vorinstanz überlassen. 11

78 ***Mündliche Verhandlung.*** **Eine mündliche Verhandlung findet statt, wenn**

1. einer der Beteiligten sie beantragt,
2. vor dem Patentgericht Beweis erhoben wird (§ 88 Abs. 1) oder
3. das Patentgericht sie für sachdienlich erachtet.

Inhaltsübersicht

1 **1. Mündliche Verhandlung.** Die Vorschrift gilt kraft Verweisung auch im Gebrauchsmuster-, Geschmacksmuster- und Topographieschutzrecht. Das Markenrecht hat mit § 69 Markengesetz eine parallele Bestimmung erhalten. Wegen der mündlichen Verhandlung vor den Verfahrensorganen des EPA vgl. Benkard/Schäfers, EPÜ, Erl. zu Art. 116. Die mündliche Verhandlung dient der **Erörterung der Sach- und Rechtslage** in Rede und Gegenrede (§ 91 Abs. 1). Sie ist ein wichtiges Mittel zur vollständigen Klärung der Beschwerdesache in tatsächlicher und rechtlicher Beziehung. Sie ermöglicht darüber hinaus eine Straffung des Verfahrens und erleichtert häufig eine schnelle und richtige Erledigung des Verfahrens. Es ist allerdings zulässig, im Anschluss an eine mündliche Verhandlung wieder in das schriftliche Verfahren überzugehen, vgl. BGH GRUR **74,** 294 – Richterwechsel II; **82,** 406 – Treibladung; **86,** 47, 48 – Geschäftsverteilung.

2 **2. Erforderlichkeit der mündlichen Verhandlung. Literatur:** Kirchner, Obligatorische mündliche Verhandlung nach § 36 o Nr. 1 PatG auch hinsichtlich der Nebenpunkte des Beschwerdeverfahrens?, GRUR **74,** 363.

Trotz ihrer besonderen Bedeutung für eine schnelle und sachgemäße Erledigung des Verfahrens ist die mündliche Verhandlung im Beschwerdeverfahren nicht zwingend vorgeschrieben. Eine mündliche Verhandlung, die von den Beteiligten im Hinblick auf die mitunter nur geringe Bedeutung der Angelegenheit und die große Entfernung zum Sitz des Patentgerichts nicht wahrgenommen werden würde, wäre wenig sinnvoll. Die Vorschrift sieht deshalb die mündliche Verhandlung nur unter bestimmten Voraussetzungen vor, bei deren Vorliegen sie allerdings stattfinden muss. § 79 Abs. 2 Satz 2 geht § 78 vor; ein Beschluss, durch den die Beschwerde aus den in § 79 Abs. 2 Satz 1 genannten Gründen als unzulässig verworfen wird, darf daher trotz Antrags ohne mündliche Verhandlung erlassen werden, wenn das Gericht eine solche nach seinem pflichtgemäßen Ermessen nicht für erforderlich hält, BGH GRUR **63,** 279 – Weidepumpe.

3 **3. Beschwerdeverfahren. Einspruchsverfahren.** Die Vorschrift betrifft nur das Beschwerdeverfahren; sie ist daher auf ein patentgerichtliches Erinnerungsverfahren nicht anzuwenden, BPatGE **9,** 272, 275. Sie ist auch auf ein erstinstanzliches Akteneinsichtsverfahren nicht anwendbar, Kirchner GRUR **74,** 363, 364. Wortlautgemäß wäre § 78 auch nicht auf **Einspruchsverfahren** anzuwenden, die nach Maßgabe von § 147 Abs. 3 von Beginn an vor dem Patentgericht als erster Instanz stattfinden oder kraft eines entsprechenden Antrages von Verfahrensbeteiligten auf das Patentgericht verlagert worden sind. Die über die Verweisungskette § 143 Abs. 3, § 59 Abs. 3 anzuwendende Vorschrift des § 46 Abs. 1 ist aber offensichtlich nicht sachgerecht für ein erstinstanzliches Verfahren dieser Art vor dem Patentgericht, dem keine zweite Tatsacheninstanz, sondern lediglich die Überprüfung auf Grund einer Rechtsbeschwerde nachfolgt. Demnach ist in diesen Verfahren ebenfalls § 78 direkt oder hilfsweise analog anzuwenden. Vgl. auch die Erl. zu § 147, insbesondere Rdn. 28 und zu § 46. Dies bedeutet im Ergebnis, dass die mündliche Verhandlung in diesen Verfahren auf Antrag eines Verfahrensbeteiligten zwingend geboten ist; der Spielraum, den § 46 Abs. 1 Sätze 2 und 3 (Anhörung auch auf Antrag nur, wenn sie sachdienlich ist) der Prüfungsstelle und der Patentabteilung eröffnet, steht hier nicht zur Verfügung.

3 a **4. Gegenstand des Beschwerdeverfahrens. Kostenfestsetzungsbeschlüsse des Patentamts.** Die Vorschrift betrifft andererseits jedes Beschwerdeverfahren ohne Rücksicht auf die Bedeutung der Angelegenheit, also auch Beschwerdeverfahren, die Akteneinsichtsanträge oder dergl. zum Gegenstand haben. Für die Beurteilung der Notwendigkeit einer mündlichen Verhandlung kommt es nicht darauf an, ob über den Antrag, der der Beschwerde zugrunde liegt, ohne mündliche Verhandlung entschieden werden konnte, wie das etwa in § 248 Abs. 2 ZPO und generell in § 128 Abs. 4 ZPO vorgesehen ist. Vorschriften, nach denen über einen Antrag ohne mündliche Verhandlung entschieden werden kann, lassen § 78, der das Beschwerdeverfahren betrifft, unberührt. § 78 gilt deshalb insbesondere **auch für das Beschwerdeverfahren gegen Kostenfestsetzungsbeschlüsse** des Patentamts. A.A. Schulte, 7. Aufl.,

Rdn. 14 zu § 78 unter Berufung auf BPatG v. 7. 3. 1991 – 5 W (pat) 25/90, BPatGE **32,** 123. Die zitierte Entscheidung ist aber nicht mehr einschlägig, da § 104 Abs. 3 Satz 3 ZPO, auf den sie sich bezieht, weggefallen ist. Das dort gewonnene Ergebnis könnte nur auf eine allgemeine Analogie zum Beschwerdeverfahren nach der ZPO und die dort in der Tat wegen § 128 Abs. 4 ZPO i. d. F. des Zivilprozessreformgesetzes insgesamt im Kostenfestsetzungsverfahren einschließlich der Beschwerdeinstanz entbehrliche mündliche Verhandlung (Entscheidungen, die keine Urteile sind) gestützt werden. Diese Analogie geht aber m. E. zu weit, da die angefochtene Entscheidung eindeutig einen Verwaltungsakt darstellt und mit der Beschwerde erstmalig zur gerichtlichen Nachprüfung ansteht. Entsprechendes gilt auch für ein Beschwerdeverfahren gegen eine Entscheidung des Patentamts, durch die ein Ablehnungsgesuch nach § 27 Abs. 6 Satz 3 zurückgewiesen wird. Auch hier wäre es verfehlt, aus dem Beschlussverfahren nach § 46 ZPO (der ausdrückliche Ausschluss der mündlichen Verhandlung ist hier durch das Zivilprozessreformgesetz beseitigt worden), der in den Verweisungen in § 27 Abs. 6 Satz 1 ausgespart ist, abzuleiten, dass im Beschwerdeverfahren vor dem Patentgericht der Antrag eines Beteiligten auf mündliche Verhandlung übergangen werden könnte.

a) Antrag eines Beteiligten. Eine mündliche Verhandlung muss zunächst stattfinden, wenn auch nur einer der Beteiligten sie beantragt. Vorausgesetzt ist dabei ein wirksam anhängig gewordenes Beschwerdeverfahren. Gilt die Beschwerde wegen § 3 Abs. 1, § 6 Abs. 1 Satz 1 und Abs. 2 PatKostG als zurückgenommen, entfällt damit auch die Grundlage für die Anwendung von § 78. Ob das Gericht selbst die mündliche Verhandlung für angezeigt hält, ist ohne Bedeutung. Denn das Gesetz gibt einen **prozessualen Anspruch auf mündliche Verhandlung,** und es gestattet nur im Falle des § 79 Abs. 2, dem Antrag nicht zu entsprechen. Es ist daher nicht zulässig, den Antrag auf mündliche Verhandlung abzulehnen, weil der Beschwerdeführer und Antragsteller die Beschwerde auch nach Anmahnung nicht schriftlich begründet hat (PA Bl. **56,** 153); denn dem Beschwerdeführer steht es, da eine schriftliche Begründung nicht vorgeschrieben ist, frei, die Beschwerde in der für diesen Zweck beantragten mündlichen Verhandlung mündlich zu begründen. Von der mündlichen Verhandlung kann abgesehen werden, wenn im einseitigen Verfahren allen Beschwerdeanträgen des Beschwerdeführers, der die mündliche Verhandlung beantragt hat, ohnehin entsprochen werden soll, BPatGE **1,** 163. Insoweit ist allerdings Vorsicht am Platze, so mit Recht Wolf Müller GRUR **62,** 190. Beteiligter im Sinne der Vorschrift ist anders als in § 74 Abs. 1 nur der am Beschwerdeverfahren Beteiligte. In einem Beschwerdeverfahren über einen das Patent aufrechterhaltenden Beschluss sind deshalb von mehreren Einsprechenden nur diejenigen antragsberechtigt, die selbst Beschwerde eingelegt haben. 4

b) Hilfsantrag auf mündliche Verhandlung. Der Antrag auf mündliche Verhandlung kann, wie es weitgehend üblich ist, **auch hilfsweise gestellt** werden. Ein solcher Antrag ist zulässig, BPatGE **7,** 107; Müller-Arends Mitt. **62,** 9. BGH GRUR **2000,** 597, 598 – Chrom-Nickel-Legierung. Denn bedingt ist in einem solchen Falle nicht die Antragstellung, was unzulässig wäre, da Prozesshandlungen nur unbedingt vorgenommen werden können, sondern der Antrag selbst. Der Hilfsantrag wird im Zweifel wohl auch auf den Fall einer Aufhebung und Zurückverweisung zu beziehen sein (abw. BPatGE **7,** 107). Ob ihm zu entsprechen ist oder nicht, hängt von der sachlichen Beurteilung der Beschwerde ab. Deshalb muss der Vorsitzende bei seinen geschäftsleitenden Anordnungen die Einstellung des Senats beachten, braucht sie aber nicht förmlich – durch Beratung und Abstimmung – festzuhalten. Ist die mündliche Verhandlung von mehreren Beteiligten, die sich im Beschwerdeverfahren als Gegner gegenüberstehen, hilfsweise beantragt, so ist sie ohne weiteres anzuordnen, da sie in jedem Falle stattfinden muss. Der Vorsitzende kann sie auch dann ohne weiteres anberaumen, wenn sie nach dem Inhalt der Voten und seiner eigenen Auffassung notwendig erscheint. Sonst ist die Sache zur Beratung in eine Sitzung (§ 87 Abs. 2 Satz 1) zu geben. Ergibt die Beratung und Abstimmung in der Sitzung, dass dem sachlichen Begehren nicht entsprochen werden kann, so ist mündliche Verhandlung anzuordnen. Entscheidet das Gericht nach Zurücknahme des Antrags auf mündliche Verhandlung kurzfristig und ohne besondere Ankündigung im schriftlichen Verfahren, wird der Anspruch auf rechtliches Gehör nicht verletzt, sofern der Gegenseite ausreichend Gelegenheit verbleibt, ihrerseits mündliche Verhandlung oder Einräumung einer Äußerungsfrist zu beantragen, BGH a. a. O. 5

Der Antrag auf mündliche Verhandlung muss klar und bestimmt sein. Aus dem Antrag muss insbesondere klar hervorgehen, dass mündliche Verhandlung gewünscht wird. Der Antrag eines Beteiligten, ihm vor Abschluss des Beschwerdeverfahrens nochmals Gelegenheit zur sachlichen Stellungnahme zu geben, schließt nicht den Antrag auf mündliche Verhandlung ein (PA Bl. **56,** 278). 6

7 **c) Gegenstand der mündlichen Verhandlung.** Die Vorschrift regelt nicht, worüber im Einzelnen mündlich zu verhandeln ist. Eine mündliche Verhandlung über Nebenpunkte oder in Nebenverfahren wird man weder generell für notwendig (Reimer, 3. Aufl. Rdn. 2 zu § 36 o) noch generell für entbehrlich (Krausse/Kathlun/Lindenmaier, 6. Aufl. Rdn. 3 zu § 36 o; Schulte 4. Aufl. Anm. 1.4 zu § 78) zu erachten haben. Da § 78 nur die Frage behandelt, ob im Beschwerdeverfahren überhaupt mündlich zu verhandeln ist, ist im Übrigen im Rahmen des § 99 Raum für eine entsprechende Anwendung der Zivilprozessordnung, soweit nicht das Patentgesetz selbst – wie in § 95 Abs. 2 – eine Bestimmung trifft. Wenn den Anträgen eines Beteiligten, der vorsorglich mündliche Verhandlung beantragt hat, in der Hauptsache entsprochen wird, kann nach BPatGE **13,** 69, LS 2 über seinen Antrag auf Rückzahlung der Beschwerdegebühr – auch zu seinem Nachteil – ohne mündliche Verhandlung entschieden werden. Die dafür gegebene Begründung, auch im patentgerichtlichen Verfahren diene die mündliche Verhandlung nur der Sachaufklärung mit dem Ziel, die tatsächliche Grundlage für die Entscheidung zu schaffen, und sei entbehrlich, soweit sie diesen Zweck nicht zu fördern vermöge, kann angesichts des § 91 und der Bedeutung des rechtlichen Gehörs auch für Rechtsausführungen nicht akzeptiert werden. Nach BPatGE **16,** 188 (Wz.-Sache) kann trotz Antrages von einer mündlichen Verhandlung abgesehen werden, wenn allein noch über die Kosten des Beschwerdeverfahrens zu entscheiden ist. Im Ergebnis zustimmend zu diesen Entscheidungen äußert sich Kirchner in GRUR **74,** 363, der auch § 46 Abs. 1 ZPO, auf den in § 86 nicht verwiesen wird, entsprechend anwenden will.

8 **d) Wiedereröffnung der mündlichen Verhandlung.** Die Vorschrift gibt keinen Anspruch auf Wiedereröffnung einer bereits geschlossenen mündlichen Verhandlung (vgl. dazu § 91 Rdn. 9). Sie gibt grundsätzlich auch keinen Anspruch auf erneute mündliche Verhandlung, wenn nach der mündlichen Verhandlung mit Einverständnis der Beteiligten in das schriftliche Verfahren übergegangen ist; das Einverständnis mit Entscheidung ohne (weitere) mündliche Verhandlung ist nicht frei widerruflich, BPatGE **10,** 296, 297; **12,** 171, 172. Dem Antrag eines Beteiligten auf Anberaumung einer weiteren mündlichen Verhandlung ist jedoch zu entsprechen, wenn sich die Verfahrenslage wesentlich geändert hat, BPatGE **12,** 171, 172; unentschieden BGH GRUR **74,** 294, 295 mit Nachw. – Richterwechsel II. Für die Frage, ob ein Antrag nach § 78 Nr. 1 in einem Beschwerdeverfahren, in welchem die Entscheidung nicht auf mündliche Verhandlung ergeht, vom Gericht noch zu berücksichtigen ist, kommt es nicht auf den Zeitpunkt der Beschlussfassung an, sondern auf den Zeitpunkt der Herausgabe durch die Geschäftsstelle, BGH GRUR **67,** 435, 436 Isoharnstoffäther; GRUR **82,** 406, Treibladung; Ceco, GRUR **97,** 223, LS; – Graustufenbild, GRUR **2000,** 688, Egr. II 2 b.

9 **5. Beweiserhebung vor dem Gericht.** Beweise, die vom Gericht selbst, das heißt vom Senat in seiner vollen Besetzung erhoben werden, sind nach § 88 Abs. 1 Satz 1 in der mündlichen Verhandlung zu erheben. Gegenüber dieser Vorschrift stellt § 78 Nr. 2 klar, dass die mündliche Verhandlung zum Zwecke der Beweisaufnahme auch dann stattfinden muss, wenn sonst kein Grund für ihre Anordnung gegeben wäre. Die mündliche Verhandlung ist indes nur für den Fall der Beweisaufnahme vor dem Senat vorgeschrieben. Sie ist danach nicht erforderlich, wenn die Beweise durch einen beauftragten oder ersuchten Richter erhoben werden; zum Zwecke der Verhandlung über das Ergebnis der Beweisaufnahme ist sie nicht vorgeschrieben, den Beteiligten ist es überlassen, sich zum Beweisergebnis schriftlich zu äußern oder eine mündliche Verhandlung zu beantragen.

10 Hinsichtlich der zu erhebenden Beweise macht das Gesetz **keinen Unterschied** zwischen **den einzelnen dabei verwendeten Beweismitteln.** Wie die Verweisung auf § 88 Abs. 1 ergibt, ist es insbesondere gleichgültig, ob Zeugen, Sachverständige oder Beteiligte vernommen werden oder Beweis durch Urkunden erhoben wird. Da auch öffentliche **Druckschriften** in diesem Sinne Urkunden darstellen, ist demzufolge eine mündliche Verhandlung auch dann erforderlich, wenn Druckschriften zu Beweiszwecken herangezogen werden. Das ist nicht der Fall, wenn im Beschwerdeverfahren nur solche Druckschriften berücksichtigt werden, die schon im patentamtlichen Verfahren behandelt worden sind; denn es handelt sich dann lediglich um eine erneute Würdigung bereits festgestellter Tatsachen. Auch bei der Heranziehung neuer Druckschriften im Beschwerdeverfahren liegt eine Beweisaufnahme jedenfalls dann nicht vor, wenn sie lediglich zur Unterrichtung des Gerichts über ihren feststehenden Inhalt erfolgt. Soll jedoch durch die Heranziehung erst der – streitige – Inhalt ermittelt werden, so handelt es sich um eine Beweiserhebung.

11 **6. Sachdienlichkeit:** Der Beschwerdesenat kann **von sich aus jederzeit eine mündliche Verhandlung** anordnen, wenn er sie zur weiteren Klärung der Sach- und Rechtslage für angezeigt hält. Da eine Stellungnahme der Beteiligten zu Rechtsfragen einschließlich prozessualer

Fragen ebenso bedeutsam sein kann wie die zu tatsächlichen Fragen, kann in dieser Hinsicht kein Unterschied gemacht werden. Die früher zum Teil vertretene Auffassung, die mündliche Verhandlung sei nur dann für sachdienlich zu erachten, wenn sie eine Förderung des Verfahrens in tatsächlicher, insbesondere technischer Hinsicht erwarten lasse, nicht dagegen, wenn lediglich Rechtsfragen zu erörtern seien, ist nicht haltbar. Das folgt jetzt auch aus § 91 Abs. 1, der eine Erörterung mit den Beteiligten in tatsächlicher und in rechtlicher Hinsicht vorschreibt, also nicht zwischen Tat- und Rechtsfragen unterscheidet. S. auch oben Rdn. 7.

Da die mündliche Verhandlung häufig Wesentliches für die Entscheidung ergibt, sollte von der Möglichkeit der Anordnung immer dann Gebrauch gemacht werden, **wenn die Sach- und Rechtslage zweifelhaft** ist. Angezeigt ist die Anordnung, wenn der Senat einen bisher vertretenen, den Beteiligten bekannten Standpunkt aufgeben oder die Entscheidung auf Umstände abstellen will, deren Bedeutung für die Entscheidung den Beteiligten nicht hinreichend erkennbar ist. Sie ist ferner erforderlich, wenn die Sache einer tatsächlichen oder rechtlichen Erörterung bedarf (§ 91 Abs. 1) und diese Erörterung auf schriftlichem Wege durch Zwischenverfügung nicht angebracht erscheint (vgl. auch Rdn. 3 zu § 91). 12

79 *Entscheidung über die Beschwerde.* (1) **Über die Beschwerde wird durch Beschluß entschieden.**

(2) [1]**Ist die Beschwerde nicht statthaft oder nicht in der gesetzlichen Form und Frist eingelegt, so wird sie als unzulässig verworfen.** [2]**Der Beschluß kann ohne mündliche Verhandlung ergehen.**

(3) [1]**Das Patentgericht kann die angefochtene Entscheidung aufheben, ohne in der Sache selbst zu entscheiden, wenn**

1. **das Patentamt noch nicht in der Sache selbst entschieden hat,**
2. **das Verfahren vor dem Patentamt an einem wesentlichen Mangel leidet,**
3. **neue Tatsachen oder Beweismittel bekannt werden, die für die Entscheidung wesentlich sind.**

[2]**Das Patentamt hat die rechtliche Beurteilung, die der Aufhebung zugrunde liegt, auch seiner Entscheidung zugrunde zu legen.**

Inhaltsübersicht

I. Prüfung der Beschwerde

Mit der Vorlage der Beschwerde an das Patentgericht fällt sie dem Gericht zur Prüfung an (Anfallwirkung der Beschwerde). Die Vorschrift ist kraft Verweisung auch in Gebrauchsmuster-, Geschmacksmuster- und Topographieschutzsachen anwendbar. Das Markenrecht hat 1 in § 70 MarkenG eine parallele, wortgleiche Vorschrift. Wegen der Rechtslage und dem Verfahren nach dem EPÜ vgl. Benkard/Günzel, EPÜ, Erl. zu Art. 111 EPÜ.

2 **1. Zulässigkeit.** Das Patentgericht hat zunächst zu prüfen, ob die Beschwerde statthaft ist und ob sie in der gesetzlichen Form und Frist eingelegt ist. Denn nur die zulässige Beschwerde darf sachlich geprüft und beschieden werden. Die unzulässige Beschwerde ist ohne Rücksicht darauf, ob der angegriffene Beschluss sachlich richtig ist oder nicht, ohne Sachprüfung zu verwerfen, PA Mitt. **37,** 382. Eine Besonderheit gilt für den Fall, dass ein Mangel der Vollmacht schon im Verfahren vor dem Patentamt vorlag und dort nicht berücksichtigt wurde; die Beschwerde ist dann als zulässig zu behandeln und die angefochtene Entscheidung aufzuheben, BPatGE **22,** 37 m.w.N.

3 Die Zulässigkeit der Beschwerde setzt voraus, dass der angefochtene Beschluss der Beschwerde unterliegt (vgl. § 73 Rdn. 5–14), der Beschwerdeführer zur Erhebung der Beschwerde berechtigt ist (§ 74 Rdn. 1–5), durch den angegriffenen Beschluss beschwert ist (§ 73 Rdn. 16–19), prozessfähig und postulationsfähig ist (§ 74 Rdn. 1). Die Form und Frist für die Einlegung der Beschwerde sind in § 73 Abs. 2 geregelt. Nur wenn die dort bezeichnete Frist und Form gewahrt sind, ist die Beschwerde zulässig (vgl. im Einzelnen § 73 Rdn. 21–37). Zur wirksamen Einlegung der Beschwerde gehört in den Fällen, in denen die Beschwerdegebühr zu entrichten ist (vgl. § 73 Rdn. 40), auch die fristgemäße Zahlung der Beschwerdegebühr. Da die Beschwerde jedoch gemäß § 3 Abs. 1, § 6 Abs. 1 Satz 1 und Abs. 2 PatKostG als zurückgenommen gilt, wenn die Beschwerdegebühr nicht innerhalb der Beschwerdefrist vollständig gezahlt ist, ist für eine Verwerfung als unzulässig wegen verspäteter Einlegung nur dann Raum, wenn die Beschwerdegebühr rechtzeitig und vollständig entrichtet ist und nur die Beschwerdeerklärung verspätet eingegangen ist (vgl. § 73 Rdn. 46, 47).

4 **2. Allgemeine Verfahrensvoraussetzungen.** Eine sachliche Prüfung der Beschwerde kann – wenn sich die Beschwerde nicht gerade hierauf bezieht – nur erfolgen, wenn neben den besonderen Voraussetzungen des Beschwerdeverfahrens (Zulässigkeit der Beschwerde, vgl. oben Rdn. 3) auch die allgemeinen prozessualen Voraussetzungen für die Durchführung des Verfahrens überhaupt vorliegen. Zu diesen allgemeinen Voraussetzungen gehört insbesondere, dass ein „auswärtiger" Beteiligter im Sinne des § 25 einen Inlandsvertreter oder Zustellungsbevollmächtigten nach dieser Vorschrift bestellt hat. Verfahrensrechtliche Voraussetzung für die sachliche Prüfung der Beschwerde eines Einsprechenden gegen einen das Patent aufrechterhaltenden Beschluss ist die Zulässigkeit des Einspruchs; die Beschwerde eines Einsprechenden ist daher ohne Sachprüfung zurückzuweisen, wenn sich der Einspruch als unzulässig erweist, und zwar unabhängig davon, ob die Patentabteilung den Einspruch für zulässig oder für unzulässig erachtet hat, BGH GRUR **72,** 592, 593f. – Sortiergerät; BPatGE **29,** 206, 209. Bei Rücknahme des Einspruchs im Beschwerdeverfahren ist die Beschwerde des Einsprechenden als unzulässig zu verwerfen, BPatGE **29,** 92, 95; **29,** 234, 235. Die Beschwerde gegen einen Kostenfestsetzungsbeschluss kann nicht sachlich geprüft werden, wenn die Voraussetzungen für die Kostenfestsetzung fehlten, insbesondere die ihm zugrunde liegende Kostenentscheidung nicht wirksam und unanfechtbar geworden ist; auf die Beschwerde ist der ergangene Beschluss aufzuheben, BPatGE **21,** 27. Für die sachliche Prüfung der Beschwerde des Patentinhabers gegen einen das Patent widerrufenden Beschluss ist nicht Voraussetzung, dass der Einsprechende, auf dessen Antrag das Patent widerrufen worden ist, den Einspruch aufrecht erhält; über die Beschwerde des Patentinhabers ist auch dann sachlich zu entscheiden, wenn der einzige Einsprechende den Einspruch vor Einlegung der Beschwerde des Patentinhabers zurückgenommen hatte, BPatGE **12,** 149. Die Überprüfung einer eine Anmeldung betreffenden Entscheidung hat zur Voraussetzung, dass die Anmeldung noch anhängig ist und nicht zurückgenommen ist oder als zurückgenommen gilt, BPatGE **19,** 81 (hinsichtlich der Überprüfung der Wiedereinsetzung durch § 123 Abs. 4 überholt).

5 Das Fehlen der allgemeinen Verfahrensvoraussetzungen ist nach § 99 Abs. 1 PatG in Vbdg. mit § 529 ZPO (jetzt § 572 ZPO) auch im Beschwerdeverfahren jederzeit von Amts wegen zu beachten, BGH GRUR **72,** 592, 594, Egr. III 2b; BPatGE **19,** 81.

6 **3. Sachliche Prüfung.** Die zulässige Beschwerde ist vom Beschwerdesenat sachlich, d.h. auf ihre Begründetheit zu prüfen. Das Patentgericht hat die angefochtene Entscheidung in tatsächlicher und rechtlicher Hinsicht voll zu überprüfen.

7 **a) Prüfung im Rahmen der Anträge.** Unter der Geltung des PatG 1936 wurde angenommen, Gegenstand des Beschwerdeverfahrens sei im Erteilungsverfahren nicht die Beschwerde des Beschwerdeführers, sondern die Anmeldung als solche (Gr.Sen. PA Bl. **32,** 242). Der Beschwerdesenat habe deshalb das Recht und die Pflicht, die Anmeldung unabhängig von den gestellten Anträgen daraufhin zu prüfen, ob und in welchem Umfange das nachgesuchte

Patent zu erteilen sei (Gr. Sen. aaO). Demzufolge wurde angenommen, dass im Beschwerdeverfahren eine Abänderung des ergangenen Beschlusses auch zuungunsten des Beschwerdeführers (reformatio in peius) zulässig sei (PA Bl. **04,** 260; MuW **XIV,** 119; Mitt. **14,** 166; Gr. Sen. aaO).

Dieser Standpunkt entspricht nicht mehr dem geltenden Recht. Aus der gesetzlichen Aufgabe des Patentgerichts, über die Beschwerde gegen Beschlüsse der Prüfungsstellen und Patentabteilungen zu entscheiden (§ 65), ergibt sich, dass **sie echte Rechtsmittel-Instanz** in dem vom Großen Senat (aaO) abgelehnten Sinne ist, der lediglich die Aufgabe zufällt, über die Rechtmäßigkeit der ergangenen Beschlüsse zu entscheiden. Eine Entscheidung über die Anmeldung als solche, unabhängig von den Anträgen des Beschwerdeführers, steht dem Patentgericht danach nicht zu; sie wäre auch mit dem verschiedenen Aufgabenbereich nach der erfolgten Trennung der Beschwerdeinstanz vom Patentamt nicht zu vereinbaren. Dies kommt auch in der Fassung des § 94 Abs. 2 zum Ausdruck, der eine Begründung für den Fall vorschreibt, dass „über ein Rechtsmittel" entschieden wird. Dies wird weiter bestätigt durch den Wegfall des § 34 Abs. 3 Satz 2 PatG 1936, der ausdrücklich die Fortsetzung des Beschwerdeverfahrens nach Rücknahme der Beschwerde des Einsprechenden gestattete. Damit ist klargestellt, dass die Verfügungsbefugnis über die Beendigung des Beschwerdeverfahrens in jedem Falle dem Beschwerdeführer zusteht (vgl. auch § 87 Rdn. 27 ff.). 8

aa) Sachanträge des Beschwerdeführers. Der Beschwerdeführer bestimmt aber auch durch seine Anträge über den Umfang der Prüfung im Beschwerdeverfahren, BGH Mitt. **79,** 198. Das folgt aus § 99, der auf die Vorschriften der Zivilprozessordnung verweist. Nach diesen Vorschriften darf das Gericht nur im Rahmen der Anträge der Beteiligten erkennen, und es darf eine Entscheidung im Rechtsmittelverfahren nur insoweit abändern, als eine Abänderung beantragt ist (§§ 308, 536, 559 ZPO); es darf also **nicht zum Nachteil des Beschwerdeführers** erkennen (reformatio in peius) und ihm andererseits nicht mehr zuerkennen als er beantragt (ne ultra petita). Diese Grundsätze gelten auch für das patentgerichtliche Beschwerdeverfahren, BGH GRUR **72,** 592, 594 – Sortiergerät; BPatGE **9,** 30, 31; **10,** 155, 157; **11,** 227, 230; **29,** 206, 209. Bei der Entscheidung über eine Verfahrensgebühr (Rückzahlung der Anmeldegebühr) im Patenterteilungsverfahren kommt es auf Anträge der Beteiligten nicht an; insoweit ist im Beschwerdeverfahren auch eine Schlechterstellung möglich, BGH GRUR **84,** 870 f. – Schweißpistolenstromdüse. Zur reformatio in peius bezüglich der Kostenentscheidung vgl. auch Kirchner, Mitt. **72,** 156. Hat das Patentamt den einer Patentanmeldung zugrunde liegenden Hauptantrag zurückgewiesen und die Patenterteilung nach Maßgabe des Hilfsantrags des Anmelders beschlossen, so ist eine Abänderung des patentamtlichen Beschlusses in dieser Hinsicht im Beschwerdeverfahren unzulässig, wenn die Beschwerde des Anmelders sich nur gegen die Zurückweisung seines Hauptantrags richtet und das Patentgericht das Beschwerdebegehren insoweit für unbegründet ansieht, BGH Bl. **90,** 131, 132 – Weihnachtsbrief, GRUR **02,** 323, 326 – Suche fehlerhafter Zeichenketten. 9

bb) Prüfungskompetenz Einspruchsbeschwerdeverfahren. Im Einspruchsbeschwerdeverfahren ist das Beschwerdegericht **nicht befugt, von Amts wegen neue Widerrufsgründe,** die nicht Gegenstand des Einspruchsverfahrens vor dem Patentamt waren, aufzugreifen und hierauf seine Entscheidung zu stützen. BGH GRUR **95,** 333, „Aluminium-Trihydroxid". Es ist aber befugt, erstmals die Frage nach dem Vorliegen einer Erweiterung des Schutzbereichs zu stellen und seine Entscheidung auf eine unzulässige Erweiterung des Schutzbereichs zu stützen, wenn im Beschwerdeverfahren eine neue Anspruchsfassung vorgelegt wird, BPatG GRUR **97,** 48 – Farbbild-Verarbeitungseinrichtung; BPatGE **37,** 155 – Digitales Telefonsystem. Zur Prüfungskompetenz des Patentgerichts im Einspruchsbeschwerdeverfahren vgl. auch Rdn. 62 c zu § 59. Versichert sich das Patentgericht des Einverständnisses der Patentinhabers dahin, dass eine nach dem ersten Anschein „hoch relevante" Offenbarungsfrage bei der Entscheidungsfindung mit berücksichtigt wird, so kann er diesen Einspruchsgrund von Amts wegen in das Einspruchsbeschwerdeverfahren einführen, BPatGE **37,** 215, 221; und zumindest das Verfahren insoweit an das Patentamt zurückverweisen, BPatGE **41,** 64. Soweit dagegen das Patentgericht erstinstanzlich in Einspruchsverfahren zuständig ist, steht ihm hinsichtlich weiterer Widerrufsgründe in dem nach Rücknahme des Einspruchs fortzusetzenden Verfahren dieselbe Prüfungskompetenz wie dem Patentamt zu, BPatG Bl. **04,** 59 – Aktivkohlefilter. Eine im Einspruchsbeschwerdeverfahren abgegebene Teilungserklärung des Patentinhabers hindert nicht den Fortgang des Beschwerdeverfahrens und eine abschließende Entscheidung über das Stammpatent, BGH, GRUR **03,** 781 – Basisstation. 9 a

cc) Allgemeine Verfahrensvoraussetzungen. Für die von Amts wegen zu beachtenden (allgemeinen) Verfahrensvoraussetzungen (vgl. oben Rdn. 3) gilt das Verbot der reformatio in 10 peius nicht, BGH GRUR **72,** 592, 594; BPatGE **19,** 81, 82. Insoweit hat das Beschwerdegericht jederzeit eine Prüfungskompetenz und eine Pflicht zur Prüfung von Amts wegen.

11 **b) Prüfung der Sach- und Rechtslage.** Das Patentgericht ist im Beschwerdeverfahren Tatsacheninstanz. Im Rahmen der gestellten Anträge (vgl. oben Rdn. 9) ist der angefochtene Beschluss daher in tatsächlicher und in rechtlicher Beziehung zu überprüfen. Erweist sich der Beschluss aus einem anderen als dem in der Begründung angegebenen tatsächlichen oder rechtlichen Grunde als berechtigt, so ist die Beschwerde zurückzuweisen. Hat die Prüfungsstelle eine Anmeldung zurückgewiesen, weil sie einen Mangel aufwies, und hat der Anmelder diesen Zurückweisungsgrund im Beschwerdeverfahren ausgeräumt, so kann daher dessen ungeachtet der Beschwerdesenat die Beschwerde aus einem anderen von der Prüfungsstelle nicht berücksichtigten Grunde zurückweisen, BPatGE **9,** 30. Ist die Prüfungsstelle oder Abteilung berechtigt, nach ihrem Ermessen zu entscheiden, so ist das Gericht berechtigt und verpflichtet, auch die Ausübung des Ermessens in vollem Umfange nachzuprüfen, BPatGE **1,** 175; **10,** 131, 137; abw. BPatGE **10,** 35, 41; **26,** 44, 49. Es ist nicht wie die Verwaltungsgerichte auf die Prüfung beschränkt, ob ein Ermessensfehler vorliegt.

12 **c) Maßgebliche Sachlage.** Grundlage der Überprüfung ist der gesamte Sach- und Streitstoff, der schon dem Verfahren vor dem Patentamt zugrunde gelegen hat. Im Beschwerdeverfahren können neue Tatsachen, wie noch nicht behandelte Druckschriften, vom Gericht herangezogen und von den Beteiligten vorgetragen werden. Der Beschwerdeführer kann seinem Begehren auch eine andere tatsächliche Begründung geben, z. B. seinen Akteneinsichtsantrag auf andere Gründe als im Verfahren vor dem Patentamt stützen, BPatGE **9,** 181. Eine Ausnahme gilt nur für den Einsprechenden insofern, als ein Wechsel des Einspruchsgrundes, der nach Ablauf der Einspruchsfrist ausgeschlossen ist (vgl. dazu § 59 Rdn. 11), auch im Beschwerdeverfahren nicht zulässig ist.

13 **aa) Neues Vorbringen, neue Anträge.** Auch neue Patentunterlagen, insbesondere neue Patentansprüche, die vom Patentanmelder erst im Beschwerdeverfahren vorgelegt werden, sind zu berücksichtigen. Ist der Anmelder einer Anregung der Prüfungsstelle, die Patentansprüche zu beschränken, nicht nachgekommen, so kann er dies im Beschwerdeverfahren nachholen; kann nach dieser Einschränkung ein Patent erteilt werden, so ist der angefochtene Beschluss aufzuheben und das Patent zu erteilen, vgl. PA Bl. **09,** 32. Mit den neugefassten Patentansprüchen muss gegebenenfalls auch eine angepasste Beschreibung vorgelegt werden; wird eine solche nicht eingereicht und werden die notwendigen Änderungen auch nicht in der mündlichen Verhandlung vorgenommen, weil der Anmelder nicht erschienen ist, so muss die Beschwerde gegen den Zurückweisungsbeschluss schon aus diesem Grunde zurückgewiesen werden, BPatGE **17,** 204. Dem in der mündlichen Verhandlung anwesenden oder vertretenen Anmelder kann in entsprechender Anwendung des § 283 ZPO gestattet werden, eine Reinschrift der Schutzansprüche und der an sie angepassten Beschreibung nachzubringen, BPatGE **22,** 54 m. w. N.

14 **bb) Maßgeblicher Zeitpunkt.** Maßgebend für die Entscheidung ist die Sachlage im Zeitpunkt des **Erlasses der Entscheidung,** BPatGE **11,** 179, 181. Alles bis dahin Vorgebrachte oder sonst Bekanntgewordene muss berücksichtigt werden. Für den Inhalt eines Schriftsatzes kommt es allein darauf an, ob der Schriftsatz bis zum Erlass der Entscheidung beim Patentgericht eingegangen ist; es ist unerheblich, wenn der Schriftsatz wegen unrichtiger Angabe des Aktenzeichens dem entscheidenden Senat bei Erlass der Entscheidung noch nicht vorgelegen hat, BGH GRUR **74,** 211 mit Anm. Malzer. Die Zurückweisung tatsächlichen Vorbringens als verspätet, etwa die Nichtberücksichtigung erst unmittelbar vor der mündlichen Verhandlung genannter Druckschriften (vgl. PA Mitt. **56,** 195 unter Hinweis auf § 528 ZPO) oder angeblich verspätet benannter Zeugen, BPatGE **24,** 11, ist nach bisheriger Auffassung grundsätzlich nicht zulässig, da sie mit dem Untersuchungsgrundsatz (§ 87) in Widerspruch stehen würde. **Neues Vorbringen** darf auch dann nicht unbeachtet bleiben, wenn es erst nach Schluss der mündlichen Verhandlung, aber vor Erlass der Entscheidung mitgeteilt wird. Ist es wesentlich, so muss die mündliche Verhandlung wieder eröffnet werden (§ 91 Abs. 3 Satz 2). Zur Zurückweisung verspäteten Vorbringens in Verfahren vor den Beschwerdekammern des EPA vgl. Schulte, Die Behandlung verspäteten Vorbringens im Verfahren vor dem Europäischen Patentamt, GRUR **93** (FS Bruchhausen), S. 300; Singer/Stauder, EPÜ, Rdn. 5 und 6 zu Art. 114 EPÜ sowie Benkard/Schäfers EPÜ (2002), Erl. zu Art. 114. Vgl. dazu aber die Hinweise auf die neueren Entwicklungen sowohl im Zivilprozessrecht und in der Verwaltungsgerichtsordnung mit Präklusions- und Zurückweisungsmöglichkeiten in den Erl. zu § 87 und Rdn 6 zu § 99. Diese Entwicklungen können und sollten auf das Beschwerdeverfahren vor dem Patentgericht übertragen werden.

4. Zwischenentscheidungen. Über einen den Fortgang des Verfahrens betreffenden Zwischenstreit kann durch einen für die Instanz bindenden Zwischenbeschluss entschieden werden, vgl. BGH GRUR **67,** 477, 478 – UHF-Empfänger II. Zwischenbeschlüsse sind auch im einseitigen Beschwerdeverfahren zulässig, vgl. BGH GRUR **67,** 477, 478. Durch Zwischenbeschluss kann etwa über die Frage vorweg entschieden werden, ob die Beschwerde rechtzeitig eingelegt worden ist, BPatGE **21,** 50. Zwischenentscheidungen müssen, wenn darin ein Antrag zurückgewiesen wird, begründet werden (§ 94 Abs. 2). 15

II. Entscheidung über die Beschwerde

Literatur: Thomsen, Wie sollen die Beschwerdesenate des Patentgerichts entscheiden?, GRUR **61,** 560; Haeuseler, Nochmals: Wie sollen die Beschwerdesenate des Patentgerichts entscheiden?, GRUR **62,** 77; Völcker, Hilfsantragshäufung und Teilentscheidung im patentgerichtlichen Beschwerdeverfahren, Mitt. **72,** 141. 16

Sofern sich die Beschwerde nicht durch Zurücknahme der Beschwerde (§ 73 Rdn. 58 ff.) oder durch Zurücknahme der Anmeldung (§ 34 Rdn. 144 ff) oder des ihr sonst zugrunde liegenden Antrags erledigt hat, ist über sie zu entscheiden. Je nach dem Ergebnis der Prüfung (vgl. oben Rdn. 1 ff.) ist die Beschwerde entweder als unzulässig zu verwerfen oder als unbegründet zurückzuweisen oder ist der Beschwerde stattzugeben.

1. Entscheidung durch Beschluss. Über die Beschwerde ist stets durch Beschluss zu entscheiden. Die frühere Unterscheidung zwischen den sog. „Entscheidungen" und den Beschlüssen ist weggefallen. 17

2. Inhalt der Entscheidung. Die Entscheidung ergeht entweder auf (a) Verwerfung der Beschwerde als unzulässig oder auf (b) Zurückweisung als unbegründet oder auf (c) Aufhebung des angefochtenen Beschlusses und Zurückverweisung zu erneuter Prüfung und Entscheidung oder auf (d) Aufhebung und Zurückverweisung zum Erlass der erforderlichen Anordnungen oder (e) auf Aufhebung des ergangenen Beschlusses und – soweit erforderlich – auf Ersetzung durch eine eigene Entscheidung (Änderung). Neben dieser jeweiligen Hauptentscheidung sind die erforderlichen Nebenentscheidungen zu treffen, wie die über die Kosten des Beschwerdeverfahrens und die Zurückzahlung der Beschwerdegebühr (§ 80 Abs. 1 und 2). Teilentscheidungen des Beschwerdegerichts sind normalerweise unzulässig, es sei denn der Beschwerdegegenstand ist teilbar, weil etwa die Anmeldung oder das Patent im Beschwerdeverfahren geteilt worden ist, BPatG Bl. **92,** 193 (LS) = BPatGE **32,** 139. 18

a) Verwerfung der Beschwerde. Ist die Beschwerde nicht statthaft oder nicht in der rechten Frist und Form eingelegt (vgl. oben Rdn. 3), so ist sie als unzulässig zu verwerfen. Der Beschluss kann nach schriftlicher Anhörung der Beteiligten (§ 93 Abs. 2) ohne mündliche Verhandlung ergehen. Von der mündlichen Verhandlung kann deshalb auch dann abgesehen werden, wenn diese, etwa wegen des Antrages eines Beteiligten nach § 78 Nr. 1, an sich erforderlich wäre, BGH GRUR **63,** 279 – Weidepumpe. Das gilt auch für die Wiedereinsetzung in die versäumte Frist zur Einlegung der Beschwerde und zur Zahlung der Beschwerdegebühr, BPatGE **1,** 132. Die Anordnung der mündlichen Verhandlung steht in diesem Falle im Ermessen des Gerichts, BGH in BPatGE **2,** 244, 247. 19

b) Zurückweisung der Beschwerde. Ist die Beschwerde zulässig, aber sachlich nicht begründet, so ist sie als unbegründet zurückzuweisen. Dabei ist es gleichgültig, ob sich die Beschwerde aus den Gründen des angefochtenen Beschlusses oder aus anderen Gründen im Ergebnis als sachlich unbegründet erweist. Mängel in der Begründung des angefochtenen Beschlusses oder im zugrunde liegenden Verfahren des Patentamts können nur für die Frage der Rückzahlung der Beschwerdegebühr von Bedeutung sein; sie ist auch für diesen Fall nicht ausgeschlossen, obwohl sie bei Zurückweisung der Beschwerde kaum in Betracht kommen wird. 20

c) Sachliche Stattgabe der Beschwerde. Wenn sich die Beschwerde als begründet erweist, hat das Patentgericht grundsätzlich selbst in der Sache zu entscheiden, d. h. abschließend zu entscheiden. Die abschließende Entscheidung kann gegebenenfalls auch in der **bloßen Aufhebung der beschwerenden Entscheidung** des Patentamts bestehen, etwa in der Aufhebung einer vom Patentamt von Amts wegen getroffenen Anordnung über eine Eintragung in der Patentrolle (das Patentregister), BGH GRUR **69,** 433, 435 – Waschmittel. In der Regel besteht die abschließende Entscheidung jedoch in der **Aufhebung und in der gleichzeitigen Ersetzung** (Änderung) des angefochtenen Beschlusses durch die eigene Entscheidung. Das Patentgericht ist nicht wie die Verwaltungsgerichte grundsätzlich (§ 113 VwGO) darauf beschränkt, den angefochtenen Beschluss aufzuheben und die Verpflichtung der Verwaltungsbehörde auszusprechen, einen bestimmten Verwaltungsakt zu erlassen. Es kann vielmehr, da die Verfahren vor 21 dem Patentamt und dem Patentgericht nach der gesetzlichen Regelung als eine Einheit angesehen werden können, innerhalb deren dem Patentgericht die Funktion der Rechtsmittelinstanz zugewiesen ist, **den beantragten Verwaltungsakt an Stelle des Patentamts grundsätzlich selbst erlassen,** der damit allerdings die Qualität einer gerichtlichen Entscheidung erhält Es kann insbesondere selbst das nachgesuchte Patent erteilen oder die Anmeldung zurückweisen, BGH GRUR **69,** 562, 563 – Appreturmittel; BPatGE **1,** 1; **1,** 78, 79; abw. Schwerdtner GRUR **68,** 10f. Dem Sinn und Zweck dieser Regelung entspricht es, dass das Patentgericht diese Entscheidung in aller Regel selbst trifft. Gibt das Patentgericht der Beschwerde des Einsprechenden nur teilweise statt, wird insbesondere das angegriffene Patent in beschränktem Umfang aufrechterhalten, so muss dies im Beschlusstenor zum Ausdruck kommen, BGH Bl. **89,** 314, 315, re. Sp. – Schrägliegeeinrichtung. Die Entscheidung selbst und die dazu gegebenen Gründe müssen in sich verständlich sein; insbesondere sind neugefasste Patentansprüche im Wortlaut wiederzugeben. Bezugnahmen auf Aktenbestandteile sind nur dann zulässig, wenn sie sich nicht vermeiden lassen, BGH Bl. **89,** 314, 315.

22 Die abändernde Entscheidung des Beschwerdesenats hat die einer abschließenden Entscheidung in der Sache zukommende Wirkung; sie kann, wenn sie formell rechtskräftig wird, je nach ihrem Inhalt auch die Wirkungen der materiellen Rechtskraft haben, d. h., dass der in der Entscheidung enthaltene, endgültige und vorbehaltslose, bejahende oder verneinende Ausspruch über die beanspruchte Rechtsfolge für die von der Rechtskraft betroffenen Personen in dem Sinne maßgebend ist, dass unter ihnen über diese Rechtsfolge nicht noch einmal gestritten und entschieden werden darf, BGH GRUR **69,** 433, 435. Die Angaben in der Beschlussformel eines vom Patentgericht erlassenen Erteilungsbeschlusses binden das Patentamt sowohl für den Druck der Patentschrift als auch für die Eintragung in der Patentrolle, BPatGE **2,** 178 (Vermerk über die Verlängerung des Patents nach dem Verlängerungsgesetz). Bindende Wirkung hatten auch die Bekanntmachungsbeschlüsse des Patentgerichts auf der Grundlage des bis zum 31. 12. 1980 geltenden Verfahrensrechts, BPatG Mitt. **84,** 173, 174ff. Bei der Entscheidung über die Erteilung des Patents ist das Patentgericht an seinen vor der Bekanntmachung im einseitigen Verfahren ergangenen Wiederaufnahmebeschluss gebunden, BPatGE **25,** 97, 100ff.

23 **d) Aufhebung und Zurückverweisung zum Erlass der erforderlichen Anordnungen.** Wenn sich die Beschwerde als begründet erweist, kann das Patentgericht, anstatt den aufgehobenen Beschluss der Prüfungsstelle oder Abteilung durch die eigene Entscheidung zu ersetzen, sich darauf beschränken, der **Prüfungsstelle oder Abteilung die erforderlichen Anordnungen** zu übertragen (§ 99 in Verbindung mit § 572 Abs. 3 ZPO), BGH GRUR 69, 433, 435f. – Waschmittel (a. E.); BPatGE **17,** 64. Dies kann im Einzelfalle sogar notwendig sein, weil das Patentgericht eine in diesem Falle in Frage stehende Maßnahme ausnahmsweise nicht selbst vornehmen könnte, wie etwa den Erlass einer erforderlichen Benachrichtigung oder eine erforderlich werdende Eintragung in das Patentregister (vgl. dazu etwa BPatGE 18, 7, 12). Dies kann weiter auch deswegen angezeigt sein, weil die Herbeiführung der etwa noch erforderlichen Maßnahmen den Abschluss des Beschwerdeverfahrens ungebührlich verzögern würde. Eine Zurückverweisung kann etwa in Betracht kommen, wenn eine weitere Recherche in anderen Patentklassen erforderlich ist, BPatGE **17,** 64. Eine Aufsplitterung des Prüfungsverfahrens ist dabei jedoch zu vermeiden, BGH GRUR **69,** 433, 436. Das Patentgericht ist nicht genötigt, im Falle der Ermittlung eines für die Beurteilung der Patentfähigkeit des Anmeldungsgegenstandes bedeutsamen neu ermittelten Standes der Technik das Verfahren an das Patentamt zurückzuverweisen; es kann vielmehr auch selbst abschließend entscheiden. Eine Zurückverweisung ist nicht in Betracht zu ziehen, wenn das Gericht auf Grund des ihm vorliegenden Materials zu einer abschließenden Sachentscheidung in der Lage ist, BGH Bl. **92,** 496, 498 – Entsorgungsverfahren. Eine Zurückverweisung ist nicht erforderlich, wenn der beschwerdeführende Patentinhaber, dessen Patent vom Patentamt widerrufen worden, vor dem Beschwerdegericht erneut eine Teilungserklärung nach § 60 Abs. 1 abgibt, die Sache aber wegen der rein verfahrensrechtlichen Wirkung der Teilungserklärung an der Entscheidungsreife des Beschwerdeverfahrens nichts ändert, BPatG **43,** 221. Die Zurückweisung ist gerechtfertigt, wenn das Patentamt zu Unrecht annimmt, das Anerkenntnis des Schutzrechtsinhabers, sein Schutzrecht sei nicht rechtsbeständig, beseitige das Gebrauchsmuster mit rückwirkender Kraft, BPatGE 34, 58. Ist im Prüfungsverfahren die mangelnde erfinderische Tätigkeit der Lehre eines Unteranspruchs ausschließlich auf angeblich fachmännisches Handeln ohne nachprüfbaren Stand der Technik gestützt und wird das Patentbegehren im Beschwerdeverfahren durch Einbeziehung der Lehre dieses Unteranspruchs in den Hauptanspruch geändert, so ist es angezeigt, die Sache unter Aufhebung der angefochtenen Endscheidung an das Patentamt zurückzuverweisen, BPatGE **46,** 238 LS 2.

e) Umfang der Zurückverweisung. Hinsichtlich der Wirkung einer Zurückverweisung zum Erlas der erforderlichen Anordnungen ist zu unterscheiden, welche Bedeutung die „Übertragung der erforderlichen Anordnungen" nach dem Sinn der Beschwerdeentscheidung haben soll (BGH GRUR **69,** 433, 435): 24

aa) Wenn das Patentgericht ohne eine die Sache ganz oder teilweise abschließende Entscheidung in vollem Umfang an das Patentamt zurückverwiesen hat und diesem **nur gewisse Weisungen für das weitere Verfahren** gegeben hat, ist das Patentamt nicht nur an die der Aufhebung zugrunde liegende Auffassung des Patentgerichts gebunden, sondern auch verpflichtet, die ihm übertragene Anordnung zu treffen. Das Patentamt hat jedoch einer inzwischen eingetretenen Änderung der Sach- und Rechtslage, die der Ausführung der vom Patentgericht bezeichneten Anordnung entgegensteht, Rechnung zu tragen. 24 a

bb) Wenn das Patentgericht in einem **Hauptpunkt bereits abschließend in der Sache selbst entschieden** hat und dem Patentamt die Anordnungen zur weiteren Ausführung seiner Entscheidung übertragen hat, hat die Beschwerdeentscheidung hinsichtlich des entschiedenen Punktes die Wirkung einer abschließenden Sachentscheidung. Bei den ihm übertragenen Anordnungen hat das Patentamt einer Änderung der Sach- und Rechtslage Rechnung zu tragen. 24 b

cc) Wenn das Patentgericht bereits dem Grunde nach in der Sache selbst entschieden und dem Patentamt nur noch gewisse **zur Verwirklichung dieser Entscheidung notwendige Maßnahmen** übertragen hat, ist das Patentamt daran gebunden. Das Patentamt darf daher, wenn der Patentversagungsbeschluss aufgehoben und die Sache mit der Maßgabe an das Patentamt zurückverwiesen worden ist, das nachgesuchte Patent nach Anpassung der Beschreibung zu erteilen, nicht mehr in eine Prüfung der Patentfähigkeit eintreten, BPatGE **9,** 47. Allein zur Anpassung der Beschreibung sollte das Patentgericht allerdings nicht an das Patentamt zurückverweisen. 24 c

f) Aufhebung und Zurückverweisung zu erneuter oder weiterer Prüfung. § 36p in der Fassung des 6. ÜG enthielt keine ausdrückliche Bestimmung darüber, in welchen Fällen das Patengericht die angefochtene Entscheidung aufheben kann, ohne selbst in der Sache zu entscheiden. Gemäß § 99 Abs. 1 waren daher die Vorschriften der §§ 567–577 ZPO a. F. ergänzend heranzuziehen, BPatGE **5,** 26; BGH GRUR **66,** 583 – Abtastverfahren; **69,** 433, 434 – Waschmittel; **69,** 562, 563 – Appreturmittel. § 575 ZPO a. F. (jetzt § 572 Abs. 3 ZPO), der demzufolge entsprechend anzuwenden war, setzte jedoch voraus, dass das Gericht die Beschwerde für begründet erachtete. Da das Patentgericht Tatsacheninstanz ist, in der neues Vorbringen grundsätzlich unbeschränkt zugelassen ist (vgl. oben Rdn. 11), hätte diese Prüfung wohl unter Berücksichtigung des Sachstandes im Beschwerdeverfahren, also wohl insbesondere unter Zugrundelegung der im Beschwerdeverfahren eingereichten neuen Unterlagen vorgenommen werden müssen. Die Prüfung eines geänderten Patentbegehrens erfordert aber häufig weitere Ermittlungen nach einem ihm nahekommenden Stand der Technik und nach etwaigen inhaltsgleichen älteren Patenten. Das Patentgericht hat diese Ermittlungen in vielen Fällen von sich aus durchgeführt. Damit leistete das Patentgericht, wie in der Begrdg. des Reg.Entw. zum PatÄndGes. (Bl. **67,** 244, 262) ausgeführt wird, eine Arbeit, die eigentlich Aufgabe der Prüfungsstelle gewesen wäre, und die der einzelne Prüfer auch wesentlich wirtschaftlicher hätte leisten können; der Anmelder verlor auch auf diese Weise für die Sachprüfung eine Instanz. Deshalb ist durch das Gesetz vom 4. 9. 1967 der § 130 VwGO als Absatz 3 in den § 79 übernommen worden. 25

aa) Ermessen des Beschwerdegerichts. Die Vorschrift gibt dem Patentgericht bei Vorliegen der Voraussetzungen ausdrücklich die Befugnis zur Zurückverweisung. Das Patentgericht kann, aber es muss nicht zurückverweisen. Eine Zurückverweisung steht im Ermessen des Gerichts, BGH GRUR **77,** 209, 211 – Tampon. Bei der Ausübung des Ermessens ist zu berücksichtigen, dass einerseits der Beschwerdeführer durch die eigene Entscheidung des Gerichts eine Instanz verliert, der Abschluss des Verfahrens aber andererseits durch die Zurückverweisung unter Umständen erheblich verzögert werden kann. Nach der amtlichen Begründung für die Regelung des § 79 Abs. 3 (vgl. oben) wird für die Entscheidung des Gerichts vor allem darauf abzustellen sein, **wie weit die Sache bereits geklärt ist.** Eine Zurückverweisung nach § 79 Abs. 3 sollte daher nur in Betracht gezogen werden, wenn das Gericht auf Grund des ihm vorliegenden Materials zu einer Sachentscheidung nicht in der Lage ist, BPatGE **5,** 224, 225. Aber auch wenn die Sache noch nicht entscheidungsreif ist, sollte nicht nach § 79 Abs. 3 zurückverwiesen werden, wenn die noch erforderliche weitere Aufklärung ohne großen Zeitaufwand vom Gericht herbeigeführt werden kann. Nach Aufhebung eines das Patent aufrechterhaltenden Beschlusses und Zurückverweisung sind am weiteren patentamt- 26 lichen Verfahren auch diejenigen Einsprechenden beteiligt, die nicht selbst Beschwerde eingelegt hatten.

27 **bb) Noch keine Sachentscheidung des Amts.** Nach § 79 Abs. 3 Satz 1 Nr. 1 kann der angefochtene Beschluss aufgehoben und die Sache zur weiteren Prüfung an die Prüfungsstelle zurückverwiesen werden, wenn das Patentamt noch nicht in der Sache selbst entschieden hat. Die Zurückverweisung aus diesem Grunde kommt insbesondere in Betracht, wenn sich die vom Patentamt getroffene Feststellung, die **Anmeldung gelte** wegen Nichtzahlung der Anmeldegebühr oder einer Jahresgebühr als **zurückgenommen** (§§ 3, 6 Abs. 2, § 7 Abs. 1 PatKostG), als unzutreffend erweist oder durch eine gewährte **Wiedereinsetzung** gegenstandslos geworden ist, oder wenn **Mängel,** wegen deren Vorliegen die Anmeldung zurückgewiesen worden ist, – etwa die Uneinheitlichkeit oder die unzulässige Erweiterung der Anmeldung – **im Beschwerdeverfahren beseitigt** werden oder sich als nicht vorhanden herausstellen; oder die in Anspruch genommene Priorität zu Unrecht versagt worden ist, BPatGE **21**,. Die Vorschrift wird ihrem Sinn und Zweck entsprechend auch dann angewendet werden können, wenn die Anmeldung nur deswegen zurückgewiesen worden ist, weil der Anmelder einen ihm nicht zustehenden Zeitrang beansprucht hatte (vgl. § 48 Rdn. 4), den er im Beschwerdeverfahren nicht mehr verlangt, und eine Prüfung auf Patentfähigkeit noch aussteht. Sie wird auch herangezogen werden können, wenn die Anmeldung – zu Unrecht – z. B. im Rahmen der Offensichtlichkeitsprüfung wegen des Vorliegens eines Patenthindernisses (§§ 1 a bis 2 a) zurückgewiesen worden ist und im Übrigen eine Prüfung auf Patentfähigkeit (Neuheit, erfinderische Tätigkeit) z. B. mangels eines wirksamen Prüfungsantrages noch nicht erfolgt ist, vgl. z. B. BPatGE **2**, 207, 208.

27 a **cc) Besondere Verfahrenslagen: Offensichtlichkeitsprüfung, Teilung im Einspruchsbeschwerdeverfahren.** Das Gericht kann bzw. muss – wenn die Entscheidung im Rahmen der Offensichtlichkeitsprüfung ergangen ist und ein wirksamer Prüfungsantrag noch nicht vorliegt – in diesen Fällen die meist **noch ausstehende weitere Sachprüfung** auf Patentfähigkeit dem Patentamt überlassen. Teilt der Patentinhaber in der Beschwerdeinstanz das Patent nach § 60 Abs. 1, so sollen die Verfahren bezüglich **Aufrechterhaltung des Restpatents** und zur Erteilung des auf die Teilanmeldung nachgesuchten weiteren Patents an das Patentamt zurückzuverweisen sein, wenn eine sachgerechte Prüfung der **Patentfähigkeit des Restpatents und der Teilanmeldung** noch nicht erfolgt ist und aus verfahrensökonomischen Gründen eine Zurückverweisung der Sache an das Patentamt geboten erscheint, BPatGE **35,** 17, 19. Das BPatG geht hier ersichtlich noch von der materiellrechtlichen Betrachtungsweise der Teilung aus, die zu einer Teilung des Beschwerdeverfahrens führt. Den materiellrechtlichen Charakter der Teilung verneint BPatGE **43,** 221, Basisstation, der vorausgehenden Entscheidung zu BGH GRUR **03,** 781 – Basisstation. Das BPatG schließt hier eine Zurückverweisung aus, weil in dem Verfahren über das Restpatent die Sache entscheidungsreif sei und die Zurückverweisung im Ermessen des Beschwerdegerichts stehe. Vgl. dazu auch die Rdn. 22 ff. zu § 60. Hat sich der Patentinhaber im Einspruchsbeschwerdeverfahren auf die Erörterung eines neu eingeführten Widerrufsgrundes (ausreichende Offenbarung) eingelassen und Gesichtspunkte aufgezeigt, die seiner Ansicht nach die Erfindung als ausreichend deutlich und vollständig offenbart erscheinen lassen, kann das als konkludentes Einverständnis mit der Behandlung des neuen Widerspruchsgrundes angesehen werden. Dieses rechtfertigt, wenn nicht schon eine eigene Sachentscheidung des Senats (BGH, GRUR **95,** 333 – Aluminium-Trihydroxid), so doch wenigstens die Zurückverweisung der Sache an das Patentamt, BPatGE **41,** 64 – Schaltungsanordnung.

28 **dd) Wesentlicher Verfahrensmangel.** § 79 Abs. 3 Satz 1 Nr. 2 gestattet die Aufhebung und Zurückverweisung zu erneuter Entscheidung, wenn das patentamtliche Verfahren an einem wesentlichen Mangel leidet. Als „wesentlich" kann nur ein solcher Mangel angesehen werden, der das stattgehabte Verfahren nicht mehr als ordnungsmäßige Entscheidungsgrundlage erscheinen lässt, vgl. BGH GRUR **62,** 86, 87 – Fischereifahrzeug. Der Mangel muss daher vor allem wesentlich sein in dem Sinne, dass der angefochtene Beschluss auf ihm beruht oder doch beruhen kann.

29 **ee) Beispielsfälle für Mängel.** Ein wesentlicher Verfahrensmangel liegt vor bei Verletzung der Begründungspflicht (BPatGE **7**, 26, 32), bei Versagung des rechtlichen Gehörs (BPatGE **7,** 33, 34; **8,** 157; BPatG Mitt. **77,** 199); bei Entscheidung einer unzuständigen Stelle durch eine unzuständige Person unter eklatanter Versagung des rechtlichen Gehörs; bei der stattgebenden Entscheidung über die Beschwerde kann auch das betreffende Verfahren des Patentamts ausdrücklich aufgehoben werden, §§ 538 Abs. 2 Satz 1 Nr. 1, 562 Abs. 2 ZPO analog, BPatGE **31,** 212, 214 ff. (WZG) (die dortigen Verweisungen auf die ZPO treffen nicht mehr zu); bei

einer Entscheidung über ein Stundungsgesuch nach § 17 6. ÜG, wenn unzulässigerweise ein Beamter des gehobenen Dienstes entschieden hat, BPatGE **30,** 71, 73; bei unzulässiger Teilentscheidung nur über den Hauptantrag, BPatGE **23,** 48 (GebrM); bei ungerechtfertigter Ablehnung der beantragten Anhörung, sofern sie mit einer Versagung des rechtlichen Gehörs einhergeht oder mit der Begründung der Sachentscheidung in Widerspruch steht (BPatGE **7,** 26, 31 f.; **18,** 31); wenn eine Anhörung aus Gründen der Verfahrensökonomie auch ohne Antrag zwingend geboten war; BPatGE **29,** 217, 218; bei unzulässiger Veränderung des im Beschluss ursprünglich festgelegten Gegenstandes infolge einer nachträglichen Berichtigung, BGH GRUR **83,** 63, 64 – Streckenvortrieb; oder bei Erlass einer Entscheidung ohne vorherige Wiederaufnahme eines ausgesetzten Prüfungsverfahrens (BPatGE **7,** 33, 34) und entsprechende Unterrichtung der Beteiligten (BPatGE **8,** 157); bei fehlendem Nachweis der allgemeinen Zugänglichkeit von Kenntnissen der Fachwelt, auf die das Ergebnis mangelnder Erfindungshöhe gegründet wird, BPatGE **30,** 250, 252 ff.; bei Erlass einer Zwischenentscheidung in der Stammanmeldung, wenn eine Endentscheidung in den Akten der Trennanmeldung zu erlassen gewesen wäre, BPatGE **29,** 128, 130; wenn das Patentamt zunächst nur den Gegenstand des Patentanspruchs 1 geprüft und die Anmeldung trotz Vorlage neu gefasster Ansprüche sofort zurückgewiesen, auf die Beschwerde des Anmelders seine Entscheidung aber wieder aufgehoben hat, BPatGE **30,** 32, 35; wenn eine Kostenrechnung des Patentamts, mit der ein berufsmäßiger Vertreter auf Grund einer von ihm abgegebenen Kostenübernahmeerklärung in Anspruch genommen werden soll, keine nähere Begründung enthält, BPatGE **30,** 256, 257 (GeschmG); wenn eine eindeutig fehlerhafte Rechtsanwendung zu einem unterschiedlichen Verfahrensablauf führt, BPatGE **25,** 129, 130, oder wenn die Übersendung der Einspruchserwiderung des Patentinhabers erst mit dem den Einspruch als unzulässig verwerfenden Beschluss erfolgt und damit das Recht des Einsprechenden auf rechtliches Gehör verletzt ist, BPatG Bl. **85,** 139. Zur entsprechenden Praxis bei Verfahrensfehlern vgl. z. B. EPA (TBK) Mitt. **92,** 18 (Überraschung der Parteien).

Ein Begründungsmangel, der die Aufhebung und Zurückverweisung rechtfertigt, liegt nicht vor, wenn die Prüfungsstelle in einer Entscheidung nach Aktenlage zwar nur auf einen Formalbescheid Bezug nimmt, sich die Gründe für die Entscheidung jedoch zweifelsfrei aus einem vorausgegangenen Sachbescheid ergeben, der nur versehentlich unerwähnt geblieben ist, BPatGE **20,** 157. Ein Mangel in der sachlichen Begründung des angefochtenen Beschlusses, der sich nicht zugleich als wesentlicher Verfahrensmangel darstellt, kann die Aufhebung und Zurückverweisung zu erneuter Prüfung und Entscheidung nicht rechtfertigen. Ein an sich gegebener Verfahrensfehler (Berücksichtigung einer nachveröffentlichten Schrift, ohne die in Anspruch genommene Priorität in Zweifel zu ziehen) führt dann nicht zur Aufhebung und Zurückverweisung, wenn durch eine vom Patentgericht nachgeholte Recherche vorveröffentlichter Stand der Technik ermittelt worden ist, der ebenfalls zur Zurückweisung der Anmeldung geführt hätte, BPatGE **30,** 207, 210. Ist das rechtliche Gehör durch das Beschwerdeverfahren gewährleistet worden, kann von einer Zurückverweisung abgesehen werden, soweit keine anderen sachlichen Gründe für eine erneute Befassung des Patentamts vorliegen, BPatG **31,** 176. **29 a**

Das Patentgericht ist selbst bei Vorliegen eines schweren Verfahrensverstoßes nicht gehindert, abschließend in der Sache zu entscheiden; BGH GRUR **97,** 637, 638 = WRP **97,** 762 – Top Selection; BGH Bl. **92,** 496, 498 – Entsorgungsverfahren. Die Zurückverweisung an das Patentamt steht in seinem Ermessen, BGH v. 19. 6. 1997 – I ZB 7/95 – „Active Line" GRUR **98,** 394, Egr. III 1 a, unter Bezugnahme auf BGH GRUR **93,** 832, 834 – Piesporter Goldtröpfchen, und BGH GRUR **77,** 209, 211 – Tampon; BPatG GRUR **2000,** 398, 400 f. Abamectin. **29 b**

ff) Wesentliche neue Umstände. Nach § 79 Abs. 3 Satz 1 Nr. 3 kann die angefochtene Entscheidung aufgehoben und die Sache zur weiteren Prüfung an das Patentamt zurückverwiesen werden, wenn neue Tatsachen oder Beweismittel bekannt werden, die für die Entscheidung wesentlich sind. Die Vorschrift betrifft in erster Linie die Fälle, in denen im Beschwerdeverfahren vom Anmelder **neue, wesentliche patentbegründende Tatsachen** vorgetragen werden, im Einspruchsbeschwerdeverfahren ein wesentlicher neuer Stand der Technik bekannt wird oder sich neue Beweismittel z. B. für die Feststellung einer entscheidungserheblichen offenkundigen Vorbenutzung ergeben und die Prüfung dieser Beweismittel zulässigerweise einbezogen werden kann. Dem Sinn und Zweck der Vorschrift entsprechend, die Zurückverweisung zu gestatten, wenn sich die tatsächlichen Grundlagen für die zu treffende Entscheidung wesentlich verändern, wird man unter neuen Tatsachen aber auch neue Erteilungsunterlagen verstehen können, die vom Patentamt noch nicht geprüft sind und einen möglicherweise patentfähigen Gegenstand enthalten. Die Zurückverweisung wird daher auf Grund des § 79 Abs. 3 Satz 1 Nr. 3 auch möglich sein, wenn sich im Beschwerdeverfahren von den **darin erstmals einge-** **30**

reichten Patentansprüchen der vom Patentamt bereits geprüfte Teil als nicht patentfähig erweist und der verbleibende Teil noch nicht anhand des Standes der Technik geprüft worden ist, weil er im patentamtlichen Verfahren noch nicht Gegenstand eines Patentanspruchs war, vgl. BPatGE **1,** 85. Die Zurückverweisung wird auch erfolgen können, wenn das Patentbegehren im Beschwerdeverfahren eine erheblich geänderte (BPatG Mitt. **77,** 198), insbesondere eine eingeschränkte Fassung erhält, zu der die Prüfungsstelle noch nicht sachlich Stellung genommen hat, vgl. BPatGE **2,** 83. Auch ein im Beschwerdeverfahren ausgeschiedener Anmeldungsteil wird an das Patentamt zurückverwiesen werden können, wenn der Gegenstand der Trennanmeldung vom Patentamt noch nicht ausreichend geprüft worden ist, BPatGE **8,** 23. Wenn nicht auszuschließen ist, dass ein der Patenterteilung möglicherweise entgegenstehender Stand der Technik existiert und eine sachgerechte Entscheidung nur auf Grund einer vollständigen Recherche des relevanten druckschriftlichen Standes der Technik ergehen kann, ist die Sache im Rahmen neu vorgelegter Patentansprüche an das Patentamt zur weiteren Prüfung und Entscheidung zurückzuverweisen BPatGE **46,** 238, LS 2, Egr. II 2b.

31 **gg) Bindung des Patentamts. Literatur:** Nebesky, Die Bindungswirkung zwischen dem Patentamt und dem Bundespatentgericht, Mitt. **71,** 101; Schulte, Die Bindung des Patentamts an Beschlüsse des Patentgerichts, GRUR **75,** 573.

Die Regelung in § 79 Abs. 3 Satz 2, die das Patentamt an die der Aufhebung zugrunde liegende Beurteilung des Patentgerichts bindet, entspricht § 108 Abs. 2 PatG. Die Bindung des Patentamts ist auf diejenigen Punkte beschränkt, deren rechtsirrtümliche Würdigung die Aufhebung seiner Entscheidung unmittelbar herbeigeführt hat, während es im Übrigen bei seiner anderweitigen Entscheidung völlig frei ist, insbesondere also bei Veränderung des vorgetragenen Sachverhalts diesen auch rechtlich anders beurteilen kann. Hebt aber der Beschwerdesenat des Patentgerichts den Patentversagungsbeschluss des Patentamts auf und verweist er die Sache an das Patentamt zurück „mit der Auflage", das Patent mit den vom Beschwerdesenat benannten, im Wortlaut festgelegten Patentansprüchen „nach Anpassung der Beschreibung an diese Ansprüche zu erteilen", so liegt darin der für das weitere Erteilungsverfahren **bindende Ausspruch,** dass der durch die benannten Patentansprüche gekennzeichnete Anmeldungsgegenstand materiell patentfähig ist, BGH GRUR **69,** 433, 435 – Waschmittel;. Das Patentamt ist daher z. B. an Ausführungen des Patentgerichts über die weitere Behandlung einer Ausscheidungsanmeldung, die eine in der Beschwerdeinstanz vorgenommene Ausscheidung betrifft und die gemäß § 79 Abs. 3 Nr. 1 ohne Sachprüfung an das Patentamt zurückverwiesen worden ist, nicht gebunden, BGH GRUR **72,** 472, 474 – Zurückverweisung.

32 **3. Begründung der Entscheidung.** Die Beschwerdeentscheidung ist zu begründen (§ 94 Abs. 2). Vorschriften der ZPO, nach denen in bestimmten Fällen von einer Begründung abgesehen werden kann (§ 313a, ZPO) können nicht entsprechend angewendet werden (vgl. § 94 Rdn. 14). Die Rüge der Verletzung der Begründungspflicht eröffnet die zulassungsfreie Rechtsbeschwerde (§ 100 Abs. 3 Nr. 5). Sie dient allerdings ausschließlich der Sicherung des Begründungszwangs, BGH – Paroxetin, GRUR **04,** 79 (st. Rspr.). Die Feststellung der Verletzung zwingt – auf zugelassene oder nicht zugelassene Rechtsbeschwerde – zur Aufhebung des Beschlusses, ohne dass geprüft zu werden braucht, ob der Beschluss auf dem Mangel beruht und ohne den Mangel ein anderes sachliches Ergebnis zu erwarten wäre, BGH GRUR **63,** 645 – Warmpressen; vgl. ergänzend Rdn. 24 bis 30 zu § 100 (Rogge).

33 In dem Beschluss sind nach § 93 Abs. 1 Satz 2 die **Gründe** anzugeben, die für die **richterliche Überzeugung** über das Vorhandensein oder Nichtvorhandensein von Tatsachen maßgebend gewesen sind. Vgl. dazu die Erl. zu § 93. Die Begründung muss deshalb eine Würdigung des Vorbringens der Beteiligten, der von Amts wegen festgestellten Umstände und gegebenenfalls der erhobenen Beweise enthalten (vgl. § 93 Rdn. 4). Es muss ersichtlich sein, welche tatsächlichen Feststellungen und welche rechtlichen Erwägungen für die getroffene Entscheidung maßgeblich waren, BGHZ **39,** 333, 341 – Warmpressen; GRUR **87,** 515, 516 – Richterwechsel III (WZG). Bei Entscheidungen im Rahmen des Verfahrens der Offensichtlichkeitsprüfung ist auch darzulegen, warum der festgestellte Mangel der Anmeldung offensichtlich ist, BGH GRUR **79,** 46, Corioliskraft.

34 In den Gründen ist die **vom Gericht eingenommene Rechtsauffassung** darzulegen und gegenüber der etwa abweichenden Ansicht der Prüfungsstelle oder Patentabteilung und der Beteiligten zu begründen. Die Bezugnahme auf die Gründe des angefochtenen Beschlusses ist zulässig, wenn erkennbar ist, inwieweit sich das Gericht diese Gründe zu eigen machen will GRUR **1993,** 896 – Leistungshalbleiter. Es kann auch – ergänzend – auf eine im selben Verfahren ergangene Zwischenverfügung des Berichterstatters verwiesen werden, BGH GRUR **63,** 645, 648; **71,** 86, 87 – Eurodignia. Zulässig ist ferner die Bezugnahme auf eine frühere

Entscheidung des Gerichts, die zwischen den gleichen Beteiligten ergangen und ihnen durch Zustellung bekannt geworden ist, BGH GRUR **71,** 86, 87. Zulässig ist auch die Bezugnahme auf eine gleichzeitig zwischen den Beteiligten ergehende Entscheidung, auch wenn diese erst nach der bezugnehmenden Entscheidung zugestellt wird, BGH GRUR **71,** 86, 87. Die Bezugnahme auf eine zwischen anderen Beteiligten ergangene Entscheidung ist zulässig, wenn die Entscheidung Gegenstand der mündlichen Verhandlung gewesen war, BGH GRUR **71,** 86, 87.

Auf die **einzelnen Ansprüche** i. S. der §§ 145, 322 ZPO oder auch auf **einzelne selbstständige Angriffs- und Verteidigungsmittel** i. S. der §§ 146, 282, 296, 296a ZPO, sofern sie rechtlich erheblich sein können, muss eingegangen werden, BGH GRUR 78, 423 – Mähmaschine; 80, 846, 847 – Lunkerverhütungsmittel; **90,** 33, 34 – Schlüsselmühle. So muss, wenn nur einem Hilfsantrag entsprochen werden soll, der von dem Beteiligten gestellte Hauptantrag beschieden werden, BGH GRUR **71,** 532, 533 – Richterwechsel. Die gesonderte Prüfung von nachgeordneten Ansprüchen, die nicht zum Gegenstand eines auf ihren selbstständigen Schutz gerichteten Hilfsantrags gemacht worden sind, ist dagegen entbehrlich; GRUR **83,** 171 – Schneidhaspel. Das gilt auch für solche Ansprüche, die sich sachlich als Nebenansprüche darstellen GRUR **97,** 120 – Elektrisches Speicherheizgerät. Wenn im Beschwerdeverfahren neugefasste Patentansprüche vorgelegt werden, muss dazu Stellung genommen werden, BGH GRUR **74,** 210 – Aktenzeichen, mit Anm. Malzer. Sofern ein nach Schluss der mündlichen Verhandlung eingereichter, nicht nachgelassener Schriftsatz keinen Anlass zur Wiedereröffnung der mündlichen Verhandlung gibt, sollten die Gründe dafür genannt werden; das Fehlen einer Begründung hierzu und zu dem Inhalt des nachgereichten Schriftsatzes stellt jedoch keinen Mangel i. S. des § 100 Abs. 3 Nr. 5 dar, BGH GRUR **79,** 219 – Schaltungschassis. Wegen der Einzelheiten kann auf die Erläuterungen zu § 100 (Rdn. 24–28) verwiesen werden. 35

4. Bindung. Das Beschwerdegericht ist an die Entscheidungen, die in den von ihm erlassenen Zwischen- und Endentscheidungen enthalten sind, gebunden (§ 99 i. Vbdg. mit § 318 ZPO). Es darf daher seine eigenen Zwischen- und Endentscheidungen grundsätzlich nicht aufheben oder abändern. Es darf auch die Begründung (§ 94 Abs. 2) nicht ändern oder im Falle des § 94 Abs. 1 Satz 3 und 4 nicht nach Zustellung des Beschlusses nachschieben, BGH GRUR **71,** 484. 36

Das Patentgericht darf auch nicht, wenn es erneut mit der Sache befasst wird, von seiner früheren Entscheidung abweichen. Diese Bindung besteht jedoch nur im Rahmen der Identität des Gegenstandes der Entscheidung, BGH GRUR **72,** 538, 539 – Parkeinrichtung. Diese fehlt bei der Entscheidung über die Patenterteilung einerseits und der Entscheidung über die Aufrechterhaltung des Patents (§ 61) andererseits. Bei der Entscheidung über die Patenterteilung im Einspruchsverfahren nach früherem Recht war das Patentgericht nicht an eine vor der Bekanntmachung erfolgte Beurteilung eines älteren Rechts gebunden, BGH GRUR **72,** 538. 37

Im Falle der Abänderung (vgl. oben Rdn. 21) besteht eine Bindung an die abändernde Entscheidung, soweit diese der materiellen Rechtskraft fähig ist (vgl. oben Rdn. 22). Im Falle der Aufhebung und Zurückverweisung ist das Patentgericht nur in dem gleichen Umfange gebunden wie das Patentamt (vgl. oben Rdn. 21, 27), BGH GRUR **72,** 472, 474 – Zurückverweisung. 38

III. Rechtskraft der Beschwerdeentscheidung

Literatur: Schulte, Die Bindung des Patentamts an Beschlüsse des Patentgerichts, GRUR **75,** 573. 39

a) Formelle Rechtskraft. Der Beschluss des Patentgerichts wird mit Ablauf der Rechtsbeschwerdefrist formell rechtskräftig. Das gilt auch dann, wenn die Rechtsbeschwerde nicht zugelassen ist, BPatGE **10,** 140, 141f. Bis zum Eintritt der formellen Rechtskraft kann die Anmeldung noch mit der Folge zurückgenommen werden, dass die bereits ergangenen Entscheidungen – ohne besondere Aufhebung – wirkungslos werden (§ 99 i. Vbdg. mit § 269 Abs. 3 Satz 1 ZPO), BGH GRUR **69,** 562, 564 – Appreturmittel. Auf die Zurücknahme des Einspruchs kann § 269 Abs. 3 Satz 1 ZPO nicht entsprechend angewendet werden; die Zurücknahme des Einspruchs oder der Beschwerde nach Erlass der Beschwerdeentscheidung lässt die Beschwerdeentscheidung unberührt, BGH GRUR **69,** 562, 564; **79,** 313 – Reduzierschrägwalzwerk; **88,** 364, 365 – Epoxidation.

b) Materielle Rechtskraft. Soweit die Beschwerdeentscheidungen des Patentgerichts ihrem Inhalt nach einer materiellen Rechtskraft fähig sind, erwachsen sie **mit Eintritt der formellen Rechtskraft auch in materielle Rechtskraft.** Aufgrund der gesetzlichen Regelung (§ 22) 40 kann jedoch auch das vom Patentgericht erteilte oder aufrechterhaltene (§ 61) Patent – auch von den am Einspruchsverfahren beteiligten Einsprechenden – mit der Nichtigkeitsklage (§ 81) angegriffen werden. Der Anmelder, dessen Anmeldung durch Beschluss des Gerichts rechtskräftig zurückgewiesen ist oder dessen Patent durch Beschluss des Gerichts endgültig widerrufen ist, kann den Gegenstand der Anmeldung zwar erneut anmelden. Die Rechtskraft der gerichtlichen Entscheidung über die frühere Anmeldung steht der Neuanmeldung jedoch, obwohl sie eine andere Anmeldung mit anderem Anmeldedatum darstellt, zumindest dann entgegen, wenn der Anmelder – was im allgemeinen der Fall sein wird – nicht geltend machen kann, dass sich die Sach- und Rechtslage inzwischen zu seinen Gunsten geändert habe (vgl. BVerwG NJW **57,** 475; BVerwGE **4,** 250; **11,** 106; **39,** 232; DVBl. **60,** 856); die erneute Anmeldung ist in diesem Falle ohne sachliche Prüfung abzuweisen, vgl. Kopp VwGO 4. Aufl. § 121 VwGO Rdn. 28. Der Beschluss des Patentgerichts hat daher in dieser Hinsicht weitergehende Wirkungen als der zurückweisende oder versagende Beschluss des Patentamts, der nicht in materielle Rechtskraft erwächst und daher eine erneute Sachprüfung in einem neuen Anmeldeverfahren nicht ausschließt, RGZ **79,** 330; BVerwG DVBl. **60,** 857. Das Patentamt ist freilich auch in diesem Falle zu einer erneuten Prüfung bei gleichbleibender Sach- und Rechtslage nicht verpflichtet, sondern kann die Anmeldung unter Hinweis auf den früheren Beschluss ohne weiteres zurückweisen (vgl. BVerwG DVBl. **60,** 856 mit weiteren Nachweisen). Wird die Anmeldung nochmals geprüft, so wird auch die Beschwerdemöglichkeit erneut eröffnet, vgl. BVerwG DVBl. **60,** 857.

41 **c) Selbstbindung des Gerichts an Rechtsauffassungen.** Von der Rechtskraft einer Vor- oder Zwischenentscheidung und von der Bindung des Patentamts an die rechtliche Beurteilung durch das Patentgericht zu unterscheiden ist die **Selbstbindung des Patentgerichts** an die rechtliche Beurteilung eines Sachverhalts. Die aus der zurückverweisenden Entscheidung des BPatG folgende Bindung des Patentamts an die rechtliche Beurteilung, aus der für das BPatG bei erneuter Befassung mit der Sache eine Selbstbindung folgen kann, wirkt nicht gegenüber dem Rechtsbeschwerdegericht. Diese Bindung kann nicht aus der Rechtskraft erklärt werden, denn die Gründe der zurückverweisenden Entscheidung erwachsen nicht in Rechtskraft. Die innerprozessuale Selbstbindung beruht auf Zweckmäßigkeitserwägungen des Verfahrens und gilt auch nicht ausnahmslos, BGH v. 3. 7. 2003 – I ZB 21/01, Westie-Kopf, GRUR **04,** 331, Egr. III 2, unter Bezugnahme auf Gemeinsamer Senat der Obersten Gerichtshöfe des Bundes, BGHZ **60,** 392 [396].

42 **d) Wiederaufnahme des Verfahrens.** Eine Wiederaufnahme des rechtskräftig abgeschlossenen Beschwerdeverfahrens ist im Gesetz nicht vorgesehen. Die Wiederaufnahme ist jedoch – zugunsten des Anmelders – in entsprechender Anwendung der §§ 578 ff. ZPO für zulässig zu erachten, BPatG Bl. **74,** 207; Mitt. **78,** 195; **79,** 76; vgl. auch für das Nichtigkeitsverfahren BGH GRUR **66,** 109 – Restitutionsverfahren.

43 **e) Erfolgreiche Anhörungsrüge.** Eine Durchbrechung der Rechtskraft von Entscheidungen des Patentgericht findet im Verfahren der Anhörungsrüge nach § 321 a ZPO i. d. F. des Gesetzes über die Anhörungsrüge statt. Danach ist auf die Rüge der durch die Entscheidung beschwerten Partei das Verfahren fortzuführen, wenn 1. ein Rechtsmittel oder ein anderer Rechtsbehelf gegen die Entscheidung nicht gegeben ist und 2. das Gericht den Anspruch dieser Partei auf rechtliches Gehör in entscheidungserheblicher Weise verletzt hat. Wegen der weiteren Einzelheiten vgl. die Erl. zu § 93 und zu § 99. Wenn die Anhörungsrüge durchgreift, setzt das Patentgericht das Verfahren in der Lage fort, die vor Erlass der angegriffenen Entscheidung gegeben war, wenn dies auf Grund der Rüge geboten ist. Hat eine mündliche Verhandlung stattgefunden, wird das Verfahren in die Lage zurückversetzt, in der es sich vor dem Schluss der mündlichen Verhandlung befand, § 321 a Abs. 5. ZPO.

80 *Kosten des Beschwerdeverfahrens.* (1) [1] **Sind an dem Verfahren mehrere Personen beteiligt, so kann das Patentgericht bestimmen, daß die Kosten des Verfahrens einem Beteiligten ganz oder teilweise zur Last fallen, wenn dies der Billigkeit entspricht.** [2] **Es kann insbesondere auch bestimmen, daß die den Beteiligten erwachsenen Kosten, soweit sie zur zweckentsprechenden Wahrung der Ansprüche und Rechte notwendig waren, von einem Beteiligten ganz oder teilweise zu erstatten sind.**

(2) **Dem Präsidenten des Patentamts können Kosten nur auferlegt werden, wenn er nach seinem Beitritt in dem Verfahren Anträge gestellt hat.**

(3) **Das Patentgericht kann anordnen, daß die Beschwerdegebühr nach dem Patentkostengesetz zurückgezahlt wird.**

(4) **Die Absätze 1 bis 3 sind auch anzuwenden, wenn ganz oder teilweise die Beschwerde, die Anmeldung oder der Einspruch zurückgenommen oder auf das Patent verzichtet wird.**

(5) **Im übrigen gelten die Vorschriften der Zivilprozeßordnung über das Kostenfestsetzungsverfahren und die Zwangsvollstreckung aus Kostenfestsetzungsbeschlüssen entsprechend.**

Inhaltsübersicht

Vorbemerkung zum Textbestand: In § 80 Abs. 1 Satz 2 sind durch. Art. 2 Nr. 22 des 2. PatGÄndG v. 16. 7. 1998 I 1827 mWv 1. 11. 1998 wie Wörter „nach billigem Ermessen" gestrichen worden. In § 80 Abs. 3: ist durch Art. 7 Nr. 31 KostRegBerG v. 13. 12. 2001 I 3656 mWv 1. 1. 2002 die Angabe „(nach § 73 Abs. 3)" durch die Wörter „nach dem Patentkostengesetz" ersetzt worden. Der im **Anh Vor 1** wiedergegebene Regierungsentwurf eines Gesetzes zur Änderung des patentrechtlichen Einspruchsverfahrens und des Patentkostengesetzes, BT-Drs. 16/735 v. 21. 2. 2006 sieht in Art. 1 Nr. 10 vor, § 80 Abs. 5 neu zu fassen. Dadurch sollen die Verweisungen auf die ZPO näher konkretisiert werden.

1. Kostenentscheidung. Die Vorschrift, die sich an § 13a Abs. 1 FGG anlehnt, lässt eine Kostenentscheidung, die früher nur für das Beschwerdeverfahren nach § 34 PatG 1936 vorgesehen war (§ 34 Abs. 5 PatG 1936), für alle Beschwerdeverfahren zu. Kraft Verweisung findet die Vorschrift auch im Gebrauchsmuster-, Topographieschutz-, Geschmacksmuster- und Sortenschutzverfahren entsprechende Anwendung. Das MarkenG enthält in § 71 eine parallele Regelung. § 109 Abs. 1 Satz 1 enthält eine ganz ähnliche Vorschrift, die ebenfalls auf die Billigkeit abstellt. Allerdings fehlt eine Entsprechung für § 109 Abs. 1 Sätze 2 und 3. Ob aus § 80 und aus § 84 entnommen werden muss, eine Kostenentscheidung sei nur in den dort geregelten Verfahren gestattet (BPatGE **6,** 223 für das damalige Armenrechtsverfahren in der Beschwerdeinstanz), erscheint zweifelhaft. In BPatGE **7,** 223, 228 wird eine Kostenentscheidung im Kostenfestsetzungs-Erinnerungsverfahren offenbar für zulässig erachtet (vgl. dazu auch BPatGE **5,** 230, 234). Die Vorschrift gilt nicht für die Einspruchsverfahren, für die das Patentgericht auf Grund der Übergangsregelung in § 147 Abs. 3 unmittelbar oder durch Verlagerung vom Patentamt auf das Patentgericht kraft Antrags eines Verfahrensbeteiligten zuständig ist. Hier hat das Patentgericht § 62 Abs. 1 Satz 1 auf Grund der Verweisung in § 147 Abs. 3 unmittelbar anzuwenden. Insoweit ist auf die Erl. zu § 62 hinzuweisen. Wegen der Rückzahlung der Beschwerdegebühr in Verfahren vor den Beschwerdekammern des EPA vgl. Benkard/Günzel, EPÜ, S. 1223, Erl. zu Regel 67 EPÜ. Sie gilt im Übrigen auch nicht bei sonstigen Verfahren, über die das Patentgericht in erster Instanz entscheidet (Akteneinsicht, Kostenfestsetzung, Richterablehnung). S. auch Benkard/Schäfers, EPÜ, Erl. zu Art. 104, insbesondere Rdn. 6 ff. 1

a) Voraussetzungen der Kostenentscheidung. Eine Kostenentscheidung kann nur dann ergehen, wenn mehrere Personen am Beschwerdeverfahren beteiligt sind. In einem Verfahren, an dem nur der Anmelder beteiligt ist, wie beim Beschwerdeverfahren gegen einen Zurückweisungsbeschluss, ist eine Kostenentscheidung nicht zulässig. Der Anmelder muss in einem solchen Falle seine Kosten selbst tragen. Ihm kann auch bei Erfolg seiner Beschwerde nur die Beschwerdegebühr erstattet werden (§ 80 Abs. 3). Ein weitergehender Ersatz der aufgewendeten Kosten ist nicht möglich, BPatGE **13,** 202, 204. 2

Mehrere Beteiligte i. S. des § 80 Abs. 1 Satz 1 sind der Patentinhaber einerseits und Einsprechende andererseits oder Antragsteller und Antragsgegner bei zweiseitigen Verfahren. Bei einer 3 gemeinschaftlichen Anmeldung mehrerer Personen sind zwar auch mehrere Beteiligte vorhanden; die Vorschrift setzt jedoch nach ihrem Sinn und Zweck voraus, dass sie sich prozessual gegenüberstehen, wie es § 73 Abs. 5 verlangt; eine Kostenentscheidung würde in einem solchen Falle auch nicht in Betracht kommen, da die Tragung der Kosten der internen Auseinandersetzung überlassen bleiben könnte. Die Kostenentscheidung kann, wie in § 80 Abs. 4 ausdrücklich bestimmt ist, auch nach Zurücknahme der Beschwerde, der Anmeldung oder des Einspruchs getroffen werden.

4 Dem Präsidenten des Patentamts können, auch wenn er dem Verfahren beigetreten ist und dadurch die Stellung eines Beteiligten erlangt hat (§ 77 Satz 2), nur dann Kosten auferlegt werden, wenn er nach dem Beitritt (Sach-) Anträge gestellt hat. Der Präsident des Patentamts hat auf diese Weise die Möglichkeit, das Kostenrisiko der Bundeskasse zu begrenzen.

5 **b) Grundsätze für die Kostenentscheidung.** Die gesetzliche Regelung geht davon aus, dass jeder Beteiligte die Kosten, die ihm durch das Beschwerdeverfahren entstanden sind, **grundsätzlich selbst zu tragen** hat, BGH GRUR **62,** 273 – Beschwerdekosten – LS, Egr. 2; GRUR **72,** 600 (Wz.) – Lewapur; BGH v. 13. 2. 1996, X ZB 14/94 – Schutzverkleidung GRUR **96,** 399, 401 f, Egr. II 3 b aa. Das Patentgericht kann jedoch die Kosten einem der Beteiligten ganz oder teilweise auferlegen, wenn dies der Billigkeit entspricht, vgl. dazu auch die Kostenentscheidung nach Art. 104 Abs. 1 EPÜ und Benkard/Schäfers, EPÜ, Erl. zu Art. 104. Die Entscheidung des Patentgerichts kann auf Antrag oder von Amts wegen ergehen. Da es sich um die Ausübung einer gesetzlichen Befugnis handelt und die Auferlegung von Kosten eine Ausnahme von der genannten Regel darstellt, ist ein besonderer Ausspruch, dass von der gegebenen Möglichkeit kein Gebrauch gemacht werden soll, nur dann erforderlich und üblich, wenn eine Kostenentscheidung von einem der Beteiligten beantragt ist. Aus dem Fehlen eines besonderen Ausspruchs ergibt sich, dass das Gericht von der ihm gegebenen Möglichkeit keinen Gebrauch gemacht hat und daher jeder Beteiligte seine eigenen Kosten selbst zu tragen hat, vgl. BGH Bl. **62,** 56 – Nichtzulassungsbeschwerde. Das BPatG. lässt in seiner Entscheidung BPatGE **28,** 39, 40 einen Ergänzungsbeschluss zu, wenn die Kostenfrage übergangen worden ist; a. A. PA Mitt. **57,** 237.

6 Maßgeblich dafür, ob eine Kostenentscheidung zu treffen ist und wie über die Kosten zu entscheiden ist, ist – in beiden Richtungen – der Gesichtspunkt der **Billigkeit.** Bei der Prüfung unter dem Gesichtspunkt der Billigkeit sind, wie es dem Wesen der Billigkeitsentscheidung entspricht, alle Umstände des Einzelfalles zu berücksichtigen.

7 Bei **echten Streitverfahren,** z. B. bei einem Beschwerdeverfahren im Rahmen eines Akteneinsichtsverfahrens oder Kostenfestsetzungsverfahrens, ist vor allem der **Ausgang des Verfahrens** in der Sache zu berücksichtigen; der Billigkeit wird es bei solchen Verfahren in der Regel entsprechen, dass der Unterliegende die Kosten trägt, BPatGE **3,** 23; **13,** 33, 41; BPatG Mitt. **71,** 55; abw. BPatG Mitt. **72,** 176, abw., allerdings wegen der besonderen Verfahrenslage im konkreten Fall, auch BPatGE **33,** 175, 181, Egr. 5 Unabhängig von dem Ausgang oder vermutlichen Ausgang des Beschwerdeverfahrens hat jedoch derjenige Beteiligte, der durch sein unsachgemäßes Verhalten vermeidbare Kosten verursacht hat, diese zu tragen, BPatGE **17,** 151, 154; BPatG Mitt. **71,** 54.

8 Im Übrigen kommen als Anknüpfungspunkte für die Billigkeitserwägungen insbesondere solche Umstände in Betracht, die sich aus dem **Verhalten oder den Verhältnissen der Beteiligten ergeben,** BPatGE **2,** 69. Vgl. auch Benkard/Schäfers EPÜ a. a. O., Rd. 7 zu Art. 104. Ausgehend von dem Grundsatz, dass die Beteiligten die ihnen entstandenen Kosten in der Regel selbst tragen sollen, wird eine Kostenentscheidung vor allem dann zu treffen sein, wenn die Kosten ganz oder teilweise durch das Verhalten eines Beteiligten verursacht worden sind, das mit der bei der Wahrnehmung von Rechten zu fordernden Sorgfalt nicht im Einklang steht, BPatGE **1,** 94; **7,** 210; BPatG Mitt. **71,** 158; vgl. dazu auch BGH GRUR **72,** 600, 601 (Wz.). Dies kann der Fall sein, wenn der Patentinhaber nach einer Teilung seines Patents in der mündlichen Verhandlung eine weitere mündliche Verhandlung über das Stammpatent veranlasst, ohne neue, über den Gegenstand der ersten mündlichen Verhandlung hinausgehende und die Verfahrenslage ändernde Gesichtspunkte zur Patentfähigkeit seines Stammpatents vorzutragen, BGH GRUR **96,** 399, 401 f, Schutzverkleidung, LS 2 u. Egr. Egr. II 3b cc. So schon die voraufgehende Entscheidung des BPatG, BPatGE **36,** 45.

8a Bei Rücknahme der Teilungserklärung durch den Patentinhaber können diesem die außergerichtlichen Kosten des Einsprechenden für eine erforderlich gewordene zweite Verhandlung auferlegt werden, wenn nicht ausgeschlossen werden kann, dass die Teilung lediglich aus prozesstaktischen Gründen erklärt wurde, BPatG v. 29. 7. 1994, 8 W (pat) 75/91, BPatGE **34,** 242. Dem Beschwerdeführer können die Kosten auferlegt werden, wenn die Beschwerde offensichtlich **keine Aussicht auf Erfolg** hatte und er dies hätte erkennen müssen, VerwG München Bl. **59,** 327; BPatGE **12,** 238, 240; BPatG Mitt. **77,** 73 (Wz.); **78,** 59 (unzulässiger

Einspruch). Der Umstand, dass der Einsprechende seine Beschwerde nicht schriftlich begründet, den Antrag auf mündliche Verhandlung – rechtzeitig – zurückgenommen und an der vom Patentinhaber beantragten Verhandlung nicht teilgenommen hat, ist für sich allein kein ausreichender Grund, ihm die Kosten des Beschwerdeverfahrens aufzuerlegen, BPatG Mitt. **72,** 98. Hat dagegen der Beschwerdeführer seine Beschwerde nicht nur nicht begründet, sondern erscheint er auch unentschuldigt nicht zu der ausschließlich auf seinen Antrag anberaumten **mündlichen Verhandlung,** so entspricht es billigem Ermessen, ihm die dadurch entstandenen Kosten aufzuerlegen, BPatGE **41,** 18. **Kosten einer Beweisaufnahme** wegen einer behaupteten offenkundigen Vorbenutzung fallen nach BPatGE **26,** 194, LS, auch im Erfolgsfalle grundsätzlich dem beweisführenden Einsprechenden zur Last, sofern der Anmelder die Vorbenutzung nicht unter Verletzung der Wahrheitspflicht bestritten hatte. Das Gericht hat hier einen Antrag des Einsprechenden, dem Patentinhaber die Kosten der Beweisaufnahme zu überbürden, abgelehnt und darauf verwiesen, dass der Einsprechende bereits den Kostenvorschuss für die Zeugenvernehmung geleistet habe. Der Leitsatz ist im Lichte dieser Konstellation zu interpretieren, BPatG Mitt **01,** 577.

Für die Entscheidung über die **Kosten einer mündlichen Verhandlung** ist folgenden 9
Umständen Bedeutung beigemessen worden: Wenn der Patentinhaber trotz eingehend begründetem Widerruf des Patents und ebenso begründeter negativer Zwischenverfügungen des Berichterstatters auf mündlicher Verhandlung beharrt, obwohl er keine neuen Tatsachen oder sonstige Argumente geltend macht, die einer mündlichen Erörterung bedürften, dann entspricht es der Billigkeit, dass er die Kosten des Gegners für die mündliche Verhandlung trägt, BPatGE **7,** 36. Es ist kein ausreichender Grund, dem Patentinhaber die Kosten der mündlichen Verhandlung aufzuerlegen, wenn er zu einer von einem Einsprechenden entgegengehaltenen ausländischen Patentschrift zunächst sachlich Stellung genommen und erst nach Erörterung der Sach- und Rechtslage in der mündlichen Verhandlung deren Vorveröffentlichung bestritten hat, BPatG Mitt. **71,** 159; wenn der Einsprechende eine weitere Entgegenhaltung wenige Tage vor einem Termin zur mündlichen Verhandlung vor dem Beschwerdegericht eingeführt hat, denn im Beschwerdeverfahren bleibt es jedem Beteiligten unbenommen, bis zum Schluss der mündlichen Verhandlung neue Tatsachen vorzubringen und die hierzu erforderlichen Belege einzureichen, BPatGE **31,** 13, 14. Einem Beteiligten, der den auf seinen (Hilfs-)Antrag anberaumten Verhandlungstermin nicht wahrnimmt, hat dem Gegner die durch die Verhandlung entstandenen Kosten zu erstatten, wenn er versäumt hat, diesen rechtzeitig von seinem Verzicht auf die mündliche Verhandlung zu benachrichtigen, PA Bl. **54,** 370; BPatG Mitt. **78,** 76. Die Auferlegung von Kosten ist auch gerechtfertigt, wenn ein Beteiligter unnötige oder unnötig hohe Kosten verursacht hat, BPatG Mitt. **72,** 99; **78,** 76.

Für den Fall der **Zurücknahme der Anmeldung oder des Einspruchs** (§ 80 Abs. 4) sind 10
folgende Grundsätze entwickelt worden: Die bloße Tatsache der Zurücknahme der Anmeldung oder (nach neuem Recht) des Verzichts auf das Patent ist für sich allein kein Grund, den Anmelder mit gerichtlichen Kosten oder den außergerichtlichen Kosten eines anderen Beteiligten zu belasten, BPatGE **2,** 69; **9,** 204, 206. Ein besonderer Umstand, der es rechtfertigt, dem Anmelder die Kosten des Beschwerdeverfahrens aufzuerlegen, wird in BPatGE **9,** 207, 208, darin gesehen, dass der Anmelder durch sein Verhalten den Eindruck erweckt habe, er habe die Beschwerde lediglich zu dem Zweck eingelegt und aufrechterhalten, um die Anmeldung möglichst lange in der Schwebe zu halten; eine solche Feststellung dürfte aber wohl nur in besonders liegenden Ausnahmefällen – etwa bei praktisch identischer Vorveröffentlichung (vgl. dazu BPatGE **1,** 94, 99; **1,** 171, 172) – berechtigt sein. Der Umstand, dass der beschwerdeführende Anmelder die Anmeldung erst kurz vor der mündlichen Verhandlung zurückzieht, kann jedenfalls dann, wenn die Verzögerung nicht von ihm zu vertreten ist, die Auferlegung der Kosten des Beschwerdeverfahrens oder der Kosten der Vorbereitung der mündlichen Verhandlung durch den Verfahrensgegner nicht rechtfertigen, PA Mitt. **56,** 169. Nimmt dagegen der Einsprechende den Antrag auf mündliche Verhandlung, den Einspruch oder die Beschwerde erst nach Ablauf einer ihm mit der Zustellung der Ladung in einer Zwischenverfügung gesetzten Äußerungsfrist zurück, so sind ihm die Kosten für die Zuziehung eines Patentanwalts aufzuerlegen, den der Anmelder (Patentinhaber) nach Ablauf der Äußerungsfrist beauftragt hat, bevor er von der Rücknahme Kenntnis erlangt hat, PA Mitt. **61,** 177.

c) Inhalt der Kostenentscheidung. Die Vorschrift bezieht sich nur auf die Kosten des *Beschwerdeverfahrens,* BPatGE **3,** 23. Wegen der Kosten anderer patentgerichtlicher Verfahren vgl. oben Rdn. 1. Über die Kosten des patentamtlichen Verfahrens kann das Patentgericht nur insoweit befinden, als die Vorschriften über das patentamtliche Verfahren eine Bestimmung über die Kosten des Verfahrens zulassen und diese Kosten Gegenstand des patentgerichtlichen Be- 11 schwerdeverfahrens geworden sind, BPatGE **3,** 23, 29. Wenn eine vom Patentamt getroffene Kostenentscheidung – oder deren Unterbleiben – Gegenstand des Beschwerdeverfahrens geworden ist, ist die Entschließung des Patentamts nach den dafür geltenden Vorschriften sachlich zu überprüfen, BPatGE **1,** 94, 100. Die insoweit ergehende Entscheidung ist eine Entscheidung in der Sache selbst; § 80 Abs. 1 betrifft diesen Fall nicht, diese Vorschrift bezieht sich vielmehr allein auf die Kostenentscheidung hinsichtlich der Kosten des Beschwerdeverfahrens als Nebenentscheidung der Beschwerdeentscheidung. Die vom Patentamt unterlassene, nach § 62 Abs. 1 Satz 2 noch zulässige Bestimmung über die in § 62 Abs. 1 Satz 1 genannten Kosten kann nach BPatGE **1,** 94 auch im Rahmen einer isolierten Kostenentscheidung nach § 80 Abs. 4 nachgeholt werden.

12 Von den durch das Beschwerdeverfahren entstandenen Kosten können einem der Beteiligten die **Verfahrenskosten** (vgl. unten Rdn. 14) und **die notwendigen außergerichtlichen Kosten eines anderen Beteiligten** (vgl. unten Rdn. 15) auferlegt werden. Die Bestimmung über die Verfahrenskosten und über die außergerichtlichen Kosten der Beteiligten kann unterschiedlich sein. Es kann auch die eine Bestimmung ohne die andere getroffen werden, BPatGE **9,** 204. Schon aus Gründen der Klarheit sollte jedoch, wenn überhaupt eine Kostenentscheidung ergeht, zu beiden Kostenarten etwas gesagt werden, sei es auch nur, dass bei einer der Kostenarten von einer Bestimmung abgesehen wird.

13 Die Kosten können einem *Beteiligten,* aber auch **nur einem Beteiligten** auferlegt werden. Beteiligter ist nicht der bevollmächtigte Vertreter des Patentinhabers, Einsprechenden, Antragstellers oder Antragsgegners; ihm können daher Kosten auch bei grobem Verschulden nicht auferlegt werden. Im Sinne dieser Vorschrift ist jedoch als Beteiligter zu behandeln der vollmachtlose Vertreter (BPatGE **22,** 37, 39) oder derjenige, der für eine nicht bestehende oder nicht parteifähige Personenvereinigung Beschwerde erhebt (vgl. OLG Hamburg MDR **76,** 845; OLG Düsseldorf MDR **77,** 759); denn ein Mangel in dieser Hinsicht kann nicht zu Lasten anderer Beteiligter, er muss zu Lasten des Handelnden gehen. Beteiligte im Sinne der Vorschrift sind auch nicht Zeugen und Sachverständige. Zeugen und Sachverständigen können nur gemäß §§ 390, 409 ZPO Kosten in dem dort bezeichneten Umfange auferlegt werden.

14 **aa) Verfahrenskosten.** Verfahrenskosten sind die Gerichtskosten des Patentgerichts, d. h. die Gebühren und Auslagen des Gerichts. Die Gebühren sind ihrem Betrage nach in dem GebVerz Nr. 401 100 bis 401 300 zum PatKostG geregelt. Es handelt sich insoweit nur um die Beschwerdegebühr, sofern das Beschwerdeverfahren nicht gebührenfrei ist. Für die Auslagen gilt nach § 1 Abs. 1 Satz 2 PatKostG das Gerichtskostengesetz entsprechend. Die Bestimmung des Gerichts macht den Beteiligten, dem sie auferlegt sind, zum Kostenschuldner, BPatGE **8,** 211, 212. Da die Kosten jedoch in aller Regel bei Erlass der Bestimmung bereits entrichtet sind, sind sie auf Grund der Bestimmung dem Beteiligten, der sie gezahlt hat, von dem Beteiligten, dem sie auferlegt sind, gegebenenfalls zu erstatten.

15 **bb) Kosten der Beteiligten.** Die Bestimmung über die außergerichtlichen Kosten der Beteiligten betrifft die Kosten, die nach billigem Ermessen zur zweckentsprechenden Wahrung der Ansprüche und Rechte notwendig waren. Diese Kosten können einem der Beteiligten ganz oder teilweise auferlegt werden. Eine Verteilung der Kosten kann nach Quoten erfolgen und wird in der Regel auch in dieser Weise vorzunehmen sein. Doch können auch bestimmte Kosten eines Beteiligten – z. B. einer mündlichen Verhandlung – einem anderen Beteiligten auferlegt werden. Die Kostenentscheidung kann sich auf entsprechende Anordnungen beschränken. Sie legt in der Regel nur die Erstattungs**pflicht** fest. Die Prüfung der Erstattungs**fähigkeit,** d. h. der Notwendigkeit der Entstehung der Kosten, erfolgt im Kostenfestsetzungsverfahren, vgl. dazu unten Rdn. 55 ff. Der zuständige Senat kann allerdings auch schon im Rahmen der Kostenentscheidung darüber befinden, welche Kosten zur zweckentsprechenden Wahrung der Ansprüche und Rechte notwendig waren und daher erstattungsfähig sind, BPatGE **1,** 94; erforderlich ist dies jedoch nicht.

16 **d) Absehen von einer Kostenentscheidung.** Wenn das Gericht – ausdrücklich oder durch Nichtausübung der ihm eingeräumten Befugnis (vgl. oben Rdn. 5) – von einer Kostenentscheidung abgesehen hat, muss jeder der Beteiligten die auf ihn entfallenden Kosten des Beschwerdeverfahrens selbst tragen, BPatGE **8,** 240; **28,** 39, 40. Der Beschwerdeführer bleibt in diesem Falle, auch wenn seine Beschwerde Erfolg gehabt hat, als Antragsteller der Instanz nach § 4 Abs. 1 Nr. 1 PatKostG, § 22 Abs. 1 GKG Kostenschuldner und muss als solcher die im Beschwerdeverfahren entstandenen gerichtlichen Auslagen tragen, BPatGE **8,** 211; **8,** 240.

17 **2. Rückzahlung der Beschwerdegebühr.** Entsprechend der früheren Regelung in § 34 Abs. 5 PatG 1936 sieht auch § 80 Abs. 3 vor, dass die Rückzahlung der Beschwerdegebühr angeordnet werden kann. Der Beschwerdeführer kann auf diese Weise in geeigneten Fällen je-

denfalls die gerichtliche Verfahrensgebühr zurückerhalten. Die gesetzliche Vorschrift hat schon deshalb eine nicht geringe Bedeutung, weil der Beschwerdeführer – auch bei Erfolg seiner Beschwerde – im einseitigen Verfahren überhaupt keinen Kostenersatz erlangen kann (BPatGE **13,** 202; vgl. auch oben Rdn. 2) und im zweiseitigen Verfahren seine Kosten – jedenfalls in der Regel (vgl. oben Rdn. 5, 6) – selbst tragen muss.

Vorgesehen ist in § 80 Abs. 3 nur die Rückzahlung der Beschwerdegebühr, also der **vollen Gebühr.** Eine teilweise Rückzahlung der Beschwerdegebühr ist danach nicht möglich, BPatGE **13,** 263. Eines Ausspruchs über die Rückzahlung der Beschwerdegebühr bedarf es nur, wenn die Rückzahlung angeordnet oder ein Antrag auf Rückzahlung abgelehnt werden soll; aus dem Fehlen eines Ausspruchs ergibt sich, dass die Beschwerdegebühr einbehalten wird, BPatGE **17,** 60. Nach BPatG v. 18. 3. 2004, Az: 17 W (pat) 55/03, juris, LS 2. soll die Ablehnung der Gebührenrückzahlung auch bei entsprechendem Antrag als negative Nebenentscheidung nur in den Gründen des Beschlusses und nicht in der Beschlussformel auszusprechen sein. Es handele sich bei einem solchen Antrag nicht um einen echten Antrag, sondern nur um eine bloße Anregung mit der (sanktionslosen) Pflicht des Patentgerichts, ihn zu bescheiden. 18

a) Nicht verfallene Gebühr. Die Vorschrift betrifft nur die Fälle, in denen die Beschwerdegebühr an sich verfallen ist. Die nicht verfallene Beschwerdegebühr ist stets zurückzuzahlen, weil der Rechtsgrund für die Zahlung der Gebühr fehlt. Die Gebühr wird mit Einlegung der Beschwerde fällig. Wird die Gebühr eingezahlt und die Beschwerdeerklärung vor Eingang beim Patentamt oder gleichzeitig mit ihrem Eingang widerrufen, so ist die Beschwerde nicht wirksam geworden (§ 130 Abs. 1 BGB) und die Gebühr zu erstatten. Wird die Beschwerdegebühr nicht innerhalb der Beschwerdefrist gezahlt, so gilt die Beschwerde unabhängig davon, ob die Beschwerdeerklärung rechtzeitig oder verspätet eingegangen ist, gemäß § 3 Abs. 1, § 6 Abs. 2 PatKostG als zurückgenommen, vgl. § 73 Rdn. 46. Da die Beschwerde danach rechtlich nicht existent ist, entfällt die Gebühr nach **§ 10 Abs. 2 PatKostG** und ist zurückzuzahlen, weil dann die beantragte Handlung, nämlich die Prüfung der Beschwerde auf Zulässigkeit und Begründetheit, nicht vorgenommen wird; ähnliches Ergebnis auf Grund des früheren Rechts (§ 73 Abs. 3 a.F.) BPatGE **1,** 102; **1,** 107, 108. Ist die Gebühr dagegen rechtzeitig entrichtet, die Beschwerdeschrift aber verspätet eingegangen, so ist die Beschwerde wirksam, wenn auch unzulässig; die mit der rechtswirksamen Einlegung verfallene Gebühr kann nur noch nach § 80 Abs. 3 erstattet werden, BPatGE **2,** 61. Die Billigkeit erfordert dann nicht in jedem Falle die Rückzahlung der Beschwerdegebühr, BPatGE **6,** 55, gegen BPatGE **2,** 61, 67 (vgl. aber auch Schlüter Mitt. **64,** 48, und BPatGE **9,** 32, 33). Der mit der wirksamen Einlegung der Beschwerde eingetretene Verfall der Gebühr wird nicht dadurch beseitigt, dass die Beschwerde zurückgenommen wird. Eine Rückzahlung kann daher auch in diesem Falle nur noch nach § 80 Abs. 3 angeordnet werden, BPatGE **2,** 61. Die Zurücknahme der Beschwerde nach Ablauf der Beschwerdefrist ist für sich allein kein Grund für die Rückzahlung der Beschwerdegebühr, BPatGE **5,** 24; abw. für den Fall der Zurücknahme einer nicht frist- und formgerecht eingelegten Beschwerde BPatGE **9,** 32, 34. 19

b) Verfallene Gebühr. Nach § 80 Abs. 3 kann das Patentgericht nach seinem (billigen) Ermessen die Rückzahlung der an sich verfallenen Beschwerdegebühr anordnen. Eine solche Anordnung kann, wie in § 80 Abs. 4 klargestellt wird, auch nach Rücknahme der Anmeldung, der Beschwerde oder des Einspruchs getroffen werden. Das Gericht hat von sich aus zu prüfen, ob Grund zur Rückzahlung der Gebühr besteht, BPatGE **3,** 75. 20

Bei der Beurteilung der Frage, ob es der **Billigkeit** entspricht, die Rückzahlung der Beschwerdegebühr anzuordnen, sind **alle Umstände des Falles,** insbesondere das Verhalten der Beteiligten und die Sachbehandlung durch das Patentamt unter dem Gesichtspunkt der Ordnungsmäßigkeit und der Angemessenheit seiner Maßnahmen zu würdigen, BPatGE **13,** 26, 29. 21

Die Zurücknahme der Beschwerde nach Ablauf der Beschwerdefrist ist für sich allein kein Grund für die Rückzahlung der Gebühr, BPatGE **5,** 24. Eine Gebührenermäßigung bei Rücknahme der Beschwerde sieht weder das GebVerz zum PatKostG noch § 80 Abs. 3 vor; Analogieschlüsse aus ähnlichen Vorschriften, bei denen die Klage- oder Beschwerderücknahme durch eine Gebührenreduktion erleichtert wird, sind nicht möglich. Nach § 80 Abs. 3 sind zwar alle Umstände des Einzelfalles zu berücksichtigen. Die Rückzahlung der Beschwerdegebühr ist aber insbesondere auch dann nicht gerechtfertigt, wenn die ohne hinreichende Prüfung vorsorglich eingelegte Beschwerde zurückgenommen wird, BPatGE **21,** 20; vgl. auch Bl. **85,** 16f. 22

Die Rückzahlungsanordnung ist keine notwendige Folge des sachlichen Erfolgs der Beschwerde, BPatGE **2,** 78. Die Möglichkeit der Rückzahlung ist auch nicht auf die Fälle beschränkt, in denen der angefochtene Beschluss auf einem Verfahrensmangel beruht (BPatGE **2,** 61; **14,** 209, 212), obwohl sie in diesen Fällen meist angebracht sein wird, vgl. BPatGE **2,** 69, 23

77; **18,** 30, 42. Die Rückzahlung ist vielmehr stets dann, aber auch nur dann anzuordnen, wenn die Einbehaltung der Gebühr nicht der Billigkeit entsprechen würde, BPatGE **1,** 90; **2,** 61; **13,** 19, 25; **13,** 26, 28. Auf den Ausgang oder voraussichtlichen **Ausgang des Beschwerdeverfahrens** kommt es **nicht** entscheidend an, BPatGE **2,** 61; **2,** 78. Dem Sinn der Regelung entspricht es, die Rückzahlung der Gebühr unabhängig davon anzuordnen, wenn der Beschwerdeführer durch eine gesetzwidrige oder unangemessene Sachbehandlung oder durch einen offensichtlichen Fehler des Patentamts genötigt worden ist, Beschwerde einzulegen und die Beschwerdegebühr zu entrichten, also in den Fällen, in denen die Beschwerde bei einwandfreier Behandlung der Sache nicht erforderlich gewesen wäre, vgl. BPatGE **1,** 90; **2,** 79; **9,** 208f.; **13,** 65, 68; **14,** 209, 213; **16,** 28.

24 Hat es der Anmelder **selbst zu vertreten,** dass die Anmeldung zurückgewiesen wurde und die Beschwerde notwendig geworden ist, so entspricht es nicht der Billigkeit, die Beschwerdegebühr zurückzuzahlen, BPatGE **3,** 165. Die Rückzahlung der Beschwerdegebühr ist nicht geboten, wenn das Prüfungsverfahren zwar mit einem Mangel behaftet war, der Anmelder aber seinerseits nichts getan hat, um die Zurückweisung der Anmeldung zu vermeiden, BPatGE **20,** 96; **21,** 75. Die Rückzahlung ist gerechtfertigt, wenn der Anmelder durch den Inhalt des angefochtenen Beschlusses zu einer unrichtigen Beurteilung der möglichen Auswirkung veranlasst wurde und das – objektiv nicht erforderliche – Beschwerdeverfahren nach Belehrung über die wahre Sachlage alsbald zum Abschluss bringt, BPatGE **8,** 201. Vorgänge, die zeitlich nach dem Erlass des angefochtenen Beschlusses liegen, wie etwa die vorzeitige Vorlage der Beschwerde (§ 73 Abs. 4 Satz 3); können die Rückzahlung der Beschwerdegebühr nicht rechtfertigen, BPatGE **19,** 21, 23. Auch aus dem Ablauf des Beschwerdeverfahrens, insbesondere aus dessen langer Dauer, lässt sich ein Grund für die Rückzahlung der Beschwerdegebühr nicht herleiten, BPatG Mitt. **71,** 117.

25 **aa) Fehlerhafte Sachbehandlung.** Grund für die Rückzahlung der Beschwerdegebühr kann eine fehlerhafte Behandlung der Sache durch das Patentamt sein. Die Beschwerdegebühr ist zurückzuzahlen bei sachlich unrichtiger, völlig neben der Sache liegender Begründung des angefochtenen Beschlusses (BPatGE **14,** 38, 40) oder bei unvollständiger Prüfung der zu erörternden Druckschriften, PA Mitt. **41,** 60. Die Rückzahlung der Gebühr kommt nicht schon deswegen in Betracht, weil der Beschwerdesenat bei der Beurteilung der Sach- und Rechtslage, die im angefochtenen Beschluss eingehend, schlüssig und nachprüfbar gewürdigt ist, zu einem anderen Ergebnis gelangt, BPatGE **19,** 129. Die Gebühr ist zurückzuzahlen, wenn dem Anmelder nach Erlöschen des Hauptpatents noch ein Zusatzpatent erteilt worden ist, BPatGE **4,** 164, 166. Ein hinreichender Grund zur Rückzahlung der Beschwerdegebühr besteht nicht, wenn sich die Prüfungsstelle in einer Frage, in der sich eine einheitliche Auffassung noch nicht herausgebildet hat, einer von mehreren in der Rechtsprechung vertretenen Rechtsansichten oder einer im Schrifttum vertretenen Auffassung angeschlossen hat, der Beschwerdesenat jedoch zu einer anderen Beurteilung gelangt, PA Mitt. **57,** 15; BPatGE **13,** 19, 25. Sie ist anzuordnen, wenn das Patentamt von einer feststehenden und anerkannten Rechtsprechung abweicht, BPatGE **7,** 1, 7 (chem. Analogieverfahren). Ist die technische Sicht der Patentabteilung zwar nicht ganz unproblematisch, kann ihr aber nicht vorgeworfen werden, gegen die allgemeinen Denkgesetze verstoßen oder das eigene technische Fachwissen außer acht gelassen zu haben, so ist eine unrichtige Beurteilung des Standes der Technik allein kein Billigkeitsgrund für die Rückzahlung der Beschwerdegebühr. Der Grundsatz des rechtlichen Gehörs geht nicht so weit, dass Gerichte bzw. Behörden den Verfahrensbeteiligten jeweils vor der Sachentscheidung ihre endgültige Auffassung offenzulegen hätten, BPatG v. 18. 3. 2004, Az: 17 W (pat) 55/03 (juris).

26 **bb) Verfahrensfehler.** Ein Verfahrensfehler, der die Rückzahlung der Gebühr rechtfertigt, liegt vor, wenn der Beschwerdeführer in seinem Anspruch auf rechtliches Gehör beeinträchtigt worden ist, BPatGE **1,** 105, 106; **13,** 201; **14,** 22, 30; **18,** 30, 42; Bl. **84,** 240, 241; **29,** 84, 89; **31,** 212, 214 (Wz), insbesondere wenn die Anmeldung ohne vorherigen Prüfungsbescheid zurückgewiesen wurde, BPatG Mitt. **71,** 137, oder der Prüfungsbescheid Art und Umfang der Beanstandung nicht eindeutig erkennen ließ, BPatGE **19,** 83, 85; wenn in den Gründen des Patenterteilungsbeschlusses eine Einschränkung des Schutzbereichs festgestellt ist und der Anmelder diese Einschränkung weder konkludent noch ausdrücklich gebilligt hat, BPatGE **28,** 188, 189; wenn ein Verstoß gegen die Aufklärungs- und Hinweispflicht nach § 139 ZPO unterlaufen ist, BPatGE **24,** 241, 245 (Wz); wenn das Patentamt dem vollmachtlosen berufsmäßigen Vertreter des Schutzrechtsinhabers keine Frist zur Beibringung der Genehmigung der Verfahrensführung durch den Rechtsinhaber bestimmt, BPatGE **29,** 11, 14; wenn bei den Feststellungen auf Grund einer Beweisaufnahme Denkfehler unterlaufen, vgl. BGH GRUR **96,** 747, 751. wenn das Patentamt eine Anmeldung wegen fehlender erfinderischer Tätigkeit zu-

rückweist und dieses Ergebnis ausschließlich auf von ihm beschriebenen Kenntnissen der Fachwelt beruht, ohne nachzuweisen, dass diese Kenntnisse vor dem Prioritätstag der Öffentlichkeit zugänglich waren, BPatGE **30,** 250, 255; wenn das Patentamt dem Anmelder die Beseitigung eines festgestellten behebbaren Mangels verweigert, BPatG GRUR **96,** 205 (Markenrecht); oder wenn ein Fehlgriff in der Anwendung des geltenden Rechts vorliegt, BPatGE **25,** 129, 130; **27,** 12, 14, oder wenn der Antrag des Anmelders im Einspruchsverfahren dem Einsprechenden nicht zugestellt worden ist, BPatG Bl. **84,** 240, 241; **86,** 181. Die Beschwerdegebühr ist zurückzuzahlen, wenn ein dafür unzuständiger Beamter die Anmeldung und zugleich ein Fristgesuch zurückgewiesen hat, BPatGE **4,** 12. Bei Verletzung der Begründungspflicht (§ 47) erfordert die Billigkeit die Rückzahlung der Beschwerdegebühr, BPatGE **6,** 50, 53, **7,** 26. Hat die Prüfungsstelle eine vom Anmelder beantragte Anhörung abgelehnt, obwohl sie sachdienlich gewesen wäre, so ist die Beschwerdegebühr zurückzuzahlen, wenn sich ergibt, dass die Beschwerde bei Gewährung der Anhörung nicht erforderlich gewesen wäre, BPatGE **2,** 79; vgl. i. ü. auch die unter Rdn. 29 zu § 79 zitierten Fallgestaltungen.

Die Beschwerdegebühr ist zurückzuzahlen, wenn ein rechtzeitig eingegangener Schriftsatz 27
bei der Entscheidung unberücksichtigt geblieben ist, BPatGE **13,** 65, 69, auch wenn er nicht vor der Beschlussfassung zu den Akten gelangt ist, weil alsbald nach Fristablauf entschieden wurde, BPatGE **16,** 39; **17,** 241, oder wenn ein berechtigtes, rechtzeitig eingegangenes Fristgesuch durch ein Versehen des Amtes nach Erlass des Beschlusses zu den Akten gelangt ist, PA Bl. **56,** 379; wenn ein rechtzeitig eingegangenes Fristgesuch wegen verspäteter Vorlage nicht berücksichtigt werden konnte, BPatG Bl. **92,** 505. Geht die Erwiderung des Anmelders auf einen Zwischenbescheid nach Absendung, wenn auch vor Zustellung nach Ablauf der gesetzten Frist erlassenen Zurückweisungsbeschlusses ein, so liegt kein die Rückzahlung der Beschwerdegebühr rechtfertigender Verfahrensmangel vor, PA Bl. **55,** 359. Ein solcher Mangel liegt auch nicht vor, wenn die Erwiderung des Anmelders auf einen Zwischenbescheid zwar am Tage der Beschlussfassung und der Übergabe des Beschlusses an die Geschäftsstelle eingegangen ist, der Anmelder jedoch die beabsichtigte Fristüberschreitung weder vorher angekündigt noch durch einen Eilvermerk für sofortige Vorlage der Erwiderung gesorgt hat, BPatG Mitt. **72,** 73, 74. Das Prüfungsverfahren ist mit einem Mangel behaftet, wenn eine Anmeldung wegen Uneinheitlichkeit zurückgewiesen wird, ohne die Frage der Patentfähigkeit wenigstens eines Anmeldungsgegenstandes zu erörtern, BPatG vom 18. 3. 1982, 12 W (pat) 51/81.

Bei der Beurteilung der Frage, ob ein Verfahrensfehler die Beschwerde erforderlich gemacht 28
hat, kann entgegen BPatGE **13,** 65, 68, nicht darauf abgestellt werden, ob der Beschwerdeführer den Verfahrensfehler erkannt hat. Es kann auch nicht darauf ankommen, ob es wahrscheinlich ist, dass ohne den Verfahrensfehler eine andere Entscheidung ergangen wäre. Die „Ursächlichkeit" des Verfahrensfehlers ist schon dann zu bejahen, wenn sich nicht ausschließen lässt, dass die Entscheidung des Patentamts ohne den Verfahrensfehler anders ausgefallen wäre, BPatGE **14,** 22, 30; vgl. auch BPatGE **20,** 263, 265. Eine Rückzahlung der Beschwerdegebühr kommt trotz eines Verfahrensfehlers des Patentamts nicht in Betracht, wenn die Gebühr auch bei fehlerfreier Sachbehandlung angefallen wäre, BPatGE **30,** 207, 210. Bleiben Anfragen des Anmelders zum Fortgang des Prüfungsverfahrens in seiner Patentanmeldung unbeantwortet, so ist dies verfahrensfehlerhaft. Zieht der Anmelder nach mehreren unbeantwortet gebliebenen Anfragen seine sachliche Stellungnahme zum letzten Prüfungsbescheid zurück und beantragt Entscheidung nach Aktenlage, und weist die Prüfungsstelle daraufhin die Anmeldung aus den Gründen des letzten Prüfungsbescheids zurück, so ist der Verfahrensfehler des Amtes ursächlich für diesen Zurückweisungsbeschluss sowie für die hiergegen erhobene Beschwerde und rechtfertigt die Rückzahlung der Beschwerdegebühr BPatG Bl. **02,** 229 – Sortimentierer.

cc) Unzweckmäßiges Verhalten. Im Rahmen der Billigkeitsentscheidung über die Rück- 29
zahlung der Beschwerdegebühr berücksichtigt das Patentgericht neben Verstößen gegen gesetzliche Verfahrensvorschriften auch Verstöße gegen ungeschriebene Verfahrensregeln, insbesondere gegen den Grundsatz der Verfahrensökonomie, BPatGE **13,** 26, 28; **14,** 209, 211 f.; **16,** 28, 32; **27,** 75; **24,** 210, 211; **29,** 217, 218; wenn der Erlass eines Zwischenbescheides anstelle der Zurückweisung angemessen und ausreichend gewesen wäre, BPatG Mitt. **86,** 89, 90, BPatGE **30,** 32, 34. Die Rückzahlung der Beschwerdegebühr wird unter diesem Gesichtspunkt vor allem angeordnet, wenn das Patentamt, statt die Anmeldung zurückzuweisen, noch eine kurze Nachfrist hätte bewilligen müssen (vgl. dazu § 45 Rdn. 20), BPatGE **9,** 177; **9,** 208, 210; **14,** 209, 213; Mitt. **82,** 152, oder auch bei unzureichender Begründung des Fristgesuchs schon deshalb hätte bewilligen sollen, weil nach den Umständen zu erwarten war, dass die Zurückweisung der Anmeldung bei einigem Zuwarten vermeidbar sein würde, BPatGE **14,** 38; **14,** 209. Die unverzügliche Vorlage einer Beschwerde beim Patentgericht rechtfertigt nicht die

Rückzahlung der Beschwerdegebühr, falls die Umstände nicht erkennen lassen, ob mit einer Beschwerdebegründung zu rechnen ist und überhaupt eine Abhilfe in Betracht kommt, BPatGE **16,** 222. Im einseitigen Verfahren ist die Rückzahlung der Beschwerdegebühr anzuordnen, wenn das Patentamt entgegen dem ausdrücklichen Antrag des Anmelders von mehreren gleichgelagerten Sachen nicht nur eine entscheidet und die übrigen Sachen bis zum rechtskräftigen Abschluss der entschiedenen Sache aussetzt, sondern sämtliche Sachen gleichzeitig entscheidet und den Anmelder dadurch zwingt, in sämtlichen Sachen Beschwerde einzulegen, BPatGE **18,** 69 (Wz.). Der Grundsatz der Verfahrensökonomie ist nicht einseitig auf das Patentamt anzuwenden; wenn der Beteiligte nicht seinerseits das Verfahren in der gebotenen Weise gefördert hat, ist die Rückzahlung der Beschwerdegebühr nicht gerechtfertigt, BPatGE **16,** 28, 32. Die Zurückweisung einer Anmeldung unter Ablehnung eines unzureichend begründeten Fristgesuchs 15 Tage nach Anlauf der im Prüfungsbescheid gesetzten Frist ist kein Verstoß gegen den Grundsatz der Verfahrensökonomie.

30 **dd) Besondere Fälle. Literatur:** Horn, Rückzahlung der Beschwerdegebühr aus Gründen des Arbeitnehmererfinderrechts, Mitt. **65,** 24; Werner, Rückzahlung der Beschwerdegebühr nach Zurücknahme einer mit Rücksicht auf § 16 Abs. 2 ArbEG „vorsorglich" erhobenen Beschwerde, GRUR **66,** 236.

Der Arbeitgeber, der eine ihm gemeldete **Diensterfindung unbeschränkt in Anspruch genommen** hat, ist nach § 13 Abs. 1 ArbEG verpflichtet, die Diensterfindung, soweit sie als patentfähig in Betracht kommt, zur Erteilung eines Patents anzumelden. Vor Erfüllung des Anspruchs des Arbeitnehmers auf angemessene Vergütung ist der Arbeitgeber, sofern er die Anmeldung nicht weiterverfolgen will, nach § 16 Abs. 1 ArbEG gehalten, dies dem Arbeitgeber mitzuteilen und ihm auf dessen Verlangen und Kosten das Recht zu übertragen. Zur Aufgabe des Rechts ist er nach § 16 Abs. 2 ArbEG erst berechtigt, wenn der Arbeitnehmer nicht innerhalb von drei Monaten die Übertragung des Rechts verlangt. Der Arbeitgeber kann durch diese Regelung genötigt sein, gegen einen Zurückweisungsbeschluss des Patentamts auch dann Beschwerde einzulegen, wenn er die Beschwerde selbst für wenig aussichtsreich hält. Denn wenn er vor Ablauf der Erklärungsfrist des § 16 Abs. 2 ArbEG auf die Mitteilung nach § 16 Abs. 1 ArbEG, zu der ihm der Zurückweisungsbeschluss Veranlassung gegeben hat, von der Weiterverfolgung der Anmeldung absieht, setzt er sich der Gefahr aus, dass der Arbeitnehmer nach Ablauf der Beschwerdefrist die Übertragung der Anmeldung verlangt und den Arbeitgeber wegen Verletzung der Pflicht aus § 13 Abs. 1 ArbEG in Anspruch nimmt. Es kommt daher nicht selten vor, dass der Arbeitgeber die Beschwerde gegen einen Zurückweisungsbeschluss vorsorglich einlegt, um zunächst die Klärung abzuwarten, ob der Arbeitnehmer auf die ihm nach § 16 Abs. 1 ArbEG gegebene Mitteilung die Übertragung verlangt, und die Beschwerde alsbald zurücknimmt, wenn der Arbeitnehmer auf Übertragung verzichtet oder die Frist des § 16 Abs. 2 ArbEG verstreichen lässt.

31 Das Bundespatentgericht lehnt in diesen Fällen die Rückzahlung der Beschwerdegebühr überwiegend ab, BPatGE **7,** 108; **7,** 113; **13,** 72; **21,** 82. Im Hinblick darauf, dass das Gesetz dem Arbeitnehmer in § 16 Abs. 2 ArbEG eine Überlegungsfrist von 3 Monaten belässt, der Arbeitgeber jedoch die Beschwerde nach § 73 innerhalb eines Monats einlegen muss, und die Beschwerde nach der Verlängerung der Vorlagefrist (§ 73 Abs. 4 Satz 3) das Patentgericht nicht mehr zu erreichen braucht, wenn der Arbeitgeber von vornherein auf den vorsorglichen Charakter der Beschwerde hinweist, und diese alsbald nach Klärung der Angelegenheit zurücknimmt, dürfte es indessen unter Billigkeitsgesichtspunkten berechtigt sein, die Rückzahlung der Beschwerdegebühr in derartigen Fällen anzuordnen. In der in BPatGE **13,** 72, 74ff., aufgezeigten Weise lässt sich der Konflikt kaum lösen. Die in BPatGE **21,** 82 angestellten Überlegungen überzeugen nicht.

32 Hat ein Einsprechender gegen den das Patent widerrufenden Beschluss, in dem der Einspruch für unzulässig erklärt worden ist, selbstständige Beschwerde eingelegt, statt abzuwarten, ob der Patentinhaber Beschwerde erhebt, der sich der Einsprechende anschließen könnte, so rechtfertigt der Umstand, dass der Einsprechende seine Beschwerde mangels einer Beschwerde auch von Seiten des Patentinhabers zurücknehmen oder für erledigt erklären muss, nicht die Rückzahlung der Beschwerdegebühr, PatGE **4,** 162; Bl. **85,** 16f.; abw. BPatGE **12,** 173; **19,** 29, wo zusätzlich auf eine Rechtsunsicherheit hingewiesen wird, die tatsächlich nicht besteht (vgl. dazu § 61 Rdn. 13).

33 **3. Gegenstandswert.** Für die Bemessung der Gerichtsgebühren ist der **Gegenstandswert** des Beschwerdeverfahrens **ohne Bedeutung,** weil für das gerichtliche Verfahren – soweit es nicht gebührenfrei ist – eine feste, vom Streitwert unabhängige Beschwerdegebühr erhoben wird. Auch für die Berechnung der Gebühren eines mitwirkenden Patentanwalts ist die Festsetzung des

Gegenstandswerts weder erforderlich noch möglich, BPatGE **15,** 165. Eine Festsetzung war auch dann nicht möglich, wenn eine an sich zulässige Vereinbarung getroffen wurde, dass sich die Vergütung des Patentanwalts nach der BRAGO bestimmen sollte, BPatGE **15,** 165.

Anträge auf Festsetzung des Gegenstandswerts sind gemäß § 33 RVG zulässig, wenn ein Verfahrensbeteiligter durch einen **Rechtsanwalt** vertreten ist und ein Bemessungswert fehlt, da der Geltungsbereich des Gerichtskostengesetzes (§ 1 GKG) das Beschwerdeverfahren vor dem Bundespatentgericht und die Verweisung auf das GKG in § 1 Abs. 1 Satz 2 nur die gerichtlichen Auslagen betrifft und die Streitwertvorschrift in § 2 Abs. 2 Satz 4 PatKostG sich nur auf Klagen und einstweilige Verfügungsverfahren vor dem Patentgericht bezieht. Der Gegenstandswert für Beschwerdeverfahren ist daher nach billigem Ermessen zu bestimmen (§ 23 Abs. 3 Satz 2 RVG), BPatG v. 1. 2. 2005 – 24 W (pat) 65/02, Gegenstandswert Akteneinsichtsverfahren, Bl. **05,** 266. BPatGE **35,** 195: Wegen einer nachträglichen Änderung des Gegenstandswertes vgl. BPatGE **16,** 157; **22,** 129. Wenn eine Festsetzung des Gegenstandswertes auf Grund eines Antrages nach § 10 BRAGO erfolgte, dann bestimmten sich auch die Gebühren eines in diesem Verfahren tätigen Patentanwalts nach der BRAGO und demgemäß nach dem festgesetzten Gegenstandswert (so Abschn. N Nr. 1 PatAnwGebO, sofern sie überhaupt als Bezugsmaßstab Anwendung findet). 33 a

Der **Gegenstandswert einer Patentanmeldung** ist nach billigem Ermessen zu bestimmen und konnte nach Lage des Falles auch niedriger sein als der Regelwert nach BRAGO § 8 Abs. 2 (8000 DM), BPatG v. 7. 6. 1995, 6 W (pat) 61/94, BPatGE **35,** 195 (nach § 23 Abs. 3 Satz 2 jetzt 4000 EUR, sofern keine genügenden tatsächlichen Anhaltspunkte für die Wertbestimmung vorliegen). Die Ermittlung des Gegenstandswerts im Patenterteilungs-Beschwerdeverfahren kann im Übrigen nach den gleichen Grundsätzen wie im Patentnichtigkeitsverfahren erfolgen, BPatGE **6,** 63. Maßgebend ist daher der gemeine Wert des erstrebten Patents, BPatGE **6,** 63, 64; vgl. im einzelnen § 84 Rdn. 21. Auch im Einspruchsbeschwerdeverfahren ist der gemeine Wert des angegriffenen Patents zugrunde zulegen. Im Gebrauchsmusterlöschungs-Beschwerdeverfahren bemisst sich der Streitwert nach dem gemeinen Wert des Gebrauchsmusters, BPatGE **8,** 176, 177; vgl. auch § 17 GebrMG Rdn. 28. 34

4. Kostenerstattung. Wenn das Patentgericht nach § 80 Abs. 1 Satz 2 bestimmt hat, dass die den Beteiligten erwachsenen Kosten von einem Beteiligten ganz oder teilweise zu erstatten sind, ist der Beteiligte, dem die Erstattung in der Kostenentscheidung auferlegt ist, zum Ersatz der erstattungsfähigen Kosten verpflichtet. Erstattungsfähig waren bis zum Inkrafttreten des 2. PatGÄndG die Kosten, **die nach billigem Ermessen** zur zweckentsprechenden Wahrung der Rechte und Ansprüche notwendig waren (§ 80 Abs. 1 Satz 2). Dem Patentgericht war damit ein Beurteilungsspielraum zugebilligt; die Ausübung des Ermessens ist im Rechtsbeschwerdeverfahren nur beschränkt nachprüfbar, BGH GRUR **77,** 559, 560 – Leckanzeigeeinrichtung. Diese Regelung ging der des § 91 Abs. 1 Satz 2, Abs. 2 ZPO vor. Bei der Ausübung des billigen Ermessens bestanden jedoch gegen eine entsprechende Anwendung des § 91 Abs. 1 Satz 2, Abs. 2 ZPO grundsätzlich keine Bedenken, BPatGE **9,** 137, 140. Darüber, welche Kosten nach billigem Ermessen zur zweckentsprechenden Wahrung der Rechte und Ansprüche erforderlich waren, konnte das Gericht im Rahmen der Kostenentscheidung bestimmen, BPatGE **1,** 94. Das Gericht kann sich aber auch darauf beschränken, in der Kostenentscheidung nur die Erstattungspflicht festzulegen. Die Prüfung der Erstattungsfähigkeit der entstandenen Kosten bleibt dann dem Kostenfestsetzungsverfahren (vgl. unten Rdn. 55 ff.) überlassen. Wegen der Festsetzung von Verfahrenskosten gegen einen berufsmäßigen Vertreter, der eine Kostenübernahmeerklärung abgegeben hat, vgl. BPatGE **30,** 256, 257 (GeschmG). Mit dem **2. PatGÄndG** ist dieser **zusätzliche Ermessensspielraum** des Patentgerichts ausdrücklich **beseitigt** worden. Es finden seither praktisch die Vorschriften von § 91 ZPO nach dem Maßstab „zur zweckentsprechenden Rechtsverfolgung oder Rechtsverteidigung notwendig" entsprechende Anwendung. Durch die Streichung der Worte „nach billigem Ermessen" in § 62 Abs. 2 Satz und parallel dazu in § 80 Abs. 1 Satz 2 sollte ausdrücklich die frühere Regelung an die strengeren Grundsätze des § 91 Abs. 1 Satz 2, Abs. 2 und 3 ZPO angepasst werden. Danach seien alle Kosten notwendig, ohne die eine zweckentsprechende Maßnahme nicht hätte getroffen werden können. Die Vorschrift werde damit zugleich auch an § 109 PatG und an § 63 Markengesetz angepasst, s. BT-Drs. 13/9971, S. 33. Für die Beibehaltung der zweiten Billigkeitsprüfung wurde keine sachliche Rechtfertigung mehr gesehen. Es kann daher insoweit auf die Erläuterungswerke zur ZPO, insbesondere Baum/Lauterbach/Albers/Hartmann, 63. A., Rdn 28 ff. zu § 91 ZPO, verwiesen werden. 35

a) Vertreterkosten. Die Kosten der Vertretung eines Beteiligten durch einen Rechtsanwalt oder einen Patentanwalt sind nach dem entsprechend anzuwendenden Grundsatz des § 91 36

Abs. 2 Satz 1 ZPO in aller Regel als erstattungsfähig anzusehen, PA Mitt. **34,** 84; BGHZ **43,** 352, 354; BGH GRUR **77,** 559, 560; BPatGE **15,** 195, 196f., und zwar auch dann, wenn sie in eigener Sache tätig geworden sind, BPatGE **24,** 165 (für das Nichtigkeitsverfahren). Die Kosten mehrerer Rechtsanwälte oder mehrerer Patentanwälte sind nur insoweit zu erstatten, als sie die Kosten eines Anwalts nicht übersteigen oder als in der Person des Anwalts – etwa infolge Ausscheidens wegen Krankheit oder Tod – ein Wechsel eintreten musste (§ 91 Abs. 2 Satz 3 ZPO).

36a Die Vertretung eines Beteiligten durch **einen Rechtsanwalt und einen Patentanwalt** ist nicht nach § 91 Abs. 2 Satz 3 ZPO zu beurteilen, weil es sich um Vertreter verschiedener Berufsausbildung handelt (vgl. § 84 Rdn. 30); entscheidend ist vielmehr, ob die Doppelvertretung zur zweckentsprechenden Wahrnehmung der Rechte erforderlich war. Die Nichtigkeitssenate des Bundespatentgerichts vertreten in ständiger Rechtsprechung die Ansicht, dass § 143 Abs. 5 a. F. als Ausdruck eines allgemeinen Rechtsgedankens sei, der es rechtfertigt, diese Vorschrift im Bereich des gewerblichen Rechtschutzes mit seiner regelmäßigen Verknüpfung rechtlicher und technischer Fragen generell, also auch im Nichtigkeitsverfahren, als Ausnahmeregelung des § 91 Abs. 2 S. 3 ZPO analog anzuwenden, BPatG v. 6. 12. 2002, 4 ZA (pat) 15/02 (4 Ni 30/97) – BPatGE **46,** 167, 168, unter Bezugnahme auf BPatGE **31,** 51 und BPatGE **31,** 75. Im patentgerichtlichen Beschwerdeverfahren ist bisher die **Doppelvertretung** im Allgemeinen als nicht notwendig angesehen worden, PA Mitt. **34,** 84; BPatGE **24,** 215, 216; **24,** 283, 284; **25,** 155. Das gilt grundsätzlich auch für das Beschwerdeverfahren in Gebrauchsmusterlöschungssachen, BGH GRUR **65,** 621, 626. Wenn sich ein Beteiligter statt durch einen Patentanwalt durch einen Erlaubnisscheininhaber vertreten lässt, sind dessen Kosten grundsätzlich erstattungsfähig, Für die Doppelvertretung durch einen Rechtsanwalt und einen Erlaubnisscheininhaber gilt das Gleiche wie für die Vertretung durch einen Rechtsanwalt und einen Patentanwalt. Eine doppelte Qualifikation als Rechts- und Patentanwalt rechtfertigt nicht die Beanspruchung der doppelten Anwaltsgebühren, BPatGE **27,** 155, 156.

37 **aa) Rechtsanwälte.** Bei Vertretung durch einen Rechtsanwalt – dessen Zuziehung erforderlich war (vgl. oben Rdn. 36) – ist die Vergütung (Gebühren und Auslagen) in der Höhe erstattungsfähig, in der sie dem Rechtsanwalt nach dem Rechtsanwaltsvergütungsgesetz (RVG), der Nachfolgeregelung zur BRAGO (§ 66) zusteht.

37 Nach dem Rechtsanwaltsvergütungsgesetz (RVG) stehen dem RA für Beschwerdeverfahren vor dem BPatG folgende Gebühren zu: (die nach folgenden Zitate beziehen sich auf das Vergütungsverzeichnis (VV), das als Anlage 1 (zu § 2 Abs. 2) dem RVG beigefügt ist. Vorbemerkung 3 Abs. 2 u. Abs. 3: Für das Beschwerdeverfahren entsteht die **Verfahrensgebühr** für das Betreiben des Geschäfts (Verfahrens) einschließlich der Information, wenn sich die Beschwerde nach PatG gegen einen Beschluss richtet, a) durch den die Vergütung bei Lizenzbereitschaftserklärung festgesetzt wird oder Zahlung der Vergütung an das Deutsche Patent- und Markenamt angeordnet wird, b) durch den eine Anordnung nach § 50 Abs. 1 PatG oder die Aufhebung dieser Anordnung erlassen wird, c) durch den die Anmeldung zurückgewiesen oder über die Aufrechterhaltung, den Widerruf oder die Beschränkung des Patents entschieden wird. Der Gebührensatz für die Grundgebühr nach § 13 RVG beträgt 1, 3.

37b In diesen Verfahren entsteht ferner als **Terminsgebühr** VV Nr. 3516 RVG für die Vertretung in einem Verhandlungs-, Erörterungs- oder Beweisaufnahmetermin oder die Wahrnehmung eines von einem gerichtlich bestellten Sachverständigen anberaumten Termins oder die Mitwirkung an auf die Vermeidung oder Erledigung des Verfahrens gerichteten Besprechungen ohne Beteiligung des Gerichts; dies gilt nicht für Besprechungen mit dem Auftraggeber, mit 1,2 der Grundgebühr; der Gebührensatz für die Grundgebühr beträgt 1,2.

37c Für Beschwerdeverfahren, die nicht unter VV Nr. 3510 RVG fallen, so z. B. Verfahren über Anträge auf Akteneinsicht oder Umschreibung im Patentregister, für Beschwerden nach § 11 Abs. 2 PatKostG sowie Verfahren über Erinnerungen, z. B. gemäß § 11 Abs. 1 PatKostG. In diesen Verfahren erhält der RA nach VV Nr. 3500 RVG eine **Verfahrensgebühr,** deren Satz 0,5 der Grundgebühr nach § 13 RVG beträgt.

38 Bei Reisen des Rechtsanwalts ist die ihm nach VV Nr. 7002 bis 7006 RVG zustehende **Reisekostenvergütung** erstattungsfähig. Die Mehrkosten, die dadurch entstehen, dass der Rechtsanwalt nicht am Sitz des Patentgerichts ansässig ist, sind – abweichend von § 91 Abs. 2 Satz 1 ZPO – in der Regel zu erstatten, vgl. BGH GRUR **65,** 621 – Patentanwaltskosten.

39 **bb) Patentanwälte. Literatur:** Kirchner, Zur zeitlichen Anwendung der einzelnen Ausgaben der Gebührenordnung für Patentanwälte, Mitt. **71,** 16; Reinländer, Gebührenordnung der deutschen Patentanwälte, Mitt. **74,** 213; **75,** 156; Barger, Gebührenordnung der deutschen

Patentanwälte, Mitt. **75,** 31; Kretschmer (Bericht), Entwurf einer Gebührenordnung für Patentanwälte, GRUR **81,** 179.

Die Gebühren der Patentanwälte sind gesetzlich nicht geregelt. Bis zum Jahre 1971 wurde die von der Patentanwaltskammer herausgegebene **Gebührenordnung für Patentanwälte** (PatAnwGebO) – letzte Fassung 1968 – als maßgebend betrachtet (über die sich daraus ergebenden kartellrechtlichen Probleme unterrichtet das vom LG München in Mitt. **72,** 56f. wiedergegebene Rundschreiben der Patentanwaltskammer). Seitdem wird die Vergütung von den Patentanwälten – unter Zugrundelegung der PatAnwGebO 1968 – nach den §§ 612, 315, 316 BGB bestimmt. Als detailliertes Berechnungsbeispiel vgl. BPatG v. 4. 4. 1984 27 W (pat) 106/81, BPatGE **26,** 180 (WzG). Der RegE einer Gebührenordnung für Patentanwälte, BT-Drs. 8/1489 v. 2. 2. 1978, der die Patentanwaltsgebühren vereinheitlichen sollte, ist nicht Gesetz geworden.

In diesem Rahmen ist bei Vertretung durch einen Patentanwalt bisher auch weiterhin – wenn die Zuziehung erforderlich war (vgl. oben Rdn. 36) – für die Beurteilung der Erstattungsfähigkeit der Gebühren die Gebührenordnung für Patentanwälte (PatAnwGebO Ausgabe 1968) – Taschenbuch Gew Rechtsschutz DPMA Nr. 366 – zugrunde gelegt worden (vgl. dazu BGH GRUR **65,** 621; **68,** 447 – Flaschenkasten; BPatGE **26,** 208, 209f. und 213; **31,** 152, 153 (GmbG); Kelbel, PatAnwO, Rdn. 69 zu § 39. Sie ist seither textlich unverändert geblieben und an die verschiedenen Gesetzesänderungen im gewerblichen Rechtschutz und darüber hinaus nicht mehr angepasst worden. In Verfahren, in denen ein **„Streitwert“** (nach §§ 3 ZPO, 22, 23 GKG) oder ein „Wert des Gegenstandes der anwaltlichen Tätigkeit“ festgesetzt worden ist, sind nach Abschn. N der PatAnwGebO die nach der Rechtsanwaltsgebührenordnung zu berechnenden Gebühren und nur diese erstattungsfähig, BPatGE **8,** 165. Nach BPatG Mitt. **77,** 136 können diese Gebühren bei einer nachträglichen Wertfestsetzung auch dann noch gefordert werden, wenn der Patentanwalt die Gebühren bereits auf Grund der PatAnwGebO abgerechnet und erhalten hat (zweifelhaft). Das RVG (anstelle der BRAGO) ist auch anzuwenden, wenn sich aus den Anträgen im Beschwerdeverfahren ein **bestimmter Gegenstandswert** ohne weiteres ergibt, BPatGE **3,** 58. Das ist z.B., wenn in einem Beschwerdeverfahren nur über die Kosten verhandelt wird, hinsichtlich der Verhandlungsgebühr der Fall, BPatGE **5,** 144. Das BPatG hat mit Beschl. v. 24. 8. 1983 2 ZA (pat) 1/83 – BPatGE **25,** 222, entschieden, dass im Patentnichtigkeitsverfahren sich die erstattungsfähigen Gebühren eines Patentanwalts nach der BRAGO auch dann bemessen, wenn kein Gegenstandswert festgesetzt worden ist; die Rechtsprechung zu den Teuerungszuschlägen hat es dabei ausdrücklich aufgegeben, weil diese Rechtsprechung von Jahr zu Jahr zu einem immer stärkeren Auseinanderklaffen der Gebühren eines Patentanwalts und denen eines Rechtsanwalts geführt habe. Diese damit begründete ständige Praxis gilt aber bisher nur für Nichtigkeitsverfahren. Sie ist auf Beschwerdeverfahren bisher noch nicht zu übertragen, hat dort aber dazu geführt, dass bei der Ermittlung der Teuerungszuschläge auch die Entwicklungen im Rechtsanwaltsgebührenrecht berücksichtigt werden. Zur Praxis der Kostenerstattung in Nichtigkeitsverfahren vgl. auch Keukenschrijver, Das Nichtigkeitsverfahren, 2. Aufl., 2005, insb. Kapitel 8.2 (Urteil) und Kapitel 10 (Kostenfragen). Es ist nicht zulässig, die Gebührensysteme der BRAGO und der PatAnwGebO in der Weise miteinander zu vermischen, dass ein Rechtsanwalt bei der Anwendung des gegenstandswertabhängigen Gebührensatzes nach der BRAGO einen von den Festbetragsgebühren nach der PatAnwGebO abgedeckten durchschnittlichen Gegenstandswert zugrunde legt, und umgekehrt ein Patentanwalt seine Gebühren auf der Grundlage eines durchschnittlichen Gegenstandswertes nach der BRAGO abrechnet, BPatG Bl. **02,** 288 – Hollerblütensirup. 40

In Verfahren ohne Festsetzung eines Streitwerts oder Gegenstandswerts wurden bisher die (festen) Gebührensätze der PatAnwGebO Ausgabe 1968 zugrunde gelegt. Neben diesen Sätzen wurden **Teuerungszuschläge** anerkannt, z.B. von 125% für Aufträge in 1985 und 1986, BPatGE **30,** 36, 38; und von 163% ab 1. 12. 1987, BPatGE **31,** 152, 155 (GebrMG; wegen der Teuerungszuschläge für frühere Zeiträume vgl. die Voraufl. und die dort zitierte Rechtsprechung des BPatG). Für die Berechnung eines entsprechenden Teuerungszuschlags für die jüngere Zeit – jeweils in Abhängigkeit vom Zeitpunkt der Auftragserteilung – vgl. BPatG v. 3. 3. 1997, 45 W (pat) 43/96 – PA-Kosten im Löschungsverfahren II, BPatGE **38,** 74. 41

Soweit auf Grund dieser Gebührenordnung wegen der Schwierigkeit oder wegen des Umfangs der Tätigkeit oder wegen der wirtschaftlichen Bedeutung der Sache erhöhte – **über die Regelgebühren hinausgehende** – Gebühren beansprucht werden, ist zu prüfen, ob und in welchem Ausmaß der Fall aus der Masse der Normalfälle herausragt; alsdann ist, von den für Normalfälle gedachten Regelgebühren ausgehend, das Ausmaß der in dem betreffenden Falle gerechtfertigten Erhöhung der Gebühren zu ermitteln, BGH GRUR **65,** 621, 623f.; BPatGE **29,** 54, 55. Die für einen Patentanwalt anzusetzenden Gebühren lassen nach PatAnwGebO 42

1968 Abschn. A Nr. 9 Satz 2 in umfangreichen, schwierigen, eiligen oder bedeutungsvollen, insbesondere wirtschaftlich bedeutungsvollen Fällen ausdrücklich Erhöhungen zu. Eine Erhöhung wegen der wirtschaftlichen Bedeutung der Sache kann nicht wegen der für das Beschwerdeverfahren an sich höheren Gebühren abgelehnt werden, BGH GRUR **68,** 447, 453. Eine Erhöhung des Teuerungszuschlags erfolgte jeweils nur, wenn die Steigerung gegenüber der letzten Festsetzung 10% betrug. Zur Frage der Erstattungsfähigkeit der Kosten eines Patentanwalts vgl. im Übrigen auch B/L/A/H ZPO 63. Aufl., Rdn. 145 bis 151 zu § 91 ZPO.

43 Soweit neben der **Verfahrensgebühr** und – gegebenenfalls – der **Termins- oder Verhandlungsgebühr** noch weitere Bearbeitungsgebühren beansprucht werden, ist von Fall zu Fall zu prüfen, ob und inwieweit die Mühewaltung über die durch die Verfahrensgebühr abgegoltene Beratung und Vertretung hinausgegangen ist, PA Bl. **53,** 260. Im Hinblick auf § 31 Abs. 1 Nr. 4 BRAGO ist angenommen worden, dass anstelle der Erörterungsgebühr für Rechtsanwälte für Patentanwälte eine Verhandlungsgebühr nach der PatAnwGebO auch dann in Ansatz gebracht werden könne, wenn in dem zur mündlichen Verhandlung bestimmten Termin nur die Verfahrenslage erörtert, aber keine Anträge gestellt worden sind, BPatGE **29,** 54, 58f. Die Grundlage für diese Analogie ist entfallen, nachdem Erörterungsgebühren wie nach § 31 Abs. 1 Nr. 4 BRAGO im geltenden Recht nicht mehr vorgesehen sind. Es bestehen aber m.E., trotz der inzwischen noch größer gewordenen Unterschiede zwischen PatAnwGebO und der RVG als Nachfolgeregelung der BRAGO keine Bedenken, jetzt die neuen Regelungen der RVG im Wege der Analogie heranzuziehen. Allerdings unterscheidet die PatAnwGebO immer noch zwischen Verfahrens- und Verhandlungsgebühr. Aber auch bei lediglich analoger Anwendung des RVG sollten die Begriffe überprüft werden, um unnötige Begriffsverwirrungen zu vermeiden. Eine **Erörterungsgebühr** nach § 31 Abs. 1 Nr. 4 BRAGO fällt nicht an, wenn ein Rechtsmittel vor Eintritt in die mündliche Verhandlung unmittelbar nach einem gerichtlichen Hinweis zurückgenommen wird, BGH v. 24. 6. 2004, VII ZB 11/04, LS. Bei Vertretung eines Beschwerdegegners sind neben den Gebühren gemäß Abschn. M Nr. 1, 3 PatAnwGebO Gebühren für die Ausarbeitung der Beschwerdeerwiderung und die Führung des Schriftwechsels zur Herbeiführung eines Vergleichs gemäß Nr. 3 der „Grundlegenden Bestimmungen" erstattungsfähig, PA Mitt. **56,** 169. Bearbeitungsgebühren können nur pauschal festgesetzt werden; eine Erforschung der tatsächlichen Bearbeitungszeit und eine Beurteilung der Angemessenheit der angeblich aufgewendeten Mühewaltung sind in dem summarischen Verfahren nicht möglich, BPatGE **16,** 224; **17,** 177, 179. Im Allgemeinen wird ein Betrag von $^{8}/_{10}$ der Grundgebühr als erstattungsfähig anerkannt, BPatGE **16,** 224, 225f. m.w.N. Schreibauslagen sind neben einer Verfahrensgebühr nicht gesondert zu erstatten, BPatGE **23,** 156.

44 Wenn im Beschwerdeverfahren die **mündliche Verhandlung wieder eröffnet** und an einem neu angesetzten Termin weiter verhandelt wird, bilden beide Termine nur eine Verhandlung; der kostenberechtigten, durch einen Patentanwalt vertretenen Beteiligten kann daher die Verhandlungsgebühr nur einmal erstattet werden, BPatGE **5,** 144. Mehrere Verfahren, die miteinander verbunden sind, sind für die Beurteilung der Erstattungsfähigkeit der Vertretergebühren von der Verbindung an als ein Verfahren zu behandeln. Bis zur Verbindung der zunächst selbstständigen Verfahren betreffen diese nicht dieselbe Angelegenheit i.S. § 7 Abs. 1 RVG (früher § 6 BRAGO); Die Vorschrift kann daher bei Vertretung mehrerer späterer Streitgenossen vor der Verbindung schon aus diesem Grunde nicht angewendet werden, BPatGE **5,** 136. Wenn ein Patentanwalt neben einer Partei noch einen Nebenintervenienten vertritt, findet § 7 Abs. 1 RVG keine Anwendung; maßgebend ist die besondere Regelung der PatAnwGebO, die eine Gebühr für die Mitvertretung eines Nebenintervenienten vorsieht, BPatGE **5,** 136, 137. Lässt sich der Patentanwalt in der mündlichen Verhandlung durch einen Angestellten (früheren Rechtsanwalt) vertreten, so ist nicht die in der PatAnwGebO vorgesehene Gebühr erstattungsfähig; die Gebühr ist vielmehr nach den Umständen des Falles zu bemessen, PA Mitt. **56,** 167. Nicht erstattungsfähig sind die Gebühren des in eigener Sache tätigen Patentanwalts, OLG München Mitt. **91,** 175.

45 Für die Porto-, Telefon- und Telegrammgebühren bzw. jetzt die **Aufwendungen für Post- und Telekommunikationsdienstleistungen** des Patentanwalts ist § 104 Abs. 2 Satz 2 ZPO bzw. VV Nr. 7001 RVG entsprechend anzuwenden, BPatGE **7,** 223, 227. Für die Erstattungsfähigkeit genügt daher die Versicherung des Patentanwalts, dass diese Auslagen entstanden sind. Reisekosten und Abwesenheitsgeld sind im Rahmen der entsprechend anzuwendenden VV Nr. 7003 bis 7006 RVG (früher § 28 BRAGO) erstattungsfähig, BPatGE **4,** 138, 141. Die Mehrkosten, die dadurch entstehen, dass der mit der Vertretung beauftragte Patentanwalt nicht am Orte des Bundespatentgerichts ansässig ist, sind in der Regel zu erstatten, BGH GRUR **65,** 621, 627. Hat der Anwalt bei der Reise noch einen anderen Termin oder eine Anhörung wahrgenommen, so sind die Kosten auf die einzelnen Sachen zu verteilen, PA Mitt. **57,** 37, vgl. dazu Vorb 7 Abs. 3 zu Teil 7 (Auslagen) der Anl. 1 (VV) zum RVG. Es kann regelmäßig keine Erstattung von Kosten verlangt werden, die ein Prozessbevollmächtigter späterer Instanz für die Anfertigung von Ablichtungen von Bestandteilen von Gerichtsakten verauslagt hat, über welche die Handakten eines früheren Prozessbevollmächtigten nach § 50 Abs. 1 BRAO ein geordnetes Bild geben müssen. BGH, Beschl. v. 26. April 2005 – X ZB 17/04.

Umsatzsteuer konnte nach der früher geltenden gesetzlichen Regelung neben den nach der PatAnwGebO berechneten Gebühren nicht gesondert angefordert werden, BGH GRUR **65,** 621, 625. Nach geltendem Recht ist die Umsatzsteuer als grundsätzlich erstattungsfähig anzusehen., vgl. dazu auch § 104 Abs. 1 Satz 3 ZPO und VV Nr. 7009 RVG. Nach § 104 Abs. 2 Satz 3 genügt für die Berücksichtigung von Umsatzsteuerbeträgen die Erklärung des Antragstellers, dass er die Beträge nicht als Vorsteuer abziehen kann. Wegen des Streitstandes vor Einfügung dieser Klarstellung in die ZPO (eingefügt durch Gesetz v. 24. 6. 1994 BGBl I 1325 m.W.v. 1. 7. 1994) vgl. BPatG v. 23. 1. 1992 – 5 ZA (pat) 13/91, BPatGE **33,** 65. Auch für die nach § 104 Abs. 1 Satz 2 festzusetzenden Zinsen kann die Umsatzsteuer berechnet werden, BPatGE **17,** 177. Umsatzsteuer kann nicht angesetzt werden für sonstige Aufwendungen, die der Anwalt für seinen Mandanten macht, etwa für die Beschaffung von Fotokopien, BPatGE **18,** 189, 195; **18,** 201, 207; OLG Düsseldorf Mitt. **74,** 139 (Behandlung als durchlaufende Gelder). 46

cc) Erlaubnisscheininhaber. Bei Vertretung durch einen Erlaubnisscheininhaber können für die Kostenerstattung nicht die Sätze der PatAnwGebO zugrunde gelegt werden; die zu erstattenden Gebühren sind nach der Schwierigkeit der Sache und der notwendigen Arbeit zu bemessen, PA Bl. **55,** 149; BPatGE **5,** 228. Es bestehen jedoch keine Bedenken dagegen, wenn die Vergütung für die Vertretung durch einen Erlaubnisscheininhaber in Höhe von $^{8}/_{10}$ der entsprechenden Gebührensätze der PatAnwGebO als erstattungsfähig zugrunde gelegt werden, vgl. dazu BGH Bl. **73,** 27 – Straßenleitpfosten; BPatGE **10,** 194; **12,** 45; **29,** 242 (Nichtigkeitsverfahren). 47

dd) Korrespondenzanwalt. Der in § 52 BRAGO verwendete Begriff des Verkehrsanwalts ist im Zuge der Modernisierung des Kostenrechts entfallen und durch Nr. 3400 ff. der Anlage 1 zum RVG ersetzt worden. Die Tätigkeit ist dahin definiert, dass der Auftrag sich beschränkt auf die Führung des Verkehrs der Partei mit dem Verfahrensbevollmächtigten: Der Verkehrsanwalt erhält eine Verfahrensgebühr in Höhe eines Satzes von 1,0 der Grundgebühr nach § 13 RVG. Die gleiche Gebühr entsteht auch, wenn im Einverständnis mit dem Auftraggeber mit der Übersendung der Akten an den Rechtsanwalt des höheren Rechtszugs gutachterliche Äußerungen verbunden sind. Beschränkt sich der Auftrag auf die Vertretung in einem Termin im Sinne der Vorbemerkung 3 Abs. 3, so erhält der Verkehrsanwalt eine Verfahrensgebühr in Höhe der Hälfte der dem Verfahrens bevollmächtigten zustehenden Verfahrensgebühr und eine Terminsgebühr in Höhe der einem Verfahrens bevollmächtigten zustehenden Terminsgebühr, VV Nr. 3401, 3402 RVG. Die Gebühren des Verkehrsanwalts) können erstattungsfähig sein, wenn die Zuziehung aus besonderen Gründen, etwa wegen des besonders verwickelten Sachverhalts, zur zweckentsprechenden Rechtsverfolgung oder Rechtsverteidigung erforderlich war (vgl. B/L/A/H ZPO, Rdn. 220 ff. sowie § 84 Rdn. 37). Wenn ein ausländischer Patentanwalt als Verkehrsanwalt tätig wird, können, sofern die Zuziehung notwendig war, für seine Tätigkeit nicht die Gebühren der PatAnwGebO zugrunde gelegt werden; erstattungsfähig ist eine angemessene Vergütung, für deren Bemessung die PatAnwGebO als Anhalt dienen kann, BPatGE **7,** 223, 227. Sofern ein ausländischer Rechtsanwalt auf der Grundlage des EURAG auftritt (vgl. dazu die Erl. zu § 25), findet deutsches Recht Anwendung, B/L/A/H ZPO Rdn. 134 zu § 91. 48

b) Eigene Kosten. Literatur: Kirchner, Kostenerstattung bei Zeitversäumnis, Mitt. **67,** 227; ders., Der Bürokostenaufwand der Partei im Kostenfestsetzungsverfahren, Mitt. **70,** 188. 49

Die Kosten der **Reise** eines Beteiligten zur Besprechung mit seinem Verfahrensbevollmächtigten sind in der Regel erstattungsfähig, BPatGE **11,** 109, 112. Die Kosten der Reise des Verfahrensbevollmächtigten zu dem Beteiligten sind nur in Höhe der geringeren Kosten einer Reise des Beteiligten zu seinem Verfahrensbevollmächtigten erstattungsfähig, auch wenn die Besprechung wegen Erkrankung des Beteiligten nur an dessen Wohnort stattfinden konnte, BPatG Mitt. **72,** 32, oder wenn der Beteiligte oder sein Sachbearbeiter aus tatsächlichen Gründen gehindert war, den Verfahrensbevollmächtigten aufzusuchen, BPatGE **20,** 165. Die Kosten einer Reise eines Beteiligten zu einem Verhandlungstermin sind grundsätzlich nicht erstattungsfähig, wenn der Beteiligte durch einen Patentanwalt oder Rechtsanwalt vertreten ist, BPatGE **11,** 109, 111; **21,** 88 (anders für das Patentnichtigkeitsverfahren BPatGE **19,** 133 und

25, 1, 3). Erstattungsfähig sind, wenn die Teilnahme des Beteiligten an der mündlichen Verhandlung wegen besonderer Umstände notwendig war (BPatGE **11,** 109, 111), grundsätzlich auch nur die Reisekosten einer Person, vgl. dazu BPatGE **4,** 139, 142. Die Kosten der Reise eines Beteiligten zu einem Verhandlungstermin können jedoch anstelle und bis zur Höhe der Kosten einer Reise des Beteiligten zur Unterrichtung seines Verfahrensbevollmächtigten an dessen Wohnort als erstattungsfähig angesehen werden, wenn die Information erst am Terminsort stattfindet, BPatGE **11,** 109, 112; **21,** 88, 90. Bei der Berechnung der Höhe der Reisekosten sind die §§ 9, 10 ZuSEntschG (jetzt §§ 5 JEVG) heranzuziehen, BPatGE **21,** 88, 91.

50 Die Kosten für **Vervielfältigungen von druckschriftlichen Entgegenhaltungen** werden in Höhe der von der zuständigen Stelle des DPMA berechneten Sätze (jetzt Kostenverzeichnis zur DPMA-VerwaltungskostenV, vgl. Erl. vor § 17) als erstattungsfähig angesehen, wenn die betreffenden Druckschriften in den Gründen der Entscheidung verwertet wurden, UrkBeamt. BPatG Mitt. **66,** 123. Auch die Kosten für Ablichtungen der wesentlichen Teile der Erteilungsakten kann der Einsprechende erstattet verlangen, BPatGE **15,** 49, 50 unter Aufgabe der abw. Ansicht in BPatGE **5,** 230. Die Kosten für sonstige Ablichtungen oder Abschriften, insbesondere von Schriftsätzen, die aus Gründen der Zeitersparnis gefertigt werden, sind nicht erstattungsfähig, UrkBeamt. BPatG Mitt. **66,** 123, 124. Für Fotokopierkosten kann keine Mehrwertsteuer angesetzt werden, auch wenn der Anwalt die Kopien beschafft hat, BPatGE **18,** 189, 195. Die Kostenerstattung für notwendige Privatgutachten ist der Höhe nach nicht durch die Sätze des Gesetzes über die Entschädigung von Zeugen und Sachverständigen oder durch die einverständlich bestimmte besondere Entschädigung des gerichtlichen Sachverständigen beschränkt, BPatGE **25,** 155, 157f. Wegen des Übergangs zu elektronischen Dokumenten und zur elektronischen Akte sind die Bedingungen moderner Vervielfältigungstechniken zu beachten (z. B. Dokumentenpauschale nach dem Kostenverzeichnis zur DPMA-VerwaltungskostenV für elektronische Dateien).

51 Für die **eigene Mühewaltung** oder für die Tätigkeit seiner Angestellten kann ein Beteiligter grundsätzlich **keine Entschädigung** verlangen, PA Mitt. **27,** 80 (angestellter Ingenieur); UrkBeamt. BPatG Mitt. **66,** 123 (angestellter Patentanwalt); BPatGE **9,** 137. Für eine **Zeitversäumnis** eines Beteiligten oder eines Angestellten wird in der Regel nichts erstattet, PA Mitt. **27,** 80; GRUR **34,** 455. Gegen die entsprechende Anwendung des § 91 Abs. 2 Satz 2 ZPO bestehen zwar grundsätzlich keine Bedenken, BPatGE **9,** 137, 140. Es muss dann aber dargetan und glaubhaft gemacht werden, dass durch die Zeitversäumnis bestimmte Aufwendungen entstanden sind, etwa durch eine vertragsmäßige Verpflichtung zur Vergütung einer von dem Angestellten wegen der Zeitversäumung zu leistenden Mehrarbeit oder durch die Einstellung einer bezahlten Ersatzkraft, BPatGE **9,** 137, 142. Für den Arbeitsausfall eines Angestellten durch die Teilnahme an der mündlichen Verhandlung kann nicht eine Entschädigung durch Ansatz eines der Zeitversäumnis entsprechenden Gehaltsanteils des Angestellten geltend gemacht werden, BPatGE **9,** 137. Auch Gehaltsaufwendungen für die mit der Verfahrensbearbeitung befasst gewesenen Angestellten können nicht als erstattungsfähig angesehen werden, BPatGE **12,** 71.

52 Materialunkosten des kostenerstattungsberechtigten Beteiligten, die durch das Verfahren entstanden sind, sind auch dann zu berücksichtigen, wenn sie nur geringfügig gewesen sind, BPatGE **11,** 71, 76.

53 **c) Sonstiges.** Die **Kosten einer Recherche** sind erstattungsfähig, wenn die Recherche für erforderlich gehalten werden durfte, BPatGE **8,** 181; vgl. auch OLG Nürnberg Mitt. **63,** 144 sowie OLG München, Mitt. **89,** 93 (für Verletzungsprozess). Die Notwendigkeit ist in der Regel nicht zu bezweifeln, wenn die ermittelten Druckschriften Einfluss auf die Entscheidung gehabt haben, BPatGE **3,** 127; **5,** 230, 232; **8,** 181, 182 (GebrM-Löschungsverf.). Die Kosten einer Recherche in einem bestimmten Land sind indes in voller Höhe auch dann erstattungsfähig, wenn nur einzelne der dort ermittelten Druckschriften für die Entscheidung von Bedeutung waren; eine Aufteilung der Kosten im Verhältnis der Zahl der Druckschriften, die zur Fällung der Entscheidung beigetragen haben, zur Zahl der Druckschriften, bei denen dies nicht der Fall war, ist normalerweise nicht gerechtfertigt, BPatGE **5,** 230. Die Kosten einer (notwendigen) Recherche sind auch dann erstattungsfähig, wenn der vertretende Patentanwalt die Recherche eigenhändig vorgenommen hat, BPatGE **5,** 142; OLG Karlsruhe, GRUR **83,** 205; OLG München, Mitt. **89,** 93. Für die eigenen Nachforschungen des vertretenden Patentanwalts kann ein Stundensatz zugrunde gelegt werden, der sich im Rahmen der Sätze des ZuSEntschG (jetzt JEVG) hält, BPatGE **16,** 229. Ob eine Recherche notwendig ist, ist nicht rückschauend, sondern vom Zeitpunkt ihrer Einleitung her zu beurteilen. Ungewöhnlich hohe Aufwendungen sind näher zu spezifizieren, BPatGE **23,** 22, 23. Mehrere Verfahren betreffende Recherchen können in den jeweiligen Verfahren nur teilweise geltend gemacht werden, BPatGE **26,** 54,

55f. Sind die Kosten einer Recherche für einen Verletzungsrechtsstreit für nicht erstattungsfähig erklärt worden, können sie auch dann nicht vor dem Patentamt oder Patentgericht geltend gemacht werden, wenn die Recherche auch für ein hier anhängiges Verfahren durchgeführt worden ist, BPatGE **25,** 59.

Die **Kosten für die Übersetzung** der für das Verfahren wesentlichen Schriftsätze sind grundsätzlich und insbesondere dann erstattungsfähig, wenn die Übersetzertätigkeit eines einen Ausländer vertretenden Patentanwalts eine über seinen normalen Tätigkeitsbereich erheblich hinausgehende Mühewaltung darstellt, BPatG Mitt. **72,** 197; BPatGE **15,** 49, 51f.; **25,** 4 (GebrM). Kosten für Übersetzungen in die Sprache einer ausländischen Partei sind dann nicht erstattungsfähig, wenn diese Partei neben einem deutschen Anwalt auch durch einen Verkehrsanwalt vertreten war, BPatGE **25,** 103, 104f. Die Schwierigkeit einer Übersetzung ist nach objektiven Maßstäben zu beurteilen (englische Patentschrift), BPatGE **27,** 155, 157. Aufwendungen für Demonstrationshilfen in der mündlichen Verhandlung sind grundsätzlich nicht erstattungsfähig, auch wenn sie sachdienlich sind, BPatG Bl. **86,** 39. Die Kosten des von einem Beteiligten eingeholten Rechtsgutachtens sind in der Regel nicht erstattungsfähig, es sei denn, es handelt sich um fremdes Recht oder um Spezialfragen entlegener Rechtsgebiete, OLG München, Mitt. **91,** 175. Zur Erstattungsfähigkeit der Kosten von Privatgutachten vgl. auch B/L/A/L ZPO 63. Aufl., Rdn. 101 zu § 91 ZPO. 54

5. Kostenfestsetzung. Die Kostenfestsetzung im Sinne des § 80 Abs. 4 betrifft die einem Beteiligten von einem anderen Beteiligten auf Grund der ergangenen Kostenentscheidung zu erstattenden Kosten. Die Festsetzung der einem Rechtsanwalt von seinem Auftraggeber zu entrichtenden Vergütung ist in § 11 RVG geregelt. Für Patentanwälte kommt eine Festsetzung gegenüber dem eigenen Mandanten mangels gesetzlicher Gebührenordnung nicht in Betracht, BPatGE **9,** 272; **18,** 164. 55

Für das Kostenfestsetzungsverfahren gelten die Vorschriften der §§ 103–107 ZPO entsprechend, die wie folgt lauten (o. k.):

§ 103. (1) Der Anspruch auf Erstattung der Prozeßkosten kann nur auf Grund eines zur Zwangsvollstreckung geeigneten Titels geltend gemacht werden.

(2) Das Gesuch um Festsetzung des zu erstattenden Betrages ist bei der Geschäftsstelle des Gerichts des ersten Rechtszuges anzubringen. Die Kostenberechnung, ihre zur Mitteilung an den Gegner bestimmte Abschrift und die zur Rechtfertigung der einzelnen Ansätze dienenden Belege sind beizufügen.

§ 104. (1) Über den Festsetzungsantrag entscheidet das Gericht des ersten Rechtszuges. Auf Antrag ist auszusprechen, daß die festgesetzten Kosten vom Eingang des Festsetzungsantrags, im Falle des § 105 Abs. 2 von der Verkündung des Urteils ab mit fünf Prozentpunkten über dem Basiszinssatz nach § 247 des Bürgerlichen Gesetzbuchs zu verzinsen sind. Die Entscheidung ist, sofern dem Antrag ganz oder teilweise entsprochen wird, dem Gegner des Antragstellers unter Beifügung einer Abschrift der Kostenrechnung von Amts wegen zuzustellen. Dem Antragsteller ist die Entscheidung nur dann von Amts wegen zuzustellen, wenn der Antrag ganz oder teilweise zurückgewiesen wird; im übrigen ergeht die Mitteilung formlos.

(2) Zur Berücksichtigung eines Ansatzes genügt, daß er glaubhaft gemacht ist. Hinsichtlich der einem Rechtsanwalt erwachsenen Auslagen für Post- und Telekommunikationsdienstleistungen genügt die Versicherung des Rechtsanwalts, daß diese Auslagen entstanden sind. Zur Berücksichtigung von Umsatzsteuerbeträgen genügt die Erklärung des Antragstellers, daß er die Beträge nicht als Vorsteuer abziehen kann.

(3) Gegen die Entscheidung findet sofortige Beschwerde statt. Das Beschwerdegericht kann das Verfahren aussetzen, bis die Entscheidung, auf die der Festsetzungsantrag gestützt wird, rechtskräftig ist.

§ 105 Vereinfachter Kostenfestsetzungsbeschluss

(1) Der Festsetzungsbeschluss kann auf das Urteil und die Ausfertigungen gesetzt werden, sofern bei Eingang des Antrags eine Ausfertigung des Urteils noch nicht erteilt ist und eine Verzögerung der Ausfertigung nicht eintritt. Erfolgt der Festsetzungsbeschluss in der Form des § 130b, ist er in einem gesonderten elektronischen Dokument festzuhalten. Das Dokument ist mit dem Urteil untrennbar zu verbinden.

(2) Eine besondere Ausfertigung und Zustellung des Festsetzungsbeschlusses findet in den Fällen des Absatzes 1 nicht statt. Den Parteien ist der festgesetzte Betrag mitzuteilen, dem Gegner des Antragstellers unter Beifügung der Abschrift der Kostenberechnung. Die Verbindung des Festsetzungsbeschlusses mit dem Urteil soll unterbleiben, sofern dem Festsetzungsantrag auch nur teilweise nicht entsprochen wird.

(3) Eines Festsetzungsantrags bedarf es nicht, wenn die Partei vor der Verkündung des Urteils die Berechnung ihrer Kosten eingereicht hat; in diesem Fall ist die dem Gegner mitzuteilende Abschrift der Kostenberechnung von Amts wegen anzufertigen.

§ 106 Verteilung nach Quoten

(1) Sind die Prozeßkosten ganz oder teilweise nach Quoten verteilt, so hat nach Eingang des Festsetzungsantrags das Gericht den Gegner aufzufordern, die Berechnung seiner Kosten binnen einer Woche bei Gericht einzureichen. Die Vorschriften des § 105 sind nicht anzuwenden.

(2) Nach fruchtlosem Ablauf der einwöchigen Frist ergeht die Entscheidung ohne Rücksicht auf die Kosten des Gegners, unbeschadet des Rechts des letzteren, den Anspruch auf Erstattung nachträglich geltend zu machen. Der Gegner haftet für die Mehrkosten, die durch das nachträgliche Verfahren entstehen.

§ 107. (1) Ergeht nach der Kostenfestsetzung eine Entscheidung, durch die der Wert des Streitgegenstandes festgesetzt wird, so ist, falls diese Entscheidung von der Wertberechnung abweicht, die der Kostenfestsetzung zugrunde liegt, auf Antrag die Kostenfestsetzung entsprechend abzuändern. Über den Antrag entscheidet der Urkundsbeamte der Geschäftsstelle des Gerichts des ersten Rechtszuges.

(2) Der Antrag ist binnen der Frist von einem Monat bei der Geschäftsstelle anzubringen. Die Frist beginnt mit der Zustellung und, wenn es einer solchen nicht bedarf, mit der Verkündung des den Wert des Streitgegenstandes festsetzenden Beschlusses.

(3) Die Vorschriften des § 104 Abs. 3 sind anzuwenden.

56 Zu der entsprechenden Anwendung der Vorschriften der Zivilprozessordnung ist im Einzelnen folgendes zu bemerken: Als zur Vollstreckung geeigneter Titel im Sinne des § 103 Abs. 1 ZPO kann nur die unanfechtbar gewordene Kostenentscheidung angesehen werden, BPatGE **2,** 114, 116. Die Kosten können daher erst festgesetzt werden, wenn die Kostenentscheidung unanfechtbar geworden ist, BPatGE **2,** 114; **21,** 27.

57 Zuständig für die **Festsetzung der Kosten** des patentgerichtlichen Beschwerdeverfahrens war der Urkundsbeamte der Geschäftsstelle des Bundespatentgerichts, BGH GRUR **68,** 447 – Flaschenkasten, jetzt der **Rechtspfleger** (§ 23 Abs. 1 Nr. 12 RechtspflG). Dem Antragsgegner ist zumindest dann vor der Festsetzung Gelegenheit zur Äußerung zu geben, wenn andere als die Regelgebühren der PatAnwGebO für die Mitwirkung eines Patentanwalts festgesetzt werden sollen, BPatGE **7,** 41. Erinnerungen gegen den Kostenfestsetzungsbeschluss des Rechtspflegers (§ 23 Abs. 2 RechtspflG) sind bei dem Senat einzulegen, dessen Rechtspfleger den Beschluss erlassen hat. Ein Beschwerdesenat hat über die Erinnerung in der Besetzung mit drei rechtskundigen Mitgliedern zu entscheiden, BPatGE **9,** 220. Deshalb ist im Rahmen der Geschäftsverteilung die Entscheidung über die Erinnerungen in Angelegenheiten, in denen in der Hauptsache Technische Beschwerdesenate zuständig waren, einem Senat mit rechtskundigen Mitgliedern zugewiesen worden, vgl. dazu den jeweiligen Geschäftsverteilungsplan des Patentgerichts. Derzeit ist dafür der 10. (Juristische) Beschwerdesenat dafür zuständig. Durch die Eröffnung des Insolvenzverfahrens über das Vermögen des Antragstellers wird das Kostenfestsetzungsverfahren unterbrochen, BGH GRUR **65,** 621, 622 – Patentanwaltskosten (auf der Grundlage der Konkursordnung).

58 Bei der Kostenfestsetzung ist ein Ausgleich nicht erstattungsfähiger Rechnungsposten durch andere erstattungsfähige, aber nicht geforderte Kosten von Amts wegen zulässig, wenn die in Betracht kommenden Einzelposten aus dem gleichen Sachverhalt entstanden sind; Reisekosten der Partei und Kosten einer Recherche sind nicht ausgleichsfähig mit Teilen der Verfahrens- und der Verhandlungsgebühr, BPatGE **18,** 189. Die Frage, ob im Erinnerungsverfahren im Wege der Nachliquidation die Festsetzung weiterer, bisher nicht geltend gemachter Kosten verlangt werden kann ist in BPatGE **16,** 229 und **18,** 201, 207 bejaht worden.

59 **6. Zwangsvollstreckung aus Kostenfestsetzungsbeschlüssen.** Auch hierfür gelten die Vorschriften der Zivilprozessordnung entsprechend. Zu erwähnen sind insbesondere die §§ 794, 795, 795 a, 798 ZPO, die, soweit sie hier in Betracht kommen, wie folgt lauten: (o. k.)

§ 794. (1) Die Zwangsvollstreckung findet ferner statt:

...

2. aus Kostenfestsetzungsbeschlüssen;

...

§ 795. Auf die Zwangsvollstreckung aus den in § 794 erwähnten Schuldtiteln sind die Vorschriften der §§ 724 bis 793 entsprechend anzuwenden, soweit nicht in den §§ 795 a bis 800 abweichende Vorschriften enthalten sind. Auf die Zwangsvollstreckung aus den in § 794 Abs. 1 Nr. 2, erwähnten Schuldtiteln ist § 720 a entsprechend anzuwenden, wenn die Schuldtitel auf Urteilen beruhen, die nur gegen Sicherheitsleistung vorläufig vollstreckbar sind.

§ 795 a. Die Zwangsvollstreckung aus einem Kostenfestsetzungsbeschlusse, der nach § 105 auf das Urteil gesetzt ist, erfolgt auf Grund einer vollstreckbaren Ausfertigung des Urteils; einer besonderen Vollstreckungsklausel für den Festsetzungsbeschluß bedarf es nicht.

§ 798. Aus einem Kostenfestsetzungsbeschluss, der nicht auf das Urteil gesetzt ist, aus Beschlüssen nach § 794 Abs. 1 Nr. 2 a und § 794 Abs. 1 Nr. 4 b sowie aus den nach § 794 Abs. 1 Nr. 5 aufgenommenen Urkunden darf die Zwangsvollstreckung nur beginnen, wenn der Schuldtitel mindestens eine Woche vorher zugestellt ist.

2. Nichtigkeits- und Zwangslizenz-Verfahren

Vorbemerkungen

1. Allgemeines. *Literatur (Auswahl, zeitlich geordnet):* Schmieder, Der Patentverzicht im Nichtigkeitsverfahren, GRUR **80,** 74ff.; Jestaedt, Patentschutz u. öffentliches Interesse, in FS F. Traub (1994), S. 141ff.; Pitz, Das Verhältnis von Einspruchs- und Nichtigkeitsverfahren nach deutschem und europäischem Recht (1994); Pitz, Die Entwicklung der Nichtigkeitsklage vom patentamtlichen Verwaltungsverfahren zum zivilprozessualen Folgeverfahren, GRUR **95,** 231ff.; Dihm, Die Klarstellung von Patentansprüchen im Nichtigkeitsverfahren, GRUR **95,** 295ff.; Pakuscher, Zur Zuständigkeit des BGH und des BPatG im Patentnichtigkeitsverfahren, GRUR **95,** 705ff.; Jestaedt, Prozeßförderungs- und Mitwirkungspflichten im Patentnichtigkeitsverfahren, in FS H. Piper (1996), S. 695ff.; Rogge, Die Zuständigkeit des BGH als Berufungsinstanz i. Patentnichtigkeitsverfahren – ein alter Zopf?, in FS W. Odersky (1996), S. 639ff.; Walter, Die objektive Rechtskraft des Urteils im Patentnichtigkeitsprozeß, GRUR **01,** 1032ff.; Keukenschrijver, Europäische Patente mit Wirkung für Deutschland, GRUR **03,** 177ff.; Keukenschrijver, Das Patentnichtigkeits- und Nichtigkeitsberufungsverfahren, 2. Aufl. (2005) – vgl. auch Literaturhinweise zum Berufungsverfahren bei Vorbem. zu § 110, Rdn. 1. 1

Das Nichtigkeitsverfahren ist auf die Überprüfung und gegebenenfalls rückwirkende Beseitigung eines Verwaltungsaktes (Patenterteilung) aus den in § 22 genannten Gründen gerichtet und entspricht insoweit einem Verwaltungsstreitverfahren (vgl. auch BVerwGE **8,** 350), von dem es sich jedoch gemäß der konkreten gesetzlichen Ausgestaltung ganz wesentlich dadurch unterscheidet, dass der Prozess zwischen gleichgeordneten Personen bürgerlichen Rechts (Nichtigkeitskläger und Patentinhaber) und ohne Mitwirkung der betroffenen Verwaltungsbehörde (Patentamt) durchgeführt wird. Dementsprechend sind neben den Sonderbestimmungen des Patentgesetzes allgemein die Vorschriften des GVG und der ZPO anwendbar, soweit dies nicht wegen der Besonderheiten des Verfahrens ausgeschlossen ist (§ 99 Abs. 1). 2

Die das „Nichtigkeits- und Zwangslizenz-Verfahren" in erster Instanz betreffenden §§ 81–85 haben ihre jetzige Form (als frühere §§ 37–41) zunächst im Wesentlichen durch das 6. ÜG (1961) im Zusammenhang mit der Errichtung des Bundespatentgerichts (vgl. Einl. PatG Rdn. 18) erhalten. Spätere Änderungen von Gewicht betrafen die Einführung von Schutzzertifikaten und die Anwendung der Vorschriften des Nichtigkeitsverfahrens auch auf diese gem. § 16a durch Änderungsgesetz v. 23. 3. 1993 (BGBl. I S. 366); – eine stärkere Anpassung des Nichtigkeitsverfahrens an die Bestimmungen der ZPO mit Wegfall des früheren Vorschaltverfahrens beim BPatG zur Prüfung der Zulässigkeit der Berufung und Einführung einer fristgebundenen Berufungsbegründung (§§ 110, 111) durch das 2. PatÄndG v. 16. 7. 1998 (BGBl. I S. 1827); – die Einführung von Wertgebühren auch für das erstinstanzliche Verfahren gemäß dem neuen PatKostG sowie Lösung der zwingenden Abhängigkeit wirksamer Klageerhebung von der Einzahlung einer Tarifgebühr (früher § 81 Abs. 6; s. u. Rdn. 20) durch das Gesetz zur Bereinigung von Kostenregelungen v. 13. 12. 2001 (BGBl. I S. 3656); – und schließlich eine weitgehende Neugestaltung der Gerichts- und Anwaltskosten durch das Kostenrechtsmodernisierungsgesetz v. 5. 5. 2004 (BGBl. I S. 718). Im Rahmen weitergehender Reformbemühungen ist gelegentlich vorgeschlagen worden, das Nichtigkeitsverfahren in erster Instanz vor dem Patentamt beginnen zu lassen und erst in zweiter Instanz vor das Bundespatentgericht zu bringen (vgl. Pakuscher, GRUR **77,** 371, 372). Das läuft jedoch der bisherigen geschichtlichen Entwicklung zuwider und trägt nicht dem Umstand Rechnung, dass das Nichtigkeitsverfahren von vornherein auf eine Überprüfung einer bereits vorliegenden Entscheidung des Patentamts (Erteilungsbeschluss und gegebenenfalls Einspruchsentscheidung gem. §§ 21, 61) gerichtet ist und daher in einem erweiterten Sinne auch als Rechtsmittel angesehen werden kann. Andererseits könnte so der BGH entlastet und auf revisionsrechtliche Aufgaben beschränkt werden ohne dass auf eine zweite Tatsacheninstanz verzichtet werden müsste, vgl. dazu Rogge in FS W. Odersky (1996), S. 639ff. 3

2. Übersicht über die Verfahrensbestimmungen und die Erläuterungen dazu. Die materiellrechtlichen Bestimmungen über die Vernichtung eines Patents und die Erteilung einer Zwangslizenz finden sich im Wesentlichen in den §§ 22 u. 24. Die §§ 81–85 bringen dazu 4 einige vorwiegend verfahrensrechtliche Bestimmungen, und zwar die §§ 81–84 einige die beide Verfahren gleichermaßen geltende Bestimmungen über die Klagerhebung (§ 81 Abs. 1–5), die Sicherheitsleistung im Ausland wohnender Kläger (§ 81 Abs. 6), die Einlassung des Beklagten und die mündliche Verhandlung (§§ 82, 83), die Form der Entscheidung (§ 84 Abs. 1) und die Kosten (§ 84 Abs. 2), § 85 außerdem einige besondere Bestimmungen über die einstweilige Verfügung (Abs. 1–5) und die vorläufige Vollstreckbarkeit (Abs. 6) im Zwangslizenzverfahren. Weitere für die drei Verfahren wesentliche Bestimmungen finden sich an anderen Stellen des Gesetzes, insbesondere in den §§ 65–69 (Zuständigkeit und Besetzung der Nichtigkeitssenate), § 69 (Öffentlichkeit der Verhandlung, Sitzungspolizei), § 70 (Beschlussfassung), in den „Gemeinsamen Verfahrensvorschriften" der §§ 86–99 (vor allem § 87 Prinzip der Amtsermittlung, § 88 Beweiserhebung, §§ 89–92 mündliche Verhandlung, § 93 Urteilsfindung, § 94 Erlass der Entscheidungen, §§ 95, 96 Berichtigungen, § 97 Bevollmächtigte, § 99 Ergänzung durch GVG und ZPO), ferner in den „Gemeinsamen Vorschriften" des 7. Abschnitts (§ 123 Wiedereinsetzung, § 124 Wahrheitspflicht, § 125 Einreichung von Druckschriften, § 126 Amtssprache, § 127 Zustellungen, § 128 Rechtshilfe) und in dem 8. Abschnitt „Verfahrenskostenhilfe" (§ 132 mit §§ 133–137); die spezielle Vorschrift für die Akteneinsicht in Nichtigkeitsakten ist an die allgemeinen Vorschriften für die Akteneinsicht beim Patentgericht angehängt (§ 99 Abs. 3 Satz 3). Das Rechtsmittelverfahren ist im 2. Unterabschnitt „Berufungsverfahren" (§§ 110–121) und 3. Unterabschnitt „Beschwerdeverfahren" (§ 122) des 6. Abschnitts „Verfahren vor dem BGH" geregelt.

5 Bei der **Erläuterung** des Rechts der Nichtigkeiterklärung und Zwangslizenzregelung ist eine reinliche Scheidung zwischen materiellem Recht und Verfahrensrecht oft nicht am Platze. Deshalb sind die mit den materiellrechtlichen Fragen eng zusammenhängenden verfahrensrechtlichen Fragen, namentlich auch die Grundsatzfragen, bereits bei den §§ 22, 24 erörtert. Auf diese Erläuterungen wird hier verwiesen, insbesondere auf **§ 22** Rdn. 8 (Allgemeines zum Nichtigkeitsverfahren), Rdn. 16 (die Nichtigkeitsgründe als Klagegründe), Rdn. 31–47 (Klagebefugnis und Ausschluss der Klagebefugnis), Rdn. 64–71 (prozessuale Schranken der Prüfung, Maßgeblichkeit der Anträge, Klagänderungen und Klagerweiterungen), Rdn. 72–74 (Prüfung von Amts wegen, Beweislast), Rdn. 95, 96 (Rechtskraftwirkung der Klageabweisung), – **§ 24** Rdn. 9–13 (Voraussetzungen der Zwangslizenzklage), Rdn. 28–30 (Erteilung der Zwangslizenz), Rdn. 35, 36 (Verfahren wegen Erteilung der Zwangslizenz), Rdn. 42 (Änderungsklage). Wegen der oben bei Rdn. 4 aufgeführten, hier einschlägigen verfahrensrechtlichen Bestimmungen außerhalb der §§ 81–85 wird auf die Erläuterungen zu den aufgeführten Bestimmungen verwiesen. Die folgenden Erläuterungen zu den §§ 81–85 beschränken sich im Wesentlichen auf den Inhalt dieser Bestimmungen. Darüber hinaus sind bei § 81 u.a. die Nebenintervention, die Verbindung und Trennung von Klagen, die Unterbrechung und Aussetzung des Verfahrens, die Klagrücknahme, die Erledigung der Hauptsache und der Vergleich, bei § 84 die Wiederaufnahme des Verfahrens erörtert.

6 **3. Entsprechend anwendbar sind die §§ 81 ff.** auf die Erteilung einer Zwangslizenz an Gebrauchsmustern, s. § 24 Rdn. 7 und auf die Nichtigerklärung von ergänzenden Schutzzertifikaten, §§ 16a Abs. 2, 81 Abs. 1. Die gleichen Bestimmungen gelten unmittelbar auch für die bei Anmeldung vor dem 3. 10. 1990 noch nach altem DDR-Recht erteilten deutschen Patente, § 5 ErstrG in Verb. mit dem Einigungsvertrag (Anlage I Kap. III Sachgebiet E Abschn. II Nr. 1 § 3) sowie für die mit Wirkung für das Gebiet der Bundesrepublik Deutschland erteilten europäischen Patente, Art. 2 Abs. 2 u. Art. 138 EPÜ. Alle noch beim früheren DDR-Patentamt anhängig gewesenen Nichtigkeitsverfahren sind auf das BPatG übergegangen, § 51 Abs. 1 ErstrG.

81 *Erhebung der Klage, Ausländersicherheit.* (1) [1]**Das Verfahren wegen Erklärung der Nichtigkeit des Patents oder des ergänzenden Schutzzertifikats oder wegen Erteilung oder Rücknahme der Zwangslizenz oder wegen der Anpassung der durch Urteil festgesetzten Vergütung für eine Zwangslizenz wird durch Klage eingeleitet.** [2]**Die Klage ist gegen den im Register als Patentinhaber Eingetragenen oder gegen den Inhaber der Zwangslizenz zu richten.** [3]**Die Klage gegen das ergänzende Schutzzertifikat kann mit der Klage gegen das zugrundeliegende Patent verbunden werden und auch darauf gestützt werden, daß ein Nichtigkeitsgrund (§ 22) gegen das zugrundeliegende Patent vorliegt.**

(2) **Klage auf Erklärung der Nichtigkeit des Patents kann nicht erhoben werden, solange ein Einspruch noch erhoben werden kann oder ein Einspruchsverfahren anhängig ist.**

(3) Im Falle der widerrechtlichen Entnahme ist nur der Verletzte zur Erhebung der Klage berechtigt.

(4) [1]Die Klage ist beim Patentgericht schriftlich zu erheben. [2]Der Klage und allen Schriftsätzen sollen Abschriften für die Gegenpartei beigefügt werden. [3]Die Klage und alle Schriftsätze sind der Gegenpartei von Amts wegen zuzustellen.

(5) [1]Die Klage muß den Kläger, den Beklagten und den Streitgegenstand bezeichnen und soll einen bestimmten Antrag enthalten. [2]Die zur Begründung dienenden Tatsachen und Beweismittel sind anzugeben. [3]Entspricht die Klage diesen Anforderungen nicht in vollem Umfang, so hat der Vorsitzende den Kläger zu der erforderlichen Ergänzung innerhalb einer bestimmten Frist aufzufordern.

(6) [1]Kläger, die ihren gewöhnlichen Aufenthalt nicht in einem Mitgliedstaat der Europäischen Union oder einem Vertragsstaat des Abkommens über den Europäischen Wirtschaftsraum haben, leisten auf Verlangen des Beklagten wegen der Kosten des Verfahrens Sicherheit; § 110 Abs. 2 Nr. 1 bis 3 der Zivilprozessordnung gilt entsprechend. [2]Das Patentgericht setzt die Höhe der Sicherheit nach billigem Ermessen fest und bestimmt eine Frist, innerhalb welcher sie zu leisten ist. [3]Wird die Frist versäumt, so gilt die Klage als zurückgenommen.

Inhaltsübersicht

I. Vorbemerkung. Von Abs. 3 abgesehen gelten die Bestimmungen gleichermaßen für das Nichtigkeitsverfahren und das Zwangslizenzverfahren. Die Einbeziehung von Schutzzertifikaten erfolgte durch Gesetz v. 23. 3. 1993 (vgl. dazu § 16a nebst Erläuterungen). 1

II. Die Verfahrensbeteiligten. Notwendig am Verfahren beteiligt sind der die Vernichtung des Patents oder Schutzzertifikats oder die Erteilung der Zwangslizenz begehrende Antragsteller als „Kläger" und der Patentinhaber – genauer: der im Register als Patentinhaber Eingetragene (§ 81 Abs. 1 Satz 2) – als „Beklagter". Das Verfahren ist also ein kontradiktorisches Verfahren, ein „Verfahren der streitigen Gerichtsbarkeit mit festen Parteirollen" (H. Tetzner, Kommentar § 37 Anm. 2). Stehen auf der einen oder anderen Seite mehrere Personen, so sind sie Streitgenossen (unten Rdn. 4, 6). Außerdem können sich sowohl auf der einen als auf der anderen Seite Streitgehilfen (Nebenintervenienten) am Verfahren beteiligen (unten Rdn. 8). Das Patentamt bzw. dessen Präsident ist am Verfahren nicht beteiligt und kann sich auch nicht mit eigenen Stellungnahmen in das Verfahren einschalten (anders gem. §§ 76, 77 im Beschwerdeverfahren); dass auch die Nichtigkeitsklage gegen den Patentinhaber (als den sachlich Betroffenen) und nicht gegen das Patentamt (als die patenterteilende Behörde) zu richten ist, entspricht der Rechtstradition, ist sachgerecht und ist auch nicht „rechtstechnisch verfehlt" (anders Völp § 37 Anm. 5). 2

1. Der Kläger. Die auf die sachlichen Voraussetzungen der §§ 21, 22 (oder Art. II § 6 IntPatÜG bei europäischen Patenten und Art. 15 EWG-VO 1768/92 und Art. 15 EG-VO 1610/96 bei Schutzzertifikaten) gestützte Nichtigkeitsklage kann jedermann erheben (Popularklage); vgl. dazu § 22 Rdn. 33; wegen der Ausnahmen, wegen des Erfordernisses eines rechtlichen Interesses an einer Nichtigkeitsklage gegenüber einem erloschenen Patent sowie 3 wegen des Ausschlusses der Klagebefugnis zufolge Nichtangriffsabrede oder Verstoßes gegen Treu und Glauben vgl. § 22 Rdn. 35–47. Zur Nichtigkeitsklage wegen widerrechtlicher Entnahme (§ 22 Abs. 1 i. Verb.m. § 21 Abs. 1 Nr. 3) ist abweichend von den übrigen Fällen wegen der besonderen Rechte nach §§ 7, 8 nur der durch die widerrechtliche Entnahme Verletzte – oder sein Zessionar – berechtigt (§ 81 Abs. 2), vgl. dazu § 22 Rdn. 32. Die Klage auf Erteilung einer Zwangslizenz kann jeder erheben, der selber die Erfindung des beklagten Patentinhabers gewerbsmäßig benutzen will und kann, vgl. § 24 Rdn. 10.

4 Parteifähigkeit und Prozessfähigkeit richten sich nach den allgemeinen Bestimmungen, insbesondere ZPO §§ 50ff. Danach sind z.B. auch juristische Personen (ZPO § 50 Abs. 1) oder offene Handelsgesellschaften (HGB § 124 Abs. 1) zur Klagerhebung befähigt. Auch Ausländer sind klageberechtigt. Wer jedoch – gleich ob Deutscher oder Ausländer – im Inland weder Wohnsitz noch Niederlassung hat, kann zwar eine Klage erheben, die Durchführung des Verfahrens aber nur erreichen, wenn er im Inland einen Patentanwalt oder Rechtsanwalt als Vertreter bestellt hat (§ 25 Satz 1); wegen der Verpflichtung zur Sicherheitsleistung vgl. unten Rdn. 44–47. Klagen mehrere gemeinsam, so sind sie Streitgenossen gemäß ZPO §§ 59ff., RG GRUR **40,** 198; vgl. auch BPatGE **20,** 94 (GebrM-Sache); ob sie als sog. „notwendige" Streitgenossen im Sinne von ZPO § 62 anzusehen wären, ist eine müßige Frage, weil die dort vorausgesetzten anderweitigen Vorschriften der ZPO über die Versäumung von Terminen und Fristen im Nichtigkeitsverfahren ohnehin nicht gelten.

5 Die Nichtigkeitsklage schafft zwischen den Parteien eine Rechtslage von vermögensrechtlichem Charakter, zumindest dann, wenn der Kläger – wie zumeist – Gewerbetreibender ist und die Klage mit Rücksicht auf seinen Gewerbebetrieb erhoben hat; stirbt der Kläger, so geht der Rechtsstreit auf seine Erben über, RG Bl. **06,** 192 = JW **06,** 206 Nr. 31; wird über sein Vermögen das Insolvenzverfahren eröffnet, so gehört das Verfahren zur Insolvenzmasse, vgl. RGZ **141,** 427; BGH GRUR **95,** 394 m.w.N.; wegen der Unterbrechung und der Aufnahme des Verfahrens in diesen Fällen vgl. unten Rdn. 28. Ist Kläger eine Firma, die wegen Vermögenslosigkeit gelöscht wird und, ohne einen Rechtsnachfolger zu haben, tatsächlich zu bestehen aufhört, so wird das Nichtigkeitsverfahren eingestellt, PA Mitt. **38,** 345. Sonstiger Wechsel in der Klägerrolle nach Eintritt der Rechtshängigkeit ist Klagänderung im Sinne von ZPO § 263 und daher nur bei Einwilligung des Beklagten oder Anerkennung der Sachdienlichkeit durch das Gericht zulässig. Maßgeblich sind die objektiven Interessen d. Parteien und d. Rechtspflege insbesondere im Hinblick auf eine mögliche Verzögerung d. Verfahrens, BGH GRUR **96,** 865, 866. Die Anerkennung der Sachdienlichkeit ist nicht anfechtbar, § 268 ZPO, BGH GRUR **87,** 351 (Mauerkasten II). Bei der Zwangslizenzklage ist der nachträgliche Eintritt anderer Kläger in das Verfahren nicht zulässig, RGZ **130,** 360, 362.

6 **2. Der Beklagte.** Wie § 81 Abs. 1 S. 2 ausdrücklich bestimmt, ist die Klage „gegen den im Register als Patentinhaber Eingetragenen" zu richten; nur dieser, nicht der etwa davon verschiedene materiell berechtigte Patentinhaber hat die „passive Prozessführungsbefugnis", BGH GRUR **66,** 107, 108/09; BPatGE **32,** 184, 188 – eine Namensänderung bei Wahrung der Identität schadet nicht, BPatG GRUR **79,** 634 –; vgl. auch § 30 Abs. 3 S. 3. Eine Klage gegen den eingetragenen ausschließlichen Lizenznehmer ist als unzulässig abzuweisen; das gilt auch für das Zwangslizenzverfahren, BGH **96,** 190, 195 – Polyferon. Bei europäischen Patenten ist die Eintragung im deutschen Register entscheidend, BPatG GRUR **92,** 435. Mehrere eingetragene Mitinhaber des Patents sind gemeinsam zu verklagen und sind notwendige Streitgenossen im Sinne von § 62 ZPO, RGZ **76,** 298, 300; BGH GRUR **67,** 655, 656; vgl. auch § 110 Rdn. 2. Hat der Patentinhaber im Inland weder Wohnsitz noch Niederlassung, so kann die Klage gegen ihn auch dann erhoben und durchgeführt werden, wenn er keinen Inlandsvertreter nach § 25 bestellt hat, vgl. RGZ **42,** 92, 94; er selbst kann aber erst nach Bestellung eines Inlandsvertreters wirksam am Verfahren teilnehmen. Ist der im Register Eingetragene verstorben, so ist die Klage gegen seine Erben zu richten; – wenn er nach Eintritt der Rechtshängigkeit stirbt, so ist die Klage entsprechend umzustellen. Soweit keine Unterbrechung oder Aussetzung des Verfahrens erfolgt (dazu unten Rdn. 28) können die Erben auch ohne Registerumschreibung in das Verfahren eintreten; § 30 Abs. 3 Satz 3 ist auf diesen Fall nicht anwendbar, da ein Verstorbener nicht mehr Inhaber von Rechten und Pflichten sein kann; vgl. auch Rogge, GRUR **85,** 734, 735; BPatG GRUR **92,** 19 (zu § 8 Abs. 4 Satz 3 GebrMG – unter Aufgabe seiner früheren Ansicht). Auch ist bei einer gesellschaftsrechtlichen Umwandlung die Rechtsinhaberin unabhängig von der Eintragung in der neuen Rechtsform und unter der neuen Bezeichnung zu verklagen, BPatG GRUR **92,** 19. Unterliegt das mit der Nichtigkeitsklage angegriffene Patent der Verwaltung eines Insolvenzverwalters (Nachlassverwalters, Testamentsvollstreckers), so ist die Klage gleichwohl gegen den im Register als Patentinhaber eingetragenen Schuldner (Erben) zu

richten; zur Führung des Nichtigkeitsstreits auf der Beklagtenseite und damit auch zur Erteilung einer Prozessvollmacht ist jedoch nur der Insolvenzverwalter (Nachlassverwalter, Testamentsvollstrecker) befugt, BGH GRUR **67,** 56 mit krit. Anm. Pietzcker; a. A. auch Zeising, Mitt. **01,** 411, 418 ff.; – wegen der Unterbrechung des Verfahrens bei Insolvenzeröffnung nach Eintritt der Rechtshängigkeit vgl. unten Rdn. 28. Übertragung des Patens und Änderung der Registereintragung haben entspr. § 265 II ZPO keinen Einfluss auf das anhängige Verfahren, BGH GRUR **92,** 430. Die Klage kann im Einvernehmen aller Beteiligten auf d. eingetragenen neuen Patentinhaber umgestellt werden, nicht jedoch gegen dessen Willen, BPatGE **44,** 47.

Die Klage ist gegen den in der Klagschrift als solchen bezeichneten „Beklagten" auch dann wirksam erhoben (und ihm daher auch zuzustellen, vgl. Rdn. 2 zu §§ 82, 83), wenn er nicht der „richtige" Beklagte ist. Die Klage ist aber dann mangels Prozessführungsbefugnis des Beklagten abzuweisen, BGH GRUR **66,** 107, 108/09 mit krit. Anm. Pietzcker, – es sei denn, dass sie im Wege der sog. gewillkürten Parteiänderung gegen den „richtigen" Beklagten umgestellt wird (vgl. dazu Rosenberg/Schwab/Gottwald § 42 III und BGH NJW **62,** 347 Nr. 6; BGHZ **65,** 264, 267 ff.). 7

3. Streitgehilfen. Sowohl zur Unterstützung des Klägers als auch zu der des Beklagten kann ein Dritter dem Verfahren als Streitgehilfe (Nebenintervient) beitreten (ZPO §§ 66 ff.). Voraussetzung ist, dass er ein **„rechtliches Interesse"** daran hat, dass die Partei, der er beitritt, in dem Verfahren obsiegt (ZPO § 66 Abs. 1). Im Nichtigkeitsverfahren ist ein solches rechtliches Interesse nur dann gegeben, wenn hinsichtlich des Streitpatents zwischen dem Nebenintervenienten und entweder dem Nichtigkeitskläger oder dem Patentinhaber eine Rechtsbeziehung besteht, die durch die im Nichtigkeitsverfahren ergehende Entscheidung beeinflusst werden kann, BGHZ **4,** 5, 9 = GRUR **52,** 260, 262; BGH Bl. **62,** 81, 82; vgl. auch für das Gebrauchsmuster-Löschungsverfahren BGH GRUR **68,** 86, 87/88, 91. Z. B. hat ein rechtliches Interesse am Beitritt aufseiten des Nichtigkeitsklägers derjenige, der vom Patentinhaber wegen Patentverletzung verwarnt oder mit der Verletzungsklage überzogen worden ist, RG GRUR **38,** 844; BGHZ **4,** 5, 9 = GRUR **52,** 260, 262; BGH Bl. **62,** 81, 82 (Vorstandsmitglied eines nicht rechtsfähigen Vereins); GRUR **68,** 86, 87/88; PA Mitt. **32,** 58, – und zwar auch dann, wenn er an sich eine eigene Nichtigkeitsklage erheben könnte, RG MuW **31,** 442, – ferner im Nichtigkeitsverfahren nach § 22 Abs. 1 i. Verb. m. § 21 Abs. 1 Nr. 3 der Verletzte, der dem Nichtigkeitskläger den Anspruch aus der widerrechtlichen Entnahme abgetreten hat, PA Bl. **06,** 246. Dass der Beitretende seinen früher im Erteilungsverfahren erhobenen Einspruch zurückgezogen hatte, steht seinem nunmehrigen Beitritt im Nichtigkeitsverfahren nicht entgegen, RG GRUR **38,** 844. Ein rechtliches Interesse am Beitritt aufseiten des Nichtigkeitsbeklagten hat vor allem dessen Lizenznehmer, vgl. BGH GRUR **61,** 572. Ein bloßes wirtschaftliches Interesse genügt nicht, RG GRUR **33,** 135; PA Mitt. **34,** 142. So soll z. B. nicht das Interesse dessen genügen, der eine nach Äußerung des Patentinhabers unter das Streitpatent fallende Benutzung des Patents eines Dritten erst nur beabsichtigt, RG MuW **33,** 419 (kritisch dazu Tetzner § 37 Anm. 3; vgl. auch BGH GRUR **66,** 698, 701 zum „berechtigten Interesse" eines potentiellen Verletzers an der Akteneinsicht); rechtliches Interesse für denjenigen verneint, der nur nach eigener Einschätzung das Patent verletzt, vom Berechtigten aber bisher nicht in Anspruch genommen worden ist, BGHZ **4,** 5, 9; – jedoch ist ein rechtliches Interesse am Beitritt für denjenigen anerkannt worden, der selbst (oder dessen Gesellschaft, deren persönlich haftender Gesellschafter er ist) Gegenstände vertreibt, deretwegen der ihn beliefernde Hersteller vom Patentinhaber wegen Patentverletzung verklagt ist, BGH GRUR **68,** 86, 87/88 (mit Andeutung einer weitherzigeren Auslegung auch in anderer Hinsicht); – und es würde wohl auch für denjenigen anzuerkennen sein, dessen Abnehmer bereits wegen Patentverletzung verklagt sind (vgl. BGH GRUR **66,** 141 und § 22 Rdn. 35 zum „besonderen eigenen Rechtsschutzinteresse" an der Fortführung der Nichtigkeitsklage nach Erlöschen des Streitpatents). 8

Der **Beitritt** eines Streitgehilfen ist nach ZPO § 66 Abs. 2 in jeder Lage des Verfahrens zulässig, auch noch in der Berufungsinstanz, RG GRUR **38,** 844, BGH X ZR 151/01 v. 21. 6. 05; insbesondere auch in Verbindung mit der Einlegung von Berufung oder Anschlussberufung, PA Bl. **10,** 186, – jedoch nicht mehr nach rechtskräftiger Entscheidung der Sache, PA Mitt. **39,** 69, nach Verzicht der Partei auf das Rechtsmittel, PA Bl. **10,** 186, oder nach der Zurücknahme der Klage, vgl. PA Bl. **05,** 24. Gegen die Versäumung rechtzeitigen Beitritts ist Wiedereinsetzung in den vorigen Stand nicht möglich, RG Bl. **33,** 232; PA Mitt. **39,** 69. Der Beitritt erfolgt durch Einreichung eines Schriftsatzes bei dem Patentgericht, im zweiten Rechtszug bei dem BGH; der Beitrittsschriftsatz ist den beiden Parteien von Amts wegen zuzustellen; vgl. im Übrigen zur Form des Beitritts § 70 ZPO. 9

10 Beantragt eine Partei die **Zurückweisung der Nebenintervention** (§ 71 ZPO), so ist darüber – weil es sich nicht um eine Entscheidung „über die Klage" (§ 84 Abs. 1) handelt – nicht durch Zwischenurteil (§ 71 Abs. 2 ZPO), sondern durch Beschluss zu entscheiden, der ohne mündliche Verhandlung ergehen kann (vgl. § 84 Rdn. 2 sowie Rdn. 12 zu §§ 82, 83; vgl. auch schon PA Bl. **06,** 246 sowie BGH Bl. **62,** 81, 82 und die – in der Begründung allerdings überholte – Entscheidung BGHZ **4,** 5, 7f. = GRUR **52,** 260, 261). Ein vom Patentgericht erlassener Beschluss kann jetzt nicht mehr selbstständig, sondern nur noch zusammen mit dem Urteil angefochten werden (§ 110 Abs. 6); hat der Nichtigkeitssenat die Nebenintervention für unzulässig erklärt, so ist der Nebenintervenient damit bis zu einer etwa abweichenden Entscheidung im Berufungsverfahren effektiv aus dem Verfahren ausgeschlossen, da die Regelung des § 71 Abs. 3 ZPO hier nicht gilt (§ 110 Abs. 6). Im Berufungsrechtszug ist dann zunächst für das weitere Verfahren durch Beschluss (s. Rdn. 8 zu § 116) erneut über die Zulässigkeit der Nebenintervention zu entscheiden. Zeigt sich, dass ein Nebenintervenient zu Unrecht aus dem Verfahren ausgeschlossen war, so kann dies entsprechend § 539 ZPO auch zu einer Zurückverweisung des Rechtsstreits an das Patentgericht führen, vgl. Rdn. 5 zu § 116. Die durch den Zulassungsstreit entstandenen Kosten treffen den, der darin unterliegt, – also bei Zulassung des Beitritts den Widersprechenden, BGH Liedl **67/68,** 368, bei Nichtzulassung des Beitritts den Nebenintervenienten, PA Mitt. **34,** 142. Wegen der durch eine zulässige Nebenintervention im Hauptrechtsstreit selbst verursachten Kosten vgl. ZPO § 101 und unten § 84 Rdn. 17; bei „streitgenössischer Nebenintervention" (nachfolgende Rdn. 11) gilt § 101 Abs. 2 mit § 100 ZPO, BGH GRUR **68,** 86, 91.

11 **Der Streitgehilfe ist berechtigt,** Angriffs- und Verteidigungsmittel geltend zu machen und alle Prozesshandlungen wirksam vorzunehmen, soweit nicht seine Erklärungen und Handlungen mit denen der Hauptpartei in Widerspruch stehen (§ 67 ZPO). Er kann insbesondere auch Berufung einlegen, vgl. § 110 Rdn. 2. Er kann aber das Verfahren nicht gegen den Willen der Hauptpartei fortführen, also z. B. nicht, wenn der von ihm unterstützte Kläger die Klage zurücknimmt, BGH GRUR **65,** 297. Auch kann ein Nebenintervenient des beklagten Patentinhabers, wenn dieser den Patentschutz durch beschränkte Verteidigung im Nichtigkeitsverfahren teilweise aufgibt, nicht wirksam den Antrag auf völlige Klagabweisung stellen, BGH GRUR **61,** 572, 574, vgl. § 22 Rdn. 50. Ist die Entscheidung des Nichtigkeitsstreits auf das „Rechtsverhältnis" des Nebenintervenienten des Klägers zum beklagten Patentinhaber „von Wirksamkeit", so ist die Nebenintervention eine sog. „streitgenössische Nebenintervention" im Sinne der §§ 69, 101 Abs. 2 ZPO; das gilt nicht schon dann, wenn der auf Seiten d. Klägers beigetretene Nebenintervenient wegen Patentverletzung in Anspruch genommen worden ist, BGH GRUR **98,** 382, 387; wohl aber, wenn auf Seiten des Patentinhabers dessen ausschließlicher Lizenznehmer beitritt, der seinerseits den Nichtigkeitskläger wegen Patentverletzung in Anspruch genommen hat, BGH Liedl **69/70,** 325; BGH Bausch, BGH 1994–1998, S. 488, 497.

12 Auch die **Streitverkündung** (ZPO §§ 72ff.) ist statthaft, PA MuW **XV,** 246 (dort auch näheres über die Zustellung des Streitverkündungsschriftsatzes).

13 **4. Vertreter.** Ein Vertretungszwang besteht im Nichtigkeits-, Zwangslizenz- und Zurücknahmeverfahren nur für das Berufungs- und Beschwerdeverfahren vor dem BGH (§§ 111 Abs. 4 u. 122 Abs. 4), nicht für die erste Instanz; jedoch *kann* sich ein Beteiligter auch hier in jeder Lage des Verfahrens durch einen Bevollmächtigten vertreten lassen (§ 97 Abs. 1 Satz 1). Es kann durch Beschluss aber auch angeordnet werden, dass ein Bevollmächtigter bestellt werden *muss* (§ 97 Abs. 1 Satz 2). Ferner kann, wer im Inland weder Wohnsitz noch Niederlassung hat, an dem Verfahren nur teilnehmen, wenn er einen Inlandsvertreter bestellt hat (§ 25). Vgl. dazu die Erläuterungen zu § 97 und § 25 sowie oben Rdn. 4, 6. Zur berufsmäßigen Vertretung vor dem Patentgericht sind nur die Patentanwälte (§ 3 Abs. 2 Nr. 2, § 166 PatAnwO), die Rechtsanwälte (§ 3 BRAO), die Erlaubnisscheininhaber (§ 177 PatAnwO) sowie nach Maßgabe des § 155 PatAnwO die Patentassessoren im ständigen Dienstverhältnis befugt, zur Vertretung vor dem BGH nur die Rechtsanwälte und Patentanwälte (§ 111 Abs. 4, § 122 Abs. 4). Für die Vollmacht gelten § 97 Abs. 2, 3 und ferner gemäß § 99 Abs. 1 entsprechend die §§ 80ff. ZPO, vgl. BPatGE **1,** 119, 120. Auch § 89 ZPO betreffend die einstweilige Zulassung eines Vertreters ohne Vollmacht ist entsprechend anwendbar, RG Bl. **14,** 138; vermag der Vertreter die Vollmacht der Partei nicht beizubringen, so ist die von ihm erhobene Klage abzuweisen und er mit den Kosten zu belasten; vgl. BGHZ **121,** 397, 400 u. Zöller Rdn. 11 zu § 88.

III. Die Klage

14 **1. Die Einleitung des Verfahrens** erfolgt durch Klage (§ 81 Abs. 1 S. 1). Mit der „Erhebung der Klage", d. i. mit der Einreichung der Klageschrift bei dem Patentgericht (§ 81 Abs. 4

Satz 1) wird die Sache dort **„anhängig".** Mit der von Amts wegen erfolgenden **Zustellung** (§ 81 Abs. 4 Satz 3) wird sie auch **„rechtshängig"** i. S. d. § 261 Abs. 1 ZPO (ebenso Busse, Rdn. 6 zu § 81). Die Zahlung einer Tarifgebühr ist seit dem 1. 2. 2001 nicht mehr zwingende Voraussetzung wirksamer Klageerhebung. Mit Einreichung der Klage wird jedoch eine **Gerichtsgebühr** fällig (§ 3 Abs. 1 PatKostG); und die Klage soll erst nach Zahlung d. Gebühr zugestellt werden (§ 5 Abs. 1 Satz 3 PatKostG). Es ist daher bei Einreichung der Klage der Streitwert anzugeben (s. § 2 Abs. 2 PatKostG i. Verb. m. § 61 GKG). Zur beschleunigten Abwicklung ist es sinnvoll und üblich, zugleich auch schon eine danach berechnete Gebühr einzuzahlen.

2. Form und Inhalt der Klage. Die Klage ist „**schriftlich** zu erheben" (§ 81 Abs. 4 Satz 1). Das entspricht der für Rechtsmittelschriften (§§ 73 Abs. 2, 110 Abs. 2) und auch in anderen Verfahrensordnungen (vgl. § 81 Abs. 1 Satz 1 VwGO – „schriftlich"; § 253 ZPO – „Klageschrift") üblichen Anforderung. Die Einzelerfordernisse sind im Interesse der Rechtssicherheit grundsätzlich für alle ein Verfahren „bestimmenden" Schriftsätze einheitlich zu beurteilen, Gemeinsamer Senat d. obersten Gerichtshöfe NJW **80,** 172, 173; vgl. auch § 99 Abs. 1. Die Schriftform verlangt grundsätzlich eigenhändige Unterzeichnung, BGHZ **107,** 129, 132 – Widerspruchsunterzeichnung. Das folgt allerdings nicht schon aus dem hier nicht anwendbaren § 126 BGB und gilt auch nicht ausnahmslos, Gemeinsamer Senat aaO S. 174. Die Unterschrift kann ggf. nachgeholt und ihr Fehlen durch rügelose Verhandlung entsprechend § 295 ZPO geheilt werden, vgl. BGH NJW **75,** 1704; Gem. Senat aaO S. 173. Die Unterschriftsform gilt auch für die nach Abs. 5 erforderlichen Angaben. Dabei kann es genügen, dass die erforderlichen Einzelheiten in einer Anlage enthalten sind, welche einem unterschriebenen Begleitschreiben beigefügt ist, von diesem in Bezug genommen und erkennbar durch dessen Unterschrift abgedeckt sein soll, vgl. BPatGE **45,** 14. Klageerhebung durch Telegramm, Telefax und Computerfax würde wohl ebenso wirksam sein wie eine entsprechende Rechtsmitteleinlegung, wird aber kaum vorkommen, da es keine fristgebundene Klage mehr gibt (unten Rdn. 21). Wegen weiterer Einzelheiten kann auf Rdn. 24 ff. zu § 73 und Rdn. 7 zu § 110 sowie auf die einschlägigen Erläuterungen zu §§ 253, 518 ZPO verwiesen werden. Erhebt für den Kläger ein Bevollmächtigter die Klage, so hat er seine Vollmacht beizubringen (§ 97 Abs. 2); Unterlassung ist allerdings bei Rechtsanwalt oder Patentanwalt unschädlich, solange sie nicht von Gegenseite gerügt wird (§ 97 Abs. 3 S. 2). Die Erhebung der Klage zur Niederschrift des Urkundsbeamten der Geschäftsstelle (wie in § 81 Abs. 1 Satz 2 VwGO und § 496 Abs. 2 Satz 1 ZPO) ist nicht vorgesehen. Der Klage sollen Abschriften für den Beklagten beigefügt werden (§ 81 Abs. 4 Satz 2). Die Zustellung an den Beklagten erfolgt von Amts wegen (§ 81 Abs. 4 S. 3, § 82 Abs. 1; vgl. dazu Rdn. 2 zu §§ 82, 83). Als neue Möglichkeit ist in § 125 a auch die Einreichung der Klage auf elektronischem Wege vorgesehen. 15

§ 81 Abs. 5 (dem § 82 VwGO nachgebildet u. § 253 ZPO entsprechend) regelt eingehend den **Inhalt der Klageschrift.** Gefordert wird die Bezeichnung der Parteien und des Streitgegenstandes, die Angabe der zur Begründung dienenden Tatsachen und Beweismittel (als „Muss"-Vorschriften gefasst), sowie ein bestimmter Antrag (als „Soll"-Vorschrift gefasst). Entspricht die Klage nicht diesen Anforderungen, so ist sie gleichwohl wirksam und daher auch zuzustellen (Rdn. 2 zu §§ 82, 83). Zur Behebung von Mängeln ist dem Kläger eine Frist zu setzen (Abs. 5 Satz 3). Werden wesentliche Mängel (Verstöße gegen die „Muss"-Vorschriften, vgl. RGZ **76,** 288, 291) nicht behoben, so wird die an sich wirksam erhobene Klage als unzulässig abzuweisen sein, RG GRUR **16,** 120; – entsprechend für das Beschwerdeverfahren: BPatGer. Mitt. **71,** 93. 16

Außer den Parteien sind ggf. auch ihre gesetzlichen Vertreter zu bezeichnen (§ 253 Abs. 4 i. V. m. § 130 Nr. 1 ZPO) sowie ggf. der Insolvenzverwalter, Nachlassverwalter oder Testamentsvollstrecker, vgl. BGH GRUR **67,** 56, 57. Zur „Bezeichnung des Streitgegenstandes" gehört nicht nur, gegen welches Patent sich die Klage richtet, sondern bei der Nichtigkeitsklage auch, ob die völlige oder nur die teilweise Vernichtung (z. B. nur die Vernichtung einzelner Ansprüche) begehrt wird (§ 22 Rdn. 64) und auf welchen der Klaggründe der §§ 22, 21 das Begehren gestützt wird (§ 22 Rdn. 16), – bei der Zwangslizenzklage auch, ob eine Lizenz für das Patent im ganzen oder nur eine eingeschränkte Lizenz begehrt wird (§ 24 Rdn. 31). Bei der Nichtigkeitsklage gegen ein erloschenes Patent ist das Rechtsschutzinteresse darzulegen (§ 22 Rdn. 35). Ein bestimmter Antrag „soll" zwar in der Klageschrift enthalten sein (Abs. 5 Satz 1), die „endgültige Fassung" wird dem Antrag aber oft erst in der mündlichen Verhandlung gegeben werden können. Ein auf „Feststellung der Nichtigkeit" des Streitpatents gerichteter Klagantrag kann zwanglos in den (bei einer Rechtsgestaltungsklage allein in Betracht kommenden) Antrag auf Nichtigerklärung umgedeutet werden, BGH GRUR **65,** 231, 232. 17

18 Die zur Begründung dienenden Tatsachen und Beweismittel sind möglichst genau anzugeben (Abs. 5 Satz 2; vgl. auch die entsprechende Bestimmung für den Einspruch in § 59 Abs. 1 S. 4 und die Erläuterungen dazu). Der Kläger ist dieser prozessualen Pflicht nicht dadurch enthoben, dass das Gericht hernach den Sachverhalt von Amts wegen und ohne Bindung an das Vorbringen und die Beweisanträge der Parteien zu erforschen hat (§ 87); zur „Mitwirkungspflicht" und „Beweislast" des Klägers vgl. auch § 86 Abs. 1 Satz 1 VwGO, Lüke JZ **66,** 587, 590 sowie Rdn. 74 zu § 22. Bei einer Nichtigkeitsklage genügt z. B. nicht die Behauptung, das Streitpatent sei „mit Rücksicht auf den Stand der Technik" nicht patentfähig; es sind vielmehr bestimmte, nachprüfbare Tatsachen anzugeben, RG GRUR **16,** 120; PA Bl. **94/95,** 246, – also z. B. die dem Streitpatent entgegengehaltenen Druckschriften einzeln und unter Angabe der für die Entgegenhaltung maßgeblichen Stellen zu bezeichnen, bei Behauptung einer offenkundigen Vorbenutzung der angeblich „vorbenutzte" Gegenstand durch Wort und Bild zu beschreiben und substantiierte Angaben über die Vorbenutzungshandlung und deren „Offenkundigkeit" (bzw. „Öffentlichkeit") zu machen (vgl. dazu § 3 Abs. 1 und die dortigen Erläuterungen), oder sonstwie der allgemeine Stand der Technik im Einzelnen darzulegen. Die summarische Nennung von Patentschriften lediglich nach ihren Nummern oder der allgemeine Hinweis auf Schrifttumsstellen genügt hier in der Regel ebenso wenig wie bei der Begründung eines Einspruchs (vgl. dazu BGH Mitt. **72,** 118). Kann der Nichtigkeitskläger dem Streitpatent nur nochmals dasselbe Material entgegenhalten, mit dem er sich schon im Erteilungs- oder Beschwerdeverfahren erfolglos gegen die Patenterteilung gewandt hat, so steht das der Nichtigkeitsklage nicht entgegen (vgl. § 22 Rdn. 33). Die entgegengehaltenen Druckschriften sind, falls im Patentamt und im Patentgericht nicht vorhanden, in der erforderlichen Zahl einzureichen; von fremdsprachigen Druckschriften kann eine Übersetzung verlangt werden (§ 125). Die Angabe von Beweismitteln kommt insbesondere dann in Betracht, wenn eine Nichtigkeitsklage auf offenkundige Vorbenutzung oder widerrechtliche Entnahme gestützt wird; bei Benennung von Zeugen (§ 373 ZPO) ist die genaue Anschrift anzugeben, unter der sie geladen werden können. Die Anforderungen an die Substantiierungspflicht dürfen jedoch auch nicht überspannt werden und nicht zum Vorwand für eine unzulässige vorweggenommene Beweiswürdigung dienen, vgl. BGH GRUR **75,** 254 (zum Fall einer offenkundigen Vorbenutzung). Dem Kläger ist es auch nicht verwehrt, fest zu behaupten, was er nur vermutet, solange er selber daran glaubt und nicht „ins Blaue hinein" behauptet (BGH GRUR **75,** 254, 256). Wegen weiterer Einzelheiten kann auf die zur Einspruchsbegründung ergangene, bei § 59 zitierte und auch hier entsprechend heranzuziehende umfangreiche Rechtsprechung des Bundespatentgerichts verwiesen werden.

19 Mit Abs. 5 Satz 2 wird aber nur ein Inhaltserfordernis für die Klagschrift aufgestellt, nicht eine Beschränkung des Parteivorbringens angeordnet. Weitere klagebegründende Tatsachen und Beweismittel dürfen in Schriftsätzen oder in der mündlichen Verhandlung nachgebracht werden; wegen der Nichtberücksichtigung verspäteten nachträglichen Vorbringens vgl. Rdn. 10 zu §§ 82, 83. Das Gericht kann ggf. auch von Amts wegen zusätzlichen Stand d. Technik heranziehen (s. Rdn. 72 zu § 22 u. Rdn. 9 zu §§ 82/83 sowie § 87).

20 **3. Klagegebühr, Zustellung.** Die Zahlung einer Gebühr ist seit Inkrafttreten (1. 1. 2002) des Kostenbereinigungsgesetzes vom 13. 12. 2001 (BGBl. I 3656) an sich nicht mehr Voraussetzung wirksamer Klageerhebung oder Rechtshängigkeit der Klage; Nichtzahlung kann jedoch zu einer Rücknahmefiktion führen. Mit der Klageerhebung wird ohne weiteres eine Verfahrensgebühr fällig (§ 3 I PatKostG), soweit nicht Verfahrenskostenhilfe bewilligt wird (§130 Abs. 2). Die Gebühr beträgt nach dem Gebührenverzeichnis des PatKostG im Allgemeinen das 4,5fache des einfachen Satzes, der gemäß § 2 II PatKostG in Verbindung mit § 11 II GKG auf der Grundlage eines vorläufig geschätzten oder gerichtlich festgesetzten Streitwerts zu berechnen ist. Die Zustellung (und damit der Fortgang des Verfahrens) erfolgt von Amts wegen (§ 81 Abs. 4 S. 3, § 82), aber erst nach Zahlung der Gebühr (§ 6 II PatKostG; vgl. auch § 12 I GKG). Die gleichwohl zugestellte Klage ist wirksam, gilt aber als zurückgenommen, wenn die Gebühr nicht oder nicht vollständig innerhalb von 3 Monaten ab Fälligkeit gezahlt wird (§ 6 II PatKostG – **Rücknahmefiktion**). Keukenschrijver (Patentnichtigkeitsverfahren, Rdn. 102 und bei Busse, Rdn. 8 zu § 6 PatKostG) hält die Rechtslage für offen und auch die Fiktion der Nichterhebung der Klage für möglich. Dem ist zuzustimmen für den Fall, dass es mangels Gebührenzahlung noch nicht einmal zur Zustellung der Klage, der dadurch bedingten Einbeziehung der Gegenseite in ein Prozessrechtsverhältnis, mithin nicht zur (vollendeten) Klageerhebung und Rechtshängigkeit der Klage (s. o. Rdn. 14) kommt. Nach § 253 Abs. 1 ZPO ist die Klage erst mit ihrer Zustellung erhoben; dementsprechend ist auch erst dann Rücknahme der Klage mit entsprechenden Kostenfolgen nach § 269 ZPO möglich

(streitig; vgl. dazu im Einzelnen Rechtsprechung und Literatur zu § 269 ZPO); ohne weitere Tätigkeit des Gerichts und Einbeziehung der Gegenseite ist eine Kostenregelung zu Lasten des Klägers weder veranlasst noch sachlich gerechtfertigt; es sollte dann Nichterhebung der Klage angenommen und nicht nur (über eine ebenfalls fiktive Klagerücknahme) fingiert werden. – Unklar ist, wann die 3-Monats-Frist für eine Fiktion der Klagerücknahme mangels Gebührenzahlung beginnt. Nach dem Wortlaut des PatKostG (§ 6 Abs. 1 S. 2 i. Verb. m. § 3 Abs. 1) geschieht dies anscheinend mit der bei Einreichung der Klage eintretenden Fälligkeit. Das ist jedoch kaum durchführbar, da eine wertabhängige Gebühr zu zahlen ist, die nach der Höhe des vom Gericht festzusetzenden und ggf. später zu korrigierenden Streitwerts zu berechnen ist (§ 2 Abs. 2 PatKostG i. Verb. m. § 63 GKG). In entsprechender Anwendung des § 6 Abs. 2 GKG wird man Fälligkeit und Fristbeginn daher erst ab Festsetzung des Streitwerts rechnen dürfen. – Rücknahme und Rücknahmefiktion führen zu einer Ermäßigung auf das 1,5fache einer Gebühr.

4. Fristen für die Klagerhebung (Wartefristen oder Ausschlussfristen) sind für die Nichtigkeitsklage und die Zwangslizenzklage nicht mehr vorgesehen. Eine Nichtigkeitsklage kann zwar erst nach rechtskräftiger Erledigung aller Einspruchsverfahren und Ablauf der Einspruchsfrist (§ 81 Abs. 2), frühestens also 3 Monate nach Veröffentlichung der Erteilung des Patents (§ 59 Abs. 1), dann aber jederzeit, ggf. auch noch nach dem Erlöschen des Patents (§ 22 Rdn. 2, 35) erhoben werden. Die Zurückstellung der Nichtigkeitsklage dient der Vermeidung von Doppelarbeit und der Entlastung der zuständigen Gerichte; sie ist außerdem ein geeignetes Mittel zur Vermeidung widersprüchlicher Entscheidungen über die Bestandsfähigkeit des Patents, BGH GRUR **05,** 967, 968 – Strahlungssteuerung. Der **Vorrang des Einspruchsverfahrens** (§ 81 II) gilt entsprechend der allgemeinen Gleichstellung nach Art. 2 EPÜ, Art. II § 6 IntPatÜG auch für europäische Patente, BGH aaO (zumindest bei Übereinstimmung d. Nichtigkeitsgründe mit möglichen Einspruchsgründen); BPatG GRUR **05,** 498; ebenso Keukenschrijver, Patentnichtigkeitsverfahren, Rdn. 94 u. FN 184 m. w. Hinweisen (a. A. Pitz, GRUR **95,** 231, 238; z. T. differenzierend BPatG GRUR **02,** 1045 u.). Die gesetzliche Regelung bietet keine Grundlage für eine abweichende oder differenzierende Behandlung. Im Übrigen besteht auch entgegen Pitz a. a. O. kein hinreichend gewichtiger Bedarf, auch nicht mit Blick auf solche Nichtigkeitsgründe, die im europäischen Einspruchsverfahren nicht berücksichtigt werden können: Die Erweiterung des Schutzbereichs (§ 22 Abs. 1 Halbs. 2, IntPatÜG Art. II § 6 Nr. 4) ist kein Widerrufsgrund, weil sie überhaupt erst nach Patenterteilung im Einspruchsverfahren eintreten könnte, was jedoch nach Art. 123 Abs. 3 EPÜ zu vermeiden ist. Der Nichtigkeitsgrund der widerrechtlichen Entnahme (§ 21 Abs. 1 Nr. 3 mit § 22; IntPatÜG Art. II § 6 Nr. 5) ist zwar kein Widerrufsgrund im europäischen Einspruchsverfahren; der Berechtigte ist jedoch zunächst dadurch hinreichend geschützt, dass er Klage auf Übertragung des Patents erheben, diesen Anspruch ggf. durch einstweilige Verfügung sichern lassen und einer etwaigen Verletzungsklage den Einwand des besseren Rechts entgegensetzen kann, s. o. Rdn. 15 zu § 8 und Benkard, EPÜ, Rdn. 34 zu Art. 138). Bedenklich ist lediglich, dass ein älteres nationales Recht gemäß § 3 Abs. 2 zwar im Nichtigkeitsverfahren im Rahmen des Nichtigkeitsgrundes mangelnder Patentfähigkeit (§ 21 Abs. 1 Nr. 1 mit § 22 Abs. 1, EPÜ Art. 139 Abs. 2, IntPatÜG Art. II § 6 Nr. 1) als neuheitsschädlicher Stand der Technik berücksichtigt werden kann, wohingegen im europäischen Einspruchsverfahren gemäß EPÜ Art. 54 Abs. 2, Art. 100 lit. a) nur ältere europäische Rechte zu berücksichtigen sind; auch dieses Bedenken entfällt, wenn es ein dem älteren nationalen Recht im Wesentlichen entsprechendes europäisches Recht gibt. Eine differenzierende Regelung nach dem Grad der Übereinstimmung, wie sie von BPatG und Keukenschrijver a. a. O. erwogen wird, ist kaum praktikabel und für eine lediglich den Verfahrensablauf regelnde Vorschrift unangemessen kompliziert. Ein etwaiger Verletzungsprozess wäre ggf. nach § 148 ZPO auszusetzen. 21

Für **ergänzende Schutzzertifikate** gibt es kein Einspruchsverfahren und daher auch keinen Vorrang (jeweils Art. 18 Abs. 2 EWG-VO 1768/92 und 1610/96 – Anhang 9, 10). Einspruch gegen inhaltsgleiches Parallelpatent hindert nicht, BPatGE **37,** 213. – Eine **Zwangslizenzklage** kann sogar schon ab Erteilung unabhängig von dem Stand etwaiger Einspruchsverfahren und dann während der ganzen Dauer des Patents erhoben werden. Frühere Wartefristen sind entfallen. Nur die für die Zurücknahmeklage in § 24 Abs. 2 Satz 2 vorgesehene Wartefrist von 2 Jahren seit der rechtskräftigen Erteilung einer Zwangslizenz ist bestehen geblieben. 22

5. Für **Klageänderungen** nach dem Eintritt der Rechtshängigkeit gelten die §§ 263 ff. ZPO, insbesondere §§ 263, 264, 267, entsprechend (§ 99 Abs. 1). Wegen der Klageänderungen bei der Nichtigkeitsklage vgl. § 22 Rdn. 71 u. 16, wegen der Klageänderungen bei der Zwangslizenzklage § 24 Rdn. 35. Wegen des Parteiwechsels vgl. oben Rdn. 5 und 6. 23

24 **6. Klagenverbindung und -trennung.** Durch Abs. 1 Satz 3 ist klargestellt, dass die Nichtigkeitsklage gegen ein ergänzendes Schutzzertifikat (s. § 16a) mit der Klage gegen das entsprechende Grundpatent verbunden werden kann, aber nicht muss. Wegen der Abhängigkeit des Schutzzertifikats vom Schutz des Grundpatents (vgl. § 22 Rdn. 13, 24, 25) wird eine solche Verbindung auch in aller Regel sachgerecht sein. Durch § 81 Abs. 1 Satz 3, 2. Alternative ist zugleich aber auch klargestellt, dass es des gleichzeitigen Vorgehens gegen das Grundpatent auch dann nicht bedarf, wenn das Zertifikat allein mit der Begründung angegriffen wird, es sei ein Nichtigkeitsgrund gegen das Grundpatent gegeben, und zwar auch dann nicht, wenn letzteres noch in Kraft steht, BPatGE **42,** 240, 243, s. auch Rdn. 25 zu § 22.

25 Im Übrigen gilt der allgemeine Grundsatz des § 260 ZPO, dass mehrere Ansprüche des Klägers gegen denselben Beklagten, auch wenn sie auf verschiedenen Gründen beruhen, in *einer* Klage verbunden werden können, auch für das patentgerichtliche Verfahren nach §§ 81 ff. Es kann also mit *einer* Klage begehrt werden z. B. die Vernichtung mehrerer Patente desselben Inhabers (z. B. eines Hauptpatents und eines dazu gehörigen Zusatzpatents), die Vernichtung (oder Teilvernichtung) desselben Patents nach einem oder mehreren der Nichtigkeitsgründe der §§ 21, 22 (vgl. § 22 Rdn. 16). Das Gericht kann jedoch nach § 145 Abs. 1 ZPO die Trennung anordnen, vgl. PA Bl. **06,** 158. Da die Nichtigkeitsklagen aus §§ 22, 21 Abs. 1 Nr. 1, 2, 4 Popularklagen sind (oben Rdn. 3), können sich hier auch mehrere Kläger zu *einer* Klage gegen dasselbe Patent zusammentun (oben Rdn. 4). Nach § 147 ZPO kann ferner auch das Gericht die Verbindung mehrerer, bei ihm anhängiger Verfahren anordnen, so namentlich die Verbindung mehrerer Nichtigkeitsklagen verschiedener Kläger gegen dasselbe Patent, BGH GRUR **60,** 27, 28, oder die Verbindung der gegen ein Hauptpatent und der gegen ein zugehöriges Zusatzpatent erhobenen Klage, vgl. BGH GRUR **59,** 102. Wegen des Beitritts des einen Klägers zum Verfahren des anderen vgl. oben Rdn. 8. Die Entscheidungen über die Verbindung oder Trennung von Verfahren können ohne mündliche Verhandlung durch Beschluss ergehen (Rdn. 12 zu §§ 82, 83); Beschlüsse des Patentgerichts sind nicht mehr selbstständig anfechtbar (§ 110 Abs. 6, 99 Abs. 2).

26 Die Erhebung einer **Widerklage** (z. B. auf Vernichtung eines Patents des Nichtigkeitsklägers) wird für unzulässig erachtet: Reimer § 37 Rdn. 10; Klauer/Möhring § 37 Rdn. 11. Als zulässig dürfte jedoch anzusehen sein die Widerklage eines Nichtigkeitsbeklagten auf Vernichtung eines ihm nach § 13 Abs. 1 Nr. 2 PatG 1968 (Nichtigkeitsgrund der identischen Vorpatentierung bei vor dem 1. 1. 1978 angemeldeten Patenten) entgegengehaltenen, nicht vorveröffentlichten älteren Rechts des Nichtigkeitsklägers; würde auch in einem solchen Falle die Erhebung einer selbstständigen Nichtigkeitsklage durch den Nichtigkeitsbeklagten zu fordern sein, so müsste doch zumindest die Verbindung der beiden Verfahren nach § 147 ZPO oder die Aussetzung des ersten bis zur Erledigung des zweiten Verfahrens nach § 148 ZPO für zulässig erachtet werden.

27 **7.** Die wirksam erhobene Nichtigkeitsklage wird im **Patentregister** vermerkt (§ 30 Abs. 1). Von der Klage muss daher auch das Patentamt unterrichtet werden.

IV. Stillstand und Beendigung des Verfahrens

28 **1. Unterbrechung, Aussetzung und Ruhen des Verfahrens.** Im Falle des Todes einer Partei, der Eröffnung des Insolvenzverfahrens über ihr Vermögen, des Verlustes ihrer Prozessfähigkeit oder des Todes ihres gesetzlichen Vertreters sind die Vorschriften der **§§ 239 ff. ZPO** über die Unterbrechung und Aussetzung des Verfahrens entsprechend anzuwenden. Im Falle der Insolvenz des Nichtigkeitsklägers gilt das zumindest dann, wenn er – wie zumeist – Gewerbetreibender war und die Klage mit Rücksicht auf seinen Gewerbebetrieb erhoben hatte, BGH GRUR **95,** 394. Im Falle des Insolvenzverfahrens (§ 240 ZPO) und bei Anwaltsverlust im anwaltspflichtigen Berufungs- oder Beschwerdeverfahren vor dem BGH (§ 244 ZPO) wird das Verfahren stets unterbrochen; in den anderen Fällen ist, wenn ein Prozessbevollmächtigter bestellt war, das Verfahren nicht unterbrochen, aber auf Antrag *auszusetzen* (§ 246 ZPO, BPatGE **26,** 126; – tritt der Prozessbevollmächtigte nach der Aussetzung des Verfahrens für den Nachfolger auf, so hat er dessen Vollmacht beizubringen, § 86 ZPO; nicht bei Mandatskündigung, 87 ZPO!). Der Tod des Prozessbevollmächtigten einer Partei unterbricht dagegen in der ersten Instanz das Verfahren nicht (weil kein „Anwaltsprozess“, vgl. § 244 ZPO) und gibt auch keinen Grund zur „Aussetzung“ des Verfahrens, kann aber Anlass zur Verlängerung laufender Fristen und Verlegung anstehender Termine (§§ 224 ff. ZPO) sowie zur Wiedereinsetzung gegen die Versäumung einer Frist (§ 123 PatG in erster Instanz; §§ 223 ff. i. Berufungsverfahren!), z. B. der Berufungsfrist, geben. Die Aufnahme eines unterbrochenen oder ausgesetzten Verfahrens erfolgt durch formlose Erklärung des Befugten (Erben, Nachlasspflegers, Testamentsvollstre-

ckers, Insolvenzverwalters, neuen gesetzlichen Vertreters) gegenüber dem Patentgericht, im Berufungsverfahren gegenüber dem BGH, RGZ **141,** 427, 429. Wird die Aufnahme verzögert, so kann der Gegner die Aufnahme erzwingen (§ 239 Abs. 2–4 ZPO, § 85 Abs. 1 Satz 2 InsO) oder das Verfahren selbst aufnehmen (§ 241 ZPO, § 85 II InsO). Die Zustellung der Erklärungen an die Gegenpartei erfolgt von Amts wegen (§ 81 Abs. 4 Satz 3); in den Fällen des § 239 Abs. 2–4 ZPO, § 85 Abs. 1 Satz 2 InsO kann die Aufnahme des Verfahrens durch den Rechtsnachfolger bzw. den Insolvenzverwalter durch (Zwischen-)Beschluss festgestellt werden, – ggf. (in entsprechender Anwendung der Ausführungen in der das Restitutionsverfahren betreffenden Entscheidung BGH GRUR **66,** 109) durch Versäumnis-(Zwischen-)Beschluss. Das Gericht selbst wird die Aufnahme eines unterbrochenen oder ausgesetzten Verfahrens zwar durch Anfragen und Anregungen fördern, aber nicht gegen den Willen der Parteien durchsetzen können (teilweise anders Lindenmaier § 37 Rdn. 23); es gilt auch hierfür nicht das Offizialprinzip, sondern die Dispositionsmaxime (vgl. § 87 Rdn. 27b). Zur Bedeutung einer Auslandsinsolvenz vgl. BPatG Mitt. **84,** 114 und die Kommentare zu §§ 343ff. InsO und § 240 ZPO sowie Rdn. 106 zu § 139. Die Parteien erlangen wieder volles Verfügungsrecht über d. Streitgegenstand u. können das Verfahren ihrerseits aufnehmen, wenn Insolvenzverwalter erklärt, er wolle dies nicht, § 85 II InsO; BGHZ **36,** 258, 259; BGH Mitt. **04,** 171.

Die Bestimmungen der **§§ 148, 149 ZPO** über die Aussetzung des Rechtsstreits und des **§ 251 ZPO** über das Ruhen des Verfahrens sind ebenfalls entsprechend anzuwenden. So wird z.B. gemäß § 148 ZPO eine Zwangslizenzklage bis zur Entscheidung über eine gegen das Streitpatent erhobene Nichtigkeitsklage ausgesetzt werden können, oder gemäß § 149 ZPO eine Nichtigkeitsklage bis zur Erledigung eines Strafverfahrens gegen einen zu einer offenkundigen Vorbenutzung gehörten Zeugen. Wenn mehrere Nichtigkeitsklagen gegen das gleiche Patent anhängig sind, ist eine Verbindung beider Verfahren möglich (s. o. Rdn. 25). Alternativ ist die Aussetzung eines der Verfahren entspr. § 148 ZPO möglich u. häufig zweckmäßig (zurückhaltend Keukenschrijver, Nichtigkeitsverfahren, Rdn. 152; a.A. Schulte Rdn. 167 zu § 81 wegen eines zu engen Begriffsverständnisses der „Vorgreiflichkeit"); BPatG Mitt. **99,** 313 (m. krit. Anm. Hamm) hat Aussetzung angeordnet wg. Anhängigkeit d. älteren Klage i. zweiter Instanz nach Nichtigerklärung in erster Instanz. Ferner kann auf Antrag beider Parteien nach § 251 ZPO das Ruhen des einen Verfahrens angeordnet werden, vgl. RGZ **70,** 321, 323. Wegen der Aussetzung eines Nichtigkeitsverfahrens bis zur Erledigung eines Beschränkungsverfahrens nach 64 vgl. § 22 Rdn. 48 mit PA Bl. **54,** 438; **58,** 61. Bei Nichtigkeitsklage gegen Schutzzertifikat (§ 16a) kommt nach BPatGE 43, 225 Aussetzung analog § 148 ZPO auch in Betracht wg. eines einschlägigen Vorlageverfahrens in anderer Sache beim EuGH gem. Art. 234 EGV; von BGH GRUR **05,** 615 offen gelassen; nach OLG München BB **00,** 1061 soll Aussetzung dann ausscheiden, wenn die Vorlagefrage vom vorlegenden und dem weiteren Gericht unterschiedlich beurteilt wird. **29**

Entscheidungen zu den in Rdn. 28 u. 29 erörterten Punkten können ohne mündliche Verhandlung durch Beschluss ergehen (Rdn. 12 zu §§ 82, 83); dabei ist den Beteiligten in einem angemessenen zeitlichen Zusammenhang vor der geplanten Entscheidung rechtliches Gehör zu gewähren, PBatGE **19,** 111 (= GRUR **77,** 679); Beschlüsse des Patentgerichts sind selbstständig nicht mehr anfechtbar (§§ 110 Abs. 4, 99 Abs. 2). **30**

2. Zurücknahme der Klage. Der Kläger kann die Klage, namentlich auch die Nichtigkeitsklage, in jeder Lage des Verfahrens (bis zur Verkündung der Entscheidung des Berufungsgerichts) zurücknehmen, § 269 ZPO. Die Zustimmung d. Beklagten ist dazu i. Nichtigkeitsverfahren – anders als nach § 269 I ZPO – auch dann nicht erforderlich, wenn die Zurücknahme erst nach Beginn d. mündl. Verhandlung erfolgt, BGH GRUR **93,** 895 m.w.N. Die Zurücknahme erfolgt durch Erklärung gegenüber dem Gericht (vgl. § 269 Abs. 2 ZPO), d.h. gegenüber demjenigen Gericht, bei dem das Verfahren zu diesem Zeitpunkt anhängig ist. Eine anwaltliche Vertretung (§ 111 Abs. 4) ist für die Klagerücknahme auch in der Berufungsinstanz jedenfalls dann nicht erforderlich, wenn d. Kläger noch keinen Anwalt für d. Berufungsinstanz bestellt hat (vgl. BGHZ **14,** 210). Das sollte auch unabhängig von einer bereits erfolgten Anwaltsbestellung gelten, s. Rdn. 9 zu § 111. Als Rücknahme der Klage ist z.B. auch die Erklärung des Klägers aufgefasst worden, am Verfahren nicht mehr teilnehmen zu wollen, BGH GRUR **53,** 86, oder die Erklärung eines Nachlasspflegers, dass er das Verfahren für die unbekannten Erben des Klägers nicht aufnehme, RG GRUR **37,** 292. Mit der Zurücknahme der Klage (oder der Zurücknahme der vom Kläger gegen die klagabweisende erstinstanzliche Entscheidung eingelegten Berufung) entfällt für das Gericht die Möglichkeit einer weiteren Prüfung und Entscheidung in der Sache selbst, vgl. RGZ **150,** 280, 282; RG GRUR **38,** 861, 864f.; BGHZ **10,** 22, 28 = GRUR **53,** 385, 387; die Zurücknahme der Klage muss auch dann **31**

als wirksam hingenommen werden, wenn sie auf Grund eines gegen § 138 BGB oder gegen § 17 GWB verstoßenden Vergleichs (unten Rdn. 41) erfolgt, BGHZ **10,** 22, 26/27, oder sonstwie missbräuchlich ist, BGH GRUR **65,** 297. Bei Streit über d. Rechtswirksamkeit d. Klagerücknahme ist diese durch Beschluss festzustellen, BGH GRUR **93,** 895. Ein der Klage stattgebendes erstinstanzliches Urteil wird mit der Zurücknahme der Klage im Berufungsverfahren wirkungslos, ohne dass es seiner ausdrücklichen Aufhebung bedarf; auf Antrag ist diese Folge durch Beschluss auszusprechen (§ 269 Abs. 3 Satz 1, 3 ZPO; vgl. auch RG MuW **31,** 443 und BGH GRUR **64,** 18).

32 Die Zurücknahme der Klage verpflichtet den Kläger, die gerichtlichen und außergerichtlichen **Kosten des Verfahrens,** ggf. beider Instanzen, zu tragen (§ 99 i. Verb. m. ZPO § 269 Abs. 3 Satz 2); auch diese Folge ist auf Antrag des Beklagten durch Beschluss auszusprechen (§ 269 Abs. 3 Satz 3 ZPO), für eine abweichende Kostenentscheidung „nach Billigkeit" ist kein Raum, BPatGE **3,** 170; ebenso DPA Mitt. **66,** 199 für das Gebrauchsmusterlöschungsverfahren. Eine außergerichtliche Einigung der Parteien über die Kosten ist jedoch zu beachten, vgl. BGH MDR **72,** 945; sie muss eindeutig sein, BPatGE **35,** 247. Auch ist für eine Kostenentscheidung nach § 269 Abs. 3 Satz 3 ZPO dann kein Raum mehr, wenn die Parteien eine Vereinbarung über die Kosten des Nichtigkeitsverfahrens in einem gerichtlichen Vergleich – sei es auch in einem anderen Verfahren (z. B. im Verletzungsprozess) – getroffen haben, RGZ **96,** 203; BPatGE **1,** 119, oder wenn die Kosten entsprechend außergerichtlicher Vereinbarung bereits beglichen sind, BGH MDR **72,** 945. Wegen der Kostenentscheidung bei teilweiser Klagerücknahme vgl. § 84 Rdn. 15. Die Beschlüsse nach § 269 Abs. 3 ZPO bedürfen gemäß Satz 4 keiner mündlichen Verhandlung. Ein vom Patentgericht erlassener Beschluss ist jetzt nicht mehr anfechtbar (§§ 99 Abs. 2, 110 Abs. 6). Erhebt der Kläger die Klage später erneut, so kann der Beklagte die Einlassung darauf bis zur Erstattung der dem Kläger auferlegten Kosten der zurückgenommenen Klage verweigern (§ 269 Abs. 6 ZPO).

33 **3. Erledigung der Hauptsache.** Ein Nichtigkeitsverfahren kann sich i. d. Hauptsache dadurch erledigen, dass die ursprünglich begründete Klage durch ein späteres Ereignis unbegründet oder unzulässig wird, BGH GRUR **83,** 560; **84,** 339. Eine sachliche Erledigung tritt insbesondere dann ein, wenn das angegriffene Patent in einem anderen Nichtigkeitsverfahren rechtskräftig vernichtet wird; die Kosten des erledigten Verfahrens sind dem beklagten Patentinhaber aufzuerlegen; BGH GRUR **60,** 27, 29. Dagegen wird das (auf rückwirkende Vernichtung gerichtete) Nichtigkeitsverfahren nicht von selbst dadurch erledigt, dass das Streitpatent (ohne Rückwirkung) z. B. durch Zeitablauf, Nichtzahlung der Jahresgebühren oder Verzicht „erlischt". Die Nichtigkeitsklage kann dann je nach dem, ob der Kläger ein Rechtsschutzinteresse an ihrer Durchführung hat oder nicht, zulässig bleiben oder als nunmehr unzulässig abzuweisen sein (§ 22 Rdn. 37). Der Kläger kann aber auch beantragen, das Verfahren für in der Hauptsache erledigt zu erklären. Der Beklagte kann d. Erledigung widersprechen mit d. Begründung, die Klage sei von vornherein unzulässig oder unbegründet gewesen und habe sich daher nicht erst später erledigt. Die Frage d. Erledigung ist dann Streitgegenstand u. ist durch Urteil auf Erledigung oder Abweisung d. Klage mit Kostenentscheidung zu Lasten des Unterlegenen zu entscheiden, vgl. BGH NJW **99,** 2520, 2522 sowie weitere Rechtsprechung u. Kommentare zu § 91 a ZPO; vgl. auch Horn GRUR **71,** 333. Hat der Kläger trotz Fehlens des Rechtsschutzinteresses den Hauptantrag auf Vernichtung des Patents aufrecht erhalten und nur hilfsweise den Antrag gestellt, die Hauptsache für erledigt zu erklären, so ist die Klage abzuweisen, BGH NJW **67,** 564; da der KLäger weiterhin eine Entscheidung zur Hauptsache begehrt, ist über dieses Begehren zu entscheiden; eine vom Kläger nur hilfsweise abgegebene Erledigungserklärung ist ohne Belang.

34 Zumeist wird, wenn der Beklagte auf das Patent verzichtet (und ggf. darüber hinaus dem Nichtigkeitskläger gegenüber verbindlich erklärt, auch rückwirkend keine Ansprüche aus dem Patent geltend machen zu wollen, von beiden Parteien übereinstimmend das Nichtigkeitsverfahren für in der Hauptsache erledigt erklärt. In allen Fällen beiderseitiger Erledigungserklärung ist auf Antrag nur noch über die **Kosten** zu entscheiden, und zwar durch Beschluss (99 Abs. 1 i. V. m. ZPO § 91 a; vgl. auch BGH GRUR **83,** 560; **84,** 339), der ohne vorherige mündliche Verhandlung ergehen kann (Rdn. 12 zu §§ 82, 83). Haben die Parteien nur das Rechtsmittel (die Berufung) für in der Hauptsache erledigt erklärt, so ist gleichwohl über die Kosten beider Instanzen zu entscheiden, BGH GRUR **59,** 102/103.

35 **Bei der Kostenentscheidung** sind gemäß §§ 84 Abs. 2, 99 Abs. 1 entsprechend anzuwenden die §§ 91 ff. ZPO, insbesondere § 91 a ZPO (Berücksichtigung des bisherigen Sach- und Streitstands, d. h. des danach vorauszusehenden Prozessausgangs), BGH GRUR **59,** 102; **83,** 560. In summarischer Weise sind dabei auch die bereits erhobenen Beweise zu würdigen, ins-

besondere vorliegende schriftliche Gutachten, vgl. BGH GRUR **83,** 560; **84,** 339. Wer durch Verzicht die Erledigung der Hauptsache herbeiführt, hat im Allgemeinen die Kosten zu tragen, weil sein Verhalten darauf schließen lässt, dass er sonst in der Hauptsache unterlegen wäre, BPatGE **18,** 50; **31,** 191; Schmieder GRUR **80,** 74. Anders, wenn ein nach Zeitablauf des Patents erklärter Verzicht auf Ansprüche aus der Vergangenheit schon durch neue Umstände in der Verletzungsfrage hinreichend motiviert ist, BPatG GRUR **91,** 204, – oder wenn ein Obsiegen d. Beklagten aus bes. Gründen sicher zu erwarten war, BGH GRUR **04,** 623, 624. Hat sich der Beklagte zu dem Verzicht auf Grund von Material veranlasst gesehen, das ihm vom Kläger oder vom Gericht erst im späteren Verlauf des Verfahrens entgegengehalten worden ist, so sind ihm gleichwohl in der Regel die gesamten Kosten des Verfahrens aufzuerlegen, BGH GRUR **61,** 278; PA Bl. **61,** 240; BPatGE **3,** 53; auch, wenn dem Beklagten entscheidendes Material außerhalb des Prozesses und unabhängig vom Kläger bekannt geworden ist, BPatGE **31,** 191, 192.

Trotz Erfolgsaussicht sind die Kosten d. Kläger aufzuerlegen, wenn die Klage „mutwillig", d. h. rechtsmissbräuchlich eingelegt wurde; so bei Klageerhebung unmittelbar vor Entscheidung eines dem Kläger bekannten Parallelverfahrens zum gleichen Streitpatent, BPatG GRUR **03,** 726. 36

Im Rahmen der Prüfung nach § 91 a ZPO ist auch der **Rechtsgedanke des § 93 ZPO** entsprechend zu berücksichtigen (BPatGE **17,** 86; **19,** 126; BGH GRUR **84,** 272, 276). Demnach können die Kosten dem Kläger trotz eindeutiger Erfolgsaussicht auch dann auferlegt werden, wenn der Beklagte **„sofort" anerkennt** und „keine Veranlassung zur Klage" gegeben hat. Im Sinne eines „sofortigen Anerkenntnisses" verlangt die Rechtsprechung, dass der Patentinhaber innerhalb der Widerspruchsfrist des § 82 Abs. 1 sowohl auf das Patent (mit Wirkung ex nunc) wie auch (für die Vergangenheit) auf alle daraus gegenüber dem Nichtigkeitskläger abgeleiteten Ansprüche verzichtet (BGH GRUR **61,** 278; BPatGE **3,** 172; **19,** 126; **22,** 33); letzteres jedoch nur, wenn überhaupt Ansprüche für die Vergangenheit konkret in Betracht kommen, BPatG GRUR **80,** 782. Rechtzeitiger Verzicht gegenüber Patentgericht genügt, BPatG GRUR **80,** 782. Erfolgt der Verzicht innerhalb der genannten Frist zunächst nur unvollständig, kommt eine Kostenteilung in Betracht (BPatGE **19,** 126). Ebenso, wenn die Nichtigkeitsklage erst auf Grund späteren Nachschiebens weiteren Materials begründet erscheint und (erst) dann sofort ein Verzicht erfolgt (BPatGE **20,** 132). Eine lediglich beschränkte Verteidigung ist wegen fehlender Bindung dem Verzicht nicht gleichzustellen, BGH GRUR **04,** 138. 37

Die weitere Voraussetzung der fehlenden **„Veranlassung zur Klage"** ist letztlich eine Frage des Rechtsschutzbedürfnisses; sie entspricht der Überlegung, dass der Kläger zunächst einmal versuchen soll, ohne Inanspruchnahme gerichtlicher Hilfe zu seinem Recht zu kommen; Veranlassung zur Klageerhebung ist daher grundsätzlich erst dann gegeben, wenn der Kläger den Beklagten unter substantiierter Angabe der geltend gemachten Nichtigkeitsgründe und mit angemessener Fristsetzung erfolglos zum Verzicht auf das Schutzrecht aufgefordert hat (vgl. BPatG Mitt **78,** 177, 179; GRUR **83,** 504; BPatGE **22,** 33). Es muss das für die Klageerhebung maßgebliche Material genannt werden (BPatG GRUR **83,** 504). Unter dieser Voraussetzung hängt die „Veranlassung" nicht mehr davon ab, ob das zunächst vorgebrachte Material letztlich zum Erfolg der Klage geführt hätte. Wird bei einem ursprünglich offensichtlich unbegründeten Vorbringen entscheidendes Material nachgereicht, und führt dieses dann zu einem „sofortigen" Verzicht, so kann dies zu einer von der Regel der §§ 91, 91 a, 93 ZPO abweichenden Billigkeitsentscheidung zugunsten des Beklagten führen; vgl. zur gleichen Problematik im Gebrauchsmuster-Löschungsverfahren auch Rdn. 22 zu § 17 GebrMG. Von einer vorherigen Verzichtsaufforderung kann nur dann abgesehen werden, wenn besondere Umstände eine solche Abmahnung als aussichtslos erscheinen lassen oder den mit der Abmahnung verbundenen Zeitverlust – gegebenenfalls auch unter Abwägung der bestehenden Erfolgsaussichten – unzumutbar machen. Weder eine durch den Patentinhaber ausgesprochene Verwarnung (BPatGE **19,** 126, 128) oder erhobene Patentverletzungsklage (anders BPatG GRUR **87,** 233 u. Busse, Rdn. 20 zu § 84 m. w. N.; einschränkend BPatGE **34,** 93 für d. Fall, dass Verletzungsklage aus einem europäischen Patent, aber nicht aus dessen deutschem Teil erhoben wurde) noch die Aufrechterhaltung des Schutzrechts in Kenntnis seiner Schutzunfähigkeit (BPatGE **18,** 185) rechtfertigen daher für sich genommen eine sofortige Klageerhebung. Auch die erfolglose Verzichtsaufforderung eines Dritten genügt noch nicht ohne weiteres (BPatG GRUR **78,** 40). Hingegen dürfte nach erfolgloser Aufforderung zum Verzicht auf die aus dem Schutzrecht abgeleiteten Ansprüche auch dann Anlass zur Klage gegeben sein, wenn nicht zugleich auch zum Verzicht auf das Schutzrecht selbst aufgefordert oder ausdrücklich Nichtigkeitsklage angedroht wurde (a. A. BPatG Mitt **78,** 177). Anlass ist auch dann gegeben, wenn Patentinhaber zwar für 38

Vergangenheit und Zukunft auf alle Ansprüche aus dem Patent gegenüber dem späteren Kläger, trotz Aufforderung aber nicht auf das Patent selbst verzichtet, BPatG Bl. **83,** 46. Eine vorherige Verzichtsaufforderung kann wegen des Zeitverlustes insbesondere dann unzumutbar und daher entbehrlich sein, wenn Patentinhaber seinerseits im Wege der einstweiligen Verfügung (§ 935 ZPO) aus dem Patent gegen den Nichtigkeitskläger vorgeht. Ist keine Veranlassung zur Klageerhebung gegeben, und ist der Nichtigkeitskläger auch nicht zuvor aus dem Streitpatent in Anspruch genommen worden, so ist es auch nicht aus Billigkeitsgründen geboten, dem Beklagten wenigstens einen Teil der Verfahrenskosten aufzuerlegen, BPatG GRUR **79,** 635 und – mit Vorbehalten – BPatGE **22,** 33.

39 Der Rechtsgedanke des § 93 ZPO kann jedoch nicht in dem Sinne zu Lasten des Beklagten angewendet werden, dass dieser die Kosten trägt, wenn er auf vorprozessuale Aufforderung zwar auf sein Schutzrecht verzichtet, dies jedoch nicht mitteilt und dadurch Anlass zu einer von vornherein unbegründeten Klage gibt, vgl. BPatG GRUR **81,** 819; vgl. auch Stein-Jonas, ZPO, 22. Aufl., § 93 Rdn. 1.

40 Ein **Zwangslizenzverfahren** wird nicht nur durch Vernichtung, sondern auch durch Erlöschen des Streitpatents, insbesondere durch Verzicht auf das Streitpatent, in der Hauptsache erledigt; über die Kosten ist auf Antrag entsprechend § 91a ZPO zu entscheiden. Wird eine Zwangslizenzklage nach Abweisung der daneben laufenden Verletzungsklage von den Parteien übereinstimmend für erledigt erklärt, so kann bei der Entscheidung über die Kosten der Zwangslizenzklage berücksichtigt werden, dass der Kläger dazu durch die unbegründete Verletzungsklage veranlasst worden war, RGZ **158,** 219.

41 **4. Vergleich.** Im Nichtigkeitsverfahren ist ein Prozessvergleich im eigentlichen Sinne, d.h. ein zur Beendigung des Verfahrens von den Parteien vor dem Gericht über den Streitgegenstand abgeschlossener Vergleich, § 794 Abs. 1 Nr. 1 ZPO, nicht zulässig; denn die Parteien eines Nichtigkeitsverfahrens können nicht wirksam Vereinbarungen über den Rechtsbestand oder den Inhalt des Streitpatents treffen, RGZ **153,** 329, 331; insbesondere kann eine Beschränkung des Streitpatents, selbst bei vollem Einvernehmen der Parteien über Inhalt und Wortlaut der Neufassung, im Rahmen eines Nichtigkeitsverfahrens nur durch rechtsgestaltendes Urteil erfolgen, BGH GRUR **62,** 294, 295. Da den Parteien jedoch die prozessrechtliche Verfügungsbefugnis, d.h. die Verfügung über das Verfahren als solches und den Rahmen, in dem es stattfindet, verbleibt (§ 22 Rdn. 64ff.), können sie sich über die Ausübung dieser Befugnisse auch vergleichsweise einigen. So kann z.B. der Kläger im Vergleichsweg, namentlich gegen Gewährung einer Lizenz, sich verpflichten, die Klage zurückzunehmen oder einzuschränken, RG Bl. **14,** 348; BGH GRUR **66,** 523, 524, auf die Einlegung der Berufung zu verzichten oder die von ihm eingelegte Berufung ganz oder teilweise zurückzunehmen (§ 22 Rdn. 64 und oben Rdn. 23, 31). Der Beklagte kann im Vergleichsweg (etwa gegen Gewährung anderer Vorteile) sich verpflichten, seine Verteidigung auf einen eingeschränkten Inhalt seines Patents zu beschränken (worauf dann sein Patent nur mit diesem eingeschränkten Inhalt auf seine Rechtsbeständigkeit geprüft wird, § 22 Rdn. 50) oder auf das Patent zu verzichten und dann zusammen mit dem Kläger das Verfahren in der Hauptsache für erledigt zu erklären (oben Rdn. 33, 34); auch eine Selbstbeschränkung des Beklagten und eine korrespondierende teilweise Klagerücknahme des Klägers (§ 22 Rdn. 53) können vereinbart werden. Soweit der Beklagte mit dem Vergleich einen ihm bisher zustehenden Patentschutz aufgibt, werden jedenfalls um deswillen Bedenken gegen den Vergleich nicht zu erheben sein. Soweit indes mit dem Vergleich der Kläger vom Angriff auf das Streitpatent Abstand nimmt, gilt das Gleiche wie für eine vor der Einleitung eines Nichtigkeitsverfahrens getroffene Nichtangriffsabrede (vgl. dazu § 22 Rdn. 39ff. und BGH GRUR **66,** 523, 524). Der Vergleich kann danach z.B. wegen Verstoßes gegen § 138 BGB nichtig sein, vgl. BGHZ **10,** 22, 26f. (vgl. auch RGZ **157,** 1, 3ff. zu dem früher bedeutsamen Einwand der sog. Erschleichung der Patentruhe). Ein solcher Verstoß könnte insbesondere dann vorliegen, wenn beide Parteien vom Mangel der Rechtsbeständigkeit des Streitpatents überzeugt sind, es aber zum Nachteil Dritter als Scheinrecht bestehen lassen wollen. Die auf Grund eines nichtigen Vergleichs erfolgte Klagerücknahme müsste gleichwohl als wirksam hingenommen werden (vgl. oben Rdn. 31).

Im Zwangslizenzverfahren ist auch ein Prozessvergleich im eigentlichen Sinne – d.h. der Abschluss eines Lizenzvertrags zwischen den Parteien – unbedenklich zulässig.

42 5. Wegen der Beendigung des Verfahrens durch **Urteil** vgl. § 84 Rdn. 1ff., § 116 Rdn. 4ff.

43 **V. Sicherheitsleistung von (EU-/EWR-)Ausländern (Abs. 6).** Die Vorschrift entspricht § 110 ZPO. Sie war ursprünglich allgemeiner auch auf Kläger aus dem europäischen Ausland bezogen. Das verstieß gegen das Diskriminierungsverbot des Art. 6 Abs. 1 EGV (EuGH NJW **98,** 2127). Neufassung durch Gesetz vom 6. 8. 98 (BGBl. I S. 2030).

Literaturhinweis: Nölle, Sicherheitsleistung im Nichtigkeitsverfahren, Mitt. **65,** 129; Schmieder, GRUR **82,** 12.

1. Verpflichtung zur Sicherheitsleistung. Der Zweck der Bestimmung des Abs. 6 ist es, den beklagte Patentinhaber zu sichern, dass er im Falle der Klageabweisung den ihm dann zuzuerkennenden Anspruch auf Erstattung der Verfahrenskosten gegen den im (nicht europäischen) Ausland wohnenden Kläger ohne Schwierigkeiten verwirklichen kann, vgl. RGZ **154,** 225, 226; BGH GRUR **05,** 359. Die deshalb vorgesehene Verpflichtung zur Sicherheitsleistung stimmt im Grundsatz (Abs. 6, S. 1, 1. Halbs.) mit ZPO § 110 Abs. 1 überein; nach dem 2. Halbsatz sind auch die Ausnahmen des § 110 Abs. 2 ZPO im Wesentlichen übernommen. Das Bestehen der Verpflichtung hängt ab von dem „gewöhnlichen Aufenthaltsort" des Klägers, d. h. von den tatsächlichen Verhältnissen. „Wohnsitz" und Staatsangehörigkeit haben dafür (nur) indizielle Bedeutung. Bei juristischen Personen wird entscheidend auf deren „Sitz" als Ort ihrer tatsächlichen Verwaltung abzustellen sein (vgl. ZPO § 17 Abs. 1 S. 2). Die Verpflichtung entfällt für alle Personen mit gewöhnlichem Aufenthaltsort in einem zur EU oder zum, Europäischen Wirtschaftsraum gehörenden Land; sie entfällt gem. Verweisung in § 81 Abs. 6, S. 1 auch bei Ausschluss von Sicherheitsleistung durch völkerrechtliche Verträge (ZPO § 110 Abs. 2 Nr. 1); entsprechend dem Gesetzeszweck entfällt eine Verpflichtung zur Sicherheitsleistung ferner dann, wenn die Entscheidung über die Erstattung von Prozesskosten auf Grund völkerrechtlicher Verträge vollstreckt werden könnte, oder wenn der Kläger im Inland hinreichendes Grundvermögen oder dinglich gesicherte Forderungen zur Deckung der Prozesskosten besitzt (ZPO § 110 Abs. 2 Nr. 2 und 3); die Ausnahmen nach ZPO § 110 Abs. 2 Nr. 4 und 5 (Widerklage und Klage nach öffentlicher Aufforderung) gelten gem. § 81 Abs. 6 S. 1, Halbs. 2 hier nicht. Gem. §§ 132, 130 Abs. 2 i. V. m. ZPO § 112 Abs. 1 Nr. 2 entfällt die Pflicht auch bei Verfahrenskostenhilfe für den Kläger. Zusammenstellung aller von national begrenzten Freistellungen betroffenen Länder bei Baumbach/Lauterbach, Anhang zu § 110 ZPO. Die Sicherheitspflicht gilt nur für d. Kläger; sie trifft d. Beklagten auch nicht als Rechtsmittelführer i. d. Berufungsinstanz, BGH GRUR **05,** 359. 44

Die Verpflichtung zur Sicherheitsleistung wird nur auf Antrag des Beklagten berücksichtigt. Dieser kann in jeder Lage des Verfahrens gestellt werden; – auch noch in d. Berufungsinstanz, vgl. RGZ **154,** 225; dort kommt aber ggf. eine Zurückverweisung wegen Verspätung in Betracht, vgl. Rdn. 1 zu § 117.

2. Die Entscheidung über die Sicherheitsleistung erfolgt durch Beschluss des Patentgerichts, im Berufungsverfahren des BGH, und bedarf keiner mündl. Verhandlung, BGH GRUR **05,** 359. Ein vom Patentgericht erlassener Beschluss ist jetzt nur noch zusammen mit dem Urteil anfechtbar (§ 110 Abs. 6). In dem Beschluss ist die Höhe der Sicherheit festzusetzen und eine Frist zur Leistung der Sicherheit zu bestimmen (§ 81 Abs. 6 Satz 2). Die **Höhe** der Sicherheit ist „nach billigem Ermessen" festzusetzen. Dabei ist derjenige Betrag der Kosten zugrunde zu legen, den der Beklagte wahrscheinlich aufzuwenden haben wird (vgl. § 112 Abs. 2 Satz 1 ZPO). Dazu gehören auch die außergerichtlich erwachsenden Kosten, RGZ **127,** 194; RG GRUR **34,** 734. Die Verpflichtung zur Sicherheitsleistung bezieht sich auf die Kosten des ganzen, als eine Einheit gedachten Verfahrens; bei der Festsetzung der Sicherheitsleistung im ersten Rechtszug ist deshalb auch die Kostenlast eines stets in Rechnung zu stellenden Berufungsverfahrens zu berücksichtigen und dabei zu bedenken, dass möglicherweise der Beklagte der Berufungskläger sein wird, RGZ **154,** 225, 226, so dass er dann dort nach § 49 GKG auch bei seinem Obsiegen zu den Gerichtskosten (zu denen auch die oft erheblichen Kosten eines gerichtlichen Sachverständigen gehören) herangezogen werden kann. Wegen der Berechnung der Höhe der Sicherheit im Einzelnen vgl. Reimer § 37 Rdn. 13 und Nölle aaO S. 132; kritisch dazu Schmieder GRUR **82,** 12 ff. (zunächst nur teilweise Berücksichtigung der möglichen Rechtsmittelkosten). Ergibt sich im Laufe des Verfahrens, dass die geleistete Sicherheit nicht hinreicht (z. B. im zweiten Rechtszug, dass die im ersten Rechtszug festgesetzte und geleistete Sicherheit die Kosten des zweiten Rechtszuges nicht deckt), so kann der Beklagte die Leistung einer weiteren Sicherheit verlangen (§ 112 Abs. 3 ZPO). Für die Art der Sicherheitsleistung und deren Bestimmung durch das Gericht gilt § 108 ZPO entsprechend, BPatGE **7,** 35. Zur Leistung der Sicherheit ist eine angemessene Frist zu bestimmen; dabei ist zu bedenken, dass der Kläger nach seinem Heimatrecht möglicherweise einer Genehmigung zur Überweisung bedarf. Die Frist kann verlängert werden, doch muss der Antrag so rechtzeitig gestellt werden, dass darüber noch innerhalb der ursprünglichen Frist entschieden werden kann, PA Bl. **24,** 218; RG GRUR **36,** 319. Bei Versäumung der Frist ist unter den Voraussetzungen und nach Maßgabe des § 123 die Wiedereinsetzung in den vorigen Stand möglich, BPatGE **7,** 35/36; i. d. Berufungsinstanz nach ZPO §§ 233 f. 45

46 **3. a)** Wegen der **Leistung der Sicherheit** durch den Kläger in Befolgung des Beschlusses des Gerichts im Allgemeinen vgl. Reimer § 37 Rdn. 14 und die Kommentare zu § 108 ZPO, wegen der Leistung der Sicherheit durch Beibringung einer Bürgschaft im Besonderen vgl. Nölle aaO S. 130/31; die Hinterlegung von Geld oder Wertpapieren kann wirksam nur bei einem Amtsgericht (jedem Amtsgericht), nicht bei der Amtskasse des Patentamts erfolgen, BPatGE **7,** 35. Wegen des Zugriffs des Beklagten in die Sicherheit nach seinem Obsiegen im Rechtsstreit vgl. Reimer § 37 Rdn. 16, wegen der Rückgabe der Sicherheit nach Wegfall ihrer Veranlassung (z. B. nach der rechtskräftigen Erledigung des Rechtsstreits zuungunsten des Beklagten) ebenda Rdn. 17; die Entscheidungen bei der Rückgabe obliegen dem Rechtspfleger (§ 23 Abs. 1 Nr. 1 RechtspflG können aber auch durch den Senat erfolgen (§§ 6, 8 Abs. 1 RechtspflG).

47 **b) Leistet** dagegen **der Kläger die Sicherheit** innerhalb der ihm gestellten (oder rechtzeitig verlängerten) Frist **nicht,** so gilt die Klage als zurückgenommen (§ 81 Abs. 7 Satz 3), und zwar auch dann, wenn nach dem bisherigen Stand mit einem Erfolg der Klage zu rechnen war oder der Kläger sogar schon ein obsiegendes Urteil erster Instanz erstritten hatte, RGZ **154,** 225, 227. Der Ausspruch, dass die Klage wegen fehlender Sicherheitsleistung als zurückgenommen gilt, obliegt dem Rechtspfleger (§ 23 Abs. 1 Nr. 4 Rechtspflegergesetz), kann aber auch durch den Senat erfolgen (§§ 6, 8 Abs. 1 Rechtspflegergesetz). Die weiteren Rechtsfolgen der fingierten Klagerücknahme (Kostenpflicht des Klägers und Wirkungslosigkeit eines etwaigen erstinstanzlichen Urteils) sind auf Antrag durch das Gericht auszusprechen, und zwar durch Beschluss (§ 99 PatG i. Verb. m. § 269 Abs. 3 ZPO), der nicht anfechtbar ist (§§ 99 Abs. 2, 110 Abs. 6); vgl. o. bei Rdn. 31; anders noch BGH bei Liedl, BGH Nichtigkeitsklagen 67/68, S. 269 (Entscheidung durch Urteil); ihm folgend Busse Rdn. 34 zu § 81.

82

Zustellung der Klage. Säumnisverfahren. (1) **Das Patentgericht stellt dem Beklagten die Klage zu und fordert ihn auf, sich darüber innerhalb eines Monats zu erklären.**

(2) **Erklärt sich der Beklagte nicht rechtzeitig, so kann ohne mündliche Verhandlung sofort nach der Klage entschieden und dabei jede vom Kläger behauptete Tatsache für erwiesen angenommen werden.**

83

Widerspruch. Mündliche Verhandlung. (1) **Widerspricht der Beklagte rechtzeitig, so teilt das Patentgericht den Widerspruch dem Kläger mit.**

(2) [1]**Das Patentgericht entscheidet auf Grund mündlicher Verhandlung.** [2]**Mit Zustimmung der Parteien kann ohne mündliche Verhandlung entschieden werden.**

Inhaltsübersicht

1 **1. Vorbemerkung.** Die §§ 82, 83 (früher §§ 38, 39) haben ihre jetzige Fassung durch das 6. ÜG v. 23. 3. 1961 erhalten.

2 **2. Die Zustellung der Klage.** Nach § 81 Abs. 4 S. 3, § 82 Abs. 1 hat das Patentgericht die Klage, nachdem sie bei ihm eingereicht und damit „erhoben" ist (§ 81 Abs. 4 Satz 1), dem Beklagten von Amts wegen zuzustellen. Die Zustellung erfolgt nach Zahlung d. Klagegebühr (s. Rdn. 20 zu § 81) und wird v. d. Geschäftsstelle bewirkt (§ 99 Abs. 1 i. V. m. ZPO § 168). Für die Durchführung der Zustellung gelten die Vorschriften d. ZPO (§ 127 II i. V. m. ZPO §§ 166 ff.). Eine nicht „schriftlich" erhobene, also insbesondere eine nicht unterschriebene Klage ist nicht wirksam erhoben (§ 81 Rdn. 15) und wird daher nicht zugestellt, ehe nicht der Mangel behoben ist. Zugestellt wird die nach § 81 Abs. 4 Satz 2 der Klage beizufügende Abschrift; fehlt die Abschrift, so ist sie nachzufordern oder gemäß PatKostG § 1 Abs. 1 S. 1, GKG § 17 i. V. m. GKG Kostenverz. Nr. 9000 auf Kosten des Klägers vom Gericht herzustellen. Entspricht die Klage nicht den Anforderungen des § 81 Abs. 5, so ist sie gleichwohl wirksam erhoben (§ 81 Rdn. 16) und daher zuzustellen; das Ergebnis einer nach § 81 Abs. 5 Satz 3 an

den Kläger zu richtenden Aufforderung zur Ergänzung der Klage ist nicht abzuwarten (vgl. auch die Stellung des Abs. 5 hinter dem Abs. 4 im § 81). Ist die Klage von einem Bevollmächtigten ohne Beifügung der Vollmacht erhoben worden, so ist sie ebenfalls gleichwohl zuzustellen, da die Vollmacht nachgereicht werden kann (§ 97 Abs. 2).

Die Klage ist **dem Beklagten** zuzustellen (§ 82 Abs. 1). Beklagter ist derjenige, den die Klagschrift als solchen bezeichnet (§ 81 Abs. 5 Satz 1). Ob er der richtige Beklagte ist (§ 81 Abs. 1 Satz 2), ist eine Frage seiner Passivlegitimation, die die Wirksamkeit der Klagerhebung gegen ihn und daher auch die Notwendigkeit der Zustellung der Klage an ihn nicht berührt (§ 81 Rdn. 7). Die Zustellung ist an den Beklagten selbst zu richten. Hat er einen Vertreter, namentlich einen Inlandsvertreter nach § 25 Abs. 1, bestellt, so *kann* die Zustellung auch an den Vertreter gerichtet werden (§ 25 Abs. 1 S. 2, § 127 Abs. 2 i. V. m. ZPO § 171). Dagegen kann die Bestimmung des § 172 ZPO, nach der die Zustellung an einen bestellten Vertreter gerichtet werden *muss,* bei der Zustellung der Klage regelmäßig noch nicht eingreifen, weil sie eine Bestellung „in einem anhängigen Verfahren" für dieses voraussetzt. Bei Geschäftsunfähigen oder beschränkt Geschäftsfähigen ist an ihre gesetzlichen Vertreter, bei juristischen Personen usw. an ihren Vorstand zuzustellen (§ 170 ZPO). Unterliegt das Streitpatent der Verwaltung eines Insolvenzverwalters (Nachlassverwalters, Testamentsvollstreckers) und ist das bekannt, so ist dem Verwalter als dem allein zur Prozessführung Befugten zuzustellen (vgl. § 81 Rdn. 6). 3

Zugleich mit der Zustellung der Klage hat das Gericht den Beklagten aufzufordern, sich innerhalb eines Monats zu der Klage zu erklären (§ 82 Abs. 1). Die Aufforderung ist der zuzustellenden Klage beizufügen; ist das unterblieben, so ist die Aufforderung gesondert zuzustellen. Die Erklärungsfrist beginnt mit der Zustellung der Aufforderung zu laufen. Wegen der Bedeutung dieser Aufforderung und ihrer Befolgung oder Nichtbefolgung durch den Beklagten vgl. unten Rdn. 5. 4

3. Die Einlassung des Beklagten

a) Die formelle Einlassung. Das Gesetz erwähnt nur die zwei Fälle, dass der Beklagte auf die mit der Zustellung der Klage verbundene Aufforderung zur Erklärung innerhalb eines Monats (§ 82 Abs. 1) entweder „rechtzeitig widerspricht" (§ 83 Abs. 1) oder „sich nicht rechtzeitig erklärt" (§ 82 Abs. 2). Nicht erwähnt ist, dass der Beklagte auf eine Zwangslizenzklage hin den gegen ihn geltend gemachten Anspruch im Sinne und mit der Folge des § 307 ZPO „anerkennen" kann (ebenso Reimer § 37 Rdn. 19; Lindenmaier § 40 Rdn. 6; Klauer/Möhring § 38 Rdn. 4 a. E.; Busse, 4. Aufl. § 39 Anm. 3 a; zweifelnd jedoch 6. Aufl. Rdn. 17 zu § 87; a. A. Preu in: Zehn Jahre Bundespatentgericht, 1971, S. 243/4); – ein **„Anerkenntnis"** gegenüber einer Nichtigkeitsklage dagegen würde zwar nicht als solches im Sinne und mit der Folge des § 307 ZPO wirken, BGH GRUR **95,** 577 m. w. N. (anders Schmieder GRUR **80,** 74, 76 ff.; Kraßer S. 640/641), müsste aber wohl die gleiche Folge auslösen wie eine nicht rechtzeitige Erklärung nach § 38 Abs. 2 (ebenso Reimer § 39 Rdn. 1; Busse, 4. Aufl. § 39 Anm. 3 a). Zudem ist ein „Anerkenntnis" so zu verstehen, dass das Patent in einem weitergehenden Umfang nicht mehr verteidigt wird; eine beschränkte Verteidigung führt nach ständiger Rechtsprechung zur Nichtigerklärung der weitergehenden Schutzansprüche ohne weitere Sachprüfung, sofern nur die Beschränkung als solche nicht zu beanstanden ist, insbesondere keine versteckte unzulässige Erweiterung zum Inhalt hat, s. Rdn. 8, 50 ff. zu § 22; ebenso wird das Patent antragsgemäß ohne weitere Sachprüfung in vollem Umfang für nichtig zu erklären sein, wenn Patentinhaber ausdrücklich nicht verteidigen will; demnach wird mit entsprechenden Erklärungen des Patentinhabers faktisch eine ähnliche Wirkung erreicht wie mit einem Anerkenntnis i. S. des § 307 ZPO. Nicht erwähnt ist ferner, dass der Beklagte auf die Zustellung der Klage hin nach § 20 Abs. 1 Nr. 1 durch schriftliche Erklärung an das Patentamt auf das Patent verzichten, das dem Patentgericht anzeigen und damit eine Zwangslizenz – oder Zurücknahmeklage von selbst, eine Nichtigkeitsklage bei Einverständnis des Klägers zur Erledigung in der Hauptsache bringen kann (§ 81 Rdn. 33). Ein im Nichtigkeitsverfahren dem Gericht gegenüber erklärter Verzicht ist als solcher erst nach Zugang beim Patentamt wirksam (§ 20 Abs. 1 Nr. 1, anders BPatGE **20,** 66 = GRUR **78,** 41; dagegen zu Recht Schmieder GRUR **80,** 74, 76 ff.), ist aber unabhängig davon wie Nichteinlassung nach § 82 Abs. 2 zu behandeln, BPatG GRUR **03,** 726; nach Schmieder aaO soll auch in diesem Fall Anerkenntnisurteil möglich sein. 5

Die in § 82 Abs. 1, 2, § 83 Abs. 1 gemeinte formelle Erklärung des Beklagten (Widerspruch) ist innerhalb der vom Gesetz bestimmten Frist von einem Monat seit Zustellung der Klage (bzw. seit gesonderter Zustellung der Aufforderung zur Erklärung) schriftlich beim Patentgericht einzureichen; zum Erfordernis der Schriftform gilt das Gleiche wie bei der Klageerhebung (s. § 81 Rdn. 15). Wegen der Berechnung der Frist vgl. §§ 187 Abs. 1, 188 Abs. 2, 3, 193 6

BGB. Zur Wahrung der Frist genügt der Eingang der Erklärung, dass der Klage widersprochen werde; eine Begründung d. Widerspruchs ist nicht erforderlich, aber sachgerecht u. üblich. Sie kann nachgereicht werden; üblicherweise wird dafür eine Nachfrist erbeten. Der Widerspruch ist dem Kläger mitzuteilen (§ 83 Abs. 1), d.h. von Amts wegen zuzustellen (§ 81 Abs. 4 Satz 3). Geht innerhalb der Frist keine Erklärung des Beklagten ein, so „kann" (nicht „muss") das Gericht nach § 82 Abs. 2 verfahren (sog. Säumnisverfahren, unten Rdn. 17). Eine Verlängerung der Frist ist nicht vorgesehen und könnte daher auch nicht rechtswirksam bewilligt werden (vgl. BGH GRUR **67,** 351, 354 zum jetzigen § 17 Abs. 1 Satz 1 GebrMG); ein vor Fristablauf gestellter Antrag auf Verlängerung der Frist wird aber je nach den Umständen des Falles bereits als Widerspruch, verbunden mit dem Antrag auf Gewährung einer Nachfrist für die Begründung, aufgefasst werden können (verneinend BGH aaO für den dortigen Fall und die andere Rechtslage angesichts der „Muss"-Vorschrift des § 17 Abs. 1 Satz 2 GebrMG). Gegen die Versäumung der Frist ist die Wiedereinsetzung in den vorigen Stand nach § 123 zulässig (ebenso Busse Rdn. 3 zu § 82), aber praktisch kaum von Bedeutung, weil das Gericht dann wohl ohnehin nicht von der durch die Fristversäumung eröffneten „Möglichkeit" (nicht „Verpflichtung") des § 82 Abs. 2 Gebrauch machen würde.

7 **b) Die sachliche Einlassung** des Beklagten auf die Klage und der dementsprechend von ihm zu stellende Antrag können der verschiedensten Art sein. Der Beklagte kann z.B. geltend machen, dass die Klage mangels Rechtsschutzinteresse des Klägers (§ 22 Rdn. 35), wegen einer Nichtangriffsabrede (§ 22 Rdn. 39ff.), wegen Verstoßes gegen Treu und Glauben (§ 22 Rdn. 43ff.), wegen der Rechtskraft einer früher zwischen denselben Parteien ergangenen Entscheidung (§ 22 Rdn. 95, § 84 Rdn. 5) oder wegen wesentlicher Mängel der Klageschrift (§ 81 Rdn. 16) als unzulässig abzuweisen sei. Er kann ferner geltend machen, dass er nicht der richtige Beklagte ist (§ 81 Rdn. 6). Vor allem aber kann er die sachliche Berechtigung der Klage bestreiten und ihre Abweisung als unbegründet beantragen, den Behauptungen und Beweisanträgen des Klägers entgegentreten und eigene Behauptungen und Beweisanträge anbringen. Andererseits kann er (im Zwangslizenzverfahren) den geltend gemachten Anspruch anerkennen (oben Rdn. 5), oder (im Nichtigkeitsverfahren) erklären, dass er nur einen beschränkten Inhalt seines Patents verteidigen wolle (§ 22 Rdn. 50, 65), oder (in allen drei Verfahren der §§ 81ff.) auf das Patent verzichten und das im Sinne einer Erledigung der Hauptsache dem Gericht anzeigen (oben Rdn. 5 und § 81 Rdn. 33). Ein „Anerkenntnis" oder „Zugeständnis der Klagetatsachen" im Nichtigkeitsverfahren würden nicht als solche wirksam sein, BGH GRUR **95,** 577 m.w.N., s.o. Rdn. 5, das Gericht also nicht von der Erforschung des Sachverhalts von Amts wegen (§ 87 Abs. 1) entbinden, können aber im Rahmen der Beweiswürdigung des Gerichts von Bedeutung sein (vgl. RGZ **86,** 440 und oben Rdn. 5). Ebenso kann (nicht: muss) das Klagevorbringen schon dann als erwiesen angesehen werden, wenn der Beklagte nicht sachlich Stellung genommen hat, insbesondere wenn er auch nicht zur mündlichen Verhandlung erscheint, BPatGE **30,** 267. Wegen der Möglichkeit einer Widerklage vgl. § 81 Rdn. 26.

4. Das weitere Verfahren

8 **a) Das Regelverfahren** (nach rechtzeitigem Widerspruch des Beklagten) ist teils schriftlich, teils mündlich. Außer in der Klage (§ 81 Abs. 5) und im Widerspruch (§ 83 Abs. 1) können **die Parteien** zunächst in weiteren Schriftsätzen zum Gegenstand des Streites Stellung nehmen, tatsächliche Behauptungen aufstellen und Beweismittel angeben. Entgegen dem Wortlaut des § 81 Abs. 4 Satz 3 werden nicht „alle" Schriftsätze der Gegenpartei von Amts wegen förmlich zuzustellen sein, sondern in entsprechender Anwendung der §§ 270 Satz 1 ZPO, 73 Abs. 2 Satz 3 PatG nur diejenigen Schriftsätze, welche Sachanträge oder die Zurücknahme der Klage oder eines Antrags enthalten, – die übrigen Schriftsätze dagegen werden formlos mitzuteilen sein, sofern nicht ihre Zustellung angeordnet wird. Den Schriftsätzen sollen Abschriften für die Gegenpartei beigefügt werden (§ 81 Abs. 4 Satz 2), ggf. auch Abschriften für einen Nebenintervenienten bzw. Abschriften seiner Schriftsätze für beide Parteien; fehlen die erforderlichen Abschriften, so sind sie nachzufordern oder gemäß PatKostG § 1 Abs. 1 Satz 1, GKG § 17 i. Verb. m. GKG Kostenverzeichnis Nr. 9000 auf Kosten der einreichenden Partei vom Gericht herzustellen. Ist ein Vertreter bestellt und eine für das Verfahren geltende Vollmacht schriftlich zu den Gerichtsakten eingereicht (§ 97 Abs. 2), so sind die Zustellungen und Mitteilungen der Schriftsätze an den Vertreter zu richten (§ 127 Abs. 2 i.V.m. ZPO § 172).

9 **Das Gericht** selbst hat durch eigene Maßnahmen das Verfahren und die Sammlung des Prozessstoffs zu fördern. Es hat – im Rahmen der Anträge und Klaggründe (§ 22 Rdn. 64–66) – den Sachverhalt von Amts wegen, aber unter Mitwirkung der Parteien, zu erforschen (§ 87 Abs. 1; vgl. auch Rdn. 72–74 zu § 22 und Rdn. 18 zu § 81). Dazu gehört es z.B. in einem

Nichtigkeitsverfahren nach § 22 Abs. 1 i. Verb. m. § 21 Abs. 1 Nr. 1 gegebenenfalls (vgl. Rdn. 72 zu § 22), weitere dem Streitpatent entgegenstehende Vorveröffentlichungen zu ermitteln; insbesondere kann es sachgerecht sein, im Streitpatent selbst zitierten Stand d. Technik heranzuziehen, BGH Mitt. **04,** 213. Der Vorsitzende oder ein von ihm zu bestimmendes Mitglied (Berichterstatter) hat alle Anordnungen zu treffen, die notwendig sind, um die Sache möglichst in *einer* mündlichen Verhandlung oder in *einer* Sitzung zu erledigen (§ 87 Abs. 2 Satz 1); er kann also insbesondere den Parteien die Ergänzung oder Erläuterung ihrer Schriftsätze sowie die Vorlegung von Urkunden, Zeichnungen, Modellen usw. aufgeben (§ 87 Abs. 2 Satz 2 i. V. m. ZPO § 273 Abs. 2 Nr. 1; vgl. dazu auch Erläuterungen zu § 87, beim Patentamt und Patentgericht nicht vorhandene Druckschriften sowie Übersetzungen von fremdsprachigen Druckschriften anfordern (§ 125), Behörden um Mitteilung von Urkunden (z. B. Erteilungsakten des Patentamts) oder Erteilung von Auskünften ersuchen (§ 273 Abs. 2 Nr. 2 ZPO). Von den Anordnungen sind in der Regel beide Parteien zu benachrichtigen (§ 273 Abs. 4 Satz 1, 2 ZPO). Das Gericht kann auch schon vor der mündlichen Verhandlung Beweise erheben lassen (§ 88 Abs. 2).

In der Regel findet das Verfahren sodann in einer **mündlichen Verhandlung** vor dem Pa- **10** tentgericht (§ 83 Abs. 2 S. 1, § 87 Abs. 2 Satz 1; unten Rdn. 11–16) mit der auf Grund dieser Verhandlung ergehenden Entscheidung (§ 94) seinen Abschluss. Mit Zustimmung der Parteien kann auch ohne mündliche Verhandlung entschieden werden (§ 83 Abs. 2 Satz 2; unten Rdn. 11, 16). Bei der **Entscheidung** ist alles bis dahin von den Parteien Vorgetragene oder vom Gericht selbst nach § 87 Abs. 1 Ermittelte und namentlich auch das Ergebnis einer Beweisaufnahme zu berücksichtigen (§ 93 Abs. 1 Satz 1). Die Parteien müssen aber Gelegenheit gehabt haben, sich zu den Tatsachen und Beweisergebnissen, auf welche die Entscheidung gestützt werden soll, in der mündlichen Verhandlung oder, wenn eine solche nicht stattgefunden hat, innerhalb einer ihnen zu stellenden Frist schriftlich zu äußern (§ 93 Abs. 2). Ergeht die Entscheidung auf Grund mündlicher Verhandlung, so darf ihr nur das zugrunde gelegt werden, was Gegenstand der Verhandlung gewesen ist (§ 93 Rdn. 4). Die Zurückweisung von tatsächlichem Vorbringen oder von Beweisantritten als verspätet wird unter den Voraussetzungen des § 296 ZPO zulässig sein, vgl. PA GRUR **37,** 867; PA Mitt. **56,** 195, – aber nur, wenn nach Lage des einzelnen Falles die Zurückweisung mit der dem Gericht obliegenden Verpflichtung zur Erforschung des Sachverhalts von Amts wegen (§ 87 Abs. 1) vereinbar ist (vgl. auch § 87 Rdn. 6, 7, § 79 Rdn. 11). So sind in BPatGE **23,** 1 grob nachlässig verspätete Beweisanträge zurückgewiesen worden, deren Berücksichtigung den Rechtsstreit erheblich verzögert hätte, und die lediglich Indiztatsachen und Wissen aus zweiter Hand zu einer angeblichen Vorbenutzung betrafen, zu der die Hauptbeteiligten keine relevanten Aussagen machen konnten. Vgl. auch Schmieder GRUR **82,** 352/353. Nach Schluss der mündlichen Verhandlung und vor der Verkündung der Entscheidung eingereichte Schriftsätze haben in der Regel keinen Anspruch auf Berücksichtigung, PA Bl. **33,** 3, können aber, wenn sie wesentliches neues Vorbringen enthalten, dem Gericht im Hinblick auf den Grundsatz des § 87 Abs. 1 Anlass zur Wiedereröffnung der mündlichen Verhandlung geben (§ 91 Abs. 3 Satz 2, vgl. § 91 Rdn. 9 sowie §§ 156, 296 a ZPO).

b) Mündliche Verhandlung. Nach § 83 Abs. 2 entscheidet das Patentgericht in Nichtig- **11** keits-, Zwangslizenz- und Zurücknahmeverfahren in der Regel auf Grund mündlicher Verhandlung; mit Zustimmung der Parteien kann (nicht muss) jedoch ohne mündliche Verhandlung entschieden werden. Die Bestimmung ist dem § 101 Abs. 1, 2 VwGO nachgebildet und unterscheidet sich von der entsprechenden Bestimmung des § 78 für das Beschwerdeverfahren mit gutem Grund (§ 78 Rdn. 2). Ohne mündliche Verhandlung kann ferner im Falle des § 82 Abs. 2 (Säumnisverfahren) entschieden werden. Das Gesetz geht davon aus, dass vor dem mit 5 Richtern besetzten Nichtigkeitssenat (§ 67 Abs. 2) in der Regel nur *eine* mündliche Verhandlung stattfindet (§ 87 Abs. 2), in der nach Vortrag der Akten (§ 90 Abs. 2) die Anträge gestellt und begründet werden (§ 90 Abs. 3), die Sache mit den Beteiligten tatsächlich und rechtlich erörtert wird (§ 91), in der Regel auch die Beweise erhoben werden (§ 88 Abs. 1) – soweit sie nicht schon vorher erhoben sind (§ 88 Abs. 2) –, und auf die hin sodann die Endentscheidung des Gerichts ergeht (§ 94 Abs. 1). Mit der „Entscheidung“, die nach § 83 Abs. 2 in der Regel nur auf Grund mündlicher Verhandlung ergehen darf, kann daher nur **die Entscheidung „über die Klage“** (§ 84 Abs. 1 Satz 1) gemeint sein sowie eine etwaige Zwischenentscheidung „über die Zulässigkeit der Klage“, da diese ebenfalls in Form des Urteils (Zwischenurteil, § 84 Abs. 1 Satz 2) und durch den mit 5 Richtern besetzten Senat (§ 67 Abs. 2) zu treffen ist. Eine Entscheidung „über die Klage“ im Sinne des § 84 Abs. 1 ist auch die Entscheidung über ihre Zurücknahme oder ihre Erledigung auf Antrag nur einer Partei, soweit es sich nicht lediglich um die dem Rechtspfleger obliegende Feststellung handelt, dass eine Klage wegen Nichtzahlung der Gebühren oder fehlender Sicherheitsleistung als nicht erhoben oder als zurückgenommen gilt, vgl. § 81 Rdn. 20, 47.

12 **Andere Entscheidungen** dagegen – für die der Nichtigkeitssenat nur mit 3 Richtern besetzt ist (§ 67 Abs. 2) – können trotz § 83 Abs. 2 Satz 1 auch ohne mündliche Verhandlung ergehen (vgl. § 94 Rdn. 10, 11; vgl. auch § 101 Abs. 3 VwGO), so z.B. die Entscheidung über die Zulässigkeit einer Nebenintervention (§ 81 Rdn. 10), über die Gewährung von Akteneinsicht (§ 99 Abs. 3), über die Verbindung oder Trennung von Klagen (§ 81 Rdn. 24) und über die Aussetzung des Verfahrens (§ 81 Rdn. 29) sowie die isolierten Kostenentscheidungen nach Zurücknahme der Klage oder übereinstimmender Erledigungserklärung (§ 81 Rdn. 32, 35; BPatG Bl. **83,** 46; vgl. für das Berufungsverfahren auch § 116 Abs. 3 Nr. 2, 3); der Grundsatz des beiderseitigen Gehörs (§ 93 Abs. 2) gilt aber auch hier. Dass Beweisbeschlüsse schon *vor* der mündlichen Verhandlung, also *ohne* mündliche Verhandlung erlassen werden können, ergibt sich aus § 88 Abs. 2.

13 **Nähere Bestimmungen über die mündliche Verhandlung** finden sich an anderen Stellen des Gesetzes, so insbesondere in den „Gemeinsamen Verfahrensvorschriften" §§ 86ff., namentlich in § 87 Abs. 2 (Vorbereitung der Verhandlung), § 89 (Ladung), §§ 90, 91 (Gang der Verhandlung), § 92 (Protokoll), – ferner in § 69 Abs. 2 (Öffentlichkeit der Verhandlung!), § 69 Abs. 3 (Sitzungspolizei) sowie in § 124 (Wahrheitspflicht) und § 126 (Gerichtssprache). Zur Ergänzung können weitere einschlägige Bestimmungen der ZPO entsprechend angewandt werden, soweit die Besonderheit des Verfahrens vor dem Patentgericht das nicht ausschließt (§ 99 Abs. 1), – so z.B. die Bestimmung des § 146 ZPO über die vorläufige Beschränkung der mündlichen Verhandlung, namentlich dann, wenn zunächst nur über die Zulässigkeit der Klage (§ 84 Abs. 1 Satz 2) oder im Zwangslizenzverfahren zunächst nur über den „Grund des Anspruchs" (§ 24 Rdn. 35) entschieden werden soll. Ferner § 227 Abs. 1 ZPO Terminsverlegung oder **Vertagung,** wenn dies für eine fundierte Stellungnahme zu neu zutage getretenen Sach- und Rechtsfragen nötig ist, insbes. wenn eine Partei mit neuen Anträgen überrascht wird, die neue Recherchen erforderlich machen, BGH GRUR **04,** 354, 355.

14 Eine **geschlossene mündliche Verhandlung** kann **wieder eröffnet** werden (§ 91 Abs. 3), sei es auf Antrag einer Partei, sei es von Amts wegen; vgl. dazu § 91 Rdn. 9. Kommt das Gericht auf Grund der mündlichen Verhandlung nicht zur Endentscheidung, sondern nur zur Anordnung einer Beweisaufnahme, so ist der Beweistermin, wenn das Gericht (der Senat) selbst den Beweis erhebt, zugleich ein Termin zur – nochmaligen – mündlichen Verhandlung (vgl. § 88 Abs. 1 Satz 1). Wird der Beweis durch einen beauftragten oder ersuchten Richter erhoben (§ 88 Abs. 2), so muss eine (weitere) mündliche Verhandlung stattfinden, sofern nicht die Parteien einer Fortsetzung im schriftlichen Verfahren zustimmen (§ 83 Abs. 2).

15 **Nichterscheinen (Säumnis).** Bleibt ein Beteiligter trotz ordnungsmäßiger Ladung im Termin aus, so kann (nicht muss) auch ohne ihn verhandelt und entschieden werden (§ 89 Abs. 2), BGH GRUR **66,** 107, 108; **96,** 757. Dem Erfordernis der mündlichen Verhandlung im Sinne des § 83 Abs. 2 Satz 1 ist damit Genüge getan. Ein Versäumnisverfahren im Sinne der hier nicht anwendbaren §§ 330ff. ZPO ist das nicht, vgl. BGH Mitt. **64,** 22, 23; ein solcher wäre auch schwer mit dem für das Nichtigkeitsverfahren geltenden Untersuchungsgrundsatz (§ 87) zu vereinbaren, BGH GRUR **96,** 757. Die Verhandlung wird vielmehr gemäß dem Grundsatz der Erforschung des Sachverhalts von Amts wegen nach den Vorschriften der §§ 90–92 genau so durchgeführt, wie wenn alle Geladenen erschienen wären. Das in der Verhandlung Erörterte kann – auch zum Nachteil des Ausgebliebenen – bei der Entscheidung berücksichtigt werden, ohne dass dem Ausgebliebenen nochmals Gelegenheit zur Äußerung gegeben werden müsste (§ 93 Rdn. 7). Ein erschienener Sachverständiger (oder Zeuge) kann gehört u. das Ergebnis bei d. Entscheidung berücksichtigt werden, vgl. BGH Mitt. **02,** 333. Die Partei, die aus triftigen Gründen den Termin nicht wahrnehmen kann, wird, um diesen Folgen zu entgehen, rechtzeitig die Verlegung des Termins beantragen müssen (vgl. § 227 ZPO). Erscheint in dem Termin keine der Parteien, so wird in entsprechender Anwendung der für das Berufungsverfahren geltenden Bestimmung des § 118 Abs. 2 ein Urteil nach Lage der Akten ergehen können.

16 **Ohne mündliche Verhandlung** kann – außer im Falle des § 82 Abs. 2 und in den oben Rdn. 12 genannten Fällen – nur mit Zustimmung der Parteien entschieden werden (§ 83 Abs. 2 Satz 2). Ist ein Nebenintervenient beigetreten, so wird auch dessen Zustimmung erforderlich sein; a.A. Lindenmaier § 39 Rdn. 4; wie hier Klauer/Möhring § 39 Rdn. 9. Die Zustimmung muss klar, eindeutig und vorbehaltlos erklärt sein, vgl. BVerwGE **6,** 18. Das Gericht kann die Zustimmung anregen, auch eine Frist zu ihrer Erklärung setzen, darf aber nicht das Schweigen einer Partei als Erklärung der Zustimmung werten. Für das schriftl. Verfahren gilt § 128 Abs. 2 ZPO.

c) Das „Säumnisverfahren" nach § 82 Abs. 2 kann stattfinden, wenn der Beklagte sich nicht rechtzeitig innerhalb der Erklärungsfrist des § 82 Abs. 1 zu der Klage (die ihm ordnungsgemäß zugestellt sein muss, RG Bl. **14,** 321) erklärt, also nicht rechtzeitig widerspricht (§ 83 Abs. 1), – ferner dann, wenn er den zunächst erhobenen Widerspruch zurückzieht, BGH Liedl **61/62,** 549, 552; BPatGE **18,** 50, – und wohl auch dann, wenn er innerhalb der Erklärungsfrist des § 82 Abs. 1 „anerkennt" (oben Rdn. 5). Nur bei einer solchen „Säumnis" des Beklagten gibt es dieses Säumnisverfahren, nicht bei einer Säumnis des Klägers. Die Besonderheit des „Säumnisverfahrens" besteht darin, a) dass in Abweichung von § 83 Abs. 2 ohne mündliche Verhandlung entschieden werden kann, und b) dass dabei in Abweichung von § 87 Abs. 1 Satz 1 (Untersuchungsgrundsatz) jede vom Kläger behauptete Tatsache (z. B. eine offenkundige Vorbenutzung) für erwiesen angenommen werden kann. Das Gericht *kann* von dieser Möglichkeit Gebrauch machen, muss es aber nicht, sondern kann trotz der „Säumnis" des Beklagten das Regelverfahren durchführen und mündliche Verhandlung anberaumen. Auch kann das Gericht in dem Verfahren nach § 82 Abs. 2 nur „nach der Klage", d. h. in Übereinstimmung mit dem Klagantrag entscheiden. Dazu muss es – trotz der „Säumnis" des Beklagten – prüfen, ob die Klage zulässig ist (die tatsächlichen Behauptungen, die die Zulässigkeit begründen sollen, sind als wahr zu unterstellen), und ob sie schlüssig begründet ist, d. h. ob die behaupteten Tatsachen (deren Richtigkeit unterstellt) den Antrag rechtfertigen, – also z. B. bei einer Nichtigkeitsklage wegen mangelnder Patentfähigkeit (§§ 22 Abs. 1, 21 Abs. 1 Nr. 1), ob das vom Kläger entgegengehaltene Material dem Streitpatent die Neuheit oder die Erfindungshöhe zu nehmen vermag. Würde danach der Klage ganz oder teilweise nicht stattgegeben werden können, so muss das Regelverfahren mit mündlicher Verhandlung durchgeführt werden. Nach der Vorschrift des § 84 Abs. 1 Satz 1 muss auch die im Säumnisverfahren ohne mündliche Verhandlung ergehende, der Klage stattgebende Entscheidung durch Urteil erfolgen, gegen das nach § 110 Abs. 1 Satz 1 die Berufung an den BGH stattfindet. Auch eine solche Entscheidung ist, obwohl sie auf Grund einer nur beschränkten Sachprüfung ergeht und deshalb möglicherweise der wahren Sach- und Rechtslage nicht entspricht, dennoch eine Sachentscheidung, die als solche einer im voll streitigen Verfahren ergangenen Entscheidung völlig gleichsteht und daher wie diese auch für und gegen alle wirkt, BGH GRUR **63,** 519, 521; **67,** 351, 353. 17

84

Urteil. Kosten. (1) [1]**Über die Klage wird durch Urteil entschieden.** [2]**Über die Zulässigkeit der Klage kann durch Zwischenurteil vorab entschieden werden.**

(2) [1]**In dem Urteil ist auch über die Kosten des Verfahrens zu entscheiden.** [2]**Die Vorschriften der Zivilprozeßordnung über die Prozeßkosten sind entsprechend anzuwenden, soweit nicht die Billigkeit eine andere Entscheidung erfordert; die Vorschriften der Zivilprozeßordnung über das Kostenfestsetzungsverfahren und die Zwangsvollstreckung aus Kostenfestsetzungsbeschlüssen sind entsprechend anzuwenden.** [3]**§ 99 Abs. 2 bleibt unberührt.**

Inhaltsübersicht

I. Das Urteil

1 **1. Erfordernis der Entscheidung durch Urteil; Urteilsarten; Beschlüsse.** Nach § 84 Abs. 1 wird über die Klage durch Urteil, über ihre Zulässigkeit ggf. durch Zwischenurteil entschieden. Durch Urteil ist ferner nach § 85 Abs. 3 Satz 2 i. V. m. § 84 Abs. 1 über einen Antrag auf Erlass einer einstweiligen Verfügung im Zwangslizenzverfahren zu entscheiden. Der Nichtigkeitssenat entscheidet in diesen Fällen in der Besetzung mit 5 Richtern (§ 67 Abs. 2). „Über die Klage" wird entschieden, wenn über das Klagebegehren unmittelbar, ihm stattgebend oder es abweisend, entschieden wird. Das Urteil kann ein *Sachurteil* sein, das „in der Sache selbst entscheidet", oder ein *Prozessurteil,* das aus prozessualen Gründen, z. B. mangels Partei- oder Prozessfähigkeit des Klägers, wegen wesentlicher Mängel der Klageschrift (§ 81 Rdn. 16), mangels Rechtsschutzinteresses des Klägers (§ 22 Rdn. 35), wegen einer Nichtangriffsabrede oder wegen Verstoßes gegen Treu und Glauben (§ 22 Rdn. 39–47), oder wegen rechtskräftiger früherer Entscheidung (§§ 22 Rdn. 95 und unten Rdn. 5), die Klage als unzulässig abweist. Ein „über die Klage" entscheidendes Prozessurteil ist auch die streitige Entscheidung über ihre Zurücknahme oder Erledigung (§ 81 Rdn. 20, 33, 47). Ein in der Sache selbst entscheidendes Urteil ist in den drei Verfahren der §§ 81 ff., soweit es der Klage stattgibt (also das Patent ganz oder zum Teil vernichtet oder die Zwangslizenz erteilt), ein *Gestaltungsurteil* (§ 22 Rdn. 87, 92–94; § 24 Rdn. 28; wegen des möglichen Inhalts der Entscheidungen vgl. ferner § 22 Rdn. 75–85; § 24 Rdn. 28–34). In der Regel wird durch das Urteil der Rechtsstreit für die Instanz erledigt; das Urteil ist also in der Regel ein *Endurteil* (§ 300 ZPO). Das Endurteil ist ein Voll-Endurteil, wenn es – wie zumeist – den Rechtsstreit für die Instanz ganz erledigt. Ist nur ein Teil des Rechtsstreits zur Endentscheidung reif, so kann ein *Teilurteil* (§ 301 ZPO, vgl. auch § 110 VwGO) ergehen, so z. B. wenn bei einer Nichtigkeitsklage gegen mehrere Patente zunächst nur über eines der Streitpatente entschieden werden kann; wegen des Restes bleibt dann der Rechtsstreit in der Instanz anhängig. Wird nur über einzelne Streitpunkte entschieden, so liegt ein *Zwischenurteil* vor. § 84 Abs. 1 Satz 2 lässt ausdrücklich ein Zwischenurteil über die Zulässigkeit der Klage zu, d. h. die Feststellung, dass die Klage zulässig ist (wegen der Sache selbst bleibt der Rechtsstreit in der Instanz anhängig); wird dagegen die Zulässigkeit der Klage verneint, so ist sie durch Endurteil (Prozessurteil) abzuweisen. Zulässig ist ferner im Zwangslizenzverfahren ein Zwischenurteil *(Grundurteil)* über die Erteilung der Zwangslizenz, vgl. § 24 Rdn. 35 (wegen der weiter zu treffenden Entscheidung, z. B. über die Art und Höhe der Vergütung, bleibt der Rechtsstreit in der Instanz anhängig). Ein *Versäumnisurteil* im Sinne der §§ 330 ff. ZPO ist nicht zulässig (Rdn. 15 zu §§ 82, 83), ein *Anerkenntnisurteil* im Sinne des § 307 ZPO nur im Zwangslizenzverfahren (Rdn. 5 zu §§ 82, 83).

2 Nach § 84 Abs. 1 hängt es also vom Inhalt der Entscheidung ab, ob sie durch Urteil zu treffen ist. Nicht maßgebend ist, auf was für ein Verfahren hin die Entscheidung ergeht. Handelt es sich um eine Entscheidung „über die Klage" im Sinne des § 84 Abs. 1, so muss sie daher durch Urteil auch dann getroffen werden, wenn gemäß §§ 82 Abs. 2, 83 Abs. 2 S. 2 keine mündliche Verhandlung stattgefunden hat oder wenn nach einer mündlichen Verhandlung das Verfahren schriftlich zu Ende gebracht worden ist (Rdn. 14 zu §§ 82, 83). **Andere Entscheidungen** dagegen, die keine Entscheidungen „über die Klage" im Sinne des § 84 Abs. 1 (oder über den Antrag auf Erlass einer einstweiligen Verfügung nach § 85 Abs. 3) sind, also namentlich auch die in Rdn. 12 zu §§ 82, 83 genannten Entscheidungen über die Zulässigkeit einer Nebenintervention, über die Gewährung von Akteneinsicht (§ 99 Abs. 3), über die Verbindung oder Trennung von Klagen, über die Aussetzung des Verfahrens oder über den Kostenpunkt allein nach Zurücknahme oder Erledigung der Klage, sind nicht durch Urteil, sondern **durch Beschluss** zu treffen, gleichgültig, ob sie auf Grund mündlicher Verhandlung oder ohne mündliche Verhandlung ergehen; und zwar entscheidet der Nichtigkeitssenat hier in der Besetzung mit nur 3 Richtern (§ 67 Abs. 2), es sei denn, dass die Entscheidung in einer Verhandlung vor dem mit 5 Richtern besetzten Senat getroffen wird. Entscheidungen, die nicht unter § 84 I fallen, sind nicht deswegen selbstständig mit d. Berufung anfechtbar, weil sie in d. Form eines Urteils ergangen sind, s. Rdn. 1 zu § 110.

3 **2. Verfahrensbestimmungen zum Urteil** finden sich in den §§ 93–96 und in den nach § 99 Abs. 1 entsprechend anzuwendenden einschlägigen Vorschriften der ZPO. Hinzuweisen ist namentlich auf die Bestimmungen des § 93 über die Urteilsfindung und die dabei mitwirkenden Richter, des § 94 Abs. 1 über die Verkündung und/oder Zustellung des Urteils (Ergänzungen in §§ 311 Abs. 2, 3, 312 ZPO), des § 94 Abs. 2 und der §§ 311 Abs. 1, 313 Abs. 1, 2, 315 ZPO über Form und Inhalt des schriftlichen Urteils, der §§ 95, 96 über die Berichtigung von offenbaren Unrichtigkeiten und von Unrichtigkeiten im Tatbestand (entsprechend §§ 319, 320 ZPO) und des § 321 ZPO über die Ergänzung des Urteils bei Übergehen

von Anträgen (wegen Übergehens des Kostenpunktes vgl. unten Rdn. 12). Da die Urteile der Nichtigkeitssenate (i. S. von §§ 84 I, 85 III) stets mit Rechtsmitteln angreifbar sind (§§ 110, 122) kommt ein Urteil ohne Tatbestand und Gründe (§ 313a ZPO) nicht in Betracht. Eine Rechtsmittelbelehrung ist nicht vorgesehen (anders als bei Beschlüssen d. Patentamts gem. § 47 II). Wegen der Kostenentscheidung vgl. § 84 Abs. 2 und unten Rdn. 11ff.; wegen der Anordnung der vorläufigen Vollstreckbarkeit vgl. unten Rdn. 7. Für die Zustellung gelten nach § 127 die Vorschriften der ZPO.

Beschlüsse werden, wenn sie auf Grund mündlicher Verhandlung ergehen, verkündet, andernfalls zugestellt (§ 94 Abs. 1 PatG, § 329 Abs. 1, 3 ZPO). Näheres über die Beschlüsse bestimmt § 329 Abs. 2 ZPO. Im patentgerichtlichen Verfahren gelten aber auch für Beschlüsse vorrangig die §§ 93ff. PatG. Verkündete Beschlüsse erhalten zu ihrer Datierung den Verkündungsvermerk entsprechend § 315 Abs. 3 ZPO, vgl. BGHZ **8,** 303, 309. 4

3. Anfechtbarkeit, Rechtskraft. Die Entscheidungen des Bundespatentgerichts werden erst mit der nach Maßgabe des § 94 erfolgenden Verkündung oder Zustellung wirksam, wobei im Falle der Zustellung die späteste maßgebend ist, BGH GRUR **62,** 384. Von diesem Zeitpunkt an sind die Entscheidungen einerseits rechtsmittelfähig und andererseits grundsätzlich jeder Änderung oder Ergänzung durch das Gericht entzogen, soweit nicht die Ausnahmebestimmungen der §§ 95, 96 oder des § 321 ZPO eingreifen, BGH GRUR **71,** 484, 485. Bei Verletzung rechtl. Gehörs u. U. Abänderung entspr. § 321 a ZPO möglich; vgl. BGH GRUR **04,** 1061 und **05,** 614 zum Berufungsverfahren. 5

Die **Urteile** der Nichtigkeitssenate nach § 84 Abs. 1 (oben Rdn. 1) können innerhalb eines Monats nach Zustellung (§ 94 Abs. 1) mittels Berufung an den BGH angefochten werden (§ 110). Sie werden *formell* rechtskräftig (d.h. unanfechtbar) mit Ablauf der letzten – je nach der Zustellung für die Parteien ggf. unterschiedlich beginnenden – Berufungsfrist, wenn keine der Parteien (oder Nebenintervenienten) bis zum Ablauf der für sie geltenden Frist Berufung eingelegt hat (durch die Wiedereinsetzung in den vorigen Stand wird die Unanfechtbarkeit wieder beseitigt), oder mit dem Rechtsmittelverzicht durch die beschwerte Partei, falls er vor Ablauf der Berufungsfrist erklärt wird. Urteile des BGH im Berufungsverfahren werden, weil nicht anfechtbar, mit der Verkündung (§ 120) oder der Zustellung nach § 94 Abs. 1 S. 3, 4 (vgl. § 120 Rdn. 1) formell rechtskräftig. Die *materielle* Rechtskraft der Urteile äußert sich in der Gestaltungswirkung (als Gestaltungsurteile), soweit darin der Klage stattgegeben, also das Patent ganz oder teilweise vernichtet oder die Zwangslizenz (oder Festsetzung ihrer Bedingungen) erteilt (§ 22 Rdnr. 87, 92; § 24 Rdn. 28, 36), und auch, soweit im Nichtigkeitsverfahren das Patent klargestellt wird (§ 22 Rdn. 94); sie äußert sich, soweit die Klage abgewiesen wird, in der Unzulässigkeit einer neuen Verhandlung und Entscheidung über den gleichen Streitgegenstand unter denselben Parteien (§ 22 Rdn. 95, 96). Wegen der Klage auf Änderung der Vergütung für eine Zwangslizenz vgl. § 24 Rdn. 42.

Die Beschlüsse der Nichtigkeitssenate können nur zusammen mit ihren Urteilen angefochten werden (§ 110 Abs. 6); sie sind überhaupt nicht anfechtbar, wenn ein Urteil nicht mehr ergeht oder bereits vorher ergangen war (§ 99 Abs. 2). Die gemäß § 23 Rechtspflegergesetz vom Rechtspfleger zu treffenden Entscheidungen, insbesondere der Ausspruch, dass eine Klage als nicht erhoben oder als zurückgenommen gilt, können binnen 2 Wochen mit der Erinnerung angegriffen werden (§ 23 Abs. 2 Rechtspflegergesetz), über die der Nichtigkeitssenat durch Beschluss entscheidet. 6

4. Vollstreckbarkeit. Die in Rdn. 5 genannten materiellen Rechtskraftwirkungen des Urteils treten von selbst dann (aber auch nur bzw. erst dann) ein, wenn das Urteil unanfechtbar (formell rechtskräftig) ist bzw. wird. Einer über diese Wirkung hinausgehenden „Vollstreckung" sind ihrem Inhalt nach weder die der Klage stattgebenden Gestaltungsurteile noch die klagabweisenden Urteile fähig; auch die bei der Erteilung einer Zwangslizenz erfolgende Festsetzung der Benutzungsvergütung ist nur eine Gestaltung der Bedingungen für die Ausübung der Zwangslizenz, die dem beklagten Patentinhaber noch keinen vollstreckbaren Titel gegen den klagenden Lizenzsucher gibt (§ 24 Rdn. 36). Das Patentgesetz sieht daher eine vorläufige Vollstreckbarkeit im Allgemeinen nicht vor; lediglich für d. Sonderfall d. Erteilung einer Zwangslizenz kann sie auf Antrag angeordnet werden (§ 85 Abs. 6). Die **Kostenentscheidung** ist jedoch auch in den anderen Fällen für vorläufig vollstreckbar zu erklären (§§ 84 Abs. 2, 99 Abs. 1 i. Verb.m. §§ 708ff. ZPO), und zwar grundsätzlich bei einem zu vollstreckenden Kostenerstattungsanspruch von voraussichtlich nicht mehr als 1500,– € ohne Sicherheitsleistung (§ 708 Nr. 11 ZPO), sonst gegen Sicherheitsleistung (§ 709 ZPO). Die früher allgemein, zuletzt noch in BPatG Mitt. **85,** 34 vertretene Gegenmeinung ist mit der geltenden Fassung der zitierten Vorschriften nicht zu vereinbaren. Dazu überzeugend im einzelnen BPatG Mitt. **78,** 167 7 und GRUR **86,** 48. Die Höhe d. Sicherheitsleistung kann ggf. entspr. § 749 I ZPO i. d. Berufungsinstanz durch Vorabentscheidung korrigiert werden, BGH X ZR 236/00 v. 23. 1. 02. Isolierte Kostenentscheidungen (Rdn. 34 zu § 81 und Rdn. 13 zu § 84) sind nicht anfechtbar (§ 99 Abs. 2) und daher ohne weiteres vollstreckungsfähig, § 704 Abs. 1 ZPO, BPatGE **31,** 191. Die Heranziehung zu den Gerichtskosten (§ 29 Nr. 1 GKG – insbesondere auch wegen der Auslagen) ist unabhängig von Rechtskraft oder Vollstreckbarkeit der Kostenentscheidung (vgl. §§ 9, 30 GKG).

8 **5. Vermerk im Patentregister.** Nach § 30 Abs. 1 hat das Patentamt die Erhebung der Nichtigkeitsklage sowie die Erklärung der Nichtigkeit von Patenten und Nichtigkeitszertifikaten von Amts wegen im Patentregister zu vermerken. Urteile solchen Inhalts müssen daher dem Patentamt mitgeteilt werden. Die Erteilung einer Zwangslizenz dagegen wird, weil in § 30 Abs. 1 nicht angeordnet, im Register nicht vermerkt.

9 **6. Die Wiederaufnahme** eines durch rechtskräftiges Endurteil (in erster oder zweiter Instanz) geschlossenen Verfahrens durch „Nichtigkeitsklage" oder „Restitutionsklage" ist in entsprechender Anwendung der §§ 578ff. ZPO möglich, RGZ **170,** 51; BGH GRUR **66,** 109/10. Die „Auffindung" einer weiteren vorveröffentlichten Druckschrift oder die „Auffindung" von Patenterteilungsakten kann jedoch nicht als Restitutionsgrund im Sinne des § 580 Nr. 7b ZPO gelten, vgl. RGZ **48,** 375; **84,** 142, 145; PA Mitt. **36,** 122, 123 und unten § 139 Rdn. 149; – zweifelnd Zeller GRUR **62,** 552ff. (unter Hinweis auf die Schwierigkeiten der Neuheitsrecherchen). Das Wiederaufnahmeverfahren gliedert sich in drei Abschnitte: a) die nach § 589 ZPO von Amts wegen vorzunehmende Prüfung der Zulässigkeit der Wiederaufnahmeklage, – b) die nach den Vorschriften der ZPO (einschließlich der §§ 330ff. über das Versäumnisurteil!) vorzunehmende Prüfung, ob der Wiederaufnahmegrund gegeben ist, – c) die nach den Vorschriften des PatG durchzuführende erneute Verhandlung des Patentnichtigkeitsstreits, BGH GRUR **66,** 109, 110. Führt das Wiederaufnahmeverfahren zur Wiederherstellung eines im früheren Verfahren vernichteten Patents, so werden Schadenersatzansprüche wegen der Benutzung in der Zwischenzeit in der Regel aus tatsächlichen Gründen nicht gestellt werden und gutgläubige Zwischenbenutzer sogar ein Weiterbenutzungsrecht an der nachträglich wieder geschützten Lehre in Anspruch nehmen können, RGZ **170,** 51, 53.

II. Die Kosten

Literatur: Struif, Streitwert und Kostenrisiko im Patentnichtigkeitsverfahren, GRUR **85,** 248ff.

10 **1. Die Neuregelung durch das GPatG.** Die seit dem 1. 1. 1981 geltende Neufassung des § 84 Abs. 2 (früher § 40 Abs. 2) bringt formell eine Lösung von der Kostenregelung für das Beschwerdeverfahren (§ 80) und stärkere Angleichung an die für den Zivilprozess maßgeblichen Bestimmungen. Im Wesentlichen ist damit das zum ausdrücklichen Gesetzesinhalt geworden, was auch früher schon von der Rechtsprechung praktiziert worden ist (so auch amtl. Begründung BlPMZ **79,** 276, 288).

Zunächst ist durch den Wegfall der Verweisung auf § 80 klargestellt, dass in jedem Fall eine einheitliche Entscheidung über die „Kosten des Verfahrens" ergehen muss, worunter gemäß § 91 ZPO sowohl die Gerichtskosten wie die außergerichtlichen Kosten der Parteien fallen. Nach der früheren Regelung war generell „nach billigem Ermessen" über die Kostenlast zu entscheiden; die Rechtsprechung hat den ihr insoweit gegebenen weiten Entscheidungsspielraum jedoch kaum genutzt (vgl. dazu die kritische Darstellung bei Liedel, Das deutsche Nichtigkeitsverfahren, 1979, S. 47ff.), sondern im Interesse der Praktikabilität und Rechtssicherheit unter Hinweis auf die kontradiktorische Natur des Nichtigkeitsverfahrens seit jeher die Vorschriften der §§ 91ff. ZPO und die hierzu ergangene Rechtsprechung zur Richtschnur genommen (vgl. 7. Auflage § 40 Rdn. 13 m.w.N.). Es entspricht daher diesen Grundsätzen, wenn nunmehr in § 84 Abs. 2 S. 2 primär die Anwendung der Bestimmungen der ZPO vorgeschrieben ist und Abweichungen nur in konkret zu begründenden Ausnahmefällen zulässig sind, nämlich „soweit die Billigkeit eine andere Entscheidung erfordert".

Die entsprechende Anwendung der Bestimmungen der ZPO über das Kostenfestsetzungsverfahren und die Zwangsvollstreckung aus Kostenfestsetzungsbeschlüssen (§ 84 Abs. 2 S. 2 Halbs. 2) ergab sich schon nach früherem Recht (vgl. § 80 Abs. 5). Der Hinweis auf § 99 dient lediglich der Klarstellung, dass trotz der stärkeren Bezugnahme auf die ZPO keine weitergehenden Rechtsmittel geschaffen werden sollen, der BGH insbesondere nicht mit Kostenbeschwerden befasst werden soll.

2. Die Kostenentscheidung

a) Erforderlichkeit der Kostenentscheidung, Form, Anfechtbarkeit. Wird durch Urteil über die Nichtigkeitsklage entschieden, so ist nach dem Wortlaut des Gesetzes eine gleichzeitige **Entscheidung über die Kosten nötig** und nicht etwa nur möglich; es bedarf daher auch keiner entsprechenden Anträge der Parteien, sie steht nicht z. Disposition d. Parteien, BGH GRUR **98,** 138, 139. Die Entscheidung muss über die gesamten Kosten des Verfahrens ergehen. Dazu gehören in Übereinstimmung mit der hier heranzuziehenden Terminologie des § 91 ZPO und anders als bei § 80 Abs. 1 stets sowohl die Gerichtskosten wie auch die den Parteien entstandenen notwendigen außergerichtlichen Kosten. Die Kosten einer streitgenössischen Nebenintervention werden ohne weiteres erfasst, BPatGE **28,** 206. 11

Die Kostenentscheidung muss nach dem Gesetzeswortlaut „in dem Urteil" enthalten sein; nach Sinn und Zusammenhang dieser Bestimmung (s. § 84 Abs. 1 S. 1) kann damit nur ein solches Urteil gemeint sein, mit dem über die Nichtigkeitsklage selbst entschieden wird, und zwar vollständig. Zwischenurteile (§ 84 Abs. 1 S. 2), Teilurteile (oben Rdn. 1) sowie Berufungsurteile, in denen die Sache an das Patentgericht zurückverwiesen wird (§ 116 Rdn. 5) brauchen daher keine Kostenentscheidung zu enthalten. In diesen Fällen könnte die Kostenlast auch allenfalls z. T. und meist noch nicht hinreichend sachgerecht beurteilt werden. Über die gesamten Kosten ist dann erst in dem abschließenden Urteil zu befinden. Enthält ein Urteil keine Kostenentscheidung, obwohl es sie aufweisen müsste, so ist es auf fristgebundenen Antrag (nicht von Amts wegen!) nach Maßgabe des § 321 ZPO durch nachträgliche Entscheidung zu ergänzen. 12

Ergeht in dem Verfahren kein Urteil, kann gleichwohl eine sog. **isolierte Kostenentscheidung** getroffen werden, so namentlich bei Zurücknahme der Klage (§ 81 Rdn. 32) – nur auf Antrag – oder bei übereinstimmender Erledigungserklärung beider Parteien (§ 81 Rdn. 34). die Entscheidung ergeht ohne mündliche Verhandlung durch Beschluss. Für die Kostenentscheidung ist jedoch kein Raum mehr, wenn die Kosten bereits in einem vollstreckbaren Vergleich geregelt sind, RGZ **96,** 203; BPatGE **1,** 119. Nicht durch Urteil, sondern durch Beschluss werden ferner bei der Zurückweisung einer Nebenintervention dem Nebenintervenienten die Kosten des nicht zugelassenen Beitritts auferlegt (§ 81 Rdn. 10). Für den Inhalt der isolierten Kostenentscheidung und für die Kostenfestsetzung daraus gilt § 84 Abs. 2 i. Verb. m. §§ 91 ff. ZPO bezw. § 269 Abs. 3 ZPO (bei Klagerücknahme) entsprechend. Im Verfahren über die Bewilligung von Prozesskostenhilfe (§ 132 i. Verb. m. §§ 114 ff. ZPO) gibt es keine Kostenerstattung und auch keine Kostenentscheidung, vgl. BGH Mitt. **60,** 231; BPatGE **6,** 223. Entscheidungsgrundsätze bei Erledigung d. Hauptsache: § 81 Rdn. 35 ff. 13

Mit der Berufung gegen das Urteil des Nichtigkeitssenats (§ 110 Abs. 1 Satz 1) kann auch die in dem Urteil enthaltene Kostenentscheidung sowie die eines etwaigen Ergänzungsurteils (vgl. oben Rdn. 12) **angefochten** werden. Die Anfechtung der Entscheidung über den Kostenpunkt ist jedoch nach § 99 Abs. 1 ZPO unzulässig, wenn nicht auch gegen die Entscheidung in der Hauptsache Berufung eingelegt wird, BGH GRUR **95,** 577; – mit einer Anschlussberufung dagegen kann auch allein die Kostenentscheidung angegriffen werden, vgl. BGHZ **17,** 392, 397; BGH Liedl **59/60,** 372, 387. Die isolierten Kostenentscheidungen (oben Rdn. 13) sind nicht anfechtbar (§§ 84 Abs. 2 S. 3, 99 Abs. 2, 110 Abs. 6). 14

b) Entscheidungsgrundsätze. Über die Kosten des Verfahrens ist in entsprechender Anwendung der Vorschriften der ZPO zu entscheiden, soweit nicht die Billigkeit eine andere Entscheidung erfordert (§§ 84 Abs. 2, 121 Abs. 2). Es sind daher die Kosten (einschl. der außergerichtlichen Kosten) in der Regel der unterliegenden Partei aufzuerlegen **(§ 91 ZPO),** bei teilweisem Obsiegen und Unterliegen (z. B. bei Teilvernichtung trotz Antrags auf volle Vernichtung) werden sie verhältnismäßig zu teilen oder gegeneinander aufzuheben oder auch ggf. einer Partei ganz aufzuerlegen sein **(§ 92 ZPO);** entsprechendes gilt, wenn eine Partei zwar voll obsiegt, aber aus anderen Gründen an den Kosten zu beteiligen ist, z. B. wegen teilweiser Klagerücknahme (§ 269 Abs. 3 Satz 2 ZPO), vgl. BGH GRUR **62,** 294, 297; BPatGE **12,** 193. Eine Abweichung von der Kostenregelung der ZPO ist – anders als nach der vor dem 1. 1. 1981 gültig gewesenen Fassung – nicht schon dann möglich, wenn sie im Rahmen billigen Ermessens liegt; sie muss vielmehr von der Billigkeit „erfordert" werden, d. h. die Regelung der ZPO muss sich in der Anwendung auf den konkreten Fall als unbillig erweisen, BGH GRUR **98,** 138, 139. Eine Abweichung ist nicht schon dann erforderlich, wenn d. Nichtigkeitskläger einen von mehreren Nichtigkeitsgründen fallen lässt, gleichwohl aber sein Klageziel erreicht (a. A. BPatGE **36,** 75; **41,** 203, 205). Trotz dieser Einschränkung des Entscheidungsspielraums werden sich in der Praxis kaum Änderungen gegenüber der früheren Rechtsprechung ergeben. Eine Abweichung von den Regeln der §§ 91, 92 ZPO aus Gründen der Billigkeit kann z. B. in Betracht kommen, wenn einer Nichtigkeitsklage lediglich auf Grund von vorveröffentlichten 15

Druckschriften, die das Gericht ermittelt hat, stattgegeben wird, vgl. dazu PA Mitt. **57,** 150; **57,** 194. Obsiegt der Kläger erst im zweiten Rechtszug auf Grund neuen Vorbringens, das er schon im ersten Rechtszug hätte geltend machen können (z.B. auf Grund einer behaupteten offenkundigen Vorbenutzung), so kann er nach **§ 97 Abs. 2 ZPO** ganz oder teilweise mit den Kosten des zweiten Rechtszugs belastet werden, RG GRUR **41,** 270, 272. Möglich ist es auch, in Abweichung von der Kostenentscheidung im Übrigen einer Partei gewisse Kosten besonders aufzuerlegen, so z.B. gemäß **§ 95 ZPO** die von ihr verschuldeten Mehrkosten mehrfacher Termine oder gemäß **§ 96 ZPO** dem aus anderen Gründen obsiegenden Nichtigkeitskläger die Kosten einer für ihn erfolglosen Beweisaufnahme über eine behauptete offenkundige Vorbenutzung. Wegen der entsprechenden Anwendung des **§ 91a ZPO** bei übereinstimmender Erledigungserklärung und des **§ 93 ZPO** bei Verzicht des Nichtigkeitsbeklagten auf das Patent vgl. § 81 Rdn. 33–40; zur Kostenentscheidung bei Erledigung einer Nichtigkeitsklage infolge Erlöschens des Patents vor Klagerhebung vgl. PA Mitt. **38,** 191; wegen der Kostenentscheidung bei Klagrücknahme vgl. § 81 Rdn. 32; eine außergerichtliche Einigung der Parteien über die Kosten ist in diesen Fällen zu beachten, PA Bl. **38,** 212. Erledigt sich der Rechtsstreit auf Grund eines Vergleichs (§ 81 Rdn. 41), so kann auch **§ 98 ZPO** entsprechend anwendbar sein, vgl. PA GRUR **41,** 487.

16 Eine etwaige Verteilung der Kosten (falls sie dann nicht „gegeneinander aufgehoben" werden) ist grundsätzlich **nach Quoten** vorzunehmen (§ 92 ZPO). Jedoch ist die Belastung einer Partei mit besonders benannten Kosten in den Fällen der §§ 95, 96 ZPO (oben Rdn. 15) möglich und auf Grund der Billigkeitsklausel des § 84 Abs. 2 auch in sonstigen Fällen nicht ausgeschlossen, wo erhebliche abgrenzbare Mehrkosten durch schuldhaftes prozessuales Fehlverhalten, z.B. verspätetes Vorbringen, entstanden sind.

Die Prüfung, ob die den Beteiligten erwachsenen Kosten im Einzelnen erstattungsfähig sind, erfolgt erst im Kostenfestsetzungsverfahren (s.u. Rdn. 28ff.).

17 Die Kostenentscheidung erfolgt nach § 84 Abs. 2 i. Verb.m. § 91 ZPO zu Lasten bzw. zugunsten einer **Partei.** Partei im Sinne dieser Bestimmungen ist auch der vollmachtlose Vertreter oder der für eine nicht bestehende oder nicht parteifähige „Partei" Handelnde, nicht dagegen der bevollmächtigte Vertreter (§ 80 Rdn. 13, § 81 Rdn. 13). Besteht der unterliegende Teil aus mehreren Streitgenossen, so gilt § 100 ZPO entsprechend; sie haften also, falls nichts anderes bestimmt wird, für die Kostenerstattung nach Kopfteilen, vgl. auch BGH GRUR **98,** 138, 139; so grundsätzlich auch, wenn die beklagten Inhaber eines Patents als notwendige Streitgenossen unterliegen (BGH a.a.O., anders noch BPatGE **36,** 75; **41,** 203 und BGH GRUR **53,** 477: Gesamtschuldnerische Haftung). Dabei kann entspr. § 100 II ZPO eine erhebliche Verschiedenheit d. Beteiligung berücksichtigt werden, z. B., wenn mehrere Kläger unterschiedliche Anträge stellen oder unterschiedliche Nichtigkeitsgründe geltend machen, BPatGE **34,** 215. Im Falle des Parteiwechsels sind dem ausscheidenden Kläger die durch d. Wechsel entstandenen Mehrkosten aufzuerlegen, BPatG GRUR **94,** 607; die Kosten d. ausscheidenden Beklagten sind d. Kläger aufzuerlegen. Wegen der durch eine Nebenintervention verursachten Kosten, insbesondere der Kosten des Nebenintervenienten ist § 101 ZPO entsprechend anzuwenden, BGH GRUR **98,** 382, 387. Wer d. Verfahren auf Seiten d. Klägers beitritt, weil er vom Patentinhaber als Patentverletzer in Anspruch genommen wird, ist einfacher, nicht streitgenössischer Nebenintervenient, BGH GRUR **98,** 382, 387 in Abkehr von BGH GRUR **68,** 86, 91; es bedarf daher einer Kostenentscheidung nach § 101 I ZPO. Wegen der Kosten des Zulassungsstreits vgl. § 81 Rdn. 10.

3. Der Streitwert (Gegenstandswert)

18 **a) Notwendigkeit und Maßgeblichkeit der Festsetzung.** Die Festsetzung d. Streitwerts ist notwendige Grundlage für d. Berechnung d. Gerichts- u. Anwaltsgebühren. Das gilt für d. Gebühren d. Patentgerichts seit Inkrafttreten d. PatKostG z. 1. 1. 2002 und galt im Übrigen schon vorher. Der Streitwert ist seit Inkrafttreten d. KostRMoG zum 1. 7. 2004 insbesondere für Verfahren gem. PatG und GebrMG „nach billigem Ermessen" festzusetzen (§ 51 I GKG, § 2 II PatKostG). Daher muss mit Erhebung d. Klage und in d. Berufungsinstanz mit Formulierung d. Rechtsmittelziels (§ 111 Abs. 3 Nr. 1 PatG) auch d. Streitwert angegeben werden (§ 61 GKG). Das Gericht setzt dann d. Streitwert zunächst vorläufig (§ 63 I GKG) und bei abschließender Entscheidung oder Erledigung d. Verfahrens endgültig (§ 63 II GKG) fest. Dieser Wert ist maßgeblich für d. Gerichtsgebühren (§ 2 II PatKostG, § 3 I GKG mit Kostenverzeichnis Nr. 1250ff.), für die Rechtsanwaltsgebühren (§§ 2 I, 23 I RVG) und auch für die Gebühren d. mitwirkenden Patentanwalts (s.u. Rdn. 34). Höhere Anwaltsgebührenkönnen vereinbart werden, sind insoweit aber nicht zu Lasten d. Gegenseite erstattungsfähig.

Ein **Rechtsmittel** gegen den Festsetzungsbeschluss des BGH oder des Patentgerichts ist nicht gegeben; die in § 68 I GKG an sich vorgesehene Beschwerde gegen einen Festsetzungsbeschluss der Vorinstanz ist hier durch Satz 5 i. Verb. m. § 66 Abs. 3 Satz 3 GKG sowie § 99 Abs. 2 PatG ausgeschlossen. Jedoch ist eine **Gegenvorstellung** gegen den Festsetzungsbeschluss zulässig, BGH GRUR **66,** 638, 639. Sie muss (entspr. § 68 Abs. 1 S. 3 GKG i. Verb. m. § 63 Abs. 3 S. 2 u. Abs. 1 S. 2 GKG) innerhalb von sechs Monaten nach rechtskräftiger Entscheidung oder sonstiger Erledigung der Hauptsache erhoben werden oder innerhalb eines Monats nach Zugang des Streitwertbeschlusses, falls dieser später als einen Monat vor Ablauf d. erstgenannten Frist erfolgt; vgl. § 68 Abs. 1 S. 3 Halbs. 2 GKG und die zum früheren Recht ergangene Entscheidungen BGH GRUR **79,** 433 und MDR **86,** 654. Der BGH kann **von Amts wegen** gemäß § 63 Abs. 3 S. 1 GKG im Rahmen des Berufungsverfahrens den Gegenstandswert auch für das patentgerichtliche Verfahren anderweitig festsetzen. 19

b) Für die **Bemessung des Streitwerts** gilt bei Verfahren nach PatG und GebrMG „billiges Ermessen" (§ 2 II PatKostG, § 51 I GKG). Demgegenüber galt vor Inkrafttreten des KostRMoG (1. 7. 2004) allgemein und gilt für andere Verfahren auch weiterhin „freies Ermessen" (vgl. § 48 GKG i. Verb. m. § 3 ZPO). Entspr. § 4 ZPO wird jedoch auch hier grundsätzlich auf d. Zeitpunkt d. Beginns d. jeweiligen Instanz nach Maßgabe der Sachanträge und bei der Verurteilung auf d. Schluss d. letzten mündl. Verhandlung abzustellen sein. 20

Die Bemessung d. Streitwerts nach **„billigem Ermessen"** bietet d. Gericht d. Möglichkeit, einen nach herkömmlichen Grundsätzen ermittelten Streitwert auf ein vertretbar erscheinendes Maß zu reduzieren. Die praktischen Folgerungen sind noch nicht abzuschätzen. Zunächst und für d. Regelfall wird sich d. Streitwertfestsetzung weiterhin an den bisher von d. Rechtsprechung entwickelten Grundsätzen orientieren (so wohl auch Keukenschrijver, Patentnichtigkeitsverfahren Rdn. 341 und in Busse, Rdn. 48 zu § 84 i. Verb. m. Rdn. 2 zu § 121). Entspr. ständiger Rechtsprechung d. BGH (s. GRUR **57,** 79) ist daher im **Nichtigkeitsverfahren** auszugehen von dem wirtschaftlichen Interesse der Allgemeinheit an der Vernichtung des Patents für die **restliche** Laufzeit aus, das je nach deren Dauer sehr verschieden sein kann und naturgemäß zu Beginn der zweiten Instanz im Allgemeinen niedriger liegt als zu Beginn der ersten Instanz. Der BGH legt deshalb den gemeinen Wert des Patents zu Beginn der jeweiligen Instanz zugrunde, für den ein Anhalt in den Erträgen (durch Eigennutzung und/oder Lizenzvergabe) zu finden ist, die das Patent von da ab bis zum Ablauf der Schutzdauer unter gewöhnlichen Verhältnissen (also auch unter Berücksichtigung des Fortschreitens der Technik) erwarten lässt; dabei ist wegen der Unsicherheit der Zukunftserwartungen ein angemessener Abschlag zu machen; das sind indes nur „Anhaltspunkte", deren genauere Feststellung daher entbehrlich ist, wenn der Wert des Patents sich anderweitig schätzen lässt, BGH Mitt. **63,** 60. Zu diesem gemeinen Wert bei Beginn der Instanz werden dann in Berücksichtigung des begrenzten Interesses der Allgemeinheit für die **zurückliegende** Laufzeit noch die bis zum Beginn der Instanz entstandenen Schadensersatzforderungen aus Verletzungshandlungen hinzugerechnet (hinsichtlich der beiden Faktoren der Streitwertbemessung – künftige Erträge und entstandene Schadenersatzforderungen – wird natürlich, gleich wie das Verfahren ausgeht, die Rechtsbeständigkeit des Patents unterstellt). In vereinfachter Form lässt sich ein sachgerechtes Ergebnis auch in der Weise ermitteln, dass man zur Summe der Gegenstandswerte aller Verletzungsstreitigkeiten den Lizenzwert der zusätzlichen Benutzung durch den Patentinhaber und seine Lizenznehmer hinzurechnet. Näheres dazu bei Ballhaus, Der Streitwert im Patentnichtigkeitsverfahren, GRUR **57,** 64; vgl. auch die Beispiele einer Streitwertbemessung in BGH Mitt. **66,** 62, 63/64 und GRUR **85,** 511; BPatG Mitt. **96,** 61. Bei Verbindung zweier (oder mehrerer) Nichtigkeitsklagen gegen dasselbe Patent ist der Streitwert der verbundenen Klagen gleich dem jeder Einzelklage, RG GRUR **40,** 198; eine „Aufteilung" des Streitwerts unter die mehreren Streitgenossen ist nicht zulässig, BGH GRUR **53,** 477. Jedoch kann für einen der Streitgenossen ein geringerer Wert maßgeblich sein, wenn sein Klageziel deutlich hinter dem der anderen zurückbleibt, vgl. BPatG BlPMZ **92,** 499. Wird nur die teilweise Vernichtung des Patents beantragt oder ist in zweiter Instanz (je nach dem Urteil der ersten Instanz und den Anträgen des Berufungsklägers, vgl. § 47 Abs. 1 GKG) nur noch die Vernichtung eines Teils im Streit, so kann der Streitwert entsprechend niedriger festzusetzen sein, es sei denn, dass die wirtschaftlichen Auswirkungen der in Betracht kommenden Teilvernichtung denen einer etwaigen Vollvernichtung gleichkommen, BGH Mitt. **66,** 62, 63. Ist in der Berufungsbegründung (§ 111) ein weitergehender Berufungsantrag enthalten, der erst später eingeschränkt wird (vgl. Rdn. 8 vor zu § 110), so kann der Streitwert für die erste Zeit höher festzusetzen sein als für die spätere Zeit. Die Streitwerte liegen erfahrungsgemäß kaum einmal unter 100 000,– €, meist erheblich darüber, vgl. auch Busse Rdn. 48 zu § 84. 21

Nach Erlöschen des Patents bemisst sich der Gegenstandswert nicht mehr nach dem Allgemeininteresse sondern nach dem Interesse des Klägers an der Abwehr seiner Inanspruchnahme aus dem erloschenen Patent, vgl. BGH BlPMZ **91,** 190 – Unterteilungsfahne (für GebrM-Löschungsverfahren).

22 Im **Zwangslizenzverfahren** bemisst sich der Streitwert nach dem Interesse des Lizenzsuchers an der Ausnutzung der Erfindung, also nach dem Nutzen, der daraus für sein eigenes Unternehmen erwächst, vgl. PA MuW **33,** 158.

23 Der Streitwert für einen Beschluss, durch den der Beitritt eines Nebenintervenienten zugelassen oder zurückgewiesen wird (§ 81 Rdn. 10), ist nach dem Interesse des Nebenintervenienten an der Zulassung seines Beitritts zu bemessen; dieses Interesse kann (erheblich) geringer sein als der Streitwert des Hauptprozesses, BGH NJW **53,** 745; BPatG GRUR **85,** 524, 525 re. Sp.

24 **c) Teilstreitwert (§ 144).** Die für die Patentstreitsachen gegebene Bestimmung des § 144 über die Festsetzung eines Teilstreitwerts zugunsten einer wirtschaftlich schwachen Partei, nach dem sich ihre Verpflichtung zur Zahlung der Gerichtskosten, zur Entrichtung der Gebühren ihres Anwalts und ggf. zur Erstattung der Gebühren des Anwalts des Gegners bemessen soll, gilt entsprechend für d. Nichtigkeits- u. Zwangslizenzverfahren, u. zw. nach § 121 I für die Berufungsinstanz u. nach PatKostG § 2 Abs. 2 S. 5 auch schon für die erste Instanz. Der Antrag auf Festsetzung eines Teilstreitwerts ist für jede Instanz besonders und rechtzeitig zu stellen. Wegen der Einzelheiten s. § 144 und die dortigen Erläuterungen. Die dazu ergehende Entscheidung des Patentgerichts ist wegen § 99 II nicht mit der Beschwerde anfechtbar. Wegen möglicher Gegenvorstellung s. o. Rdn. 19. Wegen nachträglicher Änderungen vgl. auch Erl. zu § 144.

25 **4. Gerichtskosten** sind die Gebühren und die Auslagen des Gerichts (§ 1 GKG, § 1 Abs. 1 PatKostG). Im **ersten Rechtzug** sind gem. § 2 PatKostG streitwertabhängige **Gebühren** nach Gebührenverzeichnis zu zahlen; für das Nichtigkeits- und Zwangslizenzverfahren beträgt die Gebühr das 4,5fache des einfachen Satzes, bei Erledigung ohne streitiges Urteil Ermäßigung auf das 1,5fache (Gebührenverzeichnis Nr. 412 100 u. 412 110). Die Höhe des einfachen Satzes bestimmt sich nach dem GKG (§ 2 Abs. 2 S. 2 PatKostG i. Verb. m. § 34 GKG); er beträgt beispielsweise 1456,– € bei einem Streitwert von 200 000,– €; 2956,– € bei einem Streitwert von 500 000,– € und erhöht sich um jeweils 150,– € für jede angefangenen 50 000,– € höherer Streitwerte. Für den Ansatz von Auslagen gelten gem. § 1 Abs. 1 S. 2 PatKostG die Bestimmungen des GKG in gleicher Weise wie auch für das Berufungsverfahren, s. u. Rdn. 27.

26 In der **Berufungsinstanz** werden **Gebühren** und Kosten nach dem GKG erhoben. Es wird eine Verfahrensgebühr angesetzt, die grundsätzlich in Höhe des 6-fachen des einfachen Satzes berechnet wird, sich jedoch bei Erledigung ohne streitiges Urteil auf den 1fachen oder 3fachen Satz ermäßigt (Nr. 1250 ff. Kostenverzeichnis z. GKG). Zur Höhe des einfachen Satzes s. o. Rdn. 25.

27 **Auslagen** des Gerichts werden sowohl für die erste Instanz (§ 1 Abs. 1 S. 2 PatKostG) als auch für die Berufungsinstanz (§§ 1, 3 GKG) nach Maßgabe des Kostenverzeichnisses (Teil 9) zum GKG erhoben. Dazu gehören gem. Kostenverzeichnis Nr. 9005 insbesondere die meist sehr erheblichen Kosten für Sachverständige und Übersetzer nach Maßgabe des Justizvergütungs- und Entschädigungsgesetzes (JVEG) v. 5. 5. 2004. Wegen des bei der Entschädigung eines Sachverständigen zugrunde zu legenden Stundensatzes s. Rdn. 5 zu § 115.

27 a Hat eine Partei an Gebühren und Auslagen an das Gericht mehr gezahlt als ihr nach der Kostenentscheidung zur Last fallen (§ 84 Abs. 2 Satz 1), so kann sie im Wege des Kostenfestsetzungsverfahrens von der Gegenpartei Erstattung verlangen (unten Rdn. 29).

Durch fehlerhafte Sachbehandlung entstandene Gerichtskosten werden nicht erhoben (§ 9 PatKostG, § 21 GKG); so in BGH GRUR **81,** 185, 186 alle Gerichtskosten der Berufungsinstanz bei Zurückverweisung an das Patentgericht wegen unterlassener Sachaufklärung.

5. Die außergerichtlichen Kosten

28 **a) Allgemeines.** Jede Partei hat die ihr durch das Verfahren erwachsenden außergerichtlichen Kosten (Inanspruchnahme eines Anwalts, Erstattung eines Privatgutachtens, eigene Terminswahrnehmung, Zeitaufwand usw.) zunächst selbst zu tragen. Die einem Rechtsanwalt zu zahlende Vergütung kann auf Antrag des Anwalts oder der Partei selbst gemäß § 11 RVG und in entsprechender Anwendung der Vorschriften der ZPO über das Kostenfestsetzungsverfahren vom Gericht festgesetzt werden; ebenso wie für die Kostenfestsetzung zum Zwecke der Kostenerstattung (unten Rdn 41) ist nunmehr auch für die Kostenfestsetzung nach § 11 RVG stets (also auch wegen der Vergütung des vor dem BGH tätigen Anwalts) der Urkundsbeamte des

Patentgerichts (§ 11 Abs. 1 S. 1 RVG) zuständig. Wegen der entsprechenden Anwendung des § 11 RVG auf die Patentanwälte vgl. BPatGE **45,** 76 unten § 143 Rdn. 19.

b) Erstattung. Mit der Kostenentscheidung wird jedoch bestimmt, wieweit die einer Partei erwachsenen außergerichtlichen Kosten von der anderen Partei ganz oder teilweise zu erstatten sind (§§ 84 Abs. 2, 121 Abs. 2 i.Verb.m. §§ 91 ff. ZPO; oben Rdn. 10, 11, 15). Über die Kosten einer Nebenintervention ist besonders zu entscheiden (§ 101 ZPO). Die Kostenentscheidung legt in der Regel nur die Erstattungs*pflicht* fest (ganz oder nach Quoten oder für bestimmte Teile des Verfahrens). Die Erstattungs*fähigkeit* der dem Erstattungsberechtigten erwachsenen außergerichtlichen Kosten wird im Kostenfestsetzungsverfahren (unten Rdn. 41) geprüft. Hier ist zu prüfen und zu entscheiden, ob und inwieweit die vom Kostengläubiger geforderten Kosten zur zweckentsprechenden Rechtsverfolgung oder Rechtsverteidigung notwendig waren (§ 91 ZPO). Für die vor dem 1. 1. 1981 ergangenen Kostenentscheidungen hatte auch diese Prüfung nach billigem Ermessen zu erfolgen (§ 36q Abs. 1 S. 2 PatG 1968). Seit Inkrafttreten der Neufassung des § 84 Abs. 2 haben die strengeren Grundsätze des § 91 ZPO größere Verbindlichkeit; von ihnen kann nur noch dann abgewichen werden, wenn die Billigkeit eine andere Entscheidung „erfordert" (§§ 84 Abs. 2 S. 2, 121 Abs. 2 S. 2). Bei der Prüfung der Notwendigkeit ist auch auf die besonderen Verhältnisse der Partei abzustellen; es können daher z.B. auch durch Krankheit oder andere zwingende persönliche Umstände bedingte Mehrkosten erstattungsfähig sein; a.A. BPatGer. Mitt. **72,** 31; **78,** 98. Kosten, die zugleich für mehrere Verfahren entstanden sind, können in jedem Verfahren nur z.T. geltend gemacht werden, vgl. BPatG Mitt. **84,** 152 (GebrM-Sache). Für die Beurteilung der Erstattungsfähigkeit einiger typischer Kosten haben sich in der Praxis gewisse Grundsätze herausgebildet, die im Wesentlichen durch die Neufassung des Gesetzes nicht verändert sind, vgl. die folgenden Rdn. 30–40. Ergänzend ist zu verweisen auf die Rechtsprechung zu § 80 (vgl. dort Rdn. 35 ff.) sowie zum Verletzungsverfahren (vgl. Rdn. 171 ff. zu § 139 u. Rdn. 19 ff. zu § 143). 29

c) Einzelfragen

aa) Vertreterkosten. Die Kosten der Vertretung einer Partei (oder eines Nebenintervenienten) durch *einen* **Rechtsanwalt** oder *einen* **Patentanwalt** sind nach § 111 Abs. 4 für die Berufungsinstanz unvermeidlich, aber auch unabhängig hiervon und auch für die erste Instanz als zur Rechtswahrung notwendig anzusehen und deshalb stets erstattungsfähig (§ 91 Abs. 2 Satz 1 ZPO), PA Bl. **59,** 171. Das Gleiche muss für die Kosten der Vertretung durch einen **Erlaubnisscheininhaber** (§ 177 PatAnwO) oder die Vertretung eines „Dritten" durch einen **Patentassessor** im ständigen Dienstverhältnis (§ 155 PatAnwO) vor dem Patentgericht gelten (vgl. aber auch unten Rdn. 36). 30

Die Kosten mehrerer Rechtsanwälte oder mehrerer Patentanwälte derselben Partei sind dagegen nur erstattungsfähig, soweit sie die Kosten *eines* Anwalts nicht übersteigen, oder wenn in der Person des Anwalts ein Wechsel eintreten muss (§ 91 Abs. 2 Satz 2 ZPO), so z.B. bei Ausscheiden des Anwalts infolge hohen Alters, Krankheit oder Tod, RG GRUR **41,** 136; vgl. auch OLG München GRUR **61,** 375; nicht schon wegen besonderer technischer Kenntnisse eines von zwei Rechtsanwälten, BGH GRUR **89,** 193; hinsichtlich der Kosten eines Korrespondenzanwalts s.u. Rdn. 37. Die Erstattungsfähigkeit der durch kumulative Mitwirkung von **Patentanwalt und Rechtsanwalt** entstandenen Mehrkosten wurde früher gemäß § 91 Abs. 1 Satz 1 ZPO nach ihrer sachlichen Notwendigkeit beurteilt, im Regelfall für die erste Instanz verneint (BPatG **23,** 122) und für die zweite Instanz bejaht (BGH GRUR **65,** 621, 626; BPatGE **24,** 215). Für eine generell unterschiedliche Behandlung in beiden Gerichtsinstanzen gibt es jedoch keine überzeugenden Gründe, und eine Beurteilung nach den Besonderheiten des Einzelfalls hat sich als wenig praktikabel erwiesen, zumal sich meist erst nach der entscheidenden Verhandlung zuverlässig sagen lässt, ob die zusätzliche Mitwirkung eines Anwalts der anderen Fakultät notwendig war oder gewesen wäre. Die neuere Rechtsprechung hat sich daher zu einer entsprechenden Anwendung des früheren § 143 Abs. 5 PatG entschlossen, BPatG GRUR **89,** 910; **90,** 351; BPatGE **33,** 160. Danach waren die Kosten eines (Rechts- oder Patent-) Anwalts in voller Höhe und die zusätzlichen Kosten eines Anwalts der anderen Fakultät stets und nur bis zur Höhe einer Anwaltsgebühr nebst den notwendigen Auslagen erstattungsfähig. Das wurde allgemein als praktikabel und sachgerecht angesehen; eine Übertragung auch auf das GebrM-Löschungsverfahren wurde jedoch durchweg abgelehnt (zuletzt BPatGE **45,** 129 unter Berufung auf BGH GRUR **65,** 621, 626; vgl. auch Rdn. 31 zu § 17 GebrMG). Nach Neufassung des § 143 Abs. 3 (früher Abs. 5) ist die bisherige Lösung einer begrenzten Erstattung nicht mehr zu begründen. Es wäre – vor allem aus Gründen der Praktikabilität – allenfalls noch ver- 31 tretbar, generell die Kosten einer Doppelvertretung durch Rechtsanwalt und Patentanwalt in voller Höhe als erstattungsfähig anzuerkennen (so BPatG Mitt. **03,** 432; Keukenschrijver, Patentnichtigkeitsverfahren, Rdn. 361 und Busse, Rdn. 56 zu § 84). Die vermeintliche Notwendigkeit und Sachgerechtigkeit der Doppelvertretung entspricht jedoch nicht der Realität, da eine Doppelvertretung zumindest in erster Instanz überwiegend nicht erfolgt und offenbar nicht für erforderlich gehalten wird; sie entspricht insbesondere nicht der Systematik des Gesetzes. Der Gesetzgeber hat die generelle Erstattungsfähigkeit der Doppelvertretung über den Rahmen des § 91 ZPO (bei konkret begründeter Notwendigkeit) hinaus in § 143 Abs. 3 und § 102 Abs. 5 nur für solche Verfahren anerkannt, bei denen einerseits die Vertretung durch einen Rechtsanwalt zwingend vorgeschrieben und andererseits zugleich die Hinzuziehung eines technisch ausgebildeten weiteren Vertreters unmittelbar einleuchtend ist. Eine Erstreckung dieses Prinzips auf das Nichtigkeitsverfahren ist auch bei der letzten einschlägigen Gesetzesänderung gerade nicht vorgenommen worden, obwohl sich eine entsprechende klare Regelung angeboten hätte. Es liegt daher näher, einerseits auf die Notwendigkeit einer Mitwirkung eines Vertreters beider Fakultäten i. S. des § 91 Abs. 1 ZPO abzustellen, dabei andererseits jedoch eine gewisse Großzügigkeit zu praktizieren. Die Relation zwischen Aufwand und Schwierigkeit und Bedeutung des Streitgegenstandes sollte gewahrt bleiben; für die Notwendigkeit im konkreten Fall spricht vielfach der auch von der Gegenseite betriebene Aufwand. Wird die Notwendigkeit anerkannt, so werden die anfallenden Kosten beider Anwälte auch in voller Höhe zu erstatten sein. Entsprechendes gilt für die Mitwirkung eines Erlaubnisscheininhabers oder Patentassessors als technischer Beistand (§ 111 Abs. 4 S. 2) neben dem Rechtsanwalt. Die Erstattungsfähigkeit d. zusätzl. Kosten eines Patentanwalts wird noch nicht dadurch infragegestellt, dass auch der Rechtsanwalt technisch ausgebildet (BPatG GRUR **89,** 342) oder gar als Patentanwalt zugelassen ist, BPatGE **31,** 256; auch nicht bei Verbindung beider in einer Sozietät, BPatGE **31,** 256, sofern wirklich eine kumulative Beauftragung beider Anwälte erfolgt ist, was aus einer üblichen Sozietätsvollmacht noch nicht abgeleitet werden kann, zweifelhaft insoweit BPatGE **29,** 201. Wer in einer Person eine Doppelqualifikation als Rechts- und Patentanwalt besitzt, kann deswegen nicht doppelt sondern nur alternativ in der einen oder anderen Eigenschaft liquidieren, BPatGE **27,** 155; **31,** 256; vgl. aber auch (a. A.) Grabinski unten bei Rdn. 22 zu § 143. Jedoch ist eine entsprechende Honorarvereinbarung möglich (s. § 4 RVG) und wohl auch bei der Kostenerstattung zu berücksichtigen, soweit nicht die bei Doppelvertretung erstattungsfähigen Kosten überschritten werden, vgl. OLG München AnwBl. **82,** 363 u. JurBüro **83,** 1816 sowie Karlsruhe AnwBl. **89,** 106 (sämtlich für Verletzungsprozess), anders BPatGE **31,** 256 (gegen jede Berücksichtigung zusätzlicher Gebühr bei Doppelqualifizierung). BGH GRUR **03,** 639 hat in Markensache bei Doppelqualifikation auch Erstattungsfähigkeit doppelter Honorierung anerkannt; dem kann nicht gefolgt werden, soweit das (anscheinend) ohne Prüfung der Anwaltsforderung im Innenverhältnis und unabhängig von einer entsprechenden Honorarvereinbarung gelten soll.

32 Bei Vertretung durch einen **Rechtsanwalt** (vorbehaltlich der sich bei Doppelvertretung, Rdn. 31, ergebenden Einschränkung) sind demnach die im Rahmen der §§ 1, 2 RVG entstandenen Gebühren und Auslagen erstattungsfähig. Das sind regelmäßig die in Abhängigkeit vom Streitwert (§§ 13, 15 RVG) berechneten Wertgebühren, nämlich je eine Verfahrensgebühr und Terminsgebühr nach Vergütungsverzeichnis Nr. 3100 und 3104, bzw. im Berufungsverfahren Nr. 3200 und 3202. Außerdem sind die dem Rechtsanwalt entstandenen und im Vergütungsverzeichnis aufgeführten Auslagen (Nr. 7000 ff.) erstattungsfähig; dazu gehören insbesondere Kopiekosten, Reisekosten und Umsatzsteuer. Gemäß §§ 670, 675 BGB i. Verb. m. Vorbem. 7 Abs. 1 des Vergütungsverzeichnisses zum RVG sind weiterhin sonstige Aufwendungen berechnungs- und erstattungsfähig, die weder zu den allgemeinen Geschäftskosten gehören noch in den Auslagentatbeständen des Vergütungsverzeichnisses (Nr. 7000 ff.) berücksichtigt sind, jedoch i. S. des § 91 ZPO zur zweckentsprechenden Rechtsverfolgung oder Rechtsverteidigung erforderlich waren. In diesem Sinne können – ebenso wie entsprechende Kosten des Patentanwalts, s. u. Rdn. 33 – im Einzelfall insbesondere Kosten für Übersetzungen, Recherchen und Privatgutachten erstattungsfähig sein. Die Erstattungsfähigkeit der **Reisekosten** (RVG, Vergütungsverzeichnis Nr. 7003 ff.) wird – anders als nach § 91 Abs. 2 S. 1 nicht dadurch beeinträchtigt, dass der Anwalt nicht am Sitz des Patentgerichts oder des BGH wohnt; vgl. BGH GRUR **65,** 621, 627 mit Anm. Pietzcker S. 627 a. E.; dies muss aus Billigkeitsgründen auch nach der Neufassung der §§ 84 Abs. 2, 110 Abs. 2 gelten, weil sonst eine ungerechtfertigte Benachteiligung der meist außerhalb des Sitzes der Nichtigkeitsinstanzen ansässigen Parteien und Bevollmächtigten gegeben wäre. Erstattungsfähig ist auch die **Umsatzsteuer (Mehrwertsteuer),** soweit sie gemäß RVG, Vergütungsverz. Nr. 7008 auf den Auftraggeber überwälzt werden darf und von diesem nicht als Vorsteuer abgezogen werden kann, vgl. BFH NJW **91,** 1702; nach

BPatG GRUR **92,** 503; **93,** 385, 386 ist ein Vorsteuerabzug aber nur dann zu berücksichtigen, wenn er vom Ersatzberechtigten ausdrücklich zugestanden wird. Vgl. zu weiteren Einzelheiten die Kommentare zu § 91 ZPO.

Bei Vertretung durch einen **Patentanwalt** ist dessen Vergütung mit der bei Doppelvertretung gem. Rdn. 31 gegebenen Einschränkung erstattungsfähig, soweit sie auch der Höhe nach gerechtfertigt ist. Das gilt in entsprechender Anwendung von § 91 Abs. 2 Satz 3 ZPO auch für den in eigener Sache tätig gewordenen Patentanwalt, BPatG GRUR **82,** 293. Zur zusätzlichen Bestellung eines Rechtsanwalts s. o. Rdn. 31 sowie Rdn. 22 zu § 143. 33

Zur Höhe der Patentanwaltsgebühren allg. s. oben Rdn. 39ff. zu § 80 und Reinländer Mitt. **74,** 213ff. u. **75,** 156ff.; vgl. auch Rdn. 32 zu GebrMG § 17 zu den Gebühren im Gebrauchsmuster-Löschungsverfahren. Mangels gesetzlicher Regelung waren zunächst auch für Nichtigkeitsverfahren die Bestimmungen der früher (zuletzt 1968) von der Patentanwaltskammer herausgegebenen Gebührenordnung zugrunde gelegt worden. Davon hat sich jedoch die neuere ständige Rechtsprechung der Nichtigkeitssenate des Bundespatentgerichts inzwischen ganz gelöst. Patentanwaltsgebühren werden jetzt nur noch in der Höhe als erstattungsfähig anerkannt, in der sie bei gleicher Tätigkeit auch von einem Rechtsanwalt (jetzt nach dem RVG) berechnet werden könnten. Eine solche Gleichstellung wurde zunächst i. S. der §§ 315, 316 BGB als der Billigkeit entsprechend (BPatG **24,** 222; **26,** 68; **28,** 107) und dann auch als üblich i. S. des § 612 Abs. 2 BGB (BPatG GRUR **87,** 286, 287) angesehen. Das ist praktikabel und systemgerecht. Entsprechendes muss auch für das Zwangslizenzverfahren gelten. 34

Neben den üblichen Wertgebühren (oben Rdn. 32) können auch für den Patentanwalt zusätzlich gewisse **Nebenleistungen, Unkosten und Auslagen** berechnet und als erstattungsfähig anerkannt werden, soweit sie nicht mit den Gebühren allgemein abgegolten sind oder die im Vergütungsverzeichnis zum RVG (Nr. 7000 ff. nebst Vorbem.) gesetzten Grenzen übersteigen. Die nachfolgend in Auswahl angeführte Rechtsprechung aus d. Zeit vor Inkrafttreten d. RVG dürfte i. Ergebnis weiterhin zutreffen. So können etwa die Kosten für umfangreiche **Übersetzungen** im Verkehr mit einer ausländischen Partei zusätzlich erstattungsfähig sein, BPatGE **14,** 49; **25,** 4; auch bei Mitwirkung eines ausländischen Verkehrsanwalts, BPatG GRUR **92,** 689. Die zusätzliche Gebühr für ein notwendiges **Akteneinsichtsverfahren** ist ebenfalls erstattungsfähig, BPatGE **15,** 49; die ohne förmliches Verfahren mögliche, insbesondere nach § 31 Abs. 1 Satz 2 jedermann freistehende (vgl. BPatGE **23,** 125) Akteneinsicht als solche ist jedoch durch die Verfahrensgebühr abgedeckt, str.; vgl. Rdn. 24 zu § 143. **Reisekosten** des Patentanwalts einschl. des Abwesenheitsgelds sind im Rahmen der entsprechend heranzuziehenden Rechtsanwaltsvergütung (jetzt Nr. 7003 ff. d. Anlage z. RVG) erstattungsfähig, vgl. PA Mitt. **37,** 400; **60,** 39; vgl. auch UdG BPatGer. Mitt. **67,** 18, 19 (für einen Erlaubnisscheininhaber). Dass der Patentanwalt nicht am Ort des Patentgerichts (oder des BGH) ansässig ist, beeinträchtigt die Erstattungsfähigkeit der Reisekosten nicht, BGH GRUR **65,** 621, 627; OLG Frankfurt GRUR **64,** 466. Im Berufungsverfahren sind auch die Kosten einer Informationsreise des Patentanwalts zu dem gleichfalls mitwirkenden Rechtsanwalt als erstattungsfähig anerkannt worden, BGH Mitt. **57,** 95. Bei einer Reise zur Partei Erstattungsfähigkeit nur soweit, wie diese die fiktiven Kosten einer Reise der Partei zum Patentanwalt nicht übersteigen (BPatG Mitt. **78,** 98), es sei denn, dass der Partei die Reise aus zwingenden Gründen nicht möglich oder zumutbar war (anders BPatG aaO). Zur Erstattungsfähigkeit der Kosten für informatorische Teilnahme an Verhandlung einer Parallelsache vgl. BPatGE **27,** 205. Die **Umsatzsteuer** (Mehrwertsteuer) ist in dem gleichen Umfang erstattungsfähig wie bei der Vertretung durch einen Rechtsanwalt (Rdn. 32), BPatGE **10,** 64; **11,** 171. Die Kosten eines **„Privatgutachtens"**, das der im Verfahren mitwirkende Patentanwalt für seine Partei erstattet hat, sind in der Regel dann nicht erstattungsfähig, wenn die Vergütung des Patentanwalts nach dem RVG zu berechnen ist, vgl. OLG Düsseldorf GRUR **51,** 403; im Übrigen wird es darauf ankommen, ob das Gutachten über die normale Bearbeitung der Sache hinausging, und bejahendenfalls, ob es notwendig war. Die Kosten der vom Patentanwalt selbst durchgeführten **Recherchen** nach neuheitsschädlichem Material können jedoch gesondert erstattungsfähig sein, BPatGer. Mitt. **71,** 79, vgl. auch § 80 Rdn. 53 und § 143 Rdn. 26. Steht der Patentanwalt gegen festes Gehalt in einen **Vertragsverhältnis** zu der von ihm vertreten Partei (z. B. als Leiter ihrer Patentabteilung) und hat er sie im Rahmen dieses Vertragsverhältnisses vertreten, so kann keine Erstattung von Patentanwaltsgebühren für ihn verlangt werden, PA Bl. **29,** 40; MuW **37,** 115; UdG BPatGer. **66,** 123, 124; vgl. auch OLG Düsseldorf Mitt. **60,** 156. Das gilt natürlich erst recht für einen Patentassessor im ständigen Dienstverhältnis (§§ 155, 156 PatAnwO), der kein Patentanwalt ist; sofern der Patentassessor einen „Dritten" vertritt (§ 155), wird eine ihm geschuldete Vergütung nur nach Maßgabe der folgenden Rdn. 36 erstattungsfähig sein können. Erforderliche **Kopien,** insbes. aus d. Erteilungsakten (BPatGE **15,** 49) sind zusätzlich zu be- 35 rechnen und zu erstatten, BPatG Bl. **84,** 173. Für die einem Patentanwalt entstandenen Auslagen an **Porto-, Telefon- und Telegrammgebühren** gilt § 104 Abs. 2 ZPO entsprechend, BPatGE **7,** 223, 227; vgl. auch Nr. 7001 ff. Vergütungsverz. z. RVG. Zur Erstattungsfähigkeit einzelner Kosten des Patentanwalts vgl. auch die Rechtsprechung der Zivilgerichte zu § 143 Abs. 5 (unten § 143 Rdn. 26).

36 Bei der Vertretung durch einen **Erlaubnisscheininhaber** (Patentingenieur) bemisst sich die von der erstattungspflichtigen Partei zu erstattende Gebühr mangels einer gesetzlichen oder allgemein üblichen (§ 612 Abs. 2 BGB) Regelung danach, was der Erlaubnisscheininhaber berechnet hat und nach billigem Ermessen berechnen durfte (§§ 315, 316 BGB – BGH BlPMZ **1973,** S. 27, 28); angemessen ist im Allgemeinen eine Vergütung in Höhe von etwa 8/10 der einem Patentanwalt zustehenden Gebühren, BGH aaO; BPatGE **10,** 194; **12,** 45; **29,** 242; vgl. aber auch OLG Hamburg JurBüro **86,** 1566 (gleiche Vergütung im Verletzungsprozess); differenzierend OLG Schleswig JurBüro **87,** 1730. Gleiches muss gelten, wenn der Erlaubnisscheininhaber vor dem BGH als Beistand (nicht als Vertreter, vgl. § 111 Abs. 4 und oben Rdn. 30) aufgetreten und das als notwendig i. S. des § 91 Abs. 1 S. 1 ZPO anzusehen ist (mangels anderweitiger Vertretung der Partei oder bei Vertretung nur durch einen Rechtsanwalt wohl in der Regel zu bejahen, bei Vertretung der Partei durch einen Patentanwalt wohl zu verneinen). Entsprechendes wird gelten müssen, wenn ein Patentassessor im ständigen Dienstverhältnis (§§ 155, 156 PatAnwO) einen „Dritten" vor dem Patentgericht vertritt oder als dessen Beistand vor dem BGH auftritt (vgl. dazu oben Rdn. 35 a. E.). Die Kosten eines Erlaubnisscheininhabers im ständigen Vertragsverhältnis sind nur erstattungsfähig, wenn er die Vertretung nicht im Rahmen dieses Vertragsverhältnisses, sondern auf eigene Rechnung übernommen hat, UdG BPatGer. Mitt. **67,** 18. Wegen der Erstattungsfähigkeit der Reisekosten des Erlaubnisscheininhabers vgl. ebenfalls UdG BPatGer. Mitt. **67,** 18, 19.

37 Die Gebühren eines sog. **Korrespondenzanwalts** (Verkehrsanwalts, RVG Vergütungsverz. Nr. 3400) können bei verwickelterem Sachverhalt erstattungsfähig sein, PA Bl. **39,** 54; vgl. auch OLG Karlsruhe GRUR **71,** 283; BGH NJW **03,** 898, 899; BGH NJW **04,** 3187, 3188 sowie Rdn. 171 zu § 139. Ist die Partei aber bereits durch einen Rechtsanwalt *und* einen Patentanwalt vertreten, so ist die Zuziehung auch noch eines Verkehrsanwalts in der Regel nicht als notwendig anzuerkennen; auch nicht, wenn die Partei über eine eigene Rechtsabteilung verfügt, BGH NJW **03,** 2027, 2028; oder selber Rechtsanwalt ist, vgl. BGH NJW **04,** 3187, 3188. Erstattungsfähig können namentlich die Kosten eines ausländischen Verkehrsanwalts sein, PA Mitt. **36,** 95; Bl. **39,** 54; BPatG Mitt. **78,** 98; die Höhe der Gebühren bestimmt sich in diesem Fall nach ausländischem Recht, vgl. § 139 Rdn. 171 und OLG Düsseldorf GRUR **86,** 336; die Erstattungsfähigkeit wird jedoch in der Rechtsprechung des BPatG nur bis zur Höhe der einem deutschen Patent- oder Rechtsanwalt zustehenden Gebühr, BPatG Mitt. **78,** 98, – und je nach Lage des Falles nur in einer geringeren Höhe, BPatGE **7,** 223, 226/27 – anerkannt. Eine ausländische Partei, die wie ein Inländer allg. am deutschen Rechtsverkehr teilnimmt, ist wegen der Notwendigkeit eines Korrespondenzanwalts wie eine inländische Partei zu behandeln, OLG Düsseldorf GRUR **76,** 723. Die Kosten eines ausländischen Verkehrsanwalts sind nur in Höhe d. Gebühren eines deutschen Anwalts erstattungsfähig, BGH NJW **05,** 3187. Erstattungsfähig sind die Kosten eines Korrespondenzanwalts stets soweit, wie sonst notwendige Kosten für Informationsreisen (Rdn. 39) erspart wurden, vgl. BGH NJW **03,** 898, 899; BGH NJW **04,** 3187.

38 **bb) Privatgutachten.** Im ersten Rechtszug sind die Kosten für die Anfertigung eines Gutachtens nur dann als erstattungsfähig anerkannt worden, wenn es vom PA oder Patentgericht eingefordert oder für die Entscheidung notwendig war, PA MuW **31,** 408; vgl. auch BPatGE **1,** 94, 100; **23,** 122; BPatG GRUR **81,** 815. Im Berufungsverfahren können die Kosten für Privatgutachten, wie sie hier häufig eingereicht werden, nur aus besonderen Gründen als nötig zur zweckentsprechenden Rechtswahrung und damit als erstattungsfähig angesehen werden, so z. B. wenn das Gericht bei der Entscheidung ganz oder in wesentlichen Stücken dem Privatgutachter folgt, oder wenn das Privatgutachten dem gerichtlichen derart zur Grundlage gedient hat, dass anzunehmen ist, das gerichtliche wäre ohne diese Vorarbeit nicht zu dem gleichen Ergebnis gekommen, RG MuW **34,** 299; GRUR **34,** 737; BGH Mitt. **55,** 67; BPatGE **2,** 106, 107. Bloße Anhörung des Privatgutachters durch das Gericht ist für die Erstattungsfähigkeit keinesfalls entscheidend, BGH I ZR 133/52 vom 5. 7. 1957; ebenso ermöglicht es noch keine Rückschlüsse auf die Erstattungsfähigkeit, wenn das Berufungsurteil die Einreichung eines Privatgutachtens erwähnt und sich teilweise mit ihm auseinandersetzt. Die Kosten eines Privatgutachtens können i. d. Berufungsinstanz auch dann erstattungsfähig sein, wenn die Einholung zwar nicht durch den offensichtlichen nachträglichen Erfolg gerechtfertigt, jedoch aus objektiver Sicht der Partei im Hinblick auf das ihr ungünstige Gerichtsgutachten als notwendig erscheinen durfte, vgl. BPatG GRUR **81,** 815; Bl. **84,** 173 (Ersattungsfähigkeit zweier Privatgutachten). Dabei ist jedoch Zurückhaltung geboten im Hinblick auf die (auch im Verhältnis zum Streitwert und zu den sonstigen Verfahrenskosten zu würdigenden) Kosten und auf den der Partei bereits durch ihre anwaltlichen Vertreter und Sachbearbeiter zur Verfügung stehenden Sachverstand; sehr eng jetzt BPatGE **30,** 263 („nur unter ganz besonderen Umständen"); ähnlich BPatGE **33,** 274 unter Hinweis darauf, dass es in erster Linie Aufgabe des Gerichts ist, die Notwendigkeit eines Gutachtens zu prüfen und dieses ggf. von Amts wegen einzuholen. Die Erstattungsfähigkeit der Kosten eines patentrechtlichen Gutachtens ist kaum zu rechtfertigen (anders BPatGE **25,** 114). Hat die Partei die Einholung eines Privatgutachtens anstelle der andernfalls gebotenen Zuziehung eines Patentanwalts gewählt, so können die Kosten des Privatgutachtens schon unter diesem Gesichtspunkt in Höhe der für einen Patentanwalt aufzuwendenden Kosten erstattungsfähig sein, BPatGE **2,** 106, 107/08. Zur Erstattungsfähigkeit der Kosten für ein die Klage vorbereitendes Gutachten bei ausländischer Partei vgl. BPatG Mitt. **72,** 197 mit Anm. Eggert. Die Höhe der Gutachtenkosten richtet sich nicht nach dem JVG oder d. früheren GKG (BPatG Bl. **84,** 173), muss sich aber im Rahmen des Üblichen und Angemessenen für vergleichbare Leistungen halten. Vgl. auch die bei Rdn. 172 zu § 139 angeführte Rechtsprechung zum Verletzungsprozess.

cc) Eigene Kosten der Partei. Für die eigene Mühewaltung der Partei oder ihrer Angestellten bei der Bearbeitung des Streitfalls kann eine Kostenerstattung nicht begehrt werden, BPatGE **9,** 137; **12,** 71; PA Mitt. **39,** 82; Mitt. **27,** 80 (angestellter Ingenieur); UdG BPatG Mitt. **66,** 123, 124 (Patentanwalt im Anstellungsverhältnis); vgl. auch OLG Düsseldorf Mitt. **60,** 156 (Patentanwalt als Leiter der Patentabteilung) und OLG Frankfurt GRUR **62,** 166. Dagegen sind die Kosten einer Reise der Partei (ihres Inhabers oder eines Mitinhabers oder eines Angestellten oder auch einer sonstigen Person ihres Vertrauens – BPatGE **19,** 133 –, z. B. des Erfinders – BPatG Bl. **84,** 173, 174) zum Verhandlungstermin in der Regel erstattungsfähig, BPatGE **33,** 160, – und zwar auch dann, wenn die Partei durch einen Patentanwalt und/oder Rechtsanwalt vertreten ist, BPatGE **4,** 139, 142; **19,** 133; **25,** 1; zu eng BPatG Mitt. **71,** 37, – bei mehreren Verhandlungsterminen die Kosten einer Reise zu jedem Termin, BPatGE **25,** 1; und in jeder Instanz, BPatGE **33,** 160, 163, – jedoch in der Regel nur die Kosten der Reise jeweils *einer* Person, PA Mitt. **36,** 96; BPatGE **4,** 139, 142. Nach BPatG (Mitt. **96,** 242 m. w. N.) werden Reisekosten einer Person d. Vertrauens d. Partei grundsätzlich nur dann als erstattungsfähig anerkannt, wenn besondere Gründe der Teilnahme d. Partei selbst entgegen gestanden haben; das ist zu eng; nicht die Verhinderung d. Partei sondern die Notwendigkeit eines zusätzlichen Informanten im Termin sollte entscheidend sein. Die Höhe der Erstattung der Reisekosten einschließlich Zeitversäumnis berechnet sich gem. § 91 Abs. 1 S. 2 ZPO nach dem JVEG, früher nach dem ZuSEntschG, BPatG Mitt. **67,** 19/20; OLG Düsseldorf Mitt. **74,** 139. Nach den gleichen Grundsätzen können die Kosten einer Informationsreise der Partei zu ihrem Anwalt erstattungsfähig sein, und zwar in der Regel neben einer Reise zum Termin, BPatGE **33,** 160; vgl. auch OLG Frankfurt GRUR **64,** 466. 467; – nicht erstattungsfähig sind dagegen in der Regel die Kosten einer Informationsreise zum Privatgutachter, vgl. PA Mitt. **36,** 23, 24, oder die Kosten einer Reise zur Akteneinsichtnahme, UdG BPatG Mitt. **66,** 123, 124. Zur Erstattung von Bürokostenaufwand vgl. Kirchner Mitt. **70,** 188. 39

dd) Sonstiges. Die Kosten der Herstellung von **Fotokopien** entgegengehaltener oder sonst in den Prozess eingeführter Druckschriften und von Zeichnungen können erstattungsfähig sein, UdG BPatG Mitt. **66,** 123/24; BPatG Bl. **84,** 173; insbes. i. d. R. bei Kopien aus d. Erteilungsakten, BPatGE **15,** 49, – desgleichen die Kosten der **Übersetzung** ausländischer Druckschriften, PA Bl. **37,** 155; BPatGE **3,** 132, und anderer ausländischer Schriftstücke, BPatG Mitt. **72,** 197, – dagegen in der Regel nicht die Kosten der Übersetzung von Entscheidungen ausländischer Patentämter, PA GRUR **34,** 455; auch nicht Übersetzung deutscher Schriftsätze und Prozessunterlagen in die Sprache der ausl. Partei, wenn für diese bereits die Mitwirkung eines ausl. Anwalts als Korrespondenzanwalt als erstattungsfähig berücksichtigt wird, BPatG Mitt. **78,** 98; GRUR **83,** 265; erstattungsfähig jedoch, wenn ein ausländischer Korrespondenzanwalt nicht mitwirkt und die Übersetzungen über den normalen Tätigkeitsbereich eines Prozessbevollmächtigten hinausgehen vgl. BPatG **25,** 4 (GebrM-Sache) m. w. N. Die Kosten vom Gericht eingeforderter Fotokopien und Übersetzungen sind immer erstattungsfähig. Wegen der Herstellung von Überstücken durch Fotokopie vgl. UdG BPatGer. Mitt. **66,** 123, 124; OLG Hamburg MDR **68,** 506 Nr. 85; OLG Düsseldorf Mitt. **77,** 138. Die Kosten der Nachforschung nach neuheitsschädlichem Material **(Recherchekosten)** wurden früher, soweit sie das Inland betrafen, in der Regel nicht als erstattungsfähig betrachtet, vgl. z. B. PA Mitt. **28,** 114; LG/OLG München Mitt. **60,** 155; – neuerdings wird jedoch die Erstattungsfähigkeit der Kos- 40 ten von Recherchen, auch der Recherchen im Inland, der Recherchen durch mehrere Stellen und der Recherchen durch den Patentanwalt der Partei selbst (vgl. oben Rdn. 35), mehr und mehr bejaht, je nach dem, ob die Partei oder ihr Anwalt die Recherche für notwendig halten durfte, BPatGE **23,** 22, 23. Das ist aus d. Sicht einer vernünftigen Durchschnittspartei nach d. jeweiligen Stand unter sorgfältiger Abwägung aller Umstände zu beurteilen, BPatGE **34,** 122. Eine erste Recherche ist grundsätzlich sachgerecht u. erstattungsfähig, weitere Recherchen bedürfen besonderer Begründung, BPatGE **34,** 122. Eingehend z. erstattungsfähigen Höhe d. Recherchenkosten BPatG GRUR **80,** 986. Die Kosten eigener **Laboratoriumsversuche** können, wenn an sich betriebsfremd, erstattungsfähig sein, KG GRUR **41,** 388. Auch die Kosten der Anfertigung von **Modellen** für das Gericht werden, soweit zur zweckentsprechenden Rechtswahrung notwendig, erstattungsfähig sein können, vgl. OLG Düsseldorf Mitt. **37,** 399; KG GRUR **39,** 54; OLG Frankfurt GRUR **67,** 115, 116. Demgegenüber wird in BPatG Bl. **86,** 39 die Erstattungsfähigkeit der Aufwendungen für Demonstrationshilfen generell verneint. Sachgerechter erscheint jedoch eine differenziertere Beurteilung der Notwendigkeit von Fall zu Fall. Gegebenenfalls auch die Kosten für die förmliche Durchführung eines **Akteneinsichtsverfahrens** betr. Erteilungsakte, BPatGE **15,** 49.

41 **6.** Für die **Kostenfestsetzung** (d. h. die Festsetzung der auf Grund der Kostenentscheidung des Gerichts vom Erstattungspflichtigen an den Gegner zu erstattenden außergerichtlichen und der vom Gegner zu viel gezahlten gerichtlichen Kosten) gelten nach §§ 84 Abs. 2 S. 2, 121 Abs. 2 S. 2 die Vorschriften der ZPO über das Kostenfestsetzungsverfahren (§§ 103–107 ZPO) und die Zwangsvollstreckung aus Kostenfestsetzungsbeschlüssen (§§ 794 Abs. 1 S. 2, 798, 724 ff. ZPO) entsprechend; das gilt auch für d. Vollstreckungsabwehrklage nach §§ 767 I, 795 ZPO, BGH GRUR **02,** 52. Diese Vorschriften sind z. T. bei § 80 Rdn. 55 ff. abgedruckt. Hervorzuheben ist, dass die Kostenfestsetzung – außer bei den ohne weiteres vollstreckbaren Urteilen des § 85 Abs. 3 und den für vorläufig vollstreckbar erklärten Urteilen des § 85 Abs. 6 – gemäß §§ 103 Abs. 1, 704 ZPO erst nach Eintritt der formellen Rechtskraft oder Erklärung der vorläufigen Vollstreckbarkeit erfolgen kann (zur vorl. Vollstreckbarkeit der Kostenentscheidung s. oben Rdn. 7 a. E.). Zuständig ist jetzt der Rechtspfleger des Patentgerichts für die Festsetzung der zu erstattenden Kosten beider Instanzen (§§ 103 Abs. 2, 104 Abs. 1 Satz 1 ZPO, § 23 Abs. 1 Nr. 12 RPflG; BGH Bl. **61,** 408). Über Erinnerungen gegen den Kostenfestsetzungsbeschluss des Rechtspflegers (§ 104 Abs. 3 ZPO, § 23 Abs. 2 RPflG) entscheidet der Nichtigkeitssenat (in der Besetzung nach § 67 Abs. 2 Halbs. 2) durch unanfechtbaren (§§ 84 Abs. 2 S. 3, 99 Abs. 2) Beschluss.

85 *Einstweilige Verfügung. Vorläufige Vollstreckbarkeit.* (1) **In dem Verfahren wegen Erteilung der Zwangslizenz kann dem Kläger auf seinen Antrag die Benutzung der Erfindung durch einstweilige Verfügung gestattet werden, wenn er glaubhaft macht, daß die Voraussetzungen des § 24 Abs. 1 vorliegen und daß die alsbaldige Erteilung der Erlaubnis im öffentlichen Interesse dringend geboten ist.**

(2) **Der Erlaß der einstweiligen Verfügung kann davon abhängig gemacht werden, daß der Antragsteller wegen der dem Antragsgegner drohenden Nachteile Sicherheit leistet.**

(3) [1]**Das Patentgericht entscheidet auf Grund mündlicher Verhandlung.** [2]**Die Bestimmungen des § 83 Abs. 2 Satz 2 und des § 84 gelten entsprechend.**

(4) **Mit der Zurücknahme oder der Zurückweisung der Klage auf Erteilung der Zwangslizenz (§ 81) endet die Wirkung der einstweiligen Verfügung; ihre Kostenentscheidung kann geändert werden, wenn eine Partei innerhalb eines Monats nach der Zurücknahme oder nach Eintritt der Rechtskraft der Zurückweisung die Änderung beantragt.**

(5) **Erweist sich die Anordnung der einstweiligen Verfügung als von Anfang an ungerechtfertigt, so ist der Antragsteller verpflichtet, dem Antragsgegner den Schaden zu ersetzen, der ihm aus der Durchführung der einstweiligen Verfügung entstanden ist.**

(6) [1]**Das Urteil, durch das die Zwangslizenz zugesprochen wird, kann auf Antrag gegen oder ohne Sicherheitsleistung für vorläufig vollstreckbar erklärt werden, wenn dies im öffentlichen Interesse liegt.** [2]**Wird das Urteil aufgehoben oder geändert, so ist der Antragsteller zum Ersatz des Schadens verpflichtet, der dem Antragsgegner durch die Vollstreckung entstanden ist.**

Inhaltsübersicht

1 **1. Vorbemerkung.** Die Regelungen des § 85 (früher § 41) sind durch das PatG v. 5. 5. 1936 eingeführt, durch das 1. ÜG v. 8. 7. 1949 und das 6. ÜG v. 23. 3. 1961 in einigen Einzelheiten verändert worden. Durch Kostenbereinigungsgesetz v. 13. 12. 2001 ist dann nur noch (wie bei § 81) die frühere Abhängigkeit wirksamer Antragstellung von der Einzahlung einer Gebühr gestrichen worden (s. u. Rdn. 2). Die Regelungen gelten nur für das Verfahren auf Erteilung einer Zwangslizenz (§ 24 Abs. 1) an einem deutschen oder mit Wirkung für das Gebiet der Bundesrepublik Deutschland erteilten europäischen Patent (s. § 24 Rdn. 6), an einem dazu erteilten ergänzenden Schutzzertifikat (§ 16a Abs. 2, Art. II § 6a IntPatÜG) oder an einem deutschen Gebrauchsmuster (§ 20 GebrMG).

§ 85 gibt dem Gericht die Befugnis, dem Lizenzsucher schon vor der rechtskräftigen Erledigung des möglicherweise über zwei Instanzen laufenden Hauptverfahrens durch Erlass einer einstweiligen Verfügung (Abs. 1–5) oder durch Anordnung der vorläufigen Vollstreckbarkeit des im Hauptverfahren ergehenden erstinstanzlichen Urteils (Abs. 6) die Benutzung der Erfindung auf sein Risiko (Abs. 5, Abs. 6 Satz 2) vorläufig zu gestatten. Die Regelungen lehnen sich an die entsprechenden Bestimmungen der ZPO über die einstweilige Verfügung und die vorläufige Vollstreckbarkeit an.

2. Die einstweilige Verfügung

2 **a) Formelle und sachliche Voraussetzungen.** Anders als nach der ZPO (vgl. dort §§ 936, 926) kann eine einstweilige Verfügung nach § 85 Abs. 1 nur dann erlassen werden, wenn bereits die „Hauptsache" anhängig ist, der die Verfügung beantragende Lizenzsucher also bereits Klage auf Erteilung der Zwangslizenz erhoben hat, PA MuW **38,** 111; das ist durch das Wort „Kläger" in Abs. 1 klargestellt worden. Trotz der Worte „in dem Verfahren" ist das Verfahren über den Erlass einer einstweiligen Verfügung ein gegenüber dem Verfahren zur Hauptsache selbstständiges Verfahren mit gesonderter mündlicher Verhandlung, gesonderter Entscheidung und gesonderter Anfechtbarkeit (unten Rdn. 4, 6). Der Erlass der Verfügung setzt einen dahingehenden Antrag des Lizenzsuchers voraus (Abs. 1). Der Antrag ist bei dem Patentgericht (zuständig die Nichtigkeitssenate, § 66 Abs. 1 Nr. 2) einzureichen, wenn die Hauptsache dort anhängig ist oder gleichzeitig anhängig gemacht wird; ist die Hauptsache bereits in der Berufungsinstanz bei dem BGH anhängig, so ist der Antrag bei dem BGH einzureichen und von diesem zu behandeln (vgl. Abs. 1 und ZPO § 943; a. A. Busse, Rdn. 10 zu § 85 unter Verweis auf Abs. 3, der jedoch nur den Regelfall behandelt). „Antragsgegner" ist – ebenso wie er im Verfahren zur Hauptsache „Beklagter" ist – der im Register als Patentinhaber Eingetragene (§ 81 Abs. 1 Satz 2). Die Zahlung einer Gebühr ist seit Inkrafttreten d. Kostenbereinigungsgesetzes (1. 1. 2002) nicht mehr Voraussetzung für die Wirksamkeit d. Antrags; es gilt Entsprechendes wie zur Klageerhebung nach § 81 (s. dort Rdn. 20). Der Erlass der Verfügung kann nach Abs. 2 davon abhängig gemacht werden, dass der Antragsteller zuvor wegen der dem Antragsgegner drohenden Nachteile Sicherheit leistet; die Auferlegung dieser Sicherheitsleistung kann aber auch der einstweiligen Verfügung selbst vorbehalten bleiben (unten Rdn. 5).

3 **In sachlicher Hinsicht** muss ein Doppeltes glaubhaft gemacht sein: a) dass die Voraussetzungen des § 24 für die Erteilung der begehrten Zwangslizenz vorliegen, und b) dass die alsbaldige Erteilung der Erlaubnis im öffentlichen Interesse dringend geboten ist (Abs. 1). Voraussetzung für die Erteilung einer Zwangslizenz nach § 24 ist namentlich, dass für die Erfindung, an der die Zwangslizenz begehrt wird, bereits ein Patent erteilt ist, dass der Lizenzsucher die Erfindung selbst gewerbsmäßig in technischer Hinsicht benutzen will und kann, dass der Lizenzsucher sich zuvor innerhalb eines angemessenen Zeitraums erfolglos bemüht hat, unter angemessenen geschäftsüblichen Bedingungen die Erlaubnis zur Benutzung der Erfindung vom Patentinhaber zu erlangen, und dass die Erteilung der Erlaubnis – und zwar gerade an den Lizenzsucher – im öffentlichen Interesse geboten ist; wegen der Einzelheiten vgl. § 24 Rdn. 9–20. Alles das muss vom Antragsteller „glaubhaft gemacht" werden; er kann das außer durch die sonstigen „Beweismittel" auch durch Einreichung von eidesstattlichen Versicherungen tun (§ 294 Abs. 1 ZPO) sowie vor allem durch Beibringung der Stellungnahmen von Behörden,

die für die Wahrung des öffentlichen Interesses der behaupteten Art zuständig sind (vgl. die Beispielsfälle § 24 Rdn. 16–20). Zum Erlass einer einstweiligen Verfügung genügt aber noch nicht, dass die allgemeinen Belange die Erteilung einer Zwangslizenz rechtfertigen; es muss vielmehr hinzukommen, dass zur Abwendung wesentlicher Nachteile die sofortige Gestattung der Benutzung im Interesse der Öffentlichkeit so dringend geboten ist, dass ein längeres Zuwarten nicht verantwortet werden könnte, BGH GRUR **52,** 393; an dieser Voraussetzung wird es meist fehlen, wenn das Schutzrecht ohnehin kurz vor seinem Ablauf steht, vgl. BGH GRUR **72,** 471, 472. Zu berücksichtigen ist, dass mit Erlass d. einstw. Verfügung die Entscheidung d. Hauptsache in einem gewissen Umfang vorweggenommen wird, BPatG **96,** 870, 871; das kann mit einem möglichen Ersatzanspruch nach Abs. 5 nur unzulänglich ausgeglichen werden. Ein hohes Eigeninteresse an der sofortigen Benutzung der Erfindung rechtfertigt die Erteilung einer Zwangslizenz im Wege der einstweiligen Verfügung nicht, BGH Ia ZB 3/63 vom 12. 2. 1963; BPatG GRUR **96,** 870, 871. Die Monopolisierung eines Erzeugnisses ist dem Patentschutz immanent; das muss auch für d. Bereich d. Gesundheitswesens akzeptiert werden; eine gewisse Beeinflussung d. Preisgestaltung auf d. Arzneimittelmarkt rechtfertigt daher noch nicht den Erlass einer einstw. Verfügung, BPatG GRUR a. a. O. Bei alledem ist dem Gericht – anders als nach § 24 Abs. 1 – ein gewisser Ermessensspielraum eingeräumt: nach § 85 Abs. 1 „kann" die einstweilige Verfügung erlassen werden, wenn die Voraussetzungen glaubhaft gemacht sind, während nach § 24 Abs. 1 die Zwangslizenz „erteilt wird", wenn die Voraussetzungen vorliegen, vgl. PA MuW **38,** 111; RG GRUR **41,** 278, 279; RGZ **171,** 227, 233.

4 **b) Verfahren und Entscheidung** sind in § 85 Abs. 3 teils durch Wiederholung, teils durch Inbezugnahme des § 83 Abs. 2 (mündliche Verhandlung) und des § 84 (Entscheidung durch Urteil, Kostenentscheidung) geregelt. Auf die Erläuterungen zu diesen Bestimmungen wird verwiesen. Die Besetzung des Nichtigkeitssenats ist in § 67 Abs. 2 geregelt. Die Bestimmung des § 87 Abs. 1 (Erforschung des Sachverhalts von Amts wegen) gilt im Verfügungsverfahren nicht, weil hier die Glaubhaftmachung durch den Antragsteller genügt. Wohl aber gilt § 93 Abs. 2 (Gewährung des rechtlichen Gehörs); aus § 85 Abs. 3 Satz 1 (Entscheidung auf Grund mündlicher Verhandlung) ergibt sich, dass anders als nach § 937 Abs. 2 ZPO stets beide Seiten zu hören sind. Entscheidung ohne mündliche Verhandlung nur bei Zustimmung beider Parteien, §§ 85 Abs. 3, 83 Abs. 2 Satz 2.

5 **Dem Inhalt nach** kann das Urteil auf Zurückweisung des Antrags oder auf Gestattung der Benutzung der Erfindung – sei es im beantragten Umfang, sei es in einem eingeschränkten Umfang (§ 24 Abs. 5 Satz 2, vgl. § 24 Rdn. 31) – lauten. Mit der Gestattung der Benutzung kann auch die vom Antragsteller für die Benutzung zu entrichtende Vergütung (§ 24 Rdn. 33, 34) und ggf. eine dafür zu leistende Sicherheit (Rdn. 13, 30 zu § 24) festgesetzt werden. Die Entscheidung über die Vergütung und diese Sicherheitsleistung kann aber auch dem eigentlichen Zwangslizenzverfahren (dem Hauptverfahren) überlassen bleiben, RGZ **171,** 227, 237; es kann jedoch angezeigt sein, dem Antragsteller schon in der einstweiligen Verfügung die Pflicht zur Rechnungslegung aufzuerlegen, PA MuW **38,** 111. Es kann ferner dem Antragsteller die **Leistung einer Sicherheit** „wegen der dem Antragsgegner drohenden Nachteile" auferlegt werden (Abs. 2); diese Sicherheitsleistung, die der Sicherung der etwaigen Schadensersatzansprüche des Antragsgegners nach § 85 Abs. 5 dient, ist zu unterscheiden von der ggf. im Rahmen „angemessener geschäftsüblicher Bedingungen" (§ 24 I Nr. 1) zu leistenden Sicherheit für die Benutzungsvergütung (Rdn. 13 zu § 24); die Sicherheitsleistung des § 85 Abs. 2 Satz 2 kann schon vor dem Erlass der Verfügung als prozessuale Voraussetzung für deren Erlass, sie kann aber auch in der einstweiligen Verfügung, sei es als „Auflage", sei es als echte „Bedingung" für die Gestattung der Benutzung, angeordnet werden. Die Sicherheit ist nach der Gefahr zu bemessen, die die einstweilige Verfügung für den Patentinhaber mit sich bringt, also unter Berücksichtigung z. B. auch des Schadens, der ihm durch Absatzverluste entstehen kann, wenn die Verfügung ungerechtfertigt war, PA MuW **38,** 111; diese Nachteile können erheblich sein; deshalb wird die Sicherheit nach § 85 Abs. 2 Satz 2 zumeist wesentlich höher sein müssen als eine etwaige Sicherheit nach § 24 Abs. 1. Schließlich ist in dem Urteil auch eine Bestimmung über die **Kosten des Verfahrens** nötig (§ 84 Rdn. 11). Zur Berechnung d. Gerichts- u. Anwaltskosten ist auch die Festsetzung des Streitwerts u. ggf. eines ermäßigten Teilstreitwerts erforderlich, vgl. Rdn. 18, 24 zu § 84.

6 Das Urteil – gleich welchen Inhalts – ist ohne unmittelbaren Einfluss auf das Hauptverfahren; es kann von der dadurch beschwerten Partei nach § 122 mit der **Beschwerde** an den BGH, die innerhalb eines Monats nach Zustellung beim Patentgericht einzulegen ist, angefochten werden. Beschlüsse im Verfügungsverfahren sind nur zusammen mit dem Urteil, andernfalls überhaupt nicht anfechtbar (§§ 84 Abs. 2 S. 3, 99 Abs. 2, 122 Abs. 1 i. Verb. m. 110 Abs. 6).

c) Die Wirkung der einstweiligen Verfügung besteht darin, dass der Antragsteller sofort berechtigt ist, die Erfindung in dem gestatteten Umfang zu benutzen, dass er also, wenn er das tut, keine Patentverletzung begeht, BGH GRUR **96,** 109, 111/112. Diese Wirkung tritt mit der Verkündung oder Zustellung des Urteils (§ 94 Abs. 1 Satz 1, 4, 5) ein, ohne dass es einer Vollstreckbarerklärung oder einer Vollstreckungsklausel bedarf. Ist die Erlaubnis zur Benutzung der Erfindung im Sinne einer echten „Bedingung“ von einer Sicherheitsleistung abhängig gemacht (oben Rdn. 5), so tritt die Wirkung erst mit der Leistung der Sicherheit ein. Durch Einlegung der Beschwerde wird die Wirkung nicht aufgeschoben. Auch die Kostenentscheidung ist ohne weiteres vollstreckbar, so dass sofort die Kostenfestsetzung erfolgen kann (§ 84 Rdn. 7, 41). Dagegen gibt die Festsetzung der vom Antragsteller zu entrichtenden Vergütung dem Antragsgegner noch keinen gegen den Antragsteller vollstreckbaren Titel (§ 24 Rdn. 36); ist die Vergütung in der einstweiligen Verfügung nicht festgesetzt und wird sie auch im Hauptverfahren (z. B. wegen Zurücknahme der Klage) nicht festgesetzt, so sind auf entsprechende Klage (z. B. auf Zahlung der Vergütung) die ordentlichen Zivilgerichte zur Entscheidung berufen, RGZ **171,** 227, 237. 7

d) Ende der Wirkung. Die einstweilige Verfügung behält ihre Wirkung längstens bis zur Beendigung des Hauptverfahrens. Sie tritt schon vorher außer Kraft, wenn sie auf Beschwerde vom BGH aufgehoben wird. Sie wird ferner – ebenso wie die Erteilung einer Zwangslizenz im Hauptverfahren – schon vorher wirkungslos, wenn die Erfindung, deren Benutzung gestattet worden ist, durch Erlöschen oder Vernichtung des Patents frei wird oder wenn sich herausstellt, dass die zunächst unterstellte „Benutzung“ der Erfindung durch den Antragsteller gar nicht vorliegt (§ 24 Rdn. 46). Mit der Erteilung der Zwangslizenz im Hauptverfahren, und zwar erst mit dem Eintritt der Rechtskraft dieser Erteilung, wird die einstweilige Verfügung hinfällig und durch das Urteil im Hauptverfahren ersetzt. Sie verliert schließlich ihre Wirkung gemäß § 85 Abs. 4 auch dann, wenn die Klage auf Erteilung der Zwangslizenz zurückgenommen oder zurückgewiesen wird, und zwar im letzteren Falle wiederum (wie auch aus Halbs. 2 zu folgern ist) erst mit dem Eintritt der Rechtskraft der Entscheidung; in Analogie zu Abs. 4 auch bei Klageverzicht u. Erledigung d. Hauptsache (ebenso Mes, Rdn. 17 und Busse Rdn. 15 zu § 86); wegen der dann jeweils möglichen Änderung der Kostenentscheidung der Verfügung vgl. Abs. 4 Halbs. 2. 8

e) Eine **Änderung der einstweiligen Verfügung** wegen Veränderung der Umstände wird in entsprechender Anwendung der §§ 936, 927 ZPO zulässig sein können, so namentlich in den Fällen, in denen auch eine Änderung einer im Hauptverfahren getroffenen Entscheidung erfolgen könnte (§ 24 Rdn. 42–46). 9

f) Schadenersatz. Der Lizenzsucher, der eine einstweilige Verfügung erwirkt und ausnutzt, handelt auf eigene Gefahr. Erweist sich die Verfügung später „als von Anfang an ungerechtfertigt“, d. h. als nach der Sachlage z. Zt. ihres Erlasses objektiv unberechtigt, so hat nach § 85 Abs. 5 (der dem § 945 ZPO nachgebildet ist) der Antragsteller dem Antragsgegner den Schaden zu ersetzen, der diesem aus der Durchführung der einstweiligen Verfügung (d. h. vor allem: durch die der Verfügung entsprechende Benutzung der Erfindung seitens des Antragstellers) entstanden ist. Entsprechendes gilt, wenn sich die Verfügung als teilweise ungerechtfertigt herausstellt. Der Antragsteller wird also nunmehr wie ein Patentverletzer behandelt; anders als § 139 Abs. 2 setzt § 85 Abs. 5 jedoch kein Verschulden voraus. Für die Schadensberechnung gelten die gleichen Grundsätze wie für den Schadenersatz bei Patentverletzungen (vgl. § 139 Rdn. 57 ff.; wegen Einzelheiten vgl. auch RGZ **171,** 227, 239 f.). Der Schadenersatzanspruch verjährt in 3 Jahren (§ 195 BGB, vgl. auch § 141 PatG). Der Anspruch ist im Patentstreitverfahren nach § 143 zu verfolgen, § 143 Rdn. 4. Dass die einstweilige Verfügung von Anfang an ungerechtfertigt war, ist im Schadensersatzprozess als erwiesen anzunehmen, wenn mit der Begründung, dass der Antragsteller keinen Anspruch auf Erteilung der Zwangslizenz habe, die einstweilige Verfügung im Beschwerdeverfahren aufgehoben oder die Zwangslizenzklage im Hauptverfahren abgewiesen worden ist. Hat die Verfügung dagegen ihre Wirkung durch Zurücknahme der Zwangslizenzklage oder einen entsprechend zu behandelnden Tatbestand verloren (§ 85 IV; oben Rdn. 8), so ist im Schadenersatzprozess selbstständig zu prüfen, ob die Verfügung nach der Sachlage z. Zt. ihres Erlasses gerechtfertigt gewesen ist, RGZ **171,** 227, 231 f. Da nach Abs. 5 Schadensersatz und nicht lediglich angemessene Entschädigung (wie bei § 33) verlangt werden kann, stehen alle zu § 139 entwickelten Berechnungsmethoden zur Verfügung (a. A. Busse Rdn. 18 zu § 85). 10

3. Die Anforderung der vorläufigen Vollstreckbarkeit des die Zwangslizenz zusprechenden Urteils, die durch Abs. 6 ermöglicht wird, ist eine Ausnahme von der Regel, dass Urteile der Nichtigkeitssenate erst mit der Rechtskraft wirksam werden und nicht für vorläufig 11 vollstreckbar erklärt werden können (§ 84 Rdn. 7). Abs. 6 bezieht sich auf Urteile **im Hauptverfahren,** BPatGE **32,** 184, 199; BPatG GRUR **94,** 98, 104 – und zwar nur auf erstinstanzliche Urteile (Berufungsurteile werden sofort rechtskräftig). Die vorläufige Vollstreckbarkeit wird nur auf Antrag angeordnet; der Antrag kann vor Erlass des Urteils, aber auch noch nach Erlass des Urteils, auch noch in der Berufungsinstanz gestellt werden. Dem Antrag kann (nicht muss; a. A. Busse Rdn. 23 zu § 85) stattgegeben werden, wenn die Anordnung im öffentlichen Interesse (nicht nur in dem des Klägers) liegt. Das kann insbesondere bei Erteilung einer Zwangslizenz regelmäßig zu bejahen sein, BPatG GRUR **94,** 98, 104. Die Wirkung besteht – ebenso wie die einer einstweiligen Verfügung (oben Rdn. 7) – darin, dass der Kläger sofort berechtigt ist, die Erfindung in dem durch das Urteil gestatteten Umfang zu benutzen (§ 24 Rdn. 36). Ist die vorläufige Vollstreckbarkeit von einer Sicherheitsleistung abhängig gemacht, so tritt die Wirkung erst mit der Leistung der Sicherheit ein. Auch im Übrigen gilt das oben zu Rdn. 7 Gesagte entsprechend.

12 Wird das für vorläufig vollstreckbar erklärte Urteil im Berufungsverfahren aufgehoben oder geändert, so ist nach Abs. 6 Satz 2 (der dem § 717 Abs. 2 ZPO nachgebildet ist) der Kläger zum Ersatz des Schadens verpflichtet, der dem Beklagten durch die „Vollstreckung" (d. h. vor allem durch die dem Urteil entsprechende Benutzung der Erfindung seitens des Klägers) entstanden ist. Das zu Rdn. 10 Gesagte gilt entsprechend auch hier; vgl. auch § 139 Rdn. 154 a.

3. Gemeinsame Verfahrensvorschriften

Vorbemerkungen

Der Unterabschnitt enthält die gemeinsamen Verfahrensvorschriften für das Beschwerdeverfahren und das Nichtigkeits-, Zurücknahme- und Zwangslizenzverfahren. Die Vorschriften des Abschnitts sind weitgehend an die Verfahrensvorschriften der Verwaltungsgerichtsordnung angelehnt. Der Unterabschnitt regelt den Ablauf des Verfahrens nur in seinen Grundzügen und stellt im Anschluss an die Verwaltungsgerichtsordnung einige für das Verfahren wesentliche Verfahrensgrundsätze auf. Im Übrigen wird in § 99 Abs. 1 auf die Vorschriften des Gerichtsverfassungsgesetzes und der Zivilprozessordnung verwiesen.

86 *Ausschließung und Ablehnung.* (1) **Für die Ausschließung und Ablehnung der Gerichtspersonen gelten die §§ 41 bis 44, 47 bis 49 der Zivilprozeßordnung entsprechend.**

(2) **Von der Ausübung des Amtes als Richter ist auch ausgeschlossen**

1. **im Beschwerdeverfahren, wer bei dem vorausgegangenen Verfahren vor dem Patentamt mitgewirkt hat;**
2. **im Verfahren über die Erklärung der Nichtigkeit des Patents, wer bei dem Verfahren vor dem Patentamt oder dem Patentgericht über die Erteilung des Patents oder den Einspruch mitgewirkt hat.**

(3) [1]**Über die Ablehnung eines Richters entscheidet der Senat, dem der Abgelehnte angehört.** [2]**Wird der Senat durch das Ausscheiden des abgelehnten Mitglieds beschlußunfähig, so entscheidet ein Beschwerdesenat des Patentgerichts in der Besetzung mit drei rechtskundigen Mitgliedern.**

(4) **Über die Ablehnung eines Urkundsbeamten entscheidet der Senat, in dessen Geschäftsbereich die Sache fällt.**

Inhaltsübersicht

1. Ausschließung. Literatur: Bernatz, Ausschließung und Ablehnung von Beamten des Deutschen Patentamts und von Richtern des Bundespatentgerichts, Mitt. **68,** 30. 1

Die Vorschrift, die die Ausschließung und Ablehnung in Anlehnung an § 54 VwGO regelt, bezieht sich auf alle Gerichtspersonen, also auf die Richter, die Rechtspfleger und die Urkundsbeamten der Geschäftsstelle, vgl. Rdn. 11 vor § 65; Abs. 2 betrifft jedoch lediglich die Richter. Die Vorschrift behandelt nur die Gründe, die Gerichtspersonen in einer einzelnen Sache von der Ausübung des Richteramtes oder der Urkundstätigkeit ausschließen, die sog. relativen Ausschließungsgründe, nicht die Gründe, die eine Gerichtsperson allgemein an der Ausübung der Rechtspflege hindern, wie Nichtigkeit der Ernennung, Ausscheiden aus dem Dienst oder Verlust des Amtes, die sog. absoluten Ausschließungsgründe.

a) Ausschließungsgründe nach Abs. 1. Ausschließungsgründe sind nach Abs. 1 der Vorschrift zunächst die Ausschließungsgründe der Zivilprozessordnung (§ 41 ZPO; abgedr. bei § 27 Rdn. 16). 2

aa) Beziehungen zur Sache. Richter und Urkundsbeamte sind ausgeschlossen in Sachen, in denen sie selbst Verfahrensbeteiligte sind oder hinsichtlich deren sie zu einem Verfahrensbeteiligten in dem Verhältnis eines Mitberechtigten, Mitverpflichteten oder Regresspflichtigen stehen (§ 41 Nr. 1 ZPO). Der Fall einer eigenen Verfahrensbeteiligung kann im Verfahren vor dem Patentgericht kaum praktisch werden, weil durch entsprechende Anordnungen des PräsDPMA (vgl. § 26 Rdn. 13) sichergestellt ist, dass jedenfalls die aus dem Patentamt kommenden Richter des Patentgerichts selbst keine Schutzrechte besitzen. Aus der Veräußerung vor dem Eintritt in das Patentamt erworbener Schutzrechte kann sich jedoch u. U. der Fall einer Regresspflicht ergeben, der zur Ausschließung führt. Eine Mitberechtigung kann sich aus der Beteiligung an einer Handelsgesellschaft ergeben, die Verfahrensbeteiligte ist. Eine Mitberechtigung ist aber nur bei Beteiligung an einer Personalgesellschaft gegeben, der Aktionär etwa ist nur mittelbar berechtigt; der Besitz von Aktien ist daher kein Ausschließungsgrund in einem Verfahren, in dem die AG Beteiligte ist. 3

bb) Beziehungen zu Beteiligten. Der Richter oder Urkundsbeamte ist ausgeschlossen in Sachen seines Ehegatten oder Lebenspartners, auch wenn die Ehe oder Partnerschaft nicht mehr besteht (§ 41 Nr. 2, 2a ZPO), und in Sachen, in denen eine Person beteiligt ist, mit der er in gerader Linie verwandt oder verschwägert, in der Seitenlinie bis zum dritten Grade verwandt oder bis zum zweiten Grade verschwägert ist oder war (§ 41 Nr. 3 ZPO). Verwandtschaft und Schwägerschaft sind gemäß § 33 EGBGB nach den §§ 1589, 1590 BGB zu beurteilen. Ausschließungsgrund ist nur die Ehe, Partnerschaft, Verwandtschaft oder Schwägerschaft mit einem Verfahrensbeteiligten, nicht mit deren Vertretern oder Beiständen. 4

cc) Beziehungen zum Verfahren. Wegen ihrer Beziehungen zum Verfahren sind ausgeschlossen Richter und Urkundsbeamte in Sachen, in denen sie als gewillkürter oder gesetzlicher Vertreter oder Beistand eines Beteiligten aufzutreten berechtigt sind oder gewesen sind (§ 41 Nr. 4 ZPO) oder in denen sie als Zeuge oder Sachverständiger vernommen sind (§ 41 Nr. 5 ZPO). Bei der Vertretungsberechtigung genügt allein das Vorhandensein der Befugnis, auf das Tätigwerden kommt es nicht an, Baumbach/Lauterbach/Albers/Hartmann ZPO Anm. 12 zu § 41 ZPO. 5

dd) Mitwirkung bei der angefochtenen Entscheidung. Nach § 41 Nr. 6 ZPO ist ein Richter ausgeschlossen, der in einer früheren Instanz bei dem Erlass der angefochtenen Entscheidung mitgewirkt hat, sofern es sich nicht um die Tätigkeit des beauftragten oder ersuchten Richters handelt. Diese Vorschrift bezieht sich nur auf eine richterliche Tätigkeit in einer **gerichtlichen Instanz;** die Ausschließung wegen der Mitwirkung im patentamtlichen Verfahren ist in § 86 Abs. 2 geregelt. Die Vorschrift in § 41 Nr. 6 ZPO könnte daher nur in den Fällen in Betracht kommen, in denen ein Richter des Patentgerichts in dieser Eigenschaft mit der Sache befasst war, also nach Aufhebung der Entscheidung des Patentgerichts im Rechtsbeschwerdeverfahren und Zurückweisung durch den Bundesgerichtshof (§ 108) oder in einem Nichtigkeits- oder Zwangslizenzverfahren nach vorausgegangenem Beschwerdeverfahren, das zur Erteilung des betroffenen Patents geführt hat. Bei **Aufhebung und Zurückverweisung im Rechtsbeschwerdeverfahren** (§ 108) wird das Patentgericht jedoch in *derselben* Instanz tätig, in der es früher mit der Sache befasst war, nicht in einer früheren im Sinne des § 41 Nr. 6 ZPO. Gegenstand des Verfahrens ist dann auch nicht der frühere – aufgehobene – Beschluss des Beschwerdesenats, sondern allein der patentamtliche Beschluss, der mit der Beschwerde angefochten ist und der deshalb die angefochtene Entscheidung im Sinne des § 41 Nr. 6 ZPO darstellt. Die Richter, die bei dem aufgehobenen Beschluss beteiligt waren, sind demzufolge nach Zurückverweisung nicht von der Mitwirkung ausgeschlossen, BVerwG NJW **75,** 1241; Baum- 6 bach/Lauterbach/Albers/Hartmann ZPO Rdn 20 („Zurückverweisung") zu § 41 ZPO; Müller NJW **61,** 103. Im **Nichtigkeitsverfahren** könnte zwar, wenn das betroffene Patent durch einen Beschwerdesenat oder auf Grund eines Beschlusses eines Beschwerdesenats erteilt wurde, der Beschluss des Beschwerdesenats als angefochtene Entscheidung im Sinne des § 41 Nr. 6 ZPO angesehen werden. Dieser Beschluss ist aber weder in einer früheren Instanz noch überhaupt in demselben Verfahren ergangen, da das Nichtigkeitsverfahren gegenüber dem vorausgegangenen Beschwerdeverfahren ein neues selbstständiges Verfahren darstellt, RG Mitt. **19,** 7; **37,** 198; BGH Bl. **54,** 151. Die Richter, die im **Beschwerdeverfahren** bei dem Beschluss über die Erteilung oder Aufrechterhaltung (§ 61) des Patents mitgewirkt haben, sind jedoch im **Nichtigkeitsverfahren** durch § 86 Abs. 2 Nr. 2 **ausgeschlossen.**

7 **b) Ausschließungsgründe nach Abs. 2.** Die Ausschließungsgründe nach der ZPO werden in Abs. 2 Nr. 1 durch die Ausschließungsgründe des sehr weit gehenden § 54 Abs. 2 VwGO ergänzt. Abs. 2 Nr. 2 der Vorschrift geht noch darüber hinaus und lässt als Ausschließungsgrund im Nichtigkeitsverfahren – nicht auch im Zwangslizenzverfahren (BGH GRUR **63,** 593, 596) – auch die Mitwirkung in einem vorausgegangenen *anderen* Verfahren, dem Erteilungsverfahren oder dem Einspruchsverfahren, genügen. Diese Ausschließungsgründe betreffen nur die Richter, nicht die Urkundsbeamten der Geschäftsstelle. Die Aufzählung der in § 86 Abs. 2 genannten Ausschließungsgründe ist abschließend, und ihre Zuordnung zu der jeweiligen Verfahrensart (Beschwerde- bzw. Nichtigkeitsverfahren) bindend; eine entsprechende Anwendung der Ausschließungsregelung für das Nichtigkeitsverfahren gem. § 86 Abs. 2 Nr. 2 i. V. m. § 41 Nr. 6 ZPO auf das Beschwerde-, insbesondere das Einspruchsbeschwerdeverfahren (Abs. 2 Nr. 1) ist nicht statthaft, BGH – Preprint-Versendung, GRUR **93,** 466, 467, Egr. II 1; BPatGE **30,** 258, 259 ff.

8 **aa) Beschwerdeverfahren.** Im Beschwerdeverfahren ist nach § 86 Abs. 2 Nr. 1, der § 54 Abs. 2 VwGO entspricht, auch der Richter ausgeschlossen, der bei dem **vorausgegangenen Verfahren vor dem Patentamt** mitgewirkt hat. Diese Bestimmung geht wesentlich weiter als § 41 Nr. 6 ZPO, nach dem der Richter, der in einer früheren gerichtlichen Instanz mit der Sache befasst war, nur dann ausgeschlossen ist, wenn er beim Erlass der angefochtenen *Entscheidung* mitgewirkt hat. Auch Art. 24 Abs. 1 EPÜ sieht den Ausschluss von Mitgliedern der Beschwerdekammern des EPA nur dann vor, wenn das betreffende Mitglied an der abschließenden Entscheidung in der Vorinstanz mitgewirkt hat. Nach § 86 Abs. 2 Nr. 1 tritt die Ausschließung schon dann ein, wenn der Richter bei dem vorausgegangenen *Verfahren* vor dem Patentamt mitgewirkt hat. Sie trifft also nicht nur den Richter, der den angefochtenen Beschluss erlassen oder an der Beschlussfassung teilgenommen hat, sondern auch den Richter, der sonstwie beim Patentamt mit dem Verfahren befasst war und die Angelegenheit als Prüfer oder als Mitglied der Abteilung sachlich bearbeitet, also etwa einen Bescheid erlassen hat (vgl. Müller NJW **61,** 103). Von der Mitwirkung im Beschwerdeverfahren über eine Teilungs- oder Ausscheidungsanmeldung ist deshalb auch der Richter ausgeschlossen, der bereits vor Erklärung der Teilung oder Ausscheidung am patentamtlichen Verfahren über die Stammanmeldung als Prüfer mitgewirkt und Prüfungsbescheide erlassen hat, BGH – Ausgeschlossener Richter, GRUR **99,** 43, 44, Egr. II 2.; a. A. – vermutlich infolge eines Redaktionsversehens – Schulte, Rdn. 10.

8a Ein **rein formelles Tätigwerden** im Verfahren vor dem Patentamt, etwa die Verfügung einer Wiedervorlage, begründet **keine Ausschließung,** eine „Mitwirkung" ist nur bei einem sachlichen Tätigwerden, einem „sachlichen Eingreifen" gegeben. Ein solches liegt nicht in der bloßen Abzeichnung von Beschlüssen und Bescheiden des Prüfers durch den Gruppenleiter im Rahmen der ihm zugewiesenen Aufgaben der Dienstaufsicht, sofern dieser die Vorlage nicht zum Anlass zu einem Eingreifen nimmt, etwa durch Vornahme von Änderungen, die den sachlichen Entscheidungsinhalt berühren, BPatGE **20,** 159.

9 Das Tätigwerden muss **in dem vorausgegengenen Verfahren** erfolgt sein. Unter dem vorausgegangenen Verfahren ist nur das die nämliche Sache betreffende erstinstanzliche Verfahren vor dem Patentamt in einem förmlich-prozessualen Sinn zu verstehen, in dem die den Gegenstand des Beschwerdeverfahrens bildende Entscheidung ergangen ist, BPatGE **20,** 116; vgl. auch BGH GRUR **63,** 593, 594 – Radgehäuse. Im Beschwerdeverfahren vor dem Bundespatentgericht ist ein Richter nicht von der Ausübung des Richteramts ausgeschlossen, der an einem früheren Verfahren vor dem Patentamt mitgewirkt hat, wenn seine Mitwirkung nicht das Verfahren betraf, in dem die Entscheidung ergangen ist, gegen die sich die Beschwerde richtet. In diesem Sinn geht dem Einspruchsbeschwerdeverfahren vor dem Bundespatentgericht nur das Einspruchsverfahren vor dem Patentamt voraus, in dem die mit der Beschwerde angegriffene Entscheidung ergangen ist, BGH – Ausweiskarte, Bl. **2000,** 412 LS. Das gilt auch dann, wenn es sich bei dem früheren patentamtlichen Verfahren um den Widerruf des auf die ursprüngliche

Stammanmeldung erteilten Patents handelt, aus dessen nachträglicher Teilung vor dem Patentgericht die Anmeldung hervorgegangen ist, aus der das im gegenständlichen Einspruchs- und Einspruchsbeschwerdeverfahren angegriffene Patent resultierte. Im Verfahren über die Beschwerde gegen eine im Prüfungsverfahren ergangene Entscheidung ist nach BPatGE **20,** 116 wegen Fehlens des prozessualen Zusammenhangs nicht ausgeschlossen, wer als Prüfer (nur) an der Erstellung einer isolierten Recherche gemäß § 43 mitgewirkt hat (zweifelhaft). Die Bearbeitung einer im Sinne des § 4 PatG 1968 identischen Anmeldung im patentamtlichen Verfahren bildete mangels Verfahrensidentität keinen Ausschließungsgrund und nach PA Bl. **1902,** 42 im Allgemeinen auch keinen Ablehnungsgrund. Auch die Mitwirkung eines Richters in einem Verfahren, aus dem bereits früher Erweiterungen ausgeschieden waren, nach der Ausscheidung stellt für das Verfahren, in dem die früheren Ausscheidungen fortbehandelt werden, keine solche in einem vorausgegangenen Verfahren dar. Die Bearbeitung einer Anmeldung stellt auch keinen Ausschließungsgrund für ein erst später eingeleitetes Akteneinsichtsverfahren dar, da insoweit verfahrensmäßig dem Beschwerdeverfahren nicht das Prüfungsverfahren als solches, sondern das erstinstanzliche Akteneinsichtsverfahren vorausgegangen ist. Das Verfahren über die Bewilligung von Verfahrenskostenhilfe wird dagegen, auch soweit das Beschwerdeverfahren die Hauptsache betrifft, im Sinne der Vorschrift als vorausgegangenes Verfahren angesehen werden müssen, da es zwar ein besonderes Verfahren, aber im Verhältnis zum Hauptverfahren nur ein Nebenverfahren darstellt.

Die Mitwirkung eines Richters in einem anderen patentgerichtlichen Verfahren bildet **10** auch dann keinen Ausschließungsgrund, wenn es den gleichen Gegenstand betrifft. Ein Richter, der in einem Patenterteilungs-Beschwerdeverfahren mitwirkt oder mitgewirkt hat, ist nicht schon deshalb von der Ausübung des Richteramts in einem dieselbe Erfindung betreffenden Gebrauchsmusterlöschungs-Beschwerdeverfahren ausgeschlossen, BGH GRUR **65,** 50, 51 – Schrankbett. Ebensowenig ist ein Richter, der an der Entscheidung des Patentgerichts über die Löschung des den gleichen Erfindungsgegenstand betreffende Gebrauchsmusters mitgewirkt hat, von der Mitwirkung an einer Entscheidung über die Patentanmeldung ausgeschlossen, BGH GRUR **76,** 440 – Textilreiniger, mit Anm. Pietzcker.

bb) Nichtigkeitsverfahren. Das Erteilungsverfahren oder das Einspruchsverfahren stellt **11** gegenüber dem Nichtigkeitsverfahren kein vorausgegangenes Verfahren dar. § 86 Abs. 2 Nr. 2 schließt jedoch im Nichtigkeitsverfahren auch den Richter aus, der bei dem Verfahren vor dem Patentamt oder dem Patentgericht über die Erteilung des Patents oder den Einspruch mitgewirkt hat. Nach § 41 a PatG 1968 war ein Richter, der im Verfahren vor dem Patentgericht mit dem Erteilungsverfahren befasst war, nur dann von der Mitwirkung im Nichtigkeitsverfahren ausgeschlossen, wenn er bei der *Entscheidung* über die Erteilung mitgewirkt hatte. Durch das GPatG ist die unterschiedliche Behandlung einer Mitwirkung beim patentamtlichen und patentgerichtlichen Verfahren beseitigt worden, weil für eine Differenzierung angesichts der den Beschlüssen des Patentgerichts vorausgehenden, sachlich häufig intensiven Verfügungen kein hinreichender Grund bestehe (Begrdg. des RegEntw. zum GPatG, BT-Drucks. 8/2087 S. 37). Ausschließungsgrund ist daher für das **Nichtigkeitsverfahren jedes sachliche Tätigwerden** (vgl. oben Rdn. 8, 9) im patentamtlichen oder patentgerichtlichen Erteilungs- oder Einspruchsverfahren. Die Mitwirkung bei einem das Patent betreffenden Beschränkungsverfahren ist kein Ausschließungsgrund. Soweit die Voraussetzungen erfüllt sind, bleibt die Möglichkeit der Ablehnung wegen Besorgnis der Befangenheit. Für das Zwangslizenzverfahren gelten die besonderen Ausschließungsgründe des § 86 Abs. 2 Nr. 2 nicht, BGH GRUR **63,** 593, 596 – Radgehäuse. Der Ausschlussgrund des § 86 Abs. 2 Nr. 2 kann nicht auf die Beteiligung eines Richters in einem Patentverletzungsverfahren ausgedehnt werden. Das Patentverletzungsverfahren ist durch die Bindung des Richters an das erteilte Patent gekennzeichnet. Es ist daher kein Verfahren, in dem der Richter wie im Erteilungs- oder Einspruchsverfahren mit der Frage des Bestands des Patents befasst wird, BGH GRUR **03,** 550 – Richterablehung, LS a, Egr. II 2.

c) Folgen der Ausschließung. Das Vorliegen eines Ausschließungsgrundes schließt den **12** Richter *kraft Gesetzes* von der Ausübung des Richteramtes aus. Der Richter und entsprechend auch der Urkundsbeamte muss sich jeder Amtshandlung in der Sache enthalten (anders der abgelehnte Richter vor Entscheidung über das Ablehnungsgesuch, § 47 ZPO). Das Vorliegen des Ausschließungsgrundes ist von Amts wegen zu beachten. Bestehen Zweifel über das Vorliegen, so hat das für die Erledigung eines Ablehnungsgesuchs zuständige Kollegium (vgl. unten Rdn. 21) zu entscheiden (§ 48 Abs. 1 ZPO). Die Entscheidung ist ein interner Vorgang, sie ergeht ohne Anhörung der Beteiligten (§ 48 Abs. 2 ZPO) und ist ihnen auch nicht mitzuteilen. Die Mitwirkung eines ausgeschlossenen Richters stellt einen absoluten Rechtsbeschwerdegrund dar (§ 101 Abs. 2 in Vbdg. mit § 551 Nr. 2 ZPO), der ohne Zulassung mit der Rechtsbeschwerde geltend gemacht werden kann (§ 100 Abs. 3 Nr. 2).

13 **2. Ablehnung.** Für die Ablehnung der Gerichtspersonen sind die Vorschriften der ZPO entsprechend anwendbar, die bei § 27 in Rdn. 16 abgedruckt sind.

14 **a) Ablehnungsgründe.** Eine Gerichtsperson kann nach § 42 Abs. 1 ZPO sowohl in den Fällen, in denen sie kraft Gesetzes ausgeschlossen ist, als auch wegen Besorgnis der Befangenheit abgelehnt werden.

15 **aa) Ausschließung kraft Gesetzes.** Ablehnungsgründe sind danach alle Ausschließungsgründe, auch die Mitwirkung bei dem vorausgegangenen patentamtlichen Verfahren. Die Beteiligten werden dadurch in die Lage versetzt, einen etwa übersehenen oder nach ihrer Ansicht zu Unrecht unbeachtet gelassenen Ausschließungsgrund von sich aus geltend zu machen.

16 **bb) Besorgnis der Befangenheit.** Die Ablehnung wegen Besorgnis der Befangenheit findet statt, wenn ein Grund vorliegt, der geeignet ist, Misstrauen gegen die Unparteilichkeit des Richters zu rechtfertigen (§ 42 Abs. 2 ZPO). Es muss also ein durch bestimmte, objektiv feststellbare Tatsachen belegter Grund gegeben sein, der nach vernünftigen Überlegungen einen Beteiligten von seinem Standpunkt aus befürchten lassen kann, dass der Richter nicht unparteilich sachlich entscheiden werde, BVerfGE **46,** 38; BGHZ **77,** 72; Baumbach/Lauterbach/Albers/Hartmann, Rdn. 10 zu § 42 ZPO; KG JW **31,** 1104; PA Mitt. **32,** 218. Die frühere Mitwirkung bei einer anderen, erledigten Anmeldung desselben Anmelders begründete keine Befangenheit, PA Bl. **1902,** 42. Die Mitwirkung eines Richters im Patenterteilungsbeschwerdeverfahren gibt für sich allein noch keinen Ablehnungsgrund für das die gleiche Erfindung betreffende Gebrauchsmusterlöschungsbeschwerdeverfahren, BGH GRUR **65,** 50, 51, oder für den umgekehrten Fall, BGH GRUR **76,** 440 mit Anm. Pietzcker. Ebensowenig begründet der Umstand, dass ein Richter bei der Entscheidung über die Löschung eines Gebrauchsmusters mitgewirkt hat, für sich allein die Besorgnis der Befangenheit für die Mitwirkung bei der Entscheidung über die Erteilung des Patents für den gleichen Erfindungsgegenstand, BPatGE **2,** 86.

16a Die bloße Tatsache, dass ein Richter früher an einer dieselbe Frage behandelnden Entscheidung teilgenommen oder eine bestimmte Rechtsansicht geäußert hat, ist **kein Ablehnungsgrund,** es sei denn, dass besondere Umstände gegen seine Unbefangenheit sprechen, PA Mitt. **41,** 188. Auch aus dem Umstand allein, dass ein Richter als Berichterstatter in einer Zwischenverfügung seine vorläufige Meinung mitgeteilt hat, kann die Besorgnis der Befangenheit nicht hergeleitet werden, BPatG Mitt. **70,** 155; wegen weiterer Beispiele vgl. Baumbach/Lauterbach/Albers/Hartmann ZPO Rdn. 14ff. zu § 42 ZPO. Die Mitwirkung eines Richters in **einem Patentverletzungsprozess,** der bis zur Entscheidung der Nichtigkeitsklage ausgesetzt worden ist, rechtfertigt als solche im **Nichtigkeitsverfahren nicht die Ablehnung** wegen Befangenheit, vgl. BGH GRUR **86,** 731, 732 – Mauerkasten, mit Anm. Lederer, für das Nichtigkeitsberufungsverfahren. Bei der Bestimmung des Schutzbereichs eines Patents mit Rücksicht auf den zurzeit seiner Anmeldung bestehenden Stand der Technik handelt es sich um eine im Rahmen des Verletzungsverfahrens typisch auftretende Art der Vorbefassung mit Rechtsfragen, die für sich eine Ablehnung wegen Besorgnis der Befangenheit im Nichtigkeitsberufungsverfahren grundsätzlich nicht rechtfertigt, BGH GRUR **03,** 550, LS b) Egr. III. Wird eine Rüge wegen Besorgnis der Befangenheit auf eine etwaige Zugehörigkeit zu einer gesellschaftlichen Gruppe, z. B. zu einer Partei oder einer Religionsgemeinschaft gestützt, kann das für sich allein niemals die Besorgnis der Befangenheit rechtfertigen; ein entsprechend begründetes Ablehnungsgesuch ist unzulässig, BGH v. 2. 12. 2004 – I ZR 92/02 unter Bezugnahme auf BayVerfGH NVwZ **01,** 917, www.bundesgerichtshof.de. Wegen möglicher Gründe für eine Selbstablehnung vgl. unten Rdn. 16.

16b Der Verfahrensbeteiligte geht des Rechts auf Ablehnung eines Richters wegen Besorgnis der Befangenheit verlustig, wenn er sich bei ihm bzw. bei dem betreffenden Spruchkörper, ohne den ihm bekannten Ablehnungsgrund geltend zu machen, **in eine Verhandlung eingelassen oder Anträge gestellt** hat, § 43 ZPO. Das Ablehnungsgesuch muss also umgehend gestellt werden, wenn der Ablehnungsgrund bekannt geworden ist, ehe weiter zur Sache verhandelt wird. Es muss sich aber um eine Verhandlung in derselben Sache handeln, B/L/A/H (Hartmann), Rdn. 5 zu § 43 ZPO.

17 **b) Verfahren.** Das Verfahren bestimmt sich nach den Vorschriften der §§ 44, 47, 48 ZPO, auf die in § 86 Abs. 1 verwiesen wird, und nach § 86 Abs. 3 und 4. § 46 ZPO ist nicht für entsprechend anwendbar erklärt. Die Anfechtung von Entscheidungen über das Ablehnungsgesuch (§ 46 Abs. 2 ZPO) ist in § 99 abweichend geregelt. Die Entscheidung des Patentgerichts, durch die ein Ablehnungsgesuch zurückgewiesen wird, ist unanfechtbar und auch im

Rahmen einer auf andere Gründe gestützten Rechtsbeschwerde nicht nachprüfbar, BGH GRUR **85,** 1039, 1040 – Farbfernsehsignal II; BGHZ **110,** 25 = GRUR **90,** 434 – Wasserventil. Die Notwendigkeit einer mündlichen Verhandlung (§ 46 Abs. 1 ZPO bestimmt sich nach allgemeinen Grundsätzen (vgl. unten Rdn. 21).

aa) Geltendmachung. Ablehnungsgründe können von dem betroffenen Richter und von sämtlichen Beteiligten geltend gemacht werden. Im zweiseitigen Verfahren steht das Ablehnungsrecht beiden sich gegenüberstehenden Beteiligten zu (§ 42 Abs. 2 ZPO). 18

Macht der Richter von Umständen Anzeige, die eine Ablehnung rechtfertigen können **(Selbstablehnung),** so entscheidet das Gericht ohne Anhörung der Beteiligten (§ 48 ZPO). Der Umstand, dass in der zu entscheidenden Sache ein Senatsmitglied als Erfinder benannt ist, rechtfertigt die Selbstablehnung sämtlicher Mitglieder eines technischen Beschwerdesenats, BPatGE **10,** 229. Die Selbstablehnung ist jederzeit zulässig, die Entscheidung ist kein rein interner Vorgang und ist den Beteiligten mitzuteilen, a. A. die Voraufl. unter Verweis auf Baumbach/Lauterbach/Albers/Hartmann ZPO, die Ansicht ist aber auch dort aufgegeben, Rdn 7 zu § 48 ZPO. Zum Verfahren vgl. die Verfahrensweise des 10. Zivilsenats des BGH bei Anzeige von Ablehnungsgründen durch ein Senatsmitglied, das früher als Anwalt tätig gewesen und für eine Partei in anderen Verfahren als Bevollmächtigter aufgetreten ist, BGH v. 13. 6. 2005 – X ZR 195/03, Umdruck S 3, 4 (www.bundesgerichtshof.de). 19

Die Beteiligten können einen Ablehnungsgrund durch ein **Ablehnungsgesuch** geltend machen, das bei dem Gericht mündlich in der Verhandlung oder schriftlich oder zu Protokoll der Geschäftsstelle anzubringen ist (§ 44 Abs. 1 ZPO). Die Ablehnung wegen Vorliegens eines Ausschließungsgrundes ist jederzeit zulässig. Wegen Besorgnis der Befangenheit kann die Ablehnung nach Einlassung in die Verhandlung oder nach Antragstellung vor dem Senat, dem der Abgelehnte angehört, nur noch geltend gemacht werden, wenn glaubhaft gemacht wird, dass der Ablehnungsgrund erst später entstanden oder dem Ablehnenden bekannt geworden ist (§ 44 Abs. 4); im schriftlichen Verfahren ist die Einlassung nur schädlich, wenn dem Beteiligten die Person des Richters bekannt ist. Der Ablehnungsgrund ist glaubhaft zu machen, dabei ist eidesstattliche Versicherung des Beteiligten nicht zulässig, wohl aber Bezugnahme auf das Zeugnis des abgelehnten Richters (§ 44 Abs. 2 ZPO), der sich in jedem Falle zu dem Ablehnungsgrund dienstlich zu äußern hat (§ 44 Abs. 3 ZPO). Zulässig ist nur die Ablehnung einzelner Richter, nicht die des Gerichts als solchen, RG JW **35,** 2894; BVerfGE **11,** 3, 5 mit Nachw. Unzulässig ist auch eine missbräuchliche Ablehnung lediglich in Verschleppungsabsicht oder die einfache Wiederholung eines bereits abgelehnten Gesuchs ohne Angabe neuer Gründe; ein solches Gesuch kann ohne Ausscheiden des abgelehnten Mitglieds zurückgewiesen werden, RGZ **44,** 402; **92,** 230; vgl. auch BPatG GRUR **82,** 359. Das Ablehnungsgesuch kann bis zur Entscheidung über das Gesuch zurückgenommen werden, RG JW **28,** 106. 20

bb) Entscheidung über die Ablehnung. Über das Ablehnungsgesuch eines Beteiligten oder die Selbstablehnung eines Richters (§ 48 ZPO) entscheidet **der Senat, dem der abgelehnte Richter angehört,** über die Ablehnung eines Urkundsbeamten der für die Sache zuständige Senat. Wird im Falle der Ablehnung eines Richters der Senat durch das Ausscheiden des abgelehnten Richters beschlussunfähig, so entscheidet ein Beschwerdesenat in der Besetzung mit drei rechtskundigen Mitgliedern (§ 86 Abs. 3 Satz 2). Dieser Fall tritt ein, wenn der betroffene Senat nicht mehr durch geschäftsplanmäßige Vertreter ergänzt werden kann. Ein unzulässiges Ablehnungsgesuch kann ohne Ausscheiden des abgelehnten Richters zurückgewiesen werden (vgl. oben Rdn. 20). Zu der Frage, ob über das Ablehnungsgesuch mündlich zu verhandeln ist, vgl. § 78 Rdn. 7 und Kirchner GRUR **74,** 363, 364. m. w. N. I. Wird ein Ablehnungsgesuch nur mit Umständen begründet, die eine Befangenheit unter keinem denkbaren Gesichtspunkt rechtfertigen können, ist das Gericht in der Besetzung mit den abgelehnten Richtern zu einer Entscheidung über das Ablehnungsgesuch befugt; ihre Mitwirkung verletzt nicht die durch §§ 45, 47 ZPO konkretisierte Garantie des gesetzlichen Richters, BGH v. 2. 12. 2004 – I ZR 92/02 unter Bezugnahme auf BVerwG NJW **88,** 722. 21

c) Wirkung der Ablehnung. Der abgelehnte Richter hat vor Erledigung des Ablehnungsgesuchs nur solche **Handlungen** vorzunehmen, **die keinen Aufschub gestatten** (§ 47 ZPO). Er darf also nur solche Handlungen vornehmen, die einem Beteiligten wesentliche Nachteile ersparen, Baumbach/Lauterbach/Albers/Hartmann ZPO Rdn 5–9 zu § 47 ZPO. Ein Verstoß hiergegen ist unbeachtlich, wenn das Ablehnungsgesuch erfolglos bleibt, BayVerfGH NJW **82,** 1746. Wird das Gesuch dagegen für begründet erklärt, so müssen alle nach Anbringung des Gesuchs vorgenommenen Handlungen, die nicht unaufschiebbar waren, wiederholt werden, da sie wirkungslos sind. Mit Erlass des Beschlusses, durch den dem Ablehnungsgesuch stattgegeben wird, ist der abgelehnte Richter von der weiteren Ausübung des Richteramtes ausgeschlossen, 22 er darf wie der kraft Gesetzes ausgeschlossene Richter keinerlei Amtshandlungen mehr vornehmen. Seine weitere Mitwirkung stellt einen Mangel dar, der nach § 100 Abs. 3 Nr. 2 ohne Zulassung mit der Rechtsbeschwerde gerügt werden kann und nach § 101 Abs. 2 in Vbdg. mit § 551 Nr. 3 ZPO zur Aufhebung der mit seiner Mitwirkung zustande gekommenen Entscheidung führt.

87 *Untersuchungsgrundsatz. Konzentrationsgrundsatz.* (1) [1]**Das Patentgericht erforscht den Sachverhalt von Amts wegen.** [2]**Es ist an das Vorbringen und die Beweisanträge der Beteiligten nicht gebunden.**

(2) [1]**Der Vorsitzende oder ein von ihm zu bestimmendes Mitglied hat schon vor der mündlichen Verhandlung oder, wenn eine solche nicht stattfindet, vor der Entscheidung des Patentgerichts alle Anordnungen zu treffen, die notwendig sind, um die Sache möglichst in einer mündlichen Verhandlung oder in einer Sitzung zu erledigen.** [2]**Im übrigen gilt § 273 Abs. 2, 3 Satz 1 und Abs. 4 Satz 1 der Zivilprozeßordnung entsprechend.**

Inhaltsübersicht

1 **1. Untersuchungsgrundsatz.** Literatur: Witte, Erforschung des Sachverhalts und rechtliches Gehör im Verfahren vor dem Bundespatentgericht, GRUR **67,** 130; Schmieder, Parteiherrschaft und Amtsermittlung im Patentnichtigkeitsverfahren, GRUR **82,** 348; Kockläuner, Zur Frage des verspäteten Einspruchsvorbringens vor dem Europäischen Patentamt, GRUR Int. **88,** 831; Singer/Singer, EPÜ, Erläuterungen zu Art. 114 EPÜ; Kraßer, Verpflichtung des Patentanmelders und -inhabers zu Angaben über den Stand der Technik, FS Nirk, 1992, 531 ff.; Schulte, Die Behandlung verspäteten Vorbringens im Verfahren vor dem Europäischen Patentamt, GRUR **93** (FS Bruchhausen), 300.

Zum Untersuchungsgrundsatz im Verfahrensrecht vor dem EPA s. Benkard/Schäfers, EPÜ Erl. zu Art. 114

1 a Die Vorschrift stellt für das **Verfahren vor dem Patentgericht** in Anlehnung an die §§ 12 FGG, 616, 621 a, 640, ZPO und an § 86 Abs. 1 VwGO, der weitgehend wörtlich übernommen ist, das als „Untersuchungsgrundsatz" zu bezeichnende Prinzip der Amtsermittlung (gelegentlich deshalb auch als „Amtsermittlungsgrundsatz" oder – irreführend – als „Offizialmaxime" bezeichnet; die **amtliche Bezeichnung** oder Überschrift für Vorschriften dieses oder vergleichbaren Inhalts ist **„Untersuchungsgrundsatz",** vgl. z. B. § 24 VwVfG; §§ 616 und 640 d ZPO; SGB X Buch § 20; PatAnwO § 32 a; § 88 AO etc.) auf. Den Gegensatz zum Untersuchungsgrundsatz bildet der Verhandlungs- oder Beibringungsgrundsatz (Verhandlungsmaxime). Der Grundsatz der Ermittlung des Sachverhalts von Amts wegen gilt auch für die Verfahren vor den Organen des Europäischen Patentamts, die für die Erteilung oder den Widerruf von europäischen Patenten zuständig sind, einschließlich der Beschwerdekammern, Art. 114 Abs. 1 EPÜ. Eine parallele Vorschrift enthält § 73 Abs. 1 Markengesetz, allerdings mit gesetzlichen Einschränkungen, s. BPatG v. 19. 10. 2000, 25 89/96 – CEFABRAUSE/ CEFASEL, GRUR **2001,** 513, LS 2, Egr. II B 3b. § 87 ist kraft Verweisung auch anwendbar in Gebrauchsmuster-, Topographie- und Geschmacksmusterangelegenheiten. Untersuchungsgrundsatz bedeutet, dass das Gericht die für die Entscheidung der Rechtssache erheblichen Tatsachen von Amts wegen ermitteln muss. Der Untersuchungsgrundsatz gilt insbesondere im Strafprozess, in den Verfahren der freiwilligen Gerichtsbarkeit und in verwaltungsrechtlichen Verfahren.

2 **a) Grundsätzliche Bedeutung.** Der Untersuchungsgrundsatz betrifft die Frage, auf welche Weise **der für die Entscheidung maßgebende Sachverhalt** zu ermitteln ist. Er bezieht sich nicht auf die Frage der Gestaltung des Prozessbetriebes und die Frage der Verfügung über das

Verfahren als solches oder den Gegenstand des Verfahrens (Rdn. 27–30). Während es unter der Geltung des Verhandlungsgrundsatzes den Prozessbeteiligten überlassen bleibt, welchen Sachverhalt sie dem Gericht zur Entscheidung unterbreiten wollen, besteht das Wesen des Untersuchungsgrundsatzes darin, dass das Gericht den Sachverhalt, auf den es für die Entscheidung ankommt, von Amts wegen ermittelt, ohne dabei an das Vorbringen der Beteiligten und an die von ihnen gestellten Beweisanträge gebunden zu sein. Er ist für die Verfahren vor dem Patentgericht ein zentrales Struktur- und Unterscheidungselement gegenüber dem normalen Zivilprozess und zwingt deshalb auch zu Abgrenzungen und Differenzierungen bei der entsprechenden Anwendung der Normen der ZPO. Ein **Verstoß** gegen den Untersuchungsgrundsatz als solcher ist trotzdem **keine Grundlage** für eine **zulassungsfreie Rechtsbeschwerde** nach § 100 Abs. 3. Der Untersuchungsgrundsatz wird durch Mitwirkungspflichten der Verfahrensbeteiligten oder Parteien relativiert. Es ist in erster Linie Aufgabe eines Antragstellers, Beschwerdeführers oder Klägers, die Beanstandungen vorzutragen, die er anzubringen hat. Er trägt die Substantiierungslast, d. h. in der Antrags-, Klage- oder Beschwerdeschrift müssen die wesentlichen Tatsachen enthalten und das Ziel des Rechtsschutzbegehrens in irgendeiner Form erkennbar sein. Die Mitwirkungspflicht gilt namentlich für Verfahren, die nur auf Antrag, Einspruch, Beschwerde oder Klage einer Partei statt von Amts wegen eingeleitet worden sind. Zu den Mitwirkungs- und Förderungspflichten der Verfahrensbeteiligten s. auch BGH JZ **01,** 927 m. Anm. Burgi (Vergaberecht).

b) Ermittlung des Sachverhalts. Das Gericht hat sich unter Benutzung aller ihm zur Verfügung stehenden Möglichkeiten selbst oder unter Inanspruchnahme der Amtshilfe der Verwaltungsbehörden (Art. 35 GG), insbesondere des Patentamts, oder der Rechtshilfe der Gerichte (§ 128) von allen für die Entscheidung wesentlichen Umständen Kenntnis zu verschaffen, Bayer. VGH n. F. **1,** 140. Dazu gehört im Patenterteilungs- und im Patentnichtigkeitsverfahren auch die Ermittlung des **maßgeblichen Standes der Technik,** BPatGE **4,** 24. Insbesondere kann sich das Patentgericht von dem für die Prüfung des Patentbegehrens (einer Patentanmeldung) auf seine materielle Patentfähigkeit bedeutsamen Stand der Technik Kenntnis verschaffen und von ihm ermittelte weitere Druckschriften in das Verfahren einführen, BGH v. 24. 3. 1992 – X ZB 15/91 – Entsorgungsverfahren, Bl 1992, 496, 498, LS 1, Egr. II 3 a. Die Pflicht, den Sachverhalt von Amts wegen zu erforschen, schließt auch die Pflicht ein, dies in aller Regel selbst zu tun. Das Patentgericht ist deshalb, von bestimmten Ausnahmen abgesehen (vgl. § 79 Rdn. 22–26), grundsätzlich nicht berechtigt, die Sache zu weiteren Ermittlungen an das Patentamt zurückzuverweisen, BPatGE **4,** 24, 26; BVerwGE **2,** 135. Es hat vielmehr die erforderlichen **Ermittlungen grundsätzlich selbst** vorzunehmen, BPatG Bl. **92,** 196 (LS). Eine Ausnahme kommt etwa dann in Betracht, wenn der ermittelte Stand der Technik für eine Zurückweisung der Anmeldung nicht ausreicht, jedoch offenbar in solchen Patentklassen, denen der erfinderische Gedanke ebenfalls zuzurechnen ist, nicht recherchiert worden ist, BPatGE **17,** 64, 69 f. Für die Ermittlung des Standes der Technik kann es die **Amtshilfe des Patentamts** in der Weise in Anspruch nehmen, dass es um Einsicht in den dort vorhandenen Prüfstoff ersucht und an Hand des Prüfstoffs selbst die erforderlichen Feststellungen trifft, BPatGE **1,** 109, **4,** 24, 27; Bl. **92,** 196 (wegen des Umfangs des im Beschwerdeverfahren hinzukommenden Materials vgl. Zeiler GRUR **77,** 751, 757). Insbesondere dann, wenn der Anmelder sein Patentbegehren im Beschwerdeverfahren ändert und das Gericht Anlass zu der Annahme hat, dass auch dem geänderten Patentbegehren ein bisher nicht ermittelter druckschriftlicher Stand der Technik entgegensteht, kann es diesen ermitteln, BGH Bl. **92,** 496, 498 – Entsorgungsverfahren. Ob das Gericht darüber hinaus das Patentamt im Wege der Amtshilfe auch um eine Recherche in bestimmter Richtung ersuchen könnte, kann zweifelhaft sein, weil die Amtshilfe immer nur für solche Maßnahmen in Anspruch genommen werden kann, welche die ersuchende Behörde selbst nicht vornehmen kann. Ein Ersuchen um eine Recherche wäre darüber hinaus aber auch schon deshalb nicht angezeigt, weil sich bei der Recherche die tatsächliche Feststellung mit der patentrechtlichen Würdigung, die in den Fällen, in denen es angerufen ist, allein dem Patentgericht obliegt, überschneidet. 3

Die Verpflichtung, den Sachverhalt zu erforschen, aber auch die Befugnis hierzu **entfällt,** wo das Gesetz ausdrücklich bestimmt, dass bestimmte Angaben nicht geprüft werden dürfen, wie die Angaben über den oder die Erfinder und die Art des Rechtsübergangs auf den oder die Anmelder (§ 37 Abs. 1 Satz 3), oder wo es eine unwiderlegbare Vermutung für das Vorliegen einer bestimmten Tatsache aufstellt, wie in § 7 Abs. 1 für die Berechtigung des Anmelders. 4

Eine **Einschränkung des Untersuchungsgrundsatzes** enthält für das Nichtigkeitsverfahren § 82 Abs. 2, nach dem die klagebegründenden Tatsachen ohne weitere Feststellungen als erwiesen angesehen werden können, vgl. §§ 82/83 Rdn. 17. Nach BPatGE **30,** 268, steht der 5

Untersuchungsgrundsatz einer entsprechenden Anwendung dieser Vorschrift nicht entgegen, wenn im Nichtigkeitsverfahren der Patentinhaber zwar Widerspruch erhebt, zum Klagevorbringen jedoch nicht sachlich Stellung nimmt und auch nicht zur mündlichen Verhandlung erscheint. Bei Säumnis einer ordnungsgemäß geladenen Partei ist im Patentnichtigkeitsverfahren nicht durch Versäumnisurteil, sondern durch streitiges Urteil zu entscheiden. BGH – Tracheotomiegerät, GRUR **96,** 757, LS, Egr. I; bestätigt in BGH v. 18. 11. 2003, X ZR 128/03, Egr. Einl (www.bundesgerichtshof.de oder juris).

6 **aa) Vorbringen der Beteiligten.** Die Pflicht des Gerichts, den Sachverhalt von Amts wegen zu erforschen, enthebt die Beteiligten nicht der Verpflichtung, den Sachverhalt, auf den sie ihre Anträge stützen, vorzutragen und zur Aufklärung der für die Entscheidung erheblichen Umstände mitzuwirken, BGH Bl. **88,** 186, 187 – Wie hammas denn? (Wz). In § 86 Abs. 1 VwGO ist ausdrücklich bestimmt, dass die Beteiligten zur Erforschung des Sachverhalts heranzuziehen sind. Einer Übernahme dieser Bestimmung in das Patentgesetz bedurfte es nicht, weil sich die Verpflichtung der Beteiligten zur Mitwirkung bei der Aufklärung des Sachverhalts bereits aus § 124 ergibt; vgl. dazu Kraßer, FS Nirk, S. 531 ff. Da die Beteiligten danach ihre Erklärungen über tatsächliche Umstände vollständig abzugeben haben, kann das Gericht sie jederzeit auffordern, ihre tatsächlichen Angaben zu ergänzen oder zu berichtigen. Der **Untersuchungsgrundsatz** schließt es andererseits – anders als im Verfahrensrecht nach dem EPÜ – nach der wohl herrschenden Meinung grundsätzlich aus, ein tatsächliches Vorbringen als verspätet oder Angriffs- und Verteidigungsmittel wegen Verschleppungsabsicht oder grober Nachlässigkeit zurückzuweisen (abw. PA GRUR **37,** 867; Mitt. **56,** 195). Wesentliches Vorbringen der Beteiligten soll vielmehr auch dann zu berücksichtigen sein, wenn es nach Ablauf einer ihnen gesetzten Äußerungsfrist oder nach Fertigung, aber vor Erlass der Entscheidung eingeht, BGH NJW **54,** 638, 639; **55,** 503, 504; BVerfGE **5,** 24; **11,** 220; NJW **90,** 2373. Wegen der Zurückweisung verspäteten Vorbringens im Nichtigkeitsberufungsverfahren vgl. BGH GRUR **81,** 183, 184, Egr. II 4. Die VwGO, die ebenfalls auf dem Untersuchungsgrundsatz beruht, lässt seit dem Vierten Gesetz zur Änderung der Verwaltungsgerichtsordnung v. 17. 12. 1990, BGBl. I S. 2809, mit den §§ 87 b und 128 a VwGO die Zurückweisung verspäteten Vorbringens zu. Sie enthält seitdem Vorschriften, die sich an § 296 ZPO und an § 528 ZPO a. F. anlehnen. Der Untersuchungsgrundsatz und das gerichtliche Zurückweisungsrecht stehen zwar in einem gewissen Spannungsverhältnis, schließen sich aber keineswegs aus, vgl. BVerwG, Beschl. v. 15. 4. 1998 – 2 B 26/98 – juris; Korthe, in: Redeker/von Oertzen, VwGO 13. Aufl. § 87 b Rn. 2; Redeker a. a. O. § 128 a Rn. 1; Stelkens NVwZ **1991,** 209, 213 f. Es bestehen m. E. keine Bedenken, die Anwendung der Verfahrensvorschriften des PatG an diese Entwicklung einschließlich der europäischen Verfahrensweise anzupassen und den Untersuchungsgrundsatz entsprechend zu relativieren. Die Konzentrationsmaxime von § 87 Abs. 2 ist schließlich nicht nur eine Verpflichtung des Gerichts, sondern auch der zur Mitwirkung und Verfahrensförderung verpflichteten Verfahrensbeteiligten.

7 **bb) Beweisanträge der Beteiligten.** Die **Mitwirkungspflicht** der Beteiligten (§ 124) bezieht sich auch auf den Nachweis der entscheidungserheblichen Tatsachen. Das Gericht kann deshalb die Beteiligten auffordern, für ihre Behauptungen Beweismittel zu benennen. Das Gericht ist zwar nicht an die Beweisanträge der Beteiligten gebunden. Es kann andere Beweise erheben, als sie die Parteien benannt haben, und es kann auch über die Beweisanträge der Beteiligten hinausgehen und weitere Beweise erheben. Andererseits darf es die Erhebung der beantragten Beweise nur ablehnen, wenn die Erhebung des Beweises unzulässig, eine Beweisaufnahme wegen Offenkundigkeit überflüssig, die zu beweisenden Tatsache für die Entscheidung ohne Bedeutung oder schon erwiesen, das Beweismittel völlig ungeeignet oder unerreichbar oder der Beweisantrag nur zum Zwecke der Prozessverschleppung gestellt ist. Ein Ermessensspielraum ist dem Gericht – entgegen der Ansicht von Röhl (Lindenmaier PatG 6. Aufl. Rdn. 7 zu § 41 b) – nur für die Behandlung bestimmter Beweisanträge (vgl. dazu etwa die §§ 398, 412 ZPO) eingeräumt. Der Amtsermittlungsgrundsatz gibt dem Patentgericht nicht die Befugnis, erhebliche Beweisantritte der Beteiligten mit der Begründung zu übergehen, von der Erhebung der Beweise seien zweckdienliche Ergebnisse nicht zu erwarten, BGH GRUR **81,** 185, 186 – Pökelorrichtung. Eine Beweisaufnahme darf auch nicht mit der Begründung abgelehnt werden, sie könne nicht zur Klärung beitragen, weil etwa der benannte Zeuge unglaubwürdig sei oder seine Vernehmung das Gericht nicht werde von der Richtigkeit einer Behauptung überzeugen können; denn dies wäre eine unzulässige Vorwegnahme der Beweiswürdigung, vgl. B/L/A/H (Hartmann) ZPO Rdn 24 bis 36 zu § 286 ZPO.

8 **cc) Ermittlungen des Gerichts.** Das Vorbringen der Parteien und die von ihnen gestellten Beweisanträge bilden zwar im Allgemeinen die Grundlage für die Ermittlung des Sachverhalts,

aber nicht ihre Grenze. Das Gericht hat, soweit es darauf ankommt, von Amts wegen zu prüfen, ob der von den Beteiligten vorgetragene mit dem wirklichen Sachverhalt übereinstimmt. An Geständnisse (§§ 288 bis 290, 138 Abs. 3 ZPO) ist es ebenso wenig gebunden wie an ein Anerkenntnis (§ 307). Derartige Erklärungen sind vom Gericht frei zu würdigen (§ 93). Das gilt auch für widersprüchliches Parteiverhalten, wenn die zunächst ausdrücklich zugestandene Richtigkeit von Erklärungen Dritter nachträglich bestritten wird, ohne Gründe für die veränderte Einlassung zu benennen, das Gericht kann dann die betroffene Partei an ihren Erklärungen festhalten. BGH – Polsterfüllgut – GRUR **81,** 649, 650f. Das Gericht kann im Rahmen des Untersuchungsgrundsatzes auch eine neue Entgegenhaltung in das Nichtigkeitsverfahren einführen, zumal wenn das betreffende Dokument in einer bereits eingeführten Entgegenhaltung als Stand der Technik bezeichnet wird, BGH v 1. 7. 2003 – X ZR 8/00, juris, SK PatG 65–80, 86–99 Nr. 316. Nach BGH – Drahtinjektionseinrichtung, GRUR **02,** 609, 613, Egr. IV2b aa, findet „in dem vom Amtsermittlungsgrundsatz (§ 87 I PatG) geprägten Verfahren vor dem BPatG" § 288 ZPO keine Anwendung. Das Gericht hat weiter seine Ermittlungen auch auf solche Umstände zu erstrecken, zu denen die Beteiligten nichts vorgetragen haben oder nichts vortragen können. Es kann insbesondere auch solche Beweise erheben, deren Erhebung die Beteiligten nicht beantragt haben. Es darf eine Beschwerde nicht allein deswegen zurückweisen, weil sie der Beschwerdeführer nicht hinreichend begründet hat, da es den Sachverhalt selbst aufzuklären hat, BayObLG **1,** 317; **2,** 334. Es ist aber nicht verpflichtet, „ins Blaue hinein" zu ermitteln, es bedarf bestimmter Anhaltspunkte, die Nachforschungen in eine bestimmte Richtung lenken und sinnvoll erscheinen lassen können, BGH GRUR **99,** 920, 921, Egr. II 2c ee.

dd) Grenzen der Ermittlung. Die Pflicht zur Erforschung des Sachverhalts geht so weit, wie es für die Entscheidung der Sache erforderlich ist, BVerwG **4,** 20. Eine Aufklärungspflicht besteht deshalb nicht hinsichtlich solcher Umstände, auf die es für die Entscheidung nicht ankommt. Auch hinsichtlich der entscheidungserheblichen Umstände besteht eine Ermittlungspflicht nur im Rahmen des Zumutbaren, BFH BStBl. **55** III 63. Die Ermittlungspflicht besteht danach im allgemeinem nur insoweit, als der Vortrag der Beteiligten oder der Sachverhalt als solcher bei sorgfältiger Überlegung zu Feststellungen Anlass gibt, BGH MDR **55,** 347. Sie entfällt aber entgegen BPatG. Mitt. **78,** 191, 193 nicht schon deshalb, weil sie mit Zeit und Aufwand verbunden ist. 9

c) Beweislast. Die Beweislast hat eine formelle Seite, die Beweisführungslast, und eine materielle Seite, die Feststellungslast. Für eine formelle Beweislast ist im Verfahren vor dem Patentgericht kein Raum, weil das Gericht den Sachverhalt von Amts wegen zu erforschen und demzufolge auch die erforderlichen Beweise von Amts wegen zu erheben hat. Ungeachtet des Untersuchungsgrundsatzes besteht jedoch im patentgerichtlichen Verfahren wie in jedem gerichtlichen Verfahren, in dem es für die Entscheidung auf die Feststellung eines Sachverhalts ankommt, eine materielle Beweislast (Feststellungslast), die denjenigen Verfahrensbeteiligten trifft, zu dessen Ungunsten sich die Ungeklärtheit eines Sachverhalts auswirkt (Ule, Verwaltungsprozessrecht § 50 I 1). Die materielle Beweislast (Feststellungslast) hat für die Fälle Bedeutung, in denen die getroffenen Ermittlungen zu keinem Ergebnis geführt haben und weitere Möglichkeiten zur Klärung des Sachverhalts nicht gegeben sind. 10

Die Beweislast in diesem Sinne, die **Feststellungslast,** trifft grundsätzlich jeden Beteiligten für das Vorliegen aller Voraussetzungen der ihm günstigen Norm. Dieser Grundsatz erleidet jedoch in verschiedener Hinsicht Einschränkungen. 11

Im **Patenterteilungsverfahren** trifft die Feststellungslast den Anmelder grundsätzlich für alle Umstände, die für die Patentfähigkeit der von ihm angemeldeten Erfindung von Bedeutung sind, insbesondere für die Ausführbarkeit der von ihm gegebenen neuen Lehre (vgl. dazu RG GRUR **42,** 256; BGHZ **53,** 283, 296 – Anthradipyrazol), die Wiederholbarkeit, die technische Brauchbarkeit, die soziale Nützlichkeit und die gewerbliche Anwendbarkeit. Das nachgesuchte Patent ist zu erteilen, wenn die behauptete Wirkung nicht ausgeschlossen ist, PA Mitt. **35,** 74. Dass der Anmelder nicht verpflichtet ist, die Neuheit des Anmeldungsgegenstandes nachzuweisen, ergibt sich schon daraus, dass der Untersuchungsgrundsatz eine formelle Beweislast ausschließt. Nach § 34 Abs. 7 ist der Anmelder nur verpflichtet, auf Verlangen des Patentamts – und dies gilt als Beschwerdeinstanz auch für das Patentgericht – den Stand der Technik nach bestem Wissen vollständig und wahrheitsgemäß anzugeben; vgl. dazu Kraßer, FS Nirk, S. 531ff. Zweifel, die sich aus dem angegebenen oder von Amts wegen ermittelten Stand der Technik in Bezug auf die Neuheit ergeben, gehen nicht zu Lasten des Anmelders. Die Anmeldung kann deshalb nicht zurückgewiesen werden, wenn eine von Amts wegen durchgeführte Beweisaufnahme über eine als neuheitsschädlich in Betracht kommende Vorbenutzung nicht zu einem 12 bestimmten Ergebnis geführt hat. Hinsichtlich der Erfindungshöhe trifft den Anmelder die Feststellungslast für das Vorliegen solcher Umstände, die als Anzeichen für die Erfindungshöhe in Betracht kommen. Soweit das Vorliegen einer erfinderischen Leistung auf den durch den Anmeldungsgegenstand erzielten technischen Fortschritt gestützt wird, muss dieser ggfls. durch Vergleichsversuche dargetan werden, vgl. dazu den Beschluss BGHZ **53,** 283, 295, der hinsichtlich des Fortschritts als selbstständiges Patentierungserfordernis überholt ist; zur gesetzlichen Neuregelung vgl. Schulze Mitt. **76,** 132; Dinné Mitt. **77,** 18; vgl. auch § 46 Rdn. 16ff. Nach PA Mitt. **39,** 68 soll den Anmelder, wenn er das mangelnde Naheliegen daraus ableitet, dass noch nicht entsprechend verfahren sei, insoweit auch die Beweislast für die Neuheit der Erfindung treffen (bedenklich).

13 Im **Einspruchsverfahren** trifft die Feststellungslast für die einspruchsbegründenden Umstände, insbesondere für eine neuheitsschädliche offenkundige Vorbenutzung den Einsprechenden. Für das angegriffene Patent streitet zunächst die Vermutung der Rechtsbeständigkeit. Wer die Unzulässigkeit eines Einspruchs wegen einer Gesetzesumgehung geltend macht, trägt die Beweislast für die Tatsachen, auf die der Einwand gestützt wird, EPA (GrBk) G 3/97 v. 21. 1. 1999 – Einspruch in fremdem Auftrag, ABl. **99,** 245, LS. 2.

14 Im **Nichtigkeitsverfahren** trifft die Beweislast für die Klagetatsachen den Nichtigkeitskläger, so etwa für das behauptete Fehlen des nach früherem Recht erforderlichen technischen Fortschritts (RG GRUR **33,** 129; BGH Mitt. **62,** 110) oder für das Vorliegen einer unzulässigen Erweiterung, BGH Liedl **61/62,** 304, 330 oder für eine behauptete neuheitsschädliche öffentliche Vorbenutzung, mündliche oder schriftliche Offenbarung und deren Zeitpunkt und nähreren Umstände. Es geht auch zu Lasten des Klägers, wenn die Beweiserhebung zu keiner eindeutigen Feststellung im Sinne des Klagevorbringens führt. Nachdem das Patent einmal ordnungsgemäß erteilt worden ist, kann dem Patentinhaber die dadurch erlangte Rechtsstellung grundsätzlich nur dann genommen werden, wenn mit hinreichender Gewissheit feststeht, dass er sie zu Unrecht erlangt hat, BGH GRUR **84,** 339, 340 – Überlappungsnaht. Eine Umkehr der Beweislast tritt ein, wenn der Sachverständige das Patent für nicht ausführbar hält (RG GRUR **38,** 870, 873) und der Patentinhaber die Vorführung ablehnt (RG MuW **27/28,** 278) oder eine besondere Wirkung behauptet, die der bisherigen Kenntnis widerspricht und nicht vorausgesetzt werden kann, PA Bl. **11,** 249. Hinsichtlich der die Einwendungen gegen die Zulässigkeit der Nichtigkeitsklage begründenden Umstände (Rechtskraft, exceptio pacti, Verstoß gegen Treu und Glauben) trifft den beklagten Patentinhaber die Beweislast, BPatGE **9,** 34, 39.

15 **2. Konzentrationsgrundsatz.** Abs. 2 der Vorschrift, der § 87 VwGO nachgebildet ist, hat den Zweck, eine Konzentration des Verfahrens auf eine mündliche Verhandlung oder, wo eine solche nicht stattfindet, eine Konzentration der Beratung und Abstimmung auf eine Sitzung zu erzielen. Die Vorschrift dient damit nicht nur der Prozessökonomie, sondern auch der Beschleunigung des Verfahrens. Die Bedeutung der Vorschrift geht insofern über ihren Inhalt hinaus, als sie als Ziel der richterlichen Prozessleitung den Grundsatz aufstellt, dass das Verfahren nach Möglichkeit in *einer* mündlichen Verhandlung oder in *einer* Sitzung erledigt werden soll.

16 **a) Vorbereitende Anordnungen.** Literatur: Fischer, Zwischenbescheide des Bundespatentgerichts, GRUR **61,** 459; Röhl, Zwischenbescheide, NJW **66,** 630; Reinländer, Vorbereitung der mündlichen Verhandlung und rechtliches Gehör im patentgerichtlichen Verfahren, Mitt. **77,** 19.

§ 87 Abs. 2 Satz 1 gibt dem Vorsitzenden oder einem von ihm bestimmten Mitglied des Gerichts die Befugnis, zur Vorbereitung der mündlichen Verhandlung oder der Beschlussfassung des Gerichts Maßnahmen zu treffen, die nach der gesetzlichen Regelung sonst teilweise dem Gericht zustehen. Sie verpflichtet aber auch dazu, alle Anordnungen zu treffen, die notwendig sind, um die Sache möglichst in einer Verhandlung oder Sitzung zu erledigen; dazu gehören auch eigene Ermittlungen über den druckschriftlichen Stand der Technik, BGH Bl. 92, 496, 498 (re. Sp.) – Entsorgungsverfahren. Die Maßnahmen, die zu diesem Zweck getroffen werden können, sind in § 273 Abs. 2 ZPO, der nach § 87 Abs. 2 Satz 2 entsprechend anzuwenden ist, nicht erschöpfend, sondern nur beispielsweise genannt (... kann „insbesondere"). Neben den dort angegebenen Maßnahmen kommen in Betracht die Herbeiziehung von eigenen Akten des Gerichts, die Anordnung, Muster, Modelle oder Augenscheinsobjekte zur Verhandlung mitzubringen, Zeugen zur Verhandlung zu stellen, oder die Auflage, Übersetzungen von Urkunden beizubringen (§ 142 Abs. 3 ZPO). Die für entsprechend anwendbar erklärten Bestimmungen des § 273 ZPO lauten:

(2) Zur Vorbereitung jedes Termins kann der Vorsitzende oder ein von ihm bestimmtes Mitglied des Prozessgerichts insbesondere

1. den Parteien die Ergänzung oder Erläuterung ihrer vorbereitenden Schriftsätze aufgeben, insbesondere eine Frist zur Erklärung über bestimmte klärungsbedürftige Punkte setzen;
2. Behörden oder Träger eines öffentlichen Amtes um Mitteilung von Urkunden oder um Erteilung amtlicher Auskünfte ersuchen;
3. das persönliche Erscheinen der Parteien anordnen;
4. Zeugen, auf die eine Partei sich bezogen hat, und Sachverständige zur mündlichen Verhandlung laden sowie eine Anordnung nach § 378 treffen;
5. Anordnungen nach den §§ 142, 144 treffen

(3) Anordnungen nach Absatz 2 Nr. 4 und 5 soweit die Anordnungen nicht gegenüber einer Partei zu treffen sind, sollen nur ergehen, wenn der Beklagte dem Klageanspruch bereits widersprochen hat. Für die Anordnungen nach Absatz 2 Nr. 4 gilt § 379 entsprechend....

(4) Die Parteien sind von jeder Anordnung zu benachrichtigen. ...

Die durch die beschränkte Verweisung ausgeschlossenen Vorschriften sollen bewirken, daß für Zeugen kein Auslagenvorschuss zu verlangen ist und daß gegen Verfahrensbeteiligte für den Fall ihres Ausbleibens keine Ordnungs- oder Zwangsmaßnahmen verhängt werden können.

Von den in § 273 Abs. 2 ZPO vorgesehenen Anordnungen ist die Ladung von Sachverständigen für technische Fragen ohne wesentliche praktische Bedeutung, da das Patentgericht mit fachkundigen Richtern besetzt ist. Die entsprechende Bestimmung bedarf keiner Erörterung. 17

aa) Aufklärungsanordnungen. Nach § 273 Abs. 2 Nr. 1 ZPO kann der Vorsitzende oder ein von ihm zu bestimmendes Mitglied den Beteiligten die Ergänzung oder Erläuterung ihrer vorbereitenden Schriftsätze aufgeben. Damit wird die Aufklärung der Sach- und Rechtslage, die in § 91 Abs. 1 PatG und § 139 ZPO für die mündliche Verhandlung vorgeschrieben ist, schon zur Vorbereitung der mündlichen Verhandlung vorgesehen, um die erschöpfende und gründliche Erörterung in der mündlichen Verhandlung zu erleichtern und zu fördern. Für den Fall, dass keine mündliche Verhandlung stattfindet, sollen die zur Aufklärung dienenden Anordnungen vor der Beratung im Senat erfolgen und die Klärung der Sach- und Rechtslage so weit fördern, dass der Senat ohne weitere Maßnahme in der ersten Sitzung entscheiden kann. Aus der Vorschrift ergibt sich danach, dass die Zwischenverfügungen der Senate in aller Regel vor der Sitzung durch den Vorsitzenden oder den Berichterstatter allein erlassen werden sollen und das Kollegium erst dann – in der Verhandlung oder Sitzung – mit der Sache befasst werden soll, wenn sie entscheidungsreif ist oder auf Grund der mündlichen Verhandlung voraussichtlich entscheidungsreif sein wird. 18

Durch die Aufklärungsanordnung soll insbesondere auf Bedenken hingewiesen und auf die Klarstellung unklarer Anträge, die Ergänzung ungenügender Angaben, die Benennung von Beweismitteln und die Stellungnahme zu zweifelhaften, für die Entscheidung erheblichen Rechtsfragen hingewirkt werden (§§ 273 Abs. 2 Nr. 1, 139 ZPO; 91 Abs. 1 PatG). Auf Bedenken gegen die vorgelegten Schutzansprüche, die sich bereits aus der angefochtenen Entscheidung ergeben, braucht das Gericht nicht nochmals hinzuweisen; das Gericht ist insbesondere nicht verpflichtet, dem Anmelder von sich aus Vorschläge für die Fassung der Schutzansprüche zu unterbreiten, damit dieser sie nur noch auf „ihre Annehmbarkeit" zu prüfen braucht, BPatGE **10,** 246, 252; vgl. auch BPatGE **16,** 130; **17,** 204. Ein rechtlicher Hinweis ist nicht erforderlich, wenn im Beschwerdeverfahren auf Grund von rechtlichen Gesichtspunkten entschieden werden soll, die bereits im angefochtenen Beschluss erörtert wurden, BPatGE **1,** 151, 154; **10,** 60, 63. 19

bb) Vorlegung von Urkunden. Nach § 99 PatG in Vbdg. mit § 142 ZPO kann das Gericht anordnen, dass eine Partei oder ein Dritter die in ihrem oder seinem Besitz befindlichen Urkunden und sonstige Unterlagen, auf die sich eine Partei bezogen hat, vorlege. § 273 Abs. 2 Nr. 5 ZPO gibt dem Vorsitzenden oder dem von ihm bestimmten Mitglied des Gerichts die Befugnis, eine entsprechende Anordnung zur Vorbereitung der Verhandlung oder Sitzung allein zu treffen. Kommt der Beteiligte oder der Dritte der Anordnung nicht nach, so kann sie vom Gericht, soweit erforderlich auf Grund mündlicher Verhandlung, wiederholt werden. Die Befolgung der Anordnung kann zwar auch vom Gericht nicht erzwungen werden; die Weigerung des Beteiligten kann jedoch nach § 93 Abs. 1 frei gewürdigt werden. Die auf Grund der Anordnung vorgelegten Urkunden werden nicht Bestandteil der Akten und können, nachdem sie entbehrlich geworden sind, zurückgefordert werden, B/L/A/H (Hartmann) ZPO, § 134 Rdn 12. 20

Urkunden, die sich im Besitz von *öffentlichen Behörden* oder des Trägers eines öffentlichen Amtes befinden, kann der Vorsitzende oder das von ihm bestimmte Gerichtsmitglied von der Behörde oder dem Amtsträger erfordern. Das Gericht kann die Vorlage jedoch nicht erzwingen. Urkunden, die den Beteiligten nicht zugänglich gemacht werden dürfen, sind nicht heranzuziehen, da sie nach § 93 Abs. 2 ohnehin nicht verwertet werden können. Urkunden im Sinne 21 der Vorschrift sind nicht nur Einzelurkunden, sondern auch ganze Aktenstücke; auch Gerichtsakten fallen unter die Vorschrift.

22 **cc) Amtliche Auskünfte.** Behörden oder Beamte können um amtliche Auskünfte ersucht werden. Die Auskünfte ersetzen die Zeugenvernehmung, soweit sie sich auf der Behörde oder dem Beamten bekannte Tatsachen beziehen, sind aber als Urkunden zu bewerten, B/L/A/H (Hartmann) Übers. 5 vor § 373 ZPO. Sie sind auch dann verwertbar, wenn sie sich auf von der Behörde angestellte Ermittlungen beziehen, BGH LM § 147 BGB Nr. 1.

23 **dd) Persönliches Erscheinen.** Der Vorsitzende oder ein von ihm zu bestimmendes Mitglied kann nach § 273 Abs. 2 Nr. 3 ZPO das persönliche Erscheinen eines Beteiligten anordnen. Von der Anordnung soll, wie sich aus § 141 Abs. 1 Satz 2 ZPO ergibt, abgesehen werden, wenn dem Beteiligten das persönliche Erscheinen wegen weiter Entfernung vom Gerichtssitz oder aus sonstigen wichtigen Gründen nicht zugemutet werden kann. Die Anordnung dient der Aufklärung des Sachverhalts durch Anhörung des Beteiligten (§ 141 Abs. 1 Satz 1 ZPO); die Vernehmung des Beteiligten zur Feststellung von Tatsachen (vgl. § 88 Rdn. 7) kann nur durch das Gericht durch Beweisbeschluss angeordnet werden (§ 450 Abs. 1 Satz 1 ZPO). Die Befolgung der Anordnung kann, da § 273 Abs. 4 Satz 2 ZPO nicht für anwendbar erklärt ist, nicht erzwungen werden.

24 **ee) Ladung von Zeugen.** Der Vorsitzende oder das von ihm bestimmte Gerichtsmitglied darf nach § 273 Abs. 2 Nr. 4 ZPO zur mündlichen Verhandlung Zeugen und Sachverständigen laden. Diese Bestimmung kommt daher nur in Betracht, wenn eine mündliche Verhandlung stattfindet. Sie gestattet an sich nur die Ladung von Zeugen, auf die eine Partei sich bezogen hat. Diese Einschränkung ergibt sich indes aus dem im Zivilprozess herrschenden Verhandlungsgrundsatz. Im Verfahren vor dem Patentgericht ist sie wegen des hier geltenden Untersuchungsgrundsatzes gegenstandslos. Die Ladung soll nur erfolgen, wenn die Einlassung eines etwaigen Verfahrensgegners die Vernehmung als voraussichtlich notwendig erscheinen lässt (§ 273 Abs. 3 Satz 1 ZPO). Der Vorsitzende oder das von ihm bestimmte Mitglied ist nur befugt, Zeugen zu laden. Die Anordnung der Vernehmung steht dem Gericht zu (§ 358a ZPO). Sie braucht, wenn die geladenen Zeugen erschienen sind, nicht in der Form eines Beweisbeschlusses (§ 359 ZPO) zu ergehen (§ 358 ZPO).

25 **b) Benachrichtigung der Beteiligten.** Die Beteiligten sind von allen Anordnungen zu benachrichtigen (§ 273 Abs. 4 Satz 1 ZPO). Findet keine mündliche Verhandlung statt, so genügt die Benachrichtigung nicht, wenn die durch vorbereitende Anordnung beigezogenen Unterlagen, etwa Urkunden oder Auskünfte, für die Entscheidung verwertet werden sollen; nach § 93 Abs. 2 muss den Beteiligten vielmehr Gelegenheit gegeben werden, sich dazu zu äußern. Findet eine mündliche Verhandlung statt, so sind die beigezogenen Unterlagen in der Verhandlung mit den Beteiligten zu erörtern. Sofern auf Grund einer vorbereitenden Anordnung eine Beweisaufnahme außerhalb der mündlichen Verhandlung stattfindet, etwa eine Augenscheinseinnahme, sind die Beteiligten auch von dem Termin zu benachrichtigen (§ 88 Abs. 3).

26 **c) Vorweggenommene Beweisaufnahme.** Nach § 272b ZPO a.F. konnte der Vorsitzende oder ein von ihm bestimmtes Mitglied des Gerichts zur Vorbereitung der mündlichen Verhandlung oder der Beschlussfassung des Gerichts auch schriftliche Auskünfte von Zeugen einholen (§ 377 Abs. 3 ZPO) sowie die Begutachtung durch Sachverständige anordnen. Nach § 273 ZPO n.F. bedarf es dafür jetzt eines Gerichtsbeschlusses (§ 358a ZPO). Der Gerichtsbeschluss, nämlich der Beweisbeschluss (§ 359 ZPO), kann vor der mündlichen Verhandlung ergehen und auch vor der mündlichen Verhandlung ausgeführt werden, soweit er die Vernehmung von Zeugen, Sachverständigen und Beteiligten betrifft jedoch nur, soweit er eine Beweisaufnahme vor dem beauftragten oder ersuchten Richter anordnet (§ 358a ZPO).

27 **3. Verfügungsgrundsatz.** Literatur: Ruso, Zur Fortsetzung des Beschwerdeverfahrens von Amts wegen, GRUR **62,** 493; Bendler, Nochmals: Fortsetzung des Beschwerdeverfahrens von Amts wegen?, GRUR **63,** 113; Hiete, Über die Einheitlichkeit des Patenterteilungsverfahrens, GRUR **66,** 529; Mediger, Was hat bei Zurückziehung der Einsprecherbeschwerde zu geschehen?, GRUR **67,** 180; Bruchhausen, Die Fassung der Sachanträge in Patentverfahren, FS Nirk, 1992, S. 103ff.

27a Der Untersuchungsgrundatz, der nach dieser Vorschrift für das Verfahren vor dem Patentgericht gilt, besagt nichts darüber, ob die Verfügung über das Verfahren dem Gericht oder den Beteiligten zusteht. Im Strafverfahren gilt der Grundsatz des Amtsverfahrens (Offizialpinzip), die Verfügung über das Verfahren ist den Beteiligten weitgehend entzogen. Im Zivilprozess und im Verwaltungsstreitverfahren gilt dagegen der Verfügungsgrundsatz (Dispositionsmaxime). Die

Verfügung über das Verfahren steht den Parteien zu. Das Gericht wird nur auf Antrag der Parteien tätig, es darf nur im Rahmen der Anträge der Parteien erkennen (§§ 308, 528, 557 Abs. 1 ZPO, §§ 88, 122, 128, 141 VwGO), die Parteien bestimmen darüber, ob ein Rechtsmittel eingelegt wird; das Schicksal des Prozessrechtsverhältnisses liegt also in der Hand der Parteien.

Für das Verfahren vor dem **Patentgericht** gilt nach der Regelung, die es durch das 6. ÜG erfahren hat, der **Verfügungsgrundsatz.** Das Gericht wird nur auf Beschwerde eines Beteiligten oder auf Klage oder Antrag und nicht von Amts wegen tätig (§§ 73 Abs. 1, 74, 81, Abs. 1, 85 Abs. 1). Die Beteiligten können die Beschwerde, die Klage oder den Antrag zurücknehmen (§§ 80 Abs. 3, 81 Abs. 6, 85 Abs. 4) und dadurch das Verfahren beenden. Die nach § 34 Abs. 3 Satz 2 PatG 1936 gegebene Möglichkeit, das Beschwerdeverfahren nach Rücknahme der Beschwerde des Einsprechenden fortzusetzen, ist weggefallen BPatGE **2,** 80; vgl. auch § 73 Rdn. 60. 27 b

Der Verfügungsgrundsatz gilt aber auch hinsichtlich der Bestimmung des **Umfangs der Prüfung** durch die Anträge der Beteiligten, BPatGE **17,** 204, 205 m. w. N.; **21,** 11, 12. Es kann ihnen nichts zugesprochen werden, was sie nicht – mindestens hilfsweise – beantragt haben, BGHZ **105,** 381, 382f. – Verschlussvorrichtung für Gießpfannen; BPatGE **16,** 130f.; **26,** 191, 193; **28,** 26, 27 (GebrMG); Bruchhausen, FS Nirk, 103, 104f., 107ff.; Rechtsauskunft EPA Nr. 15/84, ABl. **84,** 491. Die Vorschriften über das Verfahren vor dem Patentgericht enthalten in dieser Hinsicht keine besondere Bestimmung. Gemäß § 99 sind daher die Vorschriften der Zivilprozessordnung, d. h. die §§ 308, 528 entsprechend anwendbar, die eine Prüfung nur im Rahmen der gestellten Anträge gestatten. Besonderheiten des Verfahrens vor dem Patentgericht, die die Anwendung dieser Vorschriften ausschließen könnten, sind nicht ersichtlich. Dass weder der Untersuchungsgrundsatz noch das öffentliche Interesse ein Abweichen von den gestellten Anträgen rechtfertigen können, ergeben die Vorschriften der Verwaltungsgerichtsordnung mit hinreichender Deutlichkeit. Im Übrigen ist auch im Nichtigkeitsverfahren trotz des auch hier geltenden Untersuchungsgrundsatzes (BGHZ **18,** 81 – Zwischenstecker II) und des auch hier bestehenden öffentlichen Interesses die Bindung an die Anträge stets anerkannt worden, vgl. BGH Bl. **55,** 329, 330 – Kleinkraftwagen mit Nachw.; Bl. **56,** 283 – Spritzgussmaschine I. Die nach der früheren Rechtsprechung bestehende Möglichkeit, bei Nichtigerklärung des Hauptanspruchs echte Unteransprüche von Amts wegen mit für nichtig zu erklären (BGH GRUR **55,** 466, 467f.; abw. BPatGE **16,** 153; kritisch dazu auch Bruchhausen, FS Nirk, S. 110), kann als inzwischen überholt angesehen werden, s. Rdn. 68 zu § 22 (Rogge). 28

Infolge der Bindung an die gestellten Anträge ist eine Änderung des angefochtenen Beschlusses zum Nachteil des Beschwerdeführers im Beschwerdeverfahren grundsätzlich unzulässig, vgl. § 79 Rdn. 9. Der Beschwerdeführer darf durch die Beschwerdeentscheidung also nicht schlechter gestellt werden, als er durch den angefochtenen Beschluss gestellt war, BGH GRUR **02,** 323, 326 Suche fehlerhafter Zeichenketten. Eine Verschlechterung ist ausnahmsweise zulässig, wenn zwingende, von Amts wegen zu beachtende prozessuale Vorschriften verletzt sind, BGH GRUR **72,** 592, 594 – Sortiergerät; BPatGE **21,** 27. 29

Maßgebend sind, wenn eine **mündliche Verhandlung** stattgefunden hat, die in der Verhandlung gestellten **Anträge** (vgl. dazu § 90 Rdn. 8). Wenn in der mündlichen Verhandlung nur einer von mehreren Mitanmeldern erscheint, gelten der oder die säumigen Mitanmelder durch den anwesenden Mitanmelder nach den Grundsätzen über die notwendige Streitgenossenschaft als vertreten; es sind daher die von dem erschienenen Mitanmelder gestellten Anträge auch dann der Entscheidung zugrunde zu legen, wenn von den Mitanmeldern vorher unterschiedliche Anträge hinsichtlich der beanspruchten Erteilungsunterlagen gestellt worden waren, BPatGE **21,** 212. 30

88 *Beweiserhebung.* (1) [1]**Das Patentgericht erhebt Beweis in der mündlichen Verhandlung.** [2]**Es kann insbesondere Augenschein einnehmen, Zeugen, Sachverständige und Beteiligte vernehmen und Urkunden heranziehen.**

(2) **Das Patentgericht kann in geeigneten Fällen schon vor der mündlichen Verhandlung durch eines seiner Mitglieder als beauftragten Richter Beweis erheben lassen oder unter Bezeichnung der einzelnen Beweisfragen ein anderes Gericht um die Beweisaufnahme ersuchen.**

(3) [1]**Die Beteiligten werden von allen Beweisterminen benachrichtigt und können der Beweisaufnahme beiwohnen.** [2]**Sie können an Zeugen und Sachverständige sachdienliche Fragen richten.** [3]**Wird eine Frage beanstandet, so entscheidet das Patentgericht.**

Inhaltsübersicht

1 **I. Beweiserhebung.** Die Vorschrift regelt die Beweiserhebung in Anlehnung an die §§ 96, 97 VwGO. Soweit sie keine abweichenden Bestimmungen über die Beweiserhebung enthält, sind daneben gemäß § 99 die Vorschriften der §§ 355 bis 444 und 448 bis 494 (als Ausnahmevorschrift wohl ohne § 494a) der ZPO heranzuziehen, auf die § 98 VwGO ausdrücklich verweist. Dabei ist freilich zu beachten, dass der Untersuchungsgrundsatz (§ 87) eine entsprechende Anwendung der Bestimmungen ausschließt, die speziell auf den im Zivilprozess geltenden Verhandlungsgrundsatz abgestellt sind. Eine Beweiserhebung ist erforderlich, wenn eine Tatsache, die für die Entscheidung erheblich ist, nicht als feststehend erachtet werden kann, z. B. eine offenkundige Vorbenutzung oder eine behauptete widerrechtliche Entnahme, auf die es für die Entscheidung ankommt, nicht zur Gewissheit des Gerichts feststeht oder mit Sicherheit als nicht vorliegend ausgeschlossen werden kann (vgl. § 87 Rdn. 8, 9).

2 **1. Beweismittel.** Die Vorschrift erwähnt als Beweismittel Augenschein, Zeugen, Sachverständige, Beteiligte und Urkunden. Dass das Gericht jedoch nicht auf diese Beweismittel beschränkt ist, sondern sich jedes zur Verfügung stehenden Beweismittels bedienen kann, folgt schon aus dem Wortlaut der Vorschrift („insbesondere").

3 **a) Augenschein.** Der Augenschein dient der sinnlichen Wahrnehmung über körperliche Eigenschaften oder Zustände insbesondere von Sachen, die auch durch das Gehör, den Geschmack, den Geruch oder das Gefühl erfolgen kann. Er kommt für Patentverfahren insbesondere in der Form der Vorführung von Modellen in Betracht. Die Beteiligten dürfen die Duldung der Augenscheinseinnahme, soweit sie ihnen zuzumuten ist, nicht verweigern. Nach § 144 Abs. 1 Satz 3 ZPO kann es auch ausdrücklich die Duldung der Augenscheinseinnahme anordnen, sofern nicht eine Wohnung betroffen ist. Erzwingbar ist die Duldung jedoch prozessrechtlich nicht, das Gericht kann nur aus der Weigerung, soweit sie unbegründet ist, Schlüsse ziehen, BGH NJW **63,** 390. Einnahme des Augenscheins wird auf Antrag eines Beteiligten oder von Amts wegen angeordnet. Sie kann durch das Gericht selbst oder durch einen beauftragten Richter erfolgen (§ 88 Abs. 2), was insbesondere bei Besichtigungen an Ort und Stelle zweckmäßig sein kann. Über das Ergebnis ist ein Protokoll aufzunehmen (§ 92 Abs. 1), dem Zeichnungen oder dergl. beigefügt werden können. Zu den Vorschriften über den Augenschein rechnet neuerdings auch die Vorschrift des § 371 a ZPO über die Beweiskraft elektronischer Dokumente, eingefügt in die ZPO durch das Justizkommunikationsgesetz v. 22. 3. 2005, BGBl. I 837.

4 **b) Zeugen.** Zeugen sind Personen, die ihr Wissen über bestimmte Tatsachen bekunden sollen. Sie sollen ihre Wahrnehmungen darüber mitteilen und nicht ihre Meinung über deren Bedeutung darlegen. Zeuge ist auch der sachverständige Zeuge, der Wahrnehmungen auf Grund seiner besonderen Sachkunde gemacht hat (§ 414 ZPO). Zeuge kann jede Person sein, die nicht Beteiligter ist oder als solcher vernommen werden kann (vgl. unten Rdn. 7). Der Zeuge hat die öffentlich-rechtliche Pflicht, Zeugnis abzulegen. Sie besteht aus der Pflicht, zum Termin zu erscheinen (§§ 377ff. ZPO), der Pflicht zur Aussage, soweit kein Zeugnisverweigerungsrecht gegeben ist (§§ 376, 383ff. ZPO), und der Pflicht zur Beeidigung der Aussage, soweit der Zeuge eidesmündig und eidesfähig ist und nicht zur Verweigerung des Zeugnisses berechtigt ist. Die Erfüllung der Zeugnispflicht kann erzwungen werden (§§ 380, 390 ZPO). Zeugen sind regelmäßig uneidlich zu vernehmen. Sie sind nur zu beeidigen, wenn die Beeidigung mit Rücksicht auf die Bedeutung der Aussage oder zur Herbeiführung einer wahrheitsgemäßen Aussage geboten erscheint und die Beteiligten auf die Beeidigung nicht verzichten (§ 391 ZPO). Die Beeidigung kann auf einen Teil der Aussage beschränkt werden. Die Durchführung der Vernehmung ist in den §§ 394ff. ZPO geregelt, die entsprechend anwendbar sind, soweit nicht das Patentgesetz eine besondere Regelung enthält oder der für das Patentgericht geltende Untersuchungsgrundsatz entgegensteht.

Statt der Vernehmung eines Zeugen kann das Gericht (§ 358a Satz 2 Nr. 3 ZPO) die schriftliche Beantwortung der Beweisfrage anordnen, wenn es dies im Hinblick auf den Inhalt der Beweisfrage und die Person des Zeugen für ausreichend erachtet, § 377 Abs. 3 ZPO; vgl. B/L/A/H (Hartmann), Rdn. 8 bis 15 zu § 377 ZPO. Die schriftliche Aussage kann auch in der Form eines elektronischen Dokumentes erfolgen, wenn die Voraussetzungen von § 130a ZPO vorliegen, § 128a II ZPO, der unter anderem die Möglichkeit eröffnet, Zeugen per Videokonferenz zu vernehmen, ist über § 99 I PatG auch im patentgerichtlichen Verfahren anwendbar, BPatG v. 16. 7. 2002–23 W (pat) 32/98, GRUR **2003,** 176. 5

c) Sachverständige. Der Beweis durch Sachverständige hat für technische Fragen keine große praktische Bedeutung, da das Patentgericht in den Nichtigkeitssenaten und den Technischen Beschwerdesenaten mit fachkundigen technischen Richtern besetzt ist. Es kann deshalb auf die Vorschriften der ZPO verwiesen werden. 6

d) Beteiligte. Die Vernehmung der Beteiligten ist von ihrer Anhörung (§ 46 Abs. 1 Satz 1) zu unterscheiden. Die Anhörung geschieht zum Zwecke der Aufklärung des Sachverhalts, die Vernehmung zum Zwecke der Feststellung von Tatsachen, also zur Wahrheitsermittlung. Die Vernehmung der Beteiligten ist das letzte Hilfsmittel zur Erforschung der Wahrheit, das demzufolge nur dann in Betracht kommt, wenn andere Beweismittel nicht oder nicht mehr zur Verfügung stehen. Da eine Beweisführungspflicht im patentgerichtlichen Verfahren nicht besteht (vgl. § 87 Rdn. 10), kann die Vernehmung nur unter den in § 448 ZPO genannten Voraussetzungen angeordnet werden. Der Beteiligte kann zur Aussage und zur Eidesleistung nicht gezwungen werden (§ 453 Abs. 2 ZPO). Die Weigerung kann jedoch gegen ihn verwertet werden (§§ 453 Abs. 2, 446 ZPO). 7

e) Urkunden. Urkunden im Sinne der entsprechend anwendbaren Vorschriften der Zivilprozessordnung sind nur die schriftlichen Urkunden, die einen gedanklichen Inhalt durch Schriftzeichen verkörpern. Die Vorschriften der ZPO über die Vermutung der Echtheit der in- und ausländischen öffentlichen Urkunden (§§ 437, 438 Abs. 1) und über die Beweiskraft der Legalisation (§ 438 Abs. 2) gelten entsprechend. Bei den öffentlichen Urkunden ist die neue Vorschrift über die Beweiskraft des Ausdrucks eines öffentlichen elektronischen Dokuments nach § 416a ZPO zu beachten. Solche Ausdrucke stehen einer öffentlichen Urkunde in beglaubigter Abschrift gleich. Die Echtheit einer Privaturkunde ist vom Gericht nach freier Überzeugung zu würdigen, § 439 ZPO ist wegen des Untersuchungsgrundsatzes (§ 87) nur beschränkt anwendbar. Die Vorschriften der ZPO über die Beweiskraft der Urkunden (§§ 415 bis 419) sind entsprechend heranzuziehen. Soweit sich Urkunden im Besitze von Beteiligten befinden, kann das Gericht diesen aufgeben, sie vorzulegen. Die Vorlegung kann nicht erzwungen werden, die Weigerung kann jedoch, wie § 427 ZPO zu entnehmen ist, zu ihren Ungunsten gewertet werden. Ein Beteiligter, der behauptet, nicht mehr im Besitz einer Urkunde zu sein, kann in entsprechender Anwendung der §§ 426, 451–453 ZPO über ihren Verbleib vernommen werden. Urkunden, die sich im Besitz einer Behörde befinden, können im Wege der Amtshilfe (Art. 35 GG) erfordert werden. Nach § 143 ZPO kann das Gericht auch anordnen, dass die Parteien die in ihrem Besitz befindlichen Akten vorlegen, soweit diese aus Schriftstücken bestehen, welche die Verhandlung und Entscheidung der Sache betreffen. Allerdings handelt es sich hier nicht um eine Maßnahme der Beweiserhebung. Urkunden und Akten im Besitz des EPA können auf Grund Art. 131 Abs. 1 EPÜ angefordert werden. 8

f) Sonstige. Neben den in Abs. 1 Satz 2 genannten Beweismitteln kommen vor allem amtliche Auskünfte und der Inhalt beigezogener Akten in Betracht. Von Bedeutung ist insbesondere die amtliche Auskunft, die in § 273 Abs. 2 Nr. 2 und in § 437 Abs. 2 ZPO sowie in Art. 131 Abs. 1 EPÜ erwähnt ist. Sie ersetzt, soweit sie sich auf Tatsachen bezieht, bei Behörden die Zeugenvernehmung. Sie wird von Amts wegen erfordert (vgl. § 87 Rdn. 22). 9

2. Anordnung der Beweiserhebung. Die Beweiserhebung wird durch das Gericht, das heißt durch den entscheidenden Senat beschlossen (§ 99 i. V. mit §§ 358a, 359 ZPO). Erfordert die Beweisaufnahme ein besonderes Verfahren, kann sie also nicht sofort durchgeführt werden, so ist sie durch Beweisbeschluss anzuordnen, der damit für das weitere Verfahren festgehalten ist (§ 358 ZPO). Ein besonderes Verfahren ist stets erforderlich, wenn die Beweiserhebung einem beauftragten oder ersuchten Richter übertragen werden soll; in diesen Fällen ist daher stets ein Beweisbeschluss zu erlassen. Für die Beweiserhebung durch den ersuchten Richter folgt das auch daraus, dass nach § 88 Abs. 2 die Beweisfragen, über die Beweis erhoben werden soll, einzeln zu bezeichnen sind. Die Vernehmung eines Beteiligten muss auch dann durch Beweisbeschluss angeordnet werden, wenn die Vernehmung durch das Gericht erfolgen soll und es eines besonderen Verfahrens hierfür nicht bedarf, also etwa ein in der mündlichen Ver- 10 handlung erschienener Beteiligter in der Verhandlung vernommen werden soll (§ 450 Abs. 1 Satz 1 ZPO).

11 **II. Beweisaufnahme.** Die Erhebung der erforderlichen Beweise erfolgt durch das Gericht, einen beauftragten oder ersuchten Richter. Eine Verwaltungsbehörde, auch das Patentamt, kann nicht mit der Erhebung der Beweise betraut werden.

12 **1. Beweisaufnahme durch das Gericht.** Die Beweisaufnahme findet grundsätzlich vor dem Gericht in der mündlichen Verhandlung statt, damit das Gericht in seiner vollen Besetzung sich einen unmittelbaren Eindruck von dem Inhalt der Beweisaufnahme und von der Person eines Zeugen verschaffen kann und dadurch umso sicherer zu einer zutreffenden Würdigung der Ergebnisse der Beweisaufnahme gelangen kann. Die Übertragung der Beweiserhebung auf einen beauftragten oder ersuchten Richter ist zwar in einem weitergehenden Umfange zulässig als sie die ZPO gestattet (§§ 355 Abs. 1 Satz 2, 375 Abs. 1 ZPO). Von dieser Möglichkeit soll jedoch nach § 88 Abs. 2 nur in geeigneten Fällen Gebrauch gemacht werden, also in solchen, in denen es auf den unmittelbaren Eindruck von der Beweisaufnahme für ihre Würdigung nicht ankommt, wie z. B. bei der Glaubwürdigkeit von Zeugen, die eine oftmals weit zurückliegende offenkundige Vorbenutzung oder mündliche Offenbarung der Erfindung bezeugen sollen.

13 **2. Beweisaufnahme durch den beauftragten Richter.** Ein Mitglied des Gerichts kann mit der Aufnahme aller oder einzelner Beweise beauftragt werden. Der beauftragte Richter hat ebenso wie der ersuchte Richter alle Maßnahmen zur Durchführung der ihm aufgetragenen Beweisaufnahme zu treffen. Er hat den Beweistermin zu bestimmen, gegebenenfalls zu vertagen oder zu verlegen. Im Falle des Ausbleibens von Zeugen oder der Zeugnis- oder Eidesverweigerung ohne Angabe von Gründen trifft er die gesetzlichen Verfügungen und hebt sie gegebenenfalls wieder auf (§ 400 ZPO). Über die Berechtigung der angegebenen Gründe für die Zeugnis- oder Eidesverweigerung entscheidet das Gericht. Wird eine an einen Zeugen gestellte Frage beanstandet, so entscheidet der beauftragte Richter vorläufig (§ 400 ZPO), das Gericht endgültig.

14 **3. Beweisaufnahme durch den ersuchten Richter.** Die Beweisaufnahme durch den ersuchten Richter erfolgt auf Ersuchen des Vorsitzenden (§§ 362, 363 ZPO). Im Bereich der ordentlichen Gerichtsbarkeit ist Rechtshilfegericht das Amtsgericht (§ 157 GVG). Die Befugnisse des ersuchten Richters entsprechen denen des beauftragten Richters.

14 a Bei Beweisaufnahmen in den Mitgliedstaaten der EU sind die Vorschriften des 11. Buches der ZPO über die Justizielle Zusammenarbeit in der Europäischen Union und die dort in Bezug genommenen Rechtsakte des europäischen Rechts anzuwenden, z. § 1072 ZPO. Für Beweisaufnahmen in Drittstaaten finden die zwischenstaatlichen Vereinbarungen über die Rechtshilfe in Zivil- und Handelssachen oder – soweit keine vertraglichen Grundlagen bestehen – die Regeln des außervertraglichen Rechtshilfeverkehrs Anwendung. S. dazu die Erl. bei B/L/A/H (Hartmann) zum 11. Buch der ZPO und Schack, Internationales Zivilverfahrensrecht, 3. Aufl., 2002, sowie Geimer, Internationales Zivilprozessrecht, 5. Aufl., 2005.

15 **III. Beweistermine.** Die Beweistermine sind zugleich Termine zur mündlichen Verhandlung, wenn die Beweisaufnahme vor dem Gericht stattfindet (§ 88 Abs. 1). Die Öffentlichkeit der Verhandlung einschließlich der Beweisaufnahme bestimmt sich daher nach § 69. Besondere Beweistermine finden statt, wenn die Beweiserhebung durch den beauftragten oder ersuchten Richter erfolgt. Die besonderen Beweistermine sind nicht öffentlich.

16 **1. Benachrichtigung der Beteiligten.** Sofern die Beweisaufnahme in der mündlichen Verhandlung erfolgt, sind die Parteien hierzu mit dem Hinweis zu laden (§ 89), dass der Termin auch zur Beweisaufnahme bestimmt ist. Von jedem Beweistermin vor dem beauftragten oder ersuchten Richter sind sie zu benachrichtigen. Da die Beteiligten auf die Teilnahme am Beweistermin verzichten können, können sie auch auf die Benachrichtigung verzichten. Die Benachrichtigung muss so rechtzeitig erfolgen, dass der Beteiligte in der Lage ist, dem Termin beizuwohnen, der Vertreter des Beteiligten diesen also noch benachrichtigen kann, BPatG GRUR **81,** 651. Für die Benachrichtigung von einer Beweisaufnahme vor dem beauftragten oder ersuchten Richter braucht die Ladungsfrist (§ 89) nicht eingehalten zu sein, obwohl sie freilich immer beachtet werden sollte. Bei nicht ordnungsmäßiger Benachrichtigung können die Beteiligten grundsätzlich die Wiederholung der Beweisaufnahme verlangen.

17 **2. Teilnahmerecht der Beteiligten.** Die Beteiligten sind berechtigt, an jedem Beweistermin teilzunehmen, gleichgültig, ob er vor dem Gericht, dem beauftragten oder ersuchten Richter stattfindet, und unabhängig auch davon, ob er der Einnahme des Augenscheins oder der Vernehmung eines Zeugen, Sachverständigen oder Beteiligten dient. Die Anwesenheit der Beteiligten ist jedoch nicht erforderlich.

3. Fragerecht der Beteiligten. Die Vernehmung der Zeugen, Sachverständigen und Beteiligten erfolgt durch den Vorsitzenden, der jedem Mitglied des Gerichts auf Verlangen zu gestatten hat, Fragen zu stellen (§ 91 Abs. 2 Satz 1 PatG, § 396 Abs. 3 ZPO). Während die Beteiligten im Zivilprozess etwaige Fragen an Zeugen, Sachverständige und Beteiligte im Allgemeinen durch den Vorsitzenden stellen lassen müssen und nur die Anwälte verlangen können, selbst Fragen zu stellen (§ 397 ZPO), sind die Beteiligten nach § 88 Abs. 3 Satz 2 ebenso wie im Verwaltungsstreitverfahren (§ 97 VwGO) berechtigt, sachdienliche Fragen an Zeugen und Sachverständige unmittelbar zu stellen. Da die Beteiligten in der Vorschrift nicht erwähnt sind, verbleibt es für die Vernehmung von Beteiligten bei der Regelung der ZPO (§§ 451, 397 ZPO); Fragen eines Beteiligten an den vernommenen anderen Beteiligten sind deshalb durch den Vorsitzenden zu stellen. 18

Das Fragerecht der Beteiligten bedeutet nicht, dass sie verlangen können, die Fragen dann zu stellen, wenn sie es wünschen. Die Bestimmung darüber obliegt im Rahmen der Verhandlungsleitung (§ 90 Abs. 1) dem Vorsitzenden oder dem beauftragten oder ersuchten Richter. Aus der Regelung der Beweisaufnahme in den §§ 396, 397 ZPO ergibt sich, dass Zeugen und Sachverständige sich im Allgemeinen zunächst im Zusammenhang äußern sollen, darauf der Vorsitzende und die anderen Mitglieder des Gerichts zur Klarstellung und Ergänzung weitere Fragen stellen und erst dann die Beteiligten Gelegenheit haben sollen, ihre Fragen zu stellen. Das Fragerecht besteht nur für sachdienliche Fragen. Wird eine Frage von einem Verfahrensbeteiligten als nicht sachdienlich beanstandet, so entscheidet das Gericht über ihre Zulässigkeit. Der beauftragte oder ersuchte Richter entscheidet vorläufig (§§ 398 Abs. 2, 400 ZPO). 19

89

Terminsbestimmung. Ladung. (1) [1]**Sobald der Termin zur mündlichen Verhandlung bestimmt ist, sind die Beteiligten mit einer Ladungsfrist von mindestens zwei Wochen zu laden.** [2]**In dringenden Fällen kann der Vorsitzende die Frist abkürzen.**

(2) **Bei der Ladung ist darauf hinzuweisen, daß beim Ausbleiben eines Beteiligten auch ohne ihn verhandelt und entschieden werden kann.**

Inhaltsübersicht

1. Terminsbestimmung. Die Termine zur mündlichen Verhandlung werden von Amts wegen durch den Vorsitzenden bestimmt (§ 216 ZPO). Auf Sonntage, allgemeine Feiertage oder Sonnabende sind sie nur in Notfällen anzuberaumen (§ 216 Abs. 3 ZPO). Sie werden an der Gerichtsstelle abgehalten, sofern nicht eine Augenscheinseinnahme an Ort und Stelle, die Verhandlung mit einer am Erscheinen vor Gericht verhinderten Person oder eine sonstige Handlung erforderlich ist, die an der Gerichtsstelle nicht vorgenommen werden kann (§ 219 Abs. 1 ZPO). 1

2. Ladung. Die Ladung erfolgt durch die Geschäftsstelle gem. § 127 Abs. 2 nach den Vorschriften der ZPO. Ist ein Beteiligter nicht zum Verhandlungstermin geladen worden, und hat er den Termin aus diesem Grunde nicht wahrgenommen, so ist er im Sinne des § 100 Abs. 3 Nr. 3 im Verfahren nicht nach Vorschrift des Gesetzes vertreten gewesen, BGH GRUR **66,** 160 – Terminsladung. Die Ladung muss enthalten (Baumbach/Lauterbach/Albers/Hartmann ZPO Übers. 5 B, Rdn 6 vor § 214 ZPO): 2

a) die Bezeichnung der ladenden Stelle,
b) die des Geladenen,
c) die des Gerichts,
d) die Angabe der Terminszeit,
e) die des Terminszwecks, zumindest das Aktenzeichen
f) die Aufforderung, zum Termin vor Gericht zu erscheinen,
g) den Hinweis auf die Folgen des Ausbleibens (vgl. Rdn. 4).

Zu Terminen, die in verkündeten Entscheidungen bestimmt sind, ist eine Ladung der Beteiligten nicht erforderlich (§ 218 ZPO).

3 **a) Ladungsfrist.** Die Ladungsfrist ist nach § 217 ZPO die Frist, die zwischen der Zustellung der Ladung und dem Termin liegt. Sie beträgt 2 Wochen und ist allen Beteiligten gegenüber einzuhalten. Der Zustellungstag und der Terminstag werden nicht mitgerechnet. Eine Abkürzung der Ladungsfrist ist in dringenden Fällen möglich, wird aber praktisch kaum in Betracht kommen. In einem solchen Falle müsste die Verfügung mit der Ladung zugestellt werden, damit für die Beteiligten erkennbar ist, ob die Ladungsfrist eingehalten ist.

4 **b) Hinweis auf Folgen des Ausbleibens.** Der Hinweis, dass auch bei Ausbleiben verhandelt und entschieden werden kann, ist zwingend vorgeschrieben. Bleibt ein Beteiligter trotz dieses Hinweises aus, so kann auf Grund der Verhandlung gegen ihn entschieden werden, ohne dass ihm nochmals Gelegenheit zur Äußerung gegeben werden müsste, vgl. § 93 Rdn. 7. Die Entscheidung ergeht auf Grund des festgestellten Sachverhalts. Die Vorschriften der ZPO über das Versäumnisverfahren (§§ 330ff. ZPO) sind nicht anwendbar, BGH GRUR **64,** 18 – Konditioniereinrichtung.

5 **c) Mängel der Ladung.** Ist ein Beteiligter im Termin nicht anwesend und auch nicht durch einen Bevollmächtigten vertreten und kann nicht festgestellt werden, ob er ordnungsmäßig geladen worden ist, so darf keine Entscheidung zu seinen Ungunsten ergehen; gegebenenfalls muss vertagt werden. Das gilt ebenso für den Fall, dass die Zustellung der Ladung nicht feststellbar ist, wie für den, dass die Ladungsfrist nicht eingehalten ist, wie für den, dass der vorgeschriebene Hinweis (vgl. oben Rdn. 4) unterblieben ist. Ist ein Beteiligter zu dem vom BPatG bestimmten Termin nicht geladen worden und hat er aus diesem Grunde den Termin nicht wahrgenommen, so ist er im Verfahren nicht nach den Vorschriften des Gesetzes vertreten gewesen. Eine vom BPatG auf Grund des Termins erlassene Entscheidung ist auf – zulassungsfreie – Rechtsbeschwerde des Betroffenen aufzuheben, BGH GRUR **66,** 160; BGH v. 21. 10. 1997 – X ZB 22/97.

6 **3. Terminsaufhebung, Vertagung a) Anwendbarkeit der ZPO.** § 227 I ZPO ist im erstinstanzlichen Patentnichtigkeitsverfahren entsprechend anzuwenden, BGH GRUR **04,** 354–356 LS 1, Egr. 1. Danach kann aus erheblichen Gründen ein Termin aufgehoben oder verlegt sowie eine Verhandlung vertragt werden. Was nicht als erheblicher Grund angesehen werden kann, wird beispielhaft in § 227 Abs. 1 Satz 2 ZPO angeführt, so z.B. das Ausbleiben einer Partei, die mangelnde Vorbereitung einer Partei, wenn dies nicht genügend entschuldigt wird, und das Einvernehmen der Parteien allein.

7 **b) Erhebliche Gründe.** Eine Vertagung der mündlichen Verhandlung rechtfertigende erhebliche Gründe i.S. von § 227 Abs. 1 ZPO sind regelmäßig solche, die den Anspruch auf rechtliches Gehör einer oder mehrerer Parteien berühren und die auch gerade zur Gewährleistung des rechtlichen Gehörs eine Zurückstellung des Beschleunigungs- und Konzentrationsgebots erfordern BGH a.a.O. (Rdn. 2) unter Bezugnahme auf BVerwG, NJW **95,** 1231. Angesichts der verfassungsrechtlichen Garantie des Anspruchs auf rechtliches Gehör verbleibt dem Gericht dann auch kein Ermessensspielraum. Zur Gewährung des rechtlichen Gehörs und eines insoweit prozessordnungsgemäßen Verfahrens muss die mündliche Verhandlung vertagt werden (BVerwG, NJW **95,** 1441). Die Zurückweisung eines auf erhebliche Gründe gestützten Vertagungsantrags eines Verfahrensbeteiligten durch das Gericht kann eine Verletzung des Anspruchs auf rechtliches Gehör darstellen, wenn im Nichtigkeitsverfahren die Klägerin in der mündlichen Verhandlung mit einem neu formulierten Hauptanspruch konfrontiert wird und die Notwendigkeit einer erneuten Recherche auf Neuheit und erfinderische Tätigkeit der beanspruchten Erfindung geltend macht, und zwar auch dann, wenn der neue Anspruch aus einem in der Patentschrift erwähnten Ausführungsbeispiel abgeleitet worden sein soll. Leidet das Verfahren vor dem BPatG – infolge einer solchen Verletzung des Anspruchs auf rechtliches Gehör – an einem Mangel, so kann die Patentnichtigkeitssache ohne Vorliegen der weiteren Voraussetzungen des § 538 Abs. 2 Nr. 1 ZPO zurückverwiesen werden, BGH a.a.O., LS 2 und Egr. 2a.

8 **c) Verfahren.** Die von einer Partei oder beiden Parteien geltend gemachten Gründe sind auf Verlangen glaubhaft zu machen. Aufhebung und Verlegung eines Termins können vom Vorsitzenden ohne mündliche Verhandlung angeordnet werden; über die Vertagung einer Verhandlung, d.h. die Bestimmung eines neuen Termins nach dem Beginn eines anberaumten Termins entscheidet das Gericht. In allen Fällen ist die Entscheidung kurz zu begründen; sie ist unanfechtbar, § 227 Abs. 4 ZPO. Sie kann aber bei rechtswidriger Ablehnung eines Vertagungsantrags zusammen mit der Endentscheidung angefochten werden und zur Aufhebung der in der Sache ergangenen Entscheidung führen, BGH a.a.O., Rdn. 2.

90 *Ablauf der Verhandlung.* (1) **Der Vorsitzende eröffnet und leitet die mündliche Verhandlung.**

(2) **Nach Aufruf der Sache trägt der Vorsitzende oder der Berichterstatter den wesentlichen Inhalt der Akten vor.**

(3) **Hieraus erhalten die Beteiligten das Wort, um ihre Anträge zu stellen und zu begründen.**

Inhaltsübersicht

1. Verhandlungsleitung. Nach Abs. 1 der Vorschrift, die wörtlich § 136 Abs. 1 ZPO, § 103 VwGO entspricht, leitet der Vorsitzende die Verhandlung. Die Verhandlungsleitung umfasst neben der Ausübung der Sitzungspolizei (§ 69 Abs. 3) die förmliche und sachliche Leitung der Verhandlung. Abs. 2 ist praktisch eine Kurzfassung von § 137 ZPO. 1

Die förmliche Verhandlungsleitung bezweckt die geordnete Durchführung der Verhandlung. Dazu gehören die Eröffnung der Verhandlung durch den Aufruf der Sache (§ 90 Abs. 2), die Feststellung der Erschienenen und, bei Ausbleiben von Beteiligten, Zeugen oder Sachverständigen, die Feststellung, ob sie ordnungsmäßig geladen sind. Dazu gehören weiter die Worterteilung und -entziehung (§ 136 Abs. 2 ZPO), die Vernehmung von Zeugen und Beteiligten, die Verkündung der Beschlüsse und Urteile (§ 94), die Schließung der Verhandlung (§ 91 Abs. 3 Satz 1) und die Unterzeichnung der Verhandlungsniederschrift (§ 92 Rdn. 6). 2

Im Rahmen der sachlichen Verhandlungsleitung hat der Vorsitzende die Sache mit den Beteiligten tatsächlich und rechtlich zu erörtern (§ 91 Abs. 1). 3

Es wird als zulässig angesehen, dass der Vorsitzende einzelne Aufgaben der Verhandlungsleitung, etwa die Durchführung der Beweisaufnahme, einem Mitglied des Senats überlässt. 4

2. Gang der Verhandlung. Literatur: Röhl, Die mündliche Verhandlung vor dem Bundespatentgericht, Mitt. **62,** 68. 5

Die Vorschrift regelt in Verbindung mit § 91 den wesentlichen Ablauf der Verhandlung. Die Verhandlung beginnt – nach ihrer Eröffnung – mit dem Vortrag des Akteninhalts. Daran schließen sich der Vortrag der Beteiligten und die Erörterung der Sach- und Rechtslage an. Darauf wird im Allgemeinen die Verhandlung geschlossen.

a) Eröffnung der Verhandlung. Die Verhandlung wird durch Aufruf der Sache eröffnet. Der Aufruf dient zugleich der Feststellung der erschienenen Beteiligten, Zeugen und Sachverständigen. 6

b) Vortrag des Akteninhalts. Die Verhandlung wird eingeleitet durch den Vortrag des Akteninhalts durch den Vorsitzenden oder den Berichterstatter. Der Akteninhalt wird damit zum Gegenstand der mündlichen Verhandlung gemacht. Der Vortrag enthält eine gedrängte Darstellung des Sachverhalts, einschließlich des Vortrags der Beteiligten und der von den Beteiligten vorgebrachten Ansichten, und schließlich auch eine kurze Schilderung des bisherigen Verfahrensablaufs. Der Vortrag muss auch stattfinden, wenn keiner der Beteiligten erschienen ist. 7

c) Vortrag der Beteiligten. Der Vortrag der Beteiligten beginnt mit der Stellung ihrer Anträge, die für das Verfahren maßgebend sind (§ 87 Rdn. 28) und deshalb in der Verhandlungsniederschrift festzuhalten sind (§ 92 Abs. 2). Wenn ein Mitanmelder säumig ist, gilt er durch den anderen anwesenden Mitanmelder nach den Grundsätzen über die notwendige Streitgenossenschaft als vertreten mit der Folge, dass die von dem anwesenden Mitanmelder gestellten Anträge auch dann ihm gegenüber maßgebend sind, wenn früher andere Anträge gestellt worden waren, BPatGE **21,** 212. Über den Vortrag im Einzelnen bestimmt § 137 ZPO, der gemäß § 99 entsprechend anzuwenden ist, in den Abs. 2–4: 8

(2) Die Vorträge der Parteien sind in freier Rede zu halten; sie haben das Streitverhältnis in tatsächlicher und rechtlicher Beziehung zu umfassen.

(3) Eine Bezugnahme auf Schriftstücke ist zulässig, soweit keine der Parteien widerspricht und das Gericht sie für angemessen hält. Die Vorlesung von Schriftstücken findet nur insoweit statt, als es auf ihren wörtlichen Inhalt ankommt.

(4) In Anwaltsprozessen ist neben dem Anwalt auch der Partei selbst auf Antrag das Wort zu gestatten.

Im Allgemeinen trägt zunächst der Beschwerdeführer oder Kläger vor, im Anschluss daran erhalten die übrigen Beteiligten das Wort. Wird Beweis erhoben, so muss den Beteiligten im Anschluss an die Beweisaufnahme Gelegenheit zur Stellungnahme gegeben werden (§ 93 Abs. 2).

91 *Erörterung der Sach- und Rechtslage.* (1) **Der Vorsitzende hat die Sache mit den Beteiligten tatsächlich und rechtlich zu erörtern.**

(2) [1]**Der Vorsitzende hat jedem Mitglied des Senats auf Verlangen zu gestatten, Fragen zu stellen.** [2]**Wird eine Frage beanstandet, so entscheidet der Senat.**

(3) [1]**Nach Erörterung der Sache erklärt der Vorsitzende die mündliche Verhandlung für geschlossen.** [2]**Der Senat kann die Wiedereröffnung beschließen.**

Inhaltsübersicht

1 **1. Erörterung der Sache durch den Vorsitzenden.** § 91 Abs. 1, der § 104 VwGO entspricht und Übereinstimmungen mit § 139 ZPO aufweist, behandelt die *sachliche* Verhandlungsleitung durch den Vorsitzenden. Sie macht dem Vorsitzenden zur Pflicht, die Sache in tatsächlicher und in rechtlicher Hinsicht mit den Beteiligten zu erörtern. Dazu gehört insbesondere das Hinwirken auf die Stellung sachdienlicher Anträge, z. B. auf die Aufstellung (gewährbarer, zulässiger) Patentansprüche, auf die Erläuterung unklarer Anträge, auf die Ergänzung tatsächlicher Angaben sowie auf die Klärung vorhandener Widersprüche. Ferner ist auf behebbare prozessuale Mängel hinzuweisen, wie das Fehlen von Vollmachten. Die Verpflichtung zur rechtlichen Erörterung bedeutet nicht, dass der vorläufige Standpunkt des Gerichts den Beteiligten im Einzelnen darzulegen wäre. Es soll lediglich verhindert werden, dass die Beteiligten von der rechtlichen Beurteilung des Gerichts überrascht werden, das Gericht also die Entscheidung auf rechtliche Überlegungen stützt, zu denen die Beteiligten sich nicht geäußert haben. Rechtliche Hinweise sind deshalb insbesondere dann erforderlich, wenn das Gericht von der bisherigen rechtlichen Würdigung abweichen will oder wenn bis dahin nicht gesehene rechtliche Gesichtspunkte auftauchen, die der Sache eine ganz neue Wendung geben können, BVerwG DVBl. **60,** 854. Zur Erörterungs- und Fragepflicht vgl. auch Baumbach/Lauterbach/Albers/Hartmann ZPO, Rdn. 31 ff. § 139 ZPO.

2 Die **Verpflichtung** zur Erörterung der Sache **entfällt,** wenn die Beteiligten nicht zu einer solchen bereit sind. Wenn der Anmelder oder sein Vertreter es ausdrücklich ablehnt, zur Sache zu verhandeln, brauchen ihm keine Anregungen zur Aufstellung beschränkter, möglicherweise gewährbarer Patentansprüche gegeben zu werden, BPatGE **17,** 80. Die Erörterungspflicht nötigt das Gericht nicht, auf Dinge einzugehen, auf die der Anmelder trotz eines unmißverständlichen Hinweises des Patentamts in einem Zwischenbescheid im weiteren Verlauf des Verfahrens nicht eingegangen ist und die er auch im Beschwerdeverfahren nicht einer Erörterung wert findet, BGH v. 3. 6. 1970 – X ZB 6/69.

3 Die Vorschrift behandelt an sich nur die Erörterung mit den Beteiligten in der mündlichen Verhandlung. Sie gilt deshalb nicht für das Verfahren ohne mündliche Verhandlung. Da jedoch in allen Fällen, in denen eine Erörterung erforderlich ist, die Anordnung der mündlichen Verhandlung gemäß § 78 Nr. 3 geboten wäre, muss entweder auf die **erörterungsbedürftigen Umstände oder Gesichtspunkte durch Zwischenverfügung** hingewiesen oder **mündliche Verhandlung von Amts wegen** anberaumt werden.

4 **2. Fragerecht der Senatsmitglieder.** Das Fragerecht der Beisitzer geht **wesentlich weiter** als das der Beteiligten. Die Beteiligten sind nur berechtigt, den Zeugen und Sachverständigen Fragen zu stellen (§ 88). Die Beisitzer sind dagegen berechtigt, den Zeugen, Sachverständigen und allen Verfahrensbeteiligten Fragen zu stellen. Das Fragerecht ist auch nicht auf die Beweisaufnahme beschränkt. Fragen können vielmehr auch im Zusammenhang mit dem Vortrag des Akteninhalts oder dem Vortrag der Beteiligten oder der Erörterung der Sach- und Rechtslage (Abs. 1) gestellt werden. Die Vorschrift stellt klar, dass die Beisitzer Fragen erst nach Worterteilung durch den Vorsitzenden stellen können, der Vorsitzende aber die Stellung der Fragen gestatten muss. Der Vorsitzende kann deshalb nur den Zeitpunkt bestimmen, zu dem die Beisitzer ihre Fragen stellen können; darüber, ob sie Fragen stellen wollen, entscheiden die Beisitzer selbst.

3. Beanstandung von Fragen. § 91 Abs. 2 Satz 2 betrifft nach dem Zusammenhang nur 5
die Fragen der beisitzenden Richter. Für Fragen des Vorsitzenden und für die auf die Sachleitung bezüglichen Anordnungen des Vorsitzenden gilt gemäß § 99 PatG die Regelung in § 140 ZPO entsprechend, wonach das Gericht entscheidet, wenn eine Frage des Vorsitzenden oder eine auf die Sachleitung bezügliche Anordnung des Vorsitzenden von einer bei der Verhandlung beteiligten Person als unzulässig beanstandet wird. Da die Mitglieder des Gerichts nicht bei der Verhandlung „beteiligt" sind, kann also eine Frage des Vorsitzenden nur von den Verfahrensbeteiligten, nicht von den Mitgliedern des Gerichts beanstandet werden, auch wenn sie die Frage missbilligen.

§ 91 Abs. 2 Satz 2 enthält eine entsprechende Einschränkung nicht. Fragen der Beisitzer 6
können trotzdem nur von den Verfahrensbeteiligten, den Zeugen und Sachverständigen, nicht etwa auch vom Vorsitzenden und den anderen Beisitzern förmlich beanstandet werden (a. A. die Voraufl., wie hier Busse, Rdn 5, und Schulte, Rdn 3, jeweils zu § 91).

Über die Berechtigung der Beanstandung einer Frage des Vorsitzenden oder eines der beisit- 7
zenden Richters entscheidet das Gericht. Die Beanstandung ist nur dann als berechtigt anzuerkennen, wenn die Frage nicht zulässig ist, nicht schon dann, wenn sie lediglich unerheblich oder unzweckmäßig ist.

4. Schließung der Verhandlung. Im Rahmen der förmlichen Verhandlungsleitung (§ 90) 8
obliegt dem Vorsitzenden die Schließung der Verhandlung, wenn er selbst und die übrigen Mitglieder des Gerichts die Sache für hinreichend erörtert halten. Das wird in § 136 Abs. 4 ZPO, der bestimmt, dass der Vorsitzende die Verhandlung schließt, wenn die Sache nach Ansicht des Gerichts vollständig erörtert ist, besonders hervorgehoben, ergibt sich aber aus der Vorschrift auch von selbst. Denn der Vorsitzende kann, da er nach Abs. 1 Satz 1 Fragen der Beisitzer nicht abschneiden darf, die Verhandlung nicht schließen, solange auch nur einer der Beisitzer noch eine Frage zu stellen hat.

5. Wiedereröffnung der mündlichen Verhandlung. Die Schließung der mündlichen 9
Verhandlung hat zur Folge, dass ein weiteres Vorbringen der Beteiligten ausgeschlossen ist, sofern es nicht nach § 283 ZPO, der entsprechend anzuwenden ist, nachgelassen ist, vgl. dazu BPatGE **19,** 131, 132; **22,** 54, 55f. Ein nach Schluss der mündlichen Verhandlung eingereichter, nicht nachgelassener Schriftsatz verpflichtet das Gericht jedoch zur Prüfung, ob die mündliche Verhandlung wieder zu eröffnen ist, BGH GRUR **79,** 219 – Schaltungschassis. Ein dahingehender „Antrag" stellt sich rechtlich als eine Anregung dar, die vom Gericht nicht besonders beschieden zu werden braucht, BGH aaO. Ihr muss entsprochen werden, wenn der in der mündlichen Verhandlung erörterte Sachverhalt nicht hinreichend geklärt worden war, vgl. BGHZ **30,** 60, 65; **53,** 242, 262f. oder der Patentinhaber im Einspruchsbeschwerdeverfahren die Teilung des Patents erklärt und neue Patentansprüche vorgelegt hat, BGH GRUR **96,** 399, 401 – Schutzverkleidung. Abgesehen von diesem Fall kommt eine Wiedereröffnung in Betracht, wenn sich in der Beratung neue Gesichtspunkte ergeben, die eine weitere Aufklärung erforderlich machen, oder bei Richterwechsel nach der Schlussverhandlung (§ 93 Abs. 3). Die Wiedereröffnung wird vom Senat beschlossen (§ 91 Abs. 3 Satz 2), den neuen Verhandlungstermin bestimmt der Vorsitzende (§ 216 Abs. 2 ZPO). Das Fehlen einer Begründung für die Ablehnung der Wiedereröffnung der mündlichen Verhandlung stellt keinen Mangel i. S. des § 100 Abs. 3 Nr. 5 dar, BGH GRUR **79,** 219. Das Patentgericht ist gehalten, erneut in die mündliche Verhandlung einzutreten, wenn es eine nach Abschluss der mündlichen Verhandlung eingetretene rechtserhebliche Tatsache berücksichtigen will: Entscheidet es unter Berücksichtigung dieser neuen Tatsache im schriftlichen Verfahren, ohne zuvor das Einverständnis der Verfahrensbeteiligten zu diesem Verfahren einzuholen, so kann darin eine Verletzung des rechtlichen Gehörs liegen, die auf Rechtsbeschwerde zur Aufhebung der Entscheidung führt, BGH – Easypress (Markensache), GRUR **01,** 337, 338 Egr. III 2a.

92 *Verhandlungsniederschrift.* (1) [1] **Zur mündlichen Verhandlung und zu jeder Beweisaufnahme wird ein Urkundsbeamter der Geschäftsstelle als Schriftführer zugezogen.** [2] **Wird auf Anordnung des Vorsitzenden von der Zuziehung des Schriftführers abgesehen, dann besorgt ein Richter die Niederschrift.**

(2) [1] **Über die mündliche Verhandlung und jede Beweisaufnahme ist eine Niederschrift aufzunehmen.** [2] **Die §§ 160 bis 165 der Zivilprozeßordnung sind entsprechend anzuwenden.**

Inhaltsübersicht

1 **1. Aufnahme einer Verhandlungsniederschrift.** Die Vorschrift, die an § 159 ZPO angelehnt ist und in Abs. 2 § 105 VwGO nachgebildet und durch das GPatG geändert worden ist, regelt die Aufnahme, die Form und den Inhalt der Verhandlungsniederschrift. Auf die Erläuterungswerke zur ZPO, §§ 159 bis 165, wird verwiesen.

2 **a) Erforderlichkeit.** § 92 Abs. 1 Satz 1 schreibt die Zuziehung eines Schriftführers und damit auch die Aufnahme einer Verhandlungsniederschrift für die mündliche Verhandlung vor dem Senat und für jede Beweisaufnahme vor, gleichgültig, ob ein Richter des Patentgerichts Beweise als beauftragter Richter erhebt oder ob das Patentgericht als Rechtshilfegericht (§ 115 Abs. 2) Beweise erhebt. Die Niederschrift ist in diesen Fällen grundsätzlich in der Verhandlung selbst aufzunehmen. Das ergibt sich schon daraus, dass sie teilweise zu verlesen ist (vgl. unten Rdn. 15), also in der Verhandlung vorhanden sein muss. Der Begriff der Niederschrift ist allerdings zu modifizieren, da nach § 160a Abs. 1 ZPO der Inhalt des Protokolls auch auf einem Ton- oder Datenträger vorläufig aufgezeichnet werden kann.

3 **b) Schriftführer.** Als Schriftführer ist grundsätzlich ein *Urkundsbeamter* der Geschäftsstelle hinzuzuziehen. Der Urkundsbeamte braucht nicht Beamter im Sinne des Beamtenrechts zu sein; der Begriff Beamter ist hier vielmehr im Sinne des Amtsträgers, dem ein „Amt" übertragen ist, gebraucht. Als Protokollführer können deshalb auch nichtbeamtete Dienstkräfte herangezogen werden, die zu Urkundsbeamten bestellt sind. Eine Kanzleiangestellte, die nicht zur Urkundsbeamtin bestellt ist, darf nicht als Protokollführerin tätig werden.

4 Der Vorsitzende oder der beauftragte Richter (RGZ **112,** 2) kann bestimmen, dass von der Zuziehung eines Schriftführers abgesehen wird. Dann besorgt ein *Richter,* also entweder der Vorsitzende oder ein beisitzender Richter oder der beauftragte Richter selbst, die Niederschrift. Er tritt damit insoweit an die Stelle des Schriftführers und wird zugleich als Urkundsperson tätig. Die für den Schriftführer geltenden Bestimmungen sind daher insoweit für ihn maßgebend, vgl. Rdn. 6. Die Anordnung, dass ein Richter die Niederschrift übernimmt, kann auch im Laufe der Verhandlung getroffen werden; sie ist dann in die Niederschrift aufzunehmen und diese vom Urkundsbeamten abzuschließen und zu unterschreiben, der Richter führt die Niederschrift weiter. Die Anordnung kann auch wieder aufgehoben und die Protokollierung wieder auf einen Urkundsbeamten der Geschäftsstelle übergeleitet werden.

5 **2. Form der Niederschrift.** Die Niederschrift ist in gewöhnlicher Schrift, in Handschrift oder Maschinenschrift, aufzunehmen. Der Inhalt des Protokolls kann jedoch nach § 160a Abs. 1 ZPO in einer gebräuchlichen Kurzschrift, durch verständliche Abkürzungen oder auf einem Ton- oder Datenträger vorläufig aufgezeichnet werden. Das Protokoll ist in diesem Falle unverzüglich nach der Sitzung herzustellen (§ 160a Abs. 2 Satz 1 ZPO).

6 Die Niederschrift ist vom Vorsitzenden und vom Schriftführer zu *unterzeichnen.* (§ 163 Abs. 1 Satz 1 ZPO). Wenn von der Zuziehung eines Schriftführers abgesehen wurde, unterschreibt der Vorsitzende auch als Protokollführer, selbst wenn ein anderer Richter das Protokoll geführt hat. Ist der Vorsitzende verhindert, so unterschreibt an seiner Stelle der dienstälteste beisitzende Richter (§ 163 Abs. 2 Satz 1 ZPO). Im Falle der Verhinderung des beauftragten Richters genügt nach § 163 Abs. 2 Satz 1, 2. Halbsatz ZPO die Unterschrift des Schriftführers. Bei Verhinderung des Schriftführers genügt nach § 163 Abs. 2 Satz 2 ZPO die Unterschrift des Richters. Der Grund der Verhinderung soll im Protokoll vermerkt werden (§ 163 Abs. 2 Satz 3 ZPO).

7 Aus der Vorschrift, dass die Niederschrift zu unterschreiben ist, ergibt sich, dass sie die erforderlichen Angaben *im Zusammenhang* enthalten muss. Hinsichtlich der in § 160 ZPO vorgeschriebenen Angaben genügt jedoch nach § 160 Abs. 5 ZPO die Aufnahme in eine Protokollanlage, die in der Niederschrift als solche zu bezeichnen ist. Die Anlage braucht, wenn ein Schriftführer zugezogen ist, nicht vom Vorsitzenden unterschrieben zu werden, doch ist das Unterschreiben zu empfehlen.

3. Inhalt der Niederschrift. Die Vorschrift verweist wegen des Inhalts der Verhandlungsniederschrift auf § 160 ZPO. Dort ist näher geregelt, was als wesentlich in das Protokoll aufzunehmen ist. Neben den in § 160 Abs. 1, 3 und 4 ZPO genannten Feststellungen sind nach § 160 Abs. 2 ZPO nur die wesentlichen Vorgänge der Verhandlung in das Protokoll aufzunehmen. Der Aufnahme in das Protokoll steht die Aufnahme in eine Schrift gleich, die dem Protokoll als Anlage beigefügt und in ihm als solche bezeichnet ist (§ 160 Abs. 5 ZPO). 8

a) Formalien. Über die in die Niederschrift aufzunehmenden Formalien bestimmt § 160 Abs. 1 ZPO: 9

(1) Das Protokoll enthält
1. den Ort und den Tag der Verhandlung;
2. die Namen der Richter, des Urkundsbeamten der Geschäftsstelle und des etwa zugezogenen Dolmetschers;
3. die Bezeichnung des Rechtsstreits;
4. die Namen der erschienenen Parteien, Nebenintervenienten, Vertreter, Bevollmächtigten, Beistände, Zeugen und Sachverständigen;
5. die Angabe, daß öffentlich verhandelt oder die Öffentlichkeit ausgeschlossen worden ist.

Diese Angaben sind auch in die Niederschrift nach § 92 aufzunehmen.

b) Wesentliche Vorgänge der Verhandlung. Nach § 160 Abs. 3 ZPO sind im Protokoll festzustellen: 10

1. Anerkenntnis, Anspruchsverzicht und Vergleich;
2. die Anträge;
3. Geständnis und Erklärung über einen Antrag auf Parteivernehmung sowie sonstige Erklärungen, wenn ihre Feststellung vorgeschrieben ist;
4. die Aussagen der Zeugen, Sachverständigen und vernommenen Parteien; bei einer wiederholten Vernehmung braucht die Aussage nur insoweit in das Protokoll aufgenommen zu werden, als sie von der früheren abweicht;
5. das Ergebnis eines Augenscheins;
6. die Entscheidungen (Urteile, Beschlüsse und Verfügungen) des Gerichts;
7. die Verkündung der Entscheidungen;
8. die Zurücknahme der Klage oder eines Rechtsmittels;
9. der Verzicht auf Rechtsmittel.

Anträge i. S. des § 160 Abs. 3 Nr. 2 ZPO sind nur die Sachanträge. Sachantrag ist wegen der damit verbundenen sachlich-rechtlichen Wirkungen auch der Antrag auf Verbindung zweier Erteilungsverfahren (Zusammenfassung zweier Anmeldungen zu einer Anmeldung nach vorheriger Trennung); für einen solchen Antrag gilt daher die Beweisregel des § 165 ZPO, BGH Mitt. **79,** 120.

Neben diesen Feststellungen sind in das Protokoll die wesentlichen Vorgänge der Verhandlung aufzunehmen (§ 160 Abs. 2 ZPO). Dazu werden insbesondere die Feststellungen zu rechnen sein, dass der Vorsitzende oder der Berichterstatter den wesentlichen Inhalt der Akten vorgetragen hat (§ 90 Abs. 2), die Beteiligten das Wort erhalten haben, um ihre Anträge zu stellen und zu begründen (§ 90 Abs. 3), und die Sach- und Rechtslage mit den Beteiligten erörtert worden ist (§ 91 Abs. 1). Aufzunehmen sind weiter Vorgänge oder Äußerungen, deren Protokollierung die Beteiligten beantragen, sofern nicht das Gericht die Protokollierung ablehnt (§ 160 Abs. 4 ZPO, vgl. dazu unten Rdn. 12). 11

c) Vorgänge und Äußerungen, deren Aufnahme die Beteiligten beantragen. Von dem Grundsatz, dass der Vorsitzende im Rahmen der Verhandlungsleitung den Inhalt der Niederschrift bestimmt, soweit nicht das Gesetz eine nähere Regelung enthält, sieht § 160 Abs. 4 Satz 1 ZPO eine Ausnahme vor, indem er den Beteiligten für bestimmte, also einzelne Vorgänge und Äußerungen ein Antragsrecht auf Protokollierung gibt. Das Gericht kann jedoch die Protokollierung ablehnen, wenn es auf die Feststellung des Vorgangs oder der Äußerung nicht ankommt (§ 160 Abs. 4 Satz 2 ZPO). In diesem Falle ist nur der ablehnende Gerichtsbeschluss in die Niederschrift aufzunehmen. 12

d) Besonderheiten für Aussagen und das Ergebnis eines Augenscheins. Soweit die Aussagen von Zeugen, Sachverständigen oder Beteiligten oder das Ergebnis eines Augenscheins mit einem Tonaufnahmegerät vorläufig aufgezeichnet worden sind, braucht lediglich dieses in dem Protokoll vermerkt zu werden (§ 160 a Abs. 2 Satz 2 ZPO). Das Protokoll muss jedoch um die Aussagen – evtl. um deren wesentliches Ergebnis – und um das Ergebnis eines Augenscheins ergänzt werden, wenn ein Beteiligter dies bis zum rechtskräftigen Abschluss des Verfahrens beantragt oder das Rechtsmittelgericht die Ergänzung anfordert (§ 160 a Abs. 2 Satz 3 ZPO). 13

Die in § 160 Abs. 3 Nr. 4 und 5 ZPO (vgl. oben Rdn. 10) vorgeschriebene Feststellung der Aussagen von Zeugen, Sachverständigen und Beteiligten sowie des Ergebnisses eines Augen- 14 scheins im Protokoll ist entbehrlich, wenn das Gericht die Vernehmung oder den Augenschein in seiner vollen Besetzung durchführt und die Endentscheidung keinem Rechtsmittel unterliegt (§ 161 Abs. 1 Nr. 1) oder wenn das Verfahren infolge Antragsrücknahme, Verzicht oder Anerkenntnis ohne Sachentscheidung beendet wird oder wenn auf ein Rechtsmittel verzichtet wird (§ 161 ZPO Abs. 1 Nr. 2 ZPO). Die Voraussetzungen der ersten genannten Alternative sind nicht erfüllt, wenn die Endentscheidung der Rechtsbeschwerde unterliegt, mag diese auch nicht zugelassen sein; denn die Rechtsbeschwerde kann nach § 100 Abs. 3 auch ohne Zulassung eingelegt werden.

15 **4. Vorlesung oder Vorlegung.** Soweit das Protokoll Feststellungen nach § 160 Abs. 3 Nr. 1, 3, 4, 5, 8, 9 ZPO (vgl. oben Rdn. 10) oder zu Protokoll erklärte Anträge enthält, ist es den Beteiligten vorzulesen oder zur Durchsicht vorzulegen (§ 162 Abs. 1 Satz 1 ZPO). Ist der Inhalt des Protokoll nur vorläufig aufgezeichnet worden (vgl. oben Rdn. 5), so genügt es, wenn die Aufzeichnungen vorgelesen oder abgespielt werden (§ 162 Abs. 1 Satz 2 ZPO). In dem Protokoll ist zu vermerken, dass dies geschehen und die Genehmigung erteilt ist oder welche Einwendungen erhoben worden sind (§ 162 Abs. 1 Satz 3 ZPO).

16 Besonderheiten gelten auch insoweit für Aussagen und das Ergebnis eines Augenscheins (§ 160 Abs. 3 Nr. 4 und 5 ZPO): Aussagen, die in Gegenwart der Beteiligten unmittelbar aufgezeichnet worden sind, brauchen nicht abgespielt zu werden; der Beteiligte, dessen Aussage aufgezeichnet worden ist, kann jedoch das Abspielen verlangen (§ 162 Abs. 2 Satz 1 ZPO). Feststellungen über Aussagen oder das Ergebnis eines Augenscheins, die in Gegenwart der Beteiligten diktiert werden, brauchen nicht abgespielt, vorgelesen oder zur Durchsicht vorgelegt zu werden, wenn die Beteiligten nach der Aufzeichnung darauf verzichten; in dem Protokoll ist zu vermerken, dass der Verzicht ausgesprochen worden ist (§ 162 Abs. 2 Satz 3 ZPO).

17 **5. Berichtigung der Niederschrift.** Unrichtigkeiten der Verhandlungsniederschrift können jederzeit durch einen vom Vorsitzenden und Schriftführer zu unterschreibenden, auf dem Protokoll anzubringenden Vermerk berichtigt werden, wenn Vorsitzender und Schriftführer über die Unrichtigkeit einig sind (§ 164 Abs. 1 und 3 ZPO). Vor der Berichtigung sind die Beteiligten und, wenn die Aussage eines Zeugen oder Sachverständigen betroffen ist, auch der Vernommene zu hören (§ 164 Abs. 2 ZPO). Gegen eine Protokollberichtigung nach § 164 ZPO ist kein Rechtsmittel gegeben, BGH v. 14. 7. 2004, XII ZB 268/03, Egr. 2., Baumbach/Lauterbach/Albers/Hartmann, ZPO, Rdn. 13, 14 zu § 164.

18 **6. Beweiskraft der Niederschrift.** Über die Beweiskraft des Protokolls bestimmt § 165 ZPO:

> „Die Beachtung der für die mündliche Verhandlung vorgeschriebenen Förmlichkeiten kann nur durch das Protokoll bewiesen werden. Gegen seinen diese Förmlichkeiten betreffenden Inhalt ist nur der Nachweis der Fälschung zulässig."

„Förmlichkeit" bezeichnet hier nur den äußeren Hergang der Verhandlung im Gegensatz zu ihrem Inhalt, Baumbach/Lauterbach/Albers/Hartmann ZPO Rdn. 4 zu § 165 ZPO. Im Übrigen erbringt das Protokoll vollen Beweis für den Inhalt der beurkundeten Vorgänge (§§ 415 Abs. 1, 418 Abs. 1 ZPO) mit der Möglichkeit des Gegenbeweises (§§ 415 Abs. 2, 418 Abs. 2 ZPO). Hinsichtlich der Förmlichkeiten beweist das Protokoll das Geschehen ebenso wie das Nichtgeschehen; es beweist daher auch, dass ein bestimmter Sachantrag nicht gestellt wurde, BGH Mitt **79,** 120; **79,** 198 (betr. Hilfsantrag). Zu protokollierten Erklärungen kann sich ein Beteiligter grundsätzlich nicht in Widerspruch setzen, BGH GRUR **81,** 649 – Polsterfüllgut.

19 **7. Mitteilung der Niederschrift.** Die Mitteilung einer Abschrift der Niederschrift ist im Gegensatz zu § 46 Abs. 2 Satz 3 nicht vorgesehen. Den Beteiligten werden daher nicht von Amts wegen, sondern nur auf Antrag Abschriften erteilt. Für die auf Antrag erteilten Abschriften werden gemäß § 98 in Verbindung mit Teil 9 Vorbemerkung 9 Nr. 9000 Abs. 2 Nr. 3 des Kostenverz. zum GKG keine Schreibgebühren bzw. keine Dokumentenpauschale erhoben.

93 *Beweiswürdigung. Rechtliches Gehör.* (1) [1]**Das Patentgericht entscheidet nach seiner freien, aus dem Gesamtergebnis des Verfahrens gewonnenen Überzeugung.** [2]**In der Entscheidung sind die Gründe anzugeben, die für die richterliche Überzeugung leitend gewesen sind.**

(2) **Die Entscheidung darf nur auf Tatsachen und Beweisergebnisse gestützt werden, zu denen die Beteiligten sich äußern konnten.**

(3) **Ist eine mündliche Verhandlung vorhergegangen, so kann ein Richter, der bei der letzten mündlichen Verhandlung nicht zugegen war, bei der Beschlußfassung nur mitwirken, wenn die Beteiligten zustimmen.**

Inhaltsübersicht

1. Freie Beweiswürdigung. § 93 Abs. 1, der § 108 Abs. 1 VwGO entspricht, stellt den Grundsatz der freien Beweiswürdigung auf, vgl. auch §§ 286 ZPO, 261 StPO. Der Grundsatz besagt, dass das Gericht bei der Feststellung der tatsächlichen Grundlagen der Entscheidung frei, das heißt nicht an Beweisregeln derart gebunden ist, dass es nur bestimmte Beweismittel als genügend ansehen dürfte, andere dagegen als ungenügend ablehnen müsste. Das Gericht kann deshalb eine Tatsache auch ohne Beweisaufnahme für erwiesen erachten oder der Erklärung eines Beteiligten mehr glauben als einer eidlichen Zeugenaussage. Die Vorschrift befreit das Gericht aber nicht von der Pflicht zu gewissenhafter Prüfung und Abwägung aller in Betracht kommenden Umstände. § 93 Abs. 1 Satz 1 ist im Zusammenhang mit § 87 Abs. 1 Satz 1 zu lesen, nach dem das Patentgericht den Sachverhalt von Amts wegen erforscht und an das Vorbringen und die Beweisanträge der Beteiligten nicht gebunden ist. Das, was das Gericht in Anwendung dieser Vorschrift im Hinblick auf den Verfahrensgegenstand unter Berücksichtigung des Vorbringens der Verfahrensbeteiligten und etwaiger Beweisergebnisse und Ermittlungen sowie von faktischen oder gesetzlichen Vermutungen an Sach- und Streitstoff zusammengetragen hat, ist das „Gesamtergebnis des Verfahrens", das es bei seiner Überzeugungsbildung zugrunde zu legen und zu verarbeiten hat. Je nach dem Verfahrensgegenstand ist es entweder ein relativ einfaches, überschaubares (z. B. in Kostenfestsetzungsverfahren) oder extrem komplexes und schwierig zu handhabendes (z. B. in Einspruchsbeschwerde- oder Nichtigkeitsverfahren) „Gesamtergebnis". 1

a) Richterliche Überzeugung. Für die Feststellung des Sachverhalts ist die richterliche Überzeugung maßgebend. Es genügt deshalb nicht, dass der Richter einen bestimmten Sachverhalt lediglich für wahrscheinlich hält. Andererseits ist auch keine mathematische, jeden Zweifel und jede Möglichkeit des Gegenteils ausschließende Gewissheit erforderlich, die weitgehend überhaupt nicht zu erlangen ist. Der Richter darf und muss sich vielmehr bei der Tatsachenfeststellung mit einem für das praktische Leben brauchbaren Grad von Wahrscheinlichkeit begnügen, der dem Zweifel Schweigen gebietet, ohne ihn völlig auszuschließen, also mit einem so hohen Grad der Wahrscheinlichkeit, dass er nach der Lebenserfahrung der Gewissheit gleichkommt, BGH NJW **82,** 2875. 2

b) Grundlage für die Bildung der Überzeugung ist das Gesamtergebnis des Verfahrens. Zu berücksichtigen sind also nicht nur das Ergebnis einer Beweisaufnahme, sondern auch die Erklärungen, Handlungen und Unterlassungen der Beteiligten sowie andere in dem Verfahren zutage getretene Umstände. Grundlage für die Bildung der Überzeugung darf andererseits nur sein, was Gegenstand des Verfahrens gewesen ist. 3

Wenn eine mündliche Verhandlung stattgefunden hat, sind Gegenstand des Verfahrens der vom Vorsitzenden oder dem Berichterstatter vorgetragene Akteninhalt (§ 90 Abs. 2), die tatsächlichen Ausführungen der Beteiligten (§ 90 Abs. 3) einschließlich der dabei in bezug genommenen Schriftsätze, die erhobenen Beweise und die sonst in der Verhandlung erörterten Umstände (§ 91 Abs. 1) und die von den Beteiligten abgegebenen Erklärungen, auch soweit sie sich auf das Ergebnis einer Beweisaufnahme beziehen, vgl. BGH GRUR **81,** 649, 650 f. – Polsterfüllgut. Beigezogene Akten oder Urkunden, etwa öffentliche Druckschriften, die nicht Gegenstand der mündlichen Verhandlung gewesen sind, dürfen der Entscheidung nicht zugrunde gelegt werden, BVerwG DÖV **55,** 511. Im Verfahren ohne mündliche Verhandlung können der gesamte schriftliche Vortrag der Beteiligten und der gesamte Akteninhalt, zu dem sich die Beteiligten äußern konnten, berücksichtigt werden. Im Falle des Übergangs vom mündlichen ins schriftliche Verfahren ist der Akteninhalt maßgebend, BGH GRUR **74,** 294, 295 – Richterwechsel II, mit zust. Anm. Hoepffner und mit abl. Stellungn. Weller Mitt. **74,** 234. 4

c) Angabe der Gründe in der Entscheidung. Die Gründe, die für die richterliche Überzeugung leitend gewesen sind, sind in der Entscheidung darzulegen. Es genügt deshalb nicht, 5 dass in der Entscheidung zum Ausdruck kommt, das Gericht sei auf Grund des Ergebnisses des Verfahrens zu der angegebenen Überzeugung gelangt. Es muss vielmehr angegeben werden, worauf sich die Überzeugung im Einzelnen gründet, welchen Sachverhalt das Gericht als festgestellt ansieht und auf welche Beweismittel es sich dabei stützt, und zwar insbesondere dann, wenn Beweiserhebungen stattgefunden haben, wie die Beweisergebnisse bewertet werden und welche Beweismittel für die Überzeugungsbildung den Ausschlag gegeben haben. Im Übrigen sind die „Gründe" so anzulegen, dass sie den Mindestanforderungen, die sich aus § 100 Abs. 3 Nr. 6 für eine mit Gründen versehene Entscheidung ergeben, entsprechen. Die einzelnen Momente müssen vollständig und in ihrem Zusammenhang erörtert werden. Die Gründe müssen erkennen lassen, welche tatsächlichen Feststellungen und rechtlichen Erwägungen für die getroffene Entscheidung maßgebend waren; sie dürfen nicht inhaltlos sein und sich nicht auf leere Redensarten oder die bloße Wiedergabe des Gesetzestextes beschränken. Die selbstständigen Angriffs- und Verteidigungsmittel müssen sachlich beschieden werden, BGH GRUR **91,** 442 – Pharmazeutisches Präparat. Zu den selbstständigen Angriffsmitteln gehören auch Einwände gegen die dem Gegenstand der Patentanmeldung zukommende Erfindungshöhe, BGH GRUR **92,** 159, 160 – Crackkatalysator II oder als neuheitsschädlich bezeichnete neue Dokumente aus dem Stand der Technik, BGH – Treibladung, GRUR **82,** 406 Die Gründe dürfen einen im Patenterteilungsverfahren gestellten Hilfsantrag des Anmelders und das auf ihn erteilte Patent nicht übergehen. Nachträglich in Schreiben an die Verfahrensbevollmächtigten gemachte Ausführungen ersetzen die Begründung nicht, BGH GRUR **90,** 109, 110, – Weihnachtsbrief. Die Gründe müssen auch eine einzelne, die Patentfähigkeit des Gegenstandes der Anmeldung hindernde Entgegenhaltung (z. B. offenkundige Vorbenutzung) bescheiden. Die bloße Mitteilung des Gesamtergebnisses einer Neuheitsprüfung reicht als Begründung nicht aus; dazu muss die als neu beanspruchte Lehre mit der vorbeschriebenen technischen Lehre hinsichtlich der einzelnen Merkmale verglichen werden, BGH GRUR **89,** 494, 495 – Schrägliegeeinrichtung. Ergebnisse der von Amts wegen zu prüfenden Verfahrensvoraussetzungen (z. B. Parteifähigkeit eines Einsprechenden) sind nur dann in den Gründen ausdrücklich festzuhalten, wenn ein Beteiligter sie zum Gegenstand eines selbstständigen Angriffs- oder Verteidigungsmittels gemacht hat oder wenn die Prüfungsbedürftigkeit in die Augen springt, BGH GRUR **90,** 348, 350 – Gefäßimplantat. Die Gründe müssen sich jedoch nicht mit jedem ferner liegenden möglichen Argument auseinandersetzen, das nicht einmal von den Verfahrensbeteiligten als wesentlich herausgestellt worden ist, BGH GRUR **87,** 510, 513 – Mittelohr-Prothese. Die Vorschrift setzt voraus, dass der Entscheidung überhaupt eine Begründung beizufügen ist. Soweit das nicht der Fall ist (vgl. § 94 Abs. 2), bedarf es auch der Angabe der für die Tatsachenfeststellung maßgebenden Gründe nicht.

6 **2. Verbot der Verwertung von Tatsachen und Beweisergebnissen ohne rechtliches Gehör.** Literatur: Hegel, Rechtliches Gehör vor dem Bundespatentgericht, Mitt. **75,** 159; Reinländer, Vorbereitung der mündlichen Verhandlung und rechtliches Gehör im patentgerichtlichen Verfahren, Mitt. **77,** 19. Zum rechtlichen Gehör in Verfahren vor den Organen des EPA vgl. Benkard/Schäfers, EPÜ, Rdn. 12 ff. zu Art. 113.

6 a Das in Abs. 2 ausgesprochene Verbot, der Entscheidung solche Tatsachen und Beweisergebnisse zugrunde zu legen, zu denen sich die Beteiligten nicht äußern konnten, ist Ausfluss des durch Art. 103 Abs. 1 GG verfassungsrechtlich garantierten Anspruchs auf rechtliches Gehör, vom BVerfG als „das prozessuale Urrecht des Menschen" bezeichneten, BVerfGE **55,** 6. Es ist zusätzlich durch Völkerrechtsnormen wie Art. 6 Abs. 1 Satz 1 EMRK und Art. 41 Abs. 3 Satz 2 TRIPS-Übereinkommen geschützt. Art. 103 GG gibt dem Beteiligten eines gerichtlichen Verfahrens ein Recht darauf, dass er Gelegenheit erhält, sich zu dem einer gerichtlichen Entscheidung zugrunde liegenden Sachverhalt vor Erlaß der Entscheidung zu äußern, vor Gericht Anträge zu stellen und Ausführungen zu machen, BVerfGE **36,** 85, 87; **50,** 280, 284; **69,** 135, 143; BVerfG NJW **87,** 1621, 2067; **91,** 2823; Röhl NJW **64,** 273. Art. 103 Abs. 1 GG, die in § 93 Abs. 2 für die Verfahren vor dem Patentgericht eine konkrete Ausgestaltung erfahren hat, gewährt den an einem gerichtlichen Verfahren formell oder materiell Beteiligten das Recht, sich zu den der gerichtlichen Entscheidung zugrunde liegenden Tatsachen und zur Rechtslage zu äußern. Das rechtliche Gehör vor Gericht umfasst nicht nur Stellungnahmen zum Sachverhalt, sondern auch Rechtsausführungen sowie das Recht, Anträge zu stellen, BGH – EASYPRESS (MarkenG) = GRUR **01,** 337.

6 b Das rechtliche Gehör verlangt daher, dass a) der **Beteiligte Gelegenheit** erhält, sich zu dem einer gerichtlichen Entscheidung zugrunde liegenden Sachverhalt vor Erlass der Entscheidung **zu äußern,** oder auch, vor Gericht Anträge zu stellen und Ausführungen zu machen, b) der Entscheidung nur solche Tatsachen und Beweisergebnisse zugrunde gelegt werden, zu denen sich die Beteiligten äußern konnten, BGH v. 30. 3. 2005, X ZB 8/04 – Vertikallibelle, Egr. II 3 (www.bundesgerichtshof.de o. juris). Das Gericht ist verpflichtet, dieses Vorbringen zur Kenntnis zu nehmen und in Erwägung zu ziehen, BVerfG NJW **95,** 2095, 2096; BGH GRUR **99,** 919 – Zugriffsinformation, LS 2, Egr. III 2. § 93 Abs. 2 regelt lediglich die Folgen mangelnder Anhörung zu Tatsachen und Beweisergebnissen. Aus dieser Vorschrift kann deshalb nicht entnommen werden, dass nur insoweit überhaupt Gelegenheit zur Äußerung gegeben werden müsse. Der Anspruch auf rechtliches Gehör gibt jedem Verfahrensbeteiligten das Recht, sich zu dem der Entscheidung zugrunde liegenden Sachverhalt zu äußern und dem Gericht die eigene Auffassung zu den erheblichen Rechtsfragen darzulegen. Das Gericht ist verpflichtet, dieses Vorbringen zur Kenntnis zu nehmen und in Erwägung zu ziehen, st. Rspr., BVerfG NJW **95,** 2095, 2096 m. w. N.; BGH GRUR **99,** 919. Hieraus kann nicht abgeleitet werden, dass sich das Gericht mit jedem Vorbringen einer Partei in den Gründen seiner Entscheidung ausdrücklich zu befassen hat, BVerfG NJW **1992,** 1031; BGH GRUR **99,** 919, 920.

Die im pflichtgemäßen Ermessen des Gerichts liegende Entscheidung, mit der dieses die **Zuziehung eines gerichtlichen Sachverständigen** ablehnt, stellt regelmäßig keine Verletzung des Grundrechts auf rechtliches Gehör der Partei dar, die einen solchen Beweisantrag gestellt hatte. Den Gerichten ist nicht verwehrt, das Vorbringen eines Beteiligten aus Gründen des materiellen und formellen Rechts unberücksichtigt zu lassen, BGH – Zahnstruktur, GRUR **02,** 957, LS, Egr. II 1 a. Eine Verletzung des Grundrechts liegt jedoch vor, wenn ein Gericht den Antrag eines Verfahrensbeteiligten auf mündliche Anhörung des Sachverständigen übergeht, auch wenn das betreffende Verfahren dem Untersuchungsgrundsatz (FGG) unterliegt, BVerfG v. 1 BvR 909/94 vom 3. 2. 1998, Absatz-Nr. 8, 10, http://www.bverfg.de/. Das Gebot der Gewährung rechtlichen Gehörs schließt keine allgemeine Pflicht zu Hinweisen an die Parteien im Sinne der §§ 139, 238 ZPO, § 91 PatG ein. Ein solcher Hinweis kann allenfalls dann geboten sein, wenn für die Parteien nicht vorhersehbar ist, auf welche Erwägungen das Gericht seine Entscheidung stützen wird, BGH – Spiralbohrer, GRUR **2000,** 792, LS 1, 2. Art. 103 Abs. 1 GG gewährt den an einem gerichtlichen Verfahren formell oder materiell Beteiligten das Recht, sich zu den der gerichtlichen Entscheidung zugrunde liegenden Tatsachen und zur Rechtslage zu äußern. Das rechtliche Gehör vor Gericht umfasst mithin nicht nur Stellungnahmen zum Sachverhalt, sondern auch Rechtsausführungen zu machen sowie das Recht, Anträge zu stellen. Der Anspruch auf rechtliches Gehör ist voll gewährleistet, wenn dem beschwerdeführenden Anmelder rechtzeitig vor der mündlichen Verhandlung ein vom Gericht neu ermittelter Stand der Technik zur Kenntnis- und Stellungnahme übersandt wird, der Beschwerdeführer aber den Verhandlungstermin nicht wahrnimmt, BGH – Entsorgungsverfahren, Bl **92,** 496, 498, LS 1, Egr. II 3 b. 6 c

Der Anspruch auf rechtliches Gehör wird verletzt, wenn das Patentgericht einen begründeten Antrag, die **Verhandlung zu vertagen,** ablehnt, obwohl die Gegenpartei des Antragstellers erstmalig in der Verhandlung mit einer neuen Fassung der Patentansprüche hervortritt, die eine ergänzende Neuheitsrecherche notwendig macht, BGH GRUR **04,** 354, Egr. 1 a–b. Verwendungsbeispiele (für Marken), auf die das Patentgericht seine Entscheidung stützt, müssen den Verfahrensbeteiligten zuvor zur Kenntnis gegeben worden sein. Ergeht die Entscheidung auf Grund mündlicher Verhandlung, müssen sie zum **Gegenstand der mündlichen Verhandlung** gemacht worden sein, BGH, GRUR **97,** 637 – Top Selection. Eine Entscheidung beruht auf der Versagung des rechtlichen Gehörs, wenn Umstände, zu denen die Verfahrensbeteiligten sich nicht äußern konnten, zur Begründung herangezogen werden. Dabei ist unerheblich, ob die weiteren Begründungselemente, auf die sich die Entscheidung stützt, auch für sich genommen das Ergebnis hätten tragen können, BGH v. 28. 8. 2003, I ZB 26/01 – Park and Bike, LS (www.bundesgerichtshof.de), und v. 28. 8. 2003 I ZB 5/03 – turkey & corn. Übergeht das Patentgericht einen bedingungslos von einem Verfahrensbeteiligten gestellten Antrag auf mündliche Verhandlung, liegt in diesem Verfahrensfehler nicht notwendigerweise eine Verletzung des Anspruchs auf rechtliches Gehör. Dieser Anspruch ist aber verletzt, wenn der Verfahrensbeteiligte nach der Verfahrenslage davon ausgehen konnte, dass er in der mündlichen Verhandlung mündliche Ergänzungen zum Sachvortrag und Rechtsausführungen würde machen können, BGH v. 28. 8. 2003 – I ZB 5/00, Umdruck S. 6, 7 (BGH www.bundesgerichtshof.de). 6 d

Wie der Grundsatz des rechtlichen Gehörs ganz allgemein, verlangt auch § 93 Abs. 2 nicht, dass die Beteiligten sich zu den entscheidungserheblichen Tatsachen und Beweisergebnissen *geäußert haben.* Erforderlich ist nur, dass ihnen **Gelegenheit zur Äußerung** gegeben war. Wenn eine mündliche Verhandlung stattgefunden hat, zu der die Beteiligten ordnungsmäßig geladen waren, kann das in der Verhandlung Erörterte auch dann der Entscheidung zugrunde gelegt werden, wenn ein Beteiligter nicht erschienen ist. BPatGE **8,** 40. Der Entscheidung dürfen insbesondere erst in der mündlichen Verhandlung vorgelegte, neugefasste Patentansprüche und 7 eine abgeänderte Beschreibung zugrunde gelegt werden, BPatGE **13,** 76. Es darf auch jede erst in dieser Verhandlung genannte Druckschrift bei der Entscheidung verwertet werden, wenn es den Beteiligten möglich und zumutbar ist, in der Verhandlung dazu Stellung zu nehmen, BPatGE **8,** 40; **17,** 80, 84. Das ist etwa der Fall, wenn es sich um eine vom Anmelder selbst gemäß § 26 Abs. 4 Satz 2 PatG 1968 genannte Druckschrift handelt; wenn diese vom Gericht aufgegriffen wird, braucht dem Verfahrensbevollmächtigten des Anmelders jedenfalls dann keine Gelegenheit zu einer Rücksprache mit dem nicht anwesenden Anmelder gegeben zu werden, wenn es sich um einen einfach zu überschauenden Sachverhalt handelt und der Bevollmächtigte auch keine bestimmten Sachpunkte bezeichnet, zu denen er nicht Stellung nehmen könne, BPatGE **17,** 80, 84f.; dazu abl. Hegel in Mitt. **75,** 159; vgl. zu der Frage auch Gernhardt Mitt. **76,** 8, 9ff.; Reinländer Mitt. **77,** 19.

8 Im Verfahren ohne mündliche Verhandlung kann der schriftsätzliche Vortrag eines Beteiligten nur dann berücksichtigt werden, wenn er den anderen Beteiligten mitgeteilt wurde und diese dazu Stellung nehmen konnten. Das Ergebnis einer Beweisaufnahme außerhalb der mündlichen Verhandlung oder der Inhalt einer etwa eingeholten Auskunft müssen den Beteiligten bekannt gegeben werden; denn nur dann können sie sich überhaupt dazu äußern. Die Beteiligten müssen auch über alle Vorgänge des Prozessverfahrens, die für sie wesentliche Tatsachen enthalten, unterrichtet werden (BGH NJW **61,** 363 betr. Schriftwechsel des Gerichts mit einem Zeugen). Zur Wahrung des Anspruchs auf rechtliches Gehör genügt es, wenn das **Gericht im schriftlichen Verfahren eine angemessene Zeit auf eine mögliche Stellungnahme einer Partei** wartet. Eine Fristsetzung ist zweckmäßig, aber nicht nötig. Der Anspruch auf rechtliches Gehör wird nicht dadurch verletzt, dass das Gericht nach Zurücknahme des Antrags auf mündliche Verhandlung (§ 78 PatG) kurzfristig und ohne besondere Ankündigung im schriftlichen Verfahren entscheidet, sofern der Gegenseite ausreichend Gelegenheit verbleibt, ihrerseits mündliche Verhandlung oder Einräumung einer Äußerungsfrist zu beantragen, BGH v. 1. 2. 2000 – X ZB 27/98 – Kupfer-Nickel-Legierung, GRUR **2000,** 597, 598.

9 Die Anhörung oder erneute Anhörung eines Beteiligten zu neuen Tatsachen ist entbehrlich, wenn sie nicht zu seinem Nachteil berücksichtigt werden. Hat der in der mündlichen Verhandlung nicht erschienene Nichtigkeitskläger sein Einverständnis zu einer vom Patentinhaber im Nichtigkeitsverfahren vorgeschlagenen Neufassung des Patentanspruchs erklärt und im Voraus etwaige Änderungen durch den Senat oder den Patentinhaber unter der Voraussetzung gebilligt, dass diese den Patentschutz nicht über den ersten Vorschlag hinaus erweitern, dann bedarf es der nochmaligen Anhörung des Nichtigkeitsklägers nicht zu einem neuen Vorschlag, wenn dieser nur eine weitere Beschränkung und Klarstellung enthält, BGH GRUR **62,** 294, 296 – Hafendrehkran.

9 a **3. Anhörungsrügen, Verfahren. a) Grundlage für Rechtsbeschwerden.** Die Rüge der Verletzung des Anspruchs auf rechtliches Gehör ist seit dem 1. 11. 1998 auch Grundlage für eine zulassungsfreie Rechtsbeschwerde nach § 100 Abs. 3 Nr. 3; vgl. dazu die Erl. zu § 100 und BT-Drs. 13/9971 RegE 2. PatÄndG), 34 zu Art. 2 Nr. 25 – Bl. **98,** 393, 405, sowie BGH v. 11. 6. 2002 – X ZB 27/01 – Zahnstruktur, a. a. O., Egr. II 1 a. Dass im patentgerichtlichen Verfahren auch Gelegenheit zur Äußerung zur Rechtslage gegeben sein muss, folgt bereits aus § 91 Abs. 1 (vgl. § 91 Rdn. 1). Auf entscheidungserhebliche rechtliche Gesichtspunkte, mit denen auch ein gewissenhafter und kundiger Prozessbeteiligter selbst unter Berücksichtigung der Vielzahl vertretbarer Rechtsauffassungen nicht zu rechnen braucht, muss vor Erlass einer gerichtlichen Entscheidung hingewiesen werden, BVerfG NJW, **1996,** 46. Das Gebot der Gewährung rechtlichen Gehörs schließt jedoch auch in diesem Zusammenhang keine allgemeine Pflicht zu Hinweisen an die Parteien ein, wie sie ihren Niederschlag etwa in den §§ 139, 238 ZPO und § 91 PatG gefunden hat, BVerfGE **66,** 116, 147. Ihr lässt sich daher weder eine allgemeine Verpflichtung des Gerichts zur Darlegung seiner Rechtsauffassung (vgl. dazu BVerfGE **74,** S. 1, 6) noch eine allgemeine Frage- und Aufklärungspflicht entnehmen (vgl. BVerfGE **66,** 116, 147). Im Hinblick auf das Gebot der Gewährung rechtlichen Gehörs kann ein solcher Hinweis dann geboten sein, wenn wegen der Auffassung des Gerichts für die Beteiligten nicht vorhersehbar ist, auf welche Erwägungen es seine Entscheidung stützen wird, und deshalb, weil diese Gesichtspunkte nicht angesprochen wurden, ein für die Entscheidung relevanter Sachvortrag unterbleibt, BGH GRUR **2000,** 792, LS 1 u. 2, Egr. II 1 b. unter Bezugnahme auf BVerfGE **84,** 188, 190 u. BVerfG NJW **1994,** 848, 849. Der Grundsatz des rechtlichen Gehörs verlangt allerdings nicht, dass das Gericht den Beteiligten vor der Sachentscheidung seine (endgültige) Rechtsauffassung offenlegt.

9 b **b) Gegenvorstellungen.** Der 10. ZS des BGH hat bereits die aus der neuen Rechtslage zur Gehörsrüge sich ergebenden Konsequenzen gezogen: Danach ist es von Verfassungs wegen ge-

boten, dass ein Gericht seine gegen ein Verfahrensgrundrecht verstoßende Entscheidung selbst korrigiert, BGH v. 16. 9. 2003 – X ZB 12/03; v. 8. 9. 2004 – X ZR 68/99 – Kosmetisches Sonnenschutzmittel, GRUR **04,** 1061 und v. 14. 3. 2005 – X ZR 186/00 – Gegenvorstellung im Nichtigkeitsberufungsverfahren, unter Bezugnahme auf BVerfGE **107,** 395 ff. Erforderlich ist, dass die Gegenvorstellungen innerhalb der Frist von zwei Wochen ab Zustellung der Entscheidung erhoben werden. Das nachfolgend behandelte Gesetz legt allerdings den Beginn der Zwei-Wochen-Frist für die Gehörsrüge abweichend fest. Nach einem im Juli 2005 vorgelegten Referentenentwurf des BMJ (Gesetz zur Änderung des patentrechtlichen Einspruchsverfahrens und des Patentkostengesetzes) soll allerdings das PatG um einen § 122 a ergänzt werden, der die Anhörungsrüge bei Entscheidungen des Bundesgerichtshofs in Patentsachen ausdrücklich regelt. Danach ist auf die Rüge der durch die Entscheidung beschwerten Partei das Verfahren fortzusetzen, wenn das Gericht den Anspruch dieser Partei auf rechtliches Gehör in entscheidungserheblicher Weise verletzt hat. Gegen eine der Endentscheidung vorausgehende Entscheidung findet die Rüge nicht statt. § 321 a Abs. 2 bis 5 ZPO sind entsprechend anzuwenden. Die Begründung hebt hervor, dass die Vorschrift nur für die Verfahren vor dem BGH Anwendung finden soll. Der Referentenentwurf erklärt zu entsprechenden Verfahren vor dem BPatG, dass hier § 251 a ZPO ohnehin über § 99 entsprechende Anwendung finde.

c) Anhörungsrügengesetz Mit Wirkung vom 1. 1. 2005 ist das Gesetz über die Rechtsbehelfe bei Verletzung des Anspruchs auf rechtliches Gehör (Anhörungsrügengesetz) v. 9. 12. 2004, BGBl. I 3220 in Kraft getreten. Das Gesetz vervollständigt die Möglichkeiten, richterliche Verstöße gegen den Anspruch auf rechtliches Gehör – unterhalb des Verfassungsbeschwerdeverfahrens – im fachgerichtlichen Verfahren zu rügen. Dafür werden die Vorschriften über vorhandene Rechtsbehelfe, soweit erforderlich, ergänzt; für die Fälle, in denen Rechtsmittel nicht (mehr) zur Verfügung stehen, wird die Anhörungsrüge als eigenständiger Rechtsbehelf ausdrücklich im Gesetz verankert. Eine Ergänzung des PatG war im Rahmen dieses Gesetzes, das sonst alle wichtigen Verfahrensordnungen geändert und an die Zielsetzungen des Gesetzes angepasst hat, nicht vorgesehen. Es wird auch in der Begründung des Gesetzentwurfs (BT-Drs. 15/3706) nicht erwähnt. 9 c

d) § 321 a ZPO. Das Gesetz hat § 321 a ZPO, der bereits eine Abhilfe bei Verletzung des Anspruchs auf rechtliches Gehör für bestimmte Entscheidungen der ordentlichen Gerichte vorsah, **eine allgemeinere Fassung** gegeben und auf **alle nicht anfechtbaren Endentscheidungen** (Urteile und Beschlüsse) ausgedehnt: Nach § 321 a Abs. 1 ZPO n. F. ist auf die Rüge der durch die Entscheidung beschwerten Partei das Verfahren fortzuführen, wenn 1. ein Rechtsmittel oder ein anderer Rechtsbehelf gegen die Entscheidung nicht gegeben ist und 2. das Gericht den Anspruch dieser Partei auf rechtliches Gehör in entscheidungserheblicher Weise verletzt hat. Gegen eine der Endentscheidung vorausgehende Entscheidung findet die Rüge auch dann nicht statt, wenn die Entscheidung unanfechtbar ist. Nach Abs. 2 ist die Rüge ist innerhalb einer Notfrist von zwei Wochen nach Kenntnis von der Verletzung des rechtlichen Gehörs zu erheben; der Zeitpunkt der Kenntniserlangung ist glaubhaft zu machen. Nach Ablauf eines Jahres seit Bekanntgabe der angegriffenen Entscheidung kann die Rüge nicht mehr erhoben werden. Formlos mitgeteilte Entscheidungen gelten mit dem dritten Tage nach Aufgabe zur Post als bekannt gegeben. Die Rüge ist schriftlich bzw. in der Form des elektronischen Dokuments bei dem Gericht zu erheben, dessen Entscheidung angegriffen wird. Die Rüge muss die angegriffene Entscheidung bezeichnen und das Vorliegen der in Absatz 1 Nr. 2 genannten Voraussetzungen darlegen. 9 d

Das Verfahren wird als **außerordentlicher Rechtsbehelf** bezeichnet und ist in der Ausgestaltung an die Wiedereinsetzung in den vorigen Stand und die Wiederaufnahme des Verfahrens angelehnt. Da das Gesetz einen Auftrag des BVerfG ausführt und der Entlastung dieses Gerichts von Verfassungsbeschwerden dienen soll, die auf die Verletzung des rechtlichen Gehörs gestützt werden, besteht kein Zweifel, dass dieser neue Rechtsbehelf in geeigneter Weise auch auf unanfechtbare Endentscheidungen des BPatG anzuwenden ist. Als geeignete Grundlage kommt dafür die entsprechende Anwendung von § 251 a ZPO n. F. in Betracht, die über § 99 ohne weiteres begründet werden kann. Vgl. dazu auch den oben Rdn 6 b zitierten Referentenentwurf, der die gleiche Auffassung zugrunde legt. Aus den Erläuterungen des Gesetzes ist zu entnehmen, dass das Anhörungsrügeverfahren dann nicht zur Verfügung steht, wenn die Rüge mit einem Rechtsmittel geltend gemacht werden kann. Das wäre bei den „normalen" Entscheidungen der Beschwerdesenate die Rechtsbeschwerde nach § 110 Abs. 3 Nr. 3 und in erstinstanzlichen Nichtigkeits- und Zwangslizenzverfahren die Berufung bzw. die Beschwerde. 9 e

Wegen der **Einzelheiten des Rügeverfahrens** und der Wirkung eines Beschlusses, das Verfahren fortzusetzen, vgl. die Erl. bei B/L/A/H, ZPO 63. Aufl. [2005], zu § 321 a ZPO a. F., 9 f die z. T. durch die Neufassung überholt sind, soweit sie in der ZPO geregelte Verfahren betreffen. Sie geben aber gute Anhaltspunkte für die Voraussetzungen, Behandlung und Folgen einer erfolgreichen Gehörsrüge auch für Verfahren nach dem PatG. Ist die Gehörsrüge zulässig und begründet, so ordnet die zuständige Stelle die Fortsetzung des Verfahrens an. In dem fortgesetzten Verfahren ist nunmehr der dem vorherigen Verfahren anhaftende Mangel zu beseitigen und eine neue Entscheidung zu treffen, mit der die mängelbehaftete Entscheidung aus Gründen der Rechtssicherheit ausdrücklich aufzuheben ist. Über eine Anhörungsrüge entscheidet das Gericht, dessen Entscheidung angegriffen wird, mangels einer speziellen Regelung in seinen internen Mitwirkungsgrundsätzen in der regulären Besetzung; § 320 Abs. 4 Satz 2 ZPO ist nicht anwendbar, BGH v. 28. 7. 2005 – III ZR 443/04, LS.

10 **4. Verbot des Richterwechsels.** Literatur: Kirchner, Der Richterwechsel im Verfahren vor dem Bundespatentgericht (§ 41 h Abs. 3 PatG), GRUR **71,** 503.

Wenn eine mündliche Verhandlung vorhergegangen ist, darf nach § 93 Abs. 3 ein Richter, der bei der letzten mündlichen Verhandlung nicht zugegen war, bei der Beschlussfassung nur mitwirken, wenn die Beteiligten zustimmen. Bei der Beratung und Abstimmung (§ 70) über eine Entscheidung, die auf Grund einer mündlichen Verhandlung ergeht, dürfen deshalb grundsätzlich nur die Richter mitwirken, die an der vorausgegangenen (letzten) mündlichen Verhandlung teilgenommen haben. Wenn ein Richter nach der letzten mündlichen Verhandlung ausfällt, darf er für die Beschlussfassung nur dann durch einen anderen Richter, der nicht an der letzten mündlichen Verhandlung teilgenommen hat, ersetzt werden, wenn die Beteiligten zustimmen. In einem Verstoß gegen diese Vorschrift liegt ein Besetzungsmangel i. S. des § 100 Abs. 3 Nr. 1.

11 Die Vorschrift setzt voraus, dass überhaupt eine mündliche Verhandlung stattgefunden hat. Sie ist im Verfahren ohne mündliche Verhandlung nicht anwendbar. Im schriftlichen Verfahren ist ein Richterwechsel jederzeit zulässig, BGH GRUR **74,** 294, 295.

12 Die Vorschrift betrifft auch nur den Fall, dass die **Entscheidung auf Grund der vorausgegangenen mündlichen Verhandlung** ergeht. Sie trifft nicht den Fall, dass eine mündliche Verhandlung nicht zu einer Entscheidung geführt hat und diese Entscheidung später auf Grund eines schriftlichen Verfahrens ergeht, BGH GRUR **71,** 532, 533 – Richterwechsel I; **74,** 294, 295 – Richterwechsel II; und ebenso wenig den Fall, dass das Gericht seiner Entscheidung ausschließlich auf nach der mündlichen Verhandlung von Amts wegen in das Verfahren eingeführtes Material stützt, BGH GRUR **87,** 515 (WZG) – Richterwechsel III; v. 2. 10. 2002, I ZB 27/00 – TURBO-TABS, GRUR **03,** 546. Ein Besetzungsfehler i. S. des § 100 Abs. 3 Nr. 1 liegt deshalb nicht vor, wenn das Gericht nach einer mündlichen Verhandlung mit Zustimmung der Beteiligten in das schriftliche Verfahren übergeht und bei der alsdann im schriftlichen Verfahren erlassenen Entscheidung ein Richter mitgewirkt hat, der nicht an der mündlichen Verhandlung teilgenommen hat, BGH GRUR **74,** 294, 295. Leidet das mit Zustimmung der Parteien angeordnete schriftliche Verfahren an Verfahrensmängeln (u. a. Zeitraum von mehr als drei Monaten zwischen der Zustimmung der Beteiligten zum schriftlichen Verfahren und der Entscheidung), so können diese nicht mit der Besetzungsrüge (§ 83 III Nr. 1 MarkenG) geltend gemacht werden, BGH GRUR **03,** 546.

13 Die Vorschrift betrifft auch nicht den Richterwechsel in einem späteren Verhandlungstermin. In verschiedenen Verhandlungsterminen darf das Gericht unterschiedlich besetzt sein. Bei der Beschlussfassung dürfen aber immer nur die Richter mitwirken, die bei dem vorausgegangenen letzten Verhandlungstermin zugegen waren, sofern nicht die Beteiligten einer Beschlussfassung in anderer Besetzung zustimmen. Zwischen dem Schluss der letzten mündlichen Verhandlung, der Schlussverhandlung und der Entscheidung des Gerichts darf nichts geschehen, was den Sachstand verändert, BGH. GRUR **1974,** 294 – Richterwechsel II. Die Vorschrift betrifft nicht den Fall, dass eine mündliche Verhandlung nicht zu einer Sachentscheidung geführt hat, BGH v. 28. 9. 1993 – X ZB 1/93 – Sensorsystem –.

14 Die Vorschrift betrifft schließlich auch nur die Beschlussfassung auf Grund mündlicher Verhandlung. Die Verkündung der Entscheidung kann in anderer Besetzung geschehen.

94 ***Erlaß der Entscheidungen. Begründung.*** (1) [1]**Die Endentscheidungen des Patentgerichts werden, wenn eine mündliche Verhandlung stattgefunden hat, in dem Termin, in dem die mündliche Verhandlung geschlossen wird, oder in einem sofort anzuberaumenden Termin verkündet.** [2]**Dieser soll nur dann über drei Wochen hinaus angesetzt werden, wenn wichtige Gründe, insbesondere der Umfang oder die Schwierigkeit der Sache, dies erfordern.** [3]**Die Endentscheidungen sind den Beteilig-**

ten von Amts wegen zuzustellen. [4]Statt der Verkündung ist die Zustellung der Endentscheidung zulässig. [5]Entscheidet das Patentgericht ohne mündliche Verhandlung, so wird die Verkündung durch Zustellung an die Beteiligten ersetzt.

(2) **Die Entscheidungen des Patentgerichts, durch die ein Antrag zurückgewiesen oder über ein Rechtsmittel entschieden wird, sind zu begründen.**

Inhaltsübersicht

1. Erlass der Entscheidungen. § 94 Abs. 1, der den §§ 310 ZPO, 116 VwGO nachgebildet ist, regelt den Erlass der Endentscheidungen des Patentgerichts (wegen der anderen Entscheidungen vgl. unten Rdn. 10, 11). Die Entscheidungen werden erlassen durch (ordnungsmäßige) Verkündung oder gesetzmäßige Mitteilung. Damit werden sie dem Beteiligten gegenüber, den sie angehen, wirksam, BGH Bl. **62,** 166 mit Nachw. 1

a) Endentscheidungen auf Grund mündlicher Verhandlung. Die Vorschrift unterscheidet zwischen Endentscheidungen in den Fällen, in denen eine mündliche Verhandlung stattgefunden hat, und Entscheidungen ohne mündliche Verhandlung. Für die Unterscheidung kommt es indes, wie ein Vergleich mit den §§ 310, 329 ZPO und die Fassung des § 94 Abs. 1 Satz 5 ergibt, nicht darauf an, ob überhaupt in dem Verfahren eine mündliche Verhandlung stattgefunden hat, sondern darauf, ob die Entscheidung auf Grund mündlicher Verhandlung erlassen wird. Die Entscheidung ergeht auch dann auf Grund mündlicher Verhandlung, wenn einem Beteiligten in entsprechender Anwendung des § 283 ZPO eine schriftsätzliche Erklärung oder im einseitigen Verfahren dem Anmelder eine Ergänzung der Anmeldungsunterlagen nachgelassen wird, BPatGE **19,** 131; **22,** 54, 55f. m.w.N. Ist in einem Beschwerdeverfahren zwar auf Antrag eines Beteiligten mündlich verhandelt worden, erklären die Beteiligten sich jedoch statt einer Vertagung mit einer schriftlichen Fortführung des Verfahrens einverstanden, so handelt es sich im Sinne der Vorschrift bei der alsdann im schriftlichen Verfahren zu erlassenden Entscheidung um eine solche ohne mündliche Verhandlung. 2

aa) Verkündung. Die auf Grund mündlicher Verhandlung ergehenden Endentscheidungen sind grundsätzlich mündlich zu verkünden. Erst die Verkündung bringt die Entscheidungen rechtlich zur Entstehung. Bis dahin stellen sie ein Internum des Gerichts dar und können auf Grund erneuter Beratung und Abstimmung abgeändert werden. Bis zur Beendigung der Verkündung ist eine Änderung möglich, da erst damit die Verkündung abgeschlossen ist. Wird ein Patenterteilungsbeschluss vom Beschwerdesenat verkündet, so ist das Patent mit der Verkündung des Beschlusses erteilt, BPatGE **2,** 172. 3

Die Verkündung erfolgt durch den Vorsitzenden durch Vorlesen der Entscheidungsformel (§ 311 Abs. 2 Satz 1 ZPO), die demzufolge schriftlich vorliegen muss (vgl. auch § 311 Abs. 2 Satz 2 ZPO). In einem Verkündungstermin, den der Vorsitzende allein wahrnimmt (§ 311 Abs. 4 Satz 1 ZPO), kann die Verlesung durch Bezugnahme auf die Entscheidungsformel ersetzt werden, wenn in dem Verkündungstermin keiner der Beteiligten erschienen ist (§ 311 Abs. 4 Satz 2 ZPO). Die Verkündung der Entscheidungsgründe ist nicht vorgeschrieben. Erachtet das Gericht sie für angemessen, so geschieht sie durch Verlesung der Gründe oder durch mündliche Mitteilung des wesentlichen Inhalts (§ 311 Abs. 3 ZPO). Sind die Beteiligten anwesend, so ist eine kurze Unterrichtung über die wesentlichen, für die Entscheidung leitenden Gesichtspunkte meist angezeigt. Die Verkündung und die Entscheidungsformel sind in die Verhandlungsniederschrift aufzunehmen (§ 160 Abs. 3 Nr. 6, 7 ZPO), die Entscheidungsformel kann jedoch auch als Anlage zum Protokoll genommen werden (§ 160 Abs. 5 ZPO). 4

Die Verkündung findet entweder im Termin, in dem die Verhandlung geschlossen wird, oder in einem sofort anzuberaumenden Verkündungstermin statt, der nicht über 3 Wochen hinaus angesetzt werden soll. Ein weiteres Hinausschieben ist nur aus wichtigen Gründen zulässig (vgl. dazu Schmieder NJW **77,** 1217, 1218). Da der Verkündungstermin Termin wie jeder andere ist, muss das Gericht bei der Verkündung grundsätzlich vorschriftsmäßig besetzt sein. 5

Nach § 311 Abs. 4 Satz 1 ZPO kann der Vorsitzende die Entscheidung in einem Verkündungstermin auch in Abwesenheit der anderen Mitglieder des Gerichts (Beisitzer) verkünden. Bei Verkündung der Entscheidung in Anwesenheit des (vollen) Senats brauchen nicht dieselben Richter anwesend zu sein, die bei der Schlussverhandlung zugegen waren. § 93 Abs. 3 verbietet einen Richterwechsel nur für die Beschlussfassung, d.h. die Fällung, aber nicht für die Verkündung der Entscheidung. Über die Verkündung in einem besonderen Verkündungstermin muss ein besonderes Verkündungsprotokoll aufgenommen werden. Die Wirksamkeit der Verkündung ist von der Anwesenheit der Beteiligten nicht abhängig (§ 312 Abs. 1 Satz 1 ZPO).

6 Der Tag der Verkündung ist vom Urkundsbeamten der Geschäftsstelle auf der Entscheidung zu vermerken; der Vermerk ist zu unterschreiben (§ 99 in Vbdg. mit § 315 Abs. 3 ZPO).

7 **bb) Zustellung an Verkündungs Statt.** Der Grundsatz, dass die auf Grund der mündlichen Verhandlung ergehenden Endentscheidungen mündlich zu verkünden sind, wird in § 94 Abs. 1 Satz 4 durchbrochen. Die Verkündung kann danach durch die Zustellung der Entscheidung an die Beteiligten ersetzt werden. Die Entscheidung ist in diesem Falle erst mit der Zustellung an sämtliche Beteiligte, also mit der zeitlich spätesten Zustellung erlassen, BGHZ **8,** 303, 305; **32,** 370, 371; BGH GRUR **62,** 384, 385 – Wiedereinsetzung III. Sie wird auch dann mit der (zeitlich letzten) Zustellung wirksam, wenn – entgegen der gesetzlichen Regelung (vgl. unten) – nur die Entscheidungsformel zugestellt wird und die Begründung überhaupt noch nicht vorliegt, BGH GRUR **71,** 484 – Entscheidungsformel. Demzufolge ist in diesem Falle der Tag der letzten Zustellung gemäß § 315 Abs. 3 ZPO auf der Entscheidung zu vermerken, wobei in dem Vermerk zum Ausdruck zu bringen ist, dass die Entscheidung an Verkündungsstatt zugestellt ist. Nach BGH GRUR **91,** 521 – La Perla (Wz), stellt die auf die mündliche Verhandlung erst nahezu 5 Monate später an Verkündungs Statt zugestellte Beschwerdeentscheidung keinen die Rechtsbeschwerde eröffnenden Begründungsmangel dar. Eine Überschreitung der Frist von 5 Monaten führt allerdings dazu, dass die Entscheidung als nicht mit Gründen versehen zu behandeln ist.

8 Zuzustellen ist die vom Urkundsbeamten der Geschäftsstelle unterschriebene und mit dem Gerichtssiegel versehene Ausfertigung (§ 96 in Vbdg. mit § 317 Abs. 1, 3 ZPO) der vollständigen Entscheidung mit Tatbestand und Gründen (§ 96 Abs. 1, § 94 Abs. 2), BGH GRUR **71,** 484. Die Zustellung der Ausfertigung der Entscheidungsformel an Stelle der Ausfertigung der vollständigen Entscheidung, wie sie in § 317 Abs. 2 Satz 2 vorgesehen ist, ist nach der Fassung der Vorschrift nicht zulässig, BGH GRUR **71,** 484.

9 **b) Endentscheidungen im schriftlichen Verfahren.** Im schriftlichen Verfahren ist für eine Verkündung der Entscheidung kein Raum. Hier wird die Verkündung durch die Zustellung an die Beteiligten ersetzt (§ 94 Abs. 1 Satz 5). Die Zustellung kann also nicht nach Wahl des Gerichts an Stelle der Verkündung vorgenommen werden; die Entscheidung kann vielmehr nur durch Zustellung an die Beteiligten erlassen werden. Die Verkündung wäre ohne rechtliche Bedeutung und würde die Entscheidung nicht wirksam werden lassen. Erst mit der tatsächlich vollzogenen (letzten) Zustellung an sämtliche Beteiligte gilt die Entscheidung rechtlich als vorhanden, BGH GRUR **62,** 384, 385 – Wiedereinsetzung III. Zuzustellen ist die vollständige Entscheidung (vgl. oben Rdn. 8). Die Entscheidung wird jedoch auch dann mit der (zeitlich letzten) Zustellung wirksam, wenn nur die Entscheidungsformel zugestellt wird und die – nach § 94 Abs. 2 notwendige – Begründung noch nicht vorliegt, BGH GRUR **71,** 484 – Entscheidungsformel. Ein im schriftlichen Verfahren gefasster Beschluss ist erst entstanden, sobald er die Akten endgültig verlassen hat, um nach außen zu dringen, also in der Regel erst dann, wenn der Urkundsbeamte der Geschäftsstelle diesen Beschluss der Post zur Beförderung übergeben hat; Eingänge hat das Gericht bis zu diesem Zeitpunkt zu berücksichtigen, BGH v. 2. 2. 1982 – X ZB 5/81 – Treibladung, GRUR **1982,** 406, Egr. 2a; sowie v. 12. 12. 1996 I ZB 8/96 – Ceco – GRUR **1997,** 223, Egr. II 2.

10 **c) Andere Entscheidungen.** Die Vorschrift enthält keine Regelung über den Erlass der Zwischenentscheidungen des Patentgerichts. Für die *Zwischenurteile* (§ 84 Abs. 1 Satz 2) ist daher § 310 ZPO und für die sonstigen Zwischenentscheidungen (vgl. dazu BGH GRUR **67,** 477 – UHF-Empfänger II, und § 79 Rdn. 15) und Verfügungen § 329 ZPO entsprechend anzuwenden. § 310 ZPO lautet:

(1) Das Urteil wird in dem Termin, in dem die mündliche Verhandlung geschlossen wird, oder in einem sofort anzuberaumenden Termin verkündet. Dieser wird nur dann über drei Wochen hinaus angesetzt, wenn wichtige Gründe, insbesondere der Umfang oder die Schwierigkeit der Sache, dies erfordern.

(2) Wird das Urteil nicht in dem Termin, in dem die mündliche Verhandlung geschlossen wird, verkündet, so muß es bei der Verkündung in vollständiger Form abgefaßt sein.

(3) Bei einem Anerkenntnisurteil und einem Versäumnisurteil, die nach § 307 Abs. 2, § 331 Abs. 3 ohne mündliche Verhandlung ergehen, wird die Verkündung durch die Zustellung des Urteils ersetzt. Dasselbe gilt bei einem Urteil, das den Einspruch gegen ein Versäumnisurteil verwirft (§ 341 Abs. 2).

Da die Anwendung dieser Vorschrift aber nur eine entsprechende ist, und die Verkündung der Zwischenurteile nicht an strengere Formen gebunden sein kann als die der Endurteile, wird § 94 Abs. 1 Satz 4 auch hier anzuwenden sein. Auch § 94 Abs. 1 Satz 3 wird ergänzend heranzuziehen sein.

§ 329 ZPO lautet: 11

(1) Die auf Grund einer mündlichen Verhandlung ergehenden Beschlüsse des Gerichts müssen verkündet werden. Die Vorschriften der §§ 309, 310 Abs. 1 und des § 311 Abs. 4 sind auf Beschlüsse des Gerichts, die Vorschriften des § 312 und des § 317 Abs. 2 Satz 1, Abs. 3 auf Beschlüsse des Gerichts und auf Verfügungen des Vorsitzenden sowie eines beauftragten oder ersuchten Richters entsprechend anzuwenden.

(2) Nicht verkündete Beschlüsse des Gerichts und nicht verkündete Verfügungen des Vorsitzenden oder eines beauftragten oder ersuchten Richters sind den Parteien formlos mitzuteilen. Enthält die Entscheidung eine Terminbestimmung oder setzt sie eine Frist in Lauf, so ist sie zuzustellen.

(3) Entscheidungen, die einen Vollstreckungstitel bilden oder die der sofortigen Beschwerde oder der Erinnerung nach § 573 Abs. 1 unterliegen, sind zuzustellen.

Die *Beschlüsse* des Gerichts, die *keine Endentscheidungen* darstellen, und die Verfügungen sind danach, soweit sie auf Grund mündlicher Verhandlungen ergehen, zu verkünden, oder – in entsprechender Anwendung des § 94 Abs. 1 Satz 4 – an Verkündungsstatt zuzustellen, im übrigen zuzustellen oder formlos mitzuteilen. Sie werden mit der Verkündung oder der gesetzmäßigen Mitteilung wirksam. Mit der Verkündung oder gesetzmäßigen Mitteilung sind sie erlassen oder, wie es § 329 Abs. 1 ZPO ausdrückt, ergangen.

Soweit in § 329 Abs. 2 ZPO auf andere Vorschriften der ZPO verwiesen ist, treten an ihre Stelle die entsprechenden Vorschriften des Patentgesetzes, nämlich an die Stelle des § 309 ZPO der § 93 Abs. 3, an die Stelle des § 310 ZPO der § 94 Abs. 1. Die in Bezug genommenen Bestimmungen des § 317 lauten:

(1) Die Urteile werden den Parteien, verkündete Versäumnisurteile nur der unterliegenden Partei zugestellt. Eine Zustellung nach § 310 Abs. 3 genügt. Auf übereinstimmenden Antrag der Parteien kann der Vorsitzende die Zustellung verkündeter Urteile bis zum Ablauf von fünf Monaten nach der Verkündung hinausschieben.

(2) Solange das Urteil nicht verkündet und nicht unterschrieben ist, dürfen von ihm Ausfertigungen, Auszüge und Abschriften nicht erteilt werden. ...

(3) Die Ausfertigung und Auszüge der Urteile sind von dem Urkundsbeamten der Geschäftsstelle zu unterschreiben und mit dem Gerichtssiegel zu versehen.

(4) ...

2. Zustellung der Endentscheidungen. Soweit die Endentscheidungen nicht durch Zustellung (§ 94 Abs. 1 Satz 4 und 5), sondern durch Verkündung erlassen werden, sind sie den Beteiligten gemäß § 94 Abs. 1 Satz 3 nach Verkündung zuzustellen. Die Zustellung hat hier, anders als die gemäß § 94 Abs. 1 Satz 4 und 5 erfolgende, nicht die Bedeutung, dass sie die Entscheidung wirksam werden ließe. Die Entscheidung ist in diesen Fällen bereits mit der Verkündung erlassen und damit wirksam geworden, vgl. oben Rdn. 3. Die Zustellung hat hier nur insofern rechtliche Bedeutung, als erst durch sie die Frist für den Antrag auf Tatbestandsberichtigung (§ 96 Abs. 1) und die Frist für die Einlegung von Rechtsmitteln (§§ 102 Abs. 1, 110 Abs. 1, 122 Abs. 2) in Lauf gesetzt wird. Zuzustellen ist die von dem Urkundsbeamten der Geschäftsstelle unterschriebene und mit dem Gerichtssiegel versehene Ausfertigung der vollständig abgefassten Entscheidung (§ 99 in Vbdg. mit § 317 Abs. 2, 3 ZPO; vgl. auch oben Rdn. 8). 12

Jeder Beteiligte erhält kostenfrei und ohne besonderen Antrag eine vollständige Ausfertigung jeder Entscheidung und, wenn er durch einen Bevollmächtigten vertreten wird, eine weitere vollständige Abschrift. Weitere Ausfertigungen oder Ablichtungen werden auf Antrag und gegen Zahlung einer Gebühr von 0,50 EUR für jede Seite der ersten 50 Seiten, für jede weitere Seite 0,15 EUR, erteilt; bei Überlassung von elektronisch gespeicherten Dateien anstelle der genannten Ausfertigungen und Ablichtungen je Datei 2,50 EUR als Dokumentenpauschale (Nr. 9000 des Kostenverz., Anl. 1 zu § 3 Abs. 2 GKG). 13

3. Form und Inhalt der Entscheidungen. Die Form und der Inhalt der Entscheidungen sind im Patentgesetz selbst nur zum Teil besonders geregelt. Im Übrigen sind gemäß § 99 die Vorschriften der ZPO entsprechend heranzuziehen, die hinsichtlich der Form und des Inhalts zwischen Urteilen und Beschlüssen unterscheiden. Aus der Regelung in § 94 ergeben sich weitere Unterschiede zwischen Endentscheidungen und anderen Entscheidungen des Patentgerichts. 14

15 **a) Endentscheidungen** des Patentgerichts sind, wie sich schon aus § 94 Abs. 1 ergibt, stets schriftlich abzufassen, da eine Zustellung, wie sie in Abs. 1 Satz 2–5 vorgeschrieben ist, nur möglich ist, wenn die Entscheidung schriftlich vorliegt. Dies gilt nicht, soweit sie nach § 125a i.V.m. der ausführenden Verordnung des BMJ als elektronisches Dokument erstellt werden können Sie sind nach § 94 Abs. 2 auch stets zu begründen, da sie immer eine Entscheidung über ein Rechtsmittel oder einen Antrag enthalten. Sie müssen ferner stets unterschrieben sein, sofern sie nicht als gerichtliches elektronisches Dokument nach § 130b ZPO mit qualifizierten elektronischen Signaturen zu versehen sind. Für Urteile ist die Unterschrift der mitwirkenden Richter in § 315 Abs. 1 ZPO ausdrücklich vorgeschrieben. Es besteht indes Übereinstimmung darüber, dass auch Beschlüsse unterschrieben sein müssen, weil nur dadurch ihre Herkunft verbürgt wird, vgl. Baumbach/Lauterbach/Albers/Hartmann ZPO Rdn. 8 bis 10 zu § 329 ZPO. § 315 Abs. 1 ZPO, der die Unterschriftsleistung regelt, lautet:

Das Urteil ist von den Richtern, die bei der Entscheidung mitgewirkt haben, zu unterschreiben. Ist ein Richter verhindert, seine Unterschrift beizufügen, so wird dies unter Angabe des Verhinderungsgrundes von dem Vorsitzenden und bei dessen Verhinderung von dem ältesten beisitzenden Richter unter dem Urteil vermerkt.

16 Die Zustellung der Ausfertigung einer Entscheidung, bei der die Unterschrift eines Richters ohne Angabe des Verhinderungsgrundes ersetzt worden ist, setzt die Rechtsmittelfrist nicht in Lauf, BGH NJW **80,** 1849.

17 **aa) Urteile.** Urteile kommen beim Bundespatentgericht nur in Nichtigkeits- und Zwangslizenzverfahren vor. Sie ergehen nach § 311 Abs. 1 ZPO im Namen des Volkes und enthalten daher die Eingangsformel „Im Namen des Volkes". Über den Inhalt der Urteile bestimmt § 313 ZPO:

(1) Das Urteil enthält:
1. die Bezeichnung der Parteien, ihrer gesetzlichen Vertreter und der Prozessbevollmächtigten;
2. die Bezeichnung des Gerichts und die Namen der Richter, die bei der Entscheidung mitgewirkt haben;
3. den Tag, an dem die mündliche Verhandlung geschlossen worden ist;
4. die Urteilsformel;
5. den Tatbestand;
6. die Entscheidungsgründe.

(2) Im Tatbestand sollen die erhobenen Ansprüche und die dazu vorgebrachten Angriffs- und Verteidigungsmittel unter Hervorhebung der gestellten Anträge nur ihrem wesentlichen Inhalt nach knapp dargestellt werden. Wegen der Einzelheiten des Sach- und Streitstandes soll auf Schriftsätze, Protokolle und andere Unterlagen verwiesen werden.

(3) Die Entscheidungsgründe enthalten eine kurze Zusammenfassung der Erwägungen, auf denen die Entscheidung in tatsächlicher und rechtlicher Hinsicht beruht.

18 Die Vorschriften der ZPO, nach denen in bestimmten Fällen auf Tatbestand und Entscheidungsgründe verzichtet werden kann (§§ 313a, 543 ZPO), können nicht entsprechend angewendet werden, da der Gesetzgeber eine Bezugnahme auf § 313a ZPO abgelehnt hat (vgl. unten Rdn. 21) und die Beschwerdeentscheidungen des Bundespatentgerichts jedenfalls im Rahmen des § 100 Abs. 3 immer der Rechtsbeschwerde unterliegen (vgl. § 543 Abs. 2 ZPO). Urteile in Nichtigkeitsverfahren brauchen bei der Verkündung in einem besonderen Verkündungstermin noch nicht in vollständig abgefasster Form vorzuliegen; § 310 Abs. 2 ZPO ist auf das patentgerichtliche Verfahren nicht entsprechend anzuwenden, BPatG Bl. **86,** 256, 258.

19 **bb) Beschlüsse.** Für Beschlüsse ist die Eingangsformel „Im Namen des Volkes" nicht vorgeschrieben und in der Gerichtspraxis auch nicht üblich. Die in § 313 Abs. 1 Nrn. 1, 2 vorgeschriebenen Angaben müssen auch die Beschlüsse enthalten. Die Bezeichnung des Gerichts und die Namen der mitwirkenden Richter brauchen freilich nicht wie bei den Urteilen im Eingang (Rubrum) zu erscheinen. Es genügt, dass die Namen der Richter sich aus der Unterschrift ergeben und die Bezeichnung des Gerichts und des beschließenden Spruchkörpers vor den Unterschriften genannt werden. Diese Form des Beschlusses ist die in der gerichtlichen Praxis gebräuchliche. Die Angabe des Gerichts, des beschließenden Spruchkörpers und der mitwirkenden Richter im Eingang (Rubrum) ist nur in den Fällen üblich, in denen der Beschluss in seiner Funktion dem Urteil entspricht, also bei den Beschlüssen, die ein Verfahren abschließen. Tatbestand und Entscheidungsgründe werden in den Beschlüssen nicht getrennt, sondern bilden Bestandteile der einheitlichen „Gründe". Eine gedrängte Darstellung des Sach- und Streitstandes enthalten i.d.R. auch die Beschlüsse.

20 **b) Andere Entscheidungen.** Für andere Entscheidungen als die Endentscheidungen trifft die Vorschrift nur insofern eine Regelung, als sie bestimmt, dass sie zu begründen sind, soweit dadurch ein Antrag zurückgewiesen wird. Im übrigen sind gemäß § 99 die Vorschriften der ZPO heranzuziehen. Die Zustellung und damit auch eine besondere schriftliche Abfassung ist

danach nur für die nicht verkündeten Beschlüsse vorgeschrieben (§ 329 ZPO). Soweit die auf Grund mündlicher Verhandlung ergehenden Beschlüsse in der mündlichen Verhandlung verkündet werden, sind sie in die Verhandlungsniederschrift aufzunehmen (§ 160 Abs. 3 Nr. 6 ZPO). Die etwa erforderliche Begründung kann in die Niederschrift oder in die Gründe der auf Grund der Verhandlung ergehenden Endentscheidung aufgenommen werden. Die schriftlich besonders abzufassenden Entscheidungen müssen unterschrieben werden.

5. Begründung der Entscheidungen. a) Begründungszwang. Nach § 94 Abs. 2 sind die Entscheidungen des Patentgerichts, durch die ein Antrag zurückgewiesen oder über ein Rechtsmittel entschieden wird, zu begründen. Diese Vorschrift regelt nur die Frage, welchen Entscheidungen des Patentgerichts überhaupt eine Begründung beigegeben werden muss. Durch die Vereinfachungsnovelle 1976 zur ZPO sollte § 94 Abs. 2 einen zweiten Satz erhalten, durch den auf § 313a ZPO, nach dem unter bestimmten Voraussetzungen Tatbestand und Entscheidungsgründe entfallen können, verwiesen werden sollte. Diese Verweisung ist nicht Gesetz geworden (vgl. dazu Pakuscher GRUR **73,** 609ff.; Schmieder NJW **77,** 1217, 1218). Wegen der inhaltlichen Anforderungen, die an die Begründung zu stellen sind, vgl. Rdn. 29f. zu § 79, Rdn. 5 zu § 93 und Rdn. 24 bis 28 zu § 100 (Rogge). Das BPatG kann von der Darstellung der Entscheidungsgründe in einer Beschwerdeentscheidung insoweit absehen, als es sich die Begründung der angefochtenen Einspruchsentscheidung der Patentabteilung zu eigen macht und in seinem Beschluss auf diese Begründung verweist, BGH GRUR **93,** 896 Leitungshalbleiter LS, Egr. II 1 (zur Zulässigkeit des Einspruchs). PatG §§ 47 Abs. 1 Satz 3, 59 Abs. 3, 61 Abs. 1 Satz 2, 147 Abs. 3 (Fehlende Begründungspflicht). Eine Begründung ist in entsprechender Anwendung von § 47 Abs. 1 Satz 3 ebenfalls entbehrlich bei Entscheidungen des Patentgerichts in (erstinstanzlichen) Einspruchsverfahren, wenn nach Rücknahme des einzigen Einspruchs – oder ggf. sämtlicher Einsprüche – nur noch der Patentinhaber beteiligt ist und seinem Antrag, das Patent in vollem Umfang oder gemäß Hauptantrag beschränkt aufrechtzuerhalten, stattgegeben wird, BPatG Bl. **04,** 60, LS. 21

b) Inhaltliche Anforderungen. Soweit in § 94 Abs. 2 eine Begründung vorgeschrieben ist, bedeutet das nicht nur, dass überhaupt eine Begründung gegeben werden muss; die Begründung muss der Entscheidung auch bis zu einem bestimmten Zeitpunkt, der aus der gesetzlichen Regelung zu entnehmen ist, beigegeben sein, BGH, GRUR **71,** 484. Bei verkündeten Entscheidungen soll die Begründung vor Ablauf von drei Wochen der Geschäftsstelle übergeben werden (§ 315 Abs. 2 Satz 1 ZPO); eine – auch erhebliche – Überschreitung dieser Frist hat jedoch nicht zur Folge, dass die Entscheidung wegen mangelnder Begründung aufgehoben werden müsste. Jedoch muss noch ein vertretbarer zeitlicher Zusammenhang gewahrt sein (vgl. auch BGH NJW **84,** 2829 für einen Fall, in dem die Entscheidungsgründe fünf Monate nach der Verkündung des Urteils noch nicht vorlagen). Nach einer Überschreitung dieser Frist gilt die Entscheidung allerdings als nicht mit Gründen versehen. Endentscheidungen, die durch ihre Zustellung wirksam werden (§ 94 Abs. 1 Satz 4 und 5), müssen bis zum Zeitpunkt der Zustellung begründet sein; diese Entscheidungen können nicht nachträglich durch Beifügen von Gründen ergänzt werden, BGH GRUR **71,** 484 – Entscheidungsformel. Es ist eine zulässige Form der Begründung, wenn das Patentgericht von der Darleglung der Entscheidungsgründe in einer Beschwerdeentscheidung insoweit absieht, als es sich z. B. die Begründung der angefochtenen Einspruchsentscheidung der Patentabteilung zu eigen macht und in seinem Beschluss auf diese Begründung verweist, BGH GRUR **93,** 896 – Leistungshalbleiter: „Es ist Aufgabe der Gerichte, sich mit der Sache zu befassen, nicht aber unnötige und überflüssige Schreibarbeit zu leisten." 22

c) Rechtskontrolle. Die Rüge der **Verletzung der Begründungspflicht** eröffnet bei Beschwerdeentscheidungen die **zulassungsfreie Rechtsbeschwerde** (§ 100 Abs. 2 Nr. 5). Sie dient ausschließlich der Sicherung des Begründungszwangs und führt nicht zu einer Überprüfung, ob die gegebene Begründung sachlich richtig ist. Dem Fehlen einer Begründung stellt der BGH den Fall gleich, dass die gegebene Begründung nicht erkennen lässt, welche tatsächlichen Feststellungen und rechtlichen Erwägungen für die getroffene Entscheidung maßgebend waren. BGH GRUR **70,** 255, 259 – Faltbehälter; **75,** 423, 424 – Mähmaschine Die Feststellung der Verletzung zwingt – auf zugelassene oder nicht zugelassene Rechtsbeschwerde – zur Aufhebung des Beschlusses (§ 101 Abs. 1 Satz 2 i. Vbdg. mit § 551 Nr. 7 ZPO), vgl. Rdn. 24 bis 30 zu § 100. Die Begründungspflicht ist z. B. verletzt, wenn das Patentgericht seine Zurückweisung der Beschwerde ausschließlich auf einen Hilfsantrag des Beschwerdeführers stützt, den Hauptantrag damit unausgesprochen zurückweist, dafür aber keinerlei Gründe angibt, BGHZ **39,** 333, 337 Warmpressen; BGH v. 13. 5. 1971 – X ZB 3/71, Richterwechsel, GRUR **1971,** 532, 533. Es genügt allerdings nicht, dass eine Entscheidung des Patentgerichts überhaupt mit 23

Gründen versehen ist. Ein Begründungsmangel bei an sich vorhandener Begründung kann auch dann vorliegen, wenn diese unverständlich, widersprüchlich oder verworren ist oder sich auf inhaltslose Redensarten beschränkt, BGH GRUR **96,** 753, 755f. = NJW **96,** 3214 – Egr. II 2b aa.

24 **5. Berichtigung und Ergänzung.** Das Gesetz regelt nur die Berichtigung der Entscheidungen des Patentgerichts (§§ 95, 96). Daraus lässt sich nicht herleiten, dass eine Ergänzung der Entscheidungen ausgeschlossen sein soll. Eine Ergänzung ist vielmehr gemäß § 99 Abs. 1 in Verbdg. mit § 321 ZPO für zulässig zu erachten, wenn die sachlichen Voraussetzungen des § 321 ZPO vorliegen, BPatGE **2,** 200; **28,** 39, 40. Die Antragsfrist beträgt in entsprechender Anwendung des § 96 Abs. 1 zwei Wochen seit Zustellung der Entscheidung, BPatGE **2,** 200. Eine im Rahmen der vorläufigen Vollstreckbarkeit hinsichtlich der Verfahrenskosten unzweideutig getroffene Entscheidung über die Höhe der vom Vollstreckungsgläubiger zu erbringenden Sicherheitsleistung kann auch bei Zustimmung des Gegners weder im Wege der Berichtigung noch der Ergänzung des Urteils geändert werden, BPatG Bl. **87,** 205.

95 *Berichtigung von Schreibfehlern.* (1) **Schreibfehler, Rechenfehler und ähnliche offenbare Unrichtigkeiten in der Entscheidung sind jederzeit vom Patentgericht zu berichtigen.**

(2) [1]**Über die Berichtigung kann ohne vorgängige mündliche Verhandlung entschieden werden.** [2]**Der Berichtigungsbeschluß wird auf der Entscheidung und den Ausfertigungen vermerkt.**

Inhaltsübersicht

1 **1. Berichtigung der Entscheidungen.** Die Vorschrift, die den §§ 319 ZPO, 118 VwGO nachgebildet ist, lässt eine nachträgliche Berichtigung offenbarer Unrichtigkeiten für alle Entscheidungen des Patentgerichts zu, gleichgültig, ob es sich um Urteile oder Beschlüsse, um Endentscheidungen oder Zwischenentscheidungen handelt. Die Vorschrift geht daher weiter als § 319 ZPO, der die Berichtigung nur für Urteile vorsieht. Ein sachlicher Unterschied liegt darin nicht, weil § 319 ZPO auf Beschlüsse entsprechend angewendet wird, wie es § 122 VwGO für das Verwaltungsstreitverfahren ausdrücklich anordnet.

2 Die Vorschrift des § 95 Abs. 1 regelt nur die Berichtigung der vom **Patentgericht erlassenen Entscheidungen.** Sie besagt nicht, dass sämtliche Entscheidungen des Patentgerichts nach ihrem Erlass nur noch berichtigt und in keinem Falle mehr durch das Gericht selbst aufgehoben oder geändert werden dürften. Die Bindung an ergangene Entscheidungen bestimmt sich gemäß § 99 nach § 318 ZPO, der eine Bindung grundsätzlich nur für Zwischenurteile und für Endentscheidungen vorsieht (vgl. dazu auch § 79 Rdn. 36). Die Bindung steht einer Berichtigung nach § 95 Abs. 1 nicht entgegen.

3 Berichtigungsfähig ist nach § 95 Abs. 1 **jeder Bestandteil** der ergangenen Entscheidung (Eingang, Entscheidungsformel, Tatbestand, Entscheidungsgründe). Hinsichtlich des Tatbestands wird § 95 Abs. 1 durch § 96 Abs. 1 ergänzt. Offenbare Unrichtigkeiten des Tatbestandes werden nach § 95 Abs. 1 berichtigt. Andere – also andere als offenbare – Unrichtigkeiten des Tatbestandes können nach § 96 Abs. 1 berichtigt werden.

4 **a) Unrichtigkeit.** Einer Berichtigung zugänglich sind **Schreibfehler, Rechenfehler und ähnliche Unrichtigkeiten.** Als unrichtig kommt auch ein den Naturgesetzen oder gefestigten naturwissenschaftlichen Erkenntnissen offenbar widerstreitender Entscheidungsinhalt in Betracht, vgl. BGH GRUR **77,** 780, 781f. – Metalloxyd; BPatGE **13,** 77, 84. Aus den genannten Beispielen und dem Wort „ähnliche" ergibt sich, dass nur Unrichtigkeiten im Ausdruck in Betracht kommen, also solche Fälle, in denen ein Widerspruch zwischen dem vom Gericht Gewollten und dem in der Entscheidung zum Ausdruck Gelangten besteht, BPatGE **13,** 77, 81f.; **24,** 50, 53; vgl. auch BGH GRUR **77,** 780. Die Vorschrift ist aber aus Gründen der Verfahrensökonomie – § 319 ZPO – weit auszulegen, vgl. Baumbach/Lauterbach/Albers/Hartmann, Rdn. 12 zu § 319 ZPO und die dortigen Rdn. 13–25 mit Beispielen von offenbaren Unrichtigkeiten.

Die Vorschrift bezieht sich nur auf **Fehler bei der Abfassung der Entscheidung,** wie die unrichtige Bezeichnung der Richter oder Beteiligten oder die unrichtige Angabe eines Patents oder einer Patentschrift, auch Auslassungen, soweit es sich wirklich um solche handelt. Die Vorschrift betrifft dagegen nicht Fehler bei der der Fällung der Entscheidung vorausgehenden Meinungsbildung. Sie ist nicht anwendbar, wenn das, was das Gericht gewollt hat, in der Entscheidung zutreffend zum Ausdruck kommt, und sich nur nachträglich herausstellt, dass das Gericht sich bei der Beschlußfassung geirrt hat, BPatGE **13,** 77, 82. Obwohl Rechenfehler meist Fehler in der Willensbildung betreffen, entspricht die Aufnahme rechnerisch unrichtiger Ergebnisse nicht dem Willen des Gerichts bei Fällung der Entscheidung; den Rechenfehlern gleich zu achten sind Angaben, die den Naturgesetzen oder gefestigten naturwissenschaftlichen Erkenntnissen widersprechen, BPatGE **13,** 77, 84. 5

b) Erkennbarkeit. Die Unrichtigkeit muss offenbar, also aus der Entscheidung selbst oder **aus jederzeit erreichbaren Unterlagen klar erkennbar** sein. Eine Unrichtigkeit, die sich erst auf Grund näherer Feststellungen ergeben würde, wäre keine offenbare. Bei widersprüchlichen Formulierungen in den Patenterteilungsunterlagen ist eine offenbare Unrichtigkeit nur gegeben, wenn der Widerspruch offen zutage tritt und der richtige Inhalt der Unterlagen aus diesen selbst zwingend und für jeden Sachkundigen erkennbar hervorgeht, BPatGE **13,** 77. Enthält der Urteilstenor der schriftlichen Fassung eines Urteils keinen Ausspruch über den Kostenpunkt, obwohl ausweislich des Verkündungsprotokolls das Urteil mit einer Kostenentscheidung verkündet worden ist und auch die Urteilsgründe den Kostenpunkt behandeln, so liegt eine ohne weiteres erkennbare und berichtigungsfähige Unrichtigkeit vor, BGH v. 24. 5. 2005, X ZR 148/00 (ohne LS); vgl. auch Baumbach/Lauterbach/Albers/Hartmann, Rdn 14 Stichwort „Auslassung" zu § 319 ZPO. Eine Urteilsberichtigung ist auch möglich, wenn der Urteilstenor einer Entscheidung über ein Rechtsmittel nicht deutlich genug den beschränkten Umfang der Anfechtung der angegriffenen Entscheidung der Vorinstanz erkennen lässt, BGH Beschl. v. 25. 7. 2005 – X ZR 247/02 zu Urt. v. 7. 6. 2005, Umdr. S. 2, 3 des Beschl. (www.bundesgerichtshof.de). 6

2. Verfahren. Die Berichtigung ist jederzeit zulässig, vor oder nach Eintritt der Rechtskraft, und, soweit ein Rechtsmittel gegen die Entscheidung gegeben ist, auch nach Einlegung des Rechtsmittels. Die Berichtigung wirkt auf den Erlass der berichtigten Entscheidung zurück, die neue Fassung gilt als die ursprüngliche, BPatGE **9,** 128, 130; **19,** 125 f. Soweit ein Rechtsmittel gegeben ist, unterliegt der Nachprüfung des Rechtsmittelgerichts die Entscheidung in der berichtigten Fassung. Der Lauf der Rechtsmittelfrist wird durch die Berichtigung nicht beeinflusst, BGHZ **87,** 286; BPatGE **9,** 128, 130; **19,** 125. Wenn jedoch der Berichtigungsbeschluss erst eine Beschwer für einen Beteiligten ergibt, beginnt die Rechtsmittelfrist erst mit der Zustellung des Berichtigungsbeschlusses, BGHZ **17,** 149; vgl. auch BGH NJW **77,** 297. 7

a) Einleitung des Verfahrens. Die Berichtigung erfolgt auf Antrag eines Beteiligten oder von Amts wegen. In § 319 ZPO wird das dadurch hervorgehoben, dass Abs. 1 dieser Vorschrift bestimmt, Unrichtigkeiten seien „auch von Amts wegen" zu berichtigen. Dass in § 95 Abs. 1 ebenso wie in § 118 VwGO diese Worte fortgelassen sind, bedeutet keinen sachlichen Unterschied. Denn aus § 95 Abs. 2 Satz 1 und aus § 96 Abs. 1 ergibt sich ohnehin, dass die Beteiligten die Berichtigung beantragen können. Zuständig ist der Senat, der die zu berichtigende Entscheidung erlassen hat; für die Berichtigung einer Entscheidung des beauftragten Richters ist dieser, und nicht der Senat zuständig, Baumbach/Lauterbach/Albers/Hartmann ZPO Rdn. 27 zu § 319 ZPO. 8

b) Beschlussfassung. Die von Amts wegen erfolgende Berichtigung wird, wie sich aus § 95 Abs. 2 Satz 2 ergibt, durch Beschluss ausgesprochen. Über den Antrag eines Beteiligten ist, wie aus § 95 Abs. 2 Satz 1 hervorgeht, in jedem Falle durch Beschluss zu entscheiden. Über den Berichtigungsantrag kann, auch wenn der Antragsteller mündliche Verhandlung beantragt hat, ohne vorgängige mündliche Verhandlung entschieden werden. Die Anordnung der mündlichen Verhandlung steht nach § 95 Abs. 2 Satz 1, abweichend von § 78 Nr. 1, im Ermessen des Gerichts. Über die Berichtigung entscheidet der Senat, soweit er zuständig ist (vgl. oben Rdn. 8), in der gesetzlich vorgeschriebenen Besetzung. Wie ein Vergleich mit § 96 Abs. 2 Satz 2 ergibt, können an der Beschlussfassung auch solche Richter mitwirken, die an der Fällung der zu berichtigenden Entscheidung nicht beteiligt waren. 9

c) Vermerk der Berichtigung. Der Berichtigungsbeschluss ist vom Urkundsbeamten der Geschäftsstelle (vgl. §§ 315 Abs. 3, 317 Abs. 3 ZPO) auf der Urschrift und den Ausfertigungen der Entscheidung zu vermerken. Der Vermerk hat nur rechtsbekundende Bedeutung. Die Wirkung des Berichtigungsbeschlusses hängt davon nicht ab. Zur Anbringung des Vermerks hat der Urkundsbeamte die Ausfertigungen von den Beteiligten zurückzuverlangen, ohne die Rück- 10 gabe allerdings erzwingen zu können. Der Vermerk ist an sichtbarer Stelle anzubringen, vom Urkundsbeamten zu unterschreiben und mit dem Gerichtssiegel zu versehen. Berührt der Berichtigungsbeschluss den Inhalt einer Veröffentlichung im Patentblatt (§§ 32 Abs. 5, 58 Abs. 1 Satz 1) oder den Inhalt einer Patentschrift (§§ 32 Abs. 1 und 3, 58 Abs. 1 Satz 2), so sind diese zu berichtigen. Die hierzu erforderlichen Maßnahmen obliegen dem Patentamt, das für die Vornahme der Veröffentlichungen ausschließlich zuständig ist. Beruht die Unrichtigkeit auf einem Schreibversehen des Urkundsbeamten der Geschäftsstelle, so genügt ein einfacher Berichtigungsvermerk des Urkundsbeamten. Ein förmlicher Beschluss ist dann nicht erforderlich.

96 *Berichtigung des Tatbestandes.* (1) **Enthält der Tatbestand der Entscheidung andere Unrichtigkeiten oder Unklarheiten, so kann die Berichtigung innerhalb von zwei Wochen nach Zustellung der Entscheidung beantragt werden.**

(2) [1]**Das Patentgericht entscheidet ohne Beweisaufnahme durch Beschluß.** [2]**Hierbei wirken nur die Richter mit, die bei der Entscheidung, deren Berichtigung beantragt ist, mitgewirkt haben.** [3]**Der Berichtigungsbeschluß wird auf der Entscheidung und den Ausfertigungen vermerkt.**

Inhaltsübersicht

1 **1. Berichtigung des Tatbestands.** Die Vorschrift, die den §§ 320 ZPO, 119 VwGO entspricht, regelt die Berichtigung des Tatbestandes. Ihr Anwendungsbereich ist also enger als der des § 95, der sämtliche Teile der Entscheidung einschließlich des Tatbestandes betrifft. Hinsichtlich des Tatbestandes ergänzt die Vorschrift den § 95. Während § 95 nur **offenbare Unrichtigkeiten** betrifft, gestattet § 96 die Berichtigung **„anderer" Unrichtigkeiten und Unklarheiten.** Der Tatbestand soll nach § 313 Abs. 2 ZPO eine knappe auf den wesentlichen Inhalt beschränkte Darstellung des Sach- und Streitstandes enthalten. Eine solche Darstellung enthalten auch die Beschlüsse des Patentgerichts, mag sie darin auch nur einen Teil der einheitlichen Gründe ausmachen. Ebenso wie § 95 ist daher auch § 96, wie es seinem Wortlaut entspricht, auf alle Entscheidungen des Patentgerichts anwendbar, auch auf Beschlüsse, hinsichtlich deren übrigens auch § 122 VwGO ausdrücklich auf § 119 VwGO verweist. § 96 wird anstelle des § 320 ZPO vom BGH im Wege der Schließung einer Gesetzeslücke auch auf den Tatbestand eines ihm erlassenen Berufungsurteils angewandt, BGH GRUR **97,** 119 Schwimmrahmen-Bremse, LS 1, Egr. II 1 a.

2 **a) Sinn und Zweck.** Der Sinn und Zweck der Vorschrift ergibt sich vor allem aus dem nach § 99 entsprechend anwendbaren § 314 ZPO, der wie folgt lautet:

> Der Tatbestand des Urteils liefert Beweis für das mündliche Parteivorbringen. Der Beweis kann nur durch das Sitzungsprotokoll entkräftet werden.

Der **Tatbestand liefert danach den Beweis** dafür, dass die Beteiligten in der mündlichen Verhandlung etwas vorgetragen haben, oder auch dafür, dass sie es nicht vorgetragen haben, BGH v. 19. 11. 1983, I ZR 125/81, GRUR **1984,** 530, 532 – Valium Roche. Der Beurteilung des Rechtsbeschwerdegerichts unterliegt nach § 561 Abs. 1 Satz 1 ZPO, der im Rechtsbeschwerdeverfahren entsprechend anzuwenden ist (vgl. §§ 107, 108 Rdn. 3) nur dasjenige Vorbringen der Beteiligten, das aus dem Tatbestand der angefochtenen Entscheidung oder aus dem Sitzungsprotokoll ersichtlich ist. Der Tatbestand muss deshalb das Vorbringen der Beteiligten – gegebenenfalls im Wege der Bezugnahme (§ 313 Abs. 2 Satz 2 ZPO) – klar, richtig und vollständig wiedergeben. Wenn und soweit der Tatbestand diesen Anforderungen nicht genügt, gibt § 96 Abs. 1 die Möglichkeit der Berichtigung. Die Offizialmaxime hat entgegen BPatGE **12,** 176, 177, in diesem Zusammenhang keine Bedeutung; sie befreit das Gericht nicht von der Pflicht zur richtigen und vollständigen Wiedergabe des Vorbringens der Beteiligten, BPatGE **19,** 35, 37. Der Antrag auf Tatbestandsberichtigung setzt voraus, dass überhaupt eine mündliche Verhandlung stattgefunden hat. Hat das Patentgericht im schriftlichen Verfahren entschieden und enthält der Beschluss eine zusammenfassende Darstellung des Sach- und Streitstandes, die angebliche Unrichtigkeiten enthält, so ist der Berichtigungsantrag eines

Beteiligten mangels Rechtsschutzbedürfnisses unzulässig, da der gesamte Akteninhalt einschließlich sämtlicher Schriftsätze als Beweis- Beurteilungsgrundlage dient, BPatGE **38,** 69, 70f. (MarkenG).

b) Voraussetzungen. Die Vorschrift betrifft „andere" Unrichtigkeiten als § 95, also zunächst solche, die nicht „offenbar" sind, aber auch insofern „andere" als § 95, als sie sich auf solche Unrichtigkeiten bezieht, bei denen sich Wille und Ausdruck decken, der Tatbestand also das angibt, was das Gericht sagen wollte, das Gesagte jedoch unklar oder sachlich unrichtig ist. Als Beispiele nennt § 320 ZPO Auslassungen, Dunkelheiten oder Widersprüche. 3

Eine Unrichtigkeit im Sinne der Vorschrift liegt danach nicht nur vor, wenn eine im Tatbestand enthaltene Angabe unzutreffend ist, sondern auch dann, wenn der **Tatbestand** wegen einer Auslassung **unvollständig** und aus diesem Grunde unrichtig ist. Zum Tatbestand gehören auch die Anträge und jedenfalls diejenigen Ausführungen der Beteiligten, mit denen diese ein selbstständiges Angriffs- oder Verteidigungsmittel (vgl. dazu § 100 Rdn. 26) geltend machen, BPatGE **19,** 35, 37; **20,** 57; abw. – mit unzutreffenden Überlegungen – BPatGE **12,** 176. Dazu gehört ferner alles, was **als sachliche Entscheidungsgrundlage auch für die Rechtsmittelinstanz irgendwie von Bedeutung** sein kann, etwa Angaben zum Stand der Technik oder über ein bestimmtes Wissen des Durchschnittsfachmanns, oder die Darlegung von Tatsachen, die für die Beurteilung der Erfindungshöhe von Bedeutung sein können, vgl. BPatGE **19,** 35, 37. Zum Tatbestand gehört auch die Wiedergabe der Würdigung des Standes der Technik durch die Beteiligten; nähere Angaben darüber braucht der Tatbestand nicht zu enthalten; werden sie jedoch (unnötigerweise) in den Tatbestand aufgenommen, dann müssen sie auch richtig wiedergegeben werden; der in BPatGE **19,** 35 vertretenen abw. Auffassung kann daher nicht zugestimmt werden. Soweit das Vorbringen der Beteiligten unrichtig wiedergegeben ist, kann die Berichtigung nicht davon abhängig gemacht werden, dass sie zur Beseitigung von Unklarheiten oder Widersprüchen in der Entscheidung erforderlich erscheint (so BPatGE **20,** 57); sie kann in einem solchen Falle gerade zu dem Zwecke beantragt werden, einen Widerspruch sichtbar zu machen. § 96 Abs. 1 gibt den Verfahrensbeteiligten einen Anspruch darauf, dass ihr Vortrag zu einzelnen Streitpunkten oder gar der gesamte Parteivortrag in allen Einzelheiten in den Tatbestand aufgenommen wird. Das gilt insbesondere für die von den Parteien vertretenen Rechtsansichten. Es sind allerdings außergewöhnliche Sachverhalte denkbar, bei denen auf Grund einer unvollständigen Wiedergabe des Parteivortrags oder auf Grund von Auslassungen im Tatbestand der Eindruck vermittelt werden könnte, eine Partei habe einen entscheidungserheblichen Rechtsstandpunkt aufgegeben. Dies kann zugleich als Unrichtigkeit im Sinne des § 96 Abs. 1 PatG zu werten sein, vgl. BGH a. a. O., Rdn 1. Wegen eines erfolglosen Antrags auf Tatbstandsberichtigung verbunden mit z. T. erfolgreichen Gegenvorstellungen wegen Verletzung des rechtlichen Gehörs vgl. BGH v. 14. 3. 2005, X ZR 186/00, Egr. I und II 2 (www.bundesgerichtshof.de). 4

Der Berichtigung zugänglich sind nach der Vorschrift nur unrichtige in der Entscheidung enthaltene Angaben, nicht dagegen Unrichtigkeiten in der tatsächlichen oder rechtlichen Würdigung dieser Angaben. Auf Grund der Vorschriften können daher nicht Fehler in der Beweiswürdigung oder der rechtlichen Beurteilung berichtigt werden, selbst wenn sie auf der unrichtigen Angabe beruhen und nach Berichtigung dieser Angaben offensichtlich sind. 5

2. Verfahren 6

a) Berichtigungsantrag. Die Berichtigung kann nur auf Antrag erfolgen. Die Fassung der Vorschrift schließt eine Berichtigung von Amts wegen aus. Antragsberechtigt ist jeder Beteiligte, der durch die Unrichtigkeit betroffen wird. 7

b) Antragsfrist. Der Berichtigungsantrag muss innerhalb von zwei Wochen beim Patentgericht eingereicht werden. Die Frist beginnt mit der Zustellung der Entscheidung, die Verkündung ist (abw. von § 320 Abs. 2 ZPO) ohne Bedeutung. Die Antragsfrist ist gesetzliche Frist und kann daher nicht verlängert werden. Da ihr Ablauf einen Rechtsnachteil zur Folge hat, nämlich den Ausschluss der Berichtigung, ist gegen die Versäumung nach § 123 Wiedereinsetzung in den vorigen Stand zulässig. 8

c) Beschlussfassung. Über den Antrag entscheidet der Senat, der die zu berichtigende Entscheidung erlassen hat. Wie ein Vergleich mit § 95 Abs. 2 Satz 2 ergibt, dürfte im Beschwerdeverfahren unter den Voraussetzungen des § 78 mündliche Verhandlung erforderlich sein (§ 320 Abs. 3 Satz 1 ZPO, vgl. dazu § 78 Rdn. 7). Eine Beweisaufnahme ist, da es sich um eine Berichtigung handelt, ausdrücklich ausgeschlossen. Das Gericht soll allein auf Grund seiner Erinnerung, unterstützt durch die Sitzungsniederschrift und etwaige sonstige Aufzeichnungen, 9 entscheiden. Der Beschluss wirkt ebenso wie die Berichtigung auf den Zeitpunkt des Erlasses der Entscheidung zurück und lässt die Frist für die Einlegung eines etwa gegebenen Rechtsmittels unberührt, vgl. § 95 Rdn. 7.

10 **d) Besetzung des Gerichts.** Bei der Beschlussfassung können nur die Richter mitwirken, die bei der zu berichtigenden Entscheidung mitgewirkt haben, da nur sie darüber befinden können, ob der Tatbestand unrichtig ist. Für einen verhinderten oder inzwischen ausgeschiedenen Richter kann daher kein anderer Richter als Stellvertreter eintreten. Der Senat ist solange beschlussfähig, als auch nur ein einziger Richter, der bei der Entscheidung mitgewirkt hat, vorhanden ist. Ist kein einziger Richter mehr vorhanden, so ist eine Berichtigung unmöglich, Baumbach/Lauterbach/Albers/Hartmann Rdn. 12, 13 zu § 320 ZPO.

11 **e) Vermerk der Berichtigung.** Der Berichtigungsbeschluss ist ebenso wie ein solcher nach § 95 auf der Urschrift und den Ausfertigungen der Entscheidung zu vermerken. Auf die Ausführungen zu § 95 (Rdn. 10) wird verwiesen.

97 *Vertretung. Vollmacht.* (1) [1]**Vor dem Patentgericht kann sich ein Beteiligter in jeder Lage des Verfahrens durch einen Bevollmächtigten vertreten lassen.** [2]**Durch Beschluß kann angeordnet werden, daß ein Bevollmächtigter bestellt werden muß.** [3]**§ 25 bleibt unberührt.**

(2) [1]**Die Vollmacht ist schriftlich zu den Gerichtsakten einzureichen.** [2]**Sie kann nachgereicht werden; hierfür kann das Patentgericht eine Frist bestimmen.**

(3) [1]**Der Mangel der Vollmacht kann in jeder Lage des Verfahrens geltend gemacht werden.** [2]**Das Patentgericht hat den Mangel der Vollmacht von Amts wegen zu berücksichtigen, wenn nicht als Bevollmächtigter ein Rechtsanwalt oder ein Patentanwalt auftritt.**

Inhaltsübersicht

1 **I. Vertretung vor dem Patentgericht.** Die Vorschrift, die § 67 Abs. 2 und 3 VwGO nachgebildet ist, regelt die Vertretung im *Verfahren* vor dem Patentgericht. Sie unterscheidet sich insofern von § 25, der die Vertretung des Auswärtigen allgemein zur Erleichterung des Verkehrs mit ihm anordnet (wegen des Verhältnisses zu § 25 vgl. unten Rdn. 10). Ihr liegt das Prinzip des Selbstvertretungsrechts zugrunde: Auch vor dem Patentgericht besteht, wie vor dem Patentamt, kein Vertretungszwang.

2 **1. Gesetzliche Vertretung. Von der in § 97 geregelten Bestellung von Bevollmächtigten ist die gesetzliche Vertretung der Verfahrensbeteiligten zu unterscheiden.** Gesetzlicher Vertreter ist derjenige, der durch Gesetz oder Verwaltungsanordnung zur Wahrung der Rechte einer natürlichen oder juristischen Person oder einer Mehrzahl solcher Personen bestellt ist; seine Vertretungsmacht ist vom Willen des Vertretenen unabhängig (wegen der Beispiele einer gesetzlichen Vertretung vgl. Baumbach/Lauterbach/Albers/Hartmann ZPO Rdn. 12 bis 23 zu § 51 ZPO). Der Prozessunfähige (§ 52 ZPO) kann im Verfahren vor dem Patentgericht grundsätzlich nur durch seinen gesetzlichen Vertreter wirksame Prozesshandlungen vornehmen; er kann jedoch bei Gefahr im Verzug einstweilen mit Vorbehalt der Beseitigung des Mangels zur Prozessführung zugelassen werden (§ 56 Abs. 2 ZPO). Gesetzliche Vertreter sind z.B. der Vater, die Mutter, die Eltern gemeinschaftlich (§ 1629 BGB), der Vormund, der Pfleger, der Betreuer (§ 1902 BGB), der Vorstand der Aktiengesellschaft und der Europäischen Gesellschaft, der Geschäftsführer der GmbH, auch einer Patentanwalts- oder Rechtsanwaltsgesellschaft, der Vorstand der Erwerbs- und Wirtschaftsgenossenschaften und bei eingetragenen Vereinen, bei juristischen Personen des öffentlichen Rechts das staatsrechtlich

berufene Organ. Für den Umfang der Vertretungsmacht ist das sachliche Recht maßgebend, das auch darüber bestimmt, ob bei Vorhandensein mehrerer gesetzlicher Vertreter Einzel- oder Gesamtvertretung besteht. Die schließt in der Regel die Befugnis zur gerichtlichen und außergerichtlichen Vertretung ein. Die Angabe der gesetzlichen Vertreter ist im Hinblick auf § 99 in Verbindung mit § 313 Abs. 1 Nr. 1 und § 130 Nr. 1 ZPO erforderlich (vgl. § 94 Rdn. 17, 19).

2. Vertretung durch Bevollmächtigte. Bevollmächtigte sind im Gegensatz zu den gesetzlichen Vertretern gewillkürte Vertreter, ihre Vertretungsbefugnis beruht auf dem Willen des Vertretenen. § 97 regelt lediglich die Vertretung durch Bevollmächtigte und zwar hinsichtlich der Zulässigkeit und hinsichtlich der Erforderlichkeit. 3

a) Zulässige Vertretung. Die Vertretung durch Bevollmächtige ist durch § 97 Abs. 1 Satz 1 uneingeschränkt zugelassen. Der Bevollmächtigte muss jedoch zur Vertretung fähig und geeignet sein. Er muss selbst prozessfähig sein (§ 79 ZPO). Bevollmächtigter kann deshalb eine natürliche, im Hinblick auf die Entwicklung der Patentanwalts- und Rechtsgesellschaften inzwischen auch eine juristische Person sein, vgl. dazu § 591 BRAO und § 52 I PatAnwO (vgl. dazu Kleine-Cosack, BRAO, Rdn. 1 bis 5 zu § 59 I); die Begriffe „Rechtsanwalt" und „Patentanwalt" sind nachfolgend in diesem Sinne zu verstehen. Eine auf eine sonstige, nicht zur geschäftsmäßigen Vertretung berechtigte juristische Person lautende Vollmacht kann jedoch u. U. dahin ausgelegt werden, dass deren gesetzliche Vertreter bevollmächtigt sein sollen, vgl. BayObLG FamRZ **86,** 598 (zum FGG). Die gesetzlichen Vorschriften, durch die bestimmte Personen von der Vertretung ausgeschlossen sind, oder nach denen ungeeignete Personen von der Vertretung ausgeschlossen werden können, werden durch die Vorschrift in § 97 Abs. 1 Satz 1 nicht berührt. Denn die Vorschrift betrifft nur die rechtliche Zulässigkeit der Vertretung, nicht den für die Vertretung zugelassenen Personenkreis. 4

b) Berufsmäßige Vertretung, Die berufsmäßige (geschäftsmäßige) Vertretung vor dem Patentgericht (und vor dem Patentamt) wird von den vom Gesetz ausdrücklich zugelassenen Berufen und Personen wahrgenommen. Dazu gehören nach ausdrücklicher gesetzlicher Regelung insbesondere die Patentanwälte: Nach PatAnwO § 3 Abs. 2 Nr. 2 hat der **Patentanwalt** die berufliche Aufgabe, in Angelegenheiten, die zum Geschäftskreis des Patentamts und des Patentgerichts gehören, andere vor dem Patentamt und dem Patentgericht zu vertreten. Der **Rechtsanwalt** ist der berufene unabhängige Berater und Vertreter in allen Rechtsangelegenheiten, § 3 Abs. 1 BRAO. Das schließt sein Recht ein, in Rechtsangelegenheiten aller Art vor Gerichten, Schiedsgerichten oder Behörden aufzutreten. Die Beschränkungen für Rechtsanwälte in einem ständigen Dienst- oder sonstigen Beschäftigungsverhältnis, § 46 BRAO, und die entsprechenden Beschränkungen für Patentanwälte nach § 41 a Abs. 1 PatAnwO, die auch „Behörden", also das Patentamt einschließen. Bei **Rechtsanwälten, die beim BGH zugelassen** sind, ist die Beschränkung ihres Tätigkeitsfeldes durch § 172 BRAO zu beachten. Die Beschränkungen gelten ganz allgemein für andere als in § 172 Abs. 1 BRAO aufgeführte Gerichte, also auch für das BPatG, soweit dieses nicht auf Ersuchen des BGH nach § 115 Abs. 2 Beweise erhebt. Es ist allerdings streitig, ob § 172 BRAO lediglich berufsrechtlich sanktioniert ist, vgl. Kleine-Cosack, BRAO, Rdn 2. In einem Mitgliedstaat der EU zugelassene Anwälte können als niedergelassene europäische Rechtsanwälte oder als dienstleistende europäische Rechtsanwälte nach Maßgabe des Gesetzes zur Umsetzung von Richtlinien der EG auf dem Gebiet des Berufsrechts der Rechtsanwälte (EuRAG) v. 9. 3. 2000, BGBl. I 182 auftreten. Vgl. dazu auch die Erl. zu § 25. **Patentassessoren** haben ein Beratungs- und Vertretungsrecht für Dritte im Rahmen der §§ 155, 156 PatAnwO. Patentassessoren ist außerdem in Rechtsstreitigkeiten seines Dienstherrn oder eines Dritten, den er zulässigerweise berät und vertritt, auf Antrag der Partei das Wort zu gestatten. § 157 Abs. 1 und 2 ZPO gilt insoweit für Patentassessoren nicht, § 156 PatAnwO. Zur berufsmäßigen Vertretung sind ferner berechtigt die Erlaubnisscheininhaber i. S. v. §§ 177, 178 PatAnwO sowie der in § 182 PatAnwO bezeichnete Personenkreis, vgl. dazu Feuerich, PatAnwO, Rdn 1 zu § 182. 4 a

aa) Ausgeschlossene Personen. § 157 Abs. 1 ZPO, der mit den dort genannten Ausnahmen Personen, die fremde Rechtsangelegenheiten geschäftsmäßig betreiben, als Bevollmächtigte in der mündlichen Verhandlung ausschließt, ist nur beschränkt entsprechend anwendbar, weil die Vertretung im Verfahren vor dem Patentgericht gesetzlich besonders geregelt ist. Maßgebend sind insoweit insbesondere die Vorschriften der Patentanwaltsordnung. Wer fremde Rechtsangelegenheiten geschäftsmäßig besorgt, ohne dazu befugt zu sein, muss vom Patentgericht zurückgewiesen werden. 5

bb) Ungeeignete Personen. § 157 Abs. 2 ZPO bestimmt, dass Bevollmächtigten, denen die Fähigkeit zum geeigneten Vortrag fehlt, der weitere Vortrag untersagt werden kann. § 67 6

Abs. 2 Satz 3 VwGO hat den dieser Vorschrift zugrunde liegenden Rechtsgedanken übernommen, indem er ausdrücklich bestimmt, dass vor dem Verwaltungsgericht und dem Oberverwaltungsgericht nur solche Personen als Bevollmächtigte auftreten können, die **zum sachgemäßen Vortrag fähig** sind. Daraus, dass diese Vorschrift nicht in § 97 übernommen ist, kann nicht geschlossen werden, dass eine entsprechende Eignung zur Vertretung vor dem Patentgericht entbehrlich wäre. Dass sie erforderlich ist, folgt schon aus § 97 Abs. 1 Satz 2. Denn wenn schon einem Beteiligten, der nicht in der Lage ist, seine Angelegenheit ordnungsmäßig wahrzunehmen, aufgegeben werden kann, einen Vertreter zu bestellen (vgl. unten Rdn. 7), so muss es umso mehr gestattet sein, einen nicht zur Vertretung befähigten Vertreter auszuschließen. Es kann dem Beteiligten, der nicht zum sachgemäßen Vortrag in der Lage ist, nicht gestattet sein, einen dazu nicht befähigten Bevollmächtigten zu bestellen; denn damit würde der von § 97 Abs. 1 Satz 2 erstrebte Erfolg nicht erreicht werden. Der dem § 157 Abs. 2 ZPO zugrunde liegende Rechtsgedanke ist deshalb mit dem sich aus § 67 Abs. 2 Satz 3 VwGO ergebenden Inhalt entsprechend anzuwenden. Die Fähigkeit zum sachgemäßen Vortrag fehlt indes nur, wenn der Bevollmächtigte nicht in der Lage ist, sich klar auszudrücken; bloße Ungewandtheit reicht nicht aus. Auch mangelnde Selbstbeherrschung kann zur Ausschließung führen (Baumbach/Lauterbach/Albers/Hartmann Rdn. 21 zu § 157 ZPO). Einem Rechtsanwalt, einem Patentanwalt oder einem Patentassessor kann der weitere Vortrag nicht untersagt und die Fähigkeit, als Vertreter aufzutreten, nicht abgesprochen werden (§ 157 Abs. 2 Satz 1 ZPO; § 4 Abs. 3 und § 156 Abs. 1 Satz 2 PatAnwO).

7 **b) Anordnung der Vertretung.** Wie früher im Verfahren vor den Beschwerde- und Nichtigkeitssenaten des Patentamts und wie im Verfahren vor den Verwaltungsgerichten und den Oberverwaltungsgerichten (§ 67 Abs. 2 VwGO) kann auch im Verfahren vor dem Patentgericht jeder Beteiligte seine Rechtssache grundsätzlich selbst führen. Er kann sich zwar eines Vertreters bedienen, braucht es aber grundsätzlich nicht. Von diesem Grundsatz sieht § 97 Abs. 1 Satz 2 in Anlehnung an § 67 Abs. 2 VwGO eine Ausnahme vor. Vom Gericht kann danach die Bestellung eines Vertreters angeordnet werden.

8 **aa) Voraussetzungen.** Die Vorschrift stellt die Anordnung der Bestellung eines Vertreters ebenso wie § 67 Abs. 2 Satz 2 VwGO in das pflichtgemäße Ermessen des Gerichts. Da die Vorschrift lediglich die ordnungsmäßige Durchführung des Verfahrens gewährleisten soll, kommt eine Anordnung nur dann in Betracht, wenn der Beteiligte nicht in der Lage ist, seine Sache selbst ordnungsmäßig zu vertreten.

9 **bb) Erlass der Anordnung.** Die Anordnung ergeht durch Beschluss. Sie ist zu verkünden oder dem betroffenen Beteiligten zuzustellen (§ 329 ZPO). Dem Beteiligten muss ausreichende Gelegenheit gegeben werden, ihr nachzukommen und sich durch den zu bestellenden Vertreter zu äußern (§ 97 Abs. 2). Wird die Anordnung in der mündlichen Verhandlung erlassen, so muss vertagt werden, sofern der Beteiligte nicht einer geeigneten, in der Verhandlung anwesenden Person, die mit der Sach- und Rechtslage hinreichend vertraut ist, die Vertretung überträgt und der bestellte Vertreter in der Lage ist, ohne weitere Vorbereitung in dem Termin aufzutreten und zur Sache zu verhandeln. Im schriftlichen Verfahren kann erst entschieden werden, nachdem dem Beteiligten ausreichende Frist zur Bestellung des Vertreters und zum weiteren Vortrag gesetzt war.

10 **cc) Inhalt der Anordnung.** Die Anordnung geht nach § 97 Abs. 1 Satz 2 dahin, einen Vertreter zu bestellen. Die Auswahl des Vertreters ist Sache des Beteiligten. Es bleibt ihm überlassen, eine geeignete Person zum Vertreter zu bestellen. Für Auswärtige im Sinne des § 25 ist die Auswahl, wie durch Abs. 1 Satz 3 klargestellt wird, auf den nach § 25 zur Vertretung Auswärtiger zugelassenen Personenkreis beschränkt (vgl. dazu § 25 Rdn. 9–13). Durch diese Vorschrift soll dem Umstand Rechnung getragen werden, dass durch § 25 die Vertretung Auswärtiger – grundsätzlich – den Patentanwälten und Rechtsanwälten vorbehalten ist. Die Tragweite der Anordnung nach § 97 Abs. 1 Satz 2 geht freilich über die durch § 25 begründete Verpflichtung hinaus. Während § 25 seinem Sinn und Zweck entsprechend bereits dadurch Genüge getan ist, dass überhaupt eine dafür zugelassene Person als Inlandsvertreter bestellt ist, verlangt § 97 Abs. 1 Satz 2, der die Vertretung im Verfahren zum Gegenstande hat, die Übertragung der Vertretung im Verfahren. Das wird in den Fällen des § 25 zur Vermeidung von Missverständnissen in der Anordnung zum Ausdruck zu bringen sein.

11 **dd) Rechtsfolgen der Anordnung.** Die Befolgung der durch die Anordnung ausgesprochenen Verpflichtung kann nicht vom Patentgericht erzwungen werden. Das Gericht kann auch nicht, wenn der Beteiligte ihr nicht nachkommt, von sich aus einen Vertreter bestellen. Der Erlass der Anordnung hat jedoch zur Folge, dass der Beteiligte das Verfahren nicht mehr selbst fortführen kann. Er kann keine Prozesshandlungen mehr vornehmen. In der mündlichen

Verhandlung, in der er ohne Vertreter erscheint, ist gemäß § 89 Abs. 2 ohne ihn zu verhandeln und gegebenenfalls zu entscheiden.

c) Vollmacht. Vollmacht ist nach der Legaldefinition in § 166 Abs. 2 BGB die durch Rechtsgeschäft erteilte Vertretungsmacht. Das Wort Vollmacht wird aber auch für die Vollmachtsurkunde verwendet. In diesem Sinne wird es in § 97 Abs. 2 gebraucht, der sich an § 67 Abs. 3 VwGO und § 80 Abs. 1 ZPO anlehnt. Die **Prozessvollmacht** ist prozessuale Vertretungsmacht. Ihre Erteilung ist daher prozessuales Rechtsgeschäft, deren Gültigkeit sich demzufolge nach den für **Prozesshandlungen** maßgebenden Grundsätzen bestimmt, Baumbach/Lauterbach/Albers/Hartmann Rdn 5 zu § 80 ZPO. Sie erfolgt durch einseitige Erklärung gegenüber dem zu Bevollmächtigenden oder gegenüber dem Gericht. Sie ist mit dem Zugang der Erklärung wirksam, im ersteren Falle aber noch dem Gericht durch Vorlage der Vollmachtsurkunde nachzuweisen (vgl. unten Rdn. 13). Die Vollmacht des Inlandsvertreters (§ 25) und die Prokura (§ 49 Abs. 1 HGB) sowie die Vertretungsmacht des Gesellschafters einer oHG (§ 126 Abs. 1) oder einer KG (§ 161 Abs. 2) schließen die Prozessführung ein. Wegen der gesetzlichen Vertreter juristischer Personen s.o. Rdn 2. Der Handlungsbevollmächtigte bedarf einer besonderen Ermächtigung zur Prozessführung (§ 54 Abs. 2 HGB), nicht jedoch zur Vertretung im Patenterteilungsverfahren vor dem Patentamt, die keine „Prozessführung" ist, BPatGE **19,** 56. § 97 Abs. 2, der sich auf die Prozessvollmacht bezieht, trifft die zuletzt genannten Fälle nicht unmittelbar; in entsprechender Anwendung dieser Vorschrift muss jedoch eine die Prozessführung einschließende sachlich-rechtliche Vollmacht dem Gericht nachgewiesen werden. Das kann durch Vorlage einer entsprechenden Urkunde oder – bei der Prokura – eines Auszuges aus dem Handelsregister geschehen. 12

aa) Form. Die **Vollmachturkunde** dient dem Nachweis der Bevollmächtigung; sie bedarf nach Abs. 2 Satz 1 der Vorschrift der Schriftform. Sie muss von dem Beteiligten oder seinem gesetzlichen Vertreter unterschrieben sein. Die Erklärung der Bevollmächtigung zur Verhandlungsniederschrift genügt, Baumbach/Lauterbach/Albers/Hartmann ZPO Rdn. 6 zu § 80 ZPO. 13

bb) Einreichung. Die Vollmacht ist **zu den Gerichstakten** einzureichen. Diesem Erfordernis ist nach dem Sinn und Zweck der Vorschrift genügt, wenn sich die – auch auf das Patentgericht bezogene – Vollmacht bei den beigezogenen **Akten des Patentamts** befindet, BPatGE **1,** 119. Die Bezugnahme auf eine an anderer Stelle vorliegende, etwa auf eine dem Patentamt eingereichte allgemeine Vollmacht, genügt dagegen nicht, da die Vollmacht zu den Gerichtsakten eingereicht werden muss und sich daher bei diesen befinden muss, BPatG Mitt. **73,** 18. Da sie danach in jedem einzelnen Verfahren gesondert vorgelegt werden muss, kann sie auch nicht durch eine allgemein beim Patentgericht hinterlegte Vollmacht ersetzt werden, ganz abgesehen davon, dass das Patentgericht für die Entgegennahme einer sich nicht auf ein bestimmtes Verfahren beziehenden Vollmacht keine Handhabe hätte. Die Vollmacht soll alsbald nach der Bestellung des Bevollmächtigten, spätestens mit dessen erstem Tätigwerden eingereicht werden. Sie kann jedoch nachgereicht werden, vgl. auch BPatG Bl. **93,** 27 (GeschmG; Mangel der Vollmacht des Inlandsvertreters war bereits vom Patentamt gerügt worden). Sofern nicht ein Rechtsanwalt oder Patentanwalt als Bevollmächtigter auftritt, muss die Vollmacht angefordert und für deren Nachreichung eine Frist bestimmt werden (wegen der Anwälte vgl. Rdn. 15). Mit fruchtlosem Ablauf der Frist ist die einstweilige Zulassung des Bevollmächtigten beendet. Die dadurch erwachsenden Kosten können in entsprechender Anwendung des § 89 ZPO dem Bevollmächtigten auferlegt werden. Der vollmachtlose Vertreter kann insoweit als Beteiligter im Sinne des § 80 behandelt werden (vgl. dort Rdn. 13). 14

cc) Mangelnde Vollmacht. Der Mangel der Vollmacht kann nach Abs. 3 der Vorschrift, der § 88 ZPO nachgebildet ist, in jeder Lage des Verfahrens von den Beteiligten geltend gemacht werden; er ist auch vom Gericht **von Amts wegen zu berücksichtigen,** sofern nicht ein Rechtsanwalt oder ein Patentanwalt als Vertreter auftritt. Die Vollmacht des Erlaubnisscheininhabers ist von Amts wegen zu prüfen, BPatGE 29, 242, 243. Ein Mangel i.S. von § 88 ZPO liegt vor, wenn die Vollmacht nie erteilt, erloschen oder nicht nachgewiesen ist. In jedem dieser Fälle kann der Mangel der Vollmacht von den Beteiligten gerügt werden. Er ist grundsätzlich auch vom Gericht zu berücksichtigen. Sofern jedoch ein **Rechtsanwalt oder ein Patentanwalt** als Bevollmächtigter auftritt, kann der Mangel **nur auf Rüge** eines Beteiligten beachtet werden. Die Einreichung der Vollmacht (oben Rdn. 14) kann daher in diesem Falle erst auf entsprechende Rüge eines Beteiligten verlangt werden. Dies gilt jedoch nur für das patentgerichtliche Verfahren, nicht für Verfahren vor dem Patentamt, BPatG Mitt. **84,** 156 (WZG). Ein vom vollmachtlosen Vertreter geführtes Verfahren kann nur insgesamt, nicht teilweise genehmigt werden, BPatG Bl. **84,** 204 (LS). Wenn der Anmelder eine Vollmachtsurkunde für 15 den Vertreter im Erteilungsverfahren eingereicht hat und sich weder vor dem Patentamt noch im Beschwerdeverfahren vor dem Patentgericht auf Beschränkungen der Vollmacht (keine Ermächtigung zur Zurücknahme der Patentanmeldung) berufen hat, besteht für das Beschwerdegericht kein Anlass, den Umfang der Vollmacht von Amts wegen zu prüfen, wenn gerade der Widerruf der Rücknahme oder deren Unwirksamkeit Gegenstand des Verfahrens ist, BGH GRUR **87,** 286 – Emissionssteuerung. Geht der Streit gerade um den förmlichen Nachweis der Vollmacht des Inlandsvertreters, dann führt deren Nichtvorlage im Beschwerdeverfahren zur Unbegründetheit, nicht zur Unzulässigkeit der Beschwerde, BPatGE, **15,** 204, 206 (GebrM-Verfahren, bei Vollmacht in der parallelen Patentanmeldung). Nach BPatGE **22,** 37 soll dann, wenn die Beschwerde gegen einen Beschluss des Patentamts wegen des Mangels einer Vollmacht an sich unzulässig ist, der Mangel der Vollmacht jedoch bereits im Verfahren vor dem Patentamt vorgelegen hat, aber dort nicht berücksichtigt worden ist, jedenfalls im zweiseitigen Verfahren (Antrag auf Akteneinsicht) die Beschwerde als zulässig zu behandeln und die angefochtene Entscheidung aufzuheben sein. Die Entscheidung beruht auf einer außergewöhnlichen Verfahrenskonstellation und ist deshalb nicht verallgemeinrungsfähig. Grundsätzlich ist bei offensichtlich fehlender Bevollmächtigung und entsprechend fehlendem Nachweis der Vollmacht aufseiten des Beschwerdeführers das Rechtsmittel als unzulässig zu verwerfen, und zwar auch dann, wenn es von einem Patent- oder Rechtsanwalt eingelegt worden ist.

16 **dd) Umfang der Vollmacht.** Der Umfang der Prozessvollmacht ist in den §§ 81 bis 85 ZPO geregelt, die nach § 99 entsprechend anzuwenden sind. Diese Vorschriften, die das Verhältnis zum Gericht und zu anderen Beteiligten betreffen, lauten:

§ 81. Die Prozessvollmacht ermächtigt zu allen den Rechtsstreit betreffenden Prozesshandlungen, einschließlich derjenigen, die durch eine Widerklage, eine Wiederaufnahme des Verfahrens und die Zwangsvollstreckung veranlaßt werden; zur Bestellung eines Vertreters sowie eines Bevollmächtigten für die höheren Instanzen; zur Beseitigung des Rechtsstreits durch Vergleich, Verzichtleistung auf den Streitgegenstand oder Anerkennung des von dem Gegner geltend gemachten Anspruchs; zur Empfangnahme der von dem Gegner oder aus der Staatskasse zu erstattenden Kosten.

§ 82. Die Vollmacht für den Hauptprozess umfaßt die Vollmacht für das eine Hauptintervention, einen Arrest oder eine einstweilige Verfügung betreffende Verfahren.

§ 83. (1) Eine Beschränkung des gesetzlichen Umfanges der Vollmacht hat dem Gegner gegenüber nur insoweit rechtliche Wirkung, als diese Beschränkung die Beseitigung des Rechtsstreits durch Vergleich, Verzichtleistung auf den Streitgegenstand oder Anerkennung des von dem Gegner geltend gemachten Anspruchs betrifft.

(2) Insoweit eine Vertretung durch Anwälte nicht geboten ist, kann eine Vollmacht für einzelne Prozesshandlungen erteilt werden.

§ 84. Mehrere Bevollmächtigte sind berechtigt, sowohl gemeinschaftlich als einzeln die Partei zu vertreten. Eine abweichende Bestimmung der Vollmacht hat dem Gegner gegenüber keine rechtliche Wirkung.

§ 85. (1) Die von dem Bevollmächtigten vorgenommenen Prozesshandlungen sind für die Partei in gleicher Art verpflichtend, als wenn sie von der Partei selbst vorgenommen wären. Dies gilt von Geständnissen und anderen tatsächlichen Erklärungen, insoweit sie nicht von der miterschienenen Partei sofort widerrufen oder berichtigt werden.

(2) Das Verschulden des Bevollmächtigten steht dem Verschulden der Partei gleich.

Da im Verfahren vor dem Patentgericht kein Anwaltszwang besteht, kann die Vollmacht hiernach (§ 83 Abs. 2 ZPO) auf einzelne Prozesshandlungen beschränkt werden. Es ist daher auch zulässig, aus einer an sich das gesamte Verfahren im Sinne des § 81 ZPO umfassenden Vollmacht einzelne Verfahrensvorgänge, insbesondere die Entgegennahme von Zustellungen auszunehmen mit der Folge, dass die Zustellungen nicht gemäß § 127 Abs. 1 Nr. 5 an den Vertreter zu bewirken sind, vgl. Horn, Mitt. **62,** 70. Eine vom Anmelder erteilte Terminsvollmacht gilt auch für nachgelassene, nach Schluss der mündlichen Verhandlung eingereichte Schriftsätze, BPatGE **19,** 131.

17 **ee) Erlöschen.** Über das Erlöschen der Vollmacht enthalten die §§ 86, 87 ZPO, die nach § 99 entsprechend anzuwenden sind, besondere Vorschriften. Von Bedeutung ist insbesondere § 87 Abs. 1 (erste Alternative) ZPO, der auch für das Verhältnis zum Gericht maßgebend ist, BGH VersR **81,** 1056; Baumbach/Lauterbach/Albers/Hartmann, Rdn. 4 zu § 87 ZPO. Die zweite Alternative des § 87 Abs. 1 ZPO, wonach die Kündigung des Vollmachtvertrages erst durch die Bestellung eines anderen Anwalts rechtliche Wirksamkeit erlangt, findet im patentgerichtlichen Verfahren keine Anwendung; das gilt auch für die Fälle des § 25 (Vertretung Auswärtiger), BPatGE **1,** 31. Bei Anwendbarkeit des § 25 ist aber § 30 Abs. 3 Satz 2 mit seiner Legitimationswirkung durch den Registereintrag, solange eine Änderung in der Person des Vertreters noch nicht eingetragen worden ist. Die §§ 86, 87 ZPO haben folgenden Wortlaut:

§ 86. Die Vollmacht wird weder durch den Tod des Vollmachtgebers noch durch eine Veränderung in seiner Prozessfähigkeit oder seiner gesetzlichen Vertretung aufgehoben; der Bevollmächtigte hat jedoch, wenn er nach Aussetzung des Rechtsstreits für den Nachfolger im Rechtsstreit auftritt, dessen Vollmacht beizubringen.

§ 87. (1) Dem Gegner gegenüber erlangt die Kündigung des Vollmachtvertrags erst durch die Anzeige des Erlöschens der Vollmacht, in Anwaltsprozessen erst durch die Anzeige der Bestellung eines anderen Anwalts rechtliche Wirksamkeit.

(2) Der Bevollmächtigte wird durch die von seiner Seite erfolgte Kündigung nicht gehindert, für den Vollmachtgeber so lange zu handeln, bis dieser für Wahrnehmung seiner Rechte in anderer Weise gesorgt hat.

Im Übrigen gelten für das Erlöschen der Vollmacht die Vorschriften des bürgerlichen Rechts (§ 168 BGB). Die Vollmacht erlischt im Zweifel mit dem Tode des Vertreters (§§ 168, 673 BGB), nach BPatGE **16,** 161 auch durch Konkurseröffnung (streitig). Ein für einen verstorbenen Patentanwalt bestellter Abwickler (§ 48 Abs. 1 Satz 1 PatAnwO) gilt nach § 48 Abs. 2 Satz 4 PatAnwO für die schwebenden Angelegenheiten als von dem Auftraggeber bevollmächtigt, sofern dieser nicht in anderer Weise für die Wahrnehmung seiner Rechte gesorgt hat. Die entsprechende Vorschrift für Rechtsanwälte enthält § 55 Abs. 2 BRAO. **18**

d) Zustellung an Bevollmächtigte. Soweit die Vertretervollmacht schriftlich zu den Akten eingereicht ist, wie es für das patentgerichtliche Verfahren in § 97 Abs. 2 grundsätzlich vorgeschrieben ist, sind die Zustellungen gemäß § 127 Abs. 1 Nr. 5 an den Vertreter zu richten, sofern nicht die Entgegennahme von Zustellungen in der Vollmacht ausgenommen ist (vgl. oben Rdn. 16 a.E.). Zustellungen an den vertretenen Beteiligten selbst sind daher unwirksam. **19**

II. Zuziehung von Beiständen. Die Zuziehung von Beiständen ist im Gegensatz zu § 67 VwGO in der Vorschrift nicht ausdrücklich vorgesehen. Das hat seinen Grund offenbar darin, dass die mündliche Verhandlung, in der allein Beistände – zur Unterstützung eines Beteiligten beim mündlichen Vortrag – auftreten können, für das patentgerichtliche Verfahren nicht allgemein obligatorisch ist. Soweit mündliche Verhandlung stattfindet, ist die Zuziehung von Beiständen gemäß § 99 in Verbindung mit § 90 ZPO zulässig. § 90 ZPO bestimmt: **20**

(1) Insoweit eine Vertretung durch Anwälte nicht geboten ist, kann eine Partei mit jeder prozessfähigen Person als Beistand erscheinen.

(2) Das von dem Beistand Vorgetragene gilt als von der Partei vorgebracht, insoweit es nicht von dieser sofort widerrufen oder berichtigt wird.

98

Auslagen des Patentgerichts. **Im Verfahren vor dem Patentgericht gilt für die Auslagen das Gerichtskostengesetz entsprechend.**

(aufgehoben)

Die Vorschrift ist durch Art. 7 Nr. 34 des KostRegBerG v. 13. 12. 2001, BGBl. I 3656, 3671, m.W.v. 1. 1. 2002 aufgehoben worden. Die entsprechend Bestimmung finden sich jetzt im PatKostG, aber ebenfalls nur als Verweisung auf das GKG, § 1 Abs. 1 Satz 2 PatKostG (vgl. auch Vorbemerkungen vor § 17).

99

Ausfüllung von Lücken. (1) **Soweit dieses Gesetz keine Bestimmungen über das Verfahren vor dem Patentgericht enthält, sind das Gerichtsverfassungsgesetz und die Zivilprozeßordnung entsprechend anzuwenden, wenn die Besonderheiten des Verfahrens vor dem Patentgericht dies nicht ausschließen.**

(2) **Eine Anfechtung der Entscheidungen des Patentgerichts findet nur statt, soweit dieses Gesetz sie zuläßt.**

(3) [1]**Für die Gewährung der Akteneinsicht an dritte Personen ist § 31 entsprechend anzuwenden.** [2]**Über den Antrag entscheidet das Patentgericht.** [3]**Die Einsicht in die Akten von Verfahren wegen Erklärung der Nichtigkeit des Patents wird nicht gewährt, wenn und soweit der Patentinhaber ein entgegenstehendes schutzwürdiges Interesse dartut.**

(4) **§ 227 Abs. 3 Satz 1 der Zivilprozeßordnung ist nicht anzuwenden.**

Inhaltsübersicht

Vorbemerkung zum Textbestand: § 99 Abs. 4 ist durch Art 3 Abs. 13 des Gesetzes zur Abschaffung der Gerichtsferien vom 28. 10. 96, BGBl. I 1546 = BlPMZ **97,** 1, aufgehoben worden.

Literatur: *Hirte, Heribert,* Interessen und Verfahren bei der Mitteilung von Entscheidungen des Bundespatentgerichts, Mitt **93,** 293; *Ann/Barona* Schuldrechtsmodernisierung und gewerblicher Rechtsschutz, **2002;** *Winkler, Gabriele,* VPP-Rundbrief Auswirkungen der ZPO-Reform auf die Beschwerdeverfahren vor BPatG, **02,** 81.

1 **1. Ausfüllung von Lücken der gesetzlichen Regelung.** Aus Gründen der Gesetzesökonomie hat der Gesetzgeber das Verfahren vor dem Patentgericht nicht vollständig und in allen Einzelheiten regeln können. Er hat sich deshalb, wie in der Begründung des Entwurfs zum 6. ÜG (Bl. **61,** 155) dargelegt, auf die Vorschriften beschränkt, die für den normalen Ablauf des Verfahrens erforderlich sind. Im Übrigen wird in Abs. 1 der Vorschrift, die sich an § 173 VwGO anlehnt, auf das GVG und die ZPO verwiesen. Die gleiche Gesetzgebungstechnik hat auch § 82 Abs. 1 Satz 1 Markengesetz übernommen. Mit der Verweisung wird zugleich klargestellt, dass die Übernahme einzelner Vorschriften des GVG und der ZPO in das Patentgesetz nicht dahin aufgefasst werden kann, als solle damit die Anwendung anderer damit im Zusammenhang stehender Vorschriften ausgeschlossen sein (Umkehrschluss). Insoweit ist vielmehr, wie die amtliche Begründung des Entwurfs zum 6. ÜG hervorhebt, im Einzelfalle nach den Grundsätzen des § 99 Abs. 1 zu prüfen, ob diese Vorschriften entsprechend anzuwenden sind oder nicht.

2 **a) Regelung des Verfahrens.** Die Vorschrift bezieht sich nach ihrem Wortlaut und nach ihrer Stellung im Fünften Abschnitt des Gesetzes auf Lücken in der Regelung über das Verfahren vor dem Patentgericht. Sie betrifft anders als § 173 VwGO, in dem das Wort „Verfahren" im Hinblick auf seine Stellung in den Schluss- und Übergangsbestimmungen in einem weitergehenden Sinne verstanden werden kann, nicht die Regelung über die Gerichtsverfassung des Patentgerichts. Dieser Unterschied hat jedoch, wie noch darzulegen sein wird (unten Rdn. 5), keine praktische Bedeutung.

3 **b) Fehlen einer Regelung.** Eine der Ausfüllung bedürftige **Lücke des Gesetzes** ist vorhanden, wenn dieses, wie die Vorschrift sagt, keine Bestimmung enthält. Eine Bestimmung fehlt danach, wenn die Vorschriften des Gesetzes einen bestimmten Fall weder nach ihrem Wortlaut noch nach ihrem Sinn noch nach ihrem Zusammenhang regeln. Eine Lücke des Gesetzes ist auch vorhanden, wenn eine Vorschrift des Gesetzes zwar ihrem Wortlaut nach einen bestimmten Fall zu umfassen scheint, die Vorschrift jedoch nach ihrem Sinngehalt auf diesen Fall nicht anwendbar erscheint, eine Feststellung, die aber nur ganz ausnahmsweise bei Vorliegen bestimmter Anhaltspunkte zulässig ist.

4 **c) Grundsätze für die Ausfüllung von Lücken.** Die Vorschrift verweist ergänzend auf das GVG und die ZPO, die entsprechend anzuwenden sind, wenn die Besonderheiten des Verfahrens vor dem Patentgericht dies nicht ausschließen. Die Formulierung weicht von der des § 173 VwGO ab, nach dem die entsprechende Anwendung ausgeschlossen ist, wenn „die grundsätzlichen Unterschiede der beiden Verfahrensarten" ihr entgegenstehen. Sachlich bedeutet diese abweichende Fassung keinen wesentlichen Unterschied. Die entsprechende Anwendung kann auch nach der Fassung des § 99 nicht allein wegen der Verschiedenheit des Gegenstandes des Verfahrens – die Erteilung oder Aufrechterhaltung gewerblicher Schutzrechte einerseits und die Geltendmachung zivilrechtlicher Ansprüche andererseits – abgelehnt

werden. Die Verschiedenheit des Verfahrensgegenstandes ist vielmehr nur insoweit von Bedeutung, als sie in der Regelung des Verfahrens Niederschlag gefunden hat. Nur soweit dies der Fall ist, liegen Besonderheiten des **Verfahrens** vor, die eine entsprechende Anwendung der ZPO ausschließen können. Diese Besonderheiten des Verfahrens ergeben sich vor allem aus dem Untersuchungsgrundsatz (§ 87), dem fehlenden Anwaltszwang (§ 97) und dem Umstand, dass das Verfahren vor dem Patentgericht kein kontradiktorisches zu sein braucht. Soweit diese Besonderheiten entgegenstehen, kommt eine Anwendung der insoweit von anderen Grundsätzen ausgehenden Vorschriften der ZPO nicht in Betracht. Darüber, wie die Lücken des Gesetzes in diesem Falle auszufüllen sind, sagt § 99 nichts (vgl. dazu unten Rdn. 7). Sie bleiben daher im Wesentlichen der richterlichen Rechtsanwendung und -fortbildung überlassen.

aa) Entsprechende Anwendung des Gerichtsverfassungsgesetzes. Die Verweisung auf das GVG, die sich aus der Übernahme des § 173 VwGO erklärt, hat für das Verfahren vor dem Patentgericht, auf das sich § 99 Abs. 1 nach seiner Stellung allein bezieht, nur geringe praktische Bedeutung, da das GVG nur im 13. bis 17. Titel Vorschriften über das Verfahren enthält. Auf diese Vorschriften ist weitgehend ausdrücklich verwiesen (§§ 69, 126 Satz 2), zum Teil enthält das Patentgesetz abweichende Vorschriften (§§ 70, 115 Abs. 2, 128). Für eine entsprechende Anwendung kommen daneben nur die §§ 158, 161, 164 GVG in Betracht. 5

bb) Entsprechende Anwendung der Zivilprozessordnung. Auf die Bestimmungen der ZPO, die zu den Vorschriften des Abschnitts ergänzend heranzuziehen sind, ist bereits in den Erläuterungen zu den einzelnen Vorschriften hingewiesen worden. Daneben kommen für eine entsprechende Anwendung vor allem die sonstigen Vorschriften des 1. Buches (Allgemeine Vorschriften), des 2. Buches (Verfahren im ersten Rechtszuge), des ersten und dritten Abschnitts des 3. Buches (Berufung, Beschwerde) sowie des 4. Buches (Wiederaufnahme des Verfahrens) – die im Nichtigkeitsverfahren schon immer entsprechend angewendet wurden, RGZ **170,** 51 = Bl. **42,** 115, – sowie die Vorschriften des 11. Buches (Justizielle Zusammenarbeit in der Europäischen Union) in Betracht. Die Verweisung auf die ZPO ist keine statische, sondern eine gleitende. Änderungen in Verfahren nach der ZPO sind danach auch für die Verfahren vor dem Patentgericht nachzuvollziehen. 6

Verfahrensmäßig besonders bedeutsam ist die Einführung der **Anhörungsrüge** durch das Anhörungsrügengesetz v. 9. 12. 2004, BGBl. I 3220 und die damit verbundene entsprechende Anwendung von § 321 a ZPO n. F., weil sie ein neues Verfahren der Selbstkontrolle des Patentgerichts bei an sich unanfechtbaren Entscheidungen zur Folge hat. Wegen der Einzelheiten einer entsprechenden Anwendung auf Entscheidungen des Patentgerichts wird auf die Erl. zu § 93 Rdn. 6 ff. verwiesen. 6 a

Darüber hinaus sind die Änderungen zu beachten, die das **Zivilprozessreformgesetz** in der ZPO bewirkt hat, und zwar insbesondere im Berufungs- und im Beschwerderecht. Vgl. dazu die entsprechenden Dokumente aus dem Gesetzgebungsverfahren, insbesondere die BT-Drs. 14/4722 v. 24. 11. 2000 (RegE des Gesetzes) und die BT-Drs. 14/6036 (Beschlussempfehlung und Bericht des RA/BT v. 15. 5. 2001. Zu den wesentlichen Änderungen gehört der Paradigmenwechsel im Berufungsrecht (die Umgestaltung der Berufung in ein Instrument zur Fehlerkontrolle und -beseitigung, vgl. BT-Drs. 14/4722, S. 61 f.)) und im Beschwerderecht (Generelle Befristung, Begründungserfordernis als Sollvorschrift, Präklusion bei verspätetem Vorbringen, vgl. BT-Drs. 14/4722, S. 68 ff.). § 128 a II ZPO, der unter anderem die Möglichkeit eröffnet, Zeugen per Videokonferenz zu vernehmen, ist über § 99 I PatG auch im patentgerichtlichen Verfahren anwendbar, BPatG GRUR **03,** 176. 6 b

Der bisher als allgemeingültig angesehene Rechtssatz, der Untersuchungsgrundsatz schließe für Beschwerdeverfahren vor dem Patentgericht die Zurückweisung verspäteten Vorbringens aus, ist angesichts dieser Entwicklung in der ZPO, paralleler Entwicklungen im Verwaltungsprozessrecht (§ 87 b § 128 a VwGO) und im Hinblick auf die Rechtslage nach EPÜ (Art. 114 EPÜ, vgl. Benkard/Schäfers EPÜ, Erl. zu Art. 114) nicht mehr aufrechtzuerhalten. 6 c

Unanwendbar sind im Hinblick auf die dort geregelten Angelegenheiten die Vorschriften des 5. Buches (Urkunden- und Wechselprozess), des 6. Buches (Familiensachen usw.), des 7. Buches (Mahnverfahren), des 9. Buches (Aufgebotsverfahren), des 10. Buches (Schiedsrichterliches Verfahren) und weitgehend auch (vgl. jedoch §§ 80 Abs. 4, 84 Abs. 2) des 8. Buches (Zwangsvollstreckung). 6 d

Unanwendbar sind weiter die Vorschriften, hinsichtlich deren das Patentgesetz eine besondere Regelung enthält, nämlich u. a. über die Zuständigkeit (§§ 1–40 ZPO), über die Prozesskosten (§§ 91–102 ZPO), über Prozesskostenhilfe (§§ 114–127), soweit nicht ausdrücklich darauf verwiesen ist (§§ 130, 132, 136, 138).

6e § 227 Abs. 1 ZPO ist gemäß § 99 Abs. 1 PatG im erstinstanzlichen Patentnichtigkeitsverfahren entsprechend anzuwenden. Das PatG enthält keine eigenen Bestimmungen darüber, ob und gegebenenfalls wann ein Termin vor dem Bundespatentgericht aufgehoben oder verlegt bzw. eine Verhandlung vertagt werden kann. Das Patentnichtigkeitsverfahren weist gegenüber dem Zivilprozess keine Besonderheiten auf, die eine Heranziehung des § 227 Abs. 1 ZPO ausschließen, BGH GRUR **04,** 354, LS 1, Egr. 1 a–f.

6f § 538 Abs. 2 Nr. 1 ZPO ist gem. § 91 Abs. 1 PatG anwendbar, wenn das Verfahren vor dem Patentgericht an einem Mangel leidet. Ein solcher Mangel liegt vor, wenn das Patentgericht den Anspruch auf rechtliches Gehör dadurch verletzt, dass es einen **begründeten Vertagungsantrag** ablehnt. Das Verfahren kann dann ohne Vorliegen der weiteren Voraussetzungen des § 538 Abs. 2 Nr. 1 ZPO vom Berufungsgericht an die Vorinstanz zurückverwiesen werden, BGH a.a.O., LS 2, Egr. 2a, b.

7 **cc) Entsprechende Anwendung allgemeiner verfahrensrechtlicher Grundsätze.** Soweit das Gesetz keine Bestimmungen enthält und die grundsätzlich für entsprechend anwendbar erklärten Vorschriften der ZPO wegen der Besonderheiten des patentgerichtlichen Verfahrens unanwendbar sind, soll das Patentgericht, wie in der Begr. zum 6. ÜG (Bl. **61,** 155) ausgeführt ist, „sein Verfahren unter Berücksichtigung allgemeingültiger verfahrensrechtlicher Grundsätze frei gestalten können“. Es sind daher insoweit die Grundsätze heranzuziehen, die in anderen Verfahrensordnungen ihren Niederschlag gefunden haben und nicht speziell auf das dort geregelte Verfahren abgestellt sind. Wegen der weitgehenden Übereinstimmung der Sachlage und der Ausgestaltung des Verfahrens kommt insbesondere eine Heranziehung der Vorschriften der Verwaltungsgerichtsordnung in Betracht. Aber auch andere Verfahrensgesetze wie das Arbeitsgerichtsgesetz, das Sozialgerichtsgesetz, das Gesetz über die Angelegenheiten der freiwilligen Gerichtsbarkeit und das Gesetz gegen Wettbewerbsbeschränkungen sind ggfls. zum Vergleich heranzuziehen.

8 **2. Anfechtung von Entscheidungen des Patentgerichts.** Das Gesetz sieht eine Anfechtung von Entscheidungen des Patentgerichts nur in den Fällen der §§ 100 (Rechtsbeschwerde), 110 (Berufung) und 122 (Beschwerde) vor. Durch § 99 Abs. 2 wird klargestellt, dass diese Vorschriften die Anfechtung patentgerichtlicher Entscheidungen abschließend regeln, dass nur solche Entscheidungen des Patentgerichts der Anfechtung unterliegen, die ausdrücklich als anfechtbar bezeichnet sind, und dass gegen anfechtbare Entscheidungen nur die im Patentgesetz vorgesehenen Rechtsmittel gegeben sind, BGH GRUR **79,** 696 – Kunststoffrad. Ein Beschluss des Patentgerichts, durch den ausgesprochen wird, dass die Beschwerde gegen eine Entscheidung des Patentamts als nicht erhoben gilt, kann daher nicht mit der sofortigen Beschwerde (§ 519b ZPO), sondern allenfalls mit der Rechtsbeschwerde angefochten werden, BGH GRUR **79,** 696. Wegen der Unanfechtbarkeit von Beschlüssen im Recht der Verfahrenskostenhilfe und wegen des Ausschlusses der Rechtsbeschwerde vgl. die Erl. zu § 135. Den ausdrücklichen Ausschluss eines Rechtsmittels ordnet auch § 11 Abs. 3 PatKostG an, nach dem eine Beschwerde gegen die Entscheidungen des Bundespatentgerichts über den Kostenansatz nicht stattfindet.

9 **3. Akteneinsicht.** Literatur: Ballhaus, Die Akteneinsicht beim Deutschen Patentamt und Bundespatentgericht, Mitt. **61,** 201; Müller-Arends, Probleme der Akteneinsicht, Mitt. **62,** 48; Trüstedt, Die Einsicht in Patenterteilungsakten, Mitt. **62,** 121; Löscher, Der künftige Ablauf des Patenterteilungsverfahrens und die sonstigen Änderungen im Patentrecht, BB **67,** Beil. 7, S. 11; Althammer, Gesetz zur Änderung des Patentgesetzes, des Warenzeichengesetzes und weiterer Gesetze, 2. Teil, GRUR **67,** 441.

9a § 99 Abs. 3 entält eine besondere Regelung für die Akteneinsicht durch dritte Personen. „Dritte Personen“ sind alle Personen, die nicht Verfahrensbeteiligte sind. Auf die Akteneinsicht durch Verfahrensbeteiligte ist nach Abs. 1 der Vorschrift § 299 ZPO entsprechend anzuwenden, dessen Absätze 1 bis 4 wie folgt lauten:

(1) Die Parteien können die Prozessakten einsehen und sich aus ihnen durch die Geschäftsstelle Ausfertigungen, Auszüge und Abschriften erteilen lassen.

(2) Dritten Personen kann der Vorstand des Gerichts ohne Einwilligung der Parteien die Einsicht der Akten nur gestatten, wenn ein rechtliches Interesse glaubhaft gemacht wird.

(3) Werden die Prozessakten elektronisch geführt, gewährt die Geschäftsstelle Akteneinsicht durch Erteilung eines Aktenausdrucks, durch Wiedergabe auf einem Bildschirm oder Übermittlung von elektronischen Dokumenten. Nach dem Ermessen des Vorsitzenden kann Bevollmächtigten, die Mitglied einer Rechtsanwaltskammer sind, der elektronische Zugriff auf den Inhalt der Akten gestattet werden. Bei einem elektronischen Zugriff auf den Inhalt der Akten ist sicherzustellen, dass der Zugriff nur durch den Bevollmächtigten erfolgt. Für die Übermittlung ist die Gesamtheit der Dokumente mit einer qualifizierten elektronischen Signatur zu versehen und gegen unbefugte Kenntnisnahme zu schützen.

(4) Die Entwürfe zu Urteilen, Beschlüssen und Verfügungen, die zu ihrer Vorbereitung gefertigten Arbeiten sowie die Schriftstücke, die Abstimmungen betreffen, werden weder vorgelegt noch abschriftlich mitgeteilt.

Bei einer elektronischen Aktenführung, die bisher beim Patentgericht, soweit ersichtlich, noch nicht eingeführt ist – es werden lediglich elektronische Dokumente nach §§ 130a, 130b ZPO zugelassen bzw. verwendet – ist die Akteneinsicht durch die Maßnahmen nach § 299 Abs. 3 ZPO zu gewähren. Soweit darin von „Bevollmächtigten, die Mitglied einer Rechtsanwaltskammer sind", die Rede ist, würde diese Vorschrift auch auf die Mitglieder der Patentanwaltskammer und die Erlaubnisscheininhaber auszudehnen sein. 9b

Es ist danach zu unterscheiden, ob Verfahrensbeteiligte oder unbeteiligte Dritte die Akteneinsicht erstreben. Die Akteneinsicht durch unbeteiligte Dritte ist unter den gleichen Voraussetzungen möglich, unter denen sie auch beim Patentamt zugelassen wird. Die Akten von Beschwerdeverfahren sind daher hinsichtlich der Akteneinsicht völlig den Akten des erstinstanzlichen Verfahrens gleichgestellt. Die Akteneinsicht in beigezogene Akten, insbesondere in die vom Patentamt vorgelegten, das vorausgegangene patentamtliche Verfahren betreffenden Akten, ist weder in § 99, noch in § 299 ZPO geregelt. Sie bestimmt sich nach allgemeinen Grundsätzen (vgl. dazu unten Rdn. 12). 9c

a) Verfahrensbeteiligte. § 299 Abs. 1 ZPO gibt den Verfahrensbeteiligten den prozessualen Anspruch auf Einsicht in die „Prozessakten". Prozessakten im Sinne der Vorschrift sind zunächst die vom Gericht selbst geführten Verfahrensakten, d. h. die Gerichtsakten des betreffenden Verfahrens. Es ist indes allgemein anerkannt, dass auf Grund der Vorschrift auch in die sogen. Beiakten, insbesondere beigezogene Akten anderer Gerichte oder Behörden, Einsicht gegeben werden kann, RG JW **01,** 35, 839; B/L/A/H ZPO Rdn 12 zu § 299. Für die Beiakten gelten allerdings gewisse Besonderheiten. Über Anträge Dritter auf Einsicht in die Rechtsbeschwerdeakten des BGH ist ebenfalls gem. § 99 Abs. 3 Satz 1 i. V. m. § 31 zu entscheiden, BGH Bl. **83,** 187, 188 – Akteneinsicht/Rechtsbeschwerdeakten, unter Aufgabe der früher vertretenen Ansicht, § 299 Abs. 1 ZPO sei entsprechend anzuwenden. 10

aa) Gerichtsakten. Die Gerichtsakten des betreffenden Verfahrens können von den Verfahrensbeteiligten grundsätzlich in vollem Umfange eingesehen werden. Ausnahmen gelten nur für die in § 299 Abs. 3 ZPO genannten Schriftstücke. Auszunehmen ist ferner der Antrag des Erfinders, nicht genannt zu werden (§ 63), wenn er zu den Gerichtsakten eingereicht sein sollte. 11

bb) Beiakten. Neben den Gerichtsakten sind, wie schon erwähnt (Rdn. 10), grundsätzlich auch die beigezogenen Akten offenzulegen. Dieser Grundsatz gilt jedoch nur mit Einschränkungen. Das Gericht darf sich nach st. Rspr. nicht über eine Bestimmung der Behörde hinwegsetzen, die die Akten übersandt hat, BGH NJW **52,** 305. Schließt die verfügungsberechtigte Behörde die Einsicht aus, so dürfen die Akten nicht gegen ihren Willen offengelegt werden; die Akten dürfen dann aber auch nicht bei der Entscheidung verwertet werden (§ 93 Abs. 2). Auch ohne einen ausdrücklichen Vorbehalt darf in beigezogene Akten des Patentamts nur unter den Voraussetzungen des § 31 Einsicht gewährt werden. Denn wenn schon die Bestimmung der verfügungsberechtigten Behörde das Gericht bindet, muss dieses umso mehr die Schranken beachten, die die Rechtsordnung selbst für die Einsicht in die in Frage stehenden Akten gesetzt hat. Es kann auch ohne ausdrückliche gesetzliche Anordnung nicht angenommen werden, dass der Patentsucher oder Patentinhaber, der die Einsicht in bestimmte Aktenteile beim Patentamt verhindern kann, die Offenlegung sollte hinnehmen müssen, wenn die Akten vom Patentgericht als Beiakten herangezogen werden. 12

cc) Verfahren. Die Einsicht in die eigenen Verfahrensakten des Gerichts wird auf entsprechendes – schriftliches oder mündliches – Verlangen von der Geschäftsstelle gewährt. Wenn die Geschäftsstelle die Einsicht ablehnen will, muss sie die Akten dem Senat zur Entscheidung vorlegen. Soweit die beigezogenen Patentamtsakten der freien Einsicht unterliegen, oder sie derjenige einsehen will, in dessen alleinigem Interesse die Einsicht beschränkt ist, kann die Geschäftsstelle ohne weiteres Einsicht geben. Soweit die Akteneinsicht nach § 31 nur unter bestimmten Voraussetzungen gewährt werden kann, muss der Verfahrensbeteiligte, der nicht selbst der durch die Beschränkung Begünstigte ist, einen förmlichen Akteneinsichtsantrag stellen. Der Antrag ist dem oder den davon Betroffenen zuzustellen. Wenn der Betroffene zustimmt, kann die Geschäftsstelle die Einsicht von sich aus gewähren. Sonst ist die Entscheidung des Senats herbeizuführen. 13

b) Dritte Personen. Die Regelung in § 99 Abs. 3 Satz 1 umfasst nach ihrem Wortlaut zweifelsfrei nicht nur die Akten von Beschwerdeverfahren, sondern auch solche Akten, für die es entsprechende Akten auch beim Patentamt gibt, z. B. Akten von erstinstanzlichen Akteneinsichtsverfahren, von Verfahren über Verfahrenskostenhilfe usw. Zweifel können nur bei den 14

Akten bestehen, die ihrer Art nach beim Patentamt nicht vorkommen, z. B. Akten von Zwangslizenzverfahren. Fasst man die Verweisung auf § 31 als eine auf den Anwendungsbereich des § 31 beschränkte auf, so blieben die Akten, die in ihrer Art beim Patentamt nicht geführt werden – abgesehen von den Nichtigkeitsakten –, in § 99 Abs. 3 ungeregelt; insoweit müsste dann ergänzend gemäß § 99 Abs. 1 auf § 299 Abs. 2 ZPO zurückgegriffen werden (so für die Akten von Zwangslizenzverfahren Löscher BB **67,** Beil. 7 Fußn. 56, offengelassen in BPatG Bl. **92,** 499 (LS) = BPatGE 32, 268). Die Verweisung auf § 31 kann aber auch dahin verstanden werden, dass die Akteneinsicht nach den gleichen Grundsätzen wie beim Patentamt durchgeführt werden soll, nämlich nach § 31 Abs. 1 Satz 1, soweit nicht in § 31 Abs. 1 Satz 2, Abs. 2 bis 5 und in § 99 Abs. 3 etwas Abweichendes bestimmt ist. Dieser Auslegung ist schon im Hinblick auf die Zuständigkeitsregelung in § 99 Abs. 3 Satz 2 der Vorzug zu geben. Bei dieser Auslegung erscheint nämlich § 99 Abs. 3 Satz 3 lediglich als „Maßgabe" für die entsprechende Anwendung des § 31, die als solche von der Zuständigkeitsregelung des Satz 2, die bei dieser Auffassung für alle Akteneinsichtsverfahren gilt, umfasst wird. Nach der abweichenden Ansicht enthält § 99 Abs. 3 Satz 3 dagegen eine sachliche Abweichung von § 299 Abs. 2 ZPO, die die dortige Zuständigkeitsregelung unberührt ließe. Über die Einsicht in alle sonstigen Akten, die ihrer Art nach beim Patentamt nicht vorkommen – z. B. in Akten von Zwangslizenzverfahren – hätte danach der Präsident des Bundespatentgerichts nach § 299 Abs. 2 ZPO zu entscheiden; vgl. dazu BPatGE **32,** 268, wo richtigerweise die Zuständigkeit des Patentgerichts bejaht worden ist. Auch dieses sicherlich nicht gewollte Ergebnis spricht dafür, § 99 Abs. 3 Satz 1 als eine abschließende, nur durch Satz 3 modifizierte Regelung der Akteneinsicht durch dritte Personen anzusehen.

14 a Mit der Herausgabe **anonymisierter Entscheidungsabschriften** an wissenschaftlich interessierte Dritte befasst sich BPatG Bl. **92,** 475 ff. und entscheidet sich dafür, auch einen solchen Antrag nach § 99 Abs. 3 Satz 1 und 2 i. V. m. § 31 Abs. 1 Satz 1 als förmliches Akteneinsichtsverfahren zu behandeln. Vgl. zu der zutreffenden Gegenmeinung BPatG v. 23. 4. 1991 – 27 ZA (pat) 19/91 BPatGE **32,**133. Es empfiehlt sich in der Tat grundsätzlich die vereinfachte Handhabung als Verwaltungsangelegenheit, wie dies in den übrigen Entscheidungen des BPatG – vgl. Rdn. 5 zu § 98 in der Voraufl. – angenommen worden ist und wie es der Praxis der obersten Bundesgerichte entspricht. Zur Kritik vgl. Hirte, Mitt **93,** 292, 300. Die Öffentlichkeit hat ein legitimes Interesse daran, sich über die Rechtsprechung der Gerichte informieren zu können. Das gilt insbesondere im Hinblick darauf, dass Bundesverfassungsgericht und Bundesgerichtshof in Übereinstimmung mit langfristigen vom Rat der EU beschlossenen Strategien für die Mitgliedstaaten (eGovernment) ihre Entscheidungen in anonymisierter Form weitestgehend über das Internet jedermann zur Verfügung stellen. Für den 10. Zivilsenat des BGH betrifft dies auch praktisch sämtliche Berufungsurteile in Nichtigkeitsverfahren und auch die Beschlüsse in Verfahrenskostenhilfesachen. Das BPatG hat demgegenüber noch erheblichen Nachholbedarf; der Zugang zu seinen Entscheidungen ist nach wie vor auf gelegentliche Veröffentlichungen von Leitsätzen und sonst ganz überwiegend kostenpflichtig nur über die juris-GmbH eröffnet. Das fällt umso negativer auf, als die Entscheidungen der Beschwerdekammern des benachbarten EPA in voller Breite über das Internet und auf ESPACE Legal zur Verfügung stehen.

15 **aa) Akten von Nichtigkeitsverfahren.** Literatur: Nölle, Einsicht in die Akten von Nichtigkeitsverfahren nach dem Vorabgesetz, Mitt. **69,** 21; Horn, Das entgegenstehende schutzwürdige Interesse bei der Einsicht in die Akten von Nichtigkeitsverfahren, Mitt. **70,** 41; Boehme, Akteneinsicht in das Nichtigkeitsverfahren, GRUR **87,** 668.

15 a Die Einsicht in Akten von Patentnichtigkeitsverfahren ist in § 99 Abs. 3 Satz 3 abweichend von § 99 Abs. 3 Satz 1 in Vbdg. mit § 31 Abs. 1 Satz 1 dahin geregelt, dass der Antragsteller nicht ein berechtigtes Interesse geltend zu machen, sondern nur einen – förmlichen – Antrag zu stellen braucht, und die Einsicht zu gewähren ist, sofern nicht die Parteien des Patentnichtigkeitsverfahrens – für die gesamten Akten oder einen Teil davon – ein der Akteneinsicht entgegenstehendes schutzwürdiges Interesse dartun, BGH GRUR **72,** 441, 442 – Akteneinsicht VIII. Die Regelung geht auf das PatÄndG 1967 zurück. Obwohl durch die geänderte Fassung des § 99 Abs. 3 Satz 3 die Akteneinsicht gegenüber § 299 Abs. 2 ZPO, der unter dem früheren Rechtszustand vom Patentgericht (BPatGE **2,** 28; **3,** 115; **5,** 106) und vom Bundesgerichtshof (BGH GRUR **67,** 498; **70,** 533; **72,** 195) angewendet wurde, erheblich erleichtert wurde, ist durch das PatÄndG 1967 insoweit keine Übergangsregelung getroffen worden; Art. 7 § 1 Abs. 3 PatÄndGes. ist jedoch entsprechend anzuwenden, BGH GRUR **70,** 533 – Akteneinsicht VI; **72,** 195 – Akteneinsicht/BGH-Nichtigkeit; BPatGE **13,** 42. In die vor dem 1. 10. 1968 entstandenen Akten oder Aktenteile von Patentnichtigkeitsverfahren, sofern solche noch vorhanden sind, kann daher auch weiterhin Einsicht nur bei Glaubhaftmachung eines rechtlichen Interesses gewährt werden, BGH GRUR **70,** 533; **72,** 195; BPatGE **13,** 42.

Die Notwendigkeit eines förmlichen Antrags ergibt sich nicht nur aus dem Inhalt des § 99 Abs. 3 Satz 3, sondern auch aus dem in § 99 Abs. 3 Satz 1 in Bezug genommenen § 31 Abs. 1 Satz 1, der in § 99 Abs. 3 Satz 3 nur hinsichtlich der sachlichen Voraussetzungen für die Akteneinsicht modifiziert wird. Der Antragsteller braucht im Allgemeinen nicht anzugeben, welches Interesse er an der erstrebten Akteneinsicht hat. Wer jedoch berufsmäßig andere vor dem Patentgericht vertritt, muss entweder seinen Auftraggeber nennen oder sein eigenes Interesse an der Akteneinsicht darlegen, BGH GRUR **64,** 548 – Akteneinsicht I; BGH, Beschluss vom 1. 12. 1992 – X ZB 3/92 –; BPatGE **26,** 53. Diese restriktive Handhabung gegenüber Akteneinsichtsanträgen von Anwälten, die in den Voraufl. noch gebilligt wurde, hat der BGH Beschl. v. 17. 10. 2000 – X ZR 4/00 – Akteneinsicht XIV, GRUR **2001,** 143 inzwischen mit überzeugenden Gründen aufgegeben. **16**

Der Auftrag, ein Gutachten zu erstatten, begründet für einen Patentanwalt kein genügendes eigenes Interesse; deshalb muss der Auftraggeber des Gutachtens angegeben werden, BPatGE **8,** 199. Auch andere Personen, die gewerbsmäßig Auskünfte in Patentangelegenheiten erteilen (BPatGE **6,** 28; **6,** 118) oder bei denen Grund zu der Annahme besteht, dass sie die Einsicht nicht im eigenen Interesse erstreben (BPatGE **7,** 94), müssen ihren Hintermann nennen, damit die von der Akteneinsicht Betroffenen in der Lage sind, ihr möglicherweise gegenüber dem Hintermann bestehendes schutzwürdiges Interesse geltend zu machen (BPatGE aaO). Wenn keine besonderen Umstände vorliegen, erfordert der von einem anwaltlichen Vertreter gestellte Antrag auf Einsicht in die Akten eines Patentnichtigkeitsverfahrens nicht, dass der von dem Anwalt vertretene Mandant namhaft gemacht wird. BGH, Beschluss vom 17. 10. 2000 – X ZR 4/00, Akteneinsicht XV. – GRUR **01,** 143. **16a**

Vor der Entscheidung über den Akteneinsichtsantrag sind die Parteien des Patentnichtigkeitsverfahrens zu hören. Der Nichtigkeitskläger wird zwar in § 99 Abs. 3 Satz 3 nicht genannt. Die Notwendigkeit, auch den Nichtigkeitskläger am Verfahren zu beteiligen und ihm Gelegenheit zu geben, seine berechtigten Belange zu wahren, ergibt sich jedoch aus dem Verfassungsgrundsatz des rechtlichen Gehörs (Art. 103 GG), BGH GRUR **72,** 441, 442. Auch dem Nichtigkeitskläger muss mithin vor der Entscheidung Gelegenheit gegeben werden, sein etwaiges schutzwürdiges, der Akteneinsicht entgegenstehendes Interesse darzulegen, BGH GRUR **72,** 441, 442. **17**

Ein der Akteneinsicht entgegenstehendes schutzwürdiges Interesse muss substantiiert dargelegt werden, BPatG Mitt. **79,** 137. Es muss sich aus dem Inhalt gerade derjenigen Akten ergeben, deren Einsicht widersprochen wird, BGH GRUR **64,** 548. Die Prüfung des schutzwürdigen Interesses erfordert eine Abwägung der gegen die Einsicht geltend gemachten mit den für die Einsicht im Allgemeinen oder in dem einzelnen Fall sprechenden Interessen, BGH aaO. Eine zwischen den Parteien des früheren Nichtigkeitsverfahrens getroffene Vereinbarung, den Bestand des dort angegriffenen Patents in keiner Weise zu gefährden, begründet kein der Akteneinsicht entgegenstehendes schutzwürdiges Interesse, BPatGE **22,** 66. Ein schutzwürdiges Interesse an der Geheimhaltung wird im Allgemeinen nur für einzelne Aktenteile anzuerkennen sein. Es besteht nicht für Aktenteile, die lediglich ungefähre Angaben über den Zeitpunkt der Markteinführung und die vertriebenen Stückzahlen der nach dem Streitpatent hergestellten Waren enthalten, BPatG GRUR **80,** 989. Es ist zu bejahen für Umsatzangaben, die als Betriebsinterna anzusehen sind, BPatGE **22,** 66, 67f., oder für näher bezifferte Umsatz-, Kosten- und Gewinnermittlungen, die bestimmte Rückschlüsse auf die innerbetriebliche Kalkulation oder auf sonstige interne Verhältnisse zulassen, vgl. BPatG GRUR **80,** 989. Es ist auch anzuerkennen für Unterlagen, die sich auf einen über den Rahmen des Nichtigkeitsverfahrens hinausgehenden Vergleich beziehen, BGH GRUR **72,** 195, 196, sowie für ein öffentlich verkündetes Urteil, wenn es in den Gründen persönlichkeitsbezogene Umstände enthält, an deren Geheimhaltung eine Partei des Nichtigkeitsverfahrens ein schutzwürdiges Interesse hat, BPatGE **26,** 66, 67. **18**

Während in Aktenteile, die sich auf geltend gemachte offenkundige Vorbenutzungen beziehen, auch Dritten grundsätzlich Akteneinsicht zu gewähren ist, können bei Widerspruch der Parteien solche Teile von der Einsichtnahme ausgeschlossen werden, die Angaben über gegenseitige geschäftliche Beziehungen sowie betriebsinterne technische Entwicklungen der Parteien enthalten. Ebenso kann ein im Nichtigkeitsverfahren abgeschlossener Vergleich bei Widerspruch der Parteien von der Akteneinsicht ausgeschlossen werden, BPatGE **28,** 37, 38. Auch wenn eine Nichtigkeitsklage mangels Gebührenzahlung als nicht erhoben gilt und nicht zugestellt worden ist, unterliegen die Akten der normalen Akteneinsicht durch Dritte. Der Patentinhaber ist Beteiligter eines entsprechenden Akteneinsichtsverfahrens; zur etwaigen Geltendma- **18a** chung schutzwürdiger Gegeninteressen ist ihm die Klageschrift abschriftlich mitzuteilen oder zur Einsichtnahme zugänglich zu machen, BPatGE **26,** 165f. Kopien von Aktenteilen eines Verletzungsprozesses, die von den Parteien im Nichtigkeitsverfahren eingereicht worden sind, unterliegen grundsätzlich ebenfalls der freien Akteneinsicht. Der Nichtigkeitskläger kann aber ein schutzwürdiges Interesse daran haben, dass seine im Verletzungsprozess angegriffene und dort technisch näher erläuterte „Verletzungsform" einem Wettbewerber nicht durch eine uneingeschränkte Akteneinsicht offenbart wird. Untrennbar damit verbundene Ausführungen zum Schutzumfang des Klagepatents können ebenfalls von der Akteneinsicht ausgenommen werden, BPatGE **25,** 34, 35. Die Vereinbarung der Parteien eines Nichtigkeitsverfahrens, den Bestand des angegriffenen Patents in keiner Weise zu gefährden, begründet kein der Akteneinsicht entgegenstehendes schutzwürdiges Interesse, BPatGE **22,** 66, 67.

19 Zu den Akten eines Patentnichtigkeitsverfahrens gehören auch die Aktenteile, die sich auf die Festsetzung des Streitwerts beziehen, BGH GRUR **72,** 441, mit insoweit ablehnender Anm. von Pietzcker. Für die Angaben zum Streitwert wird jedoch in der Regel ein überwiegendes Geheimhaltungsinteresse der Parteien des Nichtigkeitsverfahrens anzuerkennen sein, BGH GRUR **72,** 441, 442.

20 **bb) Akten von offengelegten Patentanmeldungen, von erteilten Patenten und von Beschränkungsverfahren.** Diese Akten unterliegen beim Patentamt nach § 31 Abs. 1 Satz 2, Abs. 2 der grundsätzlich freien Einsicht. Nach § 99 Abs. 3 Satz 1 steht daher auch die Einsicht in die Beschwerdeakten, die eine offengelegte Anmeldung oder ein erteiltes Patent einschließlich eines Einspruchs- oder Beschränkungsverfahrens betreffen, grundsätzlich jedermann frei. Die Beschränkungen, die für diese Akten bestehen (vgl. dazu § 31 Rdn. 15–19), sind auch hier zu beachten.

21 **cc) Akten von Geheimanmeldungen und Geheimpatenten.** Für die Einsicht in Akten von Geheimanmeldungen und Geheimpatenten gilt infolge der Verweisung in § 99 Abs. 3 Satz 1 die Regelung in § 31 Abs. 5 entsprechend. Die Einsicht kann daher nur unter besonderen Voraussetzungen gewährt werden. Wegen der Einzelheiten kann auf die Ausführungen in Rdn. 21 zu § 31 verwiesen werden.

22 **dd) Sonstige Gerichtsakten.** In sämtliche Akten, für die in den §§ 99 Abs. 3 oder in § 31 keine besondere Regelung getroffen ist, kann nach § 99 Abs. 3 Satz 1 in Vbdg. mit § 31 Abs. 1 Satz 1 Einsicht nur gewährt werden, wenn sämtliche Verfahrensbeteiligten zustimmen oder vom Antragsteller ein berechtigtes Interesse an der Akteneinsicht glaubhaft gemacht wird. Dies gilt insbesondere für die Akten von Zwangslizenzverfahren, von Verfahren über die Verfahrenskostenhilfe und von Beschwerdeverfahren, die noch nicht offengelegte Patentanmeldungen betreffen. Es kann insoweit auf die Ausführungen in Rdn. 22–41 zu § 31 verwiesen werden.

23 **ee) Beiakten.** Ebenso wie den Verfahrensbeteiligten (vgl. Rdn. 12) kann auch dritten Personen die Einsicht in die dem Gericht vorliegenden Beiakten – insbesondere die Vorakten des Patentamts – gewährt werden, in die beigezogenen Akten des Patentamts aber nur unter den Voraussetzungen des § 31. Die Entscheidungsbefugnis des Patentgerichts ist, soweit es einer Entscheidung bedarf, auch für die Beiakten zu bejahen, BPatGE **1,** 36, 37; **1,** 38, 39f.; **2,** 182; **5,** 113, 115; **6,** 14, 15; vgl. hierzu auch BGH GRUR **66,** 639 – Akteneinsicht III. Denn das Patentgericht, das ohnehin über die Beschwerde gegen einen Beschluss des Patentamts zu entscheiden hätte, kann nicht genötigt sein, die Akten an das Patentamt abzugeben und damit sein Verfahren u. U. für längere Zeit lahmzulegen, nur um den Beteiligten zwei Instanzen zu geben. Die Zuständigkeit des Patentgerichts bleibt so lange bestehen, bis das Verfahren, zu dem die Beiakten herangezogen wurden, abgeschlossen ist, BPatGE **5,** 113. Entgegen BPatGE **2,** 182, handelt es sich jedoch nicht um eine ausschließliche, sondern nur um eine konkurrierende Zuständigkeit des Patentgerichts. Das Patentgericht kann deshalb den Akteneinsichtsantrag mit den beigezogenen Patentamtsakten zur Entscheidung an das Patentamt abgeben, wenn dadurch das patentgerichtliche Verfahren nicht gestört wird, BPatG Mitt. **71,** 112 (Wz.); vgl. dazu auch BGH GRUR **66,** 639, 640.

24 **ff) Verfahren.** Die Akteneinsicht muss, soweit sie nicht jedermann freisteht, schriftlich beantragt werden. Wenn sich der Antrag auf die Akten eines Nichtigkeitsverfahrens bezieht, muss beiden Parteien des Patentnichtigkeitsverfahrens (vgl. oben Rdn. 17) Gelegenheit gegeben werden, ein der Einsicht entgegenstehendes schutzwürdiges Interesse darzutun (wegen der Übergangsfälle vgl. oben Rdn. 15). Sonst ist dem oder den von der beantragten Akteneinsicht Betroffenen Gelegenheit zu geben, sich zu dem Antrag zu äußern.

25 Soweit eine Entscheidung erforderlich ist, weil der oder die von der Akteneinsicht Betroffenen der Einsicht nicht zustimmen, ist dafür der Senat zuständig, der für das Verfahren, auf das

sich die Akten beziehen, zuständig ist oder war. Die Zuständigkeitsregelung in § 99 Abs. 3 Satz 2 gilt, wie oben (Rdn. 14) dargelegt ist, für alle Akteneinsichtsfälle, insbesondere auch für Anträge auf Einsichtnahme in Akten von Nichtigkeitsberufungsverfahren, wenn die dort entstandenen Akten des BGH den Akten der ersten Instanz nach Erledigung des Berufungsverfahrens einverleibt worden sind, BPatGE **22,** 66, 67. Wenn kein Beteiligter Einwendungen gegen die Akteneinsicht erhoben hat und es sich auch nicht um Akten eines Geheimpatents oder einer geheimzuhaltenden Anmeldung handelt, entscheidet der Rechtspfleger (§ 23 Abs. 1 Nr. 11 RPflG), sonst der Senat in der vorgeschriebenen Besetzung. Der Nichtigkeitssenat, der mit der Sache befasst war, entscheidet auch über die Einsicht in die Akten eines Patentnichtigkeits-Berufungsverfahrens, wenn diese nach Erledigung des Berufungsverfahrens den Akten der ersten Instanz einverleibt worden sind, BPatGE **22,** 66. Die Einsicht in die Akten des Patentgerichts ist gebührenfrei. Auf die Einsicht in beigezogene Akten des Patentamts sind die dafür geltenden Gebührenvorschriften (vgl. § 31 Rdn. 42) anzuwenden. Die Auferlegung von Kosten zu Lasten eines der Beteiligten am Antragsverfahren nach § 99 Abs. 3 ist mangels Rechtsgrundlage unzulässig, BPatGE **27,** 96.

4. Gerichtsferien. § 99 Abs. 4 sah früher vor, dass die Vorschriften des GVG über die Gerichtsferien nicht anzuwenden seien. Nach Abschaffung der Gerichtsferien schreibt § 227 Abs. 3 Satz 1 ZPO als Nachklang vor, dass Termine, die für die Zeit vom 1. Juli bis 31. August bestimmt sind, mit Ausnahme von Terminen zur Verkündung einer Entscheidung, auf Antrag innerhalb einer Woche nach Zugang der Ladung oder Terminsbestimmung zu verlegen sind. Auf diese Vergünstigung für die Parteien eines Rechtsstreits innerhalb der üblichen Ferienzeit bezieht sich § 99 Abs. 4, wenn er ausdrücklich anordnet, dass diese Vorschrift der ZPO nicht anzuwenden ist. **26**

Sechster Abschnitt.
Verfahren vor dem Bundesgerichtshof

1. Rechtsbeschwerdeverfahren

Vorbemerkungen

Literaturhinweis (in Auswahl, zeitlich geordnet): Amtl. Begr. zum RegEntw. des 6. ÜG, Bl. **61,** 140, 156ff.; Schriftl. Bericht des RA/BT, Bl. **61,** 169, 170; Löscher, Rechtsweg und Instanzenzug im gewerblichen Rechtsschutz, DRiZ **62,** 8; Wiehle, Voraussetzungen für die Zulassung der Rechtsbeschwerde an den Bundesgerichtshof durch das Patentgericht, Mitt. **63,** 2; Kockläuner, Neufassung von Bestimmungen über das Bundespatentgericht und die Rechtsbeschwerde?, GRUR **65,** 178; Löscher, Vier Jahre Rechtsbeschwerde in Patent-, Muster- und Zeichensachen, GRUR **66,** 5; Röhl, Die zulassungsfreie Rechtsbeschwerde, GRUR **66,** 117; Kockläuner, Zum Rechtsinstitut der Rechtsbeschwerde, Mitt. **66,** 131; Jungbluth, Das Bundespatentgericht im zehnten Jahre seines Bestehens, in: Zehn Jahre Bundespatentgericht, 1971, S. 1, 26ff.; Möhring, Die nicht zugelassene Rechtsbeschwerde im Patentrecht, GRUR **72,** 245; Wey, Senatsentscheidungen im Licht einer künftigen Patentrechtsreform, GRUR **72,** 270, 272ff.; Hesse, Zur Frage der Statthaftigkeit der zulassungsfreien Rechtsbeschwerde in Patent-, Gebrauchsmuster- und Warenzeichensachen, GRUR **74,** 711; v. Gamm, Die Rechtsbeschwerde in Warenzeichensachen, GRUR **77,** 413; Engel, Das Rechtsbeschwerdeverfahren, Mitt. **79,** 61; Kraßer, Die Zulassung der Rechtsbeschwerde durch das Bundespatentgericht, GRUR **80,** 420ff.; Sangmeister, Die Rüge wesentlicher Mängel des Verfahrens (zu der § 100 Abs. 3 entsprechenden Bestimmung in § 116 Abs. 1 Finanzgerichtsordnung), DStZ **91,** 358ff.; Sangmeister, Zur uneingeschränkten Substantiierung der Rüge nach § 119 Nr. 3 FGO (Versagung des rechtl. Gehörs, StuW **92,** 343ff.; Bender, Und nun auch im Patentrecht: Die Rüge der Versagung rechtlichen Gehörs ..., Mitt. **98,** 85; Schülke, Die neuere Rechtsprechung des Bundesgerichtshofs zur zulassungsfreien Rechtsbeschwerde nach § 100 PatG, GRUR **94,** 468ff.

1 **1. Zweck und Bedeutung der Rechtsbeschwerde.** Das durch das 6. ÜG zugleich mit der Errichtung des Bundespatentgerichts neu eingeführte Rechtsmittel der Rechtsbeschwerde gegen Beschlüsse der Beschwerdesenate des Patentgerichts in Patent-, Muster- und Zeichensachen (früher §§ 41p–41y, jetzt §§ 100–109 PatG; § 18 Abs. 4 GebrMG) ist im Interesse der Einheitlichkeit der Rechtsprechung auf diesen Gebieten des gewerblichen Rechtsschutzes geschaffen worden. Nach den Vorschriften des PatG, des GebrMG und des MarkenG ist die Zuständigkeit für die Entscheidung über die Schutzfähigkeit und Rechtsbeständigkeit der gewerblichen Schutzrechte in einer teilweise historisch bedingten Abgrenzung auf das patentamtliche Verfahren (jetzt Verfahren vor dem Patentamt und vor dem Patentgericht) einerseits und auf das Verfahren vor den ordentlichen (Zivil-)Gerichten andererseits aufgeteilt. Meinungsverschiedenheiten zu bestimmten Rechtsfragen, die sich in dem einen wie in dem anderen Verfahren in gleicher Weise stellen können, waren vor der Einführung der Rechtsbeschwerde nicht zu überbrücken, – so z. B. in älterer Zeit nicht die Meinungsverschiedenheit zwischen dem RG (RGZ **155,** 108) und dem RPA (GRUR **39,** 971) in der Frage der Eintragungsfähigkeit von Kabelkennfäden als Warenzeichen (diese Frage musste dann gesetzlich geregelt werden: VO vom 29. 11. 1939, RGBl. II S. 1005), – und später nicht die Meinungsverschiedenheit zwischen dem BGH (BGHZ **18,** 81, 96f.) und dem GrSenDPA (Bl. **56,** 34) in der Frage der Neuheitsschädlichkeit der ausgelegten Unterlagen von Patentanmeldungen und der Unterlagen eingetragener Gebrauchsmuster gegenüber den vor dem 7. 8. 1953 eingereichten und damals noch anhängigen Patentanmeldungen (diese Frage, die den aktuellen Anlass für die Einführung der Rechtsbeschwerde gab, konnte nach deren Einführung alsbald abschließend durch den BGH entschieden werden: BGHZ **37,** 219; vgl. auch die Anm. Löscher in LM Nr. 9 zu § 2 PatG). Die Einführung des Rechtsmittels der Rechtsbeschwerde hat diesen unerwünschten Zustand beseitigt: der BGH entscheidet seither auf dem Gebiet des gewerblichen Rechtschutzes als letzte Instanz nicht mehr nur – wie schon zuvor – über die Revision gegen die Urteile der Oberlandes- und der Landgerichte (§ 133 GVG), namentlich in Verletzungsprozessen, und über die Berufung oder Beschwerde gegen die Urteile der Nichtigkeitssenate des Patentgerichts (früher des Patentamts) in Nichtigkeits- und Zwangslizenzverfahren (§§ 110 Abs. 1 Satz 1, 122 Abs. 1 Satz 1 PatG, § 20 GebrMG), sondern nunmehr auch über die Rechtsbeschwerde gegen die Beschwerdeentscheidungen der Beschwerdesenate des Patentgerichts in allen patentamtlichen Verfahren zum Patent-, Gebrauchsmuster-, Geschmacksmuster- und Sortenrecht (§ 100 PatG, § 18 Abs. 4 GebrMG, § 23 Abs. 3 GeschmMG, § 35 SSchG). In der Vorschrift, dass die Rechtsbeschwerde zuzulassen ist, wenn „die Sicherung einer einheitlichen Rechtsprechung" eine Entscheidung des BGH erfordert (§ 100 Abs. 2 Nr. 2), lebt der Anlass für die Einführung der Rechtsbeschwerde fort. Für Markensachen gilt die übereinstimmende Regelung der §§ 83ff. MarkenG.

2 Mit Hilfe der zur „Sicherung einer einheitlichen Rechtsprechung" zuzulassenden Rechtsbeschwerde (§ 100 Abs. 2 Nr. 2) können aber nicht nur Meinungsverschiedenheiten zwischen dem Patentgericht (bzw. dem Patentamt) und den Zivilgerichten, sondern auch Meinungsverschiedenheiten zwischen einzelnen Senaten des Patentgerichts – außer in Kostensachen, vgl. BGHZ **97,** 9 (Transportbehälter) – einer Entscheidung durch eine gemeinsame letzte Instanz zugeführt werden. Die frühere Einrichtung des „Großen Senats" beim Patentamt, dessen Entscheidung einzuholen war, wenn ein Beschwerdesenat des Patentamts von der Entscheidung eines anderen Beschwerdesenats oder des Großen Senats abweichen wollte, wurde daher durch das 6. ÜG ersatzlos gestrichen. Die Praxis hat gezeigt, dass weit öfter wegen erfolgter Abweichung von der Entscheidung eines anderen Beschwerdesenats die Rechtsbeschwerde zugelassen wird als früher wegen beabsichtigter Abweichung der Große Senat angerufen wurde. Jedoch ist infolge des wohl zu eng gefassten, aber eindeutigen Wortlauts des § 100 Abs. 1 nunmehr eine nicht unbedeutende Lücke entstanden: die Rechtsbeschwerde kann nur zugelassen werden, wenn ein Beschwerdesenat bei einer Entscheidung „über ein Beschwerde", nicht auch, wenn er bei einer sonstigen Entscheidung von der Entscheidung eines anderen Beschwerdesenats (oder des BGH) abweicht (vgl. unten § 100 Rdn. 4).

3 Ihre hauptsächliche Bedeutung hat die Rechtsbeschwerde in der Praxis dadurch erlangt, dass sie ganz allgemein auch zur Entscheidung einer „Rechtsfrage von grundsätzlicher Bedeutung" zugelassen werden kann (§ 100 Abs. 2 Nr. 1), – wobei Rechtsfragen aller Art aus dem Zuständigkeitsbereich des patentamtlichen Verfahrens (ohne Kostenfestsetzungsverfahren, BGHZ **97,** 9 – Transportbehälter), und zwar Rechtsfragen des Verfahrensrechts ebenso wie solche des materiellen Rechts, in Betracht kommen und es gleichgültig ist, ob hinsichtlich dieser Rechtsfragen eine Meinungsverschiedenheit zwischen dem Patentgericht und den Zivilgerichten oder zwischen den einzelnen Senaten des Patentgerichts bereits vorliegt oder überhaupt denkbar ist. Vorwiegend wird die Rechtsbeschwerde nicht wegen einer Abweichung von einer anderen

Gerichtsentscheidung, sondern im Hinblick auf eine Rechtsfrage von grundsätzlicher Bedeutung zugelassen und eingelegt. Wenn solche grundsätzlichen Rechtsfragen, namentlich des materiellen Patent- und Musterrechts (z.B. Fragen der Patentierbarkeit, der Gebrauchsmusterfähigkeit, der Offenbarung, der Beschränkung, der Neuheit), im patentamtlichen und patentgerichtlichen Verfahren auftreten und auf Rechtsbeschwerde hin auch vom BGH aus der Sicht dieses Verfahrens zu beurteilen sind, so muss sich das äußerst befruchtend auf die Klärung der gleichen Rechtsfragen auch aus der Sicht der anderen beim BGH zusammenkommenden Verfahren, sei es in dem Sinne einer Vereinheitlichung, sei es in dem einer Abgrenzung, auswirken. Besonders in ihrer Funktion, Rechtsfragen von grundsätzlicher Bedeutung der Entscheidung des BGH zuzuführen, ist das Rechtsinstitut der Rechtsbeschwerde daher zu einem nicht mehr wegzudenkenden bedeutsamen Faktor der Klärung und Fortentwicklung des Rechtes des gewerblichen Rechtsschutzes geworden.

2. Allgemeine Charakteristik der Rechtsbeschwerde. Gegenüber den Beschlüssen des Patentamts (neuerdings auch des Bundessortenamts, – siehe dazu § 34 SSchG), die der Beschwerde an das Patentgericht unterliegen, hat das Beschwerdeverfahren vor dem Patentgericht und mit ihm das sich ggf. daran anschließende Rechtsbeschwerdeverfahren vor dem BGH einerseits (insbesondere unter dem Aspekt des Art. 19 Abs. 4 GG) die gleiche Zielsetzung und Rechtsnatur wie eine verwaltungsgerichtliche Klage (Begr. zum 6. ÜG, Bl. **61,** 140, 153; BGH GRUR **68,** 447, 449), andererseits kraft seiner Ausgestaltung im Einzelnen den Charakter eines Rechtsmittelverfahrens (BGH GRUR **63,** 593, 594; vgl. auch § 94 Abs. 2!) nach Art des Beschwerdeverfahrens der freiwilligen Gerichtsbarkeit (Begr. Bl. **61,** 155) oder auch eines der streitigen Gerichtsbarkeit nahe stehenden quasikontradiktorischen Verfahrens (BGH GRUR **66,** 50, 52; **66,** 583, 584; **67,** 586, 588). Das Beschwerde- und Rechtsbeschwerdeverfahren nach dem PatG ist daher am ehesten dem Beschwerde- und Rechtsbeschwerdeverfahren nach den §§ 63ff., 74ff. GWB vergleichbar; anders als dort die Kartellbehörde ist hier jedoch das Patentamt nicht stets sondern nur unter den Voraussetzungen des § 77 an dem Rechtsmittelverfahren beteiligt, kann aber auch in anderen Fällen Erklärungen zur Sache abgeben, §§ 76, 105. Im Rahmen des Beschwerdeverfahrens im Ganzen hat das Rechtsbeschwerdeverfahren im Besonderen – ebenso wiederum wie das Rechtsbeschwerdeverfahren nach §§ 74ff. GWB und ebenso wie z.B. das Rechtsbeschwerdeverfahren nach §§ 24ff. LwVG – einen **revisionsähnlichen Charakter,** BGHZ **88,** 191, 196 (= GRUR **83,** 725, 727 – Ziegelsteinformling). Die Rechtsbeschwerde kann nur darauf gestützt werden, dass der angefochtene Beschluss des Patentgerichts auf einer Verletzung des Gesetzes beruht (§ 101 Abs. 2, § 102 Abs. 4 Nr. 2, 3). Neues tatsächliches Vorbringen zur Sache ist im Rechtsbeschwerdeverfahren nicht zulässig, BGH GRUR **66,** 28, 29; **72,** 642, 644; die tatsächlichen Feststellungen des Patentgerichts sind bindend und können nur unter dem Gesichtspunkt geprüft werden, ob gegen sie zulässige und begründete Rechtsbeschwerdegründe vorgebracht sind (§ 107 Abs. 2). Besonders unterstrichen wird der revisionsähnliche Charakter der Rechtsbeschwerde noch dadurch, dass sich die Beteiligten durch einen beim BGH zugelassenen Rechtsanwalt vertreten lassen müssen (§ 102 Abs. 5). Anders als nach sonstigem deutschen Revisionsrecht kann die Rechtsbeschwerde, wenn sie Erfolg hat, sogar nur zur „Kassation" (Aufhebung) der angefochtenen Entscheidung und Zurückverweisung der Sache an das Patentgericht führen (§ 108 Abs. 1), nicht auch zur „Reformation" in der Rechtsbeschwerdeinstanz selbst (anders z.B. § 563 Abs. 3 ZPO, § 354 Abs. 1 StPO, § 144 Abs. 3 VwGO), BGHZ **51,** 378, 381 = GRUR **69,** 265, was de lege ferenda zu überprüfen wäre, vgl. Löscher GRUR **66,** 5, 18. 4

3. Zugelassene und zulassungsfreie Rechtsbeschwerde. Während die Berufung gegen die Urteile der Nichtigkeitssenate des Patentgerichts nach § 110 PatG ohne eine weitere Voraussetzung als die der „Beschwer" des Berufungsklägers durch die angefochtene Entscheidung stets statthaft ist, ist die Rechtsbeschwerde gegen die Beschlüsse der Beschwerdesenate des Patentgerichts nach § 100 Abs. 1 PatG, § 18 Abs. 4 GebrMG, § 83 Abs. 1 MarkenG, § 35 Abs. 1 SSchG, § 23 Abs. 3 GeschmMG nur statthaft, wenn der Beschwerdesenat sie im Einzelfall aus einem der in § 100 Abs. 2 genannten Gründe („Rechtsfrage von grundsätzlicher Bedeutung", „Fortbildung des Rechts", „Sicherung einer einheitlichen Rechtsprechung") **zugelassen** hat. Das entspricht der seit 2002 geltenden Regelung für die Revision nach § 542 ZPO. Die große Zahl der jährlich ergehenden Beschwerdeentscheidungen der Beschwerdesenate (im Jahre 1991 rund 1700 und 2002 rund 1800 einschließl. d. Entscheidungen nach § 147 III) zwingt dazu, den Zugang zur Rechtsbeschwerdeinstanz irgendwie zu beschränken. Die Statthaftigkeit der Rechtsbeschwerde von einem bestimmten Gegenstandswert abhängig zu machen, wäre schon wegen der zumeist bestehenden Schwierigkeit, den Gegenstandswert zu bestimmen oder auch nur zu schätzen, schwer durchführbar und überdies auch nicht sachgerecht gewesen. Als einzig 5 möglich und im Hinblick auf den Zweck der Rechtsbeschwerde auch als einzig sachgerecht bot sich daher an, die Statthaftigkeit der Rechtsbeschwerde von der Zulassung durch den Beschwerdesenat abhängig zu machen und die Gründe für die Zulassung so, wie in § 100 Abs. 2 geschehen, zu bestimmen. Die Möglichkeit einer Beschwerde gegen die Nichtzulassung der Rechtsbeschwerde, die sog. **Nichtzulassungsbeschwerde,** ist – anders als z. B. in § 75 GWB, § 133 VwGO, § 544 ZPO, aber ebenso wie in der früheren Revisionsregelung der ZPO – vom Gesetzgeber bewusst nicht vorgesehen worden, und zwar weil ihre Einführung eine gar nicht abzuschätzende Mehrbelastung des BGH zur Folge gehabt und damit die mit der Schaffung der Rechtsbeschwerde bezweckte Sicherung der Einheitlichkeit der Rechtsprechung in Patent-, Muster- und Zeichensachen wieder gefährdet hätte, und weil ferner ihre Einführung zu einer nicht tragbar erscheinenden weiteren Verlängerung der Zeit der Ungewissheit über den Bestand der gewerblichen Schutzrechte geführt haben würde (Begr. zum 6. ÜG, Bl. **61,** 156f.; vgl. auch Rdn. 19 zu § 100); für die Einführung einer Nichtzulassungsbeschwerde neuerdings Kraßer, GRUR **80,** 420ff. und Lehrbuch § 23 III a 4.

6 Diese durch das 6. ÜG getroffene Regelung – Zulassung der Rechtsbeschwerde durch den Beschwerdesenat des Patentgerichts, Ausschluss der Nichtzulassungsbeschwerde – ist **mit dem Grundgesetz vereinbar,** BGH GRUR **68,** 59 BVerfGE **28,** 88, 95ff.; vgl. ferner zu § 546 ZPO: BGH LM Nr. 52 und Nr. 53 zu § 546; BVerfGE **19,** 323, 326f. Die Regelung hat sich auch in der Praxis bewährt. In den letzten Jahren haben die Beschwerdesenate nach den Statistiken des BPatG im Durchschnitt jährlich in etwa 25 Fällen in einer Patent-, Muster- oder Markensache die Rechtsbeschwerde zugelassen. Damit dürften die Beschwerdesenate der ihnen in § 100 Abs. 2 auferlegten Verpflichtung, unter den dort genannten Voraussetzungen die Rechtsbeschwerde zuzulassen, bisher im Wesentlichen nachgekommen sein. Dass im Einzelfall einmal die Rechtsbeschwerde entgegen § 100 Abs. 2 zu Unrecht nicht zugelassen wird, muss in Kauf genommen werden und würde jedenfalls nicht die Mehrbelastung rechtfertigen, die bei einer allgemeinen Zulassung der Nichtzulassungsbeschwerde eintreten würde.

7 Um den Bedenken gegen eine allzu starke Einengung der Rechtsbeschwerde gerecht zu werden (RA/BT **61,** 170), ist indes schon durch das 6. ÜG in § 100 Abs. 3 PatG bei gewissen schweren Verfahrensmängeln die Möglichkeit der Einlegung der Rechtsbeschwerde auch ohne Zulassung eröffnet worden. Derartige sog. **zulassungsfreie Rechtsbeschwerden** sind – besonders im Anfang – in beträchtlicher Zahl eingelegt worden, haben allerdings bisher nur selten Erfolg gehabt. Das beweist jedoch nichts anderes als dass solche schweren Verfahrensmängel, wie sie § 100 Abs. 3 aufführt, eben anscheinend auch nur selten vorkommen.

8 Eine zugelassene Rechtsbeschwerde führt zur vollen revisionsmäßigen Nachprüfung des angefochtenen Beschlusses auf materielle Rechtsmängel und auf gerügte Verfahrensmängel (vgl. Rdn. 17 zu § 100 und Rdn. 4ff. zu §§ 107/108). Eine zulassungsfreie Rechtsbeschwerde dagegen kann nur zur Nachprüfung auf die in § 100 Abs. 3 aufgeführten und gerügten Verfahrensmängel führen (vgl. Rdn. 20 zu § 100 und Rdn. 8 zu §§ 107/108).

9 **4. Überblick über die gesetzlichen Vorschriften.** Die §§ 100–109 regeln das Recht der Rechtsbeschwerde nur stückweise. Es finden sich namentlich Bestimmungen über die Zulässigkeitsvoraussetzungen (§ 100 Abs. 1, 3), die Beschwerdeberechtigung (§ 101 Abs. 1) und die möglichen Rechtsbeschwerdegründe (§ 101 Abs. 2), über die Einlegung und Begründung der Rechtsbeschwerde (§ 102 Abs. 1, 3, 4), deren Zustellung (§ 105), ihre Wirkung (§ 103) und den Vertretungszwang (§ 102 Abs. 5), über die Zulässigkeitsprüfung (§ 104), die Öffentlichkeit des Verfahrens (§ 106 Abs. 2) und über Form und Inhalt der Entscheidung (§ 107 Abs. 1–3, § 108 Abs. 1) sowie über die Kosten (§ 102 Abs. 2, § 109). Wegen einiger anderer prozessualer Angelegenheiten wird ausdrücklich auf die einschlägigen allgemeinen Bestimmungen der ZPO verwiesen (§ 106 Abs. 1). Die Bewilligung der Verfahrenskostenhilfe ist in § 138 geregelt. **Zur Ergänzung** werden, soweit es um Angelegenheiten des speziellen Rechtsmittelrechts geht, die Bestimmungen der ZPO über die Revision herangezogen werden können (vgl. Rdn. 2, 3, 4 zu § 102, Rdn. 3, 9 zu §§ 107/108). Im Übrigen werden – gemäß einem allgemeinen Grundsatz des Rechtsmittelrechts (§§ 525, 555 ZPO, §§ 125 Abs. 1, 141 VwGO) – die Bestimmungen über das Verfahren der Vorinstanz (hier des Patentgerichts) entsprechend anzuwenden sein, also z. B. § 74 (Beschwerderecht der zuständigen obersten Bundesbehörde, Rdn. 1 zu § 101), § 80 Abs. 1 Satz 1 (Kostenentscheidung, Rdn. 2 zu § 109), § 94 (Verkündung und Zustellung der Entscheidungen, Rdn. 11 zu §§ 107/108), § 99 Abs. 1 (allgemeine Verweisung auf die Bestimmungen des GVG und der ZPO), § 99 Abs. 3 (Akteneinsicht, Rdn. 3 zu § 106), § 99 Abs. 4 (kein Verlegungsanspruch in der Hauptferienzeit, Rdn. 2 zu §§ 107/108). Die Möglichkeit einer **Gegenvorstellung wegen Verletzung rechtlichen Gehörs** durch den BGH ist in gleicher Weise gegeben wie im Berufungsverfahren nach §§ 110ff., s. u. Rdn. 12 vor § 110.

5. Anwendungsbereich der Vorschriften. Die §§ 100–109 gelten nicht nur für die Rechtsbeschwerde gegen die (über eine Beschwerde oder einen Einspruch nach § 147 Abs. 3 entscheidenden) Beschlüsse der Beschwerdesenate des Patentgerichts in Patentsachen, sondern sind unmittelbar anzuwenden auch auf die Rechtsbeschwerde gegen die Beschlüsse der Beschwerdesenate zu ergänzenden Schutzzertifikaten (§ 16a Abs. 2) sowie in Gebrauchsmustersachen (§ 18 Abs. 4 GebrMG), in Geschmacksmustersachen (§ 10a Abs. 2 GeschmMG) und in Sortenschutzsachen (§ 36 SSchG). Die Vorschriften der §§ 110ff. gelten außerdem für die Rechtsbeschwerde gegen erstinstanzliche Einspruchsentscheidungen der Beschwerdesenate (§ 147 Abs. 3 S. 5); ebenso Fassung § 100 I gem. RegEntw Anhang vor 1. Die Entscheidungen der Nichtigkeitssenate sind nicht mit der Rechtsbeschwerde anfechtbar; gegen ihre Urteile findet die Berufung statt (§ 110 Abs. 1), ihre Beschlüsse sind allenfalls zusammen mit ihren Urteilen anfechtbar (§ 110 Abs. 6; vgl. auch § 99 Abs. 2). 10

100 *Statthaftigkeit der Rechtsbeschwerde.* (1) **Gegen die Beschlüsse der Beschwerdesenate des Patentgerichts, durch die über eine Beschwerde nach § 73* entschieden wird, findet die Rechtsbeschwerde an den Bundesgerichtshof statt, wenn der Beschwerdesenat die Rechtsbeschwerde in dem Beschluß zugelassen hat.**

(2) **Die Rechtsbeschwerde ist zuzulassen, wenn**

1. **eine Rechtsfrage von grundsätzlicher Bedeutung zu entscheiden ist oder**
2. **die Fortbildung des Rechts oder die Sicherung einer einheitlichen Rechtsprechung eine Entscheidung des Bundesgerichtshofs erfordert.**

(3) **Einer Zulassung zur Einlegung der Rechtsbeschwerde gegen Beschlüsse der Beschwerdesenate des Patentgerichts bedarf es nicht, wenn einer der folgenden Mängel des Verfahrens vorliegt und gerügt wird:**

1. **wenn das beschließende Gericht nicht vorschriftsmäßig besetzt war,**
2. **wenn bei dem Beschluß ein Richter mitgewirkt hat, der von der Ausübung des Richteramtes kraft Gesetzes ausgeschlossen oder wegen Besorgnis der Befangenheit mit Erfolg abgelehnt war,**
3. **wenn einem Beteiligten das rechtliche Gehör versagt war,**
4. **wenn ein Beteiligter im Verfahren nicht nach Vorschrift des Gesetzes vertreten war, sofern er nicht der Führung des Verfahrens ausdrücklich oder stillschweigend zugestimmt hat,**
5. **wenn der Beschluß auf Grund einer mündlichen Verhandlung ergangen ist, bei der die Vorschriften über die Öffentlichkeit des Verfahrens verletzt worden sind, oder**
6. **wenn der Beschluß nicht mit Gründen versehen ist.**

* Erweiterung vorgesehen nach RegEntw Anhang vor 1.

Inhaltsübersicht

1. Allgemeines. § 100 bestimmt über die Voraussetzungen, unter denen eine Rechtsbeschwerde „an sich statthaft" ist. Sie muss sich gegen einen Beschluss eines Beschwerdesenats des Patentgerichts richten, durch den über eine Beschwerde nach § 73 oder über einen Einspruch nach § 147 Abs. 3 (s. auch § 100 Abs. 1 neu gem. RegEntw. Anhang vor 1) entschieden worden ist (Abs. 1, unten Rdn. 2–7), und sie muss vom Beschwerdesenat zugelassen sein (Abs. 1, unten Rdn. 15, 17). Die Gründe für die Zulassung der Rechtsbeschwerde sind in Abs. 2 genannt (unten Rdn. 8–14). Eine Beschwerde gegen die Nichtzulassung der Rechtsbeschwerde (sog. Nichtzulassungsbeschwerde) ist nicht vorgesehen (Rdn. 5 vor § 100 und unten Rdn. 18). Jedoch kann nach Abs. 3 wegen der dort in Nr. 1–6 aufgeführten Verfahrensmängel (unten Rdn. 21–40) eine Rechtsbeschwerde auch ohne Zulassung eingelegt werden (unten Rdn. 20). Richtet sich die Rechtsbeschwerde nicht gegen eine rechtsbeschwerdefähige Entscheidung oder ist sie nicht zugelassen bzw. nicht auf die Rüge eines der in Abs. 3 aufgeführten Verfahrens- 1 mängel gestützt, so ist sie nicht statthaft und wird als unzulässig verworfen (§ 104). Die (persönliche) Beschwerdeberechtigung ist in § 101, Frist und Form sind in § 102 geregelt.

2 **2. Rechtsbeschwerdefähige Entscheidungen** sind nach § 100 Abs. 1 die Beschlüsse der Beschwerdesenate, „durch die über eine Beschwerde nach § 73 entschieden wird", d. h. über Beschwerden „gegen die Beschlüsse der Prüfungsstellen und Patentabteilungen" des Patentamts. Dazu kommen Einspruchsentscheidungen d. Beschwerdesenate nach d. Entlastungsregelung in § 147 III und Folgeregelung (vgl. Rdn. 32 ff. zu § 147). Die dem § 100 Abs. 1 PatG entsprechende, weniger vollständige Vorschrift in § 18 Abs. 4 GebrMG ist aus dem vorangehenden Abs. 3 dahin zu ergänzen, dass es sich ebenfalls um Beschlüsse der Beschwerdesenate handeln muss, durch die über Beschwerden gegen Beschlüsse der Gebrauchsmusterstelle oder -abteilungen des Patentamts entschieden wird. Die §§ 100 I PatG, 18 IV GebrMG und die entsprechenden Vorschriften in § 23 III GeschmMG, § 83 I MarkenG und § 35 SSchG unterscheiden sich damit in Wortlaut und Tragweite von § 74 Abs. 1 GWB und § 24 Abs. 1 LwVG, nach denen die Rechtsbeschwerde „gegen die in der Hauptsache erlassenen Beschlüsse" der Beschwerdeinstanz stattfindet. „In der Hauptsache" im Sinne dieser Bestimmungen erlassen sind Beschlüsse, die das Verfahren über das eigentliche Streitverhältnis ganz oder teilweise zum Abschluss bringen, nicht aber solche, die sich in der Entscheidung über Neben- und Zwischenfragen erschöpfen, BGHZ **34,** 47, 49 f. = GRUR **61,** 203. Nach § 100 PatG usw. dagegen sind der Rechtsbeschwerde zugänglich alle Angelegenheiten, die Gegenstand einer Beschwerde nach § 73 PatG usw. sein können, mit Ausnahme der Kostenfestsetzungsverfahren (s. u. Rdn. 6).

3 **Gegenstand einer Beschwerde nach § 73** können alle „Beschlüsse" der Prüfungsstellen und Patentabteilungen des Patentamts sein, die eine die Rechte der Beteiligten berührende abschließende Regelung enthalten, BPatGE **2,** 56, 58; **8,** 205, 206, – gleichgültig, ob sie die „Hauptsache", z. B. die Bekanntmachung oder Zurückweisung der Anmeldung, die Erteilung oder Versagung des Patents, oder ob sie irgend eine andere Angelegenheit betreffen, wie z. B. die Aussetzung des Verfahrens (BPatGE **8,** 205), die Formerfordernisse des Einspruchs (BGH GRUR **67,** 586), den Eintritt in die Einsprechendenstellung (BGH GRUR **68,** 613), die Zulässigkeit eines Einspruchs (BGH GRUR **85,** 519), die Zahlung der Jahresgebühren (BGH GRUR **66,** 200; vgl. auch § 20 Abs. 2!), die Gebührenermäßigung bei der Lizenzbereitschaft (BGH GRUR **67,** 245), die Akteneinsicht (BGHZ **42,** 19 und 32 = GRUR **64,** 548 und 602; BGHZ **46,** 1 = GRUR **66,** 698), – nicht dagegen bloß informierende Mitteilungen oder Benachrichtigungen ohne Entscheidungscharakter. Vgl. weiter Erläuterungen zu § 73.

4 Alle diese „Beschlüsse" des Patentamts können grundsätzlich auch zu einer Rechtsbeschwerde nach § 100 (Abs. 1 oder Abs. 3) führen. Erforderlich ist jedoch, dass der Beschluss des Beschwerdesenats seinerseits eine **Entscheidung „über die Beschwerde",** also ein auf die Beschwerde selbst bezüglicher und sie (ganz oder teilweise) erledigender Beschluss im Sinne des § 79 ist, wobei es nicht auf die Fassung der Entscheidung, sondern auf ihren sachlichen Gehalt ankommt, BGH GRUR **72,** 472, 474. Es können danach der Rechtsbeschwerde unterliegen z. B. auch ein Beschluss des Beschwerdesenats, der die Sache an das Patentamt zurückverweist (§ 79 Abs. 3), – ein Beschluss, der eine Beschwerde als unzulässig verwirft (§ 79 Abs. 2), z. B. wegen Versäumung der Beschwerdefrist (BGH GRUR **68,** 615), wegen Mangels der Beschwer (BGH GRUR **67,** 435) oder der Beschwerdebefugnis (BGH GRUR **67,** 543), oder weil die Beschwerde „nicht statthaft" ist, ferner ein Beschluss, durch den gemäß § 6 II PatKostG (früher nach § 73 III PatG) festgestellt wird, dass die Beschwerde mangels rechtzeitiger Zahlung der Beschwerdegebühr als nicht erhoben gilt (BGHZ **57,** 160, 161 = GRUR **72,** 196; BPatGE **12,** 163) oder durch den die Erinnerung gegen eine entsprechende Feststellung des Rechtspflegers zurückgewiesen wird (BPatG GRUR **78,** 710, 712; ebenso zum Markenrecht BGH GRUR **97,** 636 – Makol), sowie ein Beschluss, durch den die Zurücknahme der Beschwerde festgestellt wird (zweifelnd BPatGE **3,** 173, 178). Der Sache nach handelt es sich auch dann um eine der Rechtsbeschwerde zugängliche Entscheidung „über eine Beschwerde", wenn sie eine erst in der Beschwerdeinstanz vorgenommene Ausscheidung und Erweiterung betrifft (BGH GRUR **72,** 472, 473/4). Ebenso bei Entscheidung über die Teilanmeldung nach Teilung im Einspruchsbeschwerdeverfahren (§ 60), wenn das Beschwerdegericht als solches entschieden hat, obwohl es an sich nicht mehr zuständig war, BGH GRUR **99,** 148, 149 – Informationsträger. Soweit eine Beschwerdeentscheidung vorliegt, kommt es nicht mehr darauf an, ob die bei ihrer Überprüfung zu beurteilenden Rechtsfragen erstmals im Beschwerdeverfahren oder schon in erster Instanz aufgeworfen wurden – missverständlich demgegenüber BPatG GRUR **88,** 903. Nach der – zunächst noch zeitlich begrenzten – Regelung in § 147 Abs. 3 S. 4 sind mit d. Rechtsbeschwerde auch **erstinstanzliche Einspruchsentscheidungen** d. Patentgerichts gemäß § 147 Abs. 3 anfechtbar. Das Gegengewicht gegen ein Überhandnehmen von

Rechtsbeschwerden bildet nach der Regelung des § 100 allein das Erfordernis der Zulassung und ihre sachgerechte Handhabung durch das Patentgericht.

Dagegen können Beschlüsse der Beschwerdesenate, die lediglich **Neben- oder Zwischenfragen des Beschwerdeverfahrens selbst** betreffen, oder vorbereitende Anordnungen des Beschwerdesenats im Sinne des § 87 Abs. 2, auch seine sog. „Zwischenbescheide", nicht mit der Rechtsbeschwerde angefochten werden, – also namentlich nicht solche Beschlüsse, in denen der Beschwerdesenat gewissermaßen „erstinstanzlich" über einen erst in der Beschwerdeinstanz aufgetretenen „Zwischenstreit" im Sinne der ZPO oder über eine andere nur die Beschwerdeinstanz selbst, nicht den angefochtenen Beschluss des Patentamts betreffende Angelegenheit entschieden hat, wie z. B. über die Zulässigkeit einer Nebenintervention (BGH GRUR **69,** 439), eines Beitritts in der Beschwerdeinstanz (BPatG GRUR **88,** 903), über Anträge Dritter auf Einsicht in die Akten einer dem Beschwerdesenat vorliegenden Patentanmeldung (BPatGE **5,** 113, 115; Mitt. **63,** 18, 19) oder auf Einsicht in die Beschwerdeakten selbst (BPatGE **17,** 18, 25), über die Ausschließung eines Richters von der Ausübung des Richteramts (vgl. BPatGE **4,** 143) oder seine Ablehnung wegen Besorgnis der Befangenheit (BPatGE **2,** 86, 89), sowie über Erinnerungen gegen Kostenfestsetzungsbeschlüsse des Urkundsbeamten der Geschäftsstelle des Patentgerichts (BGH GRUR **68,** 447, 449 ff.; BPatGE **9,** 220). Nicht statthaft ist (entsprechend § 99 I ZPO) auch eine Rechtsbeschwerde, die sich allein gegen die als Nebenpunkt ergangene Kostenentscheidung des Beschwerdesenats richtet (BGH GRUR **67,** 94, 96; BPatGE **9,** 18, 24). Statthaft jedoch, wenn der Erlass einer Kostenentscheidung schon in d. Beschwerdeinstanz von vornherein Streitgegenstand i. d. Hauptsache war, BGH GRUR **01,** 139 – Parkkarte. Oder wenn Gegenstand d. Beschwerdeverfahrens die Klärung d. Grundlage für eine Gebührenerhebung war, BGH GRUR **93,** 890, 891 – Teilungsgebühren. 5

Im **Kostenfestsetzungsverfahren** kann eine Rechtsbeschwerde ebenfalls statthaft sein; die abweichende frühere Rechtsprechung (vgl. BGHZ **97,** 9) ist durch Änderung der in Bezug genommenen Vorschriften überholt (in BGH GRUR **01,** 139, 140 noch offen geblieben). 6

Richtet sich die Rechtsbeschwerde nicht gegen einen Beschluss im Sinne des § 100 Abs. 1 (oder § 147 Abs. 3), so ist sie unzulässig (§ 104), und zwar nicht nur, wenn sie nach Abs. 3 ohne Zulassung eingelegt wird, sondern auch dann, wenn sie vom Beschwerdesenat zugelassen sein sollte, vgl. BGHZ **97,** 9, 10 (= GRUR **86,** 453 – Transportbehälter); BGH NJW **03,** 70. 7

3. Zulassung der Rechtsbeschwerde

a) Die Gründe für die Zulassung der Rechtsbeschwerde sind in Abs. 2 abschließend aufgeführt, obwohl hier (ebenso wie in § 83 II MarkenG, § 74 Abs. 2 GWB u. § 546 Abs. 1 S. 2 ZPO) das in § 132 Abs. 2 VwGO, § 24 Abs. 1 LwVG zu findende Wort „nur" fehlt. Abs. 2 stimmt wörtlich mit § 74 Abs. 2 GWB und mit § 219 Abs. 2 Nr. 1, 2 des Bundesentschädigungsgesetzes 1956 überein; die vergleichbaren Regelungen für die Zulassung der Revision oder Rechtsbeschwerde in § 543 ZPO, § 132 VwGO, § 24 LwVG, §§ 91, 92 ArbGG, § 145 BRAO und für die Anrufung des Großen Senats in § 132 GVG weichen im Wortlaut und in der Sache teilweise ab. 8

Abs. 2 Nr. 1 setzt voraus, dass es sich um eine **„Rechtsfrage" von grundsätzlicher Bedeutung** handelt, nicht – wie in § 543 ZPO, § 132 VwGO, § 24 LwVG, § 72 ArbGG – um eine „Rechtssache" von grundsätzlicher Bedeutung. Es genügt nicht, dass die *Sache,* in der die Rechtsfrage zu entscheiden ist, „grundsätzliche" Bedeutung hat, z. B. von besonderer Wichtigkeit in wirtschaftlicher oder technischer Hinsicht ist; es muss vielmehr eine *Rechtsfrage,* die in der Sache zu entscheiden ist, grundsätzliche Bedeutung haben (vgl. auch BVerwG NJW **60,** 1587 Nr. 26). Das wird namentlich dann der Fall sein können, wenn es sich um eine Rechtsfrage zur Auslegung und Abgrenzung grundsätzlicher Begriffe des Patentrechts handelt, aber auch schon dann, wenn die Rechtsfrage für eine größere Zahl gleich oder ähnlich liegender Fälle von Bedeutung ist. Grundsätzlich kann eine Rechtsfrage sowohl im materiellen als auch im Verfahrensrecht sein; selbst höchstspezielle Fragen des patentamtlichen oder patentgerichtlichen Verfahrens können eine grundsätzliche Bedeutung zumindest insofern haben, als sie in einer Vielzahl von Verfahren eine Rolle spielen und dort zumeist auch für die sachliche Entscheidung des einzelnen Falles erheblich werden. Stets aber muss ein allgemeines Interesse an der Entscheidung der Rechtsfrage bestehen, und zwar ein auch jetzt noch praktisch bedeutsames Interesse, nicht nur ein Interesse für wenige, künftig nicht mehr vorkommende Fälle, BPatGE **3,** 173, 178; **4,** 85, 90, vgl. auch BGH BPatGE **1,** 227, 228. Das Interesse des beteiligten Einzelnen genügt nicht, auch wenn für ihn die Entscheidung von weittragender wirtschaftlicher Bedeutung ist, BPatGE **5,** 192, 198; auch noch nicht das Interesse, mehrere den gleichen Sachverhalt betreffende Verfahren einheitlich entschieden zu sehen, vgl. BGH LM Nr. 76 zu § 546 9

ZPO. Grundsätzliche Bedeutung wird der Rechtsfrage zumeist auch in den Fällen der Nr. 2 zukommen (Fortbildung des Rechts, Sicherung einer einheitlichen Rechtsprechung), so z.B., wenn der Beschwerdesenat von einer langjährigen Spruchpraxis des Patentamts abweicht, BPatGer. Mitt. **62,** 72, 73. Der Zulassung der Rechtsbeschwerde steht nicht entgegen, dass ein die gleiche Frage erstinstanzlich entscheidender anderer Beschwerdesenat die Rechtsbeschwerde im Hinblick auf den Wortlaut des § 100 Abs. 1 (vgl. oben Rdn. 5 sowie Rdn. 2 vor § 100) nicht zulassen könnte (BPatGE **5,** 100, 106; **6,** 171, 181), oder dass die Rechtsfrage in den anderen zum BGH gelangenden Verfahren (Verletzungsprozesse, Nichtigkeitssachen) keine Rolle spielen, sich also auch keine abweichende Auffassung zwischen BGH und Patentgericht herausbilden könnte (anders BPatGE **1,** 49, 52; **3,** 189, 193). Dass eine Rechtsfrage von grundsätzlicher Bedeutung nicht vorliegt, wenn es „nur" um die Subsumtion des Einzelfalls unter das Gesetz oder allgemein anerkannte Rechtsgrundsätze, also „im Wesentlichen" um Tatfragen geht (so BPatGE **1,** 49, 51; **2,** 37, 40; **6,** 84, 90; **7,** 63, 70; **8,** 55, 60), wird in dieser Allgemeinheit nicht gesagt werden können; auch in scheinbar rein tatrichterlich zu entscheidenden Fällen können durchaus auch grundsätzliche Rechtsfragen, namentlich Fragen der Auslegung unbestimmter Rechtsbegriffe, eine entscheidende Rolle spielen, wie z.B. die Fälle BGH GRUR **64,** 548, 551 („schutzwürdiges Interesse" bei der Akteneinsicht), GRUR **66,** 146 (Auslegung eines beschränkten Bekanntmachungsantrags), GRUR **67,** 476 (Offenbarung durch die Zeichnung), GRUR **68,** 311 (Anforderungen an die Offenbarung) und BVerfGer. GRUR **64,** 554, 556 (Geheimhaltungsinteresse bei der Akteneinsicht) zeigen, vgl. dazu auch Schlüter MA **65,** 147, 150.

10 **Die Rechtsfrage muss** ferner **zu entscheiden sein,** das heißt: a) dass die Entscheidung der Sache – jedenfalls nach Auffassung des Beschwerdesenats – von der Entscheidung der Rechtsfrage abhängt oder wenigstens abhängen kann (BGH LM Nr. 15 zu § 546 ZPO; GRUR **72,** 538; BPatGer. Bl. **62,** 134, 135), und b) dass die Rechtsfrage bisher in der Rechtsprechung des BGH noch keine abschließende Klärung gefunden hat (BGH GRUR **62,** 163, 164; BPatGE **1,** 156; **9,** 263). Fragen, deren Beantwortung selbstverständlich ist, sind nicht „grundsätzlich" (BPatGE **1,** 211, 213; **4,** 24, 29; **4,** 74, 79; vgl. auch BGHSt. **17,** 21, 27 = NJW **62,** 824 Nr. 33 zu § 145 BRAO). In der Aufrechterhaltung einer langjährigen Spruchpraxis, gegen die keine Argumente von Gewicht vorgebracht wurden, liegt ebenfalls in der Regel keine Entscheidung von grundsätzlicher Bedeutung (BPatGE **3,** 17, 20; **4,** 85, 90; **4,** 90, 93; **5,** 123, 129). Indes ist gerade hier besondere Vorsicht geboten (vgl. auch Heydt GRUR **62,** 197, 198; Miosga MA **62,** 591, 599): der BGH hat schon mehrmals eine langjährige Spruchpraxis zu einer Rechtsfrage ändern müssen (vgl. z.B. BGHZ **42,** 44, 49 = GRUR **65,** 33 sowie GRUR **66,** 85), und zwar auch in Fällen, in denen die Rechtsbeschwerde nicht gerade wegen dieser Frage zugelassen war (z.B. BGHZ **42,** 19, 29 = GRUR **64,** 548, 551). Selbst bei Vorliegen einer neueren BGH-Entscheidung kann die Zulassung einer Rechtsbeschwerde dann geboten sein, wenn Streit über deren Auslegung besteht (BGH GRUR **70,** 506, 508) oder auch dann, wenn inzwischen in der Literatur gewichtige Argumente vorgebracht worden sind, die eine erneute Überprüfung der Rechtsprechung geboten erscheinen lassen. Ebenso bei gegebenen Bedenken gegen die Verfassungsmäßigkeit einer Norm, auch wenn sie vom Beschwerdegericht letztlich nicht geteilt werden, BPatG GRUR **78,** 710. Nicht mehr der „Entscheidung" bedürftig kann eine grundsätzliche Rechtsfrage auch dann erscheinen, wenn ihretwegen bereits wiederholt die Rechtsbeschwerde zugelassen, aber nicht eingelegt worden ist (BPatGer. Mitt. **63,** 56 re).

11 **Abs. 2 Nr. 2** setzt nicht nur voraus, dass es um die Fortbildung des Rechts oder die Sicherung einer einheitlichen Rechtsprechung geht, sondern darüber hinaus, dass das eine oder das andere eine Entscheidung gerade des BGH erfordert.

12 **Die Fortbildung des Rechts** (durch Änderung der bisherigen Rechtsprechung oder Entscheidung bisher nicht entschiedener Rechtsfragen) ist zunächst Sache der Beschwerdesenate des Patentgerichts selbst. Sie kann eine Entscheidung des BGH z.B. dann erfordern, wenn sie über den Zuständigkeitsbereich der Beschwerdesenate des Patentgerichts hinausgreift, also z.B. auch für die Verletzungsprozesse von Bedeutung ist oder eine überhaupt nicht patentrechtliche Frage betrifft, vor allem aber auch dann, wenn es sich um eine grundsätzliche Rechtsfrage im Sinne der Nr. 1 handelt, wie z.B. um die Frage der Patentierbarkeit von Heilverfahren, von Tierzuchtverfahren, von Gegenständen u. Verfahren d. Gentechnik, von Mikroorganismen, von EDV-Programmen, oder um die Frage der Gebrauchsmusterfähigkeit elektrischer Schaltungen.

13 **Die Sicherung einer einheitlichen Rechtsprechung** erfordert eine Entscheidung des BGH dann nicht, wenn ein Beschwerdesenat von seiner eigenen Rechtsprechung abweicht (es kann dann jedoch einer der anderen Zulassungsgründe des Abs. 2 vorliegen!), – wenn eine früher divergierende Rechtsprechung sich inzwischen vereinheitlicht hat, BPatGE **17,** 11, – oder wenn der andere Senat, von dessen Rechtsprechung abgewichen wird, auf Anfrage erklärt hat, dass er an seiner Rechtsprechung nicht festhalten wolle. Im Übrigen aber wird, wie auch vom Gesetzgeber gewollt, gerade hier ein Hauptanwendungsgebiet des § 100 sein. Die Zulassung der Rechtsbeschwerde wird namentlich dann in Betracht kommen können, wenn ein Beschwerdesenat in einer Rechtsfrage von einer Entscheidung des BGH oder eines OLG oder von einer Entscheidung eines anderen Beschwerdesenats oder auch eines Nichtigkeitssenats abweicht; dass der andere Senat, wenn erstinstanzlich entscheidend, seinerseits die Rechtsbeschwerde nicht hätte zulassen können, steht nicht entgegen (vgl. oben Rdn. 9). Jedoch wird auch hier je nach Lage des Falles, etwa wegen zu geringer Bedeutung der Frage, eine Entscheidung des BGH entbehrlich erscheinen dürfen; der insoweit zum Gesetz gewordene Regierungsentwurf des 6. ÜG hat bewusst der elastischen Regelung des GWG (heute § 74 II) den Vorzug vor der früheren starren Regelung der Revisionszulassung in ZPO und ArbGG gegeben (Amtl. Begründung zu § 41p (heute § 100), Bl. **61,** 140, 156). Ist eine von einem Beschwerdesenat zugelassene Rechtsbeschwerde tatsächlich eingelegt worden, so wird es schon unter dem Gesichtspunkt der „Sicherung einer einheitlichen Rechtsprechung" geboten sein, dass in anderen Verfahren, in denen die gleiche Rechtsfrage entscheidungserheblich ist, die Rechtsbeschwerde immer wieder zugelassen wird, bis über die bereits eingelegte Rechtsbeschwerde entschieden ist.

Ist einer oder sind mehrere der (ohnehin nicht scharf gegeneinander abzugrenzenden) Zulassungsgründe des Abs. 2 gegeben, so „ist" – auch ohne Antrag (unten Rdn. 16) – die Rechtsbeschwerde zuzulassen. Der Zulassungszwang ist aber dadurch abgeschwächt, dass die bei den Zulassungsgründen verwendeten Begriffe (Rechtsfrage von „grundsätzlicher" Bedeutung, „Erforderlichkeit" einer Entscheidung des BGH) einen verhältnismäßig weiten Beurteilungsspielraum lassen. Die Zulassung der Rechtsbeschwerde erübrigt sich, wenn in einem einseitigen Verfahren der einzige Beteiligte mit seinen Anträgen voll durchdringt, eine zugelassene Rechtsbeschwerde mangels Beschwer also gar nicht einlegen könnte (vgl. Schlüter, MA **65,** 147, 150); und sie kommt natürlich auch dann nicht in Betracht, wenn es sich überhaupt nicht um eine rechtsbeschwerdefähige Entscheidung im Sinne des § 100 Abs. 1 handelt (vgl. oben Rdn. 5, 6), selbst wenn darin eine grundsätzliche Rechtsfrage entschieden oder von einer anderen Gerichtsentscheidung abgewichen worden ist. **14**

b) Die Entscheidung über die Zulassung muss „in dem Beschluss", gegen den die Rechtsbeschwerde zugelassen werden soll, getroffen werden (Abs. 1). Die Zulassung wird zweckmäßigerweise, namentlich bei verkündeten Beschlüssen (§ 94 Abs. 1 Satz 1), im Tenor des Beschlusses ausgesprochen, sie kann aber auch in den Gründen ausgesprochen werden, BGHZ **20,** 188, 189; BGH LM Nr. 3 zu § 551 Ziff. 7 ZPO; eine mögliche Beschränkung der Zulassung (unten Rdn. 18) kann sich u. U. ebenfalls aus den Gründen ergeben, BGH GRUR **78,** 420. Die Rechtsbeschwerde ist nicht nur dann nicht zugelassen, wenn die Zulassung ausdrücklich abgelehnt wird, sondern auch dann, wenn der Beschluss überhaupt keinen Ausspruch zur Zulassungsfrage enthält, BGHZ **44,** 395, 397; BPatGE **22,** 45. Die Zulassung in einem „Ergänzungsbeschluss" wäre unwirksam, die auf Grund einer solchen Zulassung eingelegte Rechtsbeschwerde als unzulässig zu verwerfen, BGHZ **44,** 395; BGH NJW **04,** 779; streitig, vgl. Baumbach/Lauterbach Rdn. 15 zu § 543. Eine Zulassung im Wege der „Berichtigung" des Beschlusses (§ 95) wäre dann zulässig, wenn schon die ursprüngliche Fassung der Entscheidungsgründe oder sonstige auch für Dritte erkennbare Umstände ergeben, dass eine Zulassung der Rechtsbeschwerde beschlossen war und nur versehentlich nicht ausdrücklich ausgesprochen worden ist, vgl. BGHZ **20,** 188, 190ff.; BGH NJW-RR **05,** 156 zu der gleichen Problematik bei § 543 ZPO. Die Zulassung muss auch gerade in dem Beschluss ausgesprochen sein, gegen den sich die Rechtsbeschwerde richtet; eine früher einmal erfolgte Zulassung gilt nicht fort für einen nach Zurückverweisung der Sache ergehenden erneuten Beschluss des Beschwerdesenats, BGH GRUR **67,** 548, 550. **15**

Ein Antrag auf Zulassung der Rechtsbeschwerde ist nicht erforderlich, kann aber als Anregung zweckmäßig sein, BPatGE **2,** 200, 201. Wird die Rechtsbeschwerde zugelassen, so bezeichnet der Beschwerdesenat in den Gründen üblicherweise die Rechtsfrage, deretwegen er die Rechtsbeschwerde zulässt, und ggf. die anderen Entscheidungen, zu denen er sich in Widerspruch setzt. Die Leitsätze der Beschlüsse, gegen welche die Rechtsbeschwerde zugelassen worden ist, werden im „Blatt" (BlPMZ) veröffentlicht (PräsDPA Bl. **66,** 209). Wird die Rechtsbeschwerde nicht zugelassen, so ist eine Begründung dafür jedenfalls dann angebracht und auch üblich, wenn ein „Antrag" auf Zulassung der Rechtsbeschwerde gestellt war, BGHZ **41,** 360, 363 = GRUR **64,** 519, 521; das Fehlen einer Begründung macht die Nichtzulassung jedoch nicht nachprüfbar (vgl. unten Rdn. 19). **16**

17 **c) Die Folge ordnungsmäßiger Zulassung** ist, dass die Rechtsbeschwerde (sofern ein rechtsbeschwerdefähiger Beschluss vorliegt, oben Rdn. 5, 6) statthaft ist. Es gilt entsprechendes wie zu § 543 ZPO. Die Zulassung ist für den BGH bindend; er kann die Rechtsbeschwerde nicht deshalb als unzulässig verwerfen, weil er die Voraussetzungen des Abs. 2 nicht für gegeben hält, – außer etwa, wenn die Zulassung offensichtlich gesetzwidrig wäre, insbesondere also, wenn der angefochtene Beschluss garnicht rechtsbeschwerdefähig ist (vgl. BGHZ **14,** 381, 384; **34,** 47, 48; **97,** 9, 10 = GRUR **86,** 453 – Transportbehälter) oder einer der gesetzlichen Zulassungsgründe offensichtlich nicht vorliegt (vgl. BGHZ **2,** 396, 398/9 und BGH LM Nr. 76 zu § 546 ZPO m. w. N.). Die Rechtsbeschwerde und ihre Prüfung durch den BGH sind aber nicht auf diejenige Rechtsfrage beschränkt und können auch in der Zulassung nicht auf diejenige Rechtsfrage beschränkt werden, deretwegen die Rechtsbeschwerde zugelassen wird. Die Zulassung der Rechtsbeschwerde eröffnet vielmehr die Möglichkeit der vollen revisionsmäßigen Nachprüfung des mit der Rechtsbeschwerde angefochtenen Beschlusses, BGHZ **88,** 191, 193; **90,** 318 – Zinkenkreisel; BGH GRUR **03,** 781 – Basisstation), also seine Nachprüfung in materiellrechtlicher Hinsicht unter allen in Betracht kommenden materiellrechtlichen Gesichtspunkten (§ 101 Abs. 2), und, soweit in der Rechtsbeschwerdebegründung Verfahrensrügen erhoben werden (§ 102 Abs. 4 Nr. 3) oder eine Prüfung von Amts wegen erfolgen muss (vgl. Baumbach/Lauterbach, § 559 Rdn. 7), auch seine Nachprüfung in verfahrensrechtlicher Hinsicht, BGH GRUR **64,** 276, 277; **64,** 548, 551 (= BGHZ **42,** 19, 29); **71,** 115, 116; vgl. auch BGHZ **9,** 357; BGH LM Nr. 27 zu § 546 ZPO; näheres in Rdn. 4 ff. zu §§ 107/108. Einzelne Rechtsfragen sind nicht etwa schon deswegen auszuklammern, weil sie sich erst in der Beschwerdeinstanz ergeben haben; missverständlich demgegenüber BPatG GRUR **88,** 903. Es muss nicht gerügt werden, gerade (auch) die „Zulassungsfrage" sei falsch entschieden worden, BGHZ **90,** 318. Dass es danach möglicherweise auf die Rechtsfrage, deretwegen die Zulassung erfolgt ist, gar nicht ankommt, berührt die Statthaftigkeit der Rechtsbeschwerde nicht, soweit die Unerheblichkeit der Rechtsfrage für die Entscheidung des konkreten Falls nicht auf der Hand liegt, vgl. BGH LM Nr. 15 zu § 546 ZPO; BGH GRUR **72,** 538; für absolute Verbindlichkeit auch in Extremfällen Busse Rdn. 31 zu § 100. Die Rechtsbeschwerde steht, wenn sie zugelassen ist, grundsätzlich auch allen durch den anzufechtenden Beschluss beschwerten Beteiligten zu (§ 101 Abs. 1).

18 Die Zulassung kann jedoch **beschränkt** werden auf einen bestimmten abgrenzbaren Teil des Verfahrensgegenstandes (BGH GRUR **78,** 420 – Fehlerortung; **83,** 725, 726 (= BGHZ **88,** 191, 193 – Ziegelsteinformling); vgl. auch BGH NJW **00,** 1794, 1796 m. w. N. zur Revisionszulassung) oder auf diejenigen Beteiligten, zu deren Nachteil die in Streit stehende Rechtsfrage beantwortet worden ist (vgl. BGHZ **7,** 62; BGH LM Nr. 9 zu § 546 ZPO; streitig, vgl. Baumbach/Lauterbach § 543 Rdn. 12). Eine solche Beschränkung kann sich auch aus den Gründen ergeben, selbst dann, wenn die im Tenor enthaltene Zulassung keine Beschränkung enthält (BGH GRUR **78,** 420 – Fehlerortung), muss aber in jedem Falle ausdrücklich und unzweideutig ausgesprochen sein (BGHZ **88,** 191; BGH GRUR **93,** 969 – Markensache); dazu genügt die Nennung des Zulassungsgrundes grundsätzlich auch dann nicht, wenn dieser erkennbar nur für einen abgrenzbaren Teil von Bedeutung ist (vgl. BGHZ **88,** 191, 193; BGH GRUR **79,** 619; anders BGH GRUR **78,** 420). Die Beschränkung auf eine Rechtsfrage ist unzulässig und wäre ohne Wirkung (BGHZ **90,** 318 – Zinkenkreisel; BGH GRUR **05,** 143 – Rentabilitätsermittlung). Die Voraussetzungen einer nur teilweisen Zulassung werden im Erteilungsverfahren nur selten gegeben sein.

19 **d) Die Folge der Nichtzulassung** (gleichgültig, ob die Zulassung ausdrücklich abgelehnt oder die Zulassungsfrage überhaupt nicht erwähnt wird) ist, dass die Rechtsbeschwerde allenfalls unter den Voraussetzungen des § 100 Abs. 3 als „zulassungsfreie" Rechtsbeschwerde statthaft sein kann. Eine „Nichtzulassungsbeschwerde" ist im Gesetz bewusst nicht vorgesehen (Rdn. 5 vor § 100; Begr. zum 6. ÜG, Bl. **61,** 140, 156 f.; RA/BT Bl. **61,** 169, 170; BGHZ **41,** 360, 362 = GRUR **64,** 519, 521; BGH GRUR **65,** 502, 503; **68,** 59). Hat daher der Beschwerdesenat die Rechtsbeschwerde nicht zugelassen, so kann dagegen nicht angegangen werden, selbst dann nicht, wenn die Zulassung an sich geboten gewesen wäre oder die Nichtzulassung auf fehlerhaften Erwägungen beruhte (BGHZ **41,** 360, 363 = GRUR **64,** 519, 521; BGH GRUR **77,** 214, 215; vgl. auch BGH LM Nr. 38 zu § 546 ZPO), und insbesondere auch nicht mit der Rüge, dass die Nichtzulassung nicht oder nicht gehörig begründet worden sei (BGHZ **41,** 360, 363 f. = GRUR **64,** 519, 521; BGH GRUR **65,** 273; **65,** 502, 503), oder unter dem Gesichtspunkt, dass die Nichtzulassung ein Akt der öffentlichen Gewalt im Sinne des Art. 19 Abs. 4 GG sei (BGH GRUR **68,** 59). Entsprechendes muss gelten für die Verletzung d. Pflicht zur Vorlage an den EuGH. Mit dem Grundgesetz ist diese gesetzliche Regelung vereinbar, BGH GRUR

68, 59 m.w.N.; Rdn. 6 vor § 100. Vgl. auch die von Möhring GRUR **72,** 245, 246 ff. erörterten Bedenken.

4. Die zulassungsfreie Rechtsbeschwerde (§ 100 Abs. 3)

a) Allgemeines. Die zulassungsfreie Rechtsbeschwerde hat ihr Vorbild in einer früheren Regelung der VwGO und des GWB (dort heute § 74 Abs. 4). Wegen der Gründe für ihre Einführung vgl. Rdn. 1 vor § 100. Bei den in Nr. 1–6 aufgeführten „Mängeln des Verfahrens" handelt es sich weitgehend um dieselben Mängel, die in § 547 ZPO, § 138 VwGO als sog. absolute Revisionsgründe und – im Wege der Verweisung – in § 101 Abs. 2 PatG, § 84 Abs. 2, § 76 Abs. 2 GWB, § 27 Abs. 2 LwVG als absolute Rechtsbeschwerdegründe genannt sind. Als absolute Revisions- oder Rechtsbeschwerdegründe haben diese Mängel die Bedeutung, dass ihretwegen, wenn sie gerügt und festgestellt werden, die angefochtene Entscheidung, weil kraft unwiderleglicher Vermutung auf ihnen beruhend, aufgehoben werden muss. Im Rahmen des § 100 Abs. 3 PatG (§ 74 Abs. 4 GWB) dagegen haben sie die Bedeutung, dass ihretwegen, wenn sie gerügt werden, die Rechtsbeschwerde auch ohne Zulassung statthaft ist. Die Fassung des § 100 Abs. 3 (und des § 74 Abs. 4 GWB) – „wenn einer der folgenden Mängel des Verfahrens vorliegt und gerügt wird" – ist insofern ungenau: das (objektive) Vorliegen eines der Verfahrensmängel ist nicht Zulässigkeitsvoraussetzung der Rechtsbeschwerde; die Statthaftigkeit dieses Rechtsmittels folgt vielmehr bereits aus der Verfahrensrüge, mit der das Vorliegen des Verfahrensmangels behauptet wird; liegt der gerügte Mangel tatsächlich nicht vor, so ist die Rechtsbeschwerde dennoch statthaft, aber nicht begründet, BGHZ **39,** 333/34 (= GRUR **63,** 645, 646 – Warmpressen); BGH GRUR **83,** 640 – Streckenausbau; **01,** 139 – Parkkarte; v. Gamm GRUR **77,** 413; Engel Mitt. **79,** 64; a.A. Hesse GRUR **74,** 711 ff. Die Schlüssigkeit d. Vorbringens ist keine Voraussetzung d. Statthaftigkeit, Busse Rdn. 33 zu § 100; anders noch BGH GRUR **81,** 507, 508. Ein „substantiiertes" Vorbringen (dazu vgl. noch einerseits BGH GRUR **74,** 465, 466 und andererseits **83,** 640) ist nur eingeschränkt erforderlich: Es muss lediglich ausgeführt werden, warum aus Sicht d. Partei ein die zulassungsfreie Rechtsbeschwerde eröffnender Rechtsbeschwerdegrund gegeben sein soll, BGH GRUR **00,** 139 – Parkkarte; (sowie in Markensachen) **00,** 894 – Micro-PUR und **03,** 546/7 – TURBO-TABS; ebenso Busse Rdn. 33 zu § 100. Jedoch ist die Statthaftigkeit dann zu verneinen, wenn jeder zur Begründung eines Verfahrensmangels i.S. des § 100 Abs. 3 in Betracht kommender Sachvortrag fehlt; das gilt insbesondere dann, wenn der Verfahrensmangel des § 100 Abs. 3 Nr. 6 zwar bezeichnet, zur Begründung jedoch nur die zulassungsfreie Rechtsbeschwerde offensichtlich nicht eröffnende Sach- und Verfahrensrügen ins Feld geführt werden, BGH GRUR **83,** 640. Ferner ist, wenn außer einer in § 100 Abs. 3 vorgesehenen Rüge zugleich eine dort nicht vorgesehene Rüge erhoben wird, nur diese Rüge „nicht statthaft", die Rechtsbeschwerde selbst aber, weil sie unteilbar ist, dennoch insgesamt statthaft und nicht etwa teilweise als unzulässig zu verwerfen (BGH I a ZB 7/66 vom 19. 10. 1967); nur wenn die Rechtsbeschwerde überhaupt keine der in Abs. 3 vorgesehenen Rügen erhebt, wird sie als unzulässig verworfen (vgl. z.B. BGHZ **41,** 360/61). In der Geltendmachung der Mängel als Zulässigkeitsvoraussetzung liegt aber natürlich zugleich ihre Geltendmachung als absolute Rechtsbeschwerdegründe. Liegen die – rechtzeitig (Rdn. 3 zu § 102) – gerügten Mängel vor, so ist die Rechtsbeschwerde demnach nicht nur nach § 100 Abs. 3 auch ohne Zulassung statthaft, sondern nach § 101 Abs. 2 Satz 2 i.V.m. ZPO § 547 zugleich auch begründet mit der Folge, dass nun der angefochtene Beschluss aufgehoben und die Sache nach § 108 an das Patentgericht zurückverwiesen werden muss, BGHZ **39,** 333, 335 = GRUR **63,** 645, 646; BGHZ **42,** 32, 36 = GRUR **64,** 602, 605; GRUR **66,** 160; **68,** 615, 617; **80,** 104, 105. Eine Ausnahme macht die Rechtsprechung lediglich für den Fall des § 100 Abs. 3 Nr. 6 dann, wenn ein unerhebliches Vorbringen übergangen worden ist, s.u. Rdn. 34, 37. Entsprechendes gilt für den Fall des § 100 Abs. 3 Nr. 3, s.u. Rdn. 28. Eine nach § 100 Abs. 3 ohne Zulassung eingelegte Rechtsbeschwerde kann sich daher generell auf die Geltendmachung der dort aufgeführten Verfahrensmängel beschränken; eine Nachprüfung des angefochtenen Beschlusses auf andere Verstöße gegen das formelle oder gar gegen das materielle Recht kann – anders als bei der zugelassenen Rechtsbeschwerde (vgl. oben Rdn. 17) – bei der nach § 100 Abs. 3 eingelegten zulassungsfreien Rechtsbeschwerde ohnehin nicht stattfinden, BGH GRUR **64,** 697, 698/99; die nach § 100 Abs. 3 eingelegte Rechtsbeschwerde muss vielmehr, wenn der gerügte Verfahrensmangel nicht vorliegt (oder wenn er nicht rechtzeitig gerügt ist, Rdn. 3 zu § 102), ohne weiteres als unbegründet zurückgewiesen werden, BGHZ **39,** 333, 334 = GRUR **63,** 645, 646; BGH GRUR **80,** 104, 105. 20

Zu beachten ist, dass auch die zulassungsfreie Rechtsbeschwerde eine rechtsbeschwerdefähige Entscheidung (s. Rdn. 2–7) voraussetzt, BGH GRUR **69,** 439.

21 **b) Der Katalog des Abs. 3 Nr. 1–6** zählt die Verfahrensmängel, deretwegen eine Rechtsbeschwerde ohne Zulassung statthaft sein kann, abschließend auf. Betroffen sind jeweils nur Mängel d. Beschwerdeinstanz, nicht auch solche der Vorinstanz, vgl. BGH GRUR **01,** 139 – Parkkarte. Im Einzelnen entsprechen die Tatbestände des Abs. 3 Nr. 1–6 den Tatbeständen in § 83 III MarkenG, § 74 GWB und § 547 ZPO. Der Tatbestand d. rechtlichen Gehörs ist allerdings in § 547 (wohl wegen der Abhilfemöglichkeit nach § 321a ZPO) nicht vorgesehen. Die in § 100 Abs. 3 gegebene Aufzählung der Verfahrensmängel, deren Rüge die zulassungsfreie Rechtsbeschwerde eröffnen soll, ist als **eine erschöpfende Aufzählung** anzusehen; eine Ausdehnung des Anwendungsgebietes des § 100 Abs. 3 auf weitere, hier nicht ausdrücklich genannte Fälle oder auch nur eine großzügigere Auslegung der Vorschriften, namentlich der Nr. 6, würde dem erklärten Willen des Gesetzgebers widersprechen und deshalb dem Gericht nicht gestattet sein, BGHZ **39,** 333, 341/42; **41,** 360, 364/65; **43,** 12, 14ff. (= GRUR **63,** 645, 647/48; **64,** 519, 521/22; **65,** 270, 271/72); BGH GRUR **64,** 697, 698/99; **65,** 502, 504; **67,** 548, 550; **80,** 846, 848 (Lunkerverhütungsmittel); **98,** 362 (rechtliches Gehör II). Die zulassungsfreie Rechtsbeschwerde wird daher insbesondere nicht durch die Rüge eröffnet, dass irgendeine andere grundlegende Verfahrensvorschrift verletzt sei (BGHZ **43,** 12, 19 = GRUR **65,** 270, 272; BGH GRUR **65,** 273, 274), auch nicht bei Verletzung von Grundrechten, die nicht im Katalog d. Abs. 3 enthalten sind, vgl. BGH GRUR **98,** 362; insbesondere nicht bei Verletzung d. Pflicht zur Zulassung der Rechtsbeschwerde oder Vorlage an den EuGH, s.o. Rdn. 19; auch nicht bei „greifbarer Gesetzwidrigkeit", vgl. BGHZ **150,** 133 und nicht bei sonstigen Verfahrensrügen – z.B. dass die vorangegangene Entscheidung des Patentamts bereits rechtskräftig gewesen sei, insbesondere wegen wirksamer Rücknahme der Beschwerde, BGH GRUR **81,** 508, – ferner z.B., dass entgegen § 78 eine mündliche Verhandlung nicht stattgefunden habe (BGH GRUR **65,** 273, 274; **74,** 294; Bl. **87,** 355, 356), – dass der Beschwerdesenat entgegen § 87 die Sache nicht von Amts wegen genügend aufgeklärt habe (BGH GRUR **64,** 697, 698/99; Bl. **66,** 125, 127; vgl. auch BGHZ **39,** 333, 343 = GRUR **63,** 645, 648), oder dass er entgegen § 91 Abs. 1, § 278 Abs. 3 ZPO die Sache nicht ausreichend mit den Beteiligten erörtert habe (BGH Mitt. **67,** 16, 17; GRUR **80,** 846 – Lunkerverhütungsmittel), – dass entgegen § 93 Abs. 1 das Parteivorbringen nicht erschöpfend behandelt worden sei (BGHZ **39,** 333, 343/44 = GRUR **63,** 645, 648; BGH GRUR **64,** 201, 202; vgl. auch unten Rdn. 34), – oder dass der Beschwerdesenat entgegen § 108 Abs. 2 seiner Entscheidung nicht die rechtliche Beurteilung zugrunde gelegt habe, die der Aufhebung seines früheren Beschlusses in derselben Sache in einem früheren Rechtsbeschwerdeverfahren zugrunde gelegt war (BGH GRUR **67,** 548, 550). Die zulassungsfreie Rechtsbeschwerde ist daher schließlich – anders als z.B. nach § 24 Abs. 2 Nr. 1 LwVG – auch dann nicht gegeben, wenn der Beschwerdesenat von einer Entscheidung des BGH oder eines anderen Beschwerdesenats abgewichen ist (BGHZ **41,** 360, 364 = GRUR **64,** 519, 521). Die zulassungsfreie Rechtsbeschwerde dient allein der Sicherung der jeweils konkret genannten Verfahrensprinzipien (z.B. rechtliches Gehör oder Begründungspflicht) als solche, nicht aber der Prüfung der Richtigkeit der angefochtenen Entscheidung, vgl. BGH GRUR **99,** 500 (Markensache); **00,** 597, 599 – Kupfer-Nickel-Legierung.

22 **c) Abs. 3 Nr. 1** (nicht vorschriftsmäßige **Besetzung** des Beschwerdesenats): Hat ein Beschwerdesenat – unter Verletzung des Art. 101 GG, der Bestimmungen der §§ 67, 68 oder der Regelungen des Geschäftsverteilungsplans – nicht in der vorgeschriebenen Besetzung entschieden, so muss sein Beschluss auf eine die zulassungsfreie Rechtsbeschwerde eröffnende Rüge nach § 100 Abs. 3 Nr. 1 (die zugleich die absolute Rechtsbeschwerderüge nach § 101 Abs. 2 Satz 2 i.V.m. ZPO § 547 Nr. 1 ist, vgl. oben Rdn. 20) aufgehoben werden; weder die allgemeinen Bestimmungen des Geschäftsverteilungsplans des Patentgerichts über die Senatszuständigkeit und -besetzung noch eine im Einzelfall von den beteiligten Senaten selbst oder vom Präsidium getroffene Entscheidung über ihre Zuständigkeit könnten dem Erfolg einer solchen Rüge entgegenstehen (BGHZ **42,** 32, 36 = GRUR **64,** 602, 605; BGH GRUR **67,** 543, 545). Ein Verstoß gegen den Geschäftsverteilungsplan (im Verhältnis zwischen den verschiedenen Senaten wie auch innerhalb des Spruchkörpers) muss jedoch willkürlich (objektiv unverständlich u. offensichtlich unhaltbar) oder sonst missbräuchlich und nicht nur irrtümlich erfolgt sein, BGH GRUR **76,** 719; **80,** 848, 849; **83,** 114; **95,** 171, 174 (Senatsbesetzung; Mitwirkungsplan); **03,** 546, 547. Die Frage der Willkür ist nach objektiver Betrachtung zu entscheiden, nicht nach der von dem Spruchkörper zur Rechtfertigung seiner Zuständigkeit gegebenen Begründung (BGHZ **85,** 116). Die Grundsätze senatsinterner Geschäftsverteilung (§ 21g GVG) sind zu beachten; sie müssen schriftlich, abstrakt-generell und hinreichend klar formuliert sein, BGHZ **126,** 63; BVerfG NJW **97,** 1497, 1498. Bei einer Geschäftsverteilung nach Patentklas-

sen ist die Auszeichnung durch das Patentamt nicht verbindlich (BGHZ **85,** 116). Die gesetzwidrige Besetzung braucht noch nicht gegenüber dem Beschwerdesenat selbst gerügt worden zu sein (BGH GRUR **67,** 543, 545; **98,** 373, 374 – Fersensporn). Mit Besetzungsfragen hat sich der BGH bisher in folgenden Fällen zu befassen gehabt: BGHZ **38,** 166 = GRUR **63,** 129 (Richteramt der technischen Mitglieder des Patentgerichts; Bestimmung des gesetzlichen Richters im Geschäftsverteilungsplan), – BGHZ **42,** 32 = GRUR **64,** 602 (Besetzung in Akteneinsichtssachen), – GRUR **64,** 310 (Besetzung in Gebrauchsmustersachen), – BGHZ **42,** 248, 256ff. = GRUR **65,** 234, 236/37 (Besetzung in Gebrauchsmustersachen; Richteramt der technischen Mitglieder), – GRUR **67,** 543, 545 (Besetzung bei ausschließlich verfahrensrechtlich begründeten Beschwerden), – GRUR **68,** 447, 451 (Besetzung bei Beschwerden und Erinnerungen in Kostenfestsetzungssachen; vgl. dazu dann auch BPatGE **9,** 220), – GRUR **69,** 562 (Verhinderung des ordentlichen Vorsitzenden), – GRUR **71,** 531 u. **74,** 294 (Richterwechsel nach mündlicher Verhandlung), – GRUR **86,** 47 (Änderung der Geschäftsverteilung nach mündlicher Verhandlung und anschließendem Übergang in das schriftliche Verfahren). Vgl. auch GRUR **70,** 237, 239 (Mitwirkung von Hilfsrichtern); GRUR **73,** 46ff. (zulässige Mitgliederzahl eines technischen Beschwerdesenats; Zuweisung eines Mitglieds nur für bestimmte Patentklassen); **98,** 373 – Fersensporn (Überzahl d. technischen Mitglieder d. GebrM-Beschwerdesenats); BVerfG Mitt. **78,** 93 (Zuweisung nach Fachgebiet und dem „wesentlichen technischen Inhalt" einer Erfindung); BGHZ **85,** 116 (Patentklassenzuordnung in Abweichung von der Auszeichnung durch das Patentamt); BGH Bl. **85,** 303 (nach Geschäftsverteilungsplan unhaltbare Senatszuständigkeit); GRUR **80,** 848 – Kühlvorrichtung – (Bestimmung des Berichterstatters innerhalb der Richterbank); Bl. **82,** 55 (Tonbandaufnahme als Gedächtnisstütze); GRUR **05,** 572 (Mitwirkung eines Vertreters). Ein Verhinderungsfall kann formlos festgestellt werden, BGH GRUR **00,** 894 – Micro-PUR (Markensache). War der Beschwerdesenat nicht vorschriftsmäßig besetzt, so muss die Sache ggf. an einen anderen Senat zurückverwiesen werden, der vorschriftsmäßig besetzt werden kann, BGHZ **42,** 32, 36/37 = GRUR **64,** 602, 605/06.

d) Mit Rügen nach **Abs. 3 Nr. 2** (Mitwirkung eines **ausgeschlossenen oder abgelehnten Richters;** vgl. § 86) – die allerdings keinen Erfolg hatten –, hat sich der BGH bisher u.a. in folgenden Fällen zu befassen gehabt: GRUR **65,** 50 u. **76,** 440 (Mitwirkung bei Patenten und zugleich bei identischen Gebrauchsmustern), – GRUR **66,** 5ff. Begründete Rüge jedoch bei Mitwirkung im Beschwerdeverfahren über Teilungs- oder Ausscheidungsanmeldung, wenn d. Richter bereits vor Teilung oder Ausscheidung am Verfahren über Stammanmeldung mitgewirkt hat, BGH GRUR **99,** 43. Die Aufzählung der Ausschließungsgründe in § 86 ist abschließend, für eine ausdehnende Anwendung ist kein Raum, BGH GRUR **76,** 440 – Textilreiniger. Wenn ein auf einen Ausschließungsgrund gestütztes Ablehnungsgesuch bereits rechtskräftig zurückgewiesen worden ist, kann auch die Rechtsbeschwerde nicht mehr mit Erfolg auf diesen Ausschließungsgrund gestützt werden, BGHZ **110,** 25 – Wasserventil; es steht dann wegen der Rechtskraft des Zurückweisungsbeschlusses (vgl. § 86) fest, dass der gerügte Mangel i.S. des § 100 Abs. 3 nicht „vorliegt"; einer Heranziehung des § 101 Abs. 2 bedarf es insoweit nicht – anders BGHZ **95,** 302. 23

e) Nach **Abs. 3 Nr. 3** ist die zulassungsfreie Rechtsbeschwerde auch bei **Verletzung des Anspruchs auf rechtliches Gehör** eröffnet. Dabei geht es nur um das rechtliche Gehör in d. Beschwerdeinstanz, nicht in der 1. Instanz, BGH GRUR **01,** 139 – Parkkarte. Die Bestimmung wurde durch das 2. PatÄndG v. 16. 7. 1998 eingefügt in Angleichung an die ältere Regelung in § 83 Abs. 3 Nr. 3 MarkenG und in Anerkennung d. verfassungsrechtlichen Rangs rechtlichen Gehörs gem. Art. 103 Abs. 1 GG (s. Entwurfsbegründung BT-Drucks. 13/9971, abgedruckt in BlPMZ **98,** 393, 405). Bei der Auslegung ist die Rechtsprechung des BVerfG zu berücksichtigen, BGH GRUR **00,** 792, 793 – Spiralbohrer. Danach ist das Gericht verpflichtet, die Ausführungen der Parteien zur Kenntnis zu nehmen und bei der Entscheidung zu berücksichtigen, soweit sie nicht nach den Prozessvorschriften ausnahmsweise unberücksichtigt bleiben können. Das Gebot rechtlichen Gehörs ist verletzt, wenn im Einzelfall Umstände vorliegen, aus denen sich ergibt, dass das Gericht das Vorbringen einer Partei überhaupt nicht zur Kenntnis genommen oder doch bei der Entscheidung nicht erwogen hat, BVerfG NJW **99,** 1387, 1388; BGH GRUR **00,** 792, 793 – Spiralbohrer; **02,** 957 – Zahnstruktur; je m.w.N. Bei Entscheidung ohne mündliche Verhandlung sind Eingänge bis zum Erlass der Entscheidung zu berücksichtigen, BGH GRUR **97,** 223 (Markensache). 24

Grundsätzlich ist davon auszugehen, dass die Gerichte das von ihnen entgegengenommene Parteivorbringen auch **zur Kenntnis genommen und in Erwägung gezogen** haben. Die Gerichte sind nicht verpflichtet, sich in den Entscheidungsgründen mit jedem Vorbringen aus- 25 drücklich zu befassen, BVerfG NJW **99,** 1387, 1388; BGH GRUR **99,** 919, 920 – Zugriffsinformation; **00,** 140, 141 – Tragbarer Informationsträger; **05,** 572, 573 – Vertikallibelle. Die verspätete Absetzung der Entscheidungsgründe ist für sich genommen noch kein ausreichendes Indiz, BVerf NJW **96,** 3203. Geht das Gericht jedoch auf den wesentlichen Kern des Tatsachenvortrags einer Partei, die für das Verfahren von besonderer Bedeutung ist, nicht ein, so lässt dies darauf schließen, dass der Vortrag nicht berücksichtigt wurde, sofern er nicht nach dem Rechtsstandpunkt des Gerichts unerheblich oder aber offensichtlich unsubstantiiert war, BVerfG NJW **99,** 1387, 1388. Das kann auch aus der unkritischen Übernahme eines gerichtlichen Sachverständigen-Gutachtens ohne Auseinandersetzung mit der abweichenden Stellungnahme eines Privatgutachtens gefolgert werden, BVerfG NJW **97,** 122. Das Gebot rechtlichen Gehörs ist verletzt, wenn Erkenntnisse verwertet werden, zu denen die Verfahrensbeteiligten nicht Stellung nehmen konnten, BGH GRUR **02,** 957, 958 – Zahnstruktur; vgl. auch GRUR **98,** 817 und BlPMZ **04,** 31, 32 (Markensachen).

26 Aus dem Gebot rechtlichen Gehörs ergibt sich **keine** allgemeine **Pflicht zu Hinweisen** an die Parteien; vertretbare rechtl. Gesichtspunkte müssen die Parteien grundsätzlich von sich aus in Betracht ziehen, vgl. BGH GRUR **00,** 894 – Micro-PUR (Markensache); anders wenn wegen der Auffassung des Gerichts für die Parteien nicht vorhersehbar ist, auf welche Erwägung es seine Auffassung stützen wird, und deswegen wesentlicher Sachvortrag unterbleibt, BGH GRUR **00,** 792 – Spiralbohrer; anders auch, wenn Partei von weiteren Ausführungen abgehalten wird, weil das Gericht eine Zurückverweisung der Sache zur weiteren Aufklärung als sicher darstellt, BGH GRUR **03,** 901 – MAZ (Markensache). Zur Wahrung rechtl. Gehörs grundsätzlich auch keine Verpflichtung zur Einholung eines Sachverständigen-Gutachtens oder anderer Beweiserhebung; anders ausnahmsweise dann, wenn die Zurückweisung im Prozessrecht keine Stütze mehr findet, BGH GRUR **02,** 957 – Zahnstruktur.

27 Bei **Entscheidung ohne mündliche Verhandlung** ist das Gebot rechtlichen Gehörs auch ohne ausdrückliche Fristsetzung zur Äußerung gewahrt, sofern nur eine angemessene Zeit auf eine etwaige Äußerung gewartet wurde, BGH GRUR **00,** 597, 598 – Kupfer-Nickel-Legierung. Verletzung des Gebots jedoch, wenn trotz Antrags auf mündliche Verhandlung (§ 78 Nr. 1) ohne eine solche entschieden wird, vgl. BGH BlPMZ **03,** 426 (Markensache); oder wenn Information unterbleibt, dass Verfahren beim Patentgericht anhängig geworden ist, BGH GRUR **00,** 512 (Markensache).

28 Verletzung rechtl. Gehörs führt dann zur Aufhebung d. angefochtenen Entscheidung, wenn nicht auszuschließen ist, dass diese auf. d. Verletzung beruht, vgl. BGH GRUR **97,** 637 – Top Selection (Markensache); diese Einschränkung der grundsätzlich absoluten Aufhebungsfolge (s. o. Rdn. 20) gilt zumindest so lange wie die Verletzung rechtl. Gehörs nicht zugleich absoluter Revisionsgrund nach § 547 ZPO ist (vgl. § 101 Abs. 2 und BGH a. a. O.); unabhängig davon dürfte die Verletzung rechtl. Gehörs dann unschädlich sein, wenn sie nur unzulässiges oder unerhebliches Vorbringen betrifft (vgl. unten Rdn. 34, 37 zum Begründungsmangel und BVerfG NJW **99,** 1397, 1388 – zu II 1 a); ebenso Busse Rdn. 50 zu § 100.

29 **f)** Nach **Abs. 3 Nr. 4** ist die zulassungsfreie Rechtsbeschwerde dann eröffnet, wenn ein Beteiligter in dem Verfahren **nicht nach Vorschrift des Gesetzes vertreten** war, sofern er nicht der Führung des Verfahrens ausdrücklich oder stillschweigend zugestimmt hat. Es geht nur um die Vertretung im Beschwerdeverfahren, nicht im vorangegangenen Verfahren 1. Instanz, BGH GRUR **01,** 139, 140 – Parkkarte. Die Regelung stimmt überein mit § 83 Abs. 3 Nr. 4 MarkenG und ist den entsprechenden Bestimmungen der VwGO (heute § 138 Nr. 4) und ZPO (heute § 547 Nr. 4) nachgebildet und dementsprechend nach den gleichen Grundsätzen auszulegen, die in BGH Bl. **86,** 251 und nachfolgend zusammengefasst sind. Die genannten Vorschriften bezwecken den Schutz der Parteien (Beteiligten), die ihre Angelegenheiten im Prozess (Verfahren) nicht verantwortlich regeln konnten oder denen die Handlungen vollmachtloser Vertreter nicht zugerechnet werden dürfen (BGHZ **84,** 24, 28). Sie erfassen diejenigen Fälle, in denen für eine Partei ein unberufener Dritter gehandelt hat, eine prozessunfähige Partei im Verfahren selbst aufgetreten ist oder ein nicht Parteifähiger das Verfahren betrieben hat (BGH GRUR **66,** 160; **90,** 348, 349; vgl. auch Literatur zu ZPO § 547 Nr. 4 = 551 Nr. 5 a. F.). Das sind Fälle, in denen eine Partei in besonders extremer Weise daran gehindert war, ihre Rechte in dem Verfahren wahrzunehmen. Eine im Wesentlichen gleiche Situation ist auch dann gegeben, wenn eine Partei überhaupt nicht zu einem Verfahren hinzugezogen wurde (BGH NJW **84,** 494), oder wenn sie zur mündlichen Verhandlung nicht geladen wurde und deshalb den Termin nicht wahrgenommen hat (BGH GRUR **66,** 160; BVerwGE **66,** 311; vgl. auch BVerfG NJW **92,** 496). Die Rechtsprechung hat daher auch in diesen Fällen einen Vertretungsmangel im Sinne der genannten Vorschriften angenommen.

Hingegen werden nach Wortlaut und Sinn der gesetzlichen Regelung nicht diejenigen Fälle erfasst, in denen eine ordnungsgemäß vertretene Partei es lediglich unterlässt, die an sich gegebenen Beteiligungsmöglichkeiten auch tatsächlich auszunutzen; insoweit wird für das Verfahren nach der Zivilprozessordnung auf die Regelung der Säumnisfolgen in den §§ 296, 330ff., 530, 531 ZPO verwiesen. Ein Vertretungsmangel im Sinne d. Gesetzes liegt nicht deswegen vor, weil einem Beteiligten das Prozessführungsrecht fehlt (BGH GRUR **81,** 507/08), – weil ein Beteiligter entgegen § 25 keinen Inlandsvertreter bestellt hat oder der Inlandsvertreter gestorben ist (BGHZ **51,** 269 = GRUR **69,** 437), – weil für einen Beteiligten ein vollmachtloser Vertreter aufgetreten ist (BGH GRUR **81,** 507), – wenn der Bevollmächtigte eines Beteiligten entgegen § 97 Abs. 2 nicht formell eine schriftliche Vollmacht eingereicht hat (BGH nach Löscher GRUR **66,** 5, 16), – weil der anwaltliche Vertreter einer Partei einen Verhandlungstermin wegen Krankheit nicht wahrnehmen konnte (BGH Bl. **86,** 251), – oder weil lediglich ein weiterer technischer Beistand der Partei verhindert ist, BGH GRUR **98,** 362 – rechtliches Gehör II. Ein Mangel der Vertretung liegt auch dann nicht vor, wenn das Gericht eine in der Sitzungspause abredegemäß eingereichte und allen Beteiligten zur Kenntnis gebrachte neue Anspruchsfassung ohne Wiedereröffnung der mündlichen Verhandlung zur Grundlage seiner Entscheidung macht, sofern die Parteien nicht den Wunsch nach einer mündlichen Erörterung der neuen Anspruchsfassung zum Ausdruck gebracht haben (BGH GRUR **87,** 667 – Raumzellenfahrzeug II). 30

Bloße Verfahrensmängel bei der Zustellung der **Ladung** schaden nicht, anders als eine völlig unterbliebene Ladung (oben Rdn. 29). Unschädlich auch, wenn Ladung keinen ausdrücklichen Hinweis darauf enthält, dass damit wieder vom schriftlichen Verfahren in das mündliche Verfahren übergegangen wird, BGH Mitt. **77,** 36. Ist in einem quasi-multilateralen Beschwerdeverfahren die mündliche Verhandlung nur in dem Verfahren eines der Widersprechenden angeordnet, so braucht ein anderer Widersprechender, weil daran nicht beteiligt, auch nicht geladen zu werden, BGH GRUR **67,** 681 (Markensache). Dem Fall der fehlerhaft unterbliebenen Ladung wird der Fall einer gänzlich unterbliebenen notwendigen Anhörung gleichzusetzen sein, v. Gamm GRUR **77,** 414/415. 31

Berufen kann sich – wie bei § 579 Abs. 1 Nr. 4 ZPO – auf den Mangel ordnungsgemäßer Vertretung grundsätzlich nur, wer von ihm betroffen ist, nicht aber die Gegenseite, BGH GRUR **90,** 348; anders aber wohl dann, wenn eine Partei gar nicht existiert oder nicht parteifähig ist, vgl. BGH aaO. S. 349, 350. 32

g) Abs. 3 Nr. 5 setzt voraus, dass bei einer tatsächlich durchgeführten mündlichen Verhandlung die Vorschriften über die **Öffentlichkeit des Verfahrens** (§ 69) verletzt worden sind, gleich, ob die Öffentlichkeit zu Unrecht ausgeschlossen oder zu Unrecht zugelassen worden ist (Klauer/Möhring § 41p Rdn. 12 m.w.N.); jedoch ist eine fehlerhafte Zulassung der Öffentlichkeit dann unschädlich, wenn nachweislich kein Zuhörer anwesend war (Stein/Jonas ZPO, 21. Aufl., Rdn. 22 zu § 551; ebenso Busse Rdn. 58 zu § 100), weil sie dann keinen Einfluss auf Verhandlung und Entscheidung gehabt haben kann. Die Verletzung der Vorschriften über die Öffentlichkeit muss auf einer Sorgfaltsverletzung des Gerichts beruhen, ein Fehler des Wachtmeisters ist unbeachtlich, BGH GRUR **70,** 621. Hat entgegen § 78 überhaupt keine mündliche Verhandlung stattgefunden, so ist das kein Fall des Abs. 3 Nr. 5, BGH GRUR **65,** 273/74; **67,** 681. 33

h) Die Rüge des Abs. 3 Nr. 6, der angefochtene Beschluss sei „nicht mit Gründen versehen" entspricht § 83 Abs. 3 Nr. 6 MarkenG u. § 547 Nr. 6 ZPO. Sie ist bisher am häufigsten erhoben worden, jedoch zumeist ohne Erfolg. Auch diese Rüge ist – ebenso wie die anderen Rügen des § 100 Abs. 3 – lediglich die Rüge eines groben Verfahrensverstoßes; sie dient der Sicherung des Begründungszwanges, nicht der Sicherung einer einheitlichen Rechtsprechung (BGHZ **39,** 333, 341 – Warmpressen; BGH GRUR **90,** 33, 34 – Schüsselmühle; **04,** 79, 80 – Paroxetin; **05,** 572, 573 – Vertikallibelle). Indes ist durchaus nicht jeder Verstoß gegen den Begründungszwang (§ 93 Abs. 1 Satz 2) schon ein „nicht mit Gründen versehen sein" im Sinne des § 100 Abs. 3 Nr. 6. Grundsätzlich ist zu dieser Rüge in BGHZ **39,** 333, 334–339 = GRUR **63,** 645, 646/47 vielmehr folgendes gesagt (ähnlich z.B. BGH GRUR **90,** 33, 34 – Schüsselmühle; **96,** 753, 755ff. – Informationssignal; **04,** 79 – Paroxetin): Für die Auslegung des § 100 Abs. 3 Nr. 6 PatG lässt sich keine Abweichung von den Rechtsgrundsätzen rechtfertigen, welche die Rechtsprechung für die Vorschrift des jetzigen § 547 Nr. 6 ZPO (die allerdings keine die Statthaftigkeit der Revision begründete Voraussetzung, sondern einen absoluten Revisionsgrund enthält, vgl. oben Rdn. 20) allgemein entwickelt hat. Nach dieser Rechtsprechung ist eine Entscheidung dann **„nicht mit Gründen versehen",** wenn aus ihr nicht zu erkennen ist, welche tatsächlichen Feststellungen und welche rechtlichen Erwägungen für die 34 getroffene Entscheidung maßgebend waren, – wenn also dem Tenor der Entscheidung überhaupt keine Gründe beigegeben sind, – wenn zwar Gründe vorhanden sind, diese aber ganz unverständlich und verworren sind, so dass sie nicht erkennen lassen, welche Überlegungen für die Entscheidung maßgebend waren, – wenn die Gründe sachlich inhaltlos sind und sich auf leere Redensarten oder einfach auf die Wiedergabe des Gesetzestextes beschränken, – aber auch bereits dann, wenn einzelne „Ansprüche" (i.S. der §§ 145, 322 ZPO) oder einzelne „selbstständige Angriffs- und Verteidigungsmittel" (i.S. der §§ 146, 303 ZPO) in den Gründen völlig übergangen worden sind, – oder wenn die Beweiswürdigung vollständig fehlt. Dagegen liegt ein Begründungsmangel im Sinne des jetzigen § 547 Nr. 6 ZPO (und des § 100 Abs. 3 Nr. 6 PatG) nicht vor, wenn die Gründe zu den einzelnen „Ansprüchen" und „Angriffs- und Verteidigungsmitteln" oder auch die Beweiswürdigung nur sachlich unvollständig, unzureichend, unrichtig oder sonst rechtsfehlerhaft sind; es genügt, wenn erkennbar ist, welcher Grund – mag dieser tatsächlich vorgelegen haben oder nicht, mag er rechtsfehlerhaft beurteilt worden sein oder nicht – für die Entscheidung über die einzelnen „Ansprüche" und „Verteidigungsmittel" maßgebend gewesen ist; sogar das völlige Übergehen einzelner „Angriffs- oder Verteidigungsmittel" ist dann unschädlich, wenn sie rechtlich nicht erheblich sein und deshalb auch nicht zu dem von der Revision (Rechtsbeschwerde) erstrebten Erfolg führen können (ebenso BGH GRUR **77,** 666, 667; **81,** 507, 508/9; Mitt. **86,** 195 – Kernblech; GRUR **92,** 159, 160 – Crackkatalysator II; **98,** 373, 376 – Fersensporn; **99,** 573, 574 = Staatsgeheimnis; – auch auf ein ersichtlich überholtes früheres Vorbringen braucht nicht eingegangen zu werden: BGH BPatGE **4,** 238, 244/45). Kein Begründungsmangel, wenn dargelegt wird, warum ein selbstständiges Angriffs- oder Verteidigungsmittel nicht für erheblich gehalten wurde, BGH GRUR **01,** 46 – Abdeckrostverriegelung; auch dann nicht, wenn diese Darlegungen rechtsfehlerhaft sind, BGH a.a.O.

35 Dem „Anspruch" im Sinne der ZPO (z.B. §§ 145, 322) entspricht im Patenterteilungsverfahren der (die Gesamtheit der eingereichten Patentansprüche umfassende) **„Antrag"** (§ 35 Abs. 1 S. 2 Nr. 1) – nicht der einzelne Patentanspruch, BGH GRUR **79,** 220, 221 (β-Wollastonit). Ein Patent kann nur so erteilt werden, wie es – ggf. hilfsweise – beantragt ist (BGH GRUR **67,** 435; **79,** 221, 222; **97,** 120, 122 – elektr. Speicherheizgerät); sind mehrere Erteilungsanträge im Eventualverhältnis (Hauptantrag und Hilfsanträge) gestellt, so sind sie, wenn das Patent versagt wird, sämtlich in den „Gründen" zu bescheiden (BGH Mitt. **67,** 16, 17; GRUR **71,** 532, 533). Was jedoch nicht – ggf. hilfsweise – beantragt ist, kann auch nicht erteilt und muss daher auch nicht beschieden werden (BGH GRUR **79,** 220, 221 – β-Wollastonit); es ist deshalb kein Begründungsmangel im Sinne des Abs. 3 Nr. 6, wenn bei Zurückweisung einer Anmeldung mit mehreren Patentansprüchen die als echte Unteransprüche geltend gemachten Ansprüche nicht gesondert abgehandelt werden (BGH Bl. **66,** 125, 126; Mitt. **67,** 16, 17), insbesondere wenn nicht erörtert wird, ob einer der Unteransprüche ein selbstständig patentfähiger unechter Unteranspruch oder Nebenanspruch sein könnte (BGH GRUR **64,** 697, 698; **97,** 120, 122), oder ob eine „Kombination" aus mehreren der Ansprüche schutzfähig sein könnte (BGH Bl. **66,** 125, 127), anders nur, wenn ein entsprechender Hilfsantrag gestellt wird (BGH GRUR **83,** 171 – Schneidhaspel). Ganz allgemein genügt es bei einem eine Mehrheit von Patentansprüchen umfassenden Antrag bereits, dass die Nichtgewährbarkeit eines einzigen dieser Ansprüche begründet wird, BGH GRUR **79,** 313, 315 (Reduzier-Schrägwalzwerk); **80,** 716, 718, (Schlackenbad); **97,** 120, 122. Ein Begründungsmangel kann jedoch darin liegen, dass die Schutzfähigkeit nicht für die in Anspruch genommene Gesamtkombination sondern nur für einzelne Merkmale geprüft und verneint wird (BGH GRUR **81,** 341, 343 – piezoelektrisches Feuerzeug); bloße Zweifel in dieser Richtung oder eine lediglich unvollständige Würdigung der richtig erkannten Gesamtkombination schaden jedoch noch nicht (BGH Mitt. **81,** 105, 106). Bei Zurückweisung eines Einspruchs bedarf ein Nebenanspruch der besonderen Begründung (BGH GRUR **83,** 63, 64). Soweit ein Hilfsantrag zu begründen ist, sind die entsprechenden Ausführungen nicht für sich allein, sondern im Gesamtzusammenhang der Entscheidungsgründe und i.V.m. den Erörterungen in dem vorangegangenen Verfahren zu betrachten, BGH GRUR **78,** 356 (Atmungsaktiver Klebestreifen). Ein Hilfsantrag aus dem Einspruchsverfahren, der im Beschwerdeverfahren nicht mehr gestellt wird, braucht auch in der Beschwerdeentscheidung nicht mehr behandelt zu werden, BGH Mitt. **79,** 198.

36 Als ein **„selbstständiges Angriffs- oder Verteidigungsmittel"** im Sinne von Rdn. 34, das also in den Gründen beschieden werden muss, kann jedes Mittel in Betracht kommen, das dem Angriff oder der Verteidigung dient, sofern es entscheidungserheblich und selbstständig ist, d.h. einen Tatbestand betrifft, der für sich allein rechtsbegründend, rechtsvernichtend, rechtshindernd oder rechtserhaltend wäre (BGH GRUR **64,** 201, 202; **64,** 259, 260; **92,** 159, 161 –

Crackkatalysator II), – so z.B. im Falle, dass entgegen Einspruch oder Löschungsklage ein Schutzrecht erteilt oder bestätigt wird: ein schlüssig vorgetragener Fall offenkundiger Vorbenutzung, der für sich allein neuheitsschädlich wäre (BGH GRUR **64,** 259, 260; vgl. auch BGH GRUR **79,** 538: Fortschrittsschädlichkeit), – oder im Falle, dass eine Beschwerde als unzulässig verworfen wird: ein entscheidungserheblicher selbstständiger Komplex zur Beschwerdebefugnis (BGH GRUR **67,** 543, 546) oder ein schlüssig begründeter Wiedereinsetzungsantrag (BGH GRUR **68,** 615, – oder eine Neufassung der Patentansprüche (BGH GRUR **74,** 210), – oder bei Entscheidungen nach § 42 die Offensichtlichkeit des Mangels (BGH GRUR **79,** 46), – oder bei einem Zusatzpatent gem. § 16 Abs. 1 S. 2 die Verbesserung oder weitere Ausbildung der Haupterfindung (BGH Mitt. **75,** 216), – allgemein auch verfassungsrechtliche Voraussetzungen (BGH GRUR **81,** 507, 508; **85,** 376 – Werbedrucksache), – auch die Erklärung über die Ausscheidung von Teilen des Gegenstandes eines Patentanspruchs (BGH GRUR **81,** 507); hingegen für sich allein noch nicht ein Beweisantrag (BGH GRUR **74,** 419; **92,** 159 – Crackkatalysator II) oder ein sog. „Zwischentatbestand", der lediglich den Schluss auf einen anderen Tatbestand zulässt, der dann seinerseits rechtsvernichtend oder rechtsbegründend wirken könnte (BGH GRUR **80,** 846, 847 li Sp.; **92,** 159, 161; vgl. auch die bei Rdn. 38 angeführten Beispiele). Bestimmte Tatbestände (z.B. Neuheit einer Anmeldung) können jedoch unterstellt werden, wenn es darauf wegen eines anderen Tatbestandes (z.B. mangelnde erfinderische Tätigkeit) nicht mehr entscheidend ankommt (BGH Mitt. **79,** 198).

Von Amts wegen zu berücksichtigende Angriffs- und Verteidigungsmittel – auch verfahrensrechtlicher Natur – sind zu bescheiden, wenn sie von einem Beteiligten vorgetragen werden oder nach dem vorgetragenen Sachzusammenhang als prüfungsbedürftig ins Auge springen, BGH GRUR **67,** 543, 547; **87,** 286; **90,** 348. Das Übergehen eines Angriffs- oder Verteidigungsmittels schadet nicht, wenn es rechtlich nicht **erheblich** ist, s. o. Rdn. 34. **37**

Insbesondere stellt **die Frage der erfinderischen Tätigkeit** in der Regel einen Komplex dar, der den selbstständigen Angriffs- und Verteidigungsmitteln im Zivilprozess vergleichbar ist und demzufolge bei der Entscheidung über die Erteilung eines Patents (BGH GRUR **90,** 348 – Gefäßimplantat), dessen Widerruf (BGH GRUR **96,** 753, 756 – Informationssignal) oder Löschung eines Gebrauchsmusters (BGH Mitt. **86,** 195 – Kernblech) in den Gründen nicht völlig übergangen werden darf. Die Erörterungen zu diesem Komplex dürfen auch nicht so unverständlich oder verworren sein, dass sie nicht erkennen lassen, worauf die Entscheidung gestützt sein soll, BGH GRUR **67,** 548, 552; **96,** 753, 755/6. Zu knapp erscheinende Ausführungen zur erfinderischen Tätigkeit brauchen indes noch nicht bloße „inhaltslose Redensarten" zu sein, wenn sie durch die vorangehenden Ausführungen zum Stand der Technik zu ergänzen sind, BGH BPatGE **4,** 199, 213/14. Allenfalls ein sachlicher Fehler, aber noch kein Begründungsmangel im Sinne von Abs. 3 Nr. 6 ist es, wenn die erfinderische Tätigkeit lediglich von den einzelnen Entgegenhaltungen her und nicht aus der Gesamtschau des Standes der Technik heraus beurteilt wird (BGH GRUR **64,** 259, 260; Mitt. **81,** 105), oder wenn der Aussagegehalt einer Entgegenhaltung falsch gewürdigt worden ist (BGH Bl. **67,** 137). Ein Begründungsmangel im Sinne von Abs. 3 Nr. 5 liegt auch dann nicht vor, wenn solche Tatsachen oder Behauptungen nicht ausdrücklich erörtert werden, die als Beweisanzeichen einen Anhalt für die Beurteilung einer schöpferischen Leistung auf dem Gebiete der Technik bieten können (BGH GRUR **96,** 753, 756; z.B. der erzielte Fortschritt – BGH Bl. **81,** 136) und aus denen z.B. gefolgert werden soll, dass die neue technische Lehre zu einer sprunghaften Verbesserung und Weiterentwicklung der Technik geführt habe oder dass sie nur unter Überwindung von Hemmungen und Vorurteilen der Fachkreise habe gefunden werden können, BGH GRUR **64,** 201, 202; Bl. **67,** 137/38, – oder dass die Erzeugnisse eines Verfahrens unerwartet vorteilhafte Eigenschaften aufweisen, BGH GRUR **79,** 220, – oder dass die gefundene Lösung besonders einfach sei, BGH Mitt. **74,** 239. Mit einer zugelassenen Rechtsbeschwerde dagegen kann das Übergehen solchen Tatsachenvortrags gerügt werden (vgl. z.B. BGH GRUR **65,** 416, 419), und es könnte wohl sogar ein Begründungsmangel im Sinne von Abs. 3 Nr. 6 sein, wenn nach Zurückverweisung der Sache wegen Nichterörterung solchen Tatsachenvortrags der erneute Beschluss des Beschwerdesenats wiederum dieselbe „Begründungslücke" aufweisen würde (offengelassen in BGH GRUR **67,** 548, 550/51). **38**

Umfang und Verständlichkeit. Die Begründung zu den einzelnen Anträgen (oben Rdn. 35) und selbstständigen Angriffs- und Verteidigungsmitteln (oben Rdn. 36) muss **verständlich** sein und darf sich nicht auf leere Redensarten beschränken (oben Rdn. 34). Unzureichend z.B., wenn ein über das Ausführungsbeispiel hinausgehender Patentanspruch mit der lapidaren Begründung versagt wird, es sei nicht ohne weiteres erkennbar, wie die erfindungsgemäße Schaltung anders gestaltet werden könne (BGH Bl. **84,** 19). Der Umfang der Begründung kann jedoch **knapp** gehalten werden, auch bei Entscheidungen großer Tragweite oder **39**

Abweichung von einer früheren Entscheidung (BGH Mitt. **86,** 195); entscheidend ist allein, ob deutlich wird, auf welchen tatsächlichen Feststellungen und rechtlichen Erwägungen die Entscheidung im Wesentlichen beruht. Daran kann es z. B. bei Ausführungen fehlen, deren Verständnis deswegen nicht möglich ist, weil ein Begriff verwendet wird, der im Patentrecht ungebräuchlich ist und dem unterschiedliche, einander wiedersprechende Bedeutungen beigemessen werden können (BGH Mitt. **80,** 77 – Biegerollen); – wenn bei mehreren denkbaren Möglichkeiten unklar bleibt, in welcher Weise der festgestellte Sachverhalt unter die herangezogene Rechtsnorm subsumiert werden soll (vgl. BGH X ZB 8/71 v. 16. 12. 71, zitiert bei Möhring GRUR **72,** 248/49), – oder wenn unklar bleibt, ob ein Vorbringen als unschlüssig oder als unbewiesen angesehen wurde (BGH GRUR **79,** 538 – Drehstromöltransformator). Ebenso, wenn eine Begründung in sich **widersprüchlich** ist, weil etwa ein Merkmal des Patentanspruchs einerseits als unklar, andererseits aber als nicht genügend gegen den Stand der Technik abgegrenzt bezeichnet wird, BGH GRUR **80,** 984 (Tomograph); oder wenn die angeblich „offensichtliche" Überflüssigkeit bestimmter Teile der Patentbeschreibung erst auf Grund sehr eingehender Ermittlungen festgestellt wird, BGH GRUR **90,** 346, 347 (Aufzeichnungsmaterial). Jedoch ist eine sachlich inhaltslose und daher unzureichende Begründung nicht schon immer bei einer gewissen Widersprüchlichkeit gegeben (BGH GRUR **78,** 423 – Mähmaschine). Widersprüche und Unklarheiten in Einzelerwägungen schaden nicht, solange der Gesamtbegründung nicht die Durchschaubarkeit und Klarheit im Hinblick auf die tragenden Gesichtspunkte genommen wird (BGH GRUR **80,** 846, 847 re. Sp. – Lunkerverhütungsmittel; BlPMZ **97,** 401). Unschädlich auch die Häufung mehrerer Entscheidungsmängel, die für sich alleine noch keinen Begründungsmangel ergeben, solange sich daraus noch nicht eine völlige Unverständlichkeit der Gründe ergibt (BGH Mitt. **79,** 198). Die Verletzung der Pflicht zur vollständigen Sachaufklärung (§§ 87, 91) und Erschöpfung des Parteivorbringens (§ 93, ZPO § 286) ergeben noch keinen Begründungsmangel i. S. des § 100 Abs. 3 Nr. 6 (BGH GRUR **64,** 201, 202; **64,** 697, 698; **79,** 219), auch nicht der unterlassene Hinweis auf einen bisher übersehenen rechtserheblichen Gesichtspunkt gem. § 278 Abs. 3 ZPO (BGH GRUR **80,** 846, 847f. – Lunkerverhütungsmittel). Ob die angefochtene Entscheidung sachlich richtig ist und alle wesentlichen Gesichtspunkte zu einem an sich beschiedenen Angriffs- oder Verteidigungsmittel berücksichtigt, ist in diesem Zusammenhang nicht zu prüfen, BGH GRUR **90,** 33, 34 – Schüsselmühle; **92,** 159, 160 – Crackkatalysator II; GRUR **98,** 908 – Alkyläther. Unschädlich ist es ferner, wenn zur Begründung im Wesentlichen auf eine gleichzeitig zwischen den gleichen Parteien ergehende andere Entscheidung Bezug genommen wird, selbst wenn letztere erst später zugestellt wird (BGH GRUR **71,** 86), wenn ergänzend auf eine den Beteiligten bekannte Zwischenverfügung des Berichterstatters verwiesen wird (BGHZ **39,** 333, 345/6 = GRUR **63,** 645, 648/9) oder wenn hinsichtlich einer Rechtsfrage lediglich zustimmend eine veröffentlichte Entscheidung (BGH GRUR **68,** 615, 616) oder Literaturstelle zitiert wird. Eine **Bezugnahme** auf eine gleichzeitig in einem anderen Verfahren ergangene Entscheidung kann die eigene Begründung nicht ersetzen, wenn auch nur eine der Parteien an dem anderen Verfahren nicht beteiligt ist; auch dann nicht, wenn deren Verfahrensbevollmächtigter in dem anderen Verfahren (für eine andere Partei) mitwirkt, BGH GRUR **91,** 403 – Parallelurteil (zum Tatbestand des heutigen § 547 Nr. 6 ZPO). Es ist auf die Verständnisfähigkeit der Beteiligten unter Berücksichtigung der ihnen bekannten Zusammenhänge und Umstände abzustellen (BGH GRUR **78,** 356, 357 – Atmungsaktiver Klebestreifen). Die Ausführungen des Gerichts zu einem Hilfsantrag sind im Gesamtzusammenhang der Entscheidungsgründe und in Verbindung mit den Erörterungen in dem vorausgegangenen Verfahren zu betrachten (BGH aaO). Für die Begründungspflicht sind alle Eingaben zu berücksichtigen, die dem zuständigen Gericht zugegangen sind, auch wenn sie nicht zur richtigen Akte und zur Kenntnis der bearbeitenden Richter gelangt sein sollten (BGH GRUR **74,** 210, 211 – Aktenzeichen; vgl. auch BPatGE **21,** 224), auch wenn sie im schriftlichen Verfahren erst nach Absetzung des Beschlusses, aber noch vor dessen Herausgabe eingehen (BGH GRUR **82,** 406 – Treibladung). Eine verworrene und daher an sich unzureichende Begründung zu einem Punkt schadet dann nichts, wenn sie auch ganz fehlen könnte, weil eine zusätzlich und selbstständig gegebene Hilfsbegründung dem Begründungszwang genügt, vgl. Engel Mitt. **79,** 61, 69.

40 Bei *verkündeten Entscheidungen* (§ 94 Abs. 1 Satz 1) ist die **nachträgliche Absetzung** der Entscheidungsgründe üblich und zulässig, jedoch nicht in beliebiger Frist. Mit Rücksicht auf die unterlegene Partei, die sich über Einlegung und Begründung eines Rechtsmittels schlüssig werden muss, und wegen d. begrenzten Erinnerungsvermögens muss die schriftl. Begründung spätestens binnen 5 Monaten unterschrieben und auf d. Geschäftsstelle niedergelegt sein; andernfalls fehlt es an einer gesetzmäßigen Begründung, Gem Senat d. obersten Gerichtshöfe NJW **93,** 2603; vgl. auch BGH NJW **87,** 2446; anders noch BGH GRUR **70,** 311.

Nicht verkündete Entscheidungen des Patentgerichts müssen in vollständiger Form zugestellt werden (§ 94 Abs. 1 S. 4, 5). Eine Zustellung ohne die an sich vorliegende Begründung ist unwirksam. Wird jedoch bei einer begründungspflichtigen (§ 94 Abs. 2) Entscheidung die Entscheidungsformel zu einem Zeitpunkt zugestellt, in dem die Begründung noch nicht abgesetzt ist, so liegt ein Begründungsmangel i. S. des § 100 Abs. 3 Nr. 6 vor, der auch nicht durch nachträgliche Absetzung und Zustellung der Begründung geheilt werden kann (BGH GRUR **71,** 484). Unschädlich, wenn die Zustellung an Verkündungs Statt erst nahezu 5 Monate nach der mündlichen Verhandlung erfolgt, BGH GRUR **91,** 521 – LA PERLA. Ebenso wie bei verkündeten Entscheidungen (s. o. Rdn. 40) wird man auch hier verlangen müssen, dass die Entscheidungsgründe binnen 5 Monaten abgesetzt, unterschrieben und auf d. Geschäftsstelle niedergelegt sind.

Nicht als ein Begründungsmangel im Sinne von Abs. 3 Nr. 6 ist es ferner z. B. anzusehen, wenn die technische Aufgabe verkannt worden sein soll (BGHZ **39,** 333, 348 = GRUR **63,** 645, 649) oder überhaupt nicht besonders erörtert worden ist (BGH GRUR **90,** 33, 34 – Schüsselmühle), – wenn der technische Sachverhalt sonstwie fehlsam beurteilt worden ist (BGH Bl. **67,** 137; **96,** 753, 756 – Informationssignal), – wenn im Falle der Verneinung der erfinderischen Tätigkeit Ausführungen zum Ausmaß des technischen Fortschritts fehlen (BGHZ **39,** 333, 349/50 = GRUR **63,** 645, 650; BGH GRUR **65,** 270/71; Bl. **81,** 136), – wenn ein Beweisantrag rechtsfehlerhaft abschlägig beschieden (BGH GRUR **65,** 273, 274) oder übergangen (BGH GRUR **74,** 419 – Oberflächenprofilierung; GRUR **98,** 362 – rechtl. Gehör II) ist – wenn an sich einschlägige Rechtsfragen, auf die sich jedoch kein Beteiligter berufen hat, nicht erörtert worden sind (BGH GRUR **66,** 5, 17), – wenn eine an sich von Amts wegen zu prüfende Zulässigkeitsvoraussetzung nicht unter allen denkbaren rechtlichen Gesichtspunkten erörtert worden ist (BGH GRUR **67,** 543, 547), – wenn rechtsfehlerhaft im Einspruchsbeschwerdeverfahren ein neuer Widerrufsgrund aufgegriffen wurde (BGH GRUR **98,** 907 – Alkyläther), – wenn eine Wiedereröffnung der mündlichen Verhandlung zu Unrecht abgelehnt oder die Ablehnung nicht begründet worden ist (BGH GRUR **79,** 219 – Schaltungschassis), – wenn eine Begründung nur für einen nicht zur „Entscheidung über die Beschwerde" gehörigen Punkt, z. B. für die Erledigung der Sache im schriftlichen Verfahren (BGH GRUR **70,** 258, 260/1) oder für die Nichtzulassung der Rechtsbeschwerde (BGHZ **41,** 360, 363/64 = GRUR **64,** 519, 521; BGH GRUR **65,** 273; **65,** 502, 503) fehlt, – oder wenn sich die mangelhafte Begründung nur auf zusätzliche Ausführungen bezieht, die die Entscheidung nicht tragen, keine Bindungswirkung haben und daher auch ganz fehlen könnten (BGH GRUR **72,** 472, 474; **92,** 159, 161), – wenn zwar die Hauptbegründung, nicht jedoch eine selbstständige Hilfsbegründung unzureichend ist, Engel Mitt. **79,** 69, – wenn ein unerhebliches Vorbringen übergangen worden ist, oben Rdn. 34; – auch dann, wenn der gerügte Fehler ungewöhnlich, unverständlich und besonders gravierend ist, BGH GRUR **04,** 79, 80 – Paroxetin. 41

101 *Beschwerdeberechtigte. Beschwerdegründe.* (1) **Die Rechtsbeschwerde steht den am Beschwerdeverfahren Beteiligten zu.**

(2) [1]**Die Rechtsbeschwerde kann nur darauf gestützt werden, dass der Beschluss auf einer Verletzung des Rechts beruht.** [2]**Die §§ 546 und 547 der Zivilprozessordnung gelten entsprechend.**

Inhaltsübersicht

1. Zur Rechtsbeschwerde berechtigt sind nach Abs. 1 die am Beschwerdeverfahren vor dem Patentgericht Beteiligten. Dazu gehören alle, die im Beschwerdeverfahren auf derselben Seite oder als einander „gegenüberstehend" (vgl. § 73 Abs. 4) beteiligt waren. Zum Begriff des Beteiligten vgl. auch Erläuterungen zu § 74 und BGH GRUR **71,** 246 (Beteiligung des Einsprechenden bei Wiedereinsetzungsantrag des Anmelders). In entsprechender Anwendung des § 74 Abs. 2 (vgl. Rdn. 9 vor § 100) wird in den Fällen des § 31 Abs. 5 und des § 50 Abs. 1 u. 2 (Geheimpatente) der Bundesverteidigungsminister (vgl. VO vom 24. 5. 1961, BGBl. I S. 595) auch dann zur Einlegung der Rechtsbeschwerde berechtigt sein, wenn er im Beschwerdeverfahren nicht Beteiligter war oder wenn er nicht beschwert ist (§ 74 Rdn. 5). Der Präsident des Patentamts ist – anders als die Kartellbehörde im Kartellverfahren gemäß der ausdrücklichen Bestimmung des § 76 Abs. 1 GWB – nur dann beschwerdeberechtigt, wenn er in Ausübung 1 einer ihm nach § 77 eingeräumten Befugnis dem Beschwerdeverfahren beigetreten war. Die Einräumung d. Beitrittsbefugnis ist eine verfahrenslenkende Maßnahme, gilt naturgemäß nur für die Beschwerdeinstanz und muss in dieser ausgeübt werden: Für die Rechtsbeschwerdeinstanz kann das Patentgericht kein Beitrittsrecht gewähren, welches in dieser Instanz noch nicht einmal der BGH einräumen dürfte (vgl. § 105 Rdn. 1); vgl. auch Goebel GRUR **85,** 641, 647; a.A. Schulte Rdn. 9 zu § 77; Busse Rdn. 6 zu § 101 m.w.N. zur gleichen Frage im Markenrecht. Zur Beteiligung an der Rechtsbeschwerde im Übrigen s. Rdn. 1 zu § 105. Soweit nach Art des Verfahrens eine Nebenintervention zulässig ist (z.B. im Gebrauchsmuster-Löschungsverfahren), kann sie auch noch in der Rechtsbeschwerdeinstanz erfolgen, BGH GRUR **68,** 86, 87/88.

2 Auch ohne ausdrückliche Bestimmung darüber steht die Rechtsbeschwerde grundsätzlich nur den Beteiligten zu, die durch den angefochtenen Beschluss **„beschwert"** sind und ein **Rechtsschutzinteresse** an der weiteren Durchführung des Verfahrens haben, BGH GRUR **67,** 94, 95/96. Eine „Beschwer" z.B. des Anmelders liegt regelmäßig dann vor, wenn ihm durch den angefochtenen Beschluss etwas nicht gewährt worden ist, was er beantragt hatte, dagegen dann nicht, wenn seinem Antrag voll entsprochen worden ist, BGH GRUR **67,** 435; **84,** 797 (= BGHZ **90,** 318 – Zinkenkreisel). Die Beschwer muss nicht von der Beantwortung derjenigen Rechtsfrage abhängen, deretwegen die Zulassung erfolgt ist, vgl. BGHZ **90,** 318. Der Anmelder ist auch dann beschwert, wenn das Patent zwar mit den beantragten Ansprüchen, jedoch mit einer abgeänderten Beschreibung erteilt wird, die zu einer einschränkenden Auslegung der Patentansprüche führen kann, BGH GRUR **82,** 291 – Polyesterimide; eine Beschwer allein durch die als Nebenpunkt ergangene Kostenentscheidung genügt nicht, BGH GRUR **67,** 94, 96; BPatGE **2,** 209, 210; vgl. auch Rdn. 5, 5a zu § 100. Das Rechtsschutzinteresse, die Beschwer im Wege der Rechtsbeschwerde zu beseitigen, wird nicht dadurch genommen, dass das Ziel auch in einem anderen Verfahren, z.B. im Nichtigkeitsverfahren, erreicht werden könnte; vgl. dazu auch BGH GRUR **65,** 416, 418 sowie BGHZ **37,** 107, 111ff. = GRUR **62,** 456, 457. Für den Präsidenten des Patentamts genügt es, dass er die Interessen wahrnimmt, die seine Beteiligung am Verfahren gem. § 77 veranlasst haben, BGHZ **100,** 242, 245; **105,** 381, 382 – Verschlussvorrichtung f. Gießpfannen. Auch für BMVtdg keine Beschwer erforderlich, s.o. Rdn. 1.

3 **Mehrere Beschwerdeberechtigte** sind jeder für sich zur Einlegung der Rechtsbeschwerde berechtigt (§ 74 Rdn. 7). Ist die Rechtsbeschwerde zugelassen, so steht sie grundsätzlich allen Beschwerdeberechtigten zu (§ 100 Rdn. 17). Sind auf einer Seite mehrere als „notwendige Streitgenossen" im Sinne von ZPO § 62 beteiligt (z.B. mehrere Inhaber eines Patents bei einem Verfahren nach § 23 Abs. 4), so gilt ein „säumiger" Streitgenosse als durch den „nicht säumigen" Streitgenossen vertreten, BGH GRUR **67,** 655, 656.

4 2. **Beschwerdegrund** kann, dem Charakter der „Rechtsbeschwerde" entsprechend (Rdn. 4 vor § 100), nach der (mit § 84 Abs. 2 MarkenG u. § 76 Abs. 2 S. 1 GWB übereinstimmenden) Regelung des Abs. 2 nur sein, dass der angefochtene Beschluss auf einer Verletzung des Gesetzes beruht. Eine Verletzung des Gesetzes liegt nach dem in Abs. 2 zitierten § 546 ZPO vor, wenn eine Rechtsnorm des materiellen oder des Verfahrensrechts nicht oder nicht richtig angewendet worden ist. Dabei kommt natürlich nur die Verletzung einer deutschen, nicht die einer ausländischen Rechtsnorm in Betracht (anders Völp § 41q Rdn. 2); dass § 101 Abs. 2 Satz 1 – anders als § 545 ZPO – ohne Unterscheidung von Bundes- und Landesrecht schlechthin vom „Gesetz" spricht, erklärt sich damit, dass das vom Patentgericht anzuwendende Recht wegen der Kompetenzen des Bundes nach Art. 73 Nr. 9 und 74 Nr. 1 GG ohnehin durchweg Bundesrecht ist. „Gesetz" im Sinne von Abs. 2 Satz 1 ist auch das (Bundes-)Gewohnheitsrecht, BGH GRUR **66,** 50, 52; **67,** 586, 588; vgl. auch BGHZ **37,** 219 = GRUR **62,** 642 sowie Rdn. 5 zu §§ 107/108. Die Rüge einer Verletzung der Verfahrensbestimmungen über die richterliche Aufklärungspflicht (§ 139 ZPO, § 91 Abs. 1 PatG) und über die Berücksichtigung des gesamten Prozessstoffs (§ 286 ZPO, § 93 Abs. 1 PatG) ist – anders als im Regierungsentwurf zum 6. ÜG (§ 41q Abs. 3) vorgesehen war – nicht ausgeschlossen. Besonders hervorgehoben sind durch die Verweisung in Abs. 2 Satz 2 auf § 547 ZPO die sog. absoluten Revisionsgründe: wird einer der in § 547 ZPO bezeichneten Verfahrensverstöße gerügt und festgestellt, so ist der angefochtene Beschluss stets als auf einer Verletzung des Gesetzes beruhend anzusehen, also aufzuheben und die Sache nach § 108 an das Patentgericht zurückzuverweisen. Die in § 547 ZPO bezeichneten Verfahrensverstöße sind dieselben wie die, die nach § 100 Abs. 3 eine Rechtsbeschwerde auch ohne Zulassung statthaft zu machen vermögen. Nur der Fall d. rechtl. Gehörs ist in § 547 ZPO nicht erfasst (s. dazu Rdn. 24ff. zu § 100 u. BGH GRUR **97,** 637, 638). Eine Besonderheit ergibt sich für die Rüge der Mitwirkung eines ausgeschlossenen Rich-

ters (§ 100 Abs. 3 Nr. 2) insoweit, als nur hier durch die Verweisung in § 101 Abs. 2 S. 2 auf § 547 Nr. 2 ZPO bestimmt ist, dass ein Richterausschluss nicht mehr zu prüfen ist, wenn bereits ein entsprechendes Ablehnungsgesuch erfolglos war; für § 100 – und auch für § 101 Abs. 2 Satz 1 – ergibt sich die gleiche Einschränkung aus der Bindungswirkung der früheren Entscheidung über das Ablehnungsgesuch, s. o. § 100 Rdn. 23. Ist einer dieser Verfahrensverstöße gerügt und festgestellt, so ist die nach § 100 Abs. 3 ohne Zulassung eingelegte Rechtsbeschwerde nicht nur statthaft, sondern grundsätzlich auch begründet; die Geltendmachung noch anderer Rechtsbeschwerdegründe wäre hier nutzlos (§ 100 Rdn. 20); anders u. U. bei Verletzung rechtlichen Gehörs u. Begründungspflicht gegenüber unerheblichem Vorbringen, s. Rdn. 20, 28, 34 zu § 100. Mit einer zugelassenen Rechtsbeschwerde (§ 100 Abs. 1) dagegen können alle Gesetzesverletzungen im Sinne der §§ 546, 547 ZPO gerügt werden; die Rechtsbeschwerde ist hier weder auf die Rechtsfrage beschränkt, deretwegen sie zugelassen worden ist, noch muss gerügt werden, dass (auch) gerade diese Rechtsfrage falsch entschieden worden ist, BGHZ **90,** 318 (= GRUR **84,** 797 – Zinkenkreisel), siehe auch § 100 Rdn. 17; die Nachprüfung des BGH erstreckt sich auf Verletzungen des Verfahrensrechts aber nur, soweit sie in der Beschwerdebegründung gerügt sind (§ 102 Abs. 4 Nr. 3), auf Verletzung des materiellen Rechts dagegen auch ohne Rüge (Rdn. 3 ff. zu §§ 107, 108).

102 *Einlegung und Begründung der Rechtsbeschwerde. Vertretungszwang. Streitwert.* (1) **Die Rechtsbeschwerde ist innerhalb eines Monats nach Zustellung des Beschlusses beim Bundesgerichtshof schriftlich einzulegen.**

(2) **In dem Rechtsbeschwerdeverfahren vor dem Bundesgerichtshof gelten die Bestimmungen des § 144 über die Streitwertfestsetzung entsprechend.**

(3) [1]**Die Rechtsbeschwerde ist zu begründen.** [2]**Die Frist für die Begründung beträgt einen Monat; sie beginnt mit der Einlegung der Rechtsbeschwerde und kann auf Antrag von dem Vorsitzenden verlängert werden.**

(4) **Die Begründung der Rechtsbeschwerde muß enthalten**

1. **die Erklärung, inwieweit der Beschluß angefochten und seine Abänderung oder Aufhebung beantragt wird;**
2. **die Bezeichnung der verletzten Rechtsnorm;**
3. **insoweit die Rechtsbeschwerde darauf gestützt wird, daß das Gesetz in bezug auf das Verfahren verletzt sei, die Bezeichnung der Tatsachen, die den Mangel ergeben.**

(5) [1]**Vor dem Bundesgerichtshof müssen sich die Beteiligten durch einen beim Bundesgerichtshof zugelassenen Rechtsanwalt als Bevollmächtigten vertreten lassen.** [2]**Auf Antrag eines Beteiligten ist seinem Patentanwalt das Wort zu gestatten.** [3]**§ 157 Abs. 1 und 2 der Zivilprozeßordnung ist insoweit nicht anzuwenden.** [4]**§ 143 Abs. 5 gilt entsprechend.**

Inhaltsübersicht

1. Die Frist zur Einlegung der Rechtsbeschwerde beträgt 1 Monat ab Zustellung des 1
Beschlusses des Beschwerdesenats (Abs. 1). Sie beginnt – bei verkündeten Entscheidungen für jeden Beteiligten gesondert – mit der Zustellung des *vollständigen* Beschlusses (§ 94 Rdn. 7, 8, 12). Entscheidungen, die gem. § 94 nicht verkündet werden, werden erst mit der Zustellung an den letzten Beteiligten wirksam (§ 94 Rdn. 7, 9). In diesen Fällen beginnt dann auch erst die Rechtsmittelfrist für sämtliche Beteiligte zu laufen. Im Einzelnen wird dazu auf die gem. § 99 auch hier heranzuziehenden Grundsätze z. Fristbeginn für die Rechtsmittel nach der ZPO verwiesen. Vgl. auch BPatG GRUR **96,** 872 (zu Beschwerdefrist). Für die Zustellung und ihre Wirksamkeit gelten nach § 127 Abs. 2 die Vorschriften d. ZPO. Inhaltliche Mängel d. zugestellten Ausfertigung beeinflussen den Lauf d. Frist im Allgemeinen nicht, auch nicht die Zu-

stellung einer Berichtigung; anders wenn sich erst hieraus Beschwer ergibt, BGH NJW **99,** 646. Entscheidend, ob d. Partei bereits Entscheidung über Einlegung d. Rechtsmittels möglich war, BGH VersR **82,** 70. Unvollständige Ausfertigung genügt nicht, BGH NJW **98,** 1959. Vgl. im Einzelnen Literatur u. Rechtsprechung zu §§ 548, 517 ZPO. Neuer Fristbeginn (entsprechend § 518 ZPO) bei Urteilsergänzung. Wegen der Berechnung und Wahrung der Frist im Einzelnen vgl. §§ 187 Abs. 1, 188 Abs. 2, 3, 193 BGB i. Verb. m. § 222 ZPO. Die Frist kann ebenso wie die Rechtsmittelfristen des Zivilprozesses (§§ 517, 548, 569, 224 ZPO) und anders als die Begründungsfrist (§ 102 Abs. 3 S. 2) nicht verlängert werden. Wegen der Folgen eines unrichtig beurkundeten Zustellungsdatums gilt das bei Rdn. 6 zu § 110 Ausgeführte. Eine Rechtsmittelbelehrung ist für die Beschlüsse der Beschwerdesenate nicht vorgeschrieben.

2 2. **Die Einlegung der Rechtsbeschwerde** muss innerhalb der Monatsfrist beim BGH erfolgen (Abs. 1), – also ebenso wie nach §§ 110 Abs. 2, 122 Abs. 2 PatG, § 26 Abs. 1 LwVG, aber anders als nach § 73 Abs. 2 PatG, § 76 Abs. 3 GWB, beim judex ad quem. Die Einlegung beim Patentgericht wahrt die Frist nicht. Die Rechtsbeschwerde ist schriftlich einzulegen (Abs. 1); vgl. dazu § 110 Rdn. 7. Sie kann nach dem auch für Abs. 1 geltenden Abs. 5 wirksam nur durch einen beim BGH zugelassenen Rechtsanwalt eingelegt werden (das Gesuch um die Bewilligung von Verfahrenskostenhilfe für die Rechtsbeschwerde dagegen kann in entspr. Anwendung von § 78 Abs. 5 ZPO i. Verb. m. § 138 Abs. 2 PatG auch von der Partei selbst oder durch einen anderen Bevollmächtigten eingereicht werden). Die Rechtsbeschwerdeschrift muss die Bezeichnung des Beschlusses, gegen den die Rechtsbeschwerde gerichtet wird, und die Erklärung enthalten, dass gegen diesen Beschluss die Rechtsbeschwerde eingelegt werde (§ 553 ZPO), ferner muss sie erkennen lassen, wer Beschwerdeführer ist und grundsätzlich eigenhändig unterzeichnet sein; wegen weiterer Einzelheiten dazu gilt das bei Rdn. 7–9 zu § 110 Ausgeführte auch hier. Sie kann auch bereits die Begründung der Rechtsbeschwerde (Abs. 3, 4) enthalten, braucht es aber nicht (vgl. § 551 Abs. 2 ZPO). Die Wirksamkeit d. Rechtsbeschwerde ist nach d. hier maßgeblichen GKG nicht von einer fristgebundenen Gebührenzahlung abhängig (anders gem. § 6 Abs. 2 bei d. Beschwerde zum Patentgericht). Wegen der Zustellung der Rechtsbeschwerdeschrift an andere Beteiligte vgl. § 105. Ist die Rechtsbeschwerde nicht in der gesetzlichen Form und Frist eingelegt worden, so wird sie als unzulässig verworfen (§ 104). Für die Wiedereinsetzung in den vorigen Stand gegen die Versäumung der Frist zur Einlegung einer der gesetzlichen Form genügenden Rechtsbeschwerde gelten die §§ 233–238 ZPO entsprechend (§ 106).

3 3. Die Bestimmungen über die **Begründung der Rechtsbeschwerde** (Abs. 3, 4) entsprechen im Wesentlichen den Bestimmungen in § 551 Abs. 1–3 ZPO, § 85 Abs. 3, 4 MarkenG und § 76 und § 75 Abs. 5 i.V.m. § 66 Abs. 3, 4 GWB. Einer gesonderten Begründungsschrift (Abs. 3 Satz 2) bedarf es nur, wenn die Begründung nicht bereits in der Rechtsbeschwerdeschrift (Abs. 1) enthalten ist (§ 551 Abs. 2 Satz 1 ZPO). Die Frist für die Einreichung der Begründungsschrift (Abs. 3 Satz 2) kann gem. Abs. 3 S. 2 verlängert werden, wenn dies vor Fristablauf beantragt worden ist, vgl. BGHZ **83,** 217; **116,** 377; wiederholte Verlängerung nur nach Anhörung d. Gegenseite (§ 225 II ZPO) und wohl nur in den Grenzen der §§ 551 II, 575 II ZPO. Die Begründung muss nach Abs. 4 die Rechtsbeschwerdeanträge (Nr. 1) und die Rechtsbeschwerdegründe (Nr. 2, 3) enthalten. Bei mehreren voneinander unabhängigen, selbstständig tragenden Entscheidungsgründen muss jeder von der Rechtsbeschwerdebegründung erfasst werden, vgl. BGH NJW **90,** 1184. Die Bestimmung in Nr. 1, es müsse erklärt werden, inwieweit die „Abänderung oder Aufhebung" des angefochtenen Beschlusses beantragt wird, enthält ein offensichtliches Redaktionsversehen: der BGH kann, wenn der Rechtsbeschwerde stattzugeben ist, den angefochtenen Beschluss nicht abändern, sondern nur aufheben und die Sache dann an das Patentgericht zurückverweisen (Rdn. 9 zu §§ 107/108); der Rechtsbeschwerdeantrag kann daher korrekt auch nur auf Aufhebung und Zurückverweisung, nicht auf Abänderung gerichtet werden; das Redaktionsversehen besteht darin, dass die für die Erstbeschwerde des GWB geschaffene und dafür auch passende Bestimmung des § 66 Abs. 4 Nr. 1, die für die Rechtsbeschwerde des GWB nach § 76 Abs. 5 nur „entsprechend" gilt, in § 102 Abs. 4 Nr. 1 PatG wörtlich übernommen worden ist. Das Fehlen eines ausdrücklichen Antrags ist unschädlich, wenn die Begründung klar erkennen lässt, dass der Beschluss des Patentgerichts in seiner Gesamtheit angefochten wird. Die Einreichung der Begründung durch Fernschreiben wird ebenso zuzulassen sein, wie bei der Berufungsbegründung nach § 520 ZPO (vgl. dazu u.a. BVerfG NJW **87,** 2067; BGH NJW **94,** 1881); zum Erfordernis der Schriftform gilt auch hier das bei Rdn. 7 zu § 110 Gesagte; vgl. ferner Rdn. 24ff. zu § 73. Nach Ablauf der Begründungsfrist können gemäß der entsprechend anzuwendenden Bestimmung des § 559 Abs. 2 ZPO (Rdn. 3 zu §§ 107/108) keine neuen Verfahrensrügen mehr geltend gemacht werden;

hinsichtlich der in § 101 Abs. 2 Satz 2 i.V.m. ZPO § 547 und in § 100 Abs. 3 Nr. 1–6 bezeichneten Verfahrensrügen gilt das nicht nur, soweit sie als „absolute Rechtsbeschwerdegründe", sondern auch soweit sie als Zulässigkeitsvoraussetzung der „zulassungsfreien" Rechtsbeschwerde geltend gemacht werden sollen (vgl. dazu Rdn. 20 zu § 100). Für die Prüfung sonstiger Rechtsverletzungen schafft der Ablauf der Begründungsfrist keine Zäsur, da der BGH insoweit bei der zugelassenen Rechtsbeschwerde nicht an die geltend gemachten Rechtsbeschwerdegründe gebunden ist (§ 557 Abs. 3 S. 1 ZPO) und bei der nicht zugelassenen Rechtsbeschwerde ohnehin nur das Vorliegen eines Mangels nach § 100 Abs. 3 zu klären hat, der dann wegen § 101 Abs. 2 Satz 2 zwingend zur Aufhebung führt.

Zu d. gerügten Verfahrensfehlern, insbes. zu den geltend gemachten Rechtsbeschwerdegründen nach § 100 III müssen die **Einzeltatsachen angegeben** werden, aus denen ein Fehler abgeleitet wird, BGH GRUR **05,** 572 – Vertikallibelle. Hinsichtlich d. gerichtsinternen Vorgänge, aus denen sich ein Besetzungsfehler (§ 100 III Nr. 1) ergeben kann, muss zumindest dargelegt werden, dass eine Aufklärung versucht worden ist, BGH GRUR **05,** 572.

Wegen der Zustellung der Rechtsbeschwerdebegründung an andere Beteiligte vgl. § 105. Ist die Begründung nicht oder nicht fristgerecht (Abs. 3) oder nicht formgerecht (Abs. 4, Abs. 5) eingereicht, so wird die Rechtsbeschwerde als unzulässig verworfen (§ 104). Für die Wiedereinsetzung in den vorigen Stand gelten die §§ 233–238 ZPO entsprechend (§ 106).

4. Die Einlegung einer **Anschlussrechtsbeschwerde** (durch den Rechtsbeschwerdegegner) 4
ist entsprechend § 574 Abs. 4 ZPO statthaft (vgl. BGHZ **88,** 191 = GRUR **83,** 725 – Ziegelsteinformling), und zwar sowohl im Falle der Zulassung der Rechtsbeschwerde (§ 100 Abs. 1, 2) – die grundsätzlich nicht auf einzelne Beteiligte beschränkt ist (§ 100 Rdn. 18) – als auch im Falle der zulassungsfreien Rechtsbeschwerde (§ 100 Abs. 3), bei der indes auch die Anschlussrechtsbeschwerde nur auf die in § 100 Abs. 3 Nr. 1–6 aufgeführten Rügen gestützt werden kann (Rdn. 21 zu § 100). Auch eine Anschlussrechtsbeschwerde setzt eine „Beschwer" des Beschwerdeführers (= Rechtsbeschwerdegegners) voraus (Rdn. 2 zu § 101); eine „beiderseitige" Beschwer kann z.B. dann gegeben sein, wenn im Einspruchsverfahren das Patent (nur) teilweise widerrufen wird (§ 21 Abs. 2), oder wenn ein Gebrauchsmuster-Löschungsantrag (nur) teilweise Erfolg hat. Entsprechend § 574 Abs. 4 ZPO ist die Anschlussrechtsbeschwerde innerhalb eines Monats nach Zustellung der Rechtsbeschwerdebegründung einzulegen und zu begründen, BGHZ **88,** 191. Nachgeholte Begründung innerhalb der Einlegungsfrist ist (zulässige) erneute Einlegung.

5. Die Zurücknahme der Rechtsbeschwerde kann, solange das Rechtsbeschwerdever- 5
fahren anhängig ist, jederzeit erfolgen; Einwilligung der Gegenseite ist nicht erforderlich (vgl. §§ 515, 516, 565 ZPO). Die Zurücknahme ist durch einen beim BGH zugelassenen Rechtsanwalt (§ 102 Abs. 5) schriftlich oder mündlich gegenüber dem BGH zu erklären (ZPO §§ 565, 516 Abs. 2). Das Rechtsbeschwerdeverfahren wird damit beendet; es gilt entsprechendes wie für das Beschwerdeverfahren nach Rücknahme der Beschwerde (vgl. § 73 Rdn. 60). Die Zurücknahme hat den Verlust der eingelegten Rechtsbeschwerde (nicht des Rechtsbeschwerderechts überhaupt) und regelmäßig die Verpflichtung zur Folge, die durch die Rechtsbeschwerde entstandenen Kosten zu tragen (ZPO §§ 565, 516 Abs. 3 – wegen der Kosten s. auch Rdn. 4 zu § 109); diese Wirkungen sind entsprechend § 516 III ZPO von Amts wegen auszusprechen; förmlicher Antrag und Mitwirkung eines BGH-Anwalts sind daher insoweit entbehrlich, für Kostenantrag ebenso Busse Rdn. 17 zu § 102; BGH GRUR **67,** 166 und **95,** 338 sind durch Änderung des § 616 ZPO überholt. Wegen der Gebührenermäßigung bei Zurücknahme der Rechtsbeschwerde vgl. unten Rdn. 11.

Eine wirksame **Rücknahme des Verfahrensantrags** (z.B. des Antrags auf Patenterteilung, 6
Gebrauchsmustereintragung, Eintragung von Warenzeichen (nach d. früheren WZG) bzw. Marke oder des Akteneinsichtsantrags) ist auch noch in der Rechtsbeschwerdeinstanz zu beachten, da sie dem Verfahren insgesamt die Grundlage entzieht (BGH GRUR **83,** 342 – BTR; **85,** 1052, 1053 – LECO; Mitt. **85,** 52; **88,** 216; Sikinger Mitt. **85,** 61 ff.; vgl. auch Fezer, Markenrecht, 3. Aufl., Rdn. 14 zu § 85 MarkenG). Entsprechendes gilt für die Rücknahme des Löschungsantrags nach § 16 GebrMG (vgl. BGH GRUR **77,** 664 zum entsprechenden Fall d. WZ-Löschung). Die Rücknahme ist in der Rechtsbeschwerdeinstanz möglich, sofern die Rechtsbeschwerde an sich statthaft und die angefochtene Entscheidung noch nicht rechtskräftig geworden ist (BGH GRUR **74,** 465 – Lomapect; **83,** 342; **85,** 1053). Zuständig für die Entgegennahme der Rücknahmeerklärung ist der BGH, solange das Rechtsbeschwerdeverfahren dort schwebt (abw. Busse, Rdn. 18 zu § 102; wie hier jedoch Fezer a.a.O., Rdn. 14 zu § 85 MarkenG); dabei kann es genügen, wenn diesem durch den BGH-Anwalt die Abschrift einer bereits gegenüber dem Patentgericht abgegebenen Rücknahmeerklärung mit kurzer Begleitmit-

teilung übermittelt wird, BGH GRUR **77,** 789. Die Zurücknahme des Verfahrensantrags kann abweichend vom Wortlaut des § 102 Abs. 5 auch ohne Hinzuziehung eines BGH-Anwalts erfolgen, sofern ein solcher noch nicht bestellt ist, BGH GRUR **74,** 465; **77,** 789; **83,** 342; vgl. auch BGHZ **14,** 210 und Fezer a.a.O. Gemäß § 269 Abs. 3 S. 1 ZPO i. Verb. m. § 99 Abs. 1 PatG werden damit alle vorangegangenen Entscheidungen einschließlich derjenigen des Patentamts (z.B. auch der Beschluss über die Patenterteilung oder Markeneintragung) wirkungslos, ohne dass es einer ausdrücklichen Aufhebung bedarf (BGH Mitt. **85,** 52; GRUR **85,** 1052, 1053; vgl. auch § 34 Rdn. 150 – anders wohl bei Rücknahme eines Löschungsantrags nach § 10 WZG, vgl. dazu BGH GRUR **77,** 664 – so auch Fezer a.a.O.). Diese Wirkung kann auf Antrag auch durch besonderen Beschluss ausgesprochen werden (§ 269 Abs. 4 ZPO). Abweichend von § 269 Abs. 3 S. 2 ZPO sind die Verfahrenskosten jedoch wohl auch bei Antragsrücknahme nicht ohne weiteres vom Antragsgegner zu tragen; die Antragsrücknahme ist lediglich im Rahmen der nach den §§ 62, 80, 109 PatG zu treffenden Billigkeitsentscheidung zu berücksichtigen; die entsprechende Heranziehung des § 269 Abs. 3 S. 2 wäre nicht sachgerecht, weil sie Billigkeitserwägungen nicht zulässt; sie ist wegen der eigenständigen Regelungen des PatG u. GebrMG auch nicht notwendig; es bedarf deswegen auch nicht der Heranziehung des § 91a ZPO (ebenso Fezer a.a.O., Rdn. 6 zu § 90; a.A. Busse Rdn. 15 zu § 102 und Schulte, Rdn. 8 zu § 102 mit Bezugnahme auf eine nicht passende BGH-Entscheidung). Bei **Zurücknahme d. Löschungsantrags** im GebrM-Löschungsverfahren ist jedoch § 269 ZPO auch hinsichtlich d. Kostenregelung entspr. anzuwenden (ebenso Busse Rdn. 15 zu § 102). Die Entscheidung über die Kosten und die Feststellung der Unwirksamkeit der Entscheidungen der Vorinstanzen sind Entscheidungen im Rechtsbeschwerdeverfahren, die eine Zulässigkeitsprüfung und die Hinzuziehung eines BGH-Anwalts voraussetzen, vgl. BGH GRUR **85,** 1052.

6a Die **Zurücknahme des Einspruchs** gegen eine Patenterteilung ist unter den gleichen Voraussetzungen ebenfalls noch im Rechtsbeschwerdeverfahren möglich und zu berücksichtigen (BGH GRUR **73,** 605; **74,** 465; Mitt. **83,** 195). Entsprechendes gilt auch für die Zurücknahme der Beschwerde gegen einen Beschluss des Patentamts (v. Gamm GRUR **77,** 415). Diese Zurücknahmen führen jedoch nicht dazu, dass die Entscheidungen der Vorinstanzen wirkungslos werden; § 269 Abs. 3 ZPO ist insoweit nicht anwendbar. Für das patentrechtliche Einspruchsverfahren ergibt sich aus § 61 Abs. 1 S. 2 ohnehin, dass das Verfahren auch nach Rücknahme des Einspruchs von Amts wegen fortgesetzt wird; vgl. ferner BGH GRUR **79,** 313.

7 **6. Anwaltszwang.** Der Zwang zur Vertretung durch einen beim BGH zugelassenen Rechtsanwalt (Abs. 5 Satz 1) ist Folge und sinnfälliger Ausdruck der revisionsähnlichen Ausgestaltung des Rechtsbeschwerdeverfahrens. Der Anwaltszwang gilt für alle Akte im Rechtsbeschwerdeverfahren, also auch schon für die Einlegung und die Begründung der Rechtsbeschwerde (Abs. 1, 3), BGH Bl. **84,** 367; GRUR **85,** 1052; er gilt für alle Beteiligten, auch für die dem Rechtsbeschwerdeführer gegenüberstehenden Beteiligten, sofern sie in der mündlichen Verhandlung oder im Verfahren ohne mündliche Verhandlung (§ 107 Abs. 1) wirksam Erklärungen abgeben (vgl. § 105) oder einen Antrag stellen wollen. Nicht jedoch für die Wirkungen nach Zurücknahme d. Rechtsbeschwerde, s.o. Rdn. 5. Die Zurücknahme des Verfahrensantrags kann dann ohne BGH-Anwalt erfolgen, wenn ein solcher noch nicht bestellt war (oben Rdn. 6). Eine ohne BGH-Anwalt eingelegte Rechtsbeschwerde kann auch ohne einen solchen in gleicher Weise zurückgenommen werden, vgl. BGH NJW-RR **94,** 759. Kein Anwaltszwang für Antrag auf Verfahrenskostenhilfe (§ 138 II in Verb. m. ZPO § 78 II): Der Anwaltszwang gilt auch für den Präsidenten des Patentamts, wenn er am Verfahren beteiligt ist (§ 77), nicht aber, soweit er lediglich von seinem Recht zu Information und Stellungnahme nach §§ 76, 105 Abs. 2 Gebrauch macht. Im Übrigen gelten nach § 106 die Vorschriften der ZPO über Prozessbevollmächtigte (§§ 78ff.) entsprechend. Wegen der Kosten des Rechtsanwalts und ihrer Erstattung vgl. unten Rdn. 12 und § 109 Rdn. 5.

8 Ein **Patentanwalt** kann einen Beteiligten im Rechtsbeschwerdeverfahren nicht wirksam vertreten; er kann jedoch zur Unterstützung des Rechtsanwalts „mitwirken" und kann nach den Sätzen 2, 3 des Abs. 5 (und § 4 I PatAnwO) in der mündlichen Verhandlung zu Worte kommen; das Gleiche gilt für einen Patentassessor in ständigem Dienstverhältnis (§ 156 PatAnwO), dagegen nicht für einen nicht eingetragenen Patentanwalt (§ 166 PatAnwO) und auch nicht für einen Erlaubnisscheininhaber (§ 177 PatAnwO). Wegen der Kosten für die Mitwirkung eines Patentanwalts gilt nach Abs. 5 Satz 4 der § 143 Abs. 5 entsprechend (vgl. auch unten Rdn. 12).

9 Die **Bewilligung der Verfahrenskostenhilfe** im Rechtsbeschwerdeverfahren regeln die §§ 129, 136, die auch in Gebrauchsmustersachen (§ 21 Abs. 2 GebrMG) entsprechend anzuwenden sind. Eine von einem Beteiligten selbst eingelegte „Rechtsbeschwerde" wird ggf. als

Gesuch um Bewilligung der Verfahrenskostenhilfe für eine von ihm beabsichtigte, von einem BGH-Anwalt mit Wiedereinsetzungsantrag gegen die Versäumung der Rechtsmittelfrist einzulegende Rechtsbeschwerde aufgefasst werden können. Wird einem Beteiligten Verfahrenskostenhilfe bewilligt, so ist ihm ein beim BGH zugelassener Rechtsanwalt beizuordnen (§ 138 Abs. 3); zu seiner Beratung und zur Unterstützung seines Rechtsanwalts kann ihm außerdem in entsprechender Anwendung des Gesetzes vom 5. 2. 1938 in der Fassung nach § 187 PatAnwO (BGBl. I **1966,** 585; **1980,** 684) ein Patentanwalt beigeordnet werden (BGH GRUR **66,** 5, 17.

7. Kosten

a) Die Vorschriften über die gerichtlichen Kosten der Rechtsbeschwerde sind unsystematisch und nur aus ihrer Entstehungsgeschichte zu verstehen. § 102 enthält nur eine rudimentäre Regelung über die Festsetzung d. Streitwerts. Sowohl die im Verfahren d. Rechtsbeschwerde anfallenden Gerichtsgebühren (s. u. Rdn. 11) als auch die gesetzl. Gebühren d. mitwirkenden Rechts- und Patentanwälte (s. u. Rdn. 12) sind in ihrer Höhe abhängig von d. gerichtl. Festsetzung d. Streitwerts für das jeweilige Verfahren. In Patentsachen und anderen Streitigkeiten d. gewerbl. Rechtsschutzes können sich daraus Kosten ergeben, die für manche Parteien nicht mehr tragbar sind. Nach § 144 können d. Streitwert u. damit die Kosten ggf. in verminderter Höhe angesetzt werden (Teilstreitwert). Das gilt nach § 102 II auch für das Verfahren d. Rechtsbeschwerde entsprechend. Wegen der Entscheidung des Gerichts darüber, wem die Gerichtskosten zur Last fallen sollen, vgl. § 109 Rdn. 2–4. Wegen der Bewilligung der Prozesskostenhilfe vgl. § 138 und oben Rdn. 9. **10**

Die Gerichtskosten (Gebühren u. Auslagen) sind im GKG geregelt (§ 1 Nr. 1 lit. o GKG). Die **Gerichtsgebühr** wird **derzeit** noch nach dem Wert des Streitgegenstandes erhoben (§ 3 GKG). Die Festsetzung des Streitwerts erfolgt nach § 63 GKG, die Bemessung nach §§ 39, 47, 51, 61 ff. GKG. Gewisse „Grundsätze", die der BGH für die Bemessung des Wertes des Beschwerdegegenstandes im Rechtsbeschwerdeverfahren entwickelt und beobachtet hat, sind in GRUR **66,** 5, 20 bei C 4 d dargestellt. Die Festsetzung eines Teilstreitwerts nach § 144 kann nicht nur der Rechtsbeschwerdeführer, sondern jeder am Rechtsbeschwerdeverfahren Beteiligte (§ 105) beantragen, obwohl § 102 Abs. 2 Satz 3, der die entsprechende Anwendung des § 144 anordnet, mitten zwischen Vorschriften über Einlegung und Begründung der Rechtsbeschwerde steht (BGH I a ZB 2/64 vom 14. 10. 1964). Wegen der Voraussetzungen und der Folgen der Festsetzung eines Teilstreitwerts (Abs. 2) vgl. § 144 und die Erläuterungen dazu. Für das gesamte Verfahren wird nur *eine* volle Gebühr der doppelten Tabellensätze erhoben (§ 1 GKG i. Verb. m. KostVerz. Nr. 1255; im Jahre 2005 bei einem meist festgesetzten Mindestwert von 25 000 € eine Gebühr von 622 €, nach RegEntw Anhang vor 1 **zukünftig Festgebühr** von 750 €). Diese wird mit Einlegung der Rechtsbeschwerde fällig (§ 6 Nr. 3 GKG). Gebührenschuldner ist der Rechtsbeschwerdeführer (§ 22 GKG) und der, dem durch die Entscheidung die Kosten des Verfahrens auferlegt werden (§ 29 Nr. 1 GKG; vgl. auch § 109 Rdn. 2). Wird die Rechtsbeschwerde vor Eingang der Begründungsschrift (§ 102 Abs. 3, 4) zurückgenommen, so ermäßigt sich die Gebühr entspr. GKG KostVerz. Nr. 1256 auf die Hälfte. Für die Nichterhebung von Kosten wegen unrichtiger Sachbehandlung gilt § 21 GKG. Wegen der **Auslagen** vgl. GKG KostVerz. Nr. 9000 ff., wegen ihrer Fälligkeit §§ 9, 17 GKG, wegen der Haftung dafür §§ 22 ff., insbes. §§ 22, 28, 29 GKG. Der **„Kostenansatz"** für die gerichtlichen Gebühren und Auslagen des Rechtsbeschwerdeverfahrens erfolgt beim BGH (vgl. § 19 Abs. 1 Nr. 2 GKG). **11**

b) Außergerichtliche Kosten. Die gesetzliche Vergütung der Rechtsanwälte im Rechtsbeschwerdeverfahren setzt sich zusammen aus wertabhängigen Gebühren (Verfahrensgebühr und ggf. Terminsgebühr) und Ersatz der Auslagen nach § 2 RVG in Verbindung mit Anlage 1 zu diesem Gesetz. Höhere Vergütung kann vereinbart werden. Der für die Errechnung der Gebühren maßgebliche Gegenstandswert bestimmt sich nach den für die Gerichtsgebühren geltenden Wertvorschriften (§ 23 RVG). Gleiches gilt für einen im Rechtsbeschwerdeverfahren „mitwirkenden" Patentanwalt (so die noch auf Abschn. N 1 der PatAnwGebO basierende Praxis, vgl. auch § 80 Rdn. 39, 40). Die gesetzlichen Gebühren und Auslagen des Rechtsanwalts sind nach § 91 Abs. 2 ZPO erstattungsfähig, soweit nach § 109 Abs. 1 die Erstattungspflicht eines anderen Beteiligten bestimmt wird. Von den Kosten eines mitwirkenden Patentanwalts sind nach Abs. 5 Satz 4 i. V. m. § 143 Abs. 3 die Wertgebühren nach dem RVG und außerdem die notwendigen Auslagen, insbesondere auch die Reisekosten (RG GRUR **65,** 621, 627) erstattungsfähig; auch dann, wenn es nicht zur Bestellung eines vertretungsberechtigten BGH-Anwalts (Abs. 5) gekommen ist, BPatG GRUR **99,** 44. Die Festsetzung der Vergütung gegenüber dem Auftraggeber erfolgt durch den Rechtspfleger des Patentgerichts (§ 11 RVG, § 109 Abs. 3 PatG i. V. m. §§ 103, 104 ZPO, § 21 RPflG; vgl. auch BGH GRUR **68,** 447, 449 sowie § 109 **12**

Rdn. 5). Für die aus der Bundeskasse zu zahlende Vergütung des bei Verfahrenskostenhilfe beigeordneten Rechtsanwalts gelten die §§ 45 ff. RVG; für die Vergütung des zur Mitwirkung beigeordneten Patentanwalts (oben Rdn. 9) gelten die §§ 45 ff. RVG entsprechend (§ 9 Vertretergebühren-Erstattungsgesetz); die Festsetzung der Vergütung erfolgt durch den Urkundsbeamten der Geschäftsstelle des BGH, nach Beendigung des Verfahrens durch denjenigen des Patentgerichts (§ 55 Abs. 1, 2 RVG).

13 **c)** Zur Kostenerstattung zwischen mehreren Verfahrensbeteiligten siehe § 109.

103 *Aufschiebende Wirkung.* [1]**Die Rechtsbeschwerde hat aufschiebende Wirkung.** [2]**§ 75 Abs. 2 gilt entsprechend.**

1 Satz 1 entspricht dem für die Beschwerde geltenden § 75 Abs. 1; nach Satz 2 gilt auch § 75 Abs. 2 (keine aufschiebende Wirkung der Beschwerde gegen die Anordnung der Geheimhaltung einer Patentanmeldung) entsprechend. Zufolge Satz 1 hemmt die Einlegung der Rechtsbeschwerde nicht nur den Eintritt der formellen Rechtskraft des angefochtenen Beschlusses, sondern auch seine Wirksamkeit und, soweit durch den angefochtenen Beschluss die Beschwerde gegen einen Beschluss des Patentamts zurückgewiesen worden ist, weiterhin auch dessen Wirksamkeit. Es bleibt danach insbesondere der durch die Offenlegung begründete Entschädigungsanspruch (§ 33 I) bestehen, auch wenn das Patentamt und/oder der Beschwerdesenat die Anmeldung zurückgewiesen oder das Patent versagt haben (vgl. § 75 Rdn. 4). Die **aufschiebende Wirkung** tritt mit der Einlegung der Rechtsbeschwerde ein, ohne Rücksicht darauf, ob die Rechtsbeschwerde bei der demnächst erfolgenden Prüfung für zulässig erachtet wird oder nicht; sie tritt jedoch nicht ein, wenn die Rechtsbeschwerde offensichtlich unzulässig ist, z.B. wenn sie nicht durch einen beim BGH zugelassenen Rechtsanwalt (§ 102 Rdn. 2) oder wenn sie nicht innerhalb der Monatsfrist des § 102 Abs. 1 beim BGH eingelegt ist (dass im letzteren Fall die aufschiebende Wirkung nicht eintritt, wird für den speziellen Fall der Patentversagung seitens der Vorinstanz durch § 106 Abs. 1 Satz 2 i.V.m. § 123 Abs. 5 und 6 – Folgen der Wiedereinsetzung in den vorigen Stand – bestätigt); ebenso Busse Rdn. 4, 5 zu § 103; a.A. Klauer/Möhring § 41 s. Im Übrigen kann hier auf die Erläuterungen zu § 75 verwiesen werden.

104 *Prüfung der Zulässigkeit.* [1]**Der Bundesgerichtshof hat von Amts wegen zu prüfen, ob die Rechtsbeschwerde an sich statthaft und ob sie in der gesetzlichen Form und Frist eingelegt und begründet ist.** [2]**Mangelt es an einem dieser Erfordernisse, so ist die Rechtsbeschwerde als unzulässig zu verwerfen.**

1 **1.** Die Bestimmung ist aus § 552 (früher § 554 a) ZPO übernommen und entspricht auch dem § 143 VwGO sowie dem § 79 Abs. 2 PatG. Die Rechtsbeschwerde ist nur **statthaft,** wenn sie sich gegen einen Beschluss eines Beschwerdesenats richtet, durch den über eine Beschwerde nach § 73 (oder über einen Einspruch nach § 147 III) entschieden worden ist (§ 100 Rdn. 2–7), *und* wenn sie vom Beschwerdesenat in dem angefochtenen Beschluss zugelassen ist (§ 100 Rdn. 15–18) *oder* einer der in § 100 Abs. 3 aufgeführten Mängel gerügt wird (§ 100 Rdn. 20, 21); zur Statthaftigkeit gehört ferner, dass der Rechtsbeschwerdeführer durch den rechtskräftigen Inhalt der Beschwerdeentscheidung (nicht etwa nur durch die Begründung) beschwert ist. Wegen der form- und fristgerechten Einlegung und Begründung der Rechtsbeschwerde vgl. § 102 Rdn. 2, 3, 7.

2 **2.** Mangelt es an einem der in Satz 1 genannten Erfordernisse, so ist die Rechtsbeschwerde als unzulässig zu verwerfen (Satz 2), und zwar nach den auch hier anzuwendenden Bestimmungen in § 107 Abs. 1 und 3 (vgl. dort Rdn. 1, 2, 11) durch Beschluss, der ohne mündliche Verhandlung ergehen kann, zu begründen und den Beteiligten von Amts wegen zuzustellen ist. Ob vor der **Entscheidung über die Zulässigkeit** die Anhörung des Rechtsbeschwerdeführers und/oder anderer Beteiligter zur Zulässigkeit erforderlich ist (sei es durch Aufforderung zur schriftlichen Äußerung, sei es durch Anordnung mündlicher Verhandlung), hängt von den Umständen des Falles, namentlich von der Art des in Frage gestellten Zulässigkeitserfordernisses ab. Der Grundsatz der Gewährung rechtlichen Gehörs erfordert nicht, den Rechtsbeschwerdeführer vor der Entscheidung auf solche Bedenken gegen die Zulässigkeit aufmerksam zu machen, die sich bei der Anwendung des Rechts auf einen klaren Tatbestand ergeben. Das Gericht

muss jedoch nach den zu § 139 ZPO und Art. 102 GG entwickelten Grundsätzen Überraschungsentscheidungen vermeiden und einen Hinweis geben, wenn es die Entscheidung auf einen ersichtlich von den Parteien nicht in Betracht gezogenen Gesichtspunkt stützen will. Die Verwerfung der Rechtsbeschwerde beseitigt die aufschiebende Wirkung nach § 103, lässt die angefochtene Entscheidung aber erst mit Ablauf der Rechtsmittelfrist rechtskräftig werden, da bis zum Ablauf der Frist erneut Rechtsbeschwerde eingelegt werden kann (vgl. BGHZ **57,** 160, 162 = GRUR **72,** 196).

105 *Mehrere Beteiligte. Zustellung von Schriftsätzen. Gegenerklärung.* (1) [1]**Sind an dem Verfahren über die Rechtsbeschwerde mehrere Personen beteiligt, so sind die Beschwerdeschrift und die Beschwerdebegründung den anderen Beteiligten mit der Aufforderung zuzustellen, etwaige Erklärungen innerhalb einer bestimmten Frist nach Zustellung beim Bundesgerichtshof schriftlich einzureichen.** [2]**Mit der Zustellung der Beschwerdeschrift ist der Zeitpunkt mitzuteilen, in dem die Rechtsbeschwerde eingelegt ist.** [3]**Die erforderliche Zahl von beglaubigten Abschriften soll der Beschwerdeführer mit der Beschwerdeschrift oder der Beschwerdebegründung einreichen.**

(2) **Ist der Präsident des Patentamts nicht am Verfahren über die Rechtsbeschwerde beteiligt, so ist § 76 entsprechend anzuwenden.**

Inhaltsübersicht

1

1. Die Bestimmungen des § 105 Abs. 1 gelten für die Fälle, in denen mehrere Personen an dem Verfahren über die Rechtsbeschwerde beteiligt sind, sei es, dass sie einander „gegenüberstehen" wie z.B. bei einer Rechtsbeschwerde im Einspruchsverfahren (§ 59 PatG) oder im Gebrauchsmuster-Löschungsverfahren (§§ 15ff. GebrMG), sei es, dass mehrere auf derselben Seite beteiligt sind wie z.B. mehrere Anmelder eines Patents oder mehrere Einsprechende (§ 59 Abs. 2). Als **„an dem Verfahren über die Rechtsbeschwerde beteiligt"** werden alle am Beschwerdeverfahren vor dem Patentgericht beteiligten Personen zu behandeln sein, ferner ein erst in der Rechtsbeschwerdeinstanz beitretender Nebenintervenient (vgl. BGH GRUR **68,** 86, 87/88 und Rdn. 1 zu § 101). Der Präsident des Patentamts kann dem Verfahren i.d. Rechtsbeschwerdeinstanz nicht mehr beitreten. Der BGH kann ihm dies nicht entspr. § 77 anheimgeben, wie daraus zu folgern ist, dass gemäß § 105 Abs. 2 zwar § 76 entsprechend anzuwenden ist, die an sich nahe liegend gewesene Verweisung auch auf § 77 aber gerade unterblieben ist. Es genügt insoweit nicht, dass ein Beitritt gem. § 77 in d. Beschwerdeinstanz anheim gegeben, dort aber nicht ausgeübt wurde; streitig, vgl. Rdn. 1 zu § 101. Wer am Verfahren „beteiligt ist", muss durchaus nicht „sich aktiv beteiligen". Für den „Beteiligten" im Sinne des sich aktiv „Beteiligenden" gelten z.B. die Vorschriften in § 102 Abs. 5 (Anwaltszwang), § 106 Abs. 2 i.V.m. § 69 Abs. 1 Satz 2 Nr. 1 (Antrag auf Ausschluss der Öffentlichkeit), § 124 (Wahrheitspflicht), § 138 (Bewilligung der Verfahrenskostenhilfe). Für jeden „Beteiligten", auch wenn er sich nicht aktiv beteiligt, dagegen gelten die Vorschriften in § 105 Abs. 1 (Zustellung von Schriftsätzen, Aufforderung zur Erklärung), § 106 Abs. 1 i.V.m. ZPO § 214 (Ladung zum Termin, vgl. auch § 89 Abs. 1), § 107 Abs. 3 (Zustellung der Entscheidung), § 109 Abs. 1 Sätze 1 und 3 (Auferlegung von Kosten), § 102 Abs. 2 Satz 3 i.V.m. § 144 (Teilstreitwert). Das „Beteiligtsein" im Sinne dieser letztgenannten Vorschriften (und der sich daraus namentlich auch für den BGH ergebenden Verpflichtungen zu Zustellungen usw.) wird weder dadurch beendet, dass der „Beteiligte" tatsächlich untätig bleibt, noch dadurch, dass er ausdrücklich erklärt, er wolle sich nicht (aktiv) beteiligen und deshalb auch nicht einen BGH-Anwalt bestellen. Indes wird jedenfalls im Sinne der vorgenannten Vorschriften über Zustellungen und Ladungen nicht bzw. nicht mehr als „Beteiligter" zu behandeln sein: auf der Rechtsbeschwerdeführerseite derjenige, der nicht selbst frist- und formgerecht die Rechtsbeschwerde eingelegt und begründet hat (außer, wenn er als „notwendiger Streitgenosse" im Sinne von ZPO § 62 als durch den „nicht säumigen" Streitgenossen vertreten gilt, vgl. § 101 Rdn. 3 mit BGH GRUR **67,** 655, 656), – und auf der Rechtsbeschwerdeführerseite ferner sowie auf der Rechtsbeschwerdegegnerseite derjenige, der (nur) seinen eigenen Verfahrensantrag wirksam zurücknimmt (§ 102 Rdn. 6) und das auch für sich allein wirksam tun kann (z.B. einer von mehreren Einsprechenden oder einer von mehreren Löschungsklägern).

2 **2. Die Bestimmungen des Absatz 1** gelten auch gegenüber den auf derselben Seite „Beteiligten", nicht nur gegenüber der „Gegenpartei" (so ZPO § 550 Abs. 2). Die Zustellungen nach Abs. 1 S. 1 erfolgen alsbald nach Eingang, das Ergebnis der Zulässigkeitsprüfung (§ 104) ist nicht abzuwarten. Für die Zustellung gelten die Vorschriften der ZPO (§ 106 Abs. 1). Hinsichtlich **anderer Schriftsätze** werden die Vorschriften in § 73 Abs. 2 Sätze 2 und 3 entsprechend anzuwenden sein – formlose Mitteilung.

3 **3.** Die Aufforderung, etwaige **Erklärungen** einzureichen (Abs. 1 Satz 1), ist, wenn die Rechtsbeschwerdeschrift bereits die Beschwerdebegründung enthält, mit deren Zustellung, andernfalls mit der Zustellung der Beschwerdebegründung zu verbinden. Die Aufforderung zur Einreichung etwaiger Erklärungen wahrt den Anspruch der anderen Beteiligten auf rechtliches Gehör, besonders für den Fall, dass nach Ablauf der Erklärungsfrist ohne mündliche Verhandlung (§ 107 Abs. 1) entschieden wird. Die Erklärungen können wirksam nur durch einen beim BGH zugelassenen Rechtsanwalt abgegeben werden (§ 102 Abs. 5). Eine Verpflichtung zur Abgabe von Erklärungen wird durch die Aufforderung nicht begründet, Säumnisfolgen können nicht eintreten. Die zunächst gesetzte Erklärungsfrist kann auf Antrag (eines BGH-Anwalts) verlängert werden, ggf. auch mehrmals.

4 **4. Mitwirkung d. Präsidenten d. Patentamts.** Nach § 105 Abs. 2 i. V. m. § 76 kann d. Präsident d. Patentamts auch dann, wenn er nicht die formale Stellung eines Beteiligten hat (§ 77 und oben Rdn. 1), in der Weise am Verfahren mitwirken, dass er an den gerichtlichen Terminen teilnimmt und schriftliche oder mündliche Erklärungen abgibt. Damit hat er gemäß der amtl. Begründung des Regierungsentwurfs (BlPMZ **79,** 276, 289, zu Nr. 51) in allen Verfahren, deren Entscheidung eine über den Einzelfall hinausgehende Bedeutung haben kann, stets auch noch in der Rechtsbeschwerdeinstanz die Möglichkeit zur Darstellung des größeren Gesamtzusammenhangs und der praktischen Tragweite der Entscheidung. Dies ist vor allem für die Fälle von Bedeutung, in denen die grundsätzliche Bedeutung der Rechtssache erst durch die Entscheidung des Patentgerichts deutlich geworden ist. Wegen der Einzelheiten der Mitwirkung vgl. die Erläuterungen zu § 76. Da der Präsident d. Patentamts insoweit nicht als „Beteiligter" handelt, bedarf er auch nicht der Vertretung durch einen BGH-Anwalt, anders jedoch bei formeller Beteiligung (§ 102 Abs. 5). Etwaige schriftliche Erklärungen des Präsidenten d. Patentamts sind auch den anderen Beteiligten durch den BGH mitzuteilen (§ 76 S. 2).

106 *Entsprechend anzuwendende Vorschriften.* (1) [1] **Im Verfahren über die Rechtsbeschwerde gelten die Vorschriften der Zivilprozeßordnung über Ausschließung und Ablehnung der Gerichtspersonen, über Prozeßbevollmächtigte und Beistände, über Zustellungen von Amts wegen, über Ladungen, Termine und Fristen und über Wiedereinsetzung in den vorigen Stand entsprechend.** [2] **Im Falle der Wiedereinsetzung in den vorigen Stand gilt § 123 Abs. 5 entsprechend.**

(2) **Für die Öffentlichkeit des Verfahrens gilt § 69 Abs. 1 entsprechend.**

Inhaltsübersicht

1 **1.** In der dem § 88 I MarkenG und § 73 GWB entsprechenden Bestimmung des Abs. 1 wird zur Ergänzung der in den §§ 100 ff. enthaltenen Regelungen des Rechtsbeschwerdeverfahrens ausdrücklich auf einige allgemeine Bestimmungen der ZPO verwiesen, nämlich auf die §§ 41–49 (Ausschließung und Ablehnung der Gerichtspersonen), §§ 78–90 (Prozessbevollmächtigte und Beistände), §§ 166–190 (Zustellungen von Amts wegen), §§ 214–229 (Ladungen, Termine und Fristen) und §§ 233–238 (Wiedereinsetzung in den vorigen Stand). Die angeführten Bestimmungen gelten aber nur entsprechend, einige sind überhaupt nicht anwendbar, z. B. §§ 79, 90 ZPO (wegen § 102 Abs. 5). Die nach Abs. 1 anzuwendenden Bestimmungen der ZPO gehen Bestimmungen gleichen oder ähnlichen Inhalts im PatG (namentlich auch solchen im 7. Abschnitt „Gemeinsame Vorschriften") vor, – die demnach im Rechtsbeschwerdeverfahren nicht anwendbar sind wie z. B. die Vorschriften über die Wiedereinsetzung (§ 123) und über die Zustellungen (§ 127). Es musste daher (in Abs. 1 Satz 2) ausdrücklich bestimmt werden, dass im Falle der Wiedereinsetzung in den vorigen Stand von dem im Übrigen nicht anwendbaren

§ 123 dennoch dessen Abs. 5 (Weiterbenutzungsrecht des gutgläubigen Zwischenbenutzers) entsprechend gilt; auch der durch das PatÄndGes. vom 4. 9. 1967 eingefügte und gerade auch für mögliche Rechtsbeschwerdefälle bedeutsame Abs. 6 des § 123 (entsprechende Anwendung des § 123 Abs. 5 bei Wiederinkrafttreten des Entschädigungsanspruchs) wird, obwohl es nicht ausdrücklich bestimmt ist, entsprechend gelten müssen. Für die Öffentlichkeit des Verfahrens (gemeint ist: für die Öffentlichkeit der mündlichen Verhandlung, falls eine solche stattfindet, sowie der Verkündung der Beschlüsse) gilt nach Abs. 2 die in § 69 Abs. 1 für die Verhandlung vor dem Beschwerdesenat getroffene Regelung entsprechend, weil die Verhandlung im Rechtsbeschwerdeverfahren nicht in einem weitergehenden Maße öffentlich sein kann als die im Beschwerdeverfahren.

2. Außer den in Abs. 1 genannten Bestimmungen der ZPO sind zur Ergänzung der in den 2
§§ 100ff. enthaltenen Regelungen des Rechtsbeschwerdeverfahrens auch die Bestimmungen der ZPO über die Revision und nach dem entsprechend anwendbaren § 99 Abs. 1 auch sonstige Bestimmungen des GVG und der ZPO heranzuziehen, soweit die Besonderheit des Rechtsbeschwerdeverfahrens das nicht ausschließt; es können ferner auch einzelne Bestimmungen über das Verfahren vor dem Patentgericht entsprechend anwendbar sein (Näheres und weitere Verweisungen in Rdn. 9 vor § 100).

3. Die Akteneinsicht durch die „Beteiligten" des Rechtsbeschwerdeverfahrens richtet 3
sich nach § 299 Abs. 1 ZPO, vgl. § 99 Rdn. 10ff.

Über die Akteneinsicht durch Dritte ist in entsprechender Anwendung des § 99 Abs. 3 S. 1 i. Verb. m. § 31 zu entscheiden, und zwar – entsprechend § 99 Abs. 3 S. 2 und abweichend von § 299 Abs. 2 ZPO – durch den zuständigen Senat des BGH, solange sich die Akten noch dort befinden, BGH GRUR **83,** 365. Nach Rückgabe der Akten an das Patentgericht entscheidet der dort zuständige Senat (§ 99 Abs. 3 S. 2) oder der Rechtspfleger (§ 23 Abs. 1 Nr. 11 RpflG), vgl. § 99 Rdn. 25.

107 *Entscheidung über die Rechtsbeschwerde.* (1) **Die Entscheidung über die Rechtsbeschwerde ergeht durch Beschluß; sie kann ohne mündliche Verhandlung getroffen werden.**

(2) **Der Bundesgerichtshof ist bei seiner Entscheidung an die in dem angefochtenen Beschluß getroffenen tatsächlichen Feststellungen gebunden, außer wenn in bezug auf diese Feststellungen zulässige und begründete Rechtsbeschwerdegründe vorgebracht sind.**

(3) **Die Entscheidung ist zu begründen und den Beteiligten von Amts wegen zuzustellen.**

108 *Zurückverweisung an das Patentgericht.* (1) **Im Falle der Aufhebung des angefochtenen Beschlusses ist die Sache zur anderweiten Verhandlung und Entscheidung an das Patentgericht zurückzuverweisen.**

(2) **Das Patentgericht hat die rechtliche Beurteilung, die der Aufhebung zugrunde gelegt ist, auch seiner Entscheidung zugrunde zu legen.**

Inhaltsübersicht

1. Vorbemerkung. Die §§ 107, 108 enthalten Bestimmungen zur „Entscheidung über die 1
Rechtsbeschwerde", und zwar außer Bestimmungen förmlicher Art (§ 107 Abs. 1, 3) vereinzelte Bestimmungen über den Umfang der Prüfung des Rechtsbeschwerdegerichts (§ 107 Abs. 2), über den Inhalt der Entscheidung (§ 108 Abs. 1) und über die Wirkung der Entscheidung (§ 108 Abs. 2). Die Bestimmungen förmlicher Art (§ 107 Abs. 1, 3) gelten auch für die Verwerfung der Rechtsbeschwerde als unzulässig nach § 104 Satz 2 (vgl. dort Rdn. 2), die üb-

rigen Bestimmungen beziehen sich nur auf die sachliche Entscheidung über die Rechtsbeschwerde. Die §§ 107, 108 stimmen überein mit § 89 MarkenG.

2 **2. Entscheidung mit oder ohne mündliche Verhandlung.** Nach § 107 Abs. 1 kann über die Rechtsbeschwerde ohne mündliche Verhandlung entschieden werden. Ob eine mündliche Verhandlung angeordnet werden soll, ist dem pflichtmäßigen Ermessen des Gerichts überlassen. Die Beteiligten können mündliche Verhandlung anregen, aber – anders als nach § 78 Nr. 1 – nicht mit verpflichtender Wirkung für das Gericht beantragen. Das Gericht wird mündliche Verhandlung anordnen, wenn es sie für sachdienlich erachtet (vgl. § 78 Nr. 3), also namentlich dann, wenn zur Entscheidung der gestellten Rechtsfrage die Klärung eines verwickelteren technischen Sachverhalts erforderlich ist oder wenn den Beteiligten das ihnen zustehende rechtliche Gehör ausreichend nur in einer mündlichen Verhandlung gewährt werden kann (vgl. dazu auch den Bericht in GRUR **66,** 5, 19 bei C 4a). In der Praxis wird das durchweg für entbehrlich gehalten. Für die mündliche Verhandlung besteht Anwaltszwang (§ 102 Abs. 5). Ist ein Beteiligter in der mündlichen Verhandlung nicht nach § 102 Abs. 5 vertreten, so wird die Verhandlung ohne ihn durchgeführt; Säumnisfolgen treten nicht ein; vgl. BGH GRUR **01,** 1151 (Markensache). Der Präsident des Patentamts kann jedoch im Rahmen der §§ 76, 105 Abs. 2 auch ohne anwaltliche Vertretung tätig werden (§ 102 Rdn. 7). Die mündliche Verhandlung ist nach Maßgabe des § 106 Abs. 2 i. V. m. § 69 Abs. 1 öffentlich, andernfalls nicht öffentlich. Wird ohne mündliche Verhandlung entschieden, so ist den außer dem Rechtsbeschwerdeführer am Verfahren beteiligten anderen Personen das rechtliche Gehör dadurch gewährt, dass sie nach § 105 Gelegenheit zur Erklärung erhalten. Ob den Beteiligten und dem Präsidenten des Patentamts (§ 105 Rdn. 4) Gelegenheit zu weiteren Erklärungen zu geben ist, hängt von den Umständen des Falles ab. Soweit im Rechtsbeschwerdeverfahren Tatsachen festzustellen und Beweise zu erheben sind (so ggf. bei Rüge von Verfahrensverstößen), wird § 93 Abs. 2 entsprechend anzuwenden sein. Wegen des Verfahrens bei der Verwerfung der Rechtsbeschwerde vgl. auch § 104 Rdn. 2. Der Termin kann entspr. § 227 aus erheblichen Gründen aufgehoben oder verlegt werden. Entspr. § 99 IV PatG u. entgegen § 227 III ZPO kann auch in d. Haupturlaubszeit (Juli/August) eine Verlegung nicht ohne weitere Begründung verlangt werden.

3 **3. Der Umfang der Prüfung** des Rechtsbeschwerdegerichts ist im Hinblick auf den revisionsähnlichen Charakter des Rechtsbeschwerdeverfahrens ebenso zu begrenzen wie im Revisionsverfahren der ZPO. Die Zulässigkeit der Rechtsbeschwerde ist von Amts wegen zu prüfen (§ 104, ebenso § 552 ZPO). Für die Sachprüfung sind außer dem in § 107 Abs. 2 sinngemäß wiederholten § 559 Abs. 2 ZPO auch die §§ 557 u. 559 Abs. 1 ZPO entsprechend anzuwenden. Der Prüfung des BGH im Rechtsbeschwerdeverfahren unterliegen demnach nur die von den Beteiligten gestellten Anträge (§ 102 Abs. 4 Nr. 1) und, soweit die Rechtsbeschwerde darauf gestützt wird, dass das Gesetz in Bezug auf das Verfahren verletzt sei, nur die nach Maßgabe des § 102 Abs. 3, 4 i. V. m. §§ 557, 551 ZPO innerhalb der Begründungsfrist geltend gemachten Rechtsbeschwerdegründe, während bei der Prüfung, ob sonst das Gesetz verletzt sei, der BGH nicht an die von den Beteiligten geltend gemachten Rechtsbeschwerdegründe (§ 101 Abs. 2, § 102 Abs. 3, 4) gebunden ist (vgl. § 557 Abs. 3 S. 1 ZPO). Eine Änderung der Anträge ist dann unzulässig, wenn der Entscheidung des Rechtsbeschwerdegerichts damit ein Sachverhalt unterworfen werden soll, der nicht Gegenstand der Beurteilung des Beschwerdegerichts gewesen ist, BGH GRUR **77,** 652, 653 (Benzolsulfonylharnstoff). Eine Ausscheidung oder Teilung der Anmeldung (§ 39 und PVÜ Art. 4 G Abs. 2) ist in der Rechtsbeschwerdeinstanz nicht möglich, BGH GRUR **80,** 104 (Kupplungsgewinde); **93,** 655 (Rohrausformer); vgl. auch § 34 Rdn. 114 und § 39 Rdn. 10. Tatsächliches Vorbringen der Beteiligten unterliegt der Beurteilung des BGH im Rechtsbeschwerdeverfahren nur, soweit es aus dem (ggf. nach § 96 berichtigten) Tatbestand des angefochtenen Beschlusses oder dem Sitzungsprotokoll ersichtlich ist (vgl. § 559 Abs. 1 Satz 1 ZPO); außerdem können nur die im Rahmen des § 102 Abs. 4 Nr. 3 geltend gemachten Tatsachen berücksichtigt werden (vgl. § 559 Abs. 1 Satz 2 ZPO). An die im angefochtenen Beschluss getroffenen tatsächlichen Feststellungen ist der BGH gebunden, außer wenn in Bezug auf diese Feststellungen zulässige und begründete Rechtsbeschwerdegründe vorgebracht sind, also z. B. innerhalb der Begründungsfrist eine sich als zutreffend erweisende Rüge der Verletzung einer Verfahrensvorschrift erhoben ist (§ 107 Abs. 2, wörtlich ebenso § 89 II MarkenG und § 76 Abs. 4 GWB; vgl. auch § 559 Abs. 2 ZPO, § 137 Abs. 2 VwGO). Im Einzelnen aber ergeben sich für den Umfang der Prüfung gewichtige Unterschiede bei der zugelassenen Rechtsbeschwerde einerseits (unten Rdn. 4–7) und der zulassungsfreien Rechtsbeschwerde andererseits (unten Rdn. 8).

4 **a)** Durch die Einlegung einer **zugelassenen Rechtsbeschwerde** wird der angefochtene Beschluss der vollen revisionsmäßigen Nachprüfung (BGHZ **115,** 234, 235) auf materielle

Rechtsmängel, auf von Amts wegen in der Rechtsbeschwerdeinstanz zu beachtende Verfahrensmängel (BGHZ **90,** 318, 321 = GRUR **84,** 797, 798 – Zinkenkreisel, vgl. ferner Baumbach/Lauterbach § 559 Rdn. 7; v. Gamm GRUR **77,** 413, 415) wie z.B. Unzulässigkeit der Beschwerde zum Patentgericht (BGH Bl. **72,** 30, 31) und auf gerügte Verfahrensmängel unterworfen; die Rechtsbeschwerde und ihre Prüfung durch das Rechtsbeschwerdegericht sind nicht auf diejenige Rechtsfrage beschränkt, deretwegen die Rechtsbeschwerde zugelassen worden ist, s. o. Rdn. 16 zu § 100.

Welche Rechtsnormen **„revisibel"** sind, ergibt sich aus § 101 Abs. 2 i.V.m. ZPO §§ 545, 5
546, 560 und § 12 EGZPO (BGH GRUR **66,** 50, 52). Danach hat das Rechtsbeschwerdegericht z.B. auch über (Bundes-)Gewohnheitsrecht selbst zu entscheiden und ggf. Beweis zu erheben, BGH aaO, ferner GRUR **67,** 586, 588; vgl. auch BGHZ **37,** 219 = GRUR **62,** 642. Ein „Gerichtsgebrauch" (oder „Verwaltungsbrauch") bzw. eine „ständige Spruchpraxis" haben für sich allein noch nicht den Rang eines Gewohnheitsrechts (können sich allerdings zu einem solchen entwickeln), BGHZ **37,** 219, 221/22 = GRUR **62,** 642, 643; BGH GRUR **66,** 50, 53; BPatGE **4,** 16, 20. Die Abweichung von einer bloßen „ständigen Spruchpraxis" stellt daher auch nicht eine Verletzung einer „Rechtsnorm" dar, und zwar auch nicht unter dem Gesichtspunkt der Verletzung des Gleichheitsgrundsatzes oder der Rechtssicherheit, BGH GRUR **63,** 524/25; **64,** 26, 28; **64,** 454, 456; **65,** 33, 36 (= BGHZ **42,** 44, 49ff.); **66,** 50, 53/54.

Wegen der Unterscheidung zwischen einer (unbeschränkt nachprüfbaren) **„Rechtsfrage"** 6
und einer (nicht oder nur beschränkt nachprüfbaren) **„Tatfrage"** vgl. Rdn. 139 bis 144 zu § 139. Ein nachprüfbarer „Rechtsfehler" ist z.B. auch ein „offensichtlicher technischer Irrtum", BGH GRUR **68,** 86, 90 (z.B. bei der technischen Beurteilung einer als neuheitsschädlich entgegengehaltenen Patentschrift: GRUR **66,** 5, 17/18 bei C 3b), oder die Verkennung der Kategorie des geltend gemachten Patentanspruchs, BGH GRUR **66,** 201, 204. Tatfrage ist, wie der Fachmann die Darstellung d. Gegenstandes d. Erfindung in Beschreibung u. Zeichnungen versteht, BGH GRUR **00,** 1016 – Verglasungsdichtung. Der Begriff „erfinderische Tätigkeit" (früher: „Erfindungshöhe") ist zwar einerseits ein „revisibler Rechtsbegriff", andererseits aber setzt deren Beurteilung im einzelnen Fall dem Tatsachenrichter obliegende, nur beschränkt nachprüfbare tatsächliche Feststellungen voraus. Die wertende Beurteilung ist d. Tatrichter vorbehalten; sie kann lediglich darauf überprüft werden, ob sie auf einem Verkennen d. Rechtsbegriffs d. erfinderischen Tätigkeit beruht oder – bei entsprechenden Verfahrensrügen nach § 102 Abs. 4 Nr. 3 – ob gegen prozessuale Vorschriften, die Lebenserfahrung oder die Denkgesetze verstoßen worden ist, oder ob bei d. Entscheidungsfindung wesentliche Umstände außer Acht gelassen worden sind, BGH GRUR **96,** 753, 756 – Informationssignal; **98,** 899, 901 – Alpinski.

Neues tatsächliches Vorbringen ist im Rechtsbeschwerdeverfahren nicht zulässig, BGH 7
GRUR **66,** 28, 29; **66,** 499, 500/01; **68,** 86, 90; **72,** 642, 644. Nachträgliche Veränderungen d. tatsächlichen Grundlagen sind grundsätzlich nicht zu berücksichtigen, BGH GRUR **93,** 655, 656 – Rohrausformer; anders die Änderung d. Verfahrensgrundlage (Wegfall d. Verfahrensantrags, s.o. Rdn. 6 zu § 102). Auch ist die Tatsachenwürdigung des Beschwerdesenats in der Rechtsbeschwerdeinstanz nicht angreifbar; die Rechtsbeschwerde darf nicht ihre eigene Tatsachenwürdigung an die Stelle derjenigen des Beschwerdesenats setzen wollen, BGH GRUR **64,** 26, 27; **66,** 499, 500; **68,** 86, 90. Die aus den Vorinstanzen (z.B. den Anmeldeakten) ersichtlichen Umstände und Vorgänge, insbesondere auch „prozessuale" Erklärungen, können jedoch vom Rechtsbeschwerdegericht selbst in unbeschränkter Nachprüfung beurteilt werden, BGH GRUR **66,** 146, 147; **66,** 312, 317; **67,** 413, 417. Auf Verfahrensrüge nachprüfbar ist – bei der zugelassenen Rechtsbeschwerde – natürlich auch die Übergehung entscheidungserheblichen Sachvortrags, BGH GRUR **65,** 416, 419. Für die Zuziehung eines technischen Sachverständigen ist im Rechtsbeschwerdeverfahren kein Raum; soweit entscheidungserhebliche Streitpunkte technischer Art der weiteren Aufklärung in tatsächlicher Hinsicht bedürfen, muss die Sache unter Aufhebung des angefochtenen Beschlusses an das Patentgericht zurückverwiesen werden (vgl. § 139 Rdn. 142b sowie BGH GRUR **66,** 5, 18 li bei C 3b). Zweifelhaft kann sein, ob auf Grund von § 273 Abs. 2 Nr. 2 ZPO (i.V.m. § 87 Abs. 2 Satz 2 PatG) z.B. eine amtliche Auskunft des Patentamts über Bestand, Tragweite, Begründung und Zweck einer „Amtsübung" eingeholt werden könnte (vgl. dazu GRUR **66,** 5, 18/19 bei C 3c, bb).

b) Bei der „zulassungsfreien" Rechtsbeschwerde (§ 100 Abs. 3) dagegen kann nur ge- 8
prüft werden, ob das Vorliegen eines der in § 100 Abs. 3 Nr. 1 bis 6 aufgeführten Verfahrensmängel – rechtzeitig (Rdn. 3 zu § 102) – durch substantiierten Vortrag behauptet wird und ob diese Behauptung zutrifft (vgl. Rdn. 20 zu § 100). Andere Verstöße gegen das formelle oder das materielle Recht dagegen können bei der nach § 100 Abs. 3 eingelegten zulassungsfreien

Rechtsbeschwerde nicht nachgeprüft und daher auch nicht gerügt werden, BGH GRUR **64,** 697, 698/99.

9 **4. Zum Inhalt der Entscheidung** sind zwecks Ergänzung der Bestimmungen des Patentgesetzes ebenfalls die einschlägigen Bestimmungen der ZPO heranzuziehen. Die Entscheidung kann demnach dahin ergehen, a) dass die Rechtsbeschwerde als unzulässig verworfen wird (§ 104 Satz 2), b) dass sie als unbegründet zurückgewiesen wird, sei es auch, dass die Gründe des angefochtenen Beschlusses zwar eine Gesetzesverletzung ergeben, die Entscheidung selbst sich aber aus anderen Gründen im Ergebnis als richtig darstellt (§ 561 ZPO; vgl. BGH GRUR **67,** 413, 416), c) dass der angefochtene Beschluss aufgehoben wird (§ 562 ZPO). Im letzteren Falle ist die Sache grundsätzlich zur anderweiten Verhandlung und Entscheidung an das Patentgericht zurückzuverweisen (§ 108 Abs. 1; vgl. § 563 Abs. 1 Satz 1 ZPO); die Möglichkeit, dass der BGH bei Aufhebung des angefochtenen Beschlusses in der Sache selbst entscheidet (vgl. § 563 Abs. 3 ZPO), ist (nach der Amtl. Begründung – Bl. **61,** 158 – bewusst!) nicht vorgesehen und durch den klaren Wortlaut des § 108 Abs. 1 ausgeschlossen; die Sache ist daher auch dann an das Patentgericht zurückzuverweisen, wenn sie an sich „zur Endentscheidung reif" ist (vgl. § 563 Abs. 3 Nr. 1 ZPO) und das Patentgericht nur noch die vom BGH bereits vorgezeichnete Entscheidung zu treffen hat (vgl. BGHZ **51,** 378, 381 = GRUR **69,** 265 sowie die kritische Bemerkung von Löscher in GRUR **66,** 5, 18 bei C 3c, aa). Eine Zurückverweisung entfällt nur ausnahmsweise, soweit das Patentgericht etwas beschieden hat, was bei ihm nicht zur Entscheidung anstand; dann genügt die Aufhebung seiner Entscheidung, BGH GRUR **90,** 109 – Weihnachtsbrief; **99,** 148, 150 – Informationsträger. Die Zurückverweisung kann – z.B. bei einer durchgreifenden Besetzungsrüge – in entsprechender Anwendung des § 563 Abs. 1 Satz 2 ZPO auch an einen anderen Senat des Patentgerichts erfolgen, BGHZ **42,** 32, 37 = GRUR **64,** 602, 605/06; das kann auch bei einer Häufung von Sachfehlern gerechtfertigt sein, BGH GRUR **90,** 346 – Aufzeichnungsmaterial. Die Zurückverweisung an das Patentamt ist nicht vorgesehen (kritisch dazu Löscher in GRUR **66,** 5, 18 bei C 3c, aa). Wegen der Kostenentscheidung vgl. § 109.

10 Über einen den Fortgang des Verfahrens (auch eines einseitigen Verfahrens) betreffenden **„Zwischenstreit"** – z.B. über die Frage, ob sich ein Antrag auf Eintragung eines Gebrauchsmusters nach Ablauf der gesetzlichen Schutzdauer in der Hauptsache erledigt hat, – kann in entsprechender Anwendung der §§ 303, 318 ZPO durch einen für die Instanz bindenden „Zwischen-Beschluss" entschieden werden, BGHZ **47,** 132, 134/35 = GRUR **67,** 477, 478.

11 **5. Form und Bekanntgabe der Entscheidung.** Die Entscheidung über die Rechtsbeschwerde ergeht stets durch Beschluss (§ 107 Abs. 1), und zwar gleichgültig, ob die Rechtsbeschwerde als unzulässig verworfen (§ 104) oder ob darüber sachlich entschieden wird, und gleichgültig, ob eine mündliche Verhandlung stattgefunden hat oder nicht (§ 104 Rdn. 2 und oben Rdn. 2). Der Beschluss ist zu begründen (§ 107 Abs. 3, vgl. auch § 94 Abs. 2). Bei nicht durchgreifenden einfachen Verfahrensrügen kann Begründung entspr. § 564 ZPO unterbleiben, vgl. Busse Rdn. 5 zu § 107. Auf die Bekanntgabe des Beschlusses werden zur Ergänzung des § 107 Abs. 3 (Zustellung von Amts wegen) die Bestimmungen des § 94 Abs. 1 entsprechend anzuwenden sein (Rdn. 9 vor § 100). Der Beschluss ist danach, wenn eine mündliche Verhandlung stattgefunden hat, zu verkünden (wobei er zu seiner Datierung den Verkündungsvermerk entsprechend § 315 Abs. 3 ZPO erhält, BGHZ **8,** 303, 309) und alsdann von Amts wegen zuzustellen, während er dann, wenn ohne mündliche Verhandlung entschieden wird, nur zuzustellen ist (§ 94 Abs. 1 Satz 1, 3, 5). Für die Zustellungen im Rechtsbeschwerdeverfahren gelten nach § 106 Abs. 1 die Vorschriften der ZPO, nicht die des § 127 PatG und des VwZG (vgl. auch Rdn. 1 zu § 106).

12 **6. Wirkung der Entscheidung.** Der Beschluss des BGH wird mit der Verkündung, andernfalls mit der Zustellung (oben Rdn. 11) wirksam. Zur Gegenvorstellung bei Verletzung rechtlichen Gehörs s.o. Rdn. 9 vor § 100. Wird die Rechtsbeschwerde verworfen oder zurückgewiesen, so treten damit die nach § 103 aufgeschobenen Wirkungen des Beschlusses des Beschwerdesenats in Kraft; es entfällt also damit z.B. wenn das Patentamt und/oder der Beschwerdesenat das nachgesuchte Patent versagt haben, rückwirkend der durch die Offenlegung (§ 33) der Anmeldung begründete Entschädigungsanspruch (§ 58 Abs. 2). Im Falle der Verwerfung (§ 104) kann allerdings die aufschiebende Wirkung nach § 103 u.U. erneut eintreten, wenn die Rechtsbeschwerdefrist noch nicht abgelaufen ist und innerhalb der Frist erneut Rechtsbeschwerde eingelegt wird, was zulässig wäre (vgl. BGHZ **57,** 160, 162 = GRUR **72,** 196. Wird auf die Rechtsbeschwerde der angefochtene Beschluss aufgehoben und die Sache an das Patentgericht zurückverwiesen, so ist das Patentgericht nach § 108 Abs. 2 (= ZPO § 563 Abs. 2) bei seiner erneuten Entscheidung an die rechtliche Beurteilung, die der Aufhebung

zugrundegelegt ist, (nicht auch an die sonstige rechtliche Beurteilung der Sache durch den BGH) gebunden; zu Inhalt und Umfang dieser „Bindung" vgl. BGH GRUR **67,** 548, 551. In dem gleichen Umfang ist auch der BGH gebunden, wenn er in einem weiteren Rechtsbeschwerdeverfahren erneut in der gleichen Sache angerufen werden sollte.

109 *Kostenentscheidung, Kostenfestsetzung.* (1) [1] **Sind an dem Verfahren über die Rechtsbeschwerde mehrere Personen beteiligt, so kann der Bundesgerichtshof bestimmen, daß die Kosten, die zur zweckentsprechenden Erledigung der Angelegenheit notwendig waren, von einem Beteiligten ganz oder teilweise zu erstatten sind, wenn dies der Billigkeit entspricht.** [2] **Wird die Rechtsbeschwerde zurückgewiesen oder als unzulässig verworfen, so sind die durch die Rechtsbeschwerde veranlaßten Kosten dem Beschwerdeführer aufzuerlegen.** [3] **Hat ein Beteiligter durch grobes Verschulden Kosten veranlaßt, so sind ihm diese aufzuerlegen.**

(2) **Dem Präsidenten des Patentamts können Kosten nur auferlegt werden, wenn er die Rechtsbeschwerde eingelegt oder in dem Verfahren Anträge gestellt hat.**

(3) **Im übrigen gelten die Vorschriften der Zivilprozeßordnung über das Kostenfestsetzungsverfahren und die Zwangsvollstreckung aus Kostenfestsetzungsbeschlüssen entsprechend.**

Inhaltsübersicht

1. Die Kostenentscheidung. In einem **einseitigen Rechtsbeschwerdeverfahren** (an dem nur der Rechtsbeschwerdeführer selbst beteiligt ist) bedarf es keiner Kostenentscheidung: der Rechtsbeschwerdeführer trägt – gleichgültig ob seine Rechtsbeschwerde Erfolg hat oder nicht – sowohl die Gerichtskosten (§ 22 I GKG) als auch seine außergerichtlichen Kosten (vgl. BGH BPatGE **5,** 249, 251). Er kann bei Erfolg der Rechtsbeschwerde auch nicht außerhalb des Verfahrens Erstattung der Kosten vom Patentamt verlangen (anders Conradt NJW **61,** 1293 und Kreuzer Mitt. **61,** 186ff., 190 Fußn. 16); es kann jedoch eine Niederschlagung der Gerichtskosten der Rechtsbeschwerde wegen unrichtiger Sachbehandlung in der Vorinstanz nach § 21 GKG in Betracht kommen. 1

Bei Beteiligung mehrerer (auf derselben Seite oder einander gegenüber stehender) Personen kann dagegen eine Kostenentscheidung, d.h. die Entscheidung, *wer* die Kosten zu tragen hat, in Betracht kommen. Sie ergeht von Amts wegen, unabhängig von einem entspr. Antrag; sie kann daher auch eine Verschlechterung zu Lasten des alleinigen Rechtsmittelführers bringen, vgl. BGH GRUR **90,** 702, 709 (Kartellsache), Busse Rdn. 10 zu § 107. Sie obliegt an sich dem BGH, wird aber im Falle der Aufhebung und Zurückverweisung an das Patentgericht (§ 108) im Allgemeinen diesem überlassen. Die maßgeblichen, den §§ 13a FGG, 78 GWB nachgebildeten Vorschriften des § 109 Abs. 1 gehen noch von der in § 102 Abs. 2 des Regierungsentwurfs zum 6. ÜG vorgesehenen Regelung aus, dass als Gerichtsgebühr nur eine feste Gebühr, und zwar vom Rechtsbeschwerdeführer innerhalb der Beschwerdefrist zu zahlen sei, widrigenfalls die Rechtsbeschwerde als nicht eingelegt gelten sollte. Abs. 1 brauchte deshalb im Entwurf Vorschriften nur für die Entscheidung darüber zu enthalten, ob und inwieweit im Verhältnis zwischen mehreren Beteiligten der eine dem anderen die von diesem aufgewendeten Gerichtskosten und außergerichtlichen Kosten zu *erstatten* hat. Diese Bedeutung hat Abs. 1 auch im Gesetz behalten. Da aber die Frage der Gerichtsgebühr in der früheren Fassung des § 102 II und jetzt in §§ 1, 3, 22, 34 GKG nebst KostVerz dazu anders als im Entwurf des 6. ÜG geregelt ist (nach dem Streitwert bemessene Gebühr, deren Zahlung nicht mehr Voraussetzung für die Wirksamkeit der Rechtsbeschwerde ist), kamen auch Vorschriften für die Entscheidung darüber in Betracht, wem bei Beteiligung mehrerer die Gerichtskosten *zur Last fallen* sollen. Die Sondervorschriften in Abs. 1 Satz 2 u. 3 lassen sich ihrem Wortlaut nach auch auf die Gerichtskosten beziehen. Es fehlt aber hier eine dem Abs. 1 Satz 1 entsprechende allgemeine Vorschrift für die Gerichtskosten; sie ist durch entsprechende Anwendung des § 80 Abs. 1 Satz 1 auf das Rechtsbeschwerdeverfahren zu gewinnen (Rdn. 9 vor § 100). 2

Dem **Präsidenten des Patentamts** können Kosten schon nach der Regelung des Abs. 1 nur dann auferlegt werden, wenn er dem Verfahren formell als Beteiligter beigetreten ist und 3 nicht nur im Rahmen der §§ 105 Abs. 2, 76 Erklärungen abgegeben hat; umgekehrt kommt auch nur unter dieser Voraussetzung eine Erstattungspflicht der unterlegenen Partei gegenüber dem Präsidenten des Patentamts in Betracht. Die Kostenpflicht des Präsidenten des Patentamts (nicht sein Erstattungsanspruch im Falle des Obsiegens) ist nach Abs. 2 im Übrigen auf den Fall beschränkt, dass er die Rechtsbeschwerde eingelegt oder in dem Verfahren Anträge gestellt hat. Diese, dem § 80 Abs. 2 entsprechende Regelung trägt dem Umstand Rechnung, dass der Beitritt des Präsidenten des Patentamts im öffentlichen Interesse erfolgt und für die anderen Beteiligten idR auch nicht mit erheblichen Mehrkosten verbunden ist, wenn die Voraussetzungen des Abs. 2 nicht gegeben sind.

4 Der entsprechend anzuwendende § 80 Abs. 1 Satz 1 (oben Rdn. 2) und § 109 Abs. 1 Satz 1 enthalten den Grundsatz, dass bei Beteiligung mehrerer **nach Billigkeitsgesichtspunkten** bestimmt werden kann, dass die Gerichtskosten einem Beteiligten ganz oder teilweise zur Last fallen und dass die (zur zweckentsprechenden Erledigung der Angelegenheit erforderlichen) außergerichtlichen Kosten von einem Beteiligten ganz oder teilweise zu erstatten sind. Die danach erforderliche Ermessensentscheidung erstreckt sich sowohl auf das „Ob" als auch auf das „Wie" einer Kostenentscheidung, BGH GRUR **62,** 273/74; **72,** 600, 601. Ergeht keine Kostenentscheidung, so hat kraft Gesetzes jeder Beteiligte die ihm erwachsenen gerichtlichen und außergerichtlichen Kosten selbst zu tragen, BGH GRUR **62,** 273/74. Das auszuübende Ermessen wird lediglich durch die Sonderregelungen des Abs. 2 (dazu oben Rdn. 3) und des Abs. 1 S. 2, 3 eingeschränkt. Bei der Ermessensentscheidung ist auch der Ausgang des Verfahrens mit zu berücksichtigen, BGH Bl. **66,** 197, 201; **66,** 309, 313; jedoch ist das Unterliegen einer Partei für sich regelmäßig noch kein ausreichender Grund, ihr aus Billigkeitsgründen die Kosten aufzuerlegen, BGH GRUR **72,** 600, 601. Zu Lasten des Präsidenten des Patentamts kann auch im Falle seines Obsiegens berücksichtigt werden, dass er ausschließlich öffentliche Interessen wahrnimmt, und die angestrebte Klärung außerdem für die Interessen aller übrigen Beteiligten ohne Belang ist (vgl. dazu den in §§ 93, 96 ZPO zum Ausdruck gekommenen Gedanken der Verursachung unnötiger Kosten sowie BT-Rechtsausschuss, BlPMZ **79,** 294 zu Nr. 42). Eine weitergehende Kostenbelastung des obsiegenden DPA-Präsidenten ist mit dem Wortlaut der §§ 80, 109 und allgemeinen Grundsätzen des Kostenrechts kaum vereinbar, a. A. BPatG GRUR **90,** 512; Schulte § 77 Rdn. 13. Wegen der im Einzelnen zu berücksichtigenden Gesichtspunkte kann im Übrigen auf die Erläuterungen zu der entsprechenden Regelung des § 80 und die dort angeführte Rechtsprechung verwiesen werden.

5 Für die Fälle des Abs. 1 Satz 2 und 3 (Zurückweisung oder Verwerfung der Rechtsbeschwerde, grobes Verschulden eines Beteiligten) ist bindend vorgeschrieben, wem die Kosten aufzuerlegen sind. Für den Grundsatz des Abs. 1 Satz 1 bleibt daher nur Raum, **wenn** die **Rechtsbeschwerde zurückgenommen** wird **oder** wenn sie **Erfolg** hat. Obwohl im letzteren Fall die Sache stets an das Patentgericht zurückzuverweisen ist (§ 108 Abs. 1), wird der BGH z. B. dann selber über die Kosten der Rechtsbeschwerde entscheiden können, wenn die Sache an sich zur Endentscheidung reif ist (vgl. z. B. BGH BPatGE **3,** 248, 256; Bl. **64,** 316, 320; GRUR **66,** 436, 439); überlässt in anderen Fällen der BGH die Entscheidung über die Kosten des Rechtsbeschwerdeverfahrens dem Patentgericht, so hat dieses demnächst nach § 109 Abs. 1 Satz 1 (§ 80 Abs. 1 Satz 1) zu entscheiden. Auch diese Entscheidung erübrigt sich dann, wenn es sich um ein einseitiges Verfahren handelt und der Beschwerdeführer daher die Kosten auch ohne besonderen Ausspruch zu tragen hat (oben Rdn. 1), BPatGE **17,** 172. Wird die Rechtsbeschwerde zurückgenommen, so entspricht es in aller Regel der Billigkeit, die Kosten der Rechtsbeschwerdeinstanz nach dem Grundsatz der §§ 516 III, 565 ZPO dem Rechtsbeschwerdeführer aufzuerlegen, BGH GRUR **67,** 553; **95,** 338; der Antrag dazu bedarf nicht notwendig der Hinzuziehung eines BGH-Anwalts, s. o. Rdn. 5 zu § 102. Im Falle einer Nebenintervention ist – im Rahmen der Billigkeit – § 101 Abs. 2 ZPO, bei streitgenössischer Nebenintervention § 101 Abs. 2 i. V. m. § 100 ZPO zu berücksichtigen, BGH GRUR **68,** 86, 90. Wegen der weiteren Einzelheiten vgl. auch § 80 Rdn. 5–16 und § 84 Rdn. 15–17.

6 **2. Die Erstattung der außergerichtlichen Kosten.** Die Kostenentscheidung (oben Rdn. 4, 5) legt in der Regel nur die Erstattungs*pflicht* fest (ganz oder nach Quoten oder für bestimmte Teile des Verfahrens); die Erstattungs*fähigkeit* der dem erstattungsberechtigten Beteiligten erwachsenen außergerichtlichen Kosten wird im Kostenfestsetzungsverfahren (unten Rdn. 7) geprüft (vgl. § 84 Rdn. 16, 29). Dort ist zu prüfen und zu entscheiden, ob und inwieweit die vom Kostengläubiger geforderten Kosten zur zweckentsprechenden Erledigung der Angelegenheit notwendig waren (Abs. 1 Satz 1). Die dem Rechtsanwalt des Kostengläubigers (§ 102 Abs. 5 Satz 1) zustehende gesetzliche Vergütung (Gebühren und Auslagen nach Maßgabe des RVG) ist stets erstattungsfähig (§ 91 Abs. 2 Satz 1 ZPO), die des Patentanwalts ist es

nach Maßgabe des § 102 Abs. 5 Satz 4 i.V.m. § 143 Abs. 3. Vgl. auch § 102 Rdn. 12 und § 143 Rdn. 23ff. Hinsichtlich sonstiger Kosten (z.B. Reisekosten der Beteiligten selbst) ist zu beachten, dass es im Rechtsbeschwerdeverfahren in der Regel nur um Rechtsfragen geht, so dass die z.B. zu § 84 Abs. 2 entwickelten Grundsätze (§ 84 Rdn. 39) im Allgemeinen nicht anwendbar sein werden.

3. Für die **Kostenfestsetzung** (d.h. die Festsetzung der auf Grund der Kostenentscheidung des Gerichts von dem erstattungspflichtigen Beteiligten an den anderen Beteiligten zu erstattenden außergerichtlichen und von diesem zu viel gezahlten gerichtlichen Kosten) gelten nach Abs. 3 die einschlägigen Vorschriften der ZPO entsprechend. Diese Vorschriften sind bei § 80 Rdn. 55, 59 abgedruckt. Hervorzuheben ist, dass auch für die Festsetzung der zu erstattenden Kosten des Rechtsbeschwerdeverfahrens der Rechtspfleger des Patentgerichts zuständig ist (§§ 103 Abs. 2, 104 Abs. 1 Satz 1 ZPO, § 23 Abs. 1 Nr. 12 RPflG; vgl. BGH GRUR **68,** 447, 449), dass über Erinnerungen gegen den Kostenfestsetzungsbeschluss des Rechtspflegers (§ 104 Abs. 3 ZPO, § 23 Abs. 2 RPfl) der – nach § 67 Abs. 1 (letzte Alternative) PatG mit 3 rechtskundigen Mitgliedern besetzte (BPatGE **9,** 220) – Beschwerdesenat durch unanfechtbaren (§ 99 Abs. 2) Beschluss entscheidet, und dass die Vollstreckungsklausel für den Festsetzungsbeschluss vom Urkundsbeamten der Geschäftsstelle des Patentgerichts erteilt wird (§§ 794 Abs. 1 Nr. 2, 795, 724 Abs. 2 ZPO). 7

2. Berufungsverfahren

Vorbemerkungen

Inhaltsübersicht

1. Literaturhinweise *(in Auswahl, zeitlich geordnet)*: Liedel, Das deutsche Patentnichtigkeitsverfahren, 1979, S. 33ff.; Kriegl, Statistische Untersuchungen über Berufungen in Patentnichtigkeitssachen in den Jahren 1978 bis 1980, GRUR **85,** 697ff.; Pakuscher, Zur Zuständigkeit des BGH und des BPatG im Patentnichtigkeitsverfahren, GRUR **95,** 705ff.; Rogge, Die Zuständigkeit des Bundesgerichtshofs als Berufungsinstanz in Patentnichtigkeitsverfahren – ein alter Zopf?, in FS Walter Odersky (1996), S. 639ff.; Amtl. Begründung d. Entwurfs z. 2. PatÄndG, BT-Drucksache 13/9971 u. BlPMZ **98,** 293ff.; König, Die Berufung in Patentnichtigkeits- und Zwangslizenzsachen nach neuem Recht, Mitt. **98,** 349ff.; Bacher/Nagel, Fremdsprachige Urkunden im Patentnichtigkeitsverfahren vor dem BGH, GRUR **01,** 873; – weitere Literaturhinweise zum Nichtigkeitsverfahren in beiden Instanzen bei Rdn. 1 vor § 81. 1

2. Entwicklung d. gesetzl. Regelung. Die auffälligste Besonderheit des Berufungsverfahrens in Nichtigkeits-, Zwangslizenz- und Zurücknahmesachen (§§ 110–121) liegt in der Zuständigkeit des BGH, dem hier – abweichend von seinem sonstigen Aufgabenbereich – die umfassende Überprüfung der angefochtenen Urteile nicht nur in rechtlicher sondern auch in tatsächlicher Hinsicht übertragen ist. Das ist nur historische zu erklären und erscheint heute überholt. Vgl. dazu Rogge in FS Walter Odersky (1996), S. 639ff. Die Regelung reicht zurück bis in die Anfänge des deutschen Patentrechts. Bis zur Gründung des Bundespatentgerichts (1961) war der BGH – wie zuvor schon das RG – Rechtsmittelinstanz für die erstinstanzlichen Entscheidungen der im Patentamt eingerichteten Nichtigkeitssenate. Die maßgeblichen Vorschriften waren im Wesentlichen außerhalb des Patentgesetzes in einer Verordnung v. 30. 9. 1936 (RGBl. II S. 316) geregelt gewesen. Durch das 6. Überleitungsgesetz v. 23. 3. 1961 (BGBl. I S. 274) wurden die erstinstanzlichen Zuständigkeiten der Nichtigkeitssenate des Patentamts auf das neu eingerichtete Bundespatentgericht übergeleitet und zugleich die wesentlichen Bestimmungen über das Berufungsverfahren in das Patentgesetz übernommen. Hiernach war die Berufung mit fristgebundener Zahlung einer Gebühr noch beim erstinstanzlichen Gericht (BPatG) einzulegen (§ 110 a.F.). Dieses gab das Verfahren erst nach Durchführung eines Vorschaltverfahrens mit Überprüfung der Zulässigkeitsvoraussetzungen an den BGH ab. In 2 späteren Gesetzen wurde eine erhöhte Gebühr für das Berufungsurteil (§ 110 Abs. 2 S. 3 a. F.; vgl. heute Gebührenverzeichnis zum GKG) eingeführt (Kostenänderungsgesetz v. 20. 8. 1975, BGBl. I S. 2189) sowie durch das GPatG v. 26. 7. 1979 (BGBl. I S. 1269) die Kostenregelung gemäß § 121 Abs. 2 (zunächst § 110 Abs. 3) geändert, die Unanwendbarkeit des § 71 Abs. 3 ZPO normiert (heute § 110 Abs. 6) und ein Anwaltszwang eingeführt (zunächst § 121 Abs. 1, heute § 111 Abs. 4). Unter Abschaffung des Vorschaltverfahrens beim BPatG und stärkerer Angleichung an die Vorschriften der Berufungsverfahren nach der ZPO haben die Vorschriften über das Berufungsverfahren nach den §§ 110 ff. ihre heutige Fassung durch das 2. PatÄndG v. 16. 7. 1998 (BGBl. I S. 1827) gefunden. Entwurfsbegründung dazu und Stellungnahmen von Bundesrat und Bundesregierung in BlPMZ **98,** 393 ff., 405 ff., 415, 416.

3 **3. Ergänzung durch andere Bestimmungen. (Entsprechende Regelungen für die erste Instanz und für die ZPO-Berufung).** Die Vorschriften des PatG enthalten auch in der jetzigen Fassung nur einige grundlegende Bestimmungen über Einlegung und Zulässigkeit der Berufung (§§ 110, 111), das weitere Verfahren (§§ 112–119) und die zu treffende Entscheidung (§§ 113, 120, 121). Zur Ergänzung der höchst lückenhaften Regelung sind schon seit jeher die Bestimmungen der ZPO herangezogen worden, soweit dem nicht die Eigenart des Nichtigkeits-, Zwangslizenz- und Zurücknahmeverfahren entgegenstand, RGZ **158,** 1, 3. Eine entsprechende Anwendung sieht das PatG für das Kostenrecht (§ 121), aber nicht für das gesamte Verfahrensrecht ausdrücklich vor. Da das Berufungsverfahren in wesentlichen Punkten den gleichen Charakter hat wie das erstinstanzliche Verfahren vor dem BPatG, werden in erster Linie dessen Vorschriften heranzuziehen sein (BGH GRUR **97,** 119; ebenso auch §§ 525, 555 ZPO) und erst in zweiter Linie gemäß § 99 Abs. 1 diejenigen der ZPO. Auch die erstinstanzlichen Vorschriften des PatG sind jedoch nur insoweit entsprechend heranzuziehen, wie dies der Eigenart des Berufungsverfahrens nicht entgegensteht (BGH GRUR **97,** 119; **00,** 1010, 1011 – Schaltmechanismus); nicht anwendbar ist daher insbesondere die Vorschrift des § 123 für die Wiedereinsetzung im Berufungsverfahren (es gelten die §§ 233 ff. ZPO; BGH GRUR **00,** 1010).

4 **4. Verfahrensbeteiligte.** Beteiligte im Berufungsverfahren sind der Berufungskläger und die Gegenpartei als Berufungsbeklagte sowie ein etwaiger Nebenintervenient. Das sind regelmäßig die gleichen Personen wie auch in erster Instanz. Vgl. dazu Rdn. 2 ff. zu § 81 und Rdn. 2 zu § 110. Ein Parteiwechsel ist unter den Voraussetzungen des § 263 ZPO grundsätzlich auch noch in der Berufungsinstanz möglich. Auf der Klägerseite ist er auch gegen den Willen des Beklagten zuzulassen, wenn er dem objektiven Interesse beider Parteien und der Rechtspflege entspricht; insbesondere dann, wenn keine Verzögerung des Rechtsstreits erfolgt und unter Verwertung des bisherigen Prozessstoffs geklärt werden kann, ob das Patent zu Recht für nichtig erklärt worden ist, BGH GRUR **96,** 865, 866. Auf der Beklagtenseite ist ein Parteiwechsel von Registereintrag und Zustimmung aller Beteiligten abhängig, s. o. Rdn. 5, 7 zu § 81.

5 **5. Der Streitgegenstand.** Im Berufungsverfahren wird der Rechtsstreit in den durch die Anträge bestimmten Grenzen von neuem verhandelt (§ 525 ZPO), und das Urteil des ersten Rechtszugs darf nur insoweit abgeändert werden, als eine Abänderung beantragt ist (§ 536 ZPO). Das gilt namentlich auch im Nichtigkeitsverfahren, BGHZ **16,** 326, 332 = GRUR **55,** 466, 467. Den Parteien verbleibt also auch hier die prozessrechtliche Verfügungsbefugnis (§ 22 Rdn. 8). Wegen der Folgerungen daraus im einzelnen vgl. § 22 Rdn. 50, 64/65, 67, 69/70; wegen der – streitigen – Ausnahmen § 22 Rdn. 68. Klagänderungen sind auch im Berufungsrechtszug nach Maßgabe der §§ 263, 264 ZPO zulässig (vgl. dazu für das Nichtigkeitsverfahren § 22 Rdn. 71, für das Zwangslizenzverfahren § 24 Rdn. 35), und zwar auch noch nach Ablauf der Berufungsfrist, BGH Liedl **59/60,** 432, 436; GRUR **01,** 730 – Trigonellin. Zu Parteiwechsel vgl. oben Rdn. 4. Eine (nach § 264 Nr. 2 ZPO nicht als Klageänderung anzusehende) Erweiterung des Klageantrags ist auch noch nach Ablauf der Berufungsfrist zulässig, BGHZ **17,** 305 = GRUR **55,** 531; BGH GRUR **97,** 272, 273; das gleiche gilt für das Zwangslizenzverfahren, RG GRUR **36,** 489, 490. Hat aber der Patentinhaber als Berufungskläger im Lauf der Berufungsinstanz seine Verteidigung ausdrücklich auf einen eingeschränkten Patentanspruch beschränkt und ist daher hinsichtlich des Überschusses über die Beschränkung insoweit seine Berufung als zurückgenommen zu behandeln (unten Rdn. 8), so ist die Wiedererweiterung der Berufung auf den ursprünglichen Umfang ausgeschlossen, BGH GRUR **56,** 317/18; **04,** 583, 584 – Tintenstandsdetektor.

6 **6. Prozessstoff** des Berufungsverfahrens ist der erstinstanzliche Prozessstoff sowie die neuen Tatsachen und Beweismittel, die von den Parteien in der Berufungsbegründung (§ 111), in der Gegenerklärung (§ 112 Abs. 2) oder auch im weiteren Verlauf des Verfahrens geltend gemacht

werden, soweit sie nicht als verspätet zurückzuweisen sind (§ 117 Rdn. 1). Darüber hinaus kann der Sachverhalt von Amts wegen ohne Bindung an das Vorbringen der Parteien geprüft und auch entsprechendes neuheitsschädliches Material herangezogen werden, BGHZ **18,** 81, 97 = GRUR **55,** 393, 397. Vgl. dazu ferner § 115 Rdn. 1, §§ 82, 83 Rdn. 9, § 22 Rdn. 72.

7. Regelmäßiger Verfahrensablauf. Nach Eingang der Berufungsbegründung (§ 111) und einer etwaigen Erwiderung (§ 112 Abs. 2) bzw. Ablauf der entsprechenden Fristen wird die Zulässigkeit der Berufung geprüft und gegebenenfalls durch Verwerfungsbeschluss oder Zwischenurteil beschieden (vgl. § 113 und Rdn. 6 zu § 116). Ergeben sich insoweit keine Bedenken, so bleibt eine Entscheidung auf Grund der abschließenden mündlichen Verhandlung (§ 116) vorbehalten. Es wird dann zunächst geprüft, welche vorbereitenden Anordnungen erforderlich sind, damit eine abschließende Klärung möglichst in einer mündlichen Verhandlung möglich ist (vgl. § 115 und die dortigen Erläuterungen). Regelmäßig wird insbesondere die Einholung eines schriftlichen Sachverständigengutachtens beschlossen. Den Parteien werden die Einreichung fehlender Unterlagen und Übersetzungen und die Einzahlung von Vorschüssen für die voraussichtlichen Kosten der Beweisaufnahme aufgegeben. Ein Termin zur abschließenden mündlichen Verhandlung wird abweichend von der gesetzlichen Regelung in aller Regel erst nach Eingang des schriftlichen Sachverständigen-Gutachtens in der Reihenfolge der zur Terminierung anstehenden sonstigen Sachen in angemessenem zeitlichen Abstand vor dem nächsten in Betracht kommenden Termin bestimmt. Das geschieht angesichts der chronischen Überlastung des BGH selten vor Ablauf von zwei Jahren; bei zusätzlichen Überlastungen des Sachverständigen und der Parteien können sich noch erheblich längere Fristen ergeben. 7

8. Irregulärer Verfahrensablauf

a) Insbesondere wegen **Zurücknahme der Berufung** oder der Klage kann das Verfahren vorzeitig enden, ohne dass es noch eines Urteils und einer mündlichen Verhandlung bedarf. Der Berufungskläger kann die Berufung in jeder Lage des Verfahrens (bis zur Verkündung der Entscheidung des Berufungsgerichts) zurücknehmen. Der Einwilligung des Berufungsbeklagten bedarf es dazu entspr. § 516 Abs. 1 ZPO nicht. Der frühere Streit hierzu (vgl. Vorauflage Rdn. 17 zu § 110) ist durch Wegfall der früheren Regelung in § 515 Abs. 1 ZPO gegenstandslos geworden. Die Zurücknahme ist gegenüber dem Gericht, d. h. gegenüber dem BGH zu erklären (§ 516 Abs. 2 ZPO. Die Berufung kann auch teilweise zurückgenommen werden. Hat z. B. im Nichtigkeitsverfahren der Patentinhaber im Laufe des Berufungsverfahrens seine bisher weitergehende Verteidigung des Patents auf die Verteidigung eines beschränkten Inhalts eingeschränkt (§ 22 Rdn. 50), so ist hinsichtlich des Überschusses über die Beschränkung seine Berufung als zurückgenommen zu behandeln, BGH GRUR **56,** 317; **62,** 294. Die Zurücknahme kann nicht rückgängig gemacht werden; der Patentinhaber kann nach (teilweiser) Zurücknahme seiner Berufung nicht mehr zum alten Gegenstand des Patents zurückkehren, BGHZ **128,** 149, 154; BGH GRUR **04,** 583, 584 – Tintenstandsdetektor; anders nur, wenn noch erneut Berufung oder Anschlussberufung eingelegt werden kann. Die Zurücknahme der Berufung durch einen der mehreren beklagten Patentinhaber wirkt nicht gegen die anderen, die das Verfahren fortsetzen wollen, RGZ **76,** 298. Wegen der Fortführung des Verfahrens durch einen Nebenintervenienten s. u. Rdn. 2 zu § 110. Die Zurücknahme der Berufung hat den Verlust dieses Rechtsmittels und die Verpflichtung des Berufungsklägers zur Folge, die durch dieses Rechtsmittel entstandenen Kosten zu tragen. Diese Wirkungen sind ohne mündliche Verhandlung durch Beschluss auszusprechen (§ 116 Abs. 3 Nr. 2, 3; ZPO § 516 Abs. 3); das hat nach der jetzigen Fassung des § 516 III auch ohne Antrag zu geschehen; wegen der Gerichtsgebühren vgl. § 84 Rdn. 26. 8

b) Wegen der **Zurücknahme der Klage** in der Berufungsinstanz vgl. § 81 Rdn. 31 und § 84 Rdn. 26. 9

c) Wegen der **Erledigung der Hauptsache** und wegen des **Vergleichs** vgl. die auch für das Berufungsverfahren geltenden Erläuterungen zu § 81 Rdn. 33–41. Wegen der Kostenentscheidung bei Erledigung der Hauptsache, wenn nur einer der mehreren Kläger Berufung eingelegt hatte, vgl. BGH GRUR **59,** 102. 10

d) Wegen der **Unterbrechung,** der **Aussetzung** und des **Ruhens** des Verfahrens vgl. die auch für das Berufungsverfahren geltenden Erläuterungen zu § 81 Rdn. 28–30. 11

9. Gegenvorstellung. Eine Gegenvorstellung gegen Entscheidungen des BGH bei **Verletzung des rechtlichen Gehörs** ist vom Gesetzgeber bisher nicht vorgesehen. Sie ist jedoch gemäß BVerfGE **107,** 395 und in entsprechender Anwendung von § 321 a ZPO zur Gewährleistung eines ausreichenden Rechtsschutzes zu Art. 103 I GG zulässig, BGHZ **160,** 214 – 12

Kosmetisches Sonnenschutzmittel II. Sie muss binnen zwei Wochen ab Zustellung der Entscheidung erhoben werden, BGH a. a. O. und kann nicht zur erneuten Befassung mit einer Frage führen, die bereits als nicht entscheidungserheblich erkannt worden ist, BGH GRUR **05,** 614. Sie unterliegt dem Anwaltszwang, vgl. BGH VIII ZB 3/05 v. 18.5.05. Nach einem neuen Gesetzentwurf der Bundesregierung („zur Änderung des patentrechtlichen Einspruchsverfahrens und des Patentkostengesetzes") ist gemäß eines neuen § 122 a PatG vorgesehen, dass eine begründete Rüge der Verletzung rechtlichen Gehörs nach Maßgabe des entsprechend anzuwendenden § 321 a ZPO zur Fortsetzung des Verfahrens vor dem BGH führen soll, BT-Drucks. 16/735 v. 21. 2. 2006 – s. Anhang vor 1.

13 **10. Akteneinsicht.** Die Akteneinsicht durch die Parteien des Nichtigkeits-Berufungsverfahrens richtet sich nach § 299 Abs. 1 ZPO.

Akteneinsicht durch Dritte bestimmt sich nach § 99 Abs. 3 S. 3, der auch auf die Akten des BGH entsprechend anzuwenden ist (BGH GRUR **72,** 195); es ist demnach Einsicht zu gewähren, wenn und soweit der Patentinhaber kein entgegenstehendes schutzwürdiges Interesse dartut. Ein rechtliches Interesse des Antragstellers ist nicht erforderlich, BGH Mitt. **74,** 97; vgl. auch BPatGE **29,** 240. Ein Anwalt kann Akteneinsicht im eigenen Namen beantragen und muss seinen Auftraggeber nicht nennen, BGH GRUR **01,** 143. Anders u. U., wenn eine der Prozessparteien besondere Umstände darlegt, wonach der Akteneinsicht durch bestimmte Personen ein schutzwürdiges Interesse entgegenstehen kann. Unzureichend der pauschale Hinweis, schutzwürdige Interessen könnten erst nach Kenntnis des Auftraggebers beurteilt werden, BGH a. a. O. Zuständig ist der Senat und nicht (wie bei § 299 ZPO) der Vorstand (Präsident) des Gerichts. Wegen weiterer Einzelheiten vgl. die Erläuterungen zu § 99 Abs. 3 S. 3.

110 ***Statthaftigkeit, Form und Frist der Berufung.*** (1) **Gegen die Urteile der Nichtigkeitssenate des Patentgerichts (§ 84) findet die Berufung an den Bundesgerichtshof statt.**

(2) **Die Berufung wird durch Einreichung der Berufungsschrift beim Bundesgerichtshof eingelegt.**

(3) **Die Berufungsfrist beträgt einen Monat. Sie beginnt mit der Zustellung des in vollständiger Form abgefassten Urteils, spätestens aber mit dem Ablauf von fünf Monaten nach der Verkündung.**

(4) **Die Berufungsschrift muss enthalten:**

1. die Bezeichnung des Urteils, gegen das die Berufung gerichtet wird;
2. die Erklärung, dass gegen dieses Urteil Berufung eingelegt werde.

(5) **Mit der Berufungsschrift soll eine Ausfertigung oder beglaubigte Abschrift des angefochtenen Urteils vorgelegt werden.**

(6) **Beschlüsse der Nichtigkeitssenate sind nur zusammen mit ihren Urteilen (§ 84) anfechtbar; § 71 Abs. 3 der Zivilprozessordnung ist nicht anzuwenden.**

Inhaltsübersicht

I. Die Statthaftigkeit der Berufung

1 **1. Berufungsfähige Entscheidungen.** Die Berufung an den BGH findet statt gegen die Urteile der Nichtigkeitssenate im Nichtigkeits-, Zwangslizenz- und Zurücknahmeverfahren (§ 110 Abs. 1), und zwar gegen alle Urteile, gleich welcher Art (Sachurteile, Prozessurteile, Teilurteile, Zwischenurteile über die Zulässigkeit der Klage nach § 84 Abs. 1 S. 2, Grundurteile im Zwangslizenzverfahren, § 84 Rdn. 1), und gleichgültig, ob sie auf Grund mündlicher Verhandlung oder ohne solche ergangen sind (§ 84 Rdn. 2), also z. B. auch gegen die im Verfahren

nach § 82 Abs. 2 ergangenen Urteile. Berufungsfähig sind jedoch nur Urteile über eine Klage i. S. d. § 84, nicht etwa auch Urteile über eine Vollstreckungsabwehrklage, BGH GRUR **02,** 52; Zwischenurteile wohl nur im Rahmen d. § 84 Abs. S. 1; wegen etwaiger sonstiger Zwischenurteile wird auf die Rechtsprechung zu §§ 303, 511 ZPO verwiesen. Nicht zulässig ist es, ein Urteil nur im Kostenpunkt (nicht auch in der Entscheidung zur Hauptsache) mit der Berufung anzufechten, BGH GRUR **95,** 577; anders bei Anschlussberufung (§ 84 Rdn. 14). Urteile über den Erlass einer einstweiligen Verfügung im Zwangslizenzverfahren (§ 85 Abs. 1, 3) unterliegen nicht der Berufung, sondern der Beschwerde an den BGH (§ 122). Zur Anfechtung von Beschlüssen s. u. Rdn. 13.

2. Berufungsberechtigte Personen sind die Parteien des erstinstanzlichen Verfahrens. Von 2
mehreren Klägern oder Beklagten kann jeder für sich Berufung einlegen. Mehrere Patentinhaber als Beklagte sind notwendige Streitgenossen im Sinne des § 62 ZPO, vgl. § 81 Rdn. 6; die nur von einem der Patentinhaber eingelegte oder aufrechterhaltene Berufung wirkt also auch für die anderen, BGH GRUR **98,** 138; jeder Einzelne ist, auch gegen den Willen der anderen, befugt, den Bestand des Patents zu verteidigen, RGZ **76,** 298. Nicht mehr zur Berufung berechtigt ist, wer auf sie verzichtet hat (§ 515 ZPO). Berufungsberechtigt ist auch der Nebenintervenient, sei es, dass er schon im erstinstanzlichen Verfahren beigetreten war, sei es, dass er erst in Verbindung mit der Einlegung der Berufung beitritt (§ 66 Abs. 2 ZPO; vgl. auch PA Bl. **10,** 186). Der Nebenintervenient kann die Berufung jedoch nicht gegen den Willen der Hauptpartei, der er beigetreten ist, einlegen oder durchführen, also z. B. nicht, wenn die Hauptpartei auf die Berufung verzichtet, PA Bl. **10,** 186, – oder die Klage zurücknimmt, PA Bl. **05,** 24; BGH GRUR **65,** 297, – oder durch beschränkte Verteidigung im Nichtigkeitsverfahren den Patentschutz teilweise aufgibt, BGH GRUR **61,** 572, 573/74 (vgl. auch § 22 Rdn. 50). Ein der Durchführung der Berufung durch den Nebenintervenienten entgegenstehender Wille der Hauptpartei braucht aber nicht darin gefunden zu werden, dass die Hauptpartei selbst keine Berufung eingelegt hat, und auch nicht ohne weiteres darin, dass die Hauptpartei die von ihr eingelegte Berufung zurücknimmt, RGZ **97,** 215, 216. Vgl. hierzu ferner § 81 Rdn. 11.

3. Beschwer (Schrifttum: Seydel, GRUR **59,** 512). Zur Einlegung der Berufung befugt ist 3
nur diejenige Partei, die durch das erstinstanzliche Urteil wenigstens formell „beschwert“ ist, RGZ **154,** 140, 142; **158,** 1, 2; **170,** 346, 349. Sind beide Parteien beschwert (z. B. wenn die beantragte Vernichtung des Patents nur zum Teil erfolgt ist), so sind sie beide berufungsberechtigt. Eine „Beschwer“ des Rechtsmittelklägers liegt dann vor, wenn ihm die Formel des angefochtenen Urteils weniger gibt, als er beantragt hat; eine Beschwer des Patentinhabers fehlt nicht deswegen, weil er sein Patent in erster Instanz nur beschränkt verteidigt hat und das angefochtene Urteil dem entspricht, BGH GRUR **65,** 480; BGH Liedl 87/88, S. 573, 584. Eine Beschwer d. Klägers liegt dagegen regelmäßig nicht vor, wenn die Formel des Urteils seinen Anträgen entspricht und nur die Entscheidungsgründe ihm ungünstige Ausführungen enthalten, RGZ **154,** 140, 142; **170,** 346, 349 f., 358; BGH GRUR **68,** 33, 37; vgl. auch § 22 Rdn. 96. Eine reine Klarstellung (s. § 22 Rdn. 84, 85) begründet keine Beschwer, wohl aber jede als Klarstellung bezeichnete Änderung des Anspruchs oder der Beschreibung, die in Wahrheit eine Beschränkung darstellt oder auch nur die ernsthafte Gefahr einer einschränkenden Auslegung des Streitpatents durch den Verletzungsrichter begründet, BGH GRUR **79,** 222; **88,** 757 (= BGHZ **103,** 262, 263 – Düngerstreuer).

4. Anschlussberufung, d. h. eine Berufung, mit der sich der Berufungsbeklagte (oder sein 4
Nebenintervenient, BGH GRUR **61,** 572, 573) der Berufung des Berufungsklägers anschließt (§§ 524 ff. ZPO), ist auch im Nichtigkeitsverfahren zulässig, BGHZ **17,** 305, 307; BGH GRUR **61,** 572, 573. Sie kann auch noch nach Ablauf der Berufungsfrist eingelegt werden, und zwar entspr. älterer Rechtsprechung (BGHZ **17,** 305, 307 – Schlafwagen) trotz abweichender Neufassung des § 524 II ZPO weiterhin bis zum Schluss der mündlichen Verhandlung, BGH GRUR **05,** 888. Sie verliert ihre Wirkung, wenn die zuvor von der Gegenseite eingelegte Berufung der Gegenseite zurückgenommen oder verworfen wird (§ 524 Abs. 4 ZPO). Eine „Beschwer“ wird bei dieser Anschlussberufung nicht vorausgesetzt; vielmehr kann z. B. der Nichtigkeitskläger als Berufungsbeklagter mittels der Anschlussberufung auch eine Klagerweiterung vornehmen, BGHZ **17,** 305, 308, – oder umgekehrt der beklagte Patentinhaber als Berufungsbeklagter mittels der Anschlussberufung die Abweisung der Nichtigkeitsklage im vollen Umfang verlangen, auch wenn er in erster Instanz sein Recht nur in beschränktem Umfang verteidigt hatte und der Nichtigkeitssenat diesem seinem Antrag gemäß erkannt hat, BGH GRUR **65,** 480, 482. Auch kann mit der Anschlussberufung lediglich die Kostenentscheidung angegriffen werden, BGH Liedl **59/60,** 372, 387; vgl. auch BGHZ **17,** 392, 397.

II. Die Einlegung der Berufung

5 **1.** Die Berufung ist **beim Bundesgerichtshof einzulegen,** und zwar mit Einreichung einer Berufungsschrift (§ 110 II) durch einen Rechtsanwalt oder Patentanwalt (§ 111 IV; vgl. auch Entwurfsbegründung BlPMZ **98,** 406 – zu § 111 Abs. 4). Die nach früherem Recht (vor Inkrafttreten des 2. PatÄndG zum 1. 11. 1998) vorgeschriebene Einreichung beim BPatG würde jetzt erst nach Weiterleitung und Eingang beim BGH wirksam werden. Zur erforderlichen Qualifikation des mitwirkenden anwaltlichen Vertreters s. u. Rdn. 10 zu § 111.

6 **2. Die Berufungsfrist** beträgt ebenso wie im Zivilprozess (§ 517 ZPO) 1 Monat (§ 110 Abs. 3). Die Berufung ist zugleich oder gesondert innerhalb einer weiteren Frist zu begründen (s. § 111). Die Berufungsfrist beginnt mit Zustellung des in vollständiger Form abgefassten Urteils, spätestens aber mit Ablauf von fünf Monaten nach der Verkündung (§ 110 Abs. 3 S. 2, übereinstimmend mit ZPO § 517). Die Zustellung kann nach der Verkündung (§ 94 Abs. 1 S. 3) oder an deren Stelle oder im schriftlichen Verfahren (§ 94 Abs. 1 S. 4, 5) erfolgt sein. Unvollständige oder fehlerhafte Zustellung setzt die Berufungsfrist im Allgemeinen noch nicht in Lauf. Wegen der insoweit relevanten Mängel wird auf Rechtsprechung und Kommentierung zu § 517 ZPO verwiesen. Es kommt wesentlich darauf an, ob die zugestellte Ausfertigung formell und inhaltlich geeignet war, der Partei die Entscheidung über Einlegung eines Rechtsmittels zu ermöglichen, vgl. BGH VersR **82,** 70. Wird die verkündete Entscheidung den Parteien an verschiedenen Tagen zugestellt, so beginnt und endet auch die Berufungsfrist verschieden. Wird die Entscheidung nicht verkündet und erst durch Zustellung wirksam (§ 94 Abs. 1 Satz 4 u. 5), so beginnt auch die Berufungsfrist erst mit der letzten Zustellung, vgl. § 102 Rdn. 1. Für die Zustellung und ihre Wirksamkeit gelten nach § 127 Abs. 2 die Vorschriften der ZPO. Die Zustellung einer Berichtigung oder einer Tatbestandsberichtigung (§§ 95, 96) setzt die Berufungsfrist in der Regel nicht erneut in Lauf, wohl aber, wenn sich die Beschwer erst aus der Berichtigung ergibt, BGH NJW **99,** 646: neuer Fristbeginn auch bei Zustellung einer Urteilsergänzung (§§ 321, 518 ZPO). Wegen der Berechnung der Frist im Einzelnen vgl. §§ 187 Abs. 1, 188 Abs. 2, 3, 193 BGB i. Verb. m. § 222 ZPO. Die unterbliebene oder unrichtige Angabe der Zustellungszeit auf der Zustellungsurkunde oder auf deren Abschrift oder auf dem zuzustellenden Schriftstück selbst (§ 182 Abs. 2 ZPO) ist kein wesentlicher Mangel der Zustellung selbst und ist daher von unmittelbarer Bedeutung nicht für den Fristbeginn sondern nur für dessen Nachweis u. gegebenenfalls für eine Wiedereinsetzung in den vorigen Stand; auf die einschlägigen Kommentare zu § 182 ZPO wird insoweit verwiesen. Die Berufung muss innerhalb der Frist bei dem Bundesgerichtshof eingehen, kann aber auch schon vor der Zustellung eines verkündeten Urteils, insofern also vor Beginn der Berufungsfrist wirksam eingelegt werden, vgl. RGZ **154,** 140, 142. Gegen die Versäumung der Frist kann die Wiedereinsetzung in den vorigen Stand entsprechend §§ 233 ff. ZPO (nicht nach § 123 PatG – BGH GRUR **00,** 1010) gewährt werden; Antragsfrist: zwei Wochen (§ 234 ZPO).

7 **3. Form und Inhalt.** Die Berufung ist **schriftlich einzulegen** (§ 110 Abs. 2); die Berufungsschrift muss ebenso wie eine Einspruchs- oder Beschwerdeschrift in deutscher Sprache abgefasst (§ 126) sein. Die Einzelerfordernisse der Schriftform sind im Interesse der Rechtssicherheit für alle ein Verfahren „bestimmenden" Schriftsätze und für alle Verfahrensordnungen einheitlich zu beurteilen, Gem. Senat der obersten Gerichtshöfe NJW **80,** 172, 173; vgl. auch BVerfG NJW **87,** 2067 und § 99 Abs. 1. Es ist daher insbesondere die zu §§ 519, 130 Nr. 6 ZPO ergangene Rechtsprechung zu berücksichtigen. Die Berufungsschrift muss grundsätzlich von dem Berufungskläger oder dem für ihn handelnden Bevollmächtigten eigenhändig unterzeichnet sein (BGH NJW **85,** 1227 – Servomotor; BGHZ **79,** 314, 315 – Telekopie; **107,** 129, 132 – Widerspruchsunterzeichnung). Das gilt allerdings nicht ausnahmslos und folgt nicht schon aus dem hier nicht anwendbaren § 126 BGB; die Schriftform soll gewährleisten, dass der Inhalt der Erklärung und die Person des Erklärenden hinreichend zuverlässig entnommen werden können, und dass es sich nicht lediglich um einen Entwurf handelt, sondern um eine mit Wissen und Wollen des Berechtigten dem Gericht zugeleitete Erklärung, Gem. Senat der obersten Gerichtshöfe NJW **80,** 172, 174; **00,** 2340, 2341. Die Abgrenzung nach dieser Messlatte hat zu einer Auflockerung früherer Formstrenge geführt, ist in Einzelheiten aber noch unsicher und z. T. zweifelhaft. Die Unterzeichnung wird auch nicht dadurch entbehrlich, dass der Verfasser die Schrift persönlich zu Gericht gibt, vgl. BGH NJW **80,** 291 oder einen angehefteten Scheck unterschreibt, vgl. BGHZ **107,** 129, 134/5. Eine „Paraphe" genügt nicht zur Unterzeichnung, BGH GRUR **68,** 108; vgl. auch BGHZ **57,** 160, 163 = GRUR **72,** 196, 197; es muss die Absicht erkennbar sein, das Schriftstück nicht nur mit einem abgekürzten Handzeichen zu versehen, BGH NJW **99,** 60, 61 m. w. N. Maßgeblich ist das äußere Erscheinungsbild, BGH NJW

94, 55. Die Unterschrift muss die Identität des Unterzeichnenden ausreichend kennzeichnen. Nach BGH NJW **85,** 1227 ist einerseits ein individueller Schriftzug und andererseits die Erkennbarkeit mindestens einzelner Buchstaben erforderlich; es kann aber ausreichen, dass der in der Unterschrift enthaltene Vorname diesen Anforderungen genügt, BGH aaO, und dass die Erkennbarkeit nur andeutungsweise gegeben ist, BGH NJW **87,** 1333; bei der Abgrenzung ist ein großzügiger Maßstab anzulegen, BGH NJW **97,** 3380, 3381. Die Unterzeichnung nur mit dem Firmennamen einer juristischen Person (ohne Namen der für sie Unterzeichnenden) genügt dem Erfordernis eigenhändiger Unterschrift nicht, BGH GRUR **66,** 280/81; **67,** 586ff. Nicht zulässig ist die Verwendung eines Faksimilestempels statt eigenhändiger Unterzeichnung, RGZ **151,** 82, 85; BGH NJW **76,** 966 oder die Einreichung nur einer Fotokopie oder sonstigen Reproduktion der handschriftlich unterzeichneten Berufungsschrift, BGH GRUR **62,** 453, 455; **81,** 410, 412 (= BGHZ **79,** 314, 320); BPatGE **13,** 198 (betr. Beschwerdeschrift); abw. jedoch BVerwG NJW **71,** 1054 und BFH BStBl **75** II, 199. Bei Behörden genügt Beglaubigung anstellte eigenhändiger Unterschrift des Erklärenden, Gem. Senat der obersten Gerichtshöfe NJW **80,** 172. Vereinzelt wird ein Fehlen der Unterschrift auch dann als unschädlich angesehen, wenn sich aus sonstigen Umständen eine vergleichbare Gewähr für Urheberschaft und Rechtsverkehrswillen ergibt, BVerwG NJW **89,** 1175; BPatG GRUR **89,** 908, 909.

8 Die Benutzung **moderner technischer Übermittlungswege** hat die Rechtsprechung grundsätzlich anerkannt. Die Berufung kann insbesondere durch Telegramm, Fernschreiben, Telefax und auch durch elektronische Übertragung einer Textdatei eingelegt werden (vgl. Gem. Senat d. obersten Gerichtshöfe des Bundes, NJW **00,** 2340 m. w. N.). Bei Telefax und Telebrief wurde von der Rechtsprechung bisher grundsätzlich verlangt, dass die kopierte Vorlage handschriftlich unterzeichnet ist (vgl. BGH NJW **98,** 3649 m. w. N.; vgl. § 130 Nr. 6 ZPO). Nachsendung der Vorlage auf herkömmlichem Wege nicht erforderlich, BGH NJW **93,** 3141; BPatGE **44,** 209. Es dürfen keine unangemessenen und unerfüllbaren Anforderungen gestellt werden. Entscheidend ist, ob der Erklärung hinreichend zuverlässig entnommen werden kann, von welcher Person sie ausgeht, und dass sie definitiv abgegeben werden sollte. Zulässig daher auch der Weg über eine telefonische Telegrammaufgabe ohne vom Absender unterschriebene Urschrift sowie die elektronische Übertragung einer Textdatei, wenn entweder eine Unterschrift eingescannt oder d. Hinweis angebracht ist, dass d. benannte Urheber wegen d. gewählten Übertragungsform nicht unterzeichnen kann, Gemeinsamer Senat d. obersten Gerichtshöfe, NJW **00,** 2340, 2341 m. w. N. Daraus hat BGH GRUR **03,** 1068 – Computerfax (für eine Markenbeschwerde) abgeleitet, dass eine Unterschrift (allgemein) dann fehlen kann, wenn sich aus dem elektronisch übermittelten Schriftstück mit hinreichender Deutlichkeit ergibt, dass das Rechtsmittel (konkret: die Beschwerde) mit Wissen und Willen des Verfassers gefertigt und der zuständigen Behörde zugeleitet worden ist. Demgegenüber soll der Verzicht auf eine (zumindest eingescannte) Unterschrift nach BGH NJW **05,** 2086 wegen Neufassung des § 130 Nr. 6 ZPO nur noch in engeren Grenzen ausnahmsweise unschädlich sein. Zu großzügig BPatG GRUR **89,** 908, wonach die abgekürzte Angabe der aus zwei Personen bestehenden Anwaltssozietät ohne Identifizierung des konkreten Absenders am Ende eines Fernschreibens als ausreichend angesehen wurde. Fehler bei Ausdruck oder Zuordnung der fernschriftlich übermittelten Rechtsmittelschrift innerhalb des adressierten Gerichts sind dem Absender nicht zuzurechnen, BGH GRUR **88,** 754; vgl. auch BVerfG Mitt. **96,** 281. Beweislast für erst bei Empfänger eingetretene Störung trägt Absender, vgl. BPatG GRUR **92,** 601. Zur allgemeinen Problematik bei Telex u. Telefax vgl. Tschentscher CuR **91,** 141ff.

9 Die Berufungsschrift **muss enthalten:** 1. die Bezeichnung des Urteils, gegen das die Berufung gerichtet wird; 2. die Erklärung, dass gegen dieses Urteil Berufung eingelegt werde (§ 110 IV – entspr. ZPO § 519 II). Es muss auch eindeutig angegeben sein, wer Berufung einlegt, vgl. für Beschwerde BGH GRUR **77,** 508 und Rdn. 23 zu § 73; sofern in dieser Hinsicht eine Auslegung der Berufungsschrift erforderlich wird, kann auch auf die (erstinstanzlichen) Gerichtsakten zurückgegriffen werden, BGH GRUR **66,** 107, 108; vgl. auch Bl. **74,** 210 (für Beschwerdeverfahren). Berufungsanträge u. Begründung können einer gesonderten Begründungsschrift vorbehalten bleiben, § 111. Das angefochtene Urteil soll d. Berufungsschrift in einer Ausfertigung oder beglaubigten Abschrift beigefügt werden, § 110 V. Das ist eine aus § 519 II ZPO übernommene sinnvolle Ordnungsvorschrift, die geeignet sein kann, Unklarheiten oder Fehler d. eigentlichen Berufungsschrift zu beheben. Die Nichtbeachtung macht die Berufung nicht unwirksam.

10 **4. Berufungsgebühr.** Gerichtsgebühren werden nach Maßgabe des GKG erhoben. Die Zahlung einer Gebühr ist seit Inkrafttreten d. 2. PatÄndG (1. 11. 1998) aber nicht mehr Vor-

aussetzung für die Wirksamkeit d. Berufung. Nichtzahlung führt auch nicht zur Fiktion d. Rücknahme: das PatKostG und dessen § 6 II gelten hier nicht.

11 **5. Einlegung d. Anschlussberufung.** Die Anschlussberufung (s. o. Rdn. 4) erfolgt durch Einreichung eines Schriftsatzes bei dem BGH. Sie muss ebenso wie die Berufung nach § 111 begründet und durch einen Rechtsanwalt oder Patentanwalt eingelegt werden. Dies muss nach § 524 ZPO bis zum Ablauf der zur Berufserwiderung gesetzten Frist mit beigefügter Begründung geschehen. Nachreichung der Begründung bis zum Ablauf der Frist reicht jedoch, BGH GRUR **05,** 888 (mit Hinweis auf § 522a Abs. 2 ZPO a. F.). Spätere Anschlussberufung ist nach BGH a. a. O. zwar ebenfalls noch möglich (s. o. Rdn. 4), aber wohl nur mit beigegebener Begründung zulässig; eine nachgereichte Begründung wäre in diesem Fall als erneute Anschlussberufung zu werten.

12 **III. Das weitere Berufungsverfahren.** Wegen des weiteren Verfahrens wird auf §§ 111 ff. und die dortigen Erläuterungen verwiesen; wegen der Entscheidung vgl. §§ 113, 120 und wegen d. Kosten § 121 mit den jeweiligen Erläuterungen.

13 **IV. Anfechtung von Beschlüssen (Nebenentscheidungen, Vorfragen).** Beschlüsse der Nichtigkeitssenate, gleich welcher Art, sind nicht mehr selbständig anfechtbar (§§ 110 Abs. 6; 99 Abs. 2), – also namentlich nicht die Entscheidungen über die Zulässigkeit einer Nebenintervention (§ 81 Rdn. 10), über die Sicherheitsleistung im Ausland wohnender Kläger (§ 81 Rdn. 44), über die Verbindung oder Trennung von Klagen (§ 81 Rdn. 24 ff.), über die Aussetzung des Verfahrens (§ 81 Rdn. 29), über die Berichtigung von Urteilen (§§ 95, 96), über die Kosten nach Zurücknahme der Klage oder übereinstimmender Erledigungserklärung (§ 81 Rdn. 31–40), über Erinnerungen im Kostenfestsetzungsverfahren (§ 84 Rdn. 41) und über die Gewährung der Akteneinsicht (§ 99 Abs. 3). Isolierte Kostenentscheidungen können auch nicht mit Gegenvorstellung beim BPatG angegriffen werden, BPatG GRUR **86,** 54. Beschlüsse, die dem Endurteil vorausgegangen sind, können jedoch zusammen mit dem Urteil, also im Rahmen der Berufung gegen das Urteil, angefochten werden (§ 110 Abs. 6 Satz 1) und unterliegen zudem der Nachprüfung im Berufungsverfahren auch ohne besondere Rüge, BGHZ **4,** 5, 6 f.; vgl. auch § 512 ZPO. Wegen Zurückweisung einer Nebenintervention s. Rdn. 10 zu § 81; abweichend von § 71 III ZPO wird der erstinstanzlich zurückgewiesene Nebenintervenient gem § 110 VI nicht vorläufig zum weiteren Verfahren hinzugezogen. Mit der Berufung gegen das Urteil können natürlich auch die Beschlüsse zu seiner Berichtigung (§§ 95, 96) angefochten werden. Unanfechtbar ist die Entscheidung, dass ein Parteiwechsel oder eine andere Klageänderung als sachdienlich zuzulassen sei (§§ 263, 268 ZPO; BGH GRUR **87,** 351) – oder dass eine Klageänderung nicht vorliegt (§ 268). Bei Verletzung des Anspruchs auf rechtliches Gehör kommt gem. § 99 I i. Verb. m. ZPO § 321a eine fristgebundene Gegenvorstellung beim Patentgericht in Betracht, vgl. dazu auch Rdn. 12 vor § 110.

111

Berufungsbegründung; Vertretungszwang. (1) **Der Berufungskläger muss die Berufung begründen.**

(2) [1]**Die Berufungsbegründung ist, sofern sie nicht bereits in der Berufungsschrift enthalten ist, in einem Schriftsatz beim Bundesgerichtshof einzureichen.** [2]**Die Frist für die Berufungsbegründung beträgt einen Monat; sie beginnt mit der Einlegung der Berufung.** [3]**Die Frist kann auf Antrag von dem Vorsitzenden verlängert werden, wenn nach seiner freien Überzeugung das Verfahren durch die Verlängerung nicht verzögert wird oder wenn der Berufungsführer erhebliche Gründe darlegt.**

(3) **Die Berufungsbegründung muss enthalten:**

1. **die Erklärung, inwieweit das Urteil angefochten wird und welche Abänderungen des Urteils beantragt werden (Berufungsanträge);**
2. **die bestimmte Bezeichnung der im einzelnen anzuführenden Gründe der Anfechtung (Berufungsgründe) sowie die neuen Tatsachen, Beweismittel und Beweiseinreden, die die Partei zur Rechtfertigung ihrer Berufung anzuführen hat.**

(4) [1]**Vor dem Bundesgerichtshof müssen sich die Parteien durch einen Rechtsanwalt oder einen Patentanwalt als Bevollmächtigten vertreten lassen.** [2]**Dem Bevollmächtigten ist es gestattet, mit einem technischen Beistand zu erscheinen.**

Inhaltsübersicht

I. Die Berufungsbegründung

1. Begründungspflicht, allgemein. Die Einreichung einer Berufungsbegründung ist Voraussetzung für die Zulässigkeit der Berufung (§ 113). Das Erfordernis der besonderen Begründung wurde in der jetzigen Form erst durch das 2. PatÄndG mit Wirkung ab 1. 11. 1998 eingeführt und entspricht den Anforderungen an die Berufungsbegründung nach ZPO in der vor der ZPO-Reform vom 27. 7. 2001 geltenden Fassung (§ 519 ZPO a. F.); die erhöhten Anforderungen nach dem ZPO-RG wurden nicht übernommen. Zuvor war eine förmliche Berufungsbegründung nicht erforderlich. Zu Entstehung und (Un-)Sinn der alten Regelung vgl. BGHZ **113,** 201 – Schneidwerkzeug. Es mussten zwar nach altem Recht (§ 111 a. F.) bereits in der Berufungsschrift die Berufungsanträge enthalten sein; das wurde jedoch sehr großzügig gehandhabt und häufig ganz übersehen, vgl. die förmliche Warnung in BGH GRUR **91,** 448. In der Berufungsschrift sollten auch schon die geltend zu machenden neuen Tatsachen und Beweise enthalten sein, wobei jedoch die Verletzung dieser Pflicht folgenlos war. Mit der (Wieder-)Einführung des Begründungszwangs hat der Gesetzgeber der Kritik des BGH Rechnung getragen (Entwurfsbegründung, BR-Drucks. 870/97, S. 49). 1

2. Form der Begründung (Abs. 2 S. 1). Die Berufungsbegründung kann wahlweise entweder bereits in der Berufungsschrift enthalten sein oder innerhalb der Begründungsfrist nachgereicht oder ergänzt werden. Sie muss ebenso wie die Berufungsschrift (vgl. § 110) schriftlich beim BGH eingereicht und von einem Rechtsanwalt oder Patentanwalt (s. Abs. 4) verantwortet und unterzeichnet sein. Vgl. dazu die Erläuterungen zu § 110. 2

3. Begründungsfrist (Abs. 2, S. 2, 3). Die Begründungsfrist beträgt einen Monat und beginnt mit Einlegung der Berufung, d. h. mit Eingang der Berufungsschrift beim BGH. Die Fristberechnung erfolgt entsprechend § 222 ZPO nach §§ 187, 188 BGB. 3

Die Frist kann auf Antrag vom Vorsitzenden (oder seinem Vertreter) verlängert werden, wenn dies nicht zur Verzögerung des Verfahrens führt oder erhebliche Gründe für eine **Verlängerung** dargelegt werden. Erhebliche Gründe werden im allgemeinen schon darin zu sehen sein, dass eine Korrespondenz mit der im fremdsprachigen Ausland ansässigen Partei erforderlich ist. Die Einschränkung der Verlängerungsmöglichkeit entsprechend § 520 Abs. 2 ZPO gilt hier nicht (ebenso Busse Rdn. 4 zu § 111). Der Gegenseite ist jedoch zumindest bei wiederholter Verlängerung (vgl. § 225 II ZPO) Gelegenheit zu geben, zu einem Verlängerungsantrag Stellung zu nehmen und ggf. ein besonderes Interesse an der Beschleunigung des Verfahrens geltend zu machen. Sachgerecht und bei seriösen Anwälten weitgehend üblich ist, dass Verlängerungsgesuche von vornherein mit der Gegenseite abgestimmt werden und das Gericht darüber unterrichtet wird.

Die Entscheidung des Vorsitzenden über die Fristverlängerung ist nicht anfechtbar. Gegebenenfalls ist jedoch eine **Wiedereinsetzung in den vorigen Stand** möglich (s. o. Rdn. 6 zu § 110 und unten Rdn. 6 zu § 113). Im Rahmen des Wiedereinsetzungsverfahrens kann auch geltend gemacht werden, die Partei habe unter den gegebenen Umständen mit einer Fristverlängerung rechnen dürfen.

4. Die Berufungsanträge haben formale und sachliche Bedeutung: Sie sind Erfordernis der Zulässigkeit der Berufung (§ 113), und sie bestimmen die Grenzen, in denen der Rechtsstreit in der Berufungsinstanz von neuem verhandelt wird (Rdn. 5 vor § 110). Das galt an sich auch schon vor Inkrafttreten des 2. PatÄndG; sie waren als notwendiger Bestandteil der Berufungsschrift schon früher Zulässigkeitsvoraussetzung (§§ 111, 112 PatG a. F.). Formal neu ist die ausdrückliche Definition der Berufungsanträge als „Erklärung, inwieweit das Urteil angefochten wird und welche Abänderungen des Urteils beantragt werden". Das entspricht der Definition in § 520 Abs. 3 Nr. 1 ZPO (wie auch schon in dem früheren § 519 ZPO). Aus der Entwurfsbegründung zur Einführung dieser Definition in das Patentgesetz ist nicht ersichtlich, dass damit 4 eine inhaltliche Änderung erfolgen sollte. Es muss keine konkret ausformulierte Antragsfassung gewählt werden, die so ggf. als Urteilstenor übernommen werden könnte, BGH GRUR **97,** 272, 273. Es muss jedoch im Gesamtzusammenhang der Berufungsbegründung u. ggf. in Verbindung mit sonstigen innerhalb der Begründungsfrist eingereichten und in Bezug genommenen Unterlagen eindeutig erkennbar sein, in welchem Umfang und mit welchem Ziel das Urteil angefochten werden soll, vgl. BGH GRUR **91,** 448. Das gilt auch für die Berufungsbegründung nach Neufassung des § 111, BGH bei Bausch, BGH 1994–1998, S. 571; ebenso BGH X ZR 124/02 v. 13. 1. 04 u. 155/00 v. 6. 4. 04 (LS in Mitt. **05,** 22). Eine ausdrückliche Bezugnahme auf die in der Vorinstanz „zuletzt gestellten Anträge" genügt.

5 **5. Berufungsgründe.** Die Anforderungen entsprechen denjenigen der ZPO vor Inkrafttreten der ZPO-Reform 2001 (§ 519 Abs. 3 Nr. 2 ZPO a. F.). Es gelten die gleichen Auslegungsgrundsätze, vgl. auch amtliche Entwurfsbegründung, BR-Drucks. 870/97, S. 50. Auf Rechtsprechung und Kommentierung zu § 519 Abs. 3 Nr. 2 ZPO a. F. (und weitgehend auch auf diejenige zur strengeren Formulierung des § 520 Abs. 3 S. 2 Nr. 2, 3 n. F.) wird verwiesen. Wie dort allgemein anerkannt ist, soll die Vorschrift insbesondere gewährleisten, dass der Rechtsstreit für die Berufungsinstanz ausreichend vorbereitet wird, indem sie den Berufungsführer anhält, die Beurteilung des Streitfalls durch die Vorinstanz zu überprüfen und darauf hinzuweisen, in welchen Punkten und mit welchen Gründen das angefochtene Urteil für richtig gehalten wird; demnach muss die Berufungsbegründung jeweils auf den Streitfall zugeschnitten sein und die einzelnen Punkte tatsächlicher oder rechtlicher Art deutlich machen, auf die sich die Angriffe erstrecken sollen, es reicht nicht aus, die Würdigung durch die Vorinstanz mit formelhaften Wendungen zu rügen oder lediglich auf das Vorbringen erster Instanz zu verweisen; die angeführten Berufungsgründe müssen jedoch weder schlüssig noch rechtlich haltbar sein, BGH NJW-RR **02,** 1499. Die Notwendigkeit eingehender Auseinandersetzung mit den Gründen der angefochtenen Entscheidung entfällt, soweit die Berufung auf neue Tatsachen oder Erkenntnisse gestützt wird, BGH NJW **99,** 3784 m. w. N.

6 **6. Neue Tatsachen und Beweise** sind bereits in der Berufungsbegründung konkret zu bezeichnen, soweit die Berufung hierauf und nicht auf eine fehlerhafte Beurteilung des vom Bundespatentgericht berücksichtigten Sachverhalts gestützt werden soll. Ist dies nicht der Fall, so ist die Anführung neuer Tatsachen, Beweismittel und Beweiseinreden in der Berufungsbegründung auch nicht Zulässigkeitsvoraussetzung. Neue Tatsachen und Beweise können (ebenso wie neue rechtliche Gesichtspunkte) auch noch im weiteren Verlauf des Verfahrens eingeführt werden. Allerdings ist dann gegebenenfalls zu prüfen, ob die Partei ihre Prozessförderungspflicht verletzt hat und ein bestimmter Vortrag im Rahmen des § 117 und in entsprechender Anwendung der §§ 530, 531 ZPO wegen Verspätung zurückzuweisen ist. Vgl. die Erläuterungen bei § 117 und Jestaedt, Prozessförderungs- und Mitwirkungspflichten im Patentnichtigkeitsverfahren, in FS H. Piper (1996), S. 695 ff.

7 **II. Anschlussberufung.** Die Anschlussberufung (s. o. Rdn. 4 zu § 110) ist ebenso wie die erste Berufung mit einer Begründung zu versehen. Dies muss entsprechend § 524 Abs. 3 ZPO bereits in der Anschluss-Berufungsschrift oder zumindest (als Ergänzung derselben) innerhalb der Frist für die Erhebung der Anschlussberufung (§ 524 Abs. 2 ZPO: 1 Monat ab Zustellung der Berufungsbegründung) geschehen, BGH GRUR **05,** 888.

III. Vertretung

8 **1. Vertretungszwang (Anwaltszwang).** Der Zwang zur anwaltlichen Vertretung vor dem BGH (nicht auch für das erstinstanzliche Verfahren vor dem BPatG) ist – mit dem früheren § 121 – erst durch das GPatG v. 26. 7. 1979 eingeführt worden. Mit dem Vertretungszwang soll nach der Begründung des Regierungsentwurfs (BlPMZ **79,** 276 289) eine sachgerechte und zügige Durchführung des Verfahrens und damit zugleich eine Entlastung des Bundesgerichtshofs erreicht werden. Darüber hinaus dient die – auch zuvor schon üblich gewesene – Vertretung durch Patentanwälte oder patentrechtlich erfahrene Rechtsanwälte der besseren Verständigung zwischen den Parteien und den technisch nicht vorgebildeten Richtern des BGH.

9 **2. Umfang des Vertretungszwangs.** Der Anwaltszwang umfasst grundsätzlich das gesamte Berufungsverfahren mit allen relevanten Prozesserklärungen, insbesondere die Einreichung von Berufung (BGH Mitt. **01,** 137) und Berufungsbegründung, die Abgabe weiterer Stellungnahmen zum Verfahren und die Vertretung in der mündlichen Verhandlung; auch eine etwaige Gegenvorstellung wegen Verletzung rechtl. Gehörs, s. o. Rdn. 12 vor § 110. Sie betrifft auch die Zurücknahme der Berufung (a. A. Busse, 6. Auflage, Rdn. 13 zu § 112); im gleichen Sinne

BGH NJW-RR **94,** 386 u. **84,** 1465 für Rechtsmittelverzicht; BGH NJW **84,** 805 für Revisionsrücknahme und BGH NJW-RR **94,** 759 für ZPO-Berufung. Die hier in der Vorauflage (Rdn. 2 zu § 121) vertretene gegenteilige Ansicht beruhte auf dem Gedanken, prozessuale Anträge müssten in gleicher Weise zurückgenommen werden können wie sie auch eingereicht werden konnten; vgl. BGHZ **14,** 210, BGH NJW-RR **94,** 759 und BFH BStBl. **81** II 395; das ist durch das 2. PatÄndG gegenstandslos geworden, da jetzt schon die Berufungsschrift beim BGH eingereicht werden muss und dem Anwaltszwang unterliegt. Lediglich eine unzulässig gleichwohl ohne Anwalt eingelegte Berufung kann auch in gleicher Weise zurückgenommen werden, BGH NJW-RR **94,** 759. Rücknahme der Klage ist auch noch in der Berufungsinstanz ohne Anwalt jedenfalls dann wirksam, wenn der Kläger seinerseits noch keinen Anwalt für die Rechtsmittelinstanz bestellt hat (vgl. BGHZ **14,** 210).

3. Bevollmächtigte können alle Rechtsanwälte und Patentanwälte sein. Sie müssen aller- 10
dings nach Maßgabe der PatAnwO (s. BGH Mitt. **01,** 137) zur Patentanwaltschaft bezw. nach der BRAO bei einem – beliebigen – deutschen Gericht zugelassen sein; nur unter dieser Voraussetzung sind auch ausländische Anwälte vertretungsberechtigt. Dies wurde in der Begründung des Regierungsentwurfs zum GPatG entsprechend den Bestimmungen in den §§ 115, 116 ZPO und § 133 Abs. 1 als selbstverständlich und keiner ausdrücklichen Regelung bedürftig angesehen. Die als Bevollmächtigte mitwirkenden Rechtsanwälte können beim BGH zugelassene Anwälte sein, sind es auch häufig, müssen es aber nicht. Vertretungsberechtigte Rechts- und Patentanwälte können sich in eigener Sache entspr. § 78 IV ZPO auch selbst vertreten, BGH GRUR **87,** 353.

4. In der **mündlichen Verhandlung** können die Bevollmächtigten nach § 121 Abs. 2 mit 11
einem technischen Beistand – oder auch mehreren – (z. B. mit einem Privatgutachter, einem Erlaubnisscheininhaber oder einem Techniker ihres Betriebs) erscheinen und ihn zu Wort kommen lassen; das von dem Beistand Vorgetragene gilt als von der Partei vorgetragen, insoweit es nicht sofort widerrufen oder berichtigt wird (§ 90 Abs. 2 ZPO). Dem Patentanwalt einer Partei ist das Wort auch dann zu gestatten, wenn er nicht zu ihrem Vertreter bestellt ist, vgl. § 4 PatAnwO.

5. Wegen der **Vergütung** der Rechtsanwälte und der Patentanwälte sowie wegen der Er- 12
stattungsfähigkeit der Vergütung vgl. § 84 Rdn. 30–35. Wegen der Erstattungsfähigkeit der Kosten für einen Erlaubnisscheininhaber als technischen Beistand vgl. § 84 Rdn. 36.

112 *Zustellung; Erwiderung; Fristsetzung.* (1) [1]**Die Berufungsschrift und die Berufungsbegründung sind dem Berufungsbeklagten zuzustellen.** [2]**Mit der Zustellung der Berufungsschrift ist der Zeitpunkt mitzuteilen, in dem die Berufung eingelegt ist.** [3]**Die erforderliche Zahl von beglaubigen Abschriften soll der Berufungskläger mit der Berufungsschrift oder der Berufungsbegründung einreichen.**

(2) **Der Senat oder der Vorsitzende kann dem Berufungsbeklagten eine Frist zur Berufungserwiderung und dem Berufungskläger eine Frist zur schriftlichen Stellungnahme auf die Berufungserwiderung setzen.**

Inhaltsübersicht

1. Zustellung von Berufung u. Begründung. Abs. 1 entspricht § 519 a ZPO a. F. (bis zur 1
ZPO-Reform 2001) und ist an die Stelle des früheren § 113 Abs. 1 getreten.

Berufungsschrift und Berufungsbegründung sind der Gegenseite nach Abs. 1 S. 1 jeweils unverzüglich und unabhängig von der Prüfung der Zulässigkeit von Amts wegen nach den Vorschriften der §§ 166 ff. ZPO zuzustellen. Werden bereits zu diesem Zeitpunkt Zulässigkeitsmängel festgestellt, insbesondere Versäumnis der Fristen für Berufung oder Begründung, so ist der Berufungskläger unverzüglich zu unterrichten um Gelegenheit zur Klärung, etwaigen Nachbesserung und Stellung eines Wiedereinsetzungsantrags oder ggf. auch zur Kosten mindernden Rücknahme des Rechtsmittels zu geben.

Der Gegenseite ist der Zeitpunkt des Eingangs der Berufung gem. S. 2 von Amts wegen und auf Anfrage auch der Zeitpunkt des Eingangs der Begründung mitzuteilen; Verletzung dieser Ordnungsvorschrift beeinflusst die Wirksamkeit der Zustellung nicht. Es genügt die Wiedergabe des gerichtlichen Eingangsstempels auf dem zugestellten Schriftstück. Soweit auf einer Seite mehrere Personen beteiligt sind, hat die Zustellung an alle Beteiligten zu erfolgen.

Zur Erleichterung und Beschleunigung des Verfahrens soll der Berufungskläger gem. Abs. 1 S. 3 die erforderliche Zahl von beglaubigten Abschriften einreichen; die Verletzung dieser Soll-Vorschriften hat allenfalls Kostenfolgen; die erforderlichen beglaubigten Abschriften sind ggf. von der Geschäftsstelle des Gerichts herzustellen (vgl. § 169 Abs. 2 ZPO).

2 **2. Bearbeitungsfristen.** Nach Abs. 2 können den Parteien durch den Senat oder – wie üblich – durch den Vorsitzenden Fristen zur weiteren Bearbeitung gesetzt werden. Auf Antrag können die Fristen entspr. § 224 Abs. 2 ZPO verlängert werden. Die Fristen ermöglichen eine sachgerechte Förderung des Verfahrens. Sie ermöglichen die frühe Prüfung einer etwaigen Verwerfung der Berufung als unzulässig (§ 113) und eine zweckmäßige Vorbereitung der mündlichen Verhandlung (§§ 114, 116). Sie sind insbesondere wesentliche Grundlage für die vorbereitende Erhebung von Beweisen (§ 115). So wird in der Regel zunächst (vor Terminierung der mündlichen Verhandlung) die Einholung eines schriftlichen Sachverständigen-Gutachtens zu den technischen Grundlagen und Streitpunkten des Verfahrens eingeholt.

Die Abgabe fristgerechter Stellungnahmen ist keine Verpflichtung, sondern Obliegenheit der Parteien (zutreffend Busse, Rdn. 5 zu § 112). Die Verletzung der Obliegenheit hat keine unmittelbaren Folgen. Neuer Sachvortrag nach Ablauf der gesetzten Fristen kann jedoch ggf. als verspätet zurückgewiesen werden (vgl. § 117).

113 *Zulässigkeitsprüfung.* (1) [1]**Der Bundesgerichtshof hat von Amts wegen zu prüfen, ob die Berufung an sich statthaft und ob sie in der gesetzlichen Form und Frist eingelegt und begründet ist.** [2]**Mangelt es an einem dieser Erfordernisse, so ist die Berufung als unzulässig zu verwerfen.**

(2) **Die Entscheidung kann ohne mündliche Verhandlung durch Beschluss ergehen.**

Inhaltsübersicht

1 **I. Die Zulässigkeitsvoraussetzungen.** Der Bundesgerichtshof hat zunächst die Zulässigkeit der Berufung zu prüfen (§ 113 Abs. 1).

2 **1. Statthaftigkeit.** Die Berufung muss insbesondere „an sich statthaft" sein, d. h. sie muss sich gegen eine berufungsfähige Entscheidung richten; s. dazu § 110 Abs. 1 und die dortigen Erläuterungen.

3 **2. Form.** Die Berufung muss den gesetzlichen Formvorschriften entsprechen. Sie muss daher durch Einreichung einer Berufungsschrift beim Bundesgerichtshof eingelegt sein (§ 110 Abs. 2). Eine an anderer Stelle eingereichte Berufungsschrift wird erst dann wirksam, wenn sie an den BGH weiter geleitet wird und dort eingeht. Die Berufungsschrift muss durch einen in Deutschland zugelassenen Rechtsanwalt oder Patentanwalt eingereicht werden (§ 111 Abs. 4). Dies kann ggf. auch durch Telefax oder elektronische Übertragung einer Textdatei erfolgen. Wegen weiterer Einzelheiten vgl. die Erläuterungen zu § 110 (Rdn. 7, 8).

4 **3. Begründung.** Die Berufung ist weiterhin zu begründen. Dies kann bereits in der Schrift zur Einlegung der Berufung oder aber auch in einer gesonderten Begründungsschrift geschehen. Auch die Begründung muss durch einen Rechtsanwalt oder Patentanwalt erfolgen (§ 111 Abs. 4). Zum notwendigen Inhalt der Begründung s. § 111 und die dortigen Erläuterungen. Etwaige Mängel der ursprünglichen Begründung können bis zum Ablauf der Begründungsfrist ohne weiteres behoben werden.

5 **4. Fristen.** Berufung und Berufungsbegründung sind fristgebunden. Die Fristen betragen jeweils einen Monat. Die Berufungsfrist beginnt mit Zustellung des angefochtenen Urteils (§ 110 Abs. 3); die Begründungsfrist beginnt mit Einlegung der Berufung (§ 111 Abs. 2).

6 **Wiedereinsetzung.** Bei Fristversäumnis kann auf Antrag ggf. Wiedereinsetzung in den vorigen Stand entsprechend §§ 233 ff. ZPO gewährt werden (BGH GRUR **00,** 1010). Voraussetzungen

zung ist, dass die Partei ohne eigenes Verschulden verhindert war, die Berufungs- oder Begründungsfrist einzuhalten (§ 233 ZPO). Das Verschulden eines Verfahrensbevollmächtigten steht dem Verschulden der Partei gleich (§ 85 Abs. 2 ZPO; BGH GRUR **01,** 411). Für die mit der Vertretung der Partei beauftragten Patentanwälte gelten die gleichen Grundsätze wie sie die Rechtsprechung für Rechtsanwälte entwickelt hat, BGH GRUR **01,** 411. Bei zweifelhafter Rechtslage muss der Anwalt den sicheren Weg wählen, BGH GRUR **01,** 271, 272. Unschädlich ist ein Verschulden des Büropersonals, sofern es nicht wiederum auf ein Verschulden der Partei oder des Bevollmächtigten zurück zu führen ist (z. B. mangelhafte Anweisung, allgemeine Belehrung, Überwachung oder sonstiges Organisationsverschulden – vgl. BGH GRUR **00,** 1010, 1011; **01,** 411, 412 und Rechtspr. zu § 233 ZPO. Der Antrag muss binnen zwei Wochen nach Behebung des Hindernisses, spätestens innerhalb eines Jahres nach Ablauf der versäumten Frist gestellt werden, § 234 ZPO; bei Versäumung d. Begründungsfrist binnen eines Monats, § 234 Abs. 1 S. 2 ZPO). Die großzügigere Fristenregelung des § 123 PatG ist im Berufungsverfahren nicht anwendbar, BGH **00,** 1010. Die Regelung des § 123 Abs. 5 über ein bei Wiedereinsetzung mögliches **Weiterbenutzungsrecht** wird allerdings auch hier – ebenso wie gemäß § 106 Abs. 1 Satz 2 im Rechtsbeschwerdeverfahren – entsprechend anzuwenden sein (vgl. Kraßer, Patentrecht, S. 856 zu III 7).

5. Beschwer. Weitere Voraussetzung für die Zulässigkeit der Berufung ist, dass der Rechtsmittelführer durch die angefochtene Entscheidung beschwert ist. Das ist zwar in § 113 nicht besonders erwähnt; die Beschwer ist jedoch als besondere Ausprägung des Rechtsschutzbedürfnisses allgemein als Zulässigkeitsvoraussetzung eines jeden Rechtsmittelverfahrens anerkannt. Vgl. dazu im Einzelnen § 110 Rdn. 4. 7

II. Entscheidung über die Zulässigkeit

1. Amtsprüfung. Fehlt auch nur eine der vorstehend genannten Zulässigkeitsvoraussetzungen, so ist die Berufung als unzulässig zu verwerfen; das Vorliegen dieser Voraussetzungen hat der BGH in jeder Lage des Verfahrens von Amts wegen zu prüfen (§ 113 Abs. 1). Im Rahmen dieser Prüfung ist auch ein etwaiges Wiedereinsetzungsgesuch zu bescheiden. 8

2. Verwerfungsbeschluss. Die Entscheidung über die Zulässigkeit der Berufung kann durch Urteil nach mündlicher Verhandlung ergehen, und zwar sowohl durch Endurteil (abschließende Entscheidung des Verfahrens) als auch durch Zwischenurteil nur über die Zulässigkeit der Berufung entsprechend § 84 Abs. 1 PatG, § 303 ZPO. Eine Verwerfung der Berufung als unzulässig kann aber auch durch Beschluss geschehen (§ 113 Abs. 2). Das ist insbesondere in eindeutigen Fällen üblich und sachgerecht. Aus Gründen des rechtlichen Gehörs (Art. 103 Abs. 1 GG; vgl. auch § 100 Abs. 3 Nr. 3 PatG) muss die Partei jedoch zuvor auf die der Zulässigkeit entgegenstehenden Gründe hingewiesen werden und Gelegenheit haben, dazu Stellung zu nehmen. 9

114 *Termin zur mündlichen Verhandlung.* **Wird die Berufung nicht durch Beschluss als unzulässig verworfen, so ist der Termin zur mündlichen Verhandlung zu bestimmen und den Parteien bekannt zu machen.**

Inhaltsübersicht

1. Terminsbestimmung. Die Vorschrift bringt selbstverständliches zum Ausdruck. Sie folgt daraus, dass grundsätzlich auf Grund mündlicher Verhandlung zu entscheiden ist. Anders nur bei einem der gesetzlichen Ausnahmegründe des § 113 (Verwerfung als unzulässig durch Beschluss) oder des § 116 Abs. 3 (Zustimmung der Parteien, Verlustigerklärung oder isolierte Kostenentscheidung). 1

2. Zeitpunkt der Terminierung. Die Vorschrift lässt offen, wann die Terminierung zu erfolgen hat. In der Praxis erfolgt die Terminierung erst, wenn die nachfolgenden Bedingungen erfüllt sind: Es muss feststehen, dass nicht ohne mündliche Verhandlung entschieden werden kann (§§ 113, 116 Abs. 2); die zweckmäßig vor der mündlichen Verhandlung durchzuführenden Maßnahmen der Aufklärung und Beweiserhebung (s. § 115) sind bereits erledigt; unter 2

Berücksichtigung der Arbeitsbelastung des Gerichts, anstehender älterer oder besonders eilbedürftiger Sachen und möglicher Verhinderungen von prozessbeteiligten Personen ist eine zeitnahe Terminierung mit angemessener Vorbereitungszeit möglich.

3 **3. Terminsänderung.** Entsprechend ZPO § 227 kann der Termin aus erheblichen Gründen aufgehoben oder geändert oder die Verhandlung vertagt werden. Entsprechend § 99 IV PatG und entgegen ZPO § 227 III besteht auch in der Haupturlaubszeit (Juli/August) nicht ohne weiteres ein Anspruch auf Terminsverlegung.

115 *Vorbereitende Anordnungen. Untersuchungsgrundsatz.* (1) [1]**Der Bundesgerichtshof trifft nach freiem Ermessen die zur Aufklärung der Sache erforderlichen Verfügungen.** [2]**Er ist an das Vorbringen und die Beweisanträge der Parteien nicht gebunden.**

(2) **Beweise können auch durch Vermittlung des Patentgerichts erhoben werden.**

Inhaltsübersicht

1 **1. Die Bedeutung der Vorschrift; Untersuchungsgrundsatz.** § 115 hat seine jetzige Fassung durch das 6. ÜG vom 23. 3. 1961 erhalten. Er regelt nicht nur wie der ergänzend heranzuziehende § 273 ZPO die sachgerechte Vorbereitung der mündlichen Verhandlung sondern ist noch allgemeiner die zweitinstanzliche Parallelbestimmung zu der erstinstanzlichen Bestimmung des § 87 Abs. 1 geworden. So wird insbesondere nunmehr durch ausdrückliche Gesetzesbestimmung die Geltung des Untersuchungsgrundsatzes auch für das Berufungsverfahren angeordnet, die von der Rechtsprechung schon seit jeher anerkannt war (BGHZ **18,** 81, 97 = GRUR **55,** 393, 397). Allerdings ist der Untersuchungsgrundsatz in § 115 Abs. 1 („freies Ermessen") gegenüber dem § 87 Abs. 1 („Erforschung von Amts wegen") abgeschwächt. Der BGH *kann* also z. B. im Nichtigkeitsverfahren ohne Bindung an das Vorbringen der Parteien weiteres neuheitsschädliches Material heranziehen, z. B. Material, das der gerichtliche Sachverständige erst ermittelt hat; er *muss* aber nicht nach weiterem Material forschen und muss auch nicht den Sachverständigen mit solchen Nachforschungen beauftragen; in der Praxis geschieht das auch nicht. Er kann sich bei pauschaler und widersprüchlicher Einlassung des Beklagten in freier Beweiswürdigung auch allein auf die Darstellung des Klägers und die schriftliche Darstellung eines Zeugen stützen und von der Vernehmung dieses Zeugen absehen, vgl. BGH GRUR **81,** 649 – Polsterfüllgut. Weitere Abschwächungen des Untersuchungsgrundsatzes und Übergänge zum Verfahren mit Beibringungsgrundsatz finden sich in § 117 Abs. 1, 2 (verspätetes Vorbringen) und § 118 (Untätigkeit der Parteien); diese Bestimmungen bringen gegenüber dem Untersuchungsgrundsatz den Gedanken zur Geltung, dass es gerade in zweiter Instanz in erster Linie Aufgabe der Parteien ist, neuen Prozessstoff – und zwar rechtzeitig – beizubringen, BGH GRUR **67,** 585. Vgl. dazu auch Rdn. 6 vor § 110 mit §§ 82, 83 Rdn. 9 und § 22 Rdn. 72–74.

2 **2.** Mit den „zur Aufklärung der Sache erforderlichen Verfügungen" (Abs. 1 Satz 1) sind in diesem Stadium des Verfahrens **die vorbereitenden Anordnungen** gemeint (oben Rdn. 1), d. h. die Anordnungen, „die notwendig sind, um die Sache möglichst in einer mündlichen Verhandlung zu erledigen" (§ 87 Abs. 2). Im Einzelnen werden – wie nach § 87 Abs. 2 Satz 2 und § 88 Abs. 2 – namentlich die in § 273 ZPO bezeichneten Anordnungen (z. B. Auflagen an die Parteien, Einholung von Auskünften), insbesondere auch die Anforderung von Druckschriften und Übersetzungen (entspr. § 142 Abs. 3 ZPO, vgl. auch § 125 und Art. II § 3 IntPatÜG) in Betracht kommen. **Übersetzungen** fremdsprachiger Unterlagen sind meist notwendig, zumindest sehr förderlich für eine sachgerechte vertiefte Bearbeitung durch den BGH. Dieser fordert in der Praxis im Allgemeinen ausdrücklich zur Einreichung von Übersetzungen auf. Nach Meinung von Hesse (Mitt. **77,** 49) braucht der BGH wegen der Vorschrift über die Gerichtssprache in § 184 GVG fremdsprachige Schriftstücke überhaupt nicht zur Kenntnis zu nehmen und braucht keine Frist zur Vorlage von Übersetzungen zu setzen. Dem kann jedoch in dieser Allgemeinheit nicht gefolgt werden. § 184 GVG gilt nur für Parteivortrag, nicht für Beweismittel; es ist daher zu unterscheiden, ob die vorgelegte Entgegenhaltung lediglich die Richtigkeit des aus sich heraus ausreichend substantiierten und verständlichen Parteivortrags belegen (dann zunächst keine Übersetzung nötig) oder aber den Parteivortrag ergänzen soll (insoweit Überset-

zung nötig). Wegen des (eingeschränkten) Untersuchungsgrundsatzes nach § 115 kann der BGH gegebenenfalls auch von sich aus eine Übersetzung durch einen Dolmetscher veranlassen. Zum Problem vgl. auch Bacher/Nagel, GRUR **01,** 873ff. In Betracht kommen ferner – über § 273 ZPO hinaus – **vorgezogene Beweisaufnahmen,** insbesondere Einholung eines Gutachtens (s.u. Rdn. 3) sowie Zeugenvernehmungen durch den Einzelrichter (§ 527 ZPO), durch einen beauftragten Richter oder ein darum ersuchtes anderes Gericht, insbesondere das Patentgericht (§ 115 Abs. 2); z.T. abweichend Busse Rdn. 2 zu § 115. Die Möglichkeit einer Beweisaufnahme durch ein anderes Gericht ist bisher nicht genutzt worden.

3. In Nichtigkeitssachen wird in aller Regel vor der mündlichen Verhandlung ein **schriftliches Gutachten eines technischen Sachverständigen,** vorwiegend eines Hochschullehrers, eingeholt. Das Gutachten wird zumeist nicht nur zur Unterrichtung des Gerichts die technischen Grundlagen des Streites zu erläutern, sondern auch zu den zwischen den Parteien bestehenden technischen Streitpunkten Stellung zu nehmen haben. Auf welchem engeren Fachgebiet der Gutachter sachverständig sein soll, kann im Einzelfall zweifelhaft sein, ebenso wie die zumeist ebenso zu beantwortende Frage, in welchem engeren Fachgebiet der „Durchschnittsfachmann" zu suchen ist, auf dessen Kenntnisse und Fähigkeiten bei der sachlichrechtlichen Prüfung wiederholt abzustellen ist (vgl. dazu auch Ackermann Mitt. **61,** 21ff., 25f. sowie Liedel, Das deutsche Patentnichtigkeitsverfahren, 1979, S. 119ff.). Aufgabe und Tätigkeit des gerichtlichen Sachverständigen im Nichtigkeitsverfahren sind eingehend dargestellt bei Hesse in Der Sachverständige, **X (1983),** 149ff. und – aus der Sicht eines Sachverständigen – Haller in GRUR **85,** 653ff. Der Sachverständige soll zur Klärung wesentlicher tatsächlicher Fragen beitragen, kann dem Gericht jedoch nicht die Subsumtion unter die einschlägigen Rechtsbegriffe und die rechtliche Bewertung abnehmen. Die Abgrenzung ist z.T. schwierig. Der Sachverständige hat z.B. nicht zu beurteilen, ob eine „erfinderische Tätigkeit" vorliegt; das ist ein Akt wertender Entscheidung, BGHZ **128,** 270, 275 – elektrische Steckverbindung; das gilt auch für die Frage des „Naheliegens" i.S. des § 4; deren Beurteilung obliegt (letztlich) dem Gericht u. ist nicht Aufgabe d. Sachverständigen, BGH GRUR **04,** 411, 413 – Diabehältnis. Aufgabe d. Sachverständigen ist es jedoch, Gesichtspunkte zusammenzutragen die für oder gegen ein „Naheliegen" sprechen. 3

Die Einholung des Gutachtens wird in der Praxis (außer bei Bewilligung der Verfahrenskostenhilfe) entsprechend §§ 379, 402 ZPO, § 17 GKG davon abhängig gemacht, dass der Berufungskläger den von ihm geforderten **Auslagenvorschuss** einzahlt; bei Nichtzahlung des Vorschusses ist der Berufungskläger wiederholt als beweisfällig behandelt worden, so in RG MuW **XXVI,** 154 u. 156; GRUR **33,** 131; vgl. dazu Reimer § 42e Rdn. 3; kritisch vor allem Hesse Mitt. **72,** 47. Es bedarf hier einer Differenzierung. Nach dem das Kostenrecht beherrschenden Veranlassungsprinzip ist Kostenschuldner – teils kraft Gesetzes, teils kraft richterlicher Bestimmung – grundsätzlich derjenige, der die Kosten veranlasst. Erfolgt die Einholung eines Gutachtens oder eine sonstige Beweisaufnahme auf Antrag einer Partei, so kann von dieser ein Auslagenvorschuss erhoben und die Durchführung der Beweisaufnahme von der Zahlung des Vorschusses abhängig gemacht werden, § 17 Abs. 1 GKG. Bei Nichtzahlung kann die beweispflichtige Partei (vgl. § 22 Rdn. 74 – nicht notwendig der Berufungskläger) als beweisfällig behandelt werden, soweit nicht eine Durchführung der Beweisaufnahme von Amts wegen geboten ist; das ist dann der Fall, wenn sich der technische Sachverhalt als so schwierig darstellt, dass er ohne Hilfe eines Sachverständigen nicht erfasst und beurteilt werden kann; BGH GRUR **76,** 213, 216. In diesem Fall kann ein Vorschuss ebenfalls erhoben werden (§ 17 Abs. 3 GKG), und zwar von dem allgemeinen Kostenschuldner für die Instanz, d.h. vom Berufungskläger, § 22 Abs. 1 GKG; BGH GRUR **76,** 213, 216; anders Hesse Mitt. **72,** 47, 49. Die Durchführung der Beweisaufnahme kann allerdings in diesem Fall nicht von der Zahlung abhängig gemacht werden. Die Nichtzahlung des Vorschusses lässt darauf schließen, dass die Partei keinen Wert auf Einholung eines Gutachtens legt, was wiederum bei der Amtsprüfung über die Notwendigkeit eines Gutachtens berücksichtigt werden kann, vgl. BGH GRUR **76,** 213, 216. 4

Für die **Vergütung** des Sachverständigen gilt jetzt das Justizvergütungs- und Entschädigungsgesetz (JVEG) vom 5. 5. 2004. Dieses geht – ebenso wie das frühere ZSEG – im Wesentlichen aus von einer Vergütung nach Zeitaufwand zu Stundensätzen, die nach typischen Schwierigkeitsgraden und notwendigen Qualifikationen gestaffelt sind. Die Stundensätze betragen 50,– bis 95,– EUR. Die besonderen Anforderungen an einen Sachverständigen im Patentnichtigkeitsverfahren sind in diesen Sätzen nicht berücksichtigt. Im Geltungsbereich des früheren ZSEG wurde dem dadurch Rechnung getragen, dass die notwendige Auseinandersetzung mit aktuellen technischen Entwicklungen und ihrem Bezug zu älteren technischen Vorschlägen und Anregungen als Auseinandersetzung mit der wissenschaftlichen Lehre gewertet wurde, die 5 nach § 3 Abs. 3 ZSEG eine Erhöhung der Stundensätze um 50% rechtfertigte, BGH GRUR **84,** 340. Eine solche Bestimmung gibt es im neuen Gesetz nicht. Der notwendigen besonderen Qualifikation kann jedoch durch Einordnung in einer der oberen Kategorien Rechnung getragen werden. In der Regel erfolgte die Vergütung des gerichtlichen Sachverständigen auch schon bisher nicht nach den gesetzlichen Regelsätzen sondern nach besonderer Vereinbarung bzw. Einverständnis mit einer vom Sachverständigen vorgeschlagenen Rechnung. So wird wohl nach Maßgabe des § 13 JVEG im Wesentlichen auch in Zukunft verfahren werden können.

Der tatsächliche **Zeitaufwand** wird ggf. nur in dem Umfang vergütet, der nach Umfang, Bedeutung und Schwierigkeit der Sache und nach Umfang des Gutachtens erforderlich war, BGH GRUR **04,** 446. Regelmäßig keine Vergütung für die Prüfung der Vorfrage, ob der Sachverständige das Gutachten überhaupt erstellen kann, BGH GRUR **02,** 732. Der Sachverständige kann seinen Entschädigungsanspruch verlieren, wenn er Grund zu seiner **Ablehnung** wegen Befangenheit gegeben hat, jedoch nicht schon bei leichter Fahrlässigkeit, BGH GRUR **76,** 606.

6 Für die Ablehnung des Sachverständigen gilt § 406 ZPO i. Verb. m. §§ 41, 42 ZPO; eine die Ablehnung rechtfertigende **Besorgnis der Befangenheit** kann sich insbesondere im Falle der Sachbesichtigung oder Information bei einer Partei ohne Unterrichtung der Gegenseite ergeben, BGH GRUR **75,** 507 mit Anm. Harmsen; ebenso, wenn der Sachverständige den Prozessbevollmächtigten einer Partei mit der Wahrnehmung seiner Rechte in einer anderen Sache beauftragt hat, BGH GRUR **87,** 350; ebenso laufende Tätigkeit für eine der Parteien; oder auch nur Forschungskooperation zwischen Institut des Sachverständigen und Muttergesellschaft einer Partei, BGH Bausch 1994–98, 551; auch früherer eigener Patentstreit mit einer der jetzigen Parteien, BGH Bausch 1994–98, S. 569, 570. Jedoch nicht ohne weiteres Ablehnungsgrund, wenn Sachverständiger für Schutzrechte eines Konkurrenten als Erfinder benannt ist, BGH GRUR **02,** 369. Kein Ablehnungsgrund, wenn Sachverständiger lediglich vor längerer Zeit für einen am Verfahren nicht beteiligten Konkurrenten gearbeitet hat oder noch für ein Unternehmen tätig ist, das seinerseits eine einschlägige konkurrierende Tätigkeit bereits vor längerer Zeit eingestellt hat, BGH Mitt. **03,** 333. Nicht eigene gewerbliche Tätigkeit auf einschlägigem Gebiet, soweit keine Konkurrenz zu patentgemäßen Produkten, BGH Mitt. **04,** 234. Auch nicht Vorstandstätigkeit für eine größere Interessen-Vereinigung, deren Mitglied eine der Prozessparteien ist, BGH Bausch 1999–2001, S. 599. Mängel des Gutachtens lassen nicht ohne weiteres auf Befangenheit schließen, BGH Mitt. **03,** 333. Vgl. ergänzend auch Rdn. 130 zu § 139.

116 *Mündliche Verhandlung.* (1) [1]**Das Urteil des Bundesgerichtshofs ergeht auf Grund mündlicher Verhandlung.** [2]**§ 69 Abs. 2 gilt entsprechend.**

(2) **Die Ladungsfrist beträgt mindestens zwei Wochen.**

(3) **Von der mündlichen Verhandlung kann abgesehen werden, wenn**

1. die Parteien zustimmen,
2. eine Partei des Rechtsmittels für verlustig erklärt werden soll oder
3. nur über die Kosten entschieden werden soll.

Inhaltsübersicht

1 **1. Erforderlichkeit der mündlichen Verhandlung.** Dem Abs. 1 Satz 1 entspricht für das erstinstanzliche Verfahren der § 83 Abs. 2 Satz 1. Wie das erstinstanzliche Verfahren, so wird auch das Berufungsverfahren zunächst schriftlich geführt, um schließlich mit einer mündlichen Verhandlung und dem auf Grund dieser Verhandlung ergehenden **Urteil** seinen Abschluss zu finden (Rdn. 8–10 zu §§ 82, 83). Klarer als § 83 Abs. 2 Satz 1 (dort Rdn. 11) sagt § 116 Abs. 1 Satz 1, dass (nur) das „Urteil" auf Grund mündlicher Verhandlung ergeht. Zur Frage, wann die Entscheidung durch Urteil und wann sie durch Beschluss ergeht, s. u. Rdn. 5.

2 **Ohne mündliche Verhandlung** ergeht das Urteil (und zwar trotzdem als „Urteil") nach Nr. 1 des § 116 Abs. 3, wenn mit Zustimmung der Parteien (Rdn. 16 zu §§ 82, 83) von der mündlichen Verhandlung abgesehen wird, und ferner nach § 118 Abs. 2, wenn in dem Termin

keine der Parteien erscheint. Dass auch in den Fällen des § 116 Abs. 3 Nr. 2, 3 von der mündlichen Verhandlung abgesehen werden kann, ist keine Ausnahme von § 116 Abs. 1 Satz 1, weil in diesen Fällen die Entscheidung ohnehin nicht durch Urteil, sondern durch Beschluss erfolgt (s. u. Rdn. 8); im Hinblick auf die jetzige Fassung der §§ 269 III, IV, 516 III ZPO sind die Nr. 2, 3 weitgehend überflüssig.

2. Durchführung der mündlichen Verhandlung. Die Ladungsfrist beträgt nach § 116 Abs. 2 – ebenso wie nach § 89 Abs. 1 Satz 1 für die erste Instanz – mindestens 2 Wochen; sie wird – entsprechend § 89 Abs. 1 Satz 2 – in dringenden Fällen abgekürzt werden können. Der in § 89 Abs. 2 für die erste Instanz vorgeschriebene Hinweis auf die Folgen des Ausbleibens ist hier nicht vorgesehen; die Folgen des Ausbleibens sind aber hier die gleichen wie dort (Rdn. 15 zu §§ 82, 83 sowie § 118 Rdn. 1). Die mündliche Verhandlung ist in der Regel öffentlich (§ 116 Abs. 1 Satz 2 i. V. m. § 69 Abs. 2). Die für die erste Instanz in den §§ 90, 91 gegebenen Vorschriften über den Gang der Verhandlung können im Berufungsverfahren entsprechend angewandt werden. Wegen der Niederschrift vgl. § 119. 3

3. Inhalt des Urteils. Das auf Grund mündlicher Verhandlung ergehende Urteil ist in der Regel ein **Endurteil,** d. h. eine die Instanz abschließende Entscheidung. Ergibt sich im Berufungsverfahren, dass die erstinstanzliche Entscheidung, soweit sie mit der Berufung angefochten ist, jedenfalls im Ergebnis richtig ist, so wird die Berufung zurückgewiesen. Andernfalls wird die erstinstanzliche Entscheidung durch eine anderweitige Entscheidung des BGH im Rahmen der gestellten Anträge (s. Rdn. 5 vor § 110) ganz oder teilweise geändert. 4

Der BGH kann jedoch auf der Grundlage des § 99, insbesondere bei einem wesentlichen Mangel des erstinstanzlichen Verfahrens, in entsprechender Anwendung des § 538 Abs. 2 ZPO das erstinstanzliche Urteil lediglich aufheben und die Sache zur erneuten Verhandlung und Entscheidung **an das Patentgericht zurückverweisen,** BGH GRUR **04,** 354, 356. Er hat dies aus Zweckmäßigkeitsgründen auch über den nach der früheren Fassung der ZPO gegebenen Rahmen hinaus für möglich gehalten, wenn dafür ein Bedürfnis bestand, so z. B. wenn der technische Sachverhalt in erster Instanz noch nicht oder noch nicht vollständig geprüft war, BGH GRUR **91,** 376, 377. Wegen der Besonderheiten des Patentnichtigkeitsverfahrens und der lediglich „entsprechenden" Anwendbarkeit des § 538 Abs. 2 ZPO wird auch weiterhin eine Zurückverweisung über dessen engen Rahmen hinaus möglich sein; insbesondere auch dann, wenn ein Mangel des erstinstanzlichen Verfahrens nicht die weiteren Voraussetzungen des § 538 Abs. 2 Nr. 1 ZPO erfüllt. So kann der besondere Umstand des Nichtigkeitsverfahrens genutzt werden, dass nur das Bundespatentgericht als erste Instanz auf den technischen Sachverstand seiner „technischen Mitglieder" (§ 65 Abs. 2) zurückgreifen und daher – anders als der BGH als Berufungsinstanz – regelmäßig auf die Hinzuziehung eines externen Sachverständigen verzichten kann, BGH GRUR **04,** 354, 356 – Vertagung. So im konkreten BGH-Fall (a. a. O.) deswegen, weil eine Vertagung nach einer erst in der mündlichen Verhandlung erklärten eingeschränkten Verteidigung zu Unrecht abgelehnt wurde und der Kläger daher gehindert war, Angriffsmittel gegen eine eingeschränkte Anspruchsfassung schon in erster Instanz vorzubringen. Die Möglichkeit, das Patentgericht nach § 115 Abs. 2 lediglich für die Erhebung einzelner Beweise heranzuziehen, hat der BGH bisher nicht genutzt und ersichtlich für unzureichend gehalten. Vgl. auch die Regel des § 79 Abs. 3 für das Beschwerdeverfahren vor dem BPatG. In entsprechender Anwendung des § 538 ZPO ist die Sache an den Nichtigkeitssenat ferner in aller Regel dann zurückzuverweisen, wenn die Berufung sich gegen ein Zwischenurteil nach § 84 Abs. 1 Satz 2 oder gegen ein Grundurteil im Zwangslizenzverfahren (§ 84 Rdn. 1, § 24 Rdn. 35) richtet und zurückgewiesen wird. 5

Die nach mündlicher Verhandlung ergehende Entscheidung kann auch ein **Zwischenurteil** (§ 303 ZPO) sein. So insbesondere ein solches über die Zulässigkeit der Klage (§ 84 Abs. 1 S. 2); BGH GRUR **91,** 443 – Schneidwerkzeug. Das gilt allerdings nur, wenn die Zulässigkeit im Ergebnis bejaht wird. Die Verneinung der Zulässigkeit führt zu einem auf Abweisung der Klage als unzulässig lautenden Endurteil. Entsprechendes gilt dann, wenn das Gericht über die Zulässigkeit der Berufung nicht durch Beschluss (gem. § 113 Abs. 2) sondern nach – abgesonderter (§ 146 ZPO) – mündlicher Verhandlung entscheidet. Ein Zwischenurteil nach § 84 Abs. 1 S. 2 kommt u. a. auch bei Streit über die Zulässigkeit eines gewillkürten Parteiwechsels in Betracht, BGH GRUR **96,** 865. 6

4. Wirkung und Folgen des Urteils. Das Urteil des BGH wird, weil unanfechtbar, mit der Verkündung (oder der an ihre Stelle tretenden Zustellung) formell rechtskräftig. Wegen der Zustellung vgl. § 120 und die Erläuterungen dazu. Wegen der materiellen Rechtskraft vgl. die auch hier geltenden Erläuterungen zu § 84 Rdn. 5 i. Verb. m. § 22 Rdn. 92–96 und § 24 Rdn. 28, 36. Soweit die Gründe einer Nichtigkeitsentscheidung für die fernere Aus- 7 legung des Streitpatents von Bedeutung sind (§ 22 Rdn. 92–94, 96), treten auch bei Zurückweisung der Berufung die Gründe des Berufungsurteils an die Stelle der Gründe des erstinstanzlichen Urteils, soweit sie sich mit diesen nicht decken. Wegen der Mitteilungen an das Patentamt vgl. § 84 Rdn. 8 und § 120 Rdn. 2. Wegen der Wiederaufnahme des Verfahrens vgl. § 84 Rdn. 9.

8 **5. Beschlussentscheidungen.** Durch Beschluss und ohne mündliche Verhandlung kann eine abschließende Entscheidung bei Verwerfung der Berufung als unzulässig (§ 113) ergehen. Durch Beschluss ist auch in den Fällen des § 116 Abs. 3 Nr. 2 und 3 zu entscheiden, wenn sich der Streitgegenstand nach Rücknahme von Klage oder Berufung auf Verlustigerklärung des Rechtsmittels und die Kostenentscheidung reduziert hat, oder wenn entsprechend § 91 a ZPO wegen Erledigung der Hauptsache (s. Rdn. 33 ff. zu § 81) nur noch über die Kosten zu entscheiden ist; ergeben sich die Voraussetzungen der Beschlussentscheidung erst in einer mündlichen Verhandlung, so kann auch der Beschluss auf Grund der mündlichen Verhandlung (und nicht im schriftlichen Verfahren) ergehen. Als Beschluss ergehen auch sonstige, das Verfahren nicht abschließende Entscheidungen, z. B. über die Zulässigkeit der Nebenintervention, über die Akteneinsicht, über die Verbindung, Trennung und Aussetzung von Verfahren sowie Aufklärungs- und Beweisbeschlüsse und dergleichen mehr.

117 *Verspätetes Vorbringen. Rechtliches Gehör.* (1) **Die Geltendmachung neuer Tatsachen und Beweismittel im Termin ist nur insoweit zulässig, als sie durch das Vorbringen des Berufungsbeklagten in der Erklärungsschrift veranlaßt wird.**

(2) **Der Bundesgerichtshof kann auch Tatsachen und Beweise berücksichtigen, mit denen die Parteien ausgeschlossen sind.**

(3) **Auf eine noch erforderliche Beweisaufnahme ist § 115 anzuwenden.**

(4) **Soll das Urteil auf Umstände gegründet werden, die von den Parteien nicht erörtert worden sind, so sind diese zu veranlassen, sich dazu zu äußern.**

Literatur: Jestaedt, Prozessförderungs- u. Mitwirkungspflichten i. Nichtigkeitsverfahren, FS H. Piper (1996) S. 695 ff.; König, Die Berufung im Patentnichtigkeits- u. Zwangslizenzverfahren nach neuem Recht, Mitt. **98,** 349 ff.

1 **1. Verspätetes Vorbringen.** § 117 regelt in Abs. 1 bis 3, inwieweit erst im Termin geltend gemachtes tatsächliches Vorbringen der Parteien zu berücksichtigen ist. Auf die Umstände, auf die dabei abgestellt wird, kann es jedoch angesichts des Ganges des Berufungsverfahrens, wie es sich in jahrzehntelanger Praxis entwickelt hat, nicht entscheidend ankommen: der Berufungskläger wird – entgegen § 117 Abs. 1 – kaum einmal durch die (zeitlich meist lange zurückliegende) Gegenerklärung des Berufungsbeklagten veranlasst sein, neue Tatsachen erst im Termin vorzubringen, wohl aber wird sich die eine oder die andere Partei oft durch das inzwischen erstattete schriftliche Sachverständigengutachten dazu veranlasst sehen; die „Muss"-Vorschriften der §§ 111, 112 Abs. 2 (auf die § 117 Abs. 2 ersichtlich abhebt) schließen in der Praxis nachträgliches Vorbringen nicht aus (§ 111 Rdn. 6, § 112 Rdn. 2); auf den aus § 115 zu entnehmenden Untersuchungsgrundsatz (dort Rdn. 1) ist § 117 dagegen – außer etwa durch die „Kann"-Bestimmung des Abs. 2 – nicht abgestimmt. Der in den Einzelheiten nicht recht passenden Regelung in § 117 Abs. 1–3 wird aber jedenfalls zu entnehmen sein, dass in dem Widerstreit zwischen vollständiger Sachaufklärung gemäß dem Untersuchungsgrundsatz einerseits und Konzentration und Beschleunigung des zweitinstanzlichen Verfahrens andererseits der BGH trotz des Untersuchungsgrundsatzes das erst im Termin geltend gemachte neue tatsächlich Vorbringen unberücksichtigt lassen kann, wenn bei seiner Berücksichtigung die Sache nicht in dem Termin zum Abschluss gebracht werden könnte, etwa bei der Notwendigkeit von Versuchen durch den Sachverständigen, BGH GRUR **81,** 183, 184 – Heuwerbungsmaschine I; – oder auch allgemeiner bei Notwendigkeit weiterer Prüfungen durch Partei oder Sachverständigen, die nicht sofort im Termin erfolgen können. Dies gilt insbesondere dann, wenn Veranlassung und Möglichkeit zur früheren Geltendmachung gegeben war, BGH Mitt. **73,** 238. Ganz allgemein ist ein zur Verfahrensverzögerung führender Angriff nicht mehr zu berücksichtigen, wenn die Partei gegen die aus den §§ 111, 112, 117 herzuleitende Prozessförderungspflicht verstoßen und die Verspätung nicht genügend entschuldigt hat, BGH GRUR **80,** 100; **81,** 183; **81,** 516, 517; vgl. auch BGH Liedl **56–58,** 623, 627 und Winkler GRUR **53,** 190, 191. Als Verstoß gegen die Prozessförderungspflicht ist es insbesondere anzusehen, wenn die Parteien

entgegen § 411 Abs. 4 ZPO Einwendungen, Anträge und ergänzende Fragen zum schriftlichen Sachverständigen-Gutachten nicht innerhalb angemessener Zeit mitgeteilt haben. Bei entsprechender Fristsetzung können sie dann auch nach § 296 Abs. 1 u. 4 mit ihren Anträgen und Behauptungen ausgeschlossen werden. Für striktere Handhabung der §§ 111, 112 Abs. 2, 117 und stärkere Zurückweisung verspäteten Vorbringens Hesse Mitt. **77,** 48ff. Im Nichtigkeitsverfahren ist der Kläger grundsätzlich genötigt, bereits in erster Instanz, spätestens aber in d. Berufungsbegründung sämtliche Angriffe gegen den Bestand des Patents vorzubringen, BGH GRUR **81,** 183, 184.

Kein neues Vorbringen i. S. d. § 117 ist Selbstbeschränkung d. Patents durch eingeschränkte Verteidigung, BGH in Bausch, BGH 1994–98, S. 250. Solche Beschränkung kann allerdings eine ergänzende Argumentation der Gegenseite und Prüfung durch Gericht u. Sachverständigen erforderlich machen und ggf. Anlass z. Vertagung entspr. § 227 ZPO geben, BGH GRUR **04,** 354, 355.

2. Rechtliches Gehör. Die Bestimmung des Abs. 4 ist ebenso wie die für die erste Instanz 2
geltende Bestimmung des § 93 Abs. 2 ein Ausfluss des durch Art. 103 Abs. 1 GG garantierten Anspruchs auf rechtliches Gehör, der besagt, dass den Verfahrensbeteiligten die Gelegenheit geboten sein muss, sich zu allen einschlägigen Tat- und Rechtsfragen des konkreten Verfahrens zu äußern und gehört zu werden. Wegen der Folgerungen daraus im Einzelnen vgl. § 93 Rdn. 6ff. Gerade die Notwendigkeit des rechtlichen Gehörs kann zur Verzögerung des Verfahrens auf Grund neuen Vorbringens führen und daher dessen Zurückweisung rechtfertigen, BGH GRUR **80,** 100, 101 u. oben Rdn. 1.

118 *Untätigkeit der Parteien.* (1) **Von einer Partei behauptete Tatsachen, über welche die Gegenpartei sich nicht erklärt hat, können für erwiesen angenommen werden.**

(2) **Erscheint in dem Termin keine der Parteien, so ergeht das Urteil auf Grund der Akten.**

Die Vorschrift bringt in beiden Absätzen **Abweichungen vom Untersuchungsgrundsatz** 1
(§ 115 Rdn. 1). Das Gericht kann von den in den beiden Absätzen gegebenen Möglichkeiten Gebrauch machen, muss es aber nicht. Es kann vielmehr im Falle des Abs. 1 (der teilweise dem § 82 Abs. 2 ähnelt und namentlich für behauptete offenkundige Vorbenutzungen Bedeutung hat) über die von der einen Partei behaupteten Tatsachen auch Beweis erheben und kann im Falle des Abs. 2, statt das Urteil zu fällen, auch Beweisanordnungen treffen oder einen neuen Verhandlungstermin anberaumen. Bleibt nur eine Partei im Termin aus, so gilt das in Rdn. 15 zu §§ 82, 83 Gesagte entsprechend.

Die Vorschriften d. ZPO über das Säumnisverfahren (ZPO §§ 330ff.) sind nicht anzuwen- 2
den, BGH GRUR **64,** 18. Bei Säumnis einer oder beider Parteien ist jeweils durch Sachurteil zu entscheiden, BGH GRUR **96,** 757. Das gilt auch bei Niederlegung von Inlandsvertretung (§ 25) oder Prozessmandat (§ 111 Abs. 4), BGH GRUR **94,** 360.

119 *Verhandlungsniederschrift.* (1) **In dem Termin ist eine Niederschrift aufzunehmen, die den Gang der Verhandlungen im allgemeinen angibt.**

(2) **Die Niederschrift ist von dem Vorsitzenden und dem Urkundsbeamten der Geschäftsstelle zu unterschreiben.**

Zur Ergänzung dieser Vorschrift werden die Bestimmungen in § 92 sowie ZPO §§ 159ff. heranzuziehen sein, soweit die Besonderheiten des Berufungsverfahrens vor dem BGH das nicht ausschließen (vgl. § 99 Abs. 1). In der Praxis macht der BGH regelmäßig von der sich bereits aus § 161 ZPO ergebenden Möglichkeit Gebrauch, entgegen § 160 Abs. 3 Nr. 4, 5 ZPO die Aussagen von Zeugen, die mündlichen Ausführungen des gerichtlichen Sachverständigen und die Ergebnisse eines Augenscheins nicht in das **Protokoll** aufzunehmen.

120 *Verkündung und Zustellung des Urteils.* (1) **Das Urteil wird in dem Termin, in dem die Verhandlung geschlossen wird, oder in einem sofort anzuberaumenden Termin verkündet.**

(2) **Wird die Verkündung der Entscheidungsgründe für angemessen erachtet, so erfolgt sie durch Verlesung der Gründe oder durch mündliche Mitteilung des wesentlichen Inhalts.**

(3) **Das Urteil wird von Amts wegen zugestellt.**

1 Abs. 1 und 2 regeln nur die Bekanntgabe der auf Grund mündlicher Verhandlung gefällten Urteile durch Verkündung. Abs. 1 entspricht dem § 94 Abs. 1 Satz 1 und ZPO § 310 Abs. 1, setzt aber keine Frist für den besonderen Verkündungstermin. Abs. 2 entspricht ZPO § 311 Abs. 3. Der Abs. 3 entspricht dem § 94 Abs. 1 Satz 3. Ob eine Verkündung nach mündlicher Verhandlung entsprechend § 94 Abs. S. 4 durch Zustellung ersetzt werden kann (so noch Vorauflage und Busse, Rdn. 3 zu § 120 gegen Reimer § 42k, Rdn. 2) ist wegen der eigenständigen Regelung in § 120 I zweifelhaft. Bei Entscheidung ohne mündliche Verhandlung (§ 116 III) wird die Entscheidung nur durch Zustellung entspr. § 94 Abs. 1 S. 5 wirksam; auch diese erfolgt nach Abs. 3 von Amts wegen durch den BGH. Zuzustellen ist in allen Fällen eine Ausfertigung des vollständigen Urteils (vgl. § 94 Rdn. 7–9, 12). Zur Ergänzung sind ferner heranzuziehen die Bestimmungen in § 95 PatG sowie in §§ 311 Abs. 1, 312 Abs. 1, 313 Abs. 1, 2, §§ 315, 321 ZPO. Zustellungen erfolgen nicht nach § 127 I sondern nach den Regeln der ZPO, wie es allgemeiner Ansicht und ständiger Praxis entspricht und schon für das erstinstanzliche Verfahren (§ 127 II) wie auch für das Rechtsbeschwerdeverfahren vor dem BGH (§ 106 I) ausdrücklich bestimmt ist; Tatbestandsberichtigung nach § 96 I, nicht nach ZPO § 320 I, BGH GRUR **97,** 119, 120; Beseitigung einer „Auslassung" kann nicht verlangt werden, sofern sie nicht zu einer „Unrichtigkeit" führt, BGH a. a. O.

2 Das Patentgericht erhält bei Rücksendung der Akten eine beglaubigte Abschrift des Berufungsurteils für seine Akten (§ 541 Abs. 2 ZPO) und eine weitere beglaubigte Abschrift zur Weiterleitung an das Patentamt (s. § 84 Rdn. 8).

121

Streitwert. Kosten. (1) **In dem Verfahren vor dem Bundesgerichtshof gelten die Bestimmungen des § 144 über die Streitwertfestsetzung entsprechend.**

(2) [1]**In dem Urteil ist auch über die Kosten des Verfahrens zu entscheiden.** [2]**Die Vorschriften der Zivilprozessordnung über die Prozesskosten (§ 91 bis 101) sind entsprechend anzuwenden, soweit nicht die Billigkeit eine andere Entscheidung erfordert; die Vorschriften der Zivilprozessordnung über das Kostenfestsetzungsverfahren (§§ 103 bis 107) und die Zwangsvollstreckung aus Kostenfestsetzungsbeschlüssen (§§ 724 bis 802) sind entsprechend anzuwenden.**

Inhaltsübersicht

1 **1. Streitwert.** Im Berufungsverfahren vor dem BGH bedarf es einer Streitwertfestsetzung nach § 63 GKG als Grundlage für die Berechnung der Gerichtsgebühren (Kostenverzeichnis Nr. 1250ff. der Anlage 1 zum GKG) und der Anwaltsgebühren (§ 32 RVG). Der Streitwert d. Berufung betrifft nur den Unterschied zwischen d. Ergebnis der ersten Instanz und dem weiterhin erstrebten Endergebnis, BGH GRUR **05,** 972. Neben dem „normalen" Streitwert, zu dessen Festsetzung das Patentgesetz keine Vorschriften enthält (vgl. jedoch Rdn. 18ff. zu § 84), kann nach Maßgabe des § 144 auch ein ermäßigter Streitwert zur Kostenbegünstigung wirtschaftlich schwacher Parteien festgesetzt werden. Dies gilt nach Abs. 1 auch für das Berufungsverfahren vor dem BGH entsprechend. Auf die Erläuterungen zu § 144 wird verwiesen.

2 **2. Kostenentscheidung.** Nach § 121 II, welcher sich mit § 84 II für die erste Instanz deckt, ist durch das Urteil auch über die Kosten des Verfahrens (Gerichtskosten, außergerichtliche Kosten) zu bestimmen. Damit sind nicht nur die Kosten des Berufungsverfahrens, sondern auch die Kosten des erstinstanzlichen Verfahrens gemeint, vgl. BGH GRUR **98,** 138, 139. Die Kostenentscheidung des erstinstanzlichen Urteils wird in der Regel zu ändern sein, wenn das Urteil in der Sache geändert wird, kann aber auch bei Zurückweisung der Berufung geändert werden, ohne dass es dazu eines förmlichen Antrags oder einer Anschlussberufung bedarf; wird die Berufung zurückgewiesen und nichts über die Kosten der ersten Instanz gesagt, so liegt darin die Bestätigung der Kostenentscheidung für die erste Instanz. Der unterlegenen Partei sind

grundsätzlich auch die Kosten d. Berufungsverfahrens aufzuerlegen (§§ 91, 92, 97 ZPO). Dem erfolgreichen Berufungskläger sind nach § 97 Abs. 2 ZPO gleichwohl die Kosten des Berufungsverfahrens ganz oder teilweise aufzuerlegen, wenn er auf Grund neuen Vorbringens obsiegt hat, das er schon in erster Instanz hätte geltend machen können, BGH GRUR **90,** 594 m. krit. Anm. Brandi-Dohrn; vgl. auch BPatGE **44,** 178 (GebrM-Sache); das gilt aber nur, wenn ein Erfolg nicht auch schon ohne das neue Vorbringen möglich gewesen wäre. Wird die Sache zur anderweitigen Verhandlung an das Patentgericht zurückverwiesen, so ist diesem in der Regel auch die Entscheidung über die Kosten des Berufungsverfahrens zu übertragen. Billigkeitsgesichtspunkte können im Einzelfall eine von d. ZPO-Regelung abweichende Entscheidung „erfordern" (Abs. 2 S. 2); dafür genügt es nicht, dass eine Abweichung lediglich angemessen oder billig erscheint, BGH GRUR **98,** 138, 139. Wegen der weiteren Einzelheiten vgl. die Erläuterungen bei § 84 Rdn. 11, 12 betr. die Erforderlichkeit der Kostenentscheidung (gerichtliche – außergerichtliche Kosten), Rdn. 15–17 betr. die Entscheidungsgrundsätze. Zur **isolierten Kostenentscheidung** s. § 81 Rdn. 33ff. und § 84 Rdn. 13.

3. Gerichtskosten. Die auf der Grundlage der Kostenentscheidung zu zahlenden Gerichtskosten (Gebühren, Kosten und Auslagen) des Berufungsverfahrens ergeben sich im Einzelnen aus dem GKG (§§ 3, 17). Als Verfahrensgebühr ist gemäß Gebührenverzeichnis Nr. 1250ff. grundsätzlich eine sechsfache Wertgebühr (§ 34 GKG) zu zahlen, die sich jedoch auf das Einfache oder Dreifache ermäßigt, wenn ein streitiges Urteil entbehrlich wird. Als erstattungspflichtige Auslagen fallen vor allem die meist sehr beträchtlichen Kosten der Hinzuziehung eines Sachverständigen ins Gewicht (vgl. Rdn. 5 zu § 115); sie liegen häufig über 15 000,– EUR, vgl. Busse, Rdn. 14 zu § 121. Der Kostenansatz obliegt d. zuständigen Kostenbeamten d. BGH. 3

4. Wegen der **außergerichtlichen Kosten** und der **Kostenfestsetzung** gilt entsprechendes wie in erster Instanz. Gemäß ZPO § 104 obliegt dem Gericht erster Instanz auch die Festsetzung der (erstattungsfähigen) Kosten der Berufungsinstanz. Vgl. im Einzelnen die Erläuterungen zu § 84. Wegen **Zwangsvollstreckung aus Kostenfestsetzungsbeschlüssen** wird auf die in Abs. 2 S. 2 in Bezug genommenen Vorschriften der ZPO verwiesen. 4

3. Beschwerdeverfahren

122 *Beschwerdeverfahren.* (1) [1]**Gegen die Urteile der Nichtigkeitssenate des Patentgerichts über den Erlaß einstweiliger Verfügungen im Verfahren wegen Erteilung einer Zwangslizenz (§ 85) findet die Beschwerde an den Bundesgerichtshof statt.** [2]**§ 110 Abs. 6 gilt entsprechend.**

(2) **Die Beschwerde ist innerhalb eines Monats schriftlich beim Bundesgerichtshof einzulegen.**

(3) **Die Beschwerdefrist beginnt mit der Zustellung des in vollständiger Form abgefassten Urteils, spätestens aber mit dem Ablauf von 5 Monaten nach der Verkündung.**

(4) **Für das Verfahren vor dem Bundesgerichtshof gelten § 74 Abs. 1, §§ 84, 115 bis 121 entsprechend.**

1. Die **Beschwerde** gegen Entscheidungen der Nichtigkeitssenate über den Erlass einstweiliger Verfügungen im Zwangslizenzverfahren ist nach der Neufassung durch das 6. ÜG im Jahre 1961 in der in den 6. Abschnitt „Verfahren vor dem BGH" eingestellten Bestimmung des § 122 unter Beseitigung von Zweifelsfragen eingehender und teilweise anders als früher geregelt. Durch das 2. PatÄndG v. 16. 7. 1998 ist entspr. d. Änderungen d. Berufungsverfahrens (§§ 110–121) eine stärkere Angleichung an die Vorschriften d. ZPO-Verfahrens erfolgt. Beschwerdefähig sind nur die als „Urteile" bezeichneten Endentscheidungen der Nichtigkeitssenate (vgl. § 85 Abs. 3 Satz 2 i. V. m. § 84 Abs. 1 Satz 1); vorangehende Beschlüsse können nur zusammen mit dem Urteil angefochten werden (§ 122 Abs. 1 Satz 2 i. V. m. § 110 Abs. 6). Die Beschwerde ist – wie eine Berufung nach § 110 – innerhalb eines Monats schriftlich beim BGH einzulegen (Abs. 1–3). Sie steht den am erstinstanzlichen Verfahren Beteiligten zu (Abs. 4 i. V. m. § 74 Abs. 1), also je nach dem, ob sie beschwert sind, dem Lizenzsucher und dem Patentinhaber. Eine Anschlussbeschwerde des Beschwerdegegners ist – ebenso wie eine Anschlussberufung des Berufungsbeklagten (§ 110 Rdn. 4) – zulässig. Die Beschwerde hat keine aufschiebende Wirkung. 1

2. Das **weitere Verfahren** ist unter Bezugnahme auf Vorschriften für das Berufungsverfahren weitgehend wie dieses geregelt (Abs. 4 i. V. m. §§ 110–121). Der BGH entscheidet – in der 2

Regel auf Grund mündlicher Verhandlung – durch *Urteil* (Abs. 4 i. V. m. § 116). Für die vorbereitenden Maßnahmen, die mündliche Verhandlung und das Urteil gelten die §§ 115–120 entsprechend (Abs. 4). Anders als bei der Rechtsbeschwerde (§ 101 Abs. 2) findet eine Nachprüfung nicht nur in rechtlicher, sondern auch in tatsächlicher Hinsicht statt; jedoch gilt – trotz der Bezugnahme auf § 115 – nicht der Untersuchungsgrundsatz (vgl. § 85 Rdn. 4). Ein Vertretungszwang durch einen Rechtsanwalt oder Patentanwalt gilt auch hier (Abs. 4 i. Verb. m. § 111 Abs. 4), vgl. dazu § 111 Rdn. 8–10.

3 **3.** In dem Urteil ist auch über die **Kosten** zu entscheiden (Abs. 4 i. V. m. § 84 Abs. 2 und § 121 Abs. 2. Danach sind für Kostenentscheidung, Kostenfestsetzung u. Zwangsvollstreckung aus Kostenfestssetzungsbeschlüssen auch hier im Wesentlichen die Regeln der ZPO anzuwenden (s. o. Rdn. 2–4 zu § 121. Die Gerichtskosten sind nach GKG zu berechnen (vgl. Rdn. 1, 3 zu § 121). Wegen d. Verfahrensgebühr nach Nr. 1253, 1254 GKG-GV und d. Anwaltsgebühren ist auch hier ein Streitwert festzusetzen. Ggf. ist ferner ein ermäßigter Streitwert entspr. § 144 festzusetzen (§ 121 I i. V. m. § 122 IV).

4 **4.** Wegen weiterer **Einzelheiten** kann auf die Erläuterungen zu den in Bezug genommenen Bestimmungen sowie auf die Erläuterungen zu § 85 (insbesondere Rdn. 4, 5) verwiesen werden.

Nach **§ 20 GebrMG** gilt § 122 entsprechend für die Beschwerde gegen Entscheidungen der Nichtigkeitssenate über den Erlaß einstweiliger Verfügungen im Verfahren wegen Erteilung einer Zwangslizenz an einem eingetragenen Gebrauchsmuster.

Siebenter Abschnitt. Gemeinsame Vorschriften

Der Abschnitt enthält gemeinsame Vorschriften im Wesentlichen für das Patentamt und das Patentgericht. Eine der Vorschriften, nämlich § 124, bezieht sich auch auf den Bundesgerichtshof, soweit dieser in einem der im Patentgesetz geregelten Verfahren tätig wird. Der Abschnitt behandelt insbesondere die Wiedereinsetzung in den vorigen Stand in Verfahren vor dem Patentamt und dem Patentgericht (§ 123), die neu eingeführte Möglichkeit der Weiterbehandlung des Verfahrens bei Versäumung einer vom Patentamt gesetzten Frist (§ 123 a), die Wahrheitspflicht und die Zulässigkeit der Verwendung elektronischer Dokumente in Verfahren vor Patentamt und Patentgericht und die Verfahrenssprache für diese Verfahren (§§ 124, 125 a, 126), Vorschriften über die Zustellung von Entscheidungen und Mitteilungen des Patentamts (§ 127) und die Verpflichtung der Gerichte, dem Patentamt und dem Patentgericht Rechtshilfe zu leisten.

123 *Wiedereinsetzung in den vorigen Stand.* (1) [1]**Wer ohne Verschulden verhindert war, dem Patentamt oder dem Patentgericht gegenüber eine Frist einzuhalten, deren Versäumung nach gesetzlicher Vorschrift einen Rechtsnachteil zur Folge hat, ist auf Antrag wieder in den vorigen Stand einzusetzen. [2]Dies gilt nicht für die Frist zur Erhebung des Einspruchs (§ 59 Abs. 1), für die Frist, die dem Einsprechenden zur Einlegung der Beschwerde gegen die Aufrechterhaltung des Patents zusteht (§ 73 Abs. 2), und für die Frist zur Einreichung von Anmeldungen, für die eine Priorität nach § 7 Abs. 2 und § 40 in Anspruch genommen werden kann.**

(2) [1]**Die Wiedereinsetzung muß innerhalb von zwei Monaten nach Wegfall des Hindernisses schriftlich beantragt werden. [2]Der Antrag muß die Angabe der die Wiedereinsetzung begründenden Tatsachen enthalten; diese sind bei der Antragstellung oder im Verfahren über den Antrag glaubhaft zu machen. [3]Innerhalb der Antragsfrist ist die versäumte Handlung nachzuholen; ist dies geschehen, so kann Wiedereinsetzung auch ohne Antrag gewährt werden [4]Ein Jahr nach Ablauf der versäumten Frist kann die Wiedereinsetzung nicht mehr beantragt und die versäumte Handlung nicht mehr nachgeholt werden.**

(3) **Über den Antrag beschließt die Stelle, die über die nachgeholte Handlung zu beschließen hat.**

(4) **Die Wiedereinsetzung ist unanfechtbar.**

(5) [1]**Wer im Inland in gutem Glauben den Gegenstand eines Patents, das infolge der Wiedereinsetzung wieder in Kraft tritt, in der Zeit zwischen dem Erlöschen und dem Wiederinkrafttreten des Patents in Benutzung genommen oder in dieser Zeit**

die dazu erforderlichen Veranstaltungen getroffen hat, ist befugt, den Gegenstand des Patents für die Bedürfnisse seines eigenen Betriebs in eigenen oder fremden Werkstätten weiterzubenutzen. [2]Diese Befugnis kann nur zusammen mit dem Betrieb vererbt oder veräußert werden.

(6) **Absatz 5 ist entsprechend anzuwenden, wenn die Wirkung nach § 33 Abs. 1 infolge der Wiedereinsetzung wieder in Kraft tritt.**

(7) **Ein Recht nach Absatz 5 steht auch demjenigen zu, der im Inland in gutem Glauben den Gegenstand einer Anmeldung, die infolge der Wiedereinsetzung die Priorität einer früheren ausländischen Anmeldung in Anspruch nimmt (§ 41), in der Zeit zwischen dem Ablauf der Frist von zwölf Monaten und dem Wiederinkrafttreten des Prioritätsrechts in Benutzung genommen oder in dieser Zeit die dazu erforderlichen Veranstaltungen getroffen hat.**

Inhaltsübersicht

Literaturhinweis: Trüstedt, Die Wiedereinsetzung im Verfahren vor dem Patentamt unter Berücksichtigung des Gesetzes Nr. 8 vom 20. 10. 1949, GRUR **50,** 490; *Johannsen,* Die Wiedereinsetzung in den vorigen Stand nach der Rechtsprechung des Bundesgerichtshofs, NJW **52,** 525; *Schade,* Zur Wiedereinsetzung in den vorigen Stand im patentamtlichen Verfahren, GRUR **53,** 49; Giliard, Wiedereinsetzung und Sorgfaltspflicht, Mitt. **74,** 43; Reinländer, Zur Sorgfaltspflicht des Anwalts, Mitt. **74,** 46; *Schmieder,* Die vergessenen Gebührenmarken als Wiedereinsetzungsproblem im patentgerichtlichen Verfahren, GRUR **77,** 244; *Radt,* Verzögerungen der Postbeförderung bei Sendungen an das Deutsche Patentamt, Mitt. **79,** 162; *Singer, Romuald,* Wiedereinsetzung in den vorigen Stand beim Europäischen Patentamt GRUR Int. **81,** 726 = Reestablishment of rights in the EPO", IIC Vol. 13, **82,** 269; *Schubarth,* Die Wiedereinsetzung in den vorigen Stand gemäß Artikel 47 und 48 des schweizerischen Patentgesetzes, GRUR Int. **87,** 461; *Ford, P.,* Wiedereinsetzung in den vorigen Stand nach dem Europäischen Patentübereinkommen, GRUR Int. **87,** 463; *Beier/Katzenberger,* Zur Wiedereinsetzung in die versäumte Prioritätsfrist, GRUR Int. **90,** 227; *Müller, Gerda,* Die Rechtsprechung des

BGH zur Wiedereinsetzung in den vorigen Stand, NJW **93,** 681; *Straus, J.*, Verhinderung trotz Beachtung der „gebotenen Sorgfalt" als Wiedereinsetzungsgrund bei Fristversäumnis im europäischen Patenterteilungsverfahren (1995), FS Vieregge, S. 835; *Müller, Gerda,* Die Rechtsprechung des BGH zur Wiedereinsetzung in den vorigen Stand, NJW **95,** 3224; *Büttner,* Wiedereinsetzung in den vorigen Stand, 1996; Hövelmann, Peter, Die isolierte Wiedereinsetzung, Mitt **97,** 237–243; *Müller, Gerda,* Die Rechtsprechung des BGH zur Wiedereinsetzung in den vorigen Stand, NJW **98,** 497, *Persson,* Die Wiedereinsetzung in den vorigen Stand nach schwedischem Recht und schwedischer Rechtspraxis, GRUR Int. **87,** 463; *Schennen, Detlef,* Fristen und Wiedereinsetzung im Verfahren vor dem Harmonisierungsamt, Mitt. **99,** 258, *Müller, Gerda,* Die Rechtsprechung des BGH zur Wiedereinsetzung in den vorigen Stand, NJW 2000, 322–335. Stadler, Astrid, Der Zivilprozess und neue Formen der Informationstechnik ZZP 115, 413–444 (2002); Pentz, Vera von, Die Rechtsprechung des BGH zur Wiedereinsetzung in den vorigen Stand NJW **03,** 858–868. *König, Reimar* Verspätete Berufungsbegründung (f) Mitt **04,** 187–188; Schultz, Michael, Rechtsmittelbegründungsfrist und Prozesskostenhilfe NJW **04,** 2329–2334.

Zur Regelung der Wiedereinsetzung im EPÜ s. Benkard/Schäfers EPÜ, Erl. zu Art. 122.

Vorbemerkung zur Textgeschichte: Art. 2 Nr. 31 des 2. PatÄndG v. 16. 7. 1998, BGBl. 11827 hat § 123 m. W. v. 1. 11. 1998 wie folgt geändert: durch Buchst. a) wurde Abs. 1 Satz 2 neu gefasst (um die Wiedereinsetzung in die Frist für die internationale Priorität vom Ausschluss auszunehmen); durch Buchst. b) wurde Abs. 7 neu eingefügt. Der im **Anh Vor 1** wiedergegebene Regierungsentwurf eines Gesetzes zur Änderung des patentrechtlichen Einspruchsverfahrens und des Patentkostengesetzes, BT-Drs. 16/735 v. 21. 2. 2006 sieht in Art. 1 Nr. 13 vor, § 123 Abs. 1 Satz 2 neu zu fassen, dahin zu ergänzen, dass auch gegen die Versäumung der Frist zur Zahlung der Weiterbehandlungsgebühr nach dem PatKostG eine Wiedereinsetzung nicht gegeben ist. Damit soll verdeutlicht, also klargestellt werden, dass der Ausschluss der Wiedereinsetzung auch für die Zahlungsfrist nach § 6 Abs. 1 Satz 1 PatKostG gilt.

I. Voraussetzungen für die Wiedereinsetzung; allgemeine Bedeutung

1 Bei der Wiedereinsetzung nach § 123 handelt es sich um einen außerordentlichen Rechtsbehelf, dessen Wesen darin besteht, dass er eine verspätete Handlung zu einer rechtzeitigen macht. Im Interesse der Rechtssicherheit sind daher für die Wiedereinsetzung in den vorigen Stand strenge Voraussetzungen aufgestellt worden (vgl. dazu Schade GRUR **53,** 50). Wegen der parallel, aber z. T. abweichenden Ausgestaltung der Wiedereinsetzung nach EPÜ s. Benkard/Schäfers EPÜ, Erl. zu Art. 122. § 123 ist in Gebrauchsmuster-, Halbleiterschutz- und Geschmacksmustersachen kraft Verweisung entsprechend anzuwenden. Das MarkenG enthält in § 91 eine parallele, auf Markensachen zugeschnittene eigene Regelung über die Wiedereinsetzung.

1a Nach ständiger Rechtsprechung des Bundesverfassungsgerichts dient das Rechtsinstitut der Wiedereinsetzung in besonderer Weise dazu, die Rechtsschutzgarantie und das rechtliche Gehör zu gewährleisten. Daher gebieten es die Verfahrensgrundrechte auf Gewährung wirkungsvollen Rechtsschutzes (Art. 2 Abs. 1 GG i. V. m. dem Rechtsstaatsprinzip) und auf rechtliches Gehör (Art. 103 Abs. 1 GG), den Zugang zu den Gerichten und den in den Verfahrensordnungen eingeräumten Instanzen nicht in unzumutbarer, aus Sachgründen nicht mehr zu rechtfertigender Weise zu erschweren, BVerfG, 1 BvR 1061/00 vom 31. 7. 2001, Absatz-Nr. 10, http://www.bverfg.de/. Demgemäß dürfen bei der Auslegung der Vorschriften über die Wiedereinsetzung die Anforderungen daran, was der Betroffene veranlasst haben muss, um Wiedereinsetzung zu erlangen, insbesondere beim „ersten Zugang" zum Gericht, aber auch beim Zugang zu einer weiteren Instanz nicht überspannt werden. Entsprechendes gilt für die Anforderungen, die nach Fristversäumung an den Vortrag und die Glaubhaftmachung der Versäumnisgründe gestellt werden dürfen, BVerfG a. a. O.; BGH v. 4. 7. 2002 V ZB 16/02 – Zulässigkeit der Rechtsbeschwerde, BGHZ **151,** 221, 227 m. w. Nachweisen, Egr. 3b bb (1). Diese Grundsätze lassen sich ohne weiteres auf die Verfahren vor dem Patentgericht und dem Bundesgerichtshof, aber auch auf Verfahren vor dem Patentamt anwenden.

1b Im ein Patentnichtigkeitsverfahren betreffenden Berufungsverfahren vor dem Bundesgerichtshof ist § 123 Pat nicht mehr anwendbar. Vielmehr muss in entspr. Anwendung von §§ 233, 234, 236 ZPO die Wiedereinsetzung innerhalb der zweiwöchigen Frist des § 234 Abs. 1 ZPO beantragt werden, BGH – Schaltmechanismus, GRUR **2000,** 1010 f., LS, Egr. II 2c, d. Die Frist beginnt mit dem Tage, an dem das Hindernis behoben ist, das der rechtzeitigen Begründung der Berufung entgegenstand. Wird Unkenntnis vom wahren Zeitpunkt der Berufungseinlegung geltend gemacht, muss zur Wiedereinsetzung in die versäumte Berufungsbegründungsfrist innerhalb der Zwei-Wochen-Frist dargelegt werden, warum nicht bereits vor dem Zugang der gerichtlichen Mitteilung über den Zeitpunkt der Berufungseinlegung der wahre Zeitpunkt hätte erkannt werden können. BGH v. 16. 9. 2003 – X ZR 37/03 – verspätete Berufungsbegründung, GRUR **04,** 80 = Mitt **04,** 187 m. A. König.

1. Versäumung einer Frist. Wiedereinsetzung kann nur gewährt werden bei Versäumung von Fristen (vgl. unten Rdn. 4). Ein Termin ist einer Frist nicht gleichzusetzen; gegen seine Versäumung gibt es keine Wiedereinsetzung, PA Bl. **43,** 75. 2

a) Grundsätzliche Regelung (Wiedereinsetzungsmöglichkeit). Wiedereinsetzung wird, soweit das Gesetz keine Ausnahmen vorsieht, gegen die Versäumung aller dem Patentamt oder Patentgericht gegenüber einzuhaltenden Fristen gewährt, deren Ablauf nach gesetzlicher Vorschrift einen Rechtsnachteil zur Folge hat. 3

aa) Fristen. Fristen sind Zeiträume, deren Beginn und Ende bestimmt oder genau bestimmbar sind und innerhalb deren Verfahrenshandlungen vorgenommen werden müssen. § 123 Abs. 1 Satz 1 macht, im Gegensatz zu dem neu eingeführten § 123 a, keinen Unterschied zwischen den Fristen, die im Gesetz selbst bestimmt sind, und solchen, die im Einzelfall vom Patentamt oder Patentgericht festgesetzt werden. Die Vorschrift gilt aber nur für fristgebundene Handlungen und nicht für solche, die jederzeit vorgenommen werden können und bei denen der Zeitpunkt der Vornahme nur für deren Rechtsfolgen von Bedeutung ist, wie dies bei der Erklärung der Lizenzbereitschaft (BPatGE **4,** 122) oder der Einreichung der Anmeldung vor oder nach Ablauf der Neuheitsschonfrist (§ 3 Abs. 4 Satz 1; vgl. dazu PA Bl. **52,** 194), bei der Anmeldung der entnommenen Erfindung (§ 7 Abs. 2 Satz 2) oder der Anmeldung einer Verbesserung oder weiteren Ausbildung einer Erfindung (§ 16 Abs. 1 Satz 2), bei der Bestellung eines Inlandvertreters nach § 25, nachdem der bisherige Bevollmächtigte die Vertretung niedergelegt hat, BPatG **31,** 29, 30; oder bei einer verspäteten Abgabe der Abzweigungserklärung nach § 5 GebrMG, BPatG GRUR **91,** 833 der Fall ist. Das Fehlen eines in Kraft befindlichen Grundpatents zum Zeitpunkt der Zertifikatsanmeldung nach der Verordnung Nr. 1768/92 EWG (Art. 3 a) der VO) ist eine materiell-rechtliche Voraussetzung für die Erteilung eines Zertifikats. Sie kann nicht im Wege der Wiedereinsetzung ersetzt werden, wenn im Verlaufe eines besonders langwierigen arzneimittelrechtlichen Zulassungsverfahrens die arzneimittelrechtliche Zulassung (Art. 3 b) der VO) erst zu einem Zeitpunkt erteilt wird, in dem die Laufzeit des Grundpatents bereits abgelaufen war, BPatG GRUR **2000,** 398 – Abamectin. 4

bb) Einhaltung gegenüber dem Patentamt oder Patentgericht. Wiedereinsetzung kann nur gewährt werden gegen die Versäumung von Fristen, die dem Patentamt oder Patentgericht gegenüber einzuhalten sind. Sie kommt daher nicht in Betracht für die Frist zur Geltendmachung des Übertragungsanspruchs (§ 8 Satz 3; vgl. dazu § 8 Rdn. 8). 5

Die Frist zur Einlegung der Berufung (§ 110 Abs. 1 Satz 2) und zur Zahlung der Berufungsgebühr (§ 110 Abs. 1 Satz 3 a. F.) war, solange die Berufung beim Patentgericht einzulegen war, gegenüber dem Patentgericht einzuhalten; § 123 war daher hierauf anzuwenden. Das Gleiche galt für die Frist des § 122 Abs. 2 Satz 1 für die Einlegung der Beschwerde und die Zahlung der Beschwerdegebühr (§ 122 Abs. 2 Satz 2). Nach Änderung der Vorschriften über die Einlegung von Berufung und Beschwerde durch das 2. PatGÄndG sind diese Fristen jetzt, wie schon zuvor die Frist zur Einlegung der Rechtsbeschwerde (§ 102 Abs. 1), insgesamt dem Bundesgerichtshof gegenüber einzuhalten, so dass nicht § 123, sondern §§ 233 ff. ZPO anzuwenden sind. 6

cc) Rechtsnachteil durch Ablauf. Die Fristversäumung muss kraft Gesetzes einen Rechtsnachteil nach sich gezogen haben. Die wichtigsten Rechtsfolgen sind der Verlust einer Anmeldung oder eines Patents z. B. durch Versäumung der fristgerechten Zahlung der Jahresgebühren, § 7 Abs. 1 PatKostG, der Eintritt der Fiktionen nach § 6 Abs. 2 PatKostG, Verwirkung des Prioritätsrechts nach § 41 Abs. 1 Satz 3. Ein Rechtsnachteil ist allgemein jede Verschlechterung der Rechtslage gegenüber derjenigen, die beim regelmäßigen Lauf der Dinge für den Betroffenen bestanden hätte, RGZ **125,** 64; **138,** 348; PA Mitt. **30,** 170; Bl. **33,** 76. Auch ein kostenrechtlicher Nachteil ist ein Rechtsnachteil, BPatGE **1,** 15, 20. Daher ist auch der Verlust der Möglichkeit, Zahlungserleichterungen zu erlangen, ein Rechtsnachteil, PA JW **34,** 2186. Gegen die Versäumung der Frist zur Erledigung eines Bescheides (§ 42 Abs. 1 und 2, § 45) kann keine Wiedereinsetzung gewährt werden, PA GRUR **31,** 1078. Denn der Ablauf dieser Frist hat als solcher noch keinen gesetzlichen Rechtsnachteil zur Folge; er gibt lediglich die Möglichkeit zum Erlass einer Entscheidung. Entsprechendes gilt bei einer vom Patentgericht im Beschwerdeverfahren gesetzten richterlichen Frist zur Bestellung eines Inlandsvertreters, auch wenn anschließend die Beschwerde als unzulässig verworfen wird, BPatGE **31,** 29, 30 f. Ob jemand bei Versäumung einer gesetzlichen Frist einen Rechtsnachteil erleidet, beurteilt sich allein danach, ob die unmittelbare Folge der Säumnis, gemessen an dem von der Norm 7 zugrunde gelegten regelmäßigen Verlauf der Dinge, im Allgemeinen nachteilig ist. Es kommt nicht darauf an, ob sich die Rechtsfolge auf Grund besonderer (rechtlicher oder wirtschaftlicher) Umstände oder Verfahrenslagen im konkreten Einzelfall als nachteilig oder vorteilhaft erweist, BGH – Mehrfachsteuersystem, GRUR **99,** 574, Egr. II 2c (Frist nach § 39 Abs. 3).

8 Fristen, gegen deren Versäumung hiernach Wiedereinsetzung gewährt werden kann, sind insbesondere die folgenden: Die Frist des § 16 Abs. 1 Satz 2 (Antrag auf Erteilung eines Zusatzpatents), § 35 Abs. 1 Satz 1 (Einreichung der deutschen Übersetzung), Frist des § 37 Abs. 2 Satz 4 für die nachträgliche Einreichung der Erfinderbenennung; § 39 Abs. 3 (Unterlagen für die Teilanmeldung); die Frist für die Inanspruchnahme der inneren Priorität nach § 40 Abs. 4; die Frist nach § 41 Satz 1 für die Angabe von Zeit und Land der Voranmeldung; die Frist des § 41 Satz 2 für die Angabe des Aktenzeichens der Prioritätsanmeldung und die Einreichung einer Abschrift dieser Anmeldung (vgl. unten Rdn. 9, 10); die Frist des § 43 Abs. 2 Satz 4 für die Stellung des Antrags auf Ermittlung des Standes der Technik; die Frist des § 44 Abs. 2 für die Stellung des Prüfungsantrags (vgl. dazu § 123 Abs. 6); die Frist des § 73 Abs. 2 Satz 1 für die Einlegung der Beschwerde; die Frist des § 82 Abs. 1 zur Erklärung auf die Nichtigkeitsklage (streitig, vgl. dazu §§ 82, 83 Rdn. 6); die Frist nach § 123 Abs. 2 Satz 1 (Wiedereinsetzungsantrag); die allgemeine Zahlungsfrist nach § 6 Abs. 1 Satz 2 PatKostG sowie die in § 7 Abs. 1 PatKostG vorgesehenen Fristen für die Zahlung von Jahresgebühren, ferner die Frist für Zahlung der nationalen Anmeldegebühr für internationale Anmeldungen beim Eintritt in die nationale Phase, BPatGE 25, 8, LS 3, Egr. II 2a, schließlich die Frist nach Art. 4 C PVÜ, vgl. BT-Drs. 13/9971, 36f.

9/10 **b) Ausschluss der Wiedereinsetzung.** Durch § 123 Abs. 1 Satz 2 wird die Wiedereinsetzung für eine Reihe von Fristen ausdrücklich ausgeschlossen. Wiedereinsetzung kann nicht gewährt werden für die Frist zur Erhebung des Einspruchs (§ 59 Abs. 1). Wiedereinsetzung ist auch nicht möglich für die Frist, die dem Einsprechenden für die Einlegung der Beschwerde gegen die Aufrechterhaltung des Patents und die Zahlung der Beschwerdegebühr (BGHZ **89,** 245 = GRUR **84,** 337, 338 – Schlitzwand; BPatGE **1,** 137; **21,** 106, 109; Bl. **83,** 154) zusteht. In beiden Fällen bleibt dem Einsprechenden in jedem Falle die Nichtigkeitsklage, so dass er durch den Ablauf der Fristen nicht jeder Verteidigungsmöglichkeit verlustig geht. Im Falle des Einspruchs wegen widerrechtlicher Entnahme verliert der Verletzte durch die Versäumung der Einspruchsfrist oder der Beschwerdefrist zwar auch die Möglichkeit der Nachanmeldung unter Inanspruchnahme des Anmeldetags der Anmeldung des Verletzers (§ 7 Abs. 2 Satz 2). Die Vorschrift sieht jedoch für diesen Fall keine Ausnahme vor. Die Wiedereinsetzung kann daher entgegen der früheren Praxis (PA Bl. **32,** 196; Mitt. **33,** 164) auch bei widerrechtlicher Entnahme nicht für zulässig erachtet werden. VerwG München Bl. **61,** 13; PA Mitt. **40,** 74. Ausdrücklich ausgeschlossen ist die Wiedereinsetzung in § 123a Abs. 3 (Frist für den Antrag auf Weiterbehandlung). Weiter ist die Wiedereinsetzung gegen die Versäumung der Frist zur Einreichung einer Anmeldung, für die eine innere Priorität in Anspruch genommen werden kann, ausgeschlossen. Für die Frist für die internationale Priorität nach Art. 4 PVÜ hat das 2. PatÄndG dagegen den früheren Ausschluss der Wiedereinsetzung aufgehoben. Möglich war schon seit dem Inkrafttreten des GPatG die Wiedereinsetzung gegen die Versäumung der Frist zur Abgabe der Prioritätserklärung (§ 41 Satz 1) und der Frist zur Nennung des Aktenzeichens der Voranmeldung (§ 41 Satz 2). Bei Versäumung der Frist zur Einreichung der Abschrift der Voranmeldung (§ 41 Satz 2), die mit der Frist zur Nennung des Aktenzeichens der Voranmeldung übereinstimmt, wurde die Wiedereinsetzung schon immer für zulässig erachtet, vgl. dazu BGH GRUR **73,** 139, 140 – Prioritätsverlust.

11 **2. Verhinderung ohne Verschulden.** Wiedereinsetzungsgrund ist die unverschuldete Verhinderung an der Einhaltung der Frist. Nach Art. 122 Abs. 1 EPÜ kommt es für den Ausschluss eines Verschuldens insoweit auf die „Beachtung aller nach den gegebenen Umständen gebotenen Sorgfalt" an.

12 **a) Verhinderung (Maßgeblicher Personenkreis).** Literatur: Schulte, Das Antragsrecht für die Wiedereinsetzung, GRUR **61,** 525.

§ 233 ZPO stellt darauf ab, ob die „Partei" verhindert worden ist, die Frist zu wahren. Nach seinem Wortlaut hebt § 123 Abs. 1 PatG dagegen nicht ausdrücklich auf die Partei- oder Beteiligtenstellung ab. Daraus ist weitgehend gefolgert worden, Wiedereinsetzung könne nicht nur gewährt werden, wenn der (verfahrensrechtlich) Beteiligte an der Einhaltung der Frist gehindert worden sei, sie könne vielmehr auch dann bewilligt werden, wenn nur der an der Anmeldung oder dem Patent materiell Berechtigte, etwa der – nicht in den Akten vermerkte oder in der Rolle (Patentregister) eingetragene – wirkliche Rechtsinhaber oder ein Nießbraucher, Pfandgläubiger, Lizenznehmer, Arbeitnehmererfinder od. dgl. die Frist nicht habe einhalten können (vgl. PA Bl. **17,** 32; **33,** 30; **37,** 156; VerwGer. München Mitt. **61,** 149). Dieser Standpunkt kann nicht für zutreffend erachtet werden, vgl. BPatGE **1,** 126; **9,** 196, 198 m. w. N.

Der Grund dafür, dass § 123 Abs. 1 Satz 1 PatG im Gegensatz zu § 233 ZPO nicht auf eine verfahrensrechtliche Stellung abhebt, liegt darin, dass er sich auch auf solche Fristen bezieht, die außerhalb eines anhängigen Verfahrens zur Wahrung eines bestehenden Rechts, etwa zur Aufrechterhaltung eines Patents, eingehalten werden müssen, Wenn § 123 Abs. 1 Satz 1 deshalb allgemein auf die Verhinderung an der Einhaltung einer Frist abstellt, so kann damit gleichwohl nur die Verhinderung desjenigen gemeint sein, der die Handlung – als Beteiligter – vorzunehmen hatte. Soweit es sich um Verfahrenshandlungen in einem anhängigen Verfahren handelt, fehlt Personen, die nicht am Verfahren beteiligt sind, jegliche Befugnis zur Vornahme dieser Handlungen. Es kann deshalb auch nicht darauf ankommen, ob sie an deren Vornahme gehindert waren. Soweit es sich um die Zahlung von Gebühren handelt, mögen Dritte zwar in entsprechender Anwendung des § 268 BGB berechtigt sein, die Zahlung zu bewirken. Die Verpflichtung zur Zahlung innerhalb der gesetzlichen Frist trifft aber allein den Kostenschuldner. Er ist daher derjenige, der die Frist einhalten muss und dessen Verhinderung daher allein erheblich sein kann, BPatGE **1,** 126. Im Übrigen gilt nach § 30 Abs. 3 Satz 3 als nach Maßgabe des Gesetzes berechtigt und verpflichtet allein derjenige, der als Anmelder oder Patentinhaber im Register eingetragen ist. Dieser Grundsatz wird in § 123 Abs. 1 Satz 1 nicht durchbrochen, BPatGE **1,** 126, 130. 12 a

Nach der neueren Rechtsprechung werden daher nur noch solche Wiedereinsetzungsgründe berücksichtigt, die in der Person desjenigen eingetreten sind, der dem Patentamt gegenüber als Beteiligter oder Betroffener legitimiert ist, BPatGE **1,** 126. Bei Versäumung der Zahlungsfrist, die zur Aufrechterhaltung eines Patents gewahrt werden muss, kommt es deshalb allein auf die Verhinderung des im Patentregister als Patentinhaber Eingetragenen an, BPatGE **1,** 126; Bl. **82,** 160, 161. Ist dem Patentamt jedoch vor Ablauf der Zahlungsfrist ein Inhaberwechsel nachgewiesen und die Umschreibung beantragt worden, so kann der Wiedereinsetzungsantrag auch darauf gestützt werden, dass der neue Patentinhaber infolge eines nach Eingang des Umschreibungsantrages und der Umschreibungsbewilligung eingetretenen Umstandes an der Einhaltung der Zahlungsfrist gehindert war, BPatGE **3,** 140. Der Erbe oder Miterbe eines verstorbenen Patentinhabers ist auch ohne vorherige Eintragung in Patentregister berechtigt, die Wiedereinsetzung in die vom verstorbenen Patentinhaber versäumte Frist zur Entrichtung einer Patentjahresgebühr zu beantragen, BPatGE **29,** 244, 245. Im Falle der widerrechtlichen Entnahme erlangt der Verletzte das Beschwerderecht und damit auch das Recht, Wiedereinsetzung gegen die Versäumung der Beschwerdefrist zu beantragen, nur dann, wenn er den Anspruch auf Abtretung des Rechts auf Patenterteilung (§ 8) vor Ablauf der Beschwerdefrist durchgesetzt hat und die Patentanmeldung daraufhin auf ihn umgeschrieben wird, BPatGE **9,** 196, 199. 13

b) Verhinderung an der Einhaltung der Frist. Der Wiedereinsetzungsgrund muss den Säumigen an der Einhaltung der Frist gehindert haben. Das ist nur der Fall, wenn es sich um einen Umstand handelt, der geeignet war, die Wahrung der Frist zu verhindern und der den Säumigen tatsächlich daran gehindert hat, die Frist einzuhalten. Die eigene freie Entscheidung des Beteiligten, eine gegebene Frist trotz entsprechender Möglichkeiten nicht zu nutzen, schließt den Anspruch auf Wiedereinsetzung aus, auch wenn der Beteiligte innerhalb der Rechtsmittelfrist keine Kenntnis vom Tatbestand und den Entscheidungsgründen der anzufechtenden Entscheidung erlangen konnte, BGHZ **2,** 347. 14

c) Unverschuldete Verhinderung. Seit der Änderung der Vorschrift durch das Gesetz vom 3. 12. 1976 (BGBl. I S. 3281 – Vereinfachungsnovelle, Bl. **77,** 58, Art. 9 Nr. 7 Buchst. c)) kann Wiedereinsetzung schon bei mangelndem Verschulden gewährt werden (früher war sie nur bei Verhinderung durch unabwendbaren Zufall möglich). Der Sorgfaltsmaßstab ist dadurch herabgesetzt worden; es kann nicht mehr – wie früher – die äußerste, den Umständen nach mögliche und zumutbare Sorgfalt verlangt werden, sondern nur noch die im Verkehr erforderliche und verständigerweise zu erwartende Sorgfalt. Die Wiedereinsetzung ist aber auch weiterhin bei nur leichtem prozessualem Verschulden ausgeschlossen, BGH VersR **85,** 139. Sie kann nicht gewährt werden, wenn ein Beteiligter oder sein Vertreter nicht diejenige Sorgfalt aufgewendet hat, die man verständigerweise von ihm erwarten durfte. Die Wiedereinsetzung ist schon dann zu versagen, wenn der Anmelder oder sein Vertreter auch nur eine nach den Umständen vermeidbare (Mit-)Ursache für die Fristversäumung gesetzt hat, auch wenn die unrichtige Angabe eines internen Aktenzeichens des Patentanwalts durch das Patentamt mitursächlich war. BGH GRUR **74,** 679 f., – internes Aktenzeichen. 15

aa) Allgemeiner Maßstab. Das Maß der Sorgfalt ist nach den subjektiven Verhältnissen des Betroffenen und den besonderen Umständen des Einzelfalles zu bemessen, RGZ **159,** 109 f.; BGH GRUR **74,** 679 f. – internes Aktenzeichen; BPatGE **10,** 307, 309; **24,** 140, 142; Bl. **82,** 160, 161; Baumbach/Lauterbach/Albers/Hartmann, Rdn. 11 und 12 zu § 233 ZPO. Der Bür- 16 ger ist berechtigt, die ihm vom Gesetz eingeräumten prozessualen Fristen bis zu ihrer Grenze auszunutzen, BVerfG NJW **91,** 2076. Besondere Verhältnisse (Krankheit, drohender Fristablauf) erfordern erhöhte Sorgfalt. Es steht zwar jedem Beteiligten frei, eine Frist bis zur äußersten Grenze anzunutzen; wer jedoch eine fristgebundene Handlung erst im letztmöglichen Zeitpunkt vornimmt, muss besondere Vorsichtsmaßnahmen treffen, um eine Fristversäumung zu vermeiden, BGH VersR **76,** 88; **76,** 783. Grundsätzlich muss er die Folgen aller damit verbundenen, in seinem Einflussbereich liegenden Gefahren tragen, BPatGE **7,** 230, 232. Er beraubt sich durch seinen freien Entschluss selbst der Möglichkeit, die Folgen nachträglich erkannter Irrtümer, Fehler oder Versehen noch rechtzeitig zu beseitigen und muss daher erhöhte Sorgfalt walten lassen, BPatGE **7,** 230, 232 m. Nachw.

17 **bb) Eigene Sorgfalt.** Mangelnde Sorgfalt des Beteiligten schließt die Wiedereinsetzung aus. Das Unterlassen einer Rechtshandlung wegen schwebender Vergleichsverhandlungen ist kein Wiedereinsetzungsgrund, RG JW **31,** 2019, 2020. Auch das Fehlen einer Stellungnahme des Erfinders rechtfertigt die Wiedereinsetzung nicht, PA Bl. **54,** 441, ebenso wenig wie das Vertrauen darauf, dass bei Ladung zu einer mündlichen Verhandlung ein Vertagungsantrag Erfolg haben werde, wenn der Termin zur mündlichen Verhandlung versäumt wird, BGH Bl. **86,** 251 – Rechtsbeschwerde/Vertretungsmangel. Einer auswärtigen Verfahrensbeteiligten (Irland) ist die Wiedereinsetzung in die versäumte Beschwerdefrist zu versagen, wenn sie nach Wegfall des bisherigen Inlandsvertreters nicht alsbald einen neuen Inlandsvertreter bestellt, obwohl ihr bekannt ist, dass sie unter der angegebenen Auslandsadresse postalisch nicht erreichbar ist, und wenn sie infolgedessen von einer durch Aufgabe zur Post zugestellten Entscheidung nichts erfährt, BPatG v. 28. 9. 1993, 23 W (pat) 44/92, Bl. **94,** 292 (z.T. durch Neufassung von § 30 Abs. 3 Satz 3 überholt). Auswärtige Verfahrensbeteiligte (USA) müssen durch geeignete Maßnahmen sicherstellen, dass fremdsprachige Mitteilungen und Bescheide von Patentbehörden zentral erfasst, übersetzt und an die zuständige Abteilung weitergeleitet werden, BPatG v. 17. 3. 1994 – 23 W (pat) 102/93, Mitt. **94,** 174. Starke berufliche Inanspruchnahme ist grundsätzlich kein Wiedereinsetzungsgrund. Wiedereinsetzung ist jedoch bewilligt worden bei Überlastung und Aufregung infolge finanziellen Zusammenbruchs, PA Mitt **30,** 365; **31,** 261. Sie ist auch gewährt worden bei plötzlicher und zeitraubender Beanspruchung durch unaufschiebbare Verhandlungen, PA Mitt. **39,** 71. Die Frist zur Zahlung einer Patentjahresgebühr ist verschuldet versäumt, wenn der Patentinhaber trotz sich aufdrängender Bedenken gegen die weitere Zuverlässigkeit des langfristig mit der Gebührenzahlung beauftragten Unternehmens jahrelang untätig geblieben ist und keine Vorsichtsmaßnahmen ergriffen hat, um die fristgerechte Zahlung ggf. anderweit sicherzustellen, BPatGE **24,** 127, 129 ff. Der Anmelder einer europäischen Patentanmeldung hat dafür zu sorgen, dass die Jahresgebühren für die Anmeldung rechtzeitig gezahlt werden, und zwar unabhängig davon, ob er das Schreiben erhalten hat, mit dem das EPA die Anmelder nach Ablauf der Zahlungsfrist nach Regel 37 Abs. 1 AusfO EPÜ unverbindlich darauf aufmerksam macht, dass die Gebühr nach Art. 86 Abs. 2 EPÜ unter Zahlung einer Zuschlagsgebühr noch rechtswirksam gezahlt werden kann, EPA (JBK) ABl. **85,** 108, 110 ff.

18 **cc) Vertretungsberechtigte Personen.** Mangelnde Sorgfalt vertretungsberechtigter Personen ist wie eigenes Verschulden zu werten. Die §§ 51 Abs. 2, 85 Abs. 2 ZPO enthalten einen allgemeinen Rechtsgrundsatz, der auch ohne besondere Erwähnung im Patentgesetz in den darin geregelten Verfahren anzuwenden ist, BPatGE **1,** 132; **7,** 230, 232. Vertreter im Sinne der §§ 51 Abs. 2, 85 Abs. 2 ZPO sind gesetzliche und rechtsgeschäftliche Vertreter, RGZ **136,** 283. Vertreter im Sinne der genannten Vorschriften sind daher nicht nur Prokuristen, sondern auch Handlungsbevollmächtigte für ihren Bereich. Einen Irrtum des Leiters ihrer Patentabteilung (über den Fristablauf) muss sich die Beteiligte anrechnen lassen, BPatGE **7,** 230, 232.

19 **dd) Hilfskräfte.** Versehen von Hilfskräften, insbesondere von Angestellten, die nicht vertretungsberechtigt sind (vgl. oben Rdn. 18), sind dem Beteiligten nicht zuzurechnen, wenn er die betreffenden Aufgaben einer Hilfskraft übertragen durfte, diese sorgfältig ausgewählt und überwacht und alle notwendigen Vorkehrungen getroffen hat, um eine sichere Fristwahrung zu gewährleisten.

20 In welchem Umfange sich ein Beteiligter der Hilfe von Angestellten bedienen darf, hängt von den Umständen des Einzelfalls ab. In Großbetrieben ist eine Arbeitsteilung dergestalt zulässig, dass mechanische Arbeiten Hilfskräften überlassen werden, RGZ **126,** 257, 260. Auch die Übertragung der Fristüberwachung auf geschulte und zuverlässige Angestellte ist gestattet, RG GRUR **28,** 652 (Patentabteilung einer Großfirma); RAG GRUR **43,** 143 (Rechtsabteilung). In kleineren Betrieben ist die Übertragung der Fristüberwachung auf Hilfskräfte nur dann unbedenklich, wenn die Überwachung von Fristen etwas häufig Vorkommendes ist und dafür geschulte und erprobte Angestellte zur Verfügung stehen, RG Bl. **29,** 278.

Zur Unterstützung bei der Wahrung von Fristen dürfen nur solche Hilfskräfte herangezogen werden, die in ihrer Tätigkeit erprobt und als zuverlässig befunden sind, RGZ **126,** 257, 260. Sie müssen ferner in zumutbarem Umfange unterwiesen und beaufsichtigt werden, BPatGE **1,** 143. Es liegt kein Wiedereinsetzungsgrund vor, wenn mit der Weiterleitung einer Anweisung zur Zahlung einer Beschwerdegebühr ein Lehrling beauftragt wird und sich der Verantwortliche nicht von der Erledigung überzeugt, PA GRUR **29,** 1421. Zu den Sorgfaltspflichten bei der Auswahl von Hilfskräften vgl. auch EPA (JBK) ABl. **81,** 343, 346 ff.; **83,** 262, 264. **20 a**

Soweit die Übertragung von Aufgaben auf Hilfskräfte gestattet ist, sind der Beteiligte oder seine Organe und die vertretungsberechtigten Angestellten nicht von jeder Verantwortung frei. Sie müssen insbesondere für die notwendigen Vorkehrungen sorgen, damit Störungen möglichst vermieden werden. So muss in einem Gewerbebetrieb u. a. sichergestellt sein, dass Bescheide und Beschlüsse des Patentamts an die richtige Stelle zur Bearbeitung gelangen, PA Bl. **53,** 266. Wenn von einer Industriepatentabteilung die Interessen mehrerer Gesellschaften wahrgenommen werden, müssen geeignete Vorkehrungen getroffen werden, die eine getrennte Bearbeitung der Angelegenheiten der Gesellschaften sicherstellen und insbesondere verhindern, dass für die Abgabe fristgebundener Erklärungen der Briefbogen einer nicht am Verfahren beteiligten Gesellschaft benutzt wird. BPatGE **16,** 47. **21**

ee) Beteiligung von Bevollmächtigten (insbes. Anwälten). Vgl. zu der umfangreichen Judikatur zu den Pflichten des Anwalts Baumbach/Lauterbach/Albers/Hartmann, ZPO Hauptstichwort „Rechtsanwalt" zu § 233. Das Verschulden seines Bevollmächtigten ist dem Beteiligten nach § 85 Abs. 2 ZPO, der auch im Bereich des § 123 PatG anzuwenden ist (BPatGE **1,** 132, 134; **13,** 204, 207), anzurechnen. Bevollmächtigter in diesem Sinne ist nicht nur der eigentliche Verfahrensbevollmächtigte, sondern auch der Korrespondenzanwalt – auch der ausländische (PA Mitt. **29,** 335) – oder der den Verkehr mit dem Verfahrensbevollmächtigten führenden Nichtanwalt (RGZ **115,** 73; BPatGE **1,** 132; **13,** 87), also auch ein Mitglied des die Korrespondenz führende ausländischen Patentbüros (BPatGE **1,** 132). Bevollmächtigter i. S. des § 85 Abs. 2 ZPO ist auch der mit der Vornahme einer einzelnen Verfahrenshandlung Beauftragte, BPatGE **13,** 204, 207 (Prüfungsantrag). Bevollmächtigter ist ferner der Zustellungsbevollmächtigte, PA Bl. **55,** 258; BPatGE **1,** 132, 135. Das Verschulden des zum Zustellungsbevollmächtigten bestellten Mitinhabers eines Patents schließt daher die Wiedereinsetzung gegen die Versäumung der Frist zur Zahlung der Patentjahresgebühren auch für die anderen Mitinhaber aus, PA Bl. **55,** 258. Ersatzpersonen bei der Ersatzzustellung werden dagegen nicht als Bevollmächtigte i. S. des § 85 Abs. 2 ZPO behandelt werden können, vgl. dazu BPatGE **2,** 202, 206. Auch eine Person, die mit der Zahlung einer Gebühr an das Patentamt beauftragt wird, ist grundsätzlich nicht als Vertreter, sondern als Hilfsperson (Bote) anzusehen; das gilt auch für einen selbstständigen Geschäftsfreund, der Art und Weise der Zahlung selbst bestimmt, BPatGE **18,** 196. **22**

Bei Beteiligung mehrerer Bevollmächtigter ist die Wiedereinsetzung ausgeschlossen, wenn auch nur einen von ihnen ein Verschulden trifft, Wiedereinsetzung ist daher nicht möglich, wenn zwar das ausländische Patentbüro wegen Konkurses eine Frist unverschuldet versäumt, aber auch der Inlandsvertreter säumig ist. BPatGE **19,** 44. **23**

1) Anforderungen an die Sorgfaltspflicht. An die Sorgfaltspflicht von Bevollmächtigten, insbesondere von Anwälten, stellt die Rechtsprechung strenge Anforderungen, vgl. Baumbach/Lauterbach/Albers/Hartmann ZPO, Stichwort „Rechtsanwalt", zu § 233 ZPO. Für einen Patentanwalt, der mit der Vertretung einer Partei in einem ein Patentnichtigkeitsverfahren betreffenden Berufungsverfahren vor dem BGH betraut ist, gelten im Hinblick auf die Wahrung von in Berufungsverfahren zu beachtenden Fristen die gleichen Regeln wie für einen Rechtsanwalt, BGH – Wiedereinsetzung V, GRUR **01,** 411. Der Anwalt, der durch ein Versehen eine Frist versäumt hat, kann sich nicht damit entschuldigen, dass er überlastet gewesen sei und sonst einwandfrei gearbeitet habe, BGH. v. 23. 11. 95 – V ZB 20/95, NJW **96,** 997. Auch wenn der Anwalt vor einem Urlaub unter Zeitdruck steht, muss er vor allem die Neueingänge sorgfältig auf Fristsachen durchsehen, BAG Bl. **56,** 67. **24**

Bei **Anwaltsgemeinschaften** müssen die Sachen so verteilt werden, dass Fristsachen sorgfältig behandelt werden können, BAG Bl. **56,** 67. Bei Erkrankung eines von zwei assoziierten Anwälten muss der gesunde sofort eingreifen, RG Bl. **25,** 218. Der Tod eines ausländischen, mit mehreren Anwälten in Sozietät stehenden Anwalts 22 Tage vor Fristablauf ist kein Wiedereinsetzungsgrund, PA Mitt. **57,** 58. Bei Abwesenheit muss der Anwalt ausreichende Vorsorge treffen. Er muss auch das Büro allgemein anweisen, in Fällen seiner plötzlichen Verhinderung durch Krankheit oder andere Umstände für Vertretung zu sorgen, BGH NJW **58,** 295; MDR **61,** 305, VersR **81,** 851 und **85,** 1189. Der Anwalt muss auch für den Fall einer Störung oder Behinderung des normalen Geschäftsablaufs Vorsorge treffen, BPatGE **3,** 223 (Praxisverlegung). **24 a**

Liegen unklare Weisungen des Anmelders vor, so muss sich der Anwalt durch Rückfrage vergewissern, ob Beschwerde eingelegt oder ein Zurückweisungsbeschluss hingenommen werden soll, BPatGer. Bl. **86,** 73, 74. Ein einmaliges Versehen beim Niederschreiben von Zahlenkolonnen bei einem sonst zuverlässig arbeitenden Anwalt ist nicht vorwerfbar, BPatGE **25,** 8, 15; vgl. zum „einmaligen Versehen" auch EPA (JBK) ABl. **87,** 362 und (TBK) Mitt. **92,** 255.

24 b Wiedereinsetzung ist zu versagen, wenn ein Anwalt für die Beschwerdegebühr im Gebrauchsmuster-Löschungsverfahren irrtümlich einen zu niedrigen Betrag errechnet und zum Gegenstand eines **Abbuchungsauftrags** an das Patentgericht macht, obwohl in der Rechtsmittelbelehrung auf den richtigen Betrag hingewiesen wurde. Die Durchsicht der ausgehenden Schrift- und Zahlungsvorgänge durch den Kanzleivorsteher reicht dagegen nicht aus, das Versehen des Anwalts als entschuldbar anzusehen, BPatGE **44,** 180.

25 Der Anwalt muss alle Vorkehrungen treffen, die erforderlich und geeignet sind, Fristversäumnisse zu verhindern. Er muss insbesondere dafür sorgen, dass ein **Fristenkalender** angelegt wird, und sicherstellen, dass dort alle Fristen eingetragen und kontrolliert werden und auch überwacht wird, ob eine Frist auch gewahrt ist, BGH LM § 232 ZPO Nr. 22. Soweit die Wirksamkeit einer (fristgebundenen) Erklärung von der Zahlung einer Gebühr abhängt, muss auch die Zahlungsfrist notiert und kontrolliert werden, BPatG GRUR **74,** 354 (betr. Beschwerdegebühr). Bei wichtigen Fristen muss der Anwalt eine Vorfrist notieren lassen, BGH Bl. **52,** 438. Er muss auch dafür sorgen, dass eine Frist im Terminkalender erst gestrichen wird, wenn alles zur Wahrung der Frist Erforderliche geschehen ist und nicht schon dann, wenn die Akten herausgesucht und zur Bearbeitung vorgelegt werden, PA Mitt. **55,** 57. Wenn Zustellungen in die mit der Kanzlei verbundene Wohnung des Anwalts gelangen, muss er sicherstellen, dass nicht der Tag, an dem das Schriftstück in das Büro gelangt, als Zustellungsdatum behandelt wird, RG Bl. **40,** 54.

25 a Ein Patentanwalt handelt schuldhaft, wenn er seiner Verpflichtung, eine Eingabe zur Wahrung einer Frist, deren Versäumung einen nicht unerheblichen Rechtsnachteil zur Folge haben kann, auf Vollständigkeit und Richtigkeit zu überprüfen, nicht nachkommt, BGH GRUR **79,** 626 = MDR **79,** 753 – Elektrostatisches Ladungsbild. Unterschreibt ein Anwalt eine Beschwerdeschrift, in der die Zahlung einer Beschwerdegebühr angezeigt wird, erkennt er aber dabei, dass durch die Schrift **zwei selbstständige gebührenpflichtige Beschwerden** zum Ausdruck kommen könnten und trägt er dem nur durch eine mündliche Weisung an Hilfspersonen Rechnung, noch eine zweite Gebühr zu zahlen, so trifft ihn ein Verschulden, wenn die Frist zur Zahlung der Beschwerdegebühr versäumt wird, weil seine Weisung nicht ausgeführt wurde, BPatGE **28,** 94, 97 f. Wird im Anwaltsbüro die Sache dem Prozessbevollmächtigten zur Fertigung der **Rechtsmittelschrift** vorgelegt, so entsteht damit für diesen eine eigene Pflicht zur Prüfung des **Fristablaufs,** von der er sich auch nicht durch eine allgemeine Anweisung befreien kann, ihn täglich an unerledigte Fristsachen zu erinnern, BGH VI ZB 24/96 vom 14. 1. 1997, NJW **97,** 1311. Wenn bei einer elektronischen Kalenderführung die versehentliche Kennzeichnung einer Frist als erledigt dazu führt, dass die Sache am Tage des Fristablaufs im Fristenkalender gar nicht mehr auftaucht, so dass bei einer Endkontrolle die versehentliche Löschung nicht erkannt werden kann, so genügt die Kalenderführung nicht den Anforderungen einer ordnungsgemäßen Büroorganisation, BGH v. 2. 3. 2000 – V ZB 1/00, NJW **2000,** 1957.

26 Ein Anwalt, der nicht mit der Einzahlung von Jahresgebühren beauftragt ist, braucht die Entrichtung der einzelnen Jahresgebühr weder selbst zu bewirken noch die fristgerechte Einzahlung durch den Anmelder zu überwachen; er genügt seiner anwaltlichen Verpflichtung zur Beratung des Anmelders und zur Wahrnehmung von dessen Interessen, wenn er den Anmelder über die Notwendigkeit und die Frist der Gebührenzahlung unterrichtet und ihn hierbei auf die Rechtsfolgen einer unterbliebenen oder verspäteten Gebührenzahlung hinweist, BPatGE **13,** 87, 88; **24,** 140, 143. Benachrichtigungen und Mitteilungen, die Gebührenzahlungen und die Folgen der unterbliebenen Zahlung betreffen, muss er auch dann noch an seinen Mandanten übermitteln, wenn ihn dieser vorher angewiesen hatte, in der Sache nichts mehr zu tun, BPatGE **15,** 52; kritisch dazu Giliard Mitt. **74,** 43, 45 f.; Reinländer Mitt. **74,** 46. Dagegen handelte ein mit der selbstständigen Entrichtung der Patentjahresgebühren beauftragter Anwalt schuldhaft, wenn er eine Gebührennachricht nach § 17 Abs. 3 Satz 3 a. F. lediglich an den Anmelder weiterleitete, anstatt selbst für die fristgerechte Zahlung der Gebühr nebst Zuschlag Sorge zu tragen, BPatGE **26,** 116, 117.

27 Sachen, die ihm von seinen Angestellten vorgelegt werden, muss der Anwalt überprüfen. Bei Anfertigung einer **Beschwerde- oder Berufungsschrift** muss er den **Fristablauf** anhand der Akten **eigenverantwortlich** prüfen, BGH NJW **76,** 627, 628. Er muss auch prüfen, ob auf der Beschwerdeschrift, wie angegeben, eine Gebührenmarke aufgeklebt ist (vgl. dazu Schmieder GRUR **77,** 244 ff.) und ob der in einer Beschwerdeschrift angegebene und ihr aufgeklebte Gebührenbetrag ausreicht, BPatGE **18,** 208, ob die der Eingabe beigefügte Abschrift der Prioritätsanmeldung vollständig ist, BGH Bl. **79,** 435, und ob, wenn er die Interessen mehrer Gesellschaften vertritt, die Daten der richtigen Gesellschaft benutzt werden, BPatGE **16,** 47, 50 (betr. Briefbogen). Ein Anwalt genügt seinen Sorgfaltspflichten nicht, wenn er seinen Namen nicht voll ausschreibt, weil sein Büropersonal ihm nicht entsprechend seiner Anweisung bestimmende Schriftsätze gesondert von den übrigen Unterschriftsachen vorgelegt hat, KG Bl. **55,** 222. Wenn dem Anwalt, der das Öffnen der Post einem Angestellten überlassen hat, eine Urteilsausfertigung vorgelegt wird, muss er sich darum kümmern, ob sie ihm auf Bestellung hin vom Gericht übersandt oder im Wege der Zustellung an ihn gelangt ist, RG JW **31,** 3543.

Beginn und Ende einer Frist muss der Anwalt, der eine Frist zu wahren hat, von sich aus feststellen, BGH NJW **55,** 1358; MDR **61,** 36. Wenn der Beginn einer Frist auf einem Formblatt des Patentamts nicht mit letzter Klarheit angegeben ist, muss sich der Patentanwalt anhand von Kommentaren über den Fristbeginn vergewissern, BGH in BPatGE **7,** 270. 273. Er muss auch der Sache nachgehen, wenn ihm von einer Hilfskraft mitgeteilt wird, ein ihm zugestellter Beschluss betreffe eine längst erledigte Sache, BGH GRUR **74,** 679, 680 – Internes Aktenzeichen. Sieht die **Büroorganisation** eines Anwaltsbüros eine End- oder Ausgangskontrolle nicht vor und beschränkt sie sich auf die Gewährleistung einer rechtzeitigen Vorlage der Akten zur Bearbeitung durch den Anwalt, so reicht dies zur Vermeidung möglicher Fehlerquellen bei der Behandlung von Fristsachen nicht aus, BGH NJW **91,** 1178. Mit der Anweisung an eine Angestellte, die bereits vorbereitete Berufungsschrift vier Tage später per Telefax an das zuständige Gericht zu übermitteln, wird nicht den Anforderungen genügt, die im Hinblick auf den fristwahrenden Eingang der Berufung an einen Rechtsanwalt zu stellen sind. Ein Prozessbevollmächtigter muss dafür Sorge tragen, dass ein **fristwahrender Schriftsatz** nicht nur rechtzeitig hergestellt wird, sondern auch fristgerecht bei dem zuständigen Gericht eingeht. Er ist gehalten, durch entsprechende organisatorische Maßnahmen Fehlerquellen bei der Behandlung von Fristsachen in größtmöglichem Umfang auszuschließen;. Hierzu gehört insbesondere eine hinreichend sichere **Ausgangskontrolle,** durch die zuverlässig verhindert wird, dass fristwahrende Schriftstücke über den Fristablauf hinaus in der Kanzlei liegen bleiben, BGH v. 27. 10. 1998 – X ZB 20/98. 27 a

Dem Erfordernis einer Ausgangskontrolle bei fristwahrenden Schriftsätzen ist genügt, wenn der Rechtsanwalt den von ihm unterzeichneten und kuvertierten Schriftsatz in einer „Poststelle" seiner Kanzlei ablegt und auf Grund allgemeiner organisatorischer Anweisungen gewährleistet ist, dass dort lagernde Briefe ohne weitere Zwischenschritte noch am selben Tag frankiert und zur Post gegeben werden, BGH v. 11. 1. 2001 – III ZR 148/00; NJW **2001,** 1577. Der Prozessbevollmächtigte kommt mit Rücksicht auf die Risiken beim Einsatz eines Telefaxgerätes seiner Verpflichtung für eine wirksame Ausgangskontrolle zu sorgen, nur dann nach, wenn er den zuständigen Mitarbeitern die Weisung erteilt, sich einen Einzelnachweis ausdrucken zu lassen, auf dieser Grundlage die Übermittlung zu prüfen und die Frist erst nach Kontrolle des Sendeberichts zu löschen, BGH v. 3. 4. 2001 XI ZB 2/01, www.bundesgerichtshof.de; XII ZB 12/93; NJW **93,** 1655. 27 b

Bei Vertretung durch mehrere Prozessbevollmächtigte ist für Rechtsmittelfristen auf die zeitlich erste Zustellung abzustellen. Eine ordnungsgemäße **Fristenkontrolle** ist daher nur gewährleistet, wenn Vorkehrungen getroffen sind, dass bei der Fristberechnung beachtet wird, an wen zuerst zugestellt worden ist. Der Anwalt, der intern die Fristenkontrolle übernommen hat, hat diese so zu organisieren, dass die endgültige Frist erst eingetragen wird, wenn geklärt ist, wann an den anderen zugestellt worden ist. Der andere ist gehalten, die insoweit erforderlichen Daten zu übermitteln, was regelmäßig schriftlich zu erfolgen hat, BGH v. 10. 4. 2003 – VII ZR 383/02, NJW **03,** 2100. Eine weisungsgemäße abendliche Kontrolle einer Bürokraft nur des Fristenkalenders, die sich auf die Prüfung beschränkt, ob die Fristen im „Häkchen-Verfahren" als erledigt gekennzeichnet sind, aber nicht die Prüfung einschließt, ob die Fristen durch Erstellung und Absendung des fristwahrenden Schriftsatzes tatsächlich eingehalten wurden, stellt ein anwaltliches Organisationsverschulden dar, BGH v. 2. 12. 1996 – II ZB 19/96, NJW-RR **97,** 562. I 27 c

Auch in Kanzleien, in denen sich Rechtsanwälte und Patentanwälte zur gemeinsamen Berufsausübung zusammengeschlossen haben, sind in nach den Vorschriften der Zivilprozessordnung zu behandelnden Sachen für die Fristenwahrung die insoweit von der Rechtsprechung geforderten Sorgfaltsmaßstäbe anzuwenden (hier: Eintragung der Berufungsbegründungsfrist bei oder alsbald nach Einreichung der Berufungsschrift), BGH v. 17. 9. 1998, ZB 33/98 – Fristenkontrolle. Eine doppelte Fristenkontrolle ist nicht erforderlich, BGH v. 29. 6. 2000 – VII ZB 5/00, NJW **2000,** 3006. 27 d

2) Hilfspersonen. Anrechenbar ist **nur** das **Verschulden des Bevollmächtigten** selbst, nicht das einer Hilfsperson oder eines Hilfsarbeiters des Vertreters, auch wenn dieser selbst An- 28

walt ist, OLG München Mitt. **58,** 201; BGH LM § 233 Nr. 7. Dem Beteiligten anzurechnen ist jedoch nach § 85 Abs. 2 ZPO das Verschulden eines im Anwaltsbüro angestellten, nicht zur Anwaltssozietät gehörenden Rechtsanwalts, der von dem Verfahrensbevollmächtigten mit der selbstständigen und eigenverantwortlichen Bearbeitung einer Verfahrensangelegenheit betraut ist, BPatG Mitt. **74,** 31, 32.

29 Bei Fehlern einer Hilfsperson des Verfahrensbevollmächtigten ist Voraussetzung für eine Wiedereinsetzung stets, dass es der Bevollmächtigte nicht selbst an der erforderlichen Sorgfalt hat fehlen lassen, indem er die betreffende Angelegenheit einer Hilfsperson überlassen, diese nicht sorgfältig ausgewählt oder nicht genügend überwacht oder nicht die erforderlichen Anordnungen und organisatorischen Maßnahmen getroffen hat. Die Erledigung des Auftrags, eine Marke beim Patentamt anzumelden, stellt wie die Bearbeitung einer Patent- oder Gebrauchsmusteranmeldung eine Tätigkeit dar, die im eigenen Verantwortungsbereich des Patentanwalts liegt und nicht vollständig Hilfskräften übertragen werden darf, BPatGE **37,** 241. Der in einem Patenterteilungsverfahren beauftragte Anwalt kann zwar einfachere, insbesondere routinemäßige Tätigkeiten auf Hilfskräfte übertragen, nicht jedoch solche, die gerade die fachliche und berufliche Qualifikation eines Anwalts voraussetzen, BPatGE **41,** 130, LS 1 (Wiedereinsetzung abgelehnt). Weist ein Rechtsanwalt eine im Umgang mit Fristsachen erfahrene und erprobte Bürokraft an, eine von ihm berechnetet Rechtsmittelfrist in den Fristenkalender einzutragen, so trifft ihn kein Verschulden, wenn die Bürokraft die Frist aufgrund einer erstmaligen Eigenmächtigkeit unrichtig einträgt, BGH v. 23. 11. 2000 – IX ZB 83/00, NJW **01,** 1578.

30 Der Anwalt kann die **Notierung und Überwachung von Fristen** geschulten, zuverlässigen und erprobten Angestellten überlassen, RGZ **138,** 346, 351; RG JW **30,** 3548; RG Bl. **28,** 166; **35,** 136; BGH VersR **85,** 1140. Um die Fristberechnung muss er sich jedoch bei nicht alltäglichen Angelegenheiten selbst kümmern, BPatGE **9,** 128, 132; **16,** 50 (Frist zur Stellung des Prüfungsantrags für eine Ausscheidungsanmeldung vor der Klärung der Berechnung der Frist). Der Patentanwalt darf die Erledigung eines ausgehenden Originalbeschwerdeschriftsatzes an eine zuverlässige Hilfskraft delegieren; er ist auch bei nahendem Fristende nicht verpflichtet, persönlich den Botendienst mit der Beförderung des Schriftstückes zu beauftragen oder es gar selbst dorthin zu bringen und in den behördlichen Nachtbriefkasten einzuwerfen, BPatG GRUR **03,** 323, 324. Er muss nicht bei der beauftragten Person nicht nachfragen, ob sie die konkrete Anweisung auch tatsächlich befolgt hat, BPatG a. a. O. unter Bezugnahme auf. BGH, NJW **96,** 330 u. w. N.

30 a Besondere Aufmerksamkeit ist insbesondere geboten bei einer **Änderung des Zustellungsrechts** und der dadurch bewirkten Änderung der Zustellungsweise (§ 127 Abs. 2, Übergang von der Abholung im Ablagefach zur Eingangsbestätigung) mit verändertem Fristenbeginn; auch die Angestellten einer Spezialabteilung für Terminfragen müssen in einer solchen Situation vom verantwortlichen Anwalt auf den Inhalt der neuen Regelung und die damit verbundenen Folgen für die Fristberechnung hingewiesen werden, BGH GRUR **03,** 724. Die Berechnung der üblichen, häufig vorkommenden Fristen darf der Anwalt gut ausgebildeten Angestellten überlassen, wenn die Berechnung der Fristen keine rechtlichen Schwierigkeiten bietet, BGH NJW **65,** 1021; BGH v. 29. 1. 1997 – XII ZB 203/96 – BGHR ZPO § 233, Feriensache 4; v. 12. 11. 1986 – IVb ZB 119/86 – BGHR ZPO § 233 – Fristenkontrolle 1; v. 16. 8. 1999 – VII ZB 12/99 – Fristenkontrolle 68; ist die Fristenkontrolle im Anwaltsbüro ausreichend organisiert, kann dem Anwalt auch ein organisationsunabhängiges zweimaliges Versagen seiner Angestellten in derselben Sache nicht zugerechnet werden, BGH v. 27. 3. 2001 – VI ZB 7/01. Der Anwalt bleibt in diesem Falle verpflichtet, den Fristablauf an Hand der Akten eigenverantwortlich nachzuprüfen, wenn ihm die Sache zur Vorbereitung einer fristgebundenen Verfahrenshandlung vorgelegt wird, BGH NJW **76,** 627, 628; BVerwG NJW **91,** 2096.

30 b Einem **Referendar** dürfen Neueingänge nicht zur selbstständigen Bearbeitung übertragen werden; der Anwalt muss sie selbst auf Fristsachen durchsehen und für entsprechende Behandlung sorgen, BAG Bl. **56,** 67. Hat ein Anwalt die Überwachung der Viermonatsfrist nach § 17 Abs. 3 Satz 3 (Fristregelung inzwischen entfallen)einer Hilfsperson anvertraut, durch deren Verhalten bereits die Frist zur zuschlagfreien Zahlung der Patentjahresgebühr versäumt worden ist, so trifft ihn eine erhöhte Sorgfaltspflicht, BPatGE **26,** 116, 117f. Genügt die **Praxisorganisation** einer Anwaltskanzlei den objektiv gebotenen Anforderungen, fehlt es regelmäßig an einem der Partei wie eigenes anzulastenden anwaltlichen Fehlverhalten, wenn im Einzelfall der mit der Führung des Fristenkalenders betraute, sonst zuverlässig arbeitende und erfahrene Mitarbeiter des bevollmächtigten Patentanwalts die zunächst ausgehend von dem mutmaßlichen Ende der Berufungsbegründungsfrist notierte Frist streicht, ohne zuvor die ab dem tatsächlichen Eingang der Berufung beim BerGer. laufende Frist vermerkt zu haben, und deshalb die rechtzeitige Begründung des Rechtsmittels unterbleibt, BGH – Wiedereinsetzung V, GRUR **01,** 411, Egr. II 3 (Wiedereinsetzung gewährt). Zur gebotenen Ablauforganisation einer Anwaltskanzlei gehört auch die Darlegung, ob der regelmäßig das Abholfach leerende Bote zuverlässig und ausreichend eingewiesen war. Der bloße Hinweis auf stichprobenartige Überwachung durch einen angestellten Büromanager und zwei Partner der Sozietät ist nicht geeignet, eine ausreichende Einweisung und Überwachung darzutun, BGH v. 17. 10. 2000 – X ZB 25/99, Wiedereinsetzung, Ausgangskontrolle.

Der Anwalt muss die Angestellten, denen er bestimmte Verrichtungen übertragen hat, gelegentlich **kontrollieren,** RG Bl. **41,** 158. Er muss insbesondere bei der Fristenüberwachung Stichproben machen, RGZ **105,** 8, 11; BGH VersR **81,** 858; **82,** 68; BPatG Mitt **87,** 199 (WZG); er muss dieses Personal genau über die Bedeutung und Wichtigkeit einer genauen Fristeneinhaltung unterrichten und seinen Bürobetrieb so organisieren, dass Versehen von Kanzleimitarbeitern nach Möglichkeit ausgeschossen sind, BPatG a. a. O. Es ist nicht zulässig und damit vorwerfbar, wenn ein Anwalt seinen Hilfskräften die Pflicht überträgt, jeden Posteingang selbst zu überprüfen und auch selbst sich daraus ergebende Schlüsse für die weitere Sachbearbeitung zu ziehen, BPatG Bl. **86,** 41, 42; **86,** 73, 74. Nach Erteilung klarer Weisungen, deren Erledigung keine Schwierigkeiten erkennen lässt, muss sich ein Anwalt nicht ohne besonderen Anlass bei einer sonst zuverlässigen Hilfsperson erkundigen, ob die Weisung ordnungsgemäß ausgeführt worden ist, BGH NJW **91,** 1179. Auf die allgemein durch Büroorganisation getroffenen Vorkehrungen für die Fristwahrung kommt es nicht entscheidend an, wenn im Einzelfall eine konkrete Weisung erteilt worden ist, die bei Befolgung die Fristwahrung sichergestellt hätte (XI ZB 13/95), BGH v. 23. 4. 1997 – XII ZB 56/97, NJW **97,** 1930. 31

Der Anwalt muss ferner geeignete **allgemeine Anordnungen** für die Tätigkeit seiner Angestellten, insbesondere für die **Fristenüberwachung** geben, RG JW **23,** 14. Er muss insbesondere dafür sorgen, dass eine Frist im Terminkalender erst gestrichen wird, wenn alles zur Wahrung der Frist Erforderliche geschehen ist und nicht schon dann, wenn die Akten herausgesucht und zur Bearbeitung vorgelegt werden. PA Mitt. **55,** 57; BGH NJW **91,** 830. Der Anwalt kann auch verpflichtet sein, einem Angestellten besondere Hinweise zu geben, wenn die Umstände dies erfordern. Wenn ein Anwalt eine Kanzleikraft kurz vor dem Ablauf einer Rechtsmittelfrist mit der Beförderung eines Schriftstücks beauftragt, durch das er den beim Rechtsmittelgericht zugelassenen Anwalt um Einlegung des Rechtsmittels bittet, muss er sie über den drohenden Fristablauf und die Notwendigkeit der Fristwahrung unterrichten; es genügt nicht, dass die Kanzleikraft weiß, die Beförderung sei „dringend", BGH NJW **80,** 457. Rechtsmittel- und Rechtsmittelbegründungsfristen müssen so notiert werden, dass sie sich von gewöhnlichen Wiedervorlagefristen deutlich abheben, BGH NJW **89,** 2393. Ein bestimmtes Verfahren ist jedoch weder vorgeschrieben noch allgemein üblich. Bei der in der Rechtsprechung erörterten Verwendung eines besonderen Promptfristenkalenders oder eines Kalenders mit besonderen Spalten für Rechtsmittel- und Rechtsmittelbegründungsfristen sowie bei der farblichen Kennzeichnung bestimmter Fristen handelt es sich nur um Beispiele, BGH vom 29. 7. 2004 – III ZB 27/04 (Wiedereinsetzung bewilligt). Ein Organisationsverschulden kann darin liegen, dass die Faxnummern der empfangenden Stelle (Gericht) nicht ohne Schwierigkeiten zugriffen werden kann, und eine Bürokraft eine eilige Fristsache an das unzuständige Gericht (LG statt OLG) versandte, BGH v. 18. 9. 2003 IX ZB 604/02. 32

Fehler, die **trotz sorgfältiger Organisation,** Auswahl und Überwachung im Büro vorkommen, sind Wiedereinsetzungsgrund. Wenn trotz ausreichender Vorkehrungen – Beauftragung einer zuverlässigen Angestellten mit der rechtzeitigen Vorbereitung der Gebührenzahlung, Anordnung einer geordneten und übersichtlichen Vorlage zur Unterschrift sowie Beauftragung einer weiteren, zuverlässig arbeitenden Angestellten mit der nochmaligen Kontrolle vor Absendung der ausgehenden Post – ein Postscheck ohne Unterschrift zur Post gelangt, ist Wiedereinsetzung zu gewähren, BPatGE **2,** 130. Ein Versehen von zuverlässigen Angestellten bei der Ausfertigung der Post kann dem Anwalt und damit auch dem Beteiligten nicht als Verschulden zugerechnet werden, BGH VersR **79,** 1028 (betr. mangelnde Frankierung des abzusendenden Schreibens); Der Rechtsanwalt darf grundsätzlich darauf vertrauen, dass eine als zuverlässig erwiesene Büroangestellte eine konkrete Einzelweisung befolgt; er ist nicht verpflichtet, sich anschließend über die Ausführung der Anweisung zu vergewissern, BGH v. 4. 6. 2003 – XII ZB 86/02 und v. 15. 2. 2006 – XII ZB 215/05. 33

Eigenmächtigkeiten eines Büroangestellten sind Wiedereinsetzungsgrund. Sieht der Büroangestellte einen anderweitigen Schriftsatz als Berufungsschrift an und ändert er daraufhin die im Terminkalender vorgemerkte Vorlagefrist eigenmächtig, so liegt darin ein unabwendbarer Zufall, BGH Bl. **58,** 262; VersR **74,** 700. 34

ff) Einzelne Fälle. Für die Beurteilung der Frage, ob eine unverschuldete Verhinderung vorliegt, kommt es immer auf die Umstände des Einzelfalles an. Für einzelne Fallgestaltungen 35 haben sich jedoch gewisse Grundsätze herausgebildet, so dass es möglich erscheint, hierfür auf die wesentlichen Gesichtspunkte hinzuweisen.

36 **1) Rechtsirrtum** ist grundsätzlich **kein Wiedereinsetzungsgrund.** Gesetzesunkenntnis ist in aller Regel von dem Betroffenen zu vertreten, PA Mitt. **35,** 318; **38,** 149; BGH VersR **83,** 877; **85,** 1184; BGH v. 24. 3. 1992 – X ZB 2/92; BPatG. Bl. **83,** 305, 306. Auch ein Ausländer hat die mangelnde Kenntnis der deutschen Gesetze grundsätzlich zu vertreten, PA GRUR **51,** 508, 509. Es ist kein Wiedereinsetzungsgrund, wenn bei einer erst beabsichtigten Umschreibung der ursprüngliche Anmelder die Zahlung der Beschwerdegebühr in der Annahme unterlässt, die Entrichtung sei Sache des Erwerbers, PA Mitt. **55,** 31.

37 Ein Anwalt muss sich die erforderliche **Kenntnis von den Gesetzen verschaffen,** die Gebiete betreffen, mit denen er in seiner Praxis gewöhnlich zu tun hat, BGH NJW **78,** 1486. Die irrtümliche Annahme eines Patentanwalts, die Beschwerdefrist beginne erst mit der Zustellung eines Berichtigungsbeschlusses zu laufen, rechtfertigt auch dann keine Wiedereinsetzung, wenn der zur Vornahme der Berichtigung von der Prüfungsstelle zurückgeforderte Originalbeschluss erst nach Ablauf der Beschwerdefrist berichtigt und erneut zugestellt wird, BPatGE **9,** 128; ähnlich BGH GRUR **95,** 50 – Success: auf die fehlerhafte Auskunft des Geschäftsstellenbeamten des Patentgerichts, der berichtigte Beschluss werde „mit neuer Frist" zugestellt werden, darf ein Anwalt nicht vertrauen. Großzügiger BGH v. 21. 4. 2005 – I ZR 45/04, Umdruck 5, 6, www.bundesgerichtshof.de, im Fall einer erneuten Zustellung eines Urteils in der Annahme einer Berichtigungsbedürftigkeit der ersten Urteilsausfertigung durch das Gericht. Die falsche Fristberechnung ist grundsätzlich vermeidbar, RG MuW **33,** 205; BPatGE **9,** 128, 132; **16,** 50.

37 a Großzügiger die Entscheidung EPA (TBK) Mitt. **92,** 255: Wird durch einen Rechenfehler des zugelassenen Vertreters die **Beschwerdebegründung im europäischen Verfahren** um nur einen Tag zu spät eingereicht, so kann es der **Grundsatz der Verhältnismäßigkeit** verbieten, wegen dieses geringfügigen Irrtums den Verlust einer europäischen Patentanmeldung eintreten zu lassen, obwohl restliche Zweifel daran bestehen, ob der Vertreter wirklich mit aller nach den gegebenen Umständen gebotenen Sorgfalt gehandelt hat. Einem Patentanwalt ist zuzumuten, sich in Zweifelsfällen auf dem Gebiet von Rechtsmittelfristen anhand von Kommentaren zu informieren, BPatGE **9,** 128, 132. Bei der Berechnung der Frist zur Stellung eines Prüfungsantrags für eine Ausscheidungsanmeldung hatte er auch die dazu ergangenen Mitteilungen des PräsDPMA zu berücksichtigen, BPatGE **16,** 50. Zur Versäumung der Prüfungsantragsfrist aus Unkenntnis oder Vergesslichkeit oder bei Unterbleiben der im Verwaltungswege eingeführten Benachrichtigung über den bevorstehenden Fristablauf vgl. Rdn. 4 zu § 44 sowie Schulte, 7 Aufl. Rdn. 17 zu § 44.

37 b Ein Rechtsirrtum über den Fristablauf nach Art. 22 Abs. 1 PCT soll ebenfalls vorwerfbar sein, so BPatGE **26,** 1, 9ff., dessen Entscheidung allerdings die Schwierigkeiten und Unklarheiten, denen sich der Anwalt gegenübersah, deutlich macht (GebrMG). Vorwerfbar ist auch der Irrtum eines Anwalts über den Zeitpunkt des Wirksamwerdens der Rücknahmefiktion bezüglich einer europäischen Patentanmeldung mit Benennung der Bundesrepublik Deutschland nach Art. 91 Abs. 4 EPÜ, wenn aus dieser Anmeldung fristgerecht eine Gebrauchsmusteranmeldung abgezweigt werden soll, BPatG Bl. **05,** 225, 227. Vgl. zur Wiedereinsetzung in den vorigen Stand bei Versäumung von Fristen nach dem PCT und den dazu erlassenen Ausführungsvorschriften des IntPatÜG auch BPatGE **25,** 8, 12ff. Ist zweifelhaft, welche Fristenregelung (hier: § 234 I ZPO oder § 123 II 1 PatG) für einen Antrag auf Wiedereinsetzung in den vorigen Stand anzuwenden ist, muss der anwaltliche Vertreter vorsorglich die kürzere Frist beachten. BGH – Kreiselpumpe, GRUR **01,** 271 (Wiedereinsetzung abgelehnt, Berufung im Nichtigkeitsverfahren).

38 Ausnahmsweise kann aber auch ein **Rechtsirrtum Wiedereinsetzungsgrund** sein, wenn er im Einzelfall **aus besonderen Gründen** nicht zu vertreten und daher nicht zu vermeiden ist, BPatGE **13,** 204, 208 m. N. Das ist der Fall, wenn der Irrtum durch eine falsche Rechtsbelehrung der Behörde verursacht ist (PA Mitt. **35,** 318; vgl. auch RGZ **129,** 173, 175; BPatGE **27,** 212, 213 (GeschMG)) oder die Rechtslage ganz unübersichtlich geworden ist (PA Mitt. **35,** 318). Wegen der zunächst noch nicht erfolgten Anpassung der PatGebZV an eine Neufassung der Postgiroordnung ist Wiedereinsetzung in die Frist zur Entrichtung der Beschwerdegebühr bewilligt worden, weil der Beschwerdeführer die neuen Vorschriften über den „Zahlschein" mißverstanden hatte, BPatGE **31,** 266, 267. Wiedereinsetzung ist bewilligt worden bei rechtzeitiger Zahlung einer Gebühr ohne den Teuerungszuschlag nach § 13 des 5. ÜG, weil der Zahlungspflichtige die Bestimmungen des 5. ÜG über den Teuerungszuschlag oder ihre Bedeutung nicht gekannt hat, PA Bl. **53,** 402. Wiedereinsetzung ist auch gewährt worden anlässlich der Änderung der Rechtsprechung über den Zeitpunkt der Fälligkeit der mit der Patenter-

teilung fällig werdenden Jahresgebühren, BPatGE **1,** 15, 20. Sie ist ferner bewilligt worden für eine verspätete Berufung angesichts der Zweifelhaftigkeit der Rechtslage bei der Überleitung der Verfahren vom Patentamt auf das Patentgericht durch das 6. ÜG, BGH Bl. **62,** 166, 168 – Wiedereinsetzung III. Wiedereinsetzung ist auch bewilligt worden in Fällen, in denen der Anmelder die Frist zur Stellung des Prüfungsantrags (§ 44) bei Übergangsanmeldungen (Art. 7 § 1 Abs. 2 Nr. 1 PatÄndGes.) deswegen versäumt hatte, weil er auf die Vollständigkeit einer der Benachrichtigung nach Art. 7 § 1 Abs. 2 Nr. 1 PatÄndGes. beigegebenen Belehrung vertraut hatte, BPatGE **11,** 230; **13,** 204. In BPatG Mitt. **80,** 39 ist einem Patentanmelder, der die Vorschriften der GebzahlungsVO nicht kannte und irrtümlich annahm, zur Wahrung der Zahlungsfrist genüge die rechtzeitige Erteilung des Überweisungsauftrags an seine Bank, Wiedereinsetzung in die Frist des § 17 Abs. 3 Satz 3 gewährt worden, weil er nicht besonders auf die bestehende Regelung hingewiesen worden sei; dem kann nicht zugestimmt werden. Dass die Fristversäumnis auf einem Rechtsirrtum beruht, schließt für sich die Wiedereinsetzung in den vorigen Stand nicht aus. In einem solchen Fall gelten vielmehr die gleichen Anforderungen wie bei einer Säumnis aus anderen Gründen mit der Folge, dass Wiedereinsetzung zu gewähren ist, wenn der Irrtum auch bei der gebotenen Anspannung nicht zu vermeiden war. Eine solche Vermeidbarkeit ist zu verneinen, wenn eine Rechtsfrage allein aus dem Gesetz nicht zu beantworten ist und die Bevollmächtigten der Beteiligten wegen der besonderen Verfahrenslage gute Gründe für die von ihnen vertretene Auffassung in Anspruch nehmen konnten, BGH – Prüfungsantrag, GRUR **95,** 45, 46, Egr. II 2b.

2) Antrag auf Zahlungsvergünstigungen. Durch die Einreichung eines Antrags auf Verfahrenskostenhilfe wird die Frist zur Zahlung einer Gebühr, die unter die Verfahrenskostenhilfe fällt, gemäß § 134 bis zur Entscheidung über den Antrag gehemmt. Da die Zahlungsfrist daher nicht wegen des Antrags versäumt zu werden braucht, kommt eine Wiedereinsetzung aus diesem Grunde nicht in Betracht. 39

3) Erkrankung kann, wenn sie plötzlich auftritt, Wiedereinsetzungsgrund sein, soweit durch die Schwere der Krankheit die zur Fristwahrung notwendigen Handlungen unmöglich oder unzumutbar sind, BPatG v. 18. 5. 2000, 11 W (pat) 3/00; auch krankhafte seelische Depressionen oder Erregungszustände (PA Mitt. **38,** 253) oder die Aufregung über eine bevorstehende Operation oder die irrtümliche Annahme, die Folgen einer Erkrankung überwunden zu haben (RG JW **35,** 2557; BGH VersR **85,** 888; **86,** 96; BGH NJW **92,** 1899) können die Wiedereinsetzung rechtfertigen. Leidet der Prozessbevollmächtigte einer Partei bei der Prüfung und Unterzeichnung eines bestimmenden Schriftsatzes an verschiedenen Beschwerden, die zu einer vegetativen Stresssituation und zum Auftreten von Konzentrationsstörungen geführt haben, und übersieht er infolgedessen das Fehlen der Berufungsanträge infolge der durch seine Erkrankung verminderten Leistungs- und Konzentrationsfähigkeit, so trifft ihn an der Versäumung der Frist kein Verschulden, BGH GRUR **99,** 522 –, Konzentrationsstörung (Wiedereinsetzung bewilligt). Wer jedoch mit dem wiederholten Auftreten bestimmter Krankheitszustände zu rechnen hat, die ihn – wie ihm bekannt – jeweils für mehrere Tage außerstand setzen, seine Geschäfte selbst ausreichend zu besorgen, muss für den Fall eines zu erwartenden Krankheitszustandes einen geeigneten Vertreter bestellen, der die notwendigen Verfahrenshandlungen vornimmt; dies gilt umso mehr, wenn in dem anhängigen Verfahren bereits mehrfach Fristversäumnisse durch solche zu erwartende Krankheitszustände aufgetreten sind, BGH VersR **91,** 1271; BPatGE **21,** 229. Auch die Erkrankung eines technischen Angestellten kann die Wiedereinsetzung rechtfertigen, PA Mitt. **25,** 185; der Anwalt hat dann aber ggf. eine erhöhte Verantwortung, BGH VersR **78,** 644 und 942. 40

4) Abwesenheit. Die Wiedereinsetzung darf bei einer nur vorübergehenden Abwesenheit nicht deshalb versagt werden, weil keine besonderen Vorkehrungen wegen möglicher Zustellungen getroffen waren, BVerfG NJW **76,** 1537. Anders liegt es bei häufiger, insbesondere beruflich bedingter Abwesenheit, BVerfG aaO. Der Abwesende muss dann für die Dauer seiner Abwesenheit für Vertretung sorgen, PA Bl. **53,** 261. Das Unterbleiben einer Gebührenzahlung wegen plötzlicher Geschäftsreise des technischen Direktors ist daher kein Wiedereinsetzungsgrund, PA Mitt. **25,** 185. Die Erteilung einer Postvollmacht genügt bei einer voraussichtlich längeren Abwesenheit nicht, PA Bl. **55,** 189. Besondere Vorkehrungen sind erforderlich, wenn mit einer Zustellung zu rechnen ist. Die Versäumung einer Rechtsmittelfrist ist nicht unverschuldet, wenn ein Beteiligter bei Antritt einer Urlaubsreise von drei bis vier Wochen aufgrund eines Terminberichts seines Verfahrensbevollmächtigten damit rechnen muss, dass bereits eine Entscheidung gegen ihn ergangen ist, er aber keinerlei Vorsorge dafür trifft, dass die Rechtsmittelfrist gewahrt werden kann, BGH NJW **79,** 984 (Lts.) = LM ZPO § 233 (I) Nr. 16. 41

42 **5) Verzögerung im Postverkehr.** Nach ständiger Rechtssprechung des Bundesverfassungsgerichts (u. a. NJW-RR **2000,** 726; NJW **01,** 744, 745 und 1566), des Bundesgerichtshofs und der anderen obersten Gerichtshöfe des Bundes dürfen dem Bürger Verzögerungen der Briefbeförderung oder Briefzustellung durch die Deutsche Post AG nicht als Verschulden angerechnet werden. Der Bürger darf vielmehr darauf vertrauen, dass die Postlaufzeiten eingehalten werden, die seitens der Deutsche Post AG für den Normalfall festgelegt werden. Ein Versagen dieser Vorkehrungen darf dem Bürger im Rahmen der Wiedereinsetzung in den vorigen Stand nicht als Verschulden angerechnet werden, weil er darauf keinen Einfluss hat. In seinem Verantwortungsbereich liegt es allein, das Schriftstück so rechtzeitig und ordnungsgemäß aufzugeben, dass es nach den organisatorischen und betrieblichen Vorkehrungen der Deutsche Post AG den Empfänger fristgerecht erreichen kann, BGH, v. 13. 5. 2004 – V ZB 62/03 – mit zahlreichen weiteren Nachweisen. Der Betroffene kann sich darauf verlassen, dass ein zur Post gegebener Brief innerhalb der für den Postverkehr normalen Frist den Empfänger erreicht, BPatGE **21,** 80; BGH v. 30. 9. 2003, VI ZB 60/02. Verzögerungen der Briefbeförderung oder -zustellung durch die Deutsche Bundespost und nunmehr durch die Deutsche Post AG dürfen dem Bürger nicht als Verschulden angerechnet werden, BPatGE **21,** 80; **23,** 88, 90 (WZG). Differenzierungen danach, ob die Verzögerung auf einer zeitweise besonders starken Beanspruchung der Leistungsfähigkeit der Post (z. B. vor Feiertagen, vgl. BVerfG Bl. **77,** 370), auf einer zeitweise verminderten Dienstleistung der Post (z. B. an den Wochenenden) oder auf der Nachlässigkeit eines Bediensteten beruht, sind unzulässig, BVerfG NJW **80,** 769 m. w. N.; NJW **83,** 1479; **92,** 1952; 2001, 1566. Hat der Anwalt das seinerseits Erforderliche getan, kann dem Bevollmächtigten eine Verzögerung oder ein Unterbleiben der Briefbeförderung nicht als Verschulden angerechnet werden. Den Eingang bei Gericht braucht er nicht zu überwachen, BVerfG NJW **92,** 38. Ohne konkrete Anhaltspunkte muss ein Bürger deshalb nicht mit Postlaufzeiten rechnen, welche die ernsthafte Gefahr der Fristversäumung begründen, BGH v. 15. 4. 1999, IX ZB 57/98, NJW **99,** 2118. Den Prozessbevollmächtigten einer Partei trifft im Regelfall kein Verschulden an dem verspäteten Zugang eines Schriftsatzes, wenn er veranlasst, dass der Schriftsatz so rechtzeitig in den Briefkasten eingeworfen wird, dass er nach den normalen Postlaufzeiten fristgerecht bei dem Gericht hätte eingehen müssen. Wenn dem Prozessbevollmächtigten keine besonderen Umstände bekannt sind, die zu einer Verlängerung der normalen Postlaufzeiten führen können, darf er darauf vertrauen, dass diese eingehalten werden, st. Rspr., vgl. BGH, v. 5. 7. 2001 – VII ZB 2/00 – BRAK-Mitt. **01,** 215 m. Anm. Borgmann; v. 9. 2. 1998 – II ZB 15/97 – NJW **98,** 1870, BGH v. 30. 9. 2003 – VI ZB 60/02 – Egr. II 1, 2.

Nach BPatGE **27,** 33, 34 gelten diese Grundsätze entsprechend, wenn der Gebührenschuldner einen Überweisungsauftrag so rechtzeitig tätigt, dass dieser noch durch seine Bank unter Anwendung zeitgerechter Geschäftsabwicklung vor Fristablauf ausgeführt werden kann. Dagegen soll trotz überdurchschnittlicher Dauer des Überweisungsvorganges keine Wiedereinsetzung in den vorigen Stand (wegen Versäumung der Frist zur Zahlung der Beschwerdegebühr) möglich sein, wenn als Zahlungsart die Überweisung von einem Bankkonto auf das Postscheckkonto des Patentamts gewählt wurde, BPatGer. vom 16. 2. 1984, 24 W (pat) 228/83 in Bestätigung von BPatGE **18,** 154. Soll eine Rechtsmittel- oder Rechtsmittelbegründungsschrift per Telefax übermittelt werden, so erfordert eine wirksame Endkontrolle fristwahrender Maßnahmen, dass die Frist erst gelöscht wird, wenn ein von dem Gerät des Absenders ausgedruckter Nachweis vorliegt, der die Ordnungsmäßigkeit der Übermittlung belegt, BGH NJW **90,** 187; zum Nachweis genügt allerdings auch eine eidesstattliche Versicherung der mit der Übermittlung durch Telefax betrauten Bürokraft, BGH, Beschluss vom 17. 11. 1992 – X ZB 20/92 –. Der Partei ist die beantragte Wiedereinsetzung in den vorigen Stand nur dann zu versagen, wenn ein Verschulden von Bevollmächtigten (§ 85 Abs. 2 ZPO) nicht ausgeschlossen werden kann. Ist ein solches Verschulden auszuschließen, geht die Unaufklärbarkeit der Gründe für den verspäteten Zugang eines Schriftstücks nicht zu Lasten der Partei, BGH NZA **90,** 538. Eine konkrete Anweisung des Anwalts im Einzelfall macht nur dann allgemeine organisatorische Regelungen obsolet, wenn diese durch die Einzelanweisung ihre Bedeutung für die Einhaltung der Frist verlieren; das ist nicht der Fall, wenn die Weisung nur dahin geht, einen Schriftsatz per Telefax zu übermitteln, die Fristüberschreitung aber darauf beruht, dass es an ausreichenden organisatorischen Vorkehrungen dazu fehlt, unter welchen Voraussetzungen eine Frist nach Übermittlung fristwahrender Schriftsätze per Telefax als erledigt vermerkt werden darf, BGH v. 23. 10. 2003, V ZB 28/03.

43 Wiedereinsetzung ist bewilligt worden bei verspätetem Eingang eines Telegramms aus dem Ausland infolge Überlastung der Telegraphenämter, PA Mitt. **31,** 106, sowie bei verspätetem Eingang eines zur Deckung einer Gebühr bestimmten Schecks, BPatGE **21,** 80. Wird der Zugang zum Gericht oder der Behörde über ein Telefaxgerät eröffnet, muss dafür gesorgt sein,

dass das Gerät auch nach Dienstschluss funktionsfähig ist, BGH NJW **92,** 244; v. 30. 10. 1996, XII ZB 140/96, NJW-RR **97,** 250. Ist die fristgerechte Übertragung der Rechtsmittelbegründungsschrift an einem technischen Defekt der Empfangsanlage des zuständigen Gerichts gescheitert, kann das kein Anwaltsverschulden begründen, wenn dieser so rechtzeitig mit der Übertragung begonnen hatte, dass ohne die Störung der Schriftsatz vollständig vor 24 Uhr ausgedruckt worden wäre, BVerfG I BvR 121/95 – NJW **96,** 2857. Wird eine per Telekopie übermittelte Berufungsbegründung infolge eines Papierstaus im gerichtlichen Empfangsgerät ohne die von dem Prozessbevollmächtigten unterschriebene Seite empfangen, so ist dadurch die Berufungsbegründungsfrist nicht gewahrt. In diesem Fall ist der betroffenen Partei Wiedereinsetzung zu gewähren., BGH, v. 23. 11. 2004 – XI ZB 4/04 –.

Wenn ein rechtzeitig zur Post gegebener Schriftsatz infolge verzögerter Bearbeitung bei der Post verspätet eingeht, kann die Wiedereinsetzung nicht deswegen versagt werden, weil die Frist irrtümlich falsch berechnet worden war, BGH MDR **63,** 119. Wenn bei sonst ordnungsgemäß funktionierender Büroorganisation wegen Handwerksarbeiten die auf einem Nebentisch abgelegten Handakten des Anwalts mit der Fristsache kurzfristig außer Kontrolle geraten sind und ihr Fehlen von der sonst zuverlässig arbeitenden Angestellten übersehen wurde, BGH v. 31. 1. 2002, III ZB 69/01, NJW **02,** 1130.

Bei einer klaren Anweisung an eine Bank, die volle Beschwerdegebühr an das DPMA zu überweisen, liegt kein Verschulden des Auftraggebers vor, wenn die Bank unter Spesenabzug einen geringeren Betrag überweist, so dass Wiedereinsetzung gegen die Versäumung der Frist zur Zahlung der (vollständigen) Gebühr gewährt werden kann. BPatG v. 23. 11. 1999 8 W (pat) 34/99, BPatGE **42,** 23.

6) Mangelnde Kenntnis von der Zustellung kann im Einzelfall Wiedereinsetzungsgrund sein, etwa wenn eine in Polen ansässige Partei von einem in der Bundesrepublik gegen sie ergangenen, ihr öffentlich zugestellten Urteil keine Kenntnis erlangt hat, BGH Bl. **58,** 34 – Schraubstock. Die Unkenntnis des Zustellungsempfängers von dem Inhalt des zugestellten Schriftstücks, das seine Ehefrau entgegengenommen und nicht weitergegeben hat, kann Wiedereinsetzungsgrund sein, BPatGE **2,** 202. Erlangt jemand von einer Zustellung verspätet Kenntnis, weil die Benachrichtigung über die Niederlegung, die der Zusteller in einen von mehreren Bewohnern eines Hauses gemeinsam benutzten Briefkasten eingeworfen hat, versehentlich von einem Mitbewohner an sich genommen worden ist, so ist die Wiedereinsetzung nicht schon deshalb zu versagen, weil der Beteiligte nicht für einen ordnungsgemäßen Briefkasten gesorgt habe, BVerwG NJW **88,** 578. 44

Auch ein Irrtum über den Zustellungstag, der durch einen irreführenden Vermerk auf der Postbenachrichtigung verursacht ist, kann die Wiedereinsetzung rechtfertigen, PA MuW **40,** 60. Es ist jedoch kein Wiedereinsetzungsgrund, wenn sich ein Beteiligter ohne Nachprüfung darauf verlässt, dass sachlich zusammenhängende Beschlüsse, die dasselbe Datum tragen, an demselben Tage zugestellt worden seien, BPatG **7,** 230. Es ist auch kein Wiedereinsetzungsgrund, wenn Erkundigungen zur Ermittlung des Zustellungstages unterblieben sind, obwohl das Fehlen des Zustellungsvermerks auf dem Briefumschlag die Wiedereinsetzung grundsätzlich rechtfertigt, RG JW **31,** 2365. Der Anwalt, der die Zustellung selbst entgegengenommen hat, muss den Zustellungstag und den Fristablauf aufzeichnen, RG Bl. **37,** 219; BGH VersR **78,** 537; **79,** 161; **87,** 564. Der Zustellungszeitpunkt muss in zuverlässiger Weise festgehalten werden, BGH NJW **92,** 574. 44 a

7) Verlust eines Schriftstückes kann im Einzelfall Wiedereinsetzungsgrund sein, so etwa das unaufgeklärte Abhandenkommen eines Schriftsatzes (PA Mitt. **35,** 114; RGJW **31,** 1085) oder der Verlust einer Gebührenmahnung (PA Mitt. **31,** 347; **32,** 62). Ein Wiedereinsetzungsgrund liegt jedoch nicht vor bei Verlust eines Briefes des Anwalts an die Beteiligten, wenn es sich um eine Notfrist handelte und weitere Anfragen unterblieben sind, RG Bl. **23,** 4; vgl. aber auch BGH NJW **58,** 2015. Die Wiedereinsetzung in eine Rechtsmittelfrist ist auch zu versagen, wenn der Verfahrensbeteiligte zwar geltend macht, er habe keinen Zugang zu seinem Postfach gehabt und die Post sei nicht an ihn weitergeleitet worden, wenn die angefochtene Entscheidung jedoch seinen Anwälten, die ihn vor dem Patentamt vertreten haben, ordnungsgemäß zugestellt worden ist und diese ihm die Entscheidung lediglich „zur Kenntnisnahme" ohne Stellungnahme zu den Aussichten eines Rechtsmittels übermittelt haben, BPatG v. 30. 1. 1997 – 5 W (pat) 440/95, Mitt. **98,** 34. 45

d) Ursächlichkeit. Der Beteiligte muss ohne Verschulden verhindert gewesen sein, die Frist zu wahren. Das ist nicht der Fall, wenn zwar dem Patentamt ein Versehen unterlaufen ist (unrichtige Angabe des internen Patentanwaltsaktenzeichens), aber auch der Anmelder selbst oder sein Vertreter eine nach den Umständen vermeidbare Ursache für die Fristversäumung 46 gesetzt hat, BGH GRUR **74,** 679 – Internes Aktenzeichen. War der Verfall des Patents beabsichtigt, so kommt eine Wiedereinsetzung in die Zahlungsfrist nicht in Betracht (PA Bl. **17,** 119), auch wenn der Patentinhaber dabei von unrichtigen Voraussetzungen ausging, PA 12. 9. 1952 – Pat. 801 648. Wenn der Anmelder die Beschwerdefrist hat verstreichen lassen, weil er die Beschwerde bei Ablauf der Frist nach Beratung für aussichtslos gehalten hat, kann auch eine spätere Änderung der Rechtsprechung die Wiedereinsetzung nicht rechtfertigen, BPatGE **6,** 196.

II. Wiedereinsetzungsverfahren

47 **1. Antrag.** Die Wiedereinsetzung wird grundsätzlich nur auf Antrag gewährt, der sich im Einzelfall aus der verspätet vorgenommenen Handlung ergeben kann, BGHZ **63,** 389. Nach der Neufassung des § 123 Abs. 2 Satz 3 kann bei rechtzeitiger Nachholung der versäumten Handlung Wiedereinsetzung auch ohne Antrag gewährt werden. Wenn die danach gebotene Wiedereinsetzung unterblieben ist, kann sie das Rechtsmittelgericht auf Grund eigener Prüfung bewilligen, auch wenn inzwischen die Jahresfrist des § 123 Abs. 2 Satz 4 verstrichen ist, BFH NJW **78,** 1600 (Lts.). Die Wiedereinsetzung in den vorigen Stand von Amts wegen ohne Antrag kommt allerdings nur dann in Betracht, wenn die die Wiedereinsetzung rechtfertigenden Tatsachen zum Zeitpunkt der Nachholung der versäumten Handlung sämtlich aktenkundig waren, BPatGE **25,** 121. Die Wiedereinsetzung kann auch hilfsweise beantragt werden, wenn zweifelhaft ist, ob die Frist tatsächlich versäumt wurde, weil z. B. in erster Linie geltend gemacht wird, eine Zustellung sei nicht wirksam erfolgt, BGH v. 27. 11. 1996 – XII ZB 177/96, NJW **97,** 1312; v. 27. 5. 2003 – VI ZB 77/02, NJW **03,** 2460. Im Wiedereinsetzungsverfahren findet wie auch sonst der Untersuchungsgrundsatz Anwendung, soweit der Antragsteller seiner Pflicht zur schlüssigen Substantiierung eines Wiedereinsetzungsgrundes und zur Glaubhaftmachung seines Vorbringens nachgekommen ist.

48 **a) Antragsberechtigter.** Das Wiedereinsetzungsrecht wird als unselbstständiges Gestaltungsrecht, das mit dem wiederherzustellenden Recht untrennbar verbunden ist, betrachtet in BPatGE **1,** 126, 127 f. Die Ausübung des Wiedereinsetzungsrechts steht daher dem Inhaber des wiederherzustellenden Rechts zu, der dem Patentamt oder Patentgericht gegenüber als solcher legitimiert ist (§ 30 Abs. 3 Satz 3), BPatGE **1,** 126. Antragsberechtigt ist daher, soweit es sich um ein erteiltes Patent handelt, der als Inhaber in das Patentregister Eingetragene. Wenn in BPatGE **1,** 126 auch dem materiellen Patentinhaber das Antragsrecht zugestanden wird, ist das mißverständlich. Die Vorschriften des § 30 Abs. 3 gelten auch für das Wiedereinsetzungsverfahren. Man wird freilich nicht verlangen können, dass eine Umschreibung schon vor der Stellung des Wiedereinsetzungsantrags erfolgt ist oder vor der Entscheidung durchgeführt wird, zumal sich die Umschreibung bei Ablehnung der Wiedereinsetzung als überflüssig erweisen würde. Es wird deshalb als ausreichend angesehen werden können, dass sich der nicht legitimierte Berechtigte, wie es auch in dem der Entscheidung im BPatGE **1,** 126 zugrunde liegenden Fall geschehen ist, bei Stellung des Wiedereinsetzungsantrages als Berechtigter ausweist und zugleich die Umschreibung beantragt. Ein Mitinhaber des Patents kann den Antrag mit Wirkung für alle Patentinhaber stellen, PA MuW **XVIII,** 18. Der nicht eingetragene Inlandsvertreter eines ausländischen Patentinhabers bedarf einer Vollmacht, PA MuW **XVIII,** 143.

49 **b) Form.** Die Wiedereinsetzung muss, soweit es eines Antrags bedarf (vgl. oben Rdn. 47), schriftlich beantragt werden. Der Antrag muss vom Antragsteller oder seinem Vertreter unterschrieben sein. Der Antrag kann wirksam auch durch Telegramm oder Fernschreiben gestellt werden, BPatGE **14,** 139. Es gelten überhaupt die Surrogatformen der Schriftlichkeit. Er kann im Rahmen des § 125 a auch als elektronisches Dokument eingereicht werden.

50 **c) Inhalt.** Der Antrag muss, soweit er erforderlich ist, erkennen lassen, dass der Antragsteller Wiedereinsetzung erstrebt; der Gebrauch des Wortes „Wiedereinsetzung“ ist nicht unbedingt erforderlich, RGZ **125,** 62. Der Antrag muss die Tatsachen angeben, auf die er gestützt wird. Wenn diese Angaben nicht im Antrag selbst enthalten sind, müssen sie innerhalb der Antragsfrist nachgebracht werden. Das Nachschieben von Tatsachen ist unzulässig; zu den innerhalb der Wiedereinsetzungsfrist vorzutragenden Tatsachen gehören auch diejenigen, die die Einhaltung der Wiedereinsetzungsfrist ergeben, BGHZ **5,** 157. Lediglich erkennbar unklare oder ergänzungsbedürftige Angaben, deren Aufklärung nach § 139 ZPO geboten gewesen wäre, dürfen nach Fristablauf erläutert oder vervollständigt werden, BGH v. 27. 2. 1997, I ZB 50/96, NJW **97,** 1708; v. 12. 5. 1998, VI ZB 10/98, NJW **98,** 2578.

51 Zu den anzugebenden Tatsachen gehören zunächst die Umstände, die den Säumigen an der Einhaltung der Frist gehindert haben und ein Verschulden ausschließen, BGH VersR **78,** 942;

83, 270. Darzulegen ist bei der Versäumung der Frist zur Einzahlung einer Gebühr auch, dass überhaupt die Absicht bestanden hat, die betreffende Gebühr rechtzeitig einzuzahlen, BPatGE **25,** 65, 67. Bei Beteiligung eines Vertreters (vgl. oben Rdn. 22) gehört zur Begründung des Antrages auch die Darlegung von Tatsachen, die jedes Verschulden des Vertreters ausschließen, BPatGE **1,** 127, 132. Bei Versehen von Angestellten muss das Wiedereinsetzungsgesuch auch Angaben über ihre Ausbildung, Erprobung und Überwachung und die im Büro getroffenen Anordnungen enthalten, RGJW **31,** 1798. Es muss gegebenenfalls auch dargelegt werden, welche organisatorischen Maßnahmen zur Fristenwahrung getroffen waren, insbesondere, ob dafür gesorgt war, dass die Löschung der einzuhaltenden Frist erst nach Vornahme aller erforderlichen Handlungen erfolgte, PA Mitt. **56,** 98. Die Umstände, in denen der Hinderungsgrund erblickt wird, müssen eingehend und erschöpfend vorgetragen werden, PA Mitt. **55,** 93. Soweit eine Ergänzung noch innerhalb der Antragsfrist möglich ist, ist zwar auf etwaige Unklarheiten und Widersprüche hinzuweisen. Es besteht aber keine Verpflichtung, dem Antragsteller Gründe für die Wiedereinsetzung erst nahezulegen (PA Mitt. **55,** 93) oder nach Gründen zu forschen, die der Antragsteller nicht geltend gemacht hat, RAG Bl. **38,** 3.

Zu den anzugebenden Tatsachen gehören weiter die Umstände, aus denen sich die Wahrung der Antragsfrist ergibt, BGH NJW **73,** 214; BPatGE **19,** 47, 48 m. w. N.; **25,** 65, 66 f. Aus dem Vortrag des Antragstellers muss deshalb ersichtlich sein, wann das Hindernis weggefallen ist; vgl. auch BGH VI ZB 16/96 vom 10. 12. 1996, NJW **1997,** 1079. 52

d) Frist. Literatur: Kirchner, Verspätet nachgeschobene Wiedereinsetzungsgründe, Mitt. **72,** 26. 53

Die Wiedereinsetzung muss innerhalb von zwei Monaten nach Wegfall des Hindernisses beantragt werden. Gegen die Versäumung der Zweimonatsfrist ist Wiedereinsetzung in den vorigen Stand möglich; BPatG Bl. **83,** 305, 306. In § 233 ZPO wird das besonders hervorgehoben, gilt nach der Fassung des § 123 Abs. 1 Satz 1 aber auch für die Frist des § 123 Abs. 2 Satz 1. Unabhängig von der Zweimonatsfrist kann der Antrag auch immer nur innerhalb eines Jahres nach Ablauf der versäumten Frist gestellt werden. Die dem § 234 Abs. 3 ZPO entsprechende Regelung galt früher nicht, PA Mitt. **35,** 243; jetzt ist ein nach Ablauf eines Jahres seit dem Ende der versäumten Frist gestellter Antrag nach § 123 Abs. 2 Satz 4 unzulässig, PA MuW **38,** 226. Wiedereinsetzung kann dann nur noch gewährt werden, wenn sie auch ohne Antrag hätte bewilligt werden können und müssen, die gebotene Wiedereinsetzung jedoch unterblieben ist, BFH NJW **78,** 1600 (Lts.). Gegen die Versäumung der Jahresfrist ist Wiedereinsetzung nicht statthaft, Diese Regelung ist weder verfassungswidrig noch für den Fall der höheren Gewalt ergänzungsbedürftig, auch wenn andere Verfahrensordnungen insoweit eine Ausnahmeregelung enthalten, BPatGE **34,** 195 = Mitt. **95,** 168.

Die Zweimonatsfrist beginnt in dem Zeitpunkt, in dem das Hindernis, das die Fristversäumnis verursacht hat, entfallen ist, der Säumige also nicht mehr ohne Verschulden gehindert ist, die versäumte Handlung vorzunehmen, BGH NJW **59,** 2063; BPatG Mitt. **73,** 169, 170; die Frist für den Wiedereinsatzungsantrag beginnt schon dann, wenn das Weiterbestehen des der Wahrung der versäumten Frist entgegenstehenden Hindernisses nicht mehr als unverschuldet angesehen werden kann. Das ist der Fall, sobald die Partei oder ihr Prozessbevollmächtigter bei Anwendung der gebotenen Sorgfalt die Versäumung hätte erkennen können, BGH v. 13. 7. 2004, – XI ZB 33/03, Egr. 1 a. Mangelnde Kenntnis der Wiedereinsetzungsvorschriften schiebt, da sie vom Betroffenen zu vertreten ist, den Beginn der Antragsfrist nicht hinaus, PA MuW **36,** 268. Wenn der Verfahrensbevollmächtigte des Anmelders nicht mit der Einzahlung der Patentjahresgebühren beauftragt ist, kommt es für den Beginn der Zweimonatsfrist nicht auf die Kenntnis des Verfahrensbevollmächtigten von der Versäumung der Zahlungsfrist, sondern darauf an, wann der Anmelder oder ein von ihm mit der Zahlung Beauftragter Kenntnis von dem Ablauf der Zahlungsfrist erlangt haben oder bei Anwendung der nach den Umständen gebotenen Sorgfalt hätten erlangen müssen, BPatGE **13,** 87, 88. Die Frist für den Antrag auf Wiedereinsetzung beginnt in dem Augenblick zu laufen, in dem der zum Vertreter bestellte Anwalt bei Anwendung der nach den Umständen gebotenen und von ihm zu erwartenden Sorgfalt erkennen muss, dass die Rechtsmittelfrist versäumt ist; wenn der Anwalt bemerkt, dass die von ihm unterzeichnete Rechtsmittelfrist nicht alsbald eingereicht worden ist, muss er, um seiner Sorgfaltspflicht zu genügen, prüfen, ob die Rechtsmittelfrist infolge dieses Versehens versäumt ist, BGH NJW **57,** 184. 54

Die Berechnung der Frist bestimmt sich nach den §§ 187 Abs. 1, 188 Abs. 2 BGB. Der Tag, an dem das Hindernis weggefallen ist, wird nicht mitgerechnet, PA Bl. **16,** 102. Wenn ein Patentanwalt auf den verspäteten Eingang einer Eingabe hingewiesen wurde, kommt es für den Beginn der Zweimonatsfrist nicht auf das im Empfangsbekenntnis angegebene Datum, sondern 55 auf den Zeitpunkt der Kenntnisnahme an; dieser Zeitpunkt muss deshalb in dem Wiedereinsetzungsantrage angegeben werden, wenn die Umstände dafür sprechen, dass der Anwalt die Mitteilung vor dem im Empfangsbekenntnis angegebenen Tag erhalten hat, BPatGE **19,** 47.

56 Der Ablauf der Frist hat zur Folge, dass ein späterer Antrag – vorbehaltlich der Wiedereinsetzung in die Antragsfrist (vgl. oben Rdn. 53) – unzulässig ist. Das Nachbringen von Tatsachen zur Begründung des fristgemäß gestellten Antrags ist nicht statthaft, PA Mitt. **26,** 110; **30,** 35; Bl. **51,** 292; Mitt. **57,** 33; BPatGE **1,** 132; **19,** 44, 46; RGZ **164,** 59. Enthält das Wiedereinsetzungsgesuch eine in sich geschlossene, nicht ergänzungsbedürftig erscheinende Sachdarstellung, so kann eine nach Ablauf der Frist nachgebrachte Begründung, die für die Erfüllung der Sorgfaltspflicht wesentliche Tatsachen erstmals aufgreift, nicht mehr berücksichtigt werden, BGH NJW **91,** 1892. Zulässig ist nach Fristablauf nur noch eine Erläuterung oder Ergänzung der bereits vorgetragenen Wiedereinsetzungstatsachen, wenn versäumt wurde, den Antragsteller gemäß § 139 ZPO auf bestehende Unklarheiten hinzuweisen und ihm zu einer noch innerhalb der Frist möglichen Beseitigung Gelegenheit zu geben, BGHZ 2, 342; BGH NJW **59,** 2063; VersR **76,** 732; **76,** 966; **79,** 1028; **80,** 851; **82,** 803, BGH v. 8. 4. 1997 – VI ZB 8/97 NJW **1997,** 2120; BPatGE **1,** 141.

57 **2. Glaubhaftmachung.** Die Tatsachen, die zur Begründung des Wiedereinsetzungsantrags dienen sollen, müssen glaubhaft gemacht werden; § 294 ZPO; BGH VersR **83,** 376; **86,** 463. Das kann bei der Antragstellung, aber auch im Verfahren, d. h. bis zur Entscheidung über den Antrag geschehen. Im Beschwerdeverfahren ist die Nachholung der Glaubhaftmachung jedenfalls dann möglich, wenn ein nach § 139 ZPO gebotener Hinweis unterblieben ist, BGH 24. 10. 1979 – VIII ZB 20/79. Auskünfte dritter Personen oder von Behörden muss der Antragsteller selbst beschaffen und vorlegen; er kann es nicht der für die Entscheidung zuständigen Stelle überlassen, sie einzuholen, BGH Bl. **59,** 228. Die Glaubhaftmachung kann unterbleiben, wenn die Akten bereits die erforderlichen Unterlagen enthalten, RGZ **131,** 261. Die Glaubhaftmachung ist auch dann erforderlich, wenn ein Anwalt den Antrag stellt, PA Bl. **29,** 81. Die Glaubhaftmachung kann daran scheitern, dass der Anwalt einer Partei einen die Wiedereinsetzung rechtfertigenden Sachverhalt eidesstattlich versichert, schriftsätzlich jedoch einen die Wiedereinsetzung nicht rechtfertigenden Sachverhalt vorträgt, ohne dass Anhaltspunkte dafür bestehen, welcher Sachverhalt wahrscheinlicher ist, BGH v. 17. 1. 2002, VII ZB 32/01, NJW **02,** 1429. Sprechen eindeutige Anhaltspunkte dafür, dass ein Übermittlungsmangel im Verantwortungsbereich der empfangenden Stelle vorliegt, können sich verbleibende Zweifel, die sich auch durch weitere Ermittlungen nicht ausräumen lassen, nicht zum Nachteil des Antragstellers auswirken.

58 **3. Nachholung der versäumten Handlung.** Innerhalb der Antragsfrist ist die versäumte Handlung nachzuholen. Erst mit der Nachholung liegt ein zulässiger Antrag vor. Die Zurückweisung eines Antrages vor Nachholung der Handlung hindert deshalb nicht die Wiederholung des Antrages unter Nachholung der versäumten Handlung innerhalb der noch laufenden Antragsfrist, PA MuW **33,** 580. Bei versäumter Gebührenzahlung gilt ein zulässiger Stundungsantrag als Nachholung der versäumten Gebührenzahlung, PA MuW **37,** 358. Das ist auf den Antrag auf Verfahrenskostenhilfe nach §§ 129ff. entsprechend anzuwenden. Ein bloßer Fristverlängerungsantrag anstelle der versäumten Verfahrensrechtshandlung genügt nicht, BGH vom 20. 3. 2003 – IX ZB 596/02.

59 **4. Verfahrensbeteiligte.** Soweit der Wiedereinsetzungsantrag die Frist zur Vornahme einer Verfahrenshandlung in einem anhängigen Verfahren betrifft, sind die Beteiligten dieses Verfahrens auch am Wiedereinsetzungsverfahren beteiligt; im Einspruchsverfahren nach früherem Recht waren daher am Verfahren über den Wiedereinsetzungsantrag des Anmelders, der eine versäumte Verfahrenshandlung betraf, auch die Einsprechenden beteiligt, BGH GRUR **71,** 246, 247. Der Einsprechende war nach früherem Recht an einem Verfahren über einen Wiedereinsetzungsantrag des Anmelders aber auch dann beteiligt, wenn der Ausgang des Wiedereinsetzungsverfahrens das Patenterteilungsverfahren sonst berührte; das war z. B. der Fall bei einem Antrag des Anmelders auf Wiedereinsetzung gegen die Versäumung der Frist zur Zahlung einer während des Einspruchsverfahrens zu zahlenden Jahresgebühr, BGH GRUR **71,** 246, 247 – Hopfenextrakt. Nach dem seit dem 1. 1. 1981 geltenden Recht ist der Einsprechende infolge der Verselbstständigung des Einspruchsverfahrens nur noch an einem Wiedereinsetzungsverfahren beteiligt, das eine im Einspruchsverfahren einzuhaltende Frist betrifft.

60 **5. Entscheidung. a) Zuständige Stelle.** Zuständig für die Entscheidung über die Wiedereinsetzung ist die Stelle, die über die nachgeholte Handlung zu beschließen hat (§ 123 Abs. 3). Im Verfahren vor dem Patentamt bestimmt sich die Zuständigkeit daher nach § 27 Abs. 1. Die Entscheidung über einen Wiedereinsetzungsantrag gehört nicht zu den Geschäften, die keine

Schwierigkeiten bieten; sie kann daher nicht nach § 27 Abs. 5 wirksam auf Beamte des gehobenen Dienstes übertragen werden, BPatGE **13,** 30; **19,** 39, 43. Die WahrnV nimmt Entscheidungen über Wiedereinsetzungsgesuche in § 1 Abs. 1 Nr. 11 ausdrücklich von der Wahrnehmung durch Beamte des gehobenen Dienstes u. vergleichbare Angestellte aus (internationale Anmeldungen), in § 7 Abs. 1 Nr. 1 wird ihnen generell nur die formelle Bearbeitung von Anträgen auf WidvSt. übertragen. Bei Teilung einer Anmeldung in der Beschwerdeinstanz vor dem Patentgericht bleibt das Verfahren bei dem Gericht anhängig. Ein an das Patentamt gerichtetes Amtshilfeersuchen zur Überwachung des fristgerechten Eingangs der nach PatG § 39 Abs. 3 einzureichenden Unterlagen ändert die Zuständigkeit nicht. Eine Wiedereinsetzung durch das Deutsche Patentamt ist deshalb unwirksam und entfaltet keine Bindungswirkung. BPatGE **39,** 98; insoweit bestätigt durch BGH, – Mehrfachsteuersystem. GRUR **99,** 574, 576, der i. ü. im Gegensatz zur Vorinstanz die Anwendbarkeit von § 123 auf die Frist nach § 39 Abs. 3 bejaht.

Bei Versäumung der Beschwerdefrist kann die Prüfungsstelle oder Patentabteilung Wiedereinsetzung gewähren, wenn sie der Beschwerde abhelfen kann und will, PA Bl. **53,** 83; BPatGE **25,** 119, 120. Sonst ist die Beschwerde mit dem Wiedereinsetzungsantrag dem Patentgericht vorzulegen, vgl. § 73 Rdn. 52, insbesondere dann, wenn die Prüfungsstelle den Wiedereinsetzungsantrag für unzulässig oder unbegründet hält, BPatGE **25,** 119, 120f. Lehnt das Patentamt eine von ihm geforderte Handlung (Bewilligung von Verfahrenskostenhilfe) wegen Versäumung einer Frist ab, so hat es eine gegen den ablehnenden Beschluss gerichtete Beschwerde, mit der zugleich Wiedereinsetzung in den vorigen Stand beantragt wird, auch dann dem Patentgericht vorzulegen, wenn es den Wiedereinsetzungsantrag zurückweist, BPatGE **29,** 112, 115f. **61**

Da die Berufung im Patentnichtigkeitsverfahren nicht mehr wie nach früherem Recht (§ 110 Abs. 1 Satz 2 a. F.) beim Patentgericht, sondern direkt beim Bundesgerichtshof (§ 110 Abs. 2 n. F.) einzulegen ist, hat es auch nicht mehr die Zulässigkeit der Berufung oder die Frage einer Wiedereinsetzung in die versäumte Berufungsfrist zu prüfen. Vgl. zum früheren Recht insoweit BGH GRUR **58,** 23 – Wiedereinsetzung II. **62**

b) Rechtliches Gehör. Zu dem Wiedereinsetzungsantrag müssen die übrigen Verfahrensbeteiligten gehört werden, soweit sie durch die Wiedereinsetzung in ihren Rechten berührt werden. Insbesondere muss ein etwaiger Verfahrensgegner des Antragstellers vor der Entscheidung über den Antrag gehört werden, BVerfG DRiZ **80,** 149, 150 = NJW **80,** 1095; NJW **82,** 2234. Gegen eine Wiedereinsetzung in den vorigen Stand besteht auch dann keine Beschwerdemöglichkeit, wenn der Anspruch der Gegenseite auf rechtliches Gehör verletzt wurde. Das Gericht ist in diesem Fall jedoch nicht an seine Entscheidung gebunden und kann sie – jedenfalls auf Gegenvorstellungen und solange noch kein die Instanz abschließendes Urteil ergangen ist – einer Überprüfung unterziehen, BGHZ **130,** 97. Für Entscheidungen des Patentgerichts ergibt sich dies jetzt aus der entsprechenden Anwendung des Anhörungsrügeverfahrens nach § 321a ZPO (vgl. dazu die Erl. zu § 99). **63**

c) Verfahren bei der Entscheidung. Auf das Verfahren finden die Vorschriften Anwendung, die für die nachgeholte Handlung gelten (§ 238 Abs. 2 Satz 1 ZPO). Verlangen sie mündliche Verhandlung, so muss auch über die Wiedereinsetzung mündlich verhandelt werden. Das gilt auch für den Fall, dass über die Wiedereinsetzung nach § 238 Abs. 1 Satz 2 ZPO gesondert entschieden wird. Da die unzulässige Beschwerde nach § 79 Abs. 2 ohne mündliche Verhandlung verworfen werden kann, kann auch die Wiedereinsetzung in die versäumte Beschwerdefrist – trotz Antrags gemäß § 78 Nr. 1 – ohne mündliche Verhandlung abgelehnt werden, BPatGE **16,** 47, 49. Auch über den Antrag auf Wiedereinsetzung in die versäumte Frist zur Zahlung der Beschwerdegebühr braucht nicht mündlich verhandelt zu werden, BPatGE **1,** 132. **64**

In der Regel ist über die Wiedereinsetzung gleichzeitig und zusammen mit der Sache zu entscheiden (§ 238 Abs. 1 Satz 1 ZPO). Wenn besondere Gründe es angezeigt erscheinen lassen (PA Bl. **26,** 27), kann über die Wiedereinsetzung auch getrennt entschieden werden (§ 238 Abs. 1 Satz 2 ZPO). Die Form der Entscheidung richtet sich nach den Vorschriften über die nachgeholte Handlung. Im Verfahren vor dem Patentamt und im Beschwerdeverfahren ergeht daher die Entscheidung durch Beschluss (§§ 47, 59 Abs. 3, 79), im Nichtigkeitsverfahren durch Urteil (§ 84) oder Beschluss (vgl. dazu §§ 82, 83 Rdn. 11, § 84 Rdn. 2, § 100 Rdn. 19, § 116 Rdn. 1). **65**

d) Bindung. Die entscheidende Stelle und andere mit der Sache befasste Stellen des Patentamts oder des Patentgerichts sind grundsätzlich an die Entscheidung über die Wiedereinsetzung gebunden, vgl. BGH NJW **54,** 880; BPatGE **19,** 38, 40f. Ausnahmen gelten insbesondere, wenn die Wiedereinsetzung gesetzlich ausgeschlossen war, PA Bl. **55,** 256. Das Patentamt ist **66**

auch an eine eigene Entscheidung im Wiedereinsetzungsverfahren gebunden, durch die das Wiedereinsetzungsverfahren mangels Säumnis für gegenstandslos erklärt wurde, BPatGE **22,** 121. Eine solche verbindliche Entscheidung liegt allerdings dann nicht vor, wenn das Patentamt in einem Bescheid, nach dem für „eine Wiedereinsetzung kein Raum" ist, davon ausgeht, dass eine Frist nicht versäumt wurde, BPatGE **23,** 248 (GebrMG).

67 **e) Rechtsbehelfe.** Die Wiedereinsetzung ist **unanfechtbar** (§ 123 Abs. 4). Die Beschwerde gegen einen die Wiedereinsetzung gewährenden Beschluss des Patentamts ist weder als „gewöhnliche" Beschwerde i. S. von § 73 noch als „außergewöhnliche" Beschwerde statthaft. Der Ausschluss der Beschwerde verstößt insoweit nicht gegen Art. 19 Abs. 4 GG, BPatG. Mitt. **91,** 63. Denkbar ist, dass ein anderer Verfahrensbeteiligter mit gegenläufigen Interessen eine **Rüge wegen Verletzung des rechtlichen Gehörs** anbringen könnte, weil ihm keine Gelegenheit zur Äußerung auf das Vorbringen des Antragstellers oder die Absicht von Patentamt oder Patentgericht, Wiedereinsetzung von Amts wegen zu gewähren, gegeben wurde, s. Rdn. 63. Dieser außerordentliche Rechtsbehelf hat aber keine aufschiebende Wirkung. Die Anfechtung der die Wiedereinsetzung ablehnenden Entscheidung bestimmt sich nach den Vorschriften, die für die nachgeholte Handlung gelten (§ 238 Abs. 2 ZPO). Im patentamtlichen Verfahren ist daher gegen die Ablehnung der Wiedereinsetzung die Beschwerde gegeben (§ 73). Die ablehnende Entscheidung im patentgerichtlichen Beschwerdeverfahren ist grundsätzlich unanfechtbar (wegen der Möglichkeit der Anfechtung mit der Rechtsbeschwerde vgl. § 100 Rdn. 4). Bei der Beurteilung einer Beschwerde ist zu berücksichtigen, dass die Versagung der Wiedereinsetzung den betroffenen Verfahrensbeteiligten in seinem verfassungsrechtlich gewährleisteten Anspruch auf Gewährung wirkungsvollen Rechtsschutzes (vgl. Art. 2 Abs. 1 GG i. V. m. dem Rechtsstaatsprinzip) verletzen kann. Dieser Anspruch verbietet es, einer Partei die Wiedereinsetzung auf Grund von Anforderungen an die Sorgfaltspflichten ihres Prozessbevollmächtigten zu versagen, die nach der höchstrichterlichen Rechtsprechung nicht verlangt werden und mit denen sie auch unter Berücksichtigung der Entscheidungspraxis des angerufenen Gerichts nicht rechnen musste, BGH vom 29. 7. 2004 III ZB 27/04 unter Bezugnahme auf BVerfGE **79,** 372 und BVerfG NJW-RR **02,** 1004 sowie BGH vom 9. 12. 2003 – VI ZB 26/03 – NJW-RR **04,** 711.

68 **III. Wirkung der Wiedereinsetzung**

Literatur: W. Pinzger, Wirkung der Wiedereinsetzung im patentamtlichen Verfahren GRUR **32,** 827.

Die Wiedereinsetzung beseitigt die Folgen der Säumnis in vollem Umfange. Die Bewilligung der Wiedereinsetzung durch das Patentamt oder das Patentgericht bindet die Gerichte. Im Verletzungsprozess ist nur der Einwand zulässig, der Anmelder oder Patentinhaber habe die Wiedereinsetzung durch unrichtige Angaben erschlichen, BGH GRUR **52,** 565; **56,** 265 – Rheinmetall – Borsig I. Im Patentnichtigkeitsverfahren ist nicht zu prüfen, ob für die an sich statthafte Wiedereinsetzung die sachlichen Voraussetzungen vorlagen; Verfahrensmängel bei der Wiedereinsetzung gelten als durch die Patenterteilung geheilt, BGH GRUR **60,** 542 – Flugzeugbetankung I (Lts., Begrdg. GRUR Ausl. **60,** 506).

69 Die Wiedereinsetzung wirkt rechtsbegründend: die versäumte Handlung gilt als rechtzeitig vorgenommen, der Rechtsnachteil als nicht eingetreten. Rechtswirkungen, die infolge Versäumung entstanden waren, werden rückgängig gemacht, RGZ **127,** 282. Die verfallene Anmeldung oder das erloschene Patent treten mit Rückwirkung wieder in Kraft. BGH GRUR **63,** 519, 522 – Klebemax. In der Zwischenzeit ergangene, auf der Fristversäumnis beruhende Entscheidungen werden durch die Wiedereinsetzung hinfällig, BGH LM § 519b Nr. 9.

70 Der Wiedereinsetzung kommt aber keine Rückwirkung in dem Sinne zu, dass Benutzungshandlungen, die in der Zeit zwischen dem Erlöschen und dem Wiederinkrafttreten des Patents erfolgt sind, als rechtswidrig anzusehen wären, BGH GRUR **56,** 265; **63,** 519, 522. Es können daher für diese Zeit keine Ansprüche aus Patentverletzung, sondern allenfalls solche gemäß §§ 826 BGB, 1 UWG geltend gemacht werden, BGH GRUR **56,** 265. Bei Benutzungshandlungen in dem Zeitintervall, in dem die Patentanmeldung wegen Nichtzahlung der Gebühren verfallen war, kann der Anmelder auch nach der Wiedereinsetzung in den vorigen Stand keine Entschädigung verlangen, BGH – Wandabstreifer (LS (b)) GRUR **93,** 460, 464 m. Anm. v. Maltzahn. Die Wiedereinsetzung in die mit Hinterlegung eines ausländischen Geschmacksmusters beginnende sechsmonatige Frist des Art. 4 C PVÜ zur Einreichung einer prioritätsbegünstigten inländischen Geschmacksmusteranmeldung führt nicht zur Rückverlegung des Anmeldetags der inländischen Anmeldung auf den letzten Tag der Prioritätsfrist, BPatG v. 3. 2.

2005, 10 W (pat) 712/02, Tragbare Computervorrichtung. Entsprechendes gilt für die Wiedereinsetzung in die Jahresfrist von Art. 4 C PVÜ. Da der Ablauf der Jahresfrist zum Verlust der Möglichkeit geführt hat, die Priorität der älteren Anmeldung in Anspruch zu nehmen, lebt dieses Recht mit der Wiedereinsetzung auf. Die verspätete Nachanmeldung wird so behandelt, als sei sie rechtzeitig innerhalb der Jahresfrist eingereicht; zu einer Verschiebung des Anmeldetags und zu einer Verlängerung des Prioritätsintervalls führt dies jedoch nicht.

IV. Weiterbenutzungsrecht gutgläubiger Dritter 71

Literatur: Ruschke, Zur Frage des Weiterbenutzungsrechts, Mitt. **38,** 305; Starck, Das Weiterbenutzungsrecht bei der Wiedereinsetzung in den vorigen Stand (§ 43 Abs. 4 PatG), GRUR **38,** 478; ders., Das Weiterbenutzungsrecht bei einstweiligem Patentschutz, MuW **39,** 450; ders., Das Weiterbenutzungsrecht an Elementen und Unterkombinationen bei einem Kombinationspatent, GRUR **40,** 465.

Das Weiterbenutzungsrecht nach § 123 Abs. 5 und 6 dient dem Schutz gutgläubiger Dritter, die den Gegenstand der Patentanmeldung oder des Patents nach dem Verfall der Anmeldung oder dem Erlöschen des Patents in Benutzung genommen haben, wenn die Schutzwirkungen des § 33 Abs. 1 oder der mit der Patenterteilung eintretende Patentschutz (§ 9) infolge Wiedereinsetzung wieder in Kraft treten. Die Regelung ist Ausdruck der Billigkeit; sie soll den redlich erworbenen Besitzstand schützen, BGH GRUR **52,** 564, 566 – Wäschepresse. Eine entsprechende Vorschrift enthält auch Art. 122 Abs. 6 EPÜ für den Fall der Wiedereinsetzung in Fristen nach dem Übereinkommen.

1. Anwendungsbereich. Das Weiterbenutzungsrecht war früher nur für den Fall vorgesehen, dass ein Patent infolge Wiedereinsetzung wieder in Kraft trat (§ 123 Abs. 5). Durch das Gesetz vom 4. 9. 1967 ist § 123 Abs. 6 neu in die Vorschrift eingefügt und damit die Möglichkeit der Entstehung eines Weiterbenutzungsrechts auch auf die Fälle des Wiederinkrafttretens der Wirkungen nach § 33 Abs. 1 ausgedehnt worden. § 123 Abs. 5 wird entsprechend angewendet, wenn die Wiederaufnahme eines durch rechtskräftige Entscheidung abgeschlossenen Patentnichtigkeitsverfahrens zur Wiederherstellung des Patents führt, RGZ **170,** 51, 53 (vgl. dazu auch § 84 Rdn. 9). Das Gleiche wird gelten müssen, wenn durch Wiederaufnahme des Patenterteilungsverfahrens (vgl. § 99 Rdn. 6) eine nach früherem Recht nach Bekanntmachung (§ 30 PatG 1968) einstweilen geschützte Anmeldung wiederhergestellt wird. 72

2. Voraussetzungen. a) Erlöschen des Schutzes. Nach § 123 Abs. 5 Satz 1 entsteht das Weiterbenutzungsrecht durch Handlungen zwischen dem Erlöschen und dem Wiederinkrafttreten des Patents. „Erlöschen" ist das materielle Erlöschen des Patents; die Löschung des Patents in der Patentrolle, der keine rechtsvernichtende Wirkung zukommt, bietet für die Entstehung eines Zwischenbenutzungsrechts keine ausreichende Grundlage, BGH GRUR **52,** 564 – Wäschepresse. Für die Fälle des § 123 Abs. 6 tritt an die Stelle des Erlöschens der (rückwirkende) Wegfall der Schutzwirkungen nach § 33 Abs. 1, der in jedem Falle mit der Zurücknahme oder sonstigen Erledigung der Anmeldung verbunden ist (vgl. § 58 Rdn. 10). 73

b) Wiederinkrafttreten infolge Wiedereinsetzung. Das Patent oder die Anmeldung muss infolge Wiedereinsetzung wieder in Kraft getreten sein. Auf andere Fälle der Wiederherstellung eines Patents oder einer Anmeldung ist die Regelung in § 123 Abs. 5 und 6 daher nicht unmittelbar, sondern allenfalls entsprechend anwendbar, so etwa auf den Fall der Wiederherstellung eines Patents oder einer Anmeldung auf Grund eines Wiederaufnahmeverfahrens (RGZ **170,** 51, 53). 74

c) Inbenutzungsnahme. Erforderlich ist die Benutzung im Inland. Dabei wird auf den Geltungsbereich des Patentgesetzes abzustellen sein (vgl. dazu § 9 Rdn. 9). Die Benutzung liegt in der Ausübung einer der Benutzungsarten des § 9. Im Einzelnen kann dazu auf die Erläuterungen zu § 12 (Rdn. 11ff.) verwiesen werden. 75

Der Benutzung sind – ebenso wie in § 12 – Veranstaltungen gleichgestellt, die die Benutzung vorbereiten sollen. Erforderlich sind Veranstaltungen, die die Erfindung auszuführen bestimmt sind und den ernsthaften Willen erkennen lassen, die Erfindung alsbald fabrikmäßig auszuwerten (vgl. dazu § 12 Rdn. 13ff. mit Nachw.).

d) Inbenutzungnahme zwischen Erlöschen und Wiederinkrafttreten. Nur die Benutzung nach Erlöschen des Patents oder nach dem Wegfall der Anmeldung kann das Weiterbenutzungsrecht begründen, vgl. dazu RGZ **110,** 218. Die Benutzung vor dem Erlöschen des Patents ist Patentverletzung; sie kann, wenn sie lediglich über den Zeitpunkt des Erlöschens hinaus fortgesetzt wird, nicht Grundlage des Weiterbenutzungsrechts sein, BGH GRUR **56,** 265, 268 – Rheinmetall-Borsig I; BGH GRUR **93,** 460, 462, 463, Teil II 2b u. 4b der Ent- 76 scheidungsgründe – m. Anm. v. Maltzahn. Entsprechendes gilt für den Wegfall der Schutzwirkungen des § 33 Abs. 1. Auch Veranstaltungen zur Benutzung dürfen erst nach dem Erlöschen des Patents oder dem Wegfall der Anmeldung aufgenommen werden. War die patentverletzende Benutzung jedoch vor dem Erlöschen des Patents oder dem Wegfall der Anmeldung eingestellt, so kann eine neue, von der früheren unabhängigen Benutzung das Weiterbenutzungsrecht begründen, vgl. RGZ **108,** 76. Der Lizenznehmer erwirbt kein Weiterbenutzungsrecht, wenn er die schon vorher erfolgte Benutzung nach dem Erlöschen des Patents oder dem Wegfall der Anmeldung fortsetzt, vgl. RGZ **107,** 390.

77 **e) Gutgläubigkeit des Benutzers.** Das Weiterbenutzungsrecht kann nur entstehen, wenn der Benutzer bei der Inbenutzungnahme des Gegenstandes der Anmeldung oder des Patents gutgläubig war. Dafür ist nicht erforderlich, dass der Benutzer das Patent oder die Anmeldung und das Erlöschen oder den Wegfall gekannt hat. Auch der unbewusste Benutzer des erloschenen Patents oder der weggefallenen Anmeldung wird geschützt, BGH GRUR **52,** 564, 566 – Wäschepresse. Der gute Glaube fehlt, wenn der Benutzer mit dem Wiederaufleben der Anmeldung oder des Patents rechnete oder rechnen musste, BGH GRUR **52,** 564, 566. Das ist vor allem der Fall, wenn dem Benutzer die Tatsachen, die den Anmelder oder Patentinhaber an der Wahrung der Frist gehindert haben, kannte oder infolge großer Fahrlässigkeit nicht kannte. Im Streitfall hat nicht der Zwischenbenutzer nachzuweisen, dass er gutgläubig auf das Erlöschen des Patents vertraut habe, sondern der Patentinhaber den Erwerb des Zwischenbenutzungsrechts durch den Nachweis zu entkräften, dass der Zwischenbenutzer gewusst habe, das Patent sei zu Unrecht gelöscht worden, BGH GRUR **52,** 564, 566.

78 **3. Inhalt des Weiterbenutzungsrechts.** Der Inhalt des Weiterbenutzungsrechts deckt sich mit dem des Vorbenutzers. Es kann deshalb auf die Erläuterungen zu § 12 (Rdn. 22ff.) verwiesen werden.

79 **4. Weiterbenutzungsrecht bei Wiedereinsetzung in die Priortätsfrist nach Art. 4 PVÜ.** (§ 123 Abs 7). Abs. 7 ist durch Art. 2 Nr. 31 des 2. PatÄndG in § 123 eingefügt worden. Damit „wird demjenigen, der nach Ablauf der Prioritätsfrist nicht mehr mit dem Entstehen eines Schutzrechtes im Inland rechnen musste, ein Weiterbenutzungsrecht eingeräumt, wenn es durch eine Wiedereinsetzung in die Prioritätsfrist doch noch zu einer Nachanmeldung kommt. Er ist, sofern er gutgläubig ist, ebenso schutzwürdig wie derjenige, der von dem Erlöschen des Patents ausging und vor der Wiedereinsetzung in den vorigen Stand den Gegenstand in Benutzung genommen hat. Veranstaltungen sind im gleichem Umfang privilegiert wie beim Vorbenutzungsrecht nach § 12 Patentgesetz. Es muss sich also um Veranstaltungen handeln, die den Entschluss, die Erfindung zu benutzen, durch Vorbereitung der Benutzung in die Tat umsetzen (vgl. BGHZ **39,** 389, 397 – Taxilan)", BT-Drs. 13/9971, S. 37 li. Sp. Der Maßgebliche Zeitraum für das Entstehen des Weiterbenutzungsrechts soll danach der normale Ablauf der Prioritätsfrist von einem Jahr und die Bewilligung der Wiedereinsetzung in die versäumte Frist durch das Patentamt oder – auf Beschwerde – durch das Patentgericht sein. Da die Bewilligung unanfechtbar ist, ist also in jedem Fall der Tag des wirksamen Erlasses der Entscheidung maßgebend. Da der Zwischenbenutzer die ausländische Voranmeldung nicht kennen und auch nicht beachten muss, kann sich der gute Glaube unter den gegebenen Umständen allenfalls auf die Tatsache der Einreichung der Nachanmeldung beim Patentamt und den entweder zusammen mit ihr oder innerhalb der Zweimonatsfrist von § 123 Abs. 2 Satz 1 eingereichten Antrag auf Wiedereinsetzung in die Prioritätsfrist beziehen. Da im Übrigen durch die Wiederherstellung des Prioritätsrechts der Anmeldetag der Nachanmeldung nicht verschoben wird und für alle sonstigen rechtlichen Verhältnisse und Fristen (Patentlaufzeit, Fälligkeit der Jahresgebühren) maßgebend bleibt, ist für die Zeit zwischen Ablauf der Prioritätsfrist und dem Anmeldetag ohnehin von einer direkten Anwendbarkeit von § 12 auszugehen. Insofern deckt § 123 Abs. 7 allenfalls solche Benutzungs- oder Vorbereitungshandlungen ab, die im Zeitraum zwischen Anmeldetag und Gewährung der Wiedereinsetzung in die Prioritätsfrist aufgenommen wurden.

123a

Weiterbehandlung bei Fristversäumnis. (1) **Ist nach Versäumung einer vom Patentamt bestimmten Frist die Patentanmeldung zurückgewiesen worden, so wird der Beschluss wirkungslos, ohne dass es seiner ausdrücklichen Aufhebung bedarf, wenn der Anmelder die Weiterbehandlung der Anmeldung beantragt und die versäumte Handlung nachholt.**

(2) [1]**Der Antrag ist innerhalb einer Frist von einem Monat nach Zustellung der Entscheidung über die Zurückweisung der Patentanmeldung einzureichen.** [2]**Die versäumte Handlung ist innerhalb dieser Frist nachzuholen.**

(3) **Gegen die Versäumung der Frist nach Absatz 2 ist eine Wiedereinsetzung nicht gegeben.**

(4) **Über den Antrag beschließt die Stelle, die über die nachgeholte Handlung zu beschließen hat.**

Inhaltsübersicht

Vorbemerkung zum Textbestand: § 123a wurde eingefügt durch das KostRegBerG vom 13. 12. 2001, verkündet am 19. 12. 2001, BGBl. I, Nr. 69, S. 3656, Inkrafttreten am 1. 1. 2005.

Literatur: Zur Regelung im EPÜ s. Benkard/Schäfers EPÜ (2002), Erl. zu Art. 121.

1. Entstehungsgeschichte, Materialien, internationaler Hintergrund. Die Vorschrift ist durch Art. 21 Abs. 2 KostRegBerG in das Patentgesetz eingefügt worden und am 1. 1. 2005 in Kraft getreten (BT-Drs 14/6203, Art. 7 Nr. 35 RegE und Begründung dazu S 22, 64; siehe auch Mitt PräsPA Nr. 2/05 v. 8. 12. 2004, BlPMZ 2005, 1). Der im **Anh Vor 1** wiedergegebene Regierungsentwurf eines Gesetzes zur Änderung des patentrechtlichen Einspruchsverfahrens und des Patentkostengesetzes, BT-Drs. 16/735 v. 21. 2. 2006 sieht in Art. 1 Nr. 14 vor, § 125a Abs. 3 dahin zu ergänzen, dass auch gegen die Versäumung der Frist zur Zahlung der Weiterbehandlungsgebühr nach dem PatKostG eine Wiedereinsetzung nicht gegeben ist. 1

Die Vorschrift ist **an Art. 121 EPÜ angelehnt,** vgl. dazu Benkard/Schäfers, EPÜ, Erl. zu Art. 121. wo sie künftig breite Anwendung finden und nach Möglichkeit die Wiedereinsetzung in den vorigen Stand ersetzen soll.Nach der Konzeption der Revisionsakte zum EPÜ von November 2000 soll diese Bestimmung gegenüber der Wiedereinsetzung in den vorigen Stand eine erhöhte Bedeutung erlangen, um die relativ aufwändigen Wiedereinsetzungsverfahren zurückzudrängen und den weiteren Verfahrensbetrieb zu vereinfachen. Die Weiterbehandlung soll danach der Regelrechtsbehelf werden. Der RegE zum KostRegBerG bezieht sich ausdrücklich auf die beim EPA gesammelten Erfahrungen. Nach Zustellung des Zurückweisungsbeschlusses soll der Säumige die Wahl haben zwischen der Einlegung einer Beschwerde, dem Antrag auf Weiterbehandlung oder – bei nicht schuldhafter Fristversäumung – dem Antrag auf Wiedereinsetzung in den vorigen Stand. Zweck der Regelung ist, den Säumigen und auch dem Patentamt die Durchführung des oft aufwändigen Wiedereinsetzungsverfahrens, in dem der Säumige oft vorgeschobene Entschuldigungsgründe vorträgt, zu ersparen, BT-Drs. 14/6203, 64. 2

Nach dem Gesetzentwurf der BReg. sollte die Vorschrift **ursprünglich zum 1. 1. 2002** in Kraft treten. Im Laufe des Gesetzgebungsverfahrens wurde der Zeitpunkt des Inkrafttretens jedoch – in Übereinstimmung mit einer Formulierungshilfe des BMJ – geändert. Gleichzeitig wurde die Vorschrift, die im RegE in Art. 7 Nr. 35 eingestellt war, in einen neuen Art. 21 übertragen. Wegen der Erwartung, dass das Patentamt auf Grund der vereinfachten Möglichkeiten, das Anmeldeverfahren weiterzubetreiben, stärker belastet werden würde, wurde der Zeitpunkt des Inkrafttretens schließlich auf den **1. 1. 2005** festgesetzt. Das KostRegBerG hat im Übrigen dieses neue Rechtsinstitut auf breiter Front auch für die sonstigen Schutzrechtsarten eingeführt (vgl. z. B. § 91a Markengesetz) und damit den allgemeinen internationalen Trend zur Vereinfachung der Verfahren zur Anmeldung von Schutzrechten aufgenommen. 3

2. Voraussetzungen. Die Vorschrift findet ausschließlich im **patentamtlichen Erteilungsverfahren** Anwendung. Sie setzt voraus, dass das Patentamt dem Anmelder eine Frist zur Erledigung bestimmter Erfordernisse gesetzt und der Anmelder die Frist versäumt hat. Weiterhin muss das Patentamt die Anmeldung wegen der Fristversäumung zurückgewiesen haben. Anwendungsfall ist z. B. das Rügeverfahren nach § 45 Abs. 1 Satz 1, das ausdrücklich die Fristbestimmung durch die Prüfungsstelle vorsieht. Rechtsgrundlage für eine Zurückweisung kann z. B. im Verlauf des Rügeverfahrens § 48 Satz 1 sein. Im Gegensatz zum EPÜ findet die Vorschrift keine Anwendung bei einer fingierten Rücknahme der Anmeldung. 4

Es muss sich nach dem Wortlaut § 123 Abs. 1 um eine **Frist handeln, die das Patentamt bestimmt,** d. h. dem Anmelder gesetzt hat. Der Rechtsbehelf ist also ausgeschlossen bei den Fristen, die das PatG oder andere Vorschriften mit Gesetzes- oder Verordnungsrang selbst festlegen, insbesondere also die Prioritätsfrist, die Frist zur Stellung des Prüfungsantrags und zur Einlegung und Begründung einer Beschwerde oder die Zahlungsfristen nach dem PatKostG. 5

6 Obwohl gegen einen solchen die Anmeldung zurückweisenden Beschluss der Prüfungsstelle auch die normale Beschwerde nach § 73 Abs. 1 eingelegt werden könnte und diese Möglichkeit unter Einschluss des Abhilfeverfahrens nicht tangiert wird, bietet § 123a die einfache Alternative des Antrags auf Weiterbehandlung an.

7 **3. Antragsverfahren.** Der Antrag ist schriftlich an das Patentamt zu richten, wobei für die Einhaltung der Schriftform die allgemeinen Kriterien gelten und die Form des elektronischen Dokuments genügt. Der Antrag muss kenntlich machen, dass als Reaktion auf die Zurückweisung der Anmeldung oder auch in Vorwegnahme der entsprechenden Reaktionen des Amtes die Weiterbehandlung der Anmeldung nach § 123a beantragt wird. Als Verfahrenshandlung ist der Antrag an sich bedingungsfeindlich. Er kann aber in ein Hilfsverhältnis zu einer parallel eingelegten Beschwerde gebracht werden, z.B. wenn eine Beschwerde gegen die zurückweisende Entscheidung hinreichende Aussicht auf Erfolg hat, so dass mit einer späteren Zurückzahlung der Weiterbehandlungsgebühr gerechnet werden kann. Eine Begründung ist nicht erforderlich, soweit nicht ein etwaiges Hilfsverhältnis zu einer parallel erhobenen Beschwerde oder einem Antrag auf Wiedereinsetzung in den vorigen Stand klarzustellen ist.

8 **4. Antragsgebühr.** Der Antrag gilt erst dann als gestellt, wenn die **Gebühr für den Antrag** entrichtet worden ist, die mit der Antragstellung fällig wird. Die Gebühr muss demnach ebenfalls innerhalb der Frist von einem Monat entrichtet werden. Der Betrag der geschuldeten Gebühr (100 EUR) ergibt sich aus KostVerz Nr. 313 000 der Anl. zum PatKostG. Die Zahlung allein der Weiterbehandlungsgebühr innerhalb der Antragsfrist kann den Antrag selbst nicht ersetzen; die Weiterbehandlung muss vielmehr ausdrücklich beantragt werden.

9 Die **Frist** für den Antrag beträgt **einen Monat ab Zustellung der Entscheidung,** durch die die Anmeldung zurückgewiesen wird. Der Antrag kann allerdings auch bereits vor Erlass einer solchen Entscheidung gestellt werden, wenn die Frist versäumt wurde, um der Entscheidung über die Zurückweisung zuvorzukommen. Unbedingt auf einer solchen Entscheidung zu bestehen, wäre eine unnötige Förmelei und würde das Verfahren nur unnötig verzögern (vgl. das Verfahren beim EPA). Die Frist ist nicht wiedereinsetzungsfähig.

10 **5. Verfahrensbeteiligte; Zuständiges Organ.** Verfahrensbeteiligter ist lediglich der antragstellende Anmelder, da es sich um ein Ex-parte-Verfahren handelt. Über den Weiterbehandlungsantrag entscheidet Stelle des Patentamts, die über die versäumte Handlung zu entscheiden hat, § 123a Abs. 4. Das ist formell die Stelle, von der die Fristsetzung und die zurückweisen Entscheidung ausgegangen ist. Dafür kommen die Eingangsstelle, die Prüfungsabteilung, die Rechtsabteilung und eine Beschwerdekammer in Betracht. Funktionell ist innerhalb der Verfahrensorgane der ersten Instanz die Wahrnehmung dieser Aufgabe auf die Formalsachbearbeiter übertragen.

11 Über den Antrag beschließt die Stelle, die über die nachgeholte Handlung zu beschließen hat, § 123 Abs. 4, also praktisch ausschließlich die Prüfungsstelle in der Besetzung mit dem zuständigen Prüfer oder ggf. nach der WahrnV mit dem funktionell zuständigen Beamten oder Angestellten des gehobenen Dienstes.

12 **6. Verfahren und Entscheidung des Patentamts.** Auf das Verfahren sind an sich die allgemeinen Vorschriften über rechtliches Gehör, die Ermittlung von Amts wegen, mündliche Verhandlung und Beweisaufnahme, Vertretung, Partei- und Prozessfähigkeit etc. anzuwenden, wegen des normalerweise begrenzten Verfahrensgegenstandes und einfachen Sachverhalts werden Beweisaufnahmen und mündliche Verhandlungen den Ausnahmefall darstellen. Streitig – zwischen Anmelder und Patentamt – kann im Einzelfall lediglich sein, ob die Zulässigkeitsvoraussetzungen erfüllt sind, insbesondere ob die Fristen eingehalten und richtig berechnet wurden oder ob überhaupt das Verfahren der Weiterbehandlung angesichts der Rechtsnatur der versäumten Frist statthaft ist.

13 Die Entscheidung des Patentamts kann positiv darin bestehen, den Antrag zuzulassen und die **Weiterbehandlung der Anmeldung anzuordnen.** Eine Begründung ist dafür nicht erforderlich. Als Alternative dazu kann die Entscheidung auf Zurückweisung des Antrags lauten, soweit nicht in die Unwirksamkeit des Antrages z.B. mangels rechtzeitiger Einreichung festzustellen ist. Da für den Antrag eine Begründung nicht erforderlich ist und lediglich bestimmte Zulässigkeitsvoraussetzungen zu erfüllen sind, kommt alternativ die Zurückweisung des Antrags als unzulässig in Betracht, etwa weil der Antrag nicht rechtzeitig gestellt wurde oder die versäumte Handlung nicht oder nicht rechtzeitig nachgeholt wurde. Gegen diese Entscheidung ist die Beschwerde gegeben, soweit nicht hilfsweise ein Antrag auf WidvS gestellt wird. Eine zurückweisende Entscheidung ist zu begründen, mit einer Rechtsmittelbelehrung zu versehen und gem. § 127 zuzustellen.

14 **7. Wirkungen.** Ordnet das Patentamt die Weiterbehandlung der Anmeldung an, so tritt die vorgesehene **Rechtsfolge** nicht ein oder wird, falls sie bereits eingetreten ist, **rückgängig** ge-

macht. Für den Fall der drohenden, lediglich angekündigten Zurückweisung der Anmeldung gilt, dass die Zurückweisung unterbleibt. Ist sie bereits ausgesprochen worden, so wird diese Entscheidung durch die Anordnung der Weiterbehandlung ebenfalls gegenstandslos. Eine ausdrückliche Aufhebung ist nicht erforderlich, dient aber der Klarheit der Rechtslage und der Verfahrenssituation.

8. Rechtsbehelfe. Gegen die Entscheidung, durch die die Weiterbehandlung angeordnet wird, findet keine Beschwerde statt, da es keinen durch sie beschwerten Verfahrensbeteiligten gibt. Gegen die Zurückweisung des Antrages (als unzulässig) findet die normale Beschwerde nach § 73 Abs. 1 statt. Falls die Beschwerde zulässig und begründet ist, kann das Patentamt im Abhilfewege seine Entscheidung aufheben und die Weiterbehandlung der Anmeldung anordnen. 15

9. Zeitliche Überleitung. Überleitungsvorschriften zur Anwendung des neuen Rechtsinstituts enthält das KostRegBerG nicht. Es ist daher davon auszugehen, dass die allgemeinen Grundsätze des intertemporalen Kollisionsrechts anzuwenden sind. § 123a findet daher keine Anwendung auf vom Patentamt bestimmte – und vom Anmelder versäumte – Fristen, die am 30. 12. 2004 oder davor endeten. Dagegen findet sie uneingeschränkt auf alle noch unter dem alten Recht gesetzte Fristen Anwendung, die am 1. 1. 2005 (bzw. wegen des Zusammentreffens mit einem Wochenende, am 3. 1. 2005) oder später endeten. 16

124 *Wahrheitspflicht.* **Im Verfahren vor dem Patentamt, dem Patentgericht und dem Bundesgerichtshof haben die Beteiligten ihre Erklärungen über tatsächliche Umstände vollständig und der Wahrheit gemäß abzugeben.**

Inhaltsübersicht

1. Anwendungsbereich. Literatur: Schumann, Der Wahrheitsgrundsatz im Patentwesen, Festschrift „Das Recht des schöpferischen Menschen", 1936 S. 75ff.; Klauer daselbst S. 57 und das dortige Zitat von Pietzcker aus Schlegelbergers rechtsvergleichendem Wörterbuch V 572; H. Isay, Die Wahrheitspflicht im Patentverletzungsprozess, MuW **34,** 439; Kraßer, Verpflichtung des Patentanmelders und -inhabers zu Angaben über den Stand der Technik, FS Nirk, 1992, S. 531ff; Funke, Die Mitteilungspflicht des Patentanmelders in den USA und die Einrede der „unredlichen Verfahrensführung" als Verteidigungsmittel im US-amerikanischen Verletzungsprozess, Mitt. **92,** 282. Prange, Mitt **99,** 91, 214 und 294. 1

Das Gebot der Wahrheitspflicht, das in § 124 in wörtlicher Anlehnung an § 138 Abs. 1 ZPO ausdrücklich festgelegt ist, gilt für alle im Patentgesetz – und kraft Verweisung oder eigenständiger Vorschrift (§ 21 Abs. 1 GebrMG, § 92 MarkenG, § 11 Abs. 1 Halbleiterschutzgesetz, § 23 Abs. 1 Satz 4 GeschmMG) auch für die im Gebrauchsmuster-, Marken-, Halbleiterschutz und Geschmacksmustergesetz – geregelten Verfahren vor dem Patentamt, dem Patentgericht und dem Bundesgerichtshof. Für die Verfahren vor den ordentlichen Gerichten – einschließlich der Revisionsverfahren vor dem Bundesgerichtshof – gilt § 138 Abs. 1 ZPO unmittelbar. Die Wahrheitspflicht ist Teil der prozessrechtlichen Lauterkeitspflicht. Sie besteht gegenüber dem Patentamt und gegenüber dem Gericht sowie gegenüber den übrigen Verfahrensbeteiligten; vgl. dazu die Erläuterungen bei Baumbach/Lauterbach/Albers/Hartmann, ZPO, Rdn. 13 bis 26 zu § 138. 1a

2. Wahrheitspflicht der Beteiligten. Jeder Beteiligte muss die ihm bekannte Wahrheit sagen, d.h. Angaben über tatsächliche Umstände so gestalten, dass sie aus seiner Sicht mit der Wirklichkeit übereinstimmen. Die Pflicht erstreckt sich nur auf das, was er persönlich als wahr kennt, nicht auf die objektive Wahrheit, die ihm unbekannt sein mag. Sie erfasst den gesamten Sachverhalt und begründet daher auch die Verpflichtung, ihm bekannte Tatsachen, die bisher noch nicht vorgebracht sind, aber in den Rahmen der Erörterung gehören, zu offenbaren. Es ist nicht gestattet, aus der Unkenntnis der Erteilungsbehörde oder eines anderen am Verfahren Beteiligten trotz eigenen besseren Wissens Vorteile zu ziehen. Zivilprozess und patentamtliche Verfahren unterstehen insoweit gleichen Grundsätzen, PA Mitt. **37,** 117. Die Pflicht zur Wahrheit ist im weiteren Sinne eine solche zur Offenbarung alles dessen, was zur Sache wesentlich ist, also auch des gesamten technischen Geschehens im Rahmen der Erfindung (zu eng PA Mitt. **37,** 22). Unterdrückung, namentlich bewusstes Verschweigen bekannter Tatsachen, verletzt die Wahrheitspflicht. 2

2a **Grenzen der Wahrheitspflicht** ergeben sich danach aus der Erheblichkeit der in Frage stehenden Umstände für das betreffende Verfahren und aus der Wahrnehmung berechtigter Interessen. So zwingt z.B. das deutsche – und europäische – Patentrecht den Anmelder nicht, bei der ausführbaren Offenbarung der Erfindung gerade auch die aus seiner Sicht beste Methode zur Ausführung der Erfindung zu offenbaren, vgl. Art. 29 Abs. 1 TRIPS-Übereinkommen mit dem optionalen „best mode"-Erfordernis Ein Verstoß gegen die Wahrheitspflicht liegt nach dem Verfahrensrecht des USPTO auch vor, wenn der Anmelder Patentansprüche formuliert, die durch die Testergebnisse nicht gedeckt sind, um mit „breiten Ansprüchen" insbesondere Wettbewerber zu behindern, vgl. den von Schäfers, FS 50 Jahre VPP, 111, 114ff. geschilderten, von den US-Gerichten entschiedenen Fall des „inequitable conduct" eines Anmelders. Eine Verletzung der Wahrheitspflicht liegt auch vor, wenn **Behauptungen ohne Tatsachengrundlage** „ins Blaue hinein" aufgestellt werden. Es genügt aber, wenn für die Behauptungen eine Basis in einem Privatgutachten gegeben ist, BGH v. 20. 2. 2002 – V ZR 170/01 – Egr. II 2b aa).

2b Nach den §§ 59 Abs. 1 Satz 1, 81 Abs. 3 ist grundsätzlich jeder, auch ein **Strohmann,** berechtigt, Einspruch zu erheben oder eine Nichtigkeits-, oder Zwangslizenzklage anzustrengen, PA Mitt. **37,** 117. Deshalb besteht im Allgemeinen keine Verpflichtung zur **Nennung des Hintermannes.** Ein Beteiligter braucht auch nichts zu offenbaren, was ihm zur Unehre gereicht oder eine Strafverfolgung herbeiführen könnte, vgl. RGZ **156,** 265, 269. Er darf dann aber nur schweigen und jede Erklärung ablehnen. Wegen der Wahrheitspflicht gegenüber dem US Patent and Trademark Office vgl. die Entscheidung des Court of Appeals for the Federal Circuit, GRUR Int. **86,** 216. Nach amerikanischem Patentrecht ist „fraud on the Patent Office" z.B. als Grundlage für den Nichtigkeitseinwand gegen das Klagepatent im Patentverletzungsprozess ausgestaltet. –

3 **3. Wahrheitspflicht der Vertreter.** Die Wahrheitspflicht obliegt ebenso wie den Beteiligten ihren Vertretern. Auch ein solcher (Patent- oder Rechtsanwalt) darf daher keine tatsächlichen Angaben machen, von denen er weiß, dass sie nicht zutreffen. Einem entgegengesetzten Verlangen des Auftraggebers darf er nicht stattgeben. Er macht sich dadurch standesrechtlich verantwortlich (§§ 39, 41 Nr. 1 PatAnwO; §§ 43, 45 Nr. 1 BRAO). Ein Vertreter, der den Anschein erweckt, vor dem BGH als Patentanwalt vertretungsberechtigt zu sein, obwohl er lediglich den Titel führen darf, in der Liste der Patentanwälte aber gelöscht ist, verletzt ebenfalls seine prozessuale Wahrheitspflicht, BGH v. 12. 12. 2000 – X ZR 119/99, der als Spezialnorm §§ 124 Nr. 1 ZPO 131 Satz 1 PatG zugrunde legt.

4 **4. Die Folgen unwahren Vorbringens** bestehen zunächst darin, dass das Patentamt, das Patentgericht oder der Bundesgerichtshof Angaben, von denen sie überzeugt sind, dass sie unwahr sind, nicht berücksichtigen. Es kann außerdem jederzeit bei unvollständiger Aufklärung das Vorbringen eines anderen Beteiligten als richtig angenommen oder die unrichtige Angabe als widerlegt angesehen werden, ohne dass ein unmittelbarer Gegenbeweis geführt wird. Zugleich kann aus unwahren Angaben auf die allgemeine Unglaubwürdigkeit desjenigen, der die Wahrheit nicht sagt, geschlossen werden. Die Verletzung der Verpflichtung zur vollständigen und wahrheitsgemäßen Angabe des dem Anmelder bekannten Standes der Technik (§ 34 Abs. 7) ist ein Mangel der Anmeldung und daher – solange der Mangel nicht behoben ist – Zurückweisungsgrund (vgl. § 34 Rdn. 83). Die Verletzung der Wahrheitspflicht kann auch Kostenfolgen nach sich ziehen, vgl. BPatGE **1,** 171, 172. Ein durch unwahre Angaben, auch unerlaubtes Verschweigen erlangtes oder aufrechterhaltenes Patent kann im Verletzungsstreit als erschlichen behandelt werden (vgl. § 9 Rdn. 68, 69).

5 Bewusste oder an Vorsatz grenzende, leichtfertige Verletzung der Wahrheit macht schadenersatzpflichtig, insbesondere gemäß § 826 BGB. Als Schutzgesetz i.S. des § 823 Abs. 2 BGB ist § 124 nicht anzusehen, zumal die gesetzliche Festlegung der Folgen, die der Verstoß gegen die Rechtspflicht nach sich zieht, fehlt. Wohl aber können vorsätzlich falsche Angaben eines Beteiligten den Tatbestand des strafrechtlichen Betrugs oder des versuchten Betrugs erfüllen, StGB § 263; vgl. Schumann aaO S. 85f. und RG Mitt. **41,** 54 und 57r. Vgl. zu den verfahrensrechtlichen und sonstigen Folgen auch Hartmann in Baumbach/Lauterbach/Albers/Hartmann, ZPO, Rdn. 63 bis 68 zu § 138.

125 *Anforderung entgegengehaltener Druckschriften.* (1) **Wird der Einspruch oder die Klage auf Erklärung der Nichtigkeit des Patents auf die Behauptung gestützt, daß der Gegenstand des Patents nach § 3 nicht patentfähig sei, so kann das Patentamt oder das Patentgericht verlangen, daß Urschriften, Ablichtungen oder beglaubigte Abschriften der im Einspruch oder in der Klage erwähnten Druckschrif-**

ten, die im Patentamt und im Patentgericht nicht vorhanden sind, in je einem Stück für das Patentamt oder das Patentgericht und für die am Verfahren Beteiligten eingereicht werden.

(2) **Von Druckschriften in fremder Sprache sind auf Verlangen des Patentamts oder des Patentgerichts einfache oder beglaubigte Übersetzungen beizubringen.**

Inhaltsübersicht

1. Vorbemerkungen zur Textgeschichte: Die Vorschrift ist durch das 5. ÜG eingefügt worden. Die amtliche Begründung (vgl. Amtl. Begr. zum 5. ÜG Bl 1953, 295, 298) sagt hierzu: „Nach § 13 der Verordnung vom 12. Mai 1943 (Reichsgesetzbl. II S. 150), der zurzeit noch in Geltung ist, sind mit dem Antrag auf Einleitung des **Verfahrens wegen Erklärung der Nichtigkeit** eines Patents Urschriften oder Ablichtungen der im Antrag erwähnten Druckschriften in je einem Stück für das Patentamt und für jeden Verfahrensgegner einzureichen. Auf Verlangen des Patentamts sind von Druckschriften in fremder Sprache einfache oder beglaubigte Übersetzungen beizubringen. 1

2. Wiederaufbau des patentamtlichen Prüfstoffs. Durch § 3 Nr. 5 des ersten Überleitungsgesetzes ist eine ähnliche Regelung für **Einspruchsverfahren** getroffen worden. Hierfür war insbesondere der Gesichtspunkt maßgebend, dass auf diese Weise dazu beigetragen werden sollte, den verlorengegangenen **Prüfstoff des Patentamts** wieder aufzubauen und zu ergänzen. 2

„Im Hinblick auf den fortschreitenden Wiederaufbau des Prüfstoffes erscheint es entbehrlich, dass die Druckschriften unaufgefordert dem Patentamt einzureichen sind, wie es bisher vorgesehen ist. Die Praxis des Patentamts ist bereits von sich aus dazu übergegangen, auf der Einreichung von Druckschriften nur noch in den Fällen zu bestehen, in denen es sich um Druckschriften handelt, die auch heute noch im Prüfstoff des Patentamts fehlen, wie beispielsweise schwer zugängliche ausländische Literaturstellen. In diesem Umfange soll das Patentamt auch in Zukunft die Einreichung verlangen können."

Durch das 6. ÜG ist die Vorschrift den veränderten Verhältnissen angepasst worden."

3. Gegenstand der Vorschrift: Es handelt sich um eine **reine Verfahrensnorm,** die keinerlei konkrete Sanktionen für den Fall vorsehen, dass die darin begründeten Verpflichtungen von den Normadressaten verletzt werden. Bereits die Textgeschichte und der heutige Entwicklungsstand der elektronischen Datenbanken beim DPMA mit umfassenden Sammlungen von Patentdokumenten lassen im Übrigen erkennen, dass die Vorschrift eigentlich nur noch historische Bedeutung hat. Sie betrifft Einspruchsverfahren und Nichtigkeitsverfahren. Werden diese Rechtsbehelfe auf die Erklärung des Einsprechenden bzw. des Nichtigkeitsklägers gestützt, der Gegenstand des angegriffenen Patents sei nach § 3 nicht patentfähig, also nicht neu, und werden zur Stützung dieses Angriffs auf die Rechtsbeständigkeit des Patents in der Einspruchsschrift oder in der Klageschrift bestimmte Druckschriften erwähnt, können Patentamt oder Patentgericht vom Einsprechenden bzw. Nichtigkeitskläger verlangen, dass diese Urschriften, Ablichtungen oder beglaubigte Abschriften dieser Druckschriften einreichen. Das gilt aber nur dann, wenn die betreffenden Schriften nicht im Patentamt oder im Patentgericht vorhanden sind; d. h. die anfordernden Stellen müssen zunächst eine entsprechende Suche in ihren Datenbeständen anstellen und das Fehlen der in Bezug genommenen Dokumente feststellen. Die Schriften sind in je einem Stück für die anfordernde Stelle und für die am Verfahren Beteiligten, also insbesondere für den Patentinhaber einzureichen. 3

4. Rechtsfolgen. Kommen der Einsprechende oder der Nichtigkeitskläger dem Verlangen der anfordernden Stellen nicht nach, ist damit keine konkrete Sanktion verbunden. Patentamt und Patentgericht können aber das entsprechende Vorbringen zu neuheitsschädlichen Tatsachen unberücksichtigt lassen, weil es nicht glaubhaft gemacht worden ist (vgl. dazu die Erl. zur Beweis- und Behauptungslast unter § 34 und §§ 81 ff.). 4

5. Übersetzungen. Nach Absatz 2 sind für Druckschriften in fremder Sprache einfache oder beglaubigte Übersetzungen beizubringen, wenn das Patentamt oder das Patentgericht dies verlangt. Der Absatz ist im Zusammenhang mit Abs. 1 zu lesen, statuiert also kein allgemeines Prinzip. Die umfassendere Regelung ist in § 126 enthalten; § 125 Abs. 2 ist im Licht der geltenden Fassung von § 126 und der dazu ergangenen Bestimmungen insbesondere in § 14 PatV zu lesen. 5

125a *Elektronische Dokumente.* (1) [1]**Soweit in Verfahren vor dem Patentamt für Anmeldungen, Anträge oder sonstige Handlungen und in Verfahren vor dem Patentgericht und dem Bundesgerichtshof für vorbereitende Schriftsätze und deren Anlagen, für Anträge und Erklärungen der Beteiligten sowie für Auskünfte, Aussagen, Gutachten und Erklärungen Dritter die Schriftform vorgesehen ist, genügt dieser Form die Aufzeichnung als elektronisches Dokument, wenn dieses für die Bearbeitung durch das Patentamt oder das Gericht geeignet ist.** [2]**Die verantwortende Person soll das Dokument mit einer qualifizierten elektronischen Signatur nach dem Signaturgesetz versehen.**

(2) [1]**Das Bundesministerium der Justiz bestimmt durch Rechtsverordnung, die nicht der Zustimmung des Bundesrates bedarf, den Zeitpunkt, von dem an elektronische Dokumente bei dem Patentamt und den Gerichten eingereicht werden können, sowie die für die Bearbeitung der Dokumente geeignete Form.** [2]**Die Zulassung der elektronischen Form kann auf das Patentamt, eines der Gerichte oder auf einzelne Verfahren beschränkt werden.**

(3) **Ein elektronisches Dokument ist eingereicht, sobald die für den Empfang bestimmte Einrichtung des Patentamts oder des Gerichts es aufgezeichnet hat.**

Inhaltsübersicht

Materialien: BT-Drs. 14/9079

Literatur: Rossnagel, NJW **01,** 1817; Hähnchen, NJW **01,** 2831; Dästner, Christian: Neue Formvorschriften im Prozessrecht NJW **01,** 3470. Splittgerber, Andreas: Die elektronische Form von bestimmenden Schriftsätzen, CR **03,** 23–28; Viefhues, Wolfram, Das Gesetz über die Verwendung elektronischer Kommunikationsformen in der Justiz, NJW **05,** 1009–1016.

1 **1. Zur Textgeschichte:** § 125a ist durch Art. 4 Abs. 1 Nr. 2 des Gesetzes v. 19. 7. 2002, BGBl. I 2681, Bl. **2002,** 297 (Transparenz- und Publizitätsgesetz) m. W. v. 26. 7. 2002 in das PatG eingefügt worden. Die Vorschrift entspricht § 130a ZPO und § 95a MarkenG. Das GebrMG enthält in § 21 Abs. 1 eine Verweisung auf § 125a PatG. Weitere ausdrückliche Verweisungen sind im Halbleiterschutzgesetz, Geschmacksmustergesetz Das Sortenschutzgesetz verweist ohnehin generell auf die Verfahrensvorschriften des PatG. Die Änderung ist erst nachträglich in das Gesetzgebungsverfahren eingeführt worden und erscheint daher erst im Bericht des Rechtsausschusses des Bundestages v. 15. 5. 2002, BT-Drs. 14/9079, S. 19. Die Schweiz hat m. W. v. 1. 1. 2005 eine vergleichbare Vorschrift in ihr Patentgesetz (Art. 65a, Elektronischer Behördenverkehr) eingefügt, die die Einführung auch einer kompletten elektronischen Akte vorsieht. Eine solche elektronische Akte wird durch § 298a ZPO ermöglicht, eine Vorschrift, die durch das Justizkommunikationsgesetz v. 22. 3. 2005 BGBl. I 837, Art. 1 Nr. 21, m. W. v. 1. 4. 2005 ermöglicht wird. § 130a Abs. 1 ZPO ist übrigens durch dasselbe Gesetz um einen Satz 3 angereichert worden: „Ist ein übermitteltes elektronisches Dokument für das Gericht zur Bearbeitung nicht geeignet, ist dies dem Absender unter Angabe der geltenden technischen Rahmenbedingungen unverzüglich mitzuteilen." (eingefügt durch Art. 1 Nr. 6 Justizkommunikationsgesetz). Die Anpassung des Patentgesetzes ist dabei offenbar nur vorläufig unterblieben.

2 **2. Zweck der Vorschrift.** Wie in der Begründung des Berichts des RA/BT ausgeführt, sollte mit der Einfügung des § 125a in Verfahren vor dem Patentamt, dem Patentgericht und dem Bundesgerichtshof sichergestellt werden, dass im Falle der Schriftform auch die Übermittlung als elektronisches Dokument ausreicht. Durch das Gesetz zur Anpassung der Formvorschriften des Privatrechts und anderer Vorschriften an den modernen Rechtsgeschäftsverkehr vom 13. Juli 2001 (BGBl. I S. 1542) sei die Vorschrift des § 130a in die Zivilprozessordnung eingefügt worden, die die Möglichkeit der Einreichung elektronischer Dokumente vorsieht. Mit dem genannten Gesetz seien in einer Reihe von Verfahrensordnungen § 130a der Zivil-

prozessordnung entsprechende Vorschriften aufgenommen worden. Gerade das Gebiet des gewerblichen Rechtsschutzes biete sich in besonders geeigneter Weise für eine Zulassung der modernen Technik an.

3. Anwendungsbereich. Die Vorschrift sieht in Absatz 1 Satz 1 die Möglichkeit vor, nicht 3
nur in den patentgerichtlichen Verfahren vor dem Patentgericht und dem Bundesgerichtshof, sondern auch in Verfahren vor dem Patentamt Anmeldungen, Anträge oder sonstige Handlungen oder Erklärungen (wie z. B. Einspruch oder Beschwerde) als elektronisches Dokument einzureichen. Nachdem die entsprechende technologische Infrastruktur aufgebaut ist, können in Patentverfahren von der Einreichung einer Anmeldung in elektronischer Form an bis zum rechtskräftigen Abschluss des Rechtsmittelverfahrens die Beteiligten von der Möglichkeit der Nutzung der neuen verfahrensrechtlichen Form Gebrauch machen. Dabei stellt Absatz 1 nur ein Angebot dar; ein Benutzungszwang ist damit nicht verbunden. Die Vorschrift tritt neben die Regelung des § 34 Abs. 7 Patentgesetz, nach der die Form und die sonstigen Erfordernisse der Anmeldung durch Rechtsverordnung, also die PatV, bestimmt werden kann.

a) Elektronische Dokumente sind mit Hilfe eines Computers oder einer vergleichbaren 4
Vorrichtung erstellte, in digitaler Form vorliegende Texte, Zeichnungen und chemische Formeln oder Gensequenzen, die am Bildschirm eines Computers sichtbar und lesbar gemacht und in der Regel auch kopiert, vervielfältigt und bearbeitet werden können, sofern das Dateiformat ein solches Kopieren oder Bearbeiten zulässt. Die klassische Form der derzeitigen Kommunikation mit Hilfe elektronischer Dokumente ist die sog. E-Mail (auch eMail) im html oder http-Format mit dem eigentlichen Dokument (Schriftsatz, Beschwerde, Beschreibung, Patentansprüche, Zeichnungen) als Anlage, wie es die weiter unten zitierte VO des BMJ vorschlägt. Ggf. kann auch das Computer-Fax als elektronisches Dokument behandelt werden, sofern nicht nur die Absendung aus einem Rechner erfolgt, sondern auch der Empfang auf einem Rechner getätigt wird. Normalerweise ist das bisher nicht der Fall, da auf der einen oder der anderen Seite in der Regel ein analoges Faxgerät der herkömmlichen Art betätigt wird. Bei für die Bearbeitung durch DPMA, BPatG und BGH ungeeigneten elektronischen Dokumenten ist vorläufig, bis zur Anpassung des PatG, § 130 a Abs. 1 Satz 3 ZPO entsprechend anzuwenden.

b) Elektronische Signatur. § 125 a Abs. 1 Satz 2 enthält als Sollvorschrift die Empfehlung, 5
das elektronische Dokument mit einer qualifizierten elektronischen Signatur nach dem Signaturgesetz zu versehen. Dies entspricht der in § 130 a Abs. 1 Satz 2 verwendeten Formulierung. Das Signaturgesetz v. 16. Mai 2001 BGBl. I 2001, 876, ist unter Beachtung der EGRL 34/98 (CELEX Nr: 398L0034) erlassen und zuletzt durch Art. 1 G v. 4. 1. 2005 I 2 geändert worden. Die Definition der „qualifizierten elektronischen Signatur" ist in den § 2 Nr. 3 SignG enthalten. Soweit nicht bestimmte elektronische Signaturen durch Rechtsvorschrift vorgeschrieben sind, ist ihre Verwendung freigestellt. Es können daher auch die von Internet-Zugangsstellen angebotenen Signaturen und deren Verifikationsverfahren verwendet werden.

Die Empfehlung zur Verwendung der „qualifizierten elektronischen Signatur" ist an die 6
„verantwortende Person" gerichtet, wobei bei dem „Anlageverfahren" unter U. zwei Personen für die Übermittlung des elektronischen Dokuments verantwortlich sein können. Zum einen der Verfasser oder verantwortliche Urheber des als Anlage versandten Dokuments und zum anderen die für die Übersendungs-E-Mail verantwortliche Person. Dabei sind verschiedene Konstellationen für die Wahrung der Authentizität und deren Verifizierung denkbar, die allerdings mit dem technischen Fortschritt der Telekommunikation fortlaufenden Änderungen unterliegen (z. B. PDF-Format für die Anlage mit einem im Original unterzeichneten und dann gescannten Textdokument, das damit sehr stark einem Fax angenähert ist).

c) DPMA-Verfahren. Abs. 1 Satz 1 trifft eine Unterscheidung zwischen Verfahren vor dem 7
DPMA einerseits und den Verfahren vor dem Patentgericht und dem Bundesgerichtshof andererseits. Für das Patentamt werden „Anmeldungen, Anträge und sonstige Handlungen" als Gegenstand elektronischer Dokumente beschrieben. Damit werden praktisch alle Verfahrensschritte erfasst, die im Patenterteilungsverfahren – einschließlich der Neben- und Annexverfahren – anfallen können.

d) Gerichtliche Verfahren. Für die beiden angesprochenen Gerichte werden „vorbe- 8
reitende Schriftsätze und deren Anlagen, Anträge und Erklärungen der Beteiligten sowie Auskünfte, Aussagen, Gutachten und Erklärungen Dritter" grundsätzlich als Gegenstand elektronischer Dokumente zugelassen. Die Formulierung erweckt den Eindruck, als wenn die einleitenden Schriftstücke etwa im Nichtigkeits- und Berufungsverfahren aus dem Kreis der zugelassenen Dokumente ausgeschlossen wären. Das stünde im Widerspruch zu der weiten Formulierung der unten zitierten VO nach § 125 a Abs. 2. Andererseits ist die Formel dem § 130 a Abs. 1 ZPO entlehnt, und sowohl für die Klageschrift (§ 253 Abs. 4 ZPO) als auch für

die Berufungsschrift (§ 519 Abs. 4 ZPO) und die Revisionsschrift (§ 549 Abs. 2 ZPO) werden die allgemeinen Vorschriften über die vorbereitenden Schriftsätze für anwendbar erklärt. Demnach ist die Vorschrift als ergänzungsbedürftig anzusehen und gilt § 125a Abs. 1 i. V. m. der VO auf Grund von § 125a Abs. 2 auch für die bestimmenden Schriftsätze in den Patentverfahren vor dem BGH (Berufung und Rechtsbeschwerde) als auch in den Nichtigkeitsverfahren vor dem BPatG. Über die bestimmenden Schriftsätze hinaus werden praktisch auch alle weiteren Verfahrensvorgänge einschließlich der Beweiserhebungen der elektronischen Kommunikation geöffnet.

9 **4. Verordnungsermächtigung.** Die in Absatz 2 enthaltene Verordnungsermächtigung trug dem Umstand Rechnung, dass Vorbereitungen beim Patentamt und den Gerichten für den elektronischen Rechtsverkehr erforderlich waren. Eine entsprechende technologische Ausstattung musste aufgebaut werden, das Personal war zu schulen. Die Übermittlung elektronischer Dokumente ist daher erst dann und in dem Umfang zugelassen worden, als die organisatorischen Voraussetzungen geschaffen waren. Deshalb sieht Absatz 2 vor, dass das Bundesministerium der Justiz den Zeitpunkt, von dem an elektronische Dokumente übermittelt werden können, und die für die Bearbeitung der Dokumente geeignete Form bestimmen kann. Dies kann schrittweise oder beschränkt auf das Patentamt oder eines der Gerichte geschehen. Dadurch wird eine Experimentierphase ermöglicht, in der Erfahrungen gesammelt werden können.

10 **5. ERvGewRV.** Die Verordnungsermächtigung ist vorerst durch die „**Verordnung über den elektronischen Rechtsverkehr im gewerblichen Rechtsschutz** (ERvGewRV)" v. 5. 8. 2003, BGBl. I 1558 = Bl. **03,** 320 ausgefüllt worden. Für Patentverfahren vor dem DPMA bestimmt § 1 Abs. 1 Nr. 1 der VO, dass elektronische Dokumente eingereicht werden können für „Anmeldungen von Patenten". Beim Bundespatentgericht können elektronische Dokumente in „Nichtigkeitsverfahren in Patentsachen" eingereicht werden, § 1 Abs. 2 Nr. 1. Für den Bundesgerichtshof ist vorgesehen, dass elektronische Dokumente in folgenden Verfahren eingereicht werden können: „Verfahren nach dem Patentgesetz", § 1 Abs. 3 Nr. 1 VO.

11 **a) BGH.** Der Anwendungsbereich ist also beim BGH umfassendsten definiert. Er schließt insbesondere Rechtsbeschwerdeverfahren und Berufungsverfahren (Nichtigkeitsverfahren und Verfahren auf Erteilung einer Zwangslizenz) ein. Nicht betroffen ist dagegen der Bereich der Revisionen in Patentstreitverfahren, da hier die einschlägigen Vorschriften der ZPO unmittelbar Anwendung finden.

12 Insoweit ist folgendes zu beachten (Auszug aus BT-Drs 15/4067 v. 28. 10. 2004, S. 24): „Der Bund hat durch die Verordnung über den elektronischen Rechtsverkehr beim Bundesgerichtshof (ERVVOBGH) vom 26. November 2001 (BGBl. I S. 3225) von der Verordnungsermächtigung des § 130a Abs. 2 ZPO Gebrauch gemacht und dadurch die rechtlichen Grundlagen für den elektronischen Zugang zu den Zivilsenaten des Bundesgerichtshofs geschaffen. Seit dem 30. November 2001 können elektronische Dokumente wirksam beim Bundesgerichtshof eingereicht werden. Bereits am Tag des Inkrafttretens der Verordnung sind fünf Schriftsätze in elektronischer Form eingegangen. Bis Ende März 2003 sind knapp 1200 elektronische Dokumente beim Bundesgerichtshof eingereicht worden."

13 **b) BPatG.** In Bezug auf die Nichtigkeitsverfahren vor dem BPatG wird davon auszugehen sein, dass derzeit das Verfahren zur Hauptsache und alle Nebenverfahren einschließlich der Kostenfestsetzung und der Verfahrenskostenhilfe gemeint sind.

Vor dem BPatG anhängige Einspruchsbeschwerdeverfahren und Einspruchsverfahren auf der Grundlage von § 147 Abs. 3 sind dagegen offenbar ebenso bewusst ausgenommen wie Beschwerdeverfahren im Patenterteilungsverfahren, vermutlich um erst im Markenrechtsbereich Erfahrungen zu sammeln. Der experimentelle und stufenweise Charakter der Zulassung elektronischer Dokumente ist wiederholt betont worden. Die Ermächtigung in Abs. 2 ist entsprechend formuliert.

14 **c) Für das DPMA** sind elektronische Dokumente für „Anmeldungen von Patenten" zugelassen, im Zweifel also nur für die Anmeldungsunterlagen vermutlich nur bei der Ersteinreichung, nachgereichte oder geänderte Anmeldungsunterlagen müssen stets in Paper eingereicht werden, im Übrigen ist also die elektronische Form noch nicht für das gesamte Erteilungsverfahren „erster Instanz" bis zur Erteilung des Patents oder Zurückweisung oder sonstigen Erledigung der Anmeldung zugelassen, vgl. dazu auch Rdn. 43d–43k zu § 34. Dabei scheinen auch Nebenverfahren wie die Verfahrenskostenhilfe, die Akteneinsicht und die Kostenangelegenheiten ausgeschlossen zu sein, obwohl plausible Gründe dafür nicht ersichtlich sind. Für die Verfahrenskostenhilfe ist die elektronische Form in § 135 Abs. 1 Satz 3 ausdrücklich zugelassen,

obwohl das Verhältnis dieser Vorschrift zu der Verordnung nach § 125a Abs. 2 nicht eindeutig bestimmt zu sein scheint.

15 Bei dieser Vorgehensweise können merkwürdig anmutende hybride Aktensysteme aus einem Gemisch von Papier und elektronischen Dokumenten entstehen. Es ist aber anzunehmen, dass vorerst **alle elektronischen Dokumente als Ausdruck** in den normalen Papierakten landen werden, soweit es sich nicht um die Megaanmeldungen mit umfangreichen Gensequenzen handelt. Ziel des DPMA ist die voll-elektronische Aktenführung und Aktenbearbeitung. Hierzu ist die Einführung eines Dokumentenmanagement – und eines Workflowsystems geplant, s. DPMA Jahresbericht 2004, 31. Offenbar sind diese Planungen derzeit (1. 11. 2005) noch nicht abgeschlossen, der elektronische Verkehr noch entsprechend eingeschränkt. Die komplette elektronische Akte ist jedenfalls auch nach der Begründung des RegE für ein Justizkommunikationsgesetz (BT-Drs. 15/4067) das Fernziel der Zulassung elektronischer Dokumente. Dementsprechend sieht § 298a ZPO „Elektronische Akte" bereits vor, dass die Prozessakten elektronisch geführt werden können. Die Bundesregierung und die Landesregierungen bestimmen für ihren Bereich durch Rechtsverordnung den Zeitpunkt, von dem an elektronische Akten geführt werden sowie die hierfür geltenden organisatorisch-technischen Rahmenbedingungen für die Bildung, Führung und Aufbewahrung der elektronischen Akten. Die Landesregierungen können die Ermächtigung durch Rechtsverordnung auf die Landesjustizverwaltungen übertragen. Die Zulassung der elektronischen Akte kann auf einzelne Gerichte oder Verfahren beschränkt werden. Die Verfahrenslandschaft kann also sehr unübersichtlich werden und erfordert eine genaue Prüfung, ob etwas schon elektronisch möglich ist oder noch nicht. Nach § 298a ZPO Abs. 2 sollen in Papierform eingereichte Schriftstücke und sonstige Unterlagen zur Ersetzung der Urschrift in ein elektronisches Dokument übertragen werden. Die Unterlagen sind, sofern sie in Papierform weiter benötigt werden, mindestens bis zum rechtskräftigen Abschluss des Verfahrens aufzubewahren. Nach § 298 Abs. 1 ZPO können von elektronischen Dokumenten Ausdrucke für die Akten gefertigt werden.

16 Wegen der einzelnen Formate für die elektronischen Dokumente, die nach der VO zugelassen oder empfohlen werden, wird auf die Anlage zur VO verwiesen. Für die Kommunikation mit dem DPMA ist dabei nur das XML-Format, eine Abwandlung des HTML-Formats zugelassen. Die entsprechenden Programme können von der Website des Amtes heruntergeladen werden. Für die Kommunikation mit dem BPatG und dem BGH stehen im Wesentlichen die bekannten Formate wie PDF, MS-Word, HTML, ASCII, aber auch XML zur Verfügung.

15 **6. Rechtsfolgen der Einreichung elektronischer Dokumente.** Absatz 3 regelt, dass die an die Einreichung geknüpften Rechtsfolgen wie z.B. Fristwahrung in dem Zeitpunkt eintreten, in dem die für den Empfang bestimmte Einrichtung ihn aufzeichnet. Maßgebend ist der Zeitpunkt der Speicherung.

126 *Amtssprache.* **[1]Die Sprache vor dem Patentamt und dem Patentgericht ist deutsch, sofern nichts anderes bestimmt ist. [2]Im übrigen finden die Vorschriften des Gerichtsverfassungsgesetzes über die Gerichtssprache Anwendung.**

Inhaltsübersicht

Literaturhinweis: Seeger, Wahrung der deutschen Anmeldepriorität durch Einreichung einer fremdsprachigen Beschreibung der Erfindung, GRUR **76,** 400; Rogge, Abwandlung eines europäischen Patents in Sprache und Inhalt – Änderungen und Übersetzungen, GRUR **93** (FS Bruchhausen), 284; Bauer, Bezugnahme auf fremdsprachige Dokumente, Mitt. **99,** 153

1 **1. Vorbemerkung zur Textgeschichte:** Die derzeitige Fassung geht auf Art. 2 Nr. 32 des 2. PatÄndG zurück. Satz 1 ist durch Art. 2 Nr. 32 Buchst. a neu gefasst worden, und zwar durch Anfügung des Bedingungssatzes. Der frühere Satz 2 wurde aufgehoben; der frühere Satz 3 wurde jetzt Satz 2 gem. Art. 2 Nr. 32 Buchst. b. Die Änderungen sind m.W.v. 1. 11. 1998 in Kraft getreten.

2 **2. Amts- und Gerichtssprache.** Nach § 126 Satz 1, der § 184 GVG entspricht, ist die Sprache vor dem Patentamt und Patentgericht deutsch, sofern nichts anderes bestimmt ist. § 21 Abs. 1 GebrMG verweist ausdrücklich auf diese Norm. § 126 Satz 1 sieht vor, dass die Verfahrenssprache vor dem Patentamt nur insoweit Deutsch ist, als nicht in anderen Rechtsvorschriften andere Regelungen getroffen werden. Eine solche andere gesetzliche Regelung gilt für die Einreichung fremdsprachiger Anmeldungsunterlagen (§ 35 PatG). Das Patentamt sollte nach der Begründung des RegE (BT-Drs. 13/9971, 37) künftig auch nicht länger gehindert sein, fremdsprachige Dokumente und Unterlagen im Anwendungsbereich des Patentgesetzes zu berücksichtigen. Aus diesem Grund wurde § 126 Satz 2 in Anlehnung an die entsprechende Regelung im Markengesetz (§ 93 Markengesetz) aufgehoben.

3 Deutsche Sprache bedeutet nicht deutschen Satzbau und Stil, abw. PA Mitt. **34,** 107. Regional begrenzte Dialektformen oder historisch eigenständige Abwandlungen der deutschen Sprache entsprechen nicht den Anforderungen des § 126, der das Hochdeutsche in seiner Standardform meint, unbeschadet etwaiger orthographischer Varianten einzelner Begriffe. Niederdeutsche (plattdeutsche) Anmeldeunterlagen sind i. S. von § 35 Abs. 1 Satz 1 nicht in deutscher Sprache abgefasst, BGHZ **153,** 1 = GRUR **03,** 226, v. 19. 11. 2002 – X ZB 23/01 – Läägeünnerloage (ergangen zur parallelen Problematik nach § 4a Abs. 1 Satz 1 GebrMG). Sie sind wie fremdsprachige Eingaben zu behandeln. Entsprechendes gilt auch für oberdeutsche Dialekte oder eigenständige Sprachen wie das Sorbische. Vgl. dazu auch den Diskussionsstand bei Baumbach/Lauterbach/Albers/Hartmann (Albers), ZPO, Rdn. 1 bis 3 zu § 184 GVG. Für die Pflege regionalsprachlicher Traditionen bietet das Patentwesen keinen geeigneten Rahmen.

4 **3. Fremdsprachige Eingaben.** Fremdsprachige Eingaben wurden nach § 126 Satz 2 a. F. nicht berücksichtigt. Die Aufhebung der Vorschrift besagt, dass diese Regel nicht mehr gilt, vielmehr grundsätzlich auch fremdsprachige Eingaben zu berücksichtigen sind, s. o. Rdn 2.

4a Eingaben sind alle das Verfahren bestimmenden Schriften, insbesondere die Anmeldungsunterlagen (BPatGE **21,** 96; vgl. auch unten), aber auch Anträge auf Umschreibung in der Rolle, auf Akteneinsicht, Erteilung von Abschriften u. ä.

5 **4. Anmeldungsunterlagen.** Für die Anmeldungsunterlagen gilt nunmehr die Vorschrift des § 35 Abs. 1 Satz 1. Danach hat der Anmelder eine deutsche Übersetzung innerhalb einer Frist von drei Monaten nach Einreichung der Anmeldung nachzureichen, wenn die Anmeldung ganz oder teilweise nicht in deutscher Sprache abgefasst ist. Daraus ist im Umkehrschluss abzuleiten, dass eine Anmeldung in jeder beliebigen Fremdsprache eingereicht werden kann. Der Anmelder behält trotzdem den Anmeldetag für die Anmeldung, wenn er fristgerecht die deutsche Übersetzung nachreicht, soweit die Unterlagen der Anmeldung eine Übersetzung erfordern. Auf die Erläuterungen zu § 35 wird insoweit verwiesen.

5a Für die deutsche Übersetzungen von Schriftstücken, die zu den Unterlagen der Anmeldung zählen, gelten zusätzliche Formerfordernisse. Sie müssen von einem Rechtsanwalt oder Patentanwalt beglaubigt oder von einem öffentlich bestellten Übersetzer angefertigt sein. Die Unterschrift des Übersetzers ist öffentlich beglaubigen zu lassen (§ 129 des Bürgerlichen Gesetzbuchs), ebenso die Tatsache, dass der Übersetzer für derartige Zwecke öffentlich bestellt ist, § 14 Abs. 1 PatV.

6 **5. Prioritätsbelege, frühere Anmeldungen.** Weitere Abweichungen sieht § 14 PatV vor, der insofern den großzügigen Ansatz von § 10 PatAnmVO früherer Fassung fortführt. Anlagen (Vollmachten, Belegstücke) wurden schon unter der Geltung des alten Rechts in fremder Sprache zugelassen; beglaubigte Übersetzung war beizufügen (§ 10 Abs. 1 PatAnmVO a. F.). Prioritätsbelegen, die in englischer oder französischer Sprache abgefasst waren oder denen eine amtlich beglaubigte Übersetzung in eine dieser Sprachen beilag, brauchte keine Übersetzung beigefügt zu werden; die Übersetzung konnte jedoch im Einzelfall verlangt werden (§ 10 Abs. 2 PatAnmVO; ebenso früher Art. 7 Nr. 3 ÜbereinkFormerf.). Nach § 14 Abs. 2 PatV können jetzt Prioritätsbelege, die gemäß der PVÜ vorgelegt werden, oder Abschriften früherer Anmeldungen (§ 41 Abs. 1 Satz 1) ohne weiteres in fremden Sprachen eingereicht werden. Deutsche Übersetzungen von diesen Dokumenten sind nur auf Anforderung des DPMA einzureichen.

7 **6. Sonstige Schriftstücke:** Im Übrigen ist der Kreis der privilegierten Sprachen erheblich erweitert worden. Schriftstücke, die nicht zu den Unterlagen der Anmeldung zählen und in englischer, französischer, italienischer oder spanischer Sprache eingereicht wurden, sind ebenfalls ohne weiteres zulässig. Deutsche Übersetzungen für diese Schriftstücke sind nur auf Anforderung des DPMA nachzureichen, § 14 Abs. 3 PatV. Schriftstücke derselben Kategorie, die nicht in einer der genannten Fremdsprachen eingereicht wurden, sind ebenfalls ohne weiteres zulässig. Bei ihnen ist aber vorgeschrieben, dass Übersetzungen in die deutsche Sprache inner-

halb eines Monats nach Eingang der Schriftstücke nachzureichen sind. Die Übersetzung müssen in diesen Fällen von einem Rechtsanwalt oder Patentanwalt beglaubigt oder von einem öffentlich bestellten Übersetzer angefertigt sein. Wird die Übersetzung nicht fristgerecht eingereicht, so gilt das fremdsprachige Schriftstück als zum Zeitpunkt des Eingangs der Übersetzung zugegangen, § 14 Abs. 5 PatV.

7. Fremdsprachiger Stand der Technik. Aus dem absoluten Neuheitsbegriff von § 3 Abs. 1 Satz 2 folgt, dass im Patenterteilungsverfahren wie im Einspruchsverfahren in erheblichem Umfang Dokumente (Entgegenhaltungen) eingeführt werden, die zur Beurteilung der Neuheit oder der erfinderischen Tätigkeit der beanspruchten Erfindung heranzuziehen sind. Die Beteiligten haben sich in der Regel selbst über den Inhalt entsprechenden fremdsprachigen Materials zu vergewissern. Macht ein Einsprechender einen selbst aufgefundenen Stand der Technik in fremdsprachigen Dokumenten z.B. mit seinem Einspruch geltend, kann der Patentinhaber keine Übersetzung in die deutsche Sprache verlangen. Es kommt vielmehr auf die Sprachkenntnisse des zuständigen Prüfers bzw. der Mitglieder der Patentabteilung an. Entsprechendes gilt für das Einspruchsbeschwerdeverfahren oder das derzeitige Einspruchsverfahren vor dem BPatG. Ein etwaiger Verstoß gegen die rein verfahrensrechtliche Bestimmung des § 126 PatG gehört nicht zu den in § 21 PatG abschließend aufgeführten Widerrufsgründen und kann daher für sich genommen nicht zum Widerruf eines erteilten Patents führen, BGH GRUR **1998,** 901, 902 (Egr. II 1 und III 2b) – Polymermasse. Vgl. dazu auch die vorgängige, vom BGH aufgehobene Entscheidung BPatGE **37,** 215, 219f., die auch durch die Neufassung von § 126 überholt ist. Im Patentnichtigkeitsverfahren, das insoweit den Sonderregeln für gerichtliche Verfahren hinsichtlich der Rechtsgrundlagen folgt, besteht grundsätzlich keine Verpflichtung des Klägers gegenüber einem nicht ausreichend sprachkundigen Beklagten, Übersetzungen der von ihm eingebrachten fremdsprachigen Entgegenhaltungen anfertigen zu lassen. Das gilt erst recht, wenn der Beklagte sich bereits im Einspruchsverfahren zu der maßgeblichen Entgegenhaltung geäußert und zu erkennen gegeben hat, dass er ihren Inhalt verstanden hat. Maßgeblich ist insoweit grundsätzlich allein die Sprachkunde des Gerichts, BPatGE **44,** 47, 51 v. 13. 2. 2001, 11 Ni 3/98 (EU) – Künstliche Atmosphäre. § 184 GVG steht der beschränkten Verteidigung eines europäischen Patents in der maßgeblichen Verfahrenssprache (z.B. Englisch) im deutschen Patentnichtigkeitsverfahren nicht entgegen, BGH – Fahrzeugleitsystem, GRUR **04,** 208. 8

8. Internationale Anmeldungen. Besonderheiten gelten für internationale Anmeldungen, für die das Deutsche Patentamt Bestimmungsamt oder ausgewähltes Amt ist, und für europäische Patentanmeldungen, für die die Bundesrepublik als Vertragsstaat benannt ist und für die ein Umwandlungsantrag (§ 135 EPÜ) gestellt ist; der Altersrang der Anmeldung bleibt in diesem Falle auch dann gewahrt, wenn ihr fremdsprachige Unterlagen beigefügt sind; der Anmelder muss jedoch innerhalb einer ihm gesetzten Frist eine deutsche Übersetzung der Anmeldung einreichen (Art. III § 4 Abs. 2, § 6 Abs. 2, Art. II § 9 Abs. 2 IntPatÜG). 9

9. Europäische Patente. § 126 steht auch der Geltung vom Europäischen Patentamt erteilter Schutzrechte nicht entgegen, die vollständig (Patentschrift) nur in der englischen oder französischen Verfahrenssprache vorliegen und von denen nur die Patentansprüche ins Deutsche übersetzt worden sind, BGHZ **102,** 118, 120 – Kehlrinne, sowie voraufgehend BPatG Bl. **86,** 255. Die im EPÜ enthaltene Möglichkeit, vom EPÜ abweichendes nationales Recht zu setzen, brauchte daher nicht ausgeschöpft zu werden. Denn die Sprachenregelung für europäische Patente, der die Bundesrepublik Deutschland gem. Art. I Nr. 3 IntPatÜG zugestimmt hat, ohne von den Ermächtigungen der Art. 65 und 70 Abs. 3, 4 EPÜ Gebrauch zu machen, dass eine Übersetzung der vollständigen europäischen Patentschrift vorgesehen werden kann, ist mit Art. 24 Abs. 1 GG vereinbar, BGHZ **102,** 118, 122. Durch Gesetz vom 20. 12. 1991 (GPatG 2), BGBl. I 1354, Bl. **92,** 42, ist von der Ermächtigung des Art. 65 Abs. 3 EPÜ schließlich doch Gebrauch gemacht worden, vgl. Art. II § 3 Abs. 1 bis 6 IntPatÜG i.d.F. von Art. 6 Nr. 4 GPatG 2 und die Begründung des RegEntwurfs, BT-Drs. 12/632, Bl. **92,** 45, 51 bis 53 (li. Sp.) sowie die VO vom 1. 6. 1992, BGBl. II 375, Bl. **92,** 289, und VO des PräsPA über die Übersetzung europäischer Patentschriften vom 2. 6. 1992, BGBl. II 395, Bl. **92,** 290. 10

Eine Änderung zurück zu der ursprünglichen Rechtslage in Deutschland wird sich insoweit ergeben, sobald das Gesetz v. 10. 12. 2003 zur Änderung des Gesetzes über internationale Patentübereinkommen, BGBl. I 2003, 2470, in Kraft getreten ist (vgl. dazu die BT-Drs. 15/1646 v. 2. 10. 2003). Das Inkrafttreten dieses Gesetzes ist seinerseits verknüpft mit dem Inkrafttreten des Übereinkommens vom 17. Oktober 2000 über die Anwendung des Artikels 65 des Übereinkommens über die Erteilung europäischer Patente. Das entsprechende Vertragsgesetz v. 10. 12. 2003 zu dem Übereinkommen, BGBl. II 2003, 1666, ist bereits in Kraft getreten und 11 die Ratifikationsurkunde der Bundesrepublik Deutschland hinterlegt worden (vgl. dazu BT-Drs 15/1647 v. 2. 10. 2003).

11a Damit wird das Erfordernis einer Übersetzung der vollständigen Patentschrift europäischer Patente in die deutsche Sprache wieder entfallen. Die entsprechende Verordnung und die Verordnungsermächtigung werden ebenfalls aufgehoben. Unberührt davon bleiben die Übersetzung der Patentansprüche nach Artikel 14 Abs. 7 des Übereinkommens über die Erteilung europäischer Patente und die Übersetzung im Fall von Streitigkeiten über ein europäisches Patent.

11b Die Neuformulierung von Patentansprüchen eines europäischen Patents in deutscher Sprache oder die beschränkte Verteidigung eines europäischen Patents durch in deutscher Sprache neu gefasste Patentansprüche im Nichtigkeitsverfahren ist ohne weiteres zulässig und sachgerecht, BGH GRUR **92,** 839f. – Linsenschleifmaschine = GRUR Int. **93,** 324; BGH GRUR **04,** 407, 410f – Fahrzeugleitsystem; BPatGE **31,** 113, 114; GRUR **92,** 435.

12 **10. Erstreckungsgesetz.** Den Fall, dass eine nach § 4 des Erstreckungsgesetzes erstreckte, noch beim Patentamt der ehemaligen DDR anhängig gewordene Patentanmeldung nicht in deutscher Sprache vorliegt, regelt § 10 Abs. 2 Erstreckungsgesetz. Danach fordert das Patentamt den Anmelder auf, eine deutsche Fassung der Anmeldung innerhalb von drei Monaten nachzureichen. Wird die deutsche Fassung nicht innerhalb der Frist vorgelegt, so gilt die Anmeldung als zurückgenommen. Es handelt sich bei diesen Anmeldungen um Anträge auf Anerkennung eines Urheberscheins oder anderen Schutzdokuments für Erfindungen nach dem Abkommen vom 18. 12. 1976 (Havanna-Abkommen, Bl. **78,** 204), das seinerzeit unter den Mitgliedstaaten des Rates für gegenseitige Wirtschaftshilfe (RGW) abgeschlossen worden war und der vereinfachten Erlangung von Patentrechtsschutz im Sinne der sozialistisch geprägten Planwirtschaften diente, vgl. Begründung des RegEntwurf, BT-Ds 12/632, Bl **92,** 213, 223 re. Sp., 227 li. Sp., Zu § 8 und 227, re. Sp., Zu Absatz 2 von § 10. Das Erstreckungsgesetz geht insoweit davon aus, dass das Havanna-Abkommen keine Wirkung für die Bundesrepublik Deutschland hat und mit dem Beitritt der DDR erloschen ist, dass aber unter seiner Geltung für die DDR begründete Rechte aufrechterhalten werden. Nach Art. 15 des Havanna-Abkommens und den von der DDR hierzu bilateral mit der UdSSR getroffenen Vereinbarungen genügte die Einreichung des Antrags auf Anerkennung eines Urheberscheins als Schutzdokument (in der Regel wohl als Wirtschaftspatent) in russischer Sprache. Nach dem Erlöschen des Havanna-Abkommens konnte diese Lage nicht weiter Bestand haben.

13 **11. Patentrechtsvertrag (PLT) 2000.** Der Entwurf eines Patentrechtsvertrages (PLT/WIPO, Ind.Prop. **91,** 118, 121f.) zielte in Art. 8 Abs. 5 darauf ab, die Vertragsparteien zu einer umfänglicheren Zulassung der Einreichung fremdsprachiger Patentanmeldungen zumindest für den Zweck der Zuerkennung eines Anmeldetages zu verpflichten. Das in § 126 niedergelegte Prinzip wird dadurch allenfalls modifiziert, jedoch nicht beseitigt werden. Im PLT 2000 ist es realisiert und in § 35 Abs. 1 inzwischen durch das 2. PatGÄndG vorwegnehmend umgesetzt worden, vgl. die dortigen Erl. zu Anmeldungen in fremder Sprache.

14 **12. Verhandlungen.** Wegen der Verhandlungen vor dem Patentamt und dem Patentgericht verweist § 126 Satz 3 auf die Vorschriften des Gerichtsverfassungsgesetzes über die Gerichtssprache. Damit sind offenbar sämtliche Vorschriften des betreffenden Titels des GVG, also die §§ 185–191a GVG gemeint, die nähere Vorschriften über die Verhandlungen mit Fremdsprachigen, Tauben und Stummen sowie sehbehinderten Personen enthalten. Auf die Erläuterungen zu diesen Vorschriften (z.B. Baumbach/Lauterbach/Albers/Hartmann, Zivilprozessordnung, 63. Aufl., 2005) wird verwiesen.

127 *Zustellungen.* **(1) Für Zustellungen im Verfahren vor dem Patentamt gelten die Vorschriften des Verwaltungszustellungsgesetzes mit folgenden Maßgaben:**

1. Wird die Annahme der Zustellung durch eingeschriebenen Brief ohne gesetzlichen Grund verweigert, so gilt die Zustellung gleichwohl als bewirkt.

2. An Empfänger, die sich im Ausland aufhalten, kann auch durch Aufgabe zur Post zugestellt werden. § 184 Abs. 2 Satz 1 und 4 der Zivilprozeßordnung gilt entsprechend.

3. Für Zustellungen an Erlaubnisscheininhaber (§ 177 der Patentanwaltsordnung) ist § 5 Abs. 2 des Verwaltungszustellungsgesetzes entsprechend anzuwenden.

4. [1]An Empfänger, denen beim Patentamt ein Abholfach eingerichtet worden ist, kann auch dadurch zugestellt werden, daß das Schriftstück im Abholfach des

Empfängers niedergelegt wird. [2]Über die Niederlegung ist eine schriftliche Mitteilung zu den Akten zu geben. [3]Auf dem Schriftstück ist zu vermerken, wann es niedergelegt worden ist. [4]Die Zustellung gilt als am dritten Tag nach der Niederlegung im Abholfach bewirkt.

(2) **Für Zustellungen im Verfahren vor dem Bundespatentgericht gelten die Vorschriften der Zivilprozessordnung.**

Inhaltsübersicht

Vorbemerkungen zum Textbestand: § 127 ist durch Art. 2 Abs. 26 Nr. 1 des Zustellungsreformgesetzes v. 25. 6. 2001, BGBl. I 1206 m. W. v. 1. 7. 2002 wie folgt geändert worden: (a) Im Eingangssatz von Abs. 1 wurden die Wörter „und dem Patentgericht" gestrichen; (b) Abs. 1 Satz 1 1 Nr. 2 wurde neu gefasst; in Abs. 1 Nr. 4 wurden die Wörter „oder bei dem Patentgericht" gestrichen; § 127 Abs. 1 Nr. 5 wurde aufgehoben durch Art. 2 Nr. 33 Buchst. a 2. PatÄndG v. 16. 7. 1998 I 1827 m. W. v. 1. 11. 1998; § 127 Abs. 2: ist durch Art. 2 Abs. 26 Nr. 2 des Zustellungsreformgesetzes m. W. v. 1. 7. 2002 neu gefasst worden. Der im **Anh Vor 1** weitergebende Regierungsentwurf eines Gesetzes zur Änderung des patentrechtlichen Einspruchsverfahrens und des Patentkostengesetzes, BT-Drs. 16/735 v. 21. 2. 2006 bereinigt in Art. 1 Nr. 15 eine bisher noch nicht angepasste Verweisung auf das VwZG 2005 in § 127 Abs. 1 Nr. 3, s. auch Rdn. 13.

1 a) Zustellungswesen allgemein. Die Vorschrift, die durch das 6. ÜG als § 45 a in das 1
Patentgesetz eingefügt wurde, regelt das Zustellungswesen beim Patentamt und Patentgericht. Der Bundesgerichtshof stellt in den Verfahren nach dem 6. Abschnitt nach den Vorschriften der ZPO zu. Das gilt seit dem Inkrafttreten des Zustellungsreformgesetzes auch für das Bundespatentgericht. In der Begründung des RegE zu diesem Gesetz (BT-Drs. 14/4554, S 28) ist hervorgehoben, dass die Vereinheitlichung des Verfahrens bei gerichtlicher Zustellung ein grundsätzliches Anliegen des Gesetzes sei. Nach dem geltenden Recht werde die Zustellung durch die ordentlichen Gerichte und die Arbeitsgerichte nach den Vorschriften der ZPO, die Zustellung durch die Verwaltungs-, Sozial- und Finanzgerichte aber nach dem VwZG durchgeführt. Das VwZG, das in erster Linie für die Zustellung der Verwaltungsbehörden bestimmt sei, lasse in § 3 VwZG die Zustellung durch die Post mit Zustellungsurkunde zu und verweise in § 3 Abs. 3 VwZG auf die §§ 180 bis 186, 195 Abs. 2 ZPO. Diese unterschiedliche Rechtslage sei im Bereich der Gerichte nicht gerechtfertigt. Es gelte der Grundsatz, dass die ordentlichen Gerichte und die Fachgerichtsbarkeiten nach der Zivilprozessordnung und die Verwaltungsbehörden nach dem Verwaltungszustellungsgesetz zustellten.

Diesen Zielsetzungen entsprechen auch die Änderungen von § 127 durch das genannte Ge- 1 a
setz. Danach ist das Bundespatentgericht zustellungsrechtlich voll dem BGH gleichgestellt. Die früher maßgebenden Überlegungen, dass Patentamt und Patentgericht möglichst nach gleichartigen Vorschriften zustellen sollten, ist damit gegenstandslos.

1 b) Novellierung des Verwaltungszustellungsrechts. Zum VwZG ist zu beachten, dass 1 b
die Bundesregierung mit BT-Drs. 15/5216 v. 7. 4. 2005 den **Entwurf eines Gesetzes zur Novellierung des Verwaltungszustellungsrechts** eingebracht hat, das am 12. 5. 2005 vom Deutschen Bundestag einstimmig angenommen worden ist und anschließend auch den zweiten

Durchgang beim Bundesrat passiert hat und schließlich im BGBl. verkündet worden ist: Bundesgesetzblatt Teil I 2005 Nr. 49 v. 17. 8. 2005 S. 2354. Mit der Neufassung des Verwaltungszustellungsgesetzes, die Gegenstand von Art. 1 des genannten Gesetzgebungsvorhabens ist, wird eine Anpassung an das durch das Zustellungsreformgesetz bereits umfassend reformierte Zustellungsrecht in gerichtlichen Verfahren und an das durch das Dritte Gesetz zur Änderung verwaltungsverfahrensrechtlicher Vorschriften modernisierte Verwaltungsverfahrensrecht vorgenommen. Das Verwaltungszustellungsrecht wird für die Möglichkeiten der Zustellung elektronischer Dokumente auf der Basis qualifizierter elektronischer Signaturen geöffnet. Die qualifizierte elektronische Signatur entspricht den Authentizitätsanforderungen, die im Rahmen der Förmlichkeit einer Zustellung geboten sind. Das Gesetz enthält die hierzu notwendigen Maßgaben und Anpassungen (BT-Drs. 15/5216 S. 1). Außerdem wird das VwZG nicht unerheblich verschlankt, indem bisher selbstständigen Vorschriften z. B. zur Ersatzzustellung durch Verweisungen auf die neuen Zustellungsvorschriften der ZPO ersetzt werden. Die Begründung zum RegE weist darauf hin, dass wichtige gesetzliche Vorgaben für die Verwendung elektronischer Medien im Rechtsverkehr auf dem Gebiet des materiellen Zivilrechts, für das Zivilprozessrecht durch das Zustellungsreformgesetz und für das Verwaltungsverfahrensrecht gemacht worden sind. Bei den nachfolgenden Erläuterungen wird bereits die vom Bundestag beschlossene **Neufassung des VwZG** berücksichtigt. Zitate beziehen sich daher grundsätzlich auf die Neufassung. Sie tritt am **1. 2. 2006** in Kraft, Art. 4 Abs. 1 des Gesetzes zur Novellierung des Verwaltungszustellungsrechts v. 12. 8. 2005, BGBl. I 2354.

2 **2. Erforderlichkeit der Zustellung.** Zuzustellen ist nach Abs. 1 der Vorschrift in Vbdg. mit § 1 Abs. 2 VwZG 2005, soweit dies durch Rechtsvorschrift oder behördliche Anordnung bestimmt ist. Durch Rechtsvorschrift vorgeschrieben ist die Zustellung für die **Beschlüsse** des Patentamts in § 47 Abs. 1, § 59 Abs. 3 und § 64 Abs. 3. Von den **Verfügungen** und **Bescheiden** des Patentamts sind zuzustellen die **Anordnungen** gemäß § 50 Abs. 1 (vgl. § 53 Abs. 1), die **Mitteilungen** gemäß § 43 Abs. 4 Satz 3 und § 53 Abs. 2, die **Benachrichtigungen** gemäß §§ 37 Abs. 2 Satz 4, 57 Abs. 1 Satz 4 und die **Aufforderung** gemäß § 41 Satz 2. Zuzustellen sind auch nach einer Anordnung des PräsPA (Hausverfügung) Bescheide mit Fristen, Ladungen, Terminsaufhebungen und -verlegungen, vgl. dazu BPatGE Mitt. **79,** 78 f. m. w. N. Für Schriftsätze der Beteiligten in Verfahren mit mehreren Verfahrensbeteiligten sind keine besonderen Bestimmungen erlassen. Sie können daher den anderen Beteiligten jeweils ohne besondere Form übermittelt werden, sofern nicht eine Frist für die Beantwortung festgelegt wird.

3 Für die Zustellungen im Beschwerdeverfahren sowie im Patentnichtigkeitsverfahren und in Zwangslizenzverfahren vor dem Bundespatentgericht gelten nunmehr ausschließlich die Zustellungsvorschriften der ZPO.

4 **3. Zustellungsarten.** Die Vorschrift sieht verschiedene Zustellungsarten vor, zwischen denen nach § 2 Abs. 3 VwZG 2005 gewählt werden kann. Da eine Regelung dieser Art nicht besteht, steht die Bestimmung der Zustellungsart im Ermessen des Patentamts. Bei einzelnen Zustellungsarten, etwa der öffentlichen Zustellung oder der Zustellung im Ausland, müssen freilich die dafür bestehenden besonderen Voraussetzungen gegeben sein. Die Zustellung besteht nach § 2 Abs. 1 VwZG 2005 in der Bekanntgabe eines schriftlichen oder elektronischen Dokuments in der im VwZG bestimmten Form. Die Bekanntgabe findet indessen nur bei einzelnen Zustellungsarten statt. Bei den anderen Zustellungsarten wird sie weitgehend fingiert, wie etwa bei der öffentlichen Zustellung. Es handelt sich demnach um die förmliche und beurkundete Bekanntgabe eines schriftlichen oder elektronischen Dokuments und deshalb ein Rechtsgeschäft, nicht eine bloß tatsächliche Handlung. Die Form der Bekanntgabe ist bei den einzelnen Zustellungsarten verschieden geregelt. Da auch die Zustellung elektronischer Dokumente zulässig ist, bei der eine „Übergabe" nicht stattfindet, ist dieser Begriff des bisherigen Rechts durch „Bekanntgabe" ersetzt worden Der Begriff „Dokument" wird als Oberbegriff für zustellungsfähige Mitteilungen (Schriftstücke und elektronische Dokumente) verwendet. § 2 Abs. 2 VwZG 2005 stellt klar, durch welche Institutionen die Zustellung ausgeführt wird, und trägt hierbei der Postreform II Rechnung: Bei der förmlichen Zustellung gemäß § 3 wird ein Lizenznehmer nach § 5 des Postgesetzes (PostG) vom 22. Dezember 1997 (BGBl. I S. 3294) als beliehener Unternehmer gemäß § 33 Abs. 1 PostG tätig. Zustellungen nach § 4 (Einschreiben) erledigt die Post hingegen im Rahmen einer privatrechtlichen Beauftragung durch die Behörde als Postdienstleistung nach § 4 Nr. 1 Buchstabe a und b PostG. Bei der Zustellung eines Dokuments ist wie bisher die Urschrift, eine Ausfertigung oder eine beglaubigte Abschrift zu übermitteln; die Übersendung einer bloßen Fotokopie genügt somit nicht, BT-Drs. 15/5216, 11.

5 **a) Zustellung mit Zustellungsurkunde.** Die Zustellung mit Zustellungsurkunde erfolgt durch die Post (§ 3 VwZG 2005). Das Patentamt übergibt der Post den Zustellungsauftrag, das

zuzustellende Dokument in einem verschlossenen Umschlag und einen vorbereiteten Vordruck einer Zustellungsurkunde, § 3 Abs. 1 VwZG 2005. Eine Beurkundung der Übergabe an die Post ist nicht erforderlich. Hinsichtlich des von der Post bei der Ausführung der Zustellung einzuhaltenden Verfahrens verweist § 3 Abs. 2 VwZG 2005 auf die §§ 177 bis 182 ZPO, die entsprechend anzuwenden sind und wie folgt lauten:

ZPO § 177 Ort der Zustellung

Das Schriftstück kann der Person, der zugestellt werden soll, an jedem Ort übergeben werden, an dem sie angetroffen wird.

ZPO § 178 Ersatzzustellung in der Wohnung, in Geschäftsräumen und Einrichtungen

(1) Wird die Person, der zugestellt werden soll, in ihrer Wohnung, in dem Geschäftsraum oder in einer Gemeinschaftseinrichtung, in der sie wohnt, nicht angetroffen, kann das Schriftstück zugestellt werden

1. in der Wohnung einem erwachsenen Familienangehörigen, einer in der Familie beschäftigten Person oder einem erwachsenen ständigen Mitbewohner,
2. in Geschäftsräumen einer dort beschäftigten Person,
3. in Gemeinschaftseinrichtungen dem Leiter der Einrichtung oder einem dazu ermächtigten Vertreter.

(2) Die Zustellung an eine der in Absatz 1 bezeichneten Person ist unwirksam, wenn diese an dem Rechtsstreit als Gegner der Person, der zugestellt werden soll, beteiligt ist.

ZPO § 179 Zustellung bei verweigerter Annahme

Wird die Annahme des zuzustellenden Schriftstücks unberechtigt verweigert, so ist das Schriftstück in der Wohnung oder in dem Geschäftsraum zurückzulassen. Hat der Zustellungsadressat keine Wohnung oder ist kein Geschäftsraum vorhanden, ist das zuzustellende Schriftstück zurückzusenden. Mit der Annahmeverweigerung gilt das Schriftstück als zugestellt.

ZPO § 180 Ersatzzustellung durch Einlegen in den Briefkasten

Ist die Zustellung nach § 178 Abs. 1 Nr. 1 oder 2 nicht ausführbar, kann das Schriftstück in einen zu der Wohnung oder dem Geschäftsraum gehörenden Briefkasten oder in eine ähnliche Vorrichtung eingelegt werden, die der Adressat für den Postempfang eingerichtet hat und die in der allgemein üblichen Art für eine sichere Aufbewahrung geeignet ist. Mit der Einlegung gilt das Schriftstück als zugestellt. Der Zusteller vermerkt auf dem Umschlag des zuzustellenden Schriftstücks das Datum der Zustellung.

ZPO § 181 Ersatzzustellung durch Niederlegung

(1) Ist die Zustellung nach § 178 Abs. 1 Nr. 3 oder § 180 nicht ausführbar, kann das zuzustellende Schriftstück auf der Geschäftsstelle des Amtsgerichts, in dessen Bezirk der Ort der Zustellung liegt, niedergelegt werden. Wird die Post mit der Ausführung der Zustellung beauftragt, ist das zuzustellende Schriftstück am Ort der Zustellung oder am Ort des Amtsgerichts bei einer von der Post dafür bestimmten Stelle niederzulegen. Über die Niederlegung ist eine schriftliche Mitteilung auf dem vorgesehenen Formular unter der Anschrift der Person, der zugestellt werden soll, in der bei gewöhnlichen Briefen üblichen Weise abzugeben oder, wenn das nicht möglich ist, an der Tür der Wohnung, des Geschäftsraums oder der Gemeinschaftseinrichtung anzuheften. Das Schriftstück gilt mit der Abgabe der schriftlichen Mitteilung als zugestellt. Der Zusteller vermerkt auf dem Umschlag des zuzustellenden Schriftstücks das Datum der Zustellung.

(2) Das niedergelegte Schriftstück ist drei Monate zur Abholung bereitzuhalten. Nicht abgeholte Schriftstücke sind danach an den Absender zurückzusenden.

ZPO § 182 Zustellungsurkunde

(1) Zum Nachweis der Zustellung nach den §§ 171, 177 bis 181 ist eine Urkunde auf dem hierfür vorgesehenen Formular anzufertigen. Für diese Zustellungsurkunde gilt § 418.

(2) Die Zustellungsurkunde muss enthalten:

1. die Bezeichnung der Person, der zugestellt werden soll,
2. die Bezeichnung der Person, an die der Brief oder das Schriftstück übergeben wurde,
3. im Falle des § 171 die Angabe, dass die Vollmachtsurkunde vorgelegen hat,
4. im Falle der §§ 178, 180 die Angabe des Grundes, der diese Zustellung rechtfertigt und wenn nach § 181 verfahren wurde, die Bemerkung, wie die schriftliche Mitteilung abgegeben wurde,
5. im Falle des § 179 die Erwähnung, wer die Annahme verweigert hat und dass der Brief am Ort der Zustellung zurückgelassen oder an den Absender zurückgesandt wurde,
6. die Bemerkung, dass der Tag der Zustellung auf dem Umschlag, der das zuzustellende Schriftstück enthält, vermerkt ist,
7. den Ort, das Datum und auf Anordnung der Geschäftsstelle auch die Uhrzeit der Zustellung,
8. Name, Vorname und Unterschrift des Zustellers sowie die Angabe des beauftragten Unternehmens oder der ersuchten Behörde.

(3) Die Zustellungsurkunde ist der Geschäftsstelle unverzüglich zurückzuleiten.

Die in der bisherigen Fassung des § 3 Abs. 1 VwZG genannten Formalien (Ersuchen der Post, Versehen der Sendung mit Anschrift des Empfängers, der absendenden Dienststelle, der Geschäftsnummer) werden durch die in § 3 Abs. 2 Satz 1 VwZG 2005 enthaltene Verweisung auf die §§ 177 bis 182 ZPO ersetzt. § 182 ZPO begründet die Verpflichtung zur Erstellung der 6

Zustellungsurkunde (§ 182 Abs. 1 Satz 1), legt ihren Inhalt fest (§ 182 Abs. 2) und begründet die Verpflichtung zur unverzüglichen Zurückleitung der Zustellungsurkunde (§ 182 Abs. 3), wobei an die Stelle der Geschäftsstelle des Gerichts die auftraggebende Behörde tritt. § 182 Abs. 1 Satz 2 ZPO begründet für die Zustellungsurkunde den Charakter einer öffentlichen Urkunde gemäß § 418 ZPO mit der dort ausgeführten vollen Beweiskraft für die in der Urkunde bezeugten Tatsachen durch die Urkunde selbst.

Gemäß § 181 Abs. 1 Satz 2 ZPO ist das zuzustellende Dokument am Ort der Zustellung oder am Ort des Amtsgerichts, in dessen Bezirk der Ort der Zustellung liegt, bei einer von der Post dafür bestimmten Stelle niederzulegen. Abweichend von § 181 Abs. 1 ZPO wurde im Hinblick auf die anderen Gegebenheiten im Verwaltungsverfahren bestimmt, dass das Dokument auch bei der Behörde, die den Zustellungsauftrag erteilt hat, niedergelegt werden kann.

6a Die Nichteinhaltung der genannten Vorschriften wird weitgehend als wesentlicher Verstoß angesehen, der die Zustellung unwirksam macht, BGH Bl. **56,** 66. In der Zustellungsurkunde müssen u.a. in jedem Fall der Ort der Zustellung, die Bezeichnung der Ersatzperson und der Grund der Ersatzzustellung angegeben sein, wenn sie nicht unwirksam sein soll. Die Unterschrift der zustellenden Person ist stets wesentlich (RGZ **124,** 22, 27). Wird fälschlich die Zustellung durch Übergabe an den Adressaten beurkundet, während in Wirklichkeit eine Ersatzzustellung erfolgt ist, so ist die Zustellung unwirksam, BGH Bl. **56,** 66. Die Gültigkeit der Zustellung wird dagegen nicht dadurch berührt, dass der Tag der Zustellung nicht auf dem Briefumschlag vermerkt wurde; jedoch werden dann die in § 127 Abs. 3 bezeichneten Fristen nicht in Lauf gesetzt, Gemeins. Senat der obersten Gerichtshöfe NJW **77,** 621. Entsprechendes gilt für den Fall, dass der auf der Sendung vermerkte Zustellungstag unrichtig ist, BPatGE **21,** 51. Wird ein späteres Zustellungsdatum vermerkt, so gilt zugunsten des Zustellungsempfängers dieses Datum als Zustellungstag, PA vom 16. 5. 1955, F 6467/36b Gm.

7 Obwohl das Formblatt einer Postzustellungsurkunde gemäß VwZG a.F., VwV Anlage 2b, insoweit im Widerspruch zu VwZG 2005 § 3 und ZPO § 195 Abs. 2 steht, als danach die Zustellung eines „Schriftstückes" und nicht – wie in den gesetzlichen Bestimmungen vorgesehen – einer (verschlossenen) „Sendung" zu beurkunden ist, kann eine entsprechend beurkundete Zustellung im Regelfall nicht als unwirksam angesehen werden; jedoch besagt die Beurkundung als solche nichts über den Inhalt der zugestellten Sendung, BPatGE **21,** 27.

8 **b) Zustellung durch die Post mittels Einschreiben.** Die Zustellung eines Dokuments durch die Post mittels Einschreiben (§ 4 VwZG 2005) vollzieht sich in zwei Abschnitten, durch Übergabe oder mittels Einschreiben mit Rückschein. Die Übergabe an die Post geschieht formlos unter Beachtung der postalischen Bestimmungen. Zum Nachweis der Zustellung genügt der Rückschein, § 4 Abs. 2 Satz 1 VwZG 2005. Nach § 127 Abs. 1 Nr. 1 gilt die Zustellung auch dann als bewirkt, wenn die Annahme der Zustellung durch eingeschriebenen Brief ohne gesetzlichen Grund verweigert wird.

9 Die Aufgabe zur Post begründet nach § 4 Abs. 2 Satz 2 VwZG 2005 die Vermutung, dass das zuzustellende Schriftstück mit dem dritten Tage nach der Aufgabe zur Post zugestellt ist. Maßgebend ist die tatsächliche Aufgabe zur Post; zur Feststellung ihres Zeitpunkts können außer dem Vermerk nach § 4 Abs. 2 Satz 3 VwZG 2005 auch andere Beweismittel verwertet werden, BFH NJW **78,** 1600 (Lts.). „Mit" dem dritten Tage bedeutet nicht mit Beginn, sondern im Laufe des dritten Tages, so dass Fristen erst mit Beginn des nächsten Tages zu laufen beginnen, PA Bl. **55,** 217. Die Vermutung ist zuungunsten des Zustellungsempfängers nicht widerlegbar; zu seinen Gunsten gilt die Sendung auch dann als am dritten Tage zugestellt, wenn sie tatsächlich früher zugegangen ist, PA Bl. **55,** 217; BVerwGE **22,** 11. Zugunsten des Zustellungsempfängers ist die Vermutung jederzeit widerlegbar. Ergeben sich Zweifel, so hat nach § 4 Abs. 2 Satz 2 VwZG 2005 das Patentamt den Zugang des Dokuments und den Zeitpunkt des Zugangs nachzuweisen.

10 Der Begriff des „Zugangs" ist in dem gleichen Sinne zu verstehen wie in § 130 BGB; er ist danach in dem Zeitpunkt erfolgt, in dem der Empfänger unter normalen Umständen die Möglichkeit der Kenntnisnahme hat; bei der Übergabe des Briefes an ein Familienmitglied in der Wohnung des Empfängers ist das zuzustellende Schriftstück mit der Übergabe zugegangen, unabhängig davon, ob der Empfänger das Schriftstück ausgehändigt erhält oder ob das Schriftstück vor der Aushändigung verlorengeht oder verlegt wird, BPatGE **2,** 202 mit Besprechung von Menger VerwArchiv **63,** 291.

Der Nachweis des Zugangs kann durch Auskunft der Post erbracht werden. Ist er auf diese Weise nicht zu erbringen, so bleibt praktisch nichts anderes übrig, als die Zustellung zu wiederholen.

11 **c) Zustellung durch die Behörde gegen Empfangsbekenntnis.** Die Zustellung gegen Empfangsbekenntnis kann nach § 5 VwZG 2005 in zwei verschiedenen Formen erfolgen, nämlich durch Aushändigung durch einen Bediensteten der zustellenden Behörde (Abs. 1) oder durch irgendeine Übermittlung (Abs. 2). Die beiden Formen, von denen die letztere einem bestimmten Empfängerkreis vorbehalten ist, unterscheiden sich also durch die Art, in der das zuzustellende Schriftstück dem Empfänger zugeleitet wird.

aa) Aushändigung durch die Behörde. Bei der Zustellung durch die Behörde nach § 5 Abs. 1 VwZG 2005 händigt der zustellende Bedienstete das Schriftstück dem Empfänger in einem verschlossenen Umschlag aus. Das Dokument kann auch offen ausgehändigt werden, wenn keine schutzwürdigen Interessen des Empfängers entgegenstehen, Der Empfänger hat ein mit dem Datum der Aushändigung versehenes Empfangsbekenntnis zu unterschreiben; der Bedienstete vermerkt das Datum der Zustellung auf dem Umschlag des auszuhändigenden Dokuments oder bei offener Aushändigung auf dem Dokument selbst. Diese Zustellungsart kommt vor allem in Betracht, wenn dem beim Patentamt vorsprechenden Zustellungsempfänger ein zuzustellendes Schriftstück ausgehändigt werden soll. Unterbleibt die Angabe des Zustellungsdatums auf dem auszuhändigenden Schriftstück, so ist die Zustellung unwirksam, OLG Schleswig MDR **58,** 171; teilw. abw. OVG Koblenz DVBl. **61,** 211. **12**

Nach § 5 Abs. 2 Satz 1 sind die §§ 177 bis 181 ZPO anzuwenden. Zum Nachweis der Zustellung ist in den Akten zu vermerken (1) im Fall der Ersatzzustellung in der Wohnung, in Geschäftsräumen und Einrichtungen nach § 178 ZPO der Grund, der diese Art der Zustellung rechtfertigt; (2) im Fall der Zustellung bei verweigerter Annahme nach § 179 ZPO, wer die Annahme verweigert hat und dass das Dokument am Ort der Zustellung zurückgelassen oder an den Absender zurückgesandt wurde sowie der Zeitpunkt und der Ort der verweigerten Annahme, (3) in den Fällen der Ersatzzustellung nach den §§ 180 und 181 der Zivilprozessordnung der Grund der Ersatzzustellung sowie, wann und wo das Dokument in einen Briefkasten eingelegt oder sonst niedergelegt und in welcher Weise die Niederlegung schriftlich mitgeteilt wurde. Im Fall des § 181 Abs. 1 ZPO kann das zuzustellende Dokument bei der Behörde, die den Zustellungsauftrag erteilt hat, niedergelegt werden, wenn diese Behörde ihren Sitz am Ort der Zustellung oder am Ort des Amtsgerichts hat, in dessen Bezirk der Ort der Zustellung liegt. **12 a**

Nach § 5 Abs 3 VwZG 2005 darf zur Nachtzeit, an Sonntagen und allgemeinen Feiertagen nach Absatz 1 und 2 im Inland nur mit schriftlicher oder elektronischer Erlaubnis des Behördenleiters zugestellt werden. Die Nachtzeit umfasst die Stunden von 21 bis 6 Uhr. Die Erlaubnis ist bei der Zustellung abschriftlich mitzuteilen. Eine Zustellung, bei der diese Vorschriften nicht beachtet sind, ist wirksam, wenn die Annahme nicht verweigert wird. **12 b**

Nach § 5 Abs. 5 können elektronische Dokumente im Übrigen unbeschadet des Absatzes 4 elektronisch zugestellt werden, soweit der Empfänger hierfür einen Zugang eröffnet. Das Dokument ist mit einer qualifizierten elektronischen Signatur nach dem Signaturgesetz zu versehen. Zum Nachweis der Zustellung genügt das mit Datum und Unterschrift versehene Empfangsbekenntnis, das an die Behörde zurückzusenden ist. **12 c**

bb) Übermittlung an Behörden, Anwälte und Erlaubnisscheininhaber. Nach § 5 Abs. 4 VwZG 2005 können zuzustellende Dokumente an Behörden, Körperschaften, Anstalten und Stiftungen des öffentlichen Rechts, an Rechtsanwälte, Patentanwälte, Notare, Steuerberater, Steuerbevollmächtigte, Wirtschaftsprüfer, vereidigte Buchprüfer, Steuerberatungsgesellschaften, Wirtschaftsprüfungsgesellschaften und Buchprüfungsgesellschaften auch auf andere Weise, auch elektronisch, gegen Empfangsbekenntnis zugestellt werden. Für Erlaubnisscheininhaber gilt die Maßgabe in § 127 Abs. 1 Nr. 3, die auch nach dem neuen VwZG 2005 auf § 5 Abs. **2** VwZG verweist, obwohl der entsprechende Regelungsgehalt sich jetzt in § 5 Abs. 4 VwZG 2005 findet. Das ist den Verfassern des RegE des Gesetzes zur Novellierung des Verwaltungszustellungsrechts offensichtlich entgangen. Zum Nachweis der Zustellung genügt das mit Datum und Unterschrift versehene Empfangsbekenntnis, das an die Behörde zurückzusenden ist. Als Nachweis der Zustellung genügt das mit Datum und Unterschrift versehene Empfangsbekenntnis, das dem Dokument als Anlage vorbereitet beigefügt wird und vom Empfänger nach Vollziehung zurückzusenden ist. **13**

Die Wirksamkeit der Zustellung setzt voraus, dass das zugestellte Dokument in dem Empfangsbekenntnis ausreichend bezeichnet ist und dass das Empfangsbekenntnis mit Datum und der Unterschrift des Zustellungsempfängers versehen ist, BGH GRUR **72,** 196, 197 – Dosiervorrichtung; teilw. abw. das BVerwGer., vgl. dazu näher Barbey JR **79,** 406, 407. Das Empfangsbekenntnis muss mit dem vollen Namen unterschrieben sein; eine abgekürzte Form des Namens genügt nicht. BGH GRUR **72,** 196, 197; kritisch dazu Volkommer Rpfleger **72,** 82. Die Lesbarkeit des Namens ist nicht erforderlich, BGH VersR **76,** 170. Bei Behörden genügt die Unterschrift durch jede zur Unterschrift befugte Person. Beim Anwalt kann die Unterschrift auch durch seinen ständigen Vertreter geleistet werden, nicht dagegen durch einen Büroangestellten, BGHZ **14,** 342. Andere Empfänger müssen in der Regel selbst unterschreiben. Die **14**

Unterschrift kann nachgeholt werden, RGZ **150,** 392, 394, ebenso die Angabe des Datums, BGH Bl. **62,** 22. Wird ein unrichtiges Datum eingesetzt, so gilt der tatsächliche Empfangstag, BGH Bl. **57,** 350 – Empfangsbekenntnis; **62,** 22; NJW **75,** 1652, 1653; **79,** 2566. Der Nachweis der Unrichtigkeit des eingesetzten Datums ist zulässig, BGH NJW **79,** 2566; **87,** 325. An den Nachweis, dass die Zustellung später erfolgt ist als das Datum des Empfangsbekenntnisses ausweist, sind jedoch strenge Anforderungen zu stellen, BGH NJW **80,** 988.

15 Maßgebend ist bei einer Zustellung an eine Behörde der Zeitpunkt, in dem ein hierfür zuständiger Bediensteter den Empfang des Dokuments bestätigt, BVerwG NJW **80,** 2427; vgl. auch Barbey JR **80,** 143 mit weiteren Hinweisen. Bei der Zustellung an einen Anwalt oder einen Erlaubnisscheininhaber ist die Zustellung in dem Zeitpunkt bewirkt, in dem dieser das zuzustellende Dokumentals zugestellt entgegengenommen hat, vgl. BVerwGer. NJW **79,** 1988; BGH NJW **79,** 2566. Die Zustellung ist nicht wirksam, wenn ein Patentanwalt einen Beschluss nicht als gültig zugestellt annimmt, indem er das datierte und unterzeichnete Empfangsbekenntnis mit dem Vermerk „Ungültig!“ versehen an das Patentamt zurücksendet, BPatGE **21,** 1.

16 **d) Zustellung durch Vorlage der Urschrift.** Die nach bisherigem Recht (§ 6 VwZG a. F.) mögliche Zustellung des Dokuments an Behörden, Körperschaften und Anstalten des öffentlichen Rechts durch Vorlegung der Urschrift zugestellt werden ist in die Neufassung des VwZG 2005 nicht wieder aufgenommen worden.

17 **e) Zustellung durch Abholfach.** Diese Zustellungsart ist durch das 6. ÜG neu eingeführt worden. Die Zustellung in dieser Zustellungsart hat zur Voraussetzung, dass dem Empfänger beim Patentamt ein Abholfach eingerichtet ist. Die Zustellung erfolgt durch Niederlegung des zuzustellenden Dokuments, auf dem der Zeitpunkt der Niederlegung zu vermerken ist. Über die Niederlegung ist eine schriftliche Mitteilung zu den Akten zu geben. Diese Erfordernisse sind zwingend in dem Sinne, dass die Nichtbeachtung die Zustellung unwirksam macht. Die Zustellung gilt als am dritten Tage nach der Niederlegung bewirkt. Nach der Fassung der Bestimmung, die keine der Einschränkungen des § 4 VwZG 2005 enthält, handelt es sich um eine unwiderlegbare Vermutung, die nicht durch den Nachweis, dass der Empfänger das Dokument später oder überhaupt nicht erhalten hat, entkräftet werden kann. Bei Fehlleitungen oder Abhandenkommen dürfte deshalb nur mit Wiedereinsetzung zu helfen sein. Die unwiderlegbare Vermutung wirkt auch zugunsten des Zustellungsempfängers, BPatGE **17,** 3, 4 f.

18 **f) Zustellung im Ausland.** Zustellungen im Ausland können nach § 9 Abs. 1 Nr. 1 VwZG 2005 durch Einschreiben mit Rückschein erfolgen, soweit die Zustellung von Dokumenten unmittelbar durch die Post völkerrechtlich zulässig ist. Sie können aber auch auf Ersuchen der Behörde, hier also des Patentamts, durch die Behörden des fremden Staates oder durch die diplomatische oder konsularische Vertretung der Bundesrepublik Deutschland erfolgen, § 9 Abs. 1 Nr. 2 VwZG 2005. Auf Ersuchen der Behörde kann die Zustellung auch durch das Auswärtige Amt an Personen, die das Recht der Immunität genießen und zu einer Vertretung der Bundesrepublik Deutschland gehören, sowie an die Familienangehörigen solcher Personen, wenn diese ebenfalls das Recht der Immunität genießen. Möglich ist schließlich die Zustellung durch Übermittlung elektronischer Dokumente nach § 5 Abs. 5 VwZG 2005, soweit dies völkerrechtlich zulässig ist. Die in § 9 Abs. 1 Nr. 1 bis 3 VwZG 2005 festgelegten Zustellungsformen entsprechen praktisch den parallelen Vorschriften in § 183 Abs. 1 Nr. 1 bis 3 ZPO.

19 Die Zustellung im Ausland kann, wie sich aus § 9 Abs. 1 Nr. 1 VwZG 2005 ergibt, durch Aufgabe zur Post bewirkt werden. Als Zustellungsform kommt hier nur das Einschreiben mit Rückschein in Betracht, soweit sie völkerrechtlich zulässig ist und vom Bestimmungsland nicht als Ausübung fremder Hoheitsgewalt betrachtet wird. Die ältere Rechtsprechung hierzu ist deshalb weitgehend überholt. Weitere Vorgaben wie Aktenvermerke über die Aufgabe zur Post sind bei dieser Zustellungsform nicht vorgesehen. Der Nachweis der Zustellung erfolgt hier durch den Rückschein. Die Zustellung erfolgt in dadurch, dass die Geschäftsstelle das zuzustellende Dokument unter der Anschrift des Empfängers zur Post gibt. Die Anschrift muss auch den von dem Empfänger in seiner Anschrift aufgeführten Namen des Bestimmungslandes enthalten, BGHZ **73,** 388, 390 f. Aus § 127 Abs. 2 Nr. 2. ist abzuleiten, dass bei patentamtlichen Zustellungen an Empfänger, die sich im Ausland aufhalten, auch durch Aufgabe zur Post zugestellt werden kann, d. h. ohne das Erfordernis eines Rückscheins. § 184 Abs. 2 Satz 1 und 4 der Zivilprozessordnung gilt entsprechend. Danach gilt das Schriftstück (zuzustellende Dokument) zwei Wochen nach der Aufgabe zur Post als zugestellt, § 184 Abs. 2 Satz 1 ZPO. Zum Nachweis der Zustellung ist in den Akten zu vermerken, zu welcher Zeit und unter welcher Anschrift das Schriftstück zur Post gegeben wurde, § 184 Abs. 2 Satz 4 ZPO.

19 a Nach § 9 Abs. 3 VwZG 2005 kann die Behörde, hier also wieder das Patentamt, bei einer Zustellung durch die Behörden des fremden Staates oder durch die zuständige diplomatische oder konsularische Vertretung der Bundesrepublik Deutschland, oder durch das Auswärtige Amt bei immunitätsgeschützten Empfängern anordnen, dass die Person, an die zugestellt werden soll, innerhalb einer angemessenen Frist einen Zustellungsbevollmächtigten benennt, der im Inland wohnt oder dort einen Geschäftsraum hat. Für die patentamtlichen Verfahren wird diese Vorschrift weitgehend durch § 25 und die Vorschriften über den Inlandsvertreter bzw. den Zustellungsbevollmächtigten überlagert und verdrängt. Außerhalb des Anwendungsbereichs von § 25 ist sie aber zu beachten. Benennt die betroffene Person keinen Zustellungsbevollmächtigten, dann können spätere Zustellungen bis zur nachträglichen Benennung dadurch bewirkt werden, dass das Dokument unter der Anschrift der Person, an die zugestellt werden soll, zur Post gegeben wird. Das Dokument gilt am siebenten Tat nach Aufgabe zur Post als zugestellt, wenn es den Empfänger nicht oder zu einem späteren Zeitpunkt erreicht hat. Die Behörde kann eine längere Frist bestimmen. In der Anordnung, einen Zustellungsbevollmächtigten zu benennen, ist auf diese Rechtsfolgen hinzuweisen. In diesen Fällen ist zum Nachweis der Zustellung in den Akten zu vermerken, zu welcher Zeit und unter welcher Anschrift das Dokument zur Post gegeben wurde. Diese Zustellungsvorschriften stimmen weitgehend mit § 184 ZPO überein, mit der Abweichung, dass dort die Frist für die Zugangsfiktion (zwei Wochen) länger ist als nach VwZG 2005. Insoweit greift aber die Maßgabe nach § 127 Abs. 2 Nr 2 mit der Verweisung auf § 184 ZPO ein, so dass für patentamtliche Verfahren insoweit stets die Grundfrist von zwei Wochen Anwendung findet. Die Neufassung des VwZG 2005 hat hieran offenbar nichts ändern wollen.

g) Öffentliche Zustellung. Die Zustellung durch öffentliche Bekanntmachung ist nur unter den in § 10 Abs. 1 VwZG 2005 (früher § 15 VwZG) genannten Voraussetzungen zulässig. Die Voraussetzung des § 10 Abs. 1 Nr. 1 VwZG 2005, dass der Aufenthaltsort des Empfängers unbekannt ist – bei Fehlen eines Vertreters oder Zustellungsbevollmächtigten –, ist nicht schon dann erfüllt, wenn der zustellenden Behörde der Aufenthaltsort unbekannt ist; der Aufenthaltsort muss vielmehr allgemein unbekannt sein, BPatGE **15,** 158, 159 m. w. N. Es müssen daher zunächst die nach den Umständen möglichen Nachforschungen angestellt werden. Wenn ein Anmelder neben seiner Anschrift eine Postfachadresse angegeben und beantragt hat, für ihn bestimmte Sendungen an die letztere zu richten, muss, sofern er unter seiner Anschrift nicht erreichbar ist, zunächst versucht werden, ihm ein Schreiben unter der Postfachadresse zu übermitteln; solange das nicht geschehen ist, ist die öffentliche Zustellung nicht zulässig, BPatGE **15,** 158, 159 f. Die öffentliche Zustellung kann bei Zustellungen im Ausland dann erfolgen, wenn die Zustellung nicht möglich ist oder keinen Erfolg verspricht, § 10 Abs. 1 Nr. 2 VwZG 2005. 20

Die öffentliche Zustellung wird im Verfahren vor dem Patentamt durch die Stelle angeordnet, die für die Sache, in der die Zustellung zu erfolgen hat, zuständig ist, und zwar von einem „zeichnungsberechtigten Bediensteten“ (§ Abs. 10 Abs. 1 Satz 2 VwZG 2005). Die öffentliche Zustellung wird dadurch durchgeführt, dass eine Benachrichtigung an der **allgemein dafür bestimmten Stelle** bekannt gemacht wird. Alternativ kommt auch die Veröffentlichung einer Benachrichtigung im **Bundesanzeiger** oder im **elektronischen Bundesanzeiger** in Betracht. Die Benachrichtigung muss folgende Informationen erkennen lassen (1) die Behörde, für die zugestellt wird, (2) den Namen und die letzte bekannte Anschrift des Zustellungsadressaten, (3) das Datum und das Aktenzeichen des zuzustellenden Dokuments, (4) die Stelle, wo das Dokument eingesehen werden kann. Die Benachrichtigung muss den Hinweis enthalten, dass das Dokument öffentlich zugestellt wird und Fristen in Gang gesetzt werden können, nach deren Ablauf Rechtsverluste drohen können. Bei der Zustellung einer Ladung muss die Benachrichtigung den Hinweis enthalten, dass das Dokument eine Ladung zu einem Termin enthält, dessen Versäumung Rechtsnachteile zur Folge haben kann. In den Akten ist zu vermerken, wann und wie die Benachrichtigung bekannt gemacht wurde. Das Dokument gilt als zugestellt, wenn seit dem Tag der Bekanntmachung der Benachrichtigung zwei Wochen vergangen sind. 21

Das VwZG 2005 lehnt sich auch hier wieder eng an die **Vorschriften der ZPO über die öffentliche Zustellung,** §§ 185 bis 187 ZPO, an, obwohl auch einige Unterschiede die Vorgaben traditioneller und moderner Methoden bei Gericht (Aushang an der Gerichtstafel, Einstellung in eine elektronisches Informationssystem) verdeutlichen. Außerdem ist die Frist zwischen Bekanntmachung und dem Zeitpunkt der fiktiven Zustellung nach der ZPO länger (ein Monat statt der zwei Wochen nach VwZG 2005). Soll die öffentliche Bekanntmachung einer Entscheidung eine kurze Rechtsbehelfsfrist in Lauf setzen, gebietet der Anspruch auf Gewährung effektiven Rechtsschutzes, dass dabei zumindest der Entscheidungsausspruch selbst mitgeteilt wird, BVerfG NJW **88,** 1255. Ein Dokument, das eine Ladung enthält, gilt an dem Tage, an dem es einen Monat, ein anderes Dokument an dem Tage, an dem es zwei Wochen ausgehangen hat, als zugestellt (§ 10 Abs. 2 Satz 6 VwZG 2005). Der Tag des Aushängens und der 21 a

Abnahme sind in den Akten zu vermerken (§ 10 Abs. 2 Satz 5 VwZG 2005). Von der Vornahme der in § 10 Abs. 4 und 5 VwZG 2005 vorgesehenen weiteren Maßnahmen ist die Wirksamkeit der Zustellung nicht abhängig.

22 **4. Zustellungsempfänger.** Zustellungsempfänger ist die Person, für die das zuzustellende Dokument bestimmt ist, bei Geschäftsunfähigen oder beschränkt Geschäftsfähigen der gesetzliche Vertreter, bei Behörden, juristischen Personen, nicht rechtsfähigen Personenvereinigungen deren Vorsteher. Zustellungsempfänger kann auch ein Bevollmächtigter sein. Bei Zustellungen an Bewohner der DDR sind die dafür erlassenen besonderen Richtlinien (Bl. **67,** 50) zu beachten. Die Zustellung an den falschen Adressaten macht die Zustellung unwirksam; der Mangel ist jedoch heilbar, BPatGE **17,** 9.

23 **a) Betroffener.** Soweit nicht etwas anderes bestimmt oder zugelassen ist, ist an den Beteiligten oder sonst Betroffenen (Zeugen, Sachverständigen) selbst zuzustellen. Stehen mehrere Beteiligte in Rechtsgemeinschaft, so ist grundsätzlich jedem einzelnen getrennt zuzustellen. Mehrere Mitanmelder, die keinen gemeinsamen Vertreter bestellt haben, müssen jedoch nach den § 14 Abs. 1 Satz 1 DPMAV einen gemeinsamen Zustellungsbevollmächtigten benennen.

24 **b) Gesetzliche Vertreter.** Ist der Beteiligte oder Betroffene geschäftsunfähig oder beschränkt geschäftsfähig, so ist an den gesetzlichen Vertreter zuzustellen. Gleiches gilt bei Personen, für die ein Betreuer bestellt ist, soweit der Aufgabenkreis des Betreuers reicht (§ 6 Abs. 1 VwZG 2005). Die Zustellung an den Geschäftsunfähigen oder beschränkt Geschäftsfähigen selbst ist unwirksam.

25 **c) Behördenleiter, juristische Personen.** Bei Behörden, juristischen Personen, nicht rechtsfähigen Personenvereinigungen und Zweckvermögen wird an den Behördenleiten bzw. an die gesetzlichen Vertreter zugestellt (§ 6 Abs. 2 VwZG 2005). Der Leiter einer Behörde braucht nicht deren gesetzlicher Vertreter zu sein. Wer Behördenleiter ist, bestimmen das Gesetz, die bestehenden Dienstvorschriften oder die Satzung (z.B. bei öffentlich-rechtlichen Körperschaften oder Anstalten). Bei mehreren Behördenleitern genügt die Zustellung an einen von ihnen, auch wenn sie nur gemeinsam vertretungsberechtigt sind (§ 6 Abs. 3 VwZG 2005). Die Zustellung ist nach Nr. 9 Abs. 3 der derzeitigen Allg. VerwVorschr. zum VwZG an die Behörde, die juristische Person, die Vereinigung oder das Zweckvermögen unter Verwendung ihrer verbindlichen Bezeichnung zu richten; der Zusatz „zu Händen des Behördenleiters (früher: Vorstehers)" ist nur hinzuzufügen, wenn das Dokument aus besonderen Gründen dem Behördenleiter persönlich zugestellt werden soll. Bei juristischen Personen, nicht rechtsfähigen Vereinigungen und Zweckvermögen bestimmt sich die gesetzliche Vertretung nach den anwendbaren Rechtsvorschriften, bei juristischen Personen und nicht rechtsfähigen Personenvereinigungen z.B. nach Vereins-, Stiftungs- und Handels- und Gesellschaftsrecht. Da die Vertretungsverhältnisse bereits im Erteilungs- oder Einspruchsverfahren vor dem Patentamt eindeutig angegeben werden müssen, liegen diese Rechtsbeziehungen bei der Zustellung von Beschlüssen, und zustellungsbedürftigen Bescheiden und Mitteilungen bereits fest, sofern sich nicht durch zwischenzeitliche Änderungen wie Wechsel der Rechtsform, Insolvenz u.ä.m. Veränderungen ergeben.

26 **d) Bevollmächtigte.** Wenn allgemein oder für bestimmte Angelegenheiten ein Vertreter bestellt ist, können Zustellungen statt an den Beteiligten auch an den Vertreter gerichtet werden (§ 7 Abs. 1 Satz 1 VwZG 2005). Die „Bestellung" hat nichts mit der Vollmachterteilung oder der Wirksamkeit der Vollmacht zu tun; dafür genügt es, wenn der Vertreter dem Amt oder Gericht gegenüber ausdrücklich oder durch schlüssige Handlung als Vertreter bezeichnet worden ist oder sich selbst erkennbar als solchen bestellt hat; BGHZ **112,** 157, 162 – Spektralapparat; GRUR **91,** 814, 815 – Zustellungsadressat (Wz.), vgl. dazu BPatG Bl. **80,** 312, 313 und BPatGE **29,** 11, 14. Die Zustellungen müssen nach § 7 Abs. 1 Satz 2 VwZG 2005 an den Vertreter gerichtet werden, wenn er schriftliche Vollmacht vorgelegt hat. Dieser Voraussetzung würden auch die beim Patentamt zugelassenen allgemeinen Vollmachten (vgl. dazu § 25 Rdn. 16, § 34 Rdn. 8) genügen. § 127 Abs. 1 Nr. 5 trifft jedoch für das Patentamt und für das Patentgericht eine besondere Regelung. Nach dieser Vorschrift muss die Zustellung in den einzelnen Angelegenheiten nur dann an den Vertreter gerichtet werden, wenn die Vollmacht zu den sie betreffenden Akten eingereicht ist (vgl. dazu unten Rdn. 28, 29).

27 Einem Vertreter mehrerer Beteiligter braucht nach § 8 Abs. 1 Satz 3 VwZG 2005 nur ein Dokument für alle Beteiligten zugestellt zu werden. Einem Zustellungsbevollmächtigten mehrerer Beteiligter braucht zwar ebenfalls nur einmal zugestellt zu werden; es müssen jedoch so viele Ausfertigungen oder Abschriften zugestellt werden, als Beteiligte vorhanden sind (§ 7 Abs. 2 VwZG 2005). Geschieht dies nicht, so ist die Zustellung unwirksam, PA Bl. **58,** 136.

Nach BPatG Bl. **90,** 407, handelt es sich dagegen um eine Ordnungsvorschrift, deren Verletzung die Wirksamkeit der Zustellung nicht berührt (die Entscheidung ist mit anderer Begründung durch BGHZ **112,** 157, bestätigt worden). Die Mitteilung einer Deckadresse ist keine Bestellung eines Zustellungsbevollmächtigten; bei Zustellung an die Deckadresse gilt die Zustellung erst als erfolgt, wenn der Empfangsberechtigte das Dokument erhält; bleibt dieser Zeitpunkt ungewiss, so liegt ein Nachweis des Zeitpunkts des Zugehens nicht vor, BVerwG NJW **61,** 844.

aa) Ohne Vollmacht bei den Akten. Ist die Vertretervollmacht nicht zu den Akten eingereicht, so bleibt es an sich bei der Regelung (Kann-Vorschrift) in § 7 Abs. 1 Satz 1 VwZG 2005, nach der entweder an den Vertreter oder an den Beteiligten selbst wirksam zugestellt werden kann. Nach Nr. 10 Abs. 2 der Allg. VerwVorschr. zum bisherigen VwZG soll zwar darauf geachtet werden, dass die Zustellung an den Bevollmächtigten vorgenommen wird. Eine Verletzung dieser innerdienstlichen Pflicht hat jedoch auf die Wirksamkeit der Zustellung keinen Einfluss, BVerwG AnwBl. **55,** 70. Sie begründet auch keinen Anspruch auf Wiedereinsetzung, wenn infolge der Zustellung an den Beteiligten selbst eine Frist versäumt wurde (BVerwG aaO). Nach PA Bl. **57,** 184 soll sie zur Rückzahlung der Beschwerdegebühr führen, wenn ein Bescheid ohne besonderen Grund an den Beteiligten selbst zugestellt wurde und infolge der Versäumung der vom Patentamt gesetzten Frist eine Beschwerde erforderlich wurde. Nach BGH GRUR **91,** 814 – Zustellungsadressat, haben Zustellungen im Laufe eines patentamtlichen Verfahrens auch dann stets an den Bevollmächtigten zu erfolgen, wenn dieser keine schriftliche Vollmacht zu den Akten eingereicht hat. Dieses Ergebnis wird aus Abschnitt B Nr. IV, 2 (a) der HausVfg. Nr. 10 des PräsPA vom 25. 10. 1972 abgeleitet, nach der von der in § 8 Abs. 1 Satz 1 VwZG i. V. m. Nr. 10 der VerwVorschr. zum VwZG enthaltenen „Kannvorschrift ... im Interesse eines reibungslosen Schriftverkehrs stets Gebrauch zu machen“ ist; bei einer Ermessensentscheidung dieser Art bedeute der Entscheidungsspielraum der Verwaltung keine reine Wahlfreiheit, sondern erfordere unter dem verfassungsrechtlichen Gesichtpunkt des allgemeinen Gleichheitssatzes gleiche Entscheidungen bei gleichen Sachverhalten; die allgemeine Weisung des PräsPA ist für alle patentamtlichen Verfahren verbindlich. 28

bb) Mit Vollmacht bei den Akten. Ist die Vollmacht, wie es in § 97 Abs. 2 für das Verfahren vor dem Patentgericht ausdrücklich vorgeschrieben ist, schriftlich zu den Akten des Patentamts eingereicht und deckt sie inhaltlich die Entgegennahme von Zustellungen, so konnte sie wirksam **nur** an den Vertreter zugestellt werden. § 127 Abs. 1 Nr. 5 a. F., der dies ausdrücklich anordnete, ist durch das 2. PatÄndG aufgehoben worden. Nach der Begründung des RegE dazu (BT-Drs 13/37) bestand kein Bedürfnis für die Beibehaltung der Vorschrift, weil § 8 Abs. 1 Verwaltungszustellungsgesetz eine in sich geschlossene Regelung für die Zustellung an den Vertreter enthalte. In Zukunft werde das Patentamt – wie auch im Markenbereich – immer dann zur Zustellung an den Bevollmächtigten verpflichtet sein, wenn er dem Patentamt eine Vollmacht vorgelegt habe. Trotz der in § 8 Abs. 1 Satz 1 Verwaltungszustellungsgesetz eingeräumten Wahlmöglichkeit der Behörden in anderen Fällen habe dieses Wahlrecht für das Patentamt keine Auswirkungen, da es der Verwaltungspraxis des Patentamts entspreche, stets an den Bevollmächtigten zuzustellen, auch wenn die Vollmacht nicht zu den konkreten betroffenen Akten gereicht worden ist. Nach § 15 Abs. 1 genügt es hier, dass die Vollmacht schriftlich dem **Patentamt** eingereicht wird. Allgemeine Vollmachten reichen für die Legitimation gegenüber dem Patentamt aus, sie gewährleisten jedoch nicht, dass die Zustellung an den nur durch allgemeine Vollmacht ausgewiesenen Vertreter erfolgt. Wenn sichergestellt werden soll, dass Zustellungen nur an den Vertreter erfolgen, muss die Vollmacht zu den Verfahrensakten eingereicht werden. 29

Solange die zu den Akten eingereichte Vollmacht nicht widerrufen wird, können, soweit die Vollmacht reicht, Zustellungen wirksam nur an den Vertreter vorgenommen werden. Die Zustellung an den Vertretenen ist unwirksam, BPatGE **3,** 54. Der Mangel wird nicht dadurch geheilt, dass der Vertretene das Dokument nachweislich erhalten hat, BPatGE **3,** 54. Eine Heilung kann nur dadurch eintreten, dass das Dokument an den Vertreter gelangt (vgl. Baumbach/Lauterbach/Albers/Hartmann § 172 ZPO Rdn. 36). Sind mehrere Vertreter nebeneinander bestellt, so kann, da jeder einzeln zur Vertretung berechtigt ist (§ 84 ZPO), an jeden der Vertreter wirksam zugestellt werden. Das gilt auch für den Fall, dass neben dem Inlandsvertreter (§ 25) noch ein anderer Bevollmächtigter bestellt ist. Voraussetzung ist dabei immer, dass die Vollmacht die Entgegennahme von Zustellungen inhaltlich einschließt. Die Vorschrift schließt nicht aus, den Zustellungsempfang aus einer an sich umfassenden Vollmacht auszunehmen, vgl. Horn Mitt. **62,** 70. Die Zustellung kann in einem solchen Falle überhaupt nicht wirksam an den Vertreter erfolgen. 30

31 **5. Annahmeverweigerung.** Die Verweigerung der Annahme ist bei den einzelnen Zustellungsarten verschieden geregelt. Bei der Zustellung mit Zustellungsurkunde ist das zuzustellende Dokument am Ort der Zustellung zurückzulassen, wenn die Annahme der Zustellung ohne gesetzlichen Grund (unberechtigt) verweigert wird (§§ 3 Abs. 2 VwZG 2005, 179 ZPO). Wird danach die Annahme des zuzustellenden Schriftstücks unberechtigt verweigert, verweigert, so ist das Schriftstück in der Wohnung oder in dem Geschäftsraum zurückzulassen. Hat der Zustellungsadressat keine Wohnung oder ist kein Geschäftsraum vorhanden, ist das zuzustellende Schriftstück zurückzusenden. Mit der Annahmeverweigerung gilt das Schriftstück als zugestellt. Bei der Zustellung durch eingeschriebenen Brief gilt nach § 127 Abs. 1 Nr. 1 entgegen der Regelung in § 4 VwZG 2005 a. F. die Zustellung als bewirkt, wenn die Annahme der Sendung ohne gesetzlichen Grund verweigert wird. Maßgebend ist hierbei allein die Weigerung des Zustellungsempfängers. Verweigert die Ehefrau des Empfängers die Annahme ohne dessen Kenntnis und Willen, so gilt die Zustellung nicht als bewirkt, PA Bl. **57,** 42. Bei der Zustellung gegen Empfangsbekenntnis nach § 5 Abs. 1 VwZG 2005 wird das Dokument bei gesetzlich unbegründeter Weigerung am Zustellungsort zurückgelassen; die Zustellung gilt damit als bewirkt (§ 179 ZPO). Auch in diesem Falle ist es gleichgültig, ob der Zustellungsempfänger selbst oder bei zulässiger Ersatzzustellung die Ersatzperson die Annahme verweigert. Bei der Zustellung gegen Empfangsbekenntnis nach § 5 Abs. 4 VwZG 2005 ist die Zustellung gescheitert, wenn der Empfänger die Annahme verweigert; sie muss auf andere Weise wiederholt werden. Bei der Zustellung durch Niederlegung im Abholfach ist es gleichgültig, ob der Empfänger das Dokument aus dem Abholfach entnimmt oder nicht, da es in jedem Falle am dritten Tage nach der Niederlegung als zugestellt gilt.

32 **6. Ersatzzustellung.** Ersatzzustellung ist die Übergabe des zuzustellenden Dokuments an eine andere Person als den Zustellungsempfänger (Adressaten), §§ 178, 180, 181 ZPO (Ersatzzustellung in der Wohnung, in Geschäftsräumen und Einrichtungen; Einlegen in den Briefkasten; Ersatzzustellung durch Niederlegung). Die Person, der das Dokument übergeben wird, die Ersatzperson, wird als Vertreter des Zustellungsempfängers behandelt. Es ist deshalb für die Wirksamkeit der Ersatzzustellung belanglos, ob der Zustellungsempfänger das zuzustellende Dokument erhält. Eine Ersatzzustellung an einen Verstorbenen ist dagegen nicht wirksam, und zwar unabhängig davon, ob der zustellenden Behörde der Tod des Empfängers bekannt war oder nicht, Nr. 15 Buchst. b der Allg. VerwVorschr. zum VwZG a. F. Die Ersatzzustellung muss als solche und inhaltlich richtig beurkundet werden, sonst werden die in § 127 Abs. 2 genannten Fristen nicht in Lauf gesetzt, vgl. BFH NJW **79,** 736 betr. Beurkundung der Übergabe an die Ehefrau in der Wohnung statt im Geschäftsraum.

33 **a) Zulässigkeit.** Eine Ersatzzustellung kommt nur bei einzelnen Zustellungsarten in Betracht, nämlich bei der Zustellung mit Zustellungsurkunde (§ 3 VwZG 2005 in Vbdg. mit den §§ 177 bis 182 ZPO) und der Zustellung durch die Behörde gegen Empfangsbekenntnis (§§ 5 Abs. 1, 2, 4 VwZG 2005). Bei der Zustellung durch eingeschriebenen Brief findet sie nicht statt. Kann der eingeschriebene Brief nicht an den Zustellungsempfänger oder eine berechtigte Person übergeben werden, so muss die Zustellung auf andere Weise wiederholt werden. Bei der Zustellung gegen Empfangsbekenntnis durch Übermittlung an Anwälte oder Erlaubnisscheininhaber, durch Abholfach oder durch Aufgabe zur Post ins Ausland kommt eine Ersatzzustellung schon deswegen nicht in Betracht, weil eine Übergabe eines Dokuments in dem eigentlichen Sinne nicht stattfindet und die Übergabe an den Zustellungsempfänger deshalb auch nicht durch eine solche an eine andere Person ersetzt werden kann.

34 **b) Bei Zustellung an Gewerbetreibende oder freiberuflich Tätige mit Geschäftsraum.** Bei der Zustellung mit Zustellungsurkunde oder durch Aushändigung durch die Behörde gegen Empfangsbekenntnis (§ 5 Abs. 4 VwZG 2005) an einen Gewerbetreibenden oder freiberuflich Tätigen mit Einschluss der Anwälte kann dem Zustellungsempfänger selbst entweder in seinem Geschäftsraum oder in seiner Wohnung oder an jedem anderen Ort zugestellt werden, an dem der Empfänger angetroffen wird.. Eine Ersatzzustellung kann nur im Geschäftsraum (§§ 3 Abs. 2, 5 Abs. 4 i. V. m. § 178 ZPO) oder in der Wohnung erfolgen (§§ 3 Abs. 2, 5Abs. 4 VwZG 2005, i. V. m. § 1 78 ZPO). Nach Nr. 13 Buchst. a aa) der Allg. VerwVorschr. zum VwZG a. F. soll sich der zustellende Bedienstete zunächst in den Geschäftsraum begeben. Trifft er den Zustellungsempfänger dort nicht an, weil dieser nicht anwesend ist oder sich verleugnet oder der Zutritt zu ihm verwehrt wird, so kann das zuzustellende Dokument einem dort anwesenden Gehilfen übergeben werden. Gehilfen sind Buchhalter, Verkäufer, Volontäre, Auszubildende. Die Zustellung an den Pförtner eines Gewerbebetriebes ist nicht wirksam und setzt eine Beschwerdefrist nicht in Lauf, PA Bl. **53,** 61; a. A. Röhl bei Krausse/Kathlun/Lindenmaier 6. Aufl. Rdn. 5 zu § 45 a. Ist die Zustellung im Geschäftsraum nicht ausführbar, so

muss sie in der Wohnung versucht werden. Erst wenn sie auch dort nicht erfolgen kann, kann sie durch Niederlegung (vgl. unten Rdn. 39) bewirkt werden, da die Niederlegung nur im Anschluss an eine erfolglose Zustellung in der Wohnung zulässig ist, BGH GRUR **68,** 615 – Ersatzzustellung.

c) Bei Zustellung an Leiter einer Behörde, Körperschaft, Anstalt oder Personenmehrheit. Bei dieser Zustellung, die die praktisch bedeutsamste ist, kann eine Ersatzzustellung praktisch nur in dem Geschäftsraum vorgenommen werden. Eine Ersatzzustellung in der Wohnung oder durch Niederlegung ist nur in dem selten vorkommenden Fall zulässig, dass ein besonderer Geschäftsraum nicht vorhanden ist (§§ 3 Abs. 2, 5 Abs. 2 und 4 VwZG 2005, § 178 ZPO). Die Ersatzzustellung ist zulässig, wenn der Behördenleiter, dem zugestellt werden soll, während der gewöhnlichen Geschäftsstunden nicht angetroffen wird oder an der Annahme verhindert ist. Leiter ist bei einer AG der Vorstand, bei einer GmbH der Geschäftsführer, bei einer OHG oder KG der geschäftsführende Gesellschafter, bei einer Behörde deren Leiter. Kann diesem das zuzustellende Dokument nicht übergeben werden, so kann die Zustellung an einen im Geschäftslokal anwesenden Beamten oder Bediensteten bewirkt werden. Die Ersatzzustellung ist nur während der gewöhnlichen Geschäftsstunden zulässig. Die Zustellung an einen Pförtner außerhalb der normalen Geschäftszeit ist daher unwirksam, PA Bl. **53,** 61. Ist die Zustellung im Geschäftsraum nicht möglich, so kann sie in der Wohnung des Leiters vorgenommen werden. Sie kann dort aber nur an den Leiter selbst erfolgen, eine Ersatzzustellung kommt nicht in Betracht. Gegebenenfalls muss die Zustellung zu einer anderen Zeit nochmals versucht werden. 35

d) Bei Zustellung an andere Personen. Wird eine andere Person, der zugestellt werden soll, nicht in der Wohnung angetroffen, so kann in der Wohnung einem erwachsenen Familienangehörigen, einer in der Familie beschäftigten Person oder einem erwachsenen ständigen Mitbewohner § 178 Abs. 1 Nr. 1 ZPO, in Geschäftsräumen einer dort beschäftigten Person § 178 Abs. 1 Nr. 2 ZPO, in Gemeinschaftseinrichtungen dem Leiter der Einrichtung oder einem dazu ermächtigten Vertreter § 178 Abs. 1 Nr. 3 ZPO zugestellt werden (§§ 3 Abs. 2, 5 Abs. 2 und 4 VwZG 2005, § 178 Abs. 1 ZPO). 36

aa) Ersatzzustellung an Familienangehörige, Mitbewohner. Erwachsene Familienangehörige im Sinne des § 178 Abs. 1 Nr. 1 ZPO sind zur Familie gehörende oder in der Familie beschäftigte erwachsene Personen, wie Ehefrau, Partner, Sohn, Tochter, Hausangestellte. Zur Familie gehört zwar nicht die geschiedene Ehefrau (BVerwG DVBl. **58,** 208), inzwischen aber wohl eine in eheähnlicher Gemeinschaft zusammenlebende Person; zum Streitstand vgl. insofern Baumbach/Lauterbach/Albers/Hartmann, Rdn. 12 zu § 181 ZPO mit Bezugnahme u. a. auf BGH NJW **87,** 1562, einerseits und BGHZ **111,** 3 andererseits, wo ausnahmsweise Wirksamkeit der Zustellung angenommen wird, wenn der Zustellungsadressat auch mit einer Familie des Lebensgefährten zusammenlebt, sowie zutreffend Engelhardt/App, VwVG, VwZG, 3. Aufl., Anm. 4c (bb) zu § 3 VwZG. Erwachsen bedeutet nicht volljährig, sondern körperlich entsprechend entwickelt. 37

bb) Ersatzzustellung an Hauswirt oder Vermieter. Einlegen in den Briefkasten. Diese früher nach §§ 181 Abs. 2 ZPO a. F., 11 Abs. 1 VwZG a. F. mögliche Ersatzzustellung ist nach den Zustellungsreformgesetzen ersatzlos entfallen. § 180 ZPO sieht als weitere Form der Ersatzzustellung das Einlegen des zuzustellenden Schriftstücks in den Briefkasten vor. Danach kann das Schriftstück, wenn die Zustellung nach § 178 Abs. 1 Nr. 1 oder 2 nicht ausführbar ist, in einen zu der Wohnung oder dem Geschäftsraum gehörenden Briefkasten oder in eine ähnliche Vorrichtung eingelegt werden, die der Adressat für den Postempfang eingerichtet hat und die in der allgemein üblichen Art für eine sichere Aufbewahrung geeignet ist. Mit der Einlegung gilt das Schriftstück als zugestellt. Der Zusteller vermerkt auf dem Umschlag des zuzustellenden Schriftstücks das Datum der Zustellung. 38

e) Niederlegung. Ist in den Fällen zu b) oder d) die Zustellung an den Zustellungsempfänger oder eine Ersatzzustellung an erwachsene Familienangehörige oder Mitbewohner (oben Rdn. 37) nicht durchführbar, so kann die Zustellung dadurch bewirkt werden, dass das zuzustellende Dokument auf der Geschäftsstelle des Amtsgerichts, in dessen Bezirk der Ort der Zustellung liegt, niedergelegt wird. Wird die Post mit der Ausführung der Zustellung beauftragt, ist das zuzustellende Schriftstück am Ort der Zustellung oder am Ort des Amtsgerichts bei einer von der Post dafür bestimmten Stelle niederzulegen. Über die Niederlegung ist eine schriftliche Mitteilung auf dem vorgesehenen Formular unter der Anschrift der Person, der zugestellt werden soll, in der bei gewöhnlichen Briefen üblichen Weise abzugeben oder, wenn das nicht möglich ist, an der Tür der Wohnung, des Geschäftsraums oder der Gemeinschaftseinrichtung anzuheften. Das Schriftstück gilt mit der Abgabe der schriftlichen Mitteilung als zugestellt. Der 39

Zusteller vermerkt auf dem Umschlag des zuzustellenden Schriftstücks das Datum der Zustellung, § 181 Abs. 1 ZPO. In Ergänzung zu § 181 Abs. 1 ZPO sieht § 3 Abs. 2 Satz 2 bei Zustellungen mit Zustellungsurkunde als Ersatzzustellung vor, dass das zuzustellende Dkument (auch) bei einer von der Post dafür bestimmten Stelle am Ort der Zustellung oder am Ort des Amtsgerichts, in dessen Bezirk der Ort der Zustellung liegt, niedergelegt werden. Alternativ kann die Niederlegung auch bei der Behörde erfolgen, die den Zustellungsauftrag erteilt, wenn sie ihren Sitz an einem der vorbezeichneten Orte hat. Für Ersatzzustellungen bei Zustellung gegen Empfangsbekenntnis schreibt § 5 Abs. 2 vor, dass das zuzustellende Dokument ebenfalls bei der Behörde, die den Zustellungsauftrag erteilt hat, niedergelegt werden kann, wenn diese Behörde ihren Sitz am Ort der Zustellung oder am Ort des Amtsgerichts hat, in dessen Bezirk der Ort der Zustellung liegt.

40 **7. Heilung von Zustellungsmängeln.** Die strengen Vorschriften über die Zustellung werden in ihren Auswirkungen dadurch abgemildert, dass § 8 VwZG 2005 eine weitgehende Heilung von Zustellungsmängeln vorsieht.

41 **a) Grundsätzliche Regelung.** Nach § 8 VwZG 2005 gilt ein Dokument, dessen formgerechte Zustellung sich nicht nachweisen lässt oder das unter Verletzung zwingender Zustellungsvorschriften zugegangen ist, in dem Zeitpunkt als zugestellt, in dem es dem Empfangsberechtigten nachweislich zugegangen ist, BPatGE **29,** 11, 15; im Fall des § 5 Abs. 5 VwZG 2005, also bei elektronischen Dokumenten, in dem Zeitpunkt, in dem der Empfänger das Empfangsbekenntnis zurückgesendet hat. Ansonsten entspricht die Vorschrift weitgehend dem § 189 ZPO. Die Heilung, die sich auf sämtliche Zustellungsarten und auf Mängel aller Art bezieht, tritt kraft Gesetzes mit dem Zeitpunkt des tatsächlichen Zugangs bei dem Zustellungsempfänger bzw. im Zeitpunkt der Zurücksendung des Empfangsbekenntnisses für ein elektronisches Dokument ein. Die Beweislast für den Zeitpunkt des Zugangs oder der Zurücksendung hat die Behörde oder das Gericht. Ist einem Anwalt ein Bescheid durch einfachen Brief unter Verletzung der Vorschriften des § 5 Abs. 4 VwZG 2005 übersandt, so gilt die Zustellung nicht in dem in § 4 Abs. 1 (jetzt § 4 Abs. 2) VwZG genannten Zeitpunkt, sondern am Tage des Empfanges als zugestellt, PA 26. 3. 57 – 1 B 168/56. Die Beweispflicht obliegt der Behörde oder dem Gericht.

42 Die Heilung tritt, wenn die Zustellung nicht an den Zustellungsempfänger gerichtet war, nur und erst dann ein, wenn das zuzustellende Dokument an den richtigen Empfänger gelangt, BPatGE **3,** 54; **17,** 8.

43 **b) Ausnahmen.** Die Heilung von Zustellungsmängeln trat nach § 127 Abs. 2 a. F. nicht ein, wenn mit der Zustellung eine Rechtsmittelfrist gemäß §§ 73 Abs. 2, 122 Abs. 2, 102 Abs. 1, 110 Abs. 1, 112 Abs. 2 (jeweils a. F.) in Lauf gesetzt wurde. Diese Vorschrift ist ersatzlos entfallen.

128 *Rechtshilfe.* (1) **Die Gerichte sind verpflichtet, dem Patentamt und dem Patentgericht Rechtshilfe zu leisten.**

(2) [1]**Im Verfahren vor dem Patentamt setzt das Patentgericht Ordnungs- oder Zwangsmittel gegen Zeugen oder Sachverständige, die nicht erscheinen oder ihre Aussage oder deren Beeidigung verweigern, auf Ersuchen des Patentamts fest.** [2]**Ebenso ist die Vorführung eines nicht erschienenen Zeugen anzuordnen.**

(3) [1]**Über das Ersuchen nach Absatz 2 entscheidet ein Beschwerdesenat des Patentgerichts in der Besetzung mit drei rechtskundigen Mitgliedern.** [2]**Die Entscheidung ergeht durch Beschluß.**

Inhaltsübersicht

1 **1. Innerstaatliche Rechtshilfe.** Abs. 1 der Vorschrift verpflichtet die Gerichte, dem Patentamt oder Patentgericht Rechtshilfe zu leisten. Er wiederholt damit nur, was bereits in Art. 35 GG bestimmt ist. Die Verpflichtung, Rechtshilfe zu leisten, besteht auch für die Gerichte am Sitz des Patentamts und Patentgerichts, so seinerzeit für Berlin RG Bl. **06,** 4. Für die Gerichte untereinander ergibt sich die Pflicht zur Leistung von Rechtshilfe auch aus Art 156

Abs 1 GVG und den anderen Verfahrensgesetzen. Vorausgesetzt ist, dass es sich um „bürgerliche Rechtsstreitigkeiten" und „Strafsachen" handelt, wobei „Strafsachen" für das BPatG per se ausscheiden bzw. außerhalb seiner Zuständigkeit liegen. Rechtshilfe darf grds nicht abgelehnt werden (§ 158 GVG). Das BPatG kommt i.d.R. allerdings nur als ersuchendes Gericht in Betracht. Denn Rechtshilfegericht ist für den Bereich der ordentlichen Gerichte grundsätzlich das Amtsgericht, und zwar das Amtsgericht, in dessen Bezirk die Amtshandlung vorzunehmen ist (§ 157 Abs. 1 GVG). Jedoch sieht § 115 Abs 2 vor, dass im Berufungsverfahren vor dem BGH Beweise auch durch Vermittlung des Patentgerichts erhoben werden können. Bei Streit über die Rechtshilfepflicht entscheidet das Oberlandesgericht, zu dessen Bezirk das ersuchte Gericht gehört (vgl. § 159 Abs. 1 GVG). Ersuchen des Patentamts im Patenterteilungsverfahren sind entweder nach dem PatG oder, wenn es sich um solche der ersuchten Gerichte handelt, nach der ZPO anzufechten. Dasselbe wird allgemein für das Verfahren vor dem Patentgericht gelten müssen.

2. Zwischenstaatliche Rechtshilfe. Die zwischenstaatliche Rechtshilfe bestimmt sich nach den darüber geschlossenen Abkommen, insbesondere (a) dem Haager Übereinkommen über den Zivilprozess vom 17. 5. 05, RGBl RGBl 1909, 409 (nur noch Estland und Island) und im Wesentlichen nach (b) dem Haager Übereinkommen vom 1. März 1954 über den Zivilprozess (BGBl. 1958 II S. 576, 1959 II S. 1388; vgl. auch das Ausführungsgesetz vom 18. Dezember 1958, BGBl. I S. 939); die Vertragsstaaten dieses Übereinkommens sind im Länderteil der ZRHO aufgeführt; sowie (c) nach dem Haager Übereinkommen über die Beweisaufnahme im Ausland in Zivil- und Handelssachen vom 18. 3. 70, BGBl. 1977 II 1472 = BlPMZ 78, 285; Übersicht über den Stand in Bl 2004, 146, und nach den ergänzenden bilateralen Verträgen. Der Rechtshilfeverkehr ist geregelt in der Rechtshilfeordnung für Zivilsachen (ZRHO). 2

Umfassende Informationen sind der von der Justizverwaltung Nordrhein-Westfalen betreuten Website unter der Adresse „http://www.datenbanken.justiz.nrw.de/pls/jmi/ir_index_start" zu entnehmen. Die Informationen beziehen sich auf den Inhalt der ZRHO, die Rechtsquellen und die zu verwendenden Formulare und Vordrucke. Der Länderteil enthält Details über Sondervereinbarungen oder Verfahren im Verhältnis zu einzelnen Staaten und über die Rechtslage innerhalb der EU. 2a

In den Mitgliedstaaten der EU richtet sich die zwischenstaatliche Rechtshilfe für die Beweisaufnahme (außer für Dänemark) nach der Verordnung (EG) Nr. 1206/2001 vom 28. Mai 2001 über die Zusammenarbeit zwischen den Gerichten der Mitgliedstaaten auf dem Gebiet der Beweisaufnahme in Zivil- oder Handelssachen, (ABl. EG Nr. L 174 S. 1) und dem EG-Beweisaufnahmedurchführungsgesetz vom 4. 11. 2003 (BGBl. I S. 2166 = Bl **04,** 46), mit dem die §§ 1067 bis 1075 ZPO eingefügt wurden. Einschlägig sind hier für ausgehende Rechtshilfeersuchen die §§ 1072, 1073 ZPO. Für die Erledigung eingehender Rechtshilfeersuchen kommen insoweit weder das BPatG noch das DPMA in Betracht. 2b

3. Zwangsmittel, Vorführungsanordnung. Beim Ausbleiben von Zeugen oder Sachverständigen oder bei grundloser Verweigerung der Aussage oder des Eides kann das Patentamt als Verwaltungsbehörde nicht selbst die für diesen Fall vorgesehenen Ordnungs- oder Zwangsmittel festsetzen oder die Vorführung eines nicht erschienenen Zeugen anordnen. Es kann vielmehr nur das **Patentgericht** um die Festsetzung des Ordnungs- oder Zwangsmittels oder um die Anordnung der Vorführung ersuchen, § 128 Abs. 2. Das Patentgericht hat auf das Ersuchen zu prüfen, ob die gesetzlichen Voraussetzungen für die erbetene Maßnahme (§§ 380, 381, 390, 402, 409 ZPO) vorliegen. Das Patentgericht hat in diesem Verfahren auch die Befugnis, die **Rechtmäßigkeit der Zeugnis- oder Eidesverweigerung zu prüfen** (abw. die Voraufl., wie hier jetzt wohl allgem. Meinung, vgl. Busse/Keukenschrijver § 128 Rdn 10 u. Fn. 10 mit überzeugenden Argumenten; Schulte, Rdn. 12 zu § 128). Das Patentgericht kann auch prüfen, ob statt einer vom Patentamt erbetenen Vorführungsanordnung die Festsetzung eines Ordnungsmittels (§ 380 Abs. 2 ZPO) angezeigt sein könnte. Einem Ersuchen des Patentamts auf Aufhebung der Festsetzung eines Ordnungs- oder Zwangsmittels oder einer Vorführungsanordnung wird das Patentgericht allerdings i.d.R. zu entsprechen haben, selbst wenn es die nachträgliche Entschuldigung (§ 381 Abs. 1 Satz 2 ZPO) nicht für ausreichend hält. Das Patentamt bleibt jedenfalls insoweit Herr des Verfahrens. 3

Da die Zuständigkeit und die Besetzung der Senate des Patentgerichts in den §§ 66, 67 nur für die Beschwerde- und Nichtigkeitsverfahren geregelt sind, bestimmt Abs. 3 der Vorschrift besonders über die Zuständigkeit, die Besetzung und die Form der Entscheidung. Der Beschluss des Beschwerdesenats ist unanfechtbar. Jedenfalls sind die Vorschriften der ZPO über die (sofortige) Beschwerde nach § 380 Abs. 3 ZPO oder § 390 Abs. 3 ZPO nicht entsprechend anwendbar. Dagegen ist § 567 Abs. 1 ZPO mit dem Ausschluss der Beschwerde bei Entscheidun- 4 gen eines Oberlandesgerichts wohl entsprechend anwendbar. Als weitere Grundlage für eine die Beschwerde ausschließende Rechtsanalogie kommen auch § 99 Abs. 2 PatG und evtl. § 181 Abs. 1 GVG (Zwangsmaßnahmen wegen Ungebühr vor Gericht) in Betracht.

128a *Vergütung nach dem JVEG.* **Zeugen erhalten eine Entschädigung und Sachverständige eine Vergütung nach dem Justizvergütungs- und -entschädigungsgesetz.**

Inhaltsübersicht

1 **1. Vorbemerkung: Textgeschichte.** Die Vorschrift ist durch Art. 4 Abs. 41 Nr. 1 des Gesetzes zur Modernisierung des Kostenrechts (KostRMoG) v. 5. 5. 2004, BGBl. I 718, m. W. v. 1. 7. 2004 in das Patentgesetz eingefügt worden.

Der GesetzE und die Begründung dazu sind in BT-Drs 15/1971 v. 11. 11. 2003, S. 130, 131, enthalten, die von allen Fraktionen des BT mitgetragen wurde. Wesentliche Bestandteile dieses Rahmengesetzes sind die Neufassung des Gerichtskostengesetzes (Art. 1 KostRMoG), des Rechtsanwaltsvergütungsgesetzes (Art. 3 KostRMoG), das die BRAGO ersetzt, und das in § 128a in Bezug genommene „Gesetz über die Vergütung von Sachverständigen, Dolmetscherinnen, Dolmetschern, Übersetzerinnen und Übersetzern sowie die Entschädigung von ehrenamtlichen Richterinnen, ehrenamtlichen Richtern, Zeuginnen, Zeugen und Dritten (Justizvergütungs- und -entschädigungsgesetz – JVEG)" (Art. 2 KostRMoG).

2 Das KostRMoG hat durch Art. 4 Abs. 42 Nr. 1 auch in § 21 Abs. 1 GebrMG die Verweisung auf § 128a eingeführt, u. a. ebenso in Art. 4 Abs. 44 eine parallele Vorschrift in das MarkenG eingefügt (§ 93a) und schließlich in Art. 4 Abs. 45 § 19 DPMAV aufgehoben, d. h. die Vorschrift, die bis dahin die Verweisung auf das Vorläufergesetz des JVEG („Gesetz über die Entschädigung von Zeugen und Sachverständigen i. d. F. der Bekanntmachung vom 1. Oktober 1969 (BGBl. I S. 1756)") enthielt, das seinerseits durch Art 6 Nr. 2 KostRMoG aufgehoben worden ist.

3 **2. Ziele des neuen JVEG.** In der Begründung des Gesetzentwurfs, BT-Drs. 15/1971, S. 142, wird § 9 JVEG als Kernstück der Reform bezeichnet, weil eine Umstellung vom Entschädigungs- auf das Vergütungsprinzip für Sachverständige erfolge. Es werde vor allem die Absicht verfolgt, das den heutigen Verhältnissen nicht mehr entsprechende Entschädigungsprinzip durch ein neues leistungsgerechtes Vergütungsmodell abzulösen, soweit Sachverständige, Dolmetscher und Übersetzer von den Rechtspflegeorganen in Anspruch genommen werden. Das – in seiner ursprünglichen Form bereits im Jahr 1957 verabschiedete – ZuSEG sehe den Sachverständigen, Dolmetscher und Übersetzer auch heute noch in der historisch überkommenen Rolle einer der Entscheidungsfindung dienenden „Hilfsperson" des Richters oder Staatsanwalts, die neben ihrer eigentlichen beruflichen Tätigkeit „gelegentlich" ihren Sachverstand oder ihre Sprachkenntnisse der Rechtspflege „zur Verfügung stellt" und für diese in aller Regel nur nebenberuflich ausgeübten Tätigkeiten zu „entschädigen" ist. Der Entwurf orientiere sich dagegen an dem Bild des selbstständig und hauptberuflich in dieser Funktion tätigen Sachverständigen, Dolmetschers und Übersetzers, der nicht mehr nur für eine im allgemeinen Interesse zu erbringende Leistung ähnlich wie ein Zeuge für im Einzelfall eintretende Vermögensnachteile zu „entschädigen" ist. Es entspreche vielmehr den heutigen Verhältnissen, Sachverständige, Dolmetscher und Übersetzer für ihre Dienste leistungsgerecht zu „vergüten". Die damit verbundene Umstrukturierung müsse zugleich dazu genutzt werden, das allzu oft vorherrschende Bild einer von vielen Unsicherheiten und Streitigkeiten geprägten Rechtslage durch ein verhältnismäßig einfach zu handhabendes, damit aber zugleich transparentes, berechenbares und vor allem gerechtes Vergütungssystem abzulösen. Vor dem Hintergrund dieser Zielsetzung sehe § 9 Abs. 1 JVEG-E in Verbindung mit der Anlage 1 als Kernstück der Reform die Zuordnung der Leistungen, die von Sachverständigen erbracht werden, zu verschiedenen Honorargruppen mit festen Stundensätzen vor.

4 **3. Vergütung/Entschädigung.** Demgemäß steht in § 1 Abs. 1 Nr. die Vergütung für Sachverständige, Dolmetscher und Übersetzer im Vordergrund. Die in § 1 Abs. 1 Nr. 3 aufge-

führte „Entschädigung der Zeuginnen, Zeugen und Dritten (§ 23)" folgt gemäß dem neuen Ansatz erst an letzter Stelle (d.h. nach der Entschädigung der ehrenamtlichen Richter, Nr. 2). Insoweit sieht das neue Gesetz keine wesentlichen Neuerungen vor.

4. Übergangsregelung. Nach § 25 JVEG sind das Vorgängergesetz und Verweisungen auf dieses Gesetz weiter anzuwenden, wenn der Auftrag an den Sachverständigen, Dolmetscher oder Übersetzer vor dem 1. Juli 2004 erteilt oder der Berechtigte vor diesem Zeitpunkt herangezogen worden ist. Dies gilt für Heranziehungen vor dem 1. Juli 2004 auch dann, wenn der Berechtigte in derselben Rechtssache auch nach dem 1. Juli 2004 herangezogen worden ist. 5

5. Anwendung und Auslegung des JVEG. Da das JVEG nach § 1 Abs. 1 Nr. 1 unter den heranziehenden Stellen lediglich das Gericht, die Staatsanwaltschaft, die Finanzbehörde in den Fällen, in denen diese das Ermittlungsverfahren selbstständig durchführt, die Verwaltungsbehörde im Verfahren nach dem Gesetz über Ordnungswidrigkeiten oder den Gerichtsvollzieher erwähnen, ist für Beweiserhebungsmaßnahmen des DPMA auf Grund des PatG die (entsprechende) Anwendung anzuordnen, die jetzt in § 128 a vorgesehen ist. Die erforderliche Rechtsgrundlage für die Vernehmung von Zeugen und Sachverständigen ist in § 46 Abs. 1 Satz 1 enthalten. Für die Verfahren vor dem BPatG und dem BGH und bedurfte es dieser Verweisung dagegen nicht, da auf deren Maßnahmen der Beweiserhebung § 1 Abs. 1 Nr. 1 und 3 JVEG und das JVEG insgesamt wegen ihrer Gerichtsqualität unmittelbar Anwendung findet. 6

Wegen der Einzelheiten der Vergütung der Sachverständigen, Dolmetscher und Übersetzer und der Entschädigung der Zeugen wird auf die Einzelvorschriften des JVEG und die entsprechenden Erläuterungen des neuen Kostenrechts, insbesondere Hartmann, Kostenrecht, verwiesen. 7

Die Anwendung des JVEG kann nur eine entsprechende sein, da das Gesetz auf gerichtliche und staatsanwaltschaftliche Verfahren und verwandte Verfahren zugeschnitten ist. So finden die Vorschriften des § 4 JEVG über gerichtliche Festsetzung und Beschwerde keine Anwendung auf die Festsetzung einer Vergütung oder einer Entschädigung durch das DPMA; vielmehr sind hier die eigenständigen Vorschriften der DPMA-VwKostV (vgl. die Erläuterungen vor § 17) und das selbstständige Rechtsschutzsystem des Patentkostenrechts anzuwenden ist. Auch soweit sonst in den §§ 8 bis 13 z.B. von der Zustimmung des „Gerichts" die Rede ist, kann es sich jeweils nur um die Zustimmung des DPMA (Prüfungsstelle, Patentabteilung) handeln, da eine Beteiligung des BPatG bei diesen Verfahrensschritten außerhalb des Zuständigkeitsbereichs des Gerichts liegt und die entsprechende Formulierungen im JVEG durch die dortige Ausgangssituation veranlasst sind, dass grundsätzlich das Gericht, bei Strafverfahren z.B. im Ermittlungsstadium oder Bußgeldverfahren die Staatsanwaltschaft oder die zuständige Verwaltungs- oder Finanzbehörde als zustimmende Stelle fungieren. A.A. anscheinend Schulte, Rdn 19 zu § 128 a, der bei § 13 Abs. 2 JVEG auch die Zustimmung des BPatG behandelt; das BPatG ist aber nur bei unmittelbarer Anwendung des JVEG auf ein gerichtliches Verfahren betroffen, nicht im Rahmen des § 128 a PatG oder allenfalls in einem Rechtsmittelverfahren. 8

6. Vergütung für Sachverständige, Übersetzer und Dolmetscher. Eine Vergütung nach § 8 JVEG erhalten Sachverständige, Dolmetscher und Übersetzer. Für die Leistung wird ein Honorar gezahlt. Nach § 9 JVEG werden die Leistungen Honorargruppen mit festen Stundensätzen zugeordnet. Leistungen, die in keiner Honorargruppe genannt sind, werden einer Honorargruppe nach billigem Ermessen zugeordnet. Sachverständigen wird eine besondere Vergütung gemäß § 13 JVEG gewährt, wenn die Parteien sich dem DPMA gegenüber mit einer bestimmten Vergütung einverstanden erklärt haben und ein ausreichender Betrag an die Bundeskasse gezahlt ist. Die Erklärung einer Partei genügt, wenn das DPMA (nicht etwa das BPatG) ihr zustimmt. Das Eineinhalbfache des Honorars nach §§ 9–11 JVEG soll nicht überschritten werden. Die andere Partei ist vorher zu hören. Zustimmung wie Ablehnung sind unanfechtbar. 9

Verlust des Anspruchs auf Vergütung tritt ein, wenn der Sachverständige bewusst die Unverwertbarkeit seines Gutachtens herbeigeführt hat (z.B. durch Parteilichkeit), jedoch nicht bei seiner Ablehnung infolge leichter Fahrlässigkeit. 10

Übersetzer erhalten nach § 8 JVEG eine Vergütung wie der Sachverständige. Bei Entgegenhaltungen (Patentschriften, technische Literatur) in Verfahren vor dem DPMA handelt es sich idR um außergewöhnlich schwierige Texte, wenn es sich – wie regelmäßig – um komplizierte, technische Sachverhalte handelt, deren Verständnis schon das intensive Bemühen des Prüfers erfordert. Dolmetscher erhalten nach § 8 JVEG eine Vergütung wie ein Sachverständiger. 11

Im Übrigen erhält diese Personengruppe, wobei es sich auch um juristische Personen handeln kann, neben dem Honorar für ihre Leistungen (§§ 9 bis 11) auch Entschädigungen nach den allgemeinen Vorschriften des JVEG: Fahrtkostenersatz (§ 5), Entschädigung für Aufwand (§ 6) sowie Ersatz für sonstige und für besondere Aufwendungen (§§ 7 und 12). Besondere Aufwendungen gemäß § 12 JVEG sind u.a. Vorbereitungskosten, erforderliche Lichtbilder und Farbausdrucke.

12 **7. Zeugenentschädigung:** Zeugen erhalten nach § 19 Abs. 1 JVEG als Entschädigung
1. Fahrtkostenersatz (§ 5),
2. Entschädigung für Aufwand (§ 6),
3. Ersatz für sonstige Aufwendungen (§ 7),
4. Entschädigung für Zeitversäumnis (§ 20),
5. Entschädigung für Nachteile bei der Haushaltsführung (§ 21) sowie
6. Entschädigung für Verdienstausfall (§ 22).

Dies gilt auch bei schriftlicher Beantwortung der Beweisfrage. Wer innerhalb der Gemeinde, in der der Termin stattfindet, weder wohnt noch berufstätig ist, erhält für die Zeit, während der er aus Anlass der Wahrnehmung des Termins von seiner Wohnung und seinem Tätigkeitsmittelpunkt abwesend sein muss, ein Tagegeld, dessen Höhe sich nach § 4 Abs. 5 Satz 1 Nr. 5 Satz 2 EStG bestimmt. Ist eine auswärtige Übernachtung notwendig, wird ein Übernachtungsgeld nach den Bestimmungen des Bundesreisekostengesetzes gewährt, § 6 Abs. 1 und 2 JVEG. Unvermeidbare Mehrkosten werden erstattet. Auch die in den §§ 5, 6 und 12 nicht besonders genannten baren Auslagen werden ersetzt, soweit sie notwendig sind. Dies gilt insbesondere für die Kosten notwendiger Vertretungen und notwendiger Begleitpersonen, § 7 JVEG. Die Entschädigung für Zeitversäumnis beträgt bei Zeugen nach § 20 JVEG 3 € pro Stunde, soweit keine Entschädigung für Verdienstausfall oder Nachteile bei der Haushaltsführung zu gewähren ist. Nachteile der Haushaltsführung: Zeugen, die einen eigenen Haushalt für mehrere Personen führen, erhalten gemäß § 21 JVEG 12 €/Stunde, wenn sie nicht erwerbstätig oder wenn sie teilzeitbeschäftigt sind. Die Entschädigung für Verdienstausfall richtet sich nach dem regelmäßigen Bruttoverdienst, § 22 JVEG. Zeugen mit gewöhnlichem Aufenthalt im Ausland kann nach § 19 Abs. 4 JVEG nach billigem Ermessen eine höhere Entschädigung als nach den §§ 20 bis 22 JVEG für Zeitversäumnis, Nachteile bei der Haushaltsführung und Verdienstausfall gewährt werden.

Achter Abschnitt. Verfahrenskostenhilfe

129 *Verfahrenskostenhilfe.* **Im Verfahren vor dem Patentamt, dem Patentgericht und dem Bundesgerichtshof erhält ein Beteiligter Verfahrenskostenhilfe nach Maßgabe der Vorschriften der §§ 130 bis 138.**

Inhaltsübersicht

Vorbemerkung zur Textgeschichte. In § 129 ist der früherer Satz 2 aufgehoben worden gem. Art. 2 Nr. 34 des 2. PatÄndG v. 16. 7. 1998 BGBl. I 1827 m.W.v. 1. 11. 1998.

Auf die Vorschrift verweisen auch das GebrMG, das HalbleiterschutzG und das GeschmMG.

1 **1. Rechtsanspruch auf Bewilligung.** Bei Vorliegen der gesetzlichen Voraussetzungen ist die Verfahrenskostenhilfe zu bewilligen. Die Bewilligung steht also nicht im Ermessen oder gar Belieben der über den Antrag befindenden Stelle. Der Antragsteller hat vielmehr bei Vorliegen der Voraussetzungen einen Rechtsanspruch auf Bewilligung. Dieser Anspruch ist, soweit ihm vom Patentamt nicht entsprochen wird, mit der Beschwerde beim Patentgericht durchsetzbar (§ 135 Abs. 3). Die Versagung der Verfahrenskostenhilfe trotz Vorliegens der gesetzlichen Voraussetzungen stellt eine Amtspflichtverletzung gegenüber dem Antragsteller dar, die Bewilli-

gung verletzt weder die Rechte des Antragstellers noch die eines etwaigen Antragsgegners, RGZ **155,** 218.

2. Begrenzung der Verfahrenskostenhilfe. Der Gedanke, dass die Erlangung des Rechtsschutzes nicht an der mangelnden finanziellen Leistungsfähigkeit scheitern soll (vgl. Rdn. 6 vor § 129), erfährt aus verschiedenen Gründen Einschränkungen. Die Verfahrenskostenhilfe ist zunächst auf die Verfahren beschränkt, bei denen ein besonderes Bedürfnis für gegeben erachtet wurde (vgl. Rdn. 3). 2

a) In sachlicher Hinsicht. Im Gegensatz zu § 114 ZPO der die Prozesskostenhilfe für alle in der ZPO geregelten Verfahren vorsieht, kann die Verfahrenskostenhilfe, da sie nur nach Maßgabe der §§ 130 bis 138 bewilligt werden kann, lediglich für die dort angeführten Verfahren gewährt werden. Sie kann daher nicht bewilligt werden etwa für das Verfahren über die Verfahrenskostenhilfe, vgl. BPatGE **28,** 119, 120 (GebrMG), oder über ein Akteneinsichtsverfahren. Sie kann auch nicht gewährt werden für das Verfahren auf Festsetzung der angemessenen Lizenzgebühr bei erklärter und in Anspruch genommener Lizenzbereitschaft; hier greifen die Sondervorschriften des § 23 Abs. 4 und 6 ein. Für Verfahren, die sich auf die bis zum 3. 10. 1990 beim früheren Patentamt der DDR angemeldeten und erteilten Schutzrechte beziehen (sog. DDR – Altverfahren), kann seit dem Inkrafttreten des Erstreckungsgesetzes am 1. 5. 1992 Verfahrenskostenhilfe nach den Vorschriften der §§ 129 bis 138 beantragt werden. 3

b) In persönlicher Hinsicht bestehen keinerlei Einschränkungen für die Bewilligung der Prozess- bzw. Verfahrenskostenhilfe an natürliche Personen aus dem Gesichtspunkt der Staatsangehörigkeit mehr. Entsprechende Vorschriften sind mit dem 2. PatÄndG entfallen. Vgl. insoweit die Voraufl., Rdn. 5 bis 8. 4–8

3. Voraussetzungen der Bewilligung im Allgemeinen. Die Vorschriften des Abschnitts stellen für die Bewilligung der Verfahrenskostenhilfe bestimmte Voraussetzungen auf, die allen Verfahrensarten gemeinsam sind. Diese Voraussetzungen werden im Folgenden behandelt. In den einzelnen Verfahren müssen noch bestimmte weitere Voraussetzungen gegeben sein. Hierauf ist bei den einzelnen Vorschriften einzugehen. 9

a) Mangelnde wirtschaftliche Leistungsfähigkeit. Voraussetzung für die Bewilligung der Verfahrenskostenhilfe ist in allen in Betracht kommenden Verfahren die mangelnde wirtschaftliche Leistungsfähigkeit des Beteiligten. Hierfür wird in den §§ 130, 132 und 138 auf die §§ 114 bis 116 ZPO verwiesen. Die Vorschriften lauten (Stand 1. 7. 2005): 10

§ 114

[1] Eine Partei, die nach ihren persönlichen und wirtschaftlichen Verhältnissen die Kosten der Prozessführung nicht, nur zum Teil oder nur in Raten aufbringen kann, erhält auf Antrag Prozesskostenhilfe, wenn die beabsichtigte Rechtsverfolgung oder Rechtsverteidigung hinreichende Aussicht auf Erfolg bietet und nicht mutwillig erscheint. [2] Für die grenzüberschreitende Prozesskostenhilfe innerhalb der Europäischen Union gelten ergänzend die §§ 1076 bis 1078.

§ 115 Einsatz von Einkommen und Vermögen

§ 115 Abs. 1 Satz 3 Nr. 2 Satz 1 Teilsatz 1 u. 2: Bzgl. der Höhe der vom 1. 4. 2005 bis längstens zum 30. 6. 2006 maßgebenden Beträge vgl. Bek. v. 23. 3. 2005 I 924 (PKHB 2005 2)

(1) Die Partei hat ihr Einkommen einzusetzen. Zum Einkommen gehören alle Einkünfte in Geld oder Geldeswert. Von ihm sind abzusetzen:

1. a) die in § 82 Abs. 2 des Zwölften Buches Sozialgesetzbuch bezeichneten Beträge;
   b) bei Parteien, die ein Einkommen aus Erwerbstätigkeit erzielen, ein Betrag in Höhe von 50 vom Hundert des höchsten durch Rechtsverordnung
   nach § 28 Abs. 2 Satz 1 des Zwölften Buches Sozialgesetzbuch festgesetzten Regelsatzes für den Haushaltsvorstand;
2. a) für die Partei und ihren Ehegatten oder ihren Lebenspartner jeweils ein Betrag in Höhe des um 10 vom Hundert erhöhten höchsten durch Rechtsverordnung nach § 28 Abs. 2 Satz 1 des Zwölften Buches Sozialgesetzbuch festgesetzten Regelsatzes für den Haushaltsvorstand;
   b) bei weiteren Unterhaltsleistungen auf Grund gesetzlicher Unterhaltspflicht für jede unterhaltsberechtigte Person 70 vom Hundert des unter Buchstabe a genannten Betrages;
3. die Kosten der Unterkunft und Heizung, soweit sie nicht in einem auffälligen Mißverhältnis zu den Lebensverhältnissen der Partei stehen;
4. weitere Beträge, soweit dies mit Rücksicht auf besondere Belastungen angemessen ist; § 1610a des Bürgerlichen Gesetzbuchs gilt entsprechend.

Maßgeblich sind die Beträge, die zum Zeitpunkt der Bewilligung der Prozesskostenhilfe gelten. Das Bundesministerium der Justiz gibt jährlich die vom 1. Juli bis zum 30. Juni des Folgejahres maßgebenden Beträge nach Satz 3 Nr. 1 Buchstabe b und Nr. 2 im Bundesgesetzblatt bekannt. Diese Beträge sind, soweit sie nicht volle Euro ergeben, bis zu 0,49 Euro abzurunden und von 0,50 Euro an aufzurunden. Die Unterhaltsfreibeträge nach Satz 3 Nr. 2

vermindern sich um eigenes Einkommen der unterhaltsberechtigten Person. Wird eine Geldrente gezahlt, so ist sie anstelle des Freibetrages abzusetzen, soweit dies angemessen ist.

(2) Von dem nach den Abzügen verbleibenden, auf volle Euro abzurundenden Teil des monatlichen Einkommens (einzusetzendes Einkommen) sind unabhängig von der Zahl der Rechtszüge höchstens achtundvierzig Monatsraten aufzubringen, und zwar bei einem

einzusetzenden Einkommen (Euro)	eine Monatsrate von (Euro)
bis 15	0
50	15
100	30
150	45
200	60
250	75
300	95
350	115
400	135
450	155
500	175
550	200
600	225
650	250
700	275
750	300
über 750	300 zuzüglich des 750 EUR übersteigenden Teils des einzusetzenden Einkommens.

(3) Die Partei hat ihr Vermögen einzusetzen, soweit dies zumutbar ist. § 90 des Zwölften Buches Sozialgesetzbuch gilt entsprechend.

(4) Prozesskostenhilfe wird nicht bewilligt, wenn die Kosten der Prozessführung der Partei vier Monatsraten und die aus dem Vermögen aufzubringenden Teilbeträge voraussichtlich nicht übersteigen.

§ 116

[1] Prozesskostenhilfe erhalten auf Antrag

1. eine Partei kraft Amtes, wenn die Kosten aus der verwalteten Vermögensmasse nicht aufgebracht werden können und den am Gegenstand des Rechtsstreits wirtschaftlich Beteiligten nicht zuzumuten ist, die Kosten aufzubringen;
2. eine inländische juristische Person oder parteifähige Vereinigung, die Inland, in einem anderen Mitgliedstaat der Europäischen Union oder einem anderen Vertragsstaat des Abkommens über den Europäischen Wirtschaftsraum gegründet und dort ansässig ist, wenn die Kosten wenn die Kosten weder von ihr noch von den am Gegenstand des Rechtsstreits wirtschaftlich Beteiligten aufgebracht werden können und wenn die Unterlassung der Rechtsverfolgung oder Rechtsverteidigung allgemeinen Interessen zuwiderlaufen würde.

[2] § 114 Satz 1 letzter Halbsatz ist anzuwenden. [3] Können die Kosten nur zum Teil oder nur in Teilbeträgen aufgebracht werden, so sind die entsprechenden Beträge zu zahlen.

11 **aa) Natürliche Personen.** Eine natürliche Person erfüllt die Voraussetzungen für die Bewilligung der Verfahrenskostenhilfe, wenn sie nach ihren persönlichen und wirtschaftlichen Verhältnissen die Kosten des Verfahrens nicht, nur zum Teil oder nur in Raten aufbringen kann (§§ 130, 132, 138 in Vbdg. mit § 114 ZPO).

12 Nach § 115 Abs. 1 Satz ZPO hat die Partei, die die Verfahrenskostenhilfe nachsucht, grundsätzlich ihr Einkommen einzusetzen. Zum Einkommen gehören alle Einkünfte in Geld oder Geldeswert. Abzusetzen sind davon die in § 115 Abs. 1 Satz 3 näher bezeichneten Beträge, die sich z. T. nur auf Grund der Weiterverweisung auf das SGB sowie auf Grund der dazu jährlich ergehenden Bekanntmachungen des Bundesministeriums der Justiz ermitteln lassen, ferner die Kosten der Unterkunft und Heizung und weitere Beträge, soweit dies mit Rücksicht auf besondere Belastungen angemessen ist. Von dem nach den Abzügen verbleibenden Teil des monatlichen Einkommens sind unabhängig von der Zahl der Rechtszüge höchstens 48 Monatsraten aufzubringen. Die Höhe einer Monatsrate berechnet sich im Verhältnis zu dem einzusetzenden Vermögen, vgl. dazu oben die Tabelle zu § 115 Abs. 2 ZPO. Verfahrenskostenhilfe ist nicht zu bewilligen, wenn die Kosten der Rechtsverfolgung vier Monatsraten und die aus dem Vermögen aufzubringenden Teilbeträge voraussichtlich nicht übersteigen. Insofern ist eine überschlägige Schätzung der durchschnittlichen und auf den Fall bezogenen maximalen Kosten anzustellen. Als besondere Belastung werden auch Aufwendungen für andere Schutzrechte und Schutzrechtsanmeldungen berücksichtigt werden können. Die Absetzungsmöglichkeit nach ZPO § 115 Abs 1 Satz 3 Nr 4 für die für andere Patentanmeldungen angefallenen Kosten ist aber zumindest dann nicht angemessen, wenn den dafür aufgebrachten Gebühren keinerlei mit

Patenten erzielte Erträge gegenüberstehen und das Erfinden nur als Liebhaberei angesehen werden muss, BPatG v. 13. 1. 2004 – 17 W (pat) 54/03.

Soweit Vermögen vorhanden ist, muss dieses eingesetzt werden; der Einsatz des Vermögens muss zumutbar sein (§ 115 Abs. 4 ZPO). 13

bb) Juristische Personen. Bei juristischen Personen und parteifähigen Vereinigungen sind die Einschränkungen aus § 116 Nr. 2 ZPO zu beachten. Ausländische juristische Personen, sind danach implizit von der Prozess- und damit auch von der Verfahrenskostenhilfe ausgeschlossen. Dagegen sind die in einem Mitgliedstaat der Europäischen Union oder einem anderen Vertragsstaat des Abkommens über den Europäischen Wirtschaftsraum gegründeten und dort ansässigen juristischen Personen und parteifähigen Vereinigung jetzt voll inländischen juristischen Personen und parteifähigen Vereinigungen gleichgestellt. Diese erhalten Verfahrenskostenhilfe jedoch nur dann, wenn die Kosten „weder von ihr noch von den am Gegenstand des Rechtsstreits wirtschaftlich Beteiligten aufgebracht werden können und wenn die Unterlassung der Rechtsverfolgung oder der Rechtsverteidigung allgemeinen Interessen zuwiderlaufen würde". 14

Wirtschaftlich Beteiligter ist derjenige, auf dessen Vermögenslage sich der Ausgang des Verfahrens wirtschaftlich auswirkt. Das sind im Allgemeinen die am Gesellschaftsvermögen wirtschaftlich Berechtigten, also die Gesellschafter, vgl. BGH NJW **54,** 1933. Bei einer Kommanditgesellschaft gehören dazu auch die Kommanditisten, BFH NJW **79,** 1904 (Lts.). Dritte, deren Belange durch die Erteilung, den Widerruf oder die Nichtigerklärung eines Patents berührt werden, sind nicht Beteiligte im Sinne der Vorschrift; denn sie werden durch den Ausgang des Verfahrens nur mittelbar betroffen. Hinsichtlich der wirtschaftlich Berechtigten kommt es nur darauf an, ob sie zur Aufbringung der Kosten in der Lage sind; fehlt es an ihrer *Bereitschaft,* die erforderlichen Mittel aufzubringen, so kann Verfahrenskostenhilfe nicht bewilligt werden, BGH Bl. **55,** 308. 15

Im allgemeinen Interesse liegt die Rechtsverfolgung oder Rechtsverteidigung nur, wenn der Ausgang des Verfahrens größere Kreise der Bevölkerung oder des Wirtschaftslebens berühren würde. Diese Voraussetzung wird vor allem im Nichtigkeitsverfahren erfüllt sein können. Vgl. dazu die Erläuterungen zu § 132 und der dort zitierte Beschluss des BGH v. 27. 7. 2004 – X ZR 150/03, X ZB 38/03 zur Bewilligung von Verfahrenskostenhilfe im Nichtigkeitsberufungsverfahren für eine inländische juristische Person (Anspruch verneint) und BPatG, Beschl. v. 16. 7. 2003 – 1 Ni 3/03 (EU), Nagelfeile, Bl **04,** 58, LS. 16

cc) Beteiligte kraft Amtes. Beteiligten kraft Amtes wird nach § 136 in Vbdg. mit § 116 Satz 1 Nr. 1 ZPO Verfahrenskostenhilfe bewilligt, wenn die zur Führung des Verfahrens erforderlichen Mittel aus der verwalteten Vermögensmasse nicht aufgebracht werden können und den an der Durchführung des Verfahrens wirtschaftlich Beteiligten nicht zuzumuten ist, die Kosten aufzubringen. Beteiligte kraft Amtes sind etwa der Konkursverwalter, der Nachlaßverwalter oder der Testamentsvollstrecker (BGH NJW **55,** 1556), nicht der Vormund, Betreuer oder Pfleger. Wirtschaftlich Beteiligte sind im Konkurs die Gläubiger (BGHZ **16,** 290), bei Nachlassverwaltung oder Testamentsvollstreckung die Erben. 17

b) Erfolgsaussicht. Neben den persönlichen hat das Gesetz in den §§ 130 ff. bestimmte sachliche Voraussetzungen aufgestellt. In § 114 ZPO wird für die Bewilligung der Prozesskostenhilfe vorausgesetzt, dass die Rechtsverfolgung oder Rechtsverteidigung hinreichende Aussicht auf Erfolg bietet und nicht mutwillig erscheint. Darauf wird in den §§ 132, 138 verwiesen. In den §§ 130, 131 ist diese Voraussetzung den besonderen Gegebenheiten angepasst worden. Die Aussichten des Patentinhabers auf erfolgreiche Verteidigung des Patents im Einspruchverfahren sind nach § 132 Abs. 1 Satz 2 nicht zu prüfen; es wird insoweit der Rechtsgedanke des § 119 Satz 2 ZPO angewendet; für das Nichtigkeitsverfahren gilt das nicht. Wegen der Einzelheiten kann auf die Erläuterungen zu den §§ 130, 131, 132 und 138 verwiesen werden. 18

In einem höheren Rechtszuge sind nach § 136 in Vbdg. mit § 119 Satz 2 ZPO die sachlichen Aussichten nicht zu prüfen, wenn der Gegner das Rechtsmittel eingelegt hat. Die hinreichende Aussicht der Rechtsverfolgung oder Rechtsverteidigung ergibt sich hier schon daraus, dass die Vorinstanz zugunsten des Antragstellers entschieden hat. Das ist nicht der Fall, wenn ein wegen widerrechtlicher Entnahme Einsprechender gegen den das Patent widerrufenden Beschluss der auf mangelnde Patentfähigkeit gestützt ist, Beschwerde erhebt und sich der Patentinhaber im Beschwerdeverfahren gegen den – noch nicht geprüften – Vorwurf der widerrechtlichen Entnahme verteidigen muss; § 119 Satz 2 ZPO ist daher in diesem Falle nicht anzuwenden. 19

c) Schutzwürdiges Interesse. Der Dritte, der die Ermittlung des Standes der Technik (§ 43) oder die Prüfung der Anmeldung (§ 44) beantragen, Einspruch einlegen (§ 59) oder Klage auf Nichtigkeitserklärung des Patents oder Erteilung einer Zwangslizenz (§§ 81, 85) er- 20 heben will, muss ferner ein eigenes schutzwürdiges Interesse glaubhaft machen (§ 130 Abs. 6, § 132 Abs. 2). Nach der Fassung des § 132 Abs. 2 gilt dies auch für den nach § 59 Abs. 2 dem Einspruchsverfahren beitretenden Dritten und für den Patentinhaber als Nichtigkeitsbeklagten. Das schutzwürdige Interesse ergibt sich in diesen Fällen in aller Regel schon daraus, dass im Falle des § 59 Abs. 2 ein Patentstreit anhängig sein muss und der Patentinhaber als Nichtigkeitsbeklagter ein nach Prüfung erteiltes Patent verteidigt, das die Vermutung der Rechtsbeständigkeit und Gültigkeit mit sich führt.

21 **d) Formelle Voraussetzungen.** Neben den persönlichen (oben Rdn. 10ff.) und den sachlichen (oben Rdn. 18–20) müssen für die Bewilligung der Verfahrenskostenhilfe auch bestimmte formelle Voraussetzungen erfüllt sein.

22 **aa) Antrag.** Verfahrenskostenhilfe wird auf Antrag, niemals von Amts wegen gewährt. Der Antrag auf Beiordnung eines Patentanwalts schließt, da die Beiordnung nach § 133 Abs. 1 die Bewilligung der Verfahrenskostenhilfe voraussetzt, den Antrag auf Gewährung der Verfahrenskostenhilfe ein, PA Bl. **54,** 262. Der Antrag kann gleichzeitig mit Einleitung des Verfahrens, auf das er sich bezieht, gestellt, das Gesuch kann auch, nachdem dieses Verfahren bereits anhängig geworden ist, eingereicht werden. Dagegen ist ein Antrag, der erst nach Abschluss der Instanz gestellt wird, als unzulässig zurückzuweisen, BPatGE **24,** 169, 170. Verfahrenskostenhilfe kann aber grundsätzlich auch schon vor Einleitung des Verfahrens, für das es begehrt wird, beantragt werden. Dass die Formulierung „im“ Verfahren in den §§ 130, 131, 132, 138 dem nicht entgegensteht, ergibt sich aus dem Gebrauch der Wendung „beabsichtigten“ Rechtsverfolgung in § 114 Satz 1 ZPO, auf den in den §§ 130, 132, 138 verwiesen wird. Die Verfahrenskostenhilfe kann daher grundsätzlich schon vor Einleitung des Hauptverfahrens beantragt und dessen Durchführung daher zur Vermeidung von Kosten von der Bewilligung der Verfahrenskostenhilfe abhängig gemacht werden. Diese Möglichkeit hat jetzt auch der Anmelder, für den es sich jedoch empfiehlt, zur Wahrung des Altersranges mit dem Antrag auch die vollständigen Anmeldungsunterlagen einzureichen.

23 Für den Antrag besteht kein Anwaltszwang, auch wenn für das Verfahren, für welches die Verfahrenskostenhilfe beansprucht wird, die Vertretung durch einen Anwalt geboten ist, wie im Rechtsbeschwerdeverfahren (§ 102 Abs. 5) oder im Nichtigkeits-Berufungsverfahren (§ 121 Abs. 1). Der Auswärtige kann nach § 25 an einem Verfahren vor dem Patentamt oder dem Patentgericht an sich nur teilnehmen, wenn er einen Patentanwalt oder Rechtsanwalt zu seinem Vertreter bzw. einen Zustellungsbevollmächtigten bestellt hat. Da jedoch der Antrag des Auswärtigen auf Bewilligung der Verfahrenskostenhilfe in aller Regel bezwecken wird, die notwendige Vertretung durch einen Patentanwalt oder Rechtsanwalt zu erlangen, entspricht es dem Sinn der gesetzlichen Regelung, die Erfüllung der Forderung des § 25 bis zur Entscheidung über den Antrag als aufgeschoben anzusehen.

24 Der Antrag auf Bewilligung der Verfahrenskostenhilfe kann – auch nach Ablehnung eines bereits gestellten Antrags – so lange wiederholt werden, wie das Verfahren, in dem die Verfahrenskostenhilfe begehrt wird, andauert, BPatGE **12,** 183. Wegen der Fristhemmung bei wiederholtem Antrag vgl. § 134 Rdn. 3.

25 **bb) Nachweis der Verhältnisse.** Der Antragsteller muss eine Erklärung über seine persönlichen und wirtschaftlichen Verhältnisse auf dem dafür vorgesehenen Formular abgeben, Verordnung zur Einführung eines Vordrucks für die Erklärung über die persönlichen und wirtschaftlichen Verhältnisse bei Prozesskostenhilfe (Prozesskostenhilfevordruckverordnung) v. 17. 10. 1994, BGBl. I 3001, in Kraft seit dem 1. 1. 1995. Vgl. dazu auch das vom DPMA herausgegebene Merkblatt über Verfahrenskostenhilfe vor dem Deutschen Patent- und Markenamt (Ausgabe 2005) und den beigefügten Vordruck für die Erklärung über die persönlichen und wirtschaftlichen Verhältnisse, die über die Website des DPMA verfügbar sind, und den Hinweis auf das Merkblatt, Bl. **04,** 423. Ferner muss er seine Angaben belegen (§ 136 in Vbdg. mit § 117 Abs. 2–4 ZPO) und auf Verlangen glaubhaft machen (§ 136 in Vbdg. mit § 118 Abs. 2 Satz 1 ZPO). Hat der Antragsteller innerhalb einer ihm gesetzten Frist Angaben über seine persönlichen und wirtschaftlichen Verhältnisse nicht glaubhaft gemacht oder bestimmte Fragen nicht oder ungenügend beantwortet, so hat die zuständige Stelle die Bewilligung von Verfahrenskostenhilfe insoweit abzulehnen (§ 136 in Vbdg. mit § 118 Abs. 2 Satz 4 ZPO).

26 **4. Bewilligung.** Wenn die persönlichen und sachlichen Voraussetzungen vorliegen, ist die Verfahrenskostenhilfe zu bewilligen. Sind die sachlichen Voraussetzungen nur teilweise gegeben, so ist die Verfahrenskostenhilfe mit entsprechenden Einschränkungen zu bewilligen. Bei eingeschränkter Leistungsfähigkeit des Antragstellers ist die Verfahrenskostenhilfe mit der Maßgabe zu bewilligen, dass bestimmte Beträge an die Bundeskasse zu zahlen sind.

a) Beschränkte Bewilligung. Wird Verfahrenskostenhilfe für mehrere prozessual selbstständige Ansprüche nachgesucht, so ist die Erfolgsaussicht für jeden Anspruch gesondert zu prüfen. Das kommt insbesondere in Betracht für den Fall, dass die Nichtigkeitsklage auf verschiedene Klagegründe, etwa unzulässige Erweiterung und mangelnde Patentfähigkeit gestützt wird. Verspricht die Klage nur für einen Klagegrund Erfolg, so ist die Bewilligung hierauf zu beschränken. Im Erteilungsverfahren können einzelne Neben- oder Unteransprüche von der Bewilligung ausgenommen werden, obwohl eine Vorwegnahme des Ergebnisses der Sachprüfung untunlich ist.. Die Verfahrenskostenhilfe kann auch auf eine nur hilfsweise beantragte Anspruchsfassung beschränkt werden. Wird eine Teilanmeldung eingereicht, ist für dieses neue Erteilungsverfahren ein gesonderter Antrag auf Verfahrenskostenhilfe zu stellen. Die Bewilligung der Verfahrenskostenhilfe für die Stammanmeldung schließt nicht auch die daraus hervorgegangene Teilanmeldung ein, da hier auch die Kosten und Gebühren neu zu berechnen sind und sich entsprechend erhöhen. 27

b) Verpflichtung zur Zahlung von Teilbeträgen. Wenn das Einkommen des Beteiligten (vgl. oben Rdn. 11) die in der Tabelle in der Tabelle zu § 115 ZPO (oben Rdn. 11) aufgeführten Mindestbeträge übersteigt, ist dieser verpflichtet, die sich ebenfalls aus der Tabelle ergebenden Monatsraten an die Bundeskasse zu zahlen. Die Verpflichtung ist in dem Bewilligungsbeschluss auszusprechen; gleichzeitig ist die Höhe der Monatsraten festzusetzen (§ 120 Abs. 1 Satz 1 ZPO). Werden nach § 115 Abs. 1 Satz 3 ZPO mit Rücksicht auf besondere Belastungen vom Einkommen des Antragstellers Beträge abgesetzt und ist anzunehmen, dass die Belastungen bis zum Ablauf von vier Jahren ganz oder teilweise entfallen, so setzt die zuständige Stelle zugleich diejenigen Zahlungen fest, die sich ergeben, wenn die Belastungen nicht oder nur in verringertem Umfang berücksichtigt werden, und bestimmt den Zeitpunkt, von dem an sie zu erbringen sind (§ 120 Abs. 1 Satz 2 ZPO n. F.). 28

Die zuständige Stelle kann jederzeit die Entscheidung über die zu leistenden Zahlungen ändern, wenn sich die für die Verfahrenskostenhilfe maßgebenden persönlichen oder wirtschaftlichen Verhältnisse des Antragstellers oder Berechtigten wesentlich geändert haben. Auf Verlangen hat sich der Beteiligte darüber zu erklären, ob eine Änderung der Verhältnisse eingetreten ist. Eine Änderung zum Nachteil des Beteiligten ist ausgeschlossen, wenn seit der rechtskräftigen Entscheidung oder sonstigen Beendigung des Verfahrens vier Jahre vergangen sind (§ 120 Abs. 4 ZPO n. F.). Die Zahl der Monatsraten ist auf 48 begrenzt, auch wenn die Verfahrenskostenhilfe für mehrere Instanzen bewilligt wird (Anlage 1 zu § 114 ZPO, oben Rdn. 11). Wenn das mit den Ratenzahlungen verfolgte Ziel, die entstehenden Kosten zu decken, voraussichtlich erreicht ist oder demnächst erreicht wird, soll die vorläufige Einstellung der Zahlungen bestimmt werden (§ 136 in Vbdg. mit § 120 Abs. 3 ZPO).

Wenn der Beteiligte einen Teil der Kosten aus seinem Vermögen aufbringen kann, ohne die in § 115 Abs. 2 ZPO gezogene Grenze zu überschreiten, ist er verpflichtet, einen entsprechenden Betrag an die Bundeskasse zu zahlen. Der aus dem Vermögen zu zahlende Betrag ist mit der Bewilligung der Verfahrenskostenhilfe festzusetzen (§ 136 in Vbdg. mit § 120 Abs. 1 ZPO). 29

Entsprechendes gilt, wenn Antragsteller eine Partei kraft Amtes oder eine inländische juristische Person ist und die Kosten für die Durchführung des Verfahrens teilweise oder in Raten aufgebracht werden können (§ 116 Satz 2, § 120 Abs. 1 ZPO). 30

5. Wirkung der Bewilligung. Durch die Bewilligung der Verfahrenskostenhilfe erlangt der Antragsteller die im Gesetz vorgesehenen Vergünstigungen. Die Bewilligung für den Antragsteller kann auch für andere Verfahrensbeteiligte Auswirkungen haben (vgl. unten Rdn. 34). Die Wirkungen der Bewilligung treten mit Erlass des Beschlusses grundsätzlich für die Zukunft ein, vgl. RGZ **126,** 300; BPatGE **22,** 39, 41. Eine Rückbeziehung auf einen früheren Zeitpunkt ist an sich möglich; ihr wird jedoch durch die Antragstellung eine äußerste zeitliche Grenze gesetzt, vgl. BPatGE **22,** 39, 41. Die Folgen der Bewilligung der Verfahrenskostenhilfe im Einzelnen sind in den Vorschriften des Abschnitts unter teilweiser Bezugnahme auf § 122 Abs. 1 ZPO besonders geregelt (§ 130 Abs. 2, § 131, § 132 Abs. 1, § 138 Abs. 3). Die besondere Regelung, die sich auf die Gebühren bezieht, soll den dafür geltenden Vorschriften Rechnung tragen. 31

a) Gebühren. Das Patentkostengesetz sieht weitgehend vor, dass mit Stellung eines Antrages oder mit Einlegung eines Rechtsbehelfs eine Gebühr gezahlt werden muss und dass der Antrag als nicht gestellt oder der Rechtsbehelf als nicht erhoben gilt, wenn die Gebühr nicht oder nicht fristgerecht gezahlt wird. Die Bewilligung der Verfahrenskostenhilfe hat für diese Fälle zur Folge, dass die für den Fall der Nichtzahlung vorgesehenen Rechtsfolgen nicht eintreten (§ 130 Abs. 2 Satz 1). Voraussetzung dafür ist zunächst, dass die Gebühr, deren Nichtzahlung Rechtsfolgen auslöst, in die Verfahrenskostenhilfe einbezogen ist. Das trifft für alle Gebühren zu, die 32 für das Verfahren oder in dem Verfahren, für das Verfahrenskostenhilfe bewilligt wird, zu entrichten sind, im Falle des § 130 Abs. 5 auch für die einbezogenen Jahresgebühren. Voraussetzung dafür ist weiter, dass bei Eingang des Antrags auf Verfahrenskostenhilfe die Rechtsfolgen, die mit der Nichtzahlung oder nicht fristgerechten Zahlung einer Gebühr verbunden sind, noch nicht eingetreten sind; denn die Bewilligung der Verfahrenskostenhilfe verhindert nur das künftige Eintreten dieser Rechtsfolgen. Eine noch nicht abgelaufene Zahlungsfrist wird gemäß § 134 durch den Eingang des Antrags in ihrem Ablauf gehemmt; mit der Bewilligung der Verfahrenskostenhilfe wird es hinsichtlich der mit der Nichtzahlung der Gebühr verbundenen Rechtsfolgen so angesehen, als sei die Gebühr entrichtet worden. Soweit die Nichtzahlung nicht mit Rechtsfolgen verbunden ist, ergreift die Bewilligung der Verfahrenskostenhilfe nach § 130 Abs. 2 Satz 2 in Vbdg. mit § 122 Abs. 1 Nr. 1 ZPO auch rückständige Gebühren. Die Gebühren, die von der Verfahrenskostenhilfe betroffen werden, können nach § 122 Abs. 1 ZPO nur nach den Bestimmungen, die die für die Verfahrenskostenhilfe zuständige Stelle trifft, gegen den begünstigten Beteiligten geltend gemacht werden.

33 **b) Auslagen.** Die Bewilligung der Verfahrenskostenhilfe hat zur Folge, dass rückständige und künftig erwachsende Auslagen von der Bundeskasse nur nach den besonderen, im Rahmen der Verfahrenskostenhilfe getroffenen Bestimmungen gegen den begünstigten Beteiligten geltend gemacht werden können (§ 130 Abs. 2 Satz 2 in Vbdg. mit § 122 Abs. 1 Nr. 1 ZPO).

34 **c) Wirkung für andere Beteiligte.** Nach § 122 Abs. 2 ZPO hat die Bewilligung von Prozesskostenhilfe ohne die Anordnung von Zahlungen an die Bundes- oder Landeskasse, soweit sie den Kläger, den Berufungskläger oder den Revisionskläger betrifft, auch für den Gegner die einstweilige Befreiung von den Gerichtskosten zur Folge. Der Beklagte oder Rechtsmittelbeklagte, der das Verfahren nicht selbst betreibt, soll auf diese Weise davor bewahrt werden, Kosten aufwenden zu müssen, die ihm im Falle seines Obsiegens von dem wirtschaftlich nicht leistungsfähigen Beteiligten mit einiger Wahrscheinlichkeit nicht erstattet werden. Diese Regelung gilt entsprechend nur im Einspruchs-, Nichtigkeits- und Zwangslizenzverfahren. Für das Einspruchs-, Nichtigkeits- und Zwangslizenzverfahren wird § 122 Abs. 2 ZPO in § 136 ausdrücklich für anwendbar erklärt. In diesen Verfahren gilt auch § 123 ZPO entsprechend. Danach hat die Bewilligung der Verfahrenskostenhilfe auf die Verpflichtung zur Erstattung der dem Gegner erwachsenden Kosten keinen Einfluss. Der Verfahrensgegner wird demgemäß durch die Bewilligung der Verfahrenskostenhilfe nicht gehindert, die Vollstreckung gegen den begünstigten Beteiligten wegen der Kosten zu betreiben, die ihm von diesem auf Grund einer Kostenentscheidung zu erstatten sind.

35 **6. Aufhebung der Verfahrenskostenhilfe.** Die Verfahrenskostenhilfe kann bei Vorliegen der Voraussetzungen des § 124 ZPO, auf den in § 136 verwiesen wird, oder des 137 aufgehoben werden. Wegen der Einzelheiten kann auf die Erläuterungen zu § 137 verwiesen werden.

130 *Erteilungsverfahren.* (1) [1]**Im Verfahren zur Erteilung des Patents erhält der Anmelder auf Antrag unter entsprechender Anwendung der §§ 114 bis 116 der Zivilprozeßordnung Verfahrenskostenhilfe, wenn hinreichende Aussicht auf Erteilung des Patents besteht.** [2]**Die Zahlungen sind an die Bundeskasse zu leisten.**

(2) [1]**Die Bewilligung der Verfahrenskostenhilfe bewirkt, daß bei den Gebühren, die Gegenstand der Verfahrenskostenhilfe sind, die für den Fall der Nichtzahlung vorgesehenen Rechtsfolgen nicht eintreten.** [2]**Im übrigen ist § 122 Abs. 1 der Zivilprozeßordnung entsprechend anzuwenden.**

(3) **Beantragen mehrere gemeinsam das Patent, so erhalten sie die Verfahrenskostenhilfe nur, wenn alle Anmelder die Voraussetzungen des Absatzes 1 erfüllen.**

(4) **Ist der Anmelder nicht der Erfinder oder dessen Gesamtrechtsnachfolger, so erhält er die Verfahrenskostenhilfe nur, wenn auch der Erfinder die Voraussetzungen des Absatzes 1 erfüllt.**

(5) [1]**Auf Antrag können so viele Jahresgebühren in die Verfahrenskostenhilfe einbezogen werden, wie erforderlich ist, um die einer Bewilligung der Verfahrenskostenhilfe nach § 115 Abs. 3 der Zivilprozeßordnung entgegenstehende Beschränkung auszuschließen.** [2]**Die gezahlten Raten sind erst dann auf die Jahresgebühren zu verrechnen, wenn die Kosten des Patenterteilungsverfahrens einschließlich etwa entstandener Kosten für einen beigeordneten Vertreter durch die Ratenzahlungen gedeckt sind.** [3]**Soweit die Jahresgebühren durch die gezahlten Raten als entrichtet**

angesehen werden können, ist § 5 Abs. 2 des Patentkostengesetzes entsprechend anzuwenden.

(6) **Die Absätze 1 bis 3 sind in den Fällen der §§ 43 und 44 auf den antragstellenden Dritten entsprechend anzuwenden, wenn dieser ein eigenes schutzwürdiges Interesse glaubhaft macht.**

Inhaltsübersicht

Vorbemerkung zur Textgeschichte: Die Vorschrift ist zuletzt durch das KostRegBerG v. 13. 12. 2001 jeweils m. W. v. 1. 1. 2002 geändert worden: § 130 Abs. 1 Satz 2 ist durch Art. 7 Nr. 35 Buchst. a eingefügt worden; § 130 Abs. 1 Satz 3 ist der frühere Satz 2, der gem. Art. 7 Nr. 35 Buchst. a seine neue Zählung erhalten hat; § 130 Abs. 4 (Einfügung der Wörter „oder Patentinhaber" und Abs. 5 (Neufassung des Absatzes 5 sind durch Art. 7 Nr. 35 Buchst. b und c.

1. Verfahrenskostenhilfe im Erteilungsverfahren. Die Vorschrift regelt die Verfahrens- **1**
kostenhilfe im Patenterteilungsverfahren für das Verfahren vor dem Patentamt und für das Beschwerdeverfahren vor dem Patentgericht; die Verfahrenskostenhilfe für das Rechtsbeschwerdeverfahren vor dem Bundesgerichtshof ist, auch soweit es das Erteilungsverfahren betrifft, in § 138 besonders geregelt. Für die Bewilligung der Verfahrenskostenhilfe stellt die Vorschrift teilweise von den §§ 114 ff. ZPO abweichende Voraussetzungen auf. Sie bestimmt auch abschließend über die Wirkungen der Bewilligung der Verfahrenskostenhilfe.

2. Verfahrenskostenhilfe für den Anmelder **2**

a) Persönliche Voraussetzungen **3**

aa) Mangelnde wirtschaftliche Leistungsfähigkeit des Anmelders. Voraussetzung für **4**
die Bewilligung der Verfahrenskostenhilfe ist zunächst die mangelnde wirtschaftliche Leistungsfähigkeit des Anmelders i. S. v. § 114 ZPO. Haben mehrere gemeinsam die Patentanmeldung eingereicht, so muss diese Voraussetzung bei sämtlichen Mitanmeldern erfüllt sein. Das ist in § 130 Abs. 3 ausdrücklich ausgesprochen.

Wegen der Anforderungen an die mangelnde wirtschaftliche Leistungsfähigkeit kann auf die **5**
Rdn. 10–17 zu § 129 verwiesen werden. Ergänzend ist für das Erteilungsverfahren folgendes zu bemerken: Hat der Antragsteller auch andere Anmeldungen eingereicht, so werden die dafür entstehenden Kosten im Rahmen des § 115 Abs. 1 Satz 3, 2. Halbsatz ZPO zu berücksichtigen sein, soweit bei diesen Anmeldungen Aussicht auf Patenterteilung besteht; denn diese Kosten stehen dem Antragsteller nicht für den Lebensunterhalt zur Verfügung und ihre Berücksichtigung entspricht dem Sinn und Zweck der gesetzlichen Regelung, wirtschaftlich schwache Erfinder zu fördern. Wird Verfahrenskostenhilfe für mehrere Patenterteilungsverfahren beantragt, so ist der Ratenzahlungsbetrag für jedes Verfahren gesondert zu bestimmen. Hoher Aufwand für zahlreiche weitere Patenterteilungsverfahren ohne Aussicht auf wirtschaftliche Verwertbarkeit der angemeldeten Erfindungen kann u. U. bei der Ermittlung des Nettoeinkommens außer Betracht gelassen werden, wenn der Anmelder keine Maßnahmen zur Kostendämpfung oder -minderung trifft, BPatGE **25,** 93, 85 f. Die Kosten für technische Versuche zur Entwicklung weiterer Erfindungen und für Auslandsanmeldungen werden dagegen außer Betracht bleiben müssen. Denn durch ihre Berücksichtigung würde mittelbar die Verfahrenskostenhilfe auf Gebiete ausgedehnt, für die sie nicht bestimmt ist.

Eine besondere Regelung zugunsten des Anmelders enthält § 130 Abs. 5. Aus der entspre- **6**
chenden Anwendung des § 115 Abs. 4 ZPO (im Gesetzestext ist infolge eines offensichtlichen Redaktionsversehens die bisherige Verweisung auf § 115 Abs. 3 ZPO nicht angepasst worden) könnte sich ergeben, dass die Verfahrenskostenhilfe im Einzelfall abgelehnt werden müsste, weil die im Erteilungsverfahren voraussichtlich entstehenden Kosten geringer sind als die Summe

von vier nach 115 Abs 3 ZPO dem Antragsteller zuzumutenden Monatsraten und die aus dem Vermögen aufzubringenden Teilbeträge. Um die darin liegende Unbilligkeit zu vermeiden, soll, der Patentanmelder die Möglichkeit erhalten, die Jahresgebühren in die Verfahrenskostenhilfe einzubeziehen. Dies ist zugleich ein Ausgleich dafür, dass die Stundungsmöglichkeiten nach den §§ 17 Abs. 3, 18 entfallen sind. Die Verweigerung von Verfahrenskostenhilfe mit der Begründung, der Anmelder habe kein Einverständnis zur Ratenzahlung gegeben, entbehrt der Rechtsgrundlage. Mitwirkungsbedürftig ist nach PatG§ 130 Abs 5 Satz 1 die Einbeziehung von Jahresgebühren, um die Beschränkung der Verfahrenskostenhilfe gemäß ZPO § 115 Abs 3 auszuschließen. Für die Einbeziehung mehrerer (hier: 33) Anmeldungen bei der Bestimmung von Ratenzahlungen gibt es dagegen keine rechtliche Grundlage. Der Ratenzahlungsbetrag ist vielmehr für jedes Patenterteilungsverfahren gesondert zu bestimmen, BPatG v. 13. 1. 2004 – 17 W (pat) 54/03.

7 **bb) Mangelnde wirtschaftliche Leistungsfähigkeit des Erfinders.** Ist der Anmelder nicht zugleich der Erfinder oder dessen Gesamtrechtsnachfolger, so kann Verfahrenskostenhilfe nach Abs. 4 der Vorschrift nur bewilligt werden, wenn auch der Erfinder nicht leistungsfähig ist. Durch diese Vorschrift soll verhindert werden, dass der Erfinder einen mittellosen Strohmann als Anmelder vorschiebt. Sie macht u. a. eine Nachprüfung erforderlich, ob die in der Erfinderbenennung gemachten Angaben zutreffend sind und ob eine behauptete Gesamtrechtsnachfolge sich im Rechtssinne als solche darstellt. § 37 Abs. 1 Satz 3 steht nicht entgegen, da diese Bestimmung nur die Erfinderbenennung als Unterlage des Erteilungsverfahrens betrifft. Soweit die Angaben über den Erfinder für die Verfahrenskostenhilfe von Bedeutung sind, gehen die Vorschriften über die Verfahrenskostenhilfe, die eine nähere Prüfung vorsehen (§ 136 in Vbdg. mit § 118 Abs. 2 ZPO), vor. Haben mehrere Personen die Erfindung gemeinsam gemacht, so ist die Vorschrift, dass bei Vorhandensein mehrerer Anmelder alle nicht leistungsfähig sein dürfen, entsprechend anzuwenden.

8 **b) Aussicht auf Erteilung.** Dem Anmelder kann Verfahrenskostenhilfe nur bewilligt werden, wenn hinreichende Aussicht auf Erteilung des nachgesuchten Patents besteht. Diese Aussicht ist zu bejahen, wenn im Zeitpunk der Prüfung keine durchgreifenden Bedenken gegen eine spätere Patenterteilung bestehen. Dafür genügt es nicht, dass die Anmeldung keine bei der Offensichtlichkeitsprüfung (§ 42) zu beanstandende Mängel (§ 42 Abs. 1) aufweist und sich auch unter dem Gesichtspunkt des § 42 Abs. 2 Nr. 1–3 keine Bedenken gegen eine Patenterteilung ergeben. Aussicht auf Patenterteilung muss vielmehr auch unter Berücksichtigung des Standes der Technik gegeben sein. Gegebenenfalls wird daher für die Prüfung der Erfolgsaussichten der Stand der Technik anhand des Prüfungsmaterials vorläufig zu ermitteln, der Anmeldungsgegenstand festzustellen und mit dem vorläufig ermittelten Stand der Technik zu vergleichen sein, BPatG Bl. **88,** 290. Wenn der Stand der Technik bereits ermittelt (§ 43) oder bereits ein Antrag auf Ermittlung des Standes der Technik (§ 43 Abs. 1) gestellt ist, ist das Ergebnis der Recherche zu würdigen. BPatGE **12,** 177, 182. Ergeben die Unterlagen einen Überschuss gegenüber dem Stand der Technik, der – gegebenenfalls nach entsprechender Überarbeitung der Ansprüche und der Beschreibung – die Erteilung eines Patents rechtfertigen könnte, so ist die Verfahrenskostenhilfe zu bewilligen. Schwierige, noch nicht geklärte Rechtsfragen sollten nicht im Verfahrenskostenhilfeverfahren durchentschieden werden, vgl. BVerfG NJW **91,** 413 (zu § 114 ZPO); **92,** 889. Verfahrenskostenhilfe kommt nicht in Betracht, wenn der Gegenstand der Anmeldung nicht sozial nützlich oder sogar sozial schädlich ist, weil seine Verwertung gegen die guten Sitten verstößt, BPatGE **29,** 39.

9 Für die Bewilligung der Verfahrenskostenhilfe für den beschwerdeführenden Anmelder im Beschwerdeverfahren kommt es trotz der Wortfassung, die auf den Normalfall abstellt, auf die Erfolgsaussichten der Beschwerde an; ob sich diese Aussicht mit der Aussicht auf Erteilung des Patents deckt, hängt von der Art der angegriffenen Entscheidung ab, PA Bl. **55,** 300. Die Gewährung von Verfahrenskostenhilfe im Erteilungsverfahren durch das Patentamt befreit den Anmelder nicht von der Zahlung der Beschwerdegebühr, BPatGE **32,** 128, 129. Ist ein Rechtsmittel nicht zulässig, so fehlt es schon aus diesem Grund an der hinreichenden Erfolgsaussicht der beabsichtigten Rechtsverfolgung, BGH Bl. **84,** 389. Ist die Patentanmeldung ohne sachliche Prüfung lediglich aus formellen Gründen zurückgewiesen worden, so ist lediglich zu prüfen, ob diese Gründe der Erteilung des Patents entgegenstehen. BPatGE **2,** 207. Wenn der Anmelder Beschwerdegegner ist, ist grundsätzlich § 119 Satz 2 ZPO anzuwenden (vgl. dazu § 129 Rdn. 19).

10 **c) Formelle Voraussetzungen.** Verfahrenskostenhilfe kann nur auf Antrag gewährt werden. Da dem Anmelder Verfahrenskostenhilfe nur bewilligt werden kann, wenn er entweder selbst der Erfinder ist oder wenn er Gesamtrechtsnachfolger des Erfinders ist oder wenn auch

der Erfinder minderbemittelt ist, und die Prüfung sich daher auf diese Umstände erstrecken muss, muss die Erfinderbenennung mit dem Antrag auf Verfahrenskostenhilfe eingereicht oder zumindest vor der Entscheidung vorgelegt werden.

Verfahrenskostenhilfe kann ferner nur bewilligt werden, wenn der Antragsteller seine persönlichen und wirtschaftlichen Verhältnisse und – soweit erforderlich – auch die des oder der Erfinder darlegt und auf Verlangen glaubhaft macht. Wegen der zu stellenden Anforderungen kann auf § 129 Rdn. 25 und auf die Erläuterungen zu § 135 verwiesen werden.

d) Wirkung der Bewilligung. Die Bewilligung der Verfahrenskostenhilfe bewirkt, dass bei 11
den Gebühren der jeweiligen Instanz (§ 119 Satz 1 ZPO), die Gegenstand der Verfahrenskostenhilfe sind, die für den Fall der Nichtzahlung vorgesehenen Rechtsfolgen nicht eintreten und dass die Einforderung der Gebühren nur unter bestimmten Voraussetzungen möglich ist (§ 122 Abs. 1 Nr. 1 ZPO, vgl. auch § 129 Rdn. 32 und wegen der Auslagen § 129 Rdn. 33). Gegenstand der Verfahrenskostenhilfe sind die Gebühren des Erteilungsverfahrens. Im Einzelnen ergibt sich folgendes:

aa) Anmeldegebühr. Von der Anmeldegebühr wurde der Anmelder früher grundsätzlich 12
nicht befreit. Diese Regelung war nach der Begründung zum 5. ÜG darauf zurückzuführen, dass bei Freistellung von der Anmeldegebühr eine Überflutung des Patentamts mit unausgereiften Ideen befürchtet wurde. Die einstweilige Befreiung war deshalb auf den Fall beschränkt worden, dass der Einsprechende nach erfolgreichem, auf widerrechtliche Entnahme gestützten Einspruch die entnommene Erfindung seinerseits anmeldet (§ 7 Abs. 2 Satz 2). Diese Einschränkung ist durch das Gesetz über die Prozesskostenhilfe beseitigt worden. Durch die Bewilligung der Verfahrenskostenhilfe wird der Anmelder jetzt in allen Fällen von der Zahlung der Anmeldegebühr freigestellt.

bb) Antragsgebühr (§§ 43, 44). Von der Entrichtung der Gebühren für die Anträge auf 13
Ermittlung des Standes der Technik (§ 43) und auf Prüfung der Anmeldung (§ 44) wird der Anmelder durch die Bewilligung der Verfahrenskostenhilfe ganz oder nach Maßgabe der dabei getroffenen Bestimmungen befreit; entsprechend gilt dies für den Recherchen- und den Prüfungsantrag nach §§ 11 und 12 Erstreckungsgesetz. Die Tatsache der Erteilung des Patents ohne Prüfung auf das Vorliegen aller Schutzvoraussetzungen steht dem nach der ratio legis nicht entgegen. Diese verhältnismäßig hohen Gebühren werden in vielen Fällen erst den Anlass zur Stellung des Antrags auf Verfahrenskostenhilfe geben. Da die Anträge nach § 43 und § 44 erst mit der Zahlung der Antragsgebühr als gestellt gelten (§ 43 Abs. 2 Satz 4, § 44 Abs. 3) und die Verfahrenskostenhilfe erst mit ihrer Bewilligung die Zahlung ersetzt, wird für das Verhältnis zu anderen Anträgen (§ 43 Abs. 4 Satz 1, § 44 Abs. 4 Satz 2 in Verbdg. mit § 43 Abs. 4 Satz 1) auf das Wirksamwerden der Bewilligung der Verfahrenskostenhilfe abzustellen sein.

cc) Erteilungsgebühr. Die Erteilungsgebühr (§ 57) ist durch das KostRegBerG beseitigt 14
worden. Ihre Einbeziehung als Verfahrensgebühr ist seither entfallen.

dd) Jahresgebühren werden nur dann und nur insoweit von der Bewilligung der Verfah- 15
renskostenhilfe betroffen, wenn und soweit sie nach § 130 Abs. 5 in die Verfahrenskostenhilfe einbezogen worden sind. Nachdem die Möglichkeit einer Stundung der Jahresgebühren nach § 18 durch das KostRegBerG beseitigt worden ist, ist dies das alternative Verfahren zur Entlastung des Anmelders.

ee) Gebühren für Lizenzfestsetzung (§ 23 Abs. 4, 5). Das Verfahren auf Festsetzung 16
oder Änderung der angemessenen Vergütung ist ein besonderes Verfahren, für das keine Verfahrenskostenhilfe vorgesehen ist. Die dafür zu entrichtenden Gebühren können jetzt auch nicht mehr (§ 130 Abs. 5 Satz 4 a. F.) in die Verfahrenskostenhilfe einbezogen werden. Diese Möglichkeit ist durch das KostRegBerG beseitigt worden.

ff) Beschwerdegebühr. Von der Entrichtung der Beschwerdegebühr wird der Anmelder 17
durch die Bewilligung der Verfahrenskostenhilfe für die Beschwerdeinstanz (§ 136 in Vbdg. mit § 119 Satz 1 ZPO) in allen Fällen freigestellt, in denen die Beschwerde gebührenpflichtig ist (§ 73 Abs. 3 i. V. m. 401 100 bis 401 300 KostVerz zum PatKostG). Die Bewilligung der Verfahrenskostenhilfe für das patentamtliche Verfahren erstreckt sich nicht auf die Beschwerdegebühr, vgl. BPatGE **19,** 92; **32,** 128. Durch § 134 wird sichergestellt, dass der Antragsteller durch die Zahlungsfrist des § 73 Abs. 3 keinen Nachteil erleidet.

gg) Auslagen. Die Bewilligung der Verfahrenskostenhilfe erfasst nach § 130 Abs. 2 Satz 2 in 18
Vbdg. mit § 122 Abs. 1 Nr. 1 ZPO die rückständigen und die künftig erwachsenden Auslagen. Sie bezieht sich also im Verfahren vor dem Patentamt auf alle in der DPMA-VerwaltungskostenV geregelten Auslagen. Die im Verfahren vor dem Patentgericht zu erhebenden Ausla-

gen, die von der Verfahrenskostenhilfe betroffen werden, ergeben sich nach § 98 aus den Nrn. 9000ff. des Kostenverz. zum GKG.

19 **2. Verfahrenskostenhilfe für andere Personen.** Außer dem Patentanmelder kann im Patenterteilungsverfahren auch einem Dritten, der einen Antrag nach § 43 oder § 44 stellen will oder bereits gestellt hat, Verfahrenskostenhilfe bewilligt werden.

20 **a) Voraussetzungen.** Aus der entsprechenden Anwendung des § 130 Abs. 1 bis 3 ergibt sich, dass der oder die Antragsteller wirtschaftlich nicht hinreichend leistungsfähig sein dürfen und der Antrag Erfolg versprechend sein muss. Die Erfolgsaussicht ist im Hinblick auf die Regelung in den §§ 43 und 44 schon dann gegeben, wenn der Antrag nicht unzulässig ist (vgl. § 43 Rdn. 7ff.; § 44 Rdn. 3ff.). Um zu verhindern, dass ein bemittelter Interessent eine mittellose Person vorschiebt, muss der Antragsteller weiter ein eigenes schutzwürdiges Interesse an der Ermittlung des Standes der Technik (§ 43) oder an der Prüfung der Anmeldung (§ 44) glaubhaft machen. Ein solches Interesse wird insbesondere zu bejahen sein, wenn der Antragsteller durch die Anmeldung in seiner freien wirtschaftlichen Betätigung behindert wird.

21 **b) Wirkung.** Die Bewilligung der Verfahrenskostenhilfe hat zur Folge, dass es hinsichtlich der Zahlung der Antragsgebühr für den Antrag auf Ermittlung des Standes der Technik (§ 43 Abs. 2 Satz 4) oder auf Prüfung der Anmeldung (§ 44 Abs. 3) so angesehen wird, als sei die Gebühr entrichtet. Die Ermittlung des Standes der Technik oder die Prüfung der Anmeldung werden so durchgeführt, als wenn die Gebühr gezahlt worden wäre. Für die Beurteilung des Zeitranges des Antrages auf Ermittlung des Standes der Technik (§ 43) oder des Prüfungsantrages (§ 44) gegenüber einem anderen Antrage (§ 43 Abs. 4 Satz 1, Abs. 5, § 44 Abs. 4 Satz 1 und 2) kommt es auf das Wirksamwerden des die Verfahrenskostenhilfe bewilligenden Beschlusses an.

131

***Beschränkungsverfahren.* Im Verfahren zur Beschränkung des Patents (§ 64) sind die Bestimmungen des § 130 Abs. 1, 2 und 5 entsprechend anzuwenden.**

Inhaltsübersicht

1 **1. Voraussetzungen der Bewilligung.** Die Vorschrift verweist für das **Beschränkungsverfahren** nach § 64 auf die Regelung für das **Erteilungsverfahren,** die in dem angegebenen Umfange entsprechend anzuwenden ist.

2 **a) Persönliche Voraussetzungen.** Voraussetzung für die Bewilligung von Verfahrenskostenhilfe für dieses Verfahren, bei dem nur der Patentinhaber Verfahrensbeteiligter ist, ist seine mangelnde wirtschaftliche Leistungsfähigkeit (vgl. dazu § 129 Rdn. 10ff.). Sind mehrere Personen gemeinsam Patentinhaber, so müssen die persönlichen und wirtschaftlichen Voraussetzungen bei sämtlichen Mitinhabern gegeben sein. In § 131 wird zwar nicht auf § 130 Abs. 3 verwiesen; diese Vorschrift enthält jedoch zumindest für das Patentrecht und die gemeinschaftliche Inhaberschaft eines Patents einen allgemeinen, auch im Rahmen des § 131 anwendbaren Rechtsgrundsatz (vgl. dazu § 130 Rdn. 4). Auf die wirtschaftlichen Verhältnisse des Erfinders kommt es nicht an. Auf § 130 Abs. 4 wird in § 131 – anders als in § 132 Abs. 1 und 2 – nicht verwiesen. Zur Erreichung des Betrages von vier Monatsraten (§ 115 Abs. 6 ZPO) können auch hier, wie die Verweisung auf § 130 Abs. 5 ergibt, Jahresgebühren und die Gebühr für die Lizenzfestsetzung (§ 23) in die Verfahrenskostenhilfe einbezogen werden (vgl. § 130 Rdn. 6).

3 **b) Sachliche Voraussetzungen.** Aus der entsprechenden Anwendung des § 130 Abs. 1 folgt, dass hinreichende Aussicht auf die begehrte Beschränkung bestehen muss. Nach dem hier vertretenen Standpunkt (vgl. § 64 Rdn. 16ff.) bedeutet das, dass der Beschränkungsantrag auf eine echte Beschränkung abzielen muss. Da jedoch Verfahrenskostenhilfe nach der über § 130 Abs. 1 Satz entsprechend anzuwendenden Regelung in § 114 Satz 1 ZPO nicht für einen Antrag gewährt werden kann, der mutwillig erscheint, wird darüber hinaus die Darlegung eines solchen Interesses zu verlangen sein, das auch einen vermögenden Patentinhaber veranlassen würde, einen Beschränkungsantrag zu stellen. Von dem Vorhandensein eines solchen Interesses wird es auch abhängen, ob Verfahrenskostenhilfe noch für ein Beschränkungsverfahren bewil-

ligt werden kann, das erst nach Einleitung eines Nichtigkeitsverfahrens, in dem die Beschränkung des Patents durch die Stellung entsprechender Anträge erreicht werden könnte (vgl. § 64 Rdn. 4, 5), anhängig geworden ist.

2. Wirkung der Bewilligung. Die Bewilligung von Verfahrenskostenhilfe für das patentamtliche Verfahren schließt das Eintreten der in § 64 Abs. 2 Satz 2, 2. Halbsatz a. F. und jetzt in § 6 Abs. 2 PatKostG (der Beschränkungsantrag gilt als nicht gestellt oder als zurückgenommen, wenn die Antragsgebühr nach Nr. 313700 KostVerz zum PatKostG nicht, nicht rechtzeitig oder nicht vollständig entrichtet wird; vgl. die Erl zu § 64) bezeichneten Rechtsfolge aus; die Antragsgebühr sowie rückständige und künftige Auslagen können nur nach den Vorschriften über die Verfahrenskostenhilfe von der Bundeskasse eingefordert werden. Entsprechendes gilt bei Bewilligung von Verfahrenskostenhilfe für ein etwaiges Beschwerdeverfahren hinsichtlich der Beschwerdegebühr und sämtlicher rückständiger und künftig erwachsender Auslagen des Patentgerichts. 4

132 *Einspruchs- und Nichtigkeitsverfahren.* (1) [1]**Im Einspruchsverfahren (§§ 59 bis 62) erhält der Patentinhaber auf Antrag unter entsprechender Anwendung der §§ 114 bis 116 der Zivilprozeßordnung und des § 130 Abs. 1 Satz 2 und Abs. 2, 4 und 5 Verfahrenskostenhilfe.** [2]**Hierbei ist nicht zu prüfen, ob die Rechtsverteidigung hinreichende Aussicht auf Erfolg bietet.**

(2) **Absatz 1 Satz 1 ist auf den Einsprechenden und den gemäß § 59 Abs. 2 beitretenden Dritten sowie auf die Beteiligten im Verfahren wegen Erklärung der Nichtigkeit des Patents oder in Zwangslizenzverfahren (§§ 81, 85) entsprechend anzuwenden, wenn der Antragsteller ein eigenes schutzwürdiges Interesse glaubhaft macht.**

Inhaltsübersicht

Vorbemerkung zum Textbestand: § 132 Abs. 2: ist durch Art. 2 Nr. 34a des 2. PatÄndG v. 16. 7. 1998 BGBl. I 1827 m. W. v. 1. 11. 1998 neu gefasst worden.

I. Verfahrenskostenhilfe im Einspruchsverfahren 1

Das Einspruchsverfahren war bis zum Inkrafttreten des GPatG Bestandteil des Patenterteilungsverfahrens. Die Regelung in § 46b Abs. 1–4 PatG 1968 (jetzt § 130 Abs. 1–4) deckte daher hinsichtlich des Patentanmelders auch das Einspruchsverfahren. Einer zusätzlichen Regelung bedurfte es nur für den Einsprechenden; diese war in § 46b Abs. 5 Nr. 2 PatG 1968 enthalten. Nach der Verschiebung des Einspruchsverfahrens auf die Zeit nach der Patenterteilung musste die Verfahrenskostenhilfe für das Einspruchsverfahren insgesamt geregelt werden. Das ist durch das Gesetz über die Prozesskostenhilfe geschehen. Die Regelung ist in § 132 aufgenommen und dort mit der des Nichtigkeitsverfahrens zusammengefasst worden. Da das patentamtliche Einspruchsverfahren nicht mehr gebührenfrei ist, hat die Verfahrenskostenhilfe jetzt auch gebührenrechtliche Relevanz, im übrigen aber vor allem für die Anwaltskosten Bedeutung. Nachdem die Einspruchsgebühr eingeführt worden ist, umfasst die Bewilligung von Verfahrenskostenhilfe für den Einsprechenden auch diese Gebühr und schließt die für den Fall der Nichtzahlung vorgesehenen Rechtsfolgen aus; zu den Rechtsfolgen einer verspäteten Zahlung der Einspruchsgebühr ist BGH GRUR **05,** 184, zu beachten. Danach ist der Einspruch gegen ein Patent nach § 59 Abs. 1 PatG eine sonstige Handlung im Sinne von § 6 PatKostG. Im gleichen Sinne auch die Klarstellung in RegE BT-Drs. 16/735 v. 21. 2. 2006. Die Einspruchsfrist gilt nicht nur für die Erhebung des Einspruchs, sondern auch die Zahlung der Einspruchsgebühr, da sonst kein wirksamer Einspruch vorliegt. Der Einspruch gilt als nicht erhoben, wenn die Einspruchsgebühr nicht, nicht rechtzeitig oder nicht vollständig gezahlt wird. Auch bei verspäteter Einzahlung der

Einspruchsgebühr ist eine Wiedereinsetzung in den vorigen Stand ausgeschlossen. Bei dieser Konstellation müsste entweder der Bewilligungsbeschluss des Patentamts oder des Patentgerichts (bei den verlagerten Einspruchsverfahren) innerhalb der Einspruchsfrist ergehen oder vorsorglich zunächst die Gebühr rechtzeitig gezahlt werden.

2 **1. Verfahrenskostenhilfe für den Patentinhaber.** In § 132 wird mit zwei Einschränkungen auf § 130 verwiesen, soweit dieser den Patentanmelder betrifft. Die erste Einschränkung ergibt sich aus der in § 132 Abs. 1 Satz 2 enthaltenen Maßgabe. Danach ist nicht zu prüfen, ob die Verteidigung des Patents im Einspruchsverfahren hinreichende Aussicht auf Erfolg bietet. Der Patentinhaber wird daher insoweit ebenso behandelt wie der Rechtsmittelbeklagte nach § 119 Satz 2 ZPO; er erhält bei Vorliegen der übrigen Voraussetzungen Verfahrenskostenhilfe auch dann, wenn der Einsprechende weiteren erheblichen Stand der Technik vorträgt. Die zweite Einschränkung betrifft den § 130 Abs. 3, auf den in § 132 Abs. 1 nicht verwiesen wird. Dies hat jedoch keine praktische Bedeutung, weil § 130 Abs. 3 zumindest Ausdruck eines allgemeinen Rechtsgedankens des patentrechtlichen Verfahrensrechts ist, der auch ohne Verweisung anzuwenden ist (vgl. § 130 Rdn. 4). Im Übrigen kann dem Patentinhaber Verfahrenskostenhilfe unter den gleichen Voraussetzungen bewilligt werden wie dem Patentanmelder. Insoweit kann daher auf die Ausführungen zu § 130 verwiesen werden. Da das Einspruchsverfahren ein gegenüber dem Erteilungsverfahren selbstständiges Verfahren ist, muss die Verfahrenskostenhilfe für das Einspruchsverfahren besonders bewilligt werden.

3 **2. Verfahrenskostenhilfe für den Einsprechenden.** Einem Einsprechenden konnten vor dem Inkrafttreten des Gesetzes über die Prozesskostenhilfe kostenmäßige Erleichterungen nur gewährt werden, wenn der Einspruch auf widerrechtliche Entnahme gestützt wurde. Dieser Zustand ist mit Wirkung vom 1. 1. 1981 an geändert worden. Einsprechende können Verfahrenskostenhilfe jetzt unabhängig vom Einspruchsgrund erhalten (§ 132 Abs. 2). Hinsichtlich der persönlichen und sachlichen Voraussetzungen verweist § 132 Abs. 2 auf § 132 Abs. 1, der seinerseits die §§ 114 bis 116 für anwendbar erklärt; soweit § 132 Abs. 1 auch § 130 Abs. 4 und 5 in Bezug nimmt, hat die Verweisung für den Einsprechenden keine Bedeutung. Wegen der persönlichen und sachlichen Voraussetzungen kann daher im allgemeinen auf die Ausführungen in Rdn. 9–20 zu § 129 verwiesen werden. Ebenso wie § 130 Abs. 6 für den antragstellenden Dritten verlangt auch § 132 Abs. 2, dass der Einsprechende ein eigenes schutzwürdiges Interesse glaubhaft macht. Es soll auf diese Weise verhindert werden, dass eine mittellose Person als Einsprechender vorgeschoben wird. Die beabsichtigte Rechtsverfolgung des Einsprechenden muss darüber hinaus ausreichende Aussicht auf Erfolg bieten und darf nicht mutwillig sein, wie sich aus der Verweisung auf § 114 ZPO und im Wege des Umkehrschlusses aus § 132 Abs. 1 Satz 2 ergibt, vgl. auch unten, Rdn. 9, 10. Bei mehreren Einsprechenden muss jeder Einsprechende je für sich die – persönlichen und sachlichen – Voraussetzungen für die Verfahrenskostenhilfe erfüllen. Zweifelhaft ist, wie der von einer nur lose verbundenen Mehrheit von Einsprechenden gemeinsam erhobene Einspruch zu behandeln ist. Auch hier wird, wenn auch „mit umgekehrtem Rubrum", der Rechtsgedanke des § 130 Abs. 3 heranzuziehen sein. Es kann nicht angehen, dass bei Fällen z.B. mit ideologisch-politischem Manifestationscharakter auf das Gemeinschaftsmitglied mit den ungünstigsten Vermögens- und Einkommensverhältnissen abgestellt würde. Die Frage des schutzwürdigen Interesses und der Mutwilligkeit wird hier mit besonderer Sorgfalt zu prüfen sein.

4 **3. Verfahrenskostenhilfe für den beitretenden Dritten.** Der einem Einspruchsverfahren beitretende Dritte (§ 59 Abs. 2) kann unter den gleichen Voraussetzungen wie der Einsprechende Verfahrenskostenhilfe erhalten. Das erforderliche eigene schutzwürdige Interesse (vgl. Rdn. 3) wird sich für den beitretenden Dritten in aller Regel schon daraus ergeben, dass der Beitritt als solcher nach § 59 Abs. 2 bereits voraussetzt, dass ein Rechtsstreit über das mit dem Einspruch angegriffene Patent zwischen ihm und dem Patentinhaber anhängig sein muss.

5 **4. Wirkung der Bewilligung.** Das patentamtliche Einspruchsverfahren ist seit Einführung der Einspruchsgebühr durch das KostRegBerG nicht mehr gebührenfrei. Die Bewilligung der Verfahrenskostenhilfe für das erstinstanzliche Verfahren hat daher zur Folge, dass der begünstigte Beteiligte nicht nur nach Maßgabe der für die Verfahrenskostenhilfe getroffenen Bestimmungen von der Zahlung der rückständigen und noch entstehenden Auslagen freigestellt wird und ihm nach § 133 ein Vertreter beigeordnet werden kann; sie hat auch die in § 130 Abs. 2 Satz 1 bezeichneten gebührenrechtlichen Wirkungen. Die Bewilligung der Verfahrenskostenhilfe für die Beschwerdeinstanz erfasst neben den Auslagen des Patentgerichts auch die Beschwerdegebühr (§ 73 Abs. 3), sofern der begünstigte Beteiligte Beschwerdeführer ist.

II. Verfahrenskostenhilfe im Nichtigkeitsverfahren 6

Die Begünstigung weniger bemittelter Beteiligter im Nichtigkeitsverfahren geht auf die NotVO vom 14. 6. 1932 (RGBl. I S. 296) zurück. Durch deren Teil IV Kap. I Art. 6 wurde das Armenrecht in beschränktem Umfange für das Berufungsverfahren in Patentnichtigkeitssachen eingeführt. Die dort getroffene Regelung wurde durch das Patentgesetz von 1936 in § 42 Abs. 4 aufrechterhalten. Danach konnten der Nichtigkeitsbeklagte und der Nichtigkeitskläger, gegen den Klage auf Verletzung erhoben war, im Berufungsverfahren einstweilen von der Entrichtung der Gerichtskosten und der Auslagen befreit werden. Die Aussichten der Rechtsverteidigung oder -verfolgung waren nicht zu prüfen, RG MuW **36,** 22; bei offensichtlicher Unzulässigkeit der Berufung wurde jedoch das Armenrecht versagt, RGZ **154,** 140, 144. Die Beiordnung eines Vertreters war nicht vorgesehen. Durch das 5. ÜG wurde § 42 Abs. 4 gestrichen und das Armenrecht auf beide Instanzen sowie auf das Zwangslizenz- und Zurücknahmeverfahren ausgedehnt. Durch das Gesetz über die Prozesskostenhilfe ist das Armenrecht durch die Verfahrenskostenhilfe ersetzt worden.

1. Voraussetzungen für die Bewilligung. Verfahrenskostenhilfe kann *jedem* am Nichtigkeits- oder Zwangslizenzverfahren Beteiligten bewilligt werden. Die Vorschrift macht keinen Unterschied zwischen dem Kläger und dem Beklagten. 7

a) Persönliche Voraussetzungen. Verfahrenskostenhilfe kann nur dem Beteiligten bewilligt werden, dessen persönliche und wirtschaftliche Verhältnisse die in den §§ 114 bis 116 ZPO bezeichneten Voraussetzungen erfüllen. Insoweit kann auf die Ausführungen zu § 129 (Rdn. 10–17) verwiesen werden. Wenn mehrere Personen gemeinsam als Patentinhaber eingetragen sind und als solche gemeinsam verklagt werden, wird jedem von ihnen Verfahrenskostenhilfe verweigert werden müssen, wenn auch nur einer von ihnen die Verfahrenskosten aufbringen kann. In § 132 wird zwar nicht auf § 130 Abs. 3 verwiesen. Der in § 130 Abs. 3 enthaltene Grundsatz hat über das Erteilungsverfahren hinaus Bedeutung und wird daher auch ohne ausdrückliche Bezugnahme im Nichtigkeitsverfahren anzuwenden sein (vgl. § 130 Rdn. 4). A. A. Schulte, Rdn. 5 zu § 132; danach soll der bedürftige Mitinhaber nicht durch die Untätigkeit eines vermögenden Mitinhabers an einer Rechtsverteidigung gehindert sein. AA auch Busse, Rdn 5, wonach aus notwendiger Streitgenossenschaft nicht folge, dass sie in der Verteidigung ihres Rechts gemeinsam tätig werden müssten. 8

Anders als in § 131 wird in § 132 für das Einspruchs- und das Nichtigkeitsverfahren auch auf § 130 Abs. 4 verwiesen. Dem Patentinhaber kann daher in diesen Verfahren – anders als im Beschränkungsverfahren – Verfahrenskostenhilfe nur bewilligt werden, wenn auch der Erfinder die Voraussetzungen für die Bewilligung erfüllt, vgl. dazu BPatGE **28,** 201, 202. Diese Regelung, die für das Nichtigkeitsverfahren auch von § 46d PatG 1968 abweicht, erscheint übertrieben, da mit Manipulationen zumindest im Nichtigkeitsverfahren kaum noch zu rechnen ist. Zugunsten des Patentinhabers können, wie die Verweisung auf § 130 Abs. 5 ergibt, auf Antrag Jahresgebühren und Gebühren für ein Lizenzfestsetzungsverfahren in die Verfahrenskostenhilfe einbezogen werden, wenn die Kosten des Verfahrens, für das die Verfahrenskostenhilfe erstrebt wird, den Betrag von vier Monatsraten nicht übersteigen würden (vgl. dazu § 130 Rdn. 6). 8a

Juristischen Personen kann auch im Patentnichtigkeitsverfahren Verfahrenskostenhilfe nur nach Maßgabe von § 116 Satz 1 Nr. 2 bewilligt werden; sie haben nur dann eine von der Rechtsordnung anerkannte Existenzberechtigung, wenn sie ihre Ziele aus eigener Kraft verfolgen können (BVerfGE 35, 348, 356). Zwar liegt die förmliche Nichtigerklärung eines Patents, dem mangels einer echten Bereicherung der Technik keine Schutzwürdigkeit zukommt, im öffentlichen Interesse, BGH GRUR **98,** 904 – Bürstenstromabnehmer. Dies allein genügt aber nicht für die Annahme, dass die Nichtigerklärung eines solchen Patents stets eine der Allgemeinheit dienende Aufgabe wäre bzw. dass die Unterlassung der Rechtsverfolgung durch die antragstellende juristische Person allgemeinen Interessen zuwiderlaufen würde, BGH v. 27. 7. 2004 – X ZB 38/03 und X ZR 150/03, Mitt. **05,** 165, und vorgängig für die erste Instanz BPatG, Beschl. v. 16. 7. 2003 – 1 Ni 3/03 (EU) Nagelfeile, Bl. **04,** 58. 8b

b) Sachliche Voraussetzungen. Im Gegensatz zu der früheren Regelung (vgl. oben Rdn. 6) kann Verfahrenskostenhilfe nur bewilligt werden, wenn die Rechtsverfolgung oder Rechtsverteidigung hinreichende Aussicht auf Erfolg bietet und ein eigenes schutzwürdiges Interesse glaubhaft gemacht wird. 9

aa) Erfolgsaussicht. Die Nichtigkeitsklage bietet hinreichende Aussicht, wenn sie zulässig ist (vgl. § 22 Rdn. 19–31) und Gründe geltend gemacht werden, die eine Nichtigerklärung rechtfertigen können. Die Aussicht der Verteidigung des Patentinhabers muss auch dann geprüft 10 werden, wenn die Nichtigkeitsklage bei einem nach Prüfung erteilten Patent nur auf solche Umstände gestützt wird, die schon im Erteilungsverfahren berücksichtigt worden sind. Der Erteilungsbeschluss ist keine zugunsten des Patentinhabers in einer Vorinstanz ergangene Entscheidung im Sinne des § 119 Satz 2 ZPO; § 132 Abs. 1 Satz 2 ist in § 132 Abs. 2 nicht für anwendbar erklärt worden, obwohl ein Grund für die unterschiedliche Behandlung des Patentinhabers im Einspruchsverfahren einerseits und im Nichtigkeitsverfahren andererseits nicht erkennbar ist, vgl. dazu auch BPatGE **26,** 134, das dem beklagten Patentinhaber die Verfahrenskostenhilfe mangels Erfolgsaussichten seiner Verteidung verweigert hat. Dem aus § 119 Satz 2 und § 132 Abs. 1 Satz 2 zu entnehmenden Rechtsgedanken entspricht es jedoch, dem Patentinhaber Verfahrenskostenhilfe zumindest bei gegenüber dem Erteilungsverfahren gleicher Sachlage grundsätzlich nicht wegen mangelnder Erfolgsaussicht zu versagen. A. A. wohl Busse, Rdn 14 zu § 132. In der Berufungsinstanz kann dem Berufungskläger Verfahrenskostenhilfe nicht bewilligt werden, wenn die Unzulässigkeit des Rechtsmittelns offensichtlich ist, RGZ **154,** 140. Die Aussicht der Rechtsverfolgung oder Rechtsverteidigung des Berufungsbeklagten ist nach § 136 in Vbdg. mit § 119 Satz 2 ZPO nicht zu prüfen.

11 **bb) Eigenes schutzwürdiges Interesse.** Die Bestimmung, dass Verfahrenskostenhilfe nur bei Glaubhaftmachung eines eigenen schutzwürdigen Interesses gewährt werden kann, ist für die Fälle von Bedeutung, in denen der Nichtigkeitskläger kein eigenes Interesse an der Nichtigerklärung nachzuweisen braucht (§ 21 Abs. 2 Nr. 1, 2 und 4, § 22 Abs. 1). Nach der Begründung zum 5. ÜG soll verhindert werden, dass in diesen Fällen ein mittelloser Strohmann vorgeschoben wird. Der Nichtigkeitskläger muss daher in diesen Fällen dartun, welches Interesse gerade er an der Nichtigerklärung des Patents hat. Dieses Interesse ist freilich nicht nur gegeben, wenn, wie es in § 42 Abs. 4 PatG 1936 vorausgesetzt war, eine Klage wegen Verletzung des Patents gegen ihn erhoben ist. Es genügt, dass er wegen Verletzung verwarnt ist oder auch nur mit einer Inanspruchnahme zu rechnen hat, wenn er bestimmte Anstalten zur Benutzung des Gegenstandes des Patents verwirklicht. Das schutzwürdige Interesse des Patentinhabers ergibt sich allgemein schon daraus, dass er das ihm nach Prüfung erteilte Patent verteidigt.

12 **2. Verfahren.** Die Verfahrenskostenhilfe wird nur auf Antrag gewährt. Der Antrag kann schon vor Erhebung der Klage gestellt werden. Das Gesuch um Bewilligung der Verfahrenskostenhilfe für die 1. Instanz ist beim Patentgericht einzureichen (§ 135 Abs. 1 Satz 1). Für die 2. Instanz ist es nach Wegfall des Vorverfahrens beim BPatG direkt beim Bundesgerichtshof anzubringen (§ 135 Abs. 1 Satz 2). Im Übrigen kann auf die Ausführungen zu § 135 verwiesen werden.

13 **3. Wirkung der Bewilligung.** Die Bewilligung von Verfahrenskostenhilfe bewirkt jeweils für die Instanz, dass die früher in §§ 81 Abs. 5 oder in § 110 Abs. 1 Satz 3 a. F. und jetzt in § 6 Abs. 2 PatKostG genannten Rechtsfolgen nicht zum Nachteil des durch die Verfahrenskostenhilfe begünstigten Beteiligten eintreten und dass die rückständigen und künftig erwachsenden Gebühren und Auslagen nur im Rahmen der Vorschriften über die Verfahrenskostenhilfe von dem begünstigten Beteiligten eingefordert werden können (§ 132 Abs. 2 in Vbdg. mit § 130 Abs. 2). Nach § 136 in Vbdg. mit § 122 Abs. 2 hat die Bewilligung der Verfahrenskostenhilfe für den Kläger oder den Berufungskläger auch für den Gegner die einstweilige Befreiung von den Gerichtskosten zur Folge, sofern der Kläger oder Berufungskläger keine Zahlungen an die Bundeskasse zu leisten hat. Im Übrigen kann auf § 129 Rdn. 31–34 verwiesen werden.

133 *Beiordnung eines Vertreters.* **[1]Einem Beteiligten, dem die Verfahrenskostenhilfe nach den Vorschriften der §§ 130 bis 132 bewilligt worden ist, wird auf Antrag ein zur Übernahme der Vertretung bereiter Patentanwalt oder Rechtsanwalt seiner Wahl oder auf ausdrückliches Verlangen ein Erlaubnisscheininhaber beigeordnet, wenn die Vertretung zur sachdienlichen Erledigung des Verfahrens erforderlich erscheint oder ein Beteiligter mit entgegengesetzten Interessen durch einen Patentanwalt, einen Rechtsanwalt oder einen Erlaubnisscheininhaber vertreten ist. [2]§ 121 Abs. 3 und 4 der Zivilprozeßordnung ist entsprechend anzuwenden.**

Inhaltsübersicht

Literatur: Hoffmeister, Die Beiordnung des Patentanwalts im Armenrechtsverfahren vor dem Deutschen Patentamt, Mitt. **73,** 28.

1. Beiordnung eines Vertreters. Dem Beteiligten, dem Verfahrenskostenhilfe nach den §§ 130 bis 132 bewilligt worden ist, wird unter bestimmten Voraussetzungen auf seinen Antrag ein Vertreter für das *Verfahren* vor dem Patentamt oder dem Patentgericht oder für das Berufungsverfahren vor dem Bundesgerichtshof (§§ 110ff.) beigeordnet. Gemäß § 133 Satz 2 PatG in Vbdg. mit § 121 Abs. 3 ZPO kann ihm daneben noch ein besonderer Vertreter zur Wahrnehmung eines Termins zur Beweisaufnahme vor einem ersuchten Richter *(Beweisterminsvertreter)* oder zur Vermittlung des Verkehrs mit dem Verfahrensvertreter *(Verkehrsanwalt)* beigeordnet werden, wenn es die Umstände erfordern. In der Beiordnung eines Vertreters liegt in den meisten Fällen die praktisch bedeutsamste Auswirkung der Verfahrenskostenhilfe. 1

§ 121 Abs. 3 und 4 ZPO, künftig richtig Abs. 4 und 5 (vgl. Art. 1 Nr. 16 RegE BT-Drs. 16/735) auf die in § 133 Satz 2 verwiesen wird, lauten:

(3) Wenn besondere Umstände dies erfordern, kann der Partei auf ihren Antrag ein zur Vertretung bereiter Rechtsanwalt ihrer Wahl zur Wahrnehmung eines Termins zur Beweisaufnahme vor dem ersuchten Richter oder zur Vermittlung des Verkehrs mit dem Prozessbevollmächtigten beigeordnet werden.

(4) Findet die Partei keinen zur Vertretung bereiten Anwalt, ordnet der Vorsitzende ihr auf Antrag einen Rechtsanwalt bei.

a) Voraussetzungen 2

aa) Bewilligung der Verfahrenskostenhilfe. Die Beiordnung eines Vertreters kann nur im Falle der Bewilligung der Verfahrenskostenhilfe erfolgen. Das bedeutet nicht, dass die Bewilligung der Verfahrenskostenhilfe der Beiordnung eines Vertreters zeitlich vorausgehen müsste; die Bewilligung der Verfahrenskostenhilfe und die Bewilligung der Beiordnung können vielmehr auch gleichzeitig erfolgen. Die Beiordnung eines Beweisterminsvertreters oder Verkehrsanwalts (§ 121 Abs. 3 ZPO) setzt die Beiordnung eines Verfahrensvertreters nicht mehr zwingend voraus. Verfahrensvertreter, Beweisterminsvertreter oder Verkehrsanwalt können auch unabhängig voneinander beigeordnet werden (vgl. die Begrdg zum RegEntw. eines Gesetzes über die Prozesskostenhilfe BRDrucks. 187/79 S. 30 zu § 119 Abs. 3 des Entw.). 3

bb) Sachdienlichkeit, Erforderlichkeit. Im Berufungsverfahren vor dem Bundesgerichtshof (§§ 110ff.) besteht nach § 121 Abs. 2 Anwaltszwang. Die Beiordnung eines Rechtsanwalts oder eines Patentanwalts (§ 121 Abs. 1) ist deshalb in diesem Verfahren immer erforderlich. Im Verfahren vor dem Patentamt und dem Patentgericht, in dem kein Anwaltszwang besteht, wird ein Verfahrensvertreter grundsätzlich nur dann beigeordnet, wenn dies zur sachdienlichen Erledigung des Verfahrens erforderlich ist. Das ist der Fall, wenn die sachgemäße Erledigung des Verfahrens weder durch die eigene Sach- und Rechtskenntnis des Beteiligten noch durch die im Rahmen des Verfahrens möglichen Hinweise des Patentamts oder des Patentgerichts gewährleistet ist. Sie ist nicht mehr erforderlich, wenn das Verfahren so weit erledigt ist, dass die noch erforderlichen Handlungen von dem Antragsteller selbst vorgenommen werden können, PA Bl. **55,** 187; BPatGE **22,** 39. 4

Nach der Neufassung der Vorschrift durch das Gesetz über die Prozesskostenhilfe ist ein Verfahrensvertreter auch dann beizuordnen, wenn ein Beteiligter mit entgegengesetzten Interessen durch einen Anwalt oder einen Erlaubnisscheininhaber vertreten ist. Diese Regelung, die der Wahrung der vollen Chancengleichheit dient, hat Bedeutung vor allem für das Einspruchsverfahren und für das erstinstanzliche Nichtigkeitsverfahren. 5

Die Beiordnung eines *besonderen Vertreters* ist nach § 133 Satz 2 in Vbdg. mit § 121 Abs. 3 ZPO zulässig, wenn besondere Umstände die Beiordnung erfordern. Besondere Umstände für die Beiordnung eines Terminsvertreters können darin liegen, dass die Kosten dieses Vertreters geringer sind als die Reisekosten des Verfahrensvertreters oder des Beteiligten oder weder der Beteiligte noch der Verfahrensvertreter in der Lage wären, den Termin wahrzunehmen. Beson- 6 dere Umstände für die Beiordnung eines Verkehrsanwalts sind insbesondere gegeben, wenn wegen der Ungewandtheit des Beteiligten keine ausreichende schriftliche Information von ihm zu erhalten ist und die durch Reisen zur mündlichen Information entstehenden Kosten die Kosten des Verkehrsanwalts übersteigen würden.

7 **b) Verfahren**

8 **aa) Antrag.** Ein Vertreter wird nur auf Antrag beigeordnet. Nach der Fassung des § 133 Satz 1 gilt das – abweichend von § 121 Abs. 1 ZPO – auch für das Berufungsverfahren vor dem Bundesgerichtshof (§§ 110ff.), in dem nach § 121 Abs. 1 Anwaltszwang besteht. Im Hinblick auf § 121 Abs. 1 wird jedoch in dem Antrag auf Verfahrenskostenhilfe zugleich auch ein Antrag auf Beiordnung eines Anwalts zu sehen sein. Ein Antrag auf Beiordnung ist nicht nur für den Verfahrensvertreter (§ 133 Satz 1) sondern auch für den Beweisterminsvertreter (§ 121 Abs. 3 ZPO) und für den Verkehrsanwalt (§ 121 Abs. 3 ZPO) erforderlich. Die Bestellung eines besonderen Vertreters nach § 121 Abs. 3 ZPO setzt die Beiordnung eines Verfahrensvertreters nicht mehr voraus (vgl. oben Rdn. 3); die Beiordnung kann daher unabhängig von der Beiordnung eines Verfahrensvertreters beantragt werden. Der Antrag kann, solange das Verfahren anhängig ist, jederzeit gestellt und nach Ablehnung mit neuer Begründung wiederholt werden.

9 **bb) Beschlussfassung.** Da die Entscheidung über die Beiordnung eines Vertreters eine Entscheidung über das Gesuch um Bewilligung von Verfahrenskostenhilfe i. S. des § 135 Abs. 2 ist, ist hierfür, wie auch aus § 135 Abs. 3 hervorgeht, die in § 135 Abs. 2 getroffene Zuständigkeitsregelung maßgebend. Die Patentabteilung ist zuständig nach § 2 Nr. 4 für Beschlüsse über die Gewährung von Verfahrenskostenhilfe für Verfahrensgebühren in Beschränkungs- und Einspruchsverfahren sowie über die Beiordnung eines Vertreters nach § 133. Es bedarf hierzu grundsätzlich einer Beratung und Abstimmung in einer Sitzung. Von einer Sitzung kann ausnahmsweise abgesehen werden, wenn der Vorsitzende sie nicht für erforderlich hält.

10 **c) Beizuordnender Vertreter.** Beizuordnen ist der vom Antragsteller selbst gewählte Vertreter, vorausgesetzt, dass dieser zur Vertretung zugelassen ist (vgl. unten Rdn. 11). Die Wahl muss vor der Beiordnung getroffen werden, weil sich die Beiordnung auf eine bestimmte Person bezieht. Wenn ein Anwalt den Antrag auf Verfahrenskostenhilfe für den Beteiligten stellt, wird darin regelmäßig die Ausübung des Wahlrechts liegen, sofern der Anwalt für das Hauptverfahren bevollmächtigt ist (vgl. die Begrdg. zum Gesetz über die Prozesskostenhilfe BR Drucks. 187/79 S. 29 zu § 119). Findet der Beteiligte keinen zur Vertretung bereiten Anwalt, so ordnet ihm der Vorsitzende auf Antrag einen Rechtsanwalt oder Patentanwalt bei (§ 121 Abs. 4 ZPO). Die Auswahl des beizuordnenden Vertreters trifft in diesem Falle im Verfahren vor dem Patentamt der Vorsitzende der Patentabteilung, im Verfahren vor dem Patentgericht oder dem Bundesgerichtshof der Vorsitzende des zuständigen Senats.

11 Die Auswahl des Vertreters durch den Beteiligten oder durch den Vorsitzenden ist auf die dafür zugelassenen Personen beschränkt. Als *Verfahrensvertreter* kann im Verfahren vor dem Patentamt oder dem Patentgericht ein Patentanwalt, ein Rechtsanwalt oder auf ausdrückliches Verlangen auch ein Erlaubnisscheininhaber beigeordnet werden. Einem Auswärtigen im Sinne von § 25 kann nur eine zur Vertretung Auswärtiger zugelassene Person beigeordnet werden. Im Berufungs- und Beschwerdeverfahren vor dem Bundesgerichtshof (§§ 110ff., 122) muss nach den §§ 121 Abs. 1, 122 Abs. 4 ein Rechtsanwalt oder ein Patentanwalt als Vertreter beigeordnet werden. Hat ein Anmelder bereits zwei ihm beigeordnete Vertreter von der Beiordnung wieder entbinden lassen, weil das Vertrauensverhältnis zu ihnen aufgrund von Fehlleistungen gestört sei, besteht kein Anspruch auf Beiordnung eines weiteren Vertreters, wenn die gegen die bisherigen Vertreter erhobenen Vorwürfe nicht stichhaltig sind, BPatG v. 8. 7. 1998 – 7 W (pat) 37/98 – BPatGE **40,** 95, 97 f.

12 Als *besondere Vertreter* sieht § 121 Abs. 3 ZPO nur Rechtsanwälte vor. Die Vorschrift stellt insoweit auf die Verhältnisse des Zivilprozesses ab. Da die Anwendung nur eine entsprechende ist und der Personenkreis, der für die Vertretung im Verfahren beigeordnet werden kann, auch für die Beiordnung zur Vertretung in Beweisterminen und zur Vermittlung des Verkehrs zugelassen sein muss, kann für die Beiordnung als besondere Vertreter nichts anderes gelten als für die Beiordnung als Verfahrensvertreter.

13 **d) Rechtsbehelfe.** Im Verfahren vor dem Patentamt steht gegen die den Vertreter bestimmende Verfügung des Vorsitzenden (§ 121 Abs. 4 ZPO, vgl. oben Rdn. 10) dem Vertreter und dem Beteiligten die Beschwerde an das Patentgericht zu. Die Verfügung des Vorsitzenden nach § 133 Satz 2 in Vbdg. mit § 121 Abs. 4 ZPO wird als ein Fall zu betrachten sein, auf den nicht § 135 Abs. 3, sondern § 127 Abs. 2 ZPO anzuwenden ist (vgl. auch § 135 Rdn. 19). Auch dem nach § 133 beigeordneten Vertreter steht ein Beschwerderecht zu.

Die Beschwerde ist nur aus Gründen zulässig, die schon im Zeitpunkt der Beiordnung des Vertreters vorlagen, mögen sie auch erst später bekannt geworden sein. Umstände, die erst nach der Beiordnung eintreten und nach Ansicht des Vertreters oder des betroffenen Beteiligten eine Aufhebung der Beiordnung rechtfertigen, können nicht mit der Beschwerde, sondern nur mit dem Antrag auf Aufhebung der Beiordnung (vgl. dazu unten Rdn. 22–24) geltend gemacht werden. 14

Der beigeordnete Vertreter kann die Beschwerde nur darauf stützen, dass ein wichtiger Grund für die Ablehnung der Vertretung gegeben sei. Mit der Beschwerde kann nicht geltend gemacht werden, dass die Verfahrenskostenhilfe zu Unrecht bewilligt sei und die Voraussetzungen für die Beiordnung eines Vertreters nicht gegeben seien, PA Bl. **54,** 326. Ein Ablehnungsgrund liegt in der begründeten Gefahr einer Interessenkollision, PA Bl. **55,** 297, oder in der erheblichen Störung des Vertrauensverhältnisses zu dem Beteiligten, PA Bl. **54,** 326. Gesundheitliche Beeinträchtigungen des beigeordneten Patentanwalts können im Einzelfall die Freistellung von der Beiordnung als Vertreter in demselben Umfang rechtfertigen, in dem sie ihn auch zur Einschränkung seiner freien anwaltlichen Tätigkeit zwingen, PA 23. 9. 1955 – E 8196 VI b/80a. Die Überlastung eines Anwalts berechtigt nicht zur Ablehnung der Vertretung; denn es würde dem Prinzip der gleichmäßigen Verteilung der anfallenden Mandate widersprechen, wenn sich besonders stark beschäftigte Anwälte im Hinblick darauf der Verpflichtung zur Übernahme der Vertretung im Wege der Beiordnung entziehen könnten, PA 9. 5. 1955 – V 5991 I a/14h; auszugsw. veröffentl. Bl. **55,** 297. Einem auf einem bestimmten Fachgebiet tätigen Patentanwalt kann die Vertretung eines Anmelders in einer auf einem anderen Gebiet liegenden Anmeldung nicht zugemutet werden, wenn er dem Anmelder schon in vier anderen damit nicht im Zusammenhang stehenden Verfahren von außergewöhnlicher Schwierigkeit beigeordnet ist, PA 12. 2. 1955 – Sch 6376 I a/27b. 15

2. Folgen der Beiordnung 16

a) Verpflichtung zur Übernahme der Vertretung. Die Beiordnung begründet die öffentlich-rechtliche Pflicht zur Übernahme der Vertretung. Diese für Rechtsanwälte in § 48 Abs. 1 Nr. 1 BRAO und für Patentanwälte in § 43 Abs. 1 Nr. 1 PatAnwO besonders ausgesprochene Verpflichtung wird auch für Erlaubnisscheininhaber zu bejahen sein, wobei sie für diese allerdings nur dann wird praktisch werden können, wenn der Beteiligte, der keinen zur Übernahme der Vertretung bereiten Patentanwalt, Rechtsanwalt oder Erlaubnisscheininhaber findet, ausdrücklich beantragt, ihm einen Erlaubnisscheininhaber beizuordnen und der Vorsitzende diesem Wunsche Rechnung trägt. Der beigeordnete Vertreter darf daher die Übernahme der Vertretung nicht ablehnen; er kann im Verfahren vor dem Patentamt nur gegen seine Auswahl Beschwerde einlegen (vgl. oben Rdn. 13) oder im Verfahren vor dem Patentgericht oder dem Bundesgerichtshof die Aufhebung seiner Beiordnung beantragen (vgl. unten Rdn. 23). Die Beiordnung begründet noch kein Auftragsverhältnis zwischen dem Vertreter und dem Beteiligten; ein solches kommt erst durch Vereinbarung zwischen dem Vertreter und dem Beteiligten zustande. Aus der Beiordnung erwachsen jedoch für den beigeordneten Vertreter bereits Fürsorge-, Belehrungs- und Betreuungspflichten, die den Vertreter verpflichten, nach Kräften zu verhindern, dass der Beteiligte aus Rechtsunkenntnis Schaden erleidet (BGHZ **30,** 226, 230; vgl. dazu Brangsch NJW **61,** 110). Diese Verpflichtung bleibt bis zur Aufhebung der Beiordnung bestehen. Die schuldhafte Verletzung macht den Vertreter schadenersatzpflichtig, RGZ **115,** 60. Die Beiordnung schafft noch keine Vertretungsbefugnis gegenüber dem Patentamt oder dem Gerichte. Die prozessuale Vertretungsmacht entsteht erst mit Erteilung und Vorlage der Vollmacht. Auch der Erstattungsanspruch gegen die Bundeskasse entsteht nach h. M. erst mit der Vollmachterteilung. 17

b) Führung der Vertretung. Anwälte sind zu gewissenhafter Berufungsausübung verpflichtet (§ 43 BRAO, § 39 PatAnwO). Der in den Anwaltsordnungen zum Ausdruck kommende Grundsatz gilt auch – soweit sie als Vertreter beigeordnet werden können – für Erlaubnisscheininhaber. 18

c) Vergütung des Vertreters. Mit der Vollmachtserteilung entsteht ein privatrechtliches Auftragsverhältnis zwischen dem Vertreter und seinem Mandanten, der den Anwalt an sich berechtigen würde, von seinem Mandanten die vollen Gebühren zu verlangen. Die Bewilligung der Verfahrenskostenhilfe hat jedoch nach § 122 Abs. 1 Nr. 3 ZPO, der in den §§ 130 bis 132 für anwendbar erklärt ist, zur Folge, dass die beigeordneten Vertreter Ansprüche auf Vergütung gegen den Beteiligten nicht geltend machen können. 19

Der nach § 133 beigeordnete Vertreter hat stattdessen Anspruch auf Zahlung der gesetzlichen Vergütung aus der Bundeskasse. Die aus der Bundeskasse zu zahlende Vergütung ist geregelt 20 durch das Gesetz über die Erstattung von Gebühren des beigeordneten Vertreters in Patent-, Gebrauchsmuster- und Sortenschutzsachen vom 18. 7. 1953 in der Fassung des Gesetzes über die Prozesskostenhilfe, zuletzt geändert durch Kostenrechtsmodernisierungsgesetz v. 5. 5. 2004, BGBl. I 718, Bl. 2004, 321. Mit der Erstattung geht der Anspruch des Vertreters gegen den Mandanten in dem entsprechenden Umfange auf die Bundeskasse über (§§ 7, 8 des Gesetzes vom 18. 7. 1953 in Vbdg. mit §§ 55, 56, 59 Rechtsanwaltsvergütungsgesetz). Im Verfahren vor dem DPMA sind anstelle der §§ 55, 56 Rechtsanwaltsvergütungsgesetz § 62 Abs. 2 Satz 2 und 4 PatG sowie § 104 Abs. 2 ZPO entsprechend anzuwenden. Im Verfahren wegen der Erklärung der Nichtigkeit des Patents oder in Zwangslizenzverfahren sind die Vorschriften des Rechtsanwaltsvergütungsgesetzes, die bei Vergütung der Prozesskostenhilfe gelten, entsprechend anzuwenden; §§ 7, 8 des Gesetzes v. 18. 7. 1953. Im Verfahren zur Festsetzung der Gebühren des beigeordneten Vertreters findet die Rechtsbeschwerde nicht statt, BGH GRUR **88,** 115 – Wärmeaustauscher.

21 Im Einspruchs-, Nichtigkeits-, Zwangslizenz- und Zurücknahmeverfahren kann der Vertreter seine Gebühren und Auslagen auch gegen den in die Kosten verurteilten Gegner geltend machen (§ 136 in Vbdg. mit § 126 ZPO). Er kann insbesondere die Kosten gegenüber dem Gegner auf seinen *eigenen* Namen festsetzen lassen. Der Beteiligte kann die Festsetzung auf *seinen* Namen nur mit Zustimmung seines Vertreters betreiben; denn der Erstattungsanspruch gegen den Gegner ist dem Vertreter pfandartig verhaftet.

22 **3. Aufhebung der Beiordnung.** Die Beiordnung des Vertreters bleibt für die Dauer der Verfahrenskostenhilfe bestehen, in der Regel bis zur Beendigung der Instanz (§ 119 Satz 1 ZPO). Sie kann jedoch vorher aufgehoben werden. Die Aufhebung der Beiordnung des Vertreters betrifft nicht die Beiordnung als solche, die ungeachtet des Wegfalls des beigeordneten Vertreters fortbesteht, sondern die Person des Vertreters. Zuständig für die Aufhebung der Beiordnung des Vertreters ist deshalb im Falle des § 121 Abs. 4 ZPO der für die Auswahl des Vertreters zuständige Vorsitzende (PA Bl. **60,** 340 gegen PA Bl. **54,** 326; vgl. jetzt auch § 78c Abs. 3 Satz 2 und 3 ZPO), der gegebenenfalls an Stelle des weggefallenen Vertreters einen anderen beiordnet, sonst der für die Beiordnung nach § 133 Satz 1 zuständige Beschlusskörper (vgl. oben Rdn. 9).

23 **a) Auf Antrag des Vertreters.** Nach § 48 Abs. 2 BRAO, § 43 Abs. 2 PatAnwO können Anwälte beantragen, ihre Beiordnung aufzuheben, wenn wichtige Gründe vorliegen. Diese Vorschriften sind auf Erlaubnisscheininhaber entsprechend anzuwenden. Auch Erlaubnisscheininhaber sind deshalb auf ihren Antrag von der Beiordnung zu entbinden, wenn wichtige Gründe das rechtfertigen, PA Bl. **60,** 340. Gründe, die schon bei der Beiordnung vorlagen und mit der Beschwerde geltend gemacht werden konnten, kommen hierfür im Verfahren vor dem Patentamt nicht in Betracht; sie können nur unterstützend zu später eingetretenen Gründen herangezogen werden. Ein wichtiger Grund liegt in der Gefahr einer Interessenkollision (§ 41 Nr. 2 PatAnwO), wobei schon der Anschein der Vertretung widerstreitender Interessen für die Aufhebung der Beiordnung genügt und der Aufhebungsgrund auch bei einem mit dem betroffenen Patentanwalt zur gemeinschaftlichen Berufsausübung verbundenen Sozius zu berücksichtigen ist, BPatGE **14,** 142. Er liegt auch vor, wenn das Vertrauensverhältnis zwischen Vertreter und Beteiligtem derart gestört ist, dass dem Vertreter die weitere Vertretung des Beteiligten nicht zugemutet werden kann, vgl. PA Bl. **54,** 326. Der Umstand allein, dass die Verbindung mit dem Beteiligten vorübergehend abgerissen ist und der Vertreter deswegen notwendige Informationen nicht erhalten kann, rechtfertigt seine Entlassung noch nicht, OLG Schleswig NJW **61,** 131.

24 **b) Auf Antrag des Beteiligten.** Auch der Beteiligte kann die Aufhebung der Beiordnung des Vertreters beantragen, wenn wichtige Gründe die Aufhebung rechtfertigen.

25 **c) Beschwerderecht.** Der die Aufhebung der Beiordnung ablehnende Beschluss ist nach § 136 in Vbdg. mit § 127 Abs. 2 ZPO oder jedenfalls in entsprechender Anwendung des § 78c Abs. 3 Satz 2 und 3 ZPO (vgl. dazu oben Rdn. 13) mit der Beschwerde anfechtbar, wenn er vom Vorsitzenden der Patentabteilung erlassen wird (vgl. dazu auch § 135 Rdn. 19).

134 *Hemmung von Zahlungsfristen.* **Wird das Gesuch um Bewilligung der Verfahrenskostenhilfe nach den §§ 130 bis 132 vor Ablauf einer für die Zahlung einer Gebühr vorgeschriebenen Frist eingereicht, so wird der Lauf dieser Frist bis zum Ablauf von einem Monat nach Zustellung des auf das Gesuch ergehenden Beschlusses gehemmt.**

Inhaltsübersicht

Literaturhinweis: Neumar, Die Hemmung von Zahlungsfristen nach § 46f des Patentgesetzes, Mitt. **56,** 123.

1. Sinn und Zweck der Vorschrift. Die Bewilligung der Verfahrenskostenhilfe hat nach § 130 Abs. 2 Satz 1, der in den §§ 131, 132 für anwendbar erklärt worden ist, zur Folge, dass bei den Gebühren, die Gegenstand der Verfahrenskostenhilfe sind, die für den Fall der Nichtzahlung vorgesehenen Rechtsfolgen nicht eintreten. Vorschriften mit Fristen für die Zahlung von Gebühren sind nach dem Inkrafttreten des KostRegBerG nur noch in §§ 44 Abs 2 Satz 2 und 3 und Abs. 3 enthalten. Im Übrigen gilt für die Zahlungsfristen die allgemeine Vorschrift von § 6 Abs 1 Satz 2 PatKostG (3 Monate) und für die Fälle, in denen für die Stellung eines Antrags oder die Vornahme einer sonstigen Handlung durch Gesetz eine Frist bestimmt ist, § 6 Abs. 1 Satz 1 PatKostG. Diese Vorschrift ist insbesondere auf die Frist für die Erhebung des Einspruchs oder für den Beitritt (§ 59 Abs. 1 Satz 1 und Abs. 2 Satz 1: drei Monate), die Frist für die Einlegung der Beschwerde (§ 73 Abs. 2 Satz 1; ein Monat), die Frist für die Einlegung der Rechtsbeschwerde (§ 102 Abs. 1, ein Monat) und die Frist für die Einlegung der Berufung (§ 110 Abs. 3 Satz 1: ein Monat) und für die Beschwerde nach § 122 (§ 122 Abs. 2: ein Monat) maßgebend. Das bedeutet, dass innerhalb der Einspruchsfrist, der Beschwerdefristen und der Berufungsfrist auch die betreffenden im KostVerz. zum PatKostG vorgesehenen Gebühren zu entrichten sind. Die Rechtsfolgen einer Nichtzahlung der fälligen Gebühr ergeben sich aus § 6 Abs. 2 PatKostG, d.h. die betreffenden Rechtshandlungen gelten entweder als zurückgenommen oder als nicht vorgenommen. Durch § 134 wird verhindert, dass diese Rechtsfolgen während des Bewilligungsverfahrens eintreten und dem Verfahren damit die Grundlage entzogen wird. In der Begründung zum 5. ÜG, durch das die Vorschrift in das Patentgesetz eingefügt wurde, wird hierzu folgendes ausgeführt (Bl. **53,** 300): „Das Patentgesetz sieht grundsätzlich vor, dass mit der Einreichung eines Antrages oder eines Rechtsmittels gleichzeitig die dafür festgesetzte tarifmäßige Gebühr zu zahlen ist, andernfalls der Antrag oder das Rechtsmittel als nicht gestellt gilt .Um zu verhindern, dass der bedürftige Beteiligte in diesen Fällen gezwungen wird, die tarifmäßige Gebühr zunächst vorzuschießen, sieht § 46f vor, dass der Lauf der Frist für die Zahlung der Gebühr durch das Gesuch um Bewilligung des Armenrechts bis zum Ablauf von einem Monat nach Zustellung des auf den Armenrechtsantrag ergehenden Beschlusses gehemmt wird." Die Vorschrift dient also im Wesentlichen demselben Zweck wie der aufgehobene § 519 Abs. 6 ZPO, dem sie nachgebildet ist. 1

2. Voraussetzungen der Hemmung. a) Durch die Verfahrenskostenhilfe betroffene Gebühren. Aus der Stellung der Vorschrift und ihrem Sinn und Zweck folgt zunächst, dass die Zahlungsfrist nur in den Fällen durch den Antrag auf Verfahrenskostenhilfe gehemmt werden kann, in denen der Antrag während des Laufes der Frist zur Zahlung einer Gebühr eingereicht wird, die Gegenstand der beantragten Verfahrenskostenhilfe ist. Denn soweit die in § 130 Abs. 2 Satz 1 bezeichnete Wirkung ohnehin nicht eintreten kann, besteht kein Anlass, zunächst die Entscheidung über den Antrag auf Verfahrenskostenhilfe abzuwarten. Auf Jahresgebühren z.B. ist die Vorschrift daher nur insoweit anwendbar, als deren Einbeziehung in die Verfahrenskostenhilfe beantragt worden ist. Eine Hemmung der Zahlungsfrist für die Beschwerdegebühr tritt nur dann ein, wenn der Beschwerdeführer vor Fristablauf beim Patentgericht einen gesonderten Antrag auf Bewilligung von Verfahrenskostenhilfe stellt; hat das Patentamt Verfahrenskostenhilfe für das patentamtliche Erteilungsverfahren bewilligt, so ist der Beschwerdeführer dadurch nicht von der Zahlung der Beschwerdegebühr befreit, BPatGE **32,** 128, 129. 2

b) Einreichung des Antrags. Voraussetzung für die Fristhemmung ist die Einreichung des Antrags auf Verfahrenskostenhilfe. Dem Antrag sind nach § 136 in Vbdg. mit § 117 Abs. 2 ZPO eine Erklärung des Beteiligten über seine persönlichen und wirtschaftlichen Verhältnisse sowie entsprechende Belege beizufügen. Diese Unterlagen sind nach der Gesetzesfassung nicht Bestandteile, sondern Anlagen des Antrags. Da die Hemmung jedoch durch die Einreichung des Antrags bewirkt wird, tritt sie auch dann ein, wenn die in § 117 Abs. 2 bezeichneten Unterlagen fehlen vgl. RG JurRdsch. **26** Nr. 2076; Neumar Mitt. **56,** 123f.; a.A. OLG Breslau JW **25,** 2343; HRR **31,** Nr. 541. Die fehlenden Unterlagen können nach Fristablauf nachge- 3 reicht werden, Neumar aaO. In dem Antrag auf Verfahrenskostenhilfe soll zwar nach § 136 in Vbdg. mit § 117 Abs. 1 ZPO das Streitverhältnis dargelegt werden. Das Fehlen einer Begründung nimmt dem Antrag jedoch nicht seine Wirkung (RG JW **35,** 1691), sofern nicht das Fehlen der Begründung auf mangelnde Ernstlichkeit und das Bestreben schließen lässt, lediglich eine Verlängerung der Zahlungsfrist zu erreichen, OLG Breslau HRR **31** Nr. 541. Ein Antrag, der lediglich in diesem Bestreben eingereicht ist und nach den Umständen nicht ernstlich gemeint sein kann, wie etwa ein klar als aussichtslos erkennbarer Antrag einer vermögenden Person (KG JW **26,** 847), kann die Hemmung überhaupt nicht herbeiführen, RGZ **112,** 107; RG JW **35,** 1691. Die Fristhemmung wird grundsätzlich nur durch den ersten nach Fristbeginn gestellten Antrag auf Verfahrenskostenhilfe bewirkt; der nach Ablehnung wiederholte Antrag hat eine erneute Hemmung im Allgemeinen nicht zur Folge, RGZ **110,** 402; RG JW **28,** 110; RG HRR **29** Nr. 1396; BPatGE **12,** 183, 185. Eine Ausnahme gilt nur dann, wenn der erste Antrag lediglich wegen formaler Mängel, etwa wegen mangelnder Glaubhaftmachung der wirtschaftlichen Verhältnisse abgewiesen war und der zweite Antrag sich sachlich lediglich als eine Ergänzung des ersten abgewiesenen Antrags darstellt, RG JW **27,** 2463; **28,** 1301; **32,** 1809; Neumar Mitt. **56,** 124. Wenn der erste Antrag dagegen nach voller Prüfung sowohl der persönlichen und wirtschaftlichen Verhältnisse als auch der Erfolgsaussichten abgelehnt worden ist, kann ein erneutes Gesuch die Zahlungsfrist nicht mehr hemmen, BPatGE **12,** 183.

Die vorstehenden Erläuterungen beruhen im Wesentlichen auf der Anlehnung an die Rechtsprechung zu § 519 Abs. 6 ZPO a. F., deren Linie mit der Beseitigung der Vorschrift abgebrochen ist. Es wird daher zu prüfen sein, ob nicht die allgemeinen Rechtsgedanken, die in Entscheidungen zur Hemmung der Verjährungsfrist (§§ 202 BGB ff. a. F., jetzt § 204 Abs. 1 Nr. 14 BGB) oder der Klagefrist nach § 12 Abs. 2 VVG entwickelt worden sind, stärker zu berücksichtigen sind (vgl. dazu BGHZ **70,** 235, 239; **98,** 295, 300f.), um die Missbrauchsmöglichkeiten unvollständiger oder nicht ordnungsmäßig begründeter Verfahrenskostenhilfegesuche zu begrenzen.

4 **c) Einreichung vor Ablauf der Zahlungsfrist.** Die Hemmung tritt nur ein, wenn der Antrag auf Bewilligung von Verfahrenskostenhilfe vor Ablauf der für die Zahlung der Gebühr vorgeschriebenen Frist bei der zuständigen Stelle (§ 135 Abs. 1), eingereicht wird. Ein nach Ablauf dieser Frist gestellter Antrag kann die Hemmung grundsätzlich nicht mehr bewirken. Ist jedoch die Zahlungsfrist ohne Verschulden versäumt worden und wird wegen der Versäumnis Wiedereinsetzung in den vorigen Stand beantragt, so kann bei mangelnder wirtschaftlicher Leistungsfähigkeit des Antragstellers die versäumte Handlung (§ 123 Abs. 2 Satz 3), die Zahlung der Gebühr, statt durch tatsächliche Zahlung durch Einreichung des Antrags auf Verfahrenskostenhilfe (vorläufig) nachgeholt werden, RGZ **116,** 98. In diesem Falle müssen im Hinblick auf § 123 Abs. 2 Satz 3 innerhalb der Wiedereinsetzungsfrist allerdings alle für die Entscheidung über den Antrag auf Verfahrenskostenhilfe erforderlichen Unterlagen einschließlich der in § 117 Abs. 2 ZPO bezeichneten Erklärung beigebracht werden, RG JW **37,** 1061; Neumar Mitt. **56,** 125; vgl. dazu auch BGHZ **16,** 1; **27,** 132, 133. In einem solchen Falle sollte über den Wiedereinsetzungsantrag und über den Antrag auf Verfahrenskostenhilfe gleichzeitig entschieden werden. Wenn beiden Anträgen stattgegeben wird, kann das Verfahren fortgesetzt werden. Wenn der Wiedereinsetzungsantrag unbegründet ist, wird auch die Verfahrenskostenhilfe wegen mangelnder Erfolgsaussicht abgelehnt werden müssen. Wenn sich nur das Wiedereinsetzungsgesuch als begründet erweist, kann es infolge der Wiedereinsetzung so angesehen werden, als sei der Antrag auf Verfahrenskostenhilfe im Sinne des § 134 – noch – vor Ablauf der Zahlungsfrist eingereicht worden und die Hemmung der Zahlungsfrist gemäß § 134 am letzten Tage der Zahlungsfrist eingetreten (so zutreffend Bendler bei Klauer/Möhring 3. Aufl Rdn. 3 zu § 46f). Die Zahlung kann dann noch bis zum Ablauf von einem Monat und einem Tag seit Zustellung des die Verfahrenskostenhilfe ablehnenden Beschlusses nachgeholt werden (Bendler aaO).

5 **3. Wirkung der Hemmung.** Die Einreichung des Antrags auf Verfahrenskostenhilfe innerhalb der Zahlungsfrist hat kraft Gesetzes zur Folge, dass der Lauf der Frist bis zum Ablauf von einem Monat nach Zustellung des auf das Gesuch ergehenden Beschlusses gehemmt wird. Das Wesen der Hemmung besteht nach § 209 BGB i. d. F. des Schuldrechtsmodernisierungsgesetzes darin, dass der Zeitraum, während dessen die Frist gehemmt ist, nicht in die Zahlungsfrist eingerechnet wird.

6 **a) Dauer der Hemmung.** Die Hemmung der Zahlungsfrist, die mit Einreichung des Antrags auf Verfahrenskostenhilfe eintritt, dauert bis zum Ablauf eines Monats nach Zustellung des auf das Gesuch ergehenden Beschlusses an. Die Hemmung hat dann allerdings nur noch für die Fälle Bedeutung, in denen die Verfahrenskostenhilfe abgelehnt worden ist.

Der Hemmungszeitraum von einem Monat fällt, wenn die Verfahrenskostenhilfe durch Beschluss der Patentabteilung verweigert wird (§ 135 Abs. 3), mit der Beschwerdefrist gemäß § 73 Abs. 2 zusammen. Der Antragsteller soll sich innerhalb des Monats zunächst entschließen können, ob er von dem Beschwerderecht Gebrauch machen will. Legt er innerhalb der Beschwerdefrist Beschwerde ein, so wird die Wirkung des Versagungsbeschlusses gemäß § 75 bis zur Entscheidung über die Beschwerde aufgeschoben. Demzufolge dauert aber auch die bei Einlegung der Beschwerde noch bestehende Hemmung der Zahlungsfrist bis zur Verkündung oder Zustellung der Entscheidung über die Beschwerde an, wie es § 519 Abs. 6 ZPO in seiner ursprünglichen Fassung ausdrücklich vorschrieb (vgl. dazu Neumar Mitt. **56,** 124). Hat die Beschwerde Erfolg und wird die Verfahrenskostenhilfe nunmehr bewilligt, so wird die Hemmung gegenstandslos. Wird die Beschwerde zurückgewiesen, so beginnt der Hemmungszeitraum von einem Monat mit der Verkündung oder Zustellung der Beschwerdeentscheidung erneut, da erst damit die aufschiebende Wirkung, die mit Einlegung der Beschwerde eingetreten ist und die auf den Zeitpunkt des Erlasses des Versagungsbeschlusses zurückwirkt, entfällt und der hinsichtlich der Wirksamkeit der angefochtenen Entscheidung bestehende Schwebezustand aufhört. Ist die Beschwerdefrist versäumt und wird wegen der Versäumnis Wiedereinsetzung in den vorigen Stand gewährt, so ist, da mit der Wiedereinsetzung die aufschiebende Wirkung mit rückwirkender Kraft eintritt, die Rechtslage die gleiche. Aber auch bei Versagung der Wiedereinsetzung dürfte die Rechtslage zumindest dann keine andere sein, wenn das Wiedereinsetzungsgesuch nicht offensichtlich unbegründet ist, vgl. § 75 Rdn. 3. 7

Wird die für das Beschwerde- oder Nichtigkeitsverfahren beantragte Verfahrenskostenhilfe vom Patentgericht verweigert, so endet die Hemmung der Zahlungsfrist, da der ablehnende Beschluss nach § 135 Abs. 3 unanfechtbar ist, stets mit Ablauf eines Monats seit Zustellung des Beschlusses. 8

Wird der Antrag auf Verfahrenskostenhilfe vor der Beschlussfassung über die Bewilligung zurückgenommen, so endet die Hemmung mit Eingang der Rücknahmeerklärung und nicht erst nach Ablauf eines Monats nach Eingang der Erklärung, RG JW **35,** 2287. 9

b) Ablauf der Zahlungsfrist. Da der Zeitraum, während dessen die Zahlungsfrist gehemmt ist, nicht auf diese angerechnet wird, läuft nach Ablauf eines Monats nach Zustellung des die Verfahrenskostenhilfe verweigernden Beschlusses oder des Beschwerdebeschlusses der bei Eintritt der Hemmung noch nicht verbrauchte Teil der Zahlungsfrist weiter (vgl. § 223 Abs. 1 ZPO). Es muss also zunächst festgestellt werden, wieviel Tage von der ursprünglichen Frist bei Eingang des Antrags auf Verfahrenskostenhilfe bereits abgelaufen waren, wobei der Tag des Eingangs des Gesuchs nicht mitgerechnet wird (RGZ **161,** 127; Neumar Mitt. **56,** 125). Dann ist weiter festzustellen, wieviel Tage der Frist im konkreten Falle noch zur Verfügung gestanden hätten, wenn die Frist ungehemmt weiter gelaufen wäre. Genau so viele Tage, wie sie im konkreten Falle noch von der ursprünglichen Frist zur Verfügung standen, werden an den Tag, an dem die Hemmung endete, und der nach § 187 Abs. 1 nicht mitgerechnet wird, angehängt, vgl. im einzelnen Neumar aaO. Ein Beispiel: Innerhalb einer Zahlungsfrist, die am 15. April begann und am 15. Mai endete, wurde am 5. Mai um Verfahrenskostenhilfe nachgesucht, der ablehnende Beschluss am 10. August zugestellt. Die am 5. Mai noch zur Verfügung stehenden 11 Tage der Zahlungsfrist beginnen am 11. September zu laufen; die Frist endet daher am 21. September; ob der letzte Tag der ursprünglichen Frist – im Beispiel der 15. Mai – ein Sonnabend, Sonn- oder Feiertag war, ist für die Berechnung ohne Belang, RGZ **131,** 108. Fällt dagegen der letzte Tag der neu berechneten Frist – im Beispiel der 21. September – auf einen Sonnabend oder Sonntag, so endet die Frist mit Ablauf des nächstfolgenden Werktages (§ 222 Abs. 2 ZPO). 10

135 *Verfahren.* (1) [1]**Das Gesuch um Bewilligung der Verfahrenskostenhilfe ist schriftlich beim Patentamt oder beim Patentgericht einzureichen.** [2]**§ 125 a gilt entsprechend.** [3]**Im Verfahren nach den §§ 110 und 122 kann das Gesuch auch vor der Geschäftsstelle des Bundesgerichtshof zu Protokoll erklärt werden.**

(2) **Über das Gesuch beschließt die Stelle, die für das Verfahren zuständig ist, für welches die Verfahrenskostenhilfe nachgesucht wird.**

(3) [1]**Die nach den §§ 130 bis 133 ergehenden Beschlüsse sind unanfechtbar, soweit es sich nicht um einen Beschluß der Patentabteilung handelt, durch den die Patentabteilung die Verfahrenskostenhilfe oder die Beiordnung eines Vertreters nach § 133 verweigert; die Rechtsbeschwerde ist ausgeschlossen.** [2]**§ 127 Abs. 3 der Zivilprozeßordnung ist auf das Verfahren vor dem Patentgericht entsprechend anzuwenden.**

Inhaltsübersicht

Vorbemerkung zur Textgeschichte: § 135 Abs. 1: ist durch h Art. 2 Nr. 35 Buchst. a des 2. PatÄndG v. 16. 7. 1998 BGBl. I 1827 m. W. v. 1. 11. 1998 neu gefasst worden. § 135 Abs. 1 Satz 3 (irrtümlich als Satz 2 bezeichnet) ist durch Art. 4 Abs. 1 Nr. 3 des Transparenz- und Publizitätsgesetzes v. 19. 7. 2002 BGBl. I 2681 m. W. v. 26. 7. 2002 angefügt worden. § 135 Abs. 2: der früherer Satz 2 wurde aufgehoben., der frühere Satz 1ist jetzt einziger Text gem. Art. 2 Nr. 35 Buchst. b des 2. PatGÄndG v. 16. 7. 1998 I 1827 mWv 1. 11. 1998; § 135 Abs. 3 Satz 2 ist eingefügt worden durch Art. 7 § 4 Buchst. a G v. 9. 12. 1986 I 2326 mWv 1. 1. 1987.

1, 2 **1. Antrag auf Verfahrenskostenhilfe. a) Antrag.** Die Bewilligung der Verfahrenskostenhilfe setzt einen Antrag des die Begünstigung Erstrebenden voraus. Verfahrenskostenhilfe kann nicht von Amts oder Gerichts wegen gewährt werden. Geschähe dies, so würden allerdings alle Folgen der Verfahrenskostenhilfe eintreten. Der Antrag ist prozessuale Willenserklärung und setzt daher Prozessfähigkeit voraus, BPatGE **30,** 167, 168. Er kann bis zur Bewilligung der Verfahrenskostenhilfe zurückgenommen werden. Der abgelehnte Antrag kann bis zur Beendigung des Verfahrens, in dem die Begünstigung begehrt wird, wiederholt werden, BPatGE **12,** 183. Sofern er nicht auf neue Umstände gestützt ist, braucht nicht nochmals darüber entschieden zu werden. Im Übrigen kann auf die Erl. zu den einzelnen Vorschriften verwiesen werden.

3 **aa) Form.** Der Antrag auf Verfahrenskostenhilfe ist schriftlich einzureichen, bedarf also der Schriftform und muss insbesondere unterschrieben sein. Er kann nicht, wie im Zivilprozess (§ 117 Abs. 1 Satz 1 ZPO), zu Protokoll der Geschäftsstelle erklärt werden. Eine Ausnahme besteht nur im Rechtsbeschwerdeverfahren nach § 138 Abs. 2 Satz 1. Durch die Anfügung von § 135 Abs. 1 Satz 3 m. W. v. 26. 7. 2002 ist klargestellt, dass der Antrag ggf. auch als elektronisches Dokument eingereicht werden kann.

4 **bb) Inhalt.** In dem Antrag auf Verfahrenskostenhilfe für das Einspruchs- oder Zwangslizenzverfahren ist der Sachverhalt, aus dem das sachliche Begehren, für welches Verfahrenskostenhilfe begehrt wird, gegebenenfalls unter Angabe der Beweismittel darzulegen (§ 136 in Vbdg. mit § 117 Abs. 1 Satz 2 ZPO). Für das Patenterteilungs- und Beschränkungsverfahren (§§ 130, 131) wird ersichtlich vorausgesetzt, dass bei Stellung des Antrags die Anmeldung oder der Beschränkungsantrag bereits vorliegt und sich die Beurteilungsgrundlagen aus diesen bereits vorliegenden Unterlagen ergeben.

5 **cc) Einreichung.** Der Antrag auf Verfahrenskostenhilfe ist beim Patentamt oder, wenn das Verfahren, für welches die Verfahrenskostenhilfe nachgesucht wird, dort anhängig ist, beim Patentgericht einzureichen. Das Gesetz gibt, wenn es Patentamt und Patentgericht nebeneinander aufführt, kein Wahlrecht. Wie ein Vergleich mit § 117 Abs. 1 ZPO zeigt, bedeutet die Vorschrift vielmehr, dass das Gesuch, wenn das Patentamt in der Hauptsache zuständig ist, bei diesem, und wenn das Patentgericht zuständig ist, dort anzubringen ist. Nur wenn es dort rechtzeitig eingeht, kann die in § 134 bezeichnete Rechtsfolge eintreten. Im Berufungs- und Beschwerdeverfahren nach den §§ 110, 122 kann das Gesuch auch vor der Geschäftsstelle des Bundesgerichtshofs erklärt werden. Im Übrigen ist es nach den Änderungen der §§ 110 und 122 bezüglich der Einlegung der Berufung bzw. der Beschwerde ohnehin direkt beim Bundesgerichtshof anzubringen. Nach Vorlage der Beschwerde an das Patentgericht (§ 73 Abs. 4 Satz 3) ist das Bundespatentgericht für das Beschwerdeverfahren zuständig; der Antrag auf Verfahrenskostenhilfe für die Beschwerdeinstanz ist daher von diesem Zeitpunkt an an das Bundespatentgericht zu richten.

6 **b) Erklärung über die persönlichen und wirtschaftlichen Verhältnisse.** Dem Antrag auf Verfahrenskostenhilfe muss eine Erklärung des Antragstellers über seine persönlichen und wirtschaftlichen Verhältnisse (Familienverhältnisse, Beruf, Vermögen, Einkommen und Lasten)

beigefügt werden (§ 117 Abs. 2 ZPO); dafür muss das amtliche Formular benutzt werden (§ 117 Abs. 4 ZPO), das durch die VO zur Einführung eines Vordrucks für die Erklärung über die persönlichen und wirtschaftlichen Verhältnisse vom Verordnung zur Einführung eines Vordrucks für die Erklärung über die persönlichen und wirtschaftlichen Verhältnisse bei Prozesskostenhilfe (Prozesskostenhilfevordruckverordnung) v. 17. 10. 1994, BGBl. I 3001, in Kraft seit dem 1. 1. 1995, inhaltlich festgelegt worden ist. Vgl. dazu auch das vom DPMA herausgegebene Merkblatt über Verfahrenskostenhilfe vor dem Deutschen Patent- und Markenamt (Ausgabe 2005) und den beigefügten Vordruck für die Erklärung über die persönlichen und wirtschaftlichen Verhältnisse, die auch über die Website des DPMA verfügbar sind, Bl. **04,** 423.

Die Abgabe der Erklärung auf dem vorgeschriebenen Vordruck ist ein Erfordernis des Antrages in dem Sinne, dass bei Nichterfüllung die Verfahrenskostenhilfe verweigert werden kann. Der Erklärung müssen entsprechende Belege beigefügt werden (§ 117 Abs. 2 ZPO).

2. Bewilligungsverfahren. Über den Antrag auf Verfahrenskostenhilfe wird in einem besonderen Verfahren entschieden, das in § 136 in Vbdg. mit § 118 ZPO geregelt ist. Es ist unabhängig von dem Hauptverfahren fortzuführen, also auch dann, wenn dieses ausgesetzt ist. 7

a) Anhörung. Über den Antrag auf Bewilligung von Verfahrenskostenhilfe wird ohne mündliche Verhandlung entschieden (§ 136 Abs. 1 PatG in Vbdg. mit § 127 Abs. 1 ZPO). Der Antragsteller und – grundsätzlich (vgl. unten Rdn. 10) auch – andere Beteiligte des Hauptverfahrens haben jedoch Anspruch auf Gehör. Im Einspruchs-, Nichtigkeits-, und Zwangslizenzverfahren können die Beteiligten zu einer mündlichen Erörterung geladen werden, wenn eine Einigung zu erwarten ist (§ 136 in Vbdg. mit § 118 Abs. 1 Satz 3 ZPO). 8

aa) Antragsteller. Die Notwendigkeit, den Antragsteller schriftlich oder mündlich zu hören, wenn das Gesuch auf Grund von Tatsachen zurückgewiesen werden soll, zu denen er sich nicht äußern konnte, ergibt sich aus dem Grundsatz des rechtlichen Gehörs, der in den §§ 42 Abs. 3 Satz 2, 48 Satz 2, 93 Abs. 2 gesetzlichen Niederschlag gefunden hat. Soll der Antrag auf Bewilligung von Verfahrenskostenhilfe für das Erteilungsverfahren zurückgewiesen werden, weil im Hinblick auf ermittelte druckschriftliche Vorveröffentlichungen keine hinreichende Aussicht auf Erteilung des Patents besteht, so ist dies dem Antragsteller vor der Beschlussfassung über den Antrag mitzuteilen und ihm Gelegenheit zu geben, sich innerhalb einer angemessenen Frist zu äußern, PA Bl. **56,** 374. Auch zu einem wesentlichen Vorbringen des Verfahrensgegners (vgl. unten Rdn. 10) ist der Antragsteller zu hören. 9

bb) Andere Beteiligte. Im Einspruchs-, Nichtigkeits-, und Zwangslizenzverfahren ist dem Gegner vor der Entscheidung über den Antrag auf Verfahrenskostenhilfe Gelegenheit zur Stellungnahme zu den sachlichen (nicht auch den persönlichen) Voraussetzungen der Bewilligung, vgl. BGH NJW **84,** 740, zu geben, wenn dies nicht aus besonderen Gründen unzweckmäßig erscheint (§ 136 in Vbdg. mit § 118 Abs. 1 Satz 1 ZPO). Gegner ist in diesem Sinne der Verfahrensgegner im Hauptverfahren. Die Auffassung, im Prozesskostenhilfeverfahren habe der Gegner des Antragstellers kein Anhörungsrecht zu den Angaben über die persönlichen und wirtschaftlichen Verhältnisse des Antragstellers, ist mit Art. 103 Abs. 1 GG vereinbar, BVerfG NJW **91,** 2078. Die Anhörung ist nicht erforderlich, wenn der Antrag auf Verfahrenskostenhilfe ohne weiteres zurückzuweisen ist, da der Gegner durch die Zurückweisung nicht in seinen Interessen berührt wird. Sie ist untunlich, wenn dem Antragsteller durch die Verzögerung der Entscheidung ein nicht wiedergutzumachender Schaden entstehen würde. Eine Erstattung der Kosten der Anhörung findet nach § 136 in Vbdg. mit § 118 Abs. 1 Satz 4 ZPO nicht statt. Das gilt auch für das Bewilligungsverfahren der Beschwerdeinstanz, das ohne die Einleitung des Hauptverfahrens endet (BPatGE **6,** 223), und für das Berufungsverfahren, BGH Mitt. **60,** 231. 10

b) Erhebungen. Nach § 136 PatG in Vbdg. mit § 118 Abs. 2 Satz 1 ZPO kann verlangt werden, dass der Antragsteller seine tatsächlichen Angaben glaubhaft macht; soweit dies ohne erhebliche Verzögerung möglich ist, können Erhebungen angestellt, insbesondere die Vorlegung von Urkunden angeordnet und Auskünfte eingeholt werden. Die Vernehmung von Zeugen und Sachverständigen ist nach § 136 PatG in Vbdg. mit § 118 Abs. 2 Satz 3 ZPO nur ausnahmsweise zulässig. Die zur Entscheidung über den Antrag zuständige Stelle kann dem Antragsteller eine Frist setzen, innerhalb deren er seine Angaben über seine persönlichen und wirtschaftlichen Verhältnisse glaubhaft zu machen hat oder bestimmte Fragen beantworten muss. Kommt der Antragsteller einem solchen Verlangen nicht innerhalb der gesetzten Frist nach oder hat er die ihm gestellten Fragen nur ungenügend oder überhaupt nicht beantwortet, ist die Bewilligung von Verfahrenskostenhilfe „insoweit", d. h. im Umfang der ungeklärt gebliebenen Fragen, abzulehnen (§ 136 in Vbdg. mit § 118 Abs. 2 Satz 4 ZPO i. d. F. der Kostennovelle 1987, BGBl. 1986 I 2326). 11

12 **c) Entscheidung.** Über den Antrag auf Verfahrenskostenhilfe wird ohne mündliche Verhandlung entschieden (§ 136 in Vbdg. mit § 127 Abs. 1 Satz 1 ZPO).

13 **aa) Zuständigkeit.** Über den Antrag beschließt grundsätzlich die Stelle, die für das Verfahren zuständig ist, für welches die Verfahrenskostenhilfe nachgesucht wird. Dieser Grundsatz erleidet jedoch zwei Ausnahmen.

14 Im Verfahren vor der Prüfungsstelle entscheidet die Patentabteilung (§ 27 Abs. 1 Nr. 2). Diese Regelung ist nach der Begründung zum 5. ÜG getroffen worden, um eine einheitliche Handhabung zu erzielen. Die Zuständigkeit der Prüfungsstelle für die Beurteilung der Patentanmeldung wird dadurch nicht berührt. Die Prüfungsstelle darf aber nicht der Patentabteilung in der Weise vorgreifen, dass sie bereits vor Abschluss des Verfahrens über die Verfahrenskostenhilfe über die Patentanmeldung entscheidet, BPatGE **12,** 177, 180. Die Abteilung beschließt in ihrer vollen Besetzung; der Vorsitzende kann jedoch auch allein über das Gesuch befinden (§ 27 Abs. 4). Eine Beratung und Abstimmung in einer Sitzung ist in § 2 Abs. 3 Satz 1 DPMAV vorgeschrieben für Beschlüsse über die Gewährung von Verfahrenskostenhilfe für Verfahrensgebühren in Beschränkungs- und Einspruchsverfahren sowie über die Beiordnung eines Vertreters nach § 133 des Patentgesetzes; im Übrigen kann die Beschlussfassung daher im Umlaufverfahren erfolgen. Von einer Sitzung kann ausnahmsweise auch vollständig abgesehen werden, § 2 Abs. 3 Satz 2 DPMAV.

15 Im Berufungsverfahren nach § 110 beschließt nach der Beseitigung des Vorverfahrens vor dem Patentgericht nur der Bundesgerichtshof. Über den Verfahrenskostenhilfeantrag für das Beschwerdeverfahren entscheidet das Patentgericht; die Bewilligung der Verfahrenskostenhilfe für das Patenterteilungsverfahren bewirkt nicht automatisch eine einstweilige Befreiung von der Zahlung der Beschwerdegebühr für das Beschwerdeverfahren, auch wenn der Prüfer zunächst im patentamtlichen Abhilfeverfahren über die Abhilfe zu entscheiden hat und der Beschwerde abhelfen will, BPatGE **19,** 92, 94 (noch zum „Armenrecht" ergangen).

16 **bb) Inhalt.** Die Entscheidung kann auf vollständige oder teilweise Bewilligung der Verfahrenskostenhilfe (§ 129 Rdn. 27) mit oder ohne Auferlegung der Verpflichtung zur Zahlung von Teilbeträgen (§ 129 Rdn. 28–30) ergehen. Durch die Entscheidung kann auch die beantragte Verfahrenskostenhilfe verweigert werden. Einer Entscheidung bedarf es nicht, wenn der Antrag auf Verfahrenskostenhilfe zurückgenommen ist oder es sich um einen wiederholten Antrag auf Verfahrenskostenhilfe handelt, der auf keine neuen Umstände gestützt ist. Eine Entscheidung über die Kosten des Bewilligungsverfahrens kommt nicht in Betracht, § 118 Abs. 1 Satz 4 und 5 ZPO, vgl. auch BGH Mitt. **60,** 231 (Berufungsverfahren); BPatGE **6,** 223 (Beschwerdeverfahren).

17 **cc) Begründung.** Entscheidungen des Patentamts im Verfahren über die Verfahrenskostenhilfe, die nach § 135 Abs. 3 oder nach § 136 in Vbdg. mit § 127 Abs. 2 ZPO der Beschwerde unterliegen (vgl. dazu unten Rdn. 19), müssen begründet werden, weil dem Patentgericht sonst die Grundlage für die Überprüfung im Falle der Einlegung der Beschwerde fehlt. Im Übrigen sollte, sofern das nicht nach Lage des Falles entbehrlich oder unzweckmäßig erscheint, eine kurze Begründung beigegeben werden.

18 **3. Aufhebung der Verfahrenskostenhilfe.** Die Verfahrenskostenhilfe kann nach ihrer Bewilligung nur unter den Voraussetzungen des § 124 ZPO, auf den § 136 für sämtliche Verfahrensarten verweist, oder des § 137 aufgehoben werden. Wegen der Einzelheiten kann auf die Erläuterungen zu § 137 verwiesen werden. Zuständig für die Aufhebung der Verfahrenskostenhilfe ist die Instanz, die sie bewilligt hat, nicht die Rechtsmittelinstanz. Die Aufhebung erfolgt durch Beschluss, der ohne mündliche Verhandlung ergeht (§ 136 in Vbdg. mit § 127 Abs. 1 Satz 1 ZPO).

19 **4. Rechtsbehelfe.** Die Beschlüsse des Patentgerichts und des Bundesgerichtshofs im Verfahren über die Verfahrenskostenhilfe sind, wie durch § 135 Abs. 3 ausdrücklich klargestellt ist, unanfechtbar. Eine trotzdem eingelegte Beschwerde gegen die Versagung von Verfahrenskostenhilfe durch das Patentgericht ist als unzulässig zu verwerfen, vgl. dazu BGH Beschl. v. 27. 7. 2004, X ZR 150/03/X ZB 38/03, Egr. Zu I, Mitt. **05,** 165.

20 Gegen einen Beschluss der Patentabteilung, durch den die Verfahrenskostenhilfe oder die Beiordnung eines Vertreters verweigert wird, ist die Beschwerde nach § 73 gegeben. § 135 Abs. 3 betrifft nur die Beschlüsse, die nach den §§ 130 bis 133 Satz 1 (vgl. dazu § 133 Rdn. 13) ergehen. Er betrifft nicht den Fall der Aufhebung der Verfahrenskostenhilfe (§ 137) und den Fall des § 133 Satz 2 in Vbdg. mit § 121 Abs. 4 ZPO (vgl. § 133 Rdn. 13). Insoweit ist § 136 in Vbdg. mit § 127 Abs. 2 ZPO anzuwenden; bei einer anderen Auslegung würde § 135 Abs. 3 nicht mit Art. 19 Abs. 4 GG zu vereinbaren sein. Wegen des Beschwerderechts des beigeordneten Vertreters vgl. Rdn 13 zu § 133.

Eine mit dem Zweck des Verfahrens unvereinbare Hinauszögerung der Entscheidung über das Gesuch auf Gewährung von Verfahrenskostenhilfe kommt einer Ablehnung dieses Gesuchs gleich. Eine Beschwerde mit dem Ziel, eine alsbaldige Entscheidung des Patentamts über ein Verfahrenskostenhilfegesuch zu erreichen, ist deshalb an sich statthaft. Sie ist jedoch unbegründet, wenn sie verfrüht erhoben wird, und wird wegen mangelnden Rechtsschutzbedürfnisses unzulässig, wenn das Patentamt inzwischen die nachgesuchte Verfahrenskostenhilfe rechtskräftig verweigert hat, BPatGE **30,** 119, LS und Egr. II 2, 3. 21

Die Beschwerde gegen die Verweigerung von Verfahrenskostenhilfe durch die Patentabteilung ist gebührenfrei. Die Entscheidung des BPatG v. 26. 9. 2002 – 9 W (pat) 30/02 – BPatGE **46,** 3 8, LS 1 – gebührenfreie Verfahrenskostenhilfebeschwerde, die den allgemeinen Prinzipien des Prozesskostenhilferechts abgeleitet worden ist, ist durch Zusatz zum Kostenverz. 401 300 (im Zeitpunkt der Entscheidung noch Nr. 411 200) Anl. zu § 2 Abs. 1 PatKostG nachträglich entsprechend bestätigt worden. Für das entsprechende Beschwerdeverfahren ist dementsprechend keine Verfahrenskostenhilfe zu gewähren, BPatG a. a. O., LS 2, Egr. II 3, in Bestätigung der früheren Entscheidung des Senats in BPatGE **43,** 187, 191 – Luftfilter, LS, Egr. II 5). Die Entscheidungen des BPatG v. 1. 7. 2003 – 11 W (pat) 15/02 –, BPatGE **47,** 120 und BPatG v. 18. 12. 2002 – 19 W (pat) 20/02 – Bl. **03,** 213, die die Gebührenpflichtigkeit der Beschwerde unter Berufung auf den „Willen des Gesetzgebers" auch im Gegensatz zu Entscheidungen des 9. Senats bejaht haben, sind überholt. Die Begründung zum RegE des Geschmacksmusterreformgesetzes, BT-Drs. 15/1075, der die Änderung vorbereitet hat, lässt allerdings die Frage offen, ob es sich um eine Klarstellung handelt oder ob ursprünglich wirklich die Beseitigung der Gebührenfreiheit gewollt war. Wahrscheinlich handelt es sich um ein Versehen im Gesetzgebungsverfahren, die entstandene Lücke konnte durchaus mit Hilfe der Rechtsanalogie geschlossen werden. Übereinstimmung besteht aber zwischen den verschiedenen Senaten, dass für das Beschwerdeverfahren keine Verfahrenskostenhilfe zu gewähren ist, so auch BPatGE **47,** 120, LS 2. 22

Nach Abs. 3 Satz 2, der durch Art. 7 § 4 Buchst. a der Kostennovelle 1987 neu eingefügt worden ist, ist § 127 Abs. 3 ZPO auf das Verfahren vor dem Patentgericht entsprechend anzuwenden. Die in Bezug genommene Vorschrift der ZPO, die durch die Kostennovelle 1987 neu in die ZPO eingefügt worden ist und eine Auslegungsfrage klären sollte, betrifft das Beschwerderecht der Staatskasse (Bundeskasse) gegen die Bewilligung der Verfahrenskostenhilfe, wenn weder Monatsraten noch aus dem Vermögen zu zahlende Beträge festgesetzt worden sind. Die Beschwerde kann nur darauf gestützt werden, dass der Beteiligte nach seinen persönlichen und wirtschaftlichen Verhältnissen Zahlungen zu leisten hat. Die Beschwerde ist nach Ablauf von drei Monaten seit der Verkündung der Entscheidung oder ihrer Übergabe an die Geschäftsstelle unstatthaft. Die genannte Vorschrift soll klarstellen, dass die Bundeskasse auch gegen das Absehen von einer Zahlungsanordnung Beschwerde einlegen kann. Das Beschwerderecht ist gegenständlich auf die Frage beschränkt, ob der Beteiligte, der Verfahrenskostenhilfe beantragt und bewilligt erhalten hat, Zahlungen leisten kann. Die Bundeskasse kann das Unterbleiben einer Ratenzahlungsanordnung nicht zum Anlass nehmen, eine erneute Gesamtprüfung der Bewilligung von Verfahrenskostenhilfe anzuregen. 23

Die Bezugnahme auf „das Verfahren vor dem Patentgericht" ergibt, dass lediglich Entscheidungen des Bundespatentgerichts, die Verfahrenskostenhilfe zum „Nulltarif" bewilligen, der Anfechtung durch die Bundeskasse unterliegen., Damit wird in diesen Fällen der Beschwerderechtszug zum BGH eröffnet. Da aber beim BPatG der Rechtspfleger über Maßnahmen der Verfahrenskostenhilfe entscheidet, ist gegen seine Entscheidung i. S. v. § 127 Abs. 3 Satz 1 ZPO zunächst die Erinnerung der Bundeskasse gegeben. Die Anfechtbarkeit entsprechender Entscheidungen des Patentamts wurde nicht vorgesehen, da man bei der Erörterung der Vorschrift im Gesetzgebungsverfahren davon ausging, dass im Verwaltungswege eine gesetzeskonforme Praxis des Patentamts sichergestellt werden kann. 24

136 *Entsprechende Anwendung.* **[1]Die Vorschriften des § 117 Abs. 2 bis 4, des § 118 Abs. 2 und 3, der §§ 119 und 120 Abs. 1, 3 und 4 sowie der §§ 124 und 127 Abs. 1 und 2 der Zivilprozeßordnung sind entsprechend anzuwenden, § 127 Abs. 2 der Zivilprozeßordnung mit der Maßgabe, daß die Beschwerde unabhängig von dem Verfahrenswert stattfindet. [2]Im Einspruchsverfahren sowie in den Verfahren wegen Erklärung der Nichtigkeit des Patents oder in Zwangslizenzverfahren (§§ 81, 85) gilt dies auch für § 117 Abs. 1 Satz 2, § 118 Abs. 1, § 122 Abs. 2 sowie die §§ 123, 125 und 126 der Zivilprozeßordnung.**

Vorbemerkung zur Textgeschichte: § 136 Satz 1 ist durch Art. 7 § 4 Buchst. 4 des KostenÄndG v. 9. 12. 1986, BGBl. I 2336, m.W.v. 1. 1. 1987 neu gefasst worden; dadurch wurden die Verweisungen auf § 120 Abs. 4 und § 127 Abs. 1 und 2 ZPO eingefügt. Durch Art. 42 Nr. 2 des Zivilprozessreformgesetzes (ZPO-RG) wurden m.W.v. 1. 1. 2002 in Satz 1 die Wörter „§ 127 Abs. 2 der Zivilprozessordnung … stattfindet" eingefügt. Satz 2 ist durch Art. 2 Nr. 35a des 2. PatÄndG v. 16. 7. 1998, BGBl. I 1827 m.W.v. 1. 11. 1998 neu gefasst worden (Streichung der Zurücknahme des Patents und redaktionelle Änderung).

Die in der Vorschrift genannten, entsprechend anzuwendenden Vorschriften der ZPO haben folgenden Wortlaut:

§ 117

(1) [1] … [2] In dem Antrag ist das Streitverhältnis unter Angabe der Beweismittel darzustellen.

(2) Dem Antrag sind eine Erklärung der Partei über ihre persönlichen und wirtschaftlichen Verhältnisse (Familienverhältnisse, Beruf, Vermögen, Einkommen und Lasten) sowie entsprechende Belege beizufügen. Die Erklärung und die Belege dürfen dem Gegner nur mit Zustimmung der Partei zugänglich gemacht werden.

(3) Der Bundesminister der Justiz wird ermächtigt, zur Vereinfachung und Vereinheitlichung des Verfahrens durch Rechtsverordnung mit Zustimmung des Bundesrates Formulare für die Erklärung einzuführen.

(4) Soweit Formulare für die Erklärung eingeführt sind, muß sich die Partei ihrer bedienen.

§ 118

(1) [1] Vor der Bewilligung der Prozesskostenhilfe ist dem Gegner Gelegenheit zur Stellungnahme zu geben, wenn dies nicht aus besonderen Gründen unzweckmäßig erscheint. [2] Die Stellungnahme kann vor der Geschäftsstelle zu Protokoll erklärt werden. [3] Das Gericht kann die Parteien zur mündlichen Erörterung laden, wenn eine Einigung zu erwarten ist; ein Vergleich ist zu gerichtlichem Protokoll zu nehmen. [4] Dem Gegner entstandene Kosten werden nicht erstattet. [5] Die durch die Vernehmung von Zeugen und Sachverständigen nach Absatz 2 Satz 3 entstandenen Auslagen sind als Gerichtskosten von der Partei zu tragen, der die Kosten des Rechtsstreits auferlegt sind.

(2) [1] Das Gericht kann verlangen, daß der Antragsteller seine tatsächlichen Angaben glaubhaft macht. [2] Es kann Erhebungen anstellen, insbesondere die Vorlegung von Urkunden anordnen und Auskünfte einholen. [3] Zeugen und Sachverständige werden nicht vernommen, es sei denn, daß auf andere Weise nicht geklärt werden kann, ob die Rechtsverfolgung oder Rechtsverteidigung hinreichende Aussicht auf Erfolg bietet und nicht mutwillig erscheint; eine Beeidigung findet nicht statt. [4] Hat der Antragsteller innerhalb einer von dem Gericht gesetzten Frist Angaben über seine persönlichen und wirtschaftlichen Verhältnisse nicht glaubhaft gemacht oder bestimmte Fragen nicht oder ungenügend beantwortet, so lehnt das Gericht die Bewilligung von Prozesskostenhilfe insoweit ab.

(3) Die in Absatz 1, 2 bezeichneten Maßnahmen werden von dem Vorsitzenden oder einem von ihm beauftragten Mitglied des Gerichts durchgeführt.

§ 119

(1) Die Bewilligung der Prozesskostenhilfe erfolgt für jeden Rechtszug besonders. [2] In einem höheren Rechtszug ist nicht zu prüfen, ob die Rechtsverfolgung oder Rechtsverteidigung hinreichende Aussicht auf Erfolg bietet oder mutwillig erscheint, wenn der Gegner das Rechtsmittel eingelegt hat.

(2) Die Bewilligung von Prozesskostenhilfe für die Zwangsvollstreckung in das bewegliche Vermögen umfaßt alle Vollstreckungshandlungen im Bezirk des Vollstreckungsgerichts einschließlich des Verfahrens auf Abgabe der eidesstattlichen Versicherung.

§ 120

(1) [1] Mit der Bewilligung der Prozesskostenhilfe setzt das Gericht zu zahlende Monatsraten und aus dem Vermögen zu zahlende Beträge fest. [2] Setzt das Gericht nach § 115 Abs. 1 Satz 3 Nr. 4 mit Rücksicht auf besondere Belastungen von dem Einkommen Beträge ab und ist anzunehmen, daß die Belastungen bis zum Ablauf von vier Jahren ganz oder teilweise entfallen werden, so setzt das Gericht zugleich diejenigen Zahlungen fest, die sich ergeben, wenn die Belastungen nicht oder nur in verringertem Umfang berücksichtigt werden, und bestimmt den Zeitpunkt, von dem an sie zu erbringen sind.

(2) …

(3) Das Gericht soll die vorläufige Einstellung der Zahlungen bestimmen,

1. wenn abzusehen ist, daß die Zahlungen der Partei die Kosten decken;
2. wenn die Partei, ein ihr beigeordneter Rechtsanwalt oder die Bundes- oder Landeskasse die Kosten gegen einen anderen am Verfahren Beteiligten geltend machen kann.

(4) [1] Das Gericht kann die Entscheidung über die zu leistenden Zahlungen ändern, wenn sich die für die Prozesskostenhilfe maßgebenden persönlichen oder wirtschaftlichen Verhältnisse wesentlich geändert haben, eine Änderung der nach § 115 Abs. 1 Satz 3 Nr. 1 Buchstabe b und Nr. 2 maßgebenden Beträge ist nur auf Antrag und nur dann zu berücksichtigen, wenn sie dazu führt, daß keine Monatsrate zu zahlen ist. [2] Auf Verlangen des Gerichts hat sich die Partei darüber zu erklären, ob eine Änderung der Verhältnisse eingetreten ist. [3] Eine Änderung zum Nachteil der Partei ist ausgeschlossen, wenn seit der rechtskräftigen Entscheidung oder sonstigen Beendigung des Verfahrens vier Jahre vergangen sind.

§ 122

(1) …

(2) Ist dem Kläger, dem Berufungskläger oder dem Revisionskläger Prozesskostenhilfe bewilligt und ist nicht bestimmt worden, daß Zahlungen an die Bundes- oder Landeskasse zu leisten sind, so hat dies für den Gegner die einstweilige Befreiung von den in Absatz 1 Nr. 1 Buchstabe a bezeichneten Kosten zur Folge.

§ 123

Die Bewilligung der Prozesskostenhilfe hat auf die Verpflichtung, die dem Gegner entstandenen Kosten zu erstatten, keinen Einfluß.

§ 124

Das Gericht kann die Bewilligung der Prozesskostenhilfe aufheben, wenn

1. die Partei durch unrichtige Darstellung des Streitverhältnisses die für die Bewilligung der Prozesskostenhilfe maßgebenden Voraussetzungen vorgetäuscht hat;
2. die Partei absichtlich oder aus grober Nachlässigkeit unrichtige Angaben über die persönlichen oder wirtschaftlichen Verhältnisse gemacht oder eine Erklärung nach § 120 Abs. 4 Satz 2 nicht abgegeben hat;
3. die persönlichen oder wirtschaftlichen Voraussetzungen für die Prozesskostenhilfe nicht vorgelegen haben; in diesem Falle ist die Aufhebung ausgeschlossen, wenn seit der rechtskräftigen Entscheidung oder sonstigen Beendigung des Verfahrens vier Jahre vergangen sind;
4. die Partei länger als drei Monate mit der Zahlung einer Monatsrate oder mit der Zahlung eines sonstigen Betrages im Rückstand ist.

§ 125

(1) Die Gerichtskosten und die Gerichtsvollzieherkosten können von dem Gegner erst eingezogen werden, wenn er rechtskräftig in die Prozesskosten verurteilt ist.

(2) Die Gerichtskosten, von deren Zahlung der Gegner einstweilen befreit ist, sind von ihm einzuziehen, soweit er rechtskräftig in die Prozesskosten verurteilt oder der Rechtsstreit ohne Urteil über die Kosten beendet ist.

§ 126

(1) Die für die Partei bestellten Rechtsanwälte sind berechtigt, ihre Gebühren und Auslagen von dem in die Prozesskosten verurteilten Gegner im eigenen Namen beizutreiben.

(2) [1] Eine Einrede aus der Person der Partei ist nicht zulässig. [2] Der Gegner kann mit Kosten aufrechnen, die nach der in demselben Rechtsstreit über die Kosten erlassenen Entscheidung von der Partei zu erstatten sind.

§ 127

(1) [1] Entscheidungen im Verfahren über die Prozesskostenhilfe ergehen ohne mündliche Verhandlung. [2] Zuständig ist das Gericht des ersten Rechtszuges; ist das Verfahren in einem höheren Rechtszug anhängig, so ist das Gericht dieses Rechtszuges zuständig.

(2) [1] Die Bewilligung der Prozesskostenhilfe kann nur nach Maßgabe des Absatzes 3 angefochten werden. [2] Im übrigen findet die Beschwerde statt.

(3) [1] Gegen die Bewilligung der Prozesskostenhilfe findet die Beschwerde der Staatskasse statt, wenn weder Monatsraten noch aus dem Vermögen zu zahlende Beträge festgesetzt worden sind. [2] Die Beschwerde kann nur darauf gestützt werden, daß die Partei nach ihren persönlichen und wirtschaftlichen Verhältnissen Zahlungen zu leisten hat. [3] Nach Ablauf von drei Monaten seit der Verkündung der Entscheidung ist die Beschwerde unstatthaft. [4] Wird die Entscheidung nicht verkündet, so tritt an die Stelle der Verkündung der Zeitpunkt, in dem die unterschriebene Entscheidung der Geschäftsstelle übergeben wird. [5] Die Entscheidung wird der Staatskasse nicht von Amts wegen mitgeteilt.

(4) Die Kosten des Beschwerdeverfahrens werden nicht erstattet.

Durch das Rechtspflege-Vereinfachungsgesetz vom 17. 12. 1991, BGBl. I 2847, ist § 127 Abs. 2 ZPO neu gefasst und Abs. 4 neu angefügt worden. Diese Vorschrift ist, obwohl das PatG nicht ausdrücklich an diese Ergänzung angepasst worden ist, analog auf Beschwerdeverfahren im Rahmen der §§ 129ff. anzuwenden.

137 *Aufhebung der Verfahrenskostenhilfe.* **[1] Die Verfahrenskostenhilfe kann aufgehoben werden, wenn die angemeldete oder durch ein Patent geschützte Erfindung, hinsichtlich deren Verfahrenskostenhilfe gewährt worden ist, durch Veräußerung, Benutzung, Lizenzvergabe oder auf sonstige Weise wirtschaftlich verwertet wird und die hieraus fließenden Einkünfte die für die Bewilligung der Verfahrenskostenhilfe maßgeblichen Verhältnisse so verändern, daß dem betroffenen Beteiligten die Zahlung der Verfahrenskosten zugemutet werden kann; dies gilt auch nach Ablauf der Frist des § 124 Nr. 3 der Zivilprozeßordnung. [2] Der Beteiligte, dem Verfahrenskostenhilfe gewährt worden ist, hat jede wirtschaftliche Verwertung dieser Erfindung derjenigen Stelle anzuzeigen, die über die Bewilligung entschieden hat.**

Inhaltsübersicht

1 **1. Aufhebung der Verfahrenskostenhilfe.** Die Vorschrift ergänzt § 124 ZPO, auf den in § 136 verwiesen wird. § 124 ZPO enthält die allgemeinen Aufhebungsgründe für die Prozesskostenhilfe und damit kraft entsprechender Anwendung die Verfahrenskostenhilfe nach PatG. § 137 PatG fügt diesen Aufhebungsgründen einen weiteren, auf die speziellen Verhältnisse der in dem Abschnitt geregelten Verfahren abgestellten Aufhebungsgrund für die Verfahrenskostenhilfe hinzu. Die Erträge einer wirtschaftlichen Verwertung der durch die Verfahrenskostenhilfe betroffenen Erfindung sollen danach in einem zumutbaren Umfange auch außerhalb der sonst gezogenen Grenzen zur Deckung der Kosten des Verfahrens, für das die Verfahrenskostenhilfe bewilligt worden ist, herangezogen werden. Die Anordnung der Nachzahlung von Kosten wegen einer Besserung der wirtschaftlichen Verhältnisse, die in § 46i PatG 1968 geregelt war, ist durch das Gesetz über die Prozesskostenhilfe beseitigt worden. Eine Änderung der Verhältnisse des Begünstigten im Sinne einer Besserung, die erst nach der Bewilligung der Verfahrenskostenhilfe eingetreten ist, hat nach der gesetzlichen Neuregelung nur noch im Rahmen des § 137 sowie des § 120 Abs. 4 ZPO hinsichtlich zu leistender Zahlungen Bedeutung.

2 **2. Voraussetzungen für die Aufhebung nach § 124 ZPO.** § 124 ZPO sieht in den Nrn. 1–3 eine Aufhebung der Prozesskostenhilfe aus Gründen vor, die schon im Zeitpunkt der Bewilligung der Prozesskostenkostenhilfe vorlagen, im Bewilligungsverfahren jedoch unberücksichtigt geblieben sind, weil der Antragsteller durch unrichtige Angaben das Vorliegen der sachlichen Voraussetzungen für die Prozesskostenhilfe (vgl. § 129 Rdn. 18–20) vorgetäuscht hat (§ 124 Nr. 1 ZPO), weil der Antragsteller absichtlich oder aus grober Nachlässigkeit unrichtige Angaben über die persönlichen oder wirtschaftlichen Verhältnisse gemacht oder trotz Aufforderung durch die zuständige Stelle keine Erklärung darüber abgegeben hat, ob eine Änderung der Verhältnisse eingetreten ist (§ 124 Nr. 2 ZPO) oder weil die bewilligende Stelle die persönlichen und wirtschaftlichen Voraussetzungen für die Prozesskostenkostenhilfe zu Unrecht für gegeben erachtet hat, ohne dass dies durch absichtlich oder grob nachlässig unrichtige Angaben des Antragstellers veranlaßt worden ist (§ 124 Nr. 3 ZPO). In den Fällen des § 124 Nr. 2 und 3 ZPO wird schon nach dem Wortlaut der Vorschrift nicht allein auf die persönlichen und wirtschaftlichen Verhältnisse des Antragstellers, sondern auf die Verhältnisse aller Personen abgestellt, die für die Bewilligung der Prozesskostenhilfe zu berücksichtigen sind, im Falle des § 130 Abs. 4 PatG z. B. also auch die des Erfinders. Weiterer Aufhebungsgrund ist nach § 124 Nr. 4 ZPO ein längerer als dreimonatiger Rückstand mit der Entrichtung der vom Begünstigten zu erbringenden Zahlungen.

3 **3. Anordnung der Aufhebung.** Bei Vorliegen der Voraussetzungen des § 124 ZPO kann die zuständige Stelle die Verfahrenskostenhilfe aufheben. Die Aufhebung ist damit in das pflichtgemäße Ermessen der zuständigen Stelle gestellt (vgl. die Begrd. zum RegEntw des Gesetzes über die Prozesskostenhilfe BRDrucks. 187/79 S. 31) a. A. Baumbach/Lauterbach/Albers/Hartmann, Rdn. 16, 17 zu § 124 ZPO mit Nachweisen zum Streitstand, der sich aber auf patentamtliche und patentgerichtliche Verfahren sowie auf Verfahren vor dem BGH nur mit Vorbehalten übertragen lässt (Interessen eines Verfahrensgegners, Rechtssicherheit). In den Fällen des § 124 Nr. 1 und 2 ZPO soll u. a. in Betracht gezogen werden, ob es sich um einen gravierenden Verstoß gegen die Verpflichtung, zutreffende Angaben zu machen, handelt (BRDrucks. aaO). Im Falle des § 124 Nr. 2 ZPO wird auch eine Rolle spielen müssen, ob die Bewilligung der Verfahrenskostenhilfe auch hätte in Betracht kommen können, wenn der Antragsteller richtige Angaben gemacht hätte. Bei über drei Monate andauernden Zahlungsrückständen (§ 124 Nr. 4 ZPO) soll bei der Ausübung des Ermessens auch geprüft werden, ob und gegebenenfalls in welchem Umfang die Nichtzahlung verschuldet ist (BRDrucks. aaO). Im Falle des § 124 Nr. 3 wird auch die spätere Entwicklung der Einkommens- und Vermögensverhältnisse in Betracht zu ziehen sein. Eine Teilaufhebung durch Begründung oder Änderung von Verpflichtungen des Begünstigten sieht das Gesetz (abweichend vom RegEntw zum Gesetz

über die Prozesskostenhilfe, vgl. dazu BR-Drucks. 187/79 S. 31 zu § 121) nicht vor. Allerdings kann die Entscheidung über zu leistende Zahlungen jetzt nach § 120 Abs. 4 ZPO n.F. geändert werden.

Bei Vorliegen der Voraussetzungen des § 124 ZPO kann die Verfahrenskostenhilfe grundsätzlich ohne zeitliche Begrenzung aufgehoben werden. Nur im Falle des § 124 Nr. 3 ZPO, in dem dem Begünstigten kein oder nur ein geringer Vorwurf gemacht werden kann, ist für die Aufhebung der Verfahrenskostenhilfe eine zeitliche Grenze gesetzt worden: Die Verfahrenskostenhilfe kann in diesem Falle nur innerhalb von vier Jahren seit der rechtskräftigen Entscheidung oder sonstigen Beendigung des Verfahrens – nicht des jeweiligen Rechtszuges i.S. des § 119 Satz 1 ZPO – aufgehoben werden; der Begünstigte kann daher in diesem Falle nach Ablauf der gesetzlichen Frist davon ausgehen, dass wegen der bewilligten Verfahrenskostenhilfe keine Ansprüche mehr gegen ihn gestellt werden. 4

4. Aufhebung nach § 137. Nach § 137 kann die nach den Vorschriften des Abschnitts bewilligte Verfahrenskostenhilfe auch wegen einer nach der Bewilligung eingetretenen Veränderung der Verhältnisse aufgehoben werden, wenn sie auf einer wirtschaftlichen Verwertung der betroffenen Erfindung beruht und so wesentlich ist, dass dem Begünstigten die Zahlung der Verfahrenskosten zuzumuten ist. Die Aufhebung ist in diesem Falle ohne zeitliche Begrenzung möglich. Zur Erleichterung der Prüfung ist dem Begünstigten eine Anzeigepflicht auferlegt worden (§ 137 Satz 2). 5

a) Wirtschaftliche Verwertung der betroffenen Erfindung. Die Vorschrift berücksichtigt nur die nachträgliche Veränderung der wirtschaftlichen Verhältnisse des Begünstigten infolge der Verwertung der Erfindung, hinsichtlich deren Verfahrenskostenhilfe gewährt worden ist; eine Veränderung aus anderen Gründen bleibt außer Betracht. Berücksichtigt wird jede wirtschaftliche Verwertung der Erfindung, durch Veräußerung, Benutzung oder auf sonstige Weise; maßgebend ist nur, ob sie dem Begünstigten wirtschaftliche Vorteile bietet, die seine wirtschaftliche Lage günstig beeinflussen. 6

b) Wesentliche Verbesserung der Verhältnisse. Die wirtschaftlichen Verhältnisse des Begünstigten müssen sich infolge der wirtschaftlichen Verwertung der betroffenen Erfindung so verändert haben, dass dieser nunmehr zur Zahlung der – vollen – Verfahrenskosten in der Lage ist. Erträge aus der Verwertung der Erfindung, die diesen Umfang nicht erreichen, bleiben ganz außer Betracht. 7

c) Zumutbarkeit der Zahlung. Für die Aufhebung der Verfahrenskostenhilfe genügt es nicht, dass der Begünstigte durch die Verwertung der Erfindung in die Lage versetzt wird, die Verfahrenskosten nunmehr aufzubringen. Die Zahlung der Kosten aus den Erträgen der wirtschaftlichen Verwertung muss dem Betroffenen auch zumutbar sein. Der Gesichtspunkt der Zumutbarkeit erlaubt die Berücksichtigung aller Umstände des Einzelfalles, insbesondere der Aufwendungen für die Entwicklung, Erprobung und Weiterentwicklung der Erfindung, sofern diese nicht schon bei der Beurteilung der für die Bewilligung der Verfahrenskostenhilfe maßgebenden Verhältnisse herangezogen worden sind. 8

5. Verfahren. Die Aufhebung der Verfahrenskostenhilfe erfolgt von Amts wegen. Dem beigeordneten Vertreter und dem Vertreter der Bundeskasse ist kein Antragsrecht eingeräumt worden; die Aufhebung der Verfahrenskostenhilfe kann daher von ihnen nur angeregt werden. 9

a) Anzeigepflicht. In den Fällen des § 124 Nr. 1–3 ZPO findet die Aufhebung der Verfahrenskostenhilfe in der Regel ihre Grundlage in Umständen, die schon bei der Bewilligung der Verfahrenskostenhilfe vorlagen. Die weitere Entwicklung der Verhältnisse ist insoweit ohne Bedeutung. Eine Anzeigepflicht ist daher für diesen Fall nicht vorgesehen. Änderungen können nach § 120 Abs. 4 ZPO n.F. berücksichtigt werden, sie berühren aber nur die Verpflichtung zur Leistung von Zahlungen; eine Aufhebung der Verfahrenskostenhilfe ist auf dieser Rechtsgrundlage nicht zulässig. Im Falle des § 124 Nr. 4 ZPO werden die erforderlichen Feststellungen durch die zuständige Amtskasse getroffen. Im Falle des § 137 ist Grundlage für die Aufhebung der Verfahrenskostenhilfe die Veränderung der wirtschaftlichen Verhältnisse des Begünstigten. Eine Überwachung dieser Verhältnisse ist jedoch nicht vorgesehen. Der Gesetzgeber hat sich damit begnügt, dem Begünstigten die Verpflichtung aufzuerlegen, jede wirtschaftliche Verwertung der betroffenen Erfindung anzuzeigen. Das bedeutet nicht, dass die zuständige Stelle Kenntnisse, die sie auf andere Weise erlangt hat, nicht verwerten dürfte. Eine Sanktion für den Fall, dass der Betroffene die Anzeigepflicht verletzt, enthält die Vorschrift nicht. Die Verfahrenskostenhilfe kann daher nicht aus diesem Grunde, sondern nur bei Vorliegen der bezeichneten Voraussetzungen aufgehoben werden. 10

11 **b) Zuständigkeit.** Über die Aufhebung der Verfahrenskostenhilfe beschließt die Stelle, die für das Verfahren, für welches die Verfahrenskostenhilfe bewilligt ist, zuständig ist (§ 136 in Vbdg. mit § 127 Abs. 1 Satz 2 ZPO), im Verfahren vor dem Patentamt die Patentabteilung; § 27 Abs. 1, der die Zuständigkeit der Patentabteilung regelt, erwähnt zwar nur die Bewilligung der Verfahrenskostenhilfe; für die Aufhebung der Verfahrenskostenhilfe kann jedoch, wie auch § 135 Abs. 3 bestätigt, nichts anderes gelten. Nach Abschluss des Verfahrens, für das die Verfahrenskostenhilfe bewilligt worden ist, entscheidet über die Aufhebung der Verfahrenskostenhilfe nach § 136 in Vbdg. mit § 127 Abs. 1 Satz 2 ZPO das Gericht der ersten Instanz. Obwohl die Anwendung des § 127 Abs. 1 Satz 2 ZPO nur eine entsprechende ist, wird das Patentamt im Verhältnis zum Patentgericht und zum Bundesgerichtshof nicht als „Gericht des ersten Rechtszuges" behandelt werden können; das dürfte sich schon im Hinblick auf § 124 Nr. 1 ZPO verbieten.

Beim Patentgericht ist die Aufhebung der Bewilligung der Verfahrenskostenhilfe in den Fällen des § 124 Nr. 2, 3, 4 ZPO durch § 23 Abs. 1 Nr. 2 RechtspflG dem Rechtspfleger übertragen worden.

12 **c) Anhörung.** Vor der Entscheidung über die Aufhebung der Bewilligung der Verfahrenskostenhilfe ist der begünstigte Beteiligte zu hören, BPatGE **28,** 105, 106. Das ergibt sich schon aus dem Grundsatz des rechtlichen Gehörs. Eine Anhörung des Vertreters der Bundeskasse und des beigeordneten Vertreters ist abweichend von § 126 Abs. 3 ZPO a. F. nicht mehr vorgesehen, hinsichtlich des Vertreters aber ebenfalls angezeigt, da auch in seine Rechtsstellung eingegriffen wird, BPatGE **28,** 105, 106.

13 **d) Entscheidung.** Die Entscheidung über die Aufhebung der Bewilligung der Verfahrenskostenhilfe ergeht ohne mündliche Verhandlung (§ 136 in Vbdg. mit § 127 Abs. 1 Satz 1 ZPO). Wenn die zuständige Stelle (vgl. oben Rdn. 11) die Voraussetzungen für die Aufhebung der Bewilligung der Verfahrenskostenhilfe nicht für gegeben erachtet, so ist kein förmlicher Beschluss erforderlich, ein Aktenvermerk genügt. Die Aufhebung der Bewilligung ergeht durch Beschluss, der zu begründen und dem oder den Betroffenen zuzustellen ist.

14 **e) Rechtsbehelfe.** Gegen den Beschluss der Patentabteilung, durch den die Bewilligung der Verfahrenskostenhilfe aufgehoben wird, ist die Beschwerde an das Patentgericht gegeben. § 135 Abs. 3 betrifft diesen Fall nicht; nach § 136 ist § 127 Abs. 2 Satz 2 ZPO entsprechend anzuwenden (vgl. dazu § 135 Rdn. 19). Im Übrigen ist der Beschluss grundsätzlich unanfechtbar; gegen die Aufhebung der Bewilligung der Verfahrenskostenhilfe durch den Rechtspfleger des Patentgerichts (§ 23 Abs. 1 Nr. 2 RpflG) ist jedoch die Erinnerung gegeben (§ 23 Abs. 2 RpflG).

15 **6. Folgen der Aufhebung der Verfahrenskostenhilfe.** Die Aufhebung der Bewilligung der Verfahrenskostenhilfe hat zur Folge, dass die der Bewilligung beigelegten Wirkungen (§ 130 Abs. 2, § 122 Abs. 1 ZPO) entfallen. Diese Wirkungen entfallen aber nur für die Zukunft (abw. Baumbach/Lauterbach/Hartmann/Albers Anm. 7, Rdn 25 zu § 124 ZPO). Soweit nach § 130 Abs. 2 die Bewilligung der Verfahrenskostenhilfe bewirkt hat, dass bei den Gebühren, die Gegenstand der Verfahrenskostenhilfe gewesen sind, die für den Fall der Nichtzahlung vorgesehenen Rechtsfolgen nicht eingetreten sind, muss es dabei sein Bewenden haben; der begünstigte Beteiligte muss lediglich die Gebühren nachzahlen. Die entstandenen Verfahrenskosten und die auf die Bundeskasse übergegangenen Ansprüche der beigeordneten Vertreter können nunmehr ohne die sich aus § 122 Abs. 1 Nr. 1 ZPO ergebenden Beschränkungen gegen den Beteiligten, dem die Verfahrenskostenhilfe bewilligt war, geltend gemacht und ggfls. beigetrieben werden (§ 1 Abs. 1 Nr. 4a bzw. Abs. 5 JBeitrO). Der beigeordnete Vertreter ist nicht mehr durch § 122 Abs. 1 Nr. 3 ZPO gehindert, seinen Vergütungsanspruch gegen den Beteiligten geltend zu machen. Soweit in entsprechender Anwendung des § 122 Abs. 2 ZPO auch der Verfahrensgegner einstweilen von Kosten befreit ist (vgl. dazu § 129 Rdn. 34), entfällt die Befreiung mit der Aufhebung der Bewilligung der Verfahrenskostenhilfe.

138 *Rechtsbeschwerdeverfahren.* (1) **Im Verfahren über die Rechtsbeschwerde (§ 100) ist einem Beteiligten auf Antrag unter entsprechender Anwendung der §§ 114 bis 116 der Zivilprozeßordnung Verfahrenskostenhilfe zu bewilligen.**

(2) [1]**Das Gesuch um die Bewilligung von Verfahrenskostenhilfe ist schriftlich beim Bundesgerichtshof einzureichen; es kann auch vor der Geschäftsstelle zu Protokoll erklärt werden.** [2]**Über das Gesuch beschließt der Bundesgerichtshof.**

(3) **Im übrigen sind die Bestimmungen des § 130 Abs. 2, 3, 5 und 6 sowie der §§ 133, 134, 136 und 137 entsprechend anzuwenden mit der Maßgabe, daß einem Beteiligten, dem Verfahrenskostenhilfe bewilligt worden ist, nur ein beim Bundesgerichtshof zugelassener Rechtsanwalt beigeordnet werden kann.**

Inhaltsübersicht

1. Verfahrenskostenhilfe im Rechtsbeschwerdeverfahren. Durch das 6. ÜG ist zugleich mit dem Rechtsbeschwerdeverfahren das Armenrecht für dieses Verfahren eingeführt und die Vorschrift in das Gesetz eingefügt worden. Durch das Gesetz über die Prozesskostenhilfe ist das Armenrecht durch die Verfahrenskostenhilfe ersetzt worden. Die Vorschrift sieht für alle Verfahrensarten, für die das Rechtsbeschwerdeverfahren in Betracht kommt, Verfahrenskostenhilfe vor. Die Verfahrenskostenhilfe im Berufungs- und Beschwerdeverfahren (§§ 110, 122) vor dem Bundesgerichtshof ist in § 132 geregelt. 1

2. Voraussetzungen für die Bewilligung. Verfahrenskostenhilfe kann jedem Beteiligten, also dem Beschwerdeführer und – im zweiseitigen Verfahren – dem Beschwerdegegner, dem Antragsteller und dem Antragsgegner bewilligt werden. Nach der Begründung zum 6. ÜG ist die Vergünstigung vor allem wegen der ursprünglich vorgesehenen, vom Beschwerdeführer zu entrichtenden, verhältnismäßig hohen Beschwerdegebühr eingeführt worden. 2

a) Persönliche Voraussetzungen. Wie in allen Verfahrensarten kann Verfahrenskostenhilfe auch im Rechtsbeschwerdeverfahren nur bei mangelnder wirtschaftlicher Leistungsfähigkeit des Antragstellers gewährt werden, vgl. § 129 Rdn. 10–13. Es kommt andererseits nur auf die wirtschaftlichen Verhältnisse des Beteiligten an. Da in Abs. 3 der Vorschrift zwar auf § 130 Abs. 2, 3, 5 und 6, aber – anders als in § 132 nicht auf § 130 Abs. 4 verwiesen ist, kann dem Anmelder oder Patentinhaber Verfahrenskostenhilfe im Rechtsbeschwerdeverfahren nicht wegen der Leistungsfähigkeit des *Erfinders* verweigert werden. Die wirtschaftliche Leistungsfähigkeit des Erfinders steht der Bewilligung der Verfahrenskostenhilfe nur entgegen, wenn der mittellose Patentsucher vorgeschoben ist, vgl. KG JW **38,** 696; OLG Köln MDR **54,** 174; OLG Neustadt MDR **56,** 489; OLG Hamm JMBl. NRW **52,** 96; BGH JR **53,** 385; BGH 20. 10. 1954 VI ZR 116/54. Einem Mitanmelder kann Verfahrenskostenhilfe nur bewilligt werden, wenn alle Anmelder in ihrer Person die Voraussetzungen für die Bewilligung der Verfahrenskostenhilfe erfüllen (§ 138 Abs. 3 in Vbdg. mit § 130 Abs. 3). Für mehrere Patentinhaber gilt Entsprechendes. Zugunsten des Patentanmelders oder Patentinhabers können Patentjahresgebühren oder die Gebühr für ein Lizenzfestsetzungsverfahren in die Verfahrenskostenhilfe einbezogen werden, wenn die Bewilligung sonst an § 115 Abs. 6 ZPO scheitern würde. 3

b) Sachliche Voraussetzungen. Auch im Rechtsbeschwerdeverfahren kann Verfahrenskostenhilfe nur bei hinreichender Erfolgsaussicht und fehlender Mutwilligkeit bewilligt werden. Soweit bei einem zweiseitigen Verfahren der Beschwerdegegner Verfahrenskostenhilfe beantragt, ist die Erfolgsaussicht nach § 136 in Vbdg. mit § 119 Satz 2 ZPO nicht zu prüfen. Die Erfolgsaussicht der zugelassenen Rechtsbeschwerde (§ 100 Abs. 1 und 2) wird in aller Regel zu bejahen sein. Denn die Rechtsfrage, wegen deren grundsätzlicher Bedeutung die Rechtsbeschwerde vom Patentgericht zugelassen ist, wird im Allgemeinen nicht im Verfahren über die Bewilligung der Verfahrenskostenhilfe zu entscheiden sein; vgl. dazu BVerfG NJW **91,** 413, u. **92,** 889. Die Verweigerung der Verfahrenskostenhilfe wegen mangelnder Erfolgsaussicht wird deshalb vor allem bei Fehlen der prozessualen Voraussetzungen für die Einlegung der Rechtsbeschwerde oder bei Rechtsbeschwerden gemäß § 100 Abs. 3 in Betracht kommen. Vgl. z.B. BGH v. 28. 6. 2001 I ZA 2/00; v. 6. 7. 2000 – I ZB 12/00 und v. 20. 3. 2003 – I ZA 4/02 (Rechtsbeschwerden in einer Markensache, gestützt auf die Rüge der Verletzung des rechtlichen Gehörs und des Begründungsmangels) sowie 3 Beschlüsse v. 23. 7. 2002 – X ZB 13/02, X ZB 14/02 und X ZB 15/02 – (Rüge der Verletzung des rechtlichen Gehörs in einer Patentsache), www.bundesgerichtshof.de. 4

5 **3. Verfahren.** Das Bewilligungsverfahren ist in § 138 besonders geregelt. Ergänzend sind gemäß § 136 die Vorschriften der §§ 117–120 ZPO im Rahmen der Verweisung in § 136 heranzuziehen.

6 **a) Antrag.** Wie in allen Verfahrensarten wird Verfahrenskostenhilfe auch im Rechtsbeschwerdeverfahren nur auf Antrag gewährt. Das Gesuch ist schriftlich oder ggf. als elektronisches Dokument (§ 135 Abs. 1 Satz 3) beim Bundesgerichtshof einzureichen. Es kann auch zu Protokoll der Geschäftsstelle erklärt werden. Es unterliegt daher trotz § 102 Abs. 5 nicht dem Anwaltszwang (§ 78 Abs. 2 ZPO). Es kann vor Einlegung der Rechtsbeschwerde gestellt werden, vgl. § 129 Rdn. 22. Da sich die Gebühren und Auslagen im Verfahren vor dem Bundesgerichtshof nach den Vorschriften des Gerichtskostengesetzes richten, der für das Verfahren zu erhebende – zweifache (Nr. 1255 der Anl 1 zu § 3 Abs. 2, Kostenverz., GKG) Satz der Grundgebühr schon mit der Einlegung der Rechtsbeschwerde fällig wird (§ 6 Abs. 1 Nr. 3 GKG) und sich bei Zurücknahme der Rechtsbeschwerde vor Eingang der Begründungsschrift nur auf die Hälfte ermäßigt (Nr. 1256 des Kostenverz. zum GKG), kann es zur Vermeidung von Nachteilen angezeigt sein, vor Einlegung der Rechtsbeschwerde eine Entscheidung über die Bewilligung der Verfahrenskostenhilfe herbeizuführen und rechtzeitig, d. h. innerhalb der Rechtsmittelfrist, einen den gesetzlichen Anforderungen genügenden Antrag auf Verfahrenskostenhilfe einzureichen. Wenn dadurch die Frist zur Einlegung der Rechtsbeschwerde (§ 102 Abs. 1) versäumt wird, liegt darin für den wirtschaftlich nicht leistungsfähigen Beteiligten ein Umstand, der nach ständiger Rechtsprechung die Wiedereinsetzung in die versäumte Frist rechtfertigt, wenn der Antrag auf Verfahrenskostenhilfe vor Ablauf der Rechtsmittelfrist eingereicht (BGH NJW **53,** 345; und v. 16. 3. 1983 – IVb ZB 73/82, NJW 1983, 2145 sowie v. 6. 7. 2000 I ZB 12/00), und bis dahin auch die Erklärung gemäß § 117 Abs. 3 und 5 ZPO vorgelegt wird, BGH NJW **56,** 1435; vgl. im Übrigen Baumbach/Lauterbach/Albers/Hartmann ZPO Rdn. 41 ff., Stichwort „Prozesskostenhilfe", zu § 233 ZPO.

7 **b) Erklärung über die Verhältnisse.** Der Antragsteller hat dem Antrag die in § 117 Abs. 2 und 4 ZPO bezeichnete Erklärung über seine persönlichen und wirtschaftlichen Verhältnisse und die entsprechenden Belege beizufügen (§ 117 Abs. 2 ZPO). Formulare dafür, vgl. Rdn. 6 zu § 135, sind beim Patentamt und bei allen Amtsgerichten erhältlich. Das Gericht kann Auflagen machen und Fristen für die Glaubhaftmachung von Angaben oder für die Beantwortung von Fragen setzen (§ 118 Abs. 2 Satz 4 ZPO).

8 **c) Begründung.** In dem Antrag auf Verfahrenskostenhilfe ist nach § 117 Abs. 1 Satz 2 ZPO das Streitverhältnis darzulegen. Diese Vorschrift ist nach § 136 Satz 2 nur in den dort bezeichneten Verfahren anzuwenden. Der Antragsteller muss aber auch sonst jedenfalls so viel an Angaben machen, dass eine Prüfung möglich ist, ob die beabsichtigte Rechtsverfolgung oder Rechtsverteidigung hinreichende Aussicht auf Erfolg bietet. Liegt die Begründung der Rechtsbeschwerde (§ 102 Abs. 3) schon vor, so kann darauf verwiesen werden. Bei der zugelassenen Rechtsbeschwerde wird weitgehend auf die Akten verwiesen werden können, wenn sich daraus das für die Beurteilung der Aussichten des Gesuchs Wesentliche ergibt. Soweit die Beschwerde auf die Verletzung von Verfahrensvorschriften gestützt wird, insbesondere im Falle des § 100 Abs. 3, ist die Angabe der Umstände erforderlich, in denen der Verfahrensmangel erblickt wird.

9 **d) Beschlussfassung.** Über den Antrag auf Verfahrenskostenhilfe beschließt der für die Rechtsbeschwerde zuständige Zivilsenat des Bundesgerichtshofs (§ 138 Abs. 2 Satz 2), im zweiseitigen Verfahren grundsätzlich nach Anhörung des Verfahrensgegners (§ 136 in Vbdg. mit § 118 Abs. 1 Satz 1 ZPO). Der Beschluss ergeht ohne mündliche Verhandlung (§ 136 in Vbdg. mit § 127 Abs. 1 Satz 1 ZPO).

10 **4. Wirkung der Bewilligung.** Die Wirkungen der Bewilligung der Verfahrenskostenhilfe im Rechtsbeschwerdeverfahren ergeben sich aus der Verweisung auf § 130 Abs. 2 und auf § 136.

11 **a) Für den begünstigten Beteiligten.** Die Bewilligung der Verfahrenskostenhilfe hat nach § 130 Abs. 2 Satz 2 in Vbdg. mit § 122 Abs. 1 Nr. 1 ZPO zur Folge, dass die Bundeskasse die rückständigen und die entstehenden Gerichtskosten (Gebühren und Auslagen) sowie die auf sie übergegangenen Ansprüche der beigeordneten Anwälte nur nach den vom Gericht getroffenen Bestimmungen gegen den begünstigten Beteiligten geltend machen kann. Der in § 130 Abs. 2 Satz 1 geregelte Fall kommt im Rechtsbeschwerdeverfahren nicht vor. Die Bewilligung der Verfahrenskostenhilfe bewirkt nach § 122 Abs. 1 Nr. 3 weiter, dass die beigeordneten Anwälte keine Vergütungsansprüche gegen den begünstigten Beteiligten geltend machen können.

12 **b) Für andere Beteiligte.** Aus der Verweisung auf § 136 ergibt sich, dass § 122 Abs. 2 ZPO nur im Einspruchsverfahren entsprechend anzuwenden ist. Soweit die Rechtsbeschwerde

eine Entscheidung im patentgerichtlichen Einspruchsverfahren bzw. im Einspruchsbeschwerdeverfahren betrifft, hat daher die Bewilligung von Verfahrenskostenhilfe für den Beschwerdeführer, sofern sie ohne die Anordnung von Zahlungen erfolgt, nach § 122 Abs. 2 ZPO auch für den Beschwerdegegner die einstweilige Befreiung von den rückständigen und künftig erwachsenden Gebühren und Auslagen zur Folge. Die Befreiung endet mit der Auferlegung der Kosten oder mit der Beendigung des Verfahrens ohne Kostenentscheidung; die Gerichtskosten sind alsdann von dem Beschwerdegegner einzuziehen (§ 125 Abs. 2 ZPO).

5. Beiordnung eines Anwalts 13

a) Verfahrensanwalt. Einem Beteiligten, dem Verfahrenskostenhilfe für das Rechtsbeschwerdeverfahren bewilligt worden ist, wird auf seinen Antrag ein beim Bundesgerichtshof zugelassener Rechtsanwalt seiner Wahl beigeordnet. Neben dem Rechtsanwalt kann dem Beteiligten – zu seiner Beratung und zur Unterstützung seines Rechtsanwalts – in entsprechender Anwendung des Gesetzes über die Beiordnung von Patentanwälten bei Prozesskostenhilfe vom 5. 2. 1938/7. 9. 1966, BGBl. I S. 55, zuletzt geändert durch das Kostenrechtsmodernisierungsgesetz v. 5. 5. 2004, BGBl. I 718, Bl. 2004, 321, außerdem ein Patentanwalt beigeordnet werden (BGH 29. 6. 1965, vgl. GRUR **66,** 5, 17 re. Sp. bei C 3a). Für die aus der Bundeskasse zu zahlende Vergütung des beigeordneten Rechtsanwalts gelten die Vorschriften des Rechtsanwaltsvergütungsgesetzes (§§ 45 bis 49); für die Vergütung des zur Mitwirkung beigeordneten Patentanwalts gelten diese Vorschriften entsprechend mit den Maßgaben nach § 2 des Gesetzes vom 5. 2. 1938/7. 9. 1966 (BGBl. I S. 55); die Festsetzung der Vergütung erfolgt durch den Urkundsbeamten der Geschäftsstelle des BGH (§ 55 Rechtsanwaltsvergütungsgesetz). 14

b) Besonderer Anwalt. Wenn besondere Umstände dies erfordern, kann dem Beteiligten nach Abs. 3 der Vorschrift in Vbdg. mit § 133 Satz 2 und § 121 Abs. 3 ZPO auf Antrag neben dem beigeordneten Verfahrensanwalt ein besonderer Anwalt zur Vermittlung des Verkehrs mit dem Verfahrensanwalt beigeordnet werden. Durch die Möglichkeit der Beiordnung eines Patentanwalts zur Mitwirkung neben dem beigeordneten Rechtsanwalt (vgl. oben Rdn. 14) wird die Beiordnung eines Verkehrsanwalts weitgehend entbehrlich. 15

Neunter Abschnitt. Rechtsverletzungen

Vorbemerkungen

Die Vorschriften des Neunten Abschnitts regeln vor allem die **Folgen von Rechtsverletzungen,** und zwar die §§ 139 bis 141 die zivilrechtlichen Folgen (Ansprüche des Verletzten auf Unterlassung, Schadenersatz, Vernichtung und Auskunft), §§ 142, 142a die strafrechtlichen Folgen. Was eine **Rechtsverletzung** ist, ergibt sich weniger aus den Vorschriften des Neunten Abschnitts als aus den in § 139 Abs. 1 und § 142 Abs. 1 in Bezug genommenen sowie aus anderen Vorschriften des materiellen Patentrechts (vgl. unten § 139 Rdn. 2, 7–12). Die Benutzung des Gegenstands einer erst nur „offengelegten" Patentanmeldung ist keine „Rechtsverletzung" (vgl. BGHZ **107,** 161 – Offenend-Spinnmaschine; **159,** 221, 232 – Drehzahlermittlung), und jedenfalls keine solche im Sinne der §§ 139ff.; sie löst allenfalls einen Anspruch des Patentsuchers gegen den Benutzer auf eine angemessene „Entschädigung" aus; dagegen sind Ansprüche nach § 139 Abs. 1 und 2 (Unterlassung, Schadenersatz) ausdrücklich ausgeschlossen (§ 33 Abs. 1). Vereinzelte **Verfahrensvorschriften** für die Geltendmachung der zivilrechtlichen Ansprüche wegen Rechtsverletzungen finden sich in § 139 Abs. 3 (Beweisregel) und im Zehnten Abschnitt „Verfahren in Patentstreitsachen"; im Übrigen gelten dafür die allgemeinen Vorschriften der ZPO und ihrer Nebengesetze; wegen der Besonderheiten bei der Anwendung dieser Vorschriften in Patentverletzungsprozessen vgl. § 139 Rdn. 97–173. Wegen der an sich nicht in diesen Zusammenhang gehörenden Geltendmachung von Ansprüchen aus Benutzung des Gegenstandes einer „offengelegten" Patentanmeldung vgl. § 140 und die dortigen Erläuterungen. Für das Strafverfahren wegen Patentverletzungen gelten die allgemeinen Vorschriften der StPO. 1

Die Vorschriften des 9. Abschnitts stimmen weitgehend noch mit der bereits im 4. Abschnitt des Patentgesetzes von 1936 enthaltenen Regelung überein. Das EGStGB v. 2. 3. 1974 und das GPatG v. 26. 7. 1979 brachten kleinere Änderungen. Durch das PrPG v. 7. 3. 1990 (BGBl. I **1990,** 422ff.) wurden die §§ 140a, 140b, 142a (Vernichtung, Auskunft, Zollbeschlagnahme) eingeführt; vgl. dazu Entwurfsbegründung in BlPMZ **90,** 173ff. Weitere Änderungen des PatG zur Umsetzung der Richtlinie 2004/48/EG v. 29. 4. 2004 (Durchsetzungs-RL – Anhang 2

Nr. 13) sind möglich, aber nicht erforderlich (s. u. Rdn. 13, 60a, 63a, 115, 136 zu § 139); z. T. a. A. Deutsche Vereinigung GRUR **05,** 747 sowie Dreier GRUR Int. **04,** 706 ff. u. Knaak GRUR Int. **04,** 745 ff.; vgl. aber auch Rdn. 117 ff., 117e zu § 139 wegen Besichtigungsanspruch nach § 809 BGB und Vorlagepflicht nach §§ 142, 144 ZPO.

3 Die §§ 139 ff. gelten auch für die mit Wirkung für die Bundesrepublik Deutschland erteilten **europäischen Patente** (Art. 2, 64 EPÜ); vgl. dazu ferner die Ausführungsbestimmungen des Art. II IntPatÜG v. 21. 6. 1976; s. Anhang Nr. 8). Sie gelten ferner für ergänzende Schutzzertifikate zu deutschen und europäischen Patenten nach EWG-VO 1768/92 und EG-VO 1610/96 (Anhang Nr. 9, 10), § 16a Abs. 2 PatG, Art II § 6a IntPatÜG.

Auf **Gemeinschaftspatente** nach dem bisher noch nicht in Kraft getretenen GPÜ werden die materiellrechtlichen Bestimmungen der §§ 139 ff. insoweit anzuwenden sein, wie das GPÜ keine eigene Regelung enthält und nach internationalem Privatrecht deutsches Recht maßgebend ist (Art. 34 Abs. 1 GPÜ). Der – bisher ebenfalls nicht realisierte – Entwurf der Europäischen Kommission für eine Gemeinschaftspatent-VO enthält eine solche Verweisung nicht; auf Grundlage der VO sollte eine eigenständige europäische Regelung verwirklicht werden.

4 Im Wesentlichen **gleiche oder ähnliche Regelungen** finden sich im Gebrauchsmustergesetz (§§ 24 ff.), im Halbleiterschutzgesetz (§§ 9 ff.), im Sortenschutzgesetz (§§ 37 ff.), im Markengesetz (§§ 14 ff., §§ 140 ff.), im Geschmacksmustergesetz (§§ 42 ff.) und im Urheberrechtsgesetz (§§ 97 ff.).

139 *Unterlassungsanspruch. Schadensersatz.* (1) **Wer entgegen den §§ 9 bis 13 eine patentierte Erfindung benutzt, kann vom Verletzten auf Unterlassung in Anspruch genommen werden.**

(2) [1]**Wer die Handlung vorsätzlich oder fahrlässig vornimmt, ist dem Verletzten zum Ersatz des daraus entstandenen Schadens verpflichtet.** [2]**Fällt dem Verletzer nur leichte Fahrlässigkeit zur Last, so kann das Gericht statt des Schadensersatzes eine Entschädigung festsetzen, die in den Grenzen zwischen dem Schaden des Verletzten und dem Vorteil bleibt, der dem Verletzer erwachsen ist.**

(3) [1]**Ist Gegenstand des Patents ein Verfahren zur Herstellung eines neuen Erzeugnisses, so gilt bis zum Beweis des Gegenteils das gleiche Erzeugnis, das von einem anderen hergestellt worden ist, als nach dem patentierten Verfahren hergestellt.** [2]**Bei der Erhebung des Beweises des Gegenteils sind die berechtigten Interessen des Beklagten an der Wahrung seiner Herstellungs- und Betriebsgeheimnisse zu berücksichtigen.**

Inhaltsübersicht

A. Allgemeines. § 139 (früher § 47) ist hinsichtlich seiner Absätze 1 und 3 **geändert** worden durch das GPatG v. 26. 7. 1979 (BGBl. I S. 1269) mit Wirkung für alle Patente, die auf eine nach seinem Inkrafttreten (1. 1. 1981) eingereichte Anmeldung erteilt worden sind. Für Patente und „bekanntgemachte" Patentanmeldungen gem. § 30 PatG 1968 mit früherem Anmeldedatum gilt hingegen die bisherige Fassung weiter (Art. 12 Abs. 1 u. 4 GPatG), die in folgenden Punkten abweicht: Die Frage, wann eine Rechtsverletzung vorliegt, ergibt sich nicht aus den dem europäischen Recht angepassten §§ 9–13 sondern aus den §§ 6 bis 8 PatG 1968, wegen der Einzelheiten dazu vgl. die Erläuterungen bei §§ 9–13, insbesondere in der Vorauflage. Ferner gilt die Beweisregel des § 139 Abs. 3 bei vor dem 1. 1. 1981 angemeldeten Schutzrechten noch nicht in ihrer jetzigen, aus Art. 75 GPÜ übernommenen Form sondern in der Fassung des § 47 Abs. 3 PatG 1968, d. h. lediglich für neue „Stoffe" (statt allg. „Erzeugnisse") und ohne die Schutzklausel des § 139 Abs. 3 S. 2; wegen weiterer Einzelheiten hierzu s. u. Rdn. 118 ff. 1

Für **europäischen Patente** nach dem EPÜ gilt § 139 gemäß Art. 64 EPÜ mit der Maßgabe, dass sich der Schutz für Verfahrenserzeugnisse (§ 9 S. 2 Nr. 3) als Grundlage der Verletzungsansprüche bereits unmittelbar aus Art. 64 Abs. 2 EPÜ ergibt. Im Übrigen gilt die allgemeine Verweisung nach Artt. 2, 64 EPÜ. Bei einem nicht in deutscher Sprache erteilten Patent gilt jedoch, dass seine Wirkungen für das Gebiet Deutschlands als von Anfang an nicht eingetreten gelten, wenn eine deutsche Übersetzung nicht form- und fristgerecht (binnen 3 Monaten nach Veröffentlichung der Erteilung) beim deutschen Patentamt eingereicht wird, – und dass sich ein gutgläubiger Benutzer auf Fehler der Übersetzung berufen kann (Art. 65 EPÜ i. Verb. m. Art. II § 3 IntPatÜG.

B. Die Patentverletzung und ihre Folgen

1. Das verletzte Recht

a) § 139 regelt die Ansprüche wegen einer „entgegen den §§ 9 bis 13" erfolgenden Benutzung einer „patentierten Erfindung". Voraussetzung für die Ansprüche aus § 139 ist also, dass 2 die Erfindung zur Erteilung eines Patents angemeldet und darauf ein **Patent erteilt** ist (§§ 9, 49, 58 Abs. 1); ob die Erteilung rechtskräftig ist oder noch mit dem Einspruch angefochten (§ 59) und widerrufen (§§ 21, 61) werden kann, ist ohne Bedeutung, solange ein Widerruf noch nicht erfolgt oder jedenfalls noch nicht rechtskräftig ist.

Für deutsche Patente mit einer Anmeldepriorität vor dem 1. 1. 1981 gilt entsprechendes mit der Maßgabe, dass sich die Frage der Patentverletzung gem. § 47 PatG 1968 aus den §§ 6–8 PatG 1968 beantwortet (Art. 12 Abs. 1, 17 Abs. 3 GPatG – vgl. insoweit die Hinweise in den Erläuterungen zu den §§ 9–13, insbesondere in der Vorauflage).

Vor der Patenterteilung besteht kein Patentschutz im Sinne der §§ 9ff., 139, RG GRUR **51,** 278, 281; BGHZ **1,** 194, 196 = GRUR **51,** 314, 315; BGH GRUR **59,** 528, 530, und daher auch kein Anspruch wegen rechtswidriger Eingriffe auf Grund Patentrechts, sondern allenfalls ein Anspruch auf Grund allgemeiner Bestimmungen wie z.B. des § 826 BGB, des Urheberrechts oder des Wettbewerbsrechts, vgl. dazu unten Rdn. 14, sowie *von der Offenlegung der Anmeldung ab* nach § 33 unter den dort genannten Voraussetzungen ein Anspruch auf Benutzungsentschädigung, der jedoch nach ausdrücklicher Bestimmung (§ 33 Abs. 1 Halbs. 2) gerade kein Anspruch wegen Patentverletzung im Sinne des § 139 ist, BGHZ **107,** 161, 163 – Offenend-Spinnmaschine; BGH **159,** 221, 229 – Drehzahlermittlung.

Mit dem Ablauf (§ 16 Abs. 1 S. 1) oder dem vorherigen Erlöschen (§ 20 Abs. 1) des Patents endet auch der Patentschutz; entsprechendes gilt für ergänzende Schutzzertifikate nach Artt. 14, 15 Abs. 1 lit. b) der EWG-VO 1768/92 und der EG-VO 1610/96; auf begangene Verletzungen gegründete Schadenersatzansprüche bleiben jedoch bestehen; mit den – rückwirkenden – Entscheidungen auf Widerruf (§§ 21, 61), Vernichtung, Teilvernichtung oder Beschränkung des Patents (§§ 22, 64) dagegen entfallen (im Umfang des Widerrufs oder der Vernichtung oder Beschränkung) auch alle Ansprüche wegen begangener Verletzungen. Kein Patentschutz besteht in der Zwischenzeit zwischen dem Erlöschen des Patents und einer Wiedereinsetzung nach § 123; daher sind Benutzungshandlungen, die in der Zeit zwischen dem Erlöschen und dem Wiederinkrafttreten des Patents erfolgt sind, nicht rechtswidrig, BGH GRUR **56,** 265, 268; **63,** 519, 522; vgl. auch Erläuterungen zu § 123.

3 **b)** Patentschutz genießen im Geltungsbereich des PatG **deutsche Patente,** d.h. die vom Deutschen Patentamt (oder dem Bundespatentgericht) erteilten Patente. Die vor der deutschen Einigung (3. 10. 90) erteilten oder angemeldeten Patente gelten nach Maßgabe des ErstrG (Anh. 7) mit den dort genannten Einschränkungen auch für den jeweils anderen Teil Deutschlands. Deutschen Patenten gleichgestellt sind **europäische Patente** nach dem EPÜ, soweit sie für den Bereich der Bundesrepublik Deutschland erteilt sind, Art. 2, 64, 65 EPÜ, und soweit bei fremdsprachiger Fassung außerdem gem. Art. II § 3 IntPatÜG eine deutsche Übersetzung fristgerecht beim Deutschen Patentamt eingereicht wurde; ferner **ergänzende Schutzzertifikate** nach EWG-VO Nr. 1768/92 und EG-VO 1610/96 (Anhang 9 u. 10, jeweils Art. 5), § 16a Abs. 2; Unterlassungs- und Schadensersatzansprüche nach § 139 würden sich auch aus einem **Gemeinschaftspatent** nach dem – noch nicht in Kraft getretenen – GPÜ ergeben, jedoch mit der Maßgabe, dass der Umfang des Patentschutzes nicht den §§ 9–13 sondern unmittelbar den im Wesentlichen gleich lautenden Art. 25–30, 37 GPÜ zu entnehmen ist, – und nur insoweit, wie nach internationalem Privatrecht deutsches Recht anwendbar ist, Art. 34 Abs. 1 GPÜ, Art. 6 GPatG. **Ausländische Patente** genießen Patentschutz nur in ihrem Geltungsbereich; jedoch kann wegen einer im Geltungsbereich des ausländischen Patents begangenen Patentverletzung auch vor einem deutschen Gericht geklagt werden, wenn hier ein Gerichtsstand (s.u. Rdn. 97, 100) gegeben ist; wie hier Busse Rdn. 22 zu § 143; Kraßer, S. 906; Groß GRUR Ausl. **57,** 346; v. Gamm Mitt. **59,** 212, 213; Nirk Mitt. **69,** 328, 330ff. u. 334ff.; LG Düsseldorf GRUR Ausl. **58,** 430; **68,** 101; OLG Düsseldorf GRUR Int. **68,** 100 und die Rechtsprechung zum Warenzeichenrecht (BGHZ **22,** 1, 13), – anders RG GRUR **34,** 657, 664 mit RG JW **90,** 280 Nr. 24; vgl. auch oben § 9 Rdn. 13 m.w.N.

Auch ein **Geheimpatent** (§ 54) gibt dem Inhaber die gleichen Rechte gegen Dritte wie ein anderes Patent (vgl. Erl. zu § 54); mangels Publizität des Geheimpatents (§ 50) wird jedoch in der Regel für die Vergangenheit ein Verschulden und damit auch ein Schadensersatzanspruch entfallen. Der Schutz aus einem **Zusatzpatent** endet mit dem aus dem Hauptpatent, § 16 Abs. 1 S. 2, vgl. aber auch Abs. 2. Dass ein jüngeres Patent von einem älteren „abhängig" ist (s.o. Erl. zu § 9), wirkt sich nur zwischen diesen beiden Patenten aus; gegenüber Dritten dagegen behält auch das **abhängige Patent** seine volle Geltung, RGZ **50,** 111, 114; **126,** 127, 130; **159,** 11.

4 **c) Veränderungen der Patentlage** sind in jeder Lage des Verfahrens, auch noch in der Revisionsinstanz, zu beachten, BGH GRUR **71,** 78, 79; BGHZ **158,** 372, 374 – Druckma-

schinen-Temperierungssystem; vgl. auch unten Rdn. 145. Das gilt nicht nur für den Bestand des Rechts, sondern auch für den Umfang des Rechts: Wird während des Verletzungsprozesses das Klagepatent – rückwirkend – rechtskräftig widerrufen oder vernichtet (§§ 21 Abs. 2, 22 Abs. 2), so ist die auf das Patent bzw. auf die bekanntgemachte Anmeldung gestützte Klage (Unterlassungs- und Schadenersatzansprüche) nicht lediglich für in der Hauptsache erledigt zu erklären, sondern als von vornherein unbegründet abzuweisen, st. Rspr., z. B. BGH GRUR **63,** 494; BGHZ **158,** 372, 374. Aber auch die – rückwirkenden – Änderungen der Fassung des Patents infolge Teilwiderrufs (§ 21 Rdn. 40), Teilvernichtung (§ 22 Rdn. 77 ff.), Klarstellung im Nichtigkeitsverfahren (§ 22 Rdn. 85, 94) oder Beschränkung im Beschränkungsverfahren (s. Erl. zu § 64) sind – ggf. einschließlich der dafür gegebenen Begründungen (§ 22 Rdn. 92–94) – für den Verletzungsrichter verbindlich; sie können ebenfalls sowohl den Unterlassungsanspruch als auch den Schadenersatzanspruch berühren, BGH GRUR **55,** 573, 574; ein – nicht rückwirkender – Teilverzicht (§ 20 Rdn. 3) dagegen berührt die auf frühere Verletzungen gegründeten Schadenersatzansprüche nicht. Die zunächst nur auf ein Gebrauchsmuster gestützten Klagansprüche können (mittels Klagänderung, vgl. unten Rdn. 105) von der Erteilung eines inhaltsgleichen Patents ab für die spätere Zeit, insbesondere für die Zeit nach Ablauf des Gebrauchsmusters, auch auf das Patent oder die bekanntgemachte Patentanmeldung gestützt werden; das gilt jedoch nicht in der Revisionsinstanz, wenn die Patenterteilung erst nach der letzten Verhandlung in der Tatsacheninstanz erfolgt ist, BGH GRUR **64,** 221, 222/23. Zu berücksichtigen ist auch der – ohne Rückwirkung eintretende – Wegfall des Schutzes eines nationalen Patents wegen Erteilung eines inhalts- und prioritätsgleichen Europa-Patents, vgl. Art. II § 8 IntPatÜG, Einl. Int. Teil Rdn. 144.

d) Wegen der **Auslegung des Patents** und der **Bestimmung seines Schutzumfangs** 5
vgl. die Erläuterungen zu § 14. Hervorgehoben sei hier noch, dass im jeweiligen Verletzungsprozess der Schutzbereich des betreffenden Klagpatents nicht schlechthin und nach allen Richtungen, sondern allein **in Richtung auf die angegriffene Verletzungsform** bestimmt zu werden braucht. Entsprechende Feststellungen können sich ggf. auf die „streitigen" Merkmale konzentrieren. Dabei darf jedoch d. Gesamtzusammenhang d. Patentanspruchs nicht aus den Augen verloren werden, BGH GRUR **00,** 1005 – Bratgeschirr; BGZ **159,** 221, 226 – Drehzahlermittlung. Zu klären ist auch, was aus Sicht d. Gerichts unklar u. für d. Gesamtverständnis wichtig ist. Maßgeblich ist dabei das Verständnis d. Fachmanns, an den sich die Patentschrift richtet, BGHZ **150,** 149, 153 – Schneidmesser I; **159,** 221, 226.

e) Die Unterlassungsklage aus einem nicht rechtsbeständigen Schutzrecht, also ins- 6
besondere die Unterlassungsklage aus einem – später widerrufenen oder für nichtig erklärten – Patent kann zwar als solche nicht untersagt werden, sie kann jedoch (ebenso wie eine entsprechende vorprozessuale „Verwarnung") als rechtswidriger Eingriff in den eingerichteten und ausgeübten Gewerbebetrieb des Beklagten angesehen werden, der bei Verschulden auch zum Schadenersatz verpflichtet (§ 823 BGB), BGH (GSZ) GRUR **05,** 882, 884 ff. – Unberechtigte Schutzrechtsverwarnung, gegen BGH GRUR **05,** 958. Vgl. dazu weiter Rdn. 13 ff. vor §§ 9–14 u. Rdn. 15 ff. zu GebrMG § 24 sowie Kraßer S. 939 ff.

2. Die Verletzung des Rechts

a) Rechtswidrige Benutzung. Die Patentverletzung wird in § 139 Abs. 1 als ein „entge- 7
gen den §§ 9 bis 13" erfolgendes „Benutzen" der Erfindung umschrieben. Das entspricht der früheren Formulierung „den Vorschriften der §§ … zuwider". Daraus wird allgemein hergeleitet, dass es eine Rechtsverletzung ist, wenn ein anderer diejenigen „Benutzungshandlungen" vornimmt, die nach den §§ 9 bis 13 dem Rechtsinhaber vorbehalten sind, BGH GRUR **57,** 208, 211. Dabei ist der Begriff der Benutzung im Sinne der §§ 9 ff., 139 durch die Begrenzung auf die konkret genannten Benutzungsarten enger als in § 3 Abs. 1, vgl. BGH GRUR **70,** 358, 359 (zu § 2 S. 1 PatG 1968). Zu den Benutzungsarten im Einzelnen und dem Verletzungstatbestand im Übrigen vgl. die Erläuterungen zu den §§ 9 bis 13. Keine Verletzung nach „Erschöpfung", s. u. bei Rdn. 10.

Wer mit ein und derselben Ausführungsform die geschützten Lehren **mehrerer Schutz-** 8
rechte benutzt, verletzt alle diese Schutzrechte. Das gilt insbesondere auch bei der Benutzung eines Patents und eines davon „abhängigen" Patents (s. Erl. zu § 9), – bei der Benutzung eines Haupt- und eines Zusatzpatents (die jedoch nicht notwendig beide verletzt sein müssen, vgl. § 16 Rdn. 22), – oder bei der Benutzung zweier identischer Schutzrechte, sofern und solange diese trotz der Identität beide wenigstens formell, möglicherweise aber auch materiell Schutz genießen (z. B. Patent und gleich lautendes Gebrauchsmuster mit gleicher Priorität; vgl. auch die Fälle BGH GRUR **65,** 473, 478/79 und **63,** 519, 522/23). Gehören die mehreren verletz-

ten Schutzrechte verschiedenen Inhabern, so kann jeder von ihnen auf Grund seines Schutzrechts die Ansprüche aus § 139 gegen den Verletzer geltend machen. Gehören die mehreren Schutzrechte demselben Inhaber, so wird dieser sich durch die – allerdings nur für mehrere Patente geltende – Vorschrift des § 145 veranlasst sehen müssen, seine Klage gegen den Verletzer auf alle in Betracht kommenden Schutzrechte (Patente) zu stützen; vgl. dazu aber auch die Erläuterungen zu § 145, insbesondere Rdn. 3. Wird ein – einheitliches – Klagbegehren auf mehrere Schutzrechte (z.B. Patent und Gebrauchsmuster) gestützt, so kann nicht wegen des einen Schutzrechts ein klagabweisendes „Teilurteil" ergehen und wegen des anderen Schutzrechts das Verfahren ausgesetzt werden, BGH GRUR **61,** 79 mit kritischer Anm. Moser von Filseck; vgl. auch unten Rdn. 110, 133.

9 **b) Keine Rechtsverletzung** liegt vor, soweit der Benutzer sich auf ein Benutzungsrecht berufen kann. § 139 Abs. 1 erfasst von den **gesetzlichen Benutzungsrechten** durch ausdrückliche Verweisung das sog. private Vorbenutzungsrecht des § 12 und das kraft hoheitlicher Anordnung gewährte Benutzungsrecht des § 13. Hierher gehören aber auch z.B. das Benutzungsrecht des Arbeitgebers bei der beschränkten Inanspruchnahme einer Diensterfindung nach § 7 Abs. 2 ArbEG sowie die **Weiterbenutzungsrechte** auf Grund gutgläubiger oder rechtmäßiger Zwischenbenutzung nach § 123 Abs. 4 und 5 PatG (dessen Rechtsgedanke auch auf rechtsähnliche Fälle angewandt werden kann, RGZ **170,** 51, 54; BGH GRUR **52,** 564, 566) und nach § 28 ErstrG. Der Patentinhaber hat in den Fällen des § 13 PatG gegen den Bund einen – ggf. im Rechtsweg vor den ordentlichen Gerichten zu verfolgenden – Anspruch auf angemessene Vergütung (§ 13 Abs. 3), – im Falle des § 7 Abs. 2 ArbEG einen nach den Vorschriften des ArbEG geltend zu machenden Anspruch auf angemessene Vergütung gegen den Arbeitgeber (§ 10 Abs. 1 ArbEG); für die Ausübung der Weiterbenutzungsrechte nach § 12 Abs. 1, § 123 Abs. 4, 5 PatG und § 28 ErstrG ist eine Lizenz nicht zu entrichten. – Ein (aus § 9 folgendes) Benutzungsrecht steht auch dem **Inhaber eines älteren Patents oder Gebrauchsmusters** im Rahmen dieses seines eigenen Schutzrechts zu, vgl. oben § 9 Rdn. 5 u. § 11 GebrMG Rdn. 2. Ebenso – ggf. eingeschränkt – gem. § 26 ErstrG dem **Inhaber eines übereinstimmenden erstreckten Schutzrechts** mit Ursprung im anderen Teil Deutschlands vor der Vereinigung am 3. 10. 1990, vgl. dazu Brändel GRUR **92,** 653, 656ff. Wegen der Benutzung in der Zeit zwischen dem Erlöschen des Patents und seinem Wiederinkrafttreten infolge einer Wiedereinsetzung nach § 123 vgl. oben Rdn. 2 a.E. Bei fremdsprachigen **europäischen Patenten** kann sich ein Benutzungsrecht gem. Art. II § 3 Abs. 5 IntPatÜG daraus ergeben, dass die Benutzungshandlung oder Veranstaltungen dazu in gutem Glauben begonnen wurden, und dass diese Benutzung von dem Text der amtlich veröffentlichten fehlerhaften Übersetzung nicht erfasst wird, vgl. Rogge, GRUR **93,** 284. Ebenso gem. § 8 Abs. 1 ErstrG bei fremdsprachigen erstreckten Patenten aus dem Bereich der früheren DDR nach dem **Havanna-Abkommen.**

10 Keine Rechtsverletzung liegt ferner vor, soweit die Benutzung der Erfindung durch **Lizenzvertrag,** auf Grund Erklärung der Lizenzbereitschaft (§ 23 Abs. 1 und 3) oder durch Zuerkennung einer Zwangslizenz (§ 24 Abs. 1) gestattet ist. Zur Einwendung einer kartellrechtl. begründeten Lizenzierungspflicht vgl. BGHZ **160,** 67 – Standard-Spundfass; Kühnen in FS W. Tilmann (2003), S. 513. Wegen eines „Auslaufsrechts" für den Lizenznehmer nach Beendigung des Lizenzvertrags trotz weiterbestehenden Patentschutzes vgl. § 15 Rdn. 203. Auch bei Nichtigkeit des Lizenzvertrages hat der Benutzer im Allgemeinen zunächst nicht ohne Zustimmung des Patentinhabers und somit nicht rechtswidrig gehandelt (§ 9); er ist daher insoweit auch nicht nach § 139 schadenersatzpflichtig. Er kann jedoch für die Zukunft auf Unterlassung in Anspruch genommen werden und schuldet für die Vergangenheit einen angemessenen Ausgleich aus allgemeinem Vertragsrecht oder nach Bereicherungsgrundsätzen, vgl. Bruchhausen GRUR **63,** 561/62 bei 4 und Osterloh GRUR **85,** 707. Nach a.A. hängt die Wirksamkeit der Zustimmung von der Wirksamkeit des zugrundeliegenden Lizenzvertrages ab, Ohl, GRUR **92,** 77, 79; dann führt die Nichtigkeit des Lizenzvertrages auch zur Rechtswidrigkeit der Benutzungshandlungen, der über angemessenen Ausgleich hinausgehende Schadenersatzanspruch wird jedoch vielfach am fehlenden Verschulden scheitern. Keine Rechtsverletzung bei **„Erschöpfung"** des Patentrechts, d.h. soweit der d. Patent entsprechende konkrete Gegenstand durch den Patentinhaber oder einen anderen Berechtigten (im Inland oder im EWR) in den Verkehr gebracht wurde, BGHZ **143,** 268 – Karate; dazu im Einzelnen Erl. bei § 9.

11 Dagegen kann der Benutzer einer Erfindung dem Vorwurf der Patentverletzung nicht mit dem Einwand begegnen, dass die von ihm hergestellten Gegenstände den vom Deutschen Normenausschuss veröffentlichten Vorschriften (DIN) entsprechen, RGZ **161,** 385 (kritisch dazu Reimer § 47 Rdn. 83; vgl. aber auch BGHZ **8,** 202, 209 und Herschel NJW **68,** 617ff., 623). Auch die Erteilung eines Patents auf eine später angemeldete Erfindung gibt, wenn sie

von einem früher angemeldeten Patent „abhängig" ist, dem Inhaber des jüngeren Patents kein Recht, sein Patent ohne Erlaubnis des Inhabers des älteren Patents zu benutzen. RGZ **50,** 111, 114; vgl. dazu auch § 9 Rdn. 79 m. w. N. sowie § 14 GebrMG.

c) Da sich die Wirkungen eines Patents auf das Gebiet des patenterteilenden Staates beschränken, kann es nur durch eine **im Inland** erfolgende Benutzung verletzt werden, s. Erl. bei § 9 zum Territorialitätsgrundsatz. Bei vor der deutschen Einheit (3. 10. 90) angemeldeten Patenten ist für die Zeit vor Inkrafttreten des ErstrG (1. 5. 92) noch die frühere innerdeutsche Grenze zu beachten; für DDR-Anmeldungen gilt insoweit noch DDR-Recht. Zur Frage, wann eine „Benutzung im Inland" vorliegt, vgl. im Übrigen Erl. zu § 9. Bestehen zu dem deutschen Patent parallele ausländische Patente, so hat die **„Erschöpfung"** (der Verbrauch) des ausländischen Patentrechts durch Benutzungshandlungen im Ausland nicht zugleich den Verbrauch des parallelen deutschen Patentrechts zur Folge, vgl. BGHZ **143,** 268, 273 – Karate und oben zu § 9. Im Verhältnis zwischen mehreren zur **EU** oder zum **EWR** gehörenden Ländern ergeben sich jedoch Einschränkungen aus dem auch von den nationalen Gerichten unmittelbar zu beachtenden EG-Vertrag gem. dessen Artt. 28, 30 (früher Artt. 30, 36) und aus dem EWR-Abkommen. Hiernach kann ein Patentinhaber den Vertrieb derjenigen unter das Patent fallenden Erzeugnisse nicht unterbinden, die in einem anderen Mitgliedstaat von ihm selber oder mit seiner Zustimmung in den Verkehr gebracht worden sind; vgl. dazu im Einzelnen BGHZ **143,** 268 – Karate u. Erl. zur Erschöpfung bei § 9. 12

3. Die Folgen der Rechtsverletzung

a) Die Ansprüche aus § 139. Der durch die widerrechtliche Benutzung einer Erfindung Verletzte kann den Verletzer auf **Unterlassung** in Anspruch nehmen, § 139 Abs. 1; dazu im Einzelnen unten Rdn. 27 ff. Der Unterlassungsanspruch strebt an, künftige Verletzungen, die nach dem bisherigen Verhalten des Verletzers zu besorgen sind, zu verhüten. Wegen begangener Verletzungshandlungen kann der Verletzte ferner nach § 139 Abs. 2 **Schadenersatz** fordern, wenn der Verletzer die Handlungen vorsätzlich oder fahrlässig vorgenommen hat (unten Rdn. 39 ff.). Als Hilfsansprüche können dem Verletzten Ansprüche auf **Beseitigung** (unten Rdn. 38), auf **Auskunft** bzw. **Rechnungslegung** (unten Rdn. 88 ff.) und auf Abgabe einer **Versicherung an Eides statt** (unten Rdn. 91) zustehen. Wegen des zusätzlichen Auskunftsanspruchs nach § 140 b und des Vernichtungsanspruchs nach § 140 a siehe dort. Wegen des Anspruchs auf **Feststellung,** ob eine Patentverletzung oder daraus folgende Ansprüche gegeben sind, vgl. unten Rdn. 94, 95. Wegen des Anspruchs auf **Vorlegung** und **Besichtigung** einer Sache zur Klärung einer möglichen Patentverletzung vgl. unten Rdn. 117. Bei der Auslegung und Fortentwicklung d. deutschen Rechts werden auch die Bestimmungen d. **Richtlinie 2004/48/EG** z. Durchsetzung d. Rechte des gewerbl. Eigentums v. 29. 4. 2004 (Anhang Nr. 13) zu berücksichtigen sein, solange deren Konkretisierung u. ausdrückl. Umsetzung in das nationale dt. Recht als entbehrlich angesehen wird und unterbleibt. 13

b) Sonstige Ansprüche. Nach der Rechtsprechung des Reichsgerichts wurde angenommen, dass der *Bereich* der Ansprüche wegen Patentverletzung, namentlich der Bereich der Vergütungsansprüche, im Patentgesetz *erschöpfend geregelt* sei, RG JW **14,** 406 Nr. 8; RGZ **121,** 258, 261 (vgl. aber auch § 13 Rdn. 13 ff., 18 ff., wegen der Ansprüche aus „enteignungsgleichem Eingriff"). Das ist weitgehend überholt. Schon nach der Rechtsprechung des Reichsgerichts war nicht ausgeschlossen, dass wegen der näheren Ausgestaltung der Ansprüche, für die § 139 gewissermaßen nur die Voraussetzungen angibt, ergänzend auf Bestimmungen des allgemeinen bürgerlichen Rechts zurückgegriffen wird, RGZ **62,** 320, 321; **70,** 249, 252, – so z. B. wegen der Hilfsansprüche auf Rechnungslegung und eidesstattliche Versicherung, oder wegen der Berechnung des Schadens. Auch sind **Bereicherungsansprüche** nach §§ 812 ff. BGB nicht ausgeschlossen, unten Rdn. 82. Es werden aber über den durch § 139 geregelten Bereich hinaus keine Unterlassungs- oder Schadenersatzansprüche wegen Patentverletzung auf Grund anderer Bestimmungen zugelassen. So ist namentlich die allgemeine Deliktshaftung nach § 823 BGB durch die spezialgesetzliche Regelung mit der eingeschränkten Haftung gemäß § 139 Abs. 2 S. 2 ersetzt, BGH GRUR **77,** 250, 253 (= BGHZ **68,** 90, – Kunststoffhohlprofil). Ferner gibt es keine Ansprüche aus § 823 BGB wegen Patentverletzung für die Zeit vor der Erteilung eines Patents, sondern allenfalls aus § 826 BGB, RGZ **77,** 81, 83; RG GRUR **44,** 137, 140; **51,** 278, 281; Hamburg GRUR **50,** 82; BGHZ **3,** 365, 368 = GRUR **52,** 562. 14

Auch sonst schließt der Sonderrechtsschutz auf Grund des PatG (und des GebrMG) vielfach die Anerkennung weitergehender Ansprüche nach dem allgemeinen Recht aus. Die Benutzung einer fremden Erfindung begründet als solche auch keine Ansprüche aus **ergänzendem wett-**

bewerblichem Leistungsschutz gemäß §§ 3, 8ff. UWG. Anders allenfalls bei Hinzutreten besonderer Umstände, die sich etwa aus der Nachahmung von Produkten mit wettbewerblicher Eigenart in Verbindung mit einer dadurch ausgelösten vermeidbaren Herkunftstäuschung ergeben können; vgl. dazu BGH GRUR **02,** 820, 821 – Bremszangen; Götting Mitt. **05,** 12ff.; u. o. Erl. vor § 9.

15 **c) Strafe und Beschlagnahme.** Die *vorsätzlich* widerrechtliche Benutzung einer Erfindung ist in § 142 auch mit öffentlicher Strafe bedroht. Zu den Einzelheiten vgl. die dortigen Erläuterungen. Bei strafbarer Patentverletzung sind die Möglichkeiten des Strafprozessrechts zur Aufklärung und Sicherstellung anwendbar; sie können u. U. auch für die Durchsetzung der zivilrechtlichen Ansprüche nutzbar gemacht werden, vgl. Hees, GRUR **02,** 1037ff. Die Zollbeschlagnahme ist in § 142a geregelt.

4. Aktivlegitimation

16 **a)** Aktiv legitimiert zur Geltendmachung der Ansprüche aus § 139 Abs. 1 und 2 ist der „Verletzte". Das ist in der Regel der **Patentinhaber.** Die Eintragung in das Patentregister (§ 30) ist ein hervorragendes, wenn auch widerlegbares Beweismittel zur Feststellung des ursprünglichen Inhabers der durch Patentanmeldung und Patenterteilung begründeten Rechte, Rogge GRUR **85,** 734, 735; sie hat verstärkte Bedeutung für den Fall einer späteren Rechtsübertragung. Insoweit ist nämlich nur zur Geltendmachung des Patentschutzes als Patentinhaber legitimiert, wer im Patentregister (§ 30) als solcher eingetragen ist, RGZ **67,** 176, 180/81; **89,** 83; **151,** 129, 135; RG GRUR **34,** 657, 644 u. ö. Ein anderer, auf den das Patent übertragen oder in anderer Weise übergegangen ist, kann Ansprüche wegen Verletzung des Rechts gerichtlich nur geltend machen, wenn das Patent im Patentregister auf ihn umgeschrieben ist, vgl. § 30 Abs. 3 S. 2 und oben § 30 Rdn. 17ff., oder der Eingetragene ihn zur Prozessführung ermächtigt, vgl. unten Rdn. 18. Stehen jedoch der – nicht eingetragene – materiell berechtigte Patentinhaber als Verletzter und der – zu Unrecht eingetragene – formelle Patentinhaber als Verletzer einander gegenüber, so bedarf der Erstere zur Geltendmachung der Verletzungsansprüche gegen den Letzteren nicht der vorherigen Eintragung in die Rolle, RGZ **144,** 389. Hat der Patentinhaber im Inland weder Wohnsitz noch Niederlassung, so kann er die Rechte aus dem Patent nur geltend machen, wenn er einen Inlandsvertreter bestellt hat (§ 25). Steht das Patent mehreren gemeinsam zu, so kann in entsprechender Anwendung des § 1011 BGB jeder für sich den Anspruch auf Unterlassung und/oder Schadenersatz geltend machen, RG GRUR **27,** 582; klagen sie aber gemeinsam, so werden sie als sog. notwendige Streitgenossen im Sinne der ersten Alternative des § 62 Abs. 1 ZPO anzusehen sein, vgl. Stein/Jonas 22. Aufl., § 62 Rdn. 8; vgl. auch BGH GRUR **67,** 655, 656. Eingeschränkte Aktivlegitimation nach Vergabe einer ausschließl. Lizenz, s. u. Rdn. 17. Wegen der Anspruchsberechtigung des Inhabers eines „abhängigen" Patents vgl. oben Rdn. 3 und unten Rdn. 58.

17 **b)** Der **ausschließliche Lizenznehmer** hat selbstständig gegen einen Verletzer des Patents und damit auch seines ausschließlichen Benutzungsrechts die Ansprüche aus § 139, RGZ **57,** 38, 40/41; **67,** 176, 181; **83,** 93, 94; RG GRUR **37,** 627, 629 u. ö.; vgl. auch BGHZ **141,** 267 (Urheberrechtssache) und oben Rdn. 97 zu § 15; der (an sich möglichen) Eintragung der Lizenz in der Patentrolle (vgl. § 30 Abs. 4) bedarf es zur Geltendmachung der Ansprüche nicht. Der Patentinhaber kann daneben eigene Ansprüche gegen den Verletzer geltend machen, soweit er durch die Verletzung betroffen ist, – z. B. weil bei Minderung der Umsätze des Lizenznehmers sich auch seine eigenen (Lizenz-)Einnahmen verringern – RGZ **136,** 320; RG GRUR **43,** 169, 172; BGH GRUR **92,** 697, 698 (z. UrhG); BGH GRUR **05,** 935, 936 – Vergleichsempfehlung II; er kann das nicht, wenn er vom Lizenznehmer voll abgefunden ist und deshalb durch die patentverletzenden Handlungen nicht mehr geschädigt werden kann, RGZ **136,** 320, 321; wohl aber, wenn er nach Lizenzvertrag z. Vorgehen gegen Patentverletzer verpflichtet ist, LG Düsseldorf InstGE **1,** 9. Wegen der Abgrenzung der Ersatzansprüche von Patentinhaber und Lizenznehmer s. u. Rdn. 58. Zur Aktivlegitimation bei Ansprüchen aus §§ 812ff. BGB s. u. Rdn. 83. Entsprechendes gilt bei der Bestellung eines **Nießbrauchs** für die Ansprüche des Nießbrauchers und des Patentinhabers, RG GRUR **37,** 670, 672. Der Träger einer **einfachen Lizenz** dagegen kann keine Ansprüche aus § 139 geltend machen, RGZ **83,** 93, 95/96, – außer auf Grund Abtretung oder Ermächtigung durch den Patentinhaber, RG GRUR **16,** 178, 180; vgl. auch unten Rdn. 18 sowie oben Rdn. 101 zu § 15; jedoch kann, namentlich bei Einräumung der „Meistbegünstigung", der Patentinhaber dem Lizenznehmer gegenüber verpflichtet sein, gegen fortgesetzte Verletzungshandlungen Dritter vorzugehen, wenn anders er nicht den Anspruch auf die Lizenzzahlungen verlieren will, BGH GRUR **65,** 591, 595/96; vgl. auch Rdn. 152 zu § 15; für eine weitergehende Anerkennung eines eigenen

Abwehranspruchs auch des einfachen Lizenznehmers: Lichtenstein GRUR **65,** 344. Zur Frage des Schadenersatzes für den einfachen Lizenznehmer s. auch Fischer GRUR **80,** 374ff., der sich für die Möglichkeit einer Drittschadensliquidation ausspricht. Das ist jedoch weder notwendig noch sachgerecht. Der Lizenzgeber kann eigenen Schaden geltend machen und nach Lizenzanalogie (s. u. Rdn. 63ff.) oder Herausgabe des Verletzergewinns (s. u. Rdn. 72) berechnen. Selbst im Bereich einer Schadensberechnung nach entgangenem Gewinn (s. u. Rdn. 62) fehlt es regelmäßig an einer Verlagerung typischen Schadens als Voraussetzung der Drittschadensliquidation, da sich Umsatzeinbußen der Lizenznehmer beim Lizenzgeber als Verminderung der Lizenzeinnahmen auswirken. Ein weitergehendes Ausgleichsbedürfnis besteht nicht, da der einfache Lizenznehmer auch die gleichwirkenden Folgen der Vergabe einer Lizenz an den Verletzer hätte hinnehmen müssen. **Pfandgläubiger** und Pfändungspfandgläubiger können nach Maßgabe der pfandrechtlichen Bestimmungen (§§ 1273ff. BGB, §§ 803ff., 828ff., 857 ZPO) die ihrem Pfandrecht unterliegenden Ansprüche des Patentinhabers aus § 139 geltend machen. Sie können beeinträchtigende Verfügungen d. Patentinhabers untersagen (vgl. BGHZ **125,** 354 – Rotationsbürstenwerkzeug) und auch gegen Patentverletzungen vorgehen, soweit durch diese ihr dingliches Recht beeinträchtigt wird (vgl. §§ 1068 Abs. 2, 1065, 1273 – in Verb. m. § 1004, Kraßer S. 894; Busse Rdn. 21 zu § 139). Der Pfandgläubiger kann jedoch d. Patentinhaber od. Inhaber älterer Nutzungsrechte nicht die Benutzung d. Erfindung untersagen u. nicht gegen deren Abnehmer vorgehen, BGHZ **125,** 334 – Rotationsbürstenwerkzeug; vgl. auch Stöber, Forderungspfändung, 13. Aufl., Rdn. 1729ff.

c) Die Abtretung des Unterlassungsanspruchs kann wirksam nur zusammen mit der Übertragung des Patentrechts selbst erfolgen, RGZ **148,** 146, 147. Jedoch kann ein Dritter, wenn er ein eigenes rechtliches Interesse an der Geltendmachung des Anspruchs hat (z. B. als Lizenznehmer), **ermächtigt** werden, den Unterlassungsanspruch im eigenen Namen für Rechnung des ermächtigenden Patentinhabers geltend zu machen, RG aaO und GRUR **39,** 826, 829; LG Mannheim GRUR **55,** 292, 293; ebenso BGH GRUR **95,** 54 (Kennzeichenrecht) und Busse, Rdn. 26 zu § 139. Schadenersatzansprüche wegen begangener Verletzungen sind dagegen frei übertragbar, vgl. RG JW **37,** 2982 Nr. 27 und GRUR **39,** 826, 829, brauchen daher andererseits bei der Übertragung des Patents auch nicht auf den Erwerber mit übertragen zu werden, vgl. dazu Moser v. Filseck JR **51,** 306. Daraus allein, dass der Erwerber vertraglich rückständige Patentamtsgebühren übernimmt, folgt noch nicht ohne weiteres, dass auf ihn auch die Schadenersatzansprüche wegen Patentverletzungen aus der Zeit vor der Übertragung des Patents stillschweigend übergehen; die Übertragung derartiger Schadenersatzansprüche bedarf vielmehr besonderer Abtretung, BGH GRUR **58,** 288. Wird der Schadenersatzanspruch auf einen anderen übertragen, so geht damit, falls nichts anderes vereinbart ist, entsprechend § 401 BGB auch der Anspruch auf Rechnungslegung über, vgl. RG JW **31,** 525 Nr. 10. Erfolgt die Übertragung des Patents (oder die Abtretung der Schadenersatzforderungen) nach dem Eintritt der Rechtshängigkeit, so ist das auf den Prozess ohne Einfluss, § 265 Abs. 2 ZPO; der bisherige Patentinhaber (oder Zedent) führt den Prozess als Kläger fort, muss aber hinsichtlich der Schadenersatzforderungen (soweit diese übertragen sind) den Klagantrag auf Verurteilung zur Leistung an den Erwerber (Zessionar) umstellen, RGZ **56,** 301, 308 u. ö., – es sei denn, dass er vom Erwerber (Zessionar) ermächtigt wird, auch die Schadenersatzforderungen weiterhin im eigenen Namen geltend zu machen, RGZ **166,** 218, 238; BGHZ **26,** 31, 37. 18

5. Passiv legitimiert für die Ansprüche aus § 139 ist der „Verletzer" als Täter oder Teilnehmer einer Patentverletzung i. S. des allg. Deliktsrechts, BGHZ **159,** 221, 231 – Drehzahlermittlung. Das deckt sich nicht mit dem vor allem im Wettbewerbs- und Markenrecht gebrauchten weiteren Begriff des Störers i. S. d. § 1004 BGB, BGH GRUR **02,** 618, 619 – Meißner Dekor. Wegen des Bereicherungsanspruchs aus § 812 BGB s. u. Rdn. 83. **Literatur:** Klaka, Persönliche Haftung d. gesetzl. Vertreters für die im Geschäftsbetrieb der Gesellschaft begangenen Wettbewerbsverstöße und Verletzungen von Immaterialgüterrechten, GRUR **88,** 729ff.; Götting, Die persönliche Haftung des GmbH-Geschäftsführers für Schutzrechtsverletzungen und Wettbewerbsverstöße. GRUR **94,** 6ff. 19

a) „Verletzer" ist zunächst einmal der, der selbst die geschützte Erfindung, „entgegen den §§ 9 bis 13" rechtswidrig benutzt, sei es durch Herstellung, Handel oder Gebrauch. Jeder, der so handelt, ist „Verletzer" und den Ansprüchen des Patentinhabers aus § 139 ausgesetzt, vgl. RGZ **153,** 210, 214/15 und oben § 9 Rdn. 27, 28. Der Patentinhaber kann also z. B. gegen den Hersteller, der den patentverletzenden Gegenstand unbefugt hergestellt hat, *und/oder* gegen den Händler, der den Gegenstand vom unbefugten Hersteller erworben hat, um ihn anzubieten oder in Verkehr zu bringen, *und/oder* gegen den bloßen Benutzer, der den vom Händler erworbenen patentverletzenden Gegenstand nunmehr gewerblich gebraucht, aus § 139 vorgehen. 20

Verletzer kann auch derjenige sein, der lediglich eine weitere Ursache für die Rechtsverletzung gesetzt hat; z. B. weil er seine Betriebsmittel (Telefon o. dgl.) zur Verfügung gestellt und deren Benutzung für Verletzungshandlungen nicht unterbunden hat, obwohl dies möglich u. von ihm zu erwarten war, BGHZ **142,** 7, 12ff. – Räumschild. Sie alle sind zur Unterlassung und – bei Verschulden – zum Schadenersatz verpflichtet und haften für den Schadenersatzanspruch des Verletzten als **Gesamtschuldner** (§§ 840, 421ff. BGB), soweit sich ihre Ersatzverpflichtungen hinsichtlich der konkreten Verletzungsfälle und der Schadenshöhe decken, vgl. BGHZ **30,** 203, 207ff. Entsprechendes muss für den mittelbaren Patentverletzer i. S. d. § 10 gelten, dessen Handeln zur nachfolgenden Patentverletzung eines Dritten führt, kommt aber praktisch nur bei Schadensberechnung auf Basis d. entgangenen Gewinns in Betracht, vgl. Karlsruhe Mitt. **01,** 447, 451ff. Soweit Gesamtschuld vorliegt, sind tatsächlich erbrachte Ersatzleistungen des einen Schuldners auch bei der Berechnung der Restschuld des anderen zu berücksichtigen (§ 422 BGB), nicht jedoch schon die bloße Klärung der Höhe der Schuld des einen durch Vergleich oder Gerichtsurteil (§ 425 BGB). Aus dem Wesen der Gesamtschuld (vgl. § 421 BGB) und dem sog. „Zusammenhang der Benutzungsarten", der sich auch in der Lehre von der sog. „Erschöpfung des Patentrechts" (vgl. Erl. zu § 9) äußert, folgt, dass der Verletzte bei **stufenmäßig aufeinander folgenden Benutzungshandlungen** an ein und derselben Sache (Herstellen – Anbieten – In-Verkehr-bringen – Weitervertreiben – Benutzen) im Ergebnis nicht besser gestellt sein kann als bei nur einer Benutzungshandlung; hat er also z. B. von dem unbefugten Hersteller einer patentverletzenden Maschine Schadenersatz in Form einer Lizenzgebühr verlangt *und* erhalten, so kann er nicht auch noch von dem Abnehmer der Maschine die Unterlassung des Gebrauchs oder die Leistung von Schadenersatz fordern, Düsseldorf GRUR **39,** 365, 367; Mitt. **98,** 358, 362; LG München Mitt. **98,** 262 –, es sei denn z. B., dass neben der entgangenen Lizenzgebühr für Herstellen und Inverkehrbringen der Maschine noch ein weiterer Gewinnentgang des Verletzten infolge Benutzung der Maschine durch den Abnehmer in Betracht kommt, RG GRUR **43,** 169, 172. Ebenso Kraßer S. 821 und (nur für den Schadensersatzanspruch) Busse Rdn. 123 zu § 139; vgl. auch oben Erl. 23–25 zu § 9. Nach a. A. soll allerdings der Unterlassungsanspruch gegen gewerbl. Abnehmer nicht von Durchsetzung des vollen Ersatzanspruchs gegen Lieferanten berührt werden, Götz, GRUR **01,** 295, 297; Allekotte, Mitt. **04,** 1, 5ff.; ebenso für Urheberrecht BGH GRUR **02,** 248, 252 – Spiegel-CD-ROM; zweifelnd Busse, Rdn. 228 zu § 139. Das würde jedoch zu systemwidriger und ungerechter Überkompensation führen. Der Hersteller müsste auch für solche „Schäden" einstehen, deren Eintritt vom Patentinhaber durch Inanspruchnahme der Abnehmer verhindert wird. Er hätte (bei Schadensberechnung nach Lizenzanalogie, s. u. Rdn. 63ff.) einseitig nur die Lasten, nicht aber die Vorteile eines Lizenznehmers zu tragen, und ein sog. Verletzergewinn (s. u. Rdn. 72ff.) wäre wegen der Regressansprüche der Abnehmer nicht gegeben. – Wegen der Weiterverfolgung der Ansprüche aus § 139 bei Insolvenz des Verletzers vgl. unten Rdn. 106ff. Der Insolvenzverwalter, der den Betrieb eines Schuldners unter Benutzung eines fremden Patents fortsetzt, haftet persönlich, BGH GRUR **75,** 652 (Flammkaschierverfahren) m. Anm. Pietzcker.

21 **b)** Mehrere, die gemeinschaftlich eine Patentverletzung begehen, sind **Mittäter,** RG GRUR **35,** 503 (Bauherr und Architekt); GRUR **35,** 99, 101 (fabrizierende Firma und andere Firma, die ihr dafür Grundstück, Gebäude und Maschinen zur Verfügung stellt); BGH GRUR **79,** 48 (Straßendecke – Unternehmer u. weisunggebender Staat als Bauherr); vgl. auch § 10 Rdn. 28. Auch Anstiftung (RGZ **101,** 135, 139; KG Mitt. **13,** 49) und Beihilfe (RG GRUR **37,** 670, 672; RGZ **111,** 350, 353; vgl. auch BGH GRUR **99,** 977, 979 zu I 2b und c) sind denkbar, vgl. § 10 Rdn. 29. Mehrere Verletzer können auch als Nebentäter haften, BGH GRUR **02,** 599 – Funkuhr. Ein Sonderfall der Anstiftung ist in § 10 Abs. 2 erfasst (bewusste Veranlassung zur Patentverletzung durch Lieferung eines wesentlichen Elements). Täter (Mittäter oder Nebentäter), Anstifter und Gehilfen haften als Gesamtschuldner (§§ 830, 840 BGB). Eine früher (RGZ **65,** 157; **101,** 135) ebenfalls unter den Begriff der Beihilfe gebrachte weitere Form der Beteiligung an einer Patentverletzung ist die von der Rechtsprechung seit langem anerkannte sogenannte **„mittelbare Patentverletzung",** die nunmehr in § 10 ausdrücklich geregelt ist; vgl. dazu die Erläuterungen zu § 10. Die „mittelbare Patentverletzung" begründet Ansprüche aus § 139 gemäß Abs. 1 unabhängig davon, ob es auch zu einer unmittelbaren Patentverletzung durch den Abnehmer der „Mittel" i. S. des § 10 kommt, BGH GRUR **01,** 228 – Luftheizgerät; jedoch Schadensersatzansprüche nur bei nachfolgender unmittelbarer Patentverletzung, s. u. Rdn. 40a; und in keinem Fall Entschädigungsansprüche nach § 33, BGHZ **159,** 221, 229ff. – Drehzahlermittlung; a. A. Düsseldorf Mitt. **03,** 259.

Literatur: Hess-Blumer, Teilnahmehandlungen im Immaterialgüterrecht (z. schweiz. Recht), sic! **03,** 95ff.

c) Bei **Patentverletzung durch ein Unternehmen** können Ansprüche aus § 139 sowohl gegen das Unternehmen als auch gegen seine verantwortlichen Mitglieder gegeben sein. Juristische Personen (z.B. AG oder GmbH) haften nach § 31 BGB auf Grund patentverletzender Handlungen ihrer gesetzlichen Vertreter (Vorstandsmitglieder, Geschäftsführer) sowohl auf Unterlassung als auch – deren Verschulden vorausgesetzt – auf Schadenersatz, vgl. z.B. RG MuW **XXII,** 25, 26; GRUR **37,** 670, 672, – offene Handelsgesellschaften und Kommanditgesellschaften in gleicher Weise auf Grund patentverletzender Handlungen ihrer vertretungsberechtigten Gesellschafter, RG Bl. **99,** 292, 294; JW **14,** 202 Nr. 18. Unternehmen haften ferner in gleicher Weise auf Grund patentverletzender Handlungen ihrer leitenden, nicht vertretungsberechtigten Angestellten, Düsseldorf GRUR **51,** 316, 317; nicht ohne weiteres auch für sonstige leitende Angestellte (a.A. noch Düsseldorf GRUR **51,** 316, 317). Haftung für sonstige Angestellte und Mitarbeiter nach § 830 Abs. 1 BGB mit d. Möglichkeit des Entlastungsbeweises. Eigenes Verschulden des Unternehmens kann sich aus mangelnder Unterweisung oder Beaufsichtigung oder allgemein aus fehlerhafter Betriebsorganisation (Organisationsverschulden) ergeben, RG Mitt. **13,** 175; LG Düsseldorf GRUR **51,** 316, 317; Kraßer S. 896; vgl. auch LG Düsseldorf Mitt. **00,** 458, 461 zur Konzernhaftung. Haftung auf Grund patentverletzender Handlungen anderer Angestellter dagegen zwar immer – Wiederholungsgefahr vorausgesetzt – auf Unterlassung, auf Schadenersatz jedoch nur bei eigenem, in mangelnder Unterweisung oder Beaufsichtigung liegendem Verschulden, RG Mitt. **13,** 175; Düsseldorf aaO. Daneben haften die gesetzlichen Vertreter bzw. vertretungsberechtigten Gesellschafter selbst – als Gesamtschuldner mit der juristischen Person oder der Gesellschaft – auf Unterlassung und Schadenersatz, RG Bl. **99,** 292, 294/295; JW **14,** 202 Nr. 18; GRUR **28,** 386; **29,** 354, 355/56; **36,** 1084, 1089; BGH I ZR 144/59 v. 10. 1. 1961 (vgl. auch BGH GRUR **57,** 342, 347 für den persönlich haftenden Gesellschafter einer KG auf Aktien), und zwar auch noch für die nach ihrem Ausscheiden erfolgenden, auf ihre Tätigkeit zurückzuführenden Verletzungen, RG GRUR **35,** 913, 915/16, – es sei denn, dass sie sich (z.B. bei Arbeitsteilung im Vorstand eines großen Unternehmens) von der eigenen Haftung entlasten können, RG GRUR **35,** 99, 101; **36,** 1084, 1089. Nach BGH GRUR **86,** 248 (WZ-Sache) ist die persönliche Haftung des gesetzlichen Vertreters, der von vergangenen Verletzungen nichts wusste, auch für den Unterlassungsanspruch nur unter dem Gesichtspunkt zukünftiger Begehungsgefahr zu prüfen. Weitergehende Haftung jedoch bei Organisationsverschulden des ahnungslosen Vertreters, Hamburg GRUR-RR **02,** 240. Ferner haften u.U. der Insolvenzverwalter bei Fortführung eines Betriebes, BGH GRUR **75,** 652 (Flammkaschierverfahren) m. Anm. Pietzcker und ein Bundesland bei Vertretung der Bundesrepublik im Rahmen der Auftragsverwaltung (Art. 85 GG), BGH GRUR **79,** 48 (Straßendecke). Der Ersatzanspruch gegen den Vertreter kann nach allgemeinen Grundsätzen, u.a. auch nach dem Verletzergewinn (s.u. Rdn. 72ff.) berechnet werden, Düsseldorf InstGE **5,** 17. 22

Die **Haftung von Angestellten und Arbeitern** ist streitig. Nach Busse, Rdn. 32 zu § 139 soll Haftung bei Weisungsgebundenheit ohne eigenen Handlungsspielraum ausscheiden; ähnlich Reimer Rdn. 73 zu § 47; stark einschränkend auch Baumbach/Hefermehl UWG § 8 Rdn. 2, 7; gegen solche Einschränkung Klauer/Möhrung Rdn. 11 zu § 47; Teplitzky, Wettbewerbsrechtliche Ansprüche, 8. Aufl. S. 172ff. mit Einschränkungen nur z. Störerhaftung; vgl. zu dieser Problematik auch allgemein die Literatur und Rechtsprechung zu § 1004 BGB. Die ältere Rechtsprechung hat eine Verantwortlichkeit jedenfalls für leitende Angestellte anerkannt, RG GRUR **36,** 1084, 1089; LG Berlin Mitt. **33,** 96. Im Grundsatz ist jedoch auch bei sonstigen Arbeitnehmern von deren Verantwortlichkeit auszugehen, selbst bei Handeln auf ausdrückliche Weisung, LG Düsseldorf GRUR Int. **86,** 807, 808. § 139 stellt lediglich auf die patentverletzende Tätigkeit als solche ab. Gedankenlosigkeit, Unkenntnis, soziale Abhängigkeit und Weisungsgebundenheit sind keine Rechtfertigung – zur Weisungsgebundenheit s. RG GRUR **36,** 1089 –, und der Patentinhaber muss sich grundsätzlich auch gegen denjenigen zur Wehr setzen können, der sein Recht verletzt ohne die Sach- und Rechtslage zu übersehen. Jedoch wird es für einen Schadensersatzanspruch weitgehend am Verschulden fehlen, da der untergeordnete Arbeitnehmer im Allgemeinen nicht oder allenfalls nach Verwarnung (so OLG Düsseldorf GRUR **78,** 588, 589) zur Prüfung der Schutzrechtslage verpflichtet und in der Lage ist. Gegenüber dem Unterlassungsanspruch wird der Arbeitnehmer sich mit dem Einwand der unzulässigen Rechtsausübung (§ 242 BGB) verteidigen können, wenn er betriebsintern nicht maßgebend an der Patentverletzung beteiligt ist und kein besonderes Interesse ersichtlich ist, gerade ihn anstelle des Arbeitgebers oder daneben in Anspruch zu nehmen: andernfalls ist anzunehmen, dass mit Kostendruck und Verunsicherung der Belegschaft Ziele verfolgt werden, die außerhalb des Schutzzwecks des Patentgesetzes liegen und Treu und Glauben widersprechen. Ein ausreichendes Interesse ist jedoch beispielsweise – auch bei Weisungsgebundenheit – hinsicht- 23 lich des inländischen Vertreters oder Repräsentanten eines ausländischen Unternehmens anzuerkennen, OLG Düsseldorf GRUR **78,** 588; ebenso für den im Inland tätigen leitenden Angestellten des ausländischen Unternehmens, LG Düsseldorf GRUR Int. **86,** 807, 808.

24 **6. Anspruchsgrund und Einwendungen** (vgl. dazu auch Lüdecke, der Parteivortrag im Patentstreit, GRUR **49,** 82ff., 110ff., sowie Kühnen/Geschke, Die Durchsetzung von Patenten i. d. Praxis, 2. Aufl. (2005), insbes. S. 153ff.; Nieder, Die Patentverletzung (2004), insbes. S. 283ff.; Pitz, Patentverletzungsverfahren (2003), insbes. S. 46ff.; Schramm, Der Patentverletzungsprozess, 5. Aufl. (2005), insbes. S. 113ff.).

25 **a) Zum Anspruchsgrund** eines Anspruchs wegen Patentverletzung aus § 139 gehören z.B. das Bestehen des verletzten Rechts (oben Rdn. 2–4) und sein Schutzumfang (oben Rdn. 5), der Verletzungstatbestand (oben Rdn. 7, 8, 12), auch die Aktiv- und die Passiv-Legitimation (oben Rdn. 16–23), sowie die speziellen Voraussetzungen der aus der Verletzung hergeleiteten Ansprüche wie z.B. die Wiederholungsgefahr beim Unterlassungsanspruch (unten Rdn. 28–31), das Verschulden (unten Rdn. 42ff.) und die Schadensberechnung (unten Rdn. 61ff.) beim Schadenersatzanspruch. Wendet sich der wegen Patentverletzung in Anspruch Genommene gegen dieses zum Anspruchsgrund gehörende Vorbringen, so „leugnet" er den Klaggrund; wegen der Beweislast s. unten Rdn. 114. Die **Rechtsbeständigkeit eines Patents** ist jedoch im Verletzungsprozess nicht zu prüfen; das Patent ist hier vielmehr so, wie es erteilt oder in einem Nichtigkeits- oder Beschränkungsverfahren neu gefasst worden ist, hinzunehmen, vgl. BGH GRUR **59,** 320; **99,** 914, 916 – Kontaktfederblock; vgl. auch BGHZ **134,** 353, 355 – Kabeldurchführung sowie oben Erläuterungen zu § 14. Der Verletzungsrichter hat jedoch zur Abgrenzung des Schutzbereichs eines Patents (§ 14) die Patentfähigkeit der angegriffenen Ausführungsform zu prüfen, wenn diese vom Wortlaut der Patentansprüche abweicht, gleichwohl aber noch unter dem Gesichtspunkt der Äquivalenz oder der geschützten Unterkombination in den Schutzbereich des Patents fallen könnte, BGHZ **98,** 12 – Formstein; **134,** 353 – Kabeldurchführung und oben § 14 Rdn. 99ff., 120ff. Ferner kann der Verletzungsrichter, wenn ein das Klagepatent betreffendes Nichtigkeitsverfahren anhängig ist, den Verletzungsstreit gemäß § 148 ZPO bis zur Entscheidung über die Rechtsbeständigkeit des Patents im Nichtigkeitsverfahren aussetzen (unten Rdn. 107); es ist nicht im Verletzungsprozess sondern nur gegebenenfalls in einem Nichtigkeitsverfahren nach §§ 22 Abs. 1, 21 Abs. 1 Nr. 4 zu prüfen, ob die Fassung, die das Klagepatent nach seiner Erteilung in einem Beschränkungsverfahren nach § 64 (s. dazu BGH GRUR **62,** 577) oder im Einspruchsverfahren nach §§ 21, 59ff. erhalten hat, in unzulässiger Weise über den früheren Anspruch hinausgeht oder einen abändernden Inhalt aufweist. Jedoch wird eine unzulässige Erweiterung, die bei einem europäischen Patent im nationalen Beschränkungs- oder Nichtigkeitsverfahren unterlaufen ist, im Verletzungsprozess auch ohne vorherige Nichtigerklärung unbeachtet bleiben müssen, vgl. Rogge, GRUR **93,** 284, 288ff.; a.A. Busse Rdn. 186 zu § 139. Ferner kann die Priorität des Klagepatents auch im Verletzungsprozess nachzuprüfen sein, BGH GRUR **63,** 563, 565/66, – so z.B. dann, wenn ein im Prioritätsintervall entstandenes Vorbenutzungsrecht (§ 12) eingewandt wird, BGH GRUR **66,** 198, 199; **70,** 296, 297. Auch der Tatbestand der widerrechtlichen Entnahme (§§ 8, 7 Abs. 2, 21 Abs. 1 Nr. 3) kann ohne Erhebung der Nichtigkeitsklage oder Einlegung eines Einspruchs von dem durch die Entnahme Verletzten als Einwand auch in dem gegen ihn gerichteten Verletzungsprozess geltend gemacht werden, RGZ **130,** 158, 160; BGH GRUR **05,** 567, 568 – Schweißbrennerreinigung; das ergibt sich gemäß Treu u. Glauben (§ 242 BGB) daraus, dass der „Verletzer" seinerseits Übertragung des Patents nach § 8 verlangen könnte; bei Gutgläubigkeit u. Ablauf d. Fristen d. § 8 kommt ein Weiterbenutzungsrecht nicht mehr in Betracht, BGH aaO gegen Karlsruhe GRUR **83,** 67 (zum früheren § 5); vgl. auch Rdn. 13 zu § 8 und Rdn. 63 zu § 9 sowie Busse Rdn. 22 zu § 8.

26 **b) Die Einwendungen** des wegen Patentverletzung in Anspruch Genommenen können der verschiedensten Art sein. **Gegen das geltend gemachte Recht** richten sich die Einwendungen gegen dessen Rechtsbeständigkeit (vgl. aber oben Rdn. 25 zu der Frage, inwieweit der Beklagte mit diesen Einwendungen im Verletzungsprozess gehört werden kann), insbes. der Einwand der Wirkungslosigkeit ab Erteilung eines entspr. europäischen Patents gem. Art. II § 8 IntPatÜG, – der sog. Einwand der Erschleichung des Patents (§ 9 Rdn. 70), – der sog. Einwand der Erschleichung der Patentruhe (vgl. dazu § 9 Rdn. 71), – sowie der (nur von dem dadurch Verletzten geltend zu machende) Einwand der widerrechtlichen Entnahme (oben Rdn. 25 u. § 9 Rdn. 63). – **Ein dem Klagerecht entgegenstehendes Recht** wird geltend gemacht mit dem Einwand eines Benutzungsrechts (oben Rdn. 9, 10) und mit dem sog. Einwand des freien Standes der Technik (vgl. dazu § 9 Rdn. 62). **Auf ein Verhalten des Klägers** gegenüber dem Beklagten können – außer dem Einwand der widerrechtlichen Entnahme (s.o. Erl. bei § 8) –

gegründet werden der Einwand des völligen oder teilweisen Verzichts auf die Geltendmachung des Rechts, RGZ **153,** 329, 331 (oben § 9 Rdn. 68) oder der Vereinbarung, im Verhältnis zwischen den Parteien nur einen eingeschränkten Schutzumfang geltend zu machen, BGH GRUR **79,** 308, 309.

Möglich ferner der Einwand der allgemeinen **Arglist** und der unzulässigen Rechtsausübung, BGH Mitt. **97,** 364, 366 – Weichvorrichtung II, namentlich der unter diesem Gesichtspunkt zu betrachtende Einwand der Verwirkung. Deren Voraussetzungen sind bei Patentverletzung (nur) in seltenen Fällen gegeben, s. BGHZ **146,** 217 – Temperaturwächter; im Einzelnen s. dazu Rdn. 65, 69 ff. zu § 9. Auch sonst wird der Arglisteinwand nur in Ausnahmefällen durchgreifen; z. B. kann ein Werkunternehmer, der von einem Patentinhaber im Rahmen eines Werklieferungsvertrages mit der Herstellung patentgeschützter Gegenstände beauftragt worden ist, ohne eine über dieses Vertragsverhältnis hinausgreifende Herstellungslizenz erhalten zu haben, nach Kündigung des Werklieferungsvertrages der Geltendmachung des Schutzrechts durch den Patentinhaber selbst dann nicht die Einrede unzulässiger Rechtsausübung oder allgemeiner Arglist entgegenhalten, wenn er bereits erhebliche Kosten für Materialbeschaffung und sonstige Vorbereitungen für die Herstellung aufgewendet hat, BGH GRUR **59,** 528; – ebenso ist es nicht als schlechthin arglistig angesehen worden, wenn der Inhaber eines jüngeren Gebrauchsmusters, um dieses durchsetzen zu können, ein diesem entgegenstehendes älteres Gebrauchsmuster mit Hilfe eines Dritten als Antragsteller zur Löschung bringen lässt, BGH GRUR **63,** 519, 521/22. Missbräuchlich kann jedoch die Klage wegen einer Ausführungsform sein, die im vorausgegangenen Einspruchsverfahren gegenüber dem gleichen Gegner als nicht patentgemäß bezeichnet wurde, BGH Mitt. **97,** 364, 366; ebenso die Klage gegen einen untergeordneten Betriebsangehörigen, s. o. Rdn. 23. Nach den allgemeinen anspruchsbegrenzenden Grundsätzen von Treu und Glauben (§ 242 BGB) kann die Durchsetzung eines Unterlassungs- oder Beseitigungsanspruchs auch dann unzulässig sein, wenn sie zur unnützen Zerstörung wirtschaftlicher Werte führen würde; vgl. dazu Tetzner, Patentschutz wesentlicher Grundstücksbestandteile, in Deutsches Gemein- und Wirtschaftsrecht, Ergänzungsblatt zur „Deutschen Justiz", **42,** 44/45; Tetzner Mat-PatR § 1 Anm. 33. 26 a

Auf ein Verhalten des Klägers kann ferner, namentlich gegenüber seinem Schadenersatzanspruch, gegründet werden die Einrede der Verjährung (§ 141) und der Einwand des mitwirkenden Verschuldens (vgl. unten Rdn. 56). Dem Schadensersatzanspruch kann auch der Einwand der völligen Befriedigung durch einen anderen Gesamtschuldner (§§ 830, 840 BGB, oben Rdn. 20–22, unten Rdn. 83) entgegengehalten werden (§ 422 BGB). Gegenüber einem Zahlungsanspruch wegen Patentverletzung kann mit einem anderen Zahlungsanspruch, gleichgültig aus welchem Rechtsgrund, aufgerechnet werden (§ 387 BGB), außer wenn die Patentverletzung vorsätzlich begangen war (§ 393 BGB).

C. Die Ansprüche im Einzelnen

I. Der Unterlassungsanspruch

1. Voraussetzung des Unterlassungsanspruchs, der zur Abwehr künftiger Eingriffe dient, ist, dass in Zukunft rechtswidrige Eingriffe in das Patent seitens des Beklagten zu besorgen sind, RGZ **101,** 135, 138 (sog. Beeinträchtigungs- oder Begehungsgefahr). Sie ergibt sich regelmäßig aus einer bereits erfolgten Patentverletzung (sog. Wiederholungsgefahr – s. u. Rdn. 29), kann sich als Gefahr erstmaliger zukünftiger Verletzung aber auch aus sonstigen Umständen ergeben (Begehungsgefahr i. e. S. – s. u. Rdn. 28). Die grundsätzlichen Voraussetzungen entsprechen denjenigen bei anderen gewerblichen Schutzrechten (z. B. § 24 GebrMG, § 42 GeschmMG, § 14 MarkenG) oder vergleichbaren Unterlassungsansprüchen (z. B. § 8 UWG, § 97 UrhG). Rechtsprechung u. Literatur hierzu und zu §§ 1004, 823 BGB können ggf. ergänzend berücksichtigt werden. Es genügt der objektive Tatbestand einer (zu besorgenden) rechtswidrigen Patentverletzung; auf die Willensrichtung des Verletzers kommt es nicht an, insbesondere ist ein Verschulden nicht erforderlich, RGZ **101,** 135, 138; vgl. auch RGZ **109,**, 272, 276; BGHZ **14,** 163, 170. Das Vorliegen einer Beeinträchtigungs- oder Wiederholungsgefahr, obwohl oft unter den Begriff des „Rechtsschutzbedürfnisses" gebracht (vgl. BGHZ **42,** 340, 345/46 = GRUR **65,** 327, 328), ist dennoch eine vom außerprozessualen Recht geforderte, also sachlichrechtliche Voraussetzung des Unterlassungsanspruchs; ihr Fehlen oder ihr Wegfall machen daher die Unterlassungsklage nicht unzulässig, sondern unbegründet, BGH GRUR **90,** 687 (Wettbewerbssache); die Rechtskraft der Entscheidung steht einer auf veränderte spätere Umstände gestützten Klage nicht entgegen, BGH aaO. Dass die zu untersagende Handlung auch strafrechtlich verfolgt werden kann (§ 142) oder dass in einem Strafverfahren bereits auf Strafe erkannt ist, nimmt dem Verletzten nicht das Rechtsschutzbedürfnis für die privatrechtliche 27

Unterlassungsklage, macht diese also nicht unzulässig, RGZ **116,** 151; vgl. auch BGH GRUR **57,** 558, 560. Das Rechtsschutzbedürfnis fehlt aber, wenn der Verletzte bereits einen vollstreckbaren Titel (z.B. in Form eines vollstreckbaren Prozessvergleichs) hat, es sei denn, dass erhebliche Zweifel bestehen, ob der Titel für die beabsichtigt Geltendmachung von Ansprüchen verwendbar ist, vgl. BGH GRUR **58,** 359, 361 und unten Rdn. 35a a.E.; auch eine einstweilige Verfügung auf Unterlassung nimmt für sich allein in der Regel noch nicht das Rechtsschutzbedürfnis für eine Klage auf Unterlassung, BGH GRUR **64,** 274, 275; **73,** 208, 209 re. oben; anders OLG München GRUR **64,** 226. Zu missbräuchlicher Geltendmachung s.o. Rdn. 26. Das Rechtsschutzbedürfnis entfällt, wenn der Verletzte eine ihm angebotene Unterlassungsverpflichtung mit angemessener Vertragsstrafe nicht annimmt, OLG München GRUR **80,** 1017 (Wettbewerbssache).

28 **2. Insbesondere: Beeinträchtigungs- und Wiederholungsgefahr.** Eine Patentverletzung braucht noch nicht wirklich begangen zu sein; es genügt, dass Tatsachen vorliegen, die die Besorgnis künftiger Verletzungshandlungen rechtfertigen **(Beeinträchtigungs- oder Begehungsgefahr),** BGHZ **2,** 394; BGH GRUR **70,** 358, 360; OLG Hamburg GRUR **53,** 123; das gilt auch für die Klage gegen einen „mittelbaren" Patentverletzer, BGH GRUR **64,** 496, 497; s. auch Rdn. 24 zu § 10. Die drohende Verletzungshandlung muss sich aber in tatsächlicher Hinsicht so greifbar abzeichnen, dass eine zuverlässige Beurteilung unter patentrechtlichen Gesichtspunkten möglich ist, vgl. BGHZ **11,** 260, 271 (Wettbewerbssache); **117,** 264, 271 – Nicola (Sortenschutz). Eine Beeinträchtigungsgefahr kann z.B. schon dann gegeben sein, wenn gegenüber einer Unterlassungsklage ein Recht zu der beanstandeten Handlung behauptet wird, BGHZ **117,** 264, 271 – Nicola; nicht aber, wenn dies nur z. Verteidigung u. erkennbar ohne Absicht oder Vorbehalt zukünftiger Verletzungen geschieht, BGH GRUR **01,** 1174 – Berühmungsaufgabe (Wettbewerbssache). Begehungsgefahr auch, wenn nach Wegfall eines Rechtfertigungsgrundes weiterhin das Recht zur Fortsetzung der fraglichen Handlungen beansprucht wird, BGH GRUR **57,** 84, 86; **62,** 34, 35, oder wenn ein (nur) im Inland ansässiges Unternehmen eine patentverletzende Vorrichtung im Ausland anbietet, OLG Karlsruhe GRUR **80,** 784. Beruht die Begehungsgefahr lediglich darauf, dass sich der potentielle Verletzer berühmt, zu den beanstandeten Handlungen berechtigt zu sein, so entfällt die Begehungsgefahr, sobald die Berühmung aufgegeben oder fallengelassen wird, vgl. BGH GRUR **92,** 116, 117; **01,** 1174, 1176 (Wettbewerbssachen). Die bloß theoretische Möglichkeit, dass sich die Gefahr eines Eingriffs ergeben könnte, genügt nicht; auch nicht der Umstand, dass die Übernahme einer förmlichen Unterlassungsverpflichtung abgelehnt wurde, sofern sonstige Anhaltspunkte für eine zukünftige Verletzung fehlen, BGH GRUR **70,** 358, 360; **99,** 977, 979 zu I 2c – Räumschild; BGHZ **117,** 264, 271/2 – Nicola. Ausführungsformen, deren Herstellung oder Vertrieb der Verletzer weder vorgenommen noch beansprucht hat, dürfen daher nicht Gegenstand eines Unterlassungsanspruchs sein, BGHZ **117,** 264, 272 (Nicola), – ebenfalls nicht Benutzungsarten, deren sich der Verletzer nicht bedient hat, jedenfalls dann nicht, wenn der Streit gerade um die Rechtswidrigkeit bestimmter Benutzungsarten geht, BGH GRUR **60,** 423, 424/25. Es müssen Umstände vorliegen, die darauf schließen lassen, dass der potentielle Verletzer den Entschluss bereits gefasst hat, BGHZ **117,** 264, 272. Die Verletzung bestimmter Schutzrechte begründet noch nicht ohne weiteres die Gefahr zukünftiger Verletzung anderer Schutzrechte, BGHZ **117,** 264, 272/3.

29 Zur Annahme einer **Wiederholungsgefahr** genügt es im Allgemeinen, dass das widerrechtliche Verhalten vor Klagerhebung verwirklicht worden ist, BGHZ **117,** 264, 272 – Nicola; BGH GRUR **03,** 1031, 1033 – Kupplung f. optische Geräte. Nur ausnahmsweise bei besonderen Umständen Verneinung d. Wiederholungsgefahr trotz geschehener Verletzung. Dafür ist aber der Verletzer darlegungs- und beweispflichtig. Die Wiederholungsgefahr ist z.B. zu verneinen, wenn die Verletzungsform eine nicht beabsichtigte, alsbald aufgegebene Fehlkonstruktion darstellt, die nur infolge fehlerhafter Gestaltung die Merkmale des Patents aufweist, RG GRUR **41,** 31, 33. Eine bereits verjährte Handlung (§ 141) kann für sich alleine keine Begehungsgefahr begründen und keinen Unterlassungsanspruch rechtfertigen, es müssen dann noch besondere zusätzliche Umstände hinzutreten, vgl. BGH GRUR **87,** 125 (Wettbewerbssache), D. Rogge GRUR **63,** 345, 346.

30 An die **Beseitigung oder Widerlegung der Wiederholungsgefahr** sind strenge Anforderungen zu stellen, BGHZ **14,** 163, 167; BGH GRUR **59,** 367, 374; **65,** 198, 202. Sie ist nur dann zu verneinen, wenn unstreitig oder bewiesen ist, dass besondere Umstände gegeben sind, welche zuverlässig erwarten lassen, dass jede Wahrscheinlichkeit für die Wiederholung fehlt oder beseitigt ist, BGH GRUR **03,** 1031, 1033 – Kupplung f. optische Geräte. Sie wird nicht schon durch die bloße Einstellung der Verletzung beseitigt, BGH GRUR **65,** 198, 202; **98,**

1045 (Wettbewerbssache), oder durch eine Änderung der Marktlage, RG MuW **40,** 155, auch noch nicht ohne weiteres durch die Einstellung des Geschäftsbetriebs und den Eintritt ins Liquidationsstadium, BGHZ **14,** 163, 168; BGH GRUR **00,** 605, 608 (Wettbewerbssachen), durch die Löschung der Firma im Handelsregister, RGZ **104,** 376, 382, oder durch einen Inhaberwechsel, vgl. BGH GRUR **59,** 367, 374. Das Ausscheiden aus dem Betrieb berührt auch den gegen den Geschäftsführer einmal begründeten Anspruch nicht, BGH GRUR **76,** 579, 582/83, anders wohl bei einem Arbeitnehmer in untergeordneter Position. Auch das bloße Versprechen im Prozess, sich der beanstandeten Handlungen künftig zu enthalten, genügt nicht, BGHZ **1,** 241, 248; **14,** 163, 167/68. In der Regel kann die Wiederholungsgefahr im Prozess vielmehr nur durch das Anerkenntnis des Unterlassungsantrags oder eine bedingungslos (nicht notwendig „aus besserer Einsicht") und unter Übernahme einer Vertragsstrafe (§ 339 BGB) erfolgende Unterlassungsverpflichtung ausgeräumt werden, BGH GRUR **76,** 579, 582 – Tylosin; **98,** 1045, 1046 (Wettbewerbssache) m. w. N., vgl. dazu auch Schramm Mitt. **59,** 260 ff., Lindacher GRUR **75,** 413 ff. und Teplitzky, Wettbewerbsrechtliche Ansprüche, 8. Aufl. 7. Kap. Rdn. 6 ff.); die Verpflichtung muss eindeutig formuliert sein, und die Festsetzung der Strafhöhe darf nicht primär dem Gericht überlassen bleiben, BGH WRP **78,** 38, 39; zu weiteren Einzelheiten einer ausreichenden Unterlassungsverpflichtung vgl. Teplitzky aaO 8. Kap.; vgl. auch Düsseldorf Mitt. **03,** 264, 267: Nach Angebot durch Prospekte muss Unterlassungsverpflichtung auch Anbietungshandlungen anderer Art erfassen; trotz an sich ausreichender Unterlassungsverpflichtung kann durch erneute Rechtsverletzung Wiederholungsgefahr und Rechtsschutzbedürfnis für eine Klage neu begründet werden, vgl. BGH GRUR **80,** 241; **03,** 1031, 1033; eine erst in der Revisionsverhandlung erklärte Unterlassungsverpflichtung ist unbeachtlich, BGH GRUR **61,** 343. Für die Unterlassungsklage des Inhabers eines abhängigen Patents kann die Wiederholungsgefahr nicht schon deshalb als beseitigt gelten, weil der Beklagte bereits auf Klage des Inhabers des älteren Patents rechtskräftig zur Unterlassung verurteilt ist, RGZ **126,** 127, 130 f. Auch durch die Bestrafung des Verletzers im Strafverfahren (§ 142) wird die Wiederholungsgefahr nicht ohne weiteres ausgeräumt, vgl. BGH GRUR **57,** 558, 560. Wird die Wiederholungsgefahr während des Prozesses beseitigt, so wird der Kläger den Rechtsstreit insoweit für in der Hauptsache erledigt erklären müssen, andernfalls der Unterlassungsantrag unabhängig davon, ob bei Klageerhebung eine Wiederholungsgefahr gegeben war oder nicht, abzuweisen sein, BGH GRUR **65,** 368, 369/70; OLG Köln GRUR **64,** 560. Verweigert der Kläger ohne berechtigten Grund die Annahme einer die Wiederholungsgefahr ausräumenden Unterlassungsverpflichtung, so entfällt das Rechtsschutzbedürfnis für den Unterlassungsantrag, BGH GRUR **67,** 362, 366; WRP **78,** 38, 39; LG Düsseldorf GRUR **65,** 444; ggf. auch die Wiederholungsgefahr, BGH GRUR **90,** 1051, 1052.

An die **Beseitigung der Erstbegehungsgefahr** (oben Rdn. 28) sind weniger strenge Anforderungen zu stellen, vgl. BGH GRUR **01,** 1174 (Wettbewerbssache).

Die **Beweislast** für die Beeinträchtigungs- oder Wiederholungsgefahr trifft den Kläger, 31
RGZ **96,** 242, 244/45; er kann sich jedoch bei der Wiederholungsgefahr zumeist auf den Beweis des ersten Anscheins berufen, RG aaO, vgl. auch RGZ **125,** 391, 392/93. Die Beweislast für die Beseitigung der Wiederholungsgefahr trifft den Beklagten, BGH GRUR **98,** 1045 (Wettbewerbssache); **03,** 1031, 1033 – Kupplung f. optische Geräte. Maßgebend ist die Sachlage im Zeitpunkt der letzten mündlichen Verhandlung in der Tatsacheninstanz, BGH GRUR **55,** 390, 392. Da die Frage der Beeinträchtigungs- oder Wiederholungsgefahr wesentlich Tatfrage ist, kann die Entscheidung darüber in der Revisionsinstanz nur beschränkt darauf nachgeprüft werden, ob sie von unrichtigen rechtlichen Gesichtspunkten ausgegangen ist oder wichtige Tatumstände außer Acht gelassen hat, RGZ **96,** 242, 245; **148,** 114, 119; **171,** 380, 382; BGHZ **14,** 163, 167; **117,** 264, 272.

3. Anpassung an die konkrete Verletzungsform. (*Literatur:* Meier-Beck, Probleme d. 32
Sachantrags im Verletzungsprozess, GRUR **98,** 276 ff.). Der möglichst genauen Anpassung bedürfen sowohl der Klagantrag als auch die Urteilsformel. Der Klagantrag muss den Verletzungstatbestand erfassen, der mit der Klage beanstandet werden soll; und Gegenstand eines Unterlassungsurteils können in der Regel nur Zuwiderhandlungen sein, die tatsächlich stattgefunden haben oder doch zu besorgen sind; ist der Klagantrag zu weit gefasst, so muss unter Klarstellung oder ggf. Teilabweisung des Klagantrags die Verurteilung auf die konkrete Verletzungsform beschränkt werden, RGZ **147,** 27, 30; RG MuW **XXI,** 149, 151/52; BGH GRUR **62,** 354, 356; BGHZ **98,** 12, 23 – Formstein. Dem Kl. muss ggf. Gelegenheit z. Konkretisierung seines Antrags gegeben werden, BGH GRUR **00,** 438, 441 (Wettbewerbssache). Ein zu weit gefasstes Unterlassungsbegehren umfasst i. Zw. die konkrete Verletzungsform als ein Minus; Klageabweisung daher im Allgemeinen nur wegen d. überschießenden Teils, BGH GRUR **99,** 509;

99, 760 (Wettbewerbssachen). Das gilt sowohl hinsichtlich der technischen Merkmale als auch hinsichtlich der Art der Benutzung der angegriffenen Verletzungsform, RG GRUR **40,** 262, 265; BGH GRUR **60,** 423, 425; BGHZ **98,** 12, 23. Unzulässig wäre namentlich die Untersagung einer „ähnlichen" Handlung, weil dann im Falle einer angeblichen Zuwiderhandlung zur Klärung der Frage, was noch unter das Verbot fällt und was nicht, praktisch ein neues Erkenntnisverfahren im Gewand eines Vollstreckungsverfahrens stattfinden müsste, BGH GRUR **63,** 430, 431 m. w. Nachw. (Wettbewerbssache); LG München Mitt. **99,** 466, 471 (Patentsache); ähnlich schon RG GRUR **42,** 307, 313 (Patentsache). Das Verbot muss klar besagen, welche Handlungen unterlassen werden sollen, und darf keinen Zweifel über seine Tragweite lassen, RG GRUR **37,** 288, 292 (wegen der Beseitigung etwaiger Zweifel vgl. unten Rdn. 35). Es darf insbesondere nicht derart abstrakt sein, dass ihm Handlungen unterfallen könnten, deren rechtliche Erlaubtheit im Rechtsstreit nicht geprüft worden ist; allerdings kann eine gewisse Verallgemeinerung hingenommen werden, wenn das Charakteristische des konkreten Verletzungstatbestands zum Ausdruck kommt, BGH GRUR **99,** 509, 511 (Wettbewerbssache); vgl. auch BGH GRUR **57,** 208, 210/11. Für weitergehende Verallgemeinerung im Interesse eines ausreichenden vorbeugenden Rechtsschutzes Pagenberg GRUR **76,** 78 ff.

Notfalls kann im Antrag und im Urteil auch auf eine Zeichnung Bezug genommen werden, RG GRUR **37,** 288, 292; **41,** 472. Theoretische Fälle werden nicht entschieden, RG MuW **XXI,** 149, 151. Der Wunsch des Patentinhabers, den Schutzbereich auch für alle möglichen anderen Verletzungsformen abgegrenzt zu sehen, ist nicht zu beachten, wenn nicht zu besorgen ist, dass der Verletzer künftig eine weitere verletzende Ausführungsform benutzen wird, RG GRUR **36,** 905, 908. Namentlich ist auch eine bloße Wiedergabe des Patentanspruchs im Antrag oder in der Urteilsformel im Allgemeinen nicht zulässig, RG GRUR **35,** 916/917; **36,** 303, 304; **38,** 503, 508; Hamburg GRUR **49,** 415. Eine Urteilsformel, die keine Beziehung zu einer konkreten Verletzungsform hat, wäre in einem Fall, in dem über die mangelnde Befugnis des Beklagten zur Benutzung des Patents kein Streit besteht, sinnlos. RGZ **147,** 27, 30/31; RG GRUR **36,** 905, 908. Die bloße Wiedergabe des Patentanspruchs kann jedoch zulässig sein, wenn die Verletzungsform damit deutlich genug bezeichnet wird, RG GRUR **35,** 36, 39; **35,** 362, 364; **37,** 990, 993; München GRUR **59,** 597. Das wird in der Regel nur dann gegeben sein, wenn die Verletzungsform voll dem Wortlaut des Patentanspruchs entspricht, BGHZ **98,** 12, 23 – Formstein. Selbst in derart klaren Fällen ist eine bloße Bezugnahme des Antrags auf die Patentansprüche allenfalls zulässig, aber nicht angebracht, BGH GRUR **79,** 48, 49. Sie ist unzulänglich, wenn Streit gerade das richtige Verständnis d. Wortlauts betrifft, LG München Mitt., **99,** 466; Meier-Beck GRUR **98,** 276, 277; – oder wenn streitig ist, ob und durch welche Mittel ein Anspruch erfüllt ist, BGHZ **162,** 365, 373 – Blasfolienherstellung (betr. ein Merkmal „im Wesentlichen konstant"). Üblicherweise wird der Antrag in Anlehnung an den Patentanspruch formuliert in der Weise, dass die einzelnen Merkmale nur insoweit abgewandelt, konkretisiert oder gegebenenfalls auch ersatzlos gestrichen werden, wie es durch die Abweichungen der angegriffenen Ausführungsform und die konkreten Streitpunkte geboten ist. Wird die Verletzungsklage auf ein Sachpatent gestützt, das nur die besondere Ausbildung eines Teils einer Vorrichtung schützt, so richtet sie sich gleichwohl in der Regel auf die ganze Sache, die in angeblich patentverletzender Weise hergestellt wird, RG GRUR **37,** 286, 288; BGH GRUR **57,** 208, 211; Antrag und Verurteilung sind daher entsprechend zu fassen.

32a Anpassung an und Beschränkung auf die konkrete Verletzungsform ist grundsätzlich auch im Hinblick auf die **Benutzungsart** erforderlich, BGHZ **98,** 12, 23 – Formstein. Wer geschützte Gegenstände lediglich vertreibt, ist nicht zur Unterlassung der Herstellung zu verurteilen, RG GRUR **40,** 262, 265, solange nicht die Besorgnis besteht, dass der Verletzer vom Vertrieb zur Herstellung übergeht. Geht der Streit darum, ob das, was der Verletzer tut, in den Schutzbereich des Patents fällt, und ist es nicht streitig, durch was für eine der in § 9 genannten Benutzungsarten der Verletzer das Patent verletzt haben soll, dann bestehen in der Regel keine Bedenken, den Klageantrag auf Unterlassung, Rechnungslegung und Feststellung der Schadenersatzpflicht auf alle in § 9 genannten Benutzungsarten zu erstrecken, auch wenn eine Verletzungshandlung nur für eine von diesen nachgewiesen ist, BGH GRUR **60,** 423, 424 f.; anders wenn gerade Streit darüber besteht, ob das, was der Verletzer tut, unter eine der Benutzungsarten fällt. Solchenfalls kann eine Verurteilung nur für die Benutzungsart erfolgen, für die eine Verletzungshandlung nachgewiesen oder zu besorgen ist, BGH GRUR **60,** 423, 425. Bei Unterarten einer Benutzungsart, z. B. Feilhalten im Inland oder vom Inland ins Ausland, muss auf die betreffende Unterart beschränkt verurteilt werden, BGH GRUR **60,** 423, 425. Im Falle d. mittelbaren Patentverletzung (§ 10) sind nur solche Angebots- und Vertriebshandlungen zu untersagen, bei denen eine Verwendung der „wesentlichen Elemente" für d. Benutzung d. patentgemäßen Erfindung durch d. jeweiligen Abnehmer zu erwarten ist (§ 10 Abs. 1) oder bewusst veranlasst wird (§ 10 Abs. 2), BGH GRUR **01,** 228, 232 – Luftheizgerät; s. o. Erl. zu § 10; vgl. auch Düsseldorf Mitt. **03,** 252, 261 ff.; **03,** 264, 267 ff. und Kraßer S. 839. Nach Düsseldorf GRUR-RR **04,** 345, 349 jedoch uneingeschränktes Verbot, wenn durch zumutbare einfache Änderungen und nur so eine patentgemäße Verwendung verhindert werden kann.

4. Erledigung des Unterlassungsanspruchs. Erlischt während des Rechtsstreits das Klagepatent ex nunc (z. B. infolge Zeitablaufs oder aus den Gründen des § 20 Abs. 1), so wird der – zur Abwehr künftiger Verletzungen dienende – Unterlassungsanspruch gegenstandslos, sofern er bisher zulässig und begründet war, BGHZ **37,** 137, 142 f.; OLG Hamburg GRUR **72,** 375 m. w. N. Der Kläger muss dann im Allgemeinen, um der Abweisung des Anspruchs zu entgehen, den Unterlassungsanspruch für in der Hauptsache erledigt erklären (und zwar auch noch in der Revisionsinstanz), RGZ **148,** 400, 403; BGH GRUR **58,** 179, 180, – außer wenn er wegen eines besonderen Feststellungsinteresses zur Feststellungsklage übergehen kann, RG MuW **XXIII,** 13, und unten Rdn. 94. Kein Erledigungsfall ist dann gegeben, wenn das Schutzrecht erst in der Rechtsmittelinstanz durch Zeitablauf wegfällt, und ein in der Vorinstanz erwirktes Unterlassungsurteil noch als Grundlage für eine Zwangsvollstreckung von Bedeutung sein kann, BGHZ **107,** 46, 60 (= GRUR **90,** 997, 1001 – Ethofumesat). Ferner kann ausnahmsweise auch über den Zeitablauf des Patents – oder ergänzenden Schutzzertifikats – hinaus ein Unterlassungsanspruch unter dem Gesichtspunkt der Beseitigung einer Störung (§ 1004 BGB) oder des Schadensausgleichs (§ 139 Abs. 1 PatG i. Verb. m. § 249 BGB) bestehen, wenn damit ein durch patentverletzende Handlungen erreichter Wettbewerbsvorgang (z. B. frühere Zulassung eines Pflanzenschutzmittels) beseitigt werden kann, s. u. Rdn. 38 u. 62. Das Gericht hat über die Erledigung durch Urteil zu entscheiden, also den Anspruch „für erledigt zu erklären", falls er bisher begründet war, BGH GRUR **58,** 179, 180, oder ihn abzuweisen, falls er schon bisher, z. B. mangels Verletzung durch die angegriffene Ausführungsform, unbegründet war, vgl. RGZ **156,** 372, 376. Eine Entscheidung des Gerichts über die Erledigung ist jedoch überflüssig, wenn beide Parteien insoweit den Rechtsstreit für erledigt erklären (§ 91 a ZPO); es kann aber u. U. ein klarstellender Ausspruch darüber im Urteil zweckmäßig sein, vgl. RGZ **148,** 400, 403. Wegen der Schadenersatzansprüche und wegen der Kosten kann der Rechtsstreit fortgeführt werden, RG GRUR **38,** 112, 113. – Entsprechendes gilt, wenn der Unterlassungsanspruch sich z. B. durch Beseitigung der Wiederholungsgefahr (oben Rdn. 30, BGH GRUR **01,** 1174, 1175 – Wettbewerbssache), durch eine Einigung der Parteien (RG GRUR **44,** 132, 133) oder durch Erteilung einer Zwangslizenz (§ 24 Abs. 1) erledigt. – Wird das Klagepatent während des Rechtsstreits – rückwirkend – für nichtig erklärt (§ 22) oder widerrufen (§ 21) oder – ebenfalls rückwirkend – derart beschränkt (§ 64), dass die angegriffene Ausführungsform nicht mehr darunter fällt, so wird der Unterlassungsanspruch nicht gegenstandslos, sondern er ist dann ex tunc unbegründet und auf Antrag des Beklagten abzuweisen, vgl. oben Rdn. 4, – auch hier jedoch wiederum ausgenommen der Fall, dass durch übereinstimmende Erledigungserklärung beider Parteien eine Sachentscheidung des Gerichts überflüssig gemacht wird (§ 91 a ZPO). 33

5. Wirkung (Tragweite) des Urteils

a) in zeitlicher Hinsicht. Ein Klageantrag auf Unterlassung patentverletzender Handlungen ist von vornherein dahin zu verstehen, dass die Unterlassung nur für die Dauer des Patents verlangt wird, BGH GRUR **58,** 179, 180; und auch das im Urteil verhängte Verbot gilt nur für die Dauer des Patents, RGZ **48,** 384, 386; **148,** 400, 403. Das braucht daher weder im Antrag noch in der Urteilsformel ausdrücklich gesagt zu werden, BGHZ **107,** 46, 60 – Ethofumesat. Stützt sich der Unterlassungsanspruch aber auf mehrere Schutzrechte (vgl. oben Rdn. 8), so muss bei unterschiedlichem Ende der Schutzdauer zumindest in den Urteilsgründen klar gesagt werden, welches Schutzrecht als verletzt angesehen wird und bis zum Ablauf welchen Schutzrechts daher das Unterlassungsgebot gelten soll, RG GRUR **42,** 349, 352; ein ausdrücklicher Ausspruch hierüber in der Urteilsformel kann zweckmäßig sein und ist jedenfalls dann erforderlich, wenn eine Verletzung des früher ablaufenden Schutzrechts bejaht, eine Verletzung des später ablaufenden Schutzrechts dagegen verneint wird und deshalb der Unterlassungsanspruch insoweit, als er zeitlich über das Ende des früher ablaufenden Schutzrechts hinausgreift, abgewiesen werden muss. Anders kann es bei einem Unterlassungsanspruch aus einem Hauptpatent und einem dazugehörigen Zusatzpatent sein, weil das Zusatzpatent in der Regel (§ 16 Abs. 1 S. 2) mit dem Ablauf des Hauptpatents endet. Werden in der Urteilsformel die jeweiligen Zeitpunkte des Ablaufs der Klagepatente genannt, und erlischt dann ein Klagepatent vor dem Ende der gesetzlichen Laufzeit, so kann im Bedarfsfall Vollstreckungsgegenklage erhoben werden (§ 767 ZPO). Unmittelbare Wirkung d. Urteils für die Dauer eines etwa anschließenden 34

Schutzzertifikats (§ 16a) nur, wenn dieses bereits im Urteil als Entscheidungsgrundlage berücksichtigt ist; weitergehend anscheinend Busse Rdn. 220 zu § 139. Wegen der Zubilligung einer Aufbrauchsfrist vgl. unten Rdn. 136.

35 **b) in sachlicher Hinsicht.** (*Schrifttum:* Pinzger, Die Rechtskraftwirkung des Unterlassungsurteils GRUR **42,** 192ff.; Teplitzky, Streitgegenstand u. materielle Rechtskraft im wettbewerbsrechtl. Unterlassungsprozess, GRUR **98,** 320ff.; Grosch, Rechtswandel u. Rechtskraft bei Unterlassungsurteil, 2002). Die Verurteilung aus einem deutschen Schutzrecht oder aus d. deutschen Teil e. europäischen Patents betrifft nur Handlungen in dessen **räumlichem Geltungsbereich;** diese selbstverständliche Folge aus dem Territorialitätsprinzip (s. o. Rdn. 8ff. zu § 9) brauchte ebenso wie die zeitliche Begrenzung (oben Rdn. 34) bisher i. d. R. nicht besonders ausgesprochen zu werden, vgl. z. B. Düsseldorf Mitt. **03,** 264, 268. Im Hinblick auf die Einheit Deutschlands seit 3. 10. 90 und die Bestimmungen des ErstrG (Anh. 7) wird jetzt in der Entscheidungsformel eine Klarstellung darüber geboten sein, wieweit die für die Vergangenheit zugesprochenen Ansprüche für das gesamte Gebiet der Bundesrepublik Deutschland in den heutigen Grenzen oder aber nur in den Grenzen vor dem 3. 10. 90 einschließlich Westberlin – für Schutzrechte westdeutschen Ursprungs – bzw. für das Gebiet der ehemaligen DDR – für Schutzrechte ostdeutschen Ursprungs – gelten sollen. Unklarheiten der Entscheidungsformel in dieser Hinsicht sind ggf. unter Heranziehung von Tatbestand und Entscheidungsgründen des Urteils zu klären.

35 a Das zur Unterlassung verurteilende Urteil gilt, sowohl was seine Rechtskraftwirkung als auch was die Zwangsvollstreckung daraus anlangt, nur für die in der Urteilsformel erfasste **konkrete Verletzungsform,** RGZ **147,** 27, 31; **156,** 321, 327, allerdings in der aus der Fassung der Urteilsformel sich ergebenden Verallgemeinerung. Maßgebend ist der Sinn der Urteilsformel, zu deren Verständnis auch die Urteilsgründe heranzuziehen sind, RGZ **147,** 27, 29; RG GRUR **35,** 428, 429. Bei Streit über das richtige Verständnis d. Patentanspruchs kann d. Streitgegenstand enger sein als d. ganze Breite d. Wortlauts von Patentanspruch u. Urteilsformel, vgl. Meier-Beck GRUR **98,** 276, 277. Das Urteil wirkt keine Rechtskraft und ist keine Grundlage zur Zwangsvollstreckung für einen anderen Verletzungstatbestand, RG GRUR **35,** 428, 429; wegen eines anderen Verletzungstatbestands muss vielmehr ein erneuter Rechtsstreit angestrengt werden, in dem mangels Rechtskraftwirkung des ersten Urteils z. B. der Schutzumfang des Klagepatents abweichend festgestellt werden kann, RG GRUR **29,** 707, 709; MuW **29,** 347. Anders nur, wenn im Vorprozess auf einen Feststellungsantrag hin ein über die besondere Verletzungsform hinausgreifender Schutzumfang in der Urteilsformel festgestellt worden ist, RGZ **121,** 287, 289/90. Jedoch kann sich der Verletzer nicht durch jede Änderung der Verletzungsform der Rechtskraft- und Vollstreckungswirkung des Unterlassungsurteils entziehen; vielmehr wird auch eine spätere Abänderung der Verletzungsform von der Urteilswirkung dann erfasst, wenn die Abänderung den **Kern der Verletzungsform** unberührt lässt und sich innerhalb der durch Auslegung zu ermittelnden Grenzen des Urteils hält, RGZ **147,** 27, 31; RG GRUR **35,** 428, 429; OLG München GRUR **59,** 597; Düsseldorf GRUR **67,** 135, 136; Karlsruhe GRUR **84,** 197, 198; vgl. auch BGHZ **5,** 189, 193/194; BGH GRUR **58,** 346, 350 (Wettbewerbssachen); vgl. dazu im Wettbewerbsrecht weiter Teplitzky, Kap. 57, Rdn. 11ff. In dem genannten Rahmen stehen auch keine verfassungsrechtlichen Bedenken entgegen, OLG Frankfurt GRUR **79,** 75. Mit einem lediglich auf identische (wortlautgemäße) Verletzung abgestellten Urteil wird allerdings eine äquivalente Verletzungsform grundsätzlich nicht erfasst, OLG Frankfurt Mitt. **78,** 197. Für d. Reichweite eines Urteils gelten strengere Grundsätze als für eine vertragliche Unterlassungsverpflichtung, BGH GRUR **97,** 931 (Wettbewerbssache). Zweifel über die Tragweite des Verbots sind im Vollstreckungsverfahren zu klären; der zur Unterlassung Verurteilte kann aber zur Klärung der Zweifel auch eine Feststellungsklage (nicht Vollstreckungsgegenklage, RGZ **82,** 161, 163), d. h. eine Klage auf Feststellung des Gegenstands der Verurteilung erheben, RGZ **147,** 27, 29; RG GRUR **35,** 428/29; **38,** 36, 39; OLG Düsseldorf GRUR **67,** 135, 136.

36 **c) Für andere Ansprüche** aus demselben Verletzungstatbestand, also namentlich für Schadensersatzansprüche wegen begangener Verletzungen, soll das Unterlassungsurteil nach der st. Rspr. des RG keine Rechtskraft wirken, vgl. RGZ **160,** 163, 165; RG GRUR **38,** 778, 781; **40,** 196; jedoch ist die in dem Unterlassungsurteil liegende Feststellungswirkung über die Berechtigung der beanstandeten Handlungen auch bei einem späteren Schadensersatzurteil zu berücksichtigen – s. u. Rdn. 148.

37 Werden Unterlassungsanspruch und Schadenersatzanspruch **im selben Prozess** erhoben, so wird ein Teilurteil über den Unterlassungsanspruch allein in aller Regel nicht bei Aberkennung des Anspruchs ergehen (außer bei Aberkennung mangels Wiederholungsgefahr), sondern nur

dann, wenn der Unterlassungsanspruch zuerkannt werden soll und der Schadenersatzanspruch z. B. wegen der Frage des Verschuldens noch nicht entscheidungsreif ist. Wird in einem solchen Fall auf ein Rechtsmittel des Beklagten gegen das Teilurteil vom Gericht der höheren Instanz der Unterlassungsanspruch abgewiesen, so kann dieses Gericht (auch ohne darauf gerichteten Rechtsmittelantrag des Beklagten) zugleich die in der unteren Instanz anhängig gebliebenen weiteren Ansprüche abweisen, wenn mit der Entscheidung, die das Gericht der höheren Instanz trifft, notwendigerweise auch den weiteren Ansprüchen die Grundlage entzogen, also z. B. schon das Vorliegen einer objektiv rechtswidrigen Patentverletzung verneint wird, BGH GRUR **59,** 552; BGHZ **94,** 268, 275; str.; vgl. Zöller, ZPO § 254 Rdn. 14.

II. Der Beseitigungsanspruch. (*Literatur:* Brodesser, Der Beseitigungsanspruch von Störungen bei Verletzungen technischer Schutzrechte, FS v. Gamm (1990), S. 345 ff.; Walchner, Der Beseitigungsanspruch i. gewerbl. Rechtsschutz u. Urheberrecht, 1998). Er kann auf Beseitigung, Vernichtung, Sicherstellung oder Abänderung patentverletzender Gegenstände gerichtet sein, ist in der besonderen Form des Vernichtungsanspruchs in § 140 a PatG geregelt, kann sich in anderen Erscheinungsformen aber auch aus dem allgemeinen bürgerlichen Recht als nichtdeliktischer (also kein Verschulden voraussetzender) Anspruch auf Beseitigung eines vorhandenen rechtswidrigen Störungszustandes (§ 1004 BGB) oder als besondere Ausformung d. Unterlassungsanspruchs (vgl. BGH GRUR **01,** 420, 422 – Markensache) oder als (Verschulden voraussetzender) Schadenersatzanspruch unter dem Gesichtspunkt der Naturalrestitution (§ 249 BGB) begründen lassen, BGHZ **107,** 46 (Ethofumesat). Dabei ist gegebenenfalls die Zumutbarkeitsgrenze des § 251 Abs. 2 BGB zu beachten; vgl. auch § 140 a Abs. 1 Satz 1. Seit Einführung d. § 140 a hat der allgemeine Beseitigungsanspruch i. Patentrecht kaum noch praktisch Bedeutung, anders noch i. Wettbewerbs-, Urheber- und Markenrecht, vgl. z. B. BGH GRUR **02,** 618. Zumeist wird dem Kläger auch für die Erhebung eines Beseitigungsanspruchs *neben* der Erhebung des Unterlassungsanspruchs das Rechtsschutzbedürfnis fehlen, RG MuW **31,** 537, 540. Was zur Beseitigung des Störungszustandes erforderlich ist, ist unter Abwägung der Interessen beider Parteien zu bestimmen, BGH GRUR **57,** 278, 279; BGHZ **107,** 46, 63; so kann z. B. angeordnet werden, dass patentverletzende Gegenstände bis zum Ablauf des Patents bei einem Gerichtsvollzieher verwahrt werden, Hamm GRUR **35,** 886, 889. Nach Maßgabe des § 140 a PatG kann Vernichtung verlangt werden. Die Störung kann sich auch noch auf die Zeit nach Patentablauf auswirken, z. B. bei einem durch patentverletzende Handlungen erzielten Zeitvorsprung für den Wettbewerb nach Patentablauf. Im Ergebnis kann dann Beseitigung des Zeitvorsprungs verlangt werden, vgl. Brodeßer in Festschrift v. Gamm 1990, S. 345 ff. So wurde in BGHZ **107,** 46 (Ethofumesat) untersagt, durch das – hier noch nicht geltende – Versuchsprivileg nach § 11 Nr. 2 nicht gedeckte Feldversuche zur Erlangung einer amtlichen Zulassung von Pflanzenschutzmitteln zu einem Zeitpunkt zu verwenden, der vor demjenigen lag, zu dem eine Verwendung möglich gewesen wäre, wenn die Feldversuche erst nach Ablauf des Patents durchgeführt worden wären. Eine ähnliche Rechtsfolge könnte sich im Zusammenhang mit der Zulassung von Arzneimitteln ergeben. Ob das allerdings nach Inkrafttreten des jetzigen § 11 Nr. 2 noch große praktische Bedeutung hat, ist zweifelhaft, vgl. dazu Straus GRUR **93,** 308, 310 ff.; Fitzner/Tilmann Mitt. **02,** 2, 7 ff. Als der Verwirklichung des Beseitigungsanspruchs dienend kann auch ein Anspruch auf Auskunft über den Verbleib der patentverletzenden Gegenstände gegeben sein, vgl. RGZ **158,** 377, 379/80; BGH GRUR **72,** 558, 560 (Wettbewerbssachen). Zur möglichen Beseitigung durch Rückruf vgl. Bodewig GRUR **05,** 632, 636. 38

III. Der Schadensersatzanspruch

1. Allgemeines. Für Rechtsverletzungen, die in der Vergangenheit liegen, für solche, die bis zur rechtskräftigen Entscheidung fortgesetzt werden, und für Rechtsverletzungen nach Rechtskraft des Verletzungsurteils steht dem Verletzten Anspruch auf Schadenersatz zu, der in aller Regel in Geld zu leisten ist, in Einzelfällen aber auch auf die Wiederherstellung des früheren Zustandes gerichtet sein kann, s. u. Rdn. 59. **Grundlage** des Schadenersatzes ist, wie beim Unterlassungsanspruch, ein **Patent** (oben Rdn. 2). Die Schadenersatzpflicht beginnt frühestens mit d. Veröffentlichung d. Patenterteilung i. Patentblatt (§ 58 Abs. 1) u. der Möglichkeit ihrer Kenntnis durch d. Patentverletzer. Auch nach Erlöschen des Patents durch Zeitablauf, Verzicht oder Nichtzahlung von Jahresgebühren (§ 20) kann ein Schadensersatzanspruch verfolgt werden, und zwar sowohl für die Zeit des Bestehens des Patents als auch für die Zeit nach seinem Erlöschen, soweit in Form von Nachwirkungen vorher begangener Verletzungshandlungen Schadenswirkungen noch eingetreten sind. Bei Widerruf oder Vernichtung des Patents sind Schadenersatzansprüche ausgeschlossen, weil Widerruf und Vernichtung rückwirkende Kraft 39 besitzen, daher die zunächst als Verletzung zu wertenden Handlungen in Wahrheit keine Eingriffe in ein Schutzrecht gewesen sind (s. hierzu § 21 Rdn. 42 und § 22 Rdn. 88).

40 Die Frage der **Patentverletzung** bestimmt sich für den Schadenersatzanspruch nach den allgemeinen Grundsätzen (s. dazu oben Rdn. 7, 12 m. Verw. auf § 9). Tatbestandsmerkmal ist auch hier die **Rechtswidrigkeit** der Benutzung, die nur ausgeschlossen wird durch ein Gegenrecht des Verletzers, z.B. einen Lizenzvertrag, ein Weiterbenutzungsrecht, ein Lizenzrecht auf Grund der Erklärung der Lizenzbereitschaft, oder ein Vorbenutzungsrecht (s. dazu oben Rdn. 9–11). Weitere Voraussetzung für den Schadenersatzanspruch ist stets **Verschulden** des Verletzers, das zur objektiven Rechtsverletzung hinzutreten muss (s. unten Rdn. 42ff.); durch das Verschuldensprinzip ist gewährleistet, dass der Benutzer nicht mit unübersehbaren Haftungsrisiken belastet wird, BGH GRUR **77,** 250, 252 (Kunststoffhohlprofil). Schließlich ist für die Zuerkennung eines Schadenersatzanspruchs (oder des ihn vorbereitenden Rechnungslegungsanspruchs) – anders als beim Unterlassungsanspruch – die bloße Verletzungsgefahr nicht ausreichend, sondern die **Feststellung mindestens eines Verletzungsfalles** erforderlich, BGH GRUR **64,** 496, 497; vgl. auch unten Rdn. 80, 88.

40 a Bei **mittelbarer Patentverletzung** (§ 10) muss das „Mittel" durch den Dritten (Abnehmer) dazu bestimmt sein, für d. Benutzung d. Erfindung verwendet zu werden, u. d. Lieferant muss diese Bestimmung kennen; es kommt dann nicht mehr darauf an, ob das Mittel tatsächlich patentgemäß verwendet wird, BGH GRUR **01,** 228, 231 – Luftheizgerät. Ein nach Abs. 2 zu ersetzender Schaden ist nach h.M. nur gegeben, soweit die mittelbare Patentverletzung auch zu einer Benutzung i.S. des § 9 PatG führt, BGH GRUR **05,** 848, 854 – Antriebsscheibenaufzug; Kraßer S. 874; Meier-Beck GRUR **93,** 1, 3; a.A. Holzapfel GRUR **02,** 193, 196 und Düsseldorf Mitt. **03,** 264, 268. Schon bei einem gegen § 10 Abs. 1 verstoßenden Angebot ist solche Folge nicht ausgeschlossen; bei einer entsprechenden Vertriebshandlung ist sie wohl regelmäßig zu vermuten. Ist solche Folge jedoch bei den konkret nachgewiesenen Handlungen ausgeschlossen, sind Auskunfts- und Ersatzansprüche unbegründet, BGH aaO (unklar z. Beweisfrage im Übrigen); vgl. auch Erl. zu § 10. Wegen § 10 Abs. 3 u. entgegen LG München Mitt. **00,** 108 unerheblich, ob nur an Personen im privilegierten Bereich d. § 11 Nr. 1–3 geliefert wird.

40 b Entsprechendes gilt für den neuen Verletzungstatbestand der zweckgerichteten **Einfuhr** und des zweckgerichteten **Besitzes** nach § 9 Ziff. 1, 2. Alternative. Wegen des zu ersetzenden **Schadens** und seiner **Berechnung** s.u. Rdn. 57ff.; zu Mehrheit von Verletzern s.o. Rdn. 20

41 Schadensersatzansprüche wegen Verletzung eines **europäischen Patents** (nach dem EPÜ) richten sich wegen der im Geltungsbereich des deutschen Patentgesetzes begangenen Handlungen grundsätzlich nach deutschem Recht (Art. 64 EPÜ, s.o. Rdn. 3 vor § 139); der rückwirkende Wegfall von Ersatzansprüchen ergibt sich hier im Falle des Widerrufs aus Art. 68 EPÜ, im Falle der Nichtigerklärung sowie bei Verzicht und nicht rechtzeitiger Gebührenzahlung aus deutschem Recht (Art. II §§ 6, 7 IntPatÜG; § 20 PatG). Schadenersatzansprüche wegen Verletzung eines **ausländischen Patents** richten sich grundsätzlich nach dem ausländischen Recht.

2. Verschulden

42 **a) Verschuldensgrade.** Das Gesetz unterscheidet verschiedene Grade des Verschuldens: Vorsatz (wozu der bedingte Vorsatz zu rechnen ist), Fahrlässigkeit, und leichte Fahrlässigkeit. Entsprechend dem allgemeinen Grundsatz haftet der Verletzer jetzt für jeden Grad von Fahrlässigkeit (BGB §§ 276, 823). Die Unterscheidung zwischen grober und leichter Fahrlässigkeit ist aber noch von Bedeutung für die Höhe des Schadenersatzanspruchs, § 139 Abs. 2 Satz 2.

43 Zum **Verschulden** und seinen Formen sei **allgemein** verwiesen auf die einschlägigen Erläuterungen zu den §§ 276 und 823 in den Kommentaren zum BGB. Einen eingehenden Bericht über die Behandlung der Verschuldensfrage **im gewerblichen Rechtsschutz** hat Spengler in GRUR **58,** 212ff. („Ist das Verschuldensprinzip nicht mehr zeitgemäß?") gegeben; er regt – schon de lege lata – an, statt der „häufig anzutreffenden krampfhaften Verschuldensbegründungen" (S. 213) auch im gewerblichen Rechtsschutz das Verschuldensprinzip wieder „aufzuwerten" und dort, wo nach den allgemein geltenden Maßstäben ein Verschulden nicht festzustellen ist, statt des Schadenersatzanspruchs einen Bereicherungsanspruch anzuerkennen (S. 221). Nachdem nunmehr der Bereicherungsanspruch auch in der Rechtsprechung des BGH ausdrücklich anerkannt ist (BGHZ **68,** 90 = GRUR **77,** 250 – Kunststoffhohlprofil; s.u. Rdn. 82), sind auch die Voraussetzungen für eine gewisse Einschränkung überspitzter Sorgfaltsanforderungen bei Prüfung des Verschuldens gegeben (vgl. BGHZ **68,** 90, 98/99); ältere Entscheidungen zu Grenzfällen des Verschuldens können daher nur noch mit Vorbehalt als maßgebend angesehen werden. Es werden jedoch weiterhin im gewerbl. Rechtsschutz strenge

Anforderungen an die Sorgfaltspflicht gestellt; wer seine Interessen trotz zweifelhafter Rechtslage auf Kosten fremder Rechte wahrnimmt, trägt grundsätzlich das Risiko einer unzutreffenden rechtlichen Beurteilung, BGH GRUR **87,** 564, 566 – Taxi-Genossenschaft. Verschulden wird durch Rechtswidrigkeit d. Handelns indiziert; der Verletzer muss die seiner Entlastung dienenden Umstände vortragen, BGH GRUR **93,** 460, 464.

Der **Begriff** des Verschuldens, also auch der Begriff der Fahrlässigkeit, ist Rechtsbegriff; die 44
Feststellung des Grades des Verschuldens dagegen liegt wesentlich auf tatsächlichem Gebiet und ist deshalb in der Revisionsinstanz nur bedingt nachprüfbar, BGHZ **10,** 14, 16/17; BGH GRUR **68,** 33, 37. Wenn die maßgeblichen Tatumstände festgestellt sind, kann jedoch auch das Revisionsgericht die Verschuldensfrage selbst entscheiden, BGH GRUR **77,** 250, 252 (Kunststoffhohlprofil); vgl. auch BGH GRUR **79,** 624 (umlegbare Schießscheibe). Das Verschulden ist nach dem gegebenen Verletzungsfall zu beurteilen, RG MuW **32,** 97; immer kommt es bei der Feststellung des Verschuldens auf die besonderen Verhältnisse des einzelnen Falles an, RGZ **146,** 225, 226; diese bestimmen das Maß der jeweils anzuwendenden Sorgfalt, BGH GRUR **77,** 250, 252 (Kunststoffhohlprofil). Der Tatrichter muss seine Auffassung über das Verschulden und dessen Grad unter Beachtung des gesamten Sachverhalts begründen, BGH GRUR **75,** 422 (Streckwalze II). Eine nähere Begründung kann jedoch bei solchen Sachverhalten entbehrlich sein, die auf der Grundlage ständiger Rechtsprechung problemlos sind, vgl. BGH GRUR **61,** 26. Soweit es rechtlich darauf ankommt, darf nicht offen bleiben, welche Schuldform gegeben ist, BGH GRUR **61,** 26. Im Hinblick auf § 139 Abs. 2 S. 2 verlangt die Rechtsprechung, dass schon im Verfahren über die Feststellung der Schadensersatzpflicht dem Grunde nach klargestellt werden muss, ob grobe oder einfache Fahrlässigkeit vorliegt, BGH GRUR **68,** 33, 38; Mitt. **84,** 31. Diese Forderung ist jedoch weder zwingend, noch wird sie konsequent durchgeführt, sie würde daher besser ganz fallengelassen. So soll es genügen, wenn sich entsprechende Feststellungen in den Urteilsgründen finden, BGH GRUR **68,** 33, 38; vgl. auch BGH GRUR **79,** 624, 626 (umlegbare Schießscheibe); das Fehlen einer Feststellung über die Schuldform benachteiligt den Verletzer nicht und ist auch kein in der Revisionsinstanz zur Aufhebung nötigender Rechtsfehler, da dann die Anwendung des § 139 Abs. 2 Satz 2 noch in einem späteren Streit über die Höhe der Schadensersatzforderung erklärt werden kann, BGH GRUR **76,** 579, 583 (Tylosin); Mitt. **84,** 31; vgl. auch unten Rdn. 78. Aus dem gleichen Grunde führt es nach der Praxis des BGH auch nicht zur Aufhebung sondern lediglich zur Klarstellung in den Entscheidungsgründen, wenn Tatrichter grobe Fahrlässigkeit angenommen, Revisionsgericht jedoch nur leichte Fahrlässigkeit für gegeben hält, BGH GRUR **73,** 411, 414 (Dia-Rähmchen VI); **79,** 624, 626 (umlegbare Schießscheibe).

b) Vorsatz ist der bewusste Eingriff in den fremden Rechtskreis; die Absicht, den schädi- 45
genden Erfolg zu erreichen, gehört nicht dazu. Es genügt das Bewusstsein des Täters, dass der Erfolg eintreten werde oder eintreten könne. Dann hat er den Erfolg gebilligt. Das Bewusstsein der Möglichkeit der PatVerletzung genügt, wenn der Erfolg in den Willen des Täters aufgenommen ist, RG GRUR **28,** 386, 387; RGZ **143,** 48, 51; BGHZ **7,** 311, 313, – falls nur der mögliche Erfolg nicht lediglich eine so entfernte Möglichkeit blieb, dass der Verletzer mit seinem Eintritt ernstlich nicht zu rechnen brauchte. Dieser Wille, die patentverletzende Handlung zu begehen oder fortzusetzen, ist bedingter Vorsatz. Er ist z.B. gegeben, wenn der Verletzer trotz Übereinstimmung der Anlagen beider Teile, trotz eigener Sachkunde, Sachverständige nicht befragt, sondern es bewusst darauf ankommen lässt, ob der Kläger vorgeht und die Verletzung festgestellt wird, RG MuW **29,** 346; GRUR **42,** 207; BGH GRUR **73,** 518 (Spielautomat II). Ein dem Verletzer ungünstiges Gutachten nimmt ihm den guten Glauben; die Fortsetzung der Verletzung ist von da an bedingt vorsätzlich, BGH GRUR **66,** 553, 557. Wer in Kenntnis der bestehenden Patente und trotz Verwarnung sowie im Bewusstsein, dass die Gerichte möglicherweise seine Handlungen als patentverletzend ansehen könnten, seine Patentverletzungen fortsetzt und zu erkennen gibt, dass er sich die Vorteile des Patents ohne Rücksicht auf die Rechtslage zunutze machen will, handelt mit bedingtem Vorsatz; einer solchen Feststellung steht selbst die Einholung anwaltlichen Rats nicht ohne weiteres entgegen, OLG Hamburg GRUR **56,** 318. Die Erwartung einer (zukünftigen) Nichtigerklärung des Patents entschuldigt den Patentverletzer nicht und schließt auch vorsätzliches Handeln nicht aus, OLG Düsseldorf GRUR **82,** 35.

c) Fahrlässigkeit ist Außerachtlassung der im Verkehr erforderlichen Sorgfalt (BGB § 276). 46
Grobe Fahrlässigkeit ist gegeben, wenn die im Verkehr erforderliche Sorgfalt in ungewöhnlich großem Maße verletzt und das nicht beachtet wird, was im gegebenen Fall jedem hätte einleuchten müssen, BGH GRUR **68,** 33, 38. Leichte Fahrlässigkeit kann sich bei besonderen Schwierigkeiten d. tatsächlichen Abgrenzung ergeben, insbesondere bei unterschiedlichen

nachträglichen Feststellungen mehrerer objektiver Sachverständiger, BGH GRUR **79,** 624 – Umlegbare Schießscheibe. Bewusste Fahrlässigkeit liegt vor, wenn der Täter den Erfolg seines Handelns zwar in Kauf genommen, aber innerlich abgelehnt hat (dann fehlt der bedingte Vorsatz), MuW **41,** 53; vgl. auch BGH GRUR **63,** 255, 259 bei IV 3. Den an der Patentverletzung beteiligten Arbeitnehmer trifft grundsätzlich keine eigene Prüfungspflicht, soweit dies außerhalb seiner betriebsinternen Zuständigkeit liegt, anders jedoch nach einer an ihn gerichteten Verwarnung; er muss dann auf Klärung durch den Arbeitgeber bestehen und notfalls anwaltlichen Rat einholen, OLG Düsseldorf GRUR **78,** 588, 589.

Die folgenden **Beispiele** aus der Rechtsprechung sind mit dem zweifachen Vorbehalt zu betrachten, dass es bei der Feststellung des Verschuldens immer auf die besonderen Verhältnisse des einzelnen Falles ankommt, und dass die neuere BGH-Rechtsprechung zur Frage des Bereicherungsanspruchs (s. u. Rdn. 82 ff.) es ermöglicht und auch bezweckt, die in der Vergangenheit bisweilen überspitzten Anforderungen an die Sorgfaltspflicht abzuschwächen, s. BGHZ **68,** 90, 98/99 (= GRUR **77,** 250, 255 – Kunststoffhohlprofil).

47 Die **Kenntnis** der für sein Fachgebiet einschlägigen **Patente** und **Patentanmeldungen** wird zumindest von einem größeren Unternehmen erwartet. Fahrlässig ist es daher in der Regel, wenn ein Fabrikant die Patentanmeldungen und -erteilungen auf seinem Fachgebiet nicht verfolgt, RGZ **146,** 225, 229; BGH GRUR **58,** 288, 290; **77,** 598; 601 (Autoskooter-Halle), wenn er nicht nach entgegenstehenden Rechten forscht, RG MuW **X,** 178, die Patente der Wettbewerber zu prüfen verabsäumt, RG Mitt. **35,** 227; OLG Hamburg GRUR **40,** 97, oder einen Patentanwalt nur mit der Nachforschung nach Patenten einzelner Firmen beauftragt, LG Mannheim GRUR **53,** 33. Vom Händler und Handelsvertreter wird die Kenntnis der Tatsache des Patentschutzes für Erzeugnisse der Wettbewerber verlangt und bei Unterlassung besonderer Prüfung zu seinen Lasten angenommen, grobverletzende Handlungen sind daher schuldhaft (fahrlässig) begangen, GRUR **51,** 316 (OLG Düsseldorf); **31,** 1141/42 (LG Berlin); **70,** 550, 551 (LG Düsseldorf); vgl. auch BGH GRUR **93,** 556, 559 zur Prüfungspflicht i. Kennzeichenrecht; der inländische Importeur hat eine besondere Prüfungspflicht, er darf sich auf Angaben des ausländischen Herstellers nicht verlassen, insbesondere nicht auf die nur pauschale Erklärung, eine Patentverletzung liege nicht vor, OLG Düsseldorf GRUR **78,** 588. Gerade er muss gegebenenfalls das Gutachten eines unabhängigen Sachverständigen einholen, RG MuW **38,** 80, 82; LG Düsseldorf GRUR **70,** 550, 551; dagegen kann ein Verschulden des Händlers zu verneinen sein, wenn er die patentverletzenden Gegenstände nur als einen aus seinem eigentlichen Geschäftsprogramm herausfallenden Zubehörartikel eingekauft hat, OLG Düsseldorf BB **68,** 101. Im Allgemeinen wird sich ein nicht spezialisierter Händler beim Einkauf von einem inländischen Lieferanten darauf verlassen dürfen, dass dieser die Schutzrechtslage geprüft und beachtet hat, soweit keine besonderen Umstände erhöhte Aufmerksamkeit verlangen; eingehend dazu LG Düsseldorf GRUR **89,** 683, 685. Vom Benutzer eines patentverletzenden Gegenstandes wird nicht die gleiche strenge Sorgfalt gefordert wie vom Hersteller, GRUR **43,** 169, 172/73 (RG); **40,** 96 (Hamburg). Vgl. dazu auch Spengler GRUR **50,** 199, 203 und GRUR **58,** 212, 217 (teilweise ablehnend).

47 a Die Prüfungspflicht besteht in dem dargelegten Umfang bei Aufnahme von Vertrieb bzw. Produktion. Hat der Verletzer Produktion oder Vertrieb ohne schuldhafte Verletzung seiner Prüfungspflicht aufgenommen, so braucht er in der Folgezeit nicht mehr mit der gleichen Sorgfalt die Entstehung einschlägiger prioritätsälterer Rechte zu verfolgen, vgl. BGH GRUR **71,** 251, 253 (Warenzeichensache), muss aber in jedem Falle konkreten Anhaltspunkten für den Bestand eines einschlägigen Schutzrechts nachgehen. Zumindest bei größeren Hersteller-Betrieben kann aber davon ausgegangen werden, dass sie die Entwicklung der Technik weiterhin sorgfältig verfolgen; Anlass zur Suche nach entgegenstehenden Schutzrechten ist immer dann gegeben, wenn der Verletzer seinerseits ein Schutzrecht anmeldet. Erfährt der Verletzer die den Verletzungstatbestand begründenden Umstände ohne Verletzung seiner Prüfungspflichten erst nach Aufnahme von Produktion bzw. Vertrieb, z. B. bei nachfolgender Patenterteilung, so ist ihm eine angemessene Frist zur Prüfung der Rechtslage zuzubilligen, soweit der Verletzungstatbestand nicht ohne weiteres erkennbar ist. Eine Überlegungsfrist kann entbehrlich sein, wenn der Verletzer bereits vorher in ausreichend konkreter Form auf das zu erwartende Schutzrecht hingewiesen worden war, oder wenn er sich auf Grund der Offenlegung der Anmeldung nach § 31 Abs. 2 Nr. 2 auf die spätere Entstehung des Schutzrechts einstellen konnte; z. T. abweichend Busse Rdn. 112, 113 zu § 139. Nach BGHZ **98,** 12, 24 (= GRUR **86,** 803, 806 – Formstein) kann im Regelfall ein Prüfungszeitraum von bis zu 4 Wochen ab Veröffentlichung der Patenterteilung angemessen sein.

48 Ein **Irrtum** über die **Rechtsbeständigkeit** eines Patents entlastet den Verletzer in der Regel nicht, BGH GRUR **77,** 250, 252 (Kunststoffhohlprofil), st. Rspr. Auch bei begründeten

Bedenken gegen die Rechtsbeständigkeit ist das Patent – anders als ein Gebrauchsmuster – jedenfalls bis zu einer – allerdings rückwirkenden – Vernichtung oder einem – ebenfalls rückwirkenden – Widerruf in Kraft und als allgemeinverbindliche Norm zu respektieren. Wer lediglich auf eine mögliche rückwirkende Rechtsänderung vertraut, handelt auf eigenes Risiko. Er muss die Möglichkeit, dass das verletzte Patent im Nichtigkeitsverfahren nicht vernichtet wird, ernstlich in Rechnung stellen, BGH BB **62,** 428 (insoweit in GRUR **62,** 354 nicht abgedr.); vgl. auch OLG Düsseldorf GRUR **82,** 35, 36. Ähnlich ist es bei einem Irrtum über den **Schutzumfang** des verletzten Patents. An die Sorgfaltspflicht dessen, dem das Bestehen eines Schutzrechtes bekannt ist und der lediglich irrig annimmt, der von ihm hergestellte Gegenstand falle nicht darunter, sind strenge Anforderungen zu stellen, BGH GRUR **64,** 606, 610; **68,** 33, 38 u. ö.; in solchen Fällen bedarf es in der Regel keiner näheren Begründung des Verschuldens; der Verletzer muss seinerseits besondere Umstände beweisen, die der Annahme seines Verschuldens entgegenstehen, BGH GRUR **76,** 579, 583 (Tylosin); **93,** 460, 464 – Wandabstreifer; die Berücksichtigung eines Subsumtionsirrtums ist aber nicht ausgeschlossen und kann entschuldbar sein oder die Feststellung nur leichter Fahrlässigkeit rechtfertigen, BGH GRUR **73,** 411, 414 (Dia-Rähmchen VI). Das gilt insbesondere dann, wenn die angegriffene Ausführungsform deutlich vom Wortlaut d. Patentansprüche abweicht u. allenfalls eine Patentverletzung mit äquivalenten Mitteln in Betracht kommt; in solchen Fällen bedarf die Feststellung d. Verschuldens einer näheren Begründung, vgl. BGH GRUR **75,** 422, 425 (Streckwalze II). In wohl seltenen Ausnahmefällen kann selbst die Abgrenzung zum patentfreien Stand der Technik derartige Schwierigkeiten bieten, dass allenfalls noch leichte Fahrlässigkeit festgestellt werden kann, vgl. BGH GRUR **79,** 624 (umlegbare Schießscheibe). Bei europäischen Patenten kann das Verschulden auch wegen fehlerhafter Übersetzung der fremdsprachigen Patentschrift vermindert sein oder gar entfallen, vgl. Rogge GRUR **93,** 284. Allgemein sind jedoch an eine Entschuldigung wegen **Rechtsirrtums** strenge Anforderungen zu stellen; wer bei zweifelhafter Rechtslage seine Interessen auf Kosten anderer wahrnimmt, handelt grundsätzlich auf eigenes Risiko, BGH GRUR **87,** 564, 566 – Taxi-Genossenschaft (Wettbewerbssache); fahrlässig handelt, wer sich erkennbar im rechtl. Grenzbereich bewegt; er ist nur dann entschuldigt, wenn er mit einer anderen Beurteilung durch die Gerichte nicht zu rechnen braucht, BGHZ **149,** 191, 204 – shell.de (Markensache). Auch ein Irrtum des Verletzers über die Merkmale der **Verletzungsform** kann in Betracht kommen und entschuldbar sein, BGH GRUR **66,** 553, 557.

Von besonderer Bedeutung ist die **eigene Sachkunde** des Verletzers. Er handelt fahrlässig, **49** wenn er trotz Kenntnis des Patents bei Anwendung geringer Sorgfalt die Verletzung hätte erkennen können, besonders wenn die angegriffene Einrichtung wörtlich vom Patentanspruch gedeckt wird, RG MuW **36,** 415, und er, ein Fachmann, den Bestand des Schutzrechts und die geschützten Gegenstände kannte, RG GRUR **43,** 169, 172, 174. Dem Verletzer ist seine eigene Sachkunde anzurechnen, RG MuW **33,** 368; BGH GRUR **68,** 33, 38. Er ist zu eigener, sorgfältiger Prüfung verpflichtet, RG MuW **31,** 218; **33,** 368; OLG Düsseldorf GRUR **63,** 84, 86. Befragung Sachverständiger ist meist geboten, erspart aber nicht die eigene Prüfung, RG Bl. **33,** 145; GRUR **33,** 384; selbst dann nicht, wenn der gerichtliche Sachverständige die Verletzung verneinte, RG MuW **33,** 31; Mitt. **36,** 148. Allgemeine Verantwortung von Fachunternehmen: RG MuW **35,** 260. Die Sachkunde des Verletzers selbst und seiner Berater wird oft höher eingeschätzt als die eines besonders zugezogenen Sachverständigen, RG Mitt. **37,** 137; MuW **38,** 368. Darin, dass bei der Beurteilung des Verschuldens eine eigene besondere Sachkunde eines Spezialunternehmens zu Lasten des Verletzers geht, liegt keine Abweichung von dem in § 276 BGB zugrunde gelegten objektiven Maßstab der Fahrlässigkeit; denn das Maß der bei Anwendung der dem einzelnen zu Gebot stehenden Erkenntnismittel zu beobachtenden Sorgfalt ist ein objektives und für jeden Verletzer gleich; hinsichtlich des Ausmaßes der Erkenntnismittel aber kann sich der auf einem Spezialgebiet Tätige nicht darauf berufen, er besitze nicht die erforderlichen und als notwendig vorauszusetzenden Kenntnisse, BGH GRUR **61,** 26; vgl. auch BGH GRUR **63,** 255, 259 bei IV 3.

Die Einholung **sachkundigen Rats** von erfahrenen Patentanwälten oder patentrechtlich er- **50** fahrenen Rechtsanwälten wird meist erforderlich sein, BGH GRUR **77,** 250, 252/3 (Kunststoffhohlprofil – GebrM-Sache). Weitere **Auskünfte** oder **Gutachten** können notwendig sein. Die Auskunft eines mit besonderen Nachforschungen beauftragten Patentanwalts kann den Verletzer decken, RG MuW **40,** 135, ebenso das Gutachten eines hervorragenden Patentjuristen, RG MuW **37,** 368; **40,** 39; vgl. auch BGH GRUR **74,** 290, 293 (maschenfester Strumpf). Das gilt aber nicht unbedingt. Selbst eine günstige Stellungnahme eines Gutachters braucht nicht notwendig ein Verschulden des Verletzers auszuschließen, vor allem nicht bei eigener Sachkunde, s. o. Rdn. 49; jedenfalls erspart sie ihm keineswegs eine sorgfältige eigene Prüfung der Sachlage; will er sich gleichwohl durch Einholung von Gutachten gegen den Vorwurf eines schuldhaften Verhaltens sichern, so liegt es ihm ob, den mit dem Streitstand befassten Gerichten diese Gutachten auch zur Nachprüfung vorzulegen, ob sie tatsächlich eine überzeugende und nachprüfbare Begründung eines wirklichen Sachkenners enthalten, BGH GRUR **59,** 478, 480.

Bejaht wurde daher ein Verschulden z. B. trotz Befragens eines Patentanwalts, RG MuW **29,** 506; GRUR **32,** 718; **37,** 672, 674; **39,** 175, oder Patentagenten, RGBl. **15,** 134; sonstiger Sachverständiger, RG MuW **31,** 38; namentlich bei unvollständiger Unterrichtung des Patentanwalts, RGZ **125,** 391, 393; wenn die Begründung eines günstigen Gutachtens nicht überzeugen konnte, RG Mitt. **35,** 7, oder ein Rechtsgutachten zweifelhafte technische Fragen im Gegensatz zu technischen Sachverständigen beantwortete: dem Verletzer wird seine bessere technische Sachkunde zugerechnet, RG Mitt. **38,** 12. Schuldhaft ist die Befragung nicht unparteiischer Personen, RG MuW **27/28,** 390; die Ablehnung, Gutachten zu lesen, die der eigenen Auffassung widersprechen, und sich ein objektives Urteil zu bilden, RG Bl. **15,** 144; überhaupt die Nichtbefragung eines Sachkenners, besonders wenn ein Rechtsberater die patentrechtlichen Grundsätze erkannt hätte, RG GRUR **37,** 453.

51 Befolgt der Verletzer die bisherige **höchstrichterliche Rechtsprechung,** so darf er auf deren Fortbestand vertrauen, mit einer Änderung braucht er nicht zu rechnen; wird sie aufgegeben, so ist das Verschulden zu verneinen, RGZ **150,** 65, 70; BGHZ **17,** 266, 295. Das Verschulden wird aber nicht dadurch ausgeschlossen, dass die Rechtsprechung in früheren ähnlichen – aber nicht gleichen – Fällen eine Patentverletzung verneint hat, BGH GRUR **60,** 423, 426. Ob die Annahme eines Verschuldens ungeachtet der abweichenden Auffassung der Instanzgerichte zur Verletzungsfrage gerechtfertigt ist, lässt sich nur nach den jeweiligen besonderen Umständen des Einzelfalles entscheiden; beruht die Abweichung bei der Verletzungsfrage in den Entscheidungen des Revisionsgerichts und des Instanzgerichts vorwiegend darauf, dass das Instanzgericht die Tatumstände des Einzelfalles nicht ausreichend geprüft hat, und ist es aus diesem Grunde zu einem fehlsamen Ergebnis gelangt, so wird es dem Verletzer grundsätzlich verwehrt sein, sich für das Fehlen des Verschuldens auf die nicht erschöpfende tatrichterliche Würdigung zu berufen, BGH GRUR **59,** 478; **64,** 606, 610/11; **73,** 518, 521 (Spielautomat II). Aber auch sonst vermag der Umstand allein, dass zwei Kollegialgerichte die Handlung für nicht rechtswidrig gehalten haben, ein Verschulden noch nicht auszuschließen, BGH GRUR **73,** 518, 521, – auch nicht, wenn es sich um ein häufig mit Patentverletzungen befasstes Gericht handelt oder wenn der Nichtigkeitssenat des Patentgerichts (durch ein auf Berufung hin abgeändertes Urteil) das Patent zunächst vernichtet hatte, BGH BB **62,** 428 vom 23. 2. 1962 (teilweise abgedr. in GRUR **62,** 354). Ein Verschulden wurde z. B. bejaht trotz Erstreitens eines günstigen Urteils, dessen Begründung als unrichtig erkennbar war, RG JW **14,** 202 (Nr. 18), oder das von einem Untergericht erlassen war und mit dessen Änderung gerechnet werden musste, Mitt. **39,** 209 (LG Düsseldorf); GRUR **63,** 84, 86 (OLG Düsseldorf); **67,** 538, 540 (OLG Nürnberg). Andererseits wurde Verschulden in einem Fall verneint, in dem der Rechtsstandpunkt des Verletzers zunächst von mehreren Instanzgerichten und vom Patentamt geteilt worden war, BGH GRUR **69,** 487, 491. Nach älterer Rechtsprechung kann trotz ungünstiger Urteile der Tatsacheninstanzen der Verletzer in außergewöhnlich gelagerten Fällen an seiner Rechtsauffassung festhalten und die höchstrichterliche Klärung der Rechtslage abwarten, ohne sich einem Schuldvorwurf auszusetzen, wenn es sich um eine äußerst schwierige und in der Fachwelt eingehend erörterte Rechtsfrage handelt, zu der sich eine als herrschend anzusehende Meinung noch nicht eindeutig gebildet hat und wenn die Beurteilung der Streitfrage für den gesamten Geschäftsbetrieb des Verletzers von weittragender Bedeutung ist, BGHZ **17,** 266, 295; **18,** 44, 57/58; **27,** 264, 273 (Urheberrechts- und Wettbewerbssachen).

52 **Verwarnungen** des Patentinhabers nötigen den Verletzer zur Prüfung der Rechtslage; besteht auch nur die Möglichkeit der Verletzung, so handelt er von der Warnung an auf eigene Gefahr und macht sich ersatzpflichtig, RG MuW **31,** 218; RGZ **146,** 225; BGH BB **62,** 428; OLG Düsseldorf GRUR **63,** 84, 86. Die Rechtshängigkeit bewirkt keine Verschärfung der Haftung, RGZ **62,** 25, setzt den Verletzer aber in bösen Glauben, RG MuW **XXV,** 122. Vom Zugehen eines Warnungsschreibens an ist der Verletzer bösgläubig, RGZ **146,** 225; die Warnung verpflichtet ihn namentlich zu erneuter Prüfung, RG MuW **31,** 218, auch wenn er dann ein ihm günstiges Gutachten erlangt, LG Düsseldorf Mitt. 39, 209. Anders, wenn die Warnung den Inhalt des Patentschutzes nicht klar erkennen ließ, wobei indes der Verletzer schuldhaft handelt, wenn er nach Kenntnis der Auffassung des Patentinhabers (durch Klage oder Verwarnung) die verletzenden Handlungen fortgesetzt hat, RG MuW **40,** 233, 234 oben. Fortsetzung der Verletzung nach Erlass des mit Revision angefochtenen Berufungsurteils ist schuldhaft, RG MuW **25/26,** 173. Die angeführte Rechtsprechung bedarf jedoch insofern einer Korrektur als

dem Verletzer je nach Sachlage u.U. noch eine Überlegungsfrist zuzubilligen ist, bevor der Schuldvorwurf gerechtfertigt erscheint, s.o. Rdn. 47.

Die Benutzung eines vom Klagepatent **abhängigen Patents** (oder Gebrauchsmusters) ist in der Regel fahrlässig, RG GRUR **30,** 959, 962; **32,** 718, 720; BGH GRUR **61,** 409, 411; **64,** 606, 611. Fahrlässig kann auch sein der Glaube an eine eigene Erfindung, RG MuW **32,** 97. Wegen des Irrtums über ein **eigenes Benutzungsrecht** vgl. ferner Spengler GRUR **58,** 212, 219ff., wegen der irrtümlichen Annahme eines **Vorbenutzungsrechts** Lüdecke Mitt. **59,** 238ff. m.w. Nachw. sowie BGH GRUR **65,** 411, 415, wegen des **„guten Glaubens"** des Verletzers im allgemeinen Zeller Mitt. **36,** 141ff.; **40,** 88f. 53

Verneint wurde ein Verschulden u.a. in folgenden Fällen: Übertragung vorbekannter Einrichtung auf neues Anwendungsgebiet, begründete Zweifel in Fachkreisen, GRUR **28,** 213; besonders zweifelhafte Lage, Benutzung nur eines Einzelelementes einer Gesamtkombination, GRUR **35,** 39; schwierige Patentlage, trotz großer Sachkunde kein Verschulden, geschlossen auch aus Einstellung der Verletzungshandlung nach Eingang eines ungünstigen Gerichtsgutachtens, RG MuW **XXI,** 127; bei günstigem Gerichtsgutachten, zumal wenn der Patentinhaber selbst früher die Verletzung verneinte, RG MuW **31,** 535; mehrdeutige Fassung der Patentschrift, begründete u. gerade auch auf vorprozessuale Ausführungen des Patentinhabers gestützte Zweifel, ob nur Verfahrensschutz oder Sachpatent, RG GRUR **40,** 537, 540; gutgläubige Annahme, durch widerrechtliche Entnahme verletzt zu sein, RG MuW **29,** 454; Bestätigung der Ansicht des Verletzers durch mehrere Entscheidungen der Instanzgerichte und des Patentamts, BGH GRUR **69,** 487, 491; vgl. auch BGH GRUR **71,** 251, 253: Beginn der Verletzungshandlungen vor Entstehung des Schutzrechts (Warenzeichen); BGH GRUR **72,** 614, 616: Feststellbarkeit der Verletzung erst nach Beantwortung einer besonders schwierigen und noch nicht ausreichend geklärten Rechtsfrage (Urheberrecht). 54

Wegen der Haftung für Verschulden von **gesetzlichen Vertretern, leitenden Angestellten** usw. in größeren Unternehmen s. oben Rdn. 22, 23. 55

d) Mitwirkendes Verschulden des Verletzten bei der Entstehung des Schadens kann dazu führen, dass seinem Schadenersatzanspruch nicht oder nur zum Teil stattzugeben ist (§ 254 BGB). Mitwirkendes Verschulden liegt z.B. vor, wenn durch sein Verhalten ein größerer Schaden entstanden ist, als bei Anwendung der durch Treu und Glauben gebotenen Rücksicht notwendig war, RG MuW **32,** 350. So kann dem Verletzten entgegengehalten werden, er habe es schuldhaft unterlassen, den durch Verletzung entstehenden Schaden abzuwenden, und ein solches Verschulden kann auch der Aufschub der Klage sein, RG Mitt. **37,** 137. Auch muss es der Patentinhaber gegen sich gelten lassen, wenn er (besonders angesichts einer zweideutigen Fassung seiner Patentschrift) dem Verletzer gegenüber die geschützte Erfindung als Verfahren und nicht als Sachpatent bezeichnet und erst in der Klage einen anderen Standpunkt einnimmt, RG Mitt. **40,** 157, 160. Aus der Unterlassung früheren Vorgehens kann auch eine Verwirkung seiner Rechte hergeleitet werden, die jedoch nur in Ausnahmefällen anzunehmen ist, oben Rdn. 26a m. Verw. Bei Erlass eines Grund- oder Feststellungsurteils darf die Frage des mitwirkenden Verschuldens nicht offen bleiben. 56

3. Schaden und Schadensberechnung

a) Allgemeines. Der aus der rechtswidrigen Benutzung der Erfindung dem **Verletzten** entstandene Schaden ist zu ersetzen. „Verletzter" ist in der Regel der **Patentinhaber;** in seinen Rechtskreis greift die Verletzung ein, seine Vermögensrechte werden beeinträchtigt, die Ausnutzung seines Patents wird vermindert oder die sonst mögliche Vergebung von Lizenzen erschwert; ihm steht daher Schadensersatz zu, soweit er nicht ganz oder teilweise über sein Recht verfügt hat, s.u. Rdn. 58. 57

Auch der Inhaber eines **abhängigen Patents** kann Schadenersatzansprüche geltend machen, RGZ **50,** 111, 114/15; beide, der Inhaber des älteren und der des abhängigen Patents, haben Schadenersatzansprüche, RGZ **126,** 127, 131/32; **159,** 11. Neben dem Patentinhaber oder – bei dessen vollständiger Abfindung – an seiner Stelle ist der **ausschließliche Lizenznehmer** bzw. der **Nießbraucher** geschädigt und kann Ersatz verlangen (s.o. Rdn. 17 m.w.N.). Soweit sowohl der Patentinhaber wie auch der ausschließl. Lizenznehmer einen Ersatzanspruch hat, ist darauf zu achten, dass jeder nur Ersatz des gerade ihm entstandenen Schadens verlangen kann. Geschädigt ist in erster Linie der ausschließl. Lizenznehmer. Der Patentinhaber kann dann im Allgemeinen lediglich geltend machen, dass er seinerseits erhöhte Lizenzeinnahmen vom Lizenznehmer erhalten hätte, wenn dieser dem Patentverletzer eine Unterlizenz erteilt hätte oder wegen Fehlens der patentverletzenden Konkurrenztätigkeit höhere Umsätze oder Gewinne erzielt hätte; vgl. BGH GRUR **05,** 935, 936 – Vergleichsempfehlung II. Dieser dem Patentinha- 58 ber gebührende Anteil ist bei Berechnung des Anspruchs des geschädigten Lizenznehmers abzuziehen. Entsprechendes gilt im Verhältnis zwischen Patentinhaber und Nießbraucher. Der **einfache Lizenznehmer** wird nicht als geschädigt angesehen. Vgl. auch Fischer GRUR **80,** 374. Die Verletzungshandlungen richten sich bei Erteilung nur einfacher Lizenzen gegen den Patentinhaber selbst. Hat der Patentinhaber einfache Freilizenzen erteilt, so kann er vom Verletzer Ersatz des eigenen entgangenen Gewinns nicht fordern, denn er hat keinen Gewinn verloren, nur der Absatz des Lizenznehmers ist beeinträchtigt; dagegen stehen ihm die beiden anderen Berechnungsarten, Forderung der angemessenen Lizenzgebühr und Herausgabe des vom Verletzer erzielten Gewinns, auch in solchen Fällen frei (vgl. unten Rdn. 61ff.), KG GRUR **40,** 32. Anstelle des Patentinhabers oder ausschließlichen Lizenznehmers kann ein **anderer Gläubiger** treten, sei es durch Abtretung (oben Rdn. 18), sei es durch gerichtliche Maßnahmen, namentlich Pfändung und Überweisung (ZPO §§ 829, 857); sein Anspruch stützt sich nur auf das abgeleitete Recht, kann also nicht höher sein als derjenige Schaden, der dem Patentinhaber oder ausschließlichen Lizenznehmer erwachsen ist.

59 Der Schadenersatzanspruch hat an sich in erster Linie eine **Wiederherstellung des früheren Zustands** zum Ziel (§ 249 BGB). Wegen des daraus sich ergebenden Beseitigungsanspruchs s. o. Rdn. 38. Unter dem Gesichtspunkt der Naturalrestitution kann der Verletzer auch verpflichtet sein, seine Abnehmer darauf hinzuweisen, dass die gewerbliche Benutzung der gelieferten Vorrichtungen ohne Gestattung des Patentinhabers unzulässig ist; ferner kommt eine Verpflichtung zum Rückruf (Angebot der Rücknahme gelieferter Vorrichtungen gegen Rückzahlung des Entgelts) oder der Nennung der Abnehmer zu dem Zwecke in Betracht, dass eine patentverletzende Benutzung seitens der Abnehmer unterbunden werden kann. Derartige Maßnahmen sind jedoch meistens zur Entschädigung des Verletzten ungeeignet oder unzureichend (§ 251 Abs. 1 BGB) oder für den sich weigernden Verletzer mit unverhältnismäßigen Aufwendungen verbunden (§ 251 Abs. 2 BGB) und haben daher keine praktische Bedeutung. Statt dessen kann und wird durchweg eine **Entschädigung in Geld** verlangt werden. Dieser Anspruch kann auch von einem Devisenausländer nur in Deutscher Mark geltend gemacht werden, LG Mannheim GRUR **55,** 336. Der Ermittlung und Durchsetzung dieses Entschädigungsanspruchs dient der aus den §§ 242, 249 BGB abzuleitende Anspruch auf Rechnungslegung oder Auskunftserteilung (s. u. Rdn. 88ff.), ergänzend auch der in § 140b geregelte weitere Auskunftsanspruch über Herkunft u. Vertriebsweg eines Erzeugnisses.

60 Der zu leistende Schadenersatz wird oft nur im Wege der **freien Schadenschätzung nach § 287 ZPO** bemessen werden können. Das gilt nicht nur bei der Schadensberechnung durch Forderung einer angemessenen Lizenzgebühr (unten Rdn. 63ff., 65), sondern auch bei den beiden anderen Berechnungsarten (unten Rdn. 62 und 72ff.). Auch eine Schätzung nach § 287 ZPO ist aber nur dann möglich, wenn irgendwelche tatsächlichen Grundlagen vorhanden sind, die eine wenigstens im Groben zutreffende Schätzung ermöglichen; die Schätzung darf nicht willkürlich sein, muss Sachkunde erkennen lassen u. erfordert ggf. Mitwirkung eines Sachverständigen, BGH GRUR **95,** 578, 579 – Steuereinrichtung II; sind Unterlagen für die Schätzung überhaupt nicht vorhanden und auch nicht mehr zu beschaffen, so kann der möglicherweise rechtlich bestehende Schadenersatzanspruch an der tatsächlichen Unmöglichkeit des Beweises, auch des nach § 287 ZPO erleichterten Beweises, scheitern, BGH GRUR **62,** 509, 513 (Dia-Rähmchen II); **80,** 841, 842/43 (= BGHZ **77,** 16, 19ff. – Tolbutamid). Jedoch dürfen an die vom Geschädigten beizubringenden Schätzungsunterlagen keine zu großen Anforderungen gestellt werden. Wenn die Entstehung eines Schadens feststeht, darf die über seine Höhe bestehende Unsicherheit nicht voll zu Lasten des Geschädigten gehen; ggf. ist ein Mindestschaden in ungefährer Höhe zu schätzen, vgl. BGH GRUR **93,** 55, 59 (Wettbewerbssache). Wegen der – nur eingeschränkt möglichen – revisionsrechtlichen Überprüfung s. BGH GRUR **79,** 869, 870 (Oberarmschwimmringe); **80,** 841, 844 (= BGHZ **77,** 16, 19 – Tolbutamid). In der Literatur werden die Gerichte vielfach zu mehr Mut bei der Schadensschätzung aufgefordert, vgl. Schulz in Festschrift für Klaka 1987, S. 27, 37.

60a Durch die **Richtlinie 2004/48/EG** z. Durchsetzung d. Rechte des geistigen Eigentums v. 29. 4. 2004 (Anhang 13) sind Mindeststandards für Ansprüche aus Patentverletzung geschaffen worden, die im Wesentlichen bereits dem geltenden deutschen Recht entsprechen; das gilt insbesondere für die Festsetzung von Schadensersatzansprüchen. Die Richtlinie zwingt nicht zu Änderungen des Systems der drei Berechnungsarten (s. u. Rdn. 61); vgl. auch Sitzungsbericht GRUR **05,** 401. In der RL (Art. 13) werden die gleichen Kriterien hervorgehoben. Die gewählte Formulierung gibt allenfalls Anlass, das Verbot einer Verquickung der verschiedenen Methoden großzügig zu handhaben, soweit Gesichtspunkte des entgangenen Gewinns einerseits und des erzielten Verletzergewinns andererseits nicht entgegen den Regeln der Logik verknüpft werden.

61 **b) Die drei Berechnungsarten.** *(Schrifttum, zeitlich geordnet:* Möhring GRUR **31,** 419ff.; Pinzger GRUR **31,** 667ff.; Steindorff, Abstrakte u. konkrete Schadensberechnung, AcP 158 (1960), 431ff.; Fischer, Schadenberechnung im gewerblichen Rechtsschutz usw., Basel 1961 (Allgemeines und Einzelheiten); Mutze, Bilanzmäßige Rückstellungen wegen Verletzung von Patenten, Gebrauchsmustern und Warenzeichen, Mitt. **66,** 140ff.; Däubler, Ansprüche auf Lizenzgebühr u. Herausgabe des Verletzergewinns – atypische Formen d. Schadensersatzes, JuS **69,** 49ff.; Schmidt-Salzer JR **69,** 81ff.; Pietzner GRUR **72,** 152ff.; Lutz, Die erweitere Schadensberechnung, Diss. Tübingen 1974; Ullmann, Verschuldenshaftung und Bereicherungshaftung, i. gewerbl. Rechtsschutz u. Urheberrecht, GRUR **78,** 615, 617ff.; Preu, Richtlinien für die Bemessung von Schadenersatz bei Verletzung von Patenten, GRUR **79,** 753ff.; Bruchhausen, Gedanken zur Rechtsangleichung auf d. Gebiet d. Sanktionensystems bei immateriellen Güterrechten in Europa, GRUR **80,** 515ff.; Kraßer, Schadensersatz für Verletzungen von gewerbl. Schutzrechten u. Urheberrechten nach deutschem Recht, GRUR Int. **80,** 259ff.; v. Bar, Schadensberechnung i. gewerbl. Rechtsschutz u. Urheberrecht, UFITA **81,** 57ff.; Widmer, Vermögensrechtliche Ansprüche des Inhabers und des Lizenznehmers bei der Verletzung von Immaterialgüterrechten, 1985; Lehmann, Juristisch-ökonomische Kriterien zur Berechnung des Verletzergewinns bzw. des entgangenen Gewinns, BB **88,** 1680ff.; Körner, Schadensausgleich bei Verletzung gewerblicher Schutzrechte und bei ergänzendem Leistungsschutz, in Festschrift f. E. Steindorff 1990, S. 877ff.; Meier-Beck, Ersatzansprüche gegenüber d. mittelb. Patentverletzer, GRUR **93,** 1ff.; Heil/Roos, Zur dreifachen Schadensberechnung ..., GRUR **94,** 26ff.; Teplitzky, Grenzen d. Verquickung unterschiedlicher Schadenberechnungsmethoden, in FS Fritz Traub (1994), S. 401ff.; Heermann, Schadensersatz u. Bereicherungsausgleich bei Patentrechtsverletzungen, GRUR **99,** 625; Maul/Maul, Produktpiraterie im Pharma-Bereich – Sanktionsbedarf und Schadensquantifizierung, GRUR **99,** 1059; von der Osten, Schadensersatzberechnung im Patentrecht, Mitt. **00,** 95ff.; Fort, Strafelemente im deutschen, amerikanischen und österreichischen Schadensersatzrecht (2001, Diss.); Götz, Schaden u. Bereicherung in der Verletzerkette, GRUR **01,** 295; Allekotte, Erschöpfung durch Zahlung, Mitt. **04,** 1ff.; Lehmann, Präventive Schadensersatzansprüche bei Verletzung des geistigen u. gewerbl. Eigentums, GRUR Int. **04,** 762ff.; Haft u.a., AIPPI-Bericht z. Frage „Strafschadensersatz" GRUR Int. **05,** 403; Rojahn, Praktische Probleme bei d. Abwicklung d. Rechtsfolgen einer Patentverletzung, GRUR **05,** 623ff.; Mahlmann, Schaden u. Bereicherung durch die Verletzung geistigen Eigentums (2005). – Weiteres Schrifttum s.u. Rdn. 63, 69, 72.

Der Verletzte kann in dreifacher Art seinen Schaden berechnen: aa) Ersatz des unmittelbaren Schadens, der ihm entstanden ist, einschließlich des ihm entgangenen Gewinns, bb) anstelle entgangenen Gewinns Zahlung angemessener Lizenzgebühr, die er von einem dritten Benutzer erhalten haben würde, cc) anstelle entgangenen Gewinns Herausgabe des vom Verletzer selbst erzielten Gewinns, RGZ **156,** 65, 67; **156,** 321, 325 u.ö.; BGH GRUR **62,** 509, 511; BGHZ **80,** 841ff.; vgl. auch BGH GRUR **57,** 336; BGHZ **44,** 372, 374. Die 3 Berechnungsarten stehen dem Berechtigten zur Wahl; es können aber nicht mehrere in der Weise nebeneinander geltend gemacht werden, dass die Summe des rechnerischen Ergebnisses als Schadenersatz verlangt wird, RGZ **156,** 65, 67; BGH GRUR **62,** 509, 512; **62,** 580, 582. Die Berechnung von Schadensersatz nach Lizenzanalogie oder Verletzergewinn schließt die Berechnung entgangenen Gewinns aus, nicht aber die zusätzliche Berücksichtigung sonstiger konkreter Schäden, s.u. Rdn. 76. Der Verletzte kann jedoch – zumindest bis zur endgültigen Feststellung des Schadens auf einem der 3 Wege – von der einen zu einer anderen Berechnungsart übergehen, ohne dass darin eine Änderung des Klaggrundes gesehen werden kann, RGZ **43,** 56, 61; **50,** 111, 115; RG GRUR **38,** 836, 837; BGH GRUR **66,** 375, 379; **93,** 55 (Wettbewerbssache). Eine Bindung ist in der Rechtsprechung dann angenommen worden, wenn der Verletzte bereits seinen Antrag auf Feststellung der Schadenersatzpflicht auf eine bestimmte Berechnungsart konkretisiert hat, mag auch die konkrete Höhe noch offengeblieben sein (BGH GRUR **77,** 539, 542 – Prozessrechner; anders jetzt BGH GRUR **93,** 55, 57 – Tchibo/Rolex II), – oder wenn der Verletzer den Ersatzanspruch nach einer der möglichen und vom Verletzten gewählten Berechnungsmethode erfüllt hat (BGH GRUR **75,** 434, 438; **93,** 55, 57), – oder wenn ein Ersatzanspruch nach einer Berechnungsmethode rechtskräftig zuerkannt worden ist (BGH GRUR **93,** 55, 57). Dies scheint zweifelhaft, vgl. dazu auch Preu GRUR **79,** 76 u. Brandner GRUR **80,** 359, 363. In einer neueren Entscheidung wird ausdrücklich festgestellt, dass durch die Schadensliquidation nach der Lizenzanalogie die Geltendmachung eines weiteren Schadens nicht ausgeschlossen wird (BGHZ **77,** 16, 25 = GRUR **80,** 841, 844 – Tolbutamid). Hiernach wird man in der Schadensliquidation nach der Lizenzanalogie nur die Geltendmachung eines Mindest-Schadens sehen dürfen; die Geltendmachung weitergehender Ansprüche ist dann solange möglich, wie nicht ein Teil des Anspruchs rechtskräftig abgewiesen ist und soweit sich die Parteien nicht verbindlich auf eine bestimmte Berechnungsmethode geeinigt haben. Jedenfalls im Prozess über die Rechnungslegung braucht der Verletzte noch nicht zu wählen, nach welcher Berechnungsart er seinen Schaden bei der demnächstigen Leistungsklage berechnen will, BGH GRUR **62,** 354, 356; **74,** 53, 54 (Nebelscheinwerfer). Auch kann er zur Darlegung eines bestimmten Mindestschadens die eine Berechnungsart in erster Linie, die anderen hilfsweise geltend machen, ohne sie jedoch miteinander zu verquicken, RGZ **156,** 65, 67; BGH GRUR **62,** 509, 512; **93,** 55, 58/9 (Tchibo/Rolex II). Liegen mehrere Verletzungstatbestände vor, so kann der Verletzte für jeden Tatbestand eine andere Berechnungsart wählen. Zur zusätzlichen Berechnung best. Schadensfolgen s. u. Rdn. 76, 76a. Jede Berechnungsart hat ihre Vor- und Nachteile für den Verletzten; die zweite Art (Forderung einer angemessenen Lizenzgebühr) wird am häufigsten gewählt, weil sie zwar nicht immer die günstigste, zumeist aber die bequemste ist.

62 **aa) Entgangener Gewinn.** Nach dem Grundsatz des § 249 BGB kann der Verletzte den Unterschied zwischen dem durch die Patentverletzung herbeigeführten Zustand seines Vermögens und dem Zustand, den sein Vermögen ohne die Patentverletzung erreicht haben würde, zur Grundlage seiner Berechnung machen, also namentlich gemäß § 252 BGB den Ersatz des Gewinns verlangen, der ihm durch die Verringerung seines eigenen Absatzes infolge der Patentverletzung entgangen ist, RGZ **156,** 65, 67 u. ö. Diese Berechnungsart erfordert die Feststellung der Ursächlichkeit zwischen Patentverletzung und Absatzverlust und die Feststellung (Schätzung) der Höhe des entgangenen Gewinns. Die Beweislast trifft den Verletzten, wobei indes die Schätzung des Gerichts unter Abwägung aller Einzelumstände eine erhebliche Milderung bedeutet, BGH GRUR **93,** 757, 758 – Kollektion Holiday (Wettbewerbssache). Es kann nicht ohne weiteres davon ausgegangen werden, dass d. Umsatz d. Verletzers direkt oder mittelbar in Form von Lizenzgebühren dem Berechtigten zugute gekommen wäre, BGH aaO, S. 759. Der Berechtigte muss jedoch nicht für jede Einzellieferung nachweisen, dass er sie ohne die patentverletzende Tätigkeit hätte ausführen können; es genügt die Feststellung, dass sich seine Umsätze ohne die patentverletzenden Handlungen nach dem gewöhnlichen Lauf der Dinge oder nach den besonderen Umständen mit einer gewissen Wahrscheinlichkeit (§ 252 BGB) in einem nach § 287 ZPO zu schätzenden Umfang erhöht hätten, s. BGHZ **29,** 393, 397/98; BGH GRUR **79,** 869, 870 (Oberarmschwimmringe), s. auch GRUR **92,** 530 (zu § 945 ZPO). Zu den Möglichkeiten und Schwierigkeiten einer konkreten Schadensschätzung vgl. auch Leiss/Traub GRUR **80,** 1 ff. Für die Schätzung des entgangenen Gewinns müssen jedoch konkrete Anhaltspunkte vorliegen, da der Schädiger sonst der Gefahr willkürlicher Festsetzung ausgesetzt wäre; es muss eine auf das konkrete Produkt bezogene Gewinnkalkulation vorgelegt werden; die Darlegung der allgemein für vergleichbare Produkte kalkulierten Gewinne genügt in der Regel ebenso wenig wie der Hinweis auf die Höhe der Preisunterbietung durch den Verletzer, BGHZ **77,** 16, 19 ff. (= GRUR **80,** 841, 842/3 – Tolbutamid). Unergiebig ist auch der Hinweis auf hohe Forschungs- und Entwicklungskosten, da dies nichts darüber besagt, wieweit es gerade bei dem konkret betroffenen Produkt möglich gewesen wäre, diese Unkosten wieder hereinzuholen, BGH aaO, a. A. Preu GRUR **79,** 753, 756 f. Zwingt eine Preisunterbietung durch den Patentverletzer den Verletzten dazu, die eigenen Preise zu senken, so ist auch der durch die Preisherabsetzung entstandene Schaden zu ersetzen, soweit er nicht durch Umsatzerhöhung ausgeglichen ist. Auszugleichen ist auch der erst nach Patentablauf entgangene Gewinn, soweit er durch vorher begangene Verletzungshandlungen und dadurch erlangte Zeit- und Wettbewerbsvorteile des Verletzers bedingt ist; z. B. zusätzlich Einbußen, die nur dadurch eingetreten sind, dass patentgemäße Produkte nur deswegen unmittelbar nach Patentablauf auf den Markt gebracht werden konnten, weil sie schon vorher rechtswidrig hergestellt und bereitgehalten wurden; oder Einbußen, die dadurch bedingt sind, dass der Konkurrent deswegen früher eine erforderliche amtliche Zulassung erlangen und auf den Markt kommen konnte, weil er vor Patentablauf patentverletzende, nicht durch das Versuchsprivileg (§ 11 Nr. 2) gedeckte Handlungen vorgenommen hat; vgl. dazu die zu § 1004 BGB angestellten Überlegungen in BGHZ **107,** 46, 60 ff. – Ethofumesat – und bei Brodeßer in Festschrift v. Gamm, 1990, S. 345. Verwertet der Verletzte das Patent ausschließlich durch Lizenzerteilung, so besteht der zu ersetzende Verlust bzw. entgangene Gewinn in den ihm entgangenen Lizenzgebühren, BGH GRUR **70,** 296, 298 (Allzweck-Landmaschine). Der Inhaber eines abhängigen Patents, dem die Benutzungserlaubnis des Berechtigten des älteren Patents fehlt, kann einen eigenen entgangenen Gewinn nicht fordern, RGZ **126,** 127 (131). Der Verletzte kann sich bei der Berechnungsart nach dem entgangenen Gewinn nicht auf § 687 Abs. 2 BGB berufen, sondern muss beweisen, dass er den beanspruchten Gewinn auch wirklich hätte erzielen können; in Erman-

gelung dieses Beweises kann er seinen Schaden nur nach einer der beiden anderen Berechnungsarten fordern, RGZ **156,** 65 (68); BGH GRUR **62,** 580, 583. Wegen des Gewinnentgangs aufgewendete Kreditzinsen können lediglich als Verzögerungsschaden unter den Voraussetzungen des § 286 Abs. 1 BGB geltend gemacht werden, BGH GRUR **80,** 841, 843 (Tolbutamid). Eine durch die Gewinneinbuße bedingte Steuerersparnis ist anzurechnen, vgl. BGH BB **87,** 715 mit Ausführungen zur Darlegungs- und Beweislast.

bb) Angemessene Lizenzgebühr (*Schrifttum:* Kruse, Ermittlung einer angemessenen Lizenzabgabe als Schadensersatz bei Patentverletzungen, GRUR **41,** 202ff., und Verlag Stoytscheff (1953); Lindenmaier, Zur Höhe der Lizenzgebühr als Entschädigung für Patentverletzung, GRUR **55,** 359f.; Pietzcker, Schadenersatz durch Lizenzberechnung, GRUR **75,** 55ff.; Vollrath, Zur Berücksichtigung der Entwicklungs- und Schutzrechtskosten bei der Bemessung der Schadensersatz-Lizenzgebühren für Patentverletzung, GRUR **83,** 52ff.; Körner, Die Aufwertung der Schadensberechnung nach der Lizenzanalogie bei Verletzung gewerblicher Schutzrechte durch die Rechtsprechung zum „Verletzervorteil" und zu den „aufgelaufenen Zinsen", GRUR **83,** 611ff.; Sack, Die Lizenzanalogie im System des Immaterialgüterrechts, in: Festschrift für H. Hubmann 1985, S. 373ff.; Fischer, Sind die Lizenzsätze nach Nr. 10 der Vergütungsrichtlinien heute noch zeitgemäß?, Mitt. **87,** 104ff.; Rogge, Schadensersatz nach Lizenzanalogie, in Festschrift für R. Nirk, 1992, S. 929ff.); Melullis, Zur Schadensberechnung im Wege der Lizenzanalogie bei zusammengesetzten Vorrichtungen, in FS Fritz Traub (1994), S. 287ff.; Heermann, Schadensersatz u. Bereicherungsausgleich bei Patentrechtsverletzungen, GRUR **99,** 625, 628ff. **63**

Die vom RG für Urheber- und Patentverletzungen entwickelte Methode der Abrechnung auf der Basis einer angemessenen Lizenz hat der Sache nach starke Ähnlichkeit mit einem Bereicherungsanspruch (s. dazu unten Rdn. 82ff.), ist jedoch auf Grund ständiger Rechtsprechung gewohnheitsrechtlich – auch – als Berechnungsart für den durch die Schutzrechtsverletzung entstandenen Schaden anerkannt, BGHZ **20,** 345, 353; **77,** 16, 25 (= GRUR **80,** 841, 844 – Tolbutamid); **93,** 897, 898 – Mogul-Anlage. Die Anerkennung dieser Berechnungsmethode beruht auf dem Bestreben, dem Verletzten, der sein Schutzrecht nicht auswertet oder der den für ihn oft schwierigen Nachweis eines durch die Verletzungshandlungen entstandenen konkreten Vermögensschadens nicht oder nur unvollkommen führen kann, gleichwohl einen Ausgleich dafür zu verschaffen, dass der Verletzte durch die unerlaubte Benutzung des Schutzrechts einen geldwerten Vermögensvorteil erlangt hat, dessen Höhe am zuverlässigsten daran gemessen werden kann, wie seine Vermögenslage wäre, wenn er das Schutzrecht erlaubterweise benutzt hätte: Dann hätte er die Gestattung des Schutzrechtsinhabers einholen müssen, die dieser, wie üblich, nur gegen Zahlung eines Entgelts – einer Lizenzgebühr – erteilt hätte, BGHZ **77,** 16, 25 (= GRUR **80,** 841, 844 – Tolbutamid). Der Verletzer wird also so behandelt, als ob er Lizenzgebühr hätte zahlen müssen, die durch seinen rechtswidrigen Eingriff dem Verletzten entgangen ist, RGZ **95,** 220; **156,** 65, 67, 69; BGHZ **44,** 372, 376 (= GRUR **66,** 375, 376). Aus dem Wesen des so begründeten Anspruchs folgt einerseits, dass die Geltendmachung eines darüber hinausgehenden Schadens, z.B. eines die angemessene Lizenz überschreitenden entgangenen Gewinns (oben Rdn. 62), nicht ausgeschlossen ist, aber andererseits, dass zur Begründung nicht solche Umstände herangezogen werden dürfen, die nicht den Umfang der Bereicherung, sondern nur die Schadenshöhe betreffen, BGHZ **77,** 16, 25 (= GRUR **80,** 841, 844 – Tolbutamid). Gedanken der Abschreckung oder der strafähnlichen Sanktion haben im Rahmen des Schadensausgleichs keinen Platz, vgl. Brandner, GRUR **80,** 359, 362ff.; OLG Düsseldorf GRUR **81,** 45, 49. Die zuzusprechende Lizenzgebühr hat sich nach dem objektiven Wert der Benutzung auszurichten, der jedoch von Umständen beeinflusst werden kann, die sich aus den Besonderheiten des jeweiligen Verletzungsfalls ergeben, BGHZ **77,** 16, 25 (= GRUR **80,** 841, 844 – Tolbutamid). Als Lizenzgebühr darf nur die angemessene und übliche Gebühr bewilligt werden, der Verletzer ist nicht schlechter, aber auch nicht besser zu stellen als ein vertraglicher Lizenznehmer, BGH GRUR **62,** 509, 513; **66,** 375, 377; BGHZ **82,** 310, 321/2 – Fersenabstützvorrichtung; BGH GRUR **93,** 55, 58 – Tchibo/Rolex II (Wettbewerbssache). Nach Art. 13 Abs. 1 lit. b) **RL 2004/48/EG** v. 29. 4. 04 (Anhang 13) soll eine Pauschalvergütung festgesetzt werden können, die „mindestens" der Höhe einer vertraglichen Lizenzregelung entspricht; auch damit ist jedoch nicht ein als Strafe zu wertender Zuschlag angesprochen (vgl. Erwägungsgrund 26 aaO), sondern lediglich eine angemessene Ausgleichsentschädigung, in der alle dem Rechtsinhaber entstandenen Nachteile berücksichtigt werden können. Das ist auf d. Grundlage d. bisherigen dt. Rechts möglich, muss bei d. Entscheidung d. Einzelfalls im Auge behalten werden, erfordert jedoch keine gesetzgeberische Maßnahme z. Umsetzung der RL in das deutsche Recht, s.o. Rdn. 60a; vgl. auch AIPPI-Bericht GRUR Int. **05,** 403. Auf die **63 a** ideellen Verdienste des Erfinders kommt es bei der rein wirtschaftlichen Betrachtung nicht an, BGH GRUR **92,** 597, 599 – Steuereinrichtung.

64 Der Lizenzbetrag ist so festzusetzen, wie er sich auf Grund des tatsächlichen Sachverhalts am Schluss des Verletzungszeitraums als angemessen darstellt, nicht danach, welche Lizenzgebühr die Parteien im Zeitpunkt des Beginns der Verletzung bei gütlicher Einigung selbst für angemessen gehalten hätten, RG GRUR **42,** 149, 151/52; Düsseldorf Mitt. **98,** 27, 29. Zu fragen ist also, was vernünftige Vertragspartner vereinbart haben würden, wenn sie beim Abschluss eines Lizenzvertrags die künftige Entwicklung und namentlich die Zeitdauer und das Maß der Patentbenutzung vorausgesehen hätten, BGH GRUR **62,** 401, 404; **92,** 432, 433; **95,** 578, 581 – Steuereinrichtung II. Nach BGH GRUR **93,** 55, 58 (Tchibo/Rolex II – Wettbewerbssache) soll demgegenüber von der für den Zeitpunkt des fiktiven Vertragsschlusses anzunehmenden Prognose ausgegangen werden; Abweichungen der tatsächlichen Entwicklung von der mutmaßlichen ursprünglichen Prognose sollen nicht berücksichtigt werden; das ist kaum konsequent durchführbar, zumal Vertragsparteien häufig durch Vertragsänderungen auf unerwartete Entwicklungen reagieren und solche nach Treu und Glauben gebotene Anpassungen auch im Prinzip von vornherein einkalkulieren; auch ist schwerlich zuverlässig feststellbar, ob und in welchem Maße die Parteien einen von der tatsächlichen Entwicklung abweichenden Verlauf prognostiziert hätten; da letztlich auf eine fiktive „angemessene" Vereinbarung abzustellen ist, erscheint es im Grundsatz sachgerechter, von vornherein eine zutreffende Einschätzung der tatsächlichen Entwicklung zu unterstellen. Grundsätzlich unerheblich ist allerdings, ob der Verletzer auch einen der fiktiven angemessenen Lizenz entsprechenden Gewinn erzielt hat, BGH GRUR **93,** 55, 58. Ein Abschlag, den vernünftige Vertragspartner mit Rücksicht auf eine vielfach gegebene Unsicherheit über materielle Schutzfähigkeit und Bestand des Patents machen, kann hier unberücksichtigt bleiben, da der Verletzer sich nicht dem Risiko aussetzt, für eine nicht schutzwürdige Erfindung zahlen zu müssen (s. auch u. Rdn. 66). Nicht berücksichtigt werden kann, dass der Verletzte überhaupt nicht zur Lizenzierung bereit gewesen wäre, BGH GRUR **93,** 55, 58 – oder dass er dem Verletzer als seinem schärfsten Konkurrenten eine Lizenz nur gegen eine höhere Gebühr eingeräumt hätte; der Verletzte hat bei dieser Berechnungsart Anspruch nur auf eine allgemein angemessene Gebühr, RG GRUR **38,** 836, 838. Frühere Erteilung einer ausschließlichen Lizenz steht der Forderung angemessener Lizenzgebühr nicht notwendig entgegen, jedoch ist zu beachten, dass die volle Lizenzgebühr dem Patentinhaber dann meist nur z. T. zusteht, im Übrigen jedoch dem ausschließlichen Lizenznehmer – je nach den zwischen diesen getroffenen oder für solche Fälle zu vermutenden Vereinbarungen, s. RGZ **144,** 187 u. oben Rdn. 17. Die angemessene Lizenzgebühr kann der Inhaber eines abhängigen Patents vom (dritten) Verletzer auch dann fordern, wenn er sein Patent ohne Zustimmung des Inhabers des älteren Patents nicht ausführen kann, RGZ **50,** 111 (114); **126,** 127 (132). Bei Abhängigkeit reduziert sich die Lizenzberechnung auch nicht von vornherein auf den nicht vom älteren Recht betroffenen überschießenden Teil, BGH GRUR **92,** 597 – Steuereinrichtung. Immer aber ist zu beachten, dass die sogenannte Lizenzanalogie nur eine erleichterte Berechnungsmethode für einen tatsächlich entstandenen Schaden und keinen selbstständigen Schadensgrund bildet, BGHZ **44,** 372, 378, 380; der Kläger ist daher durch die Möglichkeit solcher Berechnungsmethode noch nicht der Darlegung enthoben, dass überhaupt ein Schaden entstanden ist, Kroitzsch in Festschrift für Hefermehl (1971), S. 123, 130 ff.; BGH GRUR **72,** 180, 183/4; anders OLG Stuttgart Mitt. **68,** 235 – sämtlich zum Warenzeichenrecht. So kann auch die Berechnung nach der Lizenzanalogie beim Schadenersatzanspruch dann versagen, wenn das verletzte Schutzrecht von seinem Inhaber nicht verwertet wird und auch nicht verwertet werden soll. Dem Verletzten bleibt dann lediglich der (echte) Bereicherungsanspruch nach §§ 812 ff. BGB (unten Rdn. 82).

65 Für die **Bemessung der Entschädigungs-Lizenzgebühr** können immer nur die besonderen Umstände des einzelnen Falles maßgebend sein, RGZ **95,** 220, 224. Es kommt auf die Gesamtheit aller Umstände an, RGZ **144,** 187, 193; BGH GRUR **95,** 578, 579 – Steuereinrichtung II u. ö. Der Tatrichter hat die Lizenzgebühr gemäß § 287 Abs. 1 ZPO auf Grund einer wertenden Entscheidung unter Würdigung aller Umstände nach freier Überzeugung zu bemessen, RGZ **144,** 187, 192; BGH GRUR **62,** 401, 402; **95,** 578, 579. Der Nachprüfung in der Revisionsinstanz sind dabei enge Grenzen gesetzt, vgl. BGH GRUR **93,** 55, 59; es kann aber nachgeprüft werden, ob das Tatgericht bei der Ausübung des Ermessens schätzungsbegründende Tatsachen, die von den Parteien vorgebracht waren oder sich aus der Natur der Sache ergeben, nicht gewürdigt hat, RG GRUR **42,** 316, 317; **44,** 132, 134; BGH GRUR **62,** 401, 402; **62,** 509, 513; **80,** 841, 844 (= BGHZ **77,** 16, 24 – Tolbutamid); vgl. auch BGHZ **39,** 198, 219; Beispiel eingehender Abwägung in OLG Düsseldorf GRUR **81,** 45 und zugehöriger BGH-Entscheidung GRUR **82,** 286 – Fersenabstützvorrichtung; ebenso Düsseldorf

Mitt. **98,** 27 ff. u. 358 ff. Die Schätzung darf nicht willkürlich ohne gesicherte Grundlage erfolgen, BGH GRUR **95,** 578, 579. Bei der Bemessung der Entschädigungs-Lizenzgebühr werden – unter Beachtung der Unterschiede – auch die Grundsätze herangezogen werden können, die für die Ermittlung einer angemessenen vertraglichen Lizenzgebühr (s. Erl. zu § 15), für die Festsetzung einer angemessenen Benutzungsvergütung im Falle der Lizenzbereitschaftserklärung (Rdn. 16 zu § 23), für die Festsetzung der für eine Zwangslizenz zu entrichtenden Vergütung (Rdn. 33, 34 zu § 24) entwickelt worden sind. Eine Zusammenfassung von Erfahrungswerten für Lizenzsätze findet sich bei Lüdecke, Lizenzgebühren für Erfindungen, 1955, Nr. 117; bei Groß/Rohrer, Lizenzgebühren (2003), sowie in den vorangegangenen Übersichten von Groß in BB **95,** 885 ff.; **98,** 1321 ff. und **00,** Beilage 10 zu Heft 48, S. 24 ff. Von Interesse können auch die Richtlinien für die Vergütung von Arbeitnehmererfindungen im privaten Dienst (BAnz 1959 Nr. 156 Beil. = BlPMZ **59,** 300) sowie die dazu ergangenen Gerichtsentscheidungen (OLG Frankfurt GRUR **92,** 852, 853) und Einigungsvorschläge der Schiedsstelle für Arbeitnehmererfindungen sein, soweit darin die dem Erfinder zu zahlende Vergütung nach der Lizenzanalogie ermittelt worden ist; instruktive Zusammenfassung dazu vor allem bei Hellebrand/Kaube, Lizenzsätze f. techn. Erfindungen, 2. Aufl. (2001); vgl. auch Bartenbach/Volz, Arbeitnehmererfindungen, Praxisleitfaden, 3. Aufl. (2004), Rdn. 258 ff.; dies., Arbeitnehmererfindungen, Kommentar, 4. Aufl. (2002), § 9 Rdn. 120 ff.; Volmer/Gaul, Arbeitnehmererfindungsgesetz, 2. Aufl. § 9 Rdn. 395 ff.; indes sind gerade hier auch die Unterschiede in Grund und Zweck der Vergütung zu beachten.

Die jeweils angeführten Lizenzsätze können auch deswegen nur mit großen Vorbehalten herangezogen werden, weil sich die durchschnittlichen Lizenzsätze für patentierte Erfindungen im Laufe der Jahre in den meisten Branchen deutlich gesenkt haben. Das ist insbesondere damit zu erklären, dass die Gewinnmargen der Industrie bei großem Konkurrenzdruck und hohen Umsatzzahlen knapper kalkuliert werden, dass die Masse der Erfindungen nur noch einen relativ kleinen Fortschritt beinhaltet, wegen bestehender Ausweichmöglichkeiten selten einen umfassenden Schutz gewährleistet, und dass neben der patentierten Erfindung das zusätzlich vermittelte Know-how eine zunehmende Bedeutung erlangt hat. Vgl. dazu im einzelnen Fischer in Mitt. **87,** 104 ff. und die dort mitgeteilten Ergebnisse einer Umfrage der Bundesvereinigung der Deutschen Arbeitgeberverbände aus dem Jahre 1985. Nach einem bei Fischer aaO wiedergegebenen und begründeten Erfahrungssatz konnte damals davon ausgegangen werden, dass die Industrie für alle bei einem Produkt benutzten Erfindungen zusammen etwa $^1/_8$ bis $^1/_3$ der kalkulierten Gewinne vor Steuern aufwendet, meistens etwa 25 bis 30%; vgl. auch Schiedsstelle in Bl. **61,** 434, 435; **90,** 336. Die Berücksichtigung solcher z. T. weit zurückliegender Angaben ist problematisch, BGH GRUR **95,** 578, 580. Jedoch konnte auch 1996 noch von Lizenzsätzen in Höhe von 25–30% des erzielbaren Gewinns ausgegangen werden, Düsseldorf Mitt. **98,** 27, 30. **65 a**

Aus veröffentlichten Entscheidungen der Instanzgerichte ergeben sich beispielhaft folgende „Verletzer-Lizenzsätze": 6% für Teigportioniervorrichtungen in 1985–1990 (LG Düsseldorf GRUR **00,** 309); 3,25% für Lichtbogenöfen in 1989/1990 (LG Düsseldorf GRUR **00,** 690); 6,5% für Winkelprofile in 1989–1992 (OLG Düsseldorf Mitt. **98,** 358); 10% für Hub-Kippvorrichtung an Müllwagen in 1989–1991 (OLG Düsseldorf Mitt. **98,** 27); 4% für Schwangerschafts-Testgeräte (Massenartikel) in 1998/99 trotz höherer Vereinbarungen mit anderen „Lizenznehmern" (LG München InstGE **3,** 104). **65 b**

Bei der sich in erster Linie anbietenden Festsetzung in **Anlehnung an** für die gleiche oder vergleichbare Erfindungen **tatsächlich vereinbarte Lizenzen** sind die Unterschiede zu beachten, die im Einzelfall zwischen dem Wert der ungerechtfertigten Benutzung und dem Wert einer einfachen vertraglichen Lizenz bestehen, BGHZ **77,** 16, 26 (= GRUR **80,** 844 – Tolbutamid); **82,** 310 (= GRUR **82,** 286 – Fersenabstützvorrichtung). So kann beispielsweise werterhöhend berücksichtigt werden, dass bei der Patentverletzung – anders als bei der Lizenzvergabe – kein Einfluss auf die Preisgestaltung genommen werden kann, BGHZ **77,** 16, 26. Weiter zu berücksichtigende Gesichtspunkte können sein, dass Lizenzverträge dem Schutzrechtsinhaber häufig auch sonstige zusätzliche Rechte und Vorteile bieten wie Qualitätskontrolle, Erfahrungsaustausch, Marktbeobachtung, regelmäßige Abrechnung, kurze Zahlungsziele; der Patentverletzer erspart vielfach die mit der Einführung eines neuartigen Produkts verbundenen erheblichen Werbekosten, und er kann sich auch für die Vergangenheit auf eine spätere Nichtigerklärung des Patents berufen und ist daher – anders als der Lizenznehmer (s. Erl. zu § 15) – kaum der Gefahr ausgesetzt, Lizenzgebühren auch für eine Erfindung zahlen zu müssen, die sich letztlich als nicht schutzfähig erweist, OLG Düsseldorf GRUR **81,** 45, 49; BGHZ **82,** 310, 316/7; LG Düsseldorf GRUR **00,** 309, 311 und **00,** 690. Alle diese Gesichtspunkte führen vielfach, aber nicht notwendig zu einer Erhöhung der angemessenen Schadenslizenz. Es ist **66** nämlich bei der erforderlichen Gesamtabwägung im Rahmen des dem Tatrichter zustehenden Beurteilungsspielraums auch zu berücksichtigen, dass der Verletzer den schwerwiegenden Nachteil hat, keine gesicherte Benutzungserlaubnis zu besitzen und mit der jederzeitigen Unterbindung der Benutzung etwa durch gerichtliche Maßnahmen rechnen zu müssen, BGHZ **77,** 16, 26 (= GRUR **80,** 841, 844 – Tolbutamid). Die Gewichtung dieses Nachteils ist jedoch wiederum sehr unterschiedlich; er hat erhebliche Bedeutung bei langfristig zu amortisierenden größeren Investitionen, BGHZ **82,** 310, 317, geringe Bedeutung hingegen bei zu erwartender schneller Marktsättigung und bei reinen Importgeschäften und dann, wenn der Unterlassungsanspruch z.B. wegen baldigen Ablaufs der Schutzdauer des Patents ohnehin praktisch nicht mehr durchsetzbar war. Die Berücksichtigung solcher „Nachteile" wird im Schrifttum weitgehend abgelehnt, vgl. Kraßer S. 884ff m.w.N.; ebenso i.d. Rechtspr. z. Urheberrecht, vgl. BGH GRUR **93,** 899, 901 – Dia-Duplikate. Nach BGHZ **82,** 310, 317 soll es einer konkreten Erörterung der Vor- und Nachteile gegenüber einer vertraglichen Lizenz nur dann bedürfen, wenn sie sich im Einzelfall überdurchschnittlich ausgewirkt haben. Für eine stärkere Berücksichtigung der typischen „Verletzervorteile" Rogge in Festschrift für R. Nirk, 1992, S. 929, 937ff. Die Zubilligung eines von den Umständen des Einzelfalles unabhängigen allgemeinen Verletzerzuschlags kommt jedoch nicht in Betracht, BGHZ **77,** 16, 26 (= GRUR **80,** 844 – Tolbutamid); die besonderen Umstände bei der Verletzung musikalischer Aufführungsrechte (BGHZ **59,** 286) haben Ausnahmecharakter (BGH GRUR **90,** 353, 355 – Raubkopien) und kommen bei Patentverletzungen nicht zum Tragen.

67 Zu berücksichtigen sind namentlich ein etwa festzustellender verkehrsmäßig üblicher Wert der Benutzungsberechtigung am Klagepatent (wenn z.B. bereits vertragliche Lizenzen vergeben sind), die in Gewinnaussichten sich ausdrückende wirtschaftliche Bedeutung des Klagepatents (RGZ **156,** 65, 69; BGH GRUR **67,** 655, 659), eine etwaige Monopolstellung des Patentinhabers (RG GRUR **38,** 836, 837), auch schon das Fehlen einer Ausweichlösung im Verletzungszeitraum (BGH GRUR **95,** 578, 580), der Schutzumfang des Klagepatents (RG Mitt. **39,** 195, 196; Düsseldorf Mitt. **98,** 27, 31), die Wertsteigerung, die die ganze Anlage durch die geschützte Vorrichtung erfahren hat (RGZ **92,** 329, 330; **144,** 187), Umsatzsteigerung bei weiteren Artikeln, die zusammen mit den patentgemäßen Produkten vertrieben und benutzt werden, vgl. BPatG BlPMZ **90,** 329, 331; andererseits aber auch (lizenzmindernd) die Mitbenutzung eigener Schutzrechte des Verletzers, wenn – nicht notwendig – dadurch der Wert des Ganzen erhöht worden ist (RGZ **144,** 187, 193; RG MuW **40,** 77, 78; BGH GRUR **67,** 655, 659; **95,** 578, 581 – Steuereinrichtung II), ebenso die lizenz- oder schadenersatzpflichtige Mitbenutzung weiterer Drittrechte (vgl. Schiedsstelle Bl. **77,** 202), insbesondere auch bei einem abhängigen Patent (vgl. BGH GRUR **92,** 597 – Steuereinrichtung – und Schiedsstelle Bl. **77,** 200), oder der Umstand, dass die Abnehmer der patentverletzenden Anlage damit auch ohne Benutzung des Klagepatents zweckmäßig und wirtschaftlich arbeiten können (RGZ **144,** 187, 193); vgl. dazu auch BGH GRUR **62,** 401, 404/05. Die gleichzeitige Benutzung weiterer Schutzrechte führt nicht ohne weiteres zur Herabsetzung der angemessenen Lizenz; erforderlich ist vielmehr, dass dadurch eine Wertsteigerung eingetreten ist (BGH GRUR **95,** 578), oder dass vernünftige Vertragsparteien sich aus anderen Gründen gleichwohl auf eine Herabsetzung des Lizenzsatzes geeinigt hätten, BGHZ **82,** 310, 318 (Fersenabstützvorrichtung); **82,** 299, 302/3 (= GRUR **82,** 301, 302 – Kunststoffhohlprofil II). Andererseits führt die Benutzung mehrere Patente nicht ohne Weiteres zur entsprechenden Erhöhung der Lizenzsumme, Düsseldorf Mitt. **98,** 27. Letztlich ist auch dies immer eine Frage tatrichterlicher Würdigung des Einzelfalls und hängt insbesondere von dem Umfang des durch die eine oder andere Erfindung erreichten Marktvorsprungs ab, BGH GRUR **92,** 597, 599. Vgl. zu allem auch OLG Düsseldorf GRUR **81,** 45ff.

68 Zu beachten sind insbesondere die allgemeine wirtschaftliche Bedeutung des Patents, die Betriebsvorteile, die der Verletzer durch widerrechtliche Benutzung erzielt hat, auch die Handelsspanne, die üblicherweise bei Gegenständen der geschützten Art für die Berechnung des Gewinns zugrunde gelegt wird. Der nach der angemessenen Lizenzgebühr berechnete Schadenersatz soll nicht ein Gegenwert des Patentinhabers sein für ein frei ausgehandeltes Lizenzrecht am Patent, das er verleihen konnte, sondern soll ihm rückwirkend einen Ausgleich des ihm in der Vergangenheit durch Verletzungshandlungen entstandenen Schadens gewähren. Dabei ist auf die allgemeine Wirtschaftslage im Sinne des zurzeit der Begehung der Verletzungshandlungen bestehenden allgemeinen Wettbewerbs einzugehen, MuW **38,** 329, 330, und die gesamte Marktlage zu prüfen, RG GRUR **42,** 317, 318/19; **44,** 132. Danach bestimmt sich die Höhe der Lizenz oder, wenn das Lizenzrecht wie eine Ware betrachtet wird, der Preis dieses Benutzungsrechts, RG MuW **38,** 329, 330 links. Der Erfindung ist die wirtschaftliche Bedeutung beizumessen, die sich aus ihren betriebswirtschaftlichen, finanzwirtschaftlichen und gewerbetechnischen Vorzügen gegenüber den sonst damals vorhandenen, fabrizierten und vertriebenen oder feilgehaltenen Gegenständen gleicher oder ähnlicher Art bestimmt. Für Sonderkonstruktionen geringer Stückzahlen werden erfahrungsgemäß erheblich höhere Lizenzsätze vereinbart als für Massenartikel, Düsseldorf Mitt. **98,** 27, 30. Auf die Frage, ob der Verletzer selbst mit Gewinn oder Verlust gearbeitet hat, kommt es nicht an; auch wenn er durch die ihm im Wege des Schadensersatzes auferlegte Lizenzgebühr Verlust erleidet, bleibt seine Ersatzpflicht bestehen. Ohne Bedeutung für die Bemessung der Lizenz ist auch, ob der Verletzer imstande ist, die Lizenzgebühr ganz oder teilweise auf seine Abnehmer abzuwälzen, RG GRUR **42,** 338. Andererseits muss aber auch ein besonderes Interesse an der Benutzung unberücksichtigt bleiben, welches nur bei dem konkreten Verletzer, nicht aber bei anderen Benutzern (Lizenznehmern) gegeben ist.

Bei **zusammengesetzten Anlagen** und Vorrichtungen, besonders Maschinen, von denen 69
nur ein Teil patentiert ist, erhebt sich die Frage, ob die Entschädigungs-Lizenzgebühr nach dem Wert der patentierten Einrichtung oder dem der ganzen Anlage zu berechnen ist (vgl. dazu Melullis in FS Fritz Traub (1994), S. 287 ff.). Maßgeblich sind auch hier in erster Linie die Verkehrsüblichkeit und Zweckmäßigkeit, BGH GRUR **92,** 432 – Steuereinrichtung. Im Übrigen sind auch hier alle besonderen Umstände des einzelnen Falles in Betracht zu ziehen, RGZ **144,** 187, 192; RG MuW **40,** 77. Ggf. sind auch kartellrechtl. Grenzen zu berücksichtigen, Melullis aaO S. 296 ff. Von Bedeutung kann namentlich sein, ob die Gesamtvorrichtung üblicherweise als Ganzes geliefert wird, ob sie durch den geschützten Teil insgesamt eine Wertsteigerung erfährt (RGZ **144,** 187, 192; BGH GRUR **92,** 432, 433 u. **95,** 578, 579 – Steuereinrichtung I u. II), insgesamt auf Grund der Erfindung eine Senkung der Kosten erfährt (Schiedsstelle Bl. **79,** 223), durch den geschützten Teil „ihr kennzeichnendes Gepräge" erhält (RG GRUR **34,** 435, 438; **42,** 338, 339; Schiedsstelle Bl. **64,** 354, 355; **64,** 375), oder durch den geschützten Teil als „Hauptstück" zu einem „neuen" Gerät wird (Schiedskommission GRUR Ausl. **58,** 473, 475), oder ob die Verwendung der patentierten Erfindung wenigstens eine konstruktive Anpassung auch der anderen Teile des Gesamtaggregats erforderlich machte (PA Gr. Sen. GRUR **55,** 294, 296), – oder ob andererseits die Gesamtvorrichtung auch andere, nur lose mit der patentierten Vorrichtung in Verbindung stehende, weitgehend selbstständige Teile enthält (RG GRUR **42,** 316, 317) und ob unterschiedliche Ausrüstung mit Zusatzvorrichtungen auch zu unterschiedlichen Preisen für die Gesamtvorrichtung geführt hat (BGH GRUR **62,** 401, 404). Die Frage, ob von dem Wert des patentierten Einzelteils, von dem Wert der Gesamtvorrichtung oder von dem Wert eines größeren Teils der Gesamtvorrichtung ausgegangen werden soll, ist indes oft nur eine Frage der auf einfache und überprüfbare Abrechnung zielenden **Wahl der zweckmäßigsten Berechnungsgrundlage,** die auf die absolute Höhe der zuzusprechenden Entschädigungslizenzgebühr nur von beschränktem Einfluss ist, weil nämlich bei Zugrundelegung des Wertes des patentierten Einzelteils der Lizenzprozentsatz in der Regel wesentlich höher anzusetzen sein wird als bei Zugrundelegung des Wertes der Gesamtvorrichtung, vgl. BGH GRUR **69,** 677, 680; Schiedsstelle Bl. **59,** 15; v. d. Osten, Mitt. **00,** 95, 97.

Ebenso ist es im Wesentlichen nur eine Frage der Zweckmäßigkeit, ob bei **Verletzung eines Verfahrenspatents** der Wert der durch das geschützte Verfahren gewonnenen Erzeugnisse 70
oder irgendein anderes Kriterium, das einen zuverlässigen Aufschluss über den Umfang der Benutzung des geschützten Verfahrens gibt (z. B. die Menge des für das geschützte Verfahren benötigten „Badzusatzes"), als Berechnungsgrundlage für die zuzusprechende Lizenzgebühr gewählt wird, vgl. BGH GRUR **67,** 655, 656/57. Auch bei einem **Vorrichtungspatent** kann im Einzelfall der Umfang der Benutzung Berechnungsgrundlage sein, OLG Düsseldorf GRUR **82,** 35; meist ist es jedoch der Wert der Vorrichtung.

Die Entschädigungs-Lizenzgebühr kann z. B. in Form eines bestimmten **Prozentsatzes** festgesetzt werden; 70a
jedoch muss dann klar sein, von was für einem Preis bei der Prozentrechnung auszugehen ist. Zulässig und i. d. R. zweckmäßig ist die Anknüpfung an die Abgabepreise des Verletzers, BGHZ **77,** 16, 27 (= GRUR **80,** 844 – Tolbutamid). Es kann aber auch ein fester Betrag für jedes patentverletzende Stück festgesetzt werden, namentlich auch bei zusammengesetzten Vorrichtungen, RG GRUR **42,** 316, 317. Soweit neben einer umsatzabhängigen Lizenzgebühr die Zahlung eines **Pauschalbetrages** üblich und angemessen ist, kann dieser auch nach der Lizenzanalogie als Schadensersatz verlangt werden, RGZ **171,** 227, 240 ff.; BGH GRUR **77,** 539, 542 (Wettbewerbssache); vgl. auch Vollrath GRUR **83,** 52 ff. Dabei muss jedoch durch angemessene Reduzierung üblicher Vertragspauschalen dem Umstand Rechnung getragen werden, dass der Verletzer weder Know-how noch langfristiges Benutzungsrecht erlangt hat. Dazu ausführlicher u. kritisch zu einschlägiger Rechtsprechung im Urheberrecht: Rogge in Festschrift für R. Nirk, 1992, S. 929, 944 ff.; a. A. wohl Busse Rdn. 147 zu § 139. Die jeweiligen Entwicklungskosten können nur insoweit berücksichtigt werden, wie sie sich in

den üblichen und angemessenen Lizenzsätzen oder Pauschalen niederschlagen. Für Berücksichtigung von Zins- u. Steuervorteilen auch Barth GRUR **80,** 845.

71 Eine **Verzinsung** des sich nach der Lizenzanalogie ergebenden Ersatzanspruchs kann an sich nur unter den Voraussetzungen der §§ 286, 288, 291 BGB verlangt werden, vgl. auch oben Rdn. 62 a.E. Weder § 668 BGB (a.A. Preu GRUR **79,** 753, 756) noch § 849 BGB, §§ 812, 818 BGB oder §§ 352, 353 HGB (vgl. dazu BGH GRUR **87,** 37, 40) ergeben hier weitergehende Ansprüche. Jedoch kann bei der Ermittlung des angemessenen Lizenzsatzes in Relation zu sonst üblichen Lizenzen (oben Rdn. 66) auch der Umstand berücksichtigt werden, dass die Höhe des Lizenzsatzes u.a. von den Zahlungsmodalitäten beeinflusst wird (BGHZ **82,** 310, 321 = GRUR **82,** 282 – Fersenabstützvorrichtung), und dass die Vereinbarung kurzer Abrechnungszeiträume und kurzer Zahlungsziele mit der Folge kaufmännischer Fälligkeitszinsen nach §§ 352, 353 HGB weitgehend üblich ist; OLG Düsseldorf GRUR **81,** 45, 52. Im Rahmen des angemessenen Schadensausgleichs auf Lizenzbasis können daher im Allgemeinen zumindest 5% Zinsen jeweils ab Jahresende (oder Ende üblicher kürzerer Abrechnungszeiträume) berücksichtigt werden, vgl. OLG Düsseldorf und BGHZ aaO sowie Pietzcker GRUR **82,** 305. LG und OLG Düsseldorf sehen inzwischen in ständiger Rechtsprechung eine Verzinsung in Höhe von 3,5% über dem jeweiligen Diskontsatz der Deutschen Bundesbank bzw. über dem Basiszinssatz i.S. des § 247 BGB als angemessen an, vgl. OLG Düsseldorf, Mitt. **98,** 27, 33 und 358, 362; die gesetzl. Neuregelung d. Verzugszinsen in § 288 ZPO lässt eine Erhöhung auf 8% über dem Basiszinssatz als vertretbar erscheinen; ebenso Busse Rdn. 186 zu § 139; in Anlehnung an § 676b Abs. 1 BGB sind auch 5% über Basiszins denkbar, vgl. v.d. Osten Mitt. **00,** 95, 98. Zinseszinsen können jedoch nicht verlangt werden, LG Düsseldorf aaO. Höhere Zinsen können unter Verzugsvoraussetzungen (§§ 284, 286, 288 BGB) dann verlangt werden, wenn der Verletzte mit dem Schadensbetrag eigene Kreditzinsen hätte ersparen können, oder wenn er die Schadenssumme zu höheren Zinsen hätte anlegen können, wofür bei größeren Beträgen schon der Anscheinsbeweis spricht, vgl. BGH WM **74,** 128; NJW **81,** 1732.

72 **cc) Herausgabe des Verletzergewinns** (als die dritte Art der Schadensliquidation, oben Rdn. 61) kann aus der Erwägung gefordert werden, dass der Verletzer sich so behandeln lassen müsse, als ob er das Patent lediglich in Geschäftsführung für den Inhaber benutzt hätte, und dass er daher in rechtsähnlicher Anwendung der Grundsätze in § 687 Abs. 2, § 667 BGB das durch die Verletzung Erlangte herausgeben müsse, RGZ **130,** 108, 110. Das ist für bestimmte Schutzrechte ausdrücklich geregelt (vgl. § 97 I 2 UrhG u. § 42 II GeschmMG) und für das Patentrecht als zumindest gewohnheitsrechtlich begründete Form der Schadensberechnung anerkannt, BGH GRUR **62,** 509, 511 – Dia-Rähmchen II. Auch Art. 13 EG-RL 2004/48 v. 29. 4. 04 (s. Anhang 13) verlangt eine Berücksichtigung des Verletzergewinns bei der Festsetzung des Schadensersatzes. Bedenken gegen die ursprüngliche dogmatische Ableitung (vgl. von der Osten GRUR **98,** 284ff.) sind daher überholt (ähnlich Kraßer S. 889). Ob der Verletzte seinerseits den Gewinn auch hätte machen können, ist bei dieser Berechnungsart unerheblich, BGH GRUR **73,** 478, 480 (anders bei der Berechnungsart nach dem entgangenen Gewinn, oben Rdn. 62). Diese Berechnungsart hat nicht so sehr den „Ersatz eines Schadens" als vielmehr einen billigen Ausgleich der Beeinträchtigung des Rechtsinhabers zum Ziel, BGH GRUR **95,** 349, 352 – Objektive Schadensberechnung; BGHZ **145,** 366, 371 – Gemeinkostenanteil. Nach seiner gewohnheitsrechtlichen Ableitung und mit Blick auf Art. 13 RL 2004/48/EG (s. Anhang Nr. 13) handelt es sich um einen Schadenersatzanspruch, nicht um einen Bereicherungsanspruch, BGH GRUR **63,** 640, 642; es wird also Verschulden vorausgesetzt und § 818 Abs. 3 BGB (Wegfall der Bereicherung) greift nicht ein.

Schrifttum (zeitlich geordnete Auswahl): Lindenmaier ZAkDR **36,** 163; Werneburg MuW **36,** 441; GRUR **36,** 778; Tolksdorf MuW **36,** 443; Sterner GRUR **37,** 1058; Starck MuW **40,** 141; von der Osten, Zum Anspruch auf Herausgabe d. Verletzergewinns im Patentrecht, GRUR **98,** 284; Beuthien/Wasmann, Zur Herausgabe d. Verletzergewinns bei Verstößen gegen das Markengesetz, GRUR **97,** 255ff.; Heermann, Schadensersatz u. Bereicherungsausgleich bei Patentrechtsverletzungen, GRUR **99,** 625; Jestaedt, Bereicherungsausgleich bei unwirksamen Lizenzverträgen, WRP **00,** 899ff.; Rinnert/Küppers/Tilmann, Schadensberechnung ohne Einschluss d. Gemeinkosten, FS H. Helm (2002) S. 338ff.; Fähndrich, Wie teuer sind Patentverletzungen nach d. BGH-Urteil „Gemeinkostenanteil"?, VPP-Rundbrief **03,** 13; Tilmann, Gewinnherausgabe i. gewerbl. Rechtsschutz u. Urheberrecht, GRUR **03,** 647; Haft/Reimann, Zur Berechnung d. Verletzergewinns nach d. „Gemeinkostenanteil"-Entscheidung d. BGH, Mitt. **03,** 437; Pross, Verletzergewinn u. Gemeinkosten, in FS W. Tilmann (2003) S. 881ff.; Lehmann, Präventive Schadensersatzansprüche bei Verletzung des geistigen u. gewerblichen Eigentums, GRUR Int. **04,** 762ff.; Haedicke, Die Gewinnhaftung d. Patentverletzers, GRUR **05,** 529ff.; Meier-Beck, Herausgabe d. Verletzergewinns – Strafschadensersatz nach deutschem Recht?, GRUR **05,** 617ff.; Rojahn, Praktische Probleme bei d. Abwicklung d. Rechtsfolgen einer Patentverletzung, GRUR **05,** 623ff.; vgl. auch oben Rdn. 61.

Grundlage der **Gewinnermittlung** sind die erzielten Erlöse. Abzuziehen sind alle konkret durch die patentverletzend hergestellten und vertriebenen Gegenstände verursachten Kosten; das können insbesondere Herstellungs-, Beschaffungs-, Werbungs- und Vertriebskosten sein; u.U. auch Entwicklungskosten. So genannte Gemeinkosten oder Fixkosten können hingegen grundsätzlich nicht abgesetzt werden, BGHZ **145,** 366, 372ff. – Gemeinkostenanteil. Bei diesen wird vermutet, dass sie ohnehin angefallen wären. Maßgeblich ist nicht übliche betriebswirtschaftliche Zuordnung, sondern der konkrete kausale oder finale Zusammenhang mit den Verletzungshandlungen. Ein so genannter Deckungsbeitrag für allgemeine Unternehmenskosten ist nicht ohne weiteres zu berücksichtigen. Dem Verletzer bleibt jedoch der Gegenbeweis, dass bestimmte Gemeinkosten in ihrer Entstehung oder unterlassenen Reduzierung gerade durch die rechtsverletzenden Handlungen bedingt sind (z.B. Kosten für Personal, Betriebsraum oder Energie), vgl. BGHZ aaO S. 373. Auch an solchen Gegenbeweis dürfen keine unzumutbaren Anforderungen gestellt werden, s.u. Rdn. 75. Letztlich ist in einer wertenden Beurteilung zu entscheiden, in welchem Umfang ein erzielter Gewinn des Verletzers wesentlich gerade auf die Benutzung des Streitpatents zurückzuführen ist und deshalb billigerweise dem Patentinhaber zugewiesen werden kann, BGH GRUR **62,** 509, 510 – Dia-Rähmchen II. Das sollte auch durch BGHZ **145,** 366 nicht in Frage gestellt sein; zur teilw. berechtigten Kritik an dieser Entscheidung vgl. insbesondere Meier-Beck GRUR **05,** 620ff. Vollständige Absetzung aller Gemeinkosten kommt bei einem ganz auf die patentverletzenden Handlungen konzentrierten Betrieb in Betracht, LG München InstGE **3,** 48; selbst dann können aber solche Unkosten unberücksichtigt bleiben, die bereits vor Beginn der Verletzungshandlungen endgültig entstanden sind. Der letztlich sich ergebende Gewinn kann auch in der Ersparung eines ohne die Verletzungshandlungen eintretenden Verlustes gesehen werden, Reimer § 47 Rdn. 40 gegen RGZ **130,** 108, 110. Hat der Verletzer die patentverletzenden Gegenstände als Werbeartikel für andere von ihm hergestellte Hauptartikel benutzt, so kann der Verletzte auch auf die mit den Hauptartikeln erzielten Gewinne greifen, soweit diese auf die Werbewirkung gerade der mit der Patentverletzung zusammenhängenden technischen Eigenschaften der Werbeartikel zurückzuführen sind, BGH GRUR **62,** 509, 512 m. abl. Anm. Moser v. Filseck. Nicht mehr in ursächlichem Zusammenhang zu der Patentverletzung steht dagegen z.B. der Gewinn, den der Verletzer dadurch gezogen hat, dass er den aus der Patentverletzung „unmittelbar" gezogenen Gewinn nicht an den Verletzten herausgegeben, sondern in seinem Betrieb gewinnbringend hat weiterarbeiten lassen, RGZ **130,** 108, 114, oder wenn im vorigen Beispielsfall die Werbewirkung der patentverletzenden Werbeartikel in keinem Zusammenhang mit der Patentverletzung gestanden hat, BGH aaO. **73**

Berechnungsgrundlage für die Gewinnermittlung ist im Ausgangspunkt die in patentverletzender Weise hergestellte Verkaufseinheit. Deren Wert ist jedoch nicht uneingeschränkt dem Berechtigten des verletzten Patents zuzurechnen. Bei Herstellung und Vertrieb hat der Verletzer nur teilweise auch ein zur Herausgabepflicht führenden fremdes Geschäft i.S. des § 687 II BGB besorgt, BGHZ **34,** 320, 323. Die Kaufentscheidung der Abnehmer kann auf viele unterschiedliche wertbildende Faktoren zurückzuführen sein; z.B. auf weitere technische Schutzrechte (RGZ **156,** 321, 326), sonstige besondere technische Eigenschaften oder besondere Formgestaltungen verschiedener Urheber (BGH GRUR **74,** 53, 54), auf Benutzung einer bestimmten Marke (bzw. Warenzeichen – BGHZ **34,** 320, 323) oder Hinweis auf einen bestimmten Hersteller und dessen guten Ruf oder auf sonstige besondere Umstände, die für den Kaufentschluss eine wesentliche Rolle spielen, BGHZ **119,** 20, 29 – Tchibo/Rolex II. Es kann daher nur derjenige Gewinn herausverlangt werden, der gerade durch die rechtswidrige Benutzung des Patents erzielt wurde, BGHZ **34,** 320, 323; **145,** 366, 375 – Gemeinkostenanteil; vgl. auch Frankfurt GRUR-RR **03,** 274. Dabei ist auch zu berücksichtigen, dass die eigentliche Erfindung – ungeachtet der gewählten Formulierung im Patentanspruch – häufig nur einen geringen Wert für die verkaufte Gesamteinheit hat (Extrembeispiele: Zigarettenanzünder, Spiegel oder Tankdeckel im Kfz. – vgl. Haft/Reimann, Mitt. **03,** 437, 443ff. sowie Tilmann, GRUR **03,** 647, 651). Das Verhältnis des für eine Entschädigung maßgeblichen Gewinnanteils im Verhältnis zum übrigen Gewinn kann nur im Wege der Schätzung erfolgen, BGH **119,** 20, 29ff. – Tchibo/Rolex II. Diese ist zwangsläufig sehr unsicher. **74**

Bei der Ermittlung der Höhe des Verletzergewinns hat das Gericht nach § 287 ZPO die Gesamtheit aller Umstände abzuwägen und danach die Schadenssumme zu bemessen, RG MuW **31,** 169 (mit lehrreichen Einzelheiten). An die vom Geschädigten beizubringenden Schätzungsunterlagen sind nur geringe Anforderungen zu stellen; wenn die Entstehung eines Schadens **75** feststeht, darf die über seine Höhe bestehende Unsicherheit nicht voll zu Lasten des Geschädigten gehen; ggf. ist ein Mindestschaden in ungefährer Höhe zu schätzen, vgl. BGHZ **119,** 20, 30 ff. – Tchibo/Rolex II. **Substantiierungs- und Beweislast** dürfen auch auf Seiten des Verletzers zum Beleg seiner Unkosten (s. o. Rdn. 73) nicht über den Rahmen des Praktikablen und Zumutbaren ausgedehnt werden; die Möglichkeiten der §§ 286, 287 ZPO sind zu nutzen; vgl. auch Karlsruhe, Mitt. **01,** 447, 449 und Rojahn, GRUR **05,** 623, 631. Erfahrungswerte und gewisse Pauschalierungen werden zu berücksichtigem sein. Beispiel für unzulängliche Substantiierung jedoch bei OLG Karlsruhe, aaO, S. 450. Zur Kritik an der einschlägigen Rechtsprechung vgl. die bei Rdn. 72 angegebene neuere Literatur.

75 a Im Falle einer **Verletzerkette** (z. B. Hersteller/Händler/gewerbl. Nutzer) könnten an sich die für jede Stufe unterschiedlich zu berechnenden Gewinne addiert werden. Entgegen BGHZ **150,** 32, 44 – Unikatrahmen sollten dabei jedoch die Regressansprüche der Abnehmer gegen Vorlieferanten und Hersteller berücksichtigt werden. Bei Inanspruchnahme der Abnehmer durch den Rechtsinhaber oder Rückruf durch den Hersteller könnte der Schaden minimiert werden. Würde man das nicht berücksichtigen, würde der Verletzer der ersten Stufe doppelt belastet und der Rechtsinhaber im Übermaß entschädigt. Sachgerecht wäre, die Schadensliquidation gegenüber dem Hersteller bis zur Klärung im Verhältnis zu den Abnehmern zurückzustellen oder aber ein vorbehaltloses Vorgehen gegen den Lieferanten zugleich (nach § 224 BGB) als Verzicht auf ein Vorgehen gegen dessen Abnehmer zu werten; vgl. dazu auch oben Rdn. 20.

76 c) **Sonstigen Schaden** kann der Verletzte *neben* der Schadensliquidation nach einer der zu Rdn. 61–75 b besprochenen Berechnungsarten ersetzt verlangen; das sind Schäden, die neben entgangenem Gewinn entstanden sind und auch mit den alternativen Berechnungsmethoden nach Lizenzanalogie oder Gewinnherausgabe nicht erfasst werden; vgl. dazu auch Leisse/Traub GRUR **80,** 1 ff. unter Ziff. II u. IV; ebenso Kraßer S. 881 ff. m. w. N. Das gilt namentlich für den sog. Marktverwirrungs- und den Diskreditierungsschaden, der jedoch nur in seltenen Fällen und nur bei genügendem Beweis wird anerkannt werden können, vgl. dazu RG Mitt. **32,** 210, 212/13; LG Düsseldorf GRUR **53,** 285/86; BGHZ **44,** 372, 382 – Messmer-Tee II. Als Marktverwirrungsschaden kann gegebenenfalls insbesondere noch ein zeitlich über die Einstellung der Patentverletzung hinauswirkender Umsatzverlust infolge Diskreditierung der patentierten Neuerung durch Mängel der Verletzungsform geltend gemacht werden, ferner der Kostenaufwand für eine notwendige Gegenwerbung und Aufklärung; weitere Einzelheiten bei Schramm, GRUR **74,** 617 ff. Für die Erstattungsfähigkeit solcher Werbungskosten ist grundsätzlich ein erkennbarer Bezug der Werbemaßnahmen zur Verletzungshandlung erforderlich, BGH GRUR **82,** 489, 490 (Wettbewerbssache). Marktverwirrungsschaden kann auch nur in dem Umfang zusätzlich berücksichtigt werden, in dem er nicht bereits in die Ermittlung des üblichen oder angemessenen Lizenzsatzes eingeflossen ist, Teplitzky in FS Traub (1994), S. 401, 409.

Neben dem Schadenersatzanspruch nach § 139 Abs. 2 können u. U. vertragliche Ansprüche aus Verzug oder positiver Forderungsverletzung gegeben sein, z. B. bei der Vorenthaltung und gleichzeitigen rechtswidrigen Weiterbenutzung von Patenten; bei Berechnung der Höhe des Anspruchs ist dann u. U. der nach § 139 Abs. 2 errechnete Betrag im Wege der Vorteilsausgleichung ganz oder teilweise auf den vertraglichen Anspruch anzurechnen, BGH GRUR **70,** 296, 298.

76 a Erstattung der notwendigen **Kosten** einer berechtigten **Verwarnung** wegen Patentverletzung kann im Falle schuldhaften Handelns als Teil des Ersatzanspruchs nach § 139 Abs. 2, BGHZ **128,** 220, 229 – Kleiderbügel (einschränkend BGHZ **75,** 230, 231 ff. = NJW **80,** 119 für nicht erstattungsfähige Kosten i. S. des § 91 ZPO) und im Übrigen aus dem Gesichtspunkt der Geschäftsführung ohne Auftrag (§ 683 BGB) verlangt werden, BGH GRUR **70,** 189, 190 (= BGHZ **52,** 393, 399), **73,** 384; **80,** 1074 (Wettbewerbssachen); LG Düsseldorf Mitt. **90,** 152; sehr streitig, vgl. Loritz GRUR **81,** 883; Mellulis WRP **82,** 1 ff.; Eser GRUR **86,** 35 ff.; Heermann, GRUR **99,** 625, 631 ff.; zu den nicht überzeugenden Versuchen, einen solchen Ersatzanspruch auch unabhängig von der Einleitung eines Verletzungsprozesses mit prozessrechtlichen Bestimmungen zu begründen, vgl. OLG München GRUR **59,** 236; BGH GRUR **70,** 189; Mes GRUR **78,** 345 m. w. N. Der Ersatzanspruch wird im Allgemeinen auch die Kosten eines Rechts- oder Patentanwalts umfassen, gegebenenfalls auch kumulativ (vgl. OLG Karlsruhe GRUR **85,** 36), das ist jedoch Frage des Einzelfalls und nicht schematisch zu beurteilen (anders Rehmann GRUR **85,** 332 ff. u. LG Düsseldorf Mitt. **90,** 152, 153); vgl. auch die zur Mehrfachvertretung im Nichtigkeitsverfahren § 84 Rdn. 31) und im Gebrauchsmuster-Löschungsverfahren (§ 17 GebrMG Rdn. 31) angeführte Rechtsprechung.

d) Entschädigung nach § 139 Abs. 2 S. 2 (Literaturhinweis: Möller GRUR **38,** 221; Beckensträter GRUR **63,** 231). Die Vorschrift ist durch das Patentgesetz 1936 eingeführt, bisher aber in der gerichtlichen Praxis nicht oft angewendet worden. Bei leichter Fahrlässigkeit wird der Verletzer vom Gesetz begünstigt, er soll dann nicht in vollem Umfang Schadenersatz leisten müssen, sondern nur eine Entschädigung gewähren, die dem Vorteil entspricht, der ihm erwachsen ist; einen Gewinn will das Gesetz ihm nicht lassen (Amtl. Begründung, Blatt **36,** 103, 113). Es handelt sich zwar auch hier um einen Schadenersatzanspruch, die „Entschädigung" wird aber abgegrenzt gegen den vollen Schadenersatzanspruch nach § 249 BGB („Billigkeitsentschädigung"). Der Verletzer hat den Nutzen herauszugeben, den er durch die Verletzungshandlungen erzielt hat, auch wenn er ihn nicht mehr in seinem Vermögen hat (anders § 141 Satz 2 i. V. m. §§ 852, 818 III BGB); dieser stellt den Mindestbetrag seiner Ersatzpflicht dar; zwischen ihm und dem für den Verletzten tatsächlich entstandenen Schaden, der bei Anwendung des § 139 Abs. 2 S. 2 erheblich höher sein kann, hat das Gericht zu schätzen (ZPO § 287). Das Gesetz will damit einen Verletzer schützen, der vielleicht nur aus Unachtsamkeit oder Unkenntnis sich der Verletzung schuldig gemacht hat, dem aber unter Umständen die wirtschaftliche Vernichtung oder eine erhebliche wirtschaftliche Benachteiligung drohen würde, wenn er den vollen Schaden des Verletzten zahlen müsste. Im Rahmen der anzustellenden Billigkeitserwägung müssen alle Umstände des Einzelfalls erörtert werden, insbesondere Höhe des Schadens, Auswirkungen der Ersatzleistung auf die wirtschaftliche Lage des Verletzers, Höhe des vom Verletzer aus der Verletzung gezogenen Vorteils, BGH GRUR **76,** 579, 583 (Tylosin). Bei Bemessung der Vorteile des Verletzers können sämtliche Einzelumstände beachtet, namentlich die Vorteile und Nachteile gegeneinander abgewogen werden. Das richterliche Ermessen spielt hier eine weitere und ausschlaggebende Rolle, das starre Schadenersatzprinzip des bürgerlichen Rechts ist zugunsten des Verletzers gemildert. **77**

Ob „leichte" Fahrlässigkeit vorliegt, soll nach der Rechtsprechung bereits im Verfahren über die Feststellung der Ersatzpflicht dem Grunde nach klargestellt werden, kann aber auch noch später geklärt werden, s. o. Rdn. 44. Ein Beispiel für die Annahme nur leichter Fahrlässigkeit bietet BGH GRUR **79,** 624 (besonders schwierige Abgrenzung zum Stand der Technik). Es wird in der Regel erst im späteren Verfahren über die Leistungsklage eine verlässliche Grundlage dafür gewonnen werden können, ob und inwieweit von der dem Richter in § 139 Abs. 2 Satz 2 gegebenen Befugnis zur „Beschränkung" des vollen Schadenersatzes auf eine Billigkeitsentschädigung Gebrauch gemacht werden soll, BGH GRUR **68,** 33, 38; **73,** 411, 414 (Dia-Rähmchen VI); **76,** 579, 583 (Tylosin). Der Richter hat die Billigkeitserwägungen von Amts wegen anzustellen, ein besonderer Antrag ist nicht notwendig, aber natürlich zweckmäßig. Die Anwendung des Abs. 2 S. 2 liegt im pflichtmäßigen Ermessen des Gerichts; auch bei leichter Fahrlässigkeit des Verletzers kann das Gericht die Herabsetzung der Entschädigung ablehnen, Mitt. **39,** 209 (LG Düsseldorf). **78**

Nur scheinbar ähnlich ist es, wenn § 33 bei Benutzung des Gegenstands einer erst nur offengelegten Anmeldung dem Patentsucher gegen den Benutzer einen Anspruch auf „eine nach den Umständen angemessene Entschädigung" gewährt. Die rechtlichen Voraussetzungen und wohl auch die Bemessungsgrundsätze sind bei der „Entschädigung" des § 33 (s. die dortigen Erl.) andere als bei der „Entschädigung" des § 139 Abs. 2 Satz 2, die letztlich eben doch eine Ersatzleistung wegen Patentverletzung bleibt. **79**

4. Leistungsklage und Feststellungsklage. Zumeist kann der Verletzte zunächst noch nicht überblicken, in welchem Umfang patentverletzende Handlungen begangen worden sind und welche der 3 Arten der Schadensberechnung (oben Rdn. 61–75) für ihn die günstigste ist. Die Unterlagen dafür soll ihm erst die deshalb zumeist geforderte Rechnungslegung oder Auskunft des Verletzers (unten Rdn. 88 ff.) bringen. Er kann daher zumeist zunächst noch keine bezifferte Leistungsklage auf Schadenersatz erheben. Er ist aber auch nicht darauf beschränkt, im Wege der Stufenklage (§ 254 ZPO) mit der Klage auf Rechnungslegung die Klage auf Zahlung des sich daraus ergebenden Betrags zu verbinden. Es wird in diesen Fällen vielmehr in aller Regel – schon wegen der drohenden Verjährung (§ 141) – ein rechtliches Interesse an einer Klage auf Feststellung der Schadenersatzpflicht (§ 256 ZPO), u. z. gerade auch neben einer Klage auf Rechnungslegung, anerkannt, BGH GRUR **01,** 1177 (Wettbewerbssache); **03,** 900 (Urheberrechtssache). Wenn der Schaden nur zum Teil beziffert werden kann, ist Feststellungsklage wegen des gesamten Schadens zulässig, BGH GRUR **69,** 373, 376. Ist das Feststellungsinteresse bei Klageerhebung vorhanden, so braucht der Verletzte auch dann nicht zur Leistungsklage überzugehen, wenn im Laufe des Rechtsstreits ein bezifferter Leistungsantrag möglich würde, RG GRUR **41,** 152, 153; BGH GRUR **69,** 373, 376; **75,** 434, 438. Ganz allgemein ist darauf abzustellen, ob eine Feststellungsklage trotz an sich möglicher Leistungsklage prozesswirtschaft- **80**

lich sinnvoll ist, BGH GRUR **71,** 358; **01,** 1177, 1178. Im Bereich des Patentrechts wie auch im sonstigen gewerblichen Rechtsschutz ist dabei zu berücksichtigen, dass die Gerichte erfahrungsgemäß nur selten noch mit der Ermittlung der Höhe des Ersatzanspruchs befasst werden, wenn durch Feststellungsurteil und Rechnungslegung die Grundlagen geklärt sind, BGH GRUR **03,** 900, 901. Nicht für die Zulässigkeit, wohl aber für die Begründetheit der Feststellungsklage ist die Wahrscheinlichkeit eines Schadenseintritts erforderlich; ob und was für ein Schaden entstanden ist oder noch entstehen wird, braucht nicht festgestellt zu werden, BGH GRUR **60,** 423, 426; es ist ausreichend, wenn nach den Erfahrungen des Lebens der Eintritt eines Schadens in der Zukunft mit einiger Sicherheit zu erwarten steht, BGH GRUR **72,** 180, 183; **01,** 1177, 1178. Es genügt also in der Regel, wenn nachgewiesen wird, dass der Beklagte zumindest *eine* rechtswidrige Verletzungshandlung schuldhaft begangen hat, BGH GRUR **64,** 496, 497, u. z. auch dann, wenn er behauptet, die Verletzungshandlungen von einem bestimmten Zeitpunkt ab eingestellt zu haben, BGH GRUR **56,** 265, 269; vgl. auch BGH GRUR **57,** 222, 223 (Wettbewerbssache). Nach rechtskräftiger Feststellung der Verpflichtung zum Schadenersatz beschränkt sich die Prüfung auf den entstandenen Schaden, RG GRUR **34,** 438, 439. Die Rechtskraft des Unterlassungsurteils und der Feststellung der Schadensersatzpflicht deckt auch unwesentliche Abwandlungen der Verletzungsform, RG GRUR **38,** 36 (39); vgl. oben Rdn. 35a. Sie bezieht sich im Zweifel auch auf die nach Schluss d. mündl. Verhandlung fortgeführten Verletzungshandlungen u. die daraus erwachsenen Schadensersatz- u. Auskunftsansprüche, BGHZ **159,** 66 – Taxameter. Die allgemeine Feststellung der Schadensersatzpflicht wirkt keine Rechtskraft für die Art der Berechnung des Schadens, der Verletzte ist insoweit im Nachverfahren nicht gebunden und das Gericht in der Bemessung des Ersatzes frei, RGZ **144,** 187 (191); **84,** 370, (373); BGH GRUR **62,** 354, 356. Auch der Schaden, seine Entstehung und Höhe, ist im Nachverfahren neu und selbstständig zu prüfen, kann sogar ganz verneint werden, RG Mitt. **39,** 94; vgl. auch BGH GRUR **95,** 578, 581 – Steuereinrichtung II.

81 **IV. Der Bereicherungsanspruch**

Literatur: (zeitlich geordnete Auswahl): v. Caemmerer, Bereicherung und unerlaubte Handlung in Festschrift für E. Rabel, 1954 Bd. 1 S. 333ff.; Bruchhausen in Festschrift für Wilde, 1970, S. 23ff.; Ullmann, Die Verschuldenshaftung und die Bereicherungshaftung des Verletzers im gewerblichen Rechtsschutz und Urheberrecht, GRUR 1978, 615ff.; Brandner, Die Herausgabe von Verletzervorteilen im Patentrecht und im Recht gegen den unlauteren Wettbewerb, GRUR **80,** 359ff.; vgl. auch Kraßer in GRUR Int. **80,** 259, 266ff.; Falk, Zu Art und Umfang des Bereicherungsanspruchs bei Verletzung eines fremden Patents, GRUR **83,** 488ff.; Delahaye, Die Bereicherungshaftung bei Schutzrechtsverletzungen, GRUR **85,** 856ff.; Kaiser, Die Eingriffskondiktion bei Immaterialgüterrechtsverletzungen ..., GRUR **88,** 501ff.; Heermann, Schadensersatz und Bereicherungsausgleich bei Patentverletzungen, GRUR **99,** 625ff.; Kobbelt, Der Schutz von Immaterialgütern durch das Bereicherungsrecht (1999).

82 **1. Allgemeines/Zum Anspruchsgrund.** Das Patentgesetz nimmt lediglich in § 141 S. 3 auf die Vorschriften des allg. Bereicherungsrechts Bezug; dabei handelt es sich jedoch dem Grunde nach nicht um einen Bereicherungs- sondern lediglich um einen nach Verjährungseintritt umfangmäßig beschränkten Rest-Schadensersatzanspruch (s. u. Rdn. 6 zu § 141). Ob darüber hinaus und unabhängig von einem Verschulden des Patentverletzers auch ein **selbstständiger Bereicherungsanspruch gemäß § 812 BGB** geltend gemacht werden kann, war lange streitig. Während das Reichsgericht in ständiger Rechtsprechung angenommen hatte, Bereicherungsansprüche nach §§ 812ff. BGB seien durch die Sonderregelung des Patentgesetzes ausgeschlossen, hat der Bundesgerichtshof sich nunmehr der in der Literatur schon vorher überwiegend vertretenen gegenteiligen Meinung angeschlossen. Danach ist der rechtswidrige Benutzer eines Patents, einer bekanntgemachten Patentanmeldung gem. § 30 PatG 1968 oder eines Gebrauchsmusters zur Herausgabe des durch die Verletzungshandlung Erlangten nach den Vorschriften über die ungerechtfertigte Bereicherung (§§ 812ff. BGB) auch dann verpflichtet, wenn ihn kein Verschulden trifft, BGHZ **68,** 90 (Kunststoffhohlprofil I); BGH GRUR **79,** 48 (Straßendecke). Bei Benutzung der nur offengelegten Patentanmeldung ist hingegen nach der ausdrücklichen Regelung des § 33 Abs. 1 jeder weitergehende Anspruch und damit auch der Bereicherungsanspruch nach § 812 BGB ausgeschlossen.

83 Der Bereicherungsanspruch setzt eine ungerechtfertigte unmittelbare Vermögensverschiebung zwischen Bereicherungsgläubiger und Bereicherungsschuldner voraus und ist auf Rückgängigmachung dieser Verschiebung gerichtet. Worin die relevante Vermögensverschiebung besteht, ist für die Fälle der Bereicherung durch Verletzung absoluter Rechte nach dem Zuweisungsgehalt der verletzten Norm zu beurteilen; bei den gewerblichen Schutzrechten ist Ge-

genstand der Güterzuweisung die ausschließliche Benutzungsbefugnis (– nach Kraßer S. 879: Die damit verbundene Marktchance); diese maßt sich der Verletzer des Schutzrechts an und erlangt dadurch den Gebrauch des immateriellen Schutzgegenstandes, BGHZ **82,** 299, 306 – Kunststoffhohlprofil II; **99,** 244, 248 – Chanel Nr. 5; Ullmann, GRUR **78,** 615, 619. Ein Bereicherungsanspruch ist auch gegenüber dem mittelbaren Patentverletzer (§ 10) möglich, Holzapfel GRUR **02,** 193, 197; a. A. Meier-Beck GRUR **93,** 1, 4 und Kraßer S. 840. Wegen der Folgen für den Umfang des Anspruchs s. u. Rdn. 85. Aus dem Zuweisungsgehalt ergibt sich, dass **Anspruchsberechtigter** nur der wahre Kompetenzinhaber sein kann, das ist i. d. R. der Schutzrechtsinhaber, bei Erteilung einer ausschließlichen Lizenz jedoch allein der Lizenzinhaber, a. A. Ullmann GRUR **78,** 615, 620. **Anspruchsverpflichteter** ist derjenige, bei dem der Vermögenszuwachs unmittelbar eintritt; das wird i. d. R. der Patentverletzer sein, u. U. jedoch ein Dritter, wenn der Patentverletzer für dessen Rechnung tätig wird, BGH GRUR **79,** 48 (Straßenbau in Bundesauftragsverwaltung nach Art. 85 GG) oder wenn ein Verletzer nur als gesetzlicher Vertreter oder Angestellter eines Unternehmens handelt, s. BGHZ **107,** 161, 165 – Offenend-Spinnmaschine – zum vergleichbaren Fall des Entschädigungsanspruchs aus § 33 Abs. 1. Wenn Patentverletzer und Bereicherungsschuldner nicht identisch sind, haften sie trotz der unterschiedlichen Rechtsgründe infolge objektiver Zweckgemeinschaft insoweit als Gesamtschuldner gemäß §§ 421, 426 BGB, wie sich die Ansprüche decken.

Der Bereicherungsanspruch geht in seinem Umfang keinesfalls über den Schadenersatzanspruch hinaus und hat daher nur für den Fall praktische Bedeutung, dass ein Anspruch aus § 139 Abs. 2 wegen fehlenden Verschuldens ausscheidet. Er braucht für diesen Fall nicht ausdrücklich geltend gemacht zu werden (– obgleich dies zweckmäßig ist –) sondern ist in aller Regel schon auf Grund des zur Patentverletzung vorgetragenen Sachverhalts von Amts wegen zu prüfen, BGH GRUR **78,** 492, 495 (Fahrradgepäckträger II). **84**

Der Bereicherungsanspruch unterliegt – anders als der Schadenersatzanspruch (§ 141) lediglich der allgemeinen Verjährungsfrist von drei Jahren (§ 195 BGB). Die Haftung kann sich bei Entreicherung vermindern (§ 818 Abs. 3 BGB; s. u. Rdn. 86) und bei Rechtshängigkeit oder positiver Kenntnis verschärfen (§§ 818 IV, 819 BGB).

Wegen der Fassung eines dem Bereicherungsanspruch Rechnung tragenden Klageantrags und Urteilstenors bei Feststellungsklage s. u. Rdn. 104.

2. Wegen des **Umfangs des Bereicherungsanspruchs** ist im Wesentlichen auf die Literatur und Rechtsprechung zum Bereicherungsrecht des BGB zu verweisen. Da das zunächst Erlangte, nämlich der Gebrauch des Schutzgegenstandes nach der Natur der Sache nicht herausgegeben werden kann, ist gemäß § 818 Abs. 2 BGB dessen Wert zu ersetzen, der nach dem objektiven Verkehrswert zu bestimmen ist, BGHZ **82,** 299, 307 – Kunststoffhohlprofil II; BGHZ **99,** 244 – WZ-Sache; BGH GRUR **00,** 685. Der objektive Gegenwert für den Gebrauch des Schutzgegenstandes findet sich allein in der angemessenen Lizenzgebühr, BGH aaO, vgl. auch BGHZ **20,** 345, 355 (Urheberrecht); insoweit ist es unerheblich, ob der Rechtsinhaber das Schutzrecht selber nutzen wollte und sich beeinträchtigt fühlt; der Patentinhaber kann daher im Grundsatz das verlangen, worauf sich in der Praxis meist auch der Schadenersatzanspruch nach § 139 Abs. 2 reduziert; die Berechnung der „Lizenzgebühr" erfolgt nach den gleichen Grundsätzen, BGH GRUR **92,** 599 – Teleskopzylinder; **00,** 685 – Formunwirksamer Lizenzvertrag; Jestaedt WRP **00,** 899 ff.; s. o. Rdn. 63 ff. Im Unterschied zum Schadenersatzanspruch (o. Rdn. 62) kann jedoch kein Ausgleich für den entgangenen Gewinn verlangt werden. Die Herausgabe des erzielten Verletzergewinns (s. o. Rdn. 72) kann mit dem Bereichungsanspruch ebenfalls nicht verlangt werden; auch nicht als Nutzungsherausgabe nach § 818 Abs. 1 BGB, da die angemessene Lizenzgebühr bereits erschöpfenden Wertersatz gibt, BGHZ **82,** 299; vgl. auch Ullmann GRUR **78,** 615, 618 ff. sowie BGHZ **99,** 244 (WZ-Sache); a. A. Brandner GRUR **80,** 359, 360 ff.; und erst recht kann nicht die Herausgabe der patentverletzenden Gegenstände verlangt werden. Dies beruht darauf, dass die unmittelbare Bereicherung – das „Erlangte" – nur in dem Gebrauch des Schutzgegenstandes zu sehen ist; da dessen Herausgabe unmöglich ist, beschränkt sich die Ersatzpflicht gemäß der ausdrücklichen Regelung des § 818 Abs. 2 BGB auf den Ersatz des objektiven Wertes des Erlangten; dies verbietet die zusätzliche Einbeziehung der vom Bereicherungsschuldner erwirtschafteten weiteren Vorteile, insbesondere der erst durch Abschluss besonderer Rechtsgeschäfte erzielten Gewinne, vgl. BGHZ **24,** 106, 111; RGZ **101,** 391. Der Bereicherungsanspruch geht eben nur auf Rückgewähr des vom Gläubiger Erlangten und nicht auf die Abschöpfung dessen, was der Schuldner durch eigene Leistung hinzugefügt hat. Vgl. zu alledem auch Kraßer GRUR Int. **80,** 259, 266 ff. **85**

Ebenso wie bei der Schadensberechnung auf Lizenzbasis (oben Rdn. 71) ist auch hier bei der Ermittlung angemessener Lizenz zugleich eine angemessene **Zins- und Fälligkeitsregelung** zu berücksichtigten, wie sie vernünftige Parteien in einem Lizenzvertrag vereinbart hätten, BGHZ **82,** 299, 309 ff. (= GRUR **82,** 301, 304 – Kunststoffhohlprofil II m. Anm. Pietzcker); a. A. Falk GRUR **83,** 488, 491.

86 **Der Einwand des Wegfalls der Bereicherung** (§ 818 III BGB) ist für die hier in Rede stehenden Fälle der Ersparnisbereicherung zwar nicht grundsätzlich ausgeschlossen (vgl. Ullmann GRUR **78,** 615, 620 ff.), wird aber aus tatsächlichen Gründen meist nicht durchgreifen. Der Patentverletzer hat insoweit die volle Darlegungs- und Beweislast. Er darf sich dabei nicht auf die Behauptung beschränken, die patentverletzenden Handlungen hätten ihm im Ergebnis keinen Gewinn gebracht (anders Ullmann aaO); er muss sich vielmehr auch mit der Frage auseinandersetzen, ob die Bereicherung nicht gerade in der Vermeidung eines bei rechtmäßigem Handeln (Lizenznahme oder Abwandlung der tatsächlich benutzten Vorrichtungen oder Verfahren) zu vermutenden gleichen oder höheren Verlustes zu sehen ist; dabei rechtfertigt das tatsächliche Verhalten des Verletzers zunächst die Vermutung, dass er sich bei Respektierung des Schutzrechts eher für Lizenznahme oder abgewandelte Handlungen als für einen ersatzlosen Verzicht auf seine – patentverletzenden – Handlungen entschieden hätte. Die höchstrichterliche Rechtsprechung geht sogar noch weiter und nimmt an, der Bereicherungsschuldner müsse sich – offenbar ausnahmslos – an der von ihm selbst geschaffenen Sachlage festhalten lassen, BGHZ **20,** 345, 355; differenzierend Kraßer S. 891.

87 Die Klärung des Umfangs der Bereicherung und ihres etwaigen Wegfalls kann einem späteren Rechtsstreit zur Höhe des Anspruchs überlassen bleiben. Ebenso wie beim Schadenersatzanspruch (s. o. Rdn. 80) und unter den dort genannten Voraussetzungen kann der Kläger sich zunächst auf die **Feststellung des Bereicherungsanspruchs** beschränken, zu dessen Begründetheit es in der Regel genügt, dass nach der Lebenserfahrung von einer Bereicherung insbesondere in Form einer Aufwendungsersparnis ausgegangen werden kann.

V. Der Anspruch auf Rechnungslegung oder Auskunfterteilung

Literatur: Stürner, Die Aufklärungspflicht der Parteien des Zivilprozesses, 1976, 293 ff. 340 ff.; Gottwald, Zur Wahrung von Geschäftsgeheimnissen im Zivilprozess, BB **79,** 1780, 1784 ff.; Brändel, Die Problematik eines Anspruchs auf ergänzende Rechnungslegung bei Schutzrechtsverletzungen, GRUR **85,** 616 ff.; Tilmann, Der Auskunftsanspruch, GRUR **87,** 251 ff.; Schulz, Von Umsätzen, Angebotsempfängern, Abnehmeradressen, Gestehungskosten & Lieferantennamen, in Festschrift für Klaka, (1987) 27; Tilmann, Zum Anspruch auf Auskunftserteilung wegen Warenzeichenverletzung, GRUR **90,** 160; Eichmann, Die Durchsetzung des Anspruchs auf Drittauskunft, GRUR **90,** 575; Jestaedt, Die Ansprüche auf Auskunft und Rechnungslegung, VPP-Rdbr **98,** 67; Brandi-Dohrn, Wer hat die eidesstattliche Versicherung auf die Richtigkeit einer Auskunft zu leisten? GRUR **99,** 131; Hees, Vollstreckung aus erledigten Unterlassungstiteln nach § 890 ZPO – Kein Ende des Streits in Sicht –, GRUR **99,** 128; Grosch/Schilling, Rechnungslegung und Schadensersatzfeststellung für die Zeit nach Schluss der mündlichen Verhandlung? in Festschrift für Eisenführ (2003) 131; Bodewig, Praktische Probleme bei der Abwicklung der Rechtsfolgen einer Patentverletzung – Unterlassung, Beseitigung, Auskunft, GRUR **05,** 632; vgl. auch bei § 140 b Rdn. 1.

88 **1. Zweck und Voraussetzungen.** Ein Anspruch auf Nennung von Vorbesitzern und Abnehmern ist jetzt in § 140 b geregelt. Unabhängig davon gewährt die Rechtsprechung dem Verletzten als Hilfsanspruch zur Verwirklichung seines Schadenersatzanspruchs einen Anspruch gegen den Verletzer auf Rechnungslegung gemäß § 259 BGB; damit soll dem Verletzten die Prüfung ermöglicht werden, ob und in welcher Höhe ihm Ansprüche gegen den Verletzer zustehen, RGZ **127,** 243, 244; BGH GRUR **82,** 723 – Dampffrisierstab I; **84,** 730 = BGHZ **92,** 62 – Dampffrisierstab II; BGHZ **117,** 264, 274 f. – Nicola. Ebenso kann ein solcher Anspruch auch zur Durchsetzung eines Bereicherungsanspruchs (o. Rdn. 81 ff.) geltend gemacht werden. Die Verpflichtung zur Rechnungslegung (die in § 259 BGB nicht begründet, sondern vorausgesetzt wird) wurde zunächst unter dem Gesichtspunkt unechter Geschäftsführung (RGZ **46,** 14, 18), später als gewohnheitsrechtlich bestehend anerkannt, BGH GRUR **62,** 398, 400; **84,** 728, 730; kritisch Tilmann GRUR **87,** 251, 253. Antrag und Verurteilung zur Rechnungslegung müssen möglichst eindeutig die Handlungen bezeichnen, über welche Rechnung gelegt werden soll, vgl. OLG Düsseldorf GRUR **63,** 78, 79, und müssen ebenso wie Antrag und Verurteilung zur Unterlassung (oben Rdn. 32) möglichst genau an die im Prozess angegriffene und erörterte konkrete Verletzungsform angepasst werden. Als Hilfsanspruch für den Schadenersatzanspruch oder Bereicherungsanspruch ist der Rechnungslegungsanspruch (anders als der Anspruch nach § 140 b) nur gegeben, wenn und soweit auch die Voraussetzungen des dahinter

stehenden Anspruchs vorliegen, vgl. BGH GRUR **57,** 219, 222; **58,** 149; **89,** 411, 413, im Zusammenhang mit einem Schadenersatzanspruch insbesondere nur, wenn den Verletzer ein Verschulden trifft, vgl. RGZ **62,** 320.

Es genügt aber hinsichtlich des Ersatzanspruchs, dass nachgewiesen wird, dass der Beklagte überhaupt schuldhaft rechtswidrige Verletzungshandlungen der beanstandeten Art begangen hat, RGZ **107,** 251, 255; BGH GRUR **56,** 265, 269; **64,** 496, 497; festgestellte Verletzung und verlangte Rechnungslegung müssen das gleiche Schutzrecht betreffen, BGHZ **117,** 264, 275 ff. – Nicola; anders für Urheberrecht BGH GRUR **88,** 604. Es genügt, dass die Entstehung eines Schadens wahrscheinlich ist, RG MuW **31,** 276, 279; **32,** 190; GRUR **40,** 114, 116; **42,** 186; Hamburg GRUR **53,** 123; LG Düsseldorf GRUR **53,** 285/86. Näheres über den Umfang der Verletzungshandlungen braucht (und vermag zumeist) der Verletzte nicht darzutun. Er braucht also insbesondere nicht den Beginn der *Verletzungshandlungen* nachzuweisen, RGZ **107,** 251, 255; BGHZ **117,** 264, 278; und es braucht auch nicht auf den Einwand des Beklagten eingegangen zu werden, er habe die Verletzungshandlungen von einem bestimmten Zeitpunkt ab eingestellt, BGH GRUR **56,** 265, 269; vgl. auch RG Mitt. **31,** 72, 74; anders RG GRUR **40,** 196, 197. Klageantrag und Urteilsformel brauchen daher **keine zeitliche Beschränkung der Rechnungslegungspflicht** zu enthalten, BGHZ **117,** 264, 278 – Nicola; gegen BGH GRUR **88,** 307, 308 – Gaby. Ist aber ein Verschulden des Verletzers und damit seine *Verpflichtung* zum Schadenersatz erst von einem bestimmten Zeitpunkt ab zu bejahen (z. B. von der Verwarnung oder der Klagerhebung ab), so ist er auch erst von diesem Zeitpunkt ab zur Rechnungslegung zu verurteilen, vgl. BGH GRUR **56,** 265, 269; BGHZ **117,** 264, 279; anders jedoch, wenn sich der Rechnungslegungsanspruch in dem geltend gemachten Umfang im Hinblick auf einen Bereicherungsanspruch (o. Rdn. 81 ff.) als begründet erweist, dann allerdings auch nur in dem für einen Bereicherungsanspruch erforderlichen Umfang. Das Gleiche muss gelten, wenn etwaige Schadenersatzansprüche infolge (geltend gemachter) Verjährung der älteren erst von einem bestimmten späteren Zeitpunkt ab durchgesetzt werden können. Und umgekehrt wird die Rechnungslegungspflicht auch durch die Laufzeit des Patents begrenzt; vgl. BGH GRUR **56,** 265, 269; BGHZ **117,** 264, 279. **88 a**

Der Patentverletzer kann auch wegen solcher Handlungen auf Rechnungslegung in Anspruch genommen werden, die er **über den Schluss der mündlichen Verhandlung hinaus** in Fortführung der bereits begangenen, mit der Klage als patentverletzend angegriffenen Handlungen (bis zum Ablauf des Klagepatents) begeht, BGHZ **159,** 66 = GRUR **04,** 755, 756 – Taxameter; OLG Karlsruhe, Mitt. **03,** 309; Busse, § 140 b, Rdn. 56; Meier-Beck, GRUR **98,** 276, 280; Grosch/Schilling, FS Eisenführ, 2003, S. 131, 155 ff., 159; a. A. OLG Düsseldorf, GRUR-RR **02,** 48. Denn auch soweit Rechnungslegung über die nach Verhandlungsschluss begangenen Handlungen begehrt wird, hat der Rechnungslegungsanspruch seinen Grund in der bereits begangenen Verletzungshandlung. Er stellt sich damit nicht als ein zukünftiger Anspruch, sondern als ein bestehender Anspruch auf eine zukünftige Leistung dar, bei dem die Besorgnis besteht, dass der Schuldner die Leistung nicht rechtzeitig erbringen wird, § 259 ZPO, vgl. BGH, aaO; a. A. Grosch/Schilling, aaO, nach deren Ansicht, der Anspruch auf Rechnungslegung nach Verhandlungsschluss ein Anspruch auf wiederkehrende Leistung nach § 258 ZPO ist. **88 b**

Nach welcher Berechnungsart der Verletzte seinen Schaden berechnen will (oben Rdn. 61–75), braucht er im Prozess um die Rechnungslegung noch nicht zu entscheiden, die Rechnungslegung selbst wird ihm dazu oft erst den nötigen Aufschluss geben, RG GRUR **39,** 966, 967/68; BGH GRUR **62,** 354, 356 **74,** 53, s. o. Rdn. 61. Der Verletzer kann die Rechnungslegung und ggf. die Versicherung zu Protokoll an Eides Statt (unten Rdn. 91) nicht mit der Begründung verweigern, dass er sich durch wahrheitsgemäße Angaben über den Umfang seiner patentverletzenden Handlungen der Gefahr einer strafrechtlichen Verfolgung (vgl. § 142) aussetzen würde, vgl. BGHZ **41,** 318, 322 ff. Für die gemachten Angaben besteht jedoch ein strafrechtliches Verwertungsverbot, vgl. § 140 b Abs. 4 und dort Rdn. 13. Der Anspruch auf Rechnungslegung kann nicht im Wege der einstweiligen Verfügung geltend gemacht werden, weil in der Rechnungslegung eine mit Sinn und Zweck Rechtsschutzes nicht vereinbarende Vorwegnahme der Hauptsache läge, KG GRUR **88,** 403; OLG Frankfurt, OLGR **96,** 12; OLG Schleswig, GRUR-RR **01,** 70. Hingegen kann eine Auskunft nach § 140 b PatG bei Vorliegen einer offensichtlichen Rechtsverletzung auch im einstweiligen Verfügungsverfahren angeordnet werden, vgl. § 140 b Abs. 3 und dort Rdn. 11 f. **88 c**

2. Umfang der Rechnungslegungspflicht. Die Rechnungslegung muss, ihrem Zweck entsprechend (oben Rdn. 88), alle Angaben enthalten, die der Verletzte braucht, um sich für eine der ihm offen stehenden Schadensberechnungen (oben Rdn. 61–75) zu entscheiden, die **89**

Schadenshöhe oder den Umfang der herauszugebenden Bereicherung konkret zu berechnen und darüber hinaus die Richtigkeit der Rechnungslegung nachzuprüfen, RGZ **127,** 243, 244; RG MuW **33,** 303, 306; BGH GRUR **57,** 336; **58,** 346, 348; **62,** 354, 356; **82,** 723, 725 – Dampffrisierstab I; **84,** 728, 729 = BGHZ **92,** 62, 64 – Dampffrisierstab II. Der Verletzte kann die für eine Art der Schadensberechnung erforderlichen Angaben auch dann noch verlangen, wenn er bereits ein rechtskräftiges Urteil über die für die andere Berechnungsmethode erforderlichen Unterlagen erlangt hat, soweit das nachträgliche erweiterte Verlangen nicht im Einzelfall gegen Treu und Glauben verstößt, BGH GRUR **74,** 53, 54. Was im Einzelnen dazu erforderlich und was zumutbar ist, bestimmt sich nach den Umständen des jeweiligen Falles unter Berücksichtigung der Verkehrsübung und nach der allgemeinen Regel des § 242 BGB, RGZ **127,** 243, 244/45; BGH GRUR **58,** 346, 348; **62,** 398, 400; **84,** 728, 730; vgl. auch BGHZ **107,** 161, 167ff. Ein Teil der im Rahmen der Rechnungslegung nach § 242 BGB gewohnheitsrechtlich geschuldeten Angaben ist seit Inkrafttreten des PrPG v. 7. 3. 1990 am 1. 7. 1990 (BGBl. I 422) auch Gegenstand des Auskunftsanspruchs aus § 140b Abs. 1 und 2. In der Praxis wird der Anspruch auf Rechnungslegung nach § 242 BGB und Auskunftserteilung nach § 140b zusammengefasst in einem Klageantrag geltend gemacht. In der bloßen Mitteilung einer „geordneten Zusammenstellung der Einnahmen" (§ 259 Abs. 1 BGB) erschöpft sich die Verpflichtung in der Regel nicht, RGZ **127,** 243, 244. Bei Fehlen genauer Unterlagen kann eine **Schätzung** und die Angabe der Tatsachen verlangt werden, die der Schätzung zugrunde liegen, BGHZ **92,** 62, 68, 69. Für die Schätzung muss u.U. ein vereidigter Wirtschaftsprüfer hinzugezogen werden, BGH GRUR **82,** 723, 727.

Antrag und Verurteilung können dahin gehen, dass der Beklagte Rechnung legt durch Angabe:

- *der Herstellungsmengen und -zeiten (nur, wenn der Beklagte auch Hersteller der Verletzungsform ist),*
- *der erhaltenen oder bestellten Erzeugnisse sowie der Namen und Anschriften der Hersteller, Lieferanten und Vorbesitzer,*
- *der einzelnen Lieferungen, aufgeschlüsselt nach Liefermengen, -zeiten und -preisen sowie der Namen und Anschriften der Abnehmer* (BGH GRUR **58,** 288, 290; **62,** 354, 357; vgl. auch LG Oldenburg GRUR **96,** 481, 486),
- *der einzelnen Angebote aufgeschlüsselt nach Angebotsmengen, -zeiten und -preisen sowie der Namen und Anschriften der Angebotsempfänger,*
- *der betriebenen Werbung, aufgeschlüsselt nach Werbeträgern, deren Auflagenhöhe, Verbreitungszeitraum und -gebiet;*

Im Hinblick auf einen Anspruch auf Herausgabe des Verletzergewinns (o. Rdn. 72ff.) kann zusätzlich die Angabe der nach den einzelnen Kostenfaktoren aufgeschlüsselten *Gestehungs- und Vertriebskosten und des erzielten Gewinns* verlangt werden; dabei sind ggfls. das Informationsinteresse des Gläubigers und ein schutzwürdiges Geheimhaltungsinteresse des Schuldners gegeneinander abzuwägen. (BGH, GRUR **82,** 723, 726 – Dampffrisierstab I; BGHZ **107,** 161 = GRUR **89,** 411 – Offenendspinnmaschine; OLG Hamburg, GRUR **95,** 432). Im Hinblick auf die neuere höchstrichterliche Rspr. zur Herausgabe des Verletzergewinns (BGH, GRUR **01,** 329 – Gemeinkostenanteil, vgl. dazu oben bei Rdn. 73) kann beantragt werden, dass die *Angaben zum erzielten Gewinn nicht durch den Abzug von Fixkosten und variablen Gemeinkosten gemindert sind, es sei denn diese könnten ausnahmsweise den Verletzungsgegenständen unmittelbar zugeordnet werden,* OLG Düsseldorf InstGE **3,** 176 – Glasscheiben-Befestiger. Zu prüfen ist u.U. auch, in welchem Verhältnis der verlangte Aufwand zu dem Nutzen für die konkrete Schadensberechnung steht, BGH GRUR **74,** 53, 54ff. (Geschmacksmustersache), soweit dies nicht auf eine unzulässige Vorwegnahme der Würdigung noch nicht bekannter Angaben hinausläuft, BGH GRUR **82,** 723, 726. Grundsätzlich kann der Gläubiger alle diejenigen Angaben verlangen, die er zur Substantiierung seines Ersatzanspruchs nach einer der drei Berechnungsmethoden (s.o. Rdn. 61) benötigt. Er muss sich nicht vor der Rechnungslegung auf eine der Berechnungsmethoden festlegen, sondern soll gerade durch die Rechnungslegung in die Lage kommen, die geeignetste Methode zu wählen. Auf die Angabe von Zulieferern soll der Verletzte nach BGH GRUR **58,** 288, 290 keinen Anspruch haben; die Notwendigkeit auch dieser Angabe kann jedoch im Hinblick auf den Anspruch auf Herausgabe des Verletzergewinns nicht generell verneint werden.

89a Der Verletzer ist im Rahmen der Auskunftserteilung nach § 140b regelmäßig auch verpflichtet, die entsprechenden **Belege** (Einkaufs- oder Verkaufsbelege, wie Rechnungen, Lieferscheine, Zollpapiere) vorzulegen, vgl. im Einzelnen bei § 140b, Rdn. 8. Hingegen besteht im Hinblick auf die nur im Rahmen der allgemeinen Rechnungslegung nach §§ 242, 259 BGB geschuldeten Angaben zu Kosten und Gewinn, Werbemaßnahmen, etc. i.d.R. keine Belegvorlagepflicht. Belege sind nur vorzulegen, soweit sie erteilt zu werden pflegen, § 259 Abs. 2 BGB.

Unter Umständen, namentlich wenn es zweifelhaft sein kann, welche vom Verletzer hergestellten oder gelieferten Gegenstände das Patentrecht des anderen verletzen, kann es erforderlich sein, nähere technische **Angaben über die Gegenstände** zu machen, die dann so genau und vollständig sein müssen, dass auch der Verletzte sich ein Urteil darüber bilden kann, ob die Gegenstände als patentverletzend zu betrachten und in die Schadensberechnung einzubeziehen sind, BGH GRUR **62,** 398, 400. Dabei ist zu beachten, dass die Verpflichtung zur Rechnungslegung sich auch auf solche Abänderungen der im Prozess erörterten Verletzungsform erstreckt, die den Kern der Verletzungsform unberührt lassen und sich innerhalb der durch Auslegung zu ermittelnden Grenzen des Urteils halten (vgl. oben Rdn. 35a). Handlungen, die an sich unter den Schutz des Klagepatents fallen, aber möglicherweise durch besondere Umstände (z.B. Erschöpfung des Patentrechts) zulässig geworden sind, müssen in die Rechnungslegung einbezogen werden, sofern das Vorliegen solcher besonderen Umstände vom Verletzer nicht substantiiert dargelegt werden kann, OLG Düsseldorf GRUR **78,** 588, 589. **89b**

Für den Fall, dass es dem Verletzer, z.B. mit Rücksicht auf die Wettbewerbslage, nicht zuzumuten war, seine Abnehmer oder Lieferanten dem Verletzten anzugeben, gestattete ihm die Rechtsprechung, die Namen seiner Abnehmer oder Lieferanten nicht dem Verletzten selbst, sondern einer neutralen (vom Verletzten oder von beiden Parteien gemeinsam oder von einer öffentlichen Stelle auszuwählenden), zur Verschwiegenheit gegenüber dem Verletzten verpflichteten Vertrauensperson, z.B. einem öffentlich bestellten Wirtschaftsprüfer oder vereidigten Buchprüfer, mitzuteilen, sofern er (der Verletzer) die Kosten dieser Vertrauensperson trägt und die Nachprüfbarkeit seiner Rechnungslegung auch in diesem Fall sicherstellt, also z.B. die Vertrauensperson ermächtigt und verpflichtet, dem Verletzten auf konkretes Befragen darüber Auskunft zu geben, ob eine bestimmte Lieferung oder ein bestimmter Abnehmer in der Rechnung enthalten ist, BGH GRUR **57,** 336; **62,** 354, 357; **76,** 579, 583 (Tylosin); **81,** 535. Ein solcher **Wirtschaftsprüfervorbehalt** hat nach Verschärfung der Auskunftspflicht durch § 140b kaum noch praktische Bedeutung. Er kommt nur noch hinsichtlich solcher Angaben in Betracht, die in § 140b nicht genannt werden, wie insbesondere die Namen und Anschriften der nichtgewerblichen Abnehmer und der Angebotsempfänger, OLG Düsseldorf, InstGE **3,** 176, 179 – Glasscheiben-Befestiger. Der Wirtschaftprüfervorbehalt kann aber ausnahmsweise angeordnet werden, wenn eine uneingeschränkte Auskunftserteilung unverhältnismäßig wäre, § 140b Abs. 1, vgl. BGHZ **115,** 204 – Kleiderbügel. In jedem Fall sind die für die Aufnahme eines Wirtschaftsprüfervorbehalts sprechenden Umstände vom Schuldner darzulegen und ggf. zu beweisen, BGH GRUR **81,** 535; s. auch Rdn. 3 zu § 140b. Eine entsprechende Einschränkung der Pflicht zur Rechnungslegung in Abweichung von einem uneingeschränkten Klageantrag führt zu einer teilweisen Klageabweisung, anders BGH GRUR **78,** 52 – Wettbewerbssache, die jedoch gemäß § 92 Abs. 2 ZPO im Allgemeinen kostenmäßig bedeutungslos bleibt. **89c**

3. Die Erfüllung der Rechnungslegungspflicht erfolgt durch eine Mitteilung an den Berechtigten, die in geordneter Zusammenstellung (§ 259 Abs. 1 BGB) die nach Rdn. 89 zu machenden Angaben enthält. Macht der Rechnungslegungspflichtige die Mitteilung nicht selbst, so muss es doch eine ihm zuzurechnende und von ihm zu verantwortende Mitteilung sein, vgl. BGH GRUR **61,** 288, 291 (Wettbewerbssache). Die Rechnungslegung muss **ernst gemeint** und darf **nicht von vornherein unglaubhaft oder unvollständig** sein. Hingegen kommt es für die Erfüllung der Rechnungslegungsverpflichtung nicht darauf an, ob der Gläubiger die Rechnungslegung für wahr und vollständig erachtet (BGHZ **125,** 322, 326 = GRUR **94,** 630, 631f. – Cartier-Armreif; BGHZ **148,** 26, 36 = GRUR **01,** 841 – Entfernung der Herstellungsnummer II; vgl. auch OLG Hbg. GRUR-RR **01,** 197). Eine Mehrheit von Teilauskünften, namentlich durch Ergänzung einer ersten Auskunft, genügt, wenn sie in ihrer Summierung nach dem erklärten Willen des Schuldners die Auskunft im geschuldeten Gesamtumfang darstellt, BGH NJW **62,** 1499 Nr. 4. Die Rechnung kann auch durch Schriftsätze im Prozess gelegt werden, vgl. BGH GRUR **60,** 247, 248. Als Rechnungslegung kann aber nur eine Erklärung gewertet werden, die zur Beantwortung einer dem Erklärenden gestellten oder von ihm erwarteten Frage geschieht, vgl. BGH NJW **59,** 1219 Nr. 2; GRUR **61,** 288, 291; Erklärungen im Prozess unter anderen rechtlichen Gesichtspunkten können nicht als Rechnungslegung aufgefasst werden. Meint der Rechnungslegungspflichtige, keine der Rechnungslegungspflicht unterliegenden Handlungen vorgenommen zu haben, so genügt es, wenn er das mitteilt, RG MuW **33,** 205; er darf sich dabei darauf beschränken, die Vornahme von Handlungen zu verneinen, die unter den Tenor der zur Rechnungslegung verurteilenden Entscheidung fallen würden (falls dieser eindeutig ist!), OLG Düsseldorf GRUR **63,** 78, 79 **(Negativauskunft).** Der Rechnungslegungspflichtige, der geltend macht, bestimmte von ihm vertriebene Ausführungsformen unterfielen nicht dem Urteilstenor und seien deswegen auch nicht **90**

rechnungslegungspflichtig, kann gemäß § 809 BGB verpflichtet sein, dem Patentinhaber Muster der angeblich nicht patentverletzenden Ausführungsformen zur Prüfung zu überlassen, LG Hbg, InstGE **4,** 293.

90 a Kommt der Schuldner einer ihm durch Urteil oder anderen Vollstreckungstitel auferlegten Verpflichtung zur Rechnungslegung nicht nach, so kann er auf Antrag des Berechtigten im Wege der **Zwangsvollstreckung gemäß § 888 ZPO** vom Prozessgericht 1. Instanz (als Vollstreckungsgericht) durch Beugestrafe dazu angehalten werden; in diesem Verfahren wird auch ein etwaiger Streit darüber entschieden, ob eine vom Schuldner bereits gelegte Rechnung als Erfüllung seiner Verpflichtung aus dem Schuldtitel anzusehen ist, RGZ **167,** 328, 334, 335 ff. Hat der Schuldner formell ordnungsgemäß Rechnung gelegt, so hat er – vorbehaltlich der sachlichen Einwendungen – seiner Rechnungslegungspflicht genügt, RGZ **100,** 150, und kann daher, auch wenn die Rechnung nach Meinung des Berechtigten unvollständig oder unrichtig ist, wegen der in der Vergangenheit liegenden Vorgänge in der Regel zu weiterer Rechnungslegung weder im Wege der Zwangsvollstreckung gezwungen noch in einem neuen Prozess verurteilt werden, RGZ **167,** 328, 332, 334 ff.; der Berechtigte ist dann vielmehr in der Regel auf den Anspruch auf Bekräftigung der Rechnungslegung durch Versicherung an Eides Statt (unten Rdn. 91) beschränkt, wenn er den Verdacht hat, dass diese unrichtig sei, BGH GRUR **58,** 149, 150; **60,** 247, 248; LM ZPO § 254 Nr. 6. Da das Vollstreckungsverfahren nach § 888 ZPO nicht die Funktion hat, die Richtigkeit der erteilten Auskünfte zu überprüfen, ist auch die Beweisregel des § 139 Abs. 2 PatG nicht zu Gunsten des Gläubigers anwendbar; OLG Frankfurt, GRUR-RR **02,** 120. Ein gesetzlicher Anspruch auf Überprüfung einer gelegten Rechnung durch einen Wirtschaftsprüfer besteht nicht, BGHZ **92,** 62 (= GRUR **84,** 728 – Dampffrisierstab II). Soweit die Rechnung auf Schätzungen beruht, kann jedoch u. U. zunächst ergänzende Angabe der zugrundeliegenden feststellbaren Tatsachen verlangt werden, BGHZ **92,** 62, 69. Befand sich aber der Schuldner in einem Irrtum über den Umfang seiner Rechnungslegungspflicht, beruht also die ganze bisherige Rechnung auf einer falschen Grundlage und kann sie deshalb nicht als ordnungsmäßige Erfüllung der Rechnungslegungspflicht angesehen werden, so kann ebenfalls eine **Ergänzung der Rechnungslegung** gefordert werden, RGZ **84,** 41, 44; RG GRUR **40,** 146, 149; vgl. auch RGZ **167,** 328, 337/38 und OLG Düsseldorf GRUR **63,** 78, 79/80. Ferner kann bei geänderten Angaben Aufklärung über die Ursachen der Abweichung verlangt werden, BGH GRUR **82,** 723, 726 – Dampffrisierstab I. Der Schuldner ist jedoch nicht an eine erste Rechnung gebunden und kann sich auf spätere bessere Erkenntnisse berufen, BGH aaO, 724.

91 **4. Versicherung an Eides Statt.** Bei begründetem Verdacht, dass die Rechnung nicht mit der erforderlichen Sorgfalt gelegt ist, hat der Rechnungslegungspflichtige auf Verlangen des Berechtigten die Vollständigkeit seiner Angaben nach § 259 Abs. 2 BGB zu Protokoll an Eides Statt zu versichern. Zur Begründetheit des Anspruchs aus § 259 Abs. 2 BGB genügt also ein auf Tatsachen gestützter Verdacht, dass die Auskunft mangels ausreichender Sorgfalt oder vorsätzlich unvollständig oder falsch erteilt worden ist. Die konkrete Feststellung der Unrichtigkeit ist für eine Verurteilung nicht erforderlich, BGH, WM **56,** 31, 32; NJW **66,** 1117, 1119; OLG Zweibrücken, GRUR **97,** 131; OLG Düsseldorf, 28. 4. 05 – I-2 U 44/04. Anhaltspunkte für den Mangel an Sorgfalt können sich daher neben nachgewiesenen Unrichtigkeiten und Unvollständigkeiten auch aus der Art der Rechnungslegung oder aus früherem Verhalten des Verletzers ergeben, vgl. RGZ **125,** 256. Wenn die zunächst gelegte Rechnung später berichtigt oder ergänzt worden ist, kann auch die frühere Unrichtigkeit oder Unvollständigkeit zur Beurteilung der Frage herangezogen werden, ob die nunmehr insgesamt vorliegende Rechnung mit der erforderlichen Sorgfalt gelegt ist, BGH GRUR **60,** 247 (Wettbewerbssache). Anhaltspunkte für den begründeten Verdacht fehlender Sorgfalt können sich ferner daraus ergeben, dass widersprüchliche Angaben gemacht werden, BGHZ **125,** 322, 323 = GRUR **94,** 630, 633 f. – Cartier-Armreif, die Angaben mehrfach ergänzt und berichtigt werden, OLG Köln, NJW-RR **98,** 126, 127, OLG Hamburg, GRUR-RR **05,** 114, weitere Auskünfte mit unplausiblen Erklärungen verweigert werden, OLG Köln, aaO, oder mit allen Mitteln versucht wird, die Auskunftserteilung zu verhindern, OLG Frankfurt, NJW-RR **93,** 1483. Wird der durch frühere Unrichtigkeiten oder Unvollständigkeiten hervorgerufene Verdacht mangelnder Sorgfalt durch Umstände entkräftet, die die Annahme begründen, die zunächst mangelhafte Auskunft oder Rechnungslegung beruhe auf unverschuldeter Unkenntnis oder auf einem entschuldbaren Irrtum des Auskunfts- oder Rechnungslegungsschuldners, so besteht kein Anspruch auf Abgabe der eidesstattlichen Versicherung, LG Düsseldorf, Entsch. **97,** 75, 83. Besteht ein auf Tatsachen gestützter Verdacht, die erteilte Auskunft sei falsch, so ist die Behauptung des Rechnungslegungspflichtigen, die Auskunft sei gleichwohl zutreffend, für den Anspruch auf Abgabe der eidesstattlichen Versicherung unerheblich, BGH, MDR **60,** 200, 201; OLG Zweibrücken, GRUR **97,** 131; OLG Düsseldorf, 28. 4. 05 – I-2 U 44/04. Die Verpflichtung zur eidesstattlichen Versicherung bezieht sich nicht nur auf die „Einnahmen", sondern auf alle Angaben, die der Verletzer in seiner Rechnungslegung zu machen hat (oben Rdn. 89), BGH GRUR **62,** 398, 400; **84,** 728, 730 = BGHZ **92,** 62, 68 – Dampffrisierstab II; auch auf erforderliche Schätzungen, RGZ **125,** 256, 258; BGHZ **92,** 62, 68. Sie erstreckt sich jedoch nicht auf innere Vorgänge beim Rechnungslegungspflichtigen, also z. B. nicht darauf, ob er den mit der Aufstellung oder Prüfung der Rechnung betrauten Personen alle erforderlichen Unterlagen überlassen hat, RGZ **125,** 256. Der Verpflichtete kann die eidesstattliche Versicherung freiwillig vor dem Amtsgericht des Erfüllungsorts oder dem seines Wohnsitzes abgeben (§ 261 BGB, §§ 163, 79 FGG). Andernfalls kann er im Prozesswege auf Abgabe der eidesstattlichen Versicherung verklagt werden; wird er dazu verurteilt, so erfolgt die Versicherung vor dem Prozessgericht 1. Instanz (als Vollstreckungsgericht), das sie notfalls nach § 888 ZPO erzwingen kann (§ 889 ZPO); sie kann aber auch dann noch freiwillig vor dem Amtsgericht nach § 261 BGB erfolgen. Das Rechtsschutzbedürfnis für die Klage fehlt, wenn der Umfang des Schadens bereits endgültig feststeht; ein Anspruch aus § 140b kann aber gleichwohl noch gegeben sein; das Rechtsschutzbedürfnis kann auch dann fehlen, wenn ein vertraglich vereinbartes Bucheinsichtsrecht durch einen neutralen Buchprüfer leichter und schneller zum Ziel führt, vgl. BGHZ **55,** 201, 206; **92,** 62, 65; dagegen entfällt die Verpflichtung zur eidesstattlichen Versicherung nicht dadurch, dass im Laufe des Prozesses bewiesen oder unstreitig wird, dass eine vom Berechtigten vermisste Angabe tatsächlich in der Rechnungslegung zu machen gewesen wäre, BGH GRUR **62,** 398, 400. Die Klage auf Abgabe der eidesstattlichen Versicherung kann mit der Klage auf Rechnungslegung verbunden werden; eine Verurteilung zur Versicherung an Eides Statt kann jedoch erst erfolgen, wenn die Rechnung gelegt ist, BGHZ **10,** 385; BGH GRUR **60,** 247, 248. Die Formel der Versicherung ist den Umständen des Falles entsprechend zu fassen (§§ 259 Abs. 2, 261 Abs. 2 BGB). Vor der Abgabe der Versicherung hat der Verpflichtete Gelegenheit, die bisher gelegte Rechnung zu berichtigen oder zu ergänzen, BGH GRUR **62,** 398, 400/01. Soweit der Gläubiger eine Ergänzung der Rechnungslegung verlangen kann (s. o. Rdn. 90), kann er dies auch noch nach Abgabe der Versicherung an Eides statt, vgl. Brändel GRUR **85,** 616, 619. Allerdings hat der Berechtigte bei offensichtlich unvollständiger Auskunftserteilung noch keinen Anspruch auf Abgabe einer eidesstattlichen Versicherung, sondern erst einen Anspruch auf Ergänzung der Rechnungslegung, vgl. BGH GRUR **84,** 728, 730 – Dampffrisierstab; OLG Hgb. NJW-RR **02,** 1292. Die eidesstattliche Versicherung kann nicht auf Antrag statt vom Rechnungslegungs- oder Auskunftsschuldner (bei Gesellschaften der amtierende gesetzliche Vertreter) durch bestimmte vom Schuldner benannte Personen geleistet werden, selbst wenn der Schuldner glaubhaft darlegt, dass diese als Autoren der Auskunftserteilung oder Rechnungslegung und durch Sachnähe eine vernünftige Richtigkeitsgewähr bieten (so aber Brandi-Dohrn, GRUR **99,** 131, 132), weil es sich dabei um eine höchstpersönliche Verpflichtung handelt, vgl. KG NJW **72,** 2093; OLG Düsseldorf, Urt. v. 28. 4. 05 – I – 2 U 44/04. Allgemein zur eidesstattlichen Versicherung bei Auskunft nach Verletzung gewerblicher Schutzrechte: Eichmann, GRUR **90,** 575, 582 ff.

5. Auskunftspflicht. In dem vorstehend zu Rdn. 88–91 erörterten Zusammenhang wird 92
vielfach von Auskunft statt von Rechnungslegung gesprochen; es handelt sich bei beiden Begriffen nicht um wesensverschiedene Dinge; Rechnungslegung ist vielmehr nur eine umfassende qualifizierte Auskunft mit der Besonderheit, dass eine rechnerische Zusammenstellung verschiedener Rechnungsposten geschuldet wird, vgl. BGHZ **93,** 329/330 = GRUR **85,** 472 – Thermotransformator. Soweit es nicht um eine solche „Rechnung" geht, kommt ein „einfacher" Auskunftsanspruch in Betracht, wie er für bestimmte Fälle in § 260 BGB und seit dem 1. 7. 1990 auch in § 140b PatG geregelt ist und von der Rechtsprechung auf der Grundlage von Treu und Glauben (§ 242 BGB) allgemein dann bejaht wird, wenn das Wesen des Schuldverhältnisses es mit sich bringt, dass der Berechtigte entschuldbar über das Bestehen und den Umfang des Rechts im Ungewissen ist und der Verpflichtete unschwer Auskunft erteilen kann (RGZ **158,** 377, 379/380; BGHZ **10,** 385, 387). Für die Zubilligung des Auskunftsanspruchs aus § 242 BGB bedarf es der Abwägung der Interessen der Parteien im Einzelfall, um dem Gebot der Verhältnismäßigkeit gerecht zu werden. Die Offenbarung der Bezugsquelle und der Vertriebswege kann danach im Einzelfall unverhältnismäßig sein (vgl. BGH, GRUR **94,** 635 [Wettbewerbssache]). Der Auskunftsanspruch aus § 242 BGB kommt neben den besonders geregelten Fällen der §§ 140b, 146 u. a. zur Ermittlung eines durch Patentverletzung entstandenen Marktverwirrungsschadens (Rdn. 76) oder zur Vorbereitung eines Beseitigungsanspruchs (Rdn. 38) in Betracht; er kann regelmäßig an Stelle des weitergehenden Rechnungslegungsanspruchs, gegebenenfalls aber auch zusätzlich zur Erlangung einzelner durch die Rechnungsle-

gung nicht erfasster Angaben geltend gemacht werden. Auch der Auskunftsanspruch kann zu einem Anspruch auf Versicherung an Eides Statt führen, § 260 Abs. 2 BGB. Wegen der weiteren Einzelheiten gelten die Ausführungen zu Rdn. 88–91 entsprechend. Zum Besichtigungsanspruch nach § 809 BGB s. u. Rdn. 117.

93 Die **Nennung der Lieferanten oder gewerblichen Abnehmer** ist seit dem 1. 7. 90 durch § 140 b geregelt. Sie konnte (und kann) daneben auch schon nach früherer Rechtslage gem. § 249 BGB als Teil eines Anspruchs auf Wiederherstellung eines störungsfreien Zustandes oder im Rahmen von Treu und Glauben (§ 242 BGB) zur Durchsetzung eines Anspruchs auf Beseitigung, Schadenersatz und Bereicherungsausgleich verlangt werden, vgl. dazu weiter oben Rdn. 38, 89.

94 **VI. Positive und negative Feststellungsklage**

Sind Verletzungshandlungen begangen (oder doch wenigstens zu besorgen, oben Rdn. 28), so wird der Patentinhaber in der Regel eine Leistungsklage, d. h. eine Klage auf Unterlassung und/oder Leistung von Schadenersatz (bzw. Rechnungslegung und/oder Feststellung der Schadenersatzpflicht), erheben können und deshalb eine bloß auf Feststellung der Patentverletzung gerichtete Klage des Patentinhabers in der Regel unzulässig sein, vgl. RGZ **101,** 135, 138. Wegen der auf Feststellung der Ersatzpflicht gerichteten Klage s. o. Rdn. 80. Eine sog. **positive Feststellungsklage** des Patentinhabers (auf Feststellung der Verpflichtung zur Unterlassung) kann aber – unter den Voraussetzungen des § 256 ZPO – zulässig sein, wenn seine Rechtslage auf andere Weise durch das Verhalten eines anderen gefährdet wird, – so z. B. wenn sein Patentrecht nur „wörtlich" durch einen anderen gestört wird, der sich der materiellen Berechtigung an dem Patent berühmt, RGZ **127,** 197, 200/01; – oder wenn er über die Verfolgung einer konkreten Verletzungsform hinaus ein rechtliches Interesse an der Feststellung des vollen Schutzumfangs seines Patents hat, RG GRUR **32,** 1109, 1110/11; – oder wenn er festgestellt wissen will, dass ein jüngeres Patent von seinem Patent „abhängig" ist, RGZ **95,** 304, 306; RG GRUR **21,** 185, 186. Eine zulässig erhobene Feststellungsklage bleibt zulässig, auch wenn nachträglich die Leistungsklage möglich wird, vgl. BGH GRUR **69,** 373, 376 u. oben Rdn. 80. Bei einem Streit über die Inhaberschaft an einem Patent kann – wegen der weitergehenden Rechtskraftwirkung – neben dem Antrag auf Erteilung der Umschreibungsbewilligung (§ 30 Abs. 3 Satz 1) ein Antrag auf **Feststellung der Rechtsinhaberschaft** zulässig sein, BGH I a ZR 45/65 vom 23. 1. 1968. Nach BGHZ **72,** 236 (= GRUR **79,** 145 – Aufwärmvorrichtung) kann auch eine aus dem Erfinderpersönlichkeitsrecht hergeleitete Klage auf **Feststellung der Miterfinderschaft** zulässig sein; dagegen hat ein Miterfinder keinen Anspruch darauf, dass in der Erfinderbenennung (§ 37 Abs. 1) und bei der Erfindernennung (§ 63 Abs. 1) der Umfang oder das Ausmaß seiner Beteiligung angegeben wird, BGH NJW **68,** 1720 Nr. 4.

95 Umgekehrt kann – unter den Voraussetzungen des § 256 ZPO – eine **negative Feststellungsklage** (des angeblichen Verletzers) auf Verneinung der Patentverletzung zulässig sein, KG GRUR **42,** 419, – so namentlich eine negative Feststellungsklage dessen, der wegen Patentverletzung verwarnt worden ist, RG Mitt. **32,** 274, 276; GRUR **34,** 444; BGH GRUR **84,** 41, 44; **87,** 402; **94,** 846 (Wettbewerbssachen); Düsseldorf GRUR **55,** 334, oder ein Vorbenutzungsrecht anerkannt wissen will, RG GRUR **42,** 34, oder die „Abhängigkeit" seines jüngeren Patents von einem älteren Patent leugnet, RG GRUR **38,** 188. Der Klageantrag muss die vom Patentrecht des Gegners auszunehmende Ausführungsform eindeutig bezeichnen, vgl. RG GRUR **36,** 870, 871; **37,** 213, 216. Die Klage ist mangels Feststellungsinteresses unzulässig, wenn sie nur damit begründet wird, das Streitpatent werde einer Nichtigkeitsklage nicht standhalten; in diesem Falle kann eine Klärung nur und ausreichend durch Nichtigkeitsklage vor dem Bundespatentgericht herbeigeführt werden (s. o. Rdn. 25). Das rechtliche Interesse an der negativen Feststellungsklage entfällt nicht, wenn der Patentinhaber ohne Abgabe einer bindenden Verpflichtungserklärung die Behauptung der Patentverletzung zurückgezogen hat, BGHZ **1,** 194, 199 = GRUR **51,** 314.

Das **Rechtsschutzbedürfnis entfällt** in der Regel, wenn der Patentinhaber seinerseits die **Leistungsklage** gegen den (mutmaßlichen) Verletzer erhebt und diese nicht mehr einseitig zurücknehmen kann, RGZ **151,** 65; Düsseldorf GRUR **55,** 452/53; vgl. auch BGHZ **18,** 22, 41; **28,** 203, 207; **99,** 340 = GRUR **87,** 402; insbesondere wenn er gegenüber der negativen Feststellungsklage Widerklage auf Unterlassung und/oder Schadenersatz erhebt, RG GRUR **38,** 188; die Feststellungsklage muss dann zur Vermeidung ihrer Abweisung als unzulässig für in der Hauptsache erledigt erklärt werden. Die Feststellungsklage kann aber zulässig bleiben, wenn sie bereits **entscheidungsreif** war, als die Leistungsklage nicht mehr einseitig zurückgenommen werden konnte, vgl. BGH GRUR **85,** 41, 44; BGHZ **99,** 340, 342 f. = GRUR **87,** 402 f.;

OLG Karlsruhe, Mitt. **04,** 455, oder wenn ihr Gegenstand anders ist oder weiter geht als der der Leistungsklage, RG Mitt. **31,** 256; GRUR **37,** 288, 291/92; **37,** 993, 996. Wird die Leistungsklage nicht als Widerklage im Gerichtsstand der bereits anhängigen negativen Feststellungsklage erhoben, sondern vor einem anderen zuständigen Gericht, so ist dies i. d. R. nicht missbräuchlich, BGH, GRUR **94,** 846, 847 (Wettbewerbssache). Umgekehrt wird durch eine negative Feststellungsklage in der Regel nicht das Rechtsschutzbedürfnis des Patentinhabers für die Erhebung der Leistungsklage beeinträchtigt, LG München I GRUR **52,** 228; vgl. aber auch RG JW **36,** 3185 Nr. 10; BGHZ **18,** 22, 41/42; **28,** 203, 207; die negative Feststellungsklage begründet gegenüber der Leistungsklage auch nicht die Einrede der Rechtshängigkeit, RGZ **71,** 68, 73/74; RG DR **39,** 1914 Nr. 3. Zu den prozessualen Problemen bei wechselseitigen Klagen des Schutzrechtsinhabers und des Verletzers vgl. auch Reimer Mitt. **60,** 185 ff. Wegen der Klage auf Feststellung des Gegenstandes der Verurteilung bei Zweifeln über die Tragweite eines Unterlassungsurteils vgl. oben Rdn. 35 a.

In einem bereits anhängigen Rechtsstreit kann nach näherer Maßgabe des § 256 Abs. 2 ZPO **96** sowohl vom Kläger als auch vom Beklagten eine (positive oder negative) Feststellungsklage als sog. **„Zwischenfeststellungsklage"** erhoben werden. Für eine Zwischenfeststellungsklage ist jedoch dann kein Raum, wenn die Rechtsbeziehungen, die sich aus dem streitigen Rechtsverhältnis ergeben können, schon durch die Entscheidung auf die Hauptklage mit Rechtskraftwirkung erschöpfend klargestellt werden und deshalb die besondere Feststellung des Rechtsverhältnisses für den Feststellungskläger keinen Zweck mehr haben kann, BGH GRUR **55,** 156; **66,** 370, 372 m. w. N. Deshalb war im Falle BGH GRUR **66,** 370 die Zwischenklage des Verletzungsklägers auf negative Feststellung, dass dem Beklagten ein Zwischenbenutzungsrecht nach Art. 7 AHKG Nr. 8 nicht zustehe, als unzulässig abzuweisen, weil diese Feststellung außer für den anhängigen Verletzungsprozess nur noch für ein ebenfalls bereits anhängiges Lizenzfestsetzungsverfahren vor dem Großen Senat des Patentgerichts hätte von Bedeutung werden, für diesen aber nicht hätte bindend sein können.

C. Prozessuales

1. Zuständigkeit

a) Örtlich zuständig für Klagen wegen Patentverletzung ist – nach der Wahl des Klägers **97** (§ 35 ZPO mit den sich aus § 143 Abs. 2 PatG ergebenden Einschränkungen) – das Gericht, bei dem der Beklagte seinen allgemeinen Gerichtsstand hat (§ 12 ZPO), oder ein anderes Gericht, bei dem einer der sog. besonderen Gerichtsstände begründet ist (Literatur: v. Gamm, Mitt. **59,** 212 ff.; Ohl, GRUR **61,** 521 ff.; vgl. auch Groß GRUR Ausl. **57,** 346 ff.). Der allgemeine Gerichtsstand wird bei natürlichen Personen durch deren Wohnsitz oder gewöhnlichen Aufenthaltsort, bei gewerblichen Unternehmen durch deren Sitz bestimmt (§§ 13, 16, 17 ZPO). Als besondere Gerichtsstände kommen namentlich in Betracht der Gerichtsstand der unerlaubten Handlung (§ 32 ZPO; unten Rdn. 98), der Gerichtsstand einer selbstständigen gewerblichen Niederlassung des Beklagten (§ 21 ZPO), wenn die Patentverletzung von dieser Niederlassung aus begangen ist, und bei Klagen gegen Personen, die im Inland keinen Wohnsitz haben, der Gerichtsstand des Vermögens (§ 23 ZPO), der eine Beziehung zum Streitgegenstand nicht voraussetzt, LG München I GRUR **59,** 156. Richtet sich die Klage gegen den ausländischen Inhaber eines deutschen Patents (z. B. eine Feststellungsklage des Inhabers eines älteren Patents gegen den Inhaber eines „abhängigen" Patents oder eine negative Feststellungsklage des angeblichen Verletzers gegen den Patentinhaber, oben Rdn. 94, 95), so gilt als Ort des Vermögens des Beklagten im Sinne des § 23 ZPO der Geschäfts- bzw. Wohnsitz seines Inlandsvertreters, in letzter Linie der Sitz des Patentamts (§ 25 Abs. 3 PatG), vgl. zu dieser Reihenfolge LG München I GRUR **62,** 165. Der Gerichtsstand des § 23 ZPO ggfls. i. V. m. § 25 Abs. 3 PatG gilt jedoch nicht, wenn der Beklagte seinen Wohnsitz/Sitz in einem Mitgliedstaat der EU oder einem Vertragsstaat des LugÜ hat; dann gelten allein die Gerichtsstände der EuGVVO bzw. des LugÜ, vgl. Rdn. 101 a.

Von besonderer Bedeutung in der Praxis ist der **Gerichtsstand der unerlaubten Handlung** **98** (§ 32 ZPO); er ist unzweifelhaft gegeben für eine Klage auf Schadenersatz (und/oder Rechnungslegung), nach ständiger Rechtsprechung aber auch für eine damit verbundene Unterlassungsklage, RG GRUR **16,** 31; KG GRUR **13,** 20; Hamburg MuW **29,** 388, und auch für eine isoliert erhobene Unterlassungsklage, selbst wenn ein Verschulden des Verletzers nicht behauptet wird und/oder eine Verletzung noch nicht begangen, sondern nur zu besorgen ist, BGH, GRUR **94,** 530, 532 (zu Art. 5 Nr. 3 EuGVÜ); LG Düsseldorf GRUR **50,** 293; **50,** 381, 382; vgl. auch BGH GRUR **56,** 279 (Zugabesache) und auch bei einer isoliert – ohne den entsprechenden Unterlassungsanspruch – geltend gemachten Klage auf Auskunftserteilung und Feststellung der Schadensersatzpflicht am Gerichtsstand der vorbeugenden Unterlassungsklage, wenn der Kläger keine schadensverursachende Handlung am Gerichtsstand in dessen Bezirk dargelegt hat, OLG Hamburg, WRP **04,** 1190 (Wettbewerbssache). Setzt sich – wie oft – die Patentverletzung aus einer Reihe von Tatbestandsmerkmalen oder von einzelnen Verletzungshandlungen zusammen, die an verschiedenen Orten in Erscheinung getreten oder begangen sind, so ist jedes Gericht, in dessen Bezirk eines der Tatbestandsmerkmale verwirklicht oder eine der Handlungen begangen ist, für die Verfolgung aller Verletzungshandlungen zuständig, RGZ **72,** 41 (VZS), u.z. auch dann, wenn die Verletzungsformen voneinander abweichen, RG GRUR **38,** 602, 603. Wird eine Patentverletzung durch einen Übersendungsakt begangen, z.B. durch Lieferung patentverletzender Gegenstände oder durch Zusendung von Prospekten, so ist der Gerichtsstand des § 32 ZPO sowohl am Absendeort als auch am Bestimmungsort begründet, vgl. LG Berlin GRUR **50,** 335; LG Düsseldorf GRUR **50,** 381; OLG Düsseldorf GRUR **51,** 516. Werden Verletzungshandlungen durch Inserate in Zeitschriften begangen, so ist der Gerichtsstand des § 32 ZPO überall dort gegeben, wo diese Druckschriften im regelmäßigen Geschäftsbetrieb durch den Zeitungsverlag verbreitet werden, vgl. BGH GRUR **71,** 153 (Wettbewerbssache). Ob bereits ein ausnahmsweiser Bezug der Druckschrift außerhalb des üblichen Verbreitungsgebiets genügt, ist insbesondere im Wettbewerbs- und Presserecht streitig (bejahend OLG Düsseldorf GRUR **71,** 281 u. NJW-RR **89,** 232 sowie KG GRUR **89,** 134 m.w.N.; verneinend: OLG Frankfurt, GRUR **89,** 136); vgl. auch v. Maltzahn GRUR **83,** 711ff., Baumbach/Hefermehl, 23. Aufl., § 14 UWG, Rdn. 15 m.w.N.; für Patentsachen wird die Zuständigkeit auch in solchen Fällen meist unter dem Gesichtspunkt der vorbeugenden Unterlassungsklage begründet sein. Bei mittelbarer Patentverletzung (s. § 10 u. die dortigen Erl.) ist der Gerichtsstand des § 32 ZPO auch überall dort begründet, wo sich Abnehmer des Verletzers finden, LG Düsseldorf GRUR **60,** 95. Bei negativer Feststellungsklage ist dasjenige Gericht zuständig, welches für eine Leistungsklage mit umgekehrten Parteirollen zuständig wäre, OLG Köln GRUR **78,** 658. Der (inländische) Gerichtsstand des § 32 ZPO ist gegeben, auch wenn die Handlung nur zum Teil im Inland, zum anderen Teil im Ausland begangen ist, RG GRUR **36,** 670, 676; **39,** 553, 555. Bloße Vorbereitungshandlungen begründen den Gerichtsstand nicht, daher auch nicht der bloße Transitverkehr durch das Inland, vgl. BGHZ **23,** 100 (Wettbewerbssache), hinsichtlich des bloßen Transits patentverletzender Ware str., vgl. bei § 9 Rdn. 45 und § 142a Rdn. 17, jeweils m.w.N. Der Gerichtsstand des § 32 ZPO ist auch dann gegeben, wenn die dort begangene Handlung vom Kläger selbst veranlasst wurde, LG Düsseldorf GRUR **50,** 381, 382; **51,** 519; LG Hamburg GRUR **51,** 39; OLG Düsseldorf GRUR **51,** 516. Gemäß BGH WRP **77,** 487, 488 soll dies jedoch nicht gelten, wenn der Kläger die Handlung allein zur Begründung des Gerichtsstands veranlasst hat; jedoch kann auch in solchen Fällen durch die Zusendung von Prospekten u. Preislisten die Bereitschaft zu weiteren patentverletzenden Handlungen belegt und damit die Voraussetzung einer vorbeugenden Unterlassungsklage auch in diesem Bezirk geschaffen werden. Der Sitz des Inhabers des verletzten Schutzrechts kann einen Gerichtssitz nach § 32 ZPO nicht begründen, vgl. BGHZ **52,** 108 zur gleichen Problematik im Urheberrecht; a.A. Ohl, GRUR **61,** 521ff. Soweit die zuständigkeitsbegründenden Tatsachen mit den anspruchsbegründenden Tatsachen zusammenfallen, bedürfen sie im Hinblick auf die Zuständigkeitsfrage nicht des Beweises; zur Anwendung des § 32 ZPO genügt es vielmehr, wenn der Tatbestand der Patentverletzung schlüssig behauptet ist (sog. **doppelrelevante Tatsache**), BGHZ **124,** 237, 241; **132,** 105, 110; GRUR **05,** 431 – Hotel Maritime (zu Art. 5 Nr. 3 EuGVÜ); RGZ **95,** 268, 270; OLG Hamburg, WRP **04,** 1190; LG Berlin GRUR **50,** 335, 336. Bestreitet aber der Beklagte, die (als patentverletzend bezeichneten) Handlungen gerade im Bezirk des angerufenen Gerichts begangen zu haben, so ist das wegen der Zuständigkeitsfrage vom Kläger zu beweisen, RG MuW **XIII,** 15.

99 Unter mehreren örtlich zuständigen Gerichten hat der Kläger die Wahl (§ 35 ZPO). Auch ein an sich unzuständiges Gericht kann im Rahmen der §§ 38–40 ZPO durch Vereinbarung der Parteien oder vorbehaltlose Einlassung des Beklagten zuständig werden. Durch § 143 Abs. 2 PatG und die dazu erlassenen Verordnungen sind die möglicherweise zuständigen oder zuständig zu machenden Gerichte auf einige wenige Landgerichte (zumeist eines für jedes Land) beschränkt worden, vgl. dazu § 143 Rdn. 15. Die Bejahung der örtlichen oder sachlichen Zuständigkeit durch die untere Instanz kann, auch wenn sie zu Unrecht erfolgt ist, in den höheren Instanz nicht nachgeprüft werden (§§ 513 Abs. 2, 545 Abs. 2 ZPO n.F.), selbst wenn die Zuständigkeit eine ausschließliche ist, BGH NJW **05,** 1660, 1661 (Kartellsache). Zur Zulässigkeit der Rüge der fehlenden internationalen Zuständigkeit in den Rechtsmittelinstanzen vgl. Rdn. 100.

100 **b) Die intern. Zuständigkeit.** Literatur: Auerswald, Können Ansprüche wegen Verletzung eines ausländischen Patents vor deutschen Gerichten verfolgt werden? Festschrift für von

Stein (1961) 8; Tetzner, Die Verfolgung der Verletzung ausländischer Patente vor deutschen Gerichten unter Berücksichtigung des EWG-Gerichtsstands- und Vollstreckungsabkommens, GRUR **76,** 699 ff.; Stauder, Die Anwendung des EWG-Gerichtsstands- und Vollstreckungsabkommens auf Klagen im gewerblichen Rechtsschutz und Urheberrecht, GRUR Int. **76,** 465 ff. u. 510 ff.; Vivant, Das Europäische Gerichtsstands- und Vollstreckungsübereinkommen und die gewerblichen Schutzrechte, RIW **91,** 26; Bertrams, Das grenzüberschreitende Verletzungsverbot im niederländischen Patentrecht, GRUR Int. **95,** 193; Véron, Les „euro-injonctions" devant la justice française, Rev.dr.propr.int. **95,** 13; König, Materiellrechtl. Probleme der Anwendung von Fremdrecht bei Patentverletzungsverfahren nach der Zuständigkeitsordnung des EuGVÜ, Mitt. **96,** 296; Neuhaus, Das Übereinkommen über die gerichtl. Zuständigkeit und die Vollstreckung gerichtl. Entscheidungen in Zivil- und Handelssachen vom 27. 9. 1968 (EuGVÜ) und das Luganer Übereinkommen vom 16. 9. 1998 (LugÜ), soweit hiervon Streitigkeiten des gewerbl. Rechtsschutzes betroffen werden, Mitt. **96,** 257; v. Meibom/Pitz, Grenzüberschreitende Verfügungen im intern. Patentverletzungsverfahren, Mitt. **96,** 181; de Wit, Die Anwendungspraxis des EuGVÜ und des LugÜ in Patent- und Markensachen mit intern. Bezug durch die Gerichte in den Niederlanden, Mitt. **96,** 225; Brinkhof, Geht das grenzüberschreitende Verletzungsverbot im niederländischen einstweiligen Verfügungsverfahren zu weit? GRUR Int. **97,** 489; Cohen, Intellectual Property and the Brussels Convention, EIPR **97,** 379; Franzosi, Worldwide Patent Litigation and the Italian Torpedo, EIPR **97,** 382; Stauder/P. v. Rospatt/M. v. Rospatt, Grenzüberschreitender Rechtsschutz für europäische Patente, GRUR **97,** 859; Franzosi, Weltweite Patentstreitigkeiten und ein italienisches „Torpedo", Mitt. **98,** 300; Karet, Suit, Anti-Suit, EIPR **98,** 76; Gauci, Beware of the Danger which Lurks in the Netherlands: The Pan-European Injunction, EIPR **98,** 361; Kieninger, Intern. Zuständigkeit bei der Verletzung ausländischer Immaterialgüterrechte: Common Law auf dem Prüfstand des EuGVÜ, GRUR Int. **98,** 280; v. Meibom/Pitz, Die europäische „Transborderrechtsprechung" stößt an ihre Grenzen, GRUR Int. **98,** 765; Meier-Beck, Aktuelle Fragen des Patentverletzungsverfahrens, GRUR **99,** 379; Mousseron/Raynard/Véron, Crossborder Injunctions – A French Perspective, IIC **98,** 884; Stauder, Grenzüberschreitende Verletzungsverbote im gewerbl. Rechtsschutz und das EuGVÜ, IPRax **98,** 317; Véron, Torpedoes miss their mark in France, Patent World **99,** 10; Tilmann/von Falck, EU-Patentrechtsharmonisierung, GRUR **00,** 579; Grabinski, Zur Bedeutung des Europäischen Gerichtsstands- und Vollstreckungsübereinkommens (Brüsseler Übereinkommens) und des Lugano-Übereinkommens in Rechtsstreitigkeiten über Patentverletzungen, GRUR Int. **01,** 199; Lundstedt, Gerichtliche Zuständigkeit und Territorialitätsprinzip im Immaterialgüterrecht – Geht der Pendelschlag zu weit?, GRUR Int. **01,** 103; Micklitz/Rott, Vergemeinschaftung des EuGVÜ in der Verordnung (EG) Nr. 44/2001, EuZW **01,** 325; Véron, Trente ans d'application de la Convention de Bruxelles à l'action en contrefaçon de brevet d'invention, J. du Dr. Intern. **01,** 805; Franzosi, Torpedoes Are Here to Stay, IIC **02,** 154; Véron, Italian Torpedoes: An Endangered Weapon in French Courts? IIC **02,** 227; Geimer, Salut für die Verordnung (EG) Nr. 44/2001 (Brüssel I-VO), IPRax **02,** 69; Fähndrich, Gerichtszuständigkeit und anwendbares Recht im Falle grenzüberschreitender Verletzungen (Verletzungshandlungen) der Rechte des geistigen Eigentums (Q174) – Bericht für die deutsche Landesgruppe, GRUR Int. **03,** 616; Geschke, Vom EuGVÜ zur EuGVVO – ein Überblick, Mitt. **03,** 249; Grabinski, Angst vor dem Zitterrochen? – zur Verfahrensaussetzung nach Art. 27, 28 VO (EG) Nr. 44/2001 in Patentverletzungsstreitigkeiten vor deutschen Gerichten, FS f. Tilmann (2003) 461; Hölder, Grenzüberschreitende Durchsetzung europäischer Patente, 2004; Kropholler, Europäisches Zivilprozessrecht, 7. Aufl., 2002; Schlosser, EU-Zivilprozessrecht, 2. Aufl., 2003; Pansch, Die einstweilige Verfügung zum Schutze des geistigen Eigentums im grenzüberschreitenden Verkehr Diss. Konstanz (2003); Kurtz, Grenzüberschreitender einstweiliger Rechtsschutz im Immaterialgüterrecht, Diss. Kiel (2004); Stauder, Auf dem Weg zu einem europäischen Patentverletzungsverfahren, FS f. König (2003) 465; Geimer/Schütze, Europäisches Zivilverfahrensrecht, 2. Aufl., 2004; Körner, Internationale Durchsetzung von Patenten und Marken nach europäischem Prozessrecht, FS f. Bartenbach (2004) 401; Prinz zu Waldeck und Pyrmont, Patent Infringement in Europe, GRUR Int. **05,** 32; Véron, ECJ Restores Torpedo Power, IIC **04,** 638; Adolphsen, Europäisches und internationales Zivilprozessrecht in Patentsachen, 2005; Franzosi/Tilmann, Vorlagefragen des Hoge Raad und des OLG Düsseldorf, Mitt. **05,** 55; Luginbühl, Die schrittweise Entmündigung der nationalen Gerichte in grenzüberschreitenden Patentstreitigkeiten durch den EuGH, FS f. Kolle und Stauder (2005), 389.

Die deutsche intern. Zuständigkeit ist in Fällen mit Auslandsberührung neben der örtlichen Zuständigkeit zu prüfen, u. zwar – anders als diese – *von Amts wegen* in jeder Lage des Verfahrens, BGHZ **98,** 263, 270. Sie ist im Allgemeinen dann zu bejahen, wenn die Voraussetzungen für einen bestimmten örtlichen Gerichtsstand im deutschen Hoheitsbereich nach deutschem Recht gegeben sind, sofern nicht intern. Übereinkommen Anwendung finden (vgl. BGH WRP **77,** 487; NJW **80,** 1224 m. w. N.). Für Streitigkeiten an und aus deutschen Patenten und Gebrauchsmustern ist die deutsche Zuständigkeit im Allgemeinen unproblematisch. Der Gerichtsstand des § 32 ZPO ist auch gegenüber einem ausländischen Hersteller von Vorrichtungen gegeben, die ein deutsches Patent bzw. den deutschen Teil eines europäischen Patent verletzen, wenn der Herstellung die Vorrichtungen an einen inländischen Abnehmer liefert und weiß, dass dieser die Ware bestimmungsgemäß im Bundesgebiet weiter vertreibt, LG Düsseldorf, InstGE **1,** 154; vgl. auch BGH, GRUR **02,** 416 – Funkuhr (zur Verantwortlichkeit des ausländischen Lieferanten für die Verletzung inländischer Patentrechte). Ein deutscher Gerichtsstand kann – insbesondere als allgemeiner Gerichtsstand nach § 12 ZPO oder kraft Vereinbarung oder Prorogation gem. §§ 38–40 ZPO, hingegen in aller Regel nicht als besonderer Gerichtsstand der unerlaubten Handlung nach § 32 ZPO bei Geltung des Territorialgrundsatzes im Schutzrechtsstaat – auch hinsichtlich entsprechender ausländischer Schutzrechte begründet sein, auch insoweit gilt dann § 143, BGH GRUR **69,** 373; OLG Düsseldorf GRUR Int. **68,** 100; LG Düsseldorf GRUR Int. **68,** 101; s. auch Rdn. 13 zu § 9 m. w. N. Die fehlende internationale Zuständigkeit kann – ungeachtet des Wortlauts der §§ 513 Abs. 2, 545 Abs. 2 ZPO n. F. – auch noch in der Berufungs- und Revisionsinstanz gerügt werden, BGHZ **153,** 82, 84ff.; OLG Düsseldorf OLGR **03,** 298. Im Geltungsbereich der EuGVVO bzw. des EuGVÜ und des LugÜ ist die Zuständigkeit stets in jeder Verfahrenslage von Amts wegen zu prüfen, vgl. EuGH, IPRax **85,** 92, 93f.

101 Für den **EU-Bereich** enthält die **Verordnung (EG) Nr. Nr. 44/2001 vom 22. 12. 2000 über die gerichtliche Zuständigkeit und Anerkennung und Vollstreckung von Entscheidungen in Zivil- und Handelssachen** (**EuGVVO,** ABl. EG Nr. L 12 vom 16. 1. 2001, S. 1) seit ihrem Inkrafttreten am 1. 3. 2002 im Verhältnis zwischen den Mitgliedstaaten eine ausdrückliche Regelung, die dem allgemeinen deutschen Zivilprozessrecht vorgeht. Die EuGVVO ist an die Stelle des **Übereinkommens der Europäischen Gemeinschaft über die gerichtliche Zuständigkeit und Vollstreckung gerichtlicher Entscheidungen in Zivil- und Handelssachen vom 27. 9. 1968** (**EuGVÜ, Brüsseler Übereinkommen,** BGBl. II 1972, S. 773ff.) getreten. Die EuGVVO ersetzt das Brüsseler Übereinkommen jedoch **nicht** im Verhältnis zu **Dänemark** (Erwägungsgrund Nr. 21, Art. 1 Abs. 3 EuGVVO, Art. 1 EuGVÜ), das – wie Irland und das Vereinigte Königreich – nach Art. 69 EG nicht den Bestimmungen des Titels IV des EG-Vertrages unterliegt und sich – anders als die genannten beiden Mitgliedstaaten – der EuGVVO auch nicht freiwillig angeschlossen hat (Geimer, IPRax **02,** 69, 70; Micklitz/Rott, EuZW **01,** 325, 326). Im Verhältnis zu **Norwegen, Island** und der **Schweiz** gilt das **Lugano-Übereinkommen vom 16. 9. 1988** (LugÜ, BGBl. 1994 II 2693), das für Deutschland am 1. 3. 1995 in Kraft getreten ist (BGBl. 1995 II 221). Das LugÜ entspricht inhaltlich – und auch in der Artikelfolge – weitgehend dem Brüsseler Übereinkommen.

101 a Als ***allgemeiner*** **Gerichtsstand** sind die Gerichte des Wohn- oder Firmensitzes des Beklagten grundsätzlich für alle Klagen wegen der Verletzung europäischer oder nationaler Patente zuständig, Art. 2, 59f. EuGVVO (Art. 2, 52f. EuGVÜ, LugÜ). Das schließt die Verletzung nationaler Patente aus Staaten, die nicht Mitgliedstaaten der EU ein, wie beispielsweise die Verletzung eines US-amerikanischen oder eine japanischen Patents, wenn der Beklagte seinen Sitz in einem Mitgliedstaat, beispielsweise Deutschland hat. Denn für die **Anwendbarkeit der EuGVVO bzw. des LugÜ** ist es nicht erforderlich, dass der Rechtsstreit Berührungspunkte zu mehreren Mitgliedstaaten hat. Es genügt der Bezug zu einem Mitgliedstaat (Geimer/Schütze, Europ. Zivilverfahrensrecht, Einl., Rdn. 234ff.; Kropholler, Europ. Zivilprozessrecht, vor Art. 2, Rdn. 8, str.). Hat hingegen der Beklagte seinen Sitz nicht in einem Mitgliedstaat der EU bzw. einem Vertragsstaat des LugÜ, ist die EuGVVO, das LugÜ nicht anwendbar, vielmehr bestimmt sich die internationale Zuständigkeit nach dem Recht des angerufenen Gerichts, Art. 4 Abs. 1 EuGVVO, LugÜ. Soll also beispielsweise ein Unternehmen mit Sitz in den U. S. A. oder in Japan wegen der Verletzung eines deutschen Patentes oder des deutschen Teils eines europäischen Patentes verklagt werden, folgt die internationale Zuständigkeit der deutschen Gerichte aus § 32 ZPO analog. Die Anwendbarkeit des § 23 ZPO ist gegenüber Personen ausgeschlossen, die ihren Sitz in einem anderen Mitglied- bzw. Vertragsstaat haben, Art. 3 EuGVVO, LugÜ, nicht aber gegenüber Personen, die ihren Sitz in einem Drittstaat haben. Der allgemeine Gerichtsstand ist für eine negative Feststellungsklage betreffend ein ausländisches Patent gegeben, wenn ein schutzwürdiges Feststellungsinteresse vorliegt und die Wahl nicht rechtsmissbräuchlich ist, schw. BG, GRUR Int. **04,** 448 – Pulverbeschichtung zu Art. 2 Abs. 1 LugÜ.

Neben den allgemeinen Gerichtsstand treten die besonderen Gerichtsstände der EuGVVO bzw. des LugÜ. Davon sind in Patentverletzungsfällen vor allem der Gerichtsstand der unerlaubten Handlung, Art. 5 Nr. 3 EuGVVO, LugÜ, und der Gerichtsstand der Streitgenossenschaft, Art. 6 Nr. 1 EuGVVO, LugÜ von praktischer Bedeutung. Der allgemeine Gerichtsstand als auch die besonderen Gerichtsstände werden verdrängt, wenn ein ausschließlicher Gerichtsstand vorliegt, in Patentstreitigkeiten insbesondere der ausschließliche Gerichtsstand nach Art. 22 Nr. 4 EuGVVO, Art. 16 Nr. 4 LugÜ freilich nur im Umfang des ausschließlichen Gerichtsstands (s. u. Rdn. 101 d).

Am ***besonderen*** **Gerichtsstand der unerlaubten Handlung** nach Art. 5 Nr. 3 EuGVVO **101 b**
(Art. 5 Nr. 3 EuGVÜ, LugÜ) können Ansprüche auf **Schadensersatz** und die damit verbundenen **Nebenansprüche** (Rechnungslegung, Auskunftserteilung, etc.) geltend gemacht werden, LG Düsseldorf, GRUR Int. **99,** 455, 457, Brinkhof, GRUR Int. **97,** 490, Kropholler, aaO, Art. 5, Rn. 66, Meier-Beck, GRUR **99,** 379, 380. Gleiches gilt für Ansprüche auf **Unterlassung** und zwar auch für (vorbeugende) Unterlassungsansprüche wegen Erstbegehungsgefahr; der Wortlaut von Art. 5 Nr. 3 EuGVVO sieht dies ausdrücklich vor („... Ortes, an dem das schädigende Ereignis ... einzutreten droht"); nach zutreffender Ansicht galt bzw. gilt dies aber auch bereits für Art. 5 Nr. 3 EuGVÜ, LugÜ, die diese ergänzende Klarstellung noch nicht enthalten hatten bzw. enthält, vgl. insoweit BGH, GRUR **94,** 530, 532; LG Düsseldorf, WM **97,** 1446; GRUR Int. **99,** 775, 777 f., Schlosser-Bericht Abl. EG Nr. C 59, 111, Rdn. 134, Grabinski, GRUR Int. **01,** 199, 203; vgl. auch EuGH 1. 10. 02 – C-167/00, NJW **02,** 3617 (vorbeugende Klage eines Verbraucherschutzvereins). Ebenso unterliegt der **Rest-Schadensersatzanspruch** aus § 141 PatG dem Gerichtsstand nach Art. 5 Nr. 3 EuGVVO. Auch bei einer **negativen Feststellungsklage** wegen Nicht-Verletzung eines Patents ist der Gerichtsstand der unerlaubten Handlung begründet, weil es sich dabei im Kern um denselben Streitgegenstand handelt (Franzosi, Mitt. **05,** 370, 371; Geimer/Schütze, Europ. Zivilverfahrensrecht, Art. 5, Rdn. 228; MünchKomm-Gottwald, 2. Aufl., 2002, Art. 5 EuGVVO, Rdn. 20; Schack, Internationales Zivilverfahrensrecht, 2002, Rdn. 296; von Falck/Leitzen, Mitt. 05, 534, 535 f.; Grabinski, GRUR Int. **01,** 199, 203; Luginbühl FS Kolle und Stauder (2005), 389, 394; Wurmnest, GRUR Int. **05,** 265, 267 f.). Die Gegenansicht, die von mehreren Gerichten der Mitgliedstaaten vertreten wird (OLG München, InstGE **2,** 61; it. Corte di Cass., GRUR Int. **05,** 264 – Verpackungsmaschine II; Trib. Bologna, GRUR Int. **00,** 1021 m. Anm. Stauder; Högsta Domstolen (Oberster Gerichtshof, Schweden), GRUR Int. **00,** 178; vgl. auch: Ullmann, GRUR Int. **01,** 1027, 1032; Schlosser, EU-Zivilprozessrecht, 2. Aufl., Art. 5, Rdn. 15 [anders noch Voraufl.]) berücksichtigt nicht, dass nach der Rspr. des EuGH zu Art. 21 EuGVÜ (nunmehr Art. 27 EuGVVO) nicht die formale Identität der Klageanträge oder der Parteien entscheidend für die Frage der Identität von Leistungsklage und negativer Feststellungsklage ist. Vielmehr kommt es auf die sachliche Identität der Streitgegenstände an, um einander widersprechende Entscheidungen zu vermeiden, was zur Nichtanerkennung des Leistungsurteils nach Art. 27 Nr. 3 EuGVÜ (nunmehr Art. 34 Nr. 3 EUGVVO) am Gerichtsstand der negativen Feststellungsklage führen könnte (vgl. EuGH, NJW **89,** 665 – Gubisch; EuZW **95,** 365 – Tatry/Maciej Rataj; vgl. auch bei Rdn. 101 e). Danach ist die Klage am Gerichtsstand der unerlaubten Handlung auf Feststellung, dass ein bestimmtes Verhalten ein bestimmtes Patent nicht verletzt, identisch mit dem Streit derselben Parteien vor dem Gericht eines anderen Mitgliedstaates, in dem unter umgekehrtem Rubrum die Unterlassung der behaupteten Patentverletzung gefordert wird. Dann besteht aber auch kein Grund, dem Kläger einer negativen Feststellungsklage den Gerichtsstand der unerlaubten Handlung zu verweigern, den der Kläger einer Leistungsklage oder einer positiven Feststellungsklage wegen Patentverletzung unzweifelhaft wählen könnte, zumal die Gerichte des Gerichtsstandes der unerlaubten Handlung eine gleichermaßen enge Beziehung zu dem streitgegenständlichen Verhalten haben, die deren Zuständigkeit in beiden Fällen rechtfertigt (vgl. auch Franzosi, Mitt. **05,** 370, 371; Luginbühl, FS Kolle und Stauder, 389, 394; Wurmnest, GRUR Int. **05,** 267 f.). Der **Bereicherungsanspruch** aus § 812 Abs. 1 BGB (Kropholler, aaO, Art. 5; Rn 67) und der **Entschädigungsanspruch** aus § 33 Abs. 1 PatG bzw. Art. II § 1 IntPatÜG können nicht am Gerichtsstand der unerlaubten Handlung eingeklagt werden, Kühnen, GRUR **97,** 19, 21 f.

Für die Begründung der intern. Zuständigkeit nach Art. 5 Nr. 3 reicht es aus, dass die Verletzung des geschützten Rechtsguts im Inland behauptet wird und nicht von vornherein ausgeschlossen ist, unabhängig davon, ob die Rechtsverletzung tatsächlich eingetreten ist, BGH, GRUR **05,** 431, 432 – Hotel Maritime.

Bei Verletzungen eines nationalen Patents aus einem der Mitgliedstaaten (etwa Deutschland) wie auch eines europäischen Patents, das für einen Mitgliedstaat (etwa Deutschland) erteilt worden und einem nationalen Patent aus diesem Mitgliedstaat damit gleichgestellt ist, Art. 2, Abs. 2, 64 Abs. 1 EPÜ, liegen sowohl der Ort der Handlung als auch der Ort des Erfolges dort. Daher ist der besondere Gerichtsstand der unerlaubten Handlung auch **allein im Mitgliedstaat der**

Belegenheit des verletzten Patents (also im Beispielsfall allein in Deutschland) begründet, LG Düsseldorf, GRUR Int. **99,** 455, Neuhaus Mitt. **96,** 257, 264; von Meibom/Pitz, Mitt. **96,** 181, 182f.; ebenso Cour d'Appel de Lyon, 15. 11. 2001 – Trend Company/SCP Belat et Desprat, mitgeteilt bei Prinz zu Waldeck und Pyrmont, GRUR Int. **05,** 32, 34. Das Gericht am Ort der Patentverletzung ist nur hinsichtlich der Verletzung eines Patents, das für den jeweiligen Mitgliedstaat erteilt worden ist, am besten geeignet, die Patentverletzung zu beurteilen und den Umfang des Schadens zu bestimmen (vgl. für den Fall einer Ehrverletzung, EuGH, GRUR Int. **98,** 298, 300 – Shevill/Presse Alliance). **Gleiches** gilt für eine **negative Feststellungsklage,** mit der die Feststellung begehrt wird, es liege keine Patentverletzung vor und dem Berechtigten sei kein Schaden entstanden, weil sie Spiegelbild der entsprechenden Leistungsklage ist, OLG Düsseldorf, 12. 5. 05, I-2 U 67/03. Die Lieferung eines in einem Mitgliedstaat hergestellten dort patentverletzenden Erzeugnisses in einen anderen, dort ebenfalls patentverletzenden Mitgliedstaat, begründet demnach die intern. Zuständigkeit nach Art. 5 Nr. 3 EuGVVO in jedem der Mitgliedstaaten jeweils nur für die Verletzung des jeweiligen nationalen Patents, LG Düsseldorf, GRUR Int. **99,** 455.

Eine Klage auf Unterlassung oder Schadensersatz wegen unberechtigter Verwarnung kann, wenn sie nach dem anzuwendenden materiellen Recht als unerlaubte Handlung (Delikt) anzusehen ist (wie etwa nach deutschen Recht als Eingriff in den eingerichteten und ausgeübten Gewerbebetrieb, vgl. BGH (GSZ), GRUR **05,** 882 – unberechtigte Schutzrechtsverwarnung), i. d. R. sowohl am Sitz des Verwarnenden (Ort der Handlung) als auch am Sitz der Verwarnten (Ort des Erfolges) geltend gemacht werden, vgl. im Einzelnen: Ullmann, GRUR **01,** 1021, 1030f.

101 c Der ***besondere*** **Gerichtsstand der Streitgenossenschaft** nach Art. 6 Nr. 1 EuGVVO (Art. 6 Nr. 1 EuGVÜ, LugÜ) begründet die intern. Zuständigkeit gegenüber mehreren Beklagten mit Wohnsitz in einem Mitgliedstaat bereits dann, wenn einer der Beklagten seinen Sitz in dem Mitgliedstaat des angerufenen Gerichts hat. Das gilt in analoger Anwendung der Vorschrift auch dann, wenn einer der nicht im Gerichtsstaat ansässigen Beklagten seinen Sitz nicht im EU-Bereich hat (Kropholler, aaO, Art. 6, Rn. 5). Voraussetzung für die Anwendbarkeit von Art. 6 Nr. 1 EuGVVO ist, dass zwischen den Klagen eine so enge Beziehung gegeben ist, dass eine gemeinsame Verhandlung und Entscheidung geboten erscheint, um widersprechende Entscheidungen in getrennten Verfahren zu vermeiden. Diese Voraussetzung wird in Art. 6 Nr. 1 EuGVÜ, LugÜ noch nicht ausdrücklich genannt, entspricht aber der Auslegung dieser Vorschrift durch den EuGH, vgl. EuGH, NJW **88,** 3088 – Kalfelis/Schröder. Eine enge Beziehung wird nicht bereits dadurch begründet, dass gegenüber den einzelnen Beklagten die Verletzung paralleler nationaler Patente oder unterschiedlicher nationaler Teile eines europäischen Patents durch eine identische Ausführungsform geltend gemacht wird, Bornkamm in Schwarze, Rechtsschutz gegen Urheberrechtsverletzungen und Wettbewerbsverstöße in grenzüberschreitenden Medien, 127, 133ff.; von Meibom/Pitz, Mitt. **96,** 181, 183f.; Meier-Beck, GRUR **99,** 379, 380; Neuhaus, Mitt. **96,** 266f.; v. Rospatt, GRUR Int. **97,** 861, 863; Stauder, GRUR Int. **76,** 465, 476; ders., IPRax **98,** 317; Tetzner GRUR **76,** 669, 671; vgl. auch engl. C. A., IIC **98,** 927, 930f. – Fort Dodge/Akzo Nobel; Gerechtshof Den Haag [1999] F. S. R. 352 – Expandable Grafts/Boston Scientific; Brinkhof, GRUR Int. **97,** 489, 491f.; EIPR **99,** 142, 143f.; a. A.: engl. High Court, [1997] All ER 45 = GRUR Int. **98,** 314, 316 – Coin Controls/ Suzo International; Franzosi/Tilmann, Mitt. **05,** 55, 57. Werden neben einer Handelsgesellschaft auch deren gesetzliche Vertreter wegen Verletzung paralleler nationaler Patente oder eines europäischen Patentes sowohl im Sitzstaat der Gesellschaft (etwa England) als auch im Gerichtsstaat (etwa Deutschland) verklagt, so ist der Gerichtsstand der Streitgenossenschaft bereits dann begründet, wenn einer der gesetzlichen Vertreter im Gerichtsstaat (im Beispielsfall Deutschland) seinen Wohnsitz hat, LG Düsseldorf, Entsch **96,** 1, 3. Nach Ansicht des Gerechtshofs Den Haag ist der Gerichtsstand der Streitgenossenschaft bei konzernverbundenen Unternehmen, die die angegriffene Ausführungsform in verschiedenen Mitgliedstaaten vertreiben, im Sitzstaat des Unternehmens gegeben, das die Führungsfunktion ausübt – sog. Spinne im Netz („spider in the web"), Gerechtshof Den Haag, [1999] F. S. R. 352, 358f. – Expandable Grafts/Boston Scientific. Demgegenüber ist nach den Schlussanträgen des Generalanwalts Léger vom 8. 12. 2005 in der Rechtssache Roche/Primus, die der Hoge Raad dem EuGH vorgelegt hat (ABl. EG C-59/11, vgl. dazu auch Franzosi/Tilmann, Mitt. **05,** 55), Art. 6 Nr. 1 in einem Rechtsstreit über die Verletzung eines europäischen Patents nicht anzuwenden, in dem mehrere Gesellschafter mit Sitz in verschiedenen Vertragsstaaten wegen Handlungen verklagt werden, die im Hoheitsgebiet jedes dieser Staaten begangen worden sein sollen, selbst wenn diese Gesellschaften derselben Gruppe angehören und entsprechend einer gemeinsamen, von einer einzigen von ihnen ausgearbeiteten Geschäftspolitik in gleicher oder ähnlicher Art und Weise gehandelt haben sollen, Rs 539/03, Rdn. 145. Das Urteil des EuGH bleibt abzuwarten.

Der *ausschließliche* **Gerichtsstand** nach Art. 22 Nr. 4 Satz 1 EuGVVO (Art. 16 Nr. 4 EuGVVO, Art. 16 Nr. 4 LugÜ) betrifft Klagen, welche die Eintragung und die Gültigkeit des Patents zum Gegenstand haben und ist bei den Gerichten des Mitgliedstaates begründet, in dessen Hoheitsgebiet die Registrierung des Patents beantragt worden ist. Entsprechend sind bei europäischen Patenten – unbeschadet der Zuständigkeit des Europäischen Patentamtes nach dem EPÜ - die Gerichte eines jeden Mitgliedstaates ohne Rücksicht auf den Wohnsitz der Parteien für alle Verfahren ausschließlich zuständig, welche die Erteilung oder die Gültigkeit eines europäischen Patents zum Gegenstand haben, das für diesen Staat erteilt worden ist, Art. 22 Nr. 4 Satz 2 EuGVVO (Art. Vd Protokoll zum EuGVÜ, Protokoll Nr. 1 zum LugÜ, BGBl. 1994 II 530, 2693). Die Vorschrift ist restriktiv auszulegen, EuGH, IPRax **85,** 92, 94 Duijnstee/Goderbauer. Der ausschließlichen Zuständigkeit unterliegen die das Patent betreffenden Anmelde-, Erteilungs- und Einspruchsverfahren (bei europäischen Patenten ist insoweit allein das EPA zuständig) sowie die Nichtigkeitsverfahren, Kropholler, aaO, Art. 22, Rdn. 47. Nicht erfasst werden hingegen Streitigkeiten aus dem Arbeitnehmererfinderrecht, vgl. EuGH, aaO, 94 – Duijnstee/Goderbauer. Gleiches gilt für Vindikationsklagen aus § 8 PatG bzw. Art. II § 5 IntPatÜG (Stauder, IPRax **85,** 78f.) sowie für Klagen auf die Erteilung einer Zwangslizenz, Kropholler, aaO, Art. 22, Rdn. 49. Auch Patentverletzungsklagen (EuGH, aaO, 94 – Duijnstee/Goderbauer; Jenard-Bericht, ABlEG 1979 Nr. C 59, 1, 36) sowie Patentverletzungen bzw. Nichtverletzungen betreffende positive (vgl. zum schw. Recht: BG GRUR Int. **93,** 972 – Saftpresse) oder negative Feststellungsklagen (O'Sullivan, EIPR **96,** 654, 657) fallen grundsätzlich nicht in die ausschließliche Zuständigkeit nach Art. 22 Nr. 4 EuGVVO. Unterschiedlich beantwortet wird jedoch die Frage, ob die Erhebung des Nichtigkeitseinwands durch den Beklagten in Patentverletzungsverfahren oder die Geltendmachung der Nichtigkeit des Patents durch den Kläger in einem Verfahren auf Feststellung der Nichtverletzung des Patents dazu führt, dass das zunächst angerufene Gericht seine – etwa aus Art. 2 oder Art. 6 Nr. 1 EuGVVO – begründete intern. Zuständigkeit verliert und nunmehr ausschließlich die Gerichte des Mitgliedstaates zuständig werden, in dem das Patent erteilt worden ist bzw. für das das europäische Patent erteilt worden ist. *Bejahend:* engl. CA [1998] F. S. R. 237 = II C **98,** 927, 931 ff. – Fort Dodge/Akzo Nobel; engl. HC [1997] 3 AllER 45 = GRUR Int. **98,** 314, 316f. – Coin Controls/Suzo International; [1998] F. S. R. 222, 226 ff. - Fort Dodge/Akzo Nobel; [1999] F. S. R. 746 = GRUR Int. **99,** 784, 785 – Sepracor/Hoechst Marrion Roussel; TPI Brüssel, GRUR Int. **01,** 170, 171 f. – Rhöm Enzyme; *verneinend:* LG Düsseldorf, Entsch. **96,** 1, 4; **98,** 1, 3, 5; GRUR Int. **01,** 983; König, Mitt. **96,** 296, 298; v. Rospatt, GRUR Int. **97,** 861 f.; Kieninger, GRUR Int. **98,** 280, 288; Stauder, IPRax **98,** 317, 321; Meier-Beck, GRUR **99,** 379, 380; Kropholler, aaO, Art. 22, Rn. 50; Schlosser, EU-Zivilprozessrecht, 2. Aufl., Art. 22, Rn. 23 a; die niederl. Rspr. vgl. Nachweise bei: Bertrams, GRUR Int. **95,** 193, 198; Brinkhof, GRUR Int. **97,** 489, 492 f.; Karet EIPR **98,** 76, 81; Tilmann/v. Falck, GRUR **00,** 579, 582, Fn. 18; Wadlow, Enforcement of Intellectual Property in European and International Law, 1998, 1–54 ff.; offengelassen: schw. BG, GRUR Int. **04,** 448, 449 – Pulverbeschichtung. Das OLG Düsseldorf hat diese Frage – noch zur Auslegung von Art. 16 Nr. 4 EuGVÜ – dem EuGH gem. Art. 1, 2 Nr. 2, 3 Abs. 2 Protokoll betreffend die Auslegung des EuGVÜ vom 3. 6. 1971 (BGBl. 1975 II, 1138; 1994 II, 531) vorgelegt, vgl. GRUR Int. **03,** 1030 – MTD = InstGE **3,** 80 ff. – Torsionsdämpfer. Nach den Schlussanträgen des Generalanwalts Geelhoed vom 16. 9. 2004 findet Art. 16 Nr. 4 EuGVÜ Anwendung, wenn in einem Verfahren zur Feststellung einer Patentverletzung der Beklagte oder in einem Verfahren zur Feststellung der Nichtverletzung der Kläger geltend macht, dass das Patent ungültig oder nichtig ist (Rs C-4/03, Rdn. 48); andere Fragen in Bezug auf Patente fallen nicht unter Art. 16 Nr. 4 (aaO, Rdn. 36). Das Gericht, das über die Verletzung urteile, könne die Rechtssache ganz abgeben, es könne ein Verfahren aussetzen bis das nach Art. 16 Nr. 4 zuständige Gericht eines anderen Mitgliedstaates über die Gültigkeit des Patentes entschieden habe und es könne die Rechtssache – im Falle eines treuwidrig handelnden Beklagten – selbst abschließend entscheiden (Rdn. 46). Es bleibt abzuwarten, ob der EuGH sich diese Ansicht zu eigen machen wird, kritisch zu den Schlussanträgen etwa Franzosi/Tilmann, Mitt. **05,** 55, 57. Ist vor einem deutschen Gericht auf der Grundlage etwa des Art. 2 Abs. 1 oder 6 Nr. 1 EuGVVO Klage wegen der Verletzung des Patents eines anderen Mitgliedstaates oder des einen anderen Mitgliedstaat betreffenden Teils eines europäischen Patentes erhoben worden und hat später der Beklagte des Verletzungsverfahrens seinerseits vor einem nach Art. 22 Nr. 4 zuständigen Gericht des betroffenen Mitgliedstaates Nichtigkeitsklage erhoben, kommt eine **Aussetzung des Verletzungsverfahrens nach § 148 ZPO** in Betracht, Krieger, GRUR Int. **97,** 421; Stauder, GRUR Int. **76,** 514; Grabinski, GRUR Int. **01,** 199, 208. Das gilt auch, wenn zunächst vor einem deutschen Gericht negative Feststellungsklage betreffend die Verletzung eines in einem anderen Mitgliedstaat er- 101 d teilten Patents (etwa eines belgischen Patents) erhoben wird und später Nichtigkeitsklage gegen dieses Patent in dem anderen Mitgliedstaat erhoben wird; der Kläger kann sich dann gegen eine Aussetzung nicht auf sein Interesse an einer baldigen Rehabilitation berufen, OLG Düsseldorf, GRUR-RR **03,** 359.

101 e Werden bei Gerichten verschiedener Mitgliedstaaten Klagen wegen desselben Anspruchs zwischen denselben Parteien anhängig gemacht, so *setzt* das später angerufene Gericht das Verfahren von Amts wegen *aus,* bis die Zuständigkeit des zuerst angerufenen Gerichts feststeht **(Aussetzung bei paralleler Rechtshängigkeit),** Art. 27 Abs. 1 EuGVVO (Art. 21 Abs. 1 EuGVÜ, LugÜ). Der Begriff der Anspruchs- und Parteienidentität ist nach der Rspr. des EuGH autonom zu bestimmen, EuGH, NJW **89,** 665 – Gubisch/Palumbo; EuZW **95,** 309, 312 – Tatry/Maciej Rataj. Dabei ist nicht auf die formale Identität abzustellen, sondern darauf, ob in der Sache um dieselben Punkte – etwa die Wirksamkeit eines Vertrages – gestritten wird und sich dieselben Parteien – unabhängig von der formaler Parteirolle als Kläger oder Beklagter – gegenüberstehen, vgl. EuGH, aaO Denn durch die Aussetzung sollen einander widersprechende Entscheidungen in verschiedenen Mitgliedstaaten mit der Folge der Nichtanerkennung, Art. 34 Nr. 3 EuGVVO, vermieden werden. In diesem Sinne ist Art. 27 Abs. 1 EuGVVO weit auszulegen, EuGH, NJW **92,** 3221 – Overseas Union/New Hampshire Insurance. Danach liegt Anspruchs- und Parteienidentität vor, wenn zwischen denselben Parteien – umgekehrten Rubrums – eine Klage auf Unterlassung und/oder Schadensersatz wegen Patentverletzung sowie eine negative Feststellungsklage wegen Nichtverletzung des Patents erhoben worden sind, vorausgesetzt, es geht in beiden Fällen um ein- und dasselbe nationale Patent bzw. ein- und denselben nationalen Teil eines europäischen Patents und die angegriffene Ausführungsform ist ebenfalls in beiden Fällen identisch, OLG Düsseldorf, Mitt. **00,** 419, 421 – Aussetzung; LG Düsseldorf, GRUR Int. **98,** 803 – Kondensatorspeicherzellen; 804 – Impfstoff; Meier-Beck, GRUR **99,** 379, 381; Ullmann, GRUR **01,** 1027, 1032. Parteienidentität besteht zudem, wenn die negative Feststellungsklage gegen den Patentinhaber gerichtet ist, die Verletzungsklage aber von einem Lizenznehmer in Prozessstandschaft geltend gemacht wird, OLG Düsseldorf, aaO, 421 f., LG Düsseldorf, GRUR Int. **98,** 804; vgl. auch Meier-Beck, GRUR **99,** 379, 381 unter Hinweis auf EuGH Mitt. **98,** 387 Druot/Consolidated Metallurgical Industries (CMI). Die Reihenfolge der einander gegenüberstehenden Klagen beurteilt sich nach dem Zeitpunkt der Rechtshängigkeit. Die Frage der **Rechtshängigkeit** ist im Hinblick auf Art. 27, 28 EuGVVO in Art. 30 EuGVVO autonom geregelt. Im Geltungsbereich von Art. 21, 22 EuGVÜ und Art. 21, 22 LugÜ ist der Zeitpunkt der Rechtshängigkeit nach dem Verfahrensrecht des jeweils angerufenen Gerichts zu bestimmen. Ein **Hilfsantrag** wird ebenso wie ein Hauptantrag mit seiner Einreichung nach Art. 27 Abs. 1, 30 EuGVVO rechtshängig. Ist die Zuständigkeit des zuerst angerufenen Gerichts nur hinsichtlich des Hauptantrags rechtskräftig festgestellt und im Hinblick auf den Hilfsantrag eine abweichende Entscheidung denkbar, so ist der danach in einem anderen Mitgliedstaat eingeleitete Rechtsstreit, der identisch mit dem Hilfsantrag ist, auszusetzen, bis in dem prioritätsälteren Verfahren auch über die Zuständigkeit hinsichtlich des Hilfsantrags rechtskräftig entscheiden worden ist oder, weil der Hauptantrag erfolgreich war, feststeht, dass über den Hilfsantrag nicht mehr zu entscheiden sein wird (so OLG Köln, GRUR-RR **05,** 36, 39; vgl. aber auch OLG Düsseldorf, GRUR Int. **00,** 776, 778, zu Art. 27 Abs. 1 EuGVÜ, Vorlage zum EuGH, infolge Klagerücknahme gegenstandslos geworden).

Sind die Voraussetzungen des Art. 27 EuGVVO gegeben, hat das später angerufene Gericht das Verfahren **von Amts wegen auszusetzen;** eine Überprüfung der Zuständigkeit des zuerst angerufenen Gerichts findet grundsätzlich nicht statt. Auch wenn die Erhebung einer negativen Feststellungsklage in einem Mitgliedstaat mit einer vergleichsweise langsamen Gerichtsbarkeit nicht selten dadurch motiviert ist, eine entsprechende Patentverletzungsklage in einem anderen Mitgliedstaat mit schnellerer Gerichtsbarkeit zu blockieren **(sog. Torpedo),** liegt darin allein noch kein Grund eine unzulässige Rechtsausübung anzunehmen und deshalb von einer Aussetzung nach Art. 27 abzusehen, vgl. aber TPI Brüssel, GRUR Int. **01,** 170, 171 – Rhöm Enzyme; TGI Paris, GRUR Int. **01,** 173, 175 – The General Hospital/Braco. Denn dies würde darauf hinauslaufen, dass die Vorschriften über die Rechtshängigkeit nicht gelten, wenn das zuerst angerufene Gericht bestimmten Mitgliedstaaten angehört, was mit dem Grundsatz der Gleichwertigkeit der Justizgewährung in allen Mitgliedstaaten, der dem EuGVVO liegt – ebenso wie dem EuGVÜ und dem LugÜ – nicht vereinbar wäre. Entsprechend hat der EuGH entschieden, dass auf eine Aussetzung nicht schon deswegen verzichtet werden darf, weil allgemein die Dauer der Verfahren vor den Gerichten des Mitgliedstaates, dem das zuerst angerufene Gericht angehört, unvertretbar lang ist, EuGH, ABl. **04,** C 21, 7 (LS); EuZW **04,** 188, 191 f. – Grasser/MISAT. Zudem ist die Verhängung eines Prozessführungsverbotes, mit dem das Gericht eines Vertragsstaates einer Partei eines bei ihm anhängigen Verfahrens untersagt, eine Klage bei einem

Gericht eines anderen Vertragsstaates einzureichen oder ein dortiges Verfahren weiter zu betreiben (sog. **„anti-suit-injunctions"**), auch dann nicht mit dem im EuGVÜ zum Ausdruck kommenden Grundsatz des gegenseitigen Vertrauens der Vertragstaaten in ihre nationalen Rechtssysteme und Rechtspflegeorgane vereinbar, wenn der Kläger (des dortigen Verfahrens) wider Treu und Glauben zu dem Zweck handelt, ein bereits im Gerichtsstaat anhängiges Verfahren zu behindern, EuGH ABl. **04,** C 118, 21 (LS); EuZW **04,** 468 – Turner/Grovit. Ob es vor dem Hintergrund dieser Rechtsprechung des EuGH im Hinblick auf den Charakter des Patents als einem zeitlich befristeten Schutzrecht in Ausnahmefällen noch möglich sein wird, von einer Aussetzung nach Art. 27 EuGVVO wegen unzulässiger Rechtsausübung abzusehen, bleibt abzuwarten, vgl. dazu Véron, IIC **04,** 638. Zum Meinungsstand vor den beiden genannten Urteilen des EuGH vgl.: OLG Düsseldorf, Mitt. **00,** 419, 422f. – Aussetzung; LG Düsseldorf, InstGE **3,** 8, 13ff.; Franzosi, IIC **02,** 154, 160ff.; von Meibom/Pitz, GRUR Int. **98,** 765, 770; Treichel, GRUR Int. **01,** 175, 176ff.; Ullmann, GRUR **01,** 1027, 1031; vgl. allgemein: BGH, NJW **83,** 1269; BGHR **02,** 345; Bülow/Safferling, Der Intern. Rechtsverkehr, 20. ErgL., Bd. I 1e, Art. 21 EuGVÜ, Rn. 16; Geimer, NJW **84,** 527, 529f.; MünchKomm/Gottwald, 2. Aufl., Art. 21 EuGVÜ, Rn. 16; Schlosser, aaO, Art. 28 EuGVVO, Rn. 11; Zöller/Geimer, 23. Aufl., 2002, Anh I, Rn. 33; ablehnend: OLG München, RIW **98,** 631; Kropholler, aaO, Art. 27, Rn. 21.

Der für eine ***Aussetzung*** nach Art. 28 EuGVVO (Art. 22 EuGVÜ, LuGÜ) erforderliche **Zusammenhang der bei Gerichten verschiedener Mitgliedstaaten anhängigen Klagen** ist nach der allg. Rspr. des EuGH weit zu verstehen ist und erfasst daher alle Fälle, in denen die Gefahr einander widersprechender Entscheidungen besteht, selbst wenn die Entscheidungen getrennt vollstreckt werden können und sich ihre Rechtsfolgen nicht gegenseitig ausschließen, EuGH, EuZW **95,** 309, 312f. – Tatry/Maciej Rataj. Demnach stehen in verschiedenen Mitgliedstaaten im Hinblick auf eine bestimmte angegriffene Ausführungsform erhobene Verletzungsklagen oder negative Feststellungsklagen auch dann in einem Zusammenhang i.S.v. Art. 28 EuGVVO, wenn jeweils um die Verletzung eines anderen nationalen Teils desselben europäischen Patents gestritten wird. Die Aussetzungsentscheidung steht im pflichtgemäßen Ermessen des Gerichts. Dabei sind – wie bei einer Aussetzung nach § 148 ZPO – die Interessen der Parteien sorgfältig gegeneinander abzuwägen, Zöller/Geimer, ZPO, 24. Aufl., Anh I, Art. 28 EuGVVO, Rn. 7, 9. Eine Aussetzung kommt in Patentverletzungsklagen, die (auch) auf Unterlassung gerichtet sind, regelmäßig nicht in Betracht, wenn dies Verfahrensverzögerungen zur Folge hätte, die mit dem berechtigten Interesse des aus dem Patent Berechtigten an der Durchsetzung seines zeitlich befristeten Ausschließlichkeitsrechts nicht mehr vereinbart werden können (s. auch u. Rdn 111). **101f**

Die **Zuständigkeit für eine *einstweilige Maßnahme*** ist nicht davon abhängig, ob das angerufene Gericht auch in der Hauptsache zuständig ist, Art. 31 EuGVVO (= Art. 24 EuGVÜ, LugÜ). Daraus folgt, dass die intern. Zuständigkeit für den Erlass einer einstweiligen Verfügung auch dann nicht ausgeschlossen ist, wenn die Hauptsache bereits vor einem Gericht eines anderen Mitgliedstaates rechtshängig ist, etwa weil dort eine negative Feststellungsklage wegen Nichtverletzung des Patents erhoben worden ist, LG Düsseldorf, GRUR **00,** 692, 697; LG Hamburg, GRUR Int. **02,** 1025, vgl. auch belg. Cour de Cass., GRUR Int. **01,** 73; Grabinski, GRUR Int. **01,** 199, 211. Selbst für das später angerufene Gericht, das sein Verfahren nach Art. 27 ausgesetzt hat, ist es nicht ausgeschlossen, eine einstweilige Verfügung wegen desselben Anspruchs zwischen denselben Parteien zu erlassen, Kropholler, aaO, Art. 27, Rn. 14; Art. 31, Rn. 19. Die intern. Zuständigkeit des im Verfügungsverfahren angerufenen Gerichts kann sich sowohl aus der EuGVVO (EuGVÜ, LugÜ), als auch aus nationalem Recht ergeben, vgl. Kropholler, aaO, Art. 31, Rn. 10ff., 14ff. **101g**

Hinsichtlich **europäischer Patente** ist im EPÜ selbst lediglich die einheitliche Zuständigkeit des europäischen Patentamts für das Erteilungs-, Einspruchs- und Beschwerdeverfahren geregelt. Eine weitere einheitliche Zuständigkeitsregelung findet sich für Streitigkeiten über den Anspruch auf Erteilung des Patents zwischen Anmelder und einem Dritten im Anerkennungsprotokoll (BGBl. II 1976, S. 982 mit Ergänzung durch Art. II § 10 IntPatÜG, BGBl. II 1976, S. 649), welches nach seinem Art. 11 dem EuGVÜ und nunmehr auch der EuGVVO (vgl. Art. 22 Nr. 4 Abs. 2 EuGVVO) vorgeht. Hinsichtlich sonstiger Streitigkeiten ergibt sich eine territorial gespaltene Zuständigkeit als Konsequenz aus dem Umstand, dass das Europapatent nach seiner Erteilung und auch schon wegen des aus der Anmeldung folgenden einstweiligen Schutzes in eine Vielzahl rechtlich selbstständiger nationaler Schutzrechte zerfällt (s. Art. 2 Abs. 2, 64, 67, 74 EPÜ); die intern. Zuständigkeit ist daher für jedes Teilrecht wie für ein national erteiltes Patent nach allgemeinen Grundsätzen (s.o.) gesondert zu prüfen, wobei insbesondere die Bestimmungen der EuGVVO – vormals EuGVÜ – bzw. des LugÜ (s.o. Rdn. 101ff.) im **102**

Verhältnis zwischen den Mitgliedstaaten der EU bzw. den Vertragsstaaten des Abkommens zu beachten sind.

103 c) **Sachlich zuständig** für Klagen wegen Patentverletzung sind ausschließlich die Zivilkammern der Landgerichte (§ 143 Abs. 1) bzw. die nach § 143 Abs. 2 bestimmten Landgerichte; näheres dazu unten § 143 Rdn. 7ff., insbesondere auch zur Rüge der Unzuständigkeit anderer als der nach § 143 Abs. 2 bestimmten Landgerichte, zur Konkurrenz der ausschließlichen Zuständigkeit des § 143 mit anderen ausschließlichen sachlichen Zuständigkeiten sowie zur Einholung einer Vorabentscheidung durch den EuGH nach Art. 234 EG-Vertrag (ex-Art. 177 EWG-Vertrag).

2. Die Klage

104 a) **Klageanträge.** Zweckmäßig wird der Unterlassungsanspruch mit dem Anspruch auf Feststellung der Schadenersatzpflicht verbunden und dementsprechend die Rechnungslegung gefordert. Ratsam ist es, nur die Feststellung der Schadenersatzpflicht zu begehren und die Bezifferung des Schadens von dem Ergebnis der Rechnungslegung abhängig zu machen. Zulässig ist zwar die Verbindung der Klage auf Rechnungslegung mit der Leistungsklage auf Schadenersatz unter Vorbehalt des zu beziffernden Betrages (ZPO § 254). Es darf indes über den Zahlungsanspruch gemäß der Rechnungslegung erst verhandelt und entschieden werden, nachdem Rechnung gelegt ist, RG MuW **32,** 199; BGH FamRZ **75,** 35, 38. Deswegen ist es in der Praxis nahezu allgemein üblich geworden, nur die Feststellung der Schadenersatzpflicht zu begehren, die Bezifferung des Schadens aber einem weiteren Verfahren vorzubehalten.

Folgende Fassung der Klageanträge kommt in Betracht, wenn – beispielsweise – davon ausgegangen wird, dass **der Kläger die Beklagte zu 1) (eine GmbH) und den Beklagte zu 2) (Geschäftsführer der GmbH) wegen *unmittelbarer* Patentverletzung auf Unterlassung, Auskunft, Rechnungslegung, Vernichtung, Entschädigung und Schadensersatz** in Anspruch nimmt:

„I. Es wird beantragt:

1. die Beklagten zu verurteilen,
   bei Meidung eines vom Gericht für jeden Fall der Zuwiderhandlung festzusetzenden Ordnungsgeldes bis zu 250 000 Euro – ersatzweise Ordnungshaft – oder Ordnungshaft bis zu 6 Monaten im Falle wiederholter Zuwiderhandlung bis zu insgesamt 2 Jahren, zu unterlassen, ... gewerbsmäßig herzustellen (nur wenn die Beklagten selbst herstellen), anzubieten, in Verkehr zu bringen, zu gebrauchen oder zu den genannten Zwecken einzuführen oder zu besitzen, bei denen ... (es folgt die Kennzeichnung der Verletzungsform und der Verletzungshandlungen, vgl. dazu auch oben bei Rdn. 32);
2. dem Kläger unter Vorlage eines einheitlichen geordneten Verzeichnisses vollständig darüber Rechnung zu legen, in welchem Umfang sie die zu 1. bezeichneten Handlungen seit dem ... (hier ist das Datum einzusetzen, das sich aus dem Datum der Veröffentlichung der Patenterteilung oder [bei Geltendmachung auch von Entschädigungsansprüchen] der Patentanmeldung, ggfls. der ins Deutsche übersetzten Patentansprüche [vgl. Art. II § 1 Abs. 2 IntPatÜG] zzgl. 1 Monat „Karenz" [vgl. BGH GRUR **86,** 803, 806 – Formstein, wo allerdings ein Prüfungszeitraum von bis zu 4 Wochen als angemessen angesehen wird] begangen haben, und zwar unter Angabe
   a) der Herstellungsmengen und -zeiten (nur wenn die Beklagten selbst herstellen), (oder:) der Menge der erhaltenen oder bestellten Erzeugnisse sowie der Namen und Anschriften der Hersteller, Lieferanten und anderer Vorbesitzer,
   b) der einzelnen Lieferungen, aufgeschlüsselt nach Liefermengen, -zeiten und -preisen (und ggfls. Typenbezeichnungen) sowie den Namen und Anschriften der Abnehmer,
   c) der einzelnen Angebote, aufgeschlüsselt nach Angebotsmengen, -zeiten und -preisen (und ggfls. Typenbezeichnungen) sowie der Namen und Anschriften der Angebotsempfänger,
   d) der betriebenen Werbung, aufgeschlüsselt nach Werbeträgern, deren Auflagenhöhe, Verbreitungszeitraum und Verbreitungsgebiet und
   e) der nach einzelnen Kostenfaktoren aufgeschlüsselten Gestehungskosten und des erzielten Gewinns,
   (ggfls.) wobei:
   – sich die Verpflichtung zur Rechnungslegung für die Zeit vor dem 1. 5. 1992 auf Handlungen in dem Gebiet der Bundesrepublik Deutschland in den bis zum 2. 10. 1990 bestehenden Grenzen beschränkt (wenn die Ansprüche auf Schadensersatz auch für die Zeit vor dem 1. 5. 1992 geltend gemacht werden),

- von dem Beklagten zu 2) sämtliche Angaben und von beiden Beklagten die Angaben zu e) nur für die Zeit seit dem ... (wenn Entschädigungsanspruch gegenüber der Beklagten zu 1) geltend gemacht: Zeitpunkt, ab dem Schadensersatz geltend gemacht wird),
- die Angaben zu a) nur für die Zeit seit dem 1. 7. 1990 zu machen sind (wenn Angaben nach lit a), 2. Alt. gem. § 140b PatG gefordert, Rechnungslegung aber auch für die Zeit vor Inkrafttreten von § 140b PatG am 1. 7. 1990 geltend gemacht werden),
- hinsichtlich der Angaben zu a) (wenn Angaben zu erhaltenen und bestellten Erzeugnissen gefordert werden sowie Namen und Anschriften der Hersteller, Lieferanten und anderer Vorbesitzer gefordert werden) und b) die entsprechenden Einkaufs- oder Verkaufsbelege (Rechnungen, Lieferscheine) in Ablichtung vorzulegen sind (zur Belegvorlagepflicht vgl. Rdn. 89a, § 140b Rdn. 8),
- den Beklagten vorbehalten bleibt, die Namen und Anschriften der Angebotsempfänger und der nicht gewerblichen Abnehmer statt dem Kläger einem von dem Kläger zu bezeichnenden, ihm gegenüber zur Verschwiegenheit verpflichteten vereidigten Wirtschaftsprüfer mitzuteilen, wenn die Beklagten dessen Kosten tragen und ihn ermächtigen und verpflichten, dem Kläger auf konkrete Anfrage mitzuteilen, ob ein bestimmter Abnehmer oder Angebotsempfänger in der Aufstellung enthalten ist (wenn die Mitteilung der in § 140b Abs. 2 PatG genannten Angaben unverhältnismäßig ist, kann der Wirtschaftsprüfervorbehalt ggfls. entsprechend erweitert werden);

3. die im unmittelbaren oder mittelbaren Besitz oder Eigentum der Beklagten befindlichen, unter 1. bezeichneten Erzeugnisse zu vernichten oder nach ihrer Wahl an einen von ihnen zu benennenden Treuhänder zum Zwecke der Vernichtung – auf Kosten der Beklagten – herauszugeben (wenn eine Vernichtung der Gesamtvorrichtung unverhältnismäßig ist, kann die Vernichtung einer Teilvorrichtung in Betracht kommen, die ggfls. zu bezeichnen ist);

II. festzustellen,

1. dass die Beklagte zu 1) verpflichtet ist, dem Kläger für die zu I. 1. bezeichneten, in der Zeit vom ... bis zum ... (Datum der Veröffentlichung der Patentanmeldung zzgl. 1 Monat bis Datum der Veröffentlichung der Patenterteilung zzgl. 1 Monat) begangenen Handlungen eine angemessene Entschädigung zu zahlen;
2. dass die Beklagten als Gesamtschuldner verpflichtet sind, dem Kläger allen Schaden zu ersetzen, der ihm (ggfls. auch dem Patentinhaber oder dem früheren Patentinhaber) durch die zu I.1. bezeichneten, seit dem ... (Datum der Veröffentlichung der Patenterteilung zzgl. 1 Monat) begangenen Handlungen entstanden ist und noch entstehen wird."

Entsprechend diesen Klageanträgen ist auch die Urteilsformel zu fassen. Den vorstehenden Anträgen liegt die Geltendmachung eines Vorrichtungspatents zugrunde, § 9 S. 1 Nr. 1. Begehungsformen, die nach Lage der Dinge nicht ernsthaft in Betracht kommen (das gilt insbesondere für die Herstellung bei einem reinen Handelsunternehmen), sind zur Vermeidung von Kostennachteilen auszuklammern, weil die Klage ansonsten wegen fehlender Begehungsgefahr insoweit abzuweisen ist. Wird aus einem Verfahrenspatent geklagt, kommen als zu untersagende Begehungsformen das Anwenden und/oder das Anbieten zur Anwendung in Betracht. Wird Schutz für ein Verfahrenserzeugnis gem. § 9 Nr. 3 in Anspruch genommen, so muss sowohl das Produkt wie auch das Verfahren in den Antrag aufgenommen werden, weil die Herstellung des gleichen Erzeugnisses nach einem anderen Verfahren nicht unter den Schutz d. Patents fällt und nicht untersagt werden kann; die Angabe des Herstellungsverfahrens im Antrag ist jedoch dann weder möglich noch erforderlich, wenn das konkret benutzte Verfahren nicht bekannt, eine Patentverletzung jedoch nach § 139 Abs. 3 zu vermuten ist, s. dazu BGH GRUR **77,** 100 (Alkylendiamine) m. Anm. Beil u. unten Rdn. 124. Die Beschränkung der Anträge auf gewerbsmäßige Handlungen entspricht § 11 Nr. 1 und ständiger Praxis; je nach Sachlage kann es sich anbieten, von vornherein auch noch weitere Ausnahmetatbestände des § 11 in der Antragsfassung zu berücksichtigten; meist wird das aber fern liegen. Die Anträge sind in engem Anschluss an die Verletzungsform zu formulieren. Das gilt vor allem für die Formulierung des Verletzungsgegenstandes, die jeder Abweichung vom Wortlaut der Patentansprüche jedenfalls dann Rechnung tragen muss, wenn eine Verletzung mit äquivalenten Mitteln geltend gemacht wird. In der Regel nicht erforderlich, weil selbstverständlich, ist die ausdrückliche Beschränkung der Anträge auf Verletzungshandlungen im Inland (RG GRUR **37,** 286, 288) und auf Verletzungshandlungen während der Schutzdauer des Patents (oben Rdn. 34). Wird aus mehreren Schutzrechten mit unterschiedlichen Erfindungsmerkmalen geklagt, so empfiehlt sich zumeist eine Aufgliederung der Klageanträge nach den einzelnen Schutzrechten.

Auf Unteransprüche gestützte *„Insbesondere"*-Anträge stellen nur beispielhafte Konkretisierungen des Rechtsschutzbegehrens dar; sie werden daher nach der Rspr. des LG Düsseldorf im

Urteilsausspruch regelmäßig nicht berücksichtigt, etwa LG Düsseldorf, Entsch. **97,** 51. „Insbesondere"-Anträge können aber Bedeutung erlangen, wenn die Beklagten beispielsweise ein Vorbenutzungsrecht gem. § 12 PatG oder den sog. Formstein-Einwand geltend macht und das Vorbenutzungsrecht bzw. der Einwand zwar dem Hauptanspruch entgegensteht, nicht aber gegenüber dem „insbesondere" geltend gemachten Unteranspruch durchgreift, vgl. Kühnen/Geschke, Die Durchsetzung von Patenten in der Praxis, 2. Aufl., Rdn. 255; Meier-Beck, GRUR **98,** 276, 277, Fn. 8.

Soweit – wegen (teilweiser) Verjährung – ein **Rest-Schadensersatzanspruch** nach § 141 S. 3 oder – wegen fehlenden Verschuldens – ein **Bereicherungsanspruch** gem. § 812 Abs. 1 S. 1 Alt. 2 BGB geltend gemacht wird, ist der Antrag in dem obigen Beispiel wie folgt abzuändern, um eine Teilklageabweisung, die bei unveränderter Klagestellung drohen würde, zu vermeiden:

„...

II. festzustellen, dass die Beklagten als Gesamtschuldner verpflichtet sind, dem Kläger allen Schaden zu ersetzen, der ihm durch die zu I.1. bezeichneten, in der Zeit seit dem ... begangenen Handlungen entstanden ist und noch entstehen wird, wobei sich die Schadenersatzpflicht für die vor dem ... begangenen Handlungen auf die Herausgabe dessen beschränkt was die Beklagten durch die unter I.1. bezeichneten Handlungen auf Kosten des Klägers erlangt hat." (teilweiser Rest-Schadensersatzanspruch)

„...

II. festzustellen, dass der Beklagte verpflichtet ist, dem Kläger nach Maßgabe der Vorschriften über die Herausgabe einer ungerechtfertigten Bereicherung dasjenige herauszugeben, was er durch die zu I.1. bezeichneten Handlungen seit dem ... auf Kosten des Klägers erlangt hat oder noch erlangen wird." (Bereicherungsanspruch)

In Zweifelsfällen kann ein solcher Antrag auch als Hilfsantrag formuliert werden; notwendig ist dies jedoch nicht, da der Bereicherungsanspruch (und selbstverständlich auch der Rest-Schadensersatzanspruch) gegenüber dem patentrechtlichen Schadenersatzanspruch lediglich eine Einschränkung darstellt und daher hilfsweise auch *von Amts wegen* geprüft werden muss.

Nimmt der Kläger die oben benannten Beklagten wegen ***mittelbarer* Patentverletzung auf Unterlassung, Rechnungslegung, Vernichtung, Entschädigung und Schadensersatz** in Anspruch, können die Anträge wie folgt lauten:

„I. Es wird beantragt,

1. es bei Meidung eines für jeden Fall der Zuwiderhandlung vom Gericht festzusetzenden Ordnungsgeldes bis zu 250 000 Euro – ersatzweise Ordnungshaft – oder einer Ordnungshaft bis zu 6 Monaten, im Falle wiederholter Zuwiderhandlung bis zu insgesamt 2 Jahren, zu unterlassen,
   ... (Bezeichnung des angebotenen oder gelieferten Mittels mit seinen erfindungsgemäßen Merkmalen) für ... (Bezeichnung der erfindungsgemäßen Gesamtvorrichtung, für die das Mittel geeignet und bestimmt ist)
   Abnehmern im Gebiet der Bundesrepublik Deutschland anzubieten und/oder an solche zu liefern,
   ggf. ohne
   a) im Falle des Anbietens ausdrücklich und unübersehbar darauf hinzuweisen, dass die ... (Bezeichnung der Mittel) nicht ohne Zustimmung des Klägers als Inhabers des ... (Bezeichnung des Klagepatentes) ... mit ... (Bezeichnung der erfindungsgemäßen Gesamtvorrichtung, für die die Mittel sich eignen) verwendet werden dürfen;
   b) im Falle der Lieferung den Abnehmern unter Auferlegung einer an den Patentinhaber zu zahlenden Vertragsstrafe von ... Euro pro ... (Bezeichnung des Mittels), mindestens jedoch ... Euro für jeden Fall der Zuwiderhandlung, die schriftliche Verpflichtung aufzuerlegen, die ... (Bezeichnung des Mittels) nicht ohne Zustimmung des Patentinhabers für ... (Bezeichnung der erfindungsgemäßen Gesamtvorrichtung für die die Mittel sich eignen) zu verwenden, die mit den vorstehend unter a) bezeichneten Merkmalen ausgestattet sind;
2. dem Kläger darüber Rechnung zu legen, in welchem Umfang sie
   a) in der Zeit vom ... bis zum ... (Entschädigungszeitraum wie oben im Ausgangsbeispiel zu bestimmen) die zu 1. bezeichneten Mittel für die zu 1. bezeichneten Vorrichtungen Abnehmern in der Bundesrepublik Deutschland angeboten und/oder an solche geliefert haben, ohne den jeweiligen Angebotsempfänger und/oder Abnehmer ausdrücklich und unübersehbar darauf hingewiesen zu haben, dass er dem Kläger eine den Umständen nach angemessene Entschädigung zu leisten hat, wenn er die ihm angebotenen und/oder gelieferten Mittel für die erfindungsgemäßen Vorrichtungen verwendet,

b) in der Zeit seit dem ... (Schadensersatzzeitraum wie oben im Ausgangsbeispiel zu bestimmen) die zu 1. bezeichneten Handlungen begangen haben,
und zwar unter Angabe
... (wie oben im Ausgangsbeispiel);

II. festzustellen,
dass die Beklagten als Gesamtschuldner verpflichtet sind, dem Kläger allen Schaden zu ersetzen, der ihm durch die zu I.1. bezeichneten, in der Zeit seit dem ... begangenen Handlungen entstanden ist und noch entstehen wird."

Das vorstehende Beispiel bezieht sich auf einen Fall, in dem das angebotene und gelieferte Mittel nicht nur patentverletzend, sondern auch patentfrei verwendet werden kann. Ein uneingeschränktes Unterlassungsgebot (*„Schlechthin-Verbot"*) stellt sich unter diesen Voraussetzungen nur dann als verhältnismäßig dar, wenn eine weniger einschränkende Unterlassungsanordnung die Gefahr einer patentverletzenden Benutzung durch die Abnehmer nicht beseitigen kann, vgl. OLG Düsseldorf, GRUR-RR **04,** 345, 349 – Rohrschweißverfahren. Oft wird es hinreichend sein, den Beklagten nicht nur – wie im vorstehenden Beispiel – hinsichtlich des Anbietens, sondern auch hinsichtlich des Vertreibens lediglich eine Hinweispflicht aufzuerlegen. Wenn dies nicht ausreicht, zukünftige Patentverletzungen durch Abnehmer zu vermeiden, kann – wie im vorstehenden Beispiel hinsichtlich des Vertreibens – das Ausschließlichkeitsrecht des Klägers auch durch ein den Abnehmern bei Lieferung aufzuerlegendes Vertragsstrafeversprechen gesichert werden. Allgemein gilt, dass sich der Grad der Beschränkung an dem Grad der Gefahr einer patentverletzenden Benutzung auszurichten hat, OLG Düsseldorf, GRUR-RR **02,** 369, 377 – Haubenstretchautomat, Mitt. **03,** 264, 268; vgl. auch Scharen, GRUR **01,** 995, 997f. u. o. Rdn. 32a sowie Erl. zu § 10. Ein Antrag auf Feststellung, dass die Beklagte zu 1) verpflichtet ist, dem Kläger für die in der Zeit von der Veröffentlichung der Patentanmeldung bis zur Patenterteilung (jeweils zzgl. 1 Monat) eine angemessene Entschädigung zu zahlen, kommt bei mittelbarer Patentbenutzung nicht in Betracht (vgl. BGH, GRUR **04,** 845, 847ff. – Drehzahlermittlung).

Soll nach einer Verwarnung **negative Feststellungsklage** erhoben werden (vgl. zu den Voraussetzungen oben bei Rdn. 95), kann der Antrag bei einem Vorrichtungsanspruch wie folgt formuliert werden:

Es wird beantragt,
festzustellen, dass der Klägerin gegen die Beklagten aus dem Patent ... keine Ansprüche zustehen, wenn die Beklagte Vorrichtungen herstellt, anbietet, verbreitet oder zu den genannten Zwecken einführt oder besitz, die folgende Merkmale aufweisen: (es folgt eine nähere Beschreibung der als patentverletzend beanstandeten Vorrichtung)

b) Klagänderung. Wann eine Klagänderung vorliegt und wann sie zulässig ist, bestimmt sich nach den §§ 263, 264, 268 ZPO. Erweiterungen oder Beschränkungen der Anträge bei gleich bleibendem Klaggrund sind nicht als Klagänderungen anzusehen (§ 264 Nr. 2 ZPO); sie können namentlich bei einer Änderung des Schutzrechts erforderlich werden (vgl. oben Rdn. 4 und unten Rdn. 139, 145). Keine Klagänderung ist auch der Übergang von der Feststellungs- zur Leistungsklage oder umgekehrt, RGZ **171,** 202, 203; RG GRUR **38,** 574, 576; BGH NJW **85,** 1784, und der Übergang vom Rechnungslegungs- zum Zahlungsanspruch oder umgekehrt, RGZ **40,** 7, 9; **144,** 71, 74; BGH NJW **69,** 1486; **79,** 925, 926. Auch nicht der Übergang vom Schadenersatzanspruch zum Bereicherungsanspruch (Rdn. 84). Auch nicht erstmalige Formulierung einer mittelbaren Patentverletzung, wenn der maßgebliche Sachverhalt als solcher schon vorher Gegenstand der Klage war, vgl. BGH, GRUR **05,** 407. Dagegen ist die Heranziehung eines weiteren Schutzrechts zur Anspruchsbegründung auch bei gleich bleibenden Klaganträgen eine Klagänderung, die aber schon wegen § 145 PatG in der Regel als sachdienlich zuzulassen sein wird (§ 263 ZPO); vgl. § 145 Rdn. 2. In diesem Fall kommt aber – um eine Überfrachtung und ggfls. auch eine Verzögerung des Verfahrens zu vermeiden – eine Abtrennung der auf die Verletzung des weiteren Schutzrechts gestützten Anträge gem. § 145 ZPO in Betracht. Bei der negativen Feststellungsklage (oben Rdn. 95) kann eine Klagänderung darin liegen, dass der Kläger statt der zunächst behaupteten engen Auslegung des Patents seine eigene Ausführungsform als wesensverschieden von der geschützten darlegt, RG GRUR **39,** 783, 785. 105

3. Stillstand des Verfahrens

a) Unterbrechung. Patentverletzungsprozesse gehören ohne Rücksicht auf den Streitwert vor die Landgerichte (§ 143 Abs. 1 PatG), sind also immer Anwaltsprozesse (§ 78 ZPO). Der Tod einer Partei (§ 239 ZPO), der Verlust ihrer Prozessfähigkeit oder der Wegfall ihres gesetz- 106 lichen Vertreters (§ 241 Abs. 1 ZPO) bewirken daher, wenn ein Prozessbevollmächtigter bestellt ist, keine Unterbrechung des Verfahrens, sondern berechtigen nur zur Stellung eines Antrags auf Aussetzung des Verfahrens (§ 246 ZPO). Dagegen bewirkt der Wegfall des Anwalts einer Partei die Unterbrechung des Verfahrens (§ 244 ZPO). Eine Unterbrechung des Verfahrens tritt ferner ein, wenn **über das Vermögen des inländischen Klägers,** gleichgültig ob er durch einen Prozessbevollmächtigten vertreten ist oder nicht, **das Insolvenzverfahren eröffnet** wird (§ 240 ZPO). Die Aufnahme des Verfahrens erfolgt nach § 85 InsO; gibt der Insolvenzverwalter dem Schuldner die Klagansprüche frei, so kann nunmehr der Schuldner anstelle des Insolvenzverwalters den Rechtsstreit ebenso weiterführen wie bei Einstellung des Insolvenzverfahrens, §§ 85 II, 215 II InsO.

106a Unterbrechung auch bei **Insolvenz d.** inländischen **Verletzungsbeklagten,** vgl. BGH GRUR **66,** 218, 219 m.w.N. Der **Unterlassungsanspruch** ist als solcher zwar gegen die Person des Verletzers, nicht gegen sein Vermögen gerichtet (vgl. § 890 ZPO); er „betrifft" jedoch die Insolvenzmasse (§ 240 ZPO), wenn zwischen der verlangten Unterlassung und der Insolvenzmasse eine rechtliche oder wirtschaftliche Beziehung besteht, vgl. KG GRUR **33,** 637/38, wenn also durch die Verurteilung zur Unterlassung z.B. ein dem Schuldner zustehendes Lizenzrecht an einem abhängigen Patent beeinträchtigt würde, RGZ **89,** 114, oder die Masse an der Verwertung von Einrichtungen des Schuldners zur Herstellung von Erzeugnissen oder an der Verwertung von Waren gehindert oder ein als Insolvenzforderung drohender Schadenersatzanspruch aus einer vorangegangenen einstweiligen Verfügung gegen den Schuldner präjudiziert würde, RGZ **132,** 362, oder ganz allgemein, wenn sich der Unterlassungsanspruch gegen den eingerichteten Gewerbebetrieb des Schuldners richtet, vgl. RGZ **134,** 377, 379. Sofern der Unterlassungsanspruch nicht nur die Insolvenzmasse betrifft, sondern auch die Rechtsstellung des Verletzungsbeklagten außerhalb des Insolvenzverfahrens berührt, wird durch die Insolvenzeröffnung gleichwohl der Verletzungsstreit einheitlich und im gesamten Umfang unterbrochen, vgl. BGH GRUR **66,** 218, 219. Wegen weiterer Einzelheiten vgl. Zeising Mitt. **01,** 411, 417ff. mit Darstellung d. z.T. widerstreitenden Meinungen. Der **Schadensersatzanspruch** ist für die Zeit bis zur Eröffnung des Insolvenzverfahrens des Verletzungsbeklagten Insolvenzforderung (§ 38 InsO), für die Zeit danach, wenn der Insolvenzverwalter seinerseits schuldhaft die Verletzung fortsetzt, Masseverbindlichkeit (§ 55 I Nr. 1 InsO). Der **Rechnungslegungsanspruch** teilt als Hilfsanspruch zum Zahlungsanspruch dessen Schicksal; das Verfahren wird daher durch das Insolvenzverfahren des Verletzungsbeklagten unterbrochen; der Anspruch ist nunmehr sowohl für die Zeit vor Eröffnung d. Insolvenzverfahrens als auch für die Zeit danach vom Insolvenzverwalter zu erfüllen; die Aufnahme des unterbrochenen Verfahrens richtet sich daher nach §§ 85, 86 InsO; im Einzelnen jedoch str.; insbes. für d. Anspruch aus § 140b kommt auch eine Fortsetzung des Verfahrens gegen d. Schuldner in Betracht; dazu im Einzelnen Zeising Mitt. **01,** 411, 415, 419ff.

106b Wegen der persönlichen Haftung des Insolvenzverwalters s.o. Rdn. 22. Zur Rechtslage bei **Auslandsinsolvenz** ist seit BGHZ **95,** 256 anerkannt, dass diese grundsätzlich auch im Inlandsprozess zu berücksichtigen ist und den ausländischen Insolvenzverwalter berechtigt, auch Inlandsvermögen zur Insolvenzmasse zu ziehen. Unterbrechung d. Inlandsprozesses (§ 240 ZPO) bei Auslandsinsolvenz dann, wenn dieser nach ausl. Recht z. Übergang d. Prozessführungsbefugnis auf einen Insolvenzverwalter führt, BGH WM **98,** 43 (u. NJW **97,** 2525).

107 **b) Aussetzung. Literaturhinweis:** Harraeus GRUR **64,** 181ff.; Horn GRUR **69,** 169, 170ff.; v. Maltzahn GRUR **85,** 163; vgl. auch die Vortragsberichte in GRUR **63,** 418; **67,** 350 sowie Walter, GRUR Int. **89,** 441ff. zur Aussetzung in der Schweiz und Brinkhof, GRUR Int. **89,** 444ff. zur Aussetzung in den Niederlanden; Rogge GRUR Int. **96,** 386ff., U. Krieger GRUR **96,** 941ff. und Reimann/Kreye in FS W. Tilmann (2003) S. 587ff. zur Aussetzung in (deutschen) Patentverletzungsprozessen; Dagg Mitt. **03,** 1ff. zur Aussetzungspraxis in versch. Ländern bei EPA-Einspruchsverfahren; zur Praxis bei LG und OLG Düsseldorf vgl. insbes. Kühnen/Geschke, Die Durchsetzung von Patenten i. d. Praxis, 2. Aufl. (2005) Rdn. 422ff.

Die Aussetzung des Verletzungsprozesses nach § 148 ZPO kommt – zur Vermeidung widerstreitender Entscheidungen, BGHZ **158,** 372, 376 – namentlich dann in Betracht, wenn gegen das Klagepatent eine **Nichtigkeitsklage** (§§ 22, 81ff.) oder ein **Einspruchsverfahren** (§§ 21, 59) schwebt (vgl. oben Rdn. 25). Die bloße Androhung der Nichtigkeitsklage rechtfertigt die Aussetzung nicht, RG GRUR **36,** 50, 51. Ist die Nichtigkeitsklage erhoben (gleichgültig ob vom Verletzungsbeklagten oder von einem Dritten, LG München I GRUR **56,** 209/10), so steht die Aussetzung im Ermessen des Gerichts, BGHZ **158,** 372, 376. Die Aussetzung kann auch noch in der Revisionsinstanz erfolgen, und zwar ggf. schon vor Entscheidung über d.

Nichtzulassungsbeschwerde, BGHZ **158,** 372, 374ff. – Druckmaschinen-Temperierungssystem. Um Missbräuche zu verhindern, wird der Verletzungsprozess nur auszusetzen sein, wenn der voraussichtliche Erfolg der anhängigen Nichtigkeitsklage oder des Einspruchsverfahrens glaubhaft gemacht ist, BGH GRUR **58,** 75, 76; OLG Düsseldorf GRUR **79,** 188; auch wenn die Nichtigkeitsklage oder der Einspruch auf eine offenkundige Vorbenutzung gestützt wird, braucht die Vorbenutzung (um die Aussetzung anordnen zu können) nicht voll bewiesen, sondern nur glaubhaft gemacht zu sein, LG Düsseldorf Mitt. **67,** 77. Die bloße Möglichkeit der Vernichtung oder des Widerrufs genügt nicht, RG Mitt. **03,** 16, entgegen OLG Hamburg Mitt. **77,** 219 auch nicht die einfache Wahrscheinlichkeit, wenn sie lediglich auf Grund summarischer Prüfung bejaht wird. Es ist große Zurückhaltung geboten, damit nicht auf diesem Wege praktisch eine Suspendierung des d. Patentinhaber mit d. Patenterteilung verliehenen Verbotsrechts für eine erhebliche Zeitspanne erreicht wird, OLG Düsseldorf GRUR **79,** 188; OLG München GRUR **90,** 353. Es wird daher durchweg eine „hohe Wahrscheinlichkeit" der fehlenden Rechtsbeständigkeit des Patents verlangt, Düsseldorf Mitt. **97,** 257, 258. Der erforderliche Grad d. Erfolgsaussicht ist jedoch nicht starr, sondern in Abwägung mit sonstigen Gesichtspunkten zu bestimmen; der Beklagte sollte nicht wesentlich schlechter stehen als wenn das Verletzungsgericht auch die Entscheidungskompetenz z. Schutzfähigkeit hätte, und die Schwierigkeit d. Sachverhalts rechtfertigt nicht Verweigerung jeder ernsthaften Prüfung d. Erfolgsaussichten; vgl. dazu Rogge GRUR Int. **96,** 386, 388. Gegen eine Aussetzung spricht, wenn d. Beklagte das Nichtigkeitsverfahren verzögerlich eingeleitet oder betrieben hat, Rogge aaO; ebenso Busse Rdn. 11 zu § 140 u. LG Düsseldorf InstGE **3,** 54, 58. Wegen der Vollstreckungsmöglichkeit nach § 709 Satz 1 ZPO kann die Aussetzung in zweiter Instanz großzügiger erfolgen, Düsseldorf Mitt. **97,** 257; **03,** 252, 261. Eine förmliche Beweisaufnahme über die Voraussetzungen einer Aussetzung erfolgt nicht, OLG München Mitt. **70,** 100; OLG Hamburg Mitt. **77,** 219; OLG Düsseldorf GRUR **79,** 636; dagegen kritisch Bierbach GRUR **81,** 458, 461ff. Die Vernichtung des Klagepatents wird in der Regel nicht wahrscheinlich sein, wenn mit der Nichtigkeitsklage nichts vorgebracht wird, was nicht bereits im Erteilungsverfahren, ggf. in mehreren Instanzen, geprüft worden ist, BGH GRUR **59,** 320, 324, oder wenn die Nichtigkeitsklage bereits in 1. Instanz abgewiesen ist und die dagegen erhobene Berufung dem nichts Durchschlagendes entgegenzusetzen hat, BGH GRUR **58,** 179, 180; OLG Düsseldorf GRUR **79,** 636, 637. Die Aussetzung wegen einer auf offenkundige Vorbenutzung gestützten Nichtigkeitsklage setzt einen schlüssigen u. detaillierten, mit Beweismitteln belegten Vortrag der angeblichen Vorbenutzungshandlungen und i.d.R. weitere zusätzliche objektive Anhaltspunkte für dessen Richtigkeit voraus, OLG Düsseldorf GRUR **79,** 636. Die Voraussetzungen für eine Aussetzung werden jedoch überspannt, wenn teilweise verlangt wird, die Vernichtung des Patents müsse „ohne weiteres" zu erwarten sein (so OLG Karlsruhe Mitt. **68,** 217, 218 re. Sp.) oder die Bedenken gegen die Schutzfähigkeit des Klagerechts dürften nicht lediglich die Erfindungshöhe betreffen (so OLG München Mitt. **69,** 158) oder müssten insoweit „greifbar und offen zu Tage treten" (LG Düsseldorf BlPMZ **95,** 121, 127). Eine nur beschränkte Verteidigung im Einspruchs- oder Nichtigkeitsverfahren kann für eine Aussetzung sprechen, jedoch nur unter der weiteren Voraussetzung, dass die eingeschränkte Lehre in ihrer Schutzfähigkeit zumindest zweifelhaft ist oder die angegriffene Ausführungsform nicht mehr erfassen würde (zu weitgehend OLG München GRUR **90,** 353). In der Revisionsinstanz ist nach etwas weniger strengen Grundsätzen zu prüfen, da der BGH als übergeordnete Instanz auch im Erteilungs-, Einspruchs- oder Nichtigkeitsverfahren mit der Prüfung der Schutzfähigkeit befasst werden kann; eine Aussetzung kommt daher hier schon dann in Betracht, wenn ein gegen ein erteiltes Patent ergriffener Rechtsbehelf einige Erfolgsaussicht hat, BGH GRUR **87,** 284; Aussetzung auch noch bei einer erst nach Abschluss d. Tatsacheninstanzen erhobenen Nichtigkeitsklage, wenn diese Erfolg versprechend u. nicht nur als Verzögerungsmanöver zu werten ist, BGHZ **158,** 372, 376 – Druckmaschinen-Temperierungssystem. In allen Instanzen wird eine Aussetzung umso eher angemessen sein, je früher eine Entscheidung im Nichtigkeitsverfahren zu erwarten ist; sie ist es daher im Allgemeinen dann nicht mehr, wenn das Nichtigkeitsverfahren zum Ruhen gebracht wird; bei Zustimmung des Schutzrechtsinhabers kann das u. U. anders sein, strenger jedoch OLG Frankfurt Mitt. **89,** 180. Auch ist eine Aussetzung dann eher zu rechtfertigen, wenn im Wesentlichen nur noch ein Ersatzanspruch für die Vergangenheit und kein in die Zukunft gerichteter Unterlassungsanspruch in Streit steht. In der Revisionsinstanz kann, wenn die Nichtigkeitsklage erst nach Abschluss der Tatsacheninstanzen des Verletzungsstreits erhoben ist, die Aussetzung u. U. bereits ohne Prüfung der Erfolgsaussichten der Nichtigkeitsklage wegen eines nicht zu billigenden verzögerlichen Verhaltens des Verletzers abgelehnt werden, BGH GRUR **58,** 75. Eine großzügigere Handhabung kann im Einzelfall unter Abwägung der widerstreitenden Interessen aus prozessökonomischen Gründen dann gerechtfertigt sein, wenn die Entscheidung im Nichtigkeitsverfahren ohne übermäßige Verzögerung die Klärung von Fragen (z.B. Auslegung des Patents, Aufklärung einer behaupteten Vorbenutzung) erwarten lässt, über die sonst eine Beweisaufnahme (insbesondere Einholung eines Gutachtens) im Verletzungsprozess erforderlich wäre, vgl. v. Maltzahn, GRUR **85,** 163, 166ff. Eine Aussetzung ist im Allgemeinen dann geboten, wenn das Patent bereits – nicht rechtskräftig – im Einspruchs- oder Nichtigkeitsverfahren erster Instanz zumindest soweit eingeschränkt worden ist, dass die angegriffene Ausführungsform nicht mehr erfasst wird, vgl. Düsseldorf InstGE **3,** 62. Im Zweifel auch bei rechtskräftiger Nichtigerklärung und dagegen anhängiger Verfassungsbeschwerde, LG Düsseldorf InstGE **5,** 66.

Eine Aussetzung des Verletzungsstreits nach § 148 ZPO kann auch dann in Betracht kommen, wenn der Beklagte den Kläger auf **Übertragung des Patents** nach § 8 Satz 2 PatG verklagt hat, – jedoch wegen § 561 Abs. 1 ZPO nicht mehr in der Revisionsinstanz, wenn der Beklagte die den Übertragungsanspruch rechtfertigenden Tatsachen im Verletzungsprozess erstmals in der Revisionsinstanz vorgetragen hat, BGH GRUR **64,** 606, 611 mit Anm.v. Falck. Grundsätzlich keine Aussetzung wegen Parallelverfahren mit gleicher Problematik, aber ohne Vorgreiflichkeit, BGHZ **162,** 373.

108 Über die Aussetzung kann ohne mündliche Verhandlung entschieden werden, vgl. v. Maltzahn GRUR **85,** 163, 171; in aller Regel wird das aber in den Tatsacheninstanzen nur bei Einverständnis der Parteien sachgerecht sein. Zu der Möglichkeit, den Streit um eine Aussetzung des Verfahrens durch einen bedingten Vergleichsschluss zu umgehen, vgl. v. Maltzahn aaO S. 169ff. Anfechtbarkeit d. Entscheidung durch sof. Beschwerde an OLG (§§ 252, 567 ZPO); die Beurteilung der Klageansprüche und ihrer Abhängigkeit von den anderen Verfahren sind vom Beschwerdegericht nicht im Einzelnen zu überprüfen, Düsseldorf GRUR **94,** 507; Mitt. **04,** 461. Zudem ist der dem Erstgericht zustehende Ermessensspielraum zu respektieren, vgl. Karlsruhe GRUR **79,** 850 (GM-Sache).

109 Die Erhebung einer **Zwangslizenzklage** (§ 24 Abs. 1) durch den Verletzungsbeklagten rechtfertigt die Aussetzung des Verletzungsprozesses nicht, da eine etwaige Zwangslizenz nur für d. Zukunft wirken würde, vgl. Rdn. 28 zu § 24, Mannheim/Karlsruhe GRUR **56,** 436, a.A. Nieder Mitt. **01,** 400, 402.

110 Wird in einer Verletzungsklage das *einheitliche* Klagebegehren **auf mehrere Schutzrechte gestützt,** so ist es nicht zulässig, das Verfahren wegen der Verletzung des einen Schutzrechts bis zur Entscheidung über eine dagegen erhobene Nichtigkeitsklage bzw. einen Einspruch auszusetzen (oder dieses Verfahren abzutrennen) und über die Verletzung des anderen Schutzrechts durch Teilurteil zu entscheiden, BGH GRUR **61,** 79 mit krit. Anm. Moser von Filseck; eine Entscheidung durch Teilurteil wäre lediglich bei Schutzrechten mit unterschiedlicher Laufzeit für einen bestimmten Zeitabschnitt zulässig, für den aus dem mit d. Nichtigkeitsklage angegriffenen Patent keine Rechte geltend gemacht werden; vgl. auch § 145 Rdn. 3.

111 Sind in mehreren Ländern parallele Verletzungsprozesse auf Grund des gleichen **Europa-Patents** anhängig, und stehen dabei insbesondere Fragen zur Auslegung des Patents und zur Abgrenzung seines Schutzbereichs in Streit, so kann im Interesse der Vermeidung widersprechender Entscheidungen das eine Verfahren im Hinblick auf das andere gem. Art. 28 EuGVVO (– im Verhältnis zu Dänemark noch nach Art. 22 EuGVÜ –) ausgesetzt werden; im Hinblick auf die fehlende Bindungswirkung sollte jedoch auch von dieser Möglichkeit gegen den Widerspruch einer Partei nur zurückhaltend und nur dann Gebrauch gemacht werden, wenn damit keine unangemessen lange Verzögerung des Rechtsstreits verbunden ist; s. auch o. Rdn. 101f. Zur Klärung d. internationalen Zuständigkeit bei grenzüberschreitenden Ansprüchen aus einem europäischen Patent ist ggf. nach Art. 27 EuGVVO auszusetzen; vgl. dazu oben Rdn. 101e u. Grabinski in FS W. Tilmann (2003), S. 461ff.

112 Bei Abhängigkeit von einer **kartellrechtlichen Vorfrage** gilt anstelle der vormaligen Aussetzung (§ 96 Abs. 2 GWB a.F.) jetzt die eindeutige Regelung der ausschließlichen Zuständigkeit d. Kartellgerichts (§§ 87ff. GWB); ebenso bei Vorfragen aus Artt. 81, 82 EG-Vertrag (früher Artt. 85, 86).Vgl. dazu Rdn. 10 zu § 143.

113 Für die Aussetzung eines **Gebrauchsmuster-Verletzungsprozesses** wegen eines Gebrauchsmuster-Löschungsverfahrens gibt § 19 GebrMG eine besondere Regelung.

4. Beweisfragen

114 **a) Beweislast und Beweisführung.** (*Literatur:* Eingehend zu Beweislast i. Patentverletzungsprozess insbes. Hesse GRUR **72,** 675ff. und Mes GRUR **00,** 934ff.; s. auch Tilmann/Schreibauer, Beweissicherung vor und im Patentverletzungsprozess in FS W. Erdmann (2002), S. 901). Die Beweislast für die Verletzung seines Patents durch den Beklagten trifft den Kläger, ebenso – jedenfalls im Grundsatz – die Beweislast für die sonstigen anspruchsbegründenden Tatsachen, BGH GRUR **04,** 268, 269; so z. B. die Wiederholungsgefahr beim Unterlassungsanspruch (dazu oben Rdn. 31), das Verschulden beim Schadenersatzanspruch (vgl. die Beispiele oben Rdn. 45–54). Der Kläger braucht nur die Verletzungs*handlung* darzulegen und im Streitfall zu beweisen; was er zum Schutzbereich seines Patents und darüber, *wodurch* die Verletzungshandlung in das Patent eingegriffen habe, vorträgt, sind Rechtsausführungen, die weder ihn noch das Gericht binden, RG GRUR **36,** 231, 232. Die Bestimmung des *Schutzbereichs* kann jedoch von Tatsachen abhängen, die ihrerseits aufklärungsbedürftig sind. Insoweit trifft grundsätzlich den Kläger die Darlegungs- und Beweislast. Hingegen ist es Sache des Beklagten, gegebenenfalls einen zur Einschränkung des Schutzbereichs führenden vorbekannten Stand der Technik darzulegen und zu beweisen. Gleiches gilt für eine den Schutzbereich beeinflussende Prioritätsverschiebung, die sich aus der Patentschrift selbst nicht ergibt; das Gericht ist nicht verpflichtet, die Erteilungsakte von Amts wegen auf solche Umstände zu überprüfen, BGH GRUR **74,** 715, 717 (Spreizdübel). Die *Widerrechtlichkeit* des Eingriffs braucht der Kläger nicht darzutun; die Benutzung eines fremden Patents ist an sich widerrechtlich, der Verletzer muss daher den Ausschluss der Widerrechtlichkeit behaupten und beweisen oder ein Gegenrecht dartun, das sein Verhalten rechtfertigt, z. B. ein Vorbenutzungsrecht nach § 12, RG GRUR **42,** 207, 208/09; BGH GRUR **65,** 411, 414/15 (beide auch zur Frage des Verschuldens bei irrtümlicher Annahme eines Vorbenutzungsrechts), ein Einverständnis d. Patentinhabers mit Handlungen d. Lieferanten d. Beklagten, BGH GRUR **76,** 579, 581 (Tylosin) oder den Tatbestand d. Erschöpfung d. Patentrechts, BGH GRUR **00,** 299 – Karate; jedoch Verschiebung d. Beweislast bei Originalware, die vom Berechtigten z. T. auch innerhalb des EWR auf den Markt gebracht wird, EuGH GRUR **03,** 512 – stüssy; BGH GRUR **04,** 156 – stüssy II.

Oft wird das Fehlen einer „Pre-Trial-Discovery" (USA), einer „Anton-Piller-Order" (GB) **115**
oder einer „Saisie-contrefaçon" (FR) und unzureichende Berücksichtigung der Vorgaben des TRIPS-Ü (Art. 34, 43) bemängelt. Dabei wird z. T. übersehen, dass auch das deutsche Recht ein durch Gesetzgebung und Rechtsprechung zunehmend ausgebautes großes Instrumentarium zur wirkungsvollen Durchsetzung von Patentrechten bietet, insbesondere: Auskunftsansprüche nach allgemeinen Grundsätzen (oben Rdn. 88 ff) und nach § 140 b, Besichtigungsanspruch nach § 909 BGB (unten Rdn. 117), im Prozess Erklärungs- u. Erörterungspflicht nach §§ 138, 139 ZPO mit sekundärer Darlegungslast unter Berücksichtigung von Bedarf und Zumutbarkeit (s. u. Rdn. 116), Augenschein und Vorlagepflichten nach §§ 142, 144, 372 ZPO (s. u. Rdn. 117 ff., 132), freie Beweiswürdigung nach §§ 286, 287 ZPO und ggf. einstweilige Verfügungen (unten Rdn. 150 ff.). Bei sachgerechter Anwendung kann damit den wesentlichen Anliegen des Rechtsschutzes und auch den Vorgaben des TRIPS-Ü Rechnung getragen werden, vgl. Mes, GRUR **00,** 934 ff. und U. Krieger, GRUR Int. **97,** 421 ff.

Der Kläger muss die einzelnen Tatsachen, in denen die Benutzung des geschützten Gegen- **116**
stands besteht, darlegen und beweisen; der Beklagte braucht ihm die Führung des Beweises i. d. R. nicht zu erleichtern, RG GRUR **38,** 428, insbesondere nicht schon deswegen, weil er der Wahrheit näher steht, BGH GRUR **76,** 579, 581 (Tylosin). Jedoch Verpflichtung zu substantiellem Bestreiten nach § 138 II ZPO mit Berücksichtigung „sekundärer Darlegungslast". So müssen u. U. nach Treu und Glauben solche Tatsachen spezifiziert mitgeteilt werden, deren Offenbarung zumutbar ist, und die dem Kläger nicht oder nur sehr schwer zugänglich sind, BGH GRUR **04,** 268 – Blasenfreie Gummibahn II (betr. Angaben z. angebl. abweichenden Ausgangsmaterial bei Streit über Benutzung eines patentierten chem. Verfahrens). Entgegen der älteren Rechtsprechung (vgl. RG GRUR **36,** 949; **38,** 599, 601) ist eine Behauptung noch nicht deshalb als Verstoß gegen die Wahrheitspflicht (§ 138 ZPO) zu werten und unbeachtet zu lassen, weil sie erkennbar nur auf Vermutungen beruht. Die Parteien sind häufig auf ein solches Vorgehen angewiesen, weil sie eine genauere Kenntnis gar nicht haben können. Eine konkrete Behauptung kann daher nur dann wegen Verletzung von § 138 Abs. 1 ZPO als unbeachtlich angesehen werden, wenn die Partei nach der Überzeugung des Gerichts selbst nicht an die Richtigkeit ihrer Behauptung glaubt, BGH GRUR **75,** 254, 256 (Ladegerät II), oder wenn sie willkürlich, ohne greifbare Anhaltspunkte „ins Blaue hinein" aufgestellt worden ist, was gegebenenfalls besonders zu erörtern ist, BGH NJW **68,** 1233; **88,** 2100, 2101. Eine Umkehrung der Beweislast bringt § 139 Abs. 3 (unten Rdn. 119). Eine Erleichterung der Beweisführung kann dem Kläger die – auch für den Tatbestand der Patentverletzung, die Wiederholungsgefahr und das Verschulden in Betracht kommende – Berufung auf den sog. Beweis des ersten Anscheins bringen, vgl. z. B. RG GRUR **36,** 100, 103; **37,** 534, 537; MuW **XXV,** 172, 173 und allgemein Baumbach/Lauterbach Anh. § 286 Rdn. 15 ff. Zur Vermutung der Wiederholungsgefahr s. BGH GRUR **03,** 1031, 1033 u. o. Rdn. 29. Eine Erleichterung der Beweisführung beim Schadenersatzanspruch bringt ferner die Anwendung des § 287 ZPO, vgl. oben Rdn. 60.

Für die Beweiswürdigung kann bereits die innere Wahrscheinlichkeit des Parteivortrags entscheidendes Gewicht haben und eine förmliche weitere Beweiserhebung entbehrlich machen, BGH GRUR **75,** 434 (WZ-Sache). Vereitelt der Gegner die Beweisführung, so ist das zu dessen Lasten zu berücksichtigen (vgl. Baumbach/Lauterbach Anh. § 286 Rdn. 26ff.); verweigert er eine vom Gericht angeordnete Augenscheinseinnahme, so kann – nicht muss – das Gericht daraus zu seinen Lasten Schlüsse ziehen, § 371 III ZPO.

116a Zugestandene Tatsachen bedürfen keines Beweises (§ 288 ZPO); eines „Geständnisses" fähig ist jedoch nur der Benutzungsvorgang als solcher, nicht aber die *Patent*benutzung, jedenfalls dann nicht, wenn ihre Feststellung von einer Auslegung, insbesondere einer Bemessung des Schutzbereichs des Patents, abhängt, RG GRUR **37,** 37, 39; wohl aber bei wortlautgemäßer Verwirklichung einfacher technischer Merkmale, vgl. BGH GRUR **03,** 1031, 1033 – Kupplung f. opt. Geräte. Das Gericht kann jedoch von einer Überprüfung im Einzelnen absehen, wenn sachkundige Parteien ohne ersichtliche Fehleinschätzung übereinstimmend die Benutzung einzelner oder aller Merkmale des Klagepatents bejahen, BGH GRUR **64,** 673, 674; vgl. auch § 14 Rdn. 133; Ullmann GRUR **85,** 809ff. Keines Beweises bedürfen auch die bei dem Gericht offenkundigen Tatsachen (§ 291 ZPO); in technischen Büchern gedruckte Tatsachen sind jedoch nicht schon deswegen bei Gericht offenkundig, RG MuW **33,** 571, 572.

117 **b) Der Vorlage- und Besichtigungsanspruch nach § 809 BGB, der Anspruch auf Urkundeneinsicht nach § 810 BGB**

Literatur: Stauder, Überlegungen zur Schaffung eines besonderen Beweisverfahrens im Europäischen Patentverletzungsrecht, GRUR Int. **78,** 230, 236ff.; Leppin, Besichtigungsanspruch und Betriebsgeheimnis, GRUR **84,** 552ff., 695ff. u. 770ff.; Brandi-Dohrn, Die Verfolgung von Softwareverletzungen mit den Mitteln des Zivilrechts, CR **85,** 67ff.; Stürner/Stadler, Urteilsanmerkung in JZ **85,** 1101ff.; Fritze/Stauder, Die Beschaffung von Beweisen für die Verletzung von gewerblichen Schutzrechten, GRUR Int. **86,** 342ff.; Brandi-Dohrn, Probleme der Rechtsverwirklichung beim Schutz von Software, CR **87,** 835; Meyer-Dulheuer, Der Vorlegungsanspruch bei biotechnologischen Erfindungen, GRUR Int. **87,** 14ff.; Marshall, Der Besichtigungsanspruch, Preu-FS (1988), S. 151ff.; Dreier, TRIPS und die Durchsetzung von Rechten des geistigen Eigentums, GRUR Int. **96,** 205; Bork, Effiziente Beweissicherung für den Urheberrechtsverletzungsprozess – dargestellt am Beispiel raubkopierter Computerprogramme, NJW **97,** 1665ff.; Krieger, Durchsetzung gewerblicher Schutzrechte in Deutschland und die TRIPS-Standards, GRUR **97,** 421ff.; Karg, Interferenz der ZPO und TRIPS – Auswirkungen auf den einstweiligen Rechtsschutz im Urheberrechtsprozess, ZUM **00,** 934ff.; Mes, Si tacuisses. – Zur Darlegungs- und Beweislast im Prozess des gewerblichen Rechtsschutzes, GRUR **00,** 934ff.; Tilmann/Schreibauer, Beweissicherung vor und im Patentverletzungsprozess, FS Erdmann, (2000) S. 901ff.; König, Die Beweisnot des Klägers und der Besichtigungsanspruch nach § 809 BGB bei Patent- und Gebrauchsmusterverletzungen, Mitt. **02,** 153ff.; Tilmann/Schreibauer, Die neueste BGH-Rechtsprechung zum Besichtigungsanspruch nach § 809 BGB – Anmerkungen zum Urteil des BGH „Faxkarte", GRUR **02,** 1015ff.; Mellulis, Zum Besichtigungsanspruch im Vorfeld der Feststellung einer Verletzung von Schutzrechten, FS Tilmann (2003) S. 843ff.; Ibbeken, Das TRIPs-Übereinkommen und die vorgerichtliche Beweishilfe im gewerblichen Rechtsschutz, Diss. Heidelberg (2004); Knaak, EG-Richtlinie zur Durchsetzung der Rechte und Umsetzungsbedarf im deutschen Recht, GRUR Int. **04,** 745ff.; Kur, The Enforcement Directive – Rough Start, Happy Landing? IIC **04,** 821ff.; Patnaik, Enthält deutsches Recht Mittel zur Bekämpfung von Nachahmungen und Produktpiraterie? GRUR **04,** 191ff.; Ahrens, Gesetzgebungsvorschlag zur Beweisermittlung bei Verletzung von Rechten des geistigen Eigentums, GRUR **05,** 837; Kühnen, Die Besichtigung im Patentrecht – Eine Bestandsaufnahme zwei Jahre nach „Faxkarte", GRUR **05,** 185ff.; Tilmann, Beweissicherung nach Art. 7 der Richtlinie zur Durchsetzung der Rechte des geistigen Eigentums, GRUR **05,** 737; zur Beweissicherung in ausländischen Rechtsordnungen vgl.: Henry, Pretrial Discovery in USA, GRUR Int. **83,** 82; Boval, Sicherungs- und einstweilige Maßnahmen im Zusammenhang mit Patentverletzungsklagen in Frankreich, GRUR Int. **93,** 377; Götting, Die Entwicklung neuer Methoden der Beweisbeschaffung zur Bekämpfung von Schutzrechtsverletzungen – Die Anton-Piller-Order – Ein Modell für das deutsche Recht? GRUR Int. **88,** 729ff.; Véron, Saisie-Contrefaçon, 2. Aufl. 2005; Bird, Die „SAISIE CONTREFAÇON" nach französischem bzw. belgischem Recht in Patentstreitigkeiten, Mitt. **02,** 404.

117a **aa) Vorlage- und Besichtigungsanspruch.** Die fehlende Gewissheit über die patentverletzende Beschaffenheit eines Gegenstandes kann sich der Patentinhaber unter bestimmten Voraussetzungen durch Geltendmachung des Anspruchs auf Vorlegung einer Sache zum Zwecke der Besichtigung oder Gestattung der Besichtigung gemäß § 809 BGB verschaffen. Der Anspruch richtet sich gegen den Besitzer der Sache, dem gegenüber die Ansprüche des Patentinhabers aus § 139 Abs. 1 und 2 geltend gemacht werden sollen. Ein solcher Vorlage- oder Besichtigungsanspruch zur Klärung möglicher Ansprüche wegen Patentverletzung ist bereits in den 70er Jahren von *Stauder* (GRUR Int. **78,** 230, 236 ff.) zur Diskussion gestellt und in den 80er Jahren auch von der Rechtsprechung (BGHZ **93,** 191 = GRUR **85,** 512 – Druckbalken; OLG Düsseldorf GRUR **83,** 741, 745) grundsätzlich anerkannt worden. Allerdings hat der BGH seinerzeit strenge Anforderungen an das Vorliegen des Vorlage- und Besichtigungsanspruchs gestellt. Insbesondere müsse ein erheblicher Grad an Wahrscheinlichkeit gegeben sein, dass das in Streit stehende Erzeugnis unter Anwendung der geschützten Lehre hergestellt worden sei (BGH aaO) bzw. dieser entspreche. Der Anspruch setzte im Übrigen voraus, dass sich der Berechtigte die benötigte Kenntnis nicht in zumutbarer Weise ohne Inanspruchnahme des Anspruchsgegners beschaffen könne (BGH aaO). Zudem gestand der BGH dem Vorlegungsgläubiger im Wesentlichen nur eine reine Inaugenscheinnahme zu, jeglicher Substanzeingriff – wie der Ein- und Ausbau von Teilen und das Inbetriebsetzen – sei auch dann versagt, wenn dieser voraussichtlich nicht zu dauernden Schäden führe (BGH aaO, 208 ff. entgegen der differenzierenden Betrachtung des OLG Düsseldorf GRUR **83,** 745, 747, in der Vorinstanz).

Das Schrifttum hat die Rechtsprechung des BGH – insbesondere im Hinblick auf das enge Begriffsverständnis der „Besichtigung" kritisch aufgenommen (vgl. Brandi-Dohrn, CR **85,** 67, 70; ders., CR **87,** 835, 837 f.; Stauder, GRUR **85,** 518; Stürner/Stadler, JZ **85,** 1101, 1102 ff.; Götting, GRUR Int. **88,** 729, 739 ff.; König, Mitt. **02,** 153, 157; Marshall, FS Preu (1988) 151, 159 ff.; Meyer-Dulheuer, GRUR Int. **87,** 14, 16 ff.; Tilmann/Schreibauer, FS Erdmann (2001) 901, 905 ff.; vgl. auch MünchKomm-Hüffer, 3. Aufl., § 809 BGB, Rdnr. 10 a; Staudinger-Marburger, Neubearb. **02,** § 809, Rdnr. 9). Im Vergleich zur Beweissicherung in England (*„search order"*, vormals: *„Anton Piller Order"*; vgl. dazu: Götting, GRUR Int. **88,** 729 ff.; Cornish/Llewelyn, IIC **00,** 627, 635 f.), Frankreich (*„saisie contrefaçon"*, vgl. dazu: Boval, GRUR Int. **93,** 377 ff.; Véron, Saisie-Contrefaçon, 2. Aufl. 2005; Bird, Mitt. **02,** 404 ff.), Italien (*„Descrizione e sequestrato"*, vgl. dazu Casucci, IIC **00,** 692, 698) und den U. S. A. (*„pretrial discovery"*, vgl. dazu: Henry, GRUR Int. **83,** 82 ff.; Maloney, IIC **00,** 723, 739 ff.) ist Deutschland als „Entwicklungsland" bezeichnet worden (Tilmann/Schreibauer, aaO, 901). Mit Inkrafttreten des TRIPS-Übereinkommens am 1. 1. 1995, nach dessen Art. 43 Abs. 1 vorgesehen ist, dass das Gericht bei Beweisnot einer der Parteien der gegnerischen Partei die Vorlage der sich in deren Verfügungsgewalt befindlichen fehlenden Beweismittel aufgeben kann, und dessen Art. 50 Abs. 3 zu entnehmen ist, dass das Gericht die Anordnung zur Vorlage von Beweisen auch als einstweilige Maßnahme treffen kann, entstand zudem eine neue Rechtslage.

In dem Urteil **„Faxkarte"** hat der I. Zivilsenat des BGH die höchstrichterliche Rechtsprechung zum Vorlage- und Besichtigungsanspruch teilweise revidiert (GRUR **02,** 1046 ff.). Das Urteil betrifft zwar den Fall einer (mutmaßlichen) Urheberrechtsverletzung, ist jedoch auf – hinsichtlich des Vorlage- und Besichtigungsanspruchs regelmäßig nicht anders gelagerte – Patent- und Gebrauchsmusterverletzungsfälle übertragbar, zumal der insoweit zuständige X. Zivilsenat auf eine entsprechende Anfrage hin mitgeteilt hat, dass er eine Anrufung des Großen Senats im Hinblick auf eine Verallgemeinerung der in dem Urteil aufgestellten Grundsätze nicht für erforderlich halte (BGH, aaO, 1049). Der BGH wendet Art. 43, 50 TRIPS-Übereinkommens – die auf alle in den Abschnitten 1 bis 7 des Teils 2 des Übereinkommens genannten und damit unter das Übereinkommen fallenden Rechte des geistigen Eigentums anwendbar sind (vgl. auch EuGH, GRUR **01,** 235, 238, Rdn. 52 – TRIPS-Abkommen) und damit nicht nur auf Urheberrechte, sondern u. a. auch auf Patente – zwar nicht unmittelbar an, befürwortet jedoch eine Auslegung der Bestimmung des § 809 BGB, die den Anforderungen der genannten Bestimmungen des TRIPS-Übereinkommens genügt.

Nach dem „Faxkarte"-Urteil des BGH sind das **Interesse des Gläubigers,** ein Mittel in die Hand zu bekommen, um den Beweis der Rechtsverletzung führen zu können, und das **Interesse des Besitzers** der zu besichtigenden Sache, eine Ausspähung solcher Informationen zu verhindern, die er aus schutzwürdigen Gründen geheim halten möchte, umfassend gegeneinander **abzuwägen.** Dabei rechtfertigt es das berechtigte Geheimhaltungsinteresse des Besitzers nicht, generell gesteigerte Anforderungen an die Wahrscheinlichkeit der Rechtsverletzung zu stellen. Voraussetzung für den Anspruch ist jedoch stets, dass **eine gewisse Wahrscheinlichkeit der Verletzung** besteht (BGH, aaO, 1048 f.). Diese kann beispielsweise gegeben sein, wenn mit dem fraglichen Merkmal in einem technischen Wirkungszusammenhang stehende Merkmale bei dem mutmaßlichen Verletzungsgegenstand vorhanden sind oder dieser bestimmte technische Standards verwirklicht, die eine Verwirklichung des fraglichen Merkmals nahe legen, oder eine im Ausland vertriebene parallele Vorrichtung das betreffende Merkmal verwirklicht.

Bei der Interessenabwägung ist ferner zu berücksichtigen, ob für den Gläubiger noch **andere zumutbare Möglichkeiten** bestehen, **die Rechtsverletzung zu beweisen.** Das ist sicherlich der Fall, wenn das Produkt frei auf dem Markt erhältlich ist, aber auch bereits dann, wenn beispielsweise Unterlagen einer öffentlichen Ausschreibung, die Aufschluss über das Vorliegen einer Patentverletzung geben können, auch vom Patentinhaber eingesehen werden können.

Außerdem sind **berechtigte Geheimhaltungsinteressen des Besitzers** zu beachten. Gegebenenfalls ist zu prüfen, ob dessen Geheimhaltungsinteressen durch die Einschaltung eines zur Verschwiegenheit verpflichteten Dritten genügt werden kann (BGH, aaO, 1049).

Ein wegen Patentverletzung in Anspruch genommener Beklagter ist allenfalls dann verpflichtet, einen **Standort** zu benennen, an dem die beanstandete Vorrichtung besichtigt werden kann, wenn die Voraussetzungen für den Besichtigungsanspruch nach § 809 vorliegen. Die hierzu unter anderem erforderliche zumindest gewisse Wahrscheinlichkeit einer Rechtsverletzung kann sich daraus ergeben, dass der im Rahmen der Beweisaufnahme hinzugezogene Sachverständige schriftlichen Unterlagen über die angegriffene Vorrichtung konkrete Anhaltspunkte für eine Rechtsverletzung entnimmt (OLG Düsseldorf, GRUR-RR **03,** 327).

Nach der „Druckbalken"-Entscheidung des BGH darf dem Sachverständigen nicht die Entscheidung über den Umfang seiner Feststellungen in der Weise überlassen bleiben, dass ihm aufgegeben wird, auch über etwaige (nicht konkret bezeichnete) **äquivalente Abweichungen** von der geschützten Lehre zu berichten, weil nicht voraussehbar sei, was der Sachverständige als äquivalent ansehen und in seinen Bericht aufnehmen werde, so dass berechtigte Geheimhaltungsinteressen des Schuldners betroffen sein könnten (vgl. BGHZ **93,** 191, 211ff. – Druckbalken). Das ist auf Kritik gestoßen (König, Mitt. **02,** 153, 161f.; Marshall, FS Preu, 151, 162; Tilmann/Schreibauer, FS Erdmann, 901, 908). Bei dem nachstehend zu beschreibenden zweistufigen Verfahren wird den berechtigten Geheimhaltungsinteressen des Schuldners dadurch hinreichend Rechnung getragen, dass das Sachverständigengutachten dem Gläubiger erst ausgehändigt wird, wenn nach richterlicher Prüfung feststeht, dass es keine die berechtigten Geheimhaltungsinteressen des Schuldners berührende Tatsachen – gegebenenfalls nach Schwärzung insoweit relevanter Teile – enthält und sich der Verdacht einer Patentverletzung bestätigt hat (vgl. auch Tilmann/Schreibauer, GRUR **02,** 1015, 1020f.).

Der wegen Patentverletzung Verurteilte, der im Rahmen seiner Rechnungslegung geltend macht, bestimmte von ihm vertriebene Ausführungsformen unterfielen nicht dem Urteilstenor und seien deswegen auch nicht rechnungslegungspflichtig, kann gemäß § 809 BGB verpflichtet sein, dem Patentinhaber Muster der angeblich nicht patentverletzenden Ausführungsform zur Prüfung zu überlassen, LG Hamburg, InstGE **4,** 293.

Auch wenn im Rahmen eines staatsanwaltlichen Ermittlungsverfahrens Unterlagen beschlagnahmt worden sind, ist der Besichtigungsanspruch gegen den Beschlagnahmeschuldner zu richten, weil dieser mittelbarer Besitzer der beschlagnahmten Gegenstände bleibt, LG Nürnberg-Fürth, InstGE **5,** 153 (für den Fall des Verrats von Geschäfts- und Betriebsgeheimnissen nach § 17 UWG).

Der Anspruch nach § 809 BGB ist auf die **Besichtigung konkreter Sachen oder Sachgesamtheiten** gerichtet und begründet **kein Durchsuchungsrecht** an Geschäftsräumen des Schuldners (BGH, GRUR **04,** 420 – Kontrollbesuch).

Ein **Substanzeingriff** ist nicht in jedem Fall verboten (so aber noch BGHZ **93,** 191, 208ff. = GRUR **85,** 512, 516 – Druckbalken, vgl. oben Rdn. 117a [1. Absatz]). Vielmehr sind die Befugnisse des Gläubigers oder des zur Verschwiegenheit verpflichteten Dritten im Rahmen der gebotenen Interessenabwägung in der Weise zu begrenzen, dass durch einen solchen Eingriff das Integritätsinteresse des Schuldners nicht unzumutbar beeinträchtigt werden darf. Die realistische Gefahr einer Beschädigung muss der Schuldner nicht ohne weiteres hinnehmen (BGHZ **150,** 377, 388 = GRUR **02,** 1046, 1049 – Faxkarte; vgl. auch Mellulis, FS Tilmann (2003) 843, 849f.). Dabei ist zu berücksichtigen, dass der Gläubiger Ersatz leisten muss, wenn die Sache beschädigt wird, und dass die Vorlage und Besichtigung – auf Einrede des Besichtigungsschuldners – von einem Kostenvorschuss und einer Sicherheitsleistung abhängig gemacht werden können, § 811 Abs. 2 BGB (BGH, aaO). Eine unzumutbare Beeinträchtigung des Interesses des Schuldners, eine Beschädigung zu vermeiden, kann beispielsweise in einer mit der Besichtigung verbundenen Betriebsstilllegung liegen oder in durch die Besichtigung verursachten, nicht ausgleichbaren Schäden zu sehen sein, die durch eine Sicherheitsleistung nicht abgedeckt werden können (Tilmann/Schreibauer, GRUR **02,** 1015, 1019). Hingegen dürfte es zumutbar sein, wenn eine chemische Lösung, deren Vorlage nach § 809 BGB verlangt wird, um deren Bestandteile analysieren zu können, bei dieser Analyse zwar „vernichtet" wird, der Schuldner aber weitere Mengen der Lösung vorrätig hält oder diese jederzeit neu herstellen kann.

bb) Verfahren zur Durchsetzung des Vorlegungs- und Besichtigungsanspruchs 117 b

Vor Beginn des Patentverletzungsverfahrens kann die Besichtigung
- **in einem selbstständigen Beweisverfahren nach §§ 485 ff. ZPO (gegebenenfalls) kombiniert mit einer Duldungsverfügung nach §§ 935, 940 ZPO,**
- **in einem einstweiligen Verfügungsverfahren nach §§ 935, 940 ZPO** oder
- **in einem Hauptsacheverfahren**

durchgesetzt werden. In der Praxis werden seit der „Faxkarten"-Entscheidung des BGH vor allem auf die Durchführung eines selbstständigen Beweisverfahren und (gegebenenfalls) auf dem Erlass einer Duldungsverfügung gerichtete Anträge gestellt (vgl. Kühnen, GRUR **05,** 185, 186).

Das **selbstständige Beweisverfahren nach §§ 485 ff. ZPO** setzt (wenn es nicht auf die Zustimmung des Gegners ankommen soll) nach § 485 Abs. 1 ZPO die Besorgnis voraus, dass das Beweismittel verloren geht oder seine Benutzung erschwert wird. Das ist vor allem dann der Fall, wenn der mutmaßliche Verletzungsgegenstand nur vorübergehend öffentlich zugänglich ist, etwa auf einer Messe ausgestellt wird. Ist ein Rechtsstreit noch nicht anhängig, reicht nach § 485 Abs. 2 Nr. 1 ZPO auch ein rechtliches Interesse der Partei aus, dass der Zustand der Sache festgestellt wird. Das wird bei einer Patentverletzung regelmäßig schon deshalb anzunehmen sein, weil die Feststellung der Vermeidung eines Rechtsstreits dienen kann, § 485 Abs. 2 Satz 2 ZPO.

Der Vorteil eines im Wege des selbstständigen Beweisverfahrens eingeholten Sachverständigengutachtens liegt aus Sicht des Antragstellers darin, dass es sich dabei um ein **Gerichtsgutachten** handelt. Denn die selbstständige Beweiserhebung steht hinsichtlich der Tatsachen, über die Beweis erhoben worden ist, einer Beweisaufnahme in einem nachfolgenden Verletzungsrechtsstreit vor dem Verletzungsgericht gleich, § 493 Abs. 1 ZPO. Zu beachten ist allerdings, dass das Ergebnis der selbstständigen Beweisaufnahme für den Fall, dass der Gegner in einem Termin im selbstständigen Beweisverfahren (etwa dem Besichtigungstermin) nicht erschienen ist, im nachfolgenden Verletzungsrechtsstreit nur dann benutzt werden kann, wenn der Gegner rechtzeitig geladen war, § 493 Abs. 2 ZPO. Möglich ist aber jedenfalls die Einführung des schriftlichen Sachverständigengutachtens im Verletzungsverfahren durch Beweisantritt im Wege des Urkundenbeweises (Musielak/Huber, ZPO, 4. Aufl., § 493 ZPO, Rdn. 3).

Die Vorschriften des selbstständigen Beweisverfahrens sehen nicht vor, dass das Gericht dem Antragsgegner die Duldung einer Inaugenscheinnahme der mutmaßlich patentverletzenden Ausführungsform durch den vom Gericht bestellten Sachverständigen aufgibt. Die Anordnung eines selbstständigen Beweisverfahrens ohne begleitende Duldungsanordnung kommt daher nur dann in Betracht, wenn ein der Öffentlichkeit und damit auch dem Sachverständigen ohne weiteres zugänglicher Gegenstand begutachtet werden soll, etwa eine auf einer Messe frei zugänglich ausgestellte Maschine, oder der Antragsgegner in der Vergangenheit Besichtigungen einer in seinem alleinigen Verfügungsbereich stehenden Maschine durch den Antragsteller erlaubt hat, so dass nicht zu erwarten ist, dass er sich einer Besichtigung durch einen gerichtlichen Sachverständigen widersetzen wird. Geheimhaltungsinteressen des Antragsgegners bestehen in solchen Fällen in aller Regel nicht, so dass das Sachverständigengutachten beiden Parteien uneingeschränkt zur Verfügung gestellt werden kann.

Befindet sich der zu begutachtende Gegenstand hingegen im Verfügungsbereich des Antragsgegners, etwa in dessen Betriebsräumlichkeiten, ohne dass die Bereitschaft des Antragsgegners zur Duldung einer Besichtigung durch den gerichtlichen Sachverständigen erkennbar ist, reicht allein die Anordnung des selbstständigen Beweisverfahrens nicht aus, weil der Antragsgegner dem gerichtlichen Sachverständigen und ggfls. weiteren Beteiligten den Zutritt verweigern und damit die Beweisaufnahme vereiteln könnte. Daher bedarf es „flankierend" der Anordnung einer **Duldungsverfügung.** Der **Verfügungsanspruch** einer solchen Duldungsverfügung kann sich aus § 809 BGB ergeben. Voraussetzung dafür ist, dass der Antragsteller – entsprechend der unter Rdn. 117 dargestellten Rechtsprechung des BGH – die Wahrscheinlichkeit einer Patentverletzung und das Fehlen zumutbarer alternativer Beweismöglichkeiten substantiiert vorträgt und glaubhaft macht. Mögliche Geheimhaltungsinteressen des Antragsgegners sind bei der einseitigen Anordnung einer Duldungsverfügung von Amts wegen zu beachten. Überdies muss ein **Verfügungsgrund** vorliegen. Besteht Vereitelungsgefahr und muss der Beweis deshalb gesichert werden, wird das Vorliegen eines Verfügungsgrundes in den meisten Fällen zu bejahen sein (vgl. § 935 ZPO, Art. 50 Abs. 2 TRIPS; Tilmann/Schreibauer, FS Erdmann (2000) 901, 924; Kühnen, GRUR **05,** 185, 193). Zweifel an der Schutzfähigkeit stehen nur selten entgegen, weil bei dem Erlass einer Duldungsverfügung kein ebenso strenger Maßstab angelegt werden darf, wie er im Falle einer Unterlassungsverfügung zu gelten hat (vgl. dazu unten

Rdn. 153b). Denn die eine selbstständige Beweiserhebung ermöglichende Duldungsverfügung hat in aller Regel einen weniger einschneidenden Eingriff in die Interessenssphäre des Antragsgegners zur Folge als eine Unterlassungsverfügung wegen glaubhaft gemachter Patentverletzung. Daher wird bei einem geprüften Schutzrecht (deutsches oder europäisches Patent) die Schutzfähigkeit zumeist hinreichend gesichert sein, um den Erlass einer Duldungsverfügung bei bestehender Beweisvereitelungsgefahr zu rechtfertigen. Dies kann jedoch anders zu beurteilen sein, wenn durch die Besichtigung (lediglich) die Verletzung eines ungeprüften Schutzrechtes (Gebrauchsmusters) oder die Benutzung einer veröffentlichten Patentanmeldung (im Hinblick auf einen Entschädigungsanspruch nach § 33 PatG oder Art. II § 1 IntPatÜG) nachgewiesen werden soll. Daher empfiehlt es sich zumindest in diesem Fall für den Antragsteller, mögliche Zweifel an der Schutzfähigkeit durch die Vorlage eines Rechercheberichts von vornherein auszuräumen. Bei durchgreifenden Bedenken gegen die Schutzfähigkeit des Gebrauchsmusters bzw. der Patentanmeldung ist über den Erlass der Duldungsverfügung nicht ohne mündliche Verhandlung zu entscheiden; das Interesse des Antragstellers an einer einseitigen Anordnung muss dann zurückstehen.

Sind die Voraussetzungen für die Durchführung eines selbstständigen Beweisverfahrens und den Erlass einer Duldungsverfügung gegeben, bietet sich – entsprechend der Praxis des LG Düsseldorf (vgl. dazu im Einzelnen auch Kühnen, GRUR **05,** 185, 187, 189ff.) – die Durchführung eines **zweistufigen Verfahrens** wie folgt an:

(a) Zunächst besichtigt ein vom Gericht ernannter und (nach § 203 Abs. 1 Nr. 3 StGB strafrechtlich bewehrt) zur Verschwiegenheit verpflichteter Sachverständiger den betroffenen Gegenstand, wobei dem Antragsgegner aufgegeben wird, die Besichtigung zu dulden, und untersagt wird, für die Dauer der Begutachtung Veränderungen an dem zu begutachtenden Gegenstand vorzunehmen. Auf Antrag des Antragstellers kann es das Gericht ferner zulassen, dass an dem Besichtigungstermin neben dem Beklagten auch die vom Gericht (nach § 353d Nr. 2 StGB strafrechtlich bewehrt) zur Verschwiegenheit verpflichteten Verfahrensbevollmächtigten und patentanwaltlichen Vertreter des Antragstellers teilnehmen, insbesondere wenn es auf Grund der Komplexität des zu ermittelnden technischen Sachverhalts erforderlich erscheint, dass auch der Antragsteller bei der Besichtigung vertreten ist. Bei einem gravierenden Eingriff in die berechtigten Geheimhaltungsinteressen (etwa Preisgabe des Quellcodes) und geringer Wahrscheinlichkeit einer Patentverletzung kann es aber auch abzulehnen sein, dass Vertretern des Antragstellers erlaubt wird, der Besichtigung beizuwohnen. Bei der Besichtigung auf einem Messestand ist zu berücksichtigen, dass die Besichtigung möglichst diskret durchgeführt werden soll, um Beeinträchtigungen der Reputation des Antragsgegners weitestgehend zu vermeiden; dieses Interesse des Antragsgegners kann ebenfalls gegen eine Teilnahme der Verfahrensbevollmächtigten und der patentanwaltlichen Vertreter des Antragstellers an der Besichtigung sprechen. Eine Teilnahme des Antragstellers selbst an der Besichtigung scheidet stets aus, weil sonst ein Schutz der berechtigten Geheimhaltungsinteressen des Antragsgegners nicht zu gewährleisten ist.

(b) Nach Durchführung des Besichtigungstermins erstellt der gerichtliche Sachverständige sein Gutachten, das zunächst nur dem Gericht, dem Antragsgegner und gegebenenfalls den zur Verschwiegenheit verpflichteten Verfahrensbevollmächtigten und patentanwaltlichen Vertretern des Antragstellers zugänglich gemacht wird. Nach Anhörung des Antragsgegners und der Vertreter des Antragstellers und gegebenenfalls einer schriftlichen oder mündlichen Ergänzung des Gutachtens durch den gerichtlichen Sachverständigen entscheidet das Gericht, ob es das Sachverständigengutachten zur Bekanntgabe auch gegenüber dem Antragsteller freigibt. Voraussetzung dafür ist, dass das Gutachten – gegebenenfalls nach Schwärzung geheimhaltungsrelevanter Teile – keine Geheimhaltungsinteressen des Antragsgegners berührt oder aber das Gutachten zwar geheimhaltungsrelevante Inhalte enthält, diese aber den Verdacht einer Patentverletzung bestätigen und deshalb das Geheimhaltungsinteresse des Antragsgegners zurückzutreten hat. Bei sich (lediglich) verdichtenden Hinweisen auf eine Patentverletzung kann gegebenenfalls eine erneute Besichtigung unter Beteiligung auch des Klägers angeordnet werden (vgl. Melullis, FS Tilmann (2003) 843, 854). Gegen die Ablehnung der Freigabe oder die Freigabe eines teilweise geschwärzten Sachverständigengutachtens kann der Antragsteller, gegen die Entscheidung über die Freigabe kann der Antragsgegner sofortige Beschwerde einlegen, § 567 Abs. 1 Nr. 2 ZPO (Kühnen, aaO, 193). Ist die Besichtigungsanordnung ohne vorherige Anhörung des Besichtigungsschuldners getroffen worden, steht diesem zwar nicht die Anhörungsrüge nach § 321a ZPO zu; seine auf die Verletzung rechtlichen Gehörs gestützte Eingabe ist jedoch als Gegenvorstellung statthaft, LG Düsseldorf, InstGE **5,** 236f.

Dem vorgenannten Verfahren steht der Grundsatz, dass die einstweilige Verfügung nicht zur Befriedigung des Hauptanspruchs führen darf, nicht entgegen. Art. 50 Abs. 3 TRIPS – der nach der „Faxkarte"-Entscheidung des BGH zwar nicht unmittelbar anwendbar ist, der aber bei der

Auslegung innerstaatlichen Rechts im Sinne einer TRIPS-konformen Auslegung zu berücksichtigen ist – sieht die Vorlegung von Beweisen im Eilverfahren vor. Zudem ist der Vorlegungs- und Besichtigungsanspruch aus § 809 BGB ein die Erfüllung des Hauptanspruchs sichernder Anspruch und kann den Geheimhaltungsinteressen des Antragsgegners im Rahmen des Verfügungsverfahrens – wie vorstehend beschrieben – hinreichend Rechnung getragen werden (Tilmann/Schreibauer, FS Erdmann (2000) 901, 925).

Zur Sicherung und Vorbereitung der Ansprüche wegen Patentverletzung kann auch die **Sequestrierung** und **Besichtigung des mutmaßlichen Verletzungsgegenstandes durch einen neutralen Sachverständigen (allein) auf Grund einer einstweiligen Verfügung** angeordnet werden, (OLG Düsseldorf, GRUR **83,** 745; KG, GRUR-RR **01,** 118 = NJW **01,** 233; Karg, ZUM **00,** 934, 944; Tilmann/Schreibauer, GRUR **02,** 1015, 1016).

Zudem kann der Vorlage- und Besichtigungsanspruch nach § 809 BGB im **Hauptsacheverfahren** eingeklagt werden. Da der Gläubiger regelmäßig an einer schnellen gerichtlichen Anordnung interessiert sein wird, um einer möglichen Vernichtung oder Veränderung einschlägiger Beweismittel zuvorzukommen, wird er jedoch in der Praxis den Weg des Hauptsacheverfahrens nur dann wählen, wenn ihm das selbstständige Beweisverfahren oder das einstweilige Verfügungsverfahren verstellt sind.

Die am 29. 4. 2004 erlassene und bis zum 29. 4. 2006 in nationales Recht umzusetzende **117 c**
Richtlinie 2004/48/EG des Europäischen Parlaments und des Rates der Europäischen Union zur Durchsetzung der Rechte des geistigen Eigentums **(„Enforcement-Richtlinie")** (ABl. L 195/16 = GRUR Int. **04,** 615 ff.) sieht in **Art. 7** vorprozessuale Maßnahmen zur Beweissicherung vor. Nach Abs. 1 der Vorschrift kann das zuständige Gericht auf Antrag einer Partei, die alle vernünftigerweise verfügbaren Beweismittel zur Begründung ihrer Ansprüche wegen Schutzrechtsverletzung vorgelegt hat, schnelle und wirksame Maßnahmen zur Sicherung der rechtserheblichen Beweismittel hinsichtlich der behaupteten Verletzung anordnen, sofern der Schutz vertraulicher Informationen gewährleistet ist. Ob und gegebenenfalls in welchem Maße eine Schutzrechtsverletzung wahrscheinlich sein muss, wird in der Richtlinie nicht geregelt und bleibt daher dem nationalen Gesetzgeber überlassen (Knaak, GRUR Int. **04,** 745, 748). Art. 7 Abs. 1 sieht zudem – entsprechend der Regelung in Art. 50 Abs. 2 und 3 TRIPS – vor, dass die Maßnahmen (insbesondere bei Beweisvernichtungsgefahr) ohne Anhörung der anderen Partei getroffen werden können und dass die andere Partei die Rechtmäßigkeit der ohne ihre Anhörung angeordneten Maßnahmen mit dem Ziel ihrer Abänderung oder Aufhebung gerichtlich überprüfen lassen kann. Es soll nach Abs. 2 die Möglichkeit der Anordnung einer Sicherheitsleistung bestehen und es sollen nach Abs. 3 die Maßnahmen aufgehoben werden, wenn nicht innerhalb einer angemessenen, gegebenenfalls vom Gericht zu bestimmenden Frist ein Sachentscheidungsverfahren eingeleitet wird (vgl. Art. 50 Abs. 6 TRIPS, § 926 ZPO). Werden Maßnahmen aufgehoben oder auf Grund einer Handlung oder Unterlassung des Antragstellers hinfällig oder stellt sich heraus, dass keine Verletzung vorlag, kann nach Abs. 4 die Leistung von Schadensersatz angeordnet werden. Es bleibt abzuwarten, in welcher Weise Art. 7 der Enforcement-Richtlinie in deutsches Recht umgesetzt wird (vgl. dazu Knaak, aaO, 750; Tilmann, GRUR **05,** 737 ff.). Am 12. 12. 2005 hat das BMJ den entsprechenden RefE den Bundesministerien zur Stellungnahme zugeleitet (Pressemitteilung BMJ v. 12. 12. 2005).

cc) Anspruch auf Urkundeneinsicht. Neben § 809 BGB sieht **§ 810 BGB** einen **Anspruch auf Einsicht in Urkunden** vor. § 810 BGB kann im Prozess eine Vorlegungspflicht **117 d**
des Gegners nach § 422 ZPO begründen. Der Anspruch aus § 810 BGB setzt jedoch voraus, dass entweder die Urkunde im Interesse des Gläubigers errichtet worden ist, in der Urkunde ein zwischen dem Gläubiger und dem Schuldner bestehendes Rechtsverhältnis beurkundet ist oder die Urkunde Verhandlungen über ein Rechtsverhältnis enthält, an dem der Gläubiger beteiligt ist. In Patentverletzungsfällen, in denen es etwa um die Vorlage von Konstruktionszeichnungen oder Bedienungsanleitungen geht, hat die Vorschrift kaum praktische Bedeutung.

c) Gerichtliche Vorlageanordnung nach §§ 142, 144 ZPO. Während des Patent- **117 e**
verletzungsverfahrens kann das Gericht nach § 142 Abs. 1 Satz 1 ZPO (in der Fassung des am 1. 1. 2002 in Kraft getretenen Zivilprozessreformgesetzes, BGBl. I S. 1887) anordnen, dass eine Partei oder ein Dritter die in ihrem Besitz befindlichen Urkunden und sonstigen Unterlagen, auf die sich eine Partei bezogen hat, vorlegen. Das Gericht kann hierfür eine Frist setzen sowie anordnen, dass die vorgelegten Unterlagen während einer bestimmten Zeit auf der Geschäftsstelle verbleiben. Nach § 144 Abs. 1 Satz 1 ZPO kann das Gericht die Einnahme des Augenscheins sowie die Begutachtung durch Sachverständige anordnen. Nach Satz 2 der Vorschrift kann es zu diesem Zweck einer Partei oder einem Dritten die Vorlegung eines in ihrem oder in seinem Besitz befindlichen Gegenstandes aufgeben und hierfür eine Frist setzen. Es kann

auch die Duldung der Maßnahme nach Satz 1 aufgeben, sofern nicht eine Wohnung betroffen ist, § 144 Abs. 1 Satz 3 ZPO.

Im Gegensatz zu § 809 BGB gewähren die §§ 142, 144 ZPO dem Kläger keinen materiellrechtlichen Anspruch auf Vorlage oder Besichtigung der mutmaßlich patentverletzenden Sache oder einer auf diese bezogenen Urkunde. Vielmehr liegt es im pflichtgemäßen Ermessen des Gerichts, ob es Beweis nach §§ 142, 144 ZPO erhebt. Da es sich um die Aufklärung beweisbedürftiger Tatsachen von Amts wegen handelt, setzt eine Anordnung nach §§ 142, 144 ZPO keinen Beweisantrag voraus. Im Gegensatz zu dem Anspruch aus § 809 BGB, der sich nur gegen den Besitzer der Sache richtet, dem gegenüber der Patentinhaber die Ansprüche aus § 139 Abs. 1 und 2 hat, kann die Anordnung nach §§ 142, 144 ZPO auch gegenüber Dritten getroffen werden. Während die Vorlageanordnung nach §§ 142, 144 ZPO gegenüber der Partei nicht erzwingbar ist, aber deren Nichtbefolgung zu ungenügendem Sachvortrag führen oder vom Gericht unter dem Gesichtspunkt der Beweisvereitelung nach § 286 ZPO frei gewürdigt werden kann (entsprechend auch die Regelung in Art. 43 Abs. 2 TRIPS), kann die nicht durch ein Zeugnisverweigerungsrecht nach §§ 383 bis 385 ZPO gerechtfertigte Verweigerung einer zumutbaren Vorlegung durch einen Dritten mit Ordnungsmitteln nach § 390 ZPO erzwungen werden (Musielak/Stadler, ZPO, 4. Aufl., § 142 ZPO, Rdn. 7f.).

Die Vorlegungs- oder Duldungsanordnung darf nicht zu einer unzulässigen Ausforschung der von der Maßnahme betroffenen Partei oder eines Dritten führen. Eine Annäherung des deutschen Zivilprozesses an das US-amerikanische „Discovery"-Verfahren ist mit der Novellierung der §§ 142, 144 ZPO durch das Zivilprozessreformgesetz nicht beabsichtigt worden. Insbesondere befreit § 142 ZPO die Partei, die sich auf die Urkunde bezieht, nicht von ihrer Darlegungs- und Substantiierungslast. Das Gericht darf die Urkundenvorlage nur auf der Grundlage eines schlüssigen Vortrags der Partei, die sich auf die Urkunde bezieht, anordnen (BT-Drs. 14/6036, S. 120f.). Entsprechendes gilt für Anordnungen nach § 144 ZPO. Andererseits sind auch die §§ 142, 144 ZPO in einer Weise auszulegen, dass sie in Einklang mit den Anforderungen des TRIPS-Übereinkommens, und dabei insbesondere des Art. 43 Abs. 1 TRIPS-Übereinkommen, stehen, so wie dies vom BGH im Hinblick auf § 809 BGB vertreten wird (vgl. BGH, aaO, 1048 – Faxkarte). Daher setzt die Anordnung nach §§ 142, 144 ZPO im Rahmen einer umfassenden Abwägung der Interessen der Parteien zunächst voraus, dass der klagende Patentinhaber substantiiert zum Verletzungstatbestand vorträgt und dass zumindest eine gewisse Wahrscheinlichkeit für sein Vorbringen spricht. Zu berücksichtigen ist zudem, ob dem insoweit darlegungs- und beweisbelasteten Patentinhaber noch andere Möglichkeiten zur Verfügung stehen, den Verletzungstatbestand zu beweisen. Gegebenenfalls bestehenden berechtigten Geheimhaltungsinteressen der von der Maßnahme betroffenen Partei ist Rechnung zu tragen, was dadurch geschehen kann, dass der Ausschluss der Öffentlichkeit bei der mündlichen Verhandlung und der Urteilsverkündung angeordnet wird, §§ 172 Nr. 2 und 3, 173 Abs. 2, 174 Abs. 1 und 3 GVG, oder Dritten die Akteneinsicht durch Dritte verweigert wird. Richtet sich die Anordnung gegen einen Dritten, sind auch dessen Geheimhaltungsinteressen zu berücksichtigen. Handelt es sich um ein Gewerbegeheimnis (wie etwa i.d.R. bei Angaben über Bezugsquellen, Vertriebswege, Preiskalkulationen, Angebotsunterlagen), kann sich der Dritte auf ein Zeugnisverweigerungsrecht nach § 384 Nr. 3 ZPO berufen. Zudem muss die Vorlegung oder Duldung für den Dritten zumutbar sein. Im Verhältnis zu Dritten ist bei der Auslegung von §§ 142, 144 ZPO ferner zu beachten, dass Art. 43 Abs. 1 TRIPS-Übereinkommen nur die Anordnung der Vorlegung von Beweismitteln gegenüber der gegnerischen Partei, nicht aber gegenüber Dritten vorsieht.

117f Art. 6 der **„Enforcement-Richtlinie"** (vgl. Rdn. 117c) sieht vor, dass die zuständigen Gerichte in einem anhängigen Verletzungsverfahren auf Antrag einer Partei, die alle vernünftigerweise verfügbaren Beweismittel zur hinreichenden Begründung ihrer Ansprüche vorgelegt und die in der Verfügungsgewalt der gegnerischen Partei befindlichen Beweismittel zur Begründung ihrer Ansprüche bezeichnet hat, die Vorlage dieser Beweismittel durch die gegnerische Partei anordnen können, sofern der Schutz vertraulicher Informationen gewährleistet wird. Ist eine im gewerblichen Ausmaß begangene Rechtsverletzung gegeben, sollen die zuständigen Gerichte die Herausgabe in der Verfügungsgewalt der gegnerischen Partei befindlicher Bank-, Finanz- oder Handelsunterlagen anordnen können. Die Vorlage der Beweismittel soll – anders als nach §§ 142, 144 ZPO – erzwingbar sein (Knaak, GRUR Int. **04,** 745, 747f.; McGuire, GRUR Int. **05,** 15, 20).

118 **d) Die Beweisregel des § 139 Abs. 3**

Literatur: Wirth, Der neue Stoff nach § 35 PatG und die Begriffsjurisprudenz in der Entscheidung des RG v. 11. 2. 1925, Mitt. **25,** 169ff.; Danziger, Der neue Stoff i.S.d. PatG, GRUR **25,** 285ff.; Schweikhardt, Die Beweislast bei Verletzung von Schutzrechten auf Verfahren und Vorrichtungen, deren Verwendung am fertigen Erzeugnis nicht zu erkennen ist, GRUR **61,** 116ff.; Pietzcker, Zum Stoff- und Neuheitsbegriff des § 47 Abs. 3 PatG, GRUR **63,** 601ff.; Hahn, Der Schutz von Erzeugnissen patentierter Verfahren, 1968, insbes. S. 124ff.; Meyer-Dulheuer, Beweislastumkehr und Europäisches Patent, GRUR Int. **73,** 533ff.; Stürner, Die gewerbl. Geheimsphäre im Zivilprozess, JZ **85,** 453.

Die Bestimmung des § 139 Abs. 3 ist durch GPatG v. 26. 7. 1979 an das nicht in Kraft getretene GPÜ angepasst worden und an die Stelle des früheren § 47 III (PatG 1968) getreten. Sie ist in der alten wie in der (seit 1981 geltenden) neuen Fassung das prozessuale Korrelat zu der materiellrechtlichen Bestimmung des § 9 Nr. 3 (früher § 6 S. 2), nach der sich die Wirkung eines für ein Verfahren erteilten Patents auch auf die durch das Verfahren unmittelbar hergestellten Erzeugnisse erstreckt. Durch diese Beweiserleichterung soll den Inhabern von Verfahrenspatenten zur Herstellung neuer Erzeugnisse (früher: Stoffe) ein wirksamer Schutz gegen Patentverletzung gewährt werden, BGHZ **67,** 38, 43 (= GRUR **77,** 103 – Alkylendiamine II); dies ist insbesondere deswegen erforderlich, weil dem Patentinhaber meist nur das Verfahrensprodukt ohne weiteres zugänglich ist, während er hinsichtlich des benutzten Verfahrens auf Vermutungen angewiesen ist. Unter den Voraussetzungen des § 139 Abs. 3 erfolgt eine volle **Umkehr der Beweislast;** der Kläger braucht lediglich darzulegen und zu beweisen, dass es sich bei dem geschützten Verfahren um ein solches i.S.d. § 139 Abs. 3 handelt, und dass die angegriffene Tätigkeit des Beklagten ein ‚gleiches' Erzeugnis betrifft; demgegenüber kann der Beklagte sich nicht darauf beschränken, nur die Möglichkeit darzulegen, mit einem nicht durch das Klagepatent geschützten anderen Verfahren zum gleichen Erzeugnis zu gelangen; er muss vielmehr seinerseits beweisen, dass er selber tatsächlich nach einem solchen anderen Verfahren arbeitet und gearbeitet hat, vgl. BGH GRUR **03,** 507 – Enalapril; ebenso Kraßer S. 805. Die Regelung entspricht den Anforderungen nach Art. 34 TRIPS-Ü unter zulässiger Beschränkung auf den dort zu Abs. 1 S. 2 lit. a genannten Fall. **119**

Anwendungsbereich: Die Bestimmung gilt nur im Zivilprozess – nicht im Strafprozess – und nur für den objektiven Tatbestand der Patentverletzung, insofern allerdings sowohl beim Unterlassungsanspruch als auch beim Schadensersatz- und Rechnungslegungsanspruch, vgl. LG München GRUR **64,** 679, 681, und insbesondere auch im Vollstreckungsverfahren, OLG Düsseldorf GRUR **67,** 135, 136. Auf Ansprüche aus einer offengelegten Anmeldung gem. § 33 wird die Bestimmung zwar nicht unmittelbar (anders Ohl GRUR **76,** 557, 565), wohl aber entsprechend anzuwenden sein.

Durch die geltende Fassung des Gesetzes ist die Anwendbarkeit des § 139 Abs. 3 über den engen Bereich der ‚Stoffe' hinaus auf alle das Ergebnis eines Herstellungsverfahrens bildenden **‚Erzeugnisse'** ausgedehnt und damit der Bestimmung des § 9 Nr. 3 angepasst worden. So ist klargestellt, dass grundsätzlich auch Endprodukte jeder Art erfasst werden. Zur Frage, ob auch Energie als Erzeugnis anzusehen ist, vgl. Tetzner Mitt. **67,** 5ff. Die charakteristische Besonderheit des Erzeugnisses kann u.a. in der Form, im Aussehen oder sonstiger sinnlicher Wahrnehmbarkeit, in seiner Widerstandsfähigkeit oder in anderen Gebrauchseigenschaften liegen. **120**

Die Herstellung eines Stoffes oder Erzeugnisse kann auch in der Bearbeitung eines bereits vorhandenen Produkts liegen, sofern nur der Gegenstand derart verändert wird, dass er vom Verkehr als etwas neues angesehen wird, vgl. RGSt **46,** 262, 264. Wegen weiterer Einzelheiten zum Begriff des durch ein Verfahren hergestellten Erzeugnisses kann auf die Erläuterungen zu § 9 Nr. 3 verwiesen werden.

Das geschützte Verfahrenserzeugnis muss **neu** sein. Damit ist nicht nur die Herstellung einer neuen individuellen Sache (im Unterschied zur einfachen Reparatur oder Bearbeitung) gemeint, sondern Neuartigkeit i.S. des Neuheitsbegriffs nach § 3, auf dessen Erläuterung daher ergänzend verwiesen werden kann. Maßgeblich ist der Prioritätszeitpunkt d. Klagepatents, vgl. BGH GRUR **03,** 507 – Enalapril. Für die Erarbeitung eines eigenständigen Neuheitsbegriffs im Rahmen des § 139 Abs. 3 (s. dazu Pietzcker GRUR **63,** 601, 604ff.; Reimer, Anm. 114 zu § 47) besteht weder Bedürfnis noch rechtliche Grundlage, ebenso Kraßer S. 804; a.A. Busse § 139 Rdn. 215; Schulte § 139 Rdn. 212. Für die Neuheit eines ‚Stoffes' i.S. des § 47 Abs. 3 PatG 1968 hatte die Rechtsprechung verlangt, in den mechanischen oder chemischen Eigenschaften müssten Unterschiede gegenüber dem Bekannten hervortreten, die so durchgreifend seien, dass nicht etwa nur ein mit einzelnen besseren Eigenschaften ausgestatteter alter, bereits bekannter Stoff vorliege, RGZ **110,** 183/184. Zumindest nach der Neufassung des Gesetzes wird man eine derart weitgehende – und schon nach bisherigem Recht umstrittene, vgl. Pietzcker GRUR **63,** 604; Reimer, Anm. 114 zu § 47 – Einschränkung nicht mehr aufrecht erhalten können. Das neue Erzeugnis muss sich jedoch ebenso wie früher der neue Stoff in irgendeiner mit Sicherheit unterscheidbaren Eigenschaft, die auch auf chemischem Gebiet begründet sein kann, von dem Vorbekannten abheben, LG München GRUR **64,** 679, 680. Ein Erzeug- **121** nis, das als solches schon hergestellt war, dessen Wirkung man aber früher nicht erkannt hatte, ist gleichwohl nicht „neu" im Sinne des § 139 Abs. 3, RG GRUR **39,** 905, 908. Dagegen wird einem Stoff oder Erzeugnis die Neuheit i. S. des § 139 Abs. 3 nicht durch den Umstand genommen, dass ähnliche Erzeugnisse zu einem gleichen technischen Verwendungszweck bereits auf anderen Verfahrenswegen produziert worden sind, LG München GRUR **64,** 679, 680; auch nicht dadurch, dass ein gleiches Erzeugnis nach der Anmeldung des Klagepatents bekannt geworden ist, und zwar selbst dann nicht, wenn das Erzeugnis bereits in einer prioritätsälteren, aber erst nach Anmeldung des Klagepatents offengelegten (und nicht schon nach § 3 Abs. 2 ohne weiteres zum Stand der Technik gehörenden) Patentanmeldung beschrieben ist, BGH GRUR **70,** 237, 241; kritisch dazu Lindenmaier § 47 Rdn. 60; es ist daher durchaus möglich, dass sich die Inhaber verschiedener Patente der gleichen Verletzungsform gegenüber auf § 139 Abs. 3 (bzw. § 47 Abs. 3 PatG 1968) berufen können. Ein Verfahren, durch das einem inländischen Tierfell das Aussehen eines ausländischen Pelzwerks gegeben werden soll, wurde nicht als Verfahren zur Herstellung eines „neuen Stoffes" i. S. des § 47 Abs. 3 PatG 1968 angesehen, OLG Dresden MuW **32,** 256, 257, könnte aber durchaus unter die jetzige Fassung des § 139 Abs. 3 fallen.

122 Die Beweislastregel des § 139 Abs. 3 gilt nur für Erzeugnisse **gleicher Beschaffenheit.** Dieses Merkmal ist nach BGHZ **67,** 38, 44 ff. (= GRUR **77,** 100, 104/105 – Alkylendiamine) wie folgt abzugrenzen: Es genügt nicht, dass die Erzeugnisse im Wesentlichen übereinstimmen. Halten sich die festgestellten Unterschiede etwa bei chemischen Stoffen in Bezug auf ihren Reinheitsgrad oder die prozentuale Zusammensetzung einer nicht einheitlichen Substanz im Rahmen dessen, was nach der technischen Erfahrung im Verfahrensergebnis auf eine unterschiedliche Ausführung des patentierten Verfahrens zurückzuführen ist, nicht aber ohne weiteres auf die Anwendung anderer Verfahren hindeutet, dann ist Raum für die Anwendung der Beweisregel des § 139 Abs. 3. Liegen die festgestellten Unterschiede hingegen bei einem chemischen Verfahrenserzeugnis im Bereich der chemischen Konstitution der Stoffe, so dass es naturgesetzlich ausgeschlossen ist, dass sie auf dem selben Verfahrensweg hergestellt sind, dann versagt die Anwendung des § 139 Abs. 3, mögen die Stoffe auch sonst, insbesondere bei ihrer Verwendung übereinstimmende Eigenschaften zeigen. Ist die Entstehung eines bestimmten Stoffes bei Anwendung des patentierten Verfahrens gar nicht denkbar, so kann dieser nicht als Stoff oder Erzeugnis von gleicher Beschaffenheit angesehen werden. Aus § 139 Abs. 3 lässt sich auch keine Vermutung dafür herleiten, dass bei einem dem Verfahrenserzeugnis des patentierten chemischen Verfahrens verwandten Stoff ein dem Ausgangsstoff des patentierten Verfahrens verwandter Ausgangsstoff umgesetzt worden ist. Es ist vielmehr Identität der Erzeugnisse bzw. Stoffe erforderlich. Es genügt jedoch, wenn Identität mit dem Erzeugnis eines abgewandelten Verfahrens gegeben ist, welches ebenfalls noch unter den Schutzbereich des Klagepatents fällt, BGH aaO. Für diesen Fall muss der Patentinhaber konkret darlegen und beweisen, in welcher abgewandelten und noch unter das Klagepatent fallenden Form das angegriffene Erzeugnis identisch hergestellt werden kann.

123 Gemäß § 139 **Abs. 3 S. 2** sollen bei der Erhebung des dem Beklagten obliegenden Beweises des Gegenteils dessen berechtigte Interessen an der Wahrung seiner Herstellungs- und Betriebsgeheimnisse berücksichtigt werden. Diese Bestimmung ist im Interesse der Rechtsvereinheitlichung aus Art. 35 (ehemals 75) GPÜ in das deutsche Patentgesetz übernommen worden. Sie bedeutet keine Einschränkung der Darlegungs- und Beweislast des Beklagten sondern gebietet lediglich in allgemeiner Form, bei der praktischen Durchführung der Beweisaufnahme auf berechtigte Belange des Beklagten Rücksicht zu nehmen, was sich aber an sich ohnehin schon aus dem auch im Prozessrecht anwendbaren allgemeinen Grundsatz von Treu und Glauben ergibt. Aus dem Gesetzgebungsverfahren ergibt sich kein konkreter Anhalt für die Annahme, es solle eine bisher von deutschen Gerichten geübte Praxis geändert werden. Als konkrete Konsequenz aus der dem § 139 Abs. 3 S. 2 entsprechenden Regelung des Art. 75 Abs. 2 GPÜ wird in dem Bericht der deutschen Delegation über die Luxemburger Konferenz (GRUR Int. **76,** 187, 226) noch und allein auf die Möglichkeit verwiesen, eine Betriebsbesichtigung durch das Gericht ohne Hinzuziehung des Klägers vorzunehmen; gerade dies ist jedoch mit Rücksicht auf den Grundsatz des rechtlichen Gehörs (Art. 103 Abs. 1 GG) bedenklich, ebenso Busse § 139 Rdn. 218; entsprechendes gilt für die von einer Partei vorgelegten Unterlagen, BGHZ **116,** 47 – Amtsanzeiger. Wohl wird das Gericht sich bemühen müssen, im Einzelfall im Einvernehmen mit den Parteien eine Regelung zu finden, welche die widerstreitenden Interessen an Aufklärung einerseits und Wahrung von Betriebsgeheimnissen andererseits miteinander in Einklang bringt. So könnte es im Einzelfall möglich und zumutbar sein, wenn der Kläger bei einer Betriebsbesichtigung nur durch Rechtsanwalt und/oder Patentanwalt vertreten ist, die sich verpflichten, über bestimmte Wahrnehmungen Stillschweigen zu bewahren. In bestimmten Fällen wäre in Anlehnung an die zur Rechnungslegung entwickelten Grundsätze (s. o. Rdn. 89) die Möglichkeit zu prüfen, eine Besichtigung zumindest zunächst nur durch einen Sachverständigen beiderseitigen Vertrauens vornehmen zu lassen, der verpflichtet ist, sein Gutachten auf die zur Beantwortung der Beweisfragen unmittelbar notwendigen Angaben zu beschränken; diese könnten sich ggf. auf das Ergebnis d. Untersuchung reduzieren, Schäfers Mitt. **81,** 6, 10. Zur Frage eines „Geheimverfahrens" vgl. Leppin GRUR **84,** 552 ff., 695 ff. u. 770 ff. sowie Stürner/Stadler JZ **85,** 1101, 1104 und Stadler, NJW **89,** 1202 ff. m. w. N. Für die Verhandlung kann gem. § 172 Nr. 2 GVG die Öffentlichkeit ausgeschlossen werden. Bei mehreren zur Verfügung stehenden Beweismitteln wird das Gericht erst diejenigen ausschöpfen müssen, die ein Betriebsgeheimnis weniger gefährden. Vor allem aber hat das Gericht den Gesichtspunkt der Gefährdung von Betriebsgeheimnissen im Rahmen seiner Hinweispflicht nach § 139 ZPO zu berücksichtigen; der Beklagte darf hier mehr als in anderen Fällen eine Belehrung über die Notwendigkeit weiterer Substantiierung erwarten.

Antragsfassung und Urteilsformel müssen grundsätzlich dem Umstand Rechnung tragen, **124** dass auch der Erzeugnisschutz nach § 9 Nr. 3 die Benutzung des patentierten Verfahrens voraussetzt; dessen Merkmale müssen daher nach Möglichkeit in der benutzten konkreten Form in Antrag und Urteilsformel aufgenommen werden und führen zu einer Einschränkung des auf das Erzeugnis gerichteten Verbots. Soweit die im konkreten Verletzungsfall benutzten Verfahrensschritte jedoch nicht bekannt sind, ist eine entsprechende Konkretisierung nicht möglich und in Konsequenz der Regelung des § 139 Abs. 3 auch nicht erforderlich, BGH GRUR **77,** 100, 101/102 (Alkylendiamine) m. Anm. Beil; anders noch OLG Düsseldorf GRUR **67,** 135. Die Rechtskraft eines solchen Urteils erstreckt sich dann für Vergangenheit und Zukunft auf jedes Verfahren, welches zu einem gleichen Erzeugnis führt; der Beklagte kann sich im Vollstreckungsverfahren nicht mehr darauf berufen, dass er in Wahrheit ein – nunmehr konkret bezeichnetes – patentfreies Verfahren benutze. Es bleibt ihm lediglich der Weg der Vollstreckungsabwehrklage nach § 767 ZPO, und auch dies nur insoweit, wie er nach Schluss der letzten mündlichen Verhandlung in der Tatsacheninstanz des vorangegangenen Erkenntnisverfahrens zu einem anderen Herstellungsverfahren übergeht.

e) Sachverständigenbeweis (*Literaturhinweis:* Allgemein: Jessnitzer/Ulrich, Der gerichtliche **125** Sachverständige, 11. Aufl., 2001; vgl. im Übrigen: Block, Der Sachverständigenbeweis im Patentstreit, GRUR **36,** 524; Winkler, Beschleunigung d. Patentprozesse, Mitt. **69,** 276; Neuhaus, Der Sachverständige i. deutschen Patentverletzungsprozess, GRUR Int. **87,** 483; Gramm, Der gerichtliche Sachverständige als Helfer des Richters im Nichtigkeitsberufungsverfahren u. im Patentverletzungsprozess, i. FS A. Preu (1988), S. 141; Maxeiner, Der Sachverständige in Patentrechtsstreitigkeiten in USA u. Deutschland, GRUR Int. **91,** 85 ff.).

Um die im Verletzungsprozess streitigen technischen Fragen richtig beurteilen zu können, bedarf das Gericht zumeist des Gutachtens eines technischen Sachverständigen. Das betrifft vor allem die Frage der Patentbenutzung, häufig aber auch schon die Auslegung des Klagepatents; diese setzt nämlich vielfach nicht immer einfach zu treffende Feststellungen darüber voraus, was der Durchschnittsfachmann den durch Beschreibung und Zeichnungen erläuterten Merkmalen der Patentansprüche entnimmt, BGHZ **105,** 1, 10 – Ionenanalyse; BGH GRUR **04,** 413 – Geflügelkörperhalterung. Die Zuziehung eines Sachverständigen kann auf Antrag (§§ 282, 403 ZPO) oder von Amts wegen (§ 144 ZPO) angeordnet werden. Sie steht stets im pflichtmäßigen Ermessen des Gerichts, BGH NJW **00,** 1946, 1947 – und zwar auch dann, wenn sie von einer Partei beantragt ist, RG GRUR **39,** 363, 364; Düsseldorf NJW-RR **99,** 794. Die Notwendigkeit sachverständiger Hilfe hängt letztlich immer von den Umständen des Einzelfalls ab, BGH GRUR **04,** 413, 416. Verfügt das Gericht selbst über ausreichende Sachkunde, kann es von der Hinzuziehung eines Sachverständigen absehen, BGH GRUR **64,** 196, 199; **04,** 413, 416 – Geflügelkörperhalterung. Das gilt insbesondere für ein in Patentsachen erfahrenes Gericht, BGH GRUR **04,** 413, 416, und für die Beurteilung einfacher technischer Sachverhalte, RG GRUR **39,** 825, 826; vgl. auch BGHZ **112,** 140, 150. Das gilt vor allem dann, wenn die Parteien eine tragfähige Grundlage für die Beurteilung durch das Gericht geschaffen und ihren Standpunkt zur Beurteilung des technischen Sachverhalts eingehend dargestellt, BGH GRUR **04,** 413, 416 und gar noch mit Privatgutachten untermauert haben, BGHZ **64,** 86, 100 – Metronidazol. Wenn ein Gericht unter Berufung auf eigene Sachkunde von der Hinzuziehung eines Sachverständigen absieht, dann muss es Feststellungen zum technischen Sachverhalt treffen und die für seine Überzeugungsbildung maßgeblichen Gesichtspunkte in der Begründung nachvollziehbar darlegen, BGH GRUR **04,** 413, 416. Mit dieser Maßgabe wird ein ständig mit Patentsachen befasstes Gericht auch etwa die Frage einer Patentverletzung mit äquivalenten Mitteln (s. Rdn. 91, 95 ff. zu § 14) häufig ohne Sachverständigen entscheiden können, BGHZ **112,** 140, 150 – Befestigungsvorrichtung II). Das gilt insbesondere dann, wenn auftauchende Unklarheiten bereits Gegenstand der Erörterungen im Erteilungs-, Einspruchs- oder Nichtigkeitsverfahren waren; zurückhaltend insoweit BGH GRUR **83,** 497 mit krit. Anmerkung Gramm. Bei schwierigeren technischen Fragen wird dem Gericht allerdings im Streitfall vielfach die zur Beurteilung nötige Sachkunde fehlen; dann ist es verpflichtet, einen Sachverständigen zuzuziehen, RG GRUR **33,** 712, 714; **35,** 498, 501/02; BGHZ **64,** 86, 100 (= GRUR **75,** 428 – Metronidazol). Das gilt auch für die Frage, welche Erkenntnisse der Fachmann aus speziellen Begriffen der Patentschrift auf einem speziellen Gebiet der Technik gewinnt, BGH GRUR **04,** 413, 416 – Geflügelkörperhalterung (– ob z. B. der Begriff der temperaturbedingten Dehnung auch die Kälteschrumpfung umfasst –), oder ob der Fachmann bestimmte Funktionen für wesentlich hält, die bei genauer Nacharbeitung erfüllt, in der Patentbeschreibung jedoch nicht erwähnt sind und bei der abgewandelten angeblichen Verletzungsform fehlen. Lassen die Urteilsgründe auf mangelnde Sachkunde des Tatsachenrichters schließen, so kann in der Nichterhebung eines Sachverständigenbeweises ein Verstoß gegen § 286 ZPO gefunden werden, der zur Aufhebung des Urteils in der Revisionsinstanz führt, BGH GRUR **83,** 497, 498 ff.; vgl. auch BGH GRUR **95,** 578, 579 zur Schadensschätzung nach § 287 ZPO. Das Patent ist jedoch eigenständig vom Gericht auszulegen; das darf nicht dem Sachverständigen überlassen bleiben, BGH GRUR **06,** 131; vgl. u. Rdn. 144.

126 Beauftragung u. Ladung d. Sachverständigen werden regelmäßig davon abhängig gemacht, dass der Beweisführer einen zur Deckung d. Auslagen hinreichenden **Vorschuss** einzahlt (§§ 379, 402 ZPO; § 17 GKG); nicht bei Bewilligung von Prozesskostenhilfe; das kann insbesondere auch dann unterbleiben, wenn etwa wegen eines nahen Verhandlungstermins besondere Eile geboten ist. Vgl. im Übrigen auch Rdn. 4 zu § 115.

127 Der Sachverständige soll nicht selbst den Streitfall entscheiden, sondern sich gutachtlich zu den technischen Streitfragen des Falls äußern und damit dem Gericht eine Hilfe für die diesem obliegende Entscheidung des Falls geben. Daher ist der Sachverständige auch nicht lediglich zu fragen, „ob der Beklagte das Klagepatent verletzt“, sondern schon durch entsprechende Fassung des Beweisbeschlusses zu veranlassen, alle patentrechtlich wesentlichen technischen Fragen des Streitfalls im Einzelnen zu erörtern, also namentlich zum Gegenstand der geschützten Erfindung – mit Erläuterung unklarer Begriffe und technischer Fachausdrücke, der Funktion der Einzelelemente des Patentanspruchs und ihres Zusammenwirkens sowie des der Erfindung zugrundeliegenden technischen Problems – Stellung zu nehmen und die Verletzungsform auf Übereinstimmungen und Abweichungen gegenüber dem Klagepatent zu prüfen. Dabei kann er auf die zwischen den Parteien streitigen Punkte noch besonders hingewiesen werden. Wie ausführlich der Beweisbeschluss zu halten ist, hängt vom Fall und von der Person des Sachverständigen ab; vgl. dazu Schramm S. 362 ff.; Muster eines Beweisbeschlusses bei Kühnen/Geschke Rdn. 569. In der Regel ist es angebracht, zunächst eine **schriftliche Begutachtung** anzuordnen (§ 411 ZPO); es ist jedoch kein prozessualer Verstoß, wenn das Gericht nach pflichtmäßigem Ermessen von schriftlicher Begutachtung absieht und sich mit einem nur **mündlich erstatteten Gutachten** begnügt, BGHZ **6,** 398, 399. Wird schriftliche Begutachtung angeordnet, so kann ein Instruktionstermin für den Sachverständigen unter Zuziehung beider Parteien zweckmäßig sein. Ist ein schriftliches Gutachten erstattet worden, so *kann* das Gericht das Erscheinen des Sachverständigen in der mündlichen Verhandlung zwecks Erläuterung und ggf. Ergänzung seines Gutachtens anordnen (§ 411 Abs. 3 ZPO); auf rechtzeitig gestellten und nicht offensichtlich missbräuchlichen Antrag einer Partei *muss* es das tun, BGHZ **24,** 9, 14; **35,** 370, 371; BGH NJW-RR **03,** 208; VersR **04,** 1579; jedoch kann das Gericht nach §§ 402, 379 ZPO die Ladung des Sachverständigen von der Zahlung eines Vorschusses abhängig machen, s. o. Rdn. 126. Die durch § 160 Abs. 3 Nr. 4 ZPO vorgeschriebene Feststellung der Aussage des Sachverständigen im **Protokoll** kann nur unter den Voraussetzungen des § 161 ZPO unterbleiben.

128 Das Gericht kann **einen oder mehrere Sachverständige** ernennen und anstelle des zuerst ernannten einen anderen bestellen (§ 404 Abs. 1 ZPO). Ob es bei sich widersprechenden Gutachten die Sachverständigen gegenüberstellen will (§§ 402, 394 Abs. 2 ZPO), steht in seinem pflichtmäßigen Ermessen, BGHZ **35,** 370, 373/74; BGH Warn. **67,** 403 Nr. 173. Ebenso steht es in seinem pflichtmäßigen Ermessen, ob es zu sich widersprechenden Gutachten, z. B. auch zu sich widersprechenden Gutachten des gerichtlichen Sachverständigen und des Privatgutachters einer Partei, ein Obergutachten einholen will, RG GRUR **37,** 352, 354; BGHZ **53,** 245, 258; unter Umständen aber *muss* es das tun, wenn eine Klärung auf andere Weise nicht zu erreichen ist, BGH NJW **86,** 1928, 1930; GRUR **00,** 138, 140.

129 Das Gericht ist an das Gutachten des Sachverständigen nicht gebunden. Die Subsumtion des Sachverhalts unter bestimmte Rechtsbegriffe und die rechtliche Würdigung (z. B. als „erfinderisch“ oder als „Benutzung der patentierten Erfindung“) sind ohnehin nicht Aufgabe des Sachverständigen. Aber auch in den technischen Fragen kann das Gericht vom Gutachten abweichen und nach dem Grundsatz der freien **Beweiswürdigung** verfahren, BGH NJW **82,** 2874. Namentlich bei Einwendungen einer Partei gegen das Gutachten muss das Gericht eingehend prüfen, ob und wieweit es ihm folgen kann, BGH GRUR **01,** 770, 772 – Kabeldurchführung II; ggf. ist auch zu prüfen, ob der Sachverständige für die konkret zu klärenden Fragen ausreichend sachkundig ist; er muss aber nicht notwendig Fachmann für das jeweilige technische Spezialgebiet sein, BGH GRUR **98,** 366 – Ladewagen. Das Gutachten ist grundsätzlich unverwertbar, soweit es auf Unterlagen einer Partei beruht, die der Gegenseite und dem Gericht nicht zugänglich und daher nicht überprüfbar sind, BGHZ **116,** 47; vgl. aber auch oben Rdn. 123. Widersprechende Gutachten mehrerer Sachverständiger sind gegeneinander abzuwägen, RG GRUR **32,** 297, 299; **37,** 545, 549; BGH BB **80,** 863; NJW **87,** 442. Auch zu Privatgutachten ist Stellung zu nehmen, BGH NJW **86,** 1928, 1930; GRUR **01,** 770, 772. Bestehende Widersprüche sind aufzuklären, BGH GRUR **00,** 138, 140 – Knopflochnähmaschinen. Bestehende Bedenken sind durch Anforderung einer Ergänzung des Gutachtens oder mündliche Erläuterung zu klären, BGH NJW **81,** 2578; **82,** 2874, 2875, ggf. auch durch Einholung eines weiteren Gutachtens, vgl. BGH GRUR **00,** 138, 140. Die Parteien haben einen Anspruch auf Ladung des Sachverständigen zur mündlichen Erläuterung, BGH NJW **83,** 340, 341; NJW-RR **03,** 208. Will sich das Gericht in Abweichung von dem Gutachten auf eigene (etwa durch Literaturstudium gewonnene) Sachkunde berufen, so muss es diese Erkenntnisse mit Parteien und Sachverständigen erörtern, BGH NJW **84,** 1408. Weicht das Gericht von dem Gutachten des gerichtlichen Sachverständigen ab, so muss es sich in den Entscheidungsgründen damit auseinandersetzen, seine eigene Ansicht näher begründen und seine eigene Sachkunde belegen, BGH GRUR **64,** 196, 199; NJW **82,** 2874; **97,** 1446. Ein einmal eingeholtes Gutachten kann das Gericht auch bei eigener Sachkunde nicht unberücksichtigt lassen, BGH GRUR **75,** 593, 595 (Mischmaschine III). Hat das Gericht keine eigene Sachkunde, so wird es sich allerdings letztlich auf die Vertrauenswürdigkeit des Sachverständigen und die innere Überzeugungskraft des ihm schlüssig erscheinenden Gutachtens verlassen müssen und dürfen, RG GRUR **37,** 375, 377; Mitt. **40,** 96; – jedoch nur mit den vorstehend erörterten Maßgaben und nicht ohne jede Plausibilitätsprüfung.

Ein Sachverständiger kann von einer Partei aus denselben Gründen wie ein Richter, also **130**
namentlich auch wegen Besorgnis der Befangenheit (§ 42 ZPO), **abgelehnt werden** (§ 406 ZPO). „Besorgnis der Befangenheit" bedeutet nicht, dass der Sachverständige objektiv befangen sein oder dass er sich selbst für befangen halten müsste; es genügt, dass vom Standpunkt der ihn ablehnenden Partei aus ein vernünftiger Grund für die Besorgnis besteht, der Sachverständige stehe dem Streitfall, sei es auch nur unbewusst, nicht unbefangen gegenüber, BGH GRUR **75,** 507 (Schulterpolster). Eine solche Besorgnis kann z. B. dann gerechtfertigt sein, wenn der Sachverständige, wenn auch in anderer Sache, für die Gegenpartei ein Privatgutachten erstattet hat, RG GRUR **28,** 233, 234; vgl. aber auch KG GRUR **36,** 760, – oder wenn er selbst Inhaber eines Patents ist, das sich mit dem Klagepatent berührt, – oder wenn er den Anwalt einer der Parteien mit der Erledigung einer eigenen Patentangelegenheit beauftragt hat, BGH GRUR **87,** 350, – oder auch nur, wenn er eine Ortsbesichtigung in Gegenwart einer Partei ohne Benachrichtigung der anderen durchführt oder einseitig Informationen einholt, BGH GRUR **75,** 507 (Schulterpolster) m. Anm. Harmsen zur vorbeugenden Belehrung d. Sachverständigen. Dagegen erwächst einer Partei ein Ablehnungsrecht noch nicht allein daraus, dass der Sachverständige bereits in der Vorinstanz tätig gewesen ist und dort ein von ihr nicht gebilligtes Gutachten erstattet hat, BGH LM ZPO § 406 Nr. 3. Vgl. weitere Rechtsprechung bei Rdn. 6 zu § 115 und in den Kommentierungen zu § 42 ZPO. Einer Partei kann auch nicht das Recht gegeben werden, einen ihr unbequemen Sachverständigen dadurch auszuschalten, dass sie ihn scharf oder sogar persönlich angreift und dann geltend macht, sie müsse besorgen, dass diese Angriffe bei ihm eine Parteilichkeit zu ihren Ungunsten hervorgerufen haben, KG GRUR **38,** 42. Wegen mangelnder Sachkunde kann ein Sachverständiger nicht „abgelehnt" werden, KG GRUR **38,** 42; BGH Mitt. **03,** 333; das Gericht wird dann jedoch prüfen müssen, ob es nach § 404 Abs. 1 S. 3 ZPO einen anderen Sachverständigen ernennen soll. Wegen des Verfahrens bei Ablehnung eines Sachverständigen vgl. § 406 Abs. 2–5 ZPO. Der Ablehnungsgrund muss grundsätzlich vor Vernehmung des Sachverständigen und binnen zwei Wochen nach Bekanntgabe seiner Ernennung geltend gemacht werden (§ 406 II ZPO), bei späterer Kenntnis unverzüglich, München MDR **04,** 229; insbes. wenn sich Ablehnungsgrund erst aus Stellungnahme des Sachverständigen ergibt, dann i. d. R. binnen zwei Wochen, BayObLG MDR **95,** 412/3; bei Frist z. Stellungnahme nach § 411 IV ZPO im Allg. bis Ablauf dieser Frist, BGH NJW **05,** 1869. Ein bereits erstattetes Gutachten eines nachträglich mit Erfolg abgelehnten Sachverständigen darf nicht berücksichtigt werden, RGZ **64,** 429, 432. Ist aber über das Ablehnungsgesuch kein die Ablehnung für begründet erklärender Beschluss ergangen, weil das Gericht einen anderen Sachverständigen zugezogen und deshalb die Partei ihr Ablehnungsgesuch nicht weiter verfolgt hat,

so darf das Gericht das vor dem Ablehnungsgesuch bereits erstattete Gutachten verwenden, muss dann aber die gegen die Unparteilichkeit vorgebrachten Bedenken würdigen, RG GRUR **38,** 112, 113.

131 Wegen der Vergütung des Sachverständigen wird verwiesen auf Rdn. 5 zu § 115.

132 f) Die **Einnahme des Augenscheins** (wozu auch die **Anstellung von Versuchen** gehört) kann auf Antrag einer Partei (§§ 282, 371 ZPO) oder von Amts wegen (§ 144 ZPO) angeordnet werden. Die Erhebung dieses Beweises ist – anders als die Erhebung des Sachverständigenbeweises (oben Rdn. 125) – nicht in das Ermessen des Gerichts gestellt; das Gericht darf eine ordnungsgemäß beantragte Augenscheinseinnahme nur unter den allgemein für die Ablehnung von Beweiserhebungen geltenden Voraussetzungen ablehnen, RG GRUR **42,** 323, 327/28; BGH LM Nr. 14 zu § 909 BGB; vgl. auch RG GRUR **39,** 783, 785 (Anregung zu Versuchen im Rahmen eines Sachverständigenbeweises). Oft wird es zweckmäßig sein, dass das Gericht einen Sachverständigen zuzieht (§ 372 Abs. 1 ZPO), RG GRUR **37,** 662, 663; **42,** 323, 328, oder dass es diesem die Einnahme des Augenscheins (die Anstellung von Versuchen) überlässt, RG GRUR **37,** 1081/82 = **39,** 189, 191. In einem Antrag auf Einholung eines Sachverständigengutachtens kann ggf. ein Antrag auf Einnahme des richterlichen Augenscheins zu finden sein, bei dem sich der Richter in Ermangelung eigener Sachkunde zur Vornahme der nötigen Versuche durch einen Sachverständigen vertreten lassen soll, RG GRUR **37,** 1081/82 = **39,** 189, 191. Die Parteien können im Prozess nicht gezwungen werden, die Augenscheinseinnahme einer in ihrem Besitz befindlichen Sache zu dulden. Die ungerechtfertigte Verweigerung der Mitwirkung kann jedoch bei der Beweiswürdigung zu Lasten der verweigernden Partei berücksichtigt werden, § 371 III ZPO; vgl. Baumbach/Lauterbach, Übers. § 371 Rdn. 8. Gegenüber einem Drittbesitzer kann u.U. die Duldung des Augenscheins erzwungen werden, §§ 371 II, 144 I, II, 390 ZPO. Wegen des – in einem besonderen Verfahren durchzusetzenden – materiellrechtlichen Besichtigungsanspruchs nach § 809 BGB vgl. oben Rdn. 117ff. Das Ergebnis des Augenscheins ist im Protokoll festzuhalten (§ 160 Abs. 3 Nr. 5 ZPO) und den Parteien zur Genehmigung zur Kenntnis zu bringen (§ 162 ZPO), sofern nicht einer der Ausnahmefälle des § 161 ZPO vorliegt.

5. Das Urteil

133 a) **Urteilsarten.** Das Urteil kann ein *Sachurteil* sein, das – den Klaganspruch zuerkennend oder ihn als unbegründet abweisend – „in der Sache selbst entscheidet", oder ein *Prozessurteil,* das aus prozessualen Gründen die Klage als unzulässig abweist; die Abweisung des Unterlassungsanspruchs mangels Beeinträchtigungs- oder Wiederholungsgefahr erfolgt durch Sachurteil als unbegründet, oben Rdn. 27. Das den Klaganträgen stattgebende Urteil ist im Verletzungsprozess entweder ein *Leistungsurteil* (z.B. auf Unterlassung – Rdn. 32 –, auf Beseitigung – Rdn. 38 –, auf Zahlung von Schadenersatz – Rdn. 57ff., 80 –, auf Herausgabe d. Bereicherung – Rdn. 81ff. –, auf Rechnungslegung – Rdn. 88/89 –, auf Ableistung der eidesstattlichen Versicherung – Rdn. 91 –) oder ein *Feststellungsurteil* auf Feststellung der Schadenersatzpflicht – Rdn. 80 –, auf Feststellung der Pflicht zur Herausgabe der Bereicherung – Rdn. 87 –, u.U. auch auf Feststellung der Patentverletzung – Rdn. 94 –). Soweit das Urteil über den Streitgegenstand selbst, d.h. über die geltendgemachten Ansprüche abschließend entscheidet, ist es *Endurteil* (§ 300 ZPO). Erledigt es alle geltendgemachten Ansprüche, ist es Voll-Endurteil. Oft ergeht aber zunächst nur ein *Teil(end)urteil* (§ 301 ZPO), namentlich dann, wenn der Unterlassungsanspruch vorab zur Endentscheidung reif und zuzuerkennen ist, während die auf Schadenersatz abzielenden Ansprüche noch der Beweiserhebung zur Frage des Verschuldens bedürfen (oben Rdn. 37). *Zwischenurteile,* d.h. Urteile, die nur über einzelne Streitpunkte, nicht über den Streitgegenstand selbst entscheiden, sind nur in den von der ZPO vorgesehenen Fällen zulässig, also in den Fällen eines prozessualen Zwischenstreits (§ 303 ZPO) mit einem Dritten (z.B. § 71 Nebenintervention, § 387 Zeugnisverweigerung) oder unter den Parteien (z.B. § 280 Zulässigkeit d. Klage) und als Vorabentscheidung über den Grund des Anspruchs (§ 304 ZPO).

134 **b) Formel und Begründung.** In der Formel eines den Klaganträgen stattgebenden Urteils wird das Gericht – schon um ein Hinausgehen über die Anträge zu vermeiden (§ 308 ZPO) – zweckmäßigerweise den Klaganträgen folgen, wenn diese ordnungsgemäß gefasst sind. Zur zweckmäßigen Fassung von Urteilsformel (und Antrag) s.o. Rdn. 104, zur notwendigen Anpassung an die konkrete Verletzungsform s.o. Rdn. 32, zur Fassung d. Verurteilung zur Rechnungslegung s. o. Rdn. 89 und § 140b; zur zeitlichen Erstreckung s.o. Rdn. 34, 80, 88; für die Fälle des § 139 Abs. 3 oben Rdn. 124.

Was in der **Begründung** des Urteils auszuführen ist, wie die Ausführungen zu ordnen sind und wie eingehend sie zu den einzelnen Punkten sein sollen, hängt von den Umständen des Falles ab. Das Urteil muss – namentlich auch zu den streitigen technischen Fragen – die Gründe, die für die richterliche Überzeugung maßgebend gewesen sind, so ausreichend darlegen, dass sie durch das Revisionsgericht nachgeprüft werden können; dabei kann zwar nicht verlangt werden, dass das Urteil in jedem einzelnen der zwischen den Parteien oder den Sachverständigen streitigen Punkte ausdrücklich Stellung nimmt; es muss aber zu erkennen sein, dass keine wesentlichen Gesichtspunkte übersehen und alle erheblichen Beweismittel gewürdigt sind, BGH GRUR **99,** 977, 979 – Räumschild; das gilt insbesondere für die Beweiswürdigung, BGH aaO und die Begründung einer Schadensschätzung nach § 287 ZPO. Wegen der Mindestanforderungen an die Entscheidungsgründe vgl. allgemein die Erläuterungen hier zu § 100 II Nr. 6 sowie zu § 547 Nr. 6 ZPO. Wegen der Behandlung von Sachverständigengutachten im Urteil vgl. oben Rdn. 129. Zur Reihenfolge der Erörterungen im Urteil haben sich nach der Natur der Sache gewisse Aufbauregeln als zweckmäßig erwiesen. Bei Streit über den patentverletzenden Charakter einer Handlung bedarf es regelmäßig zunächst einer Klärung darüber, wie die zwischen den Parteien streitigen oder sonst erläuterungsbedürftigen Merkmale (Begriffe) des Patentanspruchs und die sich aus dem Zusammenwirken der Merkmale ergebende Lehre des Klagepatents nach ihrem sinnvoll verstandenen Wortlaut zu verstehen sind; das ist aus der Sicht des Fachmanns unter Berücksichtigung von Patentbeschreibung und Zeichnungen zu ermitteln, BGHZ **105,** 1, 10 – Ionenanalyse; **160,** 204, 209 – Bodenseitige Vereinzelungseinrichtung. Dabei sind insbesondere die Angaben der Patentschrift über Nachteile des bekannten Standes der Technik und darüber zu berücksichtigen, was mit der patentierten Lehre erreicht werden soll; vgl. dazu beispielhaft etwa BGH GRUR **99,** 909 ff. – Spannschraube; **04,** 413, 414 ff. – Geflügelkörperhalterung. Auf dieser Grundlage ist dann darzulegen, ob die angegriffene Ausführungsform der Lehre des Klagepatents nach dem Anspruchswortlaut entspricht oder von diesem nur derart unwesentlich abweicht, dass sie gleichwohl noch unter den Schutzbereich des Patents fällt. Vgl. dazu etwa BGHZ **150,** 149, 153 ff. – Schneidmesser I und eingehend Erläuterungen oben zu § 14. 135

c) Nebenentscheidungen. Eine Verurteilung zur Unterlassung enthält auf entsprechenden, ggf. nach § 139 ZPO anzuregenden Antrag des Klägers zweckmäßigerweise zugleich eine **Ordnungsmittel-Androhung** nach § 890 Abs. 2 ZPO; andernfalls muss sie, wenn nötig, später durch besonderen Beschluss erlassen werden. Wegen des Ausspruchs der **vorläufigen Vollstreckbarkeit** vgl. §§ 708 ff., insbesondere § 708 Nr. 10, § 709 ZPO; die in §§ 710–712 erwähnten Anträge zur vorläufigen Vollstreckbarkeit und zur Sicherheitsleistung sind vor Schluss der Verhandlung zu stellen (§ 714), später können sie nicht nachgeholt werden. Ein erweiterter Vollstreckungsschutz nach § 712 ZPO kommt bei Patentverletzungsurteilen nur in besonders begründeten Ausnahmefällen in Betracht; er scheidet in aller Regel für Zahlungsansprüche schon wegen fehlender Unersetzlichkeit der drohenden Nachteile aus; ebenso für Rechnungslegungsansprüche, soweit der Schuldner durch Einräumung eines Wirtschaftsprüfervorbehalts (s. o. Rdn. 89) ausreichend gegen ein Bekanntwerden von Geschäftsgeheimnissen geschützt ist, vgl. die zu § 719 Abs. 2 ZPO ergangenen BGH-Entscheidungen in GRUR **78,** 726; **79,** 807 sowie OLG Düsseldorf GRUR **79,** 188; wegen des patentrechtlichen Unterlassungsanspruchs werden zwar die Voraussetzungen des § 712 Abs. 1 ZPO meist gegeben sein, es ist jedoch nach § 712 Abs. 2 ZPO ein meist überwiegendes Interesse des Patentinhabers an der Durchsetzung seines zeitlich begrenzten Anspruchs zu berücksichtigen, so dass auch hier ein Vollstreckungsschutz nach § 712 ZPO nur unter besonderen Umständen gerechtfertigt ist, die im Einzelnen vorzutragen und glaubhaft zu machen sind, OLG Düsseldorf GRUR **79,** 188, 189. Zu der gleichartigen Problematik bei § 719 Abs. 2 ZPO sowie allgemein zur Einstellung der Zwangsvollstreckung nach Einlegung eines Rechtsmittels vgl. unten Rdn. 157. Soll **Sicherheitsleistung** durch Stellung eines Bürgen, insbesondere durch Beibringung der Bürgschaft einer Großbank, erfolgen (§ 108 ZPO i. V. m. §§ 232, 239 BGB), so empfiehlt es sich, einen entsprechenden Antrag schon in der Verhandlung zu stellen; die Art der Sicherheitsleistung kann aber – anders als die *Höhe* der Sicherheitsleistung – auch noch nachträglich durch besonderen Beschluss bestimmt oder geändert werden, BGH NJW **94,** 1351. Die Möglichkeit, dem Verletzten die Befugnis zur öffentlichen **Bekanntmachung des Urteils (Veröffentlichung)** auf Kosten des Verletzers zuzusprechen, ist im PatG für den Strafprozess (§§ 142 Abs. 6), und im Rahmen des § 12 Abs. 3 UWG auch für den Zivilprozess vorgesehen. In entsprechender Anwendung wird das bei einem (wohl nur in seltenen Ausnahmefällen gegebenen) berechtigten Interesse des Klägers auch bei patentrechtlichen Unterlassungsansprüchen gelten müssen, da die Mitgliedstaaten nach Art. 15 der Richtlinie 2004/48/EG zur Durchsetzung d. 136

Rechte d. gewerblichen Eigentums v. 29. 4. 04 (s. Anhang Nr. 13) eine entsprechende Möglichkeit für alle gewerblichen Schutzrechte „zur Abschreckung künftiger Verletzer" (Erwägungsgrund 27) sicherstellen müssen. Da sich dies bereits durch entsprechende Anwendung der genannten Vorschriften erreichen lässt, ist eine ausdrückliche Umsetzung der Richtlinie auch insoweit entbehrlich (s. o. Rdn. 60a), zur Klarstellung aber sinnvoll.

Im Übrigen kann der Verletzte das im Zivilprozess ergangene Urteil auf eigene Kosten bekannt machen, muss sich dabei aber an die durch das UWG und die §§ 823ff. BGB gezogenen Grenzen halten, vgl. Melullis, Hdb., Rdn. 541.

136a Die Einschränkung des Unterlassungsurteils durch Gewährung einer **Aufbrauchsfrist** kommt im Prinzip auch für patentrechtliche Ansprüche in Betracht, vgl. BGH GRUR **81,** 259, 260 – Heuwerbungsmaschine II, hat hier aber keine praktische Bedeutung; alle sonstigen einschlägigen Entscheidungen betreffen das Wettbewerbsrecht. Es handelt sich nach h. M. um eine aus den allgemeinen Grundsätzen von Treu und Glauben (§ 242 BGB) abgeleitete Einschränkung des materiellen Unterlassungsanspruchs; sie kommt auch im Wettbewerbsrecht nur in seltenen Ausnahmefällen in Betracht, wenn die sofortige uneingeschränkte Durchsetzung des Unterlassungsanspruchs für den Verletzer und/oder seine Kunden mit unverhältnismäßigen Nachteilen verbunden wäre und dem Berechtigten eine gewisse Einschränkung zumutbar ist, vgl. BGH GRUR **74,** 735, 737; **90,** 522, 528. (*Literatur:* Berlit, Aufbrauchsfrist im gewerbl. Rechtsschutz u. Urheberrecht, 1997, S. 142; Ahrens, Wettbewerbsprozess, 5. Aufl. Kap. 38; Baumbach/Hefermehl, Wettbewerbsrecht, 23. Aufl., § 8 UWG, Rdn. 1.58ff.; Melullis, Handbuch d. Wettbewerbsprozesses, 3. Aufl. Rdn. 891ff.; Teplitzky, S. 840ff.). Die Gewährung einer Aufbrauchsfrist stellt die Rechtswidrigkeit nicht in Frage und führt nicht zur Einschränkung der Ansprüche auf Schadensersatz und Rechnungslegung, BGH GRUR **74,** 735, 737; **81,** 259, 260. Im Einzelfall sind alle betroffenen Interessen und ihre Schutzwürdigkeit unter Berücksichtigung von Gut- und Bösgläubigkeit gegeneinander abzuwägen; bei grober Fahrlässigkeit des Verletzers dürfte eine Aufbrauchsfrist kaum noch in Betracht kommen (noch enger Vorauflage). Sie könnte ausnahmsweise etwa dann gerechtfertigt sein, wenn der Verletzungsgegenstand nur einen kleinen, aber funktionswesentlichen Bestandteil einer großen Anlage bildet und wegen seiner (nicht erfindungswesentlichen) Anpassung nicht in annehmbarer Zeit durch ein patentfreies oder lizenziertes Produkt ersetzt werden kann. Die Aufbrauchsfrist könnte ggf. sachlich eingeschränkt oder von Auflagen (Informationspflicht, Mindestzahlung) abhängig gemacht werden, vgl. Nieder, S. 57 (Rdn. 95).

6. Rechtsmittel

137 **a) Allgemeines; Zulässigkeit.** Für das Berufungsverfahren gelten die allgemeinen Bestimmungen der §§ 511–541 ZPO, für das Revisionsverfahren die der §§ 542–566 ZPO. Die Berufung ist im Patentverletzungsprozess in aller Regel schon deswegen eröffnet, weil der Wert der Beschwerde 600,– € übersteigt; andernfalls kommt eine Zulassung durch das erstinstanzliche Gericht in Betracht (§ 511 ZPO). Eine anschließende Revision an den BGH setzt in jedem Fall eine Zulassung voraus, und zwar entweder durch das OLG oder – im Falle einer Nichtzulassungsbeschwerde – durch den BGH; Zulassungsgründe sind stets und ausschließlich eine grundsätzliche Bedeutung der Rechtssache oder die Erforderlichkeit einer BGH-Entscheidung zur Fortbildung des Rechts oder zur Sicherung einer einheitlichen Rechtsprechung (§ 543 ZPO). Die Entscheidungserheblichkeit ist im Verfahren der Nichtzulassungsbeschwerde nur auf der Grundlage der Erkenntnisse zu beurteilen, die dem BGH in diesem Verfahrensabschnitt zulässigerweise zur Verfügung stehen, BGH NJW **03,** 1125, streitig. Im Verfahren über Arrest oder einstweilige Verfügung gibt es jedoch keine Revision (§ 542 Abs. 2 ZPO). Widerruf oder Nichtigerklärung des Klagepatents zwingen zur Zulassung der Revision, soweit sie sich auf die Beurteilung der Verletzung (auf den Streitgegenstand) auswirken können, BGHZ **158,** 372, 376 – Druckmaschinen-Temperierungssystem; insoweit ist der Zulassungsgrund der Sicherung einheitlicher Rechtsprechung (§ 543 Abs. 2 Nr. 1) gegeben. Die Entscheidung über die Nichtzulassungsbeschwerde kann deswegen gegebenenfalls bis zur Entscheidung des Einspruchs- oder Nichtigkeitsverfahrens nach § 148 ZPO **ausgesetzt** werden, BGH aaO und oben Rdn. 107.

138 Gegenstand der Verhandlung und Entscheidung im **Rechtsmittelverfahren** sind – im Rahmen der Rechtsmittelanträge – an sich nur die im angefochtenen Urteil zu- oder aberkannten Ansprüche (§§ 528, 557 ZPO). Für Klagänderungen (auch Klagerweiterungen) und für die Erhebung einer Widerklage in der Berufungsinstanz gilt § 533 ZPO. In der Revisionsinstanz kann eine Klagänderung ausnahmsweise geboten und zulässig sein, wenn hier infolge zwischenzeitlicher Änderung der Patentlage (unten Rdn. 145) ein anderer Patentanspruch zugrundezulegen ist als in der Vorinstanz, BGH GRUR **62,** 577, 578; **64,** 433, 436. Neues tatsächliches Vorbringen ist in der Berufungsinstanz im Rahmen des § 532 Abs. 2 ZPO (bei fehlender Nachlässigkeit oder Fehler des Landgerichts) zuzulassen. Es ist im Übrigen in der Revision nicht und in der Berufungsinstanz nur insoweit zulässig, wie es nicht nach § 531 Abs. 1 ZPO ausgeschlossen oder nach §§ 530, 531 ZPO als verspätet zurückzuweisen ist; letzteres hängt insbesondere davon ab, ob die Berücksichtigung des neuen Vorbringens den Rechtsstreit verzögern würde; dabei ist unerheblich, ob die gleiche Verzögerung auch bei früherer Geltendmachung eingetreten wäre, BGHZ **75,** 138; **86,** 31, 34. Die Notwendigkeit einer Beweisaufnahme durch Zeugenvernehmung über erstmals in der Berufungsinstanz vorgetragene Vorbenutzungshandlungen (§ 12) bedingt grundsätzlich eine Verzögerung, OLG Düsseldorf GRUR **79,** 272. Eine Zurückweisung ist jedoch dann unzulässig, wenn das Gericht die Verspätung durch zumutbare vorbereitende Maßnahmen ausgleichen kann, BGH NJW **99,** 585.

Wegen der Mitabweisung noch in der Vorinstanz anhängiger Ansprüche bei Erfolg des Rechtsmittels gegen ein Teilurteil vgl. oben Rdn. 37.

b) Die Nachprüfung durch das Revisionsgericht. Es gelten die Bestimmungen der §§ 545 ff. ZPO, auf die verwiesen wird. Der Umfang der revisionsrechtlichen Überprüfung beschränkt sich auf das angefochtene Urteil im Rahmen der von den Parteien gestellten Anträge (§ 557 I ZPO). Es ist – unter Ausschluss eigener Beweiserhebung – lediglich zu prüfen, ob eine Rechtsnorm nicht oder nicht richtig angewendet worden ist, und ob das angefochtene Urteil in seinem Ergebnis darauf beruht (§§ 545 I, 546, 557, 561, 562 ZPO). Die Zuständigkeit des Berufungsgerichts ist grundsätzlich nicht zu überprüfen (§ 545 II ZPO), wohl aber die internationale Zuständigkeit, BGHZ **153,** 82. Tatsächliche Grundlage der Revisionsprüfung ist nur das Parteivorbringen, welches sich aus dem angefochtenen Urteil (einschließlich in Bezug genommener Aktenteile), aus dem Sitzungsprotokoll oder aus einer in der Revisionsbegründung enthaltenen Verfahrensrüge ergibt (§ 559 I ZPO); tatsächliche Feststellungen des Berufungsgerichts sind für die Revisionsinstanz bindend, soweit nicht insoweit eine zulässige und begründete Revisionsrüge erhoben worden ist (§ 559 II ZPO). Demgegenüber ist die rechtliche Beurteilung des festgestellten Sachverhalts ohne Bindung an erhobene Revisionsrügen zu überprüfen. 139

Eine der uneingeschränkten revisionsrechtlichen Prüfung unterliegende **Rechtsfrage** ist jede Überprüfung einer einschlägigen Rechtsnorm (§ 546 ZPO). Dazu gehört allgemein jede Vorschrift des materiellen Rechts und des zu beachtenden Verfahrensrechts, ihre Berücksichtigung, zutreffende Auslegung und sachgerechte Anwendung auf den konkret festgestellten Sachverhalt (d. h. dessen rechtliche Subsumtion). Im Rahmen des Patentrechts gehört dazu insbesondere das richtige Verständnis grundlegender Rechtsbegriffe wie „Neuheit“ (§ 3), „erfinderische Tätigkeit“ (§ 4), „gewerbliche Anwendbarkeit“ (§ 5), „widerrechtliche Entnahme“ (§ 8), „Benutzung der Erfindung“ (in den verschiedenen Varianten des § 8), „Schutzbereich“ und „Inhalt der Patentansprüche“ (§ 14), „vorsätzlich oder fahrlässig“ (§ 139) und dergleichen mehr. Der eigenen Auslegung und damit der uneingeschränkten Überprüfung durch das Revisionsgericht unterliegen behördliche Erklärungen, insbesondere Erklärungen im Erteilungsverfahren, BGH GRUR **80,** 280, 281; vor allem die Auslegung eines erteilten Patents, BGHZ **142,** 7, 15 – Räumschild; **160,** 204, 212 – Bodenseitige Vereinzelungseinrichtung. Der revisionsrechtlichen Überprüfung unterliegt nach ständiger Rechtsprechung auch die Beachtung der Denkgesetze und allgemeiner Erfahrungssätze, BGH GRUR **03,** 507, 508 – Enalapril; Gegenstand der rechtlichen Überprüfung kann auch der allgemeine Sprachgebrauch (RGZ **105,** 417, 419), vor allem die Eindeutigkeit oder Auslegungsfähigkeit eines bestimmten Wortlauts sein (BGHZ **32,** 60, 63; BGH WM **90,** 644) oder die Beachtung anerkannter Auslegungsgrundsätze, BGH NJW **92,** 1967. Dabei ist auch zu prüfen, ob durch unrichtige Anwendung etwa die Tatsachenfeststellung beeinflusst ist. 140

Im Gegensatz zu einer nur den Einzelfall betreffenden Tatfrage sind Rechtsfragen allgemeine Regeln, die für eine unbestimmte Vielzahl von Einzelfällen gelten sollen; sie können sowohl das Zustandekommen von Einzelfeststellungen als auch die daraus abzuleitenden Folgerungen betreffen. Ob eine die Nachprüfung durch das Revisionsgericht ermöglichende allgemeine Regel aufzustellen ist, kann sich in Grenzfällen danach entscheiden, ob sich der Sachverhalt dazu eignet, eine der Verallgemeinerung zugängliche Aussage zu einem bestimmten Punkt zu machen, und ob – zur Sicherung einheitlicher Rechtsanwendung – ein Bedürfnis für eine präjudizielle Entscheidung besteht, vgl. Bruchhausen in FS v. Gamm (1990), S. 353, 366. 140 a

Tatfrage sind die grundsätzlich dem Tatrichter vorbehaltenen Feststellungen über bestimmte Einzeltatsachen i. S. des § 559 II ZPO. Das gilt in gleicher Weise auch für die Auslegung eines Vertrages im konkreten Einzelfall, BGH GRUR **02,** 149, 150 – Wetterführungspläne II – und die abschließende Wertungsentscheidung zur Ausfüllung eines unbestimmten Rechtsbegriffs, wie z. B. der erfinderischen Tätigkeit, BGH GRUR **98,** 133, 137 – Kunststoffaufbereitung; 141

oder einer Verwirkung, BGH GRUR **05,** 567, 569 oder allgemeiner Arglist (s. o. Rdn. 26a). Das betrifft ferner insbesondere auch die im Rahmen der Beweiswürdigung gewonnene Überzeugung des Tatrichters nach Maßgabe der §§ 286, 287 ZPO über die Wahrheit bestimmter Behauptungen oder über die Höhe des zu schätzenden Schadens.

Zur **Tatfrage im technischen Bereich** gehört nicht nur die Feststellung des „technischen Sachverhalts" im engeren Sinne, also die Feststellung der technischen Gegebenheiten einer Sache, einer Vorrichtung oder eines Verfahrens, auf die es im Streitfall ankommt, wie z. B. der Einzelheiten der Gestaltung oder der Arbeitsweise der „Verletzungsform", einer „offenkundigen Vorbenutzung" oder eines in einer Vorveröffentlichung beschriebenen Gegenstands. Tatfrage ist vielmehr z. B. auch, was der Fachmann des betreffenden Gebiets unter einem im Anspruch des Klagpatents verwendeten technischen Begriff versteht, BGH GRUR **52,** 562, 564 („Folie"); **59,** 317, 319/20 („agglomeriert"); **99,** 909, 911 („eingeführte Unterlegscheibe"), – welche Lehre dem Durchschnittsfachmann in den ursprünglichen Anmeldeunterlagen offenbart worden ist, BGH GRUR **63,** 563, 566, – was aus einer Zeichnung entnommen werden kann, BGH GRUR **72,** 595, – was der Fachmann aus einer Veröffentlichung entnimmt, RG MuW **33,** 571; GRUR **35,** 913, – ob der Fachmann den Offenbarungsgehalt einer Patentschrift trotz weit und allgemein gefasster Patentansprüche im Wesentlichen auf das konkrete Ausführungsbeispiel beschränkt oder bei einzelnen Merkmalen notwendige Ergänzungen vornimmt, BGH GRUR **83,** 497, 498, – ob bei den abgewandelten Mitteln der angegriffenen Ausführung im Sinne der Äquivalenzlehre (vgl. Erl. zu § 14) die angestrebte Kombinationswirkung der patentierten Lehre erzielt wird, und ob der Fachmann das erkennen konnte, BGHZ GRUR **83,** 497, 499, – ob die Kenntnis des Fachmanns auf dem einen Gebiet (Buchungsmaschinen) auch dem Fachmann des anderen Gebiets (Registrierkassen) ohne weiteres zur Verfügung gestanden haben, RG GRUR **35,** 799, 803. Vgl. aber auch unten Rdn. 144 zur Auslegungskompetenz des Revisionsgerichts.

142 Die **revisionsrechtliche Prüfung der Tatfragen** erfolgt wegen § 559 II ZPO nur eingeschränkt nach Maßgabe entsprechender Rügen – namentlich aus § 286 ZPO – hinsichtlich der zu beachtenden Verfahrensvorschriften; vgl. BGH GRUR **99,** 977, 979 – Räumschild. Dabei ist dann gegebenenfalls zu prüfen, ob der Tatrichter sich mit dem Prozessstoff umfassend und widerspruchsfrei auseinandergesetzt hat, BGH GRUR **03,** 507, 508 – Enalapril; dazu gehört insbesondere die Erhebung der erforderlichen Beweise einschließlich der gegebenenfalls gebotenen Einholung eines Sachverständigen-Gutachtens und seiner angemessenen Würdigung (s. o. Rdn. 115 ff.). Weiterhin ist gegebenenfalls zu prüfen, ob die tatrichterliche Würdigung rechtlich möglich ist und nicht gegen Denkgesetze oder Erfahrungssätze verstößt, und ob der Tatrichter im Rahmen des § 286 ZPO das richtige Beweismaß zugrunde gelegt und keine überhöhten oder zu niedrigen Anforderungen gestellt hat, BGH GRUR **03,** 507, 508 – Enalapril.

142 a Damit das Revisionsgericht seine Aufgabe einer Überprüfung der Beweiswürdigung erfüllen kann, muss das Berufungsgericht zwar nicht im Einzelnen auf jedes Argument und Beweismittel eingehen, darf sich aber bei komplexen Sachverhalten auch nicht auf die formelhafte Wendung beschränken, es sei von der Wahrheit einer Tatsache überzeugt oder nicht überzeugt; es müssen vielmehr die wesentlichen Grundlagen der Überzeugungsbildung mit Bezug zu den konkreten Fallumständen nachvollziehbar dargelegt werden, BGH GRUR **03,** 507, 508 – Enalapril. Nur so kann geklärt werden, in welchem Umfang überhaupt eine tatrichterliche „Feststellung" im Rechtssinne erfolgt ist, und ob dies ohne erkennbaren Rechtsfehler geschehen ist.

142 b Bei der Nachprüfung technischer Fragen kann dem Revisionsgericht der „technische Vortrag" der Parteien, namentlich die Mitwirkung eines Patentanwalts in der Revisionsinstanz, von erheblichem Nutzen sein; er kann die Überzeugung von der „Richtigkeit" der technischen Ausführungen des Tatrichters festigen, vgl. RG GRUR **35,** 665, 666, oder er kann Zweifel daran wecken und bestärken. Dagegen sind gerichtliche Sachverständige in der Revisionsinstanz bisher nicht zugezogen worden; für das Rechtsbeschwerdeverfahren ist das sogar ausdrücklich als nicht angängig bezeichnet worden, BGH GRUR **66,** 5, 18. Für das „Verständnis" der technischen Fragen müssen dem Revisionsgericht das Berufungsurteil, wenn es Bestand haben soll, der technische Sachvortrag der Parteien und die eigene Sachkunde, die z. B. auch aus einem vorangegangenen Nichtigkeitsverfahren gewonnen sein kann (BGH GRUR **62,** 29, 30), genügen. Bleiben Streitpunkte technischer Art offen, zu deren Klärung es des „Beweises" durch Sachverständige bedarf, so muss die Sache in die für die Beweiserhebung zuständige Tatsacheninstanz zurückverwiesen werden, vgl. auch unten Rdn. 144. Siehe aber auch Möhring Mitt. **59,** 241 ff. bei IV.

143 Die **Abgrenzung** zwischen nur begrenzt nachprüfbarer Tatfrage und Rechtsfrage mit umfassender Überprüfbarkeit ist nicht immer einfach. Beides ist oft eng miteinander verflochten. So ist es z. B. bei dem im PatG (§ 3) selbst verwendeten Begriff einer „der Öffentlichkeit

zugänglich gemachten" Benutzung eine „Rechtsfrage", dass das Anbieten eines nach dem künftigen Schutzrecht hergestellten Gegenstands an einen Kaufinteressenten als eine der Öffentlichkeit zugänglich gemachte Benutzung anzusehen ist, wenn eine Geheimhaltung weder vereinbart noch zu erwarten und eine Weitergabe der erlangten Kenntnis nach der Erfahrung des Lebens wahrscheinlich war; ob das im Einzelfall zutrifft, kann nur nach den besonderen Umständen des jeweiligen Falls beurteilt werden; die Feststellung dieser Umstände ist Tatsachenfeststellung, also „Tatfrage"; die richtige Würdigung dieser Umstände und die richtige Anwendung von Erfahrungssätzen bei dieser Würdigung aber kann wiederum als zur „Rechtsfrage" gehörig vom Revisionsgericht nachgeprüft und ggf. selbst vorgenommen werden, BGH GRUR **62,** 518, 520 ff. – Bei dem Begriff der erfinderischen Tätigkeit (§ 4) ist es Rechtsfrage, welche Umstände zur Beurteilung herangezogen werden müssen oder dürfen (z. B. Stand der Technik in seiner Gesamtheit, Können des Durchschnittsfachmanns, überraschender technischer Erfolg, evtl. Größe des technischen Fortschritts, seit langem bestehendes Bedürfnis, entgegenstehendes Vorurteil der Fachwelt usw.); die Feststellung aller dieser ggf. heranzuziehenden Umstände im Einzelfall ist Tatfrage (BGH GRUR **65,** 416, 419); ob diese festgestellten Umstände die Bejahung oder Verneinung der erfinderischen Tätigkeit (Erfindungshöhe) rechtfertigen können, ist Rechtsfrage. Die Entscheidung im Einzelfall kann dann wieder von einer dem Tatrichter vorbehaltenen Würdigung aller Umstände abhängen, BGH BlPMZ **89,** 133, 134 – Gurtumlenkung; GRUR **98,** 133, 137 – Kunststoffaufbereitung. Es ist daher kein Widerspruch, wenn einerseits etwa in BGH GRUR **98,** 133, 137 gesagt wird, die Entscheidung über den erfinderischen Rang einer technischen Lehre sei eine dem Tatrichter vorbehaltene wertende Entscheidung, andererseits aber z. B. in BGH GRUR **62,** 29, 32 die Erfindungshöhe als ein „revisibler Rechtsbegriff" bezeichnet und im Streitfall auf der Grundlage ausreichender Feststellung des Standes der Technik im Berufungsurteil vom Revisionsgericht selbst abschließend beurteilt worden ist (ähnlich RG GRUR **35,** 931, 933; **39,** 42, 44); in BGH GRUR **87,** 510, 512 li. – Mittelohrprothese – wird die Prüfung der erfinderischen Tätigkeit als „im Wesentlichen" auf tatsächlichem Gebiet liegend und insoweit der (revisionsrechtlichen) Nachprüfung verschlossen bezeichnet; vgl. zu dem Problem in anderem Zusammenhang auch Witte GRUR **59,** 504 ff. Dementsprechend kann das Revisionsgericht gegebenenfalls auch die Frage des Verschuldens (§ 139 Abs. 2) selbst abschließend entscheiden, wenn die dafür maßgeblichen Tatumstände bereits festgestellt sind, BGH GRUR **77,** 250, 252 (Kunststoffhohlprofil). Andererseits sind etwa bei der Nachprüfung der einer freien Schadensschätzung nach § 287 ZPO zugrunde liegenden Erwägungen in der Revisionsinstanz enge Grenzen gesetzt, BGH GRUR **79,** 869, 870 (Oberarmschwimmringe).

Die **Auslegung des Klagepatents** ist nach ständiger Rechtsprechung Rechtsfrage; das Re- 144
visionsgericht kann selbst auslegen und prüfen, ob ein Patentanspruch im Instanzenzug richtig erkannt und in seinem Inhalt verstanden worden ist; an die Auslegung des Berufungsgerichts ist es im Grundsatz nicht gebunden, BGHZ **142,** 7, 15 – Räumschild; **160,** 204, 212 – Bodenseitige Vereinzelungseinrichtung. Bindend und nach § 559 II ZPO nur mit Verfahrensrügen angreifbar sind jedoch Feststellungen zu den Grundlagen der Auslegung, so etwa Feststellungen dazu, wie der Durchschnittsfachmann die in den Patentansprüchen verwendeten Begriffe versteht, und welche konkreten Vorstellungen er mit ihnen und mit dem geschilderten Erfindungsgedanken verbindet, BGH aaO Für eine solche Bindung genügt es jedoch nicht, dass im angefochtenen Urteil gelegentlich auf ein angebliches Verständnis des Fachmanns Bezug genommen, dabei aber nicht erkennbar wird, dass der Tatrichter sich mit den konkreten Umständen auseinandergesetzt hat, die für die Auslegung von Bedeutung sein können, BGHZ **160,** 204, 213. Auf der Grundlage der hin zu nehmenden tatsächlichen Feststellungen kann das Revisionsgericht das Patent im gleichen Sinne oder auch abweichend von der Vorinstanz auslegen, vgl. BGH GRUR **83,** 497, 498; **06,** 131 – Seitenspiegel. Ist aber der bei der Auslegung zu berücksichtigende Sachverhalt in tatsächlicher Hinsicht noch nicht aufgeklärt, so muss die Sache an den Tatrichter zurückverwiesen werden, BGHZ **40,** 332, 333; BGH GRUR **83,** 497, 498.

Veränderungen der Patentlage, die nach Schluss der mündlichen Verhandlung in der 145
Tatsacheninstanz eingetreten sind, also Widerruf, Vernichtung, Teilvernichtung, Klarstellung, Beschränkung oder das Erlöschen des Klagepatents, sind ebenso wie Änderungen der Gesetzeslage in der Revisionsinstanz zu beachten; das Revisionsgericht muss seiner Entscheidung das Klagepatent daher in der Fassung zugrundelegen, die es zurzeit der Verhandlung vor ihm hat, BGHZ **158,** 372, 374 – Druckmaschinen-Temperierungssystem; – ebenso für Gebrauchsmuster; BGH GRUR **63,** 494; **64,** 221, 222; – vgl. auch oben Rdn. 4 (anders von seinem grundsätzlichen Standpunkt aus Schwerdtner GRUR **68,** 9 ff., 15; kritisch Hesse GRUR **72,** 675, 676). Das gilt auch im Regressprozess gegen den anwaltlichen Berater, BGH GRUR **05,** 935, 936 – Vergleichsempfehlung II. Das hat zur Folge, dass das Revisionsgericht dann nicht lediglich – wie sonst – das angefochtene Urteil auf seine Vereinbarkeit mit Recht und Gesetz nach-

prüfen, sondern die Verletzungsklage von einer anderen Rechtsgrundlage aus beurteilen muss als die Vorinstanz und im Falle der Fassungsänderung dann auch selbstständig das Klagepatent auslegen und seinen Schutzumfang bestimmen muss, ohne dafür eine Grundlage im Berufungsurteil zu haben, BGH GRUR **71,** 78, 79 – Dia-Rähmchen V; vgl. ferner BGH GRUR **66,** 198 (Geltendmachung eines Vorbenutzungsrechts erstmals in der Revisionsinstanz, wenn erst während dieser Instanz eine für das Vorbenutzungsrecht erhebliche Prioritätsverschiebung beim Klagepatent festgestellt wird). Kommt es dabei auf noch ungeklärte technische Fragen tatsächlicher Art an, so wird auch in diesen Fällen die Sache an die Vorinstanz zurückzuverweisen sein (oben Rdn. 144). Bei rechtskräftiger Nichtigerklärung d. Patents ist d. Verletzungsklage ohne weiteres abzuweisen, BGHZ **158,** 372, 374.

146 **Neue Tatsachen** sind in der Revisionsinstanz dann zu berücksichtigen, wenn sie die Zulässigkeit des Verfahrens betreffen **(absolute Verfahrensmängel),** vgl. BGH GRUR **71,** 516 m. w. N.; VersR **78,** 155; Zöller Rdn. 6 ff. zu § 557. **Erledigung d. Hauptsache** durch übereinstimmende Parteierklärungen (§ 91 a ZPO) ist noch i. d. Revisionsinstanz möglich; es ist dann – für die Kostenentscheidung – ohne Ausschöpfung aller rechtlichen Zweifelsfragen nur noch der mutmaßliche Ausgang d. Revisionsverfahrens und dessen Auswirkungen auf die Kostenentscheidungen der Vorinstanzen festzustellen, BGH GRUR **05,** 41.

147 7. Die **Rechtskraftwirkung** (materielle Rechtskraft) einer Entscheidung bedeutet, dass über den mit der Klage (oder Widerklage) geltend gemachten Anspruch (§ 322 ZPO), soweit darüber durch formell rechtskräftiges, d. h. nicht mehr mit Rechtsmitteln anfechtbares Urteil entschieden ist, zwischen denselben Parteien oder den sonst von der Rechtskraft betroffenen Personen, namentlich den Rechtsnachfolgern der Prozessparteien (§ 325 ZPO), nicht noch einmal gestritten und entschieden werden darf, m. a. W. dass zwischen diesen Personen die vom Gericht aus dem vorgetragenen Sachverhalt durch Subsumtion erschlossene und im Urteil bejahte oder verneinte Rechtsfolge unangreifbar feststeht (Rosenberg/Schwab/Gottwald §§ 151, 153 bis 155). Wegen einiger Besonderheiten der Rechtskraftwirkung eines Unterlassungsurteils in zeitlicher und in sachlicher Hinsicht vgl. oben Rdn. 34, 35, 80, 88. Zur Rechtskraft bei einem nach § 139 Abs. 3 ergangenen und entsprechend tenorierten Urteil oben Rdn. 124. Zur Präklusionswirkung eines früheren Verletzungsprozesses für einen auf ein anderes Patent gestützten späteren Verletzungsprozess wegen derselben oder gleichartiger Verletzungshandlungen vgl. § 145 und dort insbesondere Rdn. 2.

148 Die Rechtskraftwirkung tritt nur insoweit ein, als über den geltend gemachten Anspruch entschieden ist; inwieweit darüber entschieden ist, muss die Auslegung des Urteils ergeben, zu der dessen ganzer Inhalt heranzuziehen ist (Rosenberg/Schwab/Gottwald § 152 IV). So schafft z. B. ein den Feststellungsantrag nur wegen Fehlens des Feststellungsinteresses abweisendes Urteil in der Sache keine Rechtskraft, sondern verneint nur bindend das (damalige) Vorhandensein eines Feststellungsinteresses, RG GRUR **38,** 117, 118. Demgegenüber erfasst Verurteilung z. Auskunft im Zweifel auch zukünftige Handlungen, BGHZ **159,** 66, 70 ff. – Taxameter. Die der Entscheidung über den Klaganspruch zugrunde liegenden Feststellungen von Tatbestandsmerkmalen, präjudiziellen Rechtsverhältnissen oder sonstigen Vorfragen als solche und die sich aus dem Inhalt der Entscheidung mit logischer Notwendigkeit ergebenden weiteren Rechtsfolgen nehmen an der Rechtskraftwirkung nicht teil (Rosenberg/Schwab/Gottwald § 152 III). Deshalb wirkt die Entscheidung über den Unterlassungsanspruch, auch wenn ihr eine – bejahende oder verneinende – Feststellung zur Frage der Patentverletzung zugrunde liegt, an sich keine Rechtskraft für andere Ansprüche aus demselben Verletzungstatbestand; sie kann jedoch auf Grund ihrer Feststellungswirkung als wesentliche Voraussetzung für andere Ansprüche zu berücksichtigen sein. So enthält die Entscheidung über einen Unterlassungsanspruch (soweit er nicht schon mangels Rechtsschutzinteresse oder wegen fehlender Wiederholungsgefahr abgewiesen worden ist) eine verbindliche Klärung über die Zulässigkeit des beanstandeten Verhaltens im Verhältnis zwischen den Parteien und zurzeit der letzten Tatsachen-Verhandlung (nach BGHZ **42,** 340 sogar schon für die Zeit ab Klageerhebung – insoweit zweifelhaft); hiervon muss daher auch ein späteres Schadenersatzurteil ausgehen, BGHZ **42,** 340 (= GRUR **65,** 327); **52,** 2, 4; BGH NJW **65,** 42; str., a. A. insbes. Ahrens, Wettbewerbsprozess, 5. Aufl. Kap. 36 Rdn. 127 ff.; die Entscheidung BGHZ **42,** 340 betrifft unmittelbar zwar nur vertragliche Ansprüche, muss in gleicher Weise aber auch für gesetzliche Ansprüche wegen Patentverletzung gelten, vgl. Anm. Bock bei LM Nr. 54 a zu § 322 ZPO; Teplitzky GRUR **98,** 320, 323; z. T. abw. Meier-Beck GRUR **98,** 276, 279; vgl. auch Frankfurt GRUR-RR **03,** 274, 275. Ob umgekehrt auch die Entscheidung über einen Schadenersatzanspruch eine entscheidende Feststellungswirkung für einen Unterlassungsanspruch hat, erscheint zweifelhaft. Die Feststellung der Schadenersatzpflicht wirkt keine Rechtskraft für die Höhe des Schadens und

die Art, wie er zu berechnen ist, oben Rdn. 80 a.E., führt aber zu einer auf 30 Jahre verlängerten Verjährungsfrist (§ 179 I Nr. 3 BGB). Die Entscheidung über den Anspruch auf Rechnungslegung oder Abgabe der eidesstattlichen Versicherung bewirkt keine Rechtskraft für den Schadenersatzanspruch, BGH NJW **85,** 862; GRUR **91,** 873 r.u. Der Schadenersatzanspruch kann daher z.B. mangels Verschuldens abgewiesen werden, auch wenn dem Rechnungslegungsanspruch unter Bejahung des Verschuldens stattgegeben worden war, BGH GRUR **70,** 202; MDR **70,** 577, nicht jedoch umgekehrt, weil das Bestehen des Ersatzanspruchs verbindlich geklärt und insoweit auch bei Prüfung des Rechnungslegungsanspruchs zugrunde zu legen ist. Erst recht wirkt die Abweisung des Rechnungslegungsanspruchs deshalb, weil bereits Rechnung gelegt ist, keine Rechtskraft für den Zahlungsanspruch, vgl. BGH GRUR **58,** 149, 150/51 (Vertragssache). Umgekehrt bewirkt die Abweisung des Schadenersatzanspruchs als unbegründet zwar keine Rechtskraft für den Rechnungslegungs- oder Auskunftsanspruch, macht diesen jedoch materiell unbegründet, da er nur zur Vorbereitung des Zahlungsanspruchs dient und daher von dessen Bestand und Durchsetzbarkeit abhängig ist.

8. Die **Wiederaufnahme** eines durch rechtskräftige Entscheidung abgeschlossenen Verfahrens (§§ 578ff. ZPO) kann erfolgen, wenn ein Nichtigkeitsgrund (§ 579) oder ein Restitutionsgrund (§ 580) gegeben ist. Als Restitutionsgründe gegenüber einer rechtskräftigen Entscheidung in einem Patentverletzungsprozess könnten vor allem Tatbestände nach § 580 Nr. 1 und 3 (z.B. falsche eidliche Parteiaussage oder falsche Zeugenaussage über eine offenkundige oder eine private Vorbenutzung), Nr. 6 (Aufhebung eines der Entscheidung zugrunde liegenden Urteils) und Nr. 7b (Auffindung einer Urkunde) in Betracht kommen. Als Restitutionsgrund nach § 580 Nr. 6 wird es zu gelten haben, wenn das Patent, auf das die Verurteilung des Beklagten im Verletzungsprozess gegründet ist, später im Einspruchsverfahren widerrufen, im Nichtigkeitsverfahren vernichtet oder im Einspruchs-, Nichtigkeits- oder Beschränkungsverfahren derart beschränkt wird, dass die „Verletzungsform" nicht mehr darunter fällt, vgl. LG Düsseldorf GRUR **87,** 628; Horn GRUR **69,** 169, 174ff.; v. Falck GRUR **77,** 308, 309ff.; auch BPatG GRUR **80,** 852 und die allgemeinen Ausführungen bei Rosenberg/Schwab/Gottwald § 159 II 3 b; – anders (nur Vollstreckungsgegenklage) Reimer § 13 Rdn. 33; Kisch GRUR **36,** 277, Schwerdtner GRUR **68,** 9ff., 15; Schickedanz GRUR **00,** 570ff.; wohl auch Völp GRUR **84,** 486, ferner RGZ **48,** 384 (wo jedoch – S. 386 – die Anwendbarkeit des § 580 Nr. 6 von der Erörterung ausdrücklich ausgenommen ist). Nach Horn aaO und Pakuscher RIW **75,** 305, 308 soll dies – dem Wortlaut des § 580 Nr. 6 ZPO entsprechend – allerdings nur dann gelten, wenn die Patenterteilung auf einer gerichtlichen Entscheidung beruht; wegen der gleichen Bindungswirkung ist eine entsprechende Anwendung jedoch auch in den übrigen Fällen gerechtfertigt; ebenso Kraßer S. 917 u. LG Düsseldorf GRUR **87,** 628; a.A. Schickedanz GRUR **00,** 570, 576ff. Das gleiche wird gelten müssen bei Verurteilung zu einer Entschädigung nach § 33, wenn ein Patent später nicht oder nur in eingeschränkter Form erteilt wird. Ein Restitutionsgrund nach § 580 Nr. 7b kann z.B. die Auffindung einer Urkunde sein, aus der sich ergibt, dass der frühere Verletzungskläger nur eine einfache, keine ausschließliche Lizenz – oder keine wirksame ausschließliche Lizenz – hatte und zur Verletzungsklage nicht legitimiert war, RG GRUR **16,** 178, 180; **36,** 897, 899. Dagegen ist die „Auffindung" einer weiteren, dem Klagepatent entgegenzuhaltenden vorveröffentlichten Druckschrift kein Restitutionsgrund nach § 580 Nr. 7b, weil entgegenzuhaltende öffentliche Druckschriften nach § 3 PatG als offenkundig gelten und daher nicht als zeitweilig nicht auffindbare oder nicht benutzbare Urkunden i.S. des § 580 Nr. 7b angesehen werden können, RGZ **48,** 375, 378; **84,** 142, 145, – ebenso nicht die „Auffindung" der Anmeldeunterlagen zu einem eingetragenen Gebrauchsmuster, da die Einsicht in diese Unterlagen nach § 8 Abs. 5 GebrMG (auch in früheren Fassungen) jedermann freisteht, RGZ **59,** 413, – und auch nicht die „Auffindung" der Erteilungsakten zum Klagepatent, wenn deren Heranziehung im Vorprozess hätte beantragt werden können, RGZ **84,** 142, 145. Gegenüber einer Verurteilung wegen Verletzung eines Gebrauchsmusters kann eine Restitutionsklage nicht auf die Akten zu einer gleich lautenden, aber abgewiesenen Patentanmeldung gestützt werden, falls auch deren Heranziehung im Vorprozess möglich gewesen wäre, vgl. PA Mitt. **36,** 122, 123 (dort auch Ausführungen über die Auswirkungen der erwähnten Rechtsprechung auf das Akteneinsichtsverfahren nach damaligem Recht). Auf die Akten zu einer abgewiesenen Patentanmeldung eines Dritten kann eine Restitutionsklage nicht gestützt werden, solange dem Restitutionskläger zu Recht die Akteneinsicht versagt wird und er daher die in den Akten befindlichen Urkunden nicht vorlegen kann, RG JW **07,** 206 Nr. 13. Zu der zweifelhaften Frage, ob eine nachträgliche Änderung der Eintragung im Patentregister (früher: Patentrolle) oder in den zugrunde liegenden Urkunden unter § 580 Nr. 7b ZPO zu fassen sind, vgl. v. Falck GRUR **77,** 308, 310ff. 149

Ein Bereicherungsanspruch auf Rückzahlung gezahlter Schadenersatz- oder Entschädigungsbeträge ist jedenfalls dann gegeben, wenn die ursprüngliche Entscheidung im Wiederaufnahmeverfahren rechtskräftig beseitigt ist, vgl. aber auch Rdn. 89 zu § 22.

150 **9. Einstweilige Verfügungen** (§§ 935 ff. ZPO) kommen in Patentverletzungssachen wegen des Unterlassungsanspruchs in Betracht; will der Verletzte das Urteil in dem sich u. U. lange hinziehenden ordentlichen Verletzungsprozess nicht abwarten, so kann auf sein Risiko (§ 945 ZPO) durch einstweilige Verfügung zum Zwecke der Regelung eines einstweiligen Zustandes (§ 940 ZPO) ein **vorläufiges Unterlassungsgebot** gegen den Verletzer erlassen werden. **Schadenersatzforderungen** des Verletzten können durch den Erlass eines **Arrestes** abgesichert werden (§§ 916 ff. ZPO); durch einstweilige Verfügung kann dem Verletzer nicht aufgegeben werden, Zahlungen auf den geforderten Schadenersatz zu leisten, und zwar auch nicht zu dem Zweck, um dem Patentinhaber die Entrichtung seiner Patentjahresgebühren zu ermöglichen, OLG Nürnberg WRP **61,** 258. In Fällen offensichtlicher Rechtsverletzung kann der **Auskunftsanspruch nach § 140 b Abs. 1 und 2** im Wege der einstweiligen Verfügung durchgesetzt werden, § 140 b Abs. 3, vgl. dazu bei § 140 b, Rdn. 11 f. Der **Vernichtungsanspruch nach § 140 a** kann durch die Anordnung der **Sequestration** des verletzenden Erzeugnisses (Sequesterverfügung) gesichert werden, vgl. dazu bei § 140 a PatG, Rdn. 10. Gleiches gilt für den allgemeinen **Beseitigungsanspruch aus § 1004 BGB.** Die Anordnung der Sequestration oder eines Veräußerungsverbotes im Verfügungsverfahren kommt auch zur Sicherung eines **Anspruchs auf Übertragung eines Patents, aus Vertrag oder aus § 8** in Betracht, vgl. zu letzterem § 8, Rdn. 14. Zu **Verfügungen gegen den Schutzrechtsinhaber** vgl. unten bei Rdn. 155. Auch der **Besichtigungsanspruch nach § 809 BGB** kann im einstweiligen Verfügungsverfahren verfolgt werden, vgl. oben bei Rdn. 117 b.

Die Zustellung des Antrags auf Erlass einer einstweiligen Verfügung führt zur **Hemmung der Verjährung** des geltend gemachten Anspruchs, § 204 Abs. 1 Nr. 9 BGB n. F. Von der Hemmung wird bei Anträgen auf den Erlass einer Unterlassungsverfügungen wegen Patentverletzung der Unterlassungsanspruch erfasst. Nicht gehemmt werden hingegen gleichfalls wegen Patentverletzung in Betracht kommende Ansprüche auf Auskunft, Vernichtung oder Schadensersatz, es sei denn diese werden – was im Falle des Auskunftsanspruchs nach § 140 b in Betracht kommt – auch im einstweiligen Rechtsschutz geltend gemacht. Eine Erstreckung der in § 204 Abs. 1 Nr. 9 BGB geregelten Hemmung auf weitere Ansprüche, wie sie § 213 BGB anordnet, scheidet aus, Maurer, GRUR **03,** 208, 212.

Der Erlass einer einstweiligen (Unterlassungs)Verfügung setzt voraus, dass das Bestehen des Unterlassungsanspruchs (s. u. Rdn. 152) – also die Patentverletzung und die Beeinträchtigungs- oder Wiederholungsgefahr – und der „Verfügungsgrund" (s. u. Rdn. 153), d. h. die bei Abwägung aller Umstände gegebene Notwendigkeit einer einstweiligen Regelung, **glaubhaft gemacht** sind (§§ 940, 936, 920 Abs. 2 ZPO). Dass der ordentliche Verletzungsprozess (die „Hauptsache") bereits anhängig ist, wird nicht gefordert (anders bei der einstweiligen Verfügung in Zwangslizenzsachen nach § 85 PatG, vgl. dort Rdn. 2); jedoch kann, wenn die Hauptsache noch nicht anhängig ist, eine Frist zur Klagerhebung bestimmt und nach fruchtlosem Ablauf der Frist die Verfügung aufgehoben werden (§§ 936, 926 ZPO). Umgekehrt wird der Erlass einer einstweiligen Verfügung nicht dadurch ausgeschlossen, dass im Hauptprozess die Zwangsvollstreckung aus einem vorläufig vollstreckbaren Urteil vom Revisionsgericht nach § 719 Abs. 2 ZPO einstweilen eingestellt worden ist, BGH GRUR **57,** 506 (Wettbewerbssache).

Literaturhinweis: Baur, Studien zum einstweiligen Rechtsschutz, Tübinger rechtswiss. Abhandlungen Bd. 20 (1967); ders., Arrest und einstweilige Verfügung in ihrem heutigen Anwendungsbereich, BB **64,** 607, insbes. 610; Federhen (Vortrag vor der Bezirksgruppe Südwest) GRUR **68,** 359; vom Stein, Zur vorläufigen Durchsetzung von patentrechtlichen Unterlassungsansprüchen, Mitt. **69,** 281; Leipold, Grundlagen d. einstw. Rechtsschutzes (1971); Tiedtke, Einstweilige Verfügungen in Patentsachen, Mitt. **76,** 1; Lidle, Der Bereitschaftsdienst d. Patentstreitkammer Braunschweig während der Hannover-Messen, GRUR **78,** 93 ; Fritze, Bemerkungen zur einstweiligen Verfügung i. Bereich d. gewerbl. Schutzrechte u. i. Wettbewerbsrecht, GRUR **79,** 290; Klaka, Die einstw. Verfügung i. d. Praxis, GRUR **79,** 593; Jestaedt, Sortenschutz und einstweilige Verfügung, GRUR **81,** 153; Bierbach, Probleme der Praxis des Verletzungsverfahrens, GRUR **81,** 458, 463; Ulrich, die Beweislast im Verfahren des Arrestes und der einstweiligen Verfügung, GRUR **85,** 201; Brinks u. Fritze, Einstweilige Verfügungen in Patentverletzungssachen in den USA und Deutschland, GRUR Int **87,** 133 ; Marshall, Die einstweilige Verfügung in Patentstreitsachen in: Festschrift für Klaka (1987) 99; U. Krieger, Die vorläufige Durchsetzung von Unterlassungsansprüchen wegen Patentverletzung, in Festschrift für A. Preu (1988) 165; Schultz-Süchting, Einstweilige Verfügungen in Patent- und Gebrauchsmustersachen, GRUR **88,** 571; Meier-Beck, Die einstweilige Verfügung wegen Verletzung von Patent- und Gebrauchsmusterrechten, GRUR **88,** 861; Stauder, Patent- u. Gebrauchsmusterverletzungsverfahren i. d. Bundesrepublik Deutschland, Großbritannien, Frankreich und Italien, 1989; Rogge, Einstweilige Verfügungen in Patent- u. Gebrauchsmustersachen, in Festschrift f. v. Gamm (1990) 461; Graf v. d. Groeben, Zuwiderhandlung gegen die einstweilige Verfügung zwischen Verkündung und Vollziehung des Unterlassungsurteils, GRUR **99,** 674; A. von Falck, Einstweilige Verfügungen in Patent- und Gebrauchsmustersachen, Mitt. **02,** 429; Bopp, Die einstweilige Verfügung in Patentsachen, in Festschrift für Helm (2002) 275; Berneke, Die einstweilige Verfügung in Wettbewerbssachen, 2. Aufl., 2003, Rdn. 426 ff.; ders., Neues Vorbringen im Berufungsverfahren zu Arrest und einstweiliger Verfügung, in Festschrift für Tilmann (2003) 755; Klute, Strategische Prozessführung in Verfügungsverfahren, GRUR **03,** 34; Holzapfel, Zum einstweiligen Rechtsschutz im Wettbewerbs- und Patentrecht, GRUR **03,** 287; Maurer, Verjährungshemmung durch vorläufigen Rechtsschutz; Oetker, Die Zustellung von Unterlassungsverfügungen innerhalb der Vollziehungsfrist des § 929 II ZPO, GRUR **03,** 119; zur ausl. Rechtspr. vgl.: Reimer, GRUR Int **78,** 451; Boval, Sicherungs- und einstweilige Maßnahmen im Zusammenhang mit Patentverletzungsklagen in Frankreich, GRUR Int **93,** 377; Traxler, Einstweilige Maßnahmen im Patentverletzungsprozess nach österreichischem Recht, GRUR Int **93,** 381; Brinkhof, Das einstweilige Verfügungsverfahren und andere vorläufige Maßnahmen im Zusammenhang mit Patentverletzungen, GRUR Int **93,** 387; Brinkhof, Geht das grenzüberschreitende Verletzungsverbot im niederländischen einstweiligen Verfügungsverfahren zu weit? GRUR Int **97,** 489.

Entgegen missverständlichen Formulierungen älterer Entscheidungen (z. B. OLG Düsseldorf GRUR **59,** 619) können einstweilige Verfügungen auch in Patent- und Gebrauchsmustersachen erlassen werden (OLG Karlsruhe GRUR **79,** 700 u. **82,** 169; OLG Frankfurt GRUR **81,** 905; OLG Düsseldorf Mitt. **82,** 230, Mitt. **96,** 87; OLG Hamburg, GRUR **84,** 105; LG Düsseldorf, GRUR **00,** 692; GRUR Int. **02,** 157). Das ergibt sich nunmehr auch aus Art. 50 Abs. 1 TRIPS-Übereinkommen, der die gerichtliche Anordnung von einstweiligen Maßnahmen zur Verhinderung der Verletzung eines Rechts des geistigen Eigentums oder zur Sicherung einschlägiger Beweise vorsieht. Art. 50 Abs. 1 TRIPS ist zwar nicht unmittelbar anwendbar, aber zur Auslegung der einschlägigen Vorschriften des deutschen Rechts mit heranzuziehen (vgl. BGH, GRUR **02,** 1046, 1048 – Faxkarte). Gegenüber den allgemeinen Bestimmungen der ZPO gelten keine rechtlichen Besonderheiten. Zumindest im Vergleich zur Praxis in Wettbewerbssachen sind einstweilige Verfügungen in Patent- und Gebrauchsmustersachen jedoch **verhältnismäßig selten** (vgl. die Zahlenangaben bei von Falck, Mitt. **02,** 429). Das ist abgesehen von der Nichtanwendbarkeit des § 12 Abs. 2 UWG (§ 25 UWG a. F.) (OLG Düsseldorf, Mitt. **80,** 117; GRUR **83,** 79; **94,** 508; OLG Nürnberg, Mitt. **93,** 118) vor allem mit typischen Schwierigkeiten tatsächlicher Art zu erklären: Der technische Sachverhalt und der daraus folgende Verletzungstatbestand sind im kursorischen Verfügungsverfahren meist nicht in einem solchen Maße glaubhaft zu machen, dass es unter Abwägung aller Umstände gerechtfertigt ist, die angeblich patentverletzenden Handlungen vorläufig zu untersagen; vgl. dazu im Einzelnen unten Rdn. 152 ff. und Rogge in Festschrift v. Gamm (1990) 461 ff. Nach einer sicher nicht für alle Fälle passenden vereinfachten Formel des OLG Karlsruhe (GRUR **88,** 900) soll der Erlass einer einstweiligen Verfügung nur dann in Frage kommen, wenn sich keine durchgreifenden Zweifel an der Schutzrechtslage aufdrängen und die Beurteilung der Verletzungsfrage im Einzelfall keine Schwierigkeiten macht. Ähnlich zurückhaltend auch die sonstige Rechtsprechung, vgl. OLG Düsseldorf GRUR **83,** 79; OLG Hamburg GRUR **87,** 899; OLG Frankfurt GRUR **88,** 686; OLG Karlsruhe Mitt. **90,** 129. **151**

Der **Verfügungsanspruch** wegen Patentverletzung setzt zunächst den Bestand eines entspr. Schutzrechts voraus. Dieses ergibt sich im Falle eines Patents ohne weiteres aus seiner Erteilung und bedarf keiner weiteren Glaubhaftmachung, OLG Karlsruhe GRUR **79,** 700; die bloße Möglichkeit eines rückwirkenden Wegfalls des Schutzrechts im Einspruchs- oder Nichtigkeitsverfahren ändert nichts daran, dass ein Patentschutz zurzeit jedenfalls besteht und auch vom Verletzungsgericht zu respektieren ist; Zweifel an der Schutzfähigkeit sind jedoch im Rahmen einer bei Prüfung des Verfügungsgrundes (s. u. Rdn. 153) erforderlichen Interessenabwägung mit zu berücksichtigen. Lediglich die Geltendmachung eines offensichtlich schutzunfähigen Scheinrechts kann rechtsmissbräuchlich sein und bereits das Bestehen eines Verfügungsanspruchs ausschließen. Bei Ansprüchen aus einem ungeprüften Gebrauchsmuster muss auch die Schutzfähigkeit glaubhaft gemacht werden, OLG Düsseldorf GRUR **58,** 183 u. **59,** 616; Tiedtke Mitt. **76,** 1, 3; dazu kann der Hinweis auf eine aus der Eintragung des Gebrauchsmusters folgende Vermutung der Schutzfähigkeit (vgl. das Regel-Ausnahme-Verhältnis der §§ 11, 13 GebrMG) genügen, wenn keine dagegen sprechenden konkreten Anhaltspunkte ersichtlich **152** sind. Die Schutzfähigkeit darf nicht zweifelhaft sein, OLG Karlsruhe Mitt. **90,** 120. Für die Schutzfähigkeit eines Gebrauchsmusters kann es sprechen, dass eine parallele Patentanmeldung inzwischen vom Prüfer als gewährbar angesehen worden ist, OLG Karlsruhe GRUR **82,** 169, 172.

Ferner muss der Verletzungstatbestand glaubhaft gemacht werden. Bei einer eindeutigen Benutzung gemäß dem Wortlaut der Schutzansprüche von Patent oder Gebrauchsmuster werden sich in der Regel keine besonderen Probleme ergeben; anders jedoch z.B. bei Patenten mit kompliziertem chemischem Inhalt, OLG Karlsruhe GRUR **88,** 900 oder aus anderen dem technischen Laien schwer verständlichen Spezialgebieten; bei abgewandelten Ausführungen, die schwierige Betrachtungen zum Schutzbereich des Patents erfordern, kann die Vorlage eines vertrauenswürdigen Sachverständigen-Gutachtens erforderlich sein, vgl. OLG Düsseldorf GRUR Int. **90,** 471; auch dann wird angesichts der Notwendigkeit einer sehr diffizilen Diskussion der techn. Einzelheiten unter Berücksichtigung d. Standes d. Technik u. d. allg. Fachwissens und/oder der Anhörung eines Sachverständigen in dem abgekürzten Verfahren d. einstw. Verfügung ein Anspruch wegen Patentverletzung häufig nicht (und meist nur in einem geringen Grade) als glaubhaft gemacht angesehen werden können; vgl. dazu Rogge in Festschrift v. Gamm (1990) S. 461, 464ff. sowie OLG Karlsruhe GRUR **79,** 700; **82,** 169, 171; Mitt. **90,** 120; OLG Frankfurt GRUR **88,** 687; GRUR-RR **03,** 263; zum niederländischen Recht vgl. Hoge Raad, GRUR Int **94,** 756. Der Verfügungsanspruch entfällt ferner, wenn der Gegner seinerseits ein Recht zur Patentbenutzung, z.B. ein Vorbenutzungsrecht glaubhaft machen kann.

153 Das Bestehen eines **Verfügungsgrundes** (§§ 940, 936, 920 Abs. 2 ZPO), in irreführender Vereinfachung meist als Dringlichkeit der einstweiligen Regelung bezeichnet, ist ebenfalls glaubhaft zu machen. § 12 Abs. 2 UWG (§ 25 UWG a.F.) ist hier nicht anwendbar, da Patentsachen keine Wettbewerbssachen sind, und eine entsprechende Anwendung wegen der bei Patentsachen gegebenen besonderen Schwierigkeiten der Sach- und Rechtslage nicht angebracht erscheint, OLG Düsseldorf Mitt. **80,** 117; GRUR **83,** 79; **94,** 508; OLG Nürnberg, Mitt. **93,** 118; LG Düsseldorf GRUR **00,** 692; a.A. OLG Karlsruhe GRUR **79,** 700 m.w.N.

153 a Der Verfügungsgrund (Dringlichkeit) ergibt sich noch nicht ohne weiteres daraus, dass glaubhaft Schutzrechtsverletzungen gegenwärtig vorgenommen werden oder in naher Zukunft drohen und eine schutzrechtsverletzende Tätigkeit bis zum Erlass eines Urteils in der Hauptsache nicht anders wirksam unterbunden werden kann, RG GRUR **99,** 250, 251. Es ist vielmehr eine **Interessenabwägung** erforderlich, vgl. Rogge in Festschrift v. Gamm (1990), S. 461, 467ff. m.w.N. sowie OLG Düsseldorf Mitt. **80,** 117; GRUR **83,** 79, 80; OLG Frankfurt GRUR **81,** 905, 907; OLG Hamburg GRUR **84,** 105; OLG Karlsruhe GRUR **88,** 900. Auf einer solchen Abwägung beruht auch die oben Rdn. 151 zitierte zurückhaltende Rechtsprechung, wobei allerdings die rechtliche Einordnung solcher Überlegungen nicht immer hinreichend deutlich wird. Wird nur eine (nach § 938 ZPO mögliche) Sicherheitsleistung durch den Verletzten oder Hinterlegung d. Verletzergewinns verlangt, vgl. Fritze GRUR **79,** 290, 292, so ergeben sich noch keine besonderen Probleme. Meist soll jedoch mit d. einstw. Verfügung eine Einstellung d. patentverl. Tätigkeit erreicht werden. Damit wird in einer meist sehr einschneidenden Weise praktisch eine Befriedigung des geltend gemachten Unterlassungsanspruchs angestrebt – wenn auch nur für eine begrenzte Zeitspanne –, was an sich über das Ziel einer einstweiligen Regelung hinausgeht. Es ist daher besonders sorgfältig zu prüfen, ob unter Abwägung der beiderseitigen Belange und der unvollkommenen Möglichkeiten eines späteren Schadensausgleichs nach § 139 Abs. 2 PatG einerseits und § 945 ZPO andererseits angesichts der im Verfügungsverfahren nur beschränkt möglichen Aufklärung der Sach- und Rechtslage die konkret begehrte Maßnahme zur Abwendung „wesentlicher" Nachteile wirklich „notwendig" und angemessen (§§ 938, 940 ZPO) erscheint. Bei der Abwägung der beiderseitigen Interessen sind insbes. zu berücksichtigen der betroffene Produktionsanteil, der gefährdete Marktanteil, Einfluss auf die Abwicklung konkreter Verträge, Ausweichmöglichkeiten auf andere Gegenstände und Produktionsweisen. Dabei sind auch die Realisierungsmöglichkeiten späterer Ersatzansprüche mit zu berücksichtigen, KG MuW **XXIV,** 109, 110; OLG Hamburg GRUR **50,** 76, 81; LG Düsseldorf GRUR **50,** 42, 43m. krit. Anm. Blasendorff. Der dem vermeintlichen Verletzer bei unberechtigter Unterlassungsverfügung drohende Schaden ist nach Umfang und Beweismöglichkeit in aller Regel sehr viel gewichtiger als der dem Schutzrechtsinhaber bei Fortsetzung der behaupteten Verletzung drohende Schaden, vgl. Rogge in Festschrift v. Gamm (1990), S. 461, 468ff. Vorrang haben grundsätzlich die Interessen des Verletzten. Wer sein Patent ohnehin durch Lizenzvergabe verwertet oder gar nur zu verwerten beabsichtigt, wird allerdings eher auf eine Klärung im Hauptverfahren und einen Ersatzanspruch zu verweisen sein als derjenige, dem es gerade auf die Ausnutzung einer Monopolstellung ankommt, so auch: LG Düsseldorf,

GRUR **00,** 692. Der Grad der erforderlichen Rücksichtsnahme auf die Interessen des Verletzers hängt wesentlich davon ab, wieweit die Sach- und Rechtslage eindeutig geklärt scheint; ebenso OLG Frankfurt GRUR **81,** 905, 907. Schutzrechtslage und Verletzungsfrage müssen eine ausreichende Klärung in summarischer Prüfung zulassen, OLG Karlsruhe GRUR **79,** 700; **82,** 169, 171; **88,** 900; OLG Düsseldorf GRUR **83,** 79, 80. Je größer der Grad der Sicherheit ist, desto eher können die dem Antragsgegner bei Erlass der einstweiligen Verfügung drohenden Nachteile als gerechtfertigt angesehen und in Kauf genommen werden. Ist die angegriffene Ausführungsform bereits in einem vorangegangenen Klageverfahren, das sich gegen ein dem Antragsgegner konzernverbundenes Unternehmen gerichtet hat, als unter Äquivalenzgesichtspunkten in den Schutzbereich des Patents fallend beurteilt worden, kann der Erlass einer einstweiligen Verfügung geboten sein, wenn trotz einer zwischenzeitlich erhobenen Nichtigkeitsklage keine vernünftigen Zweifel an der Rechtsbeständigkeit des Patents bestehen und ohne die begehrte einstweilige Verfügung die effektive Durchsetzung des im Klageverfahren erwirkten Unterlassungsgebotes gefährdet wäre, LG Düsseldorf, Mitt. **95,** 190.

Im Rahmen der Interessenabwägung sind auch **Zweifel an der Schutzfähigkeit** eines an 153 b
sich zu respektierenden Patents (s. o. Rdn. 152) zu berücksichtigen, OLG Düsseldorf GRUR **83,** 79, 80; OLG Hamburg GRUR **84,** 105; OLG Karlsruhe GRUR **88,** 900. Die einstweilige Verfügung ist immer dann zu versagen, wenn glaubhaft gemacht ist, dass das Patent auf eine bereits erhobene Nichtigkeitsklage vernichtet oder im Einspruchsverfahren widerrufen wird, KG GRUR **04,** 272; OLG München GRUR **55,** 335; OLG Frankfurt GRUR **71,** 515; OLG Hamburg GRUR-RR **02,** 244. Bei einer Sachlage, die im Hauptverfahren zu einer Aussetzung wegen eines anhängigen Einspruchs- oder Nichtigkeitsverfahrens führen würde (oben Rdn. 107 ff.), kann eine einstweilige Verfügung nicht erlassen werden, OLG Düsseldorf GRUR **83,** 79, 80; Mitt. **96,** 87; OLG Frankfurt, GRUR-RR **03,** 263. Weitergehend ist aber auch zu berücksichtigen, dass der Verfügungsbeklagte i. d. R. in seinen Möglichkeiten beschränkt ist, die mangelnde Schutzfähigkeit des Patents und die Aussichten einer Nichtigkeitsklage kurzfristig überzeugend darzulegen; und das Gericht kann bei der Würdigung eines der Schutzfähigkeit neu entgegengehaltenen Standes der Technik überfordert sein und schon deswegen die Schutzrechtslage als zweifelhaft und den Erlass einer einstweiligen Verfügung als unangemessen ansehen, vgl. OLG Karlsruhe GRUR **88,** 901; insoweit unklar: OLG Frankfurt, GRUR-RR **03,** 263. Allerdings kann dem Antragsgegner eine zeitintensive Recherche des Standes der Technik auch durch eine entsprechend langfristige Terminierung ermöglicht werden. Die Möglichkeit einer Sicherheitsleistung wird den Belangen des Verfügungsbeklagten noch nicht gerecht, vgl. aber OLG Karlsruhe GRUR **79,** 700. Es geht jedoch zu weit und ist mit der vom Verletzungsgericht hinzunehmenden Tatbestandswirkung der Patenterteilung (s. o. Rdn. 25) nicht mehr zu vereinbaren, wenn früher verlangt wurde, die Schutzfähigkeit müsse über jeden Zweifel erhaben sein; so noch OLG Düsseldorf GRUR **59,** 619, LG Düsseldorf GRUR **80,** 989. Bei Ansprüchen aus einem (nicht geprüften) Gebrauchsmuster darf die Schutzfähigkeit nicht zweifelhaft sein, OLG Karlsruhe Mitt. **90,** 120. Der Erlass einer einstweiligen Verfügung wird sich häufig schon dann verbieten, wenn im Zeitpunkt der Entscheidung Anhaltspunkte erkennbar sind, welche die Schutzwürdigkeit des Schutzrechts in Frage stellen, OLG Düsseldorf Mitt. **82,** 230, 231. Enger OLG Frankfurt GRUR **81,** 905: Zumindest bei identischer Patentbenutzung erst, wenn Wahrscheinlichkeit der Vernichtung glaubhaft gemacht ist. Hat der Antragsgegner im Verfügungsverfahren die gleichen Möglichkeiten der Rechtsverteidigung gehabt wie sie üblicherweise im Hauptsacheverfahren bestehen, so ist eine im Beschlusswege ergangene Unterlassungsverfügung schon dann aufrecht zu erhalten, wenn die Verletzung liquide oder unstreitig ist und gegen den Rechtsbestand keine Einwendungen vorgebracht worden sind, die im Hauptsacheverfahren zur Aussetzung geführt hätten, LG Düsseldorf, InstGE **5,** 231. Gegen eine einstweilige Verfügung kann sprechen, dass im anhängigen Einspruchs- oder Nichtigkeitsverfahren bereits deutlich geworden ist, dass zumindest eine Änderung der Anspruchsfassung zu erwarten ist, OLG Karlsruhe GRUR **88,** 900; allerdings steht es dem Antragsteller in einem solchen Fall frei, den Verfügungsantrag der zu erwartenden Änderung der Anspruchsfassung anzupassen, wenn die angegriffene Ausführungsform davon noch erfasst wird. Dem Erlass einer einstweiligen Verfügung kann auch entgegenstehen, dass ein anderes Gericht dem EuGH nach Art. 234 EG eine auch im Verfügungsverfahren streitentscheidende Rechtsfrage betreffend den Bestand des ergänzenden Schutzzertifikats vorgelegt hat, auf das der Verfügungsantrag gestützt ist, vgl. LG Hamburg, GRUR-RR **02,** 45. Letztlich bedarf es immer einer Abwägung aller Umstände des Einzelfalls. Auf eine nur mögliche, nicht jedoch konkret als wahrscheinlich glaubhaft gemachte Vernichtung des Schutzrechts wird sich aber auch im Verfügungsverfahren derjenige nicht mit Erfolg berufen können, der ein Schutzrecht bewusst und eindeutig missachtet und eine bereits seit längerer Zeit gegebene Möglichkeit,

gegen dieses mit Einspruch oder Nichtigkeitsklage vorzugehen, nicht genutzt hat. Keine besondere Schonung verdient im Allgemeinen, wer die vorsätzliche Patentverletzung als Mittel zur Erlangung einer Lizenz benutzt, die ihm zuvor verweigert worden ist, vgl. OLG Frankfurt GRUR **81,** 905, 907.

153 c Die Dringlichkeit ist zu verneinen, wenn der Verletzte ohne einleuchtenden Grund mit dem Vorgehen gegen die Patentverletzung **längere Zeit zugewartet** hat, OLG Düsseldorf GRUR **35,** 371, 372, LG Düsseldorf GRUR **50,** 42, 43; vgl. auch BGH, GRUR **00,** 152, und für das niederl. Recht: Gerechtshof Den Haag, Mitt. **97,** 34 – insbesondere, wenn dies in der erkennbaren Absicht geschah, den Gegner zu einer besonders ungelegenen Zeit, z. B. anlässlich einer Messe zu treffen, LG Braunschweig GRUR **75,** 669; OLG Düsseldorf Mitt. **80,** 117. Dem Antragsteller kann im Hinblick auf das Eilbedürfnis nicht vorgehalten werden, dass er die **Berufungs- und Berufungsbegründungsfrist sowie die Vollziehungsfrist des § 929 Abs. 2 ZPO voll oder fast voll ausgeschöpft** hat, OLG Frankfurt GRUR **02,** 236; ebenso im Hinblick auf die Dringlichkeitsvermutung des § 12 Abs. 2 UWG (§ 25 UWG a. F.): OLG Karlsruhe, WRP **84,** 221; OLG München, GRUR **92,** 328; OLG Köln, NJWE-WettbR **97,** 176; OLG Frankfurt, GRUR **02,** 236; a. A. OLG Düsseldorf, NJWE-WettbR **97,** 27. Die **Ausschöpfung einer verlängerten Frist** kann aber den Wegfall des Verfügungsgrundes zur Folge haben; auf diese Möglichkeit braucht das Gericht nicht hinzuweisen, KG GRUR-RR **99,** 1133; OLG Düsseldorf, GRUR-RR **03,** 31; a. A. aber OLG Hamburg, WRP **96,** 27; MDR **02,** 1026. Die Dringlichkeit kann auch noch **kurz vor Ablauf des Patentes** gegeben sein, OLG Hamburg, GRUR **50,** 76, 81; OLG München, Mitt. **99,** 223, etwa dann, wenn patentverletzende Generika noch während der Dauer des Patents angeboten werden, selbst wenn die Lieferung erst nach Ablauf des Patentes erfolgen soll, vgl. LG Düsseldorf, InstGE **1,** 19 ff. Im Einzelfall kann ein Unterlassungsverbot bei einem in naher Zukunft ablaufenden Patent aber auch unverhältnismäßig sein, vgl. etwa LG Düsseldorf, GRUR **50,** 42. Wird die Beschwerde gegen die Zurückweisung eines Verfügungsantrags nach Anhörung des Gegners vor dem Oberlandesgericht wegen befürchteter Erfolglosigkeit zurückgenommen, geht der Verfügungsgrund für die erneute Verfolgung desselben Antrags vor einem anderen Gericht in aller Regel verloren, OLG Frankfurt, GRUR-RR **02,** 44. Zur angemessenen Prüfungszeit, die den besonderen Schwierigkeiten eines Patentverletzungsstreits Rechnung tragen muss, vgl. auch LG Düsseldorf GRUR **80,** 989. Nimmt der Antragsteller eine zunächst allein gegebene Erstbegehungsgefahr einer Patentverletzung nicht zum Anlass, einen Antrag auf Erlass einer einstweiligen Verfügung zu stellen, kann in der tatsächlichen Verletzung ein neuer, unter Beachtung der Dringlichkeitsregeln angreifbarer Tatbestand zu sehen sein, OLG München, Mitt. **99,** 223, 227; Berneke, aaO, Rn. 81. Hingegen fehlt es an der Dringlichkeit, wenn der Antragsteller einen Verletzungsgegenstand im Verfügungsverfahren zunächst nur wegen eines Patents angreift und erst mehrere Monate später in einem zweiten Verfügungsverfahren die Verletzung eines zweiten Patents durch dieselbe angegriffene Ausführungsform geltend macht, i. d. R. dann, wenn die Verletzung des zweiten Patents von Anfang an zu erkennen war, vgl. LG Düsseldorf InstGE **5,** 64 – Kleberoller. Gleiches gilt bei einer drei-monatigen Verzögerung des Verfügungsverfahrens in der Berufungsinstanz auf Grund eines Tatbestandsberichtigungsantrags, der allenfalls für die Prozesskosten von Bedeutung sein konnte, OLG Hamm, NJWE-WettbR **96,** 164. Nach Ansicht des OLG München sollen Vergleichsverhandlungen grundsätzlich keine Einfluss auf den Beginn der Dringlichkeitsfrist für die Beantragung einer einstweiligen Verfügung haben, OLG München, InstGE **3,** 301, zwh.

153 d Die Erhebung einer **negativen Feststellungsklage in einem anderen Mitgliedstaat der Europäischen Gemeinschaft** wegen der Nicht-Verletzung des deutschen Teils eines europäischen Patents mit der Folge der Aussetzung des vor dem später angerufenen deutschen Gericht anhängigen Patentverletzungsrechtsstreits – nach Art. 31 EuGVVO (vormals Art. 27 EuGVÜ = Art. 27 LugÜ) vgl. dazu o. Rdn. 101 e – kann für sich allein den für den Erlass einer einstweiligen Verfügung erforderlichen Verfügungsgrund nicht begründen, LG Düsseldorf, GRUR **00,** 692 – NMR-Kontrastmittel. Denn die dadurch bewirkte Blockade des später rechtshängig gewordenen Verfahrens ist nicht mehr und nicht weniger als die Folge einer auf der Grundlage von Art. 27 ergangenen richterlichen Anordnung und als solche grundsätzlich hinzunehmen, vgl. von Falck, Mitt. **02,** 429, 434; Grabinski, in Festschrift für Tilmann (2003) 461, 471. An einem Verfügungsgrund fehlt es daher beispielsweise dann, wenn der Patentinhaber vor Erhebung der negativen Feststellungsklage in einem anderen Mitgliedstaat bereits seit längerer Zeit eine Patentverletzungsklage hätte erheben können und zwar auch dann, wenn wenige Tage nach der Bekanntmachung des Hinweises auf die Erteilung des europäischen Patents gegen dieses Einspruch eingelegt worden ist, vgl. LG Düsseldorf, GRUR Int. **02,** 157.

Gegebenenfalls sind **eingeschränkte Anordnungen** zu treffen. Die Unterlassungsverfügung kann an eine – ggf. nach bestimmten Zeitabschnitten bemessene – Sicherheitsleistung des Antragstellers gebunden werden (§§ 921 Abs. 2, 936, 938 ZPO), OLG Karlsruhe GRUR **79,** 700. Ferner könnte die Fortsetzung angeblicher Verletzungshandlungen von der Erfüllung bestimmter Auflagen abhängig gemacht werden, die auch Bestandteil von Lizenzvereinbarungen sein könnten, wie z. B. regelmäßige Aufstellungen der einschlägigen Umsätze, Hinterlegung eines nach Lizenzanalogie kalkulierten Geldbetrages, Verbot der Preisunterbietung oder deutliche Kennzeichnung der Herkunft; vgl. dazu Fritze GRUR **79,** 292. Eine **Aufbrauchsfrist** (vgl. oben Rdn. 136 a) kommt in Verfügungsverfahren in aller Regel nicht in Betracht, vgl. OLG Düsseldorf GRUR **86,** 197; OLG Frankfurt GRUR **88,** 46; **89,** 456; sie ist aber auch nicht schlechthin auszuschließen, vgl. Ulrich, GRUR **91,** 26 ff.; bei Zustimmung des Antragstellers: OLG Koblenz, GRUR **95,** 499. 153 e

Einstweilige Verfügungen **ohne vorherige mündliche Verhandlung** sind nach § 937 Abs. 2 ZPO möglich, werden aber in Patent- und Gebrauchsmustersachen wegen der verstärkten Anforderungen an Dringlichkeit und Glaubhaftmachung nur sehr selten erlassen, vgl. Rogge in Festschrift v. Gamm (1990) 461, 474. Zu denken ist insoweit etwa an den Fall des Vertriebs eines bereits in einem vorangegangenen Klageverfahren als patentverletzend angesehenen Produkts durch eine andere Gesellschaft. 153 f

Einstweilige Verfügungen ohne vorherige mündliche Verhandlung ergehen als **Beschluss.** Bei diesem muss die Bezeichnung des Rubrums und der Entscheidungsformel unmittelbar aus dem Text der vom Richter unterzeichneten Urschrift ersichtlich sein. Wird in der Urschrift auf einen bestimmten, eindeutig bezeichneten Teil der Akten verwiesen, ist der Beschluss zwar fehlerhaft zu Stande gekommen, aber gleichwohl wirksam, so dass aus ihm vollstreckt werden kann, BGH, GRUR **04,** 975. Soll die Beschlussverfügung im Ausland geltend gemacht werden, ist sie zu begründen, §§ 936, 922 Abs. 1 ZPO.

Beschließt das Gericht, **nicht ohne mündliche Verhandlung** zu entscheiden, obwohl der Antragsteller um eine Beschlussverfügung gebeten hat, sollte diesem noch vor einer Beteiligung des Antragsgegners Gelegenheit zur Rücknahme des Antrags gegeben werden, etwa indem die Anberaumung des Termins zur mündlichen Verhandlung von einem entsprechenden Antrag des Antragstellers abhängig gemacht wird. An den unanfechtbaren (RGZ 54, 348) Beschluss, nicht ohne mündliche Verhandlung zu entscheiden, ist das Gericht nach Ladung des Antragstellers gebunden, wenn dieser darauf vertrauen darf, sich in einer mündlichen Verhandlung verteidigen zu können, Berneke, Einstw. Verfügung, Rdn. 140. Das Gericht kann sich jedoch in der Terminsladung vorbehalten, die beantragte einstw. Verfügung unter Terminsaufhebung zu erlassen, wenn der Antragsgegner nicht innerhalb einer ihm vom Gericht gesetzten Frist auf die Antragsbegründung erwidert. Ein späterer Übergang in das Beschlussverfahren ist zudem möglich, wenn die Sache nachträglich besonders eilbedürftig geworden ist, Berneke, aaO; Zöller/Vollkommer, § 937 ZPO, Rdn. 3. 153 g

Hat in einer **Messesache** der Antragsteller (Patentinhaber) gegen den patentverletzenden Messeauftritt des Antragsgegners eine Unterlassungsverfügung erwirkt und vollzogen und handelt der Antragsgegner dem Unterlassungsgebot zuwider, so kann gegen den Antragsgegner eine **weitere Beschlussverfügung** des Inhalts ergehen, dass der **patentverletzende Gegenstand** für die Dauer der Messe an einen Gerichtsvollzieher **zur Verwahrung herauszugeben** ist, insbesondere wenn die Vollstreckung der ursprünglichen Unterlassungsverfügung durch die Verhängung von Ordnungsmitteln nach § 890 ZPO aus verfahrensrechtlichen Gründen (Gewährung rechtlichen Gehörs) erst nach Messeschluss und damit „zu spät“ erfolgen könnte, LG Düsseldorf, 11. 5. 04 – 4 a O 195/04. 153 h

Die **Vollziehung** der einstweiligen Verfügung im Sinne des § 929 Abs. 2 ZPO **(Frist von einem Monat für die Vollziehung!)** und des § 945 ZPO (Schadenersatzpflicht bei Vollziehung einer nicht gerechtfertigten Verfügung) erfolgt durch ihre **Zustellung** an den Antragsgegner, und zwar durch Zustellung **im Parteibetrieb,** OLG Karlsruhe GRUR **79,** 700, 702; **80,** 784; **83,** 607; OLG Frankfurt NJW-RR **98,** 1007; OLG Hamburg, GRUR **00,** 67. Durch eine Zustellung von Amts wegen wird eine Verfügung **nicht** vollzogen, BGH, GRUR **93,** 415 – Straßenverengung. Zur Wahrung der Vollziehungsfrist nach § 929 Abs. 2 ZPO genügt es in Anwendung des § 167 ZPO (vormals: §§ 207 Abs. 1, 270 Abs. 3 ZPO a. F. entsprechend), dass der Antrag auf Zustellung im Parteibetrieb vor Fristablauf bei der Gerichtsvollzieherverteilerstelle eingeht und die Zustellung anschließend „demnächst“ erfolgt, OLG Düsseldorf InstGE **1,** 255; OLG Frankfurt NJW-RR **00,** 1236; Berneke, aaO, Rdn. 308. Zuzustellen ist eine **beglaubigte Abschrift der Ausfertigung,** OLG Hamburg GRUR **90,** 151. Die Zustellung hat an den **bevollmächtigten Vertreter** zu erfolgen, wenn der Antragsgegner dessen Person bekannt gegeben hat, OLG Celle GRUR **89,** 541, 154

98, 77; OLG Köln GRUR **01,** 456; **sonst** an die **Partei** selbst, OLG Hamburg, GRUR **98,** 175 L.

Eine einstw. Verfügung ist dann nicht durch Parteizustellung wirksam vollzogen, wenn die Zustellungsurkunde bei Niederlegung nur den Vermerk „Schriftliche Mitteilung in der bei gewöhnlichen Briefen üblichen Weise abgegeben" enthält, OLG Düsseldorf, InstGE **4,** 296.

Die Vollziehung einer einstweiligen Verfügung durch Zustellung im Parteibetrieb in einem anderen **Mitgliedstaat der EU** ist noch keine Vollstreckungsmaßnahme i. S. v. Art. 31 EuGVÜ, auch wenn darin Ordnungsmittel angedroht werden, KG IPRax **01,** 236; zur Anerkennung und Vollstreckung einer einstweiligen Verfügung in einem anderen Mitgliedstaat der EU vgl. Rdn. 159.

Eine **öffentliche Zustellung** ist zulässig, wenn sich der Verfügungsantrag gegen eine **ausländische Partei** richtet, an die Zustellungen voraussichtlich nur mit erheblicher zeitlicher Verzögerung (von z. B. mindestens 6 Monaten) bewirkt werden können, OLG Düsseldorf, InstGE **3,** 238.

Nach Zustellung muss der Antragsgegner gemäß der Verfügung weitere Patentverletzungen unterlassen, widrigenfalls er sich der Verhängung von Ordnungsmitteln nach § 890 ZPO aussetzt, die ihm bereits in der Verfügung selbst oder später durch besonderen Beschluss angedroht werden kann. Bei der – gegebenenfalls durch Auslegung vorzunehmenden – Feststellung, gegen wen sich ein im Verfahren auf Erlass einer einstweiligen Verfügung erwirkter Unterlassungstitel richtet, können grundsätzlich auch Umstände außerhalb des Titels berücksichtigt werden, wenn dem nicht berechtigte Schutzinteressen des Antragsgegners entgegenstehen, BGH, GRUR **04,** 264 – Euro-Einführungsrabatt.

Einer **erneuten Vollziehung** bedarf es, wenn die einstweilige Verfügung inhaltlich geändert, wesentlich neu gefasst (OLG Hamburg, NJW-RR **95,** 1055; OLG Hamm Rpfleger **95,** 468) oder nach Aufhebung vom OLG neu erlassen wird (OLG Hamburg WRP **97,** 54).

154 a Erweist sich die Anordnung der einstweiligen Verfügung als von Anfang an ungerechtfertigt oder wird sie wegen Versäumung der Klage- bzw. Antragsfrist nach §§ 926 Abs. 2, 942 Abs. 3 ZPO aufgehoben, so ist der Antragsteller dem Antragsgegner nach § 945 ZPO zum **Ersatz des aus der Vollziehung entstandenen Schadens** verpflichtet. Der Anspruch aus § 945 ZPO ist dem Wesen nach ein Anspruch aus Gefährdungshaftung und setzt kein Verschulden des Antragstellers bei Erwirkung oder Vollziehung der einstweiligen Verfügung voraus, RGZ **157,** 14, 18; BGHZ **62,** 7, 9; BGH NJW **90,** 2689, 2690.

Die Verfügung ist dann **„von Anfang an ungerechtfertigt"**, wenn sie nach der Sachlage zurzeit ihres Erlasses objektiv unberechtigt war, RGZ **171,** 227, 231 (zu § 85 = § 41 PatG 1968); das kann sich „erweisen", wenn die Verfügung aus diesem Grunde auf Widerspruch oder Berufung aufgehoben oder wenn der Unterlassungsanspruch im Hauptprozess als unbegründet abgewiesen wird, RGZ **157,** 14, 18/19; **72,** 27, 29; BGH JZ **88,** 979; andernfalls kann und muss es sich im Rechtsstreit um den Schadenersatzanspruch selbst „erweisen", RGZ **106,** 289, 292; **157,** 14, 18; **171,** 227, 231/32. Die Verfügung war insbesondere dann von Anfang an ungerechtfertigt, wenn das ihr zugrunde gelegte Schutzrecht später rückwirkend versagt, vernichtet oder gelöscht wird, BGH GRUR **79,** 869 – Oberarmschwimmringe; dagegen Pietzcker GRUR **80,** 442 ff. Ob der Verletzungsrichter bei der Frage, ob die Verfügung von Anfang an ungerechtfertigt gewesen ist, an eine rechtskräftige Aufhebung im Verfügungsverfahren gebunden ist, ist streitig, dafür: BGH (IX. ZS), NJW **88,** 3268. 3269; **92,** 2297, 2298; dagegen: Teplitzky, GRUR **92,** 824; **94,** 765, 768; Zöller/Vollkommer, § 945 ZPO, Rdn. 9; offen gelassen BGH (I. ZS): GRUR **92,** 203, 205 – Roter mit Genever; **94,** 849, 851 Fortsetzungsverbot; **98,** 1010, 1011 – WINCAD. An einer Bindungswirkung fehlt es jedenfalls dann, wenn in dem Aufhebungsurteil keine Feststellungen darüber getroffen wurden, dass die einstweilige Verfügugn von Anfang an unberechtigt gewesen ist, wie etwa bei einem Verzichtsurteil ohne Gründe gem. § 313 b ZPO, BGH, GRUR **98,** 1010 – WINCAD.

Der durch die Vollziehung der einstw. Verfügung oder durch Sicherheitsleistung adäquat verursachte unmittelbare oder mittelbare Schaden ist zu ersetzen, BGHZ **96,** 2; **122,** 179. Nicht ersatzfähig ist jedoch der aus einer *freiwilligen Befolgung* einer Unterlassungsverfügung *ohne Strafandrohung gem. § 890 Abs. 2 ZPO* erwachsene Schaden, BGH GRUR **93,** 415 – Straßenverengung.

Zur **Berechnung des Schadens,** wenn infolge der ungerechtfertigt ergangenen einstweiligen Verfügung der Geschäftsbetrieb des Antragsgegners stillgelegt werden musste, vgl. RG GRUR **43,** 262. Als Schaden kommen Gewinneinbußen auf Grund von Produktionseinstellungen oder entgangenen Aufträgen, Aufwendungen zur Abwendung oder Minderung von Schadensfolgen der zu Unrecht erlassenen einstweiligen Verfügung (etwa Aufwendungen für Werbemaßnahmen) in Betracht, vgl. zu letzterem: BGH GRUR **93,** 998 – Verfügungskosten.

Die durch die Vollziehung einer von Anfang an nicht gerechtfertigten Unterlassungsverfügung (etwa durch Entfernen der vermeintlich patentverletzenden Vorrichtung oder deren Abdecken) „frustrierten" Aufwendungen für die Errichtung und Unterhaltung eines auch nach der Vollziehung fortgeführten Messestandes stellen in der Regel keinen nach § 945 ZPO ersatzfähigen Schaden dar, LG Düsseldorf, InstGE **2,** 157 = Mitt. **02,** 294 (LS); bestätigt durch OLG Düsseldorf, Urt. v. 4. 9. 2003, Az. 2 U 24/02). Ein nach § 945 ZPO zu ersetzender Schaden kann dem Antragsgegner durch Vollziehung der einstweiligen Verfügung insoweit nicht erwachsen sein, als er materiellrechtlich ohnehin verpflichtet gewesen wäre, die ihm durch die Verfügung untersagten Handlungen zu unterlassen, BGHZ **15,** 356, 358/59 = GRUR **55,** 346, 347; **81,** 295, 296. Ein Schadenersatzanspruch aus § 945 ZPO besteht also z. B. dann nicht, wenn zwar das der Verfügung zugrunde gelegte Patent vernichtet worden, ein die Verletzungsform deckendes Gebrauchsmuster aber bestehen geblieben ist, RG Mitt. **12,** 110, 113, oder wenn zwar die einstweilige Verfügung weiter gefasst war als das spätere Urteil in der Hauptsache, die Verletzungsform aber tatsächlich in den Schutzbereich des Patents fiel, RG GRUR **37,** 373. 374/75. Dem *Antragsgegner* entstandene **Kosten des Verfügungsverfahrens** unterliegen nicht dem Schadenersatzanspruch nach § 945 ZPO, sondern sind durch Antrag auf Abänderung der Kostenentscheidung der aufzuhebenden einstweiligen Verfügung im Aufhebungsverfahren nach § 927 Abs. 1 ZPO geltend zu machen, BGH GRUR **93,** 998 – Verfügungskosten; OLG Hamburg, JurBüro **90,** 732. Hingegen sind vom *Antragsteller* beigetriebene Verfahrenskosten zu ersetzen, BGHZ **45,** 251, 252. Nicht ersatzfähig ist **bezahltes Ordnungsgeld,** KG GRUR **87,** 571; das Ordnungsgeld ist jedoch – nach Aufhebung des Ordnungsbeschlusses – aus der Staatskasse zurückzuzahlen, Anspruchsgrundlage: § 812 Abs. 1 S. 2 BGB entspr.; vgl. BAG NJW **90,** 2579; OLG Köln OLGZ **92,** 452.

Der Anspruch aus § 945 ZPO unterliegt der **Verjährungsfrist** der §§ 195, 199 BGB (3 J.), vgl. BGH GRUR **79,** 869, 873 – Oberarmschwimmringe zu § 852 BGB a. F.

Wird die der Unterlassungsverfügung entsprechende Unterlassungsklage abgewiesen, kann ein **Aufhebungsantrag nach § 927 Abs. 1 ZPO** begründet sein und zwar neben einer Gesetzesänderung oder einer Änderung der höchstrichterlichen Rechsprechung vor allem bei rechtskräftiger Klageabweisung, BGHZ **122,** 172; aber auch dann, wenn das abweisende Urteil noch nicht rechtskräftig geworden ist, vorausgesetzt, das Urteil ist in der Hauptsache rechtlich zutreffend begründet und mit einem Erfolg des dagegen eingelegten Rechtsmittel ist nicht zu rechnen, BGH, WM **76,** 134; OLG Düsseldorf, GRUR **84,** 757, 1985, 160; OLG Hamburg, GRUR-RR **01,** 143.

Hat das Landgericht den Verfügungsantrag durch Beschluss zurückgewiesen, hat das Oberlandesgericht, wenn nicht die Voraussetzungen für eine Entscheidung ohne mündliche Verhandlung nach § 937 Abs. 2 ZPO gegeben sind, über die sofortige Beschwerde des Antragstellers, der vom Landgericht nicht abgeholfen wurde, gemäß § 922 Abs. 1 ZPO durch Urteil – und nicht gemäß § 572 Abs. 4 ZPO durch Beschluss – zu entscheiden, OLG Düsseldorf, InstGE **3,** 238, 242; a. A. OLG München NJW **03,** 2756. Im Verfahren auf Erlass einer einstweiligen Verfügung ist wegen des durch § 542 Abs. 2 S. 1 ZPO begrenzten Instanzenzuges die Rechtsbeschwerde nicht statthaft, BGHZ **154,** 102 = GRUR **03,** 548; das gilt auch für eine Rechtsbeschwerde gegen eine im Verfahren auf Erlass einer einstweiligen Verfügung gem. § 91 a ZPO ergangene Entscheidung über die Kosten, BGH, GRUR **03,** 724. **154 b**

Auch **gegen den Schutzrechtsinhaber** kann eine einstweilige Verfügung erlassen werden, so z. B. auf Untersagung der Behauptung, das ältere Recht zu besitzen, RG Bl. **04,** 73, – und namentlich auf Untersagung des Vorwurfs der Patentverletzung und der Verwarnung wegen Patentverletzung; der Verwarnte muss dann glaubhaft machen, dass er das Patent *nicht* verletzt, RG Bl. **04,** 293, 294; JW **07,** 750 Nr. 25; MuW **VIII,** 245, 246; LG Hamburg GRUR **52,** 31; OLG Düsseldorf GRUR **59,** 606. Hingegen kommen **Feststellungsanträge,** wie etwa der Antrag auf Feststellung, dass der Antragsteller berechtigt ist, ein Patent zu benutzen, oder der Antrag auf Feststellung, dass ein Lizenzvertrag nicht wirksam gekündigt worden ist und fortbesteht, in aller Regel nicht in Betracht, weil im Verfügungsverfahren eine (jedenfalls uneingeschränkt) in Rechtskraft erwachsende und damit verbindliche Feststellung nicht erwirkt werden kann, Melullis, HdB, Rdn. 150; allgemein zur Feststellungsverfügung: MünchKomm-Heinze, 3. Aufl., Vor § 916 ZPO, Rdn. 89; Vogg, NJW **93,** 1357 ff. **155**

10. Die Zwangsvollstreckung findet nach § 704 ZPO statt aus **Endurteilen,** die formell rechtskräftig (§ 705) oder für vorläufig vollstreckbar erklärt sind (§§ 708 ff.). Die Urteile sind teils ohne, teils gegen Sicherheitsleistung für **vorläufig vollstreckbar** zu erklären (§§ 708, 709, insbesondere § 708 Nr. 10!, §§ 710–713), die vorläufige Vollstreckbarkeit kann eine Sicherheitsleistung des Gläubigers auch dann erforderlich machen, wenn der Schuldner seinerseits Si- **156**

cherheit leistet (§ 711); gegebenenfalls ist ein weitergehender Vollstreckungsschutz nach § 712 möglich (s. dazu oben Rdn. 136); entsprechende Anträge sind vor Schluss der mündlichen Verhandlung zu stellen und in ihren tatsächlichen Voraussetzungen glaubhaft zu machen (§ 714); die nicht rechtzeitige Stellung eines Vollstreckungsschutzantrags in der Berufungsinstanz hat zugleich schwerwiegende negative Auswirkungen auf die Möglichkeit einer Vollstreckungseinstellung in der Revisionsinstanz gem. § 719 Abs. 2 (s. Rdn. 157). Wird das vorläufig vollstreckbare Urteil auf ein Rechtsmittel aufgehoben oder abgeändert, so ist der Kläger, wenn es sich um ein erstinstanzliches Urteil handelt, nach § 717 Abs. 2 ZPO zum Ersatz des durch die Vollstreckung des Urteils enstandenen Schadens, wenn es sich aber um das Urteil eines OLG handelt, nach § 717 Abs. 3 ZPO nur zur Herausgabe des auf Grund des Urteils Empfangenen verpflichtet.

Literaturhinweis: Köhler, „Natürliche Handlungseinheit" und „Fortsetzungszusammenhang" bei Verstößen gegen Unterlassungstitel und strafbewehrte Unterlassungserklärungen, WRP **93,** 666; Melullis, Zur Unterlassungsvollstreckung aus erledigten Titeln, GRUR **93,** 241; Borck, Ein letztes Mal noch: Zur Unterlassungsvollstreckung, WRP **95,** 656; Mankowski, Für einen Wegfall des Fortsetzungszusammenhangs bei der Unterlassungsvollstreckung; WRP **96,** 1144; Hees, Vollstreckung aus erledigten Unterlassungstiteln nach § 890 ZPO – Kein Ende des Streits in Sicht –, GRUR **99,** 128; Schuschke, Wiederholte Verletzungshandlungen: Natürliche Handlungseinheit, Fortsetzungszusammenhang und Gesamtstrafe im Rahmen des § 890 ZPO, WRP **00,** 1008; Ruess, Vollstreckung aus Unterlassungstiteln – das Ende einer endlosen Diskussion, NJW **04,** 485.

157 Wird gegen ein für vorläufig vollstreckbar erklärtes Urteil Berufung eingelegt, so *kann* das Berufungsgericht auf Antrag die Zwangsvollstreckung gegen Sicherheitsleistung oder (nur bei Glaubhaftmachung eines nicht zu ersetzenden Nachteils) ohne Sicherheitsleistung **einstweilen einstellen** oder nur gegen Sicherheitsleistung zulassen (§ 719 Abs. 1 i. V. m. § 707 ZPO). Ein solcher Antrag hat jedoch i. d. Praxis insb. dann wenig Erfolgsaussichten, wenn Vollstreckung ohnedies nur gegen Sicherheitsleistung des Gläubigers erfolgt (§ 709 ZPO), vgl. Kühnen/Geschke, Rdn. 500. Wird Revision eingelegt, so ordnet das Revisionsgericht auf Antrag die einstweilige Einstellung der Zwangsvollstreckung – nur – dann an, wenn glaubhaft gemacht wird, dass die Vollstreckung einen nicht zu ersetzenden Nachteil bringen würde und nicht ein überwiegendes Interesse des Gläubigers entgegensteht (§ 719 Abs. 2 ZPO). Dies kommt aber regelmäßig dann nicht in Betracht, wenn der Schuldner es im Berufungsrechtszug versäumt hat, einen Vollstreckungsschutzantrag nach § 712 ZPO zu stellen, obwohl ihm dies möglich und zumutbar war, BGH GRUR **78,** 726; **80,** 329; **80,** 755; **91,** 159; 943; **92,** 65; **96,** 512; **99,** 190; NJW **98,** 3570, oder wenn ein Antrag nach § 712 ZPO zwar gestellt war, die Gründe zu seiner Rechtfertigung jedoch nicht angeführt waren, obwohl dies möglich gewesen wäre, BGH NJW **83,** 455; GRUR **91,** 943, **97,** 545. Zweifel am Bestand des angefochtenen Urteils rechtfertigen es in der Regel nicht, von einem Vollstreckungsschutzantrag abzusehen, BGH GRUR **92,** 65. Ein **nicht zu ersetzender Nachteil** ergibt sich noch nicht daraus, dass die Vollstreckung das Prozessergebnis vorwegnehmen würde, BGH LM Nr. 18/19 zu § 719 ZPO; GRUR **79,** 807; **91,** 159. Regelmäßig mit der Vollstreckung eines Urteils gleichartigen Inhalts verbundene Nachteile rechtfertigen eine Einstellung der Vollstreckung aus einem mit der Revision angegriffenen, vorläufig vollstreckbar erklärten Urteil nicht, BGH GRUR **00,** 862. Bei Vollstreckung wegen Rechnungslegung ist ein relevanter Nachteil regelmäßig zu verneinen, soweit der Schuldner durch einen Wirtschaftsprüfervorbehalt (s. o. Rdn. 89 c) ausreichend geschützt ist oder sich jedenfalls durch entsprechenden Antrag in der Berufungsinstanz hätte schützen können, BGH GRUR **78,** 726; **79,** 807; **99,** 191. Auch wegen der Unterlassungsvollstreckung kann im Unterschied zur früheren Praxis (vgl. BGH GRUR **51,** 425) eine Einstellung selbst dann nicht ohne weiteres erfolgen, wenn andernfalls der Schuldner gezwungen ist, seine Produktion einzustellen oder umzustellen; es ist hier vielmehr zumindest unter dem Gesichtspunkt überwiegenden Gläubigerinteresses mit zu berücksichtigen, dass ein nur für eine begrenzte Zeitspanne (Laufzeit des Schutzrechts) wirkendes Unterlassungsurteil mit der Einstellung zumindest teilweise seine materielle Wirkung verlieren würde, vgl. BGH GRUR **79,** 807 (Schlumpfserie), **00,** 862 (Spannvorrichtung) sowie (zur gleichen Problematik bei § 712 ZPO) OLG Düsseldorf GRUR **79,** 188, 189 und oben Rdn. 136. Zur notwendigen Interessenabwägung bei unsicherem Prozessausgang vgl. OLG Düsseldorf v. 12. 12. 1984, wiedergegeben in Festschrift A. Preu (1988), 172 ff.

157 a Wegen **Rückgabe der Sicherheit** vgl. § 109 ZPO und OLG Düsseldorf GRUR **82,** 168 (teilweise Rückgabeanordnung).

158 Für eine **Auslandsvollstreckung** aus einem inländischen Urteil oder eine inländische Vollstreckung aus einem ausländischen Urteil sind im Bereich der **Europäischen Union** – mit

Ausnahme von Dänemark – die Verordnung (EG) Nr. 44/2001 vom 22. 12. 2000 des Rates über die gerichtliche Zuständigkeit und die Anerkennung und Vollstreckung von Entscheidungen in Zivil- und Handelssachen (EuGVVO, ABl. EG Nr. L 12 v. 16. 1. 2001, S. 1; vgl. oben bei Rdn. 101), im Verhältnis zu **Dänemark** das Übereinkommen der Europäischen Gemeinschaft über die gerichtliche Zuständigkeit und Vollstreckung gerichtlicher Entscheidungen in Zivil- und Handelssachen (EuGVÜ, Brüsseler Übereinkommen, BGBl. II 1972, S. 773 ff.; vgl. im Einzelnen oben bei Rdn. 101) und im Verhältnis zu **Island, Norwegen und der Schweiz** das Lugano-Übereinkommen (LugÜ, BGBl. 1994 II 2693; oben bei Rdn. 101) zu beachten. Zudem sind jeweils die Bestimmungen des Gesetzes zur Ausführung zwischenstaatlicher Verträge und zur Durchführung von Verordnungen der Europäischen Gemeinschaft auf dem Gebiet der Anerkennung und Vollstreckung in Zivil- und Handelssachen (Anerkennungs- und Vollstreckungsausführungsgesetz – AVAG) vom 19. 2. 2001 (BGBl. I 238, 436) zu berücksichtigen. Einzelheiten bei Kropholler, Europ. Zivilprozessrecht, 7. Aufl., S. 365 ff. Im Übrigen bestehen zahlreiche bilaterale Abkommen, vgl. dazu etwa MünchKomm-Gottwald, ZPO, 2001, 3. Bd., 1978 (Übersicht), 2317 ff.

Die Zwangsvollstreckung findet ferner statt aus **einstweiligen Verfügungen** (§§ 936, 928 ZPO), auch wenn sie nicht durch Urteil, sondern durch Beschluss erlassen werden (§§ 936, 922 ZPO). Einstweilige Verfügungen, die ohne Ladung des Antragsgegners zu einer mündlichen Verhandlung ergangen sind, können nach der Rechtsprechung des EuGH nicht nach dem EuGVÜ in einem anderen **Mitgliedstaat der EU** anerkannt oder vollstreckt werden, EuGH, IPRax **81,** 95 – Denilauer/Couchet Frères; vgl. auch EuGH, IPRax **00,** 411 – Mietz/Intership. Ob diese Rechtsprechung auch nach Inkrafttreten der EuGVVO (vgl. dazu oben bei Rdn. 100) fortgilt, ist nicht gesichert, dag. Geimer/Schütze, Europ. Zivilverfahrensrecht, 2. Aufl., 2004, Art. 31, Rdn. 97 Art. 32, Rdn. 35, Art. 38, Rdn. 41; Micklitz/Rott, EuZW **02,** 15, 16. Zur Vollziehung einer Beschlussverfügung durch Zustellung im Parteibetrieb in einem anderen Mitgliedstaat der EU vgl. Rdn. 154. Zur Zulässigkeit einer einstweiligen Verfügung trotz Einstellung der Zwangsvollstreckung aus dem Urteil im Hauptprozess vgl. oben Rdn. 150 a. E. Von den sonstigen „Vollstreckungstiteln“ des § 794 ZPO kommt in Patentverletzungsverfahren noch der **Prozessvergleich** (§ 794 Nr. 1 ZPO) und der gem. § 796 b oder c ZPO für vollstreckbar erklärte **Rechtsanwaltsvergleich** (§ 794 Nr. 4 b ZPO) in Betracht, namentlich ein solcher, in dem sich der beklagte Verletzer zur Unterlassung verpflichtet, OLG Karlsruhe GRUR **57,** 447; **59,** 620; Tetzner GRUR **60,** 68 ff. Der **Prozessvergleich** kann in der mündlichen Verhandlung abgeschlossen werden und ist dann nach §§ 160 Abs. 3 Nr. 1, 162 ZPO zu protokollieren; er kann aber auch dadurch abgeschlossen werden, dass die Parteien dem Gericht einen schriftlichen Vergleichsvorschlag unterbreiten oder einen schriftlichen Vergleichsvorschlag des Gerichts durch Schriftsatz gegenüber dem Gericht annehmen und das Gericht das Zustandekommen und den Inhalt des Vergleichs durch Beschluss (= Vollstreckungstitel) feststellt, § 278 Abs. 6 ZPO. **159**

Die **Vollstreckung eines Unterlassungsgebots** erfolgt nach § 890 ZPO dadurch, dass auf Antrag des Gläubigers das Prozessgericht erster Instanz als Vollstreckungsgericht gegen den Schuldner wegen begangener Zuwiderhandlungen **Ordnungsgeld oder Ordnungshaft** verhängt. Zu den vielfach streitigen Einzelfragen vgl. vor allem Großkomm/Jestaedt, Abschn. E vor § 13; Melullis, Hdb., Rdn. 904 ff. und Teplitzky, S. 829 ff. Die Ordnungsmittel haben Zwangs- oder Beugecharakter, daneben aber auch den Charakter strafähnlicher Sanktionen, so dass für die Festsetzung strafrechtliche Grundsätze zur Anwendung kommen, BGH, GRUR **94,** 146, 147 – Vertragsstrafebemessung; OLG Frankfurt NJW **77,** 1204; OLG Bremen WRP **79,** 205, str.; vgl. auch BVerfG GRUR **67,** 213, 215; NJW **81,** 2457. Die Entscheidung kann ohne mündliche Verhandlung ergehen, jedoch ist der Schuldner zuvor zu hören (§ 891 ZPO); die Entscheidung ergeht durch Beschluss, der zu verkünden oder zuzustellen ist (§ 329 ZPO), sofort vollstreckbar ist (§ 794 Abs. 1 Nr. 3 ZPO) und der sofortigen Beschwerde unterliegt (§ 793 ZPO). Der Vollstreckung muss eine gerichtliche **Androhung** vorausgehen, BGHZ **156,** 336, 340 = GRUR **04,** 264, 266 – Euro-Einführungsrabatt, die schon im Vollstreckungstitel selbst (Urteil, einstweilige Verfügung) enthalten sein kann, andernfalls durch besonderen Beschluss ergehen muss (§ 890 Abs. 2 ZPO); eines besonderen Beschlusses bedarf es namentlich bei einem Prozessvergleich, vgl. auch OLG Hamm MDR **88,** 506; Großkomm/Jestaedt, Rdn. 15 vor § 13. Es ist eine konkrete Nennung der Ordnungsmittel und der in Betracht kommenden Höchstgrenze erforderlich, die Verweisung auf die „gesetzlich zulässige Höhe“ bzw. auf „die gesetzlichen Ordnungsmittel gemäß § 890 ZPO“ genügt nicht, BGH, GRUR **95,** 744, 749; BGHZ **156,** 335, 340 = GRUR **04,** 264, 265; OLG Düsseldorf GRUR **77,** 261; OLG Köln WRP **79,** 667. Die kumulative Androhung von Ordnungsgeld und Ordnungshaft widerspricht zwar § 890 Abs. 1 und 2 ZPO, wonach Ordnungsgeld und Ordnungshaft nur al- **160** ternativ angedroht werden dürfen, ist aber als Voraussetzung für die Festsetzung von Ordnungsmitteln wirksam, BGHZ **156,** 336, 340 = GRUR **04,** 264, 265. Der Festsetzung von Ordnungsmitteln unterliegen alle Zuwiderhandlungen, die nach dem Wirksamwerden der Strafandrohung (Verkündung oder Zustellung) und während der Vollstreckbarkeit des Titels begangen werden; die **Zustellung des Titels** ist bei verkündeten Entscheidungen Voraussetzung nur für die Vollstreckungsmaßnahme (§ 750 ZPO), also die Festsetzung eines Ordnungsmittels, nicht für die „Strafbarkeit" der Zuwiderhandlungen, KG MDR **64,** 155; OLG Hamburg MDR **65,** 670; WRP **81,** 221, 222; jedoch muss bei einer nur vorläufig vollstreckbaren Entscheidung auch die etwa erforderliche **Sicherheit** vor der Zuwiderhandlung geleistet und angezeigt worden sein, OLG München GRUR **90,** 638.

Wird **die Hauptsache übereinstimmend und uneingeschränkt für erledigt erklärt,** hat dies zur Folge, dass ein im Verfahren erlassener, noch nicht rechtskräftig gewordener Unterlassungstitel ohne weiteres entfällt. Der Titel kann danach auch dann keine Grundlage für Vollstreckungsmaßnahmen mehr sein, wenn die Zuwiderhandlung gegen das ausgesprochene Unterlassungsgebot zuvor begangen worden ist, BGHZ **156,** 335, 342 = GRUR, **04,** 264, 266 – Euro-Einführungsrabatt, m. w. N. zum Meinungsstand; OLG Hamm, WRP **90,** 423; Melullis, GRUR **93,** 241, 243; Ulrich, WRP **92,** 147 ff.; a. A. u. a.: OLG Düsseldorf, Mitt. **01,** 322; GRUR-RR **03,** 127; Borck, WRP **94,** 656. Ein Gläubiger kann jedoch seine Erledigungserklärung auf die Zeit nach dem erledigenden Ereignis beschränken, wenn ein bereits erstrittener Unterlassungstitel weiterhin als Grundlage für Vollstreckungsmaßnahmen wegen Zuwiderhandlungen, die vor dem erledigenden Ereignis begangen worden sind, aufrechterhalten bleiben soll, BGH, aaO, Melullis, aaO, 244 ff. Ob eine solche beschränkte Erledigungserklärung abgegeben worden ist, ist durch Auslegung zu ermitteln, wobei nicht allein am Wortlaut zu haften ist, sondern auch die Interessenlage des Gläubigers zu berücksichtigen ist, vgl. BGH, aaO; Melullis, aaO, 245. Diese Grundsätze gelten auch für Unterlassungstitel, die im Verfahren auf Erlass einer einstweiligen Verfügung ergangen sind, BGH, aaO. Der Androhung und Festsetzung von Ordnungsmitteln steht nicht entgegen, dass der Schuldner sich zur Zahlung einer Vertragsstrafe verpflichtet hat, BGH, GRUR **98,** 1053, 1054 (obiter dictum); OLG Stuttgart GRUR **70,** 186; Saarbrücken, NJW **80,** 461, Köln, NJW-RR **86,** 1191; Düsseldorf, NJW-RR **88,** 1216 m. w. N., jedoch ist bei der Festsetzung eines Ordnungsgeldes nach § 890 ZPO die Höhe einer durch die gleiche Zuwiderhandlung verwirkten oder gar schon titulierten oder gezahlten (BGH, aaO, 1054; OLG Düsseldorf WRP **70,** 71; Köln GRUR **86,** 688) Vertragsstrafe zu berücksichtigen; OLG Köln NJW **69,** 756 u. a. nehmen lediglich ein Wahlrecht an. Es ist jedoch möglich, mit der vertragsstrafenbewehrten Unterlassungsverpflichtung eine vollstreckungshindernde Abrede zu vereinbaren, vgl. OLG Hamm, GRUR **85,** 82; vom BGH, aaO, 1054, offengelassen. Das Rechtsschutzbedürfnis entfällt i. d. R. nicht schon dadurch, dass der Schuldner dem Unterlassungsgebot inzwischen nachgekommen ist, oder dass Unterlassung – z. B. wegen Ende der Patentlaufzeit – für die Zukunft nicht mehr verlangt werden kann, str., vgl. dazu Melullis GRUR **93,** 241, 246.

161 Der Verurteilung nach § 890 ZPO unterliegen nur die im Vollstreckungstitel gekennzeichneten **Verletzungshandlungen** und Abweichungen davon, wenn die Abweichung den Kern der im Titel gekennzeichneten Verletzungsform unberührt lässt und sich innerhalb der durch Auslegung zu ermittelnden Grenzen des Titels hält, vgl. oben Rdn. 35 a. Der Verurteilung unterliegen nur **schuldhaft** (vorsätzlich oder fahrlässig) begangene Zuwiderhandlungen, BVerfG GRUR **67,** 213, 215; NJW **81,** 2457; BGH NJW **86,** 127; GRUR **87,** 648, 649. Der Schuldner muss sich, wenn er im Zweifel ist, über die Tragweite des Verbots erkundigen, bei eigener besserer Kenntnis kann ihn aber auch anwaltlicher Rat nicht entlasten, vgl. Großkomm/Jestaedt, Abschn. E Rdn. 39 vor § 13. Der Schuldner ist nicht nur verpflichtet, alles zu unterlassen, was zu einer Verletzung führen kann, sondern hat darüber hinaus alles zu tun, was erforderlich und zumutbar ist, um künftige Verletzungen zu verhindern, BGH GRUR **93,** 415, 416 – Straßenverengung; KG GRUR **89,** 707; WRP **98,** 627; OLG Frankfurt, WRP **92,** 185; 800.

Wegen Zuwiderhandlungen von **Angestellten oder Beauftragten** kann der unterlassungspflichtige Vollstreckungsschuldner nur bestraft werden, wenn ihn ein **persönliches Verschulden** trifft, Dresden MuW **38,** 225; KG GRUR **42,** 376; OLG Karlsruhe GRUR **56,** 484, 485; OLG München GRUR **64,** 558; OLG Düsseldorf GRUR **65,** 196. Die bloße Information der Mitarbeiter über den Inhalt eines gerichtlichen Unterlassungstitel und die Aufforderung zu einem entsprechenden Verhalten reichen nicht aus, den Vorwurf einer schuldhaften Zuwiderhandlung zu entkräften. Es muss vielmehr zusätzlich auch auf die Folgen der Nichtbefolgung des gerichtlichen Verbotes hingewiesen werden und die Belehrung hat schriftlich zu erfolgen, OLG Hamburg, NJW-RR **93,** 1392; OLG Nürnberg, WRP **99,** 1184; OLG Köln, WRP **04,** 1519. Die Einhaltung der Anweisung zu den sich aus der Anordnung des Gerichts ergebenden

Verpflichtungen durch Angestellte oder Beauftragte ist zudem **zu überwachen,** OLG Zweibrücken, GRUR **00,** 921; OLG Köln, GRUR-RR **01,** 24; WRP **04,** 1519. Ein Rechtsirrtum des Schuldners kann u. U. auch bei der Bemessung des Ordnungsmittels von Bedeutung sein. Wegen der Bedeutung der **Beweisregel des § 139 Abs. 3** (s. o. Rdn. 118 ff.) für das Vollstreckungsverfahren nach § 890 ZPO vgl. OLG Düsseldorf GRUR **67,** 135, 136 und oben Rdn. 124.

Ist der Unterlassungstitel gegen eine **juristische Person** gerichtet, so erfolgt ihre „Bestrafung" wegen Zuwiderhandlungen, wenn ihre gesetzlichen oder sonst verfassungsmäßig berufenen Vertreter ein Verschulden trifft, BGH, GRUR **91,** 929, 931; OLG Zweibrücken GRUR **88,** 485; OLG Nürnberg, WRP **99,** 1184, 1185; vgl. auch BVerfG GRUR **67,** 213, 216. Ordnungshaft ist bei Handelsgesellschaften und juristischen Personen an ihren geschäftsführenden Gesellschaftern bzw. Geschäftsführern zu vollziehen, soweit ihnen eigenes Verschulden zur Last fällt; sie müssen erst im Ordnungsmittelbeschluss und nicht schon bei der Androhung (oben Rdn. 160) namentlich benannt werden, BGH GRUR **91,** 929, 931 – Fachliche Empfehlung II; vgl. auch Ahrens/Jestaedt, Wettbewerbsprozess, 5. Aufl., Kap. 35, Rdn. 14. Die Festsetzung von Ordnungsmitteln gegen die Organe einer juristischen Person setzt deren Verurteilung voraus.

Handelt es sich um **mehrere Zuwiderhandlungsakte,** so können je nach den Umständen und der Willensrichtung ein „Dauerdelikt" (Karlsruhe GRUR **56,** 484, 485), eine „natürliche Handlungseinheit" (BGHZ **33,** 163, 168 = GRUR **61,** 307 ff.), eine „fortgesetzte Handlung" (BGH aaO 168; OLG Stuttgart GRUR **86,** 335) oder auch mehrere selbstständige Zuwiderhandlungen vorliegen. Ein Fortsetzungszusammenhang kann auch bei fahrlässigen Zuwiderhandlungen angenommen werden, BGH aaO 167; BGHZ **121,** 13, 20 – Fortsetzungszusammenhang. Bei „fortgesetzter Handlung" wird in der Regel eine entsprechend höhere Verurteilung gerechtfertigt sein, BGH aaO 165. Das Rechtsinstitut des **„Fortsetzungszusammenhangs"** ist zwar im Strafrecht zwischenzeitlich weitestgehend aufgegeben worden (vgl. bei § 142, Rdn. 18); dennoch sollte im Bereich des zivilrechtlichen Vollstreckungsverfahrens daran weiterhin festgehalten werden, str., dafür: OLG Stuttgart, NJW **95,** 2567; OLG Celle, NJW-RR **96,** 902 f.; OLG Koblenz, OLGR **97,** 268; KG MDR **98,** 676; Schuschke, WRP **00,** 1008; 1012; Zöller, § 890 ZPO, Rdn. 20; dag.: OLG Nürnberg, NJW-RR **99,** 723, 724 f.; OLG Dresden, OLGR **03,** 452; Rieble, WRP **95,** 1144; Mankowski, WRP **96,** 1144; differenzierend: Melullis, HdB Wettbewerbsrecht, Rdn. 906, Fn. 2, Rdn. 946; offengelassen: BGH, GRUR **01,** 758, 759 – Trainingsvertrag. Denn es handelt sich beim „Fortsetzungszusammenhang" um ein zwar aus dem Strafrecht rezipiertes, diesem gegenüber aber seit langem verselbstständigtes Rechtsinstitut, das im zivilrechtlichen Vollstreckungsverfahren die Zusammenfassung hierfür geeigneter Einzelhandlungen ohne Rücksicht auf einen verbindenden Gesamtvorsatz auch bei nur fahrlässiger Begehung ermöglicht, so dass diesen schnell und zugleich angemessen begegnet werden kann. Die Gründe, die den BGH bewogen haben, den Fortsetzungszusammenhang im Strafrecht aufzugeben, sind auf das zivilrechtliche Vollstreckungsverfahren nicht ohne weiteres übertragbar, vgl. dazu im Einzelnen: Schuschke, WRP **00,** 1008, 1010 ff. Der Fortsetzungszusammenhang wird durch die Zustellung eines Ordnungsmittelbeschlusses unterbrochen, OLG Bremen, NJW **71,** 148, 149; OLG Stuttgart, NJW **95,** 2567; KG, MDR **98,** 676.

Die **Höhe des Ordnungsgeldes** ist auf 250 000 Euro für die einzelne Zuwiderhandlung beschränkt (§ 890 Abs. 1 S. 2 ZPO) und muss sich darüber hinaus im Rahmen der Androhung und des Antrags halten, falls diese die Höhe beschränken. Statt Ordnungsgeld kann auch Ordnungshaft bis zu insgesamt zwei Jahren angedroht und verhängt werden (§ 890 Abs. 1 S. 1, Abs. 2 ZPO). Bei der Wahl und Bemessung der Ordnungsmittel steht dem Tatrichter ein Ermessen zu. Ordnungsmittel sind im Hinblick auf ihren Zweck zu bemessen. Dabei sind vor allem Art, Umfang und Dauer des Verstoßes, der Verschuldensgrad, der Vorteil des Verletzers aus der Verletzungshandlung und die Gefährlichkeit der begangenen und möglicher künftiger Verletzungshandlungen für den Verletzten zu berücksichtigen. Eine Titelverletzung soll sich für den Schuldner nicht lohnen, BGH GRUR **94,** 146, 147 – Vertragsstrafebemessung; **04,** 264, 268 – Euro-Einführungsrabatt. Die Tatsache, dass ein Patent bald ausläuft, ist nicht bei der Höhe eines wegen Verstoßes gegen ein dieses Patent betreffendes Unterlassungsurteil verhängten Ordnungsgeldes zu berücksichtigen, OLG München, InstGE **5,** 15, 17 – Messeangebot ins Ausland II. Zahlungserleichterungen können gem. Art. 7 EGStGB gewährt werden; ein nicht beitreibbares Ordnungsgeld kann auch noch nachträglich in Ordnungshaft umgewandelt werden, Art. 8 EGStGB. Die Vollstreckung festgesetzter Ordnungsmittel erfolgt von Amts wegen; ein Verzicht des Gläubigers ist unbeachtlich; für die Vollstreckung gilt eine zweijährige Verjährungsfrist nach Art. 9 Abs. 1 EGStGB.

Der Lauf der **Verfolgungsverjährung** nach Art. 9 Abs. 1 EGStGB endet jedenfalls im Anwendungsbereich des § 890 ZPO mit der Festsetzung eines Ordnungsmittels, auch soweit diese nicht rechtskräftig ist. Die Verjährung kann im weiteren Verlauf des Vollstreckungs- bzw. Rechtsmittelverfahrens nicht mehr eintreten, BGH, GRUR **05,** 269 – Verfolgungsverjährung.

162 Die **Vollstreckung des Anspruchs auf Rechnungslegung** erfolgt nach § 888 ZPO durch Zwangsgeld oder Zwangshaft, allenfalls für Teilleistungen nach § 887 ZPO durch Ersatzvornahme; vgl. dazu im einzelnen Eichmann, GRUR **90,** 575, 580ff. Sie greift nur Platz, wenn der Schuldner überhaupt nicht oder formell nicht ordnungsgemäß Rechnung legt, insbesondere bestimmte von ihm geschuldete Angaben verweigert oder die Erfüllung nicht ernst gemeint, unvollständig oder von vornherein unglaubhaft ist; wegen inhaltlicher Unrichtigkeit oder Unvollständigkeit der gelegten Rechnung ist der Gläubiger auf das Druckmittel der Versicherung an Eides Statt angewiesen; vgl. dazu oben Rdn. 90, 91.

11. Kosten

163 **a)** Für die **Kostenentscheidung** gelten die allgemeinen Vorschriften der ZPO, namentlich die §§ 91ff. und § 269 Abs. 3 und 4. Danach hat grundsätzlich die unterliegende Partei die Kosten des Rechtsstreits zu tragen (§ 91). Nach **§ 93 ZPO** fallen jedoch trotz seines Obsiegens dem Kläger die Kosten zur Last, wenn der Beklagte den Anspruch sofort anerkennt und nicht durch sein Verhalten zur Erhebung der Klage Veranlassung gegeben hat.

Ein **Anerkenntnis** erfolgt **sofort,** wenn es im frühen ersten Termin zur mündlichen Verhandlung vor Verlesung der Sachanträge oder im schriftlichen Vorverfahren in der Erklärungsschrift des § 276 Abs. 1 S. 1 ZPO unbeschränkt abgegeben wird, vgl. dazu im Einzelnen: Zöller, ZPO, 24. Aufl., § 93 Rdn. 4. Wird es zu Beginn der mündlichen Verhandlung unbeschränkt erklärt, kommt es auf eine vorherige schriftsätzliche Beschränkung nicht an, OLG Köln, JMBl. NRW **04,** 270. Wird das Auskunftsbegehren „sofort" anerkannt, hat der Beklagte dennoch die Verfahrenskosten zu tragen, wenn die Auskunft nicht zusammen mit dem Anerkenntnis oder binnen einer kurzen Frist erteilt wird, OLG Nürnberg, Mitt. **04,** 45.

Anlass zur Klage ist dann gegeben, wenn Tatsachen vorliegen, die im Kläger vernünftigerweise die Überzeugung oder Vermutung hervorrufen mussten, er werde ohne Klage nicht zu seinem Recht kommen, RGZ **118,** 261, 264. Im Anerkenntnis des Unterlassungsanspruchs (obwohl er nur bei Bejahung der Beeinträchtigungs- oder Wiederholungsgefahr begründet sein würde) ist diese Folgerung nicht ohne weiteres mit inbegriffen, RG aaO (für das Anerkenntnis eines Feststellungsanspruchs); KG GRUR **58,** 306 gegen seine frühere Rechtsprechung (dazu Reimer GRUR **33,** 19ff.).

Der Verletzte muss daher in der Regel den Verletzer **vor Erhebung der Unterlassungsklage verwarnen,** wenn er für den Fall des sofortigen Anerkenntnisses der Kostenfolge des § 93 ZPO entgehen will, BGH, GRUR **90,** 381, 382 – Antwortpflicht des Abgemahnten; KG GRUR **58,** 306; OLG Düsseldorf GRUR **61,** 252; **80,** 135; InstGE **2,** 237, 238; OLG Hamburg GRUR **65,** 505 (Urheberrechtssache); OLG Köln GRUR **88,** 487; OLG Frankfurt, GRUR-RR **01,** 72; OLG Celle, Mitt. **04,** 329.

Die **Verwarnung (Abmahnung)** hat zu enthalten:

a) *Angaben zur Aktivlegitimation,* die es dem Adressaten der Abmahnung ermöglichen, die Berechtigung des Abmahnenden zu überprüfen.
b) *Benennung des Adressaten der Verwarnung (Verletzer).*
c) *Beschreibung des Verletzungstatbestandes,* die es dem Verletzer ermöglicht, den Verletzungsvorwurf zu überprüfen. Dafür ist insbesondere die zutreffende Benennung des Schutzrechts (Registernummer) und die genaue Beschreibung der Verletzungshandlung erforderlich. Anhängige Einsprüche oder Nichtigkeitsklagen sind bekannt zu geben. Die Kopie der Patentschrift kann beigefügt werden. Bei Inanspruchnahme eines über den unmittelbaren Wortlaut der Patentansprüche hinausgehenden Schutzes muss hierauf ausdrücklich hingewiesen und der Umfang des Unterlassungsbegehrens eindeutig abgegrenzt werden, OLG Düsseldorf GRUR **80,** 135.
d) *Aufforderung an den Schuldner, eine strafbewehrte Unterlassungserklärung abzugeben.*
e) *Setzen einer angemessenen Frist für die Abgabe der Unterlassungserklärung.* Die Fristsetzung ist i.d.R. angemessen, wenn der Abgemahnte Gelegenheit erhält, den Verletzungsvorwurf zu überprüfen und die beanstandeten Handlungen einzustellen. Von Bedeutung kann dafür auch die Art und Dauer der Verletzungshandlungen sein. In dringlichen Fällen kann sich die Frist stark verkürzen, vor allem bei Messesachen. Bei einer Messepräsentation des patentverletzenden Gegenstandes kann eine am Freitagnachmittag gesetzte und am darauf folgenden Montagvormittag (12.00h) endende Abmahnfrist genügen, selbst wenn es sich bei dem Ab-

gemahnten um ein ausländisches Unternehmen handelt, OLG Düsseldorf, InstGE **4,** 159 – INTERPACK. Ist die Frist zu kurz, wird jedenfalls eine angemessene Frist in Gang gesetzt, BGH, GRUR **90,** 381, 382 – Antwortpflicht des Abgemahnten.

f) *Androhung, nach fruchtlosem Ablauf der Frist gerichtliche Schritte einzuleiten,* OLG Hamburg, WRP **86,** 292; OLG München, WRP **79,** 888; **81,** 601; LG Düsseldorf, Entsch. **97,** 49. Die Androhung ist erforderlich, damit der Verletzer klar erkennen kann, dass er mit einem Rechtsstreit zu rechnen hat, wenn er keine strafbewehrte Unterlassungserklärung abgibt. Das Fehlen einer Androhung gerichtlicher Schritte ist unschädlich, wenn der Abgemahnte gleichwohl erkannt hat, dass gerichtliche Schritte der Gegenseite drohen, OLG Hamburg, WRP **86,** 292.

Für die Abmahnung besteht **kein Formzwang.** Auch eine mündliche, gegebenenfalls auch eine telefonische Abmahnung kann – insbes. im Zusammenhang mit einer Messesache – ausreichen, OLG Frankfurt GRUR **88,** 32; OLG München, WRP **88,** 62, 63.

Streitig ist, ob der Abmahnung durch einen Rechtsanwalt ein **Vollmachtsnachweis** beigefügt werden muss. Während zum einen die Ansicht vertreten wird, dass eine von einem Bevollmächtigten ausgesprochene Abmahnung nach § 174 BGB unwirksam ist, wenn ihr keine Vollmacht beiliegt und der Abgemahnte die Abmahnung deshalb unverzüglich zurückweist, OLG Nürnberg WRP **91,** 522, 523; OLG Düsseldorf, NJWE-WettbR **99,** 263; WRP **01,** 52; OLG Dresden, NJWE-WettbR **99,** 140; halten andere die Vorlage einer Vollmacht für nicht erforderlich, KG GRUR **88,** 79 (L); OLG Karlsruhe NJW-RR **90,** 1323; OLG Köln, WRP **85,** 360; Pfister, WRP **02,** 799. Kann in der Abmahnung auch das Angebot zum Abschluss eines Unterwerfungsvertrages gesehen werden, handelt es sich um ein zweiseitiges Rechtsgeschäft, so dass § 174 BGB nicht anwendbar ist, Baumbach/Hefermehl/Bornkamm, 23. Aufl., § 12 UWG, Rdn. 1.27; Melullis, Hdb. Wettbewerbsprozess, 3. Aufl., Rdn. 784; Ahrens/Deutsch, Wettbewerbsprozess, 5. Aufl., Kap. 1 Rdn. 108; a. A. Großkomm-Kreft, 1991, Vor § 13 C, Rdn. 78, 83. Auch der Zweck der Abmahnung, den Verletzer zur Abgabe einer Unterwerfungserklärung zu bewegen, hängt nicht davon ab, ob ein Vollmachtsnachweis beigefügt wird. Um Problemen aus dem Weg zu gehen, dürfte es dennoch in der Praxis ratsam sein, der Abmahnung stets eine Vollmacht beizufügen.

Umstritten ist außerdem die Frage, ob der Verletzte den **Zugang** der Abmahnung bei dem Verletzer **nachweisen** muss, KG WRP **92,** 716, 717; OLG Dresden, WRP **97,** 1201, 1203; OLG Düsseldorf, NJWE-WettbR **96,** 256; GRUR-RR **01,** 199 oder ob der **Nachweis der Absendung** genügt, OLG Braunschweig, GRUR **04,** 887; OLG Hamburg, **76,** 444; NJW-RR **94,** 629; OLG Karlsruhe, WRP **97,** 477, 479; **03,** 1146; OLG Frankfurt, WRP **85,** 240. Die erstgenannte Ansicht ist vorzugswürdig, so auch Baumbach/Hefermehl/Bornkamm, aaO, Rdn. 1.31; Großkomm-Kreft, aaO, Rdn. 73 ff.; a. A. Melullis, aaO, Rdn. 793; Ahrens, aaO, Kap. 1, Rdn. 103 ff. Dafür spricht die Warnfunktion der Abmahnung, die nur erreicht werden kann, wenn diese dem Verletzer auch tatsächlich zugeht. Das rechtfertigt, die Abmahnung, bei der es sich um eine geschäftsähnliche Handlung handelt, einer empfangsbedürftigen Willenserklärung nach § 130 Abs. 1 BGB gleichzustellen, deren Zugang nach allg. Rspr. zu beweisen ist, vgl. BGHZ **24,** 308, 312 f.; BGH, NJW **96,** 2033, 2035. Ein solcher Nachweis ist dem Gläubiger auch zumutbar, da Probleme der Nachweisführung durch eine umsichtige Übermittlung der Abmahnung in der Praxis auch bei eilbedürftigen Abmahnungen weitgehend vermieden werden können, etwa indem die Abmahnung parallel per Telefax, E-mail und Brief – bei weniger eilbedürftigen Abmahnungen per Einschreiben/Rückschein – übermittelt wird (vgl. dazu im Einzelnen: Baumbach/Hefermehl/Bornkamm, aaO, Rdn. 1.34 f.). Der Zugang per Telefon kann ggfls. durch Zeugen bewiesen werden. Unabhängig davon, welcher Ansicht man zuneigt, empfiehlt es sich für die Praxis, die Abmahnung stets so zu übermitteln, dass der Zugangsnachweis geführt werden kann.

Veranlassung zur Klageerhebung liegt auch nach vorheriger Verwarnung nicht schon dann vor, wenn der Verletzer bei nicht eindeutiger Rechtslage zunächst um weitere Aufklärung bittet, OLG Düsseldorf GRUR **70,** 432, oder Vertragsstrafe nur in geringerer Höhe anbietet als verlangt, jedenfalls dann, wenn die mit der Abmahnung geforderte Vertragsstrafe zu hoch war, OLG Hamburg, GRUR **88,** 929; er muss aber letztlich zu einer angemessenen Strafe bereit sein.

Die vorherige Verwarnung ist **entbehrlich,** wenn sie für den Verletzten **unzumutbar** ist. Nach Ansicht des OLG Düsseldorf ist eine vorherige Verwarnung noch nicht unzumutbar, wenn sie sich aus der Sicht des Klägers als vorsätzlich begangen darstellt, OLG Düsseldorf, InstGE **2,** 237, 238 – Turbolader II; ebenso: OLG Hamburg, WRP **95,** 1037, 1038; a. A.: OLG Karlsruhe, WRP **81,** 542, OLG Köln WRP **83,** 118. Auch auf die Prognose, ob und inwieweit die vorherige Abmahnung Erfolg versprechend ist, soll es nicht ankommen, OLG

Düsseldorf, aaO – Turbolader II; a. A.: OLG Frankfurt GRUR **55,** 429; OLG München GRUR **60,** 401; KG GRUR **88,** 930 (Wettbewerbssache).

Unzumutbarkeit ist danach vielmehr nur gegeben, wenn

a) die mit einer vorherigen Abmahnung notwendig verbundene Verzögerung unter Berücksichtigung der gerade im konkreten Fall gegebenen **außergewöhnlichen Eilbedürftigkeit** schlechthin nicht mehr hinnehmbar ist, etwa um einen besonderen Schaden von dem Kläger abzuwenden, oder

b) sich dem Kläger bei objektiver Sicht der Eindruck geradezu aufdrängen musste, der Verletzer baue auf die grundsätzliche Abmahnpflicht und wolle sich diese zunutze machen, um mindestens eine Zeit lang ungestört die Verletzungshandlungen begehen zu können und sich gegebenenfalls nach damit erzieltem wirtschaftlichem Erfolg unter Übernahme vergleichsweise niedriger Abmahnkosten zu unterwerfen, OLG Düsseldorf, aaO – Turbolader II.

Fälle außergewöhnlicher Eilbedürftigkeit dürften bei der Schnelligkeit moderner Nachrichtenübermittlungswege nur noch in seltenen Ausnahmefällen gegeben sein, vgl. KG, NJW **93,** 3336 = Mitt. **94,** 222 (LS). Beruft sich der Gläubiger dennoch auf die Entbehrlichkeit einer vorherigen Abmahnung wegen Dringlichkeit, muss er unter ins einzelne gehenden Zeitangaben darlegen, dass selbst für die Abmahnung mit nur kurzer Unterwerfungsfrist, beispielsweise per Telefax mit Stundenfrist, kein Raum mehr war, KG, aaO. Auch in Messesachen ist eine vorherige Abmahnung regelmäßig zumutbar. Das gilt auch, wenn der verletzende Aussteller ein im Ausland ansässiges Unternehmen ist und die Klage – zur Vermeidung einer ansonsten notwendigen Auslandszustellung – auf der Messe zugestellt werden soll, LG Düsseldorf, InstGE **3,** 221 – Rahmengestell. Die Abmahnung ist notfalls unter Anwesenden auszusprechen oder zu überbringen, wenn andere Möglichkeiten wegen eines fehlenden Telekommunikationsanschlusses auf dem Messestand nicht zur Verfügung stehen, OLG Frankfurt, JurBüro **95,** 324.

Unzumutbar ist eine vorherige Abmahnung auch dann nicht, wenn die Gefahr besteht, dass der Verletzer die Abmahnung zum Anlass nimmt, in einem anderen Mitgliedstaat der EU mit bekanntermaßen langsamer Rechtsschutzgewährung eine negative Feststellungsklage wegen Nichtverletzung des Streitpatents zu erheben, so dass ein späteres Verletzungsverfahren nach Art. 27 Abs. 1 EuGVVO ausgesetzt werden muss (sog. ***Torpedo,*** vgl. dazu Rdn. 101 e); denn dieser Gefahr kann dadurch begegnet werden, dass mit der Abmahnung nur eine relativ kurze Frist gesetzt wird, so dass dem Verletzer keine Zeit bleibt, eine negative Feststellungsklage zu fertigen und einzureichen, bevor der Verletzte eine bereits vorbereitete Verletzungsklage eingereicht hat, OLG Düsseldorf, aaO – Turbolader II; zudem schließt Art. 27 Abs. 1 EuGVVO nicht aus, eine einstweilige Verfügung zu erwirken, vgl. Rdn. 101 g.

Entbehrlich ist die vorgerichtliche Abmahnung hingegen, wenn im Verfügungsverfahren mit dem Anspruch auf Unterlassung auch die **Sequestration** der Verletzungsgegenstände zur Sicherung des Vernichtungsanspruchs aus § 140 a geltend gemacht wird und die Durchsetzung des Sequestrationsanspruchs ansonsten gefährdet wäre, vgl. § 140 a, Rdn. 10. Entbehrlich ist eine Verwarnung zudem, wenn mit einem einstweiligen Verfügungsverbot oder mit einer im einstweiligen Verfügungsverfahren angeordneten Pfändung und Überweisung an einen Sequester ein Vindikationsanspruch wegen widerrechtlicher Entnahme gesichert werden soll und der Antragesteller geltend machen kann, der Antragsgegner habe die Patentanmeldung in dem vollen Bewusstsein getätigt, dass es sich um eine fremde, ihm nicht gehörende Erfindung handelt, LG Düsseldorf, InstGE **3,** 224.

Kommt es infolge der Verwarnung nicht mehr zum Prozess, weil der Verletzer sich beugt, so sind i. d. R. die notwendigen **Kosten der Verwarnung** zu erstatten, s. o. Rdn. 76 a. Kommt es zum Prozess, können die Kosten der Verwarnung nicht im Kostenfestsetzungsverfahren geltend gemacht werden, s. u. Rdn. 171. Bei einer *außergerichtlichen* Erledigung durch Unterlassungserklärung oder Anerkenntnis kann gegenüber dem Kostenerstattungsanspruch noch eingewandt werden, das beanstandete Verhalten sei in Wahrheit doch rechtmäßig gewesen; § 307 ZPO ist dabei nicht analog anzuwenden, Mes in GRUR **78,** 345 ff. gegen KG WRP **77,** 793 (Wettbewerbssache). Fordert der Abgemahnte nach unberechtigter Abmahnung den Abmahnenden zum Verzicht des Patents auf, so können die Kosten nicht im Verletzungsrechtsstreit geltend gemacht werden, OLG Düsseldorf, Mitt. **96,** 141.

Ergibt bei der Stufenklage die erteilte Auskunft, dass ein Leistungsanspruch nicht besteht, so tritt insoweit keine Erledigung der Hauptsache ein. Bei einseitiger Erledigterklärung kommt ein Kostenausspruch zugunsten des Klägers weder nach § 91 ZPO noch in entsprechender Anwendung des § 93 ZPO in Betracht. Dem Kläger kann jedoch ein materiellrechtlicher Kostenerstattungsanspruch zustehen, den er in dem anhängigen Rechtsstreit geltend machen kann, BGH, GRUR **94,** 666.

Eine **Verteilung der Kosten nach § 92 ZPO** kann im Patentverletzungsprozess namentlich dann in Betracht kommen, wenn der Kläger mit dem Unterlassungsanspruch durchdringt, mit dem Schadenersatzanspruch aber mangels Verschuldens des Beklagten abgewiesen wird oder aber, wenn der Kläger hinsichtlich der Unterlassung der Benutzungshandlungen des Vertriebs (Anbieten, Inverkehrbringen, etc.) erfolgreich ist, nicht aber hinsichtlich der Benutzungshandlung des Herstellens; im erstgenannten Fall wird der Kostenanteil für den Schadenersatzanspruch wegen der Verschiebung der Streitwerte von Unterlassungs- und Schadenersatzanspruch (unten Rdn. 168) von Instanz zu Instanz steigen müssen. Dagegen können, wenn die Klage auf mehrere Schutzrechte gestützt ist, das Gericht nur eines davon als verletzt ansieht, der Kläger aber gleichwohl mit seinen Anträgen voll durchdringt, dem Kläger Kosten nicht nach § 92 ZPO, sondern allenfalls nach § 96 ZPO auferlegt werden; nach § 92 ZPO könnten den Kläger Kosten nur dann treffen, wenn er wenigstens teilweise auch mit seinen (auf Grund der anderen Schutzrechte weitergehenden) Anträgen abgewiesen würde. Die Einschränkung der Auskunft oder Rechnungslegung durch Einschaltung eines zur Verschwiegenheit verpflichteten Dritten (Rdn. 89 c) kann auf die Entscheidung über die Kosten des Rechtsstreits nach § 92 Abs. 2 ZPO i. d. R. keinen Einfluss haben; im Übrigen vgl. zur Anwendung des § 92 Abs. 2 ZPO im gewerblichen Rechtsschutz Carl GRUR **40,** 177 ff. Das Bestehen eines Restitutionsgrundes hinsichtlich einer bereits rechtskräftigen Teilentscheidung kann bei der Schlussentscheidung über die Kosten nicht berücksichtigt werden, BGH GRUR **80,** 220 (Magnetbohrständer II). **164**

Bei **Klagerücknahme** entspricht es grundsätzlich der Billigkeit, dem Kläger die Kosten nach § 269 Abs. 3 Satz 3 ZPO aufzuerlegen und ihn auf die Geltendmachung eines materiellrechtlichen Anspruchs auf Erstattung der Kosten zu verweisen, wenn sich unter Berücksichtigung des Sach- und Streitstands zum Zeitpunkt der Rechtshängigkeit die Berechtigung des Klagebegehrens nicht sicher beurteilen lässt, OLG Frankfurt, Mitt. **04,** 454. **164 a**

b) Der Streitwert hat im Patentverletzungsprozess keine Bedeutung für die sachliche Zuständigkeit, §§ 2 ff. ZPO, da hier ohnehin stets die Landgerichte zuständig sind, § 143 Abs. 1 PatG, und nur selten für die Zulässigkeit der Berufung, § 511 Abs. 2 Nr. 1 ZPO (Beschwer über 600,– Euro) bzw. (vom 27. 7. 2001 bis einschl. 31. 12. 2006) die Zulässigkeit der Beschwerde gegen die Nichtzulassung der Revision durch das Berufungsgericht, § 544 ZPO i. V. m. § 26 Nr. 8 EGZPO (Beschwer über 20 000,– Euro), weil hier die Streitwerte zumeist erheblich höher sind als die Rechtsmittelsummen. Der Streitwert hat Bedeutung zumeist nur für die Höhe der Gebühren des Gerichts, § 51 GKG, der Rechtsanwälte §§ 22 ff. RVG und der Patentanwälte (unten § 143 Rdn. 19) und ggf. für das Maß der Kostenverteilung nach § 92 ZPO. Wegen der Festsetzung des Streitwerts und ihrer Änderung sowie wegen der Rechtsbehelfe vgl. § 63 GKG, § 32 RVG; zur Berücksichtigung von Gegenvorstellungen vgl. OLG Frankfurt GRUR **63,** 446. Das selbstständige Antrags- und Beschwerderecht des § 32 Abs. 2 RVG steht wegen § 143 Abs. 3 PatG auch dem in der Sache mitwirkenden Patentanwalt zu, vgl. OLG Düsseldorf Mitt. **59,** 78; VerwGer. München Mitt. **61,** 59. **165**

Zur **Höhe des Streitwerts** für den Patentverletzungsprozess und die hier vorkommenden Ansprüche vgl. Tiedtke, Einstweilige Verfügungen in Patentsachen, Mitt. **76,** 1, 3 ff.; Tilmann, Kostenhaftung und Gebührenberechnung bei Unterlassungsklagen gegen Streitgenossen im gewerblichen Rechtsschutz, GRUR **86,** 691; Traub, Die Streitwertfestsetzung für Arbeitnehmer-Erfinder im Lichte verfassungskonformer Auslegung, in: Giessener rechtswissenschaftliche Abhandlungen, Bd. 6 Geschichtliche Rechtswissenschaft, hrsg. v. Köbler/Heinze/Schapp, 1990; Erhöhungsgebühr oder Streitwertaddition bei Unterlassungsklagen gegen das Unternehmen und seine Organe, WRP **99,** 79; Schulte, Verurteilung zur Auskunftserteilung – Bemessung von Rechtsmittelbeschwer und Kostenstreitwert, MDR **00,** 805; Zürcher, Der Streitwert im Immaterialgüter- und Wettbewerbsprozess, sic! **02,** 493. **166**

Der Streitwert wird, sofern es sich nicht um bezifferte Anträge handelt, vom Gericht „nach billigem Ermessen" bestimmt, § 51 GKG i. V. m. § 3 ZPO. Um den Streitwert einigermaßen zutreffend und der Bedeutung des Rechtsstreits für die Parteien entsprechend festsetzen zu können, bedarf das Gericht der Angabe tatsächlicher Anhaltspunkte durch die Parteien. Die durch § 61 GKG vorgeschriebene Angabe des Werts in der Klagschrift gibt einen ersten Anhalt, zumal wenn der Beklagte dies bestätigt oder der Angabe zumindest nicht widerspricht. Indizielle Bedeutung für die Festsetzung des Streitwertes kann darüber hinaus auch dem in einer der Klage vorangegangenen Abmahnung angegebenen Gegenstandswert zukommen. Bestehen jedoch Zweifel, ob die Angabe dem wirtschaftlichen Interesse des Klägers tatsächlich entspricht, empfiehlt es sich, die Streitwertfrage möglichst frühzeitig mit den Parteien zu erörtern, ehe ihre Darstellung von der Gewissheit des Obsiegens oder Unterliegens beeinflusst ist. Daher ist Zurückhaltung geboten, wenn der Streitwert bei Verfahrensbeginn nach den Angaben des Klägers vorläufig festgesetzt worden war und dieser nach Klageabweisung die Festsetzung eines niedrigeren Streitwertes beantragt, oder wenn der Beklagte der vorläufigen Streitwertfestsetzung nach den Angaben des Klägers erst widerspricht, nachdem der Klage zugesprochen worden ist. „Vertrauliche Angaben" der Parteien können nach OLG Düsseldorf GRUR **56,** 386, OLG Frankfurt GRUR **63,** 446, 447 und der Praxis des BGH in der Regel nicht berücksichtigt werden.

167 Maßgebend für den Streitwert der üblichen, auf Unterlassung, Rechnungslegung und Feststellung der Schadenersatzpflicht gerichteten **Verletzungsklage** ist nicht das Interesse, welches der Patentinhaber an dem Patent als solchem hat, sondern das Interesse, welches er daran hat, dass der Beklagte die Verletzung unterlässt und über diese Rechnung legt, sowie die Höhe des ihm auf Grund der Verletzung zukommenden Schadenersatzanspruchs, RG MuW **34,** 168, 171 (anders der Streitwert im Nichtigkeitsverfahren, oben § 84 Rdn. 21. Anhaltspunkte für die Schätzung können vor allem sein: der Umsatz des Verletzten mit den patentierten Gegenständen, der Umsatz des Verletzers mit den patentverletzenden Gegenständen und die Dauer des Patentschutzes. Nicht auf den Umsatz, sondern auf den Gewinn wollen abstellen OLG Karlsruhe GRUR **53,** 143; OLG Frankfurt GRUR **54,** 227; **59,** 54; – auf den Umsatz dagegen (mit Recht) OLG München GRUR **57,** 148; OLG Düsseldorf Mitt. **59,** 78, 80; OLG Karlsruhe GRUR **66,** 691 (Geschmacksmustersache); Mitt. **75,** 38; – zu Unrecht aber nur auf den Umsatz des Klägers KG MuW **39,** 199; GRUR **50,** 524; – für das Ausmaß der vom Kläger bekämpften Schädigung spielt (als **„Angriffsfaktor"**) gerade auch der Umfang der Verletzungshandlungen eine Rolle, OLG Düsseldorf GRUR **50,** 432; Mitt. **59,** 78, 80; OLG München GRUR **57,** 148; OLG Karlsruhe Mitt. **75,** 38. Ist von zusammengesetzten Anlagen nur ein Teil patentiert, so wird in der Regel auf den Umsatz mit diesen Teilen abzustellen sein; vgl. aber auch die hier entsprechend geltenden Ausführungen zur Bemessung der Entschädigungs-Lizenzgebühr oben Rdn. 69. Beim Zeitfaktor ist nicht allein auf die noch ausstehende Dauer des Patentschutzes abzustellen, sondern auch die voraussichtliche künftige Bedeutung des Klagepatents und die technische Entwicklung zu berücksichtigen, KG Mitt. **19,** 40; OLG Frankfurt GRUR **54,** 227; **59,** 54; OLG München GRUR **57,** 148. Weitere zu berücksichtigende Umstände können z. B. sein: der etwaige Monopolcharakter des Klagepatents, die besondere Gefährlichkeit gerade der vom Beklagten ausgehenden Störung, OLG München GRUR **55,** 260, der aus der Patentverletzung und dem Wettbewerb des Beklagten ganz allgemein für den Absatz und den Geschäftsbetrieb des Klägers entstandene Schaden, RG MuW **33,** 468, 469; **34,** 168, 171, insbesondere also Form und Umfang der Werbung des Verletzers für die schutzrechtsverletzenden Gegenstände oder die von ihm gewählte Vertriebsart, OLG Karlsruhe GRUR **66,** 691. Hingegen sind generalpräventive Erwägungen bei der Streitwertfestsetzung im Einzelfall nicht zu berücksichtigen, vgl. OLG Frankfurt, GRUR-RR **05,** 71 (Handel mit Markenplagiaten). Der Streitwert kann aber auch auf ganz andere Weise berechnet werden, z. B. nach der entgangenen und künftigen Lizenzgebühr, so namentlich, wenn ein betagter Einzelerfinder sein Patent selbst nicht gewerblich nutzt, OLG Karlsruhe Rechtspfleger **57,** 44.

168 Kommt es auf den Streitwert der **einzelnen Ansprüche** an, so ist dieser Streitwert bzw. der auf sie entfallende Teil des Gesamtstreitwerts gesondert zu bestimmen. Für den Wert des **Unterlassungsanspruchs** ist maßgebend das Interesse des Klägers daran, dass die verletzenden Eingriffe in Zukunft unterbleiben, RG Mitt. **39,** 124. Da für die Wertberechnung jeweils der Beginn der Instanz maßgebend ist, § 51 GKG i. V. m. § 4 ZPO, andererseits die Laufzeit des Klagepatents begrenzt ist, muss der Wert des Unterlassungsanspruchs von Instanz zu Instanz sinken, entsprechend aber der Wert der Schadenersatzansprüche für die Vergangenheit steigen. Der Wert des **positiven Feststellungsanspruchs** ist regelmäßig niedriger als der des entsprechenden Leistungsanspruchs; es können etwa 20% abgezogen werden, vgl. BGH NJW **65,** 2298. Der Wert des **negativen Feststellungsanspruchs** (oben Rdn. 95) ist nach dem Interesse des Beklagten an der Unterlassung der „Patentverletzung" des Klägers zu berechnen, KG MuW **39,** 199. Der Anspruch auf **Rechnungslegung** wird mit $^1/_4$–$^1/_5$ des Werts des Hauptanspruchs, den er vorbereiten soll, zu bewerten sein, OLG Frankfurt GRUR **55,** 450; er kann aber auch fast den Wert des Hauptanspruchs erreichen, wenn ohne die Rechnungslegung voraussichtlich keine weiteren Ansprüche geltend gemacht werden können, vgl. BGH MDR **62,** 564. Der Wert des Anspruchs auf **Abgabe einer Versicherung an Eides Statt** wird einerseits von der Höhe des sich aus der Rechnungslegung ergebenden Schadenersatzanspruchs, andererseits von dem Maß der zu Tage getretenen Unzuverlässigkeit der bisherigen Rechnungslegung abhängig zu machen sein und je nach dem einen Bruchteil des Wertes des Rechnungslegungsanspruchs ausmachen; maßgebend ist der wirtschaftliche Erfolg, den der Kläger erreichen will, OLG Celle Rechtspfleger **56,** 347, also sein Interesse an der Einbeziehung angeblich verschwiegener Geschäfte in die Rechnungslegung, vgl. OLG Köln MDR **63,** 144. Der Wert einer **einstweiligen Verfügung** wird wegen ihrer beschränkten Geltungsdauer in der Regel hinter dem Wert des entsprechenden Antrags im ordentlichen Verfahren zurückbleiben, OLG Frankfurt GRUR **59,** 54; OLG Frankfurt WRP **81,** 221 (Wettbewerb); OLG Oldenburg, WRP **91,** 602, 604 (Wettbewerb); kann aber u. U. auch den Streitwert der Hauptsache erreichen, OLG Karlsruhe GRUR **53,** 143, etwa, wenn wegen des nahen Endes der Laufzeit nur noch im Verfügungsverfahren Schutz erreicht werden kann. Der Streitwert einer einstweiligen Verfügung wegen Patentverletzung wird im Ergebnis aber wohl nur sehr selten unter 50 000 Euro liegen. Der Streitwert eines **selbstständigen Beweisverfahrens** ist mit dem Wert der Hauptsache anzusetzen bzw. mit dem Wert des Teils der Hauptsache, auf den sich die Beweiserhebung bezieht, BGH, NJW **04,** 3488, 3489 f. Der Streitwert der **Unterlassungsvollstreckung** (§ 890 ZPO) ist nicht nach der Höhe des festgesetzten oder beantragten Ordnungsmittels sondern nach dem Interesse des Verletzten an der zu erzwingenden Unterlassung zu bemessen, OLG Bamberg GRUR **53,** 255, 258, das sich am Streitwert des zu vollstreckenden Unterlassungsanspruchs ausrichten wird; in der Praxis wird oft etwa $^1/_3$ davon angenommen.

In der **Rechtsmittelinstanz** und für die Festsetzung der **Beschwer,** § 511 Abs. 2 ZPO, bemisst sich der Streitwert nach dem Interesse, das der Rechtsmittelkläger zurzeit der Einlegung des Rechtsmittels, § 4 ZPO, an einer seinen Rechtsmittelanträgen entsprechenden Änderung, § 47 GKG, der angefochtenen Entscheidung hat, also z. B. nach dem Interesse des zur Unterlassung verurteilten Beklagten an der Aufhebung des Verbots für die Zeit von der Einlegung des Rechtsmittels an bis zum Ablauf des Klageschutzrechts, RG GRUR **35,** 668; **39,** 720; jedoch wird der sich danach ergebende Wert begrenzt durch den Wert des Streitgegenstandes der ersten Instanz. Die Beschwer des zu Rechnungslegung, Auskunftserteilung oder eidesstattlicher Versicherung Verurteilten hängt von der Lästigkeit der verlangten Angaben (Aufwand an Zeit und Kosten, die die Erfüllung der Ansprüche erfordert) und einem etwaigen Geheimhaltungsinteresse ab, BGHZ **128,** 85, 87 ff. = GRUR **95,** 701; BGH GRUR **91,** 873; **99,** 1037, NJW-RR **01,** 1571. Zu den Anforderungen an die Schätzung des voraussichtlich nötigen Zeitaufwand für eine große Anzahl gleichartiger Handlungen, vgl. BGH GRUR **99,** 1037. Für den Wert der Beschwer ist bei einer Stufenklage allein der Auskunftsanspruch maßgebend, wenn das Urteil lediglich über diesen entscheidet und die Sache wegen des Zahlungsanspruchs an die Vorinstanz verweist, BGH, GRUR **00,** 1111; NJW **02,** 3477. Im Einzelfall kann ein Geheimhaltungsinteresse der zur Auskunft verpflichteten Partei für die Bemessung des Rechtsmittelinteresses erheblich sein; insoweit ist aber substantiiert darzulegen und ggfls. glaubhaft zu machen, dass der verurteilten Partei durch die Erteilung der Auskunft ein konkreter Nachteil droht, BGH, NJW-RR **97,** 1089; NJW **99,** 3049. Zum Beschwerderecht im Vollstreckungsverfahren nach § 890 ZPO vgl. OLG Düsseldorf WRP **77,** 195 (Wettbewerbssache). Der Streitwert für das Beschwerdeverfahren, in dem über die Ablehnung des Sachverständigen zu entscheiden ist, bemisst sich nach dem Streitwert der Hauptsache, wenn sich der Sachverständige nach dem Beweisbeschluss zu der das gesamte Verfahren entscheidenden Frage der Patentverletzung äußern soll, OLG München, InstGE **4,** 301. **169**

Wegen der Voraussetzungen und der Folgen der Festsetzung eines **Teilstreitwerts** vgl. § 144 und die Erläuterungen dazu. **170**

c) Für die **Kostenerstattung** in Patentstreitsachen gelten die allgemeinen Vorschriften der ZPO über die Erstattungspflicht (namentlich § 91 ZPO) und über das Festsetzungsverfahren (§§ 103–107 ZPO). Folgende Besonderheiten sind hervorzuheben: **171**

Die **Kosten eines Rechtsanwalts** als Prozessbevollmächtigter sind nach Maßgabe des § 91 Abs. 2 ZPO zu erstatten.

Kosten einer **vorgerichtlichen Abmahnung** sind keine Kosten des Rechtsstreits, weil sie nicht der Vorbereitung, sondern der Vermeidung des Rechtsstreits dienen (BGH, Mitt. **06,** 89 (LS); OLG Düsseldorf, RPfleger **82,** 352; OLG Frankfurt GRUR **85,** 328; GRUR **05,** 360 = Mitt. **05,** 473; OLG Hamm, MDR **97,** 205; OLG Karlsruhe, AnwBl **97,** 681; Baumbach/Hefermehl/Bornkamm, 23. Aufl., § 12 UWG, Rdn. 1.91; Melullis, HdB, 3. Aufl., Rdn. 802; Zöller/Herget, 24. Aufl., § 91 ZPO, Rdn. 13 „Abmahnung"; a. A. OLG Nürnberg, WRP **92,** 588; Gemeinschaftskomm-Kreft, Vor § 13, C 159). Unterwirft sich der Verletzer infolge der Abmahnung nicht und ist die Verletzungsklage erfolgreich, können deren Kosten daher nicht im Kostenfestsetzungsverfahren gem. §§ 103 ff. ZPO geltend gemacht werden, das zur Feststellung der Erstattungsverpflichtung bei einer Abmahnung weder bestimmt noch geeignet ist. Der Patentinhaber muss die Abmahnkosten einklagen. Als Anspruchsgrundlage kommen Geschäftsführer ohne Auftrag, §§ 683 S. 1, 677, 670 BGB, oder Schadensersatz § 139 Abs. 2, in Betracht (vgl. Rdn. 76 a). Dazu ist es jedoch in der Praxis nach altem Rechtsanwaltsgebührenrecht nur selten gekommen, weil sich der Anwalt des Patentinhabers die durch die Abmahnung nach § 118 Abs. 1 Nr. 1 BRAGO entstandene Geschäftsgebühr bei einer anschließenden Verletzungsklage auf die nach § 31 Abs. 1 Nr. 1 BRAGO verdiente Prozessgebühr *voll* anrechnen lassen musste, § 118 Abs. 2 BRAGO, so dass insoweit zumeist keine Aufwendung bzw. kein Schaden entstanden war (anders aber etwa bei einem Anwaltswechsel zwischen Abmahnung und Klage). Seit Inkrafttreten des Rechtsanwaltsvergütungsgesetzes (RVG) vom 5. 5. 2004 (BGBl. I, 718) am 1. 7. 2004 ist die **Geschäftsgebühr gem. Nr. 2400 VV** (Fassung des Teils 2 VV bis 30. 6. 2006; danach Nr. 2300 VV), die der Anwalt durch die vorgerichtliche Abmahnung verdient, jedoch **nur noch zur Hälfte, höchstens jedoch mit einem Gebührensatz von 0,75** auf die Verfahrensgebühr eines sich anschließenden gerichtlichen Verfahrens **anzurechnen,** Vorb. 3 Abs. 4 VV. In Höhe des anrechnungsfrei verbleibenden Teils der Geschäftsgebühr gem. Nr. 2400 VV entsteht also beim Patentinhaber eine Aufwendung bzw. ein Schaden, welche(n) dieser nicht im Kostenfestsetzungsverfahren gem. §§ 103 ff. ZPO geltend machen kann, sondern einklagen muss, vgl. OLG Frankfurt, Mitt. **05,** 473; allgemein: Enders, JurBüro **04,** 169, 170. Dabei empfiehlt es sich, den anrechnungsfrei verbleibenden Teil der Geschäftsgebühr bereits mit der Verletzungsklage neben dem Schadensersatzfeststellungsantrag als bezifferten Zahlungsantrag geltend zu machen, vorausgesetzt, die Geschäftsgebühr ist bereits bezahlt worden; anderenfalls ist auf Zahlung an den bei der Abmahnung eingeschalteten Anwalt oder Freistellung anzutragen, § 257 BGB. Erhebt der Beklagte dann Einwendungen gegen die Höhe der geltend gemachten Teilgeschäftsgebühr (vgl. zur Gebührenbemessung: von Walter, Mitt. **05,** 299, 300 f.), ist das Gericht nicht nach § 14 RVG verpflichtet, ein Gutachten des Vorstands der Rechtsanwaltskammer einzuholen, weil diese Vorschrift nur im Verhältnis des Rechtsanwalts zu seinem Mandanten gilt (Gerold/Schmidt/Madert, 16. Aufl., § 14 RVG, Rdn. 119 m. w. N.).

Wegen der Beschränkung der Erstattungspflicht im Falle der Festsetzung eines Teilstreitwerts vgl. § 144 Abs. 1 S. 3 PatG und unten § 144 Rdn. 12. Außer den Kosten eines Rechtsanwalts als Prozessbevollmächtigten sind in Patent- und Gebrauchsmusterstreitsachen nach Maßgabe der §§ 143 Abs. 3 PatG, 27 Abs. 3 GebrMG die Kosten eines mitwirkenden **Patentanwalts** zu erstatten, vgl. § 143 Rdn. 19 ff., – in anderen Streitsachen dagegen nur unter den Voraussetzungen des § 91 Abs. 1 ZPO, s. dazu § 143 Rdn. 21; wegen der Erstattung der Kosten für die Zuziehung eines technischen Beraters, der nicht Patentanwalt ist, vgl. § 143 Rdn. 22.

Wegen der Erstattungsfähigkeit der Kosten eines **Verkehrsanwalts** (Nr. 3400 VV, vormals § 52 BRAGO) wird auf die umfangreiche, z. T. uneinheitliche Rechtsprechung zu § 91 ZPO verwiesen. Auszugehen ist von dem Grundsatz, dass die Parteien gehalten sind, die Kosten im Rahmen des Verständigen möglichst niedrig zu halten; bei einem kaufmännisch geführten Unternehmen sind daher die Kosten eines Verkehrsanwalts auch in Patent- und Gebrauchsmustersachen meist nicht als notwendig und erstattungsfähig anzuerkennen, vgl. OLG Düsseldorf JurBüro **86,** 100, 282. Die Beurteilung darf jedoch nicht schematisch erfolgen, sondern muss jeweils auf die Besonderheiten des Einzelfalls Rücksicht nehmen. Bei einer ausländischen Partei sind die Kosten eines Verkehrsanwalts in der Regel als notwendig anzuerkennen. Wirkt neben einem Prozessbevollmächtigten und einem deutschen Patentanwalt auf Seiten eines ausländischen Patentinhabers außerdem noch ein *Patent*anwalt seines Heimatstaats mit, so können dessen Kosten unter dem Gesichtspunkt der Ersparnis eines ausländischen *Rechts*anwalts als Verkehrsanwalt bis zur Höhe einer Verkehrsanwaltsgebühr erstattungsfähig sein, LG Mannheim Mitt. **65,** 99. Der Höhe nach werden die erstattungsfähigen Kosten des **ausländischen Verkehrsanwalts** durch die ausländische Gebührenordnung, hilfsweise durch die nach dortiger Übung angemessenen Sätze begrenzt, OLG Düsseldorf GRUR **86,** 336, aber nicht über die Gebühren eines deutschen Rechtsanwalts hinaus, BGH, NJW **05,** 1373 = Mitt. **05,** 395. Eine ausländische Prozesspartei, die auf Grund ihrer umfangreichen Geschäftstätigkeit im Inland wie ein Inländer am deutschen Rechtsverkehr teilnimmt, ist hinsichtlich der Erstattungsfähigkeit wie eine inländische Partei zu behandeln, OLG Düsseldorf GRUR **76,** 723. Die Kosten eines Verkehrsanwalts sind nicht schon deshalb erstattungsfähig, weil die Geschäftsführer der Partei, die eine juristische Person deutschen Rechts ist und hier am Wirtschaftsleben teilnimmt, der deutschen Sprache nicht mächtig sind und deshalb zunächst Anwälte beauftragt haben, die ihre Sprache beherrschen, aber nicht am Prozessgericht zugelassen sind, AnwBl **93,** 40. An der Erstattungsfähigkeit der Kosten eines (auswärtigen) Verkehrsanwalts fehlt es auch dann, wenn die Partei am Sitz des Prozessgerichts wohnt und dort ausreichend Fachanwälte zur Verfügung stehen, OLG Frankfurt GRUR **56,** 435; **78,** 451; vgl. auch KG GRUR **67,** 438 u. OLG Koblenz WRP **78,** 555. Immer ist zu berücksichtigen, wieweit tatsächlich Mehrkosten entstanden sind. Daher sind die Kosten eines Unterbevollmächtigten, der für den auswärtigen Prozessbevollmächtigten die Vertretung in der mündlichen Verhandlung übernommen hat, erstattungsfähig, soweit sie die durch die Tätigkeit des Unterbevollmächtigten ersparten erstattungsfähigen Reisekosten des Prozessbevollmächtigten nicht wesentlich übersteigen, BGH, Mitt. **03,** 142 (LS). Verkehrsanwaltskosten sind auch dann zu erstatten, wenn sie nicht oder nicht wesentlich höher sind als die bereits nach Nr. 2400 VV (vormals: § 118 Abs. 1 Nr. 1 BRAGO) entstandenen und nach Vorb. 3 Abs. 4 VV (vormals: § 118 Abs. 2 BRAGO) anzurechnenden Kosten einer vorprozessualen Abmahnung zuzüglich ersparter Kosten einer sonst erforderlich gewesenen Informationsreise, OLG Düsseldorf WRP **80,** 82 m. w. N. (zur BRAGO). Für durch einen gemeinsamen Prozessbevollmächtigten vertretene Streitgenossen war streitig, ob die Kosten eines Verkehrsanwalts nicht wenigstens soweit zu erstatten sind, wie sie nicht diejenigen Kosten übersteigen, die angefallen wären, wenn jede Partei einen eigenen Prozessbevollmächtigten bestellt hätte; diese Meinung wird inzwischen praktisch einhellig abgelehnt, so insbesondere OLG Düsseldorf Rpfl **84,** 32 u. JurBüro **84,** 1405 m. w. N. sowie München AnwBl. **91,** 163, jeweils unter Aufgabe der eigenen abw. früheren Rechtsprechung. Die Erstattungsfähigkeit der Verkehrsanwaltskosten kann auch nicht mit dem Fehlen erstattungsfähiger Patentanwaltskosten nach § 143 Abs. 3 (vormals: § 143 Abs. 5) begründet werden, OLG Düsseldorf Mitt. **86,** 97; OLG Nürnberg, Mitt. **99,** 315. Zur Mitwirkung eines Verkehrsanwalts im Nichtigkeitsverfahren s. o. Rdn. 37 zu § 84. Zu berücksichtigen sind auch ersparte Übersetzerkosten, OLG Düsseldorf JurBüro **87,** 1551.

Die Kosten einer **Schutzschrift,** die vorsorglich zur Verteidigung gegen einen erwarteten Antrag auf Erlass einer einstweiligen Verfügung eingereicht worden ist, sind grundsätzlich erstattungsfähig, wenn ein entsprechender Antrag auf Erlass einer einstweiligen Verfügung bei diesem Gericht eingeht. Nach den Vorschriften der BRAGO war jedoch nicht die volle Prozessgebühr nach § 31 Abs. 1 Nr. 1 BRAGO erstattungspflichtig, sondern lediglich die auf 0,5 geminderte Prozessgebühr nach § 32 Abs. 1 BRAGO, weil die Anträge in der Schutzschrift nicht als Sachanträge i. S. v. § 32 Abs. 1 BRAGO angesehen wurden, BGH, GRUR **03,** 456. Nach der Regelung in § 2 RVG i. V. m. Nr. 3101 VV, die an die Stelle von § 32 Abs. 1 BRAGO getreten ist, reicht für das Entstehen einer 1,3 Gebühr nach Nr. 3100 VV bereits Sachvortrag aus, so dass eine Schutzschrift nunmehr in dieser Höhe erstattungspflichtig ist, wenn sie Sachvortrag enthält.

Die **Kosten eines Privatgutachtens** können nur in Ausnahmefällen als „zur zweckentsprechenden Rechtsverfolgung oder Rechtsverteidigung notwendig" i. S. des § 91 Abs. 1 ZPO und damit als erstattungsfähig angesehen werden, BGH NJW **03,** 1398, 1399; KG JW **36,** 2817; GRUR **37,** 655, 656; OLG München GRUR **57,** 147; OLG Düsseldorf Mitt. **72,** 179. Die Erstattungsfähigkeit setzt die *Prozessbezogenheit* des Gutachtens voraus; insoweit genügt es nicht, wenn das Gutachten irgendwann in einem Rechtsstreit verwendet wird, sondern das Gutachten muss sich auf den konkreten Rechtsstreit beziehen und gerade mit Rücksicht auf den konkreten Prozess in Auftrag gegeben worden sein; ist es zur Vorbereitung eines anderen Rechtsstreits erstattet worden oder sollte es nur der außergerichtlichen Streiterledigung dienen, sind seine Kosten nicht erstattungsfähig, BGH NJW **03,** 1398, 1399; OLG Frankfurt, GRUR **94,** 532 (Software-Verletzung). Ein Privatgutachten kann z. B. erstattungsfähig sein, wenn es von maßgeblichem Einfluss auf die Entscheidung des Gerichts gewesen ist (oben § 84 Rdn. 38), – wenn es sich um ein wissenschaftlich begründetes, objektives Gutachten über schwierige technische Fragen handelt, OLG Naumburg Mitt. **42,** 29; OLG Düsseldorf GRUR **52,** 227, – oder wenn die Partei beim Antrag auf Erlass einer einstweiligen Verfügung das Gutachten zur Glaubhaftmachung ihres Anspruchs für notwendig halten darf, OLG Celle GRUR **60,** 149; OLG Frankfurt, GRUR **94,** 532 (Software-Verletzung). Die Kosten eines „Privatgutachtens" des auf Seiten einer Partei mitwirkenden Patentanwalts sind nicht gesondert, sondern nur im Rahmen des § 143 Abs. 3 (vormals § 143 Abs. 5) erstattungsfähig, OLG Düsseldorf GRUR **65,** 118. Bei einem Verfahren auf Durchsetzung eines Besichtigungsanspruchs nach § 809 BGB (s. o. Rdn. 117 ff.) gehören die Kosten des für die Durchführung der Besichtigung ausgewählten Sachverständigen nicht zu den Kosten dieses Verfahrens, OLG München GRUR **87,** 33. **172**

Testkaufkosten sind als prozessbedingte Vorbereitungskosten erstattungsfähig, wenn sie im Rahmen eines schon vorher gefassten Entschlusses zur Rechtsverfolgung getätigt wurden, OLG Düsseldorf, WRP **86,** 33; Mitt. **98,** 153, 157; OLG Frankfurt, JurBüro **01,** 259, 260; OLG Stuttgart, JurBüro **95,** 37; OLG München, GRUR **92,** 345; OLG Zweibrücken, GRUR-RR **04,** 343. Testkaufkosten sind insbesondere zur zweckentsprechenden Rechtsverfolgung notwendig, wenn es der Darstellung der gekauften Gegenstände für die Bestimmtheit der Antragstellung bedarf, OLG München, GRUR-RR **04,** 190. **172 a**

Wegen der Erstattungsfähigkeit **eigener Kosten der Partei** und **sonstiger Kosten** wie z. B. für Fotokopien, Übersetzungen, Recherchen, Modelle und Versuche siehe die zu § 84 Rdn. 39, 40 angeführten Entscheidungen der Gerichte in Patentstreitsachen und die dort angeführten, hier sinngemäß heranzuziehenden Entscheidungen des PA und des BPatG. Die Kosten für die Anfertigung von **Modellen** sind jedoch im Verletzungsprozess nicht erstattungsfähig, wenn damit nur die (im Verletzungsprozess nicht zu prüfende) Brauchbarkeit des Klagepatents demonstriert werden soll, OLG Frankfurt GRUR **67,** 115/16 a. E. Kosten für die informatorische Vorführung einer patentgemäßen Vorrichtung können jedoch in (seltenen) **173**

Ausnahmefällen erstattungsfähig sein, OLG Düsseldorf GRUR **79,** 191. Die Erstattungsfähigkeit von Kosten für **Fotokopien und elektronisch gespeicherte Dateien** ist mit Inkrafttreten des RVG in Nr. 7000 VV geregelt. Danach werden pauschal alle entstandenen Kosten abgegolten, wobei allerdings nach Seitenzahl abzurechnen ist. Die Regelung in Nr. 7000 VV weicht z. T. erheblich von der früheren Regelung in § 27 BRAGO ab. Insbesondere hängt die Erstattungsfähigkeit von Kosten für Fotokopien zur Unterrichtung von Gegner und Beteiligten nach Nr. 7000, Nr. 1 b) VV bzw. der Auftraggeber nicht mehr von der Anzahl der Personen, sondern von der Anzahl der angefertigten notwendigen Fotokopien ab, soweit davon mehr als 100 Ablichtungen zu fertigen waren. Damit dürfte sich nach dem neuem Vergütungsrecht die Zahl der Fälle, in denen Fotokopierkosten erstattungsfähig sind, in erheblichem Umfang erhöhen, nachdem der BGH § 27 BRAGO noch dahin ausgelegt hat, dass Fotokopierkosten – vorbehaltlich der in § 27 Abs. 1 Nr. 2 und § 6 Abs. 2 BRAGO geregelten Ausnahmen – grundsätzlich nicht erstattungsfähig sind, BGH, NJW **03,** 1127. Hinsichtlich der Erstattungsfähigkeit von Entgelten für **Post- und Telekommunikationsdienstleistungen** (beziffert oder pauschal) sowie der Fahrtkosten und des Tage- und Abwesenheitsgeldes und sonstiger Auslagen bei **Geschäftsreisen,** vgl. Vorb. 7 Abs. 2 und 3, Nr. 7001 ff. VV. **Vorprozessuale Kosten** können nicht nach §§ 91, 103 ff. ZPO zur Erstattung gestellt, sondern müssen besonders eingeklagt werden, LG Berlin GRUR **56,** 141; OLG Frankfurt GRUR **85,** 328; vgl. auch KG GRUR **56,** 571. Zur Abgrenzung zwischen Prozesskosten und vorprozessualen Kosten vgl. Zöller, ZPO, 24. Aufl., § 91 Rdn. 13 „Vorbereitungskosten". Die Kosten vorprozessualer Abmahnung werden meist erstattungsfähige Vorbereitungskosten sein, a. A. OLG Frankfurt GRUR **85,** 328; wegen außerprozessualer Erstattungsansprüche s. o. Rdn. 76 a.

140 *Aussetzung bei Streit über Rechte aus offengelegter Anmeldung; Erzwingung des Prüfungsantrags.* **[1]Werden vor der Erteilung des Patents Rechte aus einer Anmeldung, in deren Akten die Einsicht jedermann freisteht (§ 31 Abs. 1 Satz 2 Halbsatz 2 und Abs. 2), gerichtlich geltend gemacht und kommt es für die Entscheidung des Rechtsstreits darauf an, daß ein Anspruch nach § 33 Abs. 1 besteht, so kann das Gericht anordnen, daß die Verhandlung bis zur Entscheidung über die Erteilung des Patents auszusetzen ist. [2]Ist ein Antrag auf Prüfung gemäß § 44 nicht gestellt worden, so hat das Gericht der Partei, die Rechte aus der Anmeldung geltend macht, auf Antrag des Gegners eine Frist zur Stellung des Antrags auf Prüfung zu setzen. [3]Wird der Antrag auf Prüfung nicht innerhalb der Frist gestellt, so können in dem Rechtsstreit Rechte aus der Anmeldung nicht geltend gemacht werden.**

Inhaltsübersicht

1 **1. Allgemeines.** § 140 entspricht § 47 a PatG 1968 und ist durch Art. 1 Nr. 34 des PatÄndG vom 4. 9. 1967 in das PatG eingefügt worden. Satz 1 bezieht sich nur auf Klagen, mit denen eine Entschädigung für die Benutzung des Gegenstands einer erst nur offengelegten Patentanmeldung verlangt wird (§ 33). Sie wird allerdings auch auf Klagen aus einer veröffentlichten europäischen oder internationalen Patentanmeldung (Art. II § 1 IntPatÜG) wegen der auch sonst vorgenommenen Gleichstellung mit einer nationalen Patentanmeldung entsprechend anzuwenden sein. Hinsichtlich der Aussetzung des Rechtsstreits bei der Klage aus einem wirksam erteilten Patent verbleibt es bei der allgemeinen Vorschrift des § 148 ZPO (vgl. dazu oben § 139 Rdn. 107). Dass § 140 Satz 1 in Bezug auf die Geltendmachung des einstweiligen Schutzes den § 148 ZPO wiederholt, hat nach der Amtl. Begründung zum RegEntw. des PatÄndG 1967 (zu Art. 1 Nr. 32) seinen Grund darin, dass jedenfalls in Bezug auf die Geltendmachung des einstweiligen Schutzes aus einer erst nur „offengelegten" Anmeldung zum Ausschluss von Zweifeln die Einfügung einer dem § 148 ZPO entsprechenden Regelung in das PatG selbst erforderlich erschien.

2 **Literaturhinweis:** Amtl. Begründung zum RegEntw. des PatÄndG., BT-Drucks. V/714 = Bl. **67**, 253 zu Art. 1 Nr. 32; Althammer GRUR **67**, 441 ff., 445; Löscher, Beilage 7/67 zum BB Heft 26 vom 20. 9. 1967 S. 8 bei I 6c; Schramm/Henner GRUR **68**, 667, 673 ff.;

Schwanhäusser GRUR **69**, 110, 112/3; Ohl, Die Aussetzung d. Rechtsstreits wegen Verletzung des einstweiligen Patentschutzes nach § 47a PatG, in Entwicklungstendenzen i. gewerbl. Rechtsschutz, Festschrift für den VVPP S. 119ff.

2. Die Voraussetzungen einer Aussetzung bei einer erst nur offengelegten Patentanmeldung sind teilweise anders als bei einer Klage aus einem erteilten Patent, vgl. insoweit Rdn. 107, 108 zu § 139. Einerseits kann hier das Prozessgericht die Klage auf Zahlung einer Benutzungsentschädigung nicht nur z.B. aus prozessualen Gründen, mangels Aktiv- oder Passivlegitimation, wegen eines Gegenrechts (vgl. dazu § 33 Rdn. 11) oder wegen Verneinung des Benutzungstatbestandes abweisen, sondern u.U. auch wegen Verneinung der Patentfähigkeit der erst nur offengelegten deutschen Anmeldung, nämlich auf Grund der Vorschrift des § 33 Abs. 2, nach der der Anspruch auf die Benutzungsentschädigung „nicht besteht", wenn der Gegenstand der Anmeldung „offensichtlich nicht patentfähig" ist, vgl. § 33 Rdn. 10. Andererseits wird sich hier, wenn noch kein Prüfungsverfahren (§§ 44–49) anhängig ist, in der Regel zunächst auch noch nicht die Frage der Aussetzung des Rechtsstreits erheben, weil dann der Beklagte (falls er der Klage nicht etwa nur aus anderen Gründen oder gar nicht entgegentreten will) in der Regel zunächst den Antrag nach § 140 Satz 2 stellen wird (vgl. dazu unten Rdn. 4). Abweichend von § 33 Abs. 2 kann der Anspruch aus einer europäischen Anmeldung nach IntPatÜG Art. II § 1 nicht wegen offensichtlich fehlender Patentfähigkeit zurückgewiesen werden; ebenso Schulte Rdn. 3 zu § 140. Ist ein Prüfungsverfahren bereits anhängig (oder auf Grund der Fristsetzung nach § 140 Satz 2 anhängig geworden), so wird das Prozessgericht, auch wenn es nicht schon seinerseits zu dem Ergebnis gekommen ist, dass der Gegenstand der erst nur offengelegten (also noch nicht geprüften) Anmeldung „offensichtlich nicht patentfähig" ist, so doch häufiger als bei der Geltendmachung des erst nach Prüfung der Patentfähigkeit erteilten Schutzes des Patents zumindest Zweifel an der Patentfähigkeit des Gegenstands der Anmeldung haben müssen, zumal es noch nicht zu überblicken vermag, was in dem Prüfungsverfahren der Anmeldung entgegengehalten werden könnte. Das Prozessgericht kann sich allerdings jederzeit von den Parteien, insbesondere – da die Akteneinsicht jedermann freisteht (§ 31 Abs. 2 Nr. 2) – auch vom Beklagten, über den Stand des Prüfungsverfahrens unterrichten lassen oder auch selbst die Akten des Prüfungsverfahrens anfordern; es wäre indes wohl weder für das Prüfungsverfahren noch für den Rechtsstreit vor dem Prozessgericht förderlich, wenn nicht dem Prüfungsverfahren der Vorrang bei der Prüfung der Patentfähigkeit der erst nur offengelegten Anmeldung eingeräumt würde. Solange ernst zu nehmende Zweifel an der Patentfähigkeit bestehen, ist eine Aussetzung angebracht, da eine Überprüfung von unabhängiger und kompetenter Seite noch nicht vorliegt, und da nur ein Zahlungsanspruch in Streit steht, durch dessen verzögerte Abwicklung im Allgemeinen kein unersetzbarer Nachteil entsteht. 3

Die Aussetzung nach § 140 erstreckt sich nur **bis zur Entscheidung über die Erteilung des Patents** (§ 49). Danach sind die Voraussetzungen einer Aussetzung erneut zu prüfen. Nach Erteilung des Patents kommt eine weitere Aussetzung nur noch unter strengeren Voraussetzungen im Rahmen des § 148 ZPO in Betracht, s. Rdn. 107, 108 zu § 139.

3. Ist noch kein Prüfungsverfahren anhängig, so hat das Gericht nach Satz 2 auf Antrag des Beklagten dem Kläger eine **Frist zur Stellung des Antrags auf Prüfung** zu setzen. Die Vorschriften der Sätze 2 und 3 bringen eine zweckmäßige Lösung des Problems, das sich daraus ergibt, dass einerseits schon aus einer erst nur offengelegten Patentanmeldung (die, ohne geprüft zu werden, bis zu 7 Jahren seit dem Anmeldetag bestehen bleiben kann, § 58 Abs. 3 i.V.m. § 44 Abs. 2) Rechte sollen hergeleitet werden können, und dass es andererseits wohl nicht Sache des Beklagten, sondern Sache des Klägers sein sollte, alsbald und auf seine Kosten die Patentfähigkeit der Anmeldung, aus der er die Rechte herleitet, prüfen zu lassen. Die Lösung des Problems besteht nach der Amtl. Begründung zum RegEntw. des PatÄndG 1967 darin, dass das Gesetz dem Beklagten gewissermaßen die „prozesshindernde Einrede" des Fehlens eines Prüfungsantrags gibt. Der Beklagte erhebt diese Einrede, indem er den Antrag auf Fristsetzung nach § 140 Satz 2 stellt. Er wird diesen Antrag zweckmäßig wenigstens vorsorglich schon bei der Klagerwiderung stellen, es sei denn, dass er die Patentfähigkeit der Anmeldung überhaupt nicht in Zweifel ziehen, sondern nur z.B. ein Gegenrecht geltend machen, den Benutzungstatbestand bestreiten oder sich gegen die Höhe der verlangten Entschädigung wenden will. Das Gericht seinerseits wird trotz des zwingend erscheinenden Wortlauts des Satzes 2 die Frist nicht zu setzen brauchen, wenn es schon aus anderen Gründen zur Klagabweisung gelangt. Andernfalls muss es die Frist setzen und dabei zweckmäßigerweise zugleich dem Kläger aufgeben, die fristgerechte Stellung des Prüfungsantrags (einschließlich der Zahlung der Prüfungsgebühr, §§ 5, 6 PatKostG) nachzuweisen. Hat der Kläger fristgemäß den Prüfungsantrag gestellt (oder hat das inzwischen ein Dritter getan, vgl. § 44 Abs. 4 S. 2 i.V.m. § 43 Abs. 5 S. 1), so erhebt sich 4 nunmehr die Frage der Aussetzung des Rechtsstreits nach § 140 Satz 1 (vgl. oben Rdn. 3). Wird dagegen innerhalb der Frist ein Prüfungsantrag nicht gestellt, so kann der Kläger in dem Rechtsstreit – d.i. in „diesem" Rechtsstreit – Rechte aus der Anmeldung nicht geltend machen, d.h. die Klage ist als unzulässig abzuweisen, weil der Kläger das Prozesshindernis des fehlenden Prüfungsantrags nicht ausgeräumt hat. Die Frist kann entspr. § 224 Abs. 2 ZPO verlängert werden. Bei Versäumung der Frist keine Wiedereinsetzung in den vorigen Stand möglich (vgl. § 223 ZPO). Es kann jedoch jederzeit erneut Klage erhoben werden.

140a *Vernichtungsanspruch.* (1) [1]**Der Verletzte kann in den Fällen des § 139 verlangen, daß das im Besitz oder Eigentum des Verletzers befindliche Erzeugnis, das Gegenstand des Patents ist, vernichtet wird, es sei denn, daß der durch die Rechtsverletzung verursachte Zustand des Erzeugnisses auf andere Weise beseitigt werden kann und die Vernichtung für den Verletzer oder Eigentümer im Einzelfall unverhältnismäßig ist.** [2]**Satz 1 ist auch anzuwenden, wenn es sich um ein Erzeugnis handelt, das durch ein Verfahren, das Gegenstand des Patents ist, unmittelbar hergestellt worden ist.**

(2) **Die Bestimmungen des Absatzes 1 sind entsprechend auf die im Eigentum des Verletzers stehende, ausschließlich oder nahezu ausschließlich zur widerrechtlichen Herstellung eines Erzeugnisses benutzte oder bestimmte Vorrichtung anzuwenden.**

Inhaltsübersicht

1 **1. Zusammenhang u. Zweck der Vorschrift.** § 140a gibt dem Verletzten einen **eigenständigen zivilrechtlichen Anspruch,** der über den allgemeinen Beseitigungsanspruch aus § 1004 BGB hinausgeht und ergänzend neben die zoll- und strafrechtlichen Möglichkeiten der Beschlagnahme und Einziehung gemäß §§ 142 Abs. 5, 142a PatG, §§ 74ff. StGB tritt. Die Vorschrift ist (ohne Übergangsregelung) eingeführt worden zum 1. 7. 1990 durch das Produktpirateriegesetz vom 7. März 1990 (PrPG – BGBl. I S. 422ff.) zusammen mit den inhaltsgleichen Vorschriften der § 18 MarkenG (vormals: § 25a WZG), §§ 98, 99 UrhG, § 43 GeschmMG, § 24a GebrMG, § 9 Halbleiterschutzgesetz und § 37a SSchG. Vorläuferregelungen gab es in § 30 a.F. WZG, § 14a Abs. 3 GeschmMG iVm §§ 98, 99 UrhG; § 98 a.F. UrhG und in dem aus § 1004 BGB abgeleiteten allgemeinen Beseitigungsanspruch (s.o. § 139, Rdn. 38). Die amtliche Begründung z. Regierungsentwurf (BR-Drucks. 206/89) und der Bericht des Rechtsausschusses (BT-Drucks. 11/5744) sind abgedruckt in BlPMZ **90,** 173ff.

Literatur: Asendorf, Gesetz ... zur Bekämpfung der Produktpiraterie, NJW **90,** 1288ff.; Tilmann, Der Schutz gegen Produktpiraterie ..., BB **90,** 1565ff.; Meister, Aspekte der Produktpiraterie, WRP **91,** 137ff.; Ensthaler, Produktpirateriegesetz, GRUR **92,** 273ff.; Cremer, Die Bekämpfung der Produktpiraterie in der Praxis, Mitt. **92,** 153ff.; Diekmann, Der Vernichtungsanspruch, Diss. Tübingen 1993; Retzer, Einige Überlegungen zum Vernichtungsanspruch bei Nachahmung von Waren oder Leistungen, FS Piper (1996) 421; Thun, Der immaterialgüterrechtliche Vernichtungsanspruch, Diss. Konstanz, 1998; Walchner, Der Beseitigungsanspruch im gewerblichen Rechtsschutz und Urheberrecht: Widerruf – Vernichtung – Urteilsveröffentlichung, Diss. München 1996/98; s. auch RegBericht in BT-Drucks. 12/4427.

2 Der **Zweck der Vorschrift** ist eingehend dargestellt in der amtlichen Begründung der Regierungsvorlage (BlPMZ **90,** 173ff., insbes. S. 181ff. Zusammen mit den weiteren Maßnahmen des PrPG (u.a. Einführung der §§ 140b, 142a PatG und Verschärfung des § 142) soll der Vernichtungsanspruch dem wirksamen Schutz gegen die (vor allem im Bereich der Kennzeichnungs- und Urheberrechte) beobachtete sprunghafte Zunahme von Schutzrechtsverletzungen dienen, und zwar sowohl im Interesse der betroffenen Unternehmen wie auch der gesamten Volkswirtschaft. Zum vorbeugenden Rechtsschutz soll weitgehend sichergestellt werden, dass schutzrechtsverletzende Waren endgültig aus dem Markt genommen und nicht lediglich durch leichte Veränderungen zunächst dem Zugriff entzogen und dann nach ebenso leicht möglicher Wiederherstellung des ursprünglichen verletzenden Zustands auf anderem Wege erneut auf den Markt gebracht werden. Die Vernichtung ist auch Sanktion für begangenes Unrecht. Vor allem

aber sollen die drohende Vernichtung und der damit für den Verletzer drohende Schaden eine starke allgemeine Abschreckung bewirken.

Der Vernichtungsanspruch wurde in der vorliegenden Form vor allem für Fälle massenhafter vorsätzlicher Kennzeichen- und Urheberrechtsverletzungen geschaffen; für die Verletzung von Patenten und Gebrauchsmustern wurde und wird demgegenüber kein aktuelles **Bedürfnis** für die Neuregelung gesehen; hier wurde sie gleichwohl aus Gründen der Rechtseinheit und Übersichtlichkeit eingeführt, vgl. dazu Stellungnahme der Deutschen Vereinigung in GRUR **89,** 29, 31 und Tilmann, BB **90,** 1565, 1567.

Die Richtlinie 2004/48/EG des Europäischen Parlaments und des Rates vom 29. 4. 2004 zur Durchsetzung der Rechte des geistigen Eigentums **(„Enforcement-Richtlinie")** sieht in Art. 10 Abs. 1 S. 1 vor, dass die zuständigen Gerichte auf Antrag anordnen können, dass in Bezug auf die verletzenden Waren oder Materialien und Geräte, die zur Herstellung dieser Waren gedient haben, geeignete Maßnehmen getroffen werden, wozu nach S. 2 lit. c) die Vernichtung gehört. Nach Art. 10 Abs. 2 trägt dabei grundsätzlich der Verletzer die Kostenlast. Es sind die Verhältnismäßigkeit der Maßnahmen sowie die Interessen Dritter zu berücksichtigen. § 140a PatG entspricht damit im Wesentlichen den Vorgaben der Enforcement-Richtlinie.

2. Anspruchsvoraussetzungen. Die materiellen Anspruchsvoraussetzungen sind im Grundsatz unproblematisch. Anspruchsberechtigt ist wie bei § 139 (s. dort Rdn. 16–18) der Verletzte oder sein Rechtsnachfolger. Der Anspruch kann nach der Gesetzesfassung gegen jeden gerichtet werden, der einem Anspruch wegen Patentverletzung aus § 139 ausgesetzt ist. Dazu genügt bereits ein Unterlassungsanspruch (§ 139 Abs. 1). Auf ein Verschulden kommt es daher nicht an. Bei **mittelbarer Patentverletzung** besteht hingegen kein Anspruch auf Vernichtung (BGH, Urt. v. 22. 11. 05 – X ZR 79/04; vgl. auch LG Düsseldorf, Entsch. **99,** 75). Weitere Anspruchsvoraussetzung ist, dass sich der Verletzer im Besitz oder Eigentum eines Erzeugnisses befindet, das i.S. von § 9 Satz 2 Nr. 1 in Verbindung mit § 14 und gemäß den dortigen Erläuterungen „Gegenstand des Patents" ist oder im Sinne des § 9 Satz 2 Nr. 3 unmittelbar durch ein Verfahren hergestellt worden ist, das Gegenstand des Patents ist. Bei **Verwendungsschutz** ist § 140a auf die danach sinnfällig hergestellten Gegenstände entsprechend anwendbar (Busse, § 140a, Rdn. 16). Mittelbarer Besitz genügt. Im Sinne dieser Vorschrift wird auch derjenige noch als Besitzer anzusehen sein, dessen Ware durch die Zollbehörde nach § 142a beschlagnahmt, aber noch nicht endgültig eingezogen oder vernichtet ist. Ob jemand Eigentümer ist, beurteilt sich grundsätzlich nach den Vorschriften des BGB, wobei eine wirtschaftliche Betrachtungsweise gilt, so dass neben Allein-, Mit- und Gesamthandeigentum auch Sicherungs- und Treuhandeigentum ausreichend ist. Der Vernichtungsanspruch richtet sich auch gegen den unbeteiligten Eigentümer eines im Besitz des Verletzers befindlichen Erzeugnisses oder gegen den unbeteiligten Besitzer eines dem Verletzer gehörenden Gegenstandes (OLG München, InstGE **1,** 201, 207 zu § 18 MarkenG). Besitz oder Eigentum müssen am Schluss der mündlichen Verhandlung vorliegen, auf Grund derer über den Vernichtungsanspruch entschieden wird. Behauptet der Verletzer, Besitz oder Eigentum verloren zu haben, führt dies dennoch nicht zur Abweisung der Klage, weil es dem Verletzten möglich sein muss, sich im Wege der Zwangsvollstreckung Gewissheit über die wahren Verhältnisse zu verschaffen (OLG Hamm, GRUR **89,** 502, 503 [zu § 98 UrhG a.F.]; Ströbele/Hacker, § 18 MarkenG, Rdn. 26). 3

3. Einschränkungen u. Ausnahmen. Nach dem Gesetzeswortlaut kann der Verletzer dem Vernichtungsanspruch nur ausnahmsweise unter einer doppelten Voraussetzung entgehen. Im Hinblick auf die auch im Gesetzeswortlaut zum Ausdruck kommende Zielsetzung des Gesetzgebers, die Vernichtung als Regelmaßnahme auszugestalten, ist der Ausnahmetatbestand eng auszulegen (BGHZ **135,** 183 = GRUR **97,** 899, 901 – Vernichtungsanspruch, zu § 18 MarkenG). Erforderlich ist zunächst, dass der rechtswidrige Zustand auch **auf andere Weise** als durch vollständige Vernichtung des Erzeugnisses **beseitigt** werden kann. Das wird bei den Erzeugnissen eines geschützten Verfahrens kaum möglich sein. Bei einem Erzeugnis hingegen, das als solches Gegenstand des Patents ist, wird es vielfach möglich sein, es in einem technischen Merkmal so abzuändern, dass es nicht mehr unter den Schutzbereich des Patents fällt. Ist das aber nicht möglich, kommt es auf eine Prüfung der Verhältnismäßigkeit nicht mehr an. Der Vernichtungsanspruch ist (vorbehaltlich sonstiger Ausnahmen – s.u. Rdn. 7) uneingeschränkt durchsetzbar und findet allenfalls noch in dem allgemeinen Missbrauchsverbot nach den §§ 242, 826 BGB eine Grenze, wobei zu berücksichtigen ist, dass der Gesetzgeber dem Vernichtungsanspruch bewusst einen weiten Anwendungsbereich eingeräumt und eine Schädigung des Verletzers aus Abschreckungsgründen bis zu einem gewissen Grade durchaus beabsichtigt hat. 4

5 Die Vernichtung wäre nur dann ungerechtfertigt, wenn sie außerdem gegenüber möglichen milderen Maßnahmen **unverhältnismäßig** wäre. Dabei sind die Interessen des Verletzers (der nur Eigentümer oder nur Besitzer sein kann, vgl. o. Rdn. 2) und auch diejenigen des Eigentümers oder Besitzers zu berücksichtigen (wenn diese nicht ohnehin mit dem in Anspruch genommenen Verletzer identisch ist). Es genügt, wenn die Unverhältnismäßigkeit nur für einen der Beteiligten festgestellt werden kann. Zumindest in Grenzfällen werden auch die für beide Beteiligte sich ergebenden Beeinträchtigungen kumulativ zu berücksichtigen sein. Obwohl eine gewisse Schädigung des Verletzers ausdrücklich beabsichtigt ist, sind doch zur Übermaßprüfung die Belange von Verletzer und Eigentümer oder Besitzer gegen diejenigen Interessen abzuwägen, die mit dem Vernichtungsanspruch geschützt werden sollen (BGHZ **135,** 183 = GRUR **97,** 899, 901 – Vernichtungsanspruch). Fehlendes Verschulden schließt den Vernichtungsanspruch nicht aus. Verschulden und Verschuldensgrad sind aber als wesentliche Elemente bei der Abwägung zu berücksichtigen. Vorsatz und Wiederholungsfälle sprechen für eine Vernichtung. Wesentlich sind Art und Höhe des auf der einen oder anderen Seite zu besorgenden oder schon eingetretenen Schadens; auf der einen Seite für Besitzer und Eigentümer bestehende Möglichkeiten eines Regressanspruchs gegen Dritte (insbesondere Vorlieferanten) und andererseits die Frage, wieweit den Interessen des Rechtsinhabers nicht durch mögliche Abänderungen und zusätzliche Schadenersatzleistungen nach § 139 Abs. 2 hinreichend Genüge getan ist. Wichtig ist nach Vorgeschichte und Gesetzeszweck (s. o. Rdn. 1, 2), in welchem Maße im Hinblick auf vergangene und drohende Schutzrechtsverletzungen ein Bedürfnis für drakonische Maßnahmen zur Abschreckung zukünftiger Verletzungen (durch die gleichen oder andere Täter) anzuerkennen ist. Wegen der vom Gesetzgeber gewollten generalpräventiven Wirkung ist dabei auch die Gefährdung anderer – nicht dem Verletzten zustehender – technischer Schutzrechte mit zu berücksichtigen.

6 Soweit **mildere Maßnahmen** möglich sind (s. o. Rdn. 4) und volle Vernichtung unverhältnismäßig (Rdn. 5) ist, kann zumindest die Durchführung der milderen Maßnahmen verlangt werden. Das ist unmittelbar aus § 140 a abzuleiten. Der Verletzte kann seinen Anspruch auch von vornherein auf die milderen Maßnahmen beschränken. Will er das nicht, ist im Prozess die Formulierung eines entsprechenden Hilfsantrags zumindest zweckmäßig (vgl. Cremer, Mitt. **92,** 153, 163). Das ist aber dann entbehrlich, wenn es sich bei den – auf Grund des Vorbringens der Parteien – konkret in Betracht kommenden milderen Maßnahmen (Teilvernichtung, Änderung) um ein ohne weiteres vom Hauptantrag umfasstes Minus handelt. Das Verbringen ins patentfreie Ausland genügt nicht. Bei Verwendungsansprüchen ist es ausreichend, die sinnfällige Herrichtung zu beseitigen (Busse, Rdn. 21).

7 **Weitere Ausnahmen.** Der Verletzer kann sich nach allgemeinen Grundsätzen auch damit verteidigen, dass die an sich gegebenen Verletzungsansprüche aus § 139 die in seinem Besitz oder Eigentum befindlichen patentgemäßen Gegenstände gleichwohl (sämtlich oder z. T.) nicht erfassen, weil sie etwa **von einem Berechtigten erworben** wurden; insoweit besteht dann auch kein Vernichtungsanspruch. Ebenso muss sich eine dem Verletzer ausnahmsweise nach Billigkeit zu gewährende **Aufbrauchsfrist** (s. o. § 139 Rdn. 136 a) auch auf eine entsprechende Begrenzung des Vernichtungsanspruchs auswirken (ebenso: Berlit, Aufbrauchsfrist, 1997, Rdn. 184).

Der **Ablauf des Schutzrechts** lässt den Vernichtungsanspruch nicht entfallen. Die vorher rechtswidrig hergestellten oder importierten Gegenstände bleiben mit dem Makel behaftet (vgl. Ulmer, Urheber- und Verlagsrecht, 3. Aufl. S. 552). Der Vernichtungsanspruch ist für diese Gegenstände wirksam entstanden; es besteht meist wohl auch weiterhin ein Interesse daran, dem Verletzer den ungerechtfertigt erlangten Vorsprung wieder zu nehmen (vgl. dazu auch BGHZ **107,** 46 – Ethofumesat) und eine Abschreckungswirkung zum Schutz anderer Patentrechte zu entfalten. Eine restriktive Gesetzesauslegung in diesem Punkt würde den Rechtsschutz in den letzten Jahren der Patentlaufzeit nachhaltig vermindern, da der Verletzer dann mit Erfolg auf Zeitgewinn setzen könnte. Immerhin wird der Ablauf des Schutzrechts bei der im Einzelfall vorzunehmenden Gesamtwürdigung mit zu berücksichtigen sein. In besonderen Fällen könnte sogar jedes schutzwürdige Interesse entfallen.

Ähnlich zu beurteilen ist es, wenn der Verletzer bei einem an sich gegebenen Anspruch auf vollständige Vernichtung bereits von sich aus zur Beseitigung des rechtswidrigen Zustandes **mildere Maßnahmen durchgeführt** hat. Auch dies macht den Vernichtungsanspruch nicht ohne weiteres gegenstandslos.

8 **4. Durchsetzung des Vernichtungsanspruchs.** Wegen der **gerichtlichen Geltendmachung** des Vernichtungsanspruchs wird auf die Erläuterungen zu § 139 (Rdn. 97 ff.) verwiesen. Zur praktischen Durchführung der Vernichtung in der **Zwangsvollstreckung** enthält die

Vorschrift keine eindeutige Aussage. Auch die Regierungsbegründung zum PrPG verhält sich hierzu nicht. Allgemein anerkannt ist, dass dem Verletzten ein auf Vernichtung durch den Verletzer gerichteter Anspruch zusteht (BGHZ **128,** 220, 225ff. = GRUR **95,** 338, 340f. – Kleiderbügel). Der Gläubiger kann dem Schuldner daneben (wahlweise) die Möglichkeit der Herausgabe an einen vom Gläubiger zu benennenden Treuhänder zum Zwecke der Vernichtung einräumen (ebenso: Busse/Keukenschrijver, § 140a PatG, Rdn. 24). Die Vernichtung kann aber auch in der Form verlangt werden, dass die patentverletzenden Erzeugnisse an einen zur Vernichtung bereiten Gerichtsvollzieher herausgegeben werden (BGHZ **153,** 69, 77f. = GRUR **03,** 228, 229f. – P-Vermerk [zu § 98 Abs. 1 UrhG]; Thun, Der immaterialgüterrechtliche Vernichtungsanspruch, 156f.; a.A. Diekmann, Der Vernichtungsanspruch, 142ff.; Retzer, FS Piper (1996), 421ff., 436). Denn bei der Herausgabe zur Vernichtung an einen Gerichtsvollzieher ist bestens gewährleistet, dass – entsprechend dem vom Gesetzgeber mit § 140a verfolgten Zweck – die patentverletzenden Waren endgültig aus dem Markt genommen wird (BGH, aaO). Befinden sich die patentverletzenden Erzeugnisse auf Grund einer bereits erfolgten Beschlagnahme in Verwahrung eines Dritten soll der Vernichtungsanspruch im Einzelfall auch den Anspruch auf Herausgabe an den Schutzrechtsinhaber zum Zwecke der Vernichtung einschließen (BGHZ **135,** 183, 191f., GRUR **97,** 899, 902 – Vernichtungsanspruch [zu § 18 MarkenG]). Dem Verletzten ist es insbesondere dann nicht zumutbar, die durch den Gerichtsvollzieher beschlagnahmte und bei einem Dritten eingelagerte Ware an den Verletzer herauszugeben und damit das Risiko eines erneuten Inverkehrbringens derselben einzugehen, wenn der Verletzer noch nach Erlass einer Unterlassungsverfügung erneut Piraterieware von einem anderen Unternehmen erworben hat (vgl. BGH, aaO, 902). Ob der Verletzte darüber hinaus generell die Herausgabe der patentverletzenden Erzeugnisse an sich zur Vernichtung verlangen kann (so LG Köln, MA **93,** 15 [zu § 25a WZG]; Cremer, Mitt. **92,** 154, 163; Meister, WRP **91,** 137, 142), ist nicht unbedenklich (BGH, aaO, 902; ablehnend: OLG Düsseldorf als Vorinstanz zu BGHZ **128,** 220, 225 = GRUR **95,** 338, 340f. – Kleiderbügel; vgl. auch Voraufl., Rdn. 8). Angesichts der Möglichkeit, zur effektiven Vernichtung die Herausgabe an einen Gerichtsvollzieher verlangen zu können, bedarf es einer solchen „Privatvollstreckung" nicht, zumal die Gefahr nicht ausgeschlossen werden kann, dass der Verletzte die Erzeugnisse nicht der Vernichtung, sondern einer anderweitigen Verwertung zuführt (vgl. Busse, § 140a, Rdn. 25; Ströbele/Hacker, 7. Aufl., § 18 MarkenG, Rdn. 34). Befindet sich die patentverletzende Ware bereits auf Grund einer vorangegangenen Beschlagnahme beim Gerichtsvollzieher und ist dieser bereit, die Vernichtung durchzuführen, ist der Anspruch auf Duldung der Vernichtung zu richten (Ströbele/Hacker, aaO).

Der Klageantrag kann im Interesse eines effektiven Rechtsschutzes auf die „im Eigentum" der Beklagten befindlichen Verletzungsgegenstände gerichtet werden, obwohl dies bei der Vollstreckung des Urteils zu Schwierigkeiten führen kann (BGHZ **153,** 69, 76 P-Vermerk [zu § 98 Abs. 1 UrhG]).

Der Anspruch auf Vernichtung durch den Verletzer ist nach § 887 ZPO zu vollstrecken. Kommt der Verletzer seiner Verpflichtung nicht nach, kann der Gläubiger unter den in § 887 ZPO genannten Voraussetzungen anstelle des untätigen Schuldners tätig werden. Der Anspruch auf Herausgabe an einen zur Vernichtung bereiten Gerichtsvollzieher ist nach § 883 ZPO zu vollstrecken.

Die zur Vernichtung notwendigen Kosten sind vom Verletzer aufgrund seiner Verpflichtung zur Vernichtung zu erstatten (vgl. BGH, GRUR **97,** 902 – Vernichtungsanspruch). Vollstreckt der Berechtigte einen Anspruch auf Herausgabe an einen zur Vernichtung bereiten Gerichtsvollzieher, handelt es sich um Kosten der Vollstreckung, die um Umfang des Notwendigen vom Verletzer als Vollstreckungsschuldner zu tragen sind, § 788 ZPO. Lagerkosten, die im Zuge der Durchsetzung des markenrechtlichen Vernichtungsanspruchs entstanden sind, sind erstattungsfähig, nicht aber Kosten, die auf einer zollbehördlichen Anordnung im Grenzbeschlagnahmeverfahren beruhen, OLG Köln, WRP **05,** 1294 (Markensache).

5. Absatz 2 (Herstellungsvorrichtungen). Nach Absatz 2 erfasst der Vernichtungsanspruch auch die zur widerrechtlichen **Herstellung** eines Erzeugnisses **benutzten Vorrichtungen.** Allerdings nur unter den einschränkenden weiteren Voraussetzungen, dass der Verletzer zugleich Eigentümer ist, und dass die Vorrichtung ausschließlich oder nahezu ausschließlich zur widerrechtlichen Herstellung eines geschützten Erzeugnisses benutzt oder bestimmt ist. Die Benutzung zur Herstellung wesentlicher, zur Herstellung des geschützten Endproduktes dienender Einzelteile genügt (BGHZ **128,** 220 = GRUR **95,** 338, 341 – Kleiderbügel). Die danach zu einem Vernichtungsanspruch führende Qualifizierung der Vorrichtung kann sich allein aus der tatsächlichen Benutzungslage „oder" aus ihrer Zweckbestimmung in Vergangenheit und Zu- 9 kunft ergeben. Geschah die tatsächliche Benutzung nahezu ausschließlich für die rechtswidrige Produktion, so kommt es auf eine mögliche anderweite Zweckbestimmung für die Zukunft nicht mehr (bzw. nur noch für die anschließende Verhältnismäßigkeitsprüfung) an. Eine nach Einstellung der rechtswidrigen Produktion und vor der letzten Tatsachenverhandlung im Prozess über den Vernichtungsanspruch vollzogene Nutzungsänderung ist zumindest bei der Verhältnismäßigkeitsprüfung nach Abs. 1 zu berücksichtigen. Bei neutralen Produktionsmitteln (z. B. Hammer), die nicht durch eine besondere Ausgestaltung, sondern lediglich durch Zweckbestimmung oder tatsächliche Nutzung den rechtswidrig hergestellten Erzeugnissen zugeordnet sind, dürfte es zur Beseitigung des rechtswidrigen Zustandes i. S. des Abs. 1 genügen, dass diese Zuordnung durch Änderung der Zweckbestimmung wieder aufgehoben wird. Eine Vernichtung neutraler Werkzeuge könnte daher jedenfalls nicht ohne Verhältnismäßigkeitsprüfung verlangt werden. Bei größeren Herstellungsanlagen wird nach Verhältnismäßigkeitsprüfung in der Regel nur die Vernichtung spezialisierter Werkzeugteile und nicht der auch anderweit verwendbaren Gesamtanlage verlangt werden können.

10 **6. Sequestration.** Bei Gefahr einer Vereitelung des Vernichtungsanspruchs kann die Sequestration zur Sicherung der Ersatzvornahme im Wege einer einstweiligen Verfügung in Betracht kommen. Das gilt auch dann, wenn im Klageverfahren nur mildere Maßnahmen als die Vernichtung verlangt werden können (vgl. OLG Stuttgart, NJW-RR **01,** 257 zu § 18 MarkenG, Busse, Rdn. 24). Eine vorherige Abmahnung ist entbehrlich, wenn dadurch der Sicherungszweck gefährdet würde, weil die Gefahr besteht, dass der Schuldner die patentverletzende Ware beiseite schafft, was regelmäßig insbesondere bei „flüchtiger" Ware der Fall sein wird, nicht aber bei einer im Betrieb fest verankerten Maschine (vgl. OLG Nürnberg, WRP **95,** 427; OLG Düsseldorf, NJW-RR **97,** 1064). Nach Ansicht des OLG Braunschweig soll eine Abmahnung allerdings auch bei flüchtige Waren erforderlich sein, wenn die Höhe des vergeblich aufgewandten Einkaufspreises sowie der Zuschnitt des Einzelhandelsgeschäfts keinen Anhalt dafür bieten, dass die Waren beiseite geschafft werden, um sie anderweitig zu veräußern, OLG Braunschweig, GRUR-RR **05,** 103.

140b *Auskunftsanspruch.* (1) **Wer entgegen den §§ 9 bis 13 eine patentierte Erfindung benutzt, kann vom Verletzten auf unverzügliche Auskunft über die Herkunft und den Vertriebsweg des benutzten Erzeugnisses in Anspruch genommen werden, es sei denn, daß dies im Einzelfall unverhältnismäßig ist.**

(2) **Der nach Absatz 1 zur Auskunft Verpflichtete hat Angaben zu machen über Namen und Anschrift des Herstellers, des Lieferanten und anderer Vorbesitzer des Erzeugnisses, des gewerblichen Abnehmers oder Auftraggebers sowie über die Menge der hergestellten, ausgelieferten, erhaltenen oder bestellten Erzeugnisse.**

(3) **In Fällen offensichtlicher Rechtsverletzung kann die Verpflichtung zur Erteilung der Auskunft im Wege der einstweiligen Verfügung nach den Vorschriften der Zivilprozeßordnung angeordnet werden.**

(4) **Die Auskunft darf in einem Strafverfahren oder in einem Verfahren nach dem Gesetz über Ordnungswidrigkeiten wegen einer vor der Erteilung der Auskunft begangenen Tat gegen den zur Auskunft Verpflichteten oder gegen einen in § 52 Abs. 1 der Strafprozeßordnung bezeichneten Angehörigen nur mit Zustimmung des zur Auskunft Verpflichteten verwertet werden.**

(5) **Weitergehende Ansprüche auf Auskunft bleiben unberührt.**

Inhaltsübersicht

1 **1. Zusammenhang und Zweck der Vorschrift.** § 140b wurde zusammen mit den §§ 140a und 142a und mit den inhaltlich übereinstimmenden Bestimmungen in § 19 MarkenG (vormals: § 25b WZG), § 101a UrhG, § 46 GeschmMG, § 24b GebrMG, § 9 Abs. 2 Halbleiterschutzgesetz und § 37b SSchG mit Geltung ab 1. 7. 1990 (ohne Übergangsregelung) eingeführt durch das Produktpirateriegesetz (PrPG) vom 7. 3. 1990 (BGBl. I S. 422ff.). Der neu ge-

regelte Anspruch auf Drittauskunft tritt ergänzend (vgl. Abs. 5) neben die schon früher von der Rechtsprechung entwickelten Ansprüche auf Rechnungslegung und Auskunft (s. o. § 139 Rdn. 88ff.). Während letztere vor allem der Durchsetzung von Schadensersatz- und Beseitigungsansprüchen gegen den in Anspruch genommenen Patentverletzer dienen, soll die neu eingeführte Drittauskunft zum Zwecke wirksamer Bekämpfung der Produktpiraterie vor allem eine schnelle Ermittlung der Hintermänner ermöglichen (vgl. Begründung des Regierungsentwurfs, abgedruckt in BlPMZ **90,** 173ff., insbes. 183ff.). Damit wurden wesentliche Lücken des bisherigen Rechtssystems geschlossen (vgl. auch o. Rdn. 93 zu § 139). Trotz unterschiedlicher Zielsetzung ergeben sich jedoch auch weitgehende Überschneidungen, insbesondere bei den geschuldeten Angaben über den weiteren Vertrieb. Die Richtlinie 2004/48/EG des Europäischen Parlaments und des Rates vom 29. 4. 2004 zur Durchsetzung der Rechte des geistigen Eigentums **(„Enforcement-Richtlinie")** enthält in Art. 8 die Regelung eines Rechts auf Auskunft, das im Wesentlichen dem Auskunftsanspruch aus § 140b entspricht (Hoeren, MMR **03,** 299, 301; Knaak, GRUR Int. **04,** 745, 749f.; McGuire, GRUR Int. **05,** 15, 18, 21).

Der Anspruch auf Auskunft über Herkunft und Vertriebsweg ist auch bei Verletzung eines ergänzenden wettbewerbsrechtlichen Leistungsschutzrechtes gegeben; allerdings ergibt sich der Anspruch nicht aus einer analogen Anwendung von § 140b PatG, sondern aus § 242 BGB i. V. m. § 4 Nr. 9 UWG (§ 1 UWG a. F.) (BGHZ **125,** 322 = GRUR **94,** 630, 632 – Cartier-Armreif; GRUR **94,** 635, 636f. – Pulloverbeschriftung; GRUR **95,** 427, 428 – Schwarze Liste; GRUR **01,** 841, 842 – Entfernung der Herstellungsnummer II; für analoge Anwendung: OLG Frankfurt WRP **92,** 797; Asendorf, FS Traub 1994, 21, 26ff., 32; Jacobs GRUR **94,** 634f.).

Literatur: Vgl. die bei § 140a Rdn. 1 allgemein zur PrPG angeführten Fundstellen. Ferner: Banzaff, Der Auskunftsanspruch im gewerblichen Rechtsschutz und Urheberrecht, Diss. Heidelberg, 1989; Eichmann, Die Durchsetzung des Anspruchs auf Drittauskunft, GRUR **90,** 575; Jestaedt, Auskunfts- u. Rechnungslegungsanspruch bei Sortenschutzverletzung, GRUR **93,** 219ff.; Asendorf, Auskunftsansprüche nach dem Produktpirateriegesetz und ihre analoge Anwendung auf Wettbewerbsverstöße, FS Traub (1994) 21ff.; Oppermann, Der Auskunftsanspruch im gewerblichen Rechtsschutz und Urheberrecht, dargestellt unter besonderer Berücksichtigung der Produktpiraterie, Diss. Berlin 1995; Apel, Umfang und Grenzen von Auskunftsansprüchen unter Berücksichtigung der Spezialvorschriften des Produktpirateriegesetzes, BRAK-Mitteilungen **96,** 253; Köhler, Die Begrenzung wettbewerbsrechtlicher Ansprüche durch den Grundsatz der Verhältnismäßigkeit, GRUR **96,** 82; Pickrahn, Die Bekämpfung von Parallelimporten nach dem neuen Markengesetz, GRUR **96,** 383; Kröger/Bausch, Produktpiraterie im Patentwesen, GRUR **97,** 321; Jestaedt, Die Ansprüche auf Auskunft und Rechnungslegung, VPP-Rdbr **98,** 67; Nieder, Zur Bekanntgabe von Abnehmern, Abnahmemengen, Lieferdaten und -preisen im Kennzeichenrecht, GRUR **99,** 654; Bodewig, Praktische Probleme bei der Abwicklung der Rechtsfolgen einer Patentverletzung – Unterlassung, Beseitigung, Auskunft, GRUR **05,** 632.

2. Materielle Anspruchsvoraussetzungen. Anspruchsberechtigt ist wie bei § 139 (s. 2
dort Rdn. 16–18) der Verletzte oder sein Rechtsnachfolger. Der Anspruch richtet sich – ebenfalls wie bei § 139 Abs. 1 (s. dort Rdn. 19–23) – **gegen jeden,** der entgegen den §§ 9 bis 13 eine patentierte Erfindung benutzt oder benutzt hat und damit auch gegen einen mittelbaren Patentverletzer iSd. § 10, BGHZ **128,** 220, 223 – Kleiderbügel; GRUR **05,** 848, 854 – Antriebsscheibenaufzug. Die Benutzung muss rechtswidrig sein, insbesondere darf sie nicht unter die Ausnahmetatbestände der §§ 11–13 fallen. An der Rechtswidrigkeit fehlt es auch bei der (lediglich) einen Entschädigungsanspruch begründenden Benutzung des Gegenstandes einer veröffentlichten Patentanmeldung nach § 33 Abs. 1 oder Art. II § 1a Abs. 1 IntPatÜG. Auf ein Verschulden kommt es für den Grund des Anspruch nicht an, OLG Frankfurt NJW-RR **98,** 1007, 1008. Bei mittelbarer Patentverletzung nach § 10 müssen aber auch die subjektiven Tatbestandsmerkmale der Kenntnis oder Offensichtlichkeit gegeben sein, Bodewig, GRUR **05,** 632, 638. Der Anspruch besteht auch bei Parallelimporten, es sei denn es ist Erschöpfung eingetreten, weil das Erzeugnis vom Rechtsinhaber oder mit seiner Zustimmung in einem der EG- oder EWR-Staaten in Verkehr gebracht worden ist, vgl. OLG Köln, GRUR **99,** 346, 349; Pickrahn, GRUR **96,** 383, 386f. (jeweils zu § 19 MarkenG). Die Auskunft hat sich in dem aus Abs. 2 ersichtlichen Umfang (s. u. Rdn. 5–7) sowohl auf die Herkunft wie auch auf den weiteren Vertrieb der Erzeugnisse zu erstrecken.

Bei festgestellter rechtswidriger Patentbenutzung entfällt die Auskunftspflicht ausnahmsweise 3
nur dann (und nur soweit), wenn (und wie) sie im Einzelfall **unverhältnismäßig** ist. Darle-

gung und Beweislast hierfür liegen beim Verletzer. Es sind im Einzelfall gegeneinander abzuwägen einerseits das Interesse des Verletzten an einer Ermittlung weiterer Verletzer und an einem dadurch ermöglichten Vorgehen gegen diese und andererseits das Interesse des Verletzers an einer Vermeidung lästiger Arbeiten und vor allem Geheimhaltung seiner Bezugsquellen und Absatzmöglichkeiten. Letzteres hat insbesondere dann Gewicht, wenn die Beteiligten unmittelbare Wettbewerber sind, und hat bei den von der Rechtsprechung anerkannten sonstigen Rechnungslegungs- und Auskunftsansprüchen zur Einräumung eines **Wirtschaftsprüfervorbehalts** geführt (Rdn. 89 a. E. zu § 139). Das scheidet hier jedoch in aller Regel aus, weil es gerade um die Ermittlung der Bezugsquellen und Lieferwege geht. Bei der Abwägung ist zu berücksichtigen, dass der Gesetzgeber dem Interesse an einer Aufdeckung der Bezugsquellen und Lieferwege grundsätzlich Vorrang eingeräumt hat, BGHZ **128,** 220 = GRUR **95,** 338, 340, 342 – Kleiderbügel; OLG Düsseldorf, GRUR **93,** 903, 907 (zu § 101 a UrhG). Die Einräumung eines Wirtschaftsprüfervorbehalts für die Angabe von Namen und Anschriften gewerblicher Abnehmer kommt danach nur noch ausnahmsweise in Betracht, BGH, aaO. Die beiderseits zu berücksichtigenden Interessen stimmen nur zum Teil mit denjenigen bei § 140 a überein. Dementsprechend kann auch das Ergebnis der Abwägung unterschiedlich ausfallen. Da es hier nicht um Sanktion und Abschreckung geht, hat auch die Frage des Verschuldens bei der Abwägung geringeres Gewicht. Eine Unverhältnismäßigkeit könnte etwa dann gegeben sein, wenn das Interesse des Verletzten gering ist, weil weitere Verletzungen nicht mehr zu besorgen und Ersatzansprüche bereits ausgeglichen sind, Entwurfsbegründung BlPMZ **90,** 173, 184. Eine Unverhältnismäßigkeit wird sich eher bei Nennung der Abnehmer als bei Nennung der Lieferanten ergeben. Das Interesse des Verletzters an einer Geheimhaltung von Dritten hat hinter dem Interesse des Verletzten, Auskunft über die Dritten zu erhalten, zurückzutreten, wenn das Verhalten des Verletzers deutlich macht, dass der Verletzte andernfalls vor weiteren Schutzrechtsverletzungen nicht sicher ist und es sich nicht um eine einzelne Schutzrechtsverletzung handelt, OLG Düsseldorf, GRUR **93,** 818, 820 – Mehrfachkleiderbügel. Wenn die verlangte Auskunft nur zum Teil unverhältnismäßig ist, kann sie auch nur insoweit und nicht insgesamt verweigert werden. Dem Interesse des Verletzers, sich keiner Strafverfolgung auszusetzen, vgl. Köhler, GRUR **96,** 82, 89, trägt das Verwertungsverbot in Abs. 4 in aller Regel hinreichend Rechnung.

4 Die Auskunft ist „unverzüglich", d. h. ohne schuldhaftes Zögern (vgl. § 121 BGB) zu erteilen. Damit soll die Stellung des Verletzten zusätzlich gestärkt und die Geltendmachung von Ersatzansprüchen erleichtert werden, Begründung des Rechtsausschusses, BlPMZ **90,** 195, 197. Hierdurch wird die Eilbedürftigkeit der Auskunft besonders betont. Diese berechtigt den Verletzten, bei Stellung des Auskunftsverlangens sogleich eine sehr kurze Frist zu setzen und so die Voraussetzungen zur Geltendmachung eines Verzugsschadens zu schaffen (§§ 284 ff. BGB), der dann auch die Kosten für notwendige weitere eigene Recherchen nach Lieferanten und Abnehmern erfassen kann.

5 Die vom Verletzer zu machenden Angaben betreffen sämtliche **Hersteller, Lieferanten und Vorbesitzer** im weitesten Sinne, vgl. dazu Eichmann GRUR **90,** 575, 576 ff. und Ensthaler GRUR **92,** 273, 278; nicht nur den unmittelbaren Vordermann, sondern alle Glieder der Lieferantenkette; auch Hersteller, Lieferanten oder sonstige Vorbesitzer von Mitteln, die sich auf ein wesentliches Element der Erfindung i. S. v. § 10 PatG beziehen, BGHZ **128,** 220 = GRUR **95,** 338, 340 – Kleiderbügel; OLG Düsseldorf, GRUR **93,** 818, 821 – Mehrfachkleiderbügel; auch Spediteure, Lagerhalter und Frachtführer. Lieferant ist auch, wer unter Eigentumsvorbehalt veräußert oder in Kommission gegeben hat; Vorbesitzer ist auch der mittelbare Besitzer. Ob der auskunftspflichtige Verletezer selbst mit diesen Personen in Berührung gekommen ist, ist unerheblich, sofern er nur Kenntnisse über sie hat. Unerheblich auch, ob Hersteller, Lieferanten und Vorbesitzer ihrerseits eine (rechtswidrige) Patentverletzung begangen oder aber etwa nur im patentfreien Ausland gehandelt haben.

6 Ferner muss die Auskunft auch die **Abnehmer und Auftraggeber** erfassen. Wegen der im Gesetzestext gebrauchten Einzahl soll insoweit wohl nur die erste nachfolgende Handelsstufe erfasst werden. Gefragt ist nach dem Geschäftsherrn. Ist dieser ausnahmsweise nicht bekannt, so muss nach dem Sinn der Regelung die für diesen aufgetretene Mittelsperson benannt werden. Auftraggeber ist auch, wer geschützte Erzeugnisse noch nicht erhalten, aber bestellt hat. Auf der Abnehmerseite werden – anders als bei den Vorbesitzern – nur die gewerblich tätigen Personen erfasst. Der Begriff **„gewerblich"** ist nicht eindeutig. Nach der Entwurfsbegründung (BlPMZ **90,** 173, 184 zu III 4 c) sollen damit diejenigen ausgeklammert werden, die keine Schutzrechtsverletzung mehr begehen. Es liegt daher nahe, an die in § 11 Nr. 1 formulierte Ausklammerung von Handlungen „im privaten Bereich zu nichtgewerblichen Zwecken" anzuknüpfen (EntwBegr BlPMZ **90,** 179 r. Mitte) und nicht an das Bestehen eines Gewerbebetriebes; es

werden daher auch freie Berufe und Unternehmen der Urproduktion erfasst, soweit sei die Erzeugnisse i. S. des § 11 „zu gewerblichen Zwecken" gebrauchen, a. A. Eichmann GRUR **90,** 575, 577 bei Fn. 50. Über Angebotsempfänger, gewerbliche und nicht-gewerbliche, muss keine Auskunft erteilt werden; in Betracht kommt aber insoweit die Verpflichtung zur Rechnungslegung mit – auf Antrag des Verletzers – vom Verletzten einzuräumenden Wirtschaftsprüfervorbehalt, vgl. dazu bei § 139 Rdn. 89, 89c.

Die Auskunft muss Name und Anschrift der zu nennenden **Personen,** die Mengen der hergestellten, ausgelieferten, erhaltenen oder bestellten Erzeugnisse und wohl auch eine mengenmäßige Zuordnung zu den einzelnen Vorbesitzern, Abnehmern usw umfassen. Letzteres ist allein nach dem Gesetzeswortlaut nicht eindeutig, wohl aber im Zusammenhang mit dem Gesetzeszweck (Ermöglichung wirksamen Vorgehens gegen weitere Verletzer). Die Verpflichtung über die genannten Mengen Auskunft zu erteilen, soll es dem Rechtsinhaber ermöglichen, sich Kenntnis vom Umfang der Schutzrechtsverletzungen zu verschaffen, was für die Entscheidung, ob und in welchem Umfang er zukünftige Verletzungen unterbindet von Bedeutung sein kann, vgl. BGH, GRUR **02,** 373 – Entfernung der Herstellungsnummer III. Der Auskunftsanspruch kann, soweit der zur Auskunft Verpflichtete seinen Lieferanten anhand seiner Unterlagen nicht mit ausreichender Sicherheit feststellen kann, im Einzelfall auch eine Pflicht begründen, diese Zweifel durch Nachfrage bei den in Betracht kommenden Lieferanten aufzuklären. Der Auskunftsschuldner ist aber nicht gehalten, Nachforschungen bei seinen Lieferanten vorzunehmen, um unbekannte Vorlieferanten und den Hersteller erst zu ermitteln, BGH, GRUR **03** – Cartier-Ring (zu § 19 MarkenG). Die Angabe, Name und Anschrift des Lieferanten der schutzrechtsverletzenden Ware nicht zu kennen und auch nicht ermitteln zu können **(Negativauskunft),** erfüllt den Auskunftsanspruch dann nicht, wenn die fehlende Kenntnis von der Identität des Lieferanten im Kontext des konkreten Lebenssachverhalts lebensfremd erscheint. In einem solchen Fall müssen zusätzliche Gründe für die behauptete Unkenntnis genannt werden, damit der Gläubiger die Verlässlichkeit und Glaubhaftigkeit der Auskunft beurteilen kann, LG Düsseldorf, InstGE **4,** 291, best. v. OLG Düsseldorf, 20. 9. 04 – I-20 W 61/40. Anders als der zur Berechung von Schadensersatzansprüchen gewährte Anspruch (vgl. Rdn. 88ff. zu § 139) umfasst der hier geregelte Auskunftsanspruch **keine weiteren Details** wie Kosten, Preise und Lieferdaten. 7

Die allgemeine Verpflichtung zur Auskunftserteilung umfasst, wenngleich dies in § 260 Abs. 1 BGB – im Gegensatz zu § 259 Abs. 1 BGB – nicht ausdrücklich vorgesehen ist, nach Treu und Glauben auch die **Vorlage von Belegen,** wenn der Gläubiger hierauf angewiesen ist und dem Schuldner diese zusätzliche Verpflichtung zugemutet werden kann. Das wird für den Anspruch auf Drittauskunft bejaht BGH GRUR **02,** 709 – Entfernung der Herstellungsnummer III; GRUR **03,** 433, 434 – Cartier-Ring (jeweils zu § 19 MarkenG); OLG Düsseldorf, 28. 4. 05 I-2 U 110/03 (anders noch InstGE **5,** 89); Cremer Mitt. **92,** 153, 156ff.; vgl. auch Kröger/Bausch, GRUR **97,** 321, 324; a. A. OLG Karlsruhe, GRUR **95,** 772f.; Eichmann, GRUR **90,** 575, 576; Voraufl. Der Verletzte kann daher im Allgemeinen von dem Verletzter die Vorlage von Einkaufs- oder Verkaufsbelegen (wie Lieferscheinen, Rechnungen, Zollpapiere, etc.) verlangen. Durch die Einsicht in die Belege wird es dem Verletzten ermöglicht, die Verlässlichkeit der Auskunftserteilung zu überprüfen und sich darüber klar zu werden, ob ein Anspruch auf Abgabe der eidesstattlichen Versicherung besteht. Soweit die Belege Daten enthalten, auf die sich die geschuldete Auskunft nicht bezieht und hinsichtlich derer ein berechtigtes Geheimhaltungsinteresse des Schuldners besteht, ist dem dadurch Rechnung zu tragen, dass Kopien vorgelegt werden, bei denen die entsprechenden Daten abgedeckt oder geschwärzt sind, BGH, aaO **Schriftform** der Auskunft ist zwar nicht ausdrücklich vorgeschrieben, ergibt sich aber gemäß § 242 BGB in aller Regel aus der Verkehrssitte und aus dem Zweck der Auskunft, dem Verletzten in praktikabler Form ein Vorgehen gegen mögliche weitere Verletzer zu ermöglichen. Eine Einsicht in die Bücher kann nicht verlangt werden (Busse, Rn. 7). 8

3. Durchsetzung des Anspruchs. Bei Unvollständigkeit der gemachten Angaben kann Ergänzung verlangt werden. Bei begründetem Verdacht, dass die notwendigen Angaben nicht mit der erforderlichen Sorgfalt gemacht sind, wird – ebenso wie bei dem von der Rechtsprechung entwickelten umfassenden Rechnungslegungsanspruch, s. o. Rdn. 91 zu § 139 – auch hier in Analogie zu § 259 Abs. 2 und § 260 Abs. 2 BGB eine **eidesstattliche Versicherung** über die Vollständigkeit verlangt werden können; vgl. dazu im Einzelnen Eichmann GRUR **90,** 575, 582ff.; aber streitig, vgl. Erfahrungsbericht in GRUR **92,** 373; dafür: OLG Zweibrücken GRUR **97,** 131; LG München I CR **93,** 698, 702; Schulte, Rdn. 22; offengelassen in BGHZ **125,** 322, 331 = GRUR **94,** 630, 633 – Cartier-Armreif; ablehnend: Busse, Rdn. 26. 9

Eine im Regierungsentwurf zunächst vorgesehene ausdrückliche Regelung des Anspruchs auf eidesstattliche Versicherung (vgl. BT-Drucks. 11/5744, S. 16) ist zwar auf Betreiben des Rechtsausschusses gestrichen worden, aber nur wegen der zunächst beabsichtigten weiteren Verschärfung über den Rahmen der §§ 259 Abs. 2, 260 Abs. 2 BGB hinaus (unabhängig von der Annahme mangelnder Sorgfalt – aaO S. 32); dass ein Anspruch auf eidesstattliche Versicherung an sich gegeben sein, kann, wurde dabei nicht in Zweifel gezogen. Die Versicherung der Vollständigkeit der Angaben schließt auch deren Richtigkeit – aus der Sicht des Auskunftspflichtigen – mit ein.

10 Wegen der **gerichtlichen Geltendmachung** des Anspruchs wird auf die Erläuterungen zu § 139 (Rdn. 97 ff.) verwiesen. Ein begründeter Auskunftsanspruch betrifft grundsätzlich die gesamte Laufzeit des Schutzrechts; eine Beschränkung auf den dem Verletzten bekannten Verletzungszeitraum ist genauso wenig gerechtfertigt wie bei dem allgemeinen Rechnungslegungsanspruch aus § 242 BGB, Mes, Rdn. 10; Apel, BRAK-Mitt. **96,** 253, 256; aA Busse, Rdn. 17; zum Rechnungslegungsanspruch vgl. BGHZ **117,** 264 – Nicola und o. § 139 Rdn. 88. Der Schuldner ist nicht verpflichtet, über Lieferungen Auskunft zu erteilen, die vor Patenterteilung, vgl. OLG Frankfurt NJW-RR **98,** 1007, 1008, oder nach Patentablauf erfolgt sind. Die Verpflichtung zur Auskunftserteilung ist auf die vom Verletzten konkret beanstandete und vom Gericht als verletzend angesehene Benutzungshandlung beschränkt. Die Zwangsvollstreckung erfolgt grundsätzlich nach § 888 ZPO durch Zwangsgeld und Zwangshaft; allenfalls ausnahmsweise und nur für bestimmte Einzelangaben kommt auch eine Vollstreckung nach § 87 ZPO durch Ersatzvornahme in Betracht; dazu im Einzelnen Eichmann GRUR **90,** 575, 580 ff.

11 **4. Absatz 3:** Vor allem im Interesse einer schnellen Unterbindung massenhaften Auftretens von rechtsverletzenden Erzeugnissen kann der Auskunftsanspruch kraft ausdrücklicher Regelung auch im Wege der **einstweiligen Verfügung** nach den allgemeinen Vorschriften (§§ 935 ff. ZPO) durchgesetzt werden. Das widerspricht an sich dem Sinn einer „einstweiligen" Regelung, da die Erteilung der Auskunft bereits Erfüllung ist und auch nicht mehr rückgängig gemacht werden kann. Es wird daher zusätzlich verlangt, dass die Rechtsverletzung im Ergebnis nicht nur glaubhaft (§ 920 Abs. 2 ZPO) sondern **offensichtlich** ist. Damit soll nicht die Arbeit des Gerichts erleichtert, sondern das Risiko einer folgenschweren Fehlentscheidung vermindert werden, vgl. Entwurfsbegründung BlPMZ **90,** 173, 184. Es ist daher nicht wichtig, ob sich die Rechtsverletzung schon bei flüchtiger Prüfung ergibt; entscheidend ist vielmehr, ob sie im Ergebnis so eindeutig ist, dass eine Fehlentscheidung kaum möglich ist, Entwurfsbegründung aaO; OLG Frankfurt, GRUR-RR **03,** 32; relativierend demgegenüber Eichmann GRUR **90,** 575, 585 ff. Die für eine solche Würdigung maßgeblichen Umstände sind nach üblichen Grundsätzen glaubhaft zu machen (§ 920 Abs. 2 ZPO). Im Ergebnis wird eine einstweilige Verfügung nach Absatz 3 in aller Regel nur bei wortlautgemäßer Benutzung der geschützten Lehre in Betracht kommen. Die Schutzfähigkeit eines (nicht geprüften) Gebrauchsmusters muss zumindest glaubhaft sein. Auf die Beweislastverteilung im Löschungsverfahren (s. dazu u. § 15 GebrMG, Rdn. 25) kommt es nicht an, vgl. OLG Braunschweig GRUR **93,** 669 f. – Stoffmuster, zu § 14 a Abs. 3 GeschmMG i. V. m. § 101 a Abs. 3 UrhG. Die Schutzfähigkeit eines Patents ist demgegenüber bereits durch dessen Erteilung bewiesen; Zweifel sind jedoch bei der Prüfung des Verfügungsgrundes zu berücksichtigen (vgl. § 139 Rdn. 153 b). Die bloße Möglichkeit, dass das Schutzrecht, auf das das Verfügungsbegehren gestützt wird, später gelöscht oder vernichtet werden kann, schließt die Annahme einer offensichtlichen Rechtsverletzung nicht aus; ein hoher Grad an Wahrscheinlichkeit seiner Rechtsbeständigkeit ist im Verfügungsverfahren hinreichend, OLG Düsseldorf GRUR **93,** 818, 821 – Mehrfachkleiderbügel. Steht dem Berechtigten in Fällen wettbewerblichen Leistungsschutzes ein Auskunftsanspruch nach § 242 BGB zu, kann dieser auch im Wege der einstweiligen Verfügung angeordnet werden, wenn der Verletzungstatbestand offensichtlich ist und nur die sofortige Durchsetzung des Auskunftsanspruchs ein effektives Vorgehen gegen die „Quelle" der rechtswidrigen Handlungen erwarten lässt, LG Düsseldorf, WRP **97,** 253.

12 Zum Schutz berechtigter Interessen des Auskunftsgebers muss die Durchsetzung im Wege der einstweiligen Verfügung auf das **unbedingt notwendige Maß begrenzt** bleiben (EntwBegr. BlPMZ **90,** 173, 184). Es wird daher auf diesem Wege kaum die Nennung normaler Abnehmer zu erzwingen sein, eher jedoch die Nennung von Großabnehmern und Lieferanten bei massenhaftem Auftreten eindeutig patentverletztender Erzeugnisse. Die Anordnung einer Sicherheitsleistung (§ 921 Abs. 2 ZPO) für etwaige Ersatzansprüche des Auskunftgebers ist zu prüfen, wird aber für die Praxis wenig Bedeutung haben, weil einerseits die Leistungsfähigkeit des Verletzten meist nicht zweifelhaft ist und andererseits ein möglicher Schaden des Auskunftgebers nur schwer nachzuweisen sein wird.

5. Verwertungsverbot. Absatz 4 trägt dem verfassungsrechtlichen Grundsatz Rechnung, dass niemand zu Angaben gezwungen werden darf, die strafrechtlich gegen ihn verwertet werden können, vgl. BVerfGE **56,** 37, 41ff. Dieser Konflikt kann durch eine eingeschränkte Auskunftspflicht oder durch ein strafrechtliches Verwertungsverbot gelöst werden. Der Gesetzgeber hat sich hier für Letzteres entschieden. Das wird vor allem auch den Interessen des Verletzten am besten gerecht. Das Verwertungsverbot ist ausdrücklich bewusst eng begrenzt auf Strafverfahren und Verfahren nach dem OWiG wegen einer vor Erteilung der Auskunft begangenen Tat. Die Ahndung bereits bekannter oder erst mit der Auskunft oder später begangener Handlungen wird daher nicht eingeschränkt. Auch wird die Festsetzung von Ordnungsmitteln in der Zwangsvollstreckung (§§ 888, 890, ZPO) und der Verfall von Vertragsstrafen nicht berührt, obwohl auch insoweit eine ähnliche Konfliktklage besteht, Eichmann GRUR **90,** 575, 579; a. A. v. Ungern-Sternberg WRP **84,** 55, 56. Andererseits wird das Verwertungsverbot auch solche Tatsachen und Beweismittel erfassen müssen, die zwar nicht unmittelbarer Gegenstand der Auskunft waren, zu denen aber die Auskunft direkt den Weg gewiesen hat, Entwurfsbegründung BlPMZ **90,** 173, 189. 13

6. Sonstige Auskunftsansprüche. Die durch Absatz 4 geregelte Konfliktsituation besteht in ähnlicher Weise auch bei den sonstigen von der Rechtsprechung anerkannten Ansprüchen auf Rechnungslegung oder Auskunft, vgl. § 139 Rdn. 88ff. Insoweit wird das Verwertungsverbot entsprechend anzuwenden sein. 14

Im Übrigen bleiben alle sonstigen und weitergehenden Ansprüche auf Auskunft nach Vertrag oder allgemeinen Rechtsgrundsätzen (§ 139 Rdn. 88ff.) unberührt, wie durch Absatz 5 klargestellt wird.

141 *Verjährung.* [1]**Auf die Verjährung der Ansprüche wegen Verletzung des Patentrechts finden die Vorschriften des Abschnitts 5 des Buches 1 des Bürgerlichen Gesetzbuchs entsprechende Anwendung.** [2]**Hat der Verpflichtete durch die Verletzung auf Kosten des Berechtigten etwas erlangt, findet § 852 des Bürgerlichen Gesetzbuchs entsprechende Anwendung.**

Inhaltsübersicht

1. Allgemein. Die Verjährungsregelung hat ihre jetzige Fassung durch das Schuldrechtsmodernisierungsgesetz v. 26. 11. 2001 (BGBl. I S. 3138) erhalten. Unverändert geblieben ist jedoch das Prinzip eines **zweistufigen Verjährungseintritts:** Auch nach Eintritt der ersten Verjährungsstufe mit der Folge eingeschränkter Durchsetzbarkeit der Ansprüche aus Patentverletzung (Satz 1 der Vorschrift mit Verweisung auf die allgemeinen Verjährungs-Vorschriften des BGB) bleibt in der Regel noch ein eingeschränkter Rest-Anspruch mit voller Durchsetzbarkeit, der einer gesonderten Verjährung unterliegt (Satz 2 mit Verweisung auf § 852 BGB). Eine entsprechende Regelung gilt allgemein für Ansprüche aus unerlaubter Handlung (§§ 194ff., 852 BGB) und speziell für Ansprüche aus Verletzung anderer gewerblicher Schutzrechte und Urheberrechte (§ 21c GebrMG, § 9 II HlSchG, § 37c SSchG, § 49 GeschmMG, § 20 MarkenG, § 102 UrhG). 1

Literaturhinweis: U. Krieger, Zur Verjährung von Unterlassungsansprüchen auf dem Gebiet des gewerblichen Rechtsschutzes, GRUR **72,** 696ff.; Tetzner, Verjährung zivilrechtlicher Ansprüche wegen Patentverletzung; Mitt. **82,** 61ff.; Pietzcker, Feststellungsprozess und Anspruchsverjährung, GRUR **98,** 293ff.; Tilmann, Schuldrechtsreform u. gewerbl. Rechtsschutz, Mitt. **01,** 282ff.

2. Anwendungsbereich. Die Verjährungsregelung des § 141 betrifft alle im 9. Abschnitt des PatG geregelten zivilrechtlichen Ansprüche (d.h. Ansprüche auf Unterlassung, Schadensersatz, Vernichtung und Auskunft nach den §§ 139 bis 140b). Sie gilt ferner für entsprechende Ansprüche aus europäischen Patenten (Art. 64 EPÜ) und aus ergänzenden Schutzzertifikaten (§ 16a Abs. 2 in Verb m. EWG-VO 1768/92 und EG-VO 1610/96 – Anhang 9 u. 10). Sie gilt kraft besonderer Verweisungsregelung in § 33 Abs. 3 auch für Entschädigungsansprüche aus Benutzung des Gegenstandes einer deutschen Patentanmeldung, – allerdings mit der besonderen 2

Maßgabe, dass die Verjährung frühestens ein Jahr nach Patenterteilung eintritt. Entsprechendes gilt mit leichter Differenzierung nach Art. II § 1 IntPatÜG auch für Entschädigungsansprüche aus europäischen Patentanmeldungen. Die Differenzierung liegt in der Ausklammerung einer Restentschädigung entsprechend § 141 S. 2 und der fehlenden Regelung eines verlängerten Fristablaufs bis ein Jahr nach Patenterteilung; diese Differenzierung ist eindeutig formuliert, sachlich aber nicht einsichtig und verstößt gegen Art. 67 EPÜ; es darf daher vermutet werden, dass es sich um ein Redaktionsversehen handelt; eine entsprechende Anwendung des § 33 Abs. 3 ist daher auch bei europäischen Patentanmeldungen gerechtfertigt.

3 Die Regelung des **§ 141 gilt nicht** für den aus den allgemeinen Bestimmungen des BGB (§§ 812ff.) abgeleiteten primären Bereicherungsanspruch (vgl. oben Rdn. 81ff. zu § 139); für diesen gilt unmittelbar die allgemeine Verjährungsregelung des § 195 BGB ohne eine Sonderregelung entsprechend § 141 S. 2 PatG oder § 852 BGB. Entsprechendes gilt für den Beseitigungsanspruch (s. o. Rdn. 38 zu § 139), soweit er aus § 1004 BGB und nicht aus dem Schadenersatzanspruch nach § 139 abgeleitet wird. Sie gilt auch nicht für den aus § 242 BGB abgeleiteten allgemeinen Auskunftsanspruch zur Feststellung und Durchsetzung eines Unterlassungs- oder Schadenersatzanspruch (s. o. Rdn. 88ff. zu § 139; dieser ist abhängig von dem Rechtsbestand des Hauptanspruchs, dessen Durchsetzung er dienen soll (s. o. Rdn. 88 zu § 139); dementsprechend kann die aus § 242 BGB abgeleitete Auskunft und Rechnungslegung verweigert werden, soweit der Hauptanspruch verjährt ist. Entsprechendes gilt auch für den Besichtigungsanspruch aus § 809 BGB (s. o. Rdn. 17 zu § 139). Diese Differenzierung gegenüber den Ansprüchen aus §§ 140a, 140b wird allerdings kaum einmal praktische Bedeutung haben.

Die Verjährungsregelung § 141 gilt auch nicht für die hoheitlichen Ansprüche auf Strafverfolgung (vgl. dazu §§ 78ff. StGB) und Zoll-Beschlagnahme (§§ 142, 142a).

4 **3. Verjährungsfrist der 1. Stufe.** Entsprechend der Verweisung in Satz 1 gelten für die Verjährung der ersten Stufe die allgemeinen Vorschriften des BGB (§§ 194ff.). Hiernach gilt eine regelmäßige Verjährungsfrist von drei Jahren (§ 195 BGB). Sie verlängert sich auf 30 Jahre für alle Ansprüche, die rechtkräftig festgestellt oder Gegenstand eines vollstreckbaren Vergleichs sind (§ 197 Abs. 1 Nr. 3, 4). Durch § 199 V BGB ist klargestellt, dass auch Unterlassungsansprüche der Verjährung unterliegen; vgl. D. Rogge, GRUR **63,** 345ff. Der Beginn der Frist ist hier an die Zuwiderhandlung (Patentverletzung) geknüpft, aus der der Anspruch abgeleitet wird. Verjährung heißt lediglich, dass aus der konkreten Einzelhandlung – bei entsprechender Einrede, § 214 BGB – keine Rechte mehr abgeleitet werden können; jede weitere Patentverletzung begründet einen neuen Unterlassungsanspruch und setzt eine neue Verjährungsfrist in Gang. Eine verjährte Verletzungshandlung kann zwar nicht für sich allein, wohl aber unterstützend in Zusammenschau mit weiteren Umständen neueren Datums eine vorbeugende Unterlassungsklage rechtfertigen, vgl. BGH GRUR **87,** 125 (Wettbewerbssache).

5 **4. Beginn der Verjährungsfrist.** Der Lauf der regelmäßigen (dreijährigen) Verjährungsfrist beginnt nach § 199 I BGB mit d. Schluss d. Jahres, in dem d. Anspruch entstanden ist und der Gläubiger von den den Anspruch begründenden Umständen und d. Person d. Schuldners Kenntnis erlangt oder ohne grobe Fahrlässigkeit erlangen müsste. Die kurze Verjährungsfrist wird mithin – anders als nach früherem Recht – nicht erst bei positiver Kenntnis, sondern schon bei grob fahrlässiger Unkenntnis in Lauf gesetzt. Grobe Fahrlässigkeit liegt nach der allgemein zu § 277 BGB entwickelten Rechtsprechung dann vor, wenn die verkehrserforderliche Sorgfalt in besonders schwerem Maße verletzt wird, schon einfache, ganz nahe liegende Überlegungen nicht angestellt werden u. das nicht beachtet wird, was im gegebenem Fall jedem einleuchten musste, BGH NJW-RR **02,** 1108; dabei sind auch Umstände zu berücksichtigen, die die subjektive, personale Seite der Verantwortlichkeit betreffen, BGHZ **119,** 147, 149. Je nach Lage des Einzelfalls wird der Patentinhaber daher im eigenen Interesse einem sich aufdrängenden Verdacht der Patentverletzung nachzugehen und einfache Untersuchungen zum Tatbestand der Patentverletzung und der Person des Verantwortlichen durchzuführen haben. Grob fahrlässige Unkenntnis ist allerdings mehr als bloßer Verdacht oder schlichte fahrlässige Unkenntnis; es ist aber weniger als ein Verschließen der Augen vor einer sich aufdrängenden Erkenntnis, welches nach der Rechtsprechung dem Fall positiver Kenntnis gleichzustellen ist, vgl. BGH NJW **99,** 423, 424. Als positive Kenntnis ist im Allgemeinen eine solche Kenntnis erforderlich und ausreichend, die dem Geschädigten die Erhebung einer Klage erfolgversprechend, wenn auch nicht risikolos erlaubt, BGH GRUR **74,** 99, 100; NJW **00,** 953. Die Voraussetzung positiver Kenntnis oder grob fahrlässiger Unkenntnis ist für jeden Anspruchsberechtigten und für jeden Anspruchsverpflichteten gesondert festzustellen. Kenntnis des Lizenznehmers setzt den Lauf der Verjährungsfrist für den Lizenzgeber nur dann in Lauf, wenn ersterer mit der Verfol-

gung von Patentverletzungen beauftragt worden ist, BGH GRUR **98,** 133, 137 – Kunststoffaufbereitung. Kenntnis des rechtsgeschäftlichen Vertreters ist (anders als die des gesetzlichen Vertreters) grundsätzlich unbeachtlich, BGH aaO; anders, wenn der Verletzte einen anderen mit der Erledigung bestimmter Angelegenheit in eigener Verantwortung betraut hat; dessen Wissen muss sich der Verletzte dann wie eigenes Wissen zurechnen lassen, so z. B. das Wissen des Patentanwalts, den der Verletzte mit der Geltendmachung von Rechten aus dem Patent beauftragt hat, BGH aaO Wegen weiterer Einzelheiten wird auf Rechtsprechung und Literatur zu § 199 BGB verwiesen.

Auch ohne Kenntnis oder grob fahrlässige Unkenntnis verjähren Schadenersatz- und andere 6
Ansprüche aus Patentverletzung nach näherer Maßgabe des § 199 III, IV BGB nach 10 oder spätestens 30 Jahren. Fortlaufende Verletzungen durch positives Tun (Serienherstellung oder ständiger Vertrieb) stellen sich als Vielzahl von Einzelhandlungen dar, von denen jede Anknüpfungspunkt für eine entsprechende (Teil-)Verjährung ist, BGHZ **71,** 86, 94 – Fahrradgepäckträger II; BGH GRUR **99,** 751, 754 – Güllepumpe. Bei Unterlassungsansprüchen ist der Beginn der Frist nicht an die Entstehung des Anspruchs sondern an die Zuwiderhandlung (Patentverletzung) geknüpft, aus der der Anspruch abgeleitet wird § 199 V BGB.

5. Ablauf d. Verjährungsfrist (Hemmung, Neubeginn). Der Ablauf der Verjährungs- 7
frist kann nach Maßgabe der §§ 203 ff. BGB durch verschiedene Umstände gehemmt werden, insbesondere durch Erhebung einer Leistungs- oder Feststellungsklage oder andere Maßnahmen zur Durchsetzung eines Anspruchs auf dem Rechtswege (§ 204 BGB). U. a. führen auch **Verhandlungen** über den Tatbestand der Patentverletzung oder die daraus erwachsenen Ansprüche zur Verjährungshemmung (§ 203 BGB). Der Begriff der Verhandlungen ist dabei weit auszulegen (BGH NJW **83,** 2075; **04,** 1654; BGH NJW-RR **01,** 1168). Es genügt jeder Meinungsaustausch über bestehende Ansprüche, wenn der Verpflichtete nicht sofort erkennbar jede Zahlung oder Verhandlung ablehnt, BGHZ **93,** 64, 67; es muss nicht auch Bereitschaft zu Vergleich oder Entgegenkommen signalisiert werden, BGH NJW **04,** 1654 zu 2. Die Hemmung endet mit der Verweigerung weiterer sachlicher Diskussion oder bestimmter Ablehnung jeder Zahlung; erforderlich ist grundsätzlich ein klares und eindeutiges Verhalten, BGH NJW **98,** 2820; **04,** 1654, 1655; im Falle der Verschleppung oder des Einschlafens der Verhandlungen endet die Verjährungshemmung in dem Zeitpunkt, in dem eine Äußerung des Ersatzpflichtigen spätestens zu erwarten war, vgl. BGH NJW **86,** 1337.

Bei Teilerfüllung, Anerkenntnis oder Vollstreckungshandlungen beginnt die volle Frist wieder von neuem zu laufen (§ 212 BGB). Die Folgen der Verjährung ergeben sich aus den §§ 214 ff. BGB. Der Schuldner ist insbesondere berechtigt, die **Leistung** (insbesondere Zahlung, Auskunft, Anerkenntnis einer Unterlassungspflicht) zu **verweigern,** § 214 I BGB.

6. Rest-Schadensersatzanspruch (Satz 2). Nach Ablauf der Verjährungsfrist verbleibt 8
nach § 141 Satz 2 in der Regel zunächst noch ein Rest-Schadensersatzanspruch entsprechend § 852 BGB, dessen Leistung nicht verweigert werden kann, und für den eine besondere Verjährungsfrist von 10 Jahren ab seiner Entstehung (maximal 30 Jahre ab Verletzungshandlung) gilt, § 852 Satz 2 BGB. Soweit es zur Durchsetzung dieses eingeschränkten Anspruchs erforderlich ist, bleiben auch die Hilfsansprüche auf Auskunft und Rechnungslegung (Rdn. 88 ff. zu § 139) und Besichtigung (Rdn. 117 ff. zu § 139) einredefrei bestehen. Gegenstand des Restanspruchs ist die **Herausgabe nach den Vorschriften** über die Herausgabe **einer ungerechtfertigten Bereicherung** (§§ 812 ff. BGB), soweit der Verpflichtete etwas aus seiner schadenersatzpflichtigen bzw. (bei Benutzung des Gegenstandes eines Patentanmeldung) entschädigungspflichtigen Handlung „auf Kosten des Verletzten" erlangt hat (§ 852 Satz 1 BGB). Das wird durchweg als **Rechtsfolgeverweisung** verstanden, BGHZ **71,** 86 – Fahrradgepäckträger II. Dem Berechtigten wird damit nicht etwa ein selbstständiger Bereicherungsanspruch im Sinne der §§ 812 f. BGB gegeben (vgl. Rdn. 82 ff. zu § 139), sondern nur ein Rest-Schadensersatzanspruch erhalten, dessen Voraussetzungen weiterhin die des Schadensersatzanspruchs nach § 139 Abs. 2 PatG und nicht die eines Bereicherungsanspruchs nach § 812 BGB sind, dessen Umfang sich aber nunmehr nach den für einen Bereicherungsanspruch geltenden Vorschriften bemisst und beschränkt. Insbesondere sind die §§ 818, 819 BGB anwendbar, und der Verpflichtete kann sich ggf. auf einen Wegfall der Bereicherung berufen (§ 818 III BGB). Der BGB aaO hat daraus (für einen Fall des Schadenersatzes aus § 823 I BGB wegen Abnehmerverwarnung) abgeleitet, es sei unerheblich, ob der dem Schädiger erhalten gebliebene Vermögenszuwachs unmittelbar vom Verletzten erlangt oder von Dritten (Vertragspartnern) vermittelt worden ist. Das ist bedenklich. Der Anspruch geht nach seiner eindeutigen und den Wortlaut des § 812 BGB aufgreifenden Formulierung allein auf die Herausgabe des „auf Kosten des Berechtigten" Erlangten. Das ist nach der zum Bereicherungsausgleich bei Patentverletzung

ergangenen Rechtsprechung (BGHZ **82,** 299 – Kunststoffhohlprofil, s. o. Rdn. 83 zu § 139) die Anmaßung der ausschließlichen Benutzungsbefugnis, die nicht rückgängig gemacht werden kann und daher durch eine ihrem objektiven Wert entsprechende (vgl. § 818 II BGB) **Zahlung nach „Lizenz-Analogie"** auszugleichen ist. Auf einen weitergehenden Schaden des Berechtigten oder Nutzen des Verpflichteten kommt es dabei nicht an. Für einen Anspruch auf Herausgabe des Verletzergewinns (s. o. Rdn. 72 ff. zu § 139) ist daher kein Raum, so auch Kraßer S. 898; a. A. Tilmann, Mitt. **01,** 282, 283 und LG Düsseldorf Mitt. **00,** 458, 461. Wegen weiterer Einzelheiten zu diesem Anspruch vgl. Sterner GRUR **37,** 339 ff.; Möller GRUR **38,** 221 ff., 229/30; Greuner GRUR **61,** 108 ff.

142 *Strafbestimmung.* (1) [1]**Mit Freiheitsstrafe bis zu drei Jahren oder mit Geldstrafe wird bestraft, wer ohne die erforderliche Zustimmung des Patentinhabers oder des Inhabers eines ergänzenden Schutzzertifikats (§§ 16 a, 49 a)**

1. **ein Erzeugnis, das Gegenstand des Patents oder des ergänzenden Schutzzertifikats ist (§ 9 Satz 2 Nr. 1), herstellt oder anbietet, in Verkehr bringt, gebraucht oder zu einem der genannten Zwecke entweder einführt oder besitzt oder**
2. **ein Verfahren, das Gegenstand des Patents oder des ergänzenden Schutzzertifikats ist (§ 9 Satz 2 Nr. 2), anwendet oder zur Anwendung im Geltungsbereich dieses Gesetzes anbietet.**

[2]**Satz 1 Nr. 1 ist auch anzuwenden, wenn es sich um ein Erzeugnis handelt, das durch ein Verfahren, das Gegenstand des Patents oder des ergänzenden Schutzzertifikats ist, unmittelbar hergestellt worden ist (§ 9 Satz 2 Nr. 3).**

(2) **Handelt der Täter gewerbsmäßig, so ist die Strafe Freiheitsstrafe bis zu fünf Jahren oder Geldstrafe.**

(3) **Der Versuch ist strafbar.**

(4) **In den Fällen des Absatzes 1 wird die Tat nur auf Antrag verfolgt, es sei denn, daß die Strafverfolgungsbehörde wegen des besonderen öffentlichen Interesses an der Strafverfolgung ein Einschreiten von Amts wegen für geboten hält.**

(5) [1]**Gegenstände, auf die sich die Straftat bezieht, können eingezogen werden. § 74 a des Strafgesetzbuches ist anzuwenden.** [2]**Soweit den in § 140 a bezeichneten Ansprüchen im Verfahren nach den Vorschriften der Strafprozeßordnung über die Entschädigung des Verletzten (§§ 403 bis 406 c) stattgegeben wird, sind die Vorschriften über die Einziehung nicht anzuwenden.**

(6) [1]**Wird auf Strafe erkannt, so ist, wenn der Verletzte es beantragt und ein berechtigtes Interesse daran dartut, anzuordnen, daß die Verurteilung auf Verlangen öffentlich bekanntgemacht wird.** [2]**Die Art der Bekanntmachung ist im Urteil zu bestimmen.**

Inhaltsübersicht

1 **1. Vorbemerkung.** Die strafrechtlichen Vorschriften des § 142 PatG (früher § 49) und des § 25 GebrMG waren seit jeher im PatG und im GebrMG enthalten. § 142 findet gem. Art. 2 Abs. 2 EPÜ auch auf mit Wirkung für die Bundesrepublik Deutschland erteilte **europäische Patente** einschließlich möglicher zukünftiger Gemeinschaftspatente Anwendung. Er gilt in der jetzigen Fassung im wesentlichen für alle seit dem 1. 1. 1981 angemeldeten Patente, Art. 12 Abs. 1 GPatG und ergänzenden Schutzzertifikate. Strafrahmen und Nebenfolgen sind durch das am 1. 7. 1990 in Kraft getreten PrPG verschärft worden und gelten insoweit nur für die danach begangenen Patentverletzungen (§ 2 StGB). Die strafrechtlichen Bestimmungen des PatG und des GebrMG haben jedoch seit Jahrzehnten kaum praktische Bedeutung mehr, vor allem wohl deshalb, weil Patent- und Gebrauchsmusterverletzungen seit dem Entlastungsgesetz vom 11. 3.

1921 in der Regel Privatklagedelikte sind (unten Rdn. 11, 14). Die letzte veröffentlichte Entscheidung des RG stammt von 1933 (GRUR **33,** 288), die letzte in der amtl. Sammlung veröffentlichte Entscheidung von 1915 (RGSt. **49,** 202), eine Entscheidung des BGH ist bisher nicht ergangen. Für eine Wiederbelebung des Strafschutzes durch häufigere Bejahung des öffentlichen Interesses an der Strafverfolgung nach § 376 StPO: Schramm GRUR **54,** 384 und die Eingabe der Deutschen Vereinigung für gewerblichen Rechtsschutz und Urheberrecht vom 23. 11. 1964, GRUR **65,** 22. Dem trägt jetzt die Neufassung von Nr. 261 ff. der Richtlinien für das Strafverfahren Rechnung. Mit der jetzt geltenden Fassung des § 142 und den gleichlautenden Bestimmungen der §§ 143–144 MarkenG, §§ 106–111 UrhG, § 51 GeschmMG, § 25 GebrMG, § 10 HlSchG und § 39 SSchG wurde in Anknüpfung an die ältere Regelung des UrhG durch das PrPG v. 7. 3. 1990 zur wirksameren Bekämpfung der Produktpiraterie ein einheitliches Strafrecht für alle Verletzungen gewerblicher Schutzrechte geschaffen; vgl. dazu Begr. des RegEntw in BlPMZ **90,** 173 ff. Kritisch dazu die in GRUR **89,** 29, 30 ff. abgedruckte Stellungnahme der GRUR-Vereinigung. – Eine weitere Strafvorschrift, § 52 Abs. 2 (nicht genehmigte Anmeldung einer geheimzuhaltenden Erfindung im Ausland), ist durch Art. 6 Nr. 2b des 8. Strafrechtsänderungsgesetzes vom 25. 6. 1968 (BGBl. I S. 741) in das PatG eingefügt worden. Eine entsprechende Strafvorschrift (nicht genehmigte Anmeldung einer geheimzuhaltenden Erfindung unmittelbar beim Europäischen Patentamt) enthält Art. II § 14 IntPatÜG.

Literaturhinweis: Witte, Irrtum und Vertreterhaftung im Rahmen des § 49 Abs. 1 PatG, GRUR **58,** 419 ff.; Hesse, Strafbare Patentverletzung und Irrtum, GoldtArch. **68,** 225 ff.; Seydel, Einzelfragen der Urteilsveröffentlichung, GRUR **65,** 650; v. Gravenreuth, Strafverfahren wegen Verletzung von Patenten, Gebrauchsmustern, Warenzeichen und Urheberrechten, GRUR **83,** 349 ff.; Braun, Produktpiraterie, CR **94,** 726; Lührs, Verfolgungsmöglichkeiten im Fall der „Produktpiraterie“ unter besonderer Betrachtung der Einziehungs- und Gewinnabschöpfungsmöglichkeiten (bei Ton-, Bild- und Computerprogrammträgern), GRUR **94,** 264; Sieber, Computerkriminalität und Informationsstrafrecht, CR **95,** 100; Kröger/Bausch, Produktpiraterie im Patentwesen, GRUR **97,** 321; König, Mittelbare Patentverletzung, Mitt. **00,** 10; Hees, Zurückgewinnungshilfe zu Gunsten der Opfer von Marken- und Produktpiraterie, GRUR **02,** 1037; Cremer, Strafrechtliche Sanktionen bei der Verletzung von Rechten des geistigen Eigentums, Bericht der dt. AIPPI-Landesgruppe zu Q 168, GRUR Int. **02,** 511; Hees, Zurückgewinnungshilfe zu Gunsten der Opfer von Marken- und Produktpiraterie, GRUR **02,** 1037.

2. Der objektive Tatbestand der Patentverletzung im Strafrecht deckt sich gemäß ausdrücklicher Verweisung und inhaltlicher Wiederholung mit den wichtigsten zivilrechtlichen Tatbeständen (§ 9 Ziff. 1–3); dabei wurde auf die Wiedergabe der in § 9 Ziff. 2 enthaltenen Formulierung („wenn der Dritte weiß oder ..., dass ...“) deswegen verzichtet, weil diese Merkmale nur für fahrlässige Patentverletzung von Bedeutung sind, die Strafbarkeit aber auf vorsätzliche Delikte beschränkt bleiben soll (Amtliche Begründung in BlPMZ **79,** 266, 290). Mit Rücksicht auf die Vorschriften des StGB über die Strafbarkeit von Anstiftung, Beihilfe und Mittäterschaft wurde es ferner als entbehrlich angesehen, auch den Tatbestand der mittelbaren Patentverletzung (§ 10) in die Strafnorm des § 142 mit einzubeziehen, Amtl. Begr. aaO, vgl. auch König, Mitt. **00,** 10, 14f. Soweit die Wirkung des Patentschutzes durch die §§ 11–13 eingegrenzt ist, gilt dies auch für den strafrechtlichen Schutz, ohne dass dies besonders gesagt zu werden brauchte. Auch die Zustimmung des Patentinhabers schließt das Vorliegen einer Patentverletzung nach dem Wortlaut der Vorschrift („ohne Zustimmung des Patentinhabers“) aus, vgl. OLG Düsseldorf, Mitt. **98,** 372, 374 (Markensache). 2

In diesem Rahmen erfordert der objektive Tatbestand nur, dass die Handlung des Täters rein tatsächlich (objektiv) in das Patent eingreift, d. h. dass der Täter den Erfindungsgedanken tatsächlich benutzt. Es muss also einerseits geprüft werden, worin das Wesen, d. h. der „Schutzbereich“ des dem Patentinhaber für die Erfindung erteilten Patents besteht, und andererseits, ob sich der vom Täter hergestellte Gegenstand ganz oder teilweise mit dem Gegenstand der patentierten Erfindung deckt und deshalb in diese eingreift, RG GRUR **33,** 288. Der Schutzbereich ist ebenso wie für die zivilrechtlichen Ansprüche zu bestimmen. Es kann daher in allem auf die Erläuterungen in Rdn. 2–12 zu § 139 und die dort angeführten Erläuterungen zu § 9 und § 14 verwiesen werden. Bei Verletzung eines Gebrauchsmusters ist auch dessen materiellrechtliche Schutzfähigkeit zu prüfen, RGSt. **46,** 92.

Strafrechtlich geschützt ist das Recht aus einem deutschen Patent, dem deutschen Teil eines europäischen Patents, einem erstreckten DDR-Patent oder einem ergänzenden Schutzzertifikat. Die Verletzung eines ausländischen Patents oder eines europäischen Patents, das nicht für 3

Deutschland benannt ist, ist nicht nach deutschem Recht strafbar, Busse, Rdn. 14. Unter Strafe gestellt ist die Verletzung eines **erteilten Patents,** u. zw. unabhängig davon, ob noch ein Widerruf (§ 21) im Einspruchsverfahren (§§ 59ff.) möglich ist. Die Benutzung einer offengelegten Patentanmeldung ist nicht strafbar, vgl. BGHZ **107,** 161 – Offenend-Spinnmaschine, GRUR **93,** 460, 464 – Wandabstreifer. Hingegen kann eine strafbare Patentverletzung vorliegen, wenn der Inhaber eines **„abhängigen" Patents** (§ 9 Rdn. 75ff.) in das ältere Patent eingreift und umgekehrt, RGSt. **42,** 127 (Gebrauchsmuster). Verletzungen eines (mit Wirkung *ex nunc*) später **erloschenen Patents** (§§ 16, 20) bleibt strafbar, RGSt. **7,** 146, 148, s. auch § 2 Abs. 4 StGB; Verletzungen eines (mit Wirkung *ex tunc*) später **widerrufenen oder vernichteten Patents** (§§ 21, 22) oder eines (mit Wirkung *ex tunc*) später rückwirkend beschränkten, die Verletzungsform nun nicht mehr deckenden Patents (§ 64) dagegen werden nachträglich straflos, RGSt. **14,** 261; **30,** 187. Die Vernichtung des Patents ist auch noch in der Revisionsinstanz zu beachten, RGSt. **42,** 340. Bei Teilvernichtung bleibt die Verletzung des aufrechterhaltenen Teils strafbar, RGSt. **30,** 187. Wendet der Angeklagte ein, das Patent sei nichtig, so muss das Strafverfahren entspr. § 262 Abs. 2 StPO ausgesetzt werden, wenn er die Nichtigkeitsklage erhoben hat, oder auch, wenn er sie erst erheben will und dafür eine Frist erbittet, RGSt. **7,** 146; **48,** 419, 422. Der Widerruf, die Vernichtung oder die Beschränkung des Patents nach rechtskräftiger Verurteilung des Verletzers ist ein **Wiederaufnahmegrund** nach § 359 Nr. 4, 5 StPO.

4 **3. Subjektiver Tatbestand.** Strafbar ist nur die **vorsätzliche** Patentverletzung, § 15 StGB. D.h. alle objektiven Tatbestandsmerkmale müssen bei Tatbegehung vom Wissen und Wollen des Täters umfasst sein. Es genügt, wenn der Täter die Patentverletzung ernstlich für möglich hält und sich damit abfindet (bedingter Vorsatz), RGSt. **15,** 34, 38; **49,** 202, 205; RG Bl. **17,** 7, 9; GRUR **33,** 288, 289.

5 **4.** Die **Rechtswidrigkeit** wird durch die Verwirklichung des Tatbestandes indiziert. Rechtfertigungsgründe – wie Notwehr, § 32 StGB, und Notstand, § 34 StGB – können die Rechtswidrigkeit entfallen lassen. Die Zustimmung des Patentinhabers wirkt tatbestandausschließend und nicht (erst) rechtfertigend, vgl. oben bei Rdn. 2. Demgegenüber ist die Nichterschöpfung kein negatives Merkmal des objektiven Tatbestandes der Patentverletzung, so dass bei Erschöpfung des Rechts aus dem Patent ein Rechtfertigungsgrund gegeben ist, vgl. Busse, Rdn. 17.

6 **5.** An einem **Verschulden** im Sinne persönlicher Vorwerfbarkeit fehlt es insbesondere, wenn ein Entschuldigungsgrund vorliegt, wie er insbesondere im Falle des entschuldigenden Notstandes, § 35 StGB, gegeben ist.

7 **6. Irrtum.** Liegt ein **Tatbestandsirrtum** vor, was bei jedem Irrtum über die gesetzlichen Tatbestandsmerkmale der Fall ist, § 16 Abs. 1 StGB, ist Vorsatz ausgeschlossen; es kommt nur noch Fahrlässigkeit in Betracht, die aber bei einer Patentverletzung nicht strafbar ist. Ein Irrtum über Bestand und Inhalt (Auslegung) des verletzten Patents ist als ein Tatbestandsirrtum und nicht (lediglich) ein Verbotsirrtum anzusehen, ebenso: Busse, Rdn. 19; Hesse, GoldtArch **68,** 225, 230; Schulte, Rdn. 9; a.A. Witte, GRUR **58,** 419. Auch in einem Irrtum über die tatsächlichen Voraussetzungen eines Rechtsfertigungsgrundes (sog. Erlaubnistatbestandsirrtum) liegt nach der Rechtsprechung ein Tatbestandsirrtum, vgl. allgemein BGHSt **31,** 264, 286f. m.w.N., so dass auch der Irrtum über das Vorliegen eines Erschöpfungstatbestandes Vorsatz ausschließt.

Ein **Verbotsirrtum** ist gegeben, wenn die Einsicht, Unrecht zu tun, fehlt, § 17 StGB. Ist der Verbotsirrtum unvermeidbar, handelt der Täter ohne Schuld (sog. Schuldausschließungsgrund); liegt hingegen Vermeidbarkeit vor, kann die Strafe nach § 49 Abs. 1 StGB gemildert werden.

8 **7. Qualifizierter Fall.** Nach Abs. 2 wird eine verschärfte Strafe für **gewerbsmäßiges Handeln** angedroht. Zum Verständnis dieses Begriffs kann auf Rechtsprechung und Literatur zum allg. Strafrecht und insbes. zu §§ 243 Abs. 1 Nr. 3 und 260 StGB verwiesen werden. Damit soll nicht etwa jede im Rahmen eines Gewerbebetriebes begangene Patentverletzung erfasst werden. Gemeint sind vielmehr nur vorsätzlich, gezielt und wiederholt (oder mit Wiederholungsabsicht) begangene Handlungen, bei denen sich der Verletzer gerade aus diesen Straftaten eine fortlaufende Einnahmequelle von einiger Dauer und einigem Umfang verschaffen will, vgl. Begr. z. RegEntw. d. PrPG in BlPMZ **90,** 173, 179 und ferner u.a. BGHSt **29,** 187, 189. Gewerbsmäßige Patentverletzungen müssen als Offizialdelikt unabhängig von einem Antrag verfolgt werden, Abs. 4.

9 **8.** Der **Versuch** ist seit Inkrafttreten des PrPG 1. 7. 1990 strafbar (Abs. 3). Nach der Begr. z. RegEntw. des PrPG (BlPMZ **90,** 173, 179) soll damit zur verbesserten Bekämpfung von Pro-

duktpiraterie ein früherer Zugriff auf den Patentverletzer und auf solche Erzeugnis-Bestandteile ermöglicht werden, die dazu bestimmt sind, erst unmittelbar vor dem Verkauf zu einem patentverletzenden Produkt zusammengesetzt zu werden.

Die **Straftat ist vollendet,** wenn nur einmal, selbst nur wegen *eines* Gegenstands, das Patent verletzt ist. Ein Schaden für den Patentinhaber braucht nicht entstanden zu sein.

9. Täter ist, wer den Gegenstand der Erfindung in der in § 142 Abs. 1 bezeichneten Weise verwertet, also in erster Linie der Gewerbetreibende (Inhaber des Unternehmens) selbst, der das tut. Bei juristischen Personen (Aktiengesellschaften, Gesellschaften mit beschränkter Haftung, etc.) oder rechtsfähigen Personengesellschaften (Personenhandelsgesellschaften, Partnerschaftsgesellschaften, am Rechtsverkehr teilnehmende Gesellschaften bürgerlichen Rechts [vgl. BGHZ **146,** 341, 343ff.], etc.) ergibt sich die Täterschaft aus § 14 StGB. Gleiches gilt für gesetzliche Vertreter eines anderen, wie Insolvenzverwalter. Der sog. „mittelbare Verletzer" (s. § 10 u. die dortigen Erläuterungen) kann im strafrechtlichen Sinne als mittelbarer Täter, Mittäter, Anstifter oder Gehilfe belangt werden; wegen der begrifflichen Abgrenzung s. die strafrechtlichen Erläuterungswerke zu §§ 25ff. StGB, vgl. auch RGSt **42,** 151, 154ff.; König, Mitt. **00,** 10, 14f. Täter kann auch der frühere Inhaber des Patents nach dessen freiwilliger oder erzwungener Veräußerung sein. Hingegen kann – im Hinblick auf den Wortlaut der Vorschrift – der **Patentinhaber** in der Zeit seiner Inhaberschaft nicht Täter sein, auch wenn er sich der gesamten Ausübung des Patentrechts durch Vergabe eines Nießbrauchs oder einer ausschließlichen Lizenz entäußert hat, Busse, Rdn. 24; anders noch Voraufl. Erst recht nicht strafbar ist der Mitinhaber, der ohne Erlaubnis der anderen das Patent alleine nutzt, weil jeder Teilhaber nach § 743 Abs. 2 zum eigenen Gebrauch des Patents befugt ist, soweit er nicht den Mitgebrauch der anderen beeinträchtigt, BGH GRUR **05,** 663 – Gummielastische Masse II; Kraßer, 5. Aufl., § 19 V 6.; Chakraborty/Tilmann, König-FS, (2003), 63, 75ff. Als Täter strafbar ist auch, wen der Patentinhaber durch eine vorgeschobene Mittelsperson zu der Patentverletzung veranlasst hat, um ihn wegen dieser Handlung zur strafrechtlichen Verantwortung zu ziehen, RGSt. **23,** 363. **Teilnehmer** sind Mittäter, Anstifter und Gehilfen (§§ 25–27 StGB); Beispielsfälle der Teilnahme: oben § 139 Rdn. 21. 10

10. Strafantrag. Die Strafverfolgung wegen Verletzung des Patentrechts tritt für das Grunddelikt nach Abs. 1 im Regelfall nur auf Antrag ein (§ 142 Abs. 4); für den Antrag gelten die §§ 77–77d StGB. Die Strafverfolgungsbehörden verfolgen die Tat in den qualifizierten Fällen nach Abs. 2 von Amts wegen und in Fällen des Grunddelikts, wenn sie dies wegen des besonderen öffentlichen Interesses für geboten halten. Damit wird dem Umstand Rechnung getragen, dass Schutzrechtsverletzungen größeren Umfangs auch eine beachtliche Schädigung der Volkswirtschaft bedeuten. 11

Nach Nr. 161a der Richtlinien für das Straf- und Bußgeldverfahren v. 1. 1. 1977 i. d. bundeseinheitlich geltenden Fassung v. 1. 2. 1997 (RiStBV) wird ein besonderes öffentliches Interesse an der Strafverfolgung (§ 142 Abs. 4, § 25 Abs. 4, etc.) insbesondere dann anzunehmen sein, wenn der Täter einschlägig vorbestraft ist, ein erheblicher Schaden droht oder eingetreten ist, die Tat den Verletzten in seiner wirtschaftlichen Existenz bedroht oder die öffentliche Sicherheit oder die Gesundheit der Verbraucher gefährdet ist.

Antragsberechtigt ist der Verletzte (vgl. dazu auch § 139 Rdn. 16, 17). Das ist in der Regel der Patentinhaber, bei Vergabe einer ausschließlichen Lizenz der Lizenznehmer, RGSt. **11,** 266. Der Patentinhaber muss als solcher in der Patentrolle (§ 30) eingetragen sein; jedenfalls bis zum Ablauf der Antragsfrist, wohl aber auch noch bis zur Hauptverhandlung (Reimer § 49 Rdn. 4), kann die Eintragung nachgeholt und der Nachweis darüber nachgebracht werden, RG Bl. **11,** 29/30. Verletzt und damit antragsberechtigt kann auch eine juristische Person sein, für sie stellen den Antrag ihre gesetzlichen Vertreter (§ 77 StGB), RGSt. **15,** 293. Bei einer offenen Handelsgesellschaft sind deren Gesellschafter sämtlich antragsberechtigt, RGSt. **41,** 103, und zwar auch noch nach Eintritt in das Liquidationsstadium, RGSt. **41,** 377; RG Bl. **10,** 306. Den Antrag kann auch ein gewillkürter Vertreter im Willen, z.B. ein Prokurist stellen, RGSt. **15,** 144, nach ausdrücklicher Bestimmung des § 25 Abs. 1 namentlich auch der Inlandsvertreter; zur Stellung des Strafantrags durch einen Bevollmächtigten vgl. ferner RG Bl. **13,** 266; MuW **XII,** 566. Ansonsten ist das Antragsrecht in §§ 77ff. StGB geregelt. Bei Insolvenz des Verletzten ist neben ihm auch der Insolvenzverwalter antragsberechtigt, RGSt. **35,** 149. 12

Der Strafantrag umfasst im Zweifel jede nachweisbare Verletzung, auch die dem Verletzten unbekannten, RGSt. **38,** 434; er kann jedoch auf einzelne Verletzungen beschränkt werden, RGSt. **62,** 83, 84ff.; **74,** 203, 205. Sind mehrere an der Verletzung als Täter oder Teilnehmer beteiligt, so kann der Antrag gegen alle gerichtet oder auf einzelne beschränkt werden. 13

14 Die **Antragsfrist** beträgt 3 Monate und beginnt mit dem Tage, seit welchem der Antragsberechtigte von der Handlung und von der Person des Täters Kenntnis gehabt hat (§ 77b Abs. 2 StGB). Die Verjährungsfrist dagegen (unten Rdn. 22) beginnt mit Beendigung des strafbaren Verhaltens (§ 78a StGB). Der Beginn der beiden Fristen ist also in der gleichen Weise unterschiedlich festgesetzt wie der Beginn der beiden (zivilrechtlichen) Verjährungsfristen nach § 141. Bei fortgesetzter Handlung rechnen Antragsfrist und strafrechtliche Verjährungsfrist von der letzten Fortsetzungshandlung an bzw. von der Kenntnis davon, RGSt. **35,** 267, 270; **49,** 432, 433; **61,** 299, 302/03; RG JW **09,** 526 Nr. 39. Wegen der „Kenntnis" von Tat und Täter vgl. RGSt. **61,** 299, 303 und oben § 141 Rdn. 4. Die Antragsfrist wird gewahrt durch schriftliche oder zu Protokoll gegebene **Erklärung an das Gericht oder die Staatsanwaltschaft** oder schriftliche Erklärung an eine andere Behörde (§ 158 Abs. 2 StPO); die Stellung des Antrags kann namentlich auch in der Erhebung der Privatklage liegen (§ 381 StPO). Sind mehrere antragsberechtigt, so schließt die Versäumung der Frist durch einen Berechtigten das Recht der anderen nicht aus (§ 77b Abs. 3 StGB).

15 Der Strafantrag kann **zurückgenommen** werden (§ 77d Abs. 1 S. 1 StGB), und zwar auch teilweise wegen einzelner Handlungen oder einzelner Täter oder Teilnehmer. Die Zurücknahme ist bis zum rechtskräftigen Abschluss des Strafverfahrens zulässig (§ 77d Abs. 1 S. 2 StGB). Die Zurücknahme kann an die Bedingung geknüpft werden, dass den Antragsteller keine Kosten treffen (vgl. § 470 StPO), BGHSt. **9,** 149, 154ff. Die Zurücknahme ist an keine Form gebunden, sie muss jedoch gegenüber der mit der Sache befassten Behörde erfolgen und zweifelsfrei den Willen erkennen lassen, dass eine Strafverfolgung nicht mehr erfolgen soll.

16 **11. Verfahren.** Patentverletzungen nach Absatz 1 können ohne vorgängige Anrufung der Staatsanwaltschaft im Wege der **Privatklage** des Verletzten gegen den Verletzer strafrechtlich verfolgt werden (§ 374 Abs. 1 Nr. 8 StPO).

Die Staatsanwaltschaft erhebt die **öffentliche Klage** nur dann, wenn dies im öffentlichen Interesse liegt, und in den Fällen des Abs. 2. Nach Nr. 261 RiStBV wird das öffentliche Interesse an der Strafverfolgung von Verletzungen von Rechten des geistigen Eigentums (§ 142 Abs. 1, § 25 GebrMG, etc.) in der Regel zu bejahen sein, wenn eine nicht nur geringfügige Schutzrechtsverletzung vorliegt. Zu berücksichtigen sind dabei insbesondere das Ausmaß der Schutzrechtsverletzung, der eingetretene oder drohende Schaden und die vom Täter erstrebte Bereicherung. Bei Anklage vor dem Landgericht ist die Wirtschaftsstrafkammer zuständig, § 74c Abs. 1 Nr. 1 GVG. Von der **Konzentrationsermächtigung** in § 74c Abs. 3 Satz 1 GVG ist in folgenden Ländern Gebrauch gemacht worden:

in Baden-Württemberg: VO v. 7. 9. 1999 (GBl 561), zuletzt geänd. durch VO v. 28. 3. 2000 (GBl 366), VO v. 20. 11. 1998 (GBl. 680), zuletzt geänd. durch VO v. 15. 6. 2000 (GBl 499);

in Bayern: § 31 VO v. 2. 2. 1988 (GVBl 6), zuletzt geändert durch VO v. 13. 4. 2000 (GVBl. S. 288);

in Brandenburg: § 4 GerZustVO v. 3. 11. 1993 (GVBl II 689), zuletzt geändert durch G. v. 26. 11. 1998 (GVBl. I S. 218);

in Bremen: VO v. 3. 12. 1974 (GBl 337);

in Niedersachsen: § 2 VO 22. 1. 1998 (GVBl 66);

in Nordrhein-Westfalen: VO v. 25. 4. 1972 (GV NW 102), VO v. 1. 11. 1978 (GV NW 566, ber. 590);

in Rheinland-Pfalz: VO v. 19. 11. 1985 (GVBl 265), zuletzt geänd. durch VO v. 7. 4. 1997 (GVBl 137);

in Sachsen: VerwVorschr v. 12. 7. 1994 (JMBl. S. 82), geändert durch VerwVorschr. v. 24. 10. 1995 (JMBl. S. 80);

in Schleswig-Holstein: VerwVorschr. v. 9. 3. 1979 (GVOBl 276), geänd. durch Art. 65 VO v. 24. 10. 1996 (GVOBl 652) und v. 11. 4. 1979 (GVOBl 288);

in Thüringen: § 12 Abs. 2 VO v. 12. 8. 1993 (GVBl. S. 563), zuletzt geändert durch VO v. 8. 12. 2005 (GVBl. 2006, S. 18).

Wird die öffentliche Klage erhoben, so kann der Verletzte sich ihr als **Nebenkläger** anschließen (§ 395 Abs. 2 Nr. 3 StPO). Auch ohne Anschließung kann er nach Maßgabe des § 406e StPO Akteneinsicht verlangen. Die Einziehung patentverletzender Gegenstände oder ihrer Surrogate (§§ 74, 74c StGB) im Wege des sog. **objektiven Verfahrens** (§ 76a StGB) kann ebenfalls sowohl mittels öffentlicher Klage als auch mittels Privatklage erwirkt werden (§§ 430ff. StPO); gleiches gilt für die bei Patentverletzungen kaum in Betracht kommende Verfallsanordnung nach §§ 73ff. StGB.

Wegen des **Privatklageverfahrens** im einzelnen vgl. §§ 374ff., insbesondere §§ 381ff. StPO. Von mehreren Verletzten kann jeder allein Privatklage erheben; hat schon ein anderer Privatklage erhoben, so kann er nur noch dieser beitreten (§ 375 StPO). Wegen der Berechtigung eines Lizenznehmers oder Patenterwerbers zur Erhebung der Privatklage oder Anschließung als Nebenkläger vgl. RG Bl. **14,** 259. Zuständig für Privatklageverfahren ist der Amtsrichter (§ 25 Nr. 1 GVG), örtlich zuständig das Gericht des Begehungsorts oder des Wohnsitzes des Verletzers (§§ 7, 8 StPO). Beschlagnahme und Durchsuchung (§§ 94ff. StPO) ist auch im Privatklageverfahren zulässig, Meyer-Goßner, 47. Aufl., § 384 StPO, Rdn. 7, 8.

Der Widerruf, die Vernichtung oder die Beschränkung des Patents (mit Wirkung *ex tunc*) nach rechtskräftiger Verurteilung des Verletzers ist ein **Wiederaufnahmegrund** nach § 359 Nr. 4, 5 StPO.

12. Die Strafe für vorsätzliche Patentverletzung ist Geldstrafe oder Freiheitsstrafe bis zu 3 Jahren, bei Gewerbsmäßigkeit nach Abs. 2 bis zu 5 Jahren. Vorsätzliche Patentverletzung ist also ein „Vergehen" (§ 12 Abs. 2 StGB). Die **Geldstrafe** beträgt 5–360 Tagessätze zu je 1 bis 5000 EUR (§ 40 StGB). Der Mindestbetrag der **Freiheitsstrafe** beträgt 1 Monat (§ 38 Abs. 2 StGB), bei der Ersatzfreiheitsstrafe für eine uneinbringliche Geldstrafe 1 Tag (§ 43 StGB). **17**

Mehrere Patentverletzungen können als einheitliche Tat (Tateinheit, § 52 StGB) oder als mehrere Taten (Tatmehrheit, § 53 StGB) zu bewerten sein. **Tateinheit** liegt vor, wenn dieselbe Handlung mehrere Strafgesetze oder dasselbe Strafgesetz mehrmals verwirklicht; es wird nur auf eine Strafe erkannt, § 52 Abs. 1 StGB. **Tatmehrheit** ist gegeben, wenn mehrere Straftaten begangen worden sind, die gleichzeitig abgeurteilt werden, § 53 Abs. 1 StGB, oder zwar nacheinander abgeurteilt werden, die weitere Tat aber vor der früheren Verurteilung begangen wurde, § 55 Abs. 1 StGB. Bei Tatmehrheit wird auf eine Gesamtstrafe erkannt, die durch Erhöhung der verwirkten höchsten Strafe gebildet wird, wobei die Summe der Einzelstrafen nicht erreicht werden darf, §§ 53, 54 StGB. **18**

Nur eine Tat liegt vor, wenn mehrere Handlungen für die strafrechtliche Bewertung zu einer Handlungseinheit verbunden werden. Das ist bei der sog. **natürlichen Handlungseinheit** gegeben; eine solche vorliegt, wenn mehrere Handlungen von einem einheitlichen Willen getragen werden und aufgrund des räumlich-zeitlichen Zusammenhangs derart eng miteinander verbunden sind, dass sich das gesamte Tätigwerden objektiv für einen Dritten bei natürlicher Betrachtungsweise als ein einheitlich zusammengefasstes Tun darstellt, vgl. BGHSt **4,** 219; **10,** 231; **26,** 284; **41,** 368. Eine natürliche Handlungseinheit wird beispielsweise anzunehmen sein, wenn der Täter aufgrund eines Auftrags bei einheitlicher Willensbildung mehrere patentverletzende Produkte herstellt. Als eine Tat im Rechtssinn wird auch eine Mehrheit natürlicher Handlungen angesehen (sog. **Bewertungseinheit**), die tatbestandlich zusammengefasst sind, sich als Verwirklichung eines einheitlichen Täterwillens darstellen und auch über eine enge tatbestandliche Handlungseinheit hinausgehen, vgl. Tröndle/Fischer, 52. Aufl., Vor § 52 StGB, Rdn. 2f. Beispielsweise dürften die Handlungen des Anbietens, Herstellens bzw. Einführens und Vertreibens desselben patentverletzenden Produkts als Bewertungseinheit zusammengefasst werden können, so wie dies hinsichtlich der Teilakte des Erwerbs, des Besitzes und der Abgabe sowie de Einfuhr für den Tatbestand des Handeltreibens mit Betäubungsmitteln (BtM) in der Rechtsprechung anerkannt ist, vgl. Tröndle/Fischer, aaO, Rdn. 2i. Hingegen ist nach der neueren Rechtsprechung des BGH eine Verbindung mehrerer Verhaltensweisen, die jede für sich einen Straftatbestand erfüllen, zu einer fortgesetzten Handlung (sog. **Fortsetzungszusammenhang**), nur noch möglich, wenn dies zur sachgerechten Erfassung des verwirklichten Unrechts und der Schuld unumgänglich ist, BGHSt **40,** 138, 167. Eine solche „Unumgänglichkeit" ist in der Rechtsprechung des BGH bislang in keinem Fall angenommen worden, vgl. Tröndle/Fischer, aaO, Rdn. 28, und ist auch für § 142 nicht gegeben, ebenso Busse, Rdn. 35.

Werden durch eine Handlung mehrere Schutzrechte verletzt, kann dies im Rahmen der Strafzumessung zur einer Erhöhung der Strafe führen. Das gilt aber nicht, wenn die Schutzrechte (etwa ein Patent und ein Gebrauchsmuster) parallel dieselbe Erfindung schützen.

Die **Einziehung** der zur vorsätzlichen Patentverletzung gebrauchten oder bestimmten Gegenstände und der durch die vorsätzliche Patentverletzung hervorgebrachten Gegenstände ist bereits nach § 74 StGB zulässig; sie kann auch im objektiven Verfahren erfolgen (§ 76a StGB). Nach Absatz 5 können zusätzlich auch sogenannte Beziehungsgegenstände eingezogen werden. Das sind insbesondere Handelswaren, die Gegenstand einer patentverletzenden Handlung nach §§ 9, 10 waren, ohne vom Patentverletzer i.S. von § 74 StGB gebraucht oder hervorgebracht worden zu sein. Unter den Voraussetzungen des § 74a StGB (leichtfertiges oder verwerfliches Handeln des Eigentümers) können auch solche Gegenstände eingezogen werden, die dem Täter zur Zeit der Entscheidung nicht gehören oder zustehen (Abs. 5 Satz 2). Soweit dem Verletzten **19** im Rahmen des sog. Adhäsionsverfahrens (§§ 403ff. StPO) im Strafprozess ein Anspruch auf Vernichtung nach § 140a zugesprochen wird, tritt der Einziehungsanspruch des Staates dahinter zurück (Abs. 5 Satz 2).

20 Nach der Neufassung des StGB ist ferner die **Anordnung des Verfalls** des durch die Patentverletzung erlangten Vermögensvorteils und seiner Surrogate oder eines entsprechenden Wertersatzes an den Staat vorgesehen (§§ 73ff. StGB), soweit nicht der Vermögensvorteil durch aus der Patentverletzung erwachsene Schadensersatzansprüche des Verletzten beseitigt oder gemindert ist, vgl. § 73 Abs. 1 Satz 2 StGB, was bei einer Patentverletzung regelmäßig der Fall sein wird. Verfallene Vermögensvorteile oder Surrogate oder verfallener Wertersatz können durch Beschlagnahme oder dinglichen Arrest, §§ 111b ff. StPO sicher gestellt werden. Der **Sicherstellung nach §§ 111b ff. StPO** steht nicht entgegen, dass ein Verfall nach § 73 Abs. 1 Satz 2 StGB nur deshalb nicht angeordnet werden kann, weil dem Verletzten aus der Patentverletzung Schadensersatzansprüche gegen den Verletzer zustehen, § 111b Abs. 5 StPO. Auf die Vermögenswerte kann nach Maßgabe der §§ 111g ff. StPO zugegriffen werden. Zu den Einzelheiten dieser sog. **„Zurückgewinnungshilfe"** vgl. Hees, GRUR 02, 1037, 1038ff.

21 Auch die Anordnung der **öffentlichen Bekanntmachung** der Verurteilung (§ 142 Abs. 6) ist „Strafe", RGSt. **6,** 180; **16,** 73, 75; **35,** 17, 19; **53,** 290, 291, str.; a. A. (Nebenfolge): Busse, Rdn. 37. Sie erfolgt nur auf ausdrücklichen Antrag. Sachliche Voraussetzung der Anordnung ist ein fortbestehendes berechtigtes Interesse des allein antragsberechtigten Verletzten. Dieses muss nach der Neufassung der Vorschrift bei Verletzung aller seit dem 1. 1. 1981 angemeldeten Patente vom Verletzten dargetan und vom Gericht positiv festgestellt werden. Anders als im vergleichbaren Fall des § 12 Abs. 3 UWG, der dies in das pflichtgemäße Ermessen des Gerichts stellt („kann"), hat das Gericht die Bekanntmachung anzuordnen („ist"), wenn die allgemeinen Voraussetzungen der Strafbarkeit vorliegen und ein berechtigtes Interesse dargetan ist. Nach Nr. 261b RiStBV hat der Staatsanwalt, darauf hinzuwirken, dass der Name des Verletzten in die Urteilsformel aufgenommen wird. Mit dem Tod des Verletzten entfällt auch die Grundlage für eine solche Anordnung. Bei der Prüfung eines berechtigten Interesses zu berücksichtigen ist insbesondere eine allgemeine Verwirrung des Marktes durch die Patentverletzung, eine durch die Verletzung hervorgerufene Unsicherheit bei den Abnehmern und eine daraus folgende Beeinträchtigung und Entwertung des Patents. Umfang und Art der Bekanntmachung sind im Urteil zu bestimmen (§ 142 Abs. 6 S. 2); sie kann auch die Urteilsgründe umfassen, RGSt. **20,** 1. Die Vollstreckung der Bekanntmachungsanordnung erfolgt gemäß § 463c StPO durch die Vollstreckungsbehörde und setzt einen besonderen weiteren Antrag des Verletzten voraus, der innerhalb eines Monats nach Zustellung der rechtskräftigen Entscheidung gestellt werden muss (§ 463c Abs. 2 StPO). § 59 Strafvollstreckungsordnung ist zu beachten, Nr. 261b S. 2 RiStBV.

22 **13. Verjährung.** Die Strafverfolgung wegen vorsätzlicher Patentverletzung verjährt nach den allgemeinen Bestimmungen des StGB, RGSt. **26,** 129, 130, d.h. in 3 Jahren (§ 78 Abs. 3 Nr. 5 StGB). Die Frist beginnt mit Beendigung der Patentverletzung (§ 78a StGB).Die Vollstreckung der verhängten Strafe verjährt – abhängig von deren Höhe – nach zehn, fünf oder drei Jahren (§ 79 Abs. 3 StGB).

142a

Grenzbeschlagnahme. (1) [1]**Ein Erzeugnis, das ein nach diesem Gesetz geschütztes Patent verletzt, unterliegt auf Antrag und gegen Sicherheitsleistung des Rechtsinhabers bei seiner Einfuhr oder Ausfuhr der Beschlagnahme durch die Zollbehörde, sofern die Rechtsverletzung offensichtlich ist.** [2]**Dies gilt für den Verkehr mit anderen Mitgliedstaaten der Europäischen Union sowie mit den anderen Vertragsstaaten des Abkommens über den Europäischen Wirtschaftsraum nur, soweit Kontrollen durch die Zollbehörden stattfinden.**

(2) [1]**Ordnet die Zollbehörde die Beschlagnahme an, so unterrichtet sie unverzüglich den Verfügungsberechtigten sowie den Antragsteller.** [2]**Dem Antragsteller sind Herkunft, Menge und Lagerort des Erzeugnisses sowie Name und Anschrift des Verfügungsberechtigten mitzuteilen; das Brief- und Postgeheimnis (Artikel 10 des Grundgesetzes) wird insoweit eingeschränkt.** [3]**Dem Antragsteller wird Gelegenheit gegeben, das Erzeugnis zu besichtigen, soweit hierdurch nicht in Geschäfts- oder Betriebsgeheimnisse eingegriffen wird.**

(3) **Wird der Beschlagnahme nicht spätestens nach Ablauf von zwei Wochen nach Zustellung der Mitteilung nach Absatz 2 Satz 1 widersprochen, so ordnet die Zollbehörde die Einziehung des beschlagnahmten Erzeugnisses an.**

(4) [1]Widerspricht der Verfügungsberechtigte der Beschlagnahme, so unterrichtet die Zollbehörde hiervon unverzüglich den Antragsteller. [2]Dieser hat gegenüber der Zollbehörde unverzüglich zu erklären, ob er den Antrag nach Absatz 1 in bezug auf das beschlagnahmte Erzeugnis aufrechterhält.

1. [3]Nimmt der Antragsteller den Antrag zurück, hebt die Zollbehörde die Beschlagnahme unverzüglich auf.

2. [4]Hält der Antragsteller den Antrag aufrecht und legt er eine vollziehbare gerichtliche Entscheidung vor, die die Verwahrung des beschlagnahmten Erzeugnisses oder eine Verfügungsbeschränkung anordnet, trifft die Zollbehörde die erforderlichen Maßnahmen.

[5]Liegen die Fälle der Nummern 1 oder 2 nicht vor, hebt die Zollbehörde die Beschlagnahme nach Ablauf von zwei Wochen nach Zustellung der Mitteilung an den Antragsteller nach Satz 1 auf; weist der Antragsteller nach, daß die gerichtliche Entscheidung nach Nummer 2 beantragt, ihm aber noch nicht zugegangen ist, wird die Beschlagnahme für längstens zwei weitere Wochen aufrechterhalten.

(5) Erweist sich die Beschlagnahme als von Anfang an ungerechtfertigt und hat der Antragsteller den Antrag nach Absatz 1 in bezug auf das beschlagnahmte Erzeugnis aufrechterhalten oder sich nicht unverzüglich erklärt (Absatz 4 Satz 2), so ist er verpflichtet, den dem Verfügungsberechtigten durch die Beschlagnahme entstandenen Schaden zu ersetzen.

(6) [1]Der Antrag nach Absatz 1 ist bei der Oberfinanzdirektion zu stellen und hat Wirkung für zwei Jahre, sofern keine kürzere Geltungsdauer beantragt wird; er kann wiederholt werden. [2]Für die mit dem Antrag verbundenen Amtshandlungen werden vom Antragsteller Kosten nach Maßgabe des § 178 der Abgabenordnung erhoben.

(7) [1]Die Beschlagnahme und die Einziehung können mit den Rechtsmitteln angefochten werden, die im Bußgeldverfahren nach dem Gesetz über Ordnungswidrigkeiten gegen die Beschlagnahme und Einziehung zulässig sind. [2]Im Rechtsmittelverfahren ist der Antragsteller zu hören. [3]Gegen die Entscheidung des Amtsgerichts ist die sofortige Beschwerde zulässig; über sie entscheidet das Oberlandesgericht.

Inhaltsübersicht

1. Zusammenhang und Zweck der Vorschrift. § 142a wurde durch das Produktpirateriegesetz (PrPG) v. 7. 3. 1990 (BGBl. I 422) eingeführt, trat am 1. 7. 1990 in Kraft und stimmt inhaltlich im wesentlichen überein mit §§ 146–151 MarkenG (vormals: § 28 WZG) (nebst Verweisung hierauf für Gemeinschaftsmarken in § 125b Nr. 6 MarkenG), § 111a UrhG, §§ 55–57 GeschmG, § 25a GebrMG (nebst Verweisung hierauf in § 9 Abs. 2 HlSchG) und § 40a SSchG. Art. 51–60 TRIPS-Übereink. sehen die Grenzbeschlagnahme zwingend für Marken- und Urheberrechtsverletzungen vor und fakultativ für andere Verletzungen von Rechten des geistigen Eigentums. Durch das 2. PatÄndG v. 16. 7. 1998 (BGBl. I 1827) wurde die Ausnahmeregelung in Abs. 1 Satz 2 auf die Vertragsstaaten des EWR-Abk. erweitert. 1

Vor Inkrafttreten des PrPG kannten nur § 28 WZG sowie § 2 MMA die Möglichkeit der Grenzbeschlagnahme. Darüber hinaus konnten seinerzeit Grenzbeschlagnahmen zwar wegen

Markenrechtsverletzungen, nicht aber wegen Patentverletzungen aufgrund der VO (EWG) Nr. 3842/86 des Rates vom 1. 12. 1986 über Maßnahmen zum Verbot der Überführung nachgeahmter Waren in den zollrechtlich freien Verkehr (ABl. EG L 357/1 = GRUR Int. **87,** 98) erfolgen. Mit dem PrPG wurde erstmals für alle Schutzrechte des geistigen Eigentums in gleicher Weise die Möglichkeit zur Verfügung gestellt, schutzrechtverletzende Ware bereits bei ihrer Einfuhr oder bei ihrer Ausfuhr auf entsprechenden Antrag und gegen Sicherheitsleistung des Rechtsinhabers durch die Zollbehörden beschlagnahmen zu lassen. Dies wurde für erforderlich gehalten, weil über die Hälfte aller in der Bundesrepublik Deutschland verkauften schutzrechtsverletzenden Ware ausländischer Produktion entstamme und die vollständige Sicherstellung der eingeführten schutzrechtsverletzenden Ware nach der Zollabfertigung in der Regel nicht mehr möglich sei, BT-Drs. 11/4792, 34. Die Vorschrift ist in erster Linie im Hinblick auf die Bekämpfung vorsätzlicher, massenhafter und meist eindeutiger Verletzungen von Kennzeichen – und Urheberrechten konzipiert worden. Da „offensichtliche" Rechtsverletzungen im Patent- und Gebrauchsmusterrecht eher selten vorkommen und bei nur stichprobenartig und nicht systematisch durchführbaren Kontrollen auch nur gelegentlich auffallen, ist die Vorschrift in der Praxis hier weniger bedeutsam, vgl. Stellungnahme der Vereinigung f. gewerbl. Rechtsschutz u. Urheberrecht in GRUR **89,** 29, 33. Nach den Angaben des BMF in der Veröffentlichung „Gewerblicher Rechtsschutz – Jahresbericht 2005", in der aktuellen Ausgabe abrufbar unter **www.grenzbeschlagnahme.de,** ist die Zahl der (auf nationales und gemeinschaftliches Recht gestützten) Grenzbeschlagnahme*anträge* von *41* im Jahre 1993 auf *352* im Jahre 2005 und die Zahl der Grenzbeschlagnahme*fälle* von *269* im Jahre 1993 auf *7217* im Jahre 2005 gestiegen und sind im Jahre 2005 Waren im Wert von insgesamt *213 480 323 Euro* beschlagnahmt worden, ohne dass den Angaben entnommen werden kann, wie hoch dabei der Anteil von Beschlagnahmen im Hinblick auf Patent- und Gebrauchsmusterverletzungen ist. Der Umstand, dass zur Zeit (Stand 1. 3. 2006) *47 Unternehmen* einen Antrag auf Grenzbeschlagnahme im Hinblick auf Patent- oder Gebrauchsmusterverletzung gestellt haben, ist jedoch ein Anhaltspunkt dafür, dass die Grenzbeschlagnahme auch im Bereich technischer Schutzrechte in den letzten Jahren an Bedeutung gewonnen hat.

2 **2. Vorrang des Gemeinschaftsrechts.** Durch die ÄnderungsVO (EG) Nr. 241/1999 des Rates vom 25. 1. 1999 (ABl. EG L 27/1), die am 1. 7. 1999 in Kraft getreten war, wurde der Anwendungsbereich der Verordnung (EG) Nr. 3295/94 des Rates vom 22. 12. 1994 über Maßnahmen zum Verbot der Überführung nachgeahmter Waren und unerlaubt hergestellter Vervielfältigungsstücke oder Nachbildungen in den zollrechtlich freien Verkehr oder in ein Nichterhebungsverfahren sowie zum Verbot ihrer Ausfuhr und Wiederausfuhr (ABl. EG L 341/8), die mit Wirkung vom 1. 7. 1995 an die Stelle der VO (EWG) Nr. 3842/86 des Rates vom 1. 12. 1986 getreten war, u.a. auf die Verletzung von Patenten und Schutzzertifikaten ausgedehnt. Zu der VO (EG) Nr. 3295/94 war die DurchführungsVO (EG) Nr. 1367/95 der Kommission vom 16. 6. 1995 ergangen, die weitere Bestimmungen enthielt. Die VO (EG) Nr. 3295/94 und die DurchführungsVO (EG) Nr. 1367/95 sind mit Wirkung vom 1. 7. 2004 durch die **Verordnung (EG) Nr. 1383/2003 des Rates vom 22. 7. 2003 über das Vorgehen der Zollbehörden gegen Waren, die im Verdacht stehen, bestimmte Rechte geistigen Eigentums zu verletzen, und die Maßnahmen gegenüber Waren, die erkanntermaßen derartige Rechte verletzen** (ABl. EG L 196/7) und die **DurchführungsVO (EG) Nr. 1891/2004 der Kommission vom 21. 10. 2004** (ABl. EG L 328/16) ersetzt worden.

§ 142a ist gegenüber den Bestimmungen der VO (EG) Nr. 1383/2003 (vormals der VO (EG) 3295/94 i.d.F. d. VO (EG) Nr. 241/1999) **nachrangig** und daher nur dann entsprechend anzuwenden, wenn in der VO nichts anderes bestimmt ist. Dass ein entsprechender ausdrücklicher Hinweis – wie in § 146 MarkenG enthalten – in § 142a bislang nicht aufgenommen worden ist, steht dem nicht entgegen, vgl. Kampf, ZfZ **99,** 263, 267. In folgenden Fällen gilt § 142a ausschließlich, weil die VO (EG) Nr. 1383/2003 nicht anwendbar ist:

Die VO (EG) Nr. 1383/2003 betrifft allein das Tätigwerden der nationalen Zollbehörden im Warenverkehr zwischen dem Zollgebiet der Gemeinschaft und Drittstaaten. Grenzbeschlagnahmen wegen Patent- oder Schutzzertifikatsverletzungen im Warenverkehr zwischen den Mitgliedstaaten der EU – soweit Kontrollen durch die Zollbehörden stattfinden, Abs. 1, Satz 2 – kommen daher allein aufgrund von § 142a in Betracht, vgl. EuGH, GRUR Int. **01,** 57, 59, Rdn. 30f. – Zollbeschlagnahme bei Durchfuhr.

Die VO (EG) Nr. 1383/2003 gilt nicht für Waren, die durch ein Patent oder ein ergänzendes Schutzzertifikat geschützt und mit Zustimmung des Rechtsinhabers hergestellt worden sind, aber ohne Zustimmung des Rechtsinhabers aus Drittländern im Sinne der in Art. 1 Abs. 1 näher bezeichneten „Situationen" ein- oder ausgeführt werden sollen (sog. Parallelimporte), Art. 3 Abs. 1, Unterabs. 1. Die VO gilt zudem nicht für Waren, die unter anderen als den mit dem betreffenden Rechtsinhaber vereinbarten Bedingungen – also insb. unter Verletzung lizenzvertraglicher Bestimmungen – hergestellt worden sind, Art. 3 Abs. 1, Unterabs. 2. Grenzbeschlagnahmen wegen Patent- oder Schutzzertifikatsverletzung können daher auch insoweit allein aufgrund von § 142 a erfolgen, Beußel, GRUR **00,** 188; ebenso zu § 146 MarkenG im Falle eines Parallelimports: BFH, GRUR Int. **00,** 780, 781 f.

Da die VO (EG) Nr. 1383/2003 nur auf Waren anzuwenden ist, die durch ein in Art. 2 der VO genanntes Recht geistigen Eigentums geschützt werden, Art. 3 Abs. 1, Unterabs. 2, Gebrauchsmuster dazu aber nicht gehören, ist auch eine Grenzbeschlagnahme wegen Gebrauchsmusterverletzung nur nach § 25 a GebrMG möglich.

Literaturhinweis: Cremer, Die Bekämpfung der Produktpiraterie in der Praxis – Zur Handhabung des Produktpirateriegesetzes, Mitt. **92,** 153; Schöner, Die Bekämpfung der Produktpiraterie durch die Zollbehörden, Mitt **92,** 180; David, Hilfeleistung der Zollverwaltung zum Schutz des geistigen Eigentums, SMI **95,** 207; Scheja, Bekämpfung der grenzüberschreitenden Produktpiraterie durch die Zollbehörden, CR **95,** 714; Ahrens, Die europarechtlichen Möglichkeiten der Beschlagnahme von Produktpirateriewaren an der Grenze unter Berücksichtigung des TRIPS-Abkommens, RIW **96,** 727; Fritze, Die Verordnung (EG) Nr. 3295/94 des Rates der Europäischen Union vom 22. Dezember 1994 über die Zollbeschlagnahme nachgeahmter Waren und unerlaubt hergestellter Vervielfältigungsstücke oder Nachbildungen und ihre Aussichten auf Erfolg, FS Piper (1996), 221; Ahrens, Die gesetzlichen Grundlagen der Grenzbeschlagnahme von Produktpirateriewaren nach dem deutschen nationalen Recht, BB **97,** 902; Clark, The Use of Border Measures to Prevent International Trade in Counterfeit and Pirated Goods: Implementation and Proposed Reform of Council Regulation 3295/94, EIPR **98,** 414; Kampf, Aktuelle Fragen zur „Grenzbeschlagnahme" bei Markenrechtsverletzungen, ZfZ **98,** 331; ders., Grenzbeschlagnahmen bei Produktpiraterie, AW-Prax **98,** 301; ders., Zur Änderung der Produktpiraterieverordnung, ZfZ **99,** 263; Beußel, Die Grenzbeschlagnahme von Parallelimporten, GRUR **00,** 188; Blumenröder, Grenzbeschlagnahme bei Parallelimporten, MarkenR **00,** 46; Scherbauer, Grenzbeschlagnahme von Produktpirateriewaren im Immaterialgüterrecht, Diss. München (2000); Pickrahn, Produkt- und Markenpiraterie: Gesetzliche und rechtliche Grundlagen für Grenzbeschlagnahmen national und in der EU, VPP-Rdbr. **00,** 14; Braun/Heise, Die Grenzbeschlagnahme illegaler Tonträger in Fällen des Transits, GRUR Int. **01,** 28; Cremer, Die Wirksamkeit von zollrechtlichen Maßnahmen nach TRIPS, Bericht Q 147 für die deutsche AIPPI Landesgruppe, 2001; Hoffmeister/Böhm, Kehren neue Besen gut? Der Vorschlag der Kommission für eine Verordnung des Rates über das Tätigwerden der Zollbehörden hinsichtlich Waren, die bestimmte Rechte am geistigen Eigentum verletzen, zu treffenden Maßnahmen, FS Eisenführ (2003) 161; Günther/Beyerlein, Die Auswirkungen der Ost-Erweiterung der Europäischen Union auf die Grenzbeschlagnahme im gewerblichen Rechtsschutz, WRP **04,** 452; Hacker, Die Warendurchfuhr zwischen Markenverletzung, Grenzbeschlagnahme und Warenverkehrsfreiheit, MarkenR **04,** 257; Kobiako, Durchfuhr als Patentverletzungshandlung? – Zugleich Anmerkung zum Urteil des LG Hamburg vom 2. April 2004, GRUR Int. **04,** 832.

3. Materielle Voraussetzungen der Beschlagnahme

a) Patentverletzende Erzeugnisse: Der Beschlagnahme unterliegen Erzeugnisse, die ein nach dem PatG bzw. EPÜ geschütztes Patent verletzen. Als verletzte Patente kommen deutsche Patente, europäische Patente mit Deutschland als benanntem Vertragsstaat, erstreckte DDR-Patente sowie ergänzende Schutzzertifikate in Betracht. Es muss sich um ein Erzeugnis nach § 9 Satz 2 Nr. 1 oder ein unmittelbares Verfahrenserzeugnis nach § 9 Satz 2 Nr. 3 handeln. Verwendungsschutz scheidet aus. Hingegen ist der Schutz der ersten medizinischen Indikation nach § 3 Abs. 3, Art. 54 Abs. 5 EPÜ hinreichend, Busse, § 142 a, Rdn. 4. In Betracht kommen alle Ausführungsformen, die unter den Schutzbereich des Patents nach § 14 bzw. Art. 69 EPÜ fallen, also sowohl wortsinngemäße als auch äquivalente Verwirklichungen, wobei bei letzteren die Patentverletzung nur ausnahmsweise auch „offensichtlich" sein wird. 3

b) Offensichtliche Rechtsverletzung: Es muss sich zunächst um eine Patentverletzung handeln. Damit wird Rechtswidrigkeit vorausgesetzt, während es auf ein Verschulden nicht ankommt. Die Patentverletzung muss jedenfalls bevorstehen. 4

Die Patentverletzung muss zudem **offensichtlich** sein. Damit soll sichergestellt werden, dass eine Beschlagnahme bei unklarer Rechtslage unterbleibt und damit Fehlentscheidungen weitestgehend vermieden werden, vgl. BT-Drs. 11/4792, 45, 41. Offensichtlich ist die Patentverletzung, wenn sie auf der Grundlage schlüssiger und glaubhafter Angaben des Antragstellers und aller sonstigen für die Zollbehörde erkennbarer tatsächlichen Umstände keinen vernünftigen Zweifel unterliegt, vgl. Cremer, Mitt. **92,** 153, 166. Daher empfiehlt es sich für den Antragsteller, die Zollbehörde möglichst umfassend zu informieren, so dass diese in die Lage versetzt wird, Patentverletzungen zweifelsfrei festzustellen. Helfen können hier insbesondere eine genaue, ausführliche und für einen Laien nachvollziehbare technische Beschreibung der Waren, aber auch Angaben zum möglichen Zeitpunkt des Imports, Exportland, Beförderungsmittel, Transportweg, Vertriebssystem, Zollverfahren und Zollwert, zur Verpackungsform, zur Person möglicher Im- oder Exporteure, Beförderer, Empfänger und Vertriebsunternehmen, vgl. Art. 5 Abs. 5 VO (EG) 1383/2003; BMF, Gewerblicher Rechtsschutz, Jahresbericht 2005, 11f. Auch bei **Parallelimporten** ist eine offensichtliche Patentverletzung möglich, obwohl diese nicht schon aufgrund der Beschaffenheit der Ware festgestellt werden kann, BFH, GRUR Int. **00,** 780, 782 (zu § 146 MarkenG).

5 **c) Bei Einfuhr oder Ausfuhr:** Das offensichtlich patentverletzende Erzeugnis kann nur bei seiner Einfuhr oder Ausfuhr beschlagnahmt werden. Die Einfuhr zur Weiterveräußerung oder Bearbeitung und anschließenden Wiederausfuhr reicht aus, vgl. Begr. MarkenRÄndG 1996, BR-Drs 888/95, 16. Die bloße Durchfuhr (Transit) von einem Drittland in ein anderes Drittland ohne Veräußerungsgeschäft im Inland genügt hingegen nicht, vgl. Begr. PrPG, BT-Drs. 11/4792, 45, 41 sowie Begr. MarkenRRefG, BT-Drs. 12/6581, 127, und Begr. MarkenRÄndG 1996, BR-Drs. 888/95, 14ff.; der Anwendungsbereich von § 142a ist damit insoweit enger als der der VO (EG) 1383/2003, wonach auch Transitware erfasst wird, vgl. unten Rdn. 17. Auch bei Einfuhren von Privatpersonen zu privaten Zwecken kommt eine Beschlagnahme nicht in Betracht; anders jedoch wenn die Ein- oder Ausfuhr gewerblichen Zielen dient (Anhaltspunkte in der Zollpraxis: der gesamte Warenwert beträgt mehr als 175 EUR; die Einfuhr erfolgt auf dem Postweg).

4. Formelle Voraussetzungen der Beschlagnahme

6 **a) Antrag:** Die Beschlagnahme nach § 142a setzt einen Antrag voraus; sie kann nicht von Amts wegen erfolgen. Der Antrag ist bei der zuständigen Oberfinanzdirektion zu stellen, Abs. 6, Satz 1. Bundesweit zuständig ist die Oberfinanzdirektion (OFD) Nürnberg (Erlass des BMF v. 10. 2. 1995, Az. II B 7 – SV 1204–143/94). Der Antrag ist an die OFD Nürnberg Zentralstelle Gewerblicher Rechtsschutz, Sophienstraße 6, 80333 München, Tel. (0)89 599500, Fax 089 59951150, email: zgr@ofdm.bfinv.de, zu richten. In eiligen Fällen ist es zudem möglich, den Antrag auch unmittelbar bei der Zollstelle zu stellen, bei der die Ein- oder Ausfuhr der patentverletzenden Erzeugnisse vermutet wird, Busse, Rdn. 10; Ströbele/Hacker, MarkenG, § 146, Rdn. 34. Eine besondere Form der Antragstellung ist nicht vorgeschrieben. Die OFD Nürnberg stellt aber ein Antragsformular (Vordruck 0132, ausschließlich für das nationale Beschlagnahmeverfahren zu verwenden) zur Verfügung, das auch über das Internet unter www.grenzbeschlagnahme.de erhältlich ist. In Zukunft soll es für den Rechtsinhaber möglich sein, seinen Antrag oneline über ein Internetportal an die Zentralstelle Gewerblicher Rechtsschutz zu übersenden, Jahresbericht 2004, 15. Der Antrag hat eine Wirkung für zwei Jahre, wenn keine kürzere Geltungsdauer beantragt wird. Der Antrag kann wiederholt werden, Abs. 6, Satz 1.

7 **b) Antragsteller:** Berechtigt, den Antrag zu stellen, ist der Rechtsinhaber. Rechtsinhaber ist neben dem Inhaber des Patents auch jede andere zu dessen Nutzung befugte Person oder ihr Vertreter, so wie dies ausdrücklich in Art. 2 Abs. 2 VO 1383/2003 geregelt ist. Der Antrag kann also nicht nur von ausschließlichen, sondern auch von einfachen Lizenznehmern gestellt werden, Ahrens BB **97,** 902, 903; Ströbele/Hacker, MarkenG, § 146, Rdn. 37. Allein der ausschließliche Lizenznehmer kann jedoch im weiteren Verfahrensgang kraft eigenen Rechts eine vollziehbare gerichtliche Entscheidung herbeiführen; dem einfachen Lizenznehmer ist dies nur in gewillkürter Prozessstandschaft möglich (vgl. § 139, Rdn. 17). Der Patentinhaber hat seine Inhaberschaft durch beglaubigte Registerauszüge glaubhaft zu machen. Lizenznehmer haben ihre Nutzungsberechtigung, Vertreter ihre Vertretungsberechtigung nachzuweisen, was i.d.R. durch die Vorlage des Lizenzvertrages oder einer Vollmacht des Patentinhabers erfolgt.

8 **c) Inhalt:** Der Antrag sollte die Informationen enthalten, die es der Zollstelle ermöglichen, eine offensichtliche Patentverletzung festzustellen. Dabei sind vor allem Erkennungsmerkmale für echte und gefälschte Ware anzugeben. Im Übrigen sei auf Rdn. 3 verwiesen.

d) Sicherheitsleistung: Die in Abs. 1 Satz 1 vorgesehene Sicherheitsleistung soll Auslagen, die der Zollbehörde durch die Lagerung und gegebenenfalls Vernichtung der zu beschlagnahmenden Ware entstehen können, sowie den Schaden absichern, dessen Ersatz der Verfügungsberechtigte von dem Antragsteller nach Abs. 5 verlangen kann, wenn sich die Beschlagnahme als von Anfang an ungerechtfertigt erweist. Die Höhe der Sicherheit liegt zumeist zwischen 10000 EUR und 25000 EUR. Die Art der Sicherheitsleistung bestimmt sich nach §§ 241, 242 AO. Üblicherweise wird die Sicherheitsleistung in Form einer selbstschuldnerischen Bankbürgschaft erbracht. Es sollte die Bürgschaftsurkunde gewerblicher Rechtsschutz (Vordruck 0134) verwendet werden, die von der OFD Nürnberg zur Verfügung gestellt wird bzw. im Internet abgerufen werden kann. 9

e) Bearbeitungsgebühr: Die Bearbeitung des Antrags auf Grenzbeschlagnahme nach § 142a ist gebührenpflichtig, Abs. 6 Satz 2 i.V.m. § 178 Abs. 1 und 3 AO i.V.m. § 12 Abs. 1 ZollKostVO i.d.F. v. 24. 10. 1995, BGBl. 1995 I 1447. Die Mindestgebühr beträgt 30,68 EUR und die Höchstgebühr 306,78 EUR. Bei der Festsetzung der Gebühr sind der zu erwartende Verwaltungsaufwand sowie die Bedeutung, der wirtschaftliche Wert und der sonstige Nutzen der Amtshandlung für den Antragsteller zu berücksichtigen, § 12 Abs. 1 S. 2 ZollKostVO. Die durchschnittlichen Bearbeitungsgebühren liegen zwischen 102 EUR und 205 EUR. Zudem sind die Auslagen für Verwahrung, Vernichtung, etc. zu erstatten, § 12 Abs. 2 ZollKostVO. 10

5. Beschlagnahmeverfahren

a) Beschlagnahme: Wird die Beschlagnahme von der Zollbehörde angeordnet, sind der Verfügungsberechtigte und der Antragsteller unverzüglich davon zu unterrichten, Abs. 2 Satz 1. **Verfügungsberechtigter** ist der Eigentümer der beschlagnahmten Ware. Hat die Zollbehörde keine Kenntnis vom Eigentümer, kann sie ihre Unterrichtungsverpflichtung gegenüber dem unmittelbaren Besitzer erfüllen, dessen Verfügungsberechtigung entsprechend § 1006 Abs. 1 BGB zu vermuten ist, Ströbele/Hacker, aaO, § 146, Rdn. 44. Mit der Unterrichtung über die erfolgte Beschlagnahme ist der Verfügungsberechtigte darauf hinzuweisen, dass die beschlagnahmten Waren eingezogen werden, wenn der Beschlagnahme nicht innerhalb von zwei Wochen widersprochen wird, Abs. 3. Dem Antragsteller sind Herkunft, Menge und Lagerort des Erzeugnisses sowie Name und Anschrift des Verfügungsberechtigten mitzuteilen, Abs. 2, Satz 2. Ihm ist zudem Gelegenheit zu geben, das Erzeugnis zu besichtigen, soweit hierdurch nicht in Geschäfts- oder Betriebsgeheimnisse eingegriffen wird, Abs. 2, Satz 3. Damit muss der Antragsteller nicht nach § 809 BGB vorgehen (vgl. dazu bei § 139, Rdn. 117ff.), wenn er Beweise für das Vorliegen der Patentverletzung sichern will. Aufgrund der Mitteilung nach Abs. 2 Satz 2, und gegebenenfalls einer Besichtigung nach Abs. 2 Satz 3 kann der Antragsteller frühzeitig prüfen, ob die Beschlagnahme zu Recht erfolgt ist, und wird damit in die Lage versetzt, auf gesicherter Tatsachengrundlage zu entscheiden, ob er bei Widerspruch des Verfügungsberechtigten entweder den Antrag auf Beschlagnahme unverzüglich zurücknimmt, Abs. 4 Nr. 1, damit er nicht dem Schadensersatzanspruch nach Abs. 5 ausgesetzt ist, oder aber seinen Antrag aufrecht erhält und versucht, eine vollziehbare gerichtliche Entscheidung zu erwirken, Abs. 4 Nr. 2, vgl. BT-Drs. 11/4792, 41f. Gegen die Beschlagnahme ist das Rechtsmittel des Antrags auf gerichtliche Entscheidung zulässig, die bei Nichtabhilfe vom AG zu treffen ist, Abs. 7 Satz 1 i.V.m. §§ 62, 68 OWiG, vgl. OLG München WRP **97,** 975, 979. Gegen die Entscheidung über den Antrag auf gerichtliche Entscheidung ist die sofortige Beschwerde zulässig, die innerhalb einer Woche nach Bekanntmachung der Entscheidung einzulegen ist und über die das Oberlandesgericht entscheidet, Abs. 7 Satz 3 i.V.m. § 46 OWiG i.V.m. § 311 Abs. 2 StPO. Der Antragsteller ist im Rechtsmittelverfahren zu hören, Abs. 7 Satz 2. 11

b) Kein Widerspruch: Auf die Beschlagnahme folgt die Einziehung des beschlagnahmten Erzeugnisses durch die Zollbehörde, wenn der Verfügungsberechtigte der Beschlagnahme nicht innerhalb von zwei Wochen widerspricht, Abs. 3. Die Einziehung ist – innerhalb einer Woche – mit Einspruch beim AG anfechtbar, Abs. 7 Satz 1 i.V.m. §§ 67f. OWiG. Gegen die Entscheidung des AG kann – innerhalb einer Woche nach Bekanntmachung der Entscheidung – sofortige Beschwerde eingelegt werden, über die das Oberlandesgericht entscheidet, Abs. 7 Satz 3 i.V.m. § 46 Abs. 1 OWiG i.V.m. § 311 Abs. 2 StPO. Der Antragsteller ist im Rechtsmittelverfahren zu hören, Abs. 7, Satz 2. Wird die Einziehungsanordnung bestandskräftig, kann die Zollbehörde die Ware vernichten. 12

c) Widerspruch: Der Verfügungsberechtigte kann der Beschlagnahme widersprechen. Der Widerspruch hat innerhalb einer Frist von zwei Wochen nach Zustellung der Mitteilung nach Abs. 2 an den Verfügungsberechtigten zu erfolgen und zwar gegenüber der Zollbehörde. 13

Diese unterrichtet den Antragsteller hiervon unverzüglich durch Zustellung, Abs. 4, Satz 1 und 3.

Der Antragsteller hat sich danach zu entscheiden, ob er den Antrag auf Beschlagnahme zurücknimmt oder aufrechterhält, Abs. 4 Satz 2.

Möchte er den Antrag zurücknehmen, muss er die Rücknahmeerklärung unverzüglich – also ohne schuldhaftes Zögern (§ 121 Abs. 1 BGB) – abgeben, wenn der Schadensersatzanspruch wegen unberechtigter Beschlagnahme nach Abs. 5 vermieden werden soll.

Entscheidet sich der Antragsteller hingegen dafür, den Antrag aufrechtzuerhalten, hat er binnen zwei Wochen nach Zustellung der Mitteilung über den Widerspruch der Zollbehörde eine vollziehbare gerichtliche Entscheidung vorzulegen, die die Verwahrung des beschlagnahmten Erzeugnisses oder eine Verfügungsbeschränkung (etwa ein Einfuhrverbot, vgl. LG Düsseldorf, GRUR **96,** 66, 68 – adidas Import) anordnet, Abs. 4, Satz 2 Nr. 2, Satz 3. Als gerichtliche Entscheidung kommt wegen der kurzen Fristen vor allem eine einstweilige Verfügung (Anordnung der Sequestration) nach §§ 935, 940 ZPO oder eine Beschlagnahme nach §§ 94 ff., §§ 111 b ff. StPO (Anordnung nur durch einen Richter; Anordnung durch die Staatsanwaltschaft oder die Hilfsbeamten der Staatanwaltschaft ist nicht ausreichend, vgl. Ströbele/Hacker, § 147 MarkenG, Rdn. 13) in Betracht. Die gerichtliche Entscheidung ist nur die Voraussetzung für das weitere Tätigwerden der Zollbehörden. Die Voraussetzungen für den Erlass der gerichtlichen Entscheidung sind nicht in § 142 a geregelt; diese richten sich vielmehr nach den allgemeinen Bestimmungen (also etwa bei einer einstweiligen Verfügung danach, ob ein Anspruch auf Beseitigung besteht, der einer einstweiligen Regelung oder Sicherung nach §§ 935, 940 ZPO bedarf), OLG Karlsruhe, GRUR-RR **02,** 278 – DVD-Player. Der Antrag, die Fortdauer der Beschlagnahme anzuordnen, kann in einem zwischen privaten Parteien durchgeführten Rechtsstreit nur als Antrag auf Anordnung der Sequestration ausgelegt werden, OLG Karlsruhe, aaO.

Weist der Antragsteller nach, dass er die genannte gerichtliche Entscheidung beantragt hat, diese ihm aber noch nicht zugegangen ist, kann die Frist von zwei Wochen um längstens zwei weitere Wochen verlängert werden, Abs. 4, Satz 3. Spätestens nach Ablauf von vier Wochen ist die Beschlagnahme aufzuheben, auch wenn die Vierwochenfrist nur deshalb nicht eingehalten werden kann, weil das Gericht die mündliche Verhandlung über den Antrag auf den Erlass der einstweiligen Verfügung später terminiert hat, vgl. BT-Drs. 11/4792, 36. Es empfiehlt sich daher, das Gericht bereits in der Antragsschrift auf die besondere Eilbedürftigkeit hinzuweisen.

Wird die gerichtliche Entscheidung fristgemäß vorgelegt, trifft die Zollbehörde die erforderlichen Maßnahmen, indem sie beispielsweise die Erzeugnisse an den Sequester herausgibt. Ist dies nicht der Fall, hebt die Zollbehörde die Beschlagnahme auf, Abs. 4, Satz 3.

6. Schadensersatz bei ungerechtfertigter Beschlagnahme

14 **a) Einleitung:** Bei ungerechtfertigter Beschlagnahme kann dem Verfügungsberechtigten gegenüber dem Antragsteller ein verschuldensunabhängiger Anspruch auf Schadensersatz zustehen, wenn er seinen Antrag aufrecht erhält oder sich nicht unverzüglich erklärt, Abs. 5. Die Regelung ist § 945 ZPO nachgebildet und entspricht einem breiten Wunsch der beteiligten Kreise. Sie führt zu einer angemessenen Berücksichtigung der Interessen des von einer ungerechtfertigten Beschlagnahme Betroffenen und stellt sicher, dass neben der Zollbehörde auch und gerade der Antragsteller an einem zügigen Ablauf des Verfahrens interessiert sein muss, will er sich nicht dem Schadensersatzanspruch aus Abs. 5 aussetzen. Zudem wird ungerechtfertigten Anträgen oder einem Missbrauch der Grenzbeschlagnahme zu wettbewerbswidrigen Zwecken entgegengewirkt, vgl. BT-Drs. 11/4792, 36.

Schadensersatzansprüche aus §§ 823, 826 BGB werden durch Abs. 5 nicht ausgeschlossen.

15 **b) Voraussetzungen:** Der Anspruch aus Abs. 5 setzt zum einen voraus, dass sich die Beschlagnahme als von Anfang an ungerechtfertigt erweist. Das ist anzunehmen, wenn zum Zeitpunkt der Anordnung die beschlagnahmten Erzeugnisse nicht patentverletzend gewesen sind oder es an einer Verletzungshandlung nach § 9 Satz 2 Nr. 1 oder 3 gefehlt hat oder die Verletzungshandlung gerechtfertigt gewesen ist. Hingegen ist es nicht erforderlich, dass ein Verschulden des Antragstellers vorliegt. Der Schadensersatzanspruch setzt auch nicht voraus, dass die Rechtsverletzung offensichtlich gewesen ist; die Offensichtlichkeit der Rechtsverletzung ist allein Voraussetzung für die Beschlagnahme durch die Zollbehörde nach Abs. 1.

Zweite Anspruchsvoraussetzung ist, dass der Antragsteller entweder den Antrag auf Beschlagnahme nach Erhalt der Mitteilung über den Widerspruch des Verfügungsberechtigten gegen die Beschlagnahme durch die Zollbehörde aufrechterhalten hat (Abs. 4, Satz 2 Nr. 2) oder aber sich nicht unverzüglich erklärt hat, ob er den Antrag auf Beschlagnahme in bezug auf das beschlagnahmte Erzeugnis aufrechterhält (Abs. 4 Satz 2) und dies zu einer verzögerten Freigabe geführt hat. Demgegenüber muss der Antragsteller keinen Schadensersatz leisten, der unverzüglich nach Mitteilung über die erfolgte Beschlagnahme oder über den eingelegten Widerspruch den Beschlagnahmeantrag zurückgenommen und damit die sofortige Aufhebung der Beschlagnahme bewirkt hat. In diesem Fall hat es der Gesetzgeber als unangemessen angesehen, dem Antragsteller Schadensersatzpflichten aufzuerlegen, da die Ware nur kurz angehalten worden ist, vgl. BT-Drs. 11/4792, 36. Liegt jedoch ein Missbrauch vor, bleiben Schadensersatzansprüche nach §§ 826, 823 Abs. 2 i. V. m. Vorschriften des StGB auch dann möglich.

7. Beschlagnahme nach der Verordnung (EG) Nr. 1383/2003

a) Einleitung. Das in der VO (EG) 1383/2003 (vgl. auch die DurchführungsVO (EG) Nr. 1891/2004) geregelte Vorgehen der Zollbehörden gegen Waren, die in Verdacht stehen, bestimmte Rechte geistigen Eigentums zu verletzen, und die Maßnahmen gegenüber Waren, die erkanntermaßen derartige Rechte verletzen, unterscheidet sich nicht grundlegend von dem Grenzbeschlagnahmeverfahren nach § 142a. In der Praxis werden Anträge auf Tätigwerden der Zollbehörden nach Gemeinschaftsrecht und nach nationalem Recht zumeist parallel gestellt und von den Zollbehörden weitgehend einheitlich behandelt. Nachfolgend sollen überblicksweise die wesentlichen Bestimmungen der VO (EG) Nr. 1383/2003 (nachfolgend VO genannt) vorgestellt werden. Im Übrigen wird auf den im ABl. EG v. 2. 8. 2003 L 196/7 abgedruckten Text der VO sowie auf den Text der DurchführungsVO (EG) Nr. 1891/2004 (nachfolgend DurchführungsVO genannt), der im Abl. EG v. 30. 10. 2004 L 328/16 abgedruckt ist, verwiesen. Die Texte der VOen können auch unter http://europa.eu.int/eur-lex/de/search/ im Internet abgerufen werden. 16

b) Gegenstand und Geltungsbereich: 17

aa) Die VO regelt die Voraussetzungen für das **Tätigwerden von Zollbehörden,** wenn Waren in folgenden Situationen in Verdacht stehen, ein Recht geistigen Eigentums zu verletzen,

- wenn sie nach Art. 61 VO (EWG) Nr. 2913/92 des Rates vom 12. 10. 1992 zur Festlegung des Zollkodex der Gemeinschaften (ABl. L 184/23) zur Überführung in den zollrechtlich freien Verkehr, zur Ausfuhr oder zur Wiederausfuhr angemeldet werden, Art. 1 Abs. 1 lit. a), oder
- wenn sie im Rahmen einer zollamtlichen Prüfung von Waren entdeckt werden, – die nach Art. 37 und 183 der genannten VO in das Zollgebiet oder aus dem Zollgebiet der Gemeinschaft verbracht werden, – die in ein Nichterhebungsverfahren i. S. d. Art. 84 Abs. 1 lit. a) der genannten VO überführt werden (darunter fallen das Versandverfahren, das Zolllagerverfahren, die aktive Veredelung nach dem Nichterhebungsverfahren, die Umwandlung unter zollamtliche Überwachung und die vorübergehende Verwendung), – deren nach Art. 182 Abs. 2 der genannten VO mitteilungspflichtige Wiederausfuhr im Gange ist oder – die in eine Freizone oder ein Freilager i. S. d. Art. 166 der genannten VO verbracht werden, Art. 1 Abs. 1 lit. b)

und legt die Maßnahmen fest, die von den zuständigen Behörden zu treffen sind, wenn die vorgenannten Waren erkanntermaßen ein Recht geistigen Eigentums verletzen, Art. 1 Abs. 2.

Die VO ist damit – anders als § 142a (vgl. oben Rdn. 5) – auch auf Fälle des **Transits** anwendbar, bei denen aus einem Drittstaat eingeführte Waren bei ihrer Durchfuhr in einen anderen Drittstaat festgehalten werden, weil etwa im Versandverfahren (das in Art. 84 Abs. 1 lit. a VO 2913/92 als ein Fall des Nichterhebungsverfahrens genannt wird) im Rahmen einer zollamtlichen Prüfung Waren, die in Verdacht stehen, ein Recht geistigen Eigentums verletzt zu haben, entdeckt und vorläufig festgehalten werden, vgl. EuGH GRUR Int. **00,** 748 – Polo/Lauren/Dwidua; GRUR **04,** 501 – Straffreie Rolex-Plagliate (zu Art. 1 bzw. 2 und 11 VO (EG) Nr. 3295/94).

bb) Die VO betrifft **Waren, die ein Recht geistigen Eigentums verletzen.** Dazu gehören insbesondere auch Waren, die **ein Patent** nach den Rechtsvorschriften des Mitgliedstaates verletzen, in dem der Antrag auf Tätigwerden gestellt wird, sowie Waren, die **ein ergänzendes Schutzzertifikat** i. S. d. VO (EWG) Nr. 1768/92 (Arzneimittel) oder der VO (EG) Nr. 1610/96 (Pflanzenschutzmittel) verletzen, Art. 2 Abs. 1 lit c) i) und ii). Nach Ansicht des LG Hamburg soll – im Anschluss an die „Transit“-Rechtsprechung des EuGH zu Art. 1 bzw. 2 und 11 VO (EG) Nr. 3295/94 (vgl. dazu vorstehenden Abs.) und in gemeinschaftsrechtskonformer Auslegung von § 9 Satz 1 PatG – auch der bloße Transit patentverletzender Ware durch Deutschland als „Inverkehrbringen“ i. S. v. § 9 Abs. 1 PatG anzusehen sein, vgl. LG Hamburg, Urt. v. 2. 4. 2004 – 315 O 305/04, mitgeteilt von Kobiako, GRUR Int. **04,** 832, der – wohl zu Recht, weil die VO die Frage der Patentverletzung dem nationalen Recht zuweist und die bloße Durchfuhr kein Inverkehrbringen im Inland nach § 9 ist, vgl. BGHZ **23,** 100, 106; GRUR **58,** 189 – die gegenteilige Ansicht vertritt, aaO, 835; vgl. auch oben bei § 9 Rdn. 45. Der BGH hat dem EuGH die entspr. Frage im Hinblick auf Art. 5 Abs. 1 und 3 der Ersten Richtlinie des Rates 89/104/EWG vom 21. Dezember 1988 zur Angleichung der Rechtsvorschriften der Mitgliedstaaten über die Marken (MarkenRL) zur Vorabentscheidung vorgelegt, BGH, GRUR **05,** 768 – Diesel.

18 **c) Tätigwerden der Zollbehörden von Amts wegen:** Die Zollbehörden können – anders als nach § 142a – **von Amts wegen tätig werden,** indem sie die Überlassung der Waren aussetzen oder die Waren zurückhalten, um dem Rechtsinhaber die Möglichkeit zu geben, einen Antrag auf Tätigwerden zu stellen, Art. 4 Abs. 1. Eine solche Maßnahme setzt den hinreichend begründeten Verdacht voraus, dass die Waren ein Recht geistigen Eigentums verletzen, womit weniger verlangt sein dürfte als eine offensichtliche Rechtsverletzung nach § 142a. Die Maßnahme darf längstens drei Arbeitstage nach Eingang der Benachrichtigung beim Rechtsinhaber sowie dem Anmelder oder dem Besitzer der Waren (wenn bekannt) andauern. Innerhalb dieser Frist muss der Rechtsinhaber seinen Antrag auf Tätigwerden bei der Zollbehörde einreichen, soll nicht die Überlassung der Waren bewilligt oder die Zurückhaltung aufgehoben werden.

19 **d) Antragsverfahren:** Außer im vorgenannten Fall des Art. 4 setzt das Tätigwerden der Zollbehörden einen schriftlichen **Antrag** des Rechtsinhabers (vgl. zur Definition des Rechtsinhabers: Art. 2 Abs. 2 sowie oben bei Rdn. 7) voraus, Art. 5 Abs. 1 (Antragsformular in Anhang I, Merkblatt in Anhang I-A zur DurchführungsVO). Der Antrag ist in jedem Mitgliedstaat bei der zuständigen Zolldienststelle zu stellen (vgl. die Auflistung im Anhang I-C der DurchführungsVO; in Deutschland ist – wie im Verfahren nach § 142a – die OFD Nürnberg zuständig, zur Adresse vgl. oben bei Rdn. 6). Die im Hinblick auf Gemeinschaftsschutzrechte bestehende Möglichkeit, außer dem Tätigwerden der Zollbehörden des Mitgliedstaats, in dem der Antrag gestellt wird, auch das Tätigwerden der Zollbehörden eines oder mehrerer anderer Mitgliedstaaten zu beantragen, kommt bei Patenten nicht in Betracht, weil es z. Zt. kein Gemeinschaftspatent gibt. Für den Antrag sind Mindestangaben vorgesehen, die die Warenerkennung ermöglichen sollen und bei deren Fehlen der Antrag von der zuständigen Zolldienststelle nicht bearbeitet werden muss (Art. 5 Abs. 8). Zudem empfiehlt es sich, auch die weiteren in Art. 5 Abs. 5 beispielhaft benannten Angaben zur Information der Zollbehörden zu übermitteln, vgl. dazu im Einzelnen Art. 5 Abs. 5. Die Bearbeitung des Antrags ist – anders als die des Antrags nach § 142a – gebührenfrei, Art. 5 Abs. 7. Dem Antrag ist eine Erklärung des Rechtsinhabers beizufügen, mit der er die etwaige Haftung gegenüber den von den Maßnahmen der Zollbehörde betroffenen Personen für den Fall übernimmt, dass das aufgrund der VO eingeleitete Verfahren aufgrund einer Handlung oder Unterlassung des Rechtsinhabers eingestellt oder dass festgestellt wird, dass die betreffenden Waren kein Recht geistigen Eigentums verletzen. In der Erklärung hat der Rechtsinhaber ferner zuzusagen, alle Kosten zu tragen, die daraus entstehen, dass die Waren nach den Regelungen der VO unter zollamtlicher Überwachung bleiben, Art. 6 Abs. 1 (Formblatt in Anhang I-B zur DurchführungsVO). Die Geltungsdauer des Antrags kann von der Zolldienststelle auf maximal 1 Jahr festgesetzt werden. Die Geltungsdauer kann auf Antrag beliebig oft verlängert werden, Art. 8 Abs. 1, Unterabs 1. Der Rechtsinhaber hat die Zolldienststelle zu unterrichten, wenn sein Recht nicht mehr rechtsgültig eingetragen ist oder erlischt, Art. 8 Abs. 1, Unterabs. 2.

20 **e) Voraussetzung für das Tätigwerden der Zollbehörden:** Ist dem Antrag stattgegeben worden, werden die Zollstellen tätig, wenn die in der stattgebenden Entscheidung genannten Waren in den in Art. 1 Abs. 1 genannten Situationen **im Verdacht stehen,** ein Recht geistigen Eigentums zu verletzen, Art. 9 Abs. 1. Ausreichend ist mithin die überwiegende Wahrscheinlichkeit einer Schutzrechtsverletzung. Damit ist die Schwelle für eine Tätigwerden der Zollstelle niedriger als nach § 142a, der eine offensichtliche Rechtsverletzung verlangt (vgl. oben bei Rdn. 4).

21 **f) Maßnahmen der Zollbehörden:** Besteht der Verdacht der Verletzung eines Rechts geistigen Eigentums, **setzt** die Zollstelle (im Falle einer Zollanmeldung) **die Überlassung der betroffenen Waren aus** oder **hält diese** (in allen anderen Fällen) **zurück** und unterrichtet unverzüglich die zuständige Zolldienststelle, die den Antrag auf Tätigwerden bearbeitet, Art. 9 Abs. 1. Die zuständige Zolldienststelle oder die Zollstelle unterrichtet den Rechtsinhaber sowie den Anmelder oder den Besitzer der Waren i. S. d. Art. 38 der VO (EWG) 2913/92 von ihrem Tätigwerden, Art. 9 Abs. 2. Zugleich können Angaben über die Menge und Art der angehaltenen Waren mitgeteilt werden, Art. 9 Abs. 2. Um dem Rechtsinhaber die Feststellung einer

Schutzrechtsverletzung zu ermöglichen, sind diesem auf Antrag weitere Angaben zum Anmelder, Versender oder Empfänger sowie zu Ursprung und Herkunft der Waren bekannt zu geben. Dabei sind die Rechtsvorschriften des jeweiligen Mitgliedstaates über den Schutz personenbezogener Daten und den Schutz des Geschäfts- und Betriebs- sowie des Berufs- und Dienstgeheimnisses zu beachten, Art. 9 Abs. 3 Unterabs. 1. Nationale Vorschriften, nach denen die Identität des Anmelders oder des Empfängers eingeführter Waren (allgemein) nicht bekannt gegeben werden dürfen, sind jedoch gemeinschaftswidrig, EuGH, GRUR Int. **00,** 163 – Adidas (zur früheren weitgehend identischen Regelung in Art. 6 Abs. 1, Unterabs. 2 VO (EG) Nr. 3295/94). Die Angaben nach Art. 9 Abs. 3 Unterabs. 1 dürfen nur für das weitere Verfahren nach Art. 10, 11 und 13 Abs. 1 (vgl. dazu nachfolgende Rdn.) verwendet werden. Jede unzulässige Verwendung der Angaben kann haftungsrechtliche Folgen für den Rechtsinhaber haben und dazu führen, dass der Antrag auf Tätigwerden ausgesetzt wird, vgl. im Einzelnen Art. 12. Der Antragsteller darf die betroffenen Waren inspizieren. Zudem kann die Zollbehörde auf Antrag des Rechtsinhabers zur Erleichterung des weiteren Verfahrens und zu Analysezwecken Proben oder Muster entnehmen und übermitteln, Art. 9 Abs. 3, Unterabs. 2 und 3.

g) Weiteres Verfahren: Die VO sieht vor, dass sich an die Aussetzung der Überlassung oder die Zurückhaltung entweder **das Feststellungsverfahren nach Art. 10** oder **das vereinfachte Vernichtungsverfahren nach Art. 11** anschließt. 22

Das **Feststellungsverfahren nach Art. 10** dient der Feststellung, ob ein Recht geistigen Eigentums verletzt ist. Die Feststellung ist unter Anwendung der Rechtsvorschriften des Mitgliedsstaates zu treffen, in dem die Waren aufgegriffen wurden, Art. 10, 13, ErwGr 8. Bei einem Aufgriff in Deutschland gelten also die gleichen Vorschriften wie bei einer Beschlagnahme nach § 142a, vgl. dazu oben bei Rdn. 3. Für das Feststellungsverfahren sind – nach Maßgabe der Bestimmungen des jeweiligen Mitgliedstaates, Erw.Grund 8 – die Gerichte zuständig. Es ist Klage in der Hauptsache zu erheben. Ein Verfügungsverfahren (Sequestration) reicht nicht, weil es nur der Sicherung eines etwaigen Vernichtungsanspruchs dient, Ströbele/Hacker, aaO, § 150 MarkenG, Rdn. 36. Die Sequestration kann aber im Hinblick auf die Möglichkeit der Sicherheitsleistung nach Art. 14 ratsam sein, vgl. dazu unten. Das in die Zuständigkeit der Zollbehörde fallende Beschlagnahmeverfahren nach § 142a Abs. 2 ist kein Feststellungsverfahren i. S. v. Art. 10, 13, ErwGr 8, weil es nicht der Feststellung einer Rechtsverletzung dient. Zu Art. 7 Abs. 1, 6 Abs. 2 lit. a VO (EG) Nr. 3295/94 (VorgängerVO zur VO (EG) Nr. 1383/2003) war die Zuständigkeit der Zollbehörde – neben der Zuständigkeit der Gerichte – streitig, dag.: OLG München WRP **97,** 975 – Grenzbeschlagnahme; Ströbele/Hacker, § 150 MarkenG, Rdn. 35; daf.: Beußel, ZfZ **97,** 207 f.; Kampf, ZfZ **98,** 311, 333 f.; Braun/Heise, GRUR Int. **01,** 28, 29; Hoffmeister/Harte-Bavendamm, § 5, Rdn. 208.

Im **vereinfachten Vernichtungsverfahren nach Art. 11** können die Zollbehörden die rechtsverletzenden Waren mit Zustimmung des Rechtsinhabers unter zollamtlicher Überwachung (auf Kosten und auf Verantwortung des Rechtsinhabers) vernichten lassen, ohne dass festgestellt werden muss, ob ein Recht geistigen Eigentums nach den Rechtsvorschriften des betreffenden Mitgliedstaates verletzt worden ist. Das setzt jedoch voraus, dass der Anmelder, Besitzer oder Eigentümer, nachdem er vom Rechtsinhaber zur Zustimmung aufgefordert worden ist, der Vernichtung nicht innerhalb einer Frist von zehn Arbeitstagen (bei leicht verderblicher Ware innerhalb von drei Arbeitstagen) ausdrücklich widersprochen hat, vgl. Art. 11 Abs. 1 Spiegelstrich 1. Nach einem Widerspruch kann der Rechtsinhaber nur noch das Feststellungsverfahren einleiten, Art. 11 Abs. 2. Das vereinfachte Vernichtungsverfahren kann in Deutschland zur Zeit nicht durchgeführt werden, weil es (noch) an der erforderlichen Umsetzung in das nationale Recht fehlt. Dies soll in Zusammenhang mit der Umsetzung der Richtlinie 2004/48/EG vom 29. 4. 2004 (sog. Enforcement-Richtlinie, s. **Anh 13**) erfolgen, Jahresbericht 2005, 21.

Ist die Zollstelle, die die Aussetzung der Überlassung oder die Zurückhaltung der Waren verfügt hat, nicht innerhalb einer **Frist von 10 Arbeitstagen,** die gegebenenfalls **um höchstens weitere 10 Tage verlängerbar** ist, darüber unterrichtet worden, dass ein Feststellungsverfahren nach Art. 10 eingeleitet worden ist, oder hat sie nicht innerhalb der genannten Frist die Zustimmung des Rechtsinhabers zur Vernichtung nach Art. 11 erhalten, so wird die Überlassung der Waren bewilligt oder die Zurückhaltung aufgehoben, sofern alle Zollförmlichkeiten erfüllt sind, Art. 13. Innerhalb der genannten Frist muss also – anders als nach Widerspruch des Verfügungsberechtigten im Beschlangnahmeverfahren nach § 142a – keine vollziehbare gerichtliche Entscheidung vorgelegt werden; vielmehr genügt die Einleitung eines gerichtlichen Feststellungsverfahrens. 23

Bei Verdacht der Verletzung eines Patents oder eines ergänzenden Schutzzertifikats (sowie eines Geschmacksmusterrechts und eines Sortenschutzrechts) kann der Anmelder, der Eigentü- 24 mer, der Einführer, der Besitzer oder der Empfänger der Ware trotz fristgemäßer Einleitung eines Feststellungsverfahrens nach Art. 10 die Überlassung der betreffenden Waren oder die Aufhebung ihrer Zurückhaltung bewirken, wenn er **Sicherheit leistet.** Voraussetzung dafür ist allerdings, nicht nur dass alle Zollförmlichkeiten erfüllt sind, sondern vor allem auch, dass im gerichtlichen Feststellungsverfahren keine Sicherungsmaßnahmen zugelassen wurden. Sicherungsmaßnahmen können in Deutschland durch einen Antrag auf Sequestration der betreffenden Ware im Wege der einstweiligen Verfügung erwirkt werden.

25 **h) Vernichtung, Gewinnentzug, Haftung:** Die VO legt den Mitgliedstaaten auf, die erforderlichen Maßnahmen zu treffen, damit die zuständigen Stellen Waren, die erkanntermaßen ein Recht geistigen Eigentums verletzen, vernichten oder auf eine andere Weise aus dem Handel ziehen und sonstige Maßnahmen treffen können, mit denen den betreffenden Personen wirksam der aus dem Vorgang erwachsende wirtschaftliche Gewinn entzogen wird, Art. 17 Abs. 1. Hinsichtlich der Haftung der Zollbehörden wegen unterlassener oder ungerechtfertigter Maßnahmen und der Haftung des Rechtsinhabers (vgl. für Deutschland insoweit § 142 Abs. 5, vgl. oben Rdn. 14f.) wird auf das Recht des jeweiligen Mitgliedstaates verwiesen, Art. 19.

Zehnter Abschnitt. Verfahren in Patentstreitsachen

Vorbemerkungen

1 Der die §§ 143–145 (früher §§ 51–54) umfassende Abschnitt „Verfahren in Patentstreitsachen ist erstmals im Patentgesetz vom 5. 5. 1936 enthalten gewesen und seither – bis auf die Streichung des früheren § 52 – im wesentlichen unverändert geblieben. Der Abschnitt enthält nur einige vereinzelte Sondervorschriften für das Verfahren in „Patentstreitsachen"; im übrigen gelten auch für diese Streitsachen unmittelbar die allgemeinen Vorschriften der ZPO und ihrer Nebengesetze. Der Zweck der Vorschriften des 10. Abschnitts ist in der Amtlichen Begründung zum Patentgesetz 1936 dargelegt (Bl. **36,** 103, 114/115). Die Vorschriften des § 143 Abs. 1 und 2 wollen durch Zusammenfassung der Patentstreitsachen bei einigen wenigen Landgerichten die Güte und Schnelligkeit der Rechtspflege fördern. § 143 Abs. 3 regelt die Erstattungsfähigkeit der Kosten von Patentanwälten in Patentprozessen. Den Vorschriften des § 143 PatG entsprechende, aber teilweise abweichende Vorschriften enthalten § 27 GebrMG, § 105 UrhG, § 140 MarkenG, § 38 SSchG. Der durch § 1 Nr. 22 des 5. ÜG gestrichene frühere § 52 PatG sah – ebenfalls zur Förderung der Güte der Rechtsprechung – die Möglichkeit der Mitwirkung eines Vertreters des Patentamts in Patentstreitsachen vor. Die §§ 144 u. 145 wollen dem sachfremden Einfluss des wirtschaftlichen Übergewichts der einen Partei auf die Austragung von Patentstreitigkeiten steuern: § 144 durch die Beschränkung des Prozesskostenrisikos einer wirtschaftlich schwachen Partei auf die Kosten nach einem nur für sie geltenden herabgesetzten Streitwert, § 145 durch den Zwang zur Geltendmachung aller in Betracht kommenden Patente in ein und demselben Prozess. Dem § 144 PatG entsprechende Vorschriften sind durch das Gesetz vom 21. 7. 1965 (BGBl. I S. 625) in das GebrMG (jetzt § 26), in das MarkenG (dort § 142) eingefügt worden und auch im Aktiengesetz vom 6. 9. 1965 (dort § 247 Abs. 2 und 3) enthalten; im UWG vom 3. 7. 2004 ist die (vormals in § 23b enthaltene) Streitwertbegünstigung hingegen ersatzlos gestrichen worden, weil ihr kein nennenswerter eigenständiger Anwendungsbereich mehr beigemessen wurde (vgl. Begr. ReE zu § 12 IV 5c S. 26).

143 *Gerichte für Patentstreitsachen. Vertretung. Patentanwaltskosten.* (1) **Für alle Klagen, durch die ein Anspruch aus einem der in diesem Gesetz geregelten Rechtsverhältnisse geltend gemacht wird (Patentstreitsachen), sind die Zivilkammern der Landgerichte ohne Rücksicht auf den Streitwert ausschließlich zuständig.**

(2) [1]**Die Landesregierungen werden ermächtigt, durch Rechtsverordnung die Patentstreitsachen für die Bezirke mehrerer Landgerichte einem von ihnen zuzuweisen.** [2]**Die Landesregierungen können diese Ermächtigungen auf die Landesjustizverwaltungen übertragen.** [3]**Die Länder können außerdem durch Vereinbarung den Gerichten eines Landes obliegende Aufgaben insgesamt oder teilweise dem zuständigen Gericht eines anderen Landes übertragen.**

(3) **Von den Kosten, die durch die Mitwirkung eines Patentanwalts in dem Rechtsstreit entstehen, sind die Gebühren nach § 13 des Rechtsanwaltsvergütungsgesetzes und außerdem die notwendigen Auslagen des Patentanwalts zu erstatten.**

Inhaltsübersicht

I. Begriff der „Patentstreitsachen" – § 143 Abs. 1 (früher § 51 Abs. 1). Schrifttum: 1
Wichards, Bemerkungen zum Patentstreitverfahren, GRUR **38,** 280 ff.; Güldenagel, Gehören Lizenzvertragsstreite zu den Patentstreitsachen?, GRUR **38,** 474 ff.; Ristow, Die sachliche und örtliche Zuständigkeit bei Klagen des gewerblichen Rechtsschutzes, JW **38,** 290 ff.; Pinzger, Zum Begriff der Patentstreitsache, GRUR **40,** 523 ff.; Tetzner, Über Patentstreitsachen und ihre Zuständigkeit, DJ **41,** 886 ff.; **43,** 401; Fuchslocher, Die Gerichtsbarkeit in Patentstreitsachen, SJZ **49,** 402 ff.; Fricke, Zur Anwendbarkeit des Begriffs der Patentstreitsache auf Klagen aus §§ 1 UWG, 826 BGB, GRUR **49,** 227; Blasendorff, Der Gerichtsstand der Erfindung, GRUR **49,** 264 ff.; Gemander, Die Bedeutung der patentrechtlichen Vorfragen für die Zuständigkeitsregelung nach § 51 PatG, GRUR **55,** 263 ff.; Asendorf, Wettbewerbs- u. Patentstreitsachen vor Arbeitsgerichten?, GRUR **90,** 229 ff. Vgl. auch Rechtsprechung u. Literatur zu dem vergleichbaren Begriff der Kennzeichenstreitsache in § 140 Abs. 1 MarkenG und zu § 39 ArbEG. Wegen der Gebrauchsmusterstreitsachen vgl. § 27 GebrMG; Radmann, Ansprüche aufgrund unberechtigter Patentberühmung – ein Fall für die Patentstreitkammer?, Mitt. **05,** 150.

„Patentstreitsachen" sind nach § 143 Abs. 1 „alle Klagen, durch die ein Anspruch aus einem der im PatG geregelten Rechtsverhältnisse geltend gemacht wird." Es entspricht dem Zweck des Gesetzes (Amtl. Begründung zum PatG 1936 §§ 51, 52, §§ 53, 54, Bl. **36,** 103, 114 ff.), den Begriff weit auszulegen und damit den Anwendungsbereich der an den Begriff anknüpfenden Vorschriften (Konzentration der Zuständigkeiten – § 143 Abs. 1, 2 –, Kostenvergünstigung für wirtschaftlich schwache Parteien – § 144 –) möglichst weit zu halten. Es ist nicht darauf abzustellen, ob in dem Rechtsstreit eine Erfindung mit einer *Patentanmeldung* oder einem erteilten *Patent* oder einem *ergänzenden Schutzzertifikat* (§§ 16 a, 46 a) in Verbindung gebracht wird, es sind vielmehr schlechthin alle Klagen zu den Patentstreitsachen zu zählen, die einen Anspruch auf eine *Erfindung* oder aus einer *Erfindung* zum Gegenstand haben oder sonst wie mit einer *Erfindung* eng verknüpft sind, RGZ **170,** 226, 229/30 (= GRUR **43,** 64 ff.); BGHZ **8,** 16, 18 (= GRUR **53,** 114 ff.); BGHZ **14,** 72, 77 (= GRUR **55,** 83 ff.); KG GRUR **58,** 392; OLG Stuttgart GRUR **57,** 121; OLG Düsseldorf GRUR **60,** 123; JurBüro **86,** 1904. Es können also auch Rechtsstreitigkeiten über „Geheimverfahren", deren Anmeldung zum Patent nicht erfolgen soll, unter den Begriff fallen. Nicht entscheidend ist insbesondere auch, ob die Erfindung patent*fähig* ist oder ob sie es z. B. mangels Neuheit nicht ist, BGHZ **14,** 72, 79/80, – und auch nicht, ob und inwieweit patentrechtliche oder technische Fragen in dem betreffenden Rechtsstreit eine Rolle spielen, BGHZ **49,** 99, 108 (= GRUR **68,** 307, 310). Der Zusammenhang zwischen Erfindung und Klaganspruch muss nicht notwendig ein rechtlicher sein; eine „enge Verknüpfung" zwischen Erfindung und Rechtsstreit kann vielmehr auch durch rein tatsächliche Umstände hergestellt sein, OLG Celle GRUR **58,** 292. Auch nicht-vermögensrechtliche Ansprüche können Gegenstand von „Patentstreitsachen" sein, BGHZ **14,** 72, 81 (gegen BGHZ **8,** 16, 20), – wobei freilich auch schon der Begriff der „vermögensrechtlichen Ansprüche" weit zu fassen ist, vgl. BGHZ **14,** 72, 74. Eine Patentstreitsache verliert diesen Charakter nicht dadurch, dass sich der Streit nach Erledigung der Hauptsache (§ 91 a ZPO) auf die Kostenentscheidung reduziert, auch nicht im Beschwerdeverfahren, OLG Düsseldorf Mitt. **82,** 175.

Auf Streitigkeiten im Zusammenhang mit einem **DDR-Patent** ist § 143 entsprechend an- 2
zuwenden. Gleiches gilt für Streitigkeiten aus einem mit Wirkung für die Bundesrepublik Deutschland erteilten **europäischen Patent** (nach dem EPÜ), das insoweit hinsichtlich Verletzung, Übertragung und Lizenzierung den gleichen Vorschriften wie das nationale Patent unterliegt (Art. 64 Abs. 3, 74 EPÜ); für Streitigkeiten über den Anspruch auf Erteilung des europäischen Patent ist die Anwendung des jetzigen § 143 (§ 51 PatG 1968) ausdrücklich bestimmt in Art. II § 10 Abs. 2 IntPatÜG. Nach Maßgabe der bei Rdn. 4 zitierten Rechtsprechung gehören auch alle sonstigen ein europäisches Patent (mit Wirkung für das Inland) oder die zugrunde liegende Erfindung betreffenden Rechtsstreitigkeiten zu den Patentstreitsachen. Ebenso Streitigkeiten über gem. Art. II § 6 a IntPatÜG vom deutschen Patentamt erteilte ergänzende Schutzzertifikate zu europäischen Patenten.

Auf Streitigkeiten über **ausländische Patente,** vergleichbare Schutzrechte und Erfindungen ist die Regelung des § 143 wegen der weitgehend übereinstimmenden Problematik entsprechend anzuwenden, vgl. Pinzger, GRUR **40,** 523, 526; OLG Düsseldorf GRUR Int. **68,** 100, 101; LG Düsseldorf GRUR Int. **68,** 101, 102; LG Mannheim, GRUR **80,** 935, 937; OLG Frankfurt GRUR **83,** 435; anders noch RGZ **170,** 226, 230 und RG GRUR **38,** 325.

3 Wie immer, so kommt es auch für die Charakterisierung einer Sache als „Patentstreitsache" nur auf **die Klage** (oder Widerklage) und den **Sachvortrag des Klägers** (oder Widerklägers) an, vgl. LG Düsseldorf, InstGE **1,** 264. Durch die Erklärung, sich „vorerst" nicht auf patentrechtliche Ansprüche stützen zu wollen, vermag der Kläger der Sache den ihr nach seinem Sachvortrag an sich zukommenden Charakter einer Patentstreitsache nicht zu nehmen, vgl. LG Baden-Baden GRUR **61,** 32. Es kommt insbesondere **nicht** auf die **Einwendungen** des Beklagten (oder Widerbeklagten) an; z. T. einschränkend OLG Frankfurt Mitt. **77,** 98, 100. Eine Sache, die nach dem geltend gemachten Anspruch keine Patentstreitsache ist, wird nicht dadurch zu einer solchen, dass der Beklagte z. B. die Aufrechnung mit einer Gegenforderung aus Patentverletzung oder Inanspruchnahme einer Diensterfindung einwendet, Ulrich, NJW **58,** 1128; dahingestellt in BGH GRUR **62,** 305, 306 (vgl. auch BGHZ **26,** 304 zur Aufrechnung mit einer an sich vor die Arbeitsgerichte gehörigen Gegenforderung), – oder dass er wegen eines Patentübertragungsanspruchs ein Zurückbehaltungsrecht geltend macht, AG Berlin-Spandau GRUR **51,** 397; Busse, Rdn. 56; Schulte, Rdn. 11.

4 **Zu den „Patentstreitsachen" gehören beispielsweise:** Klagen auf Unterlassung und Schadenersatz wegen Patentverletzung (§ 139) sowie auf Benutzungsentschädigung (§ 33); Zahlungsklagen jeweils auch dann, wenn die Schadenersatz- oder Entschädigungspflicht dem Grunde nach bereits in einem Vorprozess rechtskräftig festgestellt worden ist, OLG München GRUR **78,** 196; – Klagen wegen ungerechtfertigter Bereicherung durch Patentverletzung (§ 139 Rdn. 82); – Feststellungsklagen (§ 139 Rdn. 94, 95), OLG Frankfurt MuW **37,** 313; – Klagen auf Feststellung der Abhängigkeit oder Nichtabhängigkeit eines Patents (§ 9 Rdn. 81) – Klagen wegen einer Verletzung des Erfinder-Persönlichkeitsrechts, BGHZ **14,** 72, 77/78; LG Nürnberg-Fürth GRUR **68,** 252, 253; – Klagen aus dem Ersterfinderrecht (§§ 6, 7), vgl. RGZ **170,** 226, 230; – die Übertragungsansprüche aus § 8, RGZ **170,** 226, 229; RG GRUR **39,** 53/54; BGHZ **14,** 72, 80; OLG Frankfurt, InstGE **2,** 167 – Klagen auf Feststellung eines Vorbenutzungsrechts (§ 12 Abs. 1 u. ErstrG § 27) oder eines Weiterbenutzungsrechts (§ 123 Abs. 5 u. ErstrG § 7 Abs. 3, §§ 9, 28; IntPatÜG Art. II § 3 Abs. 5); – die Vergütungsansprüche aus § 13 Abs. 3 und § 55; – Streitigkeiten über die Rechte und Pflichten der Beteiligten bei Lizenzbereitschaftserklärung (§ 23) und Zwangslizenz (§ 24 Abs. 1), soweit die ordentlichen Gerichte zuständig sind (§ 23 Rdn. 12, 13; § 24 Rdn. 26, 29; Güldenagel GRUR **38,** 474 ff.); – Klagen auf Einwilligung in die Miteintragung in die Patentrolle (§ 30 Abs. 3), KG GRUR **58,** 392; – Klagen auf Erklärung der Zustimmung zur Nennung als Erfinder (§ 63 Abs. 2), RGZ **170,** 226, 229; – Klagen auf Auskunftserteilung nach erfolgter Patentberühmung (§ 146), LG Mannheim GRUR **54,** 24; – Klagen auf Unterlassung der Patentberühmung, OLG Düsseldorf JurBüro **86,** 1904, einschränkend: Radmann, Mitt. **05,** 150, 151 f.; – Streitigkeiten über die Berechtigung einer Verwarnung wegen Patentverletzung, LG Mannheim WRP **65,** 188, 191; OLG Hamburg Mitt. **82,** 154; – Klagen auf „Rückgewähr" einer Patentanmeldung nach § 7 des Anfechtungsgesetzes, OLG Düsseldorf GRUR **60,** 123; – Klagen auf Schadenersatz wegen Vollziehung einer ungerechtfertigten einstweiligen Verfügung (§ 85 Abs. 5 PatG, § 945 ZPO) oder Vollstreckung eines vorläufig vollstreckbaren, später aufgehobenen Urteils (§ 85 Abs. 6 PatG, § 717 Abs. 2 ZPO); – Klagen auf Rückgabe gezahlter Schadenersatzbeträge nach Vernichtung des ehemaligen Klagepatents (§ 22 Rdn. 88); – vor allen aber auch Ansprüche, die auf Vertrag beruhen, wie z. B. auf einem Lizenz – oder sonstigen Verwertungsvertrag, RGZ **170,** 226, 228/229, 231; BGHZ **8,** 16, 18; KG GRUR **37,** 996; **58,** 392; OLG Celle GRUR **58,** 292; OLG Düsseldorf Mitt. **59,** 18 (nicht jedoch Ansprüche aus einem bloßen Vertriebsvertrag, OLG Stuttgart GRUR **57,** 121); – Streitigkeiten um den Bestand und den Umfang eines Lizenzvertrags, OLG München NJW **63,** 2280; BGHZ **49,** 33 (= GRUR **68,** 218); – Streitigkeiten aus einem lizenzähnlichen Rechtsverhältnis, LG Düsseldorf GRUR Int. **68,** 101, 102; – Ansprüche aus einem Schuldanerkenntnis, das im Zusammenhang mit einem Anspruch aus einem Patentrechtsverhältnis gegeben worden ist, BGHZ **49,** 99, 107 (= GRUR **68,** 307, 310); – Ansprüche aus Vertragsstrafeversprechen zur Sicherung eines patentrechtlichen Unterlassungsanspruchs, OLG Düsseldorf, GRUR **84,** 650; OLG München, Mitt. **04,** 444 (zu § 140 Abs. 1 MarkenG). Wegen europäischer und ausländischer Patente und Erfindungen s. Rdn. 2; – Gebührenklagen eines Patentanwalts wegen Mitwirkung in einer Patentstreitsache, OLG Karlsruhe, Mitt. **80,** 137, GRUR **97,** 359; a. A. OLG Frankfurt Mitt. **75,** 140;. **77,** 98, 100; Vorauflage.

Nicht zu den „Patentstreitsachen" gehören Klagen wegen „sklavischen Nachbaus" aus § 4 Nr. 9 UWG (vormals § 1 UWG a.F.), OLG Düsseldorf GRUR **54,** 115; **81,** 923 sowie Streitsachen aus anderen Schutzrechten (Gebrauchsmuster, vgl. § 27 GebrMG; Halbleiter, vgl. § 11 Abs. 2 i.V.m. § 27 GebrMG; Geschmacksmuster, vgl. § 52 GeschmMG; Marken, vgl. § 140 MarkenG; Sorten, vgl. § 38 SortSchG). Die Klage auf Schadensersatz gegen eine Bank wegen verspäteter Ausführung des Auftrags zur Überweisung eines Geldbetrages wird auch dann nicht zur Patentstreitsache, wenn mit dem Geldbetrag die Jahresgebühr für eine Patentanmeldung entrichtet werden sollte und die verspätete Ausführung der Überweisung dazu geführt hat, dass die Anmeldung nach § 58 Abs. 3 PatG i.V.m. § 7 Abs. 1 PatKostG wegen nicht fristgemäßer Zahlung als zurückgenommen gilt. Die Klage auf Rückzahlung eines Darlehens wird auch dann nicht zur Patentstreitsache, wenn die Fälligkeit der Rückzahlung von der Wirksamkeit eines Patentlizenzvertrages abhängt und sich die Parteien über die Wirksamkeit des Patentlizenzvertrages streiten. 5

„Patentstreitsachen" sind nicht nur Klageverfahren, sondern – in entsprechender Anwendung des § 143 Abs. 1 – auch Verfahren über den Erlass von **einstweiligen Verfügungen,** KG Mitt. **38,** 222; OLG Düsseldorf GRUR **60,** 123 oder Arresten zur Sicherung eines Anspruchs aus Patentverletzung, OLG Karlsruhe GRUR **73,** 26. Es ist streitig, ob dies auch für **Zwangsvollstreckungsverfahren** gilt – grundsätzlich verneinend noch OLG Düsseldorf GRUR **69,** 245 (Warenzeichensache); jedoch zumindest für Vollstreckungsgegenklagen nach § 767 ZPO (so auch OLG Düsseldorf aaO und GRUR **85,** 220), Unterlassungsvollstreckung (OLG Frankfurt GRUR **79,** 340; vgl. auch für Warenzeichensachen OLG München GRUR **78,** 499 u. OLG Düsseldorf GRUR **83,** 512) und wohl auch für Vollstreckung der Auskunft und Rechnungslegung ist eine Patentstreitsache anzunehmen, da auch insoweit eine besondere Sachkunde der mitwirkenden Richter und Parteivertreter erforderlich ist, und durch die Zuständigkeit des Prozessgerichts auch seitens des Gesetzgebers Zusammenhang und Gleichbehandlung mit dem vorangegangenen Erkenntnisverfahren anerkannt worden sind; a.A. OLG Hamburg JurBüro **80,** 1728 u. **86,** 1906 (WZ-Sachen). Die **Kostenfestsetzung** ist keine Patentstreitsache, vgl. OLG Düsseldorf JurBüro **82,** 576. Rechtsstreitigkeiten über **Erfindungen eines Arbeitnehmers** sind nach § 39 Abs. 1 ArbEG stets als Patentstreitsachen im Sinne der §§ 143ff. PatG zu behandeln, – ausgenommen Rechtsstreitigkeiten, die ausschließlich Ansprüche auf Leistung einer festgestellten oder festgesetzten Vergütung für eine Erfindung zum Gegenstand haben (§ 39 Abs. 2 ArbEG) und vor die Arbeitsgerichte gehören (§ 2 Abs. 2 ArbEG); § 39 ArbEG gilt jedoch nur für Streitigkeiten über patent- oder gebrauchsmusterfähige Erfindungen (§ 2 ArbEG), nicht für Streitigkeiten über technische Verbesserungsvorschläge (§§ 3, 20 ArbEG), die deshalb wiederum vor die Arbeitsgerichte gehören, BAG GRUR **66,** 88; NZA **97,** 1181. Da alle eine „Erfindung" betreffenden Fragen zu den Patentstreitsachen gezählt werden, muss dies konsequenterweise auch für die Frage gelten, ob überhaupt eine Erfindung und nicht lediglich ein Verbesserungsvorschlag vorliegt, sofern diese Frage streitig und nicht unproblematisch ist, Asendorf, GRUR **90,** 229, 237; Grabinski GRUR **01,** 922, 923 Fn. 5. Für **Gebrauchsmusterstreitsachen** ist in § 27 GebrMG eine dem § 143 entsprechende Regelung getroffen. 6

II. Die Zuständigkeitsregelung (Abs. 1–2)

1. Allgemeines zu Abs. 1 u. 2. Sachliche Zuständigkeit: Sowohl die Vorschrift des Abs. 1, dass für Patentstreitsachen „die Zivilkammern der Landgerichte" ohne Rücksicht auf den Streitwert ausschließlich zuständig sind, als auch die Vorschrift des Abs. 2, nach der die Patentstreitsachen für die Bezirke mehrerer Landgerichte einem von ihnen zugewiesen werden können, regeln die sachliche Zuständigkeit der Gerichte, BGHZ **8,** 16, 21; **14,** 72, 75; vgl. auch BGH GRUR **62,** 305, 306. Das ist für die Vorschrift des Abs. 1, die auf die Ausschließung der Zuständigkeit der Amtsgerichte hinausläuft, im Hinblick auf § 1 ZPO i.V.m. §§ 23, 71 GVG nicht zu bezweifeln. Aber auch die Zuweisung der Patentstreitsachen an bestimmte Landgerichte als „Gerichte für Patentstreitsachen" (Abs. 2) ist nicht etwa eine Regelung der örtlichen Zuständigkeit (so Ristow JW **38,** 290, 292) und auch nicht eine Regelung der sog. funktionellen Zuständigkeit (so OLG Hamm GRUR **52,** 189), wenn man diese als die Verteilung der *verschiedenen* Rechtspflegefunktionen in *derselben* Sache an *verschiedene* Rechtspflegeorgane auffasst (Rosenberg/Schwab/Gottwald, 16. Aufl., §§ 29 II 3, 30; Zöller/Greger, 24. Aufl., § 1 Rdn. 6), sondern eine Regelung der sachlichen Zuständigkeit oder doch jedenfalls wie eine solche zu behandeln, – ebenso wie etwa die Zuweisung der Sortenschutzsachen an bestimmte Landgerichte als Gerichte für Sortenschutzsachen nach § 38 des Sortenschutzgesetzes und die Zuweisung der Kartellsachen an bestimmte Landgerichte nach § 89 des Gesetzes gegen Wettbewerbsbeschränkungen. 7

8 **Ausschließliche Zuständigkeit:** Sowohl die in Abs. 1 bestimmte Zuständigkeit der Landgerichte als solcher (im Gegensatz zu den Amtsgerichten) als auch die Zuständigkeit der nach Abs. 2 zu „Gerichten für Patentstreitsachen" besonders bestimmten Landgerichte ist eine ausschließliche Zuständigkeit, BGHZ **8,** 16, 19; **14,** 72, 75; a. A. OLG Dresden, GRUR **98,** 69 = Mitt. **99,** 112 zu § 140 Abs. 2 MarkenG. Daraus folgt, dass eine Vereinbarung der Parteien über die Zuständigkeit im Sinne des § 38 ZPO nur zulässig ist, wenn sie sich auf die Anrufung eines der nach Abs. 1 und 2 für Patentstreitsachen zuständigen Landgerichte bezieht, nicht aber, wenn über den Kreis dieser Gerichte hinaus ein anderes Landgericht vereinbart werden soll, BGHZ **8,** 16, 19. Daraus folgt weiter, dass der Beklagte auf die Einrede der Unzuständigkeit nicht verzichten (§ 40 Abs. 2 i. V. m. §§ 38, 39 ZPO), BGHZ **49,** 99, 102 = GRUR **68,** 307, 309; BGH, NJW **05,** 1660, 1661 (zur ausschließlichen Zuständigkeit nach § 87 Abs. 1 GWB) und sie auch noch nach Beginn der Verhandlung zur Hauptsache geltend machen kann (§§ 282 Abs. 3, 296 Abs. 3 ZPO), BGHZ **14,** 72, 76. Stellt sich im ersten Rechtszug die Unzuständigkeit des angerufenen Gerichts heraus, so ist die Sache auf Antrag des Klägers nach § 281 ZPO an das nach Abs. 1 und 2 zuständige Gericht zu verweisen, andernfalls die Klage als unzulässig abzuweisen; die Verweisung an das für Patentstreitsachen zuständige Landgericht ist für dieses bindend, BGHZ **72,** 1 (= GRUR **78,** 527 – Zeitplaner); im Falle der Verweisung verbleibt es bei der Kostenfolge des § 281 Abs. 3 Satz 2 ZPO auch dann, wenn die Verweisung zu Unrecht erfolgt ist, BGH I a ZR 104/63 vom 21. 5. 1963.

In der **Berufungs- und in der Revisionsinstanz** kann nicht mehr geltend gemacht werden, dass das Gericht des ersten Rechtszuges seine Zuständigkeit zu Unrecht angenommen hat, §§ 513 Abs. 2, 545 Abs. 2 ZPO n. F. Das gilt auch für ausschließliche Zuständigkeiten, vgl. BGH NJW **05,** 1660 (Kartellsache), und damit für die ausschließliche Zuständigkeit nach § 143 Abs. 1 und 2 sowie § 27 Abs. 2 GebrMG. Zu den Voraussetzungen der Geltendmachung fehlender Zuständigkeit nach Abs. 1 und 2 nach dem vor Inkrafttreten des Gesetzes zur Reform des Zivilprozesses vom 27. 7. 2001 geltenden Recht, vgl. Voraufl.

9 **Landgericht, Zivilkammer:** Die Zuständigkeit der Landgerichte nach Abs. 1 und die Sonderzuständigkeit der nach Abs. 2 bestimmten Landgerichte ist **nicht** auf eine ganz bestimmte sog. **„Patentstreitkammer"** beschränkt, sondern ruht ganz allgemein bei dem „Landgericht" bzw. dem nach Abs. 2 ausgewählten „Landgericht"; die Einrede der sachlichen Unzuständigkeit kann daher nicht damit begründet werden, dass innerhalb eines nach Abs. 1 und 2 an sich zuständigen Landgerichts eine nach der Geschäftsverteilung nicht für Patentstreitsachen zuständige Kammer mit der Sache befasst worden ist, BGH GRUR **62,** 305, 306; – oder dass die Kammer entgegen der Intention des Gesetzgebers nicht überwiegend mit auf dem Gebiet des Patentrechts erfahrenen Richtern besetzt war, BGHZ **71,** 86, 89 (= GRUR **78,** 492, 493 m. Anm. Horn – Fahrradgepäckträger II). Patentstreitsachen gehören aber jedenfalls vor die **Zivilkammern,** nicht vor die Kammern für Handelssachen, wie mit der jetzigen Gesetzesfassung (seit 1. 1. 1981) klargestellt ist, aber auch schon vorher angenommen wurde, OLG Hamburg GRUR **61,** 132.

10 **Zuständigkeitskonkurrenzen:** Die ausschließliche sachliche Zuständigkeit nach § 143 Abs. 1 und 2 kann in Konkurrenz stehen mit anderen ebenfalls ausschließlichen sachlichen Zuständigkeiten, insbesondere **mit den ausschließlichen sachlichen Zuständigkeiten der „Kartellgerichte" nach §§ 87 ff. GWB.** Nach dem bis Ende 1998 geltenden § 96 Abs. 2 GWB a. F. musste für den Fall, dass die „Anspruchsgrundlage" patentrechtlich und die „Vorfrage", insbesondere eine Einwendung, kartellrechtlich war, der Patentstreit bis zur Entscheidung der für die kartellrechtliche Frage zuständigen Stelle ausgesetzt werden, vgl. OLG Frankfurt GRUR **65,** 163. War hingegen die Anspruchsgrundlage kartellrechtlich und die Vorfrage patentrechtlich oder war die Anspruchsgrundlage selbst sowohl kartellrechtlich als auch patentrechtlich, so war anerkannt (obwohl sich der Gesetzeswortlaut hierzu nicht verhielt), dass die Zuständigkeit des für die Kartellfrage zuständigen Gerichts oder Spruchkörpers der des für die Patentstreitsache zuständigen Gerichts vorging, wenn diese nicht sowieso identisch waren, BGHZ **31,** 162, 166/67 (= GRUR **60,** 350, 351) und BGHZ **49,** 33, 38 (= GRUR **68,** 218, 219). Nach dem seit Anfang 1999 geltenden §§ 87, 89 und 95 GWB sind die Kartellgerichte für Rechtsstreitigkeiten, die sich aus dem GWB oder aus Kartellvereinbarungen und aus Kartellbeschlüssen ergeben, ausschließlich zuständig, selbst wenn die Rechtsstreitigkeit nur teilweise von einer Entscheidung abhängt, die nach dem GWB zu treffen ist und im Übrigen patentrechtlich ist. Dies kann dazu führen, dass Patentstreitsachen mit kartellrechtlichem Einschlag von Richtern zu entscheiden sind, die im Umgang mit technischen Sachverhalten nicht erfahren sind, weil die für Kartell- und Patentstreitsachen zuständigen Spruchkörper oft nicht mit den gleichen Richtern besetzt sind, wie dies beispielsweise dann der Fall ist, wenn eine Patent-

streitsache, weil sie auch kartellrechtliche Fragen betrifft, als Handelssache (vgl. § 87 Abs. 2 GWB) vor einer Kammer für Handelssachen anhängig gemacht wird. – Zu erwähnen ist in diesem Zusammenhang schließlich auch die **Zuständigkeit des EuGH nach Art. 234 des EG-Vertrages** (ex-Art. 177 EWG-Vertrag) zur Vorabentscheidung über die Auslegung des Vertrags; eine solche Vorabentscheidung *kann* von den nicht letztinstanzlich entscheidenden Gerichten und *muss* von dem letztinstanzlich entscheidenden Gericht eingeholt werden; sie kann im Hinblick auf Art. 81 des EG-Vertrags (ex-Art. 85 EWG-Vertrag) namentlich bei Streitigkeiten aus Lizenzverträgen in Betracht kommen, im Hinblick auf Art. 82 des EG-Vertrages (ex-Art. 86 EWG-Vertrag) aber auch bei Verletzungsstreitigkeiten, vgl. dazu oben § 139 Rdn. 12, 112.

Zuständigkeitskonkurrenzen können sich auch **mit anderen ausschließlich sachlich zuständigen Gerichtsständen auf dem Gebiet des gewerblichen Rechtsschutzes und des Urheberrechts** ergeben, etwa für Gebrauchsmusterstreitsachen nach § 27 GebrMG, für Geschmacksmusterstreitsachen nach § 52 GeschmMG, für Kennzeichenstreitsachen nach § 140 MarkenG oder für Urheberrechtsstreitsachen nach § 105 UrhG, vorausgesetzt, das insoweit zuständige Landgericht ist nicht mit dem nach § 143 zuständigen Landgericht identisch, was hinsichtlich der Gebrauchsmustersachen in allen Bundesländern mit Ausnahme von Rheinland-Pfalz der Fall ist (vgl. § 27 GebrMG, Rdn. 3), ansonsten aber unterschiedlich geregelt sein kann. In einem solchen Fall der Zuständigkeitskonkurrenz zweier Landgerichte (beispielsweise ist das LG Düsseldorf für Patentstreitsachen aus Nordrhein-Westfalen zuständig, vgl. u. Rdn. 15, aber nur für Kennzeichenstreitsachen aus dem Bezirk des OLG Düsseldorf, während sich die Zuständigkeit für die Bezirke des OLG Hamm und des OLG Köln insoweit auf die LGe Bielefeld, Bochum und Köln verteilt, vgl. VO NW v. 12. 8. 1996, GV NW 348) ist danach zu differenzieren, ob die nicht patentstreitgemäßen Ansprüche mit den patentstreitgemäßen **eng zusammenhängen** oder nicht. Besteht ein solcher enger Sachzusammenhang, was etwa dann der Fall ist, wenn gegen dieselbe angegriffene Ausführungsform nicht nur auf Grund eines Patents, sondern auch auf Grund eines mit diesem parallelen Gebrauchsmusters geklagt wird, folgt der nicht patentstreitmäßige (hier: gebrauchsmusterrechtliche) Anspruch dem patentstreitmäßigen, vgl. auch RGZ **170,** 226, 231/32. Wird jedoch neben der Patentverletzung mit jeweils selbstständigen Anträgen auch eine Geschmacksmuster-, Marken- oder eine Urheberrechtsverletzung geltend gemacht, handelt es sich bei letzteren in aller Regel um eigene Streitgegenstände ohne engen Sachzusammenhang mit der Patentstreitsache, so dass das nach § 143 zuständige Landgericht insoweit unzuständig ist und – auf Antrag des Klägers – den auf die nicht patentstreitmäßigen Ansprüche gestützten Teil des Rechtsstreits abzutrennen und an das jeweils sachlich und örtlich ausschließlich zuständige Landgericht zu verweisen hat, §§ 145 Abs. 1, 281 Abs. 1 ZPO. 10 a

Die **örtliche Zuständigkeit** bestimmt sich nach den dafür geltenden allgemeinen Vorschriften (§§ 12 ff. ZPO), vgl. dazu § 139 Rdn. 97–99. Sie wird durch die Vorschriften des § 143 nur insofern berührt, als örtlich zuständig nur eines der nach Abs. 1 und 2 sachlich zuständigen Landgerichte sein kann und bei den für die örtliche Zuständigkeit maßgebenden Tatbestandsmerkmalen daher die Erweiterung der Gerichtsbezirke der nach Abs. 2 ausgewählten Gerichte zu beachten ist. Wegen der **internationalen Zuständigkeit** und der Zuständigkeit bei Streitigkeiten im Zusammenhang mit einem europäischen Patent s. § 139 Rdn. 100 ff. 11

Die Zulässigkeit einer **Widerklage** gegenüber einer bei einem Gericht für Patentstreitsachen anhängigen Patentstreitsache richtet sich nach den allgemeinen Bestimmungen (vgl. § 33 ZPO), wobei es u. U. darauf ankommt, ob die Widerklage selbst eine Patentstreitsache zum Gegenstand hat oder nicht. Wird bei einem Gericht, das nicht Gericht für Patentstreitsachen ist, eine Widerklage erhoben, die eine Patentstreitsache zum Gegenstand hat, so ist die Widerklage auf entsprechenden Antrag abzutrennen und an das zuständige Gericht für Patentstreitsachen zu verweisen (§§ 33 Abs. 2, 145, 281 ZPO) oder als unzulässig abzuweisen. 12

Die Vereinbarung, dass die Entscheidung einer Patentstreitsache durch ein **Schiedsgericht** erfolgen soll (§§ 1042 ff. ZPO), wird durch die Vorschriften des § 143 Abs. 1 und 2 nicht gehindert. 13

2. Die nach Abs. 2 zulässige Zuweisung an bestimmte Landgerichte begründet für diese ebenfalls eine ausschließliche sachliche Zuständigkeit (oben Rdn. 7, 8), bezieht sich ebenfalls auf die Zivilkammern dieser Landgerichte als solche, nicht auf bestimmte Kammern (oben Rdn. 9) und hat gewisse Rückwirkungen auf die örtliche Zuständigkeit (oben Rdn. 11). Die Ermächtigung, die Patentstreitsachen für die Bezirke mehrerer Landgerichte einem von ihnen zuzuweisen, war im Patentgesetz vom 5. 5. 1936 dem Reichsminister der Justiz gegeben, wurde dann durch § 1 Nr. 12 des 1. ÜG auf die Landesjustizminister umgestellt und steht 14 nunmehr seit der Neufassung des § 143 Abs. 2 durch § 1 Nr. 21 des 5. ÜG den Landesregierungen zu, die sie aber auf die Landesjustizverwaltungen übertragen können. Gegen die Verfassungsmäßigkeit dieser Ermächtigungen bestehen trotz der Entscheidung des Bundesverfassungsgerichts vom 10. 6. 1953 (BVerfGE **2,** 307 ff.) keine Bedenken, vgl. v. Deines GRUR **55,** 71.

15 Von der Möglichkeit, die Patentstreitsachen bestimmten Landgerichten zuzuweisen, ist weitgehend Gebrauch gemacht worden. Sofern sich der Bereich eines Landgerichts für Patentstreitsachen innerhalb eines Landes hält, genügte eine Verordnung der Landesregierung bzw. der Landesjustizverwaltung; sofern der Bereich über ein Land hinausgeht, waren Staatsverträge der beteiligten Länder erforderlich. In der Vergangenheit erfolgte Zuweisungen nach § 143 Abs. 2 erfassen ohne weiteres auch solche Patentstreitsachen, die sich erst auf Grund später in Kraft getretener Bestimmungen – z. B. nach EPÜ, IntPatÜG, ErstrG und § 16 a PatG – ergeben haben. Zurzeit sind folgende Landgerichte als Gerichte für Patentstreitsachen im Sinne des § 143 Abs. 2 bestimmt:

1. **Landgericht Berlin** für die Länder Berlin, Gesetz v. 20. 11. 1995, GVBl. BLN 96, 105, und Brandenburg, Gesetz v. 15. 12. 1995, GVBl. BR 95, S. 689; Staatsvertrag vom 20. 11. 1995, GVBl. BLN 96, S. 105; GVBl. BR 95, S. 288;
2. **Landgericht Braunschweig** für die Land Niedersachsen, VO v. 22. 1. 1998 – Nieders. GVBl. 98, S. 66 –;
3. **Landgericht Düsseldorf** für das Land Nordrhein-Westfalen, VO v. 13. 1. 1998 – GV. NW 98, S. 106 –;
4. **Landgericht Erfurt** für das Land Thüringen, VO v. 1. 12. 1995, GVBl.TH 95, S. 404 –;
5. **Landgericht Frankfurt (Main)** für die Bezirke der Landgerichte des Landes Hessen, VO v. 26. 8. 1960, GVBl. 60, S. 175 (Patente), VO v. 27. 8. 1987, GVBl. 87 I, S. 163 (Gebrauchsmuster) und die Bezirke der Landgerichte des Landes Rheinland-Pfalz, Staatsvertrag Rheinland-Pfalz/Hessen vom 4. 8. 1950, GVBl.HE 50, S. 251, GVBl.R-P 50, S. 316 (Patente);
6. **Landgericht Hamburg** für die Länder Bremen, Hamburg und Schleswig-Holstein, Gesetz v. 18.5.93, GBl.BR 93, S. 154; Gesetz v. 2. 2. 1993, GVBl.HH 93, S. 33; Gesetz v. 27. 9. 1993, GBl. SH 93, S. 497; Gesetz v. 6. 11. 1993, GVOBl.M-V 93, S. 919; Abkommen v. 17. 11. 1992 zw. BR, HH, SH und M-V, GVBl.HH. 93, S. 33; BlPMZ 95, 236;
7. **Landgericht Leipzig** für das Land Sachsen, VO v. 14. 7. 1994 Sächs.GVBl. 94, S. 1313 –;
8. **Landgericht Magdeburg** für das Land Sachsen-Anhalt, VO v. 5. 12. 1995, GVBl.LSA 95, S. 360 –;
9. **Landgericht Mannheim** für das Land Baden-Württemberg, VO v. 20. 11. 1998, GBl. BW 98, S. 680 –;
10. **Landgericht München I** für den OLG-Bezirk München;
11. **Landgericht Nürnberg-Fürth** für die OLG-Bezirke Nürnberg und Bamberg, VO v. 2. 2. 1988, § 18 – Bayer. GVBl. 88. S. 6, 9 – und
12. **Landgericht Saarbrücken** für das Saarland (keine Bestimmung, da nur ein Landgericht).

Für die Zeit bis zum Inkrafttreten der jeweiligen Verordnungen bzw. Staatsverträge war für die Länder Brandenburg, Sachsen-Anhalt und Thüringen in erster Instanz in Patentstreitigkeiten (betreffend sowohl DDR-Patente als auch andere Patente) das Landgericht Leipzig zuständig (vgl. dazu im Einzelnen: Vorauflage).

16 Für den **Instanzenzug** in Patentstreitsachen sind keine besonderen Vorschriften gegeben, anders z. B. für den Instanzenzug in „Kartellsachen" in §§ 91 ff. GWB. Die Berufung gegen die Urteile eines nach § 143 Abs. 2 bestimmten Landgerichts für Patentstreitsachen geht daher an das diesem Landgericht im Instanzenzug allgemein übergeordnete Oberlandesgericht; auch dann wenn es sich sachlich nicht um eine Patentstreitsache handelt und dieses Landgericht an sich nicht zuständig gewesen wäre, BGHZ **72,** 1 (= GRUR **78,** 527 – Zeitplaner); welcher Senat des Oberlandesgerichts zuständig ist, bestimmt die Geschäftsverteilung. Zum Geschäftsanfall bei den verschiedenen (west-)deutschen Patentstreitkammern und -senaten vgl. Hase, Mitt. **92,** 23 ff.; **93,** 289; **94,** 329.

17 Die Zuweisung an bestimmte Landgerichte in § 143 Abs. 2 gilt **nicht** für die **Vollstreckbarerklärung** einer in einem anderen Mitgliedstaat der Europäischen Gemeinschaft in einer Patentstreitsache ergangenen Entscheidung **nach Art. 38 ff. EuGVVO.** Nach dem allgemeinen Grundsatz des Vorrangs der EuGVVO gegenüber nationalem Recht ist vielmehr die Zuständigkeitsregelung in Art. 39 Abs. 1 und 2 EuGVVO i. V. m. Anhang II zur EuGVVO anzuwenden, wonach der Vorsitzende einer Kammer des Landgerichts sachlich zuständig ist, in dessen Bezirk der Schuldner seinen Wohnsitz hat oder in dessen Bezirk die Zwangsvollstreckung durchgeführt werden soll, OLG Köln, GRUR-RR **05,** 34, 35.

Hinsichtlich der **Kommentierung zu § 143 Abs. 3 und 4 PatG a. F.,** die durch das OLGVertrÄndG v. 28. 7. 2002 mit Wirkung ab dem 1. 6. 2002 aufgehoben wurden, vgl. Voraufl., Rdn. 17 f.

III. Einigungsverfahren. Für Streitigkeiten nach dem ArbEG und nach dem ErstrG können der Klagerhebung vor den Gerichten besonders geregelte Güteverfahren vorgeschaltet sein. Für **Arbeitnehmererfinder-Streitigkeiten** ist das im Einzelnen in den §§ 29–37 ArbEG geregelt. Nach § 37 ArbEG und mit den dort genannten Ausnahmen ist die vorherige (erfolglose) Anrufung der beim DPMA eingerichteten Schiedsstelle und der damit verbundene Versuch einer gütlichen Einigung Voraussetzung für die Zulässigkeit einer Klagerhebung. 18

Ein vergleichbares Verfahren ist **nach §§ 39 ff. ErstrG** (Anhang 5) für Rechtsstreitigkeiten vorgesehen, die sich daraus ergeben, dass vor der deutschen Einigung begründete gewerbliche Schutzrechte oder Benutzungsrechte nach ihrer Erstreckung auf den anderen Teil Deutschlands zusammentreffen. In diesen Fällen kann jederzeit – also auch noch während eines bereits anhängigen Prozesses – die hierfür besonders eingerichtete Einigungsstelle beim Deutschen Patentamt angerufen werden. Damit wird den Streitparteien ein besonders flexibles, einfaches und kostengünstiges Verfahren für die Suche nach einer einvernehmlichen Lösung unter unabhängiger und sachkundiger Leitung zur Verfügung gestellt. Ein solches Verfahren bietet sich insbesondere im Hinblick auf die generalklauselartigen Billigkeitsregelungen in § 26 Abs. 2, § 28 Abs. 1 und § 30 Abs. 2 u. 3 ErstrG an. Die Anrufung der Einigungsstelle ist – anders als diejenige der Schiedsstelle nach dem ArbEG – für beide Seiten fakultativ und in keinem Fall Zulässigkeitsvoraussetzung für eine Klageerhebung. Die Anrufung der Einigungsstelle führt gemäß § 44 ErstrG in gleicher Weise wie eine Klageerhebung zur Unterbrechung der Verjährung bis zur Beendigung des Einigungsverfahrens. Ein vor der Einigungsstelle geschlossener Vergleich kann mit einer Vollstreckungsklausel versehen werden und Grundlage einer Zwangsvollstreckung sein, § 43 Abs. 3 ErstrG, § 797 a ZPO. Wegen weiterer Einzelheiten wird auf den Gesetzeswortlaut und die amtliche Begründung des Regierungsentwurfs dazu – BT-Drucks. 12/1399 S. 64 ff. – verwiesen.

IV. Erstattung der Patentanwaltskosten (Abs. 3)

1. Allgemeines; sachlicher und persönlicher Geltungsbereich. Den Patentanwälten steht außer der Befugnis zur *Vertretung* anderer vor dem Patentamt und dem Patentgericht sowie im Berufungsverfahren vor dem Bundesgerichtshof (§ 3 Abs. 2 Nr. 2, 3 PatAnwO, § 121 Abs. 1 PatG) und außer der Befugnis zur *Rechtsberatung* in Angelegenheiten der gewerblichen Schutzrechte, Sortenschutzrechte usw. (§ 3 Abs. 2 Nr. 1, Abs. 4 PatAnwO) auch die Befugnis zur *Mitwirkung* in Rechtsstreitigkeiten vor den ordentlichen Gerichten zu, in denen ein Anspruch aus einem der im Patentgesetz, im Gebrauchsmustergesetz, im Markengesetz, im Gesetz über Arbeitnehmererfindungen usw. geregelten Rechtsverhältnisse geltend gemacht wird (§ 4 Abs. 1 PatAnwO), sowie zur Mitwirkung in sonstigen Rechtsstreitigkeiten, soweit für deren Entscheidung eine Frage von Bedeutung ist, die ein gewerbliches Schutzrecht usw. betrifft (§ 4 Abs. 2 PatAnwO). Diese Befugnis erstreckt sich auf die Gerichte aller Instanzen, auch die mit Rechtsanwaltszwang (§ 78 ZPO), und ist unabhängig vom Sitz des Gerichts und des Patentanwalts. Die **Vergütung,** die er für seine Mitwirkung in Rechtsstreitigkeiten vor den ordentlichen Gerichten **von seinem Auftraggeber** zu beanspruchen hat, richtet sich bei Fehlen abweichender Vereinbarung nach der üblichen Vergütung (§ 632 Abs. 2 BGB), welche sich insoweit aus der (nicht amtlichen von der Patentanwaltskammer letztmals 1968 herausgegebenen) Gebührenordnung für Patentanwälte (abgedruckt in der Beck'schen Textausgabe Gewerblicher Rechtsschutz, Wettbewerbsrecht, Urheberrecht, unter Nr. 168 sowie bei Benkard, 6. Aufl. Anh. 30) entnehmen lässt, die ihn in Abschnitt N darauf verweist, Gebühren nach den Sätzen der BRAGO entsprechend dem vom Gericht festgesetzten Streitwert zu erheben. Er kann seine Vergütung gegen seinen Auftraggeber im Gerichtsstand des § 34 ZPO (Gericht des Hauptprozesses) oder im allgemeinen Gerichtsstand des § 13 ZPO (Wohnsitz des Auftraggebers) einklagen, idR jedoch nicht am Gericht des Kanzleisitzes gem. § 29 ZPO (Gerichtsstand des Erfüllungsortes), es sei denn die Parteien haben den Kanzleisitz als Leistungsort gem. § 269 Abs. 1, 2 BGB und damit als Erfüllungsort bestimmt, vgl. BGH NJW **04,** 54 (Honorarforderung eines Rechtsanwalts); OLG Düsseldorf, 24. 2. 2005, I-2 U 64/03 (Honorarforderung eines Patentanwalts). Hat der Auftraggeber seinen Sitz im Ausland und ist der Gerichtsstand des § 34 ZPO nicht gegeben, fehlt es regelmäßig bereits an der internationalen Zuständigkeit deutscher Gerichte, vgl. OLG 19

Düsseldorf, aaO. Der internationale Gerichtsstand des belegenen Vermögens nach § 23 ZPO analog kommt nur außerhalb des Anwendungsbereichs der EuGVVO bzw. des LuGÜ in Betracht (vgl. dazu näher bei § 139, Rdn. 101 a). Der Patentanwalt kann seine Vergütungsansprüche auch in entsprechender Anwendung des § 11 RVG (vormals: § 19 BRAGO) festsetzen lassen, LG Berlin GRUR **54,** 418; LG München I GRUR **57,** 239. Da die Gebühren des RVG (vormals: der BRAGO) sich nach dem Streitwert bemessen, hat der Patentanwalt auch ein selbstständiges Antrags- und Beschwerderecht zum Streitwert in entsprechender Anwendung des § 32 Abs. 2 RVG (vormals: § 9 BRAGO), OLG Düsseldorf Mitt. **59,** 78; VerwGer. München Mitt. **61,** 59 (ein Erlaubnisscheininhaber dagegen hat dieses Recht nicht, OLG Braunschweig Mitt. **62,** 202). Im Falle der Festsetzung eines Teilstreitwerts nach § 144 zugunsten seiner Partei kann der Patentanwalt von ihr entsprechend § 144 Abs. 1 S. 2 Gebühren nur nach diesem Teilstreitwert fordern; vgl. auch RG GRUR **40,** 152 und unten § 144 Rdn. 12.

20 § 143 Abs. 3 befasst sich nur mit der Frage, **inwieweit** der obsiegenden Partei die **Vergütung,** die sie dem für sie mitwirkenden Patentanwalt schuldet, von der unterlegenen Partei **zu erstatten** ist, und bestimmt, dass die Gebühren des Patentanwalts nach § 13 RVG stets zu erstatten sind (unten Rdn. 23 ff.), seine Auslagen dagegen nur, soweit sie notwendig waren (unten Rdn. 26).

Die **früher** in § 143 Abs. 5 PatG enthaltene **Begrenzung der zu erstattenden Gebühren „bis zur Höhe einer vollen Gebühr"** ist in der Fassung, die die Vorschrift durch Art. 7 Nr. 36 des Gesetzes zur Bereinigung von Kostenregelungen auf dem Gebiet des geistigen Eigentums (KostRegBerG) vom 13. 12. 2001 (BGBl. I 3656, 3671) erhalten hat, **gestrichen** worden und damit mit Inkrafttreten des KostRegBerG **am 1. 1. 2002 entfallen.** Mit Aufhebung der früheren Abs. 3 und 4 von § 143 PatG durch Art. 3 des OLGVertrÄndG vom 28. 7. 2002 (BGBl. I 2850) mit Wirkung vom 1. 6. 2002 ist dann Abs. 5 – ohne weitere inhaltliche Änderung – als Abs. 3 aufgerückt. War es der Zweck der in der früheren Regelung, trotz der in Patentstreitsachen zumeist erforderlichen Mitwirkung eines Patentanwalts neben dem nach § 78 ZPO allein zur Prozessvertretung befugten Rechtsanwalt das Kostenrisiko des Gegners für den Fall seines Unterliegens in tragbaren Grenzen zu halten (amtl. Begründungen zum PatG 1936 §§ 51, 52, BlPMZ **36,** 114), soll nunmehr durch den Wegfall der Begrenzung der erstattungsfähigen Gebühren die tatsächliche Arbeitsleistung des Patentanwalts auch bei der Kostenerstattung berücksichtigt und zudem verhindert werden, dass die rechtsbrüchige Partei nur einen Teil der Prozesskosten und damit des der Gegenseite entstandenen Schadens zu erstatten hat (vgl. amtl. Begr., BT-Drs 14/6203, 64).

§ 143 Abs. 3 (§ 143 Abs. 5 i. d. F. von Art. 7 Nr. 36 KostRegBerG) ist nur auf Verfahren anwendbar, bei denen die **Klage nach dem 1. 1. 2002 erhoben** worden ist, OLG Düsseldorf, InstGE **3,** 76 = GRUR-RR **03,** 125; a. A. OLG Dresden, GRUR-RR **05,** 294; OLG Nürnberg, Mitt. **02,** 563; GRUR-RR **03,** 31; OLG München, GRUR-RR **03,** 328 (LS); Mitt. **04,** 437; OLG Frankfurt, GRUR-RR **03,** 127 (zu § 140 Abs. 3 MarkenG), Klötzel/Wandel, Mitt. **03,** 497, 499 ff., wonach maßgebend sein soll, ob die Mitwirkung des Patentanwalts nach dem Stichtag erfolgt ist. Da das KostRegBerG keine Übergangsregelung enthält, ist zur Vermeidung einer unzulässigen Rückwirkung auf den allgemeinen Grundsatz zurückzugreifen, dass Gebührenänderungen schwebende Verfahren nicht erfassen, so dass auf die zu Beginn des Verfahrens geltende Rechtslage abzustellen ist, OLG Düsseldorf, aaO, 126; Busse, § 143 Rdn. 1. Für die alte wie für die neue Regelung gilt, dass weitergehende Ansprüche auf Erstattung der an den Patentanwalt gezahlten Vergütung (für die Mitwirkung im Rechtsstreit) grundsätzlich auch nicht in einem besonderen Rechtsstreit unter dem Gesichtspunkt des Schadensersatzes geltend gemacht werden können, vgl. zu § 143 Abs. 5 PatG a. F.: LG Düsseldorf GRUR **75,** 328, vgl. auch BGHZ **45,** 251, 256 ff.; BGH GRUR **71,** 355, 356.

Durch Art. 4 (41) Nr. 2 des am 1. 7. 2004 in Kraft getretenen Kostenrechtsmodernisierungsgesetzes (KostRMoG) vom 12. 2. 2004 (BGBl. I 718) wurde § 143 Abs. 3 dahin geändert, dass statt Gebühren „nach § 11 der Bundesgebührenordnung für Rechtsanwälte" nunmehr Gebühren „nach § 13 des Rechtsanwaltsvergütungsgesetzes" zu ersetzen sind, und damit die Vorschrift an die neue Gesetzeslage angepasst.

Mit dem Geschmacksmusterreformgesetz vom 12. 3. 2004 (BGBl. I 390) kam § 143 Abs. 2 Satz 3 hinzu.

21 § 143 Abs. 3 betrifft (unmittelbar) nur die Kostenerstattung bei der Mitwirkung eines Patentanwalts **in einer Patentstreitsache** im Sinne des § 143 Abs. 1. Bei der Mitwirkung eines Patentanwalts in einer Gebrauchsmusterstreitsache, in einer Kennzeichenstreitsache oder in einer Sortenschutzstreitsache gelten die gleich lautenden Vorschriften des § 27 Abs. 3 GebrMG, des § 15 Abs. 3 GeschmMG, des § 140 Abs. 3 MarkenG und des § 52 Abs. 4 SortSchG. § 143 Abs. 3 gilt ferner nach § 102 Abs. 5 S. 4 PatG ggfls. i. V. m. § 18 Abs. 4 GebrMG, § 36

SortSchG entsprechend für die Kostenerstattung bei der Mitwirkung eines Patentanwalts im **Rechtsbeschwerdeverfahren in Patent-, Gebrauchsmuster- und Sortenschutzsachen** vor dem Bundesgerichtshof (in Markenrechtsbeschwerdesachen gilt die § 143 Abs. 3 entsprechende Regelung des § 85 Abs. 5 S. 3 MarkenG), nach neuerer Rechtsprechung ferner im Patentnichtigkeitsverfahren, s. § 84 Rdn. 31; und wohl auch im GebrM-Löschungsverfahren vor dem BPatG, s. GebrMG § 17 Rdn. 30. Das gilt auch dann, wenn die Klage in erster Linie auf andere Anspruchsgrundlagen (etwa §§ 3ff. UWG n.F.) gestützt wird, sofern nur Veranlassung besteht, die Klage auch unter patentrechtlichen Gesichtspunkten bzw. unter den Gesichtspunkten der genannten anderen Spezialgesetze zu prüfen, vgl. OLG Köln Mitt. **80,** 138; OLG Frankfurt Mitt. **92,** 188. In anderen Streitsachen sind die Kosten eines Patentanwalts nur dann im Sinne des § 91 Abs. 1 ZPO notwendig und somit erstattungsfähig, wenn die Entscheidung des Rechtsstreits von der Beurteilung von Fragen abhängt, deren Bearbeitung zu den besonderen Aufgaben des Patentanwalts gehört, KG GRUR **68,** 454; OLG Frankfurt Mitt. **75,** 140; vgl. auch OLG München, Mitt. **02,** 191 (erstattungsfähig nur bei Fehlen der notwendigen Sachkunde der Partei); so in einer Wettbewerbssache mit technischem Gegenstand, OLG Frankfurt Mitt. **88,** 37; **91,** 173; OLG Düsseldorf Mitt. **92,** 43; **94,** 219; **00,** 372; **05,** 183; KG, GRUR **00,** 803; OLG Köln, GRUR **01,** 184; OLG Jena, GRUR-RR **03,** 30; Zusammenfassung der Rechtsprechung bei Rademann, Mitt. **03,** 446. Die durch die Beauftragung eines Patentanwalts entstandenen Mehrkosten können auch dann erstattungsfähig sein, wenn der Patentanwalt – im Hinblick auf die große Entfernung zwischen dem Sitz der Partei und dem Gerichtsort sowie dem Kanzleiort des Prozessbevollmächtigten und den zu beurteilenden technischen Sachverhalt – als Verkehrsanwalt tätig geworden ist, vgl. OLG Köln, Mitt. **00,** 371. Mit dem Wegfall von § 143 Abs. 5 PatG a.F. gibt es auch keinen Grund, die erstattungsfähigen Kosten des Patentanwalts in diesen Fällen auf eine Gebühr nach oben zu begrenzen. Zur Anwendbarkeit des § 143 Abs. 3 im Vollstreckungsverfahren vgl. Rdn. 6. Die Kosten, die dadurch entstanden sind, dass die Patentanwälte einer wegen Patentverletzung Beklagten die Klägerin auf die Vernichtbarkeit des Klagepatents hingewiesen und ihr eine Nichtigkeitsklage angedroht haben, werden nicht durch die im Patentverletzungsrechtsstreit entstandenen Gebühren abgegolten, weil sie in Vorbereitung der Nichtigkeitsklage und nicht bei der Verteidigung der Beklagten gegen die Verletzungsklage entstanden sind; folglich kann der Anspruch des Verletzungsbeklagten auf Erstattung dieser weiteren Kosten – neben der Erstattung nach § 143 Abs. 3 PatG – gesondert geltend gemacht werden, etwa gestützt auf §§ 677, 683, 670 BGB, vgl. OLG Düsseldorf, Mitt. **95,** 186 (noch zu § 143 Abs. 5 a.F.).

§ 143 Abs. 3 gilt unmittelbar nur für die Erstattung der **Kosten von Patentanwälten** im Sinne der PatAnwO. Eine entsprechende Anwendung auf **ausländische, nach Ausbildung und Funktion deutschen Patentanwälten entsprechende Personen** ist für den EG-Bereich im Interesse der europäischen Integration (vgl. Art. 49ff. EG-Vertrag) geboten und auch darüber hinaus sachgerecht, OLG Düsseldorf GRUR **88,** 761, OLG Frankfurt, GRUR **94,** 852; vgl. auch OLG Zweibrücken, Mitt. **05,** 185 (Gemeinschaftsmarkensache); anders noch OLG Karlsruhe GRUR **80,** 331. Das gilt insbesondere für beim Europäischen Patentamt nach Art. 134 EPÜ zugelassene Vertreter, so nunmehr auch OLG Karlsruhe GRUR **04,** 888. Die Kosten für die Mitwirkung **anderer technischer Berater** (z.B. Patent- und Zivilingenieure, Patenttechniker), auch dann, wenn sie Erlaubnisscheininhaber sind (§§ 177ff. PatAnwO), sind nur zu erstatten, wenn und soweit ihre Mitwirkung im Sinne des § 91 ZPO notwendig war, OLG Düsseldorf GRUR **67,** 326 (zu § 143 Abs. 5 a.F.); vgl. auch § 84 Rdn. 36. Das Gleiche gilt für die Kosten der Mitwirkung eines technisch geschulten Rechtsanwalts, OLG Dresden MuW **38,** 261, eines Patentassessors im ständigen Dienstverhältnis (§§ 155, 156 PatAnwO), des Patentbüros einer nicht am Prozess beteiligten großen Firma, KG Bl. **40,** 66 (vgl. dazu auch Schroeter Mitt. **40,** 86ff.). Sind die technischen Berater gutachtlich tätig gewesen, so kann auch die Erstattung ihrer Kosten nach den Grundsätzen für die Erstattung der Kosten von Privatgutachten (§ 139 Rdn. 172) in Betracht kommen, KG Mitt. **42,** 31. 22

Bei **Doppelmandatierung** – die Partei hat einen als Rechtsanwalt und als Patentanwalt zugelassenen Vertreter in beiden Funktionen beauftragt – sind neben den entstandenen Rechtsanwaltsgebühren auch die entstandenen Patentanwaltsgebühren zu erstatten, BGH, GRUR **03,** 639, 640 (Kennzeichenstreitsache); OLG München JurBüro **83,** 1815; OLG Karlsruhe AnwBl. **89,** 106, 107; OLG Düsseldorf, InstGE **3,** 71 (Kennzeichensache); a.A. OLG Dresden, 16. 2. 2000 – 14 W 796/99 mitget. v. Marx, WRP **04,** 970, 973; kritisch auch Rogge, Rdn. 31 zu § 81. Der Erstattungsfähigkeit der entstandenen Gebühren des Patentanwalts steht auch nicht entgegen, dass dieser in **derselben Sozietät** tätig ist wie der als Prozessvertreter aufgetretene Rechtsanwalt, OLG Braunschweig, Mitt. **99,** 311; OLG Düsseldorf, GRUR-RR **03,** 30. s. aber auch Rdn. 31 a.E. zu § 84. 22 a

22b Die **Tätigkeit in eigener Sache** gibt nach der obergerichtlichen Rechtsprechung keinen Erstattungsanspruch, OLG Frankfurt WRP **79,** 657; OLG Karlsruhe, GRUR **85,** 127; OLG München Mitt. **91,** 175, a. A. Busse, § 143, Rdn. 408 im Hinblick auf § 91 Abs. 2 S. 4 ZPO; anders u. U. im Nichtigkeitsverfahren, s. § 84 Rdn. 33. Wirkt auf Seiten des Patentanwalts ein weiterer Patentanwalt mit, sind die Kosten nicht erstattungsfähig, OLG München Mitt. **99,** 239.

22c Bei vorgerichtlichen Abmahnungen wegen Patentverletzung ist § 143 Abs. 3 entsprechend anzuwenden, OLG Karlsruhe, GRUR 99, 343, 346f. zu § 140 Abs. 5 MarkenG.

23 **2. Erstattungsfähigkeit der Gebühren.** Nur für die Erstattungsfähigkeit der Auslagen des Patentanwalts kommt es nach § 143 Abs. 3 auf deren Notwendigkeit an; die für die Mitwirkung des Patentanwalts geschuldeten Gebühren dagegen sind in Patentstreitsachen erstattungsfähig, ohne dass zu prüfen wäre, ob und in welchem Umfang die Inanspruchnahme des Patentanwalts notwendig war, BGH, GRUR **03,** 639 (zu § 140 Abs. 3 MarkenG); KG GRUR **58,** 392 = Mitt. **57,** 238 m. w. N. über Schrifttum und Rechtsprechung bis dahin; LG Mannheim **61,** 158; OLG München GRUR **78,** 196; OLG Frankfurt, GRUR **98,** 1034 = Mitt. **98,** 185; OLG Köln Mitt. **02,** 563 (Markensache), a. A. OLG Stuttgart, Mitt **04,** 472; das gilt namentlich auch für die Mitwirkung des Patentanwalts in der Revisionsinstanz, OLG München GRUR **61,** 375; LG Berlin GRUR **61,** 205, – und zwar auch schon vor der Entscheidung über die Nichtzulassungsbeschwerde nach § 544 ZPO (entspr. zum alten Recht vor der Entscheidung über die Annahme der von der Gegenseite eingelegten Revision, LG Mannheim Mitt. **77,** 37). Es sind also – anders als im Nichtigkeitsverfahren (§ 84 Rdn. 30) – ohne Prüfung der Notwendigkeit der Zuziehung von beiden die Gebühren sowohl eines Rechtsanwalts als auch eines Patentanwalts erstattungsfähig. Entscheidend ist nur, ob der erstattungsberechtigten Partei durch die Mitwirkung des Patentanwalts eine Gebührenschuld an ihn entstanden ist; ob der Patentanwalt im Rahmen seiner Mitwirkung auch technische oder patentrechtliche Fragen zu behandeln hatte, ist ohne Belang, KG GRUR **58,** 392 m. w. Nachw.; LG Mannheim Mitt. **61,** 158; – ebenso für Wz-Sachen OLG Frankfurt GRUR **65,** 505/06.

23a Die Erstattungsfähigkeit der **Verfahrensgebühr nach Nr. 3100f., 3200f., 3206f. VV** (vormals Prozessgebühr nach § 31 Abs. 1 Nr. 1 BRAGO) – so wie dies vor dem 1. 1. 2002 hinsichtlich der Erstattungsfähigkeit der einen vollen Gebühr nach § 143 Abs. 5 gegolten hat (vgl. dazu Vorauflage, Rdn. 23 m. w. N.) – tritt ein, wenn der Patentanwalt – unabhängig von deren Notwendigkeit – irgendeine streitbezogene, d. h. die Rechtsverfolgung oder -verteidigung fördernde oder zumindest zu fördern geeignete Tätigkeit ausübt, Busse, § 143, Rdn. 406. Eine solche streitbezogene Tätigkeit kann beispielsweise darin liegen, dass der Patentanwalt dem prozessbevollmächtigten Rechtsanwalt mit seinem Spezialwissen und seinem technischen Sachverstand beratend zur Seite steht, für die Führung des Prozesses notwendige Informationen beschafft oder andere die Rechtsverfolgung oder -verteidigung fördernde Handlungen vornimmt, OLG Düsseldorf, GRUR-RR **03,** 125, 126 (zu § 31 Abs. 1 Nr. 1 BRAGO). Die Tatsache, dass der Patentanwalt eine streitbezogene Tätigkeit ausgeübt hat, ist vom Gläubiger glaubhaft zu machen. Dies erfolgt üblicherweise durch die Anzeige des Prozessbevollmächtigten in der Klageschrift oder in der Klageerwiderung, dass ein namentlich benannter Patentanwalt an dem Rechtsstreit mitwirkt, KG, Mitt. **40,** 22; LG Frankfurt Mitt. **57,** 19; OLG München, Mitt. **97,** 167; OLG Frankfurt, GRUR-RR **03,** 125 = Mitt. **03,** 317, 318; strenger: OLG Düsseldorf Mitt. **84,** 99; OLG München, Mitt. **94,** 249. Die Anzeige kann auch von dem mitwirkenden Patentanwalt stammen, OLG Nürnberg, GRUR-RR **03,** 29 (Geschmacksmustersache). Die Erstattungsverpflichtung des Schuldners ist aber nicht davon abhängig, dass die Mitwirkung zu Beginn des Prozesses angezeigt worden ist. Entscheidend ist vielmehr, ob eine Mitwirkung des Patentanwalts stattgefunden hat, so auch Busse, § 143 Rdn. 400; die Mitwirkung kann daher auch noch nachträglich im Kostenfestsetzungsverfahren glaubhaft gemacht werden, KG, GRUR **39,** 55; OLG Frankfurt, GRUR-RR **03,** 125 = Mitt. **03,** 317, 318. Erfolgt die Glaubhaftmachung erst im Beschwerdeverfahren, sind die Kosten des Beschwerdeverfahrens dem Kostengläubiger aufzuerlegen, § 97 Abs. 2 ZPO, vgl. OLG Frankfurt, aaO

23b Für die Erstattungsfähigkeit der **Terminsgebühr nach Nr. 3104f. 3202f., 3210f. VV** (vormals Verhandlungsgebühr nach § 31 Abs. 1 Nr. 2 BRAGO) reicht es aus, dass der Patentanwalt an der mündlichen Verhandlung teilnimmt und den prozessführenden Rechtsanwalt unterstützt, OLG Düsseldorf, GRUR-RR **03,** 125, 126; OLG Köln, Mitt. **02,** 563, 564 (Markensache); OLG München, GRUR **04,** 536 = Mitt. **04,** 235 (Markensache), jeweils zu § 31 Abs. 1 Nr. 2 BRAGO. Diese Voraussetzungen sind regelmäßig bereits dann erfüllt, wenn der Patentanwalt in der mündlichen Verhandlung anwesend ist, um – abhängig vom Vorbringen der Gegenseite und den Hinweisen des Gerichts – gegebenenfalls in der Verhandlung das Wort zu ergreifen oder auch nur dem Prozessbevollmächtigten seiner Partei intern durch Hinweise zur Seite zu stehen, OLG München, GRUR **04,** 536 = Mitt. **04,** 235 (Markensache). Würde darüber hinaus verlangt, dass der Patentanwalt sich auch tatsächlich in der Verhandlung selbst zu Wort meldet (so aber OLG München, Mitt. **03,** 338 zu § 31 Abs. 1 Nr. 2 BRAGO; Mitt. **04,** 437 zu § 31 Abs. 1 Nr. 4 BRAGO), hätte dies nur zur Folge, dass sich Patentanwälte auch dann in der mündlichen Verhandlung äußern, wenn dies an sich nicht erforderlich wäre, allein um ihrer Partei die Erstattungsfähigkeit der durch ihre Teilnahme am Termin erforderlichen Kosten zu sichern. Eine erstattungsfähige (halbe) Verhandlungsgebühr des Patentanwalts entsteht auch dann, wenn er im Verhandlungstermin anwesend war, aber wegen Säumnis der Gegenseite keine Gelegenheit hatte, tätig zu werden, a. A. OLG München, Mitt. **03,** 338. Zumindest in dem Fall, in dem die Säumnis der Gegenpartei nicht angekündigt war, ist kein Grund ersichtlich, die Erstattungsfähigkeit der Verhandlungsgebühr des Patentanwalts, der sich in gleicher Weise wie der prozessführende Rechtsanwalt auf den Termin vorbereiten und zu diesem anreisen musste, anders zu beurteilen als die des Rechtsanwalts.

Die Erstattungsfähigkeit der Beweisgebühr nach § 31 Abs. 1 Nr. 3 BRAGO, die mit Inkrafttreten des RVG am 1. 7. 2004 ersatzlos weggefallen ist, war gegeben, wenn der Patentanwalt an der Beweisaufnahme teilgenommen und den prozessführenden Rechtsanwalt dabei unterstützt hatte. **23 c**

Die **Einigungsgebühr nach Nr. 1000 VV** (vormals Vergleichsgebühr nach § 23 BRAGO) ist erstattungsfähig, wenn der Patentanwalt den Abschluss des Vergleichs mit vorbereitet hat, OLG Köln, Mitt. **02,** 563, 564; OLG München, Mitt. **04,** 437 (Markensache, zu § 23 BRAGO).

Hinsichtlich der **Höhe des Gebühren** gilt, dass die Gebühren des Patentanwalts jeweils mit dem Satz erstattungsfähig sind, der nach dem VV RVG für den Rechtsanwalt anzuwenden sind (also z. B. die Verfahrensgebühr vor dem LG nach Nr. 3100 VV mit dem 1,3fachen Satz, die Terminsgebühr vor dem LG nach Nr. 3104 VV mit dem 1,2fachen Satz und die Beschwerdegebühr nach Nr. 3500 VV mit dem 0,5fachen Satz), OLG Frankfurt, GRUR-RR **05,** 104 = Mitt. **05,** 472 (Markensache), Hodapp, Mitt 06, 22, und damit nicht nur generell in Höhe einer 1,0-Gebühr, so aber Gerold/Schmidt/v. Eicken/Madert/Müller-Rabe, RVG, 16. Aufl., VV 3208, Rdn. 10. Den Gründen des KostRMoG ist nicht zu entnehmen, dass dadurch, dass im Rahmen des § 143 Abs. 3 der Verweis auf § 11 BRAGO durch den Verweis auf § 13 RVG ersetzt wurde, mehr als nur eine redaktionelle Änderung des Gesetzestextes beabsichtigt war, die auf Grund der Aufhebung der BRAGO und des Inkrafttretens des RVG erforderlich wurde, vgl. BT-Drs 15/1971, 237. Zu § 143 Abs. 5 (der durch das OLGVertrÄndG – unverändert – zu § 143 Abs. 3 a. F. aufgerückt war) i. V. m. § 11 BRAGO war seit Inkrafttreten des KostRegBerG anerkannt, dass die Erstattungsfähigkeit der Gebühren des Patentanwalts denen des Rechtsanwalts gleich gestellt war. Denn durch das KostRegBerG wurde in § 143 Abs. 5 die Begrenzung der Erstattungsfähigkeit „bis zur Höhe einer vollen Gebühr" nach dem Willen des Gesetzgebers gestrichen, weil es nicht mehr vertretbar sei, die tatsächliche Arbeitsleistung in den jeweiligen Verfahren und die Stellung des Patentanwalts nicht zu berücksichtigen, amtl. Begr., BT-Drs 14/6203, 64. Mit diesem Anliegen des Gesetzgebers wäre es nicht vereinbar, die Gebühren des Patentanwalts auch dort, wo nunmehr – nach Inkrafttreten des RVG – das VV für den Rechtsanwalt einen höheren Satz vorsieht, auf eine 1,0-Gebühr zu begrenzen. Zudem liefe eine solche Begrenzung dem weiteren Ziel des Gesetzgebers entgegen, im Falle einer Schutzrechtsverletzung dem obsiegenden Schutzrechtsinhaber eine volle Erstattung seiner Prozesskosten zu gewähren, vgl. amtl. Begr., BT-Drs. 14/6203, 64. **23 d**

Wirkt der Patentanwalt **in mehreren Instanzen** mit, so sind die Gebühren für jede Instanz erstattungsfähig und zwar für die Berufungs- und die Revisionsinstanz die (1,6fache) Gebühr nach §§ 2, 13 RVG i. V. m. Nr. 3200 ff. bzw. Nr. 3206 f. VV (vormals § 11 Abs. 1 S. 4 BRAGO). Dass die Erhöhung der Gebühr für die **Berufungs- und Revisionsinstanz** in § 11 Abs. 1 S. 4 BRAGO geregelt war, auf den § 143 Abs. 3 bis zum Inkrafttreten des KostRegBerG verwiesen hat, während die Erhöhung der Berufungs- und Revisionsinstanz nicht unmittelbar in § 13 RVG geregelt ist, sondern in § 2 i. V. m. Nr. 3200 ff. bzw. Nr. 3206 f. VV, hat nicht zur Folge, dass für die Mitwirkung des Patentanwalts nur eine 1,0-Gebühr erstattungsfähig ist; vielmehr sind die Gebühren für den Patentanwalt in der Höhe zu erstatten, die auch für den mitwirkenden Rechtsanwalt gilt, vgl. zur Begr. auch vorstehend Rdn. 23 a. E. Für die **Revisionsinstanz** ist allerdings nicht die erhöhte (2,3fache) Gebühr nach §§ 2, 13 RVG iVm Nr. 3208 VV (vormals: § 11 Abs. 1 S. 5 BRAGO) erstattungsfähig, weil diese erhöhte Gebühr auf der besonderen Stellung und dem besonderen Aufgabenbereich der beim BGH zugelassenen Rechtsanwälte beruht, die dem Patentanwalt nicht zukommen, BGH, GRUR **04,** 1062 (zu § 140 Abs. 3 MarkenG i. V. m. § 11 Abs. 1 S. 4 und 5 BRAGO), a. A. OLG München GRUR-RR **04,** 128 = Mitt. **04,** 373; GRUR-RR **04,** 224. Bei **Tätigkeit für mehrere Streitgenossen** od. Streithelfer ist auch der Erhöhungsbetrag nach Nr. 1008 VV (vormals: § 6 **24**

Abs. 1 S. 2 BRAGO) erstattungsfähig, OLG Frankfurt WRP **81,** 152; AnwBl. **93,** 577 = Mitt **93,** 371; OLG München JurBüro **81,** 216; OLG Düsseldorf GRUR **79,** 191; BPatG, Mitt. **94,** 38 (Nichtigkeitsklage). Bei **„verschiedenen Angelegenheiten"** bzw. für **„besondere Angelegenheiten"** im Sinne des RVG können weitere Gebühren erstattungsfähig sein, so z.B. für die Mitwirkung des Patentanwalts im Verfahren über eine einstweilige Verfügung (vgl. § 17 Nr. 4 VV, vormals § 40 BRAGO), auch wenn es die gleichen Vorgänge betrifft wie der Hauptprozess, LG Mannheim Mitt. **59,** 159, – oder für die Mitwirkung im Schadenersatz-Höheprozess nach rechtskräftiger Entscheidung über Feststellungsklage, OLG München GRUR **78,** 196, – oder für die Mitwirkung in der Zwangsvollstreckung (vgl. § 18 Nr. 3 RVG, Nr. 3309, 3310 VV, vormals §§ 57, 58 BRAGO), LG Berlin Mitt. **39,** 183; **42,** 82; OLG München GRUR **78,** 499; die Anwendbarkeit des § 143 im Vollstreckungsverfahren ist jedoch streitig, vgl. Rdn. 6. Dagegen kann keine zusätzliche Erstattung für solche Leistungen des Patentanwalts verlangt werden, die als in den Pauschgebühren des RVG (vormals BRAGO) eingeschlossen anzusehen sind, so z.B. *nicht* für ein im Rahmen der normalen Bearbeitung der Sache liegendes „Privatgutachten", OLG Düsseldorf GRUR **51,** 403, für Übernahme der Vertretung und Aktenstudium, LG München Mitt. **37,** 309, für die Sichtung, Ordnung und Auswertung von Material zum Stand der Technik, OLG Frankfurt, GRUR **96,** 967 = Mitt. **95,** 110, für die Durchführung eines Akteneinsichtsverfahrens, OLG Frankfurt GRUR **79,** 76 oder für eine nach § 31 jedermann ohne weiteres mögliche Einsicht in Akten des DPMA, OLG München AnwBl. **76,** 168; vgl. aber auch § 84 Rdn. 35; die durch eigene **Recherchen** des Patentanwalts entstandenen notwendigen Kosten werden nach neuerer Rechtsprechung als zusätzlich erstattungsfähig angesehen, LG Mannheim Mitt. **66,** 103 m.w.N.; OLG Düsseldorf GRUR **69,** 104; OLG Karlsruhe GRUR **83,** 507; OLG München Mitt. **89,** 93; OLG Frankfurt, GRUR **96,** 967 = Mitt. **95,** 110; vgl. auch oben § 84 Rdn. 35 und 40.

25 Ist zugunsten der erstattungspflichtigen Partei ein **Teilstreitwert nach § 144** festgesetzt, so bemisst sich auch die nach § 143 Abs. 3 zu erstattende Gebühr nur nach diesem Teilstreitwert, RG GRUR **40,** 152.

26 **3. Die Erstattungsfähigkeit der Auslagen** des Patentanwalts hängt nach § 143 Abs. 3 davon ab, ob sie im Sinne des § 91 Abs. 1 ZPO zur zweckentsprechenden Rechtsverfolgung oder Rechtsverteidigung notwendig waren. Hierüber ist im Kostenfestsetzungsverfahren nach §§ 103ff. ZPO zu entscheiden. In entsprechender Anwendung von Nr. 7001 VV sind Entgelte für **Post- und Telekommunikationsdienstleistungen** in voller Höhe erstattungsfähig, wobei anstelle der tatsächlichen Auslagen die Pauschale in Höhe von 20% der Gebühren bis zu höchstens 20,– Euro nach Nr. 7002 VV (vormals § 26 S. 2 BRAGO) gewählt werden kann, vgl. OLG Frankfurt GRUR **78,** 450. Die Kosten für die Herstellung und Überlassung von **Fotokopien und elektronisch gespeicherte Dateien** (Dokumenten) sind entsprechend Nr. 7000 VV erstattungsfähig. Die Regelung in Nr. 7000 VV ersetzt die Regelung in § 27 BRAGO, der von der Rechtsprechung restriktiv ausgelegt wurde, vgl. dazu OLG München NJOZ **03,** 1895, 1896 im Anschluss an BGH, NJW **03,** 1127, vgl. auch bei § 139 Rdn. 173. Die Kosten einer **Reise zum Verhandlungstermin,** auch in der Revisionsinstanz, sind in aller Regel als erstattungsfähig anzusehen; die Erstattungsfähigkeit kann grundsätzlich nicht schon deshalb in Frage gestellt werden, weil die Partei nicht einen am Sitz des Prozessgerichts ansässigen Patentanwalt zugezogen hat, OLG Düsseldorf GRUR **56,** 193, 194; OLG München NJW **64,** 1730/31; Mitt. **94,** 220; OLG Frankfurt GRUR **79,** 76; AnwBl. **93,** 577 = Mitt. **93,** 371; GRUR **98,** 1034 = Mitt. **98,** 185; vgl. auch BGH GRUR **65,** 621, 627; eine Einschränkung der Erstattungsfähigkeit kann aber ausnahmsweise dann in Betracht kommen, wenn die Partei ohne vernünftigen Grund einen Patentanwalt wählt, der seinen Sitz weder am Sitz der Partei noch am Sitz des Gerichts hat, und wenn dadurch erhebliche Mehrkosten entstehen, vgl. OLG Nürnberg Mitt. **86,** 55 (WZ-Sache). In der Regel soll kein Erstattungsanspruch für die Kosten der Reise eines auswärtigen Patentanwalts bestehen, wenn eine überörtliche Patentanwaltssozietät beauftragt worden ist und ein Sozius am Gerichtsort ansässig ist, OLG München, OLGR **93,** 262; Mitt. **94,** 249; zwh., vgl. auch Busse, § 143, Fn. 940. Auch die Kosten einer vorherigen **Informationsreise** zum Prozessbevollmächtigten können erstattungsfähig sein, OLG Frankfurt GRUR **38,** 194; OLG München NJW **64,** 1730/31; LG Düsseldorf Mitt. **39,** 248; anders LG Berlin GRUR **61,** 205; erstattungsfähig desgleichen u.U. die Kosten einer Informationsreise zur Partei oder umgekehrt, OLG Frankfurt GRUR **64,** 466, 467. Erstattungsfähig sind Reisekostenvergütung und Auslagenersatz nach VB 7, Nr. 7003ff. VV (vormals § 28 Abs. 1 BRAGO) sowie Abwesenheitsgeld nach VB 7, Nr. 7005 VV (vormals § 28 Abs. 2 BRAGO), OLG Düsseldorf Mitt. **73,** 195; OLG Braunschweig Mitt. **82,** 39. Vgl. auch § 84 Rdn. 35 m.w.N.

Erstattungsfähig sind ferner **Recherchekosten,** wie Kosten für die Beschaffung von Patentschriften, Rollenauszüge und anderer Literatur, OLG Düsseldorf Mitt. **37,** 399; OLG Frankfurt, GRUR **96,** 967 = Mitt. **95,** 110; OLG München, InstGE **5,** 79; LG München I Mitt. **37,** 309, wenn diese zur Vorbereitung der Rechtsverteidigung zum Zeitpunkt der Recherche erforderlich waren. Dabei ist im Hinblick auf die erhebliche wirtschaftliche Bedeutung einer drohenden Patentverletzungsklage ein eher großzügiger Maßstab anzulegen. Auch Kosten für die **Anfertigung von Modellen** können erstattungsfähig sein, vgl. OLG Düsseldorf Mitt. **37,** 399; KG GRUR **39,** 54, wenn dies für die nachvollziehbare Darlegung des Verletzungsgegenstandes notwendig erscheint. Hingegen ist sind die Kosten für ein Modell eines erfindungsgemäßen Ausführungsbeispiels aus der Klagepatentschrift in aller Regel nicht erforderlich, weil zur Auslegung des Klagepatentanspruchs allein die Beschreibung und die Zeichnungen heranzuziehen sind. Erstattungsfähig ist zudem die Mehrwertsteuer (Umsatzsteuer), OLG Frankfurt GRUR **64,** 466, 467; WRP **78,** 62; Mitt. **98,** 186; vgl. im Übrigen § 84 Rdn. 32 und 35.

4. Die **Beiordnung eines Patentanwalts bei bewilligter Prozesskostenhilfe** ist in § 1 **27**
des Gesetzes über die Beiordnung von Patentanwälten bei Prozesskostenhilfe vom 5. 2. 1938 i. d. F. vom 7. 9. 1966 (RGBl. 1938 I, 116; BGBl. 1966 I, 557, 585 f.) mit Änderungen v. 13. 6. 1980 (BGBl. I 677, 684), v. 11. 12. 1985 (BGBl. I 2170), v. 22. 10. 1987 (BGBl. I 2294, 2300), v. 25. 10. 1994 (BGBl. I 3082, 3121), v. 17. 12. 1997 (BGBl. I 3039, 3044), v. 13. 12. 2001, (BGBl. I 3656, 3676 f.), v. 12. 3. 2004 (BGBl. I 390, 412) und v. 12. 3. 2004 (BGBl. 2004, 390, 841) geregelt. Die Vorschrift ergänzt die allgemeine Vorschrift des § 121 Abs. 1 ZPO, in dem – bei bewilligter Prozesskostenhilfe nach § 114 ZPO – im Anwaltsprozess allein die Beiordnung eines Rechtsanwalts vorgesehen ist, u. a. für Patent- und Gebrauchsmusterstreitsachen. Liegt eine solche vor, kann der prozesskostenhilfebegünstigten Partei auf Antrag zu ihrer Beratung und zur Unterstützung des Rechtsanwalts ein Patentanwalt beigeordnet werden, wenn und soweit es zur sachgemäßen Rechtsverfolgung oder Rechtsverteidigung erforderlich erscheint, was bei Patent- und Gebrauchsmusterstreitsachen in der Regel zu bejahen sein dürfte. Die **Vergütung des Patentanwalts nach Beiordnung** richtet sich nach § 2 des Gesetzes über die Beiordnung von Patentanwälten bei Prozesskostenhilfe.

Das Gesetz über die Erstattung von Gebühren des beigeordneten Vertreters in Patent- und Gebrauchsmustersachen vom 18. 7. 1953 (BGBl. 1953 I, 654; 1980 I, 677, 684) hat das Gesetz vom 5. 2. 1938 nicht berührt. Das Gesetz vom 18. 7. 1953 regelt die Gebührenerstattung für den Fall der Beiordnung eines Vertreters nach §§ 129 ff. PatG im Verfahren vor dem Patentamt, dem Patentgericht und (im dazugehörigen Rechtsmittelverfahren) dem Bundesgerichtshof, das Gesetz vom 5. 2. 1938 dagegen die Gebührenerstattung für den Fall der Beiordnung in einer Patentsache im Sinne des § 143 PatG vor den ordentlichen Gerichten.

144 *Kostenbegünstigung wirtschaftlich schwacher Parteien.* (1) [1]**Macht in einer Patentstreitsache eine Partei glaubhaft, daß die Belastung mit den Prozeßkosten nach dem vollen Streitwert ihre wirtschaftliche Lage erheblich gefährden würde, so kann das Gericht auf ihren Antrag anordnen, daß die Verpflichtung dieser Partei zur Zahlung von Gerichtskosten sich nach einem ihrer Wirtschaftslage angepaßten Teil des Streitwerts bemißt.** [2]**Die Anordnung hat zur Folge, daß die begünstigte Partei die Gebühren ihres Rechtsanwalts ebenfalls nur nach diesem Teil des Streitwerts zu entrichten hat.** [3]**Soweit ihr Kosten des Rechtsstreits auferlegt werden oder soweit sie diese übernimmt, hat sie die von dem Gegner entrichteten Gerichtsgebühren und die Gebühren seines Rechtsanwalts nur nach dem Teil des Streitwerts zu erstatten.** [4]**Soweit die außergerichtlichen Kosten dem Gegner auferlegt oder von ihm übernommen werden, kann der Rechtsanwalt der begünstigten Partei seine Gebühren von dem Gegner nach dem für diesen geltenden Streitwert beitreiben.**

(2) [1]**Der Antrag nach Absatz 1 kann vor der Geschäftsstelle des Gerichts zur Niederschrift erklärt werden.** [2]**Er ist vor der Verhandlung zur Hauptsache anzubringen.** [3]**Danach ist er nur zulässig, wenn der angenommene oder festgesetzte Streitwert später durch das Gericht heraufgesetzt wird.** [4]**Vor der Entscheidung über den Antrag ist der Gegner zu hören.**

Inhaltsübersicht

1. Allgemeines

1 **a) Zweck und Bedeutung der Vorschrift.** § 144 (früher § 53) gehört zu den Vorschriften, mit denen das Patentgesetz vom 5. 5. 1936 die Rechtsstellung des Erfinders hat verbessern wollen. Wie in der amtl. Begründung (Bl. **36,** 103, 115) ausgeführt, hatte die Erfahrung gelehrt, dass einer gerechten Lösung von Patentstreitigkeiten nicht selten die durch die Höhe der Streitwerte bedingte außergewöhnliche Höhe der Kosten hinderlich im Wege stand, weil die weniger bemittelte Partei das mit einem Patentprozess verbundene Kostenwagnis nicht übernehmen konnte und sich infolgedessen zur Preisgabe ihrer Rechte oder bestenfalls zum Eingehen eines ungünstigen Vergleichs genötigt sah. Mit den Mitteln der Prozesskostenhilfe allein konnte und kann in diesen Fällen nicht geholfen werden, weil die Voraussetzungen für ihre Gewährung in der Regel nicht erfüllt sind und oft auch geschäftliche Rücksichten von ihrer Inanspruchnahme abhalten würden. Das Gesetz hat deshalb in § 144 die Möglichkeit geschaffen, die eine Partei treffenden gerichtlichen und außergerichtlichen Prozesskosten (Gebühren) nach einem Teil des vollen Streitwerts zu bemessen, wenn das zur Vermeidung einer erheblichen Gefährdung ihrer wirtschaftlichen Lage gerechtfertigt erscheint. Gesetzestechnisch ist das dahin geregelt, dass das Gericht auf Antrag der wirtschaftlich schwachen Partei anordnet, dass „die Verpflichtung dieser Partei zur Zahlung von Gerichtskosten sich nach einem (ihrer Wirtschaftslage angepassten, in der Anordnung ziffernmäßig zu bestimmenden) Teil des Streitwerts bemisst" (Abs. 1 S. 1). Es wird also außer dem wirklichen, vollen Regelstreitwert (der stets ebenfalls festzusetzen ist, RGZ **155,** 129, 131, und namentlich zu Lasten des Gegners maßgeblich bleibt) ein nur zugunsten dieser einen Partei geltender niedrigerer Teilstreitwert festgesetzt. Die Folge einer solchen Anordnung ist, dass sich nach dem niedrigeren Teilstreitwert nicht nur – wie in der Anordnung gesagt werden soll – die (aus dem GKG folgende) Verpflichtung der begünstigten Partei zur Zahlung von Gerichtskosten – genauer: Gerichtsgebühren, unten Rdn. 12 – bemisst, sondern auch ihre (aus dem Anwaltsdienstvertrag folgende) Verpflichtung zur Zahlung von Gebühren ihres Rechtsanwalts und ihres Patentanwalts (unten Rdn. 12) und ihre (aus der Kostenentscheidung oder einer Kostenübernahme folgende) Verpflichtung zur Erstattung der vom Gegner entrichteten oder noch geschuldeten Gerichts- und Anwaltsgebühren (Abs. 1 S. 2 und 3). Von der Festsetzung des Teilstreitwerts unberührt, also nach dem vollen Streitwert zu bemessen bleiben dagegen die (aus dem GKG folgende) Verpflichtung des Gegners zur Zahlung von Gerichtsgebühren und seine (aus seinem Anwaltsdienstvertrag folgende) Verpflichtung zur Zahlung von Gebühren seiner Anwälte sowie ferner nach Abs. 1 S. 4 die (aus der Kostenentscheidung oder einer Kostenübernahme folgende) Verpflichtung des Gegners zur Bezahlung (Erstattung) der Gebühren der Anwälte der begünstigten Partei. Die Regelung des § 144 läuft nach alledem trotz des eigenartigen gesetzestechnischen Gewandes der Festsetzung eines Teilstreitwertes im Grunde genommen im Wesentlichen auf das Gleiche hinaus wie die sonst mehrfach vorkommende Regelung, dass das Gericht nach Billigkeitsgrundsätzen (zu denen auch die Berücksichtigung der wirtschaftlichen Lage der Parteien gehört) in der Kostenentscheidung bestimmt, ob und in welcher Höhe die Parteien die Gerichtskosten zu tragen und sich ihre außergerichtlichen Kosten zu erstatten haben (vgl. z.B. § 228 Abs. 2 BauGB, § 78 GWB sowie §§ 80, 109 PatG).

2 **b)** Es ist wiederholt erörtert worden, ob gegen die Vorschriften des § 144 PatG **verfassungsrechtliche Bedenken,** namentlich aus Art. 3 und Art. 14 GG, zu erheben sind, vgl. z.B. OLG München NJW **59,** 62 und NJW **64,** 1730 (mit kritischer Anm. von Brangsch NJW **64,** 2260); Eberl NJW **60,** 1431; Erdsieck NJW **64,** 913; Pastor WRP **65,** 271; Tetzner NJW **65,** 1944 bei II 3; Zuck GRUR **66,** 167; vgl. auch Traub in „Geschichtl. Rechtswissenschaft", Festschrift für R. Söllner, 1990, S. 577ff. sowie Literatur und Rechtsprechung zu § 23b UWG a.F. sowie zu § 247 AktG. Dabei ist zumeist die **Verfassungsmäßigkeit bejaht** worden. Anlässlich der Einführung inhaltlich gleicher Vorschriften in das GebrMG (§ 26), das WZG (§ 31a WZG – jetzt § 142 MarkenG) und das UWG (§ 23a, später § 23b, nunmehr ersatzlos weggefallen, s.u.) durch das Gesetz vom 21. 7. 1965 (BGBl. I S. 625) hat sich auch die Bundesregierung in der amtl. Begründung zum RegEntw. dieses Gesetzes (Bl. **65,** 291, 293/94 bei B I 4) eingehend mit den etwaigen verfassungsrechtlichen Bedenken befasst und sie zu Recht für nicht durchschlagend erachtet. Auch nach Ansicht des BVerfG ist die Regelung nicht zu beanstan-

den, NJW-RR **91,** 1134 – zu § 23b UWG a.F. Das seit dem 8. 7. 2004 geltende neue UWG enthält in § 12 Abs. 4 UWG nur noch eine Bestimmung zur Streitwertherabsetzung, aber keine Regelung zur Streitwertbegünstigung mehr; letzterer wurde vom Gesetzgeber kein nennenswerter eigenständiger Anwendungsbereich mehr beigemessen, vgl. BT-Drs 15/1487, S. 27.

c) Die Anordnung nach § 144 und die Bewilligung der Prozesskostenhilfe (§§ 114ff. ZPO) haben unterschiedliche Voraussetzungen und unterschiedliche Wirkungen; vgl. die Gegenüberstellung in RGZ **155,** 129, 131/32. Es kann daher auch zugunsten einer Partei, der Prozesskostenhilfe bewilligt ist, noch der Streitwert nach § 144 herabgesetzt werden, RG GRUR **38,** 39/40; BGH GRUR **53,** 123; anders früher KG GRUR **37,** 625; **38,** 40; abschwächend GRUR **39,** 346. Umgekehrt muss Entsprechendes gelten. 3

2. Anwendungsbereich. § 144 gilt unmittelbar nur für „Patentstreitsachen"; zu diesem Begriff vgl. § 143 Rdn. 1–6. Ob eine Patentstreitsache vorliegt, ist bei Erlass einer Anordnung nach § 144 zu prüfen, ggf. auf Beschwerde (unten Rdn. 10) vom Beschwerdegericht; die Verweisung der Sache von einem anderen Gericht auf Grund des § 143 Abs. 1, 2 PatG i.V.m. § 276 ZPO bindet nur hinsichtlich der Zuständigkeit, nicht hinsichtlich der Beurteilung eines Antrags nach § 144, OLG Düsseldorf GRUR **54,** 115. Wird in einer Patentstreitsache i.S. des § 143 Abs. 1 der Klagantrag zugleich auf Vorschriften anderer Gesetze, z.B. des BGB (oder – in Lizenzsachen – des GWB!), gestützt, so bleibt § 144 gleichwohl anwendbar, vgl. BGH GRUR **68,** 333. § 144 gilt insbesondere auch für alle Rechtsstreitigkeiten über Erfindungen eines Arbeitnehmers, soweit sie nicht zur Zuständigkeit der Arbeitsgerichte gehören (§ 39 ArbErfG, oben § 143 Rdn. 6). § 144 gilt ferner entsprechend im Rechtsbeschwerdeverfahren (§ 102 Abs. 2) und im Berufungsverfahren (§ 121 Abs. 1) vor dem BGH. Gleiches hat für das zweitinstanzliche Zwangslizenzverfahren (einschließlich des Beschwerdeverfahrens nach § 122) zu gelten. Im erstinstanzlichen Nichtigkeits- und Zwangslizenzverfahren vor dem Patentgericht (§§ 81ff.; 85) ist § 144 nunmehr auf Grund von § 2 Abs. 2 Satz 4 PatKostG entsprechend anwendbar; nach der Rspr. galt dies bereits vor Inkrafttreten des PatKostG, vgl. BGH GRUR **82,** 672. Eine § 144 entsprechende Regelung findet sich auch in § 26 GebrMG, § 142 MarkenG, § 54 GeschmMG und § 247 AktG. 4

3. Voraussetzungen einer Anordnung nach § 144

Literaturhinweis: Berthmann, Die Kostenbegünstigung des wirtschaftlich Schwächeren im neuen Patentgesetz, GRUR **36,** 841; Armstorff, Die Vergünstigung des Doppelstreitwerts zur Begrenzung des Kostenwagnisses, JW **38,** 3009; Gaedecke, Die Vergünstigung des Doppelstreitwerts zur Begrenzung des Kostenwagnisses, JW **38,** 3154; Eberl, Zur Verfassungsmäßigkeit der Regelung der Kostenerstattungsansprüche im Patentstreitsachen, NJW **60,** 1431; Pastor, Die Streitwertherabsetzung nach dem Gesetz zur Änderung des Gesetzes gegen den unlauteren Wettbewerb, des Warenzeichengesetzes und des Gebrauchsmustergesetzes vom 21. 7. 1965, WRP **65,** 271; Tetzner, Das Gesetz zur Änderung des UWG, WZG und des GebrMG vom 21. 7. 1965, NJW **65,** 1944; Zuck, Verfassungsrechtliche Bedenken zu § 53 PatG, § 23a UWG, § 31a WZG, § 17a GebrMG, § 247 AktG, GRUR **66,** 167; Traub, Die Streitwertfestsetzung für Arbeitnehmer-Erfinder im Lichte verfassungskonformer Auslegung, FS A. Söllner (1990) 577. 5

a) Sachliche Voraussetzungen. Die Festsetzung eines Teilstreitwerts und die Bemessung seiner Höhe steht im pflichtmäßigen Ermessen des Gerichts, RGZ **155,** 129, 131/32. Sachliche Voraussetzung einer Anordnung nach § 144 ist – außer, dass eine Patentstreitsache vorliegen muss – lediglich, dass die Belastung der die Vergünstigung beantragenden Partei mit den Prozesskosten nach dem vollen Streitwert ihre **wirtschaftliche Lage erheblich gefährden** würde (Abs. 1 S. 1). Diese Voraussetzung ist vom Antragsteller glaubhaft zu machen (vgl. dazu § 294 ZPO). Das Gericht muss zunächst – wenigstens vorläufig – den vollen Streitwert festsetzen (oder doch jedenfalls abzuschätzen suchen, ob er eine gewisse Höhe erreichen und übersteigen wird), die sich daraus für den Antragsteller im Falle seines Unterliegens in der Instanz ergebende Belastung mit gerichtlichen und außergerichtlichen Kosten (Gebühren und Auslagen) überschlägig berechnen und sodann prüfen, ob diese Belastung die vom Antragsteller glaubhaft gemachte wirtschaftliche Lage erheblich gefährden würde. Das Erfordernis der „erheblichen Gefährdung der wirtschaftlichen Lage" ist nicht so streng wie die wirtschaftliche Voraussetzung für die Bewilligung von Prozesskostenhilfe nach § 114 ZPO (und § 130 PatG); die zum 1. 1. 1981 eingeführte Prozesskostenhilfe entspricht dem früheren „Armenrecht", und die Streitwertbegünstigung nach § 144 (früher § 53) sollte nach der amtl. Begründung (Bl. **36,** 103, 115) gerade dann eingreifen, wenn die Voraussetzungen für die Bewilligung des Armenrechts nicht gegeben wären. Andererseits aber würde eine rein schematische „Anpassung" des Streitwerts an die 6 wirtschaftliche Lage des Antragstellers dem Sinn und Zweck der Ausnahmeregelung des § 144 widersprechen; vor allem mit Rücksicht auf den Gegner muss auch die antragstellende Partei selbst ein gewisses Kostenwagnis behalten, das in einem angemessenen Verhältnis zu dem normalerweise üblichen Kostenrisiko, der Erhöhung des Kostenrisikos der Gegenpartei und den Vermögensverhältnissen des Antragstellers steht, LG Mannheim GRUR **59,** 236; OLG Düsseldorf Mitt, **73,** 177, 178; InstGE **5,** 70, 71; vgl. auch KG GRUR **37,** 129; **39,** 346 (17. 12. 1938); gerade auch die Rücksicht auf die Interessen der Gegenpartei wird einer allzu großzügigen Handhabung des § 144 entgegenstehen, vgl. OLG Karlsruhe GRUR **62,** 586. Die schlechte wirtschaftliche Lage allein rechtfertigt noch keine Herabsetzung, OLG Karlsruhe WRP **81,** 660. Kann der Antragsteller einen wirtschaftlich tragbaren Kredit aufnehmen, so wird eine erhebliche Gefährdung seiner wirtschaftlichen Lage nicht anzunehmen sein. Obwohl die Voraussetzungen der Prozesskostenhilfe und der Streitwertbegünstigung grundsätzlich unterschiedlich sind, wird bei der Berechnung dessen, was der antragstellenden Partei als Kostenrisiko zuzumuten ist, eine Orientierung an denjenigen Grundsätzen möglich sein, nach denen ausgerechnet wird, welche Beträge ein um Prozesskostenhilfe Nachsuchender tragen muss. Der Betrag, den ein Prozesskostenhilfeempfänger – unter Berücksichtigung insbesondere auch des Freibetrages nach § 115 S. 2 Nr. 2 ZPO und der sich aus § 115 S. 4 ZPO bei Ratenzahlung ergebenden maximalen Zahlungsbelastung – nach seinen wirtschaftlichen Verhältnissen selbst tragen muss, darf auch durch eine Anordnung nach § 144 nicht unterschritten werden, OLG Düsseldorf, InstGE **5,** 70, 71 f. Die wirtschaftliche Lage einer ohnehin vermögenslosen und nicht mehr tätigen juristischen Person kann durch die Belastung mit Prozesskosten nicht mehr „erheblich gefährdet" werden, BGH GRUR **53,** 284 (anders aber kann es bei einer zurzeit vermögenslosen natürlichen Person oder noch tätigen Personengesellschaft sein). Zur Vermeidung von Missbräuchen kann es erforderlich sein, auch die Einkommens- und Vermögensverhältnisse dritter Personen in die Betrachtung einzubeziehen, wenn der Rechtsstreit in deren Interesse geführt wird, BGH, 20. 1. 2004 – X ZR 133/98; OLG Düsseldorf Mitt. **73,** 177, 178; BPatG, 29. 8. 94 – 2 Ni 50/88 (EU).

7 **Die Aussichten der** vom Antragsteller beabsichtigten **Rechtsverfolgung oder Rechtsverteidigung** dagegen sind – anders als bei der Bewilligung der Prozesskostenhilfe, § 114 Abs. 1 ZPO – nicht zu prüfen, RGZ **155,** 129, 132; OLG München NJW **59,** 52 Nr. 23; ebenso (zu § 23b UWG a. F.) OLG Frankfurt GRUR **89,** 133 OLG Koblenz, NJWE-WettbR **96,** 92 (zu § 142 MarkenG). Ebenso ist an sich nicht zu prüfen, ob die beabsichtigte Prozessführung mutwillig ist. Nach der amtl. Begründung (Bl. **36,** 103, 115) wird die Tatsache, dass die Partei in jedem Fall die ihrer wirtschaftlichen Lage angemessenen Prozesskosten aufwenden muss, sie in der Regel von aussichtsloser oder mutwilliger Prozessführung abhalten. Jedoch kann das Gericht, weil die Gewährung der Vergünstigung in sein pflichtmäßiges Ermessen gestellt ist, bei offenbar **missbräuchlicher Prozessführung** den Erlass einer Anordnung nach § 144 ablehnen (Amtl. Begründung Bl. **36,** 103, 115). Als missbräuchlich kann die Prozessführung namentlich dann angesehen werden, wenn dem Antragsteller wegen Aussichtslosigkeit der Rechtsverfolgung oder Rechtsverteidigung bereits die Prozesskostenhilfe (früher: Armenrecht) versagt worden ist, RG GRUR **38,** 325; MuW **40,** 99; OLG Hamburg WRP **79,** 382; auch der BGH lehnt in solchen Fällen eine Anordnung nach § 144 regelmäßig ab; weitergehend KG GRUR **37,** 625, 626; OLG Düsseldorf GRUR **41,** 35; anders OLG München NJW **59,** 52 Nr. 23. Abzulehnen ist eine Anordnung nach § 144 auch dann, wenn der Antragsteller den Prozess wegen Aussichtslosigkeit oder aus anderen Gründen (z. B. auch wegen eines Vergleichs) nicht fortführen will; § 144 bezweckt nur, die Durchführung eines Prozesses zu erleichtern, nicht auch die Abstandnahme davon, RG Mitt. **41,** 47; KG GRUR **39,** 346 (16. 2. 1939); anders für Sonderfall LG Berlin WRP **82,** 53; a. A. hinsichtlich Vergleich: Busse, Rdn. 16. Die Antragstellung an sich kann ferner dann missbräuchlich sein, wenn der Antragsteller selber zuvor auf eine Erhöhung des Streitwerts hingewirkt hatte, OLG Hamburg GRUR **57,** 146.

8 **b) Persönliche Voraussetzungen.** Die Festsetzung eines Teilstreitwerts kann jede Prozesspartei, bei mehreren Streitgenossen jeder Streitgenosse für sich beantragen; auch der Nebenintervenient wird sie beantragen können, da ihn ebenfalls nach dem Streitwert des Prozesses zu berechnende Gebührenschulden (z. B. gegenüber seinem Anwalt oder als Rechtsmittelkläger gegenüber dem Gericht und dem Gegner) treffen können. Die Festsetzung gilt nur für den Beteiligten, der sie erwirkt hat; stellen **mehrere Beteiligte** den Antrag, so sind die wirtschaftlichen Verhältnisse eines jeden gesondert zu prüfen und ggf. unterschiedliche Teilstreitwerte festzusetzen. Einer **juristischen Person** oder einer Gesamthandspartei (oHG, KG) kann die Vergünstigung unter den sachlichen Voraussetzungen des § 144 ebenso wie einer natürlichen Person gewährt werden, ohne dass die für die Bewilligung der Prozesskostenhilfe in § 116 S. 1

Nr. 2 ZPO bestimmten besonderen Voraussetzungen vorliegen müssten, vgl. BGH GRUR **53,** 284; vgl. auch schon KG GRUR **37,** 129. Bei einer BGB-Gesellschaft soll auf die Vermögensverhältnisse der Gesellschaft, nicht der Gesellschafter abzustellen sein, LG München, InstGE **2,** 80f. Bei einer Partei kraft Amtes (Konkursverwalter, Testamentsvollstrecker usw.) wird die Vergünstigung aus § 144 – anders als nach § 116 S. 1 Nr. 1 ZPO die Prozesskostenhilfe – ebenfalls schon dann gewährt werden können, wenn bei Belastung mit den Kosten nach dem vollen Streitwert eine „erhebliche Gefährdung" der verwalteten Vermögensmasse zu besorgen ist. Die Vergünstigung ist auch Ausländern zu gewähren; auf eine Verbürgung der Gegenseitigkeit kommt es hier genauso wenig an wie bei der Prozesskostenhilfe nach § 114 ZPO und nunmehr – seit Inkrafttreten des 2. PatÄndG – auch bei der Verfahrenskostenhilfe nach § 129 (vgl. auch die Kommentierung zu § 129).

c) Förmliche Voraussetzungen. Eine Anordnung nach § 144 kann nur auf **Antrag** ergehen (Abs. 1 S. 1). Der Antrag ist **für jede Instanz besonders** zu stellen, und eine auf den Antrag ergehende Anordnung wirkt nur für die Instanz, in der sie ergeht, RG GRUR **41,** 94; KG GRUR **38,** 41; **39,** 346; ebenso BGH WM **92,** 1981 (zu § 247 Abs. 2 AktG). Es kann daher insbesondere ein Antrag in höherer Instanz auch dann gestellt werden, wenn in unterer Instanz eine Anordnung nach § 144 nicht beantragt (oder abgelehnt) war, KG GRUR **37,** 625. Der Antrag kann vor der Geschäftsstelle des Gerichts zur Niederschrift erklärt werden (Abs. 2 S. 1), unterliegt also auch im Anwaltsprozess nicht dem Anwaltszwang (§ 78 Abs. 1, 2 ZPO). Er ist **vor der Verhandlung zur Hauptsache** in der betreffenden Instanz anzubringen (Abs. 2 S. 2), also vor der Stellung der Sachanträge (§ 137 Abs. 1 ZPO). Danach ist er nur noch zulässig, wenn der (z. B. in der Klagschrift oder vom Kostenbeamten) „angenommene" oder der (vom Gericht) „festgesetzte" Streitwert *herauf*gesetzt wird (Abs. 2 S. 3), oder wenn zunächst überhaupt kein Streitwert „angenommen oder festgesetzt" war (wie z. B. bei einer Widerklage oder im Nichtigkeitsverfahren) und nun erstmals ein Streitwert *fest*gesetzt wird, RG GRUR **40,** 95, 96; BGH GRUR **53,** 284; KG GRUR **38,** 41; **40,** 556, 557; er ist dann vor der nächstfolgenden Verhandlung zur Hauptsache zu stellen; vgl. auch BPatG GRUR **82,** 363. Erledigt sich das Verfahren ohne eine mündliche Verhandlung zur Hauptsache und wird darauf erstmalig ein Streitwert festgesetzt, so kann ein Antrag aus § 144 PatG nur noch innerhalb einer angemessenen Frist gestellt werden, BGH GRUR **65,** 562; s. auch KG WRP **83,** 561 (zu § 23b UWG a. F.). In entsprechender Anwendung von Abs. 2 Satz 3 ist ein Antrag nach Verhandlung zur Hauptsache auch dann noch zuzulassen, wenn sich zwar nicht der Streitwert, wohl aber die wirtschaftliche Lage der Partei nachträglich derart verändert, dass erst jetzt die Voraussetzungen für eine Streitwertherabsetzung gegeben sind; das gilt aber dann nicht, wenn sich diese Veränderung wesentlich gerade durch den Stand des Verfahrens ergeben hat, vgl. OLG Düsseldorf, GRUR **85,** 219. Nach OLG München, GRUR **91,** 561, soll dies auf Fälle zu beschränken sein, bei denen sowohl die wesentliche Verschlechterung der wirtschaftlichen Verhältnisse als auch eine zusätzliche Kostenbelastung der zu begünstigenden Partei nachträglich eingetreten sind. 9

4. Verfahren, Entscheidung, Änderung. Eine Anordnung nach § 144 ist für jede Instanz besonders zu beantragen und zu treffen (oben Rdn. 9). Die Entscheidung über den Antrag kann **ohne mündliche Verhandlung** ergehen; zuvor ist jedoch der Gegner zu hören (Abs. 2 S. 4), zum Antrag eines Streitgenossen auch die anderen Streitgenossen, sowie ferner – weil ebenfalls „betroffen" – der Anwalt des Antragstellers, falls dieser den Antrag ohne seinen Anwalt gestellt hat. Anwaltszwang besteht nicht (oben Rdn. 9). Die Entscheidung ergeht durch **Beschluss,** der nach § 329 ZPO zu verkünden oder zuzustellen ist. 10

Ein in erster Instanz ergangener Beschluss unterliegt als ein Streitwertbeschluss der **Beschwerde** nach § 68 GKG (§ 25 Abs. 3 GKG a. F.), OLG Frankfurt MuW **37,** 313; KG GRUR **38,** 41; OLG Düsseldorf GRUR **54,** 115 (anders früher GRUR **40,** 557); OLG München NJW **59,** 52 Nr. 23. Beschwerdeberechtigt sind der Antragsteller bei Ablehnung der Anordnung oder nicht genügender Herabsetzung, der Gegner bei jeder Festsetzung eines Teilstreitwerts, OLG Frankfurt MuW **37,** 313, – ferner nach § 32 Abs. 2 RVG aus eigenem Recht der Rechtsanwalt (oder der Patentanwalt) der begünstigten Partei, nicht jedoch der Anwalt des Gegners – sowie der Vertreter der Staatskasse, KG GRUR **38,** 41. Die Beschwerde ist innerhalb der Fristen des § 68 Abs. 1 S. 3 i. V. m. § 63 Abs. 3 S. 2 GKG einzulegen, vgl. (zu § 25 Abs. 2 GKG a. F.) OLG Hamburg WRP **77,** 498; KG WRP **78,** 134 (Wettbewerbssachen). Diese Fristen sind zwar im Hinblick auf den Zweck des § 144 und die in Abs. 2 Satz 2, 3 vorgesehene zeitliche Beschränkung unangemessen lang, das ist jedoch keine ausreichende Rechtfertigung für eine nicht gesetzlich verankerte Fristverkürzung. Die Beschwerde zum BGH gegen Streitwertentscheidungen des OLG ist gemäß § 68 Abs. 1 S. 4 i. V. m. § 66 Abs. 3 S. 3

GKG nicht zulässig; entsprechendes gilt gemäß § 33 Abs. 4 Satz 3 RVG (vormals: § 10 Abs. 3 S. 2 BRAGO) für Streitwertentscheidungen des Bundespatentgerichts, die der Berechnung von Anwaltsgebühren dienen sollen, vgl. BGH GRUR **82,** 672. In diesen Fällen ist jedoch ebenso wie bei einer Festsetzung für das Verfahren vor dem BGH eine Gegenvorstellung zulässig, vgl. § 84 Rdn. 19.

11 Ob eine **Änderung einer einmal getroffenen Anordnung** nach § 144 wegen veränderter Verhältnisse für zulässig gehalten werden soll, kann ebenfalls nicht nach § 63 Abs. 3 GKG, sondern nur nach dem Zweck des § 144 beurteilt werden. Hat sich die wirtschaftliche Lage der durch eine Anordnung nach § 144 begünstigten Partei während der Instanz, in der die Anordnung ergangen ist, so entscheidend gebessert, dass sie durch die Belastung mit den Prozesskosten nach dem vollen Streitwert nicht mehr gefährdet sein würde, so wird der begünstigten Partei die Fortführung des Prozesses in der Instanz ohne den Schutz der Anordnung zugemutet und die Anordnung daher aufgehoben werden können, OLG Düsseldorf Mitt. **73,** 177, 178; anders Tetzner NJW **65,** 1944, 1947 bei II 4; die Aufhebung hat „rückwirkende“ Kraft; zu einer Beschränkung der Aufhebung nur für die Zukunft (so Gaedeke JW **38,** 3009ff., 3011/2) besteht kein Grund, da jedenfalls die etwaige Erstattungspflicht der bisher begünstigten Partei ohnehin erst nach Abschluss der Instanz zum Zuge kommen kann und da die bei Aufhebung der Anordnung eintretende Erhöhung der bereits entstandenen Gebühren für die bisher begünstigte Partei schon bei der Frage zu berücksichtigen ist, ob die Anordnung überhaupt aufgehoben werden soll. Entsprechend wird dann aber auch umgekehrt, wenn ein Antrag nach § 144 zu Beginn der Instanz nicht gestellt oder abgelehnt war, bei entscheidender Verschlechterung der wirtschaftlichen Lage der Partei während der Instanz ein (nochmaliger) Antrag zulässig sein und nunmehr noch nachträglich eine Anordnung nach § 144 (wiederum mit „rückwirkender“ Kraft) ergehen können; vgl. auch oben Rdn. 9 a. E. Missbräuchen ist schon durch das Merkmal der „erheblichen Gefährdung“ ein Riegel vorgeschoben. Nach Abschluss der Instanz kann eine Anordnung nach § 144 auch bei entscheidender Besserung der wirtschaftlichen Lage der begünstigten Partei nicht mehr aufgehoben werden, – außer etwa bei Erschleichung (Armstroff JW **38,** 3154).

12 **5. Die Folgen** einer Anordnung nach § 144 **für die begünstigte Partei** selbst sind in Abs. 1 S. 1–3 dahin bestimmt, dass sie Gerichtsgebühren (soweit sie nach §§ 22, 29 i. V. m. §§ 31, 32 GKG zu deren Entrichtung herangezogen werden kann) nur nach dem für sie festgesetzten Teilstreitwert zu entrichten hat, dass sie auch die Gebühren ihres eigenen Rechtsanwalts (und eines auf ihrer Seite mitwirkenden Patentanwalts, vgl. § 143 Rdn. 19ff.) nur nach diesem Teil des Streitwerts zu entrichten hat, und dass sie schließlich, soweit sie dem Gegner erstattungspflichtig ist, die von diesem entrichteten Gerichtsgebühren und die Gebühren seines Rechtsanwalts (und Patentanwalts, RG GRUR **40,** 152) ebenfalls nur nach dem Teilstreitwert zu erstatten hat. Auch Satz 1 gilt trotz des Wortes „Gerichtskosten“ nur für die Gebühren, nicht auch für die Auslagen des Gerichts, also namentlich nicht auch für die (etwaige) Verpflichtung der begünstigten Partei zur Bezahlung der gerichtlichen Auslagen für Sachverständige, OLG München GRUR **60,** 79. Bei Kostenteilung (§ 92 ZPO) erfolgt die Kostenausgleichung unter den Parteien (§ 106 ZPO) beiderseits nach dem Teilstreitwert, KG Mitt. **41,** 125, 126.

Für den Gegner der begünstigten Partei dagegen bleibt der volle Streitwert maßgebend. Er hat nicht nur die Gebühren seines Rechtsanwalts (und eines auf seiner Seite mitwirkenden Patentanwalts) nach dem vollen Streitwert zu entrichten, sondern auch die Gerichtsgebühren, soweit er zu deren Entrichtung nach den Vorschriften des GKG herangezogen werden kann, – und zwar hinsichtlich des Gebührenteils, der die Gebühren nach dem Teilstreitwert übersteigt, niemals nur als Zweitschuldner, § 31 Abs. 2 GKG, (= § 58 Abs. 2 GKG a. F.), sondern immer als alleiniger Erstschuldner, KG GRUR **41,** 96; OLG Düsseldorf Mitt. **85,** 213. Erstattung aber kann er zu allem von der begünstigten Partei nur nach dem Teilstreitwert verlangen.

Der Anwalt der begünstigten Partei schließlich kann zwar von seiner Partei Gebühren nur nach dem Teilstreitwert verlangen. Gegenüber dem Gegner, soweit dieser die außergerichtlichen Kosten zu tragen hat, aber hat er nach Abs. 1 S. 4 ein eigenes, im Festsetzungsverfahren auf seinen Namen zu verfolgendes Forderungsrecht auf Zahlung seiner Gebühren nach dem vollen Streitwert, KG Mitt. **41,** 125/126. Das Gleiche muss auch für einen auf ihrer Seite mitwirkenden Patentanwalt gelten, vgl. § 143 Abs. 3. Bei Kostenteilung muss eine doppelte Kostenfestsetzung (unter Zugrundelegung des Teilstreitwerts einerseits und des vollen Streitwerts andererseits) erfolgen, KG aaO. Ist der Anwalt der begünstigten Partei ihr auch im Wege der **Prozesskostenhilfe** beigeordnet (§ 121 ZPO), so richtet sich sein Vergütungsanspruch gegen die Staatskasse zwar nach den ermäßigten Sätzen des § 49 RVG (vormals § 123 BRAGO), denen aber trotz der Anordnung nach § 144 der volle Streitwert zugrunde zu legen ist, vgl. BGH GRUR **53,** 250.

145 *Zwang zur Klagenkonzentration.* **Wer eine Klage nach § 139 erhoben hat, kann gegen den Beklagten wegen derselben oder einer gleichartigen Handlung auf Grund eines anderen Patents nur dann eine weitere Klage erheben, wenn er ohne sein Verschulden nicht in der Lage war, auch dieses Patent in dem früheren Rechtsstreit geltend zu machen.**

Inhaltsübersicht

1. Zweck, Bedeutung und Auswirkung der Vorschrift (Schrifttum: Schramm JW **37,** 1849; Pinzger **37,** 1851; Weber JW **37,** 1854; Benkard MuW **37,** 229; Ristow Mitt. **37,** 102; Wichards GRUR **38,** 280, 286; Habscheid GRUR **54,** 239; Ohl GRUR **68,** 169; Tetzner Mitt. **76,** 221; U. Krieger GRUR **85,** 694). 1

Die durch das Patentgesetz vom 5. 5. 1936 eingefügte Vorschrift des § 145 (früher § 54) will nach der **amtl. Begründung** (Bl. **36,** 103, 115) ebenso wie die Vorschrift des § 144 dem sachfremden Einfluss des wirtschaftlichen Übergewichts der einen Partei auf die Austragung von Patentstreitigkeiten entgegenwirken, und zwar einer besonderen Form des Missbrauchs wirtschaftlicher Übermacht, die sich darin gezeigt hatte, dass Inhaber von mehreren Patenten verwandten Inhalts einen angeblichen Verletzer zunächst nur auf Grund eines dieser Patente verklagten, dann in weiteren Klagen gegen ihn wegen derselben oder eines gleichartigen Tatbestands die Verletzung der anderen Patente geltend machten und ihm so mit der durch die Vielzahl der Prozesse verursachten Erhöhung der Kosten die Verteidigung erschwerten. Um einer solchen Häufung nacheinander erhobener Einzelklagen zu begegnen (die Begründung spricht hier von „Stufenklagen“, unter denen jedoch üblicherweise die etwas ganz anderes darstellenden Klagen nach § 254 ZPO verstanden werden), will das Gesetz einen „Zwang zur Geltendmachung aller in Betracht kommenden Patente in einem Verfahren“ ausüben. Wegen derselben oder einer gleichartigen Handlung eine weitere Klage auf Grund eines anderen Patents anzustrengen, soll nur dann – wie die Begründung sagt – „zulässig“ sein, wenn der Kläger ohne sein Verschulden nicht auch dieses Patent in dem früheren Rechtsstreit geltend machen konnte. Die Berechtigung dieser legislatorischen Erwägungen und die Zweckmäßigkeit der damit begründeten gesetzlichen Regelung wird vor allem von Ohl GRUR **68,** 169 in Zweifel gezogen. Mit Recht weist Krieger GRUR **85,** 694 darauf hin, dass es wenig sachgerecht ist, wenn der Kläger über § 145 PatG dazu gezwungen wird, auch solche Patente in den Prozess einzubeziehen, deren Bestand wegen eines anhängigen Einspruchs- und Nichtigkeitsverfahrens als zweifelhaft anzusehen ist.

§ 145 hat eine Beziehung sowohl auf die „frühere“ als auch auf die „weitere“ Klage. § 145 will den Kläger zur **Häufung aller Klaggründe** (Patente) in dem „früheren“ Verfahren zwingen, tut das aber nicht unmittelbar (wie es § 767 Abs. 3 ZPO für die Vollstreckungsgegenklage tut), sondern mittelbar dadurch, dass es ihm das Recht auf eine „weitere“ Klage beschneidet. Was § 145 damit verfügt, ist nicht eine Erweiterung der Rechtskraftwirkung der in dem früheren Rechtsstreit ergangenen Entscheidung, sondern eine nicht aus der Rechtskraft fließende **besondere Präklusionswirkung** des „früheren Rechtsstreits“ (Habscheid GRUR **54,** 239ff., 242/43; Rosenberg/Schwab/Gottwald, 16. Aufl., § 154 II 2). Schon aus dem Wortlaut des § 145 („kann ... nur dann eine weitere Klage erheben“) ergibt sich, dass eine dagegen verstoßende **weitere Klage als unzulässig,** nicht als unbegründet abzuweisen ist (so auch Habscheid aaO S. 243; vgl. auch BGH GRUR **57,** 208, 212). Die Berufung auf § 145 ist keine Einrede der anderweitigen Rechtshängigkeit, sondern eine Einrede, mit der ein **besonderes Prozesshindernis** geltend gemacht wird (vgl. zur Begr. im einzelnen, Voraufl.). Da dieses Prozesshindernis – zumindest vorwiegend – im Interesse des Beklagten aufgestellt worden ist, ist es nicht von Amts wegen, sondern nur auf eine **„prozesshindernde Einrede“** des Beklagten hin zu beachten, BGH GRUR **67,** 84, 87. Das Prozesshindernis gilt natürlich nur für die „weitere“ Klage. Im „früher“ anhängig gewordenen Rechtsstreit dagegen wird nicht geprüft, ob der Kläger noch andere, der Präklusionswirkung des § 145 unterliegende Patente geltend machen könnte. 2

Da § 145 nur die mit einer Häufung mehrerer Prozesse verbundene erhöhte Verunsicherung u. Behinderung und das erhöhte Kostenrisiko für den Beklagten verhindern will, ist der Patentinhaber nicht gehindert, ein weiteres Klagepatent im Wege der **Klageerweiterung** noch nachträglich in dem ersten Prozess geltend zu machen, und zwar auch noch in der Berufungsinstanz; im Hinblick auf § 561 Abs. 1 ZPO jedoch nicht mehr in der Revisionsinstanz (BGH GRUR **64,** 221, 223). Eine solche Klageerweiterung ist Klageänderung i. S. der §§ 263, 264 ZPO, die Einwilligung der Gegenseite oder Bejahung der Sachdienlichkeit durch das Gericht voraussetzt. Im Hinblick auf die Präklusionswirkung des § 145 ist eine solche Klageerweiterung jedoch generell als sachdienlich zuzulassen, da es der einzig mögliche Weg ist, die Ansprüche aus einem weiteren Patent noch zur Geltung zu bringen. Dabei handelt es sich nicht um eine Ausweitung der Vorschriften über die zulässige Klageänderung (so Habscheid GRUR **54,** 241), sondern um deren sachgerechte Auslegung und Anwendung. Allerdings sind die Bestimmungen über die Zurückweisung verspäteten Vorbringens zu beachten (s. §§ 296, 527, 528 ZPO). In Zweifelsfällen empfiehlt es sich zur Vermeidung unnötiger prozessualer Schwierigkeiten, vorsorglich alle in Betracht kommenden Patente zugleich geltend zu machen.

3 Die aus § 145 zu ziehenden **Folgerungen** dürfen aber nicht überspannt werden. § 145 soll nur den Missbrauch vervielfältigter prozessualer Inanspruchnahme des Gegners aus einem zusammenhängenden Streitkomplex verhindern, will aber nicht eine sachgemäße Durchführung solcher Prozesse erschweren. Eine strenge Handhabung des Zwangs zur Geltendmachung, Verhandlung und Aburteilung aller „gleichartigen" Verletzungen aller einschlägigen Patente in ein und demselben Verfahren würde zu einer untragbaren Unübersichtlichkeit und Verzögerung führen, so z. B., wenn der Kläger ein Dutzend Sachpatente für Einzelteile einer Waschmaschine hat, nach seiner Meinung der Beklagte alle diese Patente verletzt (vgl. dazu die unten Rdn. 6 angeführte Entscheidung BGH GRUR **57,** 208) und gegen einige dieser Patente etwa auch noch Nichtigkeitsklagen laufen; vgl. dazu auch Moser v. Filseck in der Anm. zu BGH GRUR **61,** 79, 81. Soweit es sich um mehrere „Ansprüche" im Sinne der ZPO handelt (also um eine objektive Häufung von Klagen mit verschiedenen Klaganträgen, nicht um ein einheitliches Klagbegehren, das nur auf mehrere Patente als mehrere Klagegründe gestützt ist, BGH GRUR **61,** 79, 81), wird das Gericht daher, falls zweckmäßig, **nach § 145 ZPO** anordnen, dass die mehreren Ansprüche, wenn sie in Befolgung des § 145 PatG in *einer* Klage erhoben sind, **in getrennten Prozessen** verhandelt werden, sofern die Voraussetzungen des § 145 ZPO gegeben sind (vgl. dazu § 139 Rdn. 110); einer solchen Trennung durch das Gericht kann § 145 PatG nicht entgegenstehen (ebenso Busse § 143 PatG, Rdn. 184, Schulte, Rdn. 7; Pinzger JW **37,** 1851, 1854; Schramm JW **37,** 1849, 1850; Wichards GRUR **38,** 280, 286; vgl. auch KG GRUR **38,** 330; anders Habscheid GRUR **54,** 239, 241/42; dahingestellt in BGH GRUR **61,** 79, 81). Daraus kann aber nicht gefolgert werden, dass dann auch der Kläger von vornherein seine mehreren Ansprüche **in getrennten Klagen** geltend machen dürfe; dies würde Sinn und Zweck des § 145 zuwiderlaufen.

2. Einzelheiten

4 **a) Anwendungsbereich.** § 145 bezieht sich nur auf die Geltendmachung von **Patenten** (im „früheren" und im „weiteren" Verfahren) und ergänzenden Schutzzertifikaten (§ 16a Abs. 2), – dagegen nicht auf die Geltendmachung eines Entschädigungsanspruchs nach § 33, – und auch nicht auf die Geltendmachung von Gebrauchsmustern, RG GRUR **38,** 781, 782; OLG Düsseldorf GRUR **59,** 538, 539, selbst wenn Patente und Gebrauchsmuster nebeneinander bestehen, BGH, GRUR **95,** 338, 342 – Kleiderbügel – erst recht nicht auf Marken, Geschmacksmuster, Urheberrechte oder Tatbestände des unlauteren Wettbewerbs. § 145 ist nicht nur auf national erteilte deutsche Patente anzuwenden, sondern auch auf mit Wirkung für die Bundesrepublik Deutschland erteilte **europäische Patente** nach dem EPÜ – als Konsequenz aus Art. 64 Abs. 3 EPÜ.

5 **b) Persönliche Voraussetzungen.** § 145 gilt für alle Personen, die Kläger einer Klage nach § 139 sein können, also für den Patentinhaber, den ausschließlichen Lizenznehmer, einen sonstigen dinglich Berechtigten und für den vom Berechtigten zur Prozessführung Ermächtigten (vgl. § 139 Rdn. 16–18), sofern die Kläger sowohl des früheren als auch des weiteren Verfahrens sind und ihnen derselbe Beklagte als Verletzer gegenübersteht, OLG Düsseldorf GRUR **39,** 365, 368. § 145 gilt ferner, wenn ein **Rechtsnachfolger** des früheren Klägers im Sinne des § 325 ZPO gegen denselben Beklagten oder derselbe Kläger gegen einen Rechtsnachfolger des früheren Beklagten im Sinne des § 325 ZPO klagt. Der ausschließliche Lizenznehmer, der Kläger nicht des „früheren", sondern erst des „weiteren" Rechtsstreits ist, wird durch § 145 nur betroffen, wenn er die Lizenz nach Eintritt der Rechtshängigkeit des ersten Verfahrens erworben hat (Benkard MuW **37,** 229, 230; streitig; weitergehend Weber JW **37,** 1854). Schiebt der Kläger des früheren Rechtsstreits für den weiteren Rechtsstreit einen „Strohmann" vor, so muss dieser sich § 145 entgegenhalten lassen. § 145 gilt nur für eine Klage gegen Personen, die von

der Rechtskraftwirkung des auf die frühere Klage ergehenden oder ergangenen Urteils betroffen sind, nicht also z. B. für die Klage gegen den Geschäftsführer der früher verklagten GmbH, BGH GRUR **74,** 28 (Turboheuer).

c) Sachliche Voraussetzungen. Die „frühere" Klage und die „weitere" Klage müssen beides **Klagen nach § 139,** also Klagen des Verletzten auf Unterlassung und/oder Schadenersatz sein. Für auf Patentverletzung gestützte Bereicherungs- und Rechnungslegungsansprüche wird § 145 entsprechend anzuwenden sein. Widerklagen nach § 139 stehen Klagen nach § 139 gleich, BGH GRUR **57,** 208, 210/11. Dagegen gilt § 145 nicht für negative Feststellungsklagen des angeblichen Verletzers; ihm steht frei, wegen welcher Ausführungsform und gegen welches Patent eines ihn verwarnenden Patentinhabers er mit der negativen Feststellungsklage vorgehen will, BGH aaO, 210. Die „frühere" Klage muss zulässig gewesen sein; ist sie als unzulässig abgewiesen worden, so steht § 145 der Erhebung einer „weiteren" Klage nicht entgegen; im übrigen aber ist es gleichgültig, ob die „frühere" Klage noch anhängig oder ob über sie bereits rechtskräftig in der Sache entschieden ist, vgl. oben Rdn. 2. Die „weitere" Klage muss, wie § 145 klar besagt, eine Klage **„auf Grund eines anderen Patents"** – oder **ergänzenden Schutzzertifikats,** § 16a Abs. 2 – sein. § 145 hindert den Verletzten also nicht, in einer Klage den Unterlassungsanspruch und in einer anderen Klage den Schadenersatzanspruch wegen Verletzung *desselben* Patents geltend zu machen (anders Schramm JW **37,** 1849, 1850; Ristow Mitt. **37,** 102, 104). § 145 zwingt den Verletzten auch nicht, *alle* Verletzungen *desselben* Patents (durch „gleichartige Handlungen" oder unterschiedliche Verletzungsformen) in ein und derselben Klage zu verfolgen. Einer an sich naheliegenden entsprechenden Anwendung des § 145 auf die Erhebung mehrerer Klagen auf Grund desselben Patents steht der klare Wortlaut und der Ausnahmecharakter der Vorschrift entgegen, die nach der Begründung bewusst nur den Missbrauch vervielfältigten Prozessierens auf Grund mehrerer nebeneinander bestehender Patente verhindern will. Die Vorschrift zwingt daher auch nicht dazu, ein Grundpatent gleichzeitig mit einem an dieses anschließenden Schutzzertifikat (s. § 16a) geltend zu machen, Amtliche Begründung des RegEntw. zu § 16a, BT-Drucks. 12/3630, S. 12 zu 2m. 6

Die Formulierung **„wegen derselben oder einer gleichartigen Handlung"** erfasst nach ihrem Wortlaut mehr als sie erfassen soll. Bei natürlichem Sprachverständnis ist z. B. der Verkauf eines Kraftfahrzeugs eine einheitliche Handlung, die sämtliche im Kraftfahrzeug enthaltene Einzelteile einschließt; daraus könnte gefolgert werden, dass etwa die Patentverletzungsklage wegen des in einem bestimmten Kfz-Typ verwendeten Rückspiegels die auf ein anderes Patent gestützte spätere Klage wegen eines im gleichen Kfz-Typ verwendeten Stoßdämpfers ausschließen könnte. Derart weitgehende Folgen sind jedoch stets für unakzeptabel gehalten worden. In der amtlichen Begründung (s. o. Rdn. 1) ist angeführt worden, es müsse sich um Patente „verwandten Inhalts" handeln. Mit dem Wortlaut des Gesetzes ist das bei natürlichem Sprachverständnis nicht zu vereinbaren. Nach BGH GRUR **89,** 187 – Kreiselegge II – ist deswegen nicht auf den normalen Sprachgebrauch sondern auf prozessrechtliche Kriterien abzustellen und eng auszulegen. **„Dieselbe Handlung"** im Sinne des § 145 liegt dann vor, wenn sich die Verletzungstatbestände in ihrer durch die Merkmale der Klageanträge konkretisierten Form im Wesentlichen decken. Diese Voraussetzung war nach BGH aaO nicht verwirklicht bei einer Kreiselegge, die zunächst (im 1. Prozess nach dem 1. Patent) wegen der besonderen Ausrichtung der Kreiselzinken und später (im 2. Prozess nach einem 2. Patent) wegen eines neben den Zinkenkreiseln angebrachten Seitenschildes angegriffen wurde. Als Handlung ist daher bei einer aus mehreren Teilen bestehenden Gesamtvorrichtung der mit dem Klageantrag konkret beschriebene, durch die Ausgestaltung eines bestimmten Teils der Gesamtvorrichtung charakterisierte konkrete Verletzungstatbestand zu verstehen, BGH, aaO. Handlungsidentität ist noch nicht gegeben, wenn die Handlung Sachen (oder Verfahren) betrifft, die unter den Oberbegriff der als verletzt angesehenen Patentansprüche fallen (so aber BGH, GRUR **57,** 208 – Grubenstempel; demgegenüber zu Recht zweifelnd: Busse, Rdn. 12, 14). **Gleichartige Handlungen** sind gemäß BGH aaO – Kreiselegge II – auf Grund einer an Gesetzeszweck, sachlichen Bedürfnissen und rechtsstaatlichen Erfordernissen orientierten wertenden Beurteilung abzugrenzen. Gleichartig sind danach nur solche weiteren Handlungen, die im Vergleich zu der im Erstprozess angegriffenen Verletzungshandlung zusätzliche oder abgewandelte Merkmale aufweisen, bei denen es sich wegen eines engen technischen Zusammenhangs aufdrängt, sie gemeinsam in einer Klage aus mehreren Patenten anzugreifen, damit dem Beklagten mehrere Rechtsstreite darüber erspart bleiben.

d) Ein Verschulden daran, nicht auch das andere Patent in dem früheren Rechtsstreit geltend gemacht zu haben, wird dem Kläger nicht nur bei Vorsatz oder grober Nachlässigkeit, sondern auch schon bei leichter Fahrlässigkeit zur Last gelegt. Der Kläger trägt die Beweislast 7 dafür, dass ihn kein Verschulden trifft. Ausführliche Werbeschriften der Konkurrenz, aus der jeder Fachmann bei Anwendung der für das Lesen technischer Zeichnungen erforderlichen Sorgfalt die Einzelheiten der mit der „weiteren" Klage verfolgten Verletzungsform hätte erkennen können, dürfen dem angeblich verletzten Patentinhaber nicht entgehen; kennt er den ganzen patentverletzenden Gegenstand, so muss er ihn gründlich untersuchen, um die etwaige Verletzung auch seiner anderen Patente feststellen zu können; andernfalls handelt er fahrlässig, BGH GRUR **57,** 208, 211. Über die Rechtslage muss er sich erkundigen; unverschuldeter Rechtsirrtum aber muss ihn, weil § 145 nur gegen „Missbräuche" gerichtet ist, in gleicher Weise entlasten wie unverschuldeter Tatsachenirrtum. Nach Krieger GRUR **85,** 694 soll es generell wegen Unzumutbarkeit als entschuldigt angesehen werden, wenn ein Patent nicht geltend gemacht wird, gegen das ein Einspruchs- oder Nichtigkeitsverfahren anhängig ist. Das ist jedoch trotz der sachlichen Berechtigung des Anliegens mit dem geltenden Gesetzeswortlaut nicht zu vereinbaren und läuft letztlich darauf hinaus, die strenge gesetzliche Regelung durch allgemeine Zweckmäßigkeitserwägungen zu ersetzen.

Elfter Abschnitt. Patentberühmung

146 *Auskunftsanspruch.* **Wer Gegenstände oder ihre Verpackung mit einer Bezeichnung versieht, die geeignet ist, den Eindruck zu erwecken, daß die Gegenstände durch ein Patent oder eine Patentanmeldung nach diesem Gesetz geschützt seien, oder wer in öffentlichen Anzeigen, auf Aushängeschildern, auf Empfehlungskarten oder in ähnlichen Kundgebungen eine Bezeichnung solcher Art verwendet, ist verpflichtet, jedem, der ein berechtigtes Interesse an der Kenntnis der Rechtslage hat, auf Verlangen Auskunft darüber zu geben, auf welches Patent oder auf welche Patentanmeldung sich die Verwendung der Bezeichnung stützt.**

Inhaltsübersicht

Literaturhinweis: Amtliche Begründung Bl. **36,** 115; Kreidel, Der Patentvermerk, 1960; Graf Lambsdorff/Skora, Die Werbung mit Schutzrechtshinweisen, 1977.

Gloede, Auskunftspflicht bei Patentberühmung, GRUR **37,** 192; Schack, Die Voraussetzungen des Anspruchs auf Auskunftserteilung nach § 55 PatG, Mitt **39,** 111; Meurer, Berühmung mit nicht mehr bestehenden Schutzrechten, MuW **38,** 73; Moser v. Filseck, Deutsche gewerbliche Schutzrechte in der Werbung, BB **51,** 317; Schliebs, Berühmung aus einer Patent- und Gebrauchsmusteranmeldung, GRUR **55,** 1; Hermes, Patentberühmung, WRP **59,** 292; Hubbuch, Der Bundesgerichtshof zur Patentberühmung und Auskunftsverpflichtung, GRUR **61,** 226; Storch, Werben mit Patentanmeldungen, Mitt **59,** 167; Beil, Der Hinweis auf Patentanmeldungen in der Werbung, Chemie-Ingenieur-Technik **60,** 703; Ottens, Berühmung von technischen gewerblichen Schutzrechten, Mitt. **62,** 11; Werner, Werbemäßiger Hinweis auf nicht bekanntgemachte Patentanmeldungen, GRUR **64,** 370; Fritze, „DBP angemeldet" nach der Änderung des Patentgesetzes vom 4. September 1967, GRUR **68,** 131; Geißler, Patent und § 3 UWG, GRUR **73,** 506; Hubbuch, Der Schutzhinweis, GRUR **75,** 481; WRP **75,** 661; von Gravenreuth, Geschichtliche Entwicklung und aktuelle Probleme zum Auskunftsanspruch nach einer Schutzrechtsberührung, Mitt. **85,** 207; Graf Lambsdorff/Hamm, Zur wettbewerbsrechtlichen Unzulässigkeit von Patent-Hinweisen, GRUR **85,** 244; Bogler, Werbung mit Hinweisen auf zukünftige oder bestehende Patente, DB **92,** 413, Radmann, Ansprüche aufgrund unberechtigter Patentberühmung – ein Fall für die Patentstreitkammer?, Mitt. **05,** 150.

Vorbemerkung: Das Patentgesetz von 1891 regelte in § 40 den Tatbestand der Patentanmaßung. 1936 ist diese Strafvorschrift gestrichen und an ihrer Stelle die Auskunftspflicht bei der Patentberühmung eingeführt worden. § 30 GebrMG entspricht § 146. Die Erläuterungen behandeln auch die Frage der Zulässigkeit der Werbung mit Schutzrechten, vgl. Rdn. 19 ff.

1. Der **öffentliche Hinweis** auf einen Patentschutz enthält zugleich eine Abwehrerklärung für Dritte und eine Werbung für die Ware, der ein besonderer Rechtsschutz nachgerühmt wird **(Warnwirkung und Werbewirkung),** BGH GRUR **57,** 372, 373–2 DRP; GRUR **85,** 520, 521 – Konterhauben-Schrumpfsystem. Hierbei auftretenden Missbräuchen will § 146 begegnen (vgl. die amtl. Begründung Bl. **36,** 103, 115). § 146 und entsprechend § 30 GebrMG gewähren einen gesetzlichen Anspruch auf Auskunft, damit sich Interessierte wegen der durch den Hinweis möglichen Unsicherheit der Patentschutzlage bei der Berühmung die notwendige **Aufklärung** verschaffen können. § 146 findet auch bei einem Hinweis auf ein (ergänzendes) Schutzzertifikat Anwendung, § 16 a Abs. 2. 1

Bei einem öffentlichen Hinweis auf Geschmacksmuster ist eine **Analogie** zu § 146 PatG und § 30 GebrMG geboten, OLG Düsseldorf GRUR **76,** 34; Graf Lambsdorff/Skora Rdn. 373 ff. – zum alten Recht. Auf die Berühmung mit Geschmacksmustern ist § 146 entsprechend anzuwenden, um dem berechtigt Interessierten, die Einsicht in die Akten über das Geschmacksmuster gem. § 22 GeschmG zu ermöglichen. Auch ist – entgegen Vorauflage – die entsprechende Anwendung auf die Berühmung mit eingetragener Marke z. B. mit ® zu bejahen. Die notwendige Eingrenzung der Auskunftsberechtigten ist über das Tatbestandsmerkmal des „berechtigten Interesses an der Kenntnis der Rechtslage" vorzunehmen. Zur Auskunftspflicht bei Berühmung mit europäischem oder internationalem Patentschutz vgl. Rdn. 42 ff. 2

§ 146 regelt die Folgen eines öffentlichen Hinweises auf Schutzrechte nicht abschließend. Hier greifen § 5 Abs. 2 Nr. 3, §§ 8 ff. UWG ergänzend ein Der öffentliche Hinweis auf Schutzrechte ist dem Wahrheitsgrundsatz und dem Lauterkeitsprinzip unterworfen. Der Auskunftsanspruch aus § 146 als vorbereitender Anspruch für folgende wettbewerbsrechtliche Unterlassungs- und Schadenersatzansprüche zu verstehen, vgl. BGHZ **13,** 210, 212 ff. – Prallmühle I; BGH X ZR 3/74 vom 10. 3. 1977 S. 10; OLG Frankfurt GRUR **67,** 88, 89; OLG Düsseldorf Mitt. **57,** 155. 156; OLG Frankfurt WRP **74,** 159, 161; LG Düsseldorf MD **04,** 254, 256. Den Interessenten soll ein Mittel an die Hand gegeben werden, vor der Bekämpfung einer Patentberühmung die Schutzrechtslage prüfen zu können, BGHZ **13,** 210, 212, 214 – Prallmühle I. Der Berechtigte ist trotz anderweitig erlangter Kenntnis über die Schutzrechtslage befugt, von dem Werbenden Auskunft zu verlangen, solange nicht geklärt ist, auf welche Schutzrechte sich dieser zur Begründung seines Schutzrechtsvermerks beruft, BGH X ZR 3/74 vom 10. 3. 1977 S. 10; OLG Frankfurt WRP **74,** 159, 161. Dadurch soll die ohnehin riskante Prozessführung gegen den Patentberühmer erleichtert werden, Dietze GRUR **56,** 492. Daneben ist im Rahmen des § 146 auch das Interesse der Mitbewerber an einer erschöpfenden Aufklärung der Patentschutzlage anzuerkennen, LG Düsseldorf GRUR **67,** 525; OLG Frankfurt WRP **74,** 159, 161; vgl. u. Rdn. 10. Der BGH sieht bei einer Werbung für ein gesamtes Lieferprogramm, in der unauffällig auf Schutzrechte hingewiesen wird („Bewährte und ausgereifte Konstruktionen, DBP und Auslands-Patente"), den Werbenden für verpflichtet anzugeben, auf welche Patente sich der Hinweis bezieht, damit die Mitbewerber feststellen können, auf welche Konstruktionen sich die Patente beziehen, BGH I ZR 53/67 vom 21. 11. 1969. 3

2. § 146 legt die positive Pflicht dessen, der sich öffentlich eines Patentschutzes berühmt, zur wahrheitsgemäßen **Auskunft** fest. Ob die Berühmung zu Recht erfolgt oder nicht, ist für die Auskunftspflicht nicht von Bedeutung. Es ist nur erforderlich, dass durch den öffentlichen Hinweis auf einen bestehenden Rechtsschutz eine mögliche Unsicherheit hervorgerufen wird. Wer die Schutzrechte in einem öffentlichen Hinweis benennt, entgeht der Auskunftspflicht. Für die **Entstehung** der Auskunftspflicht genügt es, dass durch eine an die Öffentlichkeit gerichtete Bezeichnung der Eindruck erweckt wird, dass die so bezeichneten oder angepriesenen Gegenstände durch ein Patent, eine Patentanmeldung oder ein Gebrauchsmuster geschützt seien. Hierbei ist auf den Eindruck derer abzustellen, an die sich der öffentliche Hinweis wendet, vgl. BGHZ **13,** 244, 253 – Prallmühle I; Kraßer[5] § 39 I 2. Hierzu reicht eine Patentberühmung in Formularverträgen aus, OLG Frankfurt WRP **74,** 159, 162. Die besondere Herausstellung des Schutzrechts als Werbeargument ist nicht zu fordern, LG Düsseldorf GRUR **67,** 525. Ob schon der öffentliche Hinweis auf den Erfinder den Anspruch aus § 146 auslöst, hängt davon ab, ob der Eindruck eines bestehenden Patentschutzes erweckt wird. Der Hinweis auf eine Erfindung wird diesen Eindruck normalerweise hervorrufen. 4

5 Der gesetzliche Tatbestand erfordert, dass die Gegenstände selbst oder ihre Verpackung mit der Bezeichnung **„versehen“** sind, d.i. durch Einprägen, Einweben, Einschmelzen, Aufdrucken. Verpackung ist das unmittelbare Behältnis der Ware, aber auch eine weitere Umhüllung, in der sich die Ware selbst oder – bei flüssigen, halbfesten oder ähnlichen Erzeugnissen – die Ware in ihrer besonderen Umschließung befindet (z.B. Pappschachteln für Flaschen oder Tuben). Aufdruck auf dem unmittelbaren Behältnis, auf Klebezetteln, Zellophanumhüllungen, Pappschachteln u.ä. fällt unter das Gesetz. Der Beginn des Vertriebs muss nicht hinzutreten. Das Gesetz trifft auch die Fälle, wo eine derartige Bezeichnung in **Kundgebungen,** die nach außen wirken, wie bei öffentlichen Anzeigen, Aushängeschildern, Empfehlungskarten, benutzt wird. „Ähnliche Kundgebungen“, sind z.B. auch ein Kassenbon, RGSt **49,** 230, 231; eine Werbeschrift, OLG Düsseldorf Mitt. **57,** 155, 156; die Aushändigung einer Beschreibung mit der Bezeichnung „DPa“ an einen nicht beschränkten Kreis von Interessenten, OLG Düsseldorf Bl. **54,** 192; eine Veröffentlichung in einer Fachzeitschrift, RG MuW **29,** 173; Rundschreiben, RG GRUR **36,** 807; schriftliche Angebote an Interessenten mit dem üblichen Stempelaufdruck „Patente angemeldet“, LG Düsseldorf GRUR **67,** 525; Hinweis in Formularverträgen und Verwendungsbestimmungen, OLG Frankfurt WRP **74,** 159, 162.

6 Auch eine **mündliche** Patentberühmung kann eine „ähnliche Kundgebung“ sein, Zeller GRUR **38,** 819, 820f.; Klauer/Möhring § 55 Anm. 5; a.A. Busse[6] § 146 Rdn. 13. Es ist nicht erforderlich, dass jede einzelne Kundgebung für sich einer unbeschränkten Zahl von Personen zugänglich sein muss, RGSt. **49,** 230, 231. Eine gewisse, den Wettbewerb bei Abnehmern und Interessenten beeinflussende Breitenwirkung der auf ein Schutzrecht hinweisenden Angabe ist erforderlich. LG Düsseldorf GRUR **67,** 525, 526, OLG Karlsruhe GRUR **84,** 106, 107. Der Verwarnung eines bestimmten Wettbewerbers bedarf es nicht. Zur Verwarnung vgl. Rdn. 38. Nicht unter § 146 fallen nichtöffentliche Warnschreiben an Wettbewerber oder deren Kunden sowie Bekanntgabe des Patentschutzes an Einzelne, BGHZ **13,** 210, 215 – Prallmühle I; OLG Karlsruhe GRUR **84,** 106, 107; LG Düsseldorf GRUR **67,** 525, 526;. In solchen Fällen kann dem Adressaten (und nur diesem) ein eigener Anspruch auf Auskunft nach allgemeinem Recht (§ 5 Abs. 2 Nr. 3, § 4 Nr. 10, § 9 UWG, § 242 BGB) zustehen (vgl. Rdn. 10f.).

7 **3.** Zur Auskunft **verpflichtet** ist derjenige, der Gegenstände oder ihre Verpackung mit einer auf einen besonderen Rechtsschutz hinweisenden Bezeichnung versieht oder wer eine solche Bezeichnung in öffentlichen Kundgebungen **verwendet.** Händler unterliegen der Auskunftspflicht, wenn sie die Ware oder deren Verpackung mit einer entsprechenden Bezeichnung versehen oder sie in öffentlichen Kundgebungen verwenden, sonst nicht; das gleiche gilt auch für Lizenznehmer, OLG Frankfurt WRP **74,** 159, 163; Graf Lambsdorff/Skora Rdn. 352. Ein Händler, welcher die mit einem Schutzrechtshinweis versehene Ware lediglich vertreibt, unterliegt nicht der Auskunftspflicht des § 146, weitergehend v. Gravenreuth Mitt. **85,** 207, 209. Ein wettbewerbsrechtlicher Anspruch wegen irreführender Werbung bleibt unberührt. Wer von einem Dritten in einer eine Patentberühmung enthaltenden Veröffentlichung als werbendes Unternehmen aufgeführt wird, ist zur Auskunft verpflichtet, es sei denn die Nennung ist gegen seinen Willen oder unter Überschreitung gegebener Vollmachten erfolgt, OLG Frankfurt GRUR **67,** 88, 89.

8 **4.** Die Verpflichtung besteht kraft Gesetzes. Die **Auskunft** ist nur **auf Verlangen eines Berechtigten** zu erteilen. § 146 begründet ein gesetzliches Schuldverhältnis zwischen dem, der sich des Patentschutzes berühmt, und jedem, der mit berechtigtem Interesse Auskunft verlangt. Erteilt der Verpflichtete eine falsche oder unvollständige Auskunft, kann er dem Berechtigten zu Schadensersatz verpflichtet sein (§ 280 Abs. 1 BGB), LG Düsseldorf GRUR-RR **02,** 185, 186. Berechtigt ist jeder, der an der Kenntnis der Rechtslage ein berechtigtes Interesse hat, z.B. Gefahr läuft, in den behaupteten Patentschutz (die Patentanmeldung) einzugreifen. Das berechtigte Interesse ist zu bestimmen nach der persönlichen und wirtschaftlichen Lage beider Beteiligten unter Abwägung ihrer Interessen nach den Regeln des redlichen Verkehrs. Jedes wirtschaftliche Interesse berechtigt zur Klärung der Schutzrechtslage. Auch wenn der Berechtigte anderweit Kenntnis von der Schutzrechtslage erlangt hat, bleibt er befugt, vom Werbenden Auskunft zu verlangen, solange ungeklärt ist, auf welche Schutzrechte sich dieser zur Begründung seiner Schutzrechtsberühmung berufen will, BGH X ZR 3/74 v. 10. 3. 1977 S. 10.

9 In der Regel wird der Mitbewerber (§ 2 Abs. 1 Nr. 3 UWG) der Berechtigte sein. Klageberechtigt ist aber auch ein Erfinder, der seine Erfindung gegen Lizenz einem anderen zur Auswertung übertragen hat oder überlassen möchte, vgl. RGZ **74,** 169, 170f. Auch das Interesse eines sonstigen Marktteilnehmers (§ 2 Abs. 1 Nr. 2 UWG) kann den Auskunftsanspruch begründen. Ein Wettbewerbsverband kann entsprechend § 8 Abs. 3 Nr. 2 UWG bei Vorliegen eines schutzwürdigen Interesses an der Beseitigung einer Wettbewerbsbeeinträchtigung durch

unzutreffende Patentberühmung den Auskunftsanspruch nach § 146 PatG geltend machen, LG Düsseldorf MD **04,** 254, 257. Ein privates Interesse an der Kenntnis der Patentschutzlage, bloße Neugier oder Wissensdurst genügen nicht. Die Geltendmachung des Auskunftsanspruchs setzt keine Wiederholungsgefahr voraus, OLG Frankfurt GRUR **67,** 88, 89. Einer Darlegung der Absicht, eine wettbewerbsrechtliche Klage erheben zu wollen, bedarf es nicht, OLG Frankfurt GRUR **67,** 88, 89. Wenn Rechtsanwälte oder Patentanwälte Auskunft verlangen, müssen sie den Namen ihrer Mandanten angeben, denn sie haben in aller Regel kein eigenes berechtigtes Interesse an der Auskunft.

5. a) Nach der oben in Rdn. 1 dargelegten Zwecksetzung gibt § 146 keinen allgemeinen Anspruch auf Auskunft über die gesamten vom Wettbewerber für den bezeichneten Gegenstand verfolgten Schutzansprüche. Dem Interessenten soll lediglich ein Anhalt dafür gegeben werden, auf welche Rechtslage der Wettbewerber seine Patentberühmung stützt. Hiervon ausgehend kann nach der BGH-Rechtsprechung der Auskunftspflichtige sich darauf beschränken, eines von mehreren Schutzrechten anzugeben, das sich auf den bezeichneten Gegenstand bezieht, BGHZ **13,** 210, 211 f. – Prallmühle I; BGH X ZR 3/74 v. 10. 3. 1977 S. 10. Der **Umfang der Auskunftspflicht** erstreckt sich danach nicht auf alle tatsächlich bestehenden Schutzrechte. Der Wettbewerber soll einzelne übergehen können, wenn er sich ihrer zunächst nicht zur Begründung seiner Patentberühmung bedienen will, BGHZ aaO; OLG Frankfurt GRUR **67,** 88, 89; zurückhaltend: OLG Frankfurt WRP **74,** 159, 161. Der gemäß § 146 Berechtigte kann nur verlangen, dass der Verpflichtete seine Schutzrechtsberühmung belegt, Kraßer[5] § 39 I 5. Berühmt sich dieser **mehrerer Schutzrechte,** so ist er zur mehrfachen Auskunft verpflichtet, OLG Karlsruhe GRUR **84,** 106, 108. Sämtliche Schutzrechte braucht er nicht zu benennen. Eine unvollständige Aufklärung kann im späteren Wettbewerbsstreit ergänzt werden, BGHZ **13,** 210, 213 – Prallmühle I, was dann allerdings mit dem Kostenrisiko belastet (vgl. auch Rdn. 12). § 146 verpflichtet nicht zu einer erschöpfenden Auskunft. Der Verpflichtete hat sich nur zu erklären, auf welches Schutzrecht er den Schutzrechtshinweis stützt. Wer wegen Schutzrechtsverletzung verwarnt, hat allerdings umfassend über die geltend gemachten Schutzrechte aufzuklären. 10

Aus § 146 ergibt sich keine Verpflichtung für den Patentinhaber, jedermann darüber Auskunft zu erteilen, wie weit er die **Grenzen des Schutzbereiches** seines Patents zieht, vgl. KG GRUR **42,** 419, 420. Die Auskunftspflicht wird **erfüllt,** indem der Verpflichtete die Nummern seiner Patente, Patentanmeldungen oder Gebrauchsmuster angibt. Die Angabe der Schutzansprüche, die Übergabe einer Patent- oder Musterschrift kann nicht verlangt werden. Diese muss sich der Berechtigte selbst beschaffen. Der Auskunftspflicht wird auch genügt, wenn mitgeteilt wird, es bestehe kein Schutzrecht. In diesem Falle ergeben sich weitere Folgen aus § 5 Abs. 2 Nr. 3 UWG, s. unten Rdn. 19 ff. 11

Bei Zweifeln an der Richtigkeit der Auskunft kann nicht deren eidesstattliche Versicherung verlangt werden; § 260 Abs. 2 BGB ist nicht anwendbar, da der Auskunftsanspruch vorrangig der Klärung der Wettbewerbslage dient, nicht aber der Bekanntgabe eines „Inbegriffs von Gegenständen". Dem Auskunftsverpflichteten kann es grundsätzlich nicht verwehrt sein, im nachfolgenden Wettbewerbsprozess zur Begründung seiner Patentberühmung weitere Schutzrechte heranzuziehen. Den Rechtsfolgen einer vorangegangen – mangels Benennung eines einschlägigen Schutzrechts – unzulässigen Patentberühmung (Rdn. 19) können damit nur für die Zukunft beseitigt werden. Die schuldhafte Verletzung der Auskunftspflicht kann eine Haftung für die dem Berechtigten dadurch entstandenen Aufwendungen nach sich ziehen, LG Düsseldorf GRUR-RR **02,** 185, 187 (vgl. Rdn. 9 f.). Durch längeres Dulden der unstatthaften Anpreisung **verwirkt** der Berechtigte seinen Auskunftsanspruch grundsätzlich nicht, weil die Auskunftspflicht auch zum Schutze der Allgemeinheit festgelegt ist, RG GRUR **41,** 275; Mitt. **37,** 107. Macht der Auskunftspflichtige geltend, das Auskunftsverlangen verstoße gegen Treu und Glauben, so ist er hierfür darlegungs- und beweispflichtig, OLG Frankfurt GRUR **67,** 88, 89. 12

b) Die Frage, ob und wieweit nach § 146 eine Auskunftspflicht bei dem öffentlichen Hinweis auf noch **nicht offengelegte Patentanmeldungen** besteht, ist vom BGH nach dem früher geltenden Recht für nicht bekanntgemachte Patentanmeldungen verneint worden, irgendwelche Angaben könnten darüber nach § 146 nicht verlangt werden, BGHZ **13,** 210, 214; BGH GRUR **66,** 698, 700 – Akteneinsicht IV; Der BGH und das LG München I kommen in solchen Fällen allerdings über einen quasideliktischen Beseitigungsanspruch zu einem Auskunftsanspruch, BGHZ **13,** 210, 216 – Prallmühle I; LG München I GRUR **64,** 258, 259; Schulte, PatG[6], Rdn. 15. Bei diesem habe eine Interessenabwägung stattzufinden zwischen dem Recht, die Beseitigung der gestörten Wettbewerbslage zu verlangen, und dem Anspruch auf 13

Geheimhaltung der noch ungeschützten Erfindung, bei der in der Regel das Geheimhaltungsinteresse überwiegen soll, BGHZ aaO; LG München I aaO; anders wenn der Anmelder einen Wettbewerber unter Hinweis auf die Anmeldung verwarnt, LG München I aaO; nicht jedoch bei einem allgemeinen Hinweis innerhalb eines Artikels in einer Zeitschrift, LG München I aaO.

14 Es bestehen indes keine Bedenken, die Auskunftspflicht des § 146 auch auf die Werbung mit (nicht offengelegten) Patentanmeldungen auszudehnen, Graf Lambsdorff/Skora Rdn. 366; Kraßer[5] § 39 I 6; Busse[6] § 146 Rdn. 10. Diese Auslegung von § 146 wird dem Zweck des Gesetzes, unlauterem Wettbewerb vorzubeugen, besser gerecht und schafft damit für alle Beteiligten klare patentrechtliche Verhältnisse. Ein überwiegendes Interesse des werbenden Patentanmelders an einer Geheimhaltung, so BGHZ **13,** 210, 217 – Prallmühle I; LG München I GRUR **64,** 258, 259, kann nicht anerkannt werden. Die Rechte des Anmelders werden über die Regelung zur Akteneinsicht gewahrt. Der Missbrauch der Werbung mit nicht veröffentlichten Anmeldungen ist zu verlockend. Hier verdient das Interesse der Allgemeinheit stärkere Beachtung.

15 Die Auskunftspflicht erstreckt in diesem Fall auf das Aktenzeichen und auf das Datum der Anmeldung oder der beanspruchten Priorität, damit der Mitbewerber sich Gewissheit über den Zeitpunkt der Offenlegung verschaffen kann. Zur Frage eines Rechts auf Akteneinsicht vgl. § 31 PatG.

16 **Art. 128 Abs. 2 EPÜ** gewährt schon vor der Veröffentlichung der Patentanmeldung dem Adressaten ein Recht auf Akteneinsicht, wenn der Anmelder sich auf seine europäische Anmeldung berufen hat; der nur werbemäßige Hinweis auf die Patentanmeldung verschafft das Akteneinsichtsrecht indes nicht, Benkard/Karamanli, EPÜ, Art. 128 Rdn. 5, 6.

17 **c)** Geht das Verlangen des Berechtigten über die Angaben hinaus, an denen er ein berechtigtes Interesse hat, fordert er namentlich vom Verpflichteten mehr als lediglich Aufschluss über die Rechtslage, so kann darin ein – in der Regel nicht sanktionswürdiger – Eingriff in die Rechte des Verpflichteten liegen, möglicherweise der Versuch, dessen Kenntnisse (Betriebsgeheimnisse) auszukundschaften, vgl. BGHZ **13,** 210, 216f. – Prallmühle I; KG GRUR **54,** 322; LG München I GRUR **51,** 155, 156; **54,** 323, 324. Ein solches Vorgehen findet in § 146 keine Stütze.

18 **6.** Die Auskunftsklage ist **Patentstreitsache** im Sinne von § 143, vgl. dort Rdn. 3, die Klage wegen unberechtigter (wettbewerbswidriger) Patentberühmung grundsätzlich nicht, vgl. aber Rdn. 38; generalisierend: Radmann Mitt. **05,** 150, 152. Die Klage ist auf die Erzwingung einer nicht vertretbaren Handlung gerichtet; **Vollstreckung** des Urteils nach § 888 ZPO. Das **berechtigte Interesse** an der Auskunft ist bereits im Aufforderungsschreiben darzulegen, andernfalls können sich nach §§ 91 a, 93 ZPO Kostenfolgen ergeben, wenn der Anspruch sofort anerkannt wird oder wenn die Auskunft auf die Klage hin erteilt wird, OLG Düsseldorf Mitt. **57,** 155, 156.

19 **7.** Die Frage, ob ein Hinweis auf **Schutzrechte in der Werbung** zulässig ist, ist im PatG nicht geregelt. § 146 bietet dafür keine Grundlage.

a) Die Zulässigkeit ist nach allgemeinen Wettbewerbsvorschriften zu beurteilen. In Betracht kommt insbesondere § 5 Abs. 2 Nr. 3 UWG. Es gilt die Pflicht zur Wahrheit und Lauterkeit. Grundsätzlich darf jeder bei der Werbung für Waren und Dienstleistungen auf den Rechtsschutz hinweisen, den diese genießen. Der wahrheitsgemäße Werbehinweis auf ein gewerbliches Schutzrecht löst allein wegen der Behauptung einer Alleinstellung nicht den Vorwurf einer unzulässigen vergleichenden Werbung aus (§ 6 UWG). Aus der dem Schutzrechtsinhaber gesetzlich gewährten Rechtsstellung folgt seine Berechtigung, in der Werbung sich hierauf zu berufen. Er darf in die Werbung den gesamten Schutzbereich einbinden, auf irrige Vorstellungen bei Verkehrsbeteiligten, die den Schutzbereich mit dem Wortlaut des Patentanspruchs gleichsetzen, braucht er nicht Rücksicht zu nehmen, BGH GRUR **85,** 520, 521 – Konterhauben-Schrumpfsystem. In einer öffentlichen Warnung Dritter vor der Verletzung eines bestehenden Schutzrechts kann grundsätzlich keine gezielte Behinderung eines Mitbewerbers i. S. des § 4 Nr. 10 UWG gesehen werden, vgl. auch BGH Betrieb **67,** 1758.

20 **b)** Auf vom Deutschen Patent- und Markenamt erteilte **Patente** darf mit „Deutsches Bundespatent" oder „DBP", „DBuPat" und dgl. hingewiesen werden. Der Berechtigte darf auf einen bestehenden Patentschutz auch mit Hinweisen wie „patentiert", patentamtlich geschützt", „ges. gesch." „alleiniges Herstellungsrecht", RG GRUR **31,** 1154, 1155, aufmerksam machen. Die Werbung ist zulässig, auch wenn gegen die Patenterteilung noch Rechtsmittel eingelegt werden können, OLG Düsseldorf GRUR **78,** 437, 438. Berechtigt sind sowohl der Patentin-

haber als auch der Lizenznehmer, RGZ **112,** 305, 308; RG GRUR **37,** 939, 941; **41,** 154 r. Sp. Sowohl der Gegenstand selbst als auch die die damit verbundene Geschäftsbezeichnung darf auf das Schutzrecht Bezug nehmen, z. B. „Patent-Profildraht", RGZ **112,** 305, 308; „Patent-Bremsbelag", RG GRUR **37,** 939, 941.

21 Bei **Gebrauchsmustern** sind Hinweise wie „Musterschutz", „Gebrauchsmusterschutz", „geschütztes Muster", „DBGM" „DGM" oder „GM" zulässig, Sünner GRUR **51,** 188, 191. Bei eingetragenen **Geschmacksmustern** ist „unter Geschmacksmusterschutz" „geschütztes Muster" gestattet, Sünner aaO 195. Auf einen bestehenden, **urheberrechtlichen Schutz** darf mit „urheberrechtlich geschützt", „gesetzlich geschützt" oder „ges. gesch." hingewiesen werden. International geregelt ist hierfür der Hinweis in Form eines ©, vgl. Art. III Nr. 1 WUA. Der Inhaber einer **Marke** darf darauf mit „eingetragenes Warenzeichen", „Schutzmarke", „Marke ges. gesch." oder „WZ", „DBWZ" hinweisen, Sünner aaO 192.

22 **c)** Für die **Beurteilung der Zulässigkeit der Werbung** ist zunächst zu prüfen, an welche Kreise sich die Werbung richtet. Richtet sie sich an die breite Masse der Verbraucher und betrifft sie Gegenstände, deren Anschaffung routinemäßig erfolgt, dann ist auf den Eindruck des situationsadäquat aufmerksamen Verbrauchers abzustellen. Richtet sie sich hingegen ausschließlich an Fachkreise, so sind deren Kenntnisse patentrechtlicher Art bei der Beurteilung derartiger Werbeangaben zu berücksichtigen, vgl. BGH GRUR **64,** 144, 145 – Sintex.

23 Die Zulässigkeit der Werbung mit Patenthinweisen ist im wesentlichen von der Art der bezeichneten Ware und dem angesprochenen Kundenkreis abhängig, Geißler GRUR **73,** 506, 510 f. Der Allgemeinheit sind die tatsächlichen und rechtlichen Umstände des Patentanmelde- und -erteilungsverfahrens unbekannt, BGH GRUR **64,** 144, 145 – Sintex; **84,** 741, 742 – PATENTED; vgl. auch BGH GRUR **66,** 92, 94 – Bleistiftabsätze. Die **Werbung mit Schutzrechten** kann im Einzelfall, besonders wenn breite Verkehrskreise angesprochen werden, den Eindruck eines besonderen Vorzuges der Ware hervorrufen, RGZ **108,** 129, 131; BGH GRUR **84,** 741, 742 – PATENTED; OLG Düsseldorf GRUR **78,** 437; OLG München WRP **80,** 506, 508. Patentierte Waren werden nämlich in aller Regel höher bewertet als andere Waren. Die Werbung mit einem Patenthinweis wird allgemein als **besonders zugkräftig** angesehen, BGH I ZR 53/67 vom 21. 11. 1969. Der Verkehr erwartet bei patentierten Waren etwas technisch Vorteilhaftes, BGH WRP **73,** 412, 413 – Rolladenstäbe; OLG Stuttgart NJW **90,** 3097.

24 Diese Verkehrserwartung darf nicht enttäuscht werden. Es darf nicht durch den unrichtigen Hinweis auf einen Patentschutz der Anschein eines besonders günstigen Angebots erweckt werden, RGZ **84,** 195, 196; **108,** 129, 131. Für §§ 3, 5 Abs. 2 Nr. 3 UWG genügt es, dass ein Patenthinweis geeignet ist, die angesprochenen Verkehrskreise in ihren wirtschaftlichen Entschließungen zu beeinflussen, womit in der Regel eine nicht nur unerhebliche Beeinträchtigung des Wettbewerbs verbunden ist. Auch die EG-Richtlinie vom 10. 9. 1984 zur Angleichung der Rechts- und Verwaltungsvorschriften der Mitgliedstaaten über irreführende Werbung (84/450/EWG) – ABl. EG 1984 Nr. L 250/20; GRUR Int. **84,** 688 – nennt in Art. 3 c als Gegenstand irreführender Angaben ausdrücklich die gewerblichen, kommerziellen oder geistigen Eigentumsrechte des Werbenden.

25 Selbstverständlich muss sich das Schutzrecht auf die angepriesene Ware selbst beziehen, RGZ **112,** 305, 308. Weist ein Hersteller im Briefkopf auf sein Erzeugnis hin und nennt er in diesem Zusammenhang die Nummern von Patenten, dann führt er eine Irreführung herbei, wenn die Patente bei der Herstellung des genannten Erzeugnisses nicht benutzt werden, LG Düsseldorf GRUR **62,** 414.

26 Wenn eine Ware als Ganzes als patentiert bezeichnet wird oder wenn ein entsprechender Hinweis im Verkehr so aufgefasst werden kann, muss sie entweder als **Ganzes** geschützt sein oder es müssen zumindest die **Teile** geschützt sein, die der Ware den Hauptverkehrswert oder ein eigentümliches Gepräge verleihen, RG in ständiger Praxis RGZ **84,** 195, 196; **108,** 129, 131; RG GRUR **34,** 192, 193 m. w. N.; **37,** 939, 941; Hefermehl/Köhler/*Bornkamm*[24], UWG, § 5 Rdn. 5.124 allg. Meinung; z. B. das den Boden bildende Netz einer Matratze, RG Bl. **01,** 117, 118; Imprägniermasse bei Bremsbelag, RG GRUR **37,** 939, 941; Bindemittel einer Anstreichfarbe, RG Bl. **16,** 135, 136. Es ist unzulässig, ein Erzeugnis als im Ganzen patentiert zu bezeichnen, wenn nur Teile geschützt sind, die für den Arbeitszweck unwesentlich sind, RG MuW **29,** 173, 179, oder bei nebensächlichen oder untergeordneten Teilen, RGZ **84,** 195, 196; **108,** 129, 131; RG GRUR **34,** 192, 193; OLG Frankfurt WRP **74,** 159, 162; OLG Düsseldorf WRP **84,** 609, 612; OLG Stuttgart NJW **90,** 3097. Es kommt darauf an, ob die Bezieher einer Werbeschrift der Schutzrechtsberühmung entnehmen, die Gesamtvorrichtung oder ein Teil davon sei patentiert, RG GRUR **39,** 541, 544; BGH GRUR **57,** 372, 373–2 DRP.

Werden Teile einer Ware als patentiert bezeichnet, dann genügt es, dass die Patente die für die Brauchbarkeit des Gegenstandes wesentlichen Teile schützen, wobei ausreicht, dass die Brauchbarkeit für den betreffenden Gegenstand in nicht unwesentlichem Umfange erhöht oder verbessert wird, BGH GRUR **57,** 372, 373–2 DRP; Graf Lambsdorff/Skora Rdn. 143ff. Der patentierte Teil braucht dem Gesamtgegenstand nicht den hauptsächlichen Verkehrswert zu verleihen, BGH I b ZR 20/64 vom 4. 2. 1966. Die Werbung „patentiertes System" ist zulässig, wenn sich das Patent auf einen wesentlichen Teil des Systems erstreckt, OLG Karlsruhe GRUR **80,** 118. Kleine Ungenauigkeiten können in Kauf genommen werden, RGZ **112,** 305, 309f., vgl. auch § 3 UWG.

27 Die Zulässigkeit der Patentberühmung hängt nicht davon ab, ob die Ware alle Anspruchsmerkmale in der erteilten Fassung aufweist; entscheidend ist vielmehr, ob eine Ware dieser Art dem Patentschutz unterfällt, BGH GRUR **85,** 520, 521 – Konterhauben-Schrumpfsystem. Der **Schutzbereich** ist maßgeblich. Bei **Verfahrenspatenten** dürfen nur die unmittelbaren Verfahrenserzeugnisse als patentiert bezeichnet werden, RG Bl. **16,** 135, 136; OLG Düsseldorf GRUR **59,** 550, und die Erzeugnisse, bei denen das Verfahren charakteristische Eigenschaften hervorruft, vgl. RGSt. **42,** 357; **46,** 262. Bei Herstellungsverfahren folgt die Zulässigkeit des Patentvermerks auf den Erzeugnissen schon aus § 9 Nr. 3, a. A. Großkomm/Lindacher § 3 Rdn. 735, der die Schutzwirkungen des Verfahrenspatents nicht hinreichend beachtet. Bei patentierten Arbeitsverfahren darf der Eindruck eines Patentschutzes für das Arbeitsergebnis nicht erweckt werden.

28 **d) Vor Erteilung eines Patents** darf nicht mit dem Hinweis auf ein bereits erteiltes Patent geworben werden, auch wenn der Werbende bereits ein Gebrauchsmuster besitzt, RG GRUR **38,** 828, 831; RG St. **46,** 429. Grundsätzlich darf **nach Erlöschen des Patents** nicht mehr auf einen Patentschutz hingewiesen werden, BGH GRUR **84,** 741, 742 – PATENTED. Eine Aufbrauchsfrist für den Absatz vorher im normalen Geschäftsablauf hergestellter und mit einem dauerhaften Hinweis auf das Patent versehener Waren ist zuzulassen. Für leicht entfernbare Hinweise auf der Ware und der Verpackung sowie in Werbedrucksachen kann eine Aufbrauchsfrist nicht anerkannt werden oder jedenfalls kürzer zu bemessen sein. Entsprechendes gilt für solche Waren, die unmittelbar vor Ablauf des Patents allein mit Rücksicht hierauf in unverhältnismäßigen Mengen mit einem Hinweis auf das noch bestehende Patent versehen werden. Mit früherem (abgelaufenem) Patentschutz darf geworben werden, Großkomm/Lindacher § 3 Rdn. 726. Bei klar erkennbarer zweifelsfreier Schutzunfähigkeit muss der Hinweis auf den bestehenden formellen Patentschutz unterbleiben, Graf Lambsdorff/Skora Rdn. 18. Im Allgemeinen ist die Patentierung im Wettbewerbsprozess jedoch hinzunehmen; bei Gebrauchsmusterberühmung kann die Prüfung der Schutzfähigkeit angezeigt sein, OLG Düsseldorf WRP **84,** 609, 611; Großkomm/Lindacher § 3 Rdn. 727.

29 **e) Einzelfragen:** Der Hinweis auf Patentschutz ist unzulässig, wenn nur Auslandspatente bestehen, RGSt. **49,** 233; RG GRUR **17,** 126; OLG Dresden MuW **XXXIV,** 136, es sei denn, der Verkehr erkennt aus der fremdsprachigen Beschriftung der Ware, dass sich der eingeprägte Patentvermerk ausschließlich auf ein Auslandspatent bezieht, OLG Celle Betrieb **68,** 2169, 2170; diese ist bei „patented" nicht der Fall, vgl. BGH GRUR **84,** 741, 742. Unzulässig sind Hinweise, die den unzutreffenden Eindruck erwecken, es bestehe neben dem Auslandsschutzrecht auch ein entsprechendes inländisches Patent. Der Hinweis „in den meisten Staaten patentiert" ist unzulässig, wenn in Deutschland kein Patentschutz besteht; das gleiche gilt für „international patentiert", OLG Stuttgart NJW **90,** 3097. Bei der Werbung „in allen Kulturstaaten patentiert" muss der Patentschutz alle wesentlichen Staaten und auch das Inland umfassen.

30 Die Werbung **„internationaler Patentschutz"** ist zulässig, wenn außer im Inland auch in anderen, für den Wettbewerb bedeutsamen Industrienationen patentrechtlicher Schutz besteht, OLG Karlsruhe WRP **83,** 118 (LS); OLG Düsseldorf Mitt. **92,** 150. Das gleiche gilt für die Werbung mit **„Weltpatent",** ÖOGH GRUR **92,** 789. Unerheblich ist dabei, ob den Schutzrechten eine internationale Anmeldung nach dem PCT oder mehrerer Einzelanmeldungen zugrunde liegen und dass naturgemäß eine internationale Schutzwirkung nicht besteht (a. A. Graf Lambsdorff/Hamm GRUR **85,** 244, 245). Entscheidend ist die vermittelte zutreffende Vorstellung, außer im Inland werde auch in anderen wichtigen Industrienationen patentrechtlicher Schutz gewährt, OLG Karlsruhe aaO; Großkomm/Lindacher § 3 Rdn. 756.

31 Dem zutreffenden allgemeinen Hinweis – „Patentschutz sichert den technischen Fortschrift" – wohnt eine Herabsetzung oder Behinderung der Mitbewerber nicht inne (§ 4 Nr. 10 UWG), vgl. OLG Karlsruhe WRP **83,** 118 (LS). Die Anpreisung „sensationelle Erfindung" kann den Eindruck erwecken, als handele es sich tatsächlich um eine aufsehenerregende grundlegende

Neuerung, BGH I ZR 74/56 vom 5. 7. 1957. Der Hinweis auf andere Patente ist unzulässig, wenn nur ein einziges zur Verfügung steht. „Patentamtlich geschützt", „patentiert" oder „im Inland geschützt" ist unzulässig bei Gebrauchsmuster, RG GRUR **38,** 828, 831; OLG Düsseldorf GRUR **78,** 437, und Marken, RGSt. **49,** 230 Baumbach/Hefermehl/*Bornkamm*[24], UWG, § 5 Rdn. 5.130; Graf Lambsdorff/Skora Rdn. 80, 82f., 93, 95; „ges. gesch." unstatthaft bei Formmarke, wenn der Verkehr den Schutz auf die technischen Eigenschaften der Ware bezieht, vgl. auch BGH GRUR **57,** 358, 359 – Kölnisch Eis; Der Hinweis auf ein Patent ist unzulässig, wenn nur ein Geschmacksmusterschutz besteht, a. A. OLG Celle Betrieb **68,** 2169, 2170 für ein US-design-patent.

Alleiniges Herstellungsrecht darf nur bei Patent- oder Gebrauchsmusterschutz gesagt werden, 32
RG GRUR **31,** 1154, 1155; Graf Lambsdorff/Skora Rdn. 55, 85, 123. Es widerspricht lauteren Verhalten im Wettbewerb (§ 5 Abs. 2 Nr. 3 UWG), wenn jemand in der Werbung eine Alleinstellung behauptet, deren Richtigkeit er selbst nicht zuverlässig nachzuprüfen imstande ist, weil er sich zuvor keine einigermaßen zuverlässigen Grundlagen für entsprechende Feststellungen verschaffen kann, vgl. OLG Düsseldorf WRP **84,** 609, 611; auch BGH GRUR **57,** 358, 360 – Kölnisch-Eis.

Der Inhaber eines jüngeren Patents kann dem Inhaber eines älteren Patents nicht verbieten, 33
in der Werbung auf solche Wirkungen hinzuweisen, die mit der Lehre des älteren Patents stets verbunden waren, mögen sie auch vom Inhaber des älteren Patents nicht erkannt und deshalb im älteren Patent nicht beschrieben sein und erst in dem jüngeren Patent offenbart worden sein, KG GRUR **37,** 129, 130. Der Inhaber eines **abhängigen Patents,** der diesen Gegenstand mit Zustimmung des Inhabers des herrschenden älteren Patents in den Verkehr bringt, darf den Gegenstand als durch beide Patente geschützt bezeichnen, RG GRUR **41,** 154, 155. Bei dem einleitenden Hinweis einer Werbeanzeige „Bewährte und ausgereifte Konstruktionen (DBP und Auslands-Patente) zur rationellen Lkw- und Waggonbeladung", dem eine Aufzählung der angebotenen einzelnen Konstruktionen folgt, wird im Verkehr nicht erwartet, dass sämtliche Konstruktionen des Programms durch Patente geschützt sind, OLG Düsseldorf Betrieb **67,** 725, 726 bestätigt durch BGH I ZR 53/67 v. 21. 11. 1969. Erfolgt der Schutzrechtshinweis in einem solchen Falle nicht in einem unmittelbaren Zusammenhang mit einer abgebildeten Konstruktion, so erwartet der Verkehr nicht, dass gerade diese geschützt ist, OLG Düsseldorf aaO, Wortklauberei ist fehl am Platze.

8. a) Eine **Werbung** für einen Gegenstand, für den nur eine **Patentanmeldung** besteht, 34
mit dem Kürzel „DPa" ist unlauter, weil irreführend, ebenso DPa. und D.P.a., vgl. BGH GRUR **61,** 241, 242 – Socsil; **66,** 92, 93 – Bleistiftabsätze; RG GRUR **38,** 828, 831 (DRP.a.); **39,** 632, 641 (D.R.P.a.); OLG Hamburg WRP **60,** 134; allg. Meinung, es sei denn, die Werbung richtet sich ausschließlich an patentrechtlich geschulte Kreise, BGH GRUR **66,** 92, 93 – Bleistiftabsätze. Die Wortwahl „DP angem." ist bei offengelegten Patentanmeldungen wettbewerbsrechtlich nicht zu beanstanden, v. Gamm[5] Kap. 37 Rdn. 126; Großkomm/ Lindacher § 3 Rdn. 739; Der Werbehinweis „DP und DGM angem" ist bei einem noch nicht erteilten Patent irreführend gem. § 5 UWG, weil die Gefahr besteht, dass der Verkehr den Hinweis auf eine Anmeldung nur auf das Gebrauchsmuster bezieht, BGH GRUR **64,** 144, 145 – Sintex; Ebenfalls unzulässig ist „DBP.a. oder B.P.a." mit dem Zusatz „OS 1 000 000", weil der Zusatz bei patentrechtlich nicht Geschulten nicht zur Aufklärung darüber ausreicht, dass nur eine offengelegte Patentanmeldung vorliegt, vgl. BGH GRUR **66,** 92, 93 a.E. – Bleistiftabsätze. a.A. Hubbuch GRUR **75,** 481.

b) „Patent angemeldet" ist bei zutreffender Tatsachenlage wettbewerbsrechtlich nicht zu 35
beanstanden, vgl. auch BGH GRUR **66,** 92, 93 – Bleistiftabsätze. Die Werbung mit der Patentanmeldung ist nach deren Offenlegung zulässig, Hanseat. OLG Mitt. **73,** 114. Die Stellung des Prüfungsantrags nach § 44 – so OLG Frankfurt WRP **74,** 159, 162; vgl. auch Geißler GRUR **73,** 506, 510 – ist nicht erforderlich..

Auf die nach § 31 Abs. 2 Nr. 2 **offengelegten Patentanmeldungen** darf mit „Patent an- 36
gemeldet" hingewiesen werden; Hanseat. OLG GRUR **74,** 398f.; OLG Frankfurt WRP **74,** 159, 162; Fritze GRUR **68,** 131f.; einschränkend Geißler GRUR **73,** 506, 510; Bogler DB **92,** 413, 415; a.A. LG Düsseldorf GRUR **73,** 148. Es ist zu erwarten, dass sich dieser Ausdruck für die Werbung mit offengelegten Patentanmeldungen durchsetzen wird. Auf diese Weise wird eine anfängliche Unsicherheit über den Umfang der Prüfung so bezeichneter Patentanmeldungen mit der Zeit verschwinden. Auch der werbemäßige Hinweis „Patentanmeldung offengelegt" ist zulässig, mag der Laie darin auch ein Element schutzgewährender Amtshandlung sehen; eine solche Fehlvorstellung ist indes in Anbetracht des bestehenden einstweiligen Schutzes offengelegter Patentanmeldungen nach § 33 nicht von Gewicht (§ 3 UWG). Die Stellung des

Prüfungsantrags nach § 44 – so OLG Frankfurt WRP **74,** 159, 162; vgl. auch Geißler GRUR **73,** 506, 510 – ist nicht erforderlich. Es ist dem Patentsucher auch nicht verwehrt, denjenigen, der den Gegenstand der offengelegten Patentanmeldung benutzt, in sachlicher Form auf die Offenlegungsschrift hinzuweisen, BGH GRUR **75,** 315 – Metacolor. Auch eine im PCT-Verfahren veröffentlichte Patentanmeldung gewährt den einstweiligen Schutz aus § 33; vgl. Art. 29 PCT, Art. III § 8 Abs. 1 IntPatÜG; Int. Teil Rdn. 93. Der Hinweis auf die veröffentlichte PCT-Anmeldung darf aber nicht den unzutreffenden Eindruck supranationaler Schutzwirkungen erwecken. Zur Werbung mit einer europäischen Patentanmeldung vgl. u. Rdn. 43 ff.

37 Die Werbung mit der Patentanmeldung **vor** deren **Offenlegung** oder mit einer Gebrauchsmusteranmeldung dürfte unzulässig sein (§ 5 Abs. 2 Nr. 3 UWG), da beide keinerlei Schutzwirkungen entfalten und eine wettbewerbliche Herausstellung nicht rechtfertigen, vgl. auch BGH GRUR **56,** 276 – DRP angemeldet; **64,** 144 – Sintex; ÖOGH GRUR Int. **76,** 455, 456; a. A. Graf Lambsdorff/Skora aaO Rdn. 72 ff. vgl. auch Großkomm/Lindacher § 3 Rdn. 742; anders auch für die Schweiz Troller, Immaterialgüterrecht II, S. 902 Fn. 85. Bei einer späteren Offenlegung der Anmeldung oder Patenterteilung wird eine vorangehende unzulässige Werbung mit der Anmeldung nicht rückwirkend rechtmäßig, sondern bleibt rechtswidrig, vgl. KG GRUR **65,** 156, 157.

38 **9. a)** Die **zivilrechtlichen Folgen einer unzulässigen Werbung** mit Schutzrechtshinweisen sind insbesondere dem Wettbewerbsrecht (§ 5 Abs. 2 Nr. 2, § 4 Nr. 10, §§ 6 ff. UWG) zu entnehmen. Die Klage kann ausnahmsweise Patentstreitsache i. S. von § 143 sein, wenn Streit über den Umfang des Patentschutzes besteht, d. h. der Berühmende sich damit verteidigt, seine Berühmung werde durch ein Patent gedeckt, LG Mannheim GRUR **54,** 24, 25; vgl. auch BGH GRUR **85,** 520 – Konterhauben-Schrumpfsystem. Die unberechtigte Schutzrechtsverwarnung kann eine Schadensersatzhaftung wegen schuldhaften rechtswidrigen Eingriffs in den eingerichteten und ausgeübten Gewerbebetrieb begründen, BGH (GSZ) GRUR **05,** 882, 884 – Unberechtigte Schutzrechtsverwarnung; zutreffende Kritik von Wagner/Thole NJW **05,** 3470 ff. Dem Anliegen des I. Zivilsenats (Vorlageschluss GRUR **04,** 958 – Verwarnung aus Kennzeichenrecht), bloß fahrlässiges Verhalten des Verwarnenden bei der Einschätzung seiner Rechte aus dem Schutzrecht – entsprechend der Privilegierung eines bloß fahrlässig unbegründetes prozessualen Vorgehens – von der zivilrechtlichen Haftung auszunehmen, ist der Große Senat für Zivilsachen – aus hiesiger Sicht leider – nicht gefolgt. Der – in BGH (GSZ) aaO nicht gewürdigte – Vorrang des Wettbewerbsrecht macht die Anwendung der (lückenfüllenden) Haftung wegen Eingriffs in den eingerichteten und ausgeübten Gewerbetrieb unter Mitbewerbern allerdings überflüssig. Das Verhalten eines Wettbewerbers, das nicht als unlauter zu qualifizieren ist, kann nicht rechtswidrig im deliktsrechtlichen Sinne sein.

39 **b)** Eine Bestrafung wegen unzulässiger Patentberühmung kommt nach § 16 UWG in Betracht.

40 **10.** Im **internationalen** Patentrecht schreibt Art. 5 D PVÜ vor, dass die Anbringung eines Zeichens oder Vermerks über das Patent oder Gebrauchsmuster für die Anerkennung des Rechts nicht erforderlich ist. Aus der mangelnden Anbringung des Zeichens oder Vermerks dürfen einem Verbandsangehörigen keine Nachteile für den Bestand des Patents oder Gebrauchsmusters erwachsen. Das schließt jedoch nicht das Recht der dem Verband angeschlossenen Staaten aus, die Gewährung gewisser Rechtsbehelfe aus einem Patent, z. B. Schadenersatzansprüche, von einem Schutzrechtsvermerk abhängig zu machen.

41 Im **Ausland** sind die gesetzlichen Regelungen zur Frage der Patentberühmung von der deutschen Regelung verschieden vgl. z. B. Kreidel, Der Patentvermerk, 1960. Die EG-Richtlinie vom 10. 9. 1984 zur Angleichung der Rechts- und Verwaltungsvorschriften der Mitgliedsstaaten über irreführende Werbung (84/450/EWG) – ABl. EG 1984 Nr. L 250/20; GRUR Int. **84,** 688 – bezeichnet in Art. 3 c als Gegenstand möglicher irreführender Angaben ausdrücklich die gewerblichen Schutzrechte des Werbenden.

42 **11.** Die Vereinbarungen über das **europäische Patentrecht** enthalten keine Regeln über die Kennzeichnung patentgeschützter Waren. Die maßgeblichen Rechtsvorschriften zur unzulässigen Patentberühmung sind dem nationalen Recht zu entnehmen, Art. 2 EPÜ. Wer dem Europäischen Patentamt nachweist, dass der Anmelder sich ihm gegenüber auf seine europäische Patentanmeldung berufen hat, kann gemäß Art. 128 Abs. 2 EPÜ schon vor der Veröffentlichung dieser Anmeldung und ohne Zustimmung des Anmelders Akteneinsicht verlangen, Benkard/Karamanli, EPÜ, Art. 128 Rdn. 5 f.

43 **a)** Die Werbung mit einem Hinweis auf ein europäisches Patent löst den Auskunftsanspruch nach § 146 aus, da damit der Eindruck vermittelt wird, die gekennzeichnete Ware unterliege dem inländischen Patentschutz, Kraßer[5], § 39 I 2. Das europäische Bündelpatent nach EPÜ entfaltet territoriale Schutzwirkungen in jedem Vertragsstaat, für den es erteilt ist, Art. 2 Abs. 2 EPÜ.

Die Auskunftspflicht wird dadurch erfüllt, dass der Verpflichtete die Nummer des Patents oder der Patentanmeldung mitteilt; zu einer weiterreichenden Information, insbesondere über die benannten Vertragsstaaten (Art. 79 Abs. 1 EPÜ) ist er nicht verpflichtet. Er genügt seiner gesetzlichen Verpflichtung auch mit der Auskunft, die Bundesrepublik Deutschland nicht als Vertragsstaat benannt zu haben, was den Vorwurf unzulässiger Patentberühmung gegründet. Entsprechendes gilt für den, der sich im Inland auf **internationalen Patentschutz** nach PCT beruft.

b) Auch bei der europäischen Patentanmeldung ist die Werbung mit **offengelegter Patentanmeldung** zulässig, vgl. o. Rdn. 21. Die europäische Patentanmeldung gewährt dem Anmelder vom Tag ihrer Veröffentlichung an für den Bereich der Bundesrepublik den einstweiligen Schutz des § 33, vgl. Art. 67 Abs. 1, 2 EPÜ, Art. II § 3 IntPatÜG i. d. F. des Art. 6 Nr. 4 GPatG 2, Int. Teil Rdn. 121. Die gemäß Art. 94 Abs. 2 EPÜ knapp bemessene Frist zur Stellung des Prüfungsantrags verhindert weitgehend, dass der Wettbewerber eine Patentanmeldung lediglich zu Werbezwecken einreicht, ohne das Erteilungsverfahren ernsthaft betreiben zu wollen. Die Zulässigkeit der Werbung setzt nicht voraus, dass der Prüfungsantrag gestellt ist, vgl. o. Rdn. 36. 44

c) Vor Erteilung des europäischen Patents sind Hinweise, welche den Eindruck erwecken, das Schutzrecht sei erteilt, unzulässig. Entsprechend den Ausführungen in Rdn. 34 ist eine Werbung mit „EuroPat a.", „EuroPat ang.", „EG-Pat. a." unzulässig. **Nach der Patenterteilung** ist eine Werbung mit einem europäischen Patent nur zulässig, wenn dessen Schutz sich auch auf das Inland erstreckt, es sei denn die benannten Vertragsstaaten seien im Einzelnen aufgeführt. Unzulässig sind Werbehinweise, welche den unzutreffenden Eindruck erwecken, es handele sich um ein supranationales Schutzrecht, wie z. B. „geschützt in Europa", „als Patent in Europa geschützt", „in Europa ges. gesch.", „alleiniges Herstellungsrecht in Europa". Keinen Bedenken dürften die Bezeichnungen „europäisches Patent", „EPÜ-Patent" begegnen, während die Werbung mit „Europa-Patent" an der Grenze der Irreführung liegt, vgl. auch Graf Lambsdorff/Hamm GRUR **85,** 244, 246; Großkomm/Lindacher § 3 Rdn. 753. Eine genaue Abgrenzung ist insbesondere im Hinblick auf das zu erwartende Gemeinschaftspatent geboten. Fremdsprachige Patenberühmungen können bei Fachkreisen die Vorstellung einer Patenterteilung nach dem EPÜ hervorrufen, BGH GRUR **84,** 741, 742 – PATENTED; vgl. auch von Gravenreuth Mitt. **85,** 207, 211. Die Tatsache, dass das „europäische Patent" nicht in allen Ländern Europas Schutzwirkungen entfalten muss, dürfte nur selten eine für den Kaufentschluss relevante Täuschung begründen. 45

Zwölfter Abschnitt. Übergangsvorschriften

Vorbemerkungen

1. Der Zwölfte Abschnitt mit der Überschrift „Übergangsvorschriften" ist durch Art. 5 Abs. 20 Nr. 3 G v. 26. 11. 2001 (Schuldrechtsmodernisierungsgesetz = SMG), BGBl I 3138 mWv 1. 1. 2002 in das PatG eingefügt worden. Der bisherigen Praxis hatte es entsprochen, Überleitungsvorschriften in dem jeweilige ÄndergsGes. zu belassen. Die Einfügung eines neuen Abschnitts bedeutet eine Abkehr von dieser Übung. Es handelte sich zunächst nur um die Überleitung der neuen Verjährungsvorschriften in den §§ 33 Abs. 3 und 141 mit dem einzigen § 147, bei dem es bisher auch verblieben ist. Nach dieser neuen redaktionellen Linie werden voraussichtlich auch künftig Überleitungsvorschriften in diesen Abschnitt eingearbeitet werden. 1

2. Weitere Änderungen sind – in der Form der Anfügung von weiteren Absätzen – durch das KostRegBerG – ebenfalls mit Wirkung vom 1. 1. 2002 eingefügt worden, und zwar je ein Absatz zur Überleitung des Patentgebührenrechts (§ 18 PatG a. F.) und zum Einspruchsverfahren (Zuständigkeit des BPatG). Art 7 Nr 37 des KostRegBerG v 13. 12. 01, BGBl I 3656 = Bl. **02,** 14, hat die Abs 2 und 3 angefügt. 2

3. Die Vorschrift zum Einspruchsverfahren ist durch Art 4 Abs. 1 Nr 4 des Transparenz- und Publizitätsgesetzes vom 19. 7. 2002, BGBl I 2681 = Bl **02,** 297, dahin geändert worden, dass nach Satz 2 der neue Satz 3 eingefügt wurde. Eine weitere Änderung erfolgte durch das Gesetz zur Änderung des Patentgesetzes und anderer Vorschriften des gewerblichen Rechtsschutzes vom 9. 12. 2004, BGBl. I S. 3232, geändert worden, Art. 1 Nr. 8 des genannten Gesetzes hat in 3

§ 147 Abs. 3 Nr 1 die Angabe „1. Januar 2005" durch die Angabe „1. Juli 2006" und in Nr 2 die Angabe „31. Dezember 2004" durch die Angabe „30. Juni 2006" ersetzt. Bis zum 1. 6. 2006 bleibt danach das Bundespatentgericht weiterhin über Einsprüche gegen erteilte Patente zuständig. Erst danach soll wieder das DPMA dafür zuständig werden, allerdings vorbehaltlich neuer Erkenntnisse bezüglich geeigneter Verfahrensabläufe und Zuständigkeiten. Die Übergangsregelung in § 147 Abs. 3 wurde dazu um achtzehn Monate verlängert. Siehe auch Mitteilung Nr. 5/05 des Präsidenten des Deutschen Patent- und Markenamts v. 10. 12. 2004.

4 **4.** Nach einem im Juli 2005 vorgelegten Referentenentwurf des BMJ (Gesetz zur Änderung des patentrechtlichen Einspruchsverfahrens und des Patentkostengesetzes) soll § 147 Abs. 2 und 3 aufgehoben werden. Der in der Anlage wiedergegebene Regierungsentwurf eines Gesetzes zur Änderung des patentrechtlichen Einspruchsverfahrens und des Patentkostengesetzes, BT-Drs. 16/735 v. 21. 2. 2006 nimmt in Art. 1 Nr. 17 diesen Vorschlag auf.

147 (1) **Artikel 229 § 6 des Einführungsgesetzes zum Bürgerlichen Gesetzbuche findet mit der Maßgabe entsprechende Anwendung, dass § 33 Abs. 3 und § 141 in der bis zum 1. Januar 2002 geltenden Fassung den Vorschriften des Bürgerlichen Gesetzbuchs über die Verjährung in der bis zum 1. Januar 2002 geltenden Fassung gleichgestellt sind.**

(2) **Für Stundungen von Patentjahres- oder Aufrechterhaltungsgebühren, die bis zum 31. Dezember 2001 nach § 18 in der bis zu diesem Zeitpunkt geltenden Fassung gewährt wurden, bleiben die bisher geltenden Vorschriften anwendbar.**

(3) [1]**Abweichend von § 61 Abs. 1 Satz 1 entscheidet über den Einspruch nach § 59 der Beschwerdesenat des Patentgerichts, wenn**

1. **die Einspruchsfrist nach dem 1. Januar 2002 beginnt und der Einspruch vor dem 1. Juli 2006 eingelegt worden ist oder**
2. **der Einspruch vor dem 1. Januar 2002 erhoben worden ist, ein Beteiligter dies bis zum 30. Juni 2006 beantragt und die Patentabteilung eine Ladung zur mündlichen Anhörung oder die Entscheidung über den Einspruch innerhalb von zwei Monaten nach Zugang des Antrags auf patentgerichtliche Entscheidung noch nicht zugestellt hat.**

[2]**Für das Einspruchsverfahren vor dem Beschwerdesenat des Patentgerichts gelten die §§ 59 bis 62, mit Ausnahme des § 61 Abs. 1 Satz 1, entsprechend.** [3]**Der Einspruch ist beim Deutschen Patent- und Markenamt einzulegen.** [4]**Der Beschwerdesenat entscheidet in der Besetzung von einem technischen Mitglied als Vorsitzendem, zwei weiteren technischen Mitgliedern und einem rechtskundigen Mitglied.** [5]**Gegen die Beschlüsse der Beschwerdesenate findet die Rechtsbeschwerde an den Bundesgerichtshof nach § 100 statt.**

Übersicht

1 **1. Überleitung der Verjährungsvorschriften. a) Schuldrechtsmodernisierungsgesetz (SMG).** Durch das SMG v. 26. 11. 2001, BGBl. I 3138, sind die Verjährungsvorschriften des BGB insgesamt völlig neu konzipiert worden; zu den Gründen vgl. den (Koalitions-) Entw. in BT-Drs. 14/6040 v. 14. 5. 2001, 95 ff., und 100 bis 124. Durch Art. 5 Abs. 20 Nr. 1 und 2 sind in diesem Rahmen auch die bis dahin eigenständigen Verjährungsvorschriften in § 33 Abs. 3 und § 141 PatG

neu gefasst und in eine Verweisung auf die Verjährungsvorschriften des BGB umgewandelt worden. § 141 a.F., auf den § 33 a.F. hinsichtlich der Verjährung verwies, sah eine Verjährung der Ansprüche wegen Verletzung des Patentrechts in drei Jahren vor. Die Verjährung begann von dem Zeitpunkt an, in dem der Berechtigte von der Verletzung und der Person des Verpflichteten Kenntnis erlangt hatte, ohne Rücksicht auf diese Kenntnis in dreißig Jahren von der Verletzung an, entsprach also der Regelung in § 852 Abs. 1 BGB in der bis zum 1. 1. 2002 geltenden Fassung. [2] § 852 Abs. 2 des Bürgerlichen Gesetzbuchs war entsprechend anzuwenden. Wenn der Verpflichtete durch die Verletzung auf Kosten des Berechtigten etwas erlangt hatte, war er auch nach Vollendung der Verjährung zur Herausgabe nach den Vorschriften über die Herausgabe einer ungerechtfertigten Bereicherung verpflichtet, vgl. dazu die Erl. zu § 141 der Voraufl.

b) Neue Regelverjährung. Die neuen Fassungen der §§ 33 und 141 verweisen nunmehr parallel und direkt auf die neuen, durch das SMG eingeführten, m.W.v. 1. 1. 2002 in Kraft getretenen Verjährungsvorschriften, die eine Regelverjährung von drei Jahren, § 195 BGB, und einen Beginn der regelmäßigen Verjährungsfrist mit dem Schluss des Jahres vorsehen, in dem der Anspruch entstanden ist und der Gläubiger von den den Anspruch begründenden Umständen und von der Person des Schuldners Kenntnis erlangt oder ohne grobe Fahrlässigkeit erlangen müsste, § 199 Abs. 1 BGB. Die Höchstfristen für die Verjährung von „sonstigen Schadensersatzansprüchen", d.h. Ansprüche, die nicht auf der Verletzung des Lebens, des Körpers, der Gesundheit oder der Freiheit beruhen, betragen nunmehr 1. ohne Rücksicht auf die Kenntnis oder grob fahrlässige Unkenntnis zehn Jahre von der Entstehung der Ansprüche an und 2. ohne Rücksicht auf ihre Entstehung und die Kenntnis oder grob fahrlässige Unkenntnis des Verletzten in 30 Jahren von der Begehung der Handlung, der Pflichtverletzung oder dem sonstigen, den Schaden auslösenden Ereignis an. 2

c) Hemmung, Ablaufhemmung, Neubeginn von Fristen. Neu geregelt bzw. neu eingeführt anstelle der Unterbrechung wurden durch das SMG darüber hinaus insbesondere auch die Vorschriften über die Hemmung, die Ablaufhemmung und den Neubeginn der Verjährung, §§ 203ff. BGB. Die Vorschriften in § 852 Abs. 1 und 2 BGB, an die sich § 141 angelehnt hatte, wurden aufgehoben und das Verjährungsrecht auch für die Ansprüche aus unerlaubter Handlung in die neuen Verjährungsvorschriften §§ 194ff. BGB integriert. Es entstehen hier daher die gleichen Probleme der Anwendung intertemporalen Rechts wie bei den Ansprüchen aus unerlaubter Handlung allgemein, für die jetzt ebenfalls die Regelverjährung nach § 195 BGB mit den Vorschriften über den Verjährungsbeginn nach § 199 BGB gelten. Wegen der neuen Konzeption für die Verjährungsvorschriften war es auch erforderlich, für das Verhältnis von altem und neuen Recht und die jeweils anwendbaren Fristenregelungen entsprechende Überleitungsvorschriften vorzusehen; diese sind in Art. 229 § 6 EGBGB eingefügt worden, wobei zum Teil die Überleitung der Verjährungsvorschriften des DDR-Rechts auf das BGB im Zuge der Wiedervereinigung als Vorbild diente, vgl. BT-Drs. 14/6040, 273 (im Entw. zählt die Vorschrift noch als § 5). 3

d) Auswirkungen der neuen Vorschriften. Aus der Sicht des Verjährungsrechts nach § 852 BGB a.F. und § 141 BGB waren die Eingriffe des SMG in das System der Vorschriften und ihre Tragweite relativ gering. Das gilt auch für die Hemmungsvorschrift nach § 852 Abs. 2 BGB a.F., die jetzt zum Grundtatbestand der Hemmung von Verjährungsfristen infolge von Verhandlungen zwischen den Beteiligten nach § 203 BGB geworden ist. 4

Immerhin wirken sich die neuen Regelungen über den Beginn der Regelverjährung (Jahresschluss), die Festsetzung der Höchstfristen in gestaffelter Form auf 10 und 30 Jahre und die neuen Vorschriften der §§ 203ff. BGB über Hemmung, Ablaufhemmung und Neubeginn von Fristen sowie die Einbeziehung auch von Ansprüchen aus ungerechtfertigter Bereicherung in die Regelverjährung auch für das Patentrecht und die nach ihm begründeten Schadensersatz-, Entschädigungs- und Ersatzansprüche und sonstigen Sanktionen aus. Demnach war es zwingend geboten, auch für diesen Bereich eine Überleitungsvorschrift vorzusehen. Diese Vorschrift war in Art. 5 Abs. 20 Nr. 3 SMG als Einfügung von § 147 PatG enthalten, und zwar im Zeitpunkt der Verkündung dieses Gesetzes noch mit einem einzigen Absatz.

e) Allgemeine Überleitung. Für die Regelung des Übergangs von den bisherigen auf die neuen Verjährungsvorschriften innerhalb des BGB, die das SMG eingeführt hat, ist also Art. 229 § 6 EGBGB maßgeblich, der durch Art. 2 Nr. 2 Buchst. b SMG m.W.v. 1. 1. 2002 in das EGBGB eingefügt worden ist. Insoweit kann auf die Erläuterungen in den Kommentaren zum bürgerlichen Recht (z.B. Palandt/Henrichs, BGB, Art. 229 EGBGB; s. auch Leenen, Die Neuregelung der Verjährung JZ **01,** 552; Altmeppen, DB **02,** 514); Grundsätzlich findet Artikel 229 § 6 EGBGB Anwendung auf alle Ansprüche, seien sie im BGB oder außerhalb des BGB geregelt, wenn diese Ansprüche sich verjährungsrechtlich ganz oder teilweise nach dem Verjährungsrecht des BGB richten. Insoweit bedarf es keiner ausdrücklichen Verweisung. 5

6 Etwas anderes gilt jedoch, wenn in Gesetzen außerhalb des BGB eigenständige Verjährungsregelungen enthalten sind, die durch Bezugnahmen auf Verjährungsvorschriften des BGB ersetzt werden sollen. Hinsichtlich solcher eigenständigen Verjährungsregelungen greift Artikel 229 § 6 EGBGB nicht ein. Dann mussten Übergangsvorschriften geschaffen werden, wonach die bisherigen spezialgesetzlichen Verjährungsregelungen den bisherigen BGB-Verjährungsvorschriften bei der Anwendung des Artikel 229 § 6 EGBGB gleichgestellt sind.

7 Ein solcher Fall liegt hier vor: Der bisherige § 141 und der auf ihn verweisende bisherige § 33 Abs. 3 regeln bislang eigenständig die Verjährungsfrist und den Verjährungsbeginn. Soweit nach Artikel 229 § 6 EGBGB die bisherigen Vorschriften des Bürgerlichen Gesetzbuchs auch nach dem 1. Januar 2002 ihre Wirkung entfalten, soll dasselbe auch für den bisherigen § 33 Abs. 3 und den bisherigen § 141 gelten.

8 **f) Überleitung für das PatG.** Diese allgemeinen Überleitungsvorschriften sollen nach § 147 Abs. 1 auch für die Überleitung des bis dahin eigenständigen Verjährungsrechts des PatG gelten, allerdings mit der etwas kryptischen Maßgabe, dass § 33 Abs. 3 und § 141 in der bis zum 1. 1. 2002 geltenden Fassung den Vorschriften des Bürgerlichen Gesetzbuchs über die Verjährung in der bis zum 1. 1. 2002 geltenden Fassung gleichgestellt sind. Sie sind also fiktiv als Vorschriften des BGB zu behandeln, bzw. der Text ist so zu lesen, dass anstelle der Worte „Vorschriften des Bürgerlichen Gesetzbuchs“ die Worte „des Patentgesetzes“ zu lesen sind. Soweit das PatG allerdings keine eigenen Vorschriften (z.B. über Hemmung und Unterbrechung) enthielt, sondern insoweit die Vorschriften des BGB Anwendung fanden, ist die Überleitung innerhalb der BGB-Vorschriften selbst maßgebend.

9 Nach der Grundregel von Art. 229 § 6 Abs. 1 Satz 1 EGBGB finden die Vorschriften des PatG über die Verjährung in der seit dem 1. 1. 2002 geltenden Fassung auf die an diesem Tag bestehenden und noch nicht verjährten Ansprüche Anwendung, d.h. für bestehende und noch nicht verjährte Ansprüche nach § 33 Abs. 1 und für Ansprüche wegen der Verletzung des Patentrechts gilt neues Recht und damit die Verweisung auf die neuen Verjährungsvorschriften nach BGB, vgl. insoweit die Erläuterungen zu § 33 und § 141. Auf die vor dem 1. 1. 2002 bereits verjährten Ansprüche ist ausschließlich das bis zum 31. 12. 2001 geltende Recht anzuwenden. Die verjährungsrechtlichen Regelungen haben also grundsätzlich keine Rückwirkung.

10 **g) Stichtagsprinzip.** Der Beginn, die Hemmung, die Ablaufhemmung und der Neubeginn der Verjährung bestimmen sich jedoch für den Zeitraum vor dem 1. 1. 2002 nach den Vorschriften des PatG bzw. des BGB in der bis zu diesem Tag geltenden Fassung, Art. 229 § 6 Abs. 1 Satz 2. Für den Verjährungsbeginn gilt danach das Stichtagsprinzip (vgl. Palandt/Henrichs, Rdn. 4 zu Art. 229 § 6 EGBGB). Lag der maßgebliche Zeitpunkt für den Beginn der Verjährungsfrist eines Anspruchs wegen Verletzung eines Patents oder wegen Benutzung des Gegenstands einer offengelegten Anmeldung vor dem 1. 1. 2002, ist der Verjährungsbeginn nach dem alten Recht zu beurteilen, also nach § 141 Satz 1 a.F. d.h. ab dem Zeitpunkt der (positiven) Kenntnis von Verletzung und Verletzer oder Benutzung und Benutzer, wobei Unkenntnis infolge grober Fahrlässigkeit wie nach neuem Recht keine Rolle spielt. Liegt aber die Kenntnis von Verletzung oder Benutzung und der Person des Verpflichteten nach dem 1. 1. 2002, so verschiebt sich der Beginn der Regelverjährung wegen der – ausschließlichen – Anwendbarkeit des neuen Verjährungsrechts auf das Ende des betreffenden Jahres (sog. Ultimo-Regelung). An der Dauer der Verjährungsfrist (3 Jahre ab Verjährungsbeginn) ändert sich dagegen nichts, weil diese Frist ja bereits im § 141 a.F. vorgezeichnet ist.

11 Wenn nach Ablauf des 31. 12. 2001 ein Umstand eintritt, bei dessen Vorliegen nach dem BGB in der vor dem 1. 1. 2002 geltenden Fassung eine vor dem 1. 1. 2002 eintretende Unterbrechung der Verjährung als nicht erfolgt oder als erfolgt gilt, so ist nach Art. 229 § 6 Abs. 1 Satz 2 auch insoweit das BGB in der vor dem 1. 1. 2002 geltenden Fassung anzuwenden.

12 **h) Hemmung, Unterbrechung.** Soweit die Vorschriften des BGB in der seit dem 1. 1. 2002 geltenden Fassung anstelle der Unterbrechung der Verjährung deren Hemmung vorsehen, so gilt eine Unterbrechung der Verjährung, die nach den anzuwendenden Vorschriften des BGB in der vor dem 1. 1. 2002 geltenden Fassung vor dem 1. Januar 2002 eintritt und mit Ablauf des 31. 12. 2001 noch nicht beendigt ist, als mit dem Ablauf des 31. 12. 2001 beendigt, und die neue Verjährung ist mit Beginn des 1. 1. 2002 gehemmt. Zum neuen § 204 Nr. 13 BGB vgl. BGH v. 28. 9. 2004 – IX ZR 155/03 (www.bundesgerichtshof.de). Nach diesem Urteil wird z.B. die Verjährung des Anfechtungsanspruchs des Insolvenzverwalters auch durch einen erfolglosen Antrag auf gerichtliche Zuständigkeitsbestimmung (§ 36 Abs. 1 Nr. 3 ZPO) gegenüber den in der Antragsschrift bezeichneten Anfechtungsgegnern bei nachfolgend fristgerechter Klage gehemmt. Allen Fallgruppen des § 204 BGB ist gemeinsam, dass der Gläubiger ernsthaft zu erkennen gibt, seinen Anspruch durchsetzen zu wollen. Die Hemmung ist nicht an irgend-

eine Entscheidung der angerufenen Stelle gebunden, sondern tritt grundsätzlich auch ein, wenn der Gläubiger den Antrag im Laufe des Verfahrens zurücknimmt. Gleiches gilt beispielsweise für das Verfahren im vorläufigen Rechtsschutz.

i) Fristenvergleich. Ist die Verjährungsfrist nach dem BGB in der seit dem 1. 1. 2002 geltenden Fassung länger als nach dem BGB in der bis zu diesem Tag geltenden Fassung, so ist nach Art. 229 § 6 Abs. 3 die Verjährung mit dem Ablauf der im BGB in der bis zu diesem Tag geltenden Fassung bestimmten Frist vollendet. Wenn das neue Recht die Verjährungsfrist verlängert, bleibt also bei Ansprüchen, auf die § 147 Abs. 1 anzuwenden ist, die kürzere Frist des älteren Rechts maßgebend. Diese Regelung soll nach den Erläuterungen des RegE (BT-Drs. 14/6040, S 273, dort noch zu Abs. 2) dem Schutz des Schuldners dienen. 13

Ist dagegen die Verjährungsfrist nach dem BGB in der seit dem 1. 1. 2002 geltenden Fassung kürzer als nach dem BGB in der bis zu diesem Tag geltenden Fassung, so wird nach Art 229 § 6 Abs. 4 die kürzere Frist vom 1. 1. 2002 an berechnet. Läuft jedoch die im BGB in der bis zu diesem Tag geltenden Fassung bestimmte längere Frist früher als die im BGB in der seit diesem Tag geltenden Fassung bestimmten Frist ab, so ist die Verlängerung mit dem Ablauf der im BGB in der bis zu diesem Tag geltenden Fassung bestimmten Frist vollendet. Begeht z.B. V vom 1.7. bis 1. 8. 1998 eine Fortsetzungserie patentverletzender Handlungen und erhält P als Schutzrechtsinhaber davon am 1. 8. 2001 Kenntnis, so beginnt die (relative) Frist des § 141 Satz 1 von drei Jahren am 1. 8. 2001 und endet am 31. 7. 2004, da altes Recht Anwendung findet. Auf die (absolute) Frist von 30 Jahren nach § 141 Satz 1 findet der Fristenvergleich statt, da die (absolute Frist) des § 199 Abs. 2 Nr. 2 BGB 10 Jahre beträgt, also kürzer ist als nach altem Recht. Diese kürzere Frist wird vom 1. 1. 2002 an berechnet und endet damit am 31. 12. 2011. 14

2. Überleitung von Kostenregelungen. Die Überleitungsvorschrift betrifft nur den § 18 a. F. 15

Literatur: Hövelmann, P. Mitt: **02,** 49; Winterfeldt, V. VPP-Rundbrief: **03,** 104.

a) § 18 a. F. § 18 Abs. 1 a. F. sah vor, dass dem Anmelder oder Patentinhaber die Gebühren für das Erteilungsverfahren und die Jahresgebühren für das dritte bis zwölfte Jahr unter bestimmten Bedingungen gestundet und auch ganz erlassen werden konnten. Der Anmelder oder Patentinhaber hatte eine Veränderung der für die Stundung maßgebenden persönlichen und wirtschaftlichen Bedingungen dem Patentamt anzuzeigen. Sie ergänzte damit die ebenfalls auf eine eingeschränkte Leistungsfähigkeit des Anmelders oder Patentinhabers abgestellten Vorschriften von § 17 Abs. 4 bis 6, die ebenfalls aufgehoben bzw. mit ihrer Zielsetzung in die Verfahrenskostenhilfe integriert worden sind.

b) Überleitung. Mit der ersatzlosen Aufhebung des § 18 durch das KostRegBerG ergab sich die Notwendigkeit, für Altfälle der Stundung eine Übergangsregelung zu treffen. Diese wurde als § 147 Abs. 2 in die Überleitungsvorschriften des PatG eingefügt. Absatz 2 ist demgemäß die Überleitungsvorschrift für die Stundung von Patentjahres- oder Aufrechterhaltungsgebühren, die nach Wegfall des § 18 erforderlich wurde, um die die Rechtslage für die „Altfälle" zu klären. Die Vorschrift bestimmt, dass für die Stundungen, die bis zum 31. 12. 2001 gewährt wurden, noch das alte Recht fortgilt. Wegen des Inhalts und der Tragweite des § 18, soweit er die Stundungsvorschriften betraf, wird auf die Erläuterungen zu § 18 Rdn. 1 bis 9 der Voraufl. verwiesen. 16

3. Überleitung von Zuständigkeitsvorschriften für das Einspruchsverfahren 17

Literatur: Hövelmann, Peter, Neues vom deutschen Einspruch, Mitt **02,** 49; Winterfeldt, Volker, VPP-Rundbrief **03,** 104.

a) Verlagerung von Einspruchsverfahren auf das BPatG. Mit dem KostRegBerG v. 13. 12. 2001, BGBl. I S. 3656, ist u. a. als Übergangsvorschrift § 147 Abs. 3 in das Patentgesetz eingefügt worden. Nach dessen Nummer 1 entscheidet über den Einspruch gegen erteilte Patente anstelle des DPMA der Beschwerdesenat des Bundespatentgerichts, wenn die Einspruchsfrist nach dem 1. 1. 2002 beginnt und der Einspruch vor dem 1. 1. 2005 eingelegt worden ist. Die Vorschrift zum Einspruchsverfahren ist zunächst durch das Transparenz- und Publizitätsgesetzes vom 19. 7. 2002, BGBl I 2681 = Bl **02,** 297, dahin geändert worden, dass durch den neu angefügten Satz 3 klargestellt wurde, dass Einsprüche in jedem Fall beim DPMA einzulegen sind. Durch das Gesetz zur Änderung des Patentgesetzes und anderer Vorschriften des gewerblichen Rechtsschutzes vom 9. 12. 2004, BGBl. I S. 3232, sind schließlich die Fristangaben in der ursprünglichen Fassung durch neue Datumsangaben ersetzt worden, um die Zuständigkeit des 18

Bundespatentgerichts für die Entscheidung über Einsprüche zu verlängern. Für die in den maßgeblichen Zeiträumen erhobenen Einsprüche bzw. von Verfahrensbeteiligten nach Abs. 3 Nr. 2 gestellten Anträge bleibt danach das Bundespatentgericht weiterhin zur Entscheidung zuständig. Erst danach soll wieder das DPMA in vollem Umfang dafür zuständig werden, allerdings vorbehaltlich neuer Erkenntnisse bezüglich geeigneter Verfahrensabläufe und Zuständigkeiten. Die in § 147 Abs. 3 ursprünglich vorgesehenen Zeiträume wurden dazu um achtzehn Monate verlängert. Siehe auch Mitteilung Nr. 5/05 des Präsidenten DPMA v. 10. 12. 2004.

19 **b) Begründung.** Zweck dieser Maßnahme, die nachträglich in das Gesetzgebungsverfahren zum KostRegBerG eingeführt wurde, war die Entlastung des DPMA, BT-Drs. 14/7140 (Bericht des Rechtsausschusses v. 16. 10. 2001), S. 60f. Nach außergewöhnlich hohem Anstieg der Eingangszahlen vor allem in den Jahren 1999 und 2000 wurden personelle und organisatorische Maßnahmen ergriffen, um den notwendigen Stauabbau voranzubringen. Ergänzend dazu wurde zur weiteren Entlastung die Zuständigkeit in Einspruchsverfahren von den Patentabteilungen des Amtes zeitlich befristet auf die technischen Beschwerdesenate des Bundespatentgerichts verlagert. Die Beschwerdesenate hatten seit 1999 einen Rückgang an Eingängen zu verzeichnen, so dass die zusätzlichen Einspruchsverfahren die Senate nicht überlasteten. Bisher hat sich die gesetzgeberische Maßnahme nach Einschätzung der Bundesregierung insoweit bewährt, als das DPMA die Rückstände unerledigter Einspruchsverfahren erheblich abbauen konnte. Die Zahl der im Jahr 2002 beim Bundespatentgericht eingegangenen Einsprüche lag bei 584, im Jahr 2003 bei 909, vgl. BT-Drs. 15/3658 v. S 8f. Zu Art. 1 Nr. 2.

20 **c) Umfang der Verlagerung.** Übertragen sind zunächst einmal alle Einspruchsverfahren, bei denen der Beginn der Einspruchsfrist nach dem 1. 1. 2002 liegt und der Einspruch oder die Einsprüche demgemäß nach diesem Zeitpunkt erhoben worden sind. Schlusspunkt für die Übertragung ist nach dem derzeitigen Stand der 30. Juni 2006, d.h. alle im maßgeblichen Zeitrum möglichen und erhobenen Einsprüche gehen kraft Gesetzes in die Zuständigkeit des BPatG über, § 147 Abs. 3 Nr. 1.

21 Ferner sind übertragen die vor dem Stichtag des 1. 1. 2002 bereits beim DPMA anhängigen Einspruchsverfahren, bei denen der Einspruch vor dem 1. 1. 2002 erhoben worden ist, sofern ein Beteiligter bis zum 30. 6. 2006 die Entscheidung durch das BPatG beantragt und die Patentabteilung eine Ladung zur mündlichen Anhörung oder die Entscheidung über den Einspruch innerhalb von zwei Monaten nach Zugang des Antrags auf patentgerichtliche Entscheidung noch nicht zugestellt hat.

Aus der Begründung der Vorschrift im Bericht des RA des Bundestages erhellt im Übrigen, dass die „Schonfrist" von zwei Monaten nur für die Zustellung der Entscheidung über den Einspruch gilt: „Hinzukommen muss, dass eine Ladung zur mündlichen Anhörung noch nicht zugestellt ist oder die Entscheidung über den Einspruch innerhalb von zwei Monaten nach Zugang des Antrags auf patentgerichtliche Entscheidung nicht zugestellt wird. Mit dieser letzten Alternative werden die Fälle berücksichtigt, in denen die Patentabteilung ein Einspruchsverfahren schon so weit bearbeitet hat, dass innerhalb der Frist die Entscheidung zugestellt werden kann.", BT-Drs. 14/7140, S. 60 re. Sp. Der Wortlaut der Vorschrift selbst ist insoweit nicht ganz eindeutig. Immerhin bleibt die Zuständigkeit des BPatG für die Übergansfrist von zwei Monaten in der Schwebe und liegt endgültig erst nach – entscheidungslosem – Ablauf der Frist fest.

22 Nicht erfasst von der Übertragung sind demgemäß solche Einspruchsverfahren, bei denen zwar die Einspruchsfrist vor dem Stichtag begonnen hat, der Einspruch aber erst nach dem 1. 1. 2002 erhoben worden. Da für eine gerichtliche Zuständigkeit und erst recht für die Abgrenzung einer Zuständigkeit zwischen einem Gericht und einer Verwaltungsbehörde eine klare und eindeutige Regelung unverzichtbar ist, was nach der Begründung der Vorschrift im Bericht des RA/BT BT-Drs. 14/7140, S. 60 re. Sp. „Zu Absatz 3 Nr. 1", ersichtlich das Anliegen der am Gesetzgebungsverfahren Beteiligten war, verbietet sich eine analoge Anwendung von § 147 Abs. 3 Nr. 2 auf diese Fälle. Es hat daher bei der Zuständigkeit des Patentamts sein Bewenden (so auch Busse, Rdn. 18 zu § 147).

23 **d) Antragsregelung.** Der Antrag nach § 147 Abs. 3 Nr. 2 kann von jedem Verfahrensbeteiligten gestellt werden, also sowohl vom Inhaber des angegriffenen Patents wie von einem Einsprechenden oder von einem Beteiligten, der dem Einspruchsverfahren wirksam beigetreten ist. Bei mehreren Einsprechenden genügt es, wenn einer der Einsprechenden den Antrag zulässigerweise stellt, BPatG v. 17. 7. 2003 23 W (pat) 701/02 – gerichtliches Einspruchsverfahren, GRUR **04,** 356f, LS 1, Egr. II. Wenn der Antrag von einem Einsprechenden gestellt ist, sollte es auf die Zulässigkeit seines Einspruchs ebenso wenig ankommen wie auf die Frage, ob gerade sein Einspruch bereits vor dem 1. 1. 2002 erhoben worden ist.

Der Antrag ist unzulässig, wenn die Patentabteilung bereits eine Ladung zur mündlichen Anhörung zugestellt hat, und wird gegenstandslos, wenn die Patentabteilung innerhalb von zwei Monaten eine Entscheidung über den Einspruch zugestellt hat. Damit wird dem Patentamt die Möglichkeit gegeben, die eigenen Maßnahmen zur Behandlung und Förderung des Verfahrens sinnvoll abzuschließen. Es ist trotzdem nicht ganz zweifelsfrei, ob ein derartiges Vorgehen verfassungsrechtlich zulässig ist, da in gewissem Sinne das Verfahren trotz Antrags eines Beteiligten durch ein beschleunigtes Vorgehen der Verwaltungsbehörde dem gesetzlichen Richter vorenthalten werden. Im Endergebnis dürften solchen Zweifel jedoch nicht gerechtfertigt sein, da eine spätere richterliche Nachprüfung der abschließenden Entscheidung des Patentamts im Wege der Beschwerde erhalten bleibt. Die in BT-Drs. 14/7140, S. 61, zitierten verfassungsrechtlichen Bedenken der beteiligten Kreise wegen der einstufigen Tatsachenüberprüfung sind mit Recht zurückgewiesen worden. Das GG garantiert keine zwei Tatsacheninstanzen. Es ist auch unbedenklich, Verwaltungsverfahren auf ein Gericht zu übertragen, zumal dann wenn das Verfahren streitregelnde Züge aufweist und Verwaltungsbehörde und Gericht so eng aufeinander verwiesen sind, wie das zwischen DPMA und BPatG der Fall ist. Die optionale erstinstanzliche Zuständigkeit des BPatG ist offensichtlich auch mit den Verpflichtungen aus Art. 62 Abs. 4 und 5 oder Art. 41 Abs. 4 Satz 1 TRIPS-Übereinkommen vereinbar. 24

e) Rechtsfolgen der Verlagerung. Die Verlagerung der Einspruchsverfahren vom DPMA auf das BPatG ändert zunächst nichts an der Zuständigkeit für die Entgegennahme der Einspruchsschriften und der Einspruchsgebühren. Darauf ist bereits in der Mitt/PräsDPMA Nr. 6/02 vom 5. 3. 2002 hingewiesen worden. Der Patentinhaber wird vom DPMA über die eingelegten Einsprüche informiert. Ebenfalls informiert wird über die Abgabe der Einsprüche an das BPatG im Fall des § 147 Abs. 3 Nr. 2. Das Patentamt leitet die Einsprüche an das BPatG weiter, das den Verfahrensbeteiligten das vergebene Aktenzeichen mitteilt. Es ist insoweit also reine Annahme- und Zahlstelle ohne sonstige Zuständigkeiten etwa hinsichtlich der Förmlichkeiten der Einsprüche oder der Anträge nach Abs. 3 Nr. 2. 25

aa) Gegenstand des Einspruchsverfahrens. Die Zuständigkeitsverlagerung vom DPMA (Patentabteilung) auf das BPatG (Technischer Senat) lässt den Gegenstand des Einspruchsverfahrens unberührt und bringt für seinen Ablauf und seine möglichen Ergebnisse nur geringfügige Abweichungen. Gegenstand des Verfahrens ist unverändert die Bestandskraft und Gültigkeit des erteilten Patents mit dem Ziel seines – teilweisen oder vollständigen – Widerrufs bzw. seiner teilweisen oder uneingeschränkten Aufrechterhaltung, wobei stets die Zulässigkeit des Einspruchs als Verfahrensvoraussetzung gegeben sein muss, vgl. BPatG a. a. O. (Rdn 27, LS 2, Egr. II. 26

Das Patentgericht hat in dieser erstinstanzlichen Zuständigkeit die gleiche Prüfungskompetenz wie die Patentabteilung mit der Möglichkeit, neue Einspruchsgründe ohne Zustimmung des Patentinhabers von Amts wegen aufzugreifen, die nicht mit einem Einspruch geltend gemacht worden sind, und hierauf seine Entscheidung zu stützen vgl. dazu die Erläuterungen zu § 59 Rdn. 62 c. Die Einschränkungen für das Einspruchsbeschwerdeverfahren, die der BGH aufgezeigt hat, entfallen demnach hier, BPatG Bl **04,** 59, 60 – Aktivkohlefilter; zu den Einschränkungen vgl. BGH v. 10. 1. 1995 – X ZB 11/92 – Aluminium-Trihydroxid GRUR **95,** 333; NJW **95,** 1901. 27

bb) Verfahrensvorschriften. Es ist jedoch dem Umstand Rechnung zu tragen, dass das verlagerte Einspruchsverfahren vor dem BPatG im Unterschied zum Verfahren vor DPMA eindeutig ein gerichtliches Verfahren darstellt; das BPatG wird funktionell und materiell als Gericht mit seinen richterlichen Spruchkörpern tätig, BPatGE 46, 134, 135 f. Das wirkt sich insbesondere auf den Verfahrensbetrieb aus, der allen Anforderungen an ein gerichtliches Verfahren zu entsprechen hat und deshalb auch zum (direkten oder analogen) Rückgriff auf die §§ 65 ff. und 86 ff. zwingt. Das BPatG entscheidet daher auf Grund mündlicher Verhandlung, wenn dies beantragt ist oder für sachdienlich erachtet wird, § 78, und zwar in öffentlicher Sitzung, § 69 Abs. 1; BPatGE aaO. Die pauschale Verweisung in § 147 auf die §§ 59 bis 62 mit der schwer verständlichen Ausnahme von § 61 Abs. 1 Satz 1 und den Weiterverweisungen auf die §§ 43 Abs. 3 Satz 3, 46 und 47 ist entsprechend zu interpretieren zu ergänzen und lässt sich wohl nur mit der Eilbedürftigkeit des Gesetzgebungsverfahrens zu erklären. So kann das BPatG kraft seiner Stellung als Gericht ohnehin aus eigenem Recht – anders als das DPMA, dem hier ein Sonderrecht eingeräumt worden ist – Zeugen eidlich und uneidlich vernehmen. 28

Das Patentgericht setzt in Anwendung von § 61 Abs. 1 Satz 2 das Einspruchsverfahren von Amts wegen mit der Patentinhaberin fort, wenn der Einspruch oder alle – wirksamen und zulässigen – Einsprüche zurückgenommen werden, BPatG aaO, BPatG Bl. **04,** 60 – Fehlende Begründungspflicht, und BPatGE **46,** 247, – gerichtliches Einspruchsverfahren II, LS 1. Wird in 29 diesem Fortsetzungsverfahren das Patent aufrechterhalten, so ist dafür gem. § 47 Abs. Satz 3 keine Begründung erforderlich, BPatG aaO LS 3.

30 **cc) Unzulässiger Einspruch.** Erfüllt ein Einspruch die Zulässigkeitsvoraussetzungen nicht, so kann und sollte ihn das BPatG als unzulässig verwerfen, BPatG v. 15. 12. 2003 – 11 W (pat) 347/03 Mitt. 2004, 218 – Einspruchsverwerfung (LSe). Das Zuständigkeitsproblem, das sich bei einer entsprechenden Praxis des DPMA für das BPatG als Beschwerdegericht stellt, vgl. dazu den Widerspruch zwischen BPatG v. 30. 10. 2003, 20 W (pat) 344/02, GRUR **04,** 357 – Streulichtmessung, kann hier außer Betracht bleiben, da die Tenorierung der abschließenden Entscheidung für die allenfalls mögliche Rechtsbeschwerde keine Bedeutung hat. Mit der Verwerfung des (einzigen) Einspruchs ergibt sich kraft Gesetzes die Rechtsfolge, dass die Bestandskraft des angegriffenen Patents nicht tangiert ist. Wird ein unzulässiger Einspruch zurückgenommen, so ist für eine Entscheidung des BPatG kein Raum mehr, da der unzulässige Einspruch als solcher nicht mehr existent ist. Deklaratorisch könnte das BPatG feststellen, dass das Einspruchsverfahren beendet ist, BPatGE **46,** 247 = Bl **03,** 303 – gerichtliches Einspruchsverfahren II.

31 **f) Probleme der Übergangsregelung.** Nach einer Stellungnahme der Patentanwaltskammer, die ursprünglich erhebliche rechtliche und praktische Bedenken gegen die Verlagerung geltend gemacht hatte, hat sich die Behandlung der Einsprüche beim Bundespatentgericht bewährt. Es ist eine spürbare Beschleunigung der Verfahren festzustellen. Dies ist vor allem auf die beim Bundespatentgericht regelmäßig stattfindende mündliche Verhandlung zurückzuführen, welche die Möglichkeit bietet, alle Aspekte eines Falles ausführlich zu beleuchten. Der beim früheren patentamtlichen Verfahren übliche stetige Austausch von Schriftsätzen im Turnus von 4 bis 8 Monaten, der ein entsprechendes Anwachsen der Akte mit neuem Material aus parallelen Vorgängen mit sich brachte, habe dazu geführt, dass die Entscheidungen erst nach Jahren ergingen. Beim Bundespatentgericht liegt dagegen in aller Regel eine Entscheidung bereits innerhalb eines Jahres vor.

32 **g) Ausblicke auf eine künftige Regelung.** Es hat sich nach Meinung der Bundesregierung im Laufe der Zeit herausgestellt, dass die Vorschriften über das Einspruchsverfahren überarbeitungsbedürftig sind. Dem Interesse an einer zügigen Entscheidung der auch im öffentlichen Interesse bestehenden Rechtslage über den Bestand oder Nichtbestand eines erteilten Patents stehen Möglichkeiten der Beteiligten entgegen, das Verfahren und die Einspruchsentscheidung hinauszuzögern. So besteht z. B. für den Patentinhaber nach § 60 Abs. 1 Satz 1 des Patentgesetzes die Möglichkeit, das Patent bis zur Beendigung des Einspruchsverfahrens zu teilen. Hier kommen Fälle des Rechtsmissbrauchs mit der Folge vor, dass Entscheidungen durch mehrfache Teilungserklärungen verhindert werden. Diese Möglichkeiten sind gesetzlich auszuschließen. Auch sollte der mündlichen Anhörung ein höherer Stellenwert zukommen, s. BT-Drs 15/3658 S. 8, 9.

33 Ziel der Reformüberlegungen ist eine Straffung des gesamten Verfahrens, was neben einer Überarbeitung der beispielhaft angesprochenen Vorschriften auch durch eine neue Regelung zur Einspruchszuständigkeit erreicht werden könnte. Eine Möglichkeit bestünde darin, Beteiligten den Weg zu eröffnen, von dem Einspruchsverfahren beim Patentamt in das gerichtliche Verfahren zu wechseln, wenn eine Entscheidung des Amtes nicht innerhalb einer angemessenen Zeit von etwa fünfzehn Monaten ergeht bzw. keine Verfahrensförderung durch Anberaumung einer Anhörung erfolgte.

34 Weiterhin könnte nach Ablauf einer längeren Frist an einen „automatischen" Übergang der nicht erledigten Verfahren vom Patentamt an das Bundespatentgericht gedacht werden oder an eine sofortige Befassung des Gerichts, wenn ein Beteiligter ein berechtigtes Interesse an einer zügigen Erledigung glaubhaft macht. Pläne dieser Art bedürfen zweifellos einer präzisen verfassungsrechtlichen Absicherung.

35 Nach dem im Juli 2005 vorgelegten Referentenentwurf des BMJ (Gesetz zur Änderung des patentrechtlichen Einspruchsverfahrens und des Patentkostengesetzes) soll § 147 Abs. 3 aufgehoben werden. Das patentamtliche Einspruchsverfahren wird beibehalten, der Patentabteilung aber bei Antrag eines Beteiligten die mündliche Anhörung zur Pflicht gemacht. Außerdem sollen die Einspruchsverfahren auf das Bundespatentgericht verlagert werden können, sofern die Patentabteilung eine Ladung zur mündlichen Anhörung oder die Entscheidung über den Einspruch innerhalb von zwei Monaten nach Zugang eines Antrags auf patentgerichtliche Entscheidung noch nicht zugestellt hat, und entweder die Beteiligten die Verlagerung übereinstimmend beantragen oder auf Antrag nur eines Beteiligten, wenn mindestens 12 Monate seit Ablauf der Einspruchsfrist, im Falle des Antrags eines Beigetretenen seit Erklärung des Beitritts, vergangen sind.

B. Gebrauchsmustergesetz

erläutert in der Fassung vom 28. August 1986 (BGBl. I S. 1455 ff.) geändert durch das Gesetz zur Stärkung des Schutzes des geistigen Eigentums und zur Bekämpfung der Produktpiraterie (Produktpirateriegesetz) vom 7. März 1990 (BGBl. I S. 422), das Zweite Gesetz über das Gemeinschaftspatent vom 20. Dezember 1990, Art. 8 (BGBl. II S. 1354, 1356), das Gesetz zur Änderung des Patentgesetzes und anderer Gesetze vom 23. März 1993, Art. 3 (BGBl. I S. 366, 367), das Gesetz zur Neuordnung des Berufsrechts der Rechtsanwälte und der Patentanwälte vom 2. September 1994 (BGBl. I S. 2278), das Zweite Gesetz zur Änderung des Patentgesetzes und andere Gesetze vom 16. Juli 1998 (BGBl. I S. 1827), das Gesetz zur Modernisierung des Schuldrechts vom 26. November 2001 (BGBl. I S. 3138), das Gesetz zur Bereinigung von Kostenregelungen auf dem Gebiet des geistigen Eigentums vom 13. Dezember 2001 (BGBl. I S. 3656), das Transparenz- und Publizitätsgesetz vom 19. Juli 2002 (BGBl. I S. 2681), das Gesetz zur Änderung des Rechts der Vertretung durch Rechtsanwälte vor den Oberlandesgerichten vom 23. Juli 2002 (BGBl. I. S. 2850), das Gesetz zur Reform des Geschmacksmusterrechts (Geschmacksmusterreformgesetz) vom 12. März 2004 (BGBl. I S. 390 ff.), das Gesetz zur Modernisierung des Kostenrechts (Kostenrechtsmodernisierungsgesetz) vom 5. Mai 2004 (BGBl. I S. 718 ff.) und das Gesetz zur Umsetzung der Richtlinie über den rechtlichen Schutz biotech nologischer Erfindungen vom 21. Januar 2005 (BGBl. I S. 146 ff.).

Vorbemerkungen zum Gebrauchsmustergesetz

Inhaltsübersicht

1. Geschichtliche Entwicklung

Literaturhinweis: Wadle, Zur Vorgeschichte des Musterschutzes im Deutschen Reich, in: Josef Kohler und der Schutz des geistigen Eigentums, Berlin 1996, S. 15 ff.; Kraßer, Die Entwicklung des Gebrauchsmusterrechts, Festschrift „Gewerblicher Rechtsschutz und Urheberrecht in Deutschland", Band I 1991, S. 617 ff.; Goebel, Der erfinderische Schritt nach § 1 GebrMG, Köln Berlin München 2005, S. 5 ff.

Bei der ursprünglichen Regelung des gewerblichen Rechtsschutzes in Deutschland galt neben dem Patentgesetz vom 25. 5. 1877 nur das Gesetz zum Schutze gewerblicher Muster oder Modelle vom 11. 1. 1876. Da das Reichsoberhandelsgericht schon 1878 den Gebrauchs- oder Nützlichkeitsmustern, d. h. Erfindungen, die ihrer Natur nach eine mehr oder weniger bestimmte Form voraussetzen, die von der Erfindung nicht getrennt werden kann, den Schutz nach dem zuletzt genannten Gesetz versagte, ROHG **24,** 109, 113 – Peitschenkreisel, wurde eine Lücke der gesetzlichen Regelung erkennbar. Kleinere Erfindungen, die nicht durch ein Patent geschützt werden konnten, insbesondere mangels hinreichender Erfindungshöhe, blieben in der Folge ohne Schutz. Damit das zeitraubende Prüfungsverfahren vermieden und ein sofortiger Schutz erlangt werden konnte, wurde eine besondere Schutzform, das Gebrauchsmuster (Nützlichkeitsmuster), erwogen. Schon in der Sitzung der Enquete-Kommission zur Revision des Patentgesetzes am 22. 11. 1886 wurde diese Frage von einem Sachverständigen zur Sprache gebracht (Sten. Berichte über die Verhandl. der Enquete in Betreff der Revision des Patentgesetzes vom 25. 5. 1887, Berlin 1887, S. 13). Die Kommission nahm den weitverbreiteten Wunsch nach Einführung derartiger Muster zur Kenntnis, widerriet aber, damit das Patentamt zu befassen (Ber. der Enquete-Kommission, Berlin 1887, S. 32 f.). Verkehr, Gewerbe und Industrie bedurften eines gesetzlichen Schutzes für kleinere Erfindungen und technische Gestaltungen, für die der Zeitaufwand des Patenterteilungsverfahrens und die hohen Gebühren der Patente nicht lohnten. So erging am 1. 6. 1891 das (erste) Gebrauchsmustergesetz. Es brachte materiellrechtlich einen gradweisen Unterschied zu Patenten und schützte die Erfindung, die zu ihrer Verwirklichung in eine **Raumform** umgesetzt werden muss, zur Herkunft und Entwicklung des „Raumformerfordernisses" siehe 1

Asendorf, GRUR **88,** 83ff. Verfahrensrechtlich unterschied es sich vom Patentgesetz, indem es ein sachliches Prüfungsverfahren nicht vorsah, sondern dem **Anmeldesystem** folgte und die Eintragung beim Vorliegen der formalen Erfordernisse vorschrieb.

Die Rechtsprechung gewährte den Gebrauchsmusterschutz zunächst nur für relativ einfache Werkzeuge und Vorrichtungen, nicht aber für künstliche, aus vielen ineinander greifenden Arbeitsmitteln zusammengesetzte, zur Bewegung durch Naturkräfte bestimmte Maschinen oder die Gesamtheit einer Reihe selbstständiger, zum Zwecke eines auf einer Mehrheit von Arbeitsgängen aufgebauten Betriebes zusammengefügter Vorrichtungen, RGZ **41,** 74, 75 m. w. Nachw. So verneinte sie beispielsweise den Schutz für eine Schützenschlag-Vorrichtung für mechanische Drahtwebstühle, die sie deshalb für kompliziert hielt, weil es zur Darstellung ihrer Zusammensetzung und Wirkungsweise eine Beschreibung von fünf Seiten, vier Abbildungen mit 36 verschiedenen Bezugszeichen bedurfte, RG aaO S. 76 (siehe dazu Meyer, Maschinen im Gebrauchsmusterrecht, GRUR **39,** 11). Später hat das Patentamt den Gebrauchsmusterschutz für große und verwickelte Maschinen, beispielsweise für eine Abraumgewinnungs- und Förderanlage und ihre Verbindung mit Bagger und Brücke, PA GRUR **39,** 58, 60ff. zugelassen. Dem ist das BPatG gefolgt, BPatGE **15,** 172, 174 – demontierbares Gebäude.

1936 wurde auch das Gebrauchsmustergesetz überarbeitet und am 5. 5. 1936 in neuer Fassung veröffentlicht. Die einschneidendste Änderung war, dass das **Löschungsverfahren** den ordentlichen Gerichten entzogen und dem Patentamt zugewiesen wurde.

2 Nach dem Zusammenbruch wurde das Gebrauchsmustergesetz durch die **Überleitungsgesetze** den veränderten Verhältnissen angepasst. Durch das 1. ÜG (BGBl. III 424-3-1) wurden die Geheimhaltungsbestimmungen in § 3 Abs. 5 Satz 2 (hier wie im Folgenden bis Rdn. 2b jeweils: a. F.) beseitigt. Ferner wurde die Strafvorschrift in § 16 Abs. 1 gemildert. Durch das 5. ÜG (BGBl. III 424-3-4) wurde § 3a eingefügt und damit das Geheim-Gebrauchsmuster wieder eingeführt. Die formlose Vorstellung gegen Verfügungen der Gebrauchsmusterstelle an den Präsidenten (§ 4 Abs. 2) wurde durch die förmliche Beschwerde an den Beschwerdesenat ersetzt. Ferner wurde die Besetzung der Gebrauchsmusterabteilung und des Beschwerdesenats geändert. In § 8 Satz 4 wurde eine Verweisung auf § 44a (jetzt § 125) PatG aufgenommen. Schließlich wurden die gesetzlichen Ermächtigungen in § 2 Abs. 4 und § 21 neu gefasst und durch § 12 Abs. 2 in beschränktem Umfange das Armenrecht eingeführt.

2 a Einschneidende Änderungen brachte das 6. ÜG. Durch § 11a wurden erstmals Zwangslizenzen an Gebrauchsmustern zugelassen und die Vorschriften des Patentgesetzes über die Erteilung der Zwangslizenz und das Zwangslizenzverfahren für entsprechend anwendbar erklärt. Die Gebührenvorschriften (§§ 2 Abs. 5, 14 Abs. 2, 3), die Vorschriften über Geheimpatente (§ 3a), die Verfahrensvorschriften der §§ 4 Abs. 3 und 4, 9 Abs. 3 und die Ermächtigung des § 21 wurden den entsprechenden Vorschriften des Patentgesetzes angepasst. Die Ermächtigung in § 4 Abs. 2 wurde auf die Gebrauchsmusterabteilungen ausgedehnt. Die Vorschriften über Beschwerden wurden – unter weitgehender Verweisung auf das Patentgesetz – in § 10 zusammengefasst. Nach dieser Vorschrift konnten nunmehr sämtliche Beschlüsse der Gebrauchsmusterstelle und der Gebrauchsmusterabteilungen beim **Patentgericht** angefochten werden. Der Wortlaut des Gesetzes wurde in seiner neuen Fassung unter dem 9. 5. 1961 (BGBl. I 570) bekannt gemacht. Durch das Gesetz zur Änderung des Gesetzes gegen den unlauteren Wettbewerb, des Warenzeichengesetzes und des Gebrauchsmustergesetzes vom 21. 7. 1965 (BGBl. I 625) wurde § 17a in das Gebrauchsmustergesetz eingefügt.

2 b Durch das Gesetz vom 4. 9. 1967 (BGBl. I 953) sind die Gebührenbegünstigungen bei Zurücknahme oder Zurückweisung der Anmeldung (§ 2 Abs. 5 Satz 3) gestrichen worden. Die Akteneinsicht ist neu geregelt worden (§ 3 Abs. 5). Ferner sind die Möglichkeiten zur Bewilligung des Armenrechts erheblich erweitert worden (§ 12 Abs. 2). Der Wortlaut des Gesetzes wurde in seiner neuen Fassung unter dem 2. 1. 1968 (BGBl. I 24) bekannt gemacht, er hatte jedoch durch das 8. StrafrechtsänderungsG vom 25. 6. 1968 (BGBl. I 741) (§ 3a Abs. 1 Satz 1), durch das Gesetz zur Änderung von Kostenermächtigungen usw. vom 23. 6. 1970 (BGBl. I 805) (§ 21), durch das EinführungsG zum StGB vom 2. 3. 1974 (BGBl. I 469, 572) (§ 16 geändert und § 17 aufgehoben) und das GemeinschaftspatentG vom 26. 7. 1979 (BGBl. I 1269, 1282f.) (§§ 3 Abs. 4 Satz 2, 3a Abs. 2, 5 Abs. 4, 8 Satz 4, 9 Abs. 3 Satz 3 und 10 Abs. 4 Satz 4) erneut Änderungen erfahren.

2 c Durch das Gesetz zur Änderung des Gebrauchsmustergesetzes vom 15. 8. 1986 (BGBl. I 1446) ist das Gebrauchsmustergesetz näher an die verschiedenen Neuregelungen des Patentgesetzes angeglichen worden, nachdem es der BGH abgelehnt hatte, diese im Wege der Gesetzesanalogie oder der Ausfüllung von Lücken in das Gebrauchsmusterrecht zu übernehmen, BGHZ **86,** 246ff. Drucksensor – für die innere Priorität nach § 40 PatG. Die Voraussetzungen des Gebrauchsschutzes wurden erweitert, insbesondere für Schaltungen, indem das Raumformerfordernis gelockert wurde. Das Verfahren wurde rationalisiert, indem die **Hilfsgebrauchsmusteranmeldung** durch die Möglichkeit, für eine Gebrauchsmusteranmeldung im Wege der **Abzweigung** den Anmeldetag einer früheren Patentanmeldung zu beanspruchen, ersetzt und die innere Priorität auch für die Gebrauchsmusteranmeldung eingeführt wurde. Der Bestand des Gebrauchsmusters ist durch die Möglichkeit einer Recherche auf eine sicherere Grundlage gestellt worden. Diese Neuregelungen galten ab 1. 1. 1987; siehe dazu: Winkler, Das neue Gebrauchsmustergesetz, Mitt. **87,** 3. Am 28. 8. 1986 ist eine Neufassung des Gebrauchsmustergesetzes erfolgt, die am 4. 9. 1986 bekannt gemacht worden ist (BGBl. I 1455 ff.). Am 1. 1. 1987 traten neue Anmeldebestimmungen in Kraft, siehe die GebrauchsmusteranmeldeVO vom 12. 11. 1986 (BGBl. I 1739 ff.).

Der Gesetzgeber hat die Erörterung des Gesetzes zur Bekämpfung der „Produktpiraterie" zum Anlass für einen schwerwiegenden und weitreichenden Eingriff in die herkömmliche Struktur des Gebrauchsmusterrechts genommen. Im Gesetz vom 7. März 1990 hat er das sog. **Raumformerfordernis** für Gebrauchsmuster **beseitigt** (§ 1 Abs. 1), Verfahren vom Gebrauchsmusterschutz ausgeschlossen (§ 2 Nr. 3), für den Schutzbereich des Gebrauchsmusters den Inhalt der Schutzansprüche für maßgebend erklärt (§ 12a), eine weitere Verlängerung der **Laufzeit** des Gebrauchsmusters auf insgesamt zehn Jahre möglich gemacht (§ 23 Abs. 2), einen Vernichtungs- und Auskunftsanspruch (§§ 24a und 24b) gesetzlich geregelt und die Grenzbeschlagnahme eingeführt (§ 25a). **2d**

Mit dieser Gesetzesänderung ist die nahezu über ein Jahrzehnt andauernde Erörterung um eine Gebrauchsmusterreform beendet worden (siehe dazu Rdn. 6 der Vorbemerkungen zum Gebrauchsmustergesetz in der 8. Aufl.).

Der Gesetzgeber hat die Diskussion um die Abschaffung des sog. Raumformerfordernisses mit einem Kompromiss beendet. Er hat die Verfahrenserfindung vom Gebrauchsmusterschutz ausgeschlossen (§ 2 Nr. 3 GebrMG), im Übrigen aber jeden Anhalt, der eine Anknüpfung an das Raumformerfordernis liefern könnte, aus dem Gesetz getilgt. Der Gesetzgeber hat sich nicht von den Warnungen beeinflussen lassen, durch eine Erweiterung des Gebrauchsmusterschutzes auf nicht raumformgebundene Erfindungen den schutzrechtsfreien Bereich zu Lasten der technischen Gestaltungsfreiheit einzuengen. Es wird jetzt mehr ungeprüfte Ausschließlichkeitsrechte als vorher geben. Die damit verbundene Belastung muss die Wirtschaft hinnehmen. Von der Rechtstheorie her betrachtet, hat der Gesetzgeber das Band des Gebrauchsmusterschutzes zum Musterschutz völlig gelöst. Damit hat er die diffizile Begrenzung des Gebrauchsmusterschutzes abgeschafft und den Zugang zu dieser Art des Schutzes von Erfindungen erheblich erweitert. Bemerkenswert ist, dass der Abgeordnete Stiegler vor dem Deutschen Bundestag von einem systematischen Ausbau des Gebrauchsmusterschutzes als **„kleines Patent"** gesprochen hat (Stenogr. Ber. Plenarprot. 11/185 14284 li. Sp.; siehe dazu Asendorf, NJW **90,** 1283, 1285), wogegen Krieger Bedenken geäußert hatte (Prot. Nr. 56 Rechtsauss. DBT 11. WP 1989 – S. 56/19).

Nachdem in der **DDR** mit Wirkung vom 1. August 1963 das Gebrauchsmustergesetz vom 18. Januar 1956 (GBl. I S. 105) nebst Durchführungsanordnungen aufgehoben war (Ges. vom 31. Juli 1963 GBl. I S. 121), gab es dort zunächst keine Gebrauchsmuster mehr (vgl. näher Goebel, Der erfinderische Schritt nach § 1 GebrMG, 2005, S. 52 ff.). Erst der Einigungsvertrag vom 31. August 1990 machte es möglich, dass mit Wirkung auch für das Beitrittsgebiet (die Länder Brandenburg, Mecklenburg-Vorpommern, Sachsen, Sachsen-Anhalt und Thüringen) erstmals wieder von dem 3. Oktober 1990 an Gebrauchsmusterschutz durch Anmeldung beim Deutschen Patentamt erworben werden konnte (§ 2 der Anl. I Kap. III Sachgebiet E Abschnitt II Einigungs-Vertrag). **2e**

Das **Erstreckungsgesetz** vom 23. April 1992 (BGBl. 938) hat den Schutz der am 1. Mai 1992 in der Bundesrepublik Deutschland eingetragenen Gebrauchsmuster automatisch auf das Beitrittsgebiet ausgedehnt (§ 1 ErstrG). Das Gesetz ermöglichte es den Inhabern von Patentanmeldungen oder ungeprüften Patenten der ehemaligen DDR, den Patentschutz gegen einen Gebrauchsmusterschutz einzutauschen, indem sie mit der Gebrauchsmusteranmeldung die Erklärung abgeben konnten, dass der für die Patentanmeldung maßgebende Anmeldetag in Anspruch genommen werde (§ 15 ErstrG). Die Erklärung konnte bis zum Ablauf von zwei Monaten nach dem Ende des Monats, in dem ein Prüfungs- oder Einspruchsverfahren abgeschlossen ist, längstens bis zum Ablauf des zehnten Jahres nach dem Patentanmeldetag abgegeben werden (§ 15 Abs. 2 ErstG). Bestehende Weiterbenutzungsrechte an einem Patent gemäß den §§ 7 Abs. 1 und 3, 9 und 28 ErstrG setzten sich an dem abgezweigten Gebrauchsmuster fort (§ 15 Abs. 3 ErstrG).

Durch das Gesetz vom 2. 9. 1994 (BGBl. I 2278) wurde in § 27 Abs. 3 die Vertretungsbefugnis der Rechtsanwälte vor dem Landgericht beschränkt. Das 2. PatÄndG vom 16. 7. 1998 (BGBl. I 1827) brachte die Einfügung des § 4a mit der Zulassung fremdsprachiger Anmeldungen sowie Änderungen der §§ 4, 6, 8, 10, 20 und 25a. Gebrauchsmusteranmeldungen können seither wie Patentanmeldungen auch über Patentinformationszentren eingereicht werden. Das **2f**

Schuldrechtsmodernisierungsgesetz vom 26. 11. 2001 passte die §§ 24 c und 31 an die neuen **Verjährungsvorschriften** des BGB an. Durch das KostRegBerG vom 13. 12. 2001 (BGBl. I 3656) wurden die §§ 4, 7–10, 16, 18, 21, 23, 27–29 geändert. Dies betraf insbesondere die Anpassung der kostenrelevanten Vorschriften an das neue System des Patentkostengesetzes. Die Weiterbehandlungsbefugnis des § 123 a PatG wurde auch für das Gebrauchsmusterrecht eingeführt. Außerdem heißt die Gebrauchsmusterrolle seither Gebrauchsmusterregister. Das TransparenzPublG vom 19. 7. 2002 (BGBl. I 2681) fügte in § 21 die Verweisung auf den neuen § 125 a PatG betr. elektronische Dokumente ein. Durch das OLGVertrÄndG vom 28. 7. 2002 (BGBl. I 2850) wurden in § 27 mit der Aufhebung des zweitinstanzlichen Lokalisationsgebots die bisherigen Abs. 3 und 4 gestrichen. Mit der Gebrauchsmusterverordnung – GebrMV – vom 11. 5. 2004 (BGBl. I 890; Bl. **04,** 314; siehe Anhang Nr. 5) wurden neue Ausführungsbestimmungen angesichts der letzten Gesetzesänderungen unter Aufhebung der insoweit bisher geltenden Gebrauchsmusteranmeldeverordnung erlassen. Das Geschmacksmusterreformgesetz führte zur Einfügung der Regelung des § 6 a über die Ausstellungspriorität. In § 21 und § 27 wurde das Gebrauchsmustergesetz durch das Kostenrechtsmodernisierungsgesetz vom 5. 5. 2004 (BGBl. I 718; Bl. **04,** 321) an das Justizvergütungs- und -entschädigungsgesetz und das Rechtsanwaltsvergütungsgesetz angepasst. Durch das Gesetz zur Umsetzung der Biotechnologierichtlinie vom 21. 1. 2005 (BGBl. I 146; siehe Anhang Nr. 11) wurden in § 1 Abs. 2 Nr. 5 die biotechnologischen Erfindungen vom Gebrauchsmusterschutz ausgeschlossen.

3 **2. Bedeutung des Gebrauchsmusters.**

Literaturhinweis: Weitzel, Die wirtschaftliche Bedeutung des Gebrauchsmusterschutzes im europäischen Binnenmarkt, IFO-Schnelldienst 16/95; R. Pietzcker, Gebrauchsmuster – das technische Schutzrecht der Zukunft?, GRUR Int. **96,** 380.

Das Gebrauchsmuster hat in der Praxis große Bedeutung gewonnen. Es ist einfach zu erlangen, nicht mit hohen Gebühren belegt und bietet einen wirksamen Schutz gegen unbefugte Benutzung der geschützten Erfindung. Deshalb wird der Gebrauchsmusterschutz nicht nur für die vielen kleinen technischen Erfindungen, für die er ursprünglich gedacht war, für „Alltagserfindungen", von denen die Bundesregierung im Jahre 1985 bei der Vorlage des Änderungsentwurfes gesprochen hat (BT-Ds. 10/3903 S. 16), sondern auch für große bedeutsame Erfindungen in Anspruch genommen. Die Zahl der jährlichen Neuanmeldungen lag seit 1981 ständig bei 35 000. Die jährlichen Gebrauchsmusteranmeldungen sanken allerdings nach dem Wegfall der unrationellen Hilfsanmeldungen und liegt jetzt seit einiger Zeit bei 23 000. Der Bestand an eingetragenen Gebrauchsmustern ist – nicht zuletzt wegen der verlängerten Höchstschutzdauer – auf über 100 000 gestiegen. Soweit technische Erfindungen dem Patent- und Gebrauchsmusterschutz zugänglich sind und dem Anmelder der zeitlich kürzere Schutz des Gebrauchsmusters nicht genügt, werden Patent- und Gebrauchsmusterschutz häufig nebeneinander beantragt. Die Eintragung des Gebrauchsmusters sichert dem Anmelder dann jedenfalls den zeitlich kürzeren Schutz des Gebrauchsmusters, wenn sich später herausstellt, dass die erfinderische Leistung den an ein Gebrauchsmuster, nicht aber den an ein Patent zu stellenden Anforderungen genügt. Aber auch wenn das Patent später erteilt wird, ist die Eintragung des Gebrauchsmusters nicht nutzlos. Denn der Schutz des Gegenstandes der Patentanmeldung gegen unbefugte Benutzung tritt erst mit der Veröffentlichung der Patenterteilung ein (§ 58 Abs. 1 Satz 3 PatG). Bis dahin besteht entweder überhaupt noch kein Schutz oder jedenfalls nur der durch die Offenlegung der Patentanmeldung einsetzende beschränkte Schutz des § 33 Abs. 1 PatG. Die gleichzeitige Anmeldung des Gegenstandes der Patentanmeldung als Gebrauchsmuster gibt die Möglichkeit, den Zeitraum bis zur Erteilung des Patents zu überbrücken. Die Eintragung ist schnell zu erreichen – bei mängelfreier Gebrauchsmusteranmeldung bereits etwa sechs bis acht Wochen nach Einreichung – und gibt Schutz auch gegen unbefugte Benutzung, und zwar unbeschränkt, also insbesondere neben dem vollen Schadensersatzanspruch auch den Unterlassungsanspruch.

3 a Das Gebrauchsmuster hat deshalb durch die Einführung der aufgeschobenen Prüfung der Patentanmeldung noch an Bedeutung zugenommen. Die Eintragung von Gebrauchsmustern für patentfähige und zugleich auch zur Erteilung eines Patents angemeldete Erfindungen ist mit der Einführung der aufgeschobenen Prüfung der Patentanmeldungen aber auch problematisch geworden, weil die Möglichkeit der Eintragung eines Gebrauchsmusters zur Überbrückung der Zeit bis zur Veröffentlichung der Patenterteilung nur für diejenigen patentfähigen Erfindungen besteht, die dem Gebrauchsmusterschutz zugänglich sind.

3 b Unter den großen Industriestaaten stand Deutschland mit den Gebrauchsmuster zunächst allein. Später folgten auch andere Staaten, die das bei ihnen geltende Gebrauchsmusterrecht bisher aufrechterhalten oder neu eingeführt haben (vgl. die Hinweise bei Hubbuch, GRUR **59,** 228;

Klauer/Möhring, aaO, S. 1632/1633; Kulhavy, Mitt. 80, 206), und zwar unbeschränkt, Goebel, GRUR **01,** 916ff. Das sind derzeit in Europa: Bulgarien (Gesetz vom 18. 3. 1993, Bl. **94,** 7ff.), Bundesrepublik Jugoslawien (Gesetz vom 24. 3. 1995, Bl. **99,** 234ff.), Dänemark (Gebrauchsmustergesetz vom 26. 2. 1992, geändert durch Gesetz vom 17. 12. 1997, GRUR Int. **93,** 453f.), Estland (Gebrauchsmustergesetz vom 12.6. 3. 1994, zuletzt geändert durch das Gesetz vom 19. 6. 2002, Bl. **04,** 17ff.), Finnland (Gesetz vom 22. 12. 1995, Bl. **00,** 213ff.), Griechenland (Gesetz vom 16. 9. 1987, Bl. **88,** 330ff.), Irland (Gesetz vom 27. 2. 1992, Bl. **98,** 99ff.), Italien (Verordnung über gewerbliche Muster vom 25. 8. 1940, Bl. **40,** 196ff.), Österreich (Gebrauchsmustergesetz 1994 mit ÄnderungsG 1998, Bl. **94,** 226ff., 99, 60ff.), Polen (Gesetz vom 19. 10. 1972/28. 6. 1984, Bl. **89,** 251ff.), Portugal (Gesetz vom 24. 1. 1995, GRUR Int. **97,** 698ff.), Slowakei (Tschechoslowakisches Gebrauchsmustergesetz vom 24. 9. 1992, Bl. **94,** 268ff., in der Slowakei weiter anwendbar, vgl. Bl. **93,** 187, 185), Slowenien (Gesetz, in Kraft getreten am 4. 4. 1992, Bl. **93,** 303ff.), Spanien (Gesetz vom 20. 3. 1986, Bl. **87,** 21ff.), Tschechische Republik (tschechoslowakisches Gebrauchsmustergesetz vom 24. 9. 1992, Bl. **94,** 268ff., in Tschechien weiter anwendbar, vgl. Bl. **93,** 187, 185), Ungarn (Gebrauchsmustergesetz 1991, Transparent Gesetzessammlung 1997). Während diese europäischen Staaten einen Gebrauchsmusterschutz mit sowohl verfahrensrechtlichen als auch materiellrechtlichen Besonderheiten gegenüber dem Patentschutz – teils in enger Annäherung an das deutsche Gebrauchsmustersystem – besitzen, kennen einige andere europäische Staaten nur einen das Patentsystem ergänzendes Schutzrecht in Gestalt eines Registrierpatents, also eines Schutzrechts ohne die beim Patent eingeführte Vorprüfung (vor der Erteilung des Schutzrechts) anhand des Standes der Technik. Bei einem solchen, lediglich registrierten, dafür auch nur mit verkürzter Laufzeit versehenen Schutzrecht stimmen die sachlichen Schutzvoraussetzungen mit denen des vorgeprüften Patents überein. Diesen Schutzrechtstyp, der nach den Anmeldezahlen allerdings kaum praktische Bedeutung erlangt hat, kennen jetzt noch Belgien, Frankreich, Kroatien und die Niederlande Andere Staaten in Europa haben bisher von einem das Patent ergänzendem Schutz für technische Erfindungen überhaupt abgesehen, nämlich Großbritannien, Island, Lettland, Litauen, Luxemburg, Norwegen, Rumänien, Schweden und die Schweiz.

Im Übrigen kennen schutzrechtliche Regelungen mit gebrauchsmusterrechtlicher Ausprägung in Afrika: OAPI mit ihren Mitgliedstaaten; in Asien: Armenien, China, Georgien, Japan, Kasachstan, Kirgisien, Moldawien, Mongolei, Russland, Südkorea, Taiwan, Türkei, Ukraine, Usbekistan, Weißrussland; in Amerika: Brasilien, Guatemala, Honduras, Kolumbien, Mexiko. Vgl. auch Schade, Patent-Tabelle, 9. Aufl. **2005.** **3c**

Parallel zu der Entwicklung in den europäischen Staaten, die schließlich in den 90er Jahren des letzten Jahrhunderts dazu führte, dass die Mehrzahl über ein echtes Gebrauchsmustersystem (Registrierrecht mit weniger strengen Schutzvoraussetzungen als beim Patent) verfügt, ist auf der Ebene der **Europäischen Union** die Möglichkeit einer Europäisierung des Gebrauchsmusterschutzes geprüft worden (vgl. Goebel, Der erfinderische Schritt nach § 1 GebrMG, 2005, S. 124ff., 147ff.). Nach rechtstatsächlichen Erhebungen bei Patentanwälten und bei Wirtschaftsunternehmen in der EU durch das Ifo-Institut über den Schutzbedarf an Gebrauchsmustern hat die EU-Kommission mit einem Grünbuch zum „Gebrauchsmusterschutz im Binnenmarkt" vom 19. 7. 1995 sondiert, welchen Schutzbedarf die beteiligten Kreise sehen (KOM (95) 370 endg.). Die Erhebungen ergaben, dass kein Bedarf für ein Gemeinschaftsgebrauchsmuster nach Art des auch geplanten Gemeinschaftspatents, wohl aber ein Harmonisierungsbedarf durch Erlass einer Richtlinie besteht. Der hierauf von der EU-Kommission vorgelegte Richtlinienvorschlag über eine Angleichung der Rechtsvorschriften betreffend den Schutz von Erfindungen durch Gebrauchsmuster vom 12. 12. 1997 (KOM (97) 691 endg.) sah einen Gebrauchsmusterschutz nach Art eines Registrierrechts vor, der auch „kleine" Erfindungen, (also solche, die geringeren Schutzvoraussetzung genügen) erfasst. Ein solches EU-weit vereinheitlichtes, das Patentsystem ergänzendes Schutzsystem wäre dann zur Vermeidung von Wettbewerbsverzerrungen obligatorisch für alle Mitgliedstaaten also auch für die Minderheit, die bisher ein solches Schutzinstrument als ihrem Schutzsystem fremd ablehnt. Nach Kritik an einer Anzahl von Regelungen legte die EU-Kommission einen geänderten Richtlinienvorschlag vor (KOM (99) 309 endg. vom 25. 6. 1999). Er zeigt in den verfahrens- und materiellrechtlichen Vorschriften viele Übereinstimmungen mit dem deutschen Gebrauchsmustersystem. Einige wesentliche Abweichungen, insbesondere die fehlende Neuheitsschonfrist, daneben auch die fehlende Abzweigungsbefugnis und eine nur eingeschränkte Anerkennung des Doppelschutzes durch ein paralleles Patent lassen aber die harmonisierende Verbesserung, die die Einführung einer europäischen Richtlinie bedeuten würde, gegenüber dem Nachteil zurückzutreten, den die dann gebotene Anpassung des bewährten deutschen Gebrauchsmustergesetzes an ein erheblich verringertes Schutzniveau mit sich brächte. Nachdem der Rat der europäischen Regierungschefs am 23./24. 3. 2001 die fehlenden Fortschritte bei der Harmonisierung des Patent- und des Gebrauchsmusterschutzes bemängelt hat, haben die Kommissionsdienst- **3d** stellen mit einem Arbeitspapier (SEK (2001) 1307 vom 26. 7. 2001) erneut den Verbänden eine der bereits im Grünbuch aufgeworfenen Fragen, nämlich die nach der Einführung eines Gemeinschaftsgebrauchsmusters, vorgelegt. Die bereits früher gegenüber einer solchen Lösung geäußerten Bedenken wurden seitens der interessierten Kreise bekräftigt (vgl. Zusammenfassung der GD Binnenmarkt vom 1. 3. 2002, ohne Aktenzeichen). Die bisherigen Arbeiten an der zurzeit zurückgestellten Richtlinie wurden hierdurch nicht berührt. Vgl. im Übrigen Kraßer, Neuere Entwicklungen des Gebrauchsmusterschutzes in Europa, GRUR **99,** 527.

4 **3. Zweck und Inhalt des Gesetzes.** Das Gebrauchsmustergesetz hat wie das Patentgesetz den Schutz von solchen Erfindungen zum Ziel, die nicht wie die Verfahren betreffenden Erfindungen ausdrücklich vom Gebrauchsmusterschutz ausgeschlossen sind (siehe § 1 Abs. 1 in Verbindung mit § 2 Nr. 3 GebrMG). Aus der Umschreibung der Schutzwirkung des eingetragenen Gebrauchsmusters in § 11 Abs. 1 Satz 2 GebrMG lässt sich ableiten, dass der Gebrauchsmusterschutz nur für solche Erfindungen gedacht ist, die sich auf ein Erzeugnis beziehen („ein Erzeugnis, das Gegenstand des Gebrauchsmusters ist"). Der BGH hat im Jahre 1974 den Sinn und Zweck des Gebrauchsmustergesetzes noch im Schutz der den technischen Gebrauchsschutz erhöhenden Gestaltungen von Sachen gesehen (BGH GRUR **79,** 367, 368 li. Sp. – Schokoladentafel), dessen Nutzeffekt sich allein in einem Anwendungsvorteil ausdrücken müsse, BGH GRUR **65,** 239, 241 – Verstärker. Diese ohnehin aus einer Marginalie der Gesetzesfassung abgeleitete Sinnbestimmung ist mit deren Beseitigung überholt. Der Schutz durch ein Gebrauchsmuster ist heute nicht mehr auf den Gebrauchswert von Erzeugnissen erhöhende Erfindungen beschränkt, sondern auf alle Erfindungen, die sich auf Erzeugnisse beziehen, mag ihr Vorteil sich auch allein in deren Erzeugung ausdrücken.

4 a Der vom Gebrauchsmustergesetz gewährte Schutz für Erfindungen soll einen ausreichenden Anreiz bieten, derartige Erfindungen zu machen und der Allgemeinheit über die den Schutz vermittelnde Behörde zu offenbaren, um den an der Erfindung Interessierten deren Weiterentwicklung möglich zu machen und ihnen schließlich deren schutzfreie Benutzung zu eröffnen, wenn der Schutz abgelaufen ist. Der Schutz für diese Erfindungen soll einfach, zügig und gegen nicht zu hohe Gebühren erlangt werden können, aber in der Sache ausreichend lang und umfassend sein, damit er ein angemessenes Äquivalent für die Preisgabe der Erfindung bietet.

4 b Wenn die Ausdehnung des Gebrauchsmusterschutzes auf alle Erfindungen außer Verfahrenserfindungen ist mit Bedürfnissen der Wirtschaft, insbesondere der kleineren und mittleren Unternehmen und anderwärts auch der Einzelerfinder (BT-Ds. 11/5744 S. 1) motiviert worden ist. Das Gesetz begünstigt aber die genannten Kreise nicht, auch die Großindustrie, die Staatsbetriebe, die Landwirtschaft können sich der durch das Gesetz geschaffenen Schutzmöglichkeiten bedienen.

4 c Das Gebrauchsmusterrecht ist inhaltlich und gegenständlich dem Patentrecht insoweit ähnlich, als beide den Schutz von Erfindungen bezwecken. In vielen Einzelvorschriften stimmt das Gebrauchsmustergesetz mit dem Patentgesetz überein. Diese enge Beziehung hat im Gebrauchsmustergesetz besonderen Ausdruck gefunden durch unmittelbare Verweisung auf einzelne Vorschriften des Patentgesetzes (z. B. § 6 Abs. 1, § 8 Abs. 1, § 9 Abs. 2, § 10 Abs. 3 und 4, § 12 Nr. 3, § 13 Abs. 3, § 16 Satz 3, § 17 Abs. 3 und 4, § 18 Abs. 2, 3 und 4, §§ 20 und 21). Andere Vorschriften des Gebrauchsmustergesetzes sind solchen des Patentgesetzes nachgebildet oder stimmen mit ihnen inhaltlich, teilweise wörtlich überein (z. B. § 1 Abs. 2 und 3, § 2 Nr. 1 und § 3 Abs. 2, § 10, § 12, § 22, §§ 24–28, § 30). Soweit der Gesetzgeber bewusst vom Patentgesetz abgewichen ist oder dort vorgesehene Regelungen nicht übernommen hat, sind die Gerichte gebunden, BGHZ **86,** 264 ff. – Drucksensor; der Gesetzgeber ist frei, unterschiedliche Regelungen für das Patent und das Gebrauchsmuster zu treffen.

4 d Beim Verfahren in Gebrauchsmustersachen ergibt sich ein grundlegender Unterschied daraus, dass eine Prüfung des Gebrauchsmusters auf das Vorliegen der materiellen relativen Schutzvoraussetzungen(Neuheit und erfinderischer Schritt) nicht stattfindet; vor der Eintragung wird nur geprüft, ob die Anmeldung den gesetzlichen Erfordernissen entspricht und einen Gegenstand betrifft, der dem Gebrauchsmusterschutz zugänglich ist (§ 8 Abs. 1). Denn das Gebrauchsmuster ist ein „Registrierrecht", dessen Schutzfähigkeit gegenüber den bereits im Stand der Technik enthaltenen Problemlösungen und Lösungshilfen nicht bei der Eintragung „vorgeprüft" ist und das sich wesentlich dadurch von dem Patent, dessen Schutzfähigkeitsprüfung der Erteilung vorgeschaltet ist, unterscheidet, vgl. BPatGE **44,** 187, 191. Soweit nicht diese Besonderheit entgegensteht, sind hinsichtlich des Verfahrens die Vorschriften des Patentgesetzes ergänzend heranzuziehen.

5 **4. Verhältnis zum Patent-, Geschmacksmuster-, Halbleiter- und Ausstattungsschutz sowie zum Wettbewerbsrecht**

5 a **a)** Durch das **Patent** werden Erfindungen geschützt, auch solche, die Verfahren betreffen. Erfindungen, die nicht Verfahren betreffen, sind gleichzeitig dem Patent- und dem Gebrauchs-

musterschutz zugänglich. Patent und Gebrauchsmuster schließen sich im Grundsatz nicht aus, wohl aber in besonders geregelten Fällen, siehe § 15 Abs. 1 Nr. 2. Für das Nebeneinander ist in § 14 eine besondere Regelung getroffen.

b) Ein Gebrauchsmuster kann auch mit einem **Geschmacksmuster** zusammentreffen, RGZ **107,** 100, 102; RGSt. **38,** 392; RG Mitt. **34,** 269. Allerdings sind ästhetische Formschöpfungen als solche vom Gebrauchsmusterschutz ausgeschlossen, § 1 Abs. 2 Nr. 2 und Abs. 3. Nur objektiv ausschließlich technisch bedingte Formgestaltungen sind dem Geschmacksmusterschutz verschlossen, BGHZ **22,** 209, 215 – Europapost; BGH GRUR **66,** 97, 99 – Zündaufsatz; **75,** 81, 83 – Dreifachkombinationsschalter; **81,** 269, 271 – Haushaltsschneidemaschine, dagegen sind nicht objektiv bedingte oder nicht ausschließlich technisch notwendige Formgebungen, die das ästhetische Empfinden ansprechen, dem Geschmacksmusterschutz zugänglich, BGH GRUR **66,** 97, 99; **81,** 269, weshalb ein und derselbe Gegenstand sowohl durch ein Geschmacksmuster als auch durch ein Gebrauchsmuster geschützt sein kann, vgl. auch BPatG Bl. **00,** 55. Es können entweder technische Gestaltung und ästhetische Form in einem Erzeugnis verbunden sein, oder es kann dieselbe Formgebung technisch und ästhetisch wirken (vgl. Lidl GRUR **65,** 223); in beiden Fällen kann der Gegenstand als Gebrauchsmuster und als Geschmacksmuster geschützt werden. Ein Gegenstand, der dem geschmacklich unsicheren Kunden die Auswahl zusammenpassender Teppich- und Vorhangmuster durch farbliche Abstimmungen der Musterstücke auf einer Musterkollektionstafel erleichtern soll, spricht das geistig-ästhetische Empfinden des Menschen an, setzt aber keine Naturkräfte ein, um diesen Erfolg zu erreichen und ist deshalb dem Gebrauchsmusterschutz verschlossen, BPatGE **15,** 184, 186. **5 b**

c) Der **Halbleitererzeugnisschutz** nach dem Halbleiterschutzgesetz (Gesetz über den Schutz der Topographien von mikroelektronischen Halbleitererzeugnissen vom 22. 10. 1987, BGBl. I S. 2794 ff.) ist dem Geschmacksmusterschutz verwandt. Das Gesetz schützt dreidimensionale Strukturen von mikroelektronischen Halbleitererzeugnissen (Topographien) nicht wegen ihrer erfinderischen Qualität, sondern erklärt diese wegen der Eigenart der dreidimensionalen Struktur (Topographie), „wenn und soweit sie Eigenart aufweisen" (§ 1 Satz 1 HLSG) für schutzfähig. Die Eigenart der dreidimensionalen Struktur (Topographie) ist im Halbleiterschutzgesetz positiv als das Ergebnis geistiger Arbeit und negativ als nicht durch bloße Nachbildung einer anderen Topographie hergestellt und nicht alltäglich definiert (§ 1 Abs. 2 HLSG); auch eine Anordnung alltäglicher Teile, die in ihrer Gesamtheit Eigenart aufweist, ist schutzfähig (§ 1 Abs. 3 HLSG). Schutzfähig ist die Topographie als solche, d. h. in ihrer dreidimensionalen Struktur, nicht wegen der in ihr verkörperten Lehre und nicht wegen des mit ihr erreichten Zweckes (Erfolges in technischer Hinsicht). Die der Topographie zugrundeliegenden Entwürfe, Verfahren, Systeme, Techniken und die in ihr gespeicherten Informationen bleiben außerhalb des Schutzes (§ 1 Abs. 4 HLSG), sie sind kein Kriterium für die Beurteilung der Eigenart der Topographie. Der Halbleiterschutz ist, was das Verfahren angeht, an den Gebrauchsmusterschutz angelehnt (Anmeldung beim Patentamt, Eintragung, Löschung u. dgl.). Die sachlichen Voraussetzungen entsprechen in ihrem entscheidenden Kriterium – der Eigenart – dem Geschmacksmuster, das Eigentümlichkeit erfordert, was dasselbe bedeutet wie Eigenart, RGZ **121,** 388, 391 – Damastmuster. Die Abgrenzung zum Gebrauchsmuster folgt denselben Regeln wie dessen Abgrenzung zum Geschmacksmuster. **5 c**

d) Gebrauchsmusterschutz und **Ausstattungsschutz** sind dagegen grundsätzlich nicht miteinander vereinbar, RGZ **112,** 352, 354. Denn eine durch den Gebrauchszweck der Ware technisch bedingte Gestaltung kann grundsätzlich nicht Gegenstand des Ausstattungsschutzes sein, weil es sich insoweit regelmäßig um die Ware selbst und nicht um ihre Ausstattung handelt, BGH GRUR **62,** 299, 301. Das gegenwärtige – oder frühere – Bestehen eines Gebrauchsmusterschutzes ist als ein Beweisanzeichen dafür anzusehen, dass die betreffenden Gestaltungsmerkmale, für die Ausstattungsschutz begehrt wird, technisch bedingt und damit auch für das Wesen der Ware bestimmend sind, BGH GRUR **57,** 603, 604; **62,** 299, 301. Auch nach Erlöschen des Gebrauchsmusters ist Ausstattungsschutz grundsätzlich abzulehnen, RG MuW **XXVI,** 76, siehe hierzu auch Vorbem. zu §§ 9–14 PatG Rdn. 4 ff. **5 d**

e) Über das Verhältnis des Gebrauchsmusters zum **Wettbewerbsrecht** vgl. Vorbem. zu §§ 9–14 PatG Rdn. 4–10.

1 *Gebrauchsmuster.* (1) **Als Gebrauchsmuster werden Erfindungen geschützt, die neu sind, auf einem erfinderischen Schritt beruhen und gewerblich anwendbar sind.**

(2) **Als Gegenstand eines Gebrauchsmusters im Sinne des Absatzes 1 werden insbesondere nicht angesehen:**

1. Entdeckungen sowie wissenschaftliche Theorien und mathematische Methoden;
2. ästhetische Formschöpfungen;
3. Pläne, Regeln und Verfahren für gedankliche Tätigkeiten, für Spiele oder für geschäftliche Tätigkeiten sowie Programme für Datenverarbeitungsanlagen;
4. die Wiedergabe von Informationen;
5. biotechnologische Erfindungen (§ 1 Abs. 2 des Patentgesetzes).

(3) **Absatz 2 steht dem Schutz als Gebrauchsmuster nur insoweit entgegen, als für die genannten Gegenstände oder Tätigkeiten als solche Schutz begehrt wird.**

Inhaltsübersicht

1 **1. Vorbemerkung.** Gesetzesmaterialien: Zum Gebrauchsmustergesetz vom 1. 6. 1891: Entwurf vom 25. 11. 1890 mit Begründung, Stenogr. Berichte über die Verhandlungen des Reichstages, 8. Legislaturperiode, I. Session 1890/91, Zweiter Anlagenband, Aktenstück Nr. 153, S. 978 ff.;
Zum Gebrauchsmustergesetz vom 5. 5. 1936:
Begründung, Bl. **36,** 103 und 116 ff.;
Zum Gesetz zur Änderung des Gebrauchsmustergesetzes vom 15. 8. 1986:
Entwurf mit Begründung, BT-Ds. 10/3903 vom 26. 9. 1985; Bericht des Rechtsausschusses BT-Ds. 10/5720 vom 23. 6. 1986; Sitzungsbericht des Deutschen Bundestages, 10. Wahlperiode, 225. Sitzung vom 26. 6. 1986, BT-Ds. 17485 ff.; Gesetzesbeschl. des Bundestages BR-Ds. 365/86; siehe auch BR-Ds. 305/86.
Zum Gesetz zur Stärkung des Schutzes des geistigen Eigentums usw. vom 7. März 1990:
Kurzprotokoll der 55. Sitzung des Ausschusses für Wirtschaft vom 18. Oktober 1989 S. 15, nebst Anlage 4, S. 1 bis 6; Protokoll der 56. Sitzung des Rechtsausschusses vom 18. Oktober 1989 S. 19, 20 nebst Anlage 2 S. 1 bis 6; BT-Ds. 11/5744 (Beschlußempfehlung und Bericht des Rechtsausschusses S. 18–22; 33); Stenogr. Bericht des BT über die Sitzung vom 14. Dezember 1989, 14281, 14284, 1487; Gesetzesbeschl. vom 14. Dezember 1989 BR-Ds. 39/90 S. 8 bis 10; Niederschrift über 615. Sitzung des Rechtsausschusses des Bundesrates S. 16, 17, 18, 26; Bundesgesetzblatt I vom 13. März 1990, S. 422, 428 bis 430.
Zum Gesetz zur Umsetzung der Richtlinie über den rechtlichen Schutz biotechnologische Erfindungen vom 21. 1. 2005: BGBl. I 28. Januar 2005, 186 ff.; Begründung BT-Ds. 15/4417, Bl. **05,** 95. Das Gesetz ist gemäß Art. 4 am 25. 2. 2005 in Kraft getreten, so dass der darin vorgenommene Ausschluss biotechnologischer Erfindungen vom Gebrauchsmusterschutz für Gebrauchsmuster als materiell-rechtliche, rechtsbeschränkende Regelung mit diesem oder einem späteren Anmeldetag – auch soweit sich dieser nach Abzweigung durch § 5 Abs. 1 bestimmt – gilt.

2 **2. Literaturhinweis:** Tronser, U., Auswirkungen des Produktpirateriegesetzes vom 7. März 1990 auf das Gebrauchsmusterrecht, GRUR **91,** 10 ff.; Asendorf, C. D., Gesetz zur Stärkung des Schutzes geistigen Eigentums und zur Bekämpfung der Produktpiraterie, II. Erweiterung des Gebrauchsmusterschutzes, NJW **90,** 1283, 1285.

3 **3. Der Gebrauchsmusterschutz ist Erfindungsschutz**

a) Der Gesetzgeber des Jahres 1990 stellt mit der Vorschrift, dass als Gebrauchsmuster Erfindungen geschützt werden, klar, dass es sich beim Gebrauchsmusterschutz um den **Schutz von Erfindungen** handelt. Der Schutz bezieht sich also entgegen dem unmittelbaren Wortsinn „Gebrauchsmuster" nicht auf technische Muster, wie dies ursprünglich als Ergänzung zum

Schutz für ästhetische Muster nach dem Geschmacksmustergesetz vorgesehen war, und beschränkt sich auch nicht mehr auf Gebrauchsgegenstände (und Arbeitsgerätschaften).

Die Lehre, die dem Gebrauchsmuster zugrunde liegt, muss daher eine Regel zu technischem Handeln enthalten, RGZ **120,** 224, 227. Die Erfindung muss fertig, ausführbar, wiederholbar und brauchbar sein, vgl. dazu § 1 PatG Rdn. 51ff., 70ff. Die Erfindung muss in den Anmeldungsunterlagen ausreichend offenbart sein, RGZ **115,** 280, 285; ihre Vervollständigung kann dem Fachmann überlassen bleiben, wenn ihm die dafür erforderlichen Mittel ohne weiteres zur Verfügung stehen, RGZ **115,** 280, 285, z.B. hinsichtlich der Dimensionierung, BPatGE **15,** 62, 66. Da Verfahrenserfindungen aber auch weiterhin vom Gebrauchsmusterschutz ausgeschlossen bleiben (s. § 2 Nr. 3), sind nur Erzeugnisse dem Gebrauchmusterschutz zugänglich, also Lehren zur Bereitstellung (nicht: Herstellung) des erzeugnishaften Gegenstandes. Der Fachmann muss in der Lage sein, den Erfindungsgegenstand mit den Mitteln, die ihm der Stand der Technik am Anmeldetage des Gebrauchsmusters zur Verfügung stellt, auf Grund seines Fachkönnens ohne Anwendung eigener erfinderischer Leistung herzustellen, RGZ **156,** 217, 219; BGH GRUR **80,** 166, 168.

b) Technizität. Ebenso wie dem Patentschutz sind auch dem Gebrauchsmusterschutz nur 4
technische Erfindungen zugänglich, wie dies schon lange allgemein anerkannt wurde, vgl. BGH GRUR **69,** 184, 186; **75,** 549; **77,** 152; BPatGE **1,** 156; **7,** 78, 82; **10,** 246, 249; **11,** 66, 67; **13,** 101, 102f.; **15,** 166, 169; **20,** 29, 30, und wie jetzt durch § 1 Abs. 1 bestätigt wurde. Der Begriff der technischen Erfindung ist im Gebrauchsmusterrecht derselbe wie im Patentrecht, DPA Mitt. **59,** 93, 94; siehe dazu § 1 PatG Rdn. 41–50. Ein räumlich-körperlicher Gebrauchsgegenstand soll nicht notwendig technischer Natur sein, BPatGE **20,** 47, 51; BPatG GRUR **80,** 432, 433. Dagegen ist inzwischen ein Universalrechner ebenso wie eine besonders konfigurierte Datenverarbeitungsanlage als ohne weiteres den Begriff der Technik ausfüllend bezeichnet worden, BGH GRUR **00,** 1008 – Sprachanalyseeinrichtung. Welcher Art die angewendeten technischen Mittel sind, ist gleichgültig. Es können mechanische, physikalische, chemische Mittel sein, wohl auch solche der Informationstechnik. Das Erfordernis des unmittelbaren Einsatzes von beherrschbaren Naturkräften ist allerdings in BGH GRUR **00,** 498 – (Logikverifikation) in einem Fall aufgegeben worden, in dem „anderweitig durch auf technischen Überlegungen beruhende Erkenntnisse" zum Einsatz kamen. Technischen Charakter hat auch eine Gestaltung, die sich optische Gesetze in besonderer Weise zunutze macht, indem sie die innere Hohlmaske als plastisch vorgewölbte wirkende Gesichtsmaske erscheinen lässt, BPatGE **1,** 165, 166. Eine technische Lehre liegt in der Anweisung, für verschlossene (umschlaglose) Lotterielose eine in allen organischen Lösungsmitteln lösliche Druckfarbe zu verwenden, um zu verhindern, dass die Lose durch Eintauchen in Benzin transparent gemacht und durchleuchtet werden können, BGH GRUR **69,** 184, 185f., und in einem wetterfesten Aufdruck auf einer Samentüte, BPatGE **1,** 151, 153. Der Umstand, dass technische Mittel (z.B. Computer-Hardware) zur Ausführung einer nichttechnischen Lehre (z.B. Ermittlung des Wahrheitsgehalts der Antworten von Teilnehmern einer Internet-Befragung durch psychologisch versierte Ausgestaltung der Fragestellungen) zum Einsatz kommen, ohne dadurch deren Charakter zu prägen, vermittelt ihr nicht den Zugang zum Gebrauchmusterschutz, weil die Lehre dadurch nicht zu einer technischen Lehre wird, vgl. BPatG Bl. **05,** 227. § 1 Abs. 2 nennt Beispiele als solcher nichttechnischer Gegenstände und Tätigkeiten.

c) Eine Kombination zwischen technischen und nichttechnischen Mitteln ist lange 5
als nicht schutzfähig betrachtet worden; wird neben technischen auch die Eintragung symbolischer Merkmale beansprucht, so musste die ganze Anmeldung zurückgewiesen werden, BPatGE **1,** 151, 153; **13,** 101, 103; **15,** 184, 187; BPatG GRUR **80,** 432; insbesondere wenn der nicht-technische Teil nicht hinweggedacht werden kann, ohne dass der mit der Erfindung bezweckte Erfolg entfiele, BPatGE **13,** 101, 104. Dasselbe galt, wenn der Schutzanspruch neben technischen Lehren bloße Anweisungen an den menschlichen Geist (besser: Bedeutungsinhalte zum Gebrauch der Verstandestätigkeit) vermittelt, BPatGE **20,** 29, 33. Als zulässig ist dagegen die Verwendung von Angaben symbolischen Charakters zur näheren Kennzeichnung des Anmeldungsgegenstandes im Schutzanspruch betrachtet worden, wenn klargestellt ist, dass hierfür kein Schutz beansprucht wird, BPatGE **1,** 151, 153. Inzwischen wird weitgehend anerkannt, dass dem Gebrauchsmusterschutz zugängliche Problemlösungen durchaus technische und nichttechnische Elemente umfassen können, also neben Merkmalen technischer Art (z.B. Tiefen- und Zeitmesser, Datenspeicher, Auswerte- und Verknüpfungsstufe, Wandlereinrichtung, Anzeigemittel) auch nichttechnische Merkmale (z.B. Rechenregel als Programm oder Denkschema vgl. BGH GRUR **92,** 430, 432 – Tauchcomputer), BPatG Bl. **00,** 55, unter Aufgabe von BPatGE **18,** 170, 173. Überdies vermag ein neben einem unmittelbaren technischen Er-

gebnis einer zum Gebrauchsmusterschutz angemeldeten Lehre außerdem vermittelter Bedeutungsgehalt, der außerhalb der technischen Gestaltung liegt, deren Eintragung begehrt wird, Bedenken gegen den technischen Charakter des Gebrauchsmusters nicht zu begründen, BGH Bl. **85,** 117.

6 **d)** Nachdem das Gebrauchsmustergesetz in der Fassung vom 7. 3. 1990 nur noch Verfahren vom Gebrauchsmusterschutz ausschließt (§ 2 Nr. 3), sind nunmehr jedenfalls alle **Erzeugnisse, Anordnungen, Vorrichtungen, Schaltungen, Stoffe** betreffenden Erfindungen dem Gebrauchsmusterschutz zugänglich; zum Ausschluss der Verfahrenserfindungen vgl. Rdn. 8–15 zu § 2.

7 **e) Zweckgebundener Erzeugnisschutz.** Die Beschränkung eines Erzeugnisses in einem Schutzanspruch auf einen bestimmten Gebrauch – wie dies durch § 3 Abs. 3 PatG für zur chirurgischen, therapeutischen oder diagnostischen Anwendung bestimmte Stoffe und Stoffgemische bekannt ist – ist auch für das Gebrauchsmusterrecht unter kategoriellen Gesichtspunkten nicht ausgeschlossen. Ganz abgesehen von der Möglichkeit, dass Erzeugnisansprüche auch berechtigterweise (zur Umschreibung des Erzeugnisses herangezogene) Verwendungselemente enthalten können, lässt es sich auch rechtfertigen, einen Verwendungsanspruch als auf ein Erzeugnis und damit auf die gebrauchsmusterrechtlich zulässige Kategorie gerichtet zu behandeln, ihn also deshalb im Eintragungs- oder Löschungsverfahren zuzulassen, jedenfalls sofern es sich um die Verwendung bekannter Stoffe im Rahmen einer medizinischen Indikation handelt, vgl. BGH GRUR **06,** 135, anders noch BPatG Mitt. **04,** 266, 268.

8 **f) Nicht-körperliche Umschreibung des Erzeugnisses.** Dem unter Schutz gestellten Erzeugnis wird der Erzeugnischarakter nicht durch eine Umschreibung genommen, die sich nicht auf räumlich-körperliche Angaben beschränkt, solange der Erzeugnischarakter für den Fachmann nicht zweifelhaft sein kann. Es ist nicht unzulässig, körperliche Eigenschaften oder die körperliche Ausgestaltung durch Zweck-, Funktions- und Wirkungsangaben zu umschreiben, z.B. eine Vorrichtung mit u.a. einer Folie mit den Eigenschaften selbstklebend, durchsichtig und das durchtretende Licht farbverschiebend, soweit für den Fachmann ohne weiteres erkennbar ist, dass die beanspruchte Vorrichtung durch Folien verwirklicht werden kann, die auf einem der ihm geläufigen Wege, insbesondere der Färbetechnik, die hier geforderte Eigenschaft der Fähigkeit zur farblichen Beeinflussung des durchtretenden Lichts erhalten haben; die verallgemeinernde Fassung muss hier ebenso wenig wie bei den Merkmalen Folie, selbstklebend und durchsichtig alle denkbaren, aber aus dem Zusammenhang aller Merkmale klar ersichtlichen technischen Einzelheiten und Variationsmöglichkeiten angeben, BGH Bl. **85,** 117; vgl. auch BGH Mitt. **91,** 37, 41. Die Aufnahme einer Verwendungsangabe in den auf ein Erzeugnis gerichteten Schutzanspruch ist in demselben Umfang wie beim Patent unbedenklich.

9 Die Formulierung des auf ein Erzeugnis gerichteten Schutzanspruchs nach Art eines **product-by-process-Anspruchs** ist im selben Umfang wie beim Patent zulässig, vgl. bereits RGZ **66,** 313, 315.

10 **g) Unkörperliche Erzeugnisse.** Gebrauchsmusterschutz ist Erfindungen eröffnet, die die Bereitstellung von Erzeugnissen betreffen, wie der Rückschluss aus § 11 (Eintragungswirkung bezüglich des Erzeugnisses, das Gegenstand des Gebrauchsmusters ist) und § 2 Nr. 3 (Schutzausschluss für Verfahren als die andere, neben Erzeugnissen wesentliche Kategorie) ergibt. Der Begriff des Erzeugnisses i.S.d. § 1 ist gesetzlich nicht näher definiert. Regelmäßig werden als Erzeugnis im Gebrauchsmusterrecht Gegenstände verstanden, die im Gegensatz zu der auf zeitabhängige Verfahrensschritte bezogenen Verfahrenskategorie räumlich definiert sind. Im Hinblick auf den Charakter des § 2 Nr. 3 als einer Ausnahmebestimmung, die folglich eng auszulegen ist, kann der Gebrauchsmusterschutz nicht solchen Lehren verwehrt werden, die technische Erfindungen sind, mögen sie sich auch nicht auf Erzeugnisse mit einem beständigen körperlichen Substrat, sondern auf nicht anfassbare, sich aber in technisch-physikalischen Erscheinungsformen manifestierende Gegenstände beziehen, ohne dass sie als Verfahren eingestuft werden können. Dies ist für eine Signalfolge angenommen worden, die bestimmte Daten zur Abarbeitung auf einem Rechner repräsentiert, aber nicht auf einem Datenträger gespeichert, sondern für die Übersendung über das Internet geeignet ist, vgl. BGH GRUR **04,** 495, 497 – Signalfolge. Ähnlich bereits BPatG Mitt **02,** 463, 465 für eine Klasse für objektorientierte Programmiersprache, wobei eine Objektklasse als Ordnungsschema für Objekte nach Art einer geistigen Schablone angesehen wurde, das die Typen und Verhaltensweisen der Objekte in allgemeiner – also nicht sequentieller, sondern gleichsam statischer – Erscheinungsform vorgibt. Dem Gebrauchsmusterschutz sollten daher auch Lösungen zugänglich sein, die sich auf Gegenstände beziehen, für deren Wahrnehmung die menschlichen Sinne für sich allein nicht hinreichen, sondern wofür es anderweitiger, gedanklicher Erkenntnisweisen bedarf.

4. Nur eine **neue** Erfindung wird als Gebrauchsmuster geschützt. Wann eine solche als neu gilt, ist in § 3 Abs. 1 geregelt. Auf die Erläuterung zu dieser Vorschrift wird verwiesen. 11

5. Das Beruhen auf einem erfinderischen Schritt 12

Literaturhinweis: Zeller, Erfindungshöhe von Gebrauchsmustern, GRUR **56,** 532; Bunke, Gebrauchsmusterschutz oder kleines Patent, GRUR **57,** 110; Fromme, Schutzumfang und Erfindungshöhe im Gebrauchsmusterrecht, GRUR **58,** 261; Trüstedt, Zum Thema „Erfindungshöhe beim Patent und Gebrauchsmuster", GRUR **58,** 309; ders., Gebrauchsmuster, GRUR **80,** 877; Hägermann, Die gesetzliche Regelung des Gebrauchsmusterrechts, Mitt. **59,** 142; Conradt, Gebrauchsmuster nur für Erfindungen?, GRUR **63,** 405, Bericht des Unterausschusses für Gebrauchsmusterrecht (Pietzcker), GRUR **79,** 29; Müller, Novellierter Gebrauchsmusterschutz, GRUR **79,** 453; Schlitzberger, Dihm, Starck, Bühring, Zu einer Reform des Gebrauchsmusterrechts, GRUR **79,** 191; Häusser, The Experience of the Federal Republic of Germany, in: Industrial Property **87,** 314; Bardehle, Bericht für die deutsche Landesgruppe AIPPI, GRUR **94,** 160; Breuer, Der erfinderische Schritt im Gebrauchsmusterrecht, GRUR **97,** 11; Beckmann, Der erfinderische Schritt im Gebrauchsmusterrecht: Anmerkungen, GRUR **97,** 51; Wastendorp/Viktor, Das Gebrauchsmuster – eine schärfere Waffe als das Patent?, Mitt. **98,** 452; Goebel, Der erfinderische Schritt nach § 1 GebrMG, **2005,** 1.

Das ÄnderungsG vom 15. 8. 1986 hat erstmals in das Gebrauchsmustergesetz eine ausdrückliche Bestimmung aufgenommen, dass der Gebrauchsmusterschutz neben der Neuheit das „Beruhen auf einem erfinderischen Schritt" verlangt. Der Gesetzgeber wollte durch die Einfügung des Begriffes des „erfinderischen Schrittes" in das Gebrauchsmustergesetz klarstellen, dass auch die gebrauchsmusterfähige Erfindung, um Schutz zu erlangen, eine **gewisse Erfindungsqualität** voraussetzt und nicht nur auf rein handwerkliches Können zurückzuführen sein darf. Er wollte damit ausdrücken, dass für die Erlangung des Gebrauchsmusterschutzes eine Bereicherung der Technik in einem geringen Ausmaß verlangt wird (BT-Ds. 10/3903, S. 17/18). Der Begriff „erfinderischer Schritt" soll das im Verhältnis zum Patent geringere Maß an erfinderischer Leistung für den Gebrauchsmusterschutz zum Ausdruck bringen, wie es die Rechtsprechung seit langem praktiziert, RGZ **99,** 211, 212f. (1920) – Mähmaschine; BGH GRUR **57,** 270, 271 – Unfall-Verhütungsschuh; **62,** 575, – Standtank (kritisch dazu Trüstedt, GRUR **80,** 878, 880f.; Starck, GRUR **83,** 401, 404), was wegen Erfindungen für den täglichen Bedarf und wegen der erheblich kürzeren Laufzeit des Gebrauchsmusters vom Gesetzgeber als gerechtfertigt anerkannt worden ist (BT-Ds. 10/3903, S. 18). Dass die maximale Schutzdauer im Jahr 1990 auf zehn Jahre verlängert worden ist, gibt allein keine Rechtfertigung, die im Wortlaut seit 1986 unverändert gebliebene Schutzvoraussetzung des „Beruhens auf einem erfinderischen Schritt" nach strengeren Maßstäben zu beurteilen, BGH GRUR **98,** 913, 915. 13

Dass es kein exaktes Maß dafür gibt, um wie viel geringer ein erfinderischer Schritt für den Gebrauchsmusterschutz als die erfinderische Tätigkeit für ein Patent sein darf, muss ebenso hingenommen werden wie, dass es kein exaktes Maß dafür gibt, um wie viel der zum Patentschutz angemeldete Gegenstand sich vom Stand der Technik abheben muss, um für ihn erfinderische Tätigkeit bejahen zu können. Beides mal sind **Wertungen** erforderlich, wie sie bei der Anwendung unbestimmter Rechtsbegriffe in allen Rechtsgebieten erforderlich sind. Eine exakte Messlatte steht weder hier noch dort zur Verfügung. Die Frage ist beim Gebrauchmuster vielmehr, wie weit bereits der Stand der Technik Vorbilder und Anregungen für die vorgeschlagenen Lösung bot, vgl. BGH GRUR **98,** 913, 915. Es ist eine Wägung aller Umstände unter Einschluss der Laufzeit der Schutzrechte erforderlich. Der Begriff „erfinderischer Schritt" darf nicht mit dem Begriff „inventive step" der englischen Fassung der Art. 52 Abs. 1 und 56 EPÜ gleichgesetzt werden, der mit dem Begriff „erfinderische Tätigkeit" im Patentrecht gleichsinnig ist. Der gemeinsame Oberbegriff für die erfinderische Leistung im patentrechtlichen wie im gebrauchsmusterrechtlichen Sinn ist der der Erfindungshöhe. 14

a) Ist erfinderische Tätigkeit iSd §§ 1, 4 PatG zu bejahen, ist nämlich eine Lösung durch den Stand der Technik dem Fachmann nicht nahegelegt, so liegt bereits deshalb auch stets ein erfinderischer Schritt i. S. d. § 1 GebrMG vor, vgl. BGH GRUR 98, 913, 915. Aber auch dann, wenn der Gegenstand für den Fachmann aus dem Stand der Technik **nahegelegt** ist, kann er auf einem erfinderischen Schritt beruhen, BPatG GRUR **04,** 852. Denn die an die Erfindungshöhe zu stellenden Anforderungen sind bei Gebrauchsmustern so wesentlich geringer, dass auch die Versagung eines Patents die Schutzunfähigkeit eines Gebrauchsmusters noch nicht beweist, RG GRUR **33,** 494, 496. Während also nur solche Lösungen, die dem Fachmann fern liegen, für die Zuerkennung des Patentschutzes ausreichen, lassen sich Lösungen, die nicht allzu ferne liegen, als für die Anerkennung einer gebrauchsmusterrechtlichen schützbaren Leistung anse- 15 hen, wie dies z.B. für die seinerzeit nicht allzu ferne liegende Verwendung eines bekannten aufgebogenen Dipols anstelle des neben der Stabantenne verwendeten, gleichfalls bekannten gestreckten Dipols für eine Doppelantenne bejaht worden ist, BGH GRUR **57,** 213, 214 – Dipolantenne – I. Zusätzlich zu der Frage, ob der Stand der Technik den Fachmann zu der Erfindung anregt, ist in einem weiteren Schritt zu prüfen, ob es bloße Routine für ihn ist, die Anregungen zu erkennen, aufzugreifen und zu verknüpfen. Kann der Fachmann die unter Schutz gestellte Lösung nicht bereits auf der Grundlage seines allgemeinen Fachkönnens und bei routinemäßiger Berücksichtigung des Standes der Technik, der diese Anregungen enthält, ohne weiteres finden, so beruht die Lösung auf einem erfinderischen Schritt, BPatGE **47,** 215. Ist ein Patent mangels Erfindungshöhe für nichtig erklärt worden, so ist das für denselben Gegenstand eingetragene Gebrauchsmuster nicht notwendig seinerseits löschungsreif; die patentrechtliche Feststellung im Nichtigkeitsurteil, ein vorbekanntes Werkzeug bei Bedarf zusätzlich mit einem weiteren, im Patentanspruch näher bezeichnetes Merkmal auszugestalten, sei (patentrechtlich) nicht erfinderisch, schließt nicht aus, dass das so ausgestaltete Werkzeug dennoch gebrauchsmusterrechtlich erfinderisch ist, BPatG vom 13. 10. 2005, 5 W(pat) 458/03.

16 **b)** Ein erfinderischer Schritt ist in **mosaikartiger Betrachtung** an dem gleichen Stand der Technik zu messen, der nach § 3 für die Beurteilung der Neuheit zugrunde zu legen ist, BGH GRUR **69,** 271, 272 – Zugseilführung. Es ist also nicht nur danach zu fragen, ob sich die unter Schutz gestellte Lösung im Stand der Technik nicht in einer einzelnen Schrift, einer einzelnen Vorbenutzung als bereits bekannt nachweisen lässt – eine Prüfung, die seit jeher überwiegend als reiner Erkenntnisakt gesehen wurde; vielmehr ist zu fragen, ob die im Stand der Technik enthaltenen Kenntnisse und Informationen, also regelmäßig bei Zusammenschau mehrerer Veröffentlichungen oder Benutzungshandlungen, nicht als ausreichende Hinweise für den Fachmann zu verstehen sind, die Lösung zu finden – ein Akt wertender Entscheidung, der zwangsläufig ein breiteres Spektrum an Ergebnissen als die Neuheitsprüfung erwarten lässt, BGH GRUR **95,** 330, 332 (betreffend die insoweit vergleichbare patentrechtliche Prüfung).

17 **c) Der maßgebliche Fachmann** ist derselbe wie im Patentrecht. Auch wenn der Fachmann in § 1 nicht erwähnt ist, ist sein technisches Verständnis, sein fachliches Wissen und Können maßgebend dafür, was den Offenbarungsgehalt der der Eintragung des Gebrauchsmuster zugrunde liegenden Unterlagen sowie der Verlautbarungen des Standes der Technik, ferner den Wert der den letzteren etwa zu entnehmenden Lösungsanregungen betrifft, vgl. BGH GRUR **98,** 913, 915. Denn die Beurteilung des Vorliegens eines erfinderischen Schritts liegt wie die der erfinderischen Tätigkeit beim Patent im Wesentlichen auf tatsächlichem, nicht auf rechtlichem Gebiet, vgl. BGH GRUR **99,** 920, 921. Es ist der **Durchschnittsfachmann,** also der gedachte Vertreter einer bestimmten technischen Fachrichtung und eines bestimmten technischen Niveaus, dem die Aufgabe, die der unter Schutz gestellten Lehre zugrunde liegt, bei der Suche nach einer Lösung gestellt würde, vgl. RG Mitt **34,** 62; MuW **29,** 62. Nähere Ausführungen über den bei ihm vorauszusetzenden Ausbildungs- und Kenntnisstand in der Entscheidung über die Erfindungshöhe zu machen, kann im Einzelfall zweckmäßig sein, ist aber nicht generell geboten, vgl. BGH GRUR **98,** 913, 915. Dieser Fachmann ist für die gebrauchsmusterrechtliche Bewertung einer Lehre derselbe wie für die patentrechtliche Bewertung, wie insbesondere für den Fall der Abzweigung eines Gebrauchsmusters aus einer Patentanmeldung deutlich wird, bei der das technische Verständnis und die Auslegung des unter Gebrauchsmusterschutz gestellten Gegenstandes sowie der ggfs. entgegengehaltenen Schriften offensichtlich nicht von der des unter Patentschutz gestellten selben Gegenstandes abweichen kann. Ein kleiner, ein „Unterdurchschnittsfachmann" kann für das Gebrauchsmuster nicht berücksichtigt werden, vgl. näher Goebel, Der erfinderische Schritt nach § 1 GebrMG, 2005, S. 86ff.; Trüstedt in Reimer, PatG/GebrMG, 3. Aufl., GebrMG § 1 Rdn. 23. Eine Leistung, die dem Fachmann zuzutrauen ist, wie etwa das Verbessern bereits bekannter Lösungen, ist als nahe liegend anzusehen. Jedoch ermangelt nicht jede solche Leistung, die von ihm erwartet werden kann, deshalb bereits der gebrauchsmusterrechtlichen Erfindungshöhe; dann nämlich nicht, wenn die Lösung erst auf Grund intensiverer Überlegungen aufzufinden war, BPatG vom 13. 10. 2005, 5 W(pat) 458/03: andrs, wenn ihm noch nennenswerte technische Überlegungen abverlangt werden, vgl. RGZ **99,** 211, 213.

18 **d)** Das Vorliegen eines erfinderischen Schritts lässt sich **nicht durch eine quantifizierende Betrachtung** ermitteln, auch nicht im Verhältnis zur patentrechtlichen Erfindungshöhe. Ebenso wenig wie die erfinderische Tätigkeit des Patentrechts aus einer Mehrzahl erfinderischer Schritte im gebrauchsmusterrechtlichen Sinn besteht, kann der erfinderische Schritt des § 1 als ein Teilsegment einer patentrechtlichen erfinderischen Tätigkeit verstanden werden. Ebenso wie beim Patent kann auch beim Gebrauchsmuster die Erfindungshöhe einerseits in einer schöpferischen Leistung liegen, die aus einer ganzen Reihe von Denkoperationen und Kombi-

nationen besteht, vgl. RG GRUR **39,** 841, wie andererseits einer Leistung, die nur einem einzigen gedanklichen kreativen Schritt vom Bekannten hin zu der neuen Lösung darstellt.

e) Gegenüber dem Stand der Technik muss ein **erfinderischer Überschuss** vorliegen, RG Bl. **13,** 162, wobei geringe Abweichungen vom Bekannten genügen können, RGZ **40,** 143; RGSt. **45,** 229. Die an den erfinderischen Schritt zu stellenden Anforderungen dürfen aber nicht so weit herabgesetzt werden, dass das Vorhandensein einer neuen Gestaltung einer Sache allein schon als erfinderisch bewertet wird, PA Bl. **58,** 7. Vielmehr muss ein erfinderischer **Freiraum** für das Routineschaffen der Fachleute, für die normale technische Fortentwicklung bleiben, der nicht durch Ausschlussrechte besetzt wird, vgl. Bardehle, GRUR Int **94,** 160. 19

f) Über das Handwerkliche hinausgehend: Gebrauchsmusterschutz verdient nach der schon zu Zeiten des Reichsgerichts durchgängigen Rechtsprechung nur das, was über das rein Handwerksmäßige hinausgeht. Dies wurde mangels irgendeines brauchbaren Vorbildes im Stand der Technik so bejaht für ein Markierungszeichen für Telegraphenstangen, bei dem das betreffende gestanzte Metallstück am Rand zur Erhöhung der Haltbarkeit im ganzen Umfang umgebogen ist und in angebogene Füße ausläuft, RG GRUR **33,** 494. Drängt es sich bei einem Schaltdrehgriff dem Fachmann ohne weiteres auf, eine Bohrung im Griffgehäuse von der Position und dem Winkel her genau in der Verlängerung des Schaltzuges anzuordnen, so liegt eine solche Maßnahme im Rahmen handwerklichen Könnens und begründet keine erfinderische Leistung, BPatGE **44,** 178, 179. Vgl. auch BGH GRUR **69,** 184. 20

Was dagegen als Ergebnis einer handwerksmäßigen Übung anzusehen ist, wie eine Karte für Kontrolluhren zum Registrieren bestimmter Vorgänge, deren Rubriken zum Erfassen weiterer Vorgänge erweitert werden (RGZ **48,** 76), ist nicht gebrauchsmusterrechtlich erfinderisch. Ebenso nicht eine Lösung, bei der die ersichtliche Vereinigung bekannter Merkmale eine bloß handwerksmäßige Übertragung ist, die sich nicht über die Anwendung handwerksmäßiger Fertigkeit des Fachmanns hinaus bis zur Höhe erfinderischer Überlegung erhebt, vgl. RG MuW **29,** 67. Vgl. auch BPatG vom 25. 7. 2001 (zitiert in Goebel, Der erfinderische Schritt, 79), wo die gebrauchsmusterrechtliche Erfindungshöhe verneint wird, weil der Fachmann auf Grund seiner handwerklichen Kenntnisse ohne weiteres Bemühen zu der beanspruchten Lösung gelangt. 21

g) Über das auf der Hand Liegende hinausgehend: Eine erfinderische Leistung im gebrauchsmusterrechtlichen Sinn ist eine neue Lösung, die über das hinausgeht, was für den Fachmann auf der Hand liegt, wie der Einsatz eines neuen Materials (z. B. sich als vorteilhaft erweisenden Aluminiums für Schuhleisten), der schon bisher in der Fachwelt erwogen, aber wegen bestimmter Nachteile verworfen worden war; dies geht über die jedem Fachmann ohne weiteres zu Hand liegende Vertauschung eines bekannten Mittels gegen ein anderes gleichfalls bekanntes hinaus, RGZ, **48,** 25. Gebrauchsmusterrechtlich erfinderisch ist ebenso ein Lösungsgedanke, der nicht eine Selbstverständlichkeit ist, die keine nennenswerte technische Überlegung gefordert hätte, wie z. B. der Gedanke, bei einem Messerantrieb für Nähmaschinen die Kurbelscheibe der Maschine abzunehmen und einfach durch ein an ihre Stelle gesetztes größeres Rad zu ersetzen, das wie ein Schwungrad wirkt, RGZ **99,** 211, 213. Während also nur solche Lösungen, die dem Fachmann fern liegen, für die Zuerkennung des Patentschutzes ausreichen, lassen sich Lösungen, die nicht allzu ferne liegen, als für die Anerkennung einer gebrauchsmusterrechtlichen schützbaren Leistung ansehen, wie dies z. B. für die seinerzeit nicht allzu ferne liegende Verwendung eines bekannten aufgebogenen Dipols anstelle des neben der Stabantenne verwendeten, gleichfalls bekannten gestreckten Dipols für eine Doppelantenne bejaht worden ist, BGH GRUR **57,** 213, 214 – Dipolantenne – I. 22

Andererseits ist die für Gebrauchsmuster zu fordernde geringere Erfindungshöhe als beim Patent zu verneinen, wenn die Lösungsmerkmale für den Fachmann bei Kenntnis des Standes der Technik auf der Hand lagen (z. B. bei der für den Einsatz eines Zahnrades beim Betrieb einer Kamera bisher verwendeten Zahnstange jetzt die Verwendung einer Kette, in die das Zahnrad eingreift), RG GRUR **44,** 140, 142. Ebenso, wenn die Lösung Gegenstand selbstverständlicher fachmännischer Erwägungen war, wie dies bei einer Gewächshaustragkonstruktion für die Verleihung es erforderlichen Querschnitts der die Brettkonstruktion tragenden Brettsäulen angenommen worden ist, RG GRUR **29,** 593, 595. 23

h) Über das ohne weiteres zu Lösende hinausgehend: Eine erfinderische Leistung im gebrauchsmusterrechtlichen Sinn ist bei einer Lösung anzuerkennen, die keineswegs so nahe liegend war, dass sie von jedem Fachmann ohne weiteres hätte zur Ausführung gebracht werden können, wie dies z. B. bei einer Registriermappe mit in bestimmter differenzierter Weise auf ihrem Rücken anzubringenden Markierungsmerkmalen angenommen worden ist, vgl. RGZ **115,** 128, 132. Setzt die Wahl einer im Vergleich zum vorher Bekannten teureren Stahllegierung für Bergeversatzsprührohre wegen geringeren Verschleißes, die deren Verwendung 24 auf die Dauer billiger erscheinen lässt, schwierige technische Maßnahmen und Versuche voraus, ist gleichfalls ein erfinderischer Schritt zu bejahen, vgl. RGZ **86,** 226, 229.

25 Dagegen ist die gebrauchsmusterrechtliche Erfindungshöhe zu verneinen, wenn es für den Fachmann ohne weiteres gegeben war, zu einem neuen Endprodukt durch Einsatz neuerdings verfügbarer, vorteilhafterer Ausgangsprodukte überzugehen, wie dies z.B. der Fall des durch Einsatzes einer dünneren Klinge mit jetzt günstigerem Schnittwinkel in einem Rasierapparat bejaht wurde, der Bandstahl hierfür am Anmeldetag inzwischen in der gewünschten Stärke geliefert werden konnte, vgl. RG Mitt. **34,** 100, 101. Die Stoffvertauschung begründet einen erfinderischen Schritt nicht, wenn nur von bekannten Eigenschaften des Ersatzstoffes Gebrauch gemacht wird und die Herstellung des Gestells statt aus Holz aus säure- und wasserfestem Werkstoff keine technischen Schwierigkeiten bietet (Butyrometer), PA MuW **39,** 244.

26 **i) Über die Routine des Fachmanns hinausgehend:** Was vom Durchschnittsfachmann als Lösung des vor ihm stehenden technischen Problems nicht ohne weiteres erwartet werden kann, ist mehr als eine Routineleistung und deshalb als auf einem erfinderischen Schritt zu bewerten. Dies ist für einen Standtank bejaht worden, bei dem die vorteilhafte Anbringung eines Klarsichtschlauchs als Ölstandsanzeiger – wobei bisher bei einem einfachen Heizölvorratsbehälter anscheinen gänzlich auf einen solchen Anzeiger verzichtet wurde – durchaus keine handwerkliche Routine darstelle, BGH GRUR **62,** 576 – Standtank. Dem entspricht die langjährige Rechtsprechung des Patentgerichts, wonach eine Erfindung auf einem erfinderischen Schritt beruht, wenn sie der Fachmann nicht bereits auf der Grundlage seines allgemeinen Fachkönnens und bei routinemäßiger Berücksichtigung des Standes der Technik ohne weiteres finden kann, vgl. BPatGE **47,** 215.

27 Dies ist in Abgrenzung von einer Nichtigkeitsentscheidung über ein paralleles Patent, das den Gegenstand für nichtig erklärt hat, unter Zurückweisung des Antrags auf Löschung desselben Gegenstandes (bei gleichen Ansprüchen und gleichem Stand der Technik) in der Entscheidung vom 13. 10. 2004 (5 W(pat) 458/03) bekräftigt worden. Hiernach schließt die patentrechtliche Feststellung im Nichtigkeitsurteil, es erfordere kein erfinderisches Zutun, ein vorbekanntes Werkzeug bei Bedarf zusätzlich mit einem weiteren, im Patentanspruch näher bezeichneten Merkmal auszugestalten, nicht aus, dass die Ausgestaltung dennoch gebrauchsmusterrechtlich erfinderisch ist; begnügt sich der Durchschnittsfachmann bei dem Bemühen um die von ihm zu erwartende Lösung nämlich nicht routinemäßig mit sich ihm zunächst anbietenden Alternativlösungen, sondern muss er darüber hinausgehend intensivere Überlegungen anstellen, um die unter Schutz gestellte Lösung zu finden, so beruht eine derart überroutinemäßige Leistung auf einem erfinderischen Schritt im Sinn des Abs. 1.

28 **6. Gewerbliche Anwendbarkeit.** Die gewerbliche Anwendbarkeit ist in § 3 Abs. 2 als Möglichkeit der Herstellung oder Verwendung des Gebrauchsmustergegenstandes auf irgendeinem gewerblichen Gebiet, die Landwirtschaft eingeschlossen, definiert. Das dürfte bei allen Erzeugnisse betreffenden Erfindungen der Fall sein. Sie können selbstverständlich gewerblich hergestellt oder benutzt werden. Ob die Herstellung oder Benutzung erlaubt oder rentabel ist, ist gleichgültig. Wegen Einzelheiten vgl. zu § 5 PatG.

29 **7. Technischer Fortschritt.** Technischer Fortschritt ist seit dem ÄnderungsG vom 15. 8. 1986 keine eigenständige Schutzvoraussetzung des Gebrauchsmusterschutzes mehr. Er kann jedoch einen Anhalt für einen erfinderischen Schritt liefern, sein Fehlen gegen einen erfinderischen Schritt sprechen (BT-Ds. 10/3903, S. 19). Siehe aber Rdn. 66, 67 zu § 4 PatG.

30 **8. Dem Gebrauchsmusterschutz nicht zugängliche Gegenstände und Tätigkeiten** (§ 1 Abs. 2 und 3). Die in § 1 Abs. 2 beispielhaft genannten Gegenstände und Tätigkeiten sind – teils weil sie per se keine technischen Erfindungen sind, teils aus rechtspolitischen Gründen unbeschadet ihrer Eigenschaft als technische Erfindungen – dem Gebrauchsmusterschutz nicht zugänglich. Auf die Erläuterungen zum Begriff der technischen Erfindung (siehe Rdn. 4 sowie § 1 PatG Rdn. 41 ff.) wird verwiesen. Die in Absatz 2 Nr. 1–4 aufgezählten Gegenstände und Tätigkeiten entsprechen wörtlich dem § 1 Abs. 3 Nr. 1–4 PatG. Sie sind bei § 1 PatG Rdn. 95 ff. näher erläutert. Darauf wird verwiesen.

31 **a)** Der **Ausschluss biotechnologischer Erfindungen** als solcher vom Gebrauchmusterschutz nach Absatz 2 Satz 5 i. V. m. Absatz 3 bezieht sich auf die in § 1 Abs. 2 PatG 2005 genannten Erfindungen. Dies erfasst die dort genannten Erzeugnisse, also die aus biologischem Material bestehen oder dieses enthalten.

32 Nach der Gesetzesbegründung sollen sich **biotechnologische Erfindungen** nicht für den Schutz durch ein „reines“ Registrierrecht eignen, weil das neue Erfordernis der konkreten

Beschreibung der gewerblichen Anwendbarkeit eines Gens leicht mit der Anmeldung als Gebrauchsmuster umgangen werden könne; denn das Gebrauchsmuster werde vor seiner Eintragung nicht materiell auf Neuheit, erfinderische Leistung und gewerbliche Anwendbarkeit geprüft (vgl. Bl. **05,** 99, 101). Wenn ein einfacher DNA-Abschnitt ohne Angabe einer Funktion aber keine Lehre zum technischen Handeln enthält und deshalb keine patentierbare Erfindung darstellt, wie die Gesetzesbegründung unter Bezugnahme auf den Erwägungsgrund 23 der **Biotechnologierichtlinie** (Anhang Nr. 11) erklärt, so liegt dies wie alle anderen Zweifel am Vorliegen einer technischen Lehre in der **Prüfungskompetenz** der Gebrauchsmusterstelle im Eintragungsverfahren, vgl. Rdn. 4 zu § 8. Da das Fehlen der Funktionsangabe gesetzestechnisch zudem als Schutzausschlussgrund dem Absatz 2 zugeordnet ist, erstreckt sich der Prüfungsumfang bereits im Eintragungsverfahren hierauf ebenso wie auf die anderen Schutzausschlussgründe des Absatz 2 und auch des § 2 die nicht durch § 8 Abs. 1 Satz 2 von der Prüfung ausgenommen sind.

Abgesehen von diesen Ungereimtheiten in der Gesetzesbegründung für den Schutzausschluss der Nr. 5 hinaus ist die getroffene Regelung inhaltlich unklar. Erfindungen, die „aus biologischem Material bestehen", sind nämlich nach Absatz 3 (nur) **als solche** vom Schutz ausgeschlossen, so dass nur die Lehren für die Bereitstellung solchen Materials erfasst sind, nicht aber Lehren für die Bereitstellung von Erzeugnissen unter Einsatz solchen Materials, also die solches Material enthalten. Darüber hinaus erfasst der Schutzausschluss nach der Legaldefinition für biotechnologische Erfindungen, die dem Absatz 2 Nr. 5 zu entnehmen ist, aber auch ein Erzeugnis, das biologisches Material „enthält". Der Unterschied zwischen Lehren für die Bereitstellung von Erzeugnissen, die biologisches Material enthalten, und Lehren für die Bereitstellung von Erzeugnissen „als solche", die biologisches Material enthalten, ist nicht erkennbar. Ausschlussbestimmungen sind aber regelmäßig eng auszulegen. Das spräche für die Zulässigkeit des Schutzes eines Erzeugnisses, das biologisches Material enthält, ohne daraus schlechthin zu bestehen. Andernfalls liefe auch die Regelung des § 4 Abs. 7, die die Hinterlegung biologischen Materials betrifft, leer. Dem entspricht es, dass die **Biomaterial-Hinterlegungsverordnung** (Bl. **05,** 14; siehe Anhang Nr. 12) in ihren §§ 1, 3 und 5 bezüglich der von ihr erfassten Erfindungen, die biologisches Material „betreffen", ausdrücklich auch Gebrauchsmusteranmeldungen nennt; das ginge bei einem Schutzausschluss für Erzeugnisse (und nur solche können für Gebrauchsmuster in Frage kommen), die biologisches Material enthalten, ins Leere. Das wachsende Schutzinteresse bei pharmazeutischen Erfindungen, für die der flankierende Schutz durch ein schnell zu erwirkendes Gebrauchsmuster im Wege der Abzweigung aus einer nur langsam der Entscheidung über die Erteilung sich nähernden Patentanmeldung zunehmend ins Bewusstsein tritt, unterstreicht diese Auslegung. **33**

Ist die Eintragung biotechnologischer Erfindungen als Gebrauchsmuster erfolgt, so unterliegt dies als **Löschungsgrund** i. S. d. § 15 Abs. 1 Nr. 1 der Überprüfung im Löschungsverfahren wie auch der Geltendmachung als Einwendung mangelnder Schutzfähigkeit im Verletzungsverfahren. **34**

b) Der **Ausschluss bestimmter Verfahren** vom Gebrauchsmusterschutz in Absatz 2 Nr. 3 (Verfahren für …) und Absatz 3 (Ausschluss nur von **Verfahren als solche**) sowie von Verfahren schlechthin in § 2 Nr. 3 hat eine Unstimmigkeit der Rechtslage zur Folge. Im Ergebnis ist die Zugänglichkeit von Verfahrenserfindungen zum Gebrauchsmusterschutz wohl dahin zu verstehen, dass sie nach dem weitergehenden Schutzausschluß, nämlich dem des § 2 Nr. 3 schlechthin (und im Fall biotechnologischer Erfindungen nicht nur als solche, nach § 1 Abs. 3, was auch immer den Unterschied ausmachen mag) schutzunfähig sind, vgl. Rdn. 9 zu § 2. **35**

Zur Erläuterung von Absatz 3 wird im Übrigen auf die Ausführungen zu dem gleichlautenden § 1 Abs. 4 PatG (dort Rdn. 95–95 d) Bezug genommen.

2 *Schutzausschluß.* **Als Gebrauchsmuster werden nicht geschützt:**

1. **Erfindungen, deren Verwertung gegen die öffentliche Ordnung oder die guten Sitten verstoßen würde; ein solcher Verstoß kann nicht allein aus der Tatsache hergeleitet werden, daß die Verwertung der Erfindung durch Gesetz oder Verwaltungsvorschrift verboten ist.**
2. **Pflanzensorten oder Tierarten;**
3. **Verfahren.**

Inhaltsübersicht

1 **1. Vorbemerkung.** Die Vorschrift ist durch das GebrMÄndG 1986 als § 1a eingefügt worden. Änderungen sind durch das Produktpirateriegesetz und das BioTRichtlinienG 2005 erfolgt: durch letzteres ist „Veröffentlichungen und" sowie Nr. 1 Satz 2 (Ausnahme für Geheimgebrauchsmuster) mit Wirkung vom 28. 2. 2005 gestrichen worden.

2 **2. Schutzausschluss.** Die hier aufgeführten Schutzausschlussgründe sind bereits im Eintragungsverfahren zu beachten und führen, wenn sie vorliegen, zur Zurückweisung der Anmeldung. Ist eine Eintragung trotzdem erfolgt, können Dritte das Löschungsverfahren auf der Grundlage des Löschungsgrundes mangelnder Schutzfähigkeit nach § 15 Abs. 1 Nr. 1 betreiben. Eine Löschung von Amts wegen bei Vorliegen des Schutzausschlusses der Nr. 1 ist entgegen ursprünglicher Praxis (PräsPA Mitt **16,** 86; **33,** 372) als nicht zulässig zu betrachten.

3 **3. Öffentliche Ordnung, gute Sitten.** Dieser Schutzausschluss für Gebrauchsmuster entspricht dem in § 2 Abs. 1 PatG für Patente festgelegten Schutzausschluss; wenn die patentrechtliche Bestimmung jetzt von „gewerblicher" Verwertung unter Abweichung von der bisherigen und auch im Gebrauchsmustergesetz beibehaltenen Formulierung spricht, ist diesem Unterschied keine inhaltliche Bedeutung beizumessen. Insgesamt kann auf die Erläuterungen zu § 2 Abs. 1 PatG verwiesen werden. Da § 2 Abs. 2 PatG eine Konkretisierung der Ausschlusstatbestände enthält, ohne eine abschließende Regelung aufzustellen („insbesondere ..."), kann auch auf die hierzu gemachten Ausführungen Bezug genommen werden.

4 Zu den zuletzt zum Gebrauchsmusterschutz ergangenen Entscheidungen ist auf BPatGE **45,** 211 zu verweisen, wonach bei einer Gehäuseabdeckplatte für elektrische Schalter u. ä., die mit Leuchtdioden in Form des Europäischen Symbols (Sternkreis) ausgestattet ist, in der Verwertung nicht notwendig ein die Schutzfähigkeit ausschließender Verstoß gegen die öffentliche Ordnung liegt.

5 **4. Pflanzen, Tiere.** Das BioTRichtlinienG hat den Ausschlussgrund in Nr. 2 unverändert gelassen, während es gleichzeitig den entsprechenden patentrechtlichen Schutzausschluss (bisher § 2 Nr. 2 PatG) als § 2a PatG neu gefasst und dabei mehr ins Einzelne gehend geregelt hat. Dass die gebrauchsmusterrechtliche Vorschrift unverändert beibehalten worden ist, nötigt aber nicht dazu, bei ihrer Auslegung von der bisherigen Orientierung an der patentrechtlichen Regelung abzugehen. Denn mit der Biotechnologie-Richtlinie (Anhang Nr. 11), die durch das BioTRichtlinienG umgesetzt werden soll, sollen insoweit nicht wesentlich neue Regelungen eingeführt, sondern gemeinschaftsweit harmonisierte Regelungen festgeschrieben werden; die Umsetzung in nationales Recht soll die schon bisher geltenden Schutzausschlüsse lediglich besser und klarer festschreiben, vgl. Gesetzesbegründung, Bl. **05,** 95. Auf die Erläuterung zu § 2a PatG kann daher verwiesen werden. Im Übrigen gilt:

6 **a) Pflanzensorten.** Sie sind schlechthin – also auch, soweit sie nicht dem spezialgesetzlich geregelten Sortenschutz zugänglich sind – vom Gebrauchsmusterschutz ausgeschlossen. Lehren zur Bereitstellung anderer taxonomischer Einheiten als Sorten sind vom Schutzausschluss nicht erfasst.

7 **b) Tierarten.** Der bis zur Änderung durch das BioTRichlinienG auch in § 2 PatG a. F. verwandte Begriff der Tierart ist hinsichtlich des gebrauchsmusterrechtlichen Regelungsgehalts als mit dem jetzt für den Patentierungsausschluss des § 2a PatG verwendeten, inhaltlich schärfer abgegrenzten Begriff der Tierrasse, dem „zutreffenden" Begriff (Gesetzesbegründung, Bl. **05,** 100), übereinstimmend anzusehen. Denn Ausschlussbestimmungen sind als Ausnahmeregelungen im Zweifel eng auszulegen. Dieser Auslegungsgrundsatz gilt auch dahingehend, dass andere taxonomische Einheiten als Tierrassen vom Schutzausschluss nicht erfasst sind.

8 **5. Verfahren.** Literatur: König, Die Verweigerung des Gebrauchsmusterschutzes für Verfahrenserfindungen durch den Gesetzgeber im Lichte des Willkürverbots, GRUR **01,** 948. Der Schutz durch Gebrauchsmuster ist den Verfahrenserfindungen von Anfang an verwehrt geblieben. Die ausdrückliche Aufnahme dieses Schutzausschlusses in das Gebrauchsmustergesetz hat dies bekräftigt. Zur Abgrenzung der Verfahrens- von der Erzeugniskategorie vgl. auch die Erläuterungen zu § 1 Rdn. 6–10.

Der hier verwendete **Verfahrensbegriff** entspricht der herkömmlichen Verfahrensdefinition bei den technischen Schutzrechten des gewerblichen Rechtsschutzes und schließt insbesondere Arbeits- und Herstellungsverfahren ein, BGH GRUR **04,** 496 – Signalfolge, nicht unbedingt auch Verwendungsverfahren, vgl. U. Krieger, GRUR Int **96,** 354. Die Einordnung des unter Schutz gestellten Gegenstandes erfolgt für Gebrauchsmuster generell nach denselben Kriterien wie für Patente, BPatG Mitt **04,** 267. Der Ausschluss der **Verfahrenserfindungen** vom Gebrauchsmusterschutz verstößt schon wegen der verbleibenden Möglichkeiten des Patentschutzes nicht gegen höherrangiges Recht, BGH GRUR **04,** 496, 497. Der Gesetzgeber ist nicht durch Art 14 GG verpflichtet, einem Erfinder für jegliche Art von Erfindungen sämtliche denkbaren Schutzrechte zur Verfügung zu stellen, zumal der Anmelder es weitgehend in der Hand hat, durch eine entsprechende Formulierung der Schutzansprüche deren – zulässige – Kategorie selbst zu wählen; auch das allgemeine Gleichbehandlungsgebot des Art. 3 Abs. 1 GG steht dem Ausschluss von Verfahrenserfindungen vom Gebrauchsmusterschutz nicht entgegen, weil diese Differenzierung jedenfalls nicht willkürlich ist, BPatG Mitt **04,** 269. 9

a) Eine **Verfahrenslehre** liegt vor, wenn eine zeitliche Abfolge von Handlungen oder beherrschten Ereignissen als Problemlösung gelehrt wird. Das Fehlen eines ständigen **körperlichen Substrats** muss die Lehre nicht notwendig bereits als Verfahren iSd. Nr. 3 erscheinen lassen; damit ist eine Signalfolge, die für die Übersendung über das Internet geeignet ist und Daten repräsentiert, nicht vom Gebrauchsmusterschutz ausgeschlossen, BGH GRUR **04,** 496, 497, wohl dagegen der prozessuale Ablauf zur Erzeugung einer Datenbank, BPatG Mitt. **06,** 30 LS. 10

b) Verfahrensmerkmale in einem Schutzanspruch nehmen der Lehre nicht von vornherein die Schutzfähigkeit als Gebrauchsmuster, BPatG v. 2. 6. 04, 5 W (pat) 402/03, referiert bei Winterfeldt, GRUR **05,** 466. Sie müssen als zulässig angesehen werden, wenn und soweit sie die Lehre als ein Erzeugnis umschreiben, vgl. zu § 1 Rdn. 8. In den seltensten Fällen werden Erzeugnisse zum Gebrauchsmusterschutz angemeldet oder genießen ihn, ohne dass in den Schutzansprüchen auf durchgeführte (und gelegentlich sogar noch durchzuführende) Verfahrenschritte – z. B. „verzinkt“, „verzinkbar“, „zu verzinkend“ – Bezug genommen wird. Entscheidend für die Zulässigkeit solcher Merkmale ist nicht die äußere Eigenschaft, ein Verfahren zu schildern, sondern ihre Bestimmung, dazu beizutragen, ein Erzeugnis – mithin einen Gegenstand, der durch seine Gestalt, Struktur, Konstruktion oder sonstige, nicht von zeitabfolgegebundenen Erscheinungen geprägte Beschaffenheit charakterisiert wird – zu definieren, also nach seinem Inhalt als Erzeugnis eindeutig festzulegen, vgl. BPatG vom 2. 6. 2004, 5 W(pat) 402/03. Der Erfindungsgedanke muss unmittelbar das Erzeugnis betreffen, RG GRUR **33,** 307. Bei Vorliegen verfahrenshafter Merkmale muss als Schutzbegehren zweifelsfrei das Erzeugnis in seiner erzeugnishaften Ausgestaltung aus den Verfahrensangaben erkennbar sein, vgl. BPatGE **20,** 142. Bei Herstellungsverfahrensmerkmalen muss das Verfahrensprodukt aus den Verfahrensmerkmalen ablesbar sein, nicht umgekehrt; mißverständlich OLG Karlsruhe, Mitt **01,** 124. 11

Die Angabe der **Zweckbestimmung** eines Konstruktionselements in einem Schutzanspruch nimmt dem Schutzgegenstand nicht notwendig die Erzeugniskategorie, z. B. dann nicht wenn eine bekannte Vorrichtung durch Anpassung eines Konstruktionselements an einen neuen Verwendungszweck der Vorrichtung, sei es auch nur geringfügig, verändert worden ist, vgl. BGH GRUR **79,** 149. Vgl. auch zu § 1 Rdn. 7. 12

c) Herstellungsmethoden war und ist der Gebrauchsmusterschutz verwehrt, BGH GRUR **65,** 234, 236, BPatGE **20,** 52, 55. Über das Verfahrenserzeugnis kann **mittelbar Schutz für das Herstellungsverfahren** erreicht werden; Voraussetzung für einen solchen Schutz ist zunächst, dass das Verfahrenserzeugnis neu ist. 13

d) Für **Arbeitsvorgänge,** wie die Verteilung von Stoffteilchen in Flüssigkeiten, DPA Bl. **55,** 184, ist der Gebrauchsmusterschutz ausgeschlossen. Hierzu zählen Untersuchungs- oder Messverfahren, die Analyse oder Diagnose. Arbeitsmittel für ein Arbeitsverfahren sind dem Gebrauchsmusterschutz zugänglich, so dass hierdurch ein mittelbarer Schutz des Verfahrens eröffnet wird. Erste Voraussetzung ist aber die Neuheit des angewendeten Mittels. 14

e) Verwendungen. Schutzansprüche, die darauf gerichtet sind, ein Erzeugnis durch Verfahrensmaßnahmen für eine neue Verwendung geeignet zu machen, sind Verwendungsansprüche, die jedenfalls dann nicht vom Gebrauchsmusterschutz ausgeschlossen sind, wenn der Anspruchgegenstand in der Eignung des bekannten Stoffes für einen neuartigen medizinischen Einsatzzweck zu sehen ist, ebensowenig wie neue Stoffe, die Arzneimittel sind, vom Schutzausschluss erfasst werden, vgl. BGH GRUR **06,** 135 – Arzneimittelgebrauchsmuster, anders noch BPatG Mitt. **04,** 267, vgl. auch BPatGE **11,** 96, 102. Über die an die neue Verwendung (Anwendung) der bekannten Sache angepasste Ausgestaltung der Sache kann im übrigen **mittelbar Schutz für die Verwendung** (Anwendung) der Sache erreicht werden. 15

3 *Neuheit, Gewerbliche Anwendbarkeit.* (1) [1]**Der Gegenstand eines Gebrauchsmusters gilt als neu, wenn er nicht zum Stand der Technik gehört.** [2]**Der Stand der Technik umfaßt alle Kenntnisse, die vor dem für den Zeitrang der Anmeldung maßgeblichen Tag durch schriftliche Beschreibung oder durch eine im Geltungsbereich dieses Gesetzes erfolgte Benutzung der Öffentlichkeit zugänglich gemacht worden sind.** [3]**Eine innerhalb von sechs Monaten vor dem für den Zeitrang der Anmeldung maßgeblichen Tag erfolgte Beschreibung oder Benutzung bleibt außer Betracht, wenn sie auf der Ausarbeitung des Anmelders oder seines Rechtsvorgängers beruht.**

(2) **Der Gegenstand eines Gebrauchsmusters gilt als gewerblich anwendbar, wenn er auf irgendeinem gewerblichen Gebiet einschließlich der Landwirtschaft hergestellt oder benutzt werden kann.**

Inhaltsübersicht

Literaturhinweis: vgl. § 3 PatG Rdn. 1.

1 **1. Vorbemerkung.** § 3 ist durch das Gesetz zur Änderung des Gebrauchsmustergesetzes vom 15. 8. 1986 (BGBl. I 1446) neu gefasst worden. Er ist dem Sprachgebrauch des Patentgesetzes („Stand der Technik") angepasst, ohne inhaltlich mit § 3 PatG voll übereinzustimmen: Zum Stand der Technik des Gebrauchsmusters rechnen in Abweichung von § 3 PatG nicht mündliche Vorverlautbarungen, auch nicht offenkundige Vorbenutzungen außerhalb der Bundesrepublik Deutschland. Der absolute Neuheitsbegriff des Patentrechts aus Art. 4 StraÜ gilt nicht für das Gebrauchsmuster. Der materielle Schutz der sechsmonatigen Neuheitsschonfrist reicht weiter als die patentrechtliche Regelung des § 3 Abs. 4 PatG; er entspricht der früheren Gesetzeslage. Darüber hinaus wird die Kumulierung von Prioritätsfrist und Neuheitsschonfrist zugelassen.

2 **2. Prüfung der Neuheit.** Eine Neuheitsprüfung des Gegenstandes der Gebrauchsmusteranmeldung findet nicht bereits im Eintragungsverfahren statt, § 8 Abs. 1 Satz 2. Die Eintragung des Gebrauchsmusters wird ohne Prüfung der materiellen Schutzvoraussetzungen der Neuheit (und der erfinderischen Qualität) verfügt. Erst im Löschungsverfahren (§ 15 Abs. 1 Nr. 1) oder im Verletzungsfall (§ 13 Abs. 1) sind Feststellungen zur Neuheit zu treffen, sofern mangelnde Schutzfähigkeit geltend gemacht wird.

3 **3. Gegenstand der Neuheitsprüfung.** Literatur: Goebel, Schutzansprüche und Ursprungsoffenbarung – Der Gegenstand des Gebrauchsmusters im Löschungsverfahren, GRUR **00,** 477. Der Gegenstand des Gebrauchsmusters, der am Stand der Technik zu messen ist, ergibt sich aus den **Schutzansprüchen** in der eingetragenen Fassung. Zwar ist in der Rechtsprechung wiederholt geltend gemacht worden, dass der Inhalt der Ansprüche bei einem Gebrauchsmuster für die Auslegung nicht die gleiche Bedeutung wie bei einem Patent habe, weil die Fassung der Ansprüche – anders als bei Patenten – keiner Nachprüfung in der Richtung unterliegt, ob sie den Gegenstand zutreffend wiedergeben; deshalb sei bei der Auslegung der Inhalt der Unterlagen in seiner Gesamtheit heranzuziehen, BGH GRUR **57,** 270 unter Bezugnahme auf reichsgerichtliche Entscheidungen, wonach sich der Gegenstand aus den gesamten Unterlagen der Anmeldung ergebe, RGZ **155,** 385, 386 = GRUR **38,** 120; hierzu näher Goebel, GRUR **00,** 477 ff., vgl. auch BGH GRUR **62,** 299, 305; **64,** 433, 438; **68,** 360, 361. Andererseits ist bereits frühzeitig darauf hingewiesen worden, dass es, wenn der Anmelder einmal die Form eines besonderen Schutzanspruchs gewählt hat, nach seinem eigenen Willen eben gerade dieser Schutzanspruch ist, der die gesetzlich geforderte und für die Bedeutung des erlangten Schutzes entscheidende Angabe darüber enthält, welches der unter Schutz gestellte Gegenstand sein soll, möge der formulierte Schutzanspruch auch im Übrigen anhand der sonstigen Unterlagen auslegungsbedürftig und -fähig sei, vgl. RGZ **69,** 331, 333. Dem ist zuzustimmen. Die neuere Rechtsprechung ist dem unter Hinweis auf den durch das Produktpirateriegesetz 1990 eingefügten § 12 a GebrMG gefolgt, vgl. BGH GRUR **97,** 360; **98,** 910, 912, wobei allerdings diese

Bestimmung unmittelbar nur die besondere Bedeutung der Schutzansprüche für den Schutzbereich, nicht aber für den Schutzgegenstand betrifft. Vgl. auch Rdn. 19 zu § 4.

Gemäß § 4 Abs. 3 Nr. 3 hat der Anmelder in den Schutzansprüchen anzugeben, was als schutzfähig unter Schutz gestellt sein soll. Eine **von der Eintragung abweichende Fassung** der Schutzansprüche kann maßgeblich sein, soweit der Inhaber sein Schutzrecht nurmehr in eingeschränktem Umfang verteidigt. Merkmale aus der Anmeldung, die keinen Eingang in die (verteidigten) Schutzansprüche gefunden haben, vermögen die Neuheit des Schutzgegenstandes nicht zu begründen. Gegenstand des Gebrauchsmusters ist die technische Lehre, die der durchschnittliche Fachmann auf Grund seines allgemeinen Fachwissens den Schutzansprüchen unter Heranziehung von Beschreibung und Zeichnung ohne besondere Überlegung entnimmt. Allerdings setzt die **Ermittlung des Schutzgegenstandes** anhand dessen, was sich dem Fachmann ohne besondere Überlegungen erschließt, eine aufmerksame Lektüre des Beschreibungstextes und der sonstigen „eingetragenen" (der Eintragung zugrundeliegenden) Unterlagen voraus. Denn die technische Lehre eines gewerblichen Schutzrechts richtet sich nicht an den oberflächlichen und flüchtigen Leser, sondern an einen solchen, der sich aufmerksam und eingehend um das Verständnis des Inhalts bemüht, BPatGE **41,** 207. Im Übrigen gilt das zu § 3 PatG (Rdn. 12 e–i) Gesagte. 4

4. Stand der Technik. Literatur: vgl. Rdn. 13 zu § 3 PatG; Niedlich, Veröffentlichungen im Internet, Mitt **04,** 349. 5

a) Der **Gegenstand der Entgegenhaltung** aus dem Stand der Technik ergibt sich aus dem Gesamtinhalt der einzelnen schriftlichen Beschreibung oder Benutzungshandlung. Es ist unzulässig, lediglich auf abstracts, eine zusammenfassende Darstellung oder – bei entgegengehaltenem Schutzrecht – auf den Schutzanspruch abzustellen. Entscheidend ist, was der Durchschnittsfachmann der Darstellung im Stand der Technik ohne weitere zusätzliche Überlegungen als technische Lehre entnimmt. Auf § 3 PatG Rdn. 14 ff. kann verwiesen werden. Die Neuheit des beanspruchten Gegenstandes des Gebrauchsmusters ist im **Einzelvergleich** mit der jeweiligen Entgegenhaltung aus dem Stand der Technik festzustellen. Eine Gesamtschau des Standes der Technik findet bei der Neuheitsprüfung nicht statt, anders bei der Feststellung des erfinderischen Schritts – mosaikartige Betrachtung, § 1 Rdn. 16.

Der **Stand der Technik** ist nach der objektiven Sachlage zu beurteilen. Wenn der Gegenstand des Gebrauchsmusters nicht verändert wird, braucht sich der Gebrauchsmusterinhaber nicht daran festhalten zu lassen, dass er ein in Wirklichkeit neues Merkmal in den Eintragungsunterlagen als bekannt bezeichnet hat, BGH GRUR **71,** 115, 117 – Lenkradbezug I. Veröffentlichungen, aus denen der Durchschnittsfachmann das entscheidende Merkmal nicht erkennen konnte, sind nicht neuheitsschädlich, RG MuW **34,** 454. Vorveröffentlichungen genügen, wenn sie die Benutzung durch andere Sachverständige ermöglichen, RG MuW **29,** 179. Neuheitsschädlich sind auch solche Merkmale einer vorveröffentlichten Patentschrift, für die kein Schutz beansprucht wurde, BPatGE **15,** 12, 15. Entscheidend ist, ob sie derart beschrieben sind, dass ihr Nachbau dem Fachmann ohne zusätzliche Gedankenarbeit oder ergänzende Maßnahmen möglich ist, BGH GRUR **62,** 86, 88 – Fischereifahrzeug; BPatGE **15,** 12, 16. 6

b) Nur die **Beschreibung** in **schriftlicher Form** wird als Stand der Technik beim Gebrauchsmuster berücksichtigt. Bloß mündliche Erläuterungen sind anders als im Patentrecht unschädlich. Dem Gesetzgeber erschien es insbesondere im Hinblick auf die Kurzlebigkeit des Gebrauchsmusters nicht geboten, die mündliche Beschreibung als Stand der Technik einzuführen (BT-Ds. 10/3903 S. 20). Es verbleibt insoweit bei dem bisherigen, § 2 PatG 1968 entsprechenden Rechtszustand. Nur was in einem Schriftwerk festgelegt ist, kommt als neuheitsschädliche Vorveröffentlichung in Betracht. Nicht neuheitsschädlich vorbeschrieben ist, was lediglich in mündlichem Vortrag, auch anhand von Zeichnungen und Lichtbildern kundgetan wurde. Werden die schriftlichen Unterlagen des mündlich Vorgetragenen vervielfältigt, zur allgemeinen Verteilung angeboten und bereitgehalten, so ist neuheitsschädlich schriftlich vorbeschrieben. Der frühere Begriff der Druckschrift wurde durch die schriftliche Beschreibung ersetzt; hierzu rechnet auch die handschriftliche und die elektronische, mit dem Computer abrufbare Abfassung. Die schriftliche Beschreibung muss der Öffentlichkeit zugänglich sein, d. h. sie muss zur Vervielfältigung und Verbreitung in der Öffentlichkeit geeignet, bestimmt und zugelassen sein. Auch schon bei Anwendung von PatG 1968 ist über den Begriff der Druckschrift hinaus auf die mit der fortschreitenden Technik gewonnene Vervielfältigungsmöglichkeiten durch mechanische oder chemische oder fototechnische Mittel abgestellt worden. Auf die Erläuterung zu § 3 PatG Rdn. 56 a, 62 c wird verwiesen. Auf den Ort des Erscheinens der schriftlichen Vorverlautbarung kommt es nicht an. Eine zeitliche Begrenzung auf die Vorveröffentlichungen der letzten einhundert Jahre gab es schon im GebrMG a. F. nicht, anders noch § 2 PatG 1968. 7

8 Die **bildliche Darstellung** von Kenntnissen kann einer vermittels eines Worttextes erfolgten Beschreibung gleichzusetzen sein. Der Gegenstand einer Erfindung kann nämlich im Einzelfall auch durch eine zeichnerische Darstellung vermittelt werden, vgl. BPatG Mitt **82,** 74. Doch bedarf es auch in einem solchen Fall der Kundmachung von Erkenntnissen durch ein der Öffentlichkeit zugängliches Schriftstück. Die öffentliche Zugänglichkeit allein einer mündlichen, auf die gleichzeitig gezeigten Dias verweisenden Präsentation (eines medizintechnischen Geräts auf einem fachärztlichen Kongress) reicht nicht aus, vgl. BPatG vom 21. 7. 2003, 5 W(pat) 413/02, referiert von Winterfeldt, GRUR **04,** 379.

9 **Prioritätsältere, nicht vorveröffentlichte** Schutzrechtsanmeldungen werden anders als nach § 3 Abs. 2 PatG in die Neuheitsprüfung nicht einbezogen. Führt die prioritätsältere Anmeldung zu einem Patent oder einem Gebrauchsmuster, kann gegenüber dem jüngeren Gebrauchsmuster im Löschungsverfahren (§ 15 Abs. 1 Nr. 2) oder im Verletzungsrechtsstreit (§ 13 Abs. 1) der Einwand identischen älteren Schutzes erhoben werden.

10 **c) Offenkundige Vorbenutzung im Inland.** Für die Beurteilung der Neuheitsschädlichkeit einer offenkundigen Vorbenutzung im Inland gelten die gleichen Grundsätze wie im Patentrecht, RGZ **37,** 40. Auf die Ausführungen in Rdn. 63–66 zu § 3 PatG kann daher verwiesen werden. Die Neuheitsschädlichkeit offenkundiger Vorbenutzungen ist auf den Geltungsbereich des Gesetzes beschränkt, vgl. Rdn. 1.

11 Eine offenkundige und daher neuheitshindernde Vorbenutzung des Gegenstandes eines Gebrauchsmusters liegt vor, wenn die in Frage stehende Benutzungshandlung es ermöglicht hat, dass beliebige, zur Geheimhaltung nicht verpflichtete Dritte vom beanspruchten Gegenstand zuverlässige Kenntnis erlangen konnten, BGH GRUR **62,** 518, 520 – Blitzlichtgerät mit Nachw. Die Offenkundigkeit fehlt, wenn die innere Beschaffenheit des Gegenstandes nicht erkennbar war, RG Bl. **14,** 276. Der Verkauf eines einzigen Gegenstandes kann die Offenkundigkeit begründen, RG MuW **29,** 179, auch die Herstellung von Modellen kann genügen, RGZ **33,** 163. Die Übergabe eines Musterstückes an einen Kaufinteressenten stellt in der Regel keine offenkundige Vorbenutzung dar, wenn und soweit erwartet werden kann, dass der Empfänger die hierdurch erlangte Kenntnis vom Erfindungsgegenstand geheim gehalten wird. Diese **Geheimhaltungserwartung** kann jedoch später entfallen, wenn sich der Empfänger des Musterstücks nach den Umständen, z.B. nach Abschluss eines Liefervertrages über eine größere Zahl der Gegenstände zum Zwecke des Weiterverkaufs, für berechtigt halten kann, die erlangte Kenntnis an beliebige Dritte weiterzugeben, BGH GRUR **62,** 518 – Blitzlichtgerät. Zu den Voraussetzungen einer **Geheimhaltungspflicht** vgl. zu PatG § 3 Rdn. 67f. Ein Vertrag, der auf Herstellung eines geschützten Gegenstandes gerichtet ist, begründet ein Treueverhältnis, der Besteller ist rechtlich nicht ein beliebiger Dritter, so dass i.d.R. eine vertragliche, und zwar mindestens konkludente Geheimhaltungspflicht besteht.

12 Nur diejenige Benutzung ist neuheitsschädlich, die anderen Sachverständigen die **Erkenntnis** des beanspruchten Gegenstandes **und** dessen **Benutzung ermöglicht,** RG Mitt. **37,** 376. Die Vorbenutzung entfällt, wenn nur einzelne Elemente einer geschützten Kombination benutzt sind, RG GRUR **22,** 182, doch kann auch die Benutzung des beanspruchten Gegenstandes in technisch abweichender Form neuheitsschädlich sein (Glasform für Glasglühlichtbirnen und -zylinder), RG JW **14,** 1041. Ein aufgegebener, mißlungener Versuch ist keine Vorbenutzung, RGZ **33,** 163, 164. Der Fachmann muss auf Grund der Vorbenutzung den Anmeldegegenstand ohne dessen Kenntnis erkennen können, BPatGE **21,** 67, 71.

13 **d) Der Öffentlichkeit zugänglich gemacht** ist eine technische Lehre dann, wenn eine nicht beschränkte Anzahl von verständigen Personen von ihr Kenntnis erlangt hat oder Kenntnis erlangen konnte. Die objektive Möglichkeit zur Kenntnisnahme reicht aus. Es gelten die Erläuterungen Rdn. 48–56 zu § 3 PatG, vgl. auch BPatGE **42,** 33. Neuheitsschädlich sind daher auch im Gebrauchsmusterrecht die ausgelegten (offengelegten) Unterlagen von Patentanmeldungen und die Unterlagen eingetragener Gebrauchsmuster, PAGrSen. GRUR **53,** 440; BGH **37,** 219. Neuheitsschädlich sind auch die Unterlagen eines schon im Jahre 1920 eingetragenen Gebrauchsmusters, wenn die Auslegestücke im Jahre 1931 noch im Patentamt vorhanden und der unbeschränkten Vervielfältigung zugänglich waren, BGHZ **18,** 81 – Zwischenstecker II; PA Bl. **61,** 57; BPatG GRUR **80,** 995 für ein 1927 eingetragenes Gebrauchsmuster. Die Unterlagen eines Gebrauchsmusters werden am Tag seiner Eintragung Stand der Technik, vgl. Winkler Mitt. **87,** 1, 8.

14 **5. Zeitrang der Anmeldung.** Der Stand der Technik, gegenüber welchem sich der Gegenstand des Gebrauchsmusters als neu zu bewähren hat, muss in der Zeit vor dem für den Zeitrang der Gebrauchsmusteranmeldung maßgeblichen Tag liegen. Maßgebend für die Beurteilung der Neuheit ist somit der **Tag der Anmeldung,** bei Inanspruchnahme einer Priorität **der Prioritätstag** oder bei einer Anmeldung nach § 5 – Abzweigung – der **Tag der früheren**

Patentanmeldung, gegebenenfalls deren Prioritätstag, § 5 Abs. 1 Satz 1 u. 2, vgl. BPatG GRUR **91,** 42, 43. Die Neuheitsschonfrist bemisst sich im Fall der Abzweigung auch dann nach der beanspruchten Priorität einer wirksamen Patentanmeldung, wenn die Patentanmeldung wegen einer nicht den Voraussetzungen des § 3 Abs. 4 PatG entsprechenden vorzeitigen Offenbarung der Erfindung nicht zu einem wirksamen Patent führen kann, BGH Mitt. **96,** 118.

6. Neuheitsschonfrist. Literatur: Bardehle, Die Neuheitsschonfrist – Rechtssicherheit für wen?, Mitt **03,** 245. Diese Schonfrist soll die Möglichkeit sichern, die Erfindung vor einer Anmeldung zum Gebrauchsmusterschutz Dritten zu offenbaren, um z.B. die wirtschaftlichen Erfolgschancen zu ermitteln und auf diese Weise einen Geldgeber zu finden, wodurch – wie es in der Gesetzesbegründung heißt – insbesondere der unerfahrene Einzelerfinder geschützt werden soll (Bl. **86,** 324). Folgerichtig lässt die Regelung des Absatz 1 Satz 3 es zu, dass die fragliche Offenbarung auf der Ausarbeitung nicht nur des Anmelders, sondern auch seines Rechtvorgängers beruhen kann. Die Regelung der Neuheitsschonfrist wurde nicht zuletzt im Hinblick darauf, dass deren weitgehende Aushöhlung in § 3 Abs. 4 PatG in Fachkreisen kritisiert wird (BT-Ds. 10/3903 S. 21), abweichend vom Patentgesetz im Kern beibehalten und um die Kumulierung mit der Prioritätsfrist erweitert. Eine Beschreibung oder Benutzung des Gegenstands des Gebrauchsmusters, die innerhalb der letzten sechs Monate vor dem für den Zeitrang der Anmeldung maßgeblichen Tag (vgl. Rdn. 14) erfolgte und auf den Anmelder oder dessen Rechtsvorgänger zurückgeht, rechnet nicht zum Stand der Technik, bleibt also bei der Neuheitsprüfung wie bei der Beurteilung des erfinderischen Schritts außer Betracht. **15**

In Absatz 1 Satz 3 ist bei Inanspruchnahme einer Priorität der **Prioritätstag** als Zeitpunkt für den **Beginn der Neuheitsschonfrist** bestimmt. Die Nachanmeldung partizipiert an dem Schutz der Neuheitsschonfrist der Voranmeldung. Da der Prioritätstag den zur Neuheitsprüfung maßgeblichen Zeitrang der (Nach-)Anmeldung begründet, wird diesem die Neuheitsschonfrist vorgeschaltet. Neuheitsschonfrist und Prioritätsfrist werden kumuliert, auch wenn eine Patentanmeldung als prioritätsbegründend in Anspruch genommen wird. Dies kann nach der Gesetzeslage dazu führen, dass einunddieselbe Vorveröffentlichung wegen des geringeren Schutzes in § 3 Abs. 4 PatG der prioritätsbegründenden Patentanmeldung als Stand der Technik entgegensteht, während sie für die nachfolgende Gebrauchsmusteranmeldung gemäß Absatz 1 Satz 3 außer Betracht bleibt. Gleiches gilt, wenn der Anmeldetag (oder Prioritätstag) der früheren Patentanmeldung gemäß § 5 den für den Zeitrang der Gebrauchsmusteranmeldung maßgeblichen Tag bestimmt. **16**

Die Vorveröffentlichung muss in jedem Fall auf der Ausarbeitung des Anmelders oder seines **Rechtsvorgängers** beruhen, und zwar in einer ununterbrochenen Kette tatsächlicher Wissensvermittlung, BPatG GRUR **78,** 637. Bei der Prüfung der Schutzfähigkeit des Gebrauchsmusters ist eine innerhalb der Schonfrist erfolgte Veröffentlichung oder offenkundige Benutzung, die auf die geistige Tätigkeit des Anmelders oder seines Rechtsvorgängers zurückgeht, auch dann außer Betracht zu lassen, wenn sie sich nicht voll mit dem Gegenstand der späteren Anmeldung deckt; das gilt auch dann, wenn die frühere Veröffentlichung eine ältere Anmeldung betrifft, BGH GRUR **69,** 271, 273. **17**

Die gegenüber der Patentanmeldung eines Dritten bestehende schutzbedrohende Wirkung der unabhängig hiervon erfolgenden Vorverlautbarung eines anderen, der nachfolgend eine schonfristbegünstigte Gebrauchsmusteranmeldung eingereicht hat, kann nicht durch Erwerb eines Gebrauchsmusters des anderen und sodann Abzweigung eines Gebrauchsmusters aus der bedrohten Patentanmeldung behoben werden: die Vorverlautbarung bleibt gegenüber der abgezweigten Anmeldung nicht außer Betracht, wenn die Vorverlautbarung auf der Ausarbeitung des **Rechtsnachfolgers** des Anmelders der schonfristbegünstigten Anmeldung beruht (vgl. BPatG vom 14. 7. 2004, 5 W(pat) 429/03). **18**

7. Die gewerbliche Anwendbarkeit des Gegenstandes des Gebrauchsmusters wird als Schutzvoraussetzung erstmals in § 1 Abs. 1 erwähnt. Nach § 3 Abs. 2 ist diese Voraussetzung gegeben, wenn die unter Schutz gestellten Erfindungen des § 1 Abs. 1 auf irgendeinem gewerblichen Gebiet einschließlich der Landwirtschaft hergestellt oder benutzt werden können. § 3 Abs. 2 entspricht § 5 Abs. 1 PatG, der auf Art. 3 StraÜ zurückgeht. Die Erläuterungen zu § 5 Abs. 1 PatG können herangezogen werden. Die gewerbliche Verwertbarkeit war seit je ungeschriebenes Merkmal für den Gebrauchsmusterschutz. Auf die Wirtschaftlichkeit der Verwertung kommt es nicht an. Beschränkt sich die gewerbliche Verwertbarkeit auf einen gesetzes- oder sittenwidrigen Gebrauch, steht § 2 Nr. 1 schutzhindernd entgegen. Dass § 5 Abs. 2 PatG die meisten ärztlichen Verfahren als nicht gewerblich anwendbar erklärt, nimmt einem Gebrauchsmuster mit Schutzansprüchen, die sich auf die Verwendung bekannter Stoffe zu bestimmter medizinischer Indikation richten, nicht die Schutzfähigkeit, vgl. BGH GRUR **06,** 135, 136 – Arzneimittelgebrauchsmuster. **19**

4 *Anmeldeerfordernisse. Änderung und Teilung.* (1) [1]**Erfindungen, für die der Schutz als Gebrauchsmuster verlangt wird, sind beim Patentamt anzumelden.** [2]**Für jede Erfindung ist eine besondere Anmeldung erforderlich.**

(2) [1]**Die Anmeldung kann auch über ein Patentinformationszentrum eingereicht werden, wenn diese Stelle durch Bekanntmachung des Bundesministeriums der Justiz im Bundesgesetzblatt dazu bestimmt ist, Gebrauchsmusteranmeldungen entgegenzunehmen.** [2]**Eine Anmeldung, die ein Staatsgeheimnis (§ 93 Strafgesetzbuch) enthalten kann, darf bei einem Patentinformationszentrum nicht eingereicht werden.**

(3) **Die Anmeldung muß enthalten:**

1. **den Namen des Anmelders;**
2. **einen Antrag auf Eintragung des Gebrauchsmusters, in dem der Gegenstand des Gebrauchsmusters kurz und genau bezeichnet ist;**
3. **einen oder mehrere Schutzansprüche, in denen angegeben ist, was als schutzfähig unter Schutz gestellt werden soll;**
4. **eine Beschreibung des Gegenstands des Gebrauchsmusters;**
5. **die Zeichnungen, auf die sich die Schutzansprüche oder die Beschreibung beziehen.**

(4) [1]**Das Bundesministerium der Justiz wird ermächtigt, durch Rechtsverordnung Bestimmungen über die Form und die sonstigen Erfordernisse der Anmeldung zu erlassen.** [2]**Es kann diese Ermächtigung durch Rechtsverordnung auf das Deutsche Patent- und Markenamt übertragen.**

(5) [1]**Bis zur Verfügung über die Eintragung des Gebrauchsmusters sind Änderungen der Anmeldung zulässig, soweit sie den Gegenstand der Anmeldung nicht erweitern.** [2]**Aus Änderungen, die den Gegenstand der Anmeldung erweitern, können Rechte nicht hergeleitet werden.**

(6) [1]**Der Anmelder kann die Anmeldung jederzeit teilen.** [2]**Die Teilung ist schriftlich zu erklären.** [3]**Für jede Teilanmeldung bleibt der Zeitpunkt der ursprünglichen Anmeldung und eine dafür in Anspruch genommene Priorität erhalten.** [4]**Für die abgetrennte Anmeldung sind für die Zeit bis zur Teilung die gleichen Gebühren zu entrichten, die für die ursprüngliche Anmeldung zu entrichten waren.**

(7) [1]**Das Bundesministerium der Justiz wird ermächtigt, durch Rechtsverordnung Bestimmungen über die Hinterlegung von biologischem Material, den Zugang hierzu einschließlich des zum Zugang berechtigten Personenkreises und die erneute Hinterlegung von biologischem Material zu erlassen, sofern die Erfindung die Verwendung biologischen Material beinhaltet oder sie solches Material betrifft, das der Öffentlichkeit nicht zugänglich ist und das in der Anmeldung nicht so beschrieben werden kann, daß ein Fachmann die Erfindung danach ausführen kann (Absatz 3).** [2]**Es kann diese Ermächtigung durch Rechtsverordnung auf das Deutsche Patent- und Markenamt übertragen.**

Inhaltsübersicht

1. Vorbemerkung. Das 2.PatÄndG 1998 hat Abs. 2 und 8 a.F. eingefügt. Durch das Gesetz zur Bereinigung von Kostenregelungen auf dem Gebiet des geistigen Eigentums vom 13. 12. 2001 ist die Regelung der Anmeldegebühr des bisherigen Abs. 5 durch die Regelungen des PatKostG mit Wirkung vom 1. 1. 2002 ersetzt worden. Übergangsregelungen für vor dem 1. 1. 2002 liegende Fälligkeit, Zahlungsfrist, Vorauszahlung oder Beantragung einer Recherche: siehe Erläuterungen zu § 14 PatKostG bei § 17 PatG Rdn. 43. Soweit hiernach altes Recht anzuwenden ist, ist für die Zahlungsmodalitäten und die Gebührenhöhe auf das Patentgebührengesetz zu verweisen, das hinsichtlich der Gebührenhöhe zuletzt durch das Haushaltssanierungsgesetz vom 22. 12. 1999 geändert worden war. 1

2. Einleitung des Verfahrens. Die Gebrauchsmusteranmeldung hat zweifache Bedeutung, nämlich verfahrensrechtliche und sachlichrechtliche. Die verfahrensrechtliche Bedeutung der Anmeldung liegt darin, dass sie das Eintragungsverfahren einleitet und die äußeren Voraussetzungen für die Eintragung des angemeldeten Gegenstands schafft (vgl. unten a). Die sachlichrechtliche Bedeutung der Anmeldung besteht darin, dass sie eine Erfindung offenbart (vgl. unten b) und den Willen zum Ausdruck bringt, hierfür den Gebrauchsmusterschutz zu erlangen. Das Eintragungsbegehren wird durch die erfolgte Eintragung erledigt. Ein in der ursprünglichen Anmeldung enthaltener Überschuss kann im Rahmen der Inanspruchnahme der inneren Priorität, § 5 Abs. 1, die jetzt auch für Gebrauchsmuster möglich ist, aufgegriffen und im Rahmen der Nachanmeldung geltend gemacht werden. 2

a) Die Anmeldung ist **Verfahrensakt,** der das Eintragungsverfahren in Gang setzt. Das Eintragungsverfahren wird anhängig mit dem Eingang der schriftlichen Anmeldung beim **Patentamt** in München sowie seiner Dienststelle Jena, darüber hinaus auch bei einem **Patentinformationszentrum (PIZ),** sofern es zur Entgegennahme von Gebrauchsmusteranmeldungen im Bundesgesetzblatt bestimmt worden ist, Absatz 2 Satz 1; welche PIZ dies z.Zt. sind: vgl. Rdn. 136 zu § 34 PatG; der (versehentliche) Zugang beim **Europäischen Patentamt** sichert den Zugangstag als Tag des Eingangs entgegen früherer Annahme **nicht,** vgl. BPatG Bl. **05,** 183; MittPräsDPMA 23/05, Bl. **05,** 273. Es kann nur dann zu einem dem Anmelder günstigen Ergebnis – der Eintragung des Gebrauchsmusters – führen, wenn der Anmelder die prozessualen Voraussetzungen erfüllt (Rdn. 12) und die Anmeldung selbst den vorgeschriebenen Erfordernissen (Rdn. 13–30) genügt. Die Anmeldeerfordernisse sollen zwar grundsätzlich schon bei Einreichung der Anmeldung erfüllt sein. Soweit nicht etwas anderes bestimmt ist, wie für die Zahlung der Anmeldegebühr (Rdn. 30 a), genügt es indes, wenn sie im Zeitpunkt der Entscheidung vorliegen. Die Anmeldeerfordernisse sind daher grundsätzlich nachholbar. Sie können in der Regel auch noch im Beschwerdeverfahren nachgebracht werden. 2 a

b) Offenbarung der Erfindung. Die wichtigste sachlich-rechtliche Bedeutung der Anmeldung (vgl. oben Rdn. 2) liegt in der Offenbarung der zu schützenden Neuerung. Die Offenbarung muss zur Wahrung des Altersranges in der ursprünglichen Anmeldung erfolgen. Mängel der Offenbarung sind im Eintragungsverfahren nicht ohne Rechtsnachteile behebbar. 3

Der notwendige Umfang der Offenbarung ergibt sich aus entsprechender Anwendung des § 34 Abs. 4 PatG i.V.m. insbesondere § 6 Abs. 2 Nr. 3, 4 und 7 der Verordnung zur Ausführung des Gebrauchsmustergesetzes (**Gebrauchsmusterverordnung** – GebrMV) vom 11. 5. 2004, BGBl. I 890, Bl. **04,** 314 (Anhang Nr. 5), die die Gebrauchsmusteranmeldeverordnung vom 12. 11. 1986 ablöst. In der Anmeldung ist mithin die Erfindung, für die ein Gebrauchsmuster begehrt wird, so deutlich und vollständig zu offenbaren, dass ein Fachmann sie ausführen kann. In den ursprünglichen Anmeldungsunterlagen muss alles offenbart werden, was zum Inhalt der zum Gebrauchsmuster angemeldeten technischen Lehre gehört (vgl. Rdn. 14 ff. zu § 34 PatG). Nach § 6 Abs. 2 Nr. 3 GebrMV ist in der Beschreibung das der Erfindung, die Gegenstand des Gebrauchsmusters ist, zugrunde liegende Problem anzugeben. Dies gilt nicht, sofern sich das Problem ohnehin aus der angegebenen Lösung oder den Angaben über gegebenenfalls vorteilhafte Wirkungen der Erfindung unter Bezugnahme auf den in der Anmeldung genannten Stand der Technik ableiten lässt. Wegen der Darstellung von Lösung und Aufgabe und ihrer Relevanz im Rahmen des Offenbarungserfordernisses vgl. näher Rdn. 18 ff. zu § 34 PatG. 4

5 Offenbarungsmittel sind die gesamten Anmeldeunterlagen, insbesondere die Beschreibung, die Schutzansprüche und etwaige Zeichnungen. Modelle kamen schon nach § 4 i.d.F. des Änderungsgesetzes von 1986 grundsätzlich nicht mehr als Offenbarungsmittel in Betracht. Die qualifizierte Funktion, die der Zeichnung nach § 4 Abs. 2 Nr. 4 i.d.F. des Änderungsgesetzes von 1986 zukam, ist seit den Änderungen durch das Produktpirateriegesetz im Sinne des Patentrechts relativiert worden. Wegen der Besonderheiten des Gebrauchsmusterrechts, die sich aus der früheren Einschränkung des Schutzgegenstandes auf eine „Raumform" ergaben, vgl. die Rdn. 3 bis 7 zu § 4 der 8. Auflage.

6 **aa) Problem.** Jeder Erfindungsgedanke besteht aus Problem (Aufgabe) und Lösung (vgl. die Anmerkungen zu § 34 und § 1 PatG Rdn. 54ff., 59 sowie die dort wiedergegebene Kritik am Begriff der „Aufgabenerfindung"). Er kann entweder darin liegen, eine neue Aufgabe mit neuen oder bekannten Mitteln oder eine bekannte Aufgabe mit neuen (besseren) Mitteln zu lösen. Die Stellung einer neuen Aufgabe – ohne Angabe der Lösungsmittel – kann für sich allein nicht Gegenstand des Gebrauchsmusters sein.

7 **bb) Lösung.** In den Unterlagen müssen die Mittel angegeben werden, durch die die gestellte Aufgabe gelöst wird. Merkmale, die aus den Unterlagen für den Fachmann nicht ersichtlich sind, können nicht Gegenstand des Schutzes sein, vgl. im Übrigen Rdn. 64ff. zu § 1 PatG.

8 **cc) Zugehörigkeit zur Erfindung.** Gegenstand der Anmeldung ist indes nicht alles, was der Fachmann der Unterlagen entnehmen kann. Erforderlich ist weiter, dass der Fachmann auch die Zugehörigkeit der aus den Unterlagen ersichtlichen Merkmale zu der beanspruchten Erfindung erkennen kann. Aus den Unterlagen muss daher für den Durchschnittsfachmann ersichtlich sein, dass ein dort erwähntes oder gezeigtes Merkmal irgendwie für die Erfindung technisch von Bedeutung ist, vgl. RGZ **155,** 385, 386. Der Schutz kann sich nicht auf Merkmale erstrecken, deren technische Bedeutung für die Erfindung bei Kenntnisnahme von der Anmeldung dem Fachmann nicht nähergebracht wird, RGZ **155,** 385, 386; BGH GRUR **68,** 86, 89. Zum Gegenstand des Gebrauchsmusters gehört nicht, was nur in der Zeichnung enthalten ist, aber weder in der Beschreibung noch im Schutzanspruch erwähnt wird und vom Fachmann nicht als zum Gegenstand der Erfindung gehörig betrachtet wird, RG GRUR **44,** 140. Das gilt insbesondere für solche Merkmale, die der Fachmann nicht als mit dem Gegenstand der Erfindung zusammenhängend, sondern als zufällig betrachten muss, RG GRUR **39,** 202, 203. Im Ausnahmefall wird das allein der Zeichnung zu entnehmende Merkmal dem Fachmann ohne weiteres so deutlich als zur Erfindung gehörig erkennbar sein, dass es zum Schutzgegenstand gerechnet werden kann, vgl. BGH GRUR **67,** 476, 477; BPatG GRUR **78,** 529, 531.

9 Was in den Unterlagen nicht als neu hervorgehoben ist, kann grundsätzlich nicht Gegenstand des Schutzes sein RGZ **120,** 224, 227; RG MuW **37,** 408, 409. Sofern der Anmelder ein Merkmal **als bekannt bezeichnet** hat, kann er diese Angabe später selbst dann nicht „richtig stellen" und für das Merkmal Schutz beanspruchen, wenn es in Wirklichkeit neu ist, BPatGE **6,** 207, 214. Wenn jedoch der Gegenstand des Gebrauchsmusters nach Aufgabe und Lösung nicht verändert wird, braucht sich der Anmelder nicht daran festhalten zu lassen, dass er ein in Wirklichkeit neues Merkmal einer Gesamtkombination in den ursprünglichen Anmeldungsunterlagen als bekannt bezeichnet hat; er kann dann dieses Merkmal nachträglich vom Oberbegriff des Schutzanspruchs in den kennzeichnenden Teil übernehmen, BGH GRUR **71,** 115, 117.

10 **dd) Vorteile.** Technische Vorteile der in den Unterlagen beschriebenen Erfindung, die nicht den erfinderischen Gedanken selbst darstellen, sondern nur zur Begründung des technischen Fortschritts des auch ohne die Erkenntnis dieser Vorteile in sich verständlichen Gegenstandes dienen sollen, brauchen nicht in den ursprünglichen Unterlagen angegeben zu werden. Sie können nachträglich selbst dann zur Begründung der Schutzwürdigkeit des Gebrauchsmusters herangezogen werden, wenn sie in der Beschreibung nicht erwähnt sind, andererseits die dort genannten Vorteile nicht erreicht werden; es ist nur erforderlich, dass die tatsächlich vorhandenen Vorteile für den Fachmann aus der in den Unterlagen beschriebenen Lösung ohne weiteres ersichtlich sind, BGH GRUR **57,** 213.

11 **ee) Folgen mangelhafter Offenbarung.** Bei der Beurteilung der Schutzfähigkeit und des Schutzbereichs des Gebrauchsmusters kann nur der in den Unterlagen offenbarte Erfindungsgedanke herangezogen werden. Maßgebend sind grundsätzlich allein die ursprünglichen Anmeldungsunterlagen, soweit der Gegenstand nicht zwischenzeitlich noch eingeschränkt worden und damit die Beurteilungsgrundlage verengt worden ist (vgl. unten Rdn. 38). Wenn darin kein schutzfähiger Erfindungsgedanke offenbart ist, ist die Eintragung unwirksam. Das ist z.B.

der Fall, wenn in den Unterlagen nicht angegeben ist, wie der neue Gegenstand hergestellt werden kann, RGZ **156,** 217, 219 und sich dies für den Fachmann nicht ohne weiteres ergibt. Die Frage, ob und wann die Erfindung ausreichend offenbart ist, wird im Eintragungsverfahren nicht geprüft und durch die Feststellung des Anmeldetages nicht zum Ausdruck gebracht, PräsPA Bl. **52,** 154. Die Prüfung erfolgt erst in einem etwaigen späteren Löschungsverfahren oder Verletzungsstreit.

3. Anmelder. Hinsichtlich der Fähigkeit, Anmelder zu sein, der Prozessfähigkeit, der Vertretung und der Anmeldung durch Personenmehrheiten bestehen gegenüber dem Patentrecht keine Besonderheiten. Auf die Ausführungen zu § 34 PatG kann daher verwiesen werden. Das Erfinderrecht erkennt das Gesetz genau so an wie das Patentgesetz (§ 13 Abs. 3 GebrMG). Der Anmelder gilt jedoch als der Berechtigte. Eine Prüfung der Berechtigung findet ebenso wenig wie im Patenterteilungsverfahren statt (vgl. dazu § 7 PatG Rdn. 2). Eine **Erfinderbenennung** erfolgt beim Gebrauchsmuster bisher nicht. 12

4. Erfordernisse der Anmeldung. Die Erfordernisse der Anmeldung sind in Abs. 3 der Vorschrift umschrieben. Ergänzend tritt die auf Grund des Abs. 7 erlassene Gebrauchsmusterverordnung (Anhang Nr. 5), vgl. oben Rdn. 4, hinzu. Die Anmeldungsunterlagen müssen den detaillierten Anforderungen der §§ 4, 7 GebrMV entsprechen, damit sie als Bestandteil der technischen Dokumentation Verwendung finden können. 13

a) Name des Anmelders. Dieses Erfordernis des § 4 Abs. 3 Nr. 1 ist in § 3 Abs. 2 Nr. 1 GebrMV näher umschrieben. Die Namensangabe wird dort als Bestandteil des Eintragungsantrags gefordert. Sie entspricht im Übrigen dem gleich lautenden Erfordernis des § 34 Abs. 3 Nr. 1 Pat G. Auf Rdn. 48 zu § 34 PatG wird verwiesen. Die Angabe des Anmelders ist nicht nachholbar, vgl. Rdn. 16 zu § 4a. 14

b) Eintragungsantrag. Der Eintragungsantrag ist im Gesetz nur in Abs. 3 Nr. 2 erwähnt. Nähere Einzelheiten sind in § 3 GebrMV geregelt. Der Eintragungsantrag ist nicht nachholbar, vgl. Rdn. 16 zu § 4a. 15

aa) Form. Der Eintragungsantrag bedarf wie die Anmeldung insgesamt der Schriftform, § 2 GebrMV. Nach § 3 Abs. 1 GebrMV muss der Eintragungsantrag auf dem vom Patentamt vorgeschriebenen Formblatt eingereicht werden. Dieses Formblatt G 6003 (s. Bl. **04,** 353) kann kostenlos beim Patentamt bezogen oder über das Internet (http://www.dpma.de/formulare/gbm.html) abgerufen werden. Ist die Anmeldung nicht vom Anmelder, soweit er eine natürliche Person ist, unterzeichnet, sondern in seiner Vertretung, so reicht die Unterzeichnung, der der Zusatz „i. A." vorangestellt ist und sich deshalb als ein Handeln „im Auftrag" darstellt, für die sichere Erkennbarkeit der Vertreterstellung des Unterzeichners für den Auftraggeber nicht aus, BPatGE **44,** 209, 212. Wie bei der Patentanmeldung können auch die modernen Kommunikationsmittel zur Übermittlung an das Patentamt benutzt werden (z. B. Telebrief und Telekopie, Telex und Telegramm). Bei Übermittlung durch Telefax reicht es aus, dass die Kopiervorlage eigenhändig unterschrieben ist und diese Unterschrift auf dem beim Patentamt eingehenden Fax wiedergegeben wird; einer Bestätigung auf traditionellem Weg oder der anschließenden Übersendung der Kopiervorlage bedarf es zur Wirksamkeit nicht, vgl. BPatGE **44,** 209, 212. 16

bb) Inhalt. Der Eintragungsantrag muss nach der § 3 Abs. 2 Nr. 3 GebrMV als wesentlichsten Inhalt die Erklärung enthalten, dass für den angemeldeten Gegenstand die Eintragung eines Gebrauchsmusters beantragt wird. Dieses Begehren braucht in dem Antrag zwar nicht wörtlich enthalten zu sein. Es muss jedoch klar zum Ausdruck kommen, OLG Düsseldorf GRUR **31,** 636. Der Eintragungsantrag muss unbedingt und unbefristet sein. Eine Ausnahme war nach dem überholten § 2 Abs. 6 GebrMG 1968 nur für die Gebrauchsmusterhilfsanmeldung zugelassen. Die weiteren Angaben, die der Eintragungsantrag enthalten muss, sind in § 3 GebrMV im Einzelnen aufgeführt. Darauf kann verwiesen werden. 17

cc) Bezeichnung. Nach Abs. 2 Nr. 1 ist der Gegenstand des Gebrauchsmusters im Eintragungsantrag kurz und genau zu bezeichnen. § 3 Abs. 2 Nr. 2 GebrMV legt näher fest, dass es sich um eine kurze und genaue technische Bezeichnung des Gegenstandes handeln muss und dass Marken- oder sonstige Phantasiebezeichnungen unzulässig sind. Sie ist auch als Titel für die Beschreibung zu verwenden, § 6 Abs. 1 GebrMV. Verkehrsübliche Begriffe sind Hilfsbegriffen wie „Vorrichtung", „Mittel", „Gerät" etc. vorzuziehen. In der Bezeichnung sollen Erfindungen, für die Schutz beansprucht wird, nicht vorweggenommen werden. Diese Elemente gehören erst in den kennzeichnenden Teil der Schutzansprüche. Wegen mangelhafter Bezeichnung kann die Anmeldung nur zurückgewiesen werden, wenn die vom Anmelder gewählte Bezeich- 18 nung keine treffende Zusammenfassung des Gegenstandes der Anmeldung enthält, PA Mitt. **60,** 16.

19 **c) Schutzanspruch.** Ein oder mehrere Schutzansprüche sind für die Eintragung zwingend vorgeschrieben, § 4 Abs. 3 Nr. 3. In ihnen ist anzugeben, was als schutzfähig unter Schutz gestellt werden soll. Sie umreißen den Gegenstand des Gebrauchsmusters, BGH GRUR **98,** 910, 912, und haben im Wesentlichen die gleiche Bedeutung wie die Patentansprüche. Denn der Schutzgegenstand bestimmt sich nach den Schutzansprüchen, weil in ihnen anzugeben ist, was als schutzfähig unter Schutz gestellt werden soll. Was in den Anmeldungsunterlagen sonst noch als erfinderisch offenbart ist, aber nicht Aufnahme in einen der Schutzansprüche findet, die der Eintragung zugrunde gelegt werden, gehört nicht zum Gegenstand des eingetragenen Gebrauchsmusters, der allein sich im Löschungsverfahren gegenüber den Angriffen aus § 15 Abs. 1 bewähren muss. Eine Ergänzung des Gegenstandes, wie er in den eingetragenen Schutzansprüchen festgelegt ist, um ein weiteres Merkmal aus der Beschreibung ist nicht zulässig, BGH GRUR **97,** 360, 361 – Profilkrümmer. Zulässig bleibt die Auslegung des Schutzanspruchs durch die konkretisierenden Angaben der Beschreibung, unberührt auch die Beschränkung im Löschungsverfahren auf Ausführungsbeispiele und spezielle Ausgestaltungen der genereller formulierten Schutzansprüche, sofern sie nur von den eingetragenen Schutzansprüchen, wie sie nach der eingetragenen Beschreibung und den eingetragenen Zeichnungen auszulegen sind, als unter Schutz gestellt mit erfasst sind. Sie sind wesentliches Element für die Bestimmung des Schutzbereichs des Gebrauchsmusters und Grundlage eines etwaigen Löschungsverfahrens oder Verletzungsprozesses, § 12a Abs. 1 Satz 1. Weichen Begriffe in den Schutzansprüchen vom allgemeinen technischen Sprachgebrauch ab, ist der sich aus den Schutzansprüchen und der Beschreibung ergebende schutzrechtseigene Begriffsinhalt maßgebend, BGH GRUR **05,** 754. Vgl. im übrigen Rdn. 3 zu § 3.

20 Die Ansprüche müssen, wie beim Patent, **bestimmt gefasst** sein. Ein ganz allgemeiner Anspruch ist nicht zulässig (z.B. Gebrauchsmuster wie beschrieben oder wie gezeichnet), RG GRUR **31,** 757; PA Mitt. **38,** 217; Bl. **59,** 69. Mit einem Schutzanspruch, der (teilweise) allgemein auf die Zeichnung hinweist, darf ein Gebrauchsmuster auch dann nicht eingetragen werden, wenn die vom Anmelder als neu und erfindungswesentlich beanspruchten Merkmale aus der Zeichnung hinreichend erkennbar sind, BPatG Mitt. **77,** 139. Da die Schutzansprüche eines Gebrauchsmusters nicht Gegenstand eines Prüfungsverfahrens sind – jedenfalls was die Rechtsbeständigkeit gegenüber dem Stand der Technik betrifft – und im Allgemeinen nicht im Dialog zwischen Anmelder und Prüfer festgelegt werden, ist eine stärkere Heranziehung der Anmeldungsunterlagen des Gebrauchsmusters geboten, vgl. Rdn. 21 zu § 15. Kann allerdings eine technische Lehre nur der Beschreibung und der Zeichnung eines Gebrauchsmusters entnommen werden, so ist sie nicht Schutzgegenstand dieses Gebrauchsmusters, BPatGE **23,** 52, 53f.

21 Hinsichtlich der **Gliederung** der Schutzansprüche ist die Rechtslage durch § 5 GebrMV an die entsprechende Regelung für die Patentansprüche angeglichen worden, vgl. dazu Rdn. 55 bis 62 zu § 35 PatG. Nach § 5 Abs. 1 GebrMV kann in den Schutzansprüchen das, was als gebrauchsmusterfähig unter Schutz gestellt werden soll, einteilig oder nach Oberbegriff und kennzeichnendem Teil geteilt (zweiteilig) gefasst sein. In beiden Fällen kann die Fassung nach Merkmalen gegliedert sein. Wird die zweiteilige Anspruchsfassung gewählt, sind in den Oberbegriff die Merkmale der Erfindung aufzunehmen, von denen die Erfindung als Stand der Technik ausgeht § 5 Abs. 2 GebrMV, vgl. auch BGH GRUR **65,** 239, 241. Wegen der Besonderheiten, die sich für die zweiteilige Anspruchsfassung unter der Geltung des Raumformerfordernisses des bis zum 30. 4. 1990 anwendbaren Rechts ergaben, vgl. Rdn. 24 und 25 zu § 4 der 8. Aufl. Der kennzeichnende Teil ist wie bei der zweiteiligen Form für Patentansprüche mit den Worten „dadurch gekennzeichnet, dass“ oder „gekennzeichnet durch“ oder einer sinngemäßen Wendung einzuleiten, § 5 Abs. 2 Satz 2 GebrMV.

22 Die Einreichung von Schutzansprüchen ist bis zur Eintragungsverfügung **nachholbar,** ihr anfängliches Fehlen berührt also nicht die Begründung eines Anmeldetags, vgl. § 4a Abs. 2 Satz 1.

23 Nach der Eintragung hat die Beschränkung von Schutzansprüchen in ihrer Geltendmachung gegenüber Dritten, die Einreichung beschränkter Schutzansprüche zu den Registerakten mit **obligatorischer Wirkung** gegenüber der Allgemeinheit, vgl. BGH GRUR **98,** 910, 913, und die Vorlage beschränkter Schutzansprüche zur eingeschränkten Verteidigung im Löschungsverfahren gegenüber dem Löschungsantragsteller Bedeutung. Zur Geltendmachung eines eingeschränkten Schutzes im Verletzungsstreit bedarf es keiner Einreichung eingeschränkter Schutzansprüche beim Patentamt, BGH GRUR **03,** 867.

d) Beschreibung. Mit der Anmeldung ist eine Beschreibung des Gegenstandes des Gebrauchsmusters einzureichen ist, Abs. 2 Nr. 4; § 6 GebrMV. Diese Beschreibung entspricht in allen Teilen der „Beschreibung der Erfindung“ nach § 34 Abs. 3 Nr. 4 PatG. Das Merkblatt für Gebrauchsmusteranmelder empfiehlt, die Beschreibung mit der Angabe des Zwecks der Erfindung zu beginnen. Anzugeben ist jedenfalls nach § 2 GebrMV der Stand der Technik, der dem Anmelder bekannt ist; das der Erfindung zugrunde liegende Problem, sofern es sich nicht aus der angegebenen Lösung oder aus etwaigen Angaben über vorteilhafte Wirkungen der Erfindung unter Bezugnahme auf den in der Anmeldung genannten Stand der Technik ergibt, insbesondere dann, wenn es zum Verständnis der Erfindung oder für ihre nähere inhaltliche Bestimmung unentbehrlich ist; die Erfindung, für die in den Schutzansprüchen Schutz begehrt wird, und schließlich wenigstens ein Weg zum Ausführen der beanspruchten Erfindung im Einzelnen, gegebenenfalls erläutert durch Beispiele und anhand der Zeichnungen unter Verwendung der entsprechenden Bezugszeichen. In die Beschreibung sind keine Angaben aufzunehmen, die zur Erläuterung der Erfindung offensichtlich nicht notwendig sind. Wiederholungen von Schutzansprüchen oder Anspruchsteilen können durch Bezugnahme auf die Ansprüche oder Teile davon ersetzt werden, § 6 Abs. 3 GebrMV. 24

Bildliche Darstellungen darf die Beschreibung nicht enthalten, vgl. BPatGE **5,** 35. Bei chemischen und mathematischen Formeln sind die auf dem Fachgebiet national und international anerkannten Zeichen und Symbole zu verwenden. Einheiten im Messwesen müssen den gesetzlichen Vorschriften über diese Einheiten entsprechen. Zu Wirkungsangaben vgl. Rdn. 8 zu § 1. Insgesamt müssen die Darlegungen des Gegenstandes, für den Schutz begehrt wird, so klar, vollständig und eindeutig sein, dass ein Fachmann ihn nacharbeiten kann, ohne dabei selbst erfinderisch tätig werden zu müssen. Deshalb soll in der Beschreibung auch nicht auf früher eingereichte, aber nicht vorveröffentlichte Schutzrechtsanmeldungen hingewiesen werden, die eine in der Beschreibung angegebene technische Lehre enthalten sollen. Derartige Hinweise können Rechtsunsicherheit über den Inhalt des vorausgesetzten technischen Wissens begründen und sind daher auszuscheiden, vgl. BPatGE **24,** 194, 196 f. Vgl. im Übrigen auch die Erläuterungen zu § 34 PatG (Rdn. 80 ff.). 25

e) Zeichnungen. Zeichnungen müssen nur dann mit den übrigen Unterlagen der Anmeldung eingereicht werden, wenn darauf in den Schutzansprüchen oder in der Beschreibung Bezug genommen wird; doch ist die Einreichung solcher in Bezug genommener Zeichnungen fristgebunden **nachholbar** (§ 4 a Satz 2). Die Nachreichung sonstiger Zeichnungen, also solcher, auf die sich nicht bereits die ursprünglichen Anmeldungsunterlagen ausdrücklich beziehen, ist bis zur Eintragungsverfügung zulässig. 26

Die an die Zeichnungen zu stellenden Anforderungen sind in § 7 GebrMV näher geregelt; sie stimmen im Wesentlichen mit der entsprechenden Vorschrift für Zeichnungen in Patentanmeldungen überein. Die Zeichnungen sollen das **Zusammenwirken der Merkmale** der Erfindung klar erkennen lassen und das Wesentliche hervorheben. Für die einzelnen Teile der Zeichnungen sind Bezugszeichen zu verwenden, wenn ein Hinweis auf die Darstellung des betreffenden Teils in der Beschreibung das Verständnis erleichtert. 27

f) Einheitlichkeit. Für jede Erfindung ist nach § 4 Abs. 1 Satz 2 eine besondere Anmeldung erforderlich. Die Vorschrift entspricht inhaltlich § 34 Abs. 5 PatG und ist im gleichen Sinne anzuwenden und auslegen. 28

Bei mangelnder Einheitlichkeit des Schutzgegenstandes der Anmeldung muss der Anmelder uneinheitliche Teile auf Verlangen des Patentamts ausscheiden. Kommt der Anmelder der Aufforderung des Patentamts, den uneinheitlichen Teil auszuscheiden, nicht nach, so wird die ganze Anmeldung zurückgewiesen, PA MuW **39,** 281. Voraussetzung für die Ausscheidung aus einer Gebrauchsmusteranmeldung ist, dass im Zeitpunkt der Trennungserklärung die Stammanmeldung hinsichtlich des abzutrennenden Teils noch anhängig, also insoweit noch nicht durch Verzicht, Eintragung oder Zurückweisung erledigt und die Stammanmeldung auch nicht zurückgenommen ist, BPatGE **23,** 113, 116 f. Für die ausgeschiedene Anmeldung bleibt eine dafür in Anspruch genommene Priorität erhalten. Die Ausscheidung ist schriftlich zu erklären. Der Anmelder muss für die Trennanmeldung neue Anmeldungsunterlagen einreichen. Das Patentamt kann ihm hierfür eine Frist setzen. Kommt der Anmelder dem Verlangen des Patentamts nicht nach, kann die Anmeldung zurückgewiesen werden. 29

g) Anmeldegebühr. Für die Gebrauchsmusteranmeldung ist eine Anmeldegebühr zu zahlen, wie sich aus §§ 1 Abs. 1, 2 Abs. 1 PatKostG ergibt. Verfahrenskostenhilfe ist möglich, vgl. Rdn. 9 zu § 21. 30

Fällig ist die Anmeldegebühr mit der Einreichung der Anmeldung, § 3 Abs. 1 PatKostG. Wird die Gebühr nicht oder nicht vollständig oder nicht rechtzeitig gezahlt, so gilt die An- 30 a meldung als zurückgenommen, § 6 Abs. 2 PatKostG. Rechtzeitig gezahlt ist die Anmeldegebühr, wenn sie innerhalb von drei Monaten ab Fälligkeit gezahlt wird, § 6 Abs. 1 Satz 2 PatKostG. Bis zum Eingang der Zahlung bleibt die Bearbeitung der Anmeldung zurückgestellt, § 5 Abs. 1 Satz 1 PatKostG.

30b **Zahlungswege:** Bareinzahlung, Überweisung, Einzugsermächtigung, näheres s. § 1 PatKostZV 2003; Mitt. PräsDPMA 18/05, Bl. **05,** 145. Wirksam wird die Zahlung am Tag der Einzahlung, der Gutschrift bzw. des Ermächtigungseingangs, s. § 2 PatKostZV. Wird auf der Überweisung oder der Einzugsermächtigung ein nicht ausreichender Betrag angegeben, so reicht die gleichzeitig erfolgende Angabe des Zahlungszwecks allein nicht aus, die falsche Betragsangabe dahingehend zu korrigieren, dass in Wahrheit der für den Zahlungszweck erforderliche Betrag bestimmt sei, vgl. BPatGE **44,** 180.

30c Ist Gegenstand des Schutzbegehrens einer **internationalen Anmeldung** nach PCT ein deutsches Gebrauchsmuster mit Wirkung für die Bundesrepublik Deutschland, so ist beim Eintritt in die nationale Phase (Art. 22 Abs. 1 Satz 1 PCT, spätestens mit Ablauf von 30 Monaten seit dem Prioritätstag) die Anmeldegebühr nach dem Patentkostengesetz für das gebrauchsmusterrechtliche Anmeldeverfahren zu zahlen. Die Zahlung der Anmeldegebühr ist Voraussetzung für den Eintritt in die nationale Phase, vgl. die Begründung zum RegEntwurf, BT-Drs. 12/632, Bl. **92,** 45, 53, re. Sp.

30d Die **Höhe der Gebühr** bestimmt sich nach dem Gebührenverzeichnis der Anlage zu § 2 Abs. 1 PatKostG; sie beträgt gemäß Nr. 321 100 (321 000) z. Zt. 40 Euro. **Rückzahlung,** wenn es nicht zur Einreichung einer wirksamen Anmeldung kam, erg. § 10 Abs. 1, § 3 Abs. 1 PatKostG.

31 **5. Wirkung des Eingangs der Anmeldung.** Der Eingang der Gebrauchsmusteranmeldung, die die Mindestanforderungen Anmeldername, Eintragungsantrag und Beschreibung erfüllt (§ 4a Abs. 2 Satz 1), hat entsprechende Wirkung wie der Eingang der Patentanmeldung (vgl. die Erläuterungen zu § 35 PatG, dort insbes. Rdn. 26–31). Ausnahmsweise wird die Wirkung des Anmeldungseingangs hinfällig, und zwar bei **Verschiebung des Anmeldetags** infolge der Nachreichung von Zeichnungen unter den besonderen Voraussetzungen des § 4a Abs. 2 Satz 3, vgl. dort Rdn. 18.

32 **a) Festlegung der Schutzdauer.** Der Eingang der Anmeldung beim Patentamt bestimmt die Berechnung der Schutzdauer des Gebrauchsmusters, die mit dem Anmeldetag beginnt (§ 23 Abs. 1). Die Schutzwirkung tritt allerdings erst mit der Eintragung ein, vgl. § 11 Abs. 1. Ist die Gebrauchsmusteranmeldung aus einer Patentanmeldung nach § 5 **abgezweigt,** also deren Anmeldetag in Anspruch genommen worden, so richtet sich die Schutzdauer nach dem Anmeldetag der Patentanmeldung, vgl. Rdn. 16 zu § 5.

33 **b) Festlegung des Zeitrangs.** Der Zeitrang ist eine zeitliche Grenze, bis zu der die Kenntnisse der Öffentlichkeit zugänglich gemacht sein müssen, um als Stand der Technik für die Beurteilung der Schutzfähigkeit des jeweiligen Gebrauchsmusters berücksichtigt werden zu können, vgl. § 3 Abs. 1 Satz 2.

34 Der für den Zeitrang der Anmeldung **maßgebliche Tag** ist der Anmeldetag des Gebrauchsmusters, sofern der Anmelder nicht berechtigterweise die inländische oder ausländische Priorität einer vorausgegangenen Anmeldung der Erfindung nach § 6 Abs. 1 und 2 oder die Ausstellungspriorität einer vorausgegangenen Zurschaustellung der Erfindung nach § 6a in Anspruch nimmt.

35 Bei **Abzweigung** nach § 5 ist zum Unterschied zur Prioritätsbeanspruchung nicht nur der Zeitrang, sondern schlechthin der Anmeldetag der vorausgegangenen Patentanmeldung mit seinen drei Wirkungsbereichen in Anspruch genommen, die sich neben dem Zeitrang auch auf den Schutzdauerbeginn und auf die Festlegung des Anmeldungsgegenstandes beziehen, vgl. dazu Rdn. 16 zu § 5.

36 **c) Festlegung des Anmeldungsgegenstands.** Der Gegenstand der Anmeldung wird durch die Anmeldungsunterlagen (Eintragungsantrag, Beschreibung, Zeichnung und Schutzansprüche) festgelegt in dem Sinne, dass Änderungen nicht mehr beliebig vorgenommen werden können und Änderungen, die einen bestimmten Rahmen überschreiten, zur Zurückweisung der Anmeldung führen können oder, wenn sie in der Anmeldung verbleiben, materiell-rechtlich unbeachtlich sind, vgl. dazu unten Rdn. 45–49.

37 **6. Änderung der Anmeldung.** Die Anmeldungsunterlagen dürfen bis zur Eintragung – genauer der Anordnung der Eintragung (BPatGE **6,** 207, 210) – geändert werden.

38 **a) Zulässige Änderungen.** Die Zulässigkeit von Änderungen bestimmt sich sowohl hinsichtlich der davon betroffenen Unterlagen als auch hinsichtlich ihres möglichen Inhalts nach § 4 Abs. 5. Die Änderungen dürfen den Schutzgegenstand nur klarstellen oder beschränken,

nicht aber erweitern. Ergänzend können die Erläuterungen zu § 38 PatG herangezogen werden.

aa) Änderungsfähige Unterlagen. Sämtliche Anmeldungsunterlagen einschließlich der Bezeichnung können in bestimmten zeitlichen und inhaltlichen Grenzen abgeändert werden. **39**

Die **Schutzansprüche** können im Eintragungsverfahren bis zur Verfügung über die Eintragung des Gebrauchsmusters, § 8 Abs. 1 Satz 1, geändert werden. Insbesondere ist die Einreichung neuer, gegen den Stand der Technik neu abgegrenzter und inhaltlich dementsprechend beschränkter Schutzansprüche, die der Eintragung nunmehr zugrunde zu legen sind, zulässig, BPatGE **44,** 1876, 192. Dagegen sind Änderungen, die den Gegenstand der Anmeldung erweitern, nicht zulässig. Unzulässige Erweiterungen können auch im Eintragungsverfahren, sofern sie erkannt werden, vom Patentamt beanstandet werden und zur Zurückweisung der Anmeldung führen, wenn der Anmelder sie nicht rückgängig macht. Verbleiben solche Erweiterungen in den geänderten Anmeldungsunterlagen und wird das Gebrauchsmuster entsprechend eingetragen, können jedenfalls aus den Änderungen, die den Gegenstand der Anmeldung erweitern, Rechte nicht hergeleitet werden, § 4 Abs. 5 Satz 2. Es liegt insoweit nur ein Scheinrecht vor, vgl. BGH GRUR **68,** 360, 363. **40**

Die **Beschreibung** kann, wenn man zutreffend auf die in § 38 PatG für das Prüfungsverfahren getroffene Regelung und auf § 4 Abs. 5 Satz 1 abstellt,– wie schon nach früherem Recht (vgl. BPatGE **6,** 207, 209f.) – grundsätzlich geändert werden. Die durch das Verbot der unzulässigen Erweiterung des unter Schutz gestellten Gegenstands gezogenen Grenzen einschließlich des Verbots des Auswechselns des Gegenstands durch einen anderen (ein **Aliud**) sind zu beachten. Der Austausch der ursprünglichen Beschreibung durch eine neue unter Missachtung dieser Grenzen kann nach Absatz 5 Satz 2 keine weitergehenden Rechte begründen. Hierfür bedarf es vielmehr einer neuen Anmeldung mit neuem Anmeldetag. **41**

Der Anmelder kann auch die mit der Anmeldung eingereichte **Zeichnung** durch eine andere, mit dieser nicht liniengetreu übereinstimmende Zeichnung ersetzen, wenn durch sie Flüchtigkeiten und Verstöße gegen die Regel technischen Zeichnens beseitigt werden, BPatGE **7,** 130. Er ist auch nicht gehindert, eine der GebrMV entsprechende neue Zeichnung einzureichen und durch diese die ursprünglich eingereichte Zeichnung zu berichtigen und zu bereinigen, vgl. BPatGE **7,** 130, 132. Er kann die eingereichte Zeichnung durch eine neue ersetzen, wenn und soweit dies zur Beseitigung eines Mangels, etwa der offensichtlich unrichtigen Darstellung des Anmeldungsgegenstandes, geboten ist, BPatGE **22,** 29. Er kann ferner die eingereichte Zeichnung, wenn sie eine von den Merkmalen des Anmeldungsgegenstandes abweichende technische Gestaltung zeigt, gegen eine neue auswechseln, welche den Merkmalen entspricht, die den sonstigen Anmeldungsunterlagen eindeutig zu entnehmen sind, BPatGE **21,** 220. **42**

bb) Berichtigungen, Beschränkungen. Nach § 4 Abs. 5 Satz 1 sind Änderungen der Anmeldung in dem gleichen Umfange wie im Patenterteilungsverfahren bis zur Patenterteilung zulässig, nämlich solche Berichtigungen und Ergänzungen, die den Gegenstand der Anmeldung nicht erweitern. Es kann deshalb im Wesentlichen auf die Erläuterungen zu § 38 PatG (Rdn. 16ff.) verwiesen werden. Auch bei einer abgezweigten Anmeldung sind solche Änderungen zulässig, vgl. BPatGE **45,** 202, 204, sei es zur Klarstellung oder Beschränkung des unter Schutz gestellten Gegenstandes, sei es zur Bereinigung einer über „dieselbe Erfindung" (§ 5 Abs. 1 Satz 1) hinausgehenden unzulässigen Erweiterung. Bei der Beurteilung der Frage, ob Erweiterungen oder Veränderungen gegenüber den ursprünglichen Gebrauchsmusterunterlagen vorliegen, sind die ursprünglichen Unterlagen in ihrer Gesamtheit darauf zu untersuchen, ob das neu formulierte Schutzbegehren in ihnen bereits eine Grundlage findet, BGH GRUR **62,** 299, 305; **64,** 433, 438; **68,** 86, 89. Dafür kann es genügen, wenn die in den nachgereichten Unterlagen beanspruchte Ausführungsform in der Beschreibung von vornherein als eine im Sinne der Erfindung in Betracht kommende Lösung deutlich offenbart, d.h. differenziert beschrieben worden ist, BGH, GRUR **68,** 86, 89. Der Gebrauchsmusteranmelder, der in den ursprünglichen Anmeldungsunterlagen eine für zweierlei Verwendungsarten ausgestaltete Vorrichtung offenbart und dafür im Anspruch Schutz begehrt hat, kann daher sein Schutzbegehren vor der Eintragung auf eine Ausführungsform richten, die für eine der beiden Verwendungsarten geeignet ist, sofern diese nachträglich beanspruchte Ausführungsform in den ursprünglichen Unterlagen als eine im Sinne der Erfindung in Betracht kommende mögliche Lösung offenbart ist, BGH GRUR **68,** 86, 89. **43**

b) Unzulässige Änderungen. Unzulässig sind Änderungen, die den Gegenstand der Anmeldung erweitern, § 4 Abs. 5 Satz 1, wie z.B. die Aufnahme einer ursprünglich nicht offenbarten Merkmalskombination in einen neuen Schutzanspruch, vgl. BGH GRUR **98,** 910, 913. **44**

Eine unzulässige Änderung liegt auch vor, wenn sich die nachträglich beanspruchte Ausführungsform nur aus beiläufigen Bemerkungen in den ursprünglichen Unterlagen oder aus Merkmalen, deren technische Bedeutung für den Durchschnittsfachmann nicht ersichtlich ist, herausdeuten lässt, BGH GRUR **68,** 86, 89; BPatGE **7,** 20, 23. Sie liegt auch vor, wenn durch die Änderung des Schutzbegehrens die ursprüngliche Aufgabe eine Änderung erfährt, BPatGE **20,** 133.

45 **c) Folgen unzulässiger Änderungen**

46 **aa)** Das Patentamt prüft **im Eintragungsverfahren** regelmäßig schon seit langem (vgl. dazu die Angaben in BPatGE **6,** 207, 209) nicht mehr, ob die vom Anmelder vorgenommenen Änderung sich sachlich als im Sinne des § 4 Abs. 5 Satz 1 zulässige Ergänzung oder Berichtigung (vgl. oben Rdn. 43) oder als unzulässige Erweiterung (vgl. oben Rdn. 44) darstellt. Es beschränkt sich vielmehr gegebenenfalls in der Regel darauf, die alten Unterlagen mit einem Stempelaufdruck zu versehen, der darauf hinweist, dass neue Unterlagen vorliegen. Diese Handhabung, die die sachliche Prüfung einem etwaigen späteren Gebrauchsmusterlöschungsverfahren oder Gebrauchsmusterverletzungsstreit überlässt, entspricht der größeren Annäherung des Gebrauchsmustereintragungsverfahrens an ein Registrierverfahren. Die Befugnis, eine von ihm als solche erkannte unzulässige Erweiterung zu beanstanden und die Anmeldung zurückzuweisen, wenn der Anmelder sie nicht beseitigt (vgl. § 38 PatG Rdn. 40), kann aber dem Patentamt nicht abgesprochen werden, BPatGE **18,** 56, 62f.; von ihr Gebrauch zu machen, dient der Rechtssicherheit, BPatG Mitt. **79,** 170, 171. Vor allem im Eintragungsbeschwerdeverfahren sind solche Beanstandungen auch durchaus üblich, vgl. etwa BPatGE **18,** 56, 62f.

47 **bb) Im Löschungsverfahren** wird das Gebrauchsmuster auf das Vorliegen unzulässiger Erweiterungen hin geprüft, und zwar zum einen auf einen Löschungsantrag hin, der sich auf eben diesen Löschungsgrund (§ 15 Abs. 1 Nr. 3) stützt, zum anderen von Amts wegen, wenn der Löschungsgrund mangelnder Schutzfähigkeit (§ 15 Abs. 1 Nr. 1) geltend gemacht worden ist, aber Anlass zu der Annahme besteht, dass der Gegenstand unzulässig erweitert worden ist. Wird im ersten Fall eine unzulässige Erweiterung bejaht, so führt dies zur Teillöschung durch Bereinigung des Gegenstandes um die vor der Eintragung erfolgte Erweiterung. Im zweiten Fall wird der Gegenstand um die vor oder nach der Eintragung erfolgte Erweiterung bereinigt und erst der bereinigte Gegenstand der Schutzfähigkeitsprüfung unterzogen. Die Prüfung bezieht sich aber hier wiederum jeweils nur auf die Erweiterung des Schutzgegenstandes, nicht auf die des Schutzbereichs, vgl. BGH GRUR **98,** 910, 913.

48 Die Prüfung auf unzulässige Erweiterung erfolgt im Löschungsverfahren überdies unter weitergehenden Gesichtspunkten, vgl. BPatG GRUR **88,** 530, nämlich darauf, ob der verteidigte Gegenstand nicht nur über das ursprünglich als erfinderisch Offenbarte, sondern auch über das in den eingetragenen Schutzansprüchen Festgelegte hinausgeht. Werden zum Zweck der Selbstbeschränkung neue Schutzansprüche eingereicht, die zugleich eine unzulässige Erweiterung zum Inhalt haben, so hat dies zur Folge, dass sich die Anpassung der Schutzansprüche als unwirksam, weil unzulässig, erweist, die neuen Schutzansprüche also nicht an die Stelle der ursprünglichen Schutzansprüche treten können, BGH GRUR **98,** 910, 913 – Scherbeneis. Wegen der Behandlung eines nicht in der Anmeldung offenbarten, an sich beschränkenden Merkmals des eingetragenen Gebrauchsmusters, dessen Streichung im Löschungsverfahren den Gegenstand des Gebrauchsmusters erweitern würde, vgl. BPatGE **31,** 109, 112 mit der **Disclaimer-Lösung.**

49 **cc) Im Verletzungsstreit** können auf der Grundlage von § 4 Abs. 5 Satz 2 Erweiterungen berücksichtigt werden. Sie sind auf eine entsprechende Einwendung ebenso wie der Löschungsgrund mangelnder Schutzfähigkeit (§ 13 Abs. 1 i.V.m. § 19 Satz 2) aufzugreifen. Denn § 19 Satz 1 stellt zur Frage, ob der Gebrauchsmusterschutz besteht, zwar die Möglichkeit eines Löschungsverfahrens zur Beantwortung dieser Frage in Rechnung, verweist den Verletzungsbeklagten aber nicht zwingend auf den Löschungsverfahrensweg. Vielmehr enthält § 19 Satz 2 die Prüfungskompetenz auch über den Einwand der Unwirksamkeit (damit auch: Teilunwirksamkeit) des Streitgebrauchsmusters wegen eingewandter unzulässiger Erweiterung (evtl. in Verbindung mit eingewandter Schutzunfähigkeit), anders also als das Patentrecht mit seinem gegenüber dem Verletzungsverfahren prärogativen Nichtigkeitsverfahren, vgl. Rdn. 47 zu § 38 PatG.

50 **7. Neue Unterlagen nach Eintragung.** Durch die Eintragung wird das Gebrauchsmuster in der Form geschützt, in der es der Eintragungsverfügung zugrunde lag, BPatGE **6,** 207, 211. Der Gegenstand des Gebrauchsmusters wird durch die Eintragung festgelegt, BGH GRUR **98,** 910, 912; BPatGE **11,** 96, 100. Er kann nicht nachträglich durch einen anderen ersetzt werden, BPatGE **10,** 53.

Eine **nachträgliche Beschränkung** des eingetragenen Gebrauchsmusters sieht das Gebrauchsmustergesetz – anders als das Patentgesetz (§ 64 PatG) – nicht vor. Dem Gebrauchsmusterinhaber wird jedoch schon seit langem gestattet, nach der Eintragung des Gebrauchsmusters neue Schutzansprüche einzureichen; diese werden zu den Akten des eingetragenen Gebrauchsmusters genommen und mit diesen jedem Interessenten zugänglich gemacht. Die Einreichung geänderter Zeichnungen oder einer geänderten Beschreibung wird nach der Eintragung des Gebrauchsmusters nicht mehr für zulässig erachtet, BPatGE **11,** 88; **29,** 252. Eine nach der Eintragung des Gebrauchsmusters eingereichte Zeichnung oder Beschreibung wird zurückgegeben oder jedenfalls nicht zu den Akten des eingetragenen Gebrauchsmusters genommen, BPatGE **11,** 88, 95. Zur Behandlung solcher Gebrauchsmusterunterlagen hat der RegE zum Gebrauchsmuster-Änderungsgesetz ausdrücklich nicht Stellung genommen und es bei der bisherigen Rechtslage und Sachbehandlung belassen, BT-Ds. 10/3903, S. 21, re. Sp. Rdn. 4. 51

Das Patentamt nimmt **neue Schutzansprüche** ohne Prüfung zu den Akten des eingetragenen Gebrauchsmusters und überlässt die Beurteilung dieser Ansprüche dem Gebrauchsmusterlöschungsverfahren oder einem späteren Verletzungsstreit. 52

Die Wirkung von neu gefassten Schutzansprüchen, die nach der Eintragung zu den Akten des Gebrauchsmusters eingereicht wurden, ist verschieden, je nach dem, ob sie eine Berichtigung, eine Einschränkung oder eine Erweiterung des Schutzbegehrens enthalten. 53

a) Berichtigungen, Beschränkungen. Das Führen der Registerakte nach der Eintragung des Gebrauchsmusters im Register erschöpft sich nicht in der Begleitung seiner Schutzdauer und eines etwaigen Inhaberwechsels. Vielmehr erlangt die bei der Gebrauchsmusterstelle geführte Akte auch häufig Bedeutung für den Inhalt der aus dem Gebrauchsmuster abgeleiteten Rechte, nämlich wenn der Inhaber einen **Teillöschungsantrag** vermeiden oder jedenfalls das **Kostenrisiko** im Löschungsverfahren mindern will und deshalb neue Schutzansprüche einreicht. Allerdings kann das Schutzrecht selbst nicht durch die **Vorlage neuer, geänderter Schutzansprüche** durch den Gebrauchsmusterinhaber inhaltlich verändert werden, BGH GRUR **98,** 910, 912. Es besteht aber Übereinstimmung darüber, dass nach der Eintragung eingereichte Unterlagen, die eine Einschränkung oder Klarstellung des Schutzbegehrens enthalten, rechtlich von Bedeutung sind, vgl. RG GRUR **29,** 593, 594; **33,** 305, 306; BPatGE **6,** 207, 211. Die Einreichung der Schutzansprüche zu den Akten des Gebrauchsmusters kann als Selbstbeschränkung zur Folge haben, dass Ansprüche gegen Dritte nur noch auf die neu gefassten, klargestellten oder eingeschränkten Schutzansprüche gestützt werden können; entscheidend ist allerdings, dass dieser Selbstbeschränkungswille des Gebrauchsmusterinhabers hinreichend deutlich zum Ausdruck kommt. Die Einreichung neuer Schutzansprüche zur Registerakte für sich allein wird dies regelmäßig nicht mit der für eine endgültige Aufgabe von Rechten erforderlichen Eindeutigkeit und Bestimmtheit ausdrücken. Es kommt wesentlich auf die begleitenden Erklärungen an. Sie müssen erkennen lassen, dass der Gebrauchsmusterinhaber für Vergangenheit und Zukunft keine über die nachträglich neu formulierten Schutzansprüche hinausgehenden Rechte aus dem Gebrauchsmuster geltend machen will, vgl. BGH GRUR **98,** 910, 912; weniger streng früher BPatGE **11,** 96, 101; vgl. auch RG GRUR **29,** 593, 594. Dem Gebrauchsmusterlöschungsverfahren unterliegt zwar das Gebrauchsmuster in der eingetragenen Form, BGH GRUR 98, 910, 912; BPatGE **45,** 53, 55. Auch für dieses Verfahren sind jedoch die klargestellten oder geänderten Schutzansprüche von Bedeutung, BPatGE **6,** 207, 211; **8,** 44; **19,** 161, 163. Soweit die eingetragenen über die nach der Eintragung eingereichten Schutzansprüche hinausgehen, unterliegt das Gebrauchsmuster auf einen zulässigen Löschungsantrag ohne weiteres der Löschung, BPatGE **19,** 161, 163. In diesem Umfang hat der Gebrauchsmusterinhaber die **Kosten des Löschungsverfahrens** zu tragen, wenn er der Löschung uneingeschränkt widerspricht und nicht von der Möglichkeit Gebrauch macht, der Löschung nur teilweise (im Umfang der eingeschränkten Schutzansprüche) zu widersprechen, BPatGE **22,** 126, 128; **26,** 191, 192f.; Mitt. **04,** 23. 54

Diese **Wirkung der nachträglichen Vorlage** klarstellender oder beschränkter Unterlagen lässt sich nicht damit erklären, dass man die Einreichung der beschränkten Unterlagen als Teillöschungsantrag auffasst. Ein derartiger Antrag kann nicht vom Gebrauchsmusterinhaber selbst gestellt werden. Er würde auch erst mit einem entsprechenden Ausspruch des Patentamts, der in solchen Fällen nicht erfolgt, Wirkungen äußern können. Man kann vielmehr als gewohnheitsrechtlich verfestigt davon ausgehen, dass nachträgliche (beschränkende) Eingaben des Gebrauchsmusterinhabers das Schutzrecht als solches, das mit der Eintragung festliegt und nur durch ein Mitwirken des Patentamts geändert werden könnte, unangetastet lassen, jedoch insoweit rechtlich von Bedeutung sind, als sie eine den Gebrauchsmusterinhaber bindende Erklä- 55 rung an die Allgemeinheit enthalten, das Gebrauchsmuster nur noch mit dem beschränkten Inhalt geltend machen zu wollen, vgl. BGH GRUR **98,** 910, 912; RG GRUR **44,** 140, 141; BPatGE **26,** 191, 192. Die neu gefassten Schutzansprüche müssen daher zu den Gebrauchsmusterakten gelangt sein, wo sie der Öffentlichkeit zugänglich sind (PräsPA Bl. **40,** 102); es genügt nicht, dass neue Ansprüche zu den Akten des Löschungsverfahrens gegeben werden, ganz abgesehen davon, dass in diesem Fall Zweifel darüber bestehen könnten, ob es sich um einen endgültigen Verzicht oder lediglich um einen Abgrenzungsversuch gegenüber dem im Verfahren entgegengehaltenen Material handelt. Auch nach dem Erlöschen eines Gebrauchsmusters zu dessen Akten eingereichte eingeschränkte Schutzansprüche verpflichten den Gebrauchsmusterinhaber schuldrechtlich gegenüber der Allgemeinheit, das Gebrauchsmuster nur noch im Umfang der eingeschränkten Ansprüche geltend zu machen. In diesem Umfang ist das Gebrauchsmuster auf einen Feststellungsantrag hin ohne weiteres für unwirksam zu erklären, BPatGE **29,** 8, 9f.

56 **b) Erweiterungen. Literatur:** Werner, Unzulässige Anspruchsänderung bei eingetragenem Gebrauchsmuster als Löschungsgrund, GRUR **80,** 1045.

Da der Inhalt des Gebrauchsmusters durch die Eintragung festliegt, kann die eingetragene Lösung nicht mehr durch eine andere ersetzt werden RGZ **114,** 144, 147; **120,** 224, 228f., wie auch die angemeldete Lösung nicht mehr durch eine andere ersetzt werden kann. Auch eine Erweiterung des Schutzbegehrens ist aus diesem Grunde nicht mehr möglich, RG GRUR **35,** 375, 376; BPatGE **8,** 44; **11,** 96, 100.

57 Nachträglich eingereichte Unterlagen, die an die Stelle des eingetragenen etwas anderes setzen oder den Gegenstand des Gebrauchsmusters erweitern, können daher nicht zur Grundlage von Ansprüchen gegen Dritte gemacht werden; RG, GRUR **35,** 375, 376; **36,** 499, 500. Nachträgliche Änderungen (Erweiterungen) können auch nicht im Löschungsverfahren zur Begründung der Schutzfähigkeit des Gebrauchsmusters herangezogen werden, vgl. BPatGE **6,** 207, 211; **8,** 44. Denn nach dem Grundgedanken des § 4 Abs. 5 Satz 2 sowie des § 38 Satz 2 PatG können geänderte Unterlagen nur insoweit nicht an die Stelle der bisherigen treten, als sie eine Erweiterung enthalten. Sofern die nachträglich eingereichten Schutzansprüche ohne weiteres von der in ihnen enthaltenen Erweiterung befreit werden können, dürfen daher die neuen Ansprüche unter Ausschluss der Erweiterung der Prüfung im Löschungsverfahren zugrunde gelegt werden, BPatGE **19,** 161; **26,** 191, 193. Entsprechendes muss für den Verletzungsstreit gelten, wobei freilich die Unklarheit, die er selbst durch seine Erklärung zwischenzeitlich hervorgerufen hatte, bei der Beurteilung des etwaigen Verschuldens eines Dritten zum Nachteil des Gebrauchsmusterinhabers berücksichtigt werden muss, vgl. hierzu auch BGH GRUR **68,** 360, 364. Weist der Gegenstand eines eingetragenen Gebrauchsmusters ein bei dessen Anmeldung nicht offenbartes, an sich beschränkendes Merkmal auf, kann dieses Merkmal im Löschungsverfahren nicht entfallen, wenn dadurch der Gegenstand des Gebrauchsmusters erweitert wird. Das Gebrauchsmuster kann aber mit einem Hinweis auf die unzulässige Erweiterung, der in den Schutzanspruch aufgenommen werden sollte, aufrechterhalten werden, BPatGE **31,** 109, 111f.

58 **8. Teilung.** Die ausdrückliche Regelung der Teilung von Gebrauchsmusteranmeldungen ist durch das Gebrauchsmuster-Änderungsgesetz mit Wirkung vom 1. 1. 1987 in das GebrMG eingefügt worden. Nach der Begründung zum RegE des Gebrauchsmuster-Änderungsgesetzes soll die Vorschrift, die in Anlehnung an § 39 PatG konzipiert ist, auf alle Fälle der Teilung einer Gebrauchsmusteranmeldung Anwendung finden, d.h. sowohl für die Teilung wegen Uneinheitlichkeit (Ausscheidung) wie in Ausübung des freien Teilungsrechts des Anmelders. Allerdings ist die genannte Begründung zu einer Zeit verfasst worden, als Bundesministerium der Justiz und Patentamt übereinstimmend davon ausgingen, dass § 39 PatG sowohl auf die (freiwillige) Teilung wie auf die Ausscheidung auf Rüge der mangelnden Einheitlichkeit anzuwenden seien, eine Auffassung, die nach der Entscheidung BGH GRUR **86,** 877 – Kraftfahrzeuggetriebe = BGHZ **98,** 196, nicht aufrechterhalten werden kann; vgl. dazu auch Rdn. 111ff. zu § 34 PatG. Für das Gebrauchsmusterrecht ist die Unterscheidung zwischen Ausscheidung und freier Teilung aber auch von geringerer Relevanz, da die möglichen Verfahrenslagen und die rechtlichen Konsequenzen einfacher und überschaubarer sind.

59 Die Vorschrift bezieht sich ausdrücklich auf **Anmeldungen,** setzt also deren Anhängigkeit voraus. Auf eingetragene **Gebrauchsmuster** ist sie daher nicht anwendbar. Maßgeblicher Zeitpunkt ist auch hier, wie bei Änderungen der Anmeldung nach § 4 Abs. 5, der Zeitpunkt der Verfügung über die Eintragung des Gebrauchsmusters, da dies die maßgebliche Entscheidung des Patentamts über die Anmeldung darstellt. Was der Anlass für die Teilung konkret ist, ist im Einzelnen unerheblich, da die Vorschrift nur von einer Befugnis des Anmelders, nicht

von einer Verpflichtung spricht. Wird die Teilung erklärt, um einer Beanstandung des Patentamts wegen mangelnder Einheitlichkeit des Gegenstandes der Anmeldung zu entsprechen, so hat dies natürlich für den Inhalt der Erklärung und das weitere Schicksal der Stammanmeldung Konsequenzen. Hat der Anmelder z. B. der Beanstandung des Patentamts nur zum Teil Folge geleistet, so setzt er sich damit der Gefahr aus, dass die Stammanmeldung nach wie vor wegen Uneinheitlichkeit zurückgewiesen wird.

Für die Teilungserklärung ist die Schriftform vorgeschrieben. Für die Anforderungen an die Schriftform gelten die allgemeinen Grundsätze des Patentrechts. Die Erklärung wird als Ausübung eines verfahrensbezogenen Gestaltungsrechts mit dem Zugang beim Patentamt wirksam. Ist die Anmeldung in der Beschwerdeinstanz beim Patentgericht anhängig, wird es allerdings auch zulässig sein, die Erklärung beim Gericht einzureichen, und sie wird dann auch hilfsweise erklärt werden können. Für die abgetrennte Anmeldung ist eine Anmeldegebühr zu entrichten, die mit Zugang der Teilungserklärung fällig wird und innerhalb von drei Monaten zu zahlen ist, vgl. im Übrigen oben Rdn. 30. Die **Trennanmeldung** behält den Anmeldetag der **Stammanmeldung,** vgl. auch BGH Bl. **71,** 347, 349, denn sachlich liegt lediglich die Verselbstständigung eines Teiles der ursprünglichen Anmeldung vor. Der Anspruch auf Schutzerteilung wird in einem besonderen Verfahren weiterverfolgt, das rechtlich als Fortsetzung des bereits anhängigen Eintragungsverfahrens erscheint. Für die Trennanmeldung sind allerdings neue Anmeldungsunterlagen einzureichen. Das Patentamt kann zur Erfüllung dieses Erfordernisses Fristen setzen und die Anmeldung bei Nichteinhaltung zurückweisen. § 39 Abs. 3 PatG mit der gesetzlichen 3-Monatsregel ist nicht entsprechend anwendbar, vgl. RegE zum Gebrauchsmuster-Änderungsgesetz, BT-Ds. 10/3903, S. 22 Rdn. 5. War für die Stammanmeldung eine Priorität in Anspruch genommen worden, so bleibt der Prioritätsanspruch auch für die Trennanmeldung erhalten. Im Übrigen kann auf die Erläuterungen zu § 39 PatG verwiesen werden, die weitgehend auch für die Teilung der Gebrauchsmusteranmeldung gelten. **60**

Eine Teilungserklärung ist unwirksam, wenn der **gesamte Gegenstand der Anmeldung** mit identischen Unterlagen abgetrennt werden soll. Fehlt es an einer wirksamen Teilung der Gebrauchsmusteranmeldung, so kommt der Teilanmeldung nicht die Priorität der ursprünglichen Anmeldung zu, BPatG Bl. **92,** 363 f. Ist nicht der Gegenstand der Trennanmeldung, sondern nur ein demgegenüber **eingeschränkter Gegenstand** als zur Erfindung gehörig in der Stammanmeldung offenbart, so ist die Teilung nur in diesem um den erweiternden Überschuss bereinigten Umfang wirksam, BPatGE **43,** 266, 270. **60 a**

Die **Wirksamkeit der Teilung** darf in dem gegen das Trenngebrauchsmuster gerichteten, auf mangelnde Schutzfähigkeit gestützten Löschungsverfahren als **„Vorfrage"** geprüft werden und – bei teilweiser Unwirksamkeit wegen unzulässiger Überschreitung des Offenbarungsgehalts der Stammanmeldung – von Amts wegen durch Zurückführung auf den ursprünglich offenbarten Gegenstand behoben werden, BPatGE **43,** 266, 270. Entsprechendes muss im Verletzungsverfahren bei Erhebung des Einwandes des Abs. 5 Satz 2 gelten. **60 b**

9. Gebrauchsmuster-Hilfsanmeldung ist nicht mehr zulässig. Der diese bedingte Anmeldung zulassende § 2 Abs. 6 GebrMG 1968 ist mit dem Inkrafttreten des Gebrauchsmuster-Änderungsgesetzes 1986 ersatzlos entfallen. Das Institut der Gebrauchsmuster-Hilfsanmeldung, wonach der Anmelder, der für den gleichen Gegenstand ein Patent nachsucht, beantragen konnte, dass die Eintragung erst nach Erledigung der Patentanmeldung vorgenommen wird, ist damit inzwischen obsolet geworden. Für eine solche Hilfsanmeldung fehlt es jetzt an einer gesetzlichen Grundlage. Die Zwecke der Hilfsanmeldung erfüllt nun besser das Institut der Abzweigung nach § 5. **61**

10. Doppelschutz. Für eine durch Gebrauchsmuster zu schützende Erfindung kann gleichzeitig ein Patent erwirkt werden derart, dass beide Schutzrechte bis zum zeitlichen Ablauf des Gebrauchsmusters nebeneinander bestehen. Nach der gesetzlichen Regelung kann sogar eine später – aber vor Eintragung des Gebrauchsmusters – eingereichte Patentanmeldung zur Erteilung des Patents führen. Der Inhalt der Gebrauchsmusteranmeldung gilt nach § 3 Abs. 2 PatG für die Patentanmeldung nicht als Stand der Technik; bei der Patentanmeldung zu berücksichtigender Stand der Technik werden erst die Unterlagen des auf die Anmeldung eingetragenen Gebrauchsmusters mit dessen Eintragung (§ 3 Abs. 1 PatG). Für eine durch Patent zu schützende Erfindung (soweit sie sich auf ein Erzeugnis bezieht) kann vor und – innerhalb der Abzweigungserklärungsfrist des § 5 Abs. 1 Satz 3 – auch noch nach Patenterteilung ein Gebrauchsmuster mit demselben Anmeldetag erwirkt werden. Patentschutz und Gebrauchsmusterschutz schließen sich nicht grundsätzlich aus, RGZ **44,** 74. Deshalb kann trotz Erteilung des Patents die Gebrauchsmusteranmeldung weiter verfolgt und die Eintragung des Schutzrechts erwirkt werden, soweit nicht das Patent als älteres Recht entgegensteht, § 15 Abs. 1 Nr. 2. **62**

63 **11. Zurücknahme der Anmeldung.** Die Gebrauchsmusteranmeldung kann bis zum Zeitpunkt der Eintragung in das Gebrauchsmusterregister zurückgenommen werden, BPatGE **8,** 188. Die Zurücknahme ist schriftlich zu erklären, wobei auch die Übermittlung der unterschriebenen Zurücknahmeerklärung durch Telefax ausreicht, BPatGE **44,** 209, 212. Die Zurücknahmeerklärung wird mit ihrem Eingang beim Patentamt wirksam, BPatGE **8,** 188, 189. Wenn nach ihrem Eingang das Gebrauchsmuster gleichwohl noch eingetragen wird, weil die Erklärung noch nicht zu den Akten gelangt war, muss die Eintragung gelöscht und die etwaige Bekanntmachung der Eintragung widerrufen werden, BPatGE **8,** 188. Diese Löschung kann von Amts wegen, gegebenenfalls auf Anregung des Anmelders oder eines Dritten, erfolgen, BPatGE **44,** 209, 213, wobei zuvor selbstverständlich dem Anmelder rechtliches Gehör gewährt worden sein muss. Auch im Rahmen eines nach § 16 GebrMG eingeleiteten Löschungsverfahrens kann eine solche die Unwirksamkeit der Eintragung feststellende („deklatorische") Löschungsentscheidung ergehen, BPatGE **44,** 209, 213. Liegt bei einem solchen Gebrauchsmuster kein Löschungsgrund iSd § 15 vor, so dass sich nicht die Stellung eines Löschungsantrags nach § 16 anbietet und deshalb das Fehlen eines wirksamen Eintragungsantrags nicht als „Vorfrage" im Löschungsverfahren nach § 17 berücksichtigt werden kann, wird ein Antrag auf eine solche „deklatorische" Löschung bzw. Feststellung der Unwirksamkeit der Eintragung als statthaft anzusehen sein.

4a

Fremdsprachige Unterlagen; Nachreichung; Anmeldetag. (1) [1]**Ist die Anmeldung ganz oder teilweise nicht in deutscher Sprache abgefaßt, so hat der Anmelder eine deutsche Übersetzung innerhalb einer Frist von drei Monaten nach Einreichung der Anmeldung nachzureichen.** [2]**Enthält die Anmeldung eine Bezugnahme auf Zeichnungen und sind der Anmeldung keine Zeichnungen beigefügt, so fordert das Patentamt den Anmelder auf, innerhalb einer Frist von einem Monat nach Zustellung der Aufforderung entweder die Zeichnungen nachzureichen oder zu erklären, daß jede Bezugnahme auf die Zeichnungen als nicht erfolgt gelten soll.**

(2) [1]**Der Anmeldetag der Gebrauchsmusteranmeldung ist der Tag, an dem die Unterlagen nach § 4 Abs. 3 Nr. 1 und 2 und, soweit sie jedenfalls Angaben enthalten, die dem Anschein nach als Beschreibung anzusehen sind, nach § 4 Abs. 3 Nr. 4**

1. beim Patentamt
2. oder, wenn diese Stelle durch Bekanntmachung des Bundesministeriums der Justiz im Bundesgesetzblatt dazu bestimmt ist, bei einem Patentinformationszentrum

eingegangen sind. [2]**Sind die Unterlagen nicht in deutscher Sprache abgefaßt, so gilt dies nur, wenn die deutsche Übersetzung innerhalb der Frist nach Absatz 1 Satz 1 beim Patentamt eingegangen ist, anderenfalls gilt die Anmeldung als nicht erfolgt.** [3]**Reicht der Anmelder auf eine Aufforderung nach Absatz 1 Satz 2 die fehlenden Zeichnungen nach, so wird der Tag des Eingangs der Zeichnungen beim Patentamt Anmeldetag; anderenfalls gilt eine Bezugnahme auf die Zeichnungen als nicht erfolgt.**

Inhaltsübersicht

1 **1. Vorbemerkung.** § 4a ist 1998 durch das 2. PatGÄndG eingeführt worden. Die Regelung stimmt mit der zugleich in einem neugefassten § 35 PatG getroffenen Regelung wortgleich überein. Auf die Erläuterungen zu § 35 PatG wird verwiesen.

2. Fremdsprachige Schriftstücke

2 In gebrauchsmusterrechtlichen Verfahren vor dem Patentamt ist die Amtssprache deutsch, § 21 Abs. 1 i. V. m. PatG § 126, doch wird bei der Einreichung von Schriftstücken nach § 4a

hiervon abgewichen. Von der Ausnahmebestimmung des § 4a werden auch Regionalsprachen wie Niederdeutsch (Plattdeutsch) und Minderheitensprachen wie Nordfriesisch oder Saterfriesisch erfasst, vgl. BGH GRUR **03,** 226, 227.

a) Eintragungsantrag. Zu den fremdsprachig einreichbaren Schriftstücken gehören nicht nur die in § 4 GebrMV als Anmeldungsunterlagen genannten Anmeldungsteile, also Schutzansprüche, Beschreibung und Zeichnungen, sondern nach Absatz 2 des § 4a GebrMG auch der Eintragungsantrag; zu Form und Inhalt des Antrags vgl. Rdn. 15–18 zu § 4. Die besonderen Übersetzungserfordernisse des § 9 Abs. 1 GebrMV (Beglaubigungen der Übersetzer) sind als entsprechend anwendbar anzusehen. 3

b) Anmeldungsunterlagen. Die nachreichbare deutsche Übersetzung fremdsprachig eingereichter Anmeldungsunterlagen muss von einem Rechts- oder Patentanwalt beglaubigt oder von einem öffentlich bestellten Übersetzer angefertigt sein; die Unterschrift des Übersetzers und seine öffentliche Bestellung ist öffentlich beglaubigen zu lassen, § 9 Abs. 1 GebrMV. Die übersetzten Anmeldungsunterlagen sind in zweifacher Ausfertigung einzureichen, MittPräsDPMA 13/1999, Bl. **99,** 233. 4

Die Dreimonatsfrist zur Nachreichung der deutschen Übersetzung ist wiedereinsetzbar, § 21 Abs. 1 i. V. m. § 123 PatG. 5

c) Sonstige Schriftstücke. Von Prioritätsbelegen bei Unionspriorität und Abschriften der früheren Anmeldungen bei innerer Priorität sind deutsche Übersetzungen nur auf Anforderung des Patentamts nachzureichen, § 9 Abs. 2 GebrMV, desgleichen von sonstigen Schriftstücken, die nicht zu Eintragungsantrag, Schutzansprüchen, Beschreibung und Zeichnung gehören und in Englisch, Französisch, Italienisch oder Spanisch eingereicht wurden § 9 Abs. 3 GebrMV. Von fremdsprachigen Schriftstücken im Übrigen, die nicht unter § 9 Abs. 1–3 GebrMV fallen, sind nach § 9 Abs. 4 GebrMV unaufgefordert deutsche Übersetzungen binnen eines Monats nachzureichen; wiedereinsetzbar wegen des generellen unmittelbaren Rechtsnachteils des § 9 Abs. 5 Satz 2 GebrMV, der eine „gesetzliche Vorschrift" (§ 123 PatG) im materiellen Sinn ist; Auch für die Schriftstücke nach § 9 Abs. 3 und 4 GebrMV gilt das Beglaubigungserfordernis bzw. die Anfertigung durch einen öffentlich bestellten Übersetzer, § 9 Abs. 5 GebrMV. 6

d) Nachreichungsfristen. Die Fristen des Absatz 1 sind gesetzliche Fristen und können daher nicht verlängert werden. Entsprechendes gilt für die Monatsfrist des § 9 Abs. 4 GebrMV, vgl. oben Rdn. 5. Eine gleichwohl bewilligte Verlängerung ist nicht rechtswirksam, vgl. BGH GRUR **67,** 351, 354 (betr. die Erklärungsfrist des § 17 Abs. 1), hält also den Eintritt der normierten Rechtsfolge nicht auf. 7

aa) Dreimonatsfrist zum Nachreichen der deutschen Übersetzung **fremdsprachiger Unterlagen** nach Absatz 1 Satz 1. Sie wird durch die Einreichung (also durch den Eingang) der fremdsprachigen Unterlagen in Lauf gesetzt, nicht erst durch einen später etwa ergehenden Hinweis des Patentamts auf die Nachreichungsfrist. Wird die Frist versäumt, gilt die Anmeldung gemäß Absatz 2 Satz 2 als nicht erfolgt. Die Frist ist wiedereinsetzungsfähig, vgl. § 21 Rdn. 4. Statt der Wiedereinsetzung ist die erneute Einreichung der Anmeldung zum Gebrauchsmusterschutz, allerdings mit entsprechend späterem Anmeldetag, möglich. 8

bb) Monatsfrist zum Nachreichen der deutschen Übersetzung sonstiger **fremdsprachiger Schriftstücke,** die also nicht zu den Unterlagen der Anmeldung zählen und nicht in Englisch, Französisch, Italienisch oder Spanisch eingereicht werden (vgl. Rdn. 6), § 9 Abs. 4 GebrMV. Sie wird durch den Eingang der Schriftstücke in Lauf gesetzt. Bei Versäumung der Frist gilt das Schriftstück als nicht mit seinem Eingang, sondern als erst mit dem Eingang der Übersetzung eingegangen, § 9 Abs. 5 Satz 2 GebrMV. Die Frist ist wiedereinsetzungsfähig, vgl. § 21 Rdn. 4. 9

e) Bei Abzweigung gilt im Fall der Fremdsprachigkeit der zugrundeliegenden Patentanmeldung die Besonderheit, dass nach Aufforderung und Fristsetzung von zwei Monaten der einzureichenden fremdsprachigen Patentanmeldung eine deutsche Übersetzung beizufügen ist, falls die Unterlagen der Gebrauchsmusteranmeldung nicht bereits die Übersetzung der Patentanmeldung darstellen, § 8 Abs. 2 GebrMV; im letzteren Fall genügt die entsprechende Erklärung. 10

Reagiert der Anmelder auf die Aufforderung mit Setzung der Zweimonatsfrist nach § 5 Abs. 2 Satz 1 i. V. m. § 8 Abs. 2 GebrMV insoweit nicht, als er zu der überreichten fremdsprachigen Patentanmeldung fristgemäß weder eine deutsche Übersetzung noch die Erklärung vorlegt, die Anmeldungsunterlagen stellten bereits die Übersetzung der fremdsprachigen Patentanmeldung dar, so dürfte nach dem Sinn der Fristregelung die **Verwirkungsfolge** des § 5 Abs. 2 Satz 2 auch dann eintreten, wenn die Anmeldungsunterlagen in Wirklichkeit bereits die Übersetzung der Patentanmeldung darstellen; denn das Patentamt muss in der Lage sein, nach dem 11

Fristablauf die Gebrauchsmusteranmeldung mit dem beanspruchten oder aber dem tatsächlichen Anmeldetag weiter zu bearbeiten.

12 **2. Fehlende Zeichnungen.** Im Eintragungsverfahren können Zeichnungen nachgereicht werden, vgl. Rdn. 42 zu § 4. Für die Nachreichung ist eine Frist einzuhalten, wenn es sich um Zeichnungen handelt, auf die in der Anmeldung **ausdrücklich Bezug genommen** ist, die aber der Anmeldung nicht beigefügt waren. Das Patentamt fordert in diesem Fall den Anmelder auf, binnen der in Absatz 1 Satz 2 vorgesehenen Frist von einem Monat nach Zustellung der Aufforderung entweder die Zeichnungen nachzureichen oder zu erklären, dass die Bezugnahme auf die Zeichnungen als nicht erfolgt gelten soll. Werden die Zeichnungen hierauf fristgemäß nachgereicht, so wird nach Absatz 2 Satz 3 der Tag des Eingangs der Zeichnungen Anmeldetag, insofern tritt also eine **Verschiebung des Anmeldetags** ein. Andernfalls gilt eine Bezugnahme auf die Zeichnungen nach Absatz 2 Satz 3 als nicht erfolgt; dies ist der Fall, wenn die Zeichnungen nach Ablauf der Monatsfrist eingehen, wenn sie gar nicht nachgereicht werden, wenn der Anmelder vor Fristablauf erklärt, dass jede Bezugnahme auf die Zeichnungen als nicht erfolgt gelten soll (eine nach dieser Erklärung, aber noch vor Fristablauf erfolgende Nachreichung der Zeichnungen kann für diese Anmeldung nicht berücksichtigt werden, da der Anmelder sich mit dem Widerruf der Bezugnahme beschränkt hat und er im Übrigen statt der Nachreichung der Zeichnungen zur alten Anmeldung eine neue Anmeldung unter Beifügung dieser Zeichnungen einreichen kann) und wenn er sich vor Fristablauf hierzu gar nicht äußert. Eine vor Zugang der Aufforderung eingehende Nachreichung der Zeichnungen führt nicht zur Verschiebung des Anmeldetags, da die Voraussetzungen des Absatz 2 Satz 3 für diesen Rechtsverlust nicht erfüllt sind. Die Monatsfrist ist wiedereinsetzungsfähig, vgl. § 21 Rdn. 4.

13 Werden vor Ablauf der Monatsfrist **sonstige Zeichnungen** nachgereicht, so bleibt es bei der Prüfung im Löschungs- oder Verletzungsverfahren unbenommenen, bei der erforderlichen Feststellung des Schutzgegenstands diese Zeichnungen nicht zu berücksichtigen, wenn ihre Nachreichung sich nach dem Aussagegehalt der Bezugnahme in der Anmeldung und seiner in der Zeichnung etwa wiederzufindenden Entsprechung als Umgehung des Absatz 1 Satz 2 i.V.m. Absatz 2 Satz 3 darstellt.

14 **3. Anmeldetag.** Absatz 2 legt die Voraussetzungen für die Anerkennung eines Tages als Anmeldetag des Gebrauchsmusters fest. Der Anmeldetag, der regelmäßig der Tag des Eingangs der Anmeldung ist, ist wichtig für die Bestimmung von Schutzdauer, Altersrang und Anmeldungsgegenstand, vgl. Rdn. 32–36 zu § 4. Die Zuerkennung des Anmeldetags bedarf keines ausdrücklichen Ausspruchs des Patentamts.

15 **a) Anmeldungseingang.** Der Tag des Eingangs der Anmeldung ist nach Absatz 2 regelmäßig der Anmeldetag, wobei es ausreicht, dass sie den Namen des Anmelders, den Antrag auf Eintragung des Gebrauchsmusters unter kurzer und genauer Bezeichnung des Gegenstandes sowie die Beschreibung des Gegenstandes enthält; als Beschreibung sind Angaben ausreichend, die dem Anschein nach als Beschreibung anzusehen sind, was eine spätere Überarbeitung der Beschreibung offenlässt, die aber die Grenzen des Verbots unzulässiger Erweiterungen des Beschreibungsinhalts beachten muss, vgl. Rdn. 43 zu § 4. Fehlt einer dieser drei Mindestbestandteile, so wird kein Eintragungsverfahren eingeleitet, gegebenenfalls der hierauf gerichtete Antrag zurückgewiesen. Wird der fehlende Mindestbestandteil alsbald eingereicht, so kann der Tag des Eingangs der nachgereichten Angaben als Anmeldetag zugrundegelegt werden. Wird ein Anmeldetag vom Patentamt zugrunde gelegt, beansprucht der Anmelder aber einen ihm nach den Gegebenheiten nicht zustehenden anderen Anmeldetag, so ist die Anmeldung insgesamt zurückzuweisen, also hier keine **Vorabentscheidung** über den Anmeldetag, BPatG **18,** 177, 183. Die Angabe eines nach seiner Ansicht nicht zutreffenden Anmeldetags soll der Anmelder nicht für sich allein mit der Beschwerde anfechten können, weil es an einer Beschwer fehle, so BPatG Bl. **80,** 313; zweifelhaft, weil ein schlechterer Zeitrang eine schlechtere Rechtsposition bedeutet.

16 Eine spätere Änderung in der Person des Anmelders durch **Rechtsübergang** berührt nicht den wirksam begründeten Anmeldetag. Dagegen bleibt bei **Änderung des Eintragungsantrags** (z.B. Übergang von einem oder auf einen Antrag auf Patenterteilung oder Geschmacksmustereintragung) der ursprüngliche Anmeldetag für das neue Schutzrechtsbegehren nicht aufrechterhalten; anders im Fall der Abzweigung einer Gebrauchsmusteranmeldung aus einer Patentanmeldung nach § 5, vgl. dort Rdn. 16. Die **Änderung der Beschreibung** ist nur zulässig, soweit die engen Grenzen des Verbots der unzulässigen Erweiterung des Gegenstands der Anmeldung einschließlich des Verbots des Auswechselns des Anmeldungsgegenstands durch einen anderen Gegenstand (ein Aliud) nicht überschritten werden, vgl. Rdn. 41 zu § 4; bei

erweitertem oder anderem Gegenstand bedarf es vielmehr einer Neuanmeldung mit neuem Anmeldetag, um Rechte hieraus herleiten zu können.

17 Zum **Ort des Eingangs** der Anmeldung – Patentamt oder Patentinformationszentrum – vgl. die Erläuterungen zu § 34 PatG (Rdn. 136–141).

18 **b) Eingang nachgereichter Zeichnungen.** Werden Zeichnungen nachgereicht, so berührt dies regelmäßig – wie auch die Nachreichung sonstiger Unterlagen zu einer wirksamen (anmeldetagsbegründenden) Anmeldung – nicht den Anmeldetag. Anders ist es bei der Nachreichung von Zeichnungen im Fall des Absatz 1 Satz 2 i. V. m. Absatz 3 Satz 3: fehlen in der Anmeldung Zeichnungen, auf die dort ausdrücklich Bezug genommen ist, und werden sie auf eine Aufforderung des Patentamts binnen der gesetzten Monatsfrist nachgereicht, so erfolgt eine **Verschiebung des Anmeldetags;** an die Stelle des ursprünglich wirksam begründeten Anmeldetags tritt kraft Gesetzes der Tag des Eingangs der nachgereichten Zeichnungen als neuer Anmeldetag der gesamten Anmeldung. Die fristgemäße Einreichung auch nur einer von ggfs. mehreren in Bezug genommenen Zeichnungen wird nicht als ausreichend für die Begründung des neuen Anmeldetags anzusehen sein, da Absatz 2 Satz 3 darauf abstellt, dass nicht irgendeine sondern „jede" Bezugnahme auf fehlende Zeichnungen durch nachgereichte Zeichnungen oder eine Negativerklärung abgedeckt sein soll.

5 *Abzweigung.* (1) [1]**Hat der Anmelder mit Wirkung für die Bundesrepublik Deutschland für dieselbe Erfindung bereits früher ein Patent nachgesucht, so kann er mit der Gebrauchsmusteranmeldung die Erklärung abgeben, daß der für die Patentanmeldung maßgebende Anmeldetag in Anspruch genommen wird.** [2]**Ein für die Patentanmeldung beanspruchtes Prioritätsrecht bleibt für die Gebrauchsmusteranmeldung erhalten.** [3]**Das Recht nach Satz 1 kann bis zum Ablauf von zwei Monaten nach dem Ende des Monats, in dem die Patentanmeldung erledigt oder ein etwaiges Einspruchsverfahren abgeschlossen ist, jedoch längstens bis zum Ablauf des zehnten Jahres nach dem Anmeldetag der Patentanmeldung, ausgeübt werden.**

(2) [1]**Hat der Anmelder eine Erklärung nach Absatz 1 Satz 1 abgegeben, so fordert ihn das Patentamt auf, innerhalb von zwei Monaten nach Zustellung der Aufforderung das Aktenzeichen und den Anmeldetag anzugeben und eine Abschrift der Patentanmeldung einzureichen.** [2]**Werden diese Angaben nicht rechtzeitig gemacht, so wird das Recht nach Absatz 1 Satz 1 verwirkt.**

Inhaltsübersicht

1 **Vorbemerkung.** *Literatur:* Winkler, Das neue Gebrauchsmustergesetz, Mitt. **87,** 3 ff.; Schennen, Innere Gebrauchsmusterpriorität und Abzweigung, GRUR **87,** 222 ff.; Häußer, Le modèle d'utilité : l'expérience de la République fédérale d'Allemagne, Propriété Industrielle **87,** 346; Vollrath, Abgezweigte Gebrauchsmusteranmeldung nach Patenterteilung, Mitt. **89,** 28; Kraßer, Wirksamkeitsvoraussetzungen der Inanspruchnahme des Anmeldetages einer Patentanmeldung für eine spätere Gebrauchsmusteranmeldung („Abzweigung"), GRUR **93** (FS Bruchhausen) 223; Brandt, Die Gebrauchsmusterabzweigung – gelöste und ungelöste Probleme, Mitt, **95,** 212; Goebel, Der abgezweigte Gegenstand – Zum Begriff „derselben Erfindung" nach § 5 I 1 GebrMG, GRUR **01,** 604. Vgl. auch MittPräsPA Nr. 5/91 über Abzweigungen und über die Einreichung von Zeichnungen zu Gebrauchsmusteranmeldungen nach den Gesetzesänderungen durch das Produktpirateriegesetz, Bl. **91,** 81.

2 Für Abzweigungen aus Patenten oder Patentanmeldungen, die nach § 4 Erstreckungsgesetz auf das übrige Bundesgebiet erstreckt worden sind, sieht **§ 15 Erstreckungsgesetz** eine Sonderregelung vor: Abzweigungserklärungen können auch in Bezug auf die genannten Patente und Patentanmeldungen abgegeben werden. Das gilt allerdings nicht für vom Patentamt der DDR nach Prüfung auf das Vorliegen aller Schutzvoraussetzungen erteilte oder bestätigte Patente.

3 § 5 ist durch das **Gebrauchsmuster-ÄndG 1986** neu in das Gebrauchsmusterrecht eingeführt worden. Die Vorschrift ist am 1. 1. 1987 in Kraft getreten. Gem. Art. 4 Nr. 2 des Änderungsgesetzes ist die in § 5 Abs. 1 Satz 1 (dort noch in der alten Zählung als § 2a Abs. 1 Satz 1 bezeichnet) vorgesehene Erklärung nur in Bezug auf solche Patentanmeldungen möglich, die nach dem Inkrafttreten des Änderungsgesetzes, also seit dem 1. 1. 1987, eingereicht worden sind. Eine Abzweigungserklärung nach § 5 Abs. 1 kann demnach nur für solche nationale Patentanmeldungen oder europäische und internationale Patentanmeldungen mit der Bundesrepublik Deutschland als Bestimmungsstaat abgegeben werden, die am 1. Januar 1987 oder danach beim Patentamt oder einer sonst zuständigen Stelle eingereicht worden sind. Damit sollte nach der Begründung des RegE, BT-Ds. 10/3903, S. 31, li. Sp. Rdn. 2, Bedenken Rechnung getragen werden, es könnten Gebrauchsmuster mit einem Anmeldetag einer früheren Patentanmeldung „auftauchen", auf die sich Dritte nicht haben einstellen können. Mit Inkrafttreten des Gesetzes sei es für jeden Dritten vorhersehbar, dass aus einer Patentanmeldung noch eine Gebrauchsmusteranmeldung für denselben Gegenstand „abgezweigt" werden könne. Wegen des bei der Abzweigung einzuhaltenden Verfahrens vgl. § 8 GebrMV.

4 **1. Voraussetzungen.** Der Anmelder muss für den Gegenstand, für den er Gebrauchsmusterschutz erstrebt, bereits früher ein Patent mit Wirkung für die Bundesrepublik Deutschland beantragt haben.

5 **a) Mit Wirkung für Deutschland vorangemeldet.** Es kann sich dabei um ein nationales Patent auf der Grundlage ausschließlich des Patentgesetzes oder um eine europäische oder internationale Patentanmeldung handeln, in der die Bundesrepublik Deutschland als Bestimmungsland benannt ist. Bei der Benennung Deutschlands als Bestimmungsland sind die Formvorschriften des EPÜ oder des PTC zu beachten. Bloße Anleitungen des EPA oder der WIPO zum Ausfüllen der dort vorgesehenen amtlichen Formblätter für die Einreichung der europäischen oder internationalen Anmeldung mit ihren Hinweisen, wie Deutschland als Bestimmungsland benannt werden soll, gehören nicht zu diesen Formvorschriften; ob Deutschland benannt worden ist, ist deshalb in jedem Einzelfall durch Auslegung des Erteilungsantrags zu ermitteln, BGH GRUR **98,** 913, 914.

6 **b) Sachliche Identität.** Gebrauchsmuster- und Patentanmeldung müssen denselben Gegenstand haben, also inhaltlich übereinstimmen und dieselbe Erfindung betreffen. Dies bedeutet aber nicht, dass die Gebrauchsmusteranmeldung alles in der Patentanmeldung erfinderisch Offenbarte enthalten muss. Vielmehr ist nur erforderlich, dass das in der Gebrauchsmusteranmeldung als erfinderisch Offenbarte bereits in der Patentanmeldung als erfinderisch offenbart (nicht notwendig: in Patentansprüchen bereits formuliert) sein muss, vgl. BPatG v. 29. 1. 1997, referiert bei Anders, GRUR **98,** 604, 623. Die Patentanmeldung kann also weitere Gegenstände als erfinderisch offenbaren als die Gebrauchsmusteranmeldung, ohne dass dies die Wirksamkeit der Abzweigung berührt – **Teilabzweigung** –. Dem Patentinhaber ist es freigestellt, gleichzeitig oder später in weiteren Gebrauchsmusteranmeldungen den sonstigen erfinderischen Offenbarungsgehalt der Patentanmeldung auszuschöpfen – **Mehrfachabzweigung** –. Die gleichzeitige oder sukzessive Einreichung weiterer inhaltlich übereinstimmender Gebrauchsmusteranmeldungen wird regelmäßig wegen fehlenden Rechtschutzinteresses als unzulässig anzusehen sein, vgl. näher hierzu: Goebel, GRUR **01,** 604, 608. Die Abzweigung eines – notwendig nur auf Erzeugnisansprüche beschränkten – Gebrauchsmusters kann auch aus einer Patentanmeldung hergeleitet sein, die auch oder allein Verfahrensansprüche enthält, solange nur das abgezweigte Erzeugnis aus der Offenbarung der Patentanmeldung als zur Erfindung gehörig entnehmbar ist.

7 Der Identitätsbegriff ist derselbe **wie bei der inneren und ausländischen Priorität.** Deshalb kann insoweit auf die Erläuterungen zu den § 40 PatG (dort Rdn. 9, 9a) verwiesen werden. Eine volle und wörtliche Übereinstimmung ist nicht zu fordern (a. A. Schennen, GRUR **87,** 222, 226), da dies schon bei einer europäischen oder internationalen Anmeldung, die nicht in deutscher Sprache eingereicht worden ist, keinen Sinn machen würde. Ein Rückgriff auf die Rechtsprechung zum Begriff der Identität im Rahmen von § 2 Abs. 6 GebrMG 1968 ist deshalb nicht angezeigt. Dem Identitätserfordernis ist vielmehr schon dann genügt, wenn der in der Gebrauchsmusteranmeldung beanspruchte Gegenstand dem Fachmann in den ursprünglichen Unterlagen der Patentanmeldung als zur Erfindung gehörig hinreichend offenbart war. Der Gegenstandsgleichheit steht weder entgegen, dass der durch den Offenbarungsgehalt bestimmte Gegenstand der Patentanmeldung weiter reicht als derjenige der Gebrauchsmusteranmeldung, noch der Umstand, dass dieser in der Patentanmeldung zwar offenbart, aber nicht zum Inhalt eines Schutzanspruchs gemacht worden war, vgl. Kraßer, GRUR **93,** 223, 230 (Abschnitt IX Nr. 1).

Die abgezweigte Anmeldung kann vor der Eintragung iRd § 4 Abs. 5 geändert, insbesondere beschränkt werden, BPatG Mitt **03,** 406 LS. Will sich der Anmelder im Eintragungs- (und ggfs. Löschungs-)Verfahren dieses abgezweigten Gebrauchsmusters den weitestgehenden Rückgriff auf den Offenbarungsgehalt der zugrunde liegenden Patentanmeldung offenhalten, dann wird er zweckmäßig als Gebrauchsmusteranmeldung mit dem Eintragungsantrag die gesamten Unterlagen der Patentanmeldung einreichen und das Gebrauchsmuster in demselben Umfang anmelden. Im Eintragungsverfahren hat er sie dann rechtzeitig um die unzulässigen (insbes. die etwaigen Verfahrensansprüche) und die von ihm in der ursprünglichen Fassung nicht gewünschten (z. B. aussichtslos erscheinende Ansprüche) Teile durch **Einreichung neuer Unterlagen** zu bereinigen. Diese Bereinigung darf sukzessiv im Lauf des Eintragungsverfahrens, aber auch gleichzeitig mit der Anmeldung erfolgen. Reicht der Anmelder Anmeldungsunterlagen ein, die mit der zugrunde liegenden Patentanmeldung identisch sind, so ist es ihm unbenommen, gleichzeitig zusätzliche Unterlagen einzureichen, die den angemeldeten Gegenstand beschränken; allerdings muss er deutlich machen, welche Unterlagen die für den Anmeldetag geltende erfindungswesentliche Offenbarung **(Anmeldungsunterlagen)** sein und welche Unterlagen als Ausschnitt dieser umfassenderen Offenbarungsgrundlage letztlich der Eintragung zugrunde gelegt werden sollen **(Eintragungsunterlagen),** BPatGE **45,** 202. 8

Reicht allerdings der unter den abgezweigten Gebrauchsmusterschutz gestellte Gegenstand weiter, als dies die Offenbarungsgrundlage in der Patentanmeldung hergibt, ist also nicht dieselbe Erfindung ursprünglich bereits zum Patentschutz angemeldet gewesen, so sind aus der **Erweiterung** keine Rechte herleitbar. Sie ist entspr. § 4 Abs. 5 Satz 2 als unzulässig mit der Folge anzusehen, dass nur auf den in der Patentanmeldung offenbarten, nicht über die eingetragenen Schutzansprüche hinausgehenden Gegenstand Schutz gewährt werden kann. Dagegen wird die Wirksamkeit der Abzweigung selber durch diese unzulässige Erweiterung nicht berührt, vgl. BGH GRUR **03,** 867. Wegen der Prüfung der Identität von Gegenstand der Patentanmeldung und abgezweigter Gebrauchsmusteranmeldung ist auf den Anmeldetag der Gebrauchsmusteranmeldung abzustellen. Spätere Änderungen der Gebrauchsmusteranmeldung sind unbeachtlich, BPatGE **31,** 223, 225 f. Zur Abzweigung aus einer ausgeschiedenen, dabei unzulässig erweiterten Patentanmeldung vgl. BPatG Mitt. **96,** 211, s. auch Rdn. 14a zu § 15. 9

c) Persönliche Identität. Die der Abzweigung zugrundeliegende Patentanmeldung muss von dem Gebrauchsmusteranmelder oder dem Rechtsvorgänger des Gebrauchsmusteranmelders eingereicht worden sein. Zur Identität in personeller Hinsicht, vgl. BPatG GRUR **80,** 786, 788 (betr. die damalige Hilfsanmeldung). Dass die Patentanmeldung nach ihrer Einreichung oder die Gebrauchsmusteranmeldung nach ihrer Einreichung auf einen Dritten übergeht, ist unschädlich. 10

2. Abzweigungserklärung. Die in § 5 Abs. 1 vorgesehene Abzweigungsmöglichkeit muss durch eine ausdrückliche Erklärung in Anspruch genommen werden. Die Schriftform ist im Gesetz nicht angesprochen und folgt den allgemeinen Grundsätzen des Patenterteilungs- und Gebrauchsmustereintragungsverfahrens. Abzugeben ist die Erklärung „mit der Gebrauchsmusteranmeldung". Sie muss also zusammen mit den Unterlagen der Gebrauchsmusteranmeldung eingereicht werden, BPatGE **31,** 43, 47. Bei verspäteter Abgabe der Erklärung kommt eine Wiedereinsetzung in den vorigen Stand mangels Versäumung einer Frist nicht in Betracht, BPatG Bl. **91,** 422. Eine Nachholung der Abzweigungserklärung nach dem Tag der Einreichung der Gebrauchsmusteranmeldung scheidet aus. Allerdings ist es dem Anmelder unbenommen, eine weitere Gebrauchsmusteranmeldung einzureichen, nunmehr unter gleichzeitiger Abgabe der Abzweigungserklärung, wonach er dann zweckmäßigerweise die erste Gebrauchsmusteranmeldung zurücknimmt. Inhaltlich muss die Erklärung dahin lauten, dass der Anmeldetag einer bestimmten älteren Patentanmeldung in Anspruch genommen werde. Jedenfalls muss der Inhalt der Erklärung, da es sich um eine Verfahrenshandlung handelt, eindeutig bestimmbar sein. Das Aktenzeichen der Patentanmeldung und der genaue Anmeldetag können im Rahmen des Verfahrens nach § 5 Abs. 2 Satz 1 nachgereicht werden. 11

Widerruf der Abzweigungserklärung ist nicht zulässig. Wenn der Anmelder sich bei der Gebrauchsmusteranmeldung für den frühen Anmeldetag aus der Patentanmeldung entscheidet, ist er daran grundsätzlich gebunden, BPatGE **35,** 1; Kraßer, GRUR **93,** 223, 230; a. A. noch BPatGE **34,** 87, 89. 12

3. Zeitliche Begrenzung. Das Abzweigungsrecht kann äußerstenfalls bis zum Ablauf des zehnten Jahres nach dem Anmeldetag der Patentanmeldung ausgeübt werden. Diese **Abzweigungsfrist** entspricht der längstmöglichen Schutzdauer für ein Gebrauchsmuster im Rahmen von § 23 Abs. 1, 2. Zu den Übergangvorschriften des Produktpirateriegesetzes für Abzweigungen aus vor dem 1. 7. 1990 eingereichten Patentanmeldungen. vgl. BGH GRUR **00,** 698 und 1018 im Anschluss an BPatGE **37,** 23. Im Übrigen kann das Recht nur bis zum Ablauf von zwei Monaten 13 nach dem Ende des Monats, in dem die Patentanmeldung erledigt oder ein etwaiges Einspruchsverfahren abgeschlossen ist, ausgeübt werden. Die **Abzweigungserklärungsfrist** von zwei Monaten ist wiedereinsetzungsfähig, da die Abzweigung nicht mit der Inanspruchnahme einer Priorität, § 123 Abs. 1 Satz 2 PatG, gleichzustellen ist. Sinn dieser Befristung ist, dem Anmelder nach Erledigung der Patentanmeldung oder eines etwaigen Einspruchsverfahrens noch eine angemessene Zeit zur Verfügung zu stellen, um sich auf den Ausgang des Erteilungs- oder Einspruchsverfahrens einstellen zu können und die Einreichung der Gebrauchsmusteranmeldung als Auffangposition zu bewirken. Wie das Patenterteilungsverfahren oder ein etwaiges Einspruchsverfahren ausgegangen ist, ist dabei unerheblich. Das Recht kann daher auch dann ausgeübt werden, wenn das nachgesuchte Patent erteilt oder ein etwa erteiltes Patent im Einspruchsverfahren vor dem Patentamt oder vor dem Europäischen Patentamt aufrechterhalten worden ist. Die Frist will also nicht Doppelschutz verhindern, da Schutz für ein und dieselbe Erfindung durch Patent und Gebrauchsmuster im Rahmen der jeweiligen Schutzvoraussetzungen der deutschen Rechtstradition entspricht. Andererseits sollen Dritte erkennen können, ob sie noch mit dem „Auftauchen“ eines abgezweigten Gebrauchsmusters rechnen müssen oder nicht. Insofern dient die Befristung der Rechtssicherheit insbesondere in den Fällen, in denen die Patentanmeldung zurückgewiesen, zurückgenommen oder das erteilte Patent widerrufen worden ist.

14 Die **Erledigung der Patentanmeldung** bedeutet: rechtskräftige Zurückweisung oder Zurücknahme der Patentanmeldung oder rechtskräftige Erteilung des Patents. Bei Erledigung der Patentanmeldung durch Erteilung des Patents ohne sich anschließendes Einspruchsverfahren kann also die Abzweigung nur bis zum Ablauf von zwei Monaten nach dem Ende des Monats, in dem der Patenterteilungsbeschluss rechtskräftig geworden ist, erklärt werden, BPatG GRUR **92,** 380, 381. Vgl. dazu die MittPräsPA Nr. 9/92, Bl. **92,** 261, mit dem Hinweis auf die Praxis des Patentamts, wonach die Patentanmeldung erst mit fruchtlosem Ablauf der Einspruchsfrist als erledigt angesehen wurde; die Gebrauchsmuster-Eintragungsrichtlinien, die sich in Abschnitt II Nr. 4 mit der Abzweigung befassten, sind an die abweichende Entscheidung des Patentgerichts angepasst worden (Bl. **90,** 211, 212; **92,** 261). Der Eintritt der gesetzlichen Wirkungen des Patents bereits mit der Veröffentlichung der Patenterteilung im Patentblatt ändert nichts daran, dass die abzweigungsrelevante „Erledigung“ sich nach der Rechtskraft der Erteilungsbeschlusses richtet, BPatGE **46,** 200, 204. Die Frist von zwei Monaten ab Erledigung der Patentanmeldung bezieht sich auch dann auf den Eintritt der Rechtskraft des Beschlusses über die beantragte Patenterteilung, wenn der Abzweigung nicht eine nationale (deutsche), sondern eine europäische oder internationale (PCT-)Patentanmeldung zugrunde liegt. Die weiteren Erfordernisse, die die Erteilung eines europäischen Patents begleiten, ändern daran nichts, also auch nicht z. B. die gebotene Einverständniserklärung mit der Fassung des Patents und die erforderliche Zahlung der Erteilungs- und Druckkostengebühr (Art. 97 Abs. 2 EPÜ), desgleichen nicht der Umstand, dass der Beschluss über die Erteilung des europäischen Patents bereits mit dem Hinweis auf die Erteilung im Europäischen Patentblatt wirksam wird (Art. 97 Abs. 4 EPÜ), BPatGE **46,** 200, 204. Erledigung auch, wenn die Benennung nach Art. 91 Abs. 4 EPÜ als zurückgenommen gilt, BPatG Bl. **05,** 225; **05,** 230.

15 Eine nach dem Eintritt der **Rechtskraft des Erteilungsbeschlusses,** aber vor dem Ablauf der Einspruchsfrist erklärte Abzweigung ist unzulässig, mag auch anschließend noch ein rechtzeitiger Einspruch eingelegt werden; die Abzweigung dürfte durch den nachträglichen Einspruch – der wie beim europäischen Patent längere Zeit (neun Monate, Art. 99 EPÜ) auf sich warten lassen kann – nicht Wirksamkeit erlangen, doch bleibt es dem Patentinhaber unbenommen, nach der Einspruchseinlegung erneut eine Gebrauchsmusteranmeldung abzuzweigen.

16 **4. Wirkung. a) Zeitrang, Schutzdauer.** Mit der **wirksamen Inanspruchnahme** des Rechts aus § 5 Abs. 1 Satz 1 erhält die Gebrauchsmusteranmeldung denselben Anmeldetag und damit denselben Zeitrang wie die Patentanmeldung, in Bezug auf die das Recht ausgeübt worden ist. Anders als bei einer Prioritätsrechtsregelung wird deshalb auch der Beginn der Schutzdauer für das Gebrauchsmuster so behandelt, als sei die entsprechende Anmeldung am selben Tage wie die Patentanmeldung eingereicht worden. Schutzwirkungen kann ein solches Gebrauchsmuster nur noch jeweils für den Rest der gesetzlichen Höchstdauer des Gebrauchsmusterschutzes entfalten. Insofern, aber auch nur in dieser Hinsicht, lässt sich die „Abzweigung“ mit der Umwandlung einer Gebrauchsmuster-Hilfsanmeldung in eine Vollanmeldung nach § 2 Abs. 6 GebrMG 1968 oder mit der Umwandlung von Patent- in Gebrauchsmusteranmeldungen, wie sie andere nationale Rechte kennen, vergleichen; vgl. dazu Schennen, GRUR **87,** 222, 225 f. Maßgeblicher Zeitpunkt für die Beurteilung von Neuheit, erfinderischem Schritt und gewerblicher Anwendbarkeit der zum Gebrauchsmuster angemeldeten Erfindung ist ebenfalls der in Anspruch genommene Anmeldetag der früheren Patentanmeldung und auch ohne weiteres – ohne dass es in der abgezweigten Gebrauchsmusteranmeldung einer Prioritätserklärung bedarf – deren Prioritätstag, wenn für sie ei-

ne Priorität in Anspruch genommen worden ist, BPatGE **31,** 217, 219. Insofern wird also die Gleichstellung mit dieser Patentanmeldung voll durchgeführt.

b) Gebührenrechtliche Folgen. Für die abgezweigte Gebrauchsmusteranmeldung ist wie für jede Gebrauchsmusteranmeldung eine Anmeldegebühr von 40,– Euro zu zahlen, und zwar binnen drei Monaten ab dem tatsächlichen Anmeldetag (Eingang der Gebrauchsmusteranmeldung), vgl. im Übrigen Rdn. 30–30b zu § 4. Gebührenrechtlich ist die Gebrauchsmusteranmeldung auch bei Inanspruchnahme des Anmeldetags als selbstständige Anmeldung anzusehen; insbesondere sind keine Aufrechterhaltungsgebühren für Zeiträume nachzuzahlen, die vor dem tatsächlichen Anmeldetag der Gebrauchsmusteranmeldung liegen. Da für diese Zeit kein Schutz aus der Anmeldung bzw. aus dem Gebrauchsmuster bestand, ist für eine Kumulierung von Gebühren kein Grund vorhanden. 17

c) Fehlgeschlagene Abzweigung. Ist die **Abzweigung unwirksam,** so ist zwar der gesamte einschlägige Stand der Technik aus der Zeit vor der Einreichung der Gebrauchsmusteranmeldung – also auch der aus dem Intervall zwischen dem beanspruchten Anmeldetag der Patentanmeldung bzw. der mit jener Anmeldung beanspruchten Priorität einerseits und dem Anmeldetag der Gebrauchsmusteranmeldung andererseits – bei der Frage der gebrauchsmusterrechtlichen Schutzfähigkeit zu berücksichtigen, BGH GRUR **00,** 1018, 1020. Für die Berechnung der Schutzdauer, die Aufrechterhaltungsgebühren, die Register- und Aktenführung muss es aber bei dem vom Anmelder selbst gewählten Altersrang bleiben. Denn der Gebrauchsmusterinhaber ist gegenüber der Allgemeinheit an seine Entscheidung für den frühen Anmeldetag gebunden, vgl. BPatGE **35,** 1. 18

5. Verfahren. a) Verfahrensmäßig ist die **Inanspruchnahme** des Anmeldetags an § 41 PatG angelehnt. Weitere Einzelheiten sind in § 8 GebrMV enthalten, der allerdings überwiegend aus einer Wiederholung des Wortlautes des Gesetzes besteht. Nach § 5 Abs. 2 fordert das Patentamt den Anmelder auf, innerhalb von zwei Monaten nach Zustellung der Aufforderung das Aktenzeichen und den Anmeldetag anzugeben und eine Abschrift der früheren Patentanmeldung, deren Anmeldetag in Anspruch genommen wird, einzureichen. Als Frist im Gesetz, deren Versäumung kraft Gesetzes einen Rechtsnachteil zur Folge hat, ist sie wiedereinsetzungsfähig. Wenn die Patentanmeldung, deren Anmeldetag in Anspruch genommen wird, nicht in deutscher Sprache verfasst ist, so ist nach § 8 Abs. 2 GebrMV der Abschrift der fremdsprachigen Patentanmeldung eine deutsche Übersetzung beizufügen, es sei denn, die Anmeldungsunterlagen stellen bereits die Übersetzung der fremdsprachigen Patentanmeldung dar. Entfernen sich also die ersten Anmeldungsunterlagen von der zugrundeliegenden Patentanmeldung, sei es, dass sie sich auf einen Teil der Patentanmeldung beschränken, sei es, dass sie eine neue Fassung der Ansprüche oder der Beschreibung enthalten, so reicht nicht die Erklärung, dass die Unterlagen der Gebrauchsmusteranmeldung eine Übersetzung der fremdsprachigen Patentanmeldung darstellen, unbeschadet des Erfordernisses aus § 5 Abs. 1 Satz 1, dass „für dieselbe Erfindung" bereits früher das Patent nachgesucht zu sein hat. Die allgemeinen Vorschriften über die Beifügung von Übersetzungen (§ 9 Abs. 1 GebrMV) bleiben unberührt. Danach ist, was in der Praxis der Regelfall ist, die Übersetzung der Anmeldungsunterlagen von einem Rechtsanwalt oder Patentanwalt zu beglaubigen. Andernfalls reicht nur die Übersetzung durch einen öffentlich bestellten Übersetzer aus, dessen Unterschrift und öffentliche Bestellung zu beglaubigen sind, § 9 Abs. 1 GebrMV. 19

Kommt der Anmelder der Aufforderung des Patentamts nicht fristgerecht nach, verwirkt er das Recht auf Inanspruchnahme des Anmeldetags der früheren Patentanmeldung, § 5 Abs. 2 Satz 2. **Verwirkung** bedeutet in der vom Gesetzgeber gewollten Anlehnung an die entsprechende Regelung für die Prioritätsbeanspruchung den Verlust der Befugnis, den Anmeldetag der früheren Patentanmeldung in Anspruch zu nehmen. Die Gebrauchsmusteranmeldung wird also mit dem Datum ihrer tatsächlichen Einreichung als Anmeldetag behandelt; eine Bindung des Anmelders an seine Abzweigungserklärung kann also in diesem Fall ausnahmsweise (vgl. zum Regelfall BPatGE **35,** 1) nicht angenommen werden, vgl. auch BPatGE **34,** 87, 89. Verfahrensmäßig ist im Verwirkungsfall hier ebenso vorzugehen wie bei der Verwirkung des Prioritätsrechts, also die Verwirkung durch Vorabentscheidung zu klären, deren Rechtskraft vor der Eintragung abzuwarten ist, weitergehend BPatGE **31,** 43, 46, offengelassen in **34,** 87, 92. 20

b) Prüfungsumfang. Im **Eintragungsverfahren** ist nach § 8 Abs. 2 der Zeitrang der Anmeldung festzustellen, also der Wirksamkeit der Inanspruchnahme des früheren Anmeldetags nachzugehen, BPatGE **34,** 87, 88. Dies betrifft alle formellen (so Kraßer, GRUR 1993, 223, 228), aber auch die materiellen Wirksamkeitsvoraussetzungen. Die Prüfungskompetenz erstreckt sich also auch auf die persönliche Identität. Dass die Gebrauchsmusterstelle bei der Frage der sachlichen Identität des Gegenstandes der Gebrauchsmusteranmeldung mit der Patentanmeldung wegen ihrer (institutionell begründet) nur begrenzten technischen Fachkunde an 21

Grenzen stößt, ist in BPatGE **35,** 1 LS 3 berücksichtigt; wie diese Entscheidung ergibt, erstreckt sich der Prüfungsumfang jedenfalls im Eintragungs-Beschwerdeverfahren angesichts der (auch technikkundigen) Besetzung der Richterbank auch auf die sachliche Identität, BPatGE **35,** 1 LS 4.

22 Ob im **Löschungsverfahren** eine Nachprüfung der förmlichen Voraussetzungen der Abzweigung erfolgen darf, ist vom BPatG und – für den dort vorliegenden Fall der Abzweigung aus einer PCT-Anmeldung – vom BGH bejaht worden, vgl. BGH GRUR **98,** 913, 914. Stellt sich im Löschungs- oder **Verletzungsverfahren** die Frage der Wirksamkeit der Abzweigung, so ist ihr jedenfalls hier nachzugehen, soweit es die materielle Seite betrifft, BPatGE **31,** 43, 45. An den im Register angegebenen Anmeldetag sind insoweit die Löschungs- wie auch die Verletzungsinstanz nicht gebunden, a. A. BPatGE **34,** 87, 88.

6 *Innere und ausländische Priorität.* (1) [1]**Dem Anmelder steht innerhalb einer Frist von zwölf Monaten nach dem Anmeldetag einer beim Patentamt eingereichten früheren Patent- oder Gebrauchsmusteranmeldung für die Anmeldung derselben Erfindung zum Gebrauchsmuster ein Prioritätsrecht zu, es sei denn, daß für die frühere Anmeldung schon eine inländische oder ausländische Priorität in Anspruch genommen worden ist.** [2]**§ 40 Abs. 2 bis 4, Abs. 5 Satz 1, Abs. 6 des Patentgesetzes ist entsprechend anzuwenden, § 40 Abs. 5 Satz 1 mit der Maßgabe, daß eine frühere Patentanmeldung nicht als zurückgenommen gilt.**

(2) **Die Vorschriften des Patentgesetzes über die ausländische Priorität (§ 41) sind entsprechend anzuwenden.**

Inhaltsübersicht

1 **Vorbemerkung.** *Literatur:* Bossung, Innere Priorität und Gebrauchsmuster, GRUR **79,** 661; Schennen, Innere Gebrauchsmusterpriorität und Abzweigung, GRUR **87,** 222; Winkler, Das neue Gebrauchsmustergesetz, Mitt. **87,** 3; Goebel, Die innere Priorität, GRUR **88,** 243.

2 **1. Innere Priorität.** Absatz 1 ist durch das Gebrauchsmuster-Änderungsgesetz neu eingefügt worden. Sie überträgt das Verfahrensrechtsinstitut der inneren Priorität, das durch das Gemeinschaftspatentgesetz in das Patentrecht eingeführt worden ist, jetzt auch auf das Gebrauchsmusterrecht. Die Vorschrift ist nur auf solche Gebrauchsmusteranmeldungen anzuwenden, die seit dem Inkrafttreten des Gebrauchsmuster-Änderungsgesetzes, dem 1. 1. 1987, beim Patentamt eingereicht worden sind. Diese Zeitgrenze gilt nur für die aktive Inanspruchnahme, d. h. für die Gebrauchsmusteranmeldung, für die die Priorität in Anspruch genommen wird. Dagegen kann die Gebrauchsmuster- oder Patent-Anmeldung, deren Priorität in Anspruch genommen wird, auch vor dem 1. 1. 1987 eingereicht worden sein.

3 Im Zusammenhang des Gebrauchsmusterrechts weist die innere Priorität keine rechtlichen Besonderheiten auf. Auf die Erläuterungen zu § 40 PatG kann daher uneingeschränkt Bezug genommen werden. Neu ist lediglich die klarstellende Maßgabe, dass eine frühere Patentanmeldung, auf die der Prioritätsanspruch gestützt wird, entgegen dem Wortlaut des § 40 Abs. 5 PatG nicht als zurückgenommen gilt. Der Gesetzgeber hat damit, ausweislich der Begründung zum RegE des Gebrauchsmuster-Änderungsgesetzes, BT-Ds. 10/3903, S. 23, re. Sp., S. 24, die Probleme lösen wollen, die durch die Rechtsprechung des Bundespatentgerichts (GRUR **84,** 115 ff.) zum Patentrecht verursacht worden sind; vgl. dazu auch Bruchhausen, GRUR **84,** 3 und BGH **105,** 222, 227 – Wassermischarmatur. Nach Art. III § 4 Abs. 3 IntPatÜG gilt eine nationale Gebrauchsmusteranmeldung, deren Priorität für eine internationale Anmeldung beansprucht worden ist, abweichend von § 6 Abs. 1 erst zu dem Zeitpunkt als zurückgenommen, zu dem die Voraussetzungen des Eintritts in die nationale Phase für die internationale Anmeldung (Gebrauchsmuster) für die Bundesrepublik Deutschland erfüllt sind. Die Rücknahmefiktion gilt daher nur dann, wenn der Prioritätsanspruch für die Gebrauchsmusteranmeldung auf eine frühere Gebrauchsmusteranmeldung gestützt werden soll. Allerdings wird damit nicht Doppelschutz aus zwei eingetragenen Gebrauchsmustern verhindert, wenn die frühere Gebrauchsmusteranmeldung vor Geltendmachung des Prioritätsanspruchs zur Eintragung geführt

hat. Insofern bewirkt die Vorschrift, ähnlich wie im Patentrecht, lediglich, dass nicht zwei Eintragungsverfahren für ein und dieselbe Erfindung parallel nebeneinander geführt werden müssen.

Die Beanspruchung der inneren Priorität kann nicht auf eine frühere deutsche Geschmacksmusteranmeldung gestützt werden, BPatGE **31,** 196, 197. Die Priorität kann auch dann noch beansprucht werden, wenn die Gebrauchsmusteranmeldung, für die die Priorität beansprucht wird, bereits in die Gebrauchsmusterrolle eingetragen worden ist, BPatG Bl. **91,** 311, 312. Unzulässig ist die Beanspruchung der Priorität einer früheren Gebrauchsmusteranmeldung, für die bereits eine Ausstellungspriorität in Anspruch genommen worden ist, BPatGE **29,** 262, 264 f.

Für die Inanspruchnahme einer **äußeren Priorität** gilt § 41 PatG entsprechend. Wer auf 4
Grund eines Staatsvertrages, insbesondere der PVÜ, die Priorität einer ausländischen Anmeldung in Anspruch nehmen will, muss daher innerhalb von zwei Monaten nach Eingang der Anmeldung Zeit und Land der Voranmeldung und innerhalb zweier weiterer Monate nach Aufforderung durch das Patentamt das Aktenzeichen der Voranmeldung angeben und eine Abschrift der Voranmeldung einreichen. Wegen der verfahrensrechtlichen Einzelheiten kann auf die Erläuterungen zu § 41 PatG verwiesen werden; zu den materiellen Voraussetzungen der Inanspruchnahme einer Priorität nach PVÜ vgl. Einl. Int. Teil Rdn. 30 ff., 60 f. Ergänzend ist für das Gebrauchsmusterrecht folgendes zu bemerken:

2. Äußere Priorität. Für die Anmeldung eines Gebrauchsmusters kann die Priorität einer 5
ausländischen Gebrauchsmuster- oder Patentanmeldung in Anspruch genommen werden. Die Prioritätsfrist beträgt zwölf Monate, Art. 4 C PVÜ. Die europäische Patentanmeldung kann prioritätsbegründend sein ebenso wie die Anmeldung nach PCT; BPatG GRUR Int. **82,** 124. Wird die Gebrauchsmusteranmeldung selbst als internationale Anmeldung betrieben (vgl. Einl. Int. Teil Rdn. 86) bestimmt die PCT-Anmeldung den maßgeblichen Anmeldetag. Für eine Gebrauchsmusteranmeldung kann auch die Priorität einer ausländischen Gebrauchsmusteranmeldung in Anspruch genommen werden; in diesem Fall beträgt die Prioritätsfrist 6 Monate, BPatGE **9,** 211, 214; Einl. Int. Teil Rdn. 55; Patentanmeldung und Gebrauchsmusteranmeldung – mögen diese auch gleichzeitig eingereicht werden – sind selbstständige Anmeldungen, BGH GRUR **79,** 626, 627 – Elektrostatisches Ladungsbild; BPatGE **19,** 149, 151; **20,** 38 f. Ohne eine eigene Prioritätserklärung kann die Priorität daher nicht in der Gebrauchsmusterrolle vermerkt werden, PA Bl. **61,** 239; BPatGE **16,** 57, 59. Eine abgezweigte Gebrauchsmusteranmeldung partizipiert am Prioritätsrecht der Patentanmeldung (§ 5 Abs. 1 Satz 2), ohne dass es hierzu einer gesonderten Erklärung bedarf.

Die Einreichung der Abschrift der Voranmeldung (§ 41 Abs. 1 Satz 2 PatG) kann weder da- 6
durch ersetzt werden, dass auf die bei den Akten der entsprechenden Patentanmeldung vorliegende Abschrift der Voranmeldung Bezug genommen (BGH GRUR **79,** 626, 627) wird, noch dadurch, dass vor Ablauf der Zwei-Monatsfrist dem Patentamt der Auftrag erteilt wird, eine Abschrift der bei den Akten der entsprechenden Patentanmeldung befindlichen Voranmeldung zu fertigen und zu den Akten der Gebrauchsmusteranmeldung zu nehmen, vgl. BPatGE **15,** 187 f. Die Einreichung der Abschrift der Voranmeldung wird auch nicht dadurch entbehrlich, dass der Anmelder beantragt, die Abschrift den Akten der – inzwischen erledigten – entsprechenden Patentanmeldung zu entnehmen, BPatGE **16,** 57; **19,** 149. Die Abschrift der Voranmeldung muss vollständig sein, BGH GRUR **79** aaO – Elektrostatisches Ladungsbild. Die Nichteinreichung oder die nicht vollständige Einreichung der zur Voranmeldung gehörenden Zeichnungen innerhalb der Frist des § 41 Satz 2 PatG führt zur Verwirkung des Prioritätsrechts für die Gebrauchsmusteranmeldung, BGH GRUR **79** aaO; BPatGE **17,** 252. Zur Frage der Pflicht des Patentamts, auf die Unvollständigkeit der Erklärung hinzuweisen, BPatGE **28,** 192; **29,** 48, 49.

Darüber, ob die Inanspruchnahme einer Unionspriorität formal zu Recht erfolgt ist, kann 7
durch beschwerdefähigen Beschluss vorab entschieden werden, BPatGE **9,** 211, 213. Wenn die Gebrauchsmusterstelle die Eintragung eines Vermerks über die Inanspruchnahme einer Unionsprioriät durch Beschluss abgelehnt hat, darf sie die Eintragung des Gebrauchsmusters ohne diesen Vermerk erst nach Unanfechtbarwerden des Beschlusses vornehmen, BPatGE aaO. Die Beschwerde gegen einen solchen Beschluss ist gebührenfrei, BPatGE **16,** 57, 62 f. Die materielle Prioritätsberechtigung ist im Eintragungsverfahren grundsätzlich nicht zu prüfen, vgl. Einl. Int. Teil Rdn. 71. Sie ist dem Löschungs- oder Verletzungsverfahren vorbehalten, BPatGE **38,** 20, 24.

6a *Ausstellungspriorität.* (1) **Hat der Anmelder eine Erfindung auf einer inländischen oder ausländischen Ausstellung zur Schau gestellt, kann er, wenn er die Erfindung zum Gebrauchsmuster innerhalb einer Frist von sechs Monaten seit der erstmaligen Zurschaustellung der Erfindung anmeldet, von diesem Tag an ein Prioritätsrecht in Anspruch nehmen.**

(2) **Die Ausstellungen im Sinne des Absatzes 1 werden im Einzelfall in einer Bekanntmachung des Bundesministeriums der Justiz im Bundesgesetzblatt über den Ausstellungsschutz bestimmt.**

(3) **Wer eine Priorität nach Absatz 1 in Anspruch nimmt, hat vor Ablauf des 16. Monats nach dem Tag der erstmaligen Zurschaustellung der Erfindung diesen Tag und die Ausstellung anzugeben sowie einen Nachweis für die Zurschaustellung einzureichen.**

(4) **Die Ausstellungspriorität nach Absatz 1 verlängert die Prioritätsfristen nach § 6 Abs. 1 nicht.**

Inhaltsübersicht

1 **1. Vorbemerkung.** Die Bestimmung ist durch Art. 2 Abs. 8 des Geschmacksmusterreformgesetzes vom 12. 3. 2004, Bl. **04,** 207 ff., eingefügt worden; eine entsprechende Bestimmung ist für Geschmacksmuster in § 15 GeschmMG erlassen, das bisher insoweit geltende AusstellungsG 1904 zugleich aufgehoben worden (Art. 4 Nr. 1). Die amtl. Begründung ist in Bl. **2004,** 222 ff. abgedruckt. § 6 a ist am 1. 6. 2004 in Kraft getreten.

2 **2. Zurschaustellung.** Die Vergünstigung greift nur ein, wenn der Erfindungsgegenstand der Allgemeinheit zugänglich ausgestellt wurde, vgl. BGH GRUR **77,** 796, 798 (betr. Geschmacksmuster). Es genügt nicht, wenn anlässlich einer Ausstellung ein Hersteller sein Erzeugnis an einen Aussteller übergibt, dieses aber nicht zur Schaustellung gelangt, vgl. BGH Mitt. **82,** 232 (betr. Geschmacksmuster). Jedoch ist bereits ein zur Vorbereitung der Zurschaustellung erfolgtes Zusammensetzen und Inbetriebsetzen einer Maschine auf dem Ausstellungsgelände, das Unbefugten nicht verborgen bleiben kann, nicht als neuheitsschädlich anzusehen, vgl. OLG Karlsruhe GRUR **73,** 26, 27 (zum AusstellungsG). Benutzungshandlungen des Anmelders, die in einem unmittelbaren örtlichen und zeitlichen Zusammenhang mit der Zurschaustellung stehen, werden von der Schutzwirkung erfasst, vgl. BGH GRUR **75,** 254, 255, andernfalls würde der Ausstellungsschutz weitgehend illusorisch sein, vgl. RGZ **101,** 36, 39 f.; BGH GRUR a. a. O. (jeweils zum AusstellungsG). Würde man solche Vorbereitungshandlungen auf Ausstellungen als neuheitsschädlich betrachten, wären die Erfinder gezwungen, Neuheiten stets erst nach dem Beginn der Ausstellung dorthin zu schaffen. Der Zurschaustellung durch den Erfinder selbst steht die durch einen Dritten gleich, der sein Recht von dem Erfinder ableitet, beispielsweise durch den Lizenznehmer. Sie wirkt zugunsten des späteren Anmelders, vgl. RGZ **137,** 64, 67. Unschädlich ist es auch, wenn der Lizenznehmer sein Vertriebsrecht an einen Dritten weiterübertragen hat und dieser die Zurschaustellung vornimmt, RGZ a. a. O.

3 **3. Ausstellung.** Es muss sich nach Absatz 2 um eine Ausstellung handeln, die durch eine Bekanntmachung des Bundesministeriums der Justiz über den Ausstellungsschutz im Bundesgesetzblatt als eine solche bezeichnet worden ist.

4 **4. Beanspruchung der Priorität.** Einer formellen Inanspruchnahme der Ausstellungspriorität bei Anmeldung des Gebrauchsmusters bedarf es nicht. Die Ausstellungspriorität kann im Eintragungsverfahren, ebenso aber auch erst nach Eintragung des Gebrauchsmusters beansprucht werden, vgl. RGZ **137,** 64, 65; BPatGE **3,** 116, 117; OLG Karlsruhe GRUR **73,** 26, 27. Die Geltendmachung der Priorität ist erst erforderlich, wenn es auf die Priorität ankommt, z. B. wenn im Prioritätsintervall veröffentlichte Druckschriften entgegengehalten werden, vgl. DPA Bl. **59,** 257. Dem Anmelder steht es frei, ob und wann er sich auf sein Prioritätsrecht berufen will, vgl. BPatGE **3,** 116, 117 f., freilich darf er die 16-Monatsfrist des Absatz 3 zur Sicherung des Prioritätsrechts nicht versäumen.

5. Fristen. Bei der Ausstellungspriorität sind die Sechsmonatsfrist des Absatz 1 zur Nachanmeldung nach der Zurschaustellung und die 16-Monatsfrist des Absatz 3 für die erforderlichen Angaben zur Ausstellung und den Zurschaustellungsnachweis zu beachten. Dagegen ist die Erklärung, dass die Ausstellungspriorität beansprucht wird, (vorbehaltlich der Einhaltung der 16-Monatsfrist) nicht befristet. 5

a) Anmeldungsfrist. Für die Einreichung der Gebrauchsmusteranmeldung gilt die **Frist von sechs Monaten** seit der erstmaligen Zurschaustellung. Bei Versäumung dürfte wie bei der entsprechenden Nachanmeldungsfrist der Unionspriorität des § 41 PatG Wiedereinsetzung zulässig sein, zumal da die Ausschlussbestimmung des § 123 Abs. 1 Satz 2 PatG bezüglich der inneren Priorität als Ausnahmevorschrift eng auszulegen und deshalb für die Ausstellungspriorität nicht in entsprechender Anwendung herangezogen werden kann. 6

Keine Prioritätenkumulierung (Absatz 4). Die 6-Monatsfrist des Absatz 1 verlängert gemäß Absatz 4 die Prioritätsfristen des § 6 Abs. 1 nicht, vgl. auch BPatG, GRUR **88,** 911, 912 (zum AusstellungsG). Der Aussteller kann nicht zunächst die 6-Monatsfrist ausnutzen, dann die Erstanmeldung vornehmen und daraufhin innerhalb der 1-Jahresfrist des § 6 Abs. 1 nachanmelden. 7

b) Ausstellungsnachweisfrist. Allerdings muss er gemäß Absatz 3 vor Ablauf einer **16-Monatsfrist** nach dem Tag der erstmaligen Zurschaustellung der Erfindung diesen Tag und die Ausstellung angeben sowie einen Nachweis für die Zurschaustellung einreichen. Die Einreichung erfolgt grundsätzlich an das Patentamt, weil dieses die Registerakten führt und damit die Publizität (Nachprüfbarkeit für interessierte Dritte) gewährleistet. Versäumt er diese Frist, so verwirkt er entsprechend der vergleichbaren Regelung des § 41 Abs. 1 Satz 3 PatG das Prioritätsrecht mit der Folge, dass dem Gebrauchsmuster die Zurschaustellung wie auch andere Offenbarungen aus dem Prioritätsintervall zwischen Zurschaustellung und Anmeldung der Erfindung zum Gebrauchsmusterschutz nunmehr als Stand der Technik entgegengehalten werden können. Wiedereinsetzung ist möglich. 8

Kumulierung der Ausstellungspriorität mit der **Neuheitsschonfrist** ist zulässig: Nach dem Wortlaut des § 3 Abs. 1 Satz 3 besteht für den Anmelder zusätzlich zum Prioritätsrecht des § 6 Abs. 1 der Schutz der sechsmonatigen Neuheitsschonfrist, die vom Tag der Zurschaustellung an zu berechnen ist. 9

6. Wirkung. Die Regelung will den Erfinder gegen die Rechtsnachteile schützen, welche mit der Bekanntgabe der Erfindung vor ihrer Anmeldung auf einer öffentlichen Ausstellung an sich verbunden sind. Die Zurschaustellung steht der Erlangung des Gebrauchsmusterschutzes nicht als neuheitsschädliche offenkundige Vorbenutzung entgegen, vgl. RGZ **137,** 64, 66f. (betr. Patentschutz). Der ausgestellte Gegenstand nimmt dieser Anmeldung weder die Neuheit, noch beeinträchtigt er bei nicht vollständiger Identität mit dem Anmeldungsgegenstand dessen Erfindungshöhe, vgl. OLG Karlsruhe GRUR **73,** 26, 27. 10

Eine der Zurschaustellung nachfolgende **anderweitige Benutzung** oder Veröffentlichung der Erfindung schadet der Neuheit oder Erfindungshöhe der späteren Gebrauchsmusteranmeldung nicht. Eine zwischenzeitliche Veröffentlichung bleibt als Stand der Technik auch dann außer Betracht, wenn sie nicht auf der angemeldeten Erfindung beruht. Die Priorität reicht soweit, wie eine Übereinstimmung der nachfolgenden Anmeldung mit dem zur Schau gestellten Gegenstand gegeben ist. Das folgt aus dem allgemeinen Grundsatz, wonach ein Prioritätsrecht nur im Umfang der ursprünglichen Offenbarung besteht. 11

Ob die der Zurschaustellung nachfolgenden, vor der Einreichung der Gebrauchsmusteranmeldung hinterlegen **sonstigen Anmeldungen** bei der Prüfung der Löschungsreife außer Betracht bleiben, erscheint zweifelhaft. Dies galt zwar bisher nach dem jetzt aufgehobenen Ausstellungsgesetz: gemäß dessen Nr. 2 Satz 2 geht die (Gebrauchsmuster-)Anmeldung anderer Anmeldungen vor, die nach dem Tag des Beginns der Schaustellung eingereicht worden sind. Der weitgehende Schutz, der bisher nach dem Ausstellungsgesetz gewährt wird, sollte nach der Gesetzesbegründung nicht eingeschränkt werden (vgl. Bl. **2004,** 253, 233 zu Art. 2 Abs. 8 i. V. m. Art. 1 § 15). Im neuen § 6a fehlt aber eine solche Bestimmung. Prioritätsrechte werden für die zeitliche Abgrenzung des Standes der Technik im Rahmen des Löschungsgrundes der mangelnden Schutzfähigkeit, § 15 Abs. 1 Nr. 1, nicht aber für die Prüfung des Löschungsgrundes des älteren Rechts (§ 15 Abs. 1 Nr. 2) als relevant angesehen, und lediglich ein Prioritätsrecht wird in § 6a Abs. 1 eröffnet. Nur wenn das ältere Recht des § 15 Abs. 1 Nr. 2 abweichend von der Systematik des Gebrauchsmustergesetzes als dem Stand der Technik zuzuordnende Offenbarung verstanden würde, käme ihm bei ausländischer Schaustellung die Regelung des Art. 4 B PVÜ zugute, wonach die spätere ausländische Hinterlegung nicht durch u. a. eine andere Hinterlegung unwirksam gemacht werden kann. 12

13 Der **Zeitpunkt** der Eröffnung der Ausstellung und der Zeitpunkt der Zurschaustellung müssen nicht zusammenfallen. Die Zurschaustellung kann dem Eröffnungstag der Ausstellung nachfolgen. Erfolgt nach der Eröffnung der Ausstellung, aber vor der Zurschaustellung andernorts die Veröffentlichung des Erfindungsgegenstands, so greift der Schutz nicht ein.

7 *Recherche.* (1) **Das Patentamt ermittelt auf Antrag die öffentlichen Druckschriften, die für die Beurteilung der Schutzfähigkeit des Gegenstandes der Gebrauchsmusteranmeldung oder des Gebrauchsmusters in Betracht zu ziehen sind (Recherche).**

(2) [1]**Der Antrag kann von dem Anmelder oder dem als Inhaber Eingetragenen und jedem Dritten gestellt werden.** [2]**Er ist schriftlich einzureichen.** [3]**§ 28 ist entsprechend anzuwenden.** [4]**§ 43 Abs. 3, 5, 6 und 7 Satz 1 des Patentgesetzes ist entsprechend anzuwenden.**

Inhaltsübersicht

1 **Vorbemerkung.** Die Vorschrift ist durch das Gebrauchsmuster-Änderungsgesetz 1986 neu in das Gebrauchsmustergesetz eingefügt worden. Sie ist am 1. 1. 1987 in Kraft getreten. Die Einführung der Recherche im Gebrauchsmusterrecht entspricht einem wiederholt vorgebrachten Wunsch der beteiligten Kreise. Damit soll die Möglichkeit geschaffen werden, die Rechtsbeständigkeit des ungeprüften Schutzrechts abzuschätzen. Außerdem sollen auch die Aussichten eines Löschungsantrages oder die Erfolgschancen eines Verletzungsprozesses besser und frühzeitiger geprüft werden können. Die Recherche wird nach den Gebrauchsmuster-Rechercherichtlinien 1999 (Bl. **99,** 203) durchgeführt.

2 **1. Rechercheantrag.** Absatz 1 als Grundvorschrift lehnt sich eng an § 43 Abs. 1 und 2 PatG an. Das Patentamt wird daher nur auf Antrag tätig. Denn das Eintragungsverfahren ist ein Verfahren ohne Recherche. Gegenstand des Antrags ist die Ermittlung der öffentlichen Druckschriften, die für die Beurteilung der Schutzfähigkeit des Gegenstandes der Gebrauchsmusteranmeldung oder des Gebrauchsmuster in Betracht zu ziehen sind.

3 **Voraussetzung** ist demnach, dass die Gebrauchsmusteranmeldung eingereicht und noch anhängig bzw. das Gebrauchsmuster eingetragen und noch nicht erloschen ist. Der Antrag kann von jedermann gestellt werden. Ein Rechtsschutzinteresse ist nicht nachzuweisen. Jedoch müssen die allgemeinen Verfahrensvoraussetzungen wie z.B. die Prozessfähigkeit, bei ausländischen Antragstellern auch die Bestellung eines Inlandvertreters vorliegen; Abs. 2 Satz 3 verweist ausdrücklich auf § 28. Für den Antrag ist Schriftform vorgeschrieben. Die das Schriftformerfordernis ausfüllenden Ersatzformen der Telekommunikation gelten auch hier. Der Antrag kann zurückgenommen werden.

4 **2. Recherchegebühr.** Für die Gebrauchsmusterrecherche ist eine Gebühr zu zahlen, wie sich aus dem PatKostG ergibt. Keine Verfahrenskostenhilfe möglich, BPatGE **44,** 187.

5 **Fällig** ist die Recherchegebühr mit der Einreichung des Rechercheantrags (§ 3 Abs. 1 PatKostG). Wird die Gebühr nicht oder nicht vollständig oder nicht rechtzeitig gezahlt, so gilt der Antrag als zurückgenommen (§ 6 Abs. 2 PatKostG). Rechtzeitig ist die Gebühr gezahlt, wenn sie innerhalb von drei Monaten ab Fälligkeit gezahlt wird (§ 6 Abs. 1 Satz 2 PatKostG). Wurde die beantragte Amtshandlung, also die Recherche, trotz unterbliebener Zahlung der vollständigen Recherchegebühr durchgeführt, bleibt die Gebührenzahlungspflicht unberührt, so dass notfalls Beitreibung erfolgen kann, wie aus § 10 Abs. 2 Satz 1 PatKostG entnommen werden kann.

6 **Rückzahlung** der Recherchegebühr (oder eines hierauf gezahlten Teilbetrages) ist geboten, wenn die Anmeldung nicht wirksam eingereicht, das Gebrauchsmuster bereits erloschen oder der Rechercheantrag nicht wirksam gestellt worden ist. Regelmäßig keine Rückzahlung, wenn nach Antragstellung die Anmeldung zurückgenommen wird oder als zurückgenommen gilt, das Gebrauchsmuster mangels Gebührenzahlung erlischt oder der Rechercheantrag zurückgenommen wird, vgl. für letzteren Fall BPatG Bl. **04,** 162; denn bei Zahlung nach Fälligkeit ist wie bei jeder Antragsgebühr die Zahlung nicht ohne Rechtsgrund geleistet, vgl. BPatG Bl. **02,** 150. Auch keine Rückzahlung, wenn der Rechercheantrag als zurückgenommen gilt, wie aus § 10

Abs. 2 Satz 2 PatKostG für gezahlte Teilbeträge und im Rückschluss daraus auch für den Gesamtbetrag zu entnehmen ist.

Die **Höhe der Gebühr** bestimmt sich nach dem Gebührenverzeichnis der Anlage zu § 2 Abs. 1 PatKostG: sie beträgt gemäß Nr. 321 200 z. Zt. 250 Euro. 7

3. Rechercheverfahren. Wegen der Einzelheiten vgl. auch die **Richtlinien** für die Durchführung der Druckschriftenermittlung nach § 7 GebrMG, vom 31. 3. 1999, Bl. **99,** 203. Sie sind als Verwaltungsvorschrift für die Angehörigen des Patentamts im Rahmen der jeweils geltenden Gesetze und Rechtsverordnungen verbindlich. Die Recherche erfolgt danach erst, wenn die kurz vor dem Anmeldetag erschienenen Druckschriften dem Prüfstoff zugeführt werden konnten, es sei denn, der Antragsteller verlangt ausdrücklich eine sofortige Recherche. Rechercheanträge werden von der Gebrauchsmusterstelle auf ihre Zulässigkeit geprüft und über eine Rechercheleitstelle der zuständigen Prüfungsstelle zugeleitet. Der Recherche liegt der in den Schutzansprüchen der Gebrauchsmusteranmeldung oder des Gebrauchsmusters angegebene Gegenstand zugrunde. Sie erstreckt sich auf sämtliche Schutzansprüche, bei mehreren Anspruchsfassungen nur auf die zuletzt eingereichte. Die Recherche ist abzubrechen, wenn Druckschriften aufgefunden werden, die alle Merkmale sämtlicher Schutzansprüche neuheitsschädlich vorwegnehmen. Die Recherche ist auf einen wirksam gestellten Rechercheantrag auch dann durchzuführen, wenn die Gebrauchsmusteranmeldung vor Beginn der Recherche als zurückgenommen gilt, BPatGE **31,** 91, 93 ff. 8

Das Rechercheverfahren hat die Ermittlung der für die Beurteilung der Schutzfähigkeit des unter Gebrauchsmusterschutz gestellten Gegenstandes zum Ziel und führt **kein Vorprüfungsverfahren** ähnlich der Patentprüfung ein. Ein unmittelbarer Schriftwechsel zwischen der befassten Prüfungsstelle und dem Antragsteller findet nicht statt. Zweifeln an der Einheitlichkeit ist nicht nachzugehen. 9

Das Ergebnis der Recherche wird im **Recherchebericht** zusammengefasst, nach bestimmten dokumentationstechnischen Gesichtspunkten und unter Berücksichtigung der Anordnung der Schutzansprüche gegliedert und auf einem Vordruck dem Anmelder, Gebrauchsmusterinhaber oder antragstellenden Dritten ohne Gewähr für die Vollständigkeit mitgeteilt. Im Patentblatt wird veröffentlicht, dass diese Mitteilung ergangen ist, Abs. 2 Satz 4 i. V. m. § 43 Abs. 7 Satz 1 PatG. 10

Wegen der weiteren Einzelheiten, insbesondere wegen des Verhältnisses **mehrerer Rechercheanträge** zueinander und ihrer Erledigung durch das Patentamt wird auf die Erläuterungen zu § 43 PatG (dort Rdn. 15 ff., insbes. 25) verwiesen. 11

4. Nennung von Druckschriften durch Dritte, die der Schutzfähigkeit des Gegenstandes des Gebrauchsmusters entgegenstehen könne, ist nach Abs. 2 Satz 4 i. V. m. § 43 Abs. 3 Satz 3 PatG jederzeit während der Laufzeit möglich. Eingaben dieser Art werden dem Anmelder bzw. dem als Inhaber Eingetragenen und während eines anhängigen Rechercheverfahrens auch der Prüfungsstelle zugeleitet. Im Übrigen werden sie zur Registerakte genommen und unterscheiden sich verwaltungsmäßig dadurch von Löschungsanträgen, denen mindestens durch Auslegung ein Löschungsbegehren zu entnehmen ist und die sodann in einer selbstständigen Löschungsverfahrensakte geführt werden. 12

8 *Eintragung. Gebrauchsmusterregister.* (1) [1]**Entspricht die Anmeldung den Anforderungen der §§ 4, 4 a so verfügt das Patentamt die Eintragung in das Register für Gebrauchsmuster.** [2]**Eine Prüfung des Gegenstandes der Anmeldung auf Neuheit, erfinderischen Schritt und gewerbliche Anwendbarkeit findet nicht statt.** [3]**§ 49 Abs. 2 des Patentgesetzes ist entsprechend anzuwenden.**

(2) **Die Eintragung muß Namen und Wohnsitz des Anmelders sowie seines etwa bestellten Vertreters und Zustellungsbevollmächtigten sowie die Zeit der Anmeldung angeben.**

(3) [1]**Die Eintragungen sind im Patentblatt in regelmäßig erscheinenden Übersichten bekanntzumachen.** [2]**Die Veröffentlichung kann in elektronischer Form erfolgen.**

(4) [1]**Das Patentamt vermerkt im Register eine Änderung in der Person des Inhabers des Gebrauchsmusters, seines Vertreters oder Zustellungsbevollmächtigten, wenn sie ihm nachgewiesen wird.** [2]**Solange die Änderung nicht eingetragen ist, bleiben der frühere Rechtsinhaber und sein früherer Vertreter nach Maßgabe dieses Gesetzes berechtigt und verpflichtet.**

(5) [1]**Die Einsicht in das Register sowie in die Akten eingetragener Gebrauchsmuster einschließlich der Akten von Löschungsverfahren steht jedermann frei.** [2]**Im übrigen gewährt das Patentamt jedermann auf Antrag Einsicht in die Akten, wenn und soweit ein berechtigtes Interesse glaubhaft gemacht wird.**

Inhaltsübersicht

1 **1. Eintragungsverfahren.** Die Vorschrift regelt die Voraussetzungen für die Eintragung (Abs. 1) und die Durchführung der Eintragung. Sie ist durch das Gebrauchsmuster-Änderungsgesetz 1986 um Abs. 1 Sätze 2 und 3 erweitert worden (Umfang der Prüfung, Aussetzung des Eintragungsverfahrens). Im Übrigen sind für das Verfahren der Gebrauchsmusterstelle (§ 10 Abs. 1) die Vorschriften des Patentgesetzes heranzuziehen. Der Präsident des Patentamts hat Richtlinien für die Eintragung von Gebrauchsmustern erlassen, Neufassung vom 25. 4. 1990, Bl. **90,** 211, mit Änderungen (Abzweigung) Bl. **92,** 261 und **96,** 389, die für die Angehörigen des Patentamts als Verwaltungsvorschriften verbindlich sind.

2 **a) Prüfung der Anmeldung.** *Literatur:* Trüstedt, Die sachliche Prüfung einer Gebrauchsmusteranmeldung auf ihre Eintragungsfähigkeit, GRUR **54,** 137; Hägermann, Die gesetzliche Regelung des Gebrauchsmusterrechts, Mitt. **59,** 142; Bruchhausen, Die Fassung der Sachanträge in den Patentverfahren, FS Nirk, **1992,** 103ff.

3 Die Gebrauchsmusterstelle (§ 10 Abs. 1) hat zu prüfen, ob der Anmelder die prozessualen Voraussetzungen erfüllt (§ 4 Rdn. 12) und ob die Anmeldung selbst den Anforderungen des § 4 genügt (vgl. § 4 Rdn. 13–30). Hierbei ist die Gebrauchsmusterstelle grundsätzlich an die Anträge des Anmelders gebunden, vgl. BGH GRUR **03,** 226, 227. Die **Willenserklärungen** des Anmelders in der Anmeldung und in weiteren Eingaben sind der Auslegung unter Zugrundelegung objektiver Betrachtungsweise zugänglich; sein wirklicher Wille ist im Zweifel zu ermitteln und nicht am buchstäblichen Sinn des Ausdrucks zu haften, BPatG Mitt **03,** 311.

4 Der aus § 4 zu entnehmende **Prüfungsumfang** umfasst formelle und materielle Schutzvoraussetzungen; von den materiellen Schutzvoraussetzungen sind lediglich die Neuheit, die Erfindungshöhe und die gewerbliche Anwendbarkeit der Prüfungskompetenz der Gebrauchsmusterstelle entzogen (§ 8 Abs. 1 Satz 2), BPatGE **46,** 211, 214. Die Anmeldung ist zurückzuweisen, wenn das Vorliegen der absoluten – aus der Natur des Gegenstandes sich ergebenden – Schutzvoraussetzungen (jetzt auch außer der gewerblichen Anwendbarkeit) nicht ausreichend dargelegt ist, BGH GRUR **65,** 234, 237; 69, 184, 185. Die relativen – von dem Stand der Technik her zu beurteilenden – Schutzvoraussetzungen sind einer Prüfung dagegen erst im Löschungs- oder auf entsprechenden Einwand im Verletzungsverfahren (§§ 17, 24) sowie im Straf- und Beschlagnahmeverfahren (§§ 25, 25a) zugänglich.

5 Von den der Prüfung im Eintragungsverfahren zugänglichen materiellen absoluten Schutzvoraussetzungen steht die der **Erfindung** (§ 4 Abs. 1 Satz 1) im Vordergrund; zum Erfindungsbegriff vgl. Rdn. 3–10 zu § 1. Soweit die Ausführbarkeit eine Frage der ausführbaren Offenbarung ist, ist sie als Teilaspekt der Schutzfähigkeit anzusehen; die Prüfung erstreckt sich im Eintragungsverfahren regelmäßig nicht hierauf, vielmehr erfolgt sie ggfs. im Löschungsverfahren, wenn mangelnde Offenbarung mit dem Löschungsanspruch des § 15 Abs. 1 Nr. 1 geltend gemacht wird, vgl. BGH GRUR **99,** 920, 921. Doch ist bereits im Eintragungsverfahren der Frage nach der **technischen Natur** der angemeldeten Erfindung nachzugehen, vgl. BGH GRUR **77,** 152, 153; BPatGE **20,** 33, 36; BPatG Bl. **00,** 55, unbeschadet der Möglichkeit, sie als Teilaspekt der Schutzfähigkeit auch im Löschungsverfahren, in dem mangelnde Schutzfähigkeit geltend gemacht wird, in die dortige Prüfung einzubeziehen.

6 Zur Zuständigkeit der Gebrauchsmusterstelle gehört weiter die Prüfung, ob der angemeldete Gegenstand als **Verfahren** vom Gebrauchsmusterschutz ausgeschlossen ist (§ 2 Nr. 3). Ebenso wird von der Prüfung der weitere Schutzausschlussgrund des Verstoßes gegen die öffentliche Ordnung und die guten Sitten (§ 2 Nr. 1) erfasst. Auch das Vorliegen einer Pflanzensorte oder Tierart (§ 2 Nr. 2) ist als Schutzausschließungsgrund zu berücksichtigen.

Es wird als selbstverständlich angesehen, dass die mit dem Eintragungsverfahren befassten Beamten des Patentamts den technischen Sachverhalt erfassen müssen, der den Gegenstand der Anmeldung bildet, um in die Prüfung **absoluter Schutzvoraussetzungen** einzutreten, BGH GRUR **65,** 234, 237. Jedoch tritt die Prüfung der Schutzvoraussetzung des Fehlens unzulässiger Erweiterung in der Praxis des Eintragungsverfahrens zu Recht in den Hintergrund, zumal da es sich um einen Schutzhinderungsgrund und nicht um eine absolute Schutzvoraussetzung handelt, also um die Frage, ob eine Erfindung (§ 4 Abs. 1 Satz 1) dargelegt ist. 7

Zu der Prüfungskompetenz der Gebrauchsmusterstelle gehört auch die sachliche und die persönliche Identität im **Abzweigungsfall,** vgl. § 5 Rdn. 20. 8

Die Prüfungszuständigkeit der Gebrauchsmusterstelle soll aus Gründen der Rechtssicherheit nicht davon abhängig sein, ob die Prüfung im Einzelfall einfach oder schwierig ist, BGH GRUR **65,** 234, 237. Allerdings entspricht es dem Wesen des Registerverfahrens, wie jedenfalls für das Umschreibverfahren entschieden worden ist (BGH GRUR **69,** 60, 63 – Marpin), den **Rahmen der rechtlichen Nachprüfung** nicht allzu weit zu ziehen. 9

b) Zwischenbescheid. Die Vorschrift des § 45 PatG ist im Gebrauchsmuster-Eintragungsverfahren entsprechend anzuwenden, BPatGE **20,** 33. Die Gebrauchsmusterstelle hat daher bei entsprechendem Ergebnis der Prüfung (vgl. oben Rdn. 2, 3) den Anmelder aufzufordern, von ihr festgestellte Mängel der Anmeldung innerhalb einer bestimmten Frist zu beseitigen (§ 45 Abs. 1 PatG), oder dem Anmelder die Bedenken gegen die Eintragungsfähigkeit des angemeldeten Musters mitzuteilen und ihm Gelegenheit zur Äußerung zu geben (§ 45 Abs. 2 PatG). Sie muss dabei die Mängel oder Bedenken konkret bezeichnen; sie ist aber nicht verpflichtet, dem Anmelder hinsichtlich der Fassung der Schutzansprüche Änderungsvorschläge zu unterbreiten. BPatGE **20,** 33, 37.Ein solcher Zwischenbescheid hat als verfahrensleitende Verfügung keine Bescheidung des Begehrens der Verfahrensbeteiligten, sondern nur ein Aufmerksammachen auf die vorläufige Wertung des Vorbringens nach Aktenlage iSd. § 139 ZPO zum Gegenstand, BPatGE **46,** 122. Die Bescheide müssen, wenn darin eine Frist gesetzt wird, dem Anmelder förmlich zugestellt werden, BPatG Mitt. **79,** 178. Zustellungen sind bei mehreren Beteiligten, die in Rechtsgemeinschaft stehen (z. B. mehrere Miterfinder als Anmelder) an jeden einzelnen vorzunehmen, sofern nicht ein Zustellungsbevollmächtigter oder gemeinsamer Verfahrensbevollmächtigter bestellt ist; bei Zustellungsbevollmächtigung sind der Zustellung so viele Ausfertigungen beizufügen, wie Beteiligte vorhanden sind, BPatGE **45,** 159, 161. 10

c) Anhörung. § 46 Abs. 1 PatG gilt entsprechend. Der Anmelder ist daher im Eintragungsverfahren anzuhören, wenn dies sachdienlich ist. In einem solchen Falle ist von der Gebrauchsmusterstelle Termin zur Anhörung zu bestimmen und der Anmelder schriftlich zu laden; die Ladung ist zuzustellen, BPatGE **22,** 29. 11

d) Zurückweisung der Anmeldung. Beseitigt der Anmelder trotz Aufforderung (§ 45 Abs. 1 PatG) die von der Gebrauchsmusterstelle gerügten Mängel der Anmeldung nicht oder kann er die ihm mitgeteilten Bedenken gegen die Eintragungsfähigkeit (§ 45 Abs. 2 PatG) nicht beheben, so wird die Anmeldung zurückgewiesen; § 48 PatG ist entsprechend anzuwenden, BPatGE **15,** 200. Teilentscheidungen sind nicht zulässig; es darf insbesondere nicht die Anmeldung in einer mit einem Hauptantrag verfolgten Fassung durch Teilbeschluss zurückgewiesen und die Entscheidung über eine hilfsweise begehrte Fassung bis zur Rechtskraft des Teilbeschlusses zurückgestellt werden, BPatG GRUR **80,** 997. Hat der Anmelder Schutzansprüche in einer ersten und nur hilfsweise in einer zweiten Fassung geltend gemacht und hält das Patentamt nur die zweite Fassung für eintragbar, so kann es nicht lediglich formlos die Eintragung „gemäß Hilfsantrag" verfügen, sondern muss unter Zurückweisung des Hauptantrags die Eintragung auf Grund des Hilfsantrags in einem förmlichen begründeten Beschluss anordnen, der mit Rechtsmittelbelehrung dem Anmelder zuzustellen ist, BPatG GRUR **82,** 367, zur **Zustellung** vgl. Rdn. 26 zu § 47 PatG. Gegen den Zurückweisungsbeschluss der Gebrauchsmusterstelle steht dem Anmelder die Beschwerde an das Patentgericht zu (§ 18 Abs. 1). Trotz Zurückweisung der Anmeldung ist Neuanmeldung jederzeit möglich, aber nur mit dem Altersrang der Neuanmeldung; eine Abzweigung aus einer erledigten Gebrauchsmusteranmeldung ist also nicht möglich. 12

e) Anordnung der Eintragung. Genügt die Anmeldung den vorgeschriebenen Erfordernissen und ist der angemeldete Gegenstand der Eintragung zugänglich, so verfügt die Gebrauchsmusterstelle die Eintragung. Sie darf, was den Inhalt des Schutzrechts betrifft, nicht vom Eintragungsantrag abweichen, BGH GRUR **03,** 226, 227. Das Gebrauchsmuster erlangt Wirkung nicht schon mit dieser Verfügung, sondern erst mit der daraufhin vorgenommenen Eintragung. Die Eintragungsanordnung muss, wenn die Eintragung erst nach Ablauf der dreijährigen Schutzfrist erfolgt, in Beschlussform ergehen, BPatGE **10,** 253. Die Eintragung kann auch 13 noch nach Ablauf von 6, 8 (oder jetzt 10 Jahren) nach Einreichung der Anmeldung vorgenommen werden, BGH GRUR **67,** 477. Die Eintragung kann dann zwar nicht mehr die Wirkung des § 11 Abs. 1 herbeiführen. Die Unterlagen werden jedoch Stand der Technik. Das Gebrauchsmuster wird durch die nachträgliche Eintragung auch älteres Recht im Sinne des § 15 Abs. 1 Nr. 2, BGH GRUR **67,** 477. Die Aufrechterhaltungsgebühr (§ 23 Abs. 2) fällt in einem solchen Falle nicht an, vgl. BPatG Bl. **78,** 53. Wegen des Zeitpunkts des Abschlusses der technischen Vorbereitungen für die Eintragung von Gebrauchsmustern vgl. die MittPräsPA Nr. 9/91, Bl. **91,** 146. Aus PCT-Anmeldungen stammende Gebrauchsmuster, bei denen das DPMA nicht Anmeldeamt, offenbar aber Bestimmungsamt ist, trägt das Patentamt auf Antrag ein, ohne auf die Mitteilung des Internationalen Büros der WIPO über die Existenz der internationalen Anmeldung zu warten, vgl. MittPräsPA Nr. 12/91, Bl. **91,** 173.

14 **f) Vollzug der Eintragung.** Die formale Durchführung der Eintragung und die dabei zu beachtenden Modalitäten richten sich nach verfahrensrechtlichen Vorschriften und sind nicht von Anträgen des Anmelders abhängig. Kann einem auf den Vollzug der Eintragung gerichteten Antrag (der sich z. B. darauf richtet, das Gebrauchsmuster mit einer fremdsprachigen Bezeichnung einzutragen und bekannt zu machen) nicht stattgegeben werden, so ist dieser Antrag als solcher, nicht aber die ganze Anmeldung zurückzuweisen, BGH GRUR **03,** 226, 227.

15 **g) Aussetzung.** Eine Aussetzung der Eintragung ist durch Abs. 1 Satz 3 vorgesehen; danach ist § 49 Abs. 2 PatG entsprechend anzuwenden, vgl. für den früheren Rechtszustand BPatG GRUR **81,** 786. Nach Ablauf der Aussetzungsfrist ist die Eintragung vorzunehmen, sofern die Anmeldung den gesetzlichen Voraussetzungen entspricht, BPatGE **9,** 57, und vom Anmelder aufrecht erhalten wird. Wenn eine nicht oder nicht mehr zulässige Aussetzung beantragt wird, so darf diese nicht durch besonderen Beschluss abgelehnt werden; es ist vielmehr nach entsprechendem Hinweis und Ablauf einer Äußerungsfrist unter gleichzeitiger Ablehnung des Aussetzungsantrags das Gebrauchsmuster einzutragen oder die Anmeldung zurückzuweisen, also abschließend über die Anmeldung zu entscheiden, BPatG GRUR **80,** 786; vgl. auch BGH GRUR **03,** 225, 227.

16 **2. Gebrauchsmusterregister.** Das Gebrauchsmuster wird in das Register für Gebrauchsmuster eingetragen. Es wurde als Rolle, später auch noch unter dieser Bezeichnung in Karteiform und wird seit dem 12. 3. 1981 in Form einer elektronischen Datei geführt, vgl. MittPräsPA 3/81, Bl. **81,** 1. In das Register werden eingetragen die Nummer des Gebrauchsmusters, die dem Aktenzeichen entnommen wird, die Klasse und Gruppe, die Bezeichnung des Gebrauchsmusters (vgl. dazu § 4 Rdn. 18), Name und Wohnsitz des Anmelders sowie seines etwaigen Inlandsvertreters (§ 20), der Anmeldetag, bei Abzweigung jedoch nicht der tatsächliche, sondern der beanspruchteAnmeldetag, eine etwa beanspruchte innere oder ausländische Priorität oder Ausstellungspriorität (vgl. dazu PA Bl. **24,** 28) und der Tag der Eintragung.

17 Die Eintragung des Gebrauchsmusters hat größere **rechtliche Bedeutung** als die Eintragung der Patenterteilung in das Patentregister. Sie begründet das Alleinrecht des Rechtsträgers (§ 11). Die Eintragung kann indes kein materielles Recht begründen, wenn das Gebrauchsmuster nicht neu oder nicht erfinderisch ist und auf Antrag gelöscht werden muss (§ 15). Das Gebrauchsmusterregister weist den Eingetragenen dem Patentamt und Dritten gegenüber aus und ermächtigt zur Geltendmachung der Rechte aus dem Schutzrecht. Löschungsanträge sind nur gegen den Eingetragenen zu richten (§§ 15, 16), RGZ **67,** 176.

18 **Änderungen** im Recht am Gebrauchsmuster werden ebenfalls in das Register eingetragen (Abs. 4), auch die des Vertreters oder Zustellungsbevollmächtigten. Sie haben dieselbe Bedeutung wie im Patentrecht und sind wie dort nachzuweisen (vgl. § 30 PatG Rdn. 13 ff.). Widerruft der Eingetragene die Umschreibungsbewilligung und wird dies zum Umschreibungsverfahren vor der Umschreibung mitgeteilt, so ist der für dieses Registerverfahren erforderliche Nachweis der Änderung in der Person des Inhabers nicht erbracht, BPatGE **46,** 42. Der Erwerb des Rechts vollzieht sich unabhängig von Eintragungen in das Register. Die Eintragung verschafft jedoch dem Erwerber die Legitimation gegenüber dem Patentamt und den Gerichten, vgl. BGHZ **6,** 172, 177. Die Löschung wegen fehlenden Widerspruchs oder auf Grund einer Löschungsentscheidung wird Dritten gegenüber erst mit der Eintragung in das Register wirksam, BPatGE **43,** 1, 5. Auf ein Prozessrechtsverhältnis hat die Änderung der Legitimation in Bezug auf ein streitbefangenes Gebrauchsmuster nach Eintritt der Rechtshängigkeit keinen Einfluss; das ergibt sich aus § 265 ZPO, der auf diesen Fall anzuwenden ist, BGH GRUR **79,** 145, 147. Die Umschreibung hat daher nicht zur Folge, dass der neue Gebrauchsmusterinhaber an Stelle des bisherigen Inhabers in ein anhängiges Beschwerdeverfahren eintritt. Das gilt auch für den Fall, dass die Beschwerde auf den Kostenpunkt beschränkt ist, BPatGE **22,** 108. Der neue Gebrauchsmusterinhaber tritt auch nicht in ein Kostenfestsetzungsverfahren ein, das auf Grund

einer in einem rechtskräftig abgeschlossenen Verfahren ergangenen Kostenentscheidung betrieben wird; die Beschwerde des neuen Gebrauchsmusterinhabers gegen einen für und gegen den früheren Gebrauchsmusterinhaber ergangenen Kostenfestsetzungsbeschluss ist jedenfalls dann unzulässig, wenn der Kostentitel nicht auf den Beschwerdeführer umgeschrieben ist, BPatGE **20,** 130. Ein Löschungsverfahren wird im Falle des Todes des in der Rolle eingetragenen Rechtsinhabers nicht dadurch unterbrochen, dass der Verfahrensbevollmächtigte die Vertretung niederlegt. Die Erben des Rechtsinhabers oder ein rechtsgeschäftlicher Erwerber seiner Rechtsstellung können erst dann in das Verfahren eintreten, wenn sie in die Rolle eingetragen sind, BPatGE **26,** 126 ff. Im Falle eines durch gesellschaftsrechtliche Gesamtrechtsnachfolge bedingten Wechsels des Inhabers eines Gebrauchsmusters bedarf es keiner Eintragung in die Rolle, um die Legitimation als Rechtsnachfolger zu erlangen. Ein Löschungsantrag ist gegen den Rechtsnachfolger zu richten. Patentamt und Patentgericht können die unrichtige Bezeichnung auf die Nachfolgegesellschaft berichtigen, BPatG Bl. **91,** 423 (LS).

Änderungen von Eintragungen im Register **von Amts wegen** sind in engen Grenzen als zulässig und geboten anzusehen. So ist eine versehentliche Eintragung, die offensichtlich unrichtig ist, zu berichtigen. Aber auch in Fällen „unrichtiger" Eintragungen, in denen kein Beschwerde- oder Löschungsantragsrecht besteht, um eine Rückgängigmachung oder Änderung herbeizuführen, kann eine Korrektur von Amts wegen in Betracht kommen, vgl. BPatGE **40,** 185, 191. 19

Wegen der erforderlichen Nachweise für die Umschreibung vgl. die **Umschreibungsrichtlinien** des DPMA, Bl. **02,** 11. Umschreibungen sind gebührenfrei. Die frühere Gebührenpflicht ist infolge der Neufassung des Abs. 4 durch Art. 8 Nr. 3 d KostRegBerG ersatzlos entfallen. 20

3. Veröffentlichungen. Die Eintragungen in das Register werden im Patentblatt in regelmäßigen Übersichten bekanntgemacht (Abs. 3), ebenso Änderungen in der Person des Eingetragenen oder seines Vertreters. Die Bekanntmachungen beschränken sich auf die Bezeichnung des Gebrauchsmusters und geben im Übrigen den Rechts- und Verfahrensstand wieder. Das Patentblatt ist bis 2003 in Papierform veröffentlicht worden. Seit dem 1. 1. 2004 wird es in elektronischer Form über die Internetplattform DPMApublikationen veröffentlicht, Zugriffsadresse: http://publikationen.dpma.de., vgl. im übrigen MittPräsPA 11/03, Bl. **03,** 353. Außerdem publiziert das Patentamt eine Patentblatt-CD mit monatlicher Erscheinungsweise, vgl. MittPräsPA 12/03, Bl. **03,** 353. Die Gebrauchsmusterunterlagen werden in der eingetragenen Fassung als **„Gebrauchsmusterschrift"** veröffentlicht, vgl. MittPräsPA, Bl. **99,** 269 veröffentlicht. 21

4. Gebrauchsmusterurkunde. Der eingetragene Gebrauchsmusterinhaber erhält über die Eintragung des Gebrauchsmusters in das Register eine Urkunde, § 8 DPMAV. Ihr Inhalt muss dem Registereintrag entsprechen, nicht umgekehrt, da sie nur Beweiszwecken dient und keine Bindungswirkung entfaltet, BPatGE **31,** 43, 46. Die Erteilung der Urkunde und die Anheftung von Unterlagen an die Urkunde sind gebührenfrei; für **Schmuckurkunden** wird eine Gebühr von 30 Euro erhoben, Nr. 301 320 des KostenVerz der DPMAVwKostV. 22

5. Register- und Akteneinsicht. In Abs. 5 ist die Akteneinsicht in Gebrauchsmustersachen (Offenlegung, vgl. § 9 Abs. 1) abschließend geregelt. Die freie Einsichtsmöglichkeit besteht für die gesamten Akten der eigenen Anmeldung bzw. des eigenen Gebrauchsmusters oder des Löschungsverfahrens, an dem man Verfahrensbeteiligter ist, sowie auf Antrag Dritter für die Akten der eingetragenen Gebrauchsmuster und die Akten von Löschungsverfahren einschließlich eines sich etwa anschließenden Beschwerdeverfahrens, BGH GRUR **01,** 149. Im Übrigen wird die Einsichtsmöglichkeit nur beschränkt gewährt. Die Akteneinsicht wird regelmäßig durch Bereitstellung der Akten in den Dienstgebäuden des Patentamts (§ 22 Abs. 1 DPMAV) bzw. auf der zuständigen Geschäftsstelle des Gerichts zum Durchblättern und Anfertigen von Notizen ermöglicht. Daneben wird sie bei Akten, deren Einsicht jedermann freisteht, bei Akten der eigenen Anmeldung oder des eigenen Schutzrechts und bei Akten, für deren Einsichtnahme die Einsichtsgebühr gezahlt worden ist, gegen Auslagenerstattung durch die Erteilung von **„Abschriften"** (Fotokopien) gewährt, vgl. Nr. 301 410 des KostenVerz zur DPMAVwKostV, auf Antrag auch durch beglaubigte Kopien, § 22 Abs. 3 DPMAV. Registerauszüge gegen Gebühr nach Nr. 301, 100/110 KostenVerz. 23

a) Freie Einsicht. In das Gebrauchsmusterregister, die Akten eingetragener Gebrauchsmuster und die Akten von Löschungsverfahren ist auf entsprechendes – mündliches oder schriftliches – Verlangen ohne weiteres Einsicht zu gewähren. Die Einsicht ist insoweit gebührenfrei (Nr. 301 400 des KostenVerz. zur DPMAVwKostV). Es kommt nicht darauf an, ob Akteneinsicht im eigenen oder fremden Interesse begehrt wird und in wessen Interesse sie erfolgen soll, 24 so dass es auch nicht der Nennung eines etwaigen Auftraggebers bedarf, BGH Bl. **05,** 180; GRUR **01,** 149; Mitt **99,** 34. Die genannten Akten unterliegen in vollem Umfange und in ihrem jeweiligen Bestande der freien Einsicht, und zwar unabhängig davon, ob das betreffende Gebrauchsmuster noch besteht oder bereits gelöscht oder ohne Löschung – durch Ablauf der Schutzdauer oder Verzicht – erloschen ist, allerdings nur im Rahmen der Aufbewahrungsfristen für die Akten. Zu den Akten eingetragener Gebrauchsmuster gehört nicht nur die vom Anmelder eingereichte Zeichnung, sondern auch ein etwa eingereichtes Modell. Die Akten von Löschungsverfahren werden durch Abs. 5 nicht den Akten von Patentnichtigkeitsverfahren (§ 99 Abs. 3 Satz 3 PatG), sondern den Akten von Beschränkungsverfahren (§ 31 Abs. 1 Satz 2 PatG) gleichgestellt. Sie sind daher ohne Einschränkungen frei einsehbar. Die im Aktenbeiheft (Retent) verwahrten abteilungsinternen Mitteilungen wie Voten der Abteilungsmitglieder u. ä. sind allerdings von dem Einsichtsrecht ausgenommen. Keine freie Einsicht in die Akten eines Kostenfestsetzungsverfahrens, auch wenn es sich an ein Löschungsverfahren anschließt, BPatGE **25,** 123.

25 **b) Einsicht bei berechtigtem Interesse.** Soweit in § 8 Abs. 5 Satz 1 keine besondere Regelung getroffen ist, kann Akteneinsicht nur bei Glaubhaftmachung eines berechtigten Interesses gewährt werden. Das gilt insbesondere für die Akten zurückgezogener oder zurückgewiesener oder noch anhängiger Gebrauchsmusteranmeldungen. Verwarnt aber ein Anmelder eines Gebrauchsmusters einen Wettbewerber aus der Anmeldung, so hat der Verwarnte ein berechtigtes Interesse an der Akteneinsicht, und zwar auch dann, wenn dem Anmelder die Verwarnung aus der Anmeldung gerichtlich untersagt worden ist, BPatG Bl. **86,** 151, 152. Die Akteneinsicht ist in diesen Fällen gebührenpflichtig (Nr. 301 400) des Kostenverz. zur VerwkostVO). Sie muss schriftlich beantragt werden, der davon Betroffene ist zu dem Antrag zu hören. Sofern er der Einsicht nicht zustimmt, ist unter Berücksichtigung der beiderseitigen Interessen über den Antrag zu entscheiden. Bei den Akten einer Anmeldung, die nicht oder noch nicht zur Eintragung geführt hat, ist grundsätzlich dem Geheimhaltungsinteresse des Anmelders der Vorzug zu geben, BPatGE **20,** 15, 16. Im Einzelfall kann aber auch das Einsichtsinteresse des Antragstellers überwiegen. Weist ein Anmelder auf die Anmeldung seines noch nicht eingetragenen Gebrauchsmusters hin, so kann ein betroffener Wettbewerber dann ein berechtigtes Interesse an der Einsicht in die Akten der Anmeldung haben, wenn er durch das wettbewerbswidrige Vorgehen des Anmelders in seiner gewerblichen Tätigkeit so behindert und gestört ist, dass er zur Abwehr des Wettbewerbsverstoßes der Kenntnis von Bedeutung und Umfang des im Entstehen befindlichen Schutzrechts bedarf, BPatGE **20,** 15.

26 **6. Kontradiktorische Entscheidungen.** Anders als im Eintragungsverfahren, das vor der Gebrauchsmusterstelle nur mit dem Anmelder als einzigem Verfahrensbeteiligten geführt wird, ergehen bei Anträgen Dritter zu Gebrauchsmusteranmeldungen und eingetragenen Gebrauchsmustern auch streitige Entscheidungen, insbesondere im Fall von Akteneinsichts- und Umschreibungsanträgen. Hierbei ist insbesondere den Erfordernissen des rechtlichen Gehörs Rechung zu tragen. Die Sachentscheidungen werden nicht von einer **Kostenentscheidung** begleitet; jeder Verfahrensbeteiligte trägt unabhängig vom Verfahrensausgang die bei ihm entstandenen Kosten, z. B. Anwaltskosten, selbst. Erst für das Beschwerdeverfahren gegen einen kontradiktorischen Beschluss der Gebrauchsmusterstelle besteht die Möglichkeit des Obsiegenden, eine Kostenerstattung auf der Grundlage einer Kostenentscheidung durch das Patentgericht über die Verfahrenskosten der Beschwerdeinstanz zu erwirken, § 18 Abs. 2 Satz 1 i. V. m. PatG § 80; da der Erlass einer Kostenentscheidung aber nur erfolgt, wenn dies der Billigkeit entspricht, trägt im Regelfall – wenn nämlich keine besonderen Billigkeitsgründe gegeben sind – jeder Verfahrensbeteiligte seine Kosten, ohne dass es hierüber einer besonderen Kostenentscheidung bedarf. Erfolgt ausnahmsweise eine Kostenauferlegung auf einen gegnerischen Verfahrensbeteiligten, so ist wegen der Frage der erstattungsfähigen Kosten auf Rdn. 34 zu § 17 zu verweisen.

9 *Geheimgebrauchsmuster.* (1) [1]**Wird ein Gebrauchsmuster angemeldet, dessen Gegenstand ein Staatsgeheimnis (§ 93 des Strafgesetzbuches) ist, so ordnet die für die Anordnung gemäß § 50 des Patentgesetzes zuständige Prüfungsstelle von Amts wegen an, daß die Offenlegung (§ 8 Abs. 5) und die Bekanntmachung im Patentblatt (§ 8 Abs. 3) unterbleiben.** [2]**Die zuständige oberste Bundesbehörde ist vor der Anordnung zu hören.** [3]**Sie kann den Erlaß einer Anordnung beantragen.** [4]**Das Gebrauchsmuster ist in ein besonderes Register einzutragen.**

(2) [1]**Im übrigen sind die Vorschriften des § 31 Abs. 5, des § 50 Abs. 2 bis 4 und der §§ 51 bis 56 des Patentgesetzes entsprechend anzuwenden.** [2]**Die nach Absatz 1**

zuständige Prüfungsstelle ist auch für die in entsprechender Anwendung von § 50 Abs. 2 des Patentgesetzes zu treffenden Entscheidungen und für die in entsprechender Anwendung von § 50 Abs. 3 und § 53 Abs. 2 des Patentgesetzes vorzunehmenden Handlungen zuständig.

Die Vorschrift, die durch das 6. ÜG eingefügt ist, trifft in Absatz 1 für Gebrauchsmusteranmeldungen, die ein Staatsgeheimnis zum Gegenstand haben, eine entsprechende Regelung wie **§ 50 Abs. 1 PatG** für Patentanmeldungen. Die Vorschriften des Patentgesetzes über Geheimpatente gelten im Übrigen entsprechend. Auf die Erläuterungen zu diesen Vorschriften kann daher verwiesen werden. 1

Durch das Gebrauchsmuster-Änderungsgesetz 1986 ist auch die Zuständigkeit für die Anordnung der Geheimhaltung einer Gebrauchsmusteranmeldung und des darauf eingetragenen Gebrauchsmusters auf die nach § 50 PatG zuständige **Prüfungsstelle** übertragen worden. Nach dem bis zum 1. 1. 1987 geltenden Recht war für die genannte Anordnung die Gebrauchsmusterstelle zuständig. Bei der Anordnung der Geheimhaltung überwiegt aber der technische Charakter. Der RegE hebt deshalb hervor, dass die Einheit von funktioneller Zuständigkeit und technischer Sachkunde sichergestellt werden solle. Die Prüfer der Prüfungsstellen seien mit diesen Problemen besser vertraut, BT-Ds. 10/3903, S. 24, re. Sp. 2

Durch die Ergänzung von Abs. 2 Satz 2 ist weiter gewährleistet, dass auch die jährlichen Überprüfungen und die **Aufhebung der Geheimhaltungsanordnungen** von der Prüfungsstelle vorgenommen werden können. 3

Für die **Einreichung** gilt die Besonderheit, dass eine Anmeldung, die ein Staatsgeheimnis i. S. d. § 93 StGB enthalten kann, nur beim Patentamt selbst, nicht aber bei einem Patentinformationszentrum eingereicht werden darf, § 4 Abs. 2 Satz 2. Auch für Geheimgebrauchsmuster gilt das Verbot des Verstoßes gegen die **öffentliche Ordnung** und gegen die **guten Sitten** des § 2 Nr. 1. Die im früheren § 2 Nr. 1 Satz 2 enthaltene Befreiung der Geheimgebrauchsmuster von dieser Schutzausnahme ist durch Art. 2 Nr. 2 des Biotechnologiegesetzes, BGBl. 2005, 148, mit Wirkung vom 28. 2. 2005 aufgehoben worden. 4

Literatur: Breith, Patente und Gebrauchsmuster für Staatsgeheimnisse, München, **2002;** ders., Sind die gesetzlichen Regelungen über die Geheimhaltung von Patenten und Gebrauchsmustern noch zeitgemäß?, GRUR **03,** 587. 5

10 *Gebrauchsmusterstelle. Gebrauchsmusterabteilungen.* (1) **Für Anträge in Gebrauchsmustersachen mit Ausnahme der Löschungsanträge (§§ 15 bis 17) wird im Patentamt eine Gebrauchsmusterstelle errichtet, die von einem vom Präsidenten des Patentamts bestimmten rechtskundigen Mitglied geleitet wird.**

(2) [1]**Der Bundesminister der Justiz wird ermächtigt, durch Rechtsverordnung mit der Wahrnehmung der Geschäfte Beamte des gehobenen und des mittleren Dienstes oder vergleichbare Angestellte mit der Wahrnehmung von Geschäften zu betrauen, die den Gebrauchsmusterstellen oder den Gebrauchsmusterabteilungen obliegen und die ihrer Art nach keine besonderen technischen oder rechtlichen Schwierigkeiten bieten; ausgeschlossen davon sind jedoch Zurückweisungen von Anmeldungen aus Gründen, denen der Anmelder widersprochen hat.** [2]**Das Bundesministerium der Justiz kann diese Ermächtigung durch Rechtsverordnung auf das Deutsche Patent- und Markenamt übertragen.**

(3) [1]**Über Löschungsanträge (§§ 15 bis 17) beschließt eine der im Patentamt zu bildenden Gebrauchsmusterabteilungen, die mit zwei technischen Mitgliedern und einem rechtskundigen Mitglied zu besetzen ist.** [2]**Die Bestimmungen des § 27 Abs. 7 des Patentgesetzes gelten entsprechend.** [3]**Innerhalb ihres Geschäftskreises obliegt jeder Gebrauchsmusterabteilung auch die Abgabe von Gutachten.**

(4) [1]**Für die Ausschließung und Ablehnung der Mitglieder der Gebrauchsmusterstelle und der Gebrauchsmusterabteilungen gelten die §§ 41 bis 44, 45 Abs. 2 Satz 2, §§ 47 bis 49 der Zivilprozeßordnung über Ausschließung und Ablehnung der Gerichtspersonen singgemäß.** [2]**Das gleiche gilt für die Beamten des gehobenen und des mittleren Dienstes, soweit sie nach Absatz 2 mit der Wahrnehmung einzelner der Gebrauchsmusterstelle oder den Gebrauchsmusterabteilungen obliegender Geschäfte betraut worden sind.** [3]**§ 27 Abs. 6 Satz 3 des Patentgesetzes gilt entsprechend.**

Inhaltsübersicht

1 **Vorbemerkung.** Das 6. ÜG hat die Abs. 2, 3 u. 4 neu gefasst, während das Gebrauchsmuster-Änderungsgesetz 1986 lediglich die Verweisungen auf das PatG, die durch dessen Neubekanntmachung mit neuer Paragraphenzählung unstimmig geworden waren, bereinigt hat. Die Vorschrift enthält nur noch die Regelung der dafür eingerichteten Stellen und die Mitwirkung bei diesen Stellen. Die Vorschriften über die Beschwerde sind in den § 18 übernommen worden.

2 **1. Gebrauchsmusterstelle.** Die Gebrauchsmusterstelle, die mit den Prüfungsstellen (§ 27 Abs. 1 Nr. 1 PatG) zu vergleichen ist, steht unter Leitung eines vom Präsidenten des Amts bestellten rechtskundigen Mitglieds; für Verhinderungsfälle kann der Präsident einem anderen rechtskundigen Mitglied die Vertretung übertragen. Der Präsident kann ihr weitere Mitglieder zuweisen. Entgegen dem Wortlaut „den Gebrauchsmusterstellen" in Absatz 2 Satz 1 gibt es nur eine solche Stell: redakt. Fehler des Gesetzgebers. Die Aufgabe der Gebrauchsmusterstelle ist insbesondere die Prüfung der Anmeldungen (vgl. § 8 Rdn. 2, 3), die Vornahme der Eintragungen, die Führung der Gebrauchsmusterrolle, die Überwachung der Gebührenzahlung und der Schutzfristen. Einrichtung und Geschäftsgang der Gebrauchsmusterstelle sind ebenso geregelt wie die der Prüfungsstellen, § 6 DPAVO. Die Geschäfte, die nicht den Beamten des gehobenen und mittleren Dienstes usw. übertragen sind (vgl. unten Rdn. 4), kann nur der Leiter der Gebrauchsmusterstelle, sein Vertreter oder ein der Gebrauchsmusterstelle zugewiesenes rechskundiges oder technisches Mitglied – als Einzelbeamter – wahrnehmen.

3 **2. Gebrauchsmusterabteilungen.** Für die Entscheidung über Löschungsanträge sind Gebrauchsmusterabteilungen gebildet worden. Die Abteilungen sind mit einem rechtskundigen Mitglied und zwei technischen Mitgliedern zu besetzen. Diese Bestimmung bezieht sich auf das Tätigwerden in der einzelnen Sache, nicht auf die Zusammensetzung der Abteilungen an sich, denen mehr Mitglieder angehören. Die Dreierbesetzung ist wie bei den Patentabteilungen (§ 27 Abs. 3 PatG) Mindestbesetzung. Sie ist aber im Gegensatz zu den Patentabteilungen (§ 27 Abs. 3 PatG) auch zugleich die höchstzulässige Besetzung. Weitere Mitglieder, auch der beschließenden Abteilung, können deshalb, wie aus der Verweisung auf § 27 Abs. 7 PatG hervorgeht, zwar zur Beratung herangezogen werden, sie dürfen aber nicht an den Abstimmungen teilnehmen. Nach Abs. 2 der Vorschrift dürfen nunmehr auch bestimmte Angelegenheiten der Gebrauchsmusterabteilungen Beamten des gehobenen und mittleren Dienstes zur selbstständigen Erledigung übertragen werden.

4 **3. Beamte des gehobenen und mittleren Dienstes.** Entsprechend der Regelung in § 27 Abs. 5 PatG kann auch die Wahrnehmung einzelner der Gebrauchsmusterstelle oder den Gebrauchsmusterabteilungen obliegender Geschäfte Beamten des gehobenen oder mittleren Dienstes übertragen werden, die technisch oder rechtlich keine Schwierigkeiten bieten, vgl. schon BPatGE **22,** 108, 113. Das Bundesministerium der Justiz hat die ihm eingeräumte Ermächtigung durch § 1 Abs. 2 DPMAV auf das Deutsche Patent- und Markenamt übertragen. Dieses hat von der Ermächtigung Gebrauch gemacht durch die **Wahrnehmungsverordnung** – WahrnV – vom 14. 12. 1994, BGBl. I 3812, zuletzt geändert durch die Verordnung zur Änderung der Markenverordnung und anderer Verordnungen vom 17. 12. 2004, BGBl. I 3532; vgl. im Übrigen Rdn. 12, 12 a zu § 27 PatG.

5 **4. Ausschließung und Ablehnung.** Literatur: Bernatz, Ausschließung und Ablehnung von Beamten des Deutschen Patentamts und von Richtern des Bundespatengerichts. Mitt. **68,** 30.

Für die Ausschließung und Ablehnung gelten nach Abs. 4 der Vorschrift wie in Patentsachen (§ 27 Abs. 6 PatG) die Bestimmungen der ZPO entsprechend. Auf die Erläuterungen zu § 27 Abs. 6 PatG kann insoweit verwiesen werden (vgl. dort Rdn. 16–19 a). Für ein Mitglied der Gebrauchsmusterabteilung stellt es weder einen Ausschließungsgrund noch – für sich allein – einen Ablehnungsgrund dar, wenn es als Prüfer über die dem Gebrauchsmuster entsprechende Patentanmeldung entschieden hat, PA Mitt. **58,** 242; vgl. auch BGH GRUR **65,** 50, 51. Umgekehrt begründet auch die Mitwirkung eines Prüfers bei der Entscheidung über die Löschung eines Gebrauchsmusters keine Besorgnis der Befangenheit für die Mitwirkung bei der Entscheidung über die Erteilung eines Patents für den gleichen Erfindungsgegenstand, BPatGE **2,** 85. Ein Zwischenbescheid mit einer vorläufigen Beurteilung der Sachlage begründet für sich allein regelmäßig nicht die Besorgnis der Befangenheit, mag in ihm auch wesentliches Vorbringen nicht behandelt worden sein, BPatGE **46,** 122, 125. Weist die Gebrauchsmusterabteilung die Verfahrensbeteiligten in einem Zwischenbescheid auf eine von ihr als geboten erachtete Beschränkung des Schutzanspruchs unter Nennung der hierfür in Betracht kommenden Merkmale hin, so kann dies für sich genommen nicht die Ablehnung der beteiligten Abteilungsmitglieder als befangen rechtfertigen, BPatG Mitt **02,** 150 LS.

11 ***Wirkung der Eintragung.*** (1) [1]**Die Eintragung eines Gebrauchsmusters hat die Wirkung, daß allein der Inhaber befugt ist, den Gegenstand des Gebrauchsmusters zu benutzen.** [2]**Jedem Dritten ist es verboten, ohne seine Zustimmung ein Erzeugnis, das Gegenstand des Gebrauchsmusters ist, herzustellen, anzubieten, in Verkehr zu bringen oder zu gebrauchen oder zu den genannten Zwecken entweder einzuführen oder zu besitzen.**

(2) [1]**Die Eintragung hat ferner die Wirkung, daß es jedem Dritten verboten ist, ohne Zustimmung des Inhabers im Geltungsbereich dieses Gesetzes anderen als zur Benutzung des Gegenstandes des Gebrauchsmusters berechtigten Personen Mittel, die sich auf ein wesentliches Element des Gegenstandes des Gebrauchsmusters beziehen, zu dessen Benutzung im Geltungsbereich dieses Gesetzes anzubieten oder zu liefern, wenn der Dritte weiß oder es auf Grund der Umstände offensichtlich ist, daß diese Mittel dazu geeignet und bestimmt sind, für die Benutzung des Gegenstandes des Gebrauchsmusters verwendet zu werden.** [2]**Satz 1 ist nicht anzuwenden, wenn es sich bei den Mitteln um allgemein im Handel erhältliche Erzeugnisse handelt, es sei denn, daß der Dritte den Belieferten bewußt veranlaßt, in einer nach Absatz 1 Satz 2 verbotenen Weise zu handeln.** [3]**Personen, die die in § 12 Nr. 1 und 2 genannten Handlungen vornehmen, gelten im Sinne des Satzes 1 nicht als Personen, die zur Benutzung des Gegenstandes des Gebrauchsmusters berechtigt sind.**

Inhaltsübersicht

1. Vorbemerkung. § 11 Abs. 1 ist an die Stelle von § 5 Abs. 1 GebMG 1968 getreten und 1
durch das Gesetz zur Änderung des GebrMG vom 15. 8. 1986 neugefasst worden. Die Vorschrift ist nunmehr patentrechtlich formuliert. Sie entspricht fast wörtlich § 9 Satz 1 und Satz 2 Nr. 1 PatG und regelt in Abs. 2 die schon vorher im Schrifttum anerkannte mittelbare Gebrauchsmusterverletzung im Gleichklang mit § 10 PatG. Sie ist auf die nach dem 1. 1. 1987 angemeldeten Gebrauchsmuster anzuwenden.

2. Seit 1942 hat die Rechtsprechung ein **positives Benutzungsrecht** des Gebrauchsmus- 2
terinhabers gegenüber einem später angemeldeten Patent anerkannt und hinsichtlich des Benutzungsrechts des Inhabers des älteren Rechts keinen Unterschied zwischen einem Patent und einem Gebrauchsmuster gemacht, RGZ **169,** 289, 291 – Maschine zum Fertigbearbeiten von Muffentonrohren. Der Bundesgerichtshof hat diese Rechtsprechung übernommen, GRUR **63,** 563, 565 – Aufhängevorrichtung – für den Lizenznehmer des Gebrauchsmusterinhabers. Daraus folgt, dass dem Inhaber eines älteren Gebrauchsmusters sowohl gegenüber dem Inhaber eines jüngeren Patents als auch gegenüber dem Inhaber eines jüngeren Gebrauchsmusters ein positives Benutzungsrecht zusteht, mit der Folge, dass diese ihm, soweit sich die Rechte überschneiden, die Ausübung seines Rechts nicht verbieten können, RGZ **159,** 11, 12. Das ältere Recht kann durch das jüngere Recht nicht verkümmert werden, RGZ **159,** 11, 12; RG GRUR **40,** 23, 25; BGH GRUR **63,** 563, 565 – Aufhängevorrichtung. Durch die Neufassung des § 11 Abs. 1 Satz 1, „allein der Inhaber ist befugt, den Gegenstand des Gebrauchsmusters zu benutzen", ist dieses Benutzungsrecht des Gebrauchsmusterinhabers bekräftigt worden. Wegen der Einzelheiten wird auf die parallele Regelung in § 9 Satz 1 PatG, siehe dort Rdn. 5 bis 7 verwiesen; siehe auch Weidlich, Identische Gebrauchsmuster und Patente, ZAKDR **36,** 166; Zeller, Älteres Gebrauchsmuster, jüngeres Patent und Weiterbenutzung, GRUR **53,** 235.

3. Das Gesetz drückt durch die Worte „der Inhaber ist *allein* befugt, den Gegenstand des Ge- 3
brauchsmusters zu benutzen" und „jedem Dritten ist es verboten, ohne seine Zustimmung ein Erzeugnis, das Gegenstand des Gebrauchsmusters ist, herzustellen usw.", vor allem die negative

Wirkung des Gebrauchsmusters, das **Verbietungsrecht** (Ausschließlichkeitsrecht) des Gebrauchsmusterinhabers aus. § 11 ist im Zusammenhang mit § 24 zu lesen, wonach derjenige, der entgegen dem gesetzlichen Verbot ein Gebrauchsmuster benutzt, vom Verletzten auf Unterlassung in Anspruch genommen werden kann und bei Verschulden zum Schadenersatz verpflichtet ist. Die Unterlassungsverpflichtung besteht kraft Gesetzes. Sie setzt nicht voraus, dass der Gebrauchsmusterinhaber dem Dritten gegenüber ein Verbot ausspricht.

4 **4.** In § 11 Abs. 1 Satz 2 sind die dem Gebrauchsmusterinhaber allein vorbehaltenen **unmittelbaren Benutzungshandlungen** aufgezählt, nämlich Herstellen, Anbieten, Inverkehrbringen, Gebrauchen, Einführen und Besitzen. Sie decken sich mit den dem Patentinhaber in § 9 Satz 2 Nr. 1 PatG bei einem sog. Erzeugnispatent vorbehaltenen unmittelbaren Benutzungshandlungen. Deshalb kann auf die Erläuterungen zu § 9 PatG Rdn. 31 bis 48 verwiesen werden. In der Lieferung eines Teils der Gesamtvorrichtung kann eine unmittelbare Gebrauchsmusterverletzung zu sehen sein, wenn in dem benutzten Teil der in der geschützten Raumform zum Ausdruck kommende Erfindungsgedanke bis auf selbstverständliche und wirtschaftliche sinnvolle Ergänzungen verwirklicht wird, BGH GRUR **77,** 250, 252 – Kunststoffhohlprofil.

5 **5.** § 11 Abs. 2 regelt jetzt ausdrücklich die **mittelbare Benutzung** des Gebrauchsmusters. Diese Vorschrift deckt sich mit § 10 PatG. Deshalb kann auf die Erläuterungen zu § 10 PatG verwiesen werden.

6 **6. Räumlich** erstreckt sich die Wirkung der Eintragung auf den Geltungsbereich des Gebrauchsmustergesetzes, d.h. das Gebiet der Bundesrepublik. Wegen der Wirkungen des Gebrauchsmusters im Gebiet der neuen Länder und der Erstreckung der in der Bundesrepublik eingetragenen Gebrauchsmuster auf das Beitrittsgebiet wird auf die Vorbemerkung Rdn. 2e vor § 1 GebrMG verwiesen (vgl. § 9 PatG Rdn. 3). Der Gebrauchsmusterschutz ist ebenso wie der Patentschutz territorial begrenzt. Deshalb ist die Herstellung von Drahthülsen im Geltungsbereich des Gesetzes zur Lieferung ins Ausland keine Musterverletzung, wenn die Hülsen neutral sind und auch zu anderer als zu einer verletzenden Verwendung gebraucht werden können, RG Bl. **13,** 225. Vgl. dazu im Einzelnen § 9 PatG Rdn. 8 bis 12.

7 **7.** Hat der Inhaber des Gebrauchsmusters oder ein mit seiner Zustimmung handelnder Dritter das durch das Gebrauchsmuster geschützte Erzeugnis im Inland in den Verkehr gebracht, dann erstreckt sich die Wirkung des Gebrauchsmusters nicht auf die anschließend im Inland vorgenommenen Handlungen, die dieses Erzeugnis betreffen; der Gebrauchsmusterinhaber kann dann nicht mehr darüber bestimmen, was im Inland weiterhin mit dem geschützten Erzeugnis geschieht. Das Gebrauchsmuster gibt ihm keine Möglichkeit, auf die weitere Benutzung, insbesondere die Weiterveräußerung des Erzeugnisses und dessen Behandlung im Verkehr Einfluss zu nehmen. Der Erwerber kann über das Erzeugnis in jeder Hinsicht frei verfügen und es ungehindert nutzen und gebrauchen. In Bezug auf dieses Erzeugnis ist das Recht aus dem Gebrauchsmuster verbraucht, konsumiert oder **erschöpft,** wie sich die Rechtsprechung ausdrückt. Es gelten hierzu dieselben Grundsätze wie beim Patent. Das gilt auch für das Inverkehrbringen innerhalb der EG, im europäischen Wirtschaftsraum und im sonstigen Ausland. Deshalb kann auf die Erläuterungen zu § 9 Rdn. 15ff. verwiesen werden.

8 **8. Zeitlich** beginnt der Schutz mit der Eintragung. Der Schutz wird durch die Eintragung nicht rückwirkend mit dem Zeitpunkt der Anmeldung begründet. Bis zum Zeitpunkt der Eintragung besteht der gesetzliche Schutz nicht; er kann bis dahin auch nicht aus § 823 BGB hergeleitet werden, RG GRUR **44,** 137. Der Schutz endet mit Ablauf der Schutzdauer (§ 23).

12 ***Wirkungsausschluß.*** **Die Wirkung des Gebrauchsmusters erstreckt sich nicht auf**
1. Handlungen, die im privaten Bereich zu nichtgewerblichen Zwecken vorgenommen werden;
2. Handlungen zu Versuchszwecken, die sich auf den Gegenstand des Gebrauchsmusters beziehen;
3. Handlungen der in § 11 Nr. 4 bis 6 des Patentgesetzes bezeichneten Art.

Erläuterung: § 12 Nr. 1 und 2 stimmen mit § 11 Nr. 1 und 2 PatG inhaltlich überein. Es kann deshalb auf die Erläuterungen zu § 11 PatG verwiesen werden.

12a *Schutzbereich.* [1]**Der Schutzbereich des Gebrauchsmusters wird durch den Inhalt der Schutzansprüche bestimmt.** [2]**Die Beschreibung und die Zeichnung sind jedoch zur Auslegung der Schutzansprüche heranzuziehen.**

Inhaltsübersicht

Literaturhinweis: Kulhavy, Ein europäisches „kleines Patent"?, Mitt. **80,** 206; Gramm, Der Gegenstand eines Gebrauchsmusters nach dem Gesetz zur Änderung des Gebrauchsmustergesetzes, GRUR **85,** 650; Pietzcker, Das Gebrauchsmustergesetz in der Neuordnung GRUR **85,** 726; Schlitzberger, Gegenstand des Antrags und Sachprüfungsgegenstand im Gebrauchsmuster-Löschungsverfahren, Festschrift 25 Jahre BPatG, S. 249 ff.; Rechtliche und wirtschaftliche Bedeutung des Gebrauchsmusters (Bericht – Pietzcker), GRUR Int. **86,** 334; Ullmann, Die Verletzung von Patent und Gebrauchsmuster nach neuem Recht, GRUR **88,** 333; Tronser, Auswirkungen des Produktpirateriegesetzes vom 7. März 1990 auf das Gebrauchsmusterrecht, GRUR **91,** 10; Goddar, „Identitätsbereich und Schutzbereich eines Patents oder Gebrauchsmusters – ein Volkslied" Mitt. **92,** 50; Ullmann, Schutz der Elemente – elementarer Schutz der immateriellen Güter? GRUR **93,** 334; Pietzcker, Gebrauchsmuster – das technische Schutzrecht der Zukunft? GRUR Int. **96,** 380; Westendorp/Viktor, Das Gebrauchsmuster – eine schärfere Waffe als das Patent, Mitt. **98,** 452; Nieder, Anspruchsbeschränkung im Gebrauchsmusterverletzungsprozeß, GRUR **99,** 222; Lemke, Zur Einschränkung des Hauptanspruchs eines Gebrauchsmuster Mitt. **99,** 273; Hellwig, Zur Änderung der Schutzansprüche eingetragener Gebrauchsmuster, Mitt. **2001,** 102; Loewenheim, Wirksamkeit und Schutzumfang einer von einer Patentanmeldung abgezweigten Gebrauchsmusteranmeldung, LMK **2003,** 193.

1. Anwendungsbereich. Das Gebrauchsmustergesetz 1987 brachte in §§ 11 und 12 den §§ 9–11 PatG angepasste Regelungen, aber keine § 14 PatG entsprechende Norm zur Bemessung des Schutzbereichs. Dem hat der Gesetzgeber mit Gesetz vom 7. März 1990 (PrPG, vgl. Einl.GebrMG Rdn. 2 d) durch Einfügen des § 12 a abgeholfen. Er hat die Erweiterung des Anwendungsbereichs des Gebrauchsmustergesetzes zum Anlass genommen, den Schutzbereich des Gebrauchsmusters näher zu umschreiben, BT-Drucks. 11/5744 S. 37. § 14 PatG wurde nachgebildet. Eine sachliche Änderung des Schutzbereichs des Gebrauchsmusters im Vergleich zum Gebrauchsmustergesetz 1987 ist damit nicht verbunden. Auch nach dem Verständnis des Gebrauchsmustergesetzes 1987 gebührte den eingetragenen Schutzansprüchen der Vorrang bei der Bestimmung des Schutzbereichs. Ein Verständnis des Schutzbereichs, das den Schutz eines allgemeinen Raumformgedankens losgelöst von dem beanspruchten Gegenstand gewährte, konnte im Hinblick auf § 4 Abs. 2 Nr. 2 GebrMG 1987 schon für die seit dem 1. 1. 1987 eingereichten Gebrauchsmuster nicht gebilligt werden, vgl. 8. Aufl. § 11 Rdn. 9, 17; Ullmann GRUR **88,** 333, 338 f.; a. A. Bühring 12 a Rdn. 21. § 12 a ist formell erst auf die seit dem 1. 7. 1990 eingereichten Gebrauchsmusteranmeldungen und die darauf eingetragenen Gebrauchsmuster anzuwenden, Art. 12 Nr. 3 PrPG. 1

2. Allgemeines. Die Schutzansprüche in der eingetragenen Fassung kennzeichnen wie beim Patent den Gegenstand des Schutzrechts. Denn sie geben an, was als schutzfähig unter Schutz gestellt sein soll, vgl. § 4 Abs. 2 Nr. 2. Der Schutzbereich eines Gebrauchsmusters kann – ebenfalls wie beim Patent – weiter reichen als der Gegenstand, RGZ **120,** 225, 227. Er wird entsprechend der patentrechtlichen Regelung durch den Inhalt der Schutzansprüche bestimmt, zu deren Auslegung die Beschreibung und Zeichnung heranzuziehen sind. Gerade bei der Geltendmachung des Schutzes aus nicht geprüften Gebrauchsmustern ist das Interesse Dritter an einem Mindestmaß von Rechtssicherheit nicht zu vernachlässigen. Vom Anmelder ist zu fordern, dass er unter Berücksichtigung des Verbots unzulässiger Erweiterungen gemäß § 4 Abs. 5 sich bis zur Eintragungsverfügung schlüssig wird, was als schutzfähig unter Schutz gestellt sein soll. Die Möglichkeit einer Recherche nach § 7, die mit dem Antrag auf Aussetzung der Eintra- 2 gung des Gebrauchsmusters für fünfzehn Monate verbunden werden kann, §§ 8 Abs. 1 Satz 3 GebrMG, 49 Abs. 2 PatG, erleichtert eine sachgerechte Anspruchsfassung in Abgrenzung gegenüber dem Stand der Technik. Merkmale, die nicht beansprucht sind, können einen Gebrauchsmusterschutz nicht begründen.

3. Gegenstand des Gebrauchsmusters

3 **a)** Wie beim Patent bilden die Schutzansprüche die maßgebliche Grundlage und es ist bei der Ermittlung des Schutzbereichs vom Gegenstand des Gebrauchsmusters auszugehen. Ein Gebrauchsmuster unterliegt deshalb denselben Grundsätzen zur Auslegung wie ein Patent, BGH X ZR 198/01 v. 7. 6. 2005 – Knickschutz; OLG Düsseldorf GRUR-RR **2001,** 145. Auch bei der Prüfung einer Gebrauchsmusterrechtsverletzung ist eine erschöpfende Erörterung darüber erforderlich, welche Lehre zum technischen Handeln ein Durchschnittsfachmann dem Schutzanspruch entnimmt, BGHZ **134,** 353 – Kabeldurchführung I; BGH X ZR 198/01 v. 7. 6. 2005 – Knickschutz. Hierzu sind die Worte des betreffenden Schutzanspruchs daraufhin zu würdigen, was ihnen aus der Sicht eines Durchschnittsfachmanns unter Heranziehung von Beschreibung und Zeichnung und des allgemeinen Fachwissens bei sinnvoller Auslegung als offenbart und beansprucht zu entnehmen ist. Was für den Fachmann bei sinnvollem Verständnis der Schutzansprüche aus ihnen nicht ersichtlich ist, kann nicht Gegenstand des Schutzes sein, BPatG Mitt. **99,** 271; vgl. auch RG Mitt. **35,** 141; **38,** 332. Weichen Begriffe in den Schutzansprüchen vom allgemeinen technischen Sprachgebrauch ab, ist der sich aus den Schutzansprüchen und der Beschreibung ergebende Begriffsinhalt maßgebend, BGH X ZR 198/01 v. 7. 6. 2005 – Knickschutz. Es besteht kein Unterschied, ob die Schutzansprüche im Löschungsverfahren auf ihre Rechtsbeständigkeit überprüft sind oder nicht. Die Rechtsprechung, wonach bei ungeprüften Gebrauchsmustern den Ansprüchen nicht die gleiche Bedeutung zukommt wie bei einem im Löschungsverfahren auf Bestandskraft geprüften Musterrecht, BGH GRUR **57,** 270 – Unfall-Verhütungsschuh; **68,** 360 – Umluftsichter, hat im geltenden Recht keine Berechtigung, a. A. 9. Aufl./Ullmann § 12a Rdn. 9.

4 Die objektive Problemstellung, die der als neu beanspruchten Lehre zugrunde liegt, und die zu deren Lösung vorgeschlagenen Merkmale sind zu ermitteln. Festzustellen ist keine von den Schutzansprüchen abstrahierte technische Lehre, sondern der durch die Anspruchsmerkmale gekennzeichnete Gegenstand, der über die konkreten Einzelheiten eines speziellen Ausführungsbeispiels hinausgeht. Konstruktiv-mechanische und funktionale Angaben zur Darstellung des beanspruchten Arbeitsgeräts oder Gebrauchsgegenstands in verschiedenen Ausführungsformen können zur Offenbarung der beanspruchten technischen Lehre genügen, wenn der Fachmann in der Lage ist, dem gemeinsamen Prinzip die konkrete Gestaltung des Gebrauchsmustergegenstands zu entnehmen, vgl. BGH GRUR **83,** 116, 117 – Prüfkopfeinstellung; **85,** 871, 872 – Ziegelsteinformling II m. Anm. Gramm. Was zwar in der Zeichnung zu finden, aber weder in Anspruch noch Beschreibung erwähnt ist, gehört regelmäßig nicht zum Gegenstand, vgl. RG GRUR **44,** 140, auch BPatG Mitt. **77,** 139. Die Gliederung des Schutzanspruchs in Oberbegriff und kennzeichnenden Teil ist für die Bestimmung des Gegenstands des Gebrauchsmusters in der Regel ohne Bedeutung, BGH GRUR **71,** 115, 117 – Lenkradbezug; BPatG GRUR **86,** 808.

5 Der **Gegenstand** des Gebrauchsmusters muss sich **nicht** mit dem der Anmeldung (früher) beigegebenen **Modell** oder seiner zeichnerischen Darstellung decken. Er braucht mit der in den Unterlagen beschriebenen Raumform nicht in allen Einzelheiten übereinzustimmen, RGZ **120,** 224, 227; BGH, GRUR **57,** 270, 271 – Unfall-Verhütungsschuh. Fehlvorstellungen des Erfinders hinsichtlich der erfindungsbezogenen Bedeutung eines beanspruchten Merkmals schaden nicht. Ebensowenig ist erforderlich, dass der Erfinder weiß, worin die Neuheit der beanspruchten Lehre liegt oder weshalb ihr die Eigenschaft einer Erfindung zukommt, RGZ **120,** 224, 227 f.

6 **b)** Die **Unterlagen** des Gebrauchsmusters sind Mittel zum Verständnis, welcher Gegenstand beansprucht ist, ebenso wie das allgemeine Fachwissen eines Durchschnittsfachmanns und der diesem zuzurechnende Stand der Technik, BPatGE **20,** 133, 136. Zum Verständnis des Gegenstands des Gebrauchsmusters ist der Inhalt der Unterlagen in seiner Gesamtheit, vgl. BGH GRUR **2004,** 845, 846 – Drehzahlermittlung, in der Sicht des Durchschnittsfachmanns heranzuziehen, RGZ **120,** 224, 227; BGH GRUR **57,** 270 – Unfall-Verhütungsschuh; **64,** 433, 438 – Christbaumbehang I; **68,** 360 – Umluftsichter; abw. Winkler GRUR **58,** 205, 206 f. Der Meinung, die Unterlagen dienten allein der Erläuterung und dem Verständnis nicht zweifelsfreier Merkmale, BPatGE **23,** 52 f.; Schlitzberger, Festschrift 25 J. BPatG, S. 249, 258, kann für § 12 a nicht beigetreten werden. Was nur der Zeichnung oder Beschreibung entnommen wer-

den kann, bildet nicht den Gegenstand des Gebrauchsmusters, BPatGE **23,** 52f. In den Gegenstand des Gebrauchsmusters darf nichts hineininterpretiert werden, was nicht beansprucht ist. Der Offenbarungsgehalt der Beschreibung ist nur insoweit bedeutsam, als er Niederschlag in den Ansprüchen gefunden hat, BGH X ZR 198/01 v. 7. 6. 2005 – Knickschutz. Ein von den Ansprüchen nicht gedeckter Schutzgegenstand darf den Unterlagen nicht entnommen werden. Ein vom Schutzanspruch abweichendes erweiterndes Verständnis des beanspruchten Gegenstands ist nicht zulässig, während unter Berücksichtigung der Beschreibung eine Einschränkung des Schutzgegenstands veranlasst sein kann. Sind die Schutzansprüche im Löschungsverfahren neu gefasst worden, kann davon ausgegangen werden, dass darin der Gegenstand der geschützten Raumform hinreichend bestimmt ist, vgl. BGH GRUR **62,** 299, 305 – form-strip; **77,** 250, 251 – Kunststoffhohlprofil I.

c) Maßgebend sind die **Unterlagen,** die **der Eintragung** zugrunde gelegt worden sind. 7
Sind im Laufe des Eintragungsverfahrens mehrere Unterlagen nacheinander eingereicht worden, so ist von den Unterlagen auszugehen, auf Grund deren die Eintragung des Gebrauchsmusters verfügt worden ist, BGH GRUR **64,** 433, 438 – Christbaumbehang I; BPatG **6,** 207, sofern darin keine unzulässige Erweiterung (§ 4 Abs. 5) enthalten ist. **Unzulässige Erweiterungen** haben bei der Feststellung des Schutzgegenstands des Gebrauchsmusters außer Betracht zu bleiben, BGHZ **155,** 51 – Momentanpol; **137,** 60 – Scherbeneis; BPatG BlPMZ **94,** 366; GRUR **91,** 834, 836; vgl. zu GebrMG 1968 BPatGE **19,** 161, 164; **26,** 11, 12; Müller-Börner GRUR **74,** 511, 513. Auch aus Änderungen, die gegenüber der Patentanmeldung, aus der das Gebrauchsmuster abgezweigt wurde, eine Erweiterung bedeuten, können Rechte nicht hergeleitet werden, BGHZ **155,** 51 – Momentanpol. Nachträglich eingereichte Unterlagen, die bei der Eintragungsverfügung nicht mehr berücksichtigt werden konnten, können bei der Ermittlung des Gegenstands des Gebrauchsmusters grundsätzlich nicht herangezogen werden, weil der Gegenstand des Gebrauchsmusters durch die Eintragung festgelegt wird, RGZ **120,** 224, 228f.; RG GRUR **34,** 666, 668; vgl. auch § 4 Rdn. 50. Die Einreichung neuer Schutzansprüche zu den Akten eines Gebrauchsmusters bewirkt keine unmittelbare Änderung des Gegenstands des Gebrauchsmusters, BGHZ **137,** 60 – Scherbeneis. Das hindert nicht, die Verletzungsklage, etwa hilfsweise, auf von der Eintragung abweichende Schutzansprüche zu stützen, BGHZ **155,** 51, 55 – Momentanpol. Insoweit ist dann deren Inhalt maßgebend, sofern keine unzulässige Erweiterung vorliegt. Ein Rechtssatz des Inhalts, dass der Gebrauchsmusterinhaber im Verletzungsstreit nur dann einen eingeschränkten Schutz geltend machen könne, wenn auch entsprechend eingeschränkte Schutzansprüche beim Patentamt eingereicht worden sind, besteht nämlich nicht, BGHZ **155,** 51 – Momentanpol; Nieder GRUR **99,** 222, 223 in Auseinandersetzung mit gegenteiliger Rspr. des LG München I. Merkmale, in denen eine unzulässige Erweiterung liegt, hat der Gebrauchsmusterinhaber im Falle geänderter Klageanträge bei der Ermittlung des Schutzbereichs gegen sich gelten zu lassen; Rechte kann er hieraus jedoch nicht herleiten, Nieder GRUR **99,** 222, 223. Unterlagen, die erst nach der Anordnung der Eintragung beim Patentamt eingegangen oder an die Gebrauchsmusterstelle gelangt sind (vgl. hierzu BPatG GRUR **88,** 909), können insofern von Bedeutung sein, als sie den Gebrauchsmusterinhaber daran hindern können, sich damit in Widerspruch zu setzen, vgl. BPatGE **19,** 161, 162f.; BPatGMitt. **83,** 192; § 4 Rdn. 54. So enthält die Einreichung neuer Schutzansprüche regelmäßig die schuldrechtlich bindende Erklärung an die Allgemeinheit, Schutz gegenüber jedermann nur noch im Umfang der neu gefassten Ansprüche geltend zu machen, BGHZ **137,** 60 – Scherbeneis. Eine etwa in der Neufassung enthaltene Erweiterung gegenüber den ursprünglichen Schutzansprüchen ist insoweit jedoch ohne Bedeutung und verschafft dem Gebrauchsmusterinhaber keine erweiterten Rechte, BGHZ **137,** 60 – Scherbeneis.

d) Die **Eintragungsakten** haben für die Auslegung keine Bedeutung. Eine Erörterung der 8
Neuheit und der Erfindungshöhe findet im Eintragungsverfahren ohnehin nicht statt. Zum Rechtszustand vor 1987 ergangene Rechtsprechung aus den Akten ersichtliche Einschränkungen oder Verzichte betreffend, vgl. BGH GRUR **77,** 250, 251 – Kunststoffhohlprofil; RG GRUR **44,** 140; BPatGE **19,** 161, 163, kann aus den beim Patent erörterten Gründen nicht mehr uneingeschränkt herangezogen werden (siehe § 14 PatG Rdn. 32ff.). Die Einreichung neuer Schutzansprüche zu den Akten eines Gebrauchsmusters kann jedoch regelmäßig als vorweggenommener Verzicht auf einen Widerspruch gegen Löschung des Gebrauchsmusters in seinem weitergehenden Umfang gewertet werden, das deshalb auf einen zulässigen Löschungsantrag ohne weitere Sachprüfung zu löschen ist, soweit die eingetragenen Schutzansprüche über die zur Gebrauchsmusterakte gereichten hinausgehen, BGHZ **137,** 60 – Scherbeneis. Ein solcher Verzicht muss jedoch eindeutig und unbedingt zum Ausdruck kommen, BGHZ **137,** 60 –

Scherbeneis, vgl. auch BGH GRUR **97,** 625 – Einkaufswagen. Daran fehlt es, wenn lediglich solche Ansprüche eingereicht werden, die zugleich eine unzulässige Erweiterung enthalten und deswegen nicht Gegenstand des Gebrauchsmusters werden können, BGHZ **137,** 60 – Scherbeneis.

9 **e)** Aus dem Grundsatz, dass für die rechtliche Prüfung das Schutzrecht in seinem jeweiligen Bestand, Inhalt und Umfang maßgebend ist, ergibt sich, dass nach einer **Teillöschung** die dem Gebrauchsmuster dadurch gegebene engere Fassung zugrunde zu legen ist, BGH GRUR **62,** 299, 305 – form-strip; BGH I ZR 30/61 vom 30. 10. 1962; BPatG GRUR **88,** 909, 910. Für die Beurteilung der Tragweite dieser Fassung ist in erster Linie auf den neuen Anspruchswortlaut abzustellen; als Auslegungsmittel kann jedoch auf die Entscheidungsgründe zurückgegriffen werden, vorausgesetzt, dass der Wille zur Änderung nicht nur in den Gründen, sondern auch in der neuen Anspruchsfassung selbst seinen Niederschlag gefunden hat, vgl. BGH GRUR **61,** 335, 337 – Bettcouch; BPatG GRUR **91,** 834, 837. Die tragenden Gründe der Teillöschungsentscheidung treten an die Stelle der bisherigen Beschreibung, BPatGE **19,** 161, 164, und sind zur Auslegung des Schutzrechts heranzuziehen, BGH GRUR **77,** 250, 251 – Kunststoffhohlprofil (siehe auch § 14 PatG Rdn. 26ff.). Der Schutz kann daher nicht auf eine Ausführung erstreckt werden, der einer früher in Anspruch genommenen, aber in einem Löschungsverfahren rechtskräftig versagten Gestaltung entspricht, RG GRUR **43,** 80. Es ist auch nicht zulässig, den Schutz unter völliger Außerachtlassung der durch Änderung der Schutzansprüche vorgenommenen Beschränkung wieder auf den im ursprünglichen Schutzanspruch enthaltene Lehre auszudehnen, BGH GRUR **62,** 299, 305 – formstrip.

4. Schutzbereich

10 **a)** Der Schutzbereich des Gebrauchsmusters kann wie beim Patent über den beanspruchten Gegenstand der Erfindung hinausreichen, RGZ **120,** 225, 227. Wie § 14 PatG lässt § 12a nicht nur die Einbeziehung wortsinngemäßer Ausführungen, sondern auch die Einbeziehung bestimmter Ausführungen zu, die vom Sinngehalt des Schutzanspruchs abweichen, BGH GRUR **97,** 454, 456 – Kabeldurchführung I. Die zum Patentrecht ergangene BGH-Rechtsprechung (BGHZ **150,** 149- Schneidmesser I) kann zur Ermittlung herangezogen werden, ob eine bestimmte abgewandelte Ausführung als auffindbar gleichwertige Form zum Schutzbereich gehört, vgl. BGH GRUR **2001,** 770 – Kabeldurchführung II; OLG Düsseldorf Mitt. **2001,** 28. Allerdings hat der Gesetzgeber des Gebrauchsmusterrechts in Anlehnung an die frühere Handhabung (BGH GRUR **57,** 270, 271 – Unfall-Verhütungsschuh) den Abstand der schutzwürdigen erfinderischen Leistung zum Stand der Technik geringer gehalten („erfinderischer Schritt", § 1 Abs. 1; ausführlich hierzu Goebel, Der erfinderische Schritt nach § 1 GebrMG, 2005) als im Patentrecht („erfinderische Tätigkeit", § 4 PatG), BT-Drucks. 10/3903 S. 18. Das BPatG hat als Konsequenz hieraus wiederholt (Mitt **2002,** 463; GRUR **2004,** 852) ausgesprochen, eine Erfindung könne auch dann als Gebrauchsmuster schutzfähig sein, wenn sie nicht auf einer „erfinderischen Tätigkeit" beruhe, also für den Fachmann aus dem Stand der Technik nahe gelegt sei; vielmehr könne sie in diesem Fall trotzdem auf einem „erfinderischen Schritt" beruhen, es sei denn der Fachmann könne sie bereits auf der Grundlage seines allgemeinen Fachkönnens und bei routinemäßiger Berücksichtigung des Stands der Technik ohne weiteres finden. Damit wird theoretisch auch der Bereich, innerhalb dessen vom Sinngehalt abweichende Ausführungsformen unter den Gebrauchsmusterschutz fallen, enger gesteckt, vgl. Ullmann GRUR **88,** 333, 339. Es wird deshalb auch gefolgert, dass das Gesetz bei den Kriterien, die für die Definition des Schutzbereichs eines Gebrauchsmusters maßgebend sind, nicht an die des Patents gebunden sei, Goebel, aaO, Rdn. 428; ähnlich Kraßer § 18 I b 4; Krieger GRUR **96,** 354, 355; a. A. Trüstedt GRUR **80,** 877; Busse/Keukenschrijver § 12a GebrMG Rdn. 11. Es muss aber bezweifelt werden, ob sich das in der Praxis in einer dem Gesichtspunkt der Rechtssicherheit hinreichend Rechnung tragenden Weise durch andere als die zum Patentrecht entwickelten Regeln umsetzen lässt. Diese lassen im Übrigen ohnehin eine fallbezogene Würdigung und damit eine differenzierende Beurteilung des Schutzes gegen Abwandlung bei einer patentrechtlich und einer gebrauchsmusterrechtlich geschützten Erfindung zu, wenn diese das im konkreten Fall erfordert. So kann auch Rechnung getragen werden, dass eine gebrauchsmustergeschützte Vorrichtung nicht notwendigerweise erfinderisch weniger wertvoll sein muss.

11 Wie beim Patent kommt es bei der Ermittlung des Schutzbereichs entscheidend auf den Inhalt der **Schutzansprüche,** BGH GRUR **2001,** 770, – Kabeldurchführung II, und auf deren **Verständnis aus der Sicht des Fachmanns** an. Auf die Kommentierung zu § 14 PatG wird verwiesen, dort Rdn. 99ff. Der Fachmann muss in der Lage sein, die technische Bedeutung eines Merkmals aus den Unterlagen zu erkennen; der Schutz kann sich daher nicht auf Merkmale

erstrecken, über die auch in der Beschreibung nichts gesagt ist und die der Fachmann als zufällig und nicht mit dem Gegenstand des Gebrauchsmusters zusammenhängend betrachten darf, vgl. RGZ **155,** 385; RG GRUR **44,** 140. Die unvollständige oder unrichtige Angabe von Vorzügen des Musters schränkt den Schutzbereich nicht ein, RG Bl. **25,** 239. Ausführungen des Patentamts darüber, welcher Schutzumfang einem aufrechterhaltenen Teil des Gebrauchsmusters zukommt, sind für den Verletzungsrichter nicht bindend, BGH GRUR **59,** 81, 82 – Gemüsehobel; BPatG GRUR **88,** 530, 533. Die Bindungswirkung einer unanfechtbaren Löschungsentscheidung erstreckt sich nur auf den Bestand des Gebrauchsmusters, nicht aber auf den einem Gebrauchsmuster zukommenden Schutzbereich, BGH GRUR **97,** 454, 457 – Kabeldurchführung I; GRUR **72,** 597, 599 – Schienenschalter. Es ist nicht Aufgabe des Löschungsverfahrens, sich mit dem Schutzbereich zu befassen, BPatG GRUR **86,** 808. Zusätzliche Vorteile der angegriffenen Ausführung stehen der Annahme, dass sie der des Gebrauchsmusters gleichwertig ist, nicht entgegen, vgl. BGH Mitt. **66,** 197, 198 – Fußleiste.

Der Schutzbereich des Gebrauchsmusters braucht im Verletzungsstreit nicht im Einzelnen festgestellt zu werden, wenn zwischen den Parteien unstreitig ist, dass die beanstandete Form von der durch das Klagegebrauchsmuster geschützten Lehre wortsinngemäß oder gleichwertig Gebrauch macht, vgl. BGH GRUR **64,** 673, 674 – Kasten für Fußabtrittsroste. Eine ersichtlich fehlerhafte Beurteilung des Schutzbereichs darf jedoch nicht hingenommen werden, vgl. hierzu § 14 PatG Rdn. 133. **12**

b) Der Schutz einer **Unterkombination oder eines Elements** der beanspruchten Lehre kann aus den bei § 14 PatG erörterten Gründen (siehe dort Rdn. 120 ff.) kaum anders beurteilt werden als dort, vgl. hierzu auch BPatG GRUR **88,** 530, 532. Vornehmlich beim nicht geprüften Gebrauchsmuster, dessen Ansprüche laienhaft formuliert vielfach den beanspruchten Gebrauchsgegenstand bis in konstruktiv nebensächliche Details darstellen, kann allerdings bei der Ermittlung des Gegenstands des Gebrauchsmusters eine Bereinigung des Anspruchs um überflüssige Merkmale eher angebracht oder geboten sein, Ullmann GRUR **88,** 333, 339. Dem Schutz der Unterkombination und dem Elementeschutz ist auch im Gebrauchsmusterrecht mit Zurückhaltung zu begegnen, Ullmann GRUR **93,** 334, 336. Das Verbot der unzulässigen Erweiterung darf nicht aus dem Auge verloren werden. **13**

5. Einwände

a) Wie im Patentrecht seit BGHZ **98,** 12 – **Formstein** kann auch ein Beklagter, der wegen Verletzung eines seit dem 1. 1. 1987 angemeldeten Gebrauchsmusters in Anspruch genommen wird, eine Klageabweisung erreichen, wenn er darlegt und beweist, dass die als äquivalent angegriffene Ausführungsform mit Rücksicht auf den Stand der Technik keine die Voraussetzungen des § 1 GebrMG erfüllende Erfindung darstellt, BGHZ **134,** 353 – Kabeldurchführung I. Ist der Löschungsantrag des Beklagten zurückgewiesen worden, darf sich die Prüfung, ob die als äquivalent angegriffene Ausführungsform mit Rücksicht auf den Stand der Technik keine gebrauchsmusterfähige Erfindung darstellt, aber nicht in Widerspruch zu der zwischen den Parteien ergangenen Entscheidung setzen, BGHZ **134,** 353 – Kabeldurchführung I; siehe hierzu § 14 PatG Rdn. 132. **14**

b) Wird die Verletzung eines ungeprüften Gebrauchsmusters geltend gemacht, ist ohnehin vor der Ermittlung des Schutzbereichs der Schutz des Gegenstands des Gebrauchsmusters gemessen am Stand der Technik festzustellen, BGH GRUR **57,** 270, 271 – Unfall-Verhütungsschuh. Hat das Gebrauchsmuster einem Löschungsbegehren standgehalten, kann seine **Schutzfähigkeit** nur dann nicht mehr in Frage gestellt werden, wenn die Löschungsentscheidung zwischen den Parteien des Verletzungsstreits oder ihren Rechtsvorgängern erging, § 19 Rdn. 10. In diesem Fall vermag der Beklagte sich einer Verurteilung wegen identischer Benutzung des Gegenstands des Gebrauchsmusters mit dem Einwand des Standes der Technik nicht zu entziehen. **15**

13 *Nichteintritt der Schutzwirkungen.* (1) **Der Gebrauchsmusterschutz wird durch die Eintragung nicht begründet, soweit gegen den als Inhaber Eingetragenen für jedermann ein Anspruch auf Löschung besteht (§ 15 Abs. 1 und 3).**

(2) **Wenn der wesentliche Inhalt der Eintragung den Beschreibungen, Zeichnungen, Modellen, Gerätschaften oder Einrichtungen eines anderen ohne dessen Einwilligung entnommen ist, tritt dem Verletzten gegenüber der Schutz des Gesetzes nicht ein.**

(3) **Die Vorschriften des Patentgesetzes über das Recht auf den Schutz (§ 6), über den Anspruch auf Erteilung des Schutzrechts (§ 7 Abs. 1), über den Anspruch auf Übertragung (§ 8), über das Vorbenutzungsrecht (§ 12) und über die staatliche Benutzungsanordnung (§ 13) sind entsprechend anzuwenden.**

Inhaltsübersicht

1 **1. Vorbemerkung.** § 13 entspricht inhaltlich im Wesentlichen § 5 GebrMG 1968. § 13 Abs. 1 nimmt auf die Löschungsgründe des § 15 Abs. 1 Bezug und findet deshalb wie dieser (Art. 4 Nr. 1 Änderungsgesetz vom 15. 8. 1986 betr. § 7 Abs. 1) erst auf die nach dem 1. 1. 1987 eingereichten und eingetragenen Gebrauchsmuster Anwendung. § 13 Abs. 2 und 3 findet auch auf die schon vor Inkrafttreten des Änderungsgesetzes vom 15. 8. 1986 angemeldeten oder eingetragenen Gebrauchsmuster Anwendung, vgl. Art. 4 Nr. 1 Änderungsgesetz vom 15. 8. 1986 i. V. m. Art. 1 Nr. 9 (betr. § 5 b).

2 **2. Normenzusammenhang.** Der Regelung bedarf es, weil die Eintragung eines Gebrauchsmusters nur eine Registerposition schafft, § 8 Abs. 1. § 13 ist im Fall der Geltendmachung von Rechten aus dieser Position, also im Gebrauchsmusterverletzungsprozess anzuwenden, während zur Entscheidung über den Antrag auf Löschung § 15 heranzuziehen ist. Beide Normen stehen zueinander in einer Wechselbeziehung. Die Löschungsgründe des § 15 Abs. 1 stehen einem Gebrauchsmusterschutz auch dann entgegen, wenn ein Löschungsverfahren nicht eingeleitet ist. Sind Verletzungsrechtsstreit und Löschungsverfahren gleichzeitig anhängig, werden divergierende Entscheidungen über das Bestehen oder Nichtbestehen eines Gebrauchsmusterschutzes durch die Aussetzungsregelung des § 19 weitgehend vermieden. Der Beschluss, mit welchem die Löschung des Gebrauchsmusters ausgesprochen wird, wirkt für und gegen alle, § 19 Rdn. 9. Wird der Antrag auf Löschung zurückgewiesen, hat er bindende Wirkung nur, wenn er zwischen den Parteien des Verletzungsrechtsstreits oder deren Rechtsvorgänger ergangen ist, § 19 Rdn. 10. Die bejahenden oder verneinenden Feststellungen, die das ordentliche Gericht in Anwendung des § 13 Abs. 1 zur Bestandskraft des Klagegebrauchsmusters trifft, wirken nur zwischen den Parteien des Verletzungsrechtsstreits. Dem Gebrauchsmusterinhaber bleibt es unbenommen, sein Schutzrecht gegen Dritte weiterhin geltend zu machen, wie diese auch dessen Bestand erneut in Frage stellen können. Divergierende Entscheidungen verschiedener Verletzungsgerichte sind möglich. Eine unterschiedliche Beurteilung der Schutzfähigkeit durch denselben Spruchkörper in aufeinander folgenden Verfahren ist nicht ausgeschlossen.

3 **3. Absolute Schutzhindernisse. a)** Die Schutzwirkungen des § 11 treten nicht ein, wenn das beanspruchte Schutzrecht den Voraussetzungen der §§ 1–3 nicht genügt. Betreffen die Löschungsgründe des § 15 nur einen Teil des Schutzrechts, bleibt der Gebrauchsmusterschutz für den Rest bestehen, §§ 13 Abs. 1, 15 Abs. 3. Soweit nicht die Voraussetzungen des § 19 vorliegen, ist daher im Verletzungsstreit – wenn die mangelnde Schutzfähigkeit des Gebrauchsmusters geltend gemacht wird – zu prüfen, ob der eingetragene beanspruchte Gegenstand **schutzfähig** ist und die gesetzlichen Wirkungen der Eintragung eingetreten sind, BGH GRUR **57,** 270 – Unfall-Verhütungsschuh; BGHZ **75,** 116, 118 – Oberarmschwimmringe. Die Prüfung erstreckt sich auf die allgemeinen Voraussetzungen der Schutzfähigkeit als Gebrauchsmuster, auf die Ausschlusstatbestände von § 1 Abs. 2 und § 2 ebenso wie auf die Schutzwürdigkeit der beanspruchten Lehre als neuer Erfindungsgegenstand (§ 1 Abs. 1, § 3). Es besteht keine Bindung an die im Eintragungsverfahren getroffenen Feststellungen über das Vorliegen der sogenannten „absoluten" Schutzvoraussetzungen (§ 8 Rdn. 6), insbesondere zum Vorhandensein einer dem Gebrauchsmusterschutz zugänglichen technischen Lehre, vgl. BGH GRUR **69,** 184, 185 – Lotterielos. Die Prüfung der Schutzfähigkeit hat der Ermittlung des Schutzbereichs vorauszugehen, BGH GRUR **57,** 270, 271 – Unfall-Verhütungsschuh.

4 **b)** Bei der Bestimmung des Gegenstands des Gebrauchsmusters sind **unzulässige Erweiterungen** zu streichen. Aus unzulässigen Erweiterungen (§ 12 a Rdn. 7) vermögen Rechte nicht

hergeleitet werden; sie nehmen an der Schutzwirkung der Eintragung nicht teil. Wird die Klage auf einen von der Eintragung abweichenden Anspruch gestützt, ist zu prüfen, ob sich der Gebrauchsmusterinhaber auf eine Fassung des Schutzbegehrens zurückgezogen hat, die durch die maßgebliche ursprüngliche Offenbarung gestützt wird und sich im Rahmen der der Gebrauchsmustereintragung zugrunde liegenden Schutzansprüche hält, BGHZ **155,** 51 – Momentanpol. Zur unzulässigen Erweiterung im Löschungsverfahren § 15 Rdn. 14, 14a.

c) Älteres Recht. Der Gebrauchsmusterschutz tritt nicht ein, wenn die geschützte Lehre schon durch ein älteres Patent oder auf Grund eines älteren Gebrauchsmusters unter Schutz gestellt ist (Wesensgleichheit). Die §§ 15 Abs. 1 Nr. 2, 13 Abs. 1 befassen sich mit dem Verhältnis des jüngeren Gebrauchsmusters zum älteren Gebrauchsmuster oder Patent, während die Beschränkung der Ausübung des Schutzes eines jüngeren Patents durch ein älteres Gebrauchsmuster in § 14 geregelt ist. Ist die ältere Anmeldung vorveröffentlicht, steht sie als Stand der Technik (§ 3) entgegen. 5

Mit dem Schutzhindernis identischen älteren Rechts wird vermieden, dass der früher Berechtigte durch ein späteres Recht in der Ausübung seines Benutzungsrechts gehindert und über eine Mehrfachbeanspruchung desselben Gegenstands eine Verlängerung der Gebrauchsmusterfrist des § 23 herbeigeführt wird.

Das zeitliche Rangverhältnis wird durch den für das jeweilige Schutzrecht maßgeblichen Zeitrang bestimmt. Das ist in der Regel der Tag seiner Anmeldung, bei beanspruchter Priorität ist es der Prioritätstag, bei einem Gebrauchsmuster aus einer Abzweigung (§ 5) gilt der für die frühere Patentanmeldung maßgebliche Zeitrang, vgl. BPatG GRUR **91,** 42, 43. Gerade die langfristige Möglichkeit eines abgezweigten Gebrauchsmusterschutzes (§ 5 Abs. 1 Satz 3) erhöht die Bedeutung des Einwands eines älteren identischen Gebrauchsmusterrechts. Ist die frühere Patentanmeldung indes schon vor dem jüngeren Gebrauchsmuster veröffentlicht, steht sie als Stand der Technik gemäß § 3 entgegen. Beim Verhältnis zu sonstigen älteren Gebrauchsmustern ist zu beachten, dass schon mit deren Eintragung die Unterlagen als öffentliche Druckschriften gemäß § 3 Abs. 1 anzusehen sind, § 3 Rdn. 13. Auch ein älteres europäisches Patent, für welches die Bundesrepublik Deutschland als Vertragsstaat benannt ist, kann schutzhindernd entgegenstehen, Art. 140, 139 Abs. 1 EPÜ. Die auf **ältere DDR**-Patentanmeldungen erteilten **Patente,** die mangels Vorveröffentlichung nicht schon Stand der Technik i. S. des § 3 sind, werden gegenüber den ab dem 3. 10. 1990 angemeldeten Gebrauchsmustern als ältere Rechte behandelt, Anl. 1 Kap. III Sachgeb. E Abschn. II § 7 EinigungV. 6

Eine ältere (identische) Gebrauchsmusteranmeldung verhindert das Entstehen der Schutzwirkung des jüngeren Gebrauchsmusters nur, wenn sie zur **Eintragung** geführt hat, BGH GRUR **67,** 477, 479 – UHF-Empfänger II. Auf eine ältere (identische) Patentanmeldung muss ein Patent erteilt worden sein. Das ältere Recht steht mit seinem Schutzbereich schutzhindernd entgegen. Ob die Eintragung des älteren Gebrauchsmusters vor oder nach der Eintragung des später angemeldeten erfolgt, ist gleichgültig; auch eine Eintragung, die – zulässigerweise – erst nach Ablauf der Schutzdauer erfolgt, bildet ein Schutzhindernis nach §§ 15 Abs. 1 Nr. 2, 13 Abs. 1, BGH GRUR **67,** 477, 480 ff. – UHF-Empfänger II. Das Erlöschen des älteren Gebrauchsmusters infolge Verzichts oder wegen Nichtzahlung der Verlängerungsgebühr beseitigt es nicht als älteres Recht, da der Schutz in diesen Fällen nur für die Zukunft entfällt. Aus der rückwirkenden Kraft der Gebrauchsmusterlöschung gemäß §§ 15 ff. folgt dagegen, dass durch die Löschung – wie bei Nichtigerklärung – eines älteren identischen Rechts das Schutzhindernis nach § 15 Abs. 1 Nr. 2 für das jüngere Recht rückwirkend wegfällt, BGH GRUR **63,** 519, 521 – Klebemax. Das gilt auch dann, wenn die Löschung im Säumnisverfahren des § 17 Abs. 1 Satz 2 erwirkt wird, BGH GRUR **63,** 519, 521 – Klebemax. Der Einwand, der Kläger habe die Löschung des älteren Rechts mit unlauteren Mitteln arglistig herbeigeführt und dürfe sich deshalb nicht auf die mit absoluter Wirkung für und gegen jedermann eintretende Rechtsfolge des Fortfalls des Schutzhindernisses berufen (§§ 242, 826 BGB), ist an sich statthaft, BGH GRUR **63,** 519, 521 f. – Klebemax. Es ist aber nicht allgemein und in jedem Falle als arglistig anzusehen, wenn der Inhaber eines Gebrauchsmusters von der Möglichkeit Gebrauch macht, mit Hilfe eines dritten Antragstellers im Löschungsverfahren eine rückwirkende Beseitigung des älteren Schutzrechts zu erreichen, und sich alsdann nach Abschluss des Verfahrens auf die so erzielte Rechtslage beruft, BGH GRUR **63,** 519, 522 – Klebemax. Das gelöschte oder für nichtig erklärte ältere Recht vermag ein Benutzungsrecht gegenüber dem jüngeren Gebrauchsmusterrecht nicht zu begründen; ein Vorbenutzungsrecht gemäß § 13 Abs. 3, § 12 PatG ist nicht ausgeschlossen. 7

Ein lediglich ähnliches älteres Schutzrecht steht dem Rechtsbestand des jüngeren Gebrauchsmusters nicht entgegen, es muss sich um wirkliche *Wesensgleichheit* handeln, die sich aus den 8

Schutzansprüchen ergeben muss, BPatGE **23,** 52, 53f. Diese besteht nur dann, wenn das jüngere Gebrauchsmuster von dem älteren vollinhaltlich vorweggenommen wird, OLG Düsseldorf GRUR **52,** 192, 193. Wo eine völlige Vorwegnahme fehlt, nur eine teilweise Übereinstimmung besteht, kommt eine Einschränkung des jüngeren Rechts in Frage, § 13 Abs. 1, 15 Abs. 3. Soweit die Rechte übereinstimmen, entsteht von vornherein kein wirksames Schutzrecht für den Rechtsträger des jüngeren Rechts und besteht umgekehrt für jeden Dritten das Recht, die Löschung des zu Unrecht eingetragenen Gebrauchsmusters zu begehren und durchzusetzen. Soweit die Übereinstimmung reicht, kann der Löschungsgrund einredeweise geltend gemacht werden; auf eine förmliche Löschung kommt es nicht an. Wesensgleichheit mit einem älteren Kombinationspatent fehlt, wenn aus diesem Elementenschutz nicht hervorgeht und das Gebrauchsmuster nur ein Element des Patents aufweist, PA MuW **39,** 328.

9 **4. Relatives Schutzhindernis/widerrechtliche Entnahme.** § 13 Abs. 2 betrifft die Beschränkung des Gebrauchsmusterschutzes bei widerrechtlicher Entnahme. Das dem Anmelder objektiv zu Unrecht erteilte Schutzrecht ist gegenüber Dritten voll wirksam. Nur dem berechtigten Verletzten gegenüber tritt der Schutz des Gesetzes nicht ein – relatives Schutzhindernis. Er kann die widerrechtliche Entnahme im Verletzungsprozess einredeweise geltend machen. Der Verletzte hat aber auch Anspruch auf Löschung des Gebrauchsmusters (§ 15 Abs. 2) oder auf Übertragung des widerrechtlich entnommenen Rechts, § 13 Abs. 3, § 8 PatG; nachf. Rdn. 15f. Die Rechte des Erfinders bestehen selbstständig nebeneinander. Die Übertragungsklage ist dem mit widerrechtlicher Entnahme begründeten Löschungsantrag nicht vorgreiflich, BPatGE **24,** 54; zu Aussetzungsfragen vgl. Erläuterungen zu § 19. Anders als im Löschungsverfahren (§ 15 Rdn. 15) ist für die Begründetheit des relativen Schutzhindernisses der widerrechtlichen Entnahme im Verletzungsprozess die Prüfung der Schutzfähigkeit des Gebrauchsmusters nicht vorrangig, jedenfalls solange der Herausgabeberechtigte sein Recht auf Übertragung gemäß § 13 Abs. 3, § 8 PatG (u. Rdn. 15f.) geltend machen kann.

Die Voraussetzungen für die widerrechtliche Entnahme sind die gleichen wie im Patentrecht. Auf die Kommentierung zu § 8 PatG wird verwiesen.

5. Einschränkung der Schutzwirkung

10 **a)** Die Rechtsprechung hat von jeher ein **Vorbenutzungsrecht** desjenigen anerkannt, der aus eigenem Recht die Raumform hergestellt und benutzt hatte, RGSt. **46,** 80, 206; RG Mitt. **36,** 116. Das Vorbenutzungsrecht ist in § 13 Abs. 3 durch Verweisung auf § 12 PatG gesetzlich geregelt. Die Voraussetzungen für den Erwerb des Vorbenutzungsrechts entsprechen denen des Patentrechts. Auf die Kommentierung zu § 12 PatG wird verwiesen.

11 **Die Einschränkung der Schutzwirkung durch ein Vorbenutzungsrecht** des § 13 Abs. 3, § 12 PatG wirkt für das gesamte Bundesgebiet, auch soweit es einem **erstreckten Schutzrecht** anhaftet, § 27 Abs. 1 ErstrG. Das bundesweit wirksame Vorbenutzungsrecht kann dabei auch durch Benutzungshandlungen vor dem Prioritätstag in dem Gebiet der ehemaligen DDR begründet worden sein, sofern es sich nach Maßgabe des § 13 Abs. 1 PatG-DDR um eine wirksame Vorbenutzungshandlung handelte. Dieses Vorbenutzungsrecht gilt dann mit den sich aus § 12 PatG ergebenden Schranken im gesamten Bundesgebiet, § 27 Abs. 2 ErstrG.

12 **b)** Auch die **Koexistenzlösung** des **§ 26 ErstrG** bringt ein relatives Schutzhindernis. Sie versagt dem gem. § 4 ErstrG erstreckten Gebrauchsmuster den Schutz gegenüber dem Inhaber und dem Nutzungsberechtigten von erstreckten DDR-Patenten und Patentanmeldungen mit einem übereinstimmenden Schutzbereich. Auf den Zeitrang kommt es nicht an. Das Koexistenzrecht dürfte nur für vor dem 3. 10. 1990 angemeldeten Gebrauchsmuster bedeutsam sein, da Gebrauchsmustern mit späterem Zeitrang auch die prioritätsältere nachveröffentlichte DDR-Patentanmeldung, die zu einem Patent geführt hat, als absolutes Schutzhindernis entgegensteht, vgl. o. Rdn. 6.

13 **c)** Das **Weiterbenutzungsrecht** des **§ 28 ErstrG** schränkt die Schutzwirkungen des Gebrauchsmusters gegenüber demjenigen ein, der den Gegenstand des Gebrauchsmusters im Gebiet der ehemaligen DDR nach dem für den Zeitrang des Gebrauchsmusters maßgeblichen Tag und vor dem 1. 7. 1990 rechtmäßig in Benutzung genommen hat. Anders als bei dem Vorbenutzungsrecht des § 12 PatG genügen bloße für die Benutzung erforderliche vorbereitende Veranstaltungen nicht; die Benutzung muss vor dem 1. 7. 1990 tatsächlich aufgenommen worden sein, Begr. zu § 28 Abs. 1 ErstrGE Bl. **92,** 213, 238. Der Berechtigte ist befugt, die Erfindung im gesamten Bundesgebiet für die Bedürfnisse seines Betriebs im Rahmen des § 12 PatG (unentgeltlich) auszunutzen, kritisch hierzu Brändel GRUR **93,** 169, 171.

d) Benutzungsanordnung. Ferner unterliegt das Gebrauchsmuster den gleichen Beschränkungen zugunsten der öffentlichen Wohlfahrt und des Gemeinwohls, wie sie § 13 PatG für Patente festlegt. Auf die Ausführungen dazu wird verwiesen. 14

6. Erfinderrecht. Die Vorschrift gibt in Abs. 3, indem sie auf die §§ 6, 7 Abs. 1, 8 PatG verweist, dem Erfinder eines Gebrauchsmusters grundsätzlich die gleiche Stellung wie dem Erfinder eines Patents. Auf die Erläuterungen zu den genannten Vorschriften des Patentgesetzes kann daher im Allgemeinen verwiesen werden. Unterschiede im Einzelnen ergeben sich aus der verschiedenen Ausgestaltung des Anmeldeverfahrens, aus den unterschiedlichen Voraussetzungen der Patenterteilung und der Eintragung des Gebrauchsmusters sowie aus dem Umstand, dass das Gebrauchsmustergesetz keine Erfindernennung (§ 63 PatG) kennt. 15

a) Erfindergrundsatz. Das Gesetz (§ 13 Abs. 3 i. V. m. § 6 PatG) erkennt ebenso wie das Patentgesetz den Erfinder als den Berechtigten an und gewährt grundsätzlich ihm den Anspruch auf das Schutzrecht (Errfindergrundsatz), vgl. dazu BGH GRUR **67,** 477, 479 – UHF-Empfänger II. Bei einer gemeinsamen Erfindung steht das Recht auf Eintragung den daran Beteiligten gemeinschaftlich zu. Bei voneinander unabhängiger Mehrfacherfindung gilt der Erstanmelder als der Berechtigte. 16

b) Anmeldergrundsatz. Im Anmeldeverfahren gilt ebenso wie im Patentrecht der Anmelder gegenüber dem Patentamt als der Berechtigte. Das folgt aus der Verweisung auf § 7 Abs. 1 PatG. Zur Vermeidung einer Verzögerung der Eintragung findet eine Prüfung der Berechtigung des Anmelders nicht statt, vgl. BGH GRUR **67,** 477, 479 – UHF-Empfänger II. 17

c) Anspruch auf Übertragung. Der wirkliche Erfinder kann von dem nichtberechtigten Dritten, der das Gebrauchsmuster widerrechtlich angemeldet oder sich den Inhalt der Anmeldung durch widerrechtliche Entnahme verschafft hat, die Abtretung des Anspruchs auf Eintragung oder – nach Eintragung – die Übertragung des Gebrauchsmusters verlangen (§ 13 Abs. 1 i. V. m. § 8 PatG). Das Übertragungsbegehren ist bis zum Ablauf von zwei Jahren nach der Bekanntmachung über die Eintragung des Gebrauchsmusters (§ 8 Abs. 3 PatG) im Wege der Klage geltend zu machen, § 13 Abs. 3 i. V. m. § 8 Satz 3 PatG. Eine entsprechende Anwendung der Fristenregelung des § 8 Satz 4 PatG scheidet grundsätzlich aus, da der Antrag auf Löschung des Gebrauchsmusters (§ 15 Abs. 2) dem fristgebundenen Einspruch gegen die Patenterteilung (§ 59 PatG) nicht gleichgestellt werden kann. Eine Ausschlussfrist besteht nicht, wenn der Gebrauchsmusterinhaber beim Erwerb des Gebrauchsmusters nicht in gutem Glauben war, § 13 Abs. 3 i. V. m. § 8 Satz 5 PatG. Der Übertragungsanspruch besteht völlig selbstständig neben dem Anspruch auf Löschung BGH GRUR **62,** 140, 141 – Stangeführungsrohre; RG MuW **30,** 242, 243. Die Möglichkeit, nach § 15 Abs. 2 die Löschung des Gebrauchsmusters zu verlangen, nimmt daher der auf Übertragung gerichteten Klage nicht das Rechtsschutzinteresse, BGH GRUR **62,** 140, 141 – Stangenführungsrohre. Im Übrigen wird auf die Kommentierung zu § 8 PatG verwiesen. 18

14 *Verhältnis zum jüngeren Patent.* **Soweit ein später angemeldetes Patent in ein nach § 11 begründetes Recht eingreift, darf das Recht aus diesem Patent ohne Erlaubnis des Inhabers des Gebrauchsmusters nicht ausgeübt werden.**

Inhaltsübersicht

1. Verhältnis zu älterem Patent oder Gebrauchsmuster

Literatur: Wobsa, Patentanmeldung und Gebrauchsmuster mit jüngerer Priorität, GRUR **36,** 776; Bossung, Innere Priorität und Gebrauchsmuster, GRUR **79,** 661.

a) Wesensgleichheit. Trifft ein Gebrauchsmuster mit einem zuvor angemeldeten übereinstimmenden Patent oder Gebrauchsmuster zusammen, so hat es nach § 13 Abs. 1 i. V. m. § 15 Abs. 1 Nr. 2 keinen Schutz erlangt. Vgl. § 13 Rdn. 5 ff. 1

b) Abhängigkeit. Die Abhängigkeit eines jüngeren von einem älteren Gebrauchsmuster ist möglich, OLG Düsseldorf, GRUR **52,** 192, 193. Vorausgesetzt ist, dass die Lehre des älteren Patents oder Gebrauchsmusters in dem jüngeren Gebrauchsmuster benutzt ist. Wesen und Fol- 2 gen der Abhängigkeit sind gleich wie im Patentrecht (vgl. § 9 PatG Rdn. 75ff.; § 14 PatG Rdn. 117), RGZ **33,** 149. Gegenüber Dritten wirkt der Schutz des abhängigen Rechts zwar unbeschränkt, RGZ **50,** 111. Das Zusammentreffen zweier Gebrauchsmuster mit verschiedenem Altersrang oder auch eines älteren Patents mit einem jüngeren Gebrauchsmuster führt aber dazu, dass der Inhaber des älteren Schutzrechts gegenüber dem jüngeren Schutzrecht Verbots- und Ausschließungsrechte hat, soweit der Schutzbereich des älteren Rechts reicht. Jedes dieser beiden Rechte kann gegenüber Dritten in seinem Schutzumfang ausgeübt werden. Jeder hat Dritten gegenüber Anspruch auf Unterlassung von Verletzungshandlungen. Im Verhältnis der beiden Rechte zueinander geht das ältere vor. Der Inhaber des jüngeren kann dem des älteren die Ausübung dieses Rechts nach seinem vollen Schutzumfang nicht verbieten. Soweit die Rechte sich überschneiden, kann ein Verbotsrecht gegenüber dem älteren aus dem jüngeren Recht nicht hergeleitet werden, RGZ **159,** 11. Zum Verhältnis der Abhängigkeit von drei Musterschutzrechten vgl. RG Bl. **11,** 227.

2. Verhältnis zu jüngerem Patent

Literatur: Weidlich, Identische Gebrauchsmuster und Patente, Ztschr. d. Akademie f. Deutsches Recht, **36,** 166; Schnabel, Gebrauchsmuster und abhängiges Patent nach § 6 GbmG, GRUR **40,** 73; Zeller, Älteres Gebrauchsmuster, jüngeres Patent und Weiterbenutzung, GRUR **53,** 235.

3 § 14 regelt selbstständig und abschließend das Verhältnis eines jüngeren Patents zu einem älteren Gebrauchsmuster. Wie auch sonst kommt es auf die Priorität an, Busse/Keukenschrijver § 14 GebrMG Rdn. 6; Bühring § 14 Rdn. 1. Die Vorschrift ist bedeutsam, weil das ältere nicht vorveröffentlichte Gebrauchsmuster nicht zum Stand der Technik nach § 3 Abs. 3 PatG rechnet, § 3 PatG Rdn. 79c. § 14 betrifft sowohl das identische wie das abhängige jüngere Patent und findet auch gegenüber einem jüngeren europäischen Patent, für das die Bundesrepublik Deutschland benannt ist, Anwendung, Art. 140, 139 Abs. 2 EPÜ. Eine entsprechende Regelung ist für das Verhältnis des älteren Gebrauchsmusters zu einem Gemeinschaftspatent getroffen, Art. 79 Abs. 2 GPÜ. Ein Gebrauchsmuster, das erst nach Ablauf der ersten Schutzdauer in das Register eingetragen und für das die Verlängerungsgebühr noch nicht gezahlt ist, begründet allerdings kein Verbietungsrecht, sondern lässt durch seine Eintragung nur Prioritätsschutz entstehen, BPatGE **33,** 142m. Anm. Bauer Mitt. **93,** 342.

4 Im Verhältnis zu **jüngeren DDR-Patenten** ist die Koexistenzregel des § 26 ErstrG zu beachten. Das Verbotsrecht des älteren Gebrauchsmusterinhabers aus § 14 wird durch § 26 Abs. 1 ErstrG gegenüber erstreckten DDR-Patenten eingeschränkt. Von der Koexistenz der parallelen Rechte und ihrer Nutzung durch die Berechtigten ist auszugehen. Bei der Beurteilung der Zulässigkeit der Nutzung des jüngeren DDR-Patents im erstreckten Gebiet gem. § 26 Abs. 2 ErstrG kommt dem Ausübungsverbot des § 14 allerdings vorrangige Bedeutung zu. Da dieses zeitlich befristet ist, dürfte – ungeachtet des Maßes der (bisherigen) Nutzung der Erfindung durch den Gebrauchsmusterberechtigten – von der Unbilligkeit der Erstreckung der Nutzung des Gegenstandes des jüngeren Patents auszugehen sein.

5 Der von § 14 normierte Schutz des älteren Gebrauchsmusters gegenüber dem jüngeren Patent berührt nicht dessen Bestand, sondern schränkt vorübergehend nur dessen Ausübung ein. Das ältere Gebrauchsmuster und das jüngere Patent bestehen während der Laufzeit des Gebrauchsmusters auch dann nebeneinander, wenn sie inhaltlich übereinstimmen. Die dagegen erhobenen Bedenken (vgl. Zeller GRUR **53,** 235 mit Nachw.) haben ihre Bedeutung weitgehend dadurch verloren, dass die Unterlagen eingetragener Gebrauchsmuster nach neuerer Rechtsprechung als öffentliche Druckschriften zu werten, also neuheitsschädlich sind, vgl. § 3 PatG Rdn. 61. Das identische oder abhängige jüngere Patent ruht während des Bestands des älteren Gebrauchsmusters und kann nicht ausgeübt werden, RGZ **61,** 399, 401, außer mit ausdrücklicher Erlaubnis des Rechtsinhabers des Gebrauchsmusters. Für die Erteilung dieser Erlaubnis kann der Gebrauchsmusterschutzberechtigte Bedingungen stellen, namentlich eine Vergütung (Lizenzgebühr) fordern. Ohne eine solche Erlaubnis ist es dem Inhaber des jüngeren Patents verwehrt, während des Bestands des Gebrauchsmusters sein Recht im Sinne des § 11 gewerblich zu nutzen. Dieses Verbot besteht jedoch nur, „soweit" das Gebrauchsmuster eingreift, bei einem abhängigen jüngeren Patent also nur auf die Benutzung der gebrauchsmustergeschützten Lehre, nicht aber auf einen weiterreichenden Gegenstand des Erfindungspatents. Insoweit ist bislang nicht geklärt, ob im Umfang der Übereinstimmung das auf Grund des Patents an sich gegebene Verbietungsrecht nur dem Gebrauchsmusterberechtigten gegenüber, so Mes § 14 GebrMG Rdn. 3; Loth § 14 Rdn. 2, oder auch Dritten gegenüber ruht, so Busse/Keukenschrijver § 14 GebrMG Rdn. 8; Bühring § 14 Rdn. 13. Im Übrigen kann der Patent-

inhaber die Benutzung des patentgeschützten Gegenstands selbstständig jedem Dritten, auch dem Gebrauchsmusterinhaber verbieten. Die Beschränkung des Patents endigt mit Erlöschen des Gebrauchsmusters; alsdann kann das Patent frei ausgeübt werden.

Auch nach Zeitablauf des älteren Rechts kann dem aus dem Gebrauchsmuster Berechtigten eine Benutzungsbefugnis zustehen, die den Inhaber des jüngeren Schutzrechts hindert, dem älteren Berechtigten Benutzungshandlungen zu untersagen, RGZ **169,** 289, 291, 293; vgl. auch BGH GRUR **67,** 477, 482 – UHF-Empfänger II, **92,** 692, 694 – Magazinbildwerfer. Dies gilt auch im Verhältnis zu jüngeren DDR-Patenten (vgl. o. Rdn. 4). Voraussetzung hierfür ist, dass während des Bestehens des älteren Schutzrechts die daraus folgenden Rechte ausgenutzt oder Veranstaltungen zur Benutzung getroffen wurden, § 12 PatG, § 13 Abs. 3. Dann macht es auch keinen Unterschied, ob der Berechtigte des älteren Schutzrechts sein Benutzungsrecht schon ausübte, bevor das jüngere Patent angemeldet war, oder ob er erst nach dessen Anmeldung und nach Kenntnis desselben mit der Ausnutzung seines Schutzrechts begann, RGZ **169,** 289, 292f. 6

3. Gebrauchsmuster und Patent mit gleichen Zeitrang

Bei einem abgezweigten Gebrauchsmuster (§ 5), dessen Laufzeit sich nach dem Anmeldetag der früheren Patentanmeldung richtet, kann der Berechtigte, wenn das Patent während des Bestehens des Gebrauchsmusters erteilt ist, aus beiden Schutzrechten (wahlweise) Ansprüche erheben. Schutzrecht mit gleichem Zeitrang stehen sich nicht schutzhindernd entgegen. Das prioritätsgleiche Gebrauchsmuster verleiht kein über seine tatsächliche Laufzeit hinausreichendes Benutzungsrecht, BGH GRUR **92,** 692, 694 – Magazinbildwerfer. 7

15

Löschung. (1) **Jedermann hat gegen den als Inhaber Eingetragenen Anspruch auf Löschung des Gebrauchsmusters, wenn**

1. **der Gegenstand des Gebrauchsmusters nach den §§ 1 bis 3 nicht schutzfähig ist,**
2. **der Gegenstand des Gebrauchsmusters bereits auf Grund einer früheren Patent- oder Gebrauchsmusteranmeldung geschützt worden ist oder**
3. **der Gegenstand des Gebrauchsmusters über den Inhalt der Anmeldung in der Fassung hinausgeht, in der sie ursprünglich eingereicht worden ist.**

(2) **Im Falle des § 13 Abs. 2 steht nur dem Verletzten ein Anspruch auf Löschung zu.**

(3) [1]**Betreffen die Löschungsgründe nur einen Teil des Gebrauchsmusters, so erfolgt die Löschung nur in diesem Umfang.** [2]**Die Beschränkung kann in Form einer Änderung der Schutzansprüche vorgenommen werden.**

Inhaltsübersicht

1. Vorbemerkung. § 15 ist in der vorliegenden Fassung auf Grund des Änderungsgesetzes vom 15. 8. 1986 (BGBl. I 1446) an die Stelle des früheren § 7 getreten. Neben den in Absatz 1 aufgezählten drei Löschungsgründen ist der in Absatz 2 genannte vierte Löschungsgrund des § 13 Abs. 2 zu beachten. 1

1a **Literaturhinweis:** Bindewald, Das patentamtliche Gebrauchsmusterlöschungsverfahren, MuW **39,** 334; Loesenbeck, Das Löschungsverfahren vor dem Reichspatentamt, Mitt. **39,** 254; Jungblut, Die Nachprüfung der Gebrauchsmusterfähigkeit im neuen Löschungsverfahren, GRUR **39,** 880; Rauter, Grund und Aufgabe des GM-Löschungsverfahrens, MuW **40,** 23; Hägermann, Die gesetzliche Regelung des Gebrauchsmusterrechts, Mitt. **59,** 142 (145 ff.); Schlitzberger, Die jüngere Entwicklung auf dem Gebiet des Gebrauchsmusterrechts, Mitt. **68,** 101 (107 ff.); Krabel, Gebrauchsmusterlöschungs- und Patenterteilungsverfahren vor dem Deutschen Patentamt, GRUR **78,** 566; Werner, Unzulässige Anspruchsänderung bei eingetragenem Gebrauchsmuster als Löschungsgrund, GRUR **80,** 1045; Schlitzberger, Gegenstand des Antrags und Sachprüfungsgegenstand im Gebrauchsmuster-Löschungsverfahren, in Festschrift 25 Jahre Bundespatentgericht, 1986, S. 249 ff.; Goebel, Schutzansprüche und Ursprungsoffenbarung – Der Gegenstand des Gebrauchsmusters im Löschungsverfahren, GRUR **00,** 477.

2 **2. Beseitigung des Rechtsscheins unwirksamer Eintragung.** Haben die sachlichen Voraussetzungen für die Entstehung des Gebrauchsmusterschutzes bei der Eintragung nicht vorgelegen, so ist in Wahrheit ein Schutzrecht nicht entstanden. Die Eintragung erweckt nur den Schein eines solchen. Das Löschungsverfahren hat den Zweck, diesen Schein zu zerstören, RGZ **71,** 195; RG MuW **30,** 377, und schutzunwürdige Scheinrechte zu beseitigen, BGH GRUR **62,** 140, 141 – Stangenführungsrohre; BGHZ **64,** 155, 158 – Lampenschirm.

2a **a) Löschung.** Die Beseitigung des Rechtsscheins einer unwirksamen Eintragung erfolgt grundsätzlich im Wege der Löschung des Gebrauchsmusters. Die Löschung nach § 15 entspricht der Nichtigerklärung des Patents. Im Gegensatz zur Nichtigerklärung eines Patents setzt jedoch die Löschung des Gebrauchsmusters nach § 15 ein noch bestehendes Schutzrecht voraus. Ein bereits wegen Erlöschens in dem Gebrauchsmusterregister gelöschtes Recht kann – trotz der verschiedenen Wirkungen – nicht nochmals nach § 15 gelöscht werden, BGHZ **64,** 155, 158 – Lampenschirm; BPatGE **22,** 140, 141. Es kommt dann nur die Feststellung der Unwirksamkeit des Gebrauchsmusters in Betracht (vgl. unten Rdn. 3), sofern das Verfahren nicht in der Hauptsache für erledigt erklärt wird, BPatGE **46,** 215, 216.

3 **b) Feststellung der Unwirksamkeit. Literatur:** Peter Wirth, Die Zulässigkeit von Gebrauchsmuster betreffenden Feststellungsanträgen beim Reichspatentamt, GRUR **41,** 72; derselbe, Die Zulässigkeit von Löschungsfeststellungsanträgen beim Reichspatentamt, Mitt. **41,** 131.

3a **Das Scheinrecht ist bereits „erloschen".** Das Gesetz behandelt nur die Löschung eines – nach dem Registereintrag – noch bestehenden Gebrauchsmusters. Eine „Löschung" kommt nicht mehr in Betracht, wenn das Gebrauchsmuster schon aus einem anderen Grunde, nämlich auf Grund eines Verzichts oder wegen Ablaufs der Schutzdauer (§ 23) erloschen ist, was gegebenenfalls aus dem Register zu entnehmen ist, vgl. § 23 Rdn. 22. Das Erlöschen des Gebrauchsmusters durch Verzicht oder durch Ablauf der Schutzdauer wirkt andererseits nur für die Zukunft (vgl. § 23 Rdn. 18), während das Ziel des Löschungsverfahrens die rückwirkende Beseitigung des durch die Eintragung hervorgerufenen Rechtsscheins des Bestehens eines Gebrauchsmusterschutzes ist, BGH GRUR **63,** 519, 521 – Klebemax; BGHZ **64,** 155, 157 – Lampenschirm. Auch nach dem Erlöschen des Gebrauchsmusters kann daher noch ein Bedürfnis für einen die Rechtslage für die Vergangenheit klarstellenden Ausspruch bestehen. Nach ständiger Rechtsprechung kann in diesem Falle statt der Löschung die Feststellung beantragt werden, dass das – schon bei Stellung des Antrags oder erst im Laufe eines anhängigen Löschungsverfahrens erloschene – Gebrauchsmuster von Anfang an unwirksam war, BGH GRUR **67,** 351 – Korrosionsschutzbinde; BGHZ **64,** 155; 158 – Lampenschirm.

4 Voraussetzung für die Zulässigkeit der Feststellung der Rechtsunwirksamkeit des nicht mehr löschungsfähigen, weil bereits gelöschten oder durch Ablauf der längstmöglichen Schutzdauer erloschenen Gebrauchsmusters ist ein besonderes eigenes **Rechtschutzinteresse** des Antragstellers an der nachträglichen Feststellung der mangelnden Rechtsbeständigkeit des Gebrauchsmusters, da es dann nicht mehr um die Wahrung öffentlicher Belange geht, BGH GRUR **67,** 351, 352 – Korrosionsschutzbinde; BGHZ **64,** 155, 158 – Lampenschirm; BGHZ **88,** 191, 198 – Ziegelsteinformling I; BPatGE; **22,** 140, 143; **46,** 215.

5 Bei der Prüfung des Rechtschutzbedürfnisses ist von einer **großzügigen Rechtschutzgewährung** auszugehen, BGH GRUR **74,** 46 – Schraubennahtrohr; das Rechtschutzinteresse ist zu bejahen, wenn für den Antragsteller Grund zu der Besorgnis besteht, er könne aus dem Gebrauchsmuster wegen Handlungen in der Zeit vor dessen Erlöschen in Anspruch genommen werden, BGH GRUR **81,** 515, 516 – Anzeigegerät; zu eng dem gegenüber BPatGE **20,** 52, weniger eng inzwischen BPatGE **46,** 215. Das ist immer dann der Fall, wenn der Antragsteller

wegen Verletzung des Gebrauchsmusters vor dessen Ablauf in Anspruch genommen wird, BGH GRUR **67,** 351. Jedoch ist weder dies noch eine außergerichtliche Inanspruchnahme (BPatGE **20,** 52, 53), Verwarnung oder Anspruchsberühmung gegen über dem Antragsteller erforderlich; es kann bereits genügen, dass der Antragsteller von der Lehre des Gebrauchsmusters während seiner Laufzeit Gebrauch gemacht hat und deswegen in Anspruch genommen werden kann, sofern keine Anhaltspunkte für die Annahme vorliegen, der Gebrauchsmusterinhaber werde von seinen Rechten keinen Gebrauch machen, BGH GRUR **81,** 515, 516; **85,** 871, 872 – Ziegelsteinformling II. Das gilt insbesondere dann, wenn der Gebrauchsmusterinhaber auf eine Aufforderung zum Verzicht auf etwaige Ansprüche nicht reagiert, sofern nur vernünftigerweise zumindest nicht ausgeschlossen werden kann, dass die Handlungen des Antragstellers unter den Schutzbereich des Gebrauchsmusters fielen, BGH GRUR **85,** 871, 872, erst recht, wenn er sich erkennbar vorbehält, zu gegebener Zeit wegen Verletzung seines Gebrauchsmusters gegen den Antragsteller vorzugehen, mag er dies sonst auch nicht näher konkretisieren, BPatGE **45,** 21, 24; **46,** 215, 217. Ein Rechtschutzinteresse besteht jedoch dann nicht, wenn der Gebrauchsmusterinhaber noch keine Ansprüche geltend gemacht hat und außerdem schriftlich erklärt, auch keine erheben zu wollen, PA Mitt. **60,** 100, ähnlich BPatG Mitt. **94,** 40; oder wenn er anerkannt hat, dass das Gebrauchsmuster von Anfang an nicht rechtsbeständig war, BPatG GRUR **81,** 124, 125.

Wer im Verfahren der einstweiligen Verfügung oder der Hauptsache wegen Gebrauchsmusterverletzung **rechtskräftig verurteilt** ist, hat auch nach Ablauf der Schutzdauer ein rechtliches Interesse an der Feststellung der Unwirksamkeit des Gebrauchsmusters, um seine Rechte aus §§ 927, 945 ZPO oder im Wege der Restitutionsklage oder Vollstreckungsgegenklage geltend machen zu können, BPatG GRUR **80,** 852; **81,** 124; Mitt. **84,** 35; vgl. v. Falck GRUR **77,** 308, 311. Ein rechtliches Interesse kann sich auch aus der Absicht des Antragstellers ergeben, seinerseits einen **Schadenersatzanspruch** wegen unberechtigter Schutzrechtsverwarnung geltend zu machen, vgl. BPatGE **22,** 140, 143 ff.; es fehlt aber dann, wenn es dem Gebrauchsmusterinhaber – insbesondere wegen eines Verzichts – verwehrt wäre, sich im Schadenersatzprozess auf die Schutzfähigkeit des Gebrauchsmusters zu berufen, vgl. BGH GRUR **65,** 321, 233. Die allgemeine Behauptung des Antragstellers, ihm sei ein Schaden entstanden, genügt nicht zur Begründung des Feststellungsinteresses, zumal die Geltendmachung eines Schadenersatzanspruchs nicht notwendig eine vorherige Feststellung über die Schutzfähigkeit voraussetzt, PA Mitt. **60,** 100; vgl. hierzu auch BGH GRUR **65,** 231, 232 f. – Zierfalten. 5 a

Die Bejahung des Rechtsschutzinteresses schließt nicht die Feststellung ein, der Antragsgegner habe zur Antragstellung Veranlassung gegeben im Sinne von § 93 ZPO; dem Antragsgegner bleibt es unbenommen, durch ein sofortiges **„Anerkenntnis“** die Kostenlast dem Antragsteller aufzubürden, vgl. dazu § 17 Rdn. 24, 24 a. 5 b

Der **Feststellungsantrag eines Gesellschafters** einer OHG, der schon bei dem von der OHG betriebenen, rechtskräftig abgewiesenen Löschungsbegehren Gelegenheit hatte, seine Bedenken gegen die Schutzfähigkeit vorzubringen, ist unzulässig, wenn gegen den Gesellschafter keine über die Haftung aus § 128 HGB hinausreichenden Schadenersatzansprüche geltend gemacht werden, BGHZ **64,** 155, 158 – Lampenschirm. 6

c) Übergang vom Löschungs- zum Feststellungsantrag. Wenn das Gebrauchsmuster während eines anhängigen Löschungsverfahrens aus einem anderen Grunde als wegen mangelnder Rechtsbeständigkeit gelöscht wird oder wegen Ablaufs der Schutzdauer erlischt, kann der auf Löschung gerichtete Antrag nicht als solcher weiter verfolgt werden. Der Antragsteller kann in diesem Falle nur noch die Feststellung der Rechtsunwirksamkeit des Gebrauchsmusters beantragen, und zwar dann, wenn er ein besonderes eigenes Rechtschutzinteresse an der nachträglichen Feststellung dartun kann. Ein besonderes Rechtsschutzinteresse muss – ebenso wie im Nichtigkeitsverfahren (vgl. BGH GRUR **65,** 231, 233 – Zierfalten) – auch dann dargelegt werden, wenn der Löschungsantrag noch während des Bestehens des Gebrauchsmusters gestellt wurde und nach dem Erlöschen auf Feststellung übergegangen wird, BGH GRUR **67,** 351, 352 – Korrosionsschutzbinde; BPatGE **22,** 17. Ebenso, wenn das Gebrauchsmuster während des Löschungsverfahrens durch (nicht rückwirkenden) Verzicht vorzeitig erlischt, BPatG GRUR **81,** 124, 125. Das Kosteninteresse genügt nicht, weil bei Erledigung der Hauptsache ohnehin in entsprechender Anwendung des § 91 a ZPO unter Berücksichtigung des Sach- und Streitstandes über die Kosten zu entscheiden ist. Entgegen der Rechtsprechung des Bundespatentgerichts (BPatGE **20,** 186, 188; **21,** 238, 240; BPatG Mitt. **77,** 119; vgl. auch Mitt. **70,** 176) begründet eine Erklärung des Gebrauchsmusterinhabers, auf die Schadensersatzansprüche für die Vergangenheit nicht verzichten zu wollen oder deren Geltendmachung vom Ausgang des Verfahrens abhängig zu machen, ein hinreichendes rechtliches Interesse an der Feststellung der Un- 7 wirksamkeit des Gebrauchsmusters. Es genügt, wenn der Antragsteller Grund zu der Besorgnis hat, er könne aus dem Gebrauchsmuster in Anspruch genommen werden, vgl. Rdn. 5. Entgegen BPatG GRUR **80,** 1070 hat der Antragsteller ein rechtliches Interesse an der Durchführung des Feststellungsverfahrens, wenn der Gebrauchsmusterinhaber trotz Aufforderung nicht verbindlich erklärt, auf Schadensersatzansprüche zu verzichten, vgl. auch Siebert Mitt. **70,** 179. Ein Feststellungsinteresse ist nicht daraus herzuleiten, dass ein Patenterteilungsverfahren über eine identische Anmeldung schwebt, BPatG Mitt. **80,** 97, 99.

7a Für die Zulässigkeit der Fortsetzung des Verfahrens (zum Zwecke der Feststellung) kommt es allein auf das Rechtsschutzinteresse des Antragstellers an. Wenn der Antragsteller nach Erlöschen des Gebrauchsmusters die Hauptsache **für erledigt erklärt,** kann das Interesse des Gebrauchsmusterinhabers an der Klärung des Rechtsbestandes des Gebrauchsmusters die Durchführung des Verfahrens nicht rechtfertigen, PA, Mitt. **57,** 36.

7b Der gegen ein bereits erloschenes Gebrauchsmuster gerichtete Löschungsantrag kann als **Feststellungsantrag** (Rdn. 3 a) **umgedeutet werden,** BPatGE **26,** 135, sofern die Umstände nicht bereits gestatten, ihn als Feststellungsantrag **auszulegen,** BPatGE **46,** 216; entsprechendes gilt bei Wiederinkrafttreten nach Wiedereinsetzung für den dann statt des formulierten Festanstellungsantrags erforderlichen Löschungsantrag.

8 **d) Behandlung des Feststellungsantrags.** Besonderheiten ergeben sich für das auf Feststellung gerichtete Begehren nur insofern, als es – anders als das Löschungsbegehren – ein besonderes Rechtsschutzinteresse des Antragstellers an der erstrebten Feststellung voraussetzt. Die für das Löschungsverfahren getroffene Regelung gilt im Übrigen in vollem Umfange auch für das Feststellungsverfahren, BGH GRUR **67,** 351, 352 – Korrosionsschutzbinde. Auch in der Wirkung steht die Feststellung der – vollständigen oder teilweisen – Rechtsunwirksamkeit des Gebrauchsmusters der – vollständigen oder teilweisen – Löschung nach § 15 gleich; die Feststellung wirkt ebenso wie die Löschung auf den Zeitpunkt der Eintragung zurück, BGH GRUR **67,** 351, 352 – Korrosionsschutzbinde.

9 **e) Sonstige Feststellungsanträge.** Neben dem Antrag auf Feststellung der Unwirksamkeit des Gebrauchsmusters wird die Statthaftigkeit von Feststellungsanträgen auch in Fällen zu bejahen sein, in denen ein Löschungsantrag als das gesetzlich zugelassene umfassendste Schutzbegehren nicht oder nicht mehr zum Ziel führen kann und die begehrte Feststellung an sich eine „Vorfrage" bei einer Löschungsentscheidung wäre oder mit einer Löschungsentscheidung mitentschieden würde. So ist – wie in manchen anderen Fällen – das Löschungsbeschwerdeverfahren durch einen entsprechenden Beschluss zum förmlichen Abschluss gebracht worden, als ein Beschwerdegegner während des Beschwerdeverfahrens, das gegen die von ihm erstrittene Löschungsentscheidung eingeleitet wurde, nach ausländischem Konkursrecht ersatzlos rechtlich untergegangen ist und der von ihr gestellte Löschungsantrag damit fortgefallen ist. Da die Löschungsentscheidung wegen Fortfalls des Löschungsantrags wirkungslos geworden ist, ist auf Antrag des Beschwerdeführers eine entsprechende Feststellungsentscheidung ergangen, BPatG Bl. **05,** 224. Entsprechend wird bei unzulässiger Erweiterung des abgezweigten Gebrauchsmusters gegenüber der zugrunde liegenden Patentanmeldung zutreffen; in einem Löschungsverfahren wegen fehlender Schutzfähigkeit wird über die Notwendigkeit und Möglichkeit einer Bereinigung einer solchen unzulässig erweiternden Abweichung des abgezweigten Gebrauchsmusters von der zugrunde liegenden Patentanmeldung als „Vorfrage" entschieden, doch sollte dem Antragsteller die selbstständige Geltendmachung der Erweiterung im Wege eines Feststellungsantrags nicht verwehrt werden, wenn er sich auf fehlende Schutzfähigkeit oder einen anderen der gesetzlich vorgesehenen Löschungsgründe des § 15 nicht berufen kann oder will. Solange das Gebrauchsmuster nicht erloschen ist, wird für einen solchen Feststellungsantrag auch kein besonderes eigenes Rechtsschutz-(Feststellungs-)Interesse zu fordern sein, weil hier ebenso wie beim Löschungsantrag ein öffentliches Interesse an der Klarstellung der wirklichen Rechtslage im Register besteht. Zur Feststellung der Rücknahmefiktion des Löschungsantrags vgl. Rdn. 16 zu § 18.

9a Fehlt es an einem wirksamen Eintragungsantrag und kommt es gleichwohl zur Eintragung eines Gebrauchsmusters, so wird ein Antrag auf **Feststellung der Unwirksamkeit der Eintragung** als statthaft anzusehen sein. Auch hier wird es keines besonderen Feststellungsinteresses als Voraussetzung der Zulässigkeit bedürfen, solange die Eintragung nicht gelöscht ist.

10 **3. Löschung auf Antrag.** Die Löschung oder die Feststellung der Rechtsunwirksamkeit des Gebrauchsmusters im Verfahren nach §§ 15ff. erfolgt auf Antrag und im Rahmen der Anträge, s. u. Rdn. 22ff.

11 Die **Löschungsgründe** sind in der Vorschrift abschließend aufgeführt. Abhängigkeit des eingetragenen Musters von einem anderen Schutzrecht (vgl. § 14 Rdn. 2) ist kein Löschungsgrund, RG JW **12,** 308. Fehlende Einheitlichkeit der Erfindung ist nur im Anmeldeverfahren

zu prüfen, kann daher im Löschungs- (und Verletzungs-)Verfahren nicht bemängelt werden, BPatGE **20,** 133, 139. Mängel des Verfahrens sind kein Löschungsgrund, OLG Zweibrücken GRUR **37,** 140, Die in der Vorschrift genannten Löschungsgründe sind verschiedene Antragsgründe, der Übergang von einem zum anderen ist Antragsänderung, BPatG GRUR **81,** 908. Der rechtskräftig abgewiesene Antrag kann nur mit einer anderen Begründung wiederholt werden, neues Material aus dem Stand der Technik genügt nicht, PA Mitt. **57,** 149, also nur mit einem anderen, bisher nicht geltend gemachten Löschungsgrund, BPatGE **42,** 233, 239. Vgl. dazu im Einzelnen § 22 PatG Rdn. 95.

a) Fehlen der Schutzvoraussetzungen der §§ 1 bis 3. Antragsgrund ist zunächst der Mangel der Voraussetzungen der §§ 1 bis 3; dazu wird auf die dortigen Erläuterungen verwiesen. Im Löschungsverfahren ist demgemäß die Schutzfähigkeit zu prüfen, also insbesondere das Vorliegen einer technischen Erfindung, gewerbliche Anwendbarkeit, Neuheit, erfinderischer Schritt. Diese gesamten Tatbestände sind nur ein Antragsgrund. Löschungsgrund i.S. des § 15 Abs. 1 in Verbdg. mit § 1 ist auch mangelnde Offenbarung, nämlich wenn Anspruch und Beschreibung eine ausreichende Offenbarung des Erfindungsgedankens nicht enthalten, BGH GRUR **68,** 86, 89 – Ladegerät I. Er ist so deutlich und vollständig zu offenbaren, dass ein Fachmann ihn ausführen kann, wobei maßgeblicher Zeitpunkt, auf den für die Prüfung abzustellen ist, der für das Gebrauchsmuster geltende Anmeldetag bzw. der Prioritätszeitpunkt ist, BGH GRUR **99,** 920. Vgl. im Übrigen die Erläuterungen zu § 21 Abs. 1 Nr. 2 PatG. 12

b) Wesensgleichheit. Der Löschungsgrund des Abs. 1 Nr. 2 entspricht dem früheren Nichtigkeitsgrund nach § 13 Abs. 1 Nr. 2 PatG 1968, der dadurch gegenstandslos geworden ist, dass nach PatG (§ 3 Abs. 2) nunmehr anders als nach GebrMG (§ 3 Abs. 1) bereits jede ältere, nachveröffentlichte Anmeldung unabhängig von ihrer sofortigen Zugänglichkeit für die Allgemeinheit zum Stand der Technik gehört. Die Wesensgleichheit mit einem älteren Schutzrecht ist durch Vergleich beider festzustellen; die für § 4 Abs. 2 PatG 1968 geltenden Regeln sind anwendbar, vgl. in der Vorauflage § 3 PatG Rdn. 147 ff. Das ältere Recht ist nach seinem Erfindungsgedanken zu bestimmen, PA MuW **39,** 207. Älteres Recht ist auch ein früher angemeldetes, später erst eingetragenes Gebrauchsmuster, dessen Wesengleichheit mit dem angefochtenen daher im Löschungsverfahren zu prüfen ist, PA Mitt. **38,** 292; MuW **39,** 74. Identität ist gegeben, soweit die in den Schutzansprüchen zum Ausdruck gebrachten Lehren trotz unterschiedlicher Wort- und Begriffswahl ihrem wesentlichen Inhalt nach weitgehend übereinstimmen, OLG Düsseldorf GRUR **52,** 192, 193; BPatGE **23,** 52, 53; **24,** 36, 37. Bei einem Kombinationspatent reicht die Wesensgleichheit des kombinierten Gebrauchsmusters nur so weit wie die Übereinstimmung vorliegt. Erstreckt sich der Schutz des Patents nur auf die Gesamtkombination, so fehlt es bei dem Gebrauchsmuster, das nur ein Element der Patentkombination enthält, für das aus der Patentschrift Elementenschutz nicht zu entnehmen ist, an der Wesensgleichheit, PA MuW **39,** 328. Vgl. § 13 Rdn. 5–8. 13

c) Unzulässige Erweiterung. Der Löschungsgrund des § 15 Abs. 1 Nr. 3 ist erst durch das Änderungsgesetz vom 15. 8. 1986 eingeführt worden. Er ist abgestimmt auf die ebenfalls neu eingeführte gesetzliche Regelung nachträglicher Änderungen in § 4 Abs. 5, die wiederum der entsprechenden Regelung in § 38 PatG nachgebildet ist. Die Rechtslehre hatte auch schon vor dem 1. 1. 1987 in Analogie zu § 38 PatG angenommen, dass nachträgliche erweiternde Änderungen der Gebrauchsmusterunterlagen unzulässig und unwirksam seien; insoweit bringt § 4 Abs. 5 eine Legalisierung der bisherigen Rechtslage. Die Neuerung des § 15 Abs. 1 Nr. 3 liegt lediglich darin, dass eine unzulässige Erweiterung nunmehr als solche zum Gegenstand eines Löschungsverfahrens gemacht und auf diesem Wege förmlich mit Wirkung für und gegen jedermann wieder beseitigt werden kann. Der Löschungsgrund richtet sich – ebenso wie auch die übrigen Löschungsgründe – nur gegen den „Gegenstand" des Gebrauchsmusters, der durch die Eintragung festgelegt wird (§ 4 Rdn. 50). Nach der Eintragungsverfügung eingereichte Unterlagen können diesen Gegenstand nicht mehr verändern; es werden daher nur vorher vorgenommene Erweiterungen erfasst, auf die sich der Rechtsschein der Eintragung erstreckt, s. u. Rdn. 20. Wegen weiterer Einzelheiten zur Frage, wann eine unzulässige Erweiterung vorliegt, wird auf die Erläuterungen zu § 4 Abs. 5 (dort Rdn. 44) verwiesen. 14

Ursprüngliche Anmeldungsunterlagen: an ihrer Fassung sind die erfolgten Änderungen zu messen. Es handelt sich hierbei um die Unterlagen, die den **Anmeldungsgegenstand** festgelegt haben (vgl. § 4 Rdn. 36), also diejenigen, die mit dem Eintragungsantrag als Anmeldungsunterlagen eingereicht worden sind und einen Anmeldetag nach § 4a Abs. 2 Satz 1 begründet haben. Dass im **Abzweigungsfall** nach § 5 für die Gebrauchsmusteranmeldung, die 14 a die anmeldetagsbegründenden Voraussetzungen erfüllen muss, der Anmeldetag einer früheren Patentanmeldung in Anspruch genommen wird, ändert nichts daran, dass die unzulässige Erweiterung sich aus einem Vergleich mit diesen Anmeldungsunterlagen der Gebrauchsmusteranmeldung entscheidet; diese ursprünglichen Anmeldungsunterlagen der Gebrauchsmusteranmeldung dürfen – was ggfs. zunächst zu prüfen ist – allerdings ihrerseits nicht gegenüber den ursprünglichen Anmeldungsunterlagen der Patentanmeldung unzulässig erweitert sein, andernfalls sie um die Erweiterung zu bereinigen sind, vgl. Rdn. 9 zu § 5. Entsprechendes gilt bei Abzweigung aus einer ausgeschiedenen, dabei unzulässig erweiterten Patentanmeldung vgl. BPatG Mitt **96,** 211. Wird eine abzweigte Gebrauchsmusteranmeldung geteilt, so ist der Löschungsanspruch aus Absatz 1 Nr. 3 gegeben, wenn die eingetragene Trennanmeldung unzulässig erweiternd von der abgetrennten Teilanmeldung in ihrer unter Berufung auf die Teilungsbefugnis nach § 4 Abs. 6 eingereichten Anmeldungsfassung hinausgeht, BPatGE **43,** 266, 269; eine erweiternde Abweichung von der Gebrauchsmuster-Stammanmeldung und/oder von der zugrunde liegenden Patentanmeldung gibt Anlass für eine „Bereinigung" um den unzulässigen Teil in der eingetragenen Trennanmeldung und zwar als „Vorfrage" bei Geltendmachung oder Einwendung der Löschungsgründe im Löschungs- oder Verletzungsverfahren, oder als Hauptfrage in einem nur auf diese unzulässige Abänderung gestützten Feststellungsverfahren, vgl. Rdn. 2 d.

15 **d) Widerrechtliche Entnahme.** Die widerrechtliche Entnahme bildet einen selbstständigen Löschungsgrund (Abs. 2). Der Anspruch auf Löschung steht völlig selbstständig neben dem Anspruch aus § 13 Abs. 3 in Verbdg. mit § 8 PatG (vgl. § 13 Rdn. 15, 16). Die Geltendmachung des einen schließt die des anderen Anspruchs nicht aus, BGH GRUR **62,** 140, 141 – Stangenführungsrohre. Dies entspricht der Regelung in § 8 und § 21 Abs. 1 Nr. 3 PatG. Die sachliche Prüfung deckt sich mit der nach § 13 Abs. 3 vorzunehmenden. Ob das Entnommene schutzfähig ist, ist entgegen älterer Rechsprechung (vgl. RG Bl. **30,** 311; BPatG GRUR **81,** 908) nicht erheblich, vgl. Rdn. 23 zu § 21 PatG.

16 **5. Sachbefugnis.** Die Sachbefugnis ist wie im Patentgesetz geregelt. Auf die Erläuterungen zu § 22 PatG (Rdn. 31–47) und zu § 81 PatG kann daher im Allgemeinen verwiesen werden. Ergänzend ist anzumerken: jedermann hat gegen den Gebrauchsmusterinhaber bei Vorliegen eines der Löschungsgründe den Löschungsanspruch, also nicht der Gebrauchsmusterinhaber selbst; ihm bleibt es allerdings unbenommen, das Gebrauchsmuster durch bloße Nichtzahlung der Aufrechterhaltungsgebühr oder durch Verzichtserklärung auf das Gebrauchsmuster nach § 23 Abs. 3 Nr. 1 mit Wirkung für die Zukunft zum Erlöschen zu bringen sowie durch Verzichtserklärung zur Registerakte, gerichtet darauf, keine Rechte aus dem Gebrauchsmuster für Vergangenheit und Zukunft geltend zu mache, faktisch selbst zu löschen. Rechtliche kann das Gebrauchsmuster jedoch nur durch Hoheitsakt, also durch den Löschungsausspruch im Löschungsverfahren des § 17 auch mit Wirkung für die Vergangenheit zum Fortfall kommen. Wer nach einer solchen Verzichtserklärung des Gebrauchsmusterinhabers, die auf Vergangenheit und Zukunft bezogen ist, noch das Löschungsverfahren einleitet, erreicht zwar die förmliche Löschung im Register (die ihm in der Sache nicht mehr vermittelt als der bereits erklärte Verzicht), muss aber die Kosten des Löschungsverfahrens tragen, sofern der Gebrauchsmusterinhaber dem Löschungsantrag nicht widerspricht und sich auf die Kostenvorschrift des § 93 ZPO beruft, es sei denn, er widerspricht ausnahmsweise doch noch.

16 a **a) Löschungsantragsberechtigter.** Der Anspruch auf Löschung – und gegebenenfalls auf Feststellung der Rechtsunwirksamkeit des Gebrauchsmusters – wegen Fehlens der Schutzvoraussetzungen, wegen Wesensgleichheit oder wegen unzulässiger Erweiterung steht jedermann zu (Popularanspruch). Ein besonderes rechtliches oder wirtschaftliches Interesse braucht für die Geltendmachung des Löschungsanspruchs weder zu bestehen noch dargetan zu werden, BPatGE **43,** 1, 4; ein besonderes Interesse ist nur für die Feststellung der Rechtsunwirksamkeit eines bereits gelöschten oder erloschenen Gebrauchsmusters erforderlich (vgl. oben Rdn. 4). Der Gebrauchsmusterinhaber selbst kann nicht die Löschung seines eigenen Gebrauchsmusters nach § 15 Abs. 1 beantragen, PA Bl. **55,** 299. Er kann nur auf das Gebrauchsmuster und auf etwaige, in der Vergangenheit gegen Dritte erwachsene Ansprüche aus dem Gebrauchsmuster verzichten. Es wird daher auch nicht als zulässig angesehen werden können, dass der Gebrauchsmusterinhaber den Löschungsantrag durch einen Strohmann stellen lässt, um das Gebrauchsmuster gemäß § 17 Abs. 1 Satz 2 zur Löschung zu bringen und damit als älteres Recht gegenüber einem eigenen jüngeren Gebrauchsmuster zu beseitigen (offen gelassen in BGH GRUR **63,** 519, 522 – Klebemax). Mehrere Inhaber des Gebrauchsmusters haben gegeneinander keinen Löschungsanspruch, RGZ **117,** 47, 51.

Die Löschung wegen **widerrechtlicher Entnahme** (§ 13 Abs. 3) kann nach § 15 Abs. 2 nur der Verletzte verlangen. Er kann den Löschungsgrund auch nur im Wege eines eigenen

Antrages und nicht durch Nebenintervention in einem Verfahren verfolgen, in dem ein anderer Löschungsgrund geltend gemacht wird, PA MuW **39,** 329, 330.

b) Ausschluss der Antragsbefugnis. Die zur Patentnichtigkeitsklage entwickelten Grundsätze über die Unzulässigkeit der Klage wegen einer Nichtangriffsabrede oder wegen Verstoßes gegen Treu und Glauben (vgl. § 22 PatG Rdn. 25–31) gelten entsprechend auch für den Löschungsantrag, PA Mitt. **57,** 17; **58,** 97. Unzulässig ist in der Regel der Löschungsantrag des ausschließlichen Lizenznehmers, PA Mitt. **58,** 97. Wer selbst aus einem der genannten Gründe die Löschung nicht verlangen darf, kann den Löschungsantrag auch nicht durch eine vorgeschriebene Person (Strohmann) stellen, PA Mitt. **58,** 97. 16 b

c) Antragsgegner. Der Löschungsanspruch richtet sich gegen den in der Gebrauchsmusterrolle als Inhaber Eingetragenen. Dieser ist für die Löschung passiv legitimiert. Der in Anspruch Genommene muss daher durch die Rolle als Berechtigter ausgewiesen sein, RGZ **67,** 176. Im Einzelnen kann auf die Erläuterungen zu § 81 PatG (Rdn. 6) verwiesen werden. 17

6. Prüfung im Löschungsverfahren. Die Prüfung des Gebrauchsmusters im Löschungsverfahren entspricht weitgehend der im Patentnichtigkeitsverfahren vorzunehmenden. Entsprechend der dortigen Regelung (vgl. § 22 Rdn. 16, 71) ist auch hier zu berücksichtigen, dass es dem Antragsteller frei steht, sich auf einen oder mehrere der insgesamt 4 selbstständigen Löschungsgründe (vgl. Rdn. 11–15) zu stützen, dadurch den (einem Klagegrund entsprechenden) Antragsgrund zu bestimmen und die Richtung festzulegen, in der das Gebrauchsmuster nachgeprüft werden soll, BPatG GRUR **81,** 908. 18

a) Der Gegenstand der Prüfung im Gebrauchsmusterlöschungsverfahren wird durch den Löschungsantrag bestimmt. Er bezieht sich auf das eingetragene Gebrauchsmuster. Ist das Gebrauchsmuster durch ein rechtskräftig abgeschlossenes Löschungsverfahren teilweise gelöscht worden, so richtet sich der neue Löschungsantrag gegen das Gebrauchsmuster in dieser beschränkten Fassung. 19

Die Prüfung der Löschungsgründe des Absatz 1 Nr. 1 bis 3 bezieht sich allein darauf, ob der Gegenstand des Gebrauchsmusters schutzunfähig, mit einem älteren Recht identisch oder vor der Eintragung unzulässig erweitert worden ist; sie hat sich nicht mit dem Schutzumfang des Gebrauchsmusters zu befassen, RG Mitt. **43,** 52, 53; BPatG GRUR **86,** 808; **88,** 530, 532/3; BGH GRUR **98,** 910, 913. 19 a

Bei dem Löschungsgrund der unzulässigen Erweiterung ist lediglich der Gegenstand des Gebrauchsmusters nach den der Eintragungsverfügung zugrunde liegenden Unterlagen mit dem Gegenstand der ursprünglichen Anmeldung zu vergleichen. Bei allen übrigen Löschungsgründen müssen die nach § 4 Abs. 5 unzulässigen und unwirksamen Erweiterungen außer Betracht bleiben, BPatGE **20,** 133, 135; nur ein derart bereinigter Gegenstand ist der weiteren Prüfung zugrundezulegen. 19 b

aa) Maßgebliche Fassung. Bei der Prüfung im Löschungsverfahren ist in der Regel von der Fassung der Unterlagen auszugehen, die der Eintragung zugrunde gelegt worden sind. Das gilt grundsätzlich auch für den Fall, dass im Eintragungsverfahren mehrere voneinander abweichende Unterlagen nacheinander eingereicht worden sind, BGH GRUR **68,** 86, 88 – Ladegerät I; **68,** 360, 363 – Umluftsichter; BPatGE **6,** 207; **20,** 133, 134 f. Nach der Anordnung der Eintragung eingereichte Schutzansprüche können den Gegenstand des Gebrauchsmusters, der durch die Eintragung festgelegt wird, nicht mehr verändern; sie können für das Gebrauchsmusterlöschungsverfahren nur insofern von Bedeutung sein, als sie den Gebrauchsmusterinhaber u. U. daran hindern können, das Gebrauchsmuster in der eingetragenen Form zu verteidigen, BPatGE **11,** 96, 100; **19,** 161, 162 f.; **25,** 85; **26,** 191, 192; auch wenn die eingeschränkten Unterlagen erst nach Erlöschen des Gebrauchsmusters eingereicht worden sind, BPatG GRUR **87,** 810. Eine selbstständige Löschung der nach der Eintragung des Gebrauchsmusters nachgereichten Schutzansprüche kommt daher – auch bei deren Rechtsunwirksamkeit – nicht in Betracht, BPatGE **11,** 96, 101. Wenn die nach der Eintragung eingereichten Schutzansprüche eine zulässige Beschränkung enthalten und das Gebrauchsmuster mit dem eingeschränkten Inhalt schutzfähig ist, ist es auf einen Löschungsantrag hin im Wege der Teillöschung entsprechend zu beschränken. 20

Sind in einem früheren Löschungsverfahren zwischen anderen Beteiligten die Schutzansprüche – durch „Klarstellung" oder Teillöschung – geändert worden, so sind in dem späteren Löschungsverfahren **die neu gefassten Ansprüche** der Prüfung zugrunde zu legen; in diesem Fall ist – da der Inhalt der Ansprüche in dem früheren Verfahren geprüft worden ist – auch bei der Bestimmung des Gegenstandes des Gebrauchsmusters von den neuen Schutzansprüchen auszugehen, vgl. BGH GRUR **62,** 299, 305 – form-strip. Unerkannt gebliebene unzulässige Erweiterungen müssen jedoch auch in diesem Fall unberücksichtigt bleiben. 20 a

21 **bb) Gegenstand des Gebrauchsmusters.** Um die Schutzfähigkeit des Gebrauchsmusters nachprüfen zu können, muss zunächst der Gegenstand des Gebrauchsmusters ermittelt werden. Das ist der technische Erfindungsgedanke, den der Durchschnittsfachmann den Schutzansprüchen unter Berücksichtigung der Beschreibung, der Zeichnung und des allgemeinen Fachwissens bei sinngemäßer Auslegung ohne besondere Überlegung entnimmt. Bei dieser Ermittlung ist der Vorrang der Schutzansprüche, der aus § 4 Abs. 2 Nr. 2 GebrMG und § 5 Abs. 1 GebrMV folgt, zu beachten. Unzulässig ist es, zur Bestimmung des Gegenstands (also anders bei der Beschränkung des Gegenstands) ein Merkmal aus der Beschreibung in den Schutzanspruch aufzunehmen. Denn entweder ist mit ihm kein weitergehender Aussagegehalt als mit den übrigen Merkmalen verbunden, dann ist es überflüssig; oder es fügt einen ergänzenden Aussagegehalt hinzu, dann widerspricht es den genannten Vorschriften, wonach die Schutzansprüche das unter Schutz Gestellte angeben, vgl. BGH GRUR **98,** 360, 361 – Profilkrümmer. Hiervon bleibt unberührt die Funktion der sonstigen Anmeldungsunterlagen hinsichtlich der Bestimmung des Schutzgegenstands, bei Auslegungsbedarf zur Auslegung des Schutzanspruchs berücksichtigt zu werden, ebenso wie dies für sie hinsichtlich der Bestimmung des Schutzbereichs nach § 12 a gilt. Die Ermittlung des Gegenstandes anhand dessen, was sich dem Fachmann ohne weiteres erschließt, setzt eine aufmerksame Lektüre der Unterlagen voraus, BPatGE **41,** 207. Dabei ist in erster Linie auf den Inhalt der Schutzansprüche abzustellen, vgl. dazu im Einzelnen die Erläuterungen bei § 12 a. Zur Maßgeblichkeit der nach einem früheren Löschungsverfahren verbliebenen Schutzansprüche vgl. § 11 Rdn. 16.

22 **b) Prüfung im Rahmen der Anträge.** Der Umfang der Prüfung und Entscheidung wird durch die Anträge der Beteiligten bestimmt, vgl. RG Mitt. **43,** 114, 115. Über die Sachanträge der Beteiligten darf grundsätzlich nicht hinausgegangen werden, BPatGE **26,** 191; **28,** 26; BPatG GRUR **91,** 313, 315. Wegen der Bindung an den geltend gemachten Löschungsgrund s. o. Rdn. 18. Der Antrag, gleichgültig ob er sich gegen das Gebrauchsmuster im Umfang aller oder nur einiger Schutzansprüche („das Gebrauchsmuster im Umfang der Schutzansprüche … zu löschen") richtet, kann sich stets nur auf die Löschung im Umfang der (angegriffenen) Schutzansprüche in der eingetragenen Fassung, BPatGE **45,** 53 richten. Zur Änderung der Anträge vgl. § 16 Rdn. 6.

23 **aa) Beschränkter Löschungsantrag.** Wenn der Antragsteller nur eine Teillöschung des Gebrauchsmusters im Rahmen der Löschung oder der Beschränkung einzelner Schutzansprüche (BPatGE **22,** 57, 58; **22,** 108, 112) begehrt, sind grundsätzlich nur die angegriffenen Schutzansprüche auf ihre Schutzfähigkeit zu prüfen. Richtet sich der Löschungsantrag nur gegen einen Unteranspruch, so ist der Hauptanspruch als rechtsbeständig hinzunehmen und nur zu prüfen, ob der angegriffene Unteranspruch den an einen Unteranspruch zu stellenden Anforderungen genügt. Der Antragsteller kann sein Löschungsbegehren auch auf den Überschuss der umfassenderen eingetragenen gegenüber der engeren Fassung eines beschränkten Schutzanspruchs („ … zu löschen, soweit er über folgende Anspruchsfassung … hinausgeht") beschränken, BPatGE **45,** 53, 55.

24 **bb) Beschränkte Verteidigung.** Der Gebrauchsmusterinhaber kann sich damit begnügen, das Gebrauchsmuster in einem beschränkten Umfange zu verteidigen, BPatGE **45,** 53 (z. B. „widerspreche der Löschung/beantrage Zurückweisung des Löschungsantrags im Umfang der Schutzansprüche …/im Umfang der über folgende Fassung hinausgehenden Schutzansprüche …"); zum beschränkten Widerspruch vgl. auch § 17 Rdn. 5 g. Der Gebrauchsmusterinhaber kann zu einer beschränkten Verteidigung durch sein vorausgegangenes Verhalten genötigt sein. Das ist insbesondere dann der Fall, wenn er nach der Eintragung des Gebrauchsmusters eingeschränkte Unterlagen zu den Akten eingereicht hat, vgl. § 4 Rdn. 54 u. oben Rdn. 20 (wegen nachträglicher Erweiterung vgl. § 4 Rdn. 48).

24 a Der Gebrauchsmusterinhaber kann zu diesem Zwecke im Gebrauchsmusterlöschungsverfahren jederzeit **neu gefasste Ansprüche** vorlegen und seine Verteidigung hierauf beschränken BGH GRUR **05,** 316, 318; BPatGE **22,** 57, 58; **22,** 108, 113; **26,** 191, 192. Es ist dann nur zu prüfen, ob die neu gefassten Ansprüche eine zulässige Beschränkung der Verteidigung darstellen. Dies ist der Fall, solange das Gebrauchsmuster durch die neuen Schutzansprüche nicht auf einen Gegenstand erstreckt wird, der von den eingetragenen Schutzansprüchen nicht erfasst ist und von dem der Fachmann auf Grund der ursprünglichen Offenbarung nicht erkennen kann, dass er von vornherein von dem Schutzbegehren umfasst sein sollte, BGH GRUR **05,** 316, 319 – Fußbodenbelag. Zulässig ist in diesem Rahmen die Beschränkung auf ein in der Beschreibung bereits enthaltenes **Ausführungsbeispiel.** Wird unter Beachtung dieser der beschränkten Verteidigung materiell gesetzten Grenzen aber nur noch für eine bestimmte Ausführungsform der Erfindung Schutz begehrt, ohne dass sämtliche Merkmale eines Ausfüh-

rungsbeispiels in den neuen Schutzanspruch aufgenommen werden, so reicht es auch aus, ein oder auch mehrere Merkmale aus der Beschreibung in den Schutzanspruch aufzunehmen, wenn dadurch die im alten Schutzanspruch weiter gefasste Lehre eingeschränkt wird und der so bestimmte Gegenstand des neuen Schutzanspruchs in der Beschreibung als zur beanspruchten Erfindung gehörend zu erkennen war, vgl. BGH GRUR **05,** 316, 319. Im Ausnahmefall wird auch die Ableitung eines **Merkmals aus der Zeichnung,** das nicht ausdrücklich in den Schutzansprüchen oder der Beschreibung enthalten ist, als zulässig zur Aufstellung eines neu gefassten beschränkenden Schutzanspruchs anzusehen sein, wenn sich nämlich der so beschränkte Gegenstand für den Fachmann eindeutig als eine bereits den ursprünglichen Unterlagen als zur Erfindung gehörig entnehmbare und auch von dem breiteren Gegenstand der eingetragenen Schutzansprüche erfasste engere Lehre erkennbar ist.

Bei zulässiger Beschränkung der Verteidigung ist nur noch der vom Gebrauchsmusterinhaber verteidigte Inhalt des Gebrauchsmusters auf seine Schutzfähigkeit zu prüfen. Wenn die Schutzfähigkeit des beschränkten Inhalts bejaht werden kann, ist das Gebrauchsmuster durch **Teillöschung** auf den verteidigten Umfang zu beschränken; ist es auch in dem verteidigten Umfang nicht schutzfähig, so muss es ganz gelöscht werden, vgl. dazu im Einzelnen § 22 PatG Rdn. 50. Neu gefasste Ansprüche, die den Gegenstand des Gebrauchsmusters gegenüber dem durch die Eintragung festgelegten Inhalt erweitern, können bei der sachlichen Prüfung der Schutzfähigkeit des Gebrauchsmusters nicht berücksichtigt werden, PA MuW **38,** 184; BPaGE **20,** 133, 135; Ist die unzulässige Erweiterung durch Streichung eines Merkmals eingetreten, so sind der sachlichen Schutzfähigkeitsprüfung die verteidigten Schutzansprüche unter Wiederaufnahme des Merkmals zugrunde zu legen, BPatG GRUR **88,** 530, 533. Lässt sich die Erweiterung also beseitigen, so können die derart bereinigten neuen Ansprüche Gegenstand der weiteren Prüfung sein, vgl. § 4 Rdn. 57. Die Vorlage neugefasster Schutzansprüche im Löschungsverfahren führt noch nicht zu einer unmittelbaren Beschränkung der Rechte des Schutzrechtsinhabers (s. o. § 4 Rdn. 55), kann aber als (teilweise) Rücknahme des Widerspruchs (s. u. § 17 Rdn. 5) zu werten sein. 24 b

c) Amtsermittlung. Das Gebrauchsmusterlöschungsverfahren unterliegt (begrenzt) der Untersuchungsmaxime (Amtsermittlungsgrundsatz). Es erfasst den unter Gebrauchsmusterschutz gestellten Gegenstand im Umfang der angegriffenen Schutzansprüche; die Unteransprüche sind, soweit sie angegriffen sind, bei Löschungsreife des angegriffenen Hauptanspruchs daraufhin zu prüfen, ob sie (soweit nicht etwa unzulässig erweitert) einen eigenständigen erfinderischen Gehalt i. S. d. § 1 haben. Im Löschungsverfahren ist daher der gesamte, von den Beteiligten vorgetragene oder sonst bekannt gewordene Sach- und Streitstoff bei der Entscheidung zu berücksichtigen, und zwar ohne Rücksicht darauf, wie er in das Verfahren eingeführt worden ist. Die Gebrauchsmusterabteilung kann daher – im Rahmen des vom Antragsteller geltend gemachten Löschungsgrundes (s. o. Rdn. 18) – auch von sich aus Umstände heranziehen, die für die Beurteilung des Löschungsbegehrens von Bedeutung sein können. Sie kann vor allem im Rahmen des Antragsgrundes der mangelnden Schutzfähigkeit (§ 15 Abs. 1 Nr. 1) von sich aus neuheitsschädliche Tatsachen, insbesondere vorveröffentlichte Druckschriften entgegenhalten, PA Bl. **38,** 34. Neue Tatsachen und Beweismittel, die von Amts wegen herangezogen werden, sind mit den Beteiligten zu erörtern, PA Mitt. **38,** 255. Die Amtsermittlungspflicht kann auch Aufklärungspflichten der Gebrauchsmusterabteilung begründen, z. B. wenn der Vortrag der Verfahrensbeteiligten, soweit er entscheidungserheblich ist, gewisse Widersprüche enthält bzw. mit früherem Vorbringen nicht übereinstimmt, vgl. BGH GRUR **97,** 360, 362. Die **Zurückweisung** von tatsächlichem Vorbringen der Beteiligten oder von Beweisanträgen **als verspätet** (§§ 282 f. ZPO) ist nur insoweit zulässig, als sie mit der Verpflichtung zur Amtsermittlung zu vereinbaren ist, abweichend PA Bl. **39,** 57; **39,** 69; BPatGE **2,** 116, 118. Die Prüfung von Amts wegen kann aber nicht zur Löschung über den Umfang des Löschungsantrags hinausführen, BPatG GRUR **86,** 609, weil insoweit die Dispositionsmaxime eine Grenze setzt. 25

Ein **Zwischenbescheid** ergeht regelmäßig zur Wahrnehmung der Aufklärungspflicht nach § 139 ZPO. Er gibt die vorläufige Auffassung der Gebrauchsmusterabteilung wieder, ohne erschöpfend sein zu müssen und ohne sie zu binden. Hält die Abteilung den auf Löschung des Gebrauchsmusters gerichteten Antrag nur in beschränktem Umfang für begründet, so ist sie zu einem entsprechenden Hinweis an die Verfahrensbeteiligten unter Nennung der beschränkenden Merkmale befugt, BPatG Mitt **02,** 150 LS. Der Zwischenbescheid ergeht zweckmäßigerweise schriftlich und an sämtliche Verfahrensbeteiligten gerichtet. 25 a

d) Beweislast. Das Gebrauchsmusterlöschungsverfahren richtet sich hinsichtlich der für die Entscheidung zu berücksichtigenden Tatsachen (in begrenztem Umfang: der Löschungsantrag führt, anders als der Prüfungsantrag im Patenterteilungsverfahren, nicht zu einer Recherche im 26

Stand der Technik, wie er in der Prüfstoffsammlung der Prüfungsstelle repräsentiert wird) nach dem Amtsermittlungsgrundsatz (vgl. oben Rdn. 25). Es gibt daher in diesem Verfahren keine Beweisführungslast. Eine über die Wahrheitspflicht (§ 19 Abs. 1 i.V.m. § 124 PatG) hinausgehende Mitwirkungspflicht bei der Klärung einer den Löschungsanspruch begründenden tatsächlichen Frage (z.B. ob die Lehre des angegriffenen Gebrauchsmusters ausführbar war) trifft den Löschungsgegner regelmäßig nicht, vgl. BGH GRUR **99,** 920, 922. Es stellt sich im Übrigen im Löschungsverfahren die Frage, wen die Folgen treffen, wenn eine entscheidungserhebliche tatsächliche Frage nicht geklärt werden kann (Beweislast in materiellem Sinne). Eine Entscheidung auf Grund der Verteilung der materiellen Beweislast kommt aber erst in Betracht, wenn der entscheidenden Stelle entscheidungserhebliche tatsächliche Gesichtspunkte bekannt werden, die sich als nicht eindeutig feststellbar erweisen, nicht aber schon bei allen denkbaren Möglichkeiten, die den Bereich der Spekulation nicht verlassen, BGH GRUR **99,** 920, 922. Die Beweislast für den Mangel der Schutzfähigkeit und den Mangel der Neuheit hat der Antragsteller, RG GRUR **27,** 235. Ebenso die Beweislast für eine behauptete widerrechtliche Entnahme. Denn das Gesetz sieht als rechtsbegründende Norm (vgl. die Rosenbergsche Normentheorie) für das Löschungsverfahren nicht einen Aufrechterhaltungsanspruch des Gebrauchsmusterinhabers bei Schutzfähigkeit (usw.), sondern einen Löschungsanspruch des Antragstellers beim Fehlen der Schutzfähigkeit (usw.) vor. Das Gebrauchsmuster bleibt also in seinem Bestand von einem Löschungsanspruch verschont (nicht: aufrechterhalten"), solange ein geltend gemachter Löschungsanspruch aus § 15 Abs. 1, 2 i.V.m. § 13 Abs. 1 unbegründet ist. Auf die Erläuterungen zu § 22 PatG (Rdn. 74) kann im Übrigen verwiesen werden.

27 **7. Entscheidung.** Die Entscheidung über den Löschungsantrag ergeht durch Beschluss, der das Verfahren vor der Gebrauchsmusterabteilung beendet. Zu den möglichen Inhalten der Entscheidung vgl. § 17 Rdn. 14.

28 **a) Löschung.** Wenn sich der Löschungsantrag als zulässig und begründet erweist, wird das Gebrauchsmuster „gelöscht". Die angegriffenen Unteransprüche teilen das Schicksal des angegriffenen, löschungsreifen Hauptanspruchs, sofern ihr Gegenstand nicht eigenständigen schutzfähigen Gehalt i.S.d. § 1 aufweist. Die Löschung wird nach Rechtskraft der Entscheidung im Register vermerkt und im Patentblatt bekanntgemacht (§ 23 Abs. 8). Die Eintragung im Register hat nur rechtsbekundende Bedeutung; die mit der Löschung verbundene Wirkung (vgl. unten Rdn. 33) tritt mit dem Unanfechtbarwerden der Entscheidung ein.

29 **b) Teillöschung (Beschränkung).** Die Möglichkeit einer Teillöschung ist durch § 15 Abs. 3 ausdrücklich geregelt. Die Teillöschung (Beschränkung) erfolgt nach der jetzigen gesetzlichen Festschreibung früherer Rechtspraxis durch eine Änderung der Schutzansprüche. Dies kann in der Beschränkung auf eine von mehreren untereinander gleichwertigen Ausführungsformen (RG Bl. 32, 138) oder der Einfügung eines weiteren, in den Unterlagen offenbarten Merkmals bestehen, RGZ **69,** 331; PA Mitt. **42,** 59. Dabei ist gleichgültig, ob das neue Merkmal den mit dem Löschungsantrag angegriffenen Schutzansprüchen oder – sofern es als erfindungswesentlich offenbart ist – der Beschreibung entnommen ist, BPatGE **45,** 53, 56, solange dadurch das Gebrauchsmuster nicht auf einen Gegenstand erstreckt wird, der von den eingetragenen Schutzansprüchen nicht erfasst ist, BGH GRUR **05,** 316, 318. Sie kann auch durch die Neufassung der Ansprüche, insbesondere die Zusammenziehung der Merkmale mehrerer Ansprüche in einem neuen Anspruch erfolgen. PA MuW **38,** 183, auch durch Aufnahme von Merkmalen aus nicht angegriffenen Unteransprüchen, BPatG **22,** 114, 116 oder durch die Beschränkung auf eine aus den Unterlagen zu entnehmende Kombination, PA MuW **39,** 205. Die Löschung eines Hauptanspruchs bei Fortbestand eines darauf bezogenen Unteranspruchs lässt die Rückbeziehung unberührt und führt praktisch zu einem aus der Kombination der Merkmale des Unteranspruchs und des alten Hauptanspruchs gebildeten eingeschränkten neuen Hauptanspruch; es kann zweckmäßig sein, das mit Formulierung eines einheitlichen neuen Anspruchs auch in der Entscheidung zum Ausdruck zu bringen, vgl. BPatG GRUR **81,** 609 m.w.N. Ein ursprünglich nicht offenbartes, nachträglich eingefügtes Merkmal kann eine unzulässige Erweiterung sein; seine Streichung könnte aber ebenfalls wieder zu einer Erweiterung führen; es ist dann eine Erklärung notwendig, dass aus diesem Merkmal keine Rechte – nur Einschränkungen – hergeleitet werden können, BPatG GRUR **91,** 834; vgl. auch zu dieser **Disclaimer-Lösung** Rdn. 39 zu § 22 PatG. Eine Beschränkung durch Änderung der Beschreibung oder Zeichnung des Gebrauchsmusters hat der Gesetzgeber – anders als in § 21 Abs. 2 PatG – bewusst nicht vorgesehen; dies soll weiterhin ausgeschlossen sein (Begr. GesEntw. in Bl. **86,** 327 zu Nr. 10); das entspricht der früheren Rechtspraxis, PA Bl. **42,** 18; vgl. auch Wanckel GRUR **39,** 813, ist aber nicht zwingend. Eine Teillöschung durch Änderung der Beschreibung wäre beispielsweise dann sachgerecht, wenn nur die Auslegung der Ansprüche

auf Grund einer bestimmten Beschreibungsstelle zu einem ausgeweiteten Gegenstand des Gebrauchsmusters führt, der insoweit nicht schutzfähig ist; doch kommt in einem solchen Fall auch eine Klarstellung – zumindest in den Entscheidungsgründen – in Betracht. Bei Änderung der Ansprüche treten die Gründe der im Löschungsverfahren ergehenden Entscheidung insoweit an die Stelle der Beschreibung, PA Mitt. **58,** 157; BPatGE **19,** 161, 164.

c) Klarstellung. Die Rechtsprechung hat zunächst im Gebrauchsmusterlöschungsverfahren eine Klarstellung unklar gefasster und den Sinn der Lehre unvollkommen wiedergebender Schutzansprüche für zulässig gehalten, vgl. BGH Bl. **73,** 259, 260; PA GRUR **42,** 266. Es darf aber hierbei nicht übersehen werden, dass Klarstellungen des unter Schutz gestellten Gegenstandes zugleich auch den Schutzumfang berühren können. Eine Klarstellung des Schutzbereichs ist jedoch nicht Aufgabe des Löschungsverfahrens, BPatG GRUR **86,** 808. Es bestehen die gleichen Bedenken, welche den BGH veranlasst haben, im Patentnichtigkeitsverfahren eine Klarstellung grundsätzlich für unzulässig zu erklären, vgl. BGHZ **103,** 262 – Düngerstreuer – und Rdn. 84, 85 zu § 22 PatG. Eine Klarstellung ist jedoch weiterhin im Zusammenhang mit einer Teillöschung und zu deren besserem Verständnis in Betracht zu ziehen. Da es im Löschungsverfahren auf den – festzustellenden – Gegenstand des Gebrauchsmusters ankommt, nicht aber auf dessen Schutzumfang, dessen Abgrenzung dem Verletzungsrichter zusteht, empfiehlt sich in Fällen, in denen der Schutzumfang berührt sein könnten, die Klarstellung nur in den Gründen der Entscheidung vorzunehmen, vgl. BPatG GRUR 88, 530, 533. Dies gilt auch für „Überbestimmungen“, also Merkmale, die als überflüssig zum Verständnis der Lehre anzusehen sind und deshalb bei der Schutzfähigkeitsprüfung keiner näheren Betrachtung bedürfen, BPatG GRUR **88,** 530, 532f. 30

d) Abweisung des Antrags. Der unzulässige oder unbegründete Antrag wird abgewiesen. Eine Klarstellung, wenn sie ausnahmsweise einmal zulässig sein sollte, würde zumindest die Beseitigung eines Rechtsscheins zum Gegenstand haben und daher keine vollständige „Klageabweisung“ bedeuten. 31

e) Wirkung. *Literatur:* Wichards, Die Rechtskraftwirkungen der Entscheidungen des Reichspatentamtes im Gebrauchsmusterlöschungsverfahren, GRUR **37,** 428; von Falck, Die Rechtsbehelfe gegen das rechtskräftige Verletzungsurteil nach rückwirkendem Wegfall des Klageschutzrechts, GRUR **77,** 308. 32

Die Entscheidung auf Löschung des Gebrauchsmusters hat **rückwirkende Kraft;** sie beseitigt das eingetragene Scheinrecht von Anfang an, BGH GRUR **63,** 255, 257 – Kindernähmaschine; **63,** 519, 521 – Klebemax; **79,** 869 – Oberarmschwimmringe. Sie wirkt für und gegen alle, nicht nur unter den Verfahrensbeteiligten, BGH GRUR **68,** 86, 91 – Ladegerät I. Ansprüche aus dem Gebrauchsmuster werden durch den Löschungsausspruch hinfällig, BGH GRUR **63,** 494 – Rückstrahler-Dreieck. Nach Eintritt der Rechtskraft der Löschungsentscheidung ist daher eine anhängige Verletzungsklage nicht für in der Hauptsache erledigt zu erklären, sondern als unbegründet abzuweisen, BGH GRUR **63,** 494 – Rückstrahler-Dreieck. Wenn das ordentliche Gericht bereits wegen Verletzung verurteilt hat und das Gebrauchsmuster später im Löschungsverfahren gelöscht wird, kann der Verurteilte **Vollstreckungsgegenklage** nach § 767 ZPO erheben, RGZ **155,** 321, 327; der etwa bereits geleistete Schadenersatz kann gemäß §§ 812ff. BGB zurückgefordert werden. Daneben ist eine **Restitutionsklage** nach § 580 ZPO denkbar, vgl. v. Falck, GRUR **77,** 308, 311f.; BPatG GRUR **80,** 852. Vgl. auch Rdn. 88 zu § 22 PatG und Rdn. 147ff. zu § 139 PatG. 33

Bei **teilweiser Löschung** wird das Gebrauchsmuster mit rückwirkender Kraft auf den verbleibenden Inhalt beschränkt. Im Verletzungsstreit ist daher die neue Fassung der Schutzansprüche zugrunde zu legen. RG Mitt. **43,** 52, 54; BGH GRUR **62,** 299, 305 – formstrip; **77,** 250, 251 – Kunststoffhohlprofil. 34

Auch die den Löschungsantrag (sachlich) **abweisende Entscheidung** erwächst in materielle Rechtskraft, RG MuW **37,** 205. Sie wirkt aber nur zwischen den Parteien des Löschungsverfahrens, nicht gegenüber Dritten, BGH GRUR **57,** 270 – Unfall-Verhütungsschuh; **62,** 299, 304 – form-strip. Die Rechtskraft erstreckt sich auf den ganzen Löschungsgrund (vgl. oben Rdn. 10), auf den der Antrag gestützt war. In einem neuen Verfahren ist eine Ergänzung im Rahmen des gleichen Antragsgrundes, etwa durch Vorbringen weiterer druckschriftlicher Vorveröffentlichungen, nach Abweisung eines auf das Fehlen der Schutzvoraussetzungen gestützten Antrages, nicht zulässig, RG Bl. **13,** 247. Dem abgewiesenen Antragsteller steht insoweit der Einwand der rechtskräftig entschiedenen Sache entgegen; dieser Einwand greift auch gegenüber einem von dem abgewiesenen Antragsteller vorgeschobenen „Strohmann“ durch, PA Bl. **40,** 173; Mitt. **57,** 149. Zur Wirkung der rechtskräftigen Abweisung des Löschungsantrags einer OHG gegenüber deren Gesellschafter vgl. BGHZ **64,** 155, 158 – Lampenschirm; oben Rdn. 6. 35

Die rechtskräftige Abweisung des Löschungsantrags stellt – im Rahmen des geltend gemachten Löschungsgrundes – die Schutzfähigkeit des außer Streit. Das gilt für jeden zwischen denselben Parteien anhängigen Verletzungs-, Schadenersatz- oder sonstigen Prozess, dessen Entscheidung von dem Bestehen des Schutzrechts abhängt (§ 19), vgl. RG MuW **31,** 38; vgl. auch § 19 Rdn. 9. Die spätere Löschung des Gebrauchsmusters auf einen ohne Widerspruch gebliebenen Löschungsantrag hin (§ 17 Abs. 1 Satz 2) soll die Rechtskraftwirkung nach OLG Karlsruhe (Mitt. **41,** 152) unberührt lassen (bedenklich).

36 Bei **teilweiser Abweisung** des Löschungsantrags, also bei Teillöschung, kann die Schutzfähigkeit des Gebrauchsmusters in dem aufrechterhaltenen Umfange im Verhältnis der Beteiligten des Löschungsverfahrens zueinander nicht mehr aus dem Grunde, auf den der Löschungsantrag gestützt war (vgl. oben Rdn. 10), in Zweifel gezogen werden. Das gilt, wenn der Löschungsantrag auf das Fehlen, der Schutzvoraussetzungen gestützt war (vgl. oben Rdn. 11), auch dann, wenn erst nach Rechtskraft der Löschungsentscheidung eine weitere Entgegenhaltung bekannt geworden ist, BGH GRUR **72,** 597, 599 – Schienenschalter II. Die **Bindung an die Löschungsentscheidung** (§ 19 Satz 3) bezieht sich auf den Bestand und den sich daraus ergebenden gegenständlichen Schutz des teilweise aufrechterhaltenen Gebrauchsmusters, BGH GRUR **72,** 597, 599 – Schienenschalter II; **77,** 250, 251 f. – Kunststoffhohlprofil.

37 Die Wirkung des Löschungsbeschlusses entfällt durch eine jederzeit bis zum Eintritt der Rechtskraft zulässige **Zurücknahme des Löschungsantrags,** vgl. BGH Mitt **97,** 186, 188.

16 *Löschungsantrag.* [1]**Die Löschung des Gebrauchsmusters nach § 15 ist beim Patentamt schriftlich zu beantragen.** [2]**Der Antrag muß die Tatsachen angeben, auf die er gestützt wird.** [3]**Die Vorschriften des § 81 Abs. 6 und des § 125 des Patentgesetzes gelten entsprechend.**

Inhaltsübersicht

1 **1. Zuständigkeitsregelung.** Nach der ursprünglichen Fassung des Gesetzes war über die Löschung des Gebrauchsmusters von den ordentl. Gerichten zu entscheiden, sei es auf Klage, sei es auf Widerklage zur Abwehr des Verletzungsanspruchs. Das Gesetz von 1936 hat ein besonderes Löschungsverfahren eingeführt, das dem Patentamt zugewiesen ist und in zwei Rechtszügen aufgebaut ist (§ 16, § 18). Soll ein Gebrauchsmuster wegen mangelnder Schutzfähigkeit gelöscht werden, so kann dies nur durch Entscheidung im Löschungsverfahren geschehen. Daneben aber bleibt es jedem, der vom Rechtsinhaber oder dessen ausschließl. Lizenznehmer aus dem Gebrauchsmuster im ordentlichen Rechtsweg in Anspruch genommen ist, unverwehrt, der Klage den Einwand entgegenzusetzen, das Gebrauchsmuster bestehe nicht zu Recht. Mit diesem Vorbringen hat sich alsdann das ordentliche Gericht zu befassen, so dass als Vorfrage auch über die Rechtsgültigkeit des Gebrauchsmusters zu entscheiden ist. Das Verhältnis des ordentl. Gerichtsverfahrens zum patentamtl. Löschungsverfahren regelt § 19. Anders als im Patentrecht ist also gegenüber der Verletzungsklage der Einwand statthaft, das Gebrauchsmuster sei nicht rechtsbeständig. Dies ist deshalb berechtigt, weil das Muster ohne erschöpfende Sachprüfung eingetragen wird. Der Schutzrechtsinhaber muss von vornherein und während des ganzen Bestehens des Gebrauchsmusters mit Angriffen auf dessen Rechtsbestand rechnen, RGZ **155,** 321. Die Löschung des Gebrauchsmusters selbst ist freilich dem Patentamt vorbehalten. Die Gesetzesbegründung führt hierzu aus, dass dem Verlangen der Industrie entsprechend das Löschungsverfahren dem Patentamt zugewiesen sei, weil das Patentamt selbst sachkundig sei, daher die Vernehmung eines Sachverständigen meist entfalle. Man erwartete von dem Verfahren beim Patentamt Vorteile gegenüber dem bei den Gerichten, glaubte auch, der Rechtssicherheit zu dienen, vor allem, weil nunmehr alle Löschungsanträge nur an einer Stelle, dem Patentamt, behandelt werden, und – grundsätzlich (vorbehaltlich der Rechtsbeschwerde, § 18 Abs. 4) – nur zwei Rechtszüge gegeben sind, die billiger und schneller sich abwickeln als die drei Instanzen des ordentlichen Rechtswegs. Beim Gebrauchsmusterlöschungsverfahren handelt

es sich nicht um ein durchgängig gerichtliches Verfahren, sondern um ein verwaltungsbehördliches Verfahren und ein ihm nachgeschaltetes gerichtliches (Beschwerde-)Verfahren, BGH GRUR **68,** 447 – Flaschenkasten; kritisch: Krabel GRUR **78,** 566, 568 f. Die Vorschrift ist zuletzt durch Art. 8 Nr. 6 KostRegBerG 2001 (Zusammenfassung der Kostenregelungen im neuen PatKostG) geändert worden.

2. Löschungsantrag. Das Löschungsverfahren wird durch den Löschungsantrag eingeleitet. Es wird mit dem Eingang des Antrages beim **Patentamt** (nicht: bei einem Patentinformationszentrum), nicht erst mit der Zustellung der Antragsschrift an den Gebrauchsmusterinhaber anhängig. Ein eigenes Rechtsschutzbedürfnis ist für die Stellung des Löschungsantrags nicht erforderlich, BPatGE **43,** 1, 4. Mehrere Antragsteller können ihre Löschungsanträge gemeinsam stellen. Beantragen sie in zeitlichem Zusammenhang die Löschung, so kann hierin allein kein rechtsmissbräuchliches Verhalten gesehen werden; entsprechendes gilt, wenn sie ein und denselben Patentanwalt mit der Stellung des Löschungsantrag beauftragen, BPatGE **43,** 1. Ist ein Löschungsantrag nicht oder nicht wirksam gestellt, so wird kein Löschungsverfahren anhängig, so dass eine dennoch erfolgende Löschung grundsätzlich nicht wirksam ist, vgl. BPatGE **42,** 233, 237. Kein Vertretungszwang. 2

a) Form. Der Antrag ist schriftlich zu stellen. Dazu gehört, dass er vom Antragsteller oder von einem für ihn handelnden Vertreter eigenhändig unterschrieben ist, vgl. § 81 PatG Rdn. 15. Ein mangels Unterschrift der Schriftform entbehrender Antrag auf Löschung ist unwirksam. Der Mangel kann geheilt werden; dadurch wird der Antrag für die Zukunft wirksam, BPatG GRUR **82,** 384. 3

b) Inhalt. Der Antrag ist dahin zu richten, das Schutzrecht ganz oder teilweise zu löschen. Gibt es bei dem Antrag **Unklarheiten,** so gilt, dass bei dem Verständnis des auf die Löschung gerichteten Begehrens als einer prozessualen Willenserklärung im Zweifelsfall nicht am Wortlaut zu haften, sondern im Wege der Auslegung nach dem Sinn der Erklärung zu fragen ist, vgl. BPatGE **37,** 135, 139. Der Antrag muss die zu seiner Begründung dienenden Tatsachen angeben. Zu den Tatsachen im Sinne der Vorschrift gehören auch die Beweismittel, die in § 81 Abs. 5 PatG besonders erwähnt werden. Gegebenenfalls ist von Amts wegen entsprechend § 139 Abs. 1 ZPO auf eine eindeutige und sachdienliche Antragsformulierung hinzuwirken, BPatGE **26,** 196. 4

c) Löschungsantragsgebühr. Für die Löschung ist eine Antragsgebühr zu zahlen, wie sich aus dem PatKostG ergibt. Reichen mehrere Streitgenossen einen einheitlichen Antrag ein, ist nur eine Gebühr zu entrichten. Werden dagegen von den Antragstellern nicht dieselben Löschungsgründe geltend gemacht, sind auch mehrere Gebühren zu zahlen. Wird in einem solchen Fall nur eine Gebühr gezahlt, ohne dass erkennbar ist, für welchen der mehreren Antragsteller diese eine Gebühr entrichtet wird, kann keiner ihrer Löschungsanträge als gestellt gelten, vgl. BPatGE **42,** 233, 239. Verfahrenskostenhilfe ist möglich (vgl. Begründung zum 5. ÜG, Bl. **53,** 295, 302). 5

Fällig ist die Löschungsantragsgebühr mit der Einreichung des Löschungsantrags (§ 3 Abs. 1 PatKostG). Wird die Gebühr nicht oder nicht vollständig oder nicht rechtzeitig gezahlt, so gilt der Löschungsantrag als zurückgenommen (§ 6 Abs. 2 PatKostG). Wenn der Antrag trotzdem zugestellt wird, so liegt in der Übermittlung der Antragsschrift an den Antragsgegner keine Mitteilung i. S. d. § 17 Abs. 1 Satz 1, die bei unterbleibendem Widerspruch ohne weiteres zur Löschung führt; wird später die Löschungsantragsgebühr gezahlt und erlässt das Patentamt hierauf keinen Fristbescheid i. S. d. § 17 Abs. 1 Satz 1, so leidet das sich anschließende Löschungsverfahren an einem wesentlichen Verfahrensmangel, vgl. BPatG Mitt. **02,** 150 LS. Rechtzeitig ist die Gebühr gezahlt, wenn sie innerhalb von drei Monaten ab Fälligkeit gezahlt wird (§ 6 Abs. 1 Satz 2 PatKostG). 5 a

Die Angabe eines **nicht ausreichenden Betrags** der Überweisung oder Einzugsermächtigung wird bei gleichzeitiger Angabe des Zahlungszwecks nicht automatisch dahingehend korrigiert, dass der ausreichende Betrag bestimmt sei, BPatGE **44,** 180. 5 b

Rückzahlung der Löschungsantragsgebühr oder eines hierauf gezahlten Teilbetrages ist geboten, wenn der Löschungsantrag nicht wirksam gestellt worden ist. Keine Rückzahlung von Teilbeträgen, wenn der Löschungsantrag wegen der unvollständigen Zahlung als zurückgenommen gilt, § 10 Abs. 2 Satz 2 PatKostG. Keine Rückzahlung, wenn der Löschungsantrag nach wirksamer Stellung zurückgenommen wird, vgl. auch BPatG Mitt. **02,** 150 LS und BPatG Bl. **04,** 162 (betr. Rechercheantragsgebühr). 5 c

Die **Höhe der Gebühr** bestimmt sich nach dem Gebührenverzeichnis der Anlage zu § 2 Abs. 1 PatKostG: sie beträgt gemäß Nr. 323 100 z. Zt. 300 Euro. **Zahlungswege:** vgl. Rdn. 30 b zu § 4. 5 d

6 **d) Änderung, Erweiterung.** Die Verfahrensbeteiligten können den Verfahrensgegenstand ändern. Der Gebrauchsmusterinhaber kann im Löschungsverfahren jederzeit bis zur Entscheidung neu gefasste, engere Schutzansprüche vorlegen und die Verteidigung hierauf beschränken oder den Widerspruch insgesamt zurücknehmen, der Antragsteller den Löschungsantrag beschränken oder bis zur rechtskräftigen Entscheidung zurücknehmen, ohne dass der Gegner dies verhindern kann. Bei einseitiger Erledigungserklärung reduziert sich die Hauptsache auf die Erledigungsfrage, bei übereinstimmender Erledigungserklärung auf den Kostenpunkt, vgl. BGH Mitt **97,** 186, 187. Eine Änderung des Antragsgrundes (Löschungsgrundes, § 15 Rdn. 10) oder die nachträgliche Heranziehung eines weiteren, in § 15 genannten Löschungsgrundes zur Stützung des Antrages ist nach dem entsprechend anwendbaren § 263 ZPO nur zulässig, wenn der Antragsgegner zustimmt oder die Gebrauchsmusterabteilung die Änderung für sachdienlich erachtet, BPatG GRUR **81,** 908, 909, BPatGE **42,** 233, 239 (vgl. auch § 22 PatG Rdn. 51). Während die Änderung – Beschränkung oder Erweiterung – des Sachantrages ohne Änderung des Antragsgrundes im Allgemeinen entspr. § 264 Nr. 2 ZPO ohne weiteres möglich ist, gilt dies jedoch nicht für die nach § 263 ZPO zu behandelnde Erweiterung des Antrags auf einen zunächst nicht angegriffenen Nebenanspruch, BPatGE **25,** 85. Ein Wechsel in der Person des Antragstellers ist nicht gemäß § 265 ZPO zulässig; der Löschungsanspruch ist kein Anspruch im Sinne dieser Vorschrift, BPatGE **19,** 53, 54f. Bei Änderung des Löschungsgrundes oder Heranziehung eines weiteren Löschungsgrundes wird die Mitteilung an den Antragsgegner gemäß § 17 Abs. 1 Satz 1 mit der dort vorgesehenen Setzung einer Erklärungsfrist von einem Monat geboten sein, da andernfalls die für den Umfang der Sachprüfung, auch für die Kostenentscheidung relevante Ausnahmeregelung des § 17 Abs. 1 Satz 2 nicht greifen kann.

7 **e) Verbindung, Trennung.** Wenn von mehreren Antragstellern die Löschung desselben Gebrauchsmusters in mehreren selbstständigen Anträgen begehrt wird, können die verschiedenen Anträge durch Beschluss zur gemeinsamen Verhandlung und Entscheidung miteinander verbunden werden (§ 147 ZPO). Eine Verbindung nur zur gemeinsamen Verhandlung kann dagegen nicht als zulässig angesehen werden. Wird mit einem Antrag die Löschung mehrerer Gebrauchsmuster desselben Inhabers verlangt (vgl. dazu § 81 PatG Rdn. 25), so kann gemäß § 145 Abs. 1 ZPO die Trennung angeordnet werden, wenn die gemeinsame Verhandlung und Entscheidung über die Löschungsansprüche unzweckmäßig erscheint.

8 **3. Stillstand des Verfahrens.** Für die Unterbrechung, die Aussetzung und das Ruhen des Verfahrens gelten die gleichen Grundsätze wie im Patentnichtigkeitsverfahren. Auf die Ausführungen zu § 81 PatG (Rdn. 28ff.) kann daher verwiesen werden. Wegen der Aussetzung vgl. auch § 17 Rdn. 9.

9 **4. Beendigung des Verfahrens.** Das Verfahren kann durch rechtskräftige Entscheidung (vgl. § 15 Rdn. 27ff., § 17 Rdn. 14), durch Rücknahme des Löschungsantrags oder – in der Hauptsache – durch Erledigung der Hauptsache beendet werden. Durch Vergleich kann das Verfahren als solches nicht unmittelbar beendet werden. Die Beteiligten können sich jedoch über die Ausübung ihrer verfahrensrechtlichen Befugnisse einigen (vgl. dazu § 81 PatG Rdn. 41).

10 **a) Zurücknahme des Antrags.** Der Antragsteller kann den Löschungsantrag oder Feststellungsantrag in jeder Lage des Verfahrens bis zur rechtskräftigen Entscheidung zurücknehmen. Auch soweit die Rechtsbeschwerde nicht zugelassen ist, ist die Zurücknahme bis zum Ablauf der Rechtsbeschwerdefrist möglich. Die Einwilligung des Antragsgegners ist für die Zurücknahme des Antrags nicht erforderlich. Bereits **ergangene Entscheidungen** werden mit Eingang der Zurücknahmeerklärung **wirkungslos,** BPatGE **20,** 64. Wegen der Einzelheiten kann auf die Erläuterungen zu § 81 PatG (Rdn. 31) verwiesen werden. **Rücknahmefiktion** tritt im Fall unterbliebener, nicht vollständiger oder verspäteter Entrichtung der Löschungsantragsgebühr ein, § 6 Abs. 2 PatKostG. Fortfall des Antrags bei ersatzlosem rechtlichen Untergang des Antragstellers, BPatG Bl. **05,** 224.

11 **b) Erledigung der Hauptsache.** Das Löschungsverfahren wird in der Hauptsache erledigt, wenn das Gebrauchsmuster in einem anderen Löschungsverfahren (mit Rückwirkung) gelöscht wird. Wenn das Gebrauchsmuster im Laufe des Löschungsverfahrens mit Wirkung für die Zukunft infolge Ablaufs der Schutzdauer oder Verzichts (§ 23) erlischt, kann der Antragsteller von dem Löschungsantrag auf den Antrag auf Feststellung der Unwirksamkeit des Gebrauchsmusters übergehen, wenn er ein besonderes Interesse an dieser Feststellung besitzt (vgl. § 15 Rdn. 4). Der Antragsteller muss sonst auch in diesem Falle zur Vermeidung der Abweisung seines Antrags als unzulässig die Hauptsache für erledigt erklären, BPatGE **21,** 238, 239. Unter Kostengesichtspunkten ist aber zu beachten, dass der Antragsgegner, der dieser Erledigungserklärung zustimmt, damit zum Ausdruck bringt, dass er sich in die Rolle des Unterliegenden begibt, dem sodann regelmäßig

die Verfahrenskosten auferlegt werden, BPatGE **47,** 21, 23. Eine nachträgliche Erledigung liegt auch dann vor, wenn ein Verzicht auf das Gebrauchsmuster schon vor Zustellung des Löschungsantrags, aber nach dessen Einreichung erfolgt, BPatG GRUR **86,** 808.

Streiten die Parteien über den Eintritt der Erledigung, wird dieser Streit zur Hauptsache, vgl. dazu § 81 PatG Rdn. 33. 11 a

Wenn die Beteiligten die Hauptsache übereinstimmend für erledigt erklären, ist durch Beschluss, der ohne vorherige mündliche Verhandlung ergehen kann (vgl. §§ 82/83 PatG Rdn. 11, 12), in entsprechender Anwendung des § 17 Abs. 4 nur noch über die **Kosten** zu entscheiden, BGH Mitt. **97,** 186, 187, vgl. dazu § 17 Rdn. 26 a. 11 b

5. Sicherheitsleistung. Wegen der Sicherheitsleistung gilt § 81 Abs. 6 PatG entsprechend: Der Antragsteller, der im Ausland außerhalb der EU und des EWR wohnt oder seinen Sitz hat, hat Sicherheit zu leisten, wenn der Antragsgegner dies verlangt. Die Befreiung deutscher Staatsangehöriger, die durch innerstaatliche Regelung gewährt wird, ist belanglos, da es auf die Gegenseitigkeit nicht ankommt, BGH Bl. **60,** 290. Internationale Vereinbarungen, durch die von der Sicherheitsleistung befreit wird, sind dagegen zu beachten, PA Mitt. **61,** 113; Bl. **53,** 381. Vgl. im Einzelnen § 81 PatG Rdn. 43–47. 12

17 *Löschungsverfahren.* (1) [1]**Das Patentamt teilt dem Inhaber des Gebrauchsmusters den Antrag mit und fordert ihn auf, sich dazu innerhalb eines Monats zu erklären.** [2]**Widerspricht er nicht rechtzeitig, so erfolgt die Löschung.**

(2) [1]**Andernfalls teilt das Patentamt den Widerspruch dem Antragsteller mit und trifft die zur Aufklärung der Sache erforderlichen Verfügungen.** [2]**Es kann die Vernehmung von Zeugen und Sachverständigen anordnen.** [3]**Für sie gelten die Vorschriften der Zivilprozeßordnung entsprechend.** [4]**Die Beweisverhandlungen sind unter Zuziehung eines beeidigten Protokollführers aufzunehmen.**

(3) [1]**Über den Antrag wird auf Grund mündlicher Verhandlung beschlossen.** [2]**Der Beschluß ist in dem Termin, in dem die mündliche Verhandlung geschlossen wird, oder in einem sofort anzuberaumenden Termin zu verkünden.** [3]**Der Beschluß ist zu begründen, schriftlich auszufertigen und den Beteiligten von Amts wegen zuzustellen.** [4]**§ 47 Abs. 2 des Patentgesetzes ist entsprechend anzuwenden.** [5]**Statt der Verkündung ist die Zustellung des Beschlusses zulässig.**

(4) [1]**Das Patentamt hat zu bestimmen, zu welchem Anteil die Kosten des Verfahrens den Beteiligten zur Last fallen.** [2]**§ 62 Abs. 2 und § 84 Abs. 2 Satz 2 und 3 des Patentgesetzes sind entsprechend anzuwenden.**

Inhaltsübersicht

Literaturhinweis: Bindewald, Das patentamtliche Gebrauchsmusterlöschungsverfahren, MuW **39,** 334; Loesenbeck, Das Löschungsverfahren vor dem Reichspatentamt, Mitt. **39,** 254;

Schlitzberger, Die jüngere Entwicklung auf dem Gebiet des Gebrauchsmusterrechts, Mitt. **68,** 101 (107 ff.), Krabel, Gebrauchsmusterlöschungs- und Patenterteilungsverfahren vor dem Deutschen Patentamt, GRUR **78,** 566; Bericht des Unterausschusses für Gebrauchsmusterrecht (Pietzcker), GRUR **79,** 29; Schlitzberger, Dihm, Starck, Bühring, Zu einer Reform des Gebrauchsmusterrechts, GRUR **79,** 193 (Dihm, 202 ff.); Bender, Eingeschränkte Schutzansprüche und die entsprechende Anwendung von zivilprozessualen Grundsätzen im Gebrauchsmusterlöschungsverfahren, GRUR **97,** 785.

1 **1. Vorbemerkung.** Die Vorschrift lehnt sich an die §§ 82–84 PatG an, so dass weitgehend auf die Erläuterungen zu diesen Bestimmungen verwiesen werden kann. Die wesentlichste Abweichung liegt darin, dass bei Ausbleiben des Widerspruchs des Gebrauchsmusterinhabers nicht lediglich die Behauptungen des Antragstellers für erwiesen angenommen werden können (§ 82 Abs. 2 PatG), sondern ohne weiteres die Löschung des Gebrauchsmusters anzuordnen ist.

2 **2. Mitteilung des Antrags.** Der Löschungsantrag – und ebenso der Feststellungsantrag (§ 15 Rdn. 3) – ist alsbald nach seinem Eingang dem Gebrauchsmusterinhaber zur Erklärung zuzustellen. Voraussetzung dafür ist, dass der Antrag schriftlich gestellt und die Antragsgebühr gezahlt ist. Fehlt es an der Schriftform, so ist eine trotzdem erfolgende Löschung unwirksam, weil für die Löschung einer (wirksamen) Eintragung ein (wirksamer) Antrag vorgesehen ist, § 16 Satz 1. Fehlt es an der (rechtzeitigen und ausreichenden) Zahlung der Löschungsantragsgebühr, so ist eine trotzdem erfolgende Löschung auf rechtzeitig erfolgende Beschwerde hin rückgängig zu machen. Der Antrag gilt nach § 6 Abs. 2 PatKostG als zurückgenommen, so dass eine wesentliche Verfahrensvoraussetzung als fortgefallen anzusehen ist. In der trotz fehlender Löschungsantragsgebühr durch das Patentamt erfolgenden Übermittlung der Antragsschrift an den Antragsgegner, liegt zudem keine Mitteilung i. S. d. § 17 Abs. 1 Satz 1, BPatG Mitt **02,** 150 LS; vgl. auch Rdn. 5 a zu § 16. Eine spätere Änderung des Antrags ist ebenfalls mit Erklärungsaufforderung zuzustellen, BPatGE **25,** 85, wenn die Änderung einen weitergehenden Angriff auf das Gebrauchsmuster (bisher nicht angegriffener Anspruch, bisher nicht geltend gemachter Löschungsgrund) enthält. Entspricht die Begründung des Antrags nicht den gesetzlichen Anforderungen (§ 16 Satz 2), so ist der Antrag gleichwohl zur Erklärung zuzustellen, da er ungeachtet dessen wirksam gestellt ist, ebenso BPatG GRUR **82,** 364, 365. Ein Hinweis auf die Folgen eines Säumnis (vgl. unten Rdn. 6) braucht mit der Aufforderung zur Erklärung (§ 17 Abs. 1 Satz 1) nicht verbunden zu sein. Da ein solcher Hinweis nicht vorgeschrieben ist, verbleibt es bei der allgemeinen Regel des § 231 ZPO, dass es einer Androhung nicht bedarf, BGH GRUR **67,** 351, 354 – Korrosionsschutzbinde. Der Gebrauchsmusterinhaber i. S. der Vorschrift ist nicht der sachlich Berechtigte, sondern, wie sich aus § 15 Abs. 1 ergibt, der als Gebrauchsmusterinhaber Eingetragene. Wird der Löschungsantrag versehentlich einem anderen zugestellt, so wird dieser nicht Verfahrensbeteiligter; er kann Antrag auf Kostenerstattung stellen, BPatG **37,** 135.

3 **a) Erklärungsfrist.** Die Frist zur Erklärung auf den Löschungsantrag beträgt einen Monat. Sie wird durch die Aufforderung zur Erklärung in Lauf gesetzt, die dem Antrage bei seiner Zustellung beigefügt werden soll. Ergeht sie erst später, so wird erst mit ihrer Zustellung die Frist in Lauf gesetzt. Die Frist ist gesetzliche Frist, sie kann daher nicht verlängert werden. Eine gleichwohl bewilligte Verlängerung ist nicht rechtswirksam, BGH GRUR **67,** 351, 354 – Korrosionsschutzbinde. Das gilt jedoch nur für die vom Gesetz verlangte Erklärung darüber, ob der Löschung widersprochen wird oder nicht. Für die Begründung des Widerspruchs kann eine Frist gewährt werden. Da der fruchtlose Ablauf der Erklärungsfrist kraft Gesetzes zur Folge hat, dass das Gebrauchsmuster gelöscht wird, kann gegen die Versäumung der Frist Wiedereinsetzung gewährt werden, PA Mitt. **42,** 60; vgl. hierzu auch § 21 Rdn. 4.

4 **b) Erklärung des Gebrauchsmusterinhabers.** Die Vorschrift erwähnt nur die beiden Fälle, dass der Gebrauchsmusterinhaber rechtzeitig widerspricht oder nicht rechtzeitig widerspricht. Der Gebrauchsmusterinhaber kann natürlich auch der Löschung zustimmen oder ihr zum Teil widersprechen, BPatGE **22,** 57, 58; **22,** 108, 112. Ein teilweiser Widerspruch führt zur Löschung ohne Sachprüfung in dem von dieser Widerspruchserklärung nicht erfassten Umfang, während in dem erfassten Umfang die Sachprüfung auf Löschungsreife durchzuführen ist, vgl. BGH GRUR **95,** 210. In der Erklärung des Gebrauchsmusterinhabers, er wolle das Gebrauchsmuster nur in beschränktem Umfange verteidigen, liegt ein Teilwiderspruch, der rechtzeitig erklärt werden muss. Die Zustimmung des Gebrauchsmusterinhabers ist als Anerkenntnis (§ 307 ZPO) zu werten. Das Anerkenntnis führt, da es keinen Widerspruch enthält, schon nach § 17 Abs. 1 Satz 2 zur Löschung des Gebrauchsmusters, BPatGE aaO. Ob es als solches verbindlich ist, hat daher nur für die Frage Bedeutung, ob es innerhalb der Erklärungsfrist widerrufen und durch einen wirksamen Widerspruch ersetzt werden kann. Die Regelung in § 17 Abs. 1 Satz 2 führt dazu, das Anerkenntnis im Gegensatz zum Patentrecht (vgl. §§ 82/83

PatG Rdn. 7) als verbindlich und daher als unwiderruflich anzusehen, BGH GRUR **95,** 210, 211 – Lüfterklappe. Der Gebrauchsmusterinhaber wird von der Gebrauchsmusterabteilung über die mangels Widerspruchs erfolgte Löschung unterrichtet. Diese Mitteilung über die kraft Gesetzes eingetretene Wirkung ist nicht mit der Beschwerde anfechtbar. Bestreitet der Gebrauchsmusterinhaber, dass die Voraussetzungen für die Löschung nach Abs. 1 Satz 2 vorgelegen haben, so hat auf sein Begehren die Gebrauchsmusterabteilung dieser Frage nachzugehen und einen den Eintritt oder Nichteintritt feststellenden Beschluss zu fassen. Wird der Eintritt festgestellt, ist dieser Beschluss mit der Beschwerde anfechtbar, BPatGE **47,** 23, 26. Wird der Nichteintritt festgestellt, ist die Löschung **von Amts wegen rückgängig zu machen.**

c) Widerspruch. Will der Gebrauchsmusterinhaber die Löschung des Gebrauchsmusters abwenden, so muss er rechtzeitig widersprechen. 5

aa) Inhalt, Form. Der Widerspruch muss als solcher erklärt werden; die Bitte um Fristverlängerung zur Erklärung auf den Löschungsantrag kann nicht als Widerspruch gedeutet werden, BGH GRUR **67,** 351, 354 – Korrosionsschutzbinde. Ein Widerspruch kann darin gesehen werden, dass der Gebrauchsmusterinhaber zwar auf das Gebrauchsmuster verzichtet, dabei jedoch den Willen zum Ausdruck bringt, das Gebrauchsmuster für die Vergangenheit zu verteidigen, BPatGE **11,** 106, 108; **14,** 58, 61. Die Erklärung zur Registerakte, für Vergangenheit und Zukunft keine Rechte aus dem Gebrauchsmuster geltend zu machen, die über nachträglich neu formulierte und zur Registerakte eingereichte Schutzansprüche hinausgehen, hat verfahrensrechtlich die Bedeutung eines bindenden vorweggenommenen Verzichts auf Widerspruch i. S. d. § 17 Abs. 1 gegen einen Löschungsantrag, BGH GRUR **98,** 910, 913. Der Gebrauchsmusterinhaber kann sich gegenüber einem potentiellen Antragsteller auch vertraglich verpflichten, einem Löschungs-/Feststellungsantrag nicht zu widersprechen; einem Widerspruch stünde dann die Arglisteinrede entgegen, BPatG Mitt. **94,** 42. 5 a

Der Widerspruch bedarf der **Schriftform,** muss also unterschrieben sein, PA MuW **39,** 372. Zu den Einschränkungen des Unterschriftserfordernisses gilt das zu § 110 Rdn. 7, 8 PatG Ausgeführte. Sind mehrere Personen als Inhaber des Gebrauchsmusters eingetragen, so wirkt der Widerspruch eines Mitinhabers zugunsten aller anderen (§ 62 ZPO), PA Bl. **55,** 298. 5 b

Der **Widerspruch ist unbeachtlich,** soweit er über den Umfang von zu den Gebrauchsmusterakten eingereichten und der Öffentlichkeit gegenüber verbindlich eingeschränkten Schutzansprüchen hinausgeht, vgl. § 4 Rdn. 55. 5 c

bb) Zurücknahme. Als Verfahrenshandlung ist der Widerspruch der Disposition des Gebrauchsmusterinhabers unterworfen, BGH GRUR **95,** 210. Auf Widerspruch kann ganz (oder teilweise, z. B. vorab im Zusammenhang mit der Einreichung beschränkter Schutzansprüche zur Registerakte) verzichtet werden, wobei eindeutig und unbedingt der Verzicht erklärt sein muss, vgl. BGH GRUR **98,** 910, 913. Der Widerspruch kann zurückgenommen werden; das Gebrauchsmuster ist dann gemäß § 17 Abs. 1 Satz 2 zu löschen, BPatGE **22,** 131; BPatG GRUR **80,** 1070, 1071. Der Widerspruch kann auch teilweise zurückgenommen werden. Es treten dann die gleichen Wirkungen ein wie bei einer bereits von Anfang an beschränkten Erklärung des Widerspruchs. Angesichts der weitreichenden Folgen der (teilweisen) Widerspruchsrücknahme sind an eine solche Erklärung hinsichtlich ihrer Klarheit und Bestimmtheit strenge Anforderungen zu richten, BGH Mitt **97,** 186 – Einkaufswagen. In der Einreichung eines neuen eingeschränkten Schutzanspruchs im Löschungsverfahren allein kann noch keine teilweise Rücknahme des Widerspruchs gesehen werden, BGH GRUR **95,** 210; Mitt **97,** 186, 187; insbesondere nicht bei gleichzeitig gestelltem Abweisungsantrag, BPatG Mitt. **87,** 156, vgl. auch Schlitzberger in Festschrift 25 Jahre BPatG, **1986,** S. 249, 261. Die Rücknahme des Widerspruchs kann während der gesamten Dauer des Löschungsverfahrens erklärt werden, BGH GRUR **95,** 210, 211. Sie wird mit Eingang beim Patentamt, im Fall der gerichtlichen Anhängigkeit mit Eingang bei Gericht wirksam. Die Rücknahme des Widerspruchs kann nach ihrem Wirksamwerden unbeschadet des geltenden Dispositionsgrundsatzes nicht ihrerseits wieder rückgängig gemacht werden, weder durch Anfechtung (BPatG GRUR **94,** 278) noch durch ausdrücklichen Widerruf noch stillschweigend durch Rückkehr zu den alten Ansprüchen, weder in derselben Instanz noch durch ein Rechtsmittel; vgl. BGH GRUR **95,** 210; Mitt **97,** 186, 187. Der Gebrauchsmusterinhaber kann nur dann zum alten Gegenstand des Gebrauchsmusters zurückkehren, wenn er die beschränkte Verteidigung lediglich hilfsweise erklärt hat. 5 d

Der Widerspruch und seine Zurücknahme sind als **Verfahrenshandlungen** der Auslegung zugänglich, die der uneingeschränkten Überprüfung durch das Rechtsbeschwerdegericht unterliegt, BGH GRUR **95,** 210. 5 e

Die **Rücknahme** durch einen Mitinhaber wirkt jedoch zumindest dann nicht gegen die übrigen Mitinhaber, wenn die Widerspruchsfrist für die übrigen Mitinhaber bei Einlegung des 5 f

Widerspruchs noch lief, PA Bl. **55,** 298. Nimmt der Gebrauchsmusterinhaber den Widerspruch gegen die beantragte Löschung teilweise zurück, so wird nicht schon hierdurch ein Löschungsantrag eines Dritten in diesem Umfang unzulässig, BPatGE **43,** 1, 4; allerdings erfolgt die Löschung wegen mangelnden (zurückgenommenen ebenso wie von vornherein unterlassenen) Widerspruchs nach § 17 Abs. 1 Satz 2 im rechtlichen Sinn bereits kraft Gesetzes und nicht erst auf Grund des Löschungsausspruchs der Gebrauchsmusterabteilung, jedoch wird der Inhalt des Registers erst mit dem administrativen Nachvollzug an diese Rechtslage angepasst, die vorher dem Register für die Allgemeinheit nicht entnehmbar ist.

5g **cc) Beschränkter Widerspruch.** Die beschränkte Verteidigung (zur beschränkten Verteidigung in materiell-rechtlicher Hinsicht vgl. auch § 15 Rdn. 24) kann mit einem einzigen verfahrensrechtlichen Antrag, aber auch zusätzlich hilfsweise mit einem in Ergänzung zu dem in erster Linie verfolgten, in weitergehendem oder alternativem Umfang gestellten Zurückweisungsantrag durchgeführt werden. Wird dem Hauptantrag nicht stattgegeben, so ist dann jedenfalls auch über den Hilfsantrag zu entscheiden. Hierin liegt die Bedeutung der hilfsweise beschränkten Verteidigung im Verhältnis zu der im Übrigen gebotenen Amtsermittlung: im Löschungsverfahren ist von Amts wegen, also auch ohne entsprechenden Hilfsantrag, eine ohne weiteres, insbesondere ohne eigene Recherche sich anbietende beschränkte „Aufrechterhaltung" des Gegenstands in Betracht zu ziehen und gegebenenfalls hierzu den Beteiligten rechtliches Gehör zu gewähren, doch bedarf es darüber keiner ausdrücklichen Entscheidung, wenn der beschränkte Gegenstand letztlich doch nicht als rechtsbeständig gegenüber dem Löschungsantrag erkannt wird. Im Übrigen gewährleistet die nur hilfsweise beschränkte Verteidigung den Vorteil gegenüber der schlechthin erklärten Beschränkung, dass in der Rechtsmittelinstanz nach voller Löschung auch wieder der unbeschränkte Gegenstand verteidigt werden kann.

5h Eine beschränkte Verteidigung kann in der **Beschränkung eines Schutzanspruchs** bestehen, BPatGE **23,** 41, 43. Wenn die Neuformulierungen vom Gebrauchsmusterinhaber als Diskussionsgrundlage o.ä. bezeichnet werden, will er sich regelmäßig die endgültige Erklärung über den Umfang einer etwaigen Beschränkung seiner Verteidigung vorbehalten. Doch ist der verfahrensrechtliche Antrag, das Gebrauchsmuster mit einem eingeschränkten Gegenstand „aufrechtzuerhalten", in der Regel als Einschränkung eines zunächst unbeschränkt eingelegten Widerspruchs zu verstehen, BGH GRUR **95,** 210 (also systematisch richtig als Antrag, den Löschungsantrag im Umfang des eingeschränkten Gegenstandes zurückzuweisen). Von dieser Regel ist abzuweichen, wenn solchen verfahrensrechtlichen Anträgen nicht mit der notwendigen Eindeutigkeit entnommen werden kann, in welchem Umfang das Gebrauchsmuster aufgegeben werden soll; ein solcher Fall liegt vor allem dann vor, wenn Haupt- und Hilfsantrag, denen zufolge das Gebrauchsmuster aufrechterhalten werden soll, die Schutzansprüche jeweils in andersartiger, alternativer, einander ausschließender Weise formulieren, BGH Mitt **97,** 186.

6 **d) Folgen nicht rechtzeitigen Widerspruchs.** Widerspricht der Gebrauchsmusterinhaber der Löschung nicht oder nicht rechtzeitig, so wird sie auf einen zulässigen Löschungsantrag ohne weiteres verfügt. Denn mit dem Unterbleiben des Widerspruchs (oder seiner Zurücknahme) ist ein Rechtsverlust verbunden, vgl. BGH GRUR **95,** 210. Die Verfügung vollzieht nach § 17 Abs. 1 Satz 2 kraft Gesetzes eingetretene rechtliche Löschung im Register nach; wird dem Gebrauchsmusterinhaber von der Gebrauchsmusterstelle der Eintritt dieser Rechtsfolge mitgeteilt, so ist diese Unterrichtung nicht anfechtbar, BPatG Bl. **04,** 163. Wird dem Löschungsantrag **nur teilweise widersprochen,** z.B. unter Ausnahme einiger der angegriffenen Schutzansprüche oder bei Einreichung beschränkter Schutzansprüche und Beschränkung der Verteidigung auf sie, so ist das Gebrauchsmuster in seiner eingetragenen Fassung auf einen zulässigen Löschungsantrag ohne weitere Sachprüfung im unwidersprochen gebliebenen Umfang zu löschen, vgl. BGH GRUR **98,** 910, 913, zugleich über seinen restlichen Teil im Umfang des Widerspruchs nach dem Ergebnis der durchzuführenden Sachprüfung zu entscheiden.

6a Die Löschung ist auch dann zu verfügen, wenn der Gebrauchsmusterinhaber innerhalb der Widerspruchsfrist ohne weitere Angaben auf das Gebrauchsmuster verzichtet hat, BPatGE **11,** 106. Ein nicht dem Patentamt, sondern dem Patentgericht gegenüber erklärter Verzicht ist zwar als solcher unwirksam (s. § 23 Abs. 6), kann jedoch zugleich als **Rücknahme des Widerspruchs** zu verstehen sein, vgl. BPatG GRUR **88,** 761. Eine Sachprüfung, wie sie im Nichtigkeitsverfahren für diesen Fall in § 82 Abs. 2 PatG vorgesehen ist, findet nicht statt. Entsprechendes gilt im Feststellungsverfahren (§ 15 Rdn. 3) für den Ausspruch der Unwirksamkeit; dann wird auch die Frage des Rechtsschutzinteresses nicht mehr geprüft, BPatG GRUR **80,** 1070.

6b Die Löschung nach § 17 Abs. 1 Satz 2 hat ebenso **rückwirkende Kraft** wie die auf Grund mündlicher Verhandlung nach § 17 Abs. 3 Satz 1 angeordnete, BGH GRUR **63,** 519, 521 – Klebemax; BPatGE **11,** 106, 108. Sie kann nicht in einem anderen Verfahren auf ihre Richtigkeit überprüft werden, BGH GRUR **63,** 519, 521 – Klebemax. § 17 Abs. 1 Satz 2 ist auch im Verfahren auf Feststellung der Unwirksamkeit eines bereits erloschenen Gebrauchsmusters (vgl. § 15 Rdn. 3) anzuwenden, und zwar mit der Maßgabe, dass die beantragte Feststellung getroffen wird, wenn der Antragsgegner dem Feststellungsantrag nicht rechtzeitig widerspricht, BGH GRUR **67,** 351 – Korrosionsschutzbinde.

3. Verfahren nach wirksamem Widerspruch. Widerspricht der Gebrauchsmusterinhaber der Löschung rechtzeitig, so wird das Verfahren in der in § 17 Abs. 2 bezeichneten Weise durchgeführt. Es ist teils schriftlich, teils mündlich. 7

a) Mitteilung des Widerspruchs. Der Widerspruch wird dem Antragsteller mitgeteilt. Der Antragsteller erhält dadurch Gelegenheit, sich zu der Einlassung des Gebrauchsmusterinhabers zu äußern. 8

b) Aussetzung. Das Löschungsverfahren kann in entsprechender Anwendung des § 148 ZPO ausgesetzt werden, wenn die dort genannten Voraussetzungen vorliegen. Ein gegen ein übereinstimmendes Patent gerichtetes Nichtigkeitsverfahren ist im Allgemeinen kein Aussetzungsgrund, weil die Entscheidung des Löschungsverfahrens nicht von dem Bestehen des Patents abhängt. PA Mitt. **58,** 252. Keine Aussetzung wegen des Verletzungsrechtsstreits aus dem Gebrauchsmuster. 9

c) Vorbereitende Anordnungen. Für das patentamtliche Verfahren enthält das Gesetz keine dem § 87 Abs. 2 PatG entsprechende Vorschrift. Das hindert indessen nicht, § 87 Abs. 2 PatG und § 273 ZPO – im Rahmen des § 87 Abs. 2 Satz 2 PatG – entsprechend anzuwenden, zumal das patentamtliche Gebrauchsmusterlöschungsverfahren im Gesetz nur in seinen Grundzügen geregelt und die durch § 87 Abs. 2 PatG und durch § 273 ZPO angestrebte Beschleunigung auch für dieses Verfahren von Bedeutung ist. Der Vorsitzende oder ein von ihm zu bestimmendes Mitglied der Abteilung soll daher schon vor der mündlichen Verhandlung alle Anordnungen treffen, die notwendig sind, um die Sache möglichst in einer mündlichen Verhandlung zu erledigen, PA Bl. **61,** 57. Zu diesem Zwecke ergeht meist ein **Zwischenbescheid,** der, soweit er eine sachliche Stellungnahme enthält, von der Abteilung in ihrer vollen Besetzung erlassen wird. In diesem Zwischenbescheid, der häufig mit der Ladung verbunden wird, werden die Gesichtspunkte aufgezeigt, auf die es für die Entscheidung ankommen kann; in dem Zwischenbescheid wird ferner auf etwaiges weiteres, von Amts wegen ermitteltes Material hingewiesen (vgl. dazu § 15 Rdn. 25 a). 10

d) Beweiserhebung. Die Gebrauchsmusterabteilung erhebt die zur Feststellung des Sachverhalts erforderlichen Beweise. Als Beweismittel nennt die Vorschrift Zeugen und Sachverständige. Da darin jedoch keine erschöpfende Aufzählung erblickt werden kann, sondern nur eine Erläuterung des vorhergehenden Satzes, vgl. PA Bl. **61,** 57, wird auch die Vernehmung von Beteiligten, die § 46 Abs. 1 PatG besonders erwähnt, für zulässig zu erachten sein. Obwohl dies hier nicht besonders erwähnt ist, wird ebenso wie im Patenterteilungsverfahren (§ 46 Abs. 1 PatG) die Vernehmung von Zeugen, Sachverständigen und Beteiligten auch eidlich erfolgen können. Die Beweisaufnahme wird in aller Regel mit der mündlichen Verhandlung zu verbinden sein. Die Beweise können aber auch in einer besonderen Beweisverhandlung erhoben werden, von der die Beteiligten zu benachrichtigen sind und der sie beiwohnen können. Die Zuziehung eines beeidigten Protokollführers ist für die Beweisverhandlungen zwingend vorgeschrieben, solange nicht entsprechend § 46 Abs. 2 Satz 2 PatG eine Anpassung des Gesetzes an §§ 160 a, 162, 163 ZPO erfolgt ist. Es kann daher insoweit nicht ein Mitglied der Abteilung das Protokoll führen. Wegen der Verlesung und Vorlage und der Mitteilung der Protokollabschriften an die Beteiligten ist § 46 Abs. 2 PatG in Verbindung mit § 162 ZPO anzuwenden. 11

e) Mündliche Verhandlung. Über den Antrag wird auf Grund mündlicher Verhandlung entschieden. „Antrag" im Sinne der Vorschrift ist nur der Löschungsantrag. Gegebenenfalls ist von Amts wegen auf eine eindeutige und sachdienliche Antragsfassung hinzuwirken, BPatGE **26,** 196. Eine Entscheidung über den Löschungsantrag ist auch die Entscheidung über seine Erledigung auf den Antrag nur eines Beteiligten (vgl. § 81 PatG Rdn. 29), nicht dagegen die (isolierte) Kostenentscheidung nach Zurücknahme des Löschungsantrages oder nach übereinstimmender Erledigungserklärung (vgl. § 16 Rdn. 11). Soweit über den Löschungsantrag zu entscheiden ist, ist die mündliche Verhandlung zwingend vorgeschrieben. In entsprechender Anwendung des § 83 Abs. 2 Satz 2 PatG kann jedoch mit Zustimmung der Beteiligten von der mündlichen Verhandlung abgesehen oder später in das schriftliche Verfahren übergegangen werden, BPatG Bl. **82,** 266. Die mündliche Verhandlung ist **nicht öffentlich.** Eine Teilnahme anderer Personen als der Verfahrensbeteiligten, ihrer gesetzlichen Vertreter und Bevollmächtigten sowie der für die jeweilige Beweiserhebung benötigten Zeugen, Sachverständigen und Auskunftspersonen ist bei Zustimmung aller Verfahrensbeteiligten zulässig, sofern der Vorsitzende dies verhandlungsleitend nicht für verfahrenshinderlich erklärt. 12

13 **f) Beteiligte.** Verfahrensbeteiligte sind der Antragsteller und der Gebrauchsmusterinhaber. Dritte können dem Antragsteller und dem Antragsgegner als **Streitgehilfen** (§§ 66 ff. ZPO) beitreten. Voraussetzung ist ein rechtliches Interesse an dem Obsiegen des betreffenden Hauptbeteiligten (vgl. § 81 PatG Rdn. 8). Das Interesse der Allgemeinheit an der Löschung des Gebrauchsmusters reicht nicht zur Rechtfertigung des Beitritts aus, PA MuW **39,** 329. Es muss ein besonderes Interesse in der Person des Beitretenden vorliegen. Es ist gegeben, wenn der Beitretende vom Gebrauchsmusterinhaber verwarnt wurde, PA Mitt. **57,** 97. Ein rechtliches Interesse, dem Antragsteller als Nebenintervenient beizutreten, ist auch zu bejahen, wenn der Nebenintervenient Gegenstände vertreibt, derentwegen der ihn beliefernde Hersteller vom Gebrauchsmusterinhaber bereits verklagt worden ist; in diesem Falle sind auch die Voraussetzungen der streitgenössischen Nebenintervention gegeben, BGH GRUR **68,** 86 – Ladegerät I. Auf widerrechtliche Entnahme nur gegenüber dem Streithelfer, nicht aber der Hauptpartei, kann die Streithilfe nicht gestützt werden, PA MuW **39,** 329.

14 **4. Entscheidung.** Die Entscheidung über den Löschungsantrag ergeht durch Beschluss, der auf Abweisung des Antrages, auf teilweise Löschung unter Abweisung des Antrags im Übrigen, auf Löschung oder auf Klarstellung des Gebrauchsmusters lauten kann (vgl. § 15 Rdn. 27–31). Zu den Entscheidungen über Feststellungsanträge vgl. Rdn. 8, 9 zu § 15. Die Entscheidung wird gemäß Abs. 3 durch Verkündung oder Zustellung wirksam; sie ist zu begründen, schriftlich auszufertigen, gemäß § 47 Abs. 2 PatG mit einer Rechtsmittelbelehrung zu verbinden und den Beteiligten auch im Falle der Verkündung zuzustellen. Diese Bestimmungen entsprechen der Regelung der §§ 47, 94 PatG für das patentamtliche und patentgerichtliche Verfahren in Patentsachen. Auf die dortigen Erläuterungen kann daher verwiesen werden. Ist ein Mitglied der Gebrauchsmusterabteilung an der Unterschrift verhindert, ist ein entsprechender Vermerk nach § 315 Abs. 1 ZPO erforderlich, BPatG Bl. **82,** 191. Eine Berichtigung oder Ergänzung des Beschlusses ist in entsprechender Anwendung der §§ 319–321 ZPO zulässig, PA Mitt. **40,** 75; **42,** 183. Ist die schriftliche Rechtsmittelbelehrung unrichtig, so verlängert sich die Beschwerdefrist regelmäßig auf ein Jahr, vgl. BPatGE **42,** 233, 237. Wegen der Wirkungen der Entscheidung vgl. § 15 Rdn. 32. Dritten gegenüber wird die Löschung erst mit Eintragung in das Register wirksam, BPatGE **43,** 1, 5.

15 **5. Kostenentscheidung.** *Literatur:* Schickedanz, Die Kostenentscheidung im Gebrauchsmusterlöschungsverfahren, Mitt. **72,** 44; Goebel, Gebrauchsmuster – Beschränkte Schutzansprüche und Kostenrisiko im Löschungsverfahren, GRUR **99,** 833.

15 a **a) Erforderlichkeit.** Da das Gebrauchsmusterlöschungsverfahren als kontradiktorisches Verfahren ausgestaltet ist, ist in § 17 Abs. 4 Satz 1 eine Kostenentscheidung zwingend vorgeschrieben. Das muss auch für den Fall gelten, dass der Löschungsantrag zurückgenommen wird und der Gebrauchsmusterinhaber eine Kostenentscheidung beantragt, BPatGE **20,** 64, 65. Der Grundsatz des § 269 Abs. 3 Satz 2 ZPO ist sinngemäß anzuwenden. Die Entscheidung über die Kosten ist nach dem Zusammenhang der Bestimmungen zusammen mit der Sachentscheidung zu treffen. Außer im Fall der Zurücknahme des Löschungsantrags ist über die Kosten von Amts wegen zu entscheiden, BPatGE **44,** 209, 214. Ist die Kostenentscheidung unterblieben, so kann sie in entsprechender Anwendung des § 321 ZPO auf fristgebundenen Antrag, wohl aber auch von Amts wegen nachgeholt werden, vgl. PA Bl. **56,** 16. Ist die Hauptsache nach übereinstimmender Erklärung der Beteiligten als erledigt anzusehen oder ist der Löschungsantrag zurückgenommen worden, so ist die Kostenentscheidung durch besonderen Beschluss zu treffen **(isolierte Kostenentscheidung).** Im Falle der Zurücknahme des Löschungsantrages ist für eine Kostenentscheidung jedoch kein Raum, wenn die Tragung der Kosten bereits in einem vollstreckungsfähigen Vergleich geregelt ist, vgl. BPatGE **1,** 119, wie überhaupt eine bereits getroffene Vereinbarung über die Kosten das Rechtsschutzbedürfnis für eine Kostenentscheidung nach § 269 Abs. 4 ZPO entfallen lässt.

16 **b) Inhalt.** Zu den Kosten des Verfahrens, über die vom Patentamt zu bestimmen ist, gehören neben den amtlichen Kosten des Patentamts (Gebühren und Auslagen) nach Absatz 4 Satz 2 i. V. m. § 62 Abs. 2 Satz 1 PatG auch die den Beteiligten erwachsenen Kosten. Auch die durch Nebeninterventionen entstandenen Kosten gehören dazu, PA Mitt. **57,** 97. Eine etwaige Kostenverteilung hat grundsätzlich nach Quoten („Anteilen") zu erfolgen. Die Auferlegung einzelner, besonders benannter Kosten kann sich jedoch aus der entsprechenden Anwendung der §§ 95, 96 ZPO ergeben.

17 **c) Entscheidungsgrundsätze.** Die Verteilung der Kosten richtet sich nach den §§ 91 ff. ZPO, soweit nicht die Billigkeit eine andere Entscheidung erfordert (§ 17 Abs. 4 Satz 2 i. V. m. PatG § 84 Abs. 2 Satz 2). Ist auf der kostenpflichtigen Seite eine Mehrheit von Personen betei-

ligt, so richtet sich der Umfang ihrer Kostenhaftung nach den §§ 100, 101 ZPO; im Verhältnis untereinander besteht jedoch keine prozessuale Kostenpflicht, BPatGE **26,** 101.

aa) Unterliegen. In entsprechender Anwendung des § 91 ZPO hat in aller Regel der unterliegende Teil die Kosten zu tragen, d. h. der Beteiligte, der in der Hauptsache unterlegen ist. Bei Abweisung des Löschungsantrags treffen daher im Allgemeinen den Antragsteller, bei Löschung des Gebrauchsmusters den Gebrauchsmusterinhaber die Kosten des Verfahrens. Es kann dabei keine Rolle spielen, ob die Löschung auf Grund von Entgegenhaltungen des Antragstellers oder auf Grund amtlicher Entgegenhaltungen erfolgte oder zu gewärtigen war, BPatGE **1,** 175. 18

bb) Teilweises Unterliegen. Wenn jeder der beiden Streitteile teilweise obsiegt und unterliegt (etwa bei Teillöschung trotz Antrags auf vollständige Löschung), sind die Kosten gegeneinander aufzuheben oder verhältnismäßig zu teilen, sofern nicht die Zuvielforderung eines Streitteils verhältnismäßig geringfügig war und keine besonderen Kosten verursacht hat (§ 92 ZPO). Bei verhältnismäßiger Teilung der Kosten sind die Quoten der Kostenteilung nach dem Wertverhältnis zu bemessen, in dem der Gegenstand des Gebrauchsmusters nach der der Eintragung zugrunde liegenden Fassung der Schutzansprüche zu dem Gegenstand steht, wie er sich nach dem Inhalt der Hauptsachenentscheidung darstellt, BPatGE **12,** 193, 200; **22,** 126, 129. Hierbei ist auf die eingetretene Minderung des gemeinen Werts insbesondere unter Berücksichtigung der technischen und wirtschaftlichen Gegebenheiten abzustellen, vgl. BPatGE **34,** 182, 185. Der Umstand, dass der Antragsteller mit der Löschungsaufforderung (vgl. Rdn. 20) den vollständigen Verzicht, mit dem Antrage aber nur die Löschung eines Teils der Ansprüche des Gebrauchsmusters verlangt hat, ist kein Grund, ihm einen Teil der Kosten aufzuerlegen (anders PA Mitt. **40,** 140). Das Kostenrisiko eines zu weit gefassten Antrages trägt der Antragsteller; er muss auch dann als teilweise Unterliegender angesehen werden, wenn er seinen ursprünglich auf vollständige Löschung gerichteten Antrag im Laufe des Verfahrens eingeschränkt hat, BPatGE **12,** 193. 19

cc) Grundloser Antrag. Literatur: Tetzner, Kostenerstattung nach Aufforderung zur Gebrauchsmusterlöschung, Mitt. **61,** 210; Paul, Löschungsandrohung vor Löschungsantragstellung bei Gebrauchsmustern, Mitt. **78,** 155. 20

§ 93 ZPO, wonach die Kosten einer grundlosen Klage den Kläger treffen, ist im Gebrauchsmusterlöschungsverfahren entsprechend anzuwenden, BGH GRUR **82,** 364; BPatGE **18,** 185, 187; **21,** 17, 19; **21,** 38, 40 – ständige Rechtsprechung. Wegen der Einzelheiten vgl. auch § 81 PatG Rdn. 31 zum gleichen Problem im Nichtigkeitsverfahren. Da über die Kosten von Amts wegen zu entscheiden ist, braucht sich der Antragsgegner nicht auf § 93 ZPO zu berufen, um seine Anwendbarkeit herbeizuführen, BPatGE **44,** 209, 214.

Voraussetzung für die entsprechende Anwendung des § 93 ZPO ist zunächst, dass der Gebrauchsmusterinhaber durch sein Verhalten keinen **Anlass** zur Stellung des Löschungsantrages gegeben hat. In der Eintragung des Gebrauchsmusters allein sieht die Praxis mit der h. M. (anders von Gamm, NJW **61,** 1048, 1050) zutreffend noch keinen Anlass für die Antragstellung. Eine Veranlassung hierfür ist vielmehr erst in einem Verhalten des Gebrauchsmusterinhabers zu sehen, das vernünftigerweise den Schluss auf die Notwendigkeit eines Löschungsverfahrens rechtfertigt, BPatGE **13,** 210, 213; **21,** 38, 39. Ein solches Verhalten wird im Allgemeinen erst darin gesehen, dass der Gebrauchsmusterinhaber einer Aufforderung zur freiwilligen Aufgabe des Gebrauchsmusters nicht nachkommt, BPatGE **22,** 285, 289; **21,** 38, 39. Die Aufforderung zur Einräumung eines kostenlosen Mitbenutzungsrechts genügt regelmäßig nicht, BGH GRUR **82,** 364. Die Aufforderung kann auch dahin gehen zu erklären, dass dem Auffordernden, seinem Rechtsnachfolger oder seinen Abnehmern gegenüber weder für die Vergangenheit noch für die Zukunft Rechte aus dem Gebrauchsmuster geltend gemacht werden, BPatGE **13,** 210. 21

Der Antragsteller hat den Gebrauchsmusterinhaber vor der Einreichung des Antrags unter angemessener **Fristsetzung** zum Verzicht auf das Gebrauchsmuster aufzufordern, BPatGE **8,** 171, 174, **18,** 185, 187; **21,** 38, 39; **22,** 57, 60 f. Die Frist muss grundsätzlich eine eingehende und sorgfältige Prüfung zulassen, BGH GRUR **82,** 364. Bei zu kurzer Äußerungsfrist (z. B. 4 Tage) und Zusage des Gebrauchsmusterinhabers, sich alsbald zu erklären, fehlt ein Anlass zur Antragstellung, PA Mitt. **40,** 141. 21 a

Sinn und Zweck der Kostenregelung des § 93 ZPO ist es, unnötige Verfahren zu vermeiden und den Anspruchsteller anzuhalten, sein Recht zunächst einmal ohne behördliche Hilfe und gerichtliche Instanzen geltend zu machen. Auch wenn der Antragsteller ein Rechtsschutzinteresse im Sinne des Prozessrechts hat (vgl. § 15 Rdn. 5), muss er zunächst außerhalb des Verfahrens den Gebrauchsmusterinhaber abmahnen, will er nicht Gefahr laufen, entsprechend § 93 ZPO mit den Verfahrenskosten belastet zu werden. Gibt er dem Gebrauchsmusterinhaber **deutlich seine Entschlossenheit zu erkennen,** gegen das Schutzrecht verfahrensrechtlich 22 vorzugehen, und fordert er diesen auf, sich innerhalb angemessener Frist zu erklären, so ist die Stellung des Löschungsantrags nach fruchtlosem Ablauf der Frist als vom Gebrauchsmusterinhaber veranlasst anzusehen. Die Aufforderung, auf das Gebrauchsmuster zu verzichten, dieses aufzugeben oder ein kostenloses Mitbenutzungsrecht einzuräumen, ist hinreichend deutlich, BPatGE **21,** 38, 39 m. w. N. Die bloße Aufforderung zum Verzicht auf Ansprüche aus dem Gebrauchsmuster oder zur Einräumung eines kostenlosen Mitbenutzungsrechts kann unzureichend sein, BPatGE **21,** 38, 39f.; BGH GRUR **82,** 364. Die Gründe, welche den Löschungsantrag rechtfertigen sollen, sind darzulegen BPatG Mitt. **79,** 98, 99, da nur dann eine sachliche Stellungnahme des Gebrauchsmusterinhabers erwartet werden kann. Die Allerdings bedarf es keines Nachweises, warum das Gebrauchsmuster keinen Bestand hat. Es genügt, dass der geltend gemachte Löschungsgrund nebst den für ihn vorgebrachten, nachprüfbaren Tatsachen nicht völlig abwegig erscheint, BPatGE **26,** 139, 141. Ein solcher Angriff auf das Gebrauchsmuster ist als ernsthaft anzusehen, so dass sich der Gebrauchsmusterinhaber selbst über die Schutzfähigkeit des Gegenstands des Gebrauchsmusters vergewissern muss; dies schließt die selbst zu veranlassende Übersetzung einer fremdsprachigen Druckschrift ein, BPatGE **30,** 177, 179f. Veranlassung entfällt i. allg., wenn dem berechtigten Verlangen des Antragstellers durch Einreichung eingeschränkter Schutzansprüche Rechnung getragen wird (vgl. Rdn. 54 zu § 4 u. Rdn. 24 zu § 15 – anders jedoch BPatG GRUR **89,** 587), sofern dies dem Antragsteller mitgeteilt wird. Wenn so Veranlassung zur Einleitung des Verfahrens gegeben wurde, braucht nicht mehr geprüft zu werden, ob das vorprozessuale Vorbringen letztlich die Löschung gerechtfertigt hätte; ein offensichtlich unschlüssiges Vorbringen könnte allenfalls Anlass für eine von der Regel der §§ 91, 91a, 93 ZPO abweichende Billigkeitsentscheidung sein, im Ergebnis ähnlich BPatG GRUR **84,** 654; vgl. aber auch § 81 Rdn. 31 zur gleichen Problematik im Patentnichtigkeitsverfahren. Unschädlich, wenn zunächst (vergeblich) Verzicht in vollem Umfang gefordert, Löschung dann aber nur eingeschränkt beantragt und erreicht wird, BPatG GRUR **89,** 587. Eine ernst zu nehmende Ankündigung des Löschungsantrags liegt auch in der Äußerung, sich diesen „vorzubehalten", BPatG Mitt. **79,** 98, 100; a. A. Paul Mitt. **78,** 155, 156. Entgegen PA Mitt. **60,** 202 kann die Aufforderung auch mündlich erfolgen, BPatGE **8,** 47, 52.

23 Mit einer **Verwarnung** (Unterlassungsaufforderung) gibt der Gebrauchsmusterinhaber dem Verwarnten noch keine Veranlassung im Sinne des § 93 ZPO, den Löschungsantrag zu stellen, BPatGE **21,** 17, 18, erst recht nicht mit einer bloßen **Berechtigungsanfrage,** BPatG **29,** 237, 239. Eine Löschungsaufforderung ist dagegen entbehrlich, wenn der Gebrauchsmusterinhaber bereits gerichtlich Ansprüche wegen Verletzung des Gebrauchsmusters erhoben hat, vgl. BGH Mitt **97,** 186, 188, BPatGE **22,** 285, 289; oder die Erwirkung einer einstweiligen Verfügung angedroht hat, BPatGE **2,** 211; **22,** 285, 289. Sie ist ferner entbehrlich, wenn die Aufforderung mit Sicherheit erfolglos geblieben wäre, PA GRUR **51,** 459. Entgegen BPatGE **1,** 171 kann von einer Abmahnung des Gebrauchsmusterinhabers nicht deshalb abgesehen werden, weil dieser das Gebrauchsmuster unter Verletzung der Wahrheitspflicht angemeldet und in Kenntnis des Löschungsgrundes (eines eigenen Patents) aufrechterhalten hat, BPatGE **18,** 185, 189; in diesem Fall erübrigt es sich allerdings, im Aufforderungsschreiben die Löschungsgründe näher darzulegen. Die zur Herbeiführung des freiwilligen Verzichts gesetzte Frist muss angemessen sein, s. o. Rdn. 21.

24 Voraussetzung für die entsprechende Anwendung des § 93 ZPO ist weiter, dass der Gebrauchsmusterinhaber nach Antragstellung **sofort anerkennt,** das heißt dem Begehren alsbald durch Verzicht auf das Gebrauchsmuster und Ansprüche hieraus Rechnung trägt. Dafür ist in aller Regel erforderlich, dass der Verzicht innerhalb der Widerspruchsfrist und ohne vorherigen Widerspruch erfolgt, BGH Mitt 97, 186, 188; BPatGE **8,** 47, 51; BPatG GRUR **86,** 808, 809 m. w. N. Eine Ausnahme wird in BPatGE **11,** 235, 241f. u. BPatG GRUR **81,** 908, 909 gemacht, wenn nachträglich ein neuer Löschungsgrund (i. S. des § 15) geltend gemacht und damit die Aussichtslosigkeit der Verteidigung erst später erkennbar wird. Das Anerkenntnis ist auch dann ein sofortiges, wenn ein ursprünglich nur auf druckschriftliche Veröffentlichung gestützter Löschungsantrag im weiteren Verlauf des Verfahrens – nach Widerspruch des Antragsgegners – auch auf offenkundige Vorbenutzung gestützt wird und der Antragsgegner nunmehr deswegen den Löschungsanspruch unverzüglich anerkennt, sofern er erst jetzt die maßgeblichen Fakten erfährt und sie nachprüfen kann, BPatG Mitt. **99,** 374, 377. Die **Einreichung beschränkter Schutzansprüche** (soweit sich daraus die Erklärung einer Selbstbeschränkung der Geltendmachung des Schutzrechts ergibt, s. Rdn. 54 zu § 4) im Vorfeld eines Gebrauchsmuster-Löschungsverfahrens allein reicht nicht aus, im Löschungsverfahren von den Verfahrenskosten in dem Umfang der erklärten Selbstbeschränkung verschont zu bleiben; widerspricht nämlich der Antragsgegner nach einer solchen Selbstbeschränkung dem Löschungsantrag schlechthin – also ohne eine Beschränkung der Verteidigung zum Ausdruck zu bringen –,

so treffen ihn regelmäßig die anteiligen Verfahrenskosten hinsichtlich der darauf erfolgenden Löschung in diesem Umfang, BPatGE **44,** 209.

Das Anerkenntnis braucht sich nicht auf den Löschungsantrag insgesamt zu beziehen, sondern kann sich – im Sinne einer Beschränkung der Verteidigung auf das Gebrauchsmuster in eingeschränktem Umfang – auf einen nicht verteidigten Rest erstrecken; bei einem solchen **Teilanerkenntnis** ist § 93 entsprechend anwendbar, vgl. BPatG Mitt **04,** 24. Der Gedanke des § 93 ZPO kann nicht umgekehrt zu Gunsten des Antragstellers angewendet werden, der in Unkenntnis eines bereits vorher erklärten Verzichts zunächst noch Löschungsantrag stellt und diesen dann sofort für erledigt erklärt, BPatG GRUR **81,** 819. 24 a

dd) Säumniskosten. In entsprechender Anwendung des § 95 ZPO hat der Streitteil, der einen Termin oder eine Frist versäumt oder die Verlegung eines Termins, die Vertagung einer Verhandlung, die Anberaumung eines Termins zur Fortsetzung der Verhandlung oder die Verlängerung einer Frist durch sein Verschulden veranlasst, die dadurch verursachten Kosten zu tragen. Ein solcher Fall liegt vor, wenn es der Vertreter eines Beteiligten unterlässt, die Empfangsbescheinigung über die Ladung rechtzeitig zurückzusenden, und dadurch eine Terminsverlegung veranlasst, PA Bl. **56,** 44. 25

ee) Erfolgloses Angriffs- oder Verteidigungsmittel. Die Kosten eines ohne Erfolg gebliebenen Angriffs- oder Verteidigungsmittels können dem Beteiligten auferlegt werden, der es geltend gemacht hat, auch wenn er in der Hauptsache obsiegt (§ 96 ZPO). In Betracht kommen etwa die Kosten einer ergebnislosen Beweisaufnahme über eine behauptete offenkundige Vorbenutzung, die dem Antragsteller auch dann auferlegt werden können, wenn er mit seinem Antrage voll durchdringt, PA MuW **38,** 267. 26

ff) Erledigung der Hauptsache. Für die Kostenentscheidung nach übereinstimmender Erledigungserklärung (vgl. § 16 Rdn. 11) sind die zu § 91 a ZPO entwickelten Grundsätze entsprechend anzuwenden. Vgl. dazu auch § 81 PatG Rdn. 33 ff. Danach hat i. d. R. derjenige die Kosten zu tragen, der ohne das erledigende Ereignis voraussichtlich unterlegen wäre, s. o. Rdn. 18, 19. **Erlischt das Gebrauchsmuster** während des Löschungsverfahrens und erklärt der Antragsteller deshalb das Verfahren für erledigt, so hat regelmäßig der Antragsgegner die Verfahrenskosten zu tragen, wenn er der Erledigungserklärung zustimmt, BPatGE **45,** 21. Wenn das Verfahren trotz fehlenden Feststellungsinteresses zunächst mit einem Feststellungsantrag fortgeführt wurde, dann wäre der Antragsteller insoweit unterlegen und hat daher auch dann die Kosten zu tragen, wenn er später das Verfahren insgesamt für erledigt erklärt, BPatGE **22,** 17. Wer ohne Rechtsschutzinteresse Löschungsantrag gegen ein bereits abgelaufenes, aber nach § 23 Abs. 2 GebrMG noch verlängerungsfähiges Gebrauchsmuster gestellt hat, musste die Kosten tragen, wenn es nicht zu einer Verlängerung kam, BPatGE **22,** 140. 27

Verzichtet der Gebrauchsmusterinhaber auf das Gebrauchsmuster oder widerspricht er dem Löschungsantrag nicht, so wird daraus im Allgemeinen gefolgert werden können, dass er das Löschungsbegehren selbst **als berechtigt anerkennt;** von einer besonderen Prüfung der Erfolgsaussichten des Antrags kann abgesehen werden, BPatGE **11,** 106, 109; **15,** 68, 72; **22,** 57, 60; **24,** 190; **26,** 139, 140 (= GRUR **84,** 654). Gleiches gilt bei der Rücknahme des Widerspruchs, BPatGE **22,** 131, 132. Eine dahingehende Prüfung kann auch entbehrlich sein, wenn der Gebrauchsmusterinhaber die Aufrechterhaltungsgebühr nicht entrichtet, nachdem durch Zwischenbescheid die Löschung des Gebrauchsmusters in Aussicht gestellt worden war, vgl. PA Mitt. **57,** 119. Aus dem Umstand allein, dass der Gebrauchsmusterinhaber das Gebrauchsmuster während des Löschungsverfahrens mit Ablauf der ersten Schutzdauerperiode verfallen lässt oder dass der – in der ersten Instanz zum Teil erfolgreiche – Antragsteller das Löschungsverfahren nach Erlöschen des Gebrauchsmusters für in der Hauptsache erledigt erklärt, können jedoch keine nachteiligen Folgerungen für die Kostenentscheidung gezogen werden, BPatGE **10,** 256, 259; BPatG GRUR **81,** 908. 27 a

Im Rahmen des § 91 a ZPO ist auch der **Rechtsgedanke des § 93 ZPO** zu berücksichtigen (vgl. § 81 PatG Rdn. 37). Der Antragsteller hat daher auch bei voraussichtlichem Obsiegen im Allgemeinen dann die Kosten zu tragen, wenn der Schutzrechtsinhaber den Löschungsantrag durch Verzicht auf seine Rechte sofort anerkennt (oben Rdn. 24) und auch keine Veranlassung zur Einleitung des Löschungsverfahrens gegeben hat (oben Rdn. 21). Wegen der Belastung mit den von einer Partei ausgelösten vermeidbaren Mehrkosten vgl. Rdn. 25, 26. 27 b

gg) Zurücknahme des Löschungsantrags löst die Kostentragungspflicht des Löschungsantragstellers entsprechend § 269 Abs. 3 ZPO aus. Im Regelfall ist also der Löschungsantragsgegner verpflichtet, die Kosten des Löschungsverfahrens zu tragen, soweit nicht bereits rechtskräftig über sie erkannt ist oder sie dem Antragsgegner aus einem anderen Grunde aufzuerlegen sind, § 269 Abs. 3 Satz 2 ZPO. Ist aber der Anlass zur Einreichung des Löschungsantrags vor Zustel- 28 lung des Löschungsantrags an die Antragsgegner weggefallen und wird daraufhin der Löschungsantrag unverzüglich zurückgenommen, so bestimmt sich die Kostentragungspflicht unter Berücksichtigung des bisherigen Sach- und Streitstandes nach billigem Ermessen, § 269 Abs. 3 Satz 3 ZPO. Eine (auch außergerichtliche) Vereinbarung zwischen den Verfahrensbeteiligten über eine von der Kostenregel des § 269 Abs. 3 Satz 2 ZPO abweichende Kostentragung hat Vorrang gegenüber dieser Kostenregel, vgl. BPatG Bl. **00,** 383. Im Fall des § 269 Abs. 3 Satz 3 ZPO kann die Kostenvereinbarung bei der zu treffenden Billigkeitsentscheidung über die Kostentragungspflicht berücksichtigt werden.

29 **d) Billigkeit.** Bei jeder Kostenentscheidung im Löschungsverfahren ist nach der Prüfung der Kostenvorschriften der ZPO (also der das Unterliegensprinzip realisierenden §§ 91, 91 a, 92, 97, auch der hiervon abweichenden §§ 93, 95, 96, 269 Abs. 3 Satz 1 ZPO) die Frage zu beantworten, ob die Billigkeit eine inhaltlich andere Entscheidung als die nach den ZPO-Vorschriften erfordert; wird dies bejaht, so geht die Billigkeitsentscheidung vor. Sie ist die Ausnahme, stellt aber ein Regulativ hinsichtlich der Begleitumstände, insbesondere auch zur Unterstreichung der **Wahrheitspflicht** der Verfahrensbeteiligten entspr. § 124 PatG, vgl. BPatGE **1,** 171, und ihrer Obliegenheit zur **Verfahrensförderung** dar, vgl. § 18 Rdn. 21, im Übrigen Rdn. 15 zu § 84 PatG.

30 **e) Anfechtbarkeit.** Gemäß § 18 Abs. 1 sind auch Kostenentscheidungen mit der Beschwerde anfechtbar. Das gilt nicht nur für isolierte Kostenentscheidungen. Die mit einer Sachentscheidung verbundene Kostenentscheidung kann unter Beschränkung auf den Kostenpunkt angefochten werden, BPatGE **12,** 193, 195. Eine entsprechende Anwendung der abweichenden Sonderregelung des § 99 Abs. 1 ZPO verbietet sich schon wegen der Rechtsweggarantie des Art. 19 Abs. 4 GG. Die auf den Kostenpunkt beschränkte Beschwerde ist gebührenfrei, BPatGE **1,** 175, 177, **7,** 134, 135. Wenn die mit einer Sachentscheidung verbundene Kostenentscheidung nur im Kostenpunkt angefochten wird, kann die Beschwerde nicht darauf gestützt werden, dass die Sachentscheidung unrichtig sei, BPatGE 7, 134; 22, 126, 127.

31 **6. Gegenstandswert.** Für das Verfahren vor dem Patentamt und das Beschwerdeverfahren vor dem Patentgericht werden feste Gebühren erhoben. Der Gegenstandswert (Streitwert) spielt deshalb für die Amts- und Gerichtskosten keine Rolle. Der Gegenstandswert ist jedoch für die Bemessung der außeramtlichen oder außergerichtlichen Kosten von Bedeutung, wenn sich ein Beteiligter durch einen Patentanwalt und/oder einen Rechtsanwalt vertreten lässt (vgl. hierzu § 84 PatG Rdn. 18 u. unten Rdn. 35, 36). Denn deren Gebühren bemessen sich danach, welche volle Gebühr in der Gebührentabelle die BRAGebO bzw. des RVG (Anl. 2 zum RVG, § 13 Abs. 1) entsprechend dem jeweiligen Gegenstandswert vorgesehen ist und welcher Satz (ein Bruchteil oder ein Mehrfaches) hiervon für die betreffende anwaltliche Tätigkeit in dem Vergütungsverzeichnis (Anl. 1 zum RVG, § 2 Abs. 2) festgelegt ist; zu letzterem vgl. unten Rdn. 33. Die bisher für Patentanwälte regelmäßig erfolgende gegenstandswertunabhängige Festsetzung der Vergütung ist mit der unanfechtbaren Grundsatzentscheidung des Gebrauchsmuster-Beschwerdesenats Mitt. **05,** 375 aufgegeben worden. Sie wird jetzt im Ergebnis in gleicher Höhe wie bei Rechtsanwälten in Abhängigkeit vom Gegenstandswert unter entsprechender Anwendung von § 10 BRAGebO bzw. § 33 RVG vorgenommen. Vgl. unten Rdn. 33.

32 Eine selbstständige Festsetzung zur Berechnung der Anwaltsgebühren wird **für das erstinstanzliche Verfahren** als nicht zulässig angesehen; der Gegenstandswert ist hier ein vom Kostenbeamten im Kostenfestsetzungsverfahren zu ermittelndes bloßes **Berechnungselement,** BPatGE **3,** 183; **13,** 151, 153, Mitt. **79,** 176, 177, jeweils für die Rechtslage nach der BRAGebO; die Rechtslage hat sich insoweit seither nicht geändert, vgl. § 33 Abs. 1 RVG und Teil 2 Vorbem. 2.4 Abs. 3 des Vergütungsverzeichnisses der Anl. 1 zum RVG.

33 Der Gegenstandswert des Löschungsverfahrens ist (wie der Wert des Patentnichtigkeitsverfahrens – vgl. dazu § 84 PatG Rdn. 21) nach dem **wirtschaftlichen Interesse der Allgemeinheit** an der Löschung des Gebrauchsmusters für dessen restliche Laufzeit ab Beginn der Instanz zu bestimmen; dafür bieten die zu erwartenden Erträge (durch Eigennutzung und/oder Lizenzvergabe) wesentliche Anhaltspunkte; Schadenersatzforderungen aus in der Vergangenheit liegenden Verletzungshandlungen sind zusätzlich zu berücksichtigen, ständige Rechtsprechung, vgl. BGH GRUR **57,** 79 (Nichtigkeitssache); BPatG GRUR **86,** 240, 241; Gewinne einfacher Lizenznehmer bleiben außer Betracht, BPatG GRUR **85,** 524. In diesem Zusammenhang bieten auch die in Verletzungsprozessen zum gleichen Schutzrecht festgesetzten Streitwerte wichtige Anhaltspunkte und können – wenn sie seriös kalkuliert sind – als untere Grenze des Gegenstandswerts des Löschungsverfahrens angenommen werden, werden jedoch in der Praxis des Bundespatentgerichts kaum berücksichtigt, vgl. BPatG Mitt. **82,** 77; GRUR **86,** 240. Der durchschnittliche Gegenstandswert aller Löschungsverfahren lag 1985 bei etwa 140 000,– DM

(vgl. BPatG GRUR **89,** 48), im Jahr 2000 bei 100 000 Euro; im Einzelfall ergeben sich meist erhebliche Abweichungen nach oben oder unten. Nach Erlöschen des Gebrauchsmusters bemisst sich der Gegenstandswert nicht mehr nach dem Allgemeininteresse sondern nach dem Interesse des Antragstellers an der Abwehr seiner Inanspruchnahme aus dem erloschenen Gebrauchsmuster, BGH BlPMZ **91,** 190 – Unterteilungsfahne. Für den Gegenstandswert einer Nebenintervention gelten gleiche Grundsätze, BPatG GRUR **85,** 524. Vertrauliche Angaben zum Streitwert können auch dann nicht berücksichtigt werden, wenn die Beteiligten mit der Verwertung einverstanden sind, OLG Düsseldorf Bl. **56,** 379. Bei der Wertfestsetzung im Rechtsbeschwerdeverfahren kann entsprechend § 25 GKG zugleich auch der Wert für die Vorinstanz von Amts wegen geändert werden, BGH BlPMZ **91,** 190. Wegen der Streitwertherabsetzung vgl. § 26.

7. Kostenerstattung. Zu den Kosten, über die vom Patentamt zu entscheiden ist, gehören nach Abs. 4 der Vorschrift in Verbindung mit §§ 62 Abs. 2 Satz 1, 84 Abs. 2 Satz 2 PatG neben den Gebühren und Auslagen des Patentamts auch die den Beteiligten erwachsenen Kosten, soweit sie nach billigem Ermessen des Patentamts zur zweckentsprechenden Wahrung der Ansprüche und Rechte erforderlich waren; dabei sind über § 84 Abs. 2 Satz 2 auch die Grundsätze des § 91 ZPO zu berücksichtigen, soweit nicht die Billigkeit eine Abweichung erfordert. Hat daher ein Beteiligter mehr an amtlichen Kosten gezahlt, als ihm nach der Kostenentscheidung zur Last fallen, so sind sie ihm von dem Beteiligten, dem die Kosten auferlegt sind, zu erstatten. Ebenso sind dem Beteiligten, der von Kosten freigestellt ist, von dem Beteiligten, dem die Kosten auferlegt sind, die zur Wahrung der Rechte erforderlichen außeramtlichen Kosten zu erstatten. Die Erstattungspflicht ergibt sich in beiden Richtungen unmittelbar aus der Kostenentscheidung. Der Betrag der zu erstattenden Kosten wird auf Antrag im Kostenfestsetzungsverfahren festgesetzt (§ 62 Abs. 2 Satz 3 PatG). Für mehrere Verfahren zugleich entstandene Kosten können nur anteilig geltend gemacht werden, BPatG Mitt. **84,** 152; nach anderer Ansicht können dann die Kostenschuldner verschiedener Verfahren als Gesamtschuldner in Anspruch genommen werden (so Baumbach/Lauterbach, § 91 Rdn. 139; vgl. auch BPatG Mitt. **83,** 114). Die Kostenfestsetzung oder deren Ablehnung bewirkt keine Rechtskraft für oder gegen die Erstattungsfähigkeit im Rahmen eines anderen Verfahrens, a. A. BPatG Mitt. **83,** 114. 34

a) Vertreterkosten. Die Kosten der Vertretung durch einen Rechtsanwalt, Patentanwalt oder Erlaubnisscheininhaber sind stets zur zweckentsprechenden Wahrung der Rechte notwendig und daher erstattungsfähig (§ 91 Abs. 2 Satz 1 ZPO). Das gilt auch für den Fall, dass die Hauptsache erledigt ist und nur noch Kostenanträge zu stellen sind. 35

aa) Einzel-/Doppelvertretung. Erstattungsfähig weil zweckentsprechend sind regelmäßig die Kosten nur eines Anwalts und nicht die mehrerer Anwälte; vgl. näher Rdn. 36 zu § 80 PatG. Bei Vertretung durch einen Patentanwalt und einen Rechtsanwalt sind in der Regel in der ersten Instanz vor dem Patentamt nur die Kosten eines dieser Vertreter – meist die des Patentanwalts – als erstattungsfähig anzuerkennen, BGH GRUR **65,** 621; BGHZ **42,** 352, 354 – Patentanwaltskosten; BGH GRUR **77,** 559, 560 – Leckanzeigeeinrichtung; BPatGE **15,** 195, 196 f.; **45,** 129, 131. Eine Doppelvertretung ist im Regelfall – insbesondere im erstinstanzlichen Verfahren – nicht notwendig im Sinne von § 91 ZPO. Die Zuziehung eines Rechtsanwalts neben einem bereits zum Vertreter bestellten Patentanwalt wird nur dann als notwendig angesehen, wenn über die allgemeinen patentrechtlichen hinaus erhebliche rechtliche Schwierigkeiten auftauchten, deren Bewältigung einem Patentanwalt nicht zugemutet werden konnte, BGHZ aaO; BPatGE **22,** 10, 12 f. Ob in Konsequenz der neueren Rechtsprechung zur Erstattungsfähigkeit der Anwaltskosten bei Doppelvertretung im Patentnichtigkeitsverfahren – s. Rdn. 31 zu § 84 PatG – auch hier im – zweitinstanzlichen – gerichtlichen Löschungsverfahren die zusätzlichen Kosten bei Doppelvertretung im Rahmen des § 143 Abs. 5 PatG als erstattungsfähig anzuerkennen sind, erscheint zweifelhaft. 36

bb) Bemessung der Vertreterkosten. Bei Vertretung durch einen Patentanwalt sind die Gebühren und Auslagen ebenso wie bei Vertretung durch einen Rechtsanwalt auf der Grundlage der BRAGebO bzw. des RVG erstattungsfähig. Die frühere Unterscheidung bei der Bemessung – nämlich die Berechung der erstattungsfähigen Kosten für einen Patentanwalt nach festen Gebühren (i. d. R. eine Verfahrens- und eine Verhandlungsgebühr) in Anlehnung an die PatAnwGebO zuzüglich eine Teuerungszuschlags, vgl. BPatGE **38,** 74, **37,** 106 ist vom Gebrauchsmuster-Beschwerdesenat durch Grundsatzentscheidung Mitt. **05,** 375 aufgegeben worden. Dieser Beschluss betrifft zwar die Vertreterkosten im Beschwerdeverfahren, doch lässt sich die Rechtsfrage, welche Rechtsgrundlage heranzuziehen ist, konsequenterweise auch für das **erstinstanzliche Löschungsverfahren** des § 17 dann nur auch in diesem Sinn beantworten. 37

38 Ob noch die BRAGebO oder schon das RVG, das die BRAGebO abgelöst hat, anzuwenden sind, richtet sich nach den **Übergangsvorschriften** des § 61 RVG. Hiernach ist die BRAGebO im Regelfall weiter anzuwenden, wenn der unbedingte Auftrag zur Erledigung derselben Angelegenheit vor dem 1. 7. 2004 erteilt oder der Anwalt vorher beigeordnet worden ist.

39 Die erstattungsfähigen Kosten von Rechtsanwälten sind gemäß § 1 BRAGebO bzw. § 1 RVG nach dieser Gebührenordnung bzw. diesem Vergütungsgesetz, bei den Kosten von Patentanwälten gemäß §§ 315, 316 BGB nach billigem Ermessen in entsprechender Anwendung der BRAGebO bzw. des RVG zu bemessen. Die anwaltlichen Gebühren bemessen sich für das patentamtliche Verfahren nach § 118 BRAGebO, BPatGE **3,** 183; **22,** 10, 13, im Regelfall $^{8}/_{10}$ der vollen Gebühr, BPatGE **22,** 10, 14, bzw. nach dem RVG, Teil 2 Vorbem. 2.4. Abs. 3 und Nr. 2400 des RVG-Vergütungsverzeichnisses mit dem Satz von 0,5 bis 2,5 der vollen Wertgebühr. Eine **Geschäftsgebühr** von mehr als 1,3 kann bei einer Tätigkeit im Verwaltungsverfahren gefordert werden, die im Vergleich zur üblicherweise anfallenden Tätigkeit als umfangreich oder schwierig zu bezeichnen ist. Eine Geschäftsgebühr von mehr als 1,3 kann nach dieser Regelung nur bei einer Tätigkeit gefordert werden, die im Vergleich zur üblicherweise anfallenden Tätigkeit umfangreich oder schwierig ist. In Anlehnung an die bisher nach der BRAGebO im Regelfall üblichen zwei Gebühren zum Satz von 0,8 bietet sich die Bemessung einer entsprechenden Geschäftsgebühr für die anwaltliche Tätigkeit im Löschungsverfahren mit einer Erhöhung um denselben Betrag für die Tätigkeit in der obligatorischen mündlichen Verhandlung an.

40 Der Gebührenanspruch des Rechtsanwalts als eines Verfahrensbevollmächtigten nach § 118 BRAGebO entsteht nur einmal; dies gilt auch, wenn die Sache in die Beschwerde geht und an die Gebrauchsmusterabteilung **zurückverwiesen** wird, BPatGE **45,** 206. Eine Vertretung im **Beweisaufnahmeverfahren** i. S. des § 118 Abs. 1 Nr. 3 BRAGebO kann schon in einem Tätigwerden auf eine entsprechend § 273 ZPO vor einer Terminsbestimmung getroffene Anordnung des Vorsitzenden der Gebrauchsmusterabteilung gefunden werden, dass vom Antragsteller ein angeblich vorbenutzter Gegenstand einzureichen und eine Erklärung der Lieferfirma über Zeit und Art des Vertriebs vorzulegen sei, vgl. PA Bl. **61,** 67. Die Berechnung der Gebühren des **Beschwerdeverfahrens** regelt § 66 Abs. 2 BRAGebO. bzw. Teil 3 Abschnitt 2 Unterabschnitt 1 Vorbem. 3.2.1. der Vergütungsvorschriften des RVG. Hiernach können für das Beschwerdeverfahren, wie aus § 66 Abs. 2 BRAGebO hervorgeht, nicht wie im Berufungsverfahren $^{13}/_{10}$ der Gebührensätze in Ansatz gebracht werden, BPatG Mitt. **67,** 54, sondern nur die volle Gebühr des § 31 BRAGebO. Soweit das RVG zugrunde zu legen ist, ist im Vergütungsverzeichnis der Satz von 1,3 für die **Verfahrensgebühr** und von 1,2 für eine **Terminsgebühr** vorgesehen, Nr. 3510 und 3516 VV.

41 Zunächst getrennt gelaufene Verfahren bilden von der **Verbindung** an nur noch ein Verfahren; von der Verbindung ab kann daher nur eine Verhandlungsgebühr für eine Verhandlung und nur noch eine Verfahrensgebühr für ein Verfahren als erstattungsfähig anerkannt werden; der etwa durch die Verbindung gesteigerten Mühewaltung kann nur durch die Zubilligung erhöhter Gebühren Rechnung getragen werden, BGH GRUR **68,** 447, 452 – Flaschenkasten; BPatG GRUR **85,** 524, 525. Mehrere Verhandlungstermine bilden eine Einheit; sie lassen die Verhandlungs- bzw. Terminsgebühr nur einmal entstehen, BPatGE **5,** 144.

42 Angefallene **Umsatzsteuer** (MWSt) ist nach allgemeinen Grundsätzen auch hier neben den Gebühren und Auslagen erstattungsfähig, soweit kein Vorsteuerabzug gegeben ist; vgl. dazu § 84 PatG Rdn. 32 u. BPatG GRUR **93,** 385. **Reisekosten** und Abwesenheitsgeld sind im Rahmen des § 28 BRAGebO bzw. des Teil 7 Vorbem. 7 Abs. 2 der Vergütungsvorschriften des RVG und der Nr. 7003–7006 erstattungsfähig. Die Mehrkosten, die dadurch entstehen, dass der mit der Vertretung beauftragte Patentanwalt nicht am Ort des Patentamts (und des Bundespatentgerichts) ansässig ist, sind in der Regel erstattungsfähig, BGH GRUR **65,** 621 – Patentanwaltskosten, vgl. jetzt auch Teil 7 Vorbem. 7 Abs. 2 VV. Hat der Anwalt bei der Reise noch einen anderen Termin wahrgenommen – Anhörung in einem Einspruchsverfahren –, so kann im Löschungsverfahren nur die Hälfte der Reisekosten in Ansatz gebracht werden, PA Mitt. **57,** 37 , vgl. jetzt auch Teil 7 Vorbem. 7 Abs. 3 VV.

43 Wegen weiterer Einzelheiten vgl. die Rechtsprechung zu § 80 PatG (s. dort Rdn. 42 ff.).

44 **cc) Erlaubnisscheininhaber.** Bei Vertretung durch einen Erlaubnisscheininhaber können für die Kostenerstattung weder die Sätze der PatAnwGebO noch diejenigen der Gebührenrichtlinien des Verbandes vertretungsberechtigter Patentingenieure ohne weitere Prüfung zugrunde gelegt werden, BPatGE **10,** 194, 196; BGH Bl. **73,** 27, 28. Bei Berechnung der Vergütung nach den Sätzen der Gebührenrichtlinien muss die Angemessenheit dieser Sätze geprüft

werden, BPatGE **12,** 48; für diese Prüfung werden die Sätze der BRAGebO bzw. das RVG zum Vergleich herangezogen werden können. Diese Sätze können jedoch, soweit sie eine Pauschalvergütung bezwecken, nicht in voller Höhe als angemessen und damit als erstattungsfähig angesehen werden, vgl. bzgl. der PatAnwGebO BPatGE **10,** 194, 199; **12,** 45, 49; die Praxis des Bundespatentgerichts, die Vergütung für die Vertretung im Gebrauchsmusterlöschungsverfahren in Höhe von $^{8}/_{10}$ der Sätze der PatAnwGebO als erstattungsfähig anzusehen, war vom BGH gebilligt worden, BGH Bl. **73,** 27. Für einzelne Verrichtungen ist die Vergütung nach der Schwierigkeit der Sache und der notwendigen Arbeit zu bemessen, PA Bl. **55,** 149.

b) Eigene Kosten. Für seine eigene Mühewaltung oder für die Tätigkeit eines Angestellten kann ein Beteiligter grundsätzlich keine Kosten in Ansatz bringen, PA Mitt. **39,** 82; BPatGE **9,** 137; **12,** 71; vgl. auch OLG Düsseldorf Mitt. **60,** 156 (angestellter Patentanwalt). Die zu erstattenden Kosten können zwar auch die Kosten für durch notwendige Reisen oder durch Wahrnehmung eines Termins entstandene Zeitversäumnis umfassen; für den Arbeitsausfall eines Angestellten kann jedoch nicht ein der Zeitversäumnis entsprechender Gehaltsanteil in Ansatz gebracht werden, BPatGE **9,** 137. Auch Gehaltsaufwendungen für die mit der Verfahrensbearbeitung befasst gewesenen (eigenen) Angestellten können nicht berücksichtigt werden, BPatGE **12,** 71. Ein Patenttechniker als Löschungsantragsteller kann nur Ersatz seiner Baraufwendungen fordern, PA Mitt. **39,** 82. Vgl. im Übrigen Rdn. 39 zu § 84 PatG. 45

Die Kosten einer **Reise** eines Beteiligten zur Besprechung mit seinem Verfahrensbevollmächtigten werden im Allgemeinen als erstattungsfähig angesehen, BPatGE **11,** 109, 112; **21,** 88, 89f. Die Kosten einer Reise des Verfahrensbevollmächtigten (Anwalts) zu dem Beteiligten sind nur in Höhe der geringeren Kosten einer Reise des Beteiligten zu dem Verfahrensbevollmächtigten (Anwalt) erstattungsfähig, auch wenn die Besprechung wegen Erkrankung des Beteiligten nur an dessen Wohnort stattfinden konnte, BPatG Mitt. **72,** 32. Anstelle der Kosten einer Informationsreise des Beteiligten zu seinem Verfahrensbevollmächtigten, grundsätzlich aber auch nur bis zu deren Höhe, können die Kosten für die Information am Terminsort und für die Teilnahme an der mündlichen Verhandlung als erstattungsfähig angesehen werden, BPatGE **11,** 109, 112, **21,** 88, 90. 46

Übersetzungskosten zur Information der ausländischen Partei sind grundsätzlich erstattungsfähig, BPatGE **25,** 4; vgl. auch § 84 Rdn. 40. 46a

c) Sonstiges. Die Erstattungsfähigkeit von Kosten für Nachforschungen nach neuheitsschädlichem Material hängt davon ab, ob die Nachforschungen in der seinerzeitigen Lage bei sorgfältiger Abwägung aller Umstände für erforderlich gehalten werden durften, BPatGE **8,** 181; **12,** 201, 207; Mitt. **94,** 54. Durch Recherchen entstandene notwendige Kosten sind in angemessener Höhe auch dann erstattungsfähig, wenn der vertretende Patentanwalt die Recherche selbst vorgenommen hat, BPatGE **5,** 143; deren Festsetzung kann auch beim Verletzungsgericht erfolgen, OLG Karlsruhe Mitt. **74,** 242. Die Kosten amtlich angeforderter Fotokopien sind erstattungsfähig. Wegen der Kosten der von einem Beteiligten ohne amtliche Aufforderung angefertigten Kopien und Übersetzungen vgl. Nr. 7000 VV zum RVG und § 84 PatG Rdn. 40. 47

8. Kostenfestsetzung. Der Betrag der zu erstattenden Kosten wird nach Abs. 4 Satz 2 der Vorschrift in Verbindung mit § 62 Abs. 2 Satz 2 PatG auf Antrag vom Patentamt festgesetzt. Nach § 62 Abs. 2 Satz 3 PatG gelten die Vorschriften der ZPO über das Kostenfestsetzungsverfahren entsprechend. Die Kostenfestsetzung ist danach erst dann zulässig, wenn die Kostenentscheidung unanfechtbar geworden ist, BPatGE **2,** 114; **25,** 82. Die Entscheidungen in Gebrauchsmustersachen kennen – als Beschlüsse – keine vorläufige Vollstreckbarkeit. Zuständig für die Kostenfestsetzung ist der dem „Urkundsbeamten der Geschäftsstelle“ entsprechende Beamte des gehobenen Dienstes bei der Gebrauchsmusterabteilung, BPatGE **1,** 173. Zustellung des Kostenfeststellungsbeschlusses ist bei mehreren Beteiligten, die in Rechtsgemeinschaft stehen (z. B. Mitinhaber eines Gebrauchsmusters) grundsätzlich an jeden einzelnen zu richten, sofern nicht Zustellungs- oder Verfahrensbevollmächtigte bestellt sind, BPatGE **45,** 159. Gegen die Festsetzung der Kosten ist statt der Erinnerung die Beschwerde gegeben, die nach § 62 Abs. 2 Satz 4 PatG innerhalb von zwei Wochen einzulegen ist. Auch die Ablehnung der Kostenfestsetzung ist mit der Beschwerde anfechtbar; dafür gilt jedoch nicht die Zweiwochenfrist des § 62 Abs. 2 Satz 4 PatG, sondern die Monatsfrist des § 73 Abs. 2 Satz 1 PatG, BPatGE **5,** 139. Eine mündliche Verhandlung ist abweichend von § 78 PatG auch unter den dort genannten Voraussetzungen nicht erforderlich, BPatGE **32,** 123. Die vollstreckbare Ausfertigung des Kostenfestsetzungsbeschlusses wird vom Urkundsbeamten der Geschäftsstelle des Patentgerichts erteilt (§ 62 Abs. 2 Satz 5 PatG). Eine etwaige Vollstreckungsgegenklage (§ 767 ZPO) wäre beim Patentgericht zu erheben, BPatG GRUR **82,** 483. 48

18 *Beschwerde und Rechtsbeschwerde.* (1) **Gegen die Beschlüsse der Gebrauchsmusterstelle und der Gebrauchsmusterabteilungen findet die Beschwerde an das Patentgericht statt.**

(2) [1]**Im übrigen sind die Vorschriften des Patentgesetzes über das Beschwerdeverfahren entsprechend anzuwenden.** [2]**Betrifft die Beschwerde einen Beschluß, der in einem Löschungsverfahren ergangen ist, so ist für die Entscheidung über die Kosten des Verfahrens § 84 Abs. 2 des Patentgesetzes entsprechend anzuwenden.**

(3) [1]**Über Beschwerden gegen Beschlüsse der Gebrauchsmusterstelle sowie gegen Beschlüsse der Gebrauchsmusterabteilungen entscheidet ein Beschwerdesenat des Patentgerichts.** [2]**Über Beschwerden gegen die Zurückweisung der Anmeldung eines Gebrauchsmusters entscheidet der Senat in der Besetzung mit zwei rechtskundigen Mitgliedern und einem technischen Mitglied, über Beschwerden gegen Beschlüsse der Gebrauchsmusterabteilungen über Löschungsanträge in der Besetzung mit einem rechtskundigen Mitglied und zwei technischen Mitgliedern.** [3]**Für Beschwerden gegen Entscheidungen über Anträge auf Bewilligung von Verfahrenskostenhilfe ist Satz 2 entsprechend anzuwenden.** [4]**Der Vorsitzende muß ein rechtskundiges Mitglied sein.** [5]**Auf die Verteilung der Geschäfte innerhalb des Beschwerdesenats ist § 21 g Abs. 1 und 2 des Gerichtsverfassungsgesetzes anzuwenden.** [6]**Für die Verhandlung über Beschwerden gegen die Beschlüsse der Gebrauchsmusterstelle gilt § 69 Abs. 1 des Patentgesetzes, für die Verhandlung über Beschwerden gegen die Beschlüsse der Gebrauchsmusterabteilungen § 69 Abs. 2 des Patentgesetzes entsprechend.**

(4) [1]**Gegen den Beschluß des Beschwerdesenats des Patentgerichts, durch den über eine Beschwerde nach Absatz 1 entschieden wird, findet die Rechtsbeschwerde an den Bundesgerichtshof statt, wenn der Beschwerdesenat in dem Beschluß die Rechtsbeschwerde zugelassen hat.** [2]**§ 100 Abs. 2 und 3 sowie die §§ 101 bis 109 des Patentgesetzes sind anzuwenden.**

Inhaltsübersicht

1 **1. Vorbemerkung.** Seit den 6. ÜG sind sämtliche Bestimmungen über die Beschwerde in Gebrauchsmustersachen unter weitgehender Verweisung auf das Patentgesetz zusammengefasst. Durch das Gebrauchsmuster-Änderungsgesetz 1986 ist Abs. 3 neu formuliert worden; Satz 1 soll klarstellen, dass die Verweisung auf die Vorschriften des Patentgesetzes im umfassenden Sinne zu verstehen ist, also insbesondere die Vorschriften über das Beschwerdeverfahren vor dem Patentamt (Einlegung der Beschwerde, Abhilfe und Vorlage) einschließt. In Abs. 2 Satz 2 wird für das Löschungs-Beschwerdeverfahren ausdrücklich auf § 84 Abs. 2 PatG verwiesen und damit klargestellt, dass das Unterliegens- (oder Obsiegens-)prinzip in vollem Umfang auch für die Kostenentscheidung der zweiten Instanz gilt. Abs. 4 ist an § 100 Abs. 1 PatG angepasst worden, um klarzustellen, dass nur die zweitinstanzlichen Beschlüsse des Patentgerichts mit der Rechtsbeschwerde angefochten werden können. Vgl. dazu BT-Ds. 10/3903, S. 27 li. Sp. („Änderung des § 10").

2 Die Klarstellung des neuen Abs. 3 Satz 3 über die Besetzung des Beschwerdesenats in **Verfahrenskostenhilfe-Beschwerden** ist durch Art. 8 Nr. 7 c des Gesetzes zur Bereinigung von Kostenregelungen auf dem Gebiet des geistigen Eigentums, vom 13. 12. 2001, BGBl. I 3637 eingefügt worden.

2. Beschwerde

a) Statthaftigkeit. Die Beschwerde an das Patentgericht ist gegen alle Beschlüsse der Gebrauchsmusterstelle und der Gebrauchsmusterabteilung statthaft. Eine anderweitige gerichtliche Anfechtung und damit auch ein Vorgehen im Wege einer verwaltungs- oder zivilrechtlichen Feststellungsklage ist ausgeschlossen; eine solche „Feststellungsklage" lässt sich im Einzelfall als Beschwerde i. S. d. § 18 Abs. 1 auslegen, BPatGE **46,** 211, 213. Der Ausdruck „Beschluss" ist ebenso wie in § 73 PatG in materiellem Sinne gebraucht. Beschluss im Sinne der Vorschrift ist daher jede sachliche, einen Verfahrensbeteiligten belastende Entschließung, die eine abschließende Regelung enthält, BPatG GRUR **80,** 786, die den Betroffenen in seinen Rechten berührt, insbesondere Bindungswirkung entfaltet, wie dies eine Vorabentscheidung der Gebrauchsmusterstelle über die Wirksamkeit der Abzweigung tut, BPatGE **34,** 87. Auch die Eintragungsverfügung ist ein anfechtbarer Beschluss, BPatGE **31,** 43, 44. Ein Prüfungsbescheid, der nicht unter der Bezeichnung „Beschluss" ergangen ist und nur auf die vorläufige Auffassung der Gebrauchsmusterstelle aufmerksam macht, ist weder formell noch materiell ein Beschluss, BPatGE **46,** 211, 213. Auch keine Anfechtbarkeit einer an den Antragsgegner eines Löschungsantrags gerichteten Mitteilung der Gebrauchsmusterabteilung, dass das Gebrauchsmuster mangels rechtzeitigen Widerspruchs nach § 17 Abs. 1 Satz 2 gelöscht worden ist; besteht nach erfolgter Löschung Anlass zur Überprüfung, ob die Voraussetzungen des § 17 Abs. 1 Satz 2 doch nicht vorgelegen haben und erlässt die Gebrauchsmusterabteilung auf entsprechenden Antrag einen Beschluss, der den Eintritt der gesetzlichen Wirkung dieser Bestimmung feststellt, so ist dieser Feststellungsbeschluss mit der Beschwerde anfechtbar, BPatGE **47,** 26. Die von der Gebrauchsmusterabteilung erlassene Kostenentscheidung ist – abweichend von § 99 Abs. 1 ZPO – selbstständig anfechtbar, BPatGE **22,** 114, 115. Auf die Ausführungen zu § 73 PatG (Rdn. 2–14) kann im Übrigen verwiesen werden. 3

b) Einlegung, Rücknahme. Die Verweisung in Abs. 2 der Vorschrift auf die Bestimmungen des Patentgesetzes, ist, wie auch aus seiner Entstehungsgeschichte hervorgeht, in umfassendem, die Bestimmungen über die Einlegung der Beschwerde einschließendem Sinne gemeint. Die Beschwerde ist daher innerhalb eines Monats nach Zustellung des angefochtenen Beschlusses schriftlich beim Patentamt einzulegen; nur bei Beschwerden gegen Kostenfestsetzungsbeschlüsse der Gebrauchsmusterabteilung beträgt die Frist gemäß § 17 Abs. 4 Satz 2 i. V. m. § 62 Abs. 2 Satz 4 PatG zwei Wochen, BPatGE **45,** 129, 130, was entsprechend auch bei Erinnerungen gegen Kostenfestsetzungsbeschlüsse der Gebrauchsmusterstelle gilt, § 80 Abs. 5 PatG i. V. m. § 104 Abs. 3 ZPO. Bei unterbliebener oder unrichtiger Rechtsmittelbelehrung gilt die Jahresfrist des § 47 Abs. 2 Satz 3 PatG. Zur Wahrung der Schriftform gehört auch die eigenhändige Unterschrift (vgl. § 73 PatG Rdn. 25). Bei Versäumung der Beschwerdefrist kann Wiedereinsetzung gewährt werden. 4

Beschränkte Einlegung der Beschwerde ist zulässig, insbesondere – unbeschadet des § 99 Abs. 1 ZPO – beschränkt auf die ergangene Kostenentscheidung **(isolierte Kostenbeschwerde).** 4 a

Erweiterung des Löschungsantrags im Verlauf des Beschwerdeverfahrens – durch Erstreckung auf bisher nicht angegriffene Ansprüche des Gebrauchsmusters oder durch Nachschieben weiterer Löschungsgründe i. S. d. § 15 – ist im Rahmen des § 263 ZPO (also mit Einwilligung des Antragsgegners oder bei Sachdienlichkeit) als grundsätzlich zulässig anzusehen, eventuell aber mit **Kostennachteil** verbunden, vgl. BPatG Mitt. **96,** 395. Einer zusätzlichen Löschungsantragsgebühr bedarf es nicht. Allerdings ist die für ein abgekürztes Löschungsverfahren vorgesehene Sonderregelung des § 17 Abs. 1 zu beachten. Der erweiterte Löschungsantrag ist also dem Antragsgegner mitzuteilen, sowie ihm zugleich die Aufforderung zu übermitteln, sich dazu innerhalb eines Monats zur Vermeidung einer Löschung ohne Sachprüfung zu erklären, und zwar in diesem Fall beides naheliegenderweise durch das Patentgericht als der jetzt mit der Sache befassten Instanz. Widerspricht der Antragsgegner nicht rechtzeitig (vgl. zu § 17 Rdn. 3–5 h), so erfolgt in diesem Umfang die Löschung im Beschwerdeverfahren ohne Sachprüfung (vgl. zu § 17 Rdn. 6–6 b). 4 b

Der Beschwerdeführer kann die Beschwerde nach ihrer Einlegung bis zum Eintritt der Rechtskraft zurücknehmen und damit das Beschwerdeverfahren jederzeit beenden; die angefochtene Entscheidung des ersten Rechtszugs hat dann Bestand und wird damit rechtskräftig. Die **Zurücknahme der Beschwerde** muss in eindeutiger Weise erklärt werden; an der Eindeutigkeit fehlt es jedenfalls dann, wenn der Beschwerdeführer auf eine Aufklärungsverfügung zwar einräumt, dass der Beschwerde kein Erfolg beschieden sein dürfte, aber die von ihm vertretene Rechtsposition weiter vertritt, BPatGE **46,** 211, 213. Der Begriff „Zurücknahme" muss aber nicht verwendet werden. Hat der Beschwerdeführer zugleich mit der Beschwerdeeinlegung die Rückzahlung der Beschwerdegebühr beantragt und erklärt er später, nur noch der 4 c

Rückzahlungsanspruch sei offen, so kann dies eine hinreichend eindeutige Erklärung der Zurücknahme der Beschwerde sein, vgl. BPatGE **35,** 102, 104.

4d Der Beschwerdeführer, der die Beschwerde nicht fortführen will, aber eine Kostenauferlegung nach der Zurücknamevorschrift vermeiden will, kann dies mit einer **Erledigungserklärung** zu erreichen versuchen. Die Erledigung des Rechtsstreits in der Hauptsache tritt ein, wenn der Beschwerdegegner der Erledigungserklärung zustimmt, so dass nur noch über die Kosten auch § 91 a ZPO zu entscheiden ist, vgl. Rdn. 20. Stimmt der Beschwerdegegner nicht zu, so ist darüber zu entscheiden, ob die Erledigung eingetreten oder die Beschwerde zurückzuweisen ist. Die Erledigungserklärung kann sich auch allein auf das Beschwerdeverfahren, nicht auf den Rechtsstreit in der Hauptsache schlechthin beziehen, vorausgesetzt die Beschwerde war bis dahin zulässig; der angefochtene Beschluss des ersten Rechtszugs bleibt dann von der Erledigung des Beschwerdeverfahrens unberührt, BPatGE **45,** 21, 23.

5 **c) Beschwerdegebühr.** Für die Beschwerde ist eine Beschwerdegebühr zu zahlen, wie sich aus §§ 1 Abs. 1, 2 Abs. 1 PatKostG i. V. m. Nr. 421 100 und 421 200 des Gebührenverzeichnisses (Anlage zu § 2 Abs. 1 PatKostG) ergibt. Diese Gerichtsgebühr beträgt in Beschwerdeverfahren gegen die Entscheidung der Gebrauchsmusterabteilung über den Löschungsantrag 500 Euro, gegen einen Kostenfestsetzungsbeschluss 50 Euro, in anderen Fällen 200 Euro (Nr. 401 100 bis 401 300 des Gebührenverzeichnisses, siehe Anhang Nr. 6). Beschwerden in Verfahrenskostenhilfesachen sowie Beschwerden des Kostenschuldners gegen die Entscheidung über die Erinnerung nach § 11 Abs. 2 PatKostG und nach § 11 Abs. 2 DPMAVwKostV sind gebührenfrei (so ausdrücklich das Gebührenverzeichnis, Abschnitt B I). Für die einheitliche Beschwerde zweier Streitgenossen gegen einen einheitlichen Beschluss der Gebrauchsmusterabteilung ist nur eine Beschwerdegebühr zu zahlen, vgl. BGH Bl. **62,** 278. Verfahrenskostenhilfe im Eintragungs- und Löschungsbeschwerdeverfahren ist nach Maßgabe der §§ 130–138 PatG möglich, vgl. auch Rdn. 9 zu § 21.

5a **Fällig** ist die Beschwerdegebühr mit der Einlegung der Beschwerde (§ 3 Abs. 1 PatKostG). Wird die Gebühr nicht oder nicht vollständig oder nicht rechtzeitig gezahlt, so gilt die Beschwerde als nicht eingelegt (§ 6 Abs. 2 PatKostG). Rechtzeitig gezahlt ist die Beschwerdegebühr, wenn sie innerhalb eines Monats nach Zustellung des angefochtenen Beschlusses gezahlt wird (§ 6 Abs. 1 Satz 1 PatKostG i. V. m. § 18 Abs. 2 Satz 1 GebrMG, § 73 Abs. 2 Satz 1 PatG). Wird auf der Überweisung oder der Einzugsermächtigung ein nicht ausreichender Betrag angegeben, so reicht die gleichzeitig erfolgende Angabe des Zahlungszweckes allein nicht aus, die falsche Betragsangabe dahingehend zu korrigieren, dass in Wahrheit der für den Zahlungszweck erforderliche Betrag bestimmt sei, vgl. BPatGE **44,** 180. Die Monatsfrist zur Gebührenzahlung ist wiedereinsetzungsfähig.

6 **Rückzahlung** der Beschwerdegebühr oder eines hierauf gezahlten Teilbetrages ist zum einen geboten, wenn die Beschwerde nicht wirksam eingelegt worden ist. Keine Rückzahlung von Teilbeträgen, wenn die Beschwerde wegen der nicht vollständigen Zahlung als nicht eingelegt gilt, § 10 Abs. 2 Satz 2 PatKostG. Keine Rückzahlung, wenn die Beschwerde nach wirksamer Einlegung zurückgenommen wird. Liegen Billigkeitsgründe vor, kann zum anderen die Rückzahlung der Beschwerdegebühr gemäß § 80 Abs. 3 PatG angeordnet werden und zwar auch im Löschungsbeschwerdeverfahren.

7 **d) Vorlageverfahren.** Die Vorschriften des Patentgesetzes über das Vorlage-(Abhilfe-)verfahren (§ 73 Abs. 3 und 4) gelten entsprechend. Im einseitigen Verfahren kann daher das Patentamt der begründeten Beschwerde abhelfen und die Rückzahlung der Beschwerdegebühr anordnen. Sonst ist die Beschwerde innerhalb von einem Monat seit Einlegung ohne sachliche Stellungnahme dem Patentgericht vorzulegen. Wegen der Einzelheiten kann auf die Erläuterungen zu § 73 PatG verwiesen werden.

8 **e) Beschwerdeverfahren.** Für das Beschwerdeverfahren gelten nach Abs. 2 der Vorschrift die Bestimmungen des Patentgesetzes über das Beschwerdeverfahren (§§ 73 bis 80, 86 bis 99 PatG) entsprechend. Die Vorschriften über die Gerichtsverfassung des Patentgerichts sind (unmittelbar) anzuwenden, soweit nicht in Abs. 3 der Vorschrift etwas anderes bestimmt ist, vgl. BGH GRUR **64,** 310, 311.

9 **aa)** Der **Amtsermittlungsgrundsatz** (Untersuchungsgrundsatz) beherrscht das Beschwerdeverfahren. Der Sachverhalt wird von Amts wegen erforscht, BGH GRUR **99,** 920, 922. Liegt in der Eintragungsbeschwerde eine abgezweigte Gebrauchsmusteranmeldung vor, so ist das Patentgericht befugt, auch die Wirksamkeit der Abzweigung z. B. hinsichtlich der nach § 5 Abs. 1 erforderlichen sachlichen Identität, zu prüfen, BPatGE **39,** 10. Die Pflicht zur Erforschung des Sachverhalts ist im Übrigen aber schon dadurch begrenzt, dass eine Nachrecherche seitens der Mitglieder des Beschwerdesenats nicht geboten ist, wenngleich eine Berücksichtigung unbe-

schadet dessen von den mitwirkenden Richtern aufgefundener Entgegenhaltungen, die sie in das Verfahren „einführen", zulässig ist. Was die sonstige Begrenzung des Ermittlungsumfangs betrifft,, so ist davon auszugehen, dass ein zumutbarer Rahmen nicht überschritten zu werden braucht; die Beteiligten müssen insbesondere mit hinreichender Deutlichkeit die Zielrichtung ihrer Angriffe artikulieren, um die Nachforschungen in einer bestimmten Richtung sinnvoll erscheinen zu lassen, weil das Gericht nicht von sich aus beliebige Anhaltspunkte für die Auffassung eines Beteiligten ermitteln muss, vgl. BGH GRUR **99,** 920, 922.

bb) Besetzung des Beschwerdesenats. Dem Beschwerdesenat sind der rechtskundige Vorsitzende (Abs. 3 Satz 4), zwei rechtskundige Beisitzer (gem. § 67 Abs. 1, letzte Alt. PatG) sowie nach der Geschäftsverteilung des Patentgerichts sämtliche (40–50) technische beisitzende Richter zugewiesen, die dem Patentgericht angehören. Da der Senat nur in der Besetzung von drei Richtern entscheidet (Abs. 3 Satz 2 und § 67 Abs. 1, letzte Alt. PatG), liegt gegenüber der vom Gesetz verlangten Zahl angesichts der zugewiesenen Richter eine Überbesetzung vor. Dies ist aber im Hinblick auf die besondere Funktion des Patentgerichts, sich in erheblichem Umfang mit der Bewertung technischer Sachverhalte zu befassen, rechtlich unbedenklich. Die gebotene Nutzung der gesamten fachlichen Kompetenz der technischen Beisitzer rechtfertigt es, die Überbesetzung aus zwingenden Gründen der Rechtspflege hinzunehmen, solange die senatsinterne Geschäftsverteilung – wie bisher – den Eindruck willkürlicher Manipulation der nicht aufkommen lässt. Dies gilt umso mehr, als sich eine Vermeidung der Überbesetzung durch eine Verteilung der anfallenden Gebrauchsmustersachen auf mehrere Senate angesichts der hohen Beisitzerzahl und der niedrigen Zahl verfügbarer Senate nicht bewerkstelligen lässt. Hinzu kommt, dass gegen eine Verteilung auf mehrere Senate entscheidend die damit untrennbare verbundene Gefahr einer Rechtszersplitterung durch widersprechende Entscheidungen spricht, deren Vermeidung im Interesse einer geordneten Rechtspflege liegt, BGB GRUR **98,** 373, 375 – Fersensporn; vgl. hierzu Bender, GRUR **98,** 969. 10

Über Beschwerden gegen die **Zurückweisung einer Gebrauchsmusteranmeldung** entscheidet ein Beschwerdesenat mit einem rechtskundigen Mitglied als Vorsitzendem, einem weiteren rechtskundigen Mitglied und einem technischen Mitglied. Dies gilt auch für die mit der Hauptsache verbundenen Nebensachen, auch wenn die Hauptsache sich erledigt, vgl. BPatGE **12,** 28, 31 (für den Fall der zurückgenommenen Eintragungsbeschwerde bei zugleich beantragter Rückzahlung der Beschwerdegebühr). Die Besetzung für die Entscheidung über Beschwerden gegen **andere Beschlüsse der Gebrauchsmusterstelle** ist in Abs. 3 der Vorschrift nicht besonders geregelt. Es verbleibt daher insoweit bei der Besetzung mit drei rechtskundigen Mitgliedern, die in § 67 Abs. 1 PatG für alle Fälle vorgesehen ist, für die nichts Abweichendes bestimmt ist; § 67 Abs. 1 PatG gilt insoweit unmittelbar und nicht nur entsprechend, BGH GRUR **64,** 310, 311. Soweit es sich um Beschwerden im Verfahren über die Verfahrenskostenhilfe handelt, wird der in § 67 Abs. 1 PatG zum Ausdruck kommende Grundsatz, dass die Besetzung derjenigen der Hauptsache folgt, jetzt durch Abs. 3 Satz 3 bekräftigt. Richtet sich die Beschwerde gegen die **Sachentscheidung der Gebrauchsmusterabteilung** über den Löschungsantrag, so entscheidet der Beschwerdesenat in der Besetzung mit einem rechtskundigen Mitglied als Vorsitzendem und zwei technischen Mitgliedern. Dies gilt auch dann, wenn das Patentamt einen Löschungsantrag als unzulässig verworfen hat, BGH Bl. **85,** 339, 340, ebenso für die Kostenentscheidung nach Beschwerderücknahme. Für alle übrigen Fälle einschließlich der **isolierten Kostenbeschwerde** verbleibt es bei der Regelung des § 67 Abs. 1 PatG, wonach der Beschwerdesenat in der Besetzung mit drei rechtskundigen Mitgliedern entscheidet. 11

Durch selbstständige **Beschwerden beider Verfahrensbeteiligten** (Antragsteller und Antragsgegner), von denen die eine die Hauptsache und die andere isoliert die Kostenentscheidung betrifft, werden nicht getrennte Beschwerdeverfahren in Gang gesetzt, die miteinander zu verbinden wären; es findet vielmehr nur ein (einheitliches) Beschwerdeverfahren statt, BPatGE **13,** 216; insoweit unter teilw. Aufgabe von BPatGE **10,** 256, 258f. In diesem Beschwerdeverfahren hat die Besetzungsvorschrift des § 18 Abs. 3 Satz 2 für die die Hauptsache betreffende Beschwerde Vorrang, BPatGE **13,** 216, 218. Bei der in § 18 Abs. 3 Satz 2 vorgesehenen Besetzung verbleibt es auch dann, wenn die Sachbeschwerde von den Beteiligten für erledigt erklärt wird, BPatGE **10,** 256. Wird dagegen die Sachbeschwerde zurückgenommen, so soll in diesem Fall über die Kostenbeschwerde in der Besetzung mit drei rechtskundigen Mitgliedern zu entscheiden sein, BPatGE **22,** 114, zweifelhaft; die einmal begründete Zuständigkeit bleibt. 12

Ein Richter, der **in einem Patenterteilungs-Beschwerdeverfahren mitwirkt** oder mitgewirkt hat, ist nicht schon deswegen in einem dieselbe Erfindung betreffenden Gebrauchsmusterlöschungs-Beschwerdeverfahren von der Ausübung des Richteramts ausgeschlossen, 13

BGH GRUR **65,** 50, 51. Die Mitwirkung im Patenterteilungsverfahren gibt für sich allein auch noch keinen Ablehnungsgrund für das die gleiche Erfindung betreffende Gebrauchsmusterlöschungs-Beschwerdeverfahren, BGH GRUR **65,** 50, 51. Vgl. im Übrigen § 86 PatG Rdn. 1–16.

14 **cc) Mündliche Verhandlung.** Die mündliche Verhandlung, die für das erstinstanzliche Verfahren in Löschungssachen zwingend vorgeschrieben ist (§ 17 Abs. 3 Satz 1), braucht in Beschwerdeverfahren, die sich gegen Entscheidungen im Löschungs-, aber auch in allen sonstigen Verfahren richten, nur unter den Voraussetzungen des § 78 PatG stattzufinden. Für eine Anwendung der Vorschriften des Patengesetzes über das Nichtigkeitsverfahren also für die mündliche Verhandlung bereits im Regelfall gemäß § 83 Abs. 2 PatG, ist nach der eindeutigen Regelung des § 18 Abs. 3 Satz 1 kein Raum, BGH Mitt **96,** 118, 119. Während sie im erstinstanzlichen Verfahren andererseits nur erforderlich ist, wenn über den Löschungsantrag zu entscheiden ist, ist sie im Beschwerdeverfahren unter den Voraussetzungen des § 78 PatG auch dann anzuberaumen, wenn nur eine Kostenentscheidung oder Kostenfestsetzung Gegenstand der Beschwerde ist. In der mündlichen Verhandlung kann dem Anmelder das Nachbringen einer Reinschrift der Schutzansprüche und einer daran angepassten Beschreibung in entsprechender Anwendung des § 283 ZPO jedenfalls dann gestattet werden, wenn über den Inhalt der nachzubringenden Beschreibung bereits in der mündlichen Verhandlung eine hinreichend klare Vorstellung besteht und der Anmelder die Frist für die Nachbringung der Unterlagen beantragt hat, BPatGE **22,** 54.

15 **dd) Öffentlichkeit.** Für die Öffentlichkeit der Verhandlung gilt § 69 Abs. 1 PatG entsprechend. Bis zur Eintragung des Gebrauchsmusters ist daher die Verhandlung nicht öffentlich. Betrifft das Verfahren ein bereits eingetragenes Gebrauchsmuster, so ist die Verhandlung grundsätzlich öffentlich. Die Öffentlichkeit kann jedoch unter den Voraussetzungen des § 69 Abs. 1 Satz 2 PatG für die Verhandlung, u.U. auch für die Verkündung der Entscheidung ausgeschlossen werden.

16 **f) Entscheidung.** Über die Beschwerde wird nach Abs. 2 der Vorschrift in Verbindung mit § 79 Abs. 1 PatG durch Beschluss entschieden. Die Entscheidung kann auf Verwerfung der Beschwerde als unzulässig, auf Zurückweisung als unbegründet, auf Aufhebung des angefochtenen Beschlusses und Zurückverweisung oder auf Abänderung bzw. Aufhebung unter Ersetzung des angefochtenen Beschlusses durch die eigene Entscheidung des Gerichts lauten. Es kann insoweit auf die Erläuterungen zu § 79 PatG verwiesen werden. Das Gericht kann jede Entscheidung treffen, die vom Patentamt getroffen werden kann, so z.B. die Feststellung, dass der Löschungsantrag mangels Zahlung der Löschungsgebühr als zurückgenommen gilt, vgl. BPatGE **42,** 233, 237. Für vorläufige Vollstreckbarkeit des die abschließende Entscheidung bildenden Beschlusses hinsichtlich der Kosten wird herkömmlich keine Rechtsgrundlage gesehen, anders also als bei Urteilen, vgl. §§ 708, 709 ZPO. Nach BPatG 5 W (pat) 7/87 vom 9. 4. 1987 kann das Patentgericht im Beschwerdeverfahren auch einstweilige Anordnungen entsprechend § 572 Abs. 3 ZPO erlassen.

17 **3. Anschlussbeschwerde.** Im zweiseitigen Verfahren, also insbesondere im Gebrauchsmusterlöschungsverfahren, kann sich der Beschwerdegegner, der nicht selbst frist- und formgerecht Beschwerde eingelegt hat, der Beschwerde des Beschwerdeführers anschließen, BPatGE **2,** 116. Die Anschließung kann noch in der letzten mündlichen Verhandlung erfolgen, BPatGE **2,** 116. Es genügt dafür die Einreichung eines Schriftsatzes mit der Beschwerdeerklärung, BPatGE **2,** 116, 118. Eine Beschwerdegebühr braucht für die unselbstständige Anschlussbeschwerde nicht gezahlt zu werden, BPatGE **3,** 48. Im Übrigen kann auf die Erläuterungen zu § 73 PatG (Rdn. 20) verwiesen werden.

18 **4. Kosten.** Für die Kosten des Beschwerdeverfahrens gibt das Gesetz eine besondere Regelung, soweit es sich um die Beschwerde gegen einen Beschluss des Patentamts handelt, der in einem Löschungsverfahren ergangen ist. Im Übrigen sind wegen der generellen Verweisung die Vorschriften des Patentgesetzes entsprechend anzuwenden.

19 **a) Kostenentscheidung.** Für die Kostenentscheidung in Beschwerdeverfahren gegen **Entscheidungen der Gebrauchsmusterstelle** gilt § 80 Abs. 1 PatG entsprechend. Im einseitigen Verfahren trägt also der Anmelder/Antragsteller die Verfahrenskosten, ohne dass es hierüber einer ausdrücklichen Kostenentscheidung bedarf, soweit er nicht ausnahmsweise von Amts-/Gerichtskosten, die wegen offensichtlich unrichtiger Sachbehandlung entstanden sind, nach § 9 PatKostG verschont bleibt; letzteres bedarf aber einer ausdrücklichen Feststellung durch Beschluss, zweckmäßigerweise zusammen mit der Entscheidung zur Hauptsache. Bei Vorhandensein mehrerer Beteiligter sind die Kosten – Gerichtskosten und außergerichtliche Kosten – einem Beteiligten aufzuerlegen, wenn es der Billigkeit entspricht (vgl. zu § 80 PatG). Es ist

doppelt nach Billigkeit zu entscheiden, nämlich 1. ob eine Kostenentscheidung ergeht und ggfs. 2. welchen Inhalt sie hat. Im Regelfall – nämlich wenn keine Billigkeitsgründe hervortreten – bleibt es also dabei, dass jeder Verfahrensbeteiligte die ihm durch das Beschwerdeverfahren entstandenen Kosten selbst trägt, BPatGE **47,** 23, 29. Dies gilt, auch wenn hierüber keine ausdrückliche Entscheidung ergeht. Im **Löschungsbeschwerdeverfahren** gilt kraft der Verweisung auf § 84 Abs. 2 PatG zum einen, dass in jedem Fall auch über die Verfahrenskosten zu entscheiden ist. Ist allerdings keine wirksame Beschwerde eingelegt oder gilt sie mangels vollständiger oder rechtzeitiger Beschwerdegebühr als nicht eingelegt nach § 6 Abs. 2 PatKostG, so ist kein Raum für eine Kostenentscheidung; der Beschwerdegegner, sofern er überhaupt von der Beschwerdeeinlegung erfährt, kann keine Entscheidung über die Erstattung der ihm etwa entstandenen Kosten durch den Beschwerdesenat verlangen, BPatGE **44,** 180, 187. Das Unterliegensprinzip der §§ 91, 91 a, 92, 97 ZPO gilt zum anderen nach § 84 Abs. 2 PatG, soweit nicht die Sonderregelung der §§ 93, 95, 96, 269 Abs. 3 Satz 1, § 515 Abs. 3 Satz 1 ZPO eingreift und soweit die Billigkeit keine andere Entscheidung erfordert.

Für die Entscheidung, wer die Kosten trägt, ist im Löschungsbeschwerdeverfahren also zu- 20
nächst nach der **in der ZPO vorgesehenen Kostenregelung** zu fragen. Im Beschwerdeverfahren gegen den Beschluss, der mangels Widerspruchs gegen den Löschungsantrag den Eintritt der gesetzlichen Folge des § 17 Abs. 1 Satz 2 feststellt, ist für die Kostenentscheidung allerdings § 80 Abs. 1 PatG zugrunde zu legen, BPatGE **47,** 23, 28. Bei Kostenquotelung wegen nur teilweisen Obsiegens und Unterliegens bzw. nur teilweiser Beschwerderücknahme und Obsiegens des Beschwerdeführers im Übrigen ist noch der eingetretenen Minderung des gemeinen Werts des Schutzrechts in wirtschaftlicher Hinsicht zu fragen, vgl. BPatGE **34,** 182, 185. Bei vorzeitiger Beendigung des zweiseitigen Beschwerdeverfahrens durch Beschwerderücknahme wird die Kostentragungspflicht des Beschwerdeführers entsprechend § 515 Abs. 3 Satz 1 ZPO ausgelöst, BPatGE **45,** 201, 202. Wird der Rechtsstreit in der Hauptsache durch eine übereinstimmende Erledigungserklärung zum Abschluss gebracht, so ist über die Kosten gemäß § 91 a ZPO unter Berücksichtigung des bisherigen Sach- und Streitstandes vorbehaltlich der nach Billigkeit anderweitig erforderlichen Entscheidung zu befinden. Die Entscheidung erstreckt sich auf die Kosten beider Rechtszüge, sofern die Erledigungserklärung nicht zulässigerweise auf das Beschwerdeverfahren beschränkt wird, BPatGE **45,** 21, 23.

Nach der Feststellung, welche Kostenentscheidung sich aus den Vorschriften der ZPO ergibt, 21
ist stets zu fragen, ob die **Billigkeit** eine davon abweichende Entscheidung erfordert; macht die Billigkeit eine abweichende Kostenentscheidung nötig, so hat diese den Vorrang. So sind der Antragstellerin, obwohl sie im Beschwerdeverfahren mit ihrem Löschungsantrag Erfolg hat, trotz des Obsiegens aus Billigkeitsgründen die Kosten des Beschwerdeverfahrens aufzuerlegen, wenn sich das Gebrauchsmuster auf Grund von Druckschriften als schutzunfähig erweist, die erst im Löschungs-Beschwerdeverfahren ermittelt und vorgelegt wurden, obwohl von ihr erwartet werden konnte, mit einer Recherche bereits vor Abschluss des ersten Rechtszuges diese Druckschriften zu ermitteln, BPatGE **44,** 178.

Gilt die Beschwerde gegen eine im Löschungsverfahren ergangene Sachentscheidung **als** 22
nicht erhoben, so ergeht keine Kostenentscheidung, BPatGE **45,** 201.

b) Gegenstandwert. Der Gegenstandwert ist für die Berechnung der Patentanwalts- und 23
Rechtsanwaltsgebühren von Bedeutung. Er wird auf Antrag gemäß § 10 BRAGebO bzw. § 33 RVG vom Gericht festgesetzt. Wegen der Regeln für die Bemessung des Gegenstandswerts des Gebrauchsmuster-Löschungsverfahrens vgl. § 17 Rdn. 31 sowie BGH Bl. **91,** 190.

c) Kostenerstattung. Wenn das Patentgericht gemäß § 18 Abs. 2 GebrMG in Verbdg. mit 24
§ 80 Abs. 1 PatG bestimmt hat, dass die den Beteiligten erwachsenen Kosten von einem Beteiligten zu erstatten sind, sind den übrigen Beteiligten die Kosten zu ersetzen, die nach billigem Ermessen zur zweckentsprechenden Wahrung der Ansprüche und Rechte erforderlich waren. Wegen der Kosten, die hiernach als erstattungsfähig angesehen werden können, kann auf die Erläuterungen zu § 17 GebrMG (Rdn. 34–43) und zu § 80 PatG (Rdn. 35–54) verwiesen werden.

d) Kostenfestsetzung. Der Betrag der zu erstattenden Kosten wird auf Antrag vom Gericht 25
festgesetzt (§ 18 Abs. 2 GebrMG in Verbdg. mit § 80 Abs. 5 PatG und § 103 Abs. 2 ZPO). Zuständig ist der Urkundsbeamte der Geschäftsstelle des Patentgerichts (nach § 23 Abs. 1 Nr. 12 RechtspflG der Rechtspfleger), BGH GRUR **68,** 447 gegen BPatGE **3,** 59. Im Einzelnen kann auf die Erläuterungen zu § 80 PatG (Rdn. 55 ff.) verwiesen werden.

5. Rechtsbeschwerde. Gegen die Entscheidung des Beschwerdesenats ist nach Abs. 4 der 26
Vorschrift unter den Voraussetzungen des § 100 Abs. 2 und 3 PatG die Rechtsbeschwerde gegeben. Es muss sich bei dem angefochtenen Beschluss um eine Entscheidung über die

Beschwerde selbst handeln. War die Frage, ob überhaupt eine Kosten(grund)entscheidung zu ergehen hatte, Gegenstand **(Hauptsache)** des Beschwerdeverfahrens, so ist auch eine solche Kostenrechtsbeschwerde statthaft, BGH GRUR **01,** 139. Dagegen findet eine **isolierte Anfechtung** von Nebenentscheidungen, z.B. einer als Nebensacheentscheidung ergangenen Kostenentscheidung, nicht statt, BGH GRUR **67,** 94, 96; vgl. BPatGE **12,** 238, auch nicht bei ausdrücklicher Zulassung durch das Patentgericht, BGHZ **97,** 9. Zu den rechtsbeschwerdefähigen Entscheidungen im Übrigen auch bei im Kostenfestsetzungsverfahren ergangenen Entscheidungen, vgl. Rdn. 2–7 zu § 100 PatG.

28 Ist eine angefochtene Entscheidung rechtsbeschwerdefähig, so muss die Rechtsbeschwerde, um statthaft zu sein, überdies **zugelassen** sein, oder sie muss sich – **zulassungsfrei** – auf einen der in § 100 Abs. 3 PatG aufgeführten Verfahrensmängel stützen, vgl. näher Rdn. 8–41 zu § 100 PatG. Aus Entscheidungen über Rechtsbeschwerden, die gegen gebrauchsmusterrechtliche Beschlüsse eingelegt worden sind, ergibt sich im Übrigen:

Die nicht zugelassene Rechtsbeschwerde ist statthaft, wenn mit ihr die gesetzlich vorgesehenen **Rechtsbeschwerdegründe** des § 100 Abs. 3 PatG geltend gemacht werden und dies mit **näheren Ausführungen** begründet wird. Sie bleibt erfolglos, wenn diese Rechtsbeschwerdegründe, auf deren Vorliegen sich die Prüfung im Verfahren der zulassungsfreien Rechtsbeschwerde beschränkt, nicht vorliegen, BGH GRUR **01,** 139.

29 Im Fall der nicht zugelassenen Rechtsbeschwerde ist zur Begründung der **Rüge der fehlerhaften Besetzung** des Gerichts die Angabe der Einzeltatsachen nötig, aus denen sich der Fehler ergibt. Wenn es sich um gerichtsinterne Vorgänge – z.B. die senatsinterne Geschäftsverteilung – handelt, muss dargelegt werden, dass jedenfalls eine Aufklärung versucht worden ist, BGH GRUR **05,** 572. Dabei setzt die zulassungsfreie Rechtsbeschwerde nach § 100 Abs. 3 Nr. 1 PatG nicht eine vorherige Geltendmachung der Besetzungsrüge bereits in der Beschwerdeinstanz voraus, BGH GRUR **98,** 373, 374.

30 Zur Begründung der **Rüge des versagten rechtlichen Gehörs** ist darzulegen, weshalb das jedem Verfahrensbeteiligten zustehende Recht verletzt worden ist, sich zu dem der Entscheidung zugrundeliegenden Sachverhalt zu äußern und dem Gericht die eigene Auffassung zu den erheblichen Rechtsfragen vorzutragen. Das Gericht ist zwar verpflichtet, dieses Vorbringen zu Kenntnis zu nehmen und in Erwägung zu ziehen. Von dieser Kenntnisnahme ist u.a. dann auszugehen, wenn der Vortrag des Verfahrensbeteiligten in der Sachverhaltsdarstellung der schriftlichen Entscheidung wiedergegeben wird. Dass das Gericht den Vortrag in seine Erwägungen miteinbezogen hat, ist mangels entgegenstehender Anhaltspunkte dann anzunehmen, zumal es nicht gehalten ist, sich mit jedem Vorbringen in den Entscheidungsgründen ausdrücklich zu befassen, vgl. BGH GRUR **05,** 572, 573.

31 Der am häufigsten geltend gemachte **Zulassungsgrund Begründungsmangel** ist jedenfalls dann nicht erfolgreich, wenn allein ein Rechtsfehler in der angefochtenen Entscheidung geltend gemacht wird, mag dieser auch ungewöhnlich und besonders gravierend sein, BGH Mitt **03,** 572 – Paroxetin, LS. Vielmehr verlangt der Begründungszwang eine Auseinandersetzung mit jedem Schutzanspruch und jedem selbstständigen Angriffs- und Verteidigungsmittel, BGH GRUR **98,** 373, 376 m.w.N. Die Lückenhaftigkeit der Begründung kann dagegen nicht gerügt werden, BGH GRUR **05,** 572, 573.

32 Für das Rechtsbeschwerdeverfahren gelten die §§ 101 bis 109 PatG entsprechend. Auf die Erläuterungen zu diesen Vorschriften kann daher verwiesen werden.

33 **6. Akteneinsicht.** Auf die Einsicht in die Akten eines Beschwerdeverfahrens ist entgegen BPatG GRUR **80,** 1071 § 8 Abs. 5 GebrMG anzuwenden, BGH GRUR **01,** 149. Soweit danach Akteneinsicht nur bei Glaubhaftmachung eines Berechtigten Interesses gewährt werden kann, wird dieses nicht dadurch begründet, dass das Patentamt auf einen unveröffentlichten Beschluss des Patentgerichts hingewiesen hat, ohne dessen wesentlichen Inhalt mitzuteilen; der in der Bezugnahme liegende Verfahrensmangel lässt sich nicht dadurch beheben, dass ein berechtigtes Interesse an der Einsicht in dem unveröffentlichten, eine Gebrauchsmusteranmeldung betreffenden Beschluss anerkannt wird, BPatG GRUR **80,** 1071, 1072.

19 ***Löschungsverfahren und Zivilprozeß.*** **[1]Ist während des Löschungsverfahrens ein Rechtsstreit anhängig, dessen Entscheidung von dem Bestehen des Gebrauchsmusterschutzes abhängt, so kann das Gericht anordnen, daß die Verhandlung bis zur Erledigung des Löschungsverfahrens auszusetzen ist. [2]Es hat die Aussetzung anzuordnen, wenn es die Gebrauchsmustereintragung für unwirksam hält. [3]Ist der Löschungsantrag zurückgewiesen worden, so ist das Gericht an diese Entscheidung nur dann gebunden, wenn sie zwischen denselben Parteien ergangen ist.**

Inhaltsübersicht

1. Löschungsverfahren und Zivilprozess. *Literatur:* Wichards, Zusammentreffen von Löschungsverfahren und Verletzungsstreit, GRUR **37,** 99; Neumann, Kann die Rechtsgültigkeit eines Gebrauchsmusters im Verletzungsstreit nach dem neuen Gebrauchsmustergesetz vom 5. 5. 36 noch im Wege der Einrede geltend gemacht werden?, GRUR **37,** 102; Zeller, Zusammentreffen von Löschungsverfahren und Verletzungsstreit, GRUR **37,** 427. 1

Während die mangelnde Patentfähigkeit des durch rechtsgestaltenden Hoheitsakt erteilten Patents nur im Wege der Nichtigkeitsklage geltend gemacht werden kann, kann sich der durch die Eintragung eines Gebrauchsmusters Betroffene auch im Zivilprozess jederzeit auf die mangelnde Schutzfähigkeit des Gebrauchsmusters berufen. Soweit es für die Entscheidung des Rechtsstreits darauf ankommt, hat das ordentliche Gericht die Schutzfähigkeit des Gebrauchsmusters – auch hinsichtlich der sogen. absoluten Schutzvoraussetzungen (BGH GRUR **69,** 184) – zu prüfen und darüber als Vorfrage für die von ihm zu erlassende Entscheidung zu befinden. Daran wird auch durch das Anhängigwerden eines Löschungsverfahrens grundsätzlich nichts geändert.

Die Stellung eines Löschungsantrages hindert weder den Antragsteller, die mangelnde Schutzfähigkeit auch im Zivilprozess geltend zu machen, noch befreit sie das Gericht von der Verpflichtung, über die Einrede der mangelnden Schutzfähigkeit (selbstständig) zu entscheiden. Um jedoch widersprechende Entscheidungen über die Rechtsbeständigkeit des Musters tunlichst zu vermeiden, gibt die Vorschrift dem Gericht die Möglichkeit der Aussetzung und schreibt sie für den Fall, dass das Gericht die Eintragung für unwirksam hält, zwingend vor. Sie regelt ferner die Wirkung der im Löschungsverfahren ergangenen Entscheidung auf den Zivilprozess.

2. Aussetzung des Rechtsstreits. Die Vorschrift regelt nur die Aussetzung des bürgerlichen Rechtsstreits. Die Aussetzung des Löschungsverfahrens bestimmt sich nach allgemeinen Grundsätzen (§ 148 ZPO, vgl. § 17 Rdn. 9). Aus der Vorschrift folgt indes, dass das Löschungsverfahren nicht mit Rücksicht auf einen davon betroffenen bürgerlichen Rechtsstreit ausgesetzt werden kann. 2

a) Voraussetzungen

aa) Anhängigkeit des Rechtsstreits. Es muss zunächst ein Rechtsstreit anhängig sein. Die Instanz spielt dabei keine Rolle. Die Aussetzung kann auch noch in der Revisionsinstanz erfolgen, RGZ **155,** 321, 322; RG GRUR **42,** 556. Im Verfahren auf Erlass einer einstweiligen Verfügung kommt die Aussetzung im Hinblick auf ein Löschungsverfahren nicht in Betracht. Das würde auch der Dinglichkeit der Regelung widersprechen. 3

bb) Anhängigkeit des Löschungsverfahrens. Das Löschungsverfahren muss bereits durch Einreichung des Löschungsantrags anhängig geworden sein. Maßgebend ist dabei der Schluss der mündlichen Verhandlung im Zivilprozess. Die spätere Stellung des Löschungsantrages kann nicht mehr beachtet werden. Es ist dagegen belanglos, von wem das Löschungsverfahren betrieben wird; die Aussetzung kann auch erfolgen, wenn ein am Zivilprozess nicht beteiligter Dritter die Löschung erstrebt, OLG Braunschweig GRUR **61,** 84. 4

cc) Vorgreiflichkeit der Entscheidung. Der Rechtsstreit darf wegen des Löschungsverfahrens nur ausgesetzt werden, wenn die Entscheidung von dem Bestehen des Gebrauchsmusterschutzes abhängt. Das ist vor allem im Verletzungsstreit der Fall, wenn alle übrigen Anspruchsvoraussetzungen gegeben sind und die Entscheidung von der Schutzfähigkeit des Klagemusters abhängt. In Betracht kommen weiter Streitigkeiten wegen Vergütung für Arbeitnehmererfindungen. Für Streitigkeiten aus Lizenzverträgen wird es dagegen nur ausnahmsweise auf die Löschungsentscheidung ankommen (vgl. dazu im Einzelnen § 22 PatG Rdn. 89). Für eine Vindikationsklage (§ 13 Abs. 3) wird die Löschungsentscheidung nicht vorgreiflich sein können, weil die Schutzfähigkeit für den Entnahmeanspruch ohne Bedeutung ist, LG München GRUR **56,** 415; BGH GRUR **62,** 140; vgl. dazu auch § 13 Rdn. 9, 18. Im Verletzungsstreit kommt eine Aussetzung nur in Betracht, wenn das Löschungsverfahren das Gebrauchsmuster betrifft, dessen Verletzung geltend gemacht wird, nicht dagegen, wenn ein jüngeres Gebrauchs- 5 muster des Beklagten wegen Identität mit dem Klagemuster angegriffen ist, OLG Düsseldorf GRUR **52,** 193.

6 **b) Fakultative Aussetzung.** Die Aussetzung steht bei Vorliegen der Voraussetzungen grundsätzlich im pflichtgemäßen Ermessen des Gerichts, RGZ **155,** 321. Das Gericht hat also nach den Umständen des Einzelfalles zu beurteilen, ob die Aussetzung wegen des Löschungsverfahrens zweckmäßig erscheint. Für die Zweckmäßigkeitserwägungen kann es von Bedeutung sein, dass neben dem Löschungsverfahren eine Patentnichtigkeitsklage gegen das übereinstimmende Patent anhängig ist und dort eine Beweisaufnahme angeordnet ist, die durch eine dieselben Behauptungen umgreifende Beweisaufnahme im Verletzungsprozess vorweggenommen werden würde, OLG München GRUR **57,** 272. Der wahrscheinliche Erfolg des Löschungsantrags braucht nicht dargetan zu sein; es genügt, dass über die Schutzfähigkeit Zweifel bestehen, OLG München GRUR **57,** 272. Die Aussetzung ist angebracht, wenn die Möglichkeit der Löschung oder Teillöschung nicht fernliegt. Das gilt insbesondere dann, wenn andernfalls eine Beweisaufnahme zur Schutzfähigkeit durchzuführen wäre. Zu berücksichtigen ist allgemein, dass die Schutzfähigkeit im Löschungsverfahren mit größerer Kompetenz geprüft werden kann. Wegen der begrenzten Laufzeit des Gebrauchsmusters und des mit Aussetzung verbundenen Zeitverlustes darf Aussetzung nicht schematisch und ohne jede eigene Prüfung der Schutzfähigkeit erfolgen, vgl. Mes, Rdn. 5 zu § 19. Da das Gebrauchsmuster ohne amtliche Prüfung d. Schutzfähigkeit eingetragen wird, ist eine Aussetzung eher angebracht als bei einem geprüften Patent, a. A. jedoch Loth, Rdn. 7 zu § 19. Anders jedoch, wenn die Schutzfähigkeit bereits in einem früheren Verletzungs- oder Löschungsverfahren oder auch für ein im Wesentlichen inhaltsgleiches anderes Schutzrecht bejaht worden ist. Nach Abweisung eines Löschungsantrags mit Bindungswirkung (§ 19 Satz 3) wird eine Aussetzung wegen eines weiteren Löschungsverfahren unter Abwägung aller Umstände nur noch ausnahmsweise sachgerecht sein, ist aber nicht ausgeschlossen, s. u. Rdn. 10.

7 **c) Notwendige Aussetzung.** Das Gericht muss aussetzen, wenn es das Muster für unwirksam hält und die Voraussetzungen gem. Rdn. 3–5 gegeben sind. Nach der eindeutigen und zwingenden gesetzlichen Regelung muss es in diesem Fall die Entscheidung im Löschungsverfahren abwarten; denn es wäre sehr misslich, wenn das Gericht die Verletzungsklage wegen Schutzunfähigkeit des Musters abweisen und das Patentamt oder Patentgericht alsdann die Schutzfähigkeit bejahen würde.

8 **d) Dauer der Aussetzung, Rechtsmittel.** Das Gericht braucht seine Befugnis zur Aussetzung bis zur rechtsfähigen Erledigung des Löschungsverfahrens nicht von vornherein voll auszuschöpfen; es kann die Aussetzung auch zunächst bis zur (erstinstanzlichen) Entscheidung des Patentamts beschränken und dann unter Berücksichtigung der Entscheidungsgründe erneut über eine etwaige (weitere) Aussetzung befinden. Aber auch dann, wenn zunächst eine Aussetzung bis zum rechtskräftigen Abschluss des Löschungsverfahrens beschlossen worden ist, ist das Gericht hieran nicht gebunden und kann insbesondere unter Berücksichtigung der erstinstanzlichen Löschungsentscheidung die Zweckmäßigkeit bzw. Notwendigkeit der Aussetzung neu prüfen und gegebenenfalls die Fortsetzung des Verfahrens anordnen. Die Aussetzung erfolgt durch Beschluss. Ihre Anordnung oder Ablehnung in erster Instanz kann mit der sofortigen Beschwerde (§§ 252, 567 ZPO angefochten werden; erfolgt die Ablehnung jedoch – wie meist – erst im Urteil zur Hauptsache, so ist sie nur mit diesem zusammen im Rahmen einer zulässigen Berufung oder Revision anfechtbar. Bei Beschwerden gegen Aussetzungsentscheidungen der Landgerichte kann nur geprüft werden, ob die gesetzl. Voraussetzungen der Aussetzung beachtet sind und keine Verstöße gegen die Denkgesetze vorliegen, nicht aber kann die tatrichterliche Überzeugung des Landgerichts durch diejenige des Beschwerdegerichts ersetzt werden, OLG Karlsruhe GRUR **79,** 850). Ebenso wie in Patentsachen (s. o. Rdn. 108 zu § 139 PatG) ist die Beurteilung der Klageansprüche durch die Vorinstanz nicht im Einzelnen zu überprüfen.

3. Wirkung der Entscheidung im Löschungsverfahren auf den Zivilprozess

9 Die auf vollständige oder teilweise **Löschung** des Gebrauchsmusters lautende Entscheidung im Löschungsverfahren wirkt für und gegen alle, BGH GRUR **68,** 86, 91. Dasselbe gilt für die Feststellung der vollständigen und teilweisen Unwirksamkeit, BGH GRUR **67,** 351, 352. Die Löschung oder die Feststellung der Unwirksamkeit sind daher für das ordentliche Gericht schon aus diesem Grunde verbindlich, vgl. dazu auch § 15 Rdn. 33, 34. Die Löschung – oder Feststellung der Unwirksamkeit – ist auch im Revisionsverfahren zu beachten, selbst wenn sie erst nach Abschluss des Berufungsrechtszugs erfolgt ist. RG GRUR **42,** 556; BGH GRUR **63,** 494. Vgl. auch Rdn. 145 zu § 139 PatG zu der gleichen Frage im Patentverletzungsprozess. Nach Rechts-

kräftigwerden der Löschungsentscheidung ist die Verletzungsklage nicht für in der Hauptsache erledigt zu erklären, sondern als unbegründet abzuweisen, BGH GRUR **63,** 494. Wegen der Auswirkungen der Löschungsentscheidung nach bereits rechtskräftig erfolgter Verurteilung aus dem Gebrauchsmuster s. o. Rdn. 33 zu § 15; wegen der ähnlichen Problematik im Patentrecht vgl. Rdn. 149 zu § 139 PatG; nach BPatG GRUR **80,** 852 soll auch im Gebrauchsmusterrecht trotz fehlender Bindung der GebrM-Eintragung der Restitutionsgrund des § 580 Nr. 6 ZPO gegeben sein, nach v. Falck GRUR **77,** 308, 311 derjenige des § 580 Nr. 7b ZPO.

Die **Abweisung** des Löschungsantrages wirkt nicht gegenüber jedermann, sondern nur ge- 10
genüber den am Löschungsverfahren Beteiligten, vgl. auch § 15 Rdn. 35. Jeder Dritte kann daher die Schutzfähigkeit des Musters trotz der Bejahung im Löschungsverfahren auch weiterhin bestreiten. Auch der Verletzungsrichter ist in einem Verletzungsstreit zwischen anderen Parteien als denen des Gebrauchsmusterlöschungsverfahrens nicht an eine das Gebrauchsmuster aufrecht erhaltende Entscheidung des Löschungsverfahrens gebunden, BGH GRUR **62,** 299, 304; **97,** 892, 893 – Leiterplattennutzen. Der Verletzungsrichter ist jedoch nach § 19 Satz 3 an die im Löschungsverfahren ergangene, den Löschungsantrag – ganz oder teilweise – zurückweisende Entscheidung gebunden, wenn sie zwischen denselben Parteien ergangen ist, vgl. dazu auch § 15 Rdn. 35. Die Bindungswirkung gilt nur im Rahmen der Rechtskraftwirkung und ist daher auf die im Löschungsverfahren beschiedenen Löschungsgründe beschränkt, vgl. BGHZ **134,** 353, 363; ebenso Loth, Rdn. 15 und Busse, Rdn. 14 zu § 19, vgl. auch oben Rdn. 95 zu § 22 PatG. Die Bindung besteht auch zugunsten des Rechtsnachfolgers des Gebrauchsmusterinhabers sowie zugunsten des ausschließlichen Lizenznehmers, BGH GRUR **69,** 681. Sie besteht entspr. § 325 ZPO ferner zu Lasten des Rechtsnachfolgers des Verletzers sowie im Rahmen des § 129 HGB zu Lasten eines Gesellschafters nach Abweisung des von der OHG angestrengten Löschungsverfahrens, BGHZ **64,** 155 (= GRUR **76,** 30 – Lampenschirm). Die im Löschungsverfahren ergangene Entscheidung enthebt das Verletzungsgericht jedoch nicht von der Verpflichtung, den Schutzumfang des Klagegebrauchsmusters auf der Grundlage dieser Entscheidung selbstständig zu bestimmen. Wird Gebrauchsmusterschutz gegenüber einer abgewandelten (äquivalenten) Ausführungsform geltend gemacht (vgl. dazu Rdn. 10ff. zu § 12a), so kann sich der angebliche Verletzer trotz gegebener Bindungswirkung (§ 19 S. 3) mit dem Einwand verteidigen, die angegriffene abgewandelte Ausführungsform stelle mit Rücksicht auf den vorbekannten Stand der Technik keine Erfindung dar und könne daher auch nicht durch das Klagegebrauchsmuster geschützt sein (sog. **„Formstein"-Einwand**), BGHZ **134,** 353 – Kabeldurchführung I. Die Prüfung dieses Einwandes darf sich jedoch nicht in Widerspruch setzen zu der zwischen den Parteien im Löschungsverfahren ergangenen Entscheidung, BGHZ a. a. O., streitig, vgl. dazu Rdn. 14 zu § 12a und Rdn. 132 zu § 14 PatG. Die Bindungswirkung soll nach BGHZ **134,** 353, 362f. grundsätzlich auch Aussetzung wegen eines weiteren (von dritter Seite betriebenen) Löschungsverfahren ausschließen; anders allenfalls bei bereits ergangener, aber noch nicht rechtskräftiger Löschungsentscheidung; nach Loth, Rdn. 15 zu § 19 soll Aussetzung – nur noch – in diesem Sonderfall zulässig sein; so wird es im praktischen Ergebnis durchweg sachgerecht sein, das ist jedoch letztlich nur eine Frage der Abwägung im Einzelfall. Der Abweisung des Löschungsantrags kann keine größere Bedeutung zugewiesen werden als der Erfolglosigkeit von Einspruch oder Nichtigkeitsklage bei einem als verbindlich hinzunehmenden Patent im Patentverletzungsprozess.

Bei **teilweiser Löschung** des Gebrauchsmusters sind die **Neufassung** eines Anspruchs und 11
die Gründe der Löschungsentscheidung, die die Beschreibung ergänzen oder ersetzen, für den Verletzungsprozess und damit für den Schutzumfang maßgebend, wenn der Verletzungsbeklagte mit dem Löschungs-Antragsteller identisch ist. Der Verletzungsbeklagte, der die Löschung wegen Fehlens der Schutzvoraussetzungen der §§ 1 bis 3 (vgl. dazu § 15 Rdn. 12) beantragt hatte und mit diesem Antrag teilweise abgewiesen worden ist, kann die Schutzfähigkeit des teilweise aufrechterhaltenen Gebrauchsmusters auch nicht mit einer Entgegenhaltung bestreiten, die ihm erst nach Rechtskraft der Entscheidung im Löschungsverfahren bekannt geworden ist, BGH GRUR **72,** 597, 599. Die Bindungswirkung des § 19 Satz 3 bezieht sich auf den Bestand und auf den so genannten gegenständlichen Schutz, der sich unmittelbar aus dem sinnvoll verstandenen Wortlaut der Schutzansprüche in ihrer aufrechterhaltenen Form ergibt, vgl. BGH GRUR **72,** 597, 599.

20 *Zwangslizenz.* **Die Vorschriften des Patentgesetzes über die Erteilung oder Zurücknahme einer Zwangslizenz oder wegen der Anpassung der durch Urteil festgesetzten Vergütung für eine Zwangslizenz (§ 24) und über das Verfahren (§§ 81 bis 99, 110 bis 122) gelten für eingetragene Gebrauchsmuster entsprechend.**

Inhaltsübersicht

1 **1. Vorbemerkung.** Die Vorschrift ist (als damaliger § 11 a) durch das 6. ÜG eingefügt worden. Das bis dahin geltende Recht sah Zwangslizenzen an Gebrauchsmustern nicht vor. Solange für Zwangslizenzen eine dreijährige Wartefrist bestand (vgl. Rdn. 1 zu § 24 PatG), hätten sie für Gebrauchsmuster keine praktische Bedeutung gewinnen können. Dieser Grund ist mit der Beseitigung der Wartefrist (vgl. Rdn. 3 zu § 24 PatG) weggefallen. Mit der Änderung des früheren § 15 PatG (heute § 24 PatG) ist daher die Zwangslizenz auch für Gebrauchsmuster eingeführt worden. Vgl. dazu die Begründung zum 6. ÜG, Bl. **61,** 140, 162. Praktische Bedeutung hat die Vorschrift gleichwohl bisher nicht erlangt.

2 **2. Voraussetzungen für die Erteilung der Zwangslizenz.** Eine Zwangslizenz kann nach der Vorschrift in Verbindung mit § 24 PatG erteilt werden, wenn sich d. Lizenzsucher vergeblich bemüht hat, eine Benutzungserlaubnis zu angemessenen Bedingungen zu erhalten und das öffentliche Interesse die Erteilung einer Zwangslizenz gebietet (Abs. 1), oder wenn die besonderen Voraussetzungen gegeben sind für die Erteilung einer Zwangslizenz zur Nutzung eines abhängigen jüngeren Patents (Abs. 2 – und entsprechend wohl auch zur Nutzung eines jüngeren Gebrauchsmusters, ebenso Bühring, Rdn. 3 und Busse, Rdn. 2 zu § 20), eines jüngeren Sortenschutzrechts (Abs. 3), zur Behebung einer wettbewerbswidrigen Praxis im Zusammenhang mit einer patentierten Erfindung auf dem Gebiet der Halbleitertechnologie (Abs. 4) oder zur Sicherung einer ausreichenden Versorgung des Inlandsmarkt (Abs. 5). Wegen der Einzelheiten kann auf die Erläuterungen zu § 24 PatG verwiesen werden.

3 **3. Zwangslizenzverfahren.** Während das Gebrauchsmusterlöschungsverfahren abweichend vom Patentnichtigkeitsverfahren geregelt ist, sind für das Zwangslizenzverfahren die Vorschriften des Patentgesetzes für entsprechend anwendbar erklärt. Für das Zwangslizenzverfahren ist daher in erster Instanz das Patentgericht zuständig. Gegen das Urteil des Patentgerichts ist die Berufung an den Bundesgerichtshof gegeben. Auch die Vorschriften über das einstweilige Verfügungsverfahren (§ 85 PatG) und das Beschwerdeverfahren (§ 122 PatG) gelten entsprechend. Für die Verfahrenskostenhilfe gilt nach § 21 Abs. 2 der § 132 PatG entsprechend.

21 *Anwendung des Patentgesetzes.* (1) **Die Vorschriften des Patentgesetzes über die Erstattung von Gutachten (§ 29 Abs. 1 und 2), über die Wiedereinsetzung in den vorigen Stand (§ 123), über die Weiterbehandlung der Anmeldung (§ 123 a), über die Wahrheitspflicht im Verfahren (§ 124), über das elektronische Dokument (§ 125 a), über die Amtssprache (§ 126), über Zustellungen (§ 127), über die Rechtshilfe der Gerichte (§ 128) und über die Entschädigung von Zeugen und die Vergütung von Sachverständigen (§ 128 a) sind auch für Gebrauchsmustersachen anzuwenden.**

(2) **Die Vorschriften des Patentgesetzes über die Bewilligung von Verfahrenskostenhilfe (§§ 129 bis 138) sind in Gebrauchsmustersachen entsprechend anzuwenden, § 135 Abs. 3 mit der Maßgabe, daß dem nach § 133 beigeordneten Vertreter ein Beschwerderecht zusteht.**

Inhaltsübersicht

1 **1. Vorschriften des Patentgesetzes.** Abs. 1 der Vorschrift erklärt mehrere Vorschriften des Patentgesetzes für anwendbar. Die Verweisung kann nicht als abschließende Regelung an-

gesehen werden, aus der im Umkehrschluss gefolgert werden könnte, andere Vorschriften des Patentgesetzes dürften nicht ergänzend herangezogen werden. Soweit das Gebrauchsmustergesetz Lücken aufweist, ist vielmehr ganz allgemein auf die Vorschriften des Patentgesetzes zurückzugreifen, soweit dem nicht die Besonderheiten des Gebrauchsmusterrechts entgegenstehen, BPatGE **21,** 58, 60.

a) Verfahrensvorschriften. Das Verfahren in Gebrauchsmustersachen ist im Gesetz nur lückenhaft geregelt. Soweit nicht die Besonderheiten des Gebrauchsmusterrechts – insbesondere die Beschränkung der Prüfung auf das Vorliegen eines gebrauchsmusterfähigen Gegenstandes im Gebrauchsmustereintragungsverfahren – entgegenstehen, sind die Verfahrensvorschriften des Patentgesetzes ergänzend heranzuziehen (vgl. Vorbem. vor § 1 Rdn. 4). Entsprechend anwendbar sind z. B. die patentrechtlichen Vorschriften über die Anhörung (§ 46 PatG), über die Zurückweisung der Anmeldung (§ 48 PatG) und über die Beschlussformalien (§ 47 PatG). Keine entsprechende Anwendung z. B. der Vorschrift über die Erfinderbenennung (§ 37 PatG) oder über die Fiktion der nicht abgegebenen Teilungserklärung (§ 39 Abs. 3 PatG), vgl. Rdn. 60 zu § 4. 2

b) Gutachten. Unter den in § 29 Abs. 1 und 2 PatG genannten Voraussetzungen ist das Patentamt auch in Gebrauchsmustersachen zur Abgabe von Gutachten befugt und u. U. auch verpflichtet. Über die Schutzfähigkeit eines Gebrauchsmusters kann das Patentamt keine Obergutachten (§ 29 Abs. 1 PatG) erstatten, da es darüber im Löschungsverfahren selbst zu entscheiden hat, PA Mitt. **37,** 302. Die Erstattung der Gutachten ist durch § 10 Abs. 3 Satz 3 den Gebrauchsmusterabteilungen zugewiesen, die in der gesetzlich vorgeschriebenen Besetzung (§ 10 Abs. 3 Satz 1) zu beschließen haben (vgl. dazu auch § 3 Abs. 3 Nr. 2 DPMAV). 3

c) Wiedereinsetzung und Weiterbehandlung. Abs. 1 enthält eine generelle Verweisung auf § 123 PatG. Alle Fristen, deren Versäumung nach gesetzlicher Vorschrift einen Rechtsnachteil zur Folge hat, sind wiedereinsetzungsfähig. Dies sind insbesondere 4

Dreimonatsfrist zur Nachreichung der deutschen Übersetzung, § 4 a Abs. 1 Satz 1
Monatsfrist nach § 4 a Abs. 1 Satz 2;
Zweimonatsfrist zur Ausübung der Abzweigungsbefugnis, § 5 Abs. 1 Satz 3;
Zweimonatsfrist nach § 5 Abs. 2 Satz 1;
Zweimonatsfrist zur Prioritätsbeanspruchung nach § 6 Abs. 1 Satz 2 i. V. m. PatG § 40 Abs. 4;
Zwölfmonatsfrist zur Nachanmeldung bei ausländischer Priorität nach § 6 Abs. 2 i. V. m. PatG § 41 Abs. 1, PVÜ Art. 4 C Abs. 1;
16-Monatsfrist zur Prioritätsbeanspruchung nach § 6 Abs. 2 i. V. m. PatG § 41 Abs. 1;
Sechsmonatsfrist zur Nachanmeldung bei Ausstellungspriorität nach § 6 a Abs. 1;
16-Monatsfrist für Angaben und Nachweis nach § 6 a Abs. 3;
Monatsfrist zum Widerspruch nach § 17 Abs. 1 Satz 2, denn auch bei der Löschung mangels rechtzeitigen Widerspruchs handelt es sich um einen unmittelbar durch die Fristversäumung herbeigeführten Rechtsnachteil, für die überdies auch keine entsprechende Anwendung des Ausschlusses der Wiedereinsetzung bei Versäumung der patentrechtlichen Einspruchsfrist nach PatG § 123 Abs. 1 Satz 2 in Betracht kommt;
Monatsfrist zur Beschwerdeeinlegung nach § 18 Abs. 2 i. V. m. PatG § 73 Abs. 2 Satz 1;
Monatsfrist zur Zahlung der Beschwerdegebühr nach § 6 Abs. 1 i. V. m. § 2 Abs. 1 PatKostG, § 18 Abs. 2 Satz 1 GebrMG, § 73 Abs. 2 Satz 1 PatG;
Monatsfrist zur Einlegung der Rechtsbeschwerde nach § 18 Abs. 4 Satz 2 i. V. m. PatG § 102 Abs. 1;
Dreimonatsfrist zur Zahlung der Anmeldegebühr nach § 6 Abs. 1 Satz 2 PatKostG;
Dreimonatsfrist zur Zahlung der Recherchegebühr nach § 6 Abs. 1 Satz 2 PatKostG;
Zweimonatsfrist zur Zahlung der Aufrechterhaltungsgebühr nach § 7 Abs. 1 Satz 1 PatKostG;
Sechsmonatsfrist zur Zahlung der Aufrechterhaltungsgebühr mit Verspätungszuschlag nach § 7 Abs. 1 Satz 2 PatKostG;
Dreimonatsfrist zur Zahlung der Löschungsantragsgebühr nach § 6 Abs. 1 Satz 2 PatKostG.
Monatsfrist zur Einreichung der Übersetzung, § 9 Abs. 5 Satz 2 GebrMV;

Keine Wiedereinsetzungsmöglichkeit besteht für die
Zwölfmonatsfrist zur Nachanmeldung bei innerer Priorität nach § 6 Abs. 1 i. V. m. PatG § 40 wegen des ausdrücklichen Ausschlusses nach Abs. 1 i. V. m. PatG § 123 Abs. 1 Satz 2;
Monatsfrist zur Einreichung des Antrags auf Weiterbehandlung und zur Nachholung der versäumten Handlung nach Abs. 1 i. V. m. PatG § 123 a Abs. 2 wegen des ausdrücklichen Ausschlusses nach PatG § 123 a Abs. 3;
Erklärung der Abzweigung nach § 5 Abs. 1 Satz 1, die gleichzeitig mit der Anmeldung des Gebrauchsmusters abzugeben ist und nicht nachgeholt werden kann, weil Gleichzeitigkeit keine einzuhaltende Frist darstellt.

4a **Ohne Verschulden** muss der Antragsteller verhindert gewesen sein, die Frist einzuhalten. Vgl. hierzu Rdn. 15–46 zu § 123 PatG. Das dem Antragsteller zuzurechnende Verhalten auch seines anwaltlichen Vertreters nach § 85 Abs. 2 ZPO erstreckt sich zwar auch auf dessen leichte Fahrlässigkeit nach § 276 Abs. 1 Satz 2 BGB, doch ist im Gegensatz zur früher strengeren Regelung, vgl. BPatGE **18,** 208, 211, im Hinblick auf die Einschaltung des Kanzleipersonals das früher verlangte persönliche Tätigwerden des Anwalts in jedem Einzelfall in engen Grenzen abgemildert, z. B. bei der Prüfung der Gebührenhöhe für das Löschungs-Beschwerdeverfahren, BPatGE **44,** 180, 185.

4b **Weiterbehandlung.** Die Fortführung des Eintragungsverfahrens trotz Zurückweisungsbeschluss kann hiernach bewirkt werden, sofern die Zurückweisung der Anmeldung auf die Versäumung einer von der Gebrauchsmusterstelle bestimmten (also keiner gesetzlichen) Frist gestützt wird. Wegen Einzelheiten vgl. Rdn. 4–15 zu § 123 a PatG und MittPräsPA 2/05, Bl. **05,** 1. Im Übrigen gilt: nur Eintragungsverfahren, nicht selbstständige Nebenverfahren wie z. B. ein Akteinsichtsverfahren, ferner auch nicht Löschungsverfahren können aufgrund dieser Bestimmung einer Weiterbehandlung zugeführt werden.

5 **d) Wahrheitspflicht.** Die Anwendung der Grundsätze über die Wahrheitspflicht (§ 124 PatG) in Gebrauchsmustersachen ist an sich selbstverständlich. Die Wahrheitspflicht besteht insbesondere bezüglich des Standes der Technik, BPatGE **1,** 171, 172. Die in Verletzung dieser Pflicht in Kenntnis eines entgegenstehenden (eigenen) Patents vorgenommene Anmeldung hat die Auferlegung der Kosten des Löschungsverfahrens auch dann zur Folge, wenn sich der Zugang einer vorausgegangenen Löschungsaufforderung nicht nachweisen lässt und der Gebrauchsmusterinhaber innerhalb der Widerspruchsfrist auf das Gebrauchsmuster verzichtet, BPatGE **1,** 171. Es stellt keine Verletzung der Wahrheitspflicht dar, wenn der Gebrauchsmusterinhaber im Löschungsverfahren verschweigt, dass die entsprechende Patentanmeldung nicht zur Patenterteilung geführt hat, PA Mitt. **37,** 254. Der Löschungsantragsgegner ist über die Wahrheitspflicht hinausgehend auch nicht gehalten, bei der Klärung einer den Löschungsanspruch begründenden tatsächlichen Frage (z. B. ob die Lehre des angegriffenen Gebrauchsmusters ausführbar war) mitzuwirken, vgl. BGH GRUR **99,** 920, 922.

6 **e) Elektronische Dokumente, Amtssprache.** Zur Ersetzung der Schriftform von Erklärungen durch die elektronische Form im Allgemeinen vgl. die Erläuterungen zu § 125 PatG. Die Verordnung über den elektronischen Rechtsverkehr im gewerblichen Rechtsschutz – ERvGewRV – vom 5. 8. 2003 (Wortlaut siehe Anhang Nr. 4) hat bisher noch nicht die Einreichung elektronischer Dokumente in gebrauchsmusterrechtlichen Verfahren vor dem Patentamt, dem Patentgericht oder dem Bundesgerichtshof eröffnet.

Die Amtssprache ist auch in Gebrauchsmustersachen die deutsche Sprache. Es kann insoweit auf die Erläuterungen zu § 126 PatG verwiesen werden. Die Sonderregelung des § 4 a gestattet aber für bestimmte Schriftstücke einschließlich des Eintragungsantrags befristete Ausnahmen, vgl. Rdn. 2–9 zu § 4 a.

7 **f) Zustellungen.** Für die Zustellungen des Patentamts und des Patentgerichts gilt § 127 PatG entsprechend. Die Zustellungen erfolgen danach nach den Vorschriften des Verwaltungszustellungsgesetzes, soweit § 127 PatG nichts Abweichendes bestimmt. Wegen der Einzelheiten kann auf die Ausführungen zu § 127 PatG Bezug genommen werden.

8 **g) Rechtshilfe; Zeugen-, Sachverständigenvergütung.** Die Vorschrift stellt klar, dass die Verpflichtung zur Rechtshilfe (§ 128 PatG) auch in Gebrauchsmustersachen besteht und dass die Entschädigung von Zeugen sowie die Vergütung von Sachverständigen sich nach dem Justizvergütungs- und -entschädigungsgesetz richtet, vgl. die Erläuterungen zu § 128 a PatG.

9 **2. Verfahrenskostenhilfe.** Sie ist in Gebrauchsmustersachen – soweit es um die Eintragung oder die Löschung geht, nicht bei Rechercheanträgen, BPatGE **44,** 187 – auf Antrag in entsprechender Anwendung der §§ 129 bis 138 PatG zu bewilligen, vgl. auch Rdn. 5 zu § 18. Als Besonderheit ist lediglich zu beachten,, dass dem im Rahmen der Verfahrenskostenhilfe gem. § 133 PatG beigeordneten Vertreter trotz der Einschränkung der Anfechtbarkeit der Beschlüsse nach den §§ 130 bis 133 PatG ein Beschwerderecht gegen seine Beiordnung zusteht. Eine Beschwerde kommt insbesondere dann in Betracht, wenn der beteiligte Antragsteller keinen zur Vertretung bereiten Anwalt findet und ihm ein solcher durch den Vorsitzenden beigeordnet wird. Die Rechtsbeschwerde gegen die Entscheidung über Anträge in Verfahrenskostenhilfesachen ist durch § 135 Abs. 3 Satz 2 schlechthin ausgeschlossen.

a) Eintragungsverfahren. Im Eintragungsverfahren kann Verfahrenskostenhilfe für das patentamtliche Verfahren und das patentgerichtliche Beschwerdeverfahren unter den gleichen Voraussetzungen und mit gleichen Wirkungen wie im patentamtlichen und patentgerichtlichen Patenterteilungsverfahren (§ 130 PatG) bewilligt werden (vgl. dazu im Einzelnen die Erläuterungen zu § 130 PatG). Die Prüfung der Erfolgsaussichten der Anmeldung (§ 130 Abs. 1 PatG) kann sich im Gebrauchsmuster-Eintragungsverfahren allerdings nur auf die in diesem Verfahren vor der Eintragung zu prüfenden Umstände (vgl. dazu § 8 Rdn. 4–9) beziehen. Die für das Eintragungsverfahren bewilligte Verfahrenskostenhilfe umfasst – anders als beim Patenterteilungsverfahren – nicht auch die Gebühr für eine neben der Eintragung beantragte Gebrauchsmusterrecherche nach § 7, BPatGE **44,** 187. Im Rechtsbeschwerdeverfahren gilt auf Grund der Verweisung in Abs. 2 der Vorschrift § 138 PatG entsprechend. Verfahrenskostenhilfe kann daher bei hinreichender Erfolgsaussicht der beabsichtigten Rechtsverfolgung gewährt werden (vgl. dazu im Einzelnen die Erläuterungen zu § 138 PatG). 10

Beiordnung eines Vertreters ist zulässig, jedoch nicht rückwirkend möglich. Der frühestmögliche Zeitpunkt, zu dem ein Anwalt beigeordnet werden kann, ist der Zeitpunkt der Stellung des Verfahrenskostenhilfe- und Beiordnungsantrags. Diese Anträge sind spätestens zugleich mit der Anmeldung einzureichen, wenn sie für die Anmeldung gelten sollten, BPatG Mitt **03,** 310, 311. 10 a

b) Löschungs- und Zwangslizenzverfahren. Im Löschungsverfahren kann Verfahrenskostenhilfe ebenfalls in allen Instanzen bewilligt werden. In entsprechender Anwendung des § 132 Abs. 2 PatG wird aber in den Verfahren vor dem Patentamt, dem Patentgericht und dem Bundesgerichtshof zu verlangen sein, dass der Löschungsantragsteller oder der Nebenintervenient ein eigenes schutzwürdiges Interesse glaubhaft machen. Wegen des Zwangslizenzverfahrens (§ 20) vgl. § 20 Rdn. 3. 11

c) Andere Verfahren. Für andere patentamtliche Verfahren als das Eintragungs-, Zwangslizenz- und Löschungsverfahren kann Verfahrenskostenhilfe nicht bewilligt werden, weil die in Abs. 2 für sinngemäß anwendbar erklärten §§ 129 bis 138 PatG Verfahrenskostenhilfe nur für Verfahren zulassen, die dem Eintragungs-, Zwangslizenz- oder Löschungsverfahren entsprechen. Das Gleiche gilt dementsprechend auch für das Beschwerdeverfahren; vgl. BPatGE **22,** 39, 40 (betr. Armenrechts Beschwerdeverfahren). Für die Gebrauchsmusterrecherche nach § 7 kann Verfahrenskostenhilfe – anders als für die isolierte Patentrecherche nach § 43 PatG – nicht bewilligt werden, weil Abs. 2 die Möglichkeit einer solchen Bewilligung nicht abdeckt, BPatGE **44,** 187, 192. Für das Rechtsbeschwerdeverfahren kann Verfahrenskostenhilfe auch in diesen Fällen bewilligt werden, weil der für entsprechend anwendbar erklärte § 138 PatG in seiner Anwendung nicht auf bestimmte Verfahrensarten beschränkt ist. 12

22 *Übertragung. Lizenz.* (1) [1]**Das Recht auf das Gebrauchsmuster, der Anspruch auf seine Eintragung und das durch die Eintragung begründete Recht gehen auf die Erben über.** [2]**Sie können beschränkt oder unbeschränkt auf andere übertragen werden.**

(2) [1]**Die Rechte nach Absatz 1 können ganz oder teilweise Gegenstand von ausschließlichen oder nicht ausschließlichen Lizenzen für den Geltungsbereich dieses Gesetzes oder einen Teil desselben sein.** [2]**Soweit ein Lizenznehmer gegen eine Beschränkung seiner Lizenz nach Satz 1 verstößt, kann das durch die Eintragung begründete Recht gegen ihn geltend gemacht werden.**

(3) **Ein Rechtsübergang oder die Erteilung einer Lizenz berührt nicht Lizenzen, die Dritten vorher erteilt worden sind.**

Inhaltsübersicht

1. Vorbemerkung. § 22 deckt sich wörtlich mit § 15 PatG, so dass im Wesentlichen auf die dortigen Ausführungen verwiesen werden kann. Abs. 2 und 3 wurden mit Änderungsgesetz vom 15. 8. 1986 (BGBl. I 1446) eingefügt. Die Regelung über den Umfang der Lizenzvergabe erfolgte in Anpassung an § 15 Abs. 2 PatG. § 22 Abs. 2 entspricht den bisher geltenden Grundsätzen, vgl. BT-Ds. 10/3903 S. 28. Abs. 3, der sich mit dem Fortbestand erteilter Lizenzen befasst, wurde ebenso wie der gleich lautende Abs. 3 von § 15 PatG auf Vorschlag des 1

Bundesrats eingefügt, um die negativen Folgen eines mangelnden Bestandschutzes der einfachen Lizenz bei Veräußerung des Schutzrechts, wie sie in BGHZ **83,** 251, 252 – Verankerungsteil aufgezeigt sind, zu beheben, BT-Ds. 10/5720 S. 23f. Auf die Erläuterungen hierzu bei § 15 PatG Rdn. 112ff. wird verwiesen.

2 **2. Die einzelnen Rechte.** Auch beim Gebrauchsmuster besteht ein Recht an der Erfindung vor ihrer Anmeldung (§ 13 Abs. 3). Die Anmeldung erzeugt den öffentlich-rechtlichen Anspruch auf Eintragung in die Musterrolle (§§ 4 und 8). Das Gebrauchsmusterrecht selbst entsteht erst mit der Eintragung. Das durch die Eintragung begründete Recht ist die gesamte Rechtsstellung, die die Eintragung dem Inhaber verschafft.

3 **3. Erbgang, Übertragung.** Jedes der drei genannten Rechte ist vererblich und übertragbar. Der Erbgang bestimmt sich nach den allgemeinen Vorschriften des Erbrechts. Die Übertragung kann beschränkt oder unbeschränkt, zu Vollrecht oder zu Teilrecht erfolgen. Eine besondere Form ist nicht vorgeschrieben. Rechtsgeschäftliche Übertragung zu Vollrecht ist in der Regel Kauf. Rechte und Pflichten aus ihm sind ebenso zu beurteilen wie beim Patent (vgl. dazu Rdn. 32ff. zu § 15 PatG). Für den Rechtsübergang ist die Eintragung in die Rolle nicht notwendig, nach RGZ **67,** 176 aber zur Geltendmachung von Ansprüchen aus dem Musterrecht. Für den Bestand des Rechts wird gehaftet, darüber hinaus für vertragliche Zusagen.

4 **4. Lizenz.** Hierfür gelten dieselben Regeln wie beim Patent (vgl. dazu Rdn. 56ff. zu § 15 PatG). Die Lizenz kann ausschließlich oder einfach sein, beschränkt oder unbeschränkt. Zu den Rechten und Pflichten des Lizenznehmers und Lizenzgebers siehe § 15 PatG Rdn. 122ff., 151ff. Die Rechtsverbindlichkeit eines Lizenzvertrages sowie der Verpflichtung des Lizenznehmers zur Zahlung der vereinbarten Lizenzgebühren werden durch das Fehlen der Schutzvoraussetzungen der Neuheit und der Erfindungshöhe mangels abweichender Parteivereinbarung so lange nicht berührt, wie das Gebrauchsmuster formell in Geltung steht und von den Mitbewerbern respektiert wird, BGH GRUR **77,** 107 mit Anm. von Falck; dies gilt auch für die einfache Lizenz, BGHZ **76,** 330, 334f. – Brückenlegepanzer. Die Löschung des Gebrauchsmusters wirkt grundsätzlich nur für die Zukunft als Auflösungsgrund, RGZ **86,** 46. Eine Kündigung des Linzenvertrages ist schon statthaft, wenn die Ungültigkeit droht, RG Bl. **16,** 68. Im Einzelnen kann auf die Erläuterungen zu § 15 PatG (Rdn. 159ff.) verwiesen werden. Der Lizenzgeber haftet für den Fortbestand des Musters, daher auch für die rechtzeitige Verlängerung des Schutzrechts, RG Bl. **14,** 47, 49.

23 *Schutzdauer.* (1) **Die Schutzdauer eines eingetragenen Gebrauchsmusters beginnt mit dem Anmeldetag und endet zehn Jahre nach Ablauf des Monats, in den der Anmeldetag fällt.**

(2) [1]**Die Aufrechterhaltung des Schutzes wird durch Zahlung einer Aufrechterhaltungsgebühr für das vierte bis sechste, siebte und achte sowie für das neunte und zehnte Jahr, gerechnet vom Anmeldetag an, bewirkt.** [1]**Die Aufrechterhaltung wird im Register vermerkt.**

(3) **Das Gebrauchsmuster erlischt, wenn**

1. **der als Inhaber Eingetragene durch schriftliche Erklärung an das Patentamt auf das Gebrauchsmuster verzichtet oder**
2. **die Aufrechterhaltungsgebühr nicht rechtzeitig (§ 7 Abs. 1, § 13 Abs. 3 oder § 14 Abs. 2 und 5 des Patentkostengesetzes) gezahlt wird.**

Inhaltsübersicht

1. Vorbemerkungen. Die – durch das am 1. 1. 2002 in Kraft getretene KostRegBerG v. 13. 12. 2001 weitgehend neu gefasste – Vorschrift regelt die Schutzdauer der Gebrauchsmuster, deren Aufrechterhaltung (vormals: Verlängerung) sowie deren Erlöschen durch Verzicht und bei nicht rechtzeitiger Zahlung der Aufrechterhaltungsgebühr. Die Rechtzeitigkeit der Zahlung der Aufrechterhaltungsgebühr beurteilt sich – entsprechend dem Verweis in Abs. 3 Nr. 2 – nach § 7 Abs. 1, § 13 Abs. 3 und § 14 Abs. 2 und 5 PatKostG. Die vor Inkrafttreten des KostRegBerG in § 23 Abs. 2 bis 5 GebrMG 1990 vorgesehene Benachrichtigung über die Verlängerungsgebühr sowie die Möglichkeit einer Stundung wurden abgeschafft. Nach neuem Recht besteht der Schutz bis zum Ablauf der Zahlungsfristen für die Aufrechterhaltungsgebühren fort, während die Schutzdauer nach altem Recht jeweils mit ihrem Ablauf endete und erst nach Zahlung der Verlängerungsgebühr wieder auflebte, vgl. Begr. zum KostRegBerG, BlPMZ **02,** 55. 1

Die Schutzdauer des Gebrauchsmusters betrug ursprünglich höchstens sechs Jahre. Sie wurde durch das GebrMÄndG vom 15. 8. 1986 für seit dem 1. 1. 1987 eingereichte Musteranmeldungen, Art. 4 Nr. 1 GebrMÄndG, um zwei auf maximal acht Jahre verlängert. Die durch das PrPG v. 1. 1. 1987 erneut um zwei auf nunmehr zehn Jahre verlängerte höchstmögliche Schutzdauer des Gebrauchsmusters kann für die seit dem 1. 7. 1990 eingereichten Gebrauchsmuster in Anspruch genommen werden, Art. 14, Art. 12 Nr. 3 PrPG.

Ist das Gebrauchsmuster aus einer Patentanmeldung abgezweigt worden, ist für den Beginn der Laufzeit auf den Tag abzustellen, an dem die Patentanmeldung eingereicht worden ist. Liegt dieser vor dem 1. 7. 1990, bleibt es bei einer Verlängerung der Schutzdauer auf acht Jahre, eine Verlängerung auf zehn Jahre ist nicht möglich, BGH, GRUR **00,** 698 – Schutzdauer bei Gebrauchsmusterabzweigung; GRUR **00,** 1018, 1019; MittPräsDPA **4/97,** BlPMZ **97,** 177.

Hinsichtlich der Einzelheiten der Regelung in der vor Inkrafttreten des KostRegBerG geltenden Fassung von § 23 GebrMG 1990 wird auf die Kommentierung in der Vorauflage verwiesen.

2. Laufzeit. Die Laufzeit des Gebrauchsmusters beträgt zehn Jahre. Sie stimmt nicht mit dem Bestehen des Schutzes überein. Der Wortlaut des Gesetzes „Schutzdauer" ist missverständlich. Der Schutz tritt erst mit der Eintragung des Musters ein. Die Laufzeit beginnt dagegen mit dem Anmeldetag und endet, wenn der Schutz aufrecht erhalten wird, § 23 Abs. 1, zehn Jahre nach Ablauf des Monats, in den der Anmeldetag fällt. Die Zwischenzeit zwischen Anmeldung und Eintragung geht daher dem Berechtigten als wirksame Schutzdauer verloren. Wird das Gebrauchsmuster nach Beendigung der Schutzfrist eingetragen, gewährt es keinen Schutz (kein Ausschließlichkeitsrecht) mehr, vgl. BPatGE **19,** 136. 2

Die Laufzeit für eine **Abzweigungsanmeldung** rechnet von dem Tag der früheren Patentanmeldung. Die Gebrauchsmusteranmeldung wird so angesehen, als sei sie am Tag der Patentanmeldung erfolgt.

Wird der – durch die Eintragung des Gebrauchsmusters begründete – Schutz nicht aufrecht erhalten, endet dieser drei Jahre (Abs. 2) und sechs Monate (Ablauf der Frist für die Aufrechterhaltungsgebühren, Abs. 3 Nr. 2 i. V. m. § 7 Abs. 1 PatKostG) nach dem Tag der Anmeldung, wobei zur Berechnung der Frist die §§ 186 ff. BGB entsprechend heranzuziehen sind.

3. Aufrechterhaltung der Schutzfrist. Gebrauchsmusterschutz muss nach dem dritten Jahr aufrecht erhalten werden, wenn dieser fortgelten soll. Eine dreifache Aufrechterhaltung ist erforderlich, wenn die gesamte Schutzfrist genutzt werden soll. Bei der Aufrechterhaltung handelt sich nicht um eine Verpflichtung, sondern um eine Möglichkeit, die das Gesetz dem Gebrauchsmusterinhaber einräumt. Es steht daher in dessen Belieben, ob er von dieser Möglichkeit Gebrauch machen will oder nicht. Die Aufrechterhaltung wird im Register vermerkt, Abs. 2, Satz 2. Der Aufrechterhaltung bedarf es nur bei **eingetragenen Gebrauchsmustern,** weil nur diese Schutz gewähren. Bei Gebrauchsmusteranmeldungen ist dies noch nicht der Fall, so dass diese auch nicht aufrecht erhalten werden müssen. 3

Durch die Eintragung des Gebrauchsmusters **nach** Ablauf der längstmöglichen Schutzdauer von 10 Jahren seit der Anmeldung (vgl. Rdn. 5) wird kein gesetzlicher Schutz (§ 11) mehr begründet. Für eine Aufrechterhaltung des Schutzes ist in diesem Falle mithin kein Raum. Eine Aufrechterhaltungsgebühr fällt nicht an, vgl. zum alten Recht BPatGE **19,** 136, 138; **20,** 86, 87. 4

a) Dauer. Nach Ablauf des dritten Jahres kann die Schutzfrist für weitere drei sowie anschließend für jeweils zwei Jahre aufrecht erhalten werden, wobei die letzten zwei Jahre erst mit Ablauf des Monats enden, in den der Anmeldetag fällt. Der Ablauf der zehn Jahre steht der – nachträglichen – Eintragung des Gebrauchsmusters nicht entgegen, vgl. BGH GRUR **67,** 477 – UHF-Empfänger II. Hingegen ist die Abzweigung einer Gebrauchsmusteranmeldung 5 längstens bis zum Ablauf des zehnten Jahres nach dem Anmeldetag der Patentanmeldung möglich, § 5 Abs. 1 Satz 3.

6 **b) Zahlung.** Die Aufrechterhaltung wird durch die Zahlung als solche bewirkt. Eines besonderen Antrags oder einer sonstigen Maßnahme bedarf es nicht. Maßgebend ist allein die Zahlung. Eine Stundung ist nach neuem Recht nicht mehr vorgesehen; zur Regelung in § 23 Abs. 3 und 41 990 vgl. Vorauflage. Die Gebührenzahlung ist bei Vorliegen eines Irrtums nach § 119 BGB anfechtbar, Bühring, Rdn. 11.

7 **aa) Gebührenschuldner.** Gebührenschuldner ist der im Fälligkeitszeitpunkt eingetragene Inhaber des Gebrauchsmusters, § 4 Abs. 1 Nr. PatKostG. Die Zahlung kann auch durch Dritte bewirkt werden, §§ 267, 268 BGB. Mehrere Inhaber sind Gesamtschuldner.

8 **bb) Fälligkeit.** Die Aufrechterhaltungsgebühren sind jeweils für die folgende Schutzfrist am letzten Tag des Monats fällig, der durch seine Benennung dem Monat entspricht, in den der Anmeldetag fällt, § 3 Abs. 2 S. 1 PatKostG, wenn das Gebrauchsmuster eingetragen worden ist.

9 **cc) Zahlungsfrist.** Die Zahlung der Aufrechterhaltungsgebühren hat bis zum Ablauf des zweiten Monats nach Fälligkeit zu erfolgen, § 7 Abs. 1 S. 1 PatKostG. Wird die Frist eingehalten, fällt kein Verspätungszuschlag an.

10 **dd) Nachfrist.** Wird die Aufrechterhaltungsgebühr nicht bis zum Ablauf des zweiten Monats nach Fälligkeit gezahlt, besteht die Möglichkeit, die Zahlung der Gebühr noch bis zum Ablauf des sechsten Monats nach Fälligkeit nachzuholen. Neben der Gebühr fällt jedoch ein Verspätungszuschlag an, § 7 Abs. 1 S. 2 PatKostG. Einer Benachrichtigung – wie sie in § 23 Abs. 2 Satz 5 PatG 1990 vorgesehen war – bedarf es nach neuem Recht nicht mehr, um die Nachfrist in Gang zu setzen. Entsprechend hat das DPMA auch nicht mehr die Möglichkeit – wie nach § 23 Abs. 3 GebrMG 1990 – die Absendung der Nachricht und damit den Beginn der Nachfrist hinauszuschieben. Auch die Möglichkeit einer Stundung – entsprechend § 23 Abs. 4 GebrMG 1990 – besteht nicht mehr.

12 **ee) Folgen des Ablaufs einer Frist.** Der Ablauf der Zahlungsfrist hat zur Folge, dass die Aufrechterhaltung nur noch durch Zahlung der Aufrechterhaltungsgebühr und des Verspätungszuschlags bewirkt werden kann. Der Schutz bleibt jedoch bis zum Ablauf der Nachfrist bestehen, Begr. zum KostRegBerG, BlPMZ **02,** 55.

Der Ablauf der Nachfrist führt dazu, dass der Gebrauchsmusterinhaber endgültig die Möglichkeit verliert, die Verlängerung der Schutzfrist herbeizuführen. Die Verlängerung kann – vorbehaltlich der Wiedereinsetzung – nicht mehr eintreten. Das Gebrauchsmuster erlischt *ex nunc,* Abs. 3 Nr. 2.

12 **ff) Wiedereinsetzung.** Bei Versäumung der Zahlungs- oder Nachfrist ist eine Wiedereinsetzung möglich, § 21 Abs. 1 i. V. m. § 123.

13 **gg) Vorauszahlung.** Die Aufrechterhaltungsgebühren dürfen *frühestens* ein Jahr vor Eintritt der Fälligkeit vorausgezahlt werden, § 5 Abs. 2 PatKostG. Spätere Gebührenänderungen sind bei entsprechenden Vorauszahlungen unbeachtlich, insbesondere besteht bei späteren Gebührenerhöhungen keine Pflicht des Gebührenschuldners zur Nachzahlung, § 13 Abs. 1 Nr. 3 PatKostG.

14 **hh) Höhe.** Die Höhe der Aufrechterhaltungsgebühren beliefen sich nach Inkrafttreten des PatKostG am 1. 1. 2002 für die erste Aufrechterhaltung auf 405 DM, für die zweite auf 690 DM und für die dritte auf 1035 DM. Seit Einführung des Euros am 1. 1. 2002 betragen die Aufrechterhaltungsgebühren 210, 350 und 530 Euro (GebVerz Nr. 322 100, 322 200, 322 300); die Verspätungszuschläge sind auf jeweils 50 Euro festgesetzt worden (GebVerz Nr. 322 101, 322 201, 322 301).

15 **ii) Eintragung nach Beendigung des dritten Schutzjahres.** Bei Eintragung des Gebrauchsmusters *nach* Beendigung des dritten Schutzjahres ist die Aufrechterhaltungsgebühr für die laufende Schutzfrist (also für das vierte bis sechste, das siebte bis achte oder das neunte bis zehnte Schutzjahr, Abs. 2 S. 1) am letzten Tag des Monats fällig, in dem die Eintragung im Register bekannt gemacht ist, § 3 Abs. 2 S. 2 PatKostG. Die Zahlungsfrist und die Nachfrist bestimmen sich nach der allgemeinen Regelung in § 7 Abs. 1 PatKostG (vgl. oben Rdn. 9 und 10). Die Zahlungsfrist ist also nach geltendem Recht nicht mehr verlängert, so wie dies noch nach altem Recht in § 23 Abs. 2 S. 6 PatG 1990 im Hinblick auf die Überlegungsfrist nach § 16 Abs. 2 ArbErfG vorgesehen war (vgl. dazu Vorauflage, Rdn. 10). Erfolgt die Eintragung erst nach Ablauf der letzten Schutzfrist, müssen keine Aufrechterhaltungsgebühren mehr gezahlt werden, weil kein Schutz mehr aufrecht erhalten werden kann, Bühring, Rdn. 12, Busse,

Rdn. 23. Für Schutzfristen, die bei der Eintragung des Gebrauchsmusters bereits abgelaufen sind, sind ebenfalls keine Aufrechterhaltungsgebühren zu zahlen.

jj) Rückerstattung. Eine im Voraus (vor Fälligkeit) gezahlte Aufrechterhaltungsgebühr wird erstattet, wenn das Gebrauchsmuster **vor Fälligkeit** der Gebühr weggefallen ist, § 10 Abs. 1 S. 1 PatKostG, etwa wenn auf das Gebrauchsmuster zuvor verzichtet wurde oder ein Löschungsbeschluss vorher verkündet wurde. Gleiches gilt, wenn das Gebrauchsmuster erst zehn Jahre nach dem Tag der Anmeldung eingetragen wurde, vgl. zum alten Recht BPatGE **19,** 136, 137; **20,** 86, 87. Der vor Inkrafttreten des PatKostG als Anspruchsgrundlage herangezogene allgemeine öffentlich-rechtliche Erstattungsanspruch (vgl. BPatGE **40,** 185) wird durch die positivrechtliche Regelung in § 10 Abs. 1 S. 1 PatKostG verdrängt. **Nach Fälligkeit** gezahlte Aufrechterhaltungsgebühren müssen nicht erstattet werden, selbst wenn der Gebrauchsmusterschutz wegen Vorliegens eines Löschungsgrundes nach § 15 rückwirkend gelöscht oder die Unwirksamkeit des Gebrauchsmusters nach Ablauf der zehnjährigen Schutzdauer festgestellt wird (zu den Voraussetzungen, unter denen die Feststellung der Unwirksamkeit eines Gebrauchsmusters in Betracht kommt vgl. BGHZ **64,** 155, 158 – Lampenschirm; BGH, GRUR **67,** 351, 352 – Korrosionsschutz-Binde; GRUR **00,** 1018, 1019 – Sintervorrichtung). 16

kk) Registervermerk. Die Aufrechterhaltung des Gebrauchsmusters wird im Register vermerkt, Abs. 2 S. 2. Hingegen sieht das Gesetz nicht ausdrücklich vor, dass auch das Erlöschen des Gebrauchsmusters vermerkt wird. 17

4. Erlöschen des Gebrauchsmusters

a) Erlöschensgründe. Das Gebrauchsmuster erlischt mit **rückwirkender Kraft,** wenn es auf Grund einer Entscheidung im Löschungsverfahren gelöscht wird oder wenn seine Unwirksamkeit festgestellt wird. 18

Es erlischt **für die Zukunft** bei Aufrechterhaltung mit Ablauf der erwirkten Schutzfrist oder bei nicht rechtzeitiger Zahlung der Aufrechterhaltungsgebühr mit Ablauf der vorausgegangenen Schutzfrist zuzüglich der Frist für die Zahlung der Aufrechterhaltungsgebühr, Abs. 3 Nr. 2. Es endet weiter für die Zukunft (vgl. BGH GRUR **63,** 519, 522 – Klebemax) durch Verzicht, Abs. 3 Nr. 1.

b) Verzicht. Der Verzicht muss schriftlich gegenüber dem Patentamt erklärt werden und wird mit Zugang wirksam. Die Erklärung muss vom Schutzrechtsinhaber oder seinem Vertreter unterschrieben sein, PA Bl. **52,** 408. Die Vertretervollmacht muss die Abgabe von Verzichtserklärungen eindeutig umfassen; sonst ist eine Begrenzungsvollmacht nachzureichen, PA Bl. **52,** 408. Bei Nachreichung der Vollmacht wird der Verzicht erst mit ihrem Eingang wirksam, PA Mitt. **57,** 213. Ein bedingter oder befristeter Verzicht ist wirkungslos, PA Bl. **61,** 175. Der Verzicht eines Mitinhabers hat die Anwachsung dessen Anteils an die weiteren Inhaber zur Folge, Bühring, Rdn. 44. 19

Ein **Teilverzicht** ist auch nach Änderung des Wortlauts der Vorschrift durch das KostRegBerG (statt vormals „soweit", nunmehr „wenn") möglich, weil den Gesetzesgründen, die insoweit schweigen, nicht entnommen werden kann, dass der Gesetzgeber einen Teilverzicht beim Gebrauchsmuster ausschließen wollte (vgl. Begr. BlPMZ **02,** 55). Ein Teilverzicht ist allerdings nur auf volle Ansprüche zulässig. Auf Anspruchsteile kann nicht verzichtet werden, BT-Ds. 10/3903 S. 28; BGH, GRUR **98,** 910, 912 – Scherbeneis. Die bestehenden Ansprüche können weder geändert oder durch andere ersetzt werden, noch ist ein Verzicht auf eine weitergehende Fassung eines Schutzanspruchs möglich, BGH, a. a. O.; vgl. zum Patentrecht: BGH GRUR **53,** 86 – Schreibhefte; **62,** 294, 295 f. – Hafendrehkran. Die Einreichung neuer Schutzansprüche zu den Akten eines Gebrauchsmusters bewirkt daher keine unmittelbare Änderung des Gegenstands des Gebrauchsmusters; vielmehr wird darin regelmäßig der vorweggenommene Verzicht auf einen Widerspruch gegen die Löschung des Gebrauchsmusters in seinem weitergehenden Umfang bzw. die schuldrechtlich bindende Erklärung an die Allgemeinheit zu sehen sein, Schutz gegenüber jedermann nur noch im Umfang der neu gefassten Ansprüche geltend zu machen, BGH, a. a. O. – Scherbeneis. Enthalten die eingereichten neuen Schutzansprüche eine unzulässige Erweiterung, liegt zwar im Löschungsverfahren kein Verzicht auf den Widerspruch gegen die Löschung vor, der Gebrauchsmusterinhaber muss sich aber im Verletzungsverfahren an der in der Einreichung neuer Schutzansprüche liegenden einschränkenden schuldrechtlichen Erklärung festhalten lassen, BGH, a. a. O. – Scherbeneis. 20

c) Registervermerk, Bekanntmachung. Vor Inkrafttreten des KostRegBerG waren Löschungen, die aus anderem Grunde als wegen Ablaufs der Schutzdauer vorgenommen wurden, im Patentblatt in regelmäßig erscheinenden Übersichten bekannt zu machen, Abs. 7 GebrMG 21

1990; zudem wurde das Erlöschen in der Rolle vermerkt. Seither ist nur noch der Vermerk der Aufrechterhaltung im Register gesetzlich vorgesehen, Abs. 2 Satz 2. Das schließt jedoch den Vermerk von Löschungen im Register oder deren Bekanntmachung im Patentblatt nicht aus, Busse, Rdn. 42f. Das DPMA veröffentlicht weiterhin das Erlöschen im PatBl. Erfolgt die Eintragung des Erlöschens, kann diese mit der Beschwerde angefochten werden, PA Bl. **55,** 298.

24 *Unterlassungsanspruch. Schadenersatz.* (1) **Wer den Vorschriften der §§ 11 bis 14 zuwider ein Gebrauchsmuster benutzt, kann vom Verletzten auf Unterlassung in Anspruch genommen werden.**

(2) [1]**Wer die Handlung vorsätzlich oder fahrlässig vornimmt, ist dem Verletzten zum Ersatz des daraus entstandenen Schadens verpflichtet.** [2]**Fällt dem Verletzer nur leichte Fahrlässigkeit zur Last, so kann das Gericht statt des Schadenersatzes eine Entschädigung festsetzen, die in den Grenzen zwischen dem Schaden des Verletzten und dem Vorteil bleibt, der dem Verletzer erwachsen ist.**

Inhaltsübersicht

1 **I. Vorbemerkungen:** Die Absätze 1 und 2 der Vorschrift entsprechen § 139 Abs. 1 und 2 PatG. Die Beweisvermutung des § 139 Abs. 3 PatG kommt für das Gebrauchsmusterrecht nicht in Betracht, weil Verfahren nach § 2 Nr. 3 nicht durch Gebrauchsmuster geschützt werden können. Da für das Gebrauchsmusterrecht dieselben Grundsätze wie für das Patentrecht gelten, kann im Wesentlichen auf die Erläuterungen zu den § 139 PatG verwiesen werden. Die einzige ins Gewicht fallende Abweichung ergibt sich daraus, dass das Patent auf Grund eines vorausgegangenen Prüfungsverfahrens durch rechtsgestaltenden Hoheitsakt erteilt wird, der bis zu seiner Beseitigung im Nichtigkeitsverfahren grundsätzlich verbindlich ist, während die in dem mehr als bloßes Registrierungsverfahren ausgestalteten Gebrauchsmustereintragungsverfahren erfolgte Eintragung des Gebrauchsmusters das Gebrauchsmusterrecht nur unter der Voraussetzung zur Entstehung gelangen lässt, dass die Schutzvoraussetzungen gegeben sind. Der aus einem Gebrauchsmuster in Anspruch genommene kann daher jederzeit geltend machen, das Gebrauchsmuster sei nicht schutzfähig. Der Verletzungsrichter hat in diesem Falle vor der Ermittlung des Schutzbereichs des Gebrauchsmusters die Schutzfähigkeit der durch das Gebrauchsmuster geschützten Erfindung – auf der Grundlage des von den Parteien vorgetragenen Sachverhalts – zu prüfen, BGH GRUR **57,** 270; **97,** 892, 893 – Leiterplattennutzen; einer entsprechenden Rüge des Beklagten bedarf es dazu an sich nicht, doch wird ohne Rüge meist kein Anlass zur Prüfung der Schutzfähigkeit bestehen, BGH GRUR **64,** 221, 223. Wegen des Umfangs der Schutzfähigkeits-Prüfung vgl. Rdn. 3–9 zu § 13. Einschränkungen ergeben sich aus § 19 Satz 3.

2 **II. Verletzung des Gebrauchsmusters.** *Literatur:* Trüstedt, Das Gebrauchsmuster im Verletzungsstreit, GRUR **54,** 244; Winkler, Die Gebrauchsmusterverletzung im Vergleich zur Patentverletzung, GRUR **58,** 205; Zeller, Die Einrede d. Schutzunfähigkeit im Gebrauchsmusterverletzungsstreit, GRUR **66,** 421; Nieder, Anspruchsbeschränkung im Gebrauchsmusterverletzungsprozess, GRUR **99,** 222.

Eine Gebrauchsmusterverletzung setzt die Benutzung eines Gegenstandes voraus, der mit dem Gegenstand des eingetragenen Gebrauchsmusters vollständig oder zumindest derart weitgehend übereinstimmt, dass er noch unter dessen Schutzbereich fällt. Die „Benutzung" im Sinne der Vorschrift ist jede Ausübung einer der Benutzungsarten des § 11, RG Bl. **15,** 192, 193; RGSt. **46,** 94; vgl. § 11 Rdn. 4, 5. Zwischen der Gebrauchsmusterverletzung und der Patentverletzung besteht kein Wesensunterschied, RG Bl. **05,** 146; vgl. auch BGHZ **68,** 90, 91ff. – Kunststoffhohlprofil und BGH GRUR **05,** 754 – werkstoffeinstückig. Die Grundsätze des Patentrechts gelten daher unter Berücksichtigung der Besonderheiten des Gebrauchsmusterrechts im Wesentlichen auch für die Gebrauchsmusterverletzung. Auf die Erläuterungen zu PatG § 9 S. 1, S. 2 Nr. 1 und § 11 kann daher ergänzend verwiesen werden. Zum Schutzbereich vgl. die Erläuterungen zu § 12a. Es kann ggf. auch ein eingeschränkter Schutz geltend gemacht werden, der durch Kombination eines eingetragenen Schutzanspruchs mit zusätzlichen Merkmalen definiert ist, sofern diese Kombination bereits in den ursprünglichen Unterlagen offenbart ist, nicht zu einer unzulässigen Erweiterung führt und Gegenstand einer zulässigen beschränkten Verteidigung im Löschungsverfahren sein könnte (vgl. oben Rdn. 24a zu § 15); die Nachreichung eines derart eingeschränkten Schutzanspruchs zu den Gebrauchsmusterakten ist dazu nicht erforderlich, Nieder GRUR **99,** 222ff. Wegen der nunmehr auch für das Gebrauchsmusterrecht ausdrücklich geltenden mittelbaren Patentverletzung wird auf § 11 Abs. 2 und die dortigen Erläuterungen (Rdn. 5) verwiesen. Da der Gebrauchsmusterschutz erst mit der Eintragung beginnt, kann vorher keine Verletzung begangen werden. Bestehen zwei identische Gebrauchsmuster nebeneinander, dann verletzt der Benutzer das ältere Gebrauchsmuster, solange dieses nicht gelöscht war. Zwar steht dem jüngeren Gebrauchsmuster bis zur Löschung des älteren Rechts die Einwendung aus § 13 Abs. 1 i. Verb. m. § 15 Abs. 1 Nr. 2 entgegen; Benutzungshandlungen haftet indessen u. U. auch schon vor der Löschung des älteren Rechts der Makel der Rechtswidrigkeit an, BGH GRUR **63,** 519, 522f.

III. Ansprüche aus Gebrauchsmusterverletzung. Der Inhaber des eingetragenen, rechtsgültigen Gebrauchsmusters hat gegen den Verletzer die gleichen Ansprüche wie der Patentinhaber. Das sind insbes. die Ansprüche auf Unterlassung (s. u. Rdn. 4), Schadenersatz (s. u. Rdn. 5–11), Herausgabe der Bereicherung (s. u. Rdn. 12), Auskunft u. Rechnungslegung (s. u. Rdn. 13 und § 24b) und Vernichtung (§ 24a). 3

1. Unterlassung. Der Gebrauchsmusterinhaber kann wie der Patentinhaber Unterlassung verlangen, wenn bereits ein Eingriff in das Gebrauchsmuster vorgekommen ist und die Gefahr der Wiederholung besteht oder wenn eine Verletzung zwar noch nicht begangen ist, aber drohend bevorsteht. Wegen der Einzelheiten kann auf § 139 PatG Rdn. 27–31 verwiesen werden. Da der Unterlassungsanspruch in die Zukunft gerichtet ist, verliert er mit dem Erlöschen des Gebrauchsmusters seine Grundlage; der Kläger muss daher im Prozess den Unterlassungsantrag zur Vermeidung der Abweisung in der Hauptsache für erledigt erklären; anders für die Vergangenheit bei einem bereits in der Vorinstanz erstrittenen Unterlassungsurteil, vgl. § 139 PatG Rdn. 33. Der Kläger kann u. U. auf den Schadenersatzanspruch übergehen und in diesem Zusammenhang die Feststellung begehren, dass die beanstandeten Handlungen während des Bestandes des Gebrauchsmusters unstatthaft waren. 4

2. Schadenersatz. Auch der Schadenersatzanspruch ist wie im Patentrecht geregelt. Die Voraussetzungen und Folgen sind die gleichen. Vgl. dazu § 139 PatG Rdn. 39–80. 5

a) Verschulden. Während der Unterlassungsanspruch schon bei objektiver Verletzung gegeben ist, kann Schadenersatz nur bei Verschulden des Verletzers verlangt werden. Verschulden liegt vor, wenn der Verletzer die Benutzung vorsätzlich oder fahrlässig vornimmt. Die Unterscheidung zwischen grober und leichter Fahrlässigkeit hat wie im Patentrecht (§ 139 Abs. 2 PatG) für den Umfang des Ausgleichs Bedeutung; während bei Vorsatz und grober Fahrlässigkeit Ersatz des vollen Schadens zu leisten ist, kann bei leichter Fahrlässigkeit eine nach Abs. 2 zu bemessende Billigkeitsentschädigung festgesetzt werden (vgl. unten Rdn. 11). Wie im Patentrecht (vgl. BGH GRUR **93,** 460, 464 und Rdn. 42ff. zu § 139 PatG) gilt auch für Gebrauchsmuster, dass die Rechtswidrigkeit d. Benutzung zugleich das Verschulden indiziert, BGH GRUR **77,** 250, 252; BGH GRUR **05,** 761, 762 – Rasenbefestigungsplatte. Unterschiede ergeben sich lediglich bei d. subjektiven Beurteilung der Schutzfähigkeit, s. u. Rdn. 8. Verschulden kann regelmäßig erst nach Bekanntmachung der Eintragung (§ 8 Abs. 3) und Ablauf einer angemessenen Prüfungsfrist (i. d. R. ein Monat) bejaht werden, LG Düsseldorf InstGE **2,** 31; vgl. auch die entspr. heranzuziehenden Grundsätze z. Patentrecht (o. Rdn. 47a zu § 139 PatG). 6

Für die Feststellung des Verschuldens kommt es zunächst darauf an, ob der Verletzer das Gebrauchsmuster kannte oder bei Anwendung der im Verkehr erforderlichen Sorgfalt (§ 276 BGB) hätte kennen müssen. Bei der Beurteilung der Frage, ob die Unkenntnis schuldhaft ist, sind wie im Patentrecht die Umstände des Einzelfalles zu berücksichtigen, vgl. dazu RGZ **146,** 225, 226 und § 139 PatG Rdn. 42–56. Hat der Benutzer von der Anmeldung Kenntnis, so hat er sich über die Eintragung zu unterrichten; seine Unkenntnis ist von dem Zeitpunkt an schuldhaft, an dem er sich von der Eintragung Kenntnis verschaffen konnte, RG GRUR **44,** 137, 140. Schuldhafte Unkenntnis kommt sonst vom Zeitpunkt der Veröffentlichung der Eintragung (§ 8 Abs. 3) in Betracht. Die Unkenntnis der amtlichen Veröffentlichungen begründet aber für ein kleineres Unternehmen noch nicht den Vorwurf der Fahrlässigkeit, RG Warneyer 7

11, 46. Auch dieses dürfte jedoch dann zu sorgfältiger besonderer Prüfung verpflichtet sein, wenn es eine Neuheit nachahmt, für die ihrer Art nach ein Gebrauchsmusterschutz nahe liegt. Die Nichtbeachtung von Hinweisen auf das Bestehen des Schutzrechts kann schuldhaft sein, RGZ **146,** 225. Zur Wahrung der Rechte des Eingetragenen empfiehlt sich daher die Bezeichnung der geschützten Raumform als DBGM unter Angabe der Rollennummer, Sünner GRUR **51,** 188 (192).

8 Anders als bei einer Patentverletzung (vgl. Rdn. 48 zu § 139 PatG), kann bei den ohne Prüfung eingetragenen Gebrauchsmustern ein Verschulden nur angenommen werden, wenn der Benutzer mit der Schutzfähigkeit rechnete oder rechnen musste, BGH GRUR **77,** 250, 252 (Kunststoffhohlprofil). Ein Verschulden des Benutzers liegt nicht vor, wenn er begründete Bedenken gegen die Schutzfähigkeit des Gebrauchsmusters hegen konnte; u. U. sogar dann, wenn in einem Löschungsverfahren vor dem Patentamt, an dem er nicht beteiligt war, die Schutzfähigkeit des Gebrauchsmusters bejaht worden war, da er nicht beurteilen konnte, ob in diesem Löschungsverfahren alle gegen die Schutzfähigkeit des Gebrauchsmusters sprechenden Umstände ordnungsmäßig geltend gemacht worden waren, BGH Mitt. **57,** 79. War die Schutzfähigkeit in einem Verfahren, an dem der Benutzer nicht beteiligt war, von der Gebrauchsmusterabteilung verneint worden, und ist das Beschwerdeverfahren wegen eines Vergleichs nicht zum Abschluss gekommen, so kann dem Benutzer zumindest dann, wenn die Beurteilung wirklich zweifelhaft war, kein Vorwurf daraus gemacht werden, wenn er sich auf die (mit der Prüfungsstelle übereinstimmende) Stellungnahme der Gebrauchsmusterabteilung verlassen hat, OLG Düsseldorf Mitt. **62,** 178. Verschuldensausschließende begründete Bedenken können sich aus dem Stand der Technik ergeben, aber auch etwa daraus, dass Schutzansprüche und Beschreibung den maßgeblichen Gegenstand des Schutzrechts nicht hinreichend erkennen lassen, BGH GRUR **77,** 250, 253 (Kunststoffhohlprofil). Zweifel an der Schutzfähigkeit muss der Verletzer allerdings in angemessener Zeit in verfahrensrechtlich geeigneter Form geltend machen, d. h. in einem Verletzungsprozess (auch neg. Feststellungsklage) oder mit einem Löschungsantrag (§ 16), BGH GRUR **77,** 250, 253 (Kunststoffhohlprofil).

9 Für die Annahme eines Verschuldens ist ferner erforderlich, dass der Verletzer erkannt hat oder bei Anwendung der gebotenen Sorgfalt hätte erkennen können, dass seine Ausführungsform die Merkmale des Gebrauchsmusters aufweist, BGH GRUR **66,** 553, 557. I. d. R. kann allerdings ohne weiteres aus der objektiven Verletzung auf ein Verschulden geschlossen werden, BGH GRUR **77,** 250, 252 (Kunststoffhohlprofil); anders bei Vorliegen besonderer Umstände. Unter diesem Gesichtspunkt verdient es Beachtung, wenn der Gebrauchsmusterinhaber selbst zunächst nicht erkannt hat, dass eine gegenständliche Verletzung des Gebrauchsmusters vorliegt, BGH GRUR **66,** 553, 557. Ein Irrtum über den Schutzumfang ist unter den gleichen Voraussetzungen beachtlich wie im Patentrecht. Vgl. dazu § 139 PatG Rdn. 48.

Bei der Beurteilung der Schutzfähigkeit und des Schutzumfangs muss der Verletzer in Erfüllung seiner Sorgfaltspflicht den Rat erfahrener Patent- und Rechtsanwälte einholen, BGH GRUR **77,** 250, 252 (Kunststoffhohlprofil); auf deren Objektivität darf er vertrauen, darf ihren Rat aber nicht unbesehen hinnehmen, muss sich vielmehr im Rahmen seiner Möglichkeiten und Spezialkenntnisse in die Prüfung einschalten, BGHZ **62,** 29, 39 (= GRUR **74,** 290, 293 – maschenfester Strumpf); er muss seine eigene Sachkunde gegen sich gelten lassen; Gutachten, auf die er sich beruft, muss er auf ihre Begründung nachprüfen, RG GRUR **33,** 494, 496, **35,** 311, 313. Vgl. auch § 139 Rdn. 49 ff.

10 **b) Schaden.** Der Benutzer, der das Gebrauchsmuster schuldhaft verletzt, hat dem Gebrauchsmusterinhaber grundsätzlich den gesamten, aus der Verletzung entstandenen Schaden zu ersetzen. Für die Berechnung des Schadens gelten die gleichen Grundsätze wie im Patentrecht, RGZ **50,** 111. Der Berechtigte kann daher der Berechnung entweder seine eigene Absatzminderung oder eine angemessene Lizenzgebühr oder den vom Verletzer erzielten Gewinn zugrunde legen. Wegen der Einzelheiten kann auf § 139 PatG Rdn. 61–76 a verwiesen werden. Bei Schadensberechnung auf Lizenzbasis ist gegenüber vergleichbaren Patentlizenzen nicht schon deswegen ein Abschlag vorzunehmen, weil es sich um ein ungeprüftes Recht handelt, vgl. OLG Düsseldorf GRUR **81,** 45, 50/51.

11 **c) Entschädigung (Abs. 2 Satz 2).** Literatur: Beckensträter, Die Festsetzung der Entschädigung bei leicht fahrlässiger Patent- und Gebrauchsmusterverletzung, GRUR **63,** 231. Bei leichter Fahrlässigkeit des Verletzers kann das Gericht wie bei der Patentverletzung eine Entschädigung festsetzen, die zwischen dem Schaden des Verletzten und dem Vorteil bleibt, der dem Verletzer erwachsen ist. Für die Voraussetzungen und die Durchführung der Festsetzung gelten die gleichen Grundsätze wie im Patentrecht. Auf die Erläuterungen zu § 139 PatG (Rdn. 77, 78) kann daher Bezug genommen werden.

3. Herausgabe der Bereicherung nach §§ 812, 818 BGB. Anstelle des Schadenersatzanspruchs nach § 24 Abs. 2 GebrMG kann der Verletzte auch einen unmittelbar aus den §§ 812, 818 BGB sich ergebenden Bereicherungsanspruch geltend machen, BGHZ **68,** 90 (= GRUR **77,** 250 – Kunststoffhohlprofil), der unabhängig von einem Verschulden des Verletzers ist. Konkret kann damit Wertersatz durch Zahlung angemessener Lizenzgebühren einschließlich angemessener Verzinsung verlangt werden, BGHZ **82,** 299 (= GRUR **82,** 301 – Kunststoffhohlprofil II). Wegen weiterer Einzelheiten wird auf die Erläuterungen bei Rdn. 81 ff. zu § 139 PatG verwiesen. 12

4. Auskunft und Rechnungslegung, Feststellungsklage. Für die Geltendmachung der Schadenersatzforderung (oben Rdn. 5 ff.) oder des Bereicherungsanspruchs (oben Rdn. 12) gelten die gleichen Grundsätze wie im Patentrecht. Wenn der Berechtigte mangels Kenntnis des Umfangs der Verletzung bzw. der Bereicherung die Höhe seines Anspruchs nicht zu übersehen vermag, kann er von dem Verpflichteten Rechnungslegung oder Auskunfterteilung und gegebenenfalls die eidesstaattliche Versicherung der Richtigkeit und Vollständigkeit verlangen. Vgl. dazu im einzelnen Rdn. 88 ff. zu § 139 PatG. Der Anspruch auf Nennung von Lieferanten und Abnehmern ist jetzt in § 24 b ausdrücklich gesetzlich geregelt. Das dort (Abs. 4) vorgesehene strafrechtliche Verwertungsverbot muss ebenso wie im Patentrecht auch für sonstige vom Verletzer im Rahmen seiner allgemeinen Rechnungslegungspflicht gemachten Angaben entsprechend gelten, vgl. Rdn. 12 zu § 140 b PatG. Der Verletzte kann ferner zunächst nur auf Feststellung der Ersatzpflicht oder Herausgabepflicht klagen. Vgl. dazu im Einzelnen § 139 Rdn. 80, 87, 88 ff. 13

5. Einwendungen des Verletzers. Literatur: Zeller, Die Einrede der Schutzunfähigkeit im Gebrauchsmusterverletzungsstreit, GRUR **66,** 421. Der Benutzer eines Gebrauchsmusters kann im Gegensatz zum Patentverletzer (§ 139 Rdn. 25) jederzeit geltend machen, das Gebrauchsmuster sei nicht schutzfähig. Er kann gemäß § 15 die Löschung des Gebrauchsmusters beantragen, ist dazu aber nicht genötigt, er kann die Unwirksamkeit des Gebrauchsmusters auch im Verletzungsstreit einwenden, BGH GRUR **67,** 477, 479; **97,** 892, 893 – Leiterplattennutzen. Der wegen Verletzung in Anspruch Genommene kann auch nebeneinander ein Löschungsverfahren durchführen und die Unwirksamkeit des Gebrauchsmusters im Verletzungsstreit geltend machen. Der Verletzungsstreit ist dann u. U. gemäß § 19 auszusetzen. Wird die Rechtsbeständigkeit des Klagemusters im Löschungsverfahren rechtskräftig verneint, so ist die Verletzungsklage nicht für in der Hauptsache erledigt zu erklären, sondern als unbegründet abzuweisen, BGH GRUR **63,** 494. Die Abweisung des Löschungsantrags stellt die Rechtswirksamkeit des Musters im Verhältnis der Beteiligten zueinander für das ordentliche Gericht bindend fest (§ 29 Satz 3). Von diesen Besonderheiten des Gebrauchsmusterrechts abgesehen kann der wegen Verletzung eines Gebrauchsmusters in Anspruch Genommene grundsätzlich alle Einwendungen erheben, die auch dem Patentverletzer zustehen. Vgl. dazu § 9 PatG Rdn. 60 ff.; § 139 PatG Rdn. 26, 26 a. Gegenüber vertraglichen Ansprüchen kann sich der Verpflichtete nicht ohne weiteres auf die Schutzunfähigkeit des zugrunde liegenden Gebrauchsmusters berufen, vgl. § 22 Rdn. 4 (Lizenzvertrag) und OLG Hamburg GRUR **85,** 474 (Vertragsstrafe). 14

IV. Ansprüche aus unberechtigter Verwarnung. Literatur: Zeller, die Folgen einer Warnung vor Verletzungen und die Auskunftspflicht bei einer Schutzrechtsverletzung, GRUR **38,** 819; Kettner, Die Verwarnung wegen Gebrauchsmusterverletzung, GRUR **39,** 878; Hesse, Die Verwarnung der Abnehmer wegen Patent- oder Gebrauchsmusterverletzung, GRUR **67,** 557; Meier-Beck, Die Verwarnung aus Schutzrechten, GRUR **05,** 535 ff.; vgl. ferner die Literaturangaben bei Rdn. 13 vor § 9 PatG. 15

Verwarnungen auf Grund eines eingetragenen Gebrauchsmusters sind statthaft, wenn sie sich gegen die rechtswidrige Benutzung eines schutzfähigen Musters wenden. Die Schutzrechtsverwarnung des nur vermeintlich Berechtigten stellt einen Fall des unberechtigten Leistungsbegehrens dar; die dadurch bewirkte Leistung kann im Allgemeinen nur als ungerechtfertigte Leistung zurückgefordert werden, BGH GRUR **63,** 255, 257. Schadenersatz kann in der Regel nur unter den Voraussetzungen der §§ 823 Abs. 2, 826 BGB verlangt werden, BGH GRUR **63,** 255, 257. Ist die Schutzrechtsverwarnung jedoch auf Unterlassung gerichtet, und wendet sie sich an den Inhaber eines Gewerbebetriebs, so stellt sie, wenn sie ungerechtfertigt ist, einen widerrechtlichen Eingriff in das Recht am eingerichteten und ausgeübten Gewerbebetrieb und daher – auch wenn sie im Wege der Klage erfolgt – eine unerlaubte Handlung im Sinne des § 823 Abs. 1 BGB dar, BGHZ **38,** 200, 204 f. – Kindernähmaschinen; **62,** 29 – maschenfester Strumpf; BGH GRUR **97,** 741, 742 – Chinaherde; **05,** 882 – Unberechtigte Verwarnung. Widerrechtlichkeit ist gegeben, wenn das eingetragene Muster nicht zu Recht besteht, da die Eintragung nur dann ein ausschließliches Benutzungsrecht verleiht, wenn die materiellen

Schutzvoraussetzungen gegeben sind, s. o. § 13. Ist das Gebrauchsmuster gemäß § 15 gelöscht, so ergibt sich die Rechtswidrigkeit der Verwarnung grundsätzlich aus der Rückwirkung der Löschung, BGHZ **38,** 200, 206. (Kindernähmaschinen). Wegen weiterer Möglichkeiten unberechtigter Verwarnung vgl. RG MuW **41,** 53, 54. Wegen weiterer Einzelheiten vgl. die Ausführungen zur Patentrechtsverwarnung bei Rdn. 13 ff. vor § 9 PatG.

16 **1. Unterlassung.** Der Unterlassungsanspruch wegen rechtswidrigen Eingriffs in den eingerichteten und ausgeübten Gewerbebetrieb (Rdn. 17) ist gegeben, wenn die Verwarnung objektiv rechtswidrig ist; die Gutgläubigkeit oder Bösgläubigkeit des Gebrauchsmusterinhabers ist für diesen Anspruch belanglos. BGH GRUR **63,** 255, 257 f. (Kindernähmaschinen). Zur Feststellung der Rechtswidrigkeit im Verfahren der einstweiligen Verfügung s. OLG Karlsruhe GRUR **80,** 314.

17 **2. Schadenersatz.** Der Anspruch auf Schadenersatz setzt neben der objektiven Rechtswidrigkeit der Verwarnung Verschulden des Verwarnenden voraus, BGH GRUR **97,** 741, 742 – Chinaherde. Die Gutgläubigkeit des Eingetragenen schließt das Verschulden aus, wenn sie auf gewissenhafter Prüfung beruht, RGZ **94,** 252; BGHZ **62,** 29 (= GRUR **74,** 290 – maschenfester Strumpf). An die Prüfungspflicht des Gebrauchsmusterinhabers sind strengere Anforderungen zu stellen als an die des Patentinhabers, BGHZ **62,** 29; BGH GRUR **97,** 741, 742. Denn die ohne materielle Prüfung vorgenommene Eintragung des Gebrauchsmusters rechtfertigt nicht das Vertrauen auf die Schutzfähigkeit des Musters, BGH GRUR **63,** 255, 259 (Kindernähmaschinen). Der Gebrauchsmusterinhaber hat daher, bevor er verwarnt, die Schutzfähigkeit des Gebrauchsmusters sorgfältig zu prüfen, RG MuW **30,** 480; MuW **41,** 53; LG Berlin Mitt. **39,** 148. Zur Begründung eines Schuldvorwurfs genügt es, wenn der Verwarner in vorwerfbarer Weise den seinem Schutzrecht entgegenstehenden Stand der Technik nur unvollständig berücksichtigt oder zwar gesehen, aber falsch gewürdigt hat oder wenn er vorwerfbar das Erfordernis des erfinderischen Schritts falsch eingeschätzt oder die Verletzungsform zu Unrecht als unter sein Recht fallend eingeordnet hat, BGH GRUR **63,** 255, 259 (Kindernähmaschinen); **74,** 290, 292 (= BGHZ **62,** 29, 37 – maschenfester Strumpf). Die Kenntnis des Standes der Technik auf seinem einschlägigen Arbeitsgebiet muss bei dem Gebrauchsmusterinhaber grundsätzlich vorausgesetzt werden; Unkenntnis ist im Allgemeinen als Fahrlässigkeit zu werten, BGH GRUR **63,** 255, 259 (Kindernähmaschinen); insbesondere die Nichtberücksichtigung einer eigenen offenkundigen Vorbenutzung, BGH GRUR **97,** 741, 742. Die mangelnde Kenntnis einer Druckschrift kann nicht als schuldhaft angesehen werden, wenn sie nur durch Nachsuchung im Patentamt oder im Ausland zu ermitteln war und sie auch der übereinstimmenden Patentanmeldung nicht entgegengehalten wurde, OLG Karlsruhe Mitt. **41,** 152. Das überzeugende Gutachten eines erfahrenen Spezialisten schließt Fahrlässigkeit aus, RG MuW **37,** 368. Es muss nicht stets das Gutachten eines erfahrenen Spezialisten, wohl aber der Rat eines Patentanwalts oder patentrechtlich erfahrenen Rechtsanwalts eingeholt werden; auf die Objektivität des Anwalts darf vertraut werden; der erteilte Rat darf jedoch nicht unbesehen hingenommen werden; der Verwarner muss sich vielmehr nach Maßgabe seiner Möglichkeiten und speziellen Kenntnisse in die Prüfung einschalten, BGHZ **62,** 29, 39 (= GRUR **74,** 290, 293 – maschenfester Strumpf). Die nachträgliche Kenntnis von Umständen, die der Annahme der Schutzfähigkeit entgegenstehen, macht schadenersatzpflichtig, wenn ungeachtet dessen ein Benutzungsverbot aufrechterhalten wird. RG GRUR **17,** 82. Eine besonders sorgfältige Prüfung ist bei der Verwarnung von Abnehmern geboten, da diese eher dazu neigen, der Verwarnung schon in Zweifelsfällen und ohne ausreichende Überprüfung nachzukommen. **Mitverschulden** d. Geschädigten kann den Ersatzanspruch mindern, § 254 BGB; so etwa bei voreiligem Nachgeben oder unterlassener Rückfrage trotz erkennbar nur oberflächlicher Prüfung durch den Verwarnenden, BGH GRUR **97,** 741, 743 – Chinaherde. Zu Beweiserhebung und Schadensschätzung vgl. BGH a. a. O.

18 **V. Verletzungsstreit.** Für den Verletzungsstreit gelten im Wesentlichen die gleichen Grundsätze wie für den Patentverletzungsprozess. Vgl. dazu im Einzelnen die Erläuterungen zu § 139 PatG Rdn. 97 ff. Vgl. aber auch die besonderen Regelungen zur Zuständigkeit und Kostenerstattung in § 27.

Der Zwang zur Klagenkonzentration (§ 145 PatG) gilt für Gebrauchsmusterklagen nicht, OLG Düsseldorf GRUR **59,** 538; auch nicht für nebeneinander bestehende Patente und Gebrauchsmuster, BGH GRUR **95,** 338, 342 – Kleiderbügel. Die **Beweislast** für den Verletzungstatbestand und sonstige anspruchsbegründende Voraussetzungen trifft den Rechtsinhaber; für alle Einwendungen trifft sie den Verletzer; das gilt insbesondere für den Mangel der Schutzfähigkeit, insbesondere für die mangelnde Neuheit des Gebrauchsmusters, RGZ **124,** 71; RG GRUR **27,** 235; dies folgt aus dem Regel-Ausnahme-Verhältnis der §§ 11, 13; ebenso u. a.

Meier-Beck GRUR **88,** 861, 864; Loth Rdn. 19, 21 zu § 24 und für das Österr. Recht OGH GRUR Int. **97,** 164; a. A. Busse Rdn. 4 zu § 24 GebrMG. Die Urteilsformel muss das Verbot klar zum Ausdruck bringen und sich der Verletzungsform anpassen, RG GRUR **33,** 494; **36,** 882; vgl. dazu weiter Rdn. 32 zu § 139 PatG. Die Rechtskraft erstreckt sich auch auf unwesentliche Abweichungen der Verletzungsform, RG Bl. **11,** 227 (Urteilsauslegung), vgl. auch Rdn. 35 zu § 139 PatG. Die nachträgliche Ermittlung eines entgegenstehenden älteren Gebrauchsmusters ist kein Restitutionsgrund, weil die Gebrauchsmusterrolle und die Unterlagen der eingetragenen Gebrauchsmuster öffentlich sind, RGZ **59,** 413.

Der Streitwert ist nach den gleichen Gesichtspunkten zu bestimmen wie in Patentverletzungsprozessen (vgl. § 139 PatG Rdn. 165–170), wobei freilich die kürzere Laufzeit des Gebrauchsmusters zu berücksichtigen ist. Der Streitwert der Unterlassungsklage bemisst sich nach dem Interesse des Klägers daran, dass sich der Beklagte der Verletzungshandlungen enthalte, RG Bl. **13,** 310. Wegen der möglichen Festsetzung eines Teilstreitwerts vgl. § 26 und die dortigen Erläuterungen.

24a

Vernichtungsanspruch. (1) **Der Verletzte kann in den Fällen des § 24 verlangen, daß das im Besitz oder Eigentum des Verletzers befindliche Erzeugnis, das Gegenstand des Gebrauchsmusters ist, vernichtet wird, es sei denn, daß der durch die Rechtsverletzung verursachte Zustand des Erzeugnisses auf andere Weise beseitigt werden kann und die Vernichtung für den Verletzer oder Eigentümer im Einzelfall unverhältnismäßig ist.**

(2) **Die Bestimmungen des Absatzes 1 sind entsprechend auf die im Eigentum des Verletzers stehende, ausschließlich oder nahezu ausschließlich zur widerrechtlichen Herstellung eines Erzeugnisses benutzte oder bestimmte Vorrichtung anzuwenden.**

§ 24a kann als Sonderregelung eines Beseitigungsanspruchs angesehen werden. Er ist zum 1. 7. 1990 durch das PrPG zusammen mit § 140a PatG eingeführt worden und entspricht diesem. Es kann daher auf das dort Gesagte verwiesen werden. Anstelle der zivilrechtlich geregelten Vernichtung ist auch eine Einziehung nach öffentlichem Recht möglich, vgl. § 25 Abs. 5 und § 25a Abs. 3.

24b

Auskunftsanspruch. (1) **Wer den Vorschriften der §§ 11 bis 14 zuwider ein Gebrauchsmuster benutzt, kann vom Verletzten auf unverzügliche Auskunft über die Herkunft und den Vertriebsweg des benutzten Erzeugnisses in Anspruch genommen werden, es sei denn, daß dies im Einzelfall unverhältnismäßig ist.**

(2) **Der nach Absatz 1 zur Auskunft Verpflichtete hat Angaben zu machen über Namen und Anschrift des Herstellers, des Lieferanten und anderer Vorbesitzer des Erzeugnisses, des gewerblichen Abnehmers oder Auftraggebers sowie über die Menge der hergestellten, ausgelieferten, erhaltenen oder bestellten Erzeugnisse.**

(3) **In Fällen offensichtlicher Rechtsverletzung kann die Verpflichtung zur Erteilung der Auskunft im Wege der einstweiligen Verfügung nach den Vorschriften der Zivilprozeßordnung angeordnet werden.**

(4) **Die Auskunft darf in einem Strafverfahren oder in einem Verfahren nach dem Gesetz über Ordnungswidrigkeiten wegen einer vor der Erteilung der Auskunft begangenen Tat gegen den zur Auskunft Verpflichteten oder gegen einen in § 52 Abs. 1 der Strafprozeßordnung bezeichneten Angehörigen nur mit Zustimmung des zur Auskunft Verpflichteten verwertet werden.**

(5) **Weitergehende Ansprüche auf Auskunft bleiben unberührt.**

Neben dem bisher schon von der Rechtsprechung anerkannten Anspruch auf Rechnungslegung und Auskunft zur Durchsetzung eines Schadenersatz- oder Bereicherungsanspruchs (s. o. § 24 Rdn. 13) kann der Verletzte den besonders geregelten Auskunftsanspruch nach § 24b geltend machen. Die mit Wirkung ab 1. 7. 1990 durch das PrPG v. 7. 3. 1990 eingeführte Vorschrift entspricht § 140b PatG. Auf die dortigen Erläuterungen wird verwiesen.

24c *Verjährung.* [1]**Auf die Verjährung der Ansprüche wegen Verletzung des Schutzrechts finden die Vorschriften des Abschnitts 5 des Buches 1 des Bürgerlichen Gesetzbuchs entsprechende Anwendung.** [2]**Hat der Verpflichtete durch die Verletzung auf Kosten des Berechtigten etwas erlangt, findet § 852 des Bürgerlichen Gesetzbuchs entsprechende Anwendung.**

1 **Allgemein.** § 24c betrifft Ansprüche wegen Verletzung des Gebrauchsmusters (nicht eines Patents), stimmt im Übrigen aber wörtlich mit der entsprechenden Regelung für Ansprüche aus Patentverletzungen in § 141 PatG überein. Beide Vorschriften haben ihre jetzige Fassung durch das Schuldrechtsmodernisierungsgesetz erhalten. Eine wesentliche Änderung des sachlichen Regelungsgehalts war damit nicht verbunden.

2 **Verjährung** (Satz 1). Mit der Neuregelung des allgemeinen Verjährungsrechts des Bürgerlichen Gesetzbuches in den §§ 194ff. BGB konnte die frühere Sonderegelung für Ansprüche aus Verletzung von Gebrauchsmustern (und anderen gewerblichen Schutzrechten und sonstigen Rechten des geistigen Eigentums) durch eine schlichte Verweisung auf die Bestimmungen des BGB ersetzt werden (Satz 1 der Vorschrift).

3 **Rest-Schadenersatzanspruch** (Satz 2). Wie bereits nach früherem Recht bleibt jedoch weiterhin nach Eintritt der allgemeinen Verjährung noch ein uneingeschränkt durchsetzbarer Rest-Schadensersatzanspruch mit einer eigenständigen Verjährungsregelung erhalten, wie dies allgemein für Schadenersatzansprüche aus unerlaubter Handlung in § 852 BGB vorgesehen ist und auch schon früher vorgesehen war.

4 Wegen weiterer **Einzelheiten** wird auf die Erläuterungen der übereinstimmenden Regelung in § 141 PatG verwiesen.

25 *Strafvorschrift.* (1) **Mit Freiheitsstrafe bis zu drei Jahren oder mit Geldstrafe wird bestraft, wer ohne die erforderliche Zustimmung des Inhabers des Gebrauchsmusters**

1. ein Erzeugnis, das Gegenstand des Gebrauchsmusters ist (§ 11 Abs. 1 Satz 2), herstellt, anbietet, in Verkehr bringt, gebraucht oder zu einem der genannten Zwecke entweder einführt oder besitzt oder
2. das Recht aus einem Patent entgegen § 14 ausübt.

(2) **Handelt der Täter gewerbsmäßig, so ist die Strafe Freiheitsstrafe bis zu fünf Jahren oder Geldstrafe.**

(3) **Der Versuch ist strafbar.**

(4) **In den Fällen des Absatzes 1 wird die Tat nur auf Antrag verfolgt, es sei denn, daß die Strafverfolgungsbehörde wegen des besonderen öffentlichen Interesses an der Strafverfolgung ein Einschreiten von Amts wegen für geboten hält.**

(5) [1]**Gegenstände, auf die sich die Straftat bezieht, können eingezogen werden.** [2]**§ 74a des Strafgesetzbuches ist anzuwenden.** [3]**Soweit den in § 24a bezeichneten Ansprüchen im Verfahren nach den Vorschriften der Strafprozeßordnung über die Entschädigung des Verletzten (§§ 403 bis 406c) stattgegeben wird, sind die Vorschriften über die Einziehung nicht anzuwenden.**

(6) [1]**Wird auf Strafe erkannt, so ist, wenn der Verletzte es beantragt und ein berechtigtes Interesse daran dartut, anzuordnen, daß die Verurteilung auf Verlangen öffentlich bekanntgemacht wird.** [2]**Die Art der Bekanntmachung ist im Urteil zu bestimmen.**

§ 25 entspricht § 142 PatG und wurde zusammen mit diesem zum 1. 7. 1990 durch das PrPG v. 7. 3. 1990 verschärft; es kann daher im Wesentlichen auf die Erläuterungen zu § 142 PatG verwiesen werden.

Als Tathandlungen kommen nur die Benutzung des Gegenstandes des Gebrauchsmusters ohne Zustimmung des Inhabers nach § 11 Abs. 1 Satz 2 oder die Ausübung der Rechte aus einem später angemeldeten Patent ohne die Erlaubnis des Inhabers in Betracht.

Die Schutzfähigkeit des Musters hat das Gericht von Amts wegen zu prüfen, auch wenn der Angeklagte sie nicht bestreitet, RGSt **46,** 92. Nur der Eingriff in das eingetragene und noch nicht gelöschte Gebrauchsmuster ist strafbar. Der Vorsatz muss sich auch auf die Schutzfähigkeit beziehen, wobei ein bedingter Vorsatz ausreicht.

25a *Grenzbeschlagnahme.* (1) [1]**Ein Erzeugnis, das ein nach diesem Gesetz geschütztes Gebrauchsmuster verletzt, unterliegt auf Antrag und gegen Sicherheitsleistung des Rechtsinhabers bei seiner Einfuhr oder Ausfuhr der Beschlagnahme durch die Zollbehörde, sofern die Rechtsverletzung offensichtlich ist. [2]Dies gilt für den Verkehr mit anderen Mitgliedstaaten der Europäischen Union sowie mit den anderen Vertragsstaaten des Abkommens über den Europäischen Wirtschaftsraum nur, soweit Kontrollen durch die Zollbehörden stattfinden.**

(2) [1]**Ordnet die Zollbehörde die Beschlagnahme an, so unterrichtet sie unverzüglich den Verfügungsberechtigten sowie den Antragsteller. [2]Dem Antragsteller sind Herkunft, Menge und Lagerort des Erzeugnisses sowie Namen und Anschrift des Verfügungsberechtigten mitzuteilen; das Brief- und Postgeheimnis (Artikel 10 des Grundgesetzes) wird insoweit eingeschränkt. [3]Dem Antragsteller wird Gelegenheit gegeben, das Erzeugnis zu besichtigen, soweit hierdurch nicht in Geschäfts- oder Betriebsgeheimnisse eingegriffen wird.**

(3) **Wird der Beschlagnahme nicht spätestens nach Ablauf von zwei Wochen nach Zustellung der Mitteilung nach Absatz 2 Satz 1 widersprochen, so ordnet die Zollbehörde die Einziehung des beschlagnahmten Erzeugnisses an.**

(4) [1]**Widerspricht der Verfügungsberechtigte der Beschlagnahme, so unterrichtet die Zollbehörde hiervon unverzüglich den Antragsteller. [2]Dieser hat gegenüber der Zollbehörde unverzüglich zu erklären, ob er den Antrag nach Absatz 1 in bezug auf das beschlagnahmte Erzeugnis aufrechterhält.**

1. [3]**Nimmt der Antragsteller den Antrag zurück, hebt die Zollbehörde die Beschlagnahme unverzüglich auf.**
2. [4]**Hält der Antragsteller den Antrag aufrecht und legt er eine vollziehbare gerichtliche Entscheidung vor, die die Verwahrung des beschlagnahmten Erzeugnisses oder eine Verfügungsbeschränkung anordnet, trifft die Zollbehörde die erforderlichen Maßnahmen.**

[5]**Liegen die Fälle der Nummern 1 oder 2 nicht vor, hebt die Zollbehörde die Beschlagnahme nach Ablauf von zwei Wochen nach Zustellung der Mitteilung an den Antragsteller nach Satz 1 auf; weist der Antragsteller nach, daß die gerichtliche Entscheidung nach Nummer 2 beantragt, ihm aber noch nicht zugegan-gen ist, wird die Beschlagnahme für längstens zwei weitere Wochen aufrechterhalten.**

(5) **Erweist sich die Beschlagnahme als von Anfang an ungerechtfertigt und hat der Antragsteller den Antrag nach Absatz 1 in bezug auf das beschlagnahmte Erzeugnis aufrechterhalten oder sich nicht unverzüglich erklärt (Absatz 4 Satz 2), so ist er verpflichtet, den dem Verfügungsberechtigten durch die Beschlagnahme entstandenen Schaden zu ersetzen.**

(6) [1]**Der Antrag nach Absatz 1 ist bei der Oberfinanzdirektion zu stellen und hat Wirkung für zwei Jahre, sofern keine kürzere Geltungsdauer beantragt wird; er kann wiederholt werden. [2]Für die mit dem Antrag verbundenen Amtshandlungen werden vom Antragsteller Kosten nach Maßgabe des § 178 der Abgabenordnung erhoben.**

(7) [1]**Die Beschlagnahme und die Einziehung können mit den Rechtsmitteln angefochten werden, die im Bußgeldverfahren nach dem Gesetz über Ordnungswidrigkeiten gegen die Beschlagnahme und Einziehung zulässig sind. [2]Im Rechtsmittelverfahren ist der Antragsteller zu hören. [3]Gegen die Entscheidung des Amtsgerichts ist die sofortige Beschwerde zulässig; über sie entscheidet das Oberlandesgericht.**

§ 25a ist durch das PrPG v. 7. 3. 1990 eingeführt worden, und zwar zusammen mit dem gleichlautenden § 142a PatG. Es kann daher auf die dortigen Erläuterungen verwiesen werden.

Grenzbeschlagnahmen wegen Gebrauchsmusterverletzungen sind nur nach § 25a möglich. Die VO (EG) Nr. 1383/2003 des Rates vom 22. 7. 2003 über das Vorgehen der Zollbehörden gegen Waren, die im Verdacht stehen, bestimmte Rechte geistigen Eigentums zu verletzen, und die Maßnahmen gegenüber Waren, die erkanntermaßen derartige Rechte verletzen (ABl. EG L 196/7) ist insoweit nicht anwendbar, weil Gebrauchsmuster nicht zu den in Art. 3 Abs. 1, Unterabs. 2 der VO genannten Schutzrechten gehören (vgl. § 142a Rdn. 2).

26 *Streitwertherabsetzung.* (1) [1]**Macht in bürgerlichen Rechtsstreitigkeiten, in denen durch Klage ein Anspruch aus einem der in diesem Gesetz geregelten Rechtsverhältnisse geltend gemacht wird, eine Partei glaubhaft, daß die Belastung mit den Prozeßkosten nach dem vollen Streitwert ihre wirtschaftliche Lage erheblich gefährden würde, so kann das Gericht auf ihren Antrag anordnen, daß die Verpflichtung dieser Partei zur Zahlung von Gerichtskosten sich nach einem ihrer Wirtschaftslage angepaßten Teil des Streitwerts bemißt.** [2]**Die Anordnung hat zur Folge, daß die begünstigte Partei die Gebühren ihres Rechtsanwalts ebenfalls nur nach diesem Teil des Streitwerts zu entrichten hat.** [3]**Soweit ihr Kosten des Rechtsstreits auferlegt werden oder soweit sie diese übernimmt, hat sie die von dem Gegner entrichteten Gerichtsgebühren und die Gebühren seines Rechtsanwalts nur nach dem Teil des Streitwerts zu erstatten.** [4]**Soweit die außergerichtlichen Kosten dem Gegner auferlegt oder von ihm übernommen werden, kann der Rechtsanwalt der begünstigten Partei seine Gebühren von dem Gegner nach dem für diesen geltenden Streitwert beitreiben.**

(2) [1]**Der Antrag nach Absatz 1 kann vor der Geschäftsstelle des Gerichts zur Niederschrift erklärt werden.** [2]**Er ist vor der Verhandlung zur Hauptsache anzubringen.** [3]**Danach ist er nur zulässig, wenn der angenommene oder festgesetzte Streitwert später durch das Gericht heraufgesetzt wird.** [4]**Vor der Entscheidung über den Antrag ist der Gegner zu hören.**

Inhaltsübersicht

1 **1. Allgemeines.** Die Vorschrift ist durch das Gesetz zur Änderung des Gesetzes gegen den unlauteren Wettbewerb, des Warenzeichengesetzes und des Gebrauchsmustergesetzes vom 21. 7. 1965 (BGBl. I S. 625) mit Wirkung vom 31. 7. 1965 in das Gebrauchsmustergesetz eingefügt worden, um, wie es in der Begründung zum RegEntw. (Bl. **65**, 291) heißt, „die in § 53 (– heute § 144 –) des Patentgesetzes für Patentstreitsachen schon seit langem gegebene Möglichkeit einer einseitigen Herabsetzung des Streitwerts zugunsten einer wirtschaftlich schwächeren Partei auch für … Gebrauchsmusterstreitsachen" zu schaffen. Denn das Gebrauchsmuster habe sich, wie in der Begründung weiter ausgeführt wird (Bl. **65**, 293 und c), in der wirtschaftlichen Bedeutung dem Patent stark angenähert; wenn auch der Streitwert in Gebrauchsmusterstreitsachen im Allgemeinen niedriger liege als in Patenstreitsachen, so seien doch die Fälle nicht selten, in denen ein Gebrauchsmuster einen sehr erheblichen Wert habe; Gebrauchsmusterstreitsachen könnten daher hinsichtlich der Streitwertherabsetzung nicht grundsätzlich anders behandelt werden als Patentstreitsachen; es müsse auch bei ihnen verhindert werden, dass mittelständische Unternehmen mit einem für sie nicht tragbaren Kostenrisiko belastet würden.

In § 26 ist die Regelung des § 144 PatG fast wörtlich übernommen worden. Es ist lediglich statt des Ausdruckes „Patentstreitsache" die Umschreibung für den Begriff „Gebrauchsmusterstreitsache" (s. § 27 Abs. 1) eingefügt worden. Sachlich ergibt sich daraus kein Unterschied zu § 144 PatG, so dass weitgehend auf die Erläuterungen zu dieser Vorschrift verwiesen werden kann.

2 **2. Anwendungsbereich.** Die Vorschrift gilt nach ihrem Wortlaut nur für „bürgerliche Rechtsstreitigkeiten". Dazu gehören nicht die Gebrauchsmusterlöschungsverfahren, Busse, Rdn. 3; Bühring, Rdn. 2; kritisch: Voraufl. Für das Rechtsbeschwerdeverfahren – auch im Gebrauchsmusterlöschungsverfahren – ergibt sich die Möglichkeit der Festsetzung eines Teilstreitwerts bereits aus der in § 18 Abs. 4 Satz 2 GebrMG i. V. m. § 102 Abs. 2 PatG ausdrücklich angeordneten entsprechenden Anwendung des § 144 PatG. Unter den Rechtsstreitigkeiten, in denen durch Klage ein Anspruch aus einem der im Gebrauchsmustergesetz geregelten Rechtsverhältnisse geltend gemacht wird, müssen – ebenso wie unter den Patentstreitsachen (vgl. § 143 PatG Rdn. 1) – alle Kosten verstanden werden, die einen Anspruch auf eine oder aus einer für einen Gebrauchsmusterschutz in Betracht kommenden technischen Erfindung zum Gegenstand haben oder sonstwie mit einer derartigen Erfindung eng verknüpft sind (vgl. dazu im Einzelnen § 143 PatG Rdn. 1 ff.).

3. Voraussetzungen einer Anordnung nach § 26. Voraussetzung für eine Anordnung nach § 26 ist ein förmlicher Antrag, der auch im Anwaltsprozess nicht dem Anwaltzwang unterliegt (§ 26 Abs. 2 in Verbdg. mit § 78 Abs. 1 und 3 ZPO) und der grundsätzlich vor der Verhandlung zur Hauptsache und für jede Instanz besonders zu stellen ist (vgl. dazu § 144 PatG Rdn. 9). Den Antrag kann jede Prozesspartei, von mehreren Streitgenossen jeder für sich stellen; auch ein Nebenintervenient wird die Festsetzung eines Teilstreitwerts beantragen können (vgl. dazu § 144 PatG Rdn. 8). Auch einer juristischen Person oder einer Gesamthandspartei oder einer Partei kraft Amtes kann die Vergünstigung des § 26 gewährt werden (vgl. dazu § 144 PatG Rdn. 8). Der Antragsteller muss glaubhaft machen, dass die Belastung mit den Prozesskosten nach dem vollen Streitwert seine wirtschaftliche Lage erheblich gefährden würde (vgl. dazu im Einzelnen § 144 PatG Rdn. 6). 3

4. Verfahren, Entscheidung, Änderung. Vor der Entscheidung, die ohne mündliche Verhandlung ergehen kann, sind der Gegner, und zum Antrag eines Streitgenossen auch die übrigen Streitgenossen zu hören. Die Entscheidung ergeht durch Beschluss, der, wenn er in der ersten Instanz ergangen ist, der fristgebundenen Beschwerde nach § 68 GKG (§ 25 Abs. 3 GKG a. F.) unterliegt (vgl. dazu im Einzelnen § 144 PatG Rdn. 10). Eine Änderung der einmal getroffenen Entscheidung – Anordnung oder deren Ablehnung – ist grundsätzlich nur bis zum Abschluss der Instanz möglich (vgl. dazu § 144 Rdn. 11). 4

Folgen der Anordnung. Der Erlass einer Anordnung nach § 26 hat zur Folge, dass die dadurch begünstigte Partei die Gerichtsgebühren, zu deren Entrichtung sie herangezogen werden kann, und die Gebühren ihres Rechtsanwalts sowie eines auf ihrer Seite mitwirkenden Patentanwalts nur nach dem für sie festgesetzten Teilstreitwert zu entrichten hat, und dass sie ferner, soweit sie dem Gegner erstattungspflichtig ist, die von diesem entrichteten Gerichtsgebühren sowie die Gebühren seines Rechtsanwalts und eines etwa mitwirkenden Patentanwalts ebenfalls nur nach dem Teilstreitwert zu erstatten hat (vgl. dazu im Einzelnen § 144 PatG Rdn. 12). 5

27 *Gerichte für Gebrauchsmusterstreitsachen. Patentanwaltskosten.* (1) **Für alle Klage, durch die ein Anspruch aus einem der in diesem Gesetz geregelten Rechtsverhältnisse geltend gemacht wird (Gebrauchsmusterstreitsachen), sind die Zivilkammern der Landgerichte ohne Rücksicht auf den Streitwert ausschließlich zuständig.**

(2) [1]**Die Landesregierungen werden ermächtigt, durch Rechtsverordnung die Gebrauchsmusterstreitsachen für die Bezirke mehrerer Landgerichte einem von ihnen zuzuweisen, sofern dies der sachlichen Förderung der Verfahren dient.** [2]**Die Landesregierungen können diese Ermächtigungen auf die Landesjustizverwaltungen übertragen.** [3]**Die Länder können außerdem durch Vereinbarung den Gerichten eines Landes obliegende Aufgaben insgesamt oder teilweise dem zuständigen Gericht eines anderen Landes übertragen.**

(3) **Von den Kosten, die durch die Mitwirkung eines Patentanwalts in einer Gebrauchsmusterstreitsache entstehen, sind die Gebühren nach § 13 des Rechtsanwaltsvergütungsgesetzes und außerdem die notwendigen Auslagen des Patentanwalts zu erstatten.**

Inhaltsübersicht

1. Zuständigkeit in Gebrauchsmusterstreitsachen. Mit der Neuregelung der Abs. 1 u. 2 durch Gesetz vom 15. 8. 1986 ist in Angleichung an § 143 PatG eine klare Regelung über die gerichtliche Zuständigkeit (Zivilkammern der Landgerichte) und die Voraussetzung für eine weitgehende **Konzentration** der Gebrauchsmusterstreitsachen auf wenige Gerichte geschaffen worden. Nach der amtlichen Begründung des Gesetzentwurfs (Bl. **86,** 320, 329 zu Nr. 20/21) sollte mit dieser Regelung auch eine weitere Vereinheitlichung von Patent- und Gebrauchsmusterrecht verwirklicht werden; vor allem aber sollte dem Umstand Rechnung getragen werden, dass die Verfahren in Gebrauchsmusterstreitsachen mindestens ebenso wie die in Patentstreitsachen einen mit speziellen technischen und rechtlichen Wissen ausgestatteten Richter erfordern. Durch das KostRegBerG vom 13. 12. 2001 (BGBl. I 3656, 3671) wurde die in Abs. 5 enthaltene Begrenzung der Erstattungsfähigkeit der Kosten des mitwirkenden Patentanwalts „bis zur Höhe einer vollen Gebühr" gestrichen, vgl. dazu auch bei § 143 PatG Rdn. 20. 1

Art. 4 OLGVertÄndG vom 28. 7. 2002 (BGBl. I 2850) führte zur Aufhebung der Vertretungsregelungen in Abs. 3 und 4 a. F., so dass die Regelung in Abs. 5 zu Abs. 3 aufrückte. Mit dem Geschmacksmusterreformgesetz vom 12. 3. 2004 (BGBl. I 390) kam Abs. 2 Satz 3 hinzu.

2 Der Begriff der **Gebrauchsmusterstreitsache** ist in Abs. 1 entsprechend dem Begriff der Patentstreitsache in § 143 PatG formuliert. Er umfasst nach der gesetzlichen Definition alle Klagen, durch die ein Anspruch aus einem der im Gebrauchsmustergesetz geregelten Rechtsverhältnisse geltend gemacht wird. Das erfasst nicht die im GebrMG besonders geregelten Verfahren vor Patentamt und Patentgericht, ist im Übrigen aber gemäß dem Gesetzeszweck weit auszulegen. Wegen der Einzelheiten kann auf die entsprechenden Erläuterungen zu § 143 PatG (dort Rdn. 1 ff.) verwiesen werden. Gebrauchsmusterstreitsachen sind u. a. auch Streitigkeiten aus Verträgen über gebrauchsmusterrechtliche Ansprüche, z. B. Ansprüche aus Vertragsstrafeversprechen zur Sicherung eines gebrauchsmusterrechtlichen Unterlassungsanspruchs, OLG Düsseldorf GRUR **84,** 650.

3 Die Zuständigkeitsregelung begründet eine **ausschließliche sachliche Zuständigkeit** für die erste Instanz; für die örtliche Zuständigkeit gelten die allgemeinen Vorschriften. Wegen weiterer Einzelheiten vgl. Rdn. 7 ff. zu § 143 PatG. Von der Möglichkeit der Konzentration der Zuständigkeit auf einige wenige Landgerichte haben die Bundesländer – mit Ausnahme von Rheinland-Pfalz – inzwischen in dem Sinne Gebrauch gemacht, dass die Gerichte für Patentstreitsachen gemäß § 143 PatG zugleich auch als **Gerichte für Gebrauchsmusterstreitsachen** mit erweiterter **örtlicher** Zuständigkeit bestimmt worden sind. Welches Landgericht dies aufgrund welcher Konzentrationsverordnung jeweils ist, ergibt sich aus der Aufstellung bei § 143 PatG, Rdn. 15.

In **Rheinland-Pfalz** ist für Gebrauchsmusterstreitsachen nicht – wie für Patentstreitsachen aufgrund des Staatsvertrages vom 4. 8. 1950 und des Landesgesetzes vom 29. 11. 1950 (GVBl. 50, S. 316) – das Landgericht Frankfurt a. M., sondern aufgrund § 11 VO vom 15. 12. 1982 (GVBl. 82, S. 460) in der durch die VO vom 13. 4. 1987 (GVBl. 87, S. 134) geänderten Fassung das **Landgericht Frankenthal** zuständig.

Steht eine Gebrauchsmusterstreitsache in einem engen sachlichen Zusammenhang mit einer Patentstreitsache, was insbesondere dann der Fall ist, wenn dieselbe angegriffene Ausführungsform nicht nur ein Patent, sondern auch das damit parallele Gebrauchsmuster verletzt, so geht die Zuständigkeit des für Patentstreitsachen zuständigen Landgerichts der des für Gebrauchsmusterstreitsachen zuständigen Landgerichts vor, vgl. RGZ **170,** 226; Busse, Rdn. 7; Bühring, Rdn. 9, was sich im Hinblick auf die ansonsten parallelen Zuständigkeiten für Patent- und Gebrauchsmusterstreitsachen derzeit nur in Rheinland-Pfalz auswirken kann.

4 **2. Kosten des zugezogenen Patentanwalts.** Wegen der Kosten eines Patentanwalts vgl. zu § 143 PatG Rdn. 19–27.

28 *Inlandsvertreter.* (1) **Wer im Inland weder Wohnsitz, Sitz noch Niederlassung hat, kann an einem in diesem Gesetz geregelten Verfahren vor dem Patentamt oder Patentgericht nur teilnehmen und die Rechte aus einem Gebrauchsmuster nur geltend machen, wenn er im Inland einen Rechtsanwalt oder Patentanwalt als Vertreter bestellt hat, der zur Vertretung im Verfahren vor dem Patentamt, dem Patentgericht und in bürgerlichen Rechtsstreitigkeiten, die das Gebrauchsmuster betreffen, sowie zur Stellung von Strafanträgen bevollmächtigt ist.**

(2) **Staatsangehörige eines Mitgliedstaates der Europäischen Union oder eines anderen Vertragsstaates des Abkommens über den Europäischen Wirtschaftsraum können zur Erbringung einer Dienstleistung im Sinne des Vertrags zur Gründung der Europäischen Gemeinschaft als Vertreter im Sinne des Absatzes 1 bestellt werden, wenn sie berechtigt sind, ihre berufliche Tätigkeit unter einer der in der Anlage zu § 1 des Gesetzes über die Tätigkeit europäischer Rechtsanwälte in Deutschland vom 9. März 2000 (BGBl. I S. 182) oder zu § 1 des Gesetzes über die Eignungsprüfung für die Zulassung zur Patentanwaltschaft vom 6. Juli 1990 (BGBl. I S. 1349, 1351) in der jeweils geltenden Fassung genannten Berufsbezeichnungen auszuüben. In diesem Fall kann ein Verfahren jedoch nur betrieben werden, wenn im Inland ein Rechtsanwalt oder Patentanwalt als Zustellungsbevollmächtigter bestellt worden ist.**

(3) **Der Ort, an dem ein nach Absatz 1 bestellter Vertreter seinen Geschäftsraum hat, gilt im Sinne des § 23 der Zivilprozessordnung als der Ort, an dem sich der Vermögensgegenstand befindet; fehlt ein solcher Geschäftsraum, so ist der Ort**

maßgebend, an dem der Vertreter im Inland seinen Wohnsitz, und in Ermangelung eines solchen der Ort, an dem das Patentamt seinen Sitz hat.

(4) **Die rechtsgeschäftliche Beendigung der Bestellung eines Vertreters nach Absatz 1 wird erst wirksam, wenn sowohl diese Beendigung als auch die Bestellung eines anderen Vertreters gegenüber dem Patentamt oder dem Patentgericht angezeigt wird.**

Die Vorschrift ist durch Art 8 Nr. 10 des Gesetzes zur Bereinigung von Kostenregelungen auf dem Gebiet des geistigen Eigentums, vom 13. 12. 2001 neu gefasst worden. Sie entspricht inhaltlich dem durch dasselbe Gesetz neu gefassten § 25 PatG. Auf die Erläuterungen zu § 25 PatG wird verwiesen.

Der Inlandsvertreter wird im Gebrauchsmusterregister eingetragen. Er wird durch die Eintragung zur Ausübung seiner Befugnisse legitimiert, vgl. BPatG Mitt **87,** 155 für den Fall der Niederlegung des Mandats.

29 *Ausführungsbestimmungen.* **Das Bundesministerium der Justiz regelt durch Rechtsverordnung, die nicht der Zustimmung des Bundesrates bedarf, die Einrichtung und den Geschäftsgang des Patentamts sowie die Form des Verfahrens in Gebrauchsmusterangelegenheiten, soweit nicht durch Gesetz Bestimmungen darüber getroffen sind.**

Die Vorschrift ist durch das Geschmacksmusterreformgesetz vom 12. 3. 2004, BGBl. I S. 390, Bl. **04,** 207 neu gefasst worden. Sie entspricht der in § 28 PatG getroffenen Regelung. Auf die dortigen Erläuterungen wird verwiesen.

Auf Grund der gesetzlichen Ermächtigung ist die Verordnung über das Deutsche Patent- und Markenamt (**DPMA-Verordnung** – DPMAV), vom 1. 4. 2004, BGBl. I S. 14, erlassen worden, Bl. **04,** 296 (Wortlaut siehe Anhang Nr. 1). Ihre allgemeinen Verfahrensvorschriften gelten auch für die gebrauchsmusterrechtlichen Verfahren vor dem Patentamt, überdies enthält sie in § 3 besondere Verfahrens- und Organisationsvorschriften für die Gebrauchsmusterstelle und die Gebrauchsmusterabteilungen. Die **Richtlinien für die Eintragung von Gebrauchsmustern** vom 25. 4. 1990, Bl. **90,** 211, mit den Änderungen vom 12. 5. 1992, Bl. **92,** 261, und vom 12. 8. 1996, Bl. **96,** 389 ergänzen das für Gebrauchsmustersachen geltende normative Rahmenwerk ebenso wie die **Rechercherichtlinien** vom 31. 3. 1999, Bl. **99,** 203. Die Richtlinien beruhen auf der Organisationshoheit des PräsPA. Sie sind im Rahmen des auf Gebrauchsmustersachen bezogenen Verwaltungshandelns des Patentamts für die Bediensteten verbindlich; insbesondere binden sie das Ermessen der zuständigen Organe des Patentamts, soweit ein solches nach gesetzlichen Vorgaben ausgeübt werden kann.

Die im bisherigen Absatz 2 enthaltene kostenrechtliche Verordnungsermächtigung findet sich jetzt in § 1 Abs. 2 PatKostG (Anhang Nr. 6). Auf sie nimmt die Verordnung über die Zahlung der Kosten des Deutschen Patent- und Markenamts und des Bundespatentgerichts (**Patentkostenzahlungsverordnung** – PatKostZV) Bezug, BGBl. I S. 2083, in der Regelungen über Zahlungswege und Zahlungstag enthalten sind. Ferner ist sie jetzt Ermächtigungsgrundlage für die **DPMA-Verwaltungskostenverordnung,** zuletzt geändert durch die 9. ÄnderungsV vom 9. 7. 2004, BGBl. I S. 1610, Bl. **04,** 358, die in dem Kostenverzeichnis der Anlage zu ihrem § 2 Abs. 1 bestimmte Gebühren- und Auslagentatbestände formuliert und im Übrigen die Kostennichterhebung bei unrichtiger Sachbehandlung regelt, § 9 DPMAVwKostV. Gegen die Kostenansätze ist der Rechtsbehelf der Erinnerung, gegen die Entscheidung hierüber bei einem Gegenstandswert von über 50 Euro die Beschwerde statthaft.

30 *Gebrauchsmusterberühmung.* **Wer Gegenstände oder ihre Verpackung mit einer Bezeichnung versieht, die geeignet ist, den Eindruck zu erwecken, daß die Gegenstände als Gebrauchsmuster nach diesem Gesetz geschützt seien, oder wer in öffentlichen Anzeigen, auf Aushängeschildern, auf Empfehlungskarten oder in ähnlichen Kundgebungen eine Bezeichnung solcher Art verwendet, ist verpflichtet, jedem, der ein berechtigtes Interesse an der Kenntnis der Rechtslage hat, auf Verlangen Auskunft darüber zu geben, auf welches Gebrauchsmuster sich die Verwendung der Bezeichnung stützt.**

1 **Literaturhinweis:** Pahl, Zur Frage der Auskunftspflicht gemäß § 22 des Gebrauchsmustergesetzes, Mitt. **38,** 131; Zeller, Die Folgen einer Warnung vor Verletzungen und die Auskunftspflicht bei einer Schutzrechtsverletzung, GRUR **38,** 819; weitere Hinweise: vor § 146 PatG.

2 § 30 stimmt mit § 146 PatG wörtlich überein, nur dass statt Patent Gebrauchsmuster gesagt ist. Auf die Erläuterungen zu § 146 PatG kann daher verwiesen werden. Mit formal bestehendem Gebrauchsmusterschutz darf nicht geworben werden (§§ 3, 5 Abs. 2 Nr. 3 UWG), wenn z.B. auf Grund einer Recherche nach § 7 offensichtlich ist, dass neuheitsschädlicher Stand der Technik entgegensteht, vgl. OLG Düsseldorf GRUR **84,** 883.

31 ***Übergangsvorschrift.*** **Artikel 229 § 6 des Einführungsgesetzes zum Bürgerlichen Gesetzbuch findet mit der Maßgabe entsprechende Anwendung, daß § 24c in der bis zum 1. Januar 2002 geltenden Fassung den Vorschriften des Bürgerlichen Gesetzbuchs über die Verjährung in der bis zum 1. Januar 2002 geltenden Fassung gleichgestellt ist.**

Die Übergangsvorschrift ist durch Art. 5 (21) des Gesetzes zur Modernisierung des Schuldrechts vom 26. 11. 2001, BGBl. I 2001 S. 3138, Bl. **02,** 68f. eingefügt worden. Sie entspricht inhaltlich der zugleich für das Patentgesetz eingefügten Übergangsvorschrift des § 147 Abs. 1 PatG. Auf die Erläuterungen hierzu wird verwiesen.

Anhang

Vor 1. Entwurf eines Gesetzes zur Änderung des patentrechtlichen Einspruchsverfahrens und des Patentkostengesetzes

(BT-Drs. 16/735 vom 21. 2. 2006)

– Auszug –

Der Bundestag hat das folgende Gesetz beschlossen:

Art. 1 Änderung des Patentgesetzes. Das Patentgesetz in der Fassung der Bekanntmachung vom 16. Dezember 1980 (BGBl. 1981 I S. 1), zuletzt geändert durch ... (BGBl. I S. ...), wird wie folgt geändert:

1. Dem sechsten Abschnitt der Inhaltsübersicht wird nach Nummer 3 folgende Angabe angefügt:

„4. Gemeinsame Verfahrensvorschriften § 122a"

2. In § 16a Abs. 2 wird die Angabe „(§§ 100 bis 122)" durch die Angabe „(§§ 100 bis 122a)" ersetzt.
3. In § 21 Abs. 3 Satz 2 und § 31 Abs. 1 Satz 2 wird jeweils der zweite Halbsatz gestrichen und das Semikolon durch einen Punkt ersetzt.
4. In § 32 Abs. 5 werden die Wörter „einschließlich der Akten von abgetrennten Teilen eines Patents (§ 60)" gestrichen.
5. § 59 wird wie folgt geändert:

   a) Absatz 3 wird wie folgt gefasst:

„(3) Eine Anhörung findet im Einspruchsverfahren statt, wenn ein Beteiligter dies beantragt oder die Patentabteilung dies für sachdienlich erachtet. Mit der Ladung soll die Patentabteilung auf die Punkte hinweisen, die sie für die zu treffende Entscheidung als erörterungsbedürftig ansieht."

   b) Folgender Absatz 4 wird angefügt:

„(4) Im Übrigen sind § 43 Abs. 3 Satz 3 und die §§ 46 und 47 im Einspruchsverfahren entsprechend anzuwenden."

6. § 60 wird aufgehoben.
7. § 61 wird wie folgt geändert:

   a) Nach Absatz 1 wird folgender Absatz 2 eingefügt:

   „(2) Abweichend von Absatz 1 entscheidet der Beschwerdesenat des Bundespatentgerichts,

1. wenn ein Beteiligter dies beantragt und kein anderer Beteiligter innerhalb von zwei Monaten nach Zustellung des Antrags widerspricht, oder
2. auf Antrag nur eines Beteiligten, wenn mindestens 15 Monate seit Ablauf der Einspruchsfrist, im Fall des Antrags eines Beigetretenen seit Erklärung des Beitritts, vergangen sind.

Dies gilt nicht, wenn die Patentabteilung eine Ladung zur Anhörung oder die Entscheidung über den Einspruch innerhalb von drei Monaten nach Zugang des Antrags auf patentgerichtliche Entscheidung zugestellt hat. Im Übrigen sind die §§ 59 bis 62, 69 bis 71 und 86 bis 99 entsprechend anzuwenden."

   b) Die bisherigen Absätze 2 und 3 werden die Absätze 3 und 4.

8. § 62 wird wie folgt geändert:

   a) In Absatz 1 Satz 1 werden die Wörter „über den Einspruch" durch die Angabe „nach § 61 Abs. 1" ersetzt.

   b) Absatz 2 Satz 3 wird wie folgt gefasst:

„Die Vorschriften der Zivilprozessordnung über das Kostenfestsetzungsverfahren (§§ 103 bis 107) und die Zwangsvollstreckung aus Kostenfestsetzungsbeschlüssen (§§ 724 bis 802) sind entsprechend anzuwenden."

9. § 67 Abs. 1 wird wie folgt gefasst:

„(1) Der Beschwerdesenat entscheidet in der Besetzung mit

1. einem rechtskundigen Mitglied als Vorsitzendem und zwei technischen Mitgliedern in den Fällen des § 23 Abs. 4 und des § 50 Abs. 1 und 2;
2. einem technischen Mitglied als Vorsitzendem, zwei weiteren technischen Mitgliedern sowie einem rechtskundigen Mitglied in den Fällen,
   a) in denen die Anmeldung zurückgewiesen
   b) in denen der Einspruch als unzulässig verworfen wurde,
   c) des § 61 Abs. 1 Satz 2 und des § 64 Abs. 1,
   d) des § 61 Abs. 2 sowie
   e) der §§ 130, 131 und 133;
3. einem rechtskundigen Mitglied als Vorsitzendem, einem weiteren rechtskundigen Mitglied und einem technischen Mitglied in den Fällen des § 31 Abs. 5;
4. drei rechtskundigen Mitgliedern in allen übrigen Fällen."

10. § 80 Abs. 5 wird wie folgt gefasst:

„(5) Im Übrigen sind die Vorschriften der Zivilprozessordnung über das Kostenfestsetzungsverfahren (§§ 103 bis 107) und die Zwangsvollstreckung aus Kostenfestsetzungsbeschlüssen (§§ 724 bis 802) entsprechend anzuwenden."

11. In § 100 Abs. 1 werden nach der Angabe „§ 73" die Wörter „oder über die Aufrechterhaltung oder den Widerruf eines Patents nach § 61 Abs. 2" eingefügt.

12. Im sechsten Abschnitt wird nach § 122 folgender Unterabschnitt eingefügt:

4. Gemeinsame Verfahrensvorschriften

§ 122a

Auf die Rüge der durch die Entscheidung beschwerten Partei ist das Verfahren fortzuführen, wenn das Gericht den Anspruch dieser Partei auf rechtliches Gehör in entscheidungserheblicher Weise verletzt hat. Gegen eine der Endentscheidung vorausgehende Entscheidung findet die Rüge nicht statt. § 321a Abs. 2 bis 5 der Zivilprozessordnung ist entsprechend anzuwenden."

13. § 123 Abs. 1 Satz 2 wird wie folgt gefasst:

„Dies gilt nicht für die Frist

1. zur Erhebung des Einspruchs (§ 59 Abs. 1) und zur Zahlung der Einspruchsgebühr (§ 6 Abs. 1 Satz 1 des Patentkostengesetzes),
2. für den Einsprechenden zur Einlegung der Beschwerde gegen die Aufrechterhaltung des Patents (§ 73 Abs. 2) und zur Zahlung der Beschwerdegebühr (§ 6 Abs. 1 Satz 1 des Patentkostengesetzes) und
3. zur Einreichung von Anmeldungen, für die eine Priorität nach § 7 Abs. 2 und § 40 in Anspruch genommen werden kann."

14. § 123a Abs. 3 wird wie folgt gefasst:

„(3) Gegen die Versäumung der Frist nach Absatz 2 und der Frist zur Zahlung der Weiterbehandlungsgebühr nach § 6 Abs. 1 Satz 1 des Patentkostengesetzes ist eine Wiedereinsetzung nicht gegeben."

15. In § 127 Abs. 1 Nr. 3 wird die Angabe „§ 5 Abs. 2" durch die Angabe „§ 5 Abs. 4" ersetzt.

16. § 133 Satz 2 wird wie folgt gefasst:

„§ 121 Abs. 4 und 5 der Zivilprozessordnung ist entsprechend anzuwenden."

17. § 147 Abs. 2 und 3 wird aufgehoben.

Art. 2 Änderung des Rechtspflegergesetzes. § 23 Abs. 1 Nr. 4 des Rechtspflegergesetzes vom 5. November 1969 (BGBl. I S. 2065), das zuletzt durch ... geändert worden ist, wird wie folgt gefasst:

„4. der Ausspruch, dass eine Klage, ein Antrag auf einstweilige Verfügung, ein Antrag auf gerichtliche Entscheidung im Einspruchsverfahren sowie eine Be- schwerde als nicht erhoben gilt (§ 6 Abs. 2 des Patentkostengesetzes) oder eine Klage nach § 81 Abs. 6 Satz 3 des Patentgesetzes als zurückgenommen gilt;".

Art. 3 Änderung des Gerichtskostengesetzes *(nicht abgedruckt)*

Art. 4 Änderung des Gebrauchsmustergesetzes. Das Gebrauchsmustergesetz in der Fassung der Bekanntmachung vom 28. August 1986 (BGBl. I S. 1455), zuletzt geändert durch ... (BGBl. I S. ...), wird wie folgt geändert:

1. In § 17 Abs. 2 Satz 3 werden nach dem Wort „Zivilprozessordnung" die Wörter „(§§ 373 bis 401 sowie 402 bis 414)" eingefügt.
2. In § 20 wird die Angabe „bis 122" durch die Angabe „bis 122a" ersetzt.

Art. 5 Änderung des Markengesetzes *(nicht abgedruckt)*

Art. 6 Änderung des Patentkostengesetzes. Das Patentkostengesetz vom 13. Dezember 2001 (BGBl. I S. 3656), zuletzt geändert durch ... (BGBl. I S. ...), wird wie folgt geändert:

1. § 3 Abs. 1 wird wie folgt gefasst:

„(1) Die Gebühren werden mit der Einreichung einer Anmeldung, eines Antrags oder durch die Vornahme einer sonstigen Handlung oder mit der Abgabe der entsprechenden Erklärung zu Protokoll fällig, soweit gesetzlich nichts anderes bestimmt ist. Eine sonstige Handlung im Sinn dieses Gesetzes ist insbesondere

1. die Einlegung von Rechtsbehelfen und Rechtsmitteln;
2. der Antrag auf gerichtliche Entscheidung nach § 61 Abs. 2 des Patentgesetzes;
3. die Erklärung eines Beitritts zum Einspruchsverfahren;
4. die Einreichung einer Klage.

Die Gebühr für die erfolglose Rüge wegen Verletzung des Anspruchs auf rechtliches Gehör wird mit der Bekanntgabe der Entscheidung fällig."

4. § 5 Abs. 1 wird wie folgt geändert:

a) Satz 1 wird wie folgt gefasst:

„In Verfahren vor dem Deutschen Patent- und Markenamt erfolgt die Bearbeitung erst nach Zahlung der Gebühr für das Verfahren und des Vorschusses für die Bekanntmachungskosten."

b) In Satz 3 wird der Punkt durch ein Semikolon ersetzt und folgender Teilsatz angefügt:

„im Fall eines Beitritts zum Einspruch im Beschwerdeverfahren oder eines Beitritts zum Einspruch im Fall der gerichtlichen Entscheidung nach § 61 Abs. 2 des Patentgesetzes soll vor Zahlung der Gebühr keine gerichtliche Handlung vorgenommen werden."

3. § 8 Abs. 1 wird wie folgt gefasst:

„(1) Die Kosten werden angesetzt:

1. beim Deutschen Patent- und Markenamt
   a) bei Einreichung einer Anmeldung,
   b) bei Einreichung eines Antrags,
   c) im Fall eines Beitritts zum Einspruchsverfahren,
   d) bei Einreichung eines Antrags auf gerichtliche Entscheidung nach § 61 Abs. 2 des Patentgesetzes sowie
   e) bei Einlegung eines Rechtsbehelfs oder Rechtsmittels,
2. beim Bundespatentgericht
   a) bei Einreichung einer Klage,
   b) bei Einreichung eines Antrags auf Erlass einer einstweiligen Verfügung,
   c) im Falle eines Beitritts zum Einspruch im Beschwerdeverfahren oder im Verfahren nach § 61 Abs. 2 des Patentgesetzes sowie
   d) bei einer erfolglosen Rüge wegen Verletzung des Anspruchs auf rechtliches Gehör,

auch wenn sie bei einem ersuchten Gericht oder einer ersuchten Behörde entstanden sind."

4. In § 10 Abs. 2 werden die Wörter „oder die Handlung als nicht vorgenommen" gestrichen.
5. In § 11 Abs. 2 Satz 1 werden das Komma und die Wörter „wenn der Wert des Beschwerdegegenstandes 50 Euro übersteigt" gestrichen.
6. Die Anlage zu § 2 Abs. 1 (Gebührenverzeichnis) wird wie folgt geändert:
   a) Teil A wird wie folgt geändert:
      aa) Die Vorbemerkung wird wie folgt geändert:
         aaa) Der bisherige Wortlaut wird Absatz 1
         bbb) Folgender Absatz 2 wird angefügt:

„(2) Die Gebühren Nummer 313600, 323100, 331600, 333000, 333300 und 362100 werden für jeden Antragsteller gesondert erhoben."

bb) Abschnitt I wird wie folgt geändert:

aaa) Im Unterabschnitt 1 wird die Angabe „(§ 34 PatG)“ im Gebührentatbestand vor Nummer 311 000 durch die Wörter „(§ 34 PatG, Artikel III § 4 Abs. 2 Satz 1 IntPatÜbkG)“ ersetzt.

bbb) Im Unterabschnitt 3 wird in Nummer 313 600 nach der Angabe „§ 59 Abs. 1“ die Angabe „und Abs. 2“ eingefügt.

cc) Im Abschnitt II Unterabschnitt 1 wird die Angabe „(§ 4 GebrMG)“ im Gebührentatbestand vor Nummer 321 000 durch die Wörter „(§ 4 GebrMG, Artikel III § 4 Abs. 2 Satz 1 IntPatÜbkG)“ ersetzt.

b) Teil B wird wie folgt geändert:

aa) Vor dem Abschnitt I wird folgende Vorbemerkung eingefügt:

„(1) Die Gebühren Nummer 400 000 bis 401 300 werden für jeden Antragsteller gesondert erhoben.

(2) Die Gebühr Nummer 400 000 ist zusätzlich zur Gebühr für das Einspruchsverfahren vor dem Deutschen Patent- und Markenamt (Nummer 313 600) zu zahlen.“

bb) Nach der Vorbemerkung wird folgende Nummer 400 000 eingefügt:

Nr.	Gebührentatbestand	Gebührenbetrag/ Gebührensatz nach § 2 Abs. 2 i. V. m. § 2 Abs. 1
„400 000	Antrag auf gerichtliche Entscheidung nach § 61 Abs. 2 PatG	300 EUR“

cc) Nach Nummer 402 320 wird folgender Abschnitt III angefügt:

Nr.	Gebührentatbestand	Gebührenbetrag/ Gebührensatz nach § 2 Abs. 2 i. V. m. § 2 Abs. 1
„403 000	Verfahren über die Rüge wegen Verletzung des Anspruchs auf rechtliches Gehör nach § 321 a ZPO i. V. m. § 99 Abs. 1 PatG, § 82 Abs. 1 MarkenG Die Rüge wird in vollem Umfang verworfen oder zurückgewiesen	50 EUR“

Art. 7 Änderung des Geschmacksmustergesetzes *(nicht abgedruckt)*

Art. 8 Inkrafttreten. Dieses Gesetz tritt am 1. Juli 2006 in Kraft.

1. Verordnung über das Deutsche Patent- und Markenamt (DPMA-Verordnung – DPMAV)

Vom 1. April 2004

(BGBl. I S. 514)

FNA 424-1-9

Auf Grund

– des § 27 Abs. 5, der §§ 28, 29 Abs. 3, des § 34 Abs. 6 und 8, des § 43 Abs. 8 Nr. 2 und des § 63 Abs. 4 des Patentgesetzes in der Fassung der Bekanntmachung vom 16. Dezember 1980 (BGBl. 1981 I S. 1), von denen § 27 Abs. 5 zuletzt durch Artikel 7 Nr. 10, § 29 Abs. 3 durch Artikel 7 Nr. 12, § 34 Abs. 6 und 8 durch Artikel 7 Nr. 16 Buchstabe a bis c sowie § 63 Abs. 4 zuletzt durch Artikel 7 Nr. 27 Buchstabe b Doppelbuchstabe bb des Gesetzes vom 13. Dezember 2001 (BGBl. I S. 3656) und § 28 durch Artikel 2 Abs. 7 Nr. 1 des Gesetzes vom 12. März 2004 (BGBl. I S. 390) geändert worden sind,

– des § 4 Abs. 4 und 7, § 10 Abs. 2 und des § 29 des Gebrauchsmustergesetzes in der Fassung der Bekanntmachung vom 28. August 1986 (BGBl. I S. 1455), von denen § 4 Abs. 4 und 7 durch Artikel 8 Nr. 1 Buchstabe a, c und d sowie § 10 Abs. 2 durch Artikel 8 Nr. 5 des Gesetzes vom 13. Dezember 2001 (BGBl. I S. 3656), § 29 durch Artikel 2 Abs. 8 Nr. 3 des Gesetzes vom 12. März 2004 (BGBl. I S. 390) geändert worden sind,
– des § 65 sowie des § 138 Abs. 2 des Markengesetzes vom 25. Oktober 1994 (BGBl. I S. 3084, 1995 I S. 156), von denen § 138 Abs. 2 durch Artikel 9 Nr. 32 des Gesetzes vom 13. Dezember 2001 (BGBl. I S. 3656) und § 65 Abs. 1 Nr. 1 durch Artikel 2 Abs. 9 Nr. 7 des Gesetzes vom 12. März 2004 (BGBl. I S. 390) geändert worden sind,
– des § 3 Abs. 3 und des § 4 Abs. 4 des Halbleiterschutzgesetzes vom 22. Oktober 1987 (BGBl. I S. 2294) in Verbindung mit § 10 Abs. 2 des Gebrauchsmustergesetzes in der Fassung der Bekanntmachung vom 28. August 1986 (BGBl. I S. 1455), von denen § 3 Abs. 3 durch Artikel 2 Abs. 15 des Gesetzes vom 12. März 2004 (BGBl. I S. 390) geändert worden ist, und
– des § 26 Abs. 1, 2 und 4 des Geschmacksmustergesetzes vom 12. März 2004 (BGBl. I S. 390)

sowie in Verbindung mit Artikel 28 des Gesetzes vom 16. Juli 1998 (BGBl. I S. 1827) und Artikel 29 des Gesetzes vom 13. Dezember 2001 (BGBl. I S. 3656) verordnet das Bundesministerium der Justiz:

Inhaltsübersicht

Abschnitt 1. Organisation, Befugnisse

§ 1 Leitung, Aufsicht, Übertragung von Verordnungsermächtigungen

(1) Der Präsident oder die Präsidentin leitet und beaufsichtigt den gesamten Geschäftsbetrieb des Deutschen Patent- und Markenamts und wirkt auf die gleichmäßige Behandlung der Geschäfte und auf die Beachtung gleicher Grundsätze hin.

(2) Die Ermächtigungen in § 27 Abs. 5, § 29 Abs. 3, § 34 Abs. 6 und 8 sowie in § 63 Abs. 4 des Patentgesetzes, in § 4 Abs. 4 und 7 sowie § 10 Abs. 2 des Gebrauchsmustergesetzes, in § 3 Abs. 3 sowie in § 4 Abs. 4 des Halbleiterschutzgesetzes in Verbindung mit § 10 Abs. 2 des Gebrauchsmustergesetzes, in § 65 Abs. 1 Nr. 2 bis 13 sowie § 138 Abs. 1 des Markengesetzes, in § 26 Abs. 1 Nr. 2 bis 7 und Abs. 2 des Geschmacksmustergesetzes werden auf das Deutsche Patent- und Markenamt übertragen.

§ 2 Prüfungsstellen und Patentabteilungen

(1) Der Präsident oder die Präsidentin bestimmt den Geschäftskreis der Prüfungsstellen und Patentabteilungen sowie die Vorsitzenden und stellvertretenden Vorsitzenden der Patentabteilungen und regelt das Verfahren zur Klassifizierung der Anmeldungen.

(2) [1]Die Vorsitzenden der Patentabteilungen leiten die Geschäfte in den Verfahren vor ihren Patentabteilungen. In den Verfahren vor den Patentabteilungen übernimmt, soweit die jeweiligen Vorsitzenden nichts anderes bestimmt haben, ein Prüfer oder eine Prüferin die Berichterstattung. [2]Die Berichterstattung umfasst den Vortrag in der Sitzung und die Vorbereitung der Beschlüsse und Gutachten. Die Vorsitzenden prüfen die Entwürfe der Beschlüsse und Gutachten für ihre Patentabteilung und stellen sie fest. [3]Über sachliche Meinungsverschiedenheiten beschließt die jeweilige Patentabteilung.

(3) [1]In Verfahren vor der Patentabteilung bedarf es der Beratung und Abstimmung in einer Sitzung für

1. Beschlüsse, durch die über die Aufrechterhaltung, den Widerruf oder die Beschränkung des Patents entschieden wird,
2. Beschlüsse über die Erteilung eines ergänzenden Schutzzertifikats oder die Zurückweisung der Zertifikatsanmeldung,
3. die Festsetzung der Vergütung nach § 23 Abs. 4 und 6 des Patentgesetzes,
4. Beschlüsse über die Gewährung von Verfahrenskostenhilfe für Verfahrensgebühren in Beschränkungs- und Einspruchsverfahren sowie über die Beiordnung eines Vertreters nach § 133 des Patentgesetzes,
5. Gutachten und Beschlüsse, durch welche die Abgabe eines Gutachtens abgelehnt wird.

[2]Von einer Sitzung kann ausnahmsweise abgesehen werden, sofern die jeweils zuständigen Vorsitzenden sie nicht für erforderlich halten.

(4) Die Patentabteilungen entscheiden nach Stimmenmehrheit; bei Stimmengleichheit gibt die Stimme ihrer Vorsitzenden den Ausschlag.

§ 3 Gebrauchsmusterstelle und Gebrauchsmusterabteilungen

(1) Der Präsident oder die Präsidentin bestimmt den Geschäftskreis der Gebrauchsmusterstelle und der Gebrauchsmusterabteilungen sowie die Vorsitzenden und stellvertretenden Vorsitzenden der Gebrauchsmusterabteilungen und regelt das Verfahren zur Klassifizierung der Anmeldungen.

(2) [1]Die Vorsitzenden der Gebrauchsmusterabteilungen leiten die Geschäfte in den Verfahren vor ihren Gebrauchsmusterabteilungen. [2]In den Verfahren vor den Gebrauchsmusterabteilungen übernimmt, soweit die jeweiligen Vorsitzenden nichts anderes bestimmt haben, ein Prüfer oder eine Prüferin die Berichterstattung. [3]Die Berichterstattung umfasst den Vortrag in der Sitzung und die Vorbereitung der Beschlüsse und Gutachten. [4]Die Vorsitzenden prüfen die Entwürfe der Beschlüsse und Gutachten für ihre Gebrauchsmusterabteilung und stellen sie fest. [5]Über sachliche Meinungsverschiedenheiten beschließt die jeweilige Gebrauchsmusterabteilung.

(3) [1]In Verfahren vor der Gebrauchsmusterabteilung bedarf es der Beratung und Abstimmung in einer Sitzung für

1. Beschlüsse, durch die über den Löschungsantrag entschieden wird,
2. Gutachten und Beschlüsse, durch welche die Abgabe eines Gutachtens abgelehnt wird.

[2]Von einer Sitzung kann ausnahmsweise abgesehen werden, sofern die jeweils zuständigen Vorsitzenden sie nicht für erforderlich halten.

(4) Die Gebrauchsmusterabteilungen entscheiden nach Stimmenmehrheit; bei Stimmengleichheit gibt die Stimme ihrer Vorsitzenden den Ausschlag.

§ 4 Topografiestelle und Topografieabteilung

(1) Der Präsident oder die Präsidentin bestimmt den Geschäftskreis der Topografiestelle und der Topografieabteilung sowie den oder die Vorsitzende und den oder die stellvertretende Vorsitzende der Topografieabteilung.

(2) [1]Der oder die Vorsitzende der Topografieabteilung leitet die Geschäfte in den Verfahren vor der Topografieabteilung. [2]In den Verfahren vor der Topografieabteilung übernimmt, soweit der oder die Vorsitzende nichts anderes bestimmt hat, ein technisches Mitglied die Berichterstattung. [3]Die Berichterstattung umfasst den Vortrag in der Sitzung und die Vorbereitung der Beschlüsse und Gutachten. [4]Der oder die Vorsitzende prüft die Entwürfe der Beschlüsse und Gutachten für die Topografieabteilung und stellt sie fest. [5]Über sachliche Meinungsverschiedenheiten beschließt die Topografieabteilung.

(3) [1]In Verfahren vor der Topografieabteilung bedarf es der Beratung und Abstimmung in einer Sitzung für

1. Beschlüsse, durch die über den Löschungsantrag entschieden wird, und
2. Gutachten und Beschlüsse, durch welche die Abgabe eines Gutachtens abgelehnt wird.

[2]Von einer Sitzung kann ausnahmsweise abgesehen werden, sofern der oder die Vorsitzende sie nicht für erforderlich hält.

(4) Die Topografieabteilung entscheidet nach Stimmenmehrheit; bei Stimmengleichheit gibt die Stimme des oder der Vorsitzenden den Ausschlag.

§ 5 Markenstellen und Markenabteilungen

(1) Der Präsident oder die Präsidentin bestimmt den Geschäftskreis der Markenstellen und Markenabteilungen sowie die Vorsitzenden und stellvertretenden Vorsitzenden der Markenabteilungen und regelt das Verfahren zur Klassifizierung der Anmeldungen.

(2) Die Vorsitzenden der Markenabteilungen leiten die Geschäfte in den Verfahren vor ihren Markenabteilungen; sie bestimmen die weiteren Mitglieder und die Berichterstatter.

(3) [1]In Verfahren vor der Markenabteilung bedarf es der Beratung und Abstimmung in einer Sitzung für

1. Beschlüsse nach den §§ 54 und 57 des Markengesetzes und
2. Aufgaben der Markenabteilungen, die nicht von den Vorsitzenden allein bearbeitet werden oder von ihnen an Angehörige der Markenabteilung nach § 56 Abs. 3 Satz 3 des Markengesetzes übertragen worden sind.

[2]Von der Beratung kann abgesehen werden, wenn die jeweils zuständigen Vorsitzenden sie nicht für erforderlich halten.

(4) Die Markenabteilungen entscheiden nach Stimmenmehrheit; bei Stimmengleichheit gibt die Stimme ihrer Vorsitzenden den Ausschlag.

§ 6 Geschmacksmusterstelle

Der Präsident oder die Präsidentin bestimmt den Geschäftskreis der Geschmacksmusterstelle und regelt das Verfahren zur Klassifizierung der Anmeldungen.

Abschnitt 2. Verfahrensvorschriften

§ 7 DIN-Normen

DIN-Normen, auf die in dieser Verordnung verwiesen wird, sind im Beuth-Verlag GmbH, Berlin und Köln, erschienen und beim Deutschen Patent- und Markenamt in München archivmäßig gesichert niedergelegt.

§ 8 Behandlung von Eingängen, Empfangsbescheinigung

(1) Auf den Geschäftssachen wird der Tag des Eingangs vermerkt.

(2) Bei Schutzrechtsanmeldungen übermittelt das Deutsche Patent- und Markenamt dem Anmelder unverzüglich eine Empfangsbescheinigung, die das angemeldete Schutzrecht bezeichnet und das Aktenzeichen der Anmeldung sowie den Tag des Eingangs der Anmeldung angibt.

§ 9 Formblätter

(1) [1]Das Deutsche Patent- und Markenamt gibt für Schutzrechtsanmeldungen und andere Anträge Formblätter heraus, die in Papier oder elektronischer Form zur Verfügung gestellt werden. [2]Die Formblätter sollen verwendet werden, soweit dies nicht ohnehin zwingend vorgeschrieben ist. [3]Anstelle der vom Deutschen Patent- und Markenamt zur Verfügung gestellten oder zwingend vorgeschriebenen Formblätter können Formblätter gleichen Inhalts und vergleichbaren Formats verwendet werden, wie zum Beispiel mittels elektronischer Datenverarbeitung erstellte oder bearbeitete Formblätter.

(2) Formblätter sollen so ausgefüllt sein, dass sie die maschinelle Erfassung und Bearbeitung gestatten.

(3) Die in Verordnungen des Deutschen Patent- und Markenamts zwingend vorgeschriebenen Formblätter werden im Blatt für Patent-, Muster- und Zeichenwesen bekannt gemacht.

§ 10 Originale

(1) Originale von Anträgen und Eingaben sind unterschrieben einzureichen.

(2) [1]Für die Schriftstücke ist dauerhaftes, nicht durchscheinendes Papier im Format DIN A4 zu verwenden. [2]Die Schrift muss leicht lesbar und dokumentenecht sein. [3]Vom oberen und vom linken Seitenrand jedes Blattes ist ein Randabstand von mindestens 2,5 Zentimeter einzuhalten. [4]Die Blätter eines Schriftstücks sollen fortlaufend nummeriert sein.

§ 11 Übermittlung durch Telefax

(1) Das unterschriebene Original kann auch durch Telefax übermittelt werden.

(2) Das Deutsche Patent- und Markenamt kann die Wiederholung der Übermittlung durch Telefax oder das Einreichen des Originals verlangen, wenn es begründete Zweifel an der Vollständigkeit der Übermittlung oder der Übereinstimmung des Originals mit dem übermittelten Telefax hat oder wenn die Qualität der Wiedergabe den Anforderungen des Deutschen Patent- und Markenamts nicht entspricht.

§ 12 Einreichung elektronischer Dokumente

(1) Elektronische Dokumente sind nach Maßgabe der Verordnung über den elektronischen Rechtsverkehr im gewerblichen Rechtsschutz vom 5. August 2003 (BGBl. I S. 1558) in ihrer jeweils geltenden Fassung einzureichen; sie sind mit einer qualifizierten elektronischen Signatur nach dem Signaturgesetz zu versehen.

(2) Elektronische Dokumente sind entsprechend den vom Deutschen Patent- und Markenamt im Blatt für Patent-, Muster- und Zeichenwesen bekannt gemachten Dokumentvorlagen einzureichen.

§ 13 Vertretung

(1) Beteiligte können sich in jeder Lage des Verfahrens durch Bevollmächtigte vertreten lassen.

(2) Die Bevollmächtigung eines Zusammenschlusses von Vertretern gilt, wenn nicht einzelne Personen, die in dem Zusammenschluss tätig sind, ausdrücklich als Vertreter bezeichnet sind, als Bevollmächtigung aller in dem Zusammenschluss tätigen Vertreter.

§ 14 Mehrere Beteiligte, mehrere Vertreter

(1) [1]Falls mehrere Personen ohne gemeinsamen Vertreter gemeinschaftlich an einem Verfahren beteiligt oder mehrere Vertreter mit unterschiedlicher Anschrift bestellt sind, ist anzugeben, wer für alle Beteiligten als zustellungs- und empfangsbevollmächtigt bestimmt ist; diese Erklärung ist von allen Anmeldern oder Vertretern zu unterzeichnen. [2]Fehlt eine solche Angabe, so gilt die Person als zustellungs- und empfangsbevollmächtigt, die zuerst genannt ist.

(2) [1]Falls von einem Beteiligten mehrere Vertreter bestellt sind, ist anzugeben, welcher dieser Vertreter als zustellungs- und empfangsbevollmächtigt bestimmt ist. [2]Fehlt eine solche Bestimmung, so ist derjenige Vertreter zustellungs- und empfangsbevollmächtigt, der zuerst genannt ist.

(3) Absatz 2 gilt entsprechend, wenn mehrere gemeinschaftlich an einem Verfahren beteiligte Personen mehrere Vertreter als gemeinsame Vertreter bestimmt haben.

(4) [1]Die Absätze 2 und 3 gelten nicht, wenn ein Zusammenschluss von Vertretern mit der Vertretung beauftragt worden ist. [2]In diesem Fall reicht die Angabe des Namens des Zusammenschlusses aus. [3]Hat ein solcher Zusammenschluss mehrere Anschriften, so ist anzugeben, welche Anschrift maßgebend ist. [4]Fehlt eine solche Angabe, so ist diejenige Anschrift maßgebend, die zuerst genannt ist.

§ 15 Vollmachten

(1) [1]Bevollmächtigte, soweit sie nicht nur zum Empfang von Zustellungen oder Mitteilungen ermächtigt sind, haben beim Deutschen Patent- und Markenamt eine vom Auftraggeber unterschriebene Vollmachtsurkunde einzureichen. [2]Eine Beglaubigung der Vollmachtsurkunde oder der Unterschrift ist nicht erforderlich.

(2) [1]Die Vollmacht kann sich auf mehrere Anmeldungen, auf mehrere eingetragene Schutzrechte oder auf mehrere Verfahren erstrecken. [2]Die Vollmacht kann sich auch als „Allgemeine

Vollmacht" auf die Bevollmächtigung zur Vertretung in allen das jeweilige Schutzrecht betreffenden Angelegenheiten erstrecken. [3]In den in den Sätzen 1 und 2 genannten Fällen muss die Vollmachtsurkunde nur in einem Exemplar eingereicht werden.

(3) [1]Vollmachtsurkunden müssen auf prozessfähige, mit ihrem bürgerlichen Namen bezeichnete Personen lauten. [2]Die Bevollmächtigung eines Zusammenschlusses von Vertretern unter Angabe des Namens dieses Zusammenschlusses ist zulässig.

(4) Das Deutsche Patent- und Markenamt hat das Fehlen einer Vollmacht oder Mängel der Vollmacht von Amts wegen zu berücksichtigen, wenn nicht Rechtsanwälte, Patentanwälte, Erlaubnisscheininhaber oder in den Fällen des § 155 der Patentanwaltsordnung Patentassessoren als Bevollmächtigte auftreten.

§ 16 Kennnummern für Anmelder, Vertreter und Angestelltenvollmachten

Zur Erleichterung der Bearbeitung von Anmeldungen teilt das Deutsche Patent- und Markenamt den Anmeldern, den Vertretern und den eingereichten Angestelltenvollmachten Kennnummern zu, die in den vom Deutschen Patent- und Markenamt herausgegebenen Formularen angegeben werden sollen.

§ 17 Sonstige Erfordernisse für Anträge und Eingaben

(1) [1]Nach Mitteilung des Aktenzeichens ist dieses auf allen Anträgen und Eingaben anzugeben. [2]Auf allen Bestandteilen einer an das Deutsche Patent- und Markenamt gerichteten Sendung ist anzugeben, zu welchem Antrag oder zu welcher Eingabe sie gehören.

(2) [1]Sind in mehrseitigen Verfahren vor dem Deutschen Patent- und Markenamt mehrere Parteien beteiligt, so sind allen Schriftstücken Abschriften für die übrigen Beteiligten beizufügen. [2]Kommt ein Beteiligter dieser Verpflichtung nicht nach, so steht es im Ermessen des Deutschen Patent- und Markenamts, ob es die erforderliche Zahl von Abschriften auf Kosten dieses Beteiligten anfertigt oder dazu auffordert, Abschriften nachzureichen.

§ 18 Fristen

(1) Die vom Deutschen Patent- und Markenamt bestimmten oder auf Antrag gewährten Fristen sollen mindestens einen Monat, bei Beteiligten, die im Inland weder Sitz, Niederlassung oder Wohnsitz haben, mindestens zwei Monate betragen.

(2) Eine Fristverlängerung kann bei Angabe von ausreichenden Gründen gewährt werden.

(3) [1]Weitere Fristverlängerungen werden nur gewährt, wenn ein berechtigtes Interesse glaubhaft gemacht wird. [2]In Verfahren mit mehreren Beteiligten soll außerdem das Einverständnis der anderen Beteiligten glaubhaft gemacht werden.

§ 19 Entscheidung nach Lage der Akten

(1) Über Anträge oder Erinnerungen ohne Begründung kann im einseitigen Verfahren nach Ablauf von einem Monat nach Eingang nach Lage der Akten entschieden werden, wenn in dem Antrag oder der Erinnerung keine spätere Begründung oder eine spätere Begründung ohne Antrag auf Gewährung einer Frist nach § 18 angekündigt worden ist.

(2) [1]Über Anträge, Widersprüche oder Erinnerungen ohne Begründung kann im mehrseitigen Verfahren nach Lage der Akten entschieden werden, wenn in dem Antrag, dem Widerspruch oder der Erinnerung keine spätere Begründung oder eine spätere Begründung ohne Antrag auf Gewährung einer Frist nach § 18 angekündigt worden ist und wenn der andere Beteiligte innerhalb der Fristen des § 18 Abs. 1 keine Stellungnahme abgibt oder eine spätere Stellungnahme ohne Antrag auf Gewährung einer Frist nach § 18 ankündigt. [2]Wird der Antrag, der Widerspruch oder die Erinnerung zurückgewiesen, muss eine Stellungnahme der anderen Beteiligten nicht abgewartet werden.

§ 20 Form der Ausfertigungen

(1) Ausfertigungen von Beschlüssen, Bescheiden und sonstigen Mitteilungen enthalten in der Kopfzeile die Angabe „Deutsches Patent- und Markenamt" und am Schluss die Bezeichnung der zuständigen Stelle oder Abteilung.

(2) [1]Ausfertigungen von Beschlüssen, Bescheiden und sonstigen Mitteilungen enthalten den Namen und gegebenenfalls die Dienstbezeichnung der Person, die den Beschluss, Bescheid oder die Mitteilung unterzeichnet hat und werden von der Person unterschrieben, die

die Ausfertigung hergestellt hat. [2]Der Unterschrift steht ein Namensabdruck zusammen mit einem Abdruck des Dienstsiegels des Deutschen Patent- und Markenamts gleich.

(3) Formlose EDV-Mitteilungen enthalten in der Kopfzeile die Angabe „Deutsches Patent- und Markenamt", den Hinweis, dass die Mitteilung maschinell erstellt wurde und nicht unterschrieben wird, und die Angabe der zuständigen Stelle.

§ 21 Zustellung und formlose Übersendung

(1) Soweit durch Gesetz oder Rechtsverordnung eine Zustellung nicht vorgesehen ist, werden Bescheide und sonstige Mitteilungen des Deutschen Patent- und Markenamts formlos übersandt.

(2) Als formlose Übermittlung gilt auch die Übersendung durch Telefax.

§ 22 Akteneinsicht

(1) Über den Antrag auf Einsicht in die Akten sowie in die zu den Akten gehörenden Muster, Modelle und Probestücke nach § 31 Abs. 1 Satz 1 des Patentgesetzes, § 8 Abs. 5 Satz 2 des Gebrauchsmustergesetzes, § 4 Abs. 3 des Halbleiterschutzgesetzes in Verbindung mit § 8 Abs. 5 Satz 2 des Gebrauchsmustergesetzes, § 62 Abs. 1 und 2 des Markengesetzes sowie § 22 Satz 2 des Geschmacksmustergesetzes entscheidet die Stelle des Deutschen Patent- und Markenamts, die für die Bearbeitung der Sache, über welche die Akten geführt werden, zuständig ist oder, sofern die Bearbeitung abgeschlossen ist, zuletzt zuständig war, sofern nicht durch Gesetz oder Rechtsverordnung etwas anderes bestimmt ist.

(2) [1]Die Einsicht in das Original der Akten von Anmeldungen und von eingetragenen Schutzrechten wird nur in den Dienstgebäuden des Deutschen Patent- und Markenamts gewährt. [2]Auf Antrag wird Akteneinsicht durch die Erteilung von Kopien oder beglaubigten Kopien der gesamten Akten oder von Teilen der Akten gewährt.

(3) [1]Soweit der Inhalt von Akten des Deutschen Patent- und Markenamts auf Mikrofilm aufgenommen ist, wird Einsicht in die Akten dadurch gewährt, dass der Mikrofilm zur Verfügung gestellt wird. [2]Die Akteneinsicht in elektronisch geführte Akten oder in Teile von Akten wird durch Übermittlung einer Kopie gewährt.

(4) [1]Flächenmäßige Musterabschnitte können abweichend von Absatz 2 nur bei der mit der Führung des Geschmacksmusterregisters beauftragten Stelle des Deutschen Patent- und Markenamts eingesehen werden. [2]Satz 1 gilt auch für Modelle, die nach § 7 Abs. 6 des Geschmacksmustergesetzes in seiner bis zum 1. Juni 2004 geltenden Fassung eingereicht worden sind.

§ 23 Auskünfte

(1) Das Deutsche Patent- und Markenamt kann ausländischen oder zwischenstaatlichen Behörden Auskünfte aus Akten von Patentanmeldungen zur gegenseitigen Unterrichtung über das Ergebnis von Prüfungsverfahren und von Ermittlungen zum Stand der Technik erteilen, soweit es sich um Anmeldungen von Erfindungen handelt, für die auch bei diesen ausländischen oder zwischenstaatlichen Behörden die Erteilung eines Patents beantragt worden ist.

(2) [1]In Geschmacksmustersachen führt das Deutsche Patent- und Markenamt auf schriftlichen Antrag eine Recherche anhand des Namens des Rechtsinhabers durch und erteilt über das Ergebnis Auskunft. [2]Der Antrag, in dem der Name und der Wohnort oder Sitz des Rechtsinhabers anzugeben sind, kann auf einzelne Warenklassen und auf einen Zeitraum beschränkt werden, in dem die Anmeldungen eingereicht worden sind. [3]Die Auskunft enthält folgende Angaben:

1. den Namen des Rechtsinhabers, seinen Wohnort oder Sitz, bei ausländischen Orten auch den Staat,
2. den Tag der Anmeldung des Musters,
3. das Aktenzeichen der Eintragung,
4. die Erzeugnisse,
5. die Warenklassen,
6. den Tag der Eintragung und
7. den Tag der Bekanntmachung der Eintragung.

[4]Die Auskunft über die nach § 7 des Geschmacksmustergesetzes in seiner bis zum 1. Juni 2004 geltenden Fassung eingetragenen Geschmacksmuster enthält anstelle der Erzeugnisse die Bezeichnung der Anmeldung.

§ 24 Verfahrenskostenhilfe

(1) Über den Antrag auf Gewährung von Verfahrenskostenhilfe nach § 135 des Patentgesetzes entscheidet nach dessen § 27 Abs. 1 Nr. 2 und Abs. 4 die Patentabteilung.

(2) Über den Antrag auf Gewährung von Verfahrenskostenhilfe nach § 21 Abs. 2 des Gebrauchsmustergesetzes in Verbindung mit § 135 des Patentgesetzes, nach § 11 Abs. 2 des Halbleiterschutzgesetzes in Verbindung mit § 21 Abs. 2 des Gebrauchsmustergesetzes und § 135 des Patentgesetzes sowie nach § 24 des Geschmacksmustergesetzes entscheidet die Stelle des Deutschen Patent- und Markenamts, die für die Bearbeitung der Sache zuständig ist oder, sofern das Schutzrecht bereits eingetragen ist, zuletzt zuständig war, sofern nicht durch Rechtsverordnung etwas anderes bestimmt ist.

§ 25 Urkunden, Schmuckurkunden

(1) Das Deutsche Patent- und Markenamt fertigt für die Schutzrechtsinhaber gedruckte Urkunden über die Erteilung des Patents, die Eintragung des Gebrauchsmusters, der Marke, des Geschmacksmusters sowie des Schutzes der Topografie in das jeweilige Register.

(2) Den Patentinhabern wird auf Antrag eine kostenpflichtige Schmuckurkunde ausgefertigt.

§ 26 Berichtigung der Register und Veröffentlichungen

(1) In dem Berichtigungsantrag sind anzugeben:

1. das Aktenzeichen des Schutzrechts,
2. der Name und die Anschrift des Inhabers des Schutzrechts,
3. falls der Inhaber des Schutzrechts einen Vertreter bestellt hat, der Name und die Anschrift des Vertreters,
4. die Bezeichnung des Fehlers, der berichtigt werden soll,
5. die einzutragende Berichtigung.

(2) Enthalten mehrere Eintragungen von Schutzrechten desselben Inhabers denselben Fehler, so kann der Antrag auf Berichtigung dieses Fehlers für alle Eintragungen gemeinsam gestellt werden.

(3) Die Absätze 1 und 2 sind entsprechend auf die Berichtigung von Veröffentlichungen anzuwenden.

§ 27 Änderungen von Namen oder Anschriften

(1) In dem Antrag auf Eintragung von Änderungen des Namens oder der Anschrift des Inhabers eines eingetragenen Schutzrechts sind anzugeben:

1. das Aktenzeichen des Schutzrechts,
2. der Name, der Sitz und die Zustellungsanschrift des Inhabers des Schutzrechts in der im Register eingetragenen Form,
3. falls der Inhaber des Schutzrechts einen Vertreter bestellt hat, der Name, der Sitz und die Zustellungsanschrift des Vertreters,
4. der Name, der Sitz und die Zustellungsanschrift in der neu in das Register einzutragenden Form.

(2) Betrifft die Änderung mehrere eingetragene Schutzrechte desselben Inhabers, so kann der Antrag auf Eintragung der Änderung für alle Schutzrechte gemeinsam gestellt werden.

(3) Die Absätze 1 und 2 sowie § 13 sind entsprechend auf Anträge zur Eintragung von Änderungen des Namens oder der Anschrift eines Vertreters oder eines Zustellungsbevollmächtigten anzuwenden.

§ 28 Eintragung eines Rechtsübergangs

(1) Der Antrag auf Eintragung eines Rechtsübergangs nach § 30 Abs. 3 des Patentgesetzes, § 8 Abs. 4 des Gebrauchsmustergesetzes, § 4 Abs. 2 des Halbleiterschutzgesetzes in Verbindung mit § 8 Abs. 4 des Gebrauchsmustergesetzes, § 27 Abs. 3 des Markengesetzes und § 29 Abs. 3 des Geschmacksmustergesetzes soll unter Verwendung des vom Deutschen Patent- und Markenamt herausgegebenen Formblatts gestellt werden.

(2) In dem Antrag sind anzugeben:

1. das Aktenzeichen des Schutzrechts,
2. der Name, der Sitz und die Zustellungsanschrift des Inhabers des Schutzrechts in der im Register eingetragenen Form,

3. Angaben über die Rechtsnachfolger entsprechend § 4 Abs. 2 Nr. 1, Abs. 3 der Patentverordnung, § 3 Abs. 2 Nr. 1, Abs. 3 der Gebrauchsmusterverordnung, § 5 Abs. 1 bis 4 der Markenverordnung, § 5 Abs. 1 bis 4 der Geschmacksmusterverordnung und § 3 Abs. 1 Nr. 5, Abs. 2, 5 Nr. 1 und 2 der Halbleiterschutzverordnung,
4. falls die Rechtsnachfolger einen Vertreter bestellt haben, der Name und die Anschrift des Vertreters nach Maßgabe des § 13.

(3) Für den Nachweis des Rechtsübergangs reicht es aus,

1. dass der Antrag von den eingetragenen Inhabern oder ihren Vertretern und von den Rechtsnachfolgern oder ihren Vertretern unterschrieben ist oder
2. dass dem Antrag, wenn er von den Rechtsnachfolgern gestellt wird,
   a) eine von den eingetragenen Inhabern oder ihren Vertretern unterschriebene Erklärung beigefügt ist, dass sie der Eintragung der Rechtsnachfolge zustimmen, oder
   b) Unterlagen beigefügt sind, aus denen sich die Rechtsnachfolge ergibt, wie zum Beispiel ein Übertragungsvertrag oder eine Erklärung über die Übertragung, wenn die entsprechenden Unterlagen von den eingetragenen Inhabern oder ihren Vertretern und von den Rechtsnachfolgern oder ihren Vertretern unterschrieben sind.

(4) Für die in Absatz 3 Nr. 2 genannten Erklärungen sollen die vom Deutschen Patent- und Markenamt herausgegebenen Formblätter verwendet werden. Für den in Absatz 3 Nr. 2 Buchstabe b genannten Übertragungsvertrag kann ebenfalls das vom Deutschen Patent- und Markenamt herausgegebene Formblatt verwendet werden.

(5) In den Fällen des Absatzes 3 ist eine Beglaubigung der Erklärung oder der Unterschriften nicht erforderlich.

(6) Das Deutsche Patent- und Markenamt kann in den Fällen des Absatzes 3 weitere Nachweise verlangen, wenn sich begründete Zweifel an dem Rechtsübergang ergeben.

(7) Der Nachweis des Rechtsübergangs auf andere Weise als nach Absatz 3 bleibt unberührt.

(8) Der Antrag auf Eintragung des Rechtsübergangs kann für mehrere Schutzrechte gemeinsam gestellt werden.

§ 29 Eintragung von dinglichen Rechten

(1) Dem Antrag auf Eintragung einer Verpfändung oder eines sonstigen dinglichen Rechts an dem durch die Eintragung eines gewerblichen Schutzrechts begründeten Rechts sind die erforderlichen Nachweise beizufügen.

(2) Beim Übergang von dinglichen Rechten ist § 28 Abs. 2 bis 8 entsprechend anzuwenden.

§ 30 Maßnahmen der Zwangsvollstreckung, Insolvenzverfahren

(1) [1]Der Antrag auf Eintragung einer Maßnahme der Zwangsvollstreckung in das Register kann vom Inhaber des eingetragenen Schutzrechts oder von demjenigen, der die Zwangsvollstreckung betreibt, gestellt werden. [2]Dem Antrag sind die erforderlichen Nachweise beizufügen.

(2) Dem Antrag auf Eintragung eines Insolvenzverfahrens in das Register sind die erforderlichen Nachweise beizufügen.

§ 31 Aufbewahrung von eingereichten Gegenständen oder Unterlagen

Über Muster, Modelle, Probestücke und ähnliche der Anmeldung beigefügte Unterlagen, deren Rückgabe nicht beantragt worden ist, verfügt der Präsident oder die Präsidentin,

1. wenn die Anmeldung des Patents, der Topografie, der Marke oder des Geschmacksmusters zurückgewiesen oder zurückgenommen worden ist, nach Ablauf eines Jahres nach unanfechtbarer Zurückweisung oder Zurücknahme;
2. wenn das Patent erteilt oder widerrufen worden ist, nach Ablauf eines Jahres nach Eintritt der Unanfechtbarkeit des Beschlusses über die Erteilung oder den Widerruf;
3. wenn die Topografie eingetragen worden ist, nach Ablauf von drei Jahren nach Beendigung der Schutzfrist;
4. wenn die Marke eingetragen worden ist, nach Ablauf eines Jahres nach Eintragung oder, wenn Widerspruch eingelegt worden ist, nach Ablauf eines Jahres nach dem Eintritt der Unanfechtbarkeit der Entscheidung über den Widerspruch;

5. wenn das Geschmacksmuster eingetragen worden ist, nach Ablauf von drei Jahren nach Beendigung der Schutzfrist.

Abschnitt 3. Schlussvorschriften

§ 32 Übergangsregelung aus Anlass des Inkrafttretens dieser Verordnung

Für Anträge, die vor Inkrafttreten dieser Verordnung eingereicht worden sind, finden die Vorschriften der Verordnung über das Deutsche Patent- und Markenamt vom 5. September 1968 (BGBl. I S. 997), zuletzt geändert durch Artikel 24 des Gesetzes vom 13. Dezember 2001 (BGBl. I S. 3656), weiter Anwendung.

§ 33 Übergangsregelung für künftige Änderungen

Für Anträge, die vor Inkrafttreten von Änderungen dieser Verordnung eingereicht worden sind, gelten die Vorschriften dieser Verordnung jeweils in ihrer bis dahin geltenden Fassung.

§ 34 Inkrafttreten, Außerkrafttreten

(1) [1]Diese Verordnung tritt vorbehaltlich des Absatzes 2 am 1. Juni 2004 in Kraft. [2]Gleichzeitig treten

1. die Verordnung über das Deutsche Patent- und Markenamt vom 5. September 1968 (BGBl. I S. 997), zuletzt geändert durch Artikel 24 des Gesetzes vom 13. Dezember 2001 (BGBl. I S. 3656),
2. die Verordnung zu § 28a des Patentgesetzes vom 31. Mai 1978 (BGBl. I S. 660), zuletzt geändert durch Artikel 1 der Verordnung vom 25. November 1980 (BGBl. I S. 2193) und
3. die Verordnung über die Übertragung der Ermächtigung nach § 29 Abs. 3 des Patentgesetzes vom 25. Januar 1979 (BGBl. I S. 114), geändert durch Artikel 21 des Gesetzes vom 16. Juli 1998 (BGBl. I S. 1827),

außer Kraft.

(2) § 1 Abs. 2 tritt am Tage nach der Verkündung* in Kraft.

---

* Verkündet am 8. 4. 2004.

2. Verordnung zum Verfahren in Patentsachen vor dem Deutschen Patent- und Markenamt (Patentverordnung – PatV)

Vom 1. September 2003
(BGBl. I S. 1702)

FNA 420-1-13-1

geänd. durch Art. 1 VO zur Änd. der PatentVO und der WahrnehmungsVO v. 11. 5. 2004 (BGBl. I S. 897) und Art. 2 ÄndVO v. 17. 12. 2004 (BGBl. I S. 3532)

Auf Grund des § 34 Abs. 6 und des § 63 Abs. 4 des Patentgesetzes in der Fassung der Bekanntmachung vom 16. Dezember 1980 (BGBl. 1981 I S. 1), von denen § 34 Abs. 6 zuletzt durch Artikel 7 Nr. 16 Buchstabe b und § 63 Abs. 4 durch Artikel 7 Nr. 27 Buchstabe b des Gesetzes vom 13. Dezember 2001 (BGBl. I S. 3656) geändert worden sind, jeweils in Verbindung mit § 20 der Verordnung über das Deutsche Patent- und Markenamt vom 5. September 1968 (B GBl. I S. 997), der durch Artikel 24 Nr. 2 des Gesetzes vom 13. Dezember 2001 (BGBl. I S. 3656) neu gefasst worden ist, verordnet das Deutsche Patent- und Markenamt:

Inhaltsverzeichnis

Abschnitt 1. Allgemeines

§ 1 Anwendungsbereich

Für die im Patentgesetz geregelten Verfahren vor dem Deutschen Patent- und Markenamt gelten ergänzend zu den Bestimmungen des Patentgesetzes und der DPMA-Verordnung die Bestimmungen dieser Verordnung.

§ 2 DIN-Normen, Einheiten im Messwesen, Symbole und Zeichen

(1) DIN-Normen, auf die in dieser Verordnung verwiesen wird, sind im Beuth-Verlag GmbH, Berlin und Köln, erschienen und beim Deutschen Patent- und Markenamt in München archivmäßig gesichert niedergelegt.

(2) [1]Einheiten im Messwesen sind in Übereinstimmung mit dem Gesetz über Einheiten im Messwesen und der hierzu erlassenen Ausführungsverordnung in den jeweils geltenden Fassungen anzugeben. [2]Bei chemischen Formeln sind die auf dem Fachgebiet national oder international anerkannten Zeichen und Symbole zu verwenden.

Abschnitt 2. Patentanmeldungen; Patentverfahren

§ 3 Form der Einreichung

(1) [1]Die Anmeldung (§ 34 des Patentgesetzes) und die Zusammenfassung (§ 36 des Patentgesetzes) sind beim Deutschen Patent- und Markenamt schriftlich einzureichen. [2]Für die elektronische Einreichung ist § 12 der DPMA-Verordnung maßgebend.

(2) In den Fällen der §§ 8, 14 bis 21 ist die elektronische Form ausgeschlossen.

§ 4 Erteilungsantrag

(1) Der Antrag auf Erteilung des Patents (§ 34 Abs. 3 Nr. 2 des Patentgesetzes) oder eines Zusatzpatents (§ 16 des Patentgesetzes) ist auf dem vom Deutschen Patent- und Markenamt herausgegebenen Formblatt oder als Datei entsprechend den vom Deutschen Patent- und Markenamt bekannt gemachten Formatvorgaben einzureichen.

(2) Der Antrag muss enthalten:

1. folgende Angaben zum Anmelder:
   a) ist der Anmelder eine natürliche Person, den Vornamen und Familiennamen oder, falls die Eintragung unter der Firma des Anmelders erfolgen soll, die Firma, wie sie im Handelsregister eingetragen ist;
   b) ist der Anmelder eine juristische Person oder eine Personengesellschaft, den Namen dieser Person oder Gesellschaft; die Bezeichnung der Rechtsform kann auf übliche Weise abgekürzt werden. Sofern die juristische Person oder Personengesellschaft in einem Register eingetragen ist, muss der Name entsprechend dem Registereintrag angegeben werden. Bei einer Gesellschaft bürgerlichen Rechts sind auch der Name und die Anschrift mindestens eines vertretungsberechtigten Gesellschafters anzugeben;

   dabei muss klar ersichtlich sein, ob das Patent für eine oder mehrere Personen oder Gesellschaften, für den Anmelder unter der Firma oder unter dem bürgerlichen Namen angemeldet wird;
   c) Wohnsitz oder Sitz und die Anschrift (Straße und Hausnummer, Postleitzahl, Ort);
2. eine kurze und genaue Bezeichnung der Erfindung;

   die Erklärung, dass für die Erfindung die Erteilung eines Patents oder eines Zusatzpatents beantragt wird;
4. falls ein Vertreter bestellt worden ist, seinen Namen und seine Anschrift;
5. die Unterschrift aller Anmelder oder deren Vertreter;
6. falls ein Zusatzpatent beantragt wird, so ist auch das Aktenzeichen der Hauptanmeldung oder die Nummer des Hauptpatents anzugeben.

(3) [1]Hat der Anmelder seinen Wohnsitz oder Sitz im Ausland, so ist bei der Angabe der Anschrift nach Absatz 2 Nr. 1 Buchstabe c außer dem Ort auch der Staat anzugeben. [2]Außerdem können gegebenenfalls Angaben zum Bezirk, zur Provinz oder zum Bundesstaat gemacht werden, in dem der Anmelder seinen Wohnsitz oder Sitz hat oder dessen Rechtsordnung er unterliegt.

(4) Hat das Deutsche Patent- und Markenamt dem Anmelder eine Anmeldernummer zugeteilt, so soll diese in der Anmeldung genannt werden.

(5) Hat das Deutsche Patent- und Markenamt dem Vertreter eine Vertreternummer oder die Nummer einer allgemeinen Vollmacht zugeteilt, so soll diese angegeben werden.

(6) Unterzeichnen Angestellte für ihren anmeldenden Arbeitgeber, so ist die Zeichnungsbefugnis glaubhaft zu machen; auf beim Deutschen Patent- und Markenamt für die Unterzeichner hinterlegte Angestelltenvollmachten ist unter Angabe der hierfür mitgeteilten Kennnummer hinzuweisen.

§ 5 Anmeldungsunterlagen

(1) [1]Die Anmeldungsunterlagen und die Zusammenfassung dürfen im Text keine bildlichen Darstellungen enthalten. [2]Ausgenommen sind chemische und mathematische Formeln sowie Tabellen. [3]Phantasiebezeichnungen, Marken oder andere Bezeichnungen, die zur eindeutigen Angabe der Beschaffenheit eines Gegenstands nicht geeignet sind, dürfen nicht verwendet werden. [4]Kann eine Angabe ausnahmsweise nur durch Verwendung einer Marke eindeutig bezeichnet werden, so ist die Bezeichnung als Marke kenntlich zu machen.

(2) [1]Technische Begriffe und Bezeichnungen sowie Bezugszeichen sind in der gesamten Anmeldung einheitlich zu verwenden, sofern nicht die Verwendung verschiedener Ausdrücke sachdienlich ist. [2]Hinsichtlich der technischen Begriffe und Bezeichnungen gilt dies auch für Zusatzanmeldungen im Verhältnis zur Hauptanmeldung.

§ 6 Formerfordernisse bei schriftlicher Anmeldung

(1) [1]Die Anmeldungsunterlagen sind in einer Form einzureichen, die eine elektronische Erfassung gestattet. [2]Bei umfangreichen Anmeldungsunterlagen mit mehr als 300 Seiten sind zusätzlich zwei Datenträger einzureichen, die die Anmeldungsunterlagen jeweils in maschinenlesbarer Form enthalten. [3]Für die Datenträger gelten die in Anlage 1 (zu § 11 Abs. 1 Satz 2) Nr. 41 festgelegten Standards entsprechend. [4]Den Datenträgern ist eine Erklärung beizufügen, dass die auf den Datenträgern gespeicherten Informationen mit den Anmeldungsunterlagen übereinstimmen.

(2) [1]Die Patentansprüche, die Beschreibung, die Zeichnungen sowie der Text und die Zeichnung der Zusammenfassung sind auf gesonderten Blättern und in drei Stücken einzureichen. [2]Die Blätter müssen das Format A4 nach DIN 476 haben und im Hochformat verwendet werden. [3]Für die Zeichnungen können die Blätter auch im Querformat verwendet werden, wenn dies sachdienlich ist; in diesem Fall ist der Kopf der Abbildungen auf der linken Seite des Blattes im Hochformat anzuordnen. [4]Entsprechendes gilt für die Darstellung chemischer und mathematischer Formeln sowie für Tabellen. [5]Alle Blätter müssen frei von Knicken und Rissen und dürfen nicht gefaltet oder gefalzt sein. [6]Sie müssen aus nicht durchscheinendem, biegsamem, festem, glattem, mattem und widerstandsfähigem Papier sein.

(3) [1]Die Blätter dürfen nur einseitig beschriftet oder mit Zeichnungen versehen sein. [2]Sie müssen so miteinander verbunden sein, dass sie leicht voneinander getrennt und wieder zusammengefügt werden können. [3]Jeder Bestandteil (Antrag, Patentansprüche, Beschreibung, Zeichnungen) der Anmeldung und der Zusammenfassung (Text, Zeichnung) muss auf einem neuen Blatt beginnen. [4]Die Blätter der Beschreibung sind in arabischen Ziffern mit einer fortlaufenden Nummerierung zu versehen. [5]Die Blattnummern sind unterhalb des oberen Rands in der Mitte anzubringen. [6]Zeilen- und Absatzzähler oder ähnliche Nummerierungen sollen nicht verwendet werden.

(4) [1]Als Mindestränder sind auf den Blättern des Antrags, der Patentansprüche, der Beschreibung und der Zusammenfassung folgende Flächen unbeschriftet zu lassen:

Oberer Rand:	2 Zentimeter
Linker Seitenrand:	2,5 Zentimeter
Rechter Seitenrand:	2 Zentimeter
Unterer Rand:	2 Zentimeter.

[2]Die Mindestränder können den Namen, die Firma oder die sonstige Bezeichnung des Anmelders und das Aktenzeichen der Anmeldung enthalten.

(5) [1]Der Antrag, die Patentansprüche, die Beschreibung und die Zusammenfassung müssen einspaltig mit Maschine geschrieben oder gedruckt sein. [2]Blocksatz soll nicht verwendet werden. [3]Die Buchstaben der verwendeten Schrift müssen deutlich voneinander getrennt sein und dürfen sich nicht berühren. [4]Graphische Symbole und Schriftzeichen, chemische oder mathematische Formeln können handgeschrieben oder gezeichnet sein, wenn dies notwendig ist. [5]Der Zeilenabstand muss 1½-zeilig sein. [6]Die Texte müssen mit Schriftzeichen, deren Großbuchstaben eine Mindesthöhe von 0,21 Zentimeter (Schriftgrad mindestens 10 Punkt) besitzen, und mit dunkler, unauslöschlicher Farbe geschrieben sein. [7]Das Schriftbild muss scharfe Konturen aufweisen und kontrastreich sein. [8]Jedes Blatt muss weitgehend frei von Radierstellen, Änderungen, Überschreibungen und Zwischenbeschriftungen sein. [9]Von diesem Erfordernis kann abgesehen werden, wenn es sachdienlich ist. [10]Der Text soll keine Unterstreichungen, Kursivschreibungen, Fettdruck oder Sperrungen beinhalten.

(6) Die Anmeldungsunterlagen sollen deutlich erkennen lassen, zu welcher Anmeldung sie gehören.

§ 7 Benennung des Erfinders

(1) Der Anmelder hat den Erfinder schriftlich auf dem vom Deutschen Patent- und Markenamt herausgegebenen Formblatt oder als Datei entsprechend den vom Deutschen Patent- und Markenamt bekannt gemachten Formatvorgaben zu benennen.

(2) Die Benennung muss enthalten:

1. den Vor- und Zunamen, Wohnsitz und die Anschrift (Straße und Hausnummer, Postleitzahl, Ort, gegebenenfalls Postzustellbezirk) des Erfinders;
2. die Versicherung des Anmelders, dass weitere Personen seines Wissens an der Erfindung nicht beteiligt sind (§ 37 Abs. 1 des Patentgesetzes);
3. falls der Anmelder nicht oder nicht allein der Erfinder ist, die Erklärung darüber, wie das Recht auf das Patent an ihn gelangt ist (§ 37 Abs. 1 Satz 2 des Patentgesetzes);
4. die Bezeichnung der Erfindung und soweit bereits bekannt das amtliche Aktenzeichen;
5. die Unterschrift des Anmelders oder seines Vertreters; ist das Patent von mehreren Personen beantragt, so hat jede von ihnen oder ihr Vertreter die Benennung zu unterzeichnen.

§ 8 Nichtnennung des Erfinders; Änderungen der Erfindernennung

(1) [1]Der Antrag des Erfinders, ihn nicht als Erfinder zu nennen, der Widerruf dieses Antrags (§ 63 Abs. 1 Satz 3 und 4 des Patentgesetzes) sowie Anträge auf Berichtigung oder Nachholung der Nennung (§ 63 Abs. 2 des Patentgesetzes) sind schriftlich einzureichen. [2]Die Schriftstücke müssen vom Erfinder unterzeichnet sein und die Bezeichnung der Erfindung sowie das amtliche Aktenzeichen enthalten.

(2) Die Zustimmung des Anmelders oder Patentinhabers sowie des zu Unrecht Benannten zur Berichtigung oder Nachholung der Nennung (§ 63 Abs. 2 des Patentgesetzes) hat schriftlich zu erfolgen.

§ 9 Patentansprüche

(1) [1]In den Patentansprüchen kann das, was als patentfähig unter Schutz gestellt werden soll (§ 34 Abs. 3 Nr. 3 des Patentgesetzes[1]), einteilig oder nach Oberbegriff und kennzeichnendem Teil geteilt (zweiteilig) gefasst sein. [2]In beiden Fällen kann die Fassung nach Merkmalen gegliedert sein.

(2) [1]Wird die zweiteilige Anspruchsfassung gewählt, sind in den Oberbegriff die durch den Stand der Technik bekannten Merkmale der Erfindung aufzunehmen; in den kennzeichnenden Teil sind die Merkmale der Erfindung aufzunehmen, für die in Verbindung mit den Merkmalen des Oberbegriffs Schutz begehrt wird. [2]Der kennzeichnende Teil ist mit den Worten „dadurch gekennzeichnet, dass“ oder „gekennzeichnet durch“ oder einer sinngemäßen Wendung einzuleiten.

(3) [1]Werden Patentansprüche nach Merkmalen oder Merkmalsgruppen gegliedert, so ist die Gliederung dadurch äußerlich hervorzuheben, dass jedes Merkmal oder jede Merkmalsgruppe mit einer neuen Zeile beginnt. [2]Den Merkmalen oder Merkmalsgruppen sind deutlich vom Text abzusetzende Gliederungszeichen voranzustellen.

(4) Im ersten Patentanspruch (Hauptanspruch) sind die wesentlichen Merkmale der Erfindung anzugeben.

(5) [1]Eine Anmeldung kann mehrere unabhängige Patentansprüche (Nebenansprüche) enthalten, soweit der Grundsatz der Einheitlichkeit gewahrt ist (§ 34 Abs. 5 des Patentgesetzes). [2]Absatz 4 ist entsprechend anzuwenden. [3]Nebenansprüche können eine Bezugnahme auf mindestens einen der vorangehenden Patentansprüche enthalten.

(6) [1]Zu jedem Haupt- bzw. Nebenanspruch können ein oder mehrere Patentansprüche (Unteransprüche) aufgestellt werden, die sich auf besondere Ausführungsarten der Erfindung beziehen. [2]Unteransprüche müssen eine Bezugnahme auf mindestens einen der vorangehenden Patentansprüche enthalten. [3]Sie sind so weit wie möglich und auf die zweckmäßigste Weise zusammenzufassen.

(7) Werden mehrere Patentansprüche aufgestellt, so sind sie fortlaufend mit arabischen Ziffern zu nummerieren.

(8) Die Patentansprüche dürfen, wenn dies nicht unbedingt erforderlich ist, im Hinblick auf die technischen Merkmale der Erfindung keine Bezugnahmen auf die Beschreibung oder die Zeichnungen enthalten, z.B. „wie beschrieben in Teil ... der Beschreibung“ oder „wie in Abbildung ... der Zeichnung dargestellt“.

(9) Enthält die Anmeldung Zeichnungen, so sollen die in den Patentansprüchen angegebenen Merkmale mit ihren Bezugszeichen versehen sein, wenn dies das Verständnis des Patentanspruchs erleichtert.

(10) Bei Einreichung in elektronischer Form ist eine Datei entsprechend den vom Deutschen Patent- und Markenamt bekannt gemachten Formatvorgaben zu verwenden.

§ 10 Beschreibung

(1) Am Anfang der Beschreibung nach § 34 Abs. 3 Nr. 4 des Patentgesetzes ist als Titel die im Antrag angegebene Bezeichnung der Erfindung anzugeben.

(2) Ferner sind anzugeben:
1. das technische Gebiet, zu dem die Erfindung gehört, soweit es sich nicht aus den Ansprüchen oder den Angaben zum Stand der Technik ergibt;
2. der dem Anmelder bekannte Stand der Technik, der für das Verständnis der Erfindung und deren Schutzfähigkeit in Betracht kommen kann, unter Angabe der dem Anmelder bekannten Fundstellen;
3. das der Erfindung zugrunde liegende Problem, sofern es sich nicht aus der angegebenen Lösung oder den zu Nummer 6 gemachten Angaben ergibt, insbesondere dann, wenn es zum Verständnis der Erfindung oder für ihre nähere inhaltliche Bestimmung unentbehrlich ist;
4. die Erfindung, für die in den Patentansprüchen Schutz begehrt wird;
5. in welcher Weise der Gegenstand der Erfindung gewerblich anwendbar ist, wenn es sich aus der Beschreibung oder der Art der Erfindung nicht offensichtlich ergibt;
6. gegebenenfalls vorteilhafte Wirkungen der Erfindung unter Bezugnahme auf den bisherigen Stand der Technik;
7. wenigstens ein Weg zum Ausführen der beanspruchten Erfindung im Einzelnen, gegebenenfalls erläutert durch Beispiele und anhand der Zeichnungen unter Verwendung der entsprechenden Bezugszeichen.

(3) [1]In die Beschreibung sind keine Angaben aufzunehmen, die zum Erläutern der Erfindung offensichtlich nicht notwendig sind. [2]Wiederholungen von Ansprüchen oder Anspruchsteilen können durch Bezugnahme auf diese ersetzt werden.

(4) Bei Einreichung in elektronischer Form ist eine Datei entsprechend den vom Deutschen Patent- und Markenamt bekannt gemachten Formatvorgaben zu verwenden.

§ 11 Beschreibung von Nukleotid- und Aminosäuresequenzen

(1) [1]Sind in der Patentanmeldung Strukturformeln in Form von Nukleotidoder Aminosäuresequenzen angegeben und damit konkret offenbart, so ist ein entsprechendes Sequenzprotokoll getrennt von Beschreibung und Ansprüchen als Anlage zur Anmeldung einzureichen. [2]Das Sequenzprotokoll hat den in der Anlage 1 enthaltenen Standards für die Einreichung von Sequenzprotokollen zu entsprechen.

(2) [1]Wird die Patentanmeldung in schriftlicher Form eingereicht, so sind zusätzlich zu den schriftlichen Anmeldungsunterlagen zwei Datenträger einzureichen, die das Sequenzprotokoll jeweils in maschinenlesbarer Form enthalten. [2]Die Datenträger sind als Datenträger für ein Sequenzprotokoll deutlich zu kennzeichnen und haben den in Absatz 1 genannten Standards zu entsprechen. [3]Den Datenträgern ist eine Erklärung beizufügen, dass die auf den Datenträgern gespeicherten Informationen mit dem schriftlichen Sequenzprotokoll übereinstimmen.

(3) Wird das auf dem Datenträger bei der Anmeldung eingereichte Sequenzprotokoll nachträglich berichtigt, so hat der Anmelder eine Erklärung beizufügen, dass das berichtigte Sequenzprotokoll nicht über den Inhalt der Anmeldung in der ursprünglich eingereichten Fassung hinausgeht. [4]Für die Berichtigung gelten die Absätze 1 und 2 entsprechend.

(4) Handelt es sich um eine Anmeldung, die aus einer internationalen Patentanmeldung nach dem Patentzusammenarbeitsvertrag hervorgegangen und für die das Deutsche Patent- und Markenamt Bestimmungsamt oder ausgewähltes Amt ist (Artikel III § 4 Abs. 1, § 6 Abs. 1 des Gesetzes über internationale Patentübereinkommen vom 21. Juni 1976, BGBl. 1976 II S. 649), so finden die Bestimmungen der Ausführungsordnung zum Patentzusammenarbeitsvertrag unmittelbar Anwendung, soweit diese den Standard für die Einreichung von Sequenzprotokollen regelt.

(5) Eine Einreichung der Anmeldung in elektronischer Form per E-Mail ist nur möglich, wenn die Anmeldung mit Sequenzprotokoll die für das Übertragungsverfahren zulässige Dateigröße nicht überschreiten würde.

§ 12 Zeichnungen

Eingereichte Zeichnungen müssen den in der Anlage 2 enthaltenen Standards entsprechen.

§ 13 Zusammenfassung

(1) Die Zusammenfassung nach § 36 des Patentgesetzes soll aus nicht mehr als 1500 Zeichen bestehen.

(2) In der Zusammenfassung kann auch die chemische Formel angegeben werden, die die Erfindung am deutlichsten kennzeichnet.

(3) § 9 Abs. 8 ist sinngemäß anzuwenden.

(4) Bei Einreichung in elektronischer Form ist eine Datei entsprechend den vom Deutschen Patent- und Markenamt bekannt gemachten Formatvorgaben zu verwenden.

§ 14 Deutsche Übersetzungen

(1) [1]Deutsche Übersetzungen von Schriftstücken, die zu den Unterlagen der Anmeldung zählen, müssen von einem Rechtsanwalt oder Patentanwalt beglaubigt oder von einem öffentlich bestellten Übersetzer angefertigt sein. [2]Die Unterschrift des Übersetzers ist öffentlich beglaubigen zu lassen (§ 129 des Bürgerlichen Gesetzbuchs), ebenso die Tatsache, dass der Übersetzer für derartige Zwecke öffentlich bestellt ist.

(2) Deutsche Übersetzungen von

1. Prioritätsbelegen, die gemäß der revidierten Pariser Verbandsübereinkunft zum Schutze des gewerblichen Eigentums (BGBl. 1970 II S. 391) vorgelegt werden, oder
2. Abschriften früherer Anmeldungen (§ 41 Abs. 1 Satz 1 des Patentgesetzes) sind nur auf Anforderung des Deutschen Patent- und Markenamts einzureichen.

(3) Deutsche Übersetzungen von Schriftstücken, die

1. nicht zu den Unterlagen der Anmeldung zählen und
2. in englischer, französischer, italienischer oder spanischer Sprache eingereicht wurden,

sind nur auf Anforderung des Deutschen Patent- und Markenamts nachzureichen.

(4) Werden fremdsprachige Schriftstücke, die nicht zu den Unterlagen der Anmeldung zählen, in anderen Sprachen als in Absatz 3 Nr. 2 aufgeführt eingereicht, so sind Übersetzungen in die deutsche Sprache innerhalb eines Monats nach Eingang der Schriftstücke nachzureichen.

(5) [1]Die Übersetzung nach Absatz 3 oder Absatz 4 muss von einem Rechtsanwalt oder Patentanwalt beglaubigt oder von einem öffentlich bestellten Übersetzer angefertigt sein. [2] Wird die Übersetzung nicht fristgerecht eingereicht, so gilt das fremdsprachige Schriftstück als zum Zeitpunkt des Eingangs der Übersetzung zugegangen.

Abschnitt 3. Sonstige Formerfordernisse

§ 15 Nachgereichte Anmeldungsunterlagen; Änderung von Anmeldungsunterlagen

(1) [1]Auf allen nach Mitteilung des amtlichen Aktenzeichens eingereichten Schriftstücken ist dieses vollständig anzubringen. [2]Werden die Anmeldungsunterlagen im Laufe des Verfahrens geändert, so hat der Anmelder Reinschriften einzureichen, die die Änderungen berücksichtigen. [3]Die Reinschriften sind in zwei Stücken einzureichen. [4]§ 6 Abs. 1 und § 11 Abs. 2 gelten entsprechend.

(2) Werden weitere Exemplare von Anmeldungsunterlagen vom Anmelder nachgereicht, so ist eine Erklärung beizufügen, dass die nachgereichten Unterlagen mit den ursprünglich eingereichten Unterlagen übereinstimmen.

(3) [1]Der Anmelder hat, sofern die Änderungen nicht vom Deutschen Patent- und Markenamt vorgeschlagen worden sind, im Einzelnen anzugeben, an welcher Stelle die in den neuen Unterlagen beschriebenen Erfindungsmerkmale in den ursprünglichen Unterlagen offenbart sind. [2]Die vorgenommenen Änderungen sind zusätzlich entweder auf einem Doppel der geänderten Unterlagen, durch gesonderte Erläuterungen oder in den Reinschriften zu kennzeichnen. [3] Wird die Kennzeichnung in den Reinschriften vorgenommen, sind die Änderungen fett hervorzuheben.

(4) Der Anmelder hat, sofern die Änderungen vom Deutschen Patent- und Markenamt vorgeschlagen und vom Anmelder ohne weitere Änderungen angenommen worden sind, den Reinschriften nach Absatz 1 Satz 2 und 3 eine Erklärung beizufügen, dass die Reinschriften keine über die vom Deutschen Patent- und Markenamt vorgeschlagenen Änderungen hinausgehenden Änderungen enthalten.

§ 16 Modelle und Proben

(1) [1]Modelle und Proben sind nur auf Anforderung des Deutschen Patent- und Markenamts einzureichen. [2]Sie sind mit einer dauerhaften Beschriftung zu versehen, aus der Inhalt und Zugehörigkeit zu der entsprechenden Anmeldung hervorgehen. [3]Dabei ist gegebenenfalls der Bezug zum Patentanspruch und der Beschreibung genau anzugeben.

(2) [1]Modelle und Proben, die leicht beschädigt werden können, sind unter Hinweis hierauf in festen Hüllen einzureichen. [2]Kleine Gegenstände sind auf steifem Papier zu befestigen.

(3) [1]Proben chemischer Stoffe sind in widerstandsfähigen, zuverlässig geschlossenen Behältern einzureichen. [2]Sofern sie giftig, ätzend oder leicht entzündlich sind oder in sonstiger Weise gefährliche Eigenschaften aufweisen, sind sie mit einem entsprechenden Hinweis zu versehen.

(4) [1]Ausfärbungen, Gerbproben und andere flächige Proben müssen auf steifem Papier (Format A4 nach DIN 476) dauerhaft befestigt sein. [2]Sie sind durch eine genaue Beschreibung des angewandten Herstellungs- oder Verwendungsverfahrens zu erläutern.

§ 17 Öffentliche Beglaubigung von Unterschriften

Auf Anforderung des Deutschen Patent- und Markenamts sind die in § 7 Abs. 2 Nr. 5 und in § 8 genannten Unterschriften öffentlich beglaubigen zu lassen (§ 129 des Bürgerlichen Gesetzbuchs).

§ 18 *(aufgehoben)*

Abschnitt 4. Ergänzende Schutzzertifikate

§ 19 Form der Einreichung

(1) [1]Der Antrag auf Erteilung eines ergänzenden Schutzzertifikats (§ 49 a des Patentgesetzes) ist auf dem vom Deutschen Patent- und Markenamt herausgegebenen Formblatt einzureichen. [2]§ 4 Abs. 2 Nr. 1, 4 und 5 sowie § 14 Abs. 1, 3 bis 5 sind entsprechend anzuwenden.

(2) Dem Antrag sind Angaben zur Erläuterung des durch das Grundpatent vermittelten Schutzes beizufügen.

§ 20 Ergänzende Schutzzertifikate für Arzneimittel

Der Antrag auf Erteilung eines ergänzenden Schutzzertifikats für Arzneimittel muss die Angaben und Unterlagen enthalten, die in Artikel 8 der Verordnung (EWG) Nr. 1768/92 des Rates vom 18. Juni 1992 über die Schaffung eines ergänzenden Schutzzertifikats für Arzneimittel (ABl. EG Nr. L 182 S. 1) bezeichnet sind.

§ 21 Ergänzende Schutzzertifikate für Pflanzenschutzmittel

Der Antrag auf Erteilung eines ergänzenden Schutzzertifikats für Pflanzenschutzmittel muss die Angaben und Unterlagen enthalten, die in Artikel 8 der Verordnung (EG) Nr. 1610/96 des Rates vom 23. Juli 1996 über die Schaffung eines ergänzenden Schutzzertifikats für Pflanzenschutzmittel (ABl. EG Nr. L 198 S. 30) bezeichnet sind.

Abschnitt 5. Übergangs- und Schlussbestimmungen

§ 22 Übergangsregelung

Für Patentanmeldungen, Erfinderbenennungen und Anträge auf Erteilung eines ergänzenden Schutzzertifikats, die vor Inkrafttreten von Änderungen dieser Verordnung eingereicht worden sind, sind die bisherigen Vorschriften in ihrer bis dahin geltenden Fassung anzuwenden.

§ 23 Inkrafttreten; Außerkrafttreten

[1]Diese Verordnung tritt am 15. Oktober 2003 in Kraft. [2]Gleichzeitig treten

1. die Patentanmeldeverordnung vom 29. Mai 1981 (BGBl. I S. 521), zuletzt geändert durch die Verordnung vom 1. Januar 2002 (BGBl. I S. 32), und
2. die Erfinderbenennungsverordnung vom 29. Mai 1981 (BGBl. I S. 525)

außer Kraft.

Anlage 1
(zu § 11 Abs. 1 Satz 2)

Standards für die Einreichung von Sequenzprotokollen

Definitionen

1. Im Rahmen dieses Standards gelten folgende Definitionen:
   i) Unter einem „Sequenzprotokoll" ist ein Teil der Beschreibung der Anmeldung in der eingereichten Fassung oder ein zur Anmeldung nachgereichtes Schriftstück zu verstehen, das die Nucleotid- und/oder Aminosäuresequenzen im Einzelnen offenbart und sonstige verfügbare Angaben enthält.
   ii) In das Protokoll dürfen nur unverzweigte Sequenzen von mindestens 4 Aminosäuren bzw. unverzweigte Sequenzen von mindestens 10 Nucleotiden aufgenommen werden. Verzweigte Sequenzen, Sequenzen mit weniger als 4 genau definierten Nucleotiden oder Aminosäuren sowie Sequenzen mit Nucleotiden oder Aminosäuren, die nicht in Nr. 48, Tabellen 1, 2, 3 und 4 aufgeführt sind, sind ausdrücklich ausgenommen.
   iii) Unter „Nucleotiden" sind nur Nucleotide zu verstehen, die mittels der in Nr. 48, Tabelle 1 aufgeführten Symbole wiedergegeben werden können. Modifikationen wie z. B. methylierte Basen können nach der Anleitung in Nr. 48, Tabelle 2 beschrieben werden, sind aber in der Nucleotidsequenz nicht explizit auszuweisen.
   iv) Unter „Aminosäuren" sind die in Nr. 48, Tabelle 3 aufgeführten gängigen L-Aminosäuren aus den natürlich vorkommenden Proteinen zu verstehen. Aminosäuresequenzen, die mindestens eine D-Aminosäure enthalten, fallen nicht unter diese Definition. Aminosäuresequenzen, die posttranslational modifizierte Aminosäuren enthalten, können mittels der in Nr. 48, Tabelle 3 aufgeführten Symbole wie die ursprünglich translatierte Aminosäure beschrieben werden, wobei die modifizierten Positionen wie z. B. Hydroxylierungen oder Glykosylierungen nach der Anleitung in Nr. 48, Tabelle 4 beschrieben werden, diese Modifikationen aber in der Aminosäuresequenz nicht explizit auszuweisen sind. Unter die vorstehende Definition fallen auch Peptide oder Proteine, die anhand der in Nr. 48, Tabelle 3 aufgeführten Symbole sowie einer an anderer Stelle aufgenommenen Beschreibung, die beispielsweise Aufschluss über ungewöhnliche Bindungen, Quervernetzungen (z. B. Disulfidbrücken) und „end caps", Nichtpeptidbindungen usw. gibt, als Sequenz wiedergegeben werden können.
   v) Unter „Sequenzkennzahl" ist eine Zahl zu verstehen, die jeder im Protokoll aufgeführten Sequenz als SEQ ID NO zugewiesen wird.
   vi) Die „numerische Kennzahl" ist eine dreistellige Zahl, die für ein bestimmtes Datenelement steht.
   vii) Unter „sprachneutralem Vokabular" ist ein festes Vokabular zu verstehen, das im Sequenzprotokoll zur Wiedergabe der vom Hersteller einer Sequenzdatenbank vorgeschriebenen wissenschaftlichen Begriffe verwendet wird (dazu gehören wissenschaftliche Namen, nähere Bestimmungen und ihre Entsprechungen im festen Vokabular, die Symbole in Nr. 48, Tabellen 1, 2, 3 und 4 und die Merkmalschlüssel in Nr. 48, Tabellen 5 und 6).
   viii) Unter „zuständiger Behörde" ist die Internationale Recherchenbehörde oder die mit der internationalen vorläufigen Prüfung beauftragte Behörde, die die internationale Recherche bzw. die internationale vorläufige Prüfung zu der internationalen Anmeldung durchführt, oder das Bestimmungsamt bzw. ausgewählte Amt zu verstehen, das mit der Bearbeitung der internationalen Anmeldung begonnen hat.

Sequenzprotokoll

2. Das Sequenzprotokoll im Sinne der Nr. 1 i) ist ans Ende der Anmeldung zu setzen, wenn es mit ihr zusammen eingereicht wird. Dieser Teil ist mit „Sequenzprotokoll" oder „Sequence Listing" zu überschreiben, muss mit einer neuen Seite beginnen und sollte gesondert nummeriert werden. Das Sequenzprotokoll ist Bestandteil der Beschreibung; vorbehaltlich Nr. 35 erübrigt es sich deshalb, die Sequenzen in der Beschreibung an anderer Stelle nochmals zu beschreiben.
3. Wird das Sequenzprotokoll im Sinne der Nr. 1 i) nicht zusammen mit der Anmeldung eingereicht, sondern als gesondertes Schriftstück nachgereicht (siehe Nr. 36), so ist es mit der

Überschrift „Sequenzprotokoll“ oder „Sequence Listing“ und einer gesonderten Seitennummerierung zu versehen. Die in der Anmeldung in der eingereichten Fassung gewählte Nummerierung der Sequenzen (siehe Nr. 4) ist auch im nachgereichten Sequenzprotokoll beizubehalten.

4. Jeder Sequenz wird eine eigene Sequenzkennzahl zugeteilt. Die Kennzahlen beginnen mit 1 und setzen sich in aufsteigender Reihenfolge als ganze Zahlen fort. Gibt es zu einer Kennzahl keine Sequenz, so ist am Anfang der auf die SEQ ID NO folgenden Zeile unter der numerischen Kennzahl <400> der Code 000 anzugeben. Unter der numerischen Kennzahl <160> ist die Gesamtzahl der SEQ ID NOs anzugeben, und zwar unabhängig davon, ob im Anschluss an eine SEQ ID NO eine Sequenzkennzahl oder der Code 000 folgt.
5. In der Beschreibung, in den Ansprüchen und in den Zeichnungen der Anmeldung ist auf die im Sequenzprotokoll dargestellten Sequenzen mit „SEQ ID NO“, gefolgt von der betreffenden Kennzahl, zu verweisen.
6. Für die Darstellung von Nucleotid- und Aminosäuresequenzen ist zumindest eine der folgenden drei Möglichkeiten zu wählen:
   i) nur Nucleotidsequenz,
   ii) nur Aminosäuresequenz,
   iii) Nucleotidsequenz zusammen mit der entsprechenden Aminosäuresequenz.

   Bei einer Offenbarung im unter Ziffer iii) genannten Format muss die Aminosäuresequenz als solche im Sequenzprotokoll mit einer eigenen Sequenzkennzahl gesondert offenbart werden.

Nucleotidsequenzen

Zu verwendende Symbole

7. Nucleotidsequenzen sind nur anhand eines Einzelstrangs in Richtung vom 5'-Ende zum 3'-Ende von links nach rechts wiederzugeben. Die Begriffe 3' und 5' werden in der Sequenz nicht dargestellt.
8. Die Basen einer Nucleotidsequenz sind anhand der einbuchstabigen Codes für Nucleotidsequenzzeichen darzustellen. Es dürfen nur die in Nr. 48, Tabelle 1 aufgeführten Kleinbuchstaben verwendet werden.
9. Modifizierte Basen sind in der Sequenz selbst wie die entsprechenden unmodifizierten Basen oder mit „n“ wiederzugeben, wenn die modifizierte Base zu den in Nr. 48, Tabelle 2 aufgeführten gehört; die Modifikation ist im Merkmalsteil des Sequenzprotokolls anhand der Codes in Nr. 48, Tabelle 2 näher zu beschreiben. Diese Codes dürfen in der Beschreibung oder im Merkmalsteil des Sequenzprotokolls, nicht jedoch in der Sequenz selbst verwendet werden (siehe auch Nr. 31). Das Symbol „n“ steht immer nur für ein einziges unbekanntes oder modifiziertes Nucleotid.

Zu verwendendes Format

10. Bei Nucleotidsequenzen sind höchstens 60 Basen pro Zeile – mit einem Leerraum zwischen jeder Gruppe von 10 Basen – aufzuführen.
11. Die Basen einer Nucleotidsequenz (einschließlich Intronen) sind jeweils in Zehnergruppen aufzuführen; dies gilt nicht für die codierenden Teile der Sequenz. Bleiben am Ende nichtcodierender Teile einer Sequenz weniger als 10 Basen übrig, so sind sie zu einer Gruppe zusammenzufassen und durch einen Leerraum von angrenzenden Gruppen zu trennen.
12. Die Basen der codierenden Teile einer Nucleotidsequenz sind als Tripletts (Codonen) aufzuführen.
13. Die Zählung der Nucleotidbasen beginnt bei der ersten Base der Sequenz mit 1. Von hier aus ist die gesamte Sequenz in 5'–3'-Richtung fortlaufend durchzuzählen. Am rechten Rand ist jeweils neben der Zeile mit den einbuchstabigen Codes für die Basen die Nummer der letzten Base dieser Zeile anzugeben. Die vorstehend beschriebene Zählweise für Nucleotidsequenzen gilt auch für Nucleotidsequenzen mit ringförmiger Konfiguration, wobei allerdings die Bestimmung des ersten Nucleotids der Sequenz dem Anmelder überlassen bleibt.
14. Eine Nucleotidsequenz, die aus einem oder mehreren nichtbenachbarten Abschnitten einer größeren Sequenz oder aus Abschnitten verschiedener Sequenzen besteht, ist als gesonderte

Sequenz mit eigener Sequenzkennzahl zu nummerieren. Sequenzen mit einer oder mehreren Lücken sind als mehrere gesonderte Sequenzen mit eigenen Sequenzkennzahlen zu nummerieren, wobei die Zahl der gesonderten Sequenzen der Zahl der jeweils zusammenhängenden Sequenzdatenreihen entspricht.

Aminosäuresequenzen

Zu verwendende Symbole

15. Die Aminosäuren einer Protein- oder Peptidsequenz sind in Richtung von der Amino- zur Carboxylgruppe von links nach rechts aufzuführen, wobei die Amino- und Carboxylgruppen in der Sequenz nicht darzustellen sind.
16. Die Aminosäuren sind anhand des dreibuchstabigen Codes mit großem Anfangsbuchstaben entsprechend der Liste in Nr. 48, Tabelle 3 darzustellen. Eine Aminosäuresequenz, die einen Leerraum oder interne Terminatorsymbole (z.B. „Ter“, „*“ oder „.“) enthält, ist nicht als eine einzige Aminosäuresequenz, sondern als getrennte Aminosäuresequenzen darzustellen (siehe Nr. 21).
17. Modifizierte und seltene Aminosäuren sind in der Sequenz selbst wie die entsprechenden unmodifizierten Aminosäuren oder mit „Xaa“ wiederzugeben, wenn sie zu den in Nr. 48, Tabelle 4 aufgeführten gehören und die Modifikation im Merkmalsteil des Sequenzprotokolls anhand der Codes in Nr. 48, Tabelle 4 näher beschrieben wird. Diese Codes dürfen in der Beschreibung oder im Merkmalsteil des Sequenzprotokolls, nicht jedoch in der Sequenz selbst verwendet werden (siehe auch Nr. 31). Das Symbol „Xaa“ steht immer nur für eine einzige unbekannte oder modifizierte Aminosäure.

Zu verwendendes Format

18. Bei Protein- oder Peptidsequenzen sind höchstens 16 Aminosäuren pro Zeile mit einem Leerraum zwischen den einzelnen Aminosäuren aufzuführen.
19. Die den Codonen der codierenden Teile einer Nucleotidsequenz entsprechenden Aminosäuren sind unmittelbar unter den jeweiligen Codonen anzugeben. Wird ein Codon durch ein Intron aufgespalten, so ist das Aminosäuresymbol unter dem Teil des Codons anzugeben, der zwei Nucleotide enthält.
20. Die Zählung der Aminosäuren beginnt bei der ersten Aminosäure der Sequenz mit 1. Fakultativ können die dem reifen Protein vorausgehenden Aminosäuren wie beispielsweise Präsequenzen, Prosequenzen, Präprosequenzen und Signalsequenzen, soweit vorhanden, mit negativem Vorzeichen nummeriert werden, wobei die Rückwärtszählung mit der Aminosäure vor Nummer 1 beginnt. Null (0) wird nicht verwendet, wenn Aminosäuren zur Abgrenzung gegen das reife Protein mit negativem Vorzeichen nummeriert werden. Die Nummern sind im Abstand von jeweils 5 Aminosäuren unter der Sequenz anzugeben. Die vorstehend beschriebene Zählweise für Aminosäuresequenzen gilt auch für Aminosäuresequenzen mit ringförmiger Konfiguration, wobei allerdings die Bestimmung der ersten Aminosäure der Sequenz dem Anmelder überlassen bleibt.
21. Eine Aminosäuresequenz, die aus einem oder mehreren nichtbenachbarten Abschnitten einer größeren Sequenz oder aus Abschnitten verschiedener Sequenzen besteht, ist als gesonderte Sequenz mit eigener Sequenzkennzahl zu nummerieren. Sequenzen mit einer oder mehreren Lücken sind als mehrere gesonderte Sequenzen mit eigenen Sequenzkennzahlen zu nummerieren, wobei die Zahl der gesonderten Sequenzen der Zahl der jeweils zusammenhängenden Sequenzdatenreihen entspricht.

Sonstige verfügbare Angaben im Sequenzprotokoll

22. Die Angaben sind im Sequenzprotokoll in der Reihenfolge anzugeben, in der sie in der Liste der numerischen Kennzahlen der Datenelemente in Nr. 47 aufgeführt sind.
23. Für die Angaben im Sequenzprotokoll sind nur die in Nr. 47 aufgeführten numerischen Kennzahlen, nicht aber die dazugehörigen Beschreibungen zu verwenden. Die Angaben müssen unmittelbar auf die numerische Kennzahl folgen; im Sequenzprotokoll brauchen nur diejenigen numerischen Kennzahlen angegeben zu werden, zu denen auch Angaben vorliegen. Die einzigen beiden Ausnahmen zu dieser Vorschrift bilden die numerischen Kennzahlen <220> und <300>, die für die Rubrik „Merkmal“ bzw. „Veröffentlichungsangaben“ stehen und mit den Angaben unter den numerischen Kennzahlen <221> bis <223> bzw. <301> bis <313> zusammenhängen. Werden unter diesen numerischen

Kennzahlen im Sequenzprotokoll Angaben zu den Merkmalen oder zur Veröffentlichung gemacht, so sollte auch die numerische Kennzahl <220> bzw. <300> aufgeführt, die dazugehörige Rubrik aber nicht ausgefüllt werden. Generell sollte zwischen den numerischen Kennzahlen eine Leerzeile eingefügt werden, wenn sich die an erster oder zweiter Position der numerischen Kennzahl stehende Ziffer ändert. Eine Ausnahme von dieser allgemeinen Regel bildet die numerische Kennzahl <310>, der keine Leerzeile vorausgehen darf. Auch vor jeder Wiederholung der numerischen Kennzahl ist eine Leerzeile einzufügen.

Obligatorische Datenelemente

24. In das Sequenzprotokoll sind außerdem vor der eigentlichen Nucleotidund/oder Aminosäuresequenz die folgenden in Nr. 47 definierten Angaben (obligatorische Datenelemente) aufzunehmen:

<110>	Name des Anmelders
<120>	Bezeichnung der Erfindung
<160>	Anzahl der SEQ ID NOs
<210>	SEQ ID NO : x
<211>	Länge
<212>	Art
<213>	Organismus
<400>	Sequenz

Ist der Name des Anmelders (numerische Kennzahl <110>) nicht in Buchstaben des lateinischen Alphabets geschrieben, so ist er – im Wege der Transliteration oder der Übersetzung ins Englische – auch in lateinischen Buchstaben anzugeben.
Die Datenelemente mit Ausnahme der Angaben unter den numerischen Kennzahlen <110>, <120> und <160> sind für jede im Sequenzprotokoll aufgeführte Sequenz zu wiederholen. Gibt es zu einer Sequenzkennzahl keine Sequenz, so müssen nur die Datenelemente unter den numerischen Kennzahlen <210> und <400> angegeben werden (siehe Nr. 4 und SEQ ID NO: 4 in dem am Ende dieses Standards enthaltenen Beispiel).

25. In Sequenzprotokolle, die zusammen mit der dazugehörigen Anmeldung oder vor Vergabe einer Anmeldenummer eingereicht werden, ist neben den unter Nr. 24 genannten Datenelementen auch das Folgende aufzunehmen:

<130>	Bezugsnummer

6. In Sequenzprotokolle, die auf Aufforderung einer zuständigen Behörde oder nach Vergabe einer Anmeldenummer eingereicht werden, sind neben den unter Nr. 24 genannten Datenelementen auch die Folgenden aufzunehmen:

<140>	Vorliegende Patentanmeldung
<141>	Anmeldetag der vorliegenden Anmeldung

27. In Sequenzprotokolle, die zu einer Anmeldung eingereicht werden, die die Priorität einer früheren Anmeldung in Anspruch nimmt, sind neben den unter Nr. 24 genannten Datenelementen auch die Folgenden aufzunehmen:

<150>	Frühere Patentanmeldung
<151>	Anmeldetag der früheren Anmeldung

28. Wird in der Sequenz „n“, „Xaa“ oder eine modifizierte Base oder modifizierte/seltene L-Aminosäure aufgeführt, so müssen die folgenden Datenelemente angegeben werden:

<220>	Merkmal
<221>	Name/Schlüssel
<222>	Lage
<223>	Sonstige Informationen

29. Ist der Organismus (numerische Kennzahl <213>) eine „künstliche Sequenz" oder „unbekannt", so müssen die folgenden Datenelemente angegeben werden:

<220>	Merkmal
<223>	Sonstige Angaben

Fakultative Datenelemente

30. Alle in Nr. 47 definierten Datenelemente, die unter Nr. 24 bis 29 nicht erwähnt sind, sind fakultativ (fakultative Datenelemente).

Angabe von Merkmalen

31. Merkmale, die (unter der numerischen Kennzahl <220>) zu einer Sequenz angegeben werden, sind durch die in Nr. 48, Tabellen 5 und 6* aufgeführten „Merkmalschlüssel" zu beschreiben.

Freier Text

32. Unter „freiem Text" ist eine verbale Beschreibung der Eigenschaften der Sequenz ohne Verwendung des sprachneutralen Vokabulars im Sinne der Nr. 1 vii) unter der numerischen Kennzahl <223> (Sonstige Angaben) zu verstehen.
33. Der freie Text sollte sich auf einige kurze, für das Verständnis der Sequenz unbedingt notwendige Begriffe beschränken. Er sollte für jedes Datenelement nicht länger als 4 Zeilen sein und höchstens 65 Buchstaben pro Zeile umfassen. Alle weiteren Angaben sind in den Hauptteil der Beschreibung in der dort verwendeten Sprache aufzunehmen.
34. Freier Text kann in deutscher oder in englischer Sprache abgefasst sein.
35. Enthält das Sequenzprotokoll, das Bestandteil der Beschreibung ist, freien Text, so ist dieser im Hauptteil der Beschreibung in der dort verwendeten Sprache zu wiederholen. Es wird empfohlen, den in der Sprache des Hauptteils der Beschreibung abgefassten freien Text in einen besonderen Abschnitt der Beschreibung mit der Überschrift „Sequenzprotokoll – freier Text" aufzunehmen.

Nachgereichtes Sequenzprotokoll

36. Ein Sequenzprotokoll, das nicht Teil der eingereichten Anmeldung war, sondern nachträglich eingereicht wurde, darf nicht über den Offenbarungsgehalt der in der Anmeldung angegebenen Sequenzen hinausgehen. Dem nachgereichten Sequenzprotokoll muss eine Erklärung, die dies bestätigt, beigefügt sein. Das heißt, dass ein Sequenzprotokoll, das nachträglich eingereicht wurde, nur die Sequenzen beinhalten darf, die auch in der eingereichten Anmeldung aufgeführt sind.
37. Sequenzprotokolle, die nicht zusammen mit der Anmeldung eingereicht worden sind, sind nicht Teil der Offenbarung der Erfindung. Gemäß § 11 Abs. 3 besteht die Möglichkeit, Sequenzprotokolle, die zusammen mit der Anmeldung eingereicht wurden, im Wege der Mängelbeseitigung zu berichtigen.

Sequenzprotokoll in maschinenlesbarer Form

38. Das in der Anmeldung enthaltene Sequenzprotokoll ist zusätzlich auch in maschinenlesbarer Form einzureichen.
39. Das zusätzlich eingereichte maschinenlesbare Sequenzprotokoll muss mit dem geschriebenen Protokoll identisch sein und ist zusammen mit einer Erklärung folgenden Wortlauts einzureichen: „Die in maschinenlesbarer Form aufgezeichneten Angaben sind mit dem geschriebenen Sequenzprotokoll identisch."
40. Das gesamte ausdruckbare Exemplar des Sequenzprotokolls muss in einer einzigen Datei enthalten sein, die nach Möglichkeit auf einer einzigen Diskette oder einem sonstigen vom Deutschen Patent- und Markenamt akzeptierten elektronischen Datenträger aufgezeichnet

* **Amtl. Anm.:** Diese Tabellen enthalten Auszüge aus den Merkmalstabellen „DDBJ/EMBL/Genbank Feature Table" (Nucleotidsequenzen) und „SWISS PROT Feature Table" (Aminosäuresequenzen).

sein soll. Diese Datei ist mittels der IBM* Codetabellen (Co de Page) 437, 932** oder einer kompatiblen Codetabelle zu codieren. Eine Codetabelle, wie sie z. B. für japanische, chinesische, kyrillische, arabische, griechische oder hebräische Schriftzeichen benötigt wird, gilt als kompatibel, wenn sie das lateinische Alphabet und die arabischen Ziffern denselben Hexadezimalpositionen zuordnet, wie die genannten Codetabellen.

41. Folgende Medientypen und Formatierungen für zusätzlich in maschinenlesbarer Form eingereichte Sequenzprotokolle werden akzeptiert:

Physikalisches Medium	Typ	Formatierung
CD-R	120 mm Recordable Disk	ISO 9660
DVD-R	120 mm DVD-Recordable Disk (4,7 GB)	konform zu ISO 9660 oder OSTA UDF (1.02 oder höher)
DVD+R	120 mm DVD-Recordable Disk (4,7 GB)	konform zu ISO 9660 oder OSTA UDF (1.02 oder höher)

42. Die maschinenlesbare Fassung kann mit beliebigen Mitteln erstellt werden. Sie muss aber den vom Deutschen Patent- und Markenamt angegebenen Formaten entsprechen. Vorzugsweise sollte zum Erstellen eine dafür vorgesehene spezielle Software, wie z. B. PatentIn verwendet werden.
43. Bei Verwendung von physikalischen Datenträgern ist eine Datenkompression erlaubt, sofern die komprimierte Datei in einem selbstextrahierenden Format erstellt worden ist, das sich auf einem vom Deutschen Patent- und Markenamt angegebenen Betriebssystem (MS Windows) selbst dekomprimiert. Ebenso können inhaltlich zusammengehörige Dateien in einem sich nicht selbstextrahierenden Format komprimiert sein, wenn die Archivdatei im Zip-Format der Version vom 13. Juli 1998 vorliegt und weder andere Zip-Archive oder eine Verzeichnisstruktur beinhaltet.
44. Auf dem physikalischen Datenträger ist ein Etikett fest anzubringen, auf dem von Hand oder mit der Maschine in Blockschrift der Name des Anmelders, die Bezeichnung der Erfindung, eine Bezugsnummer, der Zeitpunkt der Aufzeichnung der Daten und das Computerbetriebssystem eingetragen sind.
45. Wird der physikalische Datenträger erst nach dem Tag der Anmeldung eingereicht, so sind auf den Etiketten auch der Anmeldetag und die Anmeldenummer anzugeben. Korrekturen oder Änderungen zum Sequenzprotokoll sind sowohl schriftlich als auch in maschinenlesbarer Form einzureichen.
46. Jede Korrektur der ausgedruckten Version des Sequenzprotokolls, die auf Grund der PCT Regel 13ter. 1(a)(i) oder 26.3 eingereicht, jede Verbesserung eines offensichtlichen Fehlers in der ausgedruckten Version, die auf Basis der PCT Regel 91 eingereicht und jeder Zusatz, der nach Artikel 34 PCT in die ausgedruckte Version des Sequenzprotokolls eingebunden wurde, muss zusätzlich in einer verbesserten und mit den Zusätzen versehenen Version des Sequenzprotokolls in maschinenlesbarer Form eingereicht werden.
47. Numerische Kennzahlen
In Sequenzprotokollen, die zu Anmeldungen eingereicht werden, dürfen nur die nachstehenden numerischen Kennzahlen verwendet werden. Die Überschriften der nachstehenden Datenelementrubriken dürfen in den Sequenzprotokollen nicht erscheinen. Die numerischen Kennzahlen der obligatorischen Datenelemente, d. h. der Datenelemente, die in alle Sequenzprotokolle aufgenommen werden müssen (siehe Nr. 24 dieses Standards: Kennziffern 110, 120, 160, 210, 211, 212, 213 und 400), und die numerischen Kennzahlen der Datenelemente, die in den in diesem Standard genannten Fällen aufgenommen werden müssen (siehe Nr. 25, 26, 27, 28 und 29 dieses Standards: Kennzahlen 130, 140, 141, 150 und 151 sowie 220 bis 223), sind mit dem Buchstaben „O“ gekennzeichnet.
Die numerischen Kennzahlen der fakultativen Datenelemente (siehe Nr. 30 dieses Standards) sind mit dem Buchstaben „F“ gekennzeichnet.

---

* **Amtl. Anm.:** IBM ist eine für die International Business Machine Corporation, Vereinigte Staaten von Amerika, eingetragene Marke.

** **Amtl. Anm.:** Die genannten Codetabellen gelten für Personal Computer als de facto Standard.

Zulässige numerische Kennzahlen			
Numerische Kennzahl	Numerische Kennzahl Beschreibung	Obligatorisch (O) oder fakultativ (F)	Bemerkungen
<110>	Name des Anmelders	O	Ist der Name des Anmelders nicht in lateinischen Buchstaben geschrieben, so muss er – im Wege der Transliteration oder der Übersetzung ins Englische – auch in lateinischen Buchstaben angegeben werden
<120>	Bezeichnung der Erfindung	O	
<130>	Bezugsnummer	O in den Fällen nach Nr. 25 Standard	Siehe Nr. 25 Standard
<140>	Vorliegende Patentanmeldung	O in den Fällen nach Nr. 26 Standard	Siehe Nr. 26 Standard; die vorliegende Patentanmeldung ist zu kennzeichnen durch den zweibuchstabigen Code nach dem WIPO-Standard ST. 3, gefolgt von der Anmeldenummer (in dem Format, das von der Behörde für gewerblichen Rechtsschutz verwendet wird, bei der diese Patentanmeldung eingereicht wird) oder – bei internationalen Anmeldungen – von der internationalen Anmeldenummer
<141>	Anmeldetag der vorliegenden Anmeldung	O in den Fällen nach Nr. 26 Standard	Siehe Nr. 26 Standard; das Datum ist entsprechend dem WIPO-Standard ST. 2 anzugeben (CCYY MM DD)
<150>	Frühere Patentanmeldung	O in den Fällen nach Nr. 27 Standard	Siehe Nr. 27 Standard; die frühere Patentanmeldung ist zu kennzeichnen durch den zweibuchstabigen Code entsprechend dem WIPO-Standard ST. 3, gefolgt von der Anmeldenummer (in dem Format, das von der Behörde für gewerblichen Rechtsschutz verwendet wird, bei der die frühere Patentanmeldung eingereicht wurde) oder – bei internationalen Anmeldungen – von der internationalen Anmeldenummer
<151>	Anmeldetag der früheren Anmeldung	O in den Fällen nach Nr. 27 Standard	Siehe Nr. 27 Standard; das Datum ist entsprechend dem WIPO-Standard ST. 2 anzugeben (CCYY MM DD)
<160>	Anzahl der SEQ ID NOs		
<170>	Software	F	
<210>	Angaben zu SEQ ID NO: x	O	Anzugeben ist eine ganze Zahl, die die SEQ ID NO darstellt
<211>	Länge	O	Sequenzlänge, ausgedrückt als Anzahl der Basen oder Aminosäuren
<212>	Art	O	Art des in SEQ ID NO: x sequenzierten Moleküls, und zwar entweder DNA, RNA oder PRT; enthält eine Nucleotidsequenz sowohl DNA- als auch RNA-Fragmente, so ist „DNA" anzugeben; zusätzlich ist das kombinierte DNA-/RNA-Molekül im Merkmalsteil unter <220> bis <223> näher zu beschreiben
<213>	Organismus	O	Gattung/Art (d. h. wissenschaftlicher Name), „künstliche Sequenz" oder „unbekannt"
<220>	Merkmal	O in den Fällen nach Nr. 28 und 29 Standard	Freilassen; siehe Nr. 28 und 29 Standard; Beschreibung biologisch signifikanter Stellen in der Sequenz gemäß SEQ ID NO: x (kann je nach der Zahl der angegebenen Merkmale mehrmals vorkommen)

Zulässige numerische Kennzahlen			
Numerische Kennzahl	Numerische Kennzahl Beschreibung	Obligatorisch (O) oder fakultativ (F)	Bemerkungen
<221>	Name/Schlüssel	O in den Fällen nach Nr. 28 Standard	Siehe Nr. 28 Standard; es dürfen nur die in Nr. 48, Tabelle 5 oder 6 beschriebenen Schlüssel verwendet werden
<222>	Lage	O in den Fällen nach Nr. 28 Standard	Siehe Nr. 28 Standard; – von (Nummer der ersten Base/Aminosäure des Merkmals) – bis (Nummer der letzten Base/Aminosäure des Merkmals) – Basen (Ziffern verweisen auf die Positionen der Basen in einer Nucleotidsequenz) – Aminosäuren (Ziffern verweisen auf die Positionen der Aminosäurereste in einer Aminosäuresequenz) – Angabe, ob sich das Merkmal auf dem zum Strang des Sequenzprotokolls komplementären Strang befindet
<223>	Sonstige Angaben	O in den Fällen nach Nr. 28 und 29 Standard	Siehe Nr. 28 und 29 Standard; sonstige relevante Angaben, wobei sprachneutrales Vokabular oder freier Text (in deutscher oder in englischer Sprache) zu verwenden ist; freier Text ist im Hauptteil der Beschreibung in der dort verwendeten Sprache zu wiederholen (siehe Nr. 35 Standard); enthält die Sequenz eine der in Nr. 48, Tabellen 2 und 4 aufgeführten modifizierten Basen oder modifizierten/seltenen L-Aminosäuren, so ist für diese Base oder Aminosäure das dazugehörige Symbol aus Nr. 48, Tabellen 2 und 4 zu verwenden
<300>	Veröffentlichungsangaben	F	Freilassen; dieser Abschnitt ist für jede relevante Veröffentlichung zu wiederholen
<301>	Verfasser	F	
<302>	Titel	F	Titel der Veröffentlichung
<303>	Zeitschrift	F	Name der Zeitschrift, in der die Daten veröffentlicht wurden
<304>	Band	F	Band der Zeitschrift, in dem die Daten veröffentlicht wurden
<305>	Heft	F	Nummer des Hefts der Zeitschrift, in dem die Daten veröffentlicht wurden
<306>	Seiten	F	Seiten der Zeitschrift, auf denen die Daten veröffentlicht wurden
<307>	Datum	F	Datum der Zeitschrift, an dem die Daten veröffentlicht wurden; Angabe nach Möglichkeit entsprechend dem WIPO-Standard ST. 2 (CCYY MM DD)
<308>	Eingangsnummer in der Datenbank	F	Von der Datenbank zugeteilte Eingangsnummer einschließlich Datenbankbezeichnung
<309>	Datenbank-Eingabedatum	F	Datum der Eingabe in die Datenbank; Angabe entsprechend dem WIPO-Standard ST. 2 (CCYY MM DD)
<310>	Dokumentennummer	F	Nummer des Dokuments, nur bei Patentdokumenten; die vollständige Nummer hat nacheinander Folgendes zu enthalten: den zweibuchstabigen Code entsprechend dem WIPO-Standard ST. 3, die Veröffentlichungsnummer

Zulässige numerische Kennzahlen			
Numerische Kennzahl	Numerische Kennzahl Beschreibung	Obligatorisch (O) oder fakultativ (F)	Bemerkungen
			entsprechend dem WIPO-Standard ST. 6 und den Code für die Dokumentenart nach dem WIPO-Standard ST. 16
<311>	Anmeldetag	F	Anmeldetag des Dokuments, nur bei Patentdokumenten; Angabe entsprechend WIPO-Standard ST. 2 (CCYY MM DD)
<312>	Veröffentlichungsdatum	F	Datum der Veröffentlichung des Dokuments; nur bei Patentdokumenten; Angabe entsprechend WIPO-Standard ST. 2 (CCYY MM DD)
<313>	Relevante Reste in SEQ ID-NO: x von bis	F	
<400>	Sequenz	O	SEQ ID NO: x sollte in der der Sequenz vorausgehenden Zeile hinter der numerischen Kennzahl stehen

48. Symbole für Nucleotide und Aminosäuren und Merkmalstabellen

Tabelle 1
Liste der Nucleotide

Symbol	Bedeutung	Ableitung der Bezeichnung
a	a	Adenin
g	g	Guanin
c	c	Cytosin
t	t	Thymin
u	u	Uracil
r	g oder a	Purin
y	t/u oder c	Pyrimidin
m	a oder c	Amino
k	g oder t/u	Keto
s	g oder c	starke Bindungen, 3 H-Brücken
w	a oder t/u	schwache (e: weak) Bindungen, 2 H-Brücken
b	g oder c oder t/u	nicht a
d	a oder g oder t/u	nicht c
h	a oder c oder t/u	nicht g
v	a oder g oder c	nicht t, nicht u
n	a oder g oder c oder t/u, unbekannt oder sonstige	beliebig (e: any)

Tabelle 2 Liste der modifizierten Nucleotide	
Symbol	Bedeutung
ac4 c	4-Acetylcytidin
chm5 u	5-(Carboxyhydroxymethyl)uridin
cm	2′-O-Methylcytidin
cmnm5 s2 u	5-Carboxymethylaminomethyl-2-thiouridin

Tabelle 2 Liste der modifizierten Nucleotide	
Symbol	Bedeutung
cmnm5 u	5-Carboxymethylaminomethyluridin
d	Dihydrouridin
fm	2′-O-Methylpseudouridin
gal q	beta,D-Galactosylqueuosin
gm	2′-O-Methylguanosin
i	Inosin
i6 a	N6-Isopentenyladenosin
m1 a	1-Methyladenosin
m1 f	1-Methylpseudouridin
m1 g	1-Methylguanosin
m1 i	1-Methylinosin
m22 g	2,2-Dimethylguanosin
m2 a	2-Methyladenosin
m2 g	2-Methylguanosin
m3 c	3-Methylcytidin
m5 c	5-Methylcytidin
m6 a	N6-Methyladenosin
m7 g	7-Methylguanosin
mam5 u	5-Methylaminomethyluridin
mam5 s2 u	5-Methoxyaminomethyl-2-thiouridin
man q	beta,D-Mannosylqueuosin
mcm5 s2 u	5-Methoxycarbonylmethyl-2-thiouridin
mcm5 u	5-Methoxycarbonylmethyluridin
mo5 u	5-Methoxyuridin
ms2 i6 a	2-Methylthio-N6-isopentenyladenosin
ms2 t6 a	N-((9-beta-D-Ribofuranosyl-2-methylthiopurin-6-yl)carbamoyl)threonin
mt6 a	N-((9-beta-D-Ribofuranosylpurin-6-yl)N-methylcarbamoyl)threonin
mv	Uridin-5-oxyessigsäuremethylester
o5 u	Uridin-5-oxyessigsäure(v)
osyw	Wybutoxosin
p	Pseudouridin
q	Queuosin
s2 c	2-Thiocytidin
s2 t	5-Methyl-2-thiouridin
s2 u	2-Thiouridin
s4 u	4-Thiouridin
t	5-Methyluridin
t6 a	N-((9-beta-D-Ribofuranosylpurin-6-yl)carbamoyl)threonin
tm	2′-O-Methyl-5-methyluridin
um	2-O-Methyluridin

Tabelle 2 Liste der modifizierten Nucleotide	
Symbol	Bedeutung
yw	Wybutosin
x	3-(3-Amino-3-carboxypropyl)uridin,(acp3)u

Tabelle 3 Liste der Aminosäuren	
Symbol	Bedeutung
Ala	Alanin
Cys	Cystein
Asp	Asparaginsäure
Glu	Glutaminsäure
Phe	Phenylalanin
Gly	Glycin
His	Histidin
Ile	Isoleucin
Lys	Lysin
Leu	Leucin
Met	Methionin
Asn	Asparagin
Pro	Prolin
Gln	Glutamin
Arg	Arginin
Ser	Serin
Thr	Threonin
Val	Valin
Trp	Tryptophan
Tyr	Tyrosin
Asx	Asp oder Asn
Glx	Glu oder Gln
Xaa	Unbekannt oder sonstige

Tabelle 4 Liste der modifizierten und seltenen Aminosäuren	
Symbol	Bedeutung
Aad	2-Aminoadipinsäure
bAad	3-Aminoadipinsäure
bAla	beta-Alanin, beta-Aminopropionsäure
Abu	2-Aminobuttersäure
4Abu	4-Aminobuttersäure, Piperidinsäure
Acp	6-Aminocapronsäure
Ahe	2-Aminoheptansäure
Aib	2-Aminoisobuttersäure
bAib	3-Aminoisobuttersäure

Tabelle 4 Liste der modifizierten und seltenen Aminosäuren	
Symbol	Bedeutung
Apm	2-Aminopimelinsäure
Dbu	2,4-Diaminobuttersäure
Des	Desmosin
Dpm	2,2′-Diaminopimelinsäure
Dpr	2,3-Diaminopropionsäure
EtGly	N-Ethylglycin
EtAsn	N-Ethylasparagin
Hyl	Hydroxylysin
aHyl	allo-Hydroxylysin
3Hyp	3-Hydroxyprolin
4Hyp	4-Hydroxyprolin
Ide	Isodesmosin
aIle	allo-Isoleucin
MeGly	N-Methylglycin, Sarkosin
MeIle	N-Methylisoleucin
MeLys	6-N-Methyllysin
MeVal	N-Methylvalin
Nva	Norvalin
Nle	Norleucin
Orn	Ornithin

Tabelle 5 Liste der Merkmalschlüssel zu Nucleotidsequenzen	
Schlüssel	Beschreibung
allele	ein verwandtes Individuum oder ein verwandter Stamm enthält stabile alternative Formen desselben Gens und unterscheidet sich an dieser (und vielleicht an anderer) Stelle von der vorliegenden Sequenz
attenuator	1. Region einer DNA, in der die Beendigung der Transkription reguliert wird und die Expression einiger bakterieller Operons gesteuert wird 2. zwischen dem Promotor und dem ersten Strukturgen liegender Sequenzabschnitt, der eine partielle Beendigung der Transkription bewirkt
C_region	konstante Region der leichten und schweren Immunglobulinketten und der Alpha-, Beta- und Gamma-Ketten von T-Zell-Rezeptoren; enthält je nach Kette ein oder mehrere Exons
CAAT_signal	CAAT-Box; Teil einer konservierten Sequenz, der etwa 75 Basenpaare stromaufwärts vom Startpunkt der eukaryontischen Transkriptionseinheiten liegt und an der RNA-Polymerase-Bindung beteiligt sein kann; Konsensussequenz = GG (C oder T) CAATCT
CDS	codierende Sequenz; Sequenz von Nucleotiden, die mit der Sequenz der Aminosäuren in einem Protein übereinstimmt (beinhaltet Stopcodon); Merkmal schließt eine mögliche Translation der Aminosäure ein
conflict	unabhängige Bestimmungen „derselben" Sequenz unterscheiden sich an dieser Stelle oder in dieser Region voneinander
D-loop	D-Schleife; Region innerhalb der mitochondrialen DNA, in der sich ein kürzeres RNA-Stück mit einem Strang der doppelsträngigen DNA paart und dabei den ursprünglichen Schwesterstrang in dieser Region verdrängt; dient auch zur Beschreibung der Verdrängung einer Region des einen Stranges eines DNA-Doppelstrangs durch eine einzelsträngige Nucleinsäure bei der durch ein recA-Protein ausgelösten Reaktion

Tabelle 5
Liste der Merkmalschlüssel zu Nucleotidsequenzen

Schlüssel	Beschreibung
D-segment	Diversity-Region der schweren Kette von Immunglobulin und der Beta-Kette eines T-Zell-Rezeptors
enhancer	eine als Cis-Element wirkende Sequenz, die die Aktivität (einiger) eukaryontischer Promotoren verstärkt und in beliebiger Richtung und Position zum Promotor (stromaufwärts oder -abwärts) funktioniert
exon	Region des Genoms, die für einen Teil der gespleißten mRNA codiert; kann 5'UTR, alle CDSs und 3'UTR enthalten
GC_signal	GC-Box; eine konservierte, GC-reiche Region stromaufwärts vom Startpunkt der eukaryontischen Transkriptionseinheiten, die in mehreren Kopien und in beiden Richtungen vorkommen kann; Konsensussequenz = GGGCGG
gene	biologisch signifikante Region, codierende Nucleinsäure
iDNA	intervenierende DNA; DNA, die durch verschiedene Arten der Rekombination eliminiert wird
intron	DNA-Abschnitt, der transkribiert, aber beim Zusammenspleißen der ihn umgebenden Sequenzen (Exons) aus dem Transkript wieder herausgeschnitten wird
J_segment	J-Kette (Verbindungskette) zwischen den leichten und den schweren Immunglobulinketten und den Alpha-, Beta- und Gamma-Ketten der T-Zell-Rezeptoren
LTR	lange, sich an den beiden Enden einer gegebenen Sequenz direkt wiederholende Sequenz, wie sie für Retroviren typisch ist
mat_peptide	für ein reifes Peptid oder Protein codierende Sequenz; Sequenz, die für das reife oder endgültige Peptid- oder Proteinprodukt im Anschluss an eine posttranslationale Modifizierung codiert; schließt im Gegensatz zur entsprechenden CDS das Stopcodon nicht ein
misc_binding	Stelle in einer Nucleinsäure, die einen anderen Teil, der nicht durch einen anderen Bindungsschlüssel (primer_bind oder protein_bind) beschrieben werden kann, kovalent oder nicht kovalent bindet
misc_difference	die Merkmalsequenz unterscheidet sich von der im Eintrag und kann nicht durch einen anderen Unterscheidungsschlüssel (conflict, unsure, old_sequence, mutation, variation, allele bzw. modified_base) beschrieben werden
misc_feature	biologisch signifikante Region, die nicht durch einen anderen Merkmalschlüssel beschrieben werden kann; neues oder seltenes Merkmal
misc_recomb	Stelle, an der ein allgemeiner, ortsspezifischer oder replikativer Rekombinationsvorgang stattfindet, bei dem die DNA-Doppelhelix aufgebrochen und wieder zusammengefügt wird, und die nicht durch andere Rekombinationsschlüssel (iDNA oder Virion) oder den betreffenden Herkunftsschlüssel (/insertions_seq, /transposon, /proviral) beschrieben werden kann
misc_RNA	Transkript oder RNA-Produkt, das nicht durch andere RNA-Schlüssel (prim_transcript, precursor_RNA, mRNA, 5'clip, 3'clip, 5'UTR, 3'UTR, exon, CDS, sig_peptide, transit_peptide, mat_peptide, intron, polyA_site, rRNA, tRNA, scRNA oder snRNA) beschrieben werden kann
misc_signal	Region, die ein Signal enthält, das die Genfunktion oder -expression steuert oder ändert, und die nicht durch andere Signalschlüssel (promoter, CAAT_signal, TATA_signal, -35_signal, -10_signal, GC_signal, RBS, polyA_signal, enhancer, attenuator, terminator oder rep_origin) beschrieben werden kann
misc_structure	Sekundär-, Tertiär- oder sonstige Struktur oder Konformation, die nicht durch andere Strukturschlüssel (stem_loop oder D-loop) beschrieben werden kann
modified_base	das angegebene Nucleotid ist ein modifiziertes Nucleotid und ist durch das angegebene Molekül (ausgedrückt durch die modifizierte Base) zu ersetzen
mRNA	messenger-RNA (Boten-RNA); enthält eine 5'-nichttranslatierte Region (5'UTR), codierende Sequenzen (CDS, Exon) und eine 3'-nichttranslatierte Region (3'UTR)
mutation	ein verwandter Stamm weist an dieser Stelle eine plötzliche, erbliche Sequenzveränderung auf

Tabelle 5 Liste der Merkmalschlüssel zu Nucleotidsequenzen	
Schlüssel	Beschreibung
N_region	zusätzliche Nucleotide, die zwischen neu geordnete Immunglobulinabschnitte eingefügt werden
old_sequence	die vorliegende Sequenz stellt eine geänderte Version der früher an dieser Stelle befindlichen Sequenz dar
polyA_signal	Erkennungsregion, die zur Endonuclease-Spaltung eines RNA-Transkripts mit anschließender Polyadenylierung nötig ist; Konsensussequenz: AATAAA
polyA_site	Stelle auf einem RNA-Transkript, an der durch posttranslationale Polyadenylierung Adeninreste eingefügt werden
precursor_RNA	noch nicht gereifte RNA-Spezies; kann eine am 5′-Ende abzuschneidende Region (5′Clip), eine 5′-nichttranslatierte Region (5′UTR), codierende Sequenzen (CDS, Exon), intervenierende Sequenzen (Intron), eine 3′-nichttranslatierte Region (3′UTR) und eine am 3′-Ende abzuschneidende Region (3′Clip) enthalten
prim_transcript	primäres (ursprüngliches, nicht prozessiertes) Transkript; enthält eine am 5′-Ende abzuschneidende Region (5′Clip), eine 5′-nicht-translatierte Region (5′UTR), codierende Sequenzen (CDS, Exon), intervenierende Sequenzen (Intron), eine 3′-nicht-translatierte Region (3′UTR) und eine am 3′-Ende abzuschneidende Region (3′Clip)
primer_bind	nichtkovalente Primer-Bindungsstelle für die Initiierung der Replikation, Transkription oder reversen Transkription; enthält eine oder mehrere Stellen für synthetische Elemente, z. B. PCR-Primerelemente
promoter	Region auf einem DNA-Molekül, die an der Bindung der RNA-Polymerase beteiligt ist, die die Transkription initiiert
protein_bind	nichtkovalente Protein-Bindungsstelle auf der Nucleinsäure
RBS	ribosomale Bindungsstelle
repeat_region	Genomregion mit repetitiven Einheiten
repeat_unit	einzelnes Repeat (repetitive Einheit)
rep_origin	Replikationsursprung; Startpunkt der Duplikation der Nucleinsäure, durch die zwei identische Kopien entstehen
rRNA	reife ribosomale RNA; RNA-Komplex des Ribonucleoprotein-Partikels (Ribosom), der Aminosäuren zu Proteinen zusammenfügt
S_region	Switch-Region der schweren Immunglobulinketten; beteiligt am Umbau der DNA von schweren Ketten, der zur Expression einer anderen Immunglobulin-Klasse aus derselben B-Zelle führt
satellite	viele tandemartig hintereinander geschaltete (identische oder verwandte) Repeats einer kurzen grundlegenden repetitiven Einheit; viele davon unterscheiden sich in der Basenzusammensetzung oder einer anderen Eigenschaft vom Genomdurchschnitt und können so von der Hauptmasse der genomischen DNA abgetrennt werden
scRNA	kleine cytoplasmische RNA; eines von mehreren kleinen cytoplasmischen RNA-Molekülen im Cytoplasma und (manchmal) im Zellkern eines Eukaryonten
sig_peptide	für ein Signalpeptid codierende Sequenz; Sequenz, die für eine N-terminale Domäne eines sekretorischen Proteins codiert; diese Domäne spielt bei der Anheftung des nascierenden Polypeptids an die Membran eine Rolle; Leader-Sequenz
snRNA	kleine Kern-RNA; eine der vielen kleinen RNA-Formen, die nur im Zellkern vorkommen; einige der snRNAs spielen beim Spleißen oder bei anderen RNA-verarbeitenden Reaktionen eine Rolle
source	bezeichnet die biologische Herkunft des genannten Sequenzabschnitts; die Angabe dieses Schlüssels ist obligatorisch; jeder Eintrag muss mindestens einen Herkunftsschlüssel aufweisen, der die gesamte Sequenz umfasst; es dürfen zu jeder Sequenz auch mehrere Herkunftsschlüssel angegeben werden
stem_loop	Haarnadelschleife; eine Doppelhelix-Region, die durch Basenpaarung zwischen benachbarten (invertierten) komplementären Sequenzen in einem RNA- oder DNA-Einzelstrang entsteht

Tabelle 5 Liste der Merkmalschlüssel zu Nucleotidsequenzen	
Schlüssel	Beschreibung
STS	Sequence Tagged Site; kurze, nur als Einzelkopie vorkommende DNA-Sequenz, die einen Kartierungspunkt auf dem Genom bezeichnet und durch PCR ermittelt werden kann; eine Region auf dem Genom kann durch Bestimmung der Reihenfolge der STSs kartiert werden
TATA_signal	TATA-Box; Goldberg-Hogness-Box; ein konserviertes AT-reiches Septamer, das sich rund 25 Basenpaare vor dem Startpunkt jeder eukaryontischen RNA-Polymerase-II-Transkriptionseinheit befindet und bei der Positionierung des Enzyms für eine korrekte Initiation eine Rolle spielen kann; Konsensussequenz = TATA (A oder T) A (A oder T)
terminator	DNA-Sequenz, die entweder am Ende des Transkripts oder neben einer Promotor-Region liegt und bewirkt, dass die RNA-Polymerase die Transkription beendet; kann auch die Bindungsstelle eines Repressor-Proteins sein
transit_peptide	für Transitpeptid codierende Sequenz; Sequenz, die für eine N-terminale Domäne eines im Zellkern codierten Organellen-Proteins codiert; diese Domäne ist an der posttranslationalen Einschleusung des Proteins in die Organelle beteiligt
tRNA	reife transfer-RNA, ein kleines RNA-Molekül (75–85 Basen lang), das die Translation einer Nucleinsäure-Sequenz in eine Aminosäure-Sequenz vermittelt
unsure	der Autor kennt die Sequenz in dieser Region nicht genau
V_region	variable Region der leichten und schweren Immunglobulinketten sowie der Alpha-, Beta- und Gamma-Ketten von T-Zell-Rezeptoren; codiert für das variable Aminoende; kann aus V-, D-, N- und J-Abschnitten bestehen
V_segment	variabler Abschnitt der leichten und schweren Immunglobulinketten sowie der Alpha-, Beta- und Gamma-Ketten von T-Zell-Rezeptoren; codiert für den Großteil der variablen Region (V_region) und die letzten Aminosäuren des Leader-Peptids
variation	ein verwandter Stamm enthält stabile Mutationen desselben Gens (z. B. RFLPs, Polymorphismen usw.), die sich an dieser (und möglicherweise auch an anderer) Stelle von der vorliegenden Sequenz unterscheiden
3′clip	3′-äußerste Region eines Precursor-Transkripts, die bei der Prozessierung abgeschnitten wird
3′UTR	Region am 3′-Ende eines reifen Transkripts (nach dem Stopcodon), die nicht in ein Protein translatiert wird
5′clip	5′-äußerste Region eines Precursor-Transkripts, die bei der Prozessierung abgeschnitten wird
5′UTR	Region am 5′-Ende eines reifen Transkripts (vor dem Initiationscodon), die nicht in ein Protein translatiert wird
-10_signal	Pribnow-Box; konservierte Region rund 10 Basenpaare stromaufwärts vom Startpunkt der bakteriellen Transkriptionseinheiten, die bei der Bindung der RNA-Polymerase eine Rolle spielt; Konsensussequenz = TAtAaT
-35_signal	konserviertes Hexamer rund 35 Basenpaare stromaufwärts vom Startpunkt der bakteriellen Transkriptionseinheiten; Konsensussequenz = TTGACa oder TGTTGACA

Tabelle 6 Liste der Merkmalschlüssel zu Proteinsequenzen	
Schlüssel	Beschreibung
CONFLICT	in den einzelnen Unterlagen ist von verschiedenen Sequenzen die Rede
VARIANT	den Angaben der Autoren zufolge gibt es Sequenzvarianten
VARSPLIC	Beschreibung von Sequenzvarianten, die durch alternatives Spleißen entstanden sind
MUTAGEN	experimentell veränderte Stelle
MOD_RES	posttranslationale Modifikation eines Rests
ACETYLATION	N-terminale oder sonstige

Tabelle 6 Liste der Merkmalschlüssel zu Proteinsequenzen	
Schlüssel	Beschreibung
AMIDATION	in der Regel am C-Terminus eines reifen aktiven Peptids
BLOCKED	unbestimmte Gruppe, die das N- oder C-terminale Ende blockiert
FORMYLATION	des N-terminalen Methionin
GAMMA-CAR-BOXYGLUTAMIC ACID HYDROXY-LATION	von Asparagin, Asparaginsäure, Prolin oder Lysin
METHYLATION	in der Regel von Lysin oder Arginin
PHOSPORYLA-TION	von Serin, Threonin, Tyrosin, Asparaginsäure oder Histidin
PYRROLIDONE CARBOXYLIC ACID	N-terminales Glutamat, das ein internes cyclisches Lactam gebildet hat
SULFATATION	in der Regel von Tyrosin
LIPID	kovalente Bindung eines Lipidanteils
MYRISTATE	Myristat-Gruppe, die durch eine Amidbindung an den N-terminalen Glycin-Rest der reifen Form eines Proteins oder an einen internen Lysin-Rest gebunden ist
PALMITATE	Palmitat-Gruppe, die durch eine Thioetherbindung an einen Cystein-Rest oder durch eine Esterbindung an einen Serin- oder Threonin-Rest gebunden ist
FARNESYL	Farnesyl-Gruppe, die durch eine Thioetherbindung an einen Cystein-Rest gebunden ist
GERANYL-GERANYL	Geranyl-geranyl-Gruppe, die durch eine Thioetherbindung an einen Cystein-Rest gebunden ist
GPI-ANCHOR	Glykosyl-phosphatidylinositol-(GPI)Gruppe, die an die alpha-Carboxylgruppe des C-terminalen Rests der reifen Form eines Proteins gebunden ist
N-ACYL DIGLYCE-RIDE	N-terminales Cystein der reifen Form eines prokaryontischen Lipoproteins mit einer amidgebundenen Fettsäure und einer Glyceryl-Gruppe, an die durch Esterbindungen zwei Fettsäuren gebunden sind
DISULFID	Disulfidbindung; den „VON"- und den „BIS"-Endpunkt bilden die beiden Reste, die durch eine ketteninterne Disulfidbindung verbunden sind; sind der „VON"- und der „BIS"-Endpunkt identisch, ist die Disulfidbindung kettenübergreifend, und die Art der Quervernetzung ist im Beschreibungsfeld anzugeben
THIOLEST	Thiolesterbindung; den „VON"- und den „BIS"-Endpunkt bilden die beiden Reste, die durch die Thiolesterbindung verbunden sind
THIOETH	Thioetherbindung; den „VON"- und den „BIS"-Endpunkt bilden die beiden Reste, die durch die Thioetherbindung verbunden sind
CARBOHYD	Glykosylierungs-Stelle; die Art des Kohlenhydrats (sofern bekannt) ist im Beschreibungsfeld anzugeben
METAL	Bindungsstelle für ein Metallion; die Art des Metalls ist im Beschreibungsfeld anzugeben
BINDING	Bindungsstelle für eine beliebige chemische Gruppe (Coenzym, prosthetische Gruppe usw.); die Art der Gruppe ist im Beschreibungsfeld anzugeben
SIGNAL	Bereich einer Signalsequenz (Präpeptid)
TRANSIT	Bereich eines Transit-Peptids (mitochondriales, chloroplastidäres oder für Microbodies)
PROPEP	Bereich eines Propeptids
CHAIN	Bereich einer Polypeptid-Kette im reifen Protein

Tabelle 6 Liste der Merkmalschlüssel zu Proteinsequenzen	
Schlüssel	Beschreibung
PEPTIDE	Bereich eines freigesetzten aktiven Peptids
DOMAIN	Bereich einer wichtigen Domäne auf der Sequenz; die Art dieser Domäne ist im Beschreibungsfeld anzugeben
CA_BIND	Bereich einer Calcium-bindenden Region
DNA_BIND	Bereich einer DNA-bindenden Region
NP_BIND	Bereich einer Nucleotidphosphat-bindenden Region; die Art des Nucleotidphosphats ist im Beschreibungsfeld anzugeben
TRANSMEM	Bereich einer Transmembran-Region
ZN_FING	Bereich einer Zink-Finger-Region
SIMILAR	Grad der Ähnlichkeit mit einer anderen Proteinsequenz; im Beschreibungsfeld sind genaue Angaben über diese Sequenz zu machen
REPEAT	Bereich einer internen Sequenzwiederholung
HELIX	Sekundärstruktur: Helices, z. B. Alpha-Helix, 3(10)-Helix oder Pi-Helix
STRAND	Sekundärstruktur: Beta-Strang, z. B. durch Wasserstoff-Brückenbindungen stabilisierter Beta-Strang, oder Rest in einer isolierten Beta-Brücke
TURN	Sekundärstruktur: Schleife, z. B. durch Wasserstoff-Brückenbindungen stabilisierte Schleife (3-, 4- oder 5-Schleife)
ACT_SITE	Aminosäure(n), die bei der Aktivität eines Enzyms mitwirkt (mitwirken)
SITE	irgendeine andere wichtige Stelle auf der Sequenz
INIT_MET	die Sequenz beginnt bekanntermaßen mit einem Start-Methionin
NON_TER	der Rest am Sequenzanfang oder -ende ist nicht der Terminalrest; steht er an der Position 1, so bedeutet das, dass diese nicht der N-Terminus des vollständigen Moleküls ist; steht er an letzter Position, so ist diese Position nicht der C-Terminus des vollständigen Moleküls; für diesen Schlüssel gibt es kein Beschreibungsfeld
NON_CONS	nicht aufeinander folgende Reste; zeigt an, dass zwei Reste in einer Sequenz nicht aufeinander folgen, sondern dass zwischen ihnen einige nichtsequenzierte Reste liegen
UNSURE	Unsicherheiten in der Sequenz; mit diesem Schlüssel werden Regionen einer Sequenz beschrieben, bei der sich der Autor bezüglich der Sequenzzuweisung nicht sicher ist

Beispiel:
(nicht abgedruckt)

Anlage 2
(zu § 12)

Standards für die Einreichung von Zeichnungen

A. Schriftliche Einreichung

1. Die Zeichnungen sind auf Blättern mit folgenden Mindesträndern auszuführen:

Oberer Rand:	2,5 cm
linker Seitenrand:	2,5 cm
rechter Seitenrand:	1,5 cm
unterer Rand:	1 cm.

Die für die Abbildungen benutzte Fläche darf 26,2 cm × 17 cm nicht überschreiten; bei der Zeichnung der Zusammenfassung kann sie auch 8,1 cm × 9,4 cm im Hochformat oder 17,4 cm × 4,5 cm im Querformat betragen.

2. Die Zeichnungen sind mit ausreichendem Kontrast, in dauerhaften, schwarzen, ausreichend festen und dunklen, in sich gleichmäßigen und scharf begrenzten Linien und Strichen ohne Farben auszuführen.
3. Zur Darstellung der Erfindung können neben Ansichten und Schnittzeichnungen auch perspektivische Ansichten oder Explosionsdarstellungen verwendet werden. Querschnitte sind durch Schraffierungen kenntlich zu machen, die die Erkennbarkeit der Bezugszeichen und Führungslinien nicht beeinträchtigen dürfen.
4. Der Maßstab der Zeichnungen und die Klarheit der zeichnerischen Ausführung müssen gewährleisten, dass nach elektronischer Erfassung (scannen) auch bei Verkleinerungen auf zwei Drittel alle Einzelheiten noch ohne Schwierigkeiten erkennbar sind. Wird der Maßstab in Ausnahmefällen auf der Zeichnung angegeben, so ist er zeichnerisch darzustellen.
5. Die Linien der Zeichnungen sollen nicht freihändig, sondern mit Zeichengeräten gezogen werden. Die für die Zeichnungen verwendeten Ziffern und Buchstaben müssen mindestens 0,32 cm hoch sein. Für die Beschriftung der Zeichnungen sind lateinische und, soweit üblich, griechische Buchstaben zu verwenden.
6. Ein Zeichnungsblatt kann mehrere Abbildungen enthalten. Die einzelnen Abbildungen sind ohne Platzverschwendung, aber eindeutig voneinander getrennt und vorzugsweise im Hochformat anzuordnen und mit arabischen Ziffern fortlaufend zu nummerieren. Den Stand der Technik betreffende Zeichnungen, die dem Verständnis der Erfindung dienen, sind zulässig; sie müssen jedoch deutlich mit dem Vermerk „Stand der Technik" gekennzeichnet sein. Bilden Abbildungen auf zwei oder mehr Blättern eine zusammenhängende Figur, so sind die Abbildungen auf den einzelnen Blättern so anzuordnen, dass die vollständige Figur ohne Verdeckung einzelner Teile zusammengesetzt werden kann. Alle Teile einer Figur sind im gleichen Maßstab darzustellen, sofern nicht die Verwendung unterschiedlicher Maßstäbe für die Übersichtlichkeit der Figur unerlässlich ist.
7. Bezugszeichen dürfen in den Zeichnungen nur insoweit verwendet werden, als sie in der Beschreibung und gegebenenfalls in den Patentansprüchen aufgeführt sind und umgekehrt. Entsprechendes gilt für die Zusammenfassung und deren Zeichnung.
8. Die Zeichnungen dürfen keine Erläuterungen enthalten; ausgenommen sind kurze unentbehrliche Angaben wie „Wasser", „Dampf", „offen", „zu", „Schnitt nach A-B" sowie in elektrischen Schaltplänen und Blockschaltbildern oder Flussdiagrammen kurze Stichworte, die für das Verständnis unentbehrlich sind.

B. Einreichung in elektronischer Form

9. Folgende Formate für Bilddateien sind bei einer elektronischen Patentanmeldung beim Deutschen Patent- und Markenamt zulässig:

Grafikformat	Kompression	Farbtiefe	Beschreibung
TIFF	keine oder LZW oder FAX Group 4	1 bit/p oder (Schwarzweiß)	Maximale Größe DIN A4 und Auflösung von 300*300 dpi entsprechend einer Pixelzahl (B*L) von 2480*3508 Pixel
TIFF	keine oder LZW oder FAX Group 4	8 bit/p (256 Graustufen)	Maximale Größe DIN A4 und eine Auflösung von 150*150 dpi entsprechend einer Pixelzahl (B*L) von 1240*1754
JPEG	individuell	24 bit/p	Maximale Größe DIN A4 und eine Auflösung von 150*150 dpi Nur Grauschattierungen werden akzeptiert.
PDF	keine	Nur Schwarzweiß zulässig	Folgende Schriften (Fonts) sind erlaubt: – Times (Serifen-Schrift, proportional) – Helvetica (ohne Serifen, proportional) – Courier – Symbol (Symbole) Farbige Grafiken sind unzulässig. Eine Verwendung von bei PDF-Dateien möglichen Nutzungseinschränkungen auf Dateiebene durch kryptographische Mittel (Verschlüsselung, Deaktivierung der Druckmöglichkeit) ist nicht zulässig.

3. Richtlinien für die Prüfung von Patentanmeldungen (Prüfungsrichtlinien)

Vom 1. März 2004

(MittPräsDPMA Nr. 6/2004 vom 28. Januar 2004, BlPMZ 2004, S. 69)

Inhaltsverzeichnis

1. Vorbemerkung

Diese Richtlinien treten an die Stelle der Richtlinien vom 2. Juni 1995 (BlPMZ 1995, 269).

Die Richtlinien dienen dazu, eine einheitliche und zügige Prüfung der Patentanmeldungen zu gewährleisten (siehe auch § 12 der Verordnung über das Deutsche Patent- und Markenamt – DPMAV): Die Gleichbehandlung aller Anmelder ist ein rechtsstaatliches Gebot. Daher sind alle Prüfer gehalten, die Prüfung der Patentanmeldungen gemäß den nachstehenden Richtlinien durchzuführen. Selbstverständlich sind Gesetzesänderungen und die Weiterentwicklung der Rechtsprechung sowie die Besonderheiten des Einzelfalles zu berücksichtigen.

Die Veröffentlichung der Richtlinien dient dazu, die Anmelder über die Arbeitsweise der Prüfer zu unterrichten.

Die Qualität der Patentprüfung hängt auch von der Mitwirkung der Anmelder ab. So führen unübersichtliche und uneinheitliche Unterlagen zu Verzögerungen der Bearbeitung und zu unerwünschten Ergebnissen (vgl. auch Abschnitt 3.3.3.4.).

2. Erfordernisse der Anmeldung, Offensichtlichkeitsprüfung

2.1. Anmeldetag, Mindesterfordernisse (§§ 34, 35 PatG)

Anmeldetag der Patentanmeldung ist der Tag, an dem die Unterlagen nach § 34 Abs. 3 Nr. 1 und 2 PatG und, soweit sie jedenfalls Angaben enthalten, die dem Anschein nach als Beschreibung anzusehen sind, nach § 34 Abs. 3 Nr. 4 PatG

1. beim Deutschen Patent- und Markenamt oder
2. bei einem Patentinformationszentrum, wenn diese Stelle durch Bekanntmachung des Bundesministeriums der Justiz im Bundesgesetzblatt dazu bestimmt ist,

eingegangen sind (§ 35 Abs. 2 Satz 1 PatG).

Sind die Unterlagen nicht in deutscher Sprache abgefasst, so gilt dies nur, wenn die deutsche Übersetzung innerhalb der Frist nach § 35 Abs. 1 Satz 1 PatG beim Deutschen Patent- und Markenamt eingegangen ist; andernfalls gilt die Anmeldung als nicht erfolgt.

Die Übersetzung muss beglaubigt sein (vgl. § 14 der Patentverordnung – PatV – vom 1. September 2003, BGBl. I S. 1702, BlPMZ 2003, S. 322).

Reicht der Anmelder auf eine Aufforderung nach § 35 Abs. 1 Satz 2 PatG oder auf eigene Initiative fehlende Zeichnungen nach, so wird der Tag des Eingangs der Zeichnungen beim Deutschen Patent- und Markenamt zum Anmeldetag; andernfalls gilt jede Bezugnahme auf Zeichnungen als nicht erfolgt.

Gemäß § 34 Abs. 3 Nr. 1, 2 und 4 PatG muss die Anmeldung enthalten:

- den Namen des Anmelders,
- einen Antrag auf Erteilung des Patents, in dem die Erfindung kurz und genau bezeichnet ist und
- eine Beschreibung der Erfindung.

Sind die in § 35 Abs. 2 PatG genannten Mindesterfordernisse erfüllt, liegt eine rechtswirksame Patentanmeldung vor. Werden diese Anforderungen nacheinander erfüllt, so liegt eine wirksame Anmeldung erst dann vor, wenn die letzte Anforderung erfüllt ist. Werden die Mindesterfordernisse nicht erfüllt, so ist für eine Zurückweisung einer derartigen „Anmeldung" kein Raum. Vielmehr ist nach Gewährung des rechtlichen Gehörs durch Beschluss festzustellen, dass die Eingabe keine rechtswirksame Patentanmeldung ist (vgl. BPatGE 26, 198).

2.2. Offensichtlichkeitsprüfung (§ 42 PatG)

Ist eine rechtswirksame Anmeldung eingegangen (vgl. Abschnitt 2.1.) und genügt diese offensichtlich nicht den Anforderungen der §§ 34, 36, 38 PatG, fordert die Prüfungsstelle den Anmelder auf, die Mängel innerhalb einer bestimmten Frist zu beseitigen (§ 42 Abs. 1 Satz 1 PatG). Liegt lediglich ein Verstoß gegen Bestimmungen der PatV vor, kann die Prüfungsstelle bis zum Beginn des Prüfungsverfahrens (§ 44 PatG) von der Beanstandung der Mängel absehen (§ 42 Abs. 1 Satz 2 PatG).

Ist offensichtlich, dass der Gegenstand der Anmeldung

a) seinem Wesen nach keine Erfindung ist,
b) nicht gewerblich anwendbar ist,
c) nach § 2 PatG von der Patenterteilung ausgeschlossen ist, oder
d) im Falle des § 16 Abs. 1 Satz 2 PatG (Zusatzpatent) eine Verbesserung oder weitere Ausbildung der anderen Erfindung nicht bezweckt,

benachrichtigt die Prüfungsstelle den Anmelder hiervon unter Angabe der Gründe und fordert ihn auf, sich innerhalb einer bestimmten Frist zu äußern (§ 42 Abs. 2 PatG). Das Gleiche gilt, wenn im Falle des § 16 Abs. 1 Satz 2 PatG die Zusatzanmeldung nicht innerhalb der vorgesehenen Frist eingereicht worden ist.

Die Prüfungsstelle weist die Anmeldung zurück (§ 42 Abs. 3 Satz 1 PatG), wenn

- die von ihr gerügten Mängel nicht beseitigt werden oder
- die Anmeldung aufrechterhalten wird, obgleich eine patentfähige Erfindung offensichtlich nicht vorliegt (§ 42 Abs. 2 Satz 1 Nr. 1 bis 3 PatG), oder
- die Voraussetzungen für ein Zusatzpatent offensichtlich nicht gegeben sind (§ 16 Abs. 1 Satz 2 i. V. m. § 42 Abs. 2 Nr. 4 PatG).

2.3. Zuständigkeit

Die Prüfung der Anmeldung auf offensichtliche formelle Mängel obliegt, soweit nichts anderes bestimmt ist, den Sachbearbeitern des gehobenen und mittleren Dienstes nach Maßgabe der Wahrnehmungsverordnung. Die Offensichtlichkeitsprüfung auf materiellrechtliche Mängel nach § 42 Abs. 2 PatG sowie auf unzureichende Offenbarung (§ 34 Abs. 4 PatG), mangelnde Einheitlichkeit (§ 34 Abs. 5 PatG) und unzulässige Erweiterung (§ 38 PatG), wird ausschließlich von den fachlich zuständigen Prüfern durchgeführt.

2.4. Offensichtlichkeit

Bei der Prüfung nach § 42 Abs. 1 und 2 PatG sind nur Mängel zu rügen, die offensichtlich sind. Offensichtlich ist ein Mangel dann, wenn der Prüfer ihn bei der Durchsicht der Unterlagen anhand seiner Sach- und Fachkenntnisse zweifelsfrei erkennen kann, ohne z. B. zusätzliche Ermittlungen und Nachforschungen anzustellen. Der Mangel muss so deutlich erkennbar sein, dass die Bejahung eines Mangels allenfalls einer kurzen Begründung bedarf (vgl. BGH in BlPMZ 1971, 371, 373 – Isomerisierung –).

Ist für den Prüfer der Mangel nicht zweifelsfrei oder erst nach längerem Studium der Unterlagen erkennbar, ist dies ein Indiz dafür, dass der Mangel nicht offensichtlich im Sinne von § 42 PatG ist. Rechtliche Mängel können in der Regel nur dann im Rahmen der Offensichtlichkeitsprüfung beanstandet werden, wenn dazu gesicherte Rechtsprechung vorliegt.

Die Offensichtlichkeitsprüfung der Zusammenfassung erstreckt sich nur auf die in § 36 Abs. 2 PatG und in der PatV bestimmten Formerfordernisse.

2.5. Formelle Mängel

Formelle Mängel, die im Rahmen der Offensichtlichkeitsprüfung beanstandet werden können, liegen insbesondere vor, wenn

a) der Patenterteilungsantrag unvollständig ist oder vom Inhalt der Vollmacht abweicht,
b) zweifelhaft ist, ob das Patent für den Anmelder unter seiner Firma oder unter seinem bürgerlichen Namen beantragt wird,
c) bei mehreren Anmeldern ohne gemeinsamen Vertreter ein Zustellungsbevollmächtigter nicht benannt ist oder die Unterschrift sämtlicher Mitanmelder nicht vorliegt,
d) Teile der Anmeldungsunterlagen (Patentansprüche, Beschreibung, ggf. Zeichnungen sowie die Zusammenfassung – Text und ggf. Zeichnung –) nach §§ 34 bis 36 PatG fehlen,
e) die Vollmachtsurkunde für den oder die im Antrag angegebenen Vertreter unvollständig ist oder fehlt, sofern es sich um keine anwaltlichen Vertreter im Sinne von § 18 Abs. 3 DPMAV handelt [Neu: § 15 Abs. 4],
f) bei Anmeldern, die im Inland weder Wohnsitz noch Niederlassung haben, eine eingereichte Vollmachtsurkunde nicht den Erfordernissen des § 25 PatG entspricht,
g) die Bezeichnung der Erfindung (§ 34 Abs. 3 Nr. 2 PatG) nicht kurz und genau ist, oder
h) die Erfinderbenennung (§ 37 PatG) fehlt oder unvollständig ist.

2.5.1. Erfinderbenennung

Die Erfinderbenennung ist innerhalb von 15 Monaten nach dem Anmeldetag oder, sofern für die Anmeldung ein Prioritätstag in Anspruch genommen wird, innerhalb von 15 Monaten nach diesem Tag einzureichen. Macht der Anmelder glaubhaft, dass er durch außergewöhnliche Umstände gehindert ist, diese Erklärung rechtzeitig abzugeben, so ist ihm eine angemessene Fristverlängerung zu gewähren (§ 37 Abs. 2 PatG).

Hat sich der Anmelder als alleiniger Erfinder benannt, so muss die Erklärung nicht auf einem gesonderten Schriftstück eingereicht werden, es sei denn, ein Antrag auf Nichtnennung wird gestellt (vgl. BPatG in BlPMZ 1979, 181).

2.5.2. Anmeldegebühr

Mit der Anmeldung ist eine Gebühr nach dem Patentkostengesetz zu zahlen (§ 2 Abs. 1 PatKostG). Wird die Gebühr nicht innerhalb von drei Monaten ab Einreichung der Anmeldung bezahlt, so gilt die Anmeldung als zurückgenommen (§§ 3, 6 PatKostG).

2.5.3. Verstöße gegen die PatV

Verstöße gegen die PatV sind nur zu rügen, wenn sie den Druck der Offenlegungsschrift behindern oder unmöglich machen. Das ist insbesondere der Fall, wenn sich die Unterlagen infolge mangelhafter Qualität als Druckvorlage nicht eignen, bzw. die Vorschriften über das Format oder die weiteren in den §§ 5, 6, 11, 12, 13 und 15 PatV genannten Anforderungen nicht eingehalten sind. Im Interesse der Öffentlichkeit ist an die Qualität der Unterlagen, insbesondere an ihre Lesbarkeit, ein strenger Maßstab anzulegen.

2.5.4. Mängel bei Patentansprüchen und Beschreibung

Hinsichtlich des Inhalts und Aufbaus der Patentansprüche und der Beschreibung sind bei der Offensichtlichkeitsprüfung nur schwerwiegende Mängel zu beanstanden (ansonsten siehe Abschnitt 3.3.3.6.).

2.6. Erfordernisse gemäß § 42 Abs. 2 PatG

2.6.1. Dem Patentschutz nicht zugängliche Anmeldungsgegenstände

Der Gegenstand einer Anmeldung ist nur dann seinem Wesen nach eine Erfindung, wenn er auf einem Gebiet der Technik liegt. Hierzu wird auf die Abschnitte 3.3.3.2.1. und 4.3. verwiesen.

Erfüllt ein Gegenstand diese Voraussetzung offensichtlich nicht oder handelt es sich offensichtlich um einen der in § 1 Abs. 2 und 3 PatG genannten Gegenstände, ist die Anmeldung zu beanstanden.

Hingegen werden in der Offensichtlichkeitsprüfung Neuheit und erfinderische Tätigkeit nicht geprüft.

2.6.2. Gewerbliche Anwendbarkeit (§ 5 PatG)

Zur gewerblichen Anwendbarkeit wird auf Abschnitt 3.3.3.2.4. verwiesen. Auch das Fehlen der gewerblichen Anwendbarkeit muss sich bei der Offensichtlichkeitsprüfung ohne Zweifel und weitere Nachforschungen aus den Anmeldeunterlagen ergeben.

So können in der Offensichtlichkeitsprüfung rein medizinische Heil- oder Diagnoseverfahren beanstandet werden, für die zweifelsfrei keine andere Verwendung in Frage kommt.

2.6.3. Patentierungsverbote (§ 2 PatG)

Patentierungsverbote bestehen für Erfindungen, deren Veröffentlichung oder Verwertung gegen die öffentliche Ordnung oder die guten Sitten verstoßen, und für Pflanzensorten oder Tierarten sowie für im Wesentlichen biologische Verfahren zur Züchtung von Pflanzen und Tieren.

Zu beachten ist hierbei, dass sich der Gesetzeswortlaut an Art. 4^{quater} Pariser Verbandsübereinkunft (PVÜ) anlehnt. Danach kann die Erteilung eines Patents nicht deswegen verweigert werden, weil der Vertrieb des patentierten Erzeugnisses oder des Erzeugnisses, das das Ergebnis eines patentierten Verfahrens ist, Beschränkungen durch die nationale Gesetzgebung unterworfen ist.

Wenn aber die die einzig mögliche Veröffentlichung oder Verwertung einen Verstoß gegen die öffentliche Ordnung oder die guten Sitten bedeuten würde, wirken sich gesetzliche Herstellungs- und Verwertungsverbote (z.B. im Gesetz über die Kontrolle von Kriegswaffen – BGBl. I 1990, 2507 – oder im Gesetz zum Schutze von Embryonen – BGBl. I 1990, 2746 – oder lebensmittelrechtliche Vorschriften) patenthindernd aus.

2.6.4. Zusatzanmeldungen

Wegen der Behandlung von Zusatzanmeldungen wird auf Abschnitt 4.1. verwiesen.

Gemäß § 42 Abs. 2 Satz 2 PatG ist zu prüfen, ob die Zusatzanmeldung innerhalb der vorgesehenen Frist eingereicht worden ist. Dabei ist zunächst festzustellen, ob die Hauptanmeldung oder das Hauptpatent noch in Kraft ist.

Mängel werden im Rahmen der Prüfung nach § 42 Abs. 2 Satz 1 Nr. 4 PatG nur beanstandet, wenn der Gegenstand der Zusatzanmeldung offensichtlich weder eine Verbesserung noch eine weitere Ausbildung des Gegenstandes des Hauptpatents ist. Ein Zusatzpatent kann deshalb nur auf solche Gegenstände erteilt werden, die zusammen mit dem Hauptpatent ebenfalls als einheitliche Erfindung (siehe dazu Abschnitt 2.7 und 3.3.3.4) hätten angemeldet werden können.

2.7. Einheitlichkeit

Wegen des Erfordernisses der Einheitlichkeit wird auf Abschnitt 3.3.3.4. verwiesen.

Die Offensichtlichkeitsprüfung bezweckt in diesem Zusammenhang, dass mehrere Erfindungen, die offensichtlich nichts miteinander zu tun haben, nicht in einer Anmeldung missbräuchlich zusammengefasst werden. Offensichtliche Uneinheitlichkeit ist aber zu verneinen, wenn eine technisch sinnvolle und – vor Berücksichtigung des Standes der Technik – auch einheitliche Aufgabe angegeben werden kann, zu deren Lösung alle Teile der Anmeldung erforderlich oder zumindest dienlich sind (BPatGE 21, 243).

2.8. Abschluss der Offensichtlichkeitsprüfung

Hat der Prüfer keine offensichtlichen Mängel festgestellt, vermerkt er dies in den Akten.

Widerspricht der Anmelder einer Mängelrüge und legt er die Gründe für seine Auffassung dar, soll ein weiterer Bescheid nur in Ausnahmefällen ergehen. Sind die Gründe stichhaltig, ist die Beanstandung fallen zu lassen. Wenn die vom Anmelder dargelegten Gründe nicht überzeugen, ist die Anmeldung mit kurz gehaltener Begründung zurückzuweisen.

Im Rahmen der Offensichtlichkeitsprüfung ist bei einem Schriftwechsel mit dem Anmelder darauf zu achten, dass die abschließende Entscheidung (Zurückweisung der Anmeldung oder Fallenlassen der Beanstandung) spätestens 4 Monate nach dem Anmeldetag ergeht. Dies ist insbesondere in den Fällen erforderlich, in denen eine Priorität in Anspruch genommen wird, um den Druck der Offenlegungsschrift noch mit den berichtigten Unterlagen zu ermöglichen.

Ist der Abschluss der Offensichtlichkeitsprüfung nicht rechtzeitig möglich, wird die Offenlegungsschrift mit unberichtigten Unterlagen gedruckt.

Wegen weiterer Einzelheiten zu den Unterlagen für die Offenlegungsschrift wird auf Abschnitt 4.4. verwiesen.

2.9. Hinweis auf Teilung

Wegen der Möglichkeit der Teilung einer Anmeldung durch den Anmelder wird auf den Abschnitt 3.3.3.5. verwiesen.

2.10. Hinweis auf Prioritätsrechte

Wegen der Möglichkeit der Inanspruchnahme von Prioritätsrechten wird auf den Abschnitt 3.3.3.7. verwiesen.

Die materielle Berechtigung der Inanspruchnahme einer Priorität, sei es einer inländischen oder einer ausländischen Priorität, ist im Rahmen der Offensichtlichkeitsprüfung nicht zu prüfen (vgl. BPatGE 28, 31).

2.11. Fristgewährung

Wegen der Einzelheiten der Fristgewährung wird auf den Abschnitt 3.5. verwiesen.

Bei der Offensichtlichkeitsprüfung nach § 42 PatG kann die Frist für die Erwiderung auf Sachbescheide von vier Monaten auf zwei Monate abgekürzt werden, wenn andernfalls die Offensichtlichkeitsprüfung nicht vor der Offenlegung der Anmeldung abgeschlossen werden kann.

3. Prüfungsverfahren

3.1. Prüfungsantrag (§ 44 PatG)

Das Prüfungsverfahren nach § 44 PatG setzt einen rechtswirksamen Prüfungsantrag voraus (§ 44 Abs. 1 PatG).

Der Prüfungsantrag kann von dem Patentanmelder und jedem Dritten bis zum Ablauf von 7 Jahren nach Einreichung der Anmeldung gestellt werden (§ 44 Abs. 2 PatG). Er setzt eine anhängige Anmeldung voraus und kann auch gleichzeitig mit der Anmeldung gestellt werden. Ist der Antrag von einem Dritten gestellt worden, wird dies dem Anmelder mitgeteilt (§§ 44 Abs. 3 Satz 2, 43 Abs. 3 Satz 2 PatG).

Wer im Inland weder Wohnsitz, Sitz noch Niederlassung hat, kann einen wirksamen Prüfungsantrag nur stellen, wenn er im Inland einen Patentanwalt, einen Rechtsanwalt oder einen gemäß § 178 der Patentanwaltsordnung (PatAnwO) vertretungsberechtigten Erlaubnisscheininhaber als Vertreter bestellt hat (§§ 44 Abs. 3 Satz 2, 43 Abs. 2 Satz 3, 25 Abs. 1 und 3 PatG). Auf die Bestimmungen gemäß § 25 Abs. 2 PatG für Vertreter, die Staatsangehörige eines Mitgliedstaates der Europäischen Union oder eines anderen Vertragsstaates des Abkommens über den Europäischen Wirtschaftsraum sind, wird hingewiesen.

Mit dem Antrag ist eine Gebühr nach dem Patentkostengesetz (PatKostG) zu zahlen. Die Zahlung der Gebühr kann bis zum Ablauf der 7-Jahres-Frist für die Stellung des Prüfungsantrags nachgeholt werden (§ 44 Abs. 2 PatG, §§ 2, 3, 6 PatKostG). Der Prüfungsantrag wird jedoch erst bearbeitet, wenn die Gebühr gezahlt ist (5 Abs. 1 PatKostG).

Ist ein Rechercheantrag nach § 43 PatG vor oder zusammen mit dem Prüfungsantrag gestellt worden, beginnt das Prüfungsverfahren erst nach Erledigung des Rechercheantrags. Sind Anhaltspunkte dafür erkennbar, dass eine gesonderte Recherche nach § 43 PatG nicht gewollt ist, ist dies von der Prüfungsstelle mit dem Anmelder abzuklären.

Wird der Prüfungsantrag für die Anmeldung eines Zusatzpatents gestellt, muss ein Prüfungsantrag auch für die Anmeldung des Hauptpatents gestellt werden. Der Anmelder ist hierzu unter Fristsetzung von einem Monat aufzufordern (§§ 44 Abs. 3 Satz 2, 43 Abs. 2 Satz 4 PatG). Folgt der Anmelder dieser Aufforderung nicht, gilt die Anmeldung des Zusatzpatents ohne weitere Erklärung des Anmelders kraft Gesetzes als Anmeldung eines selbständigen Patents. Der Anmelder ist auch dann zur Stellung des Antrags in der Hauptanmeldung verpflichtet, wenn der Antrag in der Zusatzanmeldung von einem Dritten gestellt ist.

Ist bereits ein Prüfungsantrag eingegangen, so gelten spätere Prüfungsanträge als nicht gestellt.

Ein Dritter, der einen wirksamen Prüfungsantrag gestellt hat, ist am Prüfungsverfahren nicht beteiligt. Er erhält keine Abschriften der Prüfungsbescheide oder Beschlüsse. Er kann jedoch Akteneinsicht verlangen. Der Abschluss des Verfahrens ist ihm mitzuteilen.

Das Prüfungsverfahren wird auch dann fortgesetzt, wenn der Prüfungsantrag zurückgenommen wird (§ 44 Abs. 4 PatG).

3.2. Formelle Behandlung des Prüfungsantrags und der Erwiderungen

Der Prüfungsantrag wird zunächst auf formelle Mängel geprüft. Nach Eingang der Gebühr wird die Akte an die für die Hauptklasse zuständige Prüfungsstelle abgegeben. Diese ist für die sachliche Prüfung der Anmeldung verantwortlich. Sie überprüft die Zuständigkeit sofort nach Eingang der Akte. Ist sie nicht zuständig, so ist unverzüglich die zuständige Prüfungsstelle festzustellen und ihr die Akte zuzuleiten. Die zuständige Prüfungsstelle ergänzt im erforderlichen Umfang die zutreffenden Nebenklassen auf dem dafür vorgesehenen Vordruck. Bei Eingang einer Erwiderung ist in entsprechender Weise zu prüfen, ob die Zuständigkeit bei der bisher zuständigen Prüfungsstelle verbleibt.

Der Prüfungsantrag wird im Patentblatt veröffentlicht.

Erweist sich ein Antrag eines Dritten nach der Mitteilung an den Patentanmelder als unwirksam, sind der Dritte und der Patentanmelder hierüber zu benachrichtigen (§§ 44 Abs. 3 Satz 2, 43 Abs. 6 PatG).

3.3. Sachliche Prüfung

3.3.1. Bearbeitungsreihenfolge

Anmeldungen werden grundsätzlich in der Reihenfolge bearbeitet, die sich aus dem zeitlichen Eingang der Prüfungsanträge ergibt. Auch Erwiderungen werden nach der Reihenfolge ihres Eingang bearbeitet. Aus arbeitsökonomischen Gründen kann es aber zweckmäßig sein, sachlich zusammengehörende Fälle gemeinsam zu bearbeiten und von der üblichen Bearbeitungsreihenfolge abzuweichen.

Anmeldungen und Erwiderungen sollten insbesondere dann bevorzugt bearbeitet werden, wenn

a) die Patenterteilung in Aussicht gestellt wurde und nunmehr unverzüglich beschlossen werden kann;
b) der Anmelder die Beanstandungen nicht oder nicht vollständig beseitigt hat und damit die Zurückweisung geboten erscheint;
c) im vorangegangenen Prüfungsbescheid Mängel aufgezeigt wurden, die eine Patenterteilung nicht zulassen, und nach Lage der Akten sofort erkennbar ist, dass die Darlegungen des Anmelders keinen Grund zur Änderung dieser Auffassung geben.

3.3.2. Beschleunigungsanträge

Auf einen begründeten Beschleunigungsantrag ist ein Verfahren vordringlich zu betreiben, wenn die ansonsten zu erwartende Verfahrensdauer erhebliche Nachteile des Antragstellers möglich erscheinen lässt. Beschleunigungsanträge gelten grundsätzlich nur für die nächste Verfahrenshandlung, jedoch wird das weitere Verfahren dann beschleunigt betrieben, wenn sich dieses Begehren aus dem Beschleunigungsantrag ergibt.

3.3.3. Gegenstand der Prüfung

Die Anmeldung muss den Anforderungen der §§ 34, 37 und 38 PatG genügen und der Gegenstand der Anmeldung muss nach den §§ 1 bis 5 PatG patentfähig sein.

3.3.3.1. Offenbarung der Erfindung (§ 34 Abs. 4 PatG)

Nach § 34 Abs. 4 PatG muss die Erfindung in der Anmeldung so deutlich und vollständig offenbart sein, dass ein Fachmann sie ausführen kann. Die Erfindung (Lehre zum technischen Handeln) kann an jeder Stelle der Anmeldungsunterlagen offenbart sein. Dies gilt aber nicht für die Zusammenfassung, die ausschließlich der technischen Unterrichtung der Öffentlichkeit dient (§ 36 PatG).

Deutlich und vollständig offenbart ist eine Erfindung, wenn der Fachmann unter Einsatz seines Fachwissens in der Lage ist, die die Erfindung bildende Lehre praktisch zu verwirklichen (vgl. BGH in BlPMZ 1984, 246 – Isolierglasscheibenrandfugenfüllvorrichtung –).

Dabei braucht lediglich die entscheidende Richtung angegeben zu werden, in der der Fachmann von sich aus arbeiten kann. Die Erfindung muss also nicht in allen Einzelheiten beschrieben sein. Jedoch dürfen Verallgemeinerungen nicht so weit gehen, dass nur noch aufgabenhafte Mittel zur Lösung des Problems vorhanden sind. Dadurch wird vermieden, dass ein Schutzrecht für alle anderen zu demselben Ziel führenden Wege und Mittel gewährt wird. Dies würde zu einer Behinderung des technischen Fortschritts führen (vgl. BGH in BlPMZ 1985, 28, 29 – Acrylfasern –). Ferner wären Tragweite und rechtlicher Bestand des Schutzrechts unklar.

Für die Frage der Offenbarung der Erfindung ist nicht entscheidend, ob etwas in der Beschreibung gegenüber gleichzeitig offenbarten anderen Lösungen als vorteilhaft, zweckmäßig oder bevorzugt bezeichnet ist. Die besondere Hervorhebung oder Betonung, etwa als Gegenstand einer Ausführungsform oder eines Beispiels, oder die Kennzeichnung als vorteilhaft, zweckmäßig oder bevorzugt, erleichtern lediglich die Erkenntnis, dass das betreffende Merkmal oder die engere Lehre als zu der beanspruchten Erfindung gehörend offenbart ist. Das Fehlen solcher Kriterien schließt hingegen solche Offenbarungen nicht aus (vgl. BGH in BlPMZ 1990, 366 – Crackkatalysator –).

Die Ermittlung des Gesamtinhalts der Erstunterlagen hat mit den Augen des gleichen Fachmanns zu erfolgen, der auch die Patentfähigkeit beurteilt (vgl. BGH in GRUR 1981, 812, 813 – Etikettiermaschine –). Zu prüfen ist, welche Erkenntnisse ihm dadurch objektiv und ohne weiteres vermittelt werden. Außerdem ist zu beachten, dass der Fachmann sich nicht allein an dem Wortlaut der Unterlagen orientiert, sondern im Wesentlichen an dem Zweck, den die Erfindung mit Blick auf die Nachteile des Stands der Technik verfolgt, und an dem Lösungsvorschlag mit seinen einzelnen Elementen.

3.3.3.2. Prüfung der Patentfähigkeit nach §§ 1 bis 5 PatG

Die Erfindung für die ein Patent erteilt werden soll, muss patentfähig sein (vgl. §§ 1 bis 5 PatG). Hierzu ist der Gegenstand des Patentanspruchs (bzw. der Patentansprüche) mit allen ihn beschreibenden Merkmalen zu prüfen, da hierdurch bestimmt wird, was nach den §§ 14, 34 Abs. 3 PatG unter Schutz gestellt werden soll.

3.3.3.2.1. Grundlegende Erfordernisse gemäß §§ 1 bis 5 PatG

Patentschutz wird nur für Erfindungen auf dem Gebiet der Technik gewährt. Dem Patentschutz zugänglich ist eine Lehre zum planmäßigen Handeln unter Einsatz beherrschbarer Naturkräfte zur Erreichung eines kausal übersehbaren Erfolgs (vgl. BGH in BlPMZ 1970, 21 – Rote Taube – und 2000, 276, 278 – Sprachanalyseeinrichtung –). Der „unmittelbare“ Einsatz von beherrschbaren Naturkräften ist für den technischen Charakter einer Lehre nicht zwingend erforderlich (vgl. BGH in BlPMZ 2000, 273, 275 – Logikverifikation –), der Erfolg muss aber die Folge beherrschbarer Naturkräfte sein und nicht einer abwägenden Tätigkeit des menschlichen Geistes.

Von der Patentierbarkeit ausgenommen sind folgende Gegenstände oder Tätigkeiten, die nicht als Erfindungen im Sinne des Patentgesetzes angesehen werden (§ 1 Abs. 2 PatG):

a) Entdeckungen sowie wissenschaftliche Theorien und mathematische Methoden (z.B.: das archimedische Prinzip, Methoden zur Auflösung eines Gleichungssystems);
b) ästhetische Formschöpfungen (z.B. rein dekorative Gestaltungen einer Fläche oder eines Körpers);
c) Pläne, Regeln und Verfahren für gedankliche Tätigkeiten, für Spiele oder für geschäftliche Tätigkeiten (z.B. ein Plan zum Erlernen bestimmter Fähigkeiten, ein Verfahren zur Lösung von Denksportaufgaben oder ein Plan zur Organisation einer kommerziellen Dienstleistung) sowie Programme für Datenverarbeitungsanlagen (siehe dazu im einzelnen Abschnitt 4.3.);
d) Wiedergabe von Informationen (z.B. Literatur, Nachrichteninhalte).

Der Ausschluss für die in a) bis d) genannten Gegenstände oder Tätigkeiten gilt jedoch nur insoweit, als für sie als solche Schutz begehrt wird (§ 1 Abs. 2, 3 PatG), d.h. sie sind nur insoweit vom Patentschutz ausgeschlossen, als sie losgelöst von einer konkreten Umsetzung beansprucht werden. Soweit sie dagegen zur Lösung eines konkreten technischen Problems Verwendung finden, sind sie – in diesem Zusammenhang – grundsätzlich patentfähig (BGH in Mitt. 2001, 553, 555 – Suche fehlerhafter Zeichenketten –).

Zu beachten sind auch die Ausnahmen von der Patentierbarkeit gemäß § 2 PatG, vgl. auch Abschnitte 2.6.3. und 4.2.

3.3.3.2.2. Stand der Technik (§ 3 PatG)

Der Stand der Technik umfasst alle Kenntnisse, die vor dem für den Zeitrang der Anmeldung maßgeblichen Tag durch schriftliche oder mündliche Beschreibung, durch Benutzung oder in sonstiger Weise der Öffentlichkeit zugänglich gemacht worden sind (§ 3 Abs. 1 Satz 2 PatG).

Nach § 3 Abs. 2 PatG gilt als Stand der Technik auch der Inhalt folgender Patentanmeldungen mit älterem Zeitrang, die erst an oder nach dem für den Zeitrang der jüngeren Anmeldung maßgeblichen Tag der Öffentlichkeit zugänglich gemacht worden sind:

a) der nationalen Anmeldungen in der beim Deutschen Patent- und Markenamt ursprünglich eingereichten Fassung;
b) der europäischen Anmeldungen in der bei der zuständigen Behörde ursprünglich eingereichten Fassung, wenn mit der Anmeldung für die Bundesrepublik Deutschland Schutz begehrt wird und die Benennungsgebühr für die Bundesrepublik Deutschland nach Artikel 79 Abs. 2 EPÜ gezahlt ist, es sei denn, dass die europäische Patentanmeldung aus einer internationalen Anmeldung hervorgegangen ist und die in Art. 158 EPÜ genannten Voraussetzungen nicht erfüllt sind;
c) der internationalen Anmeldungen nach dem PCT in der beim Anmeldeamt ursprünglich eingereichten Fassung, wenn für die Anmeldung das Deutsche Patent- und Markenamt Bestimmungsamt ist.

Somit ist der gesamte Offenbarungsgehalt älterer Anmeldungen Stand der Technik. Die Frage, ob und in welchem Umfang auf die ältere Anmeldung ein Patent erteilt wird, ist hierbei ohne Belang.

Außer Betracht bleibt jedoch eine zum Stand der Technik nach § 3 Abs. 1 und 2 PatG gehörende Offenbarung der Erfindung, wenn diese Offenbarung nicht früher als 6 Monate vor Einreichung der Anmeldung erfolgt ist und zurückgeht auf

– einen offensichtlichen Missbrauch zum Nachteil des Anmelders oder seines Rechtsvorgängers (§ 3 Abs. 4 Nr. 1 PatG) oder
– eine Zur-Schau-Stellung der Erfindung durch den Anmelder auf amtlichen oder amtlich anerkannten Ausstellungen (§ 3 Abs. 4 Nr. 2 PatG). Die entsprechenden Ausstellungen werden vom Bundesministerium der Justiz im Bundesgesetzblatt bekannt gemacht (§ 3 Abs. 4 Satz 3 PatG). Der Anmelder muss allerdings bei Einreichung der Anmeldung bereits angeben, dass die Erfindung zur Schau gestellt worden ist und hierüber innerhalb von 4 Monaten nach der Einreichung eine Bescheinigung vorlegen (§ 3 Abs. 4 Satz 2 PatG).

3.3.3.2.3. Neuheit (§ 3 PatG)

Bei der Prüfung auf Neuheit ist der beanspruchte Anmeldungsgegenstand mit dem Stand der Technik einzeln zu vergleichen (vgl. BGH in BlPMZ 1984, 332, 333 – Zinkenkreisel –). Der Anmeldungsgegenstand ist neu, wenn er bei jedem einzelnen Vergleich mindestens ein Merkmal aufweist, das im Stand der Technik fehlt. Maßgebend ist der Gesamtinhalt der jeweiligen Vorveröffentlichung also z.B. der Schrift, des Vortrags oder einer Vorbenutzung. Dabei ist unerheblich, ob etwas beiläufig oder als wesentliche Erkenntnis geäußert wurde. Von Bedeutung ist vielmehr, was der einschlägige Durchschnittsfachmann erkennen konnte.

Maßgeblicher Inhalt einer als Stand der Technik in Betracht zu ziehenden Anmeldung mit älterem Zeitrang ist
– der Inhalt dieser Anmeldung, wenn der ältere Zeitrang bereits aufgrund ihres Anmeldetages besteht,
– dagegen bei einer Anmeldung, deren älterer Zeitrang auf der Inanspruchnahme der Priorität einer Voranmeldung beruht, der Inhalt dieser Anmeldung, aber nur insoweit, als er nicht über den Inhalt der prioritätsbegründenden Voranmeldung hinausgeht (§ 3 Abs. 2 Satz 2 PatG).

Hat die Prüfungsstelle eine Anmeldung mit älterem Zeitrang ermittelt, die noch nicht offengelegt ist, dürfen Inhalt und Aktenzeichen dieser älteren Anmeldung dem Anmelder der jüngeren Anmeldung erst nach ihrer Offenlegung mitgeteilt werden.

Aus dem Stand der Technik bereits bekannte Stoffe können dennoch patentfähig sein, wenn sie zur chirurgischen oder therapeutischen Behandlung von Menschen oder Tieren oder zur Anwendung in einem Diagnostizierverfahren bei Menschen oder Tieren bestimmt sind und ihre Anwendung zu diesem Zweck nicht bekannt war (§ 3 Abs. 3 PatG).

3.3.3.2.4. Erfinderische Tätigkeit (§ 4 PatG)

Die Erfindung muss auf einer erfinderischen Tätigkeit beruhen. Dazu darf sie sich für den Fachmann nicht in naheliegender Weise aus dem Stand der Technik ergeben (§ 4 PatG). Die erfinderische Tätigkeit ist ein wesentlich patentrechtliches Kriterium. Dadurch unterscheidet sich u.a. auch das Patent vom Gebrauchsmuster, für dessen Schutzfähigkeit lediglich ein „erfinderischer Schritt“ erforderlich ist (§ 1 Abs. 1 GebrMG).

Der Prüfer muss zunächst den Wissensstand ermitteln, der dem einschlägigen Durchschnittsfachmann vor dem für den Zeitrang der Anmeldung maßgeblichen Tag zur Verfügung stand. Dieser damalige Stand der Technik ist – in Verbindung mit dem Fachkönnen des Durchschnittsfachmannes – der Beurteilung zugrunde zu legen, ob sich der Erfindungsgegenstand für diesen Durchschnittsfachmann in naheliegender Weise ergibt. Liegen die ermittelten Kenntnisse auf einem anderen Fachgebiet, ist es fraglich, ob diese dem Wissen des einschlägigen Durchschnittsfachmanns zugerechnet werden dürfen. Dies trifft am ehesten auf Nachbargebiete zu.

Ob erfinderische Tätigkeit vorliegt, hängt immer vom konkreten Einzelfall ab. Die Entscheidung hat sich an den Kriterien „beanspruchte Lehre“, „zusammengefasster Stand der Technik“ und „einschlägiger Fachmann“ zu orientieren. Die Rechtsprechung hat für diese wertende Entscheidung keine allgemeingültigen Einzelmerkmale entwickelt, aus denen zwingend in anderen Fällen auf die erfinderische Tätigkeit geschlossen werden könnte. Entscheidungen in vergleichbaren Fällen können nur Anhaltspunkte geben.

Indizien für das Vorliegen einer erfinderischen Tätigkeit sind z.B. eine sprunghafte Weiterentwicklung, die Überwindung technischer Vorurteile, vergebliche Bemühungen von Fachleuten, die Befriedigung eines lange bestehenden Bedürfnisses, ein einfacher und billiger Weg zur Herstellung von Massenartikeln oder die Verbilligung von Fertigungsmethoden. Diese Beweisanzeichen sind bei der Beurteilung der erfinderischen Tätigkeit zu berücksichtigen. Sie sind auch in der Begründung einer zurückweisenden Entscheidung zu behandeln. Ihre Nichtbehandlung kann einen wesentlichen Mangel der Prüfung darstellen (vgl. BGH in BlPMZ 1981, 136 – Halbleitereinrichtung –).

Anmeldungen mit älterem Zeitrang haben bei der Beurteilung der erfinderischen Tätigkeit außer Betracht zu bleiben (§ 4 PatG). Bei der Prüfung des Anspruchs ist immer von der Kombination der Merkmale auszugehen. Eine zergliedernde Betrachtungsweise ist unzulässig. Bei der Prüfung der erfinderischen Tätigkeit bei Gegenständen, die Merkmale technischer mit Merkmalen nichttechnischer Art (z.B. Rechenregeln, Denkschemata) verknüpfen, muss der gesamte Gegenstand unter Einschluss der nichttechnischen Merkmale beurteilt werden. Der Erfindungsgegenstand darf nicht zerlegt und nur im Hinblick auf den Teil, der aus den technischen Merkmalen besteht, auf erfinderische Tätigkeit geprüft werden (vgl. BGH in BlPMZ 1992, 255 – Tauchcomputer –). Allerdings bleiben untechnische Bedeutungsinhalte außer Betracht, sofern sie keinen technischen Bezug aufweisen und auch nicht mittelbar zur Umschreibung eines technischen Merkmals des beanspruchten Gegenstands beitragen (vgl. BPatG in Mitt. 2002, 275 – Elektronischer Zahlungsverkehr –).

Der Prüfer sollte sich immer vergegenwärtigen, dass er die Erfindung bereits kennt, während er beurteilt, ob diese am Anmeldetag bzw. Prioritätstag nahegelegen hat. Eine rückschauende Betrachtungsweise würde dem Anmeldungsgegenstand nicht gerecht.

3.3.3.2.5. Gewerbliche Anwendbarkeit (§ 5 PatG)

Die gewerbliche Anwendbarkeit liegt vor, wenn die Herstellung oder Benutzung des Erfindungsgegenstands auf irgendeinem gewerblichen Gebiet einschließlich der Landwirtschaft möglich ist. Dies ist der Fall, wenn der Gegenstand in einem Gewerbebetrieb hergestellt wird oder technische Verwendung in einem Gewerbe finden kann.

Ist die der Erfindung zugrundeliegende Lehre untauglich, weil sie die technische Aufgabe nicht lösen kann, ist die Anmeldung nicht wegen fehlender gewerblicher Anwendbarkeit, sondern mangels technischer Brauchbarkeit zurückzuweisen (vgl. BGH in BlPMZ 1985, 117, 118 – Energiegewinnungsgerät –).

Als nicht gewerblich anwendbar gelten Verfahren zur chirurgischen oder therapeutischen Behandlung des menschlichen oder tierischen Körpers und Diagnostizierverfahren, die am menschlichen oder tierischen Körper vorgenommen werden. Gewerblich anwendbar können dagegen Erzeugnisse, insbesondere Stoffe oder Stoffgemische, sein, die in einem der vorstehend genannten Verfahren zur Anwendung kommen (§ 5 Abs. 2 PatG).

3.3.3.2.6. Recherche im Prüfungsverfahren

Mit der Recherche soll der relevante Stand der Technik so ermittelt werden, dass damit die Patentfähigkeit der angemeldeten Erfindung beurteilt werden kann. Gegenstand der Recherche ist die in den Patentansprüchen angegebene Erfindung. Die Beschreibung und die Zeichnungen sind zur Auslegung der Patentansprüche heranzuziehen. Die Recherche erstreckt sich auf die Gegenstände sämtlicher Patentansprüche (vgl. auch Abschnitte 1. und 3.3.3.4.) Verantwortlich für die Recherche ist die für die Hauptklasse zuständige Prüfungsstelle.

Die Prüfungsstelle hat sich bei der Recherche der vorhandenen technischen Hilfsmittel sowie der durch diese verfügbaren Informationsquellen zu bedienen, soweit dies erfolgversprechend und im Hinblick auf den Aufwand vertretbar erscheint.

Zeigt sich, dass ein unverhältnismäßig großer Arbeitsaufwand für eine nur noch geringe Verbesserung des bisher erzielten Rechercheergebnisses erforderlich wäre, ist die Recherche zu beenden. Um überflüssige Bescheide und damit eine Verlängerung des Verfahrens zu vermeiden, sollte die Recherche in einem Arbeitsgang durchgeführt werden, wenn die Ansprüche technisch hinreichend klar gefasst sind.

Gibt der Anmelder den Stand der Technik von sich aus oder auf Verlangen des Deutschen Patent- und Markenamts nach § 34 Abs. 7 PatG an, hat er diese Angaben mit den ihm bekannten Fundstellen zu belegen.

Werden von einem am Verfahren nicht beteiligten Dritten Druckschriften angegeben, die der Erteilung eines Patents entgegenstehen könnten, sind diese dem Anmelder von Amts wegen zu übersenden.

Wegen der Recherche bei uneinheitlichen Anmeldungen wird auf den Abschnitt 3.3.3.4. verwiesen.

3.3.3.3. Änderung der Unterlagen (§ 38 PatG)

Bis zum Beschluss über die Erteilung des Patents sind Änderungen der Anmeldeunterlagen zulässig, die den Gegenstand der Anmeldung nicht erweitern. Vor Stellung des Prüfungsantrags ist dies jedoch nur zulässig, soweit es sich um die Berichtigung offensichtlicher Unrichtigkeiten, um die Beseitigung der von der Prüfungsstelle bezeichneten Mängel oder um Änderungen der Patentansprüche handelt.

Aus Änderungen, die den Gegenstand der Anmeldung unzulässig erweitern, können gemäß § 38 Satz 2 PatG keine Rechte hergeleitet werden. Werden solche Änderungen vom Anmelder nicht vollständig gestrichen, ist die gesamte Anmeldung zurückzuweisen.

3.3.3.4. Prüfung der Einheitlichkeit und Ausscheidung

Eine Anmeldung darf nur eine einzige Erfindung enthalten oder eine Gruppe von Erfindungen, die untereinander in der Weise verbunden sind, dass sie eine einzige allgemeine erfinderische Idee verwirklichen (§ 34 Abs. 5 PatG). Dadurch werden zum einen mit Blick auf Rechtssicherheit und Recherchierbarkeit übersichtliche, gut dokumentierte Schutzrechte geschaffen und zum anderen wird einer missbräuchlichen Umgehung von Gebühren vorgebeugt.

Die Uneinheitlichkeit ist danach zu beurteilen, ob nach dem technologischen Zusammenhang und der Übersichtlichkeit des Erfindungskomplexes eine Behandlung in verschiedenen Verfahren geboten erscheint (vgl. BGH in GRUR 1979, 619, 620, – Tabelliermappe –).

Wird Uneinheitlichkeit festgestellt, so ist diese Beanstandung im Bescheid – in der Regel anhand entsprechenden Materials – konkret zu begründen. Weiteres Material, das den verschiedenen Erfindungen entgegengehalten werden kann, trägt dazu bei, aussichtslose Ausscheidungsanmeldungen zu vermeiden. Ist der voraussichtlich in der Anmeldung verbleibende Teil erkennbar, ist für diesen Teil die Recherche vollständig durchzuführen (vgl. BPatGE 20, 10).

Die Prüfungsstelle fordert den Anmelder unter Hinweis auf die Möglichkeit der Zurückweisung auf, die Einheitlichkeit durch eine Ausscheidungserklärung oder durch Verzicht auf den uneinheitlichen Teil herzustellen.

In der Ausscheidungserklärung ist der ausgeschiedene Teil ausreichend bestimmt, wenn klar ist, was in der Stammanmeldung verbleiben und was Gegenstand der Trennanmeldung sein soll. Ist die Ausscheidungserklärung unbestimmt, ist der Anmelder unter Fristsetzung zur Klarstellung aufzufordern. Unterbleibt eine Klarstellung, ist die Ursprungsanmeldung zurückzuweisen.

Erfasst der abgetrennte Teil den beanstandeten Gegenstand nach einer Beanstandung der Uneinheitlichkeit (auch) nur zum Teil, ist die Trennung dennoch als Ausscheidung anzusehen. Dem Anmelder ist es verwehrt, sich für eine solche Trennung auf die Vorschriften der freien Teilung (§ 39 PatG) zu berufen.

Die Ausscheidung eines Anmeldungsteils führt zur sofortigen verfahrensrechtlichen Verselbständigung der Trennanmeldung, die in der Lage des Verfahrens weiter zu behandeln ist, in der sich die Ursprungsanmeldung zur Zeit der Ausscheidung befand.

Anmeldegebühr und Prüfungsantragsgebühr sind für die Trennanmeldung nachzuentrichten. Werden die Gebühren nicht innerhalb von 3 Monaten ab Eingang der Ausscheidungserklärung bezahlt, so gilt die Trennanmeldung als zurückgenommen (vgl. §§ 3, 6 PatKostG sowie BGH in BlPMZ 1986, 371, 373 – Kraftfahrzeuggetriebe –).

Sind in der Ursprungsanmeldung auch bereits Jahresgebühren fällig geworden, werden diese mit der Ausscheidungserklärung auch für die Trennanmeldung fällig.

Im Verfahren der Trennanmeldung hat der Anmelder wie im Verfahren der Stammanmeldung neue Anmeldungsunterlagen einzureichen. Reicht er sie nicht innerhalb der von der Prüfungsstelle hierzu gesetzten Frist ein, ist die Trennanmeldung zurückzuweisen.

3.3.3.5. Freie Teilung der Anmeldung

Der Anmelder kann seine Anmeldung jederzeit durch schriftliche Erklärung teilen (§ 39 Abs. 1 PatG) und zwar bis zum Ablauf der Frist für die Beschwerde gegen den Patenterteilungsbeschluss (vgl. BGH in BlPMZ 2000, 245, 246 – Graustufenbild –). Bei unbestimmten Teilungserklärungen ist dem Anmelder zur Klarstellung eine kurze Frist zu setzen. Die Dreimonatsfrist des § 39 Abs. 3 PatG bleibt hiervon unberührt.

Für jede Teilanmeldung bleiben der Zeitrang der ursprünglichen Anmeldung und eine dafür in Anspruch genommene Priorität erhalten. Werden für die abgetrennte Anmeldung die nach den §§ 34 bis 36 PatG erforderlichen Anmeldeunterlagen nicht innerhalb von drei Monaten nach Eingang der Teilungserklärung eingereicht oder werden die nach § 39 Abs. 2 PatG fälligen Gebühren für die abgetrennte Anmeldung nicht innerhalb dieser Frist entrichtet, so gilt die Teilungserklärung als nicht abgegeben (§ 39 Abs. 3 PatG).

3.3.3.6. Patentansprüche, Patentkategorie

Eine Anmeldung muss einen oder mehrere Patentansprüche enthalten, in denen angegeben ist, was als patentfähig unter Schutz gestellt werden soll (§ 34 Abs. 3 Nr. 3 PatG).

Nach § 9 PatV können die Patentansprüche einteilig oder in Oberbegriff und kennzeichnenden Teil gegliedert (zweiteilig) gefasst sein. In beiden Fällen kann die Fassung nach Merkmalen gegliedert sein.

Wird die zweiteilige Anspruchsfassung gewählt, ist zur Bildung des Oberbegriffs regelmäßig nur vom Inhalt einer einzigen Druckschrift oder von einem einzigen der Öffentlichkeit zugänglich gemachten Gegenstand auszugehen. In den kennzeichnenden Teil des Anspruchs sind die Merkmale der Erfindung aufzunehmen, für die in Verbindung mit den Merkmalen im Oberbegriff Schutz begehrt wird. Der kennzeichnende Teil ist mit den Worten „dadurch gekennzeichnet, dass" oder „gekennzeichnet durch" oder durch eine sinngemäße Wendung einzuleiten.

Nach § 14 PatG ist der Inhalt der Patentansprüche für den Schutzbereich des Patents maßgebend. Ein nur in der Beschreibung dargestellter Erfindungsbereich, der nicht hinreichend deutlich in einen Patentanspruch einbezogen ist, ist nicht unter Schutz gestellt (BGH in GRUR 1987, 626 – Rundfunkübertragungssystem –). Der Erfindungsgedanke sollte daher so abstrakt beschrieben werden, dass sämtliche denkbaren Ausführungen von ihm umfasst werden. Grenzen sind hier jedoch die ursprüngliche Offenbarung und der Stand der Technik. Bei der Abfassung von Patentansprüchen ist zwischen den Interessen des Anmelders und der Öffentlichkeit abzuwägen. Einerseits hat der Anmelder Anspruch auf eine möglichst umfassende Rechtsgewährung, andererseits muss durch eine klare Festlegung des Gegenstands Rechtssicherheit hergestellt werden (vgl. BGH in GRUR 1988, 757, 760 – Düngerstreuer –).

Nicht notwendige Lösungsmerkmale sind möglichst nicht in den Hauptanspruch aufzunehmen, d. h. die Umschreibung sollte mit möglichst wenigen Merkmalen erfolgen. Eine konkrete Umschreibung anhand der verwirklichten Ausführung birgt immer die Gefahr einer zu weitgehenden Einengung des Schutzbereichs in sich. Eine Grenze für Verallgemeinerungen wird dadurch gezogen, dass die geschützte Lehre eindeutig identifizierbar sein muss.

Der Hauptanspruch muss den Erfindungsgedanken in seiner Gesamttragweite erfassen (vgl. § 9 Abs. 4 PatV). An den Hauptanspruch können sich Unteransprüche anschließen, die sich auf Ausgestaltungen bzw. spezielle Ausführungen beziehen. Zusätzliche unabhängige Patentansprüche (Nebenansprüche) sind zulässig, wenn der Grundsatz der Einheitlichkeit gewahrt ist. Unteransprüche mit Kategoriewechsel (z. B. Vorrichtung zur Durchführung eines Verfahrens) haben eine nebengeordnete Bedeutung. Sie sind daher einer gesonderten Prüfung auf Patentfähigkeit zu unterziehen.

Im Erteilungsverfahren ist grundsätzlich nur der Gegenstand des Patents und damit der geschützte Gegenstand, nicht aber der Schutzumfang begrifflich festzulegen (BPatG Mitt. 1984, 50 – Schutzumfang –).

Product-by-process – Ansprüche („Stoff erhältlich durch") sind zulässig. Dies gilt insbesondere bei chemischen Stoffen, wenn weder die Strukturformel des Stoffes bekannt ist, noch der Stoff durch feststellbare Charakteristika identifiziert werden kann. Wirkungs- oder Funktionsangaben zur Kennzeichnung einer Vorrichtung sind ebenfalls nicht generell unzulässig. Oft sind sie sogar notwendig, um die angegebenen baulichen Merkmale in einen durchschaubaren Zusammenhang zu bringen (BGH in GRUR 1972, 707, 708 – Streckwalze –).

Patente können Erzeugnisse (Gegenstände, Vorrichtungen, Stoffe) oder Verfahren betreffen. Maßgebend für die Einordnung einer Erfindung in diese verschiedenen Patentkategorien – und damit für die Abfassung der Patentansprüche – ist der nach objektiven Gesichtspunkten zu beurteilende sachliche Offenbarungsinhalt der Anmeldung. Die an sich freie Wahl des Anmelders bezüglich der Kategorie der Ansprüche ist hierdurch begrenzt. Merkmale verschiedener Patentkategorien sollten im Hinblick auf die Schaffung eindeutiger Schutzrechte nach Möglichkeit nicht in einen einzigen Anspruch aufgenommen werden.

Bei Herstellungsverfahren muss der Patentanspruch die Angabe des Ausgangsmaterials und die zeitliche Aufeinanderfolge der Einwirkungen auf das Ausgangsmaterial zum Erhalt eines definierten Endprodukts enthalten. Zusätzliche Vorrichtungsmerkmale, die den Verfahrensablauf verdeutlichen, sind zuzulassen. Arbeitsverfahren unterscheiden sich von den Herstellungsverfahren dadurch, dass sie nicht auf ein verändertes Endprodukt zielen (z. B. Messen, Fördern). Auch Verwendungsansprüche zählen zur Kategorie der Verfahrensansprüche. Sie sind auf den Schutz des Einsatzes einer zumeist bekannten Sache (Stoff, Vorrichtung) zum Erzielen einer bestimmten Wirkung bzw. eines bestimmten Endproduktes gerichtet.

3.3.3.7. Anmeldungen mit Inanspruchnahme einer Priorität

Für die Anmeldung einer Erfindung zum Patent kann die Priorität einer oder mehrerer früherer deutscher Patent- oder Gebrauchsmusteranmeldungen derselben Erfindung in Anspruch genommen werden (innere Priorität). Dies gilt dann, wenn die Patentanmeldung innerhalb einer Frist von 12 Monaten nach dem Anmeldetag der früheren Anmeldung angemeldet wird und für die frühere Anmeldung nicht schon eine inländische oder ausländische Priorität in Anspruch genommen worden ist (siehe § 40 Abs. 1 PatG).

Allerdings besteht auch die Möglichkeit, aus einer Nachanmeldung die Priorität für eine zweite Nachanmeldung in Anspruch zu nehmen, und zwar hinsichtlich der Merkmale, die noch nicht in der Erstanmeldung enthalten waren, sondern erst durch die weiterentwickelte Nachanmeldung offenbart worden sind. Insoweit ist Artikel 4 F Abs. 2 Pariser Verbandsübereinkunft (PVÜ) entsprechend anzuwenden, so dass die Nachanmeldung hinsichtlich der neu eingeführten Merkmale ein neues Prioritätsrecht entstehen lässt. Allerdings gilt dann die erste Neuanmeldung als zurückgenommen (§ 40 Abs. 5 PatG).

Die Prioritätserklärung ist unter Angabe des Aktenzeichens der früheren Anmeldung innerhalb von 2 Monaten nach dem Anmeldetag der späteren Anmeldung abzugeben.

Ist die frühere Anmeldung, deren Priorität in Anspruch genommen wird, noch beim Deutschen Patent- und Markenamt anhängig, gilt sie mit der Abgabe der Prioritätserklärung als zurückgenommen (§ 40 Abs. 5 PatG). Die Fiktion der Rücknahme kann gemäß Art. III § 4 des Gesetzes über internationale Patentübereinkommen (IntPatÜG) auch dann eintreten, wenn die Priorität für eine internationale Anmeldung nach dem Vertrag über die internationale Zusammenarbeit auf dem Gebiet des Patentwesens (PCT) in Anspruch genommen wird, in der die Bundesrepublik Deutschland für ein Patent bestimmt worden ist. In diesem Fall tritt die Rücknahmefiktion für die frühere Anmeldung erst nach dem Ablauf der 30-Monatsfrist nach Artikel 22 PCT ein, es sei denn, dass ein ausdrücklicher Antrag auf vorzeitige Prüfung und Bearbeitung gemäß Artikel 23 Abs. 2 PCT gestellt wurde. Es liegt im Ermessen des Prüfers, ob er die frühere Anmeldung bearbeitet oder den Eintritt der Rücknahmefiktion abwartet.

Ob die förmlichen Wirksamkeitsvoraussetzungen der Inanspruchnahme einer inneren Priorität vorliegen, kann im Verfahren der Nachanmeldung vorab entschieden werden (BPatGE 25, 74); über den Eintritt der Rücknahmefiktion kann im Verfahren der Voranmeldung entschieden werden (BPatGE 25, 41).

Für eine beim DPMA hinterlegte Patentanmeldung kann auch die Priorität einer ausländischen Voranmeldung in Anspruch genommen werden, die in einem Vertragsstaat der PVÜ oder nach einem entsprechenden anderen Staatsvertrag rechtswirksam eingereicht worden ist (Unionspriorität, § 41 Abs. 1 PatG). Darüber hinaus kann unter bestimmten Voraussetzungen (Feststellung der Gegenseitigkeit in einer Bekanntmachung des BMJ) die Priorität einer ausländischen Anmeldung in einem Staat, mit dem ein entsprechender Staatsvertrag nicht besteht, in Anspruch genommen werden (§ 41 Abs. 2 PatG).

Bei Inanspruchnahme einer ausländischen Priorität sind die erforderlichen Angaben (Zeit, Land, Aktenzeichen und Abschrift der früheren Anmeldung) vor Ablauf des 16. Monats nach dem Prioritätstag einzureichen.

Die materielle Berechtigung der Inanspruchnahme einer Priorität ist nur dann zu prüfen, wenn im Prioritätsintervall liegendes, entscheidungserhebliches Material ermittelt wird. Über die materielle Berechtigung der Inanspruchnahme findet keine Zwischenentscheidung statt; ist die Inanspruchnahme unwirksam, muss über die Anmeldung insgesamt entschieden werden.

3.3.3.8. Weitere Aspekte der Prüfung

Bei der sachlichen Prüfung ist auch darauf zu achten, dass die Zusammenfassung nach § 36 PatG vorliegt und keine offensichtlichen Mängel aufweist, falls diese noch nicht in der Offenlegungsschrift veröffentlicht worden ist (§ 45 Abs. 1 Satz 1 PatG).

Zur Erfinderbenennung (§ 37 PatG) wird auf Abschnitt 2.5.1. und zum Zusatzpatent auf Abschnitt 4.1 verwiesen.

3.4. Bescheide (§ 45 PatG)

Bescheide im Prüfungsverfahren dienen der Vorbereitung der Erteilung des Patents nach § 49 PatG oder der Zurückweisung der Anmeldung gemäß § 48 PatG. Die Anzahl der Bescheide bestimmt sich aus der Verpflichtung zur Sachaufklärung, der Gewährung des rechtlichen Gehörs und nach den besonderen Umständen des Einzelfalls. Bescheide sind sachlich und klar zu fassen.

Erst wenn patentfähig erscheinende Ansprüche vorliegen oder wenn die Prüfungsstelle patentfähig erscheinende Ansprüche vorschlägt und das Einverständnis des Anmelders mit dem Vorschlag erwartet werden kann, sollte dieser zu einer Überarbeitung der Beschreibung aufgefordert werden. In diesem Zusammenhang wird auch auf Abschnitt 3.7.1. hingewiesen.

In einem Bescheid sind nicht nur die einer Patenterteilung entgegenstehenden Gesichtspunkte darzulegen, sondern auch positive Anregungen zur Überarbeitung der Ansprüche zu geben. Dadurch erhält der Anmelder ein klares Bild, ob und in welchem Umfang die Prüfungsstelle den Anmeldungsgegenstand als patentierbar ansieht.

Kann die Prüfungsstelle keinen patentfähigen Gegenstand erkennen, soll sie darauf hinweisen, insbesondere, dass kein gewährbarer Hauptanspruch vorgeschlagen werden kann und auch bei Einreichung neuer Ansprüche mit der Zurückweisung der Anmeldung zu rechnen ist.

Der Anmelder muss den Inhalt des Bescheids verstehen können. Druckschriften zum Stand der Technik sind nicht gemeinsam mit allgemeinen Behauptungen zu erörtern. Unter Hinweis auf Textstellen und Abbildungen ist darzulegen, weshalb z. B. ein Gegenstand des Standes der Technik dem Anmeldungsgegenstand patenthindernd entgegensteht. Nur bei übersichtlichen Druckschriften genügen allgemeine Hinweise. Der Bescheid muss eindeutige Feststellungen bzw. Forderungen enthalten, die dem Anmelder ein klares Bild von der Auffassung des Prüfers geben.

Werden in einem Bescheid mehrere Einzelfragen behandelt, wie formale Mängel, erfinderische Tätigkeit, Neuheit oder Kategoriefragen, sollte der Bescheid zur besseren Übersichtlichkeit in nummerierte Abschnitte gegliedert sein.

Die in einem Prüfungsbescheid erstmals genannten Druckschriften sollen am Anfang des Bescheids in Listenform aufgeführt und mit laufenden Nummern versehen werden. Sie sind im gesamten Verfahren beizubehalten. Die laufenden Nummern von Entgegenhaltungen, die in einem späteren Bescheid neu genannt werden, sollten dann an die im früheren Bescheid genannte Liste anschließen. Im Interesse der leichteren Lesbarkeit der Bescheide kann es zweckmäßig sein, Entgegenhaltungen im Bescheidstext zusammen mit den laufenden Nummern vollständig zu zitieren.

3.4.1. Erster Prüfungsbescheid

Der erste Prüfungsbescheid soll, falls es sich um eine Erstanmeldung handelt und der Anmelder frühzeitig Prüfungsantrag gestellt hat, möglichst so rechtzeitig abgesetzt werden, dass er dem Anmelder vier Monate vor Ablauf des Prioritätsjahres zugestellt werden kann. Es handelt sich hierbei um eine wichtige Dienstleistung des DPMA, die dem Anmelder bei der Entscheidung Hilfestellung geben soll, ob Nachanmeldungen im Ausland oder international sinnvoll sind.

Werden trotz der vorangegangenen Offensichtlichkeitsprüfung bei Beginn der sachlichen Prüfung Formmängel festgestellt, ist diese Beanstandung mit einem vollständigen materiellen Prüfungsbescheid zu verbinden. Ausnahmen sind nur zulässig, wenn die Behebung der Formmängel nicht möglich erscheint oder eine materielle Prüfung wegen dieser Mängel nicht möglich ist. Der Anmelder soll damit eine Entscheidung treffen können, ob es überhaupt zweckmäßig ist, die Anmeldung unter Beseitigung der Formmängel weiterzuführen.

Wird bei der sachlichen Prüfung die Uneinheitlichkeit der Anmeldung festgestellt, ist dies bereits mit dem ersten Prüfungsbescheid zu beanstanden.

3.4.2. Weitere Bescheide

Ein eventuell erforderlicher zweiter sachlicher Prüfungsbescheid sollte in der Regel auch der letzte sein und eine abschließende Entscheidung über die Anmeldung herbeiführen.

Die sorgfältig begründete Auffassung des Prüfers sollte nur auf ebenso begründete und überzeugende Gegendarstellungen des Anmelders hin oder aufgrund einer neuen Sach- oder Rechtslage geändert werden. Dies gilt auch dann, wenn inzwischen ein Prüferwechsel erfolgt ist. Die Änderung der Auffassung des Prüfers ist stets zu begründen, z. B. bei übersehener unzulässiger Erweiterung des Anmeldegegenstandes.

Wegen der Einreichung erteilungsreifer Unterlagen wird auf Abschnitt 3.7.1. verwiesen.

3.5. Fristgewährung

Das erklärte Ziel des DPMA, das gesamte Prüfungsverfahren innerhalb von zwei Jahren mit einem Erteilungs- oder Zurückweisungsbeschluss abzuschließen, wird erst mittelfristig, also gegen Ende des Jahrzehnts zu erreichen sein. Durch die Neueinstellung von ca. 150 Patentprüfern in den Jahren 2002 bis 2004 wird ab Ende 2004 ein kontinuierlicher Abbau der 130 000 aufgelaufenen Prüfungsverfahren ermöglicht. Zur Beschleunigung des Verfahrens kann allerdings auch der Anmelder beitragen, indem er auf einen Bescheid innerhalb gesetzter Fristen erwidert. Um überflüssige Fristverlängerungsgesuche zu vermeiden, sollte der Prüfer die erforderliche

Zeitdauer für die Bearbeitung durch den Anmelder abschätzen und auf dieser Grundlage eine angemessene Frist setzen.

Zur Beseitigung von Formmängeln sollte regelmäßig eine Frist von einem Monat ausreichend sein. Die Frist für die Erwiderung auf Sachbescheide ist im Normalfall auf vier Monate festzusetzen.

Bei der Bemessung der Frist ist auch die Geschäftslage der Prüfungsstelle zu berücksichtigen und es sind ggf. entsprechend lange Fristen zu gewähren.

Im Prüfungsverfahren einer Patentanmeldung, deren Priorität in einer anhängigen europäischen Anmeldung mit Benennung der Bundesrepublik Deutschland in Anspruch genommen wird, kann eine Frist zur Erwiderung auf einen Bescheid von bis zu 12 Monaten – ggf. auch wiederholt – gewährt werden.

Wird auf einen Bescheid nicht fristgerecht geantwortet oder wird Antrag auf Entscheidung nach Lage der Akten gestellt, kann umgehend in der Sache entschieden werden, wenn dies sachgemäß erscheint.

Eine erstmaliges Gesuch auf Fristverlängerung ist auch bei kurzer Begründung zu gewähren. Weitere Fristverlängerungen sind bei Vorliegen einer ausreichenden Begründung zu gewähren. An deren Begründung sind keine strengen Anforderungen zu stellen, es sei denn, das Prüfungsverfahren würde über Gebühr verzögert.

Die Ablehnung eines Fristverlängerungsgesuches ist durch gesonderte Entscheidung zurückzuweisen, kann jedoch dann mit der Entscheidung in der Sache selbst verbunden werden, wenn mit einer ordnungsgemäßen sachlichen Erledigung des Amtsbescheids innerhalb der gesetzten Frist nicht mehr zu rechnen ist.

Aus Gründen der Verfahrensökonomie ist bei einem nicht ausreichend begründeten Fristverlängerungsgesuch jedoch eine stillschweigende Fristverlängerung von einem Monat zu gewähren, wenn sich aus den Umständen, beispielsweise der Begründung des Verlängerungsgesuchs, ergibt, dass die Erledigung des Bescheids in kurzer Zeit nach Fristablauf zu erwarten ist.

Der Lauf gesetzlicher Fristen wird von den vorstehend genannten Regelungen nicht berührt.

3.6. Anhörung und telefonische Gespräche

3.6.1. Anhörung (§ 46 PatG)

Die Prüfungsstelle kann jederzeit die Beteiligten laden und anhören, Zeugen, Sachverständige und Beteiligte vernehmen sowie andere zur Aufklärung der Sache erforderliche Ermittlungen anstellen. Der Prüfer leitet die Anhörung. Dritte dürfen nur mit Einverständnis des Anmelders teilnehmen.

Der Anmelder ist auf Antrag zu hören, wenn dies sachdienlich ist. Ein entsprechender Antrag ist in der Regel bereits darin zu sehen, dass der Anmelder eine Anhörung oder Vorführung des Anmeldungsgegenstands vorschlägt. Erachtet die Prüfungsstelle die Anhörung nicht als sachdienlich, weist sie den Antrag zurück. Der Beschluss, durch den der Antrag zurückgewiesen wird, ist selbständig nicht anfechtbar (§ 46 Abs. 1 Satz 5 PatG).

Grundsätzlich kann eine Anhörung für eine zügige Verfahrensdurchführung sachdienlich sein. Von ihr sollte insbesondere dann Gebrauch gemacht werden, wenn das Verfahren schriftlich nicht zügig durchgeführt werden kann. Ziel der Anhörung ist es, ohne weiteren Bescheid zu einer abschließenden Beurteilung des Anmeldungsgegenstandes zu gelangen.

Eine Anhörung, erforderlichenfalls mit Vorführung des Anmeldungsgegenstandes, kann vor allem bei Unklarheiten über Aufbau und Wirkungsweise des Anmeldungsgegenstandes, bei Fragen zur Patentfähigkeit, die schriftlich nicht ausreichend geklärt werden können, aber auch bei Unstimmigkeiten im Zusammenhang mit den Anspruchsformulierungen sachdienlich sein.

Nicht sachdienlich ist eine Anhörung, wenn sie nach Lage der Akten zu einer unnötigen Verfahrensverzögerung führen würde. Wird auf einen sachlichen Prüfungsbescheid ohne Gegenäußerung in der Sache selbst nur noch mit dem Antrag auf Anhörung erwidert, dürfte in der Regel eine Anhörung nicht sachdienlich sein, da nicht erkennbar ist, welche entscheidungserheblichen Sach- und Rechtsfragen in der Anhörung noch geklärt werden könnten (vgl. auch BPatG in BlPMZ 1976, 138).

Für die Anhörung müssen Prüfer und Anmelder mit der Sache und dem Akteninhalt vertraut sein. Sollen bisher noch nicht erörterte Fragen besprochen werden, ist in der Ladung zur Anhörung darauf hinzuweisen.

Der Prüfer kann von sich aus eine Anhörung oder eine Vorführung vorschlagen, wenn er sie für nötig hält.

Hat eine Anhörung vor einem Prüferwechsel stattgefunden, sollte sie nur dann wiederholt werden, wenn der neue Prüfer aufgrund schwerwiegender Gründe die Auffassung seines Vorgängers nicht teilen kann. Der neue Prüfer muss seine abweichende Auffassung in einem Bescheid mitteilen.

Zu Beginn einer Anhörung muss sich der Anmelder oder sein Vertreter ausweisen, sofern er dem Prüfer nicht persönlich bekannt ist. Von einem nicht anwaltlichen Vertreter ist regelmäßig die Vorlage einer Vollmachtsurkunde zu verlangen (§ 18 Abs. 3 DPMAV [Neu: § 15 Abs. 4]).

In der Anhörung sollte der Prüfer zunächst die streitigen und unklaren Punkte erörtern. Der Prüfer kann dem Anmelder hierbei Vorschläge unterbreiten. Wird über die Frage der Patentierbarkeit Einigung erzielt, empfiehlt es sich, den Wortlaut der Patentansprüche und, wenn möglich, auch den Aufbau der Beschreibung festzulegen.

Über die Anhörung und eine in ihrem Zusammenhang ggf. durchgeführte Vernehmung ist eine Niederschrift zu fertigen, die den wesentlichen Gang der Anhörung wiedergeben soll.

Zu protokollieren sind:

a) Ort, Datum, Anwesende und Verlauf der Anhörung,
b) neuer Stand der Technik sowie neue rechtliche Gesichtspunkte, die in das Verfahren eingebracht worden sind,
c) alle rechtserheblichen Erklärungen, die den beanspruchten Anmeldungsgegenstand materiell verändern oder das Verfahren berühren, insbesondere Anträge, Antragsänderungen und Antragsrücknahmen, einschließlich der Änderungen der Anmeldeunterlagen, Verzichts-, Ausscheidungs- und Teilungserklärungen, die Zusammenführung von Anmeldungen sowie die Erklärung über ein Zusatzverhältnis.

Weicht der Prüfer aufgrund der Anhörung von seiner bisherigen Auffassung ab, muss die Niederschrift diejenigen Gründe erkennen lassen, die zu dieser Änderung geführt haben.

Die Niederschrift ist vom Prüfer zu unterzeichnen. Die Beteiligten erhalten eine Abschrift der Niederschrift.

Es ist zweckmäßig, die in das Protokoll aufzunehmenden rechtserheblichen Erklärungen von den Beteiligten gegenzeichnen zu lassen. Hierbei handelt es sich jedoch nicht um eine Voraussetzung der Wirksamkeit des Protokolls oder der abgegebenen Erklärung, sondern um eine Frage des Nachweises.

Gemäß § 46 Abs. 2 Satz 2 PatG ist eine Niederschrift unter Anwendung der §§ 160a, 162 und 163 ZPO zu fertigen. Also kann der Inhalt des Protokolls mit Kurzschrift oder mit einem Tonaufnahmegerät vorläufig aufgezeichnet werden. Die Aufzeichnungen müssen in diesem Falle vor Ende der Anhörung nochmals vorgelesen bzw. abgespielt werden. In der Niederschrift sind diese Tatsache und die Genehmigung der Beteiligten bzw. Einwendungen zu vermerken. Die Niederschrift des Protokolls ist im Falle der vorläufigen Aufzeichnung unverzüglich nach der Anhörung herzustellen.

Berührt der Anmeldungsgegenstand Prüfungsgebiete mehrerer Prüfungsstellen oder ist eine zusätzliche besondere Fachkunde erforderlich, können bei Einverständnis der Erschienenen Kollegen, die für die weiteren Prüfungsgebiete zuständig sind oder die zusätzliche besondere Fachkunde aufweisen, zur Teilnahme an der Anhörung gebeten werden; Teilnahme und Einverständnis sind in der Niederschrift zu vermerken.

Am Ende der Anhörung sollte i. d. R. ein Beschluss der Prüfungsstelle über die Anmeldung verkündet werden. Die Verkündung und der Tenor des verkündeten Beschlusses sind in die Niederschrift über die Anhörung aufzunehmen. Wird das Patent erteilt, sind die Unterlagen vor Verkündung in einen erteilungsreifen Zustand zu bringen. Der Beschluss ist dann zuzustellen (§ 47 Abs. 1 Satz 1 und 2 PatG).

Bei der Beschlussverkündung genügt es, den Tenor des Beschlusses bekannt zu geben und auf die schriftliche Begründung zu verweisen. Wenn der Prüfer es für angemessen erachtet, teilt er auch den wesentlichen Inhalt der Gründe mündlich mit. Die schriftliche Begründung ist unverzüglich anzufertigen. Eventuelle Abweichungen der schriftlichen Begründung von den zunächst mündlich mitgeteilten Gründen sind zwar unschädlich, sollten aber möglichst vermieden werden.

An den verkündeten Beschluss ist das Deutsche Patent- und Markenamt gebunden. Schriftsätze der Beteiligten, die nach der Verkündung eingehen, dürfen – außer später bei Abhilfe nach Beschwerde (vgl. Abschnitt 3.9) – nicht mehr berücksichtigt werden.

3.6.2. Vorsprache ohne Ladung

Spricht ein Anmelder oder Vertreter ohne Ladung bei der Prüfungsstelle vor, ist dies in den Akten kurz zu vermerken, insbesondere wenn ein Beschleunigungs- oder Fristgesuch mündlich vorgebracht wird. Wird die sofortige Durchführung einer Anhörung gewünscht, entscheidet der Prüfer hierüber nach freiem Ermessen. Eine Verpflichtung zur Anhörung besteht nicht.

3.6.3. Telefonische Gespräche

Fragen, die nicht unbedingt in einem schriftlichen Bescheid erörtert werden müssen, sollen durch telefonische Gespräche mit dem Anmelder geklärt werden. Diese telefonischen Gespräche können jedoch keine Prüfungsbescheide ersetzen, in denen dem Anmelder zum Erfindungsgegenstand sachliche Stellungnahmen von erheblicher Tragweite mitgeteilt werden. Auch Anhörungen mit umfangreichen sachlichen Erörterungen können durch telefonische Gespräche nicht ersetzt werden. Ein Telefonat eignet sich in erster Linie für die kurze Erörterung der textlichen Fassung der Beschreibung, für die Klärung von Zweifelsfragen von neuen Unterlagen, für die Anforderung von Reinschriften oder ähnliche Vorgänge. Der zuständige Prüfer oder Sachbearbeiter des gehobenen Dienstes soll einen Aktenvermerk über das Telefongespräch fertigen.

3.7. Vorbereitung der Erteilung des beantragten Patents

3.7.1. Einreichung erteilungsreifer Unterlagen

Nach § 10 PatV ist in der Beschreibung die Erfindung anzugeben, für die in den Patentansprüchen Schutz begehrt wird; es sind in die Beschreibung keine Angaben aufzunehmen, die zur Erläuterung der Erfindung offensichtlich nicht notwendig sind. Nach § 14 PatG sind die Beschreibung und die Zeichnungen zur Auslegung der Patentansprüche heranzuziehen. Dies ist wichtig bei der Bestimmung des Schutzbereichs. Ist im Falle einer als patentierbar erachteten Erfindung Einverständnis mit dem Anmelder über die Anspruchsfassung erzielt worden, ist daher der Anmelder verpflichtet, die Beschreibung mit den geltenden Ansprüchen in Einklang zu bringen. Außerdem hat er die sonstigen Erfordernisse nach der PatV zu erfüllen. Zur Vereinfachung können anstelle der wörtlichen Zitate des Oberbegriffs und des kennzeichnenden Teils des Hauptanspruchs bezugnehmende Hinweise auf diese Anspruchsteile in die Beschreibung aufgenommen werden.

Auf Verlangen des Deutschen Patent- und Markenamts hat der Anmelder den ihm bekannten (relevanten) Stand der Technik anzugeben und in die Beschreibung aufzunehmen (§ 34 Abs. 7 PatG, § 10 Abs. 2 Nr. 2 PatV). Angabe des relevanten Standes der Technik bedeutet allerdings nicht, dass der Anmelder diesen selbst zu würdigen und zu beurteilen hat. Herabsetzende Bemerkungen über den Stand der Technik sind zu unterlassen.

Der Anmelder ist nötigenfalls durch entsprechende Hinweise aufzufordern, die noch erforderlichen Einzelmaßnahmen vorzunehmen. Zur Beschleunigung des Verfahrens können ggf. auch konkrete Änderungsvorschläge durch den Prüfer beitragen. Bei Personen, die mit patentamtlichen Verfahren vertraut sind, kann jedoch in der Regel davon ausgegangen werden, dass allgemeine Hinweise auf die gesetzlichen Vorschriften genügen.

Es ist zu beachten, dass die Änderungen keine unzulässigen Erweiterungen (vgl. § 38 PatG) beinhalten dürfen. Deshalb sind Forderungen nach Änderungen auf den notwendigen Umfang zu beschränken.

Der Anmelder muss Reinschriften, die die Änderungen der Patentansprüche oder der Beschreibung berücksichtigen, einreichen (§ 15 Abs. 1 PatV).

3.7.2. Redaktion der Unterlagen

Die Patentschriften sind amtliche Veröffentlichungen. Sie dürfen keine Angaben enthalten, deren Veröffentlichung gegen die guten Sitten oder gegen ein gesetzliches Verbot verstoßen würde.

Für die sprachlich fehlerfreie Fassung der Patentschriften ist der Anmelder verantwortlich. Eine redaktionelle Überarbeitung der Unterlagen durch den Prüfer kann unterbleiben, wenn die eingereichten Unterlagen bereits eine klare und sprachlich vertretbare Darstellung enthalten. Insbesondere soll der Prüfer die sprachlichen Eigenheiten des Anmelders respektieren.

Nach Verkündung des Erteilungsbeschlusses oder dessen Abgabe an den Dokumentenversand werden – außer im Fall der Abhilfe nach Beschwerde – Änderungen in den Unterlagen nicht mehr vorgenommen.

3.8. Beschlüsse der Prüfungsstelle (§ 47 PatG)

Jede abschließende Regelung einer Prüfungsstelle, die die Rechte eines Beteiligten berührt, ist ein Beschluss. Beschlüsse sind zu begründen, schriftlich auszufertigen und den Beteiligten von Amts wegen zuzustellen.

Aufbau und Inhalt der Beschlüsse richten sich nach den Erfordernissen des Einzelfalles. Der Beschluss enthält zu Beginn die besondere, von der Begründung äußerlich getrennte Beschlussformel (Tenor). Diese enthält die eigentliche Entscheidung.

Die Begründung muss sich auf alle für die Entscheidung maßgebenden Streitpunkte erstrecken. Sie erfordert eine nähere Darlegung aller tatsächlichen und rechtlichen Überlegungen, die die Prüfungsstelle zu der getroffenen Entscheidung veranlasst haben.

Unveröffentlichte Entscheidungen sollten möglichst nicht zitiert werden. Die Prüfungsstelle kann sich aber die in der unveröffentlichten Entscheidung vertretene Auffassung mit einer inhaltlichen Begründung zu Eigen machen.

Einer ausführlichen Begründung bedarf es dann nicht, wenn die Anmeldung zurückgewiesen wird, weil die in einem Bescheid ausdrücklich gerügten Mängel nicht beseitigt wurden und der Anmelder sich hierzu nicht geäußert hat. In diesen Fällen kann auf die Gründe des Bescheides verwiesen werden.

Ferner bedarf es keiner Begründung, wenn nur der Anmelder am Verfahren beteiligt ist und seinem Antrag stattgegeben wird (§ 47 Abs. 1 Satz 3 PatG). Dies trifft beispielsweise auf die antragsgemäße Erteilung eines Patents und den eine Wiedereinsetzung gewährenden Beschluss zu, soweit dieser im einseitigen Verfahren erlassen wird. Im Fall der gewährten Wiedereinsetzung sind die Gründe, aus denen wiedereingesetzt wurde, in einer kurzen Aktennotiz festzuhalten.

Der schriftlichen Ausfertigung eines Beschlusses ist eine Rechtsmittelbelehrung gemäß § 47 Abs. 2 Satz 1 PatG beizufügen. Ist die Belehrung unterblieben oder unrichtig erteilt, kann Beschwerde noch innerhalb eines Jahres seit Zustellung des Beschlusses eingelegt werden. Dies gilt jedoch nicht, wenn eine schriftliche Belehrung dahin gehend erfolgt ist, dass eine Beschwerde nicht statthaft sei.

Die Beschlüsse werden mit der Verkündung oder mit der förmlichen Zustellung wirksam. Inneramtlich tritt eine Selbstbindung bereits mit Abgabe des Beschlusses an den Dokumentenversand ein.

3.8.1. Erteilungsbeschluss (§ 49 PatG)

Wenn der Anmeldungsgegenstand nach den §§ 1 bis 5 PatG patentfähig ist und die Anmeldung den Anforderungen der §§ 34, 37 und 38 PatG genügt sowie etwaige nach § 45 Abs. 1 PatG gerügte Mängel der Zusammenfassung beseitigt sind, beschließt die Prüfungsstelle die Erteilung des Patents. Der Erteilungsbeschluss kann auch dann nicht widerrufen werden, wenn er rechtswidrig ist.

Die Erteilung wird im Patentblatt veröffentlicht. Mit der Veröffentlichung treten die gesetzlichen Wirkungen des Patents ein (§ 58 PatG).

3.8.2. Zurückweisungsbeschluss (§ 48 PatG)

Die Prüfungsstelle weist die Anmeldung zurück, wenn eine patentfähige Erfindung nicht vorliegt oder die nach § 45 PatG Abs. 1 gerügten Mängel nicht beseitigt wurden. Wird in einer Anhörung ein Antrag auf Entscheidung nach Lage der Akten gestellt, müssen die in der Anhörung vorgetragenen Argumente im Beschluss behandelt werden.

3.9. Beschwerde und Abhilfe

Nach § 73 Abs. 1 PatG findet gegen die Beschlüsse der Prüfungsstellen die Beschwerde statt.

Für die Frage, ob eine Beschwerde statthaft ist, ist es unerheblich, ob die Entscheidung der Prüfungsstelle in Form eines Beschlusses, einer Verfügung oder eines Bescheids ergangen ist. Entscheidend ist vielmehr, ob es sich um eine abschließende, die Rechte des Anmelders berührende Regelung handelt.

Die Beschwerde ist schriftlich beim Deutschen Patent- und Markenamt einzulegen (§ 73 Abs. 2 Satz 1 PatG). Mit Einreichung der Beschwerde wird die Beschwerdegebühr nach dem Patentkostengesetz fällig. Wird die Beschwerdegebühr nicht innerhalb der Beschwerdefrist gezahlt, gilt die Beschwerde als nicht eingelegt (§§ 2, 3, 6 PatKostG).

Die Prüfungsstelle hat eine eingegangene Beschwerde zunächst daraufhin zu prüfen, ob sie zulässig und dann, ob sie sachlich begründet ist. Von dem Ergebnis dieser Prüfung ist es abhängig, ob der Beschwerde abzuhelfen ist. Hält die Prüfungsstelle die Beschwerde für sachlich begründet, muss sie ihr abhelfen (§ 73 Abs. 3 Satz 1 PatG). Die Abhilfe ist jedoch unzulässig, wenn dem Beschwerdeführer ein anderer an dem Verfahren Beteiligter gegenübersteht (§ 73 Abs. 4 PatG). Ein anderer Beteiligter ist z.B. der Antragsgegner im Akteneinsichtsverfahren. Ferner darf nur dann abgeholfen werden, wenn die Beschwerde zulässig ist, d.h., wenn sie frist- und formgerecht eingelegt worden ist.

Die Abhilfe setzt voraus, dass die von der Prüfungsstelle bisher aufgezeigten Zurückweisungsgründe nicht mehr bestehen, beispielsweise weil die Beschwerdebegründung die Prüfungsstelle von der anderen Auffassung überzeugt hat oder weil geforderte Änderungen vorgenommen wurden. Wird der Beschwerde abgeholfen, kann die Prüfungsstelle nach § 73 Abs. 3 Satz 2 PatG anordnen, dass die Beschwerdegebühr zurückgezahlt wird.

Die Rückzahlung der Beschwerdegebühr ist dann anzuordnen, wenn es nicht der Billigkeit entspricht, die Gebühr einzubehalten. Dies ist der Fall, wenn der Beschwerdeführer durch einen offensichtlichen Fehler des Deutschen Patent- und Markenamts veranlasst worden ist, Beschwerde einzulegen. Hiermit sind also Fälle gemeint, in denen die Beschwerde ohne den gerügten Fehler nicht erforderlich gewesen wäre. Gleiches gilt auch dann, wenn die Beschwerde aufgrund einer unzweckmäßigen Handhabung des Verfahrens eingelegt wurde.

Der Beschwerde ist abzuhelfen, wenn sie innerhalb eines Monats nach deren Einlegung mit Gründen und/oder neuen Unterlagen versehen wird und die Prüfung ergibt, dass die Beschwerde begründet ist. Andernfalls ist sie mit Ablauf der Vorlagefrist ohne sachliche Stellungnahme dem Bundespatentgericht vorzulegen (§ 73 Abs. 3 Satz 3 PatG), auch wenn weitere Eingaben angekündigt werden.

4. Besondere Verfahrensarten und Anmeldungsgegenstände

4.1. Behandlung von Zusatzanmeldungen

Die Erteilung eines Zusatzpatents kann innerhalb von 18 Monaten nach dem Anmelde- oder Prioritätstag der Hauptanmeldung beantragt werden (vgl. § 16 Abs. 1 Satz 2 PatG).

Bei der Anmeldung eines Zusatzpatents ist zunächst festzustellen, ob die Hauptanmeldung oder das Hauptpatent noch besteht und ob der Anmelder der Hauptanmeldung und der Zusatzanmelder identisch sind. Die Personenidentität kann noch bis zum Zeitpunkt der Erteilung des Zusatzpatents herbeigeführt werden. Dann ist der Gebührenvorteil für die Zusatzanmeldung ab Beantragung der Erteilung eines Zusatzpatents zu gewähren.

Der Gegenstand der Zusatzanmeldung muss eine Verbesserung oder weitere Ausbildung des Gegenstands des Hauptpatents sein (vgl. § 16 Abs. 1 Satz 2 PatG). Ein Zusatzpatent kann deshalb nur auf solche Gegenstände erteilt werden, die auch zusammen mit dem Gegenstand der Hauptanmeldung als einheitliche Erfindung hätten angemeldet werden können.

4.1.1. Wegfall des Hauptpatents oder der Hauptanmeldung

Fällt das Hauptpatent oder die Hauptanmeldung fort, ist auch das Zusatzverhältnis beendet. Hierbei sind folgende Konstellationen denkbar:

a) Fällt das Hauptpatent durch Widerruf o.a. fort, wird das bisherige Zusatzpatent kraft Gesetzes zu einem selbständigen Patent, § 16 Abs. 2 Satz 1 PatG, und wird gebührenpflichtig. Fälligkeitstag und Jahresbetrag richten sich nach dem Anfangstag des bisherigen Hauptpatents, § 17 Abs. 2 Satz 2 PatG.

b) Fällt das Hauptpatent oder die Hauptanmeldung bei einer Anmeldung auf Erteilung eines Zusatzpatents fort, ist dem Anmelder Gelegenheit zu geben, seinen Antrag umzustellen, nämlich auf Erteilung eines selbständigen Patents. In diesem Fall besteht Nachzahlungspflicht wie für eine von Anfang an selbständige Anmeldung, § 17 Abs. 2 Satz 3 PatG. Wird ein solcher Antrag nicht gestellt, ist die Anmeldung zurückzuweisen.

c) Die Nachzahlungspflicht besteht auch dann, wenn eine Zusatzanmeldung kraft Gesetzes nach §§ 43 Abs. 2 Satz 4, 44 Abs. 3 Satz 2 PatG als Anmeldung eines selbständigen Patents gilt.

4.1.2. Streit über das Vorliegen eines Zusatzverhältnisses

Ist die Prüfungsstelle der Auffassung, dass die Voraussetzungen für die beantragte Erteilung eines Zusatzpatents nicht vorliegen, werden Jahresgebühren für diese Anmeldung vor einer endgültigen Klärung der Streitfrage nicht fällig.

Wird der Antrag auf Erteilung eines Zusatzpatents aufrecht erhalten, ist die Zusatzanmeldung zurückzuweisen, wenn die Prüfungsstelle die Argumente des Anmelders nicht teilt. Schließt sich der Anmelder der Auffassung der Prüfungsstelle an und wandelt er den Antrag auf Erteilung eines Zusatzpatents in einen Antrag auf Erteilung eines selbständigen Patents um, werden die inzwischen aufgelaufenen Gebühren mit Eingang der Erklärung fällig.

Geht die Erklärung erst nach der Zurückweisung der Anmeldung und Einlegung der Beschwerde gegen den Zurückweisungsbeschluss ein und wird der Beschwerde von der Prüfungsstelle daraufhin abgeholfen, beginnt die Zweimonatsfrist zur Zahlung der Gebühren ohne Verspätungszuschlag (vgl. § 7 Abs. 1 Satz 1 PatKostG) nicht bereits mit Eingang der Erklärung, sondern mit der Zustellung des Abhilfebeschlusses. Ist das Verfahren vor dem Bundespatentgericht anhängig und gibt das Bundespatentgericht einem Hilfsantrag auf Erteilung eines selbständigen Patents statt, beginnt die Zweimonatsfrist mit dem Tag der Verkündung oder mit dem Tag der Zustellung der Entscheidung an den Anmelder.

4.1.3. Fälligkeit der laufenden Jahresgebühren

Die besondere Fälligkeit der aufgelaufenen Jahresgebühren hat keinen Einfluss auf die gesetzlich geregelte Fälligkeit der danach entstehenden laufenden Jahresgebühren. Die Fälligkeit dieser Jahresgebühren richtet sich nach § 17 Abs. 1 PatG und §§ 2, 3 Abs. 2, 7 Abs. 1 PatKostG.

4.2. Anmeldungen, die biotechnologische Erfindungen zum Gegenstand haben

4.2.1. Allgemeines

Biotechnologische Erfindungen sind Erfindungen, die ein Erzeugnis zum Gegenstand haben, das aus biologischem Material besteht oder dieses enthält, oder ein Verfahren mit dem biologisches Material hergestellt, bearbeitet oder verwendet wird. Biologisches Material ist ein Material, das genetische Informationen, d.h. seinen Bauplan, enthält und kann sich daher selbst reproduzieren oder in einem biologischen System reproduziert werden. Ein mikrobiologisches Verfahren ist jedes Verfahren, bei dem mikrobiologisches Material verwendet, ein Eingriff in mikrobiologisches Material durchgeführt oder mikrobiologisches Material hervorgebracht wird.

Biotechnologische Erfindungen sind auf der Grundlage des geltenden Patentgesetzes schutzfähig. Durch die Richtlinie 98/44/EG des Europäischen Parlaments und des Rates über den rechtlichen Schutz biotechnologischer Erfindungen vom 6. Juli 1998 (ABl. EG Nr. L 213 S. 13ff.) sollen harmonisierte gemeinschaftsweite Regelungen zur Patentierung derartiger Innovationen festgeschrieben werden. Der Gesetzentwurf der Bundesregierung zur Umsetzung der Richtlinie (Bundestags-Drucksache 15/1709 vom 15. Oktober 2003) wird derzeit in den gesetzgebenden Gremien beraten. Die Vorschriften der Richtlinie 98/44/EG sind bei der Prüfung biotechnologischer Erfindungen ergänzend heranzuziehen.

Mikrobiologische Verfahren und deren Erzeugnisse (§ 2 Nr. 2 Satz 2 PatG) sind auch dann einem Patentschutz zugänglich, wenn an Stelle einer Beschreibung, in der ein wiederholbares Herstellungsverfahren für das anmeldungsgemäß eingesetzte und/oder beanspruchte biologische Material angegeben ist, eine Probe dieses biologischen Materials hinterlegt wird. Die Hinterlegung hat die nach § 34 Abs. 4 PatG vorgeschriebene Offenbarung der Erfindung zu gewährleisten. Die Hinterlegung von biologischem Material, der Zugang hierzu sowie die erneute Hinterlegung von biologischem Material werden in Kapitel IV der Richtlinie 98/44/EG abgehandelt. Zur Umsetzung in nationales Recht soll eine Rechtsverordnung nach § 34 Abs. 8 PatG erlassen werden, die gegenwärtig erarbeitet wird.

Richtet sich die Anmeldung auf ein mikrobiologisches Verfahren selbst, ersetzt die Hinterlegung des Verfahrensprodukts nicht den Nachweis der Wiederholbarkeit dieses Verfahrens (BGH in BlPMZ 1987, 201ff. – Tollwutvirus –). Enthält die Anmeldung jedoch die Beschreibung eines wiederholbaren Herstellungsverfahrens für das biologische Material, bedarf es selbstverständlich keines Nachweises seiner Hinterlegung. Vektoren, wie z.B. Plasmide, müssen nicht hinterlegt werden, wenn entweder ein wiederholbares Herstellungsverfahren oder eine vollständige Nukleotidsequenz angegeben wird. Die vollständige Nukleotidsequenz ist in elektronischer Form vorzulegen (§ 11 PatV i.V.m. Anlage 1).

Eine ordnungsgemäße Hinterlegung für das nationale Patentverfahren kann entweder nach den Grundsätzen der „Bäckerhefe“-Entscheidung (BGH in BlPMZ 1975, 171ff.) oder bei einer international anerkannten Hinterlegungsstelle nach dem Budapester Vertrag über die internationale Anerkennung der Hinterlegung von Mikroorganismen für die Zwecke von Patentverfahren vom 28. April 1977 (im folgenden „Budapester Vertrag“ genannt; BlPMZ 1981, 53ff.) erfolgen. Der wesentliche Unterschied zwischen diesen beiden Möglichkeiten besteht darin, dass es bei einer Hinterlegung nach dem Budapester Vertrag für die Herausgabe einer Probe des biologischen Materials an Dritte keiner gesonderten Freigabeerklärung bedarf. Durch eine hinreichend bestimmte Freigabeerklärung des Hinterlegers muss gewährleistet sein, dass die Öffentlichkeit vom Tag der ersten Veröffentlichung der Anmeldung bzw. des Patents an von dem hinterlegten biologischen Material Kenntnis nehmen kann. Von diesem Tag an muss auch die Möglichkeit des Zugriffs auf diesen Mikroorganismus ausreichend lange sichergestellt sein.

Die Erfordernisse einer Hinterlegung im Einzelnen

4.2.2.1. Hinterlegungszeitpunkt

Das biologische Material ist spätestens am Anmelde- oder Prioritätstag bei einer anerkannten, unparteiischen Hinterlegungsstelle zu hinterlegen. Anerkannt sind zumindest die internationalen Hinterlegungsstellen, die diesen Status nach Artikel 7 des Budapester Vertrags erworben haben.

4.2.2.2. Angaben zur Hinterlegungsstelle und zum hinterlegten biologischen Material

In den ursprünglichen Anmeldeunterlagen müssen stets die Hinterlegungsstelle und die von dieser vergebene oder vom Anmelder dort angegebene Bezeichnung des biologischen Materials enthalten sein. Durch diese Angaben muss eine eindeutige Zuordnung der Anmeldung zum hinterlegten biologischen Material möglich sein. Dies gilt auch dann, wenn der Mikroorganismus bereits von Dritten hinterlegt worden ist (BGH in BlPMZ 1981, 418ff. – Erythronolid –). Die ursprünglichen Unterlagen sollen auch die dem Anmelder bekannten einschlägigen Informationen bezüglich der Eigenschaften des hinterlegten biologischen Materials sowie dessen wissenschaftliche Bezeichnung enthalten.

4.2.2.3. Aufbewahrungsdauer

Die ausreichende Dauer der Aufbewahrung des biologischen Materials durch die Hinterlegungsstelle muss spätestens am Anmeldetag unwiderruflich gewährleistet sein (BPatG in BlPMZ 1987, 402; Mitt. PräsDPA Nr. 14/87 in BlPMZ 1987, 365). Die Aufbewahrungsdauer ist ausreichend, wenn sie Regel 9.1 der Ausführungsordnung zum Budapester Vertrag entspricht (BPatG in BlPMZ 1978, 214f.). Das hinterlegte Material muss mindestens für die gesetzlich mögliche Patentdauer bzw. bis zum möglichen Ablauf eines ergänzenden Schutzzertifikats für Arznei- oder Pflanzenschutzmittel zuzüglich einer angemessenen Nachfrist aufbewahrt werden. Eine Nachfrist von fünf Jahren wird regelmäßig als angemessen angesehen. Die Nachfrist beginnt mit dem Ablauf der gesetzlich möglichen Schutzdauer. Mit jedem innerhalb der Nachfrist von fünf Jahren eingegangenen Antrag eines Dritten auf Abgabe einer Probe beginnt die Nachfrist erneut zu laufen. Die ausreichende Aufbewahrungsdauer muss auch dann am Anmelde- oder Prioritätstag gewährleistet sein, wenn das biologische Material von einem Dritten hinterlegt worden ist (BGH in BlPMZ 1981, 418ff. – Erythronolid –).

4.2.2.4. Abgabe von Proben

Das hinterlegte biologische Material wird durch die Herausgabe von Proben zugänglich gemacht. Der Hinterleger des Materials muss die Hinterlegungsstelle durch eine ihr gegenüber spätestens am Anmeldetag abgegebene Erklärung unwiderruflich ermächtigt haben, vermehrungsfähige Proben des hinterlegten biologischen Materials auszuhändigen, und zwar

a) auf Anforderung jederzeit an die Patenterteilungsbehörde und
b) an jeden Dritten vom Zeitpunkt der ersten Veröffentlichung der Patentanmeldung an. Dies ist der Zeitpunkt der Offenlegung oder, wenn die Erteilung vor der Offenlegung erfolgen sollte, der Zeitpunkt der Erteilung des Patents (BPatG in BlPMZ 1987, 402ff.).

Das hinterlegte biologische Material muss der Verfügungsmacht des Hinterlegers spätestens vom Anmeldetag an unwiderruflich entzogen sein. Der Hinterleger darf für die Dauer der Hinterlegung keinen Anspruch auf Rückgabe des hinterlegten biologischen Materials gegenüber der Hinterlegungsstelle haben. Dementsprechend muss gewährleistet sein, dass die Hinterlegungsstelle einem entsprechenden Verlangen des Hinterlegers nicht stattgibt.

Die Hinterlegungsstelle muss bereit sein, gemäß der Freigabeerklärung des Hinterlegers zu verfahren. Diese Bereitschaft muss nachgewiesen sein.

Der Anmelder kann die Abgabe von Proben beschränken. Er kann bestimmen, dass Dritte eine Probe des hinterlegten biologischen Materials nur dann erhalten, wenn sie sich verpflichten, die Probe einschließlich einer von ihr abgeleiteten Kultur während der Anhängigkeit der Anmeldung und der Dauer des Schutzes weder an andere Personen weiterzugeben noch aus dem Geltungsbereich des Patentgesetzes zu verbringen. Als abgeleitete Kultur ist jede Kultur anzusehen, die noch die für die Ausführung der Erfindung wesentlichen Merkmale des hinterlegten biologischen Materials hat.

Bei einer Hinterlegung nach dem Budapester Vertrag ist eine gesonderte Freigabeerklärung nicht erforderlich. Der Anmelder kann allerdings die Abgabe von Proben im oben dargelegten Umfang beschränken.

4.2.2.5. Nachweis der Hinterlegungserfordernisse

Sofern der Anmeldung die erforderlichen Nachweise über die Hinterlegung nicht beigefügt sind, ist dies – wenn der Mangel offensichtlich ist – im Rahmen der Offensichtlichkeitsprüfung, sonst im Prüfungsverfahren zu beanstanden. Der Anmelder ist dann zur Vorlage geeigneter Nachweise (Hinterlegungsbescheinigung, ggf. gesonderte Freigabeerklärung) aufzufordern.

4.3. Anmeldungen, die DV-Programme oder Regeln enthalten

4.3.1. Patentschutz für Erfindungen mit DV-Programmen, programmbezogenen Verfahren, Regeln oder dergleichen

Erfindungen, die ein DV-Programm, eine Rechen- oder eine Organisationsregel, sonstige Software-Merkmale oder ein programmbezogenes Verfahren enthalten, sind dem Patentschutz grundsätzlich zugänglich, sofern sie eine technische Lehre enthalten. Technisch ist eine Lehre zum planmäßigen Handeln unter Einsatz beherrschbarer Naturkräfte zur Erreichung eines kausal übersehbaren Erfolgs (BGH, zuletzt in BlPMZ 2000, 276, 278 – Sprachanalyseeinrichtung –).

4.3.2. Programme, Regeln als solche

Von der Patentierbarkeit ausgenommen sind gemäß § 1 Abs. 2 PatG unter anderem

a) Pläne, Regeln und Verfahren für gedankliche Tätigkeiten, für Spiele oder für geschäftliche Tätigkeiten (z. B. ein Plan zur Erlernung bestimmter Fähigkeiten, ein Verfahren zur Lösung von Denksportaufgaben oder ein Plan zur Organisation einer kommerziellen Dienstleistung) sowie Programme für Datenverarbeitungsanlagen (siehe dazu Abschnitt 4.3.3.), und
b) die Wiedergabe von Informationen (z. B. Literatur, Nachrichteninhalte).

Die in a) und b) genannten Gegenstände werden kraft Gesetzes nicht als Erfindungen angesehen; dieser Ausschluss gilt jedoch nur, wenn für diese Gegenstände als solche Schutz begehrt wird (§ 1 Abs. 3 PatG), d. h. sie sind nur vom Patentschutz ausgeschlossen, wenn sie losgelöst von einer konkreten Umsetzung beansprucht werden. Soweit sie dagegen zur Lösung eines konkreten technischen Problems Verwendung finden, sind sie – in diesem Zusammenhang – grundsätzlich patentfähig (BGH in Mitt. 2001, 553, 555 – Suche fehlerhafter Zeichenketten –).

Der Ausschluss gilt somit nicht für programmbezogene Erfindungen, d. h. in Programmen enthaltene oder als Verfahren oder Vorrichtung formulierte Anweisungen zum technischen Handeln. Soweit daher technische Verfahren oder Vorrichtungen im Zusammenhang mit den in § 1 Abs. 2 und 3 PatG genannten Gegenständen beansprucht werden, sind diese grundsätzlich patentfähig. Dies gilt insbesondere auch für Programme zur Abarbeitung bestimmter Verfahrensschritte auf den herkömmlichen Gebieten der Technik (vgl. BGH in Mitt. 2001, 553, 555 – Suche fehlerhafter Zeichenketten –).

4.3.3. Der technische Charakter der programmbezogenen Erfindung

Eine programmbezogene Erfindung hat technischen Charakter, wenn zur Lösung des der Erfindung zugrunde liegenden Problems von Naturkräften, technischen Maßnahmen oder technischen Mitteln (z. B. von hydraulischen Kräften, elektrischen Strömen in Schaltelementen und Regeleinrichtungen oder von Signalen in DV-Anlagen) Gebrauch gemacht wird oder wenn der Lösung technische Überlegungen zugrunde liegen (vgl. BGH in BlPMZ 2000, 273, 275 – Logikverifikation –).

Ob das der Fall ist, ist zunächst anhand der Merkmale des Patentanspruchs unter Berücksichtigung des Inhalts der genannten Anmeldungsunterlagen festzustellen.

Hierbei ist vom beanspruchten Gegenstand in seiner Gesamtheit auszugehen. Die einzelnen Merkmale sind nicht isoliert zu betrachten. Alle Merkmale, die zur Lösung des Problems gehören, d. h. alle Merkmale des Patentanspruchs, sind in die Betrachtung einzubeziehen, auch wenn es sich um nichttechnische Merkmale handelt (vgl. auch Abschnitt 3.3.3.2.4.). Der Bezug zur

Technik muss aus dem Patentanspruch hervorgehen (vgl. BGH in BlPMZ 2000, 273, 274 – Logikverifikation –).

Auf der Basis einer wertenden Betrachtung des im Patentanspruch definierten Gegenstands ist festzustellen, ob dabei ein auf ein Verfahren oder ein Programm für Datenverarbeitungsanlagen oder auf eine entsprechende Vorrichtung gerichteter Anmeldungsgegenstand den im § 1 Abs. 1 PatG vorausgesetzten technischen Charakter aufweist. Bei Vorliegen sachgerechter Gründe können dabei einzelne Anspruchsmerkmale unter Berücksichtigung ihres nach fachmännischem Verständnis gegebenen Zusammenhangs unterschiedlich zu gewichten sein. Die Wertung der Technizität darf in ihrem Ergebnis aber nicht davon abhängen, ob der zu beurteilende Vorschlag neu und erfinderisch ist. Sie darf auch nicht einseitig darauf abstellen, was bekannt war und was an der angemeldeten Lehre neuartig ist. Entscheidend ist, wie das, was nach der beanspruchten Lehre im Vordergrund steht, aus der Sicht des Fachmanns zum Anmeldezeitpunkt zu verstehen und einzuordnen ist (vgl. BGH in BlPMZ 2000, 273, 275 – Logikverifikation – m. w. N.). Eine Untersuchung im Hinblick auf Unterschiede zum Stand der Technik findet nicht bereits bei der Prüfung des technischen Charakters des Gegenstands, sondern erst bei der Prüfung seiner Neuheit und der erfinderischen Tätigkeit statt.

4.3.4. Verfahren/Programm/Schaltung/Datenverarbeitungsanlage

Bei programmbezogenen Erfindungen ist der technische Charakter nicht davon abhängig, dass eine feste Schaltungsanordnung (Spezialschaltung) vorliegt. Derselbe Erfindungsgedanke, der einer solchen technischen Anordnung zugrunde liegt, kann auch als Verfahren und zwar als Zusammenwirken von Software mit programmierbarer Hardware patentfähig sein. Entscheidend ist, dass die Erfindung die Lösung des Problems unter Einsatz technischer Mittel oder technischer Überlegungen erfordert und lehrt (vgl. auch Abschnitt 4.3.3.).

Programmbezogene Erfindungen können daher auch dann technischen Charakter haben, wenn die zur Lösung herangezogenen technischen Mittel, also DV-Anlagen bzw. Rechner-, Schalt- oder Steuerelemente, bereits bekannt sind. Unschädlich ist, dass die Elemente für sich genommen jeweils in bekannter Weise arbeiten.

Auch der bestimmungsgemäße Gebrauch einer üblichen DV-Anlage steht dem technischen Charakter eines mittels Programm ausgeführten Verfahrens nicht entgegen. Die prägenden Anweisungen der beanspruchten Lehre müssen dabei der Lösung eines konkreten technischen Problems dienen. Unter diesen Voraussetzungen ist die beanspruchte Lehre dem Patentschutz auch dann zugänglich, wenn sie als Computerprogramm oder in einer sonstigen Erscheinungsform geschützt werden soll, die eine Datenverarbeitungsanlage nutzt (vgl. BGH in Mitt. 2001, 553, 555 – Suche fehlerhafter Zeichenketten –). Dies gilt insbesondere für Herstellungs- und Steuerverfahren von technischen Anlagen, Maschinen und Geräten. So kann z. B. ein programmbezogenes Arbeitsverfahren für eine Steuervorrichtung technisch sein, wenn zur Lösung des Problems nach einer programmierten Anweisung arbeitende bekannte Steuerelemente eingesetzt werden müssen.

Insbesondere weist ein Programm eine technische Lehre auf, wenn es in technische Abläufe eingebunden ist, etwa dergestalt, dass es Messergebnisse aufarbeitet, den Ablauf von Vorgängen überwacht oder in anderer Weise steuernd oder regelnd wirkt. Das ist z. B. der Fall, wenn in einem Antiblockiersystem für Radbremsen Messfühler und Ventile über Steuersignale entsprechend einem programmbezogenen Verfahren verknüpft werden, wobei ein durch das Verhalten eines überwachten Rades ausgelöstes Signal dazu benutzt wird, eine bestimmte Veränderung des Bremsdrucks durch Betätigung eines Ventils zu vollziehen (vgl. BGH in BlPMZ 1981, 70 – Antiblockiersystem –).

Auch wer die automatische Anzeige einer nach einer bestimmten Rechenregel durchgeführten Verknüpfung verschiedener messtechnisch ermittelter Parameter ermöglicht, gibt eine Lehre zum technischen Handeln (vgl. BGH in BlPMZ 1992, 255 – Tauchcomputer –).

Allgemein ist eine programmbezogene Lehre dem Patentschutz zugänglich, wenn sie die Funktionsfähigkeit der DV-Anlage als solche betrifft und damit das unmittelbare Zusammenwirken ihrer Elemente ermöglicht (vgl. BGH in BlPMZ 1991, 345 – Seitenpuffer –).

4.3.5. Formulierung der Lehre im Anspruch

Einer Vorrichtung (Datenverarbeitungsanlage), die in bestimmter Weise programmtechnisch eingerichtet ist, kommt aufgrund ihrer gegenständlichen Ausbildung grundsätzlich technischer Charakter zu. Dies gilt beispielsweise auch dann, wenn auf der Anlage eine Bearbeitung von Texten vorgenommen wird. Für die Beurteilung des technischen Charakters einer Vorrichtung kommt es nicht darauf an, ob mit ihr ein (weiterer) technischer Effekt erzielt wird, ob die

Technik durch sie bereichert wird oder ob sie einen Beitrag zum Stand der Technik leistet (BGH in BlPMZ 2000, 276 – Sprachanalyseeinrichtung –).

Eine in einem gegenständlich formulierten Anspruch enthaltene Lehre ist aber nicht unbedingt schon dadurch patentfähig, dass der Anspruch auf einen körperlichen Gegenstand gerichtet ist. Die Frage der Patentfähigkeit des Anspruchsgegenstands ist nicht allein mit der gewählten Kategorie des Anspruchs zu beantworten. Entscheidend ist vielmehr, was nach der beanspruchten Lehre im Vordergrund steht. Eine vom Patentierungsverbot erfasste Lehre (Computerprogramm als solches) wird nicht schon dadurch patentierbar, dass sie in einer auf einem herkömmlichen Datenträger gespeicherten Form zum Patentschutz angemeldet wird (BGH in Mitt. 2001, 553 – Suche fehlerhafter Zeichenketten –).

Etwas anderes gilt, wenn in einem Patentanspruch vorrichtungsmäßig gekennzeichnete Merkmale der Lösung eines konkreten technischen Problems dienen (vgl. BGH in BlPMZ 2000, 276 – Sprachanalyseeinrichtung –, BGH in Mitt. 2001, 553, 556 – Suche fehlerhafter Zeichenketten –).

4.3.6. Behandlung von Zweifelsfällen

Zur Feststellung des technischen Charakters der Erfindung reicht es aus, wenn die Voraussetzungen der Technizität unter Berücksichtigung der oben genannten Grundsätze glaubhaft gemacht sind. Sprechen somit gute Gründe dafür, dass die Erfindung technisch ist, reichen verbleibende Zweifel zur Verneinung des technischen Charakters in der Regel nicht aus.

4.3.7. Darstellung der Anmeldung

Die Anmeldungen sind in der deutschen Fachsprache abzufassen. Sie können aber die üblichen fremdsprachigen Fachausdrücke aus dem Gebiet der Datenverarbeitung enthalten.

In den Patentansprüchen sind neben oder anstelle von Strukturangaben (schaltungstechnische Details) auch übliche wirkungs- und funktionsbezogene Angaben zulässig.

Die Beschreibung kann durch Diagramme, die den Ablauf der Verarbeitung von Daten betreffen, ergänzt sein. Sie kann einen Datenflussplan, in dem die zeitliche Folge zusammengehöriger Vorgänge an den Daten und den Datenträgern angegeben wird, und einen Programmablaufplan, in dem die Gesamtheit aller beim Programmablauf möglichen Wege dargestellt wird, enthalten.

Kurze Auszüge aus einem Programm für DV-Anlagen in einer üblichen, genau bezeichneten Programmiersprache können in der Beschreibung zugelassen werden, wenn sie der Verdeutlichung dienen.

4.4. Unterlagen für die Offenlegungsschrift

Offenlegungsschriften dienen der Unterrichtung der Öffentlichkeit über das Entstehen möglicher Schutzrechte.

Kann die Offensichtlichkeitsprüfung nicht vor Ablauf der für die Offenlegung maßgebenden Frist (18 Monate, § 31 Abs. 2 Nr. 2 PatG) abgeschlossen werden, wird die Offenlegungsschrift mit unberichtigten Unterlagen gedruckt.

Die Offenlegung ist regelmäßig auch dann durchzuführen, wenn sich die Anmeldung im Beschwerdeverfahren befindet. Ausgenommen davon sind jedoch Beschwerden gegen die Akteneinsicht selbst, deren Zeitpunkt oder den vorgesehenen Inhalt der Offenlegungsschrift.

Die Offenlegungsschrift wird nicht veröffentlicht und der Hinweis gemäß § 32 Abs. 5 PatG unterbleibt, wenn die Patentschrift bereits veröffentlicht worden ist (sog. überrollende Veröffentlichung).

Für die Offenlegung sind grundsätzlich die ursprünglich eingereichten Unterlagen zu verwenden, wenn sie druckfähig sind. Fehlen bei Eingang die Zeichnungen, obwohl die Anmeldung eine Bezugnahme auf Zeichnungen enthält, oder die Zusammenfassung, und werden diese Unterlagen rechtzeitig nachgereicht, sind sie in die Offenlegungsschrift aufzunehmen.

Ist die Anmeldung ganz oder teilweise nicht in deutscher Sprache abgefasst, ist anstelle der fremdsprachigen Unterlagen die deutsche Übersetzung in die Offenlegungsschrift aufzunehmen, wenn sie rechtzeitig eingereicht wurde und den Voraussetzungen des § 14 PatV entspricht. Für den Druck der Offenlegungsschrift sind, nach Prüfung auf offensichtliche Mängel durch den Prüfer, auch solche Unterlagen zu verwenden, die deshalb nachgereicht worden sind, weil die ursprünglichen Unterlagen nicht druckfähig waren oder offensichtliche Fehler aufwiesen, oder die auf Verlangen der Prüfungsstelle zur Behebung eines offensichtlichen Mangels nachgereicht worden sind. Sonstige vom Anmelder unaufgefordert eingereichte neue Unterlagen sind zu den

Akten zu nehmen. Sie werden nicht für die Offenlegungsschrift verwendet, auch dann nicht, wenn der Anmelder dies ausdrücklich beantragt hat. Im letzteren Fall soll dem Anmelder eine kurze Nachricht gegeben werden.

In allen Fällen, in denen der Offenlegungsschrift nicht nur die am Anmeldetag eingegangenen Unterlagen zugrundegelegt werden, ist auf der Titelseite der Offenlegungsschrift der Hinweis anzubringen, dass der Inhalt der Schrift von den am Anmeldetag eingereichten Unterlagen abweicht.

5. Ergänzende Regelungen für die Prüfung von Patentanmeldungen und Patenten mit Ursprung in der früheren DDR

Bei der Prüfung von Patenten und Patentanmeldungen, die ihren Ursprung im Beitrittsgebiet (ehem. DDR) haben und gemäß § 4 Erstreckungsgesetz – ErstrG (BlPMZ 1992, 202) – aus dem Beitrittsgebiet erstreckt worden sind, finden diese Richtlinien mit der Maßgabe Anwendung, dass sich die formellen und materiellen Schutzvoraussetzungen gemäß § 5 ErstrG nach dem Recht der früheren DDR richten.

5.1. Formelle Schutzvoraussetzungen

Soweit formelle Schutzvoraussetzungen in Frage stehen, findet auf Patentanmeldungen, die in der Zeit vom 1. März 1976 bis zum 31. Juli 1986 angemeldet worden sind, die Anordnung über die Erfordernisse für die Ausarbeitung und Einreichung von Erfindungsanmeldungen vom 5. November 1975 (BlPMZ 1976, 174) Anwendung. Patentanmeldungen, die in der Zeit vom 1. August 1986 bis zum 23. August 1990 angemeldet worden sind, unterliegen der Anordnung über die Erfordernisse für die Ausarbeitung und Einreichung von Patentanmeldungen vom 20. Mai 1986 (BlPMZ 1987, 161). Auf die in der Zeit vom 24. August bis zum 2. Oktober 1990 eingereichten Patentanmeldungen ist die Anordnung über die Anmeldung von Patenten vom 27. Juli 1990 (BlPMZ 1990, 412) anzuwenden.

5.2. Materielle Schutzvoraussetzungen

Die materiellen Schutzvoraussetzungen der bis zum 31. Dezember 1983 angemeldeten DD-Patente und Anmeldungen richten sich nach den §§ 1, 4 und 6 des Patentgesetzes für die DDR vom 6. September 1950. Soweit DD-Patente bzw. Anmeldungen in der Zeit vom 1. Januar 1984 bis zum 30. Juni 1990 angemeldet wurden, sind die §§ 5 und 6 des Gesetzes über den Rechtsschutz für Erfindungen (DDR-PatG) vom 27. Oktober 1983 in der bis zum 30. Juni 1990 geltenden Fassung anzuwenden. Die Vorschriften sind entsprechend der Rechtspraxis der früheren DDR auszulegen (vgl. BPatG in GRUR 1993, 733). Bei der Anwendung dieser Rechtsvorschriften ist zu beachten, dass das Grundgesetz nach Art. 1 des Einigungsvertrages seit dem 3. Oktober 1990 im Beitrittsgebiet in Kraft getreten ist. Die genannten Vorschriften sind daher verfassungskonform auszulegen. Ideologisch geprägte Wertvorstellungen und Rechtsmaximen sind daher nicht heranzuziehen. Die Anwendung des § 5 Abs. 5 DDR-PatG entsprach den in der Bundesrepublik Deutschland vorherrschenden Beurteilungskriterien (BPatG in GRUR 1993, 733, 735).

Die materiellen Schutzvoraussetzungen von Patenten bzw. Anmeldungen, die in der Zeit vom 1. Juli 1990 bis zum 2. Oktober 1990 eingereicht worden sind, richten sich nach §§ 5 und 6 des DDR-PatG in der Fassung des Gesetzes zur Änderung des Patentgesetzes und des Gesetzes über Warenkennzeichen vom 29. Juni 1990 (BlPMZ 1990, 347). Mit Rücksicht auf die mit der Neufassung beabsichtigte Annäherung des DDR-Patentrechts an das Recht der Bundesrepublik sind diese Vorschriften möglichst nach bundesrechtlichen Grundsätzen auszulegen. Dies gilt insbesondere für Rechtsbegriffe, die sowohl im Recht der Bundesrepublik als auch im Recht der früheren DDR verwendet werden (z. B. „Neuheit", „gewerbliche Anwendbarkeit", „erfinderische Tätigkeit").

5.3. Sonderregelungen, die die Hinterlegung von Mikroorganismen betreffen

Die Notwendigkeit der Hinterlegung von Mikroorganismen oder anderem vermehrbaren Zellmaterial bestimmt sich bei nach § 4 ErstrG erstreckten Rechten nach § 1 Abs. 1 Nr. 7, Abs. 2 der Anordnung über die Erfordernisse für die Ausarbeitung und Einreichung von Patentanmeldungen vom 20. Mai 1986 (BlPMZ 1987, 161) bzw. nach § 1 Abs. 2 der Anordnung über die Anmeldung von Patenten vom 27. Juli 1990 (BlPMZ 1990, 412). Die Anerkennung einer Hinterlegung ist durch die Anordnung über die Hinterlegung von Mikroorganismen bei der Vornahme von Erfindungsanmeldungen vom 27. September 1979 (BlPMZ 1983, 8) geregelt. Eine vor dem 3. Oktober 1990 bei einer vom früheren Patentamt der DDR anerkannten Hinterlegungsstelle vorgenommene Hinterlegung ist auch dann als ordnungsgemäße Offenbarung der Erfindung anzusehen, wenn die Hinterlegungsstelle den Anforderungen des bundesdeutschen Rechts nicht genügt hätte.

4. Verordnung über den elektronischen Rechtsverkehr im gewerblichen Rechtsschutz (ERvGewRV)

Vom 5. August 2003

(BGBl. I S. 1558)

FNA 424-1-8

Auf Grund des § 125a Abs. 2 Satz 1 des Patentgesetzes in der Fassung der Bekanntmachung vom 16. Dezember 1980 (BGBl. 1981 I S. 1), der durch Artikel 4 Abs. 1 Nr. 2 des Gesetzes vom 19. Juli 2002 (BGBl. I S. 2681) eingefügt worden ist, und des § 95a Abs. 2 Satz 1 des Markengesetzes vom 25. Oktober 1994 (BGBl. I S. 3082, 1995 I S. 156, 1996 I S. 682), der durch Artikel 4 Abs. 3 Nr. 2 des Gesetzes vom 19. Juli 2002 (BGBl. I S. 2681) eingefügt worden ist, verordnet das Bundesministerium der Justiz:

§ 1 Zulassung der elektronischen Form

(1) Beim Deutschen Patent- und Markenamt können elektronische Dokumente in folgenden Verfahren eingereicht werden:

1. Anmeldungen von Patenten,
2. Beschwerdeverfahren in Markensachen.

(2) Beim Bundespatentgericht können elektronische Dokumente in folgenden Verfahren eingereicht werden:

1. Nichtigkeitsverfahren in Patentsachen,
2. Beschwerdeverfahren in Markensachen.

(3) Beim Bundesgerichtshof können elektronische Dokumente in folgenden Verfahren eingereicht werden:

1. Verfahren nach dem Patentgesetz,
2. Verfahren nach dem Markengesetz.

§ 2 Art und Weise der Einreichung

(1) Die elektronischen Dokumente sind in der aus der Anlage ersichtlichen Art und Weise einzureichen.

(2) [1]Abweichend von Absatz 1 können Anmeldungen von Patenten beim Deutschen Patent- und Markenamt auch unter Verwendung des für deutsche Anmeldungen entwickelten Anmeldesystems (DE-Modul) der vom Europäischen Patentamt herausgegebenen Software epoline eingereicht werden. [2]Die jeweils im Amtsblatt des Europäischen Patentamts bekannt gemachten technischen Bedingungen finden Anwendung.

§ 3 Inkrafttreten

(1) Diese Verordnung tritt vorbehaltlich des Absatzes 2 am 15. Oktober 2003 in Kraft.

(2) [1]§ 2 Abs. 2 tritt zu dem Zeitpunkt in Kraft, zu dem die Funktionsfähigkeit des Anmeldesystems hergestellt ist. [2]Das Bundesministerium der Justiz gibt den Tag des Inkrafttretens* im Bundesgesetzblatt bekannt.

Anlage
(zu § 2 Abs. 1)

1. Die elektronischen Dokumente sind zu übermitteln:
   a) an das Deutsche Patent- und Markenamt:
      aa) als Dateianhang an eine elektronische Nachricht (E-Mail) mittels des Protokolls SMTP (Simple Mail Transfer Protocol),

---

* Inkrafttreten gem. Bek. v. 25. 2. 2004 (BGBl. I S. 331) am 4. 2. 2004.

bb) im Wege der Datei-Übertragung mittels des Protokolls SOAP (Simple Object Access Protocol) über HTTP (Hyper Text Transfer Protocol) oder
cc) auf Datenträger;
b) an die Gerichte:
aa) als Dateianhang an eine elektronische Nachricht (E-Mail) mittels des Protokolls SMTP (Simple Mail Transfer Protocol) oder
bb) im Wege der Datei-Übertragung mittels des Protokolls HTTP-S (Hyper Text Transfer Protocol Secure).

2. Elektronische Nachrichten dürfen beim Deutschen Patent- und Markenamt, dem Bundespatentgericht und dem Bundesgerichtshof nur an die veröffentlichten Eingangsadressen übermittelt werden. Bei der Übertragung der Nachrichten soll, sofern bekannt, das Aktenzeichen angegeben werden, bei verfahrenseinleitenden elektronischen Dokumenten statt dessen die einschlägige Verfahrensart. Bei der Übermittlung als elektronische Nachricht sollen diese Angaben aus dem Betreff der Nachricht ersichtlich sein.
3. Zur qualifizierten elektronischen Signatur ist die von der DATEV eG, 90329 Nürnberg, vertriebene Software GERVA ab Version 1.12 zu verwenden. Die Verwendung einer anderen Software ist zulässig, wenn die qualifizierte elektronische Signatur mit Hilfe von GERVA ab Version 1.12 oder ein hierzu kompatibles Produkt verifiziert werden kann. Die Signatur soll nur den Dateianhang einbeziehen, nicht die elektronische Nachricht selbst. Mehrere Dateianhänge sollen einzeln signiert werden.
4. Die Nachricht kann zur Übermittlung verschlüsselt werden. Hierzu sind die vom Deutschen Patent- und Markenamt oder den Gerichten bekannt gegebenen öffentlichen Schlüssel und Zertifikate zu verwenden. Soweit die Nachricht zum Zwecke der Transportsicherung mit einer elektronischen Signatur versehen wird, ist für diese – ebenso wie für eine mögliche Verschlüsselung – die Software GERVA ab Version 1.12 oder ein hierzu kompatibles Produkt zu verwenden.
5. Das elektronische Dokument muss eines der folgenden Formate aufweisen:
a) bei Übermittlung an das Deutsche Patent- und Markenamt:
XML (Extensive Markup Language), das gegenüber einer von den Eingangsstellen zur Verfügung gestellten DTD (Document Type Definition) gültig ist;
b) bei Übermittlung an die Gerichte:
aa) Adobe PDF (Portable Document Format) Version 1.0 bis 1.3,
bb) Microsoft Word 97 oder 2000 (Version 8 oder 9),
cc) Microsoft RTF (Rich Text Format) Version 1.0 bis 1.6, ohne Erweiterungen für Microsoft Word 2000,
dd) HTML (Hypertext Markup Language), sofern mit Microsoft Internet Explorer 5.x darstellbar,
ee) XML (Extensible Markup Language), sofern mit Microsoft Internet Explorer 5.x darstellbar, oder
ff) ASCII (American Standard Code for Information Interchange).
6. a) Der Dateiname des elektronischen Dokumentes soll enthalten:
aa) das gerichtliche oder behördliche Aktenzeichen, bei Neueingängen die Bezeichnung der Verfahrensart,
bb) eine schlagwortartige Bezeichnung des Inhalts,
cc) die Kurzbezeichnung der Parteinamen und
dd) das Datum im Format JJJJ-MM-TT.
b) Zu einem Dokument gehörige Anlagen, die in einer separaten Datei übermittelt werden, sollen denselben Dateinamen erhalten wie das Hauptdokument, erweitert um die Bezeichnung „Anlage“ und eine dreistellige fortlaufende Nummer.
7. Zur Sicherung der Authentizität kann die qualifizierte elektronische Signatur abweichend von Nummer 3 an einer Datei vorgenommen werden, die das elektronische Dokument als Grafik darstellt. Die Grafik muss mit der Software GERVA ab Version 1.12 darstellbar sein.
8. Bei der Übersendung können mehrere Dateien in einer Archivdatei des Formats ZIP, Version vom 13. Juli 1998, zusammengefasst werden. Das ZIP-Archiv darf keine anderen ZIP-Archive und keine Verzeichnisstrukturen enthalten. In einem ZIP-Archiv sollen nur inhaltlich zusammengehörige Dateien abgelegt werden.

5. Verordnung zur Ausführung des Gebrauchsmustergesetzes (Gebrauchsmusterverordnung – GebrMV)

Vom 11. Mai 2004
(BGBl. I S. 890)

FNA 421-1-5

geänd. durch Art. 4 ÄndVO v. 17. 12. 2004 (BGBl. I S. 3532)

Auf Grund des § 4 Abs. 4 des Gebrauchsmustergesetzes in der Fassung der Bekanntmachung vom 28. August 1986 (BGBl. I S. 1455), der zuletzt durch Artikel 8 Nr. 1 Buchstabe a des Gesetzes vom 13. Dezember 2001 (BGBl. I S. 3656) geändert worden ist, in Verbindung mit Artikel 29 des Gesetzes vom 13. Dezember 2001 (BGBl. I S. 3656) sowie in Verbindung mit § 1 Abs. 2 der DPMA-Verordnung vom 1. April 2004 (BGBl. I S. 514) verordnet das Deutsche Patent- und Markenamt:

Inhaltsübersicht

Abschnitt 1. Allgemeines

§ 1 Anwendungsbereich

(1) Für die im Gebrauchsmustergesetz geregelten Verfahren vor dem Deutschen Patent- und Markenamt (Gebrauchsmusterangelegenheiten) gelten ergänzend zu den Bestimmungen des Gebrauchsmustergesetzes und der DPMA-Verordnung die Bestimmungen dieser Verordnung.

(2) DIN-Normen, auf die in dieser Verordnung verwiesen wird, sind im Beuth-Verlag GmbH, Berlin und Köln, erschienen und beim Deutschen Patent- und Markenamt archivmäßig gesichert niedergelegt.

Abschnitt 2. Gebrauchsmusteranmeldungen

§ 2 Form der Einreichung

Erfindungen, für die der Schutz als Gebrauchsmuster verlangt wird (§ 1 Abs. 1 des Gebrauchsmustergesetzes), sind beim Deutschen Patent- und Markenamt schriftlich anzumelden.

§ 3 Eintragungsantrag

(1) Der Antrag auf Eintragung des Gebrauchsmusters (§ 4 Abs. 3 Nr. 2 des Gebrauchsmustergesetzes) muss auf dem vom Deutschen Patent- und Markenamt vorgeschriebenen Formblatt eingereicht werden.

(2) Der Antrag muss enthalten:

1. folgende Angaben zum Anmelder:
   a) ist der Anmelder eine natürliche Person, den Vornamen und Familiennamen oder, falls die Eintragung unter der Firma des Anmelders erfolgen soll, die Firma, wie sie im Handelsregister eingetragen ist;

b) ist der Anmelder eine juristische Person oder eine Personengesellschaft, den Namen dieser Person oder Gesellschaft; die Bezeichnung der Rechtsform kann auf übliche Weise abgekürzt werden. Sofern die juristische Person oder Personengesellschaft in einem Register eingetragen ist, muss der Name entsprechend dem Registereintrag angegeben werden;
dabei muss klar ersichtlich sein, ob das Gebrauchsmuster für eine oder mehrere Personen oder Gesellschaften, für den Anmelder unter der Firma oder unter dem bürgerlichen Namen angemeldet wird. Bei einer Gesellschaft bürgerlichen Rechts sind auch der Name und die Anschrift mindestens eines vertretungsberechtigten Gesellschafters anzugeben;

c) Wohnsitz oder Sitz und die Anschrift (Straße und Hausnummer, Postleitzahl, Ort);

2. eine kurze und genaue technische Bezeichnung des Gegenstands des Gebrauchsmusters (keine Marken- oder sonstige Fantasiebezeichnung);
3. die Erklärung, dass für die Erfindung die Eintragung eines Gebrauchsmusters beantragt wird;
4. falls ein Vertreter bestellt worden ist, seinen Namen und seine Anschrift;
5. die Unterschrift aller Anmelder oder deren Vertreter;
6. falls die Anmeldung eine Teilung (§ 4 Abs. 6 des Gebrauchsmustergesetzes) oder eine Ausscheidung aus einer Gebrauchsmusteranmeldung betrifft, die Angabe des Aktenzeichens und des Anmeldetags der Stammanmeldung;
7. falls der Anmelder für dieselbe Erfindung mit Wirkung für die Bundesrepublik Deutschland bereits früher ein Patent beantragt hat und dessen Anmeldetag in Anspruch nehmen will, eine entsprechende Erklärung, die mit der Gebrauchsmusteranmeldung abgegeben werden muss (§ 5 Abs. 1 des Gebrauchsmustergesetzes – Abzweigung).

(3) [1] Hat der Anmelder seinen Wohnsitz oder Sitz im Ausland, so ist bei der Angabe der Anschrift nach Absatz 2 Nr. 1 Buchstabe c außer dem Ort auch der Staat anzugeben. [2] Außerdem können gegebenenfalls Angaben zum Bezirk, zur Provinz oder zum Bundesstaat gemacht werden, in dem der Anmelder seinen Wohnsitz oder Sitz hat oder dessen Rechtsordnung er unterliegt.

(4) Hat das Deutsche Patent- und Markenamt dem Anmelder eine Anmeldernummer zugeteilt, so soll diese in der Anmeldung genannt werden.

(5) Hat das Deutsche Patent- und Markenamt dem Vertreter eine Vertreternummer oder die Nummer einer allgemeinen Vollmacht zugeteilt, so soll diese angegeben werden.

(6) Unterzeichnen Angestellte für ihren anmeldenden Arbeitgeber, so ist die Zeichnungsbefugnis glaubhaft zu machen; auf beim Deutschen Patentund Markenamt für die Unterzeichner hinterlegte Angestelltenvollmachten ist unter Angabe der hierfür mitgeteilten Kennnummer hinzuweisen.

§ 4 Anmeldungsunterlagen

(1) Die Schutzansprüche, die Beschreibung und die Zeichnungen sind auf gesonderten Blättern und jeweils in zwei Stücken einzureichen.

(2) [1] Die Anmeldungsunterlagen müssen deutlich erkennen lassen, zu welcher Anmeldung sie gehören. [2] Ist das amtliche Aktenzeichen mitgeteilt worden, so ist es auf allen später eingereichten Eingaben anzugeben.

(3) Die Anmeldungsunterlagen dürfen keine Mitteilungen enthalten, die andere Anmeldungen betreffen.

(4) Die Unterlagen müssen folgende Voraussetzungen erfüllen:

1. Als Blattgröße ist nur das Format DIN A4 zu verwenden. Die Blätter sind im Hochformat und nur einseitig und mit $1^1/_2$-Zeilenabstand zu beschriften. Für die Zeichnungen können die Blätter auch im Querformat verwendet werden, wenn es sachdienlich ist.
2. Als Mindestränder sind auf den Blättern des Antrags, der Schutzansprüche und der Beschreibung folgende Flächen unbeschriftet zu lassen:
   Oberer Rand 2 Zentimeter,
   linker Seitenrand 2,5 Zentimeter,
   rechter Seitenrand 2 Zentimeter,
   unterer Rand 2 Zentimeter.
   Die Mindestränder können den Namen, die Firma oder die sonstige Bezeichnung des Anmelders und das Aktenzeichen der Anmeldung enthalten.
3. Es sind ausschließlich Schreibmaschinenschrift, Druckverfahren oder andere technische Verfahren zu verwenden. Symbole, die auf der Tastatur der Maschine nicht vorhanden sind, können handschriftlich eingefügt werden.

4. Das feste, nicht durchscheinende Schreibpapier darf nicht gefaltet oder gefalzt werden und muss frei von Knicken, Rissen, Änderungen, Radierungen und dergleichen sein.
5. Gleichmäßig für die gesamten Unterlagen sind schwarze, saubere, scharf konturierte Schriftzeichen und Zeichnungsstriche mit ausreichendem Kontrast zu verwenden. Die Buchstaben der verwendeten Schrift müssen deutlich voneinander getrennt sein und dürfen sich nicht berühren.

§ 5 Schutzansprüche

(1) [1]In den Schutzansprüchen kann das, was als gebrauchsmusterfähig unter Schutz gestellt werden soll (§ 4 Abs. 3 Nr. 3 des Gebrauchsmustergesetzes), einteilig oder nach Oberbegriff und kennzeichnendem Teil geteilt (zweiteilig) gefasst sein. [2]In beiden Fällen kann die Fassung nach Merkmalen gegliedert sein.

(2) [1]Wird die zweiteilige Anspruchsfassung gewählt, sind in den Oberbegriff die Merkmale der Erfindung aufzunehmen, von denen die Erfindung als Stand der Technik ausgeht; in den kennzeichnenden Teil sind die Merkmale der Erfindung aufzunehmen, für die in Verbindung mit den Merkmalen des Oberbegriffs Schutz begehrt wird. [2]Der kennzeichnende Teil ist mit den Worten „dadurch gekennzeichnet, dass" oder „gekennzeichnet durch" oder einer sinngemäßen Wendung einzuleiten.

(3) [1]Werden Schutzansprüche nach Merkmalen oder Merkmalsgruppen gegliedert, so ist die Gliederung dadurch äußerlich hervorzuheben, dass jedes Merkmal oder jede Merkmalsgruppe mit einer neuen Zeile beginnt. [2]Den Merkmalen oder Merkmalsgruppen sind deutlich vom Text abgesetzte Gliederungszeichen voranzustellen.

(4) Im ersten Schutzanspruch (Hauptanspruch) sind die wesentlichen Merkmale der Erfindung anzugeben.

(5) [1]Eine Anmeldung kann mehrere unabhängige Schutzansprüche (Nebenansprüche) enthalten, soweit der Grundsatz der Einheitlichkeit gewahrt ist (§ 4 Abs. 1 Satz 2 des Gebrauchsmustergesetzes). [2]Absatz 4 ist entsprechend anzuwenden.

(6) [1]Zu jedem Haupt- bzw. Nebenanspruch können ein oder mehrere Schutzansprüche (Unteransprüche) aufgestellt werden, die sich auf besondere Ausführungsarten der Erfindung beziehen. [2]Unteransprüche müssen eine Bezugnahme auf mindestens einen der vorangehenden Schutzansprüche enthalten. [3]Sie sind so weit wie möglich und auf die zweckmäßigste Weise zusammenzufassen.

(7) Werden mehrere Schutzansprüche aufgestellt, so sind sie fortlaufend mit arabischen Ziffern zu nummerieren.

(8) Die Schutzansprüche dürfen, wenn dies nicht unbedingt erforderlich ist, im Hinblick auf die technischen Merkmale der Erfindung keine Bezugnahmen auf die Beschreibung oder die Zeichnungen enthalten, z.B. „wie beschrieben in Teil ... der Beschreibung" oder „wie in Abbildung ... der Zeichnung dargestellt".

(9) Enthält die Anmeldung Zeichnungen, so sollen die in den Schutzansprüchen angegebenen Merkmale mit ihren Bezugszeichen versehen sein, wenn dies das Verständnis des Schutzanspruchs erleichtert.

§ 6 Beschreibung

(1) Am Anfang der Beschreibung (§ 4 Abs. 3 Nr. 4 des Gebrauchsmustergesetzes) ist als Titel die im Antrag angegebene Bezeichnung des Gegenstands des Gebrauchsmusters (§ 3 Abs. 2 Nr. 2) anzugeben.

(2) In der Beschreibung sind ferner anzugeben:

1. das technische Gebiet, zu dem die Erfindung gehört, soweit es sich nicht aus den Schutzansprüchen oder den Angaben zum Stand der Technik ergibt;
2. der dem Anmelder bekannte Stand der Technik, der für das Verständnis der Erfindung und deren Schutzfähigkeit in Betracht kommen kann, unter Angabe der dem Anmelder bekannten Fundstellen;
3. das der Erfindung zugrunde liegende Problem, sofern es sich nicht aus der angegebenen Lösung oder den zu Nummer 6 gemachten Angaben ergibt, insbesondere dann, wenn es zum Verständnis der Erfindung oder für ihre nähere inhaltliche Bestimmung unentbehrlich ist;
4. die Erfindung, für die in den Schutzansprüchen Schutz begehrt wird;

5. in welcher Weise die Erfindung gewerblich anwendbar ist, wenn es sich aus der Beschreibung oder der Art der Erfindung nicht offensichtlich ergibt;
6. gegebenenfalls vorteilhafte Wirkungen der Erfindung unter Bezugnahme auf den in der Anmeldung genannten Stand der Technik;
7. wenigstens ein Weg zum Ausführen der beanspruchten Erfindung im Einzelnen, gegebenenfalls erläutert durch Beispiele und anhand der Zeichnungen unter Verwendung der entsprechenden Bezugszeichen.

(3) [1]In die Beschreibung sind keine Markennamen, Fantasiebezeichnungen oder solche Angaben aufzunehmen, die zum Erläutern der Erfindung offensichtlich nicht notwendig sind. [2]Wiederholungen von Schutzansprüchen oder Anspruchsteilen können durch Bezugnahme auf diese ersetzt werden.

§ 7 Zeichnungen

(1) [1]Die Zeichnungen sind auf Blättern mit folgenden Mindesträndern auszuführen:

Oberer Rand 2,5 Zentimeter,
linker Seitenrand 2,5 Zentimeter,
rechter Seitenrand 1,5 Zentimeter,
unterer Rand 1 Zentimeter.

[2]Die für die Abbildungen benutzte Fläche darf 26,2 Zentimeter × 17 Zentimeter nicht überschreiten.

(2) [1]Ein Zeichnungsblatt kann mehrere Zeichnungen (Figuren) enthalten. [2]Sie sollen ohne Platzverschwendung, aber eindeutig voneinander getrennt und möglichst in Hochformat angeordnet und mit arabischen Ziffern fortlaufend nummeriert werden. [3]Den Stand der Technik betreffende Zeichnungen, die dem Verständnis der Erfindung dienen, sind zulässig; sie müssen jedoch deutlich mit dem Vermerk „Stand der Technik" gekennzeichnet sein.

(3) [1]Zur Darstellung der Erfindung können neben Ansichten und Schnittzeichnungen auch perspektivische Ansichten oder Explosionsdarstellungen verwendet werden. [2]Querschnitte sind durch Schraffierungen kenntlich zu machen, die die Erkennbarkeit der Bezugszeichen und Führungslinien nicht beeinträchtigen dürfen.

(4) [1]Die Linien der Zeichnungen sollen nicht freihändig, sondern mit Zeichengeräten gezogen werden. [2]Die für die Zeichnungen verwendeten Ziffern und Buchstaben müssen mindestens 0,32 Zentimeter hoch sein. [3]Für die Beschriftung der Zeichnungen sind lateinische und, soweit in der Technik üblich, andere Buchstaben zu verwenden.

(5) [1]Die Zeichnungen sollen mit Bezugszeichen versehen werden, die in der Beschreibung und/oder in den Schutzansprüchen erläutert worden sind. [2]Gleiche Teile müssen in allen Abbildungen gleiche Bezugszeichen erhalten, die mit den Bezugszeichen in der Beschreibung und den Schutzansprüchen übereinstimmen müssen.

(6) Die Zeichnungen dürfen keine Erläuterungen enthalten; ausgenommen sind kurze unentbehrliche Angaben wie „Wasser", „Dampf", „offen", „zu", „Schnitt nach A-B" sowie in elektrischen Schaltplänen und Blockschaltbildern kurze Stichworte, die für das Verständnis notwendig sind.

§ 8 Abzweigung

(1) [1]Hat der Anmelder mit Wirkung für die Bundesrepublik Deutschland für dieselbe Erfindung bereits früher ein Patent angemeldet, so kann er mit der Gebrauchsmusteranmeldung die Erklärung abgeben, dass der für die Patentanmeldung maßgebende Anmeldetag in Anspruch genommen wird. [2]Ein für die Patentanmeldung beanspruchtes Prioritätsrecht bleibt für die Gebrauchsmusteranmeldung erhalten. [3]Das Recht nach Satz 1 kann bis zum Ablauf von zwei Monaten nach dem Ende des Monats, in dem die Patentanmeldung erledigt oder ein etwaiges Einspruchsverfahren abgeschlossen ist, jedoch längstens bis zum Ablauf des zehnten Jahres nach dem Anmeldetag der Patentanmeldung ausgeübt werden (§ 5 Abs. 1 des Gebrauchsmustergesetzes). [4]Die Inanspruchnahme des Anmeldetags der früheren Patentanmeldung ist nur möglich, wenn die Patentanmeldung nach dem 31. Dezember 1986 eingereicht worden ist (Artikel 4 Nr. 2 des Gesetzes zur Änderung des Gebrauchsmustergesetzes vom 15. August 1986, BGBl. I S. 1446).

(2) Der Abschrift der fremdsprachigen Patentanmeldung (§ 5 Abs. 2 des Gebrauchsmustergesetzes) ist eine deutsche Übersetzung beizufügen, es sei denn, die Anmeldungsunterlagen stellen bereits die Übersetzung der fremdsprachigen Patentanmeldung dar.

§ 9 Deutsche Übersetzungen

(1) [1]Deutsche Übersetzungen von Schriftstücken, die zu den Unterlagen der Anmeldung zählen, müssen von einem Rechtsanwalt oder Patentanwalt beglaubigt oder von einem öffentlich bestellten Übersetzer angefertigt sein. [2]Die Unterschrift des Übersetzers ist öffentlich beglaubigen zu lassen (§ 129 des Bürgerlichen Gesetzbuchs), ebenso die Tatsache, dass der Übersetzer für derartige Zwecke öffentlich bestellt ist.

(2) Deutsche Übersetzungen von

1. Prioritätsbelegen, die gemäß der revidierten Pariser Verbandsübereinkunft zum Schutz des gewerblichen Eigentums (BGBl. 1970 II S. 391) vorgelegt werden, oder
2. Abschriften früherer Anmeldungen (§ 6 Abs. 2 des Gebrauchsmustergesetzes in Verbindung mit § 41 Abs. 1 Satz 1 des Patentgesetzes)

sind nur auf Anforderung des Deutschen Patent- und Markenamts einzureichen.

(3) Deutsche Übersetzungen von Schriftstücken,

1. nicht zu den Unterlagen der Anmeldung zählen und
2. in englischer, französischer, italienischer oder spanischer Sprache eingereicht wurden,

sind nur auf Anforderung des Deutschen Patent- und Markenamts nachzureichen.

(4) Werden fremdsprachige Schriftstücke, die nicht zu den Unterlagen der Anmeldung zählen, in anderen Sprachen als in Absatz 3 Nr. 2 aufgeführt eingereicht, so sind Übersetzungen in die deutsche Sprache innerhalb eines Monats nach Eingang der Schriftstücke nachzureichen.

(5) [1]Die Übersetzung nach Absatz 3 oder Absatz 4 muss von einem Rechtsanwalt oder Patentanwalt beglaubigt oder von einem öffentlich bestellten Übersetzer angefertigt sein. [2]Wird die Übersetzung nicht fristgerecht eingereicht, so gilt das fremdsprachige Schriftstück als zum Zeitpunkt des Eingangs der Übersetzung zugegangen.

Abschnitt 3. Schlussvorschriften

§ 10 Übergangsregelung aus Anlass des Inkrafttretens dieser Verordnung

Für Gebrauchsmusteranmeldungen, die vor Inkrafttreten dieser Verordnung eingereicht worden sind, gelten die Vorschriften der Gebrauchsmusteranmeldeverordnung vom 12. November 1986 (BGBl. I S. 1739), zuletzt geändert durch Artikel 22 des Gesetzes vom 13. Dezember 2001 (BGBl. I S. 3656).

§ 11 Übergangsregelung für künftige Änderungen

Für Gebrauchsmusteranmeldungen, die vor Inkrafttreten von Änderungen dieser Verordnung eingereicht worden sind, gelten die Vorschriften dieser Verordnung in ihrer bis dahin geltenden Fassung.

§ 12 Inkrafttreten, Außerkrafttreten

[1]Diese Verordnung tritt am 1. Juni 2004 in Kraft. [2]Gleichzeitig treten

1. die Gebrauchsmusteranmeldeverordnung vom 12. November 1986 (BGBl. I S. 1739), zuletzt geändert durch Artikel 22 des Gesetzes vom 13. Dezember 2001 (BGBl. I S. 3656), und
2. die Vierte Verordnung zur Änderung der Gebrauchsmusteranmeldeverordnung vom 10. Juni 1996 (BGBl. I S. 846)

außer Kraft.

6. Gesetz über die Kosten des Deutschen Patent- und Markenamts und des Bundespatentgerichts (Patentkostengesetz – PatKostG)

Vom 13. Dezember 2001*

(BGBl. I S. 3656)

FNA 424-4-9

geänd. durch Art. 21 Abs. 1 Geistiges Eigentum-Kostenregelungs-BereinigungsG v. 13. 12. 2001 (BGBl. I S. 3656, insoweit geänd. durch G v. 12. 3. 2004, BGBl. I S. 390), Art. 4 Abs. 4 Transparenz- und PublizitätsG v. 19. 7. 2002 (BGBl. I S. 2681), Art. 2 G zur Änd. des G über internationale Patentübereinkommen v. 10. 12. 2003 (BGBl. I S. 2470), Art. 2 Abs. 12 GeschmacksmusterreformG v. 12. 3. 2004 (BGBl. I S. 390), Art. 4 Abs. 47 KostenrechtsmodernisierungsG v. 5. 5. 2004 (BGBl. I S. 718) und Art. 3 G zur Änd. des PatentG und anderer Vorschriften des gewerbl. Rechtsschutzes v. 9. 12. 2004 (BGBl. I S. 3232)

Nichtamtliche Inhaltsübersicht

§ 1 Geltungsbereich, Verordnungsermächtigungen

(1) [1]Die Gebühren des Deutschen Patent- und Markenamts und des Bundespatentgerichts werden, soweit gesetzlich nichts anderes bestimmt ist, nach diesem Gesetz erhoben. [2]Für Auslagen in Verfahren vor dem Bundespatentgericht ist das Gerichtskostengesetz anzuwenden.

(2) [1]Das Bundesministerium der Justiz wird ermächtigt, durch Rechtsverordnung, die nicht der Zustimmung des Bundesrates bedarf, zu bestimmen,

1. dass in Verfahren vor dem Deutschen Patent- und Markenamt neben den nach diesem Gesetz erhobenen Gebühren auch Auslagen sowie Verwaltungskosten (Gebühren und Auslagen für Bescheinigungen, Beglaubigungen, Akteneinsicht und Auskünfte und sonstige Amtshandlungen) erhoben werden und
2. welche Zahlungswege für die an das Deutsche Patent- und Markenamt und das Bundespatentgericht zu zahlenden Kosten (Gebühren und Auslagen) gelten und Bestimmungen über den Zahlungstag zu treffen.

§ 2 Höhe der Gebühren

(1) Gebühren werden nach dem Gebührenverzeichnis der Anlage zu diesem Gesetz erhoben.

(2) [1]Für Klagen und einstweilige Verfügungen vor dem Bundespatentgericht richten sich die Gebühren nach dem Streitwert. [2]Die Höhe der Gebühr bestimmt sich nach § 34 des Gerichtskostengesetzes. [3]Der Mindestbetrag einer Gebühr beträgt 121 Euro. [4]Für die Festsetzung des Streitwerts gelten die Vorschriften des Gerichtskostengesetzes entsprechend. [5]Die Regelungen über die Streitwertherabsetzung (§ 144 des Patentgesetzes und § 26 des Gebrauchsmustergesetzes) sind entsprechend anzuwenden.

§ 3 Fälligkeit der Gebühren[1]

(1) [1]Die Gebühren werden mit der Einreichung einer Anmeldung, eines Antrags, der Einlegung eines Einspruchs, einer Erinnerung, eines Widerspruchs oder einer Beschwerde, der Ein-

---

* Verkündet als Art. 1 Geistiges Eigentum-Kostenregelungs-BereinigungsG v. 13. 12. 2001 (BGBl. I S. 3656); Inkrafttreten gem. Art. 30 Abs. 1 dieses G am 1. 1. 2002; Vorschriften, die zum Erlass von Rechtsverordnungen ermächtigen, treten gem. Art. 30 Abs. 2 Nr. 5 dieses G am 20. 12. 2001 in Kraft.

[1] Zur voraussichtlichen Änderung des § 3 Abs. 1 PatKostG durch das **G zur Änderung des patentrechtlichen Einspruchsverfahrens und des PatKostG** s. Art. 6 Ziff. 1 des RegE (BT-Drs. 16/735 vom 21. 2. 2006), abgedruckt im *Anhang Vor 1.*

reichung der Klage oder mit der Abgabe der entsprechenden Erklärung zu Protokoll fällig, soweit gesetzlich nichts anderes bestimmt ist.

(2) [1] Die Jahresgebühren für Patente, Schutzzertifikate und Patentanmeldungen und die Verlängerungsgebühren für Marken sowie die Aufrechterhaltungsgebühren für Gebrauchsmuster und Geschmacksmuster sind jeweils für die folgende Schutzfrist am letzten Tag des Monats fällig, der durch seine Benennung dem Monat entspricht, in den der Anmeldetag fällt. [2] Wird ein Gebrauchsmuster erst nach Beendigung der ersten oder einer folgenden Schutzfrist eingetragen, so ist die Aufrechterhaltungsgebühr am letzten Tag des Monats fällig, in dem die Eintragung im Register bekannt gemacht ist.

§ 4 Kostenschuldner

(1) [1] Zur Zahlung der Kosten ist verpflichtet,

1. wer die Amtshandlung veranlasst oder zu wessen Gunsten sie vorgenommen wird;
2. wem durch Entscheidung des Deutschen Patent- und Markenamts oder des Bundespatentgerichts die Kosten auferlegt sind;
3. wer die Kosten durch eine gegenüber dem Deutschen Patent- und Markenamt oder dem Bundespatentgericht abgegebene oder dem Deutschen Patent- und Markenamt oder dem Bundespatentgericht mitgeteilte Erklärung übernommen hat;
4. wer für die Kostenschuld eines anderen kraft Gesetzes haftet.

(2) Mehrere Kostenschuldner haften als Gesamtschuldner.

(3) [1] Soweit ein Kostenschuldner auf Grund von Absatz 1 Nr. 2 und 3 haftet, soll die Haftung eines anderen Kostenschuldners nur geltend gemacht werden, wenn eine Zwangsvollstreckung in das bewegliche Vermögen des ersteren erfolglos geblieben ist oder aussichtslos erscheint. [2] Soweit einem Kostenschuldner, der auf Grund von Absatz 1 Nr. 2 haftet, Verfahrenskostenhilfe bewilligt ist, soll die Haftung eines anderen Kostenschuldners nicht geltend gemacht werden. [3] Bereits gezahlte Beträge sind zu erstatten.

§ 5 Vorauszahlung, Vorschuss[1]

(1) [1] In Verfahren vor dem Deutschen Patent- und Markenamt erfolgt die Bearbeitung einer Anmeldung, eines Antrags, eines Einspruchs, eines Widerspruchs oder einer Beschwerde erst nach Zahlung der Gebühr und des Vorschusses für die Bekanntmachungskosten. [2] Das gilt nicht für die Anträge auf Weiterleitung einer Anmeldung an das Harmonisierungsamt für den Binnenmarkt (Marken, Muster und Modelle) nach § 125 a des Markengesetzes und § 62 des Geschmacksmustergesetzes. [3] In Verfahren vor dem Bundespatentgericht soll die Klage erst nach Zahlung der Gebühr für das Verfahren zugestellt werden.

(2) Die Jahresgebühren für Patente, Schutzzertifikate und Patentanmeldungen, die Verlängerungsgebühren für Marken und die Aufrechterhaltungsgebühren für Gebrauchsmuster und Geschmacksmuster dürfen frühestens ein Jahr vor Eintritt der Fälligkeit vorausgezahlt werden, soweit nichts anderes bestimmt ist.

§ 6 Zahlungsfristen, Folgen der Nichtzahlung

(1) [1] Ist für die Stellung eines Antrags oder die Vornahme einer sonstigen Handlung durch Gesetz eine Frist bestimmt, so ist innerhalb dieser Frist auch die Gebühr zu zahlen. [2] Alle übrigen Gebühren sind innerhalb von drei Monaten ab Fälligkeit (§ 3 Abs. 1) zu zahlen, soweit gesetzlich nichts anderes bestimmt ist.

(2) Wird eine Gebühr nach Absatz 1 nicht, nicht vollständig oder nicht rechtzeitig gezahlt, so gilt die Anmeldung oder der Antrag als zurückgenommen, oder die Handlung als nicht vorgenommen, soweit gesetzlich nichts anderes bestimmt ist.

(3) Absatz 2 ist auf Weiterleitungsgebühren (Nummern 335 100, 344 100 bis 344 300) nicht anwendbar.

§ 7 Zahlungsfristen für Jahres-, Aufrechterhaltungs- und Schutzrechtsverlängerungsgebühren, Verspätungszuschlag

(1) [1] Die Jahresgebühren für Patente, Schutzzertifikate und Patentanmeldungen, die Verlängerungsgebühren für Marken und Aufrechterhaltungsgebühren für Gebrauchsmuster und Ge-

---

[1] Zur voraussichtlichen Änderung des § 5 Abs. 1 PatKostG durch das **G zur Änderung des patentrechtlichen Einspruchsverfahrens und des PatKostG** s. Art. 6 Ziff. 2 des RegE (BT-Drs. 16/735 vom 21. 2. 2006), abgedruckt im *Anhang Vor 1*.

schmacksmuster sind bis zum Ablauf des zweiten Monats nach Fälligkeit zu zahlen. [2]Wird die Gebühr nicht innerhalb der Frist des Satzes 1 gezahlt, so kann die Gebühr mit dem Verspätungszuschlag noch bis zum Ablauf des sechsten Monats nach Fälligkeit gezahlt werden.

(2) Für Geschmacksmuster ist bei Aufschiebung der Bildbekanntmachung die Erstreckungsgebühr innerhalb der Aufschiebungsfrist (§ 21 Abs. 1 Satz 1 des Geschmacksmustergesetzes) zu zahlen.

(3) [1]Wird die Klassifizierung einer eingetragenen Marke bei der Verlängerung auf Grund einer Änderung der Klasseneinteilung geändert, und führt dies zu einer Erhöhung der zu zahlenden Klassengebühren, so können die zusätzlichen Klassengebühren auch nach Ablauf der Frist des Absatzes 1 nachgezahlt werden, wenn die Verlängerungsgebühr fristgemäß gezahlt wurde. [2]Die Nachzahlungsfrist endet nach Ablauf des 18. Monats nach Fälligkeit der Verlängerungsgebühr. [3]Ein Verspätungszuschlag ist nicht zu zahlen.

§ 8 Kostenansatz[1]

(1) Die Kosten werden angesetzt:

1. bei Einreichung einer Anmeldung, eines Antrags, der Einlegung eines Einspruchs, einer Erinnerung, eines Widerspruchs oder einer Beschwerde beim Deutschen Patent- und Markenamt,
2. bei Einreichung einer Klage oder eines Antrags auf Erlass einer einstweiligen Verfügung beim Bundespatentgericht,

auch wenn sie bei einem ersuchten Gericht oder einer ersuchten Behörde entstanden sind.

(2) Die Stelle, die die Kosten angesetzt hat, trifft auch die Entscheidungen nach den §§ 9 und 10.

§ 9 Unrichtige Sachbehandlung

Kosten, die bei richtiger Behandlung der Sache nicht entstanden wären, werden nicht erhoben.

§ 10 Rückzahlung von Kosten, Wegfall der Gebühr[2]

(1) [1]Vorausgezahlte Gebühren, die nicht mehr fällig werden können, und nicht verbrauchte Auslagenvorschüsse werden erstattet. [2]Die Rückerstattung von Teilbeträgen der Jahresgebühr Nummer 312 205 bis 312 207 des Gebührenverzeichnisses ist ausgeschlossen.

(2) Gilt eine Anmeldung oder ein Antrag als zurückgenommen oder die Handlung als nicht vorgenommen (§ 6 Abs. 2) oder auf Grund anderer gesetzlicher Bestimmungen als zurückgenommen oder erlischt ein Schutzrecht, weil die Gebühr nicht oder nicht vollständig gezahlt wurde, so entfällt die Gebühr, wenn die beantragte Amtshandlung nicht vorgenommen wurde.

§ 11 Erinnerung, Beschwerde[3]

(1) [1]Über Erinnerungen des Kostenschuldners gegen den Kostenansatz oder gegen Maßnahmen nach § 5 Abs. 1 entscheidet die Stelle, die die Kosten angesetzt hat. [2]Sie kann ihre Entscheidung von Amts wegen ändern. [3]Die Erinnerung ist schriftlich oder zu Protokoll der Geschäftsstelle bei der Stelle einzulegen, die die Kosten angesetzt hat.

(2) [1]Gegen die Entscheidung des Deutschen Patent- und Markenamts über die Erinnerung kann der Kostenschuldner Beschwerde einlegen, wenn der Wert des Beschwerdegegenstandes 50 Euro übersteigt. [2]Die Beschwerde ist nicht an eine Frist gebunden und ist schriftlich oder zu Protokoll der Geschäftsstelle beim Deutschen Patent- und Markenamt einzulegen. [3]Erachtet das Deutsche Patent- und Markenamt die Beschwerde für begründet, so hat es ihr abzuhelfen. [4]Wird der Beschwerde nicht abgeholfen, so ist sie dem Bundespatentgericht vorzulegen.

(3) Eine Beschwerde gegen die Entscheidungen des Bundespatentgerichts über den Kostenansatz findet nicht statt.

---

[1] Zur voraussichtlichen Änderung des § 8 Abs. 1 PatKostG durch das **G zur Änderung des patentrechtlichen Einspruchsverfahrens und des PatKostG** s. Art. 6 Ziff. 3 des RegE (BT-Drs. 16/735 vom 21. 2. 2006), abgedruckt im *Anhang Vor 1.*

[2] Zur voraussichtlichen Änderung des § 10 Abs. 2 PatKostG durch das **G zur Änderung des patentrechtlichen Einspruchsverfahrens und des PatKostG** s. Art. 6 Ziff. 4 des RegE (BT-Drs. 16/735 vom 21. 2. 2006), abgedruckt im *Anhang Vor 1.*

[3] Zur voraussichtlichen Änderung des § 11 Abs. 2 Satz 1 PatKostG durch das **G zur Änderung des patentrechtlichen Einspruchsverfahrens und des PatKostG** s. Art. 6 Ziff. 5 des RegE (BT-Drs. 16/735 vom 21. 2. 2006), abgedruckt im *Anhang Vor 1.*

§ 12 Verjährung, Verzinsung

Für die Verjährung und Verzinsung der Kostenforderungen und der Ansprüche auf Erstattung von Kosten gilt § 5 des Gerichtskostengesetzes entsprechend.

§ 13 Anwendung der bisherigen Gebührensätze

(1) Auch nach dem Inkrafttreten eines geänderten Gebührensatzes sind die vor diesem Zeitpunkt geltenden Gebührensätze weiter anzuwenden,

1. wenn die Fälligkeit der Gebühr vor dem Inkrafttreten des geänderten Gebührensatzes liegt oder
2. wenn für die Zahlung einer Gebühr durch Gesetz eine Zahlungsfrist festgelegt ist und das für den Beginn der Frist maßgebliche Ereignis vor dem Inkrafttreten des geänderten Gebührensatzes liegt oder
3. wenn die Zahlung einer nach dem Inkrafttreten des geänderten Gebührensatzes fälligen Gebühr auf Grund bestehender Vorauszahlungsregelungen vor Inkrafttreten des geänderten Gebührensatzes erfolgt ist.

(2) Bei Prüfungsanträgen nach § 44 des und Rechercheanträgen nach § 43 des Patentgesetzes, § 11 des Erstreckungsgesetzes und § 7 des Gebrauchsmustergesetzes sind die bisherigen Gebührensätze nur weiter anzuwenden, wenn der Antrag und die Gebührenzahlung vor Inkrafttreten eines geänderten Gebührensatzes eingegangen sind.

(3) [1] Wird eine innerhalb von drei Monaten nach dem Inkrafttreten eines geänderten Gebührensatzes fällig werdende Gebühr nach den bisherigen Gebührensätzen rechtzeitig gezahlt, so kann der Unterschiedsbetrag bis zum Ablauf einer vom Deutschen Patent- und Markenamt oder Bundespatentgericht zu setzenden Frist nachgezahlt werden. [2] Wird der Unterschiedsbetrag innerhalb der gesetzten Frist nachgezahlt, so gilt die Gebühr als rechtzeitig gezahlt. [3] Ein Verspätungszuschlag wird in diesen Fällen nicht erhoben.

§ 14 Übergangsvorschrift aus Anlass des Inkrafttretens dieses Gesetzes

(1) [1] Die bisherigen Gebührensätze der Anlage zu § 1 (Gebührenverzeichnis) des Patentgebührengesetzes vom 18. August 1976 in der durch Artikel 10 des Gesetzes vom 22. Dezember 1999 (BGBl. I S. 2534) geänderten Fassung, sind auch nach dem 1. Januar 2002 weiter anzuwenden,

1. wenn die Fälligkeit der Gebühr vor dem 1. Januar 2002 liegt oder
2. wenn für die Zahlung einer Gebühr durch Gesetz eine Zahlungsfrist festgelegt ist und das für den Beginn der Frist maßgebliche Ereignis vor dem 1. Januar 2002 liegt oder
3. wenn die Zahlung einer nach dem 1. Januar 2002 fälligen Gebühr auf Grund bestehender Vorauszahlungsregelungen vor dem 1. Januar 2002 erfolgt ist.

[2] Ist in den Fällen des Satzes 1 Nr. 1 nach den bisher geltenden Vorschriften für den Beginn der Zahlungsfrist die Zustellung einer Gebührenbenachrichtigung erforderlich und ist diese vor dem 1. Januar 2002 nicht erfolgt, so kann die Gebühr noch bis zum 31. März 2002 gezahlt werden.

(2) In den Fällen, in denen am 1. Januar 2002 nach den bisher geltenden Vorschriften lediglich die Jahres-, Aufrechterhaltungs- und Schutzrechtsverlängerungsgebühren, aber noch nicht die Verspätungszuschläge fällig sind, richtet sich die Höhe und die Fälligkeit des Verspätungszuschlages nach § 7 Abs. 1 mit der Maßgabe, dass die Gebühren mit dem Verspätungszuschlag noch bis zum 30. Juni 2002 gezahlt werden können.

(3) Die bisher geltenden Gebührensätze sind für Geschmacksmuster und typographische Schriftzeichen, die vor dem 1. Januar 2002 angemeldet worden sind, nur dann weiter anzuwenden, wenn zwar die jeweilige Schutzdauer oder Frist nach § 8b Abs. 2 Satz 1 des Geschmacksmustergesetzes vor dem 1. Januar 2002 abgelaufen ist, jedoch noch nicht die Frist zur Zahlung der Verlängerungs- oder Erstreckungsgebühr mit Verspätungszuschlag, mit der Maßgabe, dass die Gebühren mit dem Verspätungszuschlag noch bis zum 30. Juni 2002 gezahlt werden können.

(4) Bei Prüfungsanträgen nach § 44 des Patentgesetzes und Rechercheanträgen nach § 43 des Patentgesetzes, § 11 des Erstreckungsgesetzes und § 7 des Gebrauchsmustergesetzes sind die bisherigen Gebührensätze nur weiter anzuwenden, wenn der Antrag und die Gebührenzahlung vor dem 1. Januar 2002 eingegangen sind.

(5) [1]Wird eine innerhalb von drei Monaten nach dem 1. Januar 2002 fällig werdende Gebühr nach den bisherigen Gebührensätzen rechtzeitig gezahlt, so kann der Unterschiedsbetrag bis zum Ablauf einer vom Deutschen Patent- und Markenamt oder Bundespatentgericht zu setzenden Frist nachgezahlt werden. [2]Wird der Unterschiedsbetrag innerhalb der gesetzten Frist nachgezahlt, so gilt die Gebühr als rechtzeitig gezahlt. [3]Ein Verspätungszuschlag wird in diesen Fällen nicht erhoben.

§ 15 Übergangsvorschriften aus Anlass des Inkrafttretens des Geschmacksmusterreformgesetzes

(1) [1]In den Fällen, in denen am 31. Mai 2004 die Erstreckungsgebühren für Geschmacksmuster oder typ ografische Schriftzeichen, aber noch nicht der Verspätungszuschlag fällig sind, wird die Frist zur Zahlung der Erstreckungsgebühr bis zum Ende der Aufschiebungsfrist nach § 21 Abs. 1 Satz 1 des Geschmacksmustergesetzes verlängert. [2]Ein Verspätungszuschlag ist nicht zu zahlen.

(2) In den Fällen, in denen am 31. Mai 2004 die Erstreckungsgebühren für Geschmacksmuster oder typ ografische Schriftzeichen nur noch mit dem Verspätungszuschlag innerhalb der Aufschiebungsfrist des § 8b des Geschmacksmustergesetzes in der bis zum Ablauf des 31. Mai 2004 geltenden Fassung gezahlt werden können, wird die Frist zur Zahlung bis zum Ende der Aufschiebungsfrist nach § 21 Abs. 1 Satz 1 des Geschmacksmustergesetzes verlängert.

Anlage[1]
(zu § 2 Abs. 1)

Gebührenverzeichnis

Nr.	Gebührentatbestand	Gebühr in Euro
A. Gebühren des Deutschen Patent- und Markenamts		
Sind für eine elektronische Anmeldung geringere Gebühren bestimmt als für eine Anmeldung in Papierform, werden die geringeren Gebühren nur erhoben, wenn die elektronische Anmeldung nach der jeweiligen Verordnung des deutschen Patent- und Markenamts zulässig ist.		
I. Patentsachen		
1. Erteilungsverfahren		
	Anmeldeverfahren (§ 34 PatG)	
311 000	– bei elektronischer Anmeldung	50
311 100	– bei Anmeldung in Papierform	60
311 200	Recherche (§ 43 PatG)	250
	Prüfungsverfahren (§ 44 PatG)	
311 300	– wenn ein Antrag nach § 43 PatG bereits gestellt worden ist	150
311 400	– wenn ein Antrag nach § 43 PatG nicht gestellt worden ist	350
311 500	Anmeldeverfahren für ein ergänzendes Schutzzertifikat (§ 49 a PatG)	300
2. Aufrechterhaltung eines Patents oder einer Anmeldung		
	Jahresgebühren gemäß § 17 Abs. 1 PatG	
312 030	für das 3. Patentjahr	70
312 031	– bei Lizenzbereitschaftserklärung (§ 23 Abs. 1 PatG)	35
312 032	– Verspätungszuschlag (§ 7 Abs. 1 Satz 2)	50
312 040	für das 4. Patentjahr	70
312 041	– bei Lizenzbereitschaftserklärung (§ 23 Abs. 1 PatG)	35
312 042	– Verspätungszuschlag (§ 7 Abs. 1 Satz 2)	50
312 050	für das 5. Patentjahr	90
312 051	– bei Lizenzbereitschaftserklärung (§ 23 Abs. 1 PatG)	45
312 052	– Verspätungszuschlag (§ 7 Abs. 1 Satz 2)	50
312 060	für das 6. Patentjahr	130

[1] Zur voraussichtlichen Änderung der Anlage zu § 2 Abs. 1 PatKostG (Gebührenverzeichnis) durch das **G zur Änderung des patentrechtlichen Einspruchsverfahrens und des PatKostG** s. Art. 6 Ziff. 6 des RegE (BT-Drs. 16/735 vom 21. 2. 2006), abgedruckt im *Anhang Vor 1*.

Nr.	Gebührentatbestand	Gebühr in Euro
312 061	– bei Lizenzbereitschaftserklärung (§ 23 Abs. 1 PatG)	65
312 062	– Verspätungszuschlag (§ 7 Abs. 1 Satz 2)	50
312 070	für das 7. Patentjahr	180
312 071	– bei Lizenzbereitschaftserklärung (§ 23 Abs. 1 PatG)	90
312 072	– Verspätungszuschlag (§ 7 Abs. 1 Satz 2)	50
312 080	für das 8. Patentjahr	240
312 081	– bei Lizenzbereitschaftserklärung (§ 23 Abs. 1 PatG)	120
312 082	– Verspätungszuschlag (§ 7 Abs. 1 Satz 2)	50
312 090	für das 9. Patentjahr	290
312 091	– bei Lizenzbereitschaftserklärung (§ 23 Abs. 1 PatG)	145
312 092	– Verspätungszuschlag (§ 7 Abs. 1 Satz 2)	50
312 100	für das 10. Patentjahr	350
312 101	– bei Lizenzbereitschaftserklärung (§ 23 Abs. 1 PatG)	175
312 102	– Verspätungszuschlag (§ 7 Abs. 1 Satz 2)	50
312 110	für das 11. Patentjahr	470
312 111	– bei Lizenzbereitschaftserklärung (§ 23 Abs. 1 PatG)	235
312 112	– Verspätungszuschlag (§ 7 Abs. 1 Satz 2)	50
312 120	für das 12. Patentjahr	620
312 121	– bei Lizenzbereitschaftserklärung (§ 23 Abs. 1 PatG)	310
312 122	– Verspätungszuschlag (§ 7 Abs. 1 Satz 2)	50
312 130	für das 13. Patentjahr	760
312 131	– bei Lizenzbereitschaftserklärung (§ 23 Abs. 1 PatG)	380
312 132	– Verspätungszuschlag (§ 7 Abs. 1 Satz 2)	50
312 140	für das 14. Patentjahr	910
312 141	– bei Lizenzbereitschaftserklärung (§ 23 Abs. 1 PatG)	455
312 142	– Verspätungszuschlag (§ 7 Abs. 1 Satz 2)	50
312 150	für das 15. Patentjahr	1060
312 151	– bei Lizenzbereitschaftserklärung (§ 23 Abs. 1 PatG)	530
312 152	– Verspätungszuschlag (§ 7 Abs. 1 Satz 2)	50
312 160	für das 16. Patentjahr	1230
312 161	– bei Lizenzbereitschaftserklärung (§ 23 Abs. 1 PatG)	615
312 162	– Verspätungszuschlag (§ 7 Abs. 1 Satz 2)	50
312 170	für das 17. Patentjahr	1410
312 171	– bei Lizenzbereitschaftserklärung (§ 23 Abs. 1 PatG)	705
312 172	– Verspätungszuschlag (§ 7 Abs. 1 Satz 2)	50
312 180	für das 18. Patentjahr	1590
312 181	– bei Lizenzbereitschaftserklärung (§ 23 Abs. 1 PatG)	795
312 182	– Verspätungszuschlag (§ 7 Abs. 1 Satz 2)	50
312 190	für das 19. Patentjahr	1760
312 191	– bei Lizenzbereitschaftserklärung (§ 23 Abs. 1 PatG)	880
312 192	– Verspätungszuschlag (§ 7 Abs. 1 Satz 2)	50
312 200	für das 20. Patentjahr	1940
312 201	– bei Lizenzbereitschaftserklärung (§ 23 Abs. 1 PatG)	970
312 202	– Verspätungszuschlag (§ 7 Abs. 1 Satz 2)	50
	Zahlung der 3. bis 5. Jahresgebühr bei Fälligkeit der 3. Jahresgebühr:	
312 205	Die Gebühren 312 030 bis 312 050 ermäßigen sich auf	200
312 206	– bei Lizenzbereitschaftserklärung (§ 23 Abs. 1 PatG)	100
312 207	– Verspätungszuschlag (§ 7 Abs. 1 Satz 2)	50
	Jahresgebühren gemäß § 16 a PatG	
312 210	für das 1. Jahr des ergänzenden Schutzes	2650
312 211	– bei Lizenzbereitschaftserklärung (§ 23 Abs. 1 PatG)	1325
312 212	– Verspätungszuschlag (§ 7 Abs. 1 Satz 2)	50
312 220	für das 2. Jahr des ergänzenden Schutzes	2940

Nr.	Gebührentatbestand	Gebühr in Euro
312 221	– bei Lizenzbereitschaftserklärung (§ 23 Abs. 1 PatG)	1470
312 222	– Verspätungszuschlag (§ 7 Abs. 1 Satz 2)	50
312 230	für das 3. Jahr des ergänzenden Schutzes	3290
312 231	– bei Lizenzbereitschaftserklärung (§ 23 Abs. 1 PatG)	1645
312 232	– Verspätungszuschlag (§ 7 Abs. 1 Satz 2)	50
312 240	für das 4. Jahr des ergänzenden Schutzes	3650
312 241	– bei Lizenzbereitschaftserklärung (§ 23 Abs. 1 PatG)	1825
312 242	– Verspätungszuschlag (§ 7 Abs. 1 Satz 2)	50
312 250	für das 5. Jahr des ergänzenden Schutzes	4120
312 251	– bei Lizenzbereitschaftserklärung (§ 23 Abs. 1 PatG)	2060
312 252	– Verspätungszuschlag (§ 7 Abs. 1 Satz 2)	50
3. Sonstige Anträge		
	Erfindervergütung	
313 000	Weiterbehandlungsgebühr (§ 123 a PatG)	100
313 200	– Festsetzungsverfahren (§ 23 Abs. 4 PatG)	60
313 300	– Verfahren bei Änderung der Festsetzung (§ 23 Abs. 5 PatG)	120
	Recht zur ausschließlichen Benutzung der Erfindung	
313 400	– Eintragung der Einräumung (§ 30 Abs. 4 Satz 1 PatG)	25
313 500	– Löschung dieser Eintragung (§ 30 Abs. 4 Satz 3 PatG)	25
313 600	Einspruchsverfahren (§ 59 Abs. 1 PatG)	200
313 700	Beschränkungsverfahren (§ 64 PatG)	120
	Veröffentlichung von Übersetzungen oder berichtigten Übersetzungen	
313 800	– der Patentansprüche europäischer Patentanmeldungen (Artikel II § 2 Abs. 1 IntPatÜbkG)	60
313 810	– der Patentansprüche europäischer Patentanmeldungen, in denen die Vertragsstaaten der Vereinbarung über Gemeinschaftspatente benannt sind (Artikel 4 Abs. 2 Satz 2 des Zweiten Gesetzes über das Gemeinschaftspatent)	60
313 820[1]	– europäischer Patentschriften (Artikel II § 3 Abs. 1, 4 IntPatÜbkG)	150
313 900	Übermittlung der internationalen Anmeldung (Artikel III § 1 Abs. 2 IntPatÜbkG)	90
4. Anträge im Zusammenhang mit der Erstreckung gewerblicher Schutzrechte		
314 100	Veröffentlichung von Übersetzungen oder berichtigten Übersetzungen von erstreckten Patenten (§ 8 Abs. 1 und 3 ErstrG)	150
314 200	Recherche für ein erstrecktes Patent (§ 11 ErstrG)	250
II. Gebrauchsmustersachen		
1. Eintragungsverfahren		
	Anmeldeverfahren (§ 4 GebrMG)	
321 000	– bei elektronischer Anmeldung	30
321 100	– bei Anmeldung in Papierform	40
321 200	– Recherche (§ 7 GebrMG)	250
2. Aufrechterhaltung eines Gebrauchsmusters		
	Aufrechterhaltungsgebühren gemäß § 23 Abs. 2 GebrMG	
322 100	für das 4. bis 6. Schutzjahr	210
322 101	– Verspätungszuschlag (§ 7 Abs. 1 Satz 2)	50
322 200	für das 7. und 8. Schutzjahr	350
322 201	– Verspätungszuschlag (§ 7 Abs. 1 Satz 2)	50
322 300	für das 9. und 10. Schutzjahr	530
322 301	– Verspätungszuschlag (§ 7 Abs. 1 Satz 2)	50
3. Sonstige Anträge		
323 000	Weiterbehandlungsgebühr (§ 21 Abs. 1 GebrMG i. V. m. § 123 a PatG)	100
331 000	Löschungsverfahren (§ 16 GebrMG)	300

[1] Nr. 313 820 aufgeh. durch G v. 10. 12. 2003 (BGBl. I S. 2470); dieses Gesetz tritt am ersten Tag des vierten Kalendermonats in Kraft, der auf das Inkrafttreten des Übereinkommens vom 17. Oktober 2000 über die Anwendung des Artikels 65 des Übereinkommens über die Erteilung europäischer Patente für die Bundesrepublik Deutschland folgt. Das Bundesministerium der Justiz gibt den Tag des Inkrafttretens im Bundesgesetzblatt bekannt.

Nr.	Gebührentatbestand	Gebühr in Euro
III. Marken; geographische Angaben und Ursprungsbezeichnungen		
1. Eintragungsverfahren		
	Anmeldeverfahren einschließlich der Klassengebühr bis zu drei Klassen	
	– für eine Marke (§ 32 MarkenG)	
331 000	– bei elektronischer Anmeldung	290
331 100	– bei Anmeldung in Papierform	300
331 200	– für eine Kollektivmarke (§ 97 MarkenG)	900
	Klassengebühr bei Anmeldung für jede Klasse ab der vierten Klasse	
331 300	– für eine Marke (§ 32 MarkenG)	100
331 400	– für eine Kollektivmarke (§ 97 MarkenG)	150
331 500	Beschleunigte Prüfung der Anmeldung (§ 38 MarkenG)	200
331 600	Widerspruchsverfahren (§ 42 MarkenG)	120
331 700	Verfahren bei Teilung einer Anmeldung (§ 40 MarkenG)	300
331 800	Verfahren bei Teilübertragung einer Anmeldung (§ 27 Abs. 4, § 31 MarkenG)	300
2. Verlängerung der Schutzdauer		
	Verlängerungsgebühr einschließlich der Klassengebühr bis zu drei Klassen	
332 100	– für eine Marke (§ 47 Abs. 3 MarkenG)	750
332 101	– Verspätungszuschlag (§ 7 Abs. 1 Satz 2)	50
332 200	– für eine Kollektivmarke (§ 97 MarkenG)	1800
332 201	– Verspätungszuschlag (§ 7 Abs. 1 Satz 2)	50
	Klassengebühr bei Verlängerung für jede Klasse ab der vierten Klasse	
332 300	– für eine Marke oder Kollektivmarke (§ 47 Abs. 3, § 97 MarkenG)	260
332 301	– Verspätungszuschlag (§ 7 Abs. 1 Satz 2)	50
3. Sonstige Anträge		
333 000	Erinnerungsverfahren (§ 64 MarkenG)	150
333 050	Weiterbehandlungsgebühr (§ 91a MarkenG)	100
333 100	Verfahren bei Teilung einer Eintragung (§ 46 MarkenG)	300
333 200	Verfahren bei Teilübertragung einer Eintragung (§§ 46, 27 Abs. 4 MarkenG)	300
	Löschungsverfahren	
333 300	– wegen Nichtigkeit (§ 54 MarkenG)	300
333 400	– wegen Verfalls (§ 49 MarkenG)	100
4. International registrierte Marken		
	Nationale Gebühr für die internationale Registrierung	
334 100	Nationale Gebühr für die internationale Registrierung nach Artikel 3 des Madrider Markenabkommens (§ 108 MarkenG) oder nach dem Protokoll zum Madrider Markenabkommen (§ 120 MarkenG) sowie nach dem Madrider Markenabkommen und dem Protokoll zum Madrider Markenabkommen (§§ 108, 120 MarkenG)	180
	Nationale Gebühr für die nachträgliche Schutzerstreckung	
334 300	Nationale Gebühr für die nachträgliche Schutzerstreckung nach Artikel 3ter Abs. 2 des Madrider Markenabkommens (§ 111 MarkenG) oder nach Artikel 3ter Abs. 2 des Protokolls zum Madrider Markenabkommen (§ 123 Abs. 1 MarkenG) sowie nach dem Madrider Markenabkommen und dem Protokoll zum Madrider Markenabkommen (§ 123 Abs. 2 MarkenG)	120
	Umwandlungsverfahren einschließlich der Klassengebühr bis zu drei Klassen (§ 125 Abs. 1 MarkenG)	
334 500	– für eine Marke (§ 32 MarkenG)	300
334 600	– für eine Kollektivmarke (§ 97 MarkenG)	900
	Klassengebühr bei Umwandlung für jede Klasse ab der vierten Klasse	
334 700	– für eine Marke (§ 32 MarkenG)	100
334 800	– für eine Kollektivmarke (§ 97 MarkenG)	150

Nr.	Gebührentatbestand	Gebühr in Euro
5. Gemeinschaftsmarken		
335 100	Weiterleitung einer Gemeinschaftsmarkenanmeldung (§ 125 a MarkenG)	25
	Umwandlungsverfahren einschließlich der Klassengebühr bis zu drei Klassen (§ 125 d Abs. 1 MarkenG)	
335 200	– für eine Marke (§ 32 MarkenG)	300
335 300	– für eine Kollektivmarke (§ 97 MarkenG)	900
	Klassengebühr bei Umwandlung für jede Klasse ab der vierten Klasse	
335 400	– für eine Marke (§ 32 MarkenG)	100
335 500	– für eine Kollektivmarke (§ 97 MarkenG)	150
6. Geographische Angaben und Ursprungsbezeichnungen		
336 100	Eintragungsverfahren (§ 130 MarkenG)	900
336 200	Einspruchsverfahren (§ 131 MarkenG)	120
336 300	Löschungsverfahren (§ 132 Abs. 1 MarkenG)	120
IV. Geschmacksmustersachen		
1. Anmeldeverfahren		
(1) Bekanntmachungskosten werden gemäß § 20 Satz 3 GeschmMG zusätzlich zu den Gebühren erhoben.		
(2) Ein Satz typografischer Schriftzeichen gilt als ein Muster.		
	Anmeldeverfahren	
	– für ein Muster (§ 11 GeschmMG)	
341 000	– bei elektronischer Anmeldung	60
341 100	– bei Anmeldung in Papierform	70
	– für jedes Muster einer Sammelanmeldung (§ 12 Abs. 1 GeschmMG)	
341 200	– bei elektronischer Anmeldung	6 – mindestens 60
341 300	– bei Anmeldung in Papierform	7 – mindestens 70
341 400	– für ein Muster bei Aufschiebung der Bildbekanntmachung (§ 21 GeschmMG)	30
341 500	– für jedes Muster einer Sammelanmeldung bei Aufschiebung der Bildbekanntmachung (§§ 12, 21 GeschmMG)	3 – mindestens 30
341 600	Weiterbehandlungsgebühr (§ 17 GeschmMG)	100
Erstreckung des Schutzes auf die Schutzdauer des § 27 Abs. 2 GeschmMG bei Aufschiebung der Bildbekanntmachung gemäß § 21 Abs. 2 GeschmMG:		
	Erstreckungsgebühr	
341 700	– für ein Geschmacksmuster	40
341 800	– für jedes Geschmacksmuster einer Sammelanmeldung	4 – mindestens 40
	Erstreckungsgebühr für die als typografische Schriftzeichen angemeldeten Geschmacksmuster (Artikel 2 Schriftzeichengesetz i. V. m. § 8 b GeschmMG in der bis zum Ablauf des 31. Mai 2004 geltenden Fassung)	
341 900	– für ein Geschmacksmuster	150
341 950	– für jedes Geschmacksmuster einer Sammelanmeldung	15 – mindestens 150
2. Aufrechterhaltung der Schutzdauer		
	Aufrechterhaltungsgebühren gemäß § 28 Abs. 1 GeschmMG für das 6. bis 10. Schutzjahr	
342 100	– für jedes Geschmacksmuster, auch in einer Sammelanmeldung	90
342 101	– Verspätungszuschlag für jedes Muster oder Modell, auch in einer Sammelanmeldung (§ 7 Abs. 1 Satz 2)	50
	für das 11. bis 15. Schutzjahr	
342 200	– für jedes Geschmacksmuster, auch in einer Sammelanmeldung	120
342 201	– Verspätungszuschlag für jedes Geschmacksmuster, auch in einer Sammelanmeldung (§ 7 Abs. 1 Satz 2)	50
	für das 16. bis 20. Schutzjahr	
342 300	– für jedes Geschmacksmuster, auch in einer Sammelanmeldung	150

Nr.	Gebührentatbestand	Gebühr in Euro
342 301	– Verspätungszuschlag für jedes Geschmacksmuster, auch in einer Sammelanmeldung (§ 7 Abs. 1 Satz 2)	50
	für das 21. bis 25. Schutzjahr	
342 400	– für jedes Geschmacksmuster, auch in einer Sammelanmeldung	180
342 401	– Verspätungszuschlag für jedes Geschmacksmuster, auch in einer Sammelanmeldung (§ 7 Abs. 1 Satz 2)	50
3. Aufrechterhaltung von Geschmacksmustern, die gemäß § 7 Abs. 6 GeschmMG in der bis zum Ablauf des 31. Mai 2004 geltenden Fassung im Original hinterlegt worden sind		
343 100	Aufrechterhaltungsgebühren für das 6. bis 10. Schutzjahr	330
342 101	– Verspätungszuschlag für jedes Geschmacksmuster, auch in einer Sammelanmeldung (§ 7 Abs. 1 Satz 2)	50
343 200	Aufrechterhaltungsgebühr für das 11. bis 15. Schutzjahr	360
342 201	– Verspätungszuschlag für jedes Geschmacksmuster, auch in einer Sammelanmeldung (§ 7 Abs. 1 Satz 2)	50
343 300	Aufrechterhaltungsgebühr für das 16. bis 20. Schutzjahr	390
342 301	– Verspätungszuschlag für jedes Geschmacksmuster, auch in einer Sammelanmeldung (§ 7 Abs. 1 Satz 2)	50
343 400	Aufrechterhaltungsgebühr für das 21. bis 25. Schutzjahr	420
342 401	– Verspätungszuschlag für jedes Geschmacksmuster, auch in einer Sammelanmeldung (§ 7 Abs. 1 Satz 2)	50
4. Gemeinschaftsgeschmacksmuster		
	Weiterleitung einer Gemeinschaftsgeschmacksmusteranmeldung § 62 GeschmMG	
344 100	pro Anmeldung mit einem Gewicht bis 2 kg	25
344 200	pro Anmeldung mit einem Gewicht bis 12 kg	50
344 300	pro Anmeldung mit einem Gewicht über 12 kg	70
	Eine Sammelanmeldung gilt als eine Anmeldung	
V. *(aufgehoben)*		
VI. Topographieschutzsachen		
1. Anmeldeverfahren		
	Anmeldeverfahren (§ 3 HalblSchG)	
361 000	– bei elektronischer Anmeldung	290
361 100	– bei Anmeldung in Papierform	300
2. Sonstige Anträge		
362 000	Weiterbehandlungsgebühr (§ 11 Abs. 1 HalblSchG i. V. m. § 123 a PatG)	100
362 100	Löschungsverfahren (§ 8 HalblSchG)	300

Nr.	Gebührentatbestand	Gebührenbetrag/ Gebührensatz nach § 2 Abs. 2 i. V. m. § 2 Abs. 1
B. Gebühren des Bundespatentgerichts		
1. Beschwerdeverfahren		
	Beschwerdeverfahren	
401 100	1. gemäß § 73 Abs. 1 PatG gegen die Entscheidung der Patentabteilung über den Einspruch, 2. gemäß § 18 Abs. 1 GebrMG gegen die Entscheidung der Gebrauchsmusterabteilung über den Löschungsantrag, 3. gemäß § 66 MarkenG in Löschungsverfahren, 4. gemäß § 4 Abs. 4 Satz 3 HalblSchG i. V. m. § 18 Abs. 2 GebrMG gegen die Entscheidung der Topografieabteilung, 5. gemäß § 34 Abs. 1 SortSchG gegen die Entscheidung des Widerspruchsausschusses in den Fällen des § 18 Abs. 2 Nr. 1, 2, 5 und 6 SortSchG	500 EUR
401 200	gegen einen Kostenfestsetzungsbeschluss	50 EUR
401 300	in anderen Fällen	200 EUR
	Beschwerden in Verfahrenskostenhilfesachen, Beschwerden nach § 11 Abs. 2 PatKostG und nach § 11 Abs. 2 DPMAVwKostV sind gebührenfrei	

Nr.	Gebührentatbestand	Gebührenbetrag/ Gebührensatz nach § 2 Abs. 2 i. V. m. § 2 Abs. 1
II. Klageverfahren		
1. Klageverfahren gemäß § 81 PatG und § 20 GebrMG i. V. m. § 81 PatK		
402 100	Verfahren im Allgemeinen	4,5
402 110	Beendigung des gesamten Verfahrens durch a) Zurücknahme der Klage – Vor dem Schluss der mündlichen Verhandlung – im Falle des § 83 Abs. 2 Satz 2 PatG i. V. m. § 81 PatG, in dem eine mündliche Verhandlung nicht stattfindet, vor Ablauf des Tages, an dem die Ladung zum Termin zur Verkündung des Urteils zugestellt oder das schriftliche Urteil der Geschäftsstelle übergeben wird, – im Falle des § 82 Abs. 2 PatG i. V. m. § 81 PatG vor Ablauf des Tages, an dem das Urteil der Geschäftsstelle übergeben wird, b) Anerkenntnis- und Verzichtsurteil, c) Abschluss eines Vergleichs vor Gericht, wenn nicht bereits ein Urteil vorausgegangen ist: Die Gebühr 402 100 ermäßigt sich auf:	1,5
	Erledigungserklärungen stehen der Zurücknahme nicht gleich. Die Ermäßigung tritt auch ein, wenn mehrere Ermäßigungstatbestände erfüllt sind.	
2. Sonstige Klageverfahren		
402 200	Verfahren im Allgemeinen	4,5
402 210	Beendigung des gesamten Verfahrens durch a) Zurücknahme der Klage vor dem Schluss der mündlichen Verhandlung, b) Anerkenntnis- und Verzichtsurteil, c) Abschluss eines Vergleichs vor Gericht, wenn nicht bereits ein Urteil vorausgegangen ist: Die Gebühr 402 200 ermäßigt sich auf:	1,5
	Erledigungserklärungen stehen der Zurücknahme nicht gleich. Die Ermäßigung tritt auch ein, wenn mehrere Ermäßigungstatbestände erfüllt sind.	
3. Erlass einer einstweiligen Verfügung wegen Erteilung einer Zwangslizenz (§ 85 PatG) und § 20 GebrMG i. V. m. § 85 PatG)		
402 300	Verfahren über den Antrag	1,5
402 310	In dem Verfahren findet eine mündliche Verhandlung statt: die Gebühr 402 300 erhöht sich auf	4,5
402 320	Beendigung des gesamten Verfahrens durch a) Zurücknahme des Antrags vor dem Schluss der mündlichen Verhandlung, b) Anerkenntnis- und Verzichtsurteil, c) Abschluss eines Vergleichs vor Gericht, wenn nicht bereits ein Urteil vorausgegangen ist: Die Gebühr 402 310 ermäßigt sich auf:	1,5
	Erledigungserklärungen stehen der Zurücknahme nicht gleich. Die Ermäßigung tritt auch ein, wenn mehrere Ermäßigungstatbestände erfüllt sind.	

7. Gesetz über die Erstreckung von gewerblichen Schutzrechten (Erstreckungsgesetz – ErstrG)

Vom 23. April 1992

(BGBl. I S. 938)

FNA 424-3-8

geänd. durch Art. 1 G zu dem Übereinkommen vom 15. April zur Errichtung der Welthandelsorganisation und zur Änd. anderer G v. 30. 8. 1994 (BGBl. II S. 1438), Art. 2 § 18 SchiedsVfG v. 22. 12. 1997 (BGBl. I S. 3224), Art. 7 Zweites PatGÄndG v. 16. 7. 1998 (BGBl. I S. 1827), Art. 10 G zur Bereinigung von Kostenregelungen auf dem Gebiet des geistigen Eigentums v. 13. 12. 2001 (BGBl. I S. 3656) und Art. 2 Abs. 10 Geschmacksmusterreformg v. 12. 3. 2004 (BGBl. I S. 390)

Inhaltsübersicht

Teil 1. Erstreckung

Abschnitt 1. Erstreckung auf das in Artikel 3 des Einigungsvertrages genannte Gebiet

§ 1 Erstreckung von gewerblichen Schutzrechten und Schutzrechtsanmeldungen

(1) Die am 1. Mai 1992 in der Bundesrepublik Deutschland mit Ausnahme des in Artikel 3 des Einigungsvertrages genannten Gebiets bestehenden gewerblichen Schutzrechte (Patente,

Gebrauchsmuster, Halbleiterschutzrechte, Warenzeichen und Dienstleistungsmarken) und Anmeldungen von solchen Schutzrechten werden unter Beibehaltung ihres Zeitrangs auf das in Artikel 3 des Einigungsvertrages genannte Gebiet erstreckt.

(2) Das gleiche gilt für die auf Grund internationaler Abkommen mit Wirkung für die Bundesrepublik Deutschland mit Ausnahme des in Artikel 3 des Einigungsvertrages genannten Gebiets eingereichten Anmeldungen und eingetragenen oder erteilten Schutzrechte.

§ 2 Löschung von eingetragenen Warenzeichen

(1) [1]Die Löschung eines nach § 1 erstreckten Warenzeichens, das auf Grund einer in der Zeit vom 1. Juli bis zum Ablauf des 2. Oktober 1990 eingereichten Anmeldung eingetragen worden ist, kann ein Dritter nach § 11 Abs. 1 Nr. 1 des Warenzeichengesetzes[1] auch dann beantragen, wenn das Zeichen für ihn auf Grund einer beim ehemaligen Patentamt der Deutschen Demokratischen Republik eingereichten Anmeldung mit älterem Zeitrang für gleiche oder gleichartige Waren oder Dienstleistungen eingetragen und nach § 4 erstreckt worden ist. [2]Einer solchen Eintragung steht eine nach § 4 erstreckte international registrierte Marke nach dem Madrider Abkommen über die internationale Registrierung von Marken gleich.

(2) Absatz 1 ist auf Anträge auf Entziehung des Schutzes einer nach § 1 erstreckten international registrierten Marke gemäß § 10 der Verordnung über die internationale Registrierung von Fabrik- oder Handelsmarken entsprechend anzuwenden.

§ 3 Widerspruch gegen angemeldete Warenzeichen

(1) [1]Gegen die Eintragung eines in der Zeit vom 1. Juli bis zum Ablauf des 2. Oktober 1990 beim Deutschen Patentamt angemeldeten Zeichens, das nach § 1 erstreckt worden ist, kann Widerspruch nach § 5 Abs. 4 oder § 6a Abs. 3 des Warenzeichengesetzes auch erheben, wer für gleiche oder gleichartige Waren oder Dienstleistungen ein mit dem angemeldeten Zeichen übereinstimmendes Zeichen (§ 31 des Warenzeichengesetzes) mit älterem Zeitrang, das nach § 4 erstreckt worden ist, beim ehemaligen Patentamt der Deutschen Demokratischen Republik angemeldet hat. [2]Einer solchen Anmeldung steht eine nach § 4 erstreckte international registrierte Marke nach dem Madrider Abkommen über die internationale Registrierung von Marken gleich.

(2) Hat das Deutsche Patentamt ein in Absatz 1 genanntes Zeichen nach § 5 Abs. 2 des Warenzeichengesetzes bekanntgemacht und ist die Widerspruchsfrist nach § 5 Abs. 4 oder § 6a Abs. 3 des Warenzeichengesetzes am 1. Mai 1992 noch nicht abgelaufen, so kann Widerspruch auf Grund eines in Absatz 1 genannten früheren Zeichens noch bis zum Ablauf von drei Monaten nach diesem Zeitpunkt erhoben werden.

(3) Die Absätze 1 und 2 sind auf Widersprüche nach § 2 der Verordnung über die internationale Registrierung von Fabrik- oder Handelsmarken, die gegen eine nach § 1 erstreckte international registrierte Marke erhoben werden, entsprechend anzuwenden.

Abschnitt 2. Erstreckung der in dem in Artikel 3 des Einigungsvertrages genannten Gebiet bestehenden gewerblichen Schutzrechte auf das übrige Bundesgebiet

Unterabschnitt 1. Allgemeine Vorschriften

§ 4 Erstreckung von gewerblichen Schutzrechten und Schutzrechtsanmeldungen

(1) Die am 1. Mai 1992 in dem in Artikel 3 des Einigungsvertrages genannten Gebiet bestehenden gewerblichen Schutzrechte (Ausschließungspatente und Wirtschaftspatente, Marken) und Anmeldungen von solchen Schutzrechten werden unter Beibehaltung ihres Zeitrangs auf das übrige Bundesgebiet erstreckt.

(2) Das gleiche gilt für die auf Grund internationaler Abkommen mit Wirkung für das in Artikel 3 des Einigungsvertrages genannte Gebiet eingereichten Anmeldungen und eingetragenen oder erteilten Schutzrechte.

(3) Für Herkunftsangaben, die mit Wirkung für das in Artikel 3 des Einigungsvertrages genannte Gebiet eingetragen oder angemeldet sind, gelten die §§ 33 bis 38.

---

[1] **Aufgehoben mWv 1. 1. 1995** durch G v. 25. 10. 1994 (BGBl. I S. 3082).

§ 5 Anzuwendendes Recht

[1]Unbeschadet der nachfolgenden Bestimmungen sind auf die nach § 4 erstreckten gewerblichen Schutzrechte und Schutzrechtsanmeldungen die bisher für sie geltenden Rechtsvorschriften (Anlage I Kapitel III Sachgebiet E Abschnitt II Nr. 1 § 3 Abs. 1 des Einigungsvertrages vom 31. August 1990, BGBl. 1990 II S. 885, 961) nur noch anzuwenden, soweit es sich um die Voraussetzungen der Schutzfähigkeit und die Schutzdauer handelt. [2]Im übrigen unterliegen sie den mit dem Einigungsvertrag übergeleiteten Vorschriften des Bundesrechts.

Unterabschnitt 2. Besondere Vorschriften für Patente

§ 6 Wirkung erteilter Patente

Die Erteilung eines Patents nach den Rechtsvorschriften der Deutschen Demokratischen Republik steht der Veröffentlichung der Erteilung des Patents nach § 58 Abs. 1 des Patentgesetzes gleich.

§ 6a Patentdauer

Die Dauer der nach § 4 erstreckten Patente, die am 31. Dezember 1995 noch nicht abgelaufen sind, beträgt 20 Jahre, die mit dem auf die Anmeldung folgenden Tag beginnen.

§ 7 Wirtschaftspatente

(1) [1]Nach § 4 erstreckte Wirtschaftspatente gelten als Patente, für die eine Lizenzbereitschaftserklärung nach § 23 Abs. 1 Satz 1 des Patentgesetzes abgegeben worden ist. [2]Dies gilt auch für Wirtschaftspatente, die auf Grund des Abkommens vom 18. Dezember 1976 über die gegenseitige Anerkennung von Urheberscheinen und anderen Schutzdokumenten für Erfindungen (GBl. II Nr. 15 S. 327) mit Wirkung für das in Artikel 3 des Einigungsvertrages genannte Gebiet anerkannt worden sind.

(2) [1]Der Inhaber eines auf das Vorliegen aller Schutzvoraussetzungen geprüften Patents kann zu jedem Zeitpunkt schriftlich gegenüber dem Deutschen Patent- und Markenamt erklären, daß die Lizenzbereitschaftserklärung nach Absatz 1 als widerrufen gelten soll. [2]Ein Hinweis auf diese Erklärung wird im Patentblatt veröffentlicht. [3]Wird der Unterschiedsbetrag nicht innerhalb der Frist des Satzes 2 gezahlt, so kann er mit dem Verspätungszuschlag noch bis zum Ablauf einer Frist von weiteren vier Monaten gezahlt werden. [4]§ 17 Abs. 3 Satz 2 und 3 des Patentgesetzes ist entsprechend anzuwenden mit der Maßgabe, daß an die Stelle der Fälligkeit der Ablauf der Monatsfrist des Satzes 3 tritt.

(3) Wer vor der Veröffentlichung des Hinweises auf die Erklärung nach Absatz 2 Satz 2 dem Patentinhaber die Absicht mitgeteilt hat, die Erfindung zu benutzen, und diese in Benutzung genommen oder die zur Benutzung erforderlichen Veranstaltungen getroffen hat, bleibt auch weiterhin zur Benutzung in der von ihm in der Anzeige angegebenen Weise berechtigt.

§ 8 Nicht in deutscher Sprache vorliegende Patente

(1) Ist ein nach § 4 erstrecktes Patent nicht in deutscher Sprache veröffentlicht worden, so kann der Patentinhaber die Rechte aus dem Patent erst von dem Tag an geltend machen, an dem eine von ihm eingereichte deutsche Übersetzung der Patentschrift auf seinen Antrag vom Deutschen Patentamt veröffentlicht worden ist.

(2) Ein Hinweis auf die Veröffentlichung der Übersetzung ist im Patentblatt zu veröffentlichen und im Patentregister zu vermerken.

(3) [1]Ist die Übersetzung der Patentschrift fehlerhaft, so kann der Patentinhaber die Veröffentlichung einer von ihm eingereichten berichtigten Übersetzung beantragen. [2]Absatz 2 ist entsprechend anzuwenden.

(4) [1]Der Wortlaut der Patentschrift stellt die verbindliche Fassung dar. [2]Ist die Übersetzung der Patentschrift fehlerhaft, so darf derjenige, der in gutem Glauben die Erfindung in Benutzung genommen oder wirkliche und ernsthafte Veranstaltungen zur Benutzung der Erfindung getroffen hat, auch nach Veröffentlichung der berichtigten Übersetzung die Benutzung für die Bedürfnisse seines eigenen Betriebs in eigenen oder fremden Werkstätten im gesamten Bundesgebiet unentgeltlich fortsetzen, wenn die Benutzung keine Verletzung des Patents in der fehlerhaften Übersetzung der Patenschrift darstellen würde.

§ 9 Benutzungsrechte an Ausschließungspatenten

[1]Das in Artikel 3 Abs. 4 Satz 1 des Gesetzes zur Änderung des Patentgesetzes und des Gesetzes über Warenkennzeichen der Deutschen Demokratischen Republik vom 29. Juni 1990 (GBl. I Nr. 40 S. 571) vorgesehene Recht, eine durch ein in ein Ausschließungspatent umgewandeltes Wirtschaftspatent geschützte Erfindung weiterzubenutzen, bleibt bestehen und wird auf das übrige Bundesgebiet erstreckt. [2]Der Patentinhaber hat Anspruch auf eine angemessene Vergütung.

§ 10 Patentanmeldungen

(1) Ist für eine nach § 4 erstreckte Patentanmeldung eine der Offensichtlichkeitsprüfung nach § 42 des Patentgesetzes entsprechende Prüfung noch nicht erfolgt, so ist die Offensichtlichkeitsprüfung nachzuholen.

(2) [1]Liegt die Anmeldung nicht in deutscher Sprache vor, so fordert das Deutsche Patent- und Markenamt den Anmelder auf, eine deutsche Fassung der Anmeldung innerhalb von drei Monaten nachzureichen. [2]Wird die deutsche Fassung nicht innerhalb der Frist vorgelegt, so gilt die Anmeldung als zurückgenommen.

(3) Bei einer nach § 4 erstreckten Patentanmeldung wird, sofern die Erteilung des Patents noch nicht beschlossen worden ist, die freie Einsicht in die Akten nach § 31 Abs. 2 Nr. 2 des Patentgesetzes gewährt und die Anmeldung als Offenlegungsschrift veröffentlicht.

(4) [1]Ist für eine nach § 4 erstreckte Patentanmeldung ein Prüfungsantrag wirksam gestellt worden, so wird er weiterbehandelt. [2]Ist die Prüfung von Amts wegen begonnen worden, so wird die Prüfung nur fortgesetzt, wenn der Anmelder den Prüfungsantrag nach § 44 Abs. 1 und 2 des Patentgesetzes stellt.

§ 11 Recherche

[1]Auf Antrag des Patentinhabers oder eines Dritten ermittelt das Deutsche Patentamt zu einem nach § 4 erstreckten Patent die öffentlichen Druckschriften, die für die Beurteilung der Patentfähigkeit der Erfindung in Betracht zu ziehen sind (Recherche). [2]§ 43 Abs. 3 bis 6 und 7 Satz 1 des Patentgesetzes ist entsprechend anzuwenden.

§ 12 Prüfung erteilter Patente

(1) [1]Ein nach § 4 erstrecktes Patent, das nicht auf das Vorliegen aller Schutzvoraussetzungen geprüft ist, wird auf Antrag von der Prüfungsstelle des Deutschen Patent- und Markenamts geprüft. [2]Der Antrag kann vom Patentinhaber und jedem Dritten gestellt werden. [3]§ 44 Abs. 1, 2 und 4 Satz 1 und § 45 des Patentgesetzes sind entsprechend anzuwenden; § 44 Abs. 3 Satz 1 und 2 des Patentgesetzes ist entsprechend anzuwenden, wenn ein Antrag nach § 11 gestellt worden ist.

(2) [1]Ein für ein nach § 4 erstrecktes Patent bereits wirksam gestellter Prüfungsantrag wird von der Prüfungsstelle weiterbehandelt. [2]Eine von Amts wegen bereits begonnene Prüfung eines Patents wird fortgesetzt.

(3) [1]Die Prüfung nach den Absätzen 1 und 2 führt zur Aufrechterhaltung oder zum Widerruf des Patents. [2]§ 58 Abs. 1 Satz 1 und 2 des Patentgesetzes ist entsprechend anzuwenden. [3]Gegen die Aufrechterhaltung kann Einspruch nach § 59 des Patentgesetzes erhoben werden.

(4) Auf Patente im Sinne des Absatzes 1 ist § 81 Abs. 2 des Patentgesetzes nicht anzuwenden.

(5) § 130 des Patentgesetzes ist auf Prüfungsverfahren nach den Absätzen 1 und 2 entsprechend anzuwenden.

§ 13 Einspruchsverfahren in besonderen Fällen

[1]Ist vom Deutschen Patentamt ein nach § 4 erstrecktes Patent nach § 18 Abs. 1 oder 2 des Patentgesetzes der Deutschen Demokratischen Republik bestätigt oder erteilt worden, so kann bis zum Ablauf des 31. Juli 1992 noch Einspruch beim Deutschen Patentamt erhoben werden. [2]Die §§ 59 bis 62 des Patentgesetzes sind anzuwenden.

§ 14 Überleitung von Berichtigungsverfahren

Berichtigungsverfahren nach § 19 des Patentgesetzes der Deutschen Demokratischen Republik, die am 1. Mai 1992 beim Deutschen Patentamt noch anhängig sind, werden in der Lage, in der sie sich befinden, als Beschränkungsverfahren nach § 64 des Patentgesetzes weitergeführt.

§ 15 Abzweigung

(1) [1]Die Erklärung nach § 5 Abs. 1 Satz 1 des Gebrauchsmustergesetzes kann auch in bezug auf nach § 4 erstreckte Patente oder Patentanmeldungen abgegeben werden. [2]Dies gilt nicht für Patente, die vom ehemaligen Patentamt der Deutschen Demokratischen Republik nach Prüfung auf das Vorliegen aller Schutzvoraussetzungen erteilt oder bestätigt worden sind.

(2) Bei den in Absatz 1 genannten Patenten kann die Erklärung bis zum Ablauf von zwei Monaten nach dem Ende des Monats, in dem ein etwaiges Prüfungsverfahren oder ein etwaiges Einspruchsverfahren abgeschlossen ist, jedoch längstens bis zum Ablauf des zehnten Jahres nach dem Anmeldetag des Patents abgegeben werden.

(3) Rechte nach § 9 oder auf Grund von § 7 Abs. 1 und 3, die Erfindung gegen Zahlung einer angemessenen Vergütung zu benutzen, und Weiterbenutzungsrechte nach § 28 gelten auch gegenüber einem nach Absatz 1 abgezweigten Gebrauchsmuster.

Unterabschnitt 3

§§ 16 bis 19 *(aufgehoben)*

Unterabschnitt 4. Besondere Vorschriften für Marken

§ 20 Löschung eingetragener Marken nach § 10 Abs. 2 des Warenzeichengesetzes

(1) Die Löschung einer nach § 4 erstreckten Marke erfolgt von Amts wegen oder auf Antrag nach § 10 Abs. 2 Nr. 2 des Warenzeichengesetzes nur dann, wenn die Marke sowohl nach den bisher anzuwendenden Rechtsvorschriften als auch nach den Vorschriften des Warenzeichengesetzes nicht schutzfähig ist.

(2) Absatz 1 ist auf Anträge auf Entziehung des Schutzes einer nach § 4 erstreckten international registrierten Marke gemäß § 10 der Verordnung über die internationale Registrierung von Fabrik- oder Handelsmarken entsprechend anzuwenden.

§ 21 Löschung eingetragener Marken nach § 11 des Warenzeichengesetzes

(1) [1]Die Löschung einer nach § 4 erstreckten Marke, die auf Grund einer in der Zeit vom 1. Juli bis zum Ablauf des 2. Oktober 1990 eingereichten Anmeldung eingetragen worden ist, kann ein Dritter nach § 11 Abs. 1 Nr. 1 des Warenzeichengesetzes auch dann beantragen, wenn das Zeichen für ihn auf Grund einer Anmeldung mit älterem Zeitrang für gleiche oder gleichartige Waren in der Zeichenrolle eingetragen steht und nach § 1 erstreckt worden ist. [2]Einer solchen Eintragung steht eine nach § 1 erstreckte international registrierte Marke nach dem Madrider Abkommen über die internationale Registrierung von Marken gleich.

(2) Absatz 1 ist auf Anträge auf Entziehung des Schutzes einer nach § 4 erstreckten international registrierten Marke gemäß § 10 der Verordnung über die internationale Registrierung von Fabrik- oder Handelsmarken entsprechend anzuwenden.

§ 22 Prüfung angemeldeter Marken

(1) Auf nach § 4 erstreckte Markenanmeldungen sind die Vorschriften des Warenzeichengesetzes anzuwenden, soweit nachfolgend nichts anderes bestimmt ist.

(2) Die Versagung der Eintragung kann nicht darauf gestützt werden, daß es sich bei dem angemeldeten Zeichen um eine nach dem Warenzeichengesetz nicht eintragbare Markenform handelt.

(3) Die Absätze 1 und 2 sind auf nach § 4 erstreckte international registrierte Marken nach dem Madrider Abkommen über die internationale Registrierung von Marken entsprechend anzuwenden.

§ 23 Bekanntmachung angemeldeter Marken; Widerspruch

(1) Nach § 4 erstreckte Markenanmeldungen werden, auch soweit eine Prüfung nach den bisher anzuwendenden Rechtsvorschriften bereits stattgefunden hat, nach § 5 Abs. 2 oder § 6a Abs. 3 des Warenzeichengesetzes bekanntgemacht.

(2) [1]Gegen die Eintragung der in Absatz 1 genannten angemeldeten Zeichen kann nach § 5 Abs. 4 Satz 1 Nr. 1 des Warenzeichengesetzes Widerspruch nur erheben,

1. wer für gleiche oder gleichartige Waren oder Dienstleistungen ein mit dem angemeldeten Zeichen übereinstimmendes Zeichen (§ 31 des Warenzeichengesetzes) mit älterem Zeitrang, das nach § 4 erstreckt worden ist, beim ehemaligen Patentamt der Deutschen Demokratischen Republik angemeldet hat oder
2. wer, soweit das bekanntgemachte Zeichen in der Zeit vom 1. Juli bis zum Ablauf des 2. Oktober 1990 beim ehemaligen Patentamt der Deutschen Demokratischen Republik angemeldet worden ist, für gleiche oder gleichartige Waren ein mit dem angemeldeten Zeichen übereinstimmendes Zeichen (§ 31 des Warenzeichengesetzes) mit älterem Zeitrang, das nach § 1 erstreckt worden ist, beim Deutschen Patentamt angemeldet hat.

[2]Den in Nummer 1 und Nummer 2 bezeichneten früheren Anmeldungen stehen nach § 1 oder § 4 erstreckte international registrierte Marken nach dem Madrider Abkommen über die internationale Registrierung von Marken gleich.

(3) Die Absätze 1 und 2 sind auf Widersprüche nach § 2 der Verordnung über die internationale Registrierung von Fabrik- oder Handelsmarken, die gegen eine nach § 4 erstreckte international registrierte Marke erhoben werden, entsprechend anzuwenden.

§ 24 Schutzdauer

Auf die Berechnung der Dauer des Schutzes von nach § 4 erstreckten Marken ist § 9 Abs. 1 des Warenzeichengesetzes anzuwenden.

§ 25 Übertragung einer Marke; Warenzeichenverbände

(1) Eine vor dem 1. Mai 1992 vorgenommene Übertragung der sich aus einer Marke oder Markenanmeldung, die nach § 4 erstreckt worden ist, ergebenden Rechte ist abweichend von § 17 Abs. 1 Satz 2 des Gesetzes über Warenkennzeichen vom 30. November 1984 (GBl. I Nr. 33 S. 397), das durch Artikel 2 des Gesetzes vom 29. Juni 1990 (GBl. I Nr. 40 S. 571) geändert worden ist, auch ohne entsprechende Eintragung im Register wirksam.

(2) Die Löschung eines nach § 1 erstreckten Verbandszeichens oder einer nach § 4 erstreckten Kollektivmarke oder die Versagung der Eintragung eines solchen Zeichens kann nicht darauf gestützt werden, daß der Verband, für den das Zeichen eingetragen oder angemeldet ist, nicht rechtsfähig ist, wenn dieser am 1. Mai 1992 in das Verbandsregister nach § 7 des Gesetzes über Warenkennzeichen eingetragen war und er oder derjenige, dem das durch die Anmeldung oder Eintragung des Zeichens begründete Recht von dem Verband übertragen worden ist, dem Deutschen Patentamt bis zum Ablauf des 30. April 1993 nachweist, daß er die Voraussetzungen für die Anmeldung eines Verbandszeichens nach § 17 Abs. 1 oder 2 und § 18 Satz 1 des Warenzeichengesetzes erfüllt; § 20 des Warenzeichengesetzes ist insoweit nicht anzuwenden.

Abschnitt 3. Übereinstimmende Rechte; Vorbenutzungs- und Weiterbenutzungsrechte

Unterabschnitt 1. Erfindungen

§ 26 Zusammentreffen von Rechten

(1) Soweit Patente, Patentanmeldungen oder Gebrauchsmuster, die nach diesem Gesetz auf das in Artikel 3 des Einigungsvertrages genannte Gebiet oder das übrige Bundesgebiet erstreckt werden, in ihrem Schutzbereich übereinstimmen und infolge der Erstreckung zusammentreffen, können die Inhaber dieser Schutzrechte oder Schutzrechtsanmeldungen ohne Rücksicht auf deren Zeitrang Rechte aus den Schutzrechten oder Schutzrechtsanmeldungen weder gegeneinander noch gegen die Personen, denen der Inhaber des anderen Schutzrechts oder der anderen Schutzrechtsanmeldung die Benutzung gestattet hat, geltend machen.

(2) Der Gegenstand des Schutzrechts oder der Schutzrechtsanmeldung darf jedoch in dem Gebiet, auf das das Schutzrecht oder die Schutzrechtsanmeldung erstreckt worden ist, nicht oder nur unter Einschränkungen benutzt werden, soweit die uneingeschränkte Benutzung zu einer wesentlichen Beeinträchtigung des Inhabers des anderen Schutzrechts oder der anderen Schutzrechtsanmeldung oder der Personen, denen er die Benutzung des Gegenstands seines Schutzrechts oder seiner Schutzrechtsanmeldung gestattet hat, führen würde, die unter Berück-

sichtigung aller Umstände des Falles und bei Abwägung der berechtigten Interessen der Beteiligten unbillig wäre.

§ 27 Vorbenutzungsrechte

(1) Ist die Wirkung eines nach § 1 oder § 4 erstreckten Patents oder Gebrauchsmusters durch ein Vorbenutzungsrecht eingeschränkt (§ 12 des Patentgesetzes, § 13 Abs. 3 des Gebrauchsmustergesetzes, § 13 Abs. 1 des Patentgesetzes der Deutschen Demokratischen Republik), so gilt dieses Vorbenutzungsrecht mit den sich aus § 12 des Patentgesetzes ergebenden Schranken im gesamten Bundesgebiet.

(2) Absatz 1 ist entsprechend anzuwenden, wenn die Voraussetzungen für die Anerkennung eines Vorbenutzungsrechts in dem Gebiet vorliegen, in dem das Schutzrecht bisher nicht galt.

§ 28 Weiterbenutzungsrechte

(1) [1]Die Wirkung eines nach § 1 oder § 4 erstreckten Patents oder Gebrauchsmusters tritt gegen denjenigen nicht ein, der die Erfindung in dem Gebiet, in dem das Schutzrecht bisher nicht galt, nach dem für den Zeitrang der Anmeldung maßgeblichen Tag und vor dem 1. Juli 1990 rechtmäßig in Benutzung genommen hat. [2]Dieser ist befugt, die Erfindung im gesamten Bundesgebiet für die Bedürfnisse seines eigenen Betriebs in eigenen oder fremden Werkstätten mit den sich aus § 12 des Patentgesetzes ergebenden Schranken auszunutzen, soweit die Benutzung nicht zu einer wesentlichen Beeinträchtigung des Inhabers des Schutzrechts oder der Personen, denen er die Benutzung des Gegenstands seines Schutzrechts gestattet hat, führt, die unter Berücksichtigung aller Umstände des Falles und bei Abwägung der berechtigten Interessen der Beteiligten unbillig wäre.

(2) Bei einem im Ausland hergestellten Erzeugnis steht dem Benutzer ein Weiterbenutzungsrecht nach Absatz 1 nur zu, wenn durch die Benutzung im Inland ein schutzwürdiger Besitzstand begründet worden ist, dessen Nichtanerkennung unter Berücksichtigung aller Umstände des Falles für den Benutzer eine unbillige Härte darstellen würde.

§ 29 Zusammentreffen mit Benutzungsrechten nach § 23 des Patentgesetzes

[1]Soweit Patente oder Patentanmeldungen, für die eine Lizenzbereitschaftserklärung nach § 23 des Patentgesetzes abgegeben worden ist oder nach § 7 als abgegeben gilt, mit Patenten, Patentanmeldungen oder Gebrauchsmustern in ihrem Schutzbereich übereinstimmen und infolge der Erstreckung nach diesem Gesetz zusammentreffen, können die Inhaber der zuletzt genannten Patente, Patentanmeldungen oder Gebrauchsmuster die Rechte aus diesen Schutzrechten oder Schutzrechtsanmeldungen ohne Rücksicht auf deren Zeitrang gegen denjenigen geltend machen, der nach § 23 Abs. 3 Satz 4 des Patentgesetzes berechtigt ist, die Erfindung zu benutzen. [2]§ 28 bleibt unberührt.

Unterabschnitt 2. Warenzeichen, Marken und sonstige Kennzeichen

§ 30 Warenzeichen und Marken

(1) Trifft ein Warenzeichen, das nach § 1 auf das in Artikel 3 des Einigungsvertrages genannte Gebiet erstreckt wird, infolge der Erstreckung mit einer übereinstimmenden Marke zusammen, die nach § 4 auf das übrige Bundesgebiet erstreckt wird, so darf jedes der Zeichen in dem Gebiet, auf das es erstreckt wird, nur mit Zustimmung des Inhabers des anderen Zeichens benutzt werden.

(2) Das Zeichen darf auch ohne Zustimmung des Inhabers des anderen Zeichens in dem Gebiet, auf das es erstreckt wird, benutzt werden

1. zur Werbung in öffentlichen Bekanntmachungen oder in Mitteilungen, die für einen größeren Kreis von Personen bestimmt sind, wenn die Verbreitung dieser öffentlichen Bekanntmachungen oder Mitteilungen nicht in zumutbarer Weise auf das Gebiet beschränkt werden kann, in dem das Zeichen bisher schon galt,
2. wenn der Inhaber des Zeichens glaubhaft macht, daß ihm nach den Vorschriften des Vermögensgesetzes ein Anspruch auf Rückübertragung des anderen Zeichens oder des Unternehmens, zu dem das andere Zeichen gehört, zusteht,
3. soweit sich der Ausschluß von der Benutzung des Zeichens in diesem Gebiet unter Berücksichtigung aller Umstände des Falles und bei Abwägung der berechtigten Interessen der Beteiligten und der Allgemeinheit als unbillig erweist.

(3) In den Fällen des Absatzes 2 Nr. 1 und 3 kann der Zeicheninhaber von demjenigen, der das andere Zeichen benutzt, eine angemessene Entschädigung verlangen, soweit er durch die Benutzung über das zumutbare Maß hinaus beeinträchtigt wird.

(4) Erweist sich im Falle des Absatzes 2 Nr. 2 der Rückübertragungsanspruch als unbegründet, so ist der Inhaber des Warenzeichens verpflichtet, den Schaden zu ersetzen, der dem Inhaber der übereinstimmenden Marke dadurch entstanden ist, daß das Zeichen in dem Gebiet, auf das es erstreckt worden ist, ohne seine Zustimmung benutzt worden ist.

§ 31 Sonstige Kennzeichenrechte

Treffen Warenzeichen oder Marken, die nach diesem Gesetz auf das in Artikel 3 des Einigungsvertrages genannte Gebiet oder auf das übrige Bundesgebiet erstreckt werden, infolge der Erstreckung mit einem Namen, einer Firma, einer besonderen Bezeichnung eines Unternehmens oder einem sonstigen durch Benutzung erworbenen Kennzeichenrecht zusammen, so ist § 30 entsprechend anzuwenden.

§ 32 Weiterbenutzungsrecht

[1]Die Wirkung einer nach § 4 auf das übrige Bundesgebiet erstreckten eingetragenen Marke oder Markenanmeldung, die nach § 1 oder § 4 Abs. 1 oder Abs. 2 Nr. 1 des Warenzeichengesetzes von der Eintragung ausgeschlossen wäre, tritt gegen denjenigen nicht ein, der ein mit der Marke übereinstimmendes Zeichen für gleiche oder gleichartige Waren oder Dienstleistungen im übrigen Bundesgebiet bereits vor dem 1. Juli 1990 rechtmäßig benutzt hat. [2]Dieser ist befugt, das Zeichen im gesamten Bundesgebiet zu benutzen, soweit die Benutzung nicht zu einer wesentlichen Beeinträchtigung des Markeninhabers oder der Personen, denen er die Benutzung der Marke gestattet hat, führt, die unter Berücksichtigung aller Umstände des Falles und bei Abwägung der berechtigten Interessen der Beteiligten und der Allgemeinheit unbillig wäre.

Teil 2. Umwandlung von Herkunftsangaben in Verbandszeichen

§ 33 Umwandlung

(1) Die in das Register für Herkunftsangaben eingetragenen Herkunftsangaben und die zur Eintragung in dieses Register angemeldeten Herkunftsangaben werden auf Antrag gemäß den nachfolgenden Bestimmungen in Verbandszeichen (§§ 17 bis 23 des Warenzeichengesetzes) umgewandelt.

(2) Die in Verbandszeichen umgewandelten Herkunftsangaben erhalten im übrigen Bundesgebiet denselben Zeitrang wie in dem in Artikel 3 des Einigungsvertrages genannten Gebiet.

§ 34 Antrag auf Umwandlung

(1) Der Antrag auf Umwandlung kann nur von den in § 17 des Warenzeichengesetzes aufgeführten rechtsfähigen Verbänden oder juristischen Personen des öffentlichen Rechts gestellt werden.

(2) [1]Der Antrag auf Umwandlung ist bis zum Ablauf des 30. April 1993 zu stellen. [2]Der Antrag ist gebührenfrei. [3]Gegen die Versäumung der Frist findet keine Wiedereinsetzung in den vorigen Stand statt.

(3) [1]Wird der Antrag nicht innerhalb der in Absatz 2 genannten Frist gestellt, so erlischt das Recht aus der Eintragung in das Register für Herkunftsangaben oder das mit der Anmeldung der Herkunftsangabe begründete Recht. [2]Das Erlöschen ist in dem Register oder in den Akten der Anmeldung zu vermerken.

(4) Das Erlöschen von Rechten gemäß Absatz 3 beeinträchtigt nicht die Befugnis, Ansprüche hinsichtlich der betroffenen Herkunftsangaben nach den allgemeinen Vorschriften geltend zu machen.

§ 35 Anwendung des Warenzeichengesetzes

Der Antrag auf Umwandlung wird, soweit nachfolgend nichts anderes bestimmt ist, als Anmeldung eines Verbandszeichens nach den §§ 17 bis 23 des Warenzeichengesetzes behandelt.

§ 36 Zusammentreffen von umgewandelten Herkunftsangaben und Warenzeichen

Die §§ 2 und 3, 20 bis 24 und 30 bis 32 sind auf Anträge auf Umwandlung von Herkunftsangaben in Verbandszeichen und als Verbandszeichen eingetragene umgewandelte Herkunftsangaben entsprechend anzuwenden.

§ 37 Schutzfähigkeit umgewandelter Herkunftsangaben

Liegen die Voraussetzungen für die Eintragung eines Verbandszeichens im übrigen vor, so kann die Umwandlung einer eingetragenen oder angemeldeten Herkunftsangabe in ein Verbandszeichen nicht mit der Begründung abgelehnt werden, daß es sich nicht um eine Herkunftsangabe handelt, es sei denn, daß die Bezeichnung ihre ursprüngliche Bedeutung als geographische Angabe verloren hat und von den in Betracht kommenden Verkehrskreisen im gesamten Bundesgebiet ausschließlich als Warenname oder als Bezeichnung einer Sorte oder Art eines Erzeugnisses aufgefaßt wird.

§ 38 Weiterbenutzungsrecht

(1) [1] Trifft eine in ein Verbandszeichen umgewandelte Herkunftsangabe im übrigen Bundesgebiet auf eine übereinstimmende Bezeichnung, die dort vor dem 1. Juli 1990 rechtmäßig als Gattungsbezeichnung benutzt worden ist, so darf die Bezeichnung zur Kennzeichnung von Waren oder Verpackungen oder in Ankündigungen, Preislisten, Geschäftsbriefen, Empfehlungen, Rechnungen und dergleichen noch bis zum Ablauf von zwei Jahren nach der Eintragung des Verbandszeichens benutzt werden. [2] Nach Ablauf dieser Frist noch vorhandene, so gekennzeichnete Waren oder Verpackungen oder vorhandene Ankündigungen, Preislisten, Geschäftsbriefe, Empfehlungen, Rechnungen oder dergleichen dürfen noch bis zum Ablauf von weiteren zwei Jahren abgesetzt und aufgebraucht werden.

(2) Trifft eine in ein Verbandszeichen umgewandelte Herkunftsangabe im übrigen Bundesgebiet auf eine übereinstimmende Bezeichnung, die dort vor dem 1. Juli 1990 rechtmäßig von einem Unternehmen benutzt worden ist, das hinsichtlich der Benutzung dieser Bezeichnung die Tradition eines ursprünglich in dem in Artikel 3 des Einigungsvertrages genannten Gebiet ansässigen Geschäftsbetriebs fortführt, so ist Absatz 1 entsprechend anzuwenden mit der Maßgabe, daß die Frist zur Weiterbenutzung nach Satz 1 zehn Jahre beträgt.

Teil 3. *(aufgehoben)*

Teil 4. Änderung von Gesetzen

§ 47 Änderung des Warenzeichengesetzes

hier nicht wiedergegeben

§ 48 Änderung des Gesetzes über die Gebühren des Patentamts und des Patentgerichts

hier nicht wiedergegeben

Teil 5. Übergangs- und Schlußvorschriften

§ 49 Arbeitnehmererfindungen

[1] Auf Erfindungen, die vor dem 3. Oktober 1990 in dem in Artikel 3 des Einigungsvertrages genannten Gebiet gemacht worden sind, sind die Vorschriften des Gesetzes über Arbeitnehmererfindungen über das Entstehen und die Fälligkeit des Vergütungsanspruchs bei unbeschränkter Inanspruchnahme einer Diensterfindung, soweit bis zum 1. Mai 1992 der Vergütungsanspruch noch nicht entstanden ist, sowie die Vorschriften über das Schiedsverfahren und das gerichtliche Verfahren anzuwenden. [2] Im übrigen verbleibt es bei den bisher für sie geltenden Vorschriften (Anlage I Kapitel III Sachgebiet E Abschnitt II Nr. 1 § 11 des Einigungsvertrages vom 31. August 1990, BGBl. 1990 II S. 885, 962).

§ 50 Überleitung von Schlichtungsverfahren

Verfahren, die am 1. Mai 1992 bei der Schlichtungsstelle für Vergütungsstreitigkeiten des Deutschen Patentamts noch anhängig sind, gehen in der Lage, in der sie sich befinden, auf die beim Deutschen Patentamt nach dem Gesetz über Arbeitnehmererfindungen errichtete Schiedsstelle über.

§ 51 Überleitung von Beschwerde- und Nichtigkeitsverfahren

(1) Verfahren, die am 1. Mai 1992 bei einer Beschwerdespruchstelle oder eine Spruchstelle für Nichtigerklärung des Deutschen Patentamts noch anhängig sind, gehen in der Lage, in der sie sich befinden, auf das Bundespatentgericht über.

(2) Verfahren, die am 1. Mai 1992 bei einer Spruchstelle für die Löschung von Warenkennzeichen des Deutschen Patentamts noch anhängig sind, werden von der Warenzeichenabteilung des Deutschen Patentamts fortgeführt.

§ 52 Fristen

Ist Gegenstand des Verfahrens ein nach § 4 erstrecktes Schutzrecht oder eine nach § 4 erstreckte Schutzrechtsanmeldung, so richtet sich der Lauf einer verfahrensrechtlichen Frist, der vor dem 1. Mai 1992 begonnen hat, nach den bisher anzuwendenden Rechtsvorschriften.

§ 53 Gebühren

(1) Gebühren für nach § 4 erstreckte Schutzrechte und Schutzrechtsanmeldungen, die vor dem 1. Mai 1992 fällig geworden sind, sind nach den bisher anzuwendenden Rechtsvorschriften zu entrichten.

(2) Ist eine Gebühr, die ab dem 1. Mai 1992 fällig wird, bereits vor diesem Zeitpunkt nach den bisherigen Gebührensätzen wirksam entrichtet worden, so gilt die Gebührenschuld als getilgt.

§ 54 Anwendung des Gesetzes gegen den unlauteren Wettbewerb und sonstiger Rechtsvorschriften

Die Anwendung des Gesetzes gegen den unlauteren Wettbewerb und der allgemeinen Vorschriften über den Erwerb oder die Ausübung von Rechten, wie insbesondere über den Rechtsmißbrauch, wird durch die Bestimmungen dieses Gesetzes nicht berührt.

§ 55 Inkrafttreten

Dieses Gesetz tritt am ersten Tage des auf die Verkündung[1] folgenden Kalendermonats in Kraft.

---

[1] Verkündet am 30. 4. 1992.

8. Gesetz zu dem Übereinkommen vom 27. November 1963 zur Vereinheitlichung gewisser Begriffe des materiellen Rechts der Erfindungspatente, dem Vertrag vom 19. Juni 1970 über die internationale Zusammenarbeit auf dem Gebiet des Patentwesens und dem Übereinkommen vom 5. Oktober 1973 über die Erteilung europäischer Patente (Gesetz über internationale Patentübereinkommen)

Vom 21. Juni 1976
(BGBl. II S. 649)

FNA 188-17

geänd. durch Art. 1 GemeinschaftspatentG v. 26. Juli 1979 (BGBl. I S. 1269), Art. 2 GebrauchsmusterÄndG v. 15. August 1986 (BGBl. I S. 1446), Art. 6 Zweites G über das Gemeinschaftspatent v. 20. Dezember 1991 (BGBl. II S. 1354), Art. 2 ÄndG des PatG und anderer G v. Vom 23. März 1993 (BGBl. I S. 366), Art. 6 Zweites PatGÄndG v. 16. Juli 1998 (BGBl. I S. 1827), Art. 2 Geistiges Eigentum-Kostenregelungs-BereinigungsG v. 13. Dezember 2001 (BGBl. I S. 3656), Art. 1 ÄndG v. 10. 12. 2003 (BGBl. I S. 2470) und Art. 2 Abs. 2 GeschmacksmusterreformG v. 12. 3. 2004 (BGBl. I S. 390)

Der Bundestag hat mit Zustimmung des Bundesrates das folgende Gesetz beschlossen:

Art. I Zustimmung zu den Übereinkommen

[1]Den folgenden Übereinkommen wird zugestimmt:

1. dem in Straßburg am 27. November 1963 von der Bundesrepublik Deutschland unterzeichneten Übereinkommen zur Vereinheitlichung gewisser Begriffe des materiellen Rechts der Erfindungspatente (Straßburger Patentübereinkommen);
2. dem in Washington am 19. Juni 1970 von der Bundesrepublik Deutschland unterzeichneten Vertrag über die internationale Zusammenarbeit auf dem Gebiet des Patentwesens (Patentzusammenarbeitsvertrag);
3. dem in München am 5. Oktober 1973 von der Bundesrepublik Deutschland unterzeichneten Übereinkommen über die Erteilung europäischer Patente (Europäisches Patentübereinkommen).

[2]Die Übereinkommen werden nachstehend veröffentlicht.

Art. II Europäisches Patentrecht.

§ 1 Anwendbarkeit

Auf die vor dem Inkrafttreten der Vereinbarung über Gemeinschaftspatente eingereichten europäischen Patentanmeldungen, mit denen für die Bundesrepublik Deutschland Schutz begehrt wird, und die darauf erteilten europäischen Patente sowie die während einer Übergangszeit eingereichten europäischen Patentanmeldungen und die darauf erteilten europäischen Patente, für die der Anmelder wirksam gemäß Artikel 81 des Übereinkommens über das europäische Patent für den Gemeinsamen Markt (Gemeinschaftspatentübereinkommen) die Erklärung eingereicht hat, daß er kein Gemeinschaftspatent zu erhalten wünscht, sind die Vorschriften dieses Artikels anzuwenden.

§ 1a Entschädigungsanspruch aus europäischen Patentanmeldungen

(1) [1]Der Anmelder einer veröffentlichten europäischen Patentanmeldung, mit der für die Bundesrepublik Deutschland Schutz begehrt wird, kann von demjenigen, der den Gegenstand der Anmeldung benutzt hat, obwohl er wußte oder wissen mußte, daß die von ihm benutzte Erfindung Gegenstand der europäischen Patentanmeldung war, eine den Umständen nach angemessene Entschädigung verlangen. [2]§ 141 Satz 1 des Patentgesetzes ist entsprechend anzu-

wenden. [3]Weitergehende Ansprüche nach Artikel 67 Abs. 1 des Europäischen Patentübereinkommens sind ausgeschlossen.

(2) Ist die europäische Patentanmeldung nicht in deutscher Sprache veröffentlicht worden, so steht dem Anmelder eine Entschädigung nach Absatz 1 Satz 1 erst von dem Tag an zu, an dem eine von ihm eingereichte deutsche Übersetzung der Patentansprüche vom Deutschen Patent- und Markenamt veröffentlicht worden ist oder der Anmelder eine solche Übersetzung dem Benutzer der Erfindung übermittelt hat.

(3) [1]Die vorstehenden Absätze gelten entsprechend im Falle einer nach Artikel 21 des Patentzusammenarbeitsvertrags veröffentlichten internationalen Patentanmeldung, für die das Europäische Patentamt als Bestimmungsamt tätig geworden ist. [2]Artikel 158 Abs. 3 des Europäischen Patentübereinkommens bleibt unberührt.

§ 2 Veröffentlichung von Übersetzungen der Patentansprüche europäischer Patentanmeldungen

(1) Das Deutsche Patent- und Markenamt veröffentlicht auf Antrag des Anmelders die nach § 1 Abs. 2 eingereichte Übersetzung.

(2) [1]Der Bundesminister der Justiz wird ermächtigt, durch Rechtsverordnung ohne Zustimmung des Bundesrates Bestimmungen über die sonstigen Erfordernisse für die Veröffentlichung zu erlassen. [2]Er kann diese Ermächtigung durch Rechtsverordnung ohne Zustimmung des Bundesrates auf das Deutsche Patent- und Markenamt übertragen.

§ 3[1] Übersetzungen europäischer Patentschriften

(1) [1]Liegt die Fassung, in der das Europäische Patentamt mit Wirkung für die Bundesrepublik Deutschland ein europäisches Patent zu erteilen beabsichtigt, nicht in deutscher Sprache vor, so hat der Anmelder oder der Patentinhaber innerhalb von drei Monaten nach der Veröffentlichung des Hinweises auf die Erteilung des europäischen Patents im Europäischen Patentblatt beim Deutschen Patent- und Markenamt eine deutsche Übersetzung der Patentschrift einzureichen. [2]Beabsichtigt das Europäische Patentamt, im Einspruchsverfahren das Patent in geänderter Fassung aufrechtzuerhalten, so ist innerhalb von drei Monaten nach der Veröffentlichung des Hinweises auf die Entscheidung über den Einspruch die deutsche Übersetzung der geänderten Patentschrift einzureichen.

(2) Wird die Übersetzung nicht fristgerecht oder in einer eine ordnun gsgemäße Veröfentlichung nicht gestattenden Form eingereicht oder die Gebühr nicht fristgerecht entrichtet, so gelten die Wirkungen des europäischen Patents für die Bundesrepublik Deutschland als von Anfang an nicht eingetreten.

(3) [1]Das Deutsche Patent- und Markenamt veröffentlicht die Übersetzung. [2]Ein Hinweis auf die Übersetzung ist im Patentblatt zu veröffentlichen und im Patentregister zu vermerken.

(4) [1]Ist die nach Absatz 3 veröffentlichte Übersetzung fehlerhaft, so kann der Patentinhaber eine berichtigte Übersetzung einreichen. [2]Die berichtigte Übersetzung wird nach Absatz 3 veröffentlicht.

(5) Ist die Übersetzung der europäischen Patentschrift fehlerhaft, so darf derjenige, der im Inland in gutem Glauben die Erfindung in Benutzung genommen oder wirkliche und ernsthafte Veranstaltungen zur Benutzung der Erfindung getroffen hat, nach Veröfentlichung der berichtigten Übersetzung die Benutzung für die Bedürfnisse seines eigenen Betriebs in eigenen oder fremden Werkstätten unentgeltlich fortsetzen, wenn die Benutzung keine Verletzung des Patents in der fehlerhaften Übersetzung der Patentschrift darstellen würde.

(6) [1]Der Bundesminister der Justiz wird ermächtigt, durch Rechtsverordnung Bestimmungen zur Ausführung der Absätze 2 bis 4 zu erlassen. [2]Er kann diese Ermächtigung durch Rechtsverordnung auf das Deutsche Patent- und Markenamt übertragen.

§ 4 Einreichung europäischer Patentanmeldungen beim Deutschen Patent- und Markenamt

(1) [1]Europäische Patentanmeldungen können auch beim Deutschen Patent- und Markenamt oder gemäß § 34 Abs. 2 des Patentgesetzes über ein Patentinformationszentrum eingereicht werden. [2]Die nach dem europäischen Patentübereinkommen zu zahlenden Gebühren sind unmittelbar an das Europäische Patentamt zu entrichten.

---

[1] § 3 aufgeh. durch G v. 10. 12. 2003 (BGBl. I S. 2470); dieses Gesetz tritt am ersten Tag des vierten Kalendermonats in Kraft, der auf das Inkrafttreten des Übereinkommens vom 17. Oktober 2000 über die Anwendung des Artikels 65 des Übereinkommens über die Erteilung europäischer Patente für die Bundesrepublik Deutschland folgt. Das Bundesministerium der Justiz gibt den Tag des Inkrafttretens im Bundesgesetzblatt bekannt.

(2) Europäische Anmeldungen, die ein Staatsgeheimnis (§ 93 des Strafgesetzbuches) enthalten können, sind beim Deutschen Patent- und Markenamt nach Maßgabe folgender Vorschriften einzureichen:

1. In einer Anlage zur Anmeldung ist darauf hinzuweisen, daß die angemeldete Erfindung nach Auffassung des Anmelders ein Staatsgeheimnis enthalten kann.
2. Genügt die Anmeldung den Anforderungen der Nummer 1 nicht, so wird die Entgegennahme durch Beschluß abgelehnt. Auf das Verfahren sind die Vorschriften des Patentgesetzes entsprechend anzuwenden. Die Entgegennahme der Anmeldung kann nicht mit der Begründung abgelehnt werden, daß die Anmeldung kein Staatsgeheimnis enthalte.
3. Das Deutsche Patent- und Markenamt prüft die nach Maßgabe der Nummer 1 eingereichten Anmeldungen unverzüglich darauf, ob mit ihnen Patentschutz für eine Erfindung nachgesucht wird, die ein Staatsgeheimnis (§ 93 des Strafgesetzbuches) ist. Für das Verfahren gelten die Vorschriften des Patentgesetzes entsprechend; § 53 des Patentgesetzes ist anzuwenden.
4. Ergibt die Prüfung nach Nummer 3, daß die Erfindung ein Staatsgeheimnis ist, so ordnet das Deutsche Patent- und Markenamt von Amts wegen an, daß die Anmeldung nicht weitergeleitet wird und jede Bekanntmachung unterbleibt. Mit der Rechtskraft der Anordnung gilt die europäische Patentanmeldung auch als eine von Anfang an beim Deutschen Patent- und Markenamt eingereichte nationale Patentanmeldung, für die eine Anordnung nach § 50 Abs. 1 des Patentgesetzes ergangen ist. § 9 Abs. 2 ist entsprechend anzuwenden.

(3) Enthält die Anmeldung kein Staatsgeheimnis, so leitet das Deutsche Patent- und Markenamt die Patentanmeldung an das Europäische Patentamt weiter und unterrichtet den Anmelder hiervon.

§ 5 Anspruch gegen den nichtberechtigten Patentanmelder

(1) [1]Der nach Artikel 60 Abs. 1 des Europäischen Patentübereinkommens Berechtigte, dessen Erfindung von einem Nichtberechtigten angemeldet ist, kann vom Patentsucher verlangen, daß ihm der Anspruch auf Erteilung des europäischen Patents abgetreten wird. [2]Hat die Patentanmeldung bereits zum europäischen Patent geführt, so kann er vom Patentinhaber die Übertragung des Patents verlangen.

(2) Der Anspruch nach Absatz 1 Satz 2 kann innerhalb einer Ausschlußfrist von zwei Jahren nach dem Tag gerichtlich geltend gemacht werden, an dem im Europäischen Patentblatt auf die Erteilung des europäischen Patents hingewiesen worden ist, später nur dann, wenn der Patentinhaber bei der Erteilung oder dem Erwerb des Patents Kenntnis davon hatte, daß er kein Recht auf das europäische Patent hatte.

§ 6 Nichtigkeit

(1) Das mit Wirkung für die Bundesrepublik Deutschland erteilte europäische Patent wird auf Antrag für nichtig erklärt, wenn sich ergibt, daß

1. der Gegenstand des europäischen Patents nach den Artikeln 52 bis 57 des Europäischen Patentübereinkommens nicht patentfähig ist,
2. das europäische Patent die Erfindung nicht so deutlich und vollständig offenbart, daß ein Fachmann sie ausführen kann,
3. der Gegenstand des europäischen Patents über den Inhalt der europäischen Patentanmeldung in ihrer bei der für die Einreichung der Anmeldung zuständigen Behörde ursprünglich eingereichten Fassung oder, wenn das Patent auf einer europäischen Teilanmeldung oder einer nach Artikel 61 des Europäischen Patentübereinkommens eingereichten neuen europäischen Patentanmeldung beruht, über den Inhalt der früheren Anmeldung in ihrer bei der für die Einreichung der Anmeldung zuständigen Behörde ursprünglich eingereichten Fassung hinausgeht,
4. der Schutzbereich des europäischen Patents erweitert worden ist,
5. der Inhaber des europäischen Patents nicht nach Artikel 60 Abs. 1 des Europäischen Patentübereinkommens berechtigt ist.

(2) [1]Betreffen die Nichtigkeitsgründe nur einen Teil des europäischen Patents, so wird die Nichtigkeit durch entsprechende Beschränkung des Patents erklärt. [2]Die Beschränkung kann in Form einer Änderung der Patentansprüche, der Beschreibung oder der Zeichnungen vorgenommen werden.

(3) Im Falle des Absatzes 1 Nr. 5 ist nur der nach Artikel 60 Abs. 1 des Europäischen Patentübereinkommens Berechtigte befugt, den Antrag zu stellen.

§ 6a Ergänzende Schutzzertifikate

Das Deutsche Patent- und Markenamt erteilt ergänzende Schutzzertifikate nach § 49a des Patentgesetzes auch für das mit Wirkung für die Bundesrepublik Deutschland erteilte europäische Patent.

§ 7 Jahresgebühren

[1]Für das mit Wirkung für die Bundesrepublik Deutschland erteilte europäische Patent sind Jahresgebühren nach § 17 des Patentgesetzes zu entrichten. [2]Sie werden jedoch erst für die Jahre geschuldet, die dem Jahr folgen, in dem der Hinweis auf die Erteilung des europäischen Patents im Europäischen Patentblatt bekanntgemacht worden ist.

§ 8 Verbot des Doppelschutzes

(1) Soweit der Gegenstand eines im Verfahren nach dem Patentgesetz erteilten Patents eine Erfindung ist, für die demselben Erfinder oder seinem Rechtsnachfolger mit Wirkung für die Bundesrepublik Deutschland ein europäisches Patent mit derselben Priorität erteilt worden ist, hat das Patent in dem Umfang, in dem es dieselbe Erfindung wie das europäische Patent schützt, von dem Zeitpunkt an keine Wirkung mehr, zu dem

1. die Frist zur Einlegung des Einspruchs gegen das europäische Patent abgelaufen ist, ohne daß Einspruch eingelegt worden ist,
2. das Einspruchsverfahren unter Aufrechterhaltung des europäischen Patents rechtskräftig abgeschlossen ist oder
3. das Patent erteilt wird, wenn dieser Zeitpunkt nach dem in den Nummern 1 oder 2 genannten Zeitpunkt liegt.

(2) Das Erlöschen und die Erklärung der Nichtigkeit des europäischen Patents lassen die nach Absatz 1 eingetretene Rechtsfolge unberührt.

(3) *(aufgehoben)*

§ 9 Umwandlung

(1) Hat der Anmelder einer europäischen Patentanmeldung, mit der für die Bundesrepublik Deutschland Schutz begehrt wird, einen Umwandlungsantrag nach Artikel 135 Abs. 1 Buchstabe a des Europäischen Patentübereinkommens gestellt und hierbei angegeben, daß er für die Bundesrepublik Deutschland die Einleitung des Verfahrens zur Erteilung eines nationalen Patents wünscht, so gilt die europäische Patentanmeldung als eine mit der Stellung des Umwandlungsantrags beim Deutschen Patent- und Markenamt eingereichte nationale Patentanmeldung; Artikel 66 des Europäischen Patentübereinkommens bleibt unberührt. [2]War in den Fällen des Artikels 77 Abs. 5 des Europäischen Patentübereinkommens die europäische Patentanmeldung beim Deutschen Patent- und Markenamt eingereicht, so gilt die Anmeldegebühr mit der Zahlung der Umwandlungsgebühr als entrichtet.

(2) [1]Der Anmelder hat innerhalb einer Frist von drei Monaten nach Zustellung der Aufforderung des Deutschen Patent- und Markenamts eine deutsche Übersetzung der europäischen Patentanmeldung in der ursprünglichen Fassung dieser Anmeldung und gegebenenfalls in der im Verfahren vor dem Europäischen Patentamt geänderten Fassung, die der Anmelder dem Verfahren vor dem Deutschen Patent- und Markenamt zugrunde zu legen wünscht, einzureichen. [2]Wird die Übersetzung nicht rechtzeitig eingereicht, so wird die Patentanmeldung zurückgewiesen.

(3 [1]Liegt für die Anmeldung ein europäischer Recherchenbericht vor, so ermäßigt sich die Gebühr nach dem Patentkostengesetz für das Prüfungsverfahren nach § 44 des Patentgesetzes in gleicher Weise, wie wenn beim Deutschen Patent- und Markenamt ein Antrag nach § 43 Abs. 1 des Patentgesetzes gestellt worden wäre. [2]Eine Ermäßigung nach Satz 1 tritt nicht ein, wenn der europäische Recherchenbericht für Teile der Anmeldung nicht erstellt worden ist.

§ 10 Zuständigkeit von Gerichten

(1) [1]Ist nach dem Protokoll über die gerichtliche Zuständigkeit und die Anerkennung von Entscheidungen über den Anspruch auf Erteilung eines europäischen Patents die Zuständigkeit der Gerichte im Geltungsbereich dieses Gesetzes begründet, so richtet sich die örtliche Zuständigkeit nach den allgemeinen Vorschriften. [2]Ist danach ein Gerichtsstand nicht gegeben, so ist das Gericht zuständig, in dessen Bezirk das Europäische Patentamt seinen Sitz hat.

(2) § 143 des Patentgesetzes gilt entsprechend.

§ 11 Zentrale Behörde für Rechtshilfeersuchen

Der Bundesminister der Justiz wird ermächtigt, durch Rechtsverordnung ohne Zustimmung des Bundesrates eine Bundesbehörde als zentrale Behörde für die Entgegennahme und Weiterleitung der vom Europäischen Patentamt ausgehenden Rechtshilfeersuchen zu bestimmen.

§ 12 Entzug des Geschäftssitzes eines zugelassenen Vertreters

[1] Zuständige Behörde für den Entzug der Berechtigung, einen Geschäftssitz nach Artikel 134 Abs. 5 Satz 1 und Absatz 7 des Europäischen Patentübereinkommens zu begründen, ist die Landesjustizverwaltung des Landes, in dem der Geschäftssitz begründet worden ist. [2] Die Landesregierungen werden ermächtigt, die Zuständigkeit der Landesjustizverwaltung durch Rechtsverordnung auf den Präsidenten des Oberlandesgerichts, den Präsidenten des Landgerichts oder den Präsidenten des Amtsgerichts des Bezirks zu übertragen, in dem der Geschäftssitz begründet worden ist. [3] Die Landesregierungen können diese Ermächtigung durch Rechtsverordnung auf die Landesjustizverwaltung übertragen.

§ 13 Ersuchen um Erstattung technischer Gutachten

Ersuchen der Gerichte um Erstattung technischer Gutachten nach Artikel 25 des Europäischen Patentübereinkommens werden in unmittelbaren Verkehr an das Europäische Patentamt übersandt.

§ 14 Unzulässige Anmeldung beim Europäischen Patentamt

Wer eine Patentanmeldung, die ein Staatsgeheimnis (§ 93 des Strafgesetzbuches) enthält, unmittelbar beim Europäischen Patentamt einreicht, wird mit Freiheitsstrafe bis zu fünf Jahren oder mit Geldstrafe bestraft.

Art. III. Verfahren nach dem Patentzusammenarbeitsvertrag.

§ 1 Das Deutsche Patent- und Markenamt als Anmeldeamt

(1) [1] Das Deutsche Patent- und Markenamt ist Anmeldeamt im Sinne des Artikels 10 des Patentzusammenarbeitsvertrags. [2] Es nimmt internationale Patentanmeldungen von Personen entgegen, die die deutsche Staatsangehörigkeit besitzen oder im Geltungsbereich dieses Gesetzes ihren Sitz oder Wohnsitz haben. [3] Es nimmt auch internationale Anmeldungen von Personen entgegen, die die Staatsangehörigkeit eines anderen Staates besitzen oder in einem anderen Staat ihren Sitz oder Wohnsitz haben, wenn die Bundesrepublik Deutschland die Entgegennahme solcher Anmeldungen mit einem anderen Staat vereinbart hat und dies durch den Präsidenten des Deutschen Patent- und Markenamts bekanntgemacht worden ist oder wenn das Deutsche Patent- und Markenamt mit Zustimmung seines Präsidenten durch die Versammlung des Verbands für die Internationale Zusammenarbeit auf dem Gebiet des Patentwesens als Anmeldeamt bestimmt worden ist.

(2) [1] Internationale Anmeldungen können in deutscher Sprache beim Deutschen Patent- und Markenamt oder gemäß § 34 Abs. 2 des Patentgesetzes über ein Patentinformationszentrum eingereicht werden. [2] Die internationale Anmeldung wird dem Internationalen Büro gemäß Artikel 12 Abs. 1 des Patentzusammenarbeitsvertrages übermittelt.

(3) Auf das Verfahren vor dem Deutschen Patent- und Markenamt als Anmeldeamt sind ergänzend zu den Bestimmungen des Patentzusammenarbeitsvertrags die Vorschriften des Patentgesetzes für das Verfahren vor dem Deutschen Patent- und Markenamt anzuwenden.

§ 2 Geheimhaltungsbedürftige internationale Anmeldungen

(1) [1] Das Deutsche Patent- und Markenamt prüft alle bei ihm als Anmeldeamt eingereichten internationalen Anmeldungen darauf, ob mit ihnen Patentschutz für eine Erfindung nachgesucht wird, die ein Staatsgeheimnis (§ 93 des Strafgesetzbuches) ist. [2] Für das Verfahren gelten die Vorschriften des Patentgesetzes entsprechend; § 53 des Patentgesetzes ist anzuwenden.

(2) [1] Ergibt die Prüfung nach Absatz 1, daß die Erfindung ein Staatsgeheimnis ist, so ordnet das Deutsche Patent- und Markenamt von Amts wegen an, daß die Anmeldung nicht weitergeleitet wird und jede Bekanntmachung unterbleibt. [2] Mit der Rechtskraft der Anordnung gilt die internationale Anmeldung als eine von Anfang an beim Deutschen Patent- und Markenamt

eingereichte nationale Patentanmeldung, für die eine Anordnung nach § 50 Abs. 1 des Patentgesetzes ergangen ist. [3]Die für die internationale Anmeldung gezahlte Übermittlungsgebühr wird auf die für das Anmeldeverfahren nach § 34 des Patentgesetzes zu zahlende Gebühr nach dem Patentkostengesetz verrechnet; ein Überschuß wird zurückgezahlt.

§ 3 Internationale Recherchebehörde

Das Deutsche Patent- und Markenamt gibt bekannt, welche Behörde für die Bearbeitung der bei ihm eingereichten internationalen Anmeldungen als Internationale Recherchebehörde bestimmt ist.

§ 4 Das Deutsche Patent- und Markenamt als Bestimmungsamt

(1) [1]Das Deutsche Patent- und Markenamt ist Bestimmungsamt, wenn in einer internationalen Anmeldung die Bundesrepublik Deutschland für ein Patent oder ein Gebrauchsmuster oder beide Schutzrechtsarten bestimmt worden ist. [2]Dies gilt nicht, wenn der Anmelder in der internationalen Anmeldung die Erteilung eines europäischen Patents beantragt hat.

(2) [1]Ist das Deutsche Patent- und Markenamt Bestimmungsamt, so hat der Anmelder innerhalb der in Artikel 22 Abs. 1 des Patentzusammenarbeitsvertrags vorgesehenen Frist die Gebühr nach dem Patentkostengesetz für das Anmeldeverfahren nach § 34 des Patentgesetzes und, wenn ein Gebrauchsmuster beantragt worden ist, nach § 4 des Gebrauchsmustergesetzes zu entrichten sowie, sofern die internationale Anmeldung nicht in deutscher Sprache eingereicht worden ist, eine Übersetzung der Anmeldung in deutscher Sprache einzureichen. [2]Ist das Deutsche Patent- und Markenamt auch Anmeldeamt, so gilt die Anmeldegebühr mit der Zahlung der Übermittlungsgebühr als entrichtet.

(3) Wird für die internationale Anmeldung die Priorität einer beim Deutschen Patent- und Markenamt eingereichten früheren Patent- oder Gebrauchsmusteranmeldung beansprucht, so gilt diese abweichend von § 40 Abs. 5 des Patentgesetzes oder § 6 Abs. 1 des Gebrauchsmustergesetzes zu dem Zeitpunkt als zurückgenommen, zu dem die Voraussetzungen des Absatzes 2 erfüllt und die in Artikel 22 oder 39 Abs. 1 des Patentzusammenarbeitsvertrags vorgesehenen Fristen abgelaufen sind.

§ 5 Weiterbehandlung als nationale Anmeldung

(1) [1]Übersendet das Internationale Büro dem Deutschen Patent- und Markenamt als Bestimmungsamt eine internationale Anmeldung, der das zuständige Anmeldeamt die Zuerkennung eines internationalen Anmeldedatums abgelehnt hat oder die dieses Amt für zurückgenommen erklärt hat, so prüft das Deutsche Patentund Markenamt, ob die Beanstandungen des Anmeldeamts zutreffend sind, sobald der Anmelder die Gebühr nach dem Patentkostengesetz für das Anmeldeverfahren nach § 34 des Patentgesetzes gezahlt und, sofern die internationale Anmeldung nicht in deutscher Sprache eingereicht worden ist, eine Übersetzung der internationalen Anmeldung in deutscher Sprache eingereicht hat. [2]Das Deutsche Patent- und Markenamt entscheidet durch Beschluß, ob die Beanstandungen des Anmeldeamts gerechtfertigt sind. [3]Für das Verfahren gelten die Vorschriften des Patentgesetzes entsprechend.

(2) Absatz 1 ist entsprechend auf die Fälle anzuwenden, in denen das Anmeldeamt die Bestimmung der Bundesrepublik Deutschland für zurückgenommen erklärt oder in denen das Internationale Büro die Anmeldung als zurückgenommen behandelt hat.

§ 6 Das Deutsche Patent- und Markenamt als ausgewähltes Amt

(1) Hat der Anmelder zu einer internationalen Anmeldung, für die das Deutsche Patent- und Markenamt Bestimmungsamt ist, beauftragt, daß eine internationale vorläufige Prüfung der Anmeldung nach Kapitel II des Patentzusammenarbeitsvertrags durchgeführt wird, und hat er die Bundesrepublik Deutschland als Vertragsstaat angegeben, in dem er die Ergebnisse der internationalen vorläufigen Prüfung verwenden will („ausgewählter Staat"), so ist das Deutsche Patent- und Markenamt ausgewähltes Amt.

(2) Ist die Auswahl der Bundesrepublik Deutschland vor Ablauf des 19. Monats seit dem Prioritätsdatum erfolgt, so ist § 4 Abs. 2 mit der Maßgabe anzuwenden, daß an die Stelle der dort genannten Frist die in Artikel 39 Abs. 1 des Patentzusammenarbeitsvertrags vorgesehene Frist tritt.

§ 7 Internationaler Recherchenbericht

[1] Liegt für die internationale Anmeldung ein internationaler Recherchenbericht vor, so ermäßigt sich die nach § 44 Abs. 3 des Patentgesetzes zu zahlende Gebühr für die Prüfung der Anmeldung in gleicher Weise, wie wenn beim Deutschen Patent- und Markenamt ein Antrag nach § 43 Abs. 1 des Patentgesetzes gestellt worden wäre. [2] Eine Ermäßigung nach Satz 1 tritt nicht ein, wenn der internationale Recherchenbericht für Teile der Anmeldung nicht erstellt worden ist.

§ 8 Veröffentlichung der internationalen Anmeldung

(1) [1] Die Veröffentlichung einer internationalen Anmeldung nach Artikel 21 des Patentzusammenarbeitsvertrags, für die das Deutsche Patent- und Markenamt Bestimmungsamt ist, hat die gleiche Wirkung wie die Veröffentlichung eines Hinweises nach § 32 Abs. 5 des Patentgesetzes für eine beim Deutschen Patent- und Markenamt eingereichte Patentanmeldung (§ 33 des Patentgesetzes). [2] Ein Hinweis auf die Veröffentlichung wird im Patentblatt bekanntgemacht.

(2) [1] Ist die internationale Anmeldung vom Internationalen Büro nicht in deutscher Sprache veröffentlicht worden, so veröffentlicht das Deutsche Patent- und Markenamt die ihm zugeleitete Übersetzung der internationalen Anmeldung von Amts wegen. [2] In diesem Falle treten die Wirkungen nach Absatz 1 erst vom Zeitpunkt der Veröffentlichung der deutschen Übersetzung an ein.

(3) Die nach Artikel 21 des Patentzusammenarbeitsvertrags veröffentlichte internationale Anmeldung gilt erst dann als Stand der Technik nach § 3 Abs. 2 des Patentgesetzes, wenn die in § 4 Abs. 2 genannten Voraussetzungen erfüllt sind.

Art. IV. Anpassung des Patentgesetzes an das Europäische Patentrecht

hier nicht wiedergegeben

Art. V. Verfahrensrechtliche Änderungen des Patentgesetzes

hier nicht wiedergegeben

Art. VI. Änderung des Gesetzes betreffend den Schutz von Erfindungen, Mustern und Warenzeichen auf Ausstellungen

hier nicht wiedergegeben

Art. VII. Einschränkung von Vorschriften der Patentanwaltsordnung und der Bundesrechtsanwaltsordnung

Auf die Begründung eines Geschäftssitzes nach Artikel 134 Abs. 5 und 7 des Europäischen Patentübereinkommens außerhalb des Geltungsbereichs dieses Gesetzes sind § 28 der Patentanwaltsordnung und § 28 der Bundesrechtsanwaltsordnung nicht anzuwenden.

Art. VIII. Änderung der Patentanwaltsordnung

hier nicht wiedergegeben

Art. IX. Änderung des Gesetzes über die Gebühren des Patentamts und des Patentgerichts

hier nicht wiedergegeben

Art. X. Bekanntmachung von Änderungen

Im Bundesgesetzblatt sind bekanntzumachen:

1. Änderungen des Europäischen Patentübereinkommens, die der Verwaltungsrat der Europäischen Patentorganisation nach Artikel 33 Abs. 1 des Europäischen Patentübereinkommens beschließt, und die Gebührenordnung, die nach Artikel 33 Abs. 2 Buchstabe d erlassen wird, sowie deren Änderung;
2. Änderungen des Patentzusammenarbeitsvertrags und der Ausführungsordnung zu diesem Vertrag, die die Versammlung des Verbands für die Internationale Zusammenarbeit auf dem Gebiet des Patentwesens nach Artikel 47 Abs. 2, Artikel 58 Abs. 2 und Artikel 61 Abs. 2 des Vertrags beschließt. Das gleiche gilt für Änderungen im schriftlichen Verfahren nach Artikel 47 Abs. 2 des Vertrags.

Art. XI. Übergangs- und Schlußbestimmungen

§ 1 [Anwendung]

(1) Artikel IV ist nur auf die nach seinem Inkrafttreten beim Deutschen Patent- und Markenamt eingereichten Patentanmeldungen und die darauf erteilten Patente anzuwenden.

(2) [1] Eine innerhalb von sechs Monaten nach dem Inkrafttreten von Artikel IV Nr. 3 eingereichte Patentanmeldung kann nicht deshalb zurückgewiesen und ein darauf erteiltes Patent nicht deshalb für nichtig erklärt werden, weil die Erfindung innerhalb von sechs Monaten vor der Anmeldung beschrieben oder benutzt worden ist, wenn die Beschreibung oder Benutzung auf der Erfindung des Anmelders oder seines Rechtsvorgängers beruht. [2] Satz 1 ist nicht anzuwenden, wenn die Beschreibung oder Benutzung der Erfindung durch den Anmelder oder seinen Rechtsnachfolger selbst erfolgt ist und erst nach dem Inkrafttreten von Artikel IV Nr. 3 vorgenommen worden ist.

(3) Die vor dem Inkrafttreten von Artikel IV Nr. 7 und Artikel VI entstandenen Wirkungen des zeitweiligen Schutzes bleiben von dem Inkrafttreten der genannten Bestimmungen unberührt.

§ 2 *(gegenstandslos)*

§ 3 [Inkrafttreten, Außerkrafttreten]

(1) Artikel I, Artikel V, Artikel VIII sowie die §§ 2 und 3 dieses Artikels treten am 1. Oktober 1976 in Kraft.

(2) Der Tag, an dem

1. das Straßburger Patentübereinkommen nach seinem Artikel 9,
2. der Patentzusammenarbeitsvertrag nach seinem Artikel 63,
3. das Europäische Patentübereinkommen nach seinem Artikel 169

für die Bundesrepublik Deutschland in Kraft treten, ist im Bundesgesetzblatt bekanntzugeben.

(3) Artikel II, Artikel VII sowie Artikel IX, soweit er die Einfügung von Nummer 10 in Artikel 1 § 1 Buchstabe A des Gesetzes über die Gebühren des Patentamts und des Patentgerichts betrifft, und Artikel X Nr. 1 treten am dem Tag in Kraft, an dem nach der Bestimmung des Verwaltungsrats der Europäischen Patentorganisation europäische Patentanmeldungen beim Europäischen Patentamt eingereicht werden können (Artikel 162 Abs. 1 des Europäischen Patentübereinkommens); der Tag des Inkrafttretens ist im Bundesgesetzblatt bekanntzugeben.

(4) Artikel III sowie Artikel IX, soweit er die Einfügung von Nummer 11 in Artikel 1 § 1 Buchstabe A des Gesetzes über die Gebühren des Patentamts und des Patentgerichts betrifft, und Artikel X Nr. 2 treten an dem Tag in Kraft, an dem der Patentzusammenarbeitsvertrag für die Bundesrepublik Deutschland in Kraft tritt.

(5) Artikel IV sowie Artikel IX, soweit er die Einfügung der Buchstaben r und s in Artikel 1 § 1 Buchstabe A Nr. 3 des Gesetzes über die Gebühren des Patentamts und des Patentgerichts betrifft, und § 1 dieses Artikels treten am ersten Tag des auf die Bekanntmachung des Inkrafttretens des Europäischen Patentübereinkommens im Bundesgesetzblatt folgenden vierten Kalendermonats in Kraft, Artikel IV jedoch unbeschadet der Bestimmung des Absatzes 6.

(6) [1]Artikel IV Nr. 3, soweit er § 2 Abs. 4 des Patentgesetzes betrifft, und Nr. 7 sowie Artikel VI treten am ersten Tag des auf die Bekanntmachung des Inkrafttretens des Straßburger Patentübereinkommens im Bundesgesetzblatt folgenden vierten Kalendermonats in Kraft. [2]Bis zu diesem Zeitpunkt bleibt für die Anwendung von Artikel IV Nr. 3, soweit er § 2 Abs. 1 und 2 des Patentgesetzes betrifft, eine innerhalb von sechs Monaten vor der Anmeldung erfolgte Beschreibung oder Benutzung außer Betracht, wenn sie auf der Erfindung des Anmelders oder seines Rechtsvorgängers beruht.

9. Verordnung (EWG) Nr. 1768/92 des Rates über die Schaffung eines ergänzenden Schutzzertifikats für Arzneimittel

Vom 18. Juni 1992

(ABl. EG Nr. L 182)

DER RAT DER EUROPÄISCHEN GEMEINSCHAFTEN –

gestützt auf den Vertrag zur Gründung der Europäischen Wirtschaftsgemeinschaft, insbesondere auf Artikel 100 a,
auf Vorschlag der Kommission,
in Zusammenarbeit mit dem Europäischen Parlament,
nach Stellungnahme des Wirtschafts- und Sozialausschusses,
in Erwägung nachstehender Gründe:

Die Forschung im pharmazeutischen Bereich trägt entscheidend zur ständigen Verbesserung der Volksgesundheit bei.

Arzneimittel, vor allem solche, die das Ergebnis einer langen und kostspieligen Forschungstätigkeit sind, werden in der Gemeinschaft und in Europa nur weiterentwickelt, wenn für sie eine günstige Regelung geschaffen wird, die einen ausreichenden Schutz zur Förderung einer solchen Forschung vorsieht.

Derzeit wird durch den Zeitraum zwischen der Einreichung einer Patentanmeldung für ein neues Arzneimittel und der Genehmigung für das Inverkehrbringen desselben Arzneimittels der tatsächliche Patentschutz auf eine Laufzeit verringert, die für die Amortisierung der in der Forschung vorgenommenen Investitionen unzureichend ist.

Diese Tatsache führt zu einem unzureichenden Schutz, der nachteilige Auswirkungen auf die pharmazeutische Forschung hat.

Die jetzige Situation bringt die Gefahr mit sich, daß die in den Mitgliedstaaten gelegenen Forschungszentren nach Ländern verlagert werden, die bereits jetzt einen größeren Schutz bieten.

Auf Gemeinschaftsebene ist eine einheitliche Lösung zu finden, um auf diese Weise einer heterogenen Entwicklung der nationalen Rechtsvorschriften vorzubeugen, die neue Unterschiede zur Folge hätte, welche geeignet wären, den freien Verkehr von Arzneimitteln innerhalb der Gemeinschaft zu behindern und dadurch die Schaffung und das Funktionieren des Binnenmarktes unmittelbar zu beeinträchtigen.

Es ist deshalb notwendig, ein ergänzendes Schutzzertifikat für Arzneimittel, deren Vermarktung genehmigt ist, einzuführen, das der Inhaber eines nationalen oder europäischen Patents unter denselben Voraussetzungen in jedem Mitgliedstaat erhalten kann. Die Verordnung ist deshalb die geeignetste Rechtsform.

Die Dauer des durch das Zertifikat gewährten Schutzes muß so festgelegt werden, daß dadurch ein ausreichender tatsächlicher Schutz erreicht wird. Hierzu müssen demjenigen, der gleichzeitig Inhaber eines Patents und eines Zertifikats ist, insgesamt höchstens fünfzehn Jahre Ausschließlichkeit ab der ersten Genehmigung für das Inverkehrbringen des betreffenden Arzneimittels in der Gemeinschaft eingeräumt werden.

In einem so komplexen und empfindlichen Bereich wie dem pharmazeutischen Sektor müssen jedoch alle auf dem Spiel stehenden Interessen einschließlich der Volksgesundheit berücksichtigt werden. Deshalb kann das Zertifikat nicht für mehr als fünf Jahre erteilt werden. Der von ihm gewährte Schutz muß im übrigen streng auf das Erzeugnis beschränkt sein, für das die Genehmigung für das Inverkehrbringen als Arzneimittel erteilt wurde.

Auch die Festlegung der Übergangsregelung muß in ausgewogener Weise erfolgen. Diese Übergangsregelung muß es der Pharmaindustrie in der Gemeinschaft ermöglichen, den Rückstand gegenüber ihren Hauptkonkurrenten, die seit mehreren Jahren über Rechtsvorschriften verfügen, die ihnen einen angemesseneren Schutz einräumen, zum Teil auszugleichen. Dabei muß gleichzeitig darauf geachtet werden, daß mit der Übergangsregelung die Verwirklichung anderer rechtmäßiger Ziele in Verbindung mit den sowohl auf nationaler als auch auf Gemeinschaftsebene verfolgten Gesundheitspolitiken nicht gefährdet wird.

Es ist die Übergangsregelung für die Zertifikatsanmeldungen und die Zertifikat festzulegen, die vor Inkrafttreten dieser Verordnung nach einzelstaatlichem Recht eingereicht bzw. erteilt wurden.

Eine besondere Regelung ist in den Mitgliedstaaten zu gewähren, die die Patentierbarkeit von Arzneimitteln erst vor sehr kurzer Zeit in ihr Recht eingeführt haben.

In dem besonderen Fall, in dem ein Patent bereits aufgrund einer spezifischen einzelstaatlichen Rechtsvorschrift verlängert worden ist, ist eine angemessene Begrenzung der Laufzeit des Zertifikats vorzusehen –

HAT FOLGENDE VERORDNUNG ERLASSEN:

Art. 1 Definitionen

Im Sinne dieser Verordnung ist

a) Arzneimittel: ein Stoff oder eine Stoffzusammensetzung, der (die) als Mittel zur Heilung oder zur Verhütung menschlicher oder tierischer Krankheiten bezeichnet wird, sowie ein Stoff oder eine Stoffzusammensetzung, der (die) dazu bestimmt ist, im oder am menschlichen oder tierischen Körper zur Erstellung einer ärztlichen Diagnose oder zur Wiederherstellung, Besserung oder Beeinflussung der menschlichen oder tierischen Körperfunktionen angewandt zu werden;
b) Erzeugnis: der Wirkstoff oder die Wirkstoffzusammensetzung eines Arzneimittels;
c) Grundpatent: ein Patent, das ein Erzeugnis im Sinne des Buchstabens b) als solches, ein Verfahren zur Herstellung eines Erzeugnisses oder eine Verwendung eines Erzeugnisses schützt und das von seinem Inhaber für das Verfahren zur Erteilung eines Zertifikats bestimmt ist;
d) Zertifikat: das ergänzende Schutzzertifikat.

Art. 2 Anwendungsbereich

Für jedes im Hoheitsgebiet eines Mitgliedstaats durch ein Patent geschützte Erzeugnis, das vor seinem Inverkehrbringen als Arzneimittel Gegenstand eines verwaltungsrechtlichen Genehmigungsverfahrens gemäß der Richtlinie 65/65/EWG oder der Richtlinie 81/851/EWG ist, kann nach den in dieser Verordnung festgelegten Bedingungen und Modalitäten ein Zertifikat erteilt werden.

Art. 3 Bedingungen für die Erteilung des Zertifikats

Das Zertifikat wird erteilt, wenn in dem Mitgliedstaat, in dem die Anmeldung nach Artikel 7 eingereicht wird, zum Zeitpunkt dieser Anmeldung

a) das Erzeugnis durch ein in Kraft befindliches Grundpatent geschützt ist;
b) für das Erzeugnis als Arzneimittel eine gültige Genehmigung für das Inverkehrbringen gemäß der Richtlinie 65/65/EWG bzw. der Richtlinie 81/851/EWG erteilt wurde;
c) für das Erzeugnis nicht bereits ein Zertifikat erteilt wurde;
d) die unter Buchstabe b) erwähnte Genehmigung die erste Genehmigung für das Inverkehrbringen dieses Erzeugnisses als Arzneimittel ist.

Art. 4 Schutzgegenstand

In den Grenzen des durch das Grundpatent gewährten Schutzes erstreckt sich der durch das Zertifikat gewährte Schutz allein auf das Erzeugnis, das von der Genehmigung für das Inverkehrbringen des entsprechenden Arzneimittels erfaßt wird, und zwar auf diejenigen Verwendungen des Erzeugnisses als Arzneimittel, die vor Ablauf des Zertifikats genehmigt wurden.

Art. 5 Wirkungen des Zertifikats

Vorbehaltlich des Artikels 4 gewährt das Zertifikat dieselben Rechte wie das Grundpatent und unterliegt denselben Beschränkungen und Verpflichtungen.

Art. 6 Recht auf das Zertifikat

Das Recht auf das Zertifikat steht dem Inhaber des Grundpatents oder seinem Rechtsnachfolger zu.

Art. 7 Anmeldung des Zertifikats

(1) Die Anmeldung des Zertifikats muß innerhalb einer Frist von sechs Monaten, gerechnet ab dem Zeitpunkt, zu dem für das Erzeugnis als Arzneimittel die Genehmigung für das Inverkehrbringen nach Artikel 3 Buchstabe b) erteilt wurde, eingereicht werden.

(2) Ungeachtet des Absatzes 1 muß die Anmeldung des Zertifikats dann, wenn die Genehmigung für das Inverkehrbringen vor der Erteilung des Grundpatents erfolgt, innerhalb einer Frist von sechs Monaten nach dem Zeitpunkt der Erteilung des Patents eingereicht werden.

Art. 8 Inhalt der Zertifikatsanmeldung

(1) Die Zertifikatsanmeldung muß enthalten:

a) einen Antrag auf Erteilung eines Zertifikats, wobei insbesondere anzugeben sind:
   i) Name und Anschrift des Anmelders;
   ii) falls ein Vertreter bestellt ist, Name und Anschrift des Vertreters;
   iii) Nummer des Grundpatents sowie Bezeichnung der Erfindung;
   iv) Nummer und Zeitpunkt der ersten Genehmigung für das Inverkehrbringen des Erzeugnisses gemäß Artikel 3 Buchstabe b) sowie, falls diese nicht die erste Genehmigung für das Inverkehrbringen in der Gemeinschaft ist, auch Nummer und Zeitpunkt der letztgenannten Genehmigung;
b) eine Kopie der Genehmigung für das Inverkehrbringen gemäß Artikel 3 Buchstabe b), aus der die Indentität des Erzeugnisses ersichtlich ist und die insbesondere Nummer und Zeitpunkt der Genehmigung sowie die Zusammenfassung der Merkmale des Erzeugnisses gemäß Artikel 4a der Richtlinie 65/65/EWG bzw. Artikel 5a der Richtlinie 81/851/EWG enthält;
c) falls die Genehmigung nach Buchstabe b) nicht die erste Genehmigung für das Inverkehrbringen dieses Erzeugnisses als Arzneimittel in der Gemeinschaft ist, die Angabe der Identität des so genehmigten Erzeugnisses und der Rechtsvorschrift, auf deren Grundlage dieses Genehmigungsverfahren durchgeführt wurde, sowie eine Kopie der betreffenden Stelle des amtlichen Mitteilungsblatts, in dem die Genehmigung veröffentlicht wurde.

(2) Die Mitgliedstaaten können vorsehen, daß für die Einreichung der Zertifikatsanmeldung eine Gebühr zu entrichten ist.

Art. 9 Einreichung der Zertifikatsanmeldung

(1) Die Zertifikatsanmeldung ist bei der für den gewerblichen Rechtsschutz zuständigen Behörde des Mitgliedstaats einzureichen, der das Grundpatent erteilt hat oder mit Wirkung für den das Grundpatent erteilt worden ist und in dem die Genehmigung für das Inverkehrbringen nach Artikel 3 Buchstabe b) erlangt wurde, sofern der Mitgliedstaat zu diesem Zweck keine andere Behörde bestimmt.

(2) Ein Hinweis auf die Zertifikatsanmeldung wird von der in Absatz 1 genannten Behörde bekanntgemacht. Der Hinweis muß zumindest die folgenden Angaben enthalten:

a) Name und Anschrift des Anmelders;
b) Nummer des Grundpatents;
c) Bezeichnung der Erfindung;
d) Nummer und Zeitpunkt der Genehmigung für das Inverkehrbringen gemäß Artikel 3 Buchstabe b) sowie das durch die Genehmigung identifizierte Erzeugnis;
e) gegebenenfalls Nummer und Zeitpunkt der ersten Genehmigung für das Inverkehrbringen in der Gemeinschaft.

Art. 10 Erteilung des Zertifikats oder Zurückweisung der Zertifikatsanmeldung

(1) Erfüllen die Zertifikatsanmeldung und das Erzeugnis, das Gegenstand der Anmeldung ist, die in dieser Verordnung festgelegten Voraussetzungen, so erteilt die in Artikel 9 Absatz 1 genannte Behörde das Zertifikat.

(2) Vorbehaltlich des Absatzes 3 weist die in Artikel 9 Absatz 1 genannte Behörde die Zertifikatsanmeldung zurück, wenn die Anmeldung oder das Erzeugnis, das Gegenstand der Anmeldung ist, nicht die in dieser Verordnung festgelegten Voraussetzungen erfüllt.

(3) Erfüllt die Zertifikatsanmeldung nicht die in Artikel 8 genannten Voraussetzungen, so fordert die in Artikel 9 Absatz 1 genannte Behörde den Anmelder auf, innerhalb der gesetzten Frist die festgestellten Mängel zu beseitigen oder die Gefahr zu entrichten.

(4) Werden innerhalb der gesetzten Frist die nach Absatz 3 mitgeteilten Mängel nicht beseitigt oder wird die nach Absatz 3 angeforderte Gebühr nicht entrichtet, so wird die Anmeldung zurückgewiesen.

(5) Die Mitgliedstaaten können vorsehen, daß die Erteilung des Zertifikats durch die in Artikel 9 Absatz 1 genannte Behörde ohne Prüfung der in Artikel 3 Buchstaben c) und d) genannten Bedingungen erfolgt.

Art. 11 Bekanntmachung

(1) Ein Hinweis auf die Erteilung des Zertifikats wird von der in Artikel 9 Absatz 1 genannten Behörde bekanntgemacht. Der Hinweis muß zumindest die folgenden Angaben enthalten:
a) Name und Anschrift des Inhabers des Zertifikats;
b) Nummer des Grundpatents;
c) Bezeichnung der Erfindung;
d) Nummer und Zeitpunkt der Genehmigung für das Inverkehrbringen gemäß Artikel 3 Buchstabe b) sowie das durch die Genehmigung identifizierte Erzeugnis;
e) gegebenenfalls Nummer und Zeitpunkt der ersten Genehmigung für das Inverkehrbringen in der Gemeinschaft;
f) Laufzeit des Zertifikats.

(2) Ein Hinweis auf die Zurückweisung der Zertifikatsanmeldung wird von der in Artikel 9 Absatz 1 genannten Behörde bekanntgemacht. Der Hinweis muß zumindest die in Artikel 9 Absatz 2 genannten Angaben enthalten.

Art. 12 Jahresgebühren

Die Mitgliedstaaten können vorsehen, daß für das Zertifikat Jahresgebühren zu entrichten sind.

Art. 13 Laufzeit des Zertifikats

(1) Das Zertifikat gilt ab Ablauf der gesetzlichen Laufzeit des Grundpatents für eine Dauer, die dem Zeitraum zwischen der Einreichung der Anmeldung für das Grundpatent und dem Zeitpunkt der ersten Genehmigung für das Inverkehrbringen in der Gemeinschaft entspricht, abzüglich eines Zeitraums von fünf Jahren.

(2) Ungeachtet des Absatz 1 beträgt die Laufzeit des Zertifikats höchstens fünf Jahre vom Zeitpunkt seines Wirksamwerdens an.

Art. 14 Erlöschen des Zertifikats

Das Zertifikat erlischt
a) am Ende des in Artikel 13 festgelegten Zeitraums;
b) bei Verzicht des Inhabers des Zertifikats;
c) bei nicht rechtzeitiger Zahlung der in Übereinstimmung mit Artikel 12 festgesetzten Jahresgebühr;
d) wenn und solange das durch das Zertifikat geschützte Erzeugnis infolge Widerrufs der betreffenden Genehmigung oder Genehmigungen für das Inverkehrbringen gemäß der Richtlinie 65/65/EWG oder der Richtlinie 81/851/EWG nicht mehr in den Verkehr gebracht werden darf. Über das Erlöschen des Zertifikats kann die in Artikel 9 Absatz 1 genannte Behörde von Amts wegen oder auf Antrag eines Dritten entscheiden.

Art. 15 Nichtigkeit des Zertifikats

(1) Das Zertifikat ist nichtig,
a) wenn es entgegen den Vorschriften des Artikels 3 erteilt wurde;
b) wenn das Grundpatent vor Ablauf seiner gesetzlichen Laufzeit erloschen ist;
c) wenn das Grundpatent für nichtig erklärt oder derartig beschränkt wird, daß das Erzeugnis, für welches das Zertifikat erteilt worden ist, nicht mehr von den Ansprüchen des Grundpatents erfaßt wird, oder wenn nach Erlöschen des Grundpatents Nichtigkeitsgründe vorliegen, die die Nichtigerklärung oder Beschränkung gerechtfertigt hätten.

(2) Jedermann kann bei der nach den einzelstaatlichen Rechtsvorschriften für die Nichtigerklärung des entsprechenden Grundpatents zuständigen Stelle einen Antrag auf Nichtigerklärung des Zertifikats stellen oder Klage auf Nichtigkeit des Zertifikats erheben.

Art. 16 Bekanntmachung des Erlöschens oder der Nichtigkeit

Erlischt das Zertifikat gemäß Artikel 14 Buchstabe b), c) oder d) oder ist es gemäß Artikel 15 nichtig, so wird ein Hinweis hierauf von der in Artikel 9 Absatz 1 genannten Behörde bekanntgemacht.

Art. 17 Rechtsmittel

Gegen die Entscheidungen, die von der in Artikel 9 Absatz 1 genannten Behörde oder von der in Artikel 15 Absatz 2 genannten Stelle in Anwendung dieser Verordnung getroffen wurden, können dieselben Rechtsmittel eingelegt werden, die nach einzelstaatlichen Rechtsvorschriften gegen entsprechende Entscheidungen auf dem Gebiet nationaler Patente vorgesehen sind.

Art. 18 Verfahren

(1) Soweit diese Verordnung keine Verfahrensvorschriften enthält, finden auf das Zertifikat die nach einzelstaatlichem Recht für das entsprechende Grundpatent geltenden Verfahrensvorschriften Anwendung, sofern das einzelstaatliche Recht keine besonderen Verfahrensvorschriften für Zertifikate vorsieht.

(2) Ungeachtet des Absatzes 1 ist das Einspruchsverfahren gegen ein erteiltes Zertifikat ausgeschlossen.

Übergangsregelung

Art. 19

(1) Für jedes Erzeugnis, das zum Zeitpunkt des Inkrafttretens dieser Verordnung durch ein in Kraft befindliches Grundpatent geschützt ist und für das als Arzneimittel eine erste Genehmigung für das Inverkehrbringen in der Gemeinschaft nach dem 1. Januar 1985 erteilt wurde, kann ein Zertifikat erteilt werden.

Bezüglich der in Dänemark und in Deutschland zu erteilenden Zertifikate tritt an die Stelle des 1. Januars 1985 der 1. Januar 1988.

Bezüglich der in Belgien und in Italien zu erteilenden Zertifikate tritt an die Stelle des 1. Januars 1985 der 1. Januar 1982.

(2) Der Antrag auf Erteilung eines Zertifikats nach Absatz 1 ist innerhalb von sechs Monaten nach Inkrafttreten dieser Verordnung zu stellen.

Art. 20

Die Verordnung findet weder Anwendung auf Zertifikate, die vor Inkrafttreten dieser Verordnung in Übereinstimmung mit dem einzelstaatlichen Recht eines Mitgliedstaats erteilt wurden, noch auf Anmeldungen, die in Übereinstimmung mit diesem Recht vor dem Tag der Veröffentlichung dieser Verordnung im *Amtsblatt der Europäischen Gemeinschaften* eingereicht wurden.

Art. 21

Ist in den Rechtsvorschriften eines Mitgliedstaats die am 1. Januar 1990 galten, eine Patentierbarkeit von Arzneimitteln nicht vorgesehen, so ist in diesem Mitgliedstaat diese Verordnung nach Ablauf von fünf Jahren nach ihrem Inkrafttreten anwendbar.

Artikel 19 findet in diesen Mitgliedstaaten keine Anwendung.

Art. 22

Wird ein Zertifikat für ein Erzeugnis erteilt, das durch ein Patent geschützt ist, für welches vor Inkrafttreten dieser Verordnung nach den einzelstaatlichen Rechtsvorschriften eine Verlängerung gewährt oder ein Verlängerungsantrag gestellt wurde, so wird die Laufzeit dieses Zertifikats um die Zahl der Jahre verkürzt, die eine zwanzigjährige Laufzeit des Patents übersteigt.

Schlußbestimmung

Art. 23 Inkrafttreten

Diese Verordnung tritt sechs Monate nach ihrer Veröffentlichung im *Amtsblatt der Europäischen Gemeinschaften* in Kraft.

Diese Verordnung ist in allen ihren Teilen verbindlich und gilt unmittelbar in jedem Mitgliedstaat.

10. Verordnung (EG) Nr. 1610/96 des Europäischen Parlaments und des Rates über die Schaffung eines ergänzenden Schutzzertifikats für Pflanzenschutzmittel

Vom 23. Juli 1996

(ABl. EG Nr. L 198 S. 30)

DAS EUROPÄISCHE PARLAMENT UND DER RAT DER EUROPÄISCHEN UNION –

gestützt auf den Vertrag zur Gründung der Europäischen Gemeinschaft, insbesondere auf Artikel 100 a,

auf Vorschlag der Kommission[1],

nach Stellungnahme des Wirtschafts- und Sozialausschusses[**],

gemäß dem Verfahren des Artikels 189 b des Vertrags[***],

in Erwägung nachstehender Gründe:

(1) Die Erforschung von Stoffen zum Pflanzenschutz trägt zur ständigen Verbesserung der Erzeugung und zur Erzielung von reichlichen Mengen an Nahrungsmitteln zu erschwinglichen Preisen und von guter Qualität bei.

(2) Die Forschung im Bereich der Pflanzenschutzmittel trägt zur ständigen Verbesserung der Pflanzenerzeugung bei.

(3) Pflanzenschutzmittel, vor allem solche, die das Ergebnis einer langen und kostspieligen Forschungstätigkeit sind, können in der Gemeinschaft und in Europa weiterentwickelt werden, wenn für sie eine günstige Regelung geschaffen wird, die einen ausreichenden Schutz zur Förderung einer solchen Forschung vorsieht.

(4) Die Wettbewerbsfähigkeit des Sektors der Pflanzenschutzmittel erfordert aufgrund der ihm eigenen Gegebenheiten den gleichen Schutz für Neuerungen, wie er für Arzneimittel aufgrund der Verordnung (EWG) Nr. 1768/92 des Rates vom 18. Juni 1992 über die Schaffung eines ergänzenden Schutzzertifikats für Arzneimittel[2] besteht.

(5) Derzeit wird durch den Zeitraum zwischen der Einreichung einer Patentanmeldung für ein neues Pflanzenschutzmittel und der Genehmigung für dessen Inverkehrbringen der tatsächliche Patentschutz auf eine Laufzeit verringert, die für die Amortisierung der in der Forschung vorgenommenen Investitionen und für die Aufbringung der nötigen Mittel für den Fortbestand einer leistungsfähigen Forschung unzureichend ist.

(6) Diese Tatsache führt zu einem unzureichenden Schutz, der nachteilige Auswirkungen auf die Pflanzenschutzforschung und die Wettbewerbsfähigkeit dieses Wirtschaftsbereichs hat.

(7) Eines der wesentlichen Ziele des ergänzenden Schutzzertifikats besteht darin, der europäischen Industrie die gleichen Wettbewerbsbedingungen zu gewährleisten, wie sie die nordamerikanische und japanische Industrie vorfinden.

(8) In seiner Entschließung vom 1. Februar 1993[††] über ein Gemeinschaftsprogramm für Umweltpolitik und Maßnahmen im Hinblick auf eine dauerhafte und umweltgerechte Entwicklung verabschiedete der Rat das allgemeine Konzept und die Strategie für das von der Kommission vorgelegte Programm, die die gegenseitige Abhängigkeit des Wirtschaftswachstums und der Umweltqualität hervorheben. Die Verstärkung des Umweltschutzes erfordert daher, die wirtschaftliche Wettbewerbsfähigkeit der Industrie aufrechtzuerhalten. Die Erteilung eines ergänzenden Schutzzertifikats kann deshalb als positive Maßnahme für den Schutz der Umwelt angesehen werden.

(9) Auf Gemeinschaftsebene ist eine einheitliche Lösung zu finden, um auf diese Weise einer heterogenen Entwicklung der nationalen Rechtsvorschriften vorzubeugen, die neue Unter-

---

[1] ABl. Nr. C 390 vom 31. 12. 1994, S. 21, und ABl. Nr. C 335 vom 13. 12. 1995, S. 15.

[**] ABl. Nr. C 155 vom 21. 6. 1995, S. 14.

[***] Stellungnahme des Europäischen Parlaments vom 15. Juni 1995 (ABl. Nr. C 166 vom 3. 7. 1995, S. 89), gemeinsamer Standpunkt des Rates vom 27. November 1995 (ABl. Nr. C 353 vom 30. 12. 1995, S. 36) und Beschluß des Europäischen Parlaments vom 12. März 1996 (ABl. Nr. C 96 vom 1. 4. 1996, S. 30).

[2] ABl. Nr. L 182 vom 2. 7. 1992, S. 1.

[††] ABl. Nr. C 138 vom 17. 5. 1993, S. 1.

schiede zur Folge hätte, welche geeignet wären, den freien Verkehr von Pflanzenschutzmitteln innerhalb der Gemeinschaft zu behindern und dadurch das Funktionieren des Binnenmarktes unmittelbar zu beeinträchtigen. Dies entspricht dem in Artikel 3b des Vertrags festgelegten Subsidiaritätsprinzip.

(10) Es ist deshalb notwendig, ein ergänzendes Schutzzertifikat für Pflanzenschutzmittel, deren Inverkehrbringen genehmigt ist, einzuführen, das der Inhaber eines nationalen oder europäischen Patents unter denselben Voraussetzungen in jedem Mitgliedstaat erhalten kann. Die Verordnung ist somit die geeignetste Rechtsform.

(11) Die Dauer des durch das Zertifikat gewährten Schutzes muß so festgelegt werden, daß dadurch ein ausreichender tatsächlicher Schutz erreicht wird. Hierzu müssen demjenigen, der gleichzeitig Inhaber eines Patents und eines Zertifikats ist, insgesamt höchstens fünfzehn Jahre Ausschließlichkeit ab der ersten Genehmigung für das Inverkehrbringen des betreffenden Pflanzenschutzmittels in der Gemeinschaft eingeräumt werden.

(12) In einem so komplexen und empfindlichen Bereich wie dem der Pflanzenschutzmittel müssen jedoch alle auf dem Spiel stehenden Interessen berücksichtigt werden. Deshalb kann das Zertifikat nicht für mehr als fünf Jahre erteilt werden.

(13) Das Zertifikat gewährt die gleichen Rechte wie das Grundpatent. Gilt also ein Grundpatent für einen Wirkstoff und seine Derivate (Salze und Ester), so gewährt das Zertifikat den gleichen Schutz.

(14) Die Erteilung eines Zertifikats für ein aus einem Wirkstoff bestehendes Erzeugnis steht der Erteilung von weiteren Zertifikaten für seine Derivate (Salze und Ester) nicht entgegen, sofern diese Derivate Gegenstand von Patenten sind, in denen sie besonders beansprucht werden.

(15) Auch die Festlegung der Übergangsregelung muß in ausgewogener Weise erfolgen. Diese Übergangsregelung muß es der Pflanzenschutzindustrie in der Gemeinschaft ermöglichen, den Rückstand gegenüber ihren Hauptkonkurrenten zum Teil auszugleichen, wobei gleichzeitig darauf geachtet werden muß, daß mit der Übergangsregelung die Verwirklichung anderer rechtmäßiger Ziele in Verbindung mit den sowohl auf nationaler als auch auf Gemeinschaftsebene verfolgten Politiken im Agrar- und Umweltschutzbereich nicht gefährdet wird.

(16) Nur durch ein Eingreifen auf Gemeinschaftsebene kann das angestrebte Ziel wirksam erreicht werden, nämlich einen ausreichenden Schutz der Innovation in der Pflanzenschutzindustrie sicherzustellen und zugleich ein angemessenes Funktionieren des Binnenmarktes für Pflanzenschutzmittel zu gewährleisten.

(17) Die in den Erwägungsgründen 12, 13 und 14 sowie in Artikel 3 Absatz 2, Artikel 4, Artikel 8 Absatz 1 Buchstabe c) und Artikel 17 Absatz 2 dieser Verordnung vorgesehenen Modalitäten gelten sinngemäß auch für die Auslegung insbesondere des Erwägungsgrunds 9 und der Artikel 3 und 4, des Artikels 8 Absatz 1 Buchstabe c) und des Artikels 17 der Verordnung (EWG) Nr. 1768/92 des Rates –

HABEN FOLGENDE VERORDNUNG ERLASSEN:

Art. 1 Definitionen

Im Sinne dieser Verordnung sind:

1. „Pflanzenschutzmittel" Wirkstoffe und Zubereitungen, die einen oder mehrere Wirkstoffe enthalten, in der Form, in welcher sie an den Anwender geliefert werden, und die dazu bestimmt sind,
   a) Pflanzen und Pflanzenerzeugnisse vor Schadorganismen zu schützen oder ihrer Einwirkung vorzubeugen, insoweit diese Stoffe oder Zubereitungen im folgenden nicht anders definiert werden;
   b) in einer anderen Weise als ein Nährstoff die Lebensvorgänge von Pflanzen zu beeinflussen (z. B. Wachstumsregler);
   c) Pflanzenerzeugnisse zu konservieren, soweit solche Stoffe oder Zubereitungen nicht besonderen Vorschriften des Rates oder der Kommission über konservierende Stoffe unterliegen;
   d) unerwünschte Pflanzen zu vernichten oder
   e) Pflanzenteile zu vernichten, ein unerwünschtes Wachstum von Pflanzen zu hemmen oder einem solchen Wachstum vorzubeugen;
2. „Stoffe" chemische Elemente und deren Verbindungen, wie sie natürlich vorkommen oder industriell hergestellt werden, einschließlich jeglicher bei der Herstellung nicht zu vermeidenden Verunreinigung;

3. „Wirkstoffe" Stoffe und Mikroorganismen, einschließlich Viren, mit allgemeiner oder spezifischer Wirkung
   a) gegen Schadorganismen,
   b) auf Pflanzen, Pflanzenteile oder Pflanzenerzeugnisse;
4. „Zubereitungen" Gemenge, Gemische oder Lösungen aus zwei oder mehreren Stoffen, davon mindestens einem Wirkstoff, die als Pflanzenschutzmittel angewendet werden;
5. „Pflanzen" lebende Pflanzen oder lebende Teile von Pflanzen, einschließlich frischer Früchte und Samen;
6. „Pflanzenerzeugnisse" Erzeugnisse pflanzlichen Ursprungs, unverarbeitet oder durch vereinfachte Verfahren wie Mahlen, Trocknen oder Pressen bearbeitet, soweit sie nicht Pflanzen im Sinne von Nummer 5 sind;
7. „Schadorganismen" Feinde von Pflanzen oder Pflanzenerzeugnissen tierischer oder pflanzlicher Art sowie Viren, Bakterien und Mykoplasmen oder andere Krankheitserreger;
8. „Erzeugnis" der Wirkstoff im Sinne von Nummer 3 oder die Wirkstoffzusammensetzung eines Pflanzenschutzmittels;
9. „Grundpatent" ein Patent, das ein Erzeugnis im Sinne von Nummer 8 als solches, eine Zubereitung im Sinne von Nummer 4, ein Verfahren zur Herstellung eines Erzeugnisses oder eine Verwendung eines Erzeugnisses schützt und das von seinem Inhaber für die Zwecke des Verfahrens zur Erteilung eines Zertifikats angegeben wird;
10. „Zertifikat" das ergänzende Schutzzertifikat.

Art. 2 Anwendungsbereich

Für jedes im Hoheitsgebiet eines Mitgliedstaats durch ein Patent geschütztes Erzeugnis, das vor seinem Inverkehrbringen als Pflanzenschutzmittel Gegenstand eines verwaltungsrechtlichen Genehmigungsverfahrens gemäß Artikel 4 der Richtlinie 91/414/EWG[1] oder – wenn es sich um ein Pflanzenschutzmittel handelt, für das der Genehmigungsantrag vor der Umsetzung der Richtlinie 91/414/EWG durch diesen Mitgliedstaat eingereicht wurde – gemäß einer gleichwertigen einzelstaatlichen Rechtsvorschrift war, kann nach den in dieser Verordnung festgelegten Bedingungen und Modalitäten ein ergänzendes Schutzzertifikat erteilt werden.

Art. 3 Bedingungen für die Erteilung des Zertifikats

(1) Das Zertifikat wird erteilt, wenn in dem Mitgliedstaat, in dem die Anmeldung nach Artikel 7 eingereicht wird, zum Zeitpunkt dieser Anmeldung

a) das Erzeugnis durch ein in Kraft befindliches Grundpatent geschützt ist;
b) für das Erzeugnis als Pflanzenschutzmittel eine gültige Genehmigung für das Inverkehrbringen gemäß Artikel 4 der Richtlinie 91/414/EWG oder gemäß einer gleichwertigen einzelstaatlichen Rechtsvorschrift erteilt wurde;
c) für das Erzeugnis nicht bereits ein Zertifikat erteilt wurde;
d) die unter Buchstabe b) erwähnte Genehmigung die erste Genehmigung für das Inverkehrbringen dieses Erzeugnisses als Pflanzenschutzmittel ist.

(2) Verfügt ein Inhaber über mehrere Patente für dasselbe Erzeugnis, so dürfen ihm nicht mehrere Zertifikate für dieses Erzeugnis erteilt werden. Sind jedoch zwei oder mehr Anmeldungen von zwei oder mehr Inhabern unterschiedlicher Patente für dasselbe Erzeugnis anhängig, so kann jedem dieser Inhaber ein Zertifikat für dieses Erzeugnis erteilt werden.

Art. 4 Schutzgegenstand

In den Grenzen des durch das Grundpatent gewährten Schutzes erstreckt sich der durch das Zertifikat gewährte Schutz allein auf das Erzeugnis, das von den Genehmigungen für das Inverkehrbringen des entsprechenden Pflanzenschutzmittels erfaßt wird, und zwar auf diejenigen Verwendungen des Erzeugnisses als Pflanzenschutzmittel, die vor Ablauf des Zertifikats genehmigt wurden.

Art. 5 Wirkungen des Zertifikats

Vorbehaltlich des Artikels 4 gewährt das Zertifikat die gleichen Rechte wie das Grundpatent und unterliegt den gleichen Beschränkungen und Verpflichtungen.

---

[1] ABl. Nr. L 230 vom 19. 8. 1991, S. 1. Richtlinie zuletzt geändert durch die Richtlinie 95/36/EG (ABl. Nr. L 172 vom 22. 7. 1995, S. 8).

Art. 6 Recht auf das Zertifikat

Das Recht auf das Zertifikat steht dem Inhaber des Grundpatents oder seinem Rechtsnachfolger zu.

Art. 7 Anmeldung des Zertifikats

(1) Die Anmeldung des Zertifikats muß innerhalb einer Frist von sechs Monaten, gerechnet ab dem Zeitpunkt, zu dem für das Erzeugnis als Pflanzenschutzmittel die Genehmigung für das Inverkehrbringen nach Artikel 3 Absatz 1 Buchstabe b) erteilt wurde, eingereicht werden.

(2) Ungeachtet des Absatzes 1 muß die Anmeldung des Zertifikats dann, wenn die Genehmigung für das Inverkehrbringen vor der Erteilung des Grundpatents erfolgt, innerhalb einer Frist von sechs Monaten nach dem Zeitpunkt der Erteilung des Patents eingereicht werden.

Art. 8 Inhalt der Zertifikatsanmeldung

(1) Die Zertifikatsanmeldung muß enthalten:

a) einen Antrag auf Erteilung eines Zertifikats, wobei insbesondere anzugeben sind:
   i) Name und Anschrift des Anmelders;
   ii) falls ein Vertreter bestellt ist, Name und Anschrift des Vertreters;
   iii) Nummer des Grundpatents, sowie Bezeichnung der Erfindung;
   iv) Nummer und Zeitpunkt der ersten Genehmigung für das Inverkehrbringen des Erzeugnisses gemäß Artikel 3 Absatz 1 Buchstabe b) sowie, falls diese nicht die erste Genehmigung für das Inverkehrbringen in der Gemeinschaft ist, auch Nummer und Zeitpunkt der letztgenannten Genehmigung;

b) eine Kopie der Genehmigung für das Inverkehrbringen gemäß Artikel 3 Absatz 1 Buchstabe b), aus der die Identität des Erzeugnisses ersichtlich ist und die insbesondere Nummer und Zeitpunkt der Genehmigung sowie die Zusammenfassung der Merkmale des Erzeugnisses gemäß Anhang II Teil A.1 (Ziffern 1 bis 7) oder Teil B.1 (Ziffern 1 bis 7) der Richtlinie 91/414/EWG oder gemäß gleichwertigen Rechtsvorschriften des Mitgliedstaats enthält, in dem die Anmeldung eingereicht wird;

c) falls die Genehmigung nach Buchstabe b) nicht die erste Genehmigung für das Inverkehrbringen dieses Erzeugnisses als Pflanzenschutzmittel in der Gemeinschaft ist, die Angabe der Identität des so genehmigten Erzeugnisses und der Rechtsvorschrift, auf deren Grundlage dieses Genehmigungsverfahren durchgeführt wurde, sowie eine Kopie der betreffenden Stelle des entsprechenden amtlichen Mitteilungsblatts, in dem die Genehmigung veröffentlicht wurde, oder, bei Fehlen einer solchen Veröffentlichung, jedes Dokument, das als Nachweis der Erteilung der Genehmigung, des Zeitpunkts der Genehmigung und der Identität des so genehmigten Erzeugnisses dient.

(2) Die Mitgliedstaaten können vorsehen, daß für die Einreichung der Zertifikatsanmeldung eine Gebühr zu entrichten ist.

Art. 9 Einreichung der Zertifikatsanmeldung

(1) Die Zertifikatsanmeldung ist bei der für den gewerblichen Rechtsschutz zuständigen Behörde des Mitgliedstaats einzureichen, der das Grundpatent erteilt hat oder mit Wirkung für den das Grundpatent erteilt worden ist und in dem die Genehmigung für das Inverkehrbringen nach Artikel 3 Absatz 1 Buchstabe b) erlangt wurde, sofern der Mitgliedstaat zu diesem Zweck keine andere Behörde bestimmt.

(2) Ein Hinweis auf die Zertifikatsanmeldung wird von der in Absatz 1 genannten Behörde bekanntgemacht. Der Hinweis muß zumindest die folgenden Angaben enthalten:

a) Name und Anschrift des Anmelders;
b) Nummer des Grundpatents;
c) Bezeichnung der Erfindung;
d) Nummer und Zeitpunkt der Genehmigung für das Inverkehrbringen gemäß Artikel 3 Absatz 1 Buchstabe b) sowie das durch die Genehmigung identifizierte Erzeugnis;
e) gegebenenfalls Nummer und Zeitpunkt der ersten Genehmigung für das Inverkehrbringen in der Gemeinschaft.

Art. 10 Erteilung des Zertifikats oder Zurückweisung der Zertifikatsanmeldung

(1) Erfüllen die Zertifikatsanmeldung und das Erzeugnis, das Gegenstand der Anmeldung ist, die in dieser Verordnung festgelegten Voraussetzungen, so erteilt die in Artikel 9 Absatz 1 genannte Behörde das Zertifikat.

(2) Vorbehaltlich des Absatzes 3 weist die in Artikel 9 Absatz 1 genannte Behörde die Zertifikatsanmeldung zurück, wenn die Anmeldung oder das Erzeugnis, das Gegenstand der Anmeldung ist, nicht die in dieser Verordnung festgelegten Voraussetzungen erfüllt.

(3) Erfüllt die Zertifikatsanmeldung nicht die in Artikel 8 genannten Voraussetzungen, so fordert die in Artikel 9 Absatz 1 genannte Behörde den Anmelder auf, innerhalb der gesetzten Frist die festgestellten Mängel zu beseitigen oder die Gebühr zu entrichten.

(4) Werden innerhalb der gesetzten Frist die nach Absatz 3 mitgeteilten Mängel nicht beseitigt oder wird die nach Absatz 3 angeforderte Gebühr nicht entrichtet, so wird die Anmeldung zurückgewiesen.

(5) Die Mitgliedstaaten können vorsehen, daß die Erteilung des Zertifikats durch die in Artikel 9 Absatz 1 genannte Behörde ohne Prüfung der in Artikel 3 Absatz 1 Buchstaben c) und d) genannten Bedingungen erfolgt.

Art. 11 Bekanntmachung

(1) Ein Hinweis auf die Erteilung des Zertifikats wird von der in Artikel 9 Absatz 1 genannten Behörde bekanntgemacht. Der Hinweis muß zumindest die folgenden Angaben enthalten:
a) Name und Anschrift des Inhabers des Zertifikats;
b) Nummer des Grundpatents;
c) Bezeichnung der Erfindung;
d) Nummer und Zeitpunkt der Genehmigung für das Inverkehrbringen gemäß Artikel 3 Absatz 1 Buchstabe b) sowie das durch die Genehmigung identifizierte Erzeugnis;
e) gegebenenfalls Nummer und Zeitpunkt der ersten Genehmigung für das Inverkehrbringen in der Gemeinschaft;
f) Laufzeit des Zertifikats.

(2) Ein Hinweis auf die Zurückweisung der Zertifikatsanmeldung wird von der in Artikel 9 Absatz 1 genannten Behörde bekanntgemacht. Der Hinweis muß zumindest die in Artikel 9 Absatz 2 genannten Angaben enthalten.

Art. 12 Jahresgebühren

Die Mitgliedstaaten können vorsehen, daß für das Zertifikat Jahresgebühren zu entrichten sind.

Art. 13 Laufzeit des Zertifikats

(1) Das Zertifikat gilt ab Ablauf der gesetzlichen Laufzeit des Grundpatents für eine Dauer, die dem Zeitraum zwischen der Einreichung der Anmeldung für das Grundpatent und dem Zeitpunkt der ersten Genehmigung für das Inverkehrbringen in der Gemeinschaft entspricht, abzüglich eines Zeitraums von fünf Jahren.

(2) Ungeachtet des Absatzes 1 beträgt die Laufzeit des Zertifikats höchstens fünf Jahre vom Zeitpunkt seines Wirksamwerdens an.

(3) Bei der Berechnung der Laufzeit des Zertifikats wird eine erste vorläufige Genehmigung für das Inverkehrbringen nur dann berücksichtigt, wenn sich eine endgültige Genehmigung für dasselbe Erzeugnis unmittelbar anschließt.

Art. 14 Erlöschen des Zertifikats

Das Zertifikat erlischt:
a) am Ende des in Artikel 13 festgelegten Zeitraums;
b) bei Verzicht des Inhabers des Zertifikats;
c) bei nicht rechtzeitiger Zahlung der in Übereinstimmung mit Artikel 12 festgesetzten Jahresgebühr;
d) wenn und solange das durch das Zertifikat geschützte Erzeugnis infolge Widerrufs der betreffenden Genehmigung oder Genehmigungen für das Inverkehrbringen gemäß Artikel 4 der Richtlinie 91/414/EWG oder einer gleichwertigen Rechtsvorschrift eines Mitgliedstaats nicht mehr in den Verkehr gebracht werden darf. Über das Erlöschen des Zertifikats kann die in Artikel 9 Absatz 1 genannte Behörde von Amts wegen oder auf Antrag eines Dritten entscheiden.

Art. 15 Nichtigkeit des Zertifikats

(1) Das Zertifikat ist nichtig,

a) wenn es entgegen den Vorschriften des Artikels 3 erteilt wurde;

b) wenn das Grundpatent vor Ablauf seiner gesetzlichen Laufzeit erloschen ist;

c) wenn das Grundpatent für nichtig erklärt oder derartig beschränkt wird, daß das Erzeugnis, für welches das Zertifikat erteilt worden ist, nicht mehr von den Ansprüchen des Grundpatents erfaßt wird, oder wenn nach Erlöschen des Grundpatents Nichtigkeitsgründe vorliegen, die die Nichtigerklärung oder Beschränkung gerechtfertigt hätten.

(2) Jedermann kann bei der nach den einzelstaatlichen Rechtsvorschriften für die Nichtigerklärung des entsprechenden Grundpatents zuständigen Stelle einen Antrag auf Nichtigerklärung des Zertifikats stellen oder Klage auf Nichtigkeit des Zertifikats erheben.

Art. 16 Bekanntmachung des Erlöschens oder der Nichtigkeit

Erlischt das Zertifikat gemäß Artikel 14 Buchstaben b), c) oder d) oder ist es gemäß Artikel 15 nichtig, so wird ein Hinweis hierauf von der in Artikel 9 Absatz 1 genannten Behörde bekanntgemacht.

Art. 17 Rechtsmittel

(1) Gegen die Entscheidungen, die von der in Artikel 9 Absatz 1 genannten Behörde oder von der in Artikel 15 Absatz 2 genannten Stelle in Anwendung dieser Verordnung getroffen wurden, können die gleichen Rechtsmittel eingelegt werden, die nach einzelstaatlichen Rechtsvorschriften gegen entsprechende Entscheidungen auf dem Gebiet nationaler Patente vorgesehen sind.

(2) Gegen die Entscheidung der Erteilung des Zertifikats kann ein Rechtsmittel eingelegt werden, das darauf abzielt, die Laufzeit des Zertifikats zu berichtigen, falls der gemäß Artikel 8 in der Zertifikatsanmeldung enthaltene Zeitpunkt der ersten Genehmigung für das Inverkehrbringen in der Gemeinschaft unrichtig ist.

Art. 18 Verfahren

(1) Soweit diese Verordnung keine Verfahrensvorschriften enthält, finden auf das Zertifikat die nach einzelstaatlichem Recht für das entsprechende Grundpatent geltenden Verfahrensvorschriften sowie gegebenenfalls die für Zertifikate gemäß der Verordnung (EWG) Nr. 1768/92 geltenden Verfahrensvorschriften Anwendung, sofern das einzelstaatliche Recht keine besonderen Verfahrensvorschriften für Zertifikate nach der vorliegenden Verordnung vorsieht.

(2) Ungeachtet des Absatzes 1 ist das Einspruchsverfahren gegen ein erteiltes Zertifikat ausgeschlossen.

Übergangsregelungen

Art. 19

(1) Für jedes Erzeugnis, das zum Zeitpunkt des Inkrafttretens dieser Verordnung durch ein in Kraft befindliches Grundpatent geschützt ist und für das als Pflanzenschutzmittel gemäß Artikel 4 der Richtlinie 91/414/EWG oder einer gleichwertigen Rechtsvorschrift eines Mitgliedstaats eine erste Genehmigung für das Inverkehrbringen in der Gemeinschaft nach dem 1. Januar 1985 erteilt wurde, kann ein Zertifikat erteilt werden.

(2) Der Antrag auf Erteilung eines Zertifikats nach Absatz 1 ist innerhalb von sechs Monaten nach Inkrafttreten dieser Verordnung zu stellen.

Art. 20

In den Mitgliedstaaten, deren Recht am 1. Januar 1990 die Patentierbarkeit von Pflanzenschutzmitteln nicht vorsah, ist die Verordnung ab 2. Januar 1998 anwendbar.

Artikel 19 findet in diesen Mitgliedstaaten keine Anwendung.

Schlussbestimmung

Art. 21 Inkrafttreten

Diese Verordnung tritt sechs Monate nach ihrer Veröffentlichung im Amtsblatt der Europäischen Gemeinschaften in Kraft.

Diese Verordnung ist in allen ihren Teilen verbindlich und gilt unmittelbar in jedem Mitgliedstaat.

11. Richtlinie 98/44/EG des Europäischen Parlaments und des Rates über den rechtlichen Schutz biotechnologischer Erfindungen

Vom 6. Juli 1998

(ABl. EG Nr. L 213/13)

DAS EUROPÄISCHE PARLAMENT UND DER RAT DER EUROPÄISCHEN UNION –

gestützt auf den Vertrag zur Gründung der Europäischen Gemeinschaft, insbesondere auf Artikel 100 a,
auf Vorschlag der Kommission*,
nach Stellungnahme des Wirtschafts- und Sozialausschusses**,
gemäß dem Verfahren des Artikels 189 b des Vertrags***,
in Erwägung nachstehender Gründe:

(1) Biotechnologie und Gentechnik spielen in den verschiedenen Industriezweigen eine immer wichtigere Rolle, und dem Schutz biotechnologischer Erfindungen kommt grundlegende Bedeutung für die industrielle Entwicklung der Gemeinschaft zu.

(2) Die erforderlichen Investitionen zur Forschung und Entwicklung sind insbesondere im Bereich der Gentechnik hoch und risikoreich und können nur bei angemessenem Rechtsschutz rentabel sein.

(3) Ein wirksamer und harmonisierter Schutz in allen Mitgliedstaaten ist wesentliche Voraussetzung dafür, daß Investitionen auf dem Gebiet der Biotechnologie fortgeführt und gefördert werden.

(4) Nach der Ablehnung des vom Vermittlungsausschuß gebilligten gemeinsamen Entwurfs einer Richtlinie des Europäischen Parlaments und des Rates über den rechtlichen Schutz biotechnologischer Erfindungen† durch das Europäische Parlament haben das Europäische Parlament und der Rat festgestellt, daß die Lage auf dem Gebiet des Rechtsschutzes biotechnologischer Erfindungen der Klärung bedarf.

(5) In den Rechtsvorschriften und Praktiken der verschiedenen Mitgliedstaaten auf dem Gebiet des Schutzes biotechnologischer Erfindungen bestehen Unterschiede, die zu Handelsschranken führen und so das Funktionieren des Binnenmarkts behindern können.

(6) Diese Unterschiede könnten sich dadurch noch vergrößern, daß die Mitgliedstaaten neue und unterschiedliche Rechtsvorschriften und Verwaltungspraktiken einführen oder daß die Rechtsprechung der einzelnen Mitgliedstaaten sich unterschiedlich entwickelt.

(7) Eine uneinheitliche Entwicklung der Rechtsvorschriften zum Schutz biotechnologischer Erfindungen in der Gemeinschaft könnte zusätzliche ungünstige Auswirkungen auf den Handel haben und damit zu Nachteilen bei der industriellen Entwicklung der betreffenden Erfindungen sowie zur Beeinträchtigung des reibungslosen Funktionierens des Binnenmarkts führen.

(8) Der rechtliche Schutz biotechnologischer Erfindungen erfordert nicht die Einführung eines besonderen Rechts, das an die Stelle des nationalen Patentrechts tritt. Das nationale Patentrecht ist auch weiterhin die wesentliche Grundlage für den Rechtsschutz biotechnologischer Erfindungen; es muß jedoch in bestimmten Punkten angepaßt oder ergänzt werden, um der Entwicklung der Technologie, die biologisches Material benutzt, aber gleichwohl die Voraussetzungen für die Patentierbarkeit erfüllt, angemessen Rechnung zu tragen.

(9) In bestimmten Fällen, wie beim Ausschluß von Pflanzensorten, Tierrassen und von im wesentlichen biologischen Verfahren für die Züchtung von Pflanzen und Tieren von der Patentierbarkeit, haben bestimmte Formulierungen in den einzelstaatlichen Rechtsvorschriften, die sich auf internationale Übereinkommen zum Patent- und Sortenschutz stützen, in bezug auf den Schutz biotechnologischer und bestimmter mikrobiologischer Erfindungen für Unsicherheit gesorgt. Hier ist eine Harmonisierung notwendig, um diese Unsicherheit zu beseitigen.

---

* ABl. C 296 vom 8. 10. 1996, S. 4, und ABl. C 311 vom 11. 10. 1997, S. 12.

** ABl. C 295 vom 7. 10. 1996, S. 11.

*** Stellungnahme des Europäischen Parlaments vom 16. Juli 1997 (ABl. C 286 vom 22. 9. 1997, S. 87), gemeinsamer Standpunkt des Rates vom 26. Februar 1998 (ABl. C 110 vom 8. 4. 1998, S. 17) und Beschluß des Europäischen Parlaments vom 12. Mai 1998 (ABl. C 167 vom 1. 6. 1998). Beschluß des Rates vom 16. Juni 1998.

† ABl. C 68 vom 20. 3. 1995, S. 26.

(10) Das Entwicklungspotential der Biotechnologie für die Umwelt und insbesondere ihr Nutzen für die Entwicklung weniger verunreinigender und den Boden weniger beanspruchender Ackerbaumethoden sind zu berücksichtigen. Die Erforschung solcher Verfahren und deren Anwendung sollte mittels des Patentsystems gefördert werden.

(11) Die Entwicklung der Biotechnologie ist für die Entwicklungsländer sowohl im Gesundheitswesen und bei der Bekämpfung großer Epidemien und Endemien als auch bei der Bekämpfung des Hungers in der Welt von Bedeutung. Die Forschung in diesen Bereichen sollte ebenfalls mittels des Patentsystems gefördert werden. Außerdem sollten internationale Mechanismen zur Verbreitung der entsprechenden Technologien in der Dritten Welt zum Nutzen der betroffenen Bevölkerung in Gang gesetzt werden.

(12) Das Übereinkommen über handelsbezogene Aspekte der Rechte des geistigen Eigentums (TRIPS-Übereinkommen)*, das die Europäische Gemeinschaft und ihre Mitgliedstaaten unterzeichnet haben, ist inzwischen in Kraft getreten; es sieht vor, daß der Patentschutz für Produkte und Verfahren in allen Bereichen der Technologie zu gewährleisten ist.

(13) Der Rechtsrahmen der Gemeinschaft zum Schutz biotechnologischer Erfindungen kann sich auf die Festlegung bestimmter Grundsätze für die Patentierbarkeit biologischen Materials an sich beschränken; diese Grundsätze bezwecken im wesentlichen, den Unterschied zwischen Erfindungen und Entdeckungen hinsichtlich der Patentierbarkeit bestimmter Bestandteile menschlichen Ursprungs herauszuarbeiten. Der Rechtsrahmen kann sich ferner beschränken auf den Umfang des Patentschutzes biotechnologischer Erfindungen, auf die Möglichkeit, zusätzlich zur schriftlichen Beschreibung einen Hinterlegungsmechanismus vorzusehen, sowie auf die Möglichkeit der Erteilung einer nicht ausschließlichen Zwangslizenz bei Abhängigkeit zwischen Pflanzensorten und Erfindungen (und umgekehrt).

(14) Ein Patent berechtigt seinen Inhaber nicht, die Erfindung anzuwenden, sondern verleiht ihm lediglich das Recht, Dritten deren Verwertung zu industriellen und gewerblichen Zwecken zu untersagen. Infolgedessen kann das Patentrecht die nationalen, europäischen oder internationalen Rechtsvorschriften zur Festlegung von Beschränkungen oder Verboten oder zur Kontrolle der Forschung und der Anwendung oder Vermarktung ihrer Ergebnisse weder ersetzen noch überfluessig machen, insbesondere was die Erfordernisse der Volksgesundheit, der Sicherheit, des Umweltschutzes, des Tierschutzes, der Erhaltung der genetischen Vielfalt und die Beachtung bestimmter ethischer Normen betrifft.

(15) Es gibt im einzelstaatlichen oder europäischen Patentrecht (Münchener Übereinkommen) keine Verbote oder Ausnahmen, die eine Patentierbarkeit von lebendem Material grundsätzlich ausschließen.

(16) Das Patentrecht muß unter Wahrung der Grundprinzipien ausgeübt werden, die die Würde und die Unversehrtheit des Menschen gewährleisten. Es ist wichtig, den Grundsatz zu bekräftigen, wonach der menschliche Körper in allen Phasen seiner Entstehung und Entwicklung, einschließlich der Keimzellen, sowie die bloße Entdeckung eines seiner Bestandteile oder seiner Produkte, einschließlich der Sequenz oder Teilsequenz eines menschlichen Gens, nicht patentierbar sind. Diese Prinzipien stehen im Einklang mit den im Patentrecht vorgesehenen Patentierbarkeitskriterien, wonach eine bloße Entdeckung nicht Gegenstand eines Patents sein kann.

(17) Mit Arzneimitteln, die aus isolierten Bestandteilen des menschlichen Körpers gewonnen und/oder auf andere Weise hergestellt werden, konnten bereits entscheidende Fortschritte bei der Behandlung von Krankheiten erzielt werden. Diese Arzneimittel sind das Ergebnis technischer Verfahren zur Herstellung von Bestandteilen mit einem ähnlichen Aufbau wie die im menschlichen Körper vorhandenen natürlichen Bestandteile; es empfiehlt sich deshalb, mit Hilfe des Patentsystems die Forschung mit dem Ziel der Gewinnung und Isolierung solcher für die Arzneimittelherstellung wertvoller Bestandteile zu fördern.

(18) Soweit sich das Patentsystem als unzureichend erweist, um die Forschung und die Herstellung von biotechnologischen Arzneimitteln, die zur Bekämpfung seltener Krankheiten („Orphan-"Krankheiten) benötigt werden, zu fördern, sind die Gemeinschaft und die Mitgliedstaaten verpflichtet, einen angemessenen Beitrag zur Lösung dieses Problems zu leisten.

(19) Die Stellungnahme Nr. 8 der Sachverständigengruppe der Europäischen Kommission für Ethik in der Biotechnologie ist berücksichtigt worden.

(20) Infolgedessen ist darauf hinzuweisen, daß eine Erfindung, die einen isolierten Bestandteil des menschlichen Körpers oder einen auf eine andere Weise durch ein technisches Verfahren erzeugten Bestandteil betrifft und gewerblich anwendbar ist, nicht von der Patentierbarkeit aus-

* ABl. L 336 vom 23. 12. 1994, S. 213.

geschlossen ist, selbst wenn der Aufbau dieses Bestandteils mit dem eines natürlichen Bestandteils identisch ist, wobei sich die Rechte aus dem Patent nicht auf den menschlichen Körper und dessen Bestandteile in seiner natürlichen Umgebung erstrecken können.

(21) Ein solcher isolierter oder auf andere Weise erzeugter Bestandteil des menschlichen Körpers ist von der Patentierbarkeit nicht ausgeschlossen, da er – zum Beispiel – das Ergebnis technischer Verfahren zu seiner Identifizierung, Reinigung, Bestimmung und Vermehrung außerhalb des menschlichen Körpers ist, zu deren Anwendung nur der Mensch fähig ist und die die Natur selbst nicht vollbringen kann.

(22) Die Diskussion über die Patentierbarkeit von Sequenzen oder Teilsequenzen von Genen wird kontrovers geführt. Die Erteilung eines Patents für Erfindungen, die solche Sequenzen oder Teilsequenzen zum Gegenstand haben, unterliegt nach dieser Richtlinie denselben Patentierbarkeitskriterien der Neuheit, erfinderischen Tätigkeit und gewerblichen Anwendbarkeit wie alle anderen Bereiche der Technologie. Die gewerbliche Anwendbarkeit einer Sequenz oder Teilsequenz muß in der eingereichten Patentanmeldung konkret beschrieben sein.

(23) Ein einfacher DNA-Abschnitt ohne Angabe einer Funktion enthält keine Lehre zum technischen Handeln und stellt deshalb keine patentierbare Erfindung dar.

(24) Das Kriterium der gewerblichen Anwendbarkeit setzt voraus, daß im Fall der Verwendung einer Sequenz oder Teilsequenz eines Gens zur Herstellung eines Proteins oder Teilproteins angegeben wird, welches Protein oder Teilprotein hergestellt wird und welche Funktion es hat.

(25) Zur Auslegung der durch ein Patent erteilten Rechte wird in dem Fall, daß sich Sequenzen lediglich in für die Erfindung nicht wesentlichen Abschnitten überlagern, patentrechtlich jede Sequenz als selbständige Sequenz angesehen.

(26) Hat eine Erfindung biologisches Material menschlichen Ursprungs zum Gegenstand oder wird dabei derartiges Material verwendet, so muß bei einer Patentanmeldung die Person, bei der Entnahmen vorgenommen werden, die Gelegenheit erhalten haben, gemäß den innerstaatlichen Rechtsvorschriften nach Inkenntnissetzung und freiwillig der Entnahme zuzustimmen.

(27) Hat eine Erfindung biologisches Material pflanzlichen oder tierischen Ursprungs zum Gegenstand oder wird dabei derartiges Material verwendet, so sollte die Patentanmeldung gegebenenfalls Angaben zum geographischen Herkunftsort dieses Materials umfassen, falls dieser bekannt ist. Die Prüfung der Patentanmeldungen und die Gültigkeit der Rechte aufgrund der erteilten Patente bleiben hiervon unberührt.

(28) Diese Richtlinie berührt in keiner Weise die Grundlagen des geltenden Patentrechts, wonach ein Patent für jede neue Anwendung eines bereits patentierten Erzeugnisses erteilt werden kann.

(29) Diese Richtlinie berührt nicht den Ausschluß von Pflanzensorten und Tierrassen von der Patentierbarkeit. Erfindungen, deren Gegenstand Pflanzen oder Tiere sind, sind jedoch patentierbar, wenn die Anwendung der Erfindung technisch nicht auf eine Pflanzensorte oder Tierrasse beschränkt ist.

(30) Der Begriff der Pflanzensorte wird durch das Sortenschutzrecht definiert. Danach wird eine Sorte durch ihr gesamtes Genom geprägt und besitzt deshalb Individualität. Sie ist von anderen Sorten deutlich unterscheidbar.

(31) Eine Pflanzengesamtheit, die durch ein bestimmtes Gen (und nicht durch ihr gesamtes Genom) gekennzeichnet ist, unterliegt nicht dem Sortenschutz. Sie ist deshalb von der Patentierbarkeit nicht ausgeschlossen, auch wenn sie Pflanzensorten umfaßt.

(32) Besteht eine Erfindung lediglich darin, daß eine bestimmte Pflanzensorte genetisch verändert wird, und wird dabei eine neue Pflanzensorte gewonnen, so bleibt diese Erfindung selbst dann von der Patentierbarkeit ausgeschlossen, wenn die genetische Veränderung nicht das Ergebnis eines im wesentlichen biologischen, sondern eines biotechnologischen Verfahrens ist.

(33) Für die Zwecke dieser Richtlinie ist festzulegen, wann ein Verfahren zur Züchtung von Pflanzen und Tieren im wesentlichen biologisch ist.

(34) Die Begriffe „Erfindung" und „Entdeckung", wie sie durch das einzelstaatliche, europäische oder internationale Patentrecht definiert sind, bleiben von dieser Richtlinie unberührt.

(35) Diese Richtlinie berührt nicht die Vorschriften des nationalen Patentrechts, wonach Verfahren zur chirurgischen oder therapeutischen Behandlung des menschlichen oder tierischen Körpers und Diagnostizierverfahren, die am menschlichen oder tierischen Körper vorgenommen werden, von der Patentierbarkeit ausgeschlossen sind.

(36) Das TRIPS-Übereinkommen räumt den Mitgliedern der Welthandelsorganisation die Möglichkeit ein, Erfindungen von der Patentierbarkeit auszuschließen, wenn die Verhinderung ihrer gewerblichen Verwertung in ihrem Hoheitsgebiet zum Schutz der öffentlichen Ordnung

oder der guten Sitten einschließlich des Schutzes des Lebens und der Gesundheit von Menschen, Tieren oder Pflanzen oder zur Vermeidung einer ernsten Schädigung der Umwelt notwendig ist, vorausgesetzt, daß ein solcher Ausschluß nicht nur deshalb vorgenommen wird, weil die Verwertung durch innerstaatliches Recht verboten ist.

(37) Der Grundsatz, wonach Erfindungen, deren gewerbliche Verwertung gegen die öffentliche Ordnung oder die guten Sitten verstoßen würde, von der Patentierbarkeit auszuschließen sind, ist auch in dieser Richtlinie hervorzuheben.

(38) Ferner ist es wichtig, in die Vorschriften der vorliegenden Richtlinie eine informatorische Aufzählung der von der Patentierbarkeit ausgenommenen Erfindungen aufzunehmen, um so den nationalen Gerichten und Patentämtern allgemeine Leitlinien für die Auslegung der Bezugnahme auf die öffentliche Ordnung oder die guten Sitten zu geben. Diese Aufzählung ist selbstverständlich nicht erschöpfend. Verfahren, deren Anwendung gegen die Menschenwürde verstößt, wie etwa Verfahren zur Herstellung von hybriden Lebewesen, die aus Keimzellen oder totipotenten Zellen von Mensch und Tier entstehen, sind natürlich ebenfalls von der Patentierbarkeit auszunehmen.

(39) Die öffentliche Ordnung und die guten Sitten entsprechen insbesondere den in den Mitgliedstaaten anerkannten ethischen oder moralischen Grundsätzen, deren Beachtung ganz besonders auf dem Gebiet der Biotechnologie wegen der potentiellen Tragweite der Erfindungen in diesem Bereich und deren inhärenter Beziehung zur lebenden Materie geboten ist. Diese ethischen oder moralischen Grundsätze ergänzen die übliche patentrechtliche Prüfung, unabhängig vom technischen Gebiet der Erfindung.

(40) Innerhalb der Gemeinschaft besteht Übereinstimmung darüber, daß die Keimbahnintervention am menschlichen Lebewesen und das Klonen von menschlichen Lebewesen gegen die öffentliche Ordnung und die guten Sitten verstoßen. Daher ist es wichtig, Verfahren zur Veränderung der genetischen Identität der Keimbahn des menschlichen Lebewesens und Verfahren zum Klonen von menschlichen Lebewesen unmißverständlich von der Patentierbarkeit auszuschließen.

(41) Als Verfahren zum Klonen von menschlichen Lebewesen ist jedes Verfahren, einschließlich der Verfahren zur Embryonenspaltung, anzusehen, das darauf abzielt, ein menschliches Lebewesen zu schaffen, das im Zellkern die gleiche Erbinformation wie ein anderes lebendes oder verstorbenes menschliches Lebewesen besitzt.

(42) Ferner ist auch die Verwendung von menschlichen Embryonen zu industriellen oder kommerziellen Zwecken von der Patentierbarkeit auszuschließen. Dies gilt jedoch auf keinen Fall für Erfindungen, die therapeutische oder diagnostische Zwecke verfolgen und auf den menschlichen Embryo zu dessen Nutzen angewandt werden.

(43) Nach Artikel F Absatz 2 des Vertrags über die Europäische Union achtet die Union die Grundrechte, wie sie in der am 4. November 1950 in Rom unterzeichneten Europäischen Konvention zum Schutze der Menschenrechte und Grundfreiheiten gewährleistet sind und wie sie sich aus den gemeinsamen Verfassungsüberlieferungen der Mitgliedstaaten als allgemeine Grundsätze des Gemeinschaftsrechts ergeben.

(44) Die Europäische Gruppe für Ethik der Naturwissenschaften und der Neuen Technologien der Kommission bewertet alle ethischen Aspekte im Zusammenhang mit der Biotechnologie. In diesem Zusammenhang ist darauf hinzuweisen, daß die Befassung dieser Gruppe auch im Bereich des Patentrechts nur die Bewertung der Biotechnologie anhand grundlegender ethischer Prinzipien zum Gegenstand haben kann.

(45) Verfahren zur Veränderung der genetischen Identität von Tieren, die geeignet sind, für die Tiere Leiden ohne wesentlichen medizinischen Nutzen im Bereich der Forschung, der Vorbeugung, der Diagnose oder der Therapie für den Menschen oder das Tier zu verursachen, sowie mit Hilfe dieser Verfahren erzeugte Tiere sind von der Patentierbarkeit auszunehmen.

(46) Die Funktion eines Patents besteht darin, den Erfinder mit einem ausschließlichen, aber zeitlich begrenzten Nutzungsrecht für seine innovative Leistung zu belohnen und damit einen Anreiz für erfinderische Tätigkeit zu schaffen; der Patentinhaber muß demnach berechtigt sein, die Verwendung patentierten selbstreplizierenden Materials unter solchen Umständen zu verbieten, die den Umständen gleichstehen, unter denen die Verwendung nicht selbstreplizierenden Materials verboten werden könnte, d.h. die Herstellung des patentierten Erzeugnisses selbst.

(47) Es ist notwendig, eine erste Ausnahme von den Rechten des Patentinhabers vorzusehen, wenn Vermehrungsmaterial, in das die geschützte Erfindung Eingang gefunden hat, vom Patentinhaber oder mit seiner Zustimmung zum landwirtschaftlichen Anbau an einen Landwirt verkauft wird. Mit dieser Ausnahmeregelung soll dem Landwirt gestattet werden, sein Erntegut

für spätere generative oder vegetative Vermehrung in seinem eigenen Betrieb zu verwenden. Das Ausmaß und die Modalitäten dieser Ausnahmeregelung sind auf das Ausmaß und die Bedingungen zu beschränken, die in der Verordnung (EG) Nr. 2100/94 des Rates vom 27. Juli 1994 über den gemeinschaftlichen Sortenschutz* vorgesehen sind.

(48) Von dem Landwirt kann nur die Vergütung verlangt werden, die im gemeinschaftlichen Sortenschutzrecht im Rahmen einer Durchführungsbestimmung zu der Ausnahme vom gemeinschaftlichen Sortenschutzrecht festgelegt ist.

(49) Der Patentinhaber kann jedoch seine Rechte gegenüber dem Landwirt geltend machen, der die Ausnahme mißbräuchlich nutzt, oder gegenüber dem Züchter, der die Pflanzensorte, in welche die geschützte Erfindung Eingang gefunden hat, entwickelt hat, falls dieser seinen Verpflichtungen nicht nachkommt.

(50) Eine zweite Ausnahme von den Rechten des Patentinhabers ist vorzusehen, um es Landwirten zu ermöglichen, geschütztes Vieh zu landwirtschaftlichen Zwecken zu benutzen.

(51) Mangels gemeinschaftsrechtlicher Bestimmungen für die Züchtung von Tierrassen müssen der Umfang und die Modalitäten dieser zweiten Ausnahmeregelung durch die nationalen Gesetze, Rechts- und Verwaltungsvorschriften und Verfahrensweisen geregelt werden.

(52) Für den Bereich der Nutzung der auf gentechnischem Wege erzielten neuen Merkmale von Pflanzensorten muß in Form einer Zwangslizenz gegen eine Vergütung ein garantierter Zugang vorgesehen werden, wenn die Pflanzensorte in bezug auf die betreffende Gattung oder Art einen bedeutenden technischen Fortschritt von erheblichem wirtschaftlichem Interesse gegenüber der patentgeschützten Erfindung darstellt.

(53) Für den Bereich der gentechnischen Nutzung neuer, aus neuen Pflanzensorten hervorgegangener pflanzlicher Merkmale muß in Form einer Zwangslizenz gegen eine Vergütung ein garantierter Zugang vorgesehen werden, wenn die Erfindung einen bedeutenden technischen Fortschritt von erheblichem wirtschaftlichem Interesse darstellt.

(54) Artikel 34 des TRIPS-Übereinkommens enthält eine detaillierte Regelung der Beweislast, die für alle Mitgliedstaaten verbindlich ist. Deshalb ist eine diesbezügliche Bestimmung in dieser Richtlinie nicht erforderlich.

(55) Die Gemeinschaft ist gemäß dem Beschluß 93/626/EWG** Vertragspartei des Übereinkommens über die biologische Vielfalt vom 5. Juni 1992. Im Hinblick darauf tragen die Mitgliedstaaten bei Erlaß der Rechts- und Verwaltungsvorschriften zur Umsetzung dieser Richtlinie insbesondere Artikel 3, Artikel 8 Buchstabe j), Artikel 16 Absatz 2 Satz 2 und Absatz 5 des genannten Übereinkommens Rechnung.

(56) Die dritte Konferenz der Vertragsstaaten des Übereinkommens über die biologische Vielfalt, die im November 1996 stattfand, stellte im Beschluß III/17 fest, daß weitere Arbeiten notwendig sind, um zu einer gemeinsamen Bewertung des Zusammenhangs zwischen den geistigen Eigentumsrechten und den einschlägigen Bestimmungen des Übereinkommens über handelsbezogene Aspekte des geistigen Eigentums und des Übereinkommens über die biologische Vielfalt zu gelangen, insbesondere in Fragen des Technologietransfers, der Erhaltung und nachhaltigen Nutzung der biologischen Vielfalt sowie der gerechten und fairen Teilhabe an den Vorteilen, die sich aus der Nutzung der genetischen Ressourcen ergeben, einschließlich des Schutzes von Wissen, Innovationen und Praktiken indigener und lokaler Gemeinschaften, die traditionelle Lebensformen verkörpern, die für die Erhaltung und nachhaltige Nutzung der biologischen Vielfalt von Bedeutung sind –

HABEN FOLGENDE RICHTLINIE ERLASSEN:

Kapitel I. Patentierbarkeit

Art. 1

(1) Die Mitgliedstaaten schützen biotechnologische Erfindungen durch das nationale Patentrecht. Sie passen ihr nationales Patentrecht erforderlichenfalls an, um den Bestimmungen dieser Richtlinie Rechnung zu tragen.

(2) Die Verpflichtungen der Mitgliedstaaten aus internationalen Übereinkommen, insbesondere aus dem TRIPS-Übereinkommen und dem Übereinkommen über die biologische Vielfalt, werden von dieser Richtlinie nicht berührt.

---

* ABl. L 227 vom 1. 9. 1994, S. 1. Verordnung geändert durch die Verordnung (EG) Nr. 2506/95 (ABl. L 258 vom 28. 10. 1995, S. 3).

** ABl. L 309 vom 13. 12. 1993, S. 1.

Art. 2

(1) Im Sinne dieser Richtlinie ist

a) „biologisches Material" ein Material, das genetische Informationen enthält und sich selbst reproduzieren oder in einem biologischen System reproduziert werden kann;
b) „mikrobiologisches Verfahren" jedes Verfahren, bei dem mikrobiologisches Material verwendet, ein Eingriff in mikrobiologisches Material durchgeführt oder mikrobiologisches Material hervorgebracht wird.

(2) Ein Verfahren zur Züchtung von Pflanzen oder Tieren ist im wesentlichen biologisch, wenn es vollständig auf natürlichen Phänomenen wie Kreuzung oder Selektion beruht.

(3) Der Begriff der Pflanzensorte wird durch Artikel 5 der Verordnung (EG) Nr. 2100/94 definiert.

Art. 3

(1) Im Sinne dieser Richtlinie können Erfindungen, die neu sind, auf einer erfinderischen Tätigkeit beruhen und gewerblich anwendbar sind, auch dann patentiert werden, wenn sie ein Erzeugnis, das aus biologischem Material besteht oder dieses enthält, oder ein Verfahren, mit dem biologisches Material hergestellt, bearbeitet oder verwendet wird, zum Gegenstand haben.

(2) Biologisches Material, das mit Hilfe eines technischen Verfahrens aus seiner natürlichen Umgebung isoliert oder hergestellt wird, kann auch dann Gegenstand einer Erfindung sein, wenn es in der Natur schon vorhanden war.

Art. 4

(1) Nicht patentierbar sind

a) Pflanzensorten und Tierrassen,
b) im wesentlichen biologische Verfahren zur Züchtung von Pflanzen oder Tieren.

(2) Erfindungen, deren Gegenstand Pflanzen oder Tiere sind, können patentiert werden, wenn die Ausführungen der Erfindung technisch nicht auf eine bestimmte Pflanzensorte oder Tierrasse beschränkt ist.

(3) Absatz 1 Buchstabe b) berührt nicht die Patentierbarkeit von Erfindungen, die ein mikrobiologisches oder sonstiges technisches Verfahren oder ein durch diese Verfahren gewonnenes Erzeugnis zum Gegenstand haben.

Art. 5

(1) Der menschliche Körper in den einzelnen Phasen seiner Entstehung und Entwicklung sowie die bloße Entdeckung eines seiner Bestandteile, einschließlich der Sequenz oder Teilsequenz eines Gens, können keine patentierbaren Erfindungen darstellen.

(2) Ein isolierter Bestandteil des menschlichen Körpers oder ein auf andere Weise durch ein technisches Verfahren gewonnener Bestandteil, einschließlich der Sequenz oder Teilsequenz eines Gens, kann eine patentierbare Erfindung sein, selbst wenn der Aufbau dieses Bestandteils mit dem Aufbau eines natürlichen Bestandteils identisch ist.

(3) Die gewerbliche Anwendbarkeit einer Sequenz oder Teilsequenz eines Gens muß in der Patentanmeldung konkret beschrieben werden.

Art. 6

(1) Erfindungen, deren gewerbliche Verwertung gegen die öffentliche Ordnung oder die guten Sitten verstoßen würde, sind von der Patentierbarkeit ausgenommen, dieser Verstoß kann nicht allein daraus hergeleitet werden, daß die Verwertung durch Rechts- oder Verwaltungsvorschriften verboten ist.

(2) Im Sinne von Absatz 1 gelten unter anderem als nicht patentierbar:

a) Verfahren zum Klonen von menschlichen Lebewesen;
b) Verfahren zur Veränderung der genetischen Identität der Keimbahn des menschlichen Lebewesens;
c) die Verwendung von menschlichen Embryonen zu industriellen oder kommerziellen Zwecken;

d) Verfahren zur Veränderung der genetischen Identität von Tieren, die geeignet sind, Leiden dieser Tiere ohne wesentlichen medizinischen Nutzen für den Menschen oder das Tier zu verursachen, sowie die mit Hilfe solcher Verfahren erzeugten Tiere.

Art. 7

Die Europäische Gruppe für Ethik der Naturwissenschaften und der Neuen Technologien der Kommission bewertet alle ethischen Aspekte im Zusammenhang mit der Biotechnologie.

Kapitel II. Umfang des Schutzes

Art. 8

(1) Der Schutz eines Patents für biologisches Material, das aufgrund der Erfindung mit bestimmten Eigenschaften ausgestattet ist, umfaßt jedes biologische Material, das aus diesem biologischen Material durch generative oder vegetative Vermehrung in gleicher oder abweichender Form gewonnen wird und mit denselben Eigenschaften ausgestattet ist.

(2) Der Schutz eines Patents für ein Verfahren, das die Gewinnung eines aufgrund der Erfindung mit bestimmten Eigenschaften ausgestatteten biologischen Materials ermöglicht, umfaßt das mit diesem Verfahren unmittelbar gewonnene biologische Material und jedes andere mit denselben Eigenschaften ausgestattete biologische Material, das durch generative oder vegetative Vermehrung in gleicher oder abweichender Form aus dem unmittelbar gewonnenen biologischen Material gewonnen wird.

Art. 9

Der Schutz, der durch ein Patent für ein Erzeugnis erteilt wird, das aus einer genetischen Information besteht oder sie enthält, erstreckt sich vorbehaltlich des Artikels 5 Absatz 1 auf jedes Material, in das dieses Erzeugnis Eingang findet und in dem die genetische Information enthalten ist und ihre Funktion erfüllt.

Art. 10

Der in den Artikeln 8 und 9 vorgesehene Schutz erstreckt sich nicht auf das biologische Material, das durch generative oder vegetative Vermehrung von biologischem Material gewonnen wird, das im Hoheitsgebiet eines Mitgliedstaats vom Patentinhaber oder mit dessen Zustimmung in Verkehr gebracht wurde, wenn die generative oder vegetative Vermehrung notwendigerweise das Ergebnis der Verwendung ist, für die das biologische Material in Verkehr gebracht wurde, vorausgesetzt, daß das so gewonnene Material anschließend nicht für andere generative oder vegetative Vermehrung verwendet wird.

Art. 11

(1) Abweichend von den Artikeln 8 und 9 beinhaltet der Verkauf oder das sonstige Inverkehrbringen von pflanzlichem Vermehrungsmaterial durch den Patentinhaber oder mit dessen Zustimmung an einen Landwirt zum landwirtschaftlichen Anbau dessen Befugnis, sein Erntegut für die generative oder vegetative Vermehrung durch ihn selbst im eigenen Betrieb zu verwenden, wobei Ausmaß und Modalitäten dieser Ausnahmeregelung denjenigen des Artikels 14 der Verordnung (EG) Nr. 2100/94 entsprechen.

(2) Abweichend von den Artikeln 8 und 9 beinhaltet der Verkauf oder das sonstige Inverkehrbringen von Zuchtvieh oder von tierischem Vermehrungsmaterial durch den Patentinhaber oder mit dessen Zustimmung an einen Landwirt dessen Befugnis, das geschützte Vieh zu landwirtschaftlichen Zwecken zu verwenden. Diese Befugnis erstreckt sich auch auf die Überlassung des Viehs oder anderen tierischen Vermehrungsmaterials zur Fortführung seiner landwirtschaftlichen Tätigkeit, jedoch nicht auf den Verkauf mit dem Ziel oder im Rahmen einer gewerblichen Viehzucht.

(3) Das Ausmaß und die Modalitäten der in Absatz 2 vorgesehenen Ausnahmeregelung werden durch die nationalen Gesetze, Rechts- und Verwaltungsvorschriften und Verfahrensweisen geregelt.

Kapitel III. Zwangslizenzen wegen Abhängigkeit

Art. 12

(1) Kann ein Pflanzenzüchter ein Sortenschutzrecht nicht erhalten oder verwerten, ohne ein früher erteiltes Patent zu verletzen, so kann er beantragen, daß ihm gegen Zahlung einer angemessenen Vergütung eine nicht ausschließliche Zwangslizenz für die patentgeschützte Erfindung erteilt wird, soweit diese Lizenz zur Verwertung der zu schützenden Pflanzensorte erforderlich ist. Die Mitgliedstaaten sehen vor, daß der Patentinhaber, wenn eine solche Lizenz erteilt wird, zur Verwertung der geschützten Sorte Anspruch auf eine gegenseitige Lizenz zu angemessenen Bedingungen hat.

(2) Kann der Inhaber des Patents für eine biotechnologische Erfindung diese nicht verwerten, ohne ein früher erteiltes Sortenschutzrecht zu verletzen, so kann er beantragen, daß ihm gegen Zahlung einer angemessenen Vergütung eine nicht ausschließliche Zwangslizenz für die durch dieses Sortenschutzrecht geschützte Pflanzensorte erteilt wird. Die Mitgliedstaaten sehen vor, daß der Inhaber des Sortenschutzrechts, wenn eine solche Lizenz erteilt wird, zur Verwertung der geschützten Erfindung Anspruch auf eine gegenseitige Lizenz zu angemessenen Bedingungen hat.

(3) Die Antragsteller nach den Absätzen 1 und 2 müssen nachweisen, daß

a) sie sich vergebens an den Inhaber des Patents oder des Sortenschutzrechts gewandt haben, um eine vertragliche Lizenz zu erhalten;
b) die Pflanzensorte oder Erfindung einen bedeutenden technischen Fortschritt von erheblichem wirtschaftlichen Interesse gegenüber der patentgeschützten Erfindung oder der geschützten Pflanzensorte darstellt.

(4) Jeder Mitgliedstaat benennt die für die Erteilung der Lizenz zuständige(n) Stelle(n). Kann eine Lizenz für eine Pflanzensorte nur vom Gemeinschaftlichen Sortenamt erteilt werden, findet Artikel 29 der Verordnung (EG) Nr. 2100/94 Anwendung.

Kapitel IV. Hinterlegung von, Zugang zu und erneute Hinterlegung von biologischem Material

Art. 13

(1) Betrifft eine Erfindung biologisches Material, das der Öffentlichkeit nicht zugänglich ist und in der Patentanmeldung nicht so beschrieben werden kann, daß ein Fachmann diese Erfindung danach ausführen kann, oder beinhaltet die Erfindung die Verwendung eines solchen Materials, so gilt die Beschreibung für die Anwendung des Patentrechts nur dann als ausreichend, wenn

a) das biologische Material spätestens am Tag der Patentanmeldung bei einer anerkannten Hinterlegungsstelle hinterlegt wurde. Anerkannt sind zumindest die internationalen Hinterlegungsstellen, die diesen Status nach Artikel 7 des Budapester Vertrags vom 28. April 1977 über die internationale Anerkennung der Hinterlegung von Mikroorganismen für Zwecke von Patentverfahren (im folgenden „Budapester Vertrag" genannt) erworben haben;
b) die Anmeldung die einschlägigen Informationen enthält, die dem Anmelder bezüglich der Merkmale des hinterlegten biologischen Materials bekannt sind;
c) in der Patentanmeldung die Hinterlegungsstelle und das Aktenzeichen der Hinterlegung angegeben sind.

(2) Das hinterlegte biologische Material wird durch Herausgabe einer Probe zugänglich gemacht:

a) bis zur ersten Veröffentlichung der Patentanmeldung nur für Personen, die nach dem innerstaatlichen Patentrecht hierzu ermächtigt sind;
b) von der ersten Veröffentlichung der Anmeldung bis zur Erteilung des Patents für jede Person, die dies beantragt, oder, wenn der Anmelder dies verlangt, nur für einen unabhängigen Sachverständigen;
c) nach der Erteilung des Patents ungeachtet eines späteren Widerrufs oder einer Nichtigerklärung des Patents für jede Person, die einen entsprechenden Antrag stellt.

(3) Die Herausgabe erfolgt nur dann, wenn der Antragsteller sich verpflichtet, für die Dauer der Wirkung des Patents

a) Dritten keine Probe des hinterlegten biologischen Materials oder eines daraus abgeleiteten Materials zugänglich zu machen und
b) keine Probe des hinterlegten Materials oder eines daraus abgeleiteten Materials zu anderen als zu Versuchszwecken zu verwenden, es sei denn, der Anmelder oder der Inhaber des Patents verzichtet ausdrücklich auf eine derartige Verpflichtung.

(4) Bei Zurückweisung oder Zurücknahme der Anmeldung wird der Zugang zu dem hinterlegten Material auf Antrag des Hinterlegers für die Dauer von 20 Jahren ab dem Tag der Patentanmeldung nur einem unabhängigen Sachverständigen erteilt. In diesem Fall findet Absatz 3 Anwendung.

(5) Die Anträge des Hinterlegers gemäß Absatz 2 Buchstabe b) und Absatz 4 können nur bis zu dem Zeitpunkt eingereicht werden, zu dem die technischen Vorarbeiten für die Veröffentlichung der Patentanmeldung als abgeschlossen gelten.

Art. 14

(1) Ist das nach Artikel 13 hinterlegte biologische Material bei der anerkannten Hinterlegungsstelle nicht mehr zugänglich, so wird unter denselben Bedingungen wie denen des Budapester Vertrags eine erneute Hinterlegung des Materials zugelassen.

(2) Jeder erneuten Hinterlegung ist eine vom Hinterleger unterzeichnete Erklärung beizufügen, in der bestätigt wird, daß das erneut hinterlegte biologische Material das gleiche wie das ursprünglich hinterlegte Material ist.

Kapitel V. Schlußbestimmungen

Art. 15

(1) Die Mitgliedstaaten erlassen die erforderlichen Rechts- und Verwaltungsvorschriften, um dieser Richtlinie bis zum 30. Juli 2000 nachzukommen. Sie setzen die Kommission unmittelbar davon in Kenntnis.

Wenn die Mitgliedstaaten diese Vorschriften erlassen, nehmen sie in den Vorschriften selbst oder durch einen Hinweis bei der amtlichen Veröffentlichung auf diese Richtlinie Bezug. Die Mitgliedstaaten regeln die Einzelheiten der Bezugnahme.

(2) Die Mitgliedstaaten teilen der Kommission die innerstaatlichen Rechtsvorschriften mit, die sie auf dem unter diese Richtlinie fallenden Gebiet erlassen.

Art. 16

Die Kommission übermittelt dem Europäischen Parlament und dem Rat folgendes:
a) alle fünf Jahre nach dem in Artikel 15 Absatz 1 vorgesehenen Zeitpunkt einen Bericht zu der Frage, ob durch diese Richtlinie im Hinblick auf internationale Übereinkommen zum Schutz der Menschenrechte, denen die Mitgliedstaaten beigetreten sind, Probleme entstanden sind;
b) innerhalb von zwei Jahren nach dem Inkrafttreten dieser Richtlinie einen Bericht, in dem die Auswirkungen des Unterbleibens oder der Verzögerung von Veröffentlichungen, deren Gegenstand patentierfähig sein könnte, auf die gentechnologische Grundlagenforschung evaluiert werden;
c) jährlich ab dem in Artikel 15 Absatz 1 vorgesehenen Zeitpunkt einen Bericht über die Entwicklung und die Auswirkungen des Patentrechts im Bereich der Bio- und Gentechnologie.

Art. 17

Diese Richtlinie tritt am Tag ihrer Veröffentlichung im Amtsblatt der Europäischen Gemeinschaften in Kraft.

Art. 18

Diese Richtlinie ist an die Mitgliedstaaten gerichtet.

12. Verordnung über die Hinterlegung von biologischem Material in Patent- und Gebrauchsmusterverfahren (Biomaterial-Hinterlegungsverordnung – BioMatHintV)

Vom 24. Januar 2005

(BGBl. I S. 151)

Auf Grund des § 34 Abs. 8 des Patentgesetzes in der Fassung der Bekanntmachung vom 16. Dezember 1980 (BGBl. 1981 I S. 1), der zuletzt durch Artikel 7 Nr. 16 Buchstabe b und c des Gesetzes vom 13. Dezember 2001 (BGBl. I S. 3656) geändert worden ist, und des § 4 Abs. 7 des Gebrauchsmustergesetzes in der Fassung der Bekanntmachung vom 28. August 1986 (BGBl. I S. 1455), der zuletzt durch Artikel 8 Nr. 1 Buchstabe a, c und d des Gesetzes vom 13. Dezember 2001 (BGBl. I S. 3656) geändert worden ist, jeweils in Verbindung mit § 1 Abs. 2 der DPMA-Verordnung vom 1. April 2004 (BGBl. I S. 514), verordnet das Deutsche Patent- und Markenamt:

§ 1 Notwendigkeit der Hinterlegung; biologisches Material

(1) Betrifft eine Erfindung biologisches Material, das der Öffentlichkeit nicht zugänglich ist und in der Patent- oder Gebrauchsmusteranmeldung nicht so beschrieben werden kann, dass ein Fachmann diese Erfindung danach ausführen kann, oder beinhaltet die Erfindung die Verwendung eines solchen Materials, so gilt die Beschreibung für die Anwendung des Patent- oder Gebrauchsmusterrechts nur dann als ausreichend, wenn

1. das biologische Material spätestens am Tag der Anmeldung oder, wenn eine Priorität in Anspruch genommen worden ist, am Prioritätstag bei einer anerkannten Hinterlegungsstelle hinterlegt worden ist,
2. die Anmeldung die einschlägigen Informationen enthält, die dem Anmelder bezüglich der Merkmale des hinterlegten biologischen Materials bekannt sind, und
3. in der Anmeldung die Hinterlegungsstelle und das Aktenzeichen der Hinterlegung angegeben sind.

(2) Biologisches Material im Sinne dieser Verordnung ist ein Material, das genetische Informationen enthält und sich selbst reproduzieren oder in einem biologischen System reproduziert werden kann.

(3) Ist das biologische Material bereits von einem Dritten hinterlegt worden, so bedarf es keiner weiteren Hinterlegung, sofern durch die erste Hinterlegung die Ausführbarkeit der weiteren Erfindung für den in § 7 festgelegten Zeitraum sichergestellt ist.

§ 2 Anerkannte Hinterlegungsstellen

Anerkannt sind die internationalen Hinterlegungsstellen, die diesen Status nach Artikel 7 des Budapester Vertrags vom 28. April 1977 über die internationale Anerkennung der Hinterlegung von Mikroorganismen für die Zwecke von Patentverfahren (BGBl. 1980 II S. 1104) in seiner jeweils geltenden Fassung erworben haben, und solche wissenschaftlich anerkannten Einrichtungen, welche die Gewähr für eine ordnungsgemäße Aufbewahrung und Herausgabe von Proben nach Maßgabe dieser Verordnung bieten und rechtlich, wirtschaftlich und organisatorisch vom Anmelder und vom Hinterleger unabhängig sind.

§ 3 Nachreichen des Aktenzeichens der Hinterlegung

(1) Ist bereits aufgrund der Meldeunterlagen eine eindeutige Zuordnung der Anmeldung zu dem hinterlegten biologischen Material möglich, so kann das Aktenzeichen der Hinterlegung nachgereicht werden

1. bei Gebrauchsmusteranmeldungen innerhalb eines Monats nach dem Tag der Einreichung;
2. bei Patentanmeldungen innerhalb einer Frist von 16 Monaten nach dem Tag der Anmeldung oder, wenn eine Priorität in Anspruch genommen worden ist, nach dem Prioritätstag. Die Frist gilt als eingehalten, wenn das Aktenzeichen bis zum Abschluss der technischen Vorbereitungen für die Veröffentlichung des Offenlegungshinweises nach § 32 Abs. 5 des Patentgesetzes mitgeteilt worden ist.

(2) Die Frist zur Nachreichung endet jedoch spätestens einen Monat nach der Mitteilung an den Anmelder, dass ein Recht auf Akteneinsicht nach § 31 Abs. 1 Satz 1 des Patentgesetzes besteht, oder im Fall der vorzeitigen Offenlegung spätestens mit der Abgabe der Erklärung des Anmelders nach § 31 Abs. 2 Nr. 1 des Patentgesetzes.

§ 4 Freigabeerklärung

(1) Der Anmelder hat das hinterlegte biologische Material der Hinterlegungsstelle ab dem Tag der Anmeldung zur Herausgabe von Proben nach § 5 für die in § 7 festgelegte Aufbewahrungsdauer durch Abgabe einer unwiderruflichen Erklärung vorbehaltlos zur Verfügung zu stellen. Im Fall einer Dritthinterlegung muss der Anmelder durch Vorlage von Urkunden nachweisen, dass das hinterlegte biologische Material vom Hinterleger nach Satz 1 zur Verfügung gestellt worden ist.

(2) Der Anmelder hat sich gegenüber der Hinterlegungsstelle unwiderruflich zu verpflichten, eine nach § 9 erforderlich werdende erneute Hinterlegung vorzunehmen oder durch einen Dritten vornehmen zu lassen.

§ 5 Zugang zu biologischem Material

(1) Das hinterlegte biologische Material wird durch Herausgabe einer Probe auf Antrag zugänglich gemacht

1. bis zur Veröffentlichung des Offenlegungshinweises nach § 32 Abs. 5 des Patentgesetzes oder bis zur Eintragung des Gebrauchsmusters nur
   a) für den Hinterleger,
   b) für das Deutsche Patent- und Markenamt auf Anforderung oder
   c) für den Anmelder oder einen sonstigen Dritten, wenn dieser aufgrund einer Entscheidung des Deutschen Patent- und Markenamts nach § 31 Abs. 1 Satz 1 des Patentgesetzes oder § 8 Abs. 5 Satz 2 des Gebrauchsmustergesetzes oder aufgrund der Entscheidung eines Gerichts zum Erhalt einer Probe berechtigt ist oder der Hinterleger in die Abgabe der Probe schriftlich eingewilligt hat;
2. von der Veröffentlichung des Offenlegungshinweises nach § 32 Abs. 5 des Patentgesetzes bis zur Erteilung des Patents für jedermann; auf Antrag des Hinterlegers wird der Zugang zu dem hinterlegten biologischen Material nur durch Herausgabe einer Probe an einen vom Antragsteller benannten unabhängigen Sachverständigen hergestellt;
3. nach der Erteilung des Patents oder eines ergänzenden Schutzzertifikats oder nach Eintragung des Gebrauchsmusters ungeachtet eines späteren Widerrufs oder einer Nichtigerklärung des Patents oder des ergänzenden Schutzzertifikats oder einer späteren Löschung des Gebrauchsmusters für jedermann.

(2) Bei Zurückweisung oder Zurücknahme der Anmeldung wird der in Absatz 1 Nr. 1 Buchstabe c und Nr. 2 geregelte Zugang zu dem hinterlegten biologischen Material auf Antrag des Hinterlegers für die Dauer von 20 Jahren ab dem Tag der Anmeldung nur durch Herausgabe einer Probe an einen vom Antragsteller benannten unabhängigen Sachverständigen hergestellt.

(3) Als Sachverständiger nach Absatz 1 Nr. 2 und Absatz 2 kann benannt werden

1. jede natürliche Person, auf die sich der Antragsteller und der Hinterleger geeinigt haben;
2. jede natürliche Person, die vom Präsidenten des Deutschen Patent- und Markenamts als Sachverständiger anerkannt ist.

(4) Die Anträge des Hinterlegers nach Absatz 1 Nr. 2 und Absatz 2 sind beim Deutschen Patent- und Markenamt zu stellen und können nur bis zu dem Zeitpunkt eingereicht werden, zu dem die technischen Vorbereitungen für die Veröffentlichung des Offenlegungshinweises nach § 32 Abs. 5 des Patentgesetzes oder für die Eintragung des Gebrauchsmusters als abgeschlossen gelten.

(5) Der Antrag auf Zugang zu biologischem Material ist unter Verwendung des hierfür herausgegebenen Formblatts beim Deutschen Patent- und Markenamt zu stellen. Das Deutsche Patent- und Markenamt bestätigt auf dem Formblatt, dass eine Patentanmeldung oder eine Gebrauchsmusteranmeldung eingereicht worden ist, die auf die Hinterlegung des biologischen Materials Bezug nimmt, und dass der Antragsteller oder der von ihm benannte Sachverständige Anspruch auf Herausgabe einer Probe dieses Materials hat. Der Antrag ist auch nach Erteilung des Patents oder des ergänzenden Schutzzertifikats oder nach Eintragung des Gebrauchsmusters beim Deutschen Patent- und Markenamt einzureichen.

(6) Das Deutsche Patent- und Markenamt übermittelt der Hinterlegungsstelle und dem Anmelder oder Schutzrechtsinhaber und im Fall der Dritthinterlegung auch dem Hinterleger eine Kopie des Antrags mit der in Absatz 5 Satz 2 vorgesehenen Bestätigung.

§ 6 Verpflichtungserklärung

(1) Eine Probe wird nur dann herausgegeben, wenn der Antragsteller sich gegenüber dem Anmelder und im Fall der Dritthinterlegung auch gegenüber dem Hinterleger verpflichtet, für die Dauer der Wirkung sämtlicher Schutzrechte, die auf das hinterlegte biologische Material Bezug nehmen,

1. Dritten keine Probe des hinterlegten biologischen Materials oder eines daraus abgeleiteten Materials zugänglich zu machen und
2. keine Probe des hinterlegten biologischen Materials oder eines daraus abgeleiteten Materials zu anderen als zu Versuchszwecken zu verwenden, es sei denn, der Anmelder oder Inhaber des Schutzrechts, im Fall der Dritthinterlegung zusätzlich der Hinterleger, verzichten ausdrücklich auf eine derartige Verpflichtung. Die Verpflichtung, das biologische Material nur zu Versuchszwecken zu verwenden, ist hinfällig, soweit der Antragsteller dieses Material aufgrund einer Zwangslizenz oder einer staatlichen Benutzungsanordnung verwendet.

(2) Wird die Probe an einen unabhängigen Sachverständigen herausgegeben, so hat dieser die Verpflichtungserklärung nach Absatz 1 abzugeben. Gegenüber dem Sachverständigen ist der Antragsteller als Dritter im Sinne des Absatzes l Nr. 1 anzusehen.

§ 7 Aufbewahrungsdauer

Das hinterlegte biologische Material ist fünf Jahre ab dem Eingang des letzten Antrags auf Abgabe einer Probe aufzubewahren, mindestens jedoch fünf Jahre über die gesetzlich bestimmte maximale Schutzdauer aller Schutzrechte, die auf das hinterlegte biologische Material Bezug nehmen, hinaus.

§ 8 Hinterlegung nach Maßgabe des Budapester Vertrags

Im Fall einer Hinterlegung nach dem Budapester Vertrag richten sich die Freigabeerklärung, die Herausgabe von Proben, die Verpflichtungserklärung und die Aufbewahrungsdauer ausschließlich nach den Regeln des Budapester Vertrags und der zu diesem ergangenen Ausführungsordnung (BGBl. 1980 II S. 1104, 1122) in ihrer jeweils geltenden Fassung.

§ 9 Erneute Hinterlegung

(1) Ist das nach dieser Verordnung hinterlegte biologische Material bei der anerkannten Hinterlegungsstelle nicht mehr zugänglich, so ist eine erneute Hinterlegung unter denselben Bedingungen wie denen des Budapester Vertrags zulässig und auf Anforderung der Hinterlegungsstelle vorzunehmen.

(2) Das biologische Material ist innerhalb einer Frist von drei Monaten nach der Anforderung der Hinterlegungsstelle nach Absatz 1 erneut zu hinterlegen.

(3) Jeder erneuten Hinterlegung ist eine vom Hinterleger unterzeichnete Erklärung beizufügen, in der bestätigt wird, dass das erneut hinterlegte biologische Material das Gleiche wie das ursprünglich hinterlegte Material ist.

§ 10 Zusammenarbeit mit dem Deutschen Patent- und Markenamt

Das Deutsche Patent- und Markenamt gibt den Hinterlegungsstellen alle Informationen, die zur Erfüllung ihrer Aufgaben erforderlich sind.

§ 11 Übergangsregelung

Diese Verordnung findet keine Anwendung auf Patent- oder Gebrauchsmusteranmeldungen, die vor ihrem Inkrafttreten eingereicht worden sind.

§ 12 Inkrafttreten

Diese Verordnung tritt am 28. Februar 2005 in Kraft.

13. Richtlinie 2004/48/EG des Europäischen Parlaments und des Rates zur Durchsetzung der Rechte des geistigen Eigentums

Vom 29. April 2004

(ABl. EU Nr. L 157/45, berichtigt ABl. Nr. L 195/16 und ABl. Nr. L 351/44)

DAS EUROPÄISCHE PARLAMENT UND DER RAT DER EUROPÄISCHEN UNION –

gestützt auf den Vertrag zur Gründung der Europäischen Gemeinschaft, insbesondere auf Artikel 95,

auf Vorschlag der Kommission,

nach Stellungnahme des Europäischen Wirtschafts- und Sozialausschusses*,

nach Anhörung des Ausschusses der Regionen,

gemäß dem Verfahren des Artikels 251 des Vertrags**,

in Erwägung nachstehender Gründe:

(1) Damit der Binnenmarkt verwirklicht wird, müssen Beschränkungen des freien Warenverkehrs und Wettbewerbsverzerrungen beseitigt werden, und es muss ein Umfeld geschaffen werden, das Innovationen und Investitionen begünstigt. Vor diesem Hintergrund ist der Schutz geistigen Eigentums ein wesentliches Kriterium für den Erfolg des Binnenmarkts. Der Schutz geistigen Eigentums ist nicht nur für die Förderung von Innovation und kreativem Schaffen wichtig, sondern auch für die Entwicklung des Arbeitsmarkts und die Verbesserung der Wettbewerbsfähigkeit.

(2) Der Schutz geistigen Eigentums soll Erfinder oder Schöpfer in die Lage versetzen, einen rechtmäßigen Gewinn aus ihren Erfindungen oder Werkschöpfungen zu ziehen. Er soll auch die weitestgehende Verbreitung der Werke, Ideen und neuen Erkenntnisse ermöglichen. Andererseits soll er weder die freie Meinungsäußerung noch den freien Informationsverkehr, noch den Schutz personenbezogener Daten behindern; dies gilt auch für das Internet.

(3) Ohne wirksame Instrumente zur Durchsetzung der Rechte des geistigen Eigentums werden jedoch Innovation und kreatives Schaffen gebremst und Investitionen verhindert. Daher ist darauf zu achten, dass das materielle Recht auf dem Gebiet des geistigen Eigentums, das heute weitgehend Teil des gemeinschaftlichen Besitzstands ist, in der Gemeinschaft wirksam angewandt wird. Daher sind die Instrumente zur Durchsetzung der Rechte des geistigen Eigentums von zentraler Bedeutung für den Erfolg des Binnenmarkts.

(4) Auf internationaler Ebene sind alle Mitgliedstaaten – wie auch die Gemeinschaft selbst in Fragen, die in ihre Zuständigkeit fallen, – an das durch den Beschluss 94/800/EG des Rates*** gebilligte Übereinkommen über handelsbezogene Aspekte der Rechte des geistigen Eigentums (TRIPS-Übereinkommen), das im Rahmen der multilateralen Verhandlungen der Uruguay-Runde geschlossen wurde, gebunden.

(5) Das TRIPS-Übereinkommen enthält vornehmlich Bestimmungen über die Instrumente zur Durchsetzung der Rechte des geistigen Eigentums, die gemeinsame, international gültige Normen sind und in allen Mitgliedstaaten umgesetzt wurden. Diese Richtlinie sollte die völkerrechtlichen Verpflichtungen der Mitgliedstaaten einschließlich derjenigen aufgrund des TRIPS-Übereinkommens unberührt lassen.

(6) Es bestehen weitere internationale Übereinkünfte, denen alle Mitgliedstaaten beigetreten sind und die ebenfalls Vorschriften über Instrumente zur Durchsetzung der Rechte des geistigen Eigentums enthalten. Dazu zählen in erster Linie die Pariser Verbandsübereinkunft zum Schutz des gewerblichen Eigentums, die Berner Übereinkunft zum Schutz von Werken der Literatur und Kunst und das Rom-Abkommen über den Schutz der ausübenden Künstler, der Hersteller von Tonträgern und der Sendeunternehmen.

(7) Aus den Sondierungen der Kommission zu dieser Frage hat sich ergeben, dass ungeachtet des TRIPS-Übereinkommens weiterhin zwischen den Mitgliedstaaten große Unterschiede bei

---

* ABl. C 32 vom 5. 2. 2004, S. 15.

** Stellungnahme des Europäischen Parlaments vom 9. März 2004 (noch nicht im Amtsblatt erschienen) und Beschluss des Rates vom 26. April 2004.

*** ABl. L 336 vom 23. 12. 1994, S. 1.

den Instrumenten zur Durchsetzung der Rechte des geistigen Eigentums bestehen. So gibt es z.B. beträchtliche Diskrepanzen bei den Durchführungsbestimmungen für einstweilige Maßnahmen, die insbesondere zur Sicherung von Beweismitteln verhängt werden, bei der Berechnung von Schadensersatz oder bei den Durchführungsbestimmungen für Verfahren zur Beendigung von Verstößen gegen Rechte des geistigen Eigentums. In einigen Mitgliedstaaten stehen Maßnahmen, Verfahren und Rechtsbehelfe wie das Auskunftsrecht und der Rückruf rechtsverletzender Ware vom Markt auf Kosten des Verletzers nicht zur Verfügung.

(8) Die Unterschiede zwischen den Regelungen der Mitgliedstaaten hinsichtlich der Instrumente zur Durchsetzung der Rechte des geistigen Eigentums beeinträchtigen das reibungslose Funktionieren des Binnenmarktes und verhindern, dass die bestehenden Rechte des geistigen Eigentums überall in der Gemeinschaft in demselben Grad geschützt sind. Diese Situation wirkt sich nachteilig auf die Freizügigkeit im Binnenmarkt aus und behindert die Entstehung eines Umfelds, das einen gesunden Wettbewerb begünstigt.

(9) Die derzeitigen Unterschiede schwächen außerdem das materielle Recht auf dem Gebiet des geistigen Eigentums und führen zu einer Fragmentierung des Binnenmarktes in diesem Bereich. Dies untergräbt das Vertrauen der Wirtschaft in den Binnenmarkt und bremst somit Investitionen in Innovation und geistige Schöpfungen. Verletzungen von Rechten des geistigen Eigentums stehen immer häufiger in Verbindung mit dem organisierten Verbrechen. Die verstärkte Nutzung des Internet ermöglicht einen sofortigen globalen Vertrieb von Raubkopien. Die wirksame Durchsetzung des materiellen Rechts auf dem Gebiet des geistigen Eigentums bedarf eines gezielten Vorgehens auf Gemeinschaftsebene. Die Angleichung der diesbezüglichen Rechtsvorschriften der Mitgliedstaaten ist somit eine notwendige Voraussetzung für das reibungslose Funktionieren des Binnenmarktes.

(10) Mit dieser Richtlinie sollen diese Rechtsvorschriften einander angenähert werden, um ein hohes, gleichwertiges und homogenes Schutzniveau für geistiges Eigentum im Binnenmarkt zu gewährleisten.

(11) Diese Richtlinie verfolgt weder das Ziel, die Vorschriften im Bereich der justiziellen Zusammenarbeit, der gerichtlichen Zuständigkeit oder der Anerkennung und Vollstreckung von Entscheidungen in Zivil- und Handelssachen zu harmonisieren, noch das Ziel, Fragen des anwendbaren Rechts zu behandeln. Es gibt bereits gemeinschaftliche Instrumente, die diese Angelegenheiten auf allgemeiner Ebene regeln; sie gelten prinzipiell auch für das geistige Eigentum.

(12) Diese Richtlinie darf die Anwendung der Wettbewerbsvorschriften, insbesondere der Artikel 81 und 82 des Vertrags, nicht berühren. Die in dieser Richtlinie vorgesehenen Maßnahmen dürfen nicht dazu verwendet werden, den Wettbewerb entgegen den Vorschriften des Vertrags unzulässig einzuschränken.

(13) Der Anwendungsbereich dieser Richtlinie muss so breit wie möglich gewählt werden, damit er alle Rechte des geistigen Eigentums erfasst, die den diesbezüglichen Gemeinschaftsvorschriften und/oder den Rechtsvorschriften der jeweiligen Mitgliedstaaten unterliegen. Dieses Erfordernis hindert die Mitgliedstaaten jedoch nicht daran, die Bestimmungen dieser Richtlinie bei Bedarf zu innerstaatlichen Zwecken auf Handlungen auszuweiten, die den unlauteren Wettbewerb einschließlich der Produktpiraterie oder vergleichbare Tätigkeiten betreffen.

(14) Nur bei in gewerblichem Ausmaß vorgenommenen Rechtsverletzungen müssen die Maßnahmen nach Artikel 6 Absatz 2, Artikel 8 Absatz 1 und Artikel 9 Absatz 2 angewandt werden. Unbeschadet davon können die Mitgliedstaaten diese Maßnahmen auch bei anderen Rechtsverletzungen anwenden. In gewerblichem Ausmaß vorgenommene Rechtsverletzungen zeichnen sich dadurch aus, dass sie zwecks Erlangung eines unmittelbaren oder mittelbaren wirtschaftlichen oder kommerziellen Vorteils vorgenommen werden; dies schließt in der Regel Handlungen aus, die in gutem Glauben von Endverbrauchern vorgenommen werden.

(15) Diese Richtlinie sollte das materielle Recht auf dem Gebiet des geistigen Eigentums, nämlich die Richtlinie 95/46/EG des Europäischen Parlaments und des Rates vom 24. Oktober 1995 zum Schutz natürlicher Personen bei der Verarbeitung personenbezogener Daten und zum freien Datenverkehr*, die Richtlinie 1999/93/EG des Europäischen Parlaments und des Rates vom 13. Dezember 1999 über gemeinschaftliche Rahmenbedingungen für elektronische Signaturen** und die Richtlinie 2000/31/EG des Europäischen Parlaments und des Rates vom 8. Juni 2000 über bestimmte rechtliche Aspekte der Dienste der Informations-

---

* ABl. L 281 vom 23. 11. 1995, S. 31. Richtlinie geändert durch die Verordnung (EG) Nr. 1882/2003 (ABl. L 284 vom 31. 10. 2003, S. 1).

** ABl. L 13 vom 19. 1. 2000, S. 12.

gesellschaft, insbesondere des elektronischen Geschäftsverkehrs, im Binnenmarkt* nicht berühren.

(16) Diese Richtlinie sollte die gemeinschaftlichen Sonderbestimmungen zur Durchsetzung der Rechte und Ausnahmeregelungen auf dem Gebiet des Urheberrechts und der verwandten Schutzrechte, insbesondere die Bestimmungen der Richtlinie 91/250/EWG des Rates vom 14. Mai 1991 über den Rechtsschutz von Computerprogrammen** und der Richtlinie 2001/29/EG des Europäischen Parlaments und des Rates vom 22. Mai 2001 zur Harmonisierung bestimmter Aspekte des Urheberrechts und der verwandten Schutzrechte in der Informationsgesellschaft***, unberührt lassen.

(17) Die in dieser Richtlinie vorgesehenen Maßnahmen, Verfahren und Rechtsbehelfe sollten in jedem Einzelfall so bestimmt werden, dass den spezifischen Merkmalen dieses Falles, einschließlich der Sonderaspekte jedes Rechts an geistigem Eigentum und gegebenenfalls des vorsätzlichen oder nicht vorsätzlichen Charakters der Rechtsverletzung gebührend Rechnung getragen wird.

(18) Die Befugnis, die Anwendung dieser Maßnahmen, Verfahren und Rechtsbehelfe zu beantragen, sollte nicht nur den eigentlichen Rechtsinhabern eingeräumt werden, sondern auch Personen, die ein unmittelbares Interesse haben und klagebefugt sind, soweit dies nach den Bestimmungen des anwendbaren Rechts zulässig ist und mit ihnen im Einklang steht; hierzu können auch Berufsorganisationen gehören, die mit der Verwertung der Rechte oder mit der Wahrnehmung kollektiver und individueller Interessen betraut sind.

(19) Da das Urheberrecht ab dem Zeitpunkt der Werkschöpfung besteht und nicht förmlich eingetragen werden muss, ist es angezeigt, die in Artikel 15 der Berner Übereinkunft enthaltene Bestimmung zu übernehmen, wonach eine Rechtsvermutung dahin gehend besteht, dass der Urheber eines Werkes der Literatur und Kunst die Person ist, deren Name auf dem Werkstück angegeben ist. Eine entsprechende Rechtsvermutung sollte auf die Inhaber verwandter Rechte Anwendung finden, da die Bemühung, Rechte durchzusetzen und Produktpiraterie zu bekämpfen, häufig von Inhabern verwandter Rechte, etwa den Herstellern von Tonträgern, unternommen wird.

(20) Da Beweismittel für die Feststellung einer Verletzung der Rechte des geistigen Eigentums von zentraler Bedeutung sind, muss sichergestellt werden, dass wirksame Mittel zur Vorlage, zur Erlangung und zur Sicherung von Beweismitteln zur Verfügung stehen. Die Verfahren sollten den Rechten der Verteidigung Rechnung tragen und die erforderlichen Sicherheiten einschließlich des Schutzes vertraulicher Informationen bieten. Bei in gewerblichem Ausmaß vorgenommenen Rechtsverletzungen ist es ferner wichtig, dass die Gerichte gegebenenfalls die Übergabe von Bank-, Finanz- und Handelsunterlagen anordnen können, die sich in der Verfügungsgewalt des angeblichen Verletzers befinden.

(21) In einigen Mitgliedstaaten gibt es andere Maßnahmen zur Sicherstellung eines hohen Schutzniveaus; diese sollten in allen Mitgliedstaaten verfügbar sein. Dies gilt für das Recht auf Auskunft über die Herkunft rechtsverletzender Waren und Dienstleistungen, über die Vertriebswege sowie über die Identität Dritter, die an der Rechtsverletzung beteiligt sind.

(22) Ferner sind einstweilige Maßnahmen unabdingbar, die unter Wahrung des Anspruchs auf rechtliches Gehör und der Verhältnismäßigkeit der einstweiligen Maßnahme mit Blick auf die besonderen Umstände des Einzelfalles, sowie vorbehaltlich der Sicherheiten, die erforderlich sind, um dem Antragsgegner im Falle eines ungerechtfertigten Antrags den entstandenen Schaden und etwaige Unkosten zu ersetzen, die unverzügliche Beendigung der Verletzung ermöglichen, ohne dass eine Entscheidung in der Sache abgewartet werden muss. Diese Maßnahmen sind vor allem dann gerechtfertigt, wenn jegliche Verzögerung nachweislich einen nicht wieder gutzumachenden Schaden für den Inhaber eines Rechts des geistigen Eigentums mit sich bringen würde.

(23) Unbeschadet anderer verfügbarer Maßnahmen, Verfahren und Rechtsbehelfe sollten Rechtsinhaber die Möglichkeit haben, eine gerichtliche Anordnung gegen eine Mittelsperson zu beantragen, deren Dienste von einem Dritten dazu genutzt werden, das gewerbliche Schutzrecht des Rechtsinhabers zu verletzen. Die Voraussetzungen und Verfahren für derartige Anordnungen sollten Gegenstand der einzelstaatlichen Rechtsvorschriften der Mitgliedstaaten bleiben. Was Verletzungen des Urheberrechts oder verwandter Schutzrechte betrifft, so gewährt

---

* ABl. L 178 vom 17. 7. 2000, S. 1.

** ABl. L 122 vom 17. 5. 1991, S. 42. Richtlinie geändert durch die Richtlinie 93/98/EWG (ABl. L 290 vom 24. 11. 1993, S. 9).

*** ABl. L 167 vom 22. 6. 2001, S. 10.

die Richtlinie 2001/29/EG bereits ein umfassendes Maß an Harmonisierung. Artikel 8 Absatz 3 der Richtlinie 2001/29/EG sollte daher von dieser Richtlinie unberührt bleiben.

(24) Je nach Sachlage und sofern es die Umstände rechtfertigen, sollten die zu ergreifenden Maßnahmen, Verfahren und Rechtsbehelfe Verbotsmaßnahmen beinhalten, die eine erneute Verletzung von Rechten des geistigen Eigentums verhindern. Darüber hinaus sollten Abhilfemaßnahmen vorgesehen werden, deren Kosten gegebenenfalls dem Verletzer angelastet werden und die beinhalten können, dass Waren, durch die ein Recht verletzt wird, und gegebenenfalls auch die Materialien und Geräte, die vorwiegend zur Schaffung oder Herstellung dieser Waren gedient haben, zurückgerufen, endgültig aus den Vertriebswegen entfernt oder vernichtet werden. Diese Abhilfemaßnahmen sollten den Interessen Dritter, insbesondere der in gutem Glauben handelnden Verbraucher und privaten Parteien, Rechnung tragen.

(25) In Fällen, in denen eine Rechtsverletzung weder vorsätzlich noch fahrlässig erfolgt ist und die in dieser Richtlinie vorgesehenen Abhilfemaßnahmen oder gerichtlichen Anordnungen unangemessen wären, sollten die Mitgliedstaaten die Möglichkeit vorsehen können, dass in geeigneten Fällen als Ersatzmaßnahme die Zahlung einer Abfindung an den Geschädigten angeordnet wird. Wenn jedoch die kommerzielle Nutzung der nachgeahmten Waren oder die Erbringung von Dienstleistungen andere Rechtsvorschriften als die Vorschriften auf dem Gebiet des geistigen Eigentums verletzt oder ein möglicher Nachteil für den Verbraucher entsteht, sollte die Nutzung der Ware bzw. die Erbringung der Dienstleistung untersagt bleiben.

(26) Um den Schaden auszugleichen, den ein Verletzer von Rechten des geistigen Eigentums verursacht hat, der wusste oder vernünftigerweise hätte wissen müssen, dass er eine Verletzungshandlung vornahm, sollten bei der Festsetzung der Höhe des an den Rechtsinhaber zu zahlenden Schadensersatzes alle einschlägigen Aspekte berücksichtigt werden, wie z.B. Gewinneinbußen des Rechtsinhabers oder zu Unrecht erzielte Gewinne des Verletzers sowie gegebenenfalls der immaterielle Schaden, der dem Rechtsinhaber entstanden ist. Ersatzweise, etwa wenn die Höhe des tatsächlich verursachten Schadens schwierig zu beziffern wäre, kann die Höhe des Schadens aus Kriterien wie z.B. der Vergütung oder den Gebühren, die der Verletzer hätte entrichten müssen, wenn er die Erlaubnis zur Nutzung des besagten Rechts eingeholt hätte, abgeleitet werden. Bezweckt wird dabei nicht die Einführung einer Verpflichtung zu einem als Strafe angelegten Schadensersatz, sondern eine Ausgleichsentschädigung für den Rechtsinhaber auf objektiver Grundlage unter Berücksichtigung der ihm entstandenen Kosten, z.B. im Zusammenhang mit der Feststellung der Rechtsverletzung und ihrer Verursacher.

(27) Die Entscheidungen in Verfahren wegen Verletzungen von Rechten des geistigen Eigentums sollten veröffentlicht werden, um künftige Verletzer abzuschrecken und zur Sensibilisierung der breiten Öffentlichkeit beizutragen.

(28) Zusätzlich zu den zivil- und verwaltungsrechtlichen Maßnahmen, Verfahren und Rechtsbehelfen, die in dieser Richtlinie vorgesehen sind, stellen in geeigneten Fällen auch strafrechtliche Sanktionen ein Mittel zur Durchsetzung der Rechte des geistigen Eigentums dar.

(29) Die Industrie sollte sich aktiv am Kampf gegen Produktpiraterie und Nachahmung beteiligen. Die Entwicklung von Verhaltenskodizes in den direkt betroffenen Kreisen ist ein weiteres Mittel zur Ergänzung des Rechtsrahmens. Die Mitgliedstaaten sollten in Zusammenarbeit mit der Kommission die Ausarbeitung von Verhaltenskodizes im Allgemeinen fördern. Die Kontrolle der Herstellung optischer Speicherplatten, vornehmlich mittels eines Identifikationscodes auf Platten, die in der Gemeinschaft gefertigt werden, trägt zur Eindämmung der Verletzung der Rechte geistigen Eigentums in diesem Wirtschaftszweig bei, der in hohem Maß von Produktpiraterie betroffen ist. Diese technischen Schutzmaßnahmen dürfen jedoch nicht zu dem Zweck missbraucht werden, die Märkte gegeneinander abzuschotten und Parallelimporte zu kontrollieren.

(30) Um die einheitliche Anwendung der Bestimmungen dieser Richtlinie zu erleichtern, empfiehlt es sich, Mechanismen für die Zusammenarbeit und den Informationsaustausch vorzusehen, die einerseits die Zusammenarbeit zwischen den Mitgliedstaaten untereinander, andererseits zwischen ihnen und der Kommission fördern, insbesondere durch die Schaffung eines Netzes von Korrespondenzstellen, die von den Mitgliedstaaten benannt werden, und durch die regelmäßige Erstellung von Berichten, in denen die Umsetzung dieser Richtlinie und die Wirksamkeit der von den verschiedenen einzelstaatlichen Stellen ergriffenen Maßnahmen bewertet wird.

(31) Da aus den genannten Gründen das Ziel der vorliegenden Richtlinie auf Ebene der Mitgliedstaaten nicht ausreichend erreicht werden kann und daher besser auf Gemeinschaftsebene zu erreichen ist, kann die Gemeinschaft im Einklang mit dem in Artikel 5 des Vertrags niedergelegten Subsidiaritätsprinzip tätig werden. Entsprechend dem in demselben Artikel genannten

Verhältnismäßigkeitsprinzip geht diese Richtlinie nicht über das für die Erreichung dieses Ziels erforderliche Maß hinaus.

(32) Diese Richtlinie steht im Einklang mit den Grundrechten und Grundsätzen, die insbesondere mit der Charta der Grundrechte der Europäischen Union anerkannt wurden. In besonderer Weise soll diese Richtlinie im Einklang mit Artikel 17 Absatz 2 der Charta die uneingeschränkte Achtung geistigen Eigentums sicherstellen –

HABEN FOLGENDE RICHTLINIE ERLASSEN:

Kapitel I. Ziel und Anwendungsbereich

Art. 1 Gegenstand

Diese Richtlinie betrifft die Maßnahmen, Verfahren und Rechtsbehelfe, die erforderlich sind, um die Durchsetzung der Rechte des geistigen Eigentums sicherzustellen. Im Sinne dieser Richtlinie umfasst der Begriff „Rechte des geistigen Eigentums" auch die gewerblichen Schutzrechte.

Art. 2 Anwendungsbereich

(1) Unbeschadet etwaiger Instrumente in den Rechtsvorschriften der Gemeinschaft oder der Mitgliedstaaten, die für die Rechtsinhaber günstiger sind, finden die in dieser Richtlinie vorgesehenen Maßnahmen, Verfahren und Rechtsbehelfe gemäß Artikel 3 auf jede Verletzung von Rechten des geistigen Eigentums, die im Gemeinschaftsrecht und/oder im innerstaatlichen Recht des betreffenden Mitgliedstaats vorgesehen sind, Anwendung.

(2) Diese Richtlinie gilt unbeschadet der besonderen Bestimmungen zur Gewährleistung der Rechte und Ausnahmen, die in der Gemeinschaftsgesetzgebung auf dem Gebiet des Urheberrechts und der verwandten Schutzrechte vorgesehen sind, namentlich in der Richtlinie 91/250/EWG, insbesondere in Artikel 7, und der Richtlinie 2001/29/EG, insbesondere in den Artikeln 2 bis 6 und Artikel 8.

(3) Diese Richtlinie berührt nicht:

a) die gemeinschaftlichen Bestimmungen zum materiellen Recht auf dem Gebiet des geistigen Eigentums, die Richtlinie 95/46/EG, die Richtlinie 1999/93/EG und die Richtlinie 2000/31/EG im Allgemeinen und insbesondere deren Artikel 12 bis 15;
b) die sich aus internationalen Übereinkünften für die Mitgliedstaaten ergebenden Verpflichtungen, insbesondere solche aus dem TRIPS-Übereinkommen, einschließlich solcher betreffend strafrechtliche Verfahren und Strafen;
c) innerstaatliche Vorschriften der Mitgliedstaaten betreffend strafrechtliche Verfahren und Strafen bei Verletzung von Rechten des geistigen Eigentums.

Kapitel II. Maßnahmen, Verfahren und Rechtsbehelfe

Abschnitt 1. Allgemeine Bestimmungen

Art. 3 Allgemeine Verpflichtung

(1) Die Mitgliedstaaten sehen die Maßnahmen, Verfahren und Rechtsbehelfe vor, die zur Durchsetzung der Rechte des geistigen Eigentums, auf die diese Richtlinie abstellt, erforderlich sind. Diese Maßnahmen, Verfahren und Rechtsbehelfe müssen fair und gerecht sein, außerdem dürfen sie nicht unnötig kompliziert oder kostspielig sein und keine unangemessenen Fristen oder ungerechtfertigten Verzögerungen mit sich bringen.

(2) Diese Maßnahmen, Verfahren und Rechtsbehelfe müssen darüber hinaus wirksam, verhältnismäßig und abschreckend sein und so angewendet werden, dass die Einrichtung von Schranken für den rechtmäßigen Handel vermieden wird und die Gewähr gegen ihren Missbrauch gegeben ist.

Art. 4 Zur Beantragung der Maßnahmen, Verfahren und Rechtsbehelfe befugte Personen

Die Mitgliedstaaten räumen den folgenden Personen das Recht ein, die in diesem Kapitel vorgesehenen Maßnahmen, Verfahren und Rechtsbehelfe zu beantragen:

a) den Inhabern der Rechte des geistigen Eigentums im Einklang mit den Bestimmungen des anwendbaren Rechts,
b) allen anderen Personen, die zur Nutzung solcher Rechte befugt sind, insbesondere Lizenznehmern, soweit dies nach den Bestimmungen des anwendbaren Rechts zulässig ist und mit ihnen im Einklang steht,
c) Verwertungsgesellschaften mit ordnungsgemäß anerkannter Befugnis zur Vertretung von Inhabern von Rechten des geistigen Eigentums, soweit dies nach den Bestimmungen des anwendbaren Rechts zulässig ist und mit ihnen im Einklang steht,
d) Berufsorganisationen mit ordnungsgemäß anerkannter Befugnis zur Vertretung von Inhabern von Rechten des geistigen Eigentum, soweit dies nach den Bestimmungen des anwendbaren Rechts zulässig ist und mit ihnen im Einklang steht.

Art. 5 Urheber- oder Inhabervermutung

Zum Zwecke der Anwendung der in dieser Richtlinie vorgesehenen Maßnahmen, Verfahren und Rechtsbehelfe gilt Folgendes:
a) Damit der Urheber eines Werkes der Literatur und Kunst mangels Gegenbeweises als solcher gilt und infolgedessen Verletzungsverfahren anstrengen kann, genügt es, dass sein Name in der üblichen Weise auf dem Werkstück angegeben ist.
b) Die Bestimmung des Buchstabens a) gilt entsprechend für Inhaber von dem Urheberrecht verwandten Schutzrechten in Bezug auf ihre Schutzgegenstände.

Abschnitt 2. Beweise

Art. 6 Beweise

(1) Die Mitgliedstaaten stellen sicher, dass die zuständigen Gerichte auf Antrag einer Partei, die alle vernünftigerweise verfügbaren Beweismittel zur hinreichenden Begründung ihrer Ansprüche vorgelegt und die in der Verfügungsgewalt der gegnerischen Partei befindlichen Beweismittel zur Begründung ihrer Ansprüche bezeichnet hat, die Vorlage dieser Beweismittel durch die gegnerische Partei anordnen können, sofern der Schutz vertraulicher Informationen gewährleistet wird. Für die Zwecke dieses Absatzes können die Mitgliedstaaten vorsehen, dass eine angemessen große Auswahl aus einer erheblichen Anzahl von Kopien eines Werks oder eines anderen geschützten Gegenstands von den zuständigen Gerichten als glaubhafter Nachweis angesehen wird.

(2) Im Falle einer in gewerblichem Ausmaß begangenen Rechtsverletzung räumen die Mitgliedstaaten den zuständigen Gerichten unter den gleichen Voraussetzungen die Möglichkeit ein, in geeigneten Fällen auf Antrag einer Partei die Übermittlung von in der Verfügungsgewalt der gegnerischen Partei befindlichen Bank-, Finanz- oder Handelsunterlagen anzuordnen, sofern der Schutz vertraulicher Informationen gewährleistet wird.

Art. 7 Maßnahmen zur Beweissicherung

(1) Die Mitgliedstaaten stellen sicher, dass die zuständigen Gerichte selbst vor Einleitung eines Verfahrens in der Sache auf Antrag einer Partei, die alle vernünftigerweise verfügbaren Beweismittel zur Begründung ihrer Ansprüche, dass ihre Rechte an geistigem Eigentum verletzt worden sind oder verletzt zu werden drohen, vorgelegt hat, schnelle und wirksame einstweilige Maßnahmen zur Sicherung der rechtserheblichen Beweismittel hinsichtlich der behaupteten Verletzung anordnen können, sofern der Schutz vertraulicher Informationen gewährleistet wird. Derartige Maßnahmen können die ausführliche Beschreibung mit oder ohne Einbehaltung von Mustern oder die dingliche Beschlagnahme der rechtsverletzenden Ware sowie gegebenenfalls der für die Herstellung und/oder den Vertrieb dieser Waren notwendigen Werkstoffe und Geräte und der zugehörigen Unterlagen umfassen. Diese Maßnahmen werden gegebenenfalls ohne Anhörung der anderen Partei getroffen, insbesondere dann, wenn durch eine Verzögerung dem Rechtsinhaber wahrscheinlich ein nicht wieder gutzumachender Schaden entstünde, oder wenn nachweislich die Gefahr besteht, dass Beweise vernichtet werden.

Wenn Maßnahmen zur Beweissicherung ohne Anhörung der anderen Partei getroffen wurden, sind die betroffenen Parteien spätestens unverzüglich nach der Vollziehung der Maßnahmen davon in Kenntnis zu setzen. Auf Antrag der betroffenen Parteien findet eine Prüfung, die das Recht zur Stellungnahme einschließt, mit dem Ziel statt, innerhalb einer angemessenen Frist nach der Mitteilung der Maßnahmen zu entscheiden, ob diese abgeändert, aufgehoben oder bestätigt werden sollen.

(2) Die Mitgliedstaaten stellen sicher, dass die Maßnahmen zur Beweissicherung an die Stellung einer angemessenen Kaution oder entsprechenden Sicherheit durch den Antragsteller geknüpft werden können, um eine Entschädigung des Antragsgegners wie in Absatz 4 vorgesehen sicherzustellen.

(3) Die Mitgliedstaaten stellen sicher, dass die Maßnahmen zur Beweissicherung auf Antrag des Antragsgegners unbeschadet etwaiger Schadensersatzforderungen aufgehoben oder auf andere Weise außer Kraft gesetzt werden, wenn der Antragsteller nicht innerhalb einer angemessenen Frist – die entweder von dem die Maßnahmen anordnenden Gericht festgelegt wird, sofern dies nach dem Recht des Mitgliedstaats zulässig ist, oder, wenn es nicht zu einer solchen Festlegung kommt, 20 Arbeitstage oder 31 Kalendertage, wobei der längere der beiden Zeiträume gilt, nicht überschreitet – bei dem zuständigen Gericht das Verfahren einleitet, das zu einer Sachentscheidung führt.

(4) Werden Maßnahmen zur Beweissicherung aufgehoben oder werden sie auf Grund einer Handlung oder Unterlassung des Antragstellers hinfällig, oder wird in der Folge festgestellt, dass keine Verletzung oder drohende Verletzung eines Rechts des geistigen Eigentums vorlag, so sind die Gerichte befugt, auf Antrag des Antragsgegners anzuordnen, dass der Antragsteller dem Antragsgegner angemessenen Ersatz für durch diese Maßnahmen entstandenen Schaden zu leisten hat.

(5) Die Mitgliedstaaten können Maßnahmen zum Schutz der Identität von Zeugen ergreifen.

Abschnitt 3. Recht auf Auskunft

Art. 8 Recht auf Auskunft

(1) Die Mitgliedstaaten stellen sicher, dass die zuständigen Gerichte im Zusammenhang mit einem Verfahren wegen Verletzung eines Rechts des geistigen Eigentums auf einen begründeten und die Verhältnismäßigkeit wahrenden Antrag des Klägers hin anordnen können, dass Auskünfte über den Ursprung und die Vertriebswege von Waren oder Dienstleistungen, die ein Recht des geistigen Eigentums verletzen, von dem Verletzer und/oder jeder anderen Person erteilt werden, die

a) nachweislich rechtsverletzende Ware in gewerblichem Ausmaß in ihrem Besitz hatte,
b) nachweislich rechtsverletzende Dienstleistungen in gewerblichem Ausmaß in Anspruch nahm,
c) nachweislich für rechtsverletzende Tätigkeiten genutzte Dienstleistungen in gewerblichem Ausmaß erbrachte,
oder
d) nach den Angaben einer in Buchstabe a), b) oder c) genannten Person an der Herstellung, Erzeugung oder am Vertrieb solcher Waren bzw. an der Erbringung solcher Dienstleistungen beteiligt war.

(2) Die Auskünfte nach Absatz 1 erstrecken sich, soweit angebracht, auf

a) die Namen und Adressen der Hersteller, Erzeuger, Vertreiber, Lieferer und anderer Vorbesitzer der Waren oder Dienstleistungen sowie der gewerblichen Abnehmer und Verkaufsstellen, für die sie bestimmt waren;
b) Angaben über die Mengen der hergestellten, erzeugten, ausgelieferten, erhaltenen oder bestellten Waren und über die Preise, die für die betreffenden Waren oder Dienstleistungen gezahlt wurden.

(3) Die Absätze 1 und 2 gelten unbeschadet anderer gesetzlicher Bestimmungen, die

a) dem Rechtsinhaber weiter gehende Auskunftsrechte einräumen,
b) die Verwendung der gemäß diesem Artikel erteilten Auskünfte in straf- oder zivilrechtlichen Verfahren regeln,
c) die Haftung wegen Missbrauchs des Auskunftsrechts regeln,
d) die Verweigerung von Auskünften zulassen, mit denen die in Absatz 1 genannte Person gezwungen würde, ihre Beteiligung oder die Beteiligung enger Verwandter an einer Verletzung eines Rechts des geistigen Eigentums zuzugeben,
oder
e) den Schutz der Vertraulichkeit von Informationsquellen oder die Verarbeitung personenbezogener Daten regeln.

Abschnitt 4. Einstweilige Maßnahmen und Sicherungsmaßnahmen

Art. 9 Einstweilige Maßnahmen und Sicherungsmaßnahmen

(1) Die Mitgliedstaaten stellen sicher, dass die zuständigen Gerichte die Möglichkeit haben, auf Antrag des Antragstellers

a) gegen den angeblichen Verletzer eine einstweilige Maßnahme anzuordnen, um eine drohende Verletzung eines Rechts des geistigen Eigentums zu verhindern oder einstweilig und, sofern die einzelstaatlichen Rechtsvorschriften dies vorsehen, in geeigneten Fällen unter Verhängung von Zwangsgeldern die Fortsetzung angeblicher Verletzungen dieses Rechts zu untersagen oder die Fortsetzung an die Stellung von Sicherheiten zu knüpfen, die die Entschädigung des Rechtsinhabers sicherstellen sollen; eine einstweilige Maßnahme kann unter den gleichen Voraussetzungen auch gegen eine Mittelsperson angeordnet werden, deren Dienste von einem Dritten zwecks Verletzung eines Rechts des geistigen Eigentums in Anspruch genommen werden; Anordnungen gegen Mittelspersonen, deren Dienste von einem Dritten zwecks Verletzung eines Urheberrechts oder eines verwandten Schutzrechts in Anspruch genommen werden, fallen unter die Richtlinie 2001/29/EG;

b) die Beschlagnahme oder Herausgabe der Waren, bei denen der Verdacht auf Verletzung eines Rechts des geistigen Eigentums besteht, anzuordnen, um deren Inverkehrbringen und Umlauf auf den Vertriebswegen zu verhindern.

(2) Im Falle von Rechtsverletzungen in gewerblichem Ausmaß stellen die Mitgliedstaaten sicher, dass die zuständigen Gerichte die Möglichkeit haben, die vorsorgliche Beschlagnahme beweglichen und unbeweglichen Vermögens des angeblichen Verletzers einschließlich der Sperrung seiner Bankkonten und der Beschlagnahme sonstiger Vermögenswerte anzuordnen, wenn die geschädigte Partei glaubhaft macht, dass die Erfuellung ihrer Schadensersatzforderung fraglich ist. Zu diesem Zweck können die zuständigen Behörden die Übermittlung von Bank-, Finanz- oder Handelsunterlagen oder einen geeigneten Zugang zu den entsprechenden Unterlagen anordnen.

(3) Im Falle der Maßnahmen nach den Absätzen 1 und 2 müssen die Gerichte befugt sein, dem Antragsteller aufzuerlegen, alle vernünftigerweise verfügbaren Beweise vorzulegen, um sich mit ausreichender Sicherheit davon überzeugen zu können, dass der Antragsteller der Rechtsinhaber ist und dass das Recht des Antragstellers verletzt wird oder dass eine solche Verletzung droht.

(4) Die Mitgliedstaaten stellen sicher, dass die einstweiligen Maßnahmen nach den Absätzen 1 und 2 in geeigneten Fällen ohne Anhörung der anderen Partei angeordnet werden können, insbesondere dann, wenn durch eine Verzögerung dem Rechtsinhaber ein nicht wieder gutzumachender Schaden entstehen würde. In diesem Fall sind die Parteien spätestens unverzüglich nach der Vollziehung der Maßnahmen davon in Kenntnis zu setzen.

Auf Antrag des Antragsgegners findet eine Prüfung, die das Recht zur Stellungnahme einschließt, mit dem Ziel statt, innerhalb einer angemessenen Frist nach der Mitteilung der Maßnahmen zu entscheiden, ob diese abgeändert, aufgehoben oder bestätigt werden sollen.

(5) Die Mitgliedstaaten stellen sicher, dass die einstweiligen Maßnahmen nach den Absätzen 1 und 2 auf Antrag des Antragsgegners aufgehoben oder auf andere Weise außer Kraft gesetzt werden, wenn der Antragsteller nicht innerhalb einer angemessenen Frist – die entweder von dem die Maßnahmen anordnenden Gericht festgelegt wird, sofern dies nach dem Recht des Mitgliedstaats zulässig ist, oder, wenn es nicht zu einer solchen Festlegung kommt, 20 Arbeitstage oder 31 Kalendertage, wobei der längere der beiden Zeiträume gilt, nicht überschreitet – bei dem zuständigen Gericht das Verfahren einleitet, das zu einer Sachentscheidung führt.

(6) Die zuständigen Gerichte können die einstweiligen Maßnahmen nach den Absätzen 1 und 2 an die Stellung einer angemessenen Kaution oder die Leistung einer entsprechenden Sicherheit durch den Antragsteller knüpfen, um eine etwaige Entschädigung des Antragsgegners gemäß Absatz 7 sicherzustellen.

(7) Werden einstweilige Maßnahmen aufgehoben oder werden sie auf Grund einer Handlung oder Unterlassung des Antragstellers hinfällig, oder wird in der Folge festgestellt, dass keine Verletzung oder drohende Verletzung eines Rechts des geistigen Eigentums vorlag, so sind die Gerichte befugt, auf Antrag des Antragsgegners anzuordnen, dass der Antragsteller dem Antragsgegner angemessenen Ersatz für durch diese Maßnahmen entstandenen Schaden zu leisten hat.

Abschnitt 5. Maßnahmen aufgrund einer Sachentscheidung

Art. 10 Abhilfemaßnahmen

(1) Die Mitgliedstaaten stellen sicher, dass die zuständigen Gerichte auf Antrag des Antragstellers anordnen können, dass in Bezug auf Waren, die nach ihren Feststellungen ein Recht des geistigen Eigentums verletzen, und gegebenenfalls in Bezug auf Materialien und Geräte, die vorwiegend zur Schaffung oder Herstellung dieser Waren gedient haben, unbeschadet etwaiger Schadensersatzansprüche des Rechtsinhabers aus der Verletzung sowie ohne Entschädigung irgendwelcher Art geeignete Maßnahmen getroffen werden. Zu diesen Maßnahmen gehören

a) der Rückruf aus den Vertriebswegen,
b) das endgültige Entfernen aus den Vertriebswegen
oder
c) die Vernichtung.

(2) Die Gerichte ordnen an, dass die betreffenden Maßnahmen auf Kosten des Verletzers durchgeführt werden, es sei denn, es werden besondere Gründe geltend gemacht, die dagegen sprechen.

(3) Bei der Prüfung eines Antrags auf Anordnung von Abhilfemaßnahmen sind die Notwendigkeit eines angemessenen Verhältnisses zwischen der Schwere der Verletzung und den angeordneten Abhilfemaßnahmen sowie die Interessen Dritter zu berücksichtigen.

Art. 11 Gerichtliche Anordnungen

Die Mitgliedstaaten stellen sicher, dass die zuständigen Gerichte bei Feststellung einer Verletzung eines Rechts des geistigen Eigentums eine Anordnung gegen den Verletzer erlassen können, die ihm die weitere Verletzung des betreffenden Rechts untersagt. Sofern dies nach dem Recht eines Mitgliedstaats vorgesehen ist, werden im Falle einer Missachtung dieser Anordnung in geeigneten Fällen Zwangsgelder verhängt, um die Einhaltung der Anordnung zu gewährleisten. Unbeschadet des Artikels 8 Absatz 3 der Richtlinie 2001/29/EG stellen die Mitgliedstaaten ferner sicher, dass die Rechtsinhaber eine Anordnung gegen Mittelspersonen beantragen können, deren Dienste von einem Dritten zwecks Verletzung eines Rechts des geistigen Eigentums in Anspruch genommen werden.

Art. 12 Ersatzmaßnahmen

Die Mitgliedstaaten können vorsehen, dass die zuständigen Gerichte in entsprechenden Fällen und auf Antrag der Person, der die in diesem Abschnitt vorgesehenen Maßnahmen auferlegt werden könnten, anordnen können, dass anstelle der Anwendung der genannten Maßnahmen eine Abfindung an die geschädigte Partei zu zahlen ist, sofern die betreffende Person weder vorsätzlich noch fahrlässig gehandelt hat, ihr aus der Durchführung der betreffenden Maßnahmen ein unverhältnismäßig großer Schaden entstehen würde und die Zahlung einer Abfindung an die geschädigte Partei als angemessene Entschädigung erscheint.

Abschnitt 6. Schadensersatz und Rechtskosten

Art. 13 Schadensersatz

(1) Die Mitgliedstaaten stellen sicher, dass die zuständigen Gerichte auf Antrag der geschädigten Partei anordnen, dass der Verletzer, der wusste oder vernünftigerweise hätte wissen müssen, dass er eine Verletzungshandlung vornahm, dem Rechtsinhaber zum Ausgleich des von diesem wegen der Rechtsverletzung erlittenen tatsächlichen Schadens angemessenen Schadensersatz zu leisten hat.

Bei der Festsetzung des Schadensersatzes verfahren die Gerichte wie folgt:

a) Sie berücksichtigen alle in Frage kommenden Aspekte, wie die negativen wirtschaftlichen Auswirkungen, einschließlich der Gewinneinbußen für die geschädigte Partei und der zu Unrecht erzielten Gewinne des Verletzers, sowie in geeigneten Fällen auch andere als die rein wirtschaftlichen Faktoren, wie den immateriellen Schaden für den Rechtsinhaber,
oder
b) sie können stattdessen in geeigneten Fällen den Schadensersatz als Pauschalbetrag festsetzen, und zwar auf der Grundlage von Faktoren wie mindestens dem Betrag der Vergütung oder Gebühr, die der Verletzer hätte entrichten müssen, wenn er die Erlaubnis zur Nutzung des betreffenden Rechts des geistigen Eigentums eingeholt hätte.

(2) Für Fälle, in denen der Verletzer eine Verletzungshandlung vorgenommen hat, ohne dass er dies wusste oder vernünftigerweise hätte wissen müssen, können die Mitgliedstaaten die Möglichkeit vorsehen, dass die Gerichte die Herausgabe der Gewinne oder die Zahlung von Schadensersatz anordnen, dessen Höhe im Voraus festgesetzt werden kann.

Art. 14 Prozesskosten

Die Mitgliedstaaten stellen sicher, dass die Prozesskosten und sonstigen Kosten der obsiegenden Partei in der Regel, soweit sie zumutbar und angemessen sind, von der unterlegenen Partei getragen werden, sofern Billigkeitsgründe dem nicht entgegenstehen.

Abschnitt 7. Veröffentlichung

Art. 15 Veröffentlichung von Gerichtsentscheidungen

Die Mitgliedstaaten stellen sicher, dass die Gerichte bei Verfahren wegen Verletzung von Rechten des geistigen Eigentums auf Antrag des Antragstellers und auf Kosten des Verletzers geeignete Maßnahmen zur Verbreitung von Informationen über die betreffende Entscheidung, einschließlich der Bekanntmachung und der vollständigen oder teilweisen Veröffentlichung, anordnen können. Die Mitgliedstaaten können andere, den besonderen Umständen angemessene Zusatzmaßnahmen, einschließlich öffentlichkeitswirksamer Anzeigen, vorsehen.

Kapitel III. Sanktionen der Mitgliedstaaten

Art. 16 Sanktionen der Mitgliedstaaten

Unbeschadet der in dieser Richtlinie vorgesehenen zivil- und verwaltungsrechtlichen Maßnahmen, Verfahren und Rechtsbehelfe können die Mitgliedstaaten in Fällen von Verletzungen von Rechten des geistigen Eigentums andere angemessene Sanktionen vorsehen.

Kapitel IV. Verhaltenskodizes und Verwaltungszusammenarbeit

Art. 17 Verhaltenskodizes

Die Mitgliedstaaten wirken darauf hin, dass

a) die Unternehmens- und Berufsverbände oder -organisationen auf Gemeinschaftsebene Verhaltenskodizes ausarbeiten, die zum Schutz der Rechte des geistigen Eigentums beitragen, insbesondere indem die Anbringung eines Codes auf optischen Speicherplatten empfohlen wird, der den Ort ihrer Herstellung erkennen lässt;
b) der Kommission die Entwürfe innerstaatlicher oder gemeinschaftsweiter Verhaltenskodizes und etwaige Gutachten über deren Anwendung übermittelt werden.

Art. 18 Bewertung

(1) Jeder Mitgliedstaat legt der Kommission drei Jahre nach Ablauf der in Artikel 20 Absatz 1 genannten Frist einen Bericht über die Umsetzung dieser Richtlinie vor.

Anhand dieser Berichte erstellt die Kommission einen Bericht über die Anwendung dieser Richtlinie, einschließlich einer Bewertung der Wirksamkeit der ergriffenen Maßnahmen sowie einer Bewertung der Auswirkungen der Richtlinie auf die Innovation und die Entwicklung der Informationsgesellschaft. Dieser Bericht wird dem Europäischen Parlament, dem Rat und dem Europäischen Wirtschafts- und Sozialausschuss vorgelegt. Soweit erforderlich, legt die Kommission unter Berücksichtigung der Entwicklung des Gemeinschaftsrechts zusammen mit dem Bericht Vorschläge zur Änderung dieser Richtlinie vor.

(2) Die Mitgliedstaaten lassen der Kommission bei der Erstellung des in Absatz 1 Unterabsatz 2 genannten Berichts jede benötigte Hilfe und Unterstützung zukommen.

Art. 19 Informationsaustausch und Korrespondenzstellen

Zur Förderung der Zusammenarbeit, einschließlich des Informationsaustauschs, der Mitgliedstaaten untereinander sowie zwischen den Mitgliedstaaten und der Kommission benennt jeder Mitgliedstaat mindestens eine nationale Korrespondenzstelle für alle die Durchführung der in dieser Richtlinie vorgesehenen Maßnahmen betreffenden Fragen. Jeder Mitgliedstaat teilt die

Kontaktadressen seiner Korrespondenzstelle(n) den anderen Mitgliedstaaten und der Kommission mit.

Kapitel V. Schlussbestimmungen

Art. 20 Umsetzung

(1) Die Mitgliedstaaten setzen die Rechts- und Verwaltungsvorschriften in Kraft, die erforderlich sind, um dieser Richtlinie spätestens ab dem 29. April 2006 nachzukommen. Sie setzen die Kommission unverzüglich davon in Kenntnis.

Wenn die Mitgliedstaaten diese Vorschriften erlassen, nehmen sie in den Vorschriften selbst oder durch einen Hinweis bei der amtlichen Veröffentlichung auf diese Richtlinie Bezug. Die Mitgliedstaaten regeln die Einzelheiten der Bezugnahme.

(2) Die Mitgliedstaaten teilen der Kommission den Wortlaut der innerstaatlichen Rechtsvorschriften mit, die sie auf dem unter diese Richtlinie fallenden Gebiet erlassen.

Art. 21 Inkrafttreten

Diese Richtlinie tritt am zwanzigsten Tag nach ihrer Veröffentlichung im Amtsblatt der Europäischen Union in Kraft.

Art. 22 Adressaten

Diese Richtlinie ist an die Mitgliedstaaten gerichtet.

14. Übereinkommen über handelsbezogene Aspekte der Rechte des geistigen Eigentums (TRIPS)

Vom 15. April 1994

(ABl. EG Nr. L 336/213; BGBl. II S. 1730)

– Auszug –

Teil II. Normen betreffend die Verfügbarkeit, den Umfang und die Ausübung von Rechten des geistigen Eigentums

Abschnitt 5. Patente

Art. 27 Patentfähige Gegenstände

(1) Vorbehaltlich der Absätze 2 und 3 ist vorzusehen, daß Patente für Erfindungen auf allen Gebieten der Technik erhältlich sind, sowohl für Erzeugnisse als auch für Verfahren, vorausgesetzt, daß sie neu sind, auf einer erfinderischen Tätigkeit beruhen und gewerblich anwendbar sind.* Vorbehaltlich des Artikels 65 Absatz 4, des Artikels 70 Absatz 8 und des Absatzes 3 dieses Artikels sind Patente erhältlich und können Patentrechte ausgeübt werden, ohne daß hinsichtlich des Ortes der Erfindung, des Gebiets der Technik oder danach, ob die Erzeugnisse eingeführt oder im Land hergestellt werden, diskriminiert werden darf.

(2) Die Mitglieder können Erfindungen von der Patentierbarkeit ausschließen, wenn die Verhinderung ihrer gewerblichen Verwertung innerhalb ihres Hoheitsgebiets zum Schutz der öffentlichen Ordnung oder der guten Sitten einschließlich des Schutzes des Lebens oder der Gesundheit von Menschen, Tieren oder Pflanzen oder zur Vermeidung einer ernsten Schädigung der Umwelt notwendig ist, vorausgesetzt, daß ein solcher Ausschluß nicht nur deshalb vorgenommen wird, weil die Verwertung durch ihr Recht verboten ist.

(3) Die Mitglieder können von der Patentierbarkeit auch ausschließen

a) diagnostische, therapeutische und chirurgische Verfahren für die Behandlung von Menschen oder Tieren;
b) Pflanzen und Tiere, mit Ausnahme von Mikroorganismen, und im wesentlichen biologische Verfahren für die Züchtung von Pflanzen oder Tieren mit Ausnahme von nicht-biologischen und mikrobiologischen Verfahren. Die Mitglieder sehen jedoch den Schutz von Pflanzensorten entweder durch Patente oder durch ein wirksames System sui generis oder durch eine Kombination beider vor. Die Bestimmungen dieses Buchstabens werden vier Jahre nach dem Inkrafttreten des WTO-Übereinkommens überprüft.

Art. 28 Rechte aus dem Patent

(1) Ein Patent gewährt seinem Inhaber die folgenden ausschließlichen Rechte:

a) wenn der Gegenstand des Patents ein Erzeugnis ist, es Dritten zu verbieten, ohne die Zustimmung des Inhabers folgende Handlungen vorzunehmen: Herstellung, Gebrauch, Anbieten zum Verkauf, Verkauf oder diesen Zwecken dienende Einfuhr** dieses Erzeugnisses;
b) wenn der Gegenstand des Patents ein Verfahren ist, es Dritten zu verbieten, ohne die Zustimmung des Inhabers das Verfahren anzuwenden und folgende Handlungen vorzunehmen: Gebrauch, Anbieten zum Verkauf, Verkauf oder Einfuhr zu diesen Zwecken zumindest in bezug auf das unmittelbar durch dieses Verfahren gewonnene Erzeugnis.

(2) Der Patentinhaber hat auch das Recht, das Patent rechtsgeschäftlich oder im Weg der Rechtsnachfolge zu übertragen und Lizenzverträge abzuschließen.

---

* **Amtl. Anm.:** Im Sinne dieses Artikels kann ein Mitglied die Begriffe „erfinderische Tätigkeit" und „gewerblich anwendbar" als Synonyme der Begriffe „nicht naheliegend" beziehungsweise „nützlich" auffassen.

** **Amtl. Anm.:** Dieses Recht unterliegt ebenso wie alle sonstigen nach diesem Übereinkommen gewährten Rechte in bezug auf Gebrauch, Verkauf. Einfuhr oder sonstigen Vertrieb von Waren Artikel 6.

Art. 29 Bedingungen für Patentanmelder

(1) Die Mitglieder sehen vor, daß der Anmelder eines Patents die Erfindung so deutlich und vollständig zu offenbaren hat, daß ein Fachmann sie ausführen kann, und können vom Anmelder verlangen, die dem Erfinder am Anmeldetag oder, wenn eine Priorität in Anspruch genommen wird, am Prioritätstag bekannte beste Art der Ausführung der Erfindung anzugeben.

(2) Die Mitglieder können vom Anmelder eines Patents verlangen, Angaben über seine entsprechenden ausländischen Anmeldungen und Erteilungen vorzulegen.

Art. 30 Ausnahmen von den Rechten aus dem Patent

Die Mitglieder können begrenzte Ausnahmen von den ausschließlichen Rechten aus einem Patent vorsehen, sofern solche Ausnahmen nicht unangemessen im Widerspruch zur normalen Verwertung des Patents stehen und die berechtigten Interessen des Inhabers des Patents nicht unangemessen beeinträchtigen, wobei auch die berechtigten Interessen Dritter zu berücksichtigen sind.

Art. 31 Sonstige Benutzung ohne Zustimmung des Rechtsinhabers

Läßt das Recht eines Mitglieds die sonstige Benutzung* des Gegenstands eines Patents ohne die Zustimmung des Rechtsinhabers zu, einschließlich der Benutzung durch die Regierung oder von der Regierung ermächtigte Dritte, so sind folgende Bestimmungen zu beachten:

a) die Erlaubnis zu einer solchen Benutzung wird aufgrund der Umstände des Einzelfalls geprüft;
b) eine solche Benutzung darf nur gestattet werden, wenn vor der Benutzung derjenige, der die Benutzung plant, sich bemüht hat, die Zustimmung des Rechtsinhabers zu angemessenen geschäftsüblichen Bedingungen zu erhalten, und wenn diese Bemühungen innerhalb einer angemessenen Frist erfolglos geblieben sind. Auf dieses Erfordernis kann ein Mitglied verzichten, wenn ein nationaler Notstand oder sonstige Umstände von äußerster Dringlichkeit vorliegen oder wenn es sich um eine öffentliche, nicht gewerbliche Benutzung handelt. Bei Vorliegen eines nationalen Notstands oder sonstiger Umstände von äußerster Dringlichkeit ist der Rechtsinhaber gleichwohl so bald wie zumutbar und durchführbar zu verständigen. Wenn im Fall öffentlicher, nicht gewerblicher Benutzung die Regierung oder der Unternehmer, ohne eine Patentrecherche vorzunehmen, weiß oder nachweisbaren Grund hat zu wissen, daß ein gültiges Patent von der oder für die Regierung benutzt wird oder werden wird, ist der Rechtsinhaber umgehend zu unterrichten;
c) Umfang und Dauer einer solchen Benutzung sind auf den Zweck zu begrenzen, für den sie gestattet wurde, und im Fall der Halbleitertechnik kann sie nur für den öffentlichen, nicht gewerblichen Gebrauch oder zur Beseitigung einer in einem Gerichts- oder Verwaltungsverfahren festgestellten wettbewerbswidrigen Praktik vorgenommen werden;
d) eine solche Benutzung muß nicht ausschließlich sein;
e) eine solche Benutzung kann nur zusammen mit dem Teil des Unternehmens oder des Goodwill, dem diese Benutzung zusteht, übertragen werden;
f) eine solche Benutzung ist vorwiegend für die Versorgung des Binnenmarkts des Mitglieds zu gestatten, das diese Benutzung gestattet;
g) die Gestattung einer solchen Benutzung ist vorbehaltlich eines angemessenen Schutzes der berechtigten Interessen der zu ihr ermächtigten Personen zu beenden, sofern und sobald die Umstände, die zu ihr geführt haben, nicht mehr vorliegen und wahrscheinlich nicht wieder eintreten werden. Die zuständige Stelle muß die Befugnis haben, auf begründeten Antrag hin die Fortdauer dieser Umstände zu überprüfen;
h) dem Rechtsinhaber ist eine nach den Umständen des Falles angemessene Vergütung zu leisten, wobei der wirtschaftliche Wert der Erlaubnis in Betracht zu ziehen ist;
i) die Rechtsgültigkeit einer Entscheidung im Zusammenhang mit der Erlaubnis zu einer solchen Benutzung unterliegt der Nachprüfung durch ein Gericht oder einer sonstigen unabhängigen Nachprüfung durch eine gesonderte übergeordnete Behörde in dem betreffenden Mitglied;
j) jede Entscheidung betreffend die in bezug auf eine solche Benutzung vorgesehene Vergütung unterliegt der Nachprüfung durch ein Gericht oder einer sonstigen unabhängigen Nachprüfung durch eine gesonderte übergeordnete Behörde in dem betreffenden Mitglied;

* **Amtl. Anm.:** Mit „sonstiger Benutzung" ist eine andere als die nach Artikel 30 erlaubte Benutzung gemeint.

k) die Mitglieder sind nicht verpflichtet, die unter den Buchstaben b und f festgelegten Bedingungen anzuwenden, wenn eine solche Benutzung gestattet ist, um eine in einem Gerichts- oder Verwaltungsverfahren festgestellte wettbewerbswidrige Praktik abzustellen. Die Notwendigkeit, eine wettbewerbswidrige Praktik abzustellen, kann in solchen Fällen bei der Festsetzung des Betrags der Vergütung berücksichtigt werden. Die zuständigen Stellen sind befugt, eine Beendigung der Erlaubnis abzulehnen, sofern und sobald die Umstände, die zur Gewährung der Erlaubnis geführt haben, wahrscheinlich wieder eintreten werden;

l) wenn eine solche Benutzung gestattet ist, um die Verwertung eines Patents („zweites Patent") zu ermöglichen, das nicht verwertet werden kann, ohne ein anderes Patent („erstes Patent") zu verletzen, kommen die folgenden zusätzlichen Bedingungen zur Anwendung:
   i) die im zweiten Patent beanspruchte Erfindung muß gegenüber der im ersten Patent beanspruchten Erfindung einen wichtigen technischen Fortschritt von erheblicher wirtschaftlicher Bedeutung aufweisen;
   ii) der Inhaber des ersten Patents muß das Recht auf eine Gegenlizenz zu angemessenen Bedingungen für die Benutzung der im zweiten Patent beanspruchten Erfindung haben, und
   iii) die Benutzungserlaubnis in bezug auf das erste Patent kann nur zusammen mit dem zweiten Patent übertragen werden.

Art. 32 Widerruf/Verfall

Es ist eine Möglichkeit zur gerichtlichen Überprüfung von Entscheidungen, mit denen Patente widerrufen oder für verfallen erklärt werden, vorzusehen.

Art. 33 Schutzdauer

Die erhältliche Schutzdauer endet nicht vor dem Ablauf einer Frist von 20 Jahren, gerechnet ab dem Anmeldetag.*

Art. 34 Verfahrenspatente: Beweislast

(1) Ist Gegenstand des Patentes ein Verfahren zur Herstellung eines Erzeugnisses, so sind in zivilrechtlichen Verfahren wegen einer Verletzung der in Artikel 28 Absatz 1 Buchstabe b genannten Rechte des Inhabers die Gerichte befugt, dem Beklagten den Nachweis aufzuerlegen, daß sich das Verfahren zur Herstellung eines identischen Erzeugnisses von dem patentierten Verfahren unterscheidet. Daher sehen die Mitglieder, wenn zumindest einer der nachstehend aufgeführten Umstände gegeben ist, vor, daß ein identisches Erzeugnis, das ohne die Zustimmung des Patentinhabers hergestellt wurde, mangels Beweises des Gegenteils als nach dem patentierten Verfahren hergestellt gilt,

a) wenn das nach dem patentierten Verfahren hergestellte Erzeugnis neu ist;
b) wenn mit erheblicher Wahrscheinlichkeit das identische Erzeugnis nach dem Verfahren hergestellt wurde und es dem Inhaber des Patents bei Aufwendung angemessener Bemühungen nicht gelungen ist, das tatsächlich angewendete Verfahren festzustellen.

(2) Den Mitgliedern steht es frei, vorzusehen, daß die in Absatz 1 angegebene Beweislast dem angeblichen Verletzer auferlegt wird, wenn nur die unter Buchstabe a genannte Bedingung oder wenn nur die unter Buchstabe b genannte Bedingung erfüllt ist.

(3) Bei der Führung des Beweises des Gegenteils sind die berechtigten Interessen des Beklagten am Schutz seiner Herstellungs- und Geschäftsgeheimnisse zu berücksichtigen.

---

* **Amtl. Anm.:** Es besteht Einigkeit darüber, daß Mitglieder, die kein System der eigenständigen Erteilung kennen, festlegen können, daß die Schutzdauer ab dem Anmeldetag im System der ursprünglichen Erteilung gerechnet wird.

15. Verordnung (EG) Nr. 772/2004 der Kommission über die Anwendung von Artikel 81 Absatz 3 EG-Vertrag auf Gruppen von Technologietransfer-Vereinbarungen

Vom 7. April 2004

(ABl. Nr. L 123/11, Verkündungsdatum berichtigt ABl. Nr. L 127/158)

DIE KOMMISSION DER EUROPÄISCHEN GEMEINSCHAFTEN –

gestützt auf den Vertrag zur Gründung der Europäischen Gemeinschaft,

gestützt auf die Verordnung Nr. 19/65/EWG des Rates vom 2. März 1965 über die Anwendung von Artikel 85 Absatz 3 des Vertrags auf Gruppen von Vereinbarungen und aufeinander abgestimmte Verhaltensweisen*, insbesondere auf Artikel 1,

nach Veröffentlichung des Entwurfs dieser Verordnung**,

nach Anhörung des Beratenden Ausschusses für Kartell- und Monopolfragen,

in Erwägung nachstehender Gründe:

(1) Nach der Verordnung Nr. 19/65/EWG ist die Kommission ermächtigt, Artikel 81 Absatz 3 EG-Vertrag durch Verordnung auf bestimmte unter Artikel 81 Absatz 1 EG-Vertrag fallende Gruppen von Technologietransfer-Vereinbarungen und entsprechende aufeinander abgestimmte Verhaltensweisen für anwendbar zu erklären, an denen nur zwei Unternehmen beteiligt sind.

(2) Auf der Grundlage der Verordnung Nr. 19/65/EWG hat die Kommission insbesondere die Verordnung (EG) Nr. 240/96 vom 31. Januar 1996 zur Anwendung von Artikel 81 Absatz 3 des Vertrags auf Gruppen von Technologietransfer-Vereinbarungen erlassen***.

(3) Am 20. Dezember 2001 veröffentlichte die Kommission einen Evaluierungsbericht über die Gruppenfreistellungsverordnung (EG) Nr. 240/96 für Technologietransfer-Vereinbarungen†. Dieser Bericht löste eine öffentliche Diskussion über die Anwendung der Verordnung (EG) Nr. 240/96 und die Anwendung von Artikel 81 Absätze 1 und 3 EG-Vertrag auf Technologietransfer-Vereinbarungen allgemein aus. Mitgliedstaaten und Dritte sprachen sich dabei allgemein für eine Reform der Wettbewerbspolitik der Kommission in Bezug auf Technologietransfer-Vereinbarungen aus. Es ist daher angebracht, die Verordnung (EG) Nr. 240/96 zu ersetzen.

(4) Die vorliegende Verordnung soll für wirksamen Wettbewerb sorgen und zugleich den Unternehmen angemessene Rechtssicherheit bieten. Bei der Verfolgung dieser Ziele sollten die rechtlichen Vorgaben vereinfacht und für eine einfachere Anwendung gesorgt werden. Anstelle einer Aufzählung der vom Verbot des Artikels 81 Absatz 1 EG-Vertrag freigestellten Bestimmungen empfiehlt es sich, künftig die Gruppen von Vereinbarungen zu beschreiben, die von dem Verbot freigestellt sind, solange die Marktmacht der Beteiligten ein bestimmtes Maß nicht überschreitet, und die Beschränkungen oder Bestimmungen zu benennen, die in solchen Vereinbarungen nicht enthalten sein dürfen. Dies entspricht einem wirtschaftsorientierten Ansatz, bei dem untersucht wird, wie sich eine Vereinbarung auf den relevanten Markt auswirkt. Diesem Ansatz entspricht es auch, zwischen Vereinbarungen zwischen Wettbewerbern und Vereinbarungen zwischen Nicht-Wettbewerbern zu unterscheiden.

(5) Gegenstand einer Technologietransfer-Vereinbarung ist die Vergabe einer Lizenz für eine bestimmte Technologie. Solche Vereinbarungen steigern in der Regel die wirtschaftliche Leistungsfähigkeit und wirken sich positiv auf den Wettbewerb aus, da sie die Verbreitung der Technologie erleichtern, parallelen Forschungs- und Entwicklungsaufwand reduzieren, den Anreiz zur Aufnahme von Forschungs- und Entwicklungsarbeiten stärken, Anschlussinnovationen fördern und Wettbewerb auf den Produktmärkten erzeugen können.

(6) Die Wahrscheinlichkeit, dass die effizienzsteigernden und wettbewerbsfördernden Wirkungen stärker ins Gewicht fallen als wettbewerbsschädliche Wirkungen, die von Beschränkungen in Technologietransfer-Vereinbarungen verursacht werden, hängt von der Marktmacht der

---

* ABl. 36 vom 6. 3. 1965, S. 533/65; Verordnung zuletzt geändert durch die Verordnung (EG) Nr. 1/2003 (ABl. L 1 vom 4. 1. 2003, S. 1).

** ABl. C 235 vom 1. 10. 2003, S. 10.

*** ABl. L 31 vom 9. 2. 1996, S. 2; geändert durch die Beitrittsakte von 2003.

† KOM (2001) 786 endgültig.

beteiligten Unternehmen und somit von dem Ausmaß ab, in dem diese Unternehmen dem Wettbewerb anderer Unternehmen ausgesetzt sind, die über Ersatztechnologien verfügen oder Ersatzprodukte herstellen.

(7) Diese Verordnung sollte nur für Vereinbarungen gelten, in denen der Lizenzgeber dem Lizenznehmer erlaubt, die lizenzierte Technologie – gegebenenfalls nach weiteren Forschungs- und Entwicklungsarbeiten des Lizenznehmers – zur Produktion von Waren oder Dienstleistungen zu nutzen. Lizenzvereinbarungen, die die Vergabe von Unteraufträgen für Forschungs- und Entwicklungstätigkeiten zum Ziel haben, sollten hiervon nicht erfasst werden. Ferner sollten Lizenzvereinbarungen zur Errichtung von Technologiepools nicht erfasst werden, d. h. Vereinbarungen über die Zusammenlegung von Technologien mit dem Ziel, das so entstandene Paket an Schutzrechtslizenzen Dritten zur Nutzung anzubieten.

(8) Für die Anwendung von Artikel 81 Absatz 3 EG-Vertrag durch Verordnung ist es nicht erforderlich, diejenigen Technologietransfer-Vereinbarungen zu bestimmen, die unter Artikel 81 Absatz 1 EG-Vertrag fallen könnten. Bei der individuellen Beurteilung von Vereinbarungen nach Artikel 81 Absatz 1 sind mehrere Faktoren, insbesondere die Struktur und Dynamik der relevanten Technologie- und Produktmärkte, zu berücksichtigen.

(9) Die in dieser Verordnung geregelte Gruppenfreistellung sollte nur Vereinbarungen zugute kommen, von denen mit hinreichender Sicherheit angenommen werden kann, dass sie die Voraussetzungen von Artikel 81 Absatz 3 EG-Vertrag erfüllen. Um die Vorteile des Technologietransfers nutzen und die damit verbundenen Ziele erreichen zu können, sollte diese Verordnung auch für Bestimmungen in Technologietransfer-Vereinbarungen gelten, die nicht den Hauptgegenstand dieser Vereinbarungen bilden, aber mit der Anwendung der lizenzierten Technologie unmittelbar verbunden sind.

(10) Bei Technologietransfer-Vereinbarungen zwischen Wettbewerbern kann angenommen werden, dass sie im Allgemeinen zu einer Verbesserung der Produktion oder des Vertriebs und zu einer angemessenen Beteiligung der Verbraucher an dem daraus entstehenden Gewinn führen, wenn der gemeinsame Marktanteil der Parteien auf den relevanten Märkten 20% nicht überschreitet und die Vereinbarungen nicht schwerwiegende wettbewerbsschädigende Beschränkungen enthalten.

(11) Bei Technologietransfer-Vereinbarungen zwischen Nicht-Wettbewerbern kann angenommen werden, dass sie im Allgemeinen zu einer Verbesserung der Produktion oder des Vertriebs und zu einer angemessenen Beteiligung der Verbraucher an dem daraus entstehenden Gewinn führen, wenn der individuelle Marktanteil der Parteien auf den relevanten Märkten 30% nicht überschreitet und die Vereinbarungen nicht schwerwiegende wettbewerbsschädigende Beschränkungen enthalten.

(12) Bei Technologietransfer-Vereinbarungen oberhalb dieser Marktanteilsschwellen kann nicht ohne weiteres davon ausgegangen werden, dass sie unter Artikel 81 Absatz 1 EG-Vertrag fallen. Eine Vereinbarung zwischen nicht konkurrierenden Unternehmen über die Vergabe einer Exklusivlizenz fällt beispielsweise häufig nicht unter Artikel 81 Absatz 1 EG-Vertrag. Ebenso wenig kann oberhalb dieser Marktanteilsschwellen davon ausgegangen werden, dass Technologietransfer-Vereinbarungen, die unter Artikel 81 Absatz 1 EG-Vertrag fallen, die Freistellungsvoraussetzungen nicht erfüllen oder dass sie im Gegenteil regelmäßig objektive Vorteile mit sich bringen, die nach Art und Umfang geeignet sind, die Nachteile auszugleichen, die sie für den Wettbewerb nach sich ziehen.

(13) Diese Verordnung sollte keine Technologietransfer-Vereinbarungen freistellen, die Beschränkungen enthalten, die für die Verbesserung der Produktion oder des Vertriebs nicht unerlässlich sind. Insbesondere Technologietransfer-Vereinbarungen, die schwerwiegende wettbewerbsschädigende Beschränkungen enthalten, wie die Festsetzung von Preisen gegenüber Dritten, sollten ohne Rücksicht auf den Marktanteil der beteiligten Unternehmen von dem Vorteil der Gruppenfreistellung nach dieser Verordnung ausgenommen werden. Bei diesen so genannten Kernbeschränkungen sollte die gesamte Vereinbarung vom Vorteil der Gruppenfreistellung ausgeschlossen werden.

(14) Um Innovationsanreize zu erhalten und eine angemessene Anwendung der Rechte an geistigem Eigentum sicherzustellen, sollten bestimmte Beschränkungen, insbesondere in Form ausschließlicher Rücklizenz-Verpflichtungen für abtrennbare Verbesserungen, von der Gruppenfreistellung ausgenommen werden. Sind solche Beschränkungen in einer Lizenzvereinbarung enthalten, sollte nur die betreffende Beschränkung vom Vorteil der Gruppenfreistellung ausgeschlossen werden.

(15) Durch die Marktanteilsschwellen, den Ausschluss von Technologietransfer-Vereinbarungen, die schwerwiegende Wettbewerbsbeschränkungen enthalten, von der Gruppenfreistellung und durch die nicht freigestellten Beschränkungen, die in dieser Verordnung vorgesehen

sind, dürfte sichergestellt sein, dass Vereinbarungen, auf die die Gruppenfreistellung Anwendung findet, den beteiligten Unternehmen nicht die Möglichkeit eröffnen, für einen wesentlichen Teil der betreffenden Produkte den Wettbewerb auszuschalten.

(16) Wenn im Einzelfall eine Vereinbarung zwar unter diese Verordnung fällt, aber dennoch Wirkungen entfaltet, die mit Artikel 81 Absatz 3 EG-Vertrag unvereinbar sind, sollte die Kommission den Vorteil der Gruppenfreistellung entziehen können. Dies kann unter anderem dann der Fall sein, wenn Innovationsanreize eingeschränkt werden oder der Marktzugang erschwert wird.

(17) Nach der Verordnung (EG) Nr. 1/2003 des Rates vom 16. Dezember 2003 zur Durchführung der in den Artikeln 81 und 82 des Vertrags niedergelegten Wettbewerbsregeln* können die zuständigen Behörden der Mitgliedstaaten den Rechtsvorteil der Gruppenfreistellung entziehen, wenn Technologietransfer-Vereinbarungen Wirkungen entfalten, die mit Artikel 81 Absatz 3 EG-Vertrag unvereinbar sind und im Gebiet eines Mitgliedstaats oder in einem Teilgebiet dieses Mitgliedstaats, das alle Merkmale eines gesonderten räumlichen Markts aufweist, auftreten. Die Mitgliedstaaten müssen sicherstellen, dass sie bei der Ausübung dieser Entzugsbefugnis nicht die einheitliche Anwendung der Wettbewerbsregeln der Gemeinschaft auf dem gesamten Gemeinsamen Markt oder die volle Wirksamkeit der zu ihrer Durchführung erlassenen Maßnahmen beeinträchtigen.

(18) Um die Überwachung paralleler Netze von Technologietransfer-Vereinbarungen mit gleichartigen wettbewerbsbeschränkenden Wirkungen zu verstärken, die mehr als 50% eines Markts erfassen, sollte die Kommission erklären können, dass diese Verordnung auf Technologietransfer-Vereinbarungen, die bestimmte auf den relevanten Markt bezogene Beschränkungen enthalten, keine Anwendung findet, und dadurch die volle Anwendbarkeit von Artikel 81 EG-Vertrag auf diese Vereinbarungen wiederherstellen.

(19) Diese Verordnung sollte nur für Technologietransfer-Vereinbarungen zwischen einem Lizenzgeber und einem Lizenznehmer gelten. Sie sollte für solche Vereinbarungen auch dann gelten, wenn sie Beschränkungen für mehr als eine Handelsstufe enthalten, beispielsweise wenn der Lizenznehmer verpflichtet wird, ein spezielles Vertriebssystem zu errichten, und wenn ihm vorgegeben wird, welche Verpflichtungen er den Weiterverkäufern der in Lizenz hergestellten Produkte auferlegen muss oder kann. Diese Beschränkungen und Verpflichtungen sollten jedoch mit den für Liefer- und Vertriebsvereinbarungen geltenden Wettbewerbsregeln vereinbar sein. Liefer- und Vertriebsvereinbarungen zwischen einem Lizenznehmer und seinen Kunden sollten von dieser Verordnung nicht freigestellt sein.

(20) Diese Verordnung gilt unbeschadet der Anwendung von Artikel 82 EG-Vertrag –

HAT FOLGENDE VERORDNUNG ERLASSEN:

Art. 1 Definitionen

(1) Für diese Verordnung gelten folgende Begriffsbestimmungen:

a) „Vereinbarung“: eine Vereinbarung, ein Beschluss einer Unternehmensvereinigung oder eine aufeinander abgestimmte Verhaltensweise;

b) „Technologietransfer-Vereinbarung“: eine Patentlizenzvereinbarung, eine Know-how-Vereinbarung, eine Softwarelizenz-Vereinbarung oder gemischte Patentlizenz-, Know-how- oder Softwarelizenz-Vereinbarungen einschließlich Vereinbarungen mit Bestimmungen, die sich auf den Erwerb oder Verkauf von Produkten beziehen oder die sich auf die Lizenzierung oder die Übertragung von Rechten an geistigem Eigentum beziehen, sofern diese Bestimmungen nicht den eigentlichen Gegenstand der Vereinbarung bilden und unmittelbar mit der Produktion der Vertragsprodukte verbunden sind; als Technologietransfer-Vereinbarung gilt auch die Übertragung von Patent-, Know-how- oder Software-Rechten sowie einer Kombination dieser Rechte, wenn das mit der Verwertung der Technologie verbundene Risiko zum Teil beim Veräußerer verbleibt, insbesondere, wenn der als Gegenleistung für die Übertragung zu zahlende Betrag vom Umsatz abhängt, den der Erwerber mit Produkten erzielt, die mithilfe der übertragenen Technologie produziert worden sind, oder von der Menge dieser Produkte oder der Anzahl der unter Einsatz der Technologie durchgeführten Arbeitsvorgänge;

c) „wechselseitige Vereinbarung“: eine Technologietransfer-Vereinbarung, bei der zwei Unternehmen einander in demselben oder in getrennten Verträgen eine Patent-, Know-

* ABl. L 1 vom 4. 1. 2003, S. 1; Verordnung geändert durch die Verordnung (EG) Nr. 411/2004 (ABl. L 68 vom 6. 3. 2004, S. 1).

how-, Softwarelizenz oder eine gemischte Patent-, Know-how- oder Softwarelizenz für konkurrierende Technologien oder für die Produktion konkurrierender Produkte erteilen;

d) „nicht wechselseitige Vereinbarung“: eine Technologietransfer-Vereinbarung, bei der ein Unternehmen einem anderen Unternehmen eine Patent-, eine Know-how-, eine Softwarelizenz oder eine gemischte Patent-, Know-how- oder Softwarelizenz erteilt oder mit der zwei Unternehmen einander eine solche Lizenz erteilen, wobei diese Lizenzen jedoch keine konkurrierenden Technologien zum Gegenstand haben und auch nicht zur Produktion konkurrierender Produkte genutzt werden können;

e) „Produkt“: eine Ware und/oder eine Dienstleistung in Form eines Zwischen- oder Endprodukts;

f) „Vertragsprodukt“: ein Produkt, das mit der lizenzierten Technologie produziert wird;

g) „Rechte an geistigem Eigentum“: gewerbliche Schutzrechte, Know-how, Urheberrechte sowie verwandte Schutzrechte;

h) „Patent“: Patente, Patentanmeldungen, Gebrauchsmuster, Gebrauchsmusteranmeldungen, Geschmacksmuster, Topografien von Halbleitererzeugnissen, ergänzende Schutzzertifikate für Arzneimittel oder andere Produkte, für die solche Zertifikate erlangt werden können, und Sortenschutzrechte;

i) „Know-how“: eine Gesamtheit nicht patentierter praktischer Kenntnisse, die durch Erfahrungen und Versuche gewonnen werden und die
   i) geheim, d. h. nicht allgemein bekannt und nicht leicht zugänglich sind,
   ii) wesentlich, d. h. die für die Produktion der Vertragsprodukte von Bedeutung und nützlich sind, und
   iii) identifiziert sind, d. h. umfassend genug beschrieben sind, so dass überprüft werden kann, ob es die Merkmale „geheim“ und „wesentlich“ erfüllt;

j) „konkurrierende Unternehmen“: Unternehmen, die auf dem relevanten Technologiemarkt und/oder dem relevanten Produktmarkt miteinander im Wettbewerb stehen, wobei
   i) konkurrierende Unternehmen auf dem „relevanten Technologiemarkt“ solche Unternehmen sind, die Lizenzen für konkurrierende Technologien vergeben, ohne die Rechte des anderen Unternehmens an geistigem Eigentum zu verletzen (tatsächliche Wettbewerber auf dem Technologiemarkt); zum relevanten Technologiemarkt gehören auch Technologien, die von den Lizenznehmern aufgrund ihrer Eigenschaften, ihrer Lizenzgebühren und ihres Verwendungszwecks als austauschbar oder substituierbar angesehen werden;
   ii) konkurrierende Unternehmen auf dem „relevanten Produktmarkt“ solche Unternehmen sind, die ohne die Technologietransfer-Vereinbarung auf den sachlich und räumlich relevanten Märkten, auf denen die Vertragsprodukte angeboten werden, tätig sind, ohne die Rechte des anderen Unternehmens an geistigem Eigentum zu verletzen (tatsächliche Wettbewerber auf dem Produktmarkt), oder die unter realistischen Annahmen die zusätzlichen Investitionen oder sonstigen Umstellungskosten auf sich nehmen würden, die nötig sind, um auf eine geringfügige dauerhafte Erhöhung der relativen Preise hin ohne Verletzung fremder Rechte an geistigem Eigenum in vertretbarer Zeit in die sachlich und räumlich relevanten Märkte eintreten zu können (potenzielle Wettbewerber auf dem Produktmarkt); der relevante Produktmarkt umfasst Produkte, die vom Käufer aufgrund ihrer Eigenschaften, ihrer Preise und ihres Verwendungszwecks als austauschbar oder substituierbar angesehen werden;

k) „selektive Vertriebssysteme“: Vertriebssysteme, in denen sich der Lizenzgeber verpflichtet, Lizenzen für die Produktion der Vertragsprodukte nur Lizenznehmern zu erteilen, die aufgrund festgelegter Merkmale ausgewählt werden, und in denen sich diese Lizenznehmer verpflichten, die Vertragsprodukte nicht an Händler zu verkaufen, die nicht zum Vertrieb zugelassen sind;

l) „Exklusivgebiet“: ein Gebiet, in dem nur ein Unternehmen die Vertragsprodukte mit der lizenzierten Technologie produzieren darf, ohne die Möglichkeit auszuschließen, einem anderen Lizenznehmer in diesem Gebiet die Produktion der Vertragsprodukte nur für einen bestimmten Kunden zu erlauben, wenn diese zweite Lizenz erteilt worden ist, um diesem Kunden eine alternative Bezugsquelle zu verschaffen;

m) „Exklusivkundengruppe“: eine Gruppe von Kunden, denen nur ein Unternehmen die mit der lizenzierten Technologie produzierten Vertragsprodukte aktiv verkaufen darf;

n) „abtrennbare Verbesserung“: eine Verbesserung, die ohne Verletzung der lizenzierten Technologie verwertet werden kann.

(2) Die Begriffe „Unternehmen", „Lizenzgeber" und „Lizenznehmer" schließen verbundene Unternehmen ein.

„Verbundene Unternehmen" sind

a) Unternehmen, bei denen ein an der Vereinbarung beteiligtes Unternehmen unmittelbar oder mittelbar
   i) über mehr als die Hälfte der Stimmrechte verfügt oder
   ii) mehr als die Hälfte der Mitglieder des Leitungs- oder Verwaltungsorgans oder der zur gesetzlichen Vertretung berufenen Organe bestellen kann oder
   iii) das Recht hat, die Geschäfte des Unternehmens zu führen;
b) Unternehmen, die in einem an der Vereinbarung beteiligten Unternehmen unmittelbar oder mittelbar die unter Buchstabe a) bezeichneten Rechte oder Einflussmöglichkeiten haben;
c) Unternehmen, in denen ein unter Buchstabe b) genanntes Unternehmen unmittelbar oder mittelbar die unter Buchstabe a) bezeichneten Rechte oder Einflussmöglichkeiten hat;
d) Unternehmen, in denen eine der Vertragsparteien gemeinsam mit einem oder mehreren der unter den Buchstaben a), b) oder c) genannten Unternehmen oder in denen zwei oder mehr als zwei der zuletzt genannten Unternehmen gemeinsam die in Buchstabe a) bezeichneten Rechte oder Einflussmöglichkeiten haben;
e) Unternehmen, in denen die unter Buchstabe a) bezeichneten Rechte und Einflussmöglichkeiten gemeinsam ausgeübt werden durch:
   i) Vertragsparteien oder mit ihnen jeweils verbundene Unternehmen im Sinne der Buchstaben a) bis d) oder
   ii) eine oder mehrere Vertragsparteien oder eines oder mehrere der mit ihnen im Sinne der Buchstaben a) bis d) verbundenen Unternehmen und ein oder mehrere dritte Unternehmen.

Art. 2 Freistellung

Artikel 81 Absatz 1 EG-Vertrag wird gemäß Artikel 81 Absatz 3 EG-Vertrag unter den in dieser Verordnung genannten Voraussetzungen für nicht anwendbar erklärt auf Technologietransfer-Vereinbarungen zwischen zwei Unternehmen, die die Produktion der Vertragsprodukte ermöglichen.

Die Freistellung gilt, soweit diese Vereinbarungen Wettbewerbsbeschränkungen enthalten, die unter Artikel 81 Absatz 1 EG-Vertrag fallen. Die Freistellung gilt, solange die Rechte an der lizenzierten Technologie nicht abgelaufen, erloschen oder für ungültig erklärt worden sind oder – im Falle lizenzierten Know-hows – solange das Know-how geheim bleibt, es sei denn, das Know-how wird infolge des Verhaltens des Lizenznehmers offenkundig; in diesem Fall gilt die Freistellung für die Dauer der Vereinbarung.

Art. 3 Marktanteilsschwellen

(1) Handelt es sich bei den Vertragsparteien um konkurrierende Unternehmen, so gilt die Freistellung nach Artikel 2 unter der Voraussetzung, dass der gemeinsame Marktanteil der Parteien auf dem betroffenen relevanten Technologie- und Produktmarkt 20% nicht überschreitet.

(2) Handelt es sich bei den Vertragsparteien um nicht konkurrierende Unternehmen, so gilt die Freistellung nach Artikel 2 unter der Voraussetzung, dass der individuelle Marktanteil der Parteien auf dem betroffenen relevanten Technologie- und Produktmarkt 30% nicht überschreitet.

(3) Für die Anwendung der Absätze 1 und 2 bestimmt sich der Marktanteil einer Partei auf den relevanten Technologiemärkten nach der Präsenz der lizenzierten Technologie auf den relevanten Produktmärkten. Als Marktanteil des Lizenzgebers auf dem relevanten Technologiemarkt gilt der gemeinsame Marktanteil, den der Lizenzgeber und seine Lizenznehmer mit den Vertragsprodukten auf dem relevanten Produktmarkt erzielen.

Art. 4 Kernbeschränkungen

(1) Handelt es sich bei den Vertragsparteien um konkurrierende Unternehmen, so gilt die Freistellung nach Artikel 2 nicht für Vereinbarungen, die unmittelbar oder mittelbar, für sich allein oder in Verbindung mit anderen Umständen unter der Kontrolle der Vertragsparteien Folgendes bezwecken:

a) die Beschränkung der Möglichkeit einer Partei, den Preis, zu dem sie ihre Produkte an Dritte verkauft, selbst festzusetzen;

b) die Beschränkung des Outputs mit Ausnahme von Output-Beschränkungen, die dem Lizenznehmer in einer nicht wechselseitigen Vereinbarung oder einem der Lizenznehmer in einer wechselseitigen Vereinbarung in Bezug auf die Vertragsprodukte auferlegt werden;

c) die Zuweisung von Märkten oder Kunden mit Ausnahme
   i) der dem bzw. den Lizenznehmern auferlegten Verpflichtung, die lizenzierte Technologie nur in einem oder mehreren Anwendungsbereichen oder in einem oder mehreren Produktmärkten zu nutzen;
   ii) der dem Lizenzgeber und/oder dem Lizenznehmer in einer nicht wechselseitigen Vereinbarung auferlegten Verpflichtung, mit der lizenzierten Technologie nicht in einem oder mehreren Anwendungsbereichen, in einem oder mehreren Produktmärkten oder in einem oder mehreren Exklusivgebieten, die der anderen Partei vorbehalten sind, zu produzieren;
   iii) der dem Lizenzgeber auferlegten Verpflichtung, in einem bestimmten Gebiet keinem anderen Lizenznehmer eine Technologie-Lizenz zu erteilen;
   iv) der in einer nicht wechselseitigen Vereinbarung dem Lizenznehmer und/oder dem Lizenzgeber auferlegten Beschränkung des aktiven und/oder passiven Verkaufs in das Exklusivgebiet oder an die Exklusivkundengruppe, das bzw. die der anderen Partei vorbehalten ist;
   v) der in einer nicht wechselseitigen Vereinbarung dem Lizenznehmer auferlegten Beschränkung des aktiven Verkaufs in das Exklusivgebiet oder an die Exklusivkundengruppe, das bzw. die vom Lizenzgeber einem anderen Lizenznehmer zugewiesen worden ist, sofern es sich bei Letzterem nicht um ein Unternehmen handelt, das zum Zeitpunkt der Lizenzerteilung in Konkurrenz zum Lizenzgeber stand;
   vi) der dem Lizenznehmer auferlegten Verpflichtung, die Vertragsprodukte nur für den Eigenbedarf zu produzieren, sofern er keiner Beschränkung in Bezug auf den aktiven und passiven Verkauf der Vertragsprodukte als Ersatzteile für seine eigenen Produkte unterliegt;
   vii) der dem Lizenznehmer in einer nicht wechselseitigen Vereinbarung auferlegten Verpflichtung, die Vertragsprodukte nur für einen bestimmten Kunden zu produzieren, wenn die Lizenz erteilt worden ist, um diesem Kunden eine alternative Bezugsquelle zu verschaffen;

d) die Beschränkung der Möglichkeit des Lizenznehmers, seine eigene Technologie zu verwerten, oder die Beschränkung der Möglichkeit der Vertragsparteien, Forschungs- und Entwicklungsarbeiten durchzuführen, es sei denn, letztere Beschränkungen sind unerlässlich, um die Preisgabe des lizenzierten Know-hows an Dritte zu verhindern.

(2) Handelt es sich bei den Vertragsparteien nicht um konkurrierende Unternehmen, gilt die Freistellung nach Artikel 2 nicht für Vereinbarungen, die unmittelbar oder mittelbar, für sich allein oder in Verbindung mit anderen Umständen unter der Kontrolle der Vertragsparteien Folgendes bezwecken:

a) die Beschränkung der Möglichkeit einer Partei, den Preis, zu dem sie ihre Produkte an Dritte verkauft, selbst festzusetzen; dies gilt unbeschadet der Möglichkeit, Hoechstverkaufspreise festzusetzen oder Preisempfehlungen auszusprechen, sofern sich diese nicht infolge der Ausübung von Druck oder der Gewährung von Anreizen durch eine der Vertragsparteien tatsächlich wie Fest- oder Mindestverkaufspreise auswirken;

b) die Beschränkung des Gebiets oder des Kundenkreises, in das oder an den der Lizenznehmer Vertragsprodukte passiv verkaufen darf, mit Ausnahme
   i) der Beschränkung des passiven Verkaufs in ein Exklusivgebiet oder an eine Exklusivkundengruppe, das bzw. die dem Lizenzgeber vorbehalten ist;
   ii) der Beschränkung des passiven Verkaufs in ein Exklusivgebiet oder an eine Exklusivkundengruppe, das bzw. die vom Lizenzgeber einem anderen Lizenznehmer für die ersten beiden Jahren, in denen dieser Lizenznehmer die Vertragsprodukte in dieses Gebiet bzw. an diese Kundengruppe verkauft, zugewiesen worden ist;
   iii) der dem Lizenznehmer auferlegten Verpflichtung, die Vertragsprodukte nur für den Eigenbedarf zu produzieren, sofern er keiner Beschränkung in Bezug auf den aktiven und passiven Verkauf der Vertragsprodukte als Ersatzteile für seine eigenen Produkte unterliegt;
   iv) der Verpflichtung, die Vertragsprodukte nur für einen bestimmten Kunden zu produzieren, wenn die Lizenz erteilt worden ist, um diesem Kunden eine alternative Bezugsquelle zu verschaffen;

v) der Beschränkung des Verkaufs an Endverbraucher durch Lizenznehmer, die auf der Großhandelsstufe tätig sind;
vi) der Beschränkung des Verkaufs an nicht zugelassene Händler, die Mitgliedern eines selektiven Vertriebssystems auferlegt werden;

c) die Beschränkung des aktiven oder passiven Verkaufs an Endverbraucher, soweit diese Beschränkungen Lizenznehmern auferlegt werden, die einem selektiven Vertriebssystem angehören und auf der Einzelhandelsstufe tätig sind; dies gilt unbeschadet der Möglichkeit, Mitgliedern des Systems zu verbieten, Geschäfte von nicht zugelassenen Niederlassungen aus zu betreiben.

(3) Sind die Vertragsparteien zum Zeitpunkt des Abschlusses der Vereinbarung keine konkurrierenden Unternehmen, sondern treten sie erst später miteinander in Wettbewerb, so ist Absatz 2 anstelle von Absatz 1 während der Laufzeit der Vereinbarung anwendbar, sofern die Vereinbarung nicht später wesentlich geändert wird.

Art. 5 Nicht freigestellte Beschränkungen

(1) Die Freistellung nach Artikel 2 gilt nicht für die folgenden in Technologietransfer-Vereinbarungen enthaltenen Verpflichtungen:

a) alle unmittelbaren oder mittelbaren Verpflichtungen des Lizenznehmers, dem Lizenzgeber oder einem vom Lizenzgeber benannten Dritten eine Exklusivlizenz für seine eigenen abtrennbaren Verbesserungen an der lizenzierten Technologie oder seine eigenen neuen Anwendungen dieser Technologie zu erteilen;
b) alle unmittelbaren oder mittelbaren Verpflichtungen des Lizenznehmers, Rechte an eigenen abtrennbaren Verbesserungen an der lizenzierten Technologie oder Rechte an eigenen neuen Anwendungen dieser Technologie vollständig oder teilweise auf den Lizenzgeber oder einen vom Lizenzgeber benannten Dritten zu übertragen;
c) alle unmittelbaren oder mittelbaren Verpflichtungen des Lizenznehmers, die Gültigkeit der Rechte an geistigem Eigentum, über die der Lizenzgeber im Gemeinsamen Markt verfügt, nicht anzugreifen, unbeschadet der Möglichkeit, die Beendigung der Technologietransfer-Vereinbarung für den Fall vorzusehen, dass der Lizenznehmer die Gültigkeit eines oder mehrerer der lizenzierten Schutzrechte angreift.

(2) Handelt es sich bei den Vertragsparteien nicht um konkurrierende Unternehmen, so gilt die Freistellung nach Artikel 2 nicht für unmittelbare oder mittelbare Verpflichtungen, die die Möglichkeit des Lizenznehmers, seine eigene Technologie zu verwerten, oder die Möglichkeit der Vertragsparteien, Forschungs- und Entwicklungsarbeiten durchzuführen, beschränken, es sei denn, letztere Beschränkung ist unerlässlich, um die Preisgabe des lizenzierten Know-hows an Dritte zu verhindern.

Art. 6 Entzug des Rechtsvorteils der Verordnung im Einzelfall

(1) Die Kommission kann den mit dieser Verordnung verbundenen Rechtsvorteil nach Artikel 29 Absatz 1 der Verordnung (EG) Nr. 1/2003 im Einzelfall entziehen, wenn eine nach Absatz 2 freigestellte Technologietransfer-Vereinbarung gleichwohl Wirkungen hat, die mit Artikel 81 Absatz 3 EG-Vertrag unvereinbar sind; dies gilt insbesondere, wenn

a) der Zugang fremder Technologien zum Markt beschränkt wird, beispielsweise durch die kumulative Wirkung paralleler Netze gleichartiger beschränkender Vereinbarungen, die den Lizenznehmern die Nutzung fremder Technologien untersagen;
b) der Zugang potenzieller Lizenznehmer zum Markt beschränkt wird, beispielsweise durch die kumulative Wirkung paralleler Netze gleichartiger beschränkender Vereinbarungen, die den Lizenzgebern die Erteilung von Lizenzen an andere Lizenznehmer untersagen;
c) die Parteien die lizenzierte Technologie ohne sachlich gerechtfertigten Grund nicht verwerten.

(2) Wenn eine unter die Freistellung des Artikels 2 fallende Technologietransfer-Vereinbarung im Gebiet eines Mitgliedstaats oder in einem Teil desselben, der alle Merkmale eines gesonderten räumlichen Marktes aufweist, im Einzelfall Wirkungen hat, die mit Artikel 81 Absatz 3 EG-Vertrag unvereinbar sind, kann die Wettbewerbsbehörde dieses Mitgliedstaats unter den gleichen Umständen wie in Absatz 1 des vorliegenden Artikels den Rechtsvorteil dieser Verordnung gemäß Artikel 29 Absatz 2 der Verordnung (EG) Nr. 1/2003 mit Wirkung für das betroffene Gebiet entziehen.

Art. 7 Nichtanwendbarkeit dieser Verordnung

(1) Gemäß Artikel 1a der Verordnung Nr. 19/65/EWG kann die Kommission durch Verordnung erklären, dass in Fällen, in denen mehr als 50% eines relevanten Marktes von parallelen Netzen gleichartiger Technologietransfer-Vereinbarungen erfasst werden, die vorliegende Verordnung auf Technologietransfer-Vereinbarungen, die bestimmte Beschränkungen des Wettbewerbs auf diesem Markt vorsehen, keine Anwendung findet.

(2) Eine Verordnung im Sinne von Absatz 1 wird frühestens sechs Monate nach ihrem Erlass anwendbar.

Art. 8 Anwendung der Marktanteilsschwellen

(1) Für die Anwendung der Marktanteilsschwellen im Sinne des Artikels 3 gelten die in diesem Absatz genannten Regeln:

Der Marktanteil wird anhand des Absatzwerts berechnet. Liegen keine Angaben über den Absatzwert vor, so können zur Ermittlung des Marktanteils Schätzungen vorgenommen werden, die auf anderen verlässlichen Marktdaten unter Einschluss der Absatzmengen beruhen.

Der Marktanteil wird anhand der Angaben für das vorhergehende Kalenderjahr ermittelt.

Der Marktanteil der in Artikel 1 Absatz 2 Buchstabe e) genannten Unternehmen wird zu gleichen Teilen jedem Unternehmen zugerechnet, das die in Artikel 1 Absatz 2 Buchstabe a) bezeichneten Rechte oder Einflussmöglichkeiten hat.

(2) Wird die in Artikel 3 Absatz 1 oder Absatz 2 genannte Marktanteilsschwelle von 20% bzw. 30% erst im Laufe der Zeit überschritten, so gilt die Freistellung nach Artikel 2 im Anschluss an das Jahr, in dem die Schwelle von 20% bzw. 30% zum ersten Mal überschritten wird, noch für zwei aufeinander folgende Kalenderjahre weiter.

Art. 9 Aufhebung der Verordnung (EG) Nr. 240/96

Die Verordnung (EG) Nr. 240/96 wird aufgehoben.

Bezugnahmen auf die aufgehobene Verordnung gelten als Bezugnahmen auf die vorliegende Verordnung.

Art. 10 Übergangsfrist

Das Verbot des Artikels 81 Absatz 1 EG-Vertrag gilt vom 1. Mai 2004 bis zum 31. März 2006 nicht für Vereinbarungen, die am 30. April 2004 bereits in Kraft waren und die Voraussetzungen für eine Freistellung zwar nach der Verordnung (EG) Nr. 240/96, nicht aber nach dieser Verordnung erfüllen.

Art. 11 Geltungsdauer

Diese Verordnung tritt am 1. Mai 2004 in Kraft.

Sie gilt bis zum 30. April 2014.

Diese Verordnung ist in allen ihren Teilen verbindlich und gilt unmittelbar in jedem Mitgliedstaat.

Brüssel, den 7. April 2004

16. Entscheidungen des Bundesgerichtshofs
a) chronologisches Fundstellenverzeichnis

Datum	Aktz. (I ZR)	Stichwort	BGHZ	GRUR	Blatt	BPatGE	Mitt.	LM (Nr. zu §)	NJW	MDR	BB	Liedl
1950												
21. 11.	49/50	Holzverwertung	–	51,70	–		–	(1) § 1 PatG	51,70	51,98	–	–
1951												
16. 2.	73/50	Motorblock	1,194	51,314	51,224		–	(1) § 10 PatG	51,561	51,348 L	51,318	–
30. 3.	58/50	Wechselstrom-Generatoren	–	51,404	–		–	(2) § 1 PatG	51,655	51,417	51,456	–
1. 6.	66/50	(Verfahrensaussetzung)	–	51,397	–		–	–	–	–	–	–
12. 6.	75/50	Tauchpumpensatz	2,261	51,449	51,319		–	(2) § 6 PatG	–	–	51,570	–
15. 6.	59/50	Mülltonne II	2,387	51,452	51,322		–	(3) § 6 PatG	51,712	–	51,711	–
5. 10.	74/50	Tauchpumpe II	3,193	52,142	–		–	(1) § 343 BGB	52,101	–	51,935	–
13. 11.	111/50	Gummisohle	3,365	52,562	52,195		–	(5) § 6 PatG	52,302	–	–	–
13. 11.	106/51	Schreibhefte (Nebenintervention)	4,5	52,260	52,101		–	(2) § 66 ZPO	52,381	–	–	51–55,1
1952												
22. 1.	68/51	Hummel-Figuren	5,1	52,516	52,354		–	(1) § 25 WZG	52,784	–	52,707	–
12. 2.	115/51	Parkstraße 13	5,116	52,530	52,357		–	(2) § 12 LitUrhG	52,663	–	52,708	–
26. 2.	120/51	Paladon	–	52,393	52,373		–	–	–	–	–	–
27. 5.	138/51	Wäschepresse	6,172	52,564	52,409		–	(1) § 43 PatG	52,1290	–	52,675 L	–
24. 6.	131/51	Plattenspieler I	–	53,29	–		–	(6) § 6 PatG	–	–	52,706	–
21. 10.	106/51	Schreibhefte II	–	53,86	53,14		–	–	–	–	–	51–55,6
28. 10.	108/51	Feueranzünder	–	53,112	53,16		–	(7) § 6 PatG	53,103	–	52,959	–
7. 11.	56/51	Zwischenstecker	–	53,384	–		–	–	–	–	–	51–55,16
7. 11.	43/52	Reinigungsverfahren	8,16	53,114	53,61		–	(1) § 51 PatG	53,262	–	53,44	–
11. 11.	134/51	(Anschlußberufung)	–	53,88	53,64		–	(2) § 525 ZPO	–	–	–	51–55,22
14. 11.	3/52	Glimmschalter	–	53,120	53,90		–	(3) § 1 PatG	–	–	–	51–55,34
2. 12.	104/51	Rohrschelle	–	53,120	53,227		–	–	–	–	–	51–55,47
1953												
9. 1.	79/51	(§ 53 PatG = § 144 PatG)	–	53,123	–		–	(1) § 53 PatG	–	–	–	–
24. 2.	106/51	Schreibhefte III (§ 53 PatG = § 144 PatG)	–	53,284	53,381		–	(2) § 53 PatG	53,745 L	–	–	51–55,62
24. 3.	131/51	Plattenspieler II (§ 53 PatG = § 144 PatG)	–	53,250	–		–	(3) § 53 PatG	–	–	–	–
20. 5.	52/52	Beschriftung v. Konservendosen	10,22	53,385	53,382		–	(1) § 13 PatG	53,1260	–	53,602 L	51–55,65

Datum	Aktz. (I ZR)	Stichwort	BGHZ	GRUR	Blatt	BPatGerE	Mitt.	LM (Nr. zu §)	NJW	MDR	BB	Liedl
noch 1953												
2. 6.	14/52	Eiserner Grubenausbau	–	55,139	55,261		–	–	–	–	–	–
18. 6.	66/52	Ausweishülle	–	53,438	53,387		–	–	–	–	–	51–55,81
30. 6.	133/52	Polsterkörper/Latex	–	53,438	53,406		–	(1) § 42 PatG	–	–	53,718	51–55,92
				54,391	55,66							
24. 7.	56/51	Zwischenstecker II										
		(Streitwert i. Nichtigkeitssachen)	–	53,477	54,191		–	(1) § 40 PatG	–	–	–	51–55,96
25. 9.	73/52	Mehrfachschelle	–	54,107	54,24		–	(1) § 26 PatG	–	–	–	51–55,97
6. 10.	220/52	Repassiervorrichtung	–	54,112	54,53		–	(1) Art. II KRG 1	–	54,163	54,114 L	51–55,112
30. 10.	94/52	Zählkassetten	11,129	54,121	54,149		–	(5) § 25 WZG	54,390	–	–	–
18. 12.	150/51	Schaleisenanordnung	–	54,258	54,151		–	(1) § 18 PatG	–	–	–	–
21. 12.	133/52	Polsterkörper/Latex II										
		(Beweisgebühr)	–	–	–		54,59	–	–	–	–	51–55,119
1954												
19. 1.	ARZ 189/53	(Kostenfestsetzung)	–	–	54,152		–	–	–	–	–	51–55,121
16. 2.	49/53	Entwicklungsvorrichtung	–	54,317	54,332		–	(3) § 13 PatG	54,1237	–	–	51–55,123
12. 3.	201/52	Radschutz	–	54,337	–		–	(19) § 1 UWG	–	–	54,361	–
6. 4.	33/52	Holzschutzmittel	–	54,584	55,153		–	–	–	–	–	51–55,157
4. 5.	149/52	Prallmühle I	13,210	54,391	54,334		54,65	(13) § 1004 BGB	54,1238	–	54,545	–
											54,758	
7. 5.	168/52	(Berufungseinlegung)	–	55,29	54,276		–	(4) § 42 PatG	–	–	–	51–55,184
11. 5.	208/52	Nobelt-Bund	–	55,29	54,413		–	(8) § 6 PatG	–	–	–	–
22. 6.	225/53	Autostadt	14,72	55,83	54,371		–	(2) § 51 PatG	54,1568	–	–	–
6. 7.	166/52	Bäckereimaschinen	–	55,87	54,442		–	(3) § 9 PatG	–	–	54,729 L	–
13. 7.	14/53	Farina/Belgien	14,286	55,150	–		–	(12) § 16 UWG	54,1931	54,731	54,882	–
19. 10.	129/53	Strahlentransformator	–	55,283	55,69		–	(4) § 1 PatG	–	–	–	51–55,216
29. 10.	23/53	Sympatol	–	55,143	–		–	–	–	–	–	–
16. 11.	40/53	Schnellkopiergerät	–	55,286	55,220		–	(1) § 3 PatG	55,541	–	55,141 L	–
26. 11.	244/52	beschlagfreie Brillengläser	–	55,338	55,329 L		–	(4) § 9 PatG	–	–	55,78	–
10. 12.	39/53	Ausländer-Altpatent	–	–	55,192		–	–	–	–	–	51–55,228
14. 12.	65/53	Mantelskizze	16,4	55,445	–		–	(1) § 2 KUG	53,460	–	–	–
17. 12.	222/52	Verfahren für optische Teile	–	55,386	55,307		–	(5) § 1 PatG	55,628 L	–	–	51–55,230
1955												
7. 1.	67/52	Repassiernadel	–	55,244	55,264		–	–	–	–	–	51–55,242
25. 1.	15/53	Dücko	16,172	55,388	55,267 L		–	(2) § 1 KO	55,628	–	55,553 L	–
28. 1.	88/53	Schraubenmutterpresse	–	55,390	–		–	–	–	–	–	–
18. 2.	34/54	Kleinkraftwagen	16,326	55,466	55,329		55,103	(2) § 37 PatG	55,831	–	–	51–55,270

noch 1955												
15. 3.	111/53	Möbelwachspaste	–	55,424	–		–	(2) § 17 UWG	–	–	–	–
18. 3.	144/53	Kokillenguß	17,41	55,468	55,267 L		–	(7) Art. V MRVO 78	55,829	–	55,394	51–55,280
15. 4.	33/54	Spülbecken	–	55,476	55,330		55,105	(5) § 13 PatG	–	–	–	–
26. 4.	21/53	Repassiernadel II	–	55,479	55,360 L		–	(2) AHKG 8	–	–	55,653	–
10. 5.	120/53	Heynemann	17,209	55,490	55,360 L		–	(9) § 12 BGB	55,1151	55,599	55,680	–
24. 5.	25/53	Schlafwagen	17,305	55,531	56,118 L		–	(5) § 268 ZPO	55,1150	–	–	51–55,310
8. 7.	24/55	Zwischenstecker für Radioempfänger	18,81	55,393	55,300		55,98	(1) § 2 PatG	55,1553	–	55,619	51–55,324
12. 7.	141/53	Kabelschellen	–	55,573	55,336		–	(9) § 6 PatG	–	–	–	–
12. 7.	31/54	Zählwerkgetriebe	–	55,535	55,360		–	(6) § 13 PatG	–	56,83	55,766 L	51–55,340
18. 10.	197/53	Kalifornia-Schuhe	–	56,73	56,44		–	(2) § 2 PatG	56,302 L	–	–	51–55,352
25. 10.	200/53	Bebauungsplan	18,319	56,88	–		–	(4) § 1 LitUrhG	55,1918	–	56,62	–
28. 10.	188/54	Bioglutan	–	56,93	–		–	(12) § 123 BGB	–	–	55,1108	–
15. 11.	169/54	Rödeldraht	–	56,77	56,46		–	(6) § 1 PatG	–	–	–	51–55,372
1956												
13. 1.	117/54	Wasch- und Bleichmittel	–	56,317	56,280		–	–	–	–	–	56–58,1
20. 1.	153/55	Klöppelhandschuh	–	56,208	56,121		–	(4) § 2 PatG	56,591 L	–	–	56–58,8
10. 2.	67/54	Rollfilmkamera	–	–	–		–	–	–	–	–	56–58,14
2. 3.	161/54	DRP angemeldet	–	56,276	–	–	–	(18) § 3 UWG	56,910	–	56,382 L	–
2. 3.	187/54	Wendemanschette I	–	56,264	56,225		–	(9) § 13 PatG	–	–	–	–
16. 3.	62/55	Rheinmetall-Borsig I	–	56,265	56,280 L		–	(1) § 12 PatG	–	–	–	–
16. 3.	162/54	Rheinmetall-Borsig II	–	56,284	–		–	(6) § 1 LitUrhG	–	–	56,415	–
25. 4.	256/52	Textilgarn	–	59,125	–		–	–	–	–	–	56–58,45
27. 4.	28/54	Anhängerkupplung	–	56,542	56,282		–	(12) § 6 PatG	–	–	–	–
15. 5.	169/54	Rödeldraht II (Gebühren Patentanwalt)	–	–	57,292		57,95	–	–	–	–	56–58,60
25. 5.	127/54	Plattenspieler III	–	57,120	–		–	–	–	–	–	56–58,62
30. 5.	43/55	Spritzgußmaschine I	21,8	56,409	56,283		–	(1) § 36 a PatG	56,1318	–	–	56–58,76
8. 6.	74/53	(Beweisgebühr)	–	–	–		56,176	–	–	–	–	56–58,97
12. 6.	118/54	Leitbleche I	–	57,20	56,324		–	(13) § 6 PatG	–	–	–	–
29. 6.	129/54	Coswig	–	56,553	–		–	(36) § 1 UWG	–	–	–	–
10. 7.	48/54	Grubenstempel	–	57,208	–		56,170	–	–	–	–	–
13. 7.	197/54	Capysal-Anenxol	–	56,500	57,68 L		–	(1) § 612 BGB	–	–	56,869 L	–
13. 7.	137/55	Uhrenrohwerk	21,266	57,37	57,131		–	(15) § 25 WZG	56,1676	–	–	–
2. 10.	9/54	Flava-Erdgold	22,1	57,215	57,44		–	(3) Art. 12 EGBGB	57,140	–	–	–
11. 10.	28/55	(Streitwert)	–	57,79	57,23		–	(2) § 40 PatG	57,144	–	–	56–58,127
2. 11.	49/55	Unfallverhütungsschuh	–	57,270	57,68		–	(1) § 5 GebrMG	–	–	57,91	–
20. 11.	11/55	Dipolantenne	–	57,213	57,49		57,79	(2) § 1 GebrMG	–	–	–	–
7. 12.	135/55	Karbidofen	–	57,212	57,72		–	(7) § 1 PatG	–	–	57,164	56–58,157

Datum	Aktz. (I ZR)	Stichwort	BGHZ	GRUR	Blatt	BPatGerE	Mitt.	LM (Nr. zu §)	NJW	MDR	BB	Liedl
1957												
15. 1.	39/55	Taeschner-Pertussin	23,100	57,231	56,293 L		–	(14) § 15 WZG	57,910	–	57,380	–
15. 1.	56/55	Taeschner-Pertussin II	–	57,352	–		–	(22) § 24 WZG	–	–	–	–
29. 1.	84/55	Chenillefäden	–	57,482	57,186		–	(7) § 9 PatG	57,911	–	57,449	56–58,208
29. 1.	86/55	Chenillemaschine	–	57,485	57,188		–	(6) § 9 PatG	–	–	57,413 L	56–58,223
12. 2.	79/55	Schmierverfahren	–	58,131	57,293		–	–	–	–	–	–
19. 2.	21/55	Schleudergardine	–	57,488	57,293		–	–	–	–	–	56–58,232
1. 3.	159/55	Landwirtschaftsschlepper	–	–	–		–	–	–	–	–	56–58,301
22. 3.	174/55	Luftheizung	–	–	–		–	–	–	–	–	56–58,310
2. 4.	29/56	2 DRP	–	57,372	57,293 L		–	(25) § 3 UWG	–	–	57,526	–
2. 4.	58/56	(Rechnungslegung)	–	57,336	–		–	(5) § 47 PatG	57,951 L	–	57,490	–
12. 4.	1/56	Verwandlungstisch	–	57,595	58,34 L		–	(8) § 9 PatG	57,1317	–	57,659	–
3. 5.	156/54	Polstersessel	–	57,543	58,114		–	–	–	–	–	56–58,323
28. 5.	46/56	Konservendose II	–	57,597	–		–	–	–	–	–	–
28. 5.	231/55	Taschenstreifen	–	57,603	58,34		–	(20) § 25 WZG	–	–	57,800	–
14. 6.	103/54	Milchkanne	–	58,134	58,136 L		–	–	–	–	–	56–58,331
18. 6.	89/56	Universal-Schraubstock	–	57,545	58,34 L		–	(13) Art. V MRVO 78	57,1318	–	57,727	–
28. 6.	229/55	Wendemanschette II	–	58,175	58,162 L		–	–	–	–	–	–
24. 7.	21/56	Zeiß	–	58,189	58,12		–	(18) § 12 BGB	58,17	58,154	57,800	–
17. 9.	120/57	(Wiedereinsetzung)	–	58,23	57,369		–	(7) § 42 PatG	57,1677	–	–	56–58,343
24. 9.	128/56	Rundstuhlwirkware	–	58,231	58,162 L		–	(10) § 9 PatG (2) § 36a PatG	58,222 L	–	58,319 L	–
8. 10.	164/56	Tonfilmwand	–	58,75	58,137 L		–	(5) § 148 ZPO	–	–	–	–
15. 10.	99/54	Aluminiumflachfolien	–	58,177	58,162 L		–	–	–	–	–	56–58,345
25. 10.	25/57	Sympatol II	26,7	58,136	58,138 L		–	(1) § 452 BGB	58,137	–	57,1246 1251	–
29. 10.	192/56	Bleicherde	–	58,149	–		–	(3) § 254 ZPO	–	–	58,4 L	–
12. 11.	44/56	Bohnergerät	–	58,343	58,192		–	(55) § 1 UWG	–	58,213	58,169	–
12. 11.	79/56	Gleitschutzkette	–	–	–		–	–	–	–	–	56–58,352
22. 11.	152/56	Resin	–	58,179	58,138 L		–	(14) § 6 PatG	–	–	58,5	–
13. 12.	157/54	Schädlingsbekämpfungsspritze	–	–	–		–	–	–	–	–	56–58,362
17. 12.	163/56	Fugenstreifen	–	–	–		–	–	–	–	–	56–58,376
1958												
7. 1.	73/57	Petromaxlampe	–	58,297	58,193 L		–	(2) § 18 UWG	58,671	58,215	58,214	–
14. 1.	171/56	Dia-Rähmchen I	–	58,288	58,211 L		–	(12) § 9 PatG	–	58,406	58,391 L	–
14. 1.	40/57	Deutschlanddecke	–	58,531	59,38		–	(57) § 1 UWG	–	58,304	58,320	–
21. 1.	182/55	Kranportal	–	58,389	–		–	–	–	–	–	56–58,384

noch 1958												
4. 2.	79/55	Schmierverfahren II (Kostenerstattung)	–	58,305	58,193 L		–	–	–	–	–	56–58,396
21. 2.	47/56	Teeaufgußbeutel	–	–	–		–	–	–	–	–	56–58,398
25. 2.	15/57	Gewindeschneid-Automat	–	58,459	–		–	(3) MRVO 96	–	58,483 L	58,469 L	–
18. 3.	170/56	Führungshülse	–	–	–		–	–	–	–	–	56–58,436
21. 3.	160/57	Wettschein	–	58,602	58,232		–	(8) § 1 PatG	–	58,483	–	56–58,452
11. 4.	77/57	Schwerlaststraßenfahrzeug	–	–	–		–	–	–	–	–	56–58,459
9. 5.	170/56	Elektrische Widerstände	–	–	–		–	–	–	–	–	56–58,497
30. 5.	65/56	Schaumgummihaftung	–	–	–		–	–	–	–	–	56–58,509
3. 6.	83/57	Baustützen	–	58,565	59,122 L		–	(4) § 154 BGB	58,1281	58,657	58,676	–
13. 6.	154/55	Kondensator	–	–	–		–	–	–	–	–	56–58,539
11. 7.	210/55	Einkochdose	–	59,22	–		–	–	–	–	–	56–58,581
23. 9.	106/57	Pansana	28,144	59,125	59,174 L		–	(13) § 9 PatG	59,239	59,98	59,9	–
30. 9.	54/57	Gemüsehobel	–	59,81	59,127 L		–	(10) § 13 PatG	59,100	59,22	–	56–58,605
30. 9.	48/56	Filterpapier	–	59,102	59,174 L		–	–	–	–	–	56–58,600
17. 10.	34/57	Heizpreßplatte	–	59,178	59,127		–	(6) § 2 PatG	59,384 L	59,184	59,58	56–58,615
28. 10.	20/57	Hohlblockmauerstein	–	–	–		–	–	–	–	–	56–58,623
21. 11.	129/57	Förderrinne	–	59,232	59,202 L		–	(15) § 6 PatG	–	59,275	59,321	–
21. 11.	98/57	Heiligenhof	–	59,200	59,208 L		–	(8) § 8 LitUrhG	59,185	–	59,93	–
21. 11.	61/57	Nelkenstecklinge	28,387	59,240	59,201		–	–	59,576	59,273	–	–
25. 11.	15/58	Einheitsfahrschein	–	59,251	–		–	(7) § 1 LitUrhG	–	59,276	59,136 L	–
2. 12.	144/57	Braupfanne	–	–	–		62,74	–	–	–	–	56–58,677
16. 12.	174/57	Schaumgummi	–	59,317	59,174		–	(16) § 6 PatG	59,1277 L	59,461	59,427	–
19. 12.	138/57	Laux-Kupplung I	–	59,478	60,16 L		–	(10) § 47 PatG	–	59,635	–	–
19. 12.	176/57	Bremsmotoren	–	59,293	–		–	(2) § 96 GWB	59,575	59,275	59,174 L	–
1959												
16. 1.	19/57	Ultraschall	–	–	–		–	–	–	–		59/60,1
3. 2.	170/57	Autodachzelt	–	59,528	60,65 L		–	(14) § 9 PatG	–	59,549	59,576 L	–
6. 3.	93/57	Mopedkupplung	–	59,320	59,264 L		–	(17) § 6 PatG	59,1276 L	59,462 L	–	–
10. 3.	178/57	Dungförderanlage	–	–	–		–	–	–	–	–	59/60,32
24. 3.	164/54	Gummiflicken	–	–	–		–	–	–	–	–	59/60,66
28. 4.	163/57	Kurbelwellenausgleichsgewichte	–	–	–		–	–	–	–	–	59/60,79
22. 5.	46/58	Metallabsatz	–	59,616	60,187 L		–	–	–	–	–	–
22. 5.	51/58	Uhrgehäuse	–	60,44	60,316 L		–	–	–	–	–	–
26. 5.	46/59	(Wiedereinsetzung)	–	–	–		60,59	–	–	–	–	59/60,93
2. 6.	38/58	Schlaucharmatur	–	–	–		–	–	–	–	–	59/60,111
9. 6.	28/58	Backofen	–	–	–		–	–	–	–	–	59/60,126
23. 6.	177/57	elektromagnet. Rühreinrichtung	–	59,532	60,87	–	59,180	(9) § 1 PatG	–	59,727	–	59/60,151
30. 6.	59/57	Verbindungsklemme	–	60,27	60,91 L	–	–	(8) § 42 PatG	–	59,909 L	–	59/60,171
30. 6.	31/58	Nährbier	30,357	60,83	60,264	–	–	(25) § 25 WZG	59,2256	60,24	59,1152	–
3. 7.	169/55	Bundfitsche	–	59,552	60,91 L	–	–	(8) § 537 ZPO	59,1827	59,909	59,791	–

Datum	Aktz. (I ZR)	Stichwort	BGHZ	GRUR	Blatt	BPatGerE	Mitt.	LM (Nr. zu §)	NJW	MDR	BB	Liedl
noch 1959												
6. 10.	117/57	Schiffslukenverschluß	–	Ausl. 60, 506	60,343 L	–	–	(2) PVÜ	–	60,106	59,1274	59/60,184
16. 10.	165/57	Prallmühle II	–	60,179	61,244 L	–	–	(6) 1. ÜberlGes.	–	60,106	–	59/60,207
27. 10.	55/58	Feuerzeug	–	60,232	–	–	–	(3) § 355 ZPO	60,145	60,107	60,574	–
11. 11.	KZR 1/59	Malzflocken	31,162	60,350	–	–	–	(1) § 92 GWB	60,93	60,109	59,1225	–
27. 11.	24/58	Simili-Schmuck	–	60,244	60,320	–	–	(91) § 1 UWG	–	60,202	60,154	–
18. 12.	62/58	Kodak	–	60,372	60,320 L	–	–	(41/42) § 16 UWG	–	60,375	–	–
18. 12.	136/55	Windschutzscheibe	–	–	–	–	–	–	–	–	–	59/60,226
1960												
24. 1.	135/57	(Ni-Berufungsverfahren)	–	–	–	–	60,58	–	–	–	–	59/60,257
5. 2.	181/57	Absperrventil	–	–	–	–	–	–	–	–	–	59/60,260
12. 2.	156/57	Holzimprägnierung	–	61,24	61,244 L	–	60,153	–	–	–	–	59/60,276
15. 3.	111/58	Landkartenverschluß	–	60,474	–	–	–	–	–	–	–	–
29. 3.	109/58	Kreuzbodenventilsäcke I	–	60,423	61,19 L	–	–	(18) § 6 PatG	60,1154	60,642	60,538	–
5. 4.	153/58	Spielzeugfahrzeug	–	–	–	–	–	–	–	–	–	59/60,302
22. 4.	133/58	Kabelabstandsschelle	–	–	–	–	–	–	–	–	–	59/60,313
29. 4.	102/58	Flugzeugbetankung I	–	60,542	61,269 L	–	–	(12) § 1 PatG	–	60,997	–	59/60,327
29. 4.	82/58	Flugzeugbetankung II	–	60,545	61,269 L	–	–	–	–	–	–	59/60,345
6. 5.	36/58	Fensterbeschläge	–	60,427	–	–	–	–	–	–	–	59/60,355
10. 5.	9/59	Blockpedale	–	60,478	–	–	–	–	–	–	–	–
17. 5.	34/59	Handstrickverfahren	–	60,554	–	–	–	(3) § 18 UWG	60,2000	60,903	60,919	–
20. 5.	148/58	Antennenantrieb	–	–	–	–	–	–	–	–	–	59/60,372
31. 5.	112/59	Deckelfugenabdichtung	–	60,429	60,290	–	–	(5) § 37 PatG	60,1460	60,642	–	59/60,390
31. 5.	64/58	Figaros Hochzeit	33,20	60,614	60,68	–	–	(4) § 2 LitUrhG	60,2043	60,822	–	–
10. 6.	135/57	(Kostenerstattung im AR-Verfahren)	–	–	62,310	–	60,231	–	–	–	–	–
10. 6.	107/58	Grubenschaleisen	–	61,26	–	–	–	(13) § 47 PatG	–	60,905	60,883	–
14. 6.	116/58	Polsterformkörper	–	60,483	61,269 L	–	–	(10) § 1 PatG	60,2001	60,837 L	60,837 L	–
21. 6.	114/58	Bierhahn	–	60,546	61,63 L	–	–	(19) § 6 PatG	–	60,905	60,1041 L	–
24. 6.	109/55	Schwingungswalze	–	–	–	–	–	–	–	–	–	59/60,395
1. 7.	72/59	Wurftaubenpresse	–	61,40	–	–	–	(5) § 17 UWG	60,1999	60,902	60,920	–
5. 7.	63/59	Holzbauträger	–	61,27	61,269 L	–	–	(15/16) § 9 PatG	–	60,997	60,998	–
5. 7.	76/59	Blinkleuchte	–	61,77	61,270 L	–	–	(20) § 6 PatG	–	60,904	60,997	–
20. 9.	45/59	Feuerzeugbenzinbehälter	–	61,79	61,270 L	–	–	(1) § 54 PatG	61,72	61,29	60,1300	–
20. 9.	77/59	Krankenwagen II	33,163	61,307	61,300 L	–	–	(7) § 339 BGB	60,2332	61,27	60,1224	–
23. 9.	119/60	(Armenrecht)	–	–	61,20	–	–	–	–	–	–	–

noch 1960												
27. 9.	56/59	Socsil	–	61,241	61,21	–	–	–	–	–	–	–
28. 10.	71/57	Strangpresse	–	–	–	–	–	–	–	–	–	59/60,418
8. 11.	67/59	Metallspritzverfahren	–	61,627	62,81 L	–	–	–	–	–	–	–
17. 11.	157/58	Abziehgerät	–	–	–	–	–	–	–	–	–	59/60,432
9. 12.	121/59	Lampengehäuse	–	61,278	61,244 L	–	61,57	(9) § 42 PatG	61,510 L	61,205	61,152	59/60,446
1961												
12. 1.	II ZR 282/59	Hubroller	–	61,494	–	–	–	–	–	–	61,617	–
17. 1.	4/57	Schuheinlage	–	–	–	–	–	–	–	–	–	61/62,1
27. 1.	119/59	Klebebindung	–	61,404	61,436 L	–	–	(21) § 6 PatG	61,1017 L	61,481	–	–
31. 1.	66/59	Bettcouch	–	61,335	–	–	–	–	–	–	–	–
17. 2.	133/60	Drillmaschine	–	61,409	–	–	–	–	–	–	–	–
27. 2.	127/59	Stahlrohrstuhl	–	61,635	–	–	–	(5) § 2 KUG	61,1210	61,572	61,549	–
10. 3.	137/59	Tubenverschluß	–	–	–	–	–	–	–	–	–	61/62,16
17. 3.	70/59	Gewinderollkopf I	–	61,470	61,407 L	–	–	(17) § 9 PatG	–	61,572	–	–
17. 3.	94/59	Gewinderollkopf II	–	61,466	61,407 L	–	–	(18) § 9 PatG	–	61,571	61,696	–
21. 3.	133/59	Klebemittel	–	61,432	–	–	–	(4) § 612 BGB	61,1251	61,478	61,498	–
21. 3.	108/58	Portionierer	–	–	–	–	–	–	–	–	–	61/62,48
18. 4.	41/57	Heuwender	–	–	–	–	–	–	–	–	–	61/62,64
20. 4.	27/59	Metallfenster	–	61,572	61,21 L	–	–	(4) § 67 ZPO	–	61,831	–	61/62,84
12. 5.	37/59	Strahlapparat	–	61,529	62,139 L	–	–	(3) § 36a PatG	61,1527	61,830	61,767	61/62,100
16. 5.	175/58	Torsana-Einlage	–	62,34	–	–	–	–	–	–	61,1142	–
26. 5.	149/56	Stahlgliederband	–	–	–	–	61,199	–	–	–	–	61/62,131
26. 5.	149/58	Schienenbefestigung	–	–	–	–	61,199	–	–	–	–	61/62,164
26. 5.	28/59	Brennwagen für Tunnelöfen	–	–	–	–	–	–	–	–	–	61/62,182
16. 6.	162/57	Rohrdichtverfahren	–	62,80	–	–	–	–	–	–	–	61/62,197
20. 6.	21/60	Entblendung von Kraftfahrzeugen	–	–	–	–	–	–	–	–	–	61/62,217
23. 6.	132/59	Hummel-Figuren II	–	61,581	–	–	–	(108) § 1 UWG	–	61,829	61,881	–
27. 6.	130/59	Schallsichtverfahren	–	–	–	–	–	–	–	–	–	61/62,234
30. 6.	39/60	Kindersaugflasche	35,329	62,243	62,311 L	–	–	(111) § 1 UWG	62,37	62,28	61,1349	–
14. 7.	44/59	Buntstreifensatin I	35,341	62,144	62,164	–	–	(1) § 7 GeschmG	61,2107	61,1001	61,1104	–
14. 7.	17/60	Drehkippbeschlag	–	62,29	62,139 L	–	–	(22) § 6 PatG	–	61,915	61,954	61/62,248
20. 9.	157/58	Abziehgerät II (Kostenfestsetzung)	–	–	61,408	–	–	–	–	–	–	61/62,248
22. 9.	130/57	Einlegesohle	–	62,83	62,139	–	–	(13) § 1 PatG	–	62,29	–	61/62,249
6. 10.	47/59	Lacktränkeinrichtung	–	–	–	–	–	–	–	–	–	61/62,264
17. 10.	24/60	Zahlenlotto	–	62,51	–	–	–	–	–	–	–	–
24. 10.	92/58	Fischereifahrzeug	–	62,86	62,164	–	–	(7) § 2 PatG	–	62,30	61,1295	61/62,290
24. 10.	110/58	Reifenpresse	–	–	–	–	–	–	–	–	–	61/62,304
27. 10.	53/60	Stangenführungsrohre	–	62,140	62,164	–	–	(2) § 5 GebrMG	62,297	62,110	62,6	–

Datum	Aktz. (I ZR)	Stichwort	BGHZ	GRUR	Blatt	BPatGerE	Mitt.	LM (Nr. zu §)	NJW	MDR	BB	Liedl
noch 1961												
7. 11.	31/59	Katheter	–	–	–	–	–	–	–	–	–	61/62,360
14. 11.	146/59	Brieftauben-Reisekabine										
		a) Zwischenurteil	–	–	62,81	–	–	–	–	–	–	–
		b) Endurteil	–	62,290	62,278	–	–	–	–	–	–	61/62,370
21. 11.	32/59	Straßenbeleuchtung	–	–	–	–	–	–	–	–	–	61/62,397
24. 11.	156/59	Federspannvorrichtung	–	62,305	62,311	–	–	(2) DVOArbN ErfVO	62,395 L	62,97	62,97	–
28. 11.	ZB 6/61	(Nichtzulassgsbeschwerde)	–	62,163	62,56	–	–	(1) 6. ÜberlGes.	–	62,194	62,5	–
28. 11.	ZB 8/61	(Beschwerdekosten)	–	62,273	62,56	1,233	–	–	–	–	–	–
1. 12.	131/56	Hafendrehkran	–	62,294	62,182	–	–	(18) § 13 PatG	–	–	–	61/62,417
8. 12.	20/58	Hubstapler	–	–	–	–	–	–	–	–	–	61/62,432
22. 12.	109/57	Mischtrommel	–	–	–	–	–	–	–	–	–	61/62,450
1962												
5. 1.	107/60	Wandsteckdose	–	62,409	–	–	–	–	–	62,618	–	–
9. 1.	142/60	Sportschuh	–	62,299	–	–	–	–	–	–	–	–
17. 1.	ZB 12/61	(6. ÜG, Wiedereinsetzung)	–	62,384	62,166	1,239	–	(2) 6. ÜberlGes.	–	62,459	–	–
30. 1.	ZB 7/61	(Ges. v. 17. 2. 60)	–	62,329	62,82	1,228	–	(1) PAEntschGes	62,963	62,371 L	–	–
30. 1.	ZB 9/61	Atomschutzvorrichtung	–	62,398	62,141	1,237	–	–	–	–	–	–
30. 1.	172/58	Verpackungseinlage	–	–	–	–	–	–	–	–	–	61/62,468
20. 2.	166/60	Dreispiegel-Rückstrahler	–	62,350	62,183	–	–	–	–	–	–	61/62,495
23. 2.	114/60	Furniergitter	–	62,354	62,280 L	–	–	–	–	–	62,428	–
23. 2.	19/60	Stabfräse	–	–	–	–	–	–	–	–	–	61/62,524
27. 2.	118/60	AKI	37,1	62,470	62,280	–	–	(1) § 3 KUG	62,1295	62,636	62,658	–
2. 3.	28/60	(Kosten b. Klagrücknahme)	–	62,489	62,243	–	–	(1) § 35 GKG	62,1155	62,544	62,616 L	61/62,543
2. 3.	ZB 13/61	(Nichtzulassgsbeschwerde)	–	–	62,186	1,227	–	–	–	–	–	–
13. 3.	108/60	Kreuzbodenventilsäcke II	–	62,398	62,186	–	–	(15) § 47 PatG	–	62,459	62,428	–
13. 3.	18/61	Kreuzbodenventilsäcke III	–	62,401	62,311 L	–	–	(16) § 47 PatG	–	–	62,467	–
16. 3.	97/60	Atemgerät	–	–	–	–	–	–	–	–	–	61/62,549
11. 5.	158/60	Lichtkuppeln	–	62,459	62,354	–	–	(33) § 25 WZG	–	62,635	62,659	–
24. 5.	KZR 4/61	Radkappe	–	62,537	62,382	–	–	(51) § 24 WZG	62,1567	62,799	62,818	–
29. 5.	132/60	Dia-Rähmchen II	–	62,509	63,17 L	–	–	(17) § 47 PatG	62,1507	62,717	62,734	–
29. 5.	147/60	Standtank	–	62,575	63,17 L	–	–	–	–	–	62,904	–
29. 5.	137/61	(Schriftform d. Berufung)	–	62,453	62,244	–	–	(11) § 42 PatG	62,1505	62,636 L	62,688	61/62,580
8. 6.	6/61	Spritzgußmaschine II	–	63,52	–	–	–	(9) Vorb. § 145 BGB	62,1812	62,795	62,1056	–
8. 6.	9/61	Blitzlichtgerät	–	62,518	62,311	–	–	(3) § 1 GebrMG	62,2059	62,883	62,1100	–

noch 1962

19. 6.	ZB 10/61	Drahtseilverbindung	37,219	62,642	62,280	2,233 L	–	(9) § 2 PatG	62,2054	62,796	62,934L/973	–
6. 7.	74/59	Rosenzüchtung	–	62,577	63,17 L	–	63,17	(14) § 1 PatG (6) § 36a PatG	62,2058	62,964	62,1017	–
6. 7.	129/59	Bandanlage	–	–	–	–	–	–	–	–	–	61/62,589
13. 7.	37/61	Laux-Kupplung II	–	62,580	63,17 L	–	–	(18) § 47 PatG	–	–	62,976	–
16. 10.	KZR 11/61	Kieselsäure	–	63,207	–	–	–	–	–	–	–	–
26. 10.	ZB 18/61	Kunststoff-Tablett	38,166	63,129	63,41	2,233 L	–	(1) § 36b PatG	63,295	63,107	63,8	–
26. 10.	ZB 3/62	Fleischzubereitung	–	63,190	63,121	2,234	–	(6a) 1. ÜberlG	–	63,198	–	–
26. 10.	21/61	Rotaprint	–	63,152	–	–	–	(119) § 1 UWG	–	63,195	63,60	–
30. 10.	46/61	Aufhängevorrichtung	–	63,563	–	–	–	–	–	–	–	–
30. 10.	104/59	Zerspaner	–	–	–	–	–	–	–	–	–	61/62,618
30. 10.	138/58	Schwarzemail	–	–	–	–	–	–	–	–	–	61/62,602
5. 11.	39/61	Kindernähmaschine	38,200	63,255	63,179 L	–	–	(19) § 823 (Ai) BGB	63,531	63,196	63,61	–
9. 11.	147/59	Brieftauben-Reisekabine II	–	–	–	–	–	–	–	–	–	61/62,647
16. 11.	ZB 12/62	Weidepumpe	–	63,279	63,124	2,244	–	(3) 6. ÜberlGes.	–	63,379	63,286	–
20. 11.	40/61	Pauschalabfindung	–	63,315	63,76	–	–	(3) § 12 ArbEG	–	63,198	63,141	–
20. 11.	29/61	Kreismesserhalter	–	–	–	–	–	–	–	–	–	61/62,669
23. 11.	44/61	Mischer	–	–	–	–	–	–	–	–	–	61/62,684
13. 12.	42/61	Klebemax	–	63,519	63,299	–	–	(4) § 5 GebrMG	–	63,912	63,996	–
13. 12.	5/61	Freischwinger-Lautsprecher	–	–	–	–	–	–	–	–	–	61/62,708
17. 12.	146/59	Brieftauben-Reisekabine	–	–	–	–	63,60	–	–	–	–	61/62,723
21. 12.	65/60	Tasterkluppe	–	–	–	–	–	–	–	–	–	61/62,725
21. 12.	145/60	Leitbleche	–	–	–	–	–	–	–	–	–	61/62,741
21. 12.	ZB 19/62	(rechtliches Gehör)	–	–	63,179	2,253	–	–	–	–	–	–
21. 12.	ZB 23/62	Radgehäuse	–	63,593	63,301	4,199	–	(1) § 41a PatG	–	63,911	63,955	–
21. 12.	ZB 27/62	Warmpressen	39,333	63,645	63,343	4,199 L	–	(1) § 41p PatG	63,2272	63,823	63,997	–
1963	(Ia ZR)											
4. 1.	IbZR 95/61	coffeinfrei	–	63,423	63,348	–	–	(120) § 1 UWG	63,855	63,472	63,362	–
10. 1.	174/63	Bürovorsteher	–	63,253	63,160	–	63,115 L	(7) § 37 PatG	–	63,379	63,365	63/64,1
22. 1.	60/63	Stapelpresse	–	63,311	63,181	–	–	–	–	–	–	–
12. 2.	112/63	(Urteilszustellung)	–	–	–	–	–	(13) § 198 ZPO	63,1307	63,565	63,576	–
19. 2.	64/63	Konditioniereinrichtung	–	64,18	64,22	–	–	(20) § 13 PatG	63,2125 L	63,912	63,996	63/64,45
26. 3.	97/63	Filmspule	–	–	–	–	–	–	–	–	–	63/64,73
27. 3.	IbZR 129/61	Rechenschieber	39,306	63,633	–	–	–	(11) § 1 LitUrhG	63,1877	63,657	63,744	–
28. 3.	19/63	Rückstrahler-Dreieck	–	63,494	63,349 L	–	–	(1) § 7 GebrMG	63,1548	63,565	63,583	–
23. 4.	21/63	Schukostecker	–	–	63,365	–	–	–	–	–	–	63/64,100
25. 4.	34/63	Wimpernfärbestift	–	63,568	64,121	–	–	–	–	–	–	63/64,114
14. 5.	36/63	Winkelstecker	–	–	–	–	–	–	–	–	–	63/64,126
21. 5.	32/63	Trockenschleuder	–	63,518	63,244	–	–	(10) § 2 PatG	–	63,911	63,876	63/64,138

Datum	Aktz. (I:a ZR)	Stichwort	BGHZ	GRUR	Blatt	BPatGerE	Mitt.	LM (Nr. zu §)	NJW	MDR	BB	Liedl
noch 1963												
21. 5.	84/63	Taxilan	39,389	64,20	63,366	–	–	(2) § 7 PatG	63,2370	63,822	63,954	–
18. 6.	13/63	Fächerreflektor	–	–	–	–	–	–	–	–	–	63/64,157
25. 6.	5/63	Hüftgelenkprothese	–	–	–	–	–	–	–	–	–	63/64,172
10. 7.	IbZR 21/62	Petromax III	–	64,31	64,72 L	–	–	(4) § 18 UWG	63,2120	63,908	63,953	–
11. 7.	68/63	Kappenverschluß	–	64,132	64,125 L	–	–	(23) § 6 PatG	–	64,117	64,17	–
12. 7.	134/63	Sympatol II	–	–	–	–	–	(2) § 353 HGB	64,100	64,24	–	–
19. 7.	29/63	Kleinparkett	–	–	–	–	–	–	–	–	–	63/64,191
27. 9.	IbZR 24/62	Sintex	–	64,144	64,184	–	–	(61) § 3 UWG	64,157	64,116	63,1318	–
6. 11.	IbZR 37/62	Klemmbausteine	41,55	64,621	–	–	–	(139) § 1 UWG	64,920	64,389	64,406	–
28. 11.	8/63	Mischer II	40,332	64,196	64,130 L	–	–	(24) § 6 PatG	64,590	64,295	–	–
28. 11.	119/63	Rolladen	–	64,221	64,130 L	–	–	(31) § 561 ZPO	64,590	64,295	–	–
28. 11.	ZB 202/63	Elektro-Handschleifgerät	–	64,201	64,189	4,233	–	(2) § 41 p PatG	–	64,117	–	–
28. 11.	ZB 204/63	Schreibstift	–	64,259	64,167	4,238	–	(3) § 41 p PatG	–	64,295	–	–
28. 11.	ZB 213/63	Zinnlot	–	64,276	64,236	4,245	–	(4) § 41 p PatG (7) 1. ÜberlGes.	–	64,393	63,371	–
28. 11.	20/63	Motorrollerhilfsrahmen	–	–	–	–	–	–	–	–	–	63/64,228
17. 12.	17/63	Christbaumbehang I	–	64,433	64,357 L	–	–	(25) § 6 PatG (5) § 5 GebrMG	–	64,295 L	64,146	–
1964	(I a ZR)											
14. 1.	95/63	Dosier- u. Mischanlage	41,13	64,308	64,243	–	–	(21) § 13 PatG	64,924	64,392	64,239	63/64,271
17. 1.	242/63	(Armutszeugnis)	–	64,281	–	–	–	–	–	–	–	63/64,282
22. 1.	IbZR 92/62	Maja	41,84	64,372	64,277 L	–	–	(55) § 24 WZG	64,1518	64,576	64,577	–
30. 1.	35/63	Mopedkupplung	–	–	–	–	–	–	–	–	–	63/64,287
30. 1.	ZB 1/63	Verstärker	42,263	65,239	65,236 L	6,255 L	–	(6 b) § 1 GebrMG	65,633 L	65,24	64,1276	–
30. 1.	ZB 6/63	Spannungsregler	42,248	65,234	65,236	6,254 L	–	(6 a) § 1 GebrMG	65,633	65,191	65,102	–
30. 1.	ZB 14/63	UHF-Empfänger I	–	65,247	65,240 L	6,255 L	–	(6) § 1 GebrMG	–	–	–	–
30. 1.	ZB 229/63	Kondenswasserableiter	–	64,310	64,244	4,257	–	(2) § 10 GebrMG	–	64,393	–	–
13. 2.	ZB 19/63	Arzneimittelgemisch	41,231	64,439	64,277	5,253 L	–	(25 a) § 1 PatG	64,1717	64,652	64,698	–
25. 2.	40/63	Meurer-Diesel	–	–	–	–	–	–	–	–	–	63/64,355
25. 2.	162/63	Trockenbestäubungsmittel	–	–	–	–	–	–	–	–	–	63/64,315
5. 3.	I ZR 110/58	(Streitwertfestsetzung)	–	–	–	–	66,62	(4) § 23 GKG	64,2062	64,483	64,533	–
17. 3.	177/63	Erntemaschine	41,378	65,28	64,282	–	–	(26) § 6 PatG	64,1722	64,737	64,862	–
17. 3.	178/63	Chloramphenicol	–	64,491	64,357 L	–	–	(1) SaarEinglG	–	64,573	64,825	–
17. 3.	193/63	Gliedermaßstäbe	42,340	65,327	–	–	–	(51) § 322 ZPO	65,689	65,272	–	–
21. 4.	ZB 218/63	Damenschuh-Absatz	41,360	64,519	65,69 L	5,253 L	64,216	(5) § 41 p PatG	64,1520	64,572	64,618	–
30. 4.	224/63	Formsand II	–	64,496	64,357 L	–	–	(4) § 7 PatG (20) § 47 PatG	–	64,738	64,825	–

noch 1964

14. 5.	79/63	Schukokonturenstecker	–	–	–	–	–	–	–	–	–	63/64,422
26. 5.	ZB 233/63	Akteneinsicht I	42,19	64,548	64,247	5,254 L	64,193 L	(1) § 24 PatG	64,1723	64,738	64,825	–
26. 5.	ZB 18/63	Akteneinsicht II	42,32	64,602	64,283	5,254 L	–	(2) § 36d PatG	64,1728	64,739 L	–	–
18. 6.	173/63	Förderband	–	64,606	65,70 L	–	–	(27) § 6 PatG	–	64,826	–	–
30. 6.	10/63	Abtastnadel II	–	64,669	65,203 L	–	–	(28) § 6 PatG	–	64,906	–	–
30. 6.	109/63	Bierabfüllung	–	64,612	65,94	–	–	(11) § 2 PatG	–	64,825	–	63/64,471
30. 6.	206/63	Kasten f. Fußabtrittsroste	–	64,673	65,203 L	–	–	(5) § 7 PatG	–	64,737	64,862	–
2. 7.	115/63	Kippbrückenblech	–	–	–	–	–	–	–	–	–	63/64,494
3. 7.	IbZR 146/62	Stadtplan	–	65,45	–	–	–	(12) § 1 LitUrhG	64,2153	64,907	64,1024	–
14. 7.	195/63	Vanal-Patent	–	65,135	65,176	–	–	(20) § 9 PatG	65,491	65,112	64,1402	63/64,506
16. 7.	ZB 214/63	Fotoleiter	–	64,697	65,151	5,244	65,19	(6) § 41p PatG	–	64,826 L	64,1191	–
16. 7.	ZB 6/64	Flachabdruckplatten	–	64,634	64,320	5,249	–	(1) vor § 41p PatG	64,2255	64,826	–	–
28. 7.	186/63	Läppen	–	64,676	65,203 L	–	–	(16) § 1 PatG	–	64,906	–	63/64,515
28. 7.	ZB 4/64	Schrankbett	–	65,50	65,203 L	6,252	–	(2) § 41a PatG	–	64,907	–	–
29. 9.	285/63	Zierfalten	–	65,231	65,240 L	–	–	(10) § 37 PatG	65,493	65,271	–	63/64,535
1. 10.	KZR 5/64	Abbauhammer	–	65,160	–	–	–	(1) § 20 GWB	65,499	65,114	64,1319	–
6. 10.	74/63	Kuttermesser	–	–	–	–	–	(3) § 98 ZPO	65,103	65,25	–	–
8. 10.	168/63	Schüttgutladegerät	–	–	–	–	–	–	–	–	–	63/64,551
22. 10.	8/64	Schellenreibungskupplung	–	65,302	65,203	–	–		–	–	–	–
5. 11.	152/63	Polymerisationsbeschleuniger	–	65,138	65,207	–	–	(17) § 1 PatG	–	65,112	–	63/64,607
19. 11.	108/63	Freivorbau	–	–	–	–	–	–	–	–	–	63/64,626
27. 11.	164/63	Schichtschleifscheibe	–	–	–	–	–	–	–	–	–	63/64,662
1. 12.	212/63	Reaktions-Meßgerät	–	65,298	–	–	–	(21) § 9 PatG	65,759	65,365	65,217	–
3. 12.	ZB 18/64	Kontaktmaterial	43,12	65,270	65,179	6,257 L	–	(7) § 41p PatG	65,495	65,272	65,139	–
3. 12.	ZB 22/64	Anodenkorb	–	65,273	65,211 L	6,256 L	65,77	(8/9) § 41p PatG	65,497	65,272	–	–
22. 12.	27/63	Dauerwellen I	–	65,473	66,54 L	–	65,216 L	(25) § 13 PatG	–	65,270	–	63/64,676
22. 12.	237/63	(Nebenintervention)	–	65,297	–	–	65,76	(11) § 37 PatG	–	65,270	–	63/64,671
1965												
7. 1.	151/63	Lacktränkeinrichtung II	–	65,411	65,324 L	–	–	(6,7) § 7 PatG (21) § 47 PatG (11) § 286 (E) ZPO	–	65,551	65,471	–
19. 1.	136/63	Bolzenschießgerät	–	65,355	65,281 L	–	–	(3) § 26 PatG	–	65,365	–	65/66,1
28. 1.	273/63	Absetzwagen	–	–	–	–	–	(15) § 275 BGB	–	65,361	65,399	–
15. 2.	I ZR 61/60	(Teilstreitwert)	–	65,562	65,324 L	–	–	(4) § 53 PatG	65,1333	65,552	65,514	65/66,19
15. 2.	290/63	Lamellenschrägsteller	–	–	–	–	–	–	–	–	–	65/66,22
18. 2.	205/63	Spaltrohrpumpe	–	–	–	–	–	–	–	–	–	65/66,34
18. 2.	ZB 235/63	Schweißelektrode I	–	65,416	65,324 L	7,234 L	–	(6) 6. ÜberlG	–	65,552	65,434	–
19. 2.	Ib ZB 6/63	Gaselan	–	65,502	65,213	6,257 L	–	(10) § 41p PatG	65,1332	65,548	65,515	–
23. 2.	63/63	Harnstoff	–	65,480	66,54 L	–	65,156	(12) § 42 PatG	65,1332	65,551	65,472	65/66,49
25. 2.	ZB 2/64	Fleischwolf	–	–	66,125	–	–	–	–	–	–	–

Datum	Aktz. (Ia ZR)	Stichwort	BGHZ	GRUR	Blatt	BPatGerE	Mitt.	LM (Nr. zu §)	NJW	MDR	BB	Liedl
noch 1965												
16. 3.	295/63	Flaschenblasen	–	–	–	–	–	–	–	–	–	65/66,77
23. 3.	233/63	Dungschleuder	–	–	–	–	–	–	–	–	–	65/66,115
23. 3.	ZB 10/64	Typensatz	–	65,533	65,281	7,234	65,114	(18) § 1 PatG	–	65,550	–	–
25. 3.	9/63	Wärmeschreiber I	–	66,138	66,54	–	–	(4) § 26 PatG	65,2252	65,887	65,1086	65/66,137
25. 3.	146/63	Phosphatierung	–	66,192	66,71	–	–	(21) § 1 PatG	–	65,887	65,1086	65/66,156
1. 4.	218/63	Stahlveredelung	–	66,141	66,55	–	–	(22) § 1 PatG	65,2252 L	65,888	65,1086	65/66,198
1. 4.	ZB 20/64	(Patentanwaltskosten)	43,352	65,621	66,73 L	7,239 L	66,52	(1,2) § 36q PatG	65,1599	65,639	–	–
29. 4.	260/63	Wellplatten	–	65,591	66,56 L	–	–	(22) § 9 PatG	65,1861	65,730	65,803	–
4. 5.	221/63	Absetzwagen II	–	–	–	–	–	–	–	–	–	65/66,220
13. 5.	ZB 1/64	Darmreinigungsmittel	–	66,28	65,238	7,240	65,172	(19) § 1 PatG (1) § 41w PatG	65,2014	65,807	–	–
13. 5.	ZB 23/64	Beschränkter Bekanntmachungsantrag	–	66,146	66,127	7,244	66,96	(5) § 26 PatG	66,50	66,38	66,97	–
13. 5.	ZB 27/64	Hinterachse	–	66,50	65,311	7,255	65,216	(2) § 36l PatG	65,1862	65,731	65,885	–
21. 5.	Ib ZR 121/63	Zündaufsatz	–	66,97	66,164	–	–	(7) § 1 GeschmMG	–	65,808	65,843	–
1. 6.	ZB 16/64 und 17/64	(Aussetzung der Bekanntmachung)	–	66,85	65,324	7,265	65,174	(3) § 30 PatG	65,2155	65,976	65,1086	–
10. 6.	ZB 21/64	Nähmaschinen-Antrieb	–	–	–	–	67,16	–	–	–	–	–
1. 7.	293/63	Kabelschuh	–	–	–	–	–	–	–	–	–	65/66,241
16. 7.	261/63	Patentrolleneintrag	–	66,107	65,314	–	66,35	(13) § 37 PatG (13) § 42 PatG	65,1865	65,888	65,925	65/66,275
16. 7.	ZB 3/64	(Terminsladung)	–	66,160	67,31 L	–	–	(11) § 41p PatG	65,2252	66,40	–	–
28. 9.	176/63	(Restitutionsverfahren)	–	66,109	66,131 L	–	–	(2) § 41o PatG	–	66,40	–	65/66,284
30. 9.	256/63	Meßband	–	–	–	–	–	–	–	–	–	65/66,290
6. 10.	Ib ZR 4/64	Bleistiftabsätze	–	66,92	67,31 L	–	–	(75) § 3 UWG	66,48	66,35	65,1328	–
7. 10.	129/63	Dauerwellen II	–	66,370	67,31 L	–	–	(3,4,5,6) AHKG 8	–	66,121	–	–
13. 10.	Ib ZR 111/63	Apfel-Madonna	44,288	66,503	–	–	–	(161) § 1 UWG	66,542	66,214	66,31	–
21. 10.	144/63	Dia-Rähmchen III	–	66,218	66,238 L	–	–	(12) § 240 ZPO	66,50	66,39	66,177	–
28. 10.	238/63	Plastikflaschen	–	66,198	66,238 L	–	–	(8) § 7 PatG	–	66,38	–	–
28. 10.	ZB 11/65	Stromrichter	–	66,280	66,131	8,242 L	–	(3) § 36l PatG	66,1077	66,399	–	–
28. 10.	ZB 12/65	(Benachrichtigung)	–	66,200	66,73	7,270	–	(1) § 11 PatG	–	–	66,673	–
23. 11.	ZB 210/63	Suppenrezept	–	66,249	66,164	8,242 L	–	(24) § 1 PatG	–	66,395	66,177	–
25. 11.	117/64	Pfennigabsatz	–	66,484	67,31 L	–	–	(13) § 2 PatG	–	66,398	66,176	65/66,303
25. 11.	ZB 13/64	Flächentransistor	44,263	66,309 Int. 66,382	66,74	8,243 L	66,93	(12,15) § 2 PatG	66,300	66,120	66,177	–
25. 11.	ZB 24/64	Ferromagnetischer Körper	–	66,201	66,76	8,243 L	–	(23) § 1 PatG	–	–	66,7	–
25. 11.	ZB 28/64	Motorrad-Batterie	44,346	66,251	66,166	8,243 L	–	(15) § 2 PatG	66,833	66,397	66,177	–

noch 1965												
7. 12.	292/63	FIAT-Ablichtungen	–	66,255	–	–	–	(14) § 2 PatG	–	66,397	–	65/66,320
21. 12.	2/63	Brutapparat	–	–	–	–	–	–	–	–	–	65/66,328
1966												
11. 1.	135/63	Wärmeschreiber II	–	66,386	–	–	–	–	–	–	–	–
20. 1.	15/64	Miststreuer	–	–	–	–	–	–	–	–	–	65/66,349
25. 1.	43/64	Schalungsstein	–	–	–	–	66,217	–	–	–	–	–
3. 2.	ZB 26/64	Appetitzügler	45,102	66,312	66,201	8,244 L	66,151 L	(25) § 1 PatG	66,832	66,396	66,225	–
3. 2.	ZB 4/65	Seifenzusatz	–	66,319	66,197	8,244 L	–	(9) § 26 PatG	–	66,399	66,674	–
8. 2.	42/65	Fußbodenleiste	–	–	–	–	66,197	–	–	–	–	–
24. 3.	229/63	Gasfeuerzeug	–	–	–	–	–	–	–	–	–	65/66,377
24. 3.	245/63	(Beweisgebühr)	–	66,523	–	–	–	(1,2) § 29 GKG	66,1319 L	66,577	–	65/66,400
24. 3.	9/64	Bratpfanne	–	66,553	67,133 L	–	–	(3) § 15 GebrMG	–	–	–	–
24. 3.	ZB 5/65	Ferrit	–	66,488	66,230	8,245 L	–	(10) § 26 PatG	66,1317	66,738	66,674	–
28. 4.	ZB 9/65	Abtastverfahren	–	66,583	66,234	8,245 L	–	(3) § 41 o PatG	66,1318	66,738	66,674	–
28. 4.	30 u. 31/64	Leuchtglobus	–	–	–	–	–	–	–	–	–	65/66,411/430
5. 5.	110/64	Spanplatten	–	66,558	67,133 L	–	–	(2) § 3 PatG	66,1316	66,737	66,634	–
20. 5.	KZR 10/64	Zimcofot	–	66,576	–	–	–	(3) § 91 GWB	–	66,739	66,754	–
14. 6.	167/63	Gasheizplatte	–	67,56	67,133 L	–	–	(15) § 37 PatG	66,2059	66,818	66,797	65/66,450
22. 6.	108/63	Spannbeton II	–	66,638	67,32 L	–	–	(5) § 23 GKG	66,2061	66,907	–	65/66,476
23. 6.	263/63	Adrema	–	–	–	–	–	–	–	–	–	65/66,480
24. 6.	Ib ZR 32/64	Saxophon	–	66,617	–	–	–	–	–	–	66,997	
27. 6.	ZA 2/66	Akteneinsicht III	–	66,639	66,308	–	–	(4) § 41 o PatG	66,2060	66,907	–	–
28. 6.	149/63	Klemmschloß	–	–	–	–	–	–	–	–	–	65/66,498
12. 7.	14/64	Vulkanisierungsform	–	–	–	–	–	–	–	–	–	65/66,515
14. 7.	79/64	Christbaumbehang II	–	67,84	67,159 L	–	–	(2) § 54 PatG	66,2060	66,993	66,1078	–
14. 7.	85/64	Spritzgußmaschine III	–	67,25	67,159 L	–	67,11	(26) § 1 PatG	–	66,992	–	65/66,535
14. 7.	ZB 9/66	Akteneinsicht IV	46,1	66,698	66,309	8,245 L	–	(1,2) PatAmtsVO	66,2056	66,907 L	66,999	–
18. 10.	ZB 12/66	(Anwaltszwang)	–	67,166	67,82	–	67,20	(1) § 41 r PatG	67,49 L	67,109 L	–	–
20. 10.	176/63	Aluminiumflachfolien	–	–	–	–	–	–	–	–	–	65/66,569
20. 10.	ZB 11/66	Kondenswasserabscheider	–	–	67,137	–	67,39	–	–	–	–	–
25. 10.	KZR 7/65	Schweißbolzen	46,365	67,378	–	–	67,117	(3,4,5) § 20 GWB	67,1178	67,382	67,346	–
27. 10.	86/64	Hohlwalze	–	67,194	67,323 L	–	–	(17) § 42 PatG	–	67,108	–	–
4. 11.	Ib ZR 77/65	skai-cubana	–	67,315	67,331	–	–	(1) § 72 UrhG	67,723	67,381	67,225	–
24. 11.	259/63	Hafendrehkran	–	–	–	–	–	–	–	–	–	65/66,576
29. 11.	11/63	Mehrschichtplatte	–	67,241	67,323 L	–	–	(11) § 26 PatG	–	67,194	–	65/66,601
1. 12.	148/63	Fahrzeugaufbau	–	67,324	67,323 L	–	–	(18) § 42 PatG	67,396	67,285	–	65/66,629
1. 12.	ZB 18/66	(Lizenzbereitschaft für Geheimpatent)	–	67,245	67,82	8,246	–	(1) § 14 PatG	67,395	67,195	67,94	–
22. 12.	100/64	Führungshohlkörper	–	–	–	–	–	–	–	–	–	65/66,670
22. 12.	225/63	Nadelrollenkäfig	–	–	–	–	–	–	–	–	–	65/66,694

Datum	Aktz. (I a ZR)	Stichwort	BGHZ	GRUR	Blatt	BPatGerE	Mitt.	LM (Nr. zu §)	NJW	MDR	BB	Liedl
1967												
10. 1.	101/63	Warenzufuhrvorrichtung	–	–	–	–	–	–	–	–	–	67/68,11
26. 1.	ZB 19/65	UHF-Empfänger II	47,132	67,477	67,294	–	–	(2) § 3 GebrMG	67,2116	67,562	67,600	–
26. 1.	ZB 17/66	Dampferzeuger	–	67,476	67,197	–	67,112	(13) § 26 PatG	67,1465	67,467	67,772	–
31. 1.	ZB 6/66	Bleiphosphit	–	67,543	67,223	–	67,55	(12) § 41p PatG	–	–	67,810	–
31. 1.	8/65	Klemme	–	–	–	–	–	–	–	–	–	67/68,20
21. 2.	67/64	Faltenrohre	–	67,585	–	–	67,137	–	–	–	–	67/68,37
23. 2.	7/64	Überzugsverfahren	–	–	–	–	–	–	–	–	–	67/68,53
2. 3.	ZB 10/65	Korrosionsschutz-Binde	–	67,351	67,198	–	67,156	(2) § 9 GebrMG	–	67,466	67,430	–
9. 3.	ZB 25/65	Kaskodeverstärker	–	67,413	67,299	–	–	(12) § 26 PatG	–	67,467	–	–
9. 3.	ZB 28/65	Isoharnstoffäther	–	67,435	67,324	–	67,138	(18) § 128 ZPO	67,1466	67,988	–	–
14. 3.	55/64	(Sachverständigenhonorar)	–	67,553	–	–	–	(2) ZuSEG	–	–	–	67/68,92
14. 3.	42/64	Verkleidungsplatte	–	–	–	–	–	–	–	–	–	67/68,79
16. 3.	41/64	Gebläsegehäuse	–	–	–	–	67,154	–	–	–	–	67/68,112
11. 4.	ZB 5/66	Schweißelektrode II	–	67,548	68,74 L	–	–	(13) § 41p PatG	67,1468	67,988	–	–
18. 4.	86/65	Leiterteil	–	–	–	–	–	–	–	–	–	67/68,135
27. 4.	ZB 19/66	Rohrhalterung	–	67,586	67,225	–	67,197	(3) § 32 PatG	67,2114	67,988 L	67,730	–
27. 4.	ZA 2/67	Akteneinsicht V	–	67,498	67,358	–	–	(4) § 299 ZPO	–	67,987	67,1062	67/68,146
5. 5.	KZR 1/66	Fischbearbeitungsmaschine	–	67,670	–	–	–	(6) § 20 GWB	67,1715	67,738	AWD 67,274	–
18. 5.	37/65	Garagentor	–	67,590	68,133 L	–	67,235	(29) § 1 PatG	67,2114	67,987	67,1062	67/68,148
24. 5.	IbZR213/62	Spielautomat	–	–	–	–	–	–	–	–	–	WRP 68,50
30. 5.	ZB 16/65	(Rechtsbeschwerdekosten)	–	67,553	68,166	–	–	–	–	–	–	–
30. 5.	ZB 24/65	Ladegerät	–	68,86	68,167 L	–	67,16	(6) § 5 GebrMG	–	68,212	67,772	–
31. 5.	IbZR119/62	Zentralschloßanlagen	–	68,49	–	–	–	(183) § 1 UWG	–	67,817	67,902	–
7. 6.	Ib ZR 34/65	Favorit II	–	68,382	–	–	–	–	–	67,905	67,974	–
8. 6.	KZR 2/66	Gymnastiksandale	–	67,676	–	–	–	–	–	–	67,902	–
13. 6.	236/63	Selbstschlußventil	–	–	–	–	–	–	–	–	–	67/68,171
15. 6.	ZB 13/66	Altix	–	67,655	68,196 L	–	67,216	(2,3) § 14 PatG	–	67,819	–	–
23. 6.	Ib ZB 18/66	D-Tracetten	–	67,681	67,326	–	67,230	(7) § 13 WZG	–	68,117	67,902	–
27. 6.	ZB 19/65	UHF-Empfänger III	–	68,40	68,167	–	–	(8) § 1 GebrMG	–	–	–	–
6. 7.	59/65	Elektrolackieren II	–	68,33	68,196 L	–	–	(25) § 47 PatG	–	68,121	67,1062	–
13. 7.	ZB 1/67	Paraphe	–	68,108	68,133	–	–	(5) § 36 l PatG	67,2310	67,906	67,1062	–
13. 7.	156/63	Kernbremse	–	–	–	–	–	–	–	–	–	67/68,204
19. 7.	280/63	Straßenbrücke	–	–	–	–	–	–	–	–	–	67/68,223
19. 7.	ZB 22/66	Flaschenkasten	–	68,447	68,353 L	–	–	(4) § 36q PatG	–	68,120	–	–
20. 9.	Ib ZB 13/66	Golden Toast	–	68,59	–	–	–	–	–	–	–	–

noch 1967												
26. 9.	ZB 1/65	Glatzenoperation	48,313	68,142	68,47	–	–	(30) § 1 PatG	68,197	68,119	68,9	–
25. 10.	Ib ZR 62/65	feuerfest I	–	68,419	68,385	–	–	(44) § 25 WZG	–	68,117	68,8	–
31. 10.	80/64	Mehrkammerfilterpresse	–	–	–	–	–	–	–	–	–	67/68,253
9. 11.	KZR 10/66	Kugelschreiber	49,33	68,218	–	–	–	(3) § 94 GWB	68,351	68,121	68,8	–
30. 11.	54/64	Halteorgan	49,227	68,305	68,196	–	–	(3) § 10 PatG	68,889	68,384	68,351	67/68,272
30. 11.	50/65	Haftbinde	49,99	68,307	68,355 L	–	–	(3) § 51 PatG	68,596	68,302	68,101	–
30. 11.	93/65	Gewindeschneidapparat	–	71,243 Int. 69, 31	–	–	68,58	–	–	–	–	67/68,291
30. 11.	30/67	Katalytisches Feuerzeug	–	–	–	–	–	–	–	–	–	67/68,269
19. 12.	ZA 1/67	(Akteneinsicht in Ni-Akten)	–	–	–	–	–	–	–	–	–	67/68,304
21. 12.	ZB 36/65	Umluftsichter	–	68,360	–	–	68,96	(9) § 1 GebrMG	–	68,473	–	–
21. 12.	ZB 14/66	Garmachverfahren	–	68,311	–	–	–	(14) § 26 PatG	–	68,385	–	–
1968	(X ZR)											
28. 2.	ZB 10/67	Gelenkkupplung	–	68,613	68,327		–	–	–	–	68,396	–
29. 2.	2/65	Sterilisieren	–	–	–		–	–	–	–	–	67–68,321
29. 2.	49/65	Voran	49,331	68,195 Int. 69, 129	68,390 L		–	–	68,1042	68,646	68,395	–
12. 3.	ZB 12/67	(Ersatzzustellung)	–	68,615	–		–	–	–	–	–	–
28. 3.	38/65	Waschverfahren	–	–	–		–	–	–	–	–	67–68,336
25. 4.	87/64	Selengleichrichter	–	–	–		–	–	–	–	–	67–68,349
30. 4.	67/66	Luftfilter	–	69,133	69,58		69,96	(15) § 26 PatG	68,1720	68,665	68,973	–
3. 5.	I ZR 66/66	Pulverbehälter	50,125	68,591	–	–	–	(195) § 1 UWG	68,1474	68,645	68,684	–
15. 5.	I ZR 105/66	Rekordspritzen	–	68,698	–	–	–	–	–	–	68,804	–
17. 5.	21/67	(Nebenintervention)	–	–	–		–	–	–	–	–	67–68,368
28. 5.	42/66	Europareise	–	69,35	69,308 L		–	(9) § 7 PatG	–	68,954	68,849	–
28. 5.	ZA 3/68	Vorhang-Lamellen	–	68,664	–		–	–	–	–	–	67–68,370
27. 6.	81/64	Reißverschluß	–	–	–		–	–	–	–	–	67–68,352
2. 7.	87/65	Betondosierer	–	69,182	–		68,210	–	–	–	–	67–68,414
11. 7.	74/65	Räumlicher Fachwerkträger	–	–	–		–	–	–	–	–	67–68,429
12. 7.	12/67	Schwenkverschraubung	50,213	69,38	69,128		69,160 L	(10) § 1 GebrMG	68,2103	68,919	68,1053	–
18. 7.	70/63	Schaumgummi II	–	–	–		–	–	–	–	–	67–68,446
3. 10.	27/67	Lotterielos	51,8	69,184	69,308		–	(11) § 1 GebrMG	69,186	69,138	68,1451	–
17. 10.	KZR 11/66	Metallrahmen	–	68,409	69,357 L		–	–	–	69,552	69,650	–
18. 10.	ZB 1/68	Waschmittel	51,131	69,433	69,311		–	(1) § 36p PatG	69,1253	69,664	–	–
29. 10.	85/65	Dosier- und Mischanlage	–	–	–		–	–	–	–	–	67–68,487
29. 10.	84/67	Pfennigabsatz	–	–	–		–	–	–	–	–	67–68,308
30. 10.	I ZR 52/66	Reprint	51,41	69,186	–		–	(200) § 1 UWG	69,46	69,118	68,1450	–
14. 11.	KZR 1/69	Silobehälter	51,263	69,493	69,396 L		–	(9) § 20 GWB	69,1247	69,553	69,649	–
17. 12.	ZB 2/68	Inlandsvertreter	51,269	69,437	69,246		–	(1) § 16 PatG	69,984	69,571	69,459	–

Datum	Aktz. (X ZR)	Stichwort	BGHZ	GRUR	Blatt	BPatGerE	Mitt.	LM (Nr. zu §)	NJW	MDR	BB	Liedl
noch 1968												
18. 12.	I ZR 130/66	Buntstreifensatin II	–	69,292	–		–	(203) § 1 UWG	–	69,551	69,328	–
18. 12.	I ZR 85/65	Hummel III	–	70,250	–		–	–	–	–	–	–
19. 12.	76/64	Kreismesserhalter	–	–	–		–	–	–	–	–	67–68,523
19. 12.	83/69	Strangpreßverfahren	–	–	–		–	–	–	–	–	67–68,545
19. 12.	ZB 9/67	Zugseilführung	–	69,271	69,247		–	(12) § 1 GebrMG	–	–	69,416	–
1969												
30. 1.	19/66	Multoplane	–	69,373 Int. 71,	69,322 L 403		–	(8) § 38 ZPO (92) § 256 ZPO	–	69,479	–	–
30. 1.	66/57	Ihagee	–	69,487	–		–	(54) Art. 7ff EGBGB	–	–	–	–
20. 2.	26/66	Venenkompressionszange	–	–	–		–	–	–	–	–	69–70,12
27. 2.	ZB 11/68	Disiloxan	51,378	69,265	69,251		–	(31) § 1 PatG	69,1250	69,478	69,509	–
27. 2.	ZB 8/68	Epoxydverbindungen	–	69,269	–		–	–	–	–	–	–
27. 2.	ZB 14/68	Farbbildungskomponenten	–	69,270	–		–	–	–	–	–	–
14. 3.	2/66	Geflügelfutter	–	69,531	–		–	–	–	–	–	69–70,39
19. 3.	ZB 12/68	Bausteine	–	69,439	69,326		–	(16) § 41p PatG	–	69,655	69,599	–
25. 3.	27/66	Kronenkorkenkapsel	–	69,471	69,363 L		–	(29) § 6 PatG	–	69,571	–	–
27. 3.	ZB 15/67	Rote Taube	52,74	69,672	70,21		–	(32) § 1 PatG	69,1713	69,838	69,1102	–
1. 4.	3/67	Früchtezerteiler	–	69,532	–		–	–	–	–	–	–
2. 4.	I ZR 47/67	Recrin	–	69,607	69,327 L		–	–	69,1534	69,733	69,695	–
16. 4.	I ZR 59/60	Colle de Cologne	–	69,479	–		–	(22) § 13 UWG	69,2046	69,638	69,733	–
17. 4.	KZR 15/68	Frischhaltegefäß	52,55	69,560	–		–	(10) § 20 GWB	69,1810	69,641	69,811	–
24. 4.	54/66	Skistiefelverschluß	–	69,534	–		–	(30) § 6 PatG	–	–	69,1014	–
29. 4.	ZB 14/67	Appreturmittel	–	69,562	70,161		–	(2) § 36m PatG	–	69,664	69,734	–
29. 4.	24/66	Lamellentreppe	–	–	–		–	–	–	–	–	69–70,47
21. 5.	I ZR 42/67	Vasenleuchter	–	72,38	–		–	–	–	–	–	–
9. 6.	VII ZR 49/67	Stationärvertrag	52,171	68,698	–		–	(1) § 624 BGB	69,1662	69,836	69,891	–
26. 6.	52/66	Rübenverladeeinrichtung	–	69,677	–		–	(25) § 9 PatG	–	–	69,1014	–
26. 6.	ZB 10/68	Faltbehälter	–	70,258	70,163		–	(17) § 41p PatG	–	–	–	–
2. 7.	I ZR 118/67	Kunststoffzähne	–	69,618	–		–	–	69,61	–	–	–
14. 7.	62/66	Hopfenpflückvorrichtung	–	69,681	–		–	–	–	–	–	–
24. 10.	65/59	Berufungsrücknahme	–	70,151	70,394		–	(20) § 42 PatG	–	70,138	–	–
28. 10.	39/66	Eisabzapfer	–	–	–		–	–	–	–	–	69–70,82
30. 10.	20/65	Stabilisator	–	–	–		–	–	–	–	–	69–70,134
30. 10.	5/66	Elektronenschweißen	–	–	–		–	–	–	–	–	69–70,110
27. 11.	89/65	Allzwecklandmaschine	–	70,296	70,422 L		–	(32) § 6 PatG	–	70,503	–	–

noch 1969												
27. 11.	15/66	Dia-Rähmchen IV	–	70,289	70,422		70,113	(30) § 13 PatG	–	70,759	70,555 L	69–70,179
27. 11.	22/67	Handstrickapparat	53,92	70,202	–		–	(26) § 529 ZPO	70,425	70,322	70,152	–
27. 11.	ZB 11/69	Offenlegungsschrift	–	70,300	70,423		–	(4) § 24 PatG	–	70,586	–	–
17. 12.	I ZR 23/68	Spritzgußengel	–	70,244	–		–	(209) § 1 UWG	–	70,306	–	–
18. 12.	66/66	Stromversorgungsanlage	–	–	–		–	–	–	–	–	69–70,250
18. 12.	52/67	Heißläuferdetektor	–	70,358	70,425 L		70,153	(34) § 6 PatG	70,1131 L	70,586	70,635	–
1970	(X ZR)											
7. 1.	I ZB 6/68	Samos	–	70,311	70,444		–	(18) § 41 p PatG	70,611	70,394	70,553	–
29. 1.	20/68	Appetitzügler II	–	70,237	70,447 L		–	(31) § 6 PatG	–	70,414	–	–
24. 2.	49/66	Schädlingsbekämpfungsmittel	53,274	70,361	–		–	(30a) § 1 PatG	70,1129	70,585/673	70,1022	–
24. 2.	ZB 3/69	Anthradipyrazol	53,283	70,408	–	–	–	(33) § 1 PatG	70,1367	70,759	70,816	–
24. 4.	I ZR 105/68	Fußstützen	–	70,510	–		–	(214) § 1 UWG	–	–	–	–
28. 4.	38/67	Scheinwerfereinstellgerät	54,30	70,459	–		–	(1) § 2 ArbEG	70,1371	70,673	70,1350	–
5. 5.	ZB 20/69	Salzlösung	–	70,456	70,450		–	(5) PatÄndG 1967	–	70,759	–	–
14. 5.	ZA 1/69	Akteneinsicht VI	–	70,533	70,454		–	(9) § 41 o PatG	–	70,760	70,819	69–70,355
3. 6.	ZB 10/70	Cafilon	–	72,471	72,354		–	–	–	–	–	–
11. 6.	23/68	Kleinfilter	–	70,547	–		–	(26) § 9 PatG	70,1503	70,839	70,896	–
18. 6.	ZB 22/69	Dilactame	–	70,506	–		–	(34) § 1 PatG	–	70,839	70,1021	–
18. 6.	ZB 2/70	Fungizid	54,181	70,601	–		–	–	70,2023	70,9007	70,1189	–
14. 7.	4/65	Dia-Rähmchen V	–	71,78	–		71,28	–	–	–	–	–
17. 7.	ZB 17/69	Sitzungsschild	–	70,621	–		70,125	(19) § 41 p PatG	70,1846	70,923	–	–
17. 7.	ZB 25/69	Akteneinsicht VII	–	70,623	–		–	(6) PatÄndG 1967	–	70,1008	–	–
2. 10.	I ZB 9/69	Eurodigina	–	71,86	71,190		–	(20) § 41 p PatG	71,39	71,112	–	–
27. 10.	ZB 23/69	Lenkradbezug	–	71,105	71,190		71,56	(13) § 1 GebrMG	–	71,2144	71,12	–
10. 11.	54/67	Wildverbißverhinderung	–	71,210	71,193		–	(35) § 1 PatG	71,137	71,131	71,11	–
15. 12.	32/69	customer prints	–	71,204 Int. 71 399	71,230		–	(19) § 2 PatG	–	71,297	71,235	69–70,395
1971												
14. 1.	41/68	Lenkradbezug II	–	–	–		–	–	–	–	–	71–73,1
4. 3.	6/68	Tragplatte	–	–	–		–	–	–	–	–	71–73,11
4. 3.	7/68	Tragplatte II	–	71,304	71,286		71,115	–	–	71,577	71,582	–
11. 3.	ZB 26/70	Hopfenextrakt	56,7	71,246	71,196		–	(2) § 11 PatG	71,1360	71,1005	–	–
11. 3.	92/65	feuerfester Stein	–	–	–		–	–	–	–	–	71–73,26
19. 3.	I ZR 102/69	Schablonen	–	72,122	72,140		–	(42) § 25 WZG	–	72,28	–	–
30. 3.	80/68	Hubwagen	–	71,403	71,290		71,114	(36) § 1 PatG	–	71,577	–	–
15. 7.	33/68	Wäschesack	–	71,472	71,313		–	(35) § 1 PatG	71,1360	71,753	71,757	–
20. 4.	27/68	Trockenrasierer	–	–	–		72,18	–	–	–	–	71–73,48

Datum	Aktz. (X ZR)	Stichwort	BGHZ	GRUR	Blatt	BPatGerE	Mitt.	LM (Nr. zu §)	NJW	MDR	BB	Liedl
noch 1971												
13. 5.	ZB 17/70	Entscheidungsformel	–	71,484	71,316		–	(1) § 41i PatG	71,1561	71,754	71,885	–
13. 5.	ZB 24/70	Dipolantenne II	–	71,563	31,317		–	(3) § 11 PatG	–	71,839	–	–
13. 5.	ZB 3/71	Richterwechsel	–	71,532	71,315		–	(6) § 41h PatG	71,1936	71,840	–	–
18. 5.	ZA 6/70	Akteneinsicht	–	–	71,345		–	–	–	–	–	–
18. 5.	68/67	Schlußurlaub	–	71,407	71,319		–	(1) § 4 ArbEG	71,1409	71,754	–	–
11. 6.	ZA 1/71	Akteneinsicht VIII	–	72,195	71,371		–	–	–	–	–	–
16. 6.	I ZR 120/69	Konzertveranstalter	–	72,141	–		–	–	71,2173	71,991	–	–
29. 6.	48/69	Füllorgan	–	–	–		–	–	–	–	–	71–73,74
29. 6.	ZB 22/70	Isomerisierung	–	71,512	71,371		–	(3) § 28 PatG	71,2073	71,1006	71,1255	–
6. 7.	ZB 9/70	Trioxan	57,1	72,80	71,374		–	(37) § 1 PatG	71,2309	72,47	72,57	–
13. 7.	ZB 1/70	Aufhebung der Geheimhaltung	–	72,535	72,30		–	(2) § 30a PatG	72,1136	72,604	–	–
13. 7.	ZB 11/70	Funkpeiler	–	71,565	71,347		–	(20) § 26 PatG	71,839	–	71,1023	–
17. 9.	I ZR 142/69	Formulare	–	72,127	72,202		–	(236) § 1 UWG	–	72,211	72,893	–
7. 10.	57/68	Rauhreifkerze	–	–	–		72,235	–	–	–	–	71–73,85
8. 10.	I ZR 12/70	Wandsteckdose II	57,116	72,189	72,266		–	(235) § 1 UWG	72,102	72,28	–	–
15. 10.	I ZR 25/70	Trainingsanzug	–	72,546	72,354		–	–	–	72,396	72,380	–
19. 10.	34/68	Wasseraufbereitung	–	72,704	–		72,135	–	–	–	–	71–73,76
26. 10.	ZB 15/71	Dosiervorrichtung	57,160	72,196	72,142		–	(5) V WZG	72,50	72,235	72,114	–
29. 10.	I ZB 11/71	Zuständigkeitsstreit	–	72,440	72,266		–	(7) § 36 Nr. 6 ZPO	–	72,397	–	–
19. 11.	I ZR 72/70	Cheri	–	72,180	72,202		–	(69) § 24 W 26	72,198	72,123	72,110	–
24. 11.	ZB 36/70	Zurückverweisung	–	72,472	72,289		–	(22) § 41p PatG	–	72,513	–	–
7. 12.	ZB 31/70	Ausscheidungs-anmeldung	–	72,474	72,281		72,96	(23) § 26 PatG	–	72,416	–	–
16. 12.	ZA 1/69	Akteneinsicht IX	–	72,441	72,293		–	(90) § 41o PatG	–	72,416	–	71–73,108
1972												
14. 1.	ZB 10/71	Prioritätsverlust	–	73,139	72,171		–	–	–	–	72,511	–
25. 1.	ZB 37/70	Akustische Wand	–	72,536	72,354		–	(2) § 16 PatG	72,1270	72,776	–	–
23. 2.	ZB 28/70	Parkeinrichtung	–	72,538	72,267		–	(3/4) § 4 PatG	–	72,415	–	–
23. 2.	ZB 6/71	Sortiergerät	–	72,592	72,173		72,118	(7) § 32 PatG	–	72,512	–	–
3. 3.	I ZB 7/70	Lewapur	–	72,600	–		72,164	(31) § 5 WZG	–	–	–	–
10. 3.	I ZR 30/70	Landesversicherungs-anstalt	58,262	72,614	72,376		–	–	72,1273	–	–	–
14. 3.	ZB 20/71	Schienenschalter I	–	72,595	–		–	(24) § 26 PatG	–	72,512	–	–
14. 3.	33/69	Schienenschalter II	–	72,597	–		–	(37) § 6 PatG	–	72,603	–	–
14. 3.	ZB 33/70	Aufhellungsmittel	–	72,638	72,321		72,196	(25) § 26 PatG	72,1369	72,776	72,1025	–
14. 3.	2/71	Imidazoline	58,280	72,541	72,319		72,168	(39) § 1 PatG	72,1277	72,775	–	–

noch 1972											
17. 3.	ZB 25/70	Akteneinsicht XI	–	72,725	72,376	72,175	(5) § 24 PatG	72,1895	72,945	–	–
18. 4.	ZB 16/71	Akteneinsicht X	–	72,640	72,378	–	(7) PatÄndG 1967	72,1519	–	–	–
25. 4.	ZB 1/71	Lactame	–	72,642	72,322	–	(38) § 1 PatG	–	73,45	72,1423	–
4. 5.	6/69	Kernenergie	–	73,141	72,380	–	(3) § 30a PatG	–	73,46	72,1381	–
16. 5.	31/68	Streckwalze	–	72,707	–	72,170	–	–	–	–	71–73,111
13. 6.	46/69	Gabellaschenkette	–	–	–	–	–	–	–	–	71–73,125
20. 6.	77/68	Oberflächenprüfer	–	–	–	–	–	–	–	–	71–73,133
20. 6.	23/69	Haarschneidegerät	–	–	–	–	–	–	–	–	71–73,157
27. 6.	75/68	Cholinsalicylat	–	74,332	74,284	–	(23) § 2 PatG	–	74,576	–	71–73,170
27. 6.	ZB 5/71	Herbicid	–	–	73,257	–	–	–	–	–	–
27. 6.	ZB 7/71	Schmelzrinne	–	–	73,170	–	–	–	–	–	–
27. 6.	ZB 11/71	Erlaubnisscheininhaber	–	–	73,27	–	–	–	–	–	–
27. 6.	ZB 13/71	Gelbe Pigmente	–	72,644	72,323	–	(28) § 26 PatG	–	–	72,1157	–
27. 6.	ZB 27/71	Schreibpasten	–	72,646	72,380	–	–	–	–	–	–
11. 7.	ZB 17/71	Polytetrafluoräthylen	–	73,46	73,144 L	–	(3) § 36d PatG	–	73,134	–	–
26. 9.	ZB 28/71	Akteneinsicht XII	–	73,154	73,173	–	(4) § 10 PatG	73,95	73,221	–	–
25. 10.	I ZA 1/72	Akteneinsicht XIII	–	73,491	73,343	73,100	–	–	–	–	–
6. 11.	KZR 63/71	Nahtverlegung	–	73,331	–	–	(12) § 20 GWB	–	73,294	73,59	–
7. 11.	ZB 21/71	Lenkradbezug	–	–	73,259	–	–	–	–	–	–
21. 11.	64/68	Rotterdamgerät	–	73,263	72,260 L	–	(21) § 2 PatG	–	73,320	73,406	71–73,179
21. 11.	36/69	Bali-Gerät	–	–	–	–	–	–	–	–	71–73,198
28. 11.	ZB 22/71	IUP	–	73,585	73,289	–	(40) § 1 PatG	73,1412	73,671	–	–
7. 12	41/69	Flanschkupplung	–	–	–	–	–	–	–	–	71–73,212
12. 12.	43/69	Dia-Rähmchen VI	–	73,411	73,349	–	(39) § 6 PatG	–	–	–	–
1973											
16. 1.	47/67	Dieselmotor	–	–	–	–	–	–	–	–	71–73,221
19. 1.	I ZR 39/71	Modeneuheit	60,168	73,478	–	–	(257) § 1 UWG	73,800	73,481	73,631	–
23. 1.	58/69	Weidepumpe	–	–	–	–	–	–	–	–	71–73,238
6. 2.	40/68	Dichtungsmaterial	–	–	–	–	–	–	–	–	71–73,248
2. 3.	I ZR 85/71	Cinzano	60,185	73,468	–	–	(44) § 15 WZG	73,1079	73,383	73,769	–
8. 3.	6/70	Spielautomat II	–	73,518	73,360	–	(40) § 6 PatG	73,800	73,493	73,1041	–
13. 3.	53/69	Diebstahlsicherung	–	73,465	–	–	–	–	–	–	–
17. 4.	59/69	Absperrventil II	61,153	73,649	73,315	–	(68) § 242 (Bb) BGB	73,1685	73,846	73,1638	–
8. 5.	9/70	Spülmaschine	–	73,669	–	–	(3) § 24 KostO	73,1373	73,757	73,1092	–
16. 5.	VIIIZR42/72	patentierte Rolladenstäbe					(23) § 463 BGB	73,1545	73,755	73,1138	
18. 5.	I ZR 119/71	Wählamt	61,88	73,663	–	–	(4) § 97 UrhG	73,1696	73,915	–	–
29. 5.	77/69	Zuteilvorrichtung	–	73,585	–	–	(41) § 6 PatG	–	73,926	73,1186	–
14. 6.	3/70	Mundschutz	–	–	–	–	–	–	–	–	71–73,261
26. 6.	23/71	Schraubennahtrohr	–	74,146	74,60	–	(17) § 37 PatG	73,2063	74,39	–	71–73,278
28. 6.	25/70	Gemeinschaftsdusche	–	–	–	–	–	–	–	–	71–73,289
3. 7.	27/70	Turboheuer	–	74,28	74,151	–	(3) § 54 PatG	–	–	73,1186	–

Datum	Aktz. (X ZR)	Stichwort	BGHZ	GRUR	Blatt	BPatGerE	Mitt.	LM (Nr. zu §)	NJW	MDR	BB	Liedl
noch 1973												
10. 7.	24/70	Molliped	–	74,460	–		74,74	–	–	–	–	–
12. 7.	17/70	Pulverbehälter	–	–	–		–	–	–	–	–	71–73,302
13. 7.	I ZR 101/72	Nebelscheinwerfer	–	74,53	74,207		–	(16) § 249 (Hd) BGB	73,1837	73,914	73,1503	–
27. 9.	66/70	Scherfolie	–	74,208	74,207		74,75	(30) § 26 PatG	–	74,39	74,8	–
2. 10.	16/72	Stromversorgungseinrichtung	–	74,148	74,208		74,17	(41) § 1 PatG	–	74,39	74,8	–
2. 10.	ZB 7/73	Aktenzeichen	–	74,210	74,123		–	(25) § 41p PatG	74,48	74,134	–	–
10. 10.	I ZR 93/72	Sessel	–	74,740	–		–	(1) § 2 UrhG	–	74,473	–	–
16. 10.	ZB 15/72	Richterwechsel II	–	74,294	74,257		–	(7) § 41h PatG	–	74,309	–	–
16. 10.	ZB 6/73	Spiegelreflexkamera	61,257	74,212	74,175		–	(3) § 27 PatG	74,102	74,223	74,248	–
16. 10.	ZB 10/73	Elektronenstrahlsignalspeicherung	61,265	74,214	74,172		–	(4) § 27 PatG	74,104	74,224	–	–
23. 10.	47/70	Loseblattgrundbuch	–	–	–		–	–	–	–	–	71–73,315
23. 10.	50/70	Zigarrenanzünder	–	–	–		73,238	–	–	–	–	71–73,332
15. 11.	ZB 10/72	Warmwasserbereiter	–	–	74,210		–	–	–	–	–	–
11. 12.	14/70	maschenfester Strumpf	62,29	74,290	74,263		–	(8) § 823 (Ag) BGB	74,315	74,307	74,389	–
11. 12.	ZB 18/72	Oberflächenprofilierung	–	74,419	74,263		–	(26) § 41p PatG	–	74,399	–	–
11. 12.	51/70	Abfallförderer	–	–	–		–	–	–	–	–	71–73,352
1974												
15. 1.	36/70	Abstandshalterstopfen	–	74,335	74,345		–	–	74,502	74,486	74,621	–
15. 1.	BVerfG BvL 5, 6, 9/70	Offenlegung	–	74,142	–		–	–	–	–	–	–
17. 1.	19/71	Wannenofen	–	–	–		74,120	–	–	–	–	74–77,1
20. 2.	50/71	Räumgerät	–	–	–		74,120	–	–	–	–	–
28. 2.	17/72	Rauchwagen	–	74,715	–		74,135	–	–	–	–	74–77,10
14. 3.	7/71	Spreizdübel	–	74,715	–		74,135	–	–	–	–	–
23. 4.	4/71	Anlagengeschäft	62,272	74,463	74,291		–	–	74,1197	74,752	–	–
7. 5.	ZB 12/73	Chinolizine	63,1	74,718	74,346		–	(42) § 1 PatG	74,1468	74,928	–	–
28. 5.	ZB 11/73	Spritzgußform	–	–	–		74,239	–	–	–	–	–
29. 5.	ZB 21/73	internes Aktenzeichen	–	74,679	–		–	(6) § 43 PatG	–	74,929	–	–
31. 5.	I ZR 10/73	Schulerweiterung	62,331	74,675	–		–	(3) § 39 UrhG	74,1381	74,911	–	–
20. 6.	55/71	Schuhausstellungsregal	–	–	–		–	–	–	–	–	74–77,19
25. 6.	ZB 2/73	Alkadiamidophosphite	–	74,774	74,351		–	(31) § 26 PatG	–	74,929	–	–
25. 6.	ZB 13/73	aromatische Diamine	–	74,722	74,353		–	(32) § 26 PatG	–	74,929	–	–
2. 7.	57/71	Doppelachsaggregat für Fahrzeuganhänger	–	–	–		–	–	–	–	–	74–77,30
9. 7.	62/71	Mähdrescher	–	–	–		–	–	–	–	–	74–77,40

noch 1974												
11. 7.	ZB 9/72	Ladegerät II	–	75,254	75,252 L		–	(1) AusstellungsG	74,2127	–	75,391	–
17. 9.	ZB 17/73	Regelventil	–	75,310	75,53		75,17	(33) § 26 PatG	–	–	75,485	–
3. 10.	45/71	zusammenklappbarer Tisch	–	–	–		–	–	–	–	–	74–77,50
10. 10.	KZR 1/74	Kunststoffschaumbahnen	–	75,206	75,204		–	–	–	75,121	75,1550	–
15. 10.	30/71	Schießscheibenanlage	–	–	–		–	–	–	–	–	74–77,69
15. 10.	79/72	Allopurinol	63,150	75,131	75,171 L		–	(10) PVÜ	75,495	75,139	–	–
12. 11.	76/68	Streckwalze II	–	75,422	75,349 L		75,93	–	–	–	–	
3. 12.	63/71	Mischmaschine III	–	75,593	–		–	–	–	–	–	–
11. 12.	ZB 8/74	Schokoladentafel	64,209	75,367	75,205		–	(14) § 1 GebrMG	75,779	75,487	75,440	–
17. 12.	13/72	Rotationsentwickler	–	–	–		75,117	–	–	–	–	74–77,83
1975												
7. 2.	I ZR 103/73	Metacolor	–	75,315	75,349		–	(279) § 1 UWG	75,923	75,972	–	–
18. 2.	24/74	Metronidazol	64,86	75,425	75,351		–	(42) § 6 PatG	75,1029	75,575	75,672 L	–
24. 2.	KZR 3/74	Werkstück-Verbindungsmaschine	–	75,498	75,355 L		–	(6) § 34 GWB	75,1170	75,557	–	–
4. 3.	28/72	Stapelvorrichtung	–	75,598	–		–	–	–	–	–	–
11. 3.	41/72	Ausstellstange	–	–	–		–	–	–	–	–	74–77,98
11. 3.	ZB 4/74	Bäckerhefe	64,101	75,430	75,171		–	(43) § 1 PatG	75,1025	75,574	75,672	–
18. 3.	ZB 9/74	Buchungsblatt	–	75,549	75,383		–	(15) § 1 GebrMG	–	75,754	75,1128	–
18. 3.	ZB 12/74	Lampenschirm	64,155	76,30	76,25		–	(6) § 3 GebrMG	75,1280	75,660	75,850	–
20. 3.	VII ZR 91/74	Wohnhausneubau	64,145	75,445	–		–	(2) § 2 UrhG	75,1165	75,658	75,625	–
15. 4.	18/72	Etikettiergerät	–	75,484	75,355 L		75,137	–	–	–	–	–
15. 5.	52/73	Schulterpolster	–	75,507	75,355 L		–	–	75,1363	75,754	75,1279	–
15. 5.	35/72	Skiabsatzbefestigung	–	76,88	76,145 L		75,215	–	–	–	–	–
22. 5.	ZB 25/74	Antidiabetische Sulfonamide	–	–	–		75,216	–	–	–	–	–
5. 6.	37/72	Flammkaschierverfahren	–	75,652	–		–	(31) § 47 PatG	75,1969	75,1016	75,1218	–
12. 6.	25/73	Patricio	–	75,616	–		–	(43) § 276 (Fa) BGB	75,1774	75,1016	75,1128	–
4. 7.	I ZR 115/73	Ausschreibungsunterlagen	–	76,367	–		–	(7) § 17 UWG	76,193	76,118	–	–
8. 7.	74/72	Polyurethan	–	76,140	76,168 L		–	(29) § 9 PatG	–	76,139	–	–
25. 9.	49/73	Behälter	–	–	–		–	–	–	–	–	74–77,114
6. 11.	39/72	Schaltverstärker	–	–	–		–	–	–	–	–	74–77,123
27. 11.	29/75	Brillengestelle	–	76,213	76,191 L		–	(1) § 114 GKG	–	76,396	–	74–77,144
27. 11.	ZB 24/73	Rosenmutation	65,347	76,385	76,254		–	(1) SortenschutzG	76,849	76,487	76,1191	–
15. 12.	52/73	Sachverständigenhonorar	–	76,606	76,488 L		–	(5) § 406 ZPO	76,1154	76,575	–	74–77,160
15. 12.	ZB 4/75	Textilreiniger	–	76,440	76,192		76,179	(27) § 41 p PatG	–	76,574	–	–
18. 12.	51/72	Alkylendiamine	66,17	76,299	76,192		–	(24) § 2 PatG	76,674	–	–	74–77,165
1976												
30. 1.	I ZR 108/74	Möbelentwürfe	–	76,372	–		–	(288) § 1 UWG	–	76,556	–	–
10. 2.	29/73	Verpackungsanlage	–	–	–		–	–	–	–	–	74–77,191
20. 2.	I ZR 64/74	Merkmalklötze	–	76,434	–		–	(290) § 1 UWG	–	76,558	–	–
9. 3.	ZB 17/74	Elektroschmelzverfahren	–	76,719	76,428		–	(28) § 41 p PatG	76,1688	–	–	–

Datum	Aktz. (X ZR)	Stichwort	BGHZ	GRUR	Blatt	BPatGerE	Mitt.	LM (Nr. zu §)	NJW	MDR	BB	Liedl
noch 1976												
3. 6.	57/73	Tylosin	–	76,579 Int. 76, 535	76,430		–	(43) § 6 PatG	–	76,927	–	–
22. 6.	ZB 23/74	Dispositionsprogramm	67,22	77,96	77,20		–	(44) § 1 PatG	76,1936	77,48	–	–
22. 6.	44/74	Spritzgießmaschine	–	76,715	77,119 L		–	(19) § 823 (Ag) BGB	76,2162	76,1016	–	–
25. 6.	4/75	Alkylendiamine II	67,38	77,100	76,433		–	(32) § 47 PatG	76,2015	–	–	–
1. 7.	ZB 3/75	Tampon	–	77,209	77,23		–	(35) § 26 PatG	–	77,136	–	–
1. 7.	ZB 10/74	Kennungsscheibe	–	77,152	77,144		–	–	–	77,311	–	–
21. 9.	11/74	Abdichtungsmittel	–	–	–		–	–	–	–	–	74–77,211
28. 9.	22/75	Werbespiegel	–	77,107	77,165		–	(1) § 13 GebrMG	77,104	77,225	77,159	–
28. 9.	ZB 15/73	Beugungseffekte	–	–	–		77,36	–	–	–	–	–
30. 9.	ZB 6/76	Piperazinoalkylpyrazole	–	77,212	77,166		–	(36) § 26 PatG	–	77,223	–	–
12. 10.	ZB 20/75	Aluminiumdraht	–	77,214	77,169		–	(29) § 41 p PatG	–	77,224	–	–
12. 10.	ZB 18/74	Abfangeinrichtung	–	77,508	77,168		77,59	(8) § 361 PatG	–	77,224	–	–
11. 11.	ZB 5/76	Schuhklebstoff	–	77,216	77,51		77,31	(4) § 11 PatG	–	77,396	–	–
23. 11.	42/73	Gardinenrollenaufreiher	–	77,483	77,303 L		–	(25) § 2 PatG	–	77,488	–	74–77,230
30. 11.	81/72	Kunststoffhohlprofil	68,90	77,250	77,237 L		77,117	–	77,1194	77,397	–	–
7. 12.	ZB 24/75	Rücknahme d. Patentanmeldung	–	77,485	77,171		–	(37) § 26 PatG	–	77,488	–	–
1977												
11. 1.	ZB 9/76	Leckanzeigeeinrichtung	–	77,539	77,237		–	(5) § 9 GebrMG	–	–	–	–
20. 1.	ZB 13/75	Benzolsulfonylharnstoff	68,156	77,652	77,198		77,76	(45) § PatG	77,1104	77,574	–	–
1. 2.	7/73	Absetzwagen III	–	77,654	77,303		77,134	(44) § 6 PatG	–	77,752	–	–
10. 2.	48/73	Rohrleitungskorrosionsschutz	–	–	–		–	–	–	–	–	74–77,246
11. 2.	I ZR 39/75	Einbauleuchten	–	77,666	–		–	–	–	77,645	–	–
15. 2.	57/74	Farbspritzpistole	–	–	–		–	–	–	–	–	74–77,258
18. 2.	I ZR 112/75	Prozeßrechner	–	77,539	78,26 L		–	(8) § 17 UWG	77,1062	77,556	–	–
25. 2.	I ZR 165/75	Der 7. Sinn	68,132	77,543	77,304 L		–	–	77,951	77,646	–	–
1. 3.	ZB 5/75	Geneigte Nadeln	68,242	77,594	77,274		–	(7) § 4 PatG	77,1454	77,750	–	–
1. 3.	ZB 22/75	Fadenvlies	–	77,714	77,241		77,94	(39) § 26 PatG	–	77,839	77,668	–
3. 3.	22/73	Autoskooterhalle	–	77,598	77,371 L		–	(38) § 26 PatG	–	77,664	–	–
8. 3.	52/73	Schulterpolster II	–	–	–		–	–	–	–	–	74–77,285
15. 3.	ZB 11/75	Metalloxyd	–	77,780	77,305		77,135	(7) § 30 PatG	–	77,751	78,13	–
22. 3.	32/74	Kardangruppe	–	–	–		–	–	–	–	–	74–77,296
19. 4.	51/74	Schaltungsanordnung	–	78,98	78,157 L		–	(47) § 1 PatG	–	–	–	74–77,325
21. 4.	ZB 24/74	Straken	–	77,657	77,276		–	(46) § 1 PatG	77,1636	77,750	77,1370 L	–
3. 5.	56/74	Dauerhaftmagnete	–	–	–		–	–	–	–	–	74–77,337

noch 1977												
2. 6.	ZB 11/76	Gleichstromfernspeisung	–	78,99	77,277		–	(6) § 28 PatG	–	–	–	–
3. 6.	58/76	Revisionsteilannahme	69,93	78,115	–		–	–	77,1639	77,839	77,119	–
3. 6.	I ZB 11/76	Tribol/Liebol	–	77,789	78,26		–	–	–	–	–	–
7. 6.	ZB 20/74	Prüfverfahren	–	78,102	77,341		–	(48) § 1 PatG	77,1635	77,1014	–	–
15. 6.	I ZR 140/75	Pinguin	–	77,796	77,342		–	–	–	78,114	–	–
21. 6.	ZB 8/76	Anstrich für Wasserfahrzeuge	–	–	77,310		–	–	–	–	–	–
23. 6.	54/74	Schraubennahtrohr II	–	–	–		–	–	–	–	–	74–77,343
23. 6.	68/74	Künstlicher Backenzahn	–	–	–		–	–	–	–	–	74–77,368
23. 6.	6/75	Blitzlichtgerät	–	77,784	77,311		–	–	–	78,47	78,306	–
28. 6.	35/73	Sicherheitsgurte	–	–	–		–	–	–	–	–	74–77,388
29. 6.	I ZR 186/75	Klarsichtverpackung	–	77,805	–		–	–	77,2313	78,117	–	–
15. 9.	ZB 16/76	Titelsetzgerät	–	78,39	78,188		–	(30) § 41p PatG	–	78,137	–	–
15. 9.	60/75	Börsenbügel	–	78,37	78,159 L		–	(49) § 1 PatG	–	78,136	–	74–77,403
28. 9.	40/73	Blockaufsatz	–	–	–		–	–	–	–	–	74–77,418
14. 10.	24/76	Banddüngerstreuer	–	78,166	78,216 L		–	(30) § 9 PatG	78,320	78,310	–	–
14. 10.	I ZR 119/76	Hamburger Brauch	–	78,192	–		–	(21) § 339 BGB	–	78,202	78,12	–
20. 10.	ZB 8/77	7-Clor-6-demethyltetracyclin	–	78,162	78,254		–	(40) § 26 PatG	–	78,310	78,13	–
20. 10.	37/76	Stromwandler	–	78,235	–		–	(45) § 6 PatG	78,2094	78,574	–	–
13. 12.	28/75	Hydraulischer Kettenbandantrieb	–	78,297	78,257		–	(26) § 2 PatG	–	78,573	–	–
20. 12.	ZB 10/76	Atmungsaktiver Klebestreifen	–	78,356	78,292		78,118	(31) § 41p PatG	–	78,574	–	–
20. 12.	ZB 2/77	Spannungsvergleichsschaltung	71,152	78,407	78,258		–	(41) § 26 PatG	78,1057	78,662	–	–
1978												
24. 1.	45/73	Füllstandsanzeiger	–	–	–		–	–	–	–	–	78–80,1
14. 2.	ZB 3/76	Fehlerortung	–	78,420	78,349		78,94	(50) § 1 PatG	–	78,662	–	–
14. 2.	19/76	Fahrradgepäckträger II	71,86	78,492	78,352 L		–	(11) § 823 (Ag) BGB	78,1377	78,752	–	–
7. 3.	ZB 1/77	Mähmaschine	–	78,423	–		78,117	(33) § 41 PatG	–	78,928	–	–
14. 3.	18/73	Erdölröhre	–	–	–		78,136	–	–	–	–	78–80,19
20. 4.	7/75	Etikettiergerät II	–	–	79,151		78,217	–	–	–	–	78–80,55
27. 4.	ZB 3/78	Zeitplaner	72,1	78,527	79,63 L		–	(5) § 51 PatG	78,2245	78,753	78,925	–
11. 5.	84/74	Hartschaumplatten	–	–	–		–	–	–	–	–	78–80,82
30. 5.	16/76	α-Aminobenzylpenicillin	–	78,696	79,63		–	(27) § 2 PatG	–	79,136	–	78–80,108
30. 5.	KZR 12/77	Pankreaplex	71,367	78,658	–		–	–	78,2096	–	78,1536	–
6. 6.	10/75	Fensterbeschlag	–	–	–		–	–	–	–	–	78–80,125
15. 6.	46/76	Windschutzblech	72,119	78,699	79,151		–	(50a) § 6 PatG	78,2296	79,137	–	–
20. 6.	ZB 6/77	Corioliskraft	–	79,46	79,154		–	(34) § 41p PatG	–	79,137	–	–
20. 6.	49/75	Motorkettensäge	–	78,583	78,352		78,235	(2) § 36 PatG	–	78,1019	–	–
23. 6.	I ZB 2/77	KABE	–	78,591	79,155		78,188	–	–	78,996	–	–
15. 8.	39/75	Schwimmbadabdeckung	–	–	–		–	–	–	–	–	78–80,151
22. 8.	59/75	Explosionsgeschütztes Schaltgerät	–	–	–		–	–	–	–	–	78–80,173
25. 8.	17/78	Unterlassungsvollstreckung	–	78,726	–		–	(2) § 91 VerglO	79,1208 L	79,138	–	–
29. 8.	60/76	Thyristor	–	–	–		–	–	–	–	–	78–80,185

Datum	Aktz. (X ZR)	Stichwort	BGHZ	GRUR	Blatt	BPatGerE	Mitt.	LM (Nr. zu §)	NJW	MDR	BB	Liedl
noch 1978												
5. 9.	11/77	Rohrverformen	–	–	–		–	–	–	–	–	78–80,199
21. 9.	56/77	Straßendecke	–	79,48	79,219		–	(3) Art. 85 GG	79,101	79,138	79,1694	–
29. 9.	I ZR 107/77	Verjährungsunterbrechung	–	79,121	–		–	–	79,217	79,116	78,1742	–
10. 10.	ZB 8/78	Tonbandbeschreibung	–	79,109	79,157		–	(43) § 26 PatG	–	79,226	79,1694	–
20. 10.	I ZR 160/76	Modeschmuck	–	79,119	–		–	(316) § 1 UWG	–	79,209	–	–
24. 10.	42/76	Aufwärmvorrichtung	72,236	79,145	79,219 L		79,98 L	(10) § 24 PatG	79,269	79,225	–	–
7. 11.	58/77	Schießbolzen	–	79,149	79,252		79,136	(47) § 6 PatG	–	79,396	–	–
7. 11.	8/76	Kupplung für Gasherde	–	–	–		–	–	–	–	–	78–80,211
9. 11.	14/76	Flammenwächter	–	–	–		–	–	–	–	–	78–80,238
14. 11.	11/75	Schaumstoffe	–	79,271	79,406 L		–	(6) § 406 ZPO	79,720 L	79,398	–	–
28. 11.	ZB 12/77	Reduzierschrägwalzwerk	–	79,313	79,254 L		–	(36) § 41 p PatG	79,1166 L	79,397	–	–
28. 11.	ZB 15/77	Schaltungschassis	–	79,219	79,254 L		79,97	(37) 41 p PatG	79,398	–	–	–
28. 11.	ZB 17/77	β-Wollastonit	–	79,220	79,254		79,77	41 p PatG	–	79,492	–	–
30. 11.	32/76	Überzugsvorrichtung	–	79,222	79,220 L		–	(22) § 42 PatG	–	79,398	–	78–80,254
5. 12.	42/75	Strangführung	–	–	–		–	–	–	–	–	78–80,279
7. 12.	4/76	Aufhänger	73,40	79,224	79,349		79,196	(33) § 13 PatG	79,922	79,311	–	78–80,294
7. 12.	63/75	Auspuffkanal	–	79,308	79,351 L		–	(48) § 6 PatG	–	79,577	–	–
14. 12.	ZB 14/77	Farbbildröhre	73,183	79,461	79,351		–	(51) § 1 PatG	79,1607	79,492	80,19	–
15. 12.	I ZR 26/77	Flughafenpläne	73,288	79,464	79,406 L		–	(3) § 2 UrhG	79,1548	79,731	79,1257	–
1979												
19. 1.	I ZR 166/76	Brombeerleuchte	–	79,332	79,352 L		–	(12) § 823 (Ag) BGB	79,916	79,473	–	–
23. 1.	84/78	Kaschierte Platten II	–	79,433	79,383 L		–	–	–	79,577	–	–
23. 11.	38/75	Furniermessermaschine	–	–	–		–	–	–	–	–	78–80,316
25. 1.	40/77	Radaranlage	–	–	79,429 L		–	–	–	–	79,495	–
30. 1.	ZB 22/77	Bildspeicher	–	–	79,408 L		79,120	–	–	–	–	–
6. 2.	25/75	Druckformzylinder	–	–	–		–	–	–	–	–	78–80,332
12. 2.	2/76	Schaltröhre	73,315	79,572 Int. 79,421	79,352		–	(5) § 53 PatG	80,524	79, 754	–	–
13. 2.	ZB 6/78	Drehstromöltransformator	–	79,538	79,429 L		79,167	(38) § 41 p PatG	79,2561 L	79,933	–	–
20. 2.	63/77	Biedermeiermanschetten	73,337	79,540	79,431 L		–	–	79,1505	79,752	–	–
20. 2.	ZB 20/77	Tabelliermappe	73,330	79,619	79,429		–	(6) § 10 PatG	79,2398	79,751	–	–
1. 3.	7/76	Magnetbohrständer	–	79,621	79,432 L		–	(13) PVÜ	–	–	–	78–80,347
1. 3.	6/76	Schußtrefferermittlung	–	–	–		–	–	–	–	–	78–80,366
2. 3.	I ZR 29/77	Feuerlöschgerät	–	79,368	–		–	–	–	–	–	–
6. 3.	60/77	*Spinnturbine*	–	79,692	79,433		–	–	79,2210	79,841	–	–
13. 3.	31/76	Schrauberabschalter	–	–	–		–	–	–	–	–	78–80,381

Datum	Az	Stichwort										
noch 1979												
20. 3.	21/76	Tragvorrichtung	–	–	80,210 L		–	(5) ZuSEntschG	79,1939 L	79,754	79,912	–
27. 3.	34/75	Umlegbare Schießscheibe	–	79,624	79,435		–	(50) § 6 PatG	–	79,932	–	–
3. 4.	ZB 14/76	Elektrostatisches Ladungsbild	–	79,626	79,435		80,18	(5) § 27 PatG	–	79,753	–	–
3. 5.	44/75	Riegelstange	–	–	–		–	–	–	–	–	78–80,405
21. 5.	I ZR 117/77	Notizklötze	–	79,705	79,437 L		–	–	–	–	–	–
29. 5.	65/77	Containerbefestigung	–	–	–		–	–	–	–	–	78–80,422
31. 5.	ZB 11/78	Schaltuhr	–	–	79,198	–	–	–	–	–	–	–
12. 6.	20/76	Dränagerohr	–	–	–		–	–	–	–	–	78–80,445
19. 6.	ZB 8/79	Kunststoffrad	–	79,696	79,439		–	(12) § 41 o PatG	–	80,53	–	–
21. 6.	2/78	Mehrzweckfrachter	–	79,800	80,25 L		–	–	–	79,1020	–	–
28. 6.	13/78	Mineralwolle	–	79,768	80,176 L		–	(31) § 9 PatG	–	79,933	79,1316	–
3. 7.	14/77	Bodenkehrmaschine	–	80,100	80,176		–	(1) §42g PatG	–	80,139	–	78–80,458
10. 7.	23/78	Oberarmschwimmringe	75,116	79,869	80,210 L		–	–	79,2565	79,1020	79,1529	–
12. 7.	ZB 14/78	Leitkörper	75,143	79,847	80,25		80,37	(8) § 4 PatG	79,2397	80,52	–	–
6. 9.	ZB 10/78	Kupplungsgewinde	–	80,104	80,176		–	(40) § 41p PatG	–	80,53	–	–
				Int. 80,118								
24. 9.	KZR 14/78	Fullplastverfahren	–	80,38	80,177 L		80,35	–	–	80,121	–	–
4. 10.	3/76	Doppelachsaggregat	–	80,166	80,210 L		80,94 L	(35) § 13 PatG	–	80,309	–	78–80,458
11. 10.	37/77	Materialaustrag	–	–	–		–	–	–	–	–	78–80,502
16. 10.	1/78	Gießform für Metalle	–	–	–		–	–	–	–	–	78–80,524
13. 11.	26/76	Gardinenaufhänger	–	–	–		–	–	–	–	–	78–80,533
20. 11.	24/77	Mehrkomponentendüse	–	–	–		–	–	–	–	–	78–80,544
29. 11.	12/78	Überströmventil	–	80,219	–		–	(54) § 1 PatG	–	80,395	–	78–80,553
6. 12.	ZB 9/78	Biegerollen	–	–	–		80,77	–	–	–	–	–
11. 12.	49/74	Magnetbohrständer II	76,50	80,220	80,228 L		–	–	80,838	80,396	–	–
13. 12.	78/78	Kunststoffdichtung	–	80,713	–		–	–	–	80,491	–	–
20. 12.	85/78	Rolladenleiste	–	80,280	80,228		–	(52) § 6 PatG	–	80,396	–	–
1980												
10. 1.	49/76	Aufsatteln	–	–	–		–	–	–	–	–	78–80,570
14. 1.	40/78	Stromabnehmer	–	–	–		–	–	–	–	–	78–80,599
17. 1.	ZB 4/79	Terephthalsäure	76,97	80,283	80,230		–	(30) § 2 PatG	80,1280	80,491	–	–
22. 1.	61/76	Freilaufkupplung	–	–	–		–	–	–	–	–	78–80,611
29. 1.	23/77	Gaslaser	–	–	–		–	–	–	–	–	78–80,629
7. 2.	48/77	Blinkschaltung	–	–	–		–	–	–	–	–	78–80,646
12. 2.	KVR 3/79	Valium II	76,142	80,742	–		–	–	–	80,553	80,1342	–
12. 2.	KZR 7/79	Pankreaplex II	–	80,750	81,413 L		81,25	–	–	80,645	–	–
14. 2.	39/77	Kunststoffschlauch	–	–	–		–	–	–	–	–	78–80,662
29. 2.	11/79	Überfahrbrücke	–	–	–		–	–	–	–	–	78–80,675
6. 3.	49/78	Tolbutamid	77,16	80,841	81,36 L		–	–	80,2522	80,752	–	–
11. 3.	ZB 4/80	Zeugenerfolgshonorar	–	–	–		–	–	80,1846	80,844	–	–
27. 3.	ZB 1/79	Lunkerverhütungsmittel	–	80,846	80,380		–	(4) § 278 ZPO	80,1794	80,753	–	–

Datum	Aktz. (X ZR)	Stichwort	BGHZ	GRUR	Blatt	BPatGerE	Mitt.	LM (Nr. zu §)	NJW	MDR	BB	Liedl
noch 1980												
27. 3.	ZB 5/79	Schlackenbad	–	80,716	81,36 L		–	(49) § 26 PatG	–	80,666	–	–
22. 4.	59/77	Ringkernübertrager	–	–	–		–	–	–	–	–	78–80,706
8. 5.	ZB 15/79	Kühlvorrichtung	–	80,848	80,380		–	(4) § 361 PatG	–	80,843	–	–
13. 5.	ZB 19/79	Antiblockiersystem	–	80,849	81,70		80,196	(55) § 1 PatG	–	–	–	–
20. 5.	45/77	Blumentopf	–	–	–		–	–	–	–	–	78–80,729
12. 6.	36/77	Kunststoffschlauch II	–	–	–		–	–	–	–	–	78–80,743
24. 6.	27/78	Selbstklebeetikett	–	–	–		–	–	–	–	–	78–80,758
26. 6.	20/79	Kunststoffgehäuse	–	–	–		–	–	–	–	–	78–80,776
1. 7.	67/78	Schlauchkupplung	–	–	–		–	–	–	–	–	78–80,788
9. 7.	ZB 9/79	Tomograph	–	80,984	81,135		–	(43) § 41p PatG	81,1217	81,138	–	–
16. 9.	ZB 2/79	Halbleitereinrichtung	–	–	81,136		81,45	–	–	–	–	–
16. 9.	ZB 6/80	Walzstabteilung	78,98	81,39	81,254		–	(56) § 1 PatG	80,1617	81,137	80,1717	–
23. 9.	21/76	Pfannendrehturm	–	81,42	81,413		–	(38) § 13 PatG	–	–	–	78–80,805
25. 9.	57/78	Schneidwerkzeug	–	–	–		–	–	–	–	–	78–80,825
30. 9.	30/77	Bieradsorptionsmittel	–	–	–		–	–	–	–	–	78–80,842
9. 10.	74/78	Akkuelement	–	–	–		–	–	–	–	–	78–80,858
21. 10.	56/78	Flaschengreifer	78,252	81,128	81,1892		–	–	81,345	–	–	–
23. 10.	44/78	Heuwerbungsmaschine I	–	81,183	–		81,65	–	–	–	–	78–80,870
30. 10.	4/78	Tablettstapler	–	–	–		–	–	–	–	–	78–80,885
4. 11.	73/78	Druckmaschine	–	–	–		–	–	–	–	–	78–80,894
11. 11.	58/79	Spinnturbine II	78,358	81,186	81,257 L		–	(58) § 1 PatG	81,986	–	–	–
11. 11.	49/80	Pökelvorrichtung	–	81,185	81, 415 L		–	–	–	–	–	78–80,909
18. 11.	11/78	Skistiefelauskleidung	–	81,190	81,310 L		–	(50) § 26 PatG	–	81,224	–	78–80,938
18. 11.	44/79	Bagger	–	81,256	81,310 L		–	(51) § 26 PatG	–	–	–	78–80,920
25. 11.	12/80	Drehschiebeschalter	–	81,263	81,389 L		81,127	–	81,1615	–	–	–
25. 11.	ZB 18/79	Mikroskop	–	–	81,389 L		81,105	–	–	–	–	–
2. 12.	16/79	Heuwerbungsmaschine II	–	81,259	81,415 L		–	–	–	–	81,1417	–
11. 12.	ZB 15/80	Bakterienkonzentrat	–	81,263	81,189		–	(59) § 1 PatG	–	–	–	–
1981												
13. 1.	46/78	Piezoelektrisches Feuerzeug	–	81,341	81,416 L		–	(60) § 1 PatG	–	–	–	81,1
20. 1.	66/78	Zelluloseherstellung	–	–	–		–	–	–	–	–	81,17
22. 1.	28/77	Magnetfeldkompensation	–	81,338	82,18 L		–	–	–	–	–	81,29
29. 1.	65/78	Kraftaufnehmer	–	–	–		–	–	–	–	–	81,53
5. 2.	ZB 13/80	Telekopie	79,314	81,410	81,416 L		81,106	–	81,1618	–	81,1057	–
10. 2.	78/79	Einspruchsverbietungsklage	–	–	82,18		–	–	–	–	–	–

noch 1981												
12. 2.	ZB 20/80	Elektrode	–	81,507	82,18		–	–	–	–	–	–
17. 2.	51/76	Klappleitwerk	–	81,516	82,21 L		–	–	81,2303	–	–	81,69
24. 2.	22/79	Warenüberwacher	–	–	–		–	–	–	–	–	81,77
10. 3.	76/76	Glasfasererzeugung	–	–	–		–	–	–	–	–	81,97
12. 3.	ZB 16/80	Anzeigegerät	–	81,515	82,21		–	–	81,2461	–	–	–
24. 3.	61/77	Stahlblockherstellung	–	–	–		–	–	–	–	–	81,109
31. 3.	60/79	Zapfwelle	–	–	–		–	–	–	–	–	81,121
14. 5.	19/79	First- und Gratabdeckung	–	81,732	82,24 L		–	–	–	–	–	81,132
19. 5.	ZB 19/80	Etikettiermaschine	80,323	81,812	82,52		–	(32) § 2 PatG	81,2254	–	81,1848	–
21. 5.	55/80	Polsterfüllgut	–	81,649	82,53 L		–	–	–	–	–	81,161
26. 5.	6/79	Zerkleinerungsmesser	–	–	–		–	–	–	–	–	81,173
2. 6.	ZB 17/80	Erythronolid	81,1	81,734	81,418		–	–	81,2414	–	–	–
9. 6.	62/79	Kautschukrohlinge	81,211	81,736	82,135		–	(1) § 4 PatG 1981	81,2814	–	–	81,155
16. 6.	13/79	Vakuummischer	–	–	–		–	–	–	–	–	81,221
7. 7.	5/80	Beschichtungsanlage	–	–	–		–	–	–	–	–	81,239
9. 7.	ZB 11/80	Umformer	–	–	82,55		81,203	–	–	–	–	–
22. 9.	52/77	Gurtbefestigung	–	–	–		–	–	–	–	–	81,263
1. 10.	68/79	Garagenheber	–	–	–		–	–	–	–	–	81,283
6. 10.	57/80	Pneumatische Einrichtung	82,13	82,95	82,195		–	–	–	–	–	–
15. 10.	2/81	Verbauvorrichtung	81,397	82,99	82,197 L		–	–	82,830	–	–	–
15. 10.	45/79	Stromtherapiegerät	–	–	–		–	–	–	–	–	81,299
•20. 10.	ZB 3/81	Roll- u. Wippbrett	82,88	82,31	82,24		–	–	–	–	–	–
29. 10.	ZB 3/80	Zahnpasta	–	82,162	82,197		82,56	–	–	–	–	–
29. 10.	78/79	Einspruchsverbietungsklage II	–	82,161	82,166		–	–	82,2829	–	–	–
24. 11.	7/80	Kunststoffhohlprofil II	82,299	82,301	82,220 L		–	–	82,1154	–	–	–
24. 11.	36/80	Fersenabstützvorrichtung	82,310	82,286	82,220 L		–	–	82,1151	–	–	–
1. 12.	24/79	Plattenverbinder	–	–	–		–	–	–	–	–	81,313
3. 12.	17/80	Beutelmaschine	–	–	–		–	–	–	–	–	81,331
3. 12.	61/78	Flachdachabdichtung	–	–	–		–	–	–	–	–	81,359
8. 12.	50/80	Absorberstabantrieb	–	82,227	82,220		–	–	–	–	–	–
10. 12.	70/80	Rigg	82,254	82,165	82,220		–	–	82,994	–	–	–
15. 12.	63/79	Melkverfahren	–	–	–		–	–	–	–	–	81,375
17. 12.	71/80	Straßendecke II	82,369	82,225	82,362 L		–	–	–	–	–	–
1982												
21. 1.	43/80	Spanngliedverbindung	–	–	–		–	–	–	–	–	82–83,1
26. 1.	27/79	Massenausgleich	–	82,289	82,273 L		–	(61) § 1 PatG	–	–	–	–
2. 2.	ZB 7/81	Polyesterimide	–	82,291	82,224		–	(2) § 9 PatG 1981	–	–	–	–
2. 2.	ZB 5/81	Treibladung	–	82,406	82,273		–	(2) § 100 PatG 1981	–	–	–	–
4. 2.	61/80	Verteilergehäuse	83,83	82,406	82,273		–	(55) § 26 PatG	82,2067	–	–	82–83,24
9. 2.	77/80	Haushaltsspüle	–	–	–		–	–	–	–	–	82–83,50
11. 2.	21/80	Werkstückvorschubsteuerung	–	–	–		–	–	–	–	–	82–83,62

Datum	Aktz. (X ZR)	Stichwort	BGHZ	GRUR	Blatt	BPatGE	Mitt.	LM (Nr. zu §)	NJW	MDR	BB	Liedl
noch 1982												
16. 2.	78/80	Bauwerksentfeuchtung	–	82,355	82,226		–	(1) § 81 PatG 1981	–	–	–	82–83,80
25. 2.	ZB 18/81	Gebrauchsmuster-Löschungsverfahren	–	82,364 82,417	82,227		–	(6) § 9 GebrMG	–	–	–	–
4. 3.	I ZR 19/80	Korrekturflüssigkeit	–	82,489	–		–	–	–	–	–	–
16. 3.	13/80	Gerüsttafel	–	–	–		–	–	–	–	–	82–83,94
23. 3.	KZR 5/81	Verankerungsteil	83,251	82,411	82,296 L		–	–	–	–	–	–
23. 3.	76/80	Hartmetallkopfbohrer	83,283	82,481	82,362 L		–	–	82,2861	–	–	–
25. 3.	ZB 24/80	Einsteckschloß	83,271	82,414	82,296		–	–	83,2386	–	–	–
18. 5.	7/79	Axialventilator	–	–	–		–	–	–	–	–	82–83,109
3. 6.	ZB 21/81	Sitosterylglykoside	–	82,548	82,300		–	(62) § 1 PatG	83,336	–	–	–
24. 6.	ZB 6/81	Langzeitstabilisierung	–	82,610	82,364 L		–	(56) § 26 PatG	–	83,51	–	–
14. 7.	10/82	Reibebrett	–	–	–		–	–	83,455	83,52	–	–
22. 7.	57/81	Kombinationsmöbel	–	82,672	83,27 L		–	(1) § 144 PatG 1981	–	83,129	–	82–83,122
16. 9.	54/81	Dampffrisierstab	–	82,723	83,107 L		–	(23) § 259 BGB	–	–	–	–
5. 10.	ZB 17/81	Prüfkopfeinstellung	–	83,116	83,50		–	–	–	–	–	–
5. 10.	ZB 26/81	Streckenvortrieb	–	83,63	83,132		–	–	–	–	–	–
5. 10.	ZB 4/82	Auflaufbremse	85,116	83,114	83,131		83,54	–	83,671	–	–	–
14. 10.	56/79	Abdeckprofil	–	83,169	83,186 L		–	–	–	–	–	82–83,125
26. 10.	12/81	Liegemöbel	–	83,64	83,156 L		–	(63) § 1 PatG	–	–	–	82–83,142
16. 11.	49/79	Reibungskupplung	–	–	–		–	–	–	–	–	82–83,163
18. 11.	49/81	Löffelbagger	–	–	–		–	–	–	–	–	82–83,187
21. 12.	ZB 10/82	Schneidhaspel	–	83,171	83,157		–	(1) § 94 PatG 1981	–	–	–	–
1983												
18. 1.	ZB 13/82	Drucksensor	86,264	83,243	83,158		–	–	83,1792	83,487	–	–
20. 1.	ZB 7/82	Flüssigkristall	–	–	83,375 L		83,112	–	–	–	–	–
25. 1.	47/82	Brückenlegepanzer	86,330	83,237	83,282 L		83,92	–	84,2943	83,487	84,561	–
3. 2.	6/80	Fenstersteller	–	–	–		–	–	–	–	–	82–83,203
1. 3.	79/79	Laufbildkamera	–	–	–		–	–	–	–	–	82–83,214
8. 3.	AZR 6/82	Akteneinsicht in Rechtsbeschwerdeakten	–	83,365	83,187		–	(1) § 31 PatG 1981	83,2446	83,750	–	–
8. 3.	14/81	Kameraauslösung	–	–	–		–	–	–	–	–	82–83,229
8. 3.	32/81	Mischkapsel	–	–	–		–	–	–	–	–	82–83,252
22. 3.	9/82	Absetzvorrichtung	–	83,497	83,308		–	(3) § 9 PatG 1981	–	83,1020	–	–
12. 7.	62/81	*Brückenlegepanzer II*	–	83,560	–		–	(1) § 22 Nr. 1 PatG 1981	–	84,50	–	–
14. 7.	ZB 23/82	Rammbohrgerät	–	83,561	84,23		–	(4) § 36d PatG	–	84,141	–	–

noch 1983												
14. 7.	ZB 9/82	Ziegelsteinformling	88,91	83,725	84,20		–	–	84,614	83,1021	–	–
14. 7.	ZB 15/82	Schaltanordnung	–	–	84,19		83,214	–	–	–	–	–
14. 7.	ZB 20/82	Streckenausbau	–	83,640	84,56		–	(6) § 100 PatG 1981	84,2942	84,140	–	–
20. 9.	ZB 4/83	Hydropyridin	88,209	83,729	84,147		–	–	84,663	84,49	–	–
27. 9.	ZB 19/82	Transportfahrzeug	–	84,36	84,209		–	(11) § 36 l PatG	–	84,226	–	–
4. 10.	53/81	Grobkeramik	–	–	–		–	–	–	–	–	82–83,280
11. 10.	ZB 16/82	Optische Wellenleiter	–	–	84,211		–	(64) § 1 PatG	–	–	–	–
11. 10.	62/82	Fingerbalkenmähwerk	–	–	84,213		–	–	–	–	–	82–83,304
20. 10.	ZB 21/82	Faserstoffaufschwemmsichter	–	–	84,215		–	–	–	–	–	–
20. 10.	41/81	Kaffeemaschine	–	–	–		–	–	–	–	–	82–83,310
15. 11.	27/82	Kreiselegge	–	84,194	84,151		–	–	–	84,486	–	82–83,325
29. 11.	27/78	Hörgerät	–	84,335	–		–	–	–	–	–	82–83,339
6. 12.	31/78	Umschnürung	–	–	–		–	–	–	–	–	82–83,362
6. 12.	33/78	Bandschweißen	–	–	–		–	–	–	–	–	82–83,391
8. 12.	7/83	AFH-Konzentrat	–	84,276	–		–	–	–	84,486	–	82–83,450
8. 12.	15/82	Isolierglasscheibenrandfugenfüllvorrichtung	–	84,272	84,246		–	–	–	84,578	–	82–83,412
15. 12.	66/77	Sanitärblock	–	–	–		–	–	–	–	–	82–83,455
20. 12.	48/82	Rolltor	–	–	–		–	–	–	–	–	82–83,477
22. 12.	ZB 8/83	Rammbohrgerät	–	–	84,247		–	–	–	–	–	–
22. 12.	ZB 17/82	Schlitzwand	89,245	84,337	84,248		84,92	–	84,2702	84,398	–	–
22. 12.	43/82	Kreiselegge II	–	–	–		84,31	–	–	–	–	–
22. 12.	45/82	Überlappungsnaht	–	84,339	84,216		–	–	–	84,665	–	82–83,488
1984												
31. 1.	7/82	Bierklärmittel	–	84,425	84,249		–	–	–	84,840	–	–
9. 2.	15/82	(Sachverständigenentschädigung)	–	84,340	–		–	(6) ZuSEntschG	–	84,665	–	–
14. 2.	30/82	Befestigung für Eggenzinken	–	–	–		–	–	–	–	–	84–86,5
16. 2.	53/82	Selbsttätiges Beladen	–	–	–		–	–	–	–	–	84–86,17
21. 2.	2/83	Regalunterbau	–	–	–		–	–	–	–	–	84–86,48
23. 2.	72/80	Miniaturrelais	–	–	–		–	–	–	–	–	84–86,75
13. 3.	45/83	Bescheinigung am Verfahren nicht beteiligt zu sein	–	–	–		–	–	–	–	–	84–86,90
13. 3.	24/82	Chlortoluron	–	84,580	84,300		–	(66) § 1 PatG 1981	–	–	–	–
15. 3.	ZB 6/83	Zinkenkreisel	90,318	84,797	84,332		–	(8) § 100 PatG 1981	84,2945	84,752	–	–
15. 3.	68/82	Druckdichte Befestigung von Rohren	–	–	–		–	–	–	–	–	84–86,113
20. 3.	33/82	Verbauvorrichtung für Leitungsgraben	–	–	–		–	–	–	–	–	84–86,130
22. 3.	11/83	Kabelstecker für Koaxialkabel	–	–	–		–	–	–	–	–	84–86,147
29. 3.	6/82	Kletterschalung	–	–	–		–	–	–	–	–	84–86,162
17. 5.	ZB 15/83	Schichtträger	–	84,644	84,390		–	–	–	85,139	–	–

Datum	Aktz. (X ZR)	Stichwort	BGHZ	GRUR	Blatt	BPatGE	Mitt.	LM (Nr. zu §)	NJW	MDR	BB	Liedl
noch 1984												
29. 5.	64/82	Wellrohr	–	–	–		–	–	–	–	–	84–86,183
5. 6.	72/82	Speisungsregelung	–	84,652	85,25		–	(2) § 6 Nr. 2 ArbEG	–	–	–	–
3. 7.	34/83	Dampffrisierstab II	92,62	84,728	–		–	(4) § 139 PatG 1981	84,2822	–	–	–
12. 7.	10/84	Kostenentscheidung	–	–	–		–	–	–	–	–	84–86,201
19. 7.	ZB 20/83	Schweißpistolenstromdüse II	92,137	84,870	85,51		–	(9) § 100 PatG 1981	87,130	84,935	–	–
19. 7.	ZB 18/83	Acrylfasern	92,129	85,31	85,28		85,115	–	85,493	84,1022	–	–
18. 9.	68/82	Brenner	–	–	–		–	–	–	–	–	84–86,203
27. 9.	ZB 5/84	Energiegewinnungsgerät	–	–	85,117		85,170	–	–	–	–	–
27. 9.	ZB 6/84	Ausstellungspriorität	92,188	85,34	85,53		–	–	85,557	85,140	–	–
27. 9.	ZB 15/84	Schraubenpresse	–	85,37	85,52		–	–	–	85,37	–	–
27. 9.	53/82	Stückgutverladeanlage	–	85,511	–		–	–	–	–	–	–
2. 10.	24/81	Portionieren einer pastenförmigen Masse	–	–	–		–	–	–	–	–	84–86,221
11. 10.	ZB 11/84	Servomotor	–	–	85,141		–	–	85,1227	85,407	–	–
16. 10.	62/77	Streitwertfestsetzung	–	–	–		–	–	–	–	–	84–86,246
23. 10.	30/79	Walzgutkühlbett	–	85,214	–		–	–	–	–	–	84–86,249
22. 11.	40/84	Körperstativ	–	85,369	85,274		85,90	–	–	–	–	–
29. 11.	39/83	Fahrzeugsitz	93,82	–	–		–	–	85,1031	85,407	–	–
18. 12.	ZB 9/84	Wärmetauscher	–	85,519	85,298		85,116	(10) § 100 PatG 1981	–	85,407	–	–
18. 12.	ZB 21/84	Werbedrucksache	–	85,376	–		–	–	–	–	–	–
18. 12.	ZB 14/84	Sicherheitsvorrichtung	93,171	85,371	85,142		85,117	–	86,435	85,406	–	–
1985												
8. 1.	18/84	Druckbalken	93,191	85,512	–		85,212	(5) § 139 PatG	–	85,579	85,1746	–
15. 1.	16/83	Carbadox	–	–	–		–	–	–	–	–	WM 85, 673
29. 1.	54/83	Thermotransformator	93,327	85,472	–		–	–	85,1693	85,578	85,958	–
12. 2.	42/83	Wickelträger	–	–	–		–	–	–	–	–	84–86,280
26. 2.	ZB 12/84	Tetrafluoräthylenpolymer	–	–	–		85,152	–	–	–	–	–
12. 3.	3/84	Konterhaubenschrumpfsystem	–	85,520	–		–	–	–	85,760	–	–
12. 3.	2/85	Unzulässige Berufung	–	–	–		–	–	–	–	–	84–86,308
14. 3.	ZB 13/83	Caprolactam	–	85,919	85,150		85,150	–	–	85,140	–	–
28. 3.	ZB 1/84	Einspruchsbegründung	–	–	85,304		87,71	–	–	–	–	–
28. 3.	ZB 2/84	Endotoxin	–	–	–		85,153	–	–	–	–	–
28. 3.	ZB 10/84	Ziegelsteinformling II	–	85,871	85,305		–	–	–	86,441	–	–
3. 4.	I ZB 17/84	LECO	–	–	85,337		–	–	–	–	–	–
30. 4.	ZB 17/84	Besetzungsrüge	–	–	85,339		–	–	–	–	–	–
9. 5.	44/84	Zuckerzentrifuge	–	85,967	85,342		–	–	–	86,232	–	–

noch 1985												
14. 5.	ZB 19/83	Klebstoff	–	–	85,373		–	–	–	–	–	–
21. 5.	56/83	Ätzen	–	–	85,374		–	–	–	–	–	84–86,313
28. 5.	24/84	Turnmatte	–	–	–		–	–	–	–	–	84–86,328
25. 6.	42/82	Melkstand	–	–	–		–	–	–	–	–	84–86,343
2. 7.	ZB 30/84	Methylomonas	95,162	85,1035	85,375		–	–	85,2759	86,52	–	–
9. 7.	40/83	Zündimpuls für Brennkraftmaschinen	–	–	–		–	–	–	–	–	84–86,362
11. 7.	ZB 22/83	Raumzellenfahrzeug	–	85,1037	85,380		–	–	–	86,492	–	–
11. 7.	ZB 18/84	Farbfernsehsignal II	95,302	85,1039	85,379		–	–	–	86,493	–	–
11. 7.	ZB 26/84	Borhaltige Stähle	95,295	86,163	85,381		–	–	86,1614	86,492	–	–
19. 9.	ZB 22/84	Hüftgelenkprothese	96,3	86,237	86,176		86,51	–	86,3204	–	–	–
19. 9.	ZB 37/84	Geschäftsverteilung	–	86,47	86,246		–	–	–	86,583	–	–
17. 10.	31/82	Melkstand	–	86,238	–		–	–	–	86,582	–	–
5. 11.	ZB 28/84	Schneekette	–	–	86,216		86,69	–	–	–	–	–
19. 11.	26/84	Besorgnis der Befangenheit	–	–	–		–	–	–	–	–	84–86,384
19. 12.	53/83	Thrombozyten-Zählung	–	86,372	86,218		–	–	–	–	–	–
1986												
9. 1.	ZB 38/84	Transportbehälter	97,9	86,453	86,246		–	–	86,3205	86,493	–	–
30. 1.	70/84	Mauerkasten	–	86,731	–		–	–	–	–	–	84–86,391
30. 1.	ZB 8/85	Szintillationszähler	–	–	86,247		–	–	–	–	–	–
12. 2.	ZB 32/84	Polyestergarn	–	–	86,248		–	–	–	–	–	–
25. 2.	8/85	Schweißgemisch	–	86,531	–		–	(65) § 26 PatG	–	86,754	–	84–86,397
25. 2.	ZB 14/85	Vertagungsantrag	–	–	86,251		–	–	–	–	–	–
11. 3.	65/85	Flugkostenminimierung	–	86,531	–		–	(69) § 1 PatG	–	86,754	–	84–86,405
11. 3.	17/83	Abfördereinrichtung für Schüttgut	–	86,798	–		–	–	–	–	–	–
29. 4.	28/85	Formstein	98,12	86,803	–		–	(3) § 14 PatG 1981	86,3202	86,1023	–	–
29. 4.	ZB 19/85	Raumzellenfahrzeug II	–	86,667	–		–	(13) § 100 PatG 1981	–	86,1023	–	–
10. 6.	ZB 13/85	Kernblech	–	–	–		86,195	–	–	–	–	–
10. 7.	ZB 29/84	Kraftfahrzeuggetriebe	98,156	86,877	86,371		–	(1) § 39 PatG 1981	87,258	86,932	–	–
7. 10.	87/84	Bodenbearbeitungsmaschine	–	87,348	–		87,71	(2) § 81 PatG 1981	–	87,319	–	–
9. 10.	I ZR 158/84	Berühmung	–	87,125	–		–	–	–	–	–	–
14. 10.	61/82	Abdichtung von Hohlräumen	–	–	–		–	–	–	–	–	84–86,427
24. 10.	45/85	Befestigungsvorrichtung	–	87,280	–		–	–	–	–	–	–
11. 11.	56/85	Garagentransportfahrzeug	–	87,284	–		–	–	–	–	–	–
16. 12.	ZB 17/86	Emissionssteuerung	–	87,286	–		–	–	–	87,581	–	–
1987												
13. 1.	29/86	Werkzeughalterung	–	87,350	–	29,269 L	–	(7) § 406 ZPO	–	87,581	–	–
20. 1.	70/84	Mauerkasten II	–	87,351	87,112	29,270 L	87,112	(70) § 1 PatG	–	87,668	–	–
22. 1.	I ZR 230/85	Parallelverfahren	99,340	87,402	87,305 L	29,270 L	–	–	87,2680	87,558	–	–

Datum	Aktz. (X ZR)	Stichwort	BGHZ	GRUR	Blatt	BPatGerE	Mitt.	LM (Nr. zu §)	NJW	MDR	BB	Liedl
noch 1987												
5. 2.	36/85	Sonnendach	–	87,353	–		–	–	–	87,668	–	–
12. 2.	ZB 4/86	Tollwutvirus	100,67	87,231 Int. 87, 357	87,201	28,258 L	–	(2) § 1 a PatG	87,2298	87,580	–	–
24. 3.	20/86	Rundfunkübertragungssystem	100,249	87,626	–		–	(59) § 6 PatG	87,3009	87,756	–	–
24. 3.	ZB 23/85	Mittelohrprothese	–	87,510	87,354		87,238	(6) § 35 PatG 1981	–	87,843	–	–
24. 3.	ZB 14/86	Streichgarn	100,242	87,513	87,203		–	(17) § 93 PatG 1981	87,2872	87,756	–	–
9. 4.	I ZB 4/86	Richterwechsel III	–	87,515	87,355		–	–	–	87,909	–	–
12. 5.	ZB 21/86	Zigarettenfilter	–	–	87,357		–	–	–	–	–	–
2. 6.	97/86	Entwässerungsanlage	–	87,900	–		–	(6a) § 242 Bc BGB (2) § 22 PatG 1981	–	88,50	–	–
4. 6.	27/86	Zeitaufwand für Sachverständige	–	–	–		–	(7) ZuSEntschG	–	–	–	–
16. 6.	51/86	Antivirusmittel	101,159	87,794	–		–	–	88,769	87,932	–	–
16. 6.	102/85	Mäher	–	–	–		–	–	88,210	88,91	–	–
14. 7.	ZB 1/87	Papiermaschinensieb	–	–	88,111		–	–	–	–	–	–
17. 9.	56/86	Abschlußblende	–	88,287	–		88,68	(3) § 22 PatG 1981	–	88,229	–	–
29. 9.	44/86	Vinylpolymerisate	102,28	88,123	88,131		–	(1) § 17 ArbEG	88,1216	88,140	88,563	–
13. 10.	ZB 11/86	Betonzubereitung	–	88,286	88,18		–	(1) § 16 PatG	88,1029	88,315	–	–
13. 10.	ZB 24/86	Alkyldiarylphosphin	102,53	88,113	88,185		–	(9) § 3 PatG	88,1028	88,228	–	–
13. 10.	ZB 29/86	Wärmeaustauscher	–	88,115	–		88,27	(15) § 100 PatG	–	88,216	–	–
3. 11.	27/86	Kehlrinne	102,118	88,290 Int. 88,586	–		–	(1) Art. 24 GG	88,1464	88,406	–	–
17. 11.	ZB 15/87	Runderneuern	–	88,197	88,213		88,171	(66) § 26 PatG	88,1674	88,493	–	–
15. 12.	ZB 28/86	Epoxidation	–	88,364	88,250		91,16	(5) § 59 PatG 1981	–	88,580	–	–
1988												
13. 1.	ZB 29/87	Berichterstatterschreiben	–	–	–		88,126	–	–	–	–	–
19. 1.	46/84	Postgutbegleitkarte	BGHR PatG 1968 § 1 Abs. 1 Patentkategorie	–	–		–	–	–	–	–	–
26. 1.	ZB 18/86	Fluoran	103,150	83,447	88,251	29,276 L	–	(35) § 2 PatG	88,3207	88,493	–	–
26. 1.	6/87	Betonstahlmattenwender	–	88,444	–		–	(72) § 1 PatG	–	88,671	–	–
23. 2.	93/85	Düngerstreuer	103,262	88,757	–		–	(40) § 13 PatG	88,3208	88,774	–	–
10. 5.	89/87	Windform	–	88,762	88,344		–	(2) § 16 ArbEG	–	88,961	–	–
26. 5.	ZB 10/87	Datenkanal	–	–	88,289		–	–	–	–	–	–
14. 6.	5/87	Ionenanalyse	105,1	Int. 89,687 88,896	–		–	(4) EPÜ	89,669	89,62	–	–
23. 6.	ZB 27/87	Geschoß	–	88,809	89,132		–	(6) § 59 PatG 1981	–	88,1054	–	–

noch 1988												
23. 6.	ZB 3/87	Spulenvorrichtung	105,40	88,754	88,318	30,271 L	88,190	(57) Art. 2 GG	88,2788	88,961	–	–
10. 7.	22/86	Druckguß	–	88,755	–		–	(36) § 2 PatG	–	88,1054	–	–
22. 9.	ZB 2/88	Wassermischarmatur	105,222	–	89,50		89,33	(2) § 40 PatG 1981	89,1676	89,252	–	–
27. 9.	ZB 3/88	Schlauchfolie	–	89,38	89,113		–	(6) § 3 PatG 1981	–	89,157	–	–
4. 10.	71/86	Vinylchlorid	–	–	89,135		–	(2) § 23 ArbEG	–	89,254	–	–
4. 10.	ZB 25/87	Gurtumlenkung	–	–	89,133		–	–	–	–	–	–
4. 10.	3/88	Flächenentlüftung	–	89,39	89,155	30,272 L	–	(3) § 81 PatG 1981	–	89,253	–	–
3. 11.	ZB 12/86	Verschlußvorrichtung für Gießpfannen	105,381	89,103	89,32	30,272 L	89,91	(2) § 21 PatG 1981	89,1863	89,252	–	–
3. 11.	107/87	Kreiselegge II	–	89,187	–		–	(1) § 145 PatG 1981	–	89,447	–	–
29. 11.	63/87	Schwermetalloxidationskatalysator	106,84	89,205	89,158		–	(4) § 14 PatG 1981	89,1358	89,351	–	–
20. 12.	ZB 30/87	Aufzeichnungsmaterial	–	90,346	89,214	30,273 L	–	(16) § 100 PatG 1981	–	89,540	–	–
1989												
17. 1.	90/86	Gießpulver	–	–	89,215		–	–	–	–	–	–
26. 1.	I ZB 8/88	Superplaner	–	89,425	89,273		–	(12) § 13 WZG	–	89,714 L	–	–
14. 2.	ZB 8/87	Schrägliegeeinrichtung	–	89,494	89,314	30,274 L	–	–	–	89,909	–	–
21. 2.	53/87	Ethofumesat	107,46	90,997	–		–	(62) § 6 PatG	90,117	89,736	–	–
21. 2.	I ZB 18/84	kaschierte Hartschaumplatten	–	Int. 91,234	–		–	–	89,2257	–	–	–
11. 4.	26/87	Offenendspinnmaschine	107,161	89,411	–		–	(1) § 33 PatG 1981	89,3283	89,810	89,2142	–
22. 5.	ZB 6/88	Skistockteller	–	–	–	30,225 L	–	–	–	–	–	–
4. 7.	95/87	Sauerteig	–	89,899	–		–	(73) § 1 PatG	–	90,47	–	–
19. 9.	ZB 6/89	Rechtliches Gehör	–	90,110	–		–	(18) § 100 PatG 1981	–	90,240	–	–
26. 9.	ZB 19/88	Schüsselmühle	–	90,33	90,75		–	(19) § 100 PatG 1981	–	90,241	–	–
3. 10.	33/88	Batteriekastenschnur	–	89,903	90,240		–	(1) § 6a PatG	–	90,149	–	–
12. 10.	ZB 12/89	Weihnachtsbrief	–	90,109	90,131		–	(3) § 99 PatG 1981	–	90,544	90,378	–
24. 10.	58/88	Autokindersitz	–	90,193	–		90,99	–	–	90,542	–	–
7. 11.	ZB 24/88	Meßkopf	–	90,108	90,157		90,98	(8) § 59 PatG 1981	–	90,433	–	–
21. 11.	29/88	Geschlitzte Abdeckfolie	–	90,505	–		–	(34) § 1 PatG	–	90,543	–	–
12. 12.	15/87	Computerträger	–	90,594	–		–	–	–	–	–	–
21. 12.	ZB 7/89	Gefäßimplantat	–	90,348	–		–	(21) § 100 PatG 1981	–	90,714	–	–
21. 12.	ZB 19/89	Wasserventil	110,25	90,434	–		–	(2) § 86 PatG 1981	90,3150	90,544	–	–
21. 12.	30/89	Marder	110,30	90,515	–		–	–	90,1289	90,541	90,507	–
1990												
16. 1.	ZB 24/87	Spreizdübel	110,82	90,508	90,242		–	(4) § 9 PatG 1981	90,3269	90,543	90,1586	–
23. 1.	ZB 9/89	Spleißkammer	110,123	90,432	90,325		–	(5) § 22 PatG 1981	90,3270	90,662	90,881	–
23. 1.	75/87	Feuerschutzabschluß	–	91,522	–		–	–	–	–	–	–
22. 2.	I ZR 50/88	Rollenclips	–	90,528	–		–	–	–	–	90,1013	–
20. 3.	ZB 10/88	Crackkatalysator	111,21	90,510	90,366		91,16	(67) § 26 PatG 1981	90,3272	90,1001	–	–
22. 3.	I ZR 59/88	Lizenzanalogie	–	90,1008	–		–	–	–	–	–	–
15. 5.	119/88	Einbettungsmasse	–	90,657	–		–	(4) § 81 PatG 1981	–	91,47	90,1865	–

Datum	Aktz. (X ZR)	Stichwort	BGHZ	GRUR	Blatt	BPatGerE	Mitt.	LM (Nr. zu §)	NJW	MDR	BB	Liedl
noch 1990												
22. 5.	124/88	Falzmaschine	–	91,811	90,399		–	–	–	90,1000	–	–
19. 6.	43/89	Haftverband	–	–	91,159		91,32	–	–	–	–	–
12. 7.	I ZR 16/89	Themenkatalog	–	91,130	–		–	–	–	–	–	–
12. 7.	ZB 32/89	Spektralapparat	112,157	91,37	–		–	(17) VwZG	90,3276	91,48	–	–
12. 7.	121/88	Befestigungsvorrichtung II	112,140	91,436	–		91,37	–	91,178	91,146	90,2006	–
18. 9.	29/89	Elastische Bandage	–	91,120	91,161		–	–	91,1174	91,432	–	–
4. 10.	I ZR 139/89	Betriebssystem	–	91,448	–		–	–	–	–	–	–
9. 10.	ZB 13/89	Polyesterfäden	112,297	91,518	91,68		–	–	91,1297	91,244	–	–
30. 10.	16/90	Objektträger	–	91,127	91,190		–	–	–	91,530	–	–
30. 10.	ZB 18/88	Bodenwalze	–	91,307	91,188		91,157	–	–	91,530	–	–
6. 11.	55/89	Autowaschvorrichtung	113,1	91,443 Int. 91,375	–		91,35	–	91,1299	91,433	–	–
4. 12.	ZB 6/90	Pharmazeutisches Präparat	–	91,441	–		–	–	–	–	–	–
13. 12.	I ZR 21/89	Einzelangebot	113,159	91,316	–		–	–	–	–	–	–
18. 12.	ZB 3/90	Unterteilungsfahne	–	–	91,190		91,159	–	–	–	–	–
1991												
8. 1.	100/90	Schneidwerkzeug	113,201	91,442	91,223		91,41	(2) § 111 PatG 1981	92,48	91,531	–	–
8. 1.	53/90	Beschußhemmende Metalltür	–	91,376	91,307L		–	(4) IntPatÜG	92,3091	91,1164	–	–
8. 1.		Entschließung	–	91,447	91,224		91,62	(2a) § 111 PatG 1981	92,49	91,531	–	–
28. 2.	I ZR 88/89	Explosionszeichnungen	–	91,529	–		92,226	–	–	–	–	–
21. 3.	I ZR 158/89	Betonsteinelemente	–	Int. 92,832	–		–	–	91,2211	–	–	–
23. 4.	41/89	Trockenlegungsverfahren	–	91,744	92,172		91,198	(65) § 6 PatG	–	92,43	–	–
23. 5.	I ZR 286/89	Kastanienmuster	–	91,914	–		–	(586) § 1 UWG	–	92,147	–	–
29. 5.	I ZR 2/90	Zustelladressat	–	91,814	91,420		91,200	(1) § 127 PatG	–	92,249	–	–
11. 6.	ZB 13/88	Seitenpuffer	115,11	92,33	91,345		–	(77) § 1 PatG	92,372	91,1049	–	–
11. 6.	ZB 24/89	Chinesische Schriftzeichen	115,23	92,36	91,388		–	(4) § 1 PatG 1981	92,374	91,1050	–	–
27. 6.	I ZR 7/90	Keltisches Horoskop	115,69	93,40	–		–	(10) § 306 BGB	92,232	91,1155	–	–
11. 7.	I ZR 31/90	Topfgucker-Scheck	–	92,116	–		–	(584) § 1 UWG	–	92,37	–	–
24. 9.	37/90	Beheizbarer Atemluftschlauch	115,204	92,40	92,109		91,241	–	–	92,37	–	–
26. 9.	I 177/89	Cranpool	–	92,45	92,172		–	(15) § 8 WZG	–	92,246	–	–
1. 10.	ZB 34/89	Straßenkehrmaschine	115,234	92,38	92,187		91,239	(1) § 60 PatG 1981	92,435	92,36	–	–
10. 10.	I ZR 14/89	Bedienungsanweisung	–	93,34		–	–	(33) § 2 UrhG	92,689	–	–	
22. 10.	73/89	Antigene-Nachweis	–	–	92,308		–	–	–	–	–	–
24. 10.	I ZR 287/89	Barbarossa	–	92,106	–		–	(16) § 8 WZG	–	92,469	–	–
19. 11.	*9/89*	*Heliumeinspeisung*	116,122	92,305	92,465		92,64	(66) § 6 PatG	–	–	–	–
28. 11.	I ZR 297/89	Roter mit Genever	–	92,171	–		92,276	–	–	–	–	–

noch 1991												
3. 12.	ZB 5/91	Crackkatalysator II	–	92,159	92,278		–	–	–	92,361	–	–
3. 12.	101/89	Frachtcontainer	–	92,157	92,358		–	–	92,3095	–	–	–
10. 12.	KVR 2/90	Inlandstochter	–	92,195	–		–	–	–	–	–	–
12. 12.	I ZR 165/89	Taschenbuch-Lizenz	–	92,310	–		–	–	92,1320	92,360	–	–
1992												
14. 1.	124/89	Tablettensprengmittel	–	92,375	–		–	(17) § 8 WZG	–	–	–	–
16. 1.	I ZR 36/90	Seminarkopien	–	93,37	–		–	(175) Art. 34 GG	92,1310	92,760	–	–
30. 1.	I ZR 113/90	Pullovermuster	117,115	92,448	–		–	(595) § 1 UWG	92,2700	92,658	–	–
30. 1.	I ZR 54/90	Opium	–	92,314	92,427		93,24	(17) § 8 WZG	93,203	92,761	–	–
4. 2.	43/90	Tauchcomputer	117,144	92,430	92,255		92,274	–	–	92,571	–	–
18. 2.	7/90	Steuereinrichtung	–	92,597 92,432	–		–	–	–	–	–	–
18. 2.	8/90	Teleskopzylinder	–	92,559	–		–	–	–	–	–	–
25. 2.	41/90	Nicola	117,264	92,612	–		–	–	92,2292	–	–	–
12. 3.	I ZR 58/90	Plagiatsvorwurf II	–	92,527	–		–	(16) § 14 UWG	–	92,955	–	–
24. 3.	ZB 15/91	Entsorgungsverfahren	–	–	92,496		–	–	–	–	–	–
5. 5.	9/91	Mechanische Betätigungsvorrichtung	–	92,594	–		–	–	–	–	–	–
7. 5.	I ZR 162/90	Klemmbausteine II	–	92,619	–		–	–	–	–	–	–
12. 5.	ZB 11/90	Chrom-Nickel-Legierung	118,210	92,842	93,59		92,247	–	–	–	–	–
12. 5.	109/90	Linsenschleifmaschine	118,221	92,839 Int. 93,324	93,154		–	–	93,69	–	–	–
21. 5.	I ZR 175/90	Schadensbegrenzungsvergleich	–	92,605	–		–	(31) § 249, BGB (Ba)	–	93,26	–	–
17. 6.	I ZR 182/90	ALF	118,394	92,697	–		–	(8) Bernü	92,2824	92,1043	–	–
17. 6.	I ZR 107/90	Tschibo/Rolex II	119,20	93,55	–		–	(608) § 1 UWG	92,2753	92,1139	92,1885	–
23. 6.	98/90	Magazinbildwerfer	–	92,692	–		–	–	93,71	–	–	–
7. 7.	KZR 28/91	Änderungsvertrag	–	–	–		–	–	–	–	–	–
29. 9.	69/90	Verbindungsglied	–	93,383	–		–	–	–	–	–	–
8. 12.	123/90	Mauerrohrdurchführung	–	93,469	–		–	–	–	–	–	–
17. 12.	I ZB 3/91	Zustellungswesen	–	93,476	93,227		–	–	–	–	–	–

Datum	Aktz. (X ZR)	Stichwort	BGHZ	GRUR	Bl.PMZ	Mitt.	NJW	NJW-RR	WRP
1993									
26.1.	79/90	Wandabstreifer	121, 194	93, 460	-	93, 325	93, 3200		
4.2.	I ZR 319/90	Maschinenbeseitigung							93,396
9.2.	X ZB 7/92	Fotovoltaisches Halbleiterbau-element/Preprint-Versendung		93, 466	93, 342				
2.3.	X ZB/14/92	Rohrausformer		93, 655	93, 396			93, 1023	
30.3.	X ZB 13/90	Tetraploide Kamille	122, 144	93, 651	93, 439		94, 199		
1.4.	I ZR 70/91	Verfügungskosten	122, 172	93, 998			93, 2685		93,764
1.4.	136/91	Bedingte Unterwerfung		93, 677				93, 1000	93,480
20.4.	6/91	Weichvorrichtung I		93, 886		93, 364		93, 1132	
11.5.	104/90	Meßventil		94, 36				94, 248	
25.5.	19/92	Mogul-Anlage		93, 897				93, 1261	
3.6.	I ZB 6/91	Piesporter Goldtröpfchen		93,832	94,33		93,3139	93,1389	93,769
16.6.	I ZR 14/91	Indorektal II	123,119	93,969	94,34	93,330	93,2942		
22.6.	25/86	Hartschaumplatten		93,895				93,1470	
22.6.	X ZB 16/92	Senatsinterne Mitwirkungs-grundsätze		93,894				93,1406	
22.6.	X ZB 22/92	Leistungshalbleiter		93,896	94,121L			93,1237	
6.7.	X ZB 23/92	Heizkörperkonsole	123,119	93,892	94,157	93,343	93,3071		
14.7.	X ZB 9/92	Teilungsgebühren		93,890	93,480	93,344			
14.7.	I ZR 47/91	Buchhaltungsprogramm	123,208	94,39		94,44	93,3136		
21.9.	X ZB 31/92	Akteneinsicht XIII		94,104	94,121	94,123		94,381	
21.9.	50/91	Spielfahrbahn				96,204			
30.9.	I ZR 54/91	Vertragstrafebemessung		94,146			94,45		94,37
20.10.	28/92	Müllfahrzeug		94,189	94,123	94,51		94,319	
20.10.	X ZB 4/93	Alkoholfreies Bier		94,188				94,382	
11.11.	I ZB 18/91	Boy		94,215				94,215	
25.11.	I ZR 259/91	Warnhinweis	124,230	94,219				94,730	
16.12.	X ZB 12/92	Lichtfleck	124,343	95,42	94,279	94,75		94,696	
1994									
20.1.	102/91	Muffelofen		94,357	94,281			94,1400	
1.2.	57/93	Schutzüberzug für Klosettbrillen		94,360	94,284			94,759	
22.2.	X ZB 15/92	Sulfonsäurechlorid		94,439	94,284		94,2157		

17.3.	I ZR 304/91	Beta		94,530					94,543
17.3.	16/93	Zerlegvorrichtung für Baumstämme	125,303	94,597	94,416	94,181		95,106	
24.3.	108/91	Rotationsbürstenwerkzeug	125,334	94,602	94,456	94,332	94,3099		
24.3.	I ZR 42/93	Cartier-Armreif	125,322	94,63			94,1735		94,519
5.5.	VGS 1-4/93	Mitwirkungsgrundsätze	126,63	94,659			94,1735		94,487
10.5.	X ZB 7/93	Spinnmaschine		94,724	95,68			94,1239	
17.5.	82/92	Copolyester I	126,109	94,898		94,265	95,386		94,757
26.5.	I ZB 4/94	Greifbare Gesetzwidrigkeit II					94,2363		94,763
16.6.	I ZR 24/92	Folgerecht bei Auslandsbezug	126,252	94,798			94,2888		
28.6.	44/93	Parteiwechsel		96,865					
7.7.	I ZR 63/92	Fortsetzungsverbot	126,368	94,849			94,2765		94,733
6.10.	X ZB 4/92	Datenträger		95,113	95,314	95,104		95,104	
13.10.	I ZR 99/92	Nicoline		95,54					95,13
18.10.	X ZB 13/94	Prüfungsantrag		95,45	95,316			95,244	
19.10.	I ZB 7/94	Success		95,50	95,255	95,280		95,57	
19.10.	I ZR 197/92	Kosten des Verfügungsverfahrens bei Antragsrücknahme		95,169				95,495	
3.11.	I ZR 122/92	Betonerhaltung		95,62				95,304	
22.11.	51/92	Senatsbesetzung		95,171			95,332		95,292
24.11.	GSZ 1/94	Rechtsmittelbeschwerde gegen Auskunftsverurteilung	128,85	95,701			95,664		95,297
1.12.	I ZR 139/92	Kosten bei unbegründeter Abmahnung		95,167			95,715		95,300
13.12.	X ZB 18/94	Rechtsmittelrücknahme		95,338		95,168			
13.12.	X ZB 9/94	Lüfterkappe	128,149	95,210	95,317	95,183	95,1680		
15.12.	I ZR 121/92	Oxygenol II		95,216	95,168	95,107			95,320
20.12.	56/93	Kleiderbügel	128,22	95,338					
1995									
10.1.	X ZB 11/92	Aluminium-Trihydroxid	128,28	95,333	95,438	95,243			
17.1.	130/93	Gummielastische Masse				96,16		95,696	
17.1.	118/94	Aufreißdeckel		95,394				95,394	
17.1.	X ZB 15/93	Elektrische Steckverbindung	128,270	95,330	95,319	95,220			
2.2.	I ZR 16/93	Objektive Schadensberechnung		95,349			95,1420		95,393
7.2.	32/93	Fehlerhafte Anwaltsberatung		95,344			95,2039		
7.2.	58/93	Isothiazolon			95,322				
7.2.	X ZB 20/93	Flammenüberwachung			96,118			95,700	
14.2.	X ZB 19/94	Tafelförmige Elemente		95,342	95,442		95,2989		
23.2.	I ZR 15/93	Abnehmerverwarnung		95,424				95,810	95,489

Datum	Aktz. (X ZR)	Stichwort	BGHZ	GRUR	Bl.PMZ	Mitt.	NJW	NJW-RR	WRP
28.3.	X ZB 1/95	Drahtelektrode		95,577	95,370	95,257		95,1019	
5.4.	I ZR 67/93	Versäumte Klagenhäufung		95,518			95,2170		95,608
27.4.	60/93	Dokumenteninkassoauftrag						95,936	
4.5.	29/93	Zahnkranzfräser		96,757	97,26 L			95,293	
30.5.	54/93	Steuereinrichtung II		95,578	96,24 L			95,1320	
6.7.	I ZR 58/93	Feuer, Eis & Dynamit I	130,205	95,744			95,3177		95,682
6.7.	I ZR 110/93	Kinderarbeit		95,595			95,2490		95,923
11.7.	99/92	Klinische Versuche I	130,259	96,109	96,223 L	95,274	96,782		95,825
12.7.	I ZR 176/93	Kurze Verjährungsfrist	130,288	95,678			95,2788		95,820
27.9.	I ZR 215/93	Pauschale Rechtseinräumung	131,8	96,121			95,3252		
7.11.	VI ZB 12/95	Unrichtige Parteibezeichnung		95,513 L			96,320		
9.11.	I ZR 212/93	Wegfall der Wiederholungsgefahr I		96,290			96,723		96,199
16.11.	I ZR 229/93	Wegfall der Wiederholungsgefahr II		97,379				96,397	96,284
30.11.	IX ZR 115/94	Unterlassungsurteil gegen Sicherheitsleistung	131,233	96,812			96,397		96,207
5.12.	26/92	Polyferon/Zwangslizenz/Interferongamma	131,247	96,190	96,308	96,82	96,1593		96,302
5.12.	X ZB 1/94	Corioliskraft	131,239	96,349	96,313		96,2375		
18.12.	PatAnwZ 3/95	F.I.C.P.I.			96,177		96,1899		
1996									
23.1.	X ZB 3/95	Fensterstellungserfassung		96,346	96,350	96,207		96,877	96,418
8.2.	I ZR 57/94	Germed		97,224		96,323			
13.2.	X ZB 14/94	Schutzverkleidung		96,399	96,411			96,999	
5.3.	X ZB 13/92	Lichtbogen-Plasma-Beschichtungssystem		96,747	96,351	96,160		96,873	
28.3.	I ZR 14/96	Fehlender Vollstreckungsschutzantrag II		96,512			96,1970		96,743
28.3.	I ZR 39/94	Verbrauchsmaterialien		96,781					96,713
25.4.	I ZR 58/94	Übergang des Vertragstrafeversprechens		96,995			96,2866		97,328
30.4.	114/92	Tracheotomiegerät		96,757	97,26 L			96,1320	
14.5.	X ZB 4/95	Informationssignal	133,18	96,753	97,493	96,238	96,3214		
4.6.	49/94	Rauchgasklappe	133,57	96,857	97,169 L		97,198		

11.6.	76/93	Bogensegment	133,79	96,862	97,169 L		96,862		
20.6.	IX ZR 248/95	Honorarforderung einer Sozietät				97,99	96,2859		
26.9.	17/94	Schwimmrahmen-Bremse		97,119	97,221 L			97,232	
26.9.	X ZB 18/95	Elektrisches Speicherheizgerät		97,120	97,222 L			97,233	
26.9.	72/94	Prospekthalter		97,116	97,221 L	97,66		97,421	
26.9.	I ZR 265/95	Altunterwerfung I	133,316	97,382			97,1702		97,312
26.9.	I ZR 194/95	Altunterwerfung II	133,331	97,386			97,1706		97,318
10.10.	I ZR 129/94	Architektenwettbewerb		97,313			97,2180		97,325
24.10.	29/94	Schwenkhebelverschluß		97,272				97,490	
3.12.	X ZB 1/96	Profilkrümmer		97,360	97,169	97,89		97,677	
12.12.	I ZB 8/96	Ceco		97,223	97,224 L	97,95	97,2524		97,560
17.12.	X ZB 4/96	Trennwand		97,213	97,222 L			97,678	
1997									
30.1.	I ZB 3/95	Top Selection		97,637	97,359			97,990	97,762
4.2.	74/94	Kabeldurchführung	124,353	97,454			98,147		
11.3.	X ZB 10/95	Einkaufswagen	135,58	97,625	97,222	97,186	97,3241		
10.4.	I ZR 242/94	Vernichtungsanspruch	135,183	97,899			97,1189		97,1189
17.4.	68/94	Klinische Versuche II	135,217			97,253	97,3092		
17.4.	X ZB 10/96	Vornapf		97,615	97,320			97,1262	
17.4.	2/96	Chinaherde		97,741	97,320			98,331	97,957
24.4.	I ZB 1/96	Makol		97,636	97,320			97,1195	97,761
29.4.	X ZB 19/96	Drahtbiegemaschine	135,298	97,890	97,396		97,2683		
29.4.	101/93	Kunststoffaufbereitung		98,133	98,201 L			97,1196	
29.4.	127/95	Tinnitus-Masker		97,610				97,1467	97,765
29.4.	X ZB 13/95	Tabakdose		97,740	98,201			97,1329	
6.5.	KZR 42/95	Sprengwirkungshemmende Bauteile		97,781				97,1537	97,961
15.5.	X ZB 8/95	Polyäthylenfilamente	135,369	97,612	97,398		98,152		
15.5.	X ZB 11/96	Sicherheitspapier			97,401				
5.6.	139/95	Leiterplattennutzen	136,40	97,892	97,204 L		97,2820		
5.6.	73/95	Weichvorrichtung II				97,364	97,3377		
5.6.	X ZB 2/97	Pflicht des Verkehrsanwalts zur Eintragung der Rechtsmittelfrist als eigene					97,3245		
5.6.	I ZR 69/95	Unbestimmter Unterlassungsantrag III		98,489				98,835	98,42
17.6.	X ZB 13/95	Idarubicin I (Vorlage EuGH)		98,363	98,31	98,60			98,64

Datum	Aktz. (X ZR)	Stichwort	BGHZ	GRUR	Bl.PMZ	Mitt.	NJW	NJW-RR	WRP
19.6.	I ZB 7/95	Active Line		98,394	98,150	98,73		98,475	98,185
19.6.	I ZB 21/95	Individual		98,396		98,72		98,477	98,184
10.7.	I ZR 42/95	Mecki-Igel III		97,896				97,1404	97,1079
17.7.	I ZR 40/95	Sekundenschnell		97,931			97,3987		97,1067
16.9.	X ZB 21/94	Handhabungsgerät		98,130	98,81			98,182	
16.9.	X ZB 15/96	Rechtliches Gehör II	136,337	98,362	98,426 L	98,93	98,459		98,68
16.9.	54/95	Ladewagen		98,366	98,426 L	98,63		98,1117	98,207
23.9.	X ZB 14/96	Textdatenwiedergabe		98,458	98,199	98,15		98,334	
23.9.	64/96	Staubfiltereinrichtung		98,138	98,198 L			98,334	
30.9.	85/94	Schere		98,382	98,426 L	98,65			
30.9.	X ZB 17/96	Fersensporn		98,373				98,699	98,210
2.10.	I ZR 88/95	Spielbankaffaire	136,380	99,152			98,1395		
28.10.	X ZB 11/94	Scherbeneis	137,60	98,910	98,311	98,98	98,1494		
13.11.	132/95	Copolyester II	137,162	98,689	98,276	98,1755			98,397
13.11.	135/95	Einkaufswagen-Werbeflächen							98,615
13.11.	6/96	Spulkopf		98,684		98,111		98,1755	
2.12.	13/96	Umsatzlizenz		98,561		98,141		98,1423	98,522
11.12.	I ZR 134/95	Lunette		98,379					98,406
1998									
13.1.	82/94	Bürstenstromabnehmer		98,904	99,28 L				
15.1.	I ZR 282/95	WINCAD		98,1010		98,393		98,1651	98,877
20.1.	X ZB 5/96	Induktionsofen		98,913		98,721		98,761	
3.2.	X ZB 6/97	Polymermasse		98,901	98,282			98,1576	
3.2.	105/94	Urteilsgebühr		98,909	98,28 L			98,1424	98,623
3.2.	18/96	Krankenhausmüllentsorgungsanlage		98,650	98,28 L			98,904	98,619
5.2.	I ZB 25/95	CHANGE		98,813	98,366	98,265		98,1053	98,745
5.2.	III ZR 103/97	Vertragsstrafe/Ordnungsgeld	138,67	98,1053			98,1138		
12.2.	I ZB 23/97	DORMA		98,817	99,28 L	98,267		98,1261	98,766
5.3.	I ZR 202/95	Altunterwerfung III		98,953			98,2439		98,743
10.3.	X ZB 31/97	Unzulängliche Zustellung	138,166	98,746					
17.3.	KZR 42/96	Lizenz-und Beratungsvertrag		98,838				98,1502	98,780
24.3.	39/95	Leuchtstoff		98,1003				98,1657	98,889
2.4.	I ZB 22/93	Puma		98,818	98,367	98,264		98,1203	98,767
22.4.	X ZB 19/97	Informationsträger		99,148	98,515	98,422		98,46	
22.4.	X ZB 5/97	Alkyläther		98,907	98,513			99,114	

23.4.	I ZB 2/98	Ausnutzung einer Frist				99,76	98,2677		
23.4.	I ZR 205/95	Bruce Springsteen and his Band		99,49			99,139		
5.5.	57/96	Regenbecken		98,895	99,28 L			99,191	98,883
7.5.	I ZR 85/96	Verkaufsveranstaltung in Aussiedlerwohnheim		98,1041			98,1041		98,1068
12.5.	115/96	Stoßwellen-Lithotripter		99,145	99,28 L	98,356		98,1732	
14.5.	I ZB 9/96	DRAGON		98,938	98,519			98,1506	98,993
16.6.	X ZB 3/97	Alpinski		98,899	98,517			98,1735	
18.6.	I ZR 15/96	Alka-Seltzer		98,942				98,1575	98,990
30.6.	X ZB 30/97	Ausgeschlossener Richter		99,43	99,28 L	98,426		98,1660	98,1010
30.6.	X ZB 27/97	Rutschkupplung		99,41	99,28 L	98,424		99,405	
2.7.	I ZB 24/97	Sanopharm		98,940	98,527			98,1507	98,996
16.7.	I ZR 32/96	Vieraugengespräch		99,367					99,208
3.8.	PatAnwZ 1/96	Unterhaltshilfe für Patentanwaltsbewerber		99,417		99,73		99,356	
16.9.	107/98	Fehlender Vollstreckungsschutzantrag III		99,190			98,3570		98,1184
17.9.	I ZB 33/98	Notierung der Berufungsbegründungsfrist				99,320 L		99,142	99,206
17.9.	I ZR 93/96	Interne Mitwirkungsgrundsätze		99,369			99,796		
8.10.	X ZB 12/98	Akteneinsicht XIV		99,226	99,28 L	99,34	99,481		99,210
20.10.	45/94	Bildempfangsanlage							
27.10.	56/96	Sammelförderer				99,365		99,546	
10.11.	137/94	Herzklappenprothese			99,365 L	99,362		99,834	
24.11.	21/97	Deckelfaß		99,566				99,923	99,323
3.12.	I ZB 14/98	DILZEM		99,500	99,156 L	99,111		99,549	99,435
3.12.	I ZB 17/97	Kupplungsvorrichtung		99,485		99,154	99,1552		
3.12.	181/98	Konzentrationsstörung		99,522				99,938	99,438
3.12.	I ZR 74/96	Auslaufmodelle II		99,760					99,842
10.12.	I ZR 141/96	Vorratslücken		99,509					99,421
15.12.	X ZB 2/98	Mehrfachsteuersystem		99,574	99,194			99,837	
1999									
12.1.	X ZB 7/98	Staatsgeheimnis		99,573	99,196			99,836	
19.1.	45/97	Rotorscheren							
17.2.	22/97	Kontaktfederblock		99,914	99,405	99,320	00,1724	00,263	
17.2.	101/97	Krankenhauswäsche					00,137		99,674
2.3.	X ZB 14/97	Künstliche Atmosphäre		99,571				99,921	99,678
2.3.	85/96	Spannschraube		99,909	99,365 L	99,304		00,259	
22.3.	PatAnwZ 10/98	Ausbildung bei Patentanwalt		99,692	99,228 L	99,237			

Datum	Aktz. (X ZR)	Stichwort	BGHZ	GRUR	Bl.PMZ	Mitt.	NJW	NJW-RR	WRP
13.4.	23/97	Extrusionskopf				00,105			
28.4.	X ZB 12/98	Flächenschleifmaschine		99,920	99,311	99,372		00,920	
18.5.	156/97	Räumschild	142,7	99,977	00,245 L		00,213		99,1045
19.5.	X ZB 13/98	Zugriffsinformation		99,919	99,310			00,573	
19.5.	67/98	Anschraubscharnier		99,976	99,365 L	99,369		99,1717	
24.6.	I ZA 1/98	Verfahrenskostenhilfe		99,998	99,441 L			99,1419	99,939
24.6.	IX ZR 351/98	Wert der Auskunftsklage		99,1037			99,3050		
1.7.	I ZB 48/96	SLICK 50		00,53					
1.7.	I ZR 11/97	Kundenfoto		99,1132					
1.7.	I ZB 7/99	Späte Urteilsbegründung		00,151				00,209	
15.7.	I ZR 130/96	Außenseiteranspruch		99,1113					99,1022
20.7.	121/96	Knopflochnähmaschinen		00,138				00,44	99,1297
14.9.	X ZB 23/98	Tragbarer Informationsträger		00,140	00,30			00,47	99,1300
22.9.	I ZR 48/97	Planungsmappe		00,226				00,185	00,101
30.9.	168/96	Schmierfettzusammensetzung		00,296	00,113 L	00,67		00,636	
14.10.	I ZB 15/94	COMPUTER ASSOCIATES		00,512*	00,187			00,1289	00,542
26.10.	30/98	Bewertung der Eignung der Bieter					00,661		00,199
17.11.	I ZB 1/98	Beschleunigungsgebühr		00,325	00,113		00,3718	00,859	00,303
17.11.	I ZB 4/97	Rückzahlung der Beschleunigungsgebühr		00,421					
17.11.	I ZB 40/96	Verlängerungsgebühr II		00,328	00,159			00,575	00,307
24.11.	I ZR 189/97	Gesetzeswiederholende Unterlassungsanträge		00,438			00,1792		00,389
30.11.	129/96	Vergleichsempfehlung		00,369		00,307		00,791	00,393
1.12.	I ZR 130/96	Außenseiteranspruch II	143,232	00,724					00,734
1.12.	I ZR 49/97	Marlene Dietrich	143,214	00,709			00,2195	00,1211	00,746
7.12.	40/95	Inkrustierungsinhibitoren		00,591	00,276 L			00,991	
13.12.	X ZB 11/98	Logikverifikation	143,255	00,498	00,273	00,293	00,1953		
14.12.	61/98	Karate	143,268	00,299				00,569	
2000									
11.1.	20/98	Lastverstelleinrichtung							
20.1.	I ZB 50/97	MICRO-PUR		00,894	00,324	00,417		01,38 L	00,1166
25.1.	X ZB 7/99	Spiralbohrer		00,792				00,1569	00,640

* Dort irrtümlich dem KG zugeschrieben.

27.1.	I ZB 47/97	EWING		00,895	00,327			00,1427	00,1301
27.1.	I ZB 39/97	MTS		00,892	00,325			01,181	00,1299
31.1.	X ZB 28/98	Schutzdauer bei Gebrauchsmusterabzweigung		00,698	00,218				
1.2.	237/98	Omeprazol		00,392					00,405
1.2.	X ZB 27/98	Kupfer-Nickel-Legierung		00,597				00,1207	00,642
15.2.	X ZB 13/95	Idarubicin II		00,683	00,280		00,1723		00,637
15.2.	127/99	Urteilsbeschwer bei Stufenklage		00,1111			00,1724		00,545
22.2.	111/98	Positionierungsverfahren							
24.2.	I ZR 141/97	Programmfehlerbeseitigung		00,866	01,23 L				
24.2.	I ZR 168/97	Ballermann		00,1028	01,23 L	00,500		01,114	
29.2.	166/97	Warenregal							
14.3.	115/98	Formunwirksamer Lizenzvertrag		00,685					00,766
28.3.	X ZB 36/98	Graustufenbild		00,688	00,245		00,2822	00,1064	
6.4.	I ZR 76/98	Missbräuchliche Mehrfachverfolgung		00,1089					00,1269
11.4.	185/97	Gleichstromsteuerschaltung		00,788					
9.5.	KZR 1/99	Aussetzungszwang							00,757
11.5.	X ZB 26/98	Sintervorrichtung		00,1018	00,316				
11.5.	X ZB 15/98	Sprachanalyseeinrichtung	144,282	00,1007	00,276	00,359	00,3282		
11.5.	I ZR 193/97	stüssy		00,879					00,1280
16.5.	91/98	Aussetzung des Nichtigkeitsberufungsverfahrens							
31.5.	154/99	Schaltmechanismus		00,1010	00,381 L	00,418			
15.6.	I ZR 231/97	Schiedsstellenanrufung		00,872	00,336				
20.6.	88/00	Spannvorrichtung		00,862			00,3008		
20.6.	113/99	Kostenrechnung							
20.6.	X ZB 5/99	Verglasungsdichtung		00,1015	00,455				
20.6.	17/98	Hydraulische Spannmutter							
28.6.	128/98	Bratgeschirr		00,1005					
29.6.	I ZR 122/98	Gebührenvereinbarung		01,256	01,153 L				
6.7.	I ZR 243/97	Altunterwerfung IV		01,85			00,3645		00,1404
6.7.	I ZR 244/97	OEM-Version	145,8	01,153			00,3571		00,1309
18.7.	I ZB 1/00	Ausweiskarte		01,47	00,412			01,211	
3.8.	33/97	Sachverständigenablehnung							

Datum	Aktz. (X ZR)	Stichwort	BGHZ	GRUR	Bl.PMZ	Mitt.	NJW	NJW-RR	WRP
12.9.	X ZB 16/99	Abdeckrostverriegelung		01,46	01,54 L	00,499			
12.9.	110/98	Druckentlastung-Paneelaufbau							
26.9.	33/97	Verwendung von Heparin							
26.9.	X ZB 23/99	Akteneinsicht im Gebrauchsmusterlöschungsverfahren		01,149					
5.10.	184/98	Zeittelegramm		01,140		01,25			
10.10.	176/98	Luftheizgerät		01,228		01,21			
17.10.	4/00	Akteneinsicht XV		01,143	01,96 L	01,73			01,47
17.10.	41/00	Kreiselpumpe		01,271					
17.10.	223/98	Rollenantriebseinheit		01,226				01,477	
19.10.	I ZB 62/98	EASYPRESS		01,337					
24.10.	X ZB 6/00	Parkkarte		01,139		01,90 u 135			
24.10.	72/98	Wetterführungspläne		01,155				01,626	
24.10.	15/98	Bauschuttsortieranlage		01,407				01,268	
2.11.	I ZR 246/98	Gemeinkostenanteil	145,366	01,329	01,153 L	01,125	01,2173		
7.11.	145/98	Brieflocher		01,232	01,149 L				
14.11.	137/99	Bodenwaschanlage		01,223					
28.11.	X ZB 20/99	Endoprotheseeinsatz		01,321	01,147	01,164		01,470	
28.11.	237/98	Akteneinsicht EuGH							
7.12.	I ZR 146/98	Telefonkarte		01,755		01,296			01,804
12.12.	X ZB 23/99	Handwerkzeugmaschine							
12.12.	119/99	Aufhebung der Verfahrenskostenhilfe, unzulässige Berufung				01,137			
12.12.	121/97	Kniegelenk- Endoprothese							
19.12.	150/98	Temperaturwächter	146,217	01,323		02,179	02,751		
19.12.	128/00	Wiedereinsetzung V		01,411	01,189			01,1502	
2001									
25.1.	I ZR 120/98	SPA		01,420					
29.1.	II ZR 331/00	GbR parteifähig	146,341			01,176	01,1056		
1.2.	V ZB 33/00	Fristwahrung durch Fax						01,916	
6.2.	XI ZB 14/00	Vertretung des Anwalts beim OLG				02,94	01,1575		
6.2.	82/98	Schrankenantrieb							
1.3.	I ZB 42/98	Marktfrisch		01,1151					
7.3.	176/99	Kabeldurchführung II		01,770					
13.3.	155/98	Schalungselement		01,819	01,314 L	01,250			

20.3.	177/98	Trigonellin	147,137	01,730	01,314 L	01,254			
29.3.	I ZR 182/98	Lepo Sumera	147,178	01,1134					
19.4.	I ZR 238/98	DIE PROFIS		02,190		01,570		02,612	
3.5.	168/97	Taxol	147,306	01,813	01,314 L	01,355			
15.5.	227/99	Schleppfahrzeug		01,823; 02,53					
17.5.	I ZR 291/98	Entfernung der Herstellernummer II	148,26	01,841					
17.5.	I ZR 189/99	Feststellungsinteresse II		01,1177				02,824	01,1164
22.5.	204/00	Vollstreckungsabwehrklage		02,52	01,315	01,360			
31.5.	I ZR 106/99	Berühmungsaufgabe = Interferon-Beta-1a		01,1174		02,328		01,1483	
31.5.	I ZR 82/99	Weit-Vor-Winter-Schluss-Verkauf		02,180			02,1876	02,608	
7.6.	I ZR 157/98	Widerruf der Erledigungserklärung		02,287		02,35	02,442		02,94
7.6.	I ZR 21/99	Kauf auf Probe		01,1036			01,3789		
19.6.	159/98	Zipfelfreies Stahlband		01,1129	02,111 L	01,422			
5.7.	I ZR 311/98	SPIEGEL-CD-ROM		02,248					02,214
12.7.	I ZR 40/99	Laubhefter		02,86					01,1294
17.7.	X ZB 21/00	Idarubicin III		02,47	02,170 L	01,560			
26.7.	93/95	Filtereinheit				02,16			
11.9.	X ZB 18/00	Drehmomentübertragungseinrichtung		02,49	02,111	01,556			
11.9.	168/98	Luftverteiler	148,383	02,146	02,170 L	01,550			
17.10.	X ZB 16/00	Suche fehlerhafter Zeichenketten	149,68	02,143	02,114	01,553 u 02,16			
18.10.	I ZR 91/99	Rücktrittsfrist		02,280			02,669		
18.10.	I ZR 22/99	Meißner Dekor		02,618					02,532
23.10.	72/98	Wetterführungspläne II		02,149		02,232			02,100
23.10.	XI ZR 83/01	Notwendige Konnexität				02,559		02,1149	
8.11.	I ZR 199/99	Noppenbahnen		02,275					02,207
12.11.	I ZR 138/99	shell.de	149,191	02,622					
13.11.	32/99	Biegevorrichtung		02,231			02,1881 L		
13.11.	134/00	Auskunftsanspruch bei Nachbau	149,165	02,238		02,30			
20.11.	X ZB 3/00	Gegensprechanlage			02,220 L	02,176			

Datum	Aktz. (X ZR)	Stichwort	BGHZ	GRUR	Bl.PMZ	Mitt.	NJW	NJW-RR	WRP
4.12.	199/00	Sachverständigenablehnung		02,369	02,207	02,74			
20.12.	I ZR 15/98	Zeitlich versetzte Mehrfachverfolgung		02,713			02,2250		02,980
20.12.	I ZR 215/98	Scanner-Werbung		02,715			02,3473	02,1122	02,977
20.12.	I ZR 80/99	Missbräuchliche Abmahnung				02,557 L			
2002									
17.1.	I ZR 241/99	Missbräuchliche Mehrfachabmahnung	149,371	02,357		02,291	02,1494		02,320
24.1.	I ZB 18/01	Steuertip				02,186			
29.1.	X ZB 12/01	Sumatriptan		02,415	02,258	02,275			
6.2.	215/00	Drahtinjektionseinrichtung		02,609				02,978	
7.2.	I ZR 304/99	Unikatrahmen	150,32	02,532			02,3248		02,552
7.2.	I ZR 289/99	Bremszangen		02,820		03,136			02,1054
21.2.	I ZR 140/99	Entfernung der Herstellungsnummer III		02,709					02,947
26.2.	36/01	Funkuhr		02,599	02,348	02,416			02,557
28.2.	I ZR 195/99	VOSSIUS & PARTNER		02,703			02,2093		02,700
28.2.	I ZR 177/99	Hotel Adlon	150,82	02,967		02,465	02,3332		02,1148
12.3.	X ZB 12/00	Custodiol I		02,523	02,341	02,220			
12.3.	73/01	Custodiol II		02,527	02,344	02,224			
12.3.	43/01	Kunststoffrohrteil	150,161	02,511	02,349 L	02,228			
12.3.	168/00	Schneidemesser I	150,149	02,515	02,348 L	02,212			02,558
12.3.	135/01	Schneidemesser II		02,519	02,348 L				
11.4.	I ZR 306/99	Postfachanschrift		02,720			02,2391		02,832
16.4.	127/99	Abgestuftes Getriebe		02,801		02,357			02,835
17.4.	XII ZB 186/01	Rechtsmittelfrist							
22.4.	AnwZ (B) 31/01	Berufung zum Professor				02,382			
23.4.	83/01	Massedurchfluss		02,732		02,378	02,2253		
24.4.	AnwZ 7/01	Telefaxnummer				02,475 L			
2.5.	I ZR 45/01	Faxkarte	150,377	02,1046		02,454		02,1617	02,1173
7.5.	I ZB 30/01	Glaubhaftmachung/Rechtzeitigkeit einer Berufungsbegründung				02,378			

14.5.	144/00	Abstreiferleiste		02,787	02,419	02,561			02,1001
29.5.	V ZB 11/02	Zulässigkeit der Rechtsbeschwerde/Wege-und Überfahrtsrecht	151,42			02,425	02,2473		
11.6.	X ZB 27/01	Zahnstruktur		02,957	02,419	02,561			02,1184
19.6.	IV ZR 147/01	Urteilszustellung				02,558			
4.7.	I ZB 11/02	Außerordentliche Beschwerde				02,425			
10.9.	199/01	Ozon		03,237		03,23			02,1448
17.9.	1/99	Rührwerk				03,116			
30.9.	X BZ 18/01	Sammelhefter	152,172	03,47	03,66	02,526		03,34	03,92
1.10.	112/99	Kupplungsvorrichtung II		03,223	03,154 L	03,114			03,284
2.10.	I ZR 15/02	Erhöhung der Prozesskostensicherheit				03,90			
2.10.	I ZB 27/00	TURBO-TABS		03,546	03,242 L			03,1042 L	03,655
10.10.	I ZB 7/02	Außerachtlassen einer entgegenstehenden Entscheidung				03,88			
15.10.	69/01	Ermittlung unbekannter Umstände					03,200		
29.10.	VI ZR 353/01	Sachverständigenladung zur Erläuterung				03,142 L		03,208	
31.10.	III ZB 17/02	Ersatzzustellung				03,142 L			
5.11.	136/99	Sachverständigenablehnung							
5.11.	178/01	Ablehnung eines Sachverständigen wegen Befangenheit				03,333 L			
7.11.	I ZR 64/00	Präzisionsmessgeräte		03,356	03,185 L				03,500
12.11.	121/99	Knochenschraubensatz							
12.11.	176/01	Richterausschluss		03,550		03,206		03,479	
14.11.	I ZR 134/00	Zulassungsnummer III		03,254	03,213 L				
19.11.	X ZB 23/01	Läägeünnerloage	153,1	03,226	03,109	03,212	03,2748 L		
28.11.	I ZR 168/00	P-Vermerk	153,69	03,228					
3.12.	X ZB 20/02	Unzulässige Beschwerde							
5.12.	I ZB 25/02	Fotokopierkosten				03,336			
10.12.	68/99	Kosmetisches Sonnenschutzmittel		03,317	03,213 L	03,207			
17.12.	X ZB 21/01	Cabergolin		03,599		03,207 L			
17.12.	189/02	Zustellung		03,724					
18.12.	IV ZR 39/02	Beweiskraft von Privaturkunden/Beweislast				03,234		03,384	
19.12.	I ZR160/00	Begrenzte Preissenkung		03,450				03,984	03,511

Datum	Aktz. (X ZR)	Stichwort	BGHZ	GRUR	Bl.PMZ	Mitt.	NJW	NJW-RR	WRP
2003									
23.1.	I ZR 18/01	Cartier-Ring		03,433				03,910	03,653
23.1.	I ZR 18/00	Innungsprogramm		03,786					03,998
28.1.	X ZB 7/02	Postlaufzeit/Verspätete Berufungsbegründung				03,238			
12.2.	200/99	Hochdruckreiniger		03,693	03,347 L				
13.2.	I ZB 23/02	Kosten einer Schutzschrift		03,456	03,242 L	03,241 L		03,1257	03,516
27.2.	III ZB 82/02	Wiedereinsetzung: Befolgung konkreter Einzelanweisung						03,934	
27.2.	I ZB 22/02	Rechtsbeschwerde	159,102	03,548					03,658
13.3.	100/00	Enalapril		03,507		03,309 L			
13.3.	X ZB 4/02	Automatisches Fahrzeuggetriebe		03,695	03,241				
18.3.	19/01	Gehäusekonstruktion		03,702		03,409 L			
20.3.	I ZB 27/01	DM-Tassen		03,707	03,287	03,477 L	03,2535 L		03,990
20.3.	I ZB 29/01	Euro-Billy		03,705	03,288	03,476	03,2534		03,992
20.3.	I ZB 1/02	Schlüsselanhänger		03,708	03,290	03,474			
20.3.	I ZB 2/02	Euro-Bauklötze			03,291				
20.3.	I ZA 4/02	Unzulässiger Verfahrenskostenhilfeantrag							
3.4.	I ZB 37/02	Kosten des Patentanwalts		03,639	03,347 L	03,573		03,913	03,755
3.4.	I ZR 1/01	Reinigungsarbeiten		03,716		03,427 L			03,896
10.4.	I ZB 36/02	Auswärtiger Rechtsanwalt II		03,725			03,2027		03,894
29.4.	X ZB 4/01	Basisstation		03,781	03,397	03,388			
29.4.	186/01	Abwasserbehandlung		03,789		03,466		03,1710	
8.5.	I ZB 40/02	Rechtsbeschwerde II		03,724		03,426 L		03,1075	03,895
13.5.	226/00	Momentanpol		03,867		03,465			
15.5.	I ZR 277/00	Feststellungsinteresse III		03,900		03,531 L	03,3274		03,1238
15.5.	I ZR 214/00	Alt Luxemburg		03,892					03,1220
3.6.	215/01	Chirurgische Instrumente		03,896					03,1129
5.6.	I ZB 43/02	Energieketten				03,514			
27.6.	IXa ZB 72/03	Urschrift der Beschlussverfügung		04,975					
1.7.	8/00	Gleitvorrichtung				04,213			
3.7.	I ZB 36/00	MAZ		03,901					03,1233
3.7.	I ZB 30/00	Katzenstreu		03,903		03,568			03,1115
3.7.	I ZR 270/01	ABC der Naturheilkunde		03,903		03,531 L			03,1115
3.7.	I ZB 21/01	Westie-Kopf		04,331					04,351

29.7.	X ZB 29/01	Paroxetin		04,79		03,572			
29.7.	26/00	DynamischesMikrofon		04,138	04,116 L	04,70 L			
28.8.	I ZB 5/00	Bach-Blüten-Ohrkerze		03,1067		03,569			03,1444
28.8.	I ZB 5/03	turkey & corn		04,76	04,29	04,87 L			04,103
28.8.	I ZB 26/01	PARK & BIKE		04,77	04,31	04,122			03,1445
28.8.	I ZB 1/03	Computerfax		03,1068		03,571		04,41 L	03,1443
16.9.	179/02	Kupplung für optische Geräte		03,1031		03,555 L			
16.9.	37/03	Verspätete Berufungsbegründung		04,80	04,116 L	04,186			
16.9.	142/01	Verkranzungsverfahren		04,50					
16.9.	VIII ZB 40/03	eV-Kostenentscheidung		04,81					
18.9.	IX ZB 604/02	Rechtsmitteleinlegung per Telefax/Faxnummer des Empfängers				04,94 L	04,516		
24.9.	7/00	Blasenfreie Gummibahn I	156,179	04,47	04,116	04,70 L			
24.9.	234/00	Filterstäube		04,73		04,92 L			
30.9.	X ZB 48/02	Scheitern der Übermittlung/ Defektes Faxgerät im Gericht						04,283	
30.9.	114/00	Blasenfreie Gummibahn II		04,268		04,134 L			
14.10.	4/00	Elektronische Funktionseinheit		04,133	04,118 L	04,69			
21.10.	198/99	Betriebsparameteranzeige							
23.10.	V ZB 28/03	Wiedereinsetzung: Einzelanweisung (1)				04,134 L			
23.10.	I ZB 45/02	Euro-Einführungsrabatt		04,264					04,235
23.10.	I ZR 193/97	stüssy II		04,156					04,243
28.10.	76/00	Geflügelkörperhalterung		04,413		04,188 L			
28.10.	274/02	Unparteilichkeit eines Sachverständigen				04,234			
30.10.	I ZR 176/01	Tatbestandsberichtigung		04,271					
4.11.	VI ZB 50/03	Mündliche Einzelanweisung				04,94 L	04,688		
5.11.	XII ZB 140/02	Komplizierte Fristberechnung				04,188 L			
11.11.	61/99	Humanmedizinische Abschabungsvorrichtung							
13.11.	I ZR 187/01	Kontrollbesuch		04,420				04,916	04,615
18.11.	128/03	Kerzenleuchter				04,171			
25.11.	162/00	Diabehältnis		04,411	04,160	04,171 L			
9.12.	VI ZB 26/03	Wiedereinsetzung: Einzelanweisung (2)						04,711	

Datum	Aktz. (X ZR)	Stichwort	BGHZ	GRUR	Bl.PMZ	Mitt.	NJW	NJW-RR	WRP
9.12.	64/03	Rotierendes Schaftwerkzeug		04,272					
16.12.	206/98	Fahrzeugleitsystem		04,407		04,208			
16.12.	206/98	Sachverständigenentschädigung III		04,446		04,284			
17.12.	X ZA 6/03	GRUR-Mitgliedschaft							
18.12.	I ZB 21/03	Auswärtiger Rechtsanwalt III		04,447					
18.12.	I ZB 18/03	Auswärtiger Rechtsanwalt IV		04,448				04,856	04,495
2004									
13.1.	5/00	Analytisches Testgerät I							
13.1.	124/02	Analytisches Testgerät II							
13.1.	212/02	Crimpwerkzeug/Vertagung		04,354		04,232			
20.1.	133/98	Streitwertherabsetzung, Lebensgefährtin							
20.1.	X ZA 5/03	Zwischenbescheid							
17.2.	48/00	Tintenstandsdetektor		04,583					
17.2.	ZB 9/03	Signalfolge	158,142	04,495	04,340 L	04,265			
4.3.	I ZR 50/03	ritter.de		04,622					
9.3.	178/01	Stretchfolienumhüllung		04,623		04,264			
16.3.	185/00	Imprägnieren von Tintenabsorbierungsmittel		04,579	04,414 L	04,363			
25.3.	I ZB 28/03	Unterbevollmächtigter		04,583					04,777
1.4.	IX ZR 117/03	Zeitpunkt der Entscheidung						04,1575	
6.4.	277/02	Druckmaschinen-Temperierungssystem	158,372	04,710	04,414	04,383			
6.4.	155/00	Bandage					05,22 (LS)		
29.4.	I ZR 233/01	Gegenabmahnung		04,790		04,378 L	04,3630		
4.5.	231/02	Akteneinsicht Nichtigkeitsverfahren							
4.5.	189/03	Schutzwürdiges Gegeninteresse							
4.5.	48/03	Flügelradzähler	159,76	04,758		04,358			
4.5.	234/02	Taxameter	159,66	04,755		04,415 L			
6.5.	I ZB 27/03	Auswärtiger Rechtsanwalt im Berufungsverfahren		04,755					04,1169
11.5.	KZR 37/02	Nachbauvergütung		04,763		04,366			04,1053
13.5.	V ZB 62/03	Beschleunigte Absendung				04,383 L		04,1217	
17.5.	II ZB 22/03	Computer Defekt							
24.5.	ZB 20/03	Elektronischer Zahlungsverkehr	159,197	04,667	04,428	04,356			
3.6.	82/03	Drehzahlermittlung	159,221	04,845		04,412			

3.6.	III ZR 56/03	Härteklausel				04,366			
29.6.	X ZB 11/04	Zeitpunkt der Beschwer/Wegfall der Beschwer				04,471 L		04,1365	
29.6.	203/01	Barbara		04,936					04,1391
29.6.	X ZB 5/03	Polifeprosan		04,929		04,471 L			04,1388
13.7.	171/00	Duschabtrennung		04,849		04,546 L			
13.7.	KZR 40/02	Standard-Spundfass	160,67	04,966					04,1372
15.7.	I ZR 142/01	Metallbett		04,941					04,1498
27.7.	150/03	Verfahrenskostenhilfe für juristische Personen			05,165				
12.8.	I ZB 6/04	Mitwirkender Patentanwalt		04,1062					04,1490
12.8.	I ZR 98/02	Verwarnung aus Kennzeichenrecht		04,958					04,1366
7.9.	255/01	Bodenseitige Vereinzelungseinrichtung	160,204	04,1023					
8.9.	I ZR 98/02	Kosmetische Sonnenschutzmittel II	160,214	04,1061					
14.9.	ZB 25/02	Fußbodenbelag		05,316					
14.9.	149/01	Elektronisches Modul		05,145					
11.10.	ZB 25/02	Akteneinsicht XVI		05,270					05,359
11.10.	ZB 2/04	Verspätete Zahlung der Einspruchsgebühr		05,184					
11.10.	156/03	Neubauentschädigung		05,240					
12.10.	176/02	Staubsaugerrohr		05,41					05,113
13.10.	I ZR 163/02	HOTEL MARITIME		05,431					05,493
19.10.	ZB 33/03	Anbieten interaktiver Hilfe		05,141					
19.10.	ZB 34/03	Rentabilitätsermittlung		05,143					
5.11.	IXa ZB 18/04	Verfolgungsverjährung		05,269					05,356
30.11.	133/03	Autowaschanlagen-Klauseln					05,422		05,345
30.11.	109/02	Umgehung eines Wettbewerbsverbots							05,349
2.12	I ZB 4/04	Unterbevollmächtigter III		05,271					05,224
2005									
11.1.	233/01	T-Geschiebe		05,407					05,631
11.1.	20/02	Leichtflüssigkeitsabscheider		05,406					05,509
25.1.	X ZB 21/01	Cabergolin II		05,405	05,197				05,511
25.1.	135/04	Ausländersicherheit im Patentnichtigkeitsverfahren		05,359		05,172 L			05,513

Datum	Aktz. (X ZR)	Stichwort	BGHZ	GRUR	Bl.PMZ	Mitt.	NJW	NJW-RR	WRP
1.2.	214/02	Schweißbrennerreinigung	162,110	05,567					05,755
22.2.	KZR 28/03	Bezugsbindung					05,1660		05,628
14.3.	186/00	Gegenvorstellung im Nichtigkeitsverfahren		05,614					05,754
15.3.	80/04	Radschützer		05,665		05,372			05,1021
22.3.	152/03	Gummielastische Masse II	162,342	05,663		05,254			
30.3.	X ZB 8/04	Vertikallibelle		05,572		05,302 L			05,907
30.3.	X ZB 26/04	Aussetzung wegen Parallelverfahren	162,373	05,615					05,899
30.3.	126/01	Blasfolienherstellung	162,365	05,569					05,909
30.3.	191/03	Aufbereiter		05,668		05,308 L			
19.5.	152/01	Rasenbefestigungsplatte		05,761		05,453			05,1290
19.5.	188/01	Aufzeichnungsträger		05,749	05,394 L	05,357			
24.5.	243/02	Unvollständige Preisangabe in Leistungsbeschreibung							05,1288
2.6.	I ZR 246/02	Diesel		05, 768					
7.6.	198/01	Knickschutz/Werkstoffeinstückig		05,754					05,1271
7.6.	247/02	Antriebsscheibenaufzug[1]		05,848		05,506 L			
7.6.	174/04	Anschlussberufung im Patentnichtigkeitsverfahren		05,888	05,452 L	05,506 L			05,1182
5.7.	30/02	Einkaufswagen II		05,1023	06,33 L	05,552			
5.7.	14/03	Abgasreinigungsvorrichtung		05,845		05,502			05,1274
5.7.	167/03	Vergleichsempfehlung II		05,935		06,71			05,1415
12.7.	56/04	Streitwert im Nichtigkeits-Berufungsverfahren		05,972		05,506 L			05,1182
12.7.	29/05	Strahlungssteuerung	163,369	05,967	06,32 L	05,554 L		05,1705	05,1547
15.7.	GSZ 1/04	Unberechtigte Schutzrechtsverwarnung	164,1	05,882					05,1408; 05,1550
13.9.	62/03	Laufzeit Lizenzvertrag		06,223					
13.9.	X ZB 30/04	Auswärtiger Rechtsanwalt V		05,1072				05,1662	05,1546
22.9.	I ZR 188/02	Dentale Abformmasse		05,1044				06,114	05,1521
5.10.	X ZB 7/03	Arzneimittelgebrauchsmuster		06,135					
5.10.	26/03	Ladungsträgergenerator		06,141		06,89 L			
11.10.	76/04	Seitenspiegel	164,261	06,131		06,71			
21.12.	17/03	Detektionseinrichtung I		06,217					
21.12.	72/04	Detektionseinrichtung II		06,219					

[1] Dazu Berichtigungsbeschluss vom 25. 7. 2005.

b) alphabetisches Fundstellenverzeichnis

(Es sind nur die Entscheidungen erfaßt, die mit Schlagworten veröffentlicht sind. Die im chronologischen Fundstellenverzeichnis nur mit Sachhinweisen, z. B. (Verfahrensaussetzung), bezeichneten Entscheidungen sind nicht erfaßt.)

Stichwort	Fundstelle
Abbauhammer	GRUR 1965, 160
ABC der Naturheilkunde	GRUR 03, 903
Abdeckprofil	GRUR 1983, 169
Abdeckrostverriegelung	GRUR 01, 46
Abdichtung von Hohlräumen	Liedl 1984–86, 427
Abdichtungsmittel	Liedl 1974/77, 211
Abfallförderer	Liedl 1971/73, 352
Abfangeinrichtung	GRUR 1977, 508
Abfördereinrichtung für Schüttgut	GRUR 1986, 798
Abgasreinigungsvorrichtung	GRUR 05, 845
Abgestuftes Getriebe	GRUR 02, 801
Ablehnung eines Sachverständigen wegen Befangenheit	Mitt. 03, 333 L
Abnehmerverwarnung	GRUR 95, 424
Abschlußblende	GRUR 1988, 287
Absetzvorrichtung	GRUR 1983, 497
Absetzwagen	MDR 1965, 361
Absetzwagen II	Liedl 1965/66, 220
Absetzwagen III	GRUR 1977, 654
Absorberstabantrieb	GRUR 1982, 227
Absperrventil	Liedl 1959/60, 260
Absperrventil II	BGHZ 61, 135
	GRUR 1973, 649
Abstandhalterstopfen	GRUR 1974, 335
Abstreiferleiste	GRUR 02, 787
Abtastnadel II	GRUR 1964, 669
Abtastverfahren	GRUR 1966, 583
Abwasserbehandlung	GRUR 03, 789
Abziehgerät	Liedl 1959/60, 432
Abziehgerät II	Bl. 1961, 408
Active Line	GRUR 98, 394
Acrylfasern	BGHZ 92, 129
	GRUR 1985, 31
Adrema	Liedl 1965/66, 480
AFH-Konzentrat	GRUR 1984, 276
AKI	BGHZ 37, 1
	GRUR 1962, 470
Akkuelement	Liedl 1978–80, 858
Akteneinsicht	Bl. 1971, 345
Akteneinsicht I	BGHZ 42, 19
	GRUR 1964, 548
Akteneinsicht II	BGHZ 42, 32
	GRUR 1964, 602
Akteneinsicht III	GRUR 1966, 639
Akteneinsicht IV	BGHZ 46, 1
	GRUR 1966, 698
Akteneinsicht V	GRUR 1967, 498
Akteneinsicht VI	GRUR 1970, 533
Akteneinsicht VII	GRUR 1970, 623
Akteneinsicht VIII	GRUR 1972, 195
Akteneinsicht IX	GRUR 1972, 441
Akteneinsicht X	GRUR 1972, 640
Akteneinsicht XI	GRUR 1972, 725
Akteneinsicht XII	GRUR 1973, 154
Akteneinsicht XIII	GRUR 1973, 491
	GRUR 94, 104
Akteneinsicht XIV	GRUR 99, 226
Akteneinsicht XV	GRUR 01, 143
Akteneinsicht XVI	GRUR 05, 270
Akteneinsicht im Gebrauchsmusterlöschungsverfahren	GRUR 01, 149
Akteneinsicht in Rechtsbeschwerdeakten	GRUR 1983, 365
Aktenzeichen	GRUR 1974, 210
Akustische Wand	GRUR 1972, 536
ALF	GRUR 1992, 697
	BGHZ 118, 394
Alkadiamidophosphite	GRUR 1974, 774
Alka-Seltzer	GRUR 98, 942
Alkoholfreies Bier	GRUR 94, 188
Alkyläther	GRUR 98, 907
Alkyldiarylphosphin	BGHZ 102, 53
	GRUR, 1988, 113
Alkylendiamine	BGHZ 66, 17
	GRUR 1976, 299
Alkylendiamine II	BGHZ 67, 38
	GRUR 1977, 100
Allopurinol	BGHZ 63, 150
	GRUR 1975, 131
Allzwecklandmaschine	GRUR 1970, 296
Alpinski	GRUR 98, 899
Altix	GRUR 1967, 655
Alt Luxemburg	GRUR 03, 892
Altunterwerfung I	BGHZ 133, 316
	GRUR 97, 382
Altunterwerfung II	BGHZ 133, 331
	GRUR 97, 386
Altunterwerfung III	GRUR 98, 953
Altunterwerfung IV	GRUR 01, 85
Aluminiumdraht	GRUR 1977, 214
Aluminiumflachfolien	GRUR 1958, 177
Aluminiumflachfolie	Liedl 1965/66, 569
Aluminium-Trihydroxid	BGHZ 128, 28
	GRUR 95, 333
α-Aminobenzylpenicillin	GRUR 1978, 696
Anbieten interaktiver Hilfe	GRUR 05, 141
Anhängerkupplung	GRUR 1956, 542
Anlagengeschäft	BGHZ 62, 272
	GRUR 1974, 463
Anodenkorb	GRUR 1965, 273
Anschlussberufung im Patentnichtigkeitsverfahren	GRUR 05, 888
Anschraubscharnier	GRUR 99, 976
Anstrich für Wasserfahrzeuge	Bl. 1977, 310
Anthradipyrazol	BGHZ 53, 183
	GRUR 1970, 408
Antennenantrieb	Liedl 1959/60, 372
Antiblockiersystem	GRUR 1980, 849
Antidiabetische Sulfonamide	Mitt. 1975, 216
Antigene-Nachweis	Bl. 1992, 308
Antivirusmittel	BGHZ 101, 159
	GRUR 1987, 794
Antriebsscheibenaufzug	GRUR 05, 848

Stichwort	Fundstelle
Anzeigegerät	GRUR 1981, 515
Apfel-Madonna	BGHZ 44, 288
	GRUR 1966, 503
Appetitzügler	BGHZ 45, 102
	GRUR 1966, 312
Appetitzügler II	GRUR 1970, 237
Appreturmittel	GRUR 1969, 562
Architektenwettbewerb	GRUR 97, 313
aromatische Diamine	GRUR 1974, 722
Arzneimittelgebrauchsmuster	GRUR 06, 135
Arzneimittelgemisch	BGHZ 41, 231
	GRUR 1964, 439
Atemgerät	Liedl 1961/62, 549
Atmungsaktiver Klebestreifen	GRUR 1978, 356
Atomschutzvorrichtung	GRUR 1962, 398
Ätzen	Bl. 1985, 374
Aufbereiter	GRUR 05, 668
Aufhänger	BGHZ 73, 40
	GRUR 1979, 224
Aufhängevorrichtung	GRUR 1963, 563
Aufhebung der Geheimhaltung	GRUR 1972, 535
Aufhebung der Verfahrenskostenhilfe, unzulässige Berufung	Mitt. 01, 137
Aufhellungsmittel	GRUR 1972, 638
Auflaufbremse	BGHZ 85, 116
	GRUR 1983, 114
Aufreißdeckel	GRUR 95, 394
Aufsatteln	Liedl 1978–80, 570
Aufwärmvorrichtung	BGHZ 72, 236
	GRUR 1979, 145
Aufzeichnungsmaterial	GRUR 1990, 346
Aufzeichnungsträger	GRUR 05, 749
Ausbildung bei Patentanwalt	GRUR 99, 692
Ausgeschlossener Richter	GRUR 99, 43
Auskunftsanspruch bei Nachbau	BGHZ 149, 165
	GRUR 02, 238
Ausländer-Altpatent	Bl. 1955, 192
Ausländersicherheit im Patentnichtigkeitsverfahren	GRUR 05, 359
Auslaufmodelle II	GRUR 99, 760
Ausnutzung einer Frist	NJW 98, 2677
Auspuffkanal	GRUR 1979, 308
Ausscheidungsanmeldung	GRUR 1972, 474
Ausscheidungsunterlagen	GRUR 1976, 367
Außenseiteranspruch	GRUR 99, 1113
Außenseiteranspruch II	BGHZ 143, 232
	GRUR 00, 724
Außerachtlassen einer entgegenstehenden Entscheidung	Mitt. 03, 88
Außerordentliche Beschwerde	Mitt. 02, 425
Aussetzung wegen Parallelverfahren	BGHZ 162, 373
	GRUR 05, 615
Aussetzungszwang	WRP 00, 757
Ausstellstange	Liedl 1974/77, 98
Ausstellungspriorität	BGHZ 92, 188
	GRUR 1985, 34
Auswärtiger Rechtsanwalt II	GRUR 03, 725
Auswärtiger Rechtsanwalt III	GRUR 04, 447
Auswärtiger Rechtsanwalt IV	GRUR 04, 448
Auswärtiger Rechtsanwalt V	GRUR 05, 1072
Auswärtiger Rechtsanwalt im Berufungsverfahren	GRUR 04, 755

Stichwort	Fundstelle
Ausweishülle	GRUR 1953, 438
Ausweiskarte	GRUR 01, 47
Autodachzelt	GRUR 1959, 528
Autokindersitz	GRUR 1990, 193
Autoskooterhalle	GRUR 1977, 598
Automatisches Fahrzeuggetriebe	GRUR 03, 695
Autostadt	BGHZ 14, 72
	GRUR 1955, 83
Autowaschanlagen-Klauseln	NJW 05, 422
Autowaschvorrichtung	BGHZ 113, 1
	GRUR 1991, 443
Axialventilator	Liedl 1982/83, 109
Bach-Blüten-Ohrkerze	GRUR 03, 1067
Bäckereimaschinen	GRUR 1955, 87
Bäckerhefe	BGHZ 64, 101
	GRUR 1975, 430
Backofen	Liedl 1959/60, 126
Bagger	GRUR 1981, 256
Bakterienkonzentrat	GRUR 1981, 263
Ballermann	GRUR 00, 1028
Bali-Gerät	Liedl 1971/73, 198
Bandage	NJW 05, 22 (LS)
Bandanlage	Liedl 1961/62, 589
Banddüngerstreuer	GRUR 1978, 166
Bandschweißen	Liedl 1982/83, 362
Barbara	GRUR 04, 936
Barbarossa	GRUR 1992, 106
Basisstation	GRUR 03, 781
Batteriekastenschnur	GRUR 1989, 903
Bauschuttsortieranlage	GRUR 01, 407
Bausteine	GRUR 1969, 439
Baustützen	GRUR 1958, 565
Bauwerksentfeuchtung	GRUR 1982, 355
Bebauungsplan	BGHZ 18, 319
	GRUR 1956, 88
Bedienungsanweisung	NJW 1992, 689
Bedingte Unterwerfung	GRUR 93, 677
Befestigung für Eggenzinken	Liedl 1984–86, 5
Befestigungsvorrichtung	GRUR 1987, 280
Befestigungsvorrichtung II	BGHZ 112, 140
	GRUR 1991, 436
Begrenzte Preissenkung	GRUR 03, 450
Behälter	Liedl 1974/77, 114
Beheizbarer Atemluftschlauch	BGHZ 115, 204
	GRUR 1992, 40
Benzolsulfonylharnstoff	BGHZ 68, 156
	GRUR 1977, 652
Berichterstatterschreiben	Mitt. 1988, 216
Berühmungsaufgabe = Interferon-Beta-1a	GRUR 01, 1174
Berufung zum Professor	Mitt. 02, 382
Berufungsrücknahme	GRUR 1970, 151
Berühmung	GRUR 1987, 125
Bescheinigung am Verfahren nicht beteiligt zu sein	Liedl 1984–86, 90
Beschichtungsanlage	Liedl 1981, 239
beschlagfreie Brillengläser	GRUR 1955, 338
Beschleunigte Absendung	NJW-RR 04, 1217
Beschleunigungsgebühr	GRUR 00, 325
beschränkter Bekanntmachungsantrag	GRUR 1966, 146
Beschriftung	BGHZ 10, 22
von Konservendosen	GRUR 1953, 385
Beschußhemmende Metalltür	GRUR 1991, 376
Besetzungsrüge	Bl. 1985, 339

Stichwort	Fundstelle
Besorgnis der Befangenheit	Liedl 1984–86, 376
Beta	GRUR 94, 53
Betondosierer	GRUR 1969, 182
Betonerhaltung	GRUR 95, 62
Betonstahlmattenwender	GRUR 1988, 444
Betonsteinelemente	NJW 1991, 2211
Betonzubereitung	Bl. 1988, 18
Betriebssystem	GRUR 1981, 448
Bettcouch	GRUR 1961, 335
Beugungseffekte	Mitt. 1977, 36
Beutelmaschine	Liedl 1981, 331
Beweiskraft von Privaturkunden/Beweislast	NJW-RR 03, 384
Bewertung der Eignung der Bieter	NJW 00, 661
Bezugsbindung	NJW 05, 1660
Biedermeiermanschetten	BGHZ 73, 337
	GRUR 1979, 540
Biegerollen	Mitt. 1980, 77
Biegevorrichtung	GRUR 02, 231
Bierabfüllung	GRUR 1964, 612
Bieradsorptionsmittel	Liedl 1978–80, 842
Bierhahn	GRUR 1960, 546
Bierklärmittel	GRUR 1984, 425
Bildspeicher	Mitt. 1979, 120
Bioglutan	GRUR 1956, 93
Blasenfreie Gummibahn I	BGHZ 156, 179
	GRUR 04, 47
Blasenfreie Gummibahn II	GRUR 04, 268
Blasfolienherstellung	BGHZ 162, 365
	GRUR 05, 569
Bleicherde	GRUR 1958, 149
Bleiphosphit	GRUR 1967, 543
Bleistiftabsätze	GRUR 1966, 92
Blinkleuchte	GRUR 1961, 77
Blinkschaltung	Liedl 1978–80, 646
Blitzlichtgerät	GRUR 1962, 518
Blitzlichtgerät	GRUR 1977, 784
Blockaufsatz	Liedl 1974/77, 418
Blockpedale	GRUR 1960, 478
Blumentopf	Liedl 1978–80, 729
Bodenbearbeitungsmaschine	GRUR 1987, 348
Bodenkehrmaschine	GRUR 1980, 100
Bodenseitige Vereinzelungseinrichtung	BGHZ 160, 204
	GRUR 04, 1023
Bodenwalze	GRUR 1991, 307
Bodenwaschanlage	GRUR 01, 223
Bogensegment	BGHZ 133, 79
	GRUR 96, 862
Bohnergerät	GRUR 1958, 343
Bolzenschießgerät	GRUR 1965, 355
borhaltige Stähle	BGHZ 95, 295
	GRUR 1986, 163
Börsenbügel	GRUR 1978, 37
Boy	GRUR 94, 215
Bratgeschirr	GRUR 00, 1005
Bratpfanne	GRUR 1966, 553
Braupfanne	Mitt. 1962, 74
Bremsmotoren	GRUR 1959, 293
Bremszangen	GRUR 02, 820
Brenner	Liedl 1984–86, 203
Brennwagen für Tunnelöfen	Liedl 1961/62, 182
Brieflocher	GRUR 01, 232
Brieftaubenreisekabine	Bl. 1962, 81
	GRUR 1962, 290
Brieftaubenreisekabine II	Liedl 1961/62, 647
Brieftaubenreisekabine III	Mitt. 1963, 60
Brillengestelle	GRUR 1976, 213
Brombeerleuchte	GRUR 1979, 332
Bruce Springsteen and his Band	GRUR 99, 49
Brückenlegepanzer	BGHZ 86, 330
	GRUR 1983, 237
Brückenlegepanzer II	GRUR 1983, 560
Brutapparat	Liedl 1965/66, 328
Buchhaltungsprogramm	BGHZ 123, 208
	GRUR 94, 39
Buchungsblatt	GRUR 1975, 549
Bürstenstromabnehmer	GRUR 98, 904
Bundfitsche	GRUR 1959, 552
Buntstreifensatin I	BGHZ 35, 341
	GRUR 1962, 144
Buntstreifensatin II	GRUR 1969, 292
Bürovorsteher	GRUR 1963, 253
Cabergolin	GRUR 03, 599
Cabergolin II	GRUR 05, 405
Cafilon	GRUR 1972, 471
Caprolactam	GRUR 1985, 919
Capysal-Anenxol	GRUR 1956, 500
Cartier-Armreif	BGHZ 125, 322
	GRUR 94, 63
Cartier-Ring	GRUR 03, 433
Ceco	GRUR 97, 223
CHANGE	GRUR 98, 813
Chenillefäden	GRUR 1957, 482
Chenillemaschine	GRUR 1957, 485
Cheri	GRUR 1972, 180
Chinaherde	GRUR 97, 741
Chinesische Schriftzeichen	BGHZ 115, 23
	GRUR 1992, 36
Chinolizine	BGHZ 63
	GRUR 1974, 71
Chirurgische Instrumente	GRUR 03, 896
Chloramphenicol	GRUR 1964, 491
7-Chlor-6-demethyltetracyclin	GRUR 1978, 162
Chlortoluron	GRUR 1984, 580
Cholinsalicylat	GRUR 1974, 332
Chrom-Nickel-Legierung	BGHZ 118, 210
	GRUR 1992, 842
Cinzano	BGHZ 60, 185
	GRUR 1973, 468
coffeinfrei	GRUR 1963, 423
Colle de Cologne	GRUR 1969, 479
COMPUTER ASSOCIATES	GRUR 00, 512*
Computerfax	GRUR 03, 1068
Computerträger	GRUR 1990, 594
Containerbefestigung	Liedl 1978–80, 422
Copolyester I	BGHZ 126, 109
	GRUR 94, 898
Copolyester II	BGHZ 137, 162
	GRUR 98, 689
Corioliskraft	GRUR 1979, 46
Corioliskraft	BGHZ 131, 239
	GRUR 96, 349
Coswig	GRUR 1956, 553
Christbaumbehang I	GRUR 1964, 433
Christbaumbehang II	GRUR 1967, 84
Crackkatalysator	BGHZ 111, 21

* Dort irrtümlich dem KG zugeschrieben.

Stichwort	Fundstelle
Crackkatalysator II	GRUR 1992, 159
Cranpool	GRUR 1992, 45
Crimpwerkzeug/Vertagung	GRUR 04, 354
Custodiol I	GRUR 02, 523
Custodiol II	GRUR 02, 527
customer prints	GRUR 1971, 204
Damenschuh-Absatz	BGHZ 41, 360 GRUR 1964, 519
Dampferzeuger	GRUR 1967, 476
Dampffrisierstab	GRUR 1982, 723
Dampffrisierstab II	BGHZ 92, 62 GRUR 1984, 728
Darmreinigungsmittel	GRUR 1966, 28
Datenkanal	Bl. 1988, 289
Datenträger	GRUR 95, 113
Dauerhaftmagnete	Liedl 1974/77, 337
Dauerwellen I	GRUR 1965, 473
Dauerwellen II	GRUR 1966, 370
Deckelfaß	GRUR 99, 566
Deckelfugenabdichtung	GRUR 1960, 429
Dentale Abformmasse	GRUR 05, 1044
Der 7. Sinn	BGHZ 68, 132 GRUR 1977, 543
Detektionseinrichtung I	GRUR 06, 217
Detektionseinrichtung II	GRUR 06, 219
Deutschlanddecke	GRUR 1958, 351
Diabehältnis	GRUR 04, 411
Dia-Rähmchen I	GRUR 1958, 288
Dia-Rähmchen II	GRUR 1962, 509
Dia-Rähmchen III	GRUR 1966, 218
Dia-Rähmchen IV	GRUR 1970, 289
Dia-Rähmchen V	GRUR 1971, 78
Dia-Rähmchen VI	GRUR 1973, 411
Dichtungsmaterial	Liedl 1971/73, 248
Diebstahlssicherung	GRUR 1973, 465
DIE PROFIS	GRUR 02, 190
Diesel	GRUR 05, 768
Dieselmotor	Liedl 1971/73, 221
Dilactame	GRUR 1970, 506
DILZEM	GRUR 99, 500
Dipolantenne	GRUR 1957, 213
Dipolantenne II	GRUR 1971, 563
Disiloxan	BGHZ 51, 378 GRUR 1969, 265
Dispositionsprogramm	BGHZ 67, 22 GRUR 1977, 96
DM-Tassen	GRUR 03, 707
Doppelachsaggregat	GRUR 1980, 166
Doppelachsaggregat für Fahrzeuganhänger	Liedl 1974/77, 30
Dokumenteninkassoauftrag	NJW-RR 95, 936
DORMA	GRUR 98, 817
Dosier- u. Mischanlage	BGHZ 41, 13 GRUR 1964, 308
Dosier- u. Mischanlage	Liedl 1967/68, 487
Dosiervorrichtung	BGHZ 57, 160 GRUR 1972, 196
Dränagerohr	Liedl 1978–80, 445
DRAGON	GRUR 98, 938
Drahtbiegemaschine	BGHZ 135, 298 GRUR 97, 890
Drahtelektrode	GRUR 95, 577
Drahtinjektionseinrichtung	GRUR 02, 609
Drahtseilverbindung	BGHZ 37, 219 GRUR 1962, 642
Drehkippbeschlag	GRUR 1962, 29
Drehmomentübertragungs-einrichtung	GRUR 02, 49
Drehschiebeschalter	GRUR 1981, 263
Drehstromöltransformator	GRUR 1979, 538
Drehzahlermittlung	GRUR 04, 845
Dreispiegel-Rückstrahler	GRUR 1962, 350
Drillmaschine	GRUR 1961, 409
DRP angemeldet	GRUR 1956, 276
2 DRP	GRUR 1957, 372
Druckbalken	BGHZ 93, 191 GRUR 1985, 512
Druckdichte Befestigung von Rohren	Liedl 1984–86, 113
Druckformzylinder	Liedl 1978–80, 332
Druckguss	GRUR 1988, 755
Druckmaschine	Liedl 1978–80, 894
Druckmaschinen-Temperierungssystem	BGHZ 158, 372 GRUR 04, 710
Drucksensor	BGHZ 86, 264 GRUR 1983, 243
D-Tracetten	GRUR 1987, 681
Dücko	BGHZ 16, 172 GRUR 1955, 388
Düngerstreuer	BGHZ 103, 262, GRUR 1988, 757
Dungförderanlage	Liedl 1959/60, 32
Dungschleuder	Liedl 1965/66, 115
Duschabtrennung	GRUR 04, 849
Dynamisches Mikrofon	GRUR 04, 138
EASYPRESS	GRUR 01, 337
Einbauleuchten	GRUR 1977, 666
Einbettungsmasse	GRUR 1990, 667
Einheitsfahrschein	GRUR 1959, 251
Einkaufswagen	BGHZ 135, 58 GRUR 97, 625
Einkaufswagen II	GRUR 05, 1023
Einkaufswagen-Werbeflächen	WRP 98, 615
Einkochdose	GRUR 1959, 22
Einlegesohle	GRUR 1962, 83
Einspruchsbegründung	Bl. 1985, 304
Einspruchsverbietungs-klage II	GRUR 1982, 161
Einspruchsverbietungsklage	Bl. 1982, 18
Einsteckschloß	BGHZ 83, 271 GRUR 1982, 414
Einzelangebot	BGHZ 113, 15 GRUR 1991, 316
Eisabzapfer	Liedl 1969/70, 82
Eisener Grubenausbau	GRUR 1955, 139
Elastische Bandage	GRUR 1991, 120
Elektrische Steckverbindung	BGHZ 128, 270 GRUR 95, 330
Elektrische Widerstände	Liedl 1956–58, 497
Elektrisches Speicherheizgerät	GRUR 97, 120
Elektrode	GRUR 1981, 507
Elektro-Handschleifgerät	GRUR 1964, 201
Elektrolackieren II	GRUR 1968, 33
elektromagnetische Rühreinrichtung	GRUR 1959, 532
Elektronenschweißen	Liedl 1969/70, 110
Elektronenstrahl-signalspeicherung	BGHZ 61, 265 GRUR 1974, 214
Elektronische Funktionseinheit	GRUR 04, 133
Elektronischer Zahlungs-verkehr	BGHZ 159, 197 GRUR 04, 667
Elektronisches Modul	GRUR 05, 145

Stichwort	Fundstelle
Elektroschmelzverfahren	GRUR 1976, 719
elektrostatisches Ladungsbild	GRUR 1979, 626
Emissionssteuerung	GRUR 1987, 286
Enalapril	GRUR 03, 507
Endoprotheseeinsatz	GRUR 01, 321
Endotoxin	Mitt. 1985, 153
Energiegewinnungsgerät	Bl. 1985, 117
Energieketten	Mitt. 03, 514
Entblendung von Kraftfahrzeugen	Liedl 1961/62, 217
Entfernung der Herstellernummer II	BGHZ 148, 26
	GRUR 01, 841
Entfernung der Herstellungsnummer III	GRUR 02, 709
Entscheidungsformel	GRUR 1971, 484
Entschließung	GRUR 1991, 447
Entsorgungsverfahren	Bl. 92, 496
Entwässerungsanlage	GRUR 1987, 900
Entwicklungsvorrichtung	GRUR 1954, 317
Epoxidation	GRUR 1988, 364
Epoxydverbindungen	GRUR 1969, 269
Erdölröhre	Mitt. 1978, 136
Erhöhung der Prozesskostensicherheit	Mitt. 03, 90
Erlaubnisscheininhaber	Bl. 1973, 27
Ermittlung unbekannter Umstände	NJW 03, 200
Erntemaschine	BGHZ 41, 378
	GRUR 1965, 28
Ersatzzustellung	Mitt. 03, 142 L
Erythronolid	BGHZ 81, 1
	GRUR 1981, 734
Ethofumesat	BGHZ 107, 46
	GRUR 1990, 997
Etikettiergerät	GRUR 1975, 484
Etikettiergerät II	Bl. 1979, 151
Etikettiermaschine	BGHZ 80, 323
	GRUR 1981, 812
Euro-Bauklötze	Bl.PMZ 03, 291
Euro-Billy	GRUR 03, 705
Eurodigina	GRUR 1971, 86
Euro-Einführungsrabatt	GRUR 04, 264
Europareise	GRUR 1969, 35
eV-Kostenentscheidung	GRUR 04, 81
EWING	GRUR 00, 895
Explosionsgeschütztes Schaltgerät	Liedl 1978–80, 173
Explosionszeichnungen	GRUR 1991, 529
Extrusionskopf	Mitt. 00, 105
Fächerreflektor	Liedl 1963/64, 154
Fadenvlies	GRUR 1977, 714
Fahrradgepäckträger II	BGHZ 71, 86
	GRUR 1978, 492
Fahrzeugaufbau	GRUR 1967, 324
Fahrzeugleitsystem	GRUR 04, 407
Fahrzeugsitz	BGHZ 93, 82
	NJW 1985, 1031
Faltbehälter	GRUR 1970, 258
Faltenrohre	GRUR 1967, 585
Falzmaschine	GRUR 1991, 811
Farbbildröhre	BGHZ 73, 183
	GRUR 1979, 461
Farbbildungskomponenten	GRUR 1969, 270
Farbfernsehsignal II	BGHZ 95, 302
	GRUR 1985, 1039
Farbspritzpistole	Liedl 1974/77, 258
Farina/Belgien	BGHZ 14, 286
	GRUR 1955, 150
Faserstoffaufschwemmsichter	Bl. 1984, 215
Favorit II	GRUR 1968, 382
Faxkarte	BGHZ 150, 377
	GRUR 02, 1046
Federspannvorrichtung	GRUR 1962, 305
Fehlender Vollstreckungsschutzantrag II	GRUR 96, 512
Fehlender Vollstreckungsschutzantrag III	GRUR 99, 190
Fehlerhafte Anwaltsberatung	GRUR 95, 344
Fehlerortung	GRUR 1978, 420
Fensterbeschlag	Liedl 1978–80, 125
Fensterbeschläge	GRUR 1960, 427
Fenstersteller	Liedl 1982/83, 203
Fensterstellungserfassung	GRUR 96, 346
Ferrit	GRUR 1966, 488
Ferromagnetischer Körper	GRUR 1966, 201
Fersenabstützvorrichtung	BGHZ 82, 310
	GRUR 1982, 286
Fersensporn	GRUR 98, 373
Feststellungsinteresse II	GRUR 01, 1177
Feststellungsinteresse III	GRUR 03, 900
Feueranzünder	GRUR 1953, 112
Feuer, Eis & Dynamit I	BGHZ 130, 205
	GRUR 95, 744
feuerfest I	GRUR 1968, 419
feuerfester Stein	Liedl 1971/73, 26
Feuerlöschgerät	GRUR 1979, 368
Feuerschutzabschluss	GRUR 1991, 522
Feuerzeug	GRUR 1960, 232
Feuerzeugbenzinbehälter	GRUR 1961, 79
FIAT-Ablichtungen	GRUR 1966, 255
F. I. C. P. I.	NJW 96, 1899
Figaros Hochzeit	BGHZ 33, 20
	GRUR 1960, 614
Filmspule	Liedl 1963/64, 73
Filtereinheit	Mitt. 02, 16
Filterpapier	GRUR 1959, 102
Filterstäube	GRUR 04, 73
Fingerbalkenmähwerk	Bl. 1984, 213
First- und Gratabdeckung	GRUR 1981, 732
Fischbearbeitungsmaschine	GRUR 1967, 670
Fischereifahrzeug	GRUR 1962, 86
Flachabdruckplatten	GRUR 1964, 634
Flachdachabdichtung	Liedl 1981, 359
Flächenentlüftung	GRUR 1989, 39
Flächenschleifmaschine	GRUR 99, 920
Flächentransistor	BGHZ 44, 263
	GRUR 1966, 309
Flammenüberwachung	NJW-RR 95, 700
Flammenwächter	Liedl 1978–80, 238
Flammkaschierverfahren	GRUR 1975, 652
Flanschkupplung	Liedl 1971/73, 212
Flaschenblasen	Liedl 1965/66, 77
Flaschengreifer	BGHZ 78, 252
	GRUR 1981, 128
Flaschenkasten	GRUR 1968, 447
Flawa-Erdgold	BGHZ 22, 1
	GRUR 1957, 215
Fleischwolf	Bl. 1966, 125
Fleischzubereitung	GRUR 1963, 190
Flügelradzähler	BGHZ 159, 76
	GRUR 04, 758
Flughafenpläne	BGHZ 73, 288
	GRUR 1979, 464

Stichwort	Fundstelle
Flugkostenminimierung	GRUR 1986, 531
Flugzeugbetankung I	GRUR 1960, 542
Flugzeugbetankung II	GRUR 1960, 545
Fluoran	BGHZ 103, 150
	GRUR 1988, 447
Flüssigkristall	Mitt. 1983, 112
Förderband	GRUR 1964, 606
Förderrinne	GRUR 1959, 232
Folgerecht bei Auslandsbezug	BGHZ 126, 252
	GRUR 94, 798
Formstein	BGHZ 98, 12
	GRUR 1986, 803
Formsand II	GRUR 1964, 496
Formulare	GRUR 1972, 127
Formunwirksamer Lizenzvertrag	GRUR 00, 685
Fortsetzungsverbot	BGHZ 126, 368
	GRUR 94, 849
Fotokopierkosten	Mitt. 03, 336
Fotoleiter	GRUR 1964, 697
Fotovoltaisches Halbleiterbauelement/Preprint-Versendung	GRUR 93, 466
Frachtcontainer	GRUR 1992, 157
Freilaufkupplung	Liedl 1978–80, 611
Freischwinger-Lautsprecher	Liedl 1961/62, 708
Freivorbau	Liedl 1963/64, 626
Frischhaltegefäß	BGHZ 52, 55
	GRUR 1969, 560
Fristwahrung durch Fax	NJW-RR 01, 916
Früchtezerteiler	GRUR 1969, 532
Fugenstreifen	Liedl 1956–58, 376
Führungshohlkörper	Liedl 1965/66, 670
Führungshülse	Liedl 1956–58, 436
Füllorgan	Liedl 1971/73, 74
Füllstandsanzeiger	Liedl 1978–80, 1
Fullplastverfahren	GRUR 1980, 38
Fungizid	BGHZ 54, 181
	GRUR 1970, 601
Funkpeiler	GRUR 1971, 565
Funkuhr	GRUR 02, 599
Furniergitter	GRUR 1962, 354
Furniermessermaschine	Liedl 1978–80, 316
Fußbodenbelag	GRUR 05, 316
Fußbodenleiste	Mitt. 1966, 197
Fußstützen	GRUR 1970, 510
Gabellaschenkette	Liedl 1971/73, 125
Garagenheber	Liedl 1981, 283
Garagentor	GRUR 1967, 590
Garagentransportfahrzeug	GRUR 1987, 284
Gardinenaufhänger	Liedl 1978–80, 533
Gardinenrollenaufreiher	GRUR 1977, 483
Garmachverfahren	GRUR 1968, 311
Gaselan	GRUR 1965, 502
Gasfeuerzeug	Liedl 1965/66, 377
Gasheizplatte	GRUR 1967, 76
Gaslaser	Liedl 1978–80, 629
GbR parteifähig	BGHZ 146, 341
	NJW 01, 1056
Gebläsegehäuse	Mitt. 1967, 154
Gebrauchsmusterlöschungsverfahren	GRUR 1982, 364, 417
Gebührenvereinbarung	GRUR 01, 256
Gefäßimplantat	GRUR 1990, 348
Geflügelfutter	GRUR 1969, 531
Geflügelkörperhalterung	GRUR 04, 413
Gegenabmahnung	GRUR 04, 790
Gegensprechanlage	Mitt. 02, 176
Gegenvorstellung im Nichtigkeitsverfahren	GRUR 05, 614
Gehäusekonstruktion	GRUR 03, 702
Gelbe Pigmente	GRUR 1972, 644
Gelenkkupplung	GRUR 1968, 613
Gemeinkostenanteil	BGHZ 145, 366
	GRUR 01, 329
Gemeinschaftsdusche	Liedl 1971/73, 289
Gemüsehobel	GRUR 1959, 81
Geneigte Nadeln	BGHZ 68, 242
	GRUR 1977, 594
Germed	GRUR 97, 224
Gerüsttafel	Liedl 1982/83, 94
Geschäftsverteilung	GRUR 1986, 47
Geschlitzte Abdeckfolie	GRUR 1990, 505
Geschoß	GRUR 1988, 809
Gesetzeswiederholende Unterlassungsanträge	GRUR 00, 438
Gewinderollkopf I	GRUR 1961, 470
Gewinderollkopf II	GRUR 1961, 466
Gewindeschneidapparat	GRUR 1971, 243
Gewindeschneid-Automat	GRUR 1958, 459
Gießform für Metalle	Liedl 1978–80, 524
Gießpulver	Bl. 1989, 215
Glasfasererzeugung	Liedl 1981, 57
Glatzenoperation	BGHZ 48, 313
	GRUR 1968, 142
Glaubhaftmachung/Rechtzeitigkeit einer Berufungsbegründung	Mitt. 02, 378
Gleichstromfernspeisung	GRUR 1978, 99
Gleichstromsteuerschaltung	GRUR 00, 788
Gleitvorrichtung	Mitt. 04, 213
Gleitschutzkette	Liedl 1956–58, 352
Gliedermaßstäbe	BGHZ 42, 340
	GRUR 1965, 327
Glimmschalter	GRUR 1953, 120
Golden Toast	GRUR 1968, 59
Graustufenbild	GRUR 00, 688
Greifbare Gesetzwidrigkeit II	NJW 94, 2363
Grobkeramik	Liedl 1982/83, 280
Grubenschaleisen	GRUR 1961, 26
Grubenstempel	GRUR 1957, 208
Gummielastische Masse	NJW-RR 95, 696
Gummielastische Masse II	BGHZ 162, 342
	GRUR 05, 663
Gummiflicken	Liedl 1959/60, 66
Gummisohle	BGHZ 3, 365
	GRUR 1952, 562
Gurtbefestigung	Liedl 1981, 263
Gurtumlenkung	Bl. 1989, 133
Gymnastikanstalt	GRUR 1967, 676
Haarschneidegerät	Liedl 1971/73, 157
Härteklausel	Mitt. 04, 366
Hafendrehkran	Liedl 1965/66, 576
Hafendrehkran	GRUR 1962, 294
Haftbinde	BGHZ 49, 99
	GRUR 1968, 307
Haftverband	Bl. 1991, 159
Halbleitereinrichtung	Bl. 1981, 136
Halteorgan	BGHZ 49, 227
	GRUR 1968, 305
Hamburger Brauch	GRUR 1978, 192

Stichwort	Fundstelle
Handhabungsgerät	GRUR 98, 130
Handstrickapparat	BGHZ 53, 92
	GRUR 1970, 202
Handstrickverfahren	GRUR 1960, 554
Harnstoff	GRUR 1965, 480
Hartmetallkopfbohrer	BGHZ 83, 283
	GRUR 1982, 481
Hartschaumplatten	Liedl 1978–80, 82
	GRUR 93, 895
Haushaltsspüle	Liedl 1982/83, 50
Heiligenhof	GRUR 1959, 200
Heißläuferdetektor	GRUR 1970, 358
Heizkörperkonsole	BGHZ 123, 119
	GRUR 93, 892
Heizpreßplatte	GRUR 1959, 178
Heliumeinspeisung	BGHZ 116, 122
	GRUR 1992, 305
Herbicid	Bl. 1973, 257
Herzklappenprothese	NJW-RR 99, 834
Heuwender	Liedl 1961/62, 64
Heuwerbungsmaschine I	GRUR 1981, 183
Heuwerbungsmaschine II	GRUR 1981, 259
Heymmann	BGHZ 17, 209
	GRUR 1955, 490
Hinterachse	GRUR 1966, 50
Hochdruckreiniger	GRUR 03, 693
Hohlblockmauerstein	Liedl 1956–58, 623
Hohlwalze	GRUR 1967, 194
Holzbauträger	GRUR 1961, 27
Holzimprägnierung	GRUR 1961, 24
Holzschutzmittel	GRUR 1954, 584
Holzverwertung	GRUR 1951, 70
Honorarforderung einer Sozietät	NJW 96, 2859
Hopfenextrakt	BGHZ 56, 7
	GRUR 1971, 246
Hopfenpflückvorrichtung	GRUR 1969, 681
Hörgerät	GRUR 1984, 335
Hotel Adlon	BGHZ 150, 82
	GRUR 02, 967
HOTEL MARITIME	GRUR 05, 431
Hubroller	GRUR 1961, 494
Hubstapler	Liedl 1961/62, 432
Hubwagen	GRUR 1971, 403
Hüftgelenkprothese	Liedl 1963/64, 172
Hüftgelenkprothese	BGHZ 96, 3
	GRUR 1986, 237
Hummel-Figuren	BGHZ 5, 1
	GRUR 1952, 516
Hummel-Figuren II	GRUR 1961, 581
Hummel III	GRUR 1970, 250
Hydraulischer Kettenbandantrieb	GRUR 1978, 297
Hydropyridin	BGHZ 88, 209
	GRUR 1983, 729
Ihagee	GRUR 1969, 487
Idarubicin I (Vorlage EuGH)	GRUR 98, 363
Idarubicin II	GRUR 00, 683
Idarubicin III	GRUR 02, 47
Imidazoline	BGHZ 58, 280
	GRUR 1972, 541
Imprägnieren von Tintenabsorbierungsmittel	GRUR 04, 579
Individual	GRUR 98, 396
Indorektal II	BGHZ 123, 119
	GRUR 93, 969
Induktionsofen	GRUR 98, 913
Informationssignal	BGHZ 133, 18
	GRUR 96, 753
Informationsträger	GRUR 99, 148
Inkrustierungsinhibitoren	GRUR 00, 591
Inlandsvertreter	BGHZ 51, 269
	GRUR 1969, 437
Innungsprogramm	GRUR 03, 786
Interne Mitwirkungsgrundsätze	GRUR 99, 369
internes Aktenzeichen	GRUR 1974, 679
Ionenanalyse	BGHZ 105, 1
	GRUR 1988, 896
Isoharnstoffäther	GRUR 1967, 435
Isolierglasscheibenrandfugenfüllvorrichtung	GRUR 1984, 272
Isomerisierung	GRUR 1971, 512
Isothiazolon	Bl.PMZ 95, 322
IUP	RUR 1973, 585
KABE	GRUR 1978, 591
Kabelabstandschelle	Liedl 1959/60, 313
Kabeldurchführung	BGHZ 124, 353
	GRUR 97, 454
Kabeldurchführung II	GRUR 01, 770
Kabelschellen	GRUR 1955, 573
Kabelschuh	Liedl 1965/66, 241
Kabelstecker für Koaxialkabel	Liedl 1984–86, 147
Kaffeemaschine	Liedl 1982/83, 304
Kalifornia-Schuhe	GRUR 1956, 73
Kameraauslösung	Liedl 1982/83, 229
Kappenverschluß	GRUR 1964, 132
Karate	BGHZ 143, 268
	GRUR 00, 299
Karbidofen	GRUR 1957, 212
Kardangruppe	Liedl 1974/77, 296
Kaschierte Platten	GRUR 1979, 433
Kaskodeverstärker	GRUR 1967, 413
Kastanienmuster	GRUR 1991, 914
Kasten für Fußabtrittsroste	GRUR 1964, 673
Katalytisches Feuerzeug	Liedl 1967/68, 269
Katheter	Liedl 1961/62, 360
Katzenstreu	GRUR 03, 903
Kauf auf Probe	GRUR 01, 1036
Kautschukrohlinge	BGHZ 81, 211
	GRUR 1981, 736
Kehlrinne	BGHZ 102, 118
Keltisches Horoskop	BGHZ 115, 69
Kennungsscheibe	GRUR 1977, 152
Kernblech	Mitt. 1986, 195
Kernbremse	Liedl 1967/68, 204
Kernenergie	GRUR 1973, 141
Kerzenleuchter	Mitt. 04, 171
Kieselsäure	GRUR 1963, 207
Kinderarbeit	GRUR 95, 595
Kindernähmaschine	BGHZ 38, 200
Kindersaugflasche	BGHZ 35, 329
	GRUR 1962, 243
Kippbrückenblech	Liedl 1963/64, 494
Klappleitwerk	GRUR 1981, 516
Klarsichtverpackung	GRUR 1977, 805
Klebebindung	GRUR 1961, 404
Klebemax	GRUR 1963, 519
Klebemittel	GRUR 1961, 432
Klebstoff	Bl. 1985, 373
Kleiderbügel	BGHZ 128, 22
	GRUR 95, 338

Stichwort	Fundstelle
Leitbleche	Liedl 1961/62, 741
Leiterplattennutzen	BGHZ 136, 40
	GRUR 97, 892
Leiterteil	Liedl 1967/68, 135
Leitkörper	BGHZ 75, 143
	GRUR 1979, 847
Lenkradbezug	GRUR 1971, 105
Lenkradbezug II	Liedl 1971/73, 1
Lenkradbezug III	Bl. 1973, 259
Lepo Sumera	BGHZ 147, 178
	GRUR 01, 1134
Leuchtglobus	Liedl 1965/66, 411
Leuchtstoff	GRUR 98, 1003
Lewapur	GRUR 1972, 600
Lichtbogen-Plasma-Beschichtungssystem	GRUR 96, 747
Lichtfleck	BGHZ 124, 343
	GRUR 95, 42
Lichtkuppel	GRUR 1962, 459
Liegemöbel	GRUR 1983, 64
Linsenschleifmaschine	BGHZ 118, 221
	GRUR 1992, 839
Lizenzanalogie	GRUR 1990, 1008
Lizenz- und Beratungsvertrag	GRUR 98, 838
Löffelbagger	Liedl 1982/83, 187
Logikverifikation	BGHZ 143, 255
	GRUR 00, 498
Loseblattgrundbuch	Liedl 1971/73, 315
Lotterielos	BGHZ 51, 8
	GRUR 1969, 184
Lüfterkappe	BGHZ 128, 149
	GRUR 95, 210
Luftfilter	GRUR 1969, 133
Luftheizgerät	GRUR 01, 228
Luftheizung	Liedl 1956–58, 310
Luftverteiler	BGHZ 148, 383
	GRUR 02, 146
Lunette	GRUR 98, 379
Lunkerverhütungsmittel	GRUR 1980, 846
Mähdrescher	Liedl 1974/77, 40
Mäher	NJW 1988, 210
Mähmaschine	GRUR 1978, 423
Magazinbildwerfer	GRUR 1992, 692
Magnetbohrständer	GRUR 1979, 621
Magnetbohrständer II	BGHZ 76, 50
	GRUR 1980, 220
Magnetfeldkompensation	GRUR 1981, 338
Maja	BGHZ 41, 84
	GRUR 1964, 372
Malzflocken	BGHZ 31, 162
	GRUR 1960, 350
Makol	GRUR 97, 636
Mantelskizze	BGHZ 16, 4
	GRUR 1955, 445
Marder	BGHZ 110, 30
	GRUR 1990, 515
Marktfrisch	GRUR 01, 1151
Marlene Dietrich	BGHZ 143, 214
	GRUR 00, 709
maschenfester Strumpf	BGHZ 62, 29
	GRUR 1974, 290
Maschinenbeseitigung	WRP 93, 396
Massedurchfluss	GRUR 02, 732
Massenausgleich	GRUR 1982, 289
Materialaustrag	Liedl 1978–80, 502
Mauerkasten	GRUR 1986, 731

Stichwort	Fundstelle
Mauerkasten II	GRUR 1987, 351
MAZ	GRUR 03, 901
Mechanische Betätigungsvorrichtung	GRUR 1992, 594
Mecki-Igel III	GRUR 97, 896
Mehrfachschelle	GRUR 1954, 107
Mehrfachsteuersystem	GRUR 99, 573
Mehrkammerfilterpresse	Liedl 1967/68, 253
Mehrkomponentendüse	Liedl 1978–80, 544
Mehrschichtplatte	GRUR 1967, 241
Mehrzweckfrachter	GRUR 1979, 800
Meißner Dekor	GRUR 02, 618
Melkstand	Liedl 1984–86, 328
	GRUR 1986, 238
Melkverfahren	Liedl 1981, 375
Merkmalklötze	GRUR 1976, 434
Meßband	Liedl 1965/66, 290
Meßventil	GRUR 94, 36
Meßkopf	GRUR 1990, 108
Metacolor	GRUR 1975, 315
Metallabsatz	GRUR 1959, 616
Metallbett	GRUR 04, 941
Metallfenster	GRUR 1961, 572
Metalloxyd	GRUR 1977, 780
Metallrahmen	GRUR 1968, 409
Metallspritzverfahren	GRUR 1961, 627
Methylomonas	BGHZ 95, 162
	GRUR 1985, 1035
Metronidazol	BGHZ 64, 86
	GRUR 1975, 425
Meurer-Diesel	Liedl 1963/64, 355
MICRO-PUR	GRUR 00, 894
Mikroskop	Mitt. 1981, 105
Milchkanne	GRUR 1958, 134
Mineralwolle	GRUR 1979, 768
Miniaturrelais	Liedl 1984–86, 75
Mischer	Liedl 1961/62, 684
Mischer II	BGHZ 40, 332
	GRUR 1964, 196
Mischkapsel	Liedl 1982/83, 252
Mischmaschine III	GRUR 1975, 593
Mischtrommel	Liedl 1961/62, 450
Missbräuchliche Abmahnung	Mitt. 02, 557 L
Missbräuchliche Mehrfachabmahnung	BGHZ 149, 371
	GRUR 02, 357
Missbräuchliche Mehrfachverfolgung	GRUR 00, 1089
Miststreuer	Liedl 1965/66, 349
Mittelohrprothese	GRUR 1987, 510
Mitwirkender Patentanwalt	GRUR 04, 1062
Mitwirkungsgrundsätze	BGHZ 126, 63
	GRUR 94, 659
Möbelentwürfe	GRUR 1976, 372
Möbelwachspaste	GRUR 1955, 424
Modeneuheit	BGHZ 60, 168
	GRUR 1973, 478
Modeschmuck	GRUR 1979, 119
Mogul-Anlage	GRUR 93, 897
Molliped	GRUR 1974, 460
Momentanpol	GRUR 03, 867
Mopedkupplung	GRUR 1959, 320
Mopedkupplung	Liedl 1963/64, 287
Motorblock	BGHZ 1, 194
	GRUR 1951, 314
Motorkettensäge	GRUR 1978, 583
Motorrad-Batterie	BGHZ 44, 346
Motorrollerhilfsrahmen	Liedl 1963/64, 228

Stichwort	Fundstelle	Stichwort	Fundstelle
MTS	GRUR 00, 892	Pauschale Rechtseinräumung	BGHZ 131, 8
Müllfahrzeug	GRUR 94, 189		GRUR 96, 121
Mündliche Einzelanweisung	NJW 04, 688	Petromax	GRUR 1958, 297
Mülltonne II	BGHZ 2, 387	Petromax II	GRUR 1964, 32
	GRUR 1951, 452	Pfannendrehturm	GRUR 1981, 42
Muffelofen	GRUR 94, 357	Pfennigabsatz	GRUR 1966, 484
Multoplane	GRUR 1969, 373	Pfennigabsatz	Liedl 1967/68, 308
Mundschutz	Liedl 1971/73, 261	Pflicht des Verkehrsanwalts zur Eintragung der Rechtsmittelfrist als eigene	NJW 97, 3245
Nachbauvergütung	GRUR 04, 763		
Nadelrollenkäfig	Liedl 1965/66, 694	Pharmazeutisches Präparat	GRUR 1991, 441
Nähmaschinen-Antrieb	Mitt. 1967, 16	Phosphatierung	GRUR 1966, 192
Nährbier	BGHZ 30, 357	Piesporter Goldtröpfchen	GRUR 93, 832
	GRUR 1960, 83	Piezoelektrisches Feuerzeug	GRUR 1981, 341
Nahtverlegung	GRUR 1973, 331	Pinguin	GRUR 1977, 796
Nebelscheinwerfer	GRUR 1974, 53	Piperazinoalkylpyrazole	GRUR 1977, 212
Nelkenstecklinge	BGHZ 28, 387	Plagiatsvorwurf II	GRUR 1992, 527
	GRUR 1959, 240	Planungsmappe	GRUR 00, 226
Neubauentschädigung	GRUR 05, 240	Plastikflaschen	GRUR 1966, 198
Nicola	BGHZ 117, 264	Plattenspieler I	GRUR 1953, 29
	GRUR 1992, 612	Plattenspieler II	GRUR 1953, 250
Nicoline	GRUR 95, 54	Plattenspieler III	GRUR 1957, 120
Nobelt-Bund	GRUR 1955, 29	Plattenverbinder	Liedl 1981, 313
Noppenbahnen	GRUR 02, 275	Pneumatische Einrichtung	BGHZ 82, 13
Notierung der Berufungsbegründungsfrist	NJW-RR 99, 142		GRUR 1982, 95
		Pökelvorrichtung	GRUR 1981, 185
Notizklötze	GRUR 1979, 705	Polifeprosan	GRUR 04, 849
Notwendige Konnexität	NJW-RR 02, 1149	Polsterformkörper	GRUR 1960, 483
		Polsterfüllgut	GRUR 1981, 649
Oberarmschwimmringe	BGHZ 75, 116	Polsterkörper/Latex	GRUR 1953, 438
	GRUR 1979, 869		1954, 391
Oberflächenprofilierung	GRUR 1974, 419	Polsterkörper/Latex II	Mitt. 1954, 59
Oberflächenprüfer	Liedl 1971/73, 133	Polstersessel	GRUR 1957, 543
Objektive Schadensberechnung	GRUR 95, 349	Polyäthylenfilamente	BGHZ 135, 369
			GRUR 97, 612
Objektträger	GRUR 1991, 127	Polyesterfäden	BGHZ 112, 297
OEM-Version	BGHZ 145, 8	Polyestergarn	Bl. 1986, 248
	GRUR 01, 153	Polyesterimide	GRUR 1982, 291
Offenendspinnmaschine	BGHZ 107, 161	Polyferon/Zwangslizenz/Interferongamma	BGHZ 131, 247
Offenlegung	GRUR 1974, 142		GRUR 96, 190
Offenlegungsschrift	GRUR 1970, 300	Polymermasse	GRUR 98, 901
Omeprazol	GRUR 00, 392	Polymerisationsbeschleuniger	GRUR 1965, 138
Opium	GRUR 1992, 314		
Optische Wellenleiter	Bl. 1984, 211	Polytetrafluoräthylen	GRUR 1973, 46
Oxygenol II	GRUR 95, 216	Polyurethan	GRUR 1976, 140
Ozon	GRUR 03, 237	Portionieren einer pastenförmigen Masse	Liedl 1984–86, 221
Paladon	GRUR 1952, 393	Portionierer	Liedl 1961/62, 48
Pankreaplex	BGHZ 71, 367	Postfachanschrift	GRUR 02, 720
	GRUR 1978, 658	Postgutbegleitkarte	BGHR PatG 1968 § 1
Pankreaplex	GRUR 1980, 750	Postlaufzeit/Verspätete Berufungsbegründung	Mitt. 03, 238
Pansana	BGHZ 28, 144		
	GRUR 1959, 125	Präzisionsmessgeräte	GRUR 03, 356
Papiermaschinensieb	Bl. 1988, 111	Prallmühle I	BGHZ 13, 210
Parallelverfahren	GRUR 1987, 402		GRUR 1955, 391
Paraphe	GRUR 1968, 108	Prallmühle II	GRUR 1960, 179
PARK & BIKE	GRUR 04, 77	Prioritätsverlust	GRUR 1973, 139
Parkeinrichtung	GRUR 1972, 538	Profilkrümmer	GRUR 97, 360
Parkkarte	GRUR 01, 139	Programmfehlerbeseitigung	GRUR 00, 866
Parkstraße 13	BGHZ 5, 116	Prospekthalter	GRUR 97, 116
	GRUR 1952, 530	Prozeßrechner	GRUR 1977, 539
Paroxetin	GRUR 04, 79	Prüfkopfeinstellung	GRUR 1983, 116
Parteiwechsel	GRUR 96, 865	Prüfungsantrag	GRUR 95, 45
patentierte Rollladenstäbe	NJW 1973, 1545	Prüfverfahren	GRUR 1978, 107
Patentrolleneintrag	GRUR 1966, 107	Pullovermuster	BGHZ 117, 115
Patricio	GRUR 1975, 616		GRUR 1992, 448
Pauschalabfindung	GRUR 1963, 315	Pulverbehälter	Liedl 1971/73, 302

Stichwort	Fundstelle
Pulverbehälter	BGHZ 50, 125
	GRUR 1968, 591
Puma	GRUR 98, 818
P-Vermerk	BGHZ 153, 69
	GRUR 03, 228
Radaranlage	BB 1979, 495
Radgehäuse	GRUR 1963, 593
Radkappe	GRUR 1962, 537
Radschützer	GRUR 05, 665
Radschutz	GRUR 1954, 337
Rammbohrgerät	GRUR 1983, 561
Rammbohrgerät	Bl. 1984, 247
Rasenbefestigungsplatte	GRUR 05, 761
Rauchgasklappe	BGHZ 133, 57
	GRUR 96, 857
Rauchwagen	GRUR 1974, 715
Raureifkerze	Mitt. 1972, 235
Räumgerät	Mitt. 1974, 120
räumlicher Fachwerkträger	Liedl 1967/68, 429
Räumschild	BGHZ 142, 7
	GRUR 99, 977
Raumzellenfahrzeug	GRUR 1985, 1037
Raumzellenfahrzeug II	GRUR 1986, 667
Reaktionsmessgerät	GRUR 1965, 298
Rechenschieber	BGHZ 39, 306
	GRUR 1963, 633
Rechtliches Gehör	GRUR 1990, 110
Rechtliches Gehör II	BGHZ 136, 337
	GRUR 98, 362
Rechtsbeschwerde	BGHZ 159, 102
	GRUR 03, 548
Rechtsbeschwerde II	GRUR 03, 724
Rechtsmittelbeschwerde gegen Auskunftsverurteilung	BGHZ 128, 85
	GRUR 95, 701
Rechtsmitteleinlegung per Telefax/Faxnummer des Empfängers	NJW 04, 516
Rechtsmittelrücknahme	GRUR 95, 338
Recrin	GRUR 1969, 607
Reduzierschrägwalzwerk	GRUR 1979, 313
Regalunterbau	Liedl 1984–86, 48
Regelventil	GRUR 1975, 310
Regenbecken	GRUR 98, 895
Reibebrett	NJW 1983, 455
Reibungskupplung	Liedl 1982/83, 163
Reifenpresse	Liedl 1961/62, 304
Reinigungsarbeiten	GRUR 03, 716
Reinigungsverfahren	BGHZ 8, 16
	GRUR 1953, 114
Rentabilitätsermittlung	GRUR 05, 143
Reißverschluß	Liedl 1967/68, 352
Rekordspritzen	GRUR 1968, 698
Repassiernadel	GRUR 1955, 244
Repassiernadel II	GRUR 1955, 479
Repassiervorrichtung	GRUR 1954, 112
Reprint	BGHZ 51, 41
	GRUR 1969, 186
Resin	GRUR 1958, 179
Revisionsteilannahme	BGHZ 69, 93
	GRUR 1978, 115
Rheinmetall-Borsig I	GRUR 1956, 265
Rheinmetall-Borsig II	GRUR 1956, 284
Richterausschluss	GRUR 03, 550
Richterwechsel	GRUR 1971, 532
Richterwechsel II	GRUR 1974, 294

Stichwort	Fundstelle
Richterwechsel III	GRUR 1987, 515
Riegelstange	Liedl 1978–80, 405
Rigg	BGHZ 82, 254
	GRUR 1982, 165
Ringkernübertrager	Liedl 1978–80, 706
ritter.de	GRUR 04, 622
Rödeldraht	GRUR 1956, 77
Rödeldraht II	Bl. 1957, 292
Rohrausformer	GRUR 93, 655
Rohrdichtverfahren	GRUR 1962, 80
Rohrhalterung	GRUR 1967, 586
Rohrleitungskorrosionsschutz	Liedl 1974/77, 246
Rohrschelle	GRUR 1953, 120
Rohrverformer	Liedl 1978–80, 199
Rolladen	GRUR 1964, 221
Rolladenleiste	GRUR 1980, 280
Rollenantriebseinheit	GRUR 01, 226
Rollenclips	GRUR 1990, 528
Rollfilmkamera	Liedl 1956–58, 14
Rolltor	Liedl 1982/83, 477
Roll- u. Wippbrett	BGHZ 82, 88
	GRUR 1982, 31
Rosenmutation	BGHZ 65, 347
	GRUR 1976, 385
Rosenzüchtung	GRUR 1962, 577
Rotaprint	GRUR 1963, 152
Rotationsbürstenwerkzeug	BGHZ 125, 334
	GRUR 94, 602
Rotationsentwickler	Mitt. 1975, 117
Roter mit Genever	GRUR 1992, 171
Rote Taube	BGHZ 52, 74
	GRUR 1969, 672
Rotierendes Schaftwerkzeug	GRUR 04, 272
Rotterdamgerät	GRUR 1973, 263
Rübenverladeeinrichtung	GRUR 1969, 677
Rücknahme der Patentanmeldung	GRUR 1977, 485
Rückstrahler-Dreieck	GRUR 1963, 494
Rücktrittsfrist	GRUR 02, 280
Rückzahlung der Beschleunigungsgebühr	GRUR 00, 421
Rührwerk	Mitt. 03, 116
Runderneuern	GRUR 1988, 197
Rundfunkübertragungssystem	BGHZ 100, 249
	GRUR 1983, 626
Rundstuhlwirkware	GRUR 1958, 231
Rutschkupplung	GRUR 99, 41
Sachverständigenablehnung	GRUR 02, 369
Sachverständigenentschädigung	GRUR 1984, 340
Sachverständigenentschädigung III	GRUR 04, 446
Sachverständigenhonorar	GRUR 1976, 606
Sachverständigenladung zur Erläuterung	NJW-RR 03, 208
Salzlösung	GRUR 1970, 456
Samos	GRUR 1970, 311
Sammelförderer	NJW-RR 99, 546
Sammelhefter	BGHZ 152, 172
	GRUR 03, 47
Sanitärblock	Liedl 1982/83, 455
Sanopharm	GRUR 98, 940
Sauerteig	GRUR 1989, 899
Saxophon	GRUR 1966, 617

Stichwort	Fundstelle
Scanner-Werbung	GRUR 02, 715
Schablonen	GRUR 1972, 122
Schadensbegrenzungsvergleich	GRUR 1992, 605
Schädlingsbekämpfungsmittel	BGHZ 53, 274
	GRUR 1970, 361
Schädlingsbekämpfungsspritze	Liedl 1956–58, 362
Schaleisenanordnung	GRUR 1954, 258
Schallrichtverfahren	Liedl 1961/62, 234
Schaltanordnung	Bl. 1984, 19
Schaltmechanismus	GRUR 00, 1010
Schaltröhre	BGHZ 73, 315
	GRUR 1979, 572
Schaltuhr	Bl. 1979, 198
Schalungselement	GRUR 01, 819
Schaltungsanordnung	GRUR 1978, 98
Schaltungschassis	GRUR 1979, 219
Schalungssteine	Mitt. 1966, 217
Schaumgummi	GRUR 1959, 317
Schaumgummi II	Liedl 1967/68, 446
Schaumgummihaftung	Liedl 1956–58, 509
Schaumstoffe	GRUR 1979, 271
Scheinwerfereinstellgerät	BGHZ 54, 30
	GRUR 1970, 459
Scheitern der Übermittlung/ Defektes Faxgerät im Gericht	NJW-RR 04, 283
Schellenreibungskupplung	GRUR 1965, 302
Scherbeneis	BGHZ 137, 60
	GRUR 98, 910
Schere	GRUR 98, 382
Scherfolie	GRUR 1974, 208
Schichtschleifscheibe	Liedl 1963/64, 662
Schichtträger	GRUR 1984, 644
Schiedsstellenanrufung	GRUR 00, 872
Schienenbefestigung	Mitt. 1961, 199
Schienenschalter I	GRUR 1972, 595
Schienenschalter II	GRUR 1972, 597
Schießbolzen	GRUR 1979, 149
Schießscheibenanlage	Liedl 1974/77, 69
Schiffslukenverschluss	GRUR Ausl. 1960, 506
Schlackenbad	GRUR 1980, 716
Schlafwagen	BGHZ 18, 305
	GRUR 1955, 531
Schlaucharmatur	Liedl 1959/60, 111
Schlauchfolie	GRUR 1989, 38
Schlauchkupplung	Liedl 1978–80, 788
Schleppfahrzeug	GRUR 01, 823; 02, 53
Schleudergardine	GRUR 1957, 488
Schlitzwand	BGHZ 89, 245
	GRUR 1984, 337
Schlüsselanhänger	GRUR 03, 708
Schlußurlaub	GRUR 1971, 407
Schmelzrinne	Bl. 1973, 170
Schmierfettzusammensetzung	GRUR 00, 296
Schmierverfahren	GRUR 1958, 131
Schmierverfahren II	GRUR 1958, 305
Schneekette	Bl. 1986, 216
Schneidemesser I	BGHZ 150, 149
	GRUR 02, 515
Schneidemesser II	GRUR 02, 519
Schneidhaspel	GRUR 1983, 171
Schneidwerkzeug	Liedl 1978–80, 825
Schneidwerkzeug	BGHZ 113, 201
	GRUR 1991, 442
Schnellkopiergerät	GRUR 1955, 286
Schokoladentafel	BGHZ 64, 209
	GRUR 1975, 367
Schrägliegeeinrichtung	GRUR 1989, 494
Schrankbett	GRUR 1965, 50
Schraubenmutterpresse	GRUR 1955, 390
Schraubennahtrohr	GRUR 1974, 146
Schraubennahtrohr	Liedl 1974/77, 343
Schraubenpresse	GRUR 1985, 37
Schrauberabschalter	Liedl 1978–80, 381
Schreibhefte	BGHZ 4, 5
	GRUR 1952, 260
Schreibhefte II	GRUR 1953, 86
Schreibhefte III	GRUR 1953, 284
Schreibpasten	GRUR 1972, 646
Schreibstift	GRUR 1964, 259
Schuhausstellungsregal	Liedl 1974/77, 19
Schuheinlage	Liedl 1961/62, 1
Schuhklebstoff	GRUR 1977, 206
Schukokonturenstecker	Liedl 1963/64, 422
Schukostecker	Bl. 1963, 365
Schulerweiterung	BGHZ 62, 331
	GRUR 1974, 675
Schulterpolster	GRUR 1975, 507
Schulterpolster	Liedl 1974/77, 285
Schlüßelmühle	GRUR 1990, 33
Schußtrefferermittlung	Liedl 1978–80, 366
Schüttgutladegerät	Liedl 1963/64, 551
Schutzdauer bei Gebrauchsmusterabzweigung	GRUR 00, 698
Schutzüberzug für Klosettbrillen	GRUR 94, 360
Schutzverkleidung	GRUR 96, 399
Schwarzemail	Liedl 1961/62, 602
Schweißbolzen	BGHZ 46, 365
	GRUR 1967, 378
Schweißbrennerreinigung	BGHZ 162, 110
	GRUR 05, 567
Schweißelektrode I	GRUR 1965, 416
Schweißelektrode II	GRUR 1967, 548
Schweißgemisch	GRUR 1986, 531
Schweißpistolenstromdüse II	BGHZ 92, 137
	GRUR 1984, 807
Schwenkhebelverschluß	GRUR 97, 272
Schwenkverschraubung	BGHZ 50, 213
	GRUR 1969, 38
Schwerlaststraßenfahrzeug	Liedl 1956–58, 459
Schwermetalloxidationskatalysator	BGHZ 106, 84
	GRUR 1989, 205
Schwimmbadabdeckung	Liedl 1978–80, 151
Schwimmrahmen-Bremse	GRUR 97, 119
Schwingungswalze	Liedl 1959/60, 395
Seifenzusatz	GRUR 1966, 319
Seitenpuffer	BGHZ 115, 11
	GRUR 1992, 33
Seitenspiegel	GRUR 06, 131
Sekundenschnell	GRUR 97, 931
Selbstklebeetikett	Liedl 1978–80, 758
Selbstschlußventil	Liedl 1967/68, 171
Selbsttätiges Beladen	Liedl 1984–86, 17
Selengleichrichter	Liedl 1967/68, 349
Seminarkopien	GRUR 1993, 37
Senatsbesetzung	GRUR 95, 171
Senatsinterne Mitwirkungsgrundsätze	GRUR 93, 894
Servomotor	Bl. 1985, 141
Sessel	GRUR 1974, 740
Sicherheitsgurte	Liedl 1974/77, 388

Stichwort	Fundstelle
Sicherheitsvorrichtung	BGHZ 93, 171
	GRUR 1985, 371
Silobehälter	BGHZ 51, 263
	GRUR 1969, 493
Simili-Schmuck	GRUR 1960, 244
Sintex	GRUR 1964, 144
Sitosterylglykoside	GRUR 1982, 548
Sitzungsschild	GRUR 1970, 621
shell.de	BGHZ 149, 191
	GRUR 02, 622
Sicherheitspapier	Bl.PMZ 97, 401
Signalfolge	BGHZ 158, 142
	GRUR 04, 495
Sintervorrichtung	GRUR 00, 1018
skai-cubana	GRUR 1967, 315
Skiabsatzbefestigung	GRUR 1976, 88
Skistiefelauskleidung	GRUR 1981, 190
Skistiefelverschluß	GRUR 1969, 534
Skistockteller	BPatGE 30, 275 L
SLICK 50	GRUR 00, 53
Socsil	GRUR 1961, 241
Sonnendach	GRUR 1987, 353
Sortiergerät	GRUR 1972, 592
SPA	GRUR 01, 420
Spaltrohrpumpe	Liedl 1965/66, 34
Spannbeton II	GRUR 1966, 638
Spanngliedverbindung	Liedl 1982/83
Spannschraube	GRUR 99, 692
Spannungsregler	BGHZ 42, 248
	GRUR 1965, 234
Spannungsvergleichs-schaltung	BGHZ 71, 152
	GRUR 1978, 407
Spannvorrichtung	GRUR 00, 862
Spanplatten	GRUR 1966, 558
Späte Urteilsbegründung	GRUR 00, 151
Speisungsregelung	GRUR 1984, 672
Spektralapparat	BGHZ 112, 157
	GRUR 1991, 37
SPIEGEL-CD-ROM	GRUR 02, 248
Spiegelreflexkamera	BGHZ 61, 257
	GRUR 1974, 212
Spielautomat	WRP 1968, 50
Spielautomat II	GRUR 1973, 518
Spielbankaffaire	BGHZ 136, 380
	GRUR 99, 152
Spielfahrbahn	Mitt. 96, 204
Spielzeugfahrzeug	Liedl 1959/60, 302
Spinnmaschine	GRUR 94, 724
Spinnturbine	GRUR 1979, 692
Spinnturbine II	BGHZ 78, 358
	GRUR 1981, 186
Spiralbohrer	GRUR 00, 792
Spleißkammer	BGHZ 110, 123
	GRUR 1990, 432
Sportschuh	GRUR 1962, 299
Sprachanalyseeinrichtung	BGHZ 144, 282
	GRUR 00, 1007
Spreizdübel	GRUR 1974, 715
Spreizdübel II	BGHZ 110, 82
	GRUR 1990, 508
Sprengwirkungshemmende Bauteile	GRUR 97, 781
Spritzgießmaschine	GRUR 1976, 715
Spritzgußengel	GRUR 1970, 244
Spritzgußform	Mitt. 1974, 239
Spritzgußmaschine I	BGHZ 21, 8
	GRUR 1956, 409
Spritzgußmaschine II	GRUR 1963, 52
Spritzgußmaschine III	GRUR 1967, 25
Spulenvorrichtung	BGHZ 105, 40
	GRUR 1988, 754
Spulkopf	GRUR 98, 684
Spülbecken	GRUR 1955, 476
Spülmaschine	GRUR 1973, 669
Staatsgeheimnis	GRUR 99, 573
Stabfräse	Liedl 1961/62, 524
Stabilisator	Liedl 1969/70, 134
Stadtplan	GRUR 1965, 45
Stahlblockherstellung	Liedl 1981, 109
Stahlgliederband	Mitt. 1961, 199
Stahlrohrstuhl	GRUR 1961, 635
Stahlveredelung	GRUR 1966, 141
Standard-Spundfass	BGHZ 160, 67
	GRUR 04, 966
Standbank	GRUR 1962, 575
Stangenführungsrohre	GRUR 1962, 140
Stapelpresse	GRUR 1963, 311
Stapelvorrichtung	GRUR 1975, 598
Stationärvertrag	BGHZ 52, 121
	GRUR 1968, 698
Staubfiltereinrichtung	GRUR 98, 138
Staubsaugerrohr	GRUR 05, 41
Sterilisieren	Liedl 1967/68, 321
Steuereinrichtung	GRUR 1992, 432
Steuereinrichtung II	GRUR 95, 578
Steuertip	Mitt. 02, 186
Stoßwellen-Lithotripter	GRUR 99, 145
Strahlapparat	GRUR 1961, 529
Strahlentransformator	GRUR 1955, 283
Strahlungssteuerung	GRUR 05, 967
Straken	GRUR 1977, 657
Strangführung	Liedl 1978–80, 279
Strangpresse	Liedl 1959/60, 418
Strangpreßverfahren	Liedl 1967/68, 545
Straßenbeleuchtung	Liedl 1961/62, 397
Straßenbrücke	Liedl 1967/68, 223
Straßendecke	GRUR 1979, 48
Straßendecke II	BGHZ 82, 369
	GRUR 1982, 225
Straßenkehrmaschine	BGHZ 115, 234
	GRUR 1992, 38
Streckenausbau	GRUR 1986, 640
Streckenvortrieb	GRUR 1983, 63
Streckwalze	GRUR 1972, 707
Streckwalze II	GRUR 1975, 422
Streichgarn	BGHZ 100, 242
	GRUR 1987, 513
Streitwert im Nichtigkeits-Berufungsverfahren	GRUR 05, 972
Streitwertfestsetzung	Liedl 1984–86, 246
Stretchfolienumhüllung	GRUR 04, 623
Stromabnehmer	Liedl 1978–80, 599
Stromrichter	GRUR 1966, 280
Stromtherapiegerät	Liedl 1981, 299
Stromversorgungsanlage	Liedl 1969/70, 250
Stromversorgungs-einrichtung	GRUR 1974, 148
Stromwandler	GRUR 1978, 235
Stückgutverladeanlage	GRUR 1985, 511
stüssy	GRUR 00, 879
stüssy II	GRUR 04, 156
Success	GRUR 95, 50
Suche fehlerhafter Zeichenketten	BGHZ 149, 68
	GRUR 02, 143

Stichwort	Fundstelle	Stichwort	Fundstelle
Sulfonsäurechlorid	GRUR 94, 439	Tomograph	GRUR 1980, 984
Sumatriptan	GRUR 02, 415	Tonbandbeschreibung	GRUR 1979, 109
Superplanar	GRUR 1989, 425	Tonfilmwand	GRUR 1958, 75
Suppenrezept	GRUR 1966, 249	Top Selection	GRUR 97, 637
Sympatol	GRUR 1955, 143	Topfgucker-Scheck	GRUR 1992, 116
Sympatol II	BGHZ 26, 7	Torsana-Einlage	GRUR 1962, 34
	GRUR 1958, 136	Tracheotomiegerät	GRUR 96, 757
Sympatol III	NJW 1964, 100	Tragbarer Informationsträger	GRUR 00, 140
Szintillationszähler	Bl. 1986, 247	Tragplatte	Liedl 1971/73, 11
		Tragplatte II	GRUR 1971, 304
Tabakdose	GRUR 97, 740	Tragvorrichtung	MDR 1979, 754
Tabelliermappe	BGHZ 73, 330	Trainingsanzug	GRUR 1972, 546
	GRUR 1979, 619	Transportbehälter	BGHZ 97, 9
Tablettensprengmittel	GRUR 1992, 375		GRUR 1986, 453
Tablettstapler	Liedl 1978–80, 885	Transportfahrzeug	GRUR 1984, 36
Taeschner-Pertussin	BGHZ 23, 100	Treibladung	GRUR 1982, 406
	GRUR 1957, 231	Trennwand	GRUR 97, 213
Taeschner-Pertussin II	GRUR 1957, 352	Trioxan	BGHZ 57, 1
Tafelförmige Elemente	GRUR 95, 342		GRUR 1972, 80
Tampon	GRUR 1977, 209	Tribol/Liebol	GRUR 1977, 789
Taschenbuch-Lizenz	GRUR 1992, 310	Trigonellin	BGHZ 147, 137
Taschenstreifen	GRUR 1957, 603		GRUR 01, 730
Tasterkluppe	Liedl 1961/62, 725	Trockenbestäubungsmittel	Liedl 1963/64, 315
Tatbestandsberichtigung	GRUR 04, 271	Trockenlegungsverfahren	GRUR 1991, 744
Tauchcomputer	BGHZ 117, 144	Trockenrasierer	Mitt. 1972, 18
	GRUR 1992, 430	Trockenschleuder	GRUR 1963, 518
Tauchpumpe II	BGHZ 3, 193	Tschibo/Rolex II	BGHZ 119, 20
	GRUR 1952, 142		GRUR 1993, 55
Tauchpumpensatz	BGHZ 2, 261	Tubenverschluß	Liedl 1961/62, 16
	GRUR 1951, 449	Turboheuer	GRUR 1974, 28
Taxameter	BGHZ 159, 66	TURBO-TABS	GRUR 03, 546
	GRUR 04, 755	turkey & corn	GRUR 04, 76
Taxilan	BGHZ 39, 389	Turnmatte	Liedl 1984–86, 328
	GRUR 1964, 20	Tylosin	GRUR 1976, 579
Taxol	BGHZ 147, 306	Typensatz	GRUR 1965, 533
	GRUR 01, 813		
Teeaufgußbeutel	Liedl 1956–58, 398	Überfahrbrücke	Liedl 1978–80, 675
Teilungsgebühren	GRUR 93, 890	Übergang des Vertragstrafe-versprechens	GRUR 96, 995
Telefaxnummer	Mitt. 02, 475 L		
Telefonkarte	GRUR 01, 755	Überlappungsnaht	GRUR 1984, 339
Telekopie	BGHZ 79, 314	Überströmventil	GRUR 1980, 219
	GRUR 1981, 410	Überzugsverfahren	Liedl 1967/68, 53
Teleskopzylinder	GRUR 1992, 559	Überzugsvorrichtung	GRUR 1979, 222
Temperaturwächter	BGHZ 146, 217	UHF-Empfänger I	GRUR 1965, 247
	GRUR 01, 323	UHF-Empfänger II	BGHZ 47, 132
Terephthalsäure	BGHZ 76, 97		GRUR 1967, 477
	GRUR 1980, 283	UHF-Empfänger III	GRUR 1968, 40
Tetrafluoräthylen-polymer	Mitt. 1985, 152	Uhrenrohwerk	BGHZ 21, 266
			GRUR 1957, 37
Tetraploide Kamille	BGHZ 122, 144	Uhrgehäuse	GRUR 1960, 44
	GRUR 93, 651	Ultraschall	Liedl 1955/60, 1
Textdatenwiedergabe	GRUR 98, 458	Umformer	Bl. 1982, 55
Textilgarn	GRUR 1959, 125	Umgehung eines Wettbewerbsverbots	WRP 05, 349
Textilreiniger	GRUR 1976, 440		
T-Geschiebe	GRUR 05, 407	Umlegbare Schießscheibe	GRUR 1979, 624
Themenkatalog	GRUR 1991, 130	Umluftsichter	GRUR 1968, 360
Thermotransformator	BGHZ 93, 327	Umsatzlizenz	GRUR 98, 561
	GRUR 1985, 472	Umschnürung	Liedl 1982/83, 339
Thrombozytenzählung	GRUR 1986, 372	Unberechtigte Schutzrechts-verwarnung	GRUR 05, 882
Thyristor	Liedl 1978–80, 185		
Tinnitus-Masker	GRUR 97, 610	Unbestimmter Unterlassungs-antrag III	GRUR 98, 489
Titelsetzgerät	GRUR 1978, 39		
Tintenstandsdetektor	GRUR 04, 583	Unfallverhütungsschuh	GRUR 1957, 270
Tolbutamid	BGHZ 77, 16	Unikatrahmen	BGHZ 150, 32
	GRUR 1980, 841		GRUR 02, 532
Tollwutvirus	BGHZ 100, 67	Universitätsemblem	BGHZ 119, 235
	GRUR 1987, 231	Universal-Schraubstock	GRUR 1957, 545

Stichwort	Fundstelle
Unparteilichkeit eines Sachverständigen	Mitt. 04, 234
Unrichtige Parteibezeichnung	GRUR 95, 513 L
Unterbevollmächtigter	GRUR 04, 583
Unterbevollmächtigter III	GRUR 05, 271
Unterhaltshilfe für Patentanwaltsbewerber	GRUR 99, 417
Unterlassungsurteil gegen Sicherheitsleistung	BGHZ 131, 233 GRUR 96, 812
Unterlassungsvollstreckung	GRUR 1978, 726
Unterteilungsfahne	Bl. 1991, 190
Unvollständige Preisangabe in Leistungsbeschreibung	WRP 05, 1288
Unzulängliche Zustellung	BGHZ 138, 166 GRUR 98, 746
Unzulässige Berufung	Liedl 1984–86, 308
Urschrift der Beschlussverfügung	GRUR 04, 975
Urteilsbeschwer bei Stufenklage	GRUR 00, 1111
Urteilsgebühr	GRUR 98, 909
Urteilszustellung	Mitt. 02, 558
Vakuumsicher	Liedl 1981, 221
Valium II	BGHZ 76, 142 GRUR 1980, 742
Vanal-Patent	GRUR 1965, 135
Vasenleuchter	GRUR 1972, 38
Venenkompressionszange	Liedl 1969/70, 12
Verankerungsteil	BGHZ 83, 251 GRUR 1982, 411
Verbauvorrichtung	BGHZ 81, 397 GRUR 1982, 99
Verbauvorrichtung für Leitungsgraben	Liedl 1984–86, 130
Verbindungsklemme	GRUR 1960, 27
Verbrauchsmaterialien	GRUR 96, 781
Verfahren für optische Teile	GRUR 1955, 386
Verfahrenskostenhilfe	GRUR 99, 998
Verfahrenskostenhilfe für juristische Personen	Bl.PMZ 05, 165
Verfolgungsverjährung	GRUR 05, 269
Verfügungskosten	BGHZ 122, 172 GRUR 93, 998
Verglasungsdichtung	GRUR 00, 1015
Vergleichsempfehlung	GRUR 00, 369
Vergleichsempfehlung II	GRUR 05, 935
Verjährungsunterbrechung	GRUR 1979, 121
Verkaufsveranstaltung in Aussiedlerwohnheim	GRUR 98, 1041
Verkleidungsplatte	Liedl 1967/68, 79
Verkranzungsverfahren	GRUR 04, 50
Verlängerungsgebühr II	GRUR 00, 328
Vernichtungsanspruch	BGHZ 135, 183 GRUR 97, 899
Verpackungsanlage	Liedl 1974/77, 191
Verpackungseinlage	Liedl 1961/62, 468
Versäumte Klagenhäufung	GRUR 95, 518
Verschlußvorrichtung für Gießpfannen	BGHZ 105, 381 GRUR 1989, 103
Verspätete Berufungsbegründung	GRUR 04, 80
Verspätete Zahlung der Einspruchsgebühr	GRUR 05, 184
Verstärker	BGHZ 42, 263 GRUR 1965, 239
Vertagungsantrag	Bl. 1986, 251
Verteilergehäuse	BGHZ 83, 83 GRUR 1982, 406
Vertikallibelle	GRUR 05, 572
Vertragsstrafe/Ordnungsgeld	BGHZ 138, 67 GRUR 98, 1053
Vertragstrafebemessung	GRUR 94, 146
Vertretung des Anwalts beim OLG	NJW 01, 1575
Verwandlungstisch	GRUR 1957, 595
Verwarnung aus Kennzeichenrecht	GRUR 04, 958
Vieraugengespräch	GRUR 99, 367
Vinylchlorid	Bl. 1989, 135
Vinylpolymerisate	GRUR 1988, 123
Vollstreckungsabwehrklage	GRUR 02, 52
Voran	BGHZ 49, 331 GRUR 1968, 195
Vornapf	GRUR 97, 615
Vorhang-Lamellen	GRUR 1968, 664
Vorratslücken	GRUR 99, 509
VOSSIUS & PARTNER	GRUR 02, 703
Vulkanisierungsform	Liedl 1965/66, 515
Wählamt	BGHZ 61, 88 GRUR 1973, 663
Walzgutkühlbett	GRUR 1985, 214
Walzstabteilung	BGHZ 78, 98 GRUR 1981, 39
Wandabstreifer	BGHZ 121, 194 GRUR 93, 460
Wandsteckdose	GRUR 1962, 409
Wandsteckdose II	BGHZ 57, 116 GRUR 1972, 189
Wannenofen	Mitt. 1974, 120
Warenüberwacher	Liedl 1981, 77
Warenzufuhrvorrichtung	Liedl 1967/68, 11
Wärmeaustauscher	GRUR 1988, 115
Wärmeschreiber I	GRUR 1966, 138
Wärmeschreiber II	GRUR 1966, 386
Wärmetauscher	GRUR 1985, 376
Warmpressen	BGHZ 39, 333
Warmwasserbereiter	Bl. 1974, 210
Warnhinweis	BGHZ 124, 230 GRUR 94, 219
Wäschepresse	BGHZ 6, 172 GRUR 1952, 564
Wäschesack	GRUR 1971, 472
Waschmittel	BGHZ 51, 131 GRUR 1969, 433
Wasch- und Bleichmittel	GRUR 1956, 317
Waschverfahren	Liedl 1967/68, 336
Wasseraufbereitung	GRUR 1972, 704
Wassermischarmatur	BGHZ 105, 222 Bl. 1989, 50
Wasserventil	BGHZ 110, 25 GRUR 1990, 434
Wechselstrom-Generatoren	GRUR 1951, 404
Weidepumpe	GRUR 1963, 279
Weidepumpe	Liedl 1971/73, 238
Wegfall der Wiederholungsgefahr I	GRUR 96, 290
Wegfall der Wiederholungsgefahr II	GRUR 97, 379

Stichwort	Fundstelle
Weichvorrichtung I	GRUR 93, 886
Weichvorrichtung II	NJW 97, 3377
Weihnachtsbrief	GRUR 1990, 109
Weit-Vor-Winter-Schluss-Verkauf	GRUR 02, 180
Wellplatten	GRUR 1965, 591
Wellrohr	Liedl 1984–86, 183
Wendemanschette I	GRUR 1956, 264
Wendemanschette II	GRUR 1958, 175
Werbespiegel	GRUR 1977, 107
Werkstück-Verbindungsmaschine	GRUR 1975, 498
Werkstückvorschubsteuerung	Liedl 1982/83, 62
Werkzeughalterung	GRUR 1987, 350
Wert der Auskunftsklage	GRUR 99, 1037
Westie-Kopf	GRUR 04, 331
Wetterführungspläne	GRUR 01, 155
Wetterführungspläne II	GRUR 02, 149
Wettschein	GRUR 1958, 602
Wickelträger	Liedl 1984–86, 280
Widerruf der Erledigungserklärung	GRUR 02, 287
Wiedereinsetzung V	GRUR 01, 411
Wiedereinsetzung: Befolgung konkreter Einzelanweisung	NJW-RR 03, 934
Wiedereinsetzung: Einzelanweisung (1)	Mitt. 04, 134 L
Wiedereinsetzung: Einzelanweisung (2)	NJW-RR 04, 711
Wildverbissverhinderung	GRUR 1971, 210
Wimpernfärbestift	GRUR 1963, 568
WINCAD	GRUR 98, 1010
Windform	GRUR 1988, 762
Windschutzblech	BGHZ 72, 119 GRUR 1978, 699
Windschutzscheibe	Liedl 1959/60, 226
Winkelstecker	Liedl 1963/64, 126
Wohnhausneubau	BGHZ 64, 145 GRUR 1975, 445
β-Wollastonit	GRUR 1979, 220
Wurftaubenpresse	GRUR 1961, 40
Zahlenlotto	GRUR 1962, 51
Zählkassetten	BGHZ 11, 129 GRUR 1954, 121
Zählwerkgetriebe	GRUR 1955, 535
Zahnkranzfräser	GRUR 96, 757
Zahnpasta	GRUR 1982, 162
Zahnstruktur	GRUR 02, 957
Zapfwelle	Liedl 1981, 121
Zeiß	GRUR 1958, 189
Zeitaufwand für Sachverständige	LM (2) § 22 PatG 1981 LM (7) ZuSEntschG
Zeitlich versetzte Mehrfachverfolgung	GRUR 02, 713
Zeitplaner	BGHZ 62, 1 GRUR 1978, 527
Zeitpunkt der Beschwer/Wegfall der Beschwer	NJW-RR 04, 1365
Zeitpunkt der Entscheidung	NJW-RR 04, 1575
Zeittelegramm	GRUR 01, 140
Zelluloseherstellung	Liedl 1981, 17
Zentralschlossanlagen	GRUR 1968, 49
Zerkleinerungsmesser	Liedl 1981, 173
Zerlegvorrichtung für Baumstämme	BGHZ 125, 303 GRUR 94, 597
Zerspaner	Liedl 1961/62, 618
Zeugenerfolgshonorar	NJW 1980, 1846
Ziegelsteinformling	BGHZ 88, 191 GRUR 1983, 725
Ziegelsteinformling II	GRUR 1985, 871
Zierfalten	GRUR 1965, 131
Zigarrenanzünder	Mitt. 1973, 238
Zigarettenfilter	Bl. 1987, 357
Zimcofot	GRUR 1966, 576
Zinkenkreisel	BGHZ 90, 318 GRUR 1984, 797
Zinnlot	GRUR 1964, 276
Zipfelfreies Stahlband	GRUR 01, 1129
Zuckerzentrifuge	GRUR 1985, 967
Zugriffsinformation	GRUR 99, 919
Zugseilführung	GRUR 1969, 271
Zündaufsatz	GRUR 1966, 97
Zündimpuls für Brennkraftmaschinen	Liedl 1984–86, 362
Zulässigkeit der Rechtsbeschwerde/Wege- und Überfahrtsrecht	BGHZ 151, 42 NJW 02, 2473
Zulassungsnummer III	GRUR 03, 254
Zustellung	GRUR 03, 724
Zurückverweisung	GRUR 1972, 472
Zusammenklappbarer Tisch	Liedl 1974/77, 50
Zuständigkeitsstreit	GRUR 1972, 440
Zustellungsadressat	GRUR 1991, 814
Zuteilvorrichtung	GRUR 1973, 585
Zwischenstecker	GRUR 1953, 384
Zwischenstecker II	GRUR 1953, 477
Zwischenstecker für Radioempfänger	BGHZ 18, 81 GRUR 1955, 393

Sachverzeichnis

Es bedeuten: fette Ziffern = §§; magere Ziffern = Randnummern;
G = Gebrauchsmustergesetz; **E** = Einleitung (mit Rdn.); **IT** = Intern. Teil (mit Rdn.);
fette Ziffern ohne Zusatz beziehen sich auf das Patentgesetz.